NomosKommentar

Prof. Dr. Wolfhard Kohte | RA Dr. Ulrich Faber
Prof. Dr. Kerstin Feldhoff [Hrsg.]

Gesamtes Arbeitsschutzrecht

Arbeitsschutz | Arbeitszeit
Arbeitssicherheit | Arbeitswissenschaft

Handkommentar

2. Auflage

Susanne Arndt-Zygar, Ministerium für Arbeit, Gesundheit und Soziales, Nordrhein-Westfalen | **Rin Dr. Claudia Beetz**, M. mel., Sozialgericht Dessau | **Prof. Dr. Andreas Blume**, Universität Bielefeld, Ruhr-Universität Bochum | **Oberreg.- Rätin Dr. Diana Bremer**, Magdeburg | **Prof. Dr. Andreas Bücker**, Hochschule Wismar | **Prof. Dr. Dörte Busch**, Hochschule für Wirtschaft und Recht Berlin | **RA Dr. Ulrich Faber**, Bochum/Köln | **RiArbG Dr. Nicolai Fabricius**, Köln | **Prof. Dr. Kerstin Feldhoff**, Fachhochschule Münster | **Ass. Dr. Anja Georgi**, ver.di Bundesvorstand, Berlin | **Dr. Bettina Graue**, Arbeitnehmerkammer, Bremen | **Ass. Jan Grüneberg**, IG BCE, Hannover | **Dr. Anke Habich**, Martin-Luther-Universität Halle-Wittenberg | **VRinLAG Dr. Oda Hinrichs**, Berlin | **RiSG Dr. Nico Julius**, Magdeburg | **Dr. Eberhard Kiesche**, Arbeits- und Datenschutzberater, Bremen | **Prof. Dr. Wolfhard Kohte**, Martin-Luther-Universität Halle-Wittenberg | **Klaus Lörcher**, Frankfurt/M. | **RiArbG Dr. Mathias Maul-Sartori**, Frankfurt/Oder | **Prof. Dr. Katja Nebe**, Martin-Luther-Universität Halle-Wittenberg | **RA Detlev Nitsche**, Berlin | **Dr. Hanns Pauli**, DGB Rechtsschutz, Berlin | **Prof. Dr. Nicole Reill-Ruppe**, Fachhochschule Erfurt | **RA Dr. Uwe Reim**, Bremen | **Ass. Andrea Ritschel**, Martin-Luther-Universität Halle-Wittenberg | **Prof. Dr. Jochen Rozek**, Universität Leipzig | **RA Klaus Schmitz**, Dortmund | **RinArbG Dr. Christine Schulze-Doll**, Berlin | **Prof. Dr. Sebastian Volkmann**, Hochschule Anhalt, Bernburg | **Ass. Christian Weber**, Landesverwaltungsamt Sachsen-Anhalt

Die Deutsche Nationalbibliothek verzeichnet diese Publikation in
der Deutschen Nationalbibliografie; detaillierte bibliografische
Daten sind im Internet über http://dnb.d-nb.de abrufbar.

ISBN 978-3-8487-3840-3

2. Auflage 2018
© Nomos Verlagsgesellschaft, Baden-Baden 2018. Gedruckt in Deutschland.
Alle Rechte, auch die des Nachdrucks von Auszügen, der fotomechanischen
Wiedergabe und der Übersetzung, vorbehalten.

Vorwort

In vielen Betrieben ist die Gesundheit bei der Arbeit heute ein wichtiges Thema. Die Medien berichten seit geraumer Zeit regelmäßig über psychische Belastungen, zB durch Stress oder durch „Entgrenzung" von Arbeit. Der Gesetzgeber hat im Herbst 2013 im ArbSchG klargestellt, dass psychische Belastungen als Gegenstand der Gefährdungsbeurteilung und von Arbeitsschutzmaßnahmen Teil des Arbeitsschutzrechts sind. Es bleibt, wie schon in der 1. Auflage, ein zentrales Anliegen unseres Kommentars, diese neuen Fragen neben den klassischen Fragen des Arbeitsschutzes unter den verschiedenen Blickwinkeln zu diskutieren. Arbeitsschutz ist für uns nicht nur ein rechtliches Thema. Daher haben wir den Kommentar interdisziplinär angelegt und gehen regelmäßig auf gesicherte arbeitswissenschaftliche Erkenntnisse, technische Regeln und den Stand der Arbeitsmedizin ein.

Arbeitsschutzrecht erscheint vielen als ein schwer durchschaubares Gebiet. Das Zusammenspiel alter und neuer Normen, technischer Regeln und arbeitswissenschaftlicher Erkenntnisse bereitet immer noch Mühe. Der Leitbildwechsel, der mit der Rahmenrichtlinie 89/391/EWG vor knapp 30 Jahren begonnen hat, ist bis heute nicht abgeschlossen. Der Kommentar setzt daher beim Unionsrecht und beim Grundrecht auf gesunde, sichere und würdige Arbeitsbedingungen an, das in Art. 31 der Charta der Grundrechte der Europäischen Union normiert ist. Auch die verschiedenen Richtlinien des Unionsrechts sind für uns eine unverzichtbare Grundlage, um das geltende Recht verstehen und sachgerecht anwenden zu können.

Der Kommentar stellt den betrieblichen Gesundheitsschutz in seiner Breite und Vernetzung dar. Die drei maßgeblichen Gesetze Arbeitsschutzgesetz, Arbeitszeitgesetz und Arbeitssicherheitsgesetz werden vollständig und auf dem aktuellen Stand kommentiert. Erläutert werden daneben die wesentlichen Verordnungen zum Arbeitsschutzgesetz sowie weitere Gesetze, die für Gesundheit am Arbeitsplatz maßgeblich sind: Urlaub, betrieblicher Mutterschutz und Jugendarbeitsschutz ebenso wie das Betriebliche Eingliederungsmanagement nach § 84 SGB IX und die betriebliche Gesundheitsförderung nach § 20 b SGB V.

Arbeitsschutz ist auf konkrete Gestaltung angelegt. Daher haben wir sämtliche Bestimmungen unter dem Gesichtspunkt der Rechtsdurchsetzung diskutiert und kommentiert. Rechtsdurchsetzung erfolgt im Arbeitsschutz zunächst – klassisch – durch die Aufsicht mittels Anordnungen und Bußgeldern. Rechtsdurchsetzung soll nach dem Leitbild des Unionsrechts aber auch durch die Beschäftigten und ihre Vertretungen befördert werden, denen das Unionsrecht Rechtspositionen zur Seite gestellt hat, die sie zur Geltung bringen können. Aktive Gestaltung ist vor allem eine Aufgabe der betrieblichen Interessenvertretungen. Der Kommentar beinhaltet ergänzende Erläuterungen zu den wesentlichen Bestimmungen von BetrVG, BPersVG und Mitarbeitervertretungsrecht.

Die erste Auflage hat ein breites und positives Echo gefunden. Seit Erscheinen gab es wichtige rechtliche Änderungen (insbes. Betriebssicherheits-, Arbeitsstätten- und Mutterschutzrecht), die eine Neuauflage erforderlich gemacht haben. Dafür konnten wir weitere Autorinnen und Autoren gewinnen. Ihnen und allen anderen Autorinnen und Autoren danken wir für die flexible und engagierte Mitwirkung. Außerdem geht unser Dank an den Nomos Verlag für die engagierte Betreuung des Kommentars.

Wolfhard Kohte   *Kerstin Feldhoff*   *Ulrich Faber*

Halle/Dortmund/Köln, November 2017

Inhaltsverzeichnis

Vorwort	5
Bearbeiterverzeichnis	9
Abkürzungsverzeichnis	11
Allgemeines Literaturverzeichnis	23

Teil 1: Grundlagen

Das soziale Grundrecht auf gesunde, sichere und würdige Arbeitsbedingungen	27
Sekundäres Unionsrecht zur Sicherung und Realisierung von Sicherheit und Gesundheit	70

Teil 2: Arbeitsschutz und Gesundheitsprävention

Gesetz über die Durchführung von Maßnahmen des Arbeitsschutzes zur Verbesserung der Sicherheit und des Gesundheitsschutzes der Beschäftigten bei der Arbeit (Arbeitsschutzgesetz – ArbSchG)	86
Sozialgesetzbuch (SGB) Neuntes Buch (IX) – Rehabilitation und Teilhabe behinderter Menschen –	467
Sozialgesetzbuch (SGB) Fünftes Buch (V) – Gesetzliche Krankenversicherung –	490

Teil 3: Arbeitsschutzverordnungen

Verordnung zur arbeitsmedizinischen Vorsorge (ArbMedVV)	512
Verordnung über Arbeitsstätten (Arbeitsstättenverordnung – ArbStättV)	537
Verordnung über Sicherheit und Gesundheitsschutz auf Baustellen (Baustellenverordnung – BaustellV)	636
Verordnung über Sicherheit und Gesundheitsschutz bei der Verwendung von Arbeitsmitteln (Betriebssicherheitsverordnung – BetrSichV)	657
Verordnung über Sicherheit und Gesundheitsschutz bei Tätigkeiten mit Biologischen Arbeitsstoffen (Biostoffverordnung – BioStoffV)	693
Verordnung zum Schutz der Beschäftigten vor Gefährdungen durch elektromagnetische Felder (Arbeitsschutzverordnung zu elektromagnetischen Feldern – EMFV)	724
Verordnung zum Schutz vor Gefahrstoffen (Gefahrstoffverordnung – GefStoffV)	751
Verordnung zum Schutz der Beschäftigten vor Gefährdungen durch Lärm und Vibrationen (Lärm- und Vibrations-Arbeitsschutzverordnung – LärmVibrationsArbSchV)	802
Verordnung über Sicherheit und Gesundheitsschutz bei der manuellen Handhabung von Lasten bei der Arbeit (Lastenhandhabungsverordnung – LasthandhabV)	830
Verordnung zum Schutz der Beschäftigten vor Gefährdungen durch künstliche optische Strahlung (Arbeitsschutzverordnung zu künstlicher optischer Strahlung – OStrV)	841
Verordnung über Sicherheit und Gesundheitsschutz bei der Benutzung persönlicher Schutzausrüstungen bei der Arbeit (PSA-Benutzungsverordnung – PSA–BV)	860

Teil 4: Arbeitszeitrecht

Arbeitszeitgesetz (ArbZG)	872
Urlaub im Kontext des Arbeits- und Gesundheitsschutzes	1165

Teil 5: Beschäftigungsspezifischer Arbeitsschutz

Gesetz zum Schutz von Müttern bei der Arbeit, in der Ausbildung und im Studium (Mutterschutzgesetz – MuSchG)	1189
Gesetz zum Schutze der arbeitenden Jugend (Jugendarbeitsschutzgesetz – JArbSchG)	1222

Inhaltsverzeichnis

Verordnung über den Kinderarbeitsschutz (Kinderarbeitsschutzverordnung – KindArbSchV)	1226

Teil 6: Arbeitssicherheitsorganisation

Gesetz über Betriebsärzte, Sicherheitsingenieure und andere Fachkräfte für Arbeitssicherheit (ASiG)	1254
Siebtes Buch Sozialgesetzbuch – Gesetzliche Unfallversicherung –	1353

Teil 7: Individuelle und kollektive Rechtsdurchsetzung

Bürgerliches Gesetzbuch (BGB)	1363
Arbeitsschutz in der Insolvenz des Arbeitgebers	1385
Betriebsverfassungsgesetz (BetrVG)	1396
Bundespersonalvertretungsgesetz (BPersVG)	1473
Die Mitbestimmungsrechte nach dem Mitarbeitervertretungsgesetz der Evangelischen Kirche	1509
Die Mitbestimmungsrechte nach der Rahmenordnung für eine Mitarbeitervertretungsordnung (Rahmen-MAVO) der katholischen Kirche	1516
Stichwortverzeichnis	1521

Bearbeiterverzeichnis

Susanne Arndt-Zygar
Referentin, Ministerium für Arbeit, Gesundheit und Soziales Nordrhein-Westfalen

Dr. Claudia Beetz, M.mel.
Richterin, Sozialgericht Dessau

Prof. Dr. Andreas Blume
Professor, Ruhr-Universität Bochum; Wissenschaftlicher Leiter des Masterstudiengangs Workplace Health Management, Universität Bielefeld

Dr. Diana Bremer
Oberregierungsrätin, Referentin in der Landtagsverwaltung des Landes Sachsen-Anhalt

Prof. Dr. Andreas Bücker
Professor, Hochschule Wismar

Prof. Dr. Dörte Busch
Professorin, Hochschule für Wirtschaft und Recht Berlin

Dr. Ulrich Faber
Rechtsanwalt Bochum/Köln

Dr. Nicolai Fabricius
Richter am Arbeitsgericht Köln

Prof. Dr. Kerstin Feldhoff
Professorin, Fachhochschule Münster

Dr. Anja Georgi
Assessorin, ver.di Bundesvorstand Berlin

Dr. Bettina Graue
Beraterin für Arbeits- und Sozialrecht, Arbeitnehmerkammer, Bremen

Ass. Jan Grüneberg
Assessor, Hauptverwaltung Industriegewerkschaft Bergbau, Chemie, Energie, Hannover

Dr. Anke Habich
Martin-Luther-Universität Halle-Wittenberg

Dr. Oda Hinrichs
Vorsitzende Richterin am Landesarbeitsgericht Berlin-Brandenburg

Dr. Nico Julius
Richter am Sozialgericht Magdeburg

Dr. Eberhard Kiesche
Arbeits- und Datenschutzberater, Bremen

Prof. Dr. Wolfhard Kohte
Professor, Martin-Luther-Universität Halle-Wittenberg/Zentrum für Sozialforschung Halle (ZSH)

Klaus Lörcher
Ehemaliger Justitiar des Europäischen Gewerkschaftsbunds (EGB); ehemaliger Referent am Gericht für den öffentlichen Dienst der Europäischen Union (EuGöD), Frankfurt/M.

Dr. Mathias Maul-Sartori
Richter am Arbeitsgericht Frankfurt/Oder, zzt. abgeordnet an das Bundesministerium für Arbeit und Soziales

Prof. Dr. Katja Nebe
  Professorin, Martin-Luther-Universität Halle-Wittenberg

Detlev Nitsche
  Rechtsanwalt, Berlin

Dr. Hanns Pauli
  DGB Rechtsschutz, Berlin

Prof. Dr. Nicole Reill-Ruppe
  Professorin, Fachhochschule Erfurt

Dr. Uwe Reim
  Rechtsanwalt, Bremen

Andrea Ritschel
  Assessorin, Martin-Luther-Universität Halle-Wittenberg

Prof. Dr. Jochen Rozek
  Professor, Universität Leipzig

Klaus Schmitz
  Rechtsanwalt, Dortmund

Dr. Christine Schulze-Doll
  Richterin am Arbeitsgericht Berlin

Prof. Dr. Sebastian Volkmann
  Professor, Hochschule Anhalt, Bernburg

Christian Weber
  Assessor, Referent im Landesverwaltungsamt Sachsen-Anhalt, Referat Landesversorgungsamt

Abkürzungsverzeichnis

aA	anderer Ansicht
AAG	Aufwendungsausgleichsgesetz
aaO	am angegebenen Ort
abgedr.	abgedruckt
abl.	ablehnend
ABl. EG	Amtsblatt der Europäischen Gemeinschaften; vor 1958: Amtsblatt der EGKS
ABl. EU	Amtsblatt der Europäischen Union (seit 1.3.2003)
Abs.	Absatz
Abschn.	Abschnitt
Abt.	Abteilung
abw.	abweichend
AE	Arbeitsrechtliche Entscheidungen
AEUV	Vertrag über die Arbeitsweise der Europäischen Union
aF	alte Fassung
AG	Amtsgericht; Arbeitgeber
AGB	Allgemeine Geschäftsbedingungen
AGG	Allgemeines Gleichbehandlungsgesetz
AiB	Arbeitsrecht im Betrieb (Zeitschrift)
AktG	Aktiengesetz
allg.	allgemein
allgA	allgemeine Ansicht
allgM	allgemeine Meinung
Alt.	Alternative
aM	anderer Meinung
amtl.	amtlich
Amtl.Begr.	Amtliche Begründung
Amtl.Mitt.	Amtliche Mitteilungen
AN	Arbeitnehmer
Änd.	Änderung
Anh.	Anhang
Anm.	Anmerkung
AP	Arbeitsrechtliche Praxis (Nachschlagewerk des Bundesarbeitsgerichts)
ArbGG	Arbeitsgerichtsgesetz
AR-Blattei	Arbeitsrecht-Blattei
ArbMedVV	Verordnung zur arbeitsmedizinischen Vorsorge
ArbR	Arbeitsrecht
ArbRAktuell	Arbeitsrecht Aktuell (Zeitschrift)
ArbRB	Der Arbeits-Rechts-Berater (Zeitschrift)
ArbSchG	Arbeitsschutzgesetz
ArbStättV	Arbeitsstättenverordnung
ArbZG	Arbeitszeitgesetz

Abkürzungsverzeichnis

ArbZRG	Gesetz zur Vereinheitlichung und Flexibilisierung des Arbeitszeitrechts (Arbeitszeitrechtsgesetz)
arg.	argumentum
ARS	Arbeitsrechtssammlung mit Entscheidungen des Reichsarbeitsgerichts, der Landesarbeitsgerichte und Arbeitsgerichte
Art.	Artikel
ASiG	Gesetz über Betriebsärzte, Sicherheitsingenieure und andere Fachkräfte für Arbeitssicherheit (Arbeitssicherheitsgesetz)
ASR	Arbeitsstättenrichtlinien; Anwalt/Anwältin im Sozialrecht (Zeitschrift)
ASUMed	Arbeitsmedizin Sozialmedizin Umweltmedizin (Zeitschrift)
ATZ	Altersteilzeit
AU	Arbeitsunfähigkeit
AuA	Arbeit und Arbeitsrecht (Zeitschrift)
AuB	Arbeit und Beruf (Zeitschrift)
Aufl.	Auflage
AÜG	Gesetz zur Regelung der gewerbsmäßigen Arbeitnehmerüberlassung (Arbeitnehmerüberlassungsgesetz)
AuR	Arbeit und Recht (Zeitschrift)
ausdr.	ausdrücklich
ausf.	ausführlich
AVR	Allgemeine Vertragsrichtlinien
AVV	Allgemeine Verwaltungsvorschriften
Az	Aktenzeichen
AZO	Arbeitszeitordnung
AZV	Verordnung über die Arbeitszeit der Bundesbeamten
b + p	Betrieb und Personal (Zeitschrift)
BAG	Bundesarbeitsgericht
BAGE	Sammlung der Entscheidungen des Bundesarbeitsgerichts
BAGReport	Schnelldienst zur arbeitsgerichtlichen Rechtsprechung des BAG und des EuGH (Zeitschrift)
BAnz.	Bundesanzeiger
BArbBl.	Bundesarbeitsblatt
BAT	Bundes-Angestelltentarifvertrag
BAuA	Bundesanstalt für Arbeitsschutz und Arbeitsmedizin
Bau-BRTV	Bundesrahmentarifvertrag für das Baugewerbe
BaustellV	Baustellenverordnung
BayObLG	Bayerisches Oberstes Landesgericht
BayVBl.	Bayerisches Verwaltungsblatt
BayVGH	Bayerischer Verwaltungsgerichtshof
BB	Betriebs-Berater (Zeitschrift)
BBG	Bundesbeamtengesetz
BBiG	Berufsbildungsgesetz
Bd.	Band
BDSG	Bundesdatenschutzgesetz
Bearb.	Bearbeiter; Bearbeitung

Abkürzungsverzeichnis

bearb.	bearbeitet
BEEG	Gesetz zum Elterngeld und zur Elternzeit
Begr.	Begründung
Beil.	Beilage
Bek.	Bekanntmachung
Bekl., bekl.	Beklagte(r), beklagte
Bem.	Bemerkung
BEM	Betriebliches Eingliederungsmanagement
bes.	besondere(r/s); besonders
Beschl.	Beschluss
bespr.	besprochen
bestr.	bestritten
betr.	betreffend
BetrSichV	Betriebssicherheitsverordnung
BetrVG	Betriebsverfassungsgesetz
bez.	bezüglich
BG	Berufsgenossenschaft (Zeitschrift)
BGB	Bürgerliches Gesetzbuch
BGBl.	Bundesgesetzblatt
BGG	Behindertengleichstellungsgesetz
BGH	Bundesgerichtshof
BGH (GS)	Bundesgerichtshof Großer Senat
BGHSt	Entscheidungen des Bundesgerichtshofs in Strafsachen
BGHZ	Entscheidungen des Bundesgerichtshofs in Zivilsachen
BGI	Berufsgenossenschaftliche Information
BGR	Berufsgenossenschaftliche Regel
BIBB	Bundesinstitut für berufliche Bildung
BildscharbV	Bildschirmarbeitsverordnung
BImSchG	Bundesimmissionsschutzgesetz
BioStoffV	Biostoffverordnung
Bl.	Blatt
BlStSozArbR	Blätter für Steuerrecht, Sozialversicherung und Arbeitsrecht (Zeitschrift)
BMAS	Bundesministerium für Arbeit und Soziales
BMF	Bundesminister(ium) der Finanzen
BMJ	Bundesminister(ium) der Justiz
BMTG	Bundesmanteltarifvertrag für Arbeiter gemeindlicher Verwaltungen und Betriebe
BMTV	Bundesmanteltarifvertrag
BMVg	Bundesministerium der Verteidigung
BPersVG	Bundespersonalvertretungsgesetz
BPUVZ	Zeitschrift für betriebliche Prävention und Unfallversicherung
BR	Bundesrat
BRD	Bundesrepublik Deutschland
BR-Drs.	Drucksache des Deutschen Bundesrates
BReg.	Bundesregierung

BRG	Betriebsrätegesetz
BR-Prot.	Stenographische Berichte des Bundesrates (zit. nach Jahr u. S.)
BRT	Bundesrahmentarif
BRTV	Bundesrahmentarifvertrag
BRTV-Bau	Bundesrahmentarifvertrag für Arbeiter des Baugewerbes
BSG	Bundessozialgericht
BSGE	Sammlung der Entscheidungen des BSG
Bsp.	Beispiel
bspw	beispielsweise
BT	Bundestag
BT-Drs.	Drucksache des Deutschen Bundestages
BT-Prot.	Stenographische Berichte des Deutschen Bundestages (zit. nach Legislaturperiode u. S.)
BÜ	Betriebsübergang
Buchst.	Buchstabe
Bull.	Bulletin
BUrlG	Mindesturlaubsgesetz für Arbeitnehmer (Bundesurlaubsgesetz)
BUV	Betriebs- und Unternehmensverfassung (Zeitschrift)
BuW	Betrieb und Wirtschaft (Zeitschrift)
BVerfG	Bundesverfassungsgericht
BVerfGE	Sammlung der Entscheidungen des Bundesverfassungsgerichts
BVerfGK	Neue Amtliche Sammlung der Kammerentscheidungen des Bundesverfassungsgerichts
BVerwG	Bundesverwaltungsgericht
BW	Baden-Württemberg
BY	Bayern
bzgl	bezüglich
bzw.	beziehungsweise
c. c.	Code civil
c.i.c.	culpa in contrahendo (Verschulden bei Vertragsschluss)
ca.	circa
CEEP	Europäischer Zentralverband der deutschen Wirtschaft
ChemG	Chemikaliengesetz
CMLR	Common Market Law Review
CMR	Übereinkommen über den Beförderungsvertrag im internationalen Straßengüterverkehr
CR	Computer und Recht (Zeitschrift)
DB	Der Betrieb (Zeitschrift)
ders.	derselbe
DGB	Deutscher Gewerkschaftsbund
DGUV	Deutsche gesetzliche Unfallversicherung
dgl.	dergleichen; desgleichen
dh	das heißt
dies.	dieselbe(n)
diff.	differenzieren(d)

Abkürzungsverzeichnis

Diss.	Dissertation
DöD	Der öffentliche Dienst (Zeitschrift)
Dok.	Dokument
DruckluftV	Druckluftverordnung
DVBl.	Deutsches Verwaltungsblatt (Zeitschrift)
DVO	Durchführungsverordnung
E	Entwurf; Entscheidung (in der amtlichen Sammlung)
e.V.	eingetragener Verein
EAS	Europäisches Arbeits- und Sozialrecht, Rechtsvorschriften, Systematische Darstellungen und Entscheidungssammlung
EASUG	Gesetz zur Umsetzung der EG-Rahmenrichtlinie Arbeitsschutz
ebd	ebenda
EBR	Europäischer Betriebsrat
EBRG	Gesetz über Europäische Betriebsräte
EFZG	Gesetz über die Zahlung des Arbeitsentgeltes an Sonn- und Feiertagen und im Krankheitsfall (Entgeltfortzahlungsgesetz)
EG	Europäische Gemeinschaft(en); Vertrag zur Gründung der Europäischen Gemeinschaft; Einführungsgesetz
EGB	Europäischer Gewerkschaftsbund
EGMR	Europäischer Gerichtshof für Menschenrechte
EGV	Vertrag zur Gründung der Europäischen Gemeinschaft
Einf.	Einführung
eingetr.	eingetragen
Einl.	Einleitung
einschl.	einschließlich
einschr.	einschränkend
EKMR	Europäische Kommission für Menschenrechte
EMB	Europäischer Metallarbeiterbund
EMRK	Konvention zum Schutze der Menschenrechte und Grundfreiheiten
engl.	englisch(en)
Entsch.	Entscheidung
entspr.	entsprechend
E	Entwurf
Erg.	Ergänzung
ErgBd.	Ergänzungsband
Erkl.	Erklärung
Erl.	Erlass, Erläuterung
etc.	et cetera
EU	Europäische Union
EuGH	Gerichtshof der Europäischen Gemeinschaften
EuGHE	Entscheidungen des Gerichtshofs der Europäischen Gemeinschaften
EU-GRC	Charta der Grundrechte der Europäischen Union
EUR	Euro
EuR	Europarecht (Zeitschrift)
EuroAS	Informationsdienst Europäisches Arbeits- und Sozialrecht (Zeitschrift)

Abkürzungsverzeichnis

EuZA	Europäische Zeitschrift für Arbeitsrecht
EUZBBG	Gesetz über die Zusammenarbeit von Bundesregierung und Deutschem Bundestag in Angelegenheiten der Europäischen Union
EUZBLG	Gesetz über die Zusammenarbeit von Bund und Ländern in den Angelegenheiten der Europäischen Union
EuZW	Europäische Zeitschrift für Wirtschaftsrecht
evtl	eventuell
EWG	Europäische Wirtschaftsgemeinschaft
EWGV	Vertrag über die Europäische Wirtschaftsgemeinschaft
EzA	Entscheidungen zum Arbeitsrecht, hrsg. von Stahlhacke
EzB	Entscheidungssammlung zum Berufsbildungsrecht, hrsg. von Hurlebaus
f., ff.	folgend, folgende
FA	Fachanwalt Arbeitsrecht (Zeitschrift)
Fn.	Fußnote
FS	Festschrift
G	Gesetz
GBl.	Gesetzblatt
GBR	Gesamtbetriebsrat
GbR	Gesellschaft bürgerlichen Rechts
GDA	Gemeinsame Deutsche Arbeitsschutzstrategie
GdB	Grad der Behinderung
geänd.	geändert
GefStoffV	Gefahrstoffverordnung
gem.	gemäß
GenDG	Gendiagnostikgesetz
gepl.	geplant
GewArch	Gewerbe-Archiv (Zeitschrift)
GewO	Gewerbeordnung
GG	Grundgesetz
ggf.	gegebenenfalls
GKG	Gerichtskostengesetz
GmbH	Gesellschaft mit beschränkter Haftung
GmbHG	Gesetz über die Gesellschaften mit beschränkter Haftung
GMBl.	Gemeinsames Ministerialblatt
GmS-OGB	Gemeinsamer Senat der Obersten Gerichtshöfe des Bundes
grdl.	grundlegend
grds.	grundsätzlich
GPSG	Geräte- und Produktsicherheitsgesetz (aufgehoben)
GS	Großer Senat; Gedächtnisschrift
GSG	Gerätesicherheitsgesetz (aufgehoben)
GVBl.	Gesetzes- und Verordnungsblatt
GVG	Gerichtsverfassungsgesetz

hA	herrschende Ansicht
HAG	Heimarbeitsgesetz
HandwO	Handwerksordnung
Hbd.	Halbband
HdB	Handbuch
HGB	Handelsgesetzbuch
hins.	hinsichtlich
hM	herrschende Meinung
Hrsg.	Herausgeber
hrsg.	herausgegeben
Hs	Halbsatz
i.Zw.	im Zweifel
iA	im Auftrag
IA	Interessenausgleich
idF	in der Fassung
idR	in der Regel
idS	in diesem Sinne
iE	im Ergebnis
ieS	im engeren Sinne
IG	Industriegewerkschaft
IG BCE	Industriegewerkschaft Bergbau, Chemie, Energie
IHK	Industrie- und Handelskammer
iHv	in Höhe von
inkl.	inklusive
insb.	insbesondere
insg.	insgesamt
InsO	Insolvenzordnung
int.	international
iRd	im Rahmen des/der
iS	im Sinne
iSd	im Sinne des/der
iSv	im Sinne von
iÜ	im Übrigen
IV	Interessenvertretung; Integrationsvereinbarung
iVm	in Verbindung mit
iwS	im weiteren Sinne
JarbSchG	Gesetz zum Schutz der arbeitenden Jugend (Jugendarbeitsschutzgesetz)
JAV	Jugend- und Auszubildendenvertretung
Jb.	Jahrbuch
Jg.	Jahrgang
JR	Juristische Rundschau (Zeitschrift)
juris	Juristisches Informationssystem für die Bundesrepublik Deutschland
jurisPR-ArbR	Juris Praxisreport Arbeitsrecht

JZ	Juristenzeitung (Zeitschrift)
Kap.	Kapitel
KAPOVAZ	kapazitätsorientierte variable Arbeitszeit
KBR	Konzernbetriebsrat
KG	Kammergericht; Kommanditgesellschaft
KOM	Kommissionsdokumente
Komm.	Kommentar
Konv.	Konvention
krit.	kritisch
KSchG	Kündigungsschutzgesetz
LAG	Landesarbeitsgericht
LAGE	Entscheidungen der Landesarbeitsgerichte, hrsg. von Stahlhacke
LAGReport	Schnelldienst zur Rechtsprechung der Landesarbeitsgerichte (Zeitschrift)
LärmVibrationsArbSchV	Lärmvibrationsarbeitsschutzverordnung
LASI	Länderausschuss für Arbeitsschutz und Sicherheitstechnik
LasthandhabV	Lastenhandhabungsverordnung
Lehrb.	Lehrbuch
Lfg.	Lieferung
LG	Landgericht
lit.	litera
Lit.	Literatur
LPVG	Landespersonalvertretungsgesetz
LS	Leitsatz, Leitsätze
LSchlG	Gesetz über den Ladenschluss
m.	mit
mAnm	mit Anmerkung
Mat.	Materialien
max.	maximal
MBl.	Ministerialblatt
MDR	Monatsschrift für Deutsches Recht (Zeitschrift)
mE	meines Erachtens
MedR	Medizinrecht (Zeitschrift)
mind.	mindestens
Mitt.	Mitteilung(en)
mN	mit Nachweisen
Mot.	Motive
Mrd.	Milliarde(n)
MRK	Menschenrechtskonvention
MTA	Manteltarifvertrag für die Angestellten der Bundesanstalt für Arbeit vom 21.4.1961
MTB	Manteltarifvertrag für Arbeiter des Bundes
MTL	Manteltarifvertrag für Arbeiter der Länder

Abkürzungsverzeichnis

MTV	Manteltarifvertrag
MuSchArbV	Mutterschutzarbeitsplatzverordnung
MuSchG	Gesetz zum Schutz der erwerbstätigen Mutter (Mutterschutzgesetz)
MuSchRiV	Mutterschutzrichtlinienverordnung
MVG.EKD	Mitarbeitervertretungsgesetz der Evangelischen Kirche in Deutschland
mwN	mit weiteren Nachweisen
mWv	mit Wirkung von
n.rkr.	nicht rechtskräftig
nv	nicht amtlich veröffentlicht
Nachw.	Nachweise
NAK	Nationale Arbeitsschutzkonferenz
nF	neue Fassung
NJ	Neue Justiz (Zeitschrift)
NJW	Neue Juristische Wochenschrift (Zeitschrift)
NJW-RR	NJW-Rechtsprechungs-Report Zivilrecht
Nov.	Novelle
Nr.	Nummer(n)
NStZ	Neue Zeitschrift für Strafrecht
NVwZ	Neue Zeitschrift für Verwaltungsrecht
NVwZ-RR	NVwZ-Rechtsprechungs-Report Verwaltungsrecht
NZA	Neue Zeitschrift für Arbeitsrecht
NZA-RR	NZA-Rechtsprechungs-Report Arbeitsrecht
NZS	Neue Zeitschrift für Sozialrecht
o.	oben
o.a.	oben angegeben/angeführt
oÄ	oder Ähnliche(s.)
og	oben genannt
öD	öffentlicher Dienst
öffentl.	öffentlich
OGH	Oberster Gerichtshof
OHG	offene Handelsgesellschaft
ÖK	Öffnungsklausel
OLG	Oberlandesgericht
OLGE	Rechtsprechung der Oberlandesgerichte
OStrV	Arbeitsschutzverordnung zu künstlicher optischer Strahlung
OT	Mitgliedschaft ohne Tarifbindung
OVG	Oberverwaltungsgericht
OWiG	Gesetz über Ordnungswidrigkeiten
PersR	Personalrat (Zeitschrift)
PersV	Personalvertretung (Zeitschrift)
PersVG	Personalvertretungsgesetz (des Landes)
PersVR	Personalvertretungsrecht
ProdSG	Produktsicherheitsgesetz

Abkürzungsverzeichnis

Prot.	Protokolle
PSA-BV	Verordnung über Sicherheit und Gesundheitsschutz bei der Benutzung persönlicher Schutzausrüstungen bei der Arbeit
RAB	Regeln zum Arbeitsschutz auf Baustellen
Rahmen-MAVO	Rahmenordnung für eine Mitarbeitervertretungsordnung
RdA	Recht der Arbeit (Zeitschrift)
REACH	Registration, Evalutation, Authorisation, and Restriction of Chemicals
RL	Richtlinie
Rn.	Randnummer
Rs.	Rechtssache
Rspr.	Rechtsprechung
RTV	Rahmentarifvertrag
RVO	Reichsversicherungsordnung
s.	siehe
S.	Seite; Satz
sa	siehe auch
s. o.	siehe oben
s. u.	siehe unten
SAE	Sammlung arbeitsrechtlicher Entscheidungen (Zeitschrift)
SchG	Gesetz über die Errichtung und das Verfahren der Schiedsstellen für Arbeitsrecht vom 29.6.1990
SchliG	Schlichtungsgesetz
SchliO	Schlichtungsordnung
SeeArbG	Seearbeitsgesetz
SeemG	Seemannsgesetz (aufgehoben)
SFS	Sozialforschungsstelle Dortmund
SG	Sozialgericht
SGB	Sozialgesetzbuch
SGB I	Sozialgesetzbuch I: Allgemeiner Teil
SGB II	Sozialgesetzbuch II: Grundsicherung für Arbeitsuchende
SGB III	Sozialgesetzbuch III: Arbeitsförderung
SGB IV	Sozialgesetzbuch IV: Gemeinsame Vorschriften für die Sozialversicherung
SGB V	Sozialgesetzbuch V: Gesetzliche Krankenversicherung
SGB VI	Sozialgesetzbuch VI: Gesetzliche Rentenversicherung
SGB VII	Sozialgesetzbuch VII: Gesetzliche Unfallversicherung
SGB IX	Sozialgesetzbuch IX: Rehabilitation und Teilhabe behinderter Menschen
SGB X	Sozialgesetzbuch X: Sozialverwaltungsverfahren und Sozialdatenschutz
SGB XI	Sozialgesetzbuch XI: Soziale Pflegeversicherung
SGB XII	Sozialgesetzbuch XII: Sozialhilfe
SGb.	Die Sozialgerichtsbarkeit (Zeitschrift)
SGG	Sozialgerichtsgesetz
SiGe-Koordinator	Sicherheits- und Gesundheitskoordinator

Abkürzungsverzeichnis

SiGe-Plan	Sicherheits- und Gesundheitsplan
sis	sicher ist sicher (Zeitschrift)
Slg	Sammlung von Entscheidungen, Gesetzen etc.
sog.	sogenannt(e)
SozR	Sozialrecht; Sozialrecht, Rspr. und Schrifttum, bearb. von den Richtern des BSG
SprAu	Sprecherausschuss
SprAuG	Sprecherausschussgesetz
st.	ständig
StGB	Strafgesetzbuch
StörFallV	Störfallverordnung
StPO	Strafprozessordnung
str.	streitig/strittig
TALärm	Technische Anleitung zum Schutz gegen Lärm
TRBA	Technische Regeln biologischer Arbeitsstoffe
TRBS	Technische Regeln für Betriebssicherheit
TRK	Technische Richtkonzentration
TV	Tarifvertrag; Tarifverträge
TVG	Tarifvertragsgesetz
TVöD	Tarifvertrag für den öffentlichen Dienst
tw.	teilweise
ua	unter anderem
uam	und andere(s.) mehr
uÄ	und Ähnliches
Übk.	Übereinkommen
umstr.	umstritten
unstr.	unstreitig
Unterabs.	Unterabsatz
unzutr.	unzutreffend
urspr.	ursprünglich
Urt.	Urteil
uU	unter Umständen
uVm	und Vieles mehr
UVMG	Unfallversicherungsmodernisierungsgesetz
UVV	Unfallverhütungsvorschriften
v.	vom, von
v.H.	vom Hundert
VA	Verwaltungsakt
Verf.	Verfasser
VerfE	Verfassungsentwurf
VerfGH	Verfassungsgerichtshof
VG	Verwaltungsgericht; Versorgungsmedizinische Grundsätze
VGH	Verwaltungsgerichtshof
vgl.	vergleiche

Abkürzungsverzeichnis

VO	Verordnung
VO (EG)	Verordnung der Europäischen Gemeinschaft
Vor	Vorbemerkung(en)
vorl.	vorläufig
VwGO	Verwaltungsgerichtsordnung
VwVfG	Verwaltungsverfahrensgesetz
WHO	World Health Organisation (Weltgesundheitsorganisation)
wN	weitere Nachweise
WRV	Weimarer Reichsverfassung (Verfassung des Deutschen Reiches v. 11.8.1919)
WSI	Wirtschafts- und Sozialwissenschaftliches Institut der Hans-Böckler-Stiftung
zahlr.	zahlreich
zB	zum Beispiel
ZESAR	Zeitschrift für europäisches Sozial- und Arbeitsrecht
ZeuP	Zeitschrift für Europäisches Privatrecht
ZfA	Zeitschrift für Arbeitsrecht
ZfPR	Zeitschrift für Personalvertretungsrecht
ZIAS	Zeitschrift für ausländisches und internationales Arbeits- und Sozialrecht
Ziff.	Ziffer
zit.	zitiert
ZPO	Zivilprozessordnung
ZRP	Zeitschrift für Rechtspolitik
zT	zum Teil
ZTR	Zeitschrift für Tarif-, Arbeits- und Sozialrecht des öffentlichen Dienstes
zust.	zustimmend
zutr.	zutreffend
zw.	zweifelhaft
zzgl.	zuzüglich
zzt.	zurzeit

Allgemeines Literaturverzeichnis

(Spezielle Literatur findet sich jeweils vor den einzelnen Kommentierungen)
Altvater, Bundespersonalvertretungsgesetz, 9. Aufl. 2016 (zitiert: Altvater/Bearbeiter)
Anzinger/Bieneck, Kommentar zum Arbeitssicherheitsgesetz, 1998
  (zitiert: Anzinger/Bieneck)
Anzinger/Koberski, Kommentar zum Arbeitszeitgesetz, 4. Aufl. 2013
  (zitiert: Anzinger/Koberski)
Ascheid/Preis/Schmidt, Kündigungsrecht, 5. Aufl. 2016 (zitiert: A/P/S, Bearbeiter)
Aufhauser/Brunhöber/Igl, Arbeitssicherheitsgesetz, 4. Aufl. 2010
  (zitiert: Aufhauser/Brunhöber/Igl)
Badura/Walter/Hehlmann, Betriebliche Gesundheitspolitik, 2. Aufl. 2010
  (zitiert: Badura/Walter/Hehlmann)
Baeck/Deutsch, Arbeitszeitgesetz, 3. Aufl. 2013 (zitiert: Baeck/Deutsch)
Bamberger/Roth, Kommentar zum BGB, 3 Bände, 3. Aufl. 2012 (zitiert: BR/Bearbeiter)
Battis, Bundesbeamtengesetz, Kommentar, 4. Aufl. 2009
Becker/Etzel, Gemeinschaftskommentar zum Kündigungsschutzgesetz und zu sonstigen kündigungsschutzrechtlichen Vorschriften, 11. Aufl. 2016 (zitiert: KR/Bearbeiter)
Berg/Platow/Schoof/Unterhinninghofen, Tarifvertragsgesetz und Arbeitskampfrecht, 2013
  (zitiert: BPSU-AKR)
Boecken/Joussen, Teilzeit- und Befristungsgesetz, Handkommentar, 4. Aufl. 2016
  (zitiert: HaKo-TzBfG/Bearbeiter)
Bremer, Arbeitsschutz im Baubereich, 2007
Boecken/Düwell/Diller/Hanau (Hrsg.), Gesamtes Arbeitsrecht, Kommentar, Bd. 1–3, 2016
  (zitiert: NK-GA/Bearbeiter)
Bohnert, Kommentar zum Gesetz über Ordnungswidrigkeiten, 3. Aufl. 2010
  (zitiert: Bearbeiter in: Bohnert)
Boldt/Weller, Bundesberggesetz, 1992
Brecht-Heitzmann/Kempen (Hrsg.), Tarifvertragsgesetz, 5. Aufl. 2014
Bross (Hrsg.), Handbuch Arbeitsstrafrecht, 2017
Bücker/Faber/Feldhoff, Handbuch zum betrieblichen Arbeits- und Gesundheitsrecht: ein Leitfaden für die Praxis nach Inkrafttreten des Arbeitsschutzgesetzes, 1997 (zitiert: BFF)
Bücker/Feldhoff/Kohte, Vom Arbeitsschutz zur Arbeitsumwelt, 1994 (zitiert: BFK)
Bücker, Von der Gefahrenabwehr zu Risikovorsorge und Risikomanagement im Arbeitsschutzrecht, 1997 (zitiert: Bücker Risikovorsorge)
Buschmann/Ulber, Arbeitszeitgesetz, Kommentar, 8. Aufl. 2015 (zitiert: Buschmann/Ulber)

Däubler, Das Arbeitsrecht Bd. I, 16. Aufl. 2006, Bd. II, 13. Aufl. 2012
  (zitiert: Däubler ArbR I/II)
Däubler (Hrsg.), Tarifvertragsgesetz, 4. Aufl. 2016 (zitiert: Bearbeiter in: Däubler)
Däubler/Deinert/Zwanziger, KSchR – Kündigungsschutzgesetz, Kommentar für die Praxis, 10. Aufl. 2017 (zitiert: DDZ/KSchR/Bearbeiter)
Däubler/Hjort/Schubert/Wolmerath (Hrsg.), Arbeitsrecht, Kommentar, 4. Aufl. 2017
  (zitiert: HK-ArbR/Bearbeiter)
Däubler/Kittner/Klebe/Wedde (Hrsg.), Kommentar zum Betriebsverfassungsgesetz, 15. Aufl. 2016 (zitiert: DKKW/Bearbeiter)
Dau/Düwell/Joussen, Sozialgesetzbuch IX, Rehabilitation und Teilhabe behinderter Menschen, Lehr- und Praxiskommentar; 4. Aufl. 2014 (zitiert: Autor in: LPK-SGB IX)
Derleder, Alternativkommentar zum BGB, Bd. III, Besonderes Schuldrecht, 1979
  (zitiert: Derleder)
Dobberahn, Das neue Arbeitszeitgesetz in der Praxis, 2. Aufl. 1996 (zitiert: Dobberahn)
Dornbusch/Fischermeier/Löwisch, Fachanwaltkommentar Arbeitsrecht, 3. Aufl. 2010
  (zitiert: DFL/Bearbeiter)
Düwell, Betriebsverfassungsgesetz, Handkommentar, 4. Aufl. 2014
  (zitiert: HaKo-BetrVG/Bearbeiter)
Düwell/Göhle-Sander/Kohte, Vereinbarkeit von Familie und Beruf, 2010
  (zitiert: Bearbeiter in: juris-PK-Familie und Beruf)
Düwell/Lipke, ArbGG, 4. Aufl. 2016 (zitiert: Düwell/Lipke/Bearbeiter)

Epping/Hillgruber, Grundgesetz, Kommentar, 2. Aufl. 2013
  (zitiert: Bearbeiter in: Epping/Hillgruber)
Erbs/Kohlhaas, Strafrechtliche Nebengesetze, Loseblattsammlung, Stand: Mai 2017
Erman, BGB, Handkommentar, 2 Bände, 14. Aufl. 2014 (zitiert: Erman/Bearbeiter)

Faber, Die arbeitsschutzrechtlichen Grundpflichten des § 3 ArbSchG, 2004
  (zitiert: Faber, Grundpflichten)
Fabricius, Die Mitbestimmung des Betriebsrats bei der Umsetzung des neuen Arbeitsschutzrechts, BB 1997, 1254 ff.
Feldes/Kohte/Stevens-Bartol, SGB IX, 3. Aufl. 2015 (zitiert: FKS/Bearbeiter)
Fiebig/Gallner/Nägele, Kündigungsschutzrecht, Handkommentar, 5. Aufl. 2016
  (zitiert: HaKo-KSchR/Bearbeiter)
Fischer, Strafgesetzbuch, 64. Aufl. 2017
Fitting, Betriebsverfassungsgesetz, Kommentar, 28. Aufl. 2016 (zitiert: Fitting)
Franzen/Gallner/Oetker, Kommentar zum europäischen Arbeitsrecht, 2016
  (zitiert: EuArbR/Bearbeiter)
Fuchs/Marhold, Europäisches Arbeitsrecht, 4. Aufl. 2014

Gäbert/Maschmann-Schulz, Mitbestimmung im Gesundheitsschutz, 2. Aufl. 2008
Gagel, Sozialgesetzbuch II und III, Loseblatt-Kommentar, 65. Erg.-Lieferung, 2017
  (zitiert: Gagel/Bearbeiter)
Gamillscheg, Kollektives Arbeitsrecht, Bd. I, 1997 und Bd. II, 2008
  (zitiert: Gamillscheg Bd. I bzw. Bd. II)
Gemeinschaftskommentar zum Betriebsverfassungsgesetz, 2 Bände, bearbeitet von: Kraft/Wiese/Oetker/Raab/Weber, 10. Aufl. 2014 (zitiert: GK-BetrVG/Bearbeiter)
Georgi, Die Beteiligungsrechte der Mitarbeitervertretung im Arbeitsschutz, 2008
Gercke/Kraft/Richter, Arbeitsstrafrecht, 2. Aufl. 2015 (zitiert: GKR/Bearbeiter)
Gesamtkommentar öffentliches Dienstrecht, Fischer/Goeres/Gronimus, Personalvertretungsrecht des Bundes und der Länder, 2012 (zitiert: GKÖD/F/G/Gronimus)
Giese/Ibels/Rehkopf, ASiG, Kommentar, 1974
Göhler, Gesetz über Ordnungswidrigkeiten, 16. Aufl. 2012
Graf/Jäger/Wittig, Wirtschafts- und Steuerstrafrecht, Kommentar 2011
  (zitiert: GJW/Bearbeiter)
Graue, Mutterschutzgesetz – Basiskommentar zum Mutterschutzgesetz, 2010
  (zitiert: Graue, MuSchG)
Gröninger/Gehring/Taubert, Jugendarbeitsschutzgesetz, 2004

Habich, Sicherheit und Gesundheitsschutz durch die Gestaltung von Nacht- und Schichtarbeit, 2006
Hahn/Pfeiffer/Schubert, Arbeitszeitrecht, 2014 (zitiert: HK-ArbZR/Bearbeiter)
Hanau/Steinmeyer/Wank, Handbuch des europäischen Arbeits- und Sozialrechts, 2002
  (zitiert: HSW)
Hannich, Karlsruher Kommentar zur StPO, 7. Aufl. 2013 (zitiert: Bearbeiter in: KK-StPO)
Hauck/Helml, Arbeitsgerichtsgesetz, Kommentar, 4. Aufl. 2011 (zitiert: Hauck/Helml)
Hauck/Noftz (Hrsg.), Kommentare zum SGB III, IV, VII, IX, jeweils Loseblatt, 2017
  (zitiert: Bearbeiter in: Hauck/Noftz)
Heilmann/Aufhauser, Arbeitsschutzgesetz, Handkommentar, 2. Aufl. 2005
  (zitiert: HaKo-ArbSchG/Bearbeiter)
Henssler/Willemsen/Kalb (Hrsg.), Arbeitsrecht, Kommentar, 7. Aufl. 2016
  (zitiert: HWK/Bearbeiter)
Hess/Schlochauer/Worzalla/Glock/Nicolai/Rose/Huke, Kommentar zum Betriebsverfassungsgesetz, 9. Aufl. 2014 (zitiert: HSWGNRH/Bearbeiter)
Herzberg, Die Verantwortung für Arbeitsschutz und Unfallverhütung im Betrieb, 1984
  (zitiert: Herzberg, Verantwortung)
Hümmerich/Boecken/Düwell, AnwaltKommentar Arbeitsrecht, 2. Aufl. 2010

Ignor/Mosbacher, Handbuch Arbeitsstrafrecht, Personalverantwortung als Strafbarkeitsrisiko, 3. Aufl. 2016 (zitiert: Ignor/Mosbacher/Bearbeiter)
Ilbertz/Widmaier/Sommer, BPersVG, 13. Aufl. 2014
  (zitiert: Ilbertz/Widmaier/Sommer/Bearbeiter)

Jarass, Kommentar zum Bundesimmissionsschutzgesetz, 12. Aufl. 2017
Jarass/Pieroth, Grundgesetz für die Bundesrepublik Deutschland, Kommentar,
  14. Aufl. 2016 (zitiert: Jarass/Pieroth)
Jauernig, Kommentar zum BGB, 16. Aufl. 2016 (zitiert: Jauernig/Bearbeiter)
Joecks/Miebach, Münchener Kommentar zum StGB, 3. Aufl. 2017
  (zitiert: MüKoStGB/Bearbeiter)
Jürgen/Blume/Schleicher/Szymanski, Arbeitsschutz durch Gefährdungsanalyse, 1997
Julius, Arbeitsschutz und Fremdfirmenbeschäftigung, 2004

Allgemeines Literaturverzeichnis

Kater/Leube, Sozialgesetzbuch VII, Kommentar, 1997
Kiesche, Betriebliches Gesundheitsmanagement, 2013
Kindhäuser/Neumann/Paeffgen, StGB, Kommentar, 4. Aufl. 2013
 (zitiert: NK-StGB/Bearbeiter)
Kittner/Däubler/Zwanziger, Kündigungsschutzrecht, 10. Aufl. 2017
 (zitiert: KDZ/KSchR/Bearbeiter)
Kittner/Zwanziger/Deinert (Hrsg.), Arbeitsrecht, Handbuch für die Praxis, 7. Aufl. 2013
 (zitiert: Kittner/Zwanziger/Deinert/Bearbeiter)
Klindt, Produktsicherheitsgesetz, 2. Aufl. 2015
Koch/Scheuing/Pache, Gemeinschaftskommentar zum BImSchG, 2016
 (zitiert: GK-BImSchG/Bearbeiter)
Köckeritz, Arbeitsschutz und dessen Überwachung im Bereich des öffentlichen Dienstes, 2013
Kohte, Stärkung der Partizipation der Beschäftigten im betrieblichen Arbeitsschutz, 2. Aufl. 2005
Kohte, Arbeitsbedingter Stress – Perspektiven der Regulierung und Gestaltung, Jahrbuch Gute Arbeit 2012, 76 ff (zitiert: Kohte, arbeitsbedingter Stress)
Kohte, Das betriebliche Eingliederungsmanagement – Ein doppelter Suchprozess, WSI-Mitteilungen 2010, 374
Kohte/Zimolong/Elke, Arbeit-, Gesundheits- und Umweltschutz in Marktbeziehungen, Kröning, 2006 (zitiert: Kohte/Zimolong/Elke, AGUM)
Koll/Janning/Pinter, Arbeitsschutzgesetz, Kommentar für betriebliche und behördliche Praxis, Loseblatt, 2016 ff (zitiert: KJP/Bearbeiter)
Kollmer/Klindt/Schucht, Arbeitsschutzgesetz, Kommentar, 3. Aufl. 2016
 (zitiert: Kollmer/Klindt/Schucht/Bearbeiter)
Kollmer, Arbeitsschutzgesetz und -verordnungen, 3. Aufl. 2008
 (zitiert: Kollmer, Arbeitsschutzgesetz)
Kollmer, ArbeitstättenV, 3. Aufl. 2009
Kollmer, Baustellenverordnung, 2. Aufl. 2004
Kopp/Ramsauer, Verwaltungsverfahrensgesetz, Kommentar, 17. Aufl. 2016
Knickrehm/Kreikebohm/Waltermann, Kommentar zum Sozialrecht, 5. Aufl. 2017
 (zitiert: KKW/Bearbeiter)

Lackner/Kühl, StGB, Kommentar, 28. Aufl. 2014 (zitiert: Bearbeiter in: Lackner/Kühl)
Landmann/Rohmer, Gewerbeordnung, 2017 (zitiert: LR/Bearbeiter)
Lauterbach, Sozialgesetzbuch VII, Kommentar, Loseblatt, Stand: 2016
 (zitiert: Lauterbach/Bearbeiter)
Laux/Schlachter, Teilzeit- und Befristungsgesetz, 2. Aufl., 2011 (zitiert: Laux/Schlachter)
Löwisch/Rieble, Tarifvertragsgesetz, 4. Aufl. 2017 (zitiert: Löwisch/Rieble)
Leinemann/Taubert, Berufsbildungsgesetz, 2. Aufl. 2008 (zitiert: Leinemann/Taubert)
Linnenkohl/Rauschenberg, Handkommentar Arbeitszeitgesetz, 2. Aufl. 2004
 (zitiert: HK-ArbzG/Bearbeiter)
Lohmann-Haislah, Stressreport 2012, 2013

Maier, Pausengestaltung als Organisationspflicht, 2012
Marquardt, Das Sicherheitsdatenblatt als Instrument außer- und innerbetrieblicher Information und Kommunikation, 2007 (zitiert: Marquardt, Sicherheitsdatenblatt)
Müller-Glöge/Preis/Schmidt (Hrsg.), Erfurter Kommentar zum Arbeitsrecht, 17. Aufl. 2017
 (zitiert: ErfK/Bearbeiter)
Müller-Gugenberger/Bieneck, Wirtschaftsstrafrecht, Handbuch, 6. Aufl. 2014
 (zitiert: Bearbeiter in: Müller-Gugenberger/Bieneck, HB WtStR)
Münchener Handbuch zum Arbeitsrecht, 2 Bände, 3. Aufl. 2009
 (zitiert: Münch/ArbR/Bearbeiter)
Münchener Kommentar zum BGB, 7. Aufl. 2015 ff. (zitiert: MüKoBGB/Bearbeiter)

Nebe, Betrieblicher Mutterschutz ohne Diskriminierungen, 2006
 (zitiert: Nebe, Betrieblicher Mutterschutz)
Neumann/Biebl, Arbeitszeitgesetz, 16. Aufl. 2012 (zitiert: Neumann/Biebl)
Neumann/Pahlen/Majerski-Pahlen, Sozialgesetzbuch IX – Rehabilitation und Teilhabe behinderter Menschen, 12. Aufl. 2010 (zitiert: NPMP/Bearbeiter)
Nöthlichs (Hrsg.), Arbeitsschutz und Arbeitssicherheit, Ergänzbarer Kommentar zum ArbSchG und zum ASiG, Loseblatt, Stand: 2016 (zitiert: Nöthlichs)

Oetker/Preis, Europäisches Arbeits- und Sozialrecht, Loseblatt, Stand: 2017
 (zitiert: Bearbeiter in: EAS)

Opfermann/Streit, ArbeitsstättenV, 132. Lieferung, 2017 (zitiert: Opfermann/Streit)
Oppolzer, Gesundheitsmanagement im Betrieb, 2. Aufl. 2010

Palandt, Kommentar zum Bürgerlichen Gesetzbuch, 76. Aufl. 2017
   (zitiert: Palandt/Bearbeiter)
Pieper, Arbeitsschutzrecht, 6. Aufl. 2017 (zitiert: Pieper)
Pieper/Vorath, Handbuch Arbeitsschutz, Sicherheit und Gesundheitsschutz im Betrieb, 2005
Plog/Wiedow, Bundesbeamtengesetz, Loseblatt, Stand: 2017
Preis/Sagan, Europäisches Arbeitsrecht, 2015

Reich, Beamtenstatusgesetz, Kommentar, 2. Aufl. 2012
Rehwald/Reineke/Wienemann/Zinke, Betriebliche Suchtprävention und Suchthilfe, 2. Aufl. 2012
Richardi (Hrsg.), Betriebsverfassungsgesetz mit Wahlordnung, Kommentar, 15. Aufl. 2016
   (zitiert: Richardi/Bearbeiter)
Richardi/Dörner/Weber, Personalvertretungsrecht, 4. Aufl. 2012 (zitiert: RDW/Bearbeiter)
Riesenhuber, Europäisches Arbeitsrecht, 2009
Roggendorff, Arbeitszeitgesetz, Kommentar, 1994

Sadler, VwVG – VwZG, 9. Aufl. 2017
Satzger/Schluckebier/Widmaier, StGB, Kommentar, 2. Aufl. 2014
Schaub, Arbeitsrechts-Handbuch, 17. Aufl. 2017 (zitiert: Schaub/Bearbeiter)
Schiek, Europäisches Arbeitsrecht, 3. Aufl. 2007
Schlegel/Voelzke/Brandenburg, Juris-Praxiskommentar SGB VII, 2009
Schlick/Bruder/Luczak, Arbeitswissenschaft, 3. Aufl. 2010
Schliemann, Kommentar zum Arbeitszeitgesetz mit Nebengesetzen, 3. Aufl. 2017
   (zitiert: Schliemann)
Schmitt, SGB VII, Gesetzliche Unfallversicherung, Kommentar, 4. Aufl. 2009
Schönke/Schröder, StGB, Kommentar, 29. Aufl. 2014
   (zitiert: Bearbeiter in: Schönke/Schröder)
Senge, Karlsruher Kommentar zum Gesetz über Ordnungswidrigkeiten, 3. Aufl. 2006
   (zitiert: KK-OWiG/Bearbeiter)
Spinnarke/Schork, Arbeitssicherheitsrecht, 2017 (zitiert: Spinnarke/Schork)
Stahlhacke/Preis/Vossen, Kündigung und Kündigungsschutz im Arbeitsverhältnis, 10. Aufl. 2010 (zitiert: Stahlhacke/Bearbeiter)
Staudinger, Kommentar zum BGB, bandweise Aktualisierungen, 2017
   (zitiert: Staudinger/Bearbeiter)
Stein/Rothe/Schlegel (Hrsg.), Gesundheitsmanagement und Krankheit im Arbeitsverhältnis, 2015 (zitiert: SRS/Bearbeiter)
Stelkens/Bonk/Sachs, Verwaltungsverfahrensgesetz – VwVfG, 8. Aufl. 2014
   (zitiert: Stelkens/Bonk/Sachs/Bearbeiter)

Tettinger/Wank/Ennuschat, GewO, 8. Aufl. 2011

Ulich, Arbeitspsychologie, 7. Aufl. 2011

Wank, Kommentar zum technischen Arbeitsschutz, 1999 (zitiert: Wank)
Wank/Börgmann, Deutsches und europäisches Arbeitsschutzrecht, 1992
   (zitiert: Wank/Börgmann)
Wannagat (Begr.), SGB VII, Kommentar, Loseblatt, Stand: 2017
   (zitiert: Wannagat/Bearbeiter)
Wedde (Hrsg.), Kompaktkommentar zum Individualarbeitsrecht mit kollektivrechtlichen Bezügen, 3. Aufl. 2013 (zitiert: Wedde/Bearbeiter)
Wiedemann, Tarifvertragsgesetz, Kommentar, 7. Aufl. 2007 (zitiert: Wiedemann/Bearbeiter)
Wlotzke/Preis/Kraft, Betriebsverfassungsgesetz, Kommentar, 4. Aufl. 2009
   (zitiert: Bearbeiter in: WPK)
Wunderlich, Die Rechtsstellung des Betriebsarztes, 1995 (zitiert: Wunderlich, Betriebsarzt)

Zimolong/Kohte, Integrativer und kooperativer Arbeits- und Umweltschutz in der Metallindustrie, 2006 (zitiert: Zimolong/Kohte, Ikarus)
Zipprich, Prävention arbeitsbedingter Erkrankungen durch manuelles Handhaben von Lasten, 2006 (zitiert: Zipprich, Prävention)
Zmarzlik/Anzinger, Jugendarbeitsschutzgesetz, 5. Aufl. 1998

Teil 1:
Grundlagen
Das soziale Grundrecht auf gesunde, sichere und würdige Arbeitsbedingungen

Charta der Grundrechte der Europäischen Union
Vom 12. Dezember 2007
(ABl. Nr. C 303 S. 1; aktuelle Veröffentlichung ABl. 2012 C 326, 390)
(EU-Dok.-Nr. 3 2007 X 1214 (01))

Artikel 31 EU-GRC Gerechte und angemessene Arbeitsbedingungen
(1) Jede Arbeitnehmerin und jeder Arbeitnehmer hat das Recht auf gesunde, sichere und würdige Arbeitsbedingungen.

(2) Jede Arbeitnehmerin und jeder Arbeitnehmer hat das Recht auf eine Begrenzung der Höchstarbeitszeit, auf tägliche und wöchentliche Ruhezeiten sowie auf bezahlten Jahresurlaub.

Literatur: Kommentare und Monographien (Bundesrepublik): *Bernsdorff/Borowsky*, Die Charta der Grundrechte der Europäischen Union, 2002; *Böhmert*, Das Recht der ILO und sein Einfluss auf das deutsche Arbeitsrecht in Zeiten der europäischen Integration, 2002; *Calliess/ Ruffert* (Hrsg.), EUV/AEUV Kommentar, 4. Aufl. 2011 (zitiert: Calliess/Ruffert EUV/AEUV); *Die Arbeitsgerichtsbarkeit*, Festschrift zum 100jährigen Bestehen des Deutschen Arbeitsgerichtsverbandes, 1994 (zitiert: FS Arbeitsgerichtsverband); *Däubler/Kittner/Lörcher*, Internationale Arbeits- und Sozialordnung, 2. Aufl. 1994; *Dörr/Grote/Marauhn* (Hrsg.), EMRK/GG – Konkordanzkommentar, 2. Aufl. 2013; *Franzen/Gallner/Oetker* (Hrsg.), Kommentar zum Europäischen Arbeitsrecht, 2016 (zitiert: EuArbR/Bearbeiter); *Frenz*, Europäische Grundrechte (Bd. 4 des Handbuchs Europarecht), 2009; *Grabenwarter* (Hrsg.), Europäischer Grundrechteschutz (Enzyklopädie Europarecht Bd. 2), 2014 (zitiert: Grabenwarter/Bearbeiter, EuGR²); *Grabenwarter/Pabel*, Europäische Menschenrechtskonvention, 6. Aufl. 2016 (zitiert: Grabenwarter/Pabel); *Heuschmid/Lörcher*, Charta der Grundrechte der Europäischen Union, in: Boecken/Düwell/Diller/Hanau (Hrsg.), Gesamtes Arbeitsrecht, Kommentar, 2016, Bd. 2, (zitiert: NK-GA/Heuschmid/Lörcher); *Ignor/Rixen* (Hrsg.), Handbuch Arbeitsstrafrecht – Personalverantwortung als Strafbarkeitsrisiko, 2. Aufl. 2007; *Heselhaus/Nowak* (Hrsg.), Handbuch der Europäischen Grundrechte, 2006; *Jarass*, Die EU-Grundrechte, 2005; *ders.*, Charta der Grundrechte der Europäischen Union, Kommentar, 3. Aufl. 2016 (zitiert: Jarass, GRC); *Kohte*, Die Stärkung der Partizipation der Beschäftigten im betrieblichen Arbeitsschutz, 2. Aufl. 2005; *Lenz/Borchardt* (Hrsg.), EU-Verträge, 6. Aufl. 2012 (zitiert: Lenz/Borchhardt, EU-Verträge); *Konzen/Krebber/Raab/Veit/Waas* (Hrsg.), Festschrift Birk, 2008 (zitiert: FS Birk); *Merten/Papier*, Handbuch der Grundrechte in Deutschland und Europa, Band VI/1: Europäische Grundrechte I, 2010 (zitiert: HGR VI/1); *Meyer*, Charta der Grundrechte der Europäischen Union, 4. Aufl. 2014 (zitiert: Meyer/Bearbeiter, GRC); *Meyer-Ladewig*, Europäische Menschenrechtskonvention, 3. Aufl. 2011 (zitiert: Meyer-Ladewig, EMRK); *Preis/Sagan* (Hrsg.), Europäisches Arbeitsrecht, 2015 (zitiert: Preis/Sagan/Bearbeiter, EuArbR); *Sagmeister*, Grundsatznormen in der Europäischen Grundrechtecharta, 2010; *Senghaas-Knobloch* (Hrsg.), Weltweit geltende Arbeitsstandards trotz Globalisierung, 2005; *Streinz* (Hrsg.), EUV/AEUV Kommentar, 2. Aufl. 2012 (zitiert: Streinz, EUV/AEUV); *Rengeling/Szczekalla*, Grundrechte in der Europäischen Union, Charta der Grundrechte und allgemeine Rechtsgrundsätze, 2004 (zitiert: Rengeling/Szczekalla, Grundrechte); *Scherf*, Die Umsetzung des Internationalen Paktes über wirtschaftliche, soziale und kulturelle Rechte vom 19. Dezember 1966 in der Rechtsordnung der Bundesrepublik Deutschland (Diss. Bochum 1987), 1990; *Schlachter/Heinig* (Hrsg.), Europäisches Arbeits- und Sozialrecht (Enzyklopädie Europarecht Bd. 7), 2016 (zitiert: Schlachter/Heinig/Bearbeiter, EuArbSozR); *Schnittmann*, Rechte und Grundsätze in der Grundrechtecharta, 2007; *Stern/Sachs* (Hrsg.), GRCh – Europäische Grundrechtecharta – Kommentar, 2016 (zitiert: Stern/Sachs/Bearbeiter, EU-GRC); *Zimmer*, Soziale Mindeststandards und ihre Durchsetzungsmechanismen, 2008.
Kommentare und Monographien (europäisch und international): *Bercusson* (Hrsg.), European Labour Law and the EU Charter of Fundamental Rights, 2006; *ders.*, European Labour Law, 2. Aufl. 2009; *Bigaut*, La Charte des Droits fondamentaux de l'Union européenne (Avis et rapport

du Conseil Economique et Social), 2002; *Bruun/Lörcher/Schömann/Clauwaert* (Hrsg.), The European Social Charter and the Employment Relation, 2017; Council of Europe (Hrsg.), Digest of the Case Law of the European Committee of Social Rights, 2008 (zitiert: ESC-Digest 2008) www.coe.int/t/dghl/monitoring/socialcharter/Digest/DigestSept2008_en.pdf; *ders.*, Conditions of employment in the European Social Charter, 1999 (zitiert: ESC-Mongraph); *Craven*, The Economic Covenant on Economic, Social and Cultural Rights, 1995; *Iliopoulos-Strangas* (Hrsg.), Soziale Grundrechte in Europa nach Lissabon – Eine rechtsvergleichende Untersuchung der nationalen Rechtsordnungen und des europäischen Rechts, 2010; *International Labour Office* (Hrsg.), Working together to promote a safe and healthy working environment, General Survey on the occupational safety and health instruments concerning the promotional framework, construction, mines and agriculture, International Labour Conference, 106th Session, 2017, Report III (Part 1B), 2017 (zitiert: ILO, General Survey 2017); *International Labour Office* (Hrsg.), Occupational Safety and Health, General Survey concerning the Occupational Safety and Health Convention, 1981 (No. 155), International Labour Conference 98th Session, 2009, Report III (Part 1B), 2009 (zitiert: ILO, General Survey 2009); *International Labour Office* (Hrsg.), Hours of Work, General Survey concerning the Hours of Work (Industry) Convention, 1919 (No. 1) and the Hours of Work (Commerce and Offices) Convention, 1930 (No. 30), International Labour Conference 93rd Session, 2005, Report III (Part 1B), 2005 (zitiert: ILO, General Survey 2005); *International Labour Office* (Hrsg.), Labour inspection, General Survey concerning the Labour Inspection Convention, 1947 (No. 81), International Labour Conference 96th Session, 2006, Report III (Part 1B), 2006 (zitiert: ILO, General Survey 2006); *Peers/Hervey/Kenner/Ward* (Hrsg.), The EU Charter of Fundamental Rights – A Commentary, 2014 (zitiert: PHKW/Bearbeiter, CFREU, Art. …); *Samuel*, Fundamental social rights – Case law of the European Social Charter, 2. Auflage 2002; *Menédez/Benach/Vogel*, The impact of safety representatives on occupational health, European Trade Union Institute, Report 107, 2009; *Servais*, International Labour Law, 2009; *Ssenyonjo*, Economic, Social and Cultural Rights in International Law, 2009.

Aufsätze, Festschriften und Urteilsanmerkungen: *Brückner*, Ratifizierung des ILO-Abkommens Nr. 187 „Förderungsrahmen für den Arbeitsschutz", sis 2010, 366; *Dieterich/Le Friant/Nogler/Kezuka/Pfarr* (Hrsg.), Gedächtnisschrift Zachert, 2010 (zitiert: GS Zachert); *Drouin*, Promoting Fundamental Labor Rights Through International Framework Agreements: Practical Outcomes and Present Challenges, Comp. Labor Law & Pol'y Journal 2010, 591 ff.; *Faure/Tilindyte*, Effective Enforcement of Occupational Health and Safety Regulation: An Economic Approach, ELLJ, 2010, 346 ff.; *Kohte*, Der Beitrag der ESC zum europäischen und deutschen Arbeitsschutz, in: FS Birk, S. 417 ff.; *ders.*, Arbeitsmedizinische Untersuchungen zwischen Fürsorge und Selbstbestimmung, in: GS Zachert, 2010, S. 326; *Kohte/Doll*, Neues aus Erfurt zur Bedeutung der Europäischen Sozialcharta im Arbeitskampfrecht?!, ZESAR 2003, 393; *Lasak*, Health and Safety in the European Social Charter, IJCLLIR 2009, 109; *Lörcher*, Soziale Menschenrechte im individuellen Arbeitsrecht nach Demir und Baykara, AuR 2011, 88 ff.; *ders.*, 50 Jahre UN-Sozialpakt – endlich auf dem Weg zu mehr Bedeutung?, AuR 2016, 488 ff.

Leitentscheidungen: EGMR 12.7.2016 – 34661/07, HSI-Newsletter 3/2016 unter V.1 (Mučibabić / Serbien); EGMR 24.7.2014 – 60908/11, HSI-Newsletter 4/2014 unter V.1 (Brincat ua / Malta); EGMR 5.12.2013 – 52806/09, 22703/10 (Vilnes ua ./. Norwegen); EGMR 20.5.2010 – 61260/08 (Oluić ./. Kroatien); EGMR 27.1.2009 – 67021/01, RdU 2009, 132 (Tătar ./. Rumänien); EGMR 12.11.2008 – 34503/97, AuR 2009, 269 (Demir und Baykara); EGMR 9.5.2006 – 60255/00 (Pereira Henriques ua ./. Luxemburg); EGMR 26.7.2005 – 73316/01, NJW 2007, 41 (Siliadin ./. Frankreich); EGMR 28.6.2001 – 24699/94, ÖJZ 2002, 855 (VGT Verein gegen Tierfabriken); EuGH GA Schlussentsch. v. 8.6.2017 – C-214/16 (King); EuGH 30.6.2016 – C-178/15, NZA 2016, 877 (Sobczyszyn); EuGH 26.3.2015 – C-316/13, NZA 2015, 1444 (Fenoll); EuGH 19.9.2014 – C-579/12 RX-II (Strack); EuGH 26.2.2013 – C-617/10, NJW 2013, 1415 (Åkerberg Fransson); EuGH 3.5.2012 – C-337/10, NJW 2012, 2420 (Neidel); EuGH 25.11.2010 – C-429/09, NZA 2011, 53 (Fuß II); EuGH 14.10.2010 – C-243/09, NZA 2010, 1344 (Fuß); EuGH 7.10.2010 – C-162/09, NVwZ 2011, 32–35 (Lassal); EuGH 22.4.2010 – C-486/08, NZA 2010, 557 (Zentralbetriebsrat der Landeskrankenhäuser Tirols); EuGH 10.12.2009 – C-323/08, NZA 2010, 151 (Rodríguez Mayor); EuGH 23.4.2009 – C-378/07 bis C-380/07, Slg 2009, I-3071 (Angelidaki ua); EuGH 20.1.2009 – C-350/06, C-520/06, NZA 2009, 135 (Schultz-Hoff ua); EuGH 18.1.2006 – C-385/05, NZA 2007, 193 (Confédération générale du travail (CGT) ua); EuGH 9.9.2003 – C-151/02, NZA 2003, 1019 (Jaeger); EuGH 13.1.2003 – C-256/01, NZA 2004, 201 (Allonby); EuGH 7.2.2002 – C-5/00, NZA 2002, 321 (Kommission ./. Deutschland); EuGH 26.6.2001 – C-173/99, NZA 2001, 827 (BECTU); EuGH 13.4.2000 – C-292/97, Slg 2000, I-2737 (Karlsson); EuGH 12.11.1996 –

C-84/94, NZA 1997, 23 (Vereinigtes Königreich gegen Rat); EuGH 13.7.1989 – Rs. 5/88, Slg 1989, 2609 (Wachauf).

I. Einleitung 1	b) Ziel: (Sicherstellung der) Gesundheit, Sicherheit und Würde der Arbeitnehmer durch entsprechende Arbeitsbedingungen 51
II. Internationaler und europäischer Rechtsrahmen. 3	
1. Internationale Organisationen. 4	
a) Rechtliche Bedeutung völkerrechtlicher Normen im EU-Recht. 5	c) Inhalt: verbindliche Maßnahmen 54
b) Entstehungsgeschichte des internationalen Arbeitsschutzrechts 6	aa) Rahmenbedingungen... 55
	bb) Prävention.............. 57
c) Vereinte Nationen (UN) 8	(1) Besondere Maßnahmen für besondere Gefahren 59
d) Internationale Arbeitsorganisation (ILO) 11	(2) Arbeitsmedizinische Betreuung 60
e) Weltgesundheitsorganisation (WHO). 16	(3) Verantwortlichkeit des Arbeitgebers............ 61
f) Europarat: Europäische Menschenrechtskonvention (EMRK) und Europäische Sozialcharta (ESC)..................... 17	(4) Kostenfreiheit 62
	cc) Partizipation 63
	(1) Beschäftigte 64
	(2) Kollektive betriebliche Interessenvertretung.... 65
2. Europäische Union 21	(3) Gewerkschaften 66
a) Neuer Rechtsrahmen durch den Vertrag von Lissabon 23	(4) Diskriminierungsverbot 69
	dd) Durchsetzung. 70
	(1) Aufsichtssystem 71
b) Gemeinschaftscharta der sozialen Grundrechte der Arbeitnehmer und Europäische Säule Sozialer Rechte. 25	(2) Durchsetzungsmechanismen. 72
	(3) Leistungsverweigerungsrecht 73
	(4) Sanktionen 74
	(5) Ausgleich 75
III. Grundrecht auf gerechte und angemessene Arbeitsbedingungen (Art. 31 EU-GRC).......... 27	d) Insbesondere: Begrenzung der Arbeitszeit und bezahlter Urlaub (Abs. 2) 76
1. Wortlaut und Entstehungsgeschichte................... 27	5. Einschränkung(smöglichkeit)en 78
2. Auslegungsmethoden, Rechtsnatur und Kompetenzen......................... 29	a) Voraussetzungen für Einschränkungen gem. Art. 52 Abs. 1 EU-GRC.. 79
3. Grundrechtsberechtigte und -verpflichtete 38	b) Verweis auf die EMRK (Art. 52 Abs. 3 EU-GRC) 86
a) Grundrechtsberechtigte.. 38	
b) Grundrechtsverpflichtete (Art. 51 Abs. 2 EU-GRC) 43	c) Verweis auf Unionsrecht und nationales Recht und Gepflogenheiten (Art. 52 Abs. 6 EU-GRC) 87
4. Inhalt: gesunde, sichere und würdige Arbeitsbedingungen...................... 47	
	6. Schutzniveau gem. Art. 53 EU-GRC............. 89
a) Gegenstand: Arbeitsbedingungen............... 48	IV. Zusammenfassung und Ausblick.......................... 90

I. Einleitung

Arbeit darf Menschen nicht in ihrer Gesundheit beeinträchtigen oder gar schädigen. 1
Ebenso wie die Demokratie darf die Gesundheit nicht an den Werkstoren aufhören.

Diese Erkenntnis hat in einer über zwei Jahrhunderte langen Geschichte[1] über viele Schritte, nicht selten über eine Vielzahl von Unfällen und Krankheiten, ihren Niederschlag letztlich in einem System des Arbeits- und Gesundheitsschutzes gefunden. Dieses ist aber immer noch nicht vollständig ausgereift und bedarf ständiger Anpassungen und Weiterentwicklungen. Dem Arbeits- und Gesundheitsschutz und weitergehend dem Arbeitsumweltschutz kommt daher eine Schlüsselrolle in der Bekämpfung der zugrunde liegenden Faktoren und der Sicherstellung der Gesundheit im Arbeitsleben zu.

2 Mit dem Inkrafttreten des **Vertrags von Lissabon am 1.12.2009** ist ein neues rechtliches Gravitätszentrum geschaffen worden: das **Grundrecht auf gerechte und angemessene und würdige Arbeitsbedingungen**.[2] Unter Berufung auf den Menschenwürdebezug (Art. 1) wird es zT als eines der wichtigsten, wenn nicht sogar als das wichtigste soziale Grundrecht angesehen.[3] Auch wird ihm der Charakter der Verdichtung des Grundgedankens des Arbeitsrechts in ein subjektives Grundrecht zugeschrieben.[4] Dazu sieht die durch Art. 6 Abs. 1 EUV verbindliche Charta der Grundrechte der Europäischen Union (EU-GRC) in ihrem Art. 31 Abs. 1 EU-GRC vor, dass jeder Arbeitnehmerin und jedem Arbeitnehmer das „**Recht auf gesunde, sichere und würdige Arbeitsbedingungen**" sowie das Recht auf Begrenzung der Arbeitszeit zusteht. Durch den neu in den EU-Vertrag aufgenommenen Art. 6 Abs. 1 ist weiter festgelegt, dass die EU-GRC dieselbe rechtliche Wirkung wie die Verträge hat. Sie ist damit rechtsverbindlich geworden.[5]

II. Internationaler und europäischer Rechtsrahmen

3 Das neue grundrechtliche Fundament baut in mehrfacher Hinsicht auf den bisherigen internationalen und europäischen Rechtsgrundlagen und ihren (Weiter-)Entwicklungen auf, die ihrerseits vielfältig miteinander verschränkt sind. Einerseits unabhängig voneinander, andererseits auch in ihrem Zusammenwirken beeinflussen sie den Arbeits- und Gesundheitsschutz in der Bundesrepublik.

4 **1. Internationale Organisationen.** Das Recht der Internationalen Organisationen als Teil des Arbeitsvölkerrechts ist bisher in der Bundesrepublik vernachlässigte Rechtsmaterie, obgleich dessen vielfältige völkerrechtliche Verträge (Pakte, Konventionen, Übereinkommen, Chartas usw) sich intensiv mit Fragen des Arbeits- und Gesundheitsschutzes befassen und wichtige Übereinkommen von der Bundesrepublik ratifiziert worden sind. Sie wirken sich einerseits auf das nationale Recht, in verschiedener Hinsicht aber auch auf das EU-Recht aus.

5 **a) Rechtliche Bedeutung völkerrechtlicher Normen im EU-Recht.** Internationale Normen wirken auf verschiedene Weise in das EU-Recht ein. Zunächst hat der EuGH die Bedeutung internationalen Rechts als Auslegungshilfe mehrfach betont und sie dementsprechend herangezogen.[6] Dafür hat er es genügen lassen, dass die EU-Mitgliedstaaten

---

1 Jastrow, Arbeitsschutz, 1912 mit der Darstellung der deutschen und vor allem auch englischen Geschichte des Arbeitsschutzes (The Morals and Health Act, 1802, S. 21 ff.). **2** Vgl. dazu zB EuArbR/C.Schubert GRC Art. 31; NK-GA/Heuschmid/Lörcher GRCh Art. 31; Schlachter/Heinig/Bücker § 19 Rn. 70 ff. **3** S. PHKW/Bogg, CFREU, Art. 31 Rn. 31.25 („The inclusion of ‚dignity' in the formulation, and thus the corresponding connection with Article 1 of the Charter, could be viewed as an ennobling of the right, entrenching its status as the most fundamental of the labour rights set down in the EU Charter."). Darauf nimmt auch ausdrücklich EuGH GA Schlussantr. v. 8.6.2017 – C-214/16, Rn. 36 (King) Bezug („Tatsächlich kann man Art. 31 als das grundlegendste Arbeitnehmerrecht in der EU-Charta ansehen"). **4** Bercusson, European Labour Law, S. 380 („Article 31 of the EU Charter transforms the general objective of labour law as a whole into a subjective right of all workers, and elevates this subjective right (and the general objective) to the status of a fundamental social right."). **5** Zwar verwendet der EuGH das Wort „rechtsverbindlich" nicht ausdrücklich, er zitiert jedoch jeweils den Wortlaut von Art. 6 Abs. 1 EUV und folgert aus der rechtlichen Gleichrangigkeit mit den Verträgen implizit die Rechtsverbindlichkeit, s. zB EuGH 26.2.2013 – C-399/11, Rn. 48, NJW 2013, 1215 (Melloni). **6** Vgl. dazu zB NK-GA/Heuschmid/Lörcher GRCh Art. 31 Rn. 21 ff.

an der Ausarbeitung beteiligt waren (oder ihnen beigetreten sind).[7] Das gilt für UN-Normen[8] ebenso wie für Standards der Internationalen Arbeitsorganisation.[9] Letztere werden auch ausdrücklich in der Präambel zur Gemeinschaftscharta der Sozialen Grundrechte der Arbeitnehmer (→ Rn. 25), aber auch in verschiedenen sekundären Rechtsakten in Bezug genommen. Der EuGH bezieht sich in seiner Auslegung des EU-Rechts auch ausdrücklich auf die „Entwicklung sowohl des nationalen wie des Völkersozialrechts".[10] In einer sozusagen hervorgehobenen „zweiten Stufe" spielen die Normen des Europarats eine noch wichtigere Rolle. Dies gilt ganz besonders für grundrechtsbezogene Instrumente, dh vor allem die Europäische Menschenrechtskonvention (→ Rn. 17), aber auch für die Europäische Sozialcharta (→ Rn. 18). Die Bezugnahmen in der Präambel und in Art. 53 EU-GRC (→ Rn. 85) unterstreichen dies noch. Unmittelbarer Teil des EU-Rechts wird ein internationales Instrument durch Ratifizierung bzw. Beitritt, wie es zB bei der UN-Behindertenrechtskonvention[11] der Fall und für die EMRK verpflichtend vorgesehen (Art. 6 Abs. 2 EU-GRC), jedoch durch das Gutachten des EuGH wesentlich erschwert, wenn nicht unmöglich gemacht worden ist.[12]

b) Entstehungsgeschichte des internationalen Arbeitsschutzrechts. Schon seit Beginn des letzten Jahrhunderts kommt gesunden Arbeitsbedingungen erhebliche Bedeutung zu.[13] So hat sich die ILO in der Präambel ihrer Verfassung den Schutz der Arbeitnehmer gegen Krankheit und Unfälle im Zusammenhang mit der Beschäftigung zum Ziel gesetzt. Dies fand seinen unmittelbaren Ausdruck darin, dass sich bereits im Gründungsjahr der ILO 1919 fünf der sechs damals verabschiedeten Übereinkommen mit

---

7 ZB EuGH 14.2.2008 – C-244/06, Rn. 39, EuZW 2008, 177 (Dynamic Medien): „Der Gerichtshof hat bereits darauf hingewiesen, dass diese internationalen Verträge zu den völkerrechtlichen Instrumenten zum Schutz der Menschenrechte gehören, denen er bei der Anwendung der allgemeinen Grundsätze des Gemeinschaftsrechts Rechnung trägt (vgl. insbesondere EuGH 27.6.2006 – C-540/03, Slg 2006, I-5769, Rn. 37 (Parlament/Rat))." Speziell zu Art. 31 (Abs. 2) EU-GRC: EuGH GA Schlussantr. v. 8.6.2017 – C-214/16, Rn. 41 (King), „dass der Anspruch auf bezahlten Jahresurlaub nach Art. 7 der Richtlinie 2003/88, ausgelegt im Licht von Art. 31 der Charta und von internationalrechtlichen Instrumenten zum Recht auf bezahlten Jahresurlaub, an denen die Mitgliedstaaten mitgearbeitet haben, so zu verstehen sei, ..." (s. ebd. auch Rn. 64). **8** Zum Internationalen Pakt über bürgerliche und politische Rechte (IBBPR): EuGH 14.2.2008 – C-244/06, Rn. 39, EuZW 2008, 177 (Dynamic Medien); vgl. auch EuGH 9.3.2006 – C-436/04, Rn. 28, Slg 2006, I-2333 (Van Esbroeck); allerdings hat der EuGH neuerdings seine Prüfung von Sekundärrecht auf Vereinbarkeit mit Grundrechten ausschließlich auf die EU-GRC beschränkt und dabei den IPBPR nicht berücksichtigt, solange die Union dem Pakt noch nicht beigetreten ist, vgl. EuGH 28.7.2016 – C-543/14, Rn. 23 (Ordre des barreaux francophones et germanophone ua). **9** Allgemein schon in EuGH 8.4.1976 – 43/75, Slg 1976, 455, Rn. 23 (Defrenne II); EuGH 11.12.2007 – C-438/05, Rn. 43, NZA 2008, 124 (International Transport Workers' Federation – ‚Viking'); speziell im Hinblick auf die Bezugnahme auf ILO-Grundsätze im 6. Erwägungsgrund der Arbeitszeitrichtlinie 2003/88/EG: EuGH 22.11.2011 – C-214/10, Rn. 42, NZA 2011, 1333 (KHS); EuGH 20.1.2009 – C-350/06, C-520/06, Rn. 37 f., NZA 2009, 135; vgl. insgesamt zum Einfluss von ILO-Übereinkommen auf die europäische Rechtsprechung Schmitt, Revue du Droit du Travail, 2013, 513 ff. und Heuschmid/Klebe, Die Normen der Internationalen Arbeitsorganisation und ihre Bedeutung im Richterrecht des Europäischen Gerichtshofs, in: Däubler/Zimmer (Hrsg.), Arbeitsvölkerrecht, 2013, S. 336 ff. mit vielen weiteren Verweisen; s. auch Heuschmid SR 2014, 1 ff. **10** EuGH 19.9.2013 – C-579/12 RX-II, Rn. 44, JZ 2013, 637 (Strack). **11** EuGH 11.4.2013 – verb. Rs. C-335/11, C-337/11, Rn. 30, NZA 2013, 553 (Ring ua) („Die Bestimmungen dieses Übereinkommens bilden folglich seit dem Inkrafttreten einen integrierenden Bestandteil der Unionsrechtsordnung") mAnm Heuschmid AuR 2013, 410; bestätigt durch EuGH 1.12.2016 – C-395/15, EuZW 2017, 263 (Daouidi) und EuGH 9.3.2017 – C-406/15, NZA 2017, 439 (442) (Milkova). **12** EuGH 18.12.2014 – Gutachten 2/2013; dazu noch → Rn. 24. **13** Zu den arbeitsschutzrechtlichen Vorläufern der ILO vgl. Brinkmann, Der Anfang des internationalen Arbeitsrechts: Die Berliner Internationalen Arbeitsschutzkonferenzen von 1890 als Vorläufer der Internationalen Arbeitsorganisation, in: Bundesministerium für Arbeit und Sozialordnung, Bundesvereinigung Deutscher Arbeitgeberverbände, Deutscher Gewerkschaftsbund (Hrsg.), Weltfriede durch soziale Gerechtigkeit, 1994, S. 13 ff.; vgl. auch Jastrow, Arbeitsschutz, 1912, S. 86 ff. zu den Berner Arbeitsschutzkonventionen von 1906 (Verbot der Nachtarbeit für Frauen) und 1910 (Verbot der Verwendung von weiß(gelb)em Phosphor).

1 Grundrecht

wichtigen Aspekten des Arbeitsschutzes, vor allem dem Acht-Stunden-Tag,[14] der Begrenzung der Nachtarbeit,[15] dem Mutter-[16] und Jugendschutz[17] befasst haben. Noch deutlicher sprach die der ILO-Verfassung beigegebene Erklärung von Philadelphia (1944)[18] von der Förderung des Ziels, einen angemessenen „Schutz für das Leben und die Gesundheit der Arbeitnehmer bei allen Beschäftigungen" zu erreichen.[19]

7 Dieses Ziel spiegelt sich auch in der weiteren völkerrechtlichen Entwicklung wider (s. im Anhang Übersicht 1). Auf internationaler Ebene spricht die Allgemeine Erklärung der Menschenrechte (1948) in Art. 23 Abs. 1 vom Recht auf gerechte und befriedigende Arbeitsbedingungen, was dann im UN-Sozialpakt näher konkretisiert wird (→ Rn. 8). Bei der Rechtssetzung der ILO (Übereinkommen und sonstige Instrumente) sind sogar ca. 80 % ganz oder teilweise dem Arbeits- und Gesundheitsschutz gewidmet (→ Rn. 11).[20] Auf europäischer Ebene sind im Rahmen des Europarats vor allem das Recht auf gerechte Arbeitsbedingungen gem. Art. 2 und das Recht auf sichere und gesunde Arbeitsbedingungen gem. Art. 3 (R)ESC (→ Rn. 18) sowie das Recht auf Privat- und Familienleben gem. Art. 8 EMRK (→ Rn. 17) zu nennen. Schließlich – bereits im Rahmen der EU – hat auch schon die Gemeinschaftscharta aus dem Jahr 1989 eine entsprechende Bestimmung aufzuweisen (→ Rn. 25). Im Folgenden sollen die wichtigsten internationalen Rechtsquellen kurz dargestellt werden.

8 **c) Vereinte Nationen (UN).** Der von der Bundesrepublik sowie von allen anderen EU-Mitgliedstaaten ratifizierte[21] Internationale Pakt über wirtschaftliche, soziale und kulturelle Rechte vom 19.12.1966 (UN-Sozialpakt)[22] garantiert im Rahmen des Rechts auf gerechte und günstige Arbeitsbedingungen insoweit vor allem das Recht auf sichere und gesunde Arbeitsbedingungen:

Artikel 7 UN-Sozialpakt
Die Vertragsstaaten erkennen das Recht eines jeden auf gerechte und günstige Arbeitsbedingungen an, durch die insbesondere gewährleistet wird …
b) sichere und gesunde Arbeitsbedingungen; …
d) Arbeitspausen, Freizeit, eine angemessene Begrenzung der Arbeitszeit, regelmäßiger bezahlter Urlaub sowie Vergütung gesetzlicher Feiertage.

9 Eine seit 2000[23] durchgeführte Analyse der Spruchpraxis des UN-Sozialpaktausschusses, der anhand der Berichte der Vertragsstaaten die Einhaltung dieses Pakts kontrolliert (Concluding Observations), zeigt, dass für fast die Hälfte der EU-Mitgliedstaaten Probleme mit der Gewährleistung von sicheren und gesunden Arbeitsbedingungen gesehen wurden. Neben den Kernbereichen des Arbeits- und Gesundheitsschutzes[24] wurden vom UN-Sozialpaktausschuss auch die Zusammenhänge zu Fragen der sexuellen

---

14 Übereinkommen Nr. 1 über die Begrenzung der Arbeitszeit in gewerblichen Betrieben auf acht Stunden täglich und achtundvierzig Stunden wöchentlich, 1919. **15** Übereinkommen Nr. 4 über die Nachtarbeit der Frauen, 1919; Übereinkommen Nr. 6 über die Nachtarbeit der Jugendlichen im Gewerbe, 1919. **16** Übereinkommen Nr. 3 über die Beschäftigung der Frauen vor und nach der Niederkunft, 1919. **17** Übereinkommen Nr. 5 über das Mindestalter für die Zulassung von Kindern zur gewerblichen Arbeit, 1919. **18** S. dazu Pieper AuR 2016, G 5. **19** Zur internationalen Geschichte in Kurzform, ILO, General Survey 2009, Rn. 9 ff. **20** ILO, General Survey 2009, Rn. 2. Eine sehr ausführliche und aktuelle Darstellung der internationalen Verpflichtung der Bundesrepublik sowie der entsprechenden Aussagen der internationalen Kontrollorgane enthält: ILO (Hrsg.), 'Technical Note' on 'The State of Application of the Provisions for Occupational Safety and Health of the International Treaties Ratified by Germany', Genf (Oktober) 2017; http://www.ilo.org/wcmsp5/groups/public/---ed_norm/---normes/documents/publication/wcms_581482.pdf. **21** BGBl. II 1973, 1570; zum Ratifizierungsstand insgesamt s. https://treaties.un.org/Pages/ViewDetails.aspx?src=TREATY&mtdsg_no=IV-3&chapter=4&clang=_en. **22** Auch der EuGH hat auf den UN-Sozialpakt Bezug genommen, EuGH 9.9.2013 – C-5/12, Rn. 3 (Betriu Montull); s. allg. zu 50 Jahren UN-Sozialpakt Lörcher AuR 2016, 488 ff. **23** http://uhri.ohchr.org/search/annotations. **24** ZB von der Umgehung von Schutzstandards durch prekäre Beschäftigungsformen (Finnland, 2008), über (zu) lange Arbeitszeiten (Japan, 2013; Neuseeland, 2012; Polen, 2009), die Anzahl von Selbsttötungen (Frankreich, 2001), mangelnde Prävention (Lettland, 2008; Litauen, 2004; Malta, 2004; Spanien, 2004; Ungarn, 2008) bis hin zur nicht ausreichenden Umsetzung von Vorgaben (Polen, 2002).

Belästigung[25] oder der (Arbeits-)Umwelt[26] thematisiert. Ein besonderes Augenmerk richtet der Ausschuss auf den Schutz von besonders gefährdeten Personengruppen.[27] So wurde auch Deutschland im Hinblick auf den nicht ausreichenden Schutz von illegalen Arbeitskräften kritisiert.[28] Außerdem hat er Pflichten der Staaten im Hinblick auf das Ausland (Exterritorialität) anerkannt.[29]

Inzwischen hat der UN-Sozialpaktausschuss am 8.3.2016 einen „General Comment" Nr. 23 zu Art. 7 UN-Sozialpakt verabschiedet,[30] und damit den darin garantierten Rechten einen konkreteren Inhalt gegeben und so ihre Bedeutung deutlich erhöht.[31] Zur Inhaltsbestimmung hat er allgemein eine erhebliche Anzahl von ILO-Übereinkommen als „relevant" angesehen[32] und speziell beim Recht auf sichere und gesunde Arbeitsbedingungen v.a. auf das ILO-Übereinkommen Nr. 155 (→ Rn. 13, 50) Bezug genommen.[33]

d) Internationale Arbeitsorganisation (ILO). Neben dem Einsatz für die sog Kernarbeitsnormen[34] legt die ILO einen besonderen Schwerpunkt ihrer Arbeit auf den Arbeits- und Gesundheitsschutz.[35] Dazu hat sie – wie erwähnt – seit ihrem Bestehen ein umfangreiches Regelwerk mit einer Vielzahl von Übereinkommen und entsprechenden

---

25 Kritik an nicht ausreichender Gesetzgebung zum Schutz vor sexueller Belästigung (Lettland, 2008; Polen, 2002; Slowakische Republik, 2008; Slowenien, 2006, Ungarn, 2008). **26** Vor allem Nicht-Ratifizierung des ILO-Übereinkommens Nr. 174 zur Verhütung von industriellen Störfällen (Dänemark, 2004; Frankreich, 2001; Italien, 2000 und 2004; Lettland, 2008; Malta, 2004; Slowenien, 2006 (hat 2010 ratifiziert)). **27** Informeller Sektor (Italien, 2004; Finnland, 2014), Hausangestellte (Schweden, 2001) und ZeitarbeitnehmerInnen (Spanien, 2004). Dies gilt erst recht für Nicht-EU-Mitgliedstaaten (zB Senegal, 2001; Paraguay 2008; Argentinien 2011 für Hausangestellte). **28** Concluding observations 24.9.2001 – E/C.12/1/ADD.68 – Deutschland, Rn. 20 („‚shadow economy', such as workers in households, hotel and catering industries, agriculture and the cleaning and building industries") und Rn. 38. **29** S. zB 6.4.2016 E/C.12/KEN/CO/2-5 – Kenia, Rn. 34 („to protect Kenyan domestic workers overseas from abuse and exploitation, including through bilateral agreements with countries of destination, to strengthen the regulation of recruitment agencies and to enhance consular and legal services for these workers"). **30** UN-Sozialpaktausschuss, Beschluss v. 8.3.2016, General Comment Nr. 23 (26.4.2016) on the right to just and favourable conditions of work, E/C.12/GC/23 (im Folgenden: General Comment Nr. 23 (2016)). Bisher wird jedoch dieser Bestimmung in der Literatur zum UN-Sozialpakt – mit Ausnahme von Craven, S. 240 ff. – keine große Aufmerksamkeit zuteil (am ehesten noch der Entgeltgleichheit in Art. 7 Buchst. a) i), vgl. zB Ssenyonjo, S. 294 ff. ausführlich; trotz des Alters mit bedenkenswerten, jedoch zurückhaltend formulierten Schlussfolgerungen Scherf, Die Umsetzung des Internationalen Paktes über wirtschaftliche, soziale und kulturelle Rechte vom 19. Dezember 1966 in der Rechtsordnung der Bundesrepublik Deutschland (Diss. 1987), 1990, der immerhin auf die Verbesserungspflicht (Art. 2 Abs. 1 UN-Sozialpakt) verweist, S. 138. **31** S. neuere Concluding observations, in denen er bereits darauf Bezug genommen hat, s. zB Concluding observations 23.3.2016 – E/C.12/CAN/CO/6 – Kanada, Rn. 28; 6.4.2016 E/C.12/KEN/CO/2-5 – Kenia, Rn. 30. **32** S. General Comment Nr. 23 (2016, s. oben Fn. 30), Rn. 1, Fn. 2; auch auf das ILO-Übereinkommen Nr. 189 zu Hausangestellten (→ Rn. 40) wird im General Comment Bezug genommen (s. Rn. 47(f.) mit Fn. 41). **33** S. zu Art. 7(b) UN-Sozialpakt die Bezugnahmen auf das ILO-Übereinkommen Nr. 155 in Rn. 25 ff. mit den konkreten Verweisen in den Fn. 20 ff. **34** Übereinkommen zur Vereinigungsfreiheit (Nr. 87 und 98), Diskriminierung (Nr. 100 und 111), Zwangs- und Pflichtarbeit (Nr. 29 und 105) und Kinderarbeit (Nr. 138 und 182); vgl. Erklärung der IAO über grundlegende Prinzipien und Rechte bei der Arbeit und ihre Folgemaßnahmen, angenommen von der Internationalen Arbeitskonferenz auf ihrer 86. Tagung, Genf, 18.6.1998. **35** S. ILO, General Survey 2017, „Safety and health at the heart of the ILO's mandate", Rn. 13 ff.; s. allg. die Übersicht mit weiteren Einzelheiten und Erläuterungen im Anhang Übersicht 2. In zwei vor wenigen Jahren angenommenen grundlegenden Erklärungen wird der Arbeits- und Gesundheitsschutz hervorgehoben (Erklärung der IAO über soziale Gerechtigkeit für eine faire Globalisierung (10.6.2008) unter Art. I.A.ii), Erholung von der Krise: Ein Globaler Beschäftigungspakt' (19.6.2009) unter Rn. 14 (2.) und die Neufassung der „Dreigliedrigen Grundsatzerklärung über Multinationale Unternehmen", 5. Aufl. (März 2017), Rn. 43 ff.); vgl. allg. Alli, Fundamental principles of occupational health and safety, (ILO, Hrsg.) 2. Aufl. 2008.

Empfehlungen erarbeitet.[36] Nunmehr verfolgt sie einen horizontalen Ansatz. Seinen deutlichen Ausdruck findet er in der im Jahr 2003 von der Internationalen Arbeitskonferenz beschlossenen globalen Strategie.[37] Sie hat zu umfangreichen Maßnahmen im Zusammenhang mit dem allgemeinen Programm SafeWork[38] geführt, vor allem auch zur Verabschiedung des Übereinkommens Nr. 187 über den Förderungsrahmen für den Arbeitsschutz 2006,[39] das 2010 von der Bundesrepublik ratifiziert worden ist (→ ArbSchG § 1 Rn. 6).[40] Grundlegend ist die Zielbestimmung des Art. 2 für die Verbesserung eines umfassend verstandenen Arbeits- und Gesundheitsschutzes, der auch die gesamte Arbeitsumwelt einbezieht:

Artikel 2 ILO-Übereinkommen Nr. 187
1. Jedes Mitglied, das dieses Übereinkommen ratifiziert, hat zur Verhütung von arbeitsbedingten Unfällen, Erkrankungen und Todesfällen in Beratung mit den maßgebenden Verbänden der Arbeitgeber und der Arbeitnehmer die ständige Verbesserung des Arbeitsschutzes zu fördern durch die Entwicklung einer innerstaatlichen Politik, eines innerstaatlichen Systems und eines innerstaatlichen Programms.
2. Jedes Mitglied hat aktive Maßnahmen zu ergreifen, um unter Berücksichtigung der Grundsätze in den Instrumenten der Internationalen Arbeitsorganisation (IAO), die für den Förderungsrahmen für den Arbeitsschutz relevant sind, durch das innerstaatliche Arbeitsschutzsystem und durch innerstaatliche Arbeitsschutzprogramme schrittweise eine sichere und gesunde Arbeitsumwelt zu verwirklichen.
3. Jedes Mitglied hat in Beratung mit den maßgebenden Verbänden der Arbeitgeber und der Arbeitnehmer in regelmäßigen Abständen zu erwägen, welche Maßnahmen getroffen werden könnten, um die einschlägigen Arbeitsschutzübereinkommen der IAO zu ratifizieren.

12 In den folgenden Artikeln 3 bis 5 werden dann die Inhalte einer notwendigen innerstaatlichen Politik, eines innerstaatlichen Systems und eines innerstaatlichen Programms näher definiert. Dem Übereinkommen liegt ein umfassendes Präventionsverständnis zugrunde. Insgesamt lassen sich verschiedene Handlungsfelder ausmachen, in denen ein Nachholbedarf besteht. Es sind dies die Notwendigkeit einer weiterentwickelten, gemeinsamen Arbeitsschutzpolitik, eines (über den derzeitigen) jährlichen Bericht der Bundesregierung („Sicherheit und Gesundheit bei der Arbeit") hinausgehenden jährlichen Fortschrittsberichts und vor allem einer grundsätzlich „alle relevanten Zielgruppen und alle entscheidenden Handlungsfelder einschließenden" Gemeinsamen Deutschen Arbeitsschutzstrategie (GDA).[41]

13 Die Ratifizierungspolitik der Bundesrepublik hat vor allem die branchen- und gefährdungsspezifischen Übereinkommen erfasst; insoweit sind in neuerer Zeit zwei wichtige Instrumente ratifiziert worden, zum einen für die Seeleute,[42] zum anderen für die

---

[36] Eine ausführliche Darstellung der normsetzenden Tätigkeit (bis hin zur internationalen Zusammenarbeit auch mit der WHO (→ Rn. 16) findet sich in: ILO (Hrsg.), Normenbezogene Tätigkeiten der IAO im Bereich des Arbeitsschutzes, Bericht IV, Internationale Arbeitskonferenz, 91. Tagung 2003, Genf, 2002; vgl. auch Zimmer, S. 55 ff. [37] Global Strategy on Occupational Safety and Health – Conclusions adopted by the International Labour Conference at its 91st Session, 2003, http://www.ilo.org/wcmsp5/groups/public/@ed_protect/@protrav/@safework/documents/publication/wcms_107535.pdf; vgl. zu den aktuellen Themen der psychischen Belastungen, Stress und Gewalt („Psychosocial risks, stress and violence in the world of work"), International Journal of Labour Research, 2016, Vol. 8, Issue 1–2 (2017). 38 www.ilo.org/safework/lang--en/index.htm. [39] Auf Deutsch liegen auch die Berichte aus dem Rechtssetzungsverfahren vor (95. Internationale Arbeitskonferenz, 2006, Berichte IV (1), (2A), (2B), 93. Internationale Arbeitskonferenz, 2005, Berichte IV (1), (2)). [40] BGBl. II 2010, 378; vgl. Kohte BG 2010, 384. [41] Brückner sis 2010, 366 f, www.vdgab.de/Newsletter/VDGAB_Newsletter_2010_01/C_Themen_4_Bericht_Ratifizierung_des_ILO.pdf). [42] BGBl. II 2013, 763 (Seearbeitsübereinkommen); zum Übereinkommen s. ua Pinella/Slios/Bernal, Who will give effect to the ILO's Maritime Labour Convention, International Labour Review, 2013, 59 ff.; Maul-Sartori NZA 2013, 821.

Hausangestellten.[43] Im Zusammenhang mit der Kodifikation einer neuen Betriebssicherheitsverordnung ist weiter die Ratifikation der ILO-Übereinkommen Nr. 119 über den Maschinenschutz und Nr. 184 über den Arbeitsschutz in der Landwirtschaft in Aussicht gestellt worden.[44] Trotzdem lassen sich deutliche Defizite feststellen. Dies betrifft insbesondere das grundlegende und den modernen Arbeits- und Gesundheitsschutz auf internationaler Ebene einführende **Übereinkommen Nr. 155 über Arbeitsschutz und Arbeitsumwelt aus dem Jahr 1981**,[45] obwohl die ILO sogar eine spezielle Ratifizierungskampagne[46] beschlossen hat und das – inzwischen ratifizierte – **Übereinkommen Nr. 187 über den Förderungsrahmen für den Arbeitsschutz** darauf verweist und aufbaut.[47] Die an Einzelproblemen festgemachte Ablehnung[48] ist umso weniger akzeptabel, als gerade diesem Übereinkommen für die Entwicklung des modernen Arbeitsschutzes eine herausragende Bedeutung zukommt. Es hat wesentlich nämlich dazu beigetragen, den bisherigen eher technisch orientierten Arbeitsschutz, der im Wesentlichen als Arbeitssicherheit verstanden wurde, zu einem grundsätzlich neuen umfassenden und präventionsorientierten Ansatz weiterzuentwickeln. Es hat dadurch auch als Vorbild für die Rahmenrichtlinie 89/391/EWG gedient.[49] Die Ratifizierung bleibt also weiterhin erforderlich. Aber auch die die Arbeitszeit begrenzenden Übereinkommen sind bisher gemieden worden. Die Kernarbeitsnormen zur Verhinderung von Kinderarbeit (ILO-Übereinkommen Nr. 138 und 182) sind zwar ratifiziert, beim Mutterschutz ist es jedoch bisher bei der Ratifizierung von ILO-Übereinkommen Nr. 3 aus dem Jahr 1919 geblieben und die neuere Entwicklung (ILO-Übereinkommen Nr. 183) ist noch nicht nachvollzogen worden. Im Hinblick auf die EU besteht zT ein Kompetenzproblem, was sich an der Ratifizierung des ILO-Übereinkommens Nr. 170 (Chemische

---

43 BGBl. II 2013, 922 (Übereinkommen Nr. 189 über menschenwürdige Arbeit für Hausangestellte); auf Vorschlag der Kommission (KOM (2013) 152 final, 21.3.2013) hat der Rat die Mitgliedstaaten zur Ratifizierung ermächtigt (Kommission – IP/14/82 vom 28.1.2014); bereits vorher war das Übereinkommen trotzdem auch von EU-Mitgliedstaat Italien ratifiziert worden; zum Inhalt des Übereinkommens vgl. Scheiwe/Schwach ZIAS 2012, 313 ff.; Kocher NZA 2013, 929 ff.; Schumacher, Die Rechte der Migrant Domestic Workers nach dem ILO-Übereinkommen Nr. 189, in: Däubler/Zimmer (Hrsg.), Arbeitsvölkerrecht, 2013, S. 62 ff.; Lörcher, Der Einsatz der Internationalen Arbeitsorganisation (ILO) für Beschäftigte mit besonders prekären Arbeitsverhältnissen – Das ILO-Übereinkommen Nr. 189 zum Schutz von Hausangestellten, in: Buschmann/Fraunhoffer/Schierle/Vorbau (Hrsg.), Unsichere Arbeits- und Lebensbedingungen in Deutschland und Europa, 2014, S. 76 ff.; Blackett, The Decent Work for Domestic Workers Convention and Recommendation, 2011, American Journal of International Law, 2012, 778 ff., s. insgesamt zu den arbeitsschutzrechtlich relevanten ILO-Übereinkommen im Anhang Übersicht 2. **44** Begründung Referentenentwurf vom 16.1.2014, S. 5; das dort weiter genannte Übereinkommen Nr. 152 über den Arbeitsschutz bei der Hafenarbeit ist bereits ratifiziert. **45** Vgl. dazu ausführlich ILO, General Survey 2009; vgl. BFK Rn. 234 ff. **46** Plan of action to achieve widespread ratification and effective implementation of the occupational safety and health instruments (Convention No. 155, its 2002 Protocol and Convention No. 187), 2010 (s. das entsprechende Verwaltungsratsdokument GB.307/LILS/3(Rev.)). **47** S. allg. ILO, General Survey 2017. Neben dem ausdrücklichen Verweis in der Präambel von ILO-Übereinkommen Nr. 187 und seinem Art. 1 Buchst a auf das ILO-Übereinkommen Nr. 155 wird in seinem Art. 2 Abs. 3 (→ Rn. 11) auch eine Verpflichtung geschaffen zu „erwägen", welche (vorbereitenden) Maßnahmen für die Ratifizierung aller bisher noch fehlenden einschlägigen Übereinkommen getroffen werden könnten; vgl. auch die verschiedenen Bezugnahmen auf das Übereinkommen Nr. 187 in ILO, General Survey 2009, zB Rn. 294 f., 306. **48** BT-Drs. 10/2126 v. 16.10.1984 (Unterrichtung durch die Bundesregierung; von Ratifizierung wurde „abgesehen", weil erforderliche Rechtsänderungen „nicht erwogen" wurden (S. 13): vor allem Schutz von gewerkschaftlichen Vertrauensleuten vor Disziplinarmaßnahmen (Art. 5 Buchst. e; s. auch Art. 19 für Beteiligungsrechte); Leistungsverweigerungsrecht bei angenommenem „hinreichenden Grund" (Art. 13); Beteiligungsrechte gehen über Geltungsbereich des BetrVG/PersVG hinaus (Art. 19)). **49** Rantanen/Fedotov, Standards, Principles and Approaches in Occupational Health Services: „The Framework Directive 89/391/EEC contains many features of the ILO Conventions Nos. 155 and 161", S. 4 (www.ilo.org/wcmsp5/groups/public/---ed_protect/---protrav/---safework/documents/publication/wcms_110439.pdf); BFK Rn. 237; im Direct Request zu Übereinkommen Nr. 187 (2013) wird die Bundesregierung aufgefordert, ua darüber zu berichten, auf welche Art und Weise sie die Prinzipien der im Anhang zu ergänzenden Empfehlung Nr. 197 enthaltenen Instrumente (ua das Übereinkommen Nr. 155) berücksichtigt.

Stoffe) festgemacht hat.[50] Diesem Problem ist die EU jetzt dadurch ausgewichen, dass sie die Mitgliedstaaten zu einer entsprechenden Ratifizierung ermächtigt hat.[51]

14 Die Einhaltung der ratifizierten Übereinkommen wird von einem **Sachverständigenausschuss** kontrolliert.[52] Zur Situation in der Bundesrepublik hat er verschiedene Stellungnahmen abgegeben. Diese reichen von der Kritik an einzelnen Bestimmungen, wie zB den Einschränkungen beim Leistungsverweigerungsrecht nach § 22 ABBergV,[53] bis hin zu grundsätzlicheren Besorgnissen wie zB der Reduzierung der Zahl der Beamten in der Gewerbe-(Arbeits)aufsicht.[54] Häufig werden auch nähere Informationen zur praktischen Anwendung von konkreten Bestimmungen eingefordert.[55] Auch für nicht ratifizierte Übereinkommen (und Empfehlungen) prüft er in gewissen Abständen den erreichten Stand der innerstaatlichen Gesetzgebung und Praxis. Bedeutsam sind insoweit die Allgemeinen Überblicke („General Survey") zum Arbeits- und Gesundheitsschutz,[56] zur Arbeitszeit[57] sowie zur Arbeitsaufsicht.[58] Bisher haben jedoch die ILO-Normen zum Arbeitsschutz keine besondere Bedeutung in der innerstaatlichen Praxis (insbesondere auch der Gerichte) entfaltet.[59]

15 Eine zusätzliche Dimension der Anwendung der ILO-Normen ergibt sich inzwischen aus einer zunehmenden Anzahl von Internationalen Rahmenabkommen, insbesondere zwischen Gewerkschaften und multinationalen Unternehmen. In manchen dieser Abkommen wird auch der Arbeitsschutz zum Gegenstand gemacht,[60] zT auch anhand der ILO Normen.[61]

16 **e) Weltgesundheitsorganisation (WHO).** Die Weltgesundheitsorganisation, der alle EU-Mitgliedstaaten angehören, legt in der Präambel ihrer Satzung eine grundsätzliche und auch häufig in Bezug genommene Definition für Gesundheit fest: „Gesundheit ist ein Zustand vollkommenen physischen, geistigen und sozialen Wohlbefindens und nicht bloß das Fehlen von Krankheit und Gebrechen."[62] Diese prinzipielle Aussage wird auch vom EuGH für die Auslegung der unionsrechtlichen Vorschriften zum Arbeits- und Gesundheitsschutz herangezogen.[63] Bedenken, dass dieser Begriff für den Arbeitsschutz zu weitgehend sei,[64] können durch eine Art. 3 Buchst. e des ILO-Übereinkommens Nr. 155 orientierte funktionale Begrenzung ausgeräumt werden. In Fragen des Arbeits- und Gesundheitsschutzes arbeitet die WHO mit der ILO zusam-

---

50 EuGH 19.3.1993 – Gutachten 2/91, Slg 1993 I-1061. **51** Ratsbeschluss 28.1.2014 – 2014/52/EU – zur Ermächtigung der Mitgliedstaaten, das Übereinkommen über Sicherheit bei der Verwendung chemischer Stoffe bei der Arbeit der Internationalen Arbeitsorganisation von 1990 (Übereinkommen Nr. 170), im Interesse der Europäischen Union zu ratifizieren. **52** Böhmert, insbesondere S. 131 ff. zum Arbeits- und Gesundheitsschutz; hier jedoch ohne Bezugnahme auf die konkrete Spruchpraxis. **53** CEACR 95th ILC Session (2006) – Direct request (im Hinblick auf Art. 13 Abs. 1 ILO-Übereinkommen Nr. 176). **54** ILO (Hrsg.), Report of the Committee of Experts on the Application of Conventions and Recommendations, Report III (Part 1 A), International Labour Conference, 99th Session, Genf 2010, S. 506 (zu Art. 7 und 10 Übereinkommen Nr. 81). **55** ZB CEACR, 105th ILC Session (2017) – „Direct Request" zur Anwendung von § 241 Abs. 2 BGB im Hinblick auf Art. 14 ILO-Übereinkommen Nr. 115 über den Schutz der Arbeitnehmer vor ionisierenden Strahlen („Kein Arbeitnehmer darf entgegen einem von berufener Seite abgegebenen ärztlichen Gutachten mit einer Arbeit beschäftigt oder weiterbeschäftigt werden, bei der er ionisierenden Strahlen ausgesetzt werden könnte.") oder „Direct Request" zur Anwendung von § 3 ASiG und DGUV V2 im Hinblick auf Art. 5 ILO Übereinkommen Nr. 161 über die betriebsärztlichen Dienste zu deren Aufgaben. **56** ILO, General Survey 2017 (geprüft wurden das Grundlagen-Übereinkommen Nr. 187 (→ Rn. 11 f.) sowie die sektorspezifischen Übereinkommen Nr. 167 (Bauwesen), 176 (Bergwerke) und 184 (Landwirtschaft) mit den entsprechenden Empfehlungen) sowie General Survey 2009 (geprüft wurde auch die entsprechende Empfehlung Nr. 164 und das Protokoll aus dem Jahr 2002). **57** ILO, General Survey 2005. **58** ILO, General Survey 2006. **59** Vgl. Däubler in: Senghaas-Knobloch, S. 105 ff. **60** Drouin, S. 595 (Fn. 17); s. auch Syndex/ETUC/Sustainlabour, Environment and occupational health and safety clauses in the International Framework Agreements. A study. Summary. **61** Zimmer, S. 175. **62** BGBl. II 1954, 45. Allg. zum „Globalen Gesundheitsrecht" unter besonderer Berücksichtigung der WHO: Kaltenborn/Tröppner JZ 2017, 745 ff. (748 f.). **63** EuGH 12.11.1996 – C-84/94, NZA 1997, 23 Rn. 15 (Vereinigtes Königreich gegen Rat); 19.9.2013 – C-579/12 RX-II, NJW 44, JZ 2013, 637 (Strack); der EGMR bezieht ebenfalls WHO-Dokumente (auch „nur" Empfehlungen) in seine Rspr. mit ein (s. zB EGMR 24.3.2016 – 56660/12, Rn. 131 (Korneykova und Korneykov ./. Ukraine). **64** Münch/ArbR/Kohte § 288 Rn. 20.

men,[65] wobei dann eher Projekte[66] im Vordergrund stehen, während die normsetzende Tätigkeit der ILO vorbehalten ist.

f) Europarat: Europäische Menschenrechtskonvention (EMRK) und Europäische Sozialcharta (ESC). Grundlegend für den europäischen Menschenrechtsschutz ist die Europäische Menschenrechtskonvention (EMRK).[67] Ihre Bestimmungen sind jedoch nicht primär auf Arbeitsverhältnisse ausgerichtet. Die Rechtsprechung des Europäischen Gerichtshofs für Menschenrechte (EGMR) hat jedoch über die in Art. 11 EMRK gewährte Vereinigungsfreiheit auch in anderen Artikeln arbeitsbezogene Elemente anerkannt, so zB in Bezug auf das in Art. 2 EMRK garantierte Recht auf Leben und zwar sowohl in verfahrensmäßiger[68] als auch in materieller Hinsicht,[69] das in Art. 4 EMRK ausgesprochene Verbot der Zwangsarbeit[70] und das in Art. 8 EMRK anerkannte Recht auf Privat- und Familienleben.[71] Aufgrund seiner neueren Rechtsprechung liegt es nahe, dass sich dieser Trend noch verstärken wird: In dem Individualbeschwerdeverfahren **Demir und Baykara**[72] geht der EGMR von einer völkerrechtsfreundlichen Auslegung der EMRK aus, so dass in Zukunft auch die genannten Normen unter Berücksichtigung der entsprechenden völkerrechtlichen (→ Rn. 8 ff.) und auch unionsrechtlichen (→ Rn. 27 ff.) Standards eine stärkere Ausrichtung auf eine soziale Dimension erfahren dürften. Besonders gilt dies für Art. 8 EMRK, dem beispielsweise bereits eine starke umweltschutzorientierte Dimension zuerkannt wurde.[73] In dem Verfahren **Tătar ./. Rumänien**[74] hat der EGMR seine Rechtsprechung zusammengefasst und ua festgestellt, dass die staatlichen Behörden ihrer positiven Verpflichtung nicht nachgekommen seien, die mit den betrieblichen Aktivitäten der fraglichen Aufbereitungsanlage verbundenen Risiken einer zufriedenstellenden Bewertung zu unterziehen und adäquate Maßnahmen zum Schutz der Rechte der Beschwerdeführer auf Achtung von deren Privatleben zu ergreifen.[75] Ähnliches gilt für das spätere Urteil im Beschwerdeverfahren **Oluić ./. Kroatien**.[76] Darin stellt der EGMR eine Verletzung von Art. 8 EMRK fest, weil die Behörden den Beschwerdeführer nicht vor

---

65 Fedotov, ILO Programme SafeWork: „WHO and ILO approaches are convergent, complementary and mutually supportive" (www.who.int/occupational_health/final_4_Jan_cc_report.pdf). **66** WHO Global Plan of Action on Workers' Health (2008-2017): Baseline for Implementation, 2013 (www.who.int/occupational_health/who_workers_health_web.pdf). **67** S. zB EuArbR/C.Schubert, EMRK. **68** EGMR 9.5.2006 – 60255/00 (Pereira Henriques ua ./. Luxemburg) (Verletzung von Art. 2 EMRK wegen nicht effektiver Untersuchung nach einem tödlichen Arbeitsunfall); diese Rechtsprechung zu einer nicht effektiven Untersuchung ist inzwischen weiter verfestigt worden in EGMR 19.7.2016 – 43885/13 (Pop ./. Rumänien); 12.7.2016 – 34661/07, HSI-Newsletter Newsletter 3/2016 unter V.1) (Mučibabić ./. Serbien); 30.7.2015 – 55902/11, HSI-Newsletter 3/2015 unter V.1) (Ryzhenko ./. Ukraine). **69** EGMR 24.7.2014 – 60908/11, HSI-Newsletter 4/2014 unter V.1) (Brincat ua / Malta) (Tod durch Asbestbelastung); 20.5.2014 – 39438/05, HSI-Newsletter 3/2014 unter V.1) (Binişan ./. Rumänien) (Tod durch elektrischen Schlag, „State responsibility under Article 2 of the Convention might arise in the event of inability on the part of the domestic legal system of a State to secure accountability for negligent acts endangering or resulting in loss of human life. The State's positive obligation under Article 2 also requires the setting up of an effective functioning legal system", Rn. 82). **70** EGMR 26.7.2005 – 73316/01 (Siliadin ./. Frankreich) (Verletzung von Art. 4 EMRK wegen Hausarbeit einer (sich illegal aufhaltenden) Minderjährigen unter (vor allem auch überlange Arbeitszeiten beinhaltenden) unmenschlichen Bedingungen und ohne Bezahlung). **71** EGMR 27.7.2004 – 55480/00, 59330/00 (Sidabras und Džiautas ./. Litauen) (Verletzung von Art. 14 (Diskriminierungsverbot) iVm Art. 8 EMRK wegen Verweigerung von Arbeit aus politischen Gründen („Berufsverbot"); 27.9.1999 – 31417/96 ua (Lustig-Prean ua ./. Vereinigtes Königreich) (Verletzung von Art. 8 EMRK wegen Entlassung aus dem Militärdienst wegen Homosexualität). **72** EGMR (Große Kammer) 12.11.2008 – 34503/97, AuR 2009, 269 ff. Rn. 85 (Demir and Baykara ./. Türkei). **73** Vgl. zB Grabenwarter/Pabel § 22 Rn. 30, 61; Marauhn/Thorn: Dörr/Grote/Marauhn, EMRK/GG, Kap. 16 Rn. 32; Meyer-Ladewig, EMRK, Art. 8. Rn. 45 (jeweils mWN). **74** EGMR 27.1.2009 – 67021/01, RdU 2009, 132 (Tătar ./. Rumänien). **75** Iliopoulos-Strangas, S. 841 f. **76** EGMR 20.5.2010 – 61260/08 (Oluić ./. Kroatien); in diesem Sinn auch das Urteil EGMR 18.10.2011 – 21532/08 (Martínez-Martínez ./. Spanien), in dem eine Verletzung wegen einer langjährigen, auch nächtlichen Lärmbelastung aufgrund einer Diskothek („l'intensité des nuisances sonores – nocturnes et excédant largement les niveaux autorisés – et du fait que celles-ci se sont répétées durant plusieurs années", Rn. 54) eine Verletzung der Schutzpflichten aus Art. 8 EMRK festgestellt wurde.

übermäßigem Lärm aus einer Bar geschützt hatten. Im Verfahren **Apanasewicz/Polen** ist 2011 eine Verletzung von Art. 8 EMRK wegen unterlassenen Vollzugs eines behördlichen Verbots in Bezug auf eine Lärm emittierende Fabrik festgestellt worden.[77] Trotz der bisherigen Zurückhaltung des EGMR in Bezug auf (gesunde) Arbeitsbedingungen, ermöglicht die vom EGMR vorgenommenen Anerkennung der Chance, soziale Beziehungen zu anderen aufzunehmen und seinen Lebensunterhalt zu verdienen,[78] die prognostische Aussage, dass diese Auslegung des Art. 8 EMRK noch mehr für den Arbeits- und Gesundheitsschutz gelten müsse, und zwar erst recht, wenn die oben genannten internationalen Normen berücksichtigt werden.[79] Für das Privat- und Familienleben der Beschäftigten wird dementsprechend wesentlich zu berücksichtigen sein, dass es von gesunden (also zB gefährliche Arbeiten oder überlange Arbeitszeiten ausschließenden) und würdigen (zB Mobbing verhindernden) Arbeitsbedingungen bestimmt wird. Für die Einbeziehung gesunder Arbeitsbedingungen in den Schutzbereich von Art. 8 EMRK lassen sich inzwischen in der EGMR-Rspr. durchaus Anfänge feststellen, insbes. wenn es sich um gefährliche Arbeiten, zB durch Asbestbelastung, handelt.[80]

18 Im Nachgang und als soziales Gegenstück zur EMRK wurde 1961 die **Europäische Sozialcharta (ESC)** verabschiedet.[81] Sie ist von der Bundesrepublik ratifiziert worden.[82] Zentrale Norm für den Arbeitsschutz ist Art. 3 ESC. Diese Vorschrift ist durch die – von der Bundesrepublik noch nicht ratifizierte – Weiterentwicklung der ESC zur Revidierten Europäischen Sozialcharta (RESC) modernisiert worden: ein neuer Abs. 1 enthält nun ua das Gebot einer kohärenten nationalen Präventionspolitik sowie den Grundsatz der weitest möglichen Verringerung der „Ursachen der Gefahren in der Arbeitsumwelt" und in einem neuen Absatz wird die schrittweise Errichtung betriebsärztlicher Dienste verlangt. Die Konsultationspflicht nach dem bisherigen Abs. 3 findet sich jetzt im Einleitungssatz wieder und gilt nun für alle Absätze. Für die Arbeitszeit enthält Art. 2 ESC verschiedene Regelungen, von denen Abs. 1 mit der Pflicht zur Arbeitszeitverkürzung besonders wichtig ist.[83] Auch Art. 2 wurde durch die RESC ergänzt. Für den Arbeitsschutz wichtig ist der neue Abs. 7 über die Arbeitnehmer in Nachtarbeit.

19 Für den **Kinder- und Jugendarbeitsschutz** ist Art. 7 ESC einschlägig, der ebenfalls durch die RESC erweitert wurde.[84] Art. 8 ESC[85] beinhaltet den Schutz von Frauen bei der Arbeit. Entsprechend neuen Anti-Diskriminierungs-Konzeptionen wurde er in dem neu

---

77 EGMR 3.5.2011 – 6854/07 (Apanasewicz ./. Polen) („la requérante est directement affectée par les nuisances engendrées par l'activité de son voisin, en particulier par le bruit lié à l'exploitation de son usine", Rn. 96). **78** Vgl. allg. Grabenwarter/Pabel § 22 Rn. 15, § 25 Rn. 37 ff.; zurückhaltender Meyer-Ladewig, EMRK, Art. 8 Rn. 31 f.; sowie zum aus Art. 8 EMRK abgeleiteten Recht auf einen (menschenrechtlichen) Kündigungsschutz, EGMR 9.1.2013 – 21722/11 (Oleksandr Volkov ./. Ukraine); EGMR 21.1.2014 – 34288/04 (Ay ./. Türkei). **79** Ausführlich Lörcher AuR 2011, 88 ff. **80** Verletzung von Art. 8 EMRK (weitgehende gesundheitliche Einschränkungen aufgrund von Tiefseetauchen, aber nur aufgrund mangelnder Information über gesundheitliche Gefahren): EGMR 5.12.2013 – 52806/09 ua, Rn. 235 ff. (Vilnes ua ./. Norwegen); s. dazu Lörcher HSI-Newsletter 3/2013 unter III; Verletzung von Art. 2 (Tod durch Asbestbelastung) und Art. 8 (weitgehende gesundheitliche Einschränkungen aufgrund von Asbestbelastung): EGMR 24.7.2014 – 60908/11, HSI-Newsletter 4/2014 unter V.1) (Brincat ua / Malta) ua unter Hinweis auf die insoweit einschlägigen ILO-Übereinkommen Nr. 139 und 162, Rn. 40; vgl. allg. zB Grabenwarter/Pabel § 22 Rn. 15. **81** S. EuArbR/C.Schubert, ESC; zu den speziellen Artikeln der ESC als Quellen für Art. 31 s. PHKW/Bogg, CFREU, Art. 31 Rn. 31.11 ff.; allg. Bruun/Lörcher/Schömann/Clauwaert (Hrsg.), The European Social Charter and the Employment Relation, 2017 (s. insbes. zu Art. 2 und 3 auf S. 166 ff. und 181 ff. **82** BGBl. II 1964, 1262. **83** Zu den „Conclusions XIX-III" (AuR 2011, 108 f. mAnm Lörcher, 113) sowie zum Bericht der EU-Kommission zur Umsetzung der Arbeitszeitrichtlinie 2003/88, AuR 2011, 105 ff. **84** Im Hinblick auf die entsprechende Bestimmung in der EU-GRC s. NK-GA/Heuschmid/Lörcher GRCh Art. 32. **85** Bei der Bezugnahme auf Art. 8 ESC hat der EuGH nicht danach differenziert, ob die konkrete Bestimmung von den EU-Mitgliedstaaten als ESC-Vertragsstaaten anerkannt worden ist, sondern allgemein auf die Ratifizierung der gesamten Sozialcharta abgestellt (EuGH 20.9.2007 – C-116/06, NZA 2007, 1274 Rn. 48 (Kiiski).

Grundrecht 1

gefassten Art. 8 RESC[86] auf das Recht der Arbeitnehmerinnen auf Mutterschutz reduziert.[87]

Der für die Einhaltung der ESC zuständige **Europäische Ausschuss der Sozialen Rechte** hat inzwischen eine umfangreiche Spruchpraxis entwickelt.[88] Zu Art. 3 ESC im Verhältnis zur Bundesrepublik hat er sich in seinen Schlussfolgerungen in den Jahren 2007 und 2013 geäußert. Darin hat er bei der Prüfung von Art. 3 Abs. 1 ESC festgestellt, dass das EuGH-Urteil zur (europarechtswidrigen) Ermächtigungsnorm des § 14 Abs. 2 ASiG (aF)[89] umgesetzt worden sei und dementsprechend keine weiteren Probleme mehr gesehen.[90] Diese Beurteilung erscheint jedoch zweifelhaft. Sein Hauptkritikpunkt an der Situation in der Bundesrepublik bezieht sich auf die nur sehr eingeschränkt geltenden Arbeitsschutzbestimmungen für Solo-Selbstständige („self-employed"). Hier wird – schon seit langem – ausdrücklich ein Verstoß gegen Art. 3 Abs. 1 ESC festgestellt.[91] Bei Art. 3 Abs. 2 ESC kam der Ausschuss zwar 2007 zu einem positiven Ergebnis, fragte aber 2013 doch – und zwar ergebnislos – nach, wie viele Arbeitnehmer von den Kontrollen betroffen waren.[92] 20

2. Europäische Union. Der Arbeits- und Gesundheitsschutz kann – neben den Fragen der Diskriminierung – als einer der beiden grundlegenden Bereiche angesehen werden, die wesentlich zum Aufbau einer sozialen Dimension der EU beigetragen haben. Aus dem ursprünglichen Ansatz, aus der Verstärkung des Binnenmarkts (Einheitliche Europäische Akte, 1987), hat er sich inzwischen vollständig emanzipiert und gipfelt nun in dem neu geschaffenen sozialen Grundrecht auf gesunde Arbeitsbedingungen. Er kann also als wesentliches Element des europäischen Sozialmodells gelten. 21

Dieser Bedeutungszuwachs hängt stark mit entsprechenden Entwicklungen in den Mitgliedstaaten zusammen. Ein Überblick über das Recht der EU-Mitgliedstaaten[93] lässt nämlich eine **deutliche Tendenz zu einer sogar verfassungsrechtlichen Absicherung des Schutzes der Arbeitskraft**, vor allem im Hinblick auf gesunde Arbeitsbedingungen erkennen. So enthalten die Verfassungen von elf Mitgliedstaaten eine – wie auch immer ausgestaltete – Regelung zum Gesundheitsschutz (zumindest auch am Arbeitsplatz),[94] 22

---

86 Im Hinblick auf die auf die entsprechende Bestimmung in der EU-GRC s. NK-GA/Heuschmid/Lörcher GRCh Art. 33. **87** Weitere Texte des Europarats (Ministerkomitee und Parlamentarische Versammlung) s. in Monograph, S. 128 f. **88** S. die Zusammenfassung seiner Spruchpraxis zu Art. 3 in ESC-Digest 2008, S. 33 ff., und ESC-Monograph, S. 29 ff.; s. auch Samuel, S. 59 ff., sowie die zusammenfassende Darstellung in der Entscheidung 6.12.2006 – 30/2005 – (Marangopoulos Foundation for Human Rights (MFHR) ./. Griechenland) Rn. 222–231; ausführliche Darstellung mit Bezugnahmen auf das deutsche und EU-Recht, Kohte in: FS Birk, S. 417 ff. Außer den in den Fn. 91 und 92 genannten Stellungnahmen enthalten die neuesten Conclusions XX-2 (2013) des Ausschusses noch weitergehende Fragen zB in Bezug auf besonders gefährdete Substanzen und Leiharbeitnehmer (jeweils zu Art. 3 Abs. 1). **89** EuGH 7.2.2002 – C-5/00, NZA 2002, 321 (Kommission ./. Deutschland). **90** Conclusions XVIII-2 (2007), S. 128. **91** Conclusions XVIII-2 (2007), S. 130 ; Conclusions XX-2 (2013), S. 6 („no general application of the legal provisions on safety and health at work to self-employed persons"). **92** Conclusions XVIII-2 (2007), S. 132; die aktuellere Beurteilung durch die ILO sieht grundsätzlichere Probleme (→ Rn. 14). In Conclusions XX-2 (2013) S. 9 fragt der Ausschuss noch einmal nach („The Committee asks to be informed about the reasons why, despite the evolutions mentioned in the report, the staff numbers of the bodies in charge of labour inspection were either reduced or remained at the same level."), dazu Kohte WSI-Mitteilungen 2015, 170 ff. Im 34. Bericht der BReg (RAP/Cha/DEU/34(2017) – https://rm.coe.int/16806ec8e0, S. 31.) werden weiterhin keine entsprechenden Zahlen genannt, weil dafür keine Angaben vorlägen. Zur Anzahl der Inspektionen der Länder-Gewerbeaufsicht insgesamt ergibt sich auf jeden Fall ein sehr deutlicher Rückgang von 267.008 im Jahr 2000 auf 206.197 im Jahr 2015. **93** Vgl. dazu Bigaut, La Charte des Droits fondamentaux de l'Union européenne, (Avis et rapport du Conseil Economique et Social), 2002; Kimmel/Kimmel, Verfassungen der EU-Mitgliedstaaten, 6. Aufl. 2005; ausführliche Länderberichte zu den sozialen Grundrechten (jedoch im Regelfall nicht oder nur sehr kurz zum Arbeits- und Gesundheitsschutz) finden sich zu den EU-15 Mitgliedstaaten in: Iliopoulos-Strangas (Hrsg.), Teil I (für die Bundesrepublik: Däubler, S. 111 ff. und S. 139 zu den Arbeitsbedingungen im Hinblick auf Art. 2 Abs. 2 GG). **94** Bulgarien, Frankreich (Präambel), Litauen, Luxemburg, Niederlande, Polen, Portugal, Rumänien, Slowakische Republik, Spanien und Ungarn.

und je fünf weitere zum Schutz der Arbeitskraft[95] sowie zur Qualität bzw. Aufsicht von Arbeitsbedingungen.[96] Nur acht Mitgliedstaaten (darunter die Bundesrepublik) kennen keine ausdrückliche Verfassungsbestimmung zum Arbeits- und Gesundheitsschutz.[97] Damit hat die grundrechtliche Entwicklung des Arbeits- und Gesundheitsschutzes auf EU-Ebene eine relativ starke „Rückendeckung" durch die nationalen Verfassungen erhalten.[98] Vor dem Hintergrund der Bezugnahme auf die „gemeinsamen Verfassungsüberlieferungen" als Rechtserkenntnisquellen[99] in Art. 6 Abs. 3 EUV und der Rechtsprechung des EGMR zur Berücksichtigung der Staatenpraxis („practice of Contracting States")[100] kommt dieser Entwicklung[101] also eine nicht zu unterschätzende Bedeutung zu. Hervorzuheben sind zwei Elemente:

23 a) **Neuer Rechtsrahmen durch den Vertrag von Lissabon.** Für die EU schafft der Vertrag von Lissabon einen neuen (Rechts-)Rahmen.[102] Das soziale Grundrecht auf gesunde Arbeitsbedingungen ist eingebettet in ein Bezugssystem von im Wesentlichen neu eingeführten Werten, Zielen und weiteren grundlegenden Bestimmungen.[103] An erster Stelle stehen die Werte, die die Grundlage der Union bilden, wie die **Achtung der Menschenwürde und die Solidarität** (Art. 2 EUV). Dieser kommt eine besondere Rolle zu, da sie sich nicht nur in Abs. 2 der Präambel der EU-GRC, sondern vor allem als Überschrift eines eigenen Kapitels der EU-GRC (Titel IV – „Solidarität") wiederfindet und deshalb einen wesentlichen Grundpfeiler des Verständnisses für die auch soziale Ausrichtung der Union darstellt. Eine allgemeine soziale Querschnittsklausel enthält Art. 9 AEUV, die auch auf die „Gewährleistung eines angemessenen sozialen Schutzes" abstellt. Besonders wichtig sind die konkreteren Ziele für die Sozialpolitik, die in Art. 151 Abs. 1 AEUV (ex-Art. 136) niedergelegt sind, wie insbesondere die Verbesserung der Lebens- und Arbeitsbedingungen und die Harmonisierung im Wege des Fortschritts. Darüber hinaus enthält diese Bestimmung auch noch – wie schon Abs. 5 in der Präambel des EUV – eine Bezugnahme auf die sozialen Grundrechte, wie sie in der ESC (→ Rn. 18) und der Gemeinschaftscharta (→ Rn. 25) enthalten sind.

24 Die grundrechtliche Ausrichtung der Union wird in Art. 6 EUV näher beschrieben. An exponierter Stelle (Abs. 1) wird die **Rechtsverbindlichkeit der EU-GRC** normiert. Der darin enthaltene Grundrechtekanon gliedert sich in den vier ersten Titeln – entsprechend den grundlegenden, auch in Art. 2 EUV genannten Werten der Union – in Würde (des Menschen), Freiheit, Gleichheit und Solidarität. Die sozialen Grundrechte sind vor allem im Titel IV enthalten; darunter zählt auch das hier einschlägige Grundrecht auf gerechte und angemessene Arbeitsbedingungen (Art. 31 EU-GRC) sowie damit zusammenhängend das Verbot der Kinderarbeit und der Jugendarbeitsschutz (Art. 32 EU-GRC)[104] sowie der Mutterschutz (Art. 33 Abs. 2 EU-GRC).[105] Art. 6 EUV erweitert den grundrechtlichen Schutz durch die Verpflichtung zum Beitritt zur EMRK (Abs. 2),[106] was jedoch – wie bereits erwähnt (→ Rn. 5 aE) – durch das Gutachten des

---

95 Finnland, Irland, Italien, Malta und Slowenien. **96** Belgien, Estland, Griechenland und Tschechische Republik. **97** Dänemark, Deutschland, Lettland, Malta, Österreich, Schweden, Vereinigtes Königreich und Zypern. **98** Vgl. Stern/Sachs/Lang EU-GRC Art. 31 Rn. 2 (zT „ausführliche Regelungen ..., die bei der Schaffung des Art. 31 Pate gestanden haben dürften"); vgl. auch die Hinweise in: Meyer/Rudolf, GRC, Art. 31 Rn. 3 f. **99** Zur Kritik an einer Auslegung von Art. 52 Abs. 4 EU-GRC (Auslegung „im Einklang mit den Überlieferungen), die grundrechtseinschränkende Wirkung hat, s. Iliopoulos-Strangas, S. 853 ff. **100** EGMR (Große Kammer) 12.11.2008 – 34503/97, AuR 2009, 269 ff. Rn. 85 (Demir und Baykara ./. Türkei). **101** Hinweise auf die einfach-gesetzliche arbeitsschutzrechtliche Normierung auch in den 27 EU-Mitgliedstaaten (mit Ausnahme von Malta) enthält ILO, General Survey 2009, S. 113 ff. **102** ABl. C 83 30.3.2010 (neue konsolidierte Version, s. auch Bekanntmachung zur Berichtigung in BGBl. II 2010, 151 f.); vgl. dazu ausführlich Bruun/Lörcher/Schömann (Hrsg.), The Lisbon Treaty and Social Europe, 2012. **103** Coen in: Lenz/Borchardt, EU-Verträge, AEUV Vor Art. 151–161 Rn. 6 (er konstatiert bereits ein „weitgehendes Gleichgewicht zwischen den sozialen und wirtschaftlichen Zielen der Verträge"). **104** S. dazu NK-GA/Heuschmid/Lörcher GRCh Art. 32. **105** S. dazu NK-GA/Heuschmid/Lörcher GRCh Art. 33. **106** S. den ursprünglich vorgesehenen Text eines Beitrittsabkommens (Stand: 10.6.2013, Dokument 47+1(2013)008rev 2).

EuGH wesentlich erschwert, wenn nicht unmöglich gemacht worden ist,[107] sowie durch die Festlegung, dass die Grundrechte, wie sie in der EMRK gewährleistet sind und wie sie sich aus den gemeinsamen Verfassungsüberlieferungen der Mitgliedstaaten und der EMRK ergeben, als allgemeine Grundsätze Teil des Unionsrechts sind (Abs. 3). Insoweit kommt der EMRK (→ Rn. 17) bei der Auslegung besondere Bedeutung zu.[108]

b) Gemeinschaftscharta der sozialen Grundrechte der Arbeitnehmer und Europäische Säule Sozialer Rechte. Auch im Kontext des Vertrags von Lissabon kommt der bereits 1989 verabschiedeten Gemeinschaftscharta nicht unerhebliche Bedeutung zu. Sie hat zwar keinen unmittelbar rechtlich bindenden Charakter. Auf die in ihr enthaltenen sozialen Grundrechte ist jedoch im primären Unionsrecht an zwei Stellen Bezug genommen. Außerdem hat sie der EuGH bei der Auslegung mehrfach herangezogen.[109] In ihrer Präambel wird vorgegeben, sich von den Übereinkommen der ILO (→ Rn. 11) und der ESC (→ Rn. 18 f.) „leiten zu lassen". Besondere Bedeutung kommt der in ihr enthaltenen zentralen Bestimmung zum Arbeits- und Gesundheitsschutz (Nr. 19)[110] auch insoweit zu, als das in Art. 151 Abs. 1 AUEV (ex-Art. 136) betonte dynamische Element der Harmonisierung im Wege des Fortschritts hervorgehoben und der Arbeitsschutz insgesamt gegenüber den wirtschaftlichen Binnenmarktfolgen sozusagen „in Schutz genommen" wird. Inhaltlich einschlägig sind Nr. 19 zum Arbeits- und Gesundheitsschutz und Nr. 8 zur Arbeitszeit. Fast 30 Jahre danach unternimmt die Kommission mit ihrer Empfehlung[111] „Europäische Säule Sozialer Rechte"[112] einen erneuten Versuch, die sozialen Rechte zu stärken. Über den bisherigen arbeitsschutz(grund)rechtlichen Bestand („acquis") hinaus soll „Grundsatz" Nr. 10[113] ein hohes Schutzniveau und ein Recht auf eine an die spezifischen beruflichen Umstände angepasste Arbeitsumwelt, insbesondere auch für ältere Personen bewirken.[114] Um dies zu erreichen, werden jedoch keine neuen Rechtsakte angekündigt.[115] Die bereits im Januar 2017 veröffentlichte Mitteilung enthält zwar fast auch keine neuen Rechtsakte, dafür aber einige konkretere Maßnahmen (→ Unionsrecht Rn. 29).[116]

---

107 EuGH 18.12.2014 – Gutachten 2/2013. Die – vor allem kritische – Literatur dazu ist nicht mehr überschaubar; vgl. zB Engel, Der Beitritt der Europäischen Union zur EMRK, 2015 („es drängt sich der Eindruck auf, dass der EuGH den Unionsbeitritt zur EMRK nicht nur kurzfristig verhindern wollte", S. 331), Polakiewicz, HRLJ 2016, 10 ff., der versucht, dennoch Wege zum Weiterkommen aufzuzeigen. **108** Vgl. im Einzelnen Iliopoulos-Strangas, HGR VI/1 § 145 Rn. 86 ff. **109** Zuletzt EuGH 16.7.2015 – C-222/14, Rn. 38 (Maïstrellis); 7.2.2014 – C-588/12, Rn. 32 (Lyreco Belgium); s. auch EuGH 22. 4.2010 – C-486/08, NZA 2010, 557 Rn. 52 (Zentralbetriebsrat der Landeskrankenhäuser Tirols); 10.12.2009 – C-323/08, NZA 2010, 151 Rn. 59 (Rodríguez Mayor); 23.4.2009 – C-378/07 bis C-380/07, Slg 2009, I-3071 Rn. 112 (Angelidaki ua). **110** „Jeder Arbeitnehmer muss in seiner Arbeitsumwelt zufriedenstellende Bedingungen für Gesundheitsschutz und Sicherheit vorfinden. Es sind geeignete Maßnahmen zu ergreifen, um die Harmonisierung der auf diesem Gebiet bestehenden Bedingungen auf dem Wege des Fortschritts weiterzuführen.". **111** Zur rechtlichen Bedeutung von (Kommissions-)Empfehlungen EuGH 13.12.1989 – C-322/88, Rn. 18 (Grimaldi), („Die innerstaatlichen Gerichte sind ... verpflichtet, bei der Entscheidung der bei ihnen anhängigen Rechtsstreitigkeiten die Empfehlungen zu berücksichtigen, insbesondere dann, ... wenn sie verbindliche gemeinschaftliche Vorschriften ergänzen sollen."). **112** C(2017)2600 v. 26.4.2017; vgl. dazu näher Lörcher AuR 10/2017. **113** „a) Arbeitnehmerinnen und Arbeitnehmer haben das Recht auf ein hohes Gesundheitsschutz- und Sicherheitsniveau bei der Arbeit. b) Arbeitnehmerinnen und Arbeitnehmer haben das Recht auf eine Arbeitsumfeld, das ihren beruflichen Bedürfnissen entspricht und ihnen eine lange Teilnahme am Arbeitsmarkt ermöglicht." **114** S. das die Empfehlung ergänzende (und Einzelbegründungen enthaltende) Dokument SWD(2017) 201 endg. v. 26.4.2017, S. 41 f. **115** Der einzig konkret angekündigte Rechtsakt wo bereits vorgeschlagen (s. Richtlinie für eine Richtlinie zur Änderung der Richtlinie 2004/37/EG über den Schutz der Arbeitnehmer gegen Gefährdung durch Karzinogene oder Mutagene bei der Arbeit, KOM(2017) 11 endg. v. 10.1.2017). **116** KOM(2017) 12 endg. 10.1.2017 (s. insbes. die vorgesehenen Maßnahmen S. 19 ff.).

1 Grundrecht

26 Unter dem Abschnitt „Verbesserung der Lebens- und Arbeitsbedingungen" werden der Anspruch auf wöchentliche Ruhezeit und auf bezahlten Jahresurlaub erwähnt (Nr. 8).[117] Während für den Mutterschutz keine ausdrückliche Regelung vorgesehen ist, finden sich ausführlichere Rechte für Kinder und Jugendliche (Nr. 20 und 22 Unterabs. 2).

III. Grundrecht auf gerechte und angemessene Arbeitsbedingungen (Art. 31 EU-GRC)

27 **1. Wortlaut und Entstehungsgeschichte.** Die grundrechtliche Entwicklung hat ihren Höhepunkt durch die Rechtsverbindlichkeit der EU-GRC erreicht, in der der Qualität der Arbeitsbedingungen in Art. 31 grundrechtlicher Charakter verliehen wird.

28 Vor dem Hintergrund einer bereits bestehenden und sehr umfangreichen sekundären Rechtsetzung (→ Unionsrecht Rn. 10 ff.) ist die Entstehungsgeschichte[118] dieser Vorschrift nicht sehr spektakulär; sie war auch nicht sehr umstritten.[119] Bereits in der ersten Grundrechtsliste[120] tauchten unter Bezugnahme auf die entsprechenden Vorschriften der ESC (→ Rn. 18) und der Gemeinschaftscharta (→ Rn. 25) das Recht auf Sicherheit und Gesundheit am Arbeitsplatz sowie das Recht auf die wöchentliche Ruhezeit und auf bezahlten Jahresurlaub auf, jedoch jeweils noch verbunden mit der Fragestellung „Recht oder politisches Ziel?". Im ersten Präsidiumsdokument mit konkreten Formulierungen waren beide Elemente als Rechte ausformuliert.[121] Durch die weiteren Diskussionen wurden sie inhaltlich ergänzt. In Übereinstimmung mit **Art. 26 RESC (Recht auf Würde am Arbeitsplatz)** wurde das Recht auf „gesunde und sichere" um „würdige" Arbeitsbedingungen erweitert.[122] Um sich nicht zu weit von den entsprechenden „Bezugsgrößen" vor allem von Art. 2 (R)ESC zu entfernen, wurde die Arbeitszeitbestimmung durch die zentrale „Begrenzung der Höchstarbeitszeit" sowie die wöchentliche Ruhezeit durch „tägliche" ergänzt.[123] Wegen des unmittelbaren Sachzusammenhangs wurde die spezifische Regelung zur Arbeitszeit der allgemeinen Bestimmung über die Qualität der Arbeitsbedingungen eingegliedert und der neue Artikel mit der von anderen als „etwas deplatziert wirkend"[124] bezeichneten Überschrift „Gerechte und angemessene Arbeitsbedingungen" versehen.[125] Insgesamt ist festzustellen, dass dieser Artikel – vor allem wegen der bereits erreichten hohen Integrationsdichte durch die erfolgte Sekundärrechtsetzung – als **abgesicherter grundrechtlicher Mindeststandard** gelten darf.[126]

29 **2. Auslegungsmethoden, Rechtsnatur und Kompetenzen.** Zur Klärung der entsprechenden Auslegungsmethoden sind zunächst die einschlägigen Bestimmungen der EU-GRC selbst (Präambel sowie insbesondere Art. 52, 53 EU-GRC) sowie der grundsätzlich neue Rechtsrahmen nach dem Vertrag von Lissabon (→ Rn. 23) zu beachten.[127] Dementsprechend stehen als Bezugsrahmen auch die sich aus dem internationalen

---

117 In seiner Rechtsprechung zur Arbeitszeit hat der EuGH mehrfach gerade auch auf Punkt 8 und 19 der Gemeinschaftscharta (→ Rn. 25) hingewiesen (EuGH 7.9.2006 – C-484/04, Slg 2006, I-7471 Rn. 35 (Kommission/Vereinigtes Königreich); 1.12.2005 – C-14/04, NZA 2006, 89 Rn. 40 (Dellas ua); 9.3.2004 – C-397/01 bis C-403/01, NZA 2004, 1145 Rn. 91 (Pfeiffer ua); 26.6.2001 – C-173/99, NZA 2001, 827 Rn. 37 (BECTU)). **118** Meyer/Rudolf, GRC, Art. 31 Rn. 5 ff.; ausführlich zu Abs. 2 in Rn. 8 ff. **119** Barriga, S. 121. **120** V. 27.1.2000 CHARTE 4112/2/00 REV 2, BODY 4 (Ziff. 2 und 4 im Kapitel Wirtschaftliche und soziale Rechte/Ziele). **121** CONVENT 18 v. 27.3.2000 CHARTE 4192/00 (Art. VI und VII). **122** CONVENT 40 v. 23.6.2000 CHARTE 4373/00 und CONVENT 41 v. 3.7.2000 CHARTE 4383/00 (Art. 36 mit Hinweis auf den entsprechenden Änderungsantrag von van der Burg). **123** CONVENT 34 v. 16.5.2000 CHARTE 4316/00 (Art. 35). **124** Barriga, S. 122. **125** S. CONVENT 40 v. 23.6.2000 CHARTE 4373/00; in der deutschen Fassung lautete die Überschrift zunächst noch „Gerechte Arbeitsbedingungen", während die englische Fassung („Fair and just working conditions") und französische („Conditions de travail justes et équitables") jeweils bereits die „angemessenen" Arbeitsbedingungen enthielten. In der Folge wurde dann auch die deutsche Fassung angepasst. **126** Auch beim Kinder- und Jugendschutz (s. Stern/Sachs/Nußberger/Ennuschat EU-GRC Art. 32 Rn. 1 ff.; Meyer/Rudolf, GRC Art. 32 Rn. 4 ff.) sowie beim Mutterschutz (s. dazu Stern/Sachs/Tettinger/Muckel EU-GRC Art. 33 Rn. 1 ff.; Meyer/Rudolf, GRC, Art. 33 Rn. 6 ff.) wurden die Entwurfsfassungen mehrfach geändert. **127** Vor diesem Hintergrund kann es keine einfache „Kontinuität" bei der Interpretation der Unionsgrundrechte geben, so aber EuArbR/Pötters § 2 Rn. 6.

Grundrecht 1

Rechtsrahmen (→ Rn. 3 ff.) ergebenden Vorschriften zur Verfügung, wobei nach Auffassung des IGH der Auslegung von zuständigen internationalen Gremien ein „großes Gewicht" bei der Interpretation der entsprechenden Normen beigelegt werden sollte; was er auch mit der notwendigen Konsistenz (der Auslegung) der internationalen Normen sowie dem Grundsatz der Rechtssicherheit begründet.[128] Speziell zur EU-GRC sind in erster Linie die in den Erläuterungen genannten Quellen (Art. 6 Abs. 1 Unterabs. 3 EUV iVm Art. 52 Abs. 7 EU-CRC), hier also die zu Art. 31 Abs. 1 EU-GRC in Bezug genommenen Art. 2 „Sozialcharta"[129] (→ Rn. 18) und auf EU-Ebene Nr. 19 der Gemeinschaftscharta (→ Rn. 25) sowie vor allem auch das „Grundgesetz des Arbeitsschutzes", die EG-Rahmenrichtlinie 89/391/EWG zu berücksichtigen. Diese Richtlinie sowie das gesamte sekundärrechtliche „Netzwerk" des Arbeits- und Gesundheitsschutzes ist einerseits vom Grundrecht aus zu verstehen (und nicht umgekehrt) und stellt andererseits insoweit den „acquis communautaire" oder jetzt „acquis de l'Union" dar, der seinerseits als (grundrechtsfester) Mindeststandard nicht unterschritten werden kann, jedoch nicht abschließend ist.[130] Weiter gelten die allgemeinen Auslegungsmethoden des EuGH im Hinblick auf den Wortlaut, den Zusammenhang und die Ziele[131] sowie die Gründe, die zum Erlass der Vorschrift geführt haben, wobei bei verschiedenen möglichen Auslegungen derjenigen der Vorzug zu geben ist, die deren praktische Wirksamkeit zu wahren geeignet ist („effet utile").[132] Ferner ist ein Unionsrechtsakt so weit wie möglich im Einklang mit dem gesamten Primärrecht und insbesondere den Bestimmungen der Charta auszulegen.[133] Für die nähere Bestimmung der Ziele ist insbesondere zu verweisen auf die allgemeinen Ziele der Union (Art. 3, insbesondere Abs. 3 S. 1 EUV: „eine in hohem Maße wettbewerbsfähige soziale Marktwirtschaft, die auf Vollbeschäftigung und sozialen Fortschritt abzielt"), die sozialen Grundrechte in der ESC (→ Rn. 18) und in der Gemeinschaftscharta (→ Rn. 25), auf die in Abs. 5 der Präambel zum EUV und in Art. 151 Abs. 1 AEUV Bezug genommen wird, sowie die darin enthaltenen weiteren sozialen Zielbestimmungen wie die „Verbesserung der Lebens- und Arbeitsbedingungen, um dadurch auf dem Wege des Fortschritts ihre Angleichung zu ermöglichen". Von besonderer Bedeutung ist, dass die Kompetenznorm des Art. 153 Abs. 1 Buchst. a AEUV nicht nur gegenständlich auf die Arbeitsumwelt, sondern inhaltlich ausdrücklich auf ihre dynamische Entwicklung abzielt („Verbesserung insbesondere der Arbeitsumwelt zum Schutz der Gesundheit und der Sicherheit der Arbeitnehmer"). Schließlich ist auch zu berücksichtigen, „dass der Arbeitnehmer die ‚schwächere Partei des Arbeitsvertrags' ist, und dass es ‚verhindert werden muss, dass der Arbeitgeber ihm eine Beschränkung seiner Rechte auferlegen kann'."[134]

Die Charta der Grundrechte enthält – wie die Präambel ausweist – „Rechte, Freiheiten und Grundsätze". Art. 52 Abs. 5 EU-GRC legt für die „Grundsätze" gegenüber den „Rechten" unterschiedliche Wirkungen fest. Auch wenn für jeden einzelnen Artikel eine differenzierte Einordnung erforderlich ist, ist doch aus systematischen Gründen in 30

---

128 „[T]he Court ... should ascribe great weight to the interpretation adopted by this independent body [UN-Menschenrechtsausschuss, d.V.] that was established specifically to supervise the application of that treaty. The point here is to achieve the necessary clarity and the essential consistency of international law, as well as legal security, to which both the individuals with guaranteed rights and the States obliged to comply with treaty obligations are entitled." Urt. v. 30.11.2010 – Ahmadou Sadio Diallo (Republic of Guinea v. Democratic Republic of the Congo), Merits, Judgment, I.C.J. Reports 2010, S. 639, Rn. 66. **129** Mit dieser Wortwahl ist nicht klar, ob damit die ESC oder RESC gemeint ist. Zwar scheint durch den Verweis auf die im selben Abs. 1 genannte „revidierte Sozialcharta" der Schluss auf die ESC nahe zu liegen; andererseits ist die Verweisungstechnik und die Wortwahl in Bezug auf die (revidierte) (Europäische) Sozialcharta in den Erläuterungen keineswegs konsistent, so dass man sich bei der Präambel zur EU-GRC wird beziehen müssen, nach der in Abs. 5 insoweit beide vom „Europarat beschlossenen Sozialchartas" die Referenzpunkte für die Auslegung bilden; aus diesen Gründen wird für die Bezugnahme im Folgenden von „Art. 3 (R)ESC" verwendet. **130** Stern/Sachs/Lang EU-GRC Art. 31 Rn. 15; Meyer/Rudolf, GRC, Art. 31 Rn. 20 („Rückschrittsverbot"). **131** EuGH 4.4.2017 – C-544/15, JZ 2017, 627 Rn. 30 (Fahimian). **132** Vgl. zB EuGH 7.10.2010 – C-162/09, NVwZ 2011, 32 Rn. 49 ff. (Lassal). **133** EuGH 19.9.2013 – C-579/12 RX-II, Rn. 40 (Strack). **134** EuGH GA Schlussantr. v. 8.6.2017 – C-214/16, Rn. 49 ff. mwN (King).

1 Grundrecht

der Regel vom Grundrechtscharakter der in der Charta normierten Grundrechte auszugehen.[135]

31 Die Kommentarliteratur zur Rechtsnatur dieses sozialen Grundrechts ist sehr divergent. Sie reicht von der Qualifizierung lediglich als „Grundrechtsstandard" bzw. Vorschrift mit „Programmcharakter"[136] bis zu unmittelbar einklagbarem Recht.[137] Wohl eine Mehrzahl von Kommentatoren neigt dazu, Art. 31 Abs. 1 EU-GRC als **Grundrecht mit Schutzcharakter** zu verstehen, das dem einzelnen Beschäftigten zwar keine unmittelbaren Rechte gegenüber seinem Arbeitgeber, jedoch einen Anspruch gegenüber dem Staat zur Gewährung eines entsprechenden Schutzes einräumt.[138]

32 Dieses eingeschränkte Verständnis kann jedoch nicht überzeugen. Die Bestimmung der Rechtsnatur muss sich zunächst am Wortlaut orientieren. Die Überschrift („Gerechte und angemessene Arbeitsbedingungen") enthält – im Gegensatz zu anderen Bestimmungen der EU-GRC[139] – keine unmittelbare Aussage zur rechtlichen Qualität der Vorschrift. Der Wortlaut der beiden Absätze spricht jeweils ausdrücklich von einem „Recht", und zwar nicht (nur) in der Form „Die Union anerkennt und achtet das Recht …",[140] sondern konkret personenbezogen und ohne jede Einschränkung auf „(j)ede Arbeitnehmerin und jeder Arbeitnehmer". Außerdem findet sich auch kein Verweis – wie beispielsweise bei verschiedenen anderen Grundrechten[141] – auf „einzelstaatliche Rechtsvorschriften und Gepflogenheiten". Damit ist ausgeschlossen, dass es

---

135 Für ein „Recht" auf bezahlten Jahresurlaub ausdrücklich EuGH GA Schlussantr. v. 8.6.2017 – C-214/16, Rn. 52 (King) („Angesichts … der zwingenden Natur des unionsrechtlichen Anspruchs auf bezahlten Jahresurlaub und seines erheblichen normativen Werts (siehe oben, Nrn. 35 bis 40) ist dieser Anspruch nach Art. 31 Abs. 2 der Charta ein unionsrechtlich gewährtes ‚Recht' und nicht nur ein ‚Grundsatz'(43) im Sinne von Art. 52 Abs. 5 der Charta."). Vgl. auch die Erläuterungen zu Art. 52 Abs. 5 EU-GRC, die Art. 31 nicht nennen (dass Meyer/Rudolf, GRC, Art. 31 Rn. 21, dennoch auf Abs. 5 verweisen, dürfte auf einem Missverständnis der Gleichsetzung des vom EuGH entwickelten „besonders bedeutsamen Grundsatz des Sozialrechts der Gemeinschaft" zum Recht auf Jahresurlaub einerseits und den Grundsätzen gem. Art. 52 Abs. 5 EU-GRC andererseits beruhen). Zu dem dort jedoch erwähnten Art. 26 EU-GRC s. EuGH 22.5.2014 – C-356/12, Rn. 74 (Glatzel). 136 Kollmer/Klindt/Schucht/Balze Einl. B Rn. 6; nur als „Grundsatznorm", Sagmeister, Grundsatznormen in der Europäischen Grundrechtecharta, 2010, S. 371 f.; offen Wolffgang in: Lenz/Borchardt, EU-Verträge, GRCh Art. 31 Rn. 1. 137 In diesem Sinn wohl Schnittmann, Rechte und Grundsätze in der Grundrechtecharta, 2007, S. 117; für einen „Kernbereich" wohl auch Jarass (Die EU-Grundrechte, 2005, § 30 Rn. 27): „im Kernbereich unmittelbare Bindung Privater nicht ausgeschlossen"; jetzt formuliert er „dürfte ein echtes Grundrecht enthalten", ders., GRC, Art. 31 Rn. 2 (wohl aber ohne Bindungswirkung zwischen Privatpersonen, Rn. 3); Hilbrandt in: Heselhaus/Nowak, § 36 Rn. 21, erkennt zwar den Charakter als „soziales Grundrecht" an, hält aber auch bei der Annahme eines „derivative(n) Teilhaberecht(s)" den Weg der mittelbaren Drittwirkung gegenüber der unmittelbaren für „vorzugswürdig" (Rn. 46); unklar insoweit Kingreen, der in Rn. 5 bei den Grundrechten mit Formulierungen wie „Recht auf" (wie auch bei Art. 31 EU-GRC) subjektiv-öffentliche Rechte (mit Schutzpflichten, aus denen auch subjektiv-öffentliche Ansprüche folgen) annimmt, aber in der konkreten Aufzählung Art. 31 EU-GRC nicht ausdrücklich nennt. 138 Frenz, Europäische Grundrechte, Rn. 3881 („Nach Wortlaut, Genese und Systematik ist Art. 31 EGRC als subjektives Recht zu qualifizieren, das einen Schutzanspruch vermittelt."), Rn. 3887 („von einem Grundrecht auszugehen"); Krebber in: Calliess/Ruffert, EUV/EGV, GRCh Art. 31 Rn. 3 („Schutzanspruch auf den der Charta nur sachlich definiert, inhaltlich aber nicht konkretisiert wird"); Meyer/Rudolf, GRC, Art. 31 Rn. 12 („Die Ansicht, dass aufgrund der sehr allgemeinen Formulierung nur in einem Kernbereich des Art. 31 tatsächlich ein subjektive Recht begründet werde und ansonsten von einem Grundsatz auszugehen sei, ist weitgehend aufgegeben worden." mwN); Stern/Sachs/Lang EU-GRC Art. 31 Rn. 3 („sozialrechtlicher Schutzanspruch") unter Verweis auf Art. 27 Rn. 3; Schmidt, Die Grundsätze im Sinne der EU-Grundrechtecharta, 2010, S. 233 „angesichts der hinreichenden Bestimmtheit sind sie [ua Art. 31 GRC, d.V.] als Rechte einzuordnen"); in diesem Sinn evtl. auch Rengeling/Szczekalla, Grundrechte Rn. 994. Vgl. auch zu den staatlichen Schutzpflichten in Bezug auf die Gesundheitsgefährdungen bei der Nachtarbeit BVerfG 28.1.1992 – 1 BvR 1025/82, BVerfGE 85, 191, zu C.III.2. der Gründe. 139 ZB Art. 27 EU-GRC (Recht auf Unterrichtung und Anhörung im Unternehmen; Art. 28 EU-GRC (Recht auf Kollektivverhandlungen und Kollektivmaßnahmen). 140 ZB Art. 25 EU-GRC (Rechte älterer Menschen). 141 ZB Art. 27 EU-GRC (Recht auf Unterrichtung und Anhörung im Unternehmen).

sich (nur) um einen Grundsatz handelt,[142] der gemäß Art. 52 Abs. 5 S. 2 EU-GRC eher in Richtung Schutzpflichten tendiert.[143] Deshalb ergibt sich schon allein vom Wortlaut, aber auch vom systematischen Zusammenhang her, dass es sich um ein Grundrecht handelt, das nicht nur (objektiv) in der Auslegung Wirkung zeitigt, sondern das auch jedem Einzelnen eine Rechtsposition vermittelt, auf die er sich unmittelbar berufen kann. Teilweise wird auch eine unmittelbare Drittwirkung angenommen.[144]

Dies wird durch den **Normzweck von Art. 31 EU-GRC** bestätigt. Er ist zunächst eingebettet in die allgemeine Zielrichtung der Festlegung von sozialen Grundrechtsstandards im Arbeitsleben.[145] Sein eigentliches Ziel liegt im Schutz jedes Menschen vor den besonderen Gefahren und Risiken, die mit dem Arbeitsleben verbunden sind bzw. sein können. In der Reihenfolge der Eingangsartikel der GRC bedeutet dieser Schutz die (Herstellung und Sicherung) der Würde des Menschen (Art. 1 EU-GRC),[146] des Rechts auf Leben (Art. 2 EU-GRC) und des Rechts auf (körperliche und geistige) Unversehrtheit (Art. 3 EU-GRC),[147] jedoch auch Art. 5 (Verbot der Sklaverei und der Zwangsarbeit).[148] Entscheidend ist, dass die Gesundheit ein für alle Menschen hohes Gut ist und ihre Gefährdung nicht Formen der Abhängigkeit differenziert. Dies wird noch durch Art. 35 EU-GRC unterstrichen, nach dem „bei der Festlegung und Durchführung aller Politiken und Maßnahmen der Union ... ein hohes Gesundheitsschutzniveau sichergestellt"[149] wird. Insoweit ist die in Art. 31 EU-GRC geforderte Sicherstellung gesunder, sicherer und würdiger Arbeitsbedingungen dem Ausschnitt gewidmet, der sich auf das Arbeitsleben bezieht und im Titel IV der EU-GRC „Solidarität" normiert ist. Damit ist auch der Zusammenhang zu den Werten der Union (Art. 2 EUV) hergestellt, der neben der Würde auch ausdrücklich die Solidarität als grundlegenden Wert anerkennt. 33

Die EU hat ihre **Kompetenz zur Schaffung sekundären Unionsrechts** (zum Kompetenzproblem hinsichtlich von Selbstständigen → Rn. 39) zur weiteren Konkretisierung des Grundrechts nach Art. 31 EU-GRC genutzt. Art. 153 Abs. 1 Buchst. a AEUV räumt der Union die sehr weitgehend formulierte Rechtssetzungskompetenz zum Erlass von Richtlinien als Mindestvorschriften (Art. 153 Abs. 2 Unterabs. 1 Buchst b AEUV) für die „Verbesserung insbesondere der Arbeitsumwelt zum Schutz der Gesundheit und der Sicherheit der Arbeitnehmer" ein (→ Unionsrecht Rn. 9). Grundsätzlich würde auch die Kompetenz im Hinblick auf „Arbeitsbedingungen" (Art. 153 Abs. 1 Buchst. b AEUV) zur Verfügung stehen; sie ist jedoch im Hinblick auf die erstgenannte Spezialkompetenz nachrangig. Auch andere (vor allem Binnenmarkt-)Kompetenzen sind für legislatives Handeln im Arbeitsschutz verwendet worden.[150] 34

Die Annahme eines unmittelbar wirkenden Grundrechts bedeutet weiter, dass Ausnahmen und Einschränkungen im Sekundärrecht als in Widerspruch zu diesem Recht stehend und demnach als unwirksam geltend gemacht werden können. Der erste größere Anwendungsbereich zeigt sich bereits in der Frage nach den Ausnahmen in den (ar- 35

---

142 So auch – mit jeweils ausführlicher Begründung – PHKW/Bogg, CFREU, Art. 31, Rn. 31.32 ff., Schlachter/Heinig/Bücker, EuArbSozR, § 19 Rn. 73 ff. **143** S. zB Meyer/Borowsky, GRC, Art. 52 Rn. 45 a („Grundsätze sind ... mehr als Rechte auf gesetzgeberische und administrative Förderung ... angelegt"). **144** ZB für die erkennbar auf Privatrechtsverhältnisse zugeschnittenen Grundrechte (und dabei bspw. ausdrücklich auf Art. 31 Abs. 2 EU-GRC verweisend), EuArbR/Pötters § 2 Rn. 6; enger nur für Art. 32 Abs. 1 EU-GRC (Verbot der Kinderarbeit) und Art. 5 EU-GRC (Verbot der Sklaverei und der Zwangsarbeit) Schlachter/Heinig/Bücker, EuArbSozR, § 19 Rn. 79 ff.). **145** Stern/Sachs/Lang EU-GRC Art. 31 Rn. 3. **146** Zur besonderen Bedeutung von Art. 1 EU-GRC im Verhältnis zu Art. 31 EU-GRC s. PHKW/Bogg, CFREU, Art. 31, Rn. 31.07 („Given its inviolable status in the Charter, human dignity has been described as a ‚fundamental value' animating all of the other fundamental rights."). **147** Diesen Bezug auch im Hinblick auf Art. 3 hebt PHKW/Bogg, CFREU, Art. 31, Rn. 31.07, besonders hervor („vital common foundation") und setzt Art. 31 EU-GRC auf die zwei Säulen von Art. 1 und Art. 3 EU-GRC („In this way, Article 31 rests upon two fundamental normative pillars: the right to human dignity (Art. 1) and the right to physical and mental integrity (Art. 3).", Rn. 31.08). **148** S. dazu und zum entsprechenden Verbot unmenschlicher Arbeitsbedingungen Schlachter/Heinig/Bücker, EuArbSozR, § 19 Rn. 71, 82. **149** Hervorhebung nicht im Original. **150** BFK Rn. 118 ff.

beitsrechtlichen) Richtlinien einmal in der Richtlinie selbst,[151] zum anderen bei der Umsetzung der Richtlinie in innerstaatliches Recht, wenn dabei (neue) Ausnahmen geregelt werden sollen.[152] Weiter haben „die nationalen Gerichte und die Verwaltungsorgane nach ständiger Rechtsprechung des EuGH das Unionsrecht in vollem Umfang anzuwenden und die Rechte, die dieses dem Einzelnen einräumt, zu schützen, indem sie entgegenstehende Vorschriften des innerstaatlichen Rechts gegebenenfalls unangewendet lassen."[153] Schließlich sind die sekundärrechtlichen Normen in Übereinstimmung mit dem Grundrecht auszulegen[154] (→ Unionsrecht Rn. 34).

36 Ein soziales Grundrecht, das Urlaub, Arbeitszeiten und Arbeitsbedingungen betrifft, muss notwendigerweise auch im Privatrechtsverkehr Wirkung entfalten. Vorsichtig formuliert Seifert, dass es auf „Horizontalwirkung angelegt" ist.[155] Die Wirkung des Grundrechts muss mit Art. 51 EU-GRC in einen sachlichen Zusammenhang gebracht werden (→ Rn. 43 ff., insbes. → Rn. 46).

37 Wenn es sich nach alledem um ein „Recht" handelt, so ist damit normalerweise die **unmittelbare Wirkung auch gegenüber Privaten** gemeint. Häufiger wird jedoch eine unmittelbare und manchmal sogar auch eine mittelbare Drittwirkung abgelehnt,[156] weil sie den Anwendungsbereich der EU-GRC hinsichtlich der Mitgliedstaaten unterlaufe.[157] Für das durch Richtlinien weitgehend konkretisierte Grundrecht auf gesunde Arbeitsbedingungen ist die praktische Relevanz allerdings stark begrenzt. Denn es ist inzwischen wohl unbestritten, dass hinreichend klare Richtlinienbestimmungen **gegenüber den öffentlichen Arbeitgebern** im weiten Sinn, also nach deutschem Verständnis nicht unerheblich in den privaten Bereich hineinreichend, **unmittelbar gelten** (→ Unionsrecht Rn. 37). Dementsprechend hat der EuGH deutlich gemacht, dass mit dem Unionsrecht in Widerspruch stehende Einschränkungen von den Gerichten nicht anzuwenden sind.[158] Im Übrigen bestehen nach der EGMR-Rechtsprechung positive Schutzpflichten,[159] nach denen der Staat für das Handeln privater Personen insofern verantwortlich ist, als dass er für eine angemessene und konventionskonforme Gesetzgebung sowie Rechtsprechung zu sorgen hat.[160] Für Art. 27 EU-GRC (Recht auf Unterrichtung und Anhörung der Arbeitnehmerinnen und Arbeitnehmer im Unternehmen) hat der EuGH jedoch den Charakter eines unmittelbar wirkenden sozialen Grundrechts abgelehnt.[161] Diese Rechtsprechung lässt sich jedoch nicht ohne Weiteres auf Art. 31 EU-GRC übertragen. Der wesentliche Grund dafür war die ausdrückliche Verweisung in Art. 27 EU-GRC auf weitere Rechtsvorschriften („in den Fällen und unter den Voraussetzungen gewährleistet ..., die nach dem Unionsrecht und den einzelstaatlichen Rechtsvorschriften und Gepflogenheiten vorgesehen sind"). Eine solche Verweisung ist in Art. 31 EU-GRC jedoch nicht enthalten.

---

151 ZB → Rn. 40; allgemein: Schlussanträge GA Kokott 30.9.2010 – C-236/09 (Association Belge des Consommateurs Test-Achats ASBL ua) (Rn. 26 ff.) zur Ausnahmebestimmung des Art. 5 Abs. 2 RL 2004/113/EG (Richtlinie 2004/113/EG des Rates vom 13.12.2004 zur Verwirklichung des Grundsatzes der Gleichbehandlung von Männern und Frauen beim Zugang zu und bei der Versorgung mit Gütern und Dienstleistungen (ABl. L 373, 37). **152** ZB Art. 7 RL 93/104/EG (Arbeitszeitrichtlinie): (kein) Recht auf Jahresurlaub für Beschäftigte in einem befristeten Arbeitsverhältnis bis zu 13 Wochen (vgl. GA 8.2.2001 – C-173/99, Slg 2001, I-04881 (BECTU)). **153** EuGH 14.10.2010 – C-243/09, NZA 2010, 1344 Rn. 63 (Fuß) unter Verweis auf die Urteile EuGH 22.6.1989 – 103/88, Slg 1989, 1839 Rn. 33 (Costanzo) und EuGH 11.1.2007 – C-208/05, Slg 2007, I-181 (ITC) (Rn. 68 und 69 sowie die dort angeführte Rechtsprechung). **154** Vgl. dazu Heuschmid/Klauk SR 2012, 84 ff. **155** Seifert EuZW 2011, 696 (700); ähnlich Trstenjak, C-282/10 (Dominguez), Schlussanträge zu Art. 31 Abs. 2 EU-GRC) „auf individuelle Einforderung angelegt" (Rn. 78). **156** Stern/Sachs/Ladenburger/Vondung EU-GRC Art. 51 Rn. 16 (wobei allerdings eingeräumt wird, dass die EU-GRC in Fällen unmittelbar geltenden Primär- und Sekundärrechts durch eine Auslegung anhand der EU-GRC „ein Art Drittwirkung" erzeugen könne, Rn. 17). **157** Stern/Sachs/Ladenburger/Vondung EU-GRC Art. 51 Rn. 16. **158** EuGH 14.10.2010 – C-243/09, NZA 2010, 1344 Rn. 63 (Fuß); 19.1.2010 – C-555/07, NZA 2010, 85 Rn. 52 ff. (Kücükdeveci). **159** Für die Berücksichtigung unter Hinweis auf die Transferklausel des Art. 52 Abs. 3 S. 1 EU-GRC zumindest im Hinblick auf die EMRK gewährleisten Rechte Meyer/Borowsky, GRC, Art. 51 Rn. 31. **160** EGMR 28.6.2001 – 24699/94 (VGT Verein gegen Tierfabriken); s. auch die spezifische EGMR-Rspr. zum Arbeits- und Gesundheitsschutz nach Art. 2 und 8 EMRK in Fn. 69 und 80. **161** EuGH 15.1.2014 – C-176/12, Rn. 46–48 (AMS).

Grundrecht 1

3. Grundrechtsberechtigte und -verpflichtete. a) Grundrechtsberechtigte. Nach Art. 31 38
EU-GRC hat „jede Arbeitnehmerin und jeder Arbeitnehmer" das Recht auf gesunde, sichere und würdige Arbeitsbedingungen. Der autonom auszulegende unionsrechtliche Begriff des Arbeitnehmers, der insbesondere auch Beschäftigte im Beamtenverhältnis erfasst,[162] steigt damit in eine grundrechtliche Kategorie auf. Fraglich ist jedoch, inwieweit ein für alle GRC-Bestimmungen einheitlicher Begriff zugrunde zu legen ist. Der EuGH hat bisher erforderlichenfalls je nach (Zweck der) Norm differenziert.[163] Man wird hier jedoch von einem einheitlichen Mindeststandard ausgehen müssen, der ggf. jedoch je nach Zweck und Regelungszusammenhang zu erweitern ist.[164] Dies liegt bei einem Grundrecht mit engem Bezug zur Menschenwürde wie Art. 31 EU-GRC besonders nahe. Im Folgenden sollen nur die besonders problematischen Gruppen näher behandelt werden.[165]

Für die **selbstständig Beschäftigten** hat der EuGH bereits entschieden, dass es „die formale Einstufung als Selbstständiger nach innerstaatlichem Recht" nicht ausschließe, „dass jemand als Arbeitnehmer im Sinne von Artikel 141 Absatz 1 EG einzustufen ist, wenn seine Selbstständigkeit nur fiktiv ist und damit ein Arbeitsverhältnis im Sinne dieses Artikels verschleiert" werde.[166] Über die Scheinselbstständigen hinaus vertritt der Europäische Ausschuss für Soziale Rechte noch weitergehend – für den hier interessierenden Zusammenhang – die Auffassung, dass „self-employed workers" als Arbeitnehmer im Sinne von Art. 3 ESC anzusehen sind.[167] Er begründet dies zum Teil mit Gleichbehandlungsanforderungen, soweit die Arbeit unter denselben Bedingungen erbracht wird.[168] Entscheidend ist für ihn aber, dass die ESC eine Arbeitsumwelt erfordert, die für alle Arbeitnehmer gefahrlos und gesund ist.[169] Deshalb sind zumindest die Solo-Selbstständigen vom Schutzbereich umfasst.[170] Die Einbeziehung der selbstständig Beschäftigten muss jedoch nicht zur Geltung aller Arbeitsschutzbestimmungen führen.[171] Allerdings ist mit der Empfehlung des Rates vom 18.2.2003 zur Verbesserung des Gesundheitsschutzes und der Sicherheit Selbstständiger am Arbeitsplatz[172] noch kein grundrechtlich ausreichender Mindestschutz formuliert worden. Inwieweit dafür eine Kompetenz nach Art. 153 Abs. 1 AEUV (ex-Art. 137 EG) besteht, ist noch nicht

39

---

162 Zuletzt EuGH 9.3.2017 – C-406/15, NZA 2017, 439 (442) Rn. 38 (Milkova) (sogar eine Ungleichheit im Schutz vor Entlassung von Beamten gegenüber Arbeitnehmern mit den gleichen Behinderungen kann eine Diskriminierung darstellen, Rn. 64); s. auch EuGH 3.5.2012 – C-337/10, Rn. 25, NJW 2012, 2420 (Neidel) = AuR 2012, 260 mAnm Buschmann. **163** Schiek, S. 215. **164** Der UN-Sozialpaktausschuss geht von einem umfassenden Verständnis des Arbeitnehmerbegriffs aus (General Comment Nr. 23 (2016), s. oben Rn. 30), Rn. 4, 5 und 47), der neben dem nachher noch genauer zu behandelnden Gruppen zB auch Arbeitnehmer im informellen Sektor (Rn. 47 (d)), Flüchtlinge (Rn. 47 (i)) und insbes. grundsätzlich auch unbezahlte Beschäftigte beinhaltet („Unpaid workers: Women work in activities that are significant for their households and the national economy, and they spend twice as much time as men in unpaid work. Unpaid workers, such as workers in the home or in family enterprises, volunteer workers and unpaid interns, have remained beyond the coverage of ILO conventions and national legislation. They have a right to just and favourable conditions of work and should be protected by laws and policies on occupational safety and health, rest and leisure, and reasonable limitations on working hours, as well as social security", Rn. 47 (j)). **165** Für die übrigen Gruppen kann auf die Einzelkommentierung zur Rahmen-RL 89/391/EWG bzw. zu § 2 ArbSchG verwiesen werden. **166** EuGH 11.11.2010 – C-232/09, NZA 2011, 143, Rn. 41 (Danosa) unter Berufung auf EuGH 13.1.2003 – C-256/01, NZA 2004, 201 Rn. 71 (Allonby) (für Art. 157 AEUV, ex-Art. 141 EG, unter besonderer Berücksichtigung der entsprechenden Ziele des Vertrags, Rn. 65). **167** → Rn. 20, Fn. 91; vgl. dazu auch ausführlich Kohte in: FS Birk, S. 417 ff.; im selben Sinn auch General Comment Nr. 23 (2016), Rn. 4, 5 und 47 (g). **168** So zu den anderen Gründen Samuel, S. 61. **169** ESC-Monograph Rn. 94. **170** In diesem Sinn auch PHKW/Bogg, CFREU, Art. 31, Rn. 31.37 ff. („dependent self-employed"), aA EuArbR/C.Schubert GRC Art. 31 Rn. 7. **171** Samuel, S. 61 und insbesondere die dortige Fn. 4 (unter Berufung auf Conclusions XIII-1 (Niederlande, S. 89) und XIII-4 (Belgien, S. 342)). Auch jenen Fall hält er eine Einbeziehung in die gesetzliche Unfallversicherung für nicht ausreichend (unter Berufung auf Conclusions XIV-2 (Luxemburg, S. 470 f., und Spanien, S. 675 f.)). **172** ABl. L 53 v. 28.2.2003, 45 f.

ausdrücklich entschieden.[173] Inzwischen wurde nach sehr kontroverser Debatte klargestellt, dass die selbstständigen Kraftfahrer in die entsprechende Arbeitszeitrichtlinie 2002/15/EG einbezogen bleiben.[174] Nimmt man alle Argumente zusammen, so wird man die Rechtsgrundlage der „Arbeitsumwelt" in Art. 153 Abs. 1 Buchst. a AEUV (ex-Art. 137 EG) als im Grundsatz zumindest für Selbstständige heranziehen können, die sich als „Solo-Selbstständige" in einer ähnlichen Situation wie Arbeitnehmer befinden[175] oder bei denen ein hinreichender Sachzusammenhang besteht.[176]

40 Ausdrücklich nimmt die EG-Rahmenrichtlinie 89/391/EWG die **Hausangestellten** von der Arbeitnehmerdefinition und damit vom Anwendungsbereich aus (Art. 3 Buchst a EG-Rahmenrichtlinie 89/391/EWG). Dies ist besonders problematisch, weil es sich dabei um eine Beschäftigtengruppe handelt, die ganz besonderen (Gesundheits-)Risiken ausgesetzt ist, was nicht zuletzt dadurch belegt wird, dass inzwischen das ILO-Übereinkommen zum spezifischen Schutz ihrer Arbeit unter menschenwürdigen Bedingungen in Kraft getreten ist.[177] Dass sie grundsätzlich der Arbeitnehmerdefinition unterliegen, ist wohl unbestreitbar.[178] Im Übrigen hat auch der Europäische Ausschuss für Soziale Rechte betont, dass alle Arbeitsplätze, auch diejenigen zu Hause, von Art. 3 Abs. 1 ESC erfasst und geschützt sind.[179] Umso mehr stellt sich die Frage nach der Berechtigung des Ausschlusses (→ ASiG § 17 Rn. 8 ff.). Die möglicherweise bestehenden Probleme bei der Überprüfung können nicht ausreichen. Zumindest wird ein subjektiv einklagbares Recht auf Schutz anzunehmen sein,[180] nach dem die Mitgliedstaaten gleichwertigen Schutz – zB durch die Unfallversicherung – gewährleisten müssen (→ ArbSchG § 1 Rn. 21 ff.).[181]

41 Neben der allgemein anerkannten Geltung für Beamte[182] besteht funktionsbezogen eine weitere Ausnahme für „Besonderheiten bestimmter spezifischer Tätigkeiten im öffentlichen Dienst, zB bei den **Streitkräften oder der Polizei** oder bestimmter spezifischer Tätigkeiten bei den Katastrophenschutzdiensten". Voraussetzung ist allerdings, dass diese Besonderheiten dem Arbeits- und Gesundheitsschutz „zwingend entgegenstehen" müssen (Art. 2 Abs. 2 Unterabs. 1 EG-Rahmenrichtlinie 89/391/EWG). Selbst in diesen Fällen wird jedoch kein Ausschluss aus dem Arbeits- und Gesundheitsschutz bewirkt, sondern unter Berücksichtigung der (verbindlichen) Ziels die Gewährleistung eines „größtmögliche(n) Gesundheitsschutz(es)" verlangt (Unterabs. 2). Dieser Ansatz eines „funktionalen Äquivalents" erscheint geeignet, in absolut zwingenden Ausnahmesituationen trotzdem den Gesundheitsschutz zu sichern (→ ArbSchG § 20 Rn. 18).

---

173 EuGH 9.9.2004 – C-184/02, C-223/02, AuR 2004, 464 ff. (Spanien und Finnland/Rat und Parlament) mAnm Lörcher (keine ausdrückliche Aussage zur Rechtsgrundlage des Art. 153 Abs. 1 AEUV (ex-Art. 137 EG) (im Unterschied zu den Schlussanträgen der Generalanwältin 30.3.2004, die diese Rechtsgrundlage abgelehnt hatte, Rn. 53–63). **174** Mit der am 17.6.2010 erfolgten Ablehnung des Vorschlags der Kommission (KOM(2008) 650) bleibt die bisher geltende Richtlinie 2002/15/EG zur Regelung der Arbeitszeit von Personen, die Fahrtätigkeiten im Bereich des Straßentransports ausüben, in Kraft, die die Einbeziehung der selbständigen Fahrer in den Geltungsbereich der Richtlinie ab dem 23.3.2009 vorsieht (vgl. EP Pressemitteilung vom 17.6.2010). **175** → BaustellV Rn. 48 f., sowie die Sozialpartnervereinbarung im Friseur-Handwerk (European framework agreement on the protection of occupational health and safety in the hairdressing sector) v. 26.4.2012 (Clause 2(2): „where self-employed persons or employers are personally engaged in work activity in a hairdressing salon that is the workplace of a worker, these self-employed persons and employers"); die Einbeziehung von „self-employed" wurde von der Kommission als ein Grund angeführt, diese Vereinbarung nicht dem Rat zur Beschlussfassung über eine Richtlinie vorzulegen, dagegen siehe Lörcher in: FS Kohte, S. 941, 953 ff.; für eine Pflicht zu einem Richtlinienvorschlag unmittelbar aus Art. 31 Abs. 1 Schlachter/Heinig/Bücker, EuArbSozR, § 19 Rn. 85. **176** Zumindest für kollektive Rechte (tarifvertragliche Regelungen für Aushilfsmusiker in Orchestern) hat der EuGH auf einer engeren Definition bestanden (also nur Scheinselbständige sind Arbeitnehmer, nicht jedoch „nur" wirtschaftlich Abhängige, s. EuGH 4.12.2014 – C-413/13, Rn. 21 ff. (FNV Kunsten). **177** ILO-Übereinkommen Nr. 189, völkerrechtlich in Kraft getreten am 5.9.2013, zur Bundesrepublik → Rn. 13 Fn. 43. Einschlägig sind insbesondere Art. 3 (zu menschenwürdigen Arbeitsbedingungen), Art. 10 (zur Arbeitszeit) und Art. 13 (zum Recht auf eine sichere und gesunde Arbeitsumgebung). **178** Für den UN-Sozialpakt s. General Comment Nr. 23 (2016), Rn. 4, 5 und 47 (f.). **179** ESC-Monograph, Rn. 97. **180** Kocher NZA 2013, 929 ff. **181** Zum Arbeitszeitrecht Scheiwe/Schwach NZA 2013, 1116 ff. **182** S. Fn. 162.

Grundrecht 1

Im Hinblick auf den territorialen Geltungsbereich des Unionsrechts stellt sich die Frage, ob sich auch **in Drittländer**[183] **entsandte Arbeitnehmer** gegenüber ihrem EU-Arbeitgeber auf dieses Grundrecht berufen können.[184] Wenn die Entsendung vom Prinzip her (zeitweise) die Integration in den Arbeitsmarkt des Beschäftigungsstaats ausschließt, dann bleibt gerade die Bindung zum Arbeitgeber aus dem EU-Herkunftsland entscheidend. Es wäre nicht zu rechtfertigen, den EU-Arbeitgeber im Fall einer Entsendung von den (grund-)rechtlichen Verpflichtungen freizustellen. 42

b) Grundrechtsverpflichtete (Art. 51 Abs. 2 EU-GRC). In seiner Beschreibung des Anwendungsbereichs der EU-GRC legt Art. 51 Abs. 1 S. 1 eine zweifache Dimension fest: Zum einen gilt sie „für die Organe, Einrichtungen und sonstigen Stellen der Union unter Wahrung des Subsidiaritätsprinzips", zum anderen „für die Mitgliedstaaten ausschließlich bei der Durchführung des Rechts der Union". Auf **EU-Ebene** sind also vor allem die Organe, die in Art. 13 EUV aufgezählt werden, als Grundrechtsverpflichtete angesprochen. Für die Legislative sind dies insbesondere die Kommission,[185] der Rat[186] und vor allem das (gestärkte) Parlament.[187] Auch in ihrer Exekutivfunktion ist die Kommission angesprochen,[188] dies gilt zB entsprechend für die Arbeitsschutzagentur in Bilbao, erst recht in ihrer eigenen Rolle als Arbeitgeber/Dienstherr für die EU-Beschäftigten.[189] Die Judikative ist zwar schon über Art. 6 Abs. 1 EUV gebunden; wobei diese Vorschrift die Bindungswirkung verstärkt. Als Inhalt der Verpflichtung enthält Art. 51 Abs. 2 S. 2 EU-GRC nicht nur die (im Grunde selbstverständliche) Pflicht, die (Grund-)Rechte zu achten, sondern darüber hinausgehend auch die Verpflichtung, ihre Anwendung zu fördern. Diesem Förderungsgebot kommt eine besondere Bedeutung zu, weil es über die Abwehrfunktion gegenüber eventuellen Eingriffen („achten") hinaus ein aktives Eingreifen zur besseren Verwirklichung der Grundrechte verlangt. Das wird entsprechende politische Maßnahmen (zB Programme), Durchsetzungsmaßnahmen (wie zB Marktaufsicht), nicht zuletzt aber auch den Erlass neuer oder die Verbesserung bisheriger Rechtssetzungsakte zur Folge haben müssen. 43

Die Verpflichtung der **Mitgliedstaaten** hängt von der näheren Bestimmung der „**Durchführung des Rechts der Union**" ab. Der Begriff „Recht der Union" umfasst sicher das gesamte Unionsrecht, also einschließlich des primären und sekundären Unionsrechts,[190] einschließlich der im Arbeitsrecht besonders wichtigen Richtlinien. Umstritten ist, was unter „Durchführung" zu verstehen ist. Auch wenn in verschiedener Hin- 44

---

183 Innerhalb des Hoheitsgebiets der Union gilt Art. 3 Abs. 1 Unterabs. 1 Buchst. e Entsenderichtlinie 96/71/EG, für den entsandten Arbeitnehmer das Arbeitsschutzrecht des Beschäftigungsstaats (→ ArbSchG § 1 Rn. 16 f.). Hier gilt also das Grundrecht aus Art. 31 Abs. 1 EU-GRC ohne Einschränkungen; allg. zur Geltung von arbeitsrechtlichen Vorschriften für entsandte Arbeitnehmer als Wanderarbeitnehmer, Europäischer Ausschuss für Soziale Rechte, Entscheidung, 3.7.2013 – 85/2012 (Swedish Trade Union Confederation (LO) and Swedish Confederation of Professional Employees (TCO) ./. Schweden), Rn. 140 f. sowie ILO, General Survey 2016, Rn. 384, der diese Entscheidung wörtlich zitiert. **184** Der General Survey 2009, Rn. 42, verweist darauf, dass nach den vorliegenden Berichten zwei Länder in ihrer Gesetzgebung vorsehen, dass die nationalen Arbeitsschutzvorschriften auch für Beschäftigte im Ausland gelten. **185** Vgl. die entsprechende Mitteilung der Kommission „Strategie zur wirksamen Umsetzung der Charta der Grundrechte durch die Europäische Union" v. 19.10.2010, KOM(2010) 573 endgültig. **186** Schlussfolgerungen zur Rolle des Rates der Europäischen Union bei der Gewährleistung einer wirksamen Umsetzung der Charta der Grundrechte der Europäischen Union vom 24./25.2.2011. **187** Entschließung des Europäischen Parlaments vom 15.12.2010 zur Lage der Grundrechte in der Europäischen Union (2009) – wirksame Umsetzung nach Inkrafttreten des Vertrags von Lissabon. **188** Dazu hat der EuGH festgestellt, „dass die Charta ... für die Organe der Union auch dann gilt, wenn sie außerhalb des unionsrechtlichen Rahmens handeln"; außerdem muss die Kommission bei einem „Memorandum of Understanding" (MoU) im Rahmen des EMS-Vertrags „sicherstellen, dass ein solches MoU mit den in der Charta verbürgten Grundrechten vereinbar ist", EuGH 20.9.2016 – C-8/15 P ua, Rn. 67 (Ledra Advertising ua). Vgl. dazu allg. ua Stellungnahme des Europäischen Wirtschafts- und Sozialausschusses zur Mitteilung der Kommission (s. Fn. 185) vom 21.9.2011, ABl. 2011 C 376/74, insbes. Rn. 3.6. **189** EuGH 19.9.2013 – C-579/12 RX-II, Rn. 58, JZ 2013, 637 (Strack). **190** Für den Bereich des Arbeits- und Gesundheitsschutzes s. Fundstellennachweis der konsolidierten Rechtsakte der Europäischen Union (http://eur-lex.europa.eu/browse/directories/consleg.html) v.a. unter 05.20.20.10 Sicherheit der Arbeitnehmer.

sicht Streitigkeiten über die Zuständigkeiten der Union im Bereich der Sozialpolitik bestehen mögen, so stellt doch der Arbeits- und Gesundheitsschutz einen besonders guten Beispielsfall von unzweifelhafter vorgesehener und auch weitestgehend ausgeübter[191] EU-Kompetenz (im Einzelnen → Unionsrecht Rn. 1 ff.) dar. Insgesamt hat sich der EuGH auf einen umfassenden Ansatz festgelegt: „Da ... die durch die Charta garantierten Grundrechte zu beachten sind, wenn eine nationale Rechtsvorschrift in den Geltungsbereich des Unionsrechts fällt, sind keine Fallgestaltungen denkbar, die vom Unionsrecht erfasst würden, ohne dass diese Grundrechte anwendbar wären."[192] Dennoch ist er im Einzelfall ggf. recht restriktiv.[193]

45 Damit sind die Mitgliedstaaten verpflichtet, das Grundrecht aus Art. 31 EU-GRC zu gewährleisten. In Übereinstimmung mit den Kategorien im ILO-Übereinkommen Nr. 187 sind sie daher zumindest zu einer entsprechenden **Rechtsetzung verpflichtet**. Diese muss in Übereinstimmung mit dem Grundrecht und den jeweiligen Richtlinien, die ihrerseits grundrechtskonform auszulegen sind, transparente Rechte schaffen, die zu einer Überwachung iSd Art. 2 Abs. 2 RL 89/391/EWG geeignet sind. Weiter ist eine entsprechende Aufsicht zu gewährleisten, die quantitativ und qualitativ diesen Aufgaben nachkommen kann.[194] Dies ist das grundrechtliche Fundament, das bei der Auslegung der §§ 21, 22 ArbSchG sowie § 19 SGB VII heranzuziehen ist.

46 Das Rechtssystem, das die Mitgliedstaaten zu schaffen haben, muss auf **horizontale Wirkung** angelegt sein. Es muss Rechtspositionen der Grundrechtsträger enthalten, mit denen diese von ihrem jeweiligen Arbeitgeber den gebotenen Schutz verlangen und ihnen gegenüber gerichtlich geltend machen,[195] dh durchsetzen können. Ist der Arbeitgeber eine staatliche Stelle, so ist diese unmittelbar verpflichtet.[196] Bei privaten Arbeitgebern ist das nationale Recht unionskonform – also auch in Übereinstimmung mit Art. 31 EU-GRC – auszulegen; Ausnahmen sind eng auszulegen.[197] Nur so wird die Grundrechtsverpflichtung der Mitgliedstaaten entsprechend realisiert. Da ein umfangreiches Repertoire von Umsetzungsnormen zur Verfügung steht, besteht hinreichende Gelegenheit und Notwendigkeit, der Verpflichtung zur unionsrechtskonformen Auslegung nachzukommen.

47 **4. Inhalt: gesunde, sichere und würdige Arbeitsbedingungen.** Unter Berücksichtigung aller bereits genannten Gesichtspunkte (→ Rn. 4 ff., 21 ff., 27 ff.) wird für die Auslegung des Anwendungsbereichs, des Inhalts und der einzelnen Begriffe grundsätzlich von einem weiten Verständnis auszugehen sein. Zudem erfordert dieses Grundrecht eine ganzheitliche, zunächst auf die jeweilige Person (als Grundrecht in ihrer Menschenwürde), vor allem aber auch auf die „Arbeitsumwelt" bezogene Betrachtungsweise. Dem an der „Verbesserung der Arbeitsumwelt" (Art. 153 Abs. 1 Buchst a EUV) ausgerichteten Arbeits- und Gesundheitsschutz liegt ein neues, im Wesentlichen auf Prävention ausgerichtetes Leitbild zugrunde, das für eine weite Auslegung spricht.[198] Es besteht aus sieben Elementen: ganzheitlicher Arbeitsschutz, Sicherheitsmanagement, Anpassungspflicht, Betriebsorientierung, Kooperationsprinzip, aktive Rolle der einzelnen Beschäftigten sowie auch die Aufsicht einschließendes einheitliches Arbeitsschutzrecht.[199]

---

191 Vgl. Art. 2 Abs. 2 S. 2 AEUV („Die Mitgliedstaaten nehmen ihre Zuständigkeit wahr, sofern und soweit die Union ihre Zuständigkeit nicht ausgeübt hat."). **192** EuGH 26.2.2013 – C-617/10, Rn. 21, NJW 2013, 1415 (Åkerberg Fransson); dazu Winter NZA 2013, 473 (475). **193** Illustrative Beispiele einer Herangehensweise sind zB EuGH 1.12.2016 – C-395/15, EuZW 2017, 263, Rn. 64 ff. (Daouidi) bei Auslegung (im Hinblick auf das Vorliegen einer „Behinderung" und ua ihrer Auswirkung auf Art. 31 EU-GRC) und Anwendung (die „im gegenwärtigen Stadium des Ausgangsverfahrens nicht feststehen"); 26.6.2014 – C-264/12, Rn. 19 (Sindicato Nacional dos Profissionais de Seguros e Afins) (für die Vorlageentscheidung enthalte keinen konkreten Anhaltspunkt dafür, „dass dieses Gesetz der Umsetzung von Unionsrecht dient"). **194** Die Mindestanforderungen können dem ILO-Übereinkommen Nr. 81 zur Arbeitsaufsicht entnommen werden, das alle 28 EU-Mitgliedstaaten ratifiziert haben. **195** Vgl. EuGH 19.5.2011 – C-256/10, NZA 2011, 967 (Barcenilla Fernández). **196** EuGH 14.10.2010 – C-243/09 NZA 2010, 1344 (Fuß). **197** ZB EuGH 3.5.2012 – C-337/10, Rn. 21, NJW 2012, 2420 (Neidel)= AuR 2012, 260 mAnm Buschmann. **198** PHKW/Bogg, CFREU, Art. 31 Rn. 31.43 ff. **199** Vgl. BFK Rn. 109.

Grundrecht 1

a) **Gegenstand: Arbeitsbedingungen.** Der Begriff „Arbeitsbedingungen" unterliegt keinen Beschränkungen und ist vom Zweck der Regelung her weit gefasst. Er umfasst zunächst jede Art von **arbeitsrechtlichen Regelungen**. Dagegen sprechen auch nicht die Erläuterungen, die zur Definition auf Art. 156 AEUV verweisen, wo die „Arbeitsbedingungen" nach dem Begriff „Arbeitsrecht" aufgeführt sind. Zunächst verweisen gerade dieselben Erläuterungen auf die EG-Rahmenrichtlinie 89/391/EWG, deren Rechtsgrundlage des Art. 153 Abs. 1 Buchst. b AEUV (ex-Art. 137 EG) von einem weiten Verständnis ausgeht. Ebenso ist die Definition in dem ebenfalls in diesen Erläuterungen in Bezug genommenen Art. 3 (R)ESC nicht beschränkt. Außerdem hat die Auslegung nur „unter gebührender Berücksichtigung" der in der Charta angeführten Erläuterungen (Art. 6 Abs. 1 Unterabs. 3 EUV) zu erfolgen, ist also nicht zwingend. Entscheidend bleibt die jeweilige Regelung selbst. Hier wird allein aus dem Wortlaut von Art. 31 EU-GRC ersichtlich, dass auch arbeitsrechtliche Regelungen gemeint sind.[200] So werden in Abs. 2 Grenzen für verschiedene arbeitszeitrechtliche Regelungen festgelegt, die (zumindest auch) die arbeitsvertraglichen Bestimmungen betreffen. Ein derartig einschränkendes Verständnis würde sich also weder mit dem Wortlaut noch mit dem Zweck der Regelung vereinbaren lassen. 48

Eine **Beschränkung auf das Individualarbeitsverhältnis**[201] lässt sich ebenfalls **nicht rechtfertigen**, denn die Begründung aus Art. 153 Abs. 5 AEUV (ex-Art. 137 EG), der ua das Koalitionsrecht und das Streikrecht von der Rechtssetzungskompetenz gemäß dieser Vorschrift (Abs. 2) ausschließt, kann nicht überzeugen. Dadurch würde nämlich die Frage der Kompetenz mit dem jeweiligen Inhalt des (sozialen) Grundrechts vermengt. Dies erhellt schon allein durch die Existenz des Art. 28 EU-GRC, der auch das Streikrecht garantiert. Außerdem kann Art. 31 EU-GRC das Gewicht von Art. 28 EU-GRC erhöhen, wenn es um die (arbeitsumweltbezogenen) Ziele von kollektiven Aktionen geht.[202] Im Übrigen würde der Ausschluss durch diese Vorschrift nicht die betrieblichen Beteiligungsrechte betreffen.[203] 49

Erfasst werden soll vor allem auch die gesamte **Arbeitsumwelt**. Dies legt nicht nur der Zweck der Vorschrift nahe. Auch alle drei in den Erläuterungen genannten Vorschriften gehen von dem weiten Begriff der Arbeitsumwelt aus. So verweist – neben den in → Rn. 48 genannten Regelungen[204] – auch ausdrücklich Nr. 19 der Gemeinschaftscharta auf die Arbeitsumwelt (→ Rn. 25).[205] Auch in anderen EU-GRC-Bestimmungen ist eine Einschränkung nicht erkennbar.[206] Ebenfalls ist die Rechtsprechung des EuGH bisher von einem weiten Verständnis des Begriffs „Arbeitsbedingungen" ausgegangen. 50

---

200 S. Eichenhofer in: Streinz, EUV/AEUV, AEUV Art. 153 Rn. 17, der die Tendenz sieht, dass Arbeitsrecht und Arbeitsbedingungen eher als Synonyma zu sehen sind und „darunter übereinstimmend Umstände der nichtentgeltlichen und von anderen Tatbeständen nicht erfassten Bedingungen der Arbeit zu sehen" sind. **201** So Stern/Sachs/Lang EU-GRC Art. 31 Rn. 10. **202** In diesem Sinn PHKW/Bogg, CFREU, Art. 31 Rn. 31.05; Bercusson, European Labour Law, S. 381. **203** Vgl. die weite Auslegung des Begriffs „Arbeitsbedingungen" im Rahmen von Art. 45 Abs. 2 AEUV (Freizügigkeit) und der konkretisierenden VO 1612/68 in der Rspr. des EuGH, so hat er zB schon im Urteil EuGH 4.7.1991 – C-213/90, Slg 1991, I-3507 (ASTI) die kollektiven Rechte in Bezug auf die Arbeitsbedingungen weit ausgelegt. **204** Verweis in der Präambel der EG-Rahmenrichtlinie 89/391/EWG auf die in der Rechtsgrundlage genannte „Arbeitsumwelt"; Art. 3 ESC, s. ESC-Digest 2008, S. 33 („working environment"). **205** So auch EuGH 12.11.1996 – C-84/94, NZA 1997, 23 Rn. 15 (Vereinigtes Königreich ./. Rat), im Hinblick auf die Rechtsgrundlage des Art. 118 a EWG-Vertrag (jetzt Art. 153 Abs. 1 Buchst. a AEUV) für die EG-Rahmenrichtlinie 89/391/EWG und die damals streitgegenständliche EG-Arbeitszeitrichtlinie 93/104/EWG. **206** Das Argument, dass der soziale Arbeitsschutz für Jugendliche und Mütter in anderen Vorschriften der EU-GRC (Art. 32 f.) enthalten und deshalb Art. 31 EU-GRC als auf den technischen Arbeitsschutz beschränkt zu verstehen sei (Krebber in: Calliess/Ruffert, EUV/EGV, GRCh Art. 31 Rn. 2), kann schon angesichts der in den Erläuterungen enthaltenen Bezugnahmen nicht überzeugen, (s. auch Streinz in: Streinz, EUV/AEUV, GR-Charta Art. 31 Rn. 61 der auch sozialen Arbeitsschutz als umfasst ansieht). Zu Recht deutlich weitergehend ArbG Kiel (26.7.2017 – 7 BV 67c/16), das unter Berufung ua auf Art. 31 Abs. 1 EU-GRC festgestellt hat, dass ein Einigungsstellenanspruch über eine Mindestbesetzung (mit Pflegekräften) rechtmäßig sein kann.

Das internationale Verständnis[207] wird knapp, jedoch nicht abschließend[208] in Art. 5 ILO-Übereinkommen Nr. 155 umrissen, wobei auch den psychischen Faktoren (insbes. in Buchst. b) eine wichtige Rolle zugewiesen wird:[209]

Artikel 5 ILO-Übereinkommen Nr. 155
(...)
a) Gestaltung, Erprobung, Auswahl, Ersetzung, Einrichtung, Anordnung, Verwendung und Instandhaltung der materiellen Komponenten der Arbeit (Arbeitsplätze, Arbeitsumwelt, Werkzeuge, Maschinen und Ausrüstungen, chemische, physikalische und biologische Stoffe und Einwirkungen, Arbeitsverfahren);
b) Zusammenhänge zwischen den materiellen Komponenten der Arbeit und den Personen, die die Arbeit ausführen oder überwachen, und Anpassung der Maschinen, der Ausrüstungen, der Arbeitszeit, der Arbeitsorganisation und der Arbeitsverfahren an die körperlichen und geistigen Fähigkeiten der Arbeitnehmer.
(...)

Als Ergebnis lässt sich feststellen, dass der Begriff „Arbeitsbedingungen" in Art. 31 Abs. 1 EU-GRC zunächst einmal umfassend zu verstehen ist.[210] Er ist jedoch ggf. durch die Zielsetzung der (Sicherstellung der) Gesundheit, Sicherheit und Würde der Arbeitnehmer zu konkretisieren.

51 **b) Ziel: (Sicherstellung der) Gesundheit, Sicherheit und Würde der Arbeitnehmer durch entsprechende Arbeitsbedingungen.** Weder der Inhalt der einzelnen Elemente noch ihr Verhältnis zueinander erschließen sich allein aus dem Wortlaut. Sie bedürfen der näheren Bestimmung, wobei die Auslegung weitgehend anhand der Erläuterungen und den darin enthaltenen Verweisungen auf andere Rechtsvorschriften (insbesondere Rahmenrichtlinie 89/391/EWG[211] und Art. 3 (R)ESC) sowie der allgemeinen und sozialpolitischen Ziele erfolgen kann. Aber auch die Systematik der EU-GRC und die jeweiligen Zwecke sind zu berücksichtigen.

52 **„Gesunde" Arbeitsbedingungen** werden in Art. 31 Abs. 1 EU-GRC nicht näher definiert. Als – durch die Rechtsprechung des EuGH abgesicherten – Ausgangspunkt kann auf die Definition der WHO verwiesen werden (→ Rn. 16). Der gemeinsame Ausschuss der ILO-WHO geht von einem höchstmöglichen Grad an physischem, seelischem und sozialem Wohlbefinden aus.[212] Dabei wird das Wohlbefinden (das über den Begriff der Arbeitszufriedenheit hinausgehen dürfte) eine zentrale Rolle einnehmen, wenn es um die sog „weichen" Faktoren geht, die herkömmlich nicht dem Arbeits- und Gesundheitsschutz zugerechnet werden, wie zB Angst vor Arbeitsplatzverlust insbesondere bei befristeter Beschäftigung. Die „sicheren" Arbeitsbedingungen weisen wohl einen geringen eigenständigen Stellenwert auf, da in der englischen und französischen Terminologie für den Arbeits- und Gesundheitsschutz immer von Gesundheit und Sicherheit (health and safety ./. santé et sécurité) gesprochen wird.[213] Letztlich entscheidend ist die Gesundheit der Arbeitnehmer; der Sicherheit kommt insoweit eine (nur) instrumentelle Funktion zu.

53 **„Würdige" Arbeitsbedingungen** treten als qualitativ neues Element hinzu. Sie stellen nicht nur den Zusammenhang mit der durch Art. 1 EU-GRC abgesicherten Menschen-

---

207 Vgl. zu Art. 3 ESC auch ESC-Monograph Rn. 58: Arbeitsplatz, Gefährliche Stoffe, bestimmte Bereiche, bestimmte gefährdete Gruppen; nach Samuel, S. 64, kommt noch die Arbeitsorganisation hinzu. **208** In Art. 5 ILO-Übereinkommen Nr. 155 wird von „Hauptaktionsbereichen" gesprochen, was also die Existenz weiterer Bereiche nicht ausschließt. **209** Auch der UN-Sozialpaktausschuss macht sich in einer – nicht abschließenden Aufzählung – die Elemente von Art. 5 Buchst. a, b, c und a zur eigenen, vgl. zur Auslegung von Art. 7 Buchst. b UN-Sozialpakt zu eigen, s. General Comment Nr. 23 (2016), Rn. 27. **210** In diesem weiten Sinn auch PHLW/Bogg, CFREU, Art. 31, Rn. 31.49. **211** AA EuArbR/C.Schubert GRC Art. 31 Rn. 23, die den „Inhalt der Richtlinie zum Arbeitsschutz nicht automatisch [als d.V.] Teil des Garantiebereichs des Art. 31" ansieht, damit aber v.a. den Erläuterungen (auch im Hinblick auf Art. 3 ESC) einen zu geringen Stellenwert einräumt. **212** Vgl. ILO, General Survey 2009, Rn. 4. **213** Meyer/Rudolf, GRC, Art. 31 Rn. 14 spricht zutreffend von „Begriffspaar".

würde dar, sondern sind bei richtigem Verständnis als Mittel zu deren unmittelbarer Verwirklichung im Arbeitsverhältnis anzusehen. Dies findet bereits in dem Gebot zur Berücksichtigung des Faktors „Mensch" bei der Arbeit, insbesondere bei der Gestaltung von Arbeitsplätzen sowie bei der Auswahl von Arbeitsmitteln und Arbeits- und Fertigungsverfahren, in Art. 6 Abs. 2 Buchst. d EG-Rahmenrichtlinie 89/391/EWG seinen Ausdruck. Die zentrale Ausprägung ist jedoch aus dem Schutz der Würde am Arbeitsplatz vor sexuellen Belästigungen entstanden. Begonnen hat diese Entwicklung mit der Entschließung des Rates vom 29.5.1990 zum Schutz der Würde von Frauen und Männern am Arbeitsplatz.[214] Sie wurde in der RESC (1996) mit der Aufnahme eines eigenen Artikels zum „Recht auf Würde am Arbeitsplatz" fortgesetzt, der in seinem Abs. 1 ebenfalls vor sexueller Belästigung schützt und – aufgrund der Entwicklung vor allem in skandinavischen Ländern[215] – qualitativ neu den allgemeinen Schutz vor Belästigungen (jeder Art) in Abs. 2 erweitert.[216] Von besonderer Bedeutung (→ Rn. 29) ist, dass die Erläuterungen zu Art. 31 Abs. 1 EU-GRC ausdrücklich auf Art. 26 RESC Bezug nehmen.[217] Im EU-Recht hat diese Entwicklung ab 2000 ihren ausdrücklichen Niederschlag in den neuen Antidiskriminierungsrichtlinien gefunden, die Belästigungen als Diskriminierungen definieren.[218] Ein Brückenschlag zwischen beiden Bereichen, nämlich Arbeits- und Gesundheitsschutz einerseits und Antidiskriminierung andererseits,[219] ist durch die zwischen den Sozialpartnern auf EU-Ebene abgeschlossene „**Rahmenvereinbarung zu Belästigung und Gewalt am Arbeitsplatz**" (2007) erfolgt (→ Unionsrecht Rn. 30).[220] Den vorläufigen Abschluss und gleichzeitigen qualitativen Neubeginn hat nunmehr die Verleihung des Grundrechtscharakters gebracht. Dabei ist auch der besondere Bezug zu Art. 8 EMRK (Schutz des Privatlebens) hervorzuheben.[221] Der Schutz vor sexueller Belästigung und Gewalt wird auch durch das sog „Istanbul Übereinkommen" verbessert.[222] Dies kann nicht ohne Auswirkungen auf die Fürsorgepflicht bleiben[223] Dasselbe gilt auch im Fall von Mobbing.[224] Ob unter „würdigen Arbeitsbedingungen" auch eine gerechte Entlohnung zu verstehen ist, kann in diesem Rahmen nicht näher erörtert werden.[225]

c) Inhalt: verbindliche Maßnahmen. Damit das Grundrecht effektiv sein kann, müssen die politischen und rechtlichen Rahmenbedingungen definiert werden. Inhaltlich sind die wichtigsten Grundsätze insbesondere der Prävention und Partizipation herauszu-

---

[214] ABl. C 157 v. 27.6.1990, 3 f. [215] Vgl. Explanatory Report, Rn. 100 („taken from existing national regulations"). [216] Auf Art. 26 RESC wird ausdrücklich in den Erläuterungen zu Art. 31 Abs. 1 EU-GRC Bezug genommen. [217] In diesem Sinn EuArbR/C. Schubert GRC Art. 31 Rn. 13. [218] Art. 2 Abs. 3 Antirassismusrichtlinie 2000/43/EG, Art. 2 Abs. 3 Rahmenrichtlinie 2000/78/EG, Art. 2 Abs. 1 Buchst. c Genderrichtlinie 2006/54/EG (vgl. Erwägungsgrund 6). [219] Vgl. auch die Entschließung des Europäischen Parlaments vom 23.5.2007 zu dem Thema „Menschenwürdige Arbeit für alle fördern" (2006/2240(INI), Rn. 57 („wirksame Präventions- und Schutzmaßnahmen und -programme … zur Sicherheit und Gesundheit am Arbeitsplatz … durchzusetzen"). [220] Rahmenvereinbarung zu Belästigung und Gewalt am Arbeitsplatz v. 26.4.2007 s. https://resourcecentre.etuc.org/agreements-57.html mit Links zu Übersetzungen und Umsetzungsberichten. [221] Vgl. zB A. H. Pool, Is the Dutch legislation regulating private investigation by employers in accordance with article 8 of the European Convention on Human rights? Presentation on the 3rd Seminar for young researchers on „European Labour Law and Social Law" Trento, Italy, 27–30 May 2010; s. zum Einsatz von privaten Detektiven im Bereich der Unfallversicherung EGMR 18.10.2016 – 61838/10 (Vukato-Bojic ./. Schweiz) mAnm Pärli, HSI Newsletter 1/2017, unter III. [222] Von der Bundesrepublik ratifiziert, BGBl. 2017 II 1026 (Gesetz zu dem Übereinkommen des Europarats vom 11.5.2011 zur Verhütung und Bekämpfung von Gewalt gegen Frauen und häuslicher Gewalt, zu sexueller Belästigung: Art. 40. Bemerkenswert ist, dass auch die EU als internationale Organisation diesem Übereinkommen beitreten will; es wäre damit nach der Behindertenrechtskonvention (→ Rn. 5) das zweite internationale Übereinkommen im Menschenrechtsbereich, das die EU rechtlich unmittelbar binden würde. [223] So wohl Grabenwarter/Rebhahn, EuGrR, § 16 Rn. 79. [224] Vgl. zB EuGöD 12.12.2013 – F-129/12 (CH ./. Parlament), Rn. 87, 101. Allg. zum (Cyber-)Mobbing zB Bleckat RuP 2017, 59 ff. [225] So Nassibi, Schutz vor Lohndumping in Deutschland, Eine Untersuchung des Arbeitsrechts, Arbeitsstrafrechts und Arbeitsvölkerrechts, 2012, S. 253 f., PHKW/Bogg, CFREU, Art. 31 Rn. 31.48 f.; Stern/Sachs/Lang EU-GRC Art. 31 Rn. 13 (zumindest im Sinn der Beachtung einer Sittenwidrigkeitsgrenze); aA ua EuArbR/C.Schubert GRC Art. 31 Rn. 11, Grabenwarter/Rebhahn, EuGrR, § 16 Rn. 79.

stellen. Schließlich bedarf es der wirksamen Durchsetzung. Für „würdige" Arbeitsbedingungen müssen zumindest insoweit dieselben Maßnahmen gelten, als sie wenigstens mittelbar mit „gesunden" Arbeitsbedingungen zusammenhängen,[226] wie zB bei Belästigung und Gewalt am Arbeitsplatz.[227] Für die nachfolgend genannten Elemente wird jeweils auf entsprechende internationale und europäische Rechtsetzung sowie Spruchpraxis[228] Bezug genommen.

55 **aa) Rahmenbedingungen.** Dabei muss zunächst die politische Dimension des Grundrechts berücksichtigt werden. Ohne eine ausdrückliche, kohärente[229] und prioritäre **Politikgestaltung**[230] ist das Grundrecht nicht wirksam umzusetzen. So verlangt auch der UN-Sozialpaktausschuss in allgemeiner Form unter Berufung auf Art. 4 Abs. 1 ILO-Übereinkommen Nr. 155 eine nationale Präventionspolitik,[231] und fordert beispielsweise Italien auf, „wirksame Maßnahmen zu ergreifen, um Arbeitnehmern den Genuss von sicheren Arbeitsbedingungen sicherzustellen".[232] Ebenfalls aufbauend auf dem ILO-Übereinkommen Nr. 155[233] sieht das ILO-Übereinkommen Nr. 187 (→ Rn. 11)[234] sowie auch Art. 3 Abs. 1 RESC[235] konkretere Bedingungen vor. Sie beziehen sich insbesondere auf die verschiedenen politischen Ebenen, die Inhalte vor allem der Prävention („Präventionskultur")[236] und die entsprechende Partizipation auf den verschiedenen Stufen.[237] So kommt beispielsweise der Kommission eine Förderungsaufgabe für die Zusammenarbeit der Mitgliedstaaten für die Verhütung von Berufsunfällen und Berufskrankheiten sowie für den Gesundheitsschutz bei der Arbeit (Art. 156 Abs. 1, 5. und 6. Spiegelstrich AEUV [ex-Art. 140 EG]) bis hin zur Zusammenarbeit in internationalen Organisationen (Abs. 2) zu.

226 In diesem Sinn wohl auch Europäischer Ausschuss für Soziale Rechte in Entscheidung 12.10.2015 – 91/2013 – (Confederazione Generale Italiana del Lavoro (CGIL) ./. Italien), Rn. 297 („the Committee considers that Article 26 § 2 of the Charter imposes positive obligations on states, to take preventative action to ensure moral harassment does not occur in particular in situations where harassment is likely. It therefore finds that the failure of the Government to take any preventative action, training or awareness raising to ensure the protection of non-objecting medical practitioners amounts to a violation of Article 26 § 2 of the Charter."). **227** S. zB Fn. 220. **228** Der Spruchpraxis internationaler Gremien – im sozialen Bereich vor allem auch der ILO-Gremien und des Europäischen Ausschusses für Soziale Rechte – kommt seit dem Urteil des EGMR in dem Beschwerdeverfahren Demir und Baykara (EGMR (Große Kammer) 12.11.2008 – 34503/97, AuR 2009, 269 ff.) besondere Bedeutung zu. **229** Vgl. Art. 4 Abs. 1 ILO-Übereinkommen Nr. 155 und darauf verweisend Art. 1 Buchst a ILO-Übereinkommen Nr. 187 (vgl. ILO, General Survey 2017, Rn. 35, 139); zu Art. 7 Buchst. b UN-Sozialpakt: Craven, S. 241 („a coherent national policy should be a minimum requirement"). **230** Dabei sind auch besonder(s. gefährdet)e Personengruppen zu berücksichtigen wie zB ältere Arbeitnehmer (vgl. Empfehlung des Ministerkomitees des Europarats zur Förderung der Menschenrechte älterer Personen, CM/Rec(2014)2, Anhang Rn. 28. („Member States should pay specific attention to the safety and health problems of older workers in their respective programmes, action plans and other relevant policy action."). **231** General Comment Nr. 23 (2016), Rn. 25 („States parties should adopt a national policy for the prevention of accidents and work-related health injury by minimizing hazards in the working environment"). **232** Concluding observations 23.5.2000 – E/C.12/1/ADD.43 – Italien, Rn. 25 („The Committee calls upon the State party to take effective measures to ensure that workers enjoy safe working conditions"). **233** Vgl. zum auf Prävention ausgerichteten Politikansatz in diesem Übereinkommen, ILO, General Survey, 2009, Rn. 13 ff., allg. ILO, Safety and health at work: a vision for sustainable prevention, 2014. **234** S. dazu ILO, General Survey 2017, Rn. 23 („Another essential principle of the OSH instruments is the prioritization of prevention. The 2009 General Survey details the development and importance of a policy-based approach focused on prevention, which it identifies as the central organizing theme of Convention No. 155 and Recommendation No. 164. 4 Convention No. 187 further emphasizes the importance of developing a national preventative safety and health culture and accords the highest priority to the culture of prevention"). **235** Art. 3 Abs. 1 RESC: „eine kohärente nationale Politik auf dem Gebiet der Sicherheit und des Gesundheitsschutzes der Arbeitnehmer sowie der Arbeitsumwelt festzulegen, umzusetzen und in regelmäßigen Abständen zu überprüfen. Vorrangiges Ziel dieser Politik ist es, die Sicherheit und Gesundheit bei der Arbeit zu verbessern sowie Unfälle und Beeinträchtigungen der Gesundheit, die sich aus der Arbeit ergeben, mit ihr in Zusammenhang stehen oder im Verlauf der Arbeit auftreten, insbesondere dadurch zu verhüten, dass die Ursachen der Gefahren in der Arbeitsumwelt soweit wie möglich verringert werden". **236** ESC-Digest 2008, S. 33. **237** Art. 2 Abs. 1 Übereinkommen Nr. 187 (→ Rn. 11); Einleitungssatz Art. 3 RESC.

Als zentrale Rahmenbedingung bedarf es der **Rechtsetzung.** Dieses Postulat wird in Art. 4 Abs. 2 Buchst. a ILO-Übereinkommen Nr. 187 sowie in Art. 3 Abs. 1 ESC (Art. 3 Abs. 2 RESC) erhoben. Auch der UN-Sozialpaktausschuss verlangt legislative Maßnahmen zur Verhinderung von Arbeitsunfällen,[238] manchmal sogar spezifisch in Bezug auf einzelne Bereiche. Als Beispiele dafür können die in Form von Empfehlungen an Vertragsstaaten ausgesprochenen Forderungen zur Reduzierung der Arbeitszeit („die notwendigen gesetzgeberischen und verwaltungsmäßigen Maßnahmen zu ergreifen, um die Arbeitszeit sowohl im öffentlichen als auch im privaten Bereich zu verkürzen"),[239] Pönalisierung von sexueller Belästigung („Maßnahmen zu ergreifen, sexuelle Belästigung am Arbeitsplatz durch eine spezifische Gesetzgebung zu bekämpfen, die sie zu einem Straftatbestand macht, damit diese Praktiken bekämpft und die Opfer besser geschützt werden")[240] oder Verbesserung der Arbeitsaufsicht (→ Rn. 71) dienen. In der EU erfolgt die Rechtsetzung durch die weitgehend den Anforderungen aus Art. 3 Abs. 1 ESC entsprechende EG-Rahmenrichtlinie 89/391/EWG und die Einzelrichtlinien. Aus der schnellen Veränderbarkeit der Arbeitsbedingungen, ihrer Risiken und Belastungen, vor allem durch die technologische Entwicklung, wird vom Europäischen Ausschuss für Soziale Rechte gefolgert, dass die Rechtssetzung auf diese Veränderungen angemessen reagieren muss.[241] Neue Anforderungen durch Organisationsänderungen, Arbeitsverdichtung, Datenaustausch usw müssen dementsprechend besonders berücksichtigt werden. Noch allgemeiner sieht Art. 4 Abs. 1 ILO-Übereinkommen Nr. 187 eine Dynamik der fortlaufenden Weiterentwicklung und regelmäßigen Überprüfung vor. 56

bb) Prävention. In Art. 3 Abs. 3 ILO-Übereinkommen Nr. 187 werden verschiedene „grundlegende Prinzipien" genannt.[242] Die Gefahrverhütung muss an oberster Stelle stehen. Diesem Ansatz folgt auch der neue Abs. 1 in Art. 3 RESC (→ Rn. 18). Auch der UN-Sozialpaktausschuss stellt fest, dass die Prävention ein „fundamentaler Aspekt" des in Art. 7 Buchst. b UN-Sozialpakt garantierten Rechts auf gesunde und sichere Arbeitsbedingungen[243] sei und verlangt wirksame präventive Präventionsmaßnahmen[244] sowie eine entsprechende finanzielle Ausstattung („sicherstellen, dass angemessene finanzielle Mittel zur Verhinderung von Unfällen am Arbeitsplatz zur Verfügung gestellt werden")[245] und zielgerichtete Information („Sensibilisierung für die Bedeutung von präventiven Maßnahmen").[246] 57

Zentral dabei ist der Vorrang der **Verhältnisprävention vor der Verhaltensprävention,** denn es geht um die Beeinflussung der Rahmenbedingungen der Arbeit (und nicht des Verhaltens der betroffenen Person). Wichtige Voraussetzung dafür ist die Ermittlung und Bewertung von Belastungen,[247] die in den Anspruch auf eine Gefährdungsbeurteilung (§ 5 ArbSchG) mündet. Der Präventionsgedanke findet seinen konkreten Ausdruck in Art. 6 Abs. 2 EG-Rahmenrichtlinie 89/391/EWG, der wichtige inhaltliche Grundsätze aufzählt, wie zB die auch in Art. 3 Abs. 3 ILO-Übereinkommen Nr. 187 be- 58

---

238 Concluding observations 23.5.2000 – E/C.12/1/ADD.43 – Italien, Rn. 25 („adopt measures, including legislation, on prevention of accidents"). **239** Concluding observations 24.9.2001 – E/C.12/1/ADD.67 – Japan, Rn. 46 („adopt necessary legislative and administrative measures to reduce working hours in both public and private sectors"). **240** Concluding observations 25.1.2006 – E/C.12/SVN/CO/1 – Slowenien, Rn. 29 („urges the State party to undertake measures to combat sexual harassment in the workplace including by adopting specific legislation rendering it a criminal offence in order to combat this practice and better protect victims"); ansonsten auch → Rn. 9. **241** Conclusions III, S. 18: nicht dynamisch, aber Übereinstimmung mit neuen Situationen herstellen. **242** In diesem Sinn auch General Comment Nr. 23 (2016), Rn. 25 („Preventing occupational accidents and disease is a fundamental aspect of the right to just and favourable conditions of work"). **243** General Comment Nr. 23 (2016), Rn. 25 („Preventing occupational accidents and disease is a fundamental aspect of the right to just and favourable conditions of work …"). **244** Concluding observations 7.6.2004 – E/C.12/1/ADD.99 – Spanien, Rn. 31 („urges the State party to take effective measures to prevent accidents in the workplace"). **245** Concluding observations 12.12.2003 – E/C.12/1/ADD.94 – Russische Föderation, Rn. 47 („ensure that adequate funds are allocated for the prevention of accidents in the workplace"). **246** Concluding observations 26.6.2003 – E/C.12/1/Add.89 – Island, Rn. 23 („raising awareness of importance of preventive measures"). **247** So auch Art. 3 Abs. 3 ILO-Übereinkommen Nr. 187.

nannte Gefahrenbekämpfung an der Quelle. Auch Art. 3 Abs. 3 RESC verlangt, dass „Ursachen der Gefahren in der Arbeitsumwelt so weit wie möglich verringert werden".

59 **(1) Besondere Maßnahmen für besondere Gefahren.** Über die allgemeinen Anforderungen hinaus ist im Arbeitsschutz schon lange anerkannt, dass spezifischen Gefahren auch durch spezifische Maßnahmen begegnet werden muss. Ausdruck davon ist auf internationaler Ebene der beeindruckende Katalog von arbeitsschutzrechtlichen Normen zu besonderen Branchen und Berufen sowie zu besonderen Gefährdungslagen, von denen die Bundesrepublik viele ratifiziert hat (s. im Anhang Übersicht 2). Auf internationaler Ebene hat sich auch die Erkenntnis durchgesetzt, dass der Handel mit gefährlichen Produkten geregelt, eingeschränkt oder sogar verboten werden muss.[248] Auch der Europäische Ausschuss der Sozialen Rechte verlangt einen umfangreichen Katalog der Rechtssetzung in Bezug auf spezifische Gefahren.[249] Weiter haben die EU-Sozialpartner autonome Rahmenvereinbarungen zum Stress[250] und zur Belästigung und Gewalt[251] am Arbeitsplatz abgeschlossen. Schließlich unterstreicht der inzwischen erarbeitete, sehr weit reichende (und trotzdem wohl nicht endgültig abgeschlossene) Korpus des sekundären EU-Rechts über die Einzelrichtlinien nach Art. 16 EG-Rahmenrichtlinie 89/391/EWG (→ Unionsrecht Rn. 22) und darüber hinaus mehr als deutlich, dass die Konkretisierung der allgemeinen Pflichten als Reaktion auf besondere Gefahren ein wesentliches Element des Grundrechts auf gesunde Arbeitsbedingungen darstellt.

60 **(2) Arbeitsmedizinische Betreuung.** Zwar hat die EU-Kommission schon 1962 eine entsprechende Empfehlung erlassen,[252] zu einer Rechtssetzung auf internationaler Ebene ist es jedoch erst 1985 durch das ILO-Übereinkommen Nr. 161 zu Betriebsärztlichen Diensten gekommen. Aber der UN-Sozialpaktausschuss hält auch bei den in Art. 7 UN-Sozialpakt geschützten Arbeitsbedingungen zumindest eine Grundversorgung mit entsprechendem Personal („medical officers") für erforderlich.[253] Mit Art. 14 RL 89/391/EWG ist eine wichtige Konkretisierung auf EU-Ebene erreicht. Diese Regelung hat nicht zuletzt auch zur zusätzlichen Absicherung in Art. 3 Abs. 4 RESC geführt (→ Rn. 18).[254]

61 **(3) Verantwortlichkeit des Arbeitgebers.** Dieser Grundsatz ist zentral für das Grundrecht auf gesunde Arbeitsbedingungen. Der Arbeitnehmer stellt dem Arbeitgeber seine Arbeitskraft zur Verfügung; dann trifft Letzteren auch die volle Verantwortung, Gesundheitsgefahren abzuwenden. Dies entspricht offensichtlich einem allgemeinen, weltweit anerkannten Verständnis. So haben nämlich alle vom ILO-Sachverständigenausschuss untersuchten nationalen Gesetzgebungen diese Verpflichtung in ihrem innerstaatlichen Recht verankert.[255] Art. 5 EG-Rahmenrichtlinie 89/391/EWG konkretisiert diesen Grundsatz.

62 **(4) Kostenfreiheit.** Unabhängig davon, wer letztlich die Kosten tragen muss (in der Regel sicher die Arbeitgeber wegen ihrer Verantwortlichkeit, → Rn. 61, in bestimmten Ausnahmefällen soziale Sicherungssysteme), gilt nach Art. 21 ILO-Übereinkommen

---

[248] Vgl. das Basler Übereinkommen über die Kontrolle der grenzüberschreitenden Verbringung gefährlicher Abfälle und ihrer Entsorgung (1989), das Rotterdamer Übereinkommen zum internationalen Handel mit bestimmten gefährlichen Chemikalien (1998 mit späteren Änderungen) und das Stockholmer Übereinkommen über persistente organische Schadstoffe (2001); alle drei sind nicht nur von allen EU-Mitgliedstaaten, sondern auch von der EU selbst ratifiziert bzw. anerkannt (nähere Einzelheiten für alle drei Übereinkommen auf Englisch unter http://www.pic.int/). [249] CoE, Monograph Rn. 58; dabei werden Gefahren durch Asbest und Strahlen besonders hervorgehoben, s. Samuel, S. 64 f. [250] Vereinbarung v. 8.10.2004 abgedruckt in: Kamp/Pickshaus, Regelungslücke psychische Belastungen schließen, 2011, S. 28 ff. [251] S. Fn. 220. [252] Empfehlung der Kommission an die Mitgliedstaaten betreffend die betriebsärztlichen Dienste in den Arbeitsstätten, ABl. 80 vom 31.8.1962, 2181–2188. [253] Concluding observations 4.9.2006 – E/C.12/MAR/CO/3 – Marokko, Rn. 20 und vor allem Rn. 43: „take steps to ensure that private companies actually have occupational medical officers available". [254] Vgl. dazu Kohte in: GS Zachert, S. 326. [255] ILO, General Survey 2009, Rn. 173.

Nr. 155 sowie nach Art. 6 Abs. 5 EG-Rahmenrichtlinie 89/391/EWG der absolute Freistellungsanspruch von Kosten für Arbeitnehmer.[256]

cc) **Partizipation.** Die umfassende Beteiligung hat sich – vor allem auch im Zusammenhang mit der Prävention[257] – zu einem elementaren Prinzip des Arbeitsschutzes herausgebildet. Sie stellt eine zentrale Verknüpfung zwischen den Rahmenbedingungen und (den Interessen) der betroffenen Person ggf. über Vertretungen her. Partizipation hat auf verschiedenen Ebenen stattzufinden. In erster Linie sind es die Betroffenen selbst, die einbezogen werden müssen. Eng damit verbunden ist die Beteiligung ihrer kollektiven Interessenvertreter. Nicht zuletzt sind es vor allem die Gewerkschaften, die beteiligt werden müssen. Für diese Partizipation auf den verschiedenen Ebenen steht ein umfangreiches Regelwerk zur Verfügung. Den Grundsatz nennt Art. 11 Abs. 1 EG-Rahmenrichtlinie 89/391/EWG: „Die Arbeitgeber hören die Arbeitnehmer bzw. deren Vertreter an und ermöglichen deren Beteiligung bei allen Fragen betreffend die Sicherheit und die Gesundheit am Arbeitsplatz." (→ Unionsrecht Rn. 19 f.).[258] Dies wird dann weiter konkretisiert. 63

(1) **Beschäftigte.** Zunächst haben die einzelnen **Beschäftigten** Anspruch auf Beteiligung. Dies setzt grundsätzlich auch eine umfassende Information der Beschäftigten insbesondere im Hinblick auf besondere Gefahren voraus.[259] Dem Partizipationsansatz kommt insbesondere bei den psychischen Belastungen erhebliche Bedeutung zu. Sollen sie wirksam bekämpft werden, so ist dies kaum „über den Kopf" der Betroffenen hinweg erfolgreich. Dementsprechend ist die „Anhörung"[260] der Arbeitnehmer in Art. 11 Abs. 1 Unterabs. 2 EG-Rahmenrichtlinie 89/391/EWG vorgesehen. 64

(2) **Kollektive betriebliche Interessenvertretung.** Der Schwerpunkt der Partizipation liegt bei der **kollektiven betrieblichen Interessenvertretung.** International kommt dies in Art. 19 ILO-Übereinkommen Nr. 155 zum Ausdruck, der die in Art. 5 Buchst. d ILO-Übereinkommen Nr. 155 bereits allgemein angesprochenen Kommunikations- und Zusammenarbeitspflichten näher beschreibt (insbesondere Art. 19 Buchst. b–e ILO-Übereinkommen Nr. 155) und den – nach Bewertung durch den ILO-Sachverständigenausschuss – praktisch alle untersuchten Länder zu einem hohen Maß einhalten.[261] Verstärkt wird dies auf europäischer Ebene durch Art. 3 Abs. 3 ESC sowie die Weiterentwicklungen in Art. 3 (→ Rn. 18) und 22 RESC. Letzterer beinhaltet das Recht auf Beteiligung an der Festlegung und Verbesserung der Arbeitsbedingungen und der Arbeitsumwelt.[262] Zu berücksichtigen ist dabei auch, dass Nr. 19 der Gemeinschaftscharta (→ Rn. 25) nicht nur von der Notwendigkeit der Unterrichtung und Anhörung, sondern auch ausdrücklich einer „ausgewogenen Mitwirkung" spricht. Für die Verhältnisse der Bundesrepublik sind dies die Betriebs- und Personalräte, Mitarbeitervertretungen oder sonstigen Vertretungsorgane der Beschäftigten. 65

(3) **Gewerkschaften.** Der Beteiligungsprozess für **Gewerkschaften** ist vielschichtig angelegt. Vorrangig geht es um die Konsultation bei den verschiedenen Maßnahmen auf nationaler Ebene. Die Pflicht, sich ua mit den Gewerkschaften zu beraten, ist im ILO-Übereinkommen Nr. 187 (→ Rn. 11) für den Arbeits- und Gesundheitsschutz auf nationaler Ebene dreidimensional vorgesehen, und zwar bezogen auf die innerstaatliche Politik (Art. 3 Abs. 3 ILO-Übereinkommen Nr. 187), das innerstaatliche System (Art. 4 Abs. 1 ILO-Übereinkommen Nr. 187) und das innerstaatliche Programm (Art. 5 Abs. 1 66

---

256 Dazu Kohte AuR 2016, 404 (406); die unionsrechtliche Perspektive wurde völlig ausgespart von BAG 13.12.2016 – 9 AZR 574/15, NZA 2017, 539 (541) Rn. 30. **257** ILO, General Survey 2009, Rn. 48. **258** Vgl. dazu Kohte, Die Stärkung der Partizipation der Beschäftigten im betrieblichen Arbeitsschutz, S. 9 ff.; Haas, Die Partizipation der Beschäftigten im Arbeitsschutzrecht, 2017, S. 46 ff. **259** Vgl. dazu EGMR 5.12.2013 – 52806/09 ua, Rn. 235 ff. (Vilnes ua ./. Norwegen); s. auch Lörcher HSI-Newsletter 3/2013 unter III. **260** Der Begriff „Anhörung" stellt häufig eine verengende Übersetzung des englischen und französischen Begriffs „consultation" dar. In manchen Zusammenhängen (zB Art. 4 Abs. 1 ILO-Übereinkommen Nr. 155) wird er (in eher zutreffender Weise) mit „Beratung" übersetzt (insbesondere beim „in consultation" entsprechend „in Beratung", verstanden als andauernder Prozess („continuing dialogue", s. ILO, General Survey 2009, Rn. 49). **261** ILO, General Survey 2009, Rn. 194. **262** Vgl. zu den betrieb(strät)lichen Arbeitsschutzvertretern im EU-Vergleich: Menédez/Benach/Vogel.

1 Grundrecht

ILO-Übereinkommen Nr. 187).²⁶³ Für das ILO-Übereinkommen Nr. 155 bezeichnet der ILO-Sachverständigenausschuss die Konsultation der Sozialpartner sogar als „Leitmotiv" für die Verwirklichung der im Übereinkommen genannten Bestimmungen.²⁶⁴ Auch Art. 3 Abs. 3 ESC und der auf alle Bereiche des Arbeits- und Gesundheitsschutzes erweiterte Art. 3 RESC sehen eine allgemeine Konsultationspflicht vor.

67 Die Einbeziehung von Gewerkschaften reicht aber auch bis zur betrieblichen Ebene. Hier sind gewerkschaftliche Vertrauensleute als Ergänzung zu den kollektiven betrieblichen Interessenvertretungen (→ Rn. 65) angesprochen. Die internationale Grundlage dafür findet sich im ILO-Übereinkommen Nr. 135.²⁶⁵

68 Die über die Konsultation weit hinausreichende Dimension ist die unmittelbare Handlungsmöglichkeit von Gewerkschaften. Sie können Tarifverträge oder sonstige Kollektivvereinbarungen abschließen (entsprechend Art. 4 ILO-Übereinkommen Nr. 98, Art. 11 EMRK, Art. 6 Abs. 2 ESC, Art. 28 EU-GRC) und ggf. auch dafür streiken (Art. 8 Buchst. d UN-Sozialpakt, ILO-Übereinkommen Nr. 87, Art. 6 Abs. 4 ESC, Art. 28 EU-GRC).

69 **(4) Diskriminierungsverbot.** Die immer häufiger auch mit dem Begriff „Viktimisierungsverbot" belegte Absicherung ist als Schutz vor Benachteiligungen jeder Art aufgrund einer Aufgabenwahrnehmung im Zusammenhang mit dem Arbeits- und Gesundheitsschutz zu verstehen. Sie findet ihren internationalen Ausdruck in Art. 5 Buchst. e ILO-Übereinkommen Nr. 155. Entsprechend sieht Art. 11 Abs. 4 EG-Rahmenrichtlinie 89/391/EWG ein umfassendes Benachteiligungsverbot vor. In neuerer Zeit hat der EuGH dieses Verbot ausdrücklich aus Art. 47 EU-GRC hergeleitet.²⁶⁶

70 **dd) Durchsetzung.** Auch wenn in den grundrechtlichen Normen wie zB dem UN-Sozialpakt keinerlei Hinweise auf Durchsetzungsrechte enthalten sind, so spielt die Einhaltung der Arbeits- und Gesundheitsvorschriften für den UN-Sozialpaktausschuss eine wichtige Rolle,²⁶⁷ insbesondere dann, wenn die Anzahl der Arbeitsunfälle zugenommen hat. Auch Art. 4 Abs. 2 Buchst. c ILO-Übereinkommen Nr. 187 bringt den Durchsetzungsaspekt deutlich zum Ausdruck, indem er „Mechanismen zur Sicherstellung der Einhaltung der innerstaatlichen Rechtsvorschriften, einschließlich Inspektionssystemen" verlangt. Auf europäischer Ebene schreibt Art. 3 Abs. 2 ESC für die Sicherheits- und Gesundheitsvorschriften vor, dass die Vertragsparteien „für Kontrollmaßnahmen zur Einhaltung dieser Vorschriften zu sorgen" haben.²⁶⁸ Insgesamt bedarf es eines hinreichend effizienten Aufsichts- und Rechtsschutzsystems.²⁶⁹

71 **(1) Aufsichtssystem.** Ohne ein wirksames Aufsichtssystem kann es keinen realen Arbeits- und Gesundheitsschutz geben. Bereits der UN-Sozialpaktausschuss sah sich in

---

263 Die wichtige ILO-spezifische Dimension der Pflicht zur Beratung von Ratifizierungsmöglichkeiten enthält Art. 2 Abs. 3. **264** ILO, General Survey 2009, Rn. 48 (von der Bundesrepublik jedoch noch nicht ratifiziert). **265** Vgl. dazu zB Däubler, Gewerkschaftsrechte im Betrieb, 11. Aufl. 2010, Rn. 515 ff. **266** EuGH 14.10.2010 – C-243/09, NZA 2010, 1344 Rn. 66 (Fuß) (dort „Retorsionsmaßnahmen" genannt). **267** S. General Comment Nr. 23 (2016), Rn. 29, Concluding observations 16.1.2008 – E/C.12/1/HUN/CO/3 – Ungarn, Rn. 36 („effectively enforce regulations on safety at the workplace"); 19.12.2002 – E/C.12/1/ADD.82 – Polen, Rn. 43 („ensuring that occupational safety legislation is properly implemented"); 24.9.2001 – E/C.12/1/ADD.68 – Deutschland, Rn. 43 („take necessary legislative and administrative measures to oblige employers to respect labour legislation"). **268** Ähnlich Art. 4 Abs. 2 EG-Rahmenrichtlinie 89/391/EWG, s. dort. Vgl. auch die interessante Untersuchung zur effektiven Durchsetzung des Arbeits- und Gesundheitsschutzes unter ökonomischen Gesichtspunkten Faure/Tilindyte, 346 ff.; vgl. insgesamt Bericht (EP-Sozialausschuss) über wirksame Kontrollen am Arbeitsplatz als Strategie zur Verbesserung der Arbeitsbedingungen in Europa (2013/2112(INI)) vom 12.12.2013. **269** Zu den allgemeinen Prinzipien, die für die effektive Durchsetzung des EU-Arbeitsrechts zu beachten sind, Bercusson, European Labour Law, S. 403 ff.

mehreren Fällen veranlasst, dafür konkret ausreichende Mittel,[270] insbesondere ausreichende **finanzielle und personelle Ressourcen** einzufordern,[271] ggf. auch die Zahl der Kontrollen zu erhöhen.[272] Ziel ist dabei, die Unabhängigkeit[273] und Wirksamkeit der Aufsicht (auch hinsichtlich der Kontrollen)[274] sicherzustellen. Das Herzstück der internationalen Rechtssetzung zur Arbeitsaufsicht, auf das sich auch der UN-Sozialpaktausschuss bezieht,[275] bildet jedoch das von der Bundesrepublik[276] und von allen EU-Mitgliedstaaten ratifizierte **ILO Übereinkommen Nr. 81** über die Arbeitsaufsicht in Gewerbe und Handel. Es bezieht die Arbeitsaufsicht ausdrücklich auf die „Arbeitsbedingungen und den Schutz der Arbeitnehmer bei der Ausführung ihrer Arbeit, wie der Vorschriften über Arbeitszeit, Löhne, Unfallverhütung, Gesundheitsschutz und Wohlfahrt" (Art. 3 Abs. 1 Buchst a) und es beinhaltet grundsätzliche Anforderungen an die Qualität (Art. 6–9), Quantität (Art. 10) und Befugnisse der Aufsichtsbeamten (Art. 12, 13).[277] Besondere Bedeutung wird einer effektiven Untersuchung insbes. im Fall von tödlichen Unfällen beigemessen.[278] Das bereits 1947 verabschiedete Instrument ist inzwischen durch weitere Normen ergänzt worden (s. im Anhang Übersicht 2). Auf europäischer Ebene enthält auch die ESC in Art. 20 Abs. 5 die allgemeine Pflicht, dass jede Vertragspartei „ein den innerstaatlichen Verhältnissen entsprechendes System der Arbeitsaufsicht zu unterhalten" hat. Jedoch sind darüber hinaus beim Arbeits- und Gesundheitsschutz spezifische Maßnahmen nach Art. 3 Abs. 2 ESC erforderlich (→ Rn. 70). Dabei müssen Vertreter der Arbeitnehmer die Möglichkeit haben, bei Besuchen und Kontrollen der zuständigen Behörde ihre Bemerkungen vorzubringen. Aufzeichnungspflichten zur Überprüfung der Einhaltung zB der Vorschriften zur Arbeitszeit stehen keine datenschutzrechtlichen Bedenken entgegen.[279] Arbeitnehmer, die die Einhaltung des Arbeitsschutzes überwachen, sollten keine nachteiligen Folgen befürchten müssen.[280] Gerade in diesem Zusammenhang zunehmende Bedeutung erhalten

---

270 Concluding observations 7.1.2008 – E/C.12/1/LVA/CO/1 – Lettland, Rn. 42 („allocating sufficient resources to strengthen the labour inspectorate"); 13.5.2005 – E/C.12/1/Add.107 – China, Rn. 53 („sufficient resources to the labour inspectorate to enable regular and independent inspections of safety and health conditions in all sectors and to ensure that employers who fail to observe safety regulations are duly sanctioned"); 19.12.2002 – E/C.12/1/ADD.82 – Polen, Rn. 43 („allocating sufficient resources to the State Labour Inspectorate"). **271** Concluding observations 1.12.2008 – E/C.12/1/PHL/CO/4 – Philippinen, Rn. 23 („provide sufficient human and financial resources"). **272** Concluding observations 16.1.2008 – E/C.12/1/HUN/CO/3 – Ungarn, Rn. 36 („increasing labour inspections"). **273** Die Unabhängigkeit gewinnt vor allem dann essentielle Bedeutung, wenn (Teile der) Arbeitsaufsicht auf die Unternehmen (ggf. auch in Zusammenarbeit mit den betrieblichen Interessenvertretungen) übertragen werden soll („enable regular and independent inspections ... monitor closely the implementation of the 2004 Labour Standards Enforcement Framework so as to ensure that the application of the self-assessment mechanism does not undermine the effective realization of the right to safe and healthy working conditions", s. Fn. 271, Rn. 23; vgl. dazu auch Hirose/Vitasa, Implementation of the Labour Standards Enforcement Framework in the Philippines, ILO Subregional Office for South-East Asia and the Pacific Manila, Philippines, November 2007). **274** Concluding observations 4.1.2008 – E/C.12/1/UKR/CO/5 – Ukraine, Rn. 39 („increase the effectiveness and transparency of labour inspections"). **275** Concluding observations 13.5.2005 – E/C.12/1/Add.107 – China, Rn. 53 („consider ratifying the ILO Convention No.81 on Labour Inspection"); 26.6.2003 – E/C.12/1/Add.89 – Island, Rn. 23 („ratify ILO Conventions ... No. 81 concerning labour inspection"). **276** BGBl. II 1975, 584. **277** Einen umfassenden Überblick bietet ILO, General Survey 2006. So weist der UN-Sozialpaktauschuss zB auf das Recht zu Betriebsstilllegungen hin, General Comment Nr. 23 (2016), Rn. 29 („right of enforcement authorities to suspend the operation of unsafe enterprises"). **278** S. General Comment Nr. 23 (2016), Rn. 29 („effective investigations"), sowie die in Fn. 68 zitierte EGMR-Rspr. **279** EuGH 30.5.2013 – C-342/12, NZA 2013, 723 (Worten). **280** S. General Comment Nr. 23 (2016), Rn. 26 („Workers should be able to monitor working conditions without fear of reprisal"); → Rn. 69.

auch die Informationen durch „Whistleblower", gerade im Hinblick auf die Nichteinhaltung von Arbeitsschutznormen.[281]

72 **(2) Durchsetzungsmechanismen.** Notwendiger Inhalt des Grundrechts und eng verknüpft mit dem Aufsichtssystem (→ Rn. 71) sind **Verwaltungs- und Klageverfahren,** die vor allem den Betroffenen und auch ihren Vertretungen zur Verfügung stehen. Der UN-Sozialpaktausschuss hält eine Information der Arbeitnehmer über ihre Rechte für erforderlich.[282] Für die Einleitung von Verwaltungsverfahren ist zunächst einmal die Möglichkeit einer externen (also außerbetrieblichen) Beschwerde wichtige Voraussetzung. Ein entsprechendes **Beschwerderecht** sieht Art. 11 Abs. 6 EG-Rahmenrichtlinie 89/391/EWG vor. Der EGMR hat einen Fall entschieden, der für in diplomatischen Vertretungen beschäftigte Ortskräfte von besonderer Bedeutung ist, denn sie werden nicht selten unter ungesunden oder unwürdigen Arbeitsbedingungen beschäftigt. Im konkreten Fall hat er die Verweigerung des Zugangs zu einem Gericht im Heimatstaat wegen den Folgen einer sexuellen Belästigung als Verstoß gegen Art. 6 Abs. 1 EMRK angesehen.[283]

73 **(3) Leistungsverweigerungsrecht.** Als Unterfall von entsprechenden Durchsetzungsmechanismen ist auch das Leistungsverweigerungsrecht[284] insoweit anzusehen, als es der betroffenen Person ermöglicht, sich einer gefährlichen Situation entziehen zu können, ohne – vom Grundsatz her – eine Sanktionierung befürchten zu müssen.[285]

74 **(4) Sanktionen.** Für den UN-Sozialpaktausschuss sind Sanktionen – was in der häufigen Nennung deutlich zum Ausdruck kommt[286] – wesentliches Element der Durchsetzung, ggf. verlangt er auch ausdrücklich ihre Wirksamkeit[287] oder evtl. auch unmittelbar strafrechtliche Sanktionen.[288] Grundsätzlich wird von der EuGH-Rechtsprechung für die Durchsetzung die Anforderung Wirksamkeit, Verhältnismäßigkeit, Abschreckung verlangt.

75 **(5) Ausgleich.** Fraglich ist, ob und ggf. inwieweit ein (finanzieller) Ausgleich unter die „Arbeitsbedingungen" fallen kann. Geht man jedoch von einem weiten Begriff der Arbeitsbedingungen aus (→ Rn. 48 ff.) und berücksichtigt man ergänzend die ausweitende Rechtssetzung und Rechtsprechung zu „Arbeitsbedingungen" zB im Hinblick auf

---

281 Vgl. zB zur Verletzung von Art. 10 EMRK wegen Kündigung aufgrund von Strafanzeige gegen Arbeitgeber ua wegen Personalunterversorgung im Pflegebereich (Meinungsäußerungsfreiheit) EGMR 21.7.2011 – 28274/08, AuR 2011, 355 (Heinisch ./. Deutschland) (J.Schubert/Lörcher, ebd. 326 ff.); s. auch das anhängige Verfahren, in dem es um die Mitteilung der Nichteinhaltung von Luftverkehrssicherheitsvorschriften durch eine Gewerkschaftsvorsitzende ua an das zuständige Ministerium geht (EGMR 59402/14 (Straume ./. Lettland); allg. Zur internationalrechtliche Regulierung des Whistleblowings mit entsprechendem Anpassungsbedarf im deutschen Recht Fischer-Lescano, AuR 2016, 4 ff., ebd. 282 Concluding observations 16.1.2008 – E/C.12/1/HUN/CO/3 – Ungarn, Rn. 36 („informing employees and employers in both the public and private sectors about their rights and obligations in relation to protection against work accidents"). **283** EGMR 23.3.2010 – 15869/02 (Cudak ./. Litauen). **284** Leistungsverweigerungsrechte sind in Art. 13 (des von Deutschland noch nicht ratifizierten) ILO-Übereinkommen Nr. 155 (s. ILO, General Survey 2009), aber auch in ratifizierten Übereinkommen enthalten, zB Art. 12 Abs. 1 ILO Übereinkommen Nr. 167 (Bauwesen) und Art. 13 Abs. 1 Buchst. e ILO Übereinkommen Nr. 176 (Bergwerke), vgl. General Survey 2017, Rn. 294 ff. **285** S. dazu auch Böhmert, S. 131 ff. **286** Concluding observations 7.1.2008 – E/C.12/1/LVA/CO/1 – Lettland, Rn. 42 („ensuring that employers who fail to observe safety regulations are duly sanctioned"); 13.5.2005 – E/C.12/1/Add.107 – China, Rn. 53 („ensure that employers who fail to observe safety regulations are duly sanctioned"); 7.6.2004 – E/C.12/1/ADD.99 – Spanien, Rn. 31 („ensure that employers who fail to observe safety regulations are sanctioned"); 7.6.2004 – E/C.12/1/ADD.96 – Litauen; 12.12.2003 – E/C.12/1/ADD.94 – Russische Föderation, Rn. 47 („ensure that sanctions are imposed on employers who fail to observe safety regulations"), auch nachfolgende Fn. 287 und 288); noch stärker General Comment Nr. 23 (2016), Rn. 29 („provide adequate penalties in case of violations, including the right of enforcement authorities to suspend the operation of unsafe enterprises"). **287** Concluding observations 19.12.2002 – E/C.12/1/ADD.82 – Polen, Rn. 43 („imposing effective sanctions with respect to violations of safety regulations"). **288** Concluding observations 16.1.2008 – E/C.12/1/HUN/CO/3 – Ungarn, Rn. 36 („imposing appropriate penalties whenever such regulations are violated"); etwas schwächer in 4.1.2008 – E/C.12/1/UKR/CO/5 – Ukraine, Rn. 39 („fines or other appropriate sanctions").

soziale Vergünstigungen im Bereich der Freizügigkeit der Arbeitnehmer (Art. 7 Abs. 2 VO EWG 1612/68), so erscheint es wenig zweifelhaft, dass auch zivil- und/oder sozialversicherungsrechtliche (Ausgleichs-)Ansprüche davon erfasst sind.[289] Dabei soll keine Umgehungsmöglichkeit („Verkauf" des Arbeits- und Gesundheitsschutzes durch finanziellen Ausgleich) eröffnet werden, sondern die Sanktion bei nicht (ausreichend) erfolgter Prävention verstärkt werden.[290]

d) Insbesondere: Begrenzung der Arbeitszeit und bezahlter Urlaub (Abs. 2). Bei der Begrenzung der Arbeitszeit und dem bezahlten Urlaub ist durch die Aufnahme in die EU-GRC eine grundrechtliche Dimension ausdrücklich anerkannt (Art. 31 Abs. 2 EU-GRC).[291] Außerdem wird der besondere Bezug zum Arbeits- und Gesundheitsschutz dadurch unterstrichen, dass beide Elemente unter das Recht auf gesunde, sichere und würdige Arbeitsbedingungen in Abs. 1 eingeordnet werden. Dementsprechend lassen sich alle bei Abs. 1 entwickelten Grundsätze darauf übertragen[292] (zur Einzelkommentierung s. ArbZG sowie Urlaub und Gesundheitsschutz). Darüber hinaus wird mit dem Begriff „Begrenzung der Höchstarbeitszeit" nicht nur – wie in der Arbeitszeitrichtlinie 2003/88/EG in Art. 6 vorgesehen – die wöchentliche, sondern auch die tägliche Arbeitszeit umfasst.[293] Dies wird auch gestützt durch den UN-Sozialpaktausschuss, der dies ebenfalls bei der allg. Formulierung in Art. 7 Buchst. d. UN-Sozialpakt („angemessene Begrenzung der Arbeitszeit") so sieht.[294] 76

Insgesamt ist hier aber auf die Rechtsprechung des EuGH zu verweisen, die im sozialen Bereich zu Art. 31 EU-GRC und hier vor allem zum Urlaubsrecht am stärksten ausgeprägt ist. In ihren Grundzügen ist sie jedoch vor der rechtlichen Verbindlichkeit der EU-GRC entwickelt worden, indem der EuGH den Anspruch auf bezahlten Jahresurlaub als „besonders bedeutsamen Grundsatz des Sozialrechts der Union"[295] anerkannt hat. Soweit er seit der Verbindlichkeit der EU-GRC (1.12.2009) auf ihren Art. 31 77

---

289 In diesem Sinn auch General Comment Nr. 23 (2016), Rn. 30 („States parties should ensure that workers suffering from an accident or disease and, where relevant, the dependants of those workers, receive adequate compensation, including for costs of treatment, loss of earnings and other costs, as well as access to rehabilitation services"). **290** Vgl. für den Anspruch auf Zusatzurlaub oder Arbeitszeitverkürzung bei „gefährlichen oder gesundheitsschädlichen Arbeiten" in Art. 2 Abs. 4 ESC, der durch Art. 2 Abs. 4 RESC dahingehend klargestellt wurde, dass die Präventionspflicht als Grundsatz erhalten bleibt. **291** Vgl. allg. McCann, Decent Working Hours as a Human Right: Intersections in the Regulation of Working Time, in: Fenwick/Novitz (Hrsg.) Legal Protection of Workers' Human Rights: Regulatory Changes and Challenges, 2010, S. 509 ff. **292** S. bereits die entsprechenden Hinweise im Text in → Rn. 13 (zum Begriff „nicht ratifizierten – ILO-Übereinkommen), → Rn. 14 mit Fn. 57 (zum „Allgemeinen Überblick" der ILO), → Rn. 17 (zum Zusammenhang von Arbeitszeit und Art. 8 EMRK), → Rn. 18 (zu Art. 2 ESC), → Rn. 28 (zu Art. 31 Abs. 2 EU-GRC), Fn. 83 (zur Einhaltung der Arbeitszeitrichtlinie 2003/88), Fn. 117 (zur EuGH-Rspr. zur Arbeitszeit), Fn. 152 (zum bezahlten Jahresurlaub), → Rn. 39 mit Fn. 174 (zur Einbeziehung selbständiger Fahrer), Fn. 177 f. (zu Hausangestellten), Fn. 206 (zur Rechtsgrundlage der Arbeitszeitrichtlinie), → Rn. 56 mit Fn. 239 (zur Reduzierung der Arbeitszeit), → Rn. 71 (zur Arbeitsaufsicht), Rn. 314 (zur Auslegung des Begriffs Arbeitszeit); vgl. jedoch zu einer weiten Auslegung des Begriffs „„Arbeitnehmer" im Sinne von Art. 7 der Richtlinie 2003/88 und Art. 31 Abs. 2" EuGH 26.3.2015 – C-316/13, Rn. 23–43, NZA 2015, 1444 (Fenoll). **293** EuArbR/C.Schubert GRC Art. 31 Rn. 14, NK-GA/Heuschmid/Lörcher GRCh Art. 31 Rn. 30 f. **294** S. General Comment Nr. 23 (2016), Rn. 35 f. S. zur konkreten Bedeutung für das EU-Recht EuGH GA Schlussantr. v. 8.6.2017 – C-214/16, Rn. 35–40 (King), die auf die einschlägigen völkerrechtlichen Grundlagen zur Auslegung von Art. 31 Abs. 2 EU-GRC verweisen (s. auch EuGH 5.7.2017 – C-190/16, Rn. 62, 65 (Friese), der zur Auslegung von Art. 21 Abs. 1 EU-GRC auf die entsprechenden völkerrechtlichen Vorschriften Bezug nimmt). **295** EuGH 26.6.2001 – C-173/99, NZA 2001, 827, Rn. 43 (BECTU) (ua unter Bezugnahme in Rn. 39 auf Nr. 8 und 19 der Gemeinschaftscharta, s. → Rn. 25); vgl. die nachfolgenden Bezugnahmen in EuGH 20.1.2009 – C-350/06, C-520/06, Rn. 22 (Schultz-Hoff) mwN auf die vorangegangene Rechtsprechung; vgl. auch EuGH 12.11.1996 – C-84/94, NZA 1997, 23 (Vereinigtes Königreich gegen Rat), wo in Rn. 76 darüber hinaus entsprechend der 9. Begründungserwägung zur RL 93/104/EG) noch auf die Grundsätze der ILO zur Arbeitszeitgestaltung hingewiesen worden war.

Abs. 2 Bezug genommen hat,[296] hat sich die Bezugnahme häufig auf eine zusätzlich abstützende Referenz beschränkt und weniger eine eigenständige Bewertung (oder gar eine ausführliche Behandlung) als Grundrecht dargestellt.[297]

78 5. **Einschränkung(smöglichkeit)en.** Im Unterschied zur EMRK sind die Rechte der EU-GRC so konzipiert, dass sie möglichst einfach, kurz und übersichtlich formuliert sind und nicht jeweils durch die entsprechenden Einschränkungen bzw. Grenzen schon beim ersten Lesen verkompliziert werden. Die jeweiligen Einschränkungen sind – als allgemeine Bestimmungen – in die horizontalen Klauseln in Titel VII an den Schluss der EU-GRC verschoben worden. Obwohl sie – wie sonst bei allgemeinen Bestimmungen üblich – nicht am Anfang erscheinen, kommt ihnen dort trotzdem ein erheblicher Stellenwert zu. Beispielhaft lässt sich dies am Vergleich von Art. 8 EMRK mit Art. 31 EU-GRC nachvollziehen. Art. 8 Abs. 1 EMRK definiert den Anwendungsbereich und Inhalt des Rechts auf Privat- und Familienleben, während Abs. 2 die entsprechenden Einschränkungen festlegt. Entsprechend der anderen Konzeption enthält Art. 31 EU-GRC (nur) den Anwendungsbereich und Inhalt des Grundrechts auf gerechte und angemessene Arbeitsbedingungen. Die näheren Grenzen finden sich in den Art. 51 ff. EU-GRC. Diese „horizontalen" Klauseln waren deshalb auch besonders umstritten und wurden in den verschiedenen Etappen der EU-GRC-Rechtssetzung immer weiter ausgeweitet.[298]

79 a) **Voraussetzungen für Einschränkungen gem. Art. 52 Abs. 1 EU-GRC.** Art. 52 Abs. 1 EU-GRC ist eine zentrale Vorschrift der EU-GRC. Sie enthält das (Prüfungs-)Programm für die Einschränkungsmöglichkeiten aller Grundrechte auf einer einheitlichen und damit wohl klareren, für alle Grundrechte geltenden Grundlage.[299]

80 Als Einschränkungen werden ua die Eingriffe (zB für den Fall, dass die Union die Mitgliedstaaten bei der Sicherstellung gerechter und angemessener Arbeitsbedingungen behindert,[300] dass die Mitgliedstaaten, soweit sie EU-Recht durchführen, als Arbeitgeber keine gesunden Arbeitsbedingungen herstellen, oder wenn keine ausreichenden Regelungen zur Sicherung der Rechte getroffen werden),[301] Ungleichbehandlungen und Unterlassungen angesehen.[302] Besondere Bedeutung kommt letzterer Gruppe zu, da das Grundrecht des Art. 31 EU-GRC durch Unterlassen beeinträchtigt wird, wenn die Grundrechtsverpflichteten keine Regelungen zur Sicherung ausreichender Arbeitsbedingungen erlassen, obwohl sie über die entsprechenden Kompetenzen verfügen.[303]

81 Hinsichtlich der möglichen Rechtfertigung steckt S. 1 mit dem Gesetzesvorbehalt („gesetzlich vorgesehen") und der Wesensgehaltsgarantie den Rahmen ab. S. 2 bildet mit einem durchaus strengen Verhältnismäßigkeitsgrundsatz den inhaltlichen Kern. Insgesamt wird man sagen können, dass Einschränkungen einem erhöhten Rechtfertigungs-

---

296 EuGH 30.6.2016 – C-178/15, NZA 2016, 877 Rn. 20 (Sobczyszyn); 8.11.2012 – C-229/11, C-230/11, Rn. 22, NZA 2012, 1273 (Heimann und Toltschin); EuGH 21.6.2012 – C-78/11, Rn. 17, NZA 2012, 851 (ANGED); 3.5.2012 – C-337/10, Rn. 40, NJW 2012, 2420 (Neidel) = AuR 2012, 260 mAnm Buschmann; 22.11.2011 – C-214/10, Rn. 31, 37 NZA 2011, 1333 (KHS) (hier wird unter Bezugnahme auf Art. 7 der Arbeitszeitrichtlinie 2003/88/EG etwas Zusätzliches zum Zweck ausgesagt (Doppelzweck: „es dem Arbeitnehmer zu ermöglichen, sich zum einen von der Ausübung der ihm nach seinem Arbeitsvertrag obliegenden Aufgaben zu erholen und zum anderen über einen Zeitraum für Entspannung und Freizeit zu verfügen"; EuGH 15.9.2011 – C-155/10, Rn. 18, NZA 2011, 1167 (Williams ua); eine charta-freundlichere Charakterisierung lässt sich evtl. aus EuGH 12.2.2015 – C-396/13, Rn. 64–66 (Sähköalojen ammattiliitto), ablesen. **297** Im Überprüfungsverfahren Strack (s. Lörcher in: FS Buschmann, S. 87 ff.) hat der EuGH (EuGH 19.9.2013 – C-579/12 RX-II (Strack)) die Bedeutung des Grundrechts nach Art. 31 Abs. 2 EU-GRC immer wieder betont (Rn. 39, 46, 52, 58), es aber letztlich immer wieder in den Zusammenhang mit Art. 7 Abs. 2 RL 2008/33 oder mit dem Grundsatz des Sozialrechts gebracht, ihm also (noch) keine unmittelbare eigenständige Bedeutung beigemessen. Trotzdem erscheint es nicht ausgeschlossen, dass sich der EuGH mit diesem Urteil einen Schritt in diese Richtung bewegt hat. **298** Vor allem Ergänzungen in Art. 51 EU-GRC und die neuen Abs. 4–7 in Art. 52 EU-GRC. **299** Vgl. zB allg. EuArbR/C.Schubert GRC Art. 52 Rn. 31 ff. **300** Jarass, GRC, Art. 31 Rn. 9. **301** Wolffgang in: Lenz/Borchhardt, EU-Verträge, CRCh Art. 31 Rn. 7. **302** Jarass, GRC, Art. 52 Rn. 11. **303** Jarass, GRC, Art. 31 Rn. 10 („Die Grundrechtsverpflichteten müssen insoweit Regelungen zur Sicherung ausreichender Arbeitsbedingungen erlassen." Hervorhebung nicht im Original).

druck unterliegen. Dies wird auch schon im Ausgangspunkt deutlich. Es geht – diesem Verständnis entsprechend – nicht um Einschränkung des Grundrechts selbst, sondern nur um die „**Einschränkung der Ausübung**". Verstärkt wird dies noch durch die allgemeine Formulierung der Voraussetzungen („dürfen Einschränkungen nur vorgenommen werden, wenn ..."). Dementsprechend unterliegen auch Einschränkungen des Arbeits- und Gesundheitsschutzes einer strengen Prüfungspflicht.

Der **Gesetzesvorbehalt** nach S. 1 verlangt normalerweise gesetzliche Vorschriften im förmlichen und materiellen Sinn. Dies wird für die meisten Einschränkungen im Arbeits- und Gesundheitsschutz der Fall sein (zB für den Ausschluss der Hausangestellten aus der EG-Rahmenrichtlinie → Rn. 40). Die ebenfalls angesprochene Wesensgehaltsgarantie bekommt spätestens im Fall des Ausschlusses ganzer Personengruppen besondere Bedeutung. 82

Im Hinblick auf den **Verhältnismäßigkeitsgrundsatz** muss zunächst das (zulässige) Ziel von Einschränkungen festgelegt werden. S. 2 verlangt dazu entweder die „von der Union anerkannten dem Gemeinwohl dienenden Zielsetzungen" oder die Erfordernisse „des Schutzes der Rechte und Freiheiten anderer". Bei der ersten Alternative ist der Gemeinwohlbezug als zentrales Element herauszustellen. So kann zwar – mit den Erläuterungen – davon ausgegangen werden, dass die in Art. 3 EUV genannten Zielsetzungen als von der Union anerkannt zu gelten haben.[304] Es ist aber jeweils genauer zu prüfen, ob diese Ziele auch wirklich dem Gemeinwohl dienen.[305] Besonders wichtig kann diese Unterscheidung im Hinblick auf die Art. 3 EUV erwähnten wirtschaftlichen Interessen werden.[306] Sie dienen als solche gerade nicht dem Gemeinwohl und können dementsprechend auch nicht als zulässige Einschränkungen herangezogen werden. 83

Das Ziel des „**Schutzes der Rechte und Freiheiten anderer**" als zweite Alternative für zulässige Einschränkungen ist für den Arbeits- und Gesundheitsschutz durchaus relevant. Zunächst verdient es hervorgehoben zu werden, dass nicht irgendwelche Interessen, sondern nur „Rechte" und (dementsprechend) gesetzlich garantierte „Freiheiten" als Grundlage dienen können. Derartige Rechte können zB Grundrechte aus der EU-GRC darstellen.[307] 84

S. 2 verlangt weiter, dass die Einschränkungen diesen Zielsetzungen „tatsächlich entsprechen".[308] Damit muss deutlich mehr als nur die „Geeignetheit" im Rahmen einer einfachen Verhältnismäßigkeitsprüfung vorliegen. Darüber hinaus müssen sie zur Erreichung des (zulässigen) Ziels auch „erforderlich" sein. Auf diese Prüfung werden sich viele Rechtsstreite zuspitzen, sie wird mangels näherer Kriterien besonders schwierig werden. Auf jeden Fall kann auch hier nicht hinter die – durch die Rechtsprechung des EGMR eingeforderte (→ Rn. 17) – **zwingende Berücksichtigung der internationalen Schutzstandards** (→ Rn. 3 ff.) zurückgegangen werden. 85

b) Verweis auf die EMRK (Art. 52 Abs. 3 EU-GRC). Bei der Festlegung des Schutzniveaus kommt der EMRK eine besondere Bedeutung zu. Gemäß Art. 52 Abs. 3 EU-GRC wird ausdrücklich geregelt, dass entsprechende Bestimmungen in der EU-GRC „die gleiche Bedeutung und Tragweite" wie in der EMRK haben. In diesem Zusammenhang ist der Hinweis in Abs. 5 der Präambel auf die Rechtsprechung des EGMR von beson- 86

---

304 Dieser Hinweis ist neu im Zusammenhang mit der Regierungskonferenz von Lissabon hinzugekommen; er entspricht auch von der Struktur her nicht den anderen Verweisen, die konkret auf Rechtfertigung von Einschränkungen ausgerichtet sind (s. zB Art. 4 Abs. 2, Art. 36, Art. 45 Abs. 3 und Art. 346 AEUV). **305** Selbst wenn man den noch weiteren englischen („objectives of general interest") oder französischen Begriff („objectifs d'intérêt général") zugrunde legt, werden jedoch auch hier (individuelle) wirtschaftliche Interessen nicht zur Rechtfertigung ausreichen. **306** In Art. 3 Abs. 3 EUV insbesondere: Binnenmarkt, Preisstabilität, eine in hohem Maße wettbewerbsfähige (soziale) Marktwirtschaft; zu verschiedenen sozialen, aber auch dem Gemeinwohl dienenden Zielen. **307** Zur Auflösung einer in Art. 52 Abs. 1 EU-GRC angelegten Gegensätzlichkeit von kollektivem Bezug („Gemeinwohl") und individuellen Rechten schlägt Krämer eine dreigliedrige „Skalierung" nach dem Grad der Individualität des jeweiligen Belangs vor (Stern/Sachs/Krämer EU-GRC Art. 52 Rn. 47). **308** Die Erläuterungen beziehen sich dazu auf EuGH 13.4.2000 – C-292/97, Rn. 45 (Karlsson), der sich seinerseits auf das Grundsatzurteil EuGH 13.7.1989 – Rs. 5/88, Slg 1989, 2609 Rn. 18 (Wachauf) beruft.

derer Bedeutung;[309] so soll sichergestellt werden, dass sich das Kongruenzgebot auch auf die jeweilige Rechtsprechung des EGMR bezieht. S. 2 dieser Bestimmung legt klar dar, dass die Rechte aus der EU-GRC weiter gehen können.[310] In den Erläuterungen zu Art. 52 Abs. 3 EU-GRC ist ein sehr ausführlicher Vergleich der entsprechenden Bestimmungen enthalten. Daraus ergibt sich jeweils auch, in welchen Bestimmungen die EU-GRC über die entsprechenden EMRK-Bestimmungen hinausgeht. Dieser Verweis ist jedoch nicht abschließend,[311] so dass nicht zuletzt aufgrund der neueren Rechtsprechung des EGMR (→ Rn. 17) auch zB Art. 8 EMRK als Mindeststandard[312] für Art. 31 EU-GRC heranzuziehen ist.

87 **c) Verweis auf Unionsrecht und nationales Recht und Gepflogenheiten (Art. 52 Abs. 6 EU-GRC).** Im Hinblick auf das Verhältnis zum innerstaatlichen Recht ist noch die **Querschnittsklausel des Art. 52 Abs. 6 EU-GRC** zu berücksichtigen, wonach den einzelstaatlichen Rechtsvorschriften und Gepflogenheiten Rechnung zu tragen ist. Aus den Erläuterungen ergibt sich nur, dass sich die Vorschrift auf die verschiedenen Artikel bezieht, die auf die einzelstaatlichen Rechtsvorschriften und Gepflogenheiten verweisen – und zwar „im Sinne der Subsidiarität". Art. 52 Abs. 6 EU-GRC wird als Hinweisvorschrift[313] zu verstehen sein, die in Form einer Querschnittsklausel darauf verweist, dass es verschiedene Vorschriften in der EU-GRC gibt, die entsprechende Formulierungen enthalten.

88 Analysiert man die Rechtsprechung des EuGH zu ähnlichen sekundärrechtlichen Klauseln im Bereich der Sozialpolitik, so lässt sich im Verhältnis zu den Mitgliedstaaten eine deutliche Zurückhaltung bei ihrer Wirkung feststellen. Wie sich nämlich aus seiner Rechtsprechung – unter Berufung auf das Jaeger-Urteil[314] – ergibt, „dürfen die Mitgliedstaaten, wenn eine gemeinschaftsrechtliche Vorschrift auf einzelstaatliche Rechtsvorschriften und Gepflogenheiten verweist, keine Maßnahmen erlassen, die geeignet sind, die **praktische Wirksamkeit der gemeinschaftsrechtlichen Regelung**, in die sich diese Vorschrift einfügt, zu beeinträchtigen".[315] Im Urteil Schultz-Hoff hat er – unter Berufung auf das BECTU-Urteil[316] – deutlich gemacht, dass es den Mitgliedstaaten zwar freisteht, in ihren innerstaatlichen Rechtsvorschriften die Voraussetzungen für die Ausübung und die Umsetzung des Anspruchs auf bezahlten Jahresurlaub festzulegen, er hat aber klargestellt, dass die Mitgliedstaaten die Entstehung dieses sich unmittelbar aus der Arbeitszeit-RL 2003/88/EG (damals 93/104/EG) ergebenden Anspruchs nicht von irgendeiner Voraussetzung abhängig machen können.[317]

89 **6. Schutzniveau gem. Art. 53 EU-GRC.** Eine ganz grundsätzliche Absicherung enthält der als Auslegungsregel ausgestaltete Art. 53 EU-GRC. Danach darf keine EU-GRC-Be-

---

[309] Er wird auch in den Erläuterungen zu Art. 52 Abs. 3 EU-GRC wiederholt: „Die Bedeutung und Tragweite der garantierten Rechte werden nicht nur durch den Wortlaut dieser Vertragswerke, sondern auch durch die Rechtsprechung des Europäischen Gerichtshofs für Menschenrechte … bestimmt." Der EuGH hat insoweit gefordert, dass die Rechtsprechung des EGMR zur Auslegung (von Art. 6 Abs. 1 EMRK) „gemäß Art. 52 Abs. 3 der Charta heranzuziehen ist", EuGH 28.2.2013 – C-334/12 RX-II, Rn. 43 (Arango Jaramillo). [310] EuGH 22.12.2010 – C-279/09, Rn. 35, NJW 2011, 2496 (DEB). [311] Er lautet: „ohne die Weiterentwicklung des Rechts, der Gesetzgebung und der Verträge auszuschließen" (Erläuterungen zu Art. 52 Abs. 3 EU-GRC). [312] „Auf jeden Fall darf der durch die Charta gewährleistete Schutz niemals geringer als der durch die EMRK gewährte Schutz sein." (Erläuterungen zu Art. 52 Abs. 3 EU-GRC). [313] Witter, Europarechtliche Aspekte des Streikrechts, Diss. 2008, S. 141. [314] EuGH 9.9.2003 – C-151/02, Slg 2003, I-8389 Rn. 59 (Jaeger): „Der Umstand, dass die Definition des Begriffes Arbeitszeit auf die ‚einzelstaatlichen Rechtsvorschriften und/oder Gepflogenheiten' verweist, bedeutet daher nicht, dass die Mitgliedstaaten den Inhalt dieses Begriffes einseitig festlegen können. Die Mitgliedstaaten dürfen den Anspruch des Arbeitnehmers auf ordnungsgemäße Berücksichtigung der Arbeitszeiten und dementsprechend der Ruhezeiten somit keinerlei Bedingungen unterwerfen, da dieser Anspruch sich unmittelbar aus den Vorschriften dieser Richtlinie ergibt. Jede andere Auslegung würde dem Ziel der Richtlinie 93/104 zuwiderlaufen, den Schutz der Sicherheit und Gesundheit der Arbeitnehmer zu harmonisieren (vgl. EuGH 12.11.1996 – C-84/94, Slg 1996, I-5755 Rn. 45, 75 (Vereinigtes Königreich/Rat))." [315] EuGH 18.1.2006 – C-385/05, NZA 2007, 193 Rn. 35 (Confédération générale du travail (CGT) ua) – Hervorhebung nicht im Original. [316] EuGH 26.6.2001 – C-173/99, Slg 2001, I-4881 Rn. 53 (BECTU). [317] EuGH 20.1.2009 – verbundene Rs. C-350/06, C-520/06, NZA 2009, 135 Rn. 46 (Schultz-Hoff ua).

stimmung so ausgelegt werden, als bewirke sie eine Einschränkung oder Verletzung der im Völkerrecht oder in internationalen Standards enthaltenen Grundrechte, „bei denen die Union oder alle Mitgliedstaaten Vertragsparteien sind". Als Beispiel wird ausdrücklich die EMRK erwähnt.[318] Entsprechendes gilt im Verhältnis zu den Verfassungen der Mitgliedstaaten.[319] Nachdem die oben beschriebenen internationalen Menschenrechtsinstrumente von allen EU-Mitgliedstaaten ratifiziert worden sind,[320] stellen diese Gewährleistungen des Grundrechts auf gesunde Arbeitsbedingungen einen absoluten Mindeststandard dar, der aufgrund von Art. 53 EU-GRC nicht unterschritten werden darf.[321] Neben der Wesensgehaltsgarantie (Art. 52 Abs. 1 EU-GRC) stellt die Mindestgarantie des Art. 53 EU-GRC eine zweite wichtige absolute Grenze „nach unten" dar.

IV. Zusammenfassung und Ausblick

Das Erfordernis gesunder Arbeitsbedingungen ist mit der EU-GRC zu einem (neuen) **sozialen Grundrecht auf EU-Ebene** erstarkt. Für die Mitgliedstaaten ist es vor allem wegen der weitestgehend ausgeübten EU-Kompetenz im sekundären EU-Recht als Mindestschutz ebenfalls bindend. Zur näheren Inhaltsbestimmung liefern nicht nur die abgeleitete Rechtssetzung, sondern in erheblichem Umfang auch die anderen internationalen und europäischen Grundrechtsverbürgungen zum Arbeits- und Gesundheitsschutz eine wichtige Grundlage. Die konkrete Durchsetzung wird jedoch noch erheblicher Anstrengungen bedürfen. Dazu wird nicht zuletzt die Rechtsprechung des EuGH einen wichtigen Beitrag zu leisten haben.[322] Die in der EU-GRC garantierten Grundrechte müssen nicht nur eingehalten, sondern auch gefördert werden. Gerade hier besteht noch ein sehr erheblicher Handlungsbedarf, insbesondere auch auf innerstaatlicher Ebene. 90

Anhang: Übersichten zu internationalen und europäischen Regelungen zum Arbeits- und Gesundheitsschutz

Übersicht 1: Internationale und europäische Normen zum Arbeits- und Gesundheitsschutz mit Geltung für die Bundesrepublik

Erläuterungen: 1
Die Vorschriften, die sich auf Anti-Diskriminierung/Gleichbehandlung beziehen, wurden entsprechend der arbeitsschutzrechtlichen Zielrichtung in der Regel nicht aufgenommen.

Leere Zellen	bedeuten nicht unbedingt, dass für die jeweilige Rechtsquelle kein entsprechendes Recht vorgesehen ist (es ist nur nicht ausdrücklich anerkannt, ergibt sich möglicherweise aber aus anderen Rechten oder Rechtsgrundsätzen).
( )-Klammern	dienen entweder der Erläuterung oder Konkretisierung
[ ]-Klammern	weisen auf andere Instrumente hin, die zwar nicht direkt in die entsprechende Kategorie passen, aber einen relevanten Bezug aufweisen.

---

318 Schon nach Art. 52 Abs. 3 EU-GRC darf „der durch die Charta gewährleistete Schutz niemals geringer als der durch die EMRK gewährleistete Schutz sein" (s. Erläuterungen zu Art. 52 Abs. 3 EU-GRC). **319** Soweit der EuGH (EuGH 26.2.2013 – C-399/11, NJW 2013, 1215 (Melloni)) die Bedeutung von Art. 53 EU-GRC im Verhältnis zu den Verfassungen der Mitgliedstaaten reduziert hat, ist dies auf die besondere Situation des Europäischen Haftbefehls (ua Grundsätze des gegenseitigen Vertrauens und der gegenseitigen Anerkennung, Rn. 63) zurückzuführen. Dies kann jedoch nicht auf die internationalen Instrumente übertragen werden, insbesondere wenn sie soziale Grundrechte sichern sollen. **320** In Bezug auf den UN-Sozialpakt (→ Rn. 8), die ILO-Übereinkommen Nr. 81 (→ Rn. 71), 138 und 182 (→ Rn. 11), die Satzung der WHO (→ Rn. 16), die EMRK (→ Rn. 17) und die ESC bzw. RESC (→ Rn. 18). **321** In diesem Sinn wohl Schlachter/Heinig/Bücker, EuArbSozR, § 19 Rn. 41. **322** Umgekehrt sieht Krebber in: Calliess/Ruffert, EUV/EGV, GRCh Art. 31 Rn. 4, eher die Gefahr, „der EuGH könnte versucht sein, das in Art. 31 nur sachlich definierte Recht in inhaltlicher Hinsicht zu präzisieren"; er wird damit jedoch der Bedeutung dieses wichtigen sozialen Grundrechts nicht gerecht.

1 Grundrecht

	UN AEMR (1)	UN-Sozialp. (2)	ILO (3)	EMRK (4)	(R)ESC (5)	Gemeinsch.Ch (6)	EU-GRC (7)	Sekundäres EU-Recht (8)
Rechtsgrundlagen/Bezugnahmen								
- im EUV /AEUV				Art. 6 Abs. 2 u. 3 EUV		Präambel EUV Art. 151 Abs. 1 AEUV	Art. 6 Abs. 1 EUV	Art. 153 Abs. 1 Buchst. a und b [Art. 19] AEUV
- in der EU-GRC		Art. 53[1]	Art. 53[2]	Präambel, Art.52 Abs.3, 53	Präambel, Art. 53 Erläuterungen			
Inhalte								
Arbeitsbedingungen	Art. 23 Abs. 1	Art. 7			Art. 2, 3	Nr. 7	Art. 31	
Gesundheitsschutz (zumindest auch am Arbeitsplatz)		Art. 7 Buchst. b	Üb. 155, 187	[Art. 2][3] [Art. 8]	Art. 3	Nr. 19	Art. 31 Abs. 1	RL 89/391 (+ über 20 Einzel- u. weitere RL)
Arbeitszeit: Höchstarbeitszeit[4]	Art. 24	Art. 7 Buchst. d	Üb. 1*, 30*, 47		Art. 2 Abs. 1		Art. 31 Abs. 2	RL 2003/88 Art. 6 (wöchentl. 48 Std.)
Freizeit / Mindestruhezeiten / Ruhetag(e)	Art. 24 (Freizeit)	Art. 7 Buchst. d	Üb. 14, 106		Art. 2 Abs. 5	Nr. 8	Art. 31 Abs. 2	RL 2003/88 Art. 3-5 (Mindestruhezeiten)
Bezahlter (Jahres-)Urlaub	Art. 24	Art. 7 Buchst. d	Üb. 132*		Art. 2 Abs. 3[5]	Nr. 8	Art. 31 Abs. 2	RL 2003/88 Art. 7 (4 Wochen)
Personengruppen:								
Schwangere/Mütter	Art. 25 Abs. 2 [CEDAW]	Art. 10 Nr. 2	Üb. 3, 103, 183		Art. 8 Abs. 1[6]		Art. 33 Abs. 2	RL 92/85 (10. Einzelrichtlinie)
Kinder/Jugendliche	[Kinderrechts-Konvention]	Art. 10 Nr. 3	Üb. 138, 182,[7]		Art. 7 Abs. 1, 2, 4, 7, 8	Nr. 20, 22 (UA 2)	Art. 32	RL 94/33
Personen mit Behinderungen	[Behindertenrechts-Konvention]		Üb. 159		Art. 15	Nr. 26	[Art. 26]	[RL 2000/78 zur Antidiskriminierung]
Ältere (AN)			[Empf. 169][8]	[Empf. CM/Rec(2014)2]		[Nr. 24/25][9]	[Art. 25]	[s. oben]

[1] Von allen 28 EU-Mitgliedstaaten ratifiziert.
[2] Übereinkommen Nr. 138 und 182 sind von allen 28 EU-Mitgliedstaaten ratifiziert worden.
[3] Das Recht auf Leben hat zumindest eine auch das Arbeitsverhältnis betreffende Dimension; bedeutender dürfte in Zukunft das speziellere Menschenrecht auf Privat- und Familienleben (Art. 8 EMRK) werden.
[4] Die Regelungen zur Nachtarbeit in ILO-Üb. 171 und RL 2003/88 Art. 8 ff. sind nicht aufgenommen, weil sie weder in der Gemeinschaftscharta, noch in der EU-GRC auftauchen.
[5] Die von der Bundesrepublik ratifizierte ESC sieht zwei Wochen, die unterzeichnete, aber (noch) nicht ratifizierte RESC drei Wochen Jahresmindesturlaub vor.
[6] Der ursprüngliche Art. 8 ESC ist vom Schutz von Frauen bei der Arbeit zu einer auf die Mutterschaft beschränkten Version in Art. 8 RESC geändert worden.
[7] Die ILO-Übereinkommen zu den medizinischen Untersuchungen Jugendlicher (Nr. 77, 78, 124) wären hier ggf. zu ergänzen.
[8] Hier handelt es sich nicht rechtlich nicht verbindliches Instrument einer Empfehlung.
[9] Diese Rechte beziehen sich nicht auf das Arbeitsverhältnis älterer ArbeitnehmerInnen.

Übersicht 2: Zusammenstellung der ILO-Übereinkommen zum Arbeits- und Gesundheitsschutz

Die ILO stellt ein umfangreiches Regelwerk zum Arbeits- und Gesundheitsschutz zur Verfügung; die wichtigsten Übereinkommen sind im Folgenden aufgeführt. Bei der Ratifizierung(spolitik) durch die Bundesrepublik liegt der Schwerpunkt deutlich bei den branchen- und gefährdungsspezifischen Übereinkommen, während die allgemeinen Übereinkommen bisher eher gemieden werden. Grundsätzliche Bedeutung weisen die ILO-Übereinkommen Nr. 155 Übereinkommen über Arbeitsschutz und Arbeitsumwelt, 1981, und Nr. 187 über den Förderungsrahmen für den Arbeitsschutz, 2006, auf.[323]

Erläuterungen:
Zur **Ratifizierung** durch die Bundesrepublik:

normal:	ratifiziert
kursiv:	nicht ratifiziert
[ ]	automatisch gekündigt als Folge des Inkrafttretens eines abändernden Übereinkommens

Zur **ILO-internen Qualifizierung:**[324]

ohne Zusatz:	„up-to-date"
*	„interim status" (Überlegungen sind noch nicht abgeschlossen)
(r)	„to be revised" (für eine Neufassung vorgesehen)
(v.)	veraltet („outdated")

- **Allgemein:**
  - Nr. 187 – Förderungsrahmen für den Arbeitsschutz, 2006,
  - *Nr. 155 – Arbeitsschutz und Arbeitsumwelt, 1981,*
  - *Protokoll von 2002 zum Übereinkommen über den Arbeitsschutz, 1981.*
- **Besondere Branchen und Berufe:**
  - *Nr. 189 – Hausangestellte, 2011,*
  - *Nr. 188 – Arbeit im Fischereisektor, 2007,*[325]
  - MLC (Maritime Labour Convention) [Nr. 186] – Seearbeitsübereinkommen, 2006,
  - *Nr. 184 – Landwirtschaft, 2001,*[326]
  - *Nr. 177 – Heimarbeit, 1996,*
  - Nr. 176 – Bergwerke, 1999,
  - Nr. 172 – Hotels, Gaststätten und ähnliche Betriebe, 1991,
  - Nr. 167 – Bauwesen, 1988,
  - [Nr. 164 – Seeleute, 1987,][327]
  - Nr. 152 – Hafenarbeit, 1979,
  - *Nr. 149 – Krankenpflegepersonal, 1977,*
  - Nr. 120 – Handel und Büros, 1964.
- **Besondere Risiken:**
  - *Nr. 174 – Verhütung von Industriellen Störfällen, 1993,*
  - Nr. 170 – Chemische Stoffe, 1990,
  - Nr. 162 – Sicherheit bei der Verwendung von Asbest, 1986,

---

[323] Neuer Aktionsplan zur vermehrten Ratifizierung (http://www.ilo.org/wcmsp5/groups/public/---ed_norm/---normes/documents/genericdocument/wcms_125616.pdf). [324] http://www.ilo.org/ilolex/english/subjectE.htm, speziell zum Arbeits- und Gesundheitsschutz enthält der Anhang zur Empfehlung Nr. 197 (Ergänzung zum Übereinkommen Nr. 187) eine Aktualisierung der ‚up-to-date' Übereinkommen und Empfehlungen. [325] Wird am 16.11.2017 für die Bundesrepublik in Kraft treten. [326] Eine Ratifizierung ist in Aussicht gestellt, Begründung Referentenentwurf zur ArbmittSichV vom 16.1.2014, S. 5. [327] Gekündigt als Folge des Inkrafttretens des Seearbeitsübereinkommens.

- Nr. 148 – Luftverunreinigung, Lärm und Vibrationen an den Arbeitsplätzen, 1977,
- Nr. 139 – Verhütung und Bekämpfung der durch krebserzeugende Stoffe und Einwirkungen verursachten Berufsgefahren, 1974,
- Nr. 136 – Schutz vor den durch Benzol verursachten Vergiftungsgefahren, 1971, (r),
- *Nr. 127 – Höchstzulässige Traglast für einen Arbeitnehmer, 1967, (r),*
- *Nr. 119 – Maschinenschutz, 1963, (r),*[328]
- Nr. 115 – Schutz der Arbeitnehmer vor ionisierenden Strahlen, 1960,
- Nr. 27 – Gewichtsbezeichnung an auf Schiffen beförderten Frachtstücken, 1929, (r).

- **Arbeitsmedizin:**
  - Nr. 161 – Betriebsärztliche Dienste, 1985,
  - Nr. 113 – Ärztliche Untersuchung (Fischer), 1959, (v.),
  - Nr. 73 – Ärztliche Untersuchung (Schiffsleute), 1946, (r).[329]

- **Arbeitsaufsicht:**
  - Nr. 150 – Arbeitsverwaltung: Rolle, Aufgaben, Aufbau, 1978,
  - Nr. 129 – Arbeitsaufsicht in der Landwirtschaft, 1969,
  - Nr. 81 – Arbeitsaufsicht in Gewerbe und Handel, 1947,
  - *Protokoll von 1995 zum Übereinkommen über die Arbeitsaufsicht, 1947 (nichtkommerzieller Dienstleistungssektor).*

- **Arbeitszeit:**
  - Nr. 180 – Arbeitszeit der Seeleute und die Besatzungsstärke der Schiffe, 1996,[330]
  - *Nr. 171 – Nachtarbeit, 1990,*
  - *Nr. 153 – Arbeits- und Ruhezeiten im Straßentransport, 1979, (r),*
  - *Nr. 132 – Bezahlter Urlaub (Neufassung), 1970*,*
  - *Nr. 106 – Wöchentliche Ruhezeit im Handel und in Büros, 1957,*
  - *Nr. 47 – Vierzigstundenwoche, 1935*,*
  - *Nr. 30 – Arbeitszeit (Handel und Büros), 1930*,*
  - *Nr. 14 – Wöchentlicher Ruhetag (Gewerbe), 1921,*
  - *Nr. 1 – Arbeitszeit, 1919*.*

- **Kinder- und Jugendschutz:**
  - Nr. 182 – Verbot und unverzügliche Maßnahmen zur Beseitigung der schlimmsten Formen der Kinderarbeit, 1999,
  - Nr. 138 – Mindestalter für die Zulassung zur Beschäftigung, 1973,
  - *Nr. 124 – Ärztliche Untersuchung Jugendlicher (Untertagearbeiten in Bergwerken), 1965,*
  - *Nr. 90 – Nachtarbeit der Jugendlichen im Gewerbe (abgeänderter Wortlaut vom Jahre 1948), 1948, (r),*
  - *Nr. 79 – Begrenzung der Nachtarbeit von Kindern und Jugendlichen bei nichtgewerblichen Arbeiten, 1946, (r),*
  - *Nr. 78 – Ärztliche Untersuchung Jugendlicher (nichtgewerbliche Arbeiten), 1946,*
  - *Nr. 77 – Ärztliche Untersuchung Jugendlicher (Arbeit im Gewerbe), 1946.*

- **Mutterschutz:**
  - *Nr. 183 – Neufassung des Übereinkommens über den Mutterschutz (Neufassung), 1952,*

---

328 Eine Ratifizierung ist in Aussicht gestellt, Begründung Referentenentwurf zur ArbmittSichV vom 16.1.2014, S. 5. **329** Gekündigt als Folge des Inkrafttretens des Seearbeitsübereinkommens.
330 Gekündigt als Folge des Inkrafttretens des Seearbeitsübereinkommens.

- Nr. 103 – *Mutterschutz (Neufassung), 1952,* (v.),
- Nr. 3 – Mutterschutz, 1919*.

■ **Sozialversicherungsrechtliche Absicherung:**
- Nr. 121 – Leistungen bei Arbeitsunfällen und Berufskrankheiten, 1964,
- Nr. 102 – Soziale Sicherheit (Mindestnormen), 1952,
- [Nr. 42 – Berufskrankheiten, abgeändert, 1934,][331]
- Nr. 19 – Gleichbehandlung, Betriebsunfälle, 1925,
- Nr. 18 – Berufskrankheiten, 1925,
- Nr. 17 – Entschädigung bei Betriebsunfällen, 1925.

■ **Sonstige:**
- Nr. 160 – Übereinkommen über Arbeitsstatistiken, 1985.

---

[331] Gekündigt als Folge des Inkrafttretens von Übereinkommen Nr. 121.

Sekundäres Unionsrecht zur Sicherung und Realisierung von Sicherheit und Gesundheit

Literatur: *Bayreuther,* Arbeitszeit, in: Schlachter/Heinig (Hrsg.), Europäisches Arbeits- und Sozialrecht, 2016, S. 499 ff; *Birk,* Die Rahmenrichtlinie über die Sicherheit und den Gesundheitsschutz am Arbeitsplatz, in: FS Wlotzke, 1996, S. 645 ff.; *Brandes,* System des europäischen Arbeitsschutzrechts, 1999; *Bücker,* Europäisches Arbeitsschutzrecht, in: Schlachter/ Heinig (Hrsg.), Europäisches Arbeits- und Sozialrecht, 2016, S. 715 ff.; *Klein,* Die Rechtsentwicklung im Gefahrstoffbereich, in: FS Wlotzke, 1996, S. 533 ff.; *Kohte,* Neue Impulse aus Brüssel zur Mitbestimmung im betrieblichen Gesundheitsschutz, in: FS Gnade, S. 675 ff.; *Lörcher,* Jugendarbeitsschutzrichtlinie, AuR 1994, 360 ff.; *Lörcher,* FriseurInnen und Gesundheitsschutz – zu einer Grundsatzfrage des sozialen Dialogs auf EU-Ebene, in: FS Kohte, 2016, S. 941 ff.; *Meißner/Ritschel,* Europäische Unternehmensvereinbarungen – Chancen für ein kollektives Arbeitsrecht, in: Busch/Feldhoff/Nebe, Übergänge im Arbeitsleben und (Re)Inklusion in den Arbeitsmarkt, 2012, S. 53 ff.; *Müller-Petzer,* Fürsorgepflichten des Arbeitgebers nach europäischem und nationalem Recht, 2003; *Opfermann,* Das EG-Recht und seine Auswirkungen auf das deutsche Arbeitsschutzrecht, in: FS Wlotzke, 1996, S. 729 ff; *Schucht,* 30 Jahre New Approach, EuZW 2017, 46 ff.; *Seifert,* Arbeitszeitrechtlicher Arbeitnehmerbegriff, EuZA 2015, 500 ff.; *Streffer,* Freier Warenverkehr und Arbeitsschutz im Europäischen Recht, in: FS Wlotzke, 1996, S. 769 ff.; *Wank/Börgmann,* Deutsches und Europäisches Arbeitsschutzrecht, 1992; *Winter,* Deutliche Worte des EuGH im Grundrechtsbereich, NZA 2013, 473; *Wlotzke,* EG Binnenmarkt und Arbeitsrechtsordnung, NZA 1990, 417.

Leitentscheidungen: EuGH 12.12.1996 – C-74/95, CR 1997, 617 mAnm Kohte; EuGH 6.7.2000 – C-11/99, NZA 2000, 877 (Dietrich) = AuR 2000, 385 mAnm Lörcher; EuGH 7.2.2002 – C-5/00, NZA 2002, 321; EuGH 14.9.2004 – C-168/03, ZESAR 2005, 286 mAnm Kohte/Faber; EuGH 12.1.2006 – C 132/04, AuR 2015, 454 (Spanien) mAnm Buschmann; EuGH 7.10.2010 – C-224/09, EuZW 2010, 867 (Nussbaumer) = ZESAR 2011, 342 mAnm Leube; EuGH 11.11.2010 – C-232/09, NZA 2011, 143 (Danosa); EuGH 19.5.2011 – C-256/10 und C-261/10, NZA 2011, 967 (Barcenilla Fernandez); EuGH 26.3.2015 – C 316/13, NZA 2015, 1444 (Fenoll).

I. Einleitung 1	b) Grundlegende Arbeitgeberpflichten 16
II. Marktbezogene Richtlinien als vorgelagerter Arbeits- und Gesundheitsschutz 2	c) Rechte und Pflichten der Beschäftigten 20
1. Chemikalienrecht 3	2. Einzelrichtlinien nach Art. 16 der RL 89/391/EWG 22
2. Maschinensicherheit 5	3. Integrativer Arbeitsschutz ... 26
III. Betriebsbezogene Richtlinien als unmittelbarer Arbeits- und Gesundheitsschutz 9	4. Organisation der Arbeitsschutzpolitik der Union 29
1. Rahmenrichtlinie 89/391/EWG vom 12.6.1989 10	5. Arbeitsschutz und sozialer Dialog 30
a) Erwägungsgründe und Leitbild 11	6. Umsetzung des sekundären Unionsrechts in nationales Recht 34

I. Einleitung

1 Das soziale Grundrecht auf sichere, gesunde und würdige Arbeitsbedingungen nach Art. 31 der Charta der Grundrechte der Europäischen Union (EU-GRC) wird konkretisiert durch zusätzliche Rechtsvorschriften, die nach Art. 153 des Vertrags über die Arbeitsweise der Europäischen Union (AEUV) zu erlassen sind. Daher wird das **Primärrecht der Union**, zu dem die Grundrechte und die Unionsverträge gehören, von Anfang an durch **Sekundärrecht** ergänzt. Gerade das Arbeitsschutz- und Arbeitsumweltrecht ist durch ein besonders dichtes Netz von Vorschriften des Sekundärrechts gekennzeichnet, die inzwischen gut systematisiert sind.

II. Marktbezogene Richtlinien als vorgelagerter Arbeits- und Gesundheitsschutz

Die europäische Wirtschaftsgemeinschaft (EWG) begann als eine Wirtschaftsgemeinschaft, die sich von Anfang an auch das Ziel der sozialen Gerechtigkeit gestellt hatte (Art. 2 EWGV). Konsequent enthielt Art. 36 EWGV bereits in der Fassung der Römischen Verträge eine Ermächtigung, dass Handelshemmnisse legitimiert sein können, wenn diese zum Zweck des Gesundheitsschutzes erforderlich sind. Verlangt wurde ein klares und transparentes Schutzniveau, das die einzelnen Mitgliedstaaten auf der Basis einer Bewertung gesundheitlicher Gefahren, die dem aktuellen Stand der internationalen wissenschaftlichen Forschung entspricht, festzusetzen hatten, solange noch keine Harmonisierung erfolgt war.[1] Für diese Harmonisierung wurde 1986 in Art. 100 a EWGV, später in Art. 95 EG, jetzt in Art. 114 AEUV festgelegt, dass eine **Harmonisierung im Binnenmarkt** auf einem **hohen Schutzniveau** auch des Gesundheitsschutzes erfolgen solle.[2] Diese Harmonisierung erfolgt überwiegend durch marktbezogene Richtlinien.

1. Chemikalienrecht. Im Chemikalienrecht war bereits 1967 eine erste Richtlinie beschlossen worden, die Auswirkungen auf das deutsche Arbeitsschutzrecht haben sollte. Die **Chemikalien-RL 67/548/EWG** regelte die Einstufung, Verpackung und Kennzeichnung gefährlicher Stoffe. Vorrangig wurden marktbezogene Vorgaben formuliert, doch enthielt diese Richtlinie auch einzelne Vorschriften zum betrieblichen Umgang mit gefährlichen Stoffen (→ GefStoffV Rn. 6).[3] Folgerichtig begann die Umsetzung dieser Richtlinie in Deutschland bereits mit der ArbStoffV 1971.[4] Im Laufe der Zeit wurden insgesamt mehr als 30 Richtlinien zur Änderung, Erweiterung und Aktualisierung dieser Basisrichtlinie beschlossen. Seit 1977 wurden nicht nur Stoffe, sondern auch Zubereitungen reguliert. 1999 kam es letztmalig zu einer generellen Novellierung, aus der die 2015 durch die CLP/GHS-VO aufgehobene **Zubereitungs-RL 99/45/EG** hervorging.[5] Damit wird dokumentiert, dass im Chemikalienrecht inzwischen **zwei Verordnungen** – die REACH-VO und die CLP/GHS-VO – als zentrale Instrumente eingesetzt werden (→ Rn. 35).

Eine bedeutende Weiterentwicklung der Marktrichtlinien, auch im Hinblick auf die Substitution von Gefahrstoffen, begann mit der **Beschränkungs-RL 76/769/EWG**,[6] die Verbote und Beschränkungen für das Inverkehrbringen sowie bestimmten Verwenden gefährlicher Stoffe und Zubereitungen normierte. Zunächst sah die Beschränkungs-RL 76/769/EWG diese Einschränkungen nur für eine geringe Zahl von gefährlichen Stoffen vor. Es folgten in den nächsten Jahren zahlreiche Änderungen, ua durch die RL 83/478/EWG,[7] die als Grundlage für das nach und nach vollzogene **Verbot der diversen Asbestarten** gilt. Mittlerweile hat sich die Zahl der von der RL betroffenen gefährlichen Stoffe deutlich erhöht. Mit diesen Richtlinien wurde ein präventiver Arbeitsschutz in Angriff genommen, weil auf diese Weise verhindert wurde, dass besonders gefährliche Stoffe in den Verkehr gebracht und auf dem Gütermarkt angeboten wurden.[8] Damit waren die Weichen zu einer wichtigen Modernisierung eines umfassenden Arbeitsschutzes gestellt worden, auch wenn gerade das Verbot von Asbest nicht mit dem erforderlichen Tempo realisiert wurde.

2. Maschinensicherheit. Dieses präventive Konzept, das einen „vorgreifenden" Gefahrenschutz bezweckte, war bereits 1968 in Deutschland durch das Maschinenschutzgesetz eingeführt worden. Auf der europäischen Ebene war die erste Richtlinie, die ein solches Konzept realisierte, die Niederspannungsrichtlinie RL 73/23/EWG, mit der eine neue Methode der Harmonisierung begonnen wurde. Diese Richtlinie legte als

---

[1] BFK Rn. 391. [2] Kollmer/Klindt/Schucht/Balze ArbSchG Einl. B Rn. 54; Bücker in: Schlachter/Heinig, § 19 Rn. 15. [3] RL 67/548/EWG vom 16.8.1967, ABl. EG (P) 1967 L 196, 1. [4] Verordnung über gefährliche Arbeitsstoffe vom 17.9.1971, BGBl. I, 1609; Klein in: FS Wlotzke, S. 533, 543 ff. [5] RL 99/45/EG vom 30.7.1999, ABl. EG L 200, 1. [6] RL 76/769/EWG vom 27.9.1976, ABl. EG L 262, 201; dazu Opfermann in: FS Wlotzke, S. 729, 754 ff. [7] RL 83/478/EWG vom 19.9.1983, ABl. EG L 263, 33. [8] Münch/ArbR/Kohte § 295 Rn. 3; Klein in: FS Wlotzke, S. 533, 536 ff.

Maßstab für die Sicherheit den **Stand der Sicherheitstechnik** fest und beschränkte sich darauf, Sicherheitsziele und -anforderungen zu formulieren, die durch **harmonisierte Normen**[9] zu konkretisieren waren. Die Mitgliedstaaten waren zur Marktüberwachung verpflichtet und behielten das Recht, Produkte, die den Sicherheitszielen nicht genügten, vom Markt zu nehmen.[10] Auch diese Richtlinie führte zu einer Änderung des deutschen Arbeitsschutzrechts. Unter dem Druck eines möglichen Vertragsverletzungsverfahrens wurde 1979 das erste Gesetz zur Änderung des GSG erlassen, mit dem die Verweisung auf den Stand der Sicherheitstechnik normiert wurde, die die bisherige Verweisung auf die allgemein anerkannten Regeln der Technik ablöste und auf diese Weise eine bedeutende Anhebung des Sicherheitsniveaus formulierte.[11]

6 Nach dem Vorbild der Niederspannungsrichtlinie wurde 1985 die „**neue Konzeption**"[12] beschlossen, mit der eine umfassende Harmonisierung des Rechts der Maschinensicherheit eingeleitet wurde. Im Mittelpunkt dieser Regelungen stand die **RL 89/392/EWG**, die als **Maschinenrichtlinie** fast zeitgleich mit der Rahmenrichtlinie beschlossen worden war.[13] Mit dieser Richtlinie wurde verlangt, dass sich die Konstruktion und Herstellung von Maschinen am Stand der Technik orientiert und dass nur solche Maschinen, die diesem Stand entsprechen, auf den Markt gebracht werden können.[14] Der Anhang dieser Richtlinie enthält wiederum **grundlegende Sicherheits- und Gesundheitsanforderungen**. Dabei ging diese Richtlinie bereits 1989 von einem ganzheitlichen Verständnis von Gesundheit aus und verlangte, dass bei bestimmungsgemäßer Verwendung der Maschinen Belästigung, Ermüdung und psychische Belastung (Stress) des Bedienungspersonals unter Berücksichtigung der ergonomischen Prinzipien auf das mögliche Mindestmaß reduziert werden müssen. Weiter lag diesen Anforderungen auch eine **moderne Sicherheitsphilosophie** zugrunde, wonach vorrangig technische und organisatorische Maßnahmen zu treffen seien. Verhaltensmaßnahmen und persönliche Schutzausrüstungen wurden als nachrangige Schutzmaßnahmen definiert, die erst und nur dann zu ergreifen seien, wenn die vorrangigen präventiven technischen Maßnahmen nicht oder nicht sofort realisiert werden können.[15]

7 Diese marktbezogene Richtlinie wurde trotz einiger Bedenken in der deutschen Literatur[16] rechtzeitig in das deutsche Recht umgesetzt. Das damalige **Gerätesicherheitsgesetz (GSG)** wurde grundlegend novelliert und umgestaltet.[17] Mit der ebenfalls 1992 als 9. GSGV erlassenen **Maschinenverordnung** wurden die grundlegenden Sicherheitsanforderungen aus dem Anhang der Richtlinie wortgleich in das deutsche Recht übernommen,[18] so dass seit diesem Zeitpunkt der Schutz vor psychischer Belastung als Rechtspflicht im deutschen Recht normiert, allerdings kaum erkannt oder gar anerkannt war.

8 Die Maschinenrichtlinie ist inzwischen mehrfach geändert und erweitert worden. Mit der **RL 2006/42/EG**[19] sind nicht nur materielle Erweiterungen normiert, sondern auch organisatorische Anforderungen an die **Marktaufsicht der Mitgliedstaaten** formuliert worden.[20] Diese Anforderungen an das hohe Schutzniveau sind auch in der Rechtsprechung des Europäischen Gerichtshofs aufgenommen worden.[21] Insgesamt wird daher der Einfluss der Maschinenrichtlinie und des europäischen Rechts der Maschinensicherheit auch auf das deutsche Recht und deutsche Praxis als positiv bewertet.[22] Das lange Zeit maßgebliche GSG ist zunächst 2004 durch das GPSG und schließlich 2011 durch das ProdSG abgelöst und weiterentwickelt worden. Die vor allem für das

---

9 Zur unionsrechtlichen Bedeutung harmonisierter Normen, die im EU-Amtsblatt veröffentlicht sind: EuGH 27.10.2016 – C 613/14, EuZW 2017, 63 (Elliott) mAnm Klindt/Wende; zum aktuellen Stand der harmonisierten Normen: Mitteilung der Kommission vom 9.6.2017, ABl. EU C 183/14. **10** BFK Rn. 426. **11** BFK Rn. 428 f.; Oppermann in: FS Wlotzke, S. 729, 744 ff. **12** Aktuelle Bilanz bei Schucht EuZW 2017, 46 ff. **13** ABl. EG L 183/9. **14** Ausführlich Wank/Börgmann, Deutsches und Europäisches Arbeitsschutzrecht, S. 101 ff. **15** Zum weiteren Inhalt der Richtlinie ausführlich Bücker, Von der Gefahrenabwehr zu Risikovorsorge und Risikomanagement im Arbeitsschutzrecht, 1997, S. 180 ff. **16** Zum Koll DB 1989, 1223 ff. **17** Sattler EuZW 1992, 764 ff. **18** BFK Rn. 474 ff. **19** ABl. EG 2006 L 157, 24. **20** Münch/ArbR/Kohte § 289 Rn. 7. **21** EuGH 8.9.2005 – C-40/04, NJW 2006, 204 (Yonemoto). **22** Kohte, Jahrbuch UTR Bd. 86, S. 119, 130 ff.; Bücker in: Schlachter/Heinig, § 19 Rn. 103.

Recht der Betriebssicherheit zentrale **Maschinenverordnung** firmiert seit 2011 als 9. ProdSV.[23]

III. Betriebsbezogene Richtlinien als unmittelbarer Arbeits- und Gesundheitsschutz

Im Mittelpunkt der Rechtsetzung zum Gesundheitsschutz stehen jedoch im Gemeinschafts- und Unionsrecht die **betriebsbezogenen Richtlinien**, die seit 1986 zunächst auf Art. 118 a EWGV, dann auf Art. 137 EGV und jetzt auf Art. 153 AEUV gestützt werden. Den maßgeblichen Impuls für diese Richtlinien hatte die Entschließung des Rates vom 29.6.1978 über ein Aktionsprogramm der europäischen Gemeinschaft für Sicherheit und Gesundheit am Arbeitsplatz gesetzt, das 1980 durch eine erste „kleine" Rahmenrichtlinie zum Schutz der Arbeitnehmer vor der Gefährdung durch chemische, physikalische und biologische Arbeitsstoffe bei der Arbeit (**RL 80/1107/EWG**) umgesetzt wurde.[24] Dieser Richtlinie lag noch keine umfassende Konzeption zugrunde. Sie reagierte auf besonders gefährliche Situationen, für die dringender Handlungsbedarf gesehen wurde. Die weiteren Richtlinien seit 1982 betrafen den Schutz vor **Blei**, vor **Asbest** und schließlich vor **Lärm** (RL 86/188/EWG).[25] Diese Richtlinien hatten in Deutschland zu einer ersten Umgestaltung des Gefahrstoffrechts geführt.[26] Die Richtlinie zum Lärmschutz war allerdings ausschließlich durch die UVV Lärm umgesetzt worden, so dass vor allem im öffentlichen Dienst deutliche Lücken verblieben waren. Insgesamt hatten diese Richtlinien nur eine begrenzte Aufmerksamkeit und Umsetzung gefunden.[27] Daher verfolgte die Kommission seit der Kodifikation des Art. 118 a EWGV,[28] der eine Kompetenz der Gemeinschaft zur **Verbesserung des Schutzes der Arbeitsumwelt** geschaffen hatte, eine neue und umfassende Konzeption, die sich an das ILO-Übereinkommen Nr. 155 und dessen Umsetzung in Großbritannien, den Niederlanden und vor allem Skandinavien anlehnte.[29] Als zentrales Instrument wurde eine neue Rahmenrichtlinie verabschiedet, die als allgemeiner Teil des Arbeitsschutzes, plakativ formuliert als eine Art „**Grundgesetz des betrieblichen Arbeitsschutzes**",[30] fungieren sollte.

1. Rahmenrichtlinie 89/391/EWG vom 12.6.1989. Diese Rahmenrichtlinie zielt auf eine Neukonzeption des Arbeitsschutzrechts ab, die ein neues Leitbild transportieren und eine Neuorientierung in allen Mitgliedstaaten realisieren sollte. Inzwischen hat sich die Rahmenrichtlinie als ein grundlagenorientierter „**Allgemeiner Teil**" des betrieblichen Gesundheitsschutzes durchgesetzt.[31] Vor allem in den Entscheidungen des Europäischen Gerichtshofs werden auch für konkrete Fragen, zB der Betriebssicherheit[32] oder des Lärmschutzes,[33] diese Grundsätze maßgeblich herangezogen.

a) Erwägungsgründe und Leitbild. Das neue programmatische Leitbild der Rahmenrichtlinie wird vor allem verdeutlicht durch die Erwägungsgründe, die der Richtlinie vorangestellt sind und die für die Auslegung sowohl der Rahmenrichtlinie als auch der Einzelrichtlinien maßgeblich heranzuziehen sind. Aus diesen Erwägungsgründen lässt sich ein umfassendes Leitbild ableiten, das dem **skandinavischen Recht der Arbeitsumwelt** weitgehend entspricht.[34]

Bereits mit dem ersten Erwägungsgrund werden die Mitgliedstaaten verpflichtet, Sicherheit und Gesundheitsschutz bei der Arbeit besser zu garantieren („to guarantee a better level of protection of the safety and health of workers"). Als wesentliche Ele-

---

23 BGBl. I 2011, 2178, 2202. **24** ABl. EG 1980 L 327, 8. **25** ABl. EG 1986 L 137, 28. **26** Kaufmann DB 1986, 2229 ff.; Heilmann AiB 1987, 80 ff.; ausführlich Klein in: FS Wlotzke, S. 533, 548 ff. **27** Ausführlich Kohte in: FS Gnade, S. 675 ff. **28** BFK Rn. 238 ff. **29** Ausführlich Birk in: FS Wlotzke, S. 645 ff. **30** So zutreffend Wlotzke NZA 1990, 417 (419). **31** Brandes, System des europäischen Arbeitsschutzrechts, S. 95 ff.; Riesenhuber, Europäisches Arbeitsrecht, 2009, § 13 Rn. 4. **32** EuGH 14.9.2004 – C-168/03, ZESAR 2005, 286 mAnm Kohte/Faber. **33** EuGH 19.5.2011 – C-256/10 und 261/10, NZA 2011, 967 (Barcenilla Fernandez). **34** Ausführlich Münch/ArbR/Kohte § 289 Rn. 10 ff.; Birk in: FS Wlotzke, S. 645, 650 ff.

mente des Leitbilds der Richtlinie lassen sich aus meiner Sicht folgende Aspekte zusammenfassen:[35]

Einheitliche Rechtsetzung: Nr. 9 der Erwägungsgründe will, dass ein Unterbietungswettbewerb zulasten des Gesundheitsschutzes ausgeschlossen werden soll. Daher sichert die Richtlinie eine einheitliche und umfassende Geltung der Mindestarbeitsbedingungen in allen Bereichen. Dies war gerade für Deutschland wichtig, denn damit konnte die bisherige sachliche und systematische Zersplitterung des Arbeitsschutzrechts beendet werden.

Präventives Sicherheitsmanagement: Um die immer noch zu hohe Zahl der Arbeitsunfälle und berufsbedingten Krankheiten senken zu können, ist im Betrieb eine präventive Gesundheitspolitik erforderlich, die die Gefahren an der Quelle bekämpft.

Betriebsorientierung: Diese Aufgabe ist in erster Linie innerbetrieblich zu lösen, so dass der Arbeitgeber der zentrale Adressat der Pflichten in Art. 5 und 6 der Richtlinie ist. Auf diese Weise soll eine hinreichende Konkretisierung der Arbeitsschutzmaßnahmen erreicht werden, die jeweils auf wechselnde Arbeitsbedingungen zügig antwortet.

Anpassungspflicht an den Stand der Technik: Die mit der Betriebsorientierung angestrebte Aktualisierung der Arbeitsschutzpflichten kann nur erfolgreich sein, wenn die jeweiligen Maßnahmen an den Stand der Technik angepasst werden. Arbeitgeber müssen sich daher über den technischen Fortschritt und neue wissenschaftliche Erkenntnisse informieren und diese Erkenntnisse im Betrieb umsetzen, damit der Gesundheitsschutz auch auf neue Gefährdungen antworten kann. Die oben erwähnten Vorschriften des Marktrechts (→ Rn. 6 f.) stellen sicher, dass jedem Arbeitgeber geeignete Informationen zur Verfügung stehen.

Aktive Rolle der einzelnen Beschäftigten: In Nr. 11 der Erwägungsgründe wird ausdrücklich herausgestellt, dass es für eine Verbesserung des Arbeitsschutzes erforderlich („necessary") ist, dass die einzelnen Beschäftigten über die bestehenden Gefahren und die dagegen zu ergreifenden Maßnahmen informiert und beteiligt werden.

Kooperationsprinzip: In den Erwägungsgründen ist unter Nr. 12 ausdrücklich hervorgehoben worden, dass die Unterrichtung, der Dialog und die ausgewogene Zusammenarbeit mit den Arbeitnehmern und ihren Vertretern ausgeweitet werden müssen. Dies entspricht auch dem Leitbild der ILO und der ESC (→ Grundrecht Rn. 11 ff., 18 ff.) und der neueren Entwicklung in den verschiedenen Mitgliedstaaten.[36]

Ganzheitlicher Arbeitsschutz: Ein so verstandener Arbeitsschutz überschreitet die klassische unfall- und technikorientierte frühere Praxis. Im Einklang mit den neueren Arbeitsumweltgesetzen, die auch die Über- bzw. Unterforderung der Beschäftigten und Eintönigkeit bei der Arbeit vermeiden wollen,[37] wird eine soziale Arbeitsorganisation angestrebt.

13 Diese Richtlinie soll nicht nur einen einmaligen Rechtszustand festlegen, sondern sie ist auf die **Verbesserung von Sicherheits- und Gesundheitsschutz bei der Arbeit** ausgerichtet. Es sollen damit **dynamische Prozesse** in Gang gesetzt werden, so dass auch Herausforderungen durch neue Technologien oder Arbeitsformen bewältigt werden können.[38] Diese Prozesse sollen vor allem im jeweiligen Betrieb entwickelt werden, verpflichtet ist daher vor allem der Arbeitgeber. Seine Pflichten sind in erster Linie **Organisations- und Verfahrenspflichten**, die diese Prozesse in Gang setzen, fördern und modifizieren. Den Mitgliedstaaten ist zunächst die Aufgabe der Rechtsetzung zugewiesen. Die Rahmenrichtlinie und die ihr folgenden Einzelrichtlinien sind jeweils innerhalb eines bestimmten Zeitraums in das nationale Recht umzusetzen. Vor allem aber sind die Mitgliedstaaten nach Art. 4 Abs. 2 RL 89/391/EWG verpflichtet, für eine **angemessene Kontrol-**

---

35 Kohte, EAS B 6100 Rn. 10 ff.; vgl. Wlotzke in: FS Däubler, S. 654 f.; Kollmer/Klindt/Schucht/Balze ArbSchG Einl. B Rn. 83 ff.; ausführlich Habich, Sicherheit und Gesundheitsschutz durch die Gestaltung von Nacht- und Schichtarbeit, 2004, S. 55 ff. **36** Dazu anschaulich die Übersicht bei Gamillscheg Bd. II, S. 917 ff.; vertiefend Haas, Die Partizipation der Beschäftigten im Arbeitsschutzrecht, 2017, S. 47 ff., 124 ff. **37** Dazu zB das norwegische Gesetz zur Arbeitsumwelt RdA 1978, 187; vgl. auch Birk in: FS Wlotzke, S. 645, 652 ff. **38** So auch BAG 15.12.2009 – 9 AZR 769/08, NZA 2010, 506 (509).

le und Überwachung Sorge zu tragen.[39] Folgerichtig hat die Umsetzung dieser Richtlinie auch zu einer – wenn auch bisher begrenzten – Modernisierung der Aufsichts- und Vollzugspolitik geführt.

Die Richtlinie dient der Vereinheitlichung und Harmonisierung des betrieblichen Gesundheitsschutzes. Sie hat daher einen **umfassenden personellen Anwendungsbereich**. Auf der Seite der Arbeitgeber werden – anders als im klassischen deutschen Arbeitsschutzrecht – nicht nur industrielle und gewerbliche Tätigkeiten erfasst, sondern auch Landwirtschaft, freie Berufe und öffentlicher Dienst. Mit dieser Vereinheitlichung ist für viele Bereiche eine neue Qualität des Arbeitsschutzes verbunden. Ausgeklammert sind ausschließlich private Haushalte. Dies ist nach der heutigen Rechtslage problematisch, weil das Grundrecht nach Art. 31 EU-GRC auch für Hausangestellte gilt (→ Grundrecht Rn. 40) und die von Deutschland inzwischen ratifizierte ILO-Konvention 189 einen gleichwertigen Schutz der Hausangestellten verlangt, der in Deutschland bisher vorrangig durch das Unfallversicherungsrecht gewährleistet wird (→ ArbSchG § 1 Rn. 21 ff.). Inzwischen haben einige Mitgliedstaaten ihre nationalen Rechtsvorschriften geändert, die Kommission hat dieses Thema in ihren aktuellen Arbeitsplan aufgenommen.[40] 14

Die Vereinheitlichung des betrieblichen Gesundheitsschutzes spiegelt sich auch in dem **eigenständigen Arbeitnehmerbegriff der Richtlinie** wider, der deutlich über den klassischen Arbeitnehmerbegriff hinausgeht.[41] Er verlangt notwendigerweise die Einbeziehung aller Beschäftigten des öffentlichen Dienstes, vor allem der Beamten[42] sowie von Personen, die im deutschen Recht als arbeitnehmerähnliche Personen qualifiziert werden.[43] In Deutschland ist daher in der Umsetzung dieser Richtlinie erstmals ein umfassender Begriff des Beschäftigten in § 2 Abs. 2 ArbSchG normiert worden (→ ArbSchG § 2 Rn. 13 ff.). Die Richtlinie verlangt in Art. 6 Abs. 4 auch die **Einbeziehung der Fremdfirmenbeschäftigung** in das System des betrieblichen Gesundheitsschutzes;[44] für **befristet Beschäftigte und Leiharbeitnehmer** wird ein gleichwertiger Schutz durch die RL 91/383/EWG[45] verlangt, so dass die bisherige Verbindung von prekärer Beschäftigung und prekärem Gesundheitsschutz aufgelöst werden soll. 15

b) Grundlegende Arbeitgeberpflichten. Zentraler Adressat der heutigen Arbeitsschutzpflichten ist der Arbeitgeber, der im Betrieb und durch die betriebliche Organisation einen präventiven Gefährdungsschutz zu realisieren hat (→ Grundrecht Rn. 57, 61). Diese Pflichten sind maßgeblich in Art. 5, 6 RL 89/391/EWG normiert. Art. 5 verpflichtet den Arbeitgeber zu einer umfassenden Gewährleistung des Gesundheitsschutzes, der sich „auf alle Aspekte, die die Arbeit betreffen" bezieht. Damit ist eine zentrale Formulierung aus dem ILO-Übereinkommen 155 aufgegriffen worden, mit der auch ein ganzheitlicher Gesundheitsbegriff verbunden ist, der **physische und psychische Gesundheit** umfasst. Dieser Aspekt ist erst 2013 im deutschen Recht hinreichend verdeutlicht worden (→ ArbSchG § 4 Rn. 7). 16

Mit den Pflichten in Art. 6 der Richtlinie sind **allgemeine Grundsätze der Prävention** (general principles of prevention) formuliert worden, die die aktuelle Sicherheitsphilosophie zusammenfassen.[46] Im Mittelpunkt stehen präventive Pflichten, die Technik und Organisation gestalten sollen, so dass Gesundheitsschutz nicht mehr vorrangig reaktiv betrieben werden soll. Verhältnisbezogene Maßnahmen rangieren vor verhaltensbezogenen Regelungen; Gefährdungen und Gefahren sollen an der Quelle bekämpft werden 17

---

39 Ausführlich Köckeritz, Arbeitsschutz und dessen Überwachung im Bereich des öffentlichen Dienstes, 2013, S. 78 ff. **40** COM (2017) 12 final, S. 18 f = BR-Drs. 7/17, 18 f. **41** Riesenhuber, Europäisches Arbeitsrecht, § 13 Rn. 9; Kollmer/Klindt/Schucht/Kohte, ArbSchG § 2 Rn. 32 ff. **42** EuGH 14.7.2005 – C-52/04, NZA 2005, 921 (Hamburger Feuerwehr); 12.1.2006 – C 132/04, AuR 2015, 454 mAnm Buschmann. **43** EuGH 11.11.2010 – C-232/09, NZA 2011, 143 (Danosa); dazu Kohte in: FS Horst, S. 337 ff.; Oberthür NZA 2011, 253; EuGH 26.3.2015 – C 316/13, NZA 2015, 1444; dazu Seifert EuZA 2015, 500 ff. **44** Julius, Arbeitsschutz und Fremdfirmenbeschäftigung, 2004, S. 48 ff.; Kohte EAS B 6100 Rn. 79 ff. **45** ABl. EG 1991 L 206, 19 ff. = RdA 1992, 143 ff.; BFK Rn. 273 ff.; Julius, Arbeitsschutz und Fremdfirmenbeschäftigung, S. 54 ff.; Brandes, System des europäischen Arbeitsschutzes, S. 136 ff. **46** Kollmer/Klindt/Schucht/Kohte ArbSchG § 4 Rn. 3 ff.

(→ ArbSchG § 4 Rn. 52 ff.). Als Schutzniveau wird – höher als im klassischen deutschen Recht – der Stand der Technik verlangt.[47]

18 Im Zentrum dieser Pflichten steht daher die Pflicht, eine **betriebliche Gefährdungsbeurteilung** zu erarbeiten und als Basis der betrieblichen Gesundheitspolitik zu nutzen. Diese Gefährdungsbeurteilung ist in Kommunikation mit allen betrieblichen Akteuren zu erstellen, zu dokumentieren und regelmäßig zu überprüfen. Sie soll auch für die Kommunikation mit der Aufsicht als zentrales Dokument herangezogen werden (→ ArbSchG § 6 Rn. 6).[48]

19 Diese betriebliche Präventionspolitik verlangt auch eine entsprechende betriebliche Organisiertheit. Einerseits wird verlangt, den Gesundheitsschutz in die Organisation des Unternehmens zu integrieren und ihn „auf allen Führungsebenen des Unternehmens" zu beachten.[49] Andererseits bedarf es einer **eigenständigen Gesundheitsorganisation**, die den Arbeitgeber zu beraten hat und an der Ermittlung der betrieblichen Gefährdungslagen zu beteiligen ist. Art. 7 der Richtlinie verlangt, dass diese Organisation auf den jeweiligen Betrieb ausgerichtet und dort schwerpunktmäßig verankert ist. Dies hat auch Konsequenzen für die Struktur der jeweiligen Sicherheitsorganisation (→ ASiG § 1 Rn. 12).

20 **c) Rechte und Pflichten der Beschäftigten.** Der präventive Gesundheitsschutz ist zugleich **partizipativ** ausgerichtet (→ Grundrecht Rn. 63 ff.), denn die Gesundheit ist immer die Gesundheit der einzelnen Beschäftigten. Sie sollen befähigt werden, als Experten ihrer eigenen Gesundheit innerbetrieblich aktiv zu werden und entsprechende Vorschläge zu unterbreiten. Art. 11 der Richtlinie verlangt daher **Information, Konsultation und ausgewogene Beteiligung der Beschäftigten und ihrer Vertretungen**. Diese lang diskutierten Formulierungen sollen es den einzelnen Staaten ermöglichen, die zu ihrer jeweiligen Sozialstruktur passenden Partizipationsformen festzulegen und zu gestalten. In jedem Fall soll jedoch die Partizipation entsprechend ausgedehnt werden. In der Mehrzahl der Mitgliedstaaten hat die Umsetzung dieser Richtlinie auch tatsächlich zu einer Erweiterung und Konkretisierung betrieblicher Partizipationsformen geführt.[50] In Deutschland ist dieser Aspekt zunächst wenig beachtet worden, da die Partizipationsnormen in BetrVG und BPersVG nicht geändert worden sind. Gleichwohl hat die intensive Rechtssetzung seit 1996 faktisch zu einem höheren Stellenwert der Mitbestimmung vor allem nach § 87 Abs. 1 Nr. 7 BetrVG geführt.[51] Im Unterschied zu anderen Mitgliedstaaten sind in Deutschland die Tarifvertragsparteien kaum mit der Ausgestaltung der Partizipation im Arbeitsschutz befasst (→ ArbSchG § 1 Rn. 33 ff.). Die Richtlinie verlangt aber auch in Art. 11 Abs. 6 eine **stärkere Verzahnung von Partizipation und Aufsicht**. Dies ist in Deutschland erst nach dem SLIC-Report 2006 diskutiert worden (→ ArbSchG § 22 Rn. 6).

21 Konsequent enthält die Richtlinie auch mehrere Regelungen zur **Stärkung der Rechtsstellung der einzelnen Beschäftigten**. Die **Unterweisung**, die durch Art. 6 der Richtlinie generell vorgeschrieben ist, soll auch dazu dienen, dass die Beschäftigten in Krisensituationen selbstständig agieren können. In besonderen Gefahrenlagen steht ihnen daher auch ein eigenständiges **Entfernungsrecht** zu (→ ArbSchG § 9 Rn. 16).[52] Auch in Betrieben ohne eigenständige Arbeitnehmervertretung steht den einzelnen Beschäftigten ein **Anhörungsrecht** zu, das vor allem vor der Einführung neuer Technologien und Arbeitsformen zu gewährleisten ist. Daher werden bestimmte Rechtsfiguren, die in Deutschland traditionell als Pflicht ausgestaltet waren (zB medizinische Untersuchung), nunmehr als Recht der einzelnen Beschäftigten auf präventivmedizinische Untersuchung und Beratung ausgestaltet (→ ArbSchG § 11 Rn. 9).[53]

---

47 HSW § 18 Rn. 446; Wlotzke NZA 1990, 417 (420); EuArbR/Klindt/Schucht RL 89/391/EWG Rn. 54. **48** EuGH 7.2.2002 – C 3/00, NZA 2002, 321, dazu die Schlussanträge von GA Gelhood Slg 2002-I, 1305, 1319; vgl. Kohte EAS B 6100 Rn. 63. **49** Faber, Grundpflichten, S. 337 ff.; Kohte EAS B 6100 Rn. 64. **50** Kohte, Die Stärkung der Partizipation der Beschäftigten im betrieblichen Arbeitsschutz, 2. Aufl. 2005, S. 15 ff. **51** Dazu bereits die Prognose von Wlotzke NZA 1990, 417 (420). **52** N. Fabricius, Einstellung der Arbeitsleistung bei gefährlichen und normwidrigen Tätigkeiten, S. 76 ff. **53** Münch/ArbR/Kohte § 289 Rn. 24.

2. **Einzelrichtlinien nach Art. 16 der RL 89/391/EWG.** Nach Art. 16 der 22
RL 89/391/EWG wird die Rahmenrichtlinie ergänzt durch **Einzelrichtlinien**, mit denen **konkretisierende Regelungen für besondere Risiken** erlassen werden. In diesen Einzelrichtlinien können strengere bzw. spezifische Bestimmungen normiert werden; daneben besteht die Rahmenrichtlinie als Allgemeiner Teil, der wiederum prägend für die Auslegung der Einzelrichtlinien ist. Dies kommt auch darin zum Ausdruck, dass in den einzelnen RL für bestimmte Themen regelmäßig auf die Rahmenrichtlinie verwiesen wird.[54] Die inzwischen erlassenen **20 ergänzenden Einzelrichtlinien** decken ein breites Spektrum konkreter Aufgabenfelder ab:[55]

1. Richtlinie 89/654/EWG vom 30. November 1989 über Mindestvorschriften für Sicherheit und Gesundheitsschutz in Arbeitsstätten.[56]
2. Richtlinie 89/655/EWG vom 30. November 1989 über Mindestvorschriften für Sicherheit und Gesundheitsschutz bei Benutzung von Arbeitsmitteln durch Arbeitnehmer bei der Arbeit (Zweite Einzelrichtlinie im Sinne des Art. 16 Abs. 1 der Richtlinie 89/391/EWG), ersetzt durch die RL 2009/104/EG.[57]
3. Richtlinie 89/656/EWG vom 30. November 1989 über Mindestvorschriften für Sicherheit und Gesundheitsschutz bei Benutzung persönlicher Schutzausrüstungen durch Arbeitnehmer bei der Arbeit (Dritte Einzelrichtlinie im Sinne des Art. 16 Abs. 1 der Richtlinie 89/391/EWG).[58]
4. Richtlinie 90/269/EWG vom 29. Mai 1990 über die Mindestvorschriften bzgl. der Sicherheit und Gesundheitsschutz bei der manuellen Handhabung von Lasten, die für die Arbeitnehmer insbesondere eine Gefährdung der Lendenwirbelsäule mit sich bringt (Vierte Einzelrichtlinie im Sinne des Art. 16 Abs. 1 der Richtlinie 89/391/EWG).[59]
5. Richtlinie 90/270/EWG vom 29. Mai 1990 über die Mindestvorschriften bzgl. der Sicherheit und Gesundheitsschutz bei der Arbeit an Bildschirmgeräten (Fünfte Einzelrichtlinie im Sinne des Art. 16 Abs. 1 der Richtlinie 89/391/EWG).[60]
6. Richtlinie 2004/37/EG vom 29. April 2004 über den Schutz der Arbeitnehmer gegen Gefährdung durch Karzinogene oder Mutagene bei der Arbeit (Sechste Einzelrichtlinie im Sinne des Art. 16 Abs. 1 der Richtlinie 89/391/EWG) (kodifizierte Fassung).[61]
7. Richtlinie 2000/54/EG vom 18. September 2000 über den Schutz der Arbeitnehmer gegen Gefährdung durch biologische Arbeitsstoffe bei der Arbeit (Siebte Einzelrichtlinie im Sinne des Art. 16 Abs. 1 der Richtlinie 89/391/EWG).[62]
8. Richtlinie 92/57/EWG vom 24. Juni 1992 über die für zeitlich begrenzte oder ortsveränderliche Baustellen anzuwendenden Mindestvorschriften für die Sicherheit und Gesundheitsschutz (Achte Einzelrichtlinie im Sinne des Art. 16 Abs. 1 der Richtlinie 89/391/EWG).[63]
9. Richtlinie 92/58/EWG vom 24. Juni 1992 über Mindestvorschriften für die Sicherheits- und/oder Gesundheitsschutzkennzeichnung am Arbeitsplatz (Neunte Einzelrichtlinie im Sinne des Art. 16 Abs. 1 der Richtlinie 89/391/EWG).[64]
10. Richtlinie 92/85/EWG vom 19. Oktober 1992 über die Durchführung von Maßnahmen zur Verbesserung der Sicherheit und des Gesundheitsschutzes von schwangeren Arbeitnehmerinnen, Wöchnerinnen und stillenden Arbeitnehmerinnen am Arbeitsplatz (Zehnte Einzelrichtlinie im Sinne des Art. 16 Abs. 1 der Richtlinie 89/391/EWG).[65]

---

[54] Dazu auch Pieper ArbSchG § 11 Rn. 2 a. [55] Ausführliche Darstellung der Richtlinien bei HSW § 18 Rn. 455 ff. [56] ABl. EG 1989 L 393, 1. [57] ABl. EG 1989 L 393, 13; geänd. ABl. EG 1995 L 335, 28 ber. ABl. EG 1996 L 79, 30; geänd. ABl. EG 2001 L 195, 46. Jetzt ABl. EG 2009 L 260, 5 ff., dazu EuArbR/Klindt/Schucht RL 89/391/EWG Rn. 124. [58] ABl. EG 1989 L 393, 18. [59] ABl. EG L 156, 9. [60] ABl. EG L 156, 14, ber. ABl. EG L 171, 30; geänd. ABl. EG 2007 L 165, 21. [61] ABl. EG L 158, 50, ber. ABl. EG L 229, 23. [62] ABl. EG L 262, 21. [63] ABl. EG L 245, 6. [64] ABl. EG L 245, 23. [65] ABl. EG L 348, 1.

1 Unionsrecht

11. Richtlinie 92/91/EWG vom 3. November 1992 über Mindestvorschriften zur Verbesserung der Sicherheit und des Gesundheitsschutzes der Arbeitnehmer in den Betrieben, in denen durch Bohrungen Mineralien gewonnen werden (Elfte Einzelrichtlinie im Sinne des Art. 16 Abs. 1 der Richtlinie 89/391/EWG).[66]
12. Richtlinie 92/104/EWG vom 3. Dezember 1992 über Mindestvorschriften zur Verbesserung der Sicherheit und des Gesundheitsschutzes der Arbeitnehmer in übertägigen oder untertägigen mineralgewinnenden Betrieben (Zwölfte Einzelrichtlinie im Sinne des Art. 16 Abs. 1 der Richtlinie 89/391/EWG).[67]
13. Richtlinie 93/103/EG vom 23. November 1993 über Mindestvorschriften für Sicherheit und Gesundheitsschutz bei der Arbeit an Bord von Fischereifahrzeugen (13. Einzelrichtlinie im Sinne des Art. 16 Abs. 1 der Richtlinie 89/391/EWG).[68]
14. Richtlinie 98/24/EG vom 7. April 1998 zum Schutz von Gesundheit und Sicherheit der Arbeitnehmer vor der Gefährdung durch chemische Arbeitsstoffe bei der Arbeit (14. Einzelrichtlinie im Sinne des Art. 16 Abs. 1 der Richtlinie 89/391/EWG).[69]
15. Richtlinie 1999/92/EG vom 26. Dezember 1999 über Mindestvorschriften zur Verbesserung des Gesundheitsschutzes und der Sicherheit der Arbeitnehmer, die durch explosionsfähige Atmosphären gefährdet werden können (15. Einzelrichtlinie im Sinne des Art. 16 Abs. 1 der Richtlinie 89/391/EWG).[70]
16. Richtlinie 2002/44/EG vom 25. Juni 2002 über Mindestvorschriften zum Schutz von Sicherheit und Gesundheit der Arbeitnehmer vor der Gefährdung durch physikalische Einwirkungen (Vibrationen) (16. Einzelrichtlinie im Sinne des Art. 16 Abs. 1 der Richtlinie 89/391/EWG).[71]
17. Richtlinie 2003/10/EG vom 6. Februar 2003 über Mindestvorschriften zum Schutz von Sicherheit und Gesundheit der Arbeitnehmer vor der Gefährdung durch physikalische Einwirkungen (Lärm) (17. Einzelrichtlinie im Sinne des Art. 16 Abs. 1 der Richtlinie 89/391/EWG).[72]
18. Richtlinie 2004/40/EG vom 29. April 2004 über Mindestvorschriften zum Schutz von Sicherheit und Gesundheit der Arbeitnehmer vor der Gefährdung durch physikalische Einwirkungen (elektromagnetische Felder) (18. Einzelrichtlinie im Sinne des Art. 16 Abs. 1 der Richtlinie 89/391/EWG).[73]
19. Richtlinie 2006/25/EG vom 5. April 2006 über Mindestvorschriften zum Schutz von Sicherheit und Gesundheit der Arbeitnehmer vor der Gefährdung durch physikalische Einwirkungen (künstliche optische Strahlung) (19. Einzelrichtlinie im Sinne des Art. 16 Abs. 1 der Richtlinie 89/391/EWG)[74]
20. Richtlinie 2013/35/EU vom 26. Juni 2013 über Mindestvorschriften zum Schutz von Sicherheit und Gesundheit der Arbeitnehmer vor der Gefährdung durch physikalische Einwirkungen (elektromagnetische Felder) (20. Einzelrichtlinie im Sinne des Art. 16 Abs. 1 der Richtlinie 89/391/EWG) und zur Aufhebung der Richtlinie 2004/40/EG.[75]

23 Diese Richtlinien folgen einem **vergleichbaren Handlungsmuster**, das durch die Rahmenrichtlinie vorgezeichnet ist. Sie enthalten regelmäßig Bestimmungen zum Regelungszweck, zum Anwendungsbereich, zu den präventiven Pflichten der Arbeitgeber, zur Gefährdungsbeurteilung, zu Information und Unterweisung der Beschäftigten sowie zur Partizipation, so dass sie eine strukturierte Rechtsetzung, Politik und Kontrolle in den einzelnen Mitgliedstaaten ermöglichen und fördern.

24 Damit stellen diese Einzelrichtlinien den **Kern des Besonderen Teils des Europäischen Arbeitsumweltrechts** dar. Sie umfassen sowohl klassische Arbeitsschutzthemen, wie zB Arbeitsstättenrecht, Lärmschutz und Gefahrstoffrecht, haben aber auch Themen normiert, die das staatliche deutsche Arbeitsschutzrecht bisher nicht normativ geregelt hatte, wie zB die Arbeitsbedingungen an Bildschirmarbeitsplätzen, die Lastenhandha-

---

[66] ABl. EG L 348, 9. [67] ABl. EG L 404, 10. [68] ABl. EG L 307, 1. [69] ABl. EG L 131, 11. [70] ABl. EG L 23, 57, ber. ABl. EG L 134, 36. [71] ABl. EG L 177, 13. [72] ABl. EG L 42, 38. [73] ABl. EG L 159, 1, ber. ABl. EG L 184, 1. [74] ABl. EG L 114, 38. [75] ABl. EG 2013 L 179, 1.

bung sowie die Gefährdungen durch biologische Arbeitsstoffe, Vibrationen und künstliche optische Strahlung. Schließlich sind einige besonders gefährliche Branchen, wie zB die Arbeit auf Baustellen, Fischereifahrzeugen und in Bergbaubetrieben gesondert und spezifisch reguliert worden.

Sämtliche Richtlinien orientieren sich in ihrer **Struktur** an der Rahmenrichtlinie, enthalten also Bestimmungen zum Anwendungsbereich, zur Gefährdungsbeurteilung, zur Information und Unterweisung der Beschäftigten sowie zur Partizipation.[76] Insoweit sind diese Richtlinien jeweils mit Bezugnahme auf die Rahmenrichtlinie als Allgemeinen Teil des europäischen Arbeitsumweltrechts auszulegen. Zusammen ergeben sie so ein **geschlossenes Arbeitsschutzsystem**.[77] 25

3. Integrativer Arbeitsschutz. Zu den wesentlichen Strukturmerkmalen des Rechts der europäischen technischen Sicherheit gehört weiter die **enge Verzahnung von Marktrecht und Betriebsrecht**. Die Beschaffenheitsanforderungen an wichtige Arbeitsmittel, die in der Maschinenrichtlinie normiert sind, haben nicht nur Bedeutung für das Verhältnis zwischen Hersteller und Abnehmer der Maschinen, sondern werden zugleich auch als **Anforderungen für die innerbetriebliche Organisation** formuliert. In der Arbeitsmittelrichtlinie RL 89/655/EWG[78] – aktualisiert durch die RL 95/63/EG,[79] jetzt ersetzt durch die RL 2009/104/EG[80] – wurden Arbeitgeber dazu verpflichtet, dass neue Arbeitsmittel den Bestimmungen aller geltenden einschlägigen Gemeinschaftsrichtlinien zu entsprechen haben. Damit war eine betriebsbezogene Pflicht normiert worden, nur Arbeitsmittel im Betrieb einzusetzen, die den Beschaffenheitsanforderungen der jeweiligen Produktrichtlinien entsprechen.[81] Vergleichbar wurde auch das Verhältnis zwischen der marktbezogenen Richtlinie über Anforderungen an persönliche Schutzausrüstungen – bisher RL 89/686/EWG[82] – und der betriebsbezogenen Richtlinie über die Benutzung von persönlichen Schutzausrüstungen RL 89/656/EWG[83] gestaltet[84] (→ PSA-BV Rn. 5). Diese Struktur wurde beibehalten, als die RL 89/686/EWG jetzt durch die Verordnung (EU) 2016/425 ersetzt wurde.[85] Diese enge Verzahnung von Markt und Betrieb ist eine der wesentlichen Innovationsleistungen des europäischen Rechts im Bereich der technischen Sicherheit.[86] Sie hat auch zu **neuen Rechtsfiguren** geführt, die beide Elemente verknüpfen. Ein anschauliches Beispiel ist das **Sicherheitsdatenblatt** im Gefahrstoffrecht (→ GefStoffV Rn. 33 ff.).[87] Inzwischen ist diese Verknüpfung vor allem in der **Reach-VO** (→ GefStoffV Rn. 20 ff.), in der die Wechselwirkung zwischen Markt- und Betriebsrecht intensiviert wird, in eine neue Dimension gebracht worden. 26

Die im deutschen Recht vorgenommene **Trennung von technischem und sozialem Arbeitsschutz** ist dem Unionsrecht in dieser strikten Form fremd. Die Rahmenrichtlinie fungiert auch als Allgemeiner Teil für diejenigen Richtlinien, die Themen des sozialen Arbeitsschutzes umfassen. Dies sind die klassischen Themen des **Arbeitszeitschutzes** einschließlich des Urlaubsrechts, des **Mutterschutzes** und des **Jugendarbeitsschutzes**. Die drei wesentlichen Richtlinien sind die 27

- **RL 2003/88/EG** über bestimmte Aspekte der **Arbeitszeit** vom 15.7.2003,[88]
- **RL 92/85/EWG** zum **Mutterschutz**[89] sowie die
- **RL 94/33/EG** vom 22.6.1994 über den **Jugendarbeitsschutz**.[90]

Da diese Richtlinien jeweils auf die Rahmenrichtlinie bezogen sind, nehmen sie sowohl am Leitbild als auch am erweiterten personellen Anwendungsbereich der Rahmenricht-

---

76 Überblick bei EuArbR/Klindt/Schucht RL 89/391/EWG Rn. 104 ff. 77 Kollmer/Klindt/Schucht/Balze, ArbSchG Einl. B Rn. 97. 78 ABl. EG 1989 L 393, 13 ff.; Wank/Börgmann, S. 109 ff. 79 ABl. EG 1995 L 335, 28 ff. 80 ABl. EG 2009 L 260, 5 ff. 81 Kohte/Bücker in: FS Reich, S. 459, 464 ff.; Streffer in: FS Wlotzke, S. 769, 781 f. 82 ABl. EG 1989 L 399, 18 ff. 83 ABl. EG 1989 L 393, 18 ff. 84 Streffer in: FS Wlotzke, S. 769, 782 ff.; Müller-Petzer, Fürsorgepflichten des Arbeitgebers nach europäischem und nationalem Recht, 2003, S. 98 ff. 85 ABl. EU 2016 L 81, 51 ff.; Schucht EuZW 2016, 407 ff. 86 Münch/ArbR/Kohte § 289 Rn. 8; Bücker in: Schlachter/Heinig, § 19 Rn. 61; EuArbR/Klindt/Schucht RL 89/391/EWG, Rn. 123. 87 Dazu umfasst Marquardt, Das Sicherheitsdatenblatt, 2007, S. 44 ff. 88 ABl. EG L 299, 9. 89 ABl. EG L 348, 1. 90 ABl. EG L 216, 12 ff.; Lörcher AuR 1994, 360 ff.; zu den Umsetzungsproblemen im deutschen Recht Schmidt BB 1998, 1362 ff.

linie teil. Dies führte in Deutschland zu Umsetzungsproblemen im öffentlichen Dienst, die vor allem durch ein Vorlageverfahren des Bundesverwaltungsgerichts geklärt wurden.[91] Im Mutterschutzrecht fehlte lange Zeit eine hinreichende Diskussion über die Erweiterungen des personellen Anwendungsbereichs des § 1 MuSchG[92] sowie den Vorrang der Anpassung der Arbeitsplätze gegenüber der bisherigen Praxis der Beschäftigungsverbote nach § 4 MuSchG.[93] Dies ist erst 2017 durch die Novellierung des Mutterschutzrechts korrigiert worden (→ Betrieblicher Mutterschutz Rn. 23 ff.).

28 In einer weiteren Dimension des integrativen Arbeitsschutzes werden **Arbeitsrecht und Umweltrecht** miteinander verzahnt. Von Anfang an finden sich solche Elemente im Gefahrstoffrecht. Wesentlich intensiver ist diese Verbindung allerdings im Störfallrecht vorgenommen worden. Die **Seveso-Richtlinien** haben entsprechende Brücken zwischen Arbeits- und Umweltschutz Schritt für Schritt entwickelt. Dies begann mit der Richtlinie des Rates vom 24.6.1982 über die Gefahren schwerer Unfälle bei bestimmten Industrietätigkeiten (RL 82/405/EWG)[94] und wurde nach weiteren Novellierungen vor allem durch die Seveso II-RL (RL 96/82/EG und RL 2003/105/EG) weiterentwickelt. Inzwischen ist die Seveso III-RL (RL 2012/18/EU)[95] erlassen worden, die in Deutschland bis 2017 umgesetzt worden ist.[96] Sämtliche Richtlinien sind dadurch gekennzeichnet, dass sie zum Schutz der Beschäftigten sowie der Umwelt eine verbesserte Betriebsorganisation verlangen (→ GefStoffV Rn. 16).[97] Zugleich dienen sie auch der Verzahnung mit dem allgemeinen Verwaltungsrecht, weil eine **Kombination von interner und externer Information sowie von internen und externen Notfallplänen** verlangt wird. Die erforderliche Integration wurde in Deutschland – ähnlich wie in einigen anderen Ländern – erst durch ein erfolgreiches Vertragsverletzungsverfahren der Kommission befördert.[98] Nach dem Vorbild der Seveso-Richtlinien ist inzwischen auch die RL 2013/30/EU[99] zur Sicherheit von Off-Shore-Aktivitäten erlassen worden, die als ein Instrument auch „dreigliedrige Beratungen" zwischen Behörde, Betreiber und Arbeitnehmervertretern vorsieht. Da auch diese RL nicht rechtzeitig umgesetzt worden ist, ist inzwischen ein Vertragsverletzungsverfahren gegen Deutschland eingeleitet worden.

29 **4. Organisation der Arbeitsschutzpolitik der Union.** Neben diesen Richtlinien wurden im Lauf der Zeit auch die anderen Handlungsmöglichkeiten des Gemeinschaftsrechts eingesetzt. Durch die Verordnung 2062/94[100] ist 1994 die **Europäische Agentur für Sicherheit und Gesundheitsschutz am Arbeitsplatz** mit Sitz in Bilbao gegründet worden, die durch Information, Kommunikation und Forschung den gemeinschaftsweiten Arbeitsschutz unterstützt[101] und neue Handlungsmöglichkeiten bekannt macht.[102] Die weitere Koordination auf dem Gebiet des Arbeitsschutzes erfolgt durch regelmäßige Programme, die jeweils für eine Dauer von fünf Jahren formuliert werden. Mit dem **Programm zu einer neuen Gemeinschaftsstrategie zu Gesundheit und Sicherheit am Arbeitsplatz (2007–2012)**[103] sollte vor allem die Kohärenz unionsweiter und nationaler Strategien verbessert werden. Technische Anpassungen der jeweiligen Richtlinien erfolgen nach Art. 17 der RahmenRL durch den **Beratenden Ausschuss für Sicherheit und Gesundheit (ACSH)**. Unterstützt wird die Union weiter durch den **Ausschuss Hoher Aufsichtsbeamter (SLIC)**, dessen kritischer Evaluationsbericht über das deutsche Arbeitsaufsichtssystem vom 6.2.2006[104] einen wichtigen Anstoß gegeben hat, um nunmehr in §§ 20 a ff. ArbSchG eine gemeinsame deutsche Arbeitsschutzstrategie auch

---

91 EuGH 14.7.2005 – C-52/04, NZA 2005, 921 (Personalrat Feuerwehr Hamburg). **92** Jetzt aber EuGH 11.11.2010 – C-232/09, NZA 2011, 143 (Danosa); dazu Oberthür NZA 2011, 253 ff.; Kohte in: FS Horst, S. 337 ff. **93** Dazu ausführlich Nebe, Betrieblicher Mutterschutz ohne Diskriminierungen, 2006, S. 178 f., 185 ff. **94** ABl. EG 1982 L 230, 1; dazu auch BFK, Rn. 496 ff. **95** ABl. EU 2012 L 197, 1. **96** Aktuell: Verordnung zur Umsetzung der Richtlinie 2012/18/EU, BGBl. 2017 I 47, dazu Uchtritz DVBl 2017, 669 ff. **97** Köck NVwZ 2012, 1353 (1356). **98** EUGH 14.5.2002 – C-383/00, Slg 2002 I, 4219 ff. **99** ABl. EU 2013 L 178, 66. **100** ABl. EG L 216, 1. **101** Dazu auch HSW § 18 Rn. 961 ff. sowie Kollmer/Klindt/Schucht/Balze, ArbSchG Einl. B Rn. 78. **102** Wichtige Informationen finden sich auf der Homepage unter http://osha.europa.eu. **103** Entschließung des Rates vom 5.6.2007, ABl. EG C 145, 1; zu weiteren Aktivitäten Coen in: Lenz/Borchardt, EU-Verträge, 5. Aufl. 2010, AEUV Art. 153 Rn. 25. **104** Gute Arbeit 6/2006, 22; vollständiger Text unter www.vgab.de/Ablage/SLIC-Bericht_deutsch.pdf.

normativ zu verankern (→ ArbSchG Vor §§ 20 a, 20 b Rn. 6). In Bereichen, in denen die Union nicht normativ tätig wird, handelt sie durch Empfehlungen. Eine besonders wichtige Empfehlung im Bereich des Arbeitsschutzes stellt die **Empfehlung des Rates zur Verbesserung des Gesundheitsschutzes und der Sicherheit Selbstständiger am Arbeitsplatz (2003/134/EG) vom 18.2.2003** dar.[105] Der von der Kommission vorgelegte **strategische Rahmen für Sicherheit und Gesundheit 2014–2020**[106] dokumentiert noch den arbeitsschutzpolitischen Stillstand der Barroso-Kommission,[107] die neue Rechtssetzung weitgehend auch dann verschoben hat, wenn – wie bei der RL 2004/37/EG – die Notwendigkeit des Handelns unübersehbar war. Anfang 2017 wurde inzwischen von der Kommission ein Vorschlag zur Änderung der RL 2004/37/EG vorgelegt,[108] der allerdings deutlich hinter früheren Planungen und Diskussionen zurück bleibt. Zeitgleich hat die Kommission ein vorsichtiges Programm zur Modernisierung des Arbeitsschutzrechts der Union und zur Vertiefung der Arbeitsschutzpolitik vorgelegt.[109]

5. Arbeitsschutz und sozialer Dialog. In den letzten Jahren sind Fragen des Arbeitsschutzes zunehmend auch Gegenstand des europäischen sozialen Dialogs nach Art. 139 EG[110] – jetzt Art. 155 AEUV – geworden. Auf der allgemeinen branchenübergreifenden Ebene sind vor allem drei umfangreiche Rahmenvereinbarungen geschlossen worden; diese betreffen Telearbeit (2002), arbeitsbedingten Stress (2004) sowie Belästigung und Gewalt am Arbeitsplatz (2007). Damit sind im branchenübergreifenden sozialen Dialog gerade die Themen aufgegriffen worden, die als neue Herausforderungen identifiziert worden sind. Konkreter sind die Verhandlungen und Vereinbarungen im **sektoralen sozialen Dialog**, die sich jeweils spezifischen Themen widmen, die für die jeweilige Branche von besonderer Bedeutung sind.[111] 30

In der europäischen Arbeitsschutzpolitik ist inzwischen eine **Wechselwirkung zwischen dem sozialen Dialog und der Verbesserung der Normsetzung und Kontrolle** zu beobachten. Anschaulich zeigt dies die **Umsetzung der Vereinbarung zum arbeitsbedingten Stress** (→ Rn. 30), die in Deutschland lange Zeit kaum beachtet worden war. In einer Reihe von Mitgliedsländern war die Vereinbarung Anlass zu tripartistischen Aktivitäten, die regelmäßig auch zu innovativer Normsetzung führten.[112] Eine neue Dimension erfuhr diese Wechselwirkung durch einen Bericht der Kommission aus dem Jahr 2011, in dem die Umsetzung der Vereinbarung in den verschiedenen Mitgliedstaaten dargestellt und dokumentiert wurde.[113] Dabei wurden sowohl „good practices" identifiziert als auch die Mitgliedstaaten bezeichnet, in denen die Umsetzung hinter den Erwartungen zurückgeblieben ist. Dazu gehörte auch Deutschland, das von der Kommission in eine Kategorie mit Bulgarien, Estland und Tschechien gesetzt worden ist.[114] Dies war ein wichtiger Anstoß, mit dem in Deutschland eine konkrete Diskussion begann, wie in Normsetzung und betrieblicher Praxis Gesundheitsgefährdungen durch psychische Belastung bei der Arbeit vermieden bzw. reduziert werden können. In einem Beschluss vom 3.5.2013 einigte sich der Bundesrat auf den Text einer Verordnung zum Schutz vor gesundheitlichen Gefährdungen durch psychische Belastung bei der Arbeit,[115] der auch bis zum Redaktionsschluss der 2. Auflage noch nicht umgesetzt worden ist. 31

Eine weitere wichtige Entwicklung ist gekennzeichnet durch den **Ausbau des sektoralen sozialen Dialogs**, mit dem die europäischen Verbände Verhandlungen und Vereinbarungen auf Branchenebene treffen. Dieser sektorale Dialog widmet sich inzwischen ebenfalls Themen aus dem Bereich des Arbeitsschutzes und des Arbeitszeitrechts. Der sektorale soziale Dialog begann zunächst mit Verhandlungen und Vereinbarungen zur **grenzüberschreitenden Gestaltung der Arbeitszeit**. Am Anfang stand die 32

---

105 ABl. EG L 53, 45 = EAS A 5420. **106** Dokument COM (2014) 332 final. **107** Zur Kritik Bücker in: Schlachter/Heinig, § 19 Rn. 30. **108** COM (2017) 11 final; eine weiterführende Einigung zwischen Ratsvorsitz und Parlament erfolgte am 28.6.2017. **109** COM (2017) 12 final = BR-Drs. 7/17, dazu im Grundsatz zustimmender Beschluss des Bundesrats vom 10.3.2017 (Beschluss 7/17). **110** Zum Dialog allgemein Höland ZIAS 1995, 425; Deinert, Der europäische Kollektivvertrag, 1999, S. 165 ff.; zum Verfahren Waas ZESAR 2004, 443 (446). **111** Überblick bei Bücker in: Schlachter/Heinig, § 19 Rn. 19. **112** Dazu Meyn, Jahrbuch Gute Arbeit 2012, S. 89 ff. **113** Report SEC (2011), 241. **114** Kohte, Jahrbuch Gute Arbeit 2012, S. 74, 76 f. **115** BR-Drs. 315/13.

RL 1999/63/EG[116] zur Umsetzung einer Sozialpartnervereinbarung über die Regelung der Arbeitszeit von Seeleuten. Es folgte dann kurze Zeit später die RL 2000/79/EG[117] zur Umsetzung einer Sozialpartnervereinbarung zur Arbeitszeit des fliegenden Personals des zivilen Luftverkehrs (→ ArbZG § 20 Rn. 3). Für den grenzüberschreitenden Eisenbahnverkehr wurde die Arbeitszeit mit der RL 2005/47/EG[118] normiert, die wiederum eine Sozialpartnervereinbarung umsetzte. In der Folgezeit wurde die Arbeitszeit von Seeleuten durch eine weitere Sozialpartnervereinbarung und dem Anschluss durch die RL 2009/13/EG modifiziert. Schließlich folgte im Dezember 2014 die Binnenschifffahrtsrichtlinie RL 2014/112/EU,[119] mit der nach einer Umsetzungszeit von mehr als 2 Jahren ein im Februar 2012 geschlossene Sozialpartnervereinbarung über die Arbeitszeitgestaltung in der Binnenschifffahrt aufgenommen wurde. Im November 2016 wurde darauf § 21 ArbZG geändert (→ ArbZG § 21 Rn. 2). Im Arbeitsschutz begannen die Sozialpartnervereinbarungen mit dem seit zehn Jahren realisierten branchenübergreifenden Übereinkommen zur Verwendung von kristallinem Siliziumdioxid.[120] Im Juli 2009 haben die Arbeitgebervereinigungen für Kliniken und Gesundheitswesen sowie der Europäische Gewerkschaftsbund für den öffentlichen Dienst eine Rahmenvereinbarung zur Vermeidung von Verletzungen durch scharfe/spitze Instrumente im Krankenhaus- und Gesundheitssektor geschlossen. Diese Sozialpartnervereinbarung zur Vermeidung von Nadelstichverletzungen ist in Übereinstimmung mit Art. 155 AEUV am 10.5.2010 als **Nadelstich-RL (RL 2010/32/EU)** übernommen worden. Mit dieser Richtlinie werden präventive Maßnahmen im Gesundheitswesen angeordnet. Durch den Einsatz möglichst sicherer Instrumente, durch verbesserte Fortbildung und geeignete Arbeitsorganisation soll die Gefahr von Nadelstichverletzungen – und damit auch von Infektionen mit biologischen Arbeitsstoffen – deutlich verringert werden.[121] Diese Richtlinie war bis zum Mai 2013 umzusetzen und ist im Juli 2013[122] vor allem durch § 11 BioStoffV inzwischen in das deutsche Recht integriert worden (→ BioStoffV Rn. 29). Bisher noch nicht durch eine Richtlinie umgesetzt ist die **Sozialpartnervereinbarung zum Arbeits- und Gesundheitsschutz im Friseur-Handwerk** (European framework agreement on the protection of occupational health and safety in the hairdressing sector) vom 26.4.2012. Der Konflikt um dieses Übereinkommen dokumentiert tiefe **Divergenzen zur Auslegung des Art. 155 AEUV**. Während die Kommission sich das Recht zubilligt, die Vereinbarungen auch auf Zweckmäßigkeit und Kosten-Nutzen-Erwägungen zu überprüfen, spricht eine systematische Auslegung von Art. 155 AEUV unter Berücksichtigung von Art. 28 EU-GRC dafür, der Kommission ausschließlich ein Prüfungsrecht auf EU-Rechtskonformität zuzubilligen.[123] Die Sozialpartner haben den Konflikt bisher nicht rechtsförmig gelöst, sondern haben einzelne Kritikpunkte der Kommission aufgegriffen und am 23.6.2016 eine revidierte Vereinbarung beschlossen, die allerdings bisher von der Kommission dem Rat noch nicht vorgelegt worden ist.[124]

33 Ein weiterer aktiver Faktor, der Arbeitsschutzmaßnahmen im Wege des sozialen Dialogs voranbringen will, sind die **europäischen Betriebs- und Unternehmensparteien**. Nachdem die europäischen Betriebsräte zunächst ihre supranationale Organisation aufgebaut und sich mit dringenden Umstrukturierungsmaßnahmen befasst haben, ist inzwischen zu beobachten, dass sie Initiativen ergreifen, um ein gemeinsames Arbeitsschutzniveau zu sichern und die Erfahrungen aus fortgeschrittenen Staaten bzw. Betrieben zu verbreiten. Auf diesem Weg wird auch ein Erfahrungsaustausch organisiert, der durch die gemeinsamen Anforderungen des Unionsrechts strukturiert und stabilisiert wird, so dass inzwischen auch **Arbeitsschutzvereinbarungen der europäischen Betriebs- und Unternehmensparteien** zu beobachten sind, die in jüngster Zeit deutlich zunehmen.[125]

---

116 ABl. EG L 167, 33. 117 ABl. EG L 302, 57. 118 ABl. EG L 159, 15. 119 ABl. EU L 367, 86. 120 www.nepsi.eu. 121 Dreller/Jäckel DGUV 5/2012, 32 (35); Rust in: von der Groeben/Schwarze/Hatje, Europäisches Unionsrecht, 7. Aufl. 2015, AEUV Art. 155 Rn. 68 ff. 122 BGBl. I, 2514. 123 Lörcher in: FS Kohte, S. 941, 951 mwN; so bereits Höland ZIAS 1995, 425 (442 ff.). 124 Dazu Bücker in: Schlachter/Heinig, § 19 Rn. 83. 125 Dazu Meißner/Ritschel, in: Busch/Feldhoff/Nebe, Übergänge im Arbeitsleben und (Re)Inklusion in den Arbeitsmarkt, 2012, S. 53 ff.

6. Umsetzung des sekundären Unionsrechts in nationales Recht. Die im Arbeitsschutz 34 maßgeblichen Rechtsinstrumente des sekundären Unionsrechts sind Verordnungen und Richtlinien, wobei die Verordnungen der Rechtsvereinheitlichung in den EU-Mitgliedstaaten und die Richtlinien der von den Mitgliedstaaten durchzuführenden Rechtsangleichung dienen. Als **eigenständige Rechtsordnung** ist das Unionsrecht aus sich selbst heraus, dh in einem unionsrechtlichen Sinne auszulegen; Rückgriffe auf innerstaatliches Recht der Mitgliedstaaten sind nicht zulässig.[126] Im heutigen Unionsrecht sind die Grundrechte integraler Bestandteil des Rechts der Union, so dass das Unionsrecht im Einklang mit den jeweils in Betracht kommenden Grundrechten auszulegen ist.[127] Hinsichtlich der Wirkungsweise differenziert das Unionsrecht zwischen den **Verordnungen (Art. 288 Abs. 2 AEUV) und Richtlinien (Art. 288 Abs. 3 AEUV).** Verordnungen genießen ebenso wie das Primärrecht[128] Anwendungsvorrang gegenüber nationalem Recht. Kennzeichnend für Verordnungen sind ihre Allgemeingültigkeit und unmittelbare Wirkung (Durchgriffswirkung). Vorteil dieses Rechtsinstruments ist seine Verbindlichkeit, welche den Mitgliedstaaten nur einen Umsetzungsspielraum lässt, wenn es ausdrücklich im Gesetzestext vorgesehen ist.

Obwohl Richtlinien das zentrale Instrument im unionsrechtlichen Arbeitsschutz darstellen, gibt es einige wichtige Verordnungen, die im Arbeitsschutzrecht maßgeblich sind: die VO 1907/2006[129] (**REACH-Verordnung,**[130] → GefStoffV Rn. 20 ff.), die VO 1272/2008 (**CLP/GHS-Verordnung,**[131] → GefStoffV Rn. 26) sowie die Verordnung 2062/94[132] zur **Europäischen Agentur für Sicherheit und Gesundheitsschutz am Arbeitsplatz** (→ Rn. 28). Wie alle Verordnungen sind sie – bei entsprechenden Regelungen auch unter Privaten – unmittelbar anwendbar. Aus der Kompetenz der Union und dem Kontext der Regelungsmaterie ergibt sich die Wahl des Rechtsinstruments. Das Prinzip „no data – no market" bedurfte im Gefahrstoffrecht zB zwangsläufig einer einheitlichen Regelung innerhalb des Geltungsbereiches, so dass nur noch bei der europäischen Chemikalienagentur (ECHA) registrierte Stoffe in Verkehr gebracht werden können. 35

Richtlinien sind dagegen hinsichtlich ihres zu erreichenden **Ziels verbindlich,** überlassen die **Wahl der Form und Mittel zur Umsetzung** jedoch weitgehend den mitgliedstaatlichen Akteuren. Im Gegensatz zu unmittelbar wirkenden Verordnungen bedarf es bei Richtlinien somit eines Transformationsaktes in nationales Recht. Diese Zweistufigkeit trägt der Diversität und der Tradition der mitgliedstaatlichen Rechtsordnungen Rechnung. Die Mitgliedstaaten sind zur fristgemäßen und zielkonformen Umsetzung verpflichtet. Bereits während der Umsetzungspflicht darf kein nationales, mit dem Regelungsgehalt der Richtlinie kollidierendes Recht erlassen werden.[133] Im Fall eines Verstoßes gegen die Umsetzungspflicht besteht die Möglichkeit für die Kommission, ein Vertragsverletzungsverfahren gegen den säumigen Mitgliedstaat einzuleiten (Art. 258 AEUV). 36

Nicht oder unzulänglich umgesetzte Richtlinien können unter bestimmten Voraussetzungen auch **unmittelbare Wirkung** entfalten und somit nationalem Recht vorgehen. In diesem Fall können Rechte aus der Richtlinie **direkt gegenüber dem Staat** (in all seinen Handlungsformen) geltend gemacht werden, sofern ein solcher Umsetzungsverstoß vorliegt und die Richtlinie inhaltlich unbedingt und hinreichend genau ist[134] sowie dem Einzelnen eine begünstigende Rechtsposition zuweist (**vertikale Wirkung**). Für einen als privatrechtlicher Arbeitgeber auftretenden Staat gilt nichts anderes.[135] Diese Rechte aus der Richtlinie sind subjektive Rechte, welche auch gerichtlich geltend gemacht werden können. Der **staatliche Arbeitgeber** – dies können auch Gemeinden, an- 37

---

[126] EuGH 23.3.1982 – C-53/81, EuGHE 1982, 1035 (Levin). [127] EuGH 26.2.2013 – C-399/11, NJW 2013, 1215 (1218) (Melloni); vgl. Winter NZA 2013, 473 (475). [128] Dazu BFK Rn. 156 ff. [129] ABl. EG 30.12.2006 L 396, 1 ff. [130] Fischer DVBl 2007, 853; Grüneberg AiB 2011, 588 (589). [131] ABl. EG 31.12.2008 L 353, 1 ff. [132] ABl. EG L 216, 1. [133] EuGH 4.7.2006 – C-212/04, NZA 2006, 909 (Adeneler). [134] EuGH 5.10.2004 – C 397 bis 403/01, NZA 2004, 1145 (Pfeiffer). [135] EuGH 26.2.1986 – 152/84, NJW 1986, 2178 (Marshall).

dere Körperschaften öffentlichen Rechts und öffentliche Unternehmen[136] sein – muss sich so behandeln lassen, als sei die Richtlinie ordnungsgemäß umgesetzt worden.[137] Daher ist in den letzten Jahren vor allem im Beamtenrecht die RL 2003/88/EG unmittelbar angewandt worden. Das Bundesverwaltungsgericht hat zB mit einer solchen Anwendung den bisher im deutschen Beamtenrecht nicht vorgesehenen Urlaubsabgeltungsanspruch etabliert.[138] Im Fall Fuß II[139] klagte ein Feuerwehrmann gegen seine Arbeitgeberin, die Stadt Halle, erfolgreich auf Schadensersatz für die rechtswidrig zu viel geleistete Mehrarbeit, da er unionsrechtswidrig zu 54-Stunden-Wochen verpflichtet worden war.

38 Eine unmittelbare Wirkung zwischen Privaten (**horizontale Wirkung**) entfaltet eine nicht ordnungsgemäß umgesetzte Richtlinie dagegen nicht. Aus dem Grundsatz der Unionsrechtstreue folgt das Gebot der **unionsrechtskonformen Auslegung** nationalen Rechts. Hierbei ist das nationale Recht so weit wie möglich anhand des Wortlauts und des Zwecks der Richtlinie auszulegen. Von Anfang an gab es anschauliche Beispiele für eine solche Auslegung. So hatte der 1. Senat des Bundesarbeitsgerichts noch vor der Kodifikation des ArbSchG die von ihm 1983[140] noch abgelehnte Mitbestimmung bei Bildschirmarbeit 1996 befürwortet, da die damals noch geltende Vorschrift des § 120 a GewO seit 1992 richtlinienkonform ausgelegt werden müsse.[141] Der Europäische Gerichtshof verlangte zuletzt 2011 in einem Fall zum Lärmschutz, dass das spanische Arbeitsrecht so auszulegen sei, dass den Beschäftigten ein Anspruch auf primären Lärmschutz zustehen müsse, der Vorrang gegenüber etwaigen Geldprämien habe (→ LärmV Rn. 63).[142] Die Rechtsprechung des Europäischen Gerichtshofs zum Urlaubsanspruch nach Art. 7 RL 2003/88/EG hat von Anfang an verlangt, das nationale Recht in Übereinstimmung mit dem Zweck des Gesundheitsschutzes und dem Gebot einer **effektiven Umsetzung und praktischen Wirksamkeit** auszulegen (→ Urlaub Rn. 27 ff.).[143] Da mit diesen Richtlinien das nationale Recht angeglichen werden soll, legt der Europäischen Gerichtshof deren Anwendungsbereich weit, dagegen deren Ausnahmen eng aus.[144] Dieser **Auslegungsgrundsatz** ist gerade für die Arbeitsschutzrichtlinien von großer praktischer Bedeutung, wie eine Entscheidung zur Bildschirmarbeit gezeigt hat.[145] Er hat zur Folge, dass auch unionsrechtswidrige Einschränkungen im nationalen Recht entfallen müssen, wenn dies nach den Geboten der unionsrechtskonformen Auslegung möglich ist (→ BaustellV Rn. 21).[146]

39 Eine unionsrechtskonforme Auslegung ist allerdings nur begrenzt möglich bei einer strafrechtlichen Umsetzung, da eine **erweiternde Auslegung von Strafnormen** mit dem Rechtsstaatsgebot nicht vereinbar ist.[147] Im Privatrecht wird die Grenze weiter gezogen; nur der eindeutige Wille des Gesetzgebers stellt die Grenze (contra legem-Grenze) dar.[148] In einem solchen Fall bleibt die richtlinienwidrige Vorschrift für private Arbeitgeber bis zur korrekten Umsetzung anwendbar.[149] Sofern eine richtlinienkonforme

---

136 EuGH 12.7.1990 – C-188/89, DB 1990, 2428 = NJW 1991, 3086 (British Gas); EuGH 24.1.2012 – C-282/10, NZA 2012, 139 (142) Rn. 39 (Dominguez). **137** EuGH 14.7.1994 – C-91/92, NJW 1994, 2473 (Faccini Dori); BAG 2.4.1996 – 1 ABR 47/95, NZA 1996, 998. **138** EuGH 3.5.2012 – C-337/10, NVwZ 2012, 688 (Neidel); BVerwG 31.1.2013 – 2 C 10/12, ZTR 2013, 349 (Neidel); BVerwG 16.6.2016 – 2 B 72/15, ZTR 2016, 665. **139** EuGH 15.11.2010 – C-429/09, NZA 2011, 53 (Fuß II); vorgehend: EuGH 14.10.2010 – C-243/09, NZA 2010,1344 (Fuß I); dazu: Kohte/Grüneberg AiB 2011, 625. **140** BAG 6.12.1983 – 1 ABR 43/81, DB 1984, 775; zur Kritik: Kohte AuR 1984, 263 ff. **141** BAG 2.4.1996 – 1 ABR 47/95, NZA 1996, 998, dazu Kohte CR 1996, 609. **142** EuGH 19.5.2011 – C-256/10, NZA 2011, 967 (Barcenilla Fernandez); zu diesem Problem bereits Kohte in: FS Gnade, S. 675, 685 ff. **143** Zuletzt EuGH 30.6.2016 – C 178/15, NZA 2016, 877 (Sobczyszyn), dazu Kohte, jurisPR-ArbR 31/2016 Anm. 2; vgl. EuGH 12.6.2014 – C-118/13, NZA 2014, 651 (Bollacke). **144** Riesenhuber, Europäisches Arbeitsrecht, § 13 Rn. 7. **145** EuGH 6.7.2000 – C-11/99, NZA 2000, 877 = AuR 2000, 385 (Dietrich) mAnm Lörcher und Kohte BB 2000, 2579. **146** EuGH 7.10.2010 – C-224/09, SGb 2011, 342 (Nussbaumer) mAnm Leube; vgl. Kohte/Porsche, jurisPR-ArbR 15/201 Anm. 2. **147** EuGH 12.12.1996 – C-74/95, NJW 1997, 307 = NZA 1997, 617 mAnm Kohte; EuGH 7.10.2010 – C-224/09, EuZW 2010, 867 (Nussbaumer); dazu Kohte/Porsche, jurisPR-ArbR 15/2011 Anm. 2. **148** EuGH 10.4.1984 – 14/83, NZA 1984, 145 (von Colson und Kammann); 4.7.2006 – C-212/04, NZA 2006, 909 (Adeneler). **149** BAG 18.2.2003 – 1 ABR 2/02, NZA 2003, 742.

Auslegung nicht möglich ist, ergibt sich aus der mangelnden Pflichterfüllung durch den Staat ein **unionsrechtlich begründeter Staatshaftungsanspruch**[150] für den Einzelnen, sofern ihm die Richtlinie ein hinreichend bestimmtes Recht zuteilt und ihm durch die fehlende Umsetzung ein kausaler Schaden entstanden ist (→ BGB § 618 Rn. 62).[151] Ein solch hinreichend bestimmtes Recht gewährt zB die Arbeitszeitrichtlinie mit der Festlegung der wöchentlichen Höchstarbeitszeit auf 48 Stunden.

Neben Verordnungen und Richtlinien zählen auch die (nicht verbindlichen) Empfehlungen und Stellungnahmen zum Sekundärrecht. Den Mitgliedstaaten steht es jedoch frei, ob sie diese umsetzen. Im deutschen Recht ist daher die Empfehlung des Rates zur Verbesserung des Gesundheitsschutzes und der Sicherheit Selbstständiger am Arbeitsplatz (2003/134/EG) vom 18.2.2003[152] bis heute nicht adäquat übernommen worden. Der **Schutz Selbstständiger** vor Gesundheitsgefahren bei der Tätigkeit ist **bisher nur punktuell realisiert** worden (zB → ArbZG § 21 a Rn. 6).[153] Auch die Verbesserung dieses Schutzes ist im aktuellen Programm der Kommission vom 10.1.2017 angesprochen worden.[154]

40

---

150 EuGH 19.1.1991 – C-6/90 und C-9/90, NJW 1992, 165 (Frankovich); 26.1.2010 – C-118/08, NJW 2010, 2716 (Transportes Urbanos). Zum Anspruch iA: Wank AuR 2011, 200; BFK Rn. 219 ff.; ErfK/Wißmann AEUV Rn. 28 ff. **151** EuGH 5.3.1996 – verb. Rs. C-46 und 48/93, BB 1996, 435. **152** ABl. EG L 53, 45; Oetker/Preis EAS A 5420. **153** Dazu EuGH 9.9.2004 – C-184/02, AuR 2004, 464 mAnm Lörcher. **154** COM (2017) 12 final, S. 17 f. = BR-Drs. 7/17, 17 f.

Teil 2:
Arbeitsschutz und Gesundheitsprävention

Gesetz über die Durchführung von Maßnahmen des Arbeitsschutzes zur Verbesserung der Sicherheit und des Gesundheitsschutzes der Beschäftigten bei der Arbeit (Arbeitsschutzgesetz – ArbSchG)

Vom 7. August 1996 (BGBl. I S. 1246)
(FNA 805-3)
zuletzt geändert durch Art. 427 Zehnte ZuständigkeitsanpassungsVO vom
31. August 2015 (BGBl. I S. 1474)

Erster Abschnitt Allgemeine Vorschriften

§ 1 ArbSchG Zielsetzung und Anwendungsbereich

(1) ¹Dieses Gesetz dient dazu, Sicherheit und Gesundheitsschutz der Beschäftigten bei der Arbeit durch Maßnahmen des Arbeitsschutzes zu sichern und zu verbessern. ²Es gilt in allen Tätigkeitsbereichen und findet im Rahmen der Vorgaben des Seerechtsübereinkommens der Vereinten Nationen vom 10. Dezember 1982 (BGBl. 1994 II S. 1799) auch in der ausschließlichen Wirtschaftszone Anwendung.

(2) ¹Dieses Gesetz gilt nicht für den Arbeitsschutz von Hausangestellten in privaten Haushalten. ²Es gilt nicht für den Arbeitsschutz von Beschäftigten auf Seeschiffen und in Betrieben, die dem Bundesberggesetz unterliegen, soweit dafür entsprechende Rechtsvorschriften bestehen.

(3) ¹Pflichten, die die Arbeitgeber zur Gewährleistung von Sicherheit und Gesundheitsschutz der Beschäftigten bei der Arbeit nach sonstigen Rechtsvorschriften haben, bleiben unberührt. ²Satz 1 gilt entsprechend für Pflichten und Rechte der Beschäftigten. ³Unberührt bleiben Gesetze, die andere Personen als Arbeitgeber zu Maßnahmen des Arbeitsschutzes verpflichten.

(4) Bei öffentlich-rechtlichen Religionsgemeinschaften treten an die Stelle der Betriebs- oder Personalräte die Mitarbeitervertretungen entsprechend dem kirchlichen Recht.

Literatur: *Birk*, Die Rahmenrichtlinie über Sicherheit und den Gesundheitsschutz am Arbeitsplatz – Umorientierung des Arbeitsschutzes und bisherige Umsetzung in den Mitgliedstaaten der Europäischen Union, in: Festschrift für Wlotzke, 1996, S. 645 ff.; *Bubenzer/Noltin/Peetz/Mallach*, SeeArbG Kommentar, 2015; *Georgi*, Die Beteiligungsrechte der Mitarbeitervertretungen im Arbeitsschutzrecht, 2008; *Gräf*, Das internationale Seearbeitsrecht und seine Bedeutung für das zukünftige Seearbeitsgesetz, ZfA 2012, 557 ff.; *Kocher*, Hausangestellte im deutschen Arbeitsrecht, NZA 2013, 929 ff.; *Kohte*, Die Spontaneität des Südens und die Beständigkeit des Nordens – Impressionen zum kollektivvertraglichen Gesundheitsschutz, in: Festschrift Blanke, 2009, S. 157 ff.; *Kohte*, Der Beitrag der Anordnungen der Unfallversicherung zur effizienten Realisierung des Arbeitsschutzes, BG 2010, 384 ff.; *Kohte*, Gesundheitsschutz in der Grauzone ? – Arbeitsbedingungen entsandter Beschäftigter, in: Festschrift für Eichenhofer, 2015, S. 314 ff.; *Kollar*, Gesundheitsschutz als Aufgabe der Betriebs- und Tarifparteien, 2015; *Maul-Sartori*, Das neue Seearbeitsrecht – auch für Landratten von Interesse, NZA 2013, 821 ff.; *Maul-Sartori*, Der schriftliche Heuervertrag im gegenwärtigen Seearbeitsrecht, in: Festschrift für Armin Höland, 2015, S. 554 ff.; *Müller, Matthias*, Die arbeitnehmerähnlichen Personen im Arbeitsschutzrecht, 2010; *Naendrup/Kohte*, Arbeitsschutz und Bergrecht – Entwicklungslinien und aktuelle Probleme, in: Festschrift für Fabricius, 1989, S. 133 ff.; *Scheiwe/Schwach*, Decent work for domestic workers – das Übereinkommen 189 der Internationalen Arbeitsorganisation, ZIAS 2012, 313 ff.; *Soost*, Streik für besseren Arbeitsschutz – Arbeits- und Gesundheitsschutz als Gegenstand von Tarifverträgen und Arbeitskampf, in: Festschrift Kohte, 2016, S. 513 ff.; *Wlotzke*, Das neue Arbeitsschutzgesetz – zeitgemäßes Grundlagengesetz für den betrieblichen Arbeitsschutz, NZA 1996,

1017 ff.; *Wlotzke*, Zur stufenweisen Neuordnung des Arbeitsschutzrechts, in: Festschrift für Karl Kehrmann, 1997, S. 141 ff.

I. Normzweck, Systematik.........	1	IV. Anwendungsbereich.............	13
II. Entstehungsgeschichte, Unionsrecht	4	1. Räumlicher Anwendungsbereich	14
III. Grundlegende Zwecke des ArbSchG: Neues Leitbild – Aktivierung der Beschäftigten........	7	2. Sachlicher Anwendungsbereich	19
		V. Sonstige Pflichten...............	28

I. Normzweck, Systematik

Mit der Norm des § 1 ArbSchG soll zunächst der **Zweck des ArbSchG** bestimmt werden. Dies entspricht einer Normstruktur, die im neueren Arbeitsschutzrecht üblich ist, wie § 1 ASiG, § 1 ArbZG, § 1 ChemG exemplarisch zeigen. Mit der Bestimmung des Gesetzeszweckes werden keine unmittelbaren Rechtsfolgen angeordnet, sondern grundlegende Zielbestimmungen getroffen, die für die Auslegung des Gesetzes sowie für das Verwaltungshandeln von wesentlicher Bedeutung sind. Damit lehnt sich das Gesetz auch an die Struktur der RL 89/391/EWG an, die in Art. 1 eine vergleichbare Zweckbestimmung getroffen hat, die sich damit als Vorbild für das ArbSchG erweist.[1] 1

Als zweites Element enthält § 1 ArbSchG Aussagen zum **Anwendungsbereich des Gesetzes**, die durch weitere Aussagen in § 2 ArbSchG ergänzt werden, so dass für die Auslegung der systematische Zusammenhang der §§ 1, 2 ArbSchG beachtet werden muss. Damit greift § 1 ArbSchG auf die Bestimmungen zum Anwendungsbereich in Art. 2 der RL 89/391/EWG zurück. 2

Schließlich wird eine allgemeine Regelung zum Verhältnis zu anderen innerstaatlichen Vorschriften normiert, die unberührt bleiben. Damit wird der Charakter des ArbSchG als „**Allgemeiner Teil**" des deutschen Arbeitsschutzrechts betont;[2] zugleich macht die Wortwahl deutlich, dass die Umsetzung der RL 89/391/EWG nicht zu einer umfassenden Neuformulierung des deutschen Arbeitsschutzrechts führen sollte und geführt hat. Eine beachtliche Zahl der bereits vor 1996 bestehenden Vorschriften wurde nicht geändert. Allerdings zeigte sich nach 1996, dass die neue Systematik des ArbSchG auch auf die Auslegung dieser Normen notwendigerweise Einfluss haben musste, so dass auch Vorschriften, wie zB die ArbStättV, die man 1996 nicht ändern wollte, inzwischen mehrfach geändert und in der Regel stärker an die neue Systematik des europäischen Arbeitsumweltrechts angeglichen worden sind (ArbStättV → Rn. 7 ff.). 3

II. Entstehungsgeschichte, Unionsrecht

Die Kodifikation des ArbSchG erwies sich als schwierig. Ein erster Entwurf eines Arbeitsschutzrahmengesetzes[3] war in der 12. Legislaturperiode nicht mehrheitsfähig.[4] In der 13. Legislaturperiode wurde daher ein wesentlich „schlankerer" Regierungsentwurf[5] eingebracht, der den erforderlichen Leitbildwechsel deutlich verlangsamte. Die Vorschrift des § 1 ArbSchG **entspricht überwiegend dem Regierungsentwurf** zum ArbSchG,[6] doch erfolgten in den parlamentarischen Beratungen einzelne Änderungen. Ursprünglich sollten bereits in § 1 ArbSchG Grundaussagen zum dualen System des deutschen Arbeitsschutzrechts getroffen werden. Dies erwies sich im parlamentarischen Verfahren als nicht durchsetzbar. Ebenso war ein Antrag des Landes Hessen, eine umfassende Neuordnung in Form eines eigenständigen Arbeitsschutzgesetzbuchs[7] zu realisieren, nicht mehrheitsfähig. Zum Dualismus wurde erst in der letzten Phase des Gesetzgebungsverfahrens ein neuer Kompromiss gefunden,[8] der inzwischen im Jahr 2008 durch das Unfallversicherungsmodernisierungsgesetz und die Bestimmungen zur Ge- 4

---

1 BT-Drs. 13/3540, 14. **2** Kollmer/Klindt/Schucht/Kollmer ArbSchG § 1 Rn. 7. **3** BT-Drs. 12/6752, dazu Wlotzke NZA 1994, 602; BFK Rn. 561 ff. **4** Kollmer/Klindt/Schucht/Kollmer ArbSchG Vor § 1 Rn. 28 f.; Wlotzke in: FS Kehrmann, S. 141, 157 f. **5** Pieper Einl. Rn. 95. **6** BT-Drs. 13/3540, 14. **7** BR-Drs. 854/95. **8** Kollmer/Klindt/Schucht/Kollmer ArbSchG Vor § 1 Rn. 32 ff.; KJP/Koll ArbSchG Vor § 1 Rn. 43 ff.

meinsamen Deutschen Arbeitsschutzstrategie weitgehend abgelöst worden ist. Weitere Einzelheiten zum dualen System ergeben sich nach der jetzigen gesetzlichen Systematik nicht aus § 1 ArbSchG, sondern aus §§ 20 a ff. ArbSchG, §§ 17 ff. SGB VII.

5 Bereits in der Fassung des § 1 ArbSchG wird deutlich, dass dieses Gesetz im Wesentlichen durch den **Aufbau und den Inhalt der RL 89/391/EWG**, der Richtlinie für Sicherheit und Gesundheitsschutz am Arbeitsplatz, **geprägt** worden ist. Damit erweist sich, dass diese Richtlinie bereits 1990 zu Recht als „Grundgesetz" des betrieblichen Arbeitsschutzes in Europa bezeichnet worden ist.[9] Sie verlangte und ermöglichte, dass die **Zersplitterung**[10] des klassischen deutschen Arbeitsschutzrechts, das an der Gewerbeordnung orientiert war und weite Ausnahmen zB für Landwirtschaft, freie Berufe und den öffentlichen Dienst enthalten hatte, beendet werden konnte (→ Rn. 19). Diese Vereinheitlichung war ebenso durch Art. 30 des Einigungsvertrags verlangt worden. Schließlich hatte sich die bisherige Generalklausel des § 120 a GewO, die bereits 1891 normiert worden war, als „überholt"[11] erwiesen; sie war nicht geeignet, zB die Probleme der Bildschirmarbeit sachgerecht zu erfassen,[12] und bedurfte einer neuen Orientierung.

6 Diese Orientierung beschränkt sich nicht allein auf die grundlegenden Ziele in Art. 1 der RL, sondern bezieht auch Teile der Bestimmungen des Anwendungsbereichs in Art. 2 der RL ein. Der **Einfluss des Unionsrechts** ist insoweit stark, weil die wesentlichen Bestimmungen der Richtlinie autonom auszulegen sind und sich nicht am klassischen deutschen Verständnis arbeitsschutzrechtlicher Begriffe orientieren. Zur Sicherung der Einheitlichkeit und Effektivität des Unionsrechts ist diese **eigenständige Auslegung der Richtlinie nach unionsrechtlichen Kategorien**[13] zu beachten. Weiter darf nicht übersehen werden, dass nach der ständigen und zutreffenden Rechtsprechung des Europäischen Gerichtshofs diese autonome Auslegung regelmäßig in Übereinstimmung mit anderen Normen des supranationalen Rechts, vor allem den Übereinkommen der ILO, auszulegen ist. Eine Schlüsselrolle nimmt hier das **ILO-Übereinkommen 187 zum Förderungsrahmen Arbeitsschutz** ein, das weitergehende Aussagen zur Systematik des Arbeitsschutzrechts trifft. Es ist zusätzlich auch für die innerstaatliche Auslegung unverzichtbar, weil das ILO-Übereinkommen 187 im Mai 2010 ratifiziert wurde[14] und somit für die Auslegung des nationalen Rechts bei Auslegungsspielräumen richtungsweisend sein kann.

III. Grundlegende Zwecke des ArbSchG: Neues Leitbild – Aktivierung der Beschäftigten

7 § 1 Abs. 1 S. 1 ArbSchG formuliert als wesentliches Ziel, dass mit diesem Gesetz **Sicherheit und Gesundheitsschutz der Beschäftigten bei der Arbeit** durch Maßnahmen des Arbeitsschutzes zu sichern und zu verbessern sind. Das Begriffspaar der Sicherheit und des Gesundheitsschutzes bei der Arbeit entspricht Art. 1 RL 89/391/EWG sowie den grundlegenden Bestimmungen der ILO in den Übereinkommen 155 und 187. Auch wenn das Übereinkommen 155 in Deutschland nicht ratifiziert wurde, sind die grundlegenden Wertungen dieses zentralen Übereinkommens[15] in zweifacher Weise für das deutsche Recht einflussreich. Zum einen ist die Richtlinie in Übereinstimmung mit diesen Grundwertungen auszulegen; zum anderen hat die Ratifikation des ILO-Übereinkommen 187, mit dem das Übereinkommen 155 in eine kohärente nationale Arbeitsschutzpolitik überführt werden soll, die Bedeutung dieser zentralen Wertungen unterstrichen und bekräftigt (→ Grundrecht Rn. 13).

8 Die Formel „Sicherheit und Gesundheitsschutz" wird in § 1 ArbSchG ebenso wie in Art. 1 der Richtlinie als eine zusammengehörige Kategorie genutzt; damit wird die im

---

9 Wlotzke NZA 1990, 417. **10** Dazu BFK Rn. 3; Wlotzke in: FS Kehrmann, S. 141, 143 ff.; Wank/Börgmann, Deutsches und europäisches Arbeitsschutzrecht, S. 140 f.; EuArbR/Klindt/Schucht RL 89/391/EWG Rn. 30. **11** So zutreffend Wlotzke NZA 1996, 1017 (1019). **12** Dazu zB die Kritik von Kohte AuR 1984, 263 ff. an BAG 6.12.1983 – 1 ABR 43/81, NJW 1984, 1476. **13** Anschaulich EuGH 25.7.2008 – C-504/06, EuGH 7.10.2010 – C-224/09, EuZW 2010, 867, dazu Kohte/Porsche, jurisPR-ArbR 15/2011 Anm. 2. **14** BGBl. II 2010, 378; dazu Kohte BG 2010, 384 (385). **15** Birk in: FS Wlotzke, S. 645 (648 ff.); BFK Rn. 234 ff.

internationalen Bereich übliche Formel „health and safety" in das deutsche Recht übernommen. Im Element der Sicherheit wird an den klassischen Gesundheitsbegriff angeknüpft, der die physische und psychische Integrität des Beschäftigten sowie die Erhaltung dieser Integrität gegenüber Beeinträchtigungen durch medizinisch feststellbare Verletzungen oder arbeitsbedingte Erkrankungen umschreibt.[16] Der Gesundheitsschutz beschränkt sich jedoch in der Richtlinie im Anschluss an die Entwicklungen des internationalen Rechts nicht auf eine defensive Integritätspolitik. Vielmehr sind Regelungsfeld und Schutzgut weit zu verstehen. Rechtsgrundlage und Erwägungsgründe der Richtlinie weisen darauf hin, dass die gesamte Arbeitsumwelt – also alle körperlichen und sonstigen Faktoren, die die Gesundheit und Sicherheit der Arbeitnehmer in ihrem Arbeitsumfeld unmittelbar oder mittelbar berühren[17] – sicherheits- und gesundheitsfördernd zu gestalten ist (→ Unionsrecht Rn. 11). Die dynamische und präventive Gesundheitspolitik, die auf Gestaltung und Anpassung der Arbeitsplätze, Verringerung monotoner Belastungen und eine kohärente Verknüpfung von Technik, Arbeitsbedingungen und sozialen Beziehungen abzielt, lässt sich am besten dem **Gesundheitsbegriff aus Art. 3 e des ILO-Übereinkommens 155** zuordnen. Danach bedeutet Gesundheit „im Zusammenhang mit der Arbeit" nicht nur das Freisein von Krankheit oder Gebrechen, sondern umfasst auch die physischen und geistig-seelischen Faktoren, die sich auf die Gesundheit auswirken und die in unmittelbarem Zusammenhang mit der Sicherheit und der Gesundheit bei der Arbeit stehen. Inzwischen hat sich in der juristischen Literatur die Auffassung durchgesetzt, dass dieser Begriff als maßgeblicher Bezugspunkt für die Interpretation der Richtlinie und des ArbSchG anzusehen ist.[18]

Mit dieser Definition wird ein **ganzheitliches Konzept des betrieblichen Gesundheitsschutzes** verfolgt, das physische und psychische Aspekte und deren Wechselwirkung miteinander berücksichtigt, in der Gefährdungsbeurteilung gemeinsam erfasst (→ ArbSchG § 5 Rn. 24 f.) und das den jeweils zu treffenden Maßnahmen des Arbeitsschutzes zugrunde liegt (→ ArbSchG § 2 Rn. 10). Zugleich ist dieses Konzept analytisch abzugrenzen von dem weiter gefassten Gesundheitsbegriff der WHO, der Gesundheit als einen „Zustand völliger körperlichen, seelischen und sozialen Wohlbefindens" umschreibt. Diese Kategorie, die auch Elemente des Persönlichkeitsschutzes und der Salutogenese umfasst, wird aufgegriffen in der betrieblichen Gesundheitsförderung nach § 20 b SGB V, die nicht mit öffentlich-rechtlichen Mitteln der Aufsicht durchgesetzt, sondern durch Anreize gefördert wird (→ SGB V § 20 b Rn. 11 ff.).[19] Trotz der analytischen Unterscheidbarkeit dieser Kategorien kann es in der Praxis zu Wechselwirkungen und Überschneidungen kommen, weil im präventiven Ansatz des Unionsrechts und des ArbSchG Prozesse in Gang gebracht und gefördert werden,[20] die Elemente der Salutogenese aufnehmen und entwickeln können. Auch in der Judikatur hat sich inzwischen dieses Verständnis durchgesetzt. Bundesverwaltungsgericht[21] und Bundesarbeitsgericht[22] folgen einem erweiterten Gesundheitsbegriff, der am ehesten den Kategorien der ILO-Übereinkommen entspricht. Dieser ist 2013 durch die „**Klarstellung**"[23] **in § 4 ArbSchG**, dass die Gesundheit im ArbSchG die **physische und psychische Gesundheit** umfasst, auch legislativ anerkannt worden (→ ArbSchG § 4 Rn. 7). 9

Das Gesetz verlangt **die Sicherung und die Verbesserung** des Gesundheitsschutzes bei der Arbeit. Die Kategorie der Verbesserung ist als gesetzliche Anforderung für das deutsche Arbeitsschutzrecht neu; sie entspricht jedoch den Anforderungen der Richtlinie und macht deutlich, dass die Richtlinie einen Paradigmenwechsel zu einem **dynami-** 10

---

16 Dazu Münch/ArbR/Kohte § 288 Rn. 19. **17** EuGH 12.11.1996 – C-84/94, NZA 1997, 23 Rn. 15. **18** Münch/ArbR/Wlotzke, 2. Aufl. § 206 Rn. 35; BFK Rn. 574; Pieper ArbSchG § 1 Rn. 9; Nöthlichs ArbSchG § 1 Rn. 1.1.1.2; Faber, Grundpflichten, S. 82; Kollmer/Klindt/Schucht/ Kohte ArbSchG § 2 Rn. 31; LR/Wiebauer ArbSchG § 1 Rn. 16; vgl. EuArbR/Klindt/Schucht RL 89/391/EWG Rn. 45. **19** Pieper ArbSchG § 1 Rn. 10; Münch/ArbR/Kohte § 288 Rn. 20. **20** BAG 15.12.2009 – 9 AZR 769/08, NZA 2010, 506 (508). **21** BVerwG 31.1.1997 – 1 C 20/95, NZA 1997, 482 (483). **22** BAG 12.8.2008 – 9 AZR 1117/06, NZA 2009, 102 (104). **23** So BT-Drs. 17/12297, 67; LR/Wiebauer ArbSchG § 4 Rn. 16.

schen Verständnis des Arbeitsschutzes eingeleitet hat.[24] Mit der Kategorie der Verbesserung werden unterschiedliche Anforderungen erfasst. Zunächst betrifft sie **materielle Anforderungen an den Arbeitsschutz**, der nicht mehr – wie im klassischen deutschen Arbeitsschutzrecht – auf ein statisches Schutzniveau beschränkt ist, sondern eine dynamische Anpassung an neue Erkenntnisse und Erfahrungen vorsieht.[25] Diese materielle Anforderung wird vor allem in § 4 ArbSchG konkretisiert, in dem die Orientierung am Stand der Technik (→ ArbSchG § 4 Rn. 82 ff.) und an gesicherten arbeitswissenschaftlichen Erkenntnissen (→ ArbSchG § 4 Rn. 85 ff.) verlangt wird. Diese Anforderung richtet sich nicht nur an den jeweiligen Arbeitgeber, sondern auch an die Aufsichtsbehörden.

11 Die Verbesserung des Gesundheitsschutzes stellt auch **organisatorische Anforderungen** an die Beteiligten, da sowohl in den Betrieben als auch in den Behörden eine entsprechende Fachkompetenz zur Verfügung stehen muss, die die jeweiligen neuen Erkenntnisse erschließt und für die konkreten betrieblichen Situationen zur Anwendung bringen kann. Damit werden auch höhere Anforderungen an die betriebliche Sicherheitsorganisation gestellt, die gerade diese Innovation zu vermitteln hat.[26] Die Verbesserung des Gesundheitsschutzes verlangt schließlich vor allem eine **verfahrensorientierte Sichtweise**. Gerade in den Betrieben sind Verfahren zu implementieren, mit denen die regelmäßige Evaluation der Gefährdungsbeurteilung und die Durchführung von Anpassungsmaßnahmen gesichert werden. In der Implementation solcher Verfahren liegt ein besonders wichtiges Element des neuen unionsrechtlichen Leitbilds der Arbeitsumwelt.[27]

12 Die Anforderung der **Sicherung des Gesundheitsschutzes** in § 1 Abs. 1 ArbSchG ist in der Richtlinie nicht explizit enthalten. Sie verdeutlicht die Vorstellung im Gesetzgebungsverfahren, dass es bei der Umsetzung des Unionsrechts zu Niveausenkungen des deutschen Arbeitsschutzrechts kommen könne; eine solche Niveausenkung sollte auf jeden Fall vermieden werden.[28] Eine solche Gefährdung des Niveaus des deutschen Arbeitsschutzes durch den bisherigen unionsrechtlichen Arbeitsschutz hat sich nicht als reales Problem gestellt; die Umsetzung des bisherigen Unionsrechts hat vielmehr dort, wo sie real und loyal erfolgte, Verbesserungen bewirkt. Auf der anderen Seite ist die gesetzliche Anforderung der Sicherung des Arbeitsschutzes bei der Gestaltung der das Gesetz konkretisierenden Verordnungen zu beachten. Eine generelle Senkung des Niveaus durch Neufassung von Verordnungen ist von §§ 18, 19 ArbSchG nicht gedeckt.[29]

IV. Anwendungsbereich

13 Das Gesetz trifft explizit klare Aussagen zum **sachlichen Anwendungsbereich**; aus der Normstruktur ergeben sich aber auch wichtige Grundlagen für den **räumlichen Anwendungsbereich**. Dagegen wird der **personelle Anwendungsbereich** erst in § 2 ArbSchG bestimmt.

14 **1. Räumlicher Anwendungsbereich.** Das ArbSchG ist in seiner Struktur in Deutschland als ein vorrangig öffentlich-rechtliches Gesetz formuliert worden, das eine Überwachung durch Arbeitsschutzbehörden als wesentlichen Mechanismus der Durchsetzung vorsieht. Dies entspricht der Überwachungspflicht, die die Mitgliedstaaten in Art. 4 RL 89/391/EWG übernommen haben. Es knüpft damit aber auch an die Geschichte des bisherigen deutschen Arbeitsschutzrechts und an die unionsrechtlichen Vorgaben im **Entsenderecht** an. Bereits im bisherigen nationalen Arbeitsschutzrecht wurden die öffentlich-rechtlichen Arbeitsschutznormen als **zwingende Eingriffsnormen** iSd Art. 34 EGBGB qualifiziert.[30] Sie werden daher heute überwiegend Art. 9 Rom I-

---

24 Wlotzke NZA 1996, 1017 (1019); Nöthlichs ArbSchG § 1 Rn. 1.1.5; BFK Rn. 591. **25** Kohte in: FS Gnade, S. 675, 680. **26** BAG 15.12.2009 – 9 AZR 769/08, NZA 2010, 506 (508) = EzA ASiG § 8 Nr. 1; dazu Kiesche PersR 2010, 328 ff. und Faber/Kohte, jurisPR-ArbR 43/2010 Anm. 1. **27** Faber, Grundpflichten, S. 33 ff., 167 ff. **28** Kollmer/Klindt/Schucht/Kollmer ArbSchG § 1 Rn. 34. **29** Zur Problematik der Niveausenkung im Arbeitsstättenrecht Kohte/Faber DB 2005, 224 ff. **30** BAG 12.12.2001 – 5 AZR 255/00, NZA 2002, 734 (738).

VO zugeordnet;³¹ die Anwendbarkeit der Normen richtet sich daher grundsätzlich nach dem Arbeitsort, ohne dass durch die Wahl eines anderen Vertragsstatuts abbedungen werden könnten. Sowohl inländische als auch ausländische Arbeitgeber und Arbeitnehmer haben diese Normen zu beachten, wenn die Arbeitsleistung im Inland erbracht wird. Ist eine Zuordnung des Arbeitsortes zu einem konkreten Territorium schwierig, wie zB beim fliegenden Personal, so ist das Arbeitsschutzrecht der jeweiligen Zweigniederlassung maßgeblich.³²

Für Seeleute als eine wichtige Gruppe von Beschäftigten, die typischerweise transnational tätig sind, ist durch das **ILO-Seearbeitsübereinkommen** aus dem Jahr 2006 eine einheitliche Handlungsgrundlage geschaffen worden. Dieses Übereinkommen enthält in Regel 4.3 und Norm A 4.3 umfassende Anforderungen hinsichtlich des Schutzes von Gesundheit und Sicherheit der Seeleute. Das Übereinkommen ist am 20.8.2013 nach Erreichen der erforderlichen Mindestanzahl an Ratifikationen in Kraft getreten. Aktuell ist es von über 80 Staaten ratifiziert, die zusammen mehr als 90 % der Transportkapazitäten im internationalen Seehandel repräsentieren.³³ Die Bundesrepublik Deutschland hat das Seearbeitsübereinkommen am 16.8.2013 ratifiziert,³⁴ so dass es gemäß der Regelung in Art. VIII Abs. 4 des Übereinkommens für sie am 16.8.2014 in Kraft getreten ist.³⁵ Damit ist dieses Übereinkommen eine maßgebliche Richtschnur, zumal es im Bereich der Europäischen Union zusätzlich durch ein Sozialpartnerübereinkommen realisiert wird.³⁶ Inzwischen ist die Umsetzung durch das Seearbeitsgesetz erfolgt, das allerdings keine Änderung des § 1 ArbSchG zur Folge hatte. Als öffentlich-rechtliche Vorschrift gelten Arbeitsschutzvorschriften des Seearbeitsgesetzes sowie die in dessen Rahmen ergänzend zur Anwendung kommenden Vorschriften des ArbSchG (→ Rn. 18) auf allen Seeschiffen, die die bundesdeutsche Flagge führen.³⁷ 15

Auch wenn ausländische Unternehmen ihre ausländischen Beschäftigten zur Arbeit nach Deutschland **entsenden**, ist am Arbeitsort das deutsche Arbeitsschutzrecht anwendbar. In der Unfallversicherung ist dies seit 1996 durch **§ 16 Abs. 2 SGB VII** angeordnet. In Umsetzung von Art. 3 Abs. 1 lit. e RL 96/71/EG (Entsenderichtlinie)³⁸ ist in **§ 2 Nr. 5 AEntG** angeordnet worden, dass die in Rechts- oder Verwaltungsvorschriften enthaltenen Regelungen über Sicherheit, Gesundheit, Schutz und Hygiene am Arbeitsplatz auch auf Arbeitsverhältnisse zwischen einem im Ausland ansässigen Arbeitgeber und im Inland beschäftigten Arbeitnehmer Anwendung finden. Diese Normen sind damit als Eingriffsnormen iSd Art. 9 Rom I-VO (früher Art. 34 EGBGB) qualifiziert worden.³⁹ Ausländisches Recht kann nach Art. 8 Rom I-VO allenfalls maßgeblich sein, soweit dies für die Beschäftigten günstiger ist.⁴⁰ 16

Die **Arbeitsbedingungen entsandter Beschäftigter** sind daher auch durch die **Aufsicht nach § 21 ArbSchG, § 17 SGB VII zu überwachen** und können durch Anordnungen nach § 22 ArbSchG, § 19 SGB VII gestaltet werden. Zur Realisierung dieser Aufsichtsmöglichkeiten haben die ausländischen Arbeitgeber entsprechende **Zustellbevollmächtigte nach § 130 Abs. 2 SGB VII, § 18 Abs. 1 Nr. 7 AEntG** zu bestellen. In der Praxis bestehen allerdings in der Regel Zweigniederlassungen, so dass insoweit **verantwortliche Personen nach § 13 Abs. 1 Nr. 5 ArbSchG, § 18 Abs. 1 Nr. 5 AEntG** zur Verfügung stehen. Wenn entsandte Beschäftigte und im Inland tätige Beschäftigte an einem Ort arbeiten, ist weiter auch die Kooperation nach § 8 ArbSchG zu realisieren. In der Praxis bestehen in den meisten Mitgliedstaaten nachhaltige Defizite in der Kontrolle der Arbeitsbedingungen entsandter Beschäftigter, so dass in der RL 2014/67/EU konkrete An- 17

---

31 Dazu bereits Münch/ArbR/Oetker § 11 Rn. 91; ebenso MüKoBGB/Martiny Rom I-VO Art. 8 Rn. 127; ErfK/Schlachter Rom I-VO Art. 9 Rn. 32. **32** BAG 13.11.2007 – 9 AZR 134/07, NZA 2008, 761 (764). **33** www.ilo.org/global/standards/maritime-labour-convention/lang--en/index.htm, Abfrage vom 4.4.2017. **34** BGBl. II 2013, 763; Maul-Sartori NZA 2013, 821 (822). **35** BGBl. I 2014, 605. **36** Einzelheiten bei Maul-Sartori NZA 2013, 821 (822); ders. in: FS für Höland, 2015, S. 561 ff. **37** Gräf ZfA 2012, 557 (564). **38** Deinert RdA 1996, 339 (343). **39** MüKoBGB/Martiny Rom I-VO Art. 9 Rn. 99; ErfK/Schlachter AEntG § 2 Rn. 2; Kohte in: FS für Eichenhofer, S. 314 ff.; LR/Wiebauer ArbSchG § 1 Rn. 92. **40** ErfK/Schlachter Rom I-VO Art. 9 Rn. 17; Magnus IPRax 2010, 27 (40); vgl. Winkler von Mohrenfels EAS B 3000 Rn. 106.

forderungen formuliert wurden, die bisher jedoch noch nicht in das deutsche Recht umgesetzt worden sind.[41]

18 Als öffentlich-rechtliche Vorschrift gilt das ArbSchG für das gesamte Hoheitsgebiet der Bundesrepublik (→ Rn. 14). § 1 Abs. 1 S. 2 ArbSchG – eingefügt durch Gesetz vom 8.4.2008[42] – ergänzt, dass das deutsche Arbeitsschutzrecht im Rahmen der Vorgaben des Seerechtsübereinkommens der Vereinten Nationen vom 10.12.1982[43] auch in der **ausschließlichen Wirtschaftszone Anwendung findet**. Die ausschließliche Wirtschaftszone ist das an das bundesdeutsche Küstenmeer seewärts anschließende Gebiet bis zu den in Nord- und Ostsee festgesetzten Grenzen.[44] Das Seerechtsübereinkommen weist für solche Gebiete in Art. 60 dem Küstenstaat Hoheitsbefugnisse hinsichtlich der Errichtung von künstlichen Inseln, Anlagen und Bauwerken zu. Damit unterliegen Bau und Betrieb stationärer Offshore-Windenergieanlagen in ihren ausschließlichen Wirtschaftszonen der Regelungsbefugnis der Bundesrepublik. § 1 Abs. 1 S. 2 ArbSchG stellt klar,[45] dass die Bundesrepublik mit dem ArbSchG von dieser Befugnis Gebrauch machen will und dieses für die ausschließlichen Wirtschaftszonen in Nord- und Ostsee in vollem Umfang gelten soll; insoweit erfolgt der Vollzug des ArbSchG durch die zuständigen Behörden der Küstenländer.[46] Im Rahmen der Umsetzung des Seearbeitsübereinkommens ist mit Art. 3 des Umsetzungsgesetzes[47] der Geltungsbereich des ArbZG und des JArbSchG an diese Lösung angeglichen worden (→ ArbZG § 1 Rn. 61 f.).[48]

19 **2. Sachlicher Anwendungsbereich.** Der sachliche Anwendungsbereich ist in § 1 Abs. 1 S. 2 ArbSchG einfach und klar in der Weise beschrieben, dass das Gesetz „in allen Tätigkeitsbereichen" Anwendung findet. Damit ist die **frühere Zersplitterung des Arbeitsschutzrechts** (→ Rn. 5) mit unterschiedlichen Regelungen im gewerblichen und nichtgewerblichen Bereich sowie in zahlreichen Ausnahmen für den öffentlichen Dienst, die Landwirtschaft sowie die freien Berufe beendet worden. Diese Vereinheitlichung des Anwendungsbereichs wird durch Art. 2 RL 89/391/EWG verlangt und war ein wesentliches Ziel der deutschen Umsetzung, mit der Bestrebungen, die schon vor über 30 Jahren begonnen hatten, ihren Abschluss gefunden haben.[49] Vor allem für den öffentlichen Dienst stellt diese Einbeziehung in den allgemeinen Arbeitsschutz einen Paradigmenwechsel dar, der in der Praxis nur zögerlich umgesetzt wird.[50]

20 In § 1 Abs. 2 ArbSchG sind **Ausnahmen vom sachlichen Anwendungsbereich** gestaltet worden, die die Hausangestellten, die Beschäftigten auf Seeschiffen unter deutscher Flagge und die bergrechtlichen Betriebe betreffen. Das **Bergrecht** gehörte in Deutschland zu den ersten Rechtsgebieten, in denen bereits früh arbeitsschutzrechtliche Normen statuiert worden sind.[51] Angesichts der spezifischen Bedingungen des Bergbaus gehen die im Bundesberggesetz normierten Rechte und Pflichten der Beteiligten vor. Dieses Gesetz ist in der Zwischenzeit an die für diesen Bereich geltenden Richtlinien – RL 92/91/EWG sowie RL 92/104/EWG – angepasst worden; eine letzte Bereinigung erfolgte 2009 durch die Streichung der Frauen diskriminierenden Vorschrift des § 64 a BBergG.[52] Soweit allerdings im Bergrecht spezielle Normen zur Modifizierung des ArbSchG und seiner Verordnungen fehlen, ist zum Schließen von Lücken das ArbSchG anwendbar.[53]

21 Ebenfalls den Bestimmungen des ArbSchG vor gehen die arbeitsschutzrechtlichen Bestimmungen des SeeArbG. Dies ergibt sich aus Abs. 1 S. 2, wonach das ArbSchG nicht für den Arbeitsschutz von Beschäftigten auf Seeschiffen gilt, soweit dafür entsprechende Rechtsvorschriften bestehen. Danach ist das ArbSchG auf die Seeschifffahrt nur

---

41 Kohte in: FS für Eichenhofer, S. 314, 326 ff. 42 BGBl. I 2008, 706. 43 BGBl. II 1994, 1799. 44 BGBl. II 1994, 3769. 45 BT-Drs. 16/7415, 32. 46 BT-Drs. 16/7415, 32; vgl. Kollmer/Klindt/Schucht/Kollmer ArbSchG § 1 Rn. 15 b; Nöthlichs ArbSchG § 1 Rn. 1.2.2. 47 BGBl. I 2013, 868, 914; Düwell jurisPR-ArbR 15/2013 Anm. 1. 48 BT-Drs. 17/10959, 85 f.; Maul-Sartori NZA 2013, 821 (823). 49 Wlotzke NZA 1996, 1017 (1019). 50 Anschauliche Sachverhalte enthalten EuGH 14.10.2010 – C-243/09, NZA 2010, 1344 (Fuß I) und VGH BW 11.3.2010 – PL 15 S 1773/08, PersR 2010, 455; dazu Faber/Jenter PersR 2010, 428; zuletzt VG Neustadt 3.11.2016 – 1 K 458/16 NW, PersR 3/2017, 45 mit mAnm Kohte. 51 Naendrup/Kohte in: FS Fabricius, S. 133 ff.; zu frühen Ansätzen Lück in: FS Kohte, 2016, S. 121, 142. 52 Kollmer/Klindt/Schucht/Kohte ArbSchG § 4 Rn. 46. 53 Kollmer/Klindt/Schucht/Kollmer ArbSchG § 1 Rn. 74.

subsidiär anwendbar, insoweit keine speziellen Regelungen bestehen. Im Seearbeitsgesetz ist das Subsidiaritätsverhältnis zum ArbSchG in § 117 Abs. 4 SeeArbG als der Vorschrift zum besonderen Schutz jugendlicher Besatzungsmitglieder im Zusammenhang mit der Gefährdungsbeurteilung ausdrücklich niedergelegt. Die ergänzende Anwendung des ArbSchG insbesondere zur Erfüllung der Verpflichtungen aus dem Seearbeitsübereinkommen der ILO (→ Rn. 15) ist aber auch im Übrigen anerkannt.[54] Das Seearbeitsrecht enthält eine Reihe von Vorschriften zum Arbeitsschutz. Zu nennen ist § 114 SeeArbG, der den allgemeinen Schutz gegen Betriebsgefahren normiert. Der Reeder als der Schiffsverantwortliche ist danach verpflichtet, den gesamten Schiffsbetrieb und alle Arbeitsmittel, Geräte und Anlagen an Bord so einzurichten und zu unterhalten sowie die Beschäftigung und den Ablauf der Arbeit so zu regeln, dass die Besatzungsmitglieder gegen See- und Feuersgefahren, arbeitsbedingte Gesundheitsgefahren sowie gegen sonstige Gefahren für Leben, Gesundheit und Sittlichkeit so weit geschützt sind, wie die Art des Schiffsbetriebs es gestattet. Weiter zu nennen sind die Schiffssicherheitsverordnung, die Schiffsbesetzungsverordnung und die See-Unterkunftsverordnung, die alle den Sicherheits- und Gesundheitsschutz der Seeleute als Ziel verfolgen. Nur wo diese Vorschriften keine spezielleren Bestimmungen enthalten, kommt die Anwendung des ArbSchG in Betracht. Anerkannt ist eine Anwendung auf Besatzungsmitglieder etwa für die Vorschriften zur Gefährdungsbeurteilung in §§ 5, 6 ArbSchG.[55]

Die Bereichsausnahme für die Hausangestellten lehnt sich an Art. 3 lit. a RL 89/391/EWG an. Während sie allerdings unionsrechtlich als Ausnahme vom persönlichen Anwendungsbereich normiert worden ist, ist sie in § 1 ArbSchG als Ausnahme vom sachlichen Anwendungsbereich qualifiziert worden, da maßgeblich nicht die Person der Hausangestellten, sondern die Struktur der Privathaushalte sei.[56] Die jeweiligen Haushalte seien so unterschiedlich und so eng mit dem Privatleben der Inhaber verknüpft, dass hier eine Überwachung durch Aufsichtsbehörden untunlich sei. Diese **Begründung ist wenig stringent**, da gleichzeitig eine Überwachung durch die Träger der Unfallversicherung angeordnet worden ist. Ebenso erfolgt auch im Haushalt eine Überwachung nach § 17 Abs. 5 ArbZG, § 51 Abs. 2 JArbSchG.[57] Auch in anderen Geschäftsbereichen, wie zB der Heimarbeit, kann sich eine Überwachung auch auf die Privatwohnung beziehen. 22

Die Bereichsausnahme für Hausangestellte in Art. 3 RL 89/391/EWG war bereits im Ministerrat umstritten und ist inzwischen noch problematischer, da das soziale Grundrecht auf gesunde, sichere und würdige Arbeitsbedingungen nach Art. 31 EU-GRC eine solche Ausnahme nicht kennt und daher auch für Hausangestellte gelten muss und tatsächlich gilt (Grundrecht → Rn. 40; Unionsrecht → Rn. 14). Ebenso wird in Art. 13 des 2011 beschlossenen und 2013 von der Bundesrepublik Deutschland ratifizierten[58] **ILO-Übereinkommens 189 über menschenwürdige Arbeit für Hausangestellte** dieses Grundrecht anerkannt. 23

Die Bereichsausnahme bedarf daher zumindest einer **grundrechtskonformen engen Auslegung**. Dies stimmt überein mit dem allgemeinen Grundsatz aus der Rechtsprechung des Europäischen Gerichtshofs, dass Regelungen zum Anwendungsbereich harmonisierender Richtlinien weit, Ausnahmebestimmungen dagegen eng auszulegen sind.[59] Unionsrechtlich ist die Bereichsausnahme in Art. 3 lit. a der RL allenfalls insoweit akzeptabel, als die RL 89/391/EWG nur einen allgemeinen Rahmen setzt, der spezielle Vorschriften nicht ausschließt. Zutreffend werden in der Spruchpraxis des Europäischen Ausschusses für Soziale Rechte auch **die Arbeitsplätze der Hausangestellten Art. 3 ESC** zugeordnet (Grundrecht → Rn. 40).

Im deutschen Recht des Arbeitsschutzrechts sind die privaten Haushalte **durch § 129 SGB VII in die Vorschriften der Unfallversicherung integriert** worden, so dass Hausangestellte als **Beschäftigte nach § 2 Abs. 1 Nr. 1 SGB VII** zu qualifizieren sind, für die die 24

---

54 BT-Drs. 17/13059, 169. 55 Bubenzer/Noltin/Peetz/Mallach/Mallach SeeArbG § 114 Rn. 11. 56 Dazu bereits: BT-Drs. 12/6752, 34; so auch KJP/Ernst/Hochheim ArbSchG § 1 Rn. 8. 57 BT-Drs. 17/12951, 23. 58 BGBl. II 2013, 922. 59 EuGH 6.7.2000 – C-11/99; dazu: Kohte BB 2000, 2579; EuGH 14.7.2005 – C-52/04, NZA 2005, 921 (Hamburger Feuerwehr).

UVV, die für private Haushalte maßgeblich sind, ebenso gelten wie die Sondervorschrift des § 16 Abs. 3 S. 4 GefStoffV sowie die Generalklausel des § 618 BGB.⁶⁰ Die entsprechenden Vorschriften sind daher durch die Träger der Unfallversicherung und deren Aufsichtsmaßnahmen nach § 19 Abs. 2 S. 3 SGB VII zur Geltung zu bringen. Damit wird die Bereichsausnahme in § 1 ArbSchG für Hausangestellte als noch vertretbar angesehen,⁶¹ wenn die entsprechenden UVV die wesentlichen Gefährdungen in Haushalten erfassen und begrenzen sowie eine effektive Aufsicht erfolgt.

25 Weil sich die Bereichsausnahme auf **private Haushalte** bezieht, darf sie nicht auf jegliche Arbeitstätigkeit in Wohnungen erstreckt werden. **Telearbeit**, die nicht selten in der privaten Wohnung geleistet wird, fällt unproblematisch in den persönlichen und sachlichen Anwendungsbereich des ArbSchG⁶² (→ ArbSchG § 2 Rn. 23). Die Ausnahme in § 2 Abs. 2 Nr. 3 ArbSchG für Beschäftige in der **Heimarbeit** zeigt, dass auch die Heimarbeit grundsätzlich dem sachlichen Anwendungsbereich des ArbSchG zugeordnet ist und ausschließlich eine Bereichsausnahme für den persönlichen Anwendungsbereich erfolgt ist, da man glaubte, mit den Vorschriften in §§ 12 ff. HAG eine hinreichende Regelung getroffen zu haben. Dies ist nicht der Fall; die Bestimmungen des HAG sind lückenhaft; sie werden, wie § 16 Abs. 4 GefStoffV zeigt, nur punktuell in den Verordnungen zum ArbSchG ergänzt und sind daher allenfalls bei unionsrechtskonformer Auslegung mit dem heutigen Arbeitsschutzrecht vereinbar (→ ArbSchG § 2 Rn. 23).⁶³

26 Die **kirchenbezogene Regelung** in § 1 Abs. 4 ArbSchG ist dagegen **nicht als Ausnahme vom sachlichen Anwendungsbereich** des ArbSchG normiert. Ihr Regelungsgehalt beschränkt sich auf die **Einbeziehung der Mitarbeitervertretungen** in arbeitsschutzrechtliche Normen. Damit setzt sie bereits rechtssystematisch voraus, dass im kirchlichen Bereich das ArbSchG Anwendung findet.⁶⁴ Dies entspricht der unionsrechtlichen Regelung, da in der RL 89/391/EWG keine Bereichsausnahme für Tätigkeiten in Kirchen und Religionsgemeinschaften normiert worden ist.⁶⁵ Dieses Ergebnis entspricht auch der Gesetzgebungsgeschichte, denn – anders als für § 18 ArbZG, § 21 JArbSchG – ist eine Bereichsausnahme für die Kirchen zu keinem Zeitpunkt im Gesetzgebungsverfahren verlangt worden.⁶⁶

27 Der Regelungsgehalt des § 1 Abs. 4 ArbSchG beschränkt sich daher auf diejenigen Normen, in denen eine **Verweisung auf Betriebs- oder Personalräte** erfolgt.⁶⁷ Maßgeblich ist im ArbSchG vor allem § 10 Abs. 2 S. 3 ArbSchG, wonach vor der Bestellung von Beschäftigten für Aufgaben der Ersten Hilfe und Brandbekämpfung der Betriebs- oder Personalrat zu hören ist (→ ArbSchG § 10 Rn. 11 ff.). Mit dieser Norm ist Art. 11 Abs. 2 RL 89/391/EWG umgesetzt worden.⁶⁸ Aus der Orientierung am Mitarbeitervertretungsrecht lässt sich weiter schließen, dass die im Mitarbeitervertretungsrecht nach § 3 MVG EKD einbezogenen Ordenskräfte für das Arbeitsschutzrecht zumindest als arbeitnehmerähnliche Personen zu qualifizieren sind und dem persönlichen Anwendungsbereich zuzuordnen sind.⁶⁹ Problematisch ist allerdings, dass Art. 10 RL 89/391/EWG durch § 81 BetrVG, § 14 ArbSchG umgesetzt worden ist. Auf den ersten Blick scheint die Informationspflicht vor Aufnahme der Arbeit in kirchlichen Einrichtungen weder der einen noch der anderen Norm zuzuordnen sein. Hier spricht jedoch mehr dafür, in unionsrechtskonformer Auslegung § **14 ArbSchG analog auch im Bereich der Kirchen**

---

60 BT-Drs. 17/12951, 18 (21); dazu Kollmer/Klindt/Schucht/Kollmer ArbSchG § 1 Rn. 69; LR/Wiebauer ArbSchG § 1 Rn. 36; Lauterbach/Molkentin, 2014, SGB VII § 129 Rn. 8. 61 So Scheiwe/Schwach ZIAS 2012, 313 (334); Kocher NZA 2013, 929 (932 f.). 62 Ausführlich LR/Wiebauer ArbSchG § 1 Rn. 51 ff. 63 Kollmer/Klindt/Schucht/Kohte ArbSchG § 2 Rn. 83; Müller, Die arbeitnehmerähnliche Person im Arbeitsschutzrecht, 2009, S. 234 ff. 64 So auch Kollmer/Klindt/Schucht/Kollmer ArbSchG § 1 Rn. 77; Richardi, Arbeitsrecht in der Kirche, 7. Aufl. 2015, § 8 Rn. 23. 65 Georgi, Die Beteiligungsrechte der Mitarbeitervertretungen im Arbeitsschutz, S. 46; LR/Wiebauer ArbSchG § 1 Rn. 108. 66 KJP/Ernst/Hochheim ArbSchG § 1 Rn. 14; Kollmer/Klindt/Schucht/Kollmer ArbSchG § 1 Rn. 78. 67 Am Beispiel des bisherigen § 2 MuSchArbV Kirchliches Arbeitsgericht der Diözese Rottenburg-Stuttgart ZMV 2015, 38 mAnm Eder. 68 Zu dieser Norm EuGH Slg I 2006, 3325 Rn. 90 = ZESAR 2007, 30 (35) mAnm Kohte/Faber; Georgi, Die Beteiligungsrechte der Mitarbeitervertretungen, S. 89. 69 Kollmer/Klindt/Schucht/Kohte ArbSchG § 2 Rn. 108.

anzuwenden, da mit dieser Norm ein allgemeines Individualrecht statuiert worden ist, das auch in Betrieben, die nicht von § 1 BetrVG erfasst worden sind, Anwendung findet (→ ArbSchG § 14 Rn. 3; MVG EKD → Rn. 27).[70] Auf diese Weise wird eine effektive Anwendung des Informationsrechts auch im kirchlichen Bereich sichergestellt.[71]

V. Sonstige Pflichten

Nach § 1 Abs. 3 ArbSchG bleiben **sonstige Pflichten nach anderen Vorschriften** „unberührt". Diese Formel wurde zunächst so verstanden, dass die zahlreichen speziellen Regelungen, die das Arbeitsschutzrecht in anderen Gesetzen, so zB im ProdSG, ArbZG und ASiG, sowie vor allem in den zahlreichen Verordnungen betreffen, nach dem **Grundsatz der Spezialität** vorgehen.[72] 28

Inzwischen hat sich jedoch eine **differenzierte Sichtweise** durchgesetzt. Die speziellen Vorschriften verdrängen regelmäßig nicht das gesamte ArbSchG. So hat Faber[73] zutreffend darauf hingewiesen, dass zahlreiche Maßnahmen des Arbeitsstätten- oder Betriebssicherheitsrechts zwar als vorrangige Maßnahmen zu sehen sind, die typischerweise allgemeine Maßnahmen nach § 3 Abs. 1 S. 1 ArbSchG verdrängen können. Dagegen sind die Anforderungen an Evaluierung, Anpassung und organisatorische Gewährleistung nach § 3 Abs. 1 S. 2 sowie § 3 Abs. 2 ArbSchG auch in Ansehung zB der konkreten Bestimmungen des Arbeitsstätten- oder Betriebssicherheitsrechts zu beachten, so dass von einem Verhältnis „**wechselseitiger Ergänzung**"[74] zwischen den allgemeinen Vorschriften des ArbSchG und den speziellen Vorschriften, die sich vor allem aus den Verordnungen ergeben, auszugehen ist. Nicht zu den Vorschriften, die unberührt bleiben, gehören dagegen die **technischen Normen** sowie die **Regeln der nach § 18 ArbSchG gebildeten Ausschüsse**. Bei diesen Bestimmungen handelt es sich nicht um normative Anordnungen, sondern um Konkretisierungen und Erfahrungssätze, die die Organisation des Arbeitsschutzes erleichtern, nicht jedoch an die Stelle der normativen Anforderungen treten können (→ ArbSchG §§ 18, 19 Rn. 36).[75] 29

Eine vergleichbare Spezialität und wechselseitige Ergänzung finden wir auch für die **Rechte und Pflichten der Beschäftigten** (§ 1 Abs. 3 S. 2 ArbSchG). Diese sind wiederum in allgemeiner Form im ArbSchG normiert, werden jedoch in zahlreichen Detailbestimmungen in den jeweiligen Verordnungen konkretisiert. Gleichwohl bleiben allgemeine Grundsätze des autonomen Gefahrenschutzes, wie sie sich zB aus § 9 Abs. 3 ArbSchG ergeben, auch insoweit relevant. 30

Schließlich bleiben die **Pflichten Dritter** „nach sonstigen Rechtsvorschriften" unberührt. Das heutige Arbeitsschutzrecht beschränkt sich nicht allein auf Regulierungen im Verhältnis zwischen Arbeitgeber und Beschäftigten. Der „vorgreifende Arbeitsschutz" des Geräte- und Produktsicherheitsrechts findet bereits Anwendung, wenn und bevor Geräte und Maschinen auf den Markt gebracht werden. Die Pflicht zur sicheren und lärmarmen Konstruktion, die den Hersteller trifft, hat daher auch arbeitnehmerschützende Aufgaben, so dass Verletzungen dieser Normen zu unmittelbaren Schadensersatzansprüchen der Beschäftigten gegen Hersteller, Importeure und Händler führen können, die im Rahmen einer „unechten Gesamtschuld" vom Haftungsausschluss des § 104 SGB VII in der Regel nur teilweise eingeschränkt werden.[76] 31

Zutreffend werden daher auch im **Baustellenrecht** (→ BaustellV Rn. 38 ff.) die Bauherren und Architekten und im Störfallrecht die Betreiber gefährlicher Anlagen in die Pflicht genommen. Dies ist durch die seit 2013 geltende Fassung des § 13 ArbSchG verdeutlicht worden (→ ArbSchG § 13 Rn. 9, 20). Pflichten gegenüber den Beschäftigten 32

---

70 Fitting BetrVG § 81 Rn. 2. **71** Vgl. dazu auch Georgi, Die Beteiligungsrechte der Mitarbeitervertretungen im Arbeitsschutz, S. 85 Fn. 246. **72** Dazu KJP/Koll ArbSchG § 1 Rn. 13. **73** Faber, Grundpflichten, S. 37 ff.; Kollmer/Klindt/Schucht/Kollmer ArbSchG § 1 Rn. 80; Pieper ArbSchG § 1 Rn. 22; Nöthlichs ArbSchG § 1 Rn. 3.1. **74** So auch Kollmer/Klindt/Schucht/Kollmer ArbSchG § 1 Rn. 100. **75** So auch Pieper ArbSchG § 1 Rn. 24. **76** Beispielhaft LG Itzehoe 19.3.1998 – 6 O 391/96, AiB 1999, 355; OLG Düsseldorf 16.8.1988 – 4 U 268/87, VersR 1989, 1158; dazu auch BFK Rn. 36 ff. und Münch/ArbR/Kohte § 291 Rn. 37 ff.

obliegen auch den **Aufsichtsbehörden**; ihre Haftung zB aus § 839 BGB und Art. 34 GG[77] ist ebenfalls § 1 Abs. 3 S. 3 ArbSchG zuzuordnen (→ BGB § 618 Rn. 61 f.).

33 Zu den möglichen Normen, die im Arbeitsschutz zu beachten sind, können auch **tarifvertragliche Normen** gehören. In verschiedenen Mitgliedstaaten der Europäischen Union spielen Tarifverträge eine große Rolle bei der Ausgestaltung des Arbeitsschutzrechts. So enthält zum Beispiel das spanische Arbeitsschutzgesetz LPRL eine ausdrückliche Tariföffnungsklausel, die allerdings nicht zu Unterschreitungen des Standards berechtigt. Es geht also nicht um tarifdispositives Recht, sondern einerseits um günstigere Regelungen, die einen Schutz vermitteln in Fällen, in denen das staatliche Recht noch lückenhaft ist, vor allem aber um die Ausgestaltung der Partizipation, zum Beispiel der Sicherheitsbeauftragten (Präventionsdelegierte) und der Kooperation mit den Präventivdiensten.[78] In den Kommentaren zum Arbeitsschutz in Deutschland werden tarifvertragliche Regelungen kaum angesprochen.[79] Dies ist allerdings eine Unterschätzung tarifvertraglicher Gestaltungsmöglichkeiten, denn wichtige Elemente der **menschengerechten Gestaltung der Arbeit** (→ ArbSchG § 2 Rn. 9 ff.) sind seit mehr als 40 Jahren in Tarifverträgen aufgenommen und ausgestaltet worden. Im Anschluss an den Tarifvertrag LRTV II, der 1973 in Baden-Württemberg vereinbart und 2006 im Wesentlichen bestätigt worden ist, sind Regelungen zur Ausgestaltung von Taktzeiten, Besetzung von Fließbändern und Schutzmaßnahmen gegen Leistungsverdichtung vereinbart worden.[80] Ebenso enthält dieser Tarifvertrag **Regelungen zu bezahlten Kurzpausen bzw. Erholzeiten** bei belastenden Tätigkeiten.[81] Zu den zentralen Instrumenten des kollektivvertraglichen Gesundheitsschutzes gehören Regelungen zur Personalbemessung, insbesondere **Besetzungsregeln**. Dazu sind klassische Tarifverträge zum Beispiel in der Druckindustrie viele Jahre üblich gewesen.[82] Diese Instrumente sind in der Gerichtspraxis des Bundesarbeitsgerichts grundsätzlich anerkannt worden.[83] In jüngster Zeit sind solche Regeln im Gesundheitswesen Gegenstand eines Arbeitskampfes gewesen, dessen Rechtmäßigkeit gerichtlich bestätigt wurde.[84]

34 Lange Zeit überwog allerdings in Tarifverträgen die **finanzielle Abgeltung gefährlicher Arbeiten durch Zuschläge**, die sich zum Beispiel auf das Tragen von Gehörschutz bzw. spezifische Schutzausrüstungen bezogen.[85] Allerdings ist in der Gerichtspraxis als Grenze normiert worden, dass Zuschläge unzulässig sind, wenn die Arbeitsbedingungen arbeitsschutzwidrig sind.[86] Gleichwohl ist festzuhalten, dass diese Tarifverträge sich als hinderlich für die Verbesserung der Arbeitsbedingungen erwiesen haben.[87] In der Rechtsprechung des Europäischen Gerichtshofs werden solche Zuschläge mit Skepsis betrachtet; als unverzichtbar wird verlangt, dass den Beschäftigten effektive Rechte auf Minderung der Belastungen zustehen (→ LärmVibrationsArbSchV Rn. 63).[88]

35 Im Unterschied zur Rechtslage in den romanischen Ländern sind **tarifliche Regelungen zur Verbesserung der Partizipation und Organisation der Arbeit** in Deutschland bisher kaum festzustellen. Eines der seltenen Beispiele ist der Tarifvertrag in der Bekleidungsindustrie vom 17.5.1979 zur Erweiterung der Beteiligungsrechte des Betriebsrats bei

---

[77] Dazu BGH 21.1.1974 – III ZR 13/72, VersR 1974, 666; Münch/ArbR/Kohte § 291 Rn. 43.
[78] Haas, Partizipation der Beschäftigten im Arbeitsschutzrecht, 2017, S. 130 ff., 342 ff. [79] Kritik bei Soost in: FS Kohte, S. 513. [80] Heuschmid/Klein in: Däubler TVG § 1 Rn. 849; Kohte in: FS Blanke, 2009, S. 157, 162 ff.; vgl. in authentische Interpretation Steinkühler AiB 2008, 506 ff. [81] Maier, Pausengestaltung als Organisationspflicht, 2012, S. 172 ff.; Oppolzer WSI-Mitteilungen 2006, 321 (325) und AiB 2011, 597 ff. [82] BAG 26.4.1990 – 1 ABR 84/87, NZA 1990, 850; Heuschmid/Klein in: Däubler TVG § 1 Rn. 852 ff.; Berg/Wendeling-Schröder/Wolter RdA 1980, 299 ff. [83] BAG 3.4.1990 – 1 AZR 123/89, NZA 1990, 886. [84] LAG Berlin-Brandenburg 24.6.2015 – 25 SaGa 1059/15; Soost in: FS Kohte, S. 513, 524 f.; D. Ulber in: Henssler/Moll/Bepler, Der Tarifvertrag, 2. Aufl. 2016, S. 368 ff. Zur betriebsverfassungsrechtlichen Dimension solcher Besetzungsregeln ArbG Kiel 26.7.2017 – 7 BV 67 c/16, dazu Kohte/Grüneberg jurisPR-ArbR 36/2017 Anm. 3. [85] Dazu BAG 14.3.1984 – 4 AZR 433/81, AP Nr. 23 zu § 1 TVG Tarifverträge: Metallindustrie. [86] BAG 18.1.1983 – 3 AZR 207/80, AP Nr. 6 zu § 33 BAT. [87] Kohte in: FS Gnade, 1992, S. 675, 687 f.; Heuschmid/Klein in: Däubler TVG § 1 Rn. 841. [88] EuGH 19.5.2011 – C 256/10, NZA 2011, 967 (Barcenilla Fernandez), dazu Kohte/Grüneberg AiB 2011, 625.

der Gestaltung menschengerechter Arbeit nach § 90 BetrVG.[89] Natürlich können auch nach den allgemeinen Grundsätzen die weiteren Beteiligungsrechte des Betriebsrats tariflich verstärkt werden.[90] Während in der Betriebsverfassung die nachholende Modernisierung in § 3 BetrVG 2001 auch auf das Instrument der Tarifverträge setzte, ist eine Anpassung der organisatorischen Strukturen zum Beispiel des Arbeitsschutzausschusses an flexible Arbeits- und Unternehmensstrukturen bisher noch nicht festzustellen.[91] Ebenso ist ein Ausbau der Sicherheitsbeauftragten zu einer partizipativen Beteiligungsstruktur noch nicht erkennbar, obgleich gerade die Rechte der besonderen Arbeitnehmervertreter nach Art. 11 Abs. 2 RL 89/391/EWG in einer Reihe von Mitgliedstaaten tariflich ausgestaltet sind.[92] Vorrangig ist zu diskutieren, ob zB § 11 ASiG, § 22 SGB VII tarifoffen normiert sind bzw. ob gesetzliche Änderungen geboten sind, die tarifliche bzw. betriebliche Handlungsspielräume im ASiG eröffnen.

§ 2 ArbSchG Begriffsbestimmungen

(1) Maßnahmen des Arbeitsschutzes im Sinne dieses Gesetzes sind Maßnahmen zur Verhütung von Unfällen bei der Arbeit und arbeitsbedingten Gesundheitsgefahren einschließlich Maßnahmen der menschengerechten Gestaltung der Arbeit.

(2) Beschäftigte im Sinne dieses Gesetzes sind:
1. Arbeitnehmerinnen und Arbeitnehmer,
2. die zu ihrer Berufsbildung Beschäftigten,
3. arbeitnehmerähnliche Personen im Sinne des § 5 Abs. 1 des Arbeitsgerichtsgesetzes, ausgenommen die in Heimarbeit Beschäftigten und die ihnen Gleichgestellten,
4. Beamtinnen und Beamte,
5. Richterinnen und Richter,
6. Soldatinnen und Soldaten,
7. die in Werkstätten für Behinderte Beschäftigten.

(3) Arbeitgeber im Sinne dieses Gesetzes sind natürliche und juristische Personen und rechtsfähige Personengesellschaften, die Personen nach Absatz 2 beschäftigen.

(4) Sonstige Rechtsvorschriften im Sinne dieses Gesetzes sind Regelungen über Maßnahmen des Arbeitsschutzes in anderen Gesetzen, in Rechtsverordnungen und Unfallverhütungsvorschriften.

(5) ¹Als Betriebe im Sinne dieses Gesetzes gelten für den Bereich des öffentlichen Dienstes die Dienststellen. ²Dienststellen sind die einzelnen Behörden, Verwaltungsstellen und Betriebe der Verwaltungen des Bundes, der Länder, der Gemeinden und der sonstigen Körperschaften, Anstalten und Stiftungen des öffentlichen Rechts, die Gerichte des Bundes und der Länder sowie die entsprechenden Einrichtungen der Streitkräfte.

Literatur: Monographien: *Georgi*, Die Beteiligungsrechte der Mitarbeitervertretungen im Arbeitsschutz, 2008; *Kater/Leube*, Gesetzliche Unfallversicherung SGB VII, 1997; *Julius*, Arbeitsschutz und Fremdfirmenbeschäftigung, 2004; *Kohte* (Hrsg.), Festschrift für Hellmut Wißmann, 2005 (zitiert: Bearbeiter in: FS Wißmann); *M. Müller*, Die arbeitnehmerähnliche Person im Arbeitsschutzrecht, 2009; *Pottschmidt*, Arbeitnehmerähnliche Personen in Europa: Die Behandlung wirtschaftlich abhängiger Erwerbstätiger im Europäischen Arbeitsrecht sowie im (Arbeits-)Recht der EU-Mitgliedstaaten, 2006; *Wilhelm*, Die Unfallverhütungsvorschriften im System des deutschen und europäischen Rechts, 2002.
Aufsätze: *Aligbe*, Arbeitsschutzrechtliche Bestimmungen bei Telearbeitsplätzen, ArbRaktuell 2016, 132; *Buchholz*, Arbeitsschutz im öffentlichen Dienst, ZTR 1991, 455; *Bücker*, Arbeitnehmer und arbeitnehmerähnliche Personen, in: Festschrift für Kohte, 2016, S. 21 ff.; *Däubler*, Arbeitnehmerähnliche Personen im Arbeits- und Sozialrecht und im EG-Recht, ZI-

---

89 Heuschmid/Klein in: Däubler TVG § 1 Rn. 849. **90** Kollar, Gesundheitsschutz als Aufgabe der Betriebs- und Tarifparteien, 2015, S. 177 ff. **91** Dazu Haas, Partizipation, S. 255 f.; Kohte Anm. BAG 8.12.2015, AP Nr. 2 zu § 11 ASiG. **92** Haas, Partizipation, S. 142 ff.; Kohte, Stärkung der Partizipation, 2005, S. 35 ff.

AS 2000, 326; *Kohte*, Die Umsetzung der Richtlinie 89/391 in den Mitgliedstaaten der EU, ZIAS 1999, 85; *ders.*, Arbeits- und Gesundheitsschutz in der Schule, RdJB 2008, 198; *ders.*, Organpersonen und Arbeitsschutz, in: Festschrift für Karl-Heinz Horst, 2012, S. 337 ff. (zitiert: Kohte in: FS Horst); *Mestwerdt*, Arbeit in persönlicher Abhängigkeit im Rahmen vereinsrechtlicher Strukturen, NZA 2014, 281 ff.; *Niemeyer/Freund*, Die Einordnung des Rechts der gesetzlichen Unfallversicherung in das Sozialgesetzbuch als neues SGB VII, NZS 1996, 497; *Willemsen/Müntefering*, Begriff und Rechtsstellung arbeitnehmerähnlicher Personen: Versuch einer Präzisierung, NZA 2008, 193; *Wlotzke*, Das neue Arbeitsschutzgesetz – zeitgemäßes Grundlagengesetz für den betrieblichen Arbeitsschutz, NZA 1996, 1017; *ders.*, Technischer Arbeitsschutz im Spannungsfeld von Arbeits- und Wirtschaftsrecht, RdA 1992, 85.

Leitentscheidungen: BVerwG 31.1.1997 – 1 C 20/95, NZA 1997, 482; EuGH 11.11.2010 – C 232/09, NZA 2011, 143 (Danosa); EuGH 26.3.2015 – C-316/13, NZA 2015, 1444 (Fennoll); EuGH 17.10.2016 – C 216/15, NZA 2017, 43 (Ruhrlandklinik); VG Regensburg 8.12.2016 – RN 5 K 15.1767.

I. Normzweck, Rechtssystematik.. 1	2. Die zu ihrer Berufsausbildung Beschäftigten 16
II. Entstehungsgeschichte und Unionsrecht....................... 2	3. Arbeitnehmerähnliche Personen iSd § 5 Abs. 1 ArbGG, ausgenommen der in Heimarbeit Beschäftigten 19
III. Maßnahmen des Arbeitsschutzes................................. 4	
1. Verhütung von Unfällen bei der Arbeit.................... 5	4. Beschäftigte in öffentlich-rechtlichen Dienstverhältnissen 25
2. Verhütung arbeitsbedingter Gesundheitsgefahren 6	5. Die in Werkstätten für Behinderte Beschäftigten 26
3. Menschengerechte Gestaltung der Arbeit 9	V. Arbeitgeberbegriff 27
IV. Beschäftigte...................... 13	VI. Sonstige Rechtsvorschriften 30
1. Arbeitnehmerinnen und Arbeitnehmer................ 14	VII. Betrieb und Dienststelle 32

I. Normzweck, Rechtssystematik

1 Die in § 2 ArbSchG enthaltenen Definitionen verdeutlichen den neuen Gehalt des Arbeitsschutzrechts. Sie entsprechen den Definitionen und damit der Perspektive der maßgeblichen ILO-Übereinkommen sowie der Richtlinien des Unionsrechts, wie zB Art. 3 des ILO-Übereinkommens 155 über Arbeitsschutz und Arbeitsumwelt sowie Art. 3 der EG-Rahmenrichtlinie 89/391/EWG. Als allgemeine Definitionen vorangestellt, sollen sie für eine zielgerichtete und einheitliche Auslegung des gesamten Arbeitsschutzrechts sorgen.

II. Entstehungsgeschichte und Unionsrecht

2 Im Entwurf des 1994 vorgelegten **Arbeitsschutzrahmengesetzes** war eine vergleichbare Norm enthalten, die allerdings breiter angelegt war und zusätzlich an anderer Stelle den Begriff der menschengerechten Gestaltung der Arbeit konkreter definiert hatte.[1] Der neue **Entwurf des Arbeitsschutzgesetzes** war „schlanker" angelegt und sparte mögliche Konflikte mit den Ländern sowie explizite Hinweise zur Verringerung monotoner Arbeit aus.[2] Nachdem der Versuch des Bundesrats, die in Heimarbeit Beschäftigten in das Gesetz zu integrieren,[3] gescheitert war, wurde der Regierungsentwurf des § 2 ArbSchG unverändert in das Gesetz übernommen. Diese Fassung ist seit 1996 nicht geändert worden.

3 Der Gesetzentwurf hatte sich eng an **Art. 3 RL 89/391/EWG** angelehnt und in den Mittelpunkt eine umfassende Kategorie des Beschäftigten gestellt, mit der die frühere Zersplitterung des deutschen Arbeitsschutzrechts korrigiert werden sollte. In der Rechtsprechung des Europäischen Gerichtshofs ist diese Vereinheitlichung in mehreren

---
[1] BT-Drs. 12/6752, 34. [2] BT-Drs. 13/3540, 15. [3] BT-Drs. 13/4337, 3.

Entscheidungen gefördert worden, die sich vor allem auf die Geltung der Arbeitszeitrichtlinie für Beamte in Deutschland bezogen hatten.[4]

III. Maßnahmen des Arbeitsschutzes

In § 2 Abs. 1 ArbSchG werden die Maßnahmen des Arbeitsschutzes erläutert. Sie betreffen die Verhütung sowohl von „Unfällen bei der Arbeit" als auch von „arbeitsbedingten Gesundheitsgefahren". Diesen Zielsetzungen sind „Maßnahmen der menschengerechten Gestaltung der Arbeit" zugeordnet. Damit nimmt die Definition Bezug auf Art. 5 Abs. 1 EG-Rahmenrichtlinie 89/391/EWG, wonach der Arbeitgeber verpflichtet ist, „für die Sicherheit und den Gesundheitsschutz der Arbeitnehmer in Bezug auf alle Aspekte, die die Arbeit betreffen, zu sorgen". Im komplexen Inhalt und in der Platzierung als generelle Begriffsbestimmung verdeutlicht sich die umfassende Dimension des neuen Arbeitsschutzrechts, nach der der Schutz nicht mehr eng technisch oder medizinisch formuliert und eingegrenzt, sondern in einen weiten Rahmen gestellt worden ist: Der **Arbeitgeber hat auf „alle Aspekte, die die Arbeit betreffen," einzugehen.**[5] Neben den rein technischen und am Schutz des Einzelnen orientierten Lösungen sind die Maßnahmen im Zusammenhang mit Arbeitszeit-, Arbeitsorganisations- und Arbeitsgestaltungsaufgaben zu sehen.[6]

1. Verhütung von Unfällen bei der Arbeit. Die erste Maßnahme betrifft die Prävention von Unfällen bei der Arbeit. Unter einem Unfall bei der Arbeit iSd ArbSchG ist ein Ereignis zu verstehen, das während der Arbeit durch von außen wirkende Faktoren plötzlich und ungewollt einen körperlichen Schaden bewirkt.[7] Diese Definition ist damit enger als der Unfallbegriff in § 8 SGB VII, weil **Wegeunfälle** aus dem Begriff ausgeklammert sind, soweit sie nicht zum Einfluss- und Organisationsbereich des Arbeitgebers gehören. Demgegenüber wird im Unterschied zur Entschädigungspraxis im Unfallversicherungsrecht für präventive Zwecke **keine enge Kausalbeziehung zwischen Unfall und Arbeit** gefordert.[8] Die **Theorie der wesentlichen Bedingung** ist angesichts des in Art. 5 Abs. 1 EG-Rahmenrichtlinie 89/391/EWG verankerten, umfassenden Schutz- und Präventionszwecks **nicht anwendbar.** Eine Gefährdungsanalyse und Unterweisung ist auch dann geboten, wenn die betriebliche Tätigkeit nicht als „wesentliche Bedingung", sondern „nur" als eine mitwirkende Ursache für einen Unfall von Bedeutung sein kann.[9]

2. Verhütung arbeitsbedingter Gesundheitsgefahren. Arbeitsbedingte Gesundheitsgefahren[10] sind solche Gefahren, die einen kausalen Bezug zur Tätigkeit aufweisen. Auch hier kommt die **Theorie der wesentlichen Bedingung nicht** zur Anwendung, so dass nicht nur solche Gesundheitsgefahren arbeitsbedingt sind, die ihre alleinige Ursache oder eine wesentliche Teilursache in der Tätigkeit haben können.[11] Im Gegensatz zur Frage einer möglichen Entschädigung ist für die Prävention der Gefahren **jede relevante Gefahrerhöhung** ausreichend.[12]

Arbeitsbedingte Gesundheitsgefahren iSd ArbSchG können insbesondere zu **arbeitsbedingten Erkrankungen** führen, die durch Maßnahmen des Arbeitsschutzes verhütet werden sollen. Erkrankungen sind arbeitsbedingt, wenn sie **durch Arbeitseinflüsse verursacht oder mitverursacht** bzw. in ihrem Verlauf ungünstig beeinflusst oder verschlimmert worden sind.[13] Umfasst werden daher sowohl Berufskrankheiten wie auch andere Erkrankungen, die nicht dem Berufskrankheitenrecht zugeordnet werden können.

---

4 ZB EuGH 14.7.2005 – C-52/04, NZA 2005, 921 (Hamburger Feuerwehr). **5** Kohte ZIAS 1999, 85 (94 f.); Wlotzke NZA 1996, 1017, 1019; Wilrich in: Nöthlichs ArbSchG § 2 Rn. 2. **6** Pieper ArbSchG § 2 Rn. 1. **7** Pieper ArbSchG § 2 Rn. 3. **8** LSG Rheinland-Pfalz 20.1.1993 – L 3 U 168/91, Breithaupt 1993, 538, 544. **9** Kollmer/Klindt/Schucht/Kohte ArbSchG § 2 Rn. 14; Wilrich in: Nöthlichs ArbSchG § 2 Rn. 2.1.1; Pieper ArbSchG § 2 Rn. 3. **10** Zur Entwicklung des Rechtsbegriffs ausführlich Kollmer/Klindt/Schucht/Kohte ArbSchG § 2 Rn. 15 ff. **11** Lauterbach/Watermann/Breuer SGB VII § 14 Rn. 33; Wannagat/Jung SGB VII § 14 Rn. 9; Zur Anwendung der Theorie der wesentlichen Bedingung auch für die Frage der Prävention: Kater/Leube SGB VII § 14 Rn. 11; Niemeyer/Freund NZS 1996, 497, 500. **12** Kranig/Timm in: Hauck/Noftz SGB VII § 14 Rn. 32. **13** BMA, BAnz. Nr. 116 v. 14.6.1993, geändert durch BAnz. Nr. 97 v. 11.5.1995.

8 Diese offene, nicht auf versicherungsrechtliche Aspekte beschränkte Definition bedingt, dass auch Erkrankungen, die **multikausal** durch betriebliche Einflüsse, Risiken des Arbeitsplatzes oder durch die jeweiligen Arbeitstätigkeiten **verursacht** wurden, erfasst werden.[14] Zu nennen sind ua die körperliche Schwere der Arbeit, psychische Belastungen, Monotonie sowie ungünstige Nacht- und Schichtarbeitszeiten.[15] Dem entspricht der umfassende Katalog der Gefährdungsursachen in § 5 Abs. 3 ArbSchG sowie die bisher in § 3 BildscharbV – jetzt in § 3 Abs. 1 S. 3 ArbStättV – und seit 2013 auch in § 5 Abs. 3 Nr. 6 ArbSchG und § 4 Abs. 2 S. 2 Nr. 3 BetrSichV besonders hervorgehobene Notwendigkeit der **Ermittlung psychischer Belastungen**.[16]

9 **3. Menschengerechte Gestaltung der Arbeit.** Das ArbSchG folgt dem europarechtlich vorgegebenen **weiten Arbeitsschutzansatz**,[17] indem es zu den Maßnahmen des Arbeitsschutzes nicht nur die klassischen Maßnahmen zur Prävention von Unfällen bei der Arbeit und von arbeitsbedingten Gesundheitsgefahren zählt, sondern auch arbeitsschutznahe Aspekte der menschengerechten Gestaltung der Arbeit einbezieht.[18] Es geht damit nicht vorrangig um die reaktive Abwehr von Gefahren. Vielmehr hat der Arbeitgeber präventiv bereits bei der Gestaltung der Arbeitsplätze und des Arbeitsablaufs sowie bei der Auswahl der Arbeitsmittel ergonomische, arbeitspsychologische und arbeitsmedizinische Erkenntnisse zu beachten, so dass die Arbeit den physischen und psychischen Fähigkeiten und Eigenschaften des Beschäftigten entspricht.[19] Es geht konkret um eine Erleichterung bei eintöniger Arbeit, eine menschengerechte Gestaltung der Arbeitsabläufe durch Job-Rotation, aber auch um eine Berücksichtigung der individuellen Belastungsfähigkeit und der individuellen Beeinträchtigungen aufgrund körperlicher Behinderung oder einer besonderen Lebenssituation (zB jugendliches Alter, Schwangerschaft).[20]

10 Der Grundsatz der menschengerechten Gestaltung der Arbeit iS eines erweiterten Arbeitsschutzansatzes ist zunächst in §§ 90, 91 BetrVG und folgend in arbeitsschutzrechtlichen Normen, wie zB § 6 Abs. 1 ASiG und § 19 Abs. 1 ChemG integriert worden. In § 2 ArbSchG ist die **menschengerechte Gestaltung der Arbeit** nunmehr als eine Maßnahme des Arbeitsschutzes **als Rechtspflicht des Arbeitgebers zur Verhütung arbeitsbedingter Gesundheitsgefahren** integriert; dieser Gedanke erstreckt sich daher auf den gesamten Bereich des Arbeitsschutzes. In diesem Kontext ist diesen Maßnahmen entsprechend der europarechtlichen Vorgaben der **gesundheitsnahe Bereich der menschengerechten Gestaltung der Arbeit** zuzurechnen.[21] Aus dem Einschluss der Maßnahmen der menschengerechten Gestaltung der Arbeit ergibt sich für den in § 1 ArbSchG zugrunde gelegten und jetzt in § 4 Nr. 1 ArbSchG verdeutlichten **Gesundheitsbegriff**, dass dieser nicht nur physische Beeinträchtigungen, sondern auch die Vermeidung psychischer Belastungen umfasst (→ ArbSchG § 1 Rn. 8; → ArbSchG § 4 Rn. 7).[22]

11 Der daraus für den Arbeitgeber resultierenden **präventiven Aufgabe** wohnt ein dauernder und dynamischer Charakter inne.[23] Bezweckt ist nicht allein die Sicherung des Sicherheits- und Gesundheitsschutzes der Beschäftigten, sondern deren Verbesserung; der Arbeitgeber hat stetig die getroffenen Arbeitsschutzmaßnahmen auf ihre Wirksamkeit hin zu überprüfen und gegebenenfalls anzupassen sowie dabei die **allgemeinen Grundsätze des § 4** (→ ArbSchG § 4 Rn. 10 ff.) zu beachten. Bei der Gefährdungsbeurteilung

---

14 BVerwG 14.2.2013 – 6 PB 1/13, NZA-RR 2013, 390, 391. **15** Siehe den Katalog bei Schmitt SGB VII § 14 Rn. 6. **16** So Kollmer/Klindt/Schucht/Kohte ArbSchG § 2 Rn. 21; Balikcioglu NZA 2015, 1424, 1425. **17** Vgl. hierzu Art. 6 Abs. 1 S. 2, Abs. 2 d, Abs. 3? EG-Rahmenrichtlinie 89/391/EWG; EuArbR/Klindt/Schucht RL 89/391/EWG Rn. 45. **18** BVerwG 31.1.1997 – 1 C 20/95, NZA 1997, 482, 483; Münch/ArbR/Kohte § 288 Rn. 5. **19** Wlotzke NZA 1996, 1017, 1019. **20** Zur Anpassung des Arbeitsplatzes bei Schwangerschaft Nebe, S. 185 ff.; HaKo-ArbSchG/Aufhauser ArbSchG § 2 Rn. 1. **21** Münch/ArbR/Wlotzke § 206 Rn. 14 ff.; Wlotzke in: FS Wißmann, S. 435; Fitting BetrVG § 87 Rn. 293; Kollmer/Klindt/Schucht/Kohte ArbSchG § 2 Rn. 24 ff.; Faber, Grundpflichten, S. 78 ff.; Wilrich in: Nöthlichs ArbSchG § 2 Rn. 2.3.1. **22** BAG 18.3.2014 – 1 ABR 73/12, NZA 2014, 855; BVerwG 31.1.1997 – 1 C 20/95, NZA 1997, 482, 483. **23** Wlotzke NZA 1996, 1017, 1019; Münch/ArbR/Kohte § 288 Rn. 3.

sind auch Unfälle in der Vergangenheit zu analysieren, um daraus für die Arbeits- und Arbeitszeitorganisation die erforderlichen Maßnahmen abzuleiten.[24]

Zur Gestaltung des erweiterten Gesundheitsschutzes gelten ein Dialog und eine ausgewogene Zusammenarbeit mit den Arbeitnehmern bzw. ihren Vertretern als unerlässlich.[25] Bei Maßnahmen der menschengerechten Gestaltung der Arbeit ist der Betriebsrat wie folgt zu beteiligen: Die Qualifizierung der **gesundheitsnahen Grundsätze** der menschengerechten Gestaltung der Arbeit in §§ 2, 4 ArbSchG als eine Rechtspflicht des Arbeitgebers (→ ArbSchG § 4 Rn. 49) gibt dem Betriebsrat ein Eigeninitiativen umfassendes Mitbestimmungsrecht gemäß § 87 Abs. 1 Nr. 7 BetrVG. Für den darüber hinausgehenden Bereich der Humanisierung der Arbeitswelt, der im Wesentlichen **persönlichkeitsrechtlich strukturierte Aspekte** erfasst, gilt das reaktive Mitbestimmungsrecht nach § 91 BetrVG (→ BetrVG §§ 90, 91 Rn. 26).[26] 12

IV. Beschäftigte

Das ArbSchG zielt auf den Schutz der Beschäftigten ab. Wer als Beschäftigter iSd Gesetzes gilt, ist mit Blick auf die Legaldefinition in Art. 3 lit. a EG-Rahmenrichtlinie 89/391/EWG zu beantworten. Danach gilt als Arbeitnehmer jede Person, die von einem Arbeitgeber beschäftigt wird.[27] Der in der Richtlinie genutzte Begriff ist als **einheitlicher und unionsrechtlicher Rechtsbegriff** zu verstehen, der vom Ziel der Sicherung und Verbesserung der Sicherheit und des Gesundheitsschutzes am Arbeitsplatz und der Harmonisierung der Arbeitsbedingungen her ausgelegt werden soll.[28] Mit der allgemeinen Anknüpfung an ein Beschäftigungsverhältnis ist der Begriff weiter als der vom Europäischen Gerichtshof zu Art. 45 AEUV (ex Art. 39 EGV) entwickelte Arbeitnehmerbegriff; danach gilt als Arbeitnehmer, wer während einer bestimmten Zeit für einen anderen nach dessen Weisungen Leistungen erbringt, für die er als Gegenleistung eine Vergütung erhält.[29] Für die Begriffsbildung im Arbeitsschutz sind Restriktionen aufgrund des zeitlichen Umfangs der Beschäftigung, der Entgelthöhe und aufgrund besonderer sozialrechtlicher Zielsetzungen nicht zu übernehmen.[30] Der Begriff des Beschäftigten wird durch folgende Unterbegriffe konkretisiert: 13

1. Arbeitnehmerinnen und Arbeitnehmer. Die zahlenmäßige Hauptgruppe der in den Anwendungsbereich des ArbSchG einbezogenen Personen sind die Arbeitnehmer. Nach der Rechtsprechung des Bundesarbeitsgerichts[31] und des Bundessozialgerichts[32] wird die Qualifizierung als Arbeitnehmer durch den Grad der persönlichen Abhängigkeit bestimmt. Im Umkehrschluss aus § 84 Abs. 1 S. 2 HGB wird eine solche persönliche Abhängigkeit bei den Beschäftigten angenommen, die nicht im Wesentlichen frei ihre Tätigkeit und ihre Arbeitszeit bestimmen können.[33] Der Arbeitnehmerstatus ist zu bejahen, sofern eine Einbindung in eine fremde Arbeitsorganisation vorliegt, die sich im Weisungsrecht des Arbeitgebers bezüglich Inhalt, Durchführung, Ort, Dauer und Zeit der Tätigkeit zeigt.[34] Dabei wird nicht vorausgesetzt, dass sich das Weisungsrecht auf alle genannten Punkte gleichermaßen erstreckt. Die Rechtsprechung erachtet es als aus- 14

---

24 Kollmer/Klindt/Schucht/Kohte ArbSchG § 2 Rn. 29. **25** Erwägungsgrund 11, 12 sowie Art. 1 Abs. 2 EG-Rahmenrichtlinie 89/391/EWG. **26** Fitting BetrVG § 87 Rn. 293; BAG 16.6.1998 – 1 ABR 68/97, NZA 1999, 49 ff.; Faber, S. 474 ff.; Fitting BetrVG § 90 Rn. 38 a ff.; HaKo-BetrVG/Kohte/Schulze-Doll BetrVG § 90 Rn. 23 ff. sowie HaKo-BetrVG/Kohte/Schulze-Doll BetrVG § 91 Rn. 3 ff.; DKKW/Klebe BetrVG § 91 Rn. 9. **27** Zur Entstehung der Richtlinie Kohte in: EAS B 6100 Rn. 31. **28** Kollmer/Klindt/Schucht/Kohte ArbSchG § 2 Rn. 32; EuArbR/Klindt/Schucht RL 89/391/EWG Rn. 37 f. **29** EuGH 3.7.1986 – C-66/85, EAS Art. 48 EGV Nr. 36 (Lawrie Blum); EuGH 17.7.2008 – C-94/07, NZA 2008, 995 (996) (Raccanelli); EuGH 9.7.2015 – C-229/14, NZA 2015, 861 (862) (Balkaya). **30** So EuGH 26.3.2015 – C-316/13(Fennoll), NZA 2015, 1444 (1446), Rn. 38; zustimmend Seifert EuZA 2015, 500. **31** Ausführlich BAG 25.9.2013 – 10 AZR 282/12, NZA 2013, 1348, 1350 Rn. 16. **32** In der Rechtsprechung der Sozialgerichte, insbes. des BSG, wird ebenfalls auf das auf die Arbeitszeit bezogene Weisungsrecht sowie die Eingliederung in die betriebliche Arbeitsorganisation abgestellt, siehe nur BSG 18.12.2001 – B 12 KR 8/01 R, SozVers 2003, 23. **33** ErfK/Preis BGB § 611 Rn. 50; zur neuen Form des § 611 a BGB Wank AuR 2017, 140, 143 ff. **34** BAG 30.11.1994 – 5 AZR 704/93, AP Nr. 74 zu § 611 BGB Abhängigkeit; BAG 29.8.2012 – 10 AZR 499/11, NZA 2012, 1433; BAG 25.9.2013 – 10 AZR 282/12, NZA 2013, 1348 (1350).

reichend, wenn sich das Weisungsrecht auf Inhalt und Durchführung der Tätigkeit beschränkt, sofern dadurch eine Eingliederung in die Arbeitsorganisation erfolgt.[35] Entscheidend ist nicht der Vertragswortlaut, sondern die tatsächliche Durchführung des Rechtsverhältnisses.[36] Daher gilt der Schutz des ArbSchG auch im fehlerhaften Rechtsverhältnis, auch bei Verstoß zB gegen ordnungsrechtliche Vorschriften.[37]

15 Entsprechend der umfassenden Zielsetzung des Gesetzes kommt es auf die Art des Arbeitsverhältnisses nicht an: Umfasst sind befristet Beschäftigte, Teilzeitbeschäftigte, Arbeitnehmer in Probe- und Aushilfsverhältnissen – einschließlich der betrieblichen Probetätigkeit vor Vertragsbeginn,[38] Arbeit auf Abruf sowie Leiharbeitnehmer (zu Besonderheiten im Leiharbeitsverhältnis aufgrund aufgespaltener Arbeitgeberstellung → Rn. 28).

16 **2. Die zu ihrer Berufsausbildung Beschäftigten.** Die Betonung, dass die zu ihrer Berufsbildung Beschäftigten zum persönlichen Schutzbereich des Gesetzes gehören, korrespondiert mit dem Ziel der EG-Rahmenrichtlinie 89/391/EWG, die Sicherheit und den Gesundheitsschutz umfassend zu sichern und zu verbessern. Dies ist ein Beispiel, bei dem der **umfassende Anwendungsbereich der Richtlinie** aufgrund vorgenannter Zielsetzung über den **Arbeitnehmerbegriff**, wie er **Art. 45 AEUV** (ex Art. 39 EGV) durch den Europäischen Gerichtshof zugrunde gelegt wird, hinausgeht.[39]

17 In den Geltungsbereich des Gesetzes werden **umfassend alle zu ihrer Berufsbildung Beschäftigten** einbezogen, so dass keine Begrenzung auf die berufliche Erstausbildung und die ihr vergleichbaren Ausbildungsformen stattfindet.[40] Damit kommt es für die Anwendbarkeit des ArbSchG auf die Frage, inwieweit das Berufsausbildungsverhältnis als Arbeitsverhältnis zu qualifizieren ist, nicht an.[41]

18 Von § 2 Abs. 2 Nr. 2 ArbSchG werden insbesondere folgende Personen erfasst:[42]
(1) Für **die zu ihrer Berufsausbildung Beschäftigten nach § 3 BBiG** gelten bereits nach § 14 Abs. 1 Nr. 5 BBiG alle Vorschriften des Arbeitsschutzrechts sowie der Unfallverhütung, so dass die inhaltsgleiche Regelung des § 22 JArbSchG in ihrem Anwendungsbereich auf Auszubildende über dem 18. Lebensjahr erweitert wird.
(2) Das Ausbildungsverhältnis der **nach § 26 BBiG gleichgestellten Praktikanten, Anlernlinge und Volontäre** zeichnet sich dadurch aus, dass ihre berufliche Ausbildung entweder auf eine weitere Ausbildung vorbereiten oder nur einzelne Fertigkeiten vermitteln soll, ohne dass es sich dabei um eine breit angelegte berufliche Grundausbildung handelt. Ungeachtet der unterschiedlichen Länge und Gliederung der Ausbildung gilt aufgrund der Erfordernisse des Gesundheitsschutzes auch für diese Gruppe das gesamte Arbeitsschutzrecht.[43]
(3) **Teilnehmer an Maßnahmen der beruflichen Fort- und Weiterbildung** werden nicht mehr dem Anwendungsbereich des § 26 BBiG zugeordnet.[44] Für den weitergehenden Anwendungsbereich der Nr. 2 ergibt sich jedoch in Übereinstimmung mit der Auslegung von § 23 KSchG, § 20 BEEG,[45] dass Teilnehmer an beruflicher Fort- und Weiterbildung den zu ihrer Berufsbildung Beschäftigten zuzurechnen sind.
(4) **Umschüler in überbetrieblichen Ausbildungseinrichtungen** sind in den Anwendungsbereich entsprechend der Rechtsprechung zu § 5 ArbGG im Wege der

---

35 BAG 6.5.1998 – 5 AZR 347/97, NZA 1998, 873 (874); BAG 27.6.2001 – 5 AZR 561/99, NZA 2002, 742 (743); BAG 20.8.2003 – 5 AZR 610/02, NZA 2004, 39; BAG 8.11.2006 – 5 AZR 706/05, NZA 2007, 321 (322). **36** Vgl. BAG 20.9.2000 – 5 AZR 61/99, NZA 2001, 551; BAG 13.3.2008 – 2 AZR 1037/06, NZA 2008, 878 (879); BAG 25.9.2013 – 10 AZR 282/12, NZA 2013, 1348 (1350). **37** LR/Wiebauer ArbSchG § 2 Rn. 26; Kollmer/Klindt/Schucht/Kohte ArbSchG § 2 Rn. 51; McHardy RdA 1994, 93, 104; vgl. aus dem Sozialrecht BSG 10.8.2000, SGb 2002, 174 mAnm Schmitt und Felix NZS 2002, 225. **38** BSG 14.11.2013 – B 2 U 15/12 R, NZA 2014, 650. **39** Siehe EuGH 26.2.1992 – C-3/90, EuZW 1992, 313 (314); Münch/ArbR/Kohte § 289 Rn. 16; Pottschmidt, S. 213 ff. **40** ErfK/Schlachter BBiG § 10 Rn. 3 a; LR/Wiebauer ArbSchG § 2 Rn. 28. **42** Ausführlich dazu Kollmer/Klindt/Schucht/Kohte ArbSchG § 2 Rn. 67 ff. mwN zu den einzelnen Gruppen. **43** BT-Drs. 13/3540, 15. **44** BAG 15.3.1991 – 2 AZR 516/90, EzA § 47 BBiG Nr. 1. **45** KR/Bader KSchG § 23 Rn. 43.

Wahlfeststellung als Arbeitnehmer, zumindest jedoch als arbeitnehmerähnliche Personen einzubeziehen.⁴⁶

(5) Dem umfassenden Begriff der Berufsbildung entspricht es, auch **betrieblich Auszubildende im Gesundheitswesen** einzubeziehen, da deren Sonderstellung auf kompetentiellen und nicht auf materiellen Erwägungen beruht.

(6) **Betriebspraktikanten sowie Studenten**, die während des Praktikums **in einer privatrechtlichen Vertragsbeziehung** zum Betriebsinhaber stehen, unterliegen dem Berufsbildungsrecht und damit dem Arbeitsschutzrecht gemäß § 2 Abs. 2 Nr. 2 ArbSchG.⁴⁷ Fehlt dagegen eine vertragliche Beziehung, wird die Anwendung dieser Norm abgelehnt.⁴⁸ In diesem Fall gilt beispielsweise für die durch Fachschulen, Fachhochschulen und Hochschulen organisierten Praktika § 1 Abs. 1 Nr. 4 JArbSchG, wonach diese Praktika als ein der Berufsausbildung ähnliches Ausbildungsverhältnis zu verstehen sind. Rechtssystematisch unterfallen diese Praktikanten dann als arbeitnehmerähnliche Beschäftigte § 2 Abs. 2 Nr. 3 ArbSchG. Gleiches gilt für die Schülerpraktika sowie für die betrieblich durchgeführte Berufsausbildungsvorbereitung nach §§ 1 Abs. 2, 68 ff. BBiG.⁴⁹ Die differenzierte Kodifikation der Praktika in § 22 MiLoG beruht hingegen auf Wertungen, die nicht für den Arbeitsschutz nutzbar gemacht werden können.⁵⁰

(7) In der Arbeitsschutzverordnung zu künstlicher optischer Strahlung vom 26.7.2010 (OStrV), die die RL 2006/25/EG umsetzt, werden den Beschäftigten **Schülerinnen und Schüler, Studierende und sonstige in Ausbildungseinrichtungen** tätige Personen, die bei ihren Tätigkeiten künstlicher optischer Strahlung ausgesetzt sind, gleichgestellt (§ 2 Abs. 11 OstrV).⁵¹ Damit wird entsprechend der Ermächtigung in § 18 Abs. 1 S. 2 ArbSchG der Begriff der Beschäftigten für diesen Teil des Arbeitsschutzes auf andere als in § 2 Abs. 2 ArbSchG genannte Personen erweitert (→ ArbSchG §§ 18, 19 Rn. 13). Zu dieser Gruppe zählen ua Praktikanten, Doktoranden, Forschungsstipendiaten und Gastwissenschaftler.⁵² Deutlich wird, dass hier nicht auf das Vertragsverhältnis zwischen der Ausbildungseinrichtung und den betroffenen Personen abgestellt wird, sondern die Gefährdung durch die Strahlenbelastung während der Tätigkeit in der Ausbildungseinrichtung in den Vordergrund tritt. Gleichlautende Erweiterungen finden sich in § 2 Abs. 8 LärmVibrationsArbSchV, § 2 Abs. 7 GefStoffV sowie § 2 Abs. 9 BioStoffV sowie in § 2 Nr. 10 EMFV (→ OStRV Rn. 9; → EMFV Rn. 9).

3. Arbeitnehmerähnliche Personen iSd § 5 Abs. 1 ArbGG, ausgenommen der in Heimarbeit Beschäftigten. Da aufgrund der **Zielsetzung** der umfassenden Sicherung und Verbesserung der Sicherheit und des Gesundheitsschutzes am Arbeitsplatz der Arbeitnehmerbegriff des Art. 3 der EG-Rahmenrichtlinie 89/391/EWG **umfassend** zu verstehen ist, ist es sachgerecht, dass in § 2 Abs. 2 Nr. 3 ArbSchG auch **arbeitnehmerähnliche Personen** als Beschäftigte qualifiziert werden. Bei der **Definition** ist zu beachten, dass ein Rückgriff auf das Merkmal der wirtschaftlichen Abhängigkeit, wie es dem Verständnis von Rechtsprechung und Lehre zu § 5 Abs. 1 S. 2 ArbGG entspricht,⁵³ der Zielsetzung des Arbeitsschutzrechts nicht gerecht werden würde. Abzustellen ist vielmehr auf eine vergleichbare **soziale Schutzbedürftigkeit im Vergleich** zu Arbeitnehmern, die sich vor dem Hintergrund der Organisationspflicht des Arbeitgebers gemäß § 3 Abs. 2 Nr. 1 ArbSchG **aus der Einbeziehung des Beschäftigten in eine Arbeitsorga-** 19

---

46 LAG Bremen 9.8.1996 – 2 Ta 15/96, DB 1996, 1884; BAG 24.2.1999 – 5 AZB 10/98, NZA 1999, 557 (559 f.); BAG 21.5.1997 – 5 AZB 30/96, NZA 1997, 1013; gegen eine Übertragung der Rechtsprechung zu § 5 BetrVG, die diese Personengruppe aus dem Anwendungsbereich des § 5 BetrVG herausnimmt, Kollmer/Klindt/Schucht/Kohte ArbSchG § 2 Rn. 70. **47** BAG 30.10.1991 – 7 ABR 11/91, NZA 1992, 808 (809); LSG Bremen 28.8.1997 – L 2 Kr 13/96, Breithaupt 1998, 515. **48** KJP/Hochheim ArbSchG § 2 Rn. 22. **49** Zmarzlik/Anzinger JArbSchG § 1 Rn. 26 f. **50** Kollmer/Klindt/Schucht/Kohte ArbSchG § 2 Rn. 72. **51** BGBl. I 2010, 960. **52** BR-Drs. 262/10, 24. **53** BAG 17.10.1990 – 5 AZR 639/89, NZA 1991, 402; BAG 21.12.2010 – 10 AZB 14/10, NZA 2011, 309; Hauck/Helml/Biebl ArbGG § 5 Rn. 18; Willemsen/Müntefering NZA 2008, 193 (199).

nisation ergeben muss.[54] Dass die Schutzbedürftigkeit der arbeitnehmerähnlichen Personen im Arbeitsschutz aus der Vergleichbarkeit der Tätigkeiten und nicht aus einer wirtschaftlichen Abhängigkeit abzuleiten ist, haben Gesetzgeber und Rechtsprechung bereits zu § 1 Abs. 1 Nr. 3 JArbSchG[55] und § 2 Abs. 2 S. 2 SGB VII[56] erkannt. Diesen Normen kommt ebenso der Charakter eines **Auffangtatbestandes** zu. Schutzlücken sollen geschlossen und Umgehungen vermieden werden; deshalb ist nicht auf den Status, sondern auf die reale und gefahrbringende Beschäftigung abzustellen.

20 Abzustellen ist damit auf den **Organisationsbezug**. Die Abgrenzung des Begriffs des arbeitnehmerähnlichen Beschäftigten gegenüber dem Arbeitnehmerbegriff tritt dabei in den Hintergrund; aufgrund der Konzeption des § 2 Abs. 2 Nr. 3 ArbSchG als **Auffangtatbestand** kommt in jedem dieser Fälle das ArbSchG zur Anwendung. Methodisch kann mit dem Instrument der **Wahlfeststellung** gearbeitet werden, so dass das Gesetz zur Anwendung gelangt, wenn zumindest die Qualifikation als arbeitnehmerähnliche Person feststeht.[57] Das gilt insbesondere vor dem Hintergrund, dass der Anwendungsbereich des Gesetzes bewusst weit gefasst worden ist, um Zweifel bei der Anwendbarkeit des Gesetzes auszuräumen.[58] Im europäischen Kontext[59] werden auch **Organpersonen**, die in den betrieblichen Tätigkeitsbereich einbezogen sind, ebenfalls dem Art. 3 der Richtlinie zugeordnet. In unionsrechtskonformer Auslegung sind sie ebenso in § 2 Abs. 2 Nr. 3 ArbSchG zu integrieren.[60]

21 Die Qualifizierung als arbeitnehmerähnliche Beschäftigte wird für folgende Berufsgruppen diskutiert: In Bereichen wie dem Baugewerbe, den Fertigungsberufen, in Verkehrsbetrieben oder Dienstleistungsunternehmen stellt sich die Frage, ob die unter dem Stichwort „neue Selbstständigkeit" aufkommenden Tätigkeitsgestaltungen als arbeitnehmerähnlich einzustufen sind.[61] Daneben existieren – vor allem im Sozialversicherungsrecht – Beschäftigungsverhältnisse, in denen entweder nach dem Gesetz kein Arbeitsverhältnis begründet wird oder die durch Literatur und/oder Rechtsprechung nicht als Arbeitsverhältnis qualifiziert werden. Dabei ordnet das Gesetz für einige der Fälle ausdrücklich die Geltung der arbeitsschutzrechtlichen Bestimmungen an. Dazu zählen beispielsweise die **Arbeitsgelegenheiten nach § 16 d SGB II**[62] sowie die Tätigkeiten im Jugendfreiwilligendienst[63] und im Bundesfreiwilligendienst.[64] Für andere Fälle fehlt eine ausdrückliche gesetzgeberische Wertung. So werden weder das betriebliche Verhältnis eines **rehabilitationsrechtlichen Wiedereingliederungsvertrages nach § 28 SGB IX**[65] noch der **Wiedereingliederungsvertrag gemäß § 74 SGB V**[66] als Arbeitsverhältnis eingestuft, die Art der innerbetrieblichen Beschäftigung aber als arbeitnehmerähnliches Verhältnis qualifiziert.[67] Zuletzt sollen **Pflegekräfte auf vereinsrechtlicher Grundlage** in den Blick genommen werden. Im Gegensatz zu Pflegekräften auf arbeits-

---

54 Pottschmidt, S. 226 ff.; Müller, S. 225 ff., insbes. 236 f.; Kollmer/Klindt/Schucht/Kohte ArbSchG § 2 Rn. 83 ff.; Kohte in: EAS B 6100 Rn. 33; Däubler ZIAS 2000, 326 (331); Wilrich in: Nöthlichs ArbSchG § 2 Rn. 3.3.1; Bücker in: FS Kohte, S. 21, 39 f.; differenzierend LR/Wiebauer ArbSchG § 2 Rn. 38. **55** Vgl. zur Diskussion einer mangelnden Eignung der tarifrechtlichen Kategorien bereits im Jugendarbeitsschutzrecht → JArbSchG § 1 Rn. 9; Molitor/Vollmer/Germelmann JArbSchG § 1 Rn. 45; Zmarzlik/Anzinger JArbSchG § 1 Rn. 19 ff.; es soll möglichst jede abhängige Beschäftigung erfasst werden, ErfK/Schlachter JArbSchG § 1 Rn. 9 mit Verweis auf BT-Drs. 7/2305, 26. **56** Für einen möglichst umfassenden Versicherungsschutz wird ebenso nicht auf Kriterien der persönlichen oder wirtschaftlichen Abhängigkeit abgestellt, sondern allein die Vergleichbarkeit der Tätigkeit mit der eines Beschäftigten für ausreichend erachtet. BSG 28.5.1957 – 2 RU 250/55, BSGE 5, 168, 173; BSG 20.4.1993 – 2 RU 38/95, SozR 3-2200 § 539 RVO Nr. 25 mwN; BSG 27.3.2012 – B 2 U 5/11 R, NZS 2012, 826 (828). **57** So Kollmer/Klindt/Schucht/Kohte ArbSchG § 2 Rn. 89 mwN; LR/Wiebauer ArbSchG § 2 Rn. 33; VG Regensburg 8.12.2016 – Rn. 5 K 15.1767 sowie zu diesem Urteil Kohte/Schulze-Doll, jurisPR-ArbR 14/2017 Anm. 2. **58** BT-Drs. 13/3540, 15. **59** EuGH 11.11.2010 – C-232/09, NZA 2011, 143 (Danosa), dazu Oberthür NZA 2011, 253; Kohte in: FS Horst, S. 337 ff. und Schubert ZESAR 2013, 5 ff. **60** Kollmer/Klindt/Schucht/Kohte ArbSchG § 2 Rn. 119 für Fremdgeschäftsführer. **61** Siehe dazu ausführlich Kollmer/Klindt/Schucht/Kohte ArbSchG § 2 Rn. 90 ff. mwN. **62** Gagel/Kohte SGB II § 16 d Rn. 11. **63** § 13 S. 1 JFDG. **64** § 13 Abs. 1 BFDG, was gemäß § 18 Abs. 1 BFDG auch für Freiwilligendienste mit Flüchtlingsbezug gilt, dazu LR/Wiebauer ArbSchG § 2 Rn. 49; Leube ZTR 2016, 74 (75). **65** Liebig in: LPK-SGB IX § 28 Rn. 6. **66** BAG 29.1.1992 – 5 AZR 37/91, NZA 1992, 643. **67** FKSB/Nebe SGB IX § 28 Rn. 26.

vertraglicher Grundlage werden zB Schwestern im Verhältnis zum Deutschen Roten Kreuz in der Rechtsprechung immer noch nicht als Arbeitnehmer oder arbeitnehmerähnliche Personen angesehen.[68] Diese angenommene Ausschließlichkeit eines Mitglieds- oder eines Arbeitsverhältnisses ist abzulehnen.[69] Zwar verlangt die Rechtsprechung, dass die Begründung vereinsrechtlicher Arbeitspflichten nicht zur Umgehung zwingender arbeitsrechtlicher Schutzbestimmungen führen dürfe,[70] jedoch lehnt sie im Ergebnis eine solche Umgehung ab. Das ist gerade unter arbeitsschutzrechtlichen Aspekten nicht der Fall. Die Satzungen des DRK gewährleisten keinen dem Gesetz vergleichbaren arbeitsschutzrechtlichen Schutz (zur Aufspaltung der Arbeitgeberfunktion bei Gestellungsverträgen → Rn. 28).[71] Durch die aktuelle Rechtsprechung des Europäischen Gerichtshofs[72] ist hier eine Änderung möglich, die zumindest zur Anerkennung als arbeitnehmerähnliche Beschäftigte im Arbeitsschutz führen kann (→ Rn. 28).

Nicht vom Anwendungsbereich des Gesetzes umfasst sind die **Heimarbeiterinnen und** 22 **Heimarbeiter** als eine der wichtigsten Gruppe arbeitnehmerähnlicher Beschäftigter.[73] Heimarbeiter im Sinne des § 2 Abs. 1 HAG sind zwar von ihrem Auftraggeber wirtschaftlich abhängig und damit schutzbedürftig, aber im Unterschied zum Arbeitnehmer persönlich selbstständig und hinsichtlich der Art und Weise der Erledigung der Arbeit sowie deren Einteilung frei.[74] Begründet wird die Ausnahme im ArbSchG mit dem Verweis auf Sondervorschriften im HAG zu Sicherheit und Gesundheitsschutz, die ausreichend seien und nicht zu verallgemeinern wären.[75] § 12 Abs. 1 HAG bestimmt die Anforderungen für Arbeitsstätten der in Heimarbeit Beschäftigten einschließlich der Maschinen, Werkzeuge und Geräte. Sie müssen derart beschaffen, eingerichtet und unterhalten sein, dass keine Gefahren für Leben, Gesundheit und Sittlichkeit der Beschäftigten und ihrer Mitarbeiter entstehen. Die Verantwortung dafür ist entsprechend der Organisationsmacht der Beteiligten zweigeteilt: Überlässt der Auftraggeber den in Heimarbeit Beschäftigten technische Hilfsmittel und Arbeitsstoffe zur Verwendung, hat er dafür zu sorgen, dass die in Heimarbeit Beschäftigten nicht gefährdet werden (§ 16 Abs. 1 HAG). Für Räume und Betriebseinrichtungen ist derjenige verantwortlich, der sie unterhält, in der Regel ist das der in Heimarbeit Beschäftigte (§ 16 Abs. 2 HAG). Folgerichtig sind die in Heimarbeit Beschäftigten in § 2 Abs. 9 S. 2 BioStoffV[76], in § 2 Abs. 7 Nr. 1 GefStoffV[77] sowie in § 2 Abs. 4 S. 2 Nr. 2 BetrSichV[78] Arbeitnehmern gleichgestellt. Stellt der Auftraggeber Gefahrstoffe zur Verfügung, hat er zum einen zu beachten, dass im Bereich der Heimarbeit nur Tätigkeiten mit geringer Gefährdung durchgeführt werden dürfen (§§ 16 Abs. 4, 6 Abs. 11 GefStoffV). Zum anderen obliegt ihm im Rahmen seiner Verantwortung für den Arbeitsschutz die Gefährdungsbeurteilung samt der Einleitung der erforderlichen Schutzmaßnahmen nach § 7 Abs. 1 GefStoffV, bevor die Tätigkeit aufgenommen werden darf. Im Arbeitsstättenrecht fehlt eine vergleichbare Einbeziehung für diejenigen Fälle, in denen die in Heimarbeit Beschäftigten die Räume und Betriebseinrichtungen nicht unterhalten. Die Herausnahme der in Heimarbeit Beschäftigten aus der Geltung des ArbSchG führt hier zu einem verminderten Schutzniveau. Das entspricht weder den Vorgaben der EG-Rahmenrichtlinie

---

[68] BAG 6.7.1995 – 5 AZB 9/93, NZA 1996, 33 ff.; BAG 23.6.2010 – 7 ABR 1/09, NZA 2010, 1302 ff. [69] Zutreffend Mestwerdt NZA 2014, 281 ff. [70] BAG 6.7.1995 – 5 AZB 9/93, NZA 1996, 33 ff.; BAG 22.4.1997 – 1 ABR 74/96, NZA 1997, 1297 ff.; bestätigt in BAG 29.8.2012 – 10 AZR 499/11, NZA 2012, 1433 ff. [71] Nebe/Schulze-Doll AuR 2010, 216 ff., Anm. zu LAG Düsseldorf 30.10.2008 – 15 TaBV 245/08; Kollmer/Klindt/Schucht/Kohte ArbSchG § 2 Rn. 110. [72] EuGH 17.11.2016 – C-216/15, NZA 2017, 43; ihm folgend der Beschluss des BAG 21.2.2017 – 1 ABR 62/12, in dem der Einsatz von DRK-Schwestern in einem Krankenhaus aufgrund eines Gestellungsvertrages als Arbeitnehmerüberlassung qualifiziert wurde (Pressemitteilung des BAG 10/2017). [73] Vgl. zur Frage, welche Mitarbeit auf familien-, verbands- und organisationsrechtlicher Grundlage in den Anwendungsbereich fällt, Kollmer/Klindt/Schucht/Kohte ArbSchG § 2 Rn. 115 f. [74] BAG 14.6.2016 – 9 AZR 305/15, NZA 2016, 1453; Münch/ArbR/Heenen § 315 Rn. 3. [75] BT-Drs. 13/4733, 13 gegen den Vorschlag des Bundesrates, die in Heimarbeit Beschäftigten einzubeziehen, BT-Drs. 13/4733, 3; KJP/Hochheim ArbSchG § 2 Rn. 26. [76] BioStoffV vom 27.1.1999, BGBl. I, 50, letzte Änderung BGBl. I 2017, 626. [77] GefStoffV vom 26.11.2010, BGBl. I, 1643, letzte Änderung BGBl. I 2017, 626. [78] BetrSichV vom 27.2.2002, BGBl. I, 3777, ersetzt durch BetrSichV vom 3.2.2015, BGBl. I, 49, letzte Änderung 15.11.2016, BGBl. I, 2549.

89/391/EWG, wonach der Gesundheitsschutz am Arbeitsplatz umfassend realisiert werden soll, noch dem Willen des deutschen Gesetzgebers, der die Bereichsausnahme allein damit begründete, im HAG gäbe es umfassende Sondervorschriften. Tatsächlich fehlen im HAG und sonstigen Arbeitsschutzrecht für die Fälle, in denen sich die Durchführungspflicht des § 16 Abs. 2 HAG nicht an den Auftraggeber oder Zwischenmeister richtet, arbeitsschutzrechtliche Vorschriften, die Pflichten zur Gefährdungsbeurteilung, Information und Unterweisung regeln. In richtlinienkonformer Auslegung des § 16 HAG ist dieses verminderte Schutzniveau auszugleichen.[79] Das Ergebnis entspricht der Judikatur des Europäischen Gerichtshofs, wonach Ausnahmen vom Anwendungsbereich – nach Art. 3 lit. a EG-Rahmenrichtlinie 89/391/EWG nur für Hausangestellte – und vom Schutzniveau der Richtlinien eng auszulegen sind.[80]

23 Tätigkeiten, die mit einer gewissen Regelmäßigkeit außerhalb des Betriebs mithilfe von neuen Informations- und Kommunikationstechniken erbracht werden, sind als **Telearbeit** zu qualifizieren.[81] Im Unterschied zur Heimarbeit wird Telearbeit **überwiegend in der Form von Arbeitsverhältnissen** durchgeführt, so dass das Arbeitsschutzrecht regelmäßig anwendbar ist.[82] Für das ausschlaggebende Merkmal der persönlichen Abhängigkeit ist auf konkrete Ausgestaltungsmerkmale der Tätigkeit abzustellen, wie Erledigungsfristen, Bereitschaftsdienst, Regelung der freien Tage sowie Urlaub, Bindung an nur einen Arbeitgeber und die Kontrolle durch denselben.[83] Nur ausnahmsweise, soweit eine organisatorische oder technische Einbindung fehlt und die Tätigkeit typischerweise gekennzeichnet ist durch die Arbeit für verschiedene Auftraggeber, kann Heimarbeit im Sinne des § 2 HAG angenommen werden.[84] Das Arbeitsschutzrecht ist im Bereich Telearbeit von besonderer Bedeutung, weil die Arbeitsbedingungen im Vergleich zur normalen Betriebsstätte vielfältiger, flexibler und individueller und gleichzeitig für den Arbeitgeber schwerer beeinflussbar sowie kontrollierbar sind.[85] Die normative Rollenverteilung bei den Verantwortlichkeiten im Arbeitsschutzrecht bedeutet, dass eine Abwälzung der Arbeitgebern obliegenden Arbeitsschutzpflichten auf Beschäftigte unzulässig ist.[86] Hervorzuheben sind im Rahmen der Telearbeit neben dem zwingenden Arbeitszeitschutz folgende Pflichten: Gemäß § 3 ArbStättV hat der Arbeitgeber die Arbeitsstätte verordnungskonform einzurichten und zu betreiben. Ausnahmen, etwa von Anhang 1.2. zur ArbStättV, der Mindestanforderungen an die Arbeitsräume stellt, sind nach § 3 a ArbStättV möglich (→ ArbStättV Rn. 92 ff.). Daneben muss der Arbeitgeber infolge der Nutzung von IT-Anwendungen geeignete Maßnahmen treffen, damit die Bildschirmarbeitsplätze arbeitsschutzrechtskonform gestaltet werden (Anhang Nr. 6 ArbStättV; → ArbStättV Rn. 162 ff.).[87]

24 Neue Formen der Beschäftigung werfen vergleichbare Fragen auf. Im Rahmen des **Crowdworkings** werden Arbeiten, die aus allen Bereichen der Wertschöpfung eines Unternehmens stammen können, durch den Auftraggeber (Crowdsourcer) auf einer Internetplattform eingestellt und zur Erledigung einer üblicherweise unbestimmten Menge von Menschen, der „Crowd", angeboten. Auch in dieser Konstellation ist ein Arbeitsverhältnis möglich.[88] Erfolgt die Auftragsbearbeitung durch Unternehmensexterne, ist bei einer Einbeziehung dieser Personen in die Arbeitsorganisation die Qualifizierung als arbeitnehmerähnlich durchaus denkbar und in der Literatur bereits aufgenommen.[89] Gerade für die **Einordnung externer Arbeitskräfte in Netzwerkorganisationen** wird eine solche Begriffsbildung befürwortet.[90]

25 **4. Beschäftigte in öffentlich-rechtlichen Dienstverhältnissen.** Ebenso sind alle in einem öffentlich-rechtlichen Dienstverhältnis Tätigen in den Schutz des Gesetzes einbezogen.

---

79 So zu Recht Müller, S. 235 f.; Kollmer/Klindt/Schucht/Kohte ArbSchG § 2 Rn. 121. **80** Kohte/Faber, Anm. zu EuGH 14.9.2004 – C-168/03, ZESAR 2005, 286 (291). **81** Fitting BetrVG § 5 Rn. 194; zur Telearbeit Wedde, Telearbeit, 2002. **82** Auglebe ArbRaktuell 2016, 132. **83** Fitting BetrVG § 5 Rn. 201 ff. **84** Wank NZA 1999, 225 (233 ff.). **85** Wedde, Rn. 388, 394 ff. **86** Wedde, Rn. 417 ff. **87** Siehe zu diesen Arbeitgeberpflichten in der ArbStättV und der BildscharbV Wedde, Rn. 425 ff. sowie 443 ff. **88** Krause, Gutachten zum 71. DJT, 2016 B 104. **89** Kollmer/Klindt/Schucht/Kohte ArbSchG § 2 Rn. 100; Däubler/Klebe NZA 2015, 1032 (1036); Kohte NZA 2015, 1417 (1422); Pieper, ArbSchG § 2 Rn. 22 a; Krause, Gutachten zum 71. DJT, 2016, B 105 ff. **90** Bücker: FS Kohte, S. 21, 42.

Damit wird die lange Zeit bestehende Ausklammerung des öffentlichen Dienstes aus dem Arbeitsschutzrecht überwunden,[91] während im europäischen Arbeitsrecht Beamte bereits seit längerem als Arbeitnehmer zählen.[92] Insbesondere der organisationsorientierte, präventive Arbeitsschutz im öffentlichen Dienst und im Beamtenrecht blieb deutlich hinter den Anforderungen des europäischen Rechts zurück.[93]
Als Beschäftigte im öffentlichen Dienst nennt das Gesetz zuerst **Beamtinnen und Beamten**. Gemäß § 4 BBG sind nach dem statusrechtlichen Beamtenbegriff alle diejenigen Personen als Beamte zu qualifizieren, die zu einem mit Dienstherrenfähigkeit ausgestatteten Träger öffentlicher Verwaltung in einem öffentlich-rechtlichen Dienst- und Treuverhältnis stehen. Entsprechend der Lehre vom Beschäftigungsverhältnis gilt auch das fehlerhafte Beamtenverhältnis als Beschäftigungsverhältnis iSd Gesetzes.[94] Weiterhin werden **Richterinnen und Richter** sowie **Soldatinnen und Soldaten** genannt, da das Richterverhältnis nach der Systematik des DRiG und das Rechtsverhältnis der Soldaten als eigenständiges öffentlich-rechtliches Dienstverhältnis und nicht als Beamtenverhältnis gelten.[95] Zudem gilt das Gesetz für Kirchenbeamte, sofern die Bediensteten als Beamte berufen wurden.[96]

5. Die in Werkstätten für Behinderte Beschäftigten. In Werkstätten für Behinderte sollen zwei voneinander abweichende Konzeptionen – die eine mehr arbeitsmarkt-, leistungs- und produktionsorientiert, die andere mehr auf Beschäftigungs- und Arbeitstherapie, auf Betreuung und soziale Eingliederung gerichtet – vereinigt werden.[97] Bei den dort begründeten Beschäftigungsverhältnissen ist zu differenzieren:[98] Behinderte im Arbeitsbereich können in einem **Arbeitsverhältnis** oder in einem **arbeitnehmerähnlichen Rechtsverhältnis** zur Werkstatt stehen (§ 138 Abs. 1 SGB IX). Für Teilnehmer an Maßnahmen im Eingangsverfahren und im Berufsbildungsbereich verweist § 138 Abs. 4 SGB IX auf § 36 SGB IX, der ebenso für Rehabilitanden gilt. Unabhängig von der Art des Beschäftigungsverhältnisses besteht bei allen Behinderten das gleiche Schutzbedürfnis in arbeitsschutzrechtlicher Hinsicht. Konsequent ist daher der Anwendungsbereich des § 2 Abs. 2 Nr. 7 ArbSchG weiter als der § 138 Abs. 1 SGB IX, da **alle Beschäftigten** in allen Bereichen der Werkstatt für Behinderte umfasst werden. Die Anwendung von § 138 SGB IX ist ebenfalls zu prüfen, wenn entgegen § 136 Abs. 3 SGB IX auch nicht „werkstattfähige" Behinderte in der Werkstatt tätig sind.[99] Daraus folgt für die Beschäftigten eine umfassende Anwendung des Arbeitsschutzrechts, die Schutzlücken vermeidet und sowohl den Betroffenen als auch der Aufsicht eine klare Zuordnung ermöglicht.[100]

V. Arbeitgeberbegriff

Der Arbeitgeber ist als maßgeblich Verpflichteter nach §§ 3, 12 ArbSchG zentraler Normadressat des Gesetzes. Die **Definition in Art. 3 lit. b der EG-Rahmenrichtlinie 89/391/EWG** knüpft sowohl an seine Stellung im Beschäftigtenverhältnis als auch an seine Verantwortung für den Betrieb an. Die **Definition in § 2 Abs. 3 ArbSchG** legt den Schwerpunkt allgemein auf die **tatsächliche Beschäftigung von Personen**,[101] wodurch an den Aufbau einer Betriebsorganisation und die Integration der Beschäftigten in diese Organisation angeknüpft wird. Zugleich damit verdeutlicht, dass die Pflichten des ArbSchG auch im fehlerhaften Vertragsverhältnis zur Anwendung kommen.[102] Mit

---

91 Zur Kritik an der Ausklammerung siehe Buchholz ZTR 1991, 455 (458); Wlotzke RdA 1992, 85 (94). **92** EuGH 3.7.1986 – C-66/85, EAS Art. 48 EGV Nr. 36 (Lawrie Blum); EuGH 2.10.1997 – C-1/95, EAS Art. 3 RL/75/207 Nr. 1 (Gerster). **93** Kohte RdJB 2008, 198 ff. **94** Kollmer/Klindt/Schucht/Kohte ArbSchG § 2 Rn. 58; LR/Wiebauer ArbSchG § 2 Rn. 53. **95** LR/Wiebauer ArbSchG § 2 Rn. 55; Kollmer/Klindt/Schucht/Kohte ArbSchG § 2 Rn. 62 f. **96** Wilrich in: Nöthlichs ArbSchG § 2 Rn. 3.4.2 mit Hinweis auf die näheren Einzelheiten bei Georgi, S. 76 ff.; LRWiebauer ArbSchG § 2 Rn. 53. **97** BSG 13. 6.1989 – 2 RU 1/89, BSGE 65, 138, 142 f. **98** Zur bisherigen Rechtslage siehe Neumann/Pahlen/Majerski SGB IX § 138 Rn. 5 mwN. **99** Siehe dazu den Sachverhalt in BAG 17.3.2015 – 9 AZR 994/13, NZA 2015, 1071. **100** BT-Drs. 13/3540, 15; KJP/Hochheim ArbSchG § 2 Rn. 32. **101** Die Definition lehnt sich damit an supranationale Vorschriften an und entspricht im Wesentlichen § 3 JArbSchG, dazu Kollmer/Klindt/Schucht/Kohte ArbSchG § 2 Rn. 124 ff. **102** Kollmer/Klindt/Schucht/Kohte ArbSchG § 2 Rn. 126.

dieser offenen Formulierung wird die Arbeitgeberstellung auch auf die Auftraggeber arbeitnehmerähnlicher Personen erstreckt. Arbeitgeber in diesem Sinne sind natürliche und juristische Personen sowie rechtsfähige Personengesellschaften.[103] Neben dem Arbeitgeber werden im Interesse eines effektiven betrieblichen Arbeitsschutzes mithilfe von § 13 ArbSchG auch die vertretungsberechtigten Organe und Gesellschafter zur Erfüllung der sich aus dem Gesetz ergebenen Organisationspflichten in die Verantwortung genommen. Adressat der arbeitsschutzrechtlichen Arbeitgeberpflichten ist auch der **Insolvenzverwalter**, der den Betrieb – wenn auch zeitweilig – fortführt und Menschen beschäftigt (→ Insolvenz Rn. 8); dies gilt auch für andere private Amtswalter wie Testamentsvollstrecker und Nachlassverwalter.[104]

28 Aus einer **Aufspaltung der Arbeitgeberstellung** können sich besondere Gesundheitsschutzrisiken ergeben. Für die **gewerbsmäßige Arbeitnehmerüberlassung** ergibt sich aus §§ 12, 14 Abs. 1 AÜG, dass der Verleiher vertragsrechtlich der Arbeitgeber der Leiharbeitnehmer ist. Dieser hat dafür zu sorgen, dass das ArbSchG im Betrieb des jeweiligen Entleihers beachtet wird. Unbeschadet dieser Pflichten des Verleihers treffen den Entleiher gemäß §§ 11 Abs. 6, 12 Abs. 2 AÜG – in Umsetzung der Art. 7, 8 RL 91/383/EWG[105] – konkrete arbeitsplatzbezogene Unterrichtungs- und Unterweisungspflichten, um den Leiharbeitnehmern einen der Stammbelegschaft vergleichbaren Schutz zu gewährleisten. Dieser Zweck verlangt es, dass das Mitbestimmungsrecht nach § 87 Abs. 1 Nr. 7 BetrVG des Entleiherbetriebsrats auch die Leiharbeitnehmer umfasst.[106] Eine vergleichbare Aufspaltung der arbeitsschutzrechtlichen Arbeitgeberstellung erfolgt bei der **nichtgewerbsmäßigen und konzerninternen Arbeitnehmerüberlassung**.[107] Für diese Fälle sind ebenso § 11 Abs. 6 AÜG, § 12 Abs. 2 ArbSchG sowie § 16 Abs. 1 SGB VII heranzuziehen.[108] **Gestellungsverträge** als eine spezifische Form der Überlassung zeichnen sich dadurch aus, dass die überlassende Organisation Personen – die sich aufgrund vereinsrechtlicher Satzung zu einer Tätigkeit, zumeist im Bereich der Krankenpflege, verpflichtet haben – stellt. Wenn die aufnehmende Organisation die gestellten Personen so in die Arbeitsorganisation des Betriebes einsetzt, dass ihr die typischen Arbeitgeberentscheidungen über Art, Ort und Zeit der Tätigkeit zukommen, führt das sowohl zur Anwendbarkeit des § 99 BetrVG als auch des § 2 Abs. 2 Nr. 1 oder 3 ArbSchG.[109]

29 § 8 ArbSchG regelt die Verteilung der arbeitsschutzrechtlichen Pflichten bei der **Zusammenarbeit mehrerer Arbeitgeber**. In Umsetzung von Art. 6 Abs. 4 EG-Rahmenrichtlinie 89/391/EWG haben die Arbeitgeber bei der Durchführung der Sicherheits- und Gesundheitsschutzbestimmungen zusammenzuarbeiten. Sie haben ihre Tätigkeiten sowie die Arbeitsschutzmaßnahmen zu koordinieren und sich gegenseitig zu unterrichten. Diese gesetzliche Organisationspflicht kann Grundlage von Anordnungen nach § 22 Abs. 3 ArbSchG sowie von Regelungen nach § 87 Abs. 1 Nr. 7 BetrVG sein.[110] Im Fall der **Fremdfirmenbeschäftigung** trifft den jeweiligen Arbeitgeber die Informationspflicht nach § 8 Abs. 1 S. 2 ArbSchG; der Betriebsinhaber hat demgegenüber nach § 8 Abs. 2 ArbSchG zu überwachen, dass der Fremdfirmenarbeitgeber seiner Informationspflicht gegenüber seinen Beschäftigten nachkommt.[111]

---

103 Siehe dazu KJP/Hochheim ArbSchG § 2 Rn. 34 f. **104** Kollmer/Klindt/Schucht/Kohte ArbSchG § 2 Rn. 132; LR/Wiebauer ArbSchG § 2 Rn. 63. **105** Richtlinie zur Ergänzung der Maßnahmen zur Verbesserung der Sicherheit und des Gesundheitsschutzes von Arbeitnehmern mit befristetem Arbeitsverhältnis oder Leiharbeitsverhältnis, ABl. EG 1991 L 206/19 ff. **106** BAG 15.12.1992 – 1 ABR 38/92, NZA 1993, 513 ff.; BAG 7.6.2016 – ABR 25/14, NZA 2016, 1420. **107** LR/Wiebauer ArbSchG § 2 Rn. 68; ausführlich Julius, S. 104 ff. **108** Pieper ArbSchG § 12 Rn. 18 a. **109** BAG 22.4.1997 – 1 ABR 74/96, NZA 1997, 1297 (1299); BAG 23.6.2010 – 7 ABR 1/09, NZA 2010, 1302; EuGH 17.11.2016 – C-216/15, NZA 2017, 43; BAG 21.2.2017 – 1 ABR 62/12; Pieper ArbSchG § 2 Rn. 17; Julius, S. 188 ff.; Nebe/Schulze-Doll AuR 2010, 216 ff., Anm. zu LAG Düsseldorf 30.10.2008 – 15 TaBV 245/08. **110** Kohte in: EAS B 6100 Rn. 80. **111** Umsetzung von Art. 10 Abs. 2 EG-Rahmenrichtlinie 89/391/EWG; Wilrich in: Nöthlichs ArbSchG § 8 Rn. 3.1.

VI. Sonstige Rechtsvorschriften

§ 2 Abs. 4 ArbSchG definiert den in § 1 Abs. 3 ArbSchG verwendeten Begriff „sonstige Rechtsvorschriften". Diese **eigenständige arbeitsschutzrechtliche Definition**[112] ist auf Vorschriften, die Maßnahmen des Arbeitsschutzes (→ Rn. 2 ff.) betreffen, begrenzt. Neben Regelungen, die ausschließlich dem Arbeitsschutz dienen, sind auch solche umfasst, die auch noch andere Schutzziele verfolgen. Als Rechtsvorschriften gelten alle Gesetze, Rechtsverordnungen, Landesgesetze und etwaige Landesverordnungen. **Ausgenommen**[113] sind hingegen **Tarifverträge**.[114] Auch wenn Regelungen zum Arbeitsschutz und zur menschengerechten Arbeitsgestaltung zum Kernbereich tariflicher Vereinbarungen gehören, ist die Ausklammerung durch den Charakter des ArbSchG als einem Gesetz zur Regulierung öffentlich-rechtlicher Aufsicht bedingt.[115] 30

Daneben sind ausdrücklich die **Unfallverhütungsvorschriften** der Träger der gesetzlichen Unfallversicherung nach § 15 Abs. 1 SGB VII als spezielle Form autonomer Rechtssetzung erfasst. Entsprechend der Zielsetzung, der Rechtssetzung der Berufsgenossenschaften unter den Bedingungen des europäisch verfassten Arbeitsschutzrechts einen eigenständigen Rahmen zu geben, haben Unfallverhütungsvorschriften ebenfalls die Aufgabe, die Inhalte europarechtlicher Richtlinien in nationales Recht umzusetzen und zu konkretisieren.[116] Das Unfallversicherungsmodernisierungsgesetz vom 30.10.2008[117] hat die Bedeutung der Rechtssetzung durch Unfallverhütungsvorschriften insoweit eingeschränkt, als nunmehr nach § 15 Abs. 1 S. 1 ArbSchG die Regel gilt, dass **staatliches Arbeitsschutzrecht** im Kollisionsfall **generell vorgeht**. Als Folge soll das Regelwerk des deutschen Arbeitsschutzrechts überschaubar und damit deutlich vereinfacht werden.[118] Weitere Einzelheiten ergeben sich aus dem GDA-Leitlinienpapier vom 31.8.2011 zur Neuordnung des Vorschriften- und Regelwerks im Arbeitsschutz (→ ArbSchG §§ 20 a, 20 b Rn. 15).[119] Keine Rechtsvorschriften sind dagegen die in letzter Zeit von der Unfallversicherung zunehmend genutzten **Branchenregeln**.[120] 31

VII. Betrieb und Dienststelle

§ 2 Abs. 5 S. 1 ArbSchG stellt die Dienststellen den Betrieben gleich und bezieht damit den öffentlichen Dienst in das betrieblich geprägte Arbeitsschutzrecht ein. Soweit in den Regelungen des ArbSchG auf den **Betriebsbegriff** Bezug genommen wird, ist damit nicht der betriebsverfassungsrechtliche Begriff nach §§ 1, 4 BetrVG gemeint. Schwellenwerte, wie in der 2013 aufgehobenen Norm des § 6 Abs. 1 S. 3 ArbSchG, beziehen sich auf den Arbeitgeber und nicht auf den Betrieb.[121] Wird sonst auf den Betrieb Bezug genommen, ist damit die betriebliche Tätigkeit, in deren Rahmen sich ein Unfall ereignet oder eine Kooperation entwickelt hat, gemeint.[122] Betriebsbezogen und damit abhängig von der betriebsverfassungsrechtlichen Definition ist allerdings die in § 11 ASiG geregelte Pflicht zur Bildung eines Arbeitsschutzausschusses (→ ASiG § 11 Rn. 7).[123] § 2 Abs. 5 S. 2 ArbSchG definiert in Anlehnung an § 6 Abs. 1 BPersVG die **Dienststelle** als den spezifischen Betrieb des öffentlichen Dienstes. Aus Gründen der systematischen Einheit ist dieser Dienststellenbegriff auch bei der Bildung eines Arbeitsschutzausschusses in jeder Dienststelle heranzuziehen.[124] 32

---

112 Kollmer/Klindt/Schucht/Kohte ArbSchG § 2 Rn. 141. **113** Zu weiteren Fallgruppen Kollmer/Klindt/Schucht/Kohte ArbSchG § 2 Rn. 144. **114** Anders zu Art. 2 EGBGB: BAG 7.6.1984 – 2 AZR 602/82, NZA 1985, 121 ff. **115** Kollmer/Klindt/Schucht/Kohte ArbSchG § 2 Rn. 142. **116** Wilhelm, S. 135 ff. **117** BGBl. I, 2130. **118** BT-Drs. 16/9154, 26 f. **119** www.gda-portal.de. **120** Felz Gute Arbeit 12/2016, 30 ff. **121** Pieper ArbSchG § 2 Rn. 32. **122** Kollmer/Klindt/Schucht/Kohte ArbSchG § 2 Rn. 146. **123** Ausführlich Kollmer/Klindt/Schucht/Kohte ArbSchG § 2 Rn. 147. **124** Kollmer/Klindt/Schucht/Kohte ArbSchG § 2 Rn. 149.

Zweiter Abschnitt Pflichten des Arbeitgebers

§ 3 ArbSchG Grundpflichten des Arbeitgebers

(1) ¹Der Arbeitgeber ist verpflichtet, die erforderlichen Maßnahmen des Arbeitsschutzes unter Berücksichtigung der Umstände zu treffen, die Sicherheit und Gesundheit der Beschäftigten bei der Arbeit beeinflussen. ²Er hat die Maßnahmen auf ihre Wirksamkeit zu überprüfen und erforderlichenfalls sich ändernden Gegebenheiten anzupassen. ³Dabei hat er eine Verbesserung von Sicherheit und Gesundheitsschutz der Beschäftigten anzustreben.

(2) Zur Planung und Durchführung der Maßnahmen nach Absatz 1 hat der Arbeitgeber unter Berücksichtigung der Art der Tätigkeiten und der Zahl der Beschäftigten
1. für eine geeignete Organisation zu sorgen und die erforderlichen Mittel bereitzustellen sowie
2. Vorkehrungen zu treffen, daß die Maßnahmen erforderlichenfalls bei allen Tätigkeiten und eingebunden in die betrieblichen Führungsstrukturen beachtet werden und die Beschäftigten ihren Mitwirkungspflichten nachkommen können.

(3) Kosten für Maßnahmen nach diesem Gesetz darf der Arbeitgeber nicht den Beschäftigten auferlegen.

Literatur: Abele/Hurtienne/Prümper, Usability Management bei SAP Projekten, 2007; *Badura/Steinke,* Präsentismus: Ein Review zum Stand der Forschung, 2011; *Badura et al.,* Fehlzeitenreport 2016: Unternehmenskultur und Gesundheit – Herausforderungen und Chancen, 2016, 95ff.; *BAuA* (Hrsg.) Projekt: „Psychische Gesundheit in der Arbeitswelt", 2016; *BAuA,* Psychische Gesundheit in der Arbeitswelt – Führung 2016; *BAuA,* Projekt: Psychische Gesundheit in der Arbeitswelt – Lärm 2016; *Bayerisches Staatsministerium für Arbeit, Sozialordnung, Familie und Frauen* (Hrsg.), Das OHRIS Gesamtkonzept, Bd. 1, 2. Aufl. 2010; *Bieback/Oppolzer,* Strukturwandel des Arbeitsschutzes, 1999; *Blume,* Das BGM Reifegradmodell, 2016, www.hr&c.de; *Blume,* Arbeitsrechtliche und Arbeitswissenschaftliche Grundlagen der betrieblichen Gesundheitspolitik, in: Badura/Walter/Hehlmann: Betriebliche Gesundheitspolitik, Der Weg zur gesunden Organisation, 2010, 105–132 (zitiert: Blume, Grundlagen); *Blume,* Integration von BGM, in: Badura/Walter/Hehlmann, Betriebliche Gesundheitspolitik. Der Weg zur gesunden Organisation, 2010, 273–288 (zitiert: Blume, Integration); *Blume,* „Forever young" oder ‚Altersflexible Lebensarbeit' in der Praxis; in: Gute Arbeit 11/2006, 32 ff.; *Blume,* Prävention durch Gefährdungsbeurteilungen, in: Festschrift für Wolfhard Kohte, 2016, S. 381 ff.; *Blume,* Projektkompass SAP. Arbeitsorientierte Planungshilfen für die erfolgreiche Einführung von SAP-Software, 1999 (zitiert: Blume, Projektkompass SAP); *Blume/Carlberg,* Die Einführung von ERP-Software als Kooperationsprozess, PPS Management 3/2001, 24 ff.; *Blume/Walter/Bellmann/Wellmann,* Betriebliche Gesundheitspolitik – eine Chance für die Mitbestimmung, 2011; *Blume/Feyh,* Personaleinsatzplanung und Work-Life-Balance, Fehlzeiten-Report 2014, 229 ff.; *Däubler,* Delegierung von Verantwortung im Arbeitsschutzrecht, in: Festschrift für Wolfhard Kohte, 2016, S. 435 ff.; *BMAS,* Weißbuch Arbeiten 4.0, 2016, 18 ff.; *Faber,* Personalratsarbeit in angemieteten Gebäuden, PersR 2013, 358 ff.; *Faber,* Mitbestimmen bei wesentlichen Änderungen von Arbeitsstätten, AiB 2012, 529 ff.; *GDA,* Jahresbericht 2015; *GDA,* Jahresbericht 2016; *GDA* (Hrsg.), Leitlinie Organisation des betrieblichen Arbeitsschutzes, 2017, 7 f.; *GDA,* Leitlinie für Beratung und Überwachung bei psychischen Belastungen am Arbeitsplatz, 2017; *GDA,* Empfehlungen zur Umsetzung der Gefährdungsbeurteilung psychischer Belastungen, 2016, 7; *Geißler,* Umgang mit psychischen Belastungen und Fehlbeanspruchungen, HBS (Hrsg.), 2011; *Gerlmaier/Latniak,* Burnout in der IT-Branche – Ursachen und betriebliche Prävention, 2011; *Haubl/Voß,* Psychosoziale Kosten turbulenter Veränderungen, in:Positionen Heft 1/2009; *Hesse,* Betriebliche Gesundheitsberichterstattung, in: Badura/Walter/Hehlmann, Betriebliche Gesundheitspolitik, 2010, S. 263 ff.; *Jenter,* Arbeits- und Gesundheitsschutz in der Praxis – am Beispiel der Lehrkräfte in öffentlichen Schulen, in: Festschrift für Wolfhard Kohte, 2016, S. 475 ff.; *Jürgen/Blume/Schleicher/Szymanski,* Arbeitsschutz durch Gefährdungsanalyse, 1997; *Kiesche,* Betriebliches Gesundheitsmanagement, 2013; *Kohte,* Arbeitsschutz in der digitalen Welt, NZA 2015, 1417 ff.; *König/Jaschinski,* Individuelle Gestaltung des Bildschirmarbeitsplatzes für die Generation 40 plus – ein Beratungskonzept, Angewandte Arbeitswissenschaft 200/2009, 44 ff.; *Köper/Richter,* Restrukturierung in Organisationen und mögliche Auswirkungen auf die Mitarbeiter, 2012, 5 ff.; *Lange/Szymanski/Berens,* Die Bilanzierung von Instrumenten zur Gestaltung des demografischen Wandels, 2009; LASI 2013, LV 58 Beratung der Länder zu und Umgang der Länder mit Arbeitsschutzmanagementsystemen *Lenßen*, Gefährdungsanalyse psychische Belastungen am Arbeitsplatz, 2014, 9 f.; *Martin/Prümper/van Harten*, Ergonomieprüfer, 2008; *Merdian*, Arbeitsschutzaudits – Leitfaden für die betriebliche Praxis, 2007; *Metze*, Arbeitsschutz-Management-Systeme (AMS) als Hilfen für eine sichere Organisation des Arbeits- und Gesundheitsschutzes, Angewandte Arbeitswissenschaft 197/2008; *Oberberg*, Besetzungsregel – Gesundheitsschutz oder die Verselbständigung von Zitaten – Besprechung des Beschlusses des BAG vom 11.12.2012 – 1 ABR 81/11, RdA 2015, 180 ff.; *Probst*, Arbeitswissenschaftliche Erkenntnisse – Forschungsergebnisse für die Praxis. Bildschirmarbeit – Lärmminderung in Mehrpersonenbüros. Beurteilung und Minderung des Lärms an Bildschirmarbeitsplätzen im Büro und in der Produktion, 2003 (zitiert: Probst, Bildschirmarbeit); *Rehbinder*, Andere Organe der Unternehmensverfassung, ZGR 1989, 305 ff.; *Resch*, Analyse psychischer Belastungen, 2003; *Richter*, BAuA Toolbox Version 1.2., Instrumente zur Erfassung psychischer Belastungen, 2010, 95 ff.; *Scherer/Schaffner*, SAP Training, 2003; *Schmitt*, Geprüft und für gesund befunden, Personalmanagement 11/2009, 51 ff.; *Schmitt/Hammer*, Für welche betrieblichen Kontexte ist der Prozess der Gefährdungsbeurteilung anschlussfähig?, WSI-Mitteilungen 2015, 203 ff.; *Sczesny/Keindorf/Droß*, Kenntnisstand von Unternehmen auf dem Gebiet des Arbeits- und Gesundheitsschutzes in KMU. Ergebnisse einer repräsentativen Befragung von Inhaber/innen / Geschäftsführer/innen in Klein- und Kleinstunternehmen, 2011, 32 ff.; *Romahn*, Gefährdungsbeurteilungen, in: Betriebs- und Dienstvereinbarungen, 2. Aufl. 2013; *Szymanski/Lange/Berens*, Die Bilanzierung von Instrumenten zur Gestaltung des demografischen Wandels, 2009; *Taubert*, Gesundheit im Führungsverhältnis, 2009; *Thewes*, Anforderungen und Potentiale der Gefährdungsbeurteilung nach § 5 ArbSchG, BB 2013, 1141 ff.; *Walter*, Standards des Betrieblichen Gesundheitsmanagements, in: Badura/Walter/Hehlmann, Betriebliche Gesundheitspolitik 2010, 147 ff.; *Velikova/Hummel/Kummert*, Umsetzung des Gesundheitsschutzes im Betrieb – ausgewählte Fragestellungen zum Mitbestimmungsrecht nach § 87 Abs. 1 Nr. 7 BetrVG, in: Festschrift für Wolfhard Kohte, 2016, S. 453 ff.; *Wilrich*, Verantwortlichkeit und Pflichtenübertragung im Arbeitsschutzrecht, DB 2009, 1294; *Wittig-Goetz/Ferdinand*, Betrieblicher Gesundheitsbericht, 2016, 10 ff.; *Wlotzke*, Ausgewählte Leitlinien des Arbeitsschutzgesetzes, in: Festschrift für Wolfgang Däubler, 1999, S. 654 ff.; *Zimolong*, Management des Arbeits- und Gesundheitsschutzes, 2001.

Leitentscheidungen: BAG 10.3.1976 – 5 AZR 34/75, AP Nr. 17 zu § 618 BGB; LAG Hamburg 17.8.2007 – 6 TaBV 9/07, AiB 2008, 101 mAnm Goergens; LAG Rostock 11.11.2008 – 5 TaBV 16/08, dazu Kohte, jurisPR-ArbR 13/2010 Anm. 5; LAG Niedersachsen 21.1.2011 – 1 TaBV 68/10, NZA-RR 2011, 247; OVG Berlin-Brandenburg 8.11.2012 – OVG 62 PV 2.12; BVerwG 14.2.2013 – 6 PB 1/13, PersR 2013, 176; BAG 18.3.2014 – 1 ABR 73/12, NZA 2014, 855; BAG 30.9.2014 – 1 ABR 106/12, NZA 2015, 314; LAG Hamburg 20.1.2015 – 2 TaBV 1/15; BAG 28.3.2017 – 1 ABR 25/15; ArbG Kiel 26.7.2017 – 7 BV 67 c/16; BAG 18.7.2017 – 1 ABR 59/15.

I. Normzweck/Systematik 1	
II. Entstehung/Unionsrecht........ 4	
III. **Grundpflichten des**	
§ 3 Abs. 1 ArbSchG............. 7	
1. Materiellrechtliche Grundpflichten 7	
2. Verfahrensorientierte Grundpflichten 11	
a) Ermittlung der erforderlichen Maßnahmen des Arbeitsschutzes 15	
b) Treffen der erforderlichen Maßnahmen des Arbeitsschutzes 16	
c) Überprüfung der Wirksamkeit der getroffenen Maßnahmen des Arbeitsschutzes 23	
d) Anpassung und Optimierung der Maßnahmen/ Probleme des Bestandsschutzes 29	
e) Gesundheitsschutz in Veränderungsprojekten .. 39	
IV. **Grundpflichten zur Organisation des betrieblichen Arbeitsschutzes nach** § 3 Abs. 2 ArbSchG............ 42	
1. Allgemeine Organisationspflichten nach § 3 Abs. 2 Nr. 1 ArbSchG ... 49	
a) „Geeignete Organisation" 49	
b) Organisation von Wissen 53	
c) Bereitstellung der erforderlichen Mittel......... 65	

2. Spezielle Organisationspflichten nach § 3 Abs. 2 Nr. 2 ArbSchG …	70	c) Organisation der Beteiligung der einzelnen Beschäftigten…………	80
a) Integration in die Führungsstrukturen………	73	3. Exkurs: Arbeitsschutzmanagementsysteme…………	85
b) Integration in alle Tätigkeitsbereiche…………	77	V. Kosten des Arbeitsschutzes…… VI. Rechtsdurchsetzung…………	100 105

I. Normzweck/Systematik

1 Bereits die amtliche Überschrift des § 3 ArbSchG, „**Grundpflichten des Arbeitgebers**", signalisiert, dass es sich um eine arbeitsschutzrechtliche Basisvorschrift handelt. Normzweck des § 3 ArbSchG ist es, elementare und verallgemeinerbare Grundsätze zu normieren, die bei allen Aktivitäten im Bereich des Arbeits- und Gesundheitsschutzes zu beachten sind.[1] In der Sache normieren die Grundpflichten des § 3 ArbSchG Anforderungen an folgende Aspekte des betrieblichen Arbeits- und Gesundheitsschutzes:

- Inhalt und Umfang der **Verantwortung des Arbeitgebers** für den Arbeitsschutz,
- **Vorgehens- und Verfahrensweisen** im Zusammenhang mit dem Arbeitsschutz,
- Pflichten zur Organisation des betrieblichen Arbeitsschutzes sowie
- Regelung der **Kostentragungspflicht** für Arbeitsschutzmaßnahmen.

Obgleich § 3 ArbSchG die Anforderungen sprachlich nur sehr abstrakt umreißt, handelt es sich nicht etwa nur um unverbindliche Programmsätze. Die Vorschrift ist vielmehr als **Generalklausel** zu verstehen, aus der **rechtlich verbindliche Handlungspflichten** folgen.[2] Um die in § 3 ArbSchG verwandten unbestimmten Rechtsbegriffe zu konkretisieren, ist es notwendig, die Grundpflichten in ihrem systematischen Zusammenhang zu den anderen Bestimmungen des ArbSchG und den sonstigen Regelungen des Arbeitsschutzrechts zu interpretieren.

2 Die systematische **Verknüpfung der Grundpflichten mit anderen Vorschriften des ArbSchG und der Arbeitsschutzverordnungen** nach § 18 ArbSchG lässt sich gut an der auf den ersten Blick denkbar offenen Forderung des § 3 Abs. 1 ArbSchG verdeutlichen, wonach der Arbeitgeber die „erforderlichen Maßnahmen des Arbeitsschutzes" zu treffen hat. So ergibt sich aus der Legaldefinition des § 2 Abs. 1 ArbSchG, welche sachlichen Aspekte grundsätzlich unter den Begriff der Maßnahme des Arbeitsschutzes fallen (Verhütung von Arbeitsunfällen und arbeitsbedingten Gesundheitsgefahren einschließlich Maßnahmen der menschengerechten Gestaltung der Arbeit, dazu genauer → ArbSchG § 2 Rn. 5 ff.). Was „erforderlich" ist, folgt systematisch zunächst aus der Gefährdungsbeurteilung gemäß § 5 ArbSchG. Sie ist das arbeitsschutzrechtlich vorgesehene Instrument, um zu ermitteln, welche konkreten Maßnahmen des Arbeitsschutzes im konkreten Einzelfall „erforderlich" sind. Unabhängig davon gilt, dass die Gefährdungsbeurteilung nur ein Verfahren zur Feststellung der (materiellen) Erforderlichkeit einer Maßnahme ist. Auch jede andere valide Erkenntnis über Gefahr und Gefährdungen, die sich zB aus Meldungen der Beschäftigten, Mitteilungen der ASiG-Experten und Hinweisen der Aufsicht ergeben können, ist im Grundsatz geeignet, die materielle „Erforderlichkeit" von Maßnahmen zu begründen (→ Rn. 15). Solche validen Erkenntnisse machen unabhängig davon eine umfassende Gefährdungsbeurteilung nicht entbehrlich. Im Gegenteil, es werden durch diese Informationen idR detaillierte Analysen iSd § 5 ArbSchG angestoßen. Besonderheiten der Gefährdungsbeurteilung für spezifische Gefährdungen folgen zudem aus den speziellen Regelungen der Arbeitsschutzverordnungen, wie zB § 3 ArbStättV, § 3 BetrSichV, § 3 LärmVibrationArbSchV. Die auf den ersten Blick „blutleer" wirkenden Grundpflichten werden also durch andere Bestimmungen des ArbSchG und der Arbeitsschutzverordnungen inhaltlich aufgefüllt. So präzisiert etwa § 3 a ArbStättV die Grundpflichten dahin gehend, dass beim

---

1 Dazu ausführlich Faber, Grundpflichten, S. 32 ff. **2** Vgl. LR/Wiebauer ArbSchG § 3 Rn. 5 ff.; Pieper ArbSchG § 3 Rn. 1 a; aA offenbar Merten, Anm. zu BAG AP Nr. 7 zu § 87 BetrVG 1972 – Gesundheitsschutz.

Treffen der Maßnahmen das Regelwerk des Ausschusses für Arbeitsstätten zu berücksichtigen ist und die Arbeitsstätte sowie die Arbeitsplätze barrierefrei zu gestalten sind. Umgekehrt **ergänzen die Grundpflichten** aber auch diese **Spezialvorschriften**. So finden sich in dem bereits genannten § 3 a ArbStättV keine Regelungen über Wirksamkeitskontrollen (§ 3 Abs. 1 S. 2 ArbSchG). Insoweit ergänzen die Grundpflichten das in der ArbStättV aufgespannte Programm arbeitsschutzrechtlicher Pflichten, denn diese aus den Grundpflichten folgende Verfahrensregel gilt selbstverständlich auch im Bereich des Arbeitsstättenrechts.[3] Die Grundpflichten sind daher auch geeignet, **Lücken zu schließen** oder zu verringern, wenn bestimmte Gefährdungen von den speziellen Vorschriften der Verordnungen nicht erfasst sind.[4] Zutreffend war daher in der Judikatur die zeitweilig im Arbeitsstättenrecht völkerrechtswidrig[5] gestrichene explizite Pflicht zur Bereitstellung von Sitzgelegenheiten – jetzt Anhang Nr. 3.3 ArbStättV – aus § 3 ArbSchG abgeleitet worden.[6] § 3 Abs. 1 ArbSchG wird daher zu Recht als **Auffangtatbestand** eingesetzt für Handlungspflichten, die in den Verordnungen zum ArbSchG ausgeklammert sind (zB Gesundheitsgefährdungen durch Sonnenstrahlung).[7]

In der Literatur wird vor diesem Hintergrund zutreffend ein **Verhältnis gegenseitiger Ergänzung** zwischen den allgemeinen Vorschriften des ArbSchG und den spezielleren Bestimmungen der Arbeitsschutzverordnungen konstatiert.[8] Eine wesentliche „Ergänzungsleistung" der Grundpflichten besteht dabei in der **Integration und Abstimmung** der nach den verschiedenen Rechtsvorschriften normierten **Anforderungen**. Insoweit ist zu beachten, dass nach § 4 Nr. 4 ArbSchG die Maßnahmen mit dem Ziel zu planen sind, Technik, Arbeitsorganisation, sonstige Arbeitsbedingungen, soziale Beziehungen und Einfluss der Umwelt auf den Arbeitsplatz sachgerecht zu verknüpfen. § 3 ArbSchG verpflichtet den Arbeitgeber, vor diesem Hintergrund Wechselwirkungen sowohl zwischen den arbeitsbedingten Gefährdungen als auch den Schutzmaßnahmen zu berücksichtigen. Die Grundpflichten verlangen insoweit ein **Gesamtkonzept in Form einer ganzheitlichen Maßnahmenplanung**, die alle Umstände der Sicherheit und Gesundheit der Beschäftigten bei der Arbeit berücksichtigt (vgl. auch § 3 Abs. 1 S. 1 ArbSchG).[9] 3

II. Entstehung/Unionsrecht

§ 3 ArbSchG hat die bis in das Jahr 1996 geltende arbeitsschutzrechtliche **Generalklausel des § 120 a GewO aF abgelöst**, deren Auslegung vor 1996 dem technikorientierten Arbeitsschutz verhaftet blieb und neue Gefährdungen und organisatorische Probleme nicht erfassen konnte.[10] Die richtlinienkonforme Auslegung des § 120 a GewO durch das Bundesarbeitsgericht im Frühjahr 1996[11] (→ Unionsrecht Rn. 38 f.) zeigte die **Notwendigkeit eines Leitbildwechsels**. 4

Die Vorschrift ist seit dem Inkrafttreten des ArbSchG im Jahre 1996 nicht geändert worden. Ausweislich der Gesetzesbegründung dient § 3 ArbSchG der **Umsetzung von Art. 5 Abs. 1** und **verschiedener Pflichten aus Art. 6** der EU-Rahmenrichtlinie Arbeitsschutz 89/391/EWG.[12] Das Unionsrecht hatte insoweit Entwicklungen aufgegriffen, die in den 1970er Jahren im skandinavischen, britischen und internationalen Arbeitsschutzrecht einsetzten.[13] Das diesen Entwicklungen zugrunde liegende **Konzept der Arbeitsumwelt** ist insbes. dadurch gekennzeichnet, dass es rechtlich verstärkt die **Eigenverantwortung der Betriebe** einfordert. Es verlangt zu diesem Zwecke die eigenständige Entwicklung einer partizipativ und präventiv ausgerichteten Arbeitsschutzpolitik.[14] Hiermit war und ist eine deutliche Akzentverschiebung innerhalb des deutschen Ar- 5

---

3 Dazu in diesem Sinne auch Kollmer/Klindt/Schucht/Kohte ArbSchG § 3 Rn. 12. **4** So auch LR/Wiebauer ArbSchG § 3 Rn. 8. **5** Dazu Kohte/Faber DB 2005, 224 (227). **6** LAG Niedersachsen 21.1.2011 – 1 TaBV 68/10, NZA-RR 2011, 247. **7** Kollmer/Klindt/Schucht/Kohte ArbSchG § 3 Rn. 16; LR/Wiebauer ArbSchG § 3 Rn. 8. **8** Kollmer/Klindt/Schucht/Kohte ArbSchG § 3 Rn. 1; Pieper ArbSchG § 1 Rn. 22; Münch/ArbR/Kohte § 292 Rn. 9. **9** Ausführlich dazu Faber, Grundpflichten, S. 86 ff. **10** Kohte AuR 1984, 263 ff. und BFK Rn. 4 ff. zur Kritik an BAG 6.12.1983 – 1 ABR 43/81, BAGE 44, 285 = NJW 1984, 1476. **11** BAG 2.4.1996 – 1 ABR 47/95, NZA 1996, 998 = CR 1996, 609 mAnm Kohte. **12** BT-Drs. 13/3540, 16. **13** Dazu genauer Kollmer/Klindt/Schucht/Kohte ArbSchG § 3 Rn. 4 f. mwN. **14** Zum Leitbildwechsel BFK Rn. 246 ff.; Wlotzke RdA 1992, 85 ff.

beitsschutzsystems verbunden. Sie betrifft insbes. die Rolle und Aufgaben der Arbeitsschutzaufsicht durch staatliche Arbeitsschutzbehörden und gesetzliche Unfallversicherungsträger (Berufsgenossenschaften, Unfallkassen). Die Zielrichtung der unionsrechtlich nach Art. 4 Rahmenrichtlinie-Arbeitsschutz 89/391/EWG zu gewährleistenden Arbeitsschutzaufsicht liegt heute darin, zu kontrollieren, dass die rechtlichen Instrumente für einen eigenverantwortlichen Arbeitsschutz (vor allem die Gefährdungsbeurteilung nach § 5 ArbSchG sowie die Verfahrens- und Organisationspflichten nach § 3 ArbSchG) eingehalten werden. Der Blick der Aufsicht – so die Konzeption des Gesetzes – soll sich also verstärkt auf die Prozesse richten, **die Sicherheit und Gesundheit im Betrieb herstellen**[15] (→ ArbSchG § 22 Rn. 50 ff.).[16] Die Aufsicht stellt mit anderen Worten das „**staatliche Auffangnetz**" für eine staatlich **regulierte Eigenverantwortung** dar. Neben Verfahrens- und Organisationspflichten soll insbes. durch die gezielte Beteiligung der Beschäftigten und ihrer Interessenvertretungen die Basis geschaffen werden für einen effizienteren, weil den Problemen angemessenen und interessengerechten Arbeits- und Gesundheitsschutz.[17] Dies ist für das deutsche Arbeitsschutzsystem, in dem in der Vergangenheit die konkrete ordnungsbehördliche Anordnung bestimmter (technischer, organisatorischer oder personenbezogener) Schutzmaßnahmen und somit die „Fremdsteuerung" der betrieblichen Aktivitäten durch die Aufsicht im Zentrum stand, eine beachtliche **Akzentverschiebung in Richtung Beratung und Systemkontrolle**.[18]

6 Die unionsrechtliche Anforderung des Art. 5 Abs. 1 RL 89/391/EWG, wonach der Arbeitgeber verpflichtet ist, „für die Sicherheit und Gesundheit der Arbeitnehmer in Bezug auf alle Aspekte, die die Arbeit betreffen, zu sorgen", ist durch § 3 ArbSchG nur unzureichend in das deutsche Recht umgesetzt worden. § 3 Abs. 1 S. 1 ArbSchG reduziert den Begriff „zu sorgen" in der „Rahmenrichtlinie-Arbeitsschutz" auf das „Treffen von Maßnahmen des Arbeitsschutzes". Dies greift zu kurz. Art. 5 der Rahmenrichtlinie normiert eine **umfassende Gewährleistungspflicht des Arbeitgebers** für Sicherheit und Gesundheit der Beschäftigten, die unter seiner Leitung tätig werden.[19] Deutlicher als in der deutschen Fassung der Rahmenrichtlinie-Arbeitsschutz kommt dies in der englischen bzw. französischen Fassung zum Ausdruck, in denen die Begriffe „to ensure" bzw. „assurer" verwendet werden.[20] Diese Gewährleistungspflicht meint mehr als das Treffen von einzelnen Maßnahmen. Sie regelt ein zwingend zu erreichendes **Ziel**, ohne sich auf bestimmte Mittel zur Erreichung dieses verbindlichen Ziels festzulegen. Die in § 3 Abs. 1 S. 1 ArbSchG genannten erforderlichen Maßnahmen des Arbeitsschutzes sind zweifellos bedeutsame Mittel zur Erreichung des Ziels der Gewährleistungspflicht. Maßnahmen des Arbeitsschutzes (Legaldefinition in § 2 Abs. 1 ArbSchG) sind allerdings nicht immer hinreichend, um Sicherheit und Gesundheit zu gewährleisten. Der Arbeitgeber muss ggf. mehr oder anderes tun, um das gesetzliche Ziel, „Sicherheit und Gesundheit zu gewährleisten", zu realisieren. So kann der Arbeitgeber zB rechtlich gehindert sein, die erforderlichen Maßnahmen des Arbeitsschutzes zu treffen, weil er als Mieter oder Pächter nicht befugt ist, umfangreiche Umbaumaßnahmen der Arbeitsstätte vorzunehmen. Diese rechtlichen Hindernisse entbinden den Arbeitgeber nicht von seiner arbeitsschutzrechtlichen Gewährleistungsverantwortung.[21] Er muss dann die (zB vertraglichen) Voraussetzungen für die gebotenen Maßnahmen schaffen. Soweit hier-

---

15 Bieback/Oppolzer, S. 10. **16** Kohte BG 2010, 384 (386); in allen auf den ILO-Leitfaden von 2001 bezugnehmenden Empfehlungen zu Arbeitsschutz-Management-Systemen (AMS) wie LASI 2013, LV 58 Beratung der Länder im Umgang der Länder mit Arbeitsschutzmanagementsystemen (ersetzt LV21 und 22), oder dem Standard-AMS wie beispielsweise OHRIS (Occupational Health- and Risk-Managementsystem; siehe http://www.stmas.bayern.de/arbeitsschutz/managementsysteme/ohris.php) wird der Prozesscharakter der Organisation als kontinuierlicher Entwicklungsprozess betont, der auf interne Audits gestuezt und überwacht werden soll. Vgl. dazu exemplarisch GDA (Hrsg.), Leitlinie Organisation des betrieblichen Arbeitsschutzes, 2017, S. 9 ff. **17** Dazu Faber, Grundpflichten, S. 60 ff. **18** Dazu jetzt LASI-Veröffentlichung 54: Grundsätze der behördlichen Systemkontrolle, 2011, www.lasi.osha.de/docs/lv 54.pdf. **19** LR/Wiebauer ArbSchG § 3 Rn. 5. **20** Dazu Kollmer/Klindt/Schucht/Kohte ArbSchG § 3 Rn. 4; EuArbR/Klindt/Schucht RL 89/391/EWG Rn. 52. **21** Hierzu OVG Münster 29.6.2012 – 20 A 632/10.PVL, PersV 2012, 427; Faber PersR 2013, 358; LR/Wiebauer ArbSchG § 3 Rn. 6.

durch wirtschaftliche Probleme entstehen, verbietet die Gewährleistungspflicht, dass diese zu Lasten der grundrechtlich geschützten Rechte der Beschäftigten auf körperliche Unversehrtheit gehen. Der Arbeitgeber ist insoweit darauf verwiesen, sich an den Vermieter bzw. Verpächter zu halten, denn das Arbeitsstättenrecht ist auch maßgeblich für die Bestimmung der mietvertraglichen Pflichten, wenn Arbeitsräume vermietet werden (→ ArbStättV Rn. 23 ff.).[22]

III. Grundpflichten des § 3 Abs. 1 ArbSchG

1. Materiellrechtliche Grundpflichten. § 3 Abs. 1 ArbSchG regelt eine umfassende präventiv-materiellrechtliche Handlungsverpflichtung des Arbeitgebers bezüglich Sicherheit und Gesundheit der Beschäftigten bei der Arbeit.[23] Tatbestandlich umschrieben wird die Handlungspflicht durch konkretisierungsbedürftige unbestimmte Rechtsbegriffe: Der Arbeitgeber ist verpflichtet, die **erforderlichen Maßnahmen des Arbeitsschutzes zu treffen**. Für die betriebsspezifische Auslegung und Konkretisierung des unbestimmten Rechtsbegriffs „erforderliche Maßnahmen des Arbeitsschutzes" sind **materiellrechtliche und verfahrensrechtliche Gesichtspunkte** heranzuziehen. 7

Weder aus der Grundpflicht des § 3 Abs. 1 ArbSchG noch aus den spezielleren Bestimmungen der Arbeitsschutzverordnungen (zB ArbStättV, BetrSichV, LasthandhabV) ergeben sich konkrete, unmittelbar im Wege der Rechtsauslegung ableitbare Maßnahmen des Arbeitsschutzes. Das ArbSchG und die Arbeitsschutzverordnungen umschreiben das, was **erforderlich** ist, mittels allgemein gehaltener Schutzziele, Gestaltungsprinzipien und Verfahrensweisen. Zentralen Stellenwert haben dabei die in § 4 ArbSchG normierten **„Allgemeinen Grundsätze"**, die in den **Arbeitsschutzverordnungen** für bestimmte Bereiche des betrieblichen Arbeits- und Gesundheitsschutzes weiter ausdifferenziert werden. Ziel dieser bewusst gewählten und für das moderne Arbeitsschutz- und Technikrecht typischen Regelungstechnik ist die verbindliche Festschreibung eines rechtlichen Rahmens für Arbeitsschutzkonzepte, die konsequent an den spezifischen **betrieblichen Problemlagen ansetzen**. Das Gesetz verlangt, ggf. auch betriebsspezifische Schwerpunkte zu setzen (→ ASiG § 14 Rn. 14 f.), die unter Berücksichtigung der gesamten realen und analysierten Gefährdungslage explizit und damit transparent zu begründen und zu dokumentieren sind. Vor diesem Hintergrund verlangt § 3 Abs. 1 ArbSchG vom Arbeitgeber, **in eigener Verantwortung** die Maßnahmen zu treffen, die erforderlich sind, die vorgegebenen und spezifisch ermittelten Schutzziele zu erreichen. Um die vielfältigen Bedingungen in den verschiedenen Sektoren der Arbeitswelt und in Betrieben unterschiedlichster Organisationsstruktur und Größe erfassen zu können, sind diese materiellrechtlichen Schutzziele so formuliert, dass **erhebliche betriebliche Spielräume** bei ihrer Konkretisierung und bei der Auswahl der zu ihrer Realisierung zu treffenden konkreten Maßnahmen des Arbeitsschutzes bestehen. Die mit dem Vollzug des ArbSchG befasste Arbeitsschutzaufsicht hat diese betrieblichen Gestaltungsspielräume so lange zu respektieren, wie der durch das ArbSchG (insbes. § 4 ArbSchG) und die Arbeitsschutzverordnungen gesetzte rechtliche Rahmen gewahrt bleibt. Eigenverantwortung darf also nicht mit Totalabstinenz der hoheitlichen staatlichen Aufsicht verwechselt werden. Ein behördliches Einschreiten ist zB geboten, wenn der Arbeitgeber entgegen § 4 Nr. 3 ArbSchG den Stand der Technik nicht berücksichtigt. Gleiches gilt, wenn entgegen § 4 Nr. 5 ArbSchG lediglich individuelle Schutzmaßnahmen (insbes. persönliche Schutzausrüstungen) getroffen werden, keine oder unvollständige Gefährdungsbeurteilungen durchgeführt werden bzw. geplante Maßnahmen des Arbeitsschutzes nicht oder nicht fristgerecht umgesetzt werden (Systemkontrolle).[24] Dies entspricht den Grundsätzen, auf die sich die Länder in der LV 1 und der LV 54 festgelegt haben.[25] 8

---

22 Dazu bereits BVerwG 29.4.1983 – 1 C 167.79, GewArch 1983, 339 f.; ebenso Münch/ArbR/Kohte § 293 Rn. 3; Opfermann/Streit ArbStättV § 2 Rn. 89, sowie aus dem „untersetzenden" technischen Regelwerk ASR V3, Ziffer 4.2.1 Abs. 7 und Ziffer 4.2.2 Abs. 2. **23** Vgl. zB Pieper ArbSchG § 3 Rn. 1 a. **24** Schmitt/Hammer, WSI-Mitteilungen 2015, 203 ff. **25** www.lasi-info.com: LV 1, zur aktiven Überwachung im Rahmen der Systemkontrolle S. 24 ff., 32 ff.

9 Die Bedeutung des **Tatbestandmerkmals „erforderliche Maßnahmen des Arbeitsschutzes"** in § 3 Abs. 1 S. 1 ArbSchG erschöpft sich nicht darin, auf den allgemeinen Verhältnismäßigkeitsgrundsatz zu verweisen, der ohnehin stets bei der Auferlegung öffentlich-rechtlicher Handlungspflichten zu beachten ist. Auch bietet ein Verweis auf Benchmarkvergleiche („bei anderen Unternehmen der Branche ist das auch so") keinen Ansatz, die Anforderungen an die „Erforderlichkeit" zu relativieren. Das Tatbestandsmerkmal stellt die Grundpflichten vielmehr in unmittelbaren systematischen Zusammenhang mit der betriebsindividuellen Pflicht zur Gefährdungsbeurteilung. Nach § 5 Abs. 1 ArbSchG ist durch eine Beurteilung der für die Beschäftigten mit ihrer Arbeit verbundenen Gefährdungen zu ermitteln, welche Maßnahmen des Arbeitsschutzes erforderlich sind. Maßnahmen iSv § 3 Abs. 1 S. 1 ArbSchG genügen also den arbeitsschutzrechtlichen Anforderungen namentlich dann, wenn sie zuvor in einem systematischen Verfahren, der Gefährdungsbeurteilung, ermittelt worden sind. Die **Rechtmäßigkeit** der vom Arbeitgeber veranlassten Maßnahmen hängt somit maßgeblich davon ab, dass er sich mittels der Gefährdungsbeurteilung der Gefährdungssituation bei der Arbeit vergewissert und auf dieser Basis Maßnahmen ermittelt hat (zu den Anforderungen und zur Vorgehensweise bei der Gefährdungsbeurteilung → ArbSchG § 5 Rn. 21 ff., 40 ff.). Die Verknüpfung der Grundpflicht des § 3 Abs. 1 S. 1 ArbSchG mit der Verfahrenspflicht des § 5 ArbSchG bewirkt, dass die dem Arbeitgeber eingeräumten betrieblichen Gestaltungsspielräume nicht dazu genutzt werden können, Arbeitsschutzstandards abzusenken. Erst wenn die festgelegten Maßnahmen des Arbeitsschutzes **durch eine ordnungsgemäß durchgeführte Gefährdungsbeurteilung** begründet sind, können sie in der Regel den arbeitsschutzrechtlichen Anforderungen an die Erforderlichkeit iSv § 3 Abs. 1 S. 1 ArbSchG (→ Rn. 2) genügen, insbes. dann, wenn sie auch über die Wirkungskontrolle ihre Geeignetheit erwiesen haben.

10 Eine weitere Verknüpfung der **materiellrechtlichen Handlungspflicht** des § 3 Abs. 1 ArbSchG **mit Verfahrenspflichten** ist durch den Wortlaut der Norm nicht ohne Weiteres ersichtlich. Im Gegensatz zu Art. 11 RL 89/391/EWG regelt das ArbSchG die **Beteiligung und Mitbestimmung der Beschäftigten** bzw. ihrer Interessenvertretungen nur rudimentär. Die entsprechenden – unionsrechtlich zwingend gebotenen – Regelungen (→ Unionsrecht Rn. 20 f.) finden sich vielmehr im BetrVG und für den öffentlichen Dienst in den Personalvertretungsgesetzen. Die Mitbestimmung des Betriebsrats nach § 87 Abs. 1 Nr. 7 BetrVG (dazu → Rn. 111 sowie → BetrVG § 87 Rn. 29 ff.) und der Personalräte nach § 75 Abs. 3 Nr. 11 BPersVG (dazu → BPersVR Rn. 35 ff.) sowie die Anhörung der Beschäftigten nach § 81 Abs. 3 BetrVG in betriebsratslosen Betrieben zielen funktional darauf ab, eine sachgerechte und an den Zielen des Arbeits- und Gesundheitsschutzes ausgerichtete Entscheidungsfindung über Maßnahmen iSv § 3 Abs. 1 S. 1 ArbSchG zu gewährleisten. Es soll auf diese Weise sichergestellt werden, dass nicht nur die Sichtweise des Arbeitgebers, sondern auch die Perspektive und das Erfahrungswissen der Betroffenen zum Tragen kommen. In der Rechtsprechung des Europäischen Gerichtshofs und des Bundesarbeitsgerichts wird vor diesem Hintergrund die Beteiligung der betrieblichen Akteure verlangt, weil so die Chance vergrößert wird, realitätsnahe und interessengerechte Maßnahmen zu treffen.[26] Wenn die Beteiligung der Beschäftigten bzw. ihrer Interessenvertretungen unterbleibt, wird diese Chance und in der Regel auch die Akzeptanz und Nachhaltigkeit von Maßnahmen verringert.[27]

11 **2. Verfahrensorientierte Grundpflichten.** Die Grundpflichten des § 3 Abs. 1 S. 1–3 ArbSchG verpflichten den Arbeitgeber zu einer speziellen Verfahrensweise in Fragen des Arbeits- und Gesundheitsschutzes. Die in § 3 Abs. 1 ArbSchG geregelten **Verfah-**

---

[26] EuGH 22.5.2003 – C-441/01, Slg I 2003, 5463 ff.; BAG 8.6.2004 – 1 ABR 4/03, NZA 2005, 227. [27] Zu beteiligungsgestützten Verfahren der GFB und damit effizienterer Maßnahmeumsetzung: zB die Leitmerkmalmethode zur Analyse von Heben und Tragen von Lasten (LMM), Zipprich, Prävention, S. 69; Becker/Brinkmann/Engel/Satzer, Beteiligung in der Gefährdungsanalyse, in: Schröder/Urban, Gute Arbeit 2010, S. 282; Jürgens/Blume/Schleicher/Szymanski, S. 104 ff.; Resch, Analyse psychischer Belastungen, S. 68 ff., GDA, Empfehlungen für Umsetzung der Gefährdungsbeurteilung psychischer Belastungen, 2016, S. 7; GDA, Leitlinie für Beratung und Überwachung bei psychischen Belastungen am Arbeitsplatz, 2017.

rensschritte beschreiben **ein methodisches Vorgehen**, das bei der betrieblichen Behandlung von Fragen im Zusammenhang mit der Sicherheit und Gesundheit bei der Arbeit zu beachten ist. Mit den Verfahrensvorgaben trägt der Gesetzgeber dem Umstand Rechnung, dass das ArbSchG und die Arbeitsschutzverordnungen weitreichende Spielräume eröffnen, damit der Arbeitgeber den Arbeits- und Gesundheitsschutz in eigener Verantwortung und orientiert an den realen betrieblichen Problemlagen gestalten und umsetzen kann. Die Verfahrensvorgaben des § 3 Abs. 1 ArbSchG sind vor diesem Hintergrund als **Ausdruck einer regulierten, orientierten und organisierten Eigenverantwortung** zu verstehen. Ihr Zweck besteht darin sicherzustellen, dass diese Gestaltungsspielräume tatsächlich im Sinne der Ziele des ArbSchG, dh Sicherung und Verbesserung der Sicherheit und des Gesundheitsschutzes bei der Arbeit (§ 1 Abs. 1 ArbSchG), genutzt werden. Bei den in § 3 Abs. 1 ArbSchG geregelten Verfahrensvorgaben handelt es sich um elementare betriebliche Prozeduren, die nach den Vorstellungen des Gesetzgebers und den Erkenntnissen der Arbeits- und Organisationswissenschaften für die betriebliche Gestaltung und Umsetzung eines wirksamen, auf kontinuierliche Verbesserung zielenden Arbeits- und Gesundheitsschutzes unerlässlich sind.[28] Die verfahrensorientierten Grundpflichten des § 3 Abs. 1 ArbSchG stehen für eine erhebliche Akzentverschiebung gegenüber dem klassischen deutschen Arbeitsschutzrechtsverständnis. Standen in der Vergangenheit vor allem die „Ergebnisse des Arbeitsschutzes" im Vordergrund, weitet § 3 Abs. 1 ArbSchG den Blick auch auf die **Prozesse und Verfahren**, die Sicherheit und Gesundheit „herstellen".[29]

Die drei Sätze des § 3 Abs. 1 ArbSchG binden die erforderlichen Maßnahmen des Arbeitsschutzes in einen **zyklischen Prozess** ein. Dieser Prozess ist durch entsprechende Regelungen in der betrieblichen Aufbau- und Ablauforganisation zu verankern. Die Gesamtschau der drei Sätze des § 3 Abs. 1 ArbSchG verdeutlicht, dass das Gesetz den Arbeits- und Gesundheitsschutz nicht als punktuelle Aktivität begreift, sondern als **permanente betriebliche Aufgabe**, die es kontinuierlich weiterzuentwickeln gilt.[30] Die durch § 3 Abs. 1 ArbSchG vorgegebene Verfahrensweise entspricht im Kern dem aus verschiedenen Managementsystemen bekannten **PDCA-Zyklus** (**Plan-Do-Check-Act**).[31] Der durch das Gesetz geforderte kontinuierliche Verbesserungsprozess (KVP) ist daher im Grundsatz vielen betrieblichen Praktikern vertraut, da heute insbes. Qualitätsmanagementsysteme (zB nach der Normenreihe ISO 9000, EFQM) in der Praxis weit verbreitet sind. Die Unterschiede bestehen vornehmlich bei den Zielen und Inhalten und den Verfahrensvorgaben. Während es im Qualitätsmanagement um die qualitätsgerechte Erbringung von Produkten und Dienstleistungen geht, zielt § 3 Abs. 1 ArbSchG auf einen qualitätsgerechten Arbeits- und Gesundheitsschutz. Entsprechend lehnen sich auch moderne Konzepte und Standards des „Betrieblichen Gesundheitsmanagements" an diese Qualitäts-Normen an.[32]

12

---

[28] So auch LR/Wiebauer ArbSchG § 3 Rn. 16 ff.; EuArbR/Klindt/Schucht RL 89/391/EWG Rn. 51. [29] Bieback/Oppolzer, S. 10. [30] Kollmer, Arbeitsschutzgesetz, Rn. 71. [31] Kollmer/Klindt/Schucht/Kohte ArbSchG § 3 Rn. 22. [32] Walter, in: Badura/Walter/Hehlmann, Betriebliche Gesundheitspolitik, S. 147 ff.

13

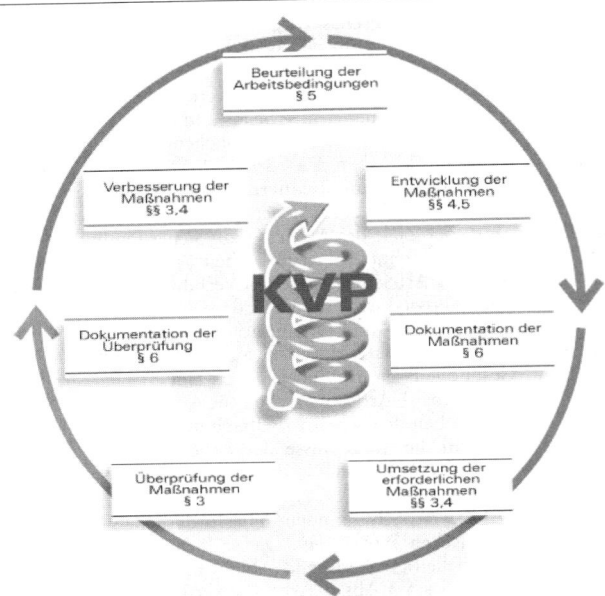

Abb. 1: Gefährdungsbeurteilung als kontinuierlicher Entwicklungsprozess, aus: Faber/Blume (2001)

14 Anknüpfungspunkt der Verfahrenspflichten sind die erforderlichen Maßnahmen des Arbeitsschutzes. Das durch § 3 Abs. 1 S. 1–3 ArbSchG geregelte zyklische Verfahren besteht aus vier Elementen, der **Ermittlung der Maßnahmen**, dem **Treffen der Maßnahmen**, der **Wirksamkeitsüberprüfung der Maßnahmen** und der **Anpassung der Maßnahmen** bei nicht ausreichender Wirksamkeit und bei sich ändernden Gegebenheiten der betrieblichen Arbeitsumwelt.

15 a) Ermittlung der erforderlichen Maßnahmen des Arbeitsschutzes. Die erforderlichen Maßnahmen des Arbeitsschutzes sind in erster Linie mit Hilfe einer Gefährdungsbeurteilung zu ermitteln. Zwar werden in § 3 Abs. 1 ArbSchG nicht explizit Anforderungen an die Ermittlung der Maßnahmen normiert. Die Verbindung zum Verfahren der Gefährdungsbeurteilung ergibt sich aber daraus, dass § 5 Abs. 1 ArbSchG anordnet, dass die erforderlichen Maßnahmen des Arbeitsschutzes durch eine Gefährdungsbeurteilung zu ermitteln sind (→ Rn. 2). Um Maßnahmen nach § 3 ArbSchG treffen zu können, ist es sachlogisch notwendig, zuvor festzustellen, welche Maßnahmen erforderlich sind. Die **Gefährdungsbeurteilung** ist dabei insbes. das geeignete Verfahren, um, wie von § 3 Abs. 1 S. 1 ArbSchG gefordert, systematisch die Umstände zu berücksichtigen, die Sicherheit und Gesundheit bei der Arbeit beeinflussen. Zu diesen Umständen zählen neben den klassischen Unfallgefahren auch alle sonstigen arbeitsbedingten physisch und psychisch wirkenden Gefährdungen der Beschäftigten. Die Gefährdungsbeurteilung ist demnach ein Verfahren zur systematischen Ermittlung des Handlungsbedarfs im Hinblick auf die „erforderlichen Maßnahmen des Arbeitsschutzes iS von § 3 Abs. 1 ArbSchG. Daneben kann die **Erforderlichkeit von Maßnahmen des Arbeitsschutzes** auch auf **anderen Wegen erkennbar** werden, wie zB durch Meldungen von Beschäftigten zu Gefahrenstellen, Hinweisen auf relevante psychische Belastungen aufgrund neuer Arbeitsverfahren, Erkenntnissen aus Mitarbeiterbefragungen oder aus dem BEM-Verfahren. Auch auf diese Art und Weise erkannte Gefährdungen und Gefahren lösen die gesetzliche Handlungspflicht zum Treffen von Maßnahmen des Arbeitsschutzes gemäß § 3 Abs. 1 ArbSchG aus,[33] sofern diese nach dem Stand von Technik, Arbeitsmedizin und Hygiene sowie nach gesicherten arbeitswissenschaftlichen Erkenntnissen (§ 4 Nr. 3 ArbSchG) ohne Weiteres sachgerecht beurteilbar sind. Ist dies nicht der Fall, sind durch eine anlassbezogene Gefährdungsbeurteilung (→ Rn. 24) die erkannten Gefährdungen mittels geeigneter (Mess-)Methoden genauer zu ermitteln und zu beurteilen und auf dieser Basis ggf. die erforderlichen Maßnahmen zu ermitteln.

b) Treffen der erforderlichen Maßnahmen des Arbeitsschutzes. Es ist Grundpflicht des Arbeitgebers, die durch eine Gefährdungsbeurteilung systematisch ermittelten erforderlichen Maßnahmen des Arbeitsschutzes auch **tatsächlich im Betrieb umzusetzen**. § 3 Abs. 1 S. 1 ArbSchG verdeutlicht die Handlungsorientierung der Gefährdungsbeurteilung, indem er anordnet, dass die erforderlichen **Maßnahmen** des Arbeitsschutzes zu **treffen** sind. Das Treffen der Maßnahmen umfasst dabei alle notwendigen Vorkehrungen zur betriebspraktischen Umsetzung der ermittelten erforderlichen Maßnahmen. Aus dem systematischen Zusammenhang mit § 3 Abs. 2 ArbSchG ergibt sich, dass dabei neben Fragen der technischen Umsetzung auch weitere Aspekte zu beachten sind. Hierzu zählen nach § 3 Abs. 2 ArbSchG insbes. die Planung und Durchführung der Maßnahmen. Die Pflicht zur **Planung der Maßnahmen** verlangt dabei insbes. die zeitliche Abfolge der Maßnahmenumsetzung auf Grundlage einer transparenten Prioritätensetzung verbindlich zu regeln, da die sofortige und unmittelbare Umsetzung aller erforderlichen Maßnahmen häufig nicht möglich sein wird. 16

Mit Blick auf die gebotene **Prioritätensetzung durch Planung** ist nicht nur an das seit Jahrzehnten bekannte „Lärmminderungsprogramm"[34] zu denken, das in verbindlicher zeitlicher und inhaltlicher Folge (zB Verringerung der Expositionszeit, Einbau von Schallschleusen und schließlich der Abkapselung des gesamten Leitstandes) planend die Gefahr zu mindern sucht (→ LärmVibrationsArbSchV Rn. 37 ff.). Es gibt auch darüber hinaus vielfältige Situationen und Umstände, die eine sofortige Beseitigung der Gefährdung nicht ermöglichen. Zu nennen sind in diesem Zusammenhang vor allem: 17
1. technische Gründe,
2. organisatorische Bedingungen,
3. Verhältnismäßigkeit von Aufwand und „Ertrag",
4. Finanzsituation des Betriebes.

Diese vier Aspekte werden im Folgenden anhand von Beispielen konkretisiert.

Technische Gründe: Eine technische Gefahrenbeseitigung oder Minderung einer Gefährdung entspricht am besten dem Prinzip einer „**Gefahrenbekämpfung an der Quelle**" aus § 4 Nr. 2 ArbSchG (→ ArbSchG § 4 Rn. 5 ff.). Die Umsetzung dieses nach § 4 Nr. 2 ArbSchG verbindlichen Grundsatzes setzt voraus, dass entsprechende technische Lösungen verfügbar sind. Die Suche danach ist zuweilen aufwändig und zeitraubend, vor allem wenn man die Regeln der Fachausschüsse der jeweiligen BG mit einbezieht. Man kann die Suche auch nicht allein den Fachkräften für Arbeitssicherheit nach dem ASiG auflasten, sondern muss bspw. Lieferanten, Hersteller, die eigenen Betriebsmittelkonstrukteure und den Einkauf ebenfalls mit einbeziehen. 18

Zuweilen zeigen sich aber erst dann technische Konzepte oder Teillösungen, wenn man über den Tellerrand der eigenen Branche hinausblickt. So musste beispielsweise ein Instandhalter aus der Stahlindustrie die unzureichende Suche nach dicht selbst entleerenden Hydraulikstempeln mit dem Leben bezahlen, obwohl in der Flachglas-Branche entsprechende Lösungen schon seit Jahren existierten. Technische Gründe sind also über die Problematik des Bestandschutzes (→ Rn. 33) hinaus nur dann zu akzeptieren, wenn eine **planvolle und systematische Suche** nachweislich nicht zum Erfolg geführt hat. Dies folgt aus § 4 Nr. 3 ArbSchG, da die in dieser Vorschrift geforderte Berücksichtigung des Standes der Technik (→ ArbSchG § 4 Rn. 82 ff.) entsprechende Recherchen erfordert. Gleichwohl sind für die Suchzeit und ggf. Maßnahme – je nach Gefahr

---

[33] Ausdrücklich zustimmend LAG Niedersachsen 11.1.2017 – 13 TaBV 109/15, Rn. 81. [34] Gemäß § 7 Abs. 5 LärmVibrationsArbSchV sind ab 85 dB (A) (früher 90) Lärmminderungsprogramme zu erstellen.

und Risiko – spezielle Unterweisungen, PSA oder Interimsmaßnahmen – im Beispiel: zusätzliche Stützstempel – erforderlich. Auch diese Zwischenlösungen bedürfen der Planung, Organisation und Dokumentation.

19 **Organisatorische Bedingungen:** Werden zB in einer Gefährdungsbeurteilung psychischer Belastungen gravierende softwareergonomische Mängel diagnostiziert, die den Beschäftigten massiv die Arbeit erschweren (bspw. das Suchen von Daten in zahlreichen Masken bei Kundentelefonaten) und „psychische Sättigung" hervorrufen, wird häufig als Argument gegen Verbesserungsmaßnahmen ins Feld geführt, dass es sich bei der „Standard-Software" um nicht veränderbare Systeme handle und somit nur ein Wechsel des Anbieters vielleicht eine Lösung bringe. Dieses technische K.O.-Argument ist in der Regel bei genauer Betrachtung nicht haltbar, da die meisten Softwaresysteme schon kundenspezifisch angepasst wurden oder die Anbieter durchaus bereit sind, entsprechende Verbesserungen zu liefern.[35] Zumeist fehlt zudem das Wissen im „eigenen Hause", um überhaupt entsprechende Such- und Lösungsphantasie zu entwickeln.[36] Ist man jedoch willens und fähig, die „Usability" gemäß der Normenfamilie DIN EN ISO 9241 zu verbessern, kommen organisatorische Probleme ins Spielfeld: „Der Releasewechsel in drei Monaten ist schon nicht mehr beeinflussbar und der nächste erfolgt dann erst in einem dreiviertel Jahr". So lange müssen sich alle noch „planvoll" gedulden. In der Zwischenzeit können und müssen aber neben der Spezifizierung von Lösungen **kompensatorische Maßnahmen** getroffen werden: So ließen sich bspw. mit einer zeitlich begrenzten Reduzierung der Zielvorgabe gepaart mit einem guten Training zur Stresskompetenz die Beanspruchungen reduzieren und so bessere Bewältigungsmöglichkeiten für die Übergangszeit schaffen.

20 **Verhältnismäßigkeit von Aufwand und „Ertrag":** In vielen Fällen, insbes. im Rahmen von Gefährdungsbeurteilungen zu psychischen Belastungen, wird die Erforderlichkeit geeigneter Maßnahmen in Frage gestellt, weil **Aufwand und Ertrag** „in keinem Verhältnis" zu stehen scheinen. Dahinter steht nicht selten die Vorstellung, der Stress oder die Beeinträchtigung durch bspw. Lärm im Großraumbüro sei „doch nicht so gesundheitsschädlich", als dass nun zT neue schallabsorbierende Möbel und Stellwände aufgestellt oder nach eingehenden Messungen maskierende Hintergrundgeräusche eingespielt werden müssten. Im Bereich der unfallbezogenen Risikoabschätzung haben sich die Unfallversicherungsträger insoweit übereinstimmend der EN ISO 14121:2007 (ehemals 1050) folgend, auf entsprechende Ratingverfahren geeinigt, die das oben geschilderte Dilemma der Abwägung der **Verhältnismäßigkeit** zu lösen versuchen. Doch auch im Bereich körperlicher Gefahren und Gefährdungen gibt es uU verschieden teure Lösungsvarianten, die zwar nicht immer sofort die Gefahr an der „Quelle" bannen, aber doch eine gute Sicherheit gewährleisten und die Beschäftigten nicht sonderlich beeinträchtigen. Hier müssen Fachleute wie die Fachkraft für Arbeitssicherheit, der Betriebsarzt, die Berufsgenossenschaft und ggf. Gutachter den Arbeitgeber und die Arbeitnehmervertretung sachkundig beraten, indem sie ua auf gesicherte **arbeitswissenschaftliche Erkenntnisse bzw. den Stand der Technik** (→ ArbSchG § 4 Rn. 82 ff.) verweisen. Auch für diesen Fall müssen uU bis zur Abklärung des günstigsten Verhältnisses von Aufwand und Ertrag **Interimsmaßnahmen** organisiert und die Entscheidung zur Verhältnismäßigkeit dokumentiert werden. So muss der Arbeitgeber beispielsweise auch nicht sofort lärmmindernde Möbel für das Großraumbüro beschaffen, um den arbeitswissenschaftlich als „gut" gesicherten Schallpegel von 40–45 dB(A)[37] zu erreichen, aber er muss einen verbindlichen Plan vorlegen, in dem die zeitliche Folge verschiedener schallmindernder Maßnahmen fixiert wird, wenn Geräusche und Lärm im Rahmen einer Gefährdungsbeurteilung als Belastung/Gefährdung ermittelt worden sind.

21 **Finanzsituation des Betriebes:** Es gibt aber auch Gefahren und Gefährdungen, deren Beseitigung oder Minderung den **finanziellen Rahmen eines Betriebes** sprengen wür-

---

35 Abele/Hurtienne/Prümper, S. 12; Blume, Projektkompass SAP ua, S. 216 ff. **36** Vgl. dazu auch über SAP Software hinaus für Standard Software und ERP-Systeme: Scherer/Schaffner, SAP Training, 2003, S. 30 ff. **37** Probst, Bildschirmarbeit; BAuA (Hrsg.), Projekt psychische Gesundheit in der Arbeitswelt – Lärm, 2016.

de.³⁸ So ist bspw. eine neue Absauganlage in einer kleineren Tischlerei oder Gießerei uU in absehbarer Zeit (ein bis zwei Jahre) finanziell nicht zu stemmen, ein neuer Kredit würde zur Überschuldung führen und den Betrieb einer Insolvenz näher bringen. Hier müssten in Abstimmung mit der BG zB geeignete persönliche Schutzausrüstungen ausgesucht und getragen werden. Die damit ggf. verbundene Minderung der Leistungsfähigkeit der Beschäftigten (zB durch das Tragen von Masken) darf dabei aber nicht zu deren Lasten gehen. In der betrieblichen Realität wird das **Kostenargument** gegen geeignete und erforderliche Maßnahmen jedoch auch in Betriebsteilen oder Teilgesellschaften größerer Unternehmen und Konzerne vorgebracht. Hier sind natürlich andere Maßstäbe an die Frage der Nichtfinanzierbarkeit zu stellen. Hier reicht es nicht, wenn etwa das „Budget" es nicht mehr hergibt, um zB eine nachgewiesene personelle Unterdeckung mit massiven gesundheitlichen Folgen (Burnout, Stresssymptome wie Schlafstörungen etc) zu beseitigen. Die Begrenzung des Budgets ist kein Indiz für eine Unverhältnismäßigkeit der erforderlichen Maßnahme. Auch der Hinweis auf Konzernregeln und Beschaffungsstandards zB von Möbeln (ohne Lärmminderungseigenschaften) und fehlende lokale Kompetenzen der „obersten" Leitung kann hier nicht entlasten, und zwar unabhängig davon, ob und welchen politischen Druck der Betriebsrat diesbezüglich entfaltet.³⁹

Zur **Durchführung der Maßnahmen** des Arbeitsschutzes zählen neben der technischen oder baulichen Umsetzung der Maßnahmen ablauf- und aufbauorganisatorische Regelungen, die **gewährleisten**, dass die **Maßnahmen in der vorgesehenen Weise wirksam** werden. Hierzu sind etwa ablauforganisatorische Vorgaben festzulegen über die Wartung und Instandhaltung, um die Funktionsfähigkeit technischer Schutzeinrichtungen ständig zu gewährleisten, oder Regelungen über die Qualifizierung und Schulung der Beschäftigten etwa im Rahmen von Unterweisungen. Im arbeitsteilig arbeitenden Betrieb bedarf es zudem Regelungen zur **Kontrolle**, ob die Maßnahmen in der vorgesehenen Weise tatsächlich umgesetzt werden und nicht etwa umgangen oder falsch umgesetzt werden (zB Demontage von Schutzeinrichtungen, Bedienungsfehler). Diese Kontrollen sind zu unterscheiden von den Wirksamkeitsüberprüfungen nach § 3 Abs. 1 S. 2 ArbSchG (→ Rn. 23 ff.). All diese Aspekte des „Treffens erforderlicher Maßnahmen" erfordern in arbeitsteiligen Betrieben eine Fülle von Teilentscheidungen, organisatorischen Regelungen und einer Steuerung der Umsetzungsprozesse, so dass ein enger rechtssystematischer Zusammenhang zur Grundpflicht zur **Bereitstellung einer „geeigneten Organisation"** besteht (→ Rn. 49). 22

c) **Überprüfung der Wirksamkeit der getroffenen Maßnahmen des Arbeitsschutzes.** Die Grundpflichten enden nicht damit, dass der Arbeitgeber die erforderlichen Maßnahmen des Arbeitsschutzes ermittelt und umsetzt. Das Gesetz verlangt vielmehr in § 3 Abs. 1 S. 2 ArbSchG die Wirksamkeitsüberprüfung der getroffenen Maßnahmen des Arbeitsschutzes und damit eine betriebliche Selbstkontrolle.⁴⁰ In einigen Verordnungen sind wesentlich strengere und detaillierter formulierten Anforderungen an die Wirksamkeitsüberprüfung normiert (zB § 8 Abs. 6 BioStoffV; § 7 Abs. 7 GefStoffV). Zweck der Wirksamkeitsüberprüfungen ist es, sicherzustellen, dass die getroffenen Maßnahmen des Arbeitsschutzes **tatsächlich in der vorgesehenen Weise** für die Sicherung und Verbesserung von Sicherheit und Gesundheit **wirksam** geworden sind und so die Schutzziele gemäß der **technischen und arbeitsschutzrechtlichen Entwicklung** den erforderlichen Schutz gewährleisten. Es geht damit bei den Wirksamkeitsüberprüfungen nach § 3 Abs. 1 S. 2 ArbSchG darum, die Leistungsfähigkeit **jeder einzelnen Maßnahme** im Sinne einer Systemkontrolle des Arbeitsschutzes⁴¹ auf den Prüfstand zu stellen. Zu beachten ist dabei, dass bei dieser Systemkontrolle gemäß § 4 Nr. 4 ArbSchG 23

---

38 Zur Bedeutung und den Grenzen wirtschaftlicher Erwägungen im Arbeitsschutz Kollmer/Klindt/Schucht/Kohte ArbSchG § 4 Rn. 10; ähnlich LR/Wiebauer ArbSchG § 3 Rn. 15. **39** Vgl. dazu die Darstellung und Beurteilung verschiedener Kooperationsformen der Sozialpartner im Bereich Arbeits- und Gesundheitsschutz in: Blume/Walter/Bellmann/Wellmann, Betriebliche Gesundheitspolitik, S. 293 ff. **40** Kollmer/Klindt/Schucht/Kohte ArbSchG § 3 Rn. 28 ff.; LR/Wiebauer ArbSchG § 3 Rn. 20 ff.; Faber, Grundpflichten, S. 135. **41** Dazu Kollmer/Klindt/Schucht/Kohte ArbSchG § 3 Rn. 28.

nicht nur jede Einzelmaßnahme, sondern auch das „Zusammenspiel" der getroffenen und „verknüpften" **Maßnahmen** hinsichtlich ihrer Wirksamkeit überprüft wird (→ ArbSchG § 4 Rn. 72 ff.). Nicht Gegenstand der Wirksamkeitskontrolle ist die Überprüfung der tatsächlichen Umsetzung der Maßnahmen. Sie ist Element des Treffens der Maßnahmen iSv § 3 Abs. 1 S. 1 ArbSchG (→ Rn. 22).

24 Da also zunächst jede einzelne getroffene Maßnahme gemessen an Ihrem Schutz- oder/und Gestaltungsziel hinsichtlich ihrer Wirksamkeit überprüft werden muss, ist die **Methode der Überprüfung und der Zeitpunkt prinzipiell maßnahmeabhängig.** So kann bspw. bei einer einfachen technischen Lösung zur Beseitigung einer Fangstelle die Wirkungskontrolle direkt nach der Umsetzung der Maßnahme durch fachlichen Augenschein erfolgen. Bei Klimaproblemen im Büro kann die Wirksamkeitskontrolle durch zeitnahe Messungen von Temperatur, Luftfeuchte und Luftbewegung nach der Neujustierung oder dem Umbau der Klimaanlage mit entsprechender Befragung der Mitarbeiter zur „Behaglichkeit" erfolgen. Bei **komplexeren Maßnahmen** jedoch, zB zum Abbau von Monotoniebelastungen oder Beeinträchtigungen durch softwareergonomische Mängel – also Maßnahmen zur Verminderung psychischer Gefährdungen – sind häufig erste messbare oder beurteilbare Effekte **ca. 2–3 Monate nach Umsetzung der Maßnahmen** zB durch Messung der Zykluszeiten/-häufigkeit oder durch den Einsatz eines geeigneten Befragungsinstruments valide feststellbar. Entsprechend ist es erforderlich, beim Treffen von Maßnahmen zugleich **die Methode, den Zeitpunkt und die Verantwortlichkeit** der Wirksamkeitskontrolle festzulegen und zu dokumentieren. Einzelheiten zeigt die folgende Abbildung 1 a:

Methode	Gegenstand der WK	Bemerkung
Umsetzung der Maßnahme	■ ist in der Regel keine Wirkungskontrolle	
Messungen	■ *Arbeitsumgebung* zB Licht, Klima, Lärm	Grenzwerte und subjektive Wahrnehmungen sind zu berücksichtigen
	■ *Arbeitsschwere* zB Arbeitspuls ■ *Stress* zB Herzfrequenzvariabilität	Physiologische Indikatoren für Beanspruchungsfolgen werden selten genutzt (Datenschutz etc), obwohl nicht besonders aufwändig.
	■ *Vielfalt der Aufgaben* zB Zykluszeiten, Häufigkeit von Teiltätigkeiten je Stunde/ Schicht ■ *Personalbemessungen* zB Multimomenterfassung, Analyse aller Tätigkeiten ■ *Störungen/Hindernisse* zB Strichlisten führen, Multimomentanalysen etc	„Zählen" setzt voraus, dass es Maßstäbe/Kriterien für „gute" Arbeit" gibt: wie zB die Mindestkriterien aus dem Tätigkeitsbewertungssystem (TBS), TBS Geistige Arbeit oder REBA 9.0
Befragungen	■ Orientierende Befragung zu den Auswirkungen der Maßnahmen (wirksam, teilweise, nicht wirksam) ■ Einsatz von validen/reliablen Fragebögen zu Belastungen, die durch Maßnahmen reduziert werden sollten	Orientierende Befragungen eignen sich a) Bei der Ermittlung subjektiver Wahrnehmungen von Arbeitsumfeld – Maßnahmen (zB Lärm) b) Zur Einschätzung der Wirkung von Maßnahmen durch die Beschäftigten

Methode	Gegenstand der WK	Bemerkung
		Fragebögen zur Belastungsmessung (zB Screening) werden als zweite Messung eingesetzt, der Aufwand kann durch Ausklammern der nicht relevanten Skalen aus der ersten Messung reduziert werden.
Rating	Anhand der jeweils relevanten Maßnahmenliste schätzen Teams (mit oder ohne Führungskräfte) im Ampelmodus die Wirksamkeit der Maßnahmen ein	Unbürokratische/aufwandsarme, aber durchaus valide Einschätzung der Wirksamkeit, wenn Minderheitsvoten mit dokumentiert werden. Vergleichbar/Kombinierbar mit orientierender Befragung, s. o.
Kennzahlen / Berichte aus anderen Quellen	<ul><li>Unfallquoten</li><li>Anzahl Berufskrankheiten</li><li>Gesundheitsberichte der Krankenkasse</li><li>Qualitäts- und Leistungskennzahlen</li><li>BEM-Fälle</li><li>Fehlzeiten/Präsentismus</li><li>Mehrarbeit/Überstunden etc.</li></ul>	In der Regel handelt es sich dabei um Langzeitindikatoren. Darüber hinaus sind sie zumeist in Ihrer Veränderung multifaktoriell bedingt, so dass einzelne Maßnahmen über sie selten in ihrer Wirksamkeit erfasst werden können.

Abb. 1 a: Methoden der Wirkungskontrolle

Die hier abgebildeten Methoden sind im Weg der Mitbestimmung[42] betrieblich festzulegen. In der arbeitswissenschaftlichen Diskussion sind verschiedene Möglichkeiten der **Partizipation der Beschäftigten** vom Fragebogen bis zum moderierten Workshop zusammengetragen, die sich inzwischen als gesicherte Methoden in der Praxis bewährt haben.[43] § 3 Abs. 1 S. 2 ArbSchG lässt darüber hinaus offen, **zu welchem Zeitpunkt** und unter welchen Voraussetzungen maßnahmeunabhängig **Wirksamkeitsüberprüfungen** vorzunehmen sind. Es besteht insoweit ein weiter Spielraum für betriebliche Regelungen der Wirksamkeitsüberprüfungen, der betrieblich unter Mitbestimmung des Betriebs- oder Personalrats (→ BetrVG § 87 Rn. 34) und orientiert an den konkreten betrieblichen Gegebenheiten auszufüllen ist. Zu unterscheiden sind dabei **routinemäßige**, dh anlasslose, Wirksamkeitsüberprüfungen und Wirksamkeitsüberprüfungen aus **besonderem Anlass**.

Routinemäßige Wirksamkeitsüberprüfungen sind insbes. vor dem Hintergrund zu sehen, dass nach § 3 Abs. 1 S. 3 ArbSchG eine Verbesserung von Sicherheit und Gesundheitsschutz der Beschäftigten anzustreben ist. Wenn also die bislang getroffenen Maßnahmen die Schutz- oder Gestaltungsziele noch nicht zufriedenstellend erreicht haben, also beispielsweise Lärm nicht „an der Quelle", sondern immer noch mit persönlicher Schutzausrüstung kompensiert werden musste, stellt sich im Rahmen der Maßnahmensetzung (ggf. im Rahmen eines Lärmminderungsplans) die Aufgabe wiederkehrender Überprüfungen der Belastungen und Beanspruchungsfolgen bei den Beschäftigten. Wirksamkeitsüberprüfungen sind vor diesem Hintergrund der „Motor" für den in den Grundpflichten des § 3 Abs. 1 S. 1–3 ArbSchG angelegten **kontinuierlichen Verbesse-**

---

[42] LAG Hamburg 20.1.2015 – 2 TaBV 1/15; Kohte, jurisPR-ArbR 4/2016 Anm. 3; LR/Wiebauer ArbSchG § 3 Rn. 23. [43] BAuA (Hrsg.), Gefährdungsbeurteilung psychischer Belastungen, 2014, S. 114 ff.; TRBS 1151; vgl. Kollmer/Klindt/Schucht/Kohte ArbSchG § 3 Rn. 31 a.

rungsprozess der betrieblichen Sicherheit und Gesundheit. Maßgeblicher Bewertungsgesichtspunkt für Häufigkeit und Intensität routinemäßiger Wirksamkeitsüberprüfungen ist der **Verhältnismäßigkeitsgrundsatz**. Generell lässt sich sagen, dass dem Arbeitgeber umso häufigere und intensivere Wirksamkeitsüberprüfungen zuzumuten sind, je größer die mit der Arbeit verbundene Gefährdung ist.[44] Ein besonderes Bedürfnis nach engmaschigen Wirksamkeitsüberprüfungen besteht dann, wenn bislang wenig Erfahrung mit den getroffenen Schutzmaßnahmen besteht oder wenn in der Vergangenheit bereits Probleme bei der akkuraten Durchführung der getroffenen Maßnahmen bestanden. Unabhängig von solchen engmaschigen, maßnahmenspezifischen Überprüfungen sind für die Gefährdungsbeurteilung feste **regelmäßige Überprüfungszyklen** festzulegen, die je nach Gefährdungslage im Arbeitssystem zwischen **ein und drei Jahren** anzusetzen sein dürften.

27 Ein besonderer Anlass für Wirksamkeitsüberprüfungen außerhalb der Routine der regelmäßigen Gefährdungsbeurteilung besteht immer dann, wenn dem Arbeitgeber Tatsachen bekannt werden, die **Zweifel an der Wirksamkeit der schon getroffenen Schutzmaßnahmen** nähren oder/und Hinweise auf neue Gefährdungen beinhalten. Solche Tatsachen können zB Arbeitsunfälle, Meldungen von Berufskrankheiten, alarmierende „Gesundheitsberichte" von Krankenkassen, auffällig hohe Fehlzeiten in bestimmten Arbeitsbereichen und Arbeitsplätzen, im Rahmen des BEM nach § 84 Abs. 2 SGB IX gewonnene Erkenntnisse über die Arbeitsbedingungen sowie Meldungen oder Beschwerden der Beschäftigten über Mängel und Defekte (vgl. §§ 16, 17 ArbSchG) sein.[45] Diese Erkenntnisse geben Anlass, entweder mit geeigneten Maßnahmen nachzusteuern oder eine spezifische Gefährdungsbeurteilung einzuleiten, um die ggf. veränderte Situation neu zu beurteilen.

28 Die vorstehenden Anlässe für Wirksamkeitsüberprüfungen müssen scharf von Anlässen unterschieden werden, die sich aus systematischen und wesentlichen Änderungen der Arbeitsbedingungen ergeben (bspw. durch **Veränderungsprojekte** der Arbeitsorganisation, der maschinellen Ausstattung, der Software oder der Gebäude). Hier sind systematische Gefährdungsanalysen nach der jeweiligen „Projektmaßnahme" durchzuführen. Entsprechend dem früh ansetzenden Präventionsansatzes des ArbSchG ist es in der Regel vorzugswürdig, direkt im Projekt Gestaltungsziele und Wirkungskontrollen als Projektaufgaben präventiv zu verankern (→ Rn. 35).

29 **d) Anpassung und Optimierung der Maßnahmen/Probleme des Bestandsschutzes.** § 3 Abs. 1 S. 2, 3 ArbSchG normiert als weitere Grundpflicht die Anpassung der Maßnahmen an sich ändernde Gegebenheiten. Dabei ist im Sinne eines kontinuierlichen Verbesserungsprozesses eine **Optimierung** der Schutzmaßnahmen anzustreben. Diese Grundpflicht hat erheblichen Einfluss auf den **Bestandsschutz** im Bereich des Arbeitsschutzes, da sie davon ausgeht und verlangt, dass auch rechtmäßig getroffene Maßnahmen und Dispositionen unter Umständen, dh bei sich ändernden Gegebenheiten, zu modifizieren und anzupassen sind. Ein kategorischer Bestandsschutz, der in der betrieblichen Praxis immer noch häufig angenommen wird, ist damit nicht vereinbar (dazu genauer → Rn. 33 ff.).

30 Der **Anwendungsbereich der Anpassungspflicht** setzt voraus, dass die Arbeitsschutzmaßnahmen in der Vergangenheit rechtmäßig getroffen worden sind, dh sie erforderlich iSv § 3 Abs. 1 S. 1 ArbSchG waren.[46] Ist dies nicht der Fall, zB weil sich die Maßnahmen bei der Wirksamkeitsüberprüfung als nicht hinreichend wirksam erwiesen haben, liegt ein Fall von § 3 Abs. 1 S. 1 ArbSchG vor, dh es sind keine Anpassungsmaßnahmen zu treffen. Es ist dann überhaupt erst einmal ein arbeitsschutzrechtskonformer Zustand herzustellen, indem tatsächlich die erforderlichen Maßnahmen des Arbeits-

---

[44] Kollmer/Klindt/Schucht/Kohte ArbSchG § 3 Rn. 30; LR/Wiebauer ArbSchG § 3 Rn. 25.
[45] Bspw. sieht die Gesamt-Betriebsvereinbarung der Commerzbank über die Durchführung Gefährdungsbeurteilung 2012 neben der „regelmäßigen" und einer „projektbezogenen" auch eine „anlassbezogene" Gefährdungsbeurteilung vor, bei der über ein Meldeformular ein definierter Prozess der Ermittlung und Beurteilung von allen Beschäftigten angestoßen werden kann, dazu Blume in: FS Kohte, S. 383 ff. [46] In diesem Sinne wohl auch ErfK/Wank ArbSchG § 3 Rn. 3.

schutzes getroffen werden. Dies hat für die Praxis erhebliche Konsequenzen, da die arbeitsschutzrechtlichen Bindungen bei Anpassungsmaßnahmen lockerer sind, weil insbes. Vertrauensschutz- und Bestandsschutzaspekte die Anpassungspflicht einschränken (→ Rn. 33). Solange noch keine rechtmäßigen Maßnahmen getroffen worden sind, besteht kein rechtlich schützenswerter Vertrauenstatbestand.[47]

Sich ändernde Gegebenheiten, die die Anpassungspflicht auslösen, liegen vor, wenn sich die einschlägigen Rechtsvorschriften bzw. die **arbeitswissenschaftliche, arbeitsmedizinische, arbeitshygienische oder sicherheitstechnische Erkenntnislage geändert** haben.[48] So ist zB durch § 6 LärmVibrationsArbSchV der Auslösewert für Lärmminderungsprogramme deutlich herabgesetzt worden (→ LärmVibrationsArbSchV Rn. 39); daraus ergibt sich ein nachhaltiger Anpassungsbedarf. Ein weiteres Beispiel ist die Anerkennung des hellen Hautkrebses als Berufskrankheit, so dass spätestens seit 2015 betriebliche Präventionsmaßnahmen gegen solare Exposition auf Grundlage von § 3 ArbSchG verlangt werden.[49] Das neue Mutterschutzrecht gibt hinreichenden Anlass, die bisherigen Gefährdungsbeurteilungen am Maßstab von § 10 MuSchG 2018 zu überprüfen (→ Betrieblicher Mutterschutz Rn. 12 ff.). Weiterentwicklungen der Erkenntnisse nach § 4 Nr. 3 ArbSchG steuern insoweit maßgeblich den nach § 3 Abs. 1 S. 3 ArbSchG anzustrebenden kontinuierlichen Verbesserungsprozess des Arbeitsschutzes. Der Arbeitgeber, der nach § 4 Nr. 3 ArbSchG diese Erkenntnisse bei seinen Maßnahmen zu berücksichtigen hat, muss sich insoweit aktiv über diese Entwicklungen informieren (dazu auch → ArbSchG § 4 Rn. 93). Sofern er dies nicht höchstpersönlich macht, hat er eine entsprechende fachkundige Beratung durch die von ihm nach § 5 ASiG bestellte Fachkraft für Arbeitssicherheit bzw. durch den von ihm nach § 2 ASiG bestellten Betriebsarzt zu organisieren und abzurufen. Dies kann insbes. im Rahmen der turnusmäßigen Überprüfungen der Gefährdungsbeurteilungen geschehen, da die Gefährdungsbeurteilung bei Vorliegen neuer Erkenntnisse nach § 4 Nr. 3 ArbSchG zu ändern und zu modifizieren ist.

Sich ändernde Gegebenheiten können auch darin bestehen, dass sich die **Belastungsfähigkeit der Beschäftigten geändert**[50] hat.[51] Dies kann zB der Fall sein bei Verschlechterungen des Gesundheitszustandes oder bei altersbedingten Änderungen der Leistungsfähigkeit. Es gibt mittlerweile gesicherte Erkenntnisse, dass das kalendarische Alter allein keine personenspezifische Aussage über eine ggf. vorliegende Einschränkung der Leistungsfähigkeit bzw. die Annahme einer Überforderung zulässt und auch die Fehlzeiten nicht das reale Krankheitsgeschehen abbilden (Präsentismus).[52] Vor diesem Hintergrund können sich aus anonymisierten Daten über die Gesundheit und Leistungsfähigkeit der Beschäftigten, die Gesundheitsberichten der Krankenkassen oder einer das Altern berücksichtigende Gefährdungsbeurteilung[53] entnommen werden können, weitere Anlässe für Anpassungsmaßnahmen ergeben (→ Rn. 53 ff.). Ein Anpassungsbedarf wird sich darüber hinaus häufig im Rahmen der Gespräche ergeben, die im Zusammenhang mit dem BEM nach § 84 Abs. 2 SGB IX zu führen sind. Hier gilt es, systematisch die anonymisierten BEM-Daten arbeitssystemspezifisch auszuwerten. Ein besonderes Schutzbedürfnis besteht zudem bei **schwangeren und stillenden Frauen**. Die Grundpflicht zur Anpassung der Arbeitsschutzmaßnahmen wird dabei konkretisiert

---

47 Kollmer/Klindt/Schucht/Kohte ArbSchG § 3 Rn. 34. **48** Faber, Grundpflichten, S. 149 ff.; auch die Leitlinie Organisation der GDA (22.5.2017) sieht in ihrem Überprüfungselement 8 explizit die „Ermittlung und Nachverfolgung (…) der Standes der Technik (und) der gesicherten arbeitswissenschaftlichen Erkenntnisse" vor (S. 28). **49** Einzelheiten bei Kohte Gute Arbeit 8-9/2015, 34 ff.; Kollmer/Klindt/Schucht/Kohte ArbSchG § 3 Rn. 16; LR/Wiebauer ArbSchG § 3 Rn. 8. **50** Pieper ArbSchG § 3 Rn. 4; Pieper BetrSichV § 3 Rn. 33. **51** Zu Erfahrungen mit Altersstrukturanalysen im betrieblichen Gesundheitsschutz: Lukas/Scheel in: Giesert, Arbeitsfähig in die Zukunft, 2011, S. 121 ff.; Lange/Szymanski/Berens, Bilanzierung, 24 ff. **52** Oppolzer, Betriebliches Gesundheitsmanagement, S. 187 ff.; König/Jaschinski Angewandte Arbeitswissenschaft 200/2009, 44 ff.; zum Präsentismus Badura/Steinke, Präsentismus, Ein Review zum Stand der Forschung, 2011. **53** Vgl. bspw. zur A-Flex Methodik: Blume Gute Arbeit 11/2006, 32 f.; auch den BAP-F Fragebogen (vgl. Richter, BAuA Toolbox Version 1.2. Instrumente zur Erfassung psychischer Belastungen, 2010, S. 95 ff.).

durch das Mutterschutzrecht, das besondere Regelungen zur mutterschutzrechtlichen Gefährdungsbeurteilung sowie zur Umgestaltung der Arbeitsplätze und Arbeitsabläufe enthält (→ Betrieblicher Mutterschutz Rn. 12 ff., 27 ff.).[54]

33 Die Anpassungspflicht nach § 3 Abs. 1 S. 1, 2 ArbSchG führt zu einem **neuen Verständnis des Bestandsschutzes**, der nach überkommenem Verständnis des Arbeitsschutzrechts relativ starr der Änderung einmal getroffener technischer und baulicher Arbeitsschutzmaßnahmen entgegenstand.[55] Dieser **Paradigmenwechsel des Bestandsschutzverständnisses** zeigt sich markant daran, dass nach einhelliger Auffassung gerade auch neue Erkenntnisse iSv § 4 Nr. 3 ArbSchG über Gefährdungen und Schutzmöglichkeiten die Anpassungspflicht auslösen (vgl. § 8 Abs. 5 BioStoffV). Es wird in der Literatur in diesem Zusammenhang zu Recht hervorgehoben, dass durch die Pflicht des Arbeitgebers nach § 4 Nr. 3 ArbSchG, den Stand von Technik, Arbeitsmedizin und Hygiene sowie sonstige gesicherte arbeitswissenschaftliche Erkenntnisse zu berücksichtigen, die Zeitspanne zwischen der Entwicklung arbeitsschutzrelevanter Innovationen und ihrer Umsetzung im Betrieb verkürzt werden soll.[56] Die somit verlangte Orientierung an der dynamischen Entwicklung von Technik, Arbeitsmedizin, Hygiene und Arbeitswissenschaften steht einem mehr oder weniger absolut und schematisch verstandenen Bestandsschutz ersichtlich entgegen.

34 Daraus folgt allerdings nicht, dass das durch den Bestandsschutz geschützte Vertrauen in getroffene Investitionen nunmehr gänzlich irrelevant wäre und schematisch eine unverzügliche Anpassung der Maßnahmen gefordert wäre. Dies ergibt sich bereits daraus, dass eine Verbesserung von Sicherheit und Gesundheit nicht kategorisch verlangt wird, sondern lediglich anzustreben ist. Auch müssen nach § 4 Nr. 3 ArbSchG die dort genannten Erkenntnisse nicht zwingend umgesetzt, sondern lediglich „berücksichtigt" werden (→ ArbSchG § 4 Rn. 91 ff.).[57] Zu beachten ist, dass die Anpassungspflicht zum Teil durch spezielle Regelungen verschärft wird. So ist etwa nach § 8 Abs. 5 BioStoffV der **Stand der Technik** verbindlich zu beachten.[58] Ein wesentliches Kriterium für die Reichweite des Bestandsschutzes ist der Grad der Gefährdung. Die Wirkungsweise der den Bestandsschutz durchbrechenden Anpassungspflicht nach § 3 Abs. 1 S. 2, 3 ArbSchG erschließt sich mit Blick auf vergleichbare Bestandsschutzregelungen im technischen Umweltrecht (vgl. zB §§ 5, 17 BImSchG), wo ebenfalls eine Verknüpfung der Betreiberpflichten mit dem Stand der Technik geregelt ist.[59] Auch im Immissionsschutzrecht werden Bestandsschutz und damit das Vertrauen in getätigte Investitionen zwar anerkannt, der Bestandsschutz ist dabei aber nicht absolut, sondern relativ und kann Anordnungen zur Abwehr konkreter Gesundheitsbeeinträchtigungen nicht verhindern.[60] Aus der Orientierung am Stand der Technik wird weiter zu Recht gefolgert, dass das **Bestandsschutzinteresse zeitlich limitiert** ist. Das Kontinuitätsinteresse und damit der Bestandsschutz haben sich danach zumindest dann erschöpft, wenn sich eine Investition amortisiert hat. Sofern dies noch nicht der Fall ist, ist für den Einzelfall das Vertrauensschutzinteresse abzuwägen mit dem zu erwartenden Gewinn für Sicherheit und Gesundheit der Beschäftigten. Dabei sind nicht nur der zu erwartende Aufwand der Investition in die Abwägung einzustellen, sondern auch die sich ggf. ergebenden positiven wirtschaftlichen Auswirkungen der mit der Anpassungsmaßnahme verbundenen Investitionen.[61]

35 Entgegen einer zT in der Literatur vertretenen Auffassung[62] liegt kein Fall der Anpassungspflicht vor, wenn sich der Arbeitgeber entschließt, seinen Betrieb mit **neuen Ar-**

---

54 Dazu genauer Nebe, Betrieblicher Mutterschutz ohne Diskriminierungen, 2006, S. 185 ff. **55** Faber, Grundpflichten, S. 160 ff. **56** Vgl. bereits BFK Rn. 591 ff.; Kollmer/Klindt/Schucht/Kohte ArbSchG § 3 Rn. 84. **57** Kollmer/Klindt/Schucht/Kohte ArbSchG § 3 Rn. 40; LR/Wiebauer ArbSchG § 3 Rn. 29. **58** Pieper BioStoffV § 8 Rn. 15; vgl. außerdem LR/Wiebauer ArbSchG § 3 Rn. 42, der in diesem Zusammenhang insbes. auf § 3 Abs. 1 S. 6 LärmVibrationsArbSchV, §§ 4 Abs. 2, 12 Abs. 1 BetrSichV, § 7 Abs. 4, 9 Abs. 2 GefStoffV, § 3 Abs. 1 OStrV, § 3 Abs. 2 Nr. 5 RöV hinweist. **59** Dazu auch Kollmer/Klindt/Schucht/Kohte ArbSchG § 3 Rn. 40. **60** Kloepfer, Umweltrecht, 4. Aufl. 2016, § 15 Rn. 514 ff.; Jarass BImSchG § 17 Rn. 48; LR/Hansmann BImSchG § 17 Rn. 94. **61** Ausführlich hierzu Faber, Grundpflichten, S. 177 ff. **62** Vgl. Pieper ArbSchG § 3 Rn. 4.

beitsmitteln, Arbeitsstoffen auszustatten oder die **Arbeitsstätte wesentlich zu ändern**. In diesem Fall geht es darum, erstmalig die erforderlichen Schutzmaßnahmen festzulegen. In solchen Situationen gilt der strengere Maßstab des § 3 Abs. 1 S. 1 ArbSchG, so dass in jedem Fall der Stand von Technik, Arbeitsmedizin und Hygiene sowie sonstige gesicherte arbeitswissenschaftliche Erkenntnisse zugrunde zu legen sind.[63] Zu beachten ist, dass in solchen Fallgestaltungen häufig zugleich auch Anpassungsmaßnahmen erforderlich werden, wenn die beabsichtigte Innovation Auswirkungen auf andere Elemente des Arbeitssystems hat.

Die Problematik wesentlicher Änderungen stellt sich umso schärfer, je schneller sich Organisationen wie zB Betriebe, Unternehmen und Dienststellen ändern. Gerade die aktuelle Diskussion um die Arbeit 4.0, Digitalisierung etc forciert und evoziert eine Beschleunigung von tiefgreifenden Veränderungen in der Arbeitswelt.[64] In der Literatur und Öffentlichkeit wird zudem schon seit Jahren die **Veränderungsgeschwindigkeit von Organisationen** als eine spezifische Überforderung von Beschäftigten diskutiert. ZT empirisch gesichert[65] werden dabei der Abbau von materiellen Sicherheiten, die Erosion sozialer Beziehungen, die Veränderungen von Aufgaben, die Qualifikationsanforderungen und andere Faktoren als Überforderungen und „Stressoren" identifiziert. Diese Belastungen können darüber hinaus auch das sonstige arbeitsbedingte Gefährdungspanorama verstärkend beeinflussen. 36

Unabhängig von diesen generellen „Verunsicherungen" und Herausforderungen an die Anpassungsfähigkeit der Beschäftigten sind idR betriebliche **Veränderungsprozesse als „Projekte"** organisiert, haben also selbst eine nur temporäre, schnelllebige Struktur, die schon einen spezifischen Belastungsmix für die Projektbeschäftigten produziert.[66] **Projekte** sind daher aber spezielle „Maßnahmen", die gesundheitsrelevante Auswirkungen auf die Arbeitsinhalte und Arbeitsbedingungen haben können und daher einer **eigenständigen Gefährdungsbeurteilung und arbeitsschutzbezogenen Organisation** bedürfen. So haben bspw. IT-Projekte – seien es Veränderungen in der Produktionsplanung und -steuerung eines Maschinenbauers oder neue Software für die „Kreditfabrik" einer Bank, zuweilen auch nur ein neues SAP-Release für die Finanzbuchhaltung – Auswirkungen auf das ganze Spektrum relevanter Belastungsfaktoren der jeweiligen Arbeitssysteme (Abb. 2 → Rn. 38; → ArbSchG § 5 Rn. 31). Bisher werden diese möglichen **Auswirkungen auf die Belastungen der Beschäftigten** nur selten überhaupt in den Blick genommen oder gar unter der Perspektive von gesundheitlichen Auswirkungen präventiv positiv gestaltet. Diese „Ignoranz" ist in den meisten Fällen nicht bewusst oder absichtsvoll, sondern eher ein strukturelles Phänomen für die Betriebe und Organisationen, die kein systematisches Gesundheitsmanagement betreiben.[67] Ebenso strukturell erscheint dann auch die kostenintensive Nachbesserungsarbeit, wenn bspw. im Rahmen einer „nachträglichen" Gefährdungsbeurteilung softwareergonomische, bauliche oder arbeitsorganisatorische Mängel festgestellt und Maßnahmen „erforderlich" werden.[68] 37

---

63 Kollmer/Klindt/Schucht/Kohte ArbSchG § 3 Rn. 38; Wlotzke in: FS Däubler, S. 654 ff., 664; ähnlich Nöthlichs ArbSchG § 3 Rn. 2.7. **64** BMAS, Weißbuch Arbeiten 4.0, 2016, 18 ff.; Kohte, Arbeitsschutz in der digitalen Welt, NZA 2015, 1417 ff.; Wiebauer NZA 2016, 1430 ff.; Adolph, Jahrbuch Gute Arbeit 2016, S. 216 ff. **65** Vgl. zu gesundheitlichen Auswirkungen von Veränderungsprozessen: DAK/IGES, Gesundheitsbilanz Kreditgewerbe, 2007, S. 49 ff.; Köper/Richter, Restrukturierung S. 5 ff.; Haubl/Voß, S. 2 ff. und Lohmann-Haislah, Stressreport 2012, 2013, S. 34 ff. **66** Vgl. dazu am Beispiel der Beschäftigten in IT-Projekten: Techniker Krankenkasse, Moderne IT-Arbeitswelt gestalten – Anforderungen, Belastungen und Ressourcen in der IT-Branche – Veröffentlichungen zum Betrieblichen Gesundheitsmanagement der TK, Bd. 4; Gerlmaier/Latniak, Burnout in der IT-Branche – Ursachen und betriebliche Prävention, 2011; dazu mit positiven Vorschlägen Blume, Projektkompass SAP 1999, S. 49 ff. u. 288 ff.; Lohmann-Haislah, Stressreport 2012, 2013, S. 149. **67** Blume in: FS Kohte, S. 381 ff. **68** Abele/Hurtienne/Prümper, bility Management, S. 14 ff. und 317 ff.; Blume/Carlberg PPS Management 3/2001, 24 ff. Auch einige Betriebsvereinbarungen berücksichtigen diese Zusammenhänge im Sinne präventiver menschengerechter Gestaltung der Arbeitssysteme: so die GBV der Commerzbank zur Gefährdungsbeurteilung im Kontext von Veränderungsprojekten 2012, weitere siehe Romahn, Gefährdungsbeurteilungen, 2013.

38 Die möglichen Auswirkungen solcher Veränderungsprozesse werden in der folgenden Abbildung dargestellt.

Einige gesundheitsrelevante Auswirkungen von IT-Systemeinführungen

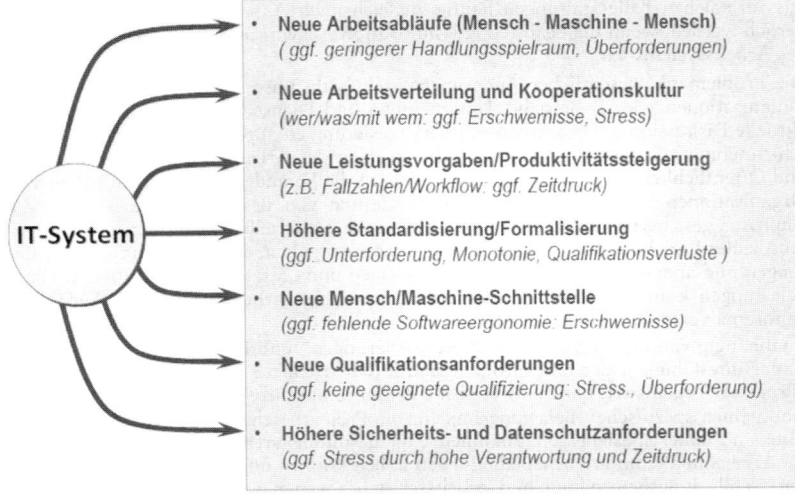

IT-System →
- **Neue Arbeitsabläufe (Mensch - Maschine - Mensch)**
  (ggf. geringerer Handlungsspielraum, Überforderungen)
- **Neue Arbeitsverteilung und Kooperationskultur**
  (wer/was/mit wem: ggf. Erschwernisse, Stress)
- **Neue Leistungsvorgaben/Produktivitätssteigerung**
  (z.B. Fallzahlen/Workflow: ggf. Zeitdruck)
- **Höhere Standardisierung/Formalisierung**
  (ggf. Unterforderung, Monotonie, Qualifikationsverluste)
- **Neue Mensch/Maschine-Schnittstelle**
  (ggf. fehlende Softwareergonomie: Erschwernisse)
- **Neue Qualifikationsanforderungen**
  (ggf. keine geeignete Qualifizierung: Stress., Überforderung)
- **Höhere Sicherheits- und Datenschutzanforderungen**
  (ggf. Stress durch hohe Verantwortung und Zeitdruck)

Abb. 2

39 e) **Gesundheitsschutz in Veränderungsprojekten.** Präventiver Gesundheitsschutz muss schon in die **Aufgabendefinition von Veränderungsprojekten** einbezogen werden, um dem gesetzlichen Auftrag einer kontinuierlichen Verbesserung und einer ganzheitlichen (§ 4 Nr. 4 ArbSchG) menschengerechten Gestaltung der Arbeit nachkommen zu können. Ein weiterer Grund für ein präventives Gestalten von Arbeitssystemen ist die zunehmend geringe „Halbwertzeit" von Arbeitsverfahren, Technik und Organisation, ua im Zuge der „Digitalisierung". Eine klassisch korrektive also nur „nachträgliche" Gefährdungsbeurteilung würde hier idR „zu spät kommen" und die Verantwortlichen zu Recht verärgern: „Warum haben Sie das uns nicht schon früher gesagt".[69]

Entsprechende Schutz- und Gestaltungsziele müssen darüber hinaus in der Kapazitätsplanung und Methodik der Projekte Berücksichtigung finden und wie alle Projektziele auch hinsichtlich ihrer Wirkung kontrolliert werden.[70] Diese „neuen" Projektaufgaben dürfen natürlich nicht zu neuen, zB fachlichen, Überforderungen oder Überlastungen durch nicht ausreichende Kapazitäten oder zu enge Terminvorgaben führen. Dazu ist entsprechend eine **Wirkungskontrolle** im Rahmen der Projekte zu installieren. Dies ist eine **Organisationsleistung**, die Bestandteil des gesetzlichen Auftrags ist, eine „geeignete Organisation" bereitzustellen. In den meisten Organisationen gibt es kaum ein effektiveres und besser geeignetes Mittel, den gesetzlichen Präventionsauftrag bzw. die kontinuierliche Planung von Verbesserungen zu erfüllen. Was so einfach erscheint – also „gesunde" Veränderungsprojekte zu organisieren bzw. normengerecht „Arbeitssysteme ergonomisch zu gestalten" (vgl. DIN EN ISO 6385 und DIN EN ISO 9041 Teil 2 u.11) – ist in der Realität zunächst ein **Entscheidungsproblem** (Auftraggeber der Projekte) und dann ein **Problem von „Gefügeleistungen"**, mit dem Auftrag, Veränderungsmaßnahmen gemäß § 4 Nr. 4 ArbSchG (→ ArbSchG § 4 Rn. 73) integriert zu pla-

---

69 Blume in: FS Kohte, S. 381 ff., mit zwei Betriebsbeispielen. **70** Zu konkreten Empfehlungen für IT-Projekte vgl. ua Abele/Hurtienne/Prümper, Usability Management, S. 109 ff. und Blume, Projektkompass SAP, S. 290 f. sowie 317 ff.; Martin/Prümper/van Harten, S. 55 ff.

nen, zu gestalten und zu kontrollieren.[71] Erforderlich sind **gesundheitsbezogene Projektrichtlinien**, die sich am Vorbild vielfach genutzter umweltbezogener Einkaufsrichtlinien und ergonomischer Beschaffungsstandards bei Möbeln orientieren können. Die Arbeit mit solchen Richtlinien hat sich in der Praxis bewährt und dann auch Einzug bis in das Bewusstsein von Vorständen gehalten. Das folgende Beispiel zeigt eine Möglichkeit, wie ein Veränderungsprojekt betrieblich gestaltet werden kann.

Beispiel: In einem Dienstleistungsunternehmen sind für alle Projekte zwei einfache 40
Aufgaben als Standard durch den Vorstand und eine Betriebsvereinbarung nachdrücklich vorgeben:
1. Checklistenbasierte Prüfung, ob das primäre Projektziel physische oder psychische Belastungsfaktoren direkt beeinflusst, bzw. beeinflussen könnte.
2. Wenn ja, dann Gestaltung dieser Faktoren mit dem Ziel der Verbesserung und unter Einhaltung der Grundsätze aus § 4 ArbSchG und auf Basis der Informationen aus der letzten Gefährdungsbeurteilung.

Aus dieser Generalanweisung sind dann spezifische Projektmuster und betriebliche Gestaltungsstandards entwickelt worden:

- zB für Bauprojekte/Umzüge (ganzheitliche Planung mit Lärm, Klima, Kommunikationsbedarf und Beteiligung der Nutzer);
- zB für IT-Projekte (Ergonomie-Styleguide, altersdifferentielle Schulungskonzepte, Mindestnormen für Arbeitsinhalte und Handlungsspielräume in der Arbeitssteuerung etc);
- zB für Reorganisationsprojekte (mit Change-Management, Interessenausgleich und Beteiligung der Betroffenen);
- zB für die Gestaltung neuer Arbeitssysteme: Mindestnormen für Arbeitsinhalte, Aufgaben und Prozesse.

Diese **Organisationsformen gesundheitlicher Verhältnisprävention** sind idR eng mit der 41
Organisation der psychischen und physischen Gefährdungsbeurteilung verbunden (→ ArbSchG § 5 Rn. 53 ff.) und zwar in folgenden Varianten:
a) Die Ergebnisse der Gefährdungsbeurteilung sind als erforderliche Maßnahmen in das Veränderungsprojekt einbezogen (Pflichtenheft) oder die Fehlbelastungsschwerpunkte werden direkt als Gestaltungsauftrag des Projektes gesetzt (Lastenheft) (s. § 3 Abs. 1 ArbSchG).
b) Die gesundheitsbezogenen Projektergebnisse werden über eine spezifische Gefährdungsbeurteilung hinsichtlich ihrer Wirkungen kontrolliert (§§ 3, 5, 6 ArbSchG). Diesem Vorgehen sollte aber eine kriterienbasierte gesundheitsförderliche Gestaltung der Arbeitssysteme im Projekt vorausgegangen sein.[72]
c) Das Projekt selbst ist aufgrund einer Gefährdungsbeurteilung initiiert worden, um komplexe Belastungssituationen angemessen verändern zu können.

Da in der Regel Veränderungsprojekte und -prozesse als eine Gefügeleistung verschiedener Fachlichkeiten, Organisationseinheiten, Personen und Funktionen organisiert werden müssen, obliegt den **Projektleitern und den Steuerungsgremien** auch für die Gesundheit der Projektbeschäftigten und der Betroffenen aus dem Zielsystem eine **hohe Verantwortung**. Diese sollte – trotz temporärer Gültigkeit des Projekts – im Sinne des § 13 ArbSchG als zeitweilige Pflicht (→ ArbSchG § 13 Rn. 22) formell übertragen werden. Die rechtzeitige Klärung ist für alle Beteiligten von Vorteil, weil sie Aufgabenklarheit vermittelt und die Anforderungen an Fachkunde und Zuverlässigkeit rechtzeitig und transparent formuliert werden. Diese Regelungen sind in Betriebsvereinbarungen nach § 87 Abs. 1 Nr. 7 BetrVG zu treffen, können aber auch im Verfahren nach

---

71 Vgl. ua Blume, Integration in BGM, S. 273, 276 ff. **72** Dieses Vorgehen ist bspw. explizit in der GBV der Commerzbank verankert.

§§ 111, 112 BetrVG vereinbart werden.[73] Eine wesentliche Grundvoraussetzung präventiver gesundheitsförderlicher Arbeitssysteme ist das Wissen über Gestaltungskriterien von menschengerechter Arbeit. Ohne dieses Wissen und eine entsprechende Verbindlichkeit seiner Anwendung sind nicht nur die Projektverantwortlichen überfordert, sondern auch eher geneigt, allein abstrakten Vorgaben auszuweichen.

Dieses Gestaltungswissen zu realisieren ist eine nicht zu unterschätzende Organisationsleistung, die einer Initiative und Anordnung der Leitungs- und Mitbestimmungsorgane bedarf (→ Rn. 53 ff.).

IV. Grundpflichten zur Organisation des betrieblichen Arbeitsschutzes nach § 3 Abs. 2 ArbSchG

42 Die in § 3 Abs. 2 ArbSchG normierten Grundpflichten zur Organisation des betrieblichen Arbeits- und Gesundheitsschutzes sollen sicherstellen, dass **Arbeitsschutzmaßnahmen** nicht nur festgelegt, sondern tatsächlich auch **im Betrieb umgesetzt und wirksam werden**. Das Gesetz trägt mit den Organisationspflichten des § 3 Abs. 2 ArbSchG dem Umstand Rechnung, dass Betriebe typischerweise arbeitsteilig agieren. Die betriebliche Arbeitsteilung führt in der Regel dazu, dass der Arbeitgeber nicht alle Maßnahmen des Arbeitsschutzes höchstpersönlich planen und durchführen will und häufig – je nach Betriebsgröße – auch nicht kann. Vor diesem Hintergrund ist der Arbeitgeber zwingend auf eine Arbeitsschutzorganisation angewiesen: Ohne organisatorische Vorkehrungen ist eine Erfüllung der arbeitsschutzrechtlichen Verpflichtungen zur Gestaltung sicherer und gesunder Arbeitsbedingungen nicht denkbar. Im Dezember 2011 – aktualisiert im Mai 2017 – hat die Nationale Arbeitsschutzkonferenz eine „**Leitlinie Organisation des betrieblichen Arbeitsschutzes**"[74] herausgegeben, in der die zuständigen Bundes- und Landesbehörden sowie die Unfallversicherung ein gemeinsames Verständnis für die Beratung und Überwachung niedergelegt haben (→ ArbSchG §§ 20 a, 20 b Rn. 9). Für eine rechtssichere betriebliche Umsetzung ist die Kenntnis und Berücksichtigung der Leitlinie und der **LASI-Grundsätze der behördlichen Systemkontrolle** vom März 2011 (LV 54)[75] von erheblicher Bedeutung. Sie ermöglichen den Aufsichtsbehörden auch eine gleichmäßige Ausübung ihres Ermessens (→ ArbSchG § 21 Rn. 11 f.).

43 Mit den **Grundpflichten zur Organisation** greift das ArbSchG **Erkenntnisse aus Analysen zahlreicher industrieller Unfälle** auf, die in vielen Fällen organisatorische Mängel als wesentliche Unfallursache ausgemacht haben.[76] So können zB unklare Zuständigkeiten, unpräzise Vertretungsregeln oder die fehlende Qualifikation betrieblicher Akteure dazu führen, dass die erforderlichen Maßnahmen zur Vermeidung eines Unfalls oder zur Begrenzung der Unfallfolgen (Notfallorganisation) nicht getroffen werden, Informationen nicht an die richtigen Stellen fließen oder Wartungs- und Instandsetzungsarbeiten nicht in die betrieblichen Abläufe eingeplant werden. Dies ist auch der treibende Grund für die Entwicklung von **Standard-Arbeitsschutzmanagementsystemen** (ASM), die von einigen Bundesländern (vor allem Bayern und Hessen) zusammen vornehmlich mit der Chemieindustrie in den 80er Jahren entwickelt wurden (→ Rn. 88). Dabei ist jedoch zu beachten, dass organisatorische Regelungen nicht nur Bedeutung für Störfall- und Unfallereignisse haben. Eine unzureichende Organisation kann selbst als psychischer Belastungsfaktor Quelle von Gefährdungen der Gesundheit sein. Organisationale Belastungsfaktoren können sich in diesem Zusammenhang zB aus Mängeln der Kapazitätsplanung und Arbeitszeitgestaltung, der Überforderung (auch der Führungskräfte) als Folge mangelhafter Qualifikation und Unterweisung oder aus der strukturellen „Füh-

---

[73] Vgl. dazu ua Blume, Projektkompass, S. 49 f., 288 ff. und BV-Muster, S. 407 ff.; vgl. dazu das BV Archiv der Hans-Böckler Stiftung: www.boeckler.de/index_betriebsvereinbarungen.htm; zusammenfassend Geißler, Umgang mit psychischen Belastungen und Fehlbeanspruchungen,in: HBS (Hrsg.), Archiv Betriebsvereinbarungen 2011 und Romahn, Gefährdungsbeurteilungen, 2. Aufl. 2013, www.boeckler.de/betriebsvereinbarungen. [74] www.gda-portal.de; die Leitlinie ist im Jahr 2017 aktualisiert worden mit Stand 22.5.2017. [75] www.lasi-info.com/Publikationen. [76] Faber, Grundpflichten, S. 198 ff.; in diesem Sinne wohl auch LR/Wiebauer ArbSchG § 3 Rn. 32.

rung", wie bspw. nicht einhaltbaren Zielvorgaben, Gratifikationskrisen, fehlender Personalentwicklung etc ergeben.[77]

Die durch § 3 Abs. 2 ArbSchG seit dem Jahr 1996 explizit formulierten Organisationspflichten ergänzen die **betriebsorganisatorischen Bestimmungen des betrieblichen Umweltrechts**. Unter dem Eindruck schwerer industrieller Unfälle und Störfälle (zB Kernkraftwerke Harrisburgh und Tschernobyl, Seveso) finden sich im betrieblichen Umweltrecht bereits etwa seit Mitte der 1970er Jahre Organisationspflichten zur Gewährleistung eines sicheren Betriebes.[78] Neben der Einführung spezieller Umweltbeauftragter (→ BetrVG § 89 Rn. 11)[79] stehen insbes. Mitteilungspflichten zur Betriebsorganisation (§ 52 b BImSchG),[80] das Störfallrecht nach der StörfallV[81] und das Öko-Audit als freiwilliger Anreiz zur Gestaltung eines umfassenden Umweltmanagementsystems[82] für diese Entwicklung. 44

Zwischen **Umweltsicherheit** und **Arbeitssicherheit** bestehen **enge funktionale Zusammenhänge**. Sie werden normativ etwa im Störfallrecht dadurch deutlich, dass neben dem Schutz der Umwelt und Nachbarschaft auch der Schutz der in „Störfallanlagen" tätigen Beschäftigten intendiert ist.[83] Selbst wenn es zumeist an einer solchen normativen Zusammenführung von Umwelt- und Arbeitsschutz fehlt, besteht in der Praxis die Notwendigkeit, die **Umweltschutz- und Arbeitsschutzorganisation aufeinander abzustimmen**. Es geht in der Regel um die gleichen Gefährdungsfaktoren (zB Gefahrstoffe, Brand-Explosionsgefährdungen von Anlagen), die lediglich juristisch unter dem Blickwinkel verschiedener gesetzlicher Schutzzwecke zu betrachten sind. Faktisch bedarf es deswegen einer inhaltlichen Abstimmung der jeweiligen betrieblichen Organisationsregelungen, um widersprüchliche Festlegungen, die einer effektiven Organisation entgegenstehen, zu vermeiden. § 3 Abs. 2 Nr. 2 ArbSchG trägt dem dadurch Rechnung, dass die **Integration des Arbeits- und Gesundheitsschutzes in alle betrieblichen Tätigkeiten** gefordert wird.[84] Entsprechend haben sich bspw. in der Chemieindustrie integrierte Managementsysteme herausgebildet, die unter der Bezeichnung „QHSE" Qualität, Gesundheit und Sicherheit sowie Umweltschutz unter einem Dach vereinigen sollen[85] (→ Rn. 88). 45

Die Grundpflichten zur Organisation nach § 3 Abs. 2 ArbSchG sind Ausdruck der den Betrieben durch das ArbSchG eingeräumten **Eigenverantwortung** für Sicherheit und Gesundheit der Beschäftigten. Sie formulieren Basisanforderungen, die nach den Erkenntnissen der Sicherheitswissenschaften (→ Rn. 44) unerlässlich sind, um einen sicheren und gesunden Betrieb zu gewährleisten. Insofern zählt § 3 ArbSchG den Aspekt der Organisation richtigerweise zu den „Grundpflichten des Arbeitgebers". Das Gesetz schreibt dabei nicht konkret vor, wie die „ideale" Arbeitsschutzorganisation im konkreten Einzelfall zu regeln ist.[86] Maßgeblich sind insofern nach dem einleitenden Satzteil des § 3 Abs. 2 ArbSchG die Art der Tätigkeiten und die Zahl der Beschäftigten. Im Übrigen normiert § 3 Abs. 2 ArbSchG lediglich Eckpunkte, an denen sich betriebliche Organisationsentscheidungen rechtlich messen zu lassen haben. Es besteht vor diesem Hintergrund ein beachtlicher **Gestaltungsspielraum**, der es ermöglicht, flexible, an den spezifischen Bedingungen des jeweiligen Betriebes orientierte Organisationsregeln zu treffen. Bei der Ausgestaltung der Organisation hat der Arbeitgeber gemäß § 3 Abs. 2 ArbSchG folgende Eckpunkte zu beachten: 46

- Eignung der Organisation zur Analyse und Beurteilung der Arbeitsbedingungen, Planung, Durchführung und Wirksamkeitskontrolle der Maßnahmen des Arbeitsschutzes (→ Rn. 49 ff.)
- sowie zur Realisierung aller organisationsspezifischen Anforderungen aus den Verordnungen und dem ASiG (→ Rn. 53 ff.);

---

77 Faber, Grundpflichten, S. 208 ff.; Blume, Grundlagen, S. 116 ff.; Lohmann-Haislah, Stressreport 2012, 2013, S. 107 ff. **78** BFK Rn. 498 ff. **79** Rehbinder ZGR 1989, 305 ff. **80** Feldhaus UPR 2000, 121 (124 f.). **81** Dazu Kohte WSI-Mitteilungen 2000, 567 ff. **82** Koch/Ramsauer, Umweltrecht, 4. Aufl. 2014, § 3 Rn. 10 ff. **83** HaKo-BetrVG/Kohte BetrVG § 89 Rn. 25 f. **84** Faber, Grundpflichten, S. 337 ff. **85** Zur Diskussion dieses Ansatzes auch Blume, Integration, S. 275 f. **86** BAG 18.3.2014 – 1 ABR 73/12, NZA 2014, 855 ff.

- Bereitstellung der erforderlichen Mittel (→ Rn. 65 ff.);
- erforderlichenfalls Einbindung der Maßnahmen in die Führungsstrukturen (→ Rn. 73 ff.);
- Beachtung der Maßnahmen bei allen Tätigkeiten (→ Rn. 77 ff.);
- Organisation der Mitwirkung der einzelnen Beschäftigten (→ Rn. 80 f.).

47 **Gegenstände der Organisationspflichten** des § 3 Abs. 2 ArbSchG sind die **Planung und Durchführung der Maßnahmen** nach § 3 Abs. 1 ArbSchG.[87] Die Regelung verdeutlicht, dass der betriebliche Arbeits- und Gesundheitsschutz sich nicht darauf beschränkt, schematisch Maßnahmen abzuleiten und durchzuführen. § 3 Abs. 2 ArbSchG setzt vielmehr, korrespondierend mit § 4 Nr. 4 ArbSchG, eine **Planungspflicht** voraus. Sie ermöglicht es, betriebsspezifische Prioritäten zu setzen, Wechselwirkungen zwischen verschiedenen Gefährdungen zu berücksichtigen, die Maßnahmen aufeinander abzustimmen und zu einer alle Aspekte der betrieblichen Sicherheit und Gesundheit berücksichtigenden **betrieblichen Arbeits- und Gesundheitsschutzkonzeption** zusammenzuführen (→ Rn. 16 ff.; → ArbSchG § 4 Rn. 70 ff.).[88] Wichtigstes Instrument der Planung ist die Gefährdungsbeurteilung nach § 5 ArbSchG, mit deren Hilfe die für die Planungsentscheidung relevanten Umstände zu ermitteln sind. Die aus § 3 Abs. 2 ArbSchG folgende Planungspflicht ist von großer Bedeutung für das Optimierungsgebot des § 3 Abs. 1 S. 3 ArbSchG. Als in die Zukunft gerichtetes Instrument ermöglicht sie es, den „Faktor Zeit" zu berücksichtigen. Dies ist insoweit von Belang, als nach der **Bestandsschutzkonzeption des Gesetzes** das Vertrauen in getroffene Investitionen mit der Zeit „dahinschmilzt"[89] (→ Rn. 33). Die Planungspflicht konkretisiert vor diesem Hintergrund die aus § 4 Nr. 3 ArbSchG folgende Pflicht, bei Arbeitsschutzmaßnahmen den sich dynamisch entwickelnden Stand von Technik, Arbeitsmedizin, Hygiene und die sonstigen gesicherten arbeitswissenschaftlichen Erkenntnisse zu berücksichtigen.[90]

48 Systematisch lassen sich die in § 3 Abs. 2 ArbSchG normierten Arbeitgeberpflichten in allgemeine Organisationspflichten (§ 3 Abs. 2 Nr. 1 ArbSchG, → Rn. 49 ff.) und spezielle Organisationspflichten (§ 3 Abs. 2 Nr. 2 ArbSchG, → Rn. 70 ff.) unterteilen.

49 **1. Allgemeine Organisationspflichten nach § 3 Abs. 2 Nr. 1 ArbSchG. a) „Geeignete Organisation".** Die Organisationspflicht greift immer dann, wenn der Arbeitgeber die an ihn gerichteten arbeitsschutzrechtlichen Pflichten nicht in Person erfüllen will oder insbes. wegen der Größe des Betriebes faktisch nicht selbst erfüllen kann. § 3 Abs. 2 Nr. 1 ArbSchG verlangt in diesen Fällen vom Arbeitgeber, den Arbeitsschutz innerbetrieblich zu organisieren.[91] Gegenstand der Organisationspflicht sind die erforderlichen Regelungen über die **Ausgestaltung der betrieblichen Arbeitsteilung**. Typischerweise werden diese Organisationsregelungen in einem Organisationsplan (Organigramm) und Prozessbeschreibungen visualisiert und in Arbeitsanweisungen sowie in den Aufgaben/Kompetenzen/Verantwortlichkeiten („AKVs") der jeweiligen Stellen niedergelegt. Die **Organisationspflicht ist systematisch streng zu unterscheiden** von der in **§ 13 ArbSchG** vorgesehenen Möglichkeit, Arbeitsschutzpflichten an andere Personen zu delegieren (→ ArbSchG § 13 Rn. 21 ff.). Die Organisationspflicht des § 3 Abs. 2 Nr. 1 ArbSchG betrifft **Gestaltungsentscheidungen** über die betriebliche Arbeitsteilung im Arbeitsschutz und die grundlegenden Anforderungen an die Übernahme von Arbeitsschutzpflichten. Demgegenüber regelt § 13 ArbSchG die **Umsetzung und Durchführung** dieser Organisationsregelungen **im konkreten Einzelfall**.

50 Das Gesetz gibt dem Arbeitgeber kein verallgemeinerungsfähiges, festes Organisationsmodell vor. Es lässt vielmehr offen, wie diese Organisation auszusehen hat.[92] Mit der Forderung nach einer „**geeigneten Organisation**" macht es lediglich eine Zielvorgabe dahingehend, dass die Organisation tauglich sein muss, um die Planung und Durchführung der Maßnahmen nach § 3 Abs. 1 ArbSchG sicherzustellen. Für den Arbeitgeber

---

87 So auch LR/Wiebauer ArbSchG § 3 Rn. 33. **88** Dazu Kollmer/Klindt/Schucht/Kohte ArbSchG § 3 Rn. 43 f. **89** Faber, Grundpflichten, S. 170. **90** Faber, Grundpflichten, S. 115. **91** KJP/Koll ArbSchG § 3 Rn. 16; Pieper ArbSchG Rn. 6 c. **92** BAG 18.3.2014 – 1 ABR 73/12, NZA 2014, 855 ff.; LR/Wiebauer ArbSchG § 3 Rn. 37.

ist damit ein gesetzlicher Entscheidungsspielraum eröffnet, um die von ihm zwingend zu treffenden organisatorischen Regelungen an den spezifischen betrieblichen Verhältnissen auszurichten. Durch die nach dem einleitenden Satzteil des § 3 Abs. 2 ArbSchG zu berücksichtigende **Art der Tätigkeit** und **Zahl der Beschäftigten** werden darüber hinaus wesentliche Gesichtspunkte genannt, die für solche organisatorischen Entscheidungen maßgeblich sind und die die Möglichkeit zur Entwicklung betriebsangepasster Lösungen erleichtern. Sie sind vorrangig als Gestaltungsaspekte zu verstehen, nicht aber als Ausprägungen des Verhältnismäßigkeitsgrundsatzes, der bei der Auferlegung von Rechtspflichten ohnehin stets zu beachten ist.[93]

Zur geeigneten Organisation iSv § 3 Abs. 2 ArbSchG gehört es, die **betriebliche Arbeitsteilung** bei der Erfüllung der arbeitsschutzrechtlichen Pflichten konkret zu regeln. Verlangt werden damit spezielle Regelungen zur Aufbau- und Ablauforganisation bzw. den Prozessen sowie zu den erforderlichen **Ressourcen** für die arbeitsschutzrechtlichen Maßnahmen und den ihnen zugrunde liegenden Planungen.[94] Ebenso gehört dazu eine systematische Erfassung und Beachtung der Wechselwirkungen zwischen Arbeitsschutz- und Arbeitszeitorganisation (→ ArbZG § 8 Rn. 14 f.) sowie zur Verzahnung mit den organisationsrechtlichen Vorgaben des ASiG und allen sonstigen für den Arbeits- und Gesundheitsschutz relevanten betrieblichen Funktionen und Prozessen. Dies kommt insbes. in Veränderungsprojekten zur Realisierung der „Digitalisierung" zum Tragen. 51

Regelungen der Ablauforganisation setzen eine sorgfältige Analyse voraus, welche betrieblichen Aufgaben und Pflichten konkret zur Erfüllung der arbeitsschutzrechtlichen Mindestanforderungen bestehen. Zentrale Bedeutung hierfür hat die Organisation der Planung und Durchführung der **Gefährdungsbeurteilungen**. Insoweit ist insbes. im Detail betrieblich zu regeln, für welche Tätigkeiten und Arbeitsplätze Gefährdungsbeurteilungen durchzuführen sind und ob ggf. Gefährdungsbeurteilungen aufgrund gleichartiger Arbeitsbedingungen iSv § 5 Abs. 2 ArbSchG zB zu Arbeitsplatztypen zusammengefasst werden können. Zu regeln ist weiter die Durchführung der konkreten Schutzmaßnahmen. Hierzu sind zwingend die Ergebnisse der Gefährdungsbeurteilungen unter Nutzung aller im Betrieb verfügbaren Erkenntnisquellen heranzuziehen, aus denen sich erst im Einzelnen ergibt, welche **Maßnahmen des Arbeitsschutzes im jeweiligen Betrieb** konkret erforderlich sind und welche Beschäftigten welche Unterweisungen nach § 12 ArbSchG bzw. nach den speziellen Bestimmungen der Arbeitsschutzverordnungen erhalten müssen. Zu beachten ist, dass neben dem „Normalbetrieb" insbes. auch Regelungen für Wartungs- und Instandsetzungsarbeiten und für besondere Gefahrenlagen (vgl. insbes. § 10 ArbSchG, § 4 ArbStättV iVm Anhang Nr. 2 ArbStättV) zu treffen sind. Die **ablauforganisatorischen Regelungen sind anzupassen**, wenn sich das Schutzkonzept verändert. Dies ist regelmäßig bei einer Fortschreibung der Gefährdungsbeurteilung der Fall (insbes. „besondere Vorkommnisse" wie zB Unfälle, regelmäßige Wirksamkeitsüberprüfung, wesentliche Änderungen der Tätigkeiten und Arbeitsplätze, Anpassung der Maßnahmen an neue Erkenntnisse nach § 4 Nr. 3 ArbSchG, → Rn. 23 ff.; → ArbSchG § 5 Rn. 74 ff.). Auch die dazu erforderliche Organisation der Wissensgewinnung, -bereitstellung und -verteilung (→ Rn. 53 ff.) ist einer Regelung im Sinne einer Organisationsleistung zuzuführen.[95] 52

b) Organisation von Wissen. Die Verfügbarkeit des Wissens über Zusammenhänge zwischen Arbeit und Gesundheit sowie entsprechende Gestaltungsoptionen im Betrieb ist eine zentrale Organisationsleistung im Rahmen des betrieblichen Arbeits- und Gesundheitsschutzes bzw. eines Gesundheitsmanagements.[96] Der klassische Arbeitsschutz hat diese Aufgabe durch die Bereitstellung von Beratungsleistungen für die Verantwortlichen im Betrieb zu lösen versucht. Die **ASiG-Akteure** – also der Betriebsarzt und die Fachkraft für Arbeitssicherheit – sowie auch die Sicherheitsbeauftragten vor Ort repräsentieren seit 1973 den **klassischen zentralen arbeitsschutzbezogenen Wissenspool** für 53

---

[93] In diesem Sinne aber wohl KJP/Koll ArbSchG § 3 Rn. 14. [94] Kollmer/Klindt/Schucht/Kohte ArbSchG § 3 Rn. 47. [95] Lenßen, Gefährdungsanalyse psychische Belastungen, S. 9 f. [96] Zum Wissensmanagement im Gesundheitsschutz ua Blume, Grundlagen, S. 127 ff.

die Entscheider und Verantwortlichen vor Ort. Hinzu kommen Informationen und Hinweise der Vertreter der Aufsicht des Staates und der Unfallversicherungsträger (Berufsgenossenschaften, Unfallkassen), die sich zB aus Begehungen oder aus Nachfragen der ASiG-Akteure ergeben können.

54 Die Existenz dieser „Wissensträger" ist noch keine Gewähr bspw. für die Fachkunde der nach § 13 ArbSchG beauftragten Führungskräfte, der Betriebsmittelkonstrukteure oder der Einkäufer. Nach einer Studie der BAuA über das Wissen zum Arbeitsschutz in KMU wussten von 988 Geschäftsführungen nur 7,9 %, dass Sicherheitsfachkräfte diese **Unterstützungsfunktion** haben (für Betriebsärzte nur 3,4 %).[97] Aber auch in größeren Organisationen besteht zwar zumeist die Möglichkeit, diese Wissensträger zu nutzen, aber es besteht **keine „Abnahmeverpflichtung"** für dieses Wissen für bestimmte Fälle und Akteure. Wenn bspw. eine Führungskraft einen Mitarbeiter einstellen oder entfristen möchte, muss er die Dienstleistung der Personalabteilung in Anspruch nehmen (zB Vertragsgestaltung). Wenn er aber eine neue Arbeitsorganisation einführt, wird er selten verpflichtet, die Fachkraft für Arbeitssicherheit oder den Betriebsarzt zu konsultieren. Derartige **prozedurale Festlegungen** existieren bis heute nur in wenigen Betrieben für den Bereich des Arbeits- und Gesundheitsschutzes. Entsprechend müssen sich die „ASiG-Dienstleister" eher aufdrängen und in Konkurrenz zu anderen internen Dienstleistern treten, um den an ihre Aufgaben gebundenen Wissenstransfer zu realisieren.[98] Die in der DGUV Vorschrift 2 (→ ASiG § 14 Rn. 12 ff.) auch auf die Organisationspflichten des Arbeitgebers bezogenen **Beratungsaufträge der ASiG-Experten** intensivieren dieses Dilemma, solange es keine bewusste Leitungsentscheidung und spezifische Organisationsleistung gibt, die ein gesundheitsbezogenes „Wissensmanagement" (Strukturen, Prozesse, Ressourcen) aufbaut und betreibt.[99] Diese Aufgabe bezieht sich aber nicht allein auf die primär Verantwortlichen, sondern auch auf die Arbeitnehmervertretungen. Sie sind analog zum Management ua aufgrund § 9 Abs. 2 ASiG nicht nur in diese Wissenserhebung, -aktualisierung und -verteilung eingebunden, sondern müssen für ihre spezifischen Aufgaben und Pflichten auch eigenverantwortlich Wissen aufbauen und weiterentwickeln (→ BetrVG Vor §§ 87 Rn. 24 ff., 28 ff.).[100]

55 Im Rahmen von **Arbeitsschutzmanagementsystemen** (ASM-Standards → Rn. 85 ff.) werden solche Aspekte eines unfall- und arbeitsschutzbezogenen **Wissens**managements zumeist als Strukturauftrag und **Auditgegenstand** „verbindlich" vorgegeben und organisiert[101] (vgl. dazu ua SCC, OHRIS, ASCA → Rn. 88). Was sich in den unfall- und störfallträchtigen Branchen (vor allem Chemie und Stahl) als Strukturen und Prozesse herausgebildet hat, ist jedoch weder im Dienstleistungssektor zu finden, noch gelten sie in ihren Betrieben auch für die „Gefährdungen" isV § 4 Nr. 1 ArbSchG, insbesondere durch **psychische Belastungen**. Erforderlich sind regelmäßig Schulungen der verantwortlichen Führungskräfte, Unterweisungen und intensive Diskussionen zB von Beinaheunfällen. Ebenso sind die Planer von Anlagen und Prozessen an definierte und **kontinuierlich zu überprüfende/verbessernde Sicherheitsstandards und Kriterien zur Arbeitsgestaltung** zu binden und müssen sich im Zweifel den Rat von Berufsgenossenschaften und/oder staatlichen Stellen einholen, um den „Stand der Technik" und einschlägiger gesicherter arbeitswissenschaftlicher Erkenntnisse gemäß § 4 Nr. 3 ArbSchG nachweislich berücksichtigen zu können. Dies setzt ein **systematisches und organisiertes Wissensmanagement** voraus. Entsprechend wird auch in den GDA Empfehlungen zur Überprüfung der „Wirksamkeit eines betrieblichen Arbeitsschutzmanagementsystems" im Element 8 der 15 Mindestprüfgegenstände das Wissensmanagement hinsichtlich der

---

97 Sczesny/Keindorf/Droß, S. 32 ff. **98** Vgl. zu diesem Konkurrenzkampf der internen Dienstleister ua Blume, Integration, S. 279 ff. **99** Vgl. dazu die Bedarfserhebung für KMU (N= 988) in: Sczesny/Keindorf/Droß, S. 87 ff. **100** Vgl. zur zentralen Rolle des Wissens bei Betriebsräten für das Engagement im Gesundheitsschutz die empirische Studie von Blume/Walter/Bellmann/Wellmann, Betriebliche Gesundheitspolitik, 2011, S. 273 ff. **101** Zur Übersicht vgl. Merdian, S. 29 ff. und die DIN (SPEC) 2012.

„Ermittlung und Nachverfolgung" des Regelwerkes, des Standes der Technik und der gesicherten arbeitswissenschaftlichen Erkenntnisse zur Beurteilung gestellt.[102]

Zu einem „**geeigneten**" **Wissensmanagement** im Arbeits- und Gesundheitsschutz gehören daher folgende Elemente: 56
1. Wissensquellen sollten systematisch erschlossen und aktualisiert werden, vor allem:
   – Relevante Gesetze, Verordnungen, berufsgenossenschaftliche Regeln, Informationen sowie Empfehlungen, Normen etc zum Stand der Technik und arbeitswissenschaftlich gesicherte Erkenntnisse zu allen betriebsrelevanten Gefahren und Gefährdungen inklusive der psychischen Belastungen, ua aus der Organisation der Arbeit;
   – Ergebnisse von Gefahren- und Gefährdungsanalysen, Begehungen, spezifischen Messungen (Dokumentationen, Lärm, Schadstoffkataster etc) auch den zu psychischen Belastungen;
   – Unfallanalysen, Verbandsbücher, Analysen von Beinaheunfällen etc;
   – Fehlzeitenstatistiken, Krankenstandanalysen der Krankenkassen (§ 20 b SGB V), Mitarbeiterbefragungen;
   – Erfahrungswissen der Organisationsmitglieder zB mithilfe von Gesundheitszirkeln, Unterweisungen, im Rahmen von Maßnahmenentwicklungen und Wirkungskontrollen etc;
   – Expertenwissen (intern zB: SIFA, BA, SIBA; extern zB: Aufsichtspersonen der BG, der staatlichen Aufsicht, Wissenschaftler, Berater).
   – Gestaltungswissen für gesundheitsförderliche Arbeitssysteme (Kriterien, Verfahren) bspw. auf Seiten der Projektleiter, Verfahrensingenieure, Organisatoren und nicht zuletzt der Entscheider.
2. Um das Wissen nutzen zu können, muss es zweckbestimmt aufbereitet und genutzt werden: 57
   1. Die vielfältigen Quellen sind in der Regel für spezialisierte Zwecke und Nutzer ausgelegt. So werden beispielsweise Unfallanalysen für die BGen (Meldepflicht) und ggf. noch die betroffene Führungskraft erstellt und gehen dann in die Unfallstatistik ein, die dann ggf. in einen „betrieblichen Gesundheitsbericht" und in Kennziffern eingearbeitet wird. Da sich in dieser Quote nicht mehr das Wissen über die Unfälle und ihre Kontexte widerspiegelt, bedarf es transparenter Wege und (IT-)Instrumente, um – bei Bedarf – (wieder) an dieses Wissen zu gelangen.
   2. Folgende Verwendungszwecke für schon in Formate gebrachtes Wissen (zB Texte, Tabellen) stehen dabei im Vordergrund der Aufbereitung und Dokumentenlenkung:
      – Dokumentation für die Aufsicht (staatlich/BG) und ggf. eintretende Haftungsfälle, zB Gefährdungsbeurteilungen (gemäß § 6 ArbSchG oder Gefahrenanalysen gemäß § 3 der 9. ProdSV – Maschinenverordnung);
      – Kennziffern für die Steuerung des Arbeits- und Gesundheitsschutzes aus Sicht des TOP-Managements und der Arbeitnehmervertretung (zB zu Unfallkennzahlen, Fehlzeiten und Präsentismus, der Umsetzungs- u. Wirksamkeitsquote von Maßnahmen);
      – Information und Qualifikation der verantwortlichen Führungskräfte zum Zweck der Unterweisung, Einleitung von Maßnahmen, der Entwicklung der eigenen Aufmerksamkeit und Arbeitssystemgestaltung, auch unter Berücksichtigung psychischer Belastungen;
      – Aufbereitung und Aktualisierung von Gestaltungswissen (ua Stand der Technik, Grenzwerte, Norm bzw. gesicherte Arbeitswissenschaftliche Erkenntnisse für die:

---

[102] GDA (Hrsg.), Leitlinie Organisation des betrieblichen Arbeitsschutzes, Stand 22.5.2017, S. 28.

2 ArbSchG § 3 — Grundpflichten des Arbeitgebers

- Entwicklung von Betriebsstandards für Einkaufsrichtlinien, Softwareergonomie, Arbeitsplatzgestaltung;
- Veränderungsprojekte und Gestaltungsoptionen von Arbeit und Technik (TOP-F);
- Betriebsparteien im Zusammenhang mit der Entwicklung „erforderlicher Maßnahmen" in Folge von Gefährdungsbeurteilungen;
- Information der Beschäftigten und der Öffentlichkeit (Attraktivitätssteigerung des Unternehmens) bspw. über einen periodischen „Gesundheitsbericht".

58 3. Wissen als (Basis-)Sensibilisierung/Qualifizierung:
1. Für alle Akteure des Arbeits- und Gesundheitsschutzes bedarf es einer kontinuierlichen Information über relevante Veränderungen der Sicherheits-, Gefährdungs- und Belastungslage. Dafür ist eine rollenspezifische und periodisch aufzufrischende „Basisqualifikation" erforderlich, die es den Rollenträgern ermöglicht, die für ihre Verantwortlichkeiten erforderlichen spezifischen Informationen zu verarbeiten. Das heißt bspw., dass Führungskräfte wissen sollten, was psychische Belastungen sind und wie sie wirken, bevor sie mit den Ergebnissen für ihr Arbeitssystem aus der Gefährdungsbeurteilung konfrontiert werden. Es bedarf also über eine rollenspezifische Informationslenkung hinaus einer Basisqualifizierung, die sich ebenfalls an der „geeigneten" Verteilung von Aufgaben, Kompetenzen und Verantwortungen (AKVs) gemäß § 13 ArbSchG zu orientieren hat (→ ArbSchG § 13 Rn. 21 ff.).
2. Wissensmanagement setzt also eine Art Managementsystem voraus und kann zugleich die etablierten Strukturen und Abläufe nachhaltig „bewegen". Ein solches Wissensmanagement ist nicht nur eine zweckorientierte, bedarfs- und anlassgetriebene Verteilung von Information, sondern ein aktiver Beschaffungs- und Aufbereitungsprozess, der in der **Regel als „Gefügeleistung" organisiert** und von „der obersten Leitung" in Auftrag gegeben werden muss (s. Abb. 3 am Beispiel Gesundheitsbericht). Wissensmanagement ist somit auch eine **Organisationsleistung**, die einer **Wirkungskontrolle bzw. einer Überprüfung der „Geeignetheit"** sowie einer kontinuierlichen Verbesserung zu unterliegen hat.

59 Ein etablierter „Gesundheitsbericht" als Gefügeleistung

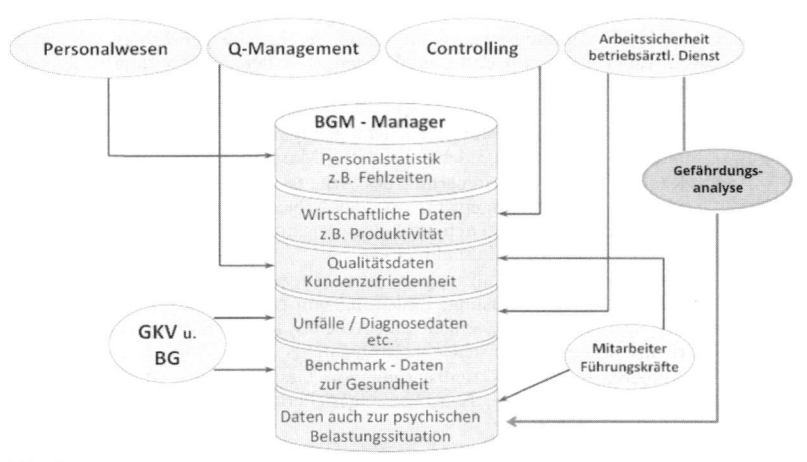

Abb. 3

Die Notwendigkeit eines solchen Gesundheitsberichts ist in der organisationswissenschaftlichen Literatur inzwischen weitgehend anerkannt.[103]

Aufbauorganisatorisch sind die für die Ablauforganisation und -prozesse ermittelten Pflichten und Arbeitsschutzmaßnahmen konkret bestimmten Akteuren (**Stellen**) **im Betrieb zuzuordnen** (vorzugsweise Führungskräften und spezifischen Fachabteilungen, → Rn. 73 ff.). Hierbei ist aus arbeitsschutzrechtlicher Sicht ein Anforderungsprofil zugrunde zu legen, das die ordnungsgemäße Erfüllung der jeweiligen Arbeitsschutzaufgaben gewährleistet. Zur geeigneten Organisation iSv § 3 Abs. 2 Nr. 1 ArbSchG gehört es weiter, die **Zuständigkeiten** dieser Stellen widerspruchsfrei gegeneinander abzugrenzen sowie (**Weisungs-)Befugnisse** einschließlich materieller und zeitlicher **Ressourcen** zur Aufgabenerledigung verbindlich zu klären.[104] Nur so kann insbes. in kritischen Situationen, die zeitnahe Entscheidungen verlangen, eine schnelle Reaktion sichergestellt werden. Eng hiermit verbunden ist die Regelung der **hierarchischen Leitungsbefugnisse**. Arbeitsschutzrechtlich wird diese Frage zB relevant, wenn die übertragenen Weisungsbefugnisse und Ressourcen nicht ausreichen, um die gebotenen Schritte zu unternehmen (zB Befugnis, eine komplexe Anlage in Notfällen abzuschalten und die Produktion einzustellen). 60

Regelungsgegenstand der Aufbauorganisation ist des Weiteren die **innerbetriebliche Sicherheits- und Gesundheitsschutzkommunikation**.[105] Hierzu zählt etwa die Festlegung von betrieblichen Meldewegen und Konsultationspflichten (zB bei Notfällen oder bei gravierenden Mängeln, die nicht mit den übertragenen Befugnissen und – finanziellen – Mitteln bereinigt werden können). Die Regelung der Kommunikationswege kann zudem erhebliche Bedeutung für die Mitwirkung der Beschäftigten, die nach § 3 Abs. 2 Nr. 2 ArbSchG insbes. organisatorisch zu regeln ist (→ Rn. 80 ff.). Zudem ist zu gewährleisten, dass der Betriebsrat insbes. nach Maßgabe von § 89 BetrVG in die betrieblichen Kommunikationswege integriert wird und ihm zB Einladungen zu Betriebsbesichtigungen, Begehungsprotokolle sowie behördliche Auflagen und Anordnungen zugeleitet werden (→ BetrVG § 89 Rn. 14).[106] 61

Aufbauorganisatorisch zu regeln ist schließlich die **Überwachung der organisatorischen Regelungen der betrieblichen Arbeitsteilung**[107] (zB Stichprobenkontrollen, Berichtspflichten). Sie ist in hierarchischen Organisationen zumeist den Vorgesetzten vorbehalten. Originäre Verantwortung des **Arbeitgebers** ist es stets, die „Oberaufsicht" zu führen, die auch durch entsprechende Pflichtenübertragung nicht „wegdelegierbar" ist (→ ArbSchG § 13 Rn. 31 f.).[108] Damit einhergehend ist die Tauglichkeit der festgelegten operativen Organisationsmaßnahmen systematisch zu überprüfen und einem kontinuierlichen Verbesserungsprozess zuzuführen. Hierzu besteht nicht nur die Möglichkeit, sondern auch die Verpflichtung gemäß § 5 ArbSchG, die Führungstätigkeit in die Gefährdungsbeurteilung psychischer Belastungen mit einzubeziehen und über diesen Weg relevante Erkenntnisse über die Tauglichkeit der Organisation und Pflichtenübertragung zu bekommen (→ ArbSchG § 5 Rn. 30 ff.). Gleichwohl bedarf es außerdem einer periodischen und systematischen Überprüfung der „Geeignetheit" der gesamten Organisation des Arbeits- und Gesundheitsschutzes, nicht zuletzt angesichts wesentlich beschleunigter Veränderungen des Betriebes bzw. Unternehmens. Diese Überprüfung der integrierten Systemleistung bedarf einer spezifischen Methodik, die am besten mit einem Audit oder einer Management-Selbstüberprüfung verglichen werden kann (→ Rn. 85 ff.). 62

Bei der Gestaltung der Arbeitsschutzorganisation ist weiter zu beachten, dass das **Arbeitsschutz- und Unfallversicherungsrecht weitere betriebliche Akteure** vorsieht, die unter Beachtung der jeweils für sie maßgeblichen Vorgaben in die betriebliche Arbeits- 63

---

[103] Siehe zu dem betrieblichen Gesundheitsbericht Hesse, Betriebliche Gesundheitsberichterstattung, in: Badura/Walter/Hehlmann (Hrsg.), S. 263 ff., sowie Blume, Integration von BGM, S. 278 f. in Abgrenzung zu Berichten zu den Krankheitsstatistiken der Krankenkassen, Wittig-Goetz/Ferdinand, Betrieblicher Gesundheitsbericht, S. 10 ff. [104] Dazu auch GDA-Leitlinie Organisation des betrieblichen Arbeitsschutzes, aaO, S. 19, www.gda-portal.de. [105] Dazu auch GDA-Leitlinie Organisation des betrieblichen Arbeitsschutzes, aaO, S. 30, www.gda-portal.de. [106] Kollmer/Klindt/Schucht/Kohte ArbSchG § 3 Rn. 55; LR/Wiebauer ArbSchG § 3 Rn. 40. [107] Dazu auch GDA-Leitlinie Organisation des betrieblichen Arbeitsschutzes, aaO, S. 20, www.gda-portal.de. [108] Wilrich DB 2009, 1294.

schutzorganisation einzubinden sind. Zu nennen sind insoweit **Ersthelfer, Brandbekämpfer und Evakuierungshelfer**, die jeweils nach § 10 ArbSchG Aufgaben in Notfällen übernehmen.[109] Neben der Benennung (→ ArbSchG § 10 Rn. 11 f.) sind insoweit als Voraussetzungen für ein effektives Handeln im Notfall vor allem eine klare Aufgabenbeschreibung sowie ausreichende Qualifikation und Training zu nennen. Organisatorisch zu regeln sind des Weiteren die Aufgaben, Zuständigkeiten und (zeitlichen) Ressourcen der **Sicherheitsbeauftragten nach § 22 SGB VII**, die insbes. die Verantwortlichen vor Ort durch ihr Erfahrungswissen zu unterstützen haben (→ SGB VII § 22 Rn. 8).[110] Große Bedeutung haben schließlich die nach §§ 2, 5 ASiG zu bestellenden **Betriebsärzte und Fachkräfte für Arbeitssicherheit** (→ Rn. 54 ff.).[111] Sie sind zwar nach §§ 3, 6 ASiG nicht für die Umsetzung des ArbSchG und der Arbeitsschutzverordnungen nach § 18 ArbSchG verantwortlich (→ ASiG §§ 2–7 Rn. 23). Als **fachkundige Berater** des Arbeitgebers, der verantwortlichen Personen nach § 13 ArbSchG und des Betriebsrats (§ 9 ASiG) haben sie allerdings in der Regel großen Einfluss auf den betrieblichen Arbeits- und Gesundheitsschutz. Eine geeignete Organisation iSv § 3 Abs. 2 Nr. 1 ArbSchG hat zu gewährleisten, dass den Betriebsarzt und der Fachkraft für Arbeitssicherheit entsprechend den organisationsrechtlichen Vorgaben des § 8 ASiG organisatorisch eine **Stabsstelle** zugeordnet wird, die direkt dem **Leiter des Betriebes** unterstellt ist und auf der sie **fachlich weisungsfrei** agieren können (→ ASiG § 8 Rn. 18 ff.).[112] Zur allgemeinen Organisationspflicht nach § 3 Abs. 2 Nr. 1 ArbSchG gehört unter Beachtung der Voraussetzungen des § 11 ASiG weiter die Bildung eines **Arbeitsschutzausschusses** (→ ASiG § 11 Rn. 6), in dem regelmäßig unter Beteiligung aller mit der betrieblichen Sicherheit und Gesundheit befassten Akteure die konkreten betrieblichen Arbeitsschutzprobleme zu beraten sind.[113] Die **Organisationsvorschriften des ASiG** sind damit ein wichtiges Elemente der betrieblichen Arbeitsschutzorganisation.[114] Sie sind allerdings nicht identisch mit einer geeigneten Organisation, dh Ihre Umsetzung allein erfüllt nicht die Erfordernisse des § 3 Abs. 2 Nr. 1 ArbSchG (→ ArbSchG §§ 20 a, 20 b Rn. 10 f.).[115]

64 Betriebliche Akteure und ASIG Organisation
    des Arbeits- und Gesundheitsschutzes

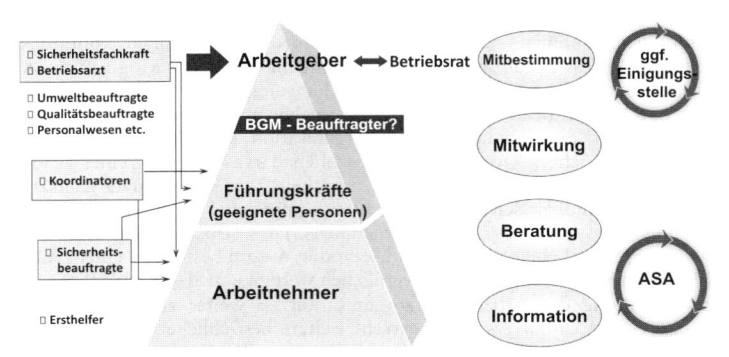

Abb. 4

---

109 Kollmer/Klindt/Schucht/Kohte ArbSchG § 3 Rn. 53; LR/Wiebauer ArbSchG § 3 Rn. 39. **110** Vgl. auch Kohte in: FS Wlotzke, S. 563 ff. **111** Dazu auch GDA-Leitlinie Organisation des betrieblichen Arbeitsschutzes, aaO, S. 21 f., www.gda-portal.de. **112** Ausführlich und zutreffend dazu BAG 15.12.2009 – 9 AZR 769/08, NZA 2010, 506; dazu Kohte/Faber, jurisPR-ArbR 43/2010 Anm. 4 und Kiesche PersR 2010, 328 ff. **113** Dazu auch GDA-Leitlinie Organisation des betrieblichen Arbeitsschutzes, aaO, S. 21 f. **114** Münch/ArbR/Kohte § 292 Rn. 43 ff. **115** Dies übersieht ErfK/Wank ArbSchG § 3 Rn. 3, der die Organisationspflicht des § 3 Abs. 2 Nr. 1 ArbSchG bei Einhaltung der Vorgaben des ASiG offenbar als erfüllt ansieht.

c) **Bereitstellung der erforderlichen Mittel.** Bei der Pflicht zur Bereitstellung der erfor- 65
derlichen Mittel handelt es sich rechtssystematisch um eine **Komplementärpflicht zur
allgemeinen Organisationspflicht.**[116] Sie beruht auf der Erkenntnis, dass die Umsetzung
der Maßnahmen nach § 3 Abs. 1 ArbSchG allein durch die organisatorische Regelung
der betrieblichen Arbeitsteilung noch nicht gewährleistet ist. Notwendig ist es vielmehr
darüber hinaus, dass auch **tatsächlich** die **Voraussetzungen zur Realisierung der Maßnahmen** geschaffen werden.

Bei den erforderlichen Mitteln iSv § 3 Abs. 2 Nr. 1 ArbSchG kann es sich um **sächliche** 66
und personelle Mittel handeln. Sächliche Mittel sind nach Maßgabe der Gefährdungsbeurteilung zB sichere Arbeitsmittel, persönliche Schutzausrüstungen, technische Schutzeinrichtungen (Schutzabdeckungen, Hebehilfen, Messgeräte etc) oder Schulungsmaterialien für Unterweisungen nach § 12 ArbSchG. Des Weiteren ist hier auf die Anforderungen zu verweisen, die sich aus der ArbStättV ergeben. Hierzu zählen zB die Bereitstellung von Erste-Hilfe-Material, die Installation geeigneter Beleuchtungseinrichtungen und Lüftungen, geeignete Türen (zB in Fluchtwegen), Brandschutzeinrichtungen,[117] die Sicherheitskennzeichnung der Arbeitsstätte, räumlich ausreichend dimensionierte Arbeitsräume und Arbeitsplätze sowie die Einrichtung von Sozial- und Sanitärräumen. Sächliche und personelle Mittel sind zudem bereitzustellen, damit Gefährdungsbeurteilungen ordnungsgemäß in der festgelegten Weise durchgeführt und dokumentiert werden können.[118]

Die Pflicht zur Bereitstellung der erforderlichen **personellen Mittel** verlangt vor allem, 67
dass Personal in ausreichender Zahl mit der notwendigen Qualifikation zur Umsetzung der Maßnahmen des Arbeitsschutzes und angemessenen zeitlichen Spielräumen zur Verfügung steht. Es kann insoweit nach dem Ergebnis der Gefährdungsbeurteilung etwa geboten sein, **Mindestpersonalstärken** und Sicherungspersonal für erfahrungsgemäß unfallträchtige Instandhaltungs- und Wartungsarbeiten sowie zur Vermeidung von Überforderung der Beschäftigten vorzuhalten.[119] Neben diesen quantitativen Aspekten spielen Aspekte der Qualifikation[120] eine wesentliche Rolle.[121] Dies gilt namentlich dann, wenn die Gefährdungsbeurteilung – auch der Führungskräfte – Defizite bei der Qualifikation und Unterweisung zu Tage gebracht hat (§ 5 Abs. 3 Nr. 5 ArbSchG). § 3 Abs. 2 Nr. 1 ArbSchG unterstreicht insoweit die Verpflichtung, für entsprechende **Qualifizierungsmaßnahmen** zu sorgen. Dabei steht nicht nur das Wissen über Schutzmaßnahmen und deren Handling in Rede, sondern auch Gestaltungsmöglichkeiten von Arbeitssystemen, die Einfluss auf die psychischen Belastungen haben. Zu den aufzubringenden personellen Mitteln zählt es schließlich, alle mit der Planung und Umsetzung von Arbeitsschutzmaßnahmen gesetzlich befassten Akteure vorzusehen. Hierzu zählen etwa die als Ersthelfer und Evakuierungshelfer nach § 10 Abs. 2 ArbSchG benannten Beschäftigten, Sicherheitsbeauftragte nach § 22 SGB VII sowie qualifizierte Fachkräfte für Arbeitssicherheit und Betriebsärzte. Letztere sind nach Maßgabe des anhand der DGUV-Vorschrift 2 ermittelten Bedarfs (→ ASiG § 14 Rn. 13 ff.) einzusetzen. Betriebsärzten und Fachkräften für Arbeitssicherheit ist zudem nach Maßgabe von §§ 2, 5 ASiG Hilfspersonal bereitzustellen.[122]

Bereitzustellen sind die erforderlichen Mittel gemäß § 3 Abs. 2 Nr. 1 ArbSchG vom Ar- 68
beitgeber. Die Grundpflicht unterstreicht mit der Bereitstellungspflicht die **umfassende Verantwortung des Arbeitgebers zur Gewährleistung von Sicherheit und Gesundheit**

---

116 Kollmer/Klindt/Schucht/Kohte ArbSchG § 3 Rn. 56. **117** Zur Problematik der Bereitstellung von Brandschutzeinrichtungen in angemieteten Arbeitsstätten OVG Münster 29.6.2012 – 20 A 632/10/PVL, PersR 2013, 373, dazu Faber PersR 2013, 358. **118** In allen Standard Arbeitsschutz-Management-Systemen steht das „Management der Mittel" als Organisationsleistung und Auditgegenstand auf dem Tableau. Vgl. dazu exemplarisch OHRIS in: Das OHRIS Gesamtkonzept, hrsg. vom Bayerischen Staatsministerium für Arbeits- und Sozialordnung, Familie und Frauen, 2. Aufl. 2010, S. 65 f. und 141 ff. **119** ArbG Kiel 26.7.2017 – 7 BV 67 c/16 mAnm Dahl jurisPR-ArbR 36/2017, Anm. Nr. 3; Kollmer/Klindt/Schucht/Kohte ArbSchG § 3 Rn. 57; Oberberg RdA 2015, 180 (184); zur Bedeutung von Besetzungsregelungen Soost in: FS Kohte, S. 513, 522. **120** Dazu auch GDA-Leitlinie Organisation des betrieblichen Arbeitsschutzes, aaO, S. 23. **121** Dazu bereits Kohte BB 1981, 1277 (1282). **122** Kollmer/Klindt/Schucht/Kohte ArbSchG § 3 Rn. 57.

der Beschäftigten, die unter seiner Leitung arbeiten. In der Praxis wird die Grundpflicht nicht immer mit der notwendigen Klarheit zur Kenntnis genommen. So wird der Arbeitgeber etwa nicht dadurch aus seiner **Bereitstellungspflicht** entlassen, dass er eine Arbeitsstätte anmietet und dadurch die Möglichkeiten, die Ausstattung der Mietsache den arbeitsschutzrechtlichen Erfordernissen anzupassen, mit mietrechtlichen Implikationen verbunden sind (ausführlich → ArbStättV Rn. 23 ff.).[123] Ähnliches gilt bei **Schulen**, für die in der Regel der Schulträger und nicht der Dienstherr des Lehrpersonals (dh das Land als Schulhoheitsträger) nach Schulorganisationsrecht für die Bereitstellung der „Arbeitsstätte Schule" zuständig ist. § 3 Abs. 2 Nr. 1 ArbSchG stellt insoweit klar, dass der Arbeitgeber – ungeachtet der Binnenbeziehungen zum Vermieter bzw. im Falle der Schulen zum Schulträger – gegenüber den Beschäftigten arbeitsschutzrechtlich dafür verantwortlich einzustehen hat, dass die Arbeitsstätte den arbeitsschutzrechtlichen Mindeststandards genügt.[124] Insoweit gilt nach § 3 Abs. 2 Nr. 1 ArbSchG, dass Konflikte im Binnenverhältnis von **Mieter und Vermieter** bzw. Schulhoheitsträger und Schulträger nicht zulasten des Schutzes der Beschäftigten gehen dürfen.

69 Die Bereitstellung der erforderlichen Mittel iSv § 3 Abs. 2 Nr. 1 ArbSchG wird häufig implizieren, dass der Arbeitgeber auch die erforderlichen **finanziellen Mittel** aufzubringen hat, um zB Schutzausrüstungen zu beschaffen und Änderungen der Ausstattung der Arbeitsstätte vorzunehmen. Es ist allerdings darauf zu verweisen, dass § 3 Abs. 2 Nr. 1 ArbSchG **keine normative Regelung über die Verteilung der Kostenlast** trifft. Die Vorschrift besagt nur, dass der Arbeitgeber auf welche Weise auch immer tatsächlich zu gewährleisten hat, dass die erforderlichen sächlichen und personellen Mittel bereitgestellt werden. Die maßgebliche Regelung über die Kostenlast findet sich demgegenüber in § 3 Abs. 3 ArbSchG, der insbes. explizit klarstellt, dass der Arbeitgeber die Kosten für die erforderlichen Maßnahmen des Arbeitsschutzes nicht den Beschäftigten auferlegen darf (dazu → Rn. 100 ff., differenzierend zur BGF → SGB V § 20 b Rn. 43 f.).

70 **2. Spezielle Organisationspflichten nach § 3 Abs. 2 Nr. 2 ArbSchG.** Unbeschadet der vorrangigen arbeitsschutzrechtlichen Verantwortung des Arbeitgebers intendieren die in § 3 Abs. 2 Nr. 2 ArbSchG normierten **speziellen Organisationspflichten**, die Voraussetzungen für eine **breite betriebliche Verankerung der Ziele und Maßnahmen** zum Schutz von Sicherheit und Gesundheit im gesamten Betrieb zu schaffen. Auf diese Weise soll die Effektivität der betrieblichen Präventionsaktivitäten gesteigert werden.[125] Der Arbeitgeber hat vor diesem Hintergrund Vorkehrungen zu treffen zur
a) Einbindung des Arbeits- und Gesundheitsschutzes in die Führungsstrukturen (→ Rn. 73 ff.),
b) Berücksichtigung des Arbeits- und Gesundheitsschutzes bei allen betrieblichen Tätigkeiten (→ Rn. 77 ff.) und
c) Mitwirkung der Beschäftigten im Arbeits- und Gesundheitsschutz (→ Rn. 80 ff.).

§ 3 Abs. 2 Nr. 2 ArbSchG ist Ausprägung des unionsrechtlichen Leitbildes des betrieblichen Arbeits- und Gesundheitsschutzrechts. Danach sind die Gewährleistung von Sicherheit und Gesundheit bei der Arbeit nicht allein Aufgaben separierter und spezialisierter Fachabteilungen. Nach dem unionsrechtlichen Leitbild sind insbes. die Beschäftigten mehr als bloße „Objekte fürsorglichen Schutzes". Sie sollen als aktiv handelnde Arbeitsschutzakteure für das „betriebliche Arbeitsschutzsystem" gewonnen werden (→ ArbSchG §§ 15–17 Rn. 1, 2).[126]

71 Das Gesetz verlangt in § 3 Abs. 2 ArbSchG die Einbindung in die **betrieblichen Führungsstrukturen**. Dem Gesetz liegt insoweit ein **funktionaler Betriebsbegriff**[127] zugrunde, der über die Grenzen des Betriebes hinaus auch das Unternehmen erfasst, soweit dieses auf Sicherheit und Gesundheit im Betrieb Einfluss hat. Ein solches funktionales Verständnis des Betriebsbegriffs in § 3 Abs. 2 Nr. 2 ArbSchG ist mit Blick auf Art. 3

---

123 Dazu Faber PersR 2013, 358 (359). **124** In diesem Sinne auch VGH Baden-Württemberg 11.3.2010 – PL 15 S 1773/08, PersR 2010, 455, dazu Faber/Jenter PersR 2010, 432 ff. **125** Pieper ArbSchG § 3 Rn. 6. **126** Dazu grundlegend bereits BFK Rn. 264. **127** Dazu genauer Kollmer/Klindt/Schucht/Kohte ArbSchG § 3 Rn. 67 f.; LR/Wiebauer ArbSchG § 3 Rn. 42.

Abs. 3 Rahmenrichtlinie-Arbeitsschutz 89/391/EWG unionsrechtlich zwingend geboten. In der genannten unionsrechtlichen Vorschrift ist vom Betrieb und zusätzlich auch vom Unternehmen die Rede.[128] Ein so verstandener funktionaler Betriebsbegriff trägt dem ganzheitlichen und präventiven Ansatz des ArbSchG Rechnung,[129] da weichenstellende Entscheidungen für den Arbeitsschutz (zB Planung von Arbeitsstätten) in der Regel auf Unternehmensebene getroffen werden.

Organisationsverpflichtung des Arbeitgebers nach § 3 ArbSchG 72

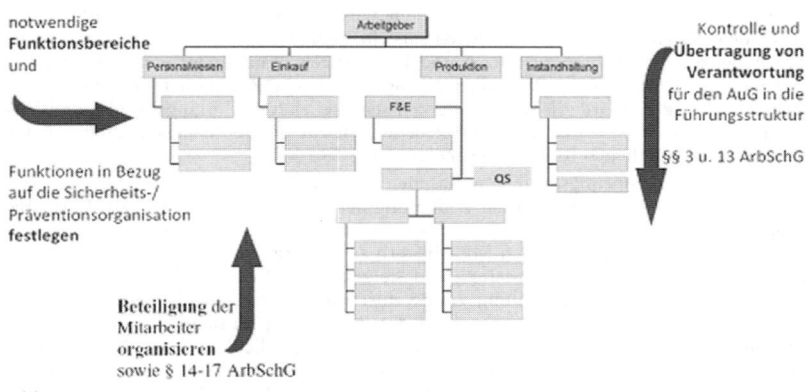

Abb. 5

a) Integration in die Führungsstrukturen. § 3 Abs. 2 Nr. 2 ArbSchG verlangt, dass Vor- 73 kehrungen getroffen werden, damit die Arbeitsschutzmaßnahmen erforderlichenfalls in die betrieblichen Führungsstrukturen eingebunden werden. Mit dieser Pflicht zur **vertikalen Integration des Arbeitsschutzes in die betriebliche Organisation**[130] betont das Gesetz die Bedeutung der „**Führungsaufgabe Arbeitsschutz**". Dies entspricht dem aktuellen Stand der arbeitswissenschaftlichen Erkenntnisse, die empirisch belegen, dass ein erfolgreicher Arbeits- und Gesundheitsschutz maßgeblich davon abhängt, dass die betrieblichen Führungskräfte den Arbeits- und Gesundheitsschutz als originäre Führungsaufgabe begreifen und die in ihrem jeweiligen Zuständigkeitsbereich anfallenden Arbeitsschutzaufgaben, darunter auch die der Gestaltung der psychischen Belastungsfaktoren, verantwortlich wahrnehmen.[131] Die vertikale Integration des Arbeitsschutzes in die Führungsstrukturen fügt sich ohne Weiteres in das im Arbeitsvertragsrecht herausgearbeitete Rollenbild der Führungskraft ein. Dort wird davon ausgegangen, dass aus der Funktion als Führungskraft und der Ausstattung mit Weisungsbefugnissen bereits die Verantwortung für Sicherheit und Gesundheit der unterstellten Mitarbeiter unmittelbar folgt.[132]

Die **vertikale Integration** des Arbeitsschutzes verlangt vor allem, dass **Klarheit** geschaf- 74 fen wird über die **Arbeitsschutzaufgaben der Führungskräfte aller Führungsebenen** und das von ihnen erwartete Verhalten in Fragen des Arbeits- und Gesundheitsschutzes.[133] Das bedeutet v.a. eine hinreichend präzise Pflichtenübertragung (§ 13 ArbSchG) vorzunehmen, durch die die Reichweite von Weisungsbefugnissen sowie Meldepflichten an

---

128 Kollmer/Klindt/Schucht/Kohte ArbSchG § 3 Rn. 67 f.; iE ebenso KJP/Koll ArbSchG § 3 Rn. 21. **129** In diesem Sinne auch Pieper ArbSchG § 3 Rn. 10; Kollmer/Klindt/Schucht/Kohte ArbSchG § 3 Rn. 68. **130** Dazu ausführlich Faber, Grundpflichten, S. 337 ff. **131** Zimolong/Elke in: Zimolong, S. 235 ff.; auch Taubert, Gesundheit im Führungsverhältnis, S. 16 ff.; Blume, Integration, S. 279 ff. **132** Dazu auch Kollmer/Klindt/Schucht/Kohte ArbSchG § 3 Rn. 51, zu Recht kritisch zu einer solchen ungeschriebenen Verantwortung mit Blick auf das NachwG; vgl. Däubler in: FS Kohte, S. 435, 438 f. **133** So auch Nöthlichs ArbSchG § 3 Rn. 3.3.

vorgesetzte Stellen eindeutig und transparent geregelt werden. Darüber hinaus ist eine eingehende Anleitung der Führungskräfte für diesen Aspekt ihrer Führungsaufgabe zu organisieren.[134] Eine vertikale Integration setzt dabei voraus, dass der Arbeitsschutz untrennbarer Bestandteil der Führungsaufgaben ist und nicht lediglich als lästiger Annex im Zielkonflikt zu den sonstigen Führungsaufgaben und zeitlichen Ressourcen[135] steht. In der Sache wird man davon ausgehen können, dass Führungsaufgaben im Bereich des Arbeitsschutzes in der unteren Hierarchieebene vor allem ausführende Elemente prägen werden, während für höhere Hierarchieebenen tendenziell die Arbeit gestaltende Aufgaben, Aufsichtsführung und das Motivieren für den Arbeits- und Gesundheitsschutz in den Vordergrund rücken wird.[136] Der **Arbeitgeber** selbst hat die **nicht delegierbare Aufgabe**, die (Ober-)Aufsicht über die arbeitsteilige Wahrnehmung der Arbeitsschutzpflichten zu führen und bei Mängeln konsequent einzuschreiten (→ ArbSchG § 13 Rn. 31 f.).[137] Wichtiger als disziplinarische Reaktionen dürfte dabei die Bereitstellung der erforderlichen Ressourcen sein, sei es für Schulungs- und Qualifizierungsmaßnahmen,[138] sei es, dass ausreichend Zeit für die „Führungsaufgabe Arbeitsschutz" in den täglichen Routinen vorgesehen wird.

75 Diese Rolle der Führungskräfte im Rahmen der Organisation des Arbeits- und Gesundheitsschutzes ist strikt von der Bedeutung des Aspektes **„Führung" als Arbeitsbedingung** zu trennen. Wenn beispielsweise Führungskräfte die Aufgabe haben, Beinaheunfälle zu melden und mit den Mitarbeitern zu diskutieren oder anlassbezogene Gefährdungsbeurteilungen zu initiieren, sind sie zudem und davon abgegrenzt im Rahmen einer Gefährdungsbeurteilung zu psychischen Belastungen als Belastungsfaktor „soziale Beziehungen" auch Gegenstand der Beurteilung hinsichtlich ihres gesamten Führungsverhaltens (→ ArbSchG § 5 Rn. 31 ff.). Die Tauglichkeit ihrer Organisationsleistungen im Rahmen der Arbeitsschutzorganisation ist darüber hinaus Gegenstand der zentralen „Aufsicht". Die Führungstätigkeit ist vor diesem Hintergrund im Rahmen der Gefährdungsbeurteilung und somit als Element des kontinuierlichen Verbesserungsprozesses (KVP) der Organisation zu überprüfen. Diese Selbstüberprüfung der „Geeignetheit" der Organisation ist in allen Normen und Konzepten zum Arbeitsschutz- und betrieblichen Gesundheitsmanagement als zentrale Verpflichtung vorgesehen, die auch durch externe Auditierung oder Zertifizierung realisiert werden kann (→ Rn. 98).

76 Die Pflicht zur vertikalen Integration des Arbeits- und Gesundheitsschutzes besteht nach § 3 Abs. 2 Nr. 2 ArbSchG nicht strikt, sondern erforderlichenfalls. Nach den gesicherten arbeitswissenschaftlichen Erkenntnissen ist eine vertikale Integration in aller Regel aber erforderlich, wenn sich der Arbeitgeber entschließt, die **Arbeitsschutzpflichten nicht persönlich wahrzunehmen**. Neben einer Pflichtendelegation an Führungskräfte wird auch eine Übertragung von Verantwortlichkeiten außerhalb der „Linie" nach §§ 3 Abs. 2 Nr. 1, 13 ArbSchG bspw. an einen „BGM-Manager" praktiziert. Der Nachteil einer solchen organisatorischen Gestaltung liegt darin, dass sie in der Regel mit einer Einschränkung der Weisungsrechte und Pflichten der Führungskräfte für den Bereich des Arbeits- und Gesundheitsschutzes verbunden ist. Die hiermit geschaffene Möglichkeit von Zuständigkeitskonflikten nährt nicht nur bei Notsituationen, in denen schnelles Handeln gefordert ist, nachhaltige Zweifel an der Eignung einer solchen Organisation. Im ArbSchG und ASiG wird bevorzugt die Führungsstruktur in der „Linie" in die Pflicht genommen, weil sie den unmittelbaren Einfluss auf die potenziell

---

134 Kollmer/Klindt/Schucht/Kohte ArbSchG § 3 Rn. 61; LR/Wiebauer ArbSchG § 3 Rn. 49; ähnlich LAG Rostock 11.11.2008 – 5 TaBV 16/08, dazu Kohte, jurisPR-ArbR 13/2010 Anm. 5. **135** Die Analyse der Ressourcen von Führungskräften (untere und mittlere Ebene) aus 23 Gefährdungsanalysen in 5 Branchen (N=1230) ergab ein durchgängiges Fehlen von ausreichender Zeit für Führung und gesundheitsbezogenen Gestaltungsmöglichkeiten der Arbeitsbedingungen. Siehe Blume et al 2018- Veröffentlichung in Vorbereitung **136** LASI LV 21 (2006) Arbeitsschutzmanagementsysteme, S. 12 f.; LR/Wiebauer ArbSchG § 3 Rn. 48; vgl. den Sachverhalt BAG 18.3.2014 – 1 ABR 73/12, NZA 2014, 855. **137** Kollmer/Klindt/Schucht/Kohte ArbSchG § 3 Rn. 62; Wilrich DB 2009, 1294; LR/Wiebauer ArbSchG § 3 Rn. 49; Däubler: FS Kohte, S. 435, 447. **138** KJP/Koll ArbSchG § 3 Rn. 22.

gefährdenden Prozesse und Bedingungen hat. Die strukturelle Führung im Gegensatz zu der hier fokussierten personalen Führung wird jedoch erst im Zuge eines Audits oder einer Gefährdungsbeurteilung zum Thema.

b) Integration in alle Tätigkeitsbereiche. Neben dieser Pflicht zur vertikalen Integration des Arbeitsschutzes in die betrieblichen Führungsstrukturen normiert das ArbSchG eine **Grundpflicht zur horizontalen Integration**.[139] Es sind nach § 3 Abs. 2 Nr. 2 ArbSchG Vorkehrungen zu treffen, dass die Arbeitsschutzmaßnahmen erforderlichenfalls bei allen Tätigkeiten beachtet werden. Die Erfüllung der Grundpflicht setzt voraus, dass **alle betrieblichen Funktionsbereiche** wie zB Beschaffung, Vertrieb, Personal, Fertigungsplanung oder aber auch die Bauabteilung, Qualitätssicherung und Organisationsabteilung ihre Tätigkeiten auf ihre Relevanz für den Arbeits- und Gesundheitsschutz hin prüfen. Die horizontale Integration des Arbeits- und Gesundheitsschutzes in die Betriebsorganisation dient dazu, den **präventiven und gestaltungsorientierten Ansatz des ArbSchG** zu unterstützen. Er zeigt sich insbes. in dem allgemeinen Grundsatz des § 4 ArbSchG, Gefährdungen möglichst zu vermeiden und, sofern dies nicht vollständig möglich ist, die verbleibende Gefährdung möglichst gering zu halten (→ ArbSchG § 4 Rn. 10 ff.). Um dieses Ziel zu erreichen, genügt es nicht, die Arbeitsschutzaktivitäten auf die Stellen im Betrieb zu beschränken, an denen sich die Gefährdungen realisieren. Zum Zwecke einer möglichst früh ansetzenden Prävention sind vielmehr die präventiven Potentiale aller betrieblichen Tätigkeiten und Veränderungsprojekte auszuschöpfen.[140] 77

Ein anschauliches **Beispiel** für das präventive Potential einer horizontalen Integration des Arbeits- und Gesundheitsschutzes in die Betriebsorganisation ist das **Beschaffungswesen**. So lässt sich zB bei der Beschaffung von Arbeitsmitteln die gesundheitliche Belastung der Beschäftigten durch Lärm und der Aufwand für betriebliche Lärmschutzmaßnahmen erheblich reduzieren, wenn bereits beim Planungs- und Beschaffungsvorgang besonderes Augenmerk darauf gelegt wird, dass möglichst leise Maschinen oder Anlagen beschafft werden. Daher verlangt § 4 Abs. 6 BetrSichV 2015 nunmehr die Einbindung der Beschaffung und Verwendung von Arbeitsmitteln in die betriebliche Organisation (→ BetrSichV Rn. 46).[141] Die horizontale Integration des Arbeits- und Gesundheitsschutzes verlangt insoweit eine enge Kooperation zwischen den Beschaffungsabteilungen, in denen häufig vor allem Kaufleute arbeiten, und den Fertigungsabteilungen, in denen die Arbeitsmittel letztlich zum Einsatz kommen. Die frühzeitige Zusammenarbeit kann sich zB darin niederschlagen, dass Beschaffungsrichtlinien aufgestellt werden oder aber im Rahmen von Vertragsverhandlungen mit den Händlern bzw. Produzenten die Gefährdungsbeurteilung für die Fixierung des Vertragsgegenstandes herangezogen wird.[142] Ähnliches gilt, wenn **Arbeitsstätten** – dazu zählen auch Büros oder Filialen – **neu eingerichtet oder wesentlich geändert** werden sollen.[143] Durch eine **prospektive Gefährdungsbeurteilung** in der Phase des Einrichtens der Arbeitsstätte nach § 3 ArbStättV lassen sich ohne Mehranforderungen aus der Perspektive des Arbeits- und Gesundheitsschutzes in das „Lastenheft" für die Projektabwicklung integrieren (→ ArbStättV Rn. 56 f.). Ein solches Vorgehen dient nicht nur dem Arbeits- und Gesundheitsschutz. Es vermeidet unter Umständen auch unnötige Kosten. So lassen sich zB aufwändige Umrüstungs- und Nachrüstungsarbeiten vermeiden, wenn bei der Planung von Brandmeldeanlagen in großen Hochschulgebäuden von vornherein die besonderen Nutzungsbedingungen der „Arbeitsstätte Hochschule" berücksichtigt werden und anstatt lauter Brandmeldeanlagen von vornherein lärmarme Produkte ausgewählt werden.[144] Hierzu bedarf es im Vorfeld einer engen Kooperation der Planungsabteilung mit den Beschäftigten, Sicherheitsbeauftragten sowie den betriebli- 78

---

139 Dazu ausführlich mit Anwendungsbeispielen Faber, Grundpflichten, S. 341 ff. **140** Kollmer/Klindt/Schucht/Kohte ArbSchG § 3 Rn. 63. **141** Pieper BetrSichV § 4 Rn. 19 ff.; vgl. LR/Wiebauer ArbSchG § 3 Rn. 44. **142** Dazu auch Faber, Grundpflichten, S. 344 ff. und jetzt Element 12 „Regelungen zur Planung und Beschaffung" in der GDA-Leitlinie „Organisation der betrieblichen Arbeitsschutzes, Stand 22.5.2017, S. 32 f.; www.gda-portal.de. **143** Hierzu auch Faber AiB 2012, 529 ff. **144** Vgl. den Fall OVG Münster 29.6.2012 – 20 A 632/10/PVL, PersR 2013, 373, dazu Faber PersR 2013, 358 ff.

chen Interessenvertretungen. Dies gilt ebenso für die Neugestaltung oder wesentliche Änderung von Tätigkeiten, Prozessen und der Organisation von Arbeitssystemen, zB in Folge von IT-Projekten. Auch hier ist die horizontale Integration im Planungsprozess (Fachbereich, IT-Abteilung, Betriebsorganisation, Berater etc) ein entscheidender Erfolgsfaktor für die präventive Berücksichtigung der Gestaltungspflichten und der Kosten für nachträgliche, korrektive Maßnahmen.[145]

79 Die Beachtung des Arbeits- und Gesundheitsschutzes bei allen Tätigkeiten hat nach § 3 Abs. 2 Nr. 2 ArbSchG **erforderlichenfalls** zu erfolgen. Hiervon ist auszugehen, wenn durch die horizontale Integration eine **Verbesserung der Prävention** erreichbar ist und die notwendigen Integrationsmaßnahmen dem **Verhältnismäßigkeitsgrundsatz** entsprechen. Zu beachten ist, dass eine Reihe von **Vorschriften der Arbeitsschutzverordnungen** die **horizontale Integration des Arbeitsschutzes** im Sinne von § 3 Abs. 2 Nr. 2 ArbSchG bereits vorsehen und die Integrationsverpflichtung verdeutlichen. So ist vor dem Umgang mit Gefahrstoffen zu prüfen, ob eine Substitution durch weniger gefährliche Stoffe möglich ist (§ 7 Abs. 3 GefStoffV). Nach § 7 Abs. 2 LärmVibrationsArbSchV haben Auswahl und Einsatz neuer oder bereits vorhandener Arbeitsmittel unter dem vorrangigen Gesichtspunkt der Lärmminderung zu erfolgen (→ LärmVibrationsArbSchV Rn. 34). § 4 Abs. 6 BetrSichV verlangt ausdrücklich eine integrierte Beschaffungsorganisation (→ BetrSichV Rn. 46). Die Umsetzung dieser Vorgaben setzt regelmäßig voraus, dass die Beschaffungsabteilungen Arbeitsschutzgesichtspunkte in ihre Beschaffungsentscheidungen aufnehmen. Sinngemäß das Gleiche gilt für die Planung oder Änderung von Arbeitsstätten. § 3 ArbStättV verlangt insoweit eine prospektive Gefährdungsbeurteilung für das Einrichten der Arbeitsstätte und die Festlegung der erforderlichen Schutzmaßnahmen nach § 3 a ArbStättV (→ Rn. 78; → ArbStättV Rn. 56 f.). Die mit der Planung der Arbeitsstätte betrauten Stellen sind von daher verpflichtet, den Arbeitsschutz im Sinne der horizontalen Integration des Arbeits- und Gesundheitsschutzes bei der Planung und Einrichtung zu berücksichtigen. In arbeitsteiligen Organisationen sind dies zT **komplexe Gefügeleistungen**, die neben der Akzeptanz zur Kooperation eines gemeinsamen fachlichen Wissens und einer spezifischen Organisation bedürfen (→ Rn. 58 f.).[146]

80 **c) Organisation der Beteiligung der einzelnen Beschäftigten.** Um einen wirkungsvollen Beitrag der einzelnen Beschäftigten für Sicherheit und Gesundheit bei der Arbeit zu ermöglichen, verlangt § 3 Abs. 2 ArbSchG organisatorische Vorkehrungen, die eine effektive Mitwirkung aller Beschäftigten an der Planung und Durchführung der Maßnahmen des Arbeitsschutzes ermöglichen. Das Gesetz trägt damit der Erkenntnis Rechnung, dass eine aktive Mitwirkung der Beschäftigten am Arbeitsschutz kein „Selbstläufer" ist. Sie kann durch Maßnahmen, die sie strukturell in der Betriebsorganisation verankern, erheblich unterstützt werden.[147] Eine wichtige Rolle spielen hier die Kommunikationsrechte nach §§ 81, 82 BetrVG, § 14 ArbSchG, die Voraussetzungen und Ermutigung zur aktiven Mitwirkung schaffen können.

81 § 3 Abs. 2 Nr. 2 ArbSchG fordert Vorkehrungen, damit die Beschäftigten ihren **Mitwirkungspflichten** nachkommen können. Das Gesetz nimmt insoweit auf die §§ 15, 16 ArbSchG Bezug, die die Mitwirkungspflichten der Beschäftigten zum Gegenstand haben (→ ArbSchG §§ 15–17 Rn. 8 ff.).[148] Es handelt sich dabei um die Pflicht zur Eigen- und Fremdsorge (§ 15 Abs. 1 ArbSchG), die Pflicht, Arbeitsmittel und persönliche Schutzausrüstungen bestimmungsgemäß zu benutzen (§ 15 Abs. 2 ArbSchG), die Pflicht zur Meldung von unmittelbaren erheblichen Gefahren sowie von Mängeln an Schutzausrüstungen (§ 16 Abs. 1 ArbSchG) und die Pflicht, den Arbeitgeber bei der Umsetzung des Arbeitsschutzes entsprechend den behördlichen Auflagen zu unterstützen sowie festgestellte Gefahren und Defekte in Ergänzung zu § 16 Abs. 1 ArbSchG auch der Fachkraft für Arbeitssicherheit, dem Betriebsarzt oder den Sicherheitsbeauf-

---

[145] Zur horizontalen Integration des Arbeitsschutzes auch Blume, Integration, S. 273, 276 f.
[146] Dazu am Beispiel eines betrieblichen Gesundheitsberichtes und eines IT-Projektes: Blume, Integration, S. 273, 277 f. [147] Kollmer/Klindt/Schucht/Kohte ArbSchG § 3 Rn. 69 ff.; LR/Wiebauer ArbSchG § 3 Rn. 51; vgl. Nöthlichs ArbSchG § 3 Anm. 3.4. [148] BT-Drs. 13/3540, 16.

tragen nach § 22 SGB VII zu melden.[149] Weitere Mitwirkungspflichten, die zT die Vorgaben der §§ 15, 16 ArbSchG weiter konkretisieren, finden sich etwa in den unfallversicherungsrechtlichen Bestimmungen der §§ 15–18 DGUV Vorschrift 1.[150]

Das Gesetz lässt offen, welcher Art die Vorkehrungen nach § 3 Abs. 2 ArbSchG sind, so dass **ein erheblicher Entscheidungsspielraum** für betriebsangepasste Lösungen besteht. Entscheidend ist, dass das Ziel der Organisationspflicht erreicht wird, dh die Beschäftigten sind in den Stand zu versetzen, tatsächlich ihren vorstehend skizzierten Mitwirkungspflichten nachkommen zu können.[151] Zu den geforderten organisatorischen **Vorkehrungen** zählt vor allem die **Information der Beschäftigten** über die konkret für sie bestehenden Mitwirkungspflichten und deren betrieblichen Anlässe. So können die einzelnen Beschäftigten ihre Pflicht zur Eigen- und Fremdsorge vor arbeitsbedingten Gesundheitsrisiken (§ 15 Abs. 1 ArbSchG) nur realistisch erfüllen, wenn ihnen die erforderlichen Mittel zur Verfügung stehen und sie Kenntnisse über die Gefährdungen am Arbeitsplatz sowie die zu beachtenden Schutzmaßnahmen haben.[152] Eine bestimmungsgemäße Verwendung von Arbeitsmitteln und persönlicher Schutzausrüstung (§ 15 Abs. 2 ArbSchG) kann nur erwartet werden, wenn zuvor entsprechend informiert und qualifiziert worden ist. Sinngemäß das Gleiche gilt für die besonderen Unterstützungspflichten bei besonderer Gefahrenlage bzw. bei Defekten nach § 16 ArbSchG. Die Pflichten können nur bei entsprechenden Kenntnissen der Beschäftigten erfüllt werden. Für den Arbeitgeber folgt hieraus, dass er **Mitwirkungspflichten nur so weit einfordern** kann, wie er die Beschäftigten mit den für die Sicherheit und Gesundheit relevanten Aspekten ihrer Arbeitstätigkeit vertraut gemacht hat. § 15 Abs. 1 ArbSchG trägt der Bedeutung der Information der Beschäftigten korrespondierend mit § 3 Abs. 2 Nr. 2 ArbSchG ausdrücklich dadurch Rechnung, dass das Bestehen von **Mitwirkungspflichten von der Unterweisung nach § 12 ArbSchG** und den konkreten Weisungen des Arbeitgebers bzw. der zuständigen Führungskräfte abhängig gemacht wird. Transparenz und Information sind somit für die Realisierung der Mitwirkungspflichten elementar (→ ArbSchG §§ 15–17 Rn. 3).[153]

Insbesondere die Unterstützungspflichten der Beschäftigten nach § 16 ArbSchG verlangen Vorkehrungen, die die **Sicherheitskommunikation** von den Beschäftigten hin zum Arbeitgeber, den betrieblichen Führungskräften sowie den sonstigen Akteuren des Arbeits- und Gesundheitsschutzes effektiv **gewährleisten**. In der Praxis gefordert sind vor diesem Hintergrund vor allem „Meldewege",[154] die zB die Information des Arbeitgebers bzw. der zuständigen Führungskraft bei besonderen Gefahrenlagen und bei Defekten an Schutzsystemen sicherstellen (→ ArbSchG §§ 15–17 Rn. 19).

§ 3 Abs. 2 Nr. 2 ArbSchG bezieht sich explizit nur auf die Mitwirkungspflichten der Beschäftigten, insbes. §§ 15, 16 ArbSchG. Offen bleibt damit, ob es neben den Vorkehrungen zur tatsächlichen Wahrnehmung der Mitwirkungspflichten auch entsprechender Vorkehrungen bezüglich des ebenfalls im 3. Abschnitt des ArbSchG in § 17 ArbSchG geregelten **Rechte der Beschäftigten** bedarf. Die Regelung ist nicht sachgerecht, da sie die aktive Rolle der Beschäftigten, die das moderne Arbeitsschutzrecht den Beschäftigten einräumt, nur unvollständig mit Organisationspflichten unterlegt. Nicht nur die effektive Wahrnehmung von Pflichten, sondern auch die Ausübung von Rechten hängt von den organisatorischen Rahmenbedingungen ab.[155] Die in der Regelung des § 3 Abs. 2 Nr. 2 ArbSchG angelegte Differenzierung zwischen Mitwirkungspflichten und Mitwirkungsrechten verschleiert vor diesem Hintergrund die Rechtslage. Entsprechende Vorkehrungen sind bezogen auf Mitwirkungsrechte bereits aufgrund der **allgemeinen Organisationspflicht** des § 3 Abs. 2 Nr. 1 ArbSchG zu regeln.[156] Insbeson-

---

149 Ausführlich zu den Pflichten und Rechten der einzelnen Beschäftigten im Arbeitsschutz Wlotzke in: FS Hanau, S. 317, 322. **150** KJP/Koll ArbSchG § 3 Rn. 23. **151** KJP/Koll ArbSchG § 3 Rn. 23; Pieper ArbSchG § 3 Rn. 12. **152** So auch Nöthlichs ArbSchG § 3 Rn. 3.4; LR/Wiebauer ArbSchG § 3 Rn. 52. **153** Ausführlich dazu Kollmer/Klindt/Schucht ArbSchG § 15 Rn. 27; Wilrich DB 2008, 182 ff. **154** Kollmer/Klindt/Schucht/Kohte ArbSchG § 3 Rn. 70. **155** So auch zutreffend Kollmer/Klindt/Schucht/Kohte ArbSchG § 3 Rn. 71. **156** Ähnlich auch Kollmer/Klindt/Schucht/Kohte ArbSchG § 3 Rn. 71.

dere das Beschwerderecht ist im Unionsrecht innerhalb der Arbeitgeberpflichten in Art. 11 Abs. 6 Rahmenrichtlinie-Arbeitsschutz 89/391/EWG geregelt. Es zählt somit zu den allgemeinen Organisationspflichten des Arbeitgebers, die erforderlichen organisatorischen Vorkehrungen zu treffen, damit, wie in § 17 Abs. 2 ArbSchG vorgesehen, innerbetrieblich Beschwerden erhoben werden können (zB durch Klärung, wo und in welcher Form Beschwerden anzubringen sind). Auch wenn es somit einer Aufnahme der Rechte der Beschäftigten in § 3 Abs. 2 Nr. 2 ArbSchG nicht zwingend bedürfte, würde eine weniger enge Regelung der speziellen Organisationspflichten doch zur Rechtsklarheit und Rechtsvereinfachung beitragen. Jedenfalls wenn im Betrieb klare und effektive Regelungen über Beschwerden bei Sicherheits- und Gesundheitsmängeln fehlen, kann einem Beschäftigten, der sich unmittelbar an die Arbeitsschutzaufsicht wendet, nicht entgegengehalten werden, er habe pflichtwidrig die innerbetriebliche Beschwerde unterlassen (weiter differenzierend → ArbSchG §§ 15–17 Rn. 30).

85 **3. Exkurs: Arbeitsschutzmanagementsysteme.** Wenn man im Kontext des Arbeits- und Gesundheitsschutzes nach „geeigneten" Organisationsformen sucht, wird regelmäßig der Begriff **Arbeitsschutzmanagementsystem (ASM)** genannt.[157] An zweiter Stelle wird heute zunehmend ein integriertes **Betriebliches Gesundheitsmanagement (BGM)** ins Feld geführt und damit signalisiert, dass es letztlich um eine Zusammenführung aller gesundheitsrelevanten Aktivitäten unter einer Leitung und Koordination gehen sollte. Trotz vielfältiger Unklarheiten können für beide Begriffe unterschiedliche Umschreibungen identifiziert werden. Der 2002 beschlossene **Nationale Leitfaden für Arbeitsschutzmanagementsysteme,** den das damalige BMWA (als zuständiges Fachministerium), die obersten Arbeitsschutzbehörden der Länder, die Träger der gesetzlichen Unfallversicherung und die Sozialpartner beschlossen haben, beschreibt als Arbeitsschutzmanagementsysteme: „Miteinander verbundene oder zusammenwirkende Elemente und Verfahren zur Festlegung der Arbeitsschutzpolitik, der Arbeitsschutzziele und zum Erreichen dieser Ziele."

86 Dagegen ist der Rahmen eines **Betrieblichen Gesundheitsmanagements (BGM)** deutlich weiter gespannt (→ ASiG § 1 Rn. 25 ff.; → SGB V § 20 b Rn. 29). Das OVG Berlin-Brandenburg definiert das BGM als systematische, zielorientierte und kontinuierliche Steuerung aller betrieblichen Prozesse, mit dem Ziel, Gesundheit, Leistung und Erfolg für die Beschäftigten und damit auch für den Betrieb zu erhalten und zu fördern.[158] Damit umfasst das BGM nicht nur die **Organisation des gesetzlichen Arbeitsschutzes,** sondern auch der **Betrieblichen Gesundheitsförderung** und des Betrieblichen Eingliederungsmanagements (→ ASiG § 1 Rn. 26).[159] Im Rahmen der Rechtspflichten aus § 3 Abs. 2 ArbSchG soll daher zunächst auf Arbeitsschutzmanagementsysteme eingegangen werden, die vor allem die arbeitsschutzrechtlich erforderlichen Vorkehrungen in den Fokus nehmen.

87 Im Nationalen Leitfaden[160] und dem 2013 beschlossenen Dokument der Arbeitsschutzbehörden der Länder,[161] wird davon ausgegangen, dass Arbeitgeber nicht verpflichtet sind, Arbeitsschutzmanagementsysteme (ASM) oder BGM-Konzepte und entsprechende Standards einzuführen. Alle Institutionen und Autoren von Leitfäden, Standards und Normen sprechen EU-weit von „Freiwilligkeit", betonen jedoch, wie hilfreich entsprechende Konzepte zB für den Nachweis der „Gerichtsfestigkeit" sind, vor allem wenn sie von den BGen oder den staatlichen Aufsichtsbehörden empfohlen und zertifiziert worden sind. Aber auch aus Kundensicht kann ein Zertifikat imagebildend sein, oder – wie bspw. in der chemischen Industrie häufig anzutreffen – in Liefer-

---

157 Dazu auch Kittner § 3 ArbSchG Rn. 11 ff. **158** OVG Berlin-Brandenburg 8.11.2012 – OVG 62 PV 2.12, bestätigt durch BVerwG 14.2.2013 – 6 PB 1/13, PersR 2013, 176; Kollmer/Klindt/Schucht/Kohte ArbSchG § 3 Rn. 104; LR/Wiebauer ArbSchG § 3 Rn. 65; Pieper ArbSchG § 3 Rn. 11 c, f. **159** Kiesche, Betriebliches Gesundheitsmanagement, S. 18 f. und Blume, Grundlagen, S. 110 f. **160** BArBl 1/2003, 101 f. **161** LASI LV 58: Beratung der Länder zu und Umgang der Länder mit Arbeitsschutzmanagementsystemen, www.lasi-info.com.

verträgen gefordert werden (zB ein sog SCC Zertifikat).[162] Gleichwohl kann die Frage von Rechtspflichten zum Aufbau eines ASM nicht so einfach beantwortet werden.

Viele anerkannte Arbeitsschutzmanagementsysteme sind **in krisenhaften Situationen** zur Verbesserung des Arbeits- und Gesundheitsschutzes **implementiert** worden.[163] So hat bspw. das Hessische Arbeits- und Sozialministerium 1993 einen gravierenden Störfall bei Hoechst zum Anlass genommen, ein entsprechendes Managementsystem zum Arbeits- und Umweltschutz gemeinsam mit der Industrie zu entwickeln (**ASCA**). Dieses Managementsystem wurde aber den Betrieben als ASM nicht vorgeschrieben, sondern sollte auf freiwilliger Basis den Betrieben Orientierung geben und die Arbeit der Überwachungsorgane erleichtern.[164] Ähnliches betrieb auch das Bayerische Staatsministerium für Arbeit und Sozialordnung, Familie und Frauen seit 1996 mit dem wohl heute elaboriertesten ASM zum „Arbeits- und Anlagenschutz" (**OHRIS** – Occupational Health- and Risk Managementsystem). Bis 2010 hatten etwa 300 bayerische Unternehmen aller Größen und Branchen das System eingeführt und verzeichneten im Schnitt 25 % weniger meldepflichtige Unfälle.[165] Für KMU (10–250 Mitarbeiter) wird die Einführung von OHRIS mit 5.000 EUR unterstützt und eine freiwillige Zertifizierung „ersetzt" quasi die regelmäßige Aufsicht. Auch heute noch speziell auf die chemische Industrie ausgerichtet wurde in den Niederlanden das international weit verbreitete **SCC** (Sicherheits Certifikat Contraktoren)[166] mit dem Ziel entwickelt, einen leicht auditier- und zertifizierbaren Rahmen für „Managementsysteme zur Arbeitssicherheit unter Berücksichtigung von relevanten (Arbeits-)Sicherheits-, Gesundheits- und Umweltschutzaspekten (SGU)" bei der Zusammenarbeit mit Fremdfirmen zu schaffen.

88

Eine andere Entwicklungslinie konzeptioneller Empfehlungen zu einer „guten Arbeits- und Gesundheitsschutz-Organisation" sind die aus dem **ILO-Leitfaden** von 2001 abgeleiteten **nationalen Leitfäden** sowie die Dokumente der LASI (LV 58)[167] und die Audit-Empfehlung der GDA.[168] Diese Empfehlungen und Orientierungen sind in ihrer Grundstruktur an der Qualitätsnorm DIN EN ISO 9000:2008 ff. ausgerichtet und weisen mit Ausnahme des Britisch Standard bzw. OHSAS, der aber auch schon vor dem ILO-Leitfaden entwickelt wurde, inhaltlich über die Organisation des reinen Unfallschutzes hinaus. Die folgende Abbildung gibt einen Überblick über die verschiedenen ASM-Dokumente und ihre zeitliche Entwicklung:

89

---

[162] Die DGMK Deutsche Wissenschaftliche Gesellschaft für Erdöl, Erdgas und Kohle eV fungiert im Bereich SCC als „Normensetzer". [163] Überblick bei Pieper ArbSchG § 3 Rn. 11 a ff.; Nöthlichs ArbSchG § 3 Rn. 3.1.1.; LR/Wiebauer ArbSchG § 3 Rn. 63. [164] Vgl. dazu im Überblick Metze Angewandte Arbeitswissenschaft 197/2008, 27 ff., siehe auch www.baua.de/Startseite > Themen > Arbeitswelt und Arbeitsschutz im Wandel > Organisation des Arbeitsschutzes; siehe auch www.gda-portal.de/de/Fuer-Betriebe/AMS/AMS.html. [165] Bayerisches Staatsministerium für Arbeit, Sozialordnung, Familie und Frauen (Hrsg.), Das OHRIS Gesamtkonzept, Bd. 1, 2. Aufl. 2010. [166] Vgl. dazu www.dgmk.de/scc/. [167] LASI LV 58: Beratung der Länder zu und Umgang der Länder mit Arbeitsschutzmanagementsystemen, www.lasi-info.com; der frühere Leitfaden LV 21, Arbeitsschutzmanagementsysteme – Spezifikation zur freiwilligen Einführung, Anwendung und Weiterentwicklung von Arbeitsschutzmanagementsystemen (AMS), ist inzwischen zurückgezogen worden. [168] GDA (Hrsg.), Leitlinie Organisation des betrieblichen Arbeitsschutzes, 2017, 7 f.

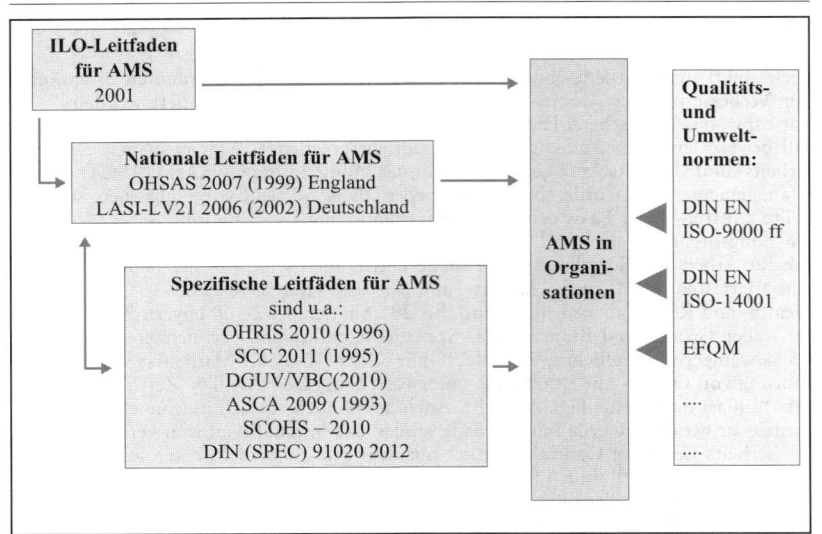

```
ILO-Leitfaden
für AMS
   2001
           │
           ▼
Nationale Leitfäden für AMS          Qualitäts-
OHSAS 2007 (1999) England            und
LASI-LV21 2006 (2002) Deutschland    Umwelt-
                                     normen:
Spezifische Leitfäden für AMS        DIN EN
sind u.a.:              AMS in       ISO-9000 ff
OHRIS 2010 (1996)       Organi-
SCC 2011 (1995)         sationen     DIN EN
DGUV/VBC(2010)                       ISO-14001
ASCA 2009 (1993)
SCOHS – 2010                         EFQM
DIN (SPEC) 91020 2012
```

Abb. 6 (ergänzt nach Metze Angewandte Arbeitswissenschaft 197/2008)

90 Außerdem sind seit Anfang dieser Dekade BGM-Systeme auf dem Markt, die über die getrennten Bereiche des Arbeitsschutzes und der Gesundheitsförderung hinaus „Pflicht und Kür", also integrierende Systeme, zu empfehlen suchen. So werden zB im sog SCOHS (Social Capital & Occupational Health Standard) über den klassischen Arbeitsschutz und die Gesundheitsförderung hinausgehend die psychischen Gefährdungen und das Sozialgefüge der Organisation (Führung/Kooperation) unter dem Begriff „Sozialkapital" explizit mit einbezogen und fokussiert.[169] Seit 2012 existiert zudem eine **DIN (SPEC) 91020 Norm zum betrieblichen Gesundheitsmanagement**, die in Anlehnung an die DIN EN ISO 9000:2008 eine BGM-Struktur mit formalem Aufgabenkanon entwirft. Es handelt sich allerdings um eine **nicht mandatierte Vornorm** (→ Rn. 91).

91 Auf der EU-Ebene und mehrfach explizit von staatlichen Stellen und den Unfallversicherungsträgern verlautbart soll aber im Rahmen der Normung keine AMS- oder BGM-Norm (DIN EN ISO) entwickelt werden – dies vor allem deshalb, um unproduktive Zertifizierungen – wie im Qualitätswesen geschehen – zu vermeiden.[170] Dennoch wurde 2012 – von Gesundheitsdienstleistern initiiert – eine Vornorm DIN (SPEC) 91020 entwickelt und auf den Markt gebracht, die über den englischen Standard (OHSAS)[171] inhaltlich hinausweist und an der Struktur der ISO 9000 Qualitätsnorm orientiert ist.[172] Diese Vornorm stieß in Deutschland auf Skepsis und zT nachhaltige Ablehnung durch die auf nationaler Ebene organisierten Akteure des Arbeitsschutzes, die weiterhin eine Normung von Arbeitsschutzsystemen ablehnen.

92 Arbeitsschutzrechtlich geht es hierbei nicht um das Arbeitsschutzmanagementsystem OHRIS, ASCA oder das BGM nach dem SCOHS Standard, sondern um eine **betriebsspezifische „geeignete" Abbildung von betrieblichen Gesundheits-Zielen und Aufgaben in Prozessen und Strukturen** sowie um Kompetenzen der beauftragten Akteure. Das ArbSchG ist nach seiner Struktur auf betriebliche Gestaltung angelegt, so dass es keine Rechtspflicht zur Einführung eines speziellen Systems geben kann (→ Rn. 32). Insoweit sind die Aussagen zur Freiwilligkeit des ASM zutreffend; eine **institutionelle Pflicht** gibt

---

169 Vgl. zu SCOHS: www.scohs.de; auch Schmitt, Geprüft und für gesund befunden, Personalmanagement 11/2009, 51 ff. **170** Metze Angewandte Arbeitswissenschaft 197/2008, 27 f. **171** OHSAS – Occupational Health and Safety Assessment Series, www.ohsas-18001-occupational-health-and-safety.com. **172** Thewes BB 2013, 1141 (1144).

es nicht. Das ist aber nur ein Aspekt. Im Organisationsrecht wird zwischen **institutionellen und funktionalen Elementen** unterschieden;[173] so wird im Wirtschaftsrecht bestimmten Unternehmen die Beachtung von Compliance-Funktionen vorgegeben, während die institutionelle Frage, ob ein Compliance-Officer zu bestellen ist, in der Organisationsautonomie der Unternehmen liegt.[174] Eine Organisation ist immer auch ein System von Interaktionen, mit denen das funktionale Zusammenspiel unterschiedlicher Kompetenzen und Personen geregelt wird.[175] Diese funktionalen Anforderungen an eine kohärente Organisation werden durch § 3 ArbSchG in allgemeinen Rechtsbegriffen zusammengefasst (→ Rn. 46), die in dieser Kommentierung als **allgemeine und spezielle Organisationspflichten** bezeichnet worden sind. Geeignet iSd § 3 Abs. 2 Nr. 1 ArbSchG ist eine solche Organisation nur, wenn durch sie die verschiedenen in → Rn. 46 formulierten Anforderungen kohärent organisiert werden. Diese **Systematisierung**, die in jedem Betrieb erforderlich ist, kann durch die verschiedenen Arbeitsschutzmanagementsysteme geleistet werden. Sie schaffen somit im Ergebnis einen geeigneten **Bewertungsrahmen für die betrieblichen Akteure**, um die Systematik ihrer Organisation zu beurteilen und zu gestalten (→ ASiG § 1 Rn. 27). Auch derjenige Arbeitgeber, der für sich kein Arbeitsschutzmanagementsystem oder Gesundheitsmanagementsystem einführen will, muss bei der zwingend vorgeschriebenen Beurteilung, ob seine Organisation den Anforderungen des § 3 Abs. 2 ArbSchG gerecht wird, auf alle Anforderungen, die für ein ASM in der LASI-LV 58 formuliert sind, eine organisatorische Antwort geben. Nur so wird die vorgeschriebene Integration in alle Führungsstrukturen (→ Rn. 73 ff.) und alle Tätigkeitsbereiche (→ Rn. 77 ff.) realisiert.[176]

Die folgende Abbildung zeigt exemplarisch die funktionale Grundstruktur von entsprechenden Managementsystemen.

Funktionale Kernelemente eines Managementsystems

Einheitliche Führung	**Werte**	Ziele/Auflagen/ Leitbilder
Was ist wie zu tun? (Prozesse/Nachweise)	**Regeln**	Verfahrens- anweisungen
Von wem? (Aufgaben/ Anforderungen)	**Rollen**	Arbeits- anweisungen
Kompetenzen	**Ressourcen**	Qualifikation und Kapazitäten

Abb. 7

---

173 Faber, Grundpflichten, S. 212 ff.; umfassend Spindler, Unternehmensorganisationspflichten, 2001. **174** So zB Wiederholt/Walter BB 2011, 968. **175** Zum Zusammenwirken von Handlungsstrategien und Organisationsstrukturen zB Ortmann in: Schreyögg/Conrad, Organisation und Strategie, 2010, S. 10 ff. **176** Faber, Grundpflichten, S. 291 ff.; Kollmer/Klindt/Schucht/Kohte ArbSchG § 3 Rn. 103 f.

Diese funktionalen Anforderungen können mithilfe der folgenden vier Schritte (→ Rn. 95–98) auf einem der Grundphilosophie des Arbeitsschutzgesetzes (Betriebsspezifität und Kontinuierliche Verbesserung) entsprechenden Weg überprüft werden:

94 Fast jeder Betrieb betreibt auf irgendeine Art ein „System" für seinen Arbeitsschutz, seien es auch nur vierteljährliche Sitzungen des Arbeitsschutzausschusses, Unfallmeldungen, Fehlzeitenerfassung, Begehungen etc. Zur Überprüfung der „**Geeignetheit**" **dieses Systems** und ggf. erforderlicher Entwicklungsbedarfe bietet sich das nachfolgend dargestellte Vorgehen an.

95 **Diagnose:** Am Anfang einer jeden Reorganisation steht eine **Bestandsaufnahme** all dessen, was schon an gesundheits- und schutzbezogenen Aufgaben organisiert ist, und all dessen, was ggf. noch nicht gemacht wird. Hier stehen natürlich **zuerst die gesetzlichen Pflichtaufgaben**, wie bspw. präventive Planung, die Gefährdungsbeurteilung etc, im Focus der Analyse. Dazu gibt es auch branchenspezifische Checklisten und Anleitungen für interne Audits der jeweiligen Unfallversicherungsträger (Berufsgenossenschaften, Unfallkassen) und der GDA.[177] Für diesen von der Geschäftsleitung zu initiierenden Schritt ist es sinnvoll, die Kompetenz von ASiG-Beratern (DGUV Vorschrift 2), den Unfallversicherungsträgern, staatlichen Stellen oder ausgewiesenen externen Beratern hinzuzuziehen. Nach der Bestandsaufnahme **muss beurteilt werden**, wie sich die bisherige Organisation positiv bewährt hat und welche Defizite für den Betrieb, zB aus Sicht der „Gerichtsfestigkeit", gravierend sind oder aufgrund der aktuellen oder absehbaren Problemlagen, wie zB hohe Fehlzeiten u./o. Unfallzahlen, alternde Belegschaft, schlechtes Betriebsklima etc., behoben werden sollten. Dieser Lagebeurteilung folgt die **Entwicklung und Festlegung der zukünftigen Ziele, Aufgaben** und Entwicklungsprojekte im Arbeits- und Gesundheitsschutz. Dabei sind realistischerweise kurz-, mittel- und langfristige Ziele zu unterscheiden und die diagnostischen Aufgaben – vor allem die **ganzheitliche Gefährdungsbeurteilung** – an den Anfang zu stellen, um damit den weiteren Maßnahmen und Aufgaben eine empirisch gesicherte Basis zu gegeben. Diese Zielentwicklung hat unter Beteiligung des zuständigen Betriebsrats zu erfolgen; sie sollte zudem auch mit den Führungskräften intensiv kommuniziert werden. Zu beachten ist dabei bei standortdifferenzierten Unternehmen zudem, dass sowohl die „örtlichen" als auch die „zentralen" Organisationsqualitäten und deren Zusammenspiel beurteilt werden.

96 **Planung einer besser geeigneten Organisation:** In aller Regel ergibt die Beurteilung der bisherigen Organisation Defizite, so dass „neue" **Aufgaben und Ziele, Prozesse, Strukturen** und Instrumente, sowie Verfahren zu formulieren und zuzuordnen sind. Da die Unternehmen dafür in der Regel Neuland beschreiten müssen, macht es vielfach Sinn, diesen neuen Prozess erst **auszuprobieren bzw. systematisch zu pilotieren**. Auch wenn diese Pilotergebnisse dann noch nicht reif für das „Managementhandbuch" sind, bedarf es doch einer Struktur, in der geklärt ist, wer – verantwortlich und kompetent mit erforderlichen Ressourcen (Wissen/Zeit) ausgestattet – die neuen Aufgaben, Piloten und Strukturen durchführen, erproben, aufbauen und vor allem koordinieren soll. Für diesen Schritt können sinnvollerweise **Modelle aus den diversen Arbeitsschutz- und Gesundheitsmanagementsystemen** in den Blick genommen und GDA/LASI-Empfehlungen zu Rate gezogen werden. Eine 1 : 1 Umsetzung ist jedoch in der Regel nicht zielführend und geeignet. Dies gilt auch für den Fall, dass eine Zertifizierung angestrebt wird: Denn für ein Zertifikat wird nicht die sklavische Umsetzung eines zB „OHRIS AMS für kleine und mittlere Unternehmen" vorausgesetzt und geprüft, sondern das **Funktionieren einer Organisation** wird auditiert, die die funktionalen Anforderungen des SCOHS oder OHRIS-AMS-Konzeptes erfüllt. Zu überprüfen sind vor allem das **Wissensmanagement** (→ Rn. 53 ff.) und seine Prozesse, zu denen sicherlich auch eine Art Schulung und Unterweisung der Führungskräfte zu Fragen der „gesunden Arbeit" ge-

---

[177] Exemplarisch VBG (Hrsg.), AMS – Arbeitsschutz mit System – in 7 Schritten zum sicheren und gesunden Betrieb, 2010; GDA, Leitlinie Organisation 2011; auch Metze Angewandte Arbeitswissenschaft 197/2008, 32 ff.

hören.¹⁷⁸ Damit muss sich die Organisation den (eigenen) Ergebnissen der Gesundheitspolitik und dem Erfolg ihrer Maßnahmen stellen, denn ein AMS/BGM sollte kein Selbstzweck oder „dekoriertes Schaufenster" für Kunden und Mitarbeiter sein.¹⁷⁹

Umsetzung der geplanten Organisationsmaßnahmen: Der Schritt von einem ASM zu einem BGM ist vollzogen, wenn Prozesse wie bspw. die Gefährdungsbeurteilung, die Verarbeitung von Beinahe-Unfällen, die Wissensaktualisierung arbeitswissenschaftlicher Erkenntnisse und relevanter Normen erprobt sind; wenn die Abteilungen/Personen ihre Aufgaben kennen, die erforderlichen Kompetenzen haben und um die damit verbundene Verantwortung (→ ArbSchG § 13 Rn. 29 ff.) wissen und es zudem eine Stelle gibt, die Arbeitsschutz, Gesundheitsförderung und relevante Funktionen des Personalwesens etc koordiniert. Wenn zudem ein „Entscheider-Kreis Gesundheit", also die „oberste Leitung" und die Arbeitnehmervertretung, die BGM, Ziele steckt und das Erreichte bewertet, ist eine „geeignete Organisation" auf einem guten Weg. Ein solches System gibt die Chance, die Organisation regelmäßig zu verbessern, zu erweitern, zu integrieren und weiterzuentwickeln: Beispielsweise die Integration (horizontal wie vertikal → Rn. 73 ff.) zu Gesundheitsfragestellungen und **Gestaltungsvorgaben für die Entwicklung und Änderung von Arbeitssystemen**, von Maschinen und Anlagen, Software und Struktur der Unterweisung. Eine wesentliche Aufgabe liegt darin, anhand der betriebsspezifischen Erfordernisse und nicht anhand abstrakter Vorgaben oder BGM-Modelle, die integrative Struktur der eigenen Organisation zu verbessern.¹⁸⁰ 97

Eignungskontrolle der Organisation und Organisationsmaßnahmen: Wenn also alle für den jeweiligen Betrieb wesentlichen Aufgaben des Arbeits- und Gesundheitsschutzes in Strukturen und Prozessen abgebildet sind, spätestens das **BGM-Entwicklungsstadium der kontinuierlichen Verbesserung** erreicht. Hier können auch nicht mehr benötigte Funktionen gestrichen oder umständliche Prozesse rationalisiert werden. Vor allem aber ist die gesamte Organisation als BGM (ASM + Gesundheitsförderung, Personal- und Kulturentwicklung etc) dahingehend periodisch auf den Prüfstand zu stellen, ob sie effizient dazu beiträgt, die Gesundheit der Beschäftigten zu schützen und nachhaltig – also präventiv – zu fördern. Auch hier macht eine systematische und periodische Auditierung Sinn. Dies kann eigenständig, durch externe Stellen oder anhand von Leitfäden (GDA-Leitfaden, OHRIS, SCOHS etc) erfolgen. Es sollten aber die eigenen Ziele und Vorstellungen von „geeigneter Organisation" berücksichtigt werden und nicht nur nach der „Papierlage" (Dokumentation der Strukturen und Prozesse) vorgegangen werden.¹⁸¹ Auch die Erkenntnisse der Gefährdungsbeurteilung – insbesondere die Ergebnisse, die die Führungstätigkeit betreffen – sind hier mit einzubeziehen. Eine entsprechende Dokumentation ist ebenfalls nicht nur sinnvoll, sondern auch – nicht zuletzt für die Systemprüfung der internen und externen Aufsicht – erforderlich. Ein externes Audit oder gar ein Zertifikat ist keine gesetzliche Pflicht. Gleichwohl dokumentiert es aber in seiner systematischen Art nach innen und nach außen das ernsthafte Bemühen der obersten Leitung, eine „geeignete" Organisation für den Arbeits- und Gesundheitsschutz (weiter-) zu entwickeln. Darüber hinaus unterstützt ein Audit bspw. nach dem „Reifegrad-Modell"¹⁸² durch externe aber auch interne Auditoren die Objektivierung von Defiziten und Erfolgen sowie die interne Glaubwürdigkeit und Akzeptanz des Arbeits- und Gesundheitsschutzes insgesamt. 98

Auch bei der **Implementation eines BGM** greift der Ansatz der reinen „Freiwilligkeit" zu kurz. Jeder Betrieb, der die Pflichtaufgabe BEM tatsächlich durchführt, muss die fachlichen Ergebnisse der BEM-Gespräche aufnehmen. Die geforderte horizontale Integration des Arbeitsschutzes in alle Tätigkeitsbereiche (→ Rn. 77 ff.) wird nur gewährleistet, wenn die arbeitsschutzrelevanten anonymisierten Informationen aus dem BEM-Verfahren (→ SGB IX § 84 Rn. 35 ff.) in die Strukturen des betrieblichen Arbeitsschutzsystems eingebracht werden, so dass die Notwendigkeit neuer Gefährdungsbeur- 99

---

178 Dazu anschaulich und systematisch Merdian, S. 117 ff. **179** Zu Vorteilen und Effekten von AMS Audits auch Merdian, S. 71 ff.; Metze Angewandte Arbeitswissenschaft 197/2008, 32; GDA 2011, S. 8 ff. **180** Vgl. dazu ua Blume, Integration, S. 273 ff. **181** Merdian, Arbeitsschutzaudits, S. 126 ff. **182** Blume, Das BGM Reifegradmodell, 2016, www.hr&c.de.

teilungen, anderer Hilfsmittel oder verbesserter Unterweisungen aufgenommen werden kann.[183] Die gilt natürlich auch in umgekehrter Richtung. Dafür bedarf es konkreter Ziele und Zuständigkeiten, Prozesse, Datenaustausch mit (Datenschutz-)Regeln etc., so dass bereits mit einer solchen Festlegung des „Kern" eines BGM herausgebildet werden kann. Wird somit der Blick von der institutionellen Seite einer Organisation auf die funktionellen Anforderungen gelegt, dann können die diversen Leitfäden zu ASM und BGM einen wichtigen Beitrag zur Erfüllung der Organisationspflichten nach § 3 Abs. 2 ArbSchG leisten.[184]

V. Kosten des Arbeitsschutzes

100 Nach § 3 Abs. 2 Nr. 1 ArbSchG hat der Arbeitgeber zu gewährleisten, dass die erforderlichen sächlichen und personellen Mittel für den betrieblichen Arbeits- und Gesundheitsschutz tatsächlich bereitgestellt werden (→ Rn. 65 ff.). § 3 Abs. 3 ArbSchG trifft in Ergänzung dazu eine **Regelung über die Kostentragungspflicht** für Arbeitsschutzmaßnahmen. Die Grundpflicht des § 3 Abs. 3 ArbSchG erstreckt sich auf alle Arbeitsschutzmaßnahmen, die nach dem ArbSchG durchgeführt werden. Als rahmengesetzliche Regelung findet sie darüber hinaus auf alle Maßnahmen Anwendung, die in Erfüllung der zwingenden Mindestvorgaben der Rechtsverordnungen „unter dem Dach" des ArbSchG getroffen werden (zB BetrSichV, ArbStättV, LasthandhabV).[185] Das Gesetz regelt die Frage der Kostentragung nicht umfassend. Es statuiert lediglich ein Verbot, die Beschäftigten mit den Kosten des Arbeitsschutzes zu belasten. Im Kern wird damit die seit langem anerkannte Rechtslage bestätigt, wonach der **Arbeitgeber** nach § 618 BGB die Kosten des Arbeitsschutzes in dem von ihm geleiteten Betrieb zu tragen hat.[186] Es handelt sich hierbei um erforderliche Aufwendungen, die dem Arbeitgeber als **Betriebskosten** zur Last fallen.[187] Er ist berechtigt und im Sinne einer ordentlichen Betriebsführung gehalten, diese Kosten zu saldieren, einem Controlling zu unterziehen und ggf. zu optimieren. Der Maßstab für die Kosten von Maßnahmen der Gefährdungsminderung und Gefahrbeseitigung, sowie der geeigneten Organisation sind allerdings immer die realen Schutzziele, die im Rahmen einer ganzheitlichen Gefährdungsbeurteilung als erforderlich ermittelt wurden. Wenn unterschiedliche Wege zur Erreichung des Schutzziels beschritten werden können, ist sicherlich der kostengünstigere vorzuziehen, wenn eine akzeptable Lösung/Wirkung verspricht und eine entsprechende Wirksamkeitskontrolle stattfindet. Beispielsweise kann es kostengünstiger sein, die Gefährdungsbeurteilung psychischer Belastungen durch externe Dienstleister durchführen zu lassen. Dies darf jedoch den Arbeitgeber nicht davon abhalten, den Überblick über den Stand entsprechender arbeitswissenschaftlicher Erkenntnisse und das entsprechende Gestaltungswissen im eigenen Betrieb sicherzustellen. Diese zunächst aus dem Arbeitsvertragsrecht gewonnene Position ist auch mit Blick auf die **öffentlich-rechtlichen Bestimmungen des ArbSchG und der Arbeitsschutzverordnungen** nach §§ 18 f. ArbSchG folgerichtig. Aus Gründen der Klarheit für den Normanwender wäre es hilfreich gewesen, die grundsätzliche Kostentragungspflicht des Arbeitgebers explizit zu normieren, anstatt lediglich im Sinne einer Negativabgrenzung anzuordnen, wem die Kosten des Arbeitsschutzes nicht auferlegt werden dürfen. Die Übernahme von Kosten für die Planung und Durchführung der nach § 3 Abs. 1 ArbSchG zwingend vorgeschriebenen „erforderlichen" Maßnahmen des Arbeitsschutzes durch Krankenkassen ist danach nicht zulässig, da die Beschäftigten anteilig an der Finanzierung der Krankenkassen beteiligt sind und somit im Ergebnis Kosten des Arbeitsschutzes mittragen würden. Es dürfen daher insbes. auch keine Mittel der betrieblichen Gesundheitsförderung (§ 20 b SGB V) für die Finanzierung der nach dem ArbSchG zwingend zu treffenden Maßnahmen bereitgestellt werden. Bestätigt wird diese arbeitsschutzrechtliche Feststellung sozialrechtlich dadurch, dass durch die betriebliche Gesundheitsförde-

---

183 Kohte WSI-Mitteilungen 2010, 374 ff. **184** Siehe dazu Blume, Integration, S. 273 ff. **185** KJP/Koll ArbSchG § 3 Rn. 25. **186** Grundlegend BAG 10.3.1976 – 5 AZR 34/75, AP Nr. 17 zu § 618 BGB; Staudinger/Oetker BGB § 619 Rn. 16; vgl. NK-GA/Otto ArbSchG § 3 Rn. 6. **187** Vgl. zB BAG 18.8.1982 – 5 AZR 493/80, DB 1983, 234 f.

rung gerade freiwillige Aktivitäten stimuliert werden sollen, die über den durch das Arbeitsschutzrecht unbedingt vorgegebenen Mindestschutz von Sicherheit und Gesundheit hinausgehen (→ SGB V § 20 b Rn. 16 ff.). Die Nutzung dieser Mittel für den gesetzlichen Arbeitsschutz wäre demnach als Zweckentfremdung von Mitteln der Krankenkassen zu qualifizieren.

Nicht den Beschäftigten auferlegt werden dürfen danach die **Kosten für technische Schutzmaßnahmen**, wie zB Schutzverkleidungen, Lärmminderungstechnologie, Absaugungen zum Schutz vor Gefahrstoffen oder eine ergonomische Büroausstattung. Zu den nicht auf die Beschäftigten überwälzungsfähigen Kosten für **organisatorische Schutzmaßnahmen** zählen insbes. die Kosten für aus Gründen des Arbeits- und Gesundheitsschutzes angezeigte **Arbeitsunterbrechungen** monotoner Arbeit (→ ArbZG § 4 Rn. 15) bzw. von Bildschirmarbeit durch regelmäßige Erholungszeiten gemäß Anhang Nr. 6.1 Abs. 2 ArbStättV oder „Lärmpausen" als arbeitsorganisatorische Maßnahme zur Begrenzung von Dauer und Ausmaß der Lärmexposition gemäß § 7 Abs. 1 Nr. 6 LärmVibrationsArbSchV. Es handelt sich bei diesen Arbeitsunterbrechungen nicht um Pausen im arbeitszeitrechtlichen Sinne, sondern um voll **vergütungspflichtige Pausen**, die einer Fehlbeanspruchung der Beschäftigten durch die Arbeit entgegenwirken sollen (→ ArbStättV Rn. 176 ff.).[188] Zu nennen sind in diesem Zusammenhang weiter die Kosten für **arbeitsmedizinische Untersuchungen** der Beschäftigten sowie für „**Bildschirmarbeitsbrillen**", die den Beschäftigten nach Maßgabe von Anhang Teil 4 Ziff. 2 ArbMedVV zur Verfügung stellen sind, wenn nach dem Ergebnis eines Sehtests bzw. einer augenärztlichen Untersuchung eine spezielle Sehhilfe erforderlich ist (→ ArbStättV Rn. 153; → ArbMedVV Rn. 29 f.).

Nicht auferlegt werden dürfen den Beschäftigten die Kosten für **personenbezogene Schutzmaßnahmen** in Gestalt von **persönlichen Schutzausrüstungen**, wie zB Sicherheitsschuhe, Atemschutzausrüstungen oder Schutzkleidung (→ PSA-BV Rn. 17). Zu den nicht überwälzungsfähigen Kosten zählen nicht nur die Kosten für die Beschaffung und Bereitstellung der persönlichen Schutzausrüstung. Erfasst sind vielmehr auch die **Kosten für die Reinigung und Instandhaltung der persönlichen Schutzausrüstungen** (vgl. § 2 Abs. 2, 4 PSA-BV).[189] Vor diesem Hintergrund haben zB die Beschäftigten im Gesundheitswesen nicht die Kosten der Beschaffung und Reinigung ihrer Arbeitskleidung zu tragen, sofern sie diese aus Gründen der Hygiene bei ihrer Arbeit tragen müssen.[190] Dies gilt auch für die Kosten der aus Hygienegründen zu tragenden Kleidung in der Lebensmittelwirtschaft.[191]

In diesem Zusammenhang ist die **Einordnung der Umkleidezeiten als Arbeitszeit und ihre vergütungsrechtliche Behandlung** von besonderer Bedeutung in der Praxis. In Bezug auf die betriebsverfassungsrechtliche Bestimmung von Arbeitszeit gemäß § 87 Abs. 1 Nr. 2 BetrVG hatte das Bundesarbeitsgericht bereits 2009 entschieden, dass das Anlegen von Dienstkleidung fremdnützig ist, wenn es auf Weisung und im Interesse des Arbeitgebers erfolgt und die Dienstkleidung zwar auf dem Weg zur Arbeit getragen werden darf, aber so auffällig ist, dass es aus Gründen des Persönlichkeitsschutzes geboten ist, das Anlegen der Dienstkleidung als Arbeitszeit iSd § 87 Abs. 1 Nr. 2 BetrVG zu bewerten.[192] In einer Grundsatzentscheidung in 2012 hat das Bundesarbeitsgericht die Umkleide- und Wegezeiten vom Umkleideort zum Arbeitsort auch arbeitszeitrechtlich als **Arbeitszeit iSd** § 2 Abs. 1 ArbZG bewertet. Es handelt sich in Abgrenzung zur Freizeit bzw. Ruhezeit um eine arbeitsvertragliche Verpflichtung im fremdnützigen Sinne. Das Anlegen von Schutzkleidung dient der Erfüllung gesetzlicher Pflichten und betrieblicher Interessen des Arbeitgebers. Daraus folgt, dass Umkleide- und Wegezeiten

---

188 Kollmer/Klindt/Schucht/Kohte ArbSchG § 3 Rn. 92 mwN. 189 LAG Düsseldorf 26.4.2001 – 13 Sa 1804/00, NZA-RR 2001, 409 f. 190 Kollmer/Klindt/Schucht/Kohte ArbSchG § 3 Rn. 92; BAG 13.2.2003 – 6 AZR 536/01, NZA 2003, 1196, allerdings mit fragwürdiger Begründung. 191 LAG Niedersachsen 11.6.2002 – 13 Sa 53/02. 192 BAG 10.11.2009 – 1 ABR 54/08 mAnm Kohte/Bernhardt, jurisPR-ArbR 30/2011 Anm. 2; bestätigt in BAG 17.11.2015 – 1 ABR 76/13, NZA 2016, 247.

grundsätzlich Arbeitszeit sind.[193] Nach der Rechtsprechung ist bei diesem Ausgangspunkt jedoch zwischen der Einordnung als Arbeitszeit im arbeitszeitrechtlichen Sinn und der **Einordnung als vergütungspflichtige Arbeitszeit** zu unterscheiden. Dies bedeutet, dass die Vergütungspflicht nicht der Einordnung als Arbeitszeit zwingend folgt. Die Tarifvertragsparteien dürfen im Tarifvertrag von der gesetzlichen Vergütungspflicht abweichen.[194] Aktuell hat das Bundesarbeitsgericht dieses Gestaltungsrecht weit ausgelegt. Auch ein **Ausschluss der Vergütungspflicht** in einem Tarifvertrag in Bezug auf Umkleide- und Wegezeiten beim Anlegen von Schutzkleidung im Sinne der PSA-Verordnung (→ PSA-BV Rn. 17) ist nach Ansicht des Bundesarbeitsgerichts zulässig.[195] Denn der Begriff „auferlegen" setze voraus, dass dem Arbeitgeber zuvor Kosten entstanden seien. Diese Beurteilung ist mit dem Grundgedanken des 3 Abs. 3 ArbSchG, nach dem den Beschäftigten die Kosten **arbeitsschutzrechtlich bedingter Umkleide- und Wegezeiten** nicht auferlegt werden dürfen, nicht vereinbar. Der Arbeitgeber ist an bestimmten Arbeitsplätzen verpflichtet, Schutzausrüstungen zu stellen und hat dafür zu sorgen, dass sie bestimmungsgemäß genutzt werden (§ 29 DGUV Vorschrift 1). Spiegelbildlich sind die Arbeitnehmer zur Nutzung verpflichtet. Dies folgt aus der Verpflichtung des § 15 Abs. 1 ArbSchG alle denkbaren Handlungen zum Eigenschutz („Sorge tragen") vorzunehmen (→ ArbSchG §§ 15–17 Rn. 10). Diese arbeitnehmerseitige Pflicht kann jedoch die Einordnung als Erfüllung gesetzlicher Pflichten des Arbeitgebers iSd §§ 3–5 ArbSchG und der PSA-Verordnung nicht aufheben. Es bleibt eine fremdnützige Pflicht; der Eigenschutz der Beschäftigten erfolgt in Erfüllung von Maßnahmen des Arbeitgebers zum Arbeitsschutz, für die dieser die Verantwortung trägt.[196] Auch die unionsrechtlichen Vorgaben, namentlich Art. 6 Abs. 5 RL 89/391, die durch § 3 Abs. 3 ArbSchG ins deutsche Recht umgesetzt worden ist, sprechen gegen die Auffassung des Bundesarbeitsgerichts. In der englischen Version[197] wird das Verb „involve in" verwendet; es ist in diesem Zusammenhang mit „hineinziehen, verwickeln" zu übersetzen. Die französische Fassung[198] enthält das Verb „entraîner", was mit „zur Folge haben" zu übersetzen ist. Daraus wird deutlich, dass das deutsche Verb „auferlegen" nicht im Sinne des Entstehens von Extra-Kosten gedeutet werden kann. Auch die klare Formulierung „auf keinen Fall" (englisch: in no circumstances) spricht für eine weite Auslegung. Unter Maßnahmen des Arbeitsschutzes fallen auch solche, die vom Arbeitnehmer zur Erfüllung der arbeitsschutzrechtlichen Pflichten des Arbeitgebers ausführen sind (→ PSA-BV Rn. 17). Deshalb ist das Gestaltungsrecht der Tarifvertragsparteien zu begrenzen. Sie können die Vergütungspflicht gestalten, aber nicht tariflich abbedingen. Dies gilt jedenfalls für Umkleide- und Wegezeiten, die arbeitsschutzrechtlich geboten sind, weil sie in Erfüllung der arbeitgeberseitigen Pflichten anfallen.[199]

104 Probleme der Kostentragungsregelung des § 3 Abs. 3 ArbSchG können entstehen, wenn Schutzausrüstungen, wie zB Sicherheitsschuhe oder Schutzhandschuhe von Beschäftigten, nicht nur bei der Arbeit, sondern **auch privat genutzt** werden. In der Gesetzesbegründung wird vor diesem Hintergrund ausdrücklich auf die Möglichkeit rechtlich abgesicherter Kostenübernahmevereinbarungen oder sonstiger spezieller Regelungen verwiesen.[200] Der Hinweis zielt auf die Rechtsprechung des Bundesarbeitsgerichts, das solche Vereinbarungen in der Vergangenheit für zulässig gehalten hat, wenn der Arbeitgeber den Beschäftigten die Verwendung der Schutzausrüstung im privaten Be-

---

193 BAG 19.9.2012 – 5 AZR 678/11, NZA RR 2013, 48 zum Anlegen von Berufskleidung im OP-Bereich eines Krankenhauses; ArbG Berlin 17.10.2012 – 28 BV 14611/12 unter Bezugnahme auf Kohte/Bernhardt, jurisPR-ArbR 30/2011 Anm. 2; LAG Hamburg 6.7.2015 – 8 Sa 53/14 zum Anlegen von persönlichen Schutzausrüstungen im Walzwerk. **194** BAG 19.9.2012 – 5 AZR 678/11, NZA RR 2013, 48; LAG Hamburg 6.7.2015 – 8 Sa 53/14. **195** BAG 13.12.2016 – 9 AZR 574/15, NZA 2017, 459. **196** Kohte AuR 2016, 404. **197** „Measures related to safety, hygiene and health at work may in no circumstances involve the workers in financial cost." **198** Les mesures concernant la sécurité, l'hygiène et la santé au travail ne doivent en aucun cas entraîner de charges financières pour les travailleurs. **199** LAG Hamburg 6.7.2015 – 8 Sa 53/14; Kohte AuR 2016, 404; wohl auch LR/Wiebauer ArbSchG § 3 Rn. 71; aA Gaul/Hofelich NZA 2016, 149. **200** BT-Drs. 13/3540, 16.

reich anbietet.²⁰¹ Es ist fraglich, ob diese Rechtsprechung vor dem Hintergrund des § 3 Abs. 3 ArbSchG weiterhin unreflektiert herangezogen werden kann. Zwar sieht auch das Unionsrecht in Art. 4 Abs. 6 PSA-Benutzungsrichtlinie 89/656/EWG die Möglichkeit vor, dass die Beschäftigten im Einklang mit den nationalen Praktiken um einen Kostenbeitrag zu bestimmten persönlichen Schutzausrüstungen (wie zB Sicherheitsschuhen) ersucht werden können, sofern diese nicht nur bei der Arbeit genutzt werden. Allerdings fehlt in den deutschen Umsetzungsregelungen eine entsprechende gesetzliche Bestimmung. Ob insoweit die aus §§ 618, 619 BGB arbeitsvertragsrechtlich entwickelte Rechtsprechung²⁰² in der unionsrechtlich gebotenen Transparenz Kostentragungsregelungen ermöglicht, wird in der Literatur mit beachtlichen Gründen bezweifelt.²⁰³ Zur Vermeidung einer missbräuchlichen Umgehung des Verbotes, den Beschäftigten die Kosten von gesetzlichen Arbeitsschutzmaßnahmen aufzuerlegen, sind aber in jedem Falle die vom Bundesarbeitsgericht herausgearbeiteten Voraussetzungen²⁰⁴ für **Kostenübernahmevereinbarungen** eng auszulegen.²⁰⁵ So reicht es insbes. nicht aus, dass die Beschäftigten tatsächlich die Möglichkeit haben, persönliche Schutzausrüstungen privat zu nutzen. Sie müssen vielmehr frei und ohne Druck darüber entscheiden können, ob sie ein entsprechendes Angebot des Arbeitgebers zur Nutzung außerhalb der Arbeitstätigkeit annehmen wollen (→ PSA-BV Rn. 18),²⁰⁶ so dass ein Lohnabzug durch Betriebsvereinbarung zB für die private Nutzung von Sicherheitsschuhen nicht geregelt werden kann.²⁰⁷ Dabei ist zu beachten, dass die unionsrechtlichen Vorgaben zT eindeutig der Zulässigkeit bisheriger Kostenübernahmevereinbarungen entgegenstehen.

VI. Rechtsdurchsetzung

Bei den Grundpflichten nach § 3 ArbSchG handelt es sich um öffentlich-rechtliche Vorschriften, die von der **staatlichen Arbeitsschutzaufsicht** mit verwaltungsrechtlichen Mitteln durchgesetzt werden können. Im deutschen System der dualen Arbeitsschutzaufsicht sind neben den staatlichen Behörden auch die **Unfallversicherungsträger**, dh Berufsgenossenschaften und Unfallkassen für die hoheitliche Durchsetzung der Grundpflichten zuständig. Dies folgt aus § 2 Abs. 1 iVm Anlage 1 DGUV Vorschrift 1. Danach ergeben sich die unfallversicherungsrechtlich geforderten Maßnahmen insbes. auch aus dem ArbSchG. Die Aufsichtspersonen der Berufsgenossenschaften und Unfallkassen (§ 19 SGB VII) haben im Ergebnis also ebenso das Recht und die dienstliche Pflicht, die Erfüllung der Grundpflichten durch den Arbeitgeber mit hoheitlichen Mitteln durchzusetzen²⁰⁸ wie staatliche Stellen. Fruchtet die Einflussnahme durch **Beratung** (§ 21 Abs. 1 ArbSchG) nicht, hat die Aufsicht im Einzelfall demzufolge das Recht und die Pflicht, **hoheitliche Anordnungen** nach § 22 Abs. 3 ArbSchG zu erlassen, wenn der Arbeitgeber seinen Verpflichtungen aus § 3 ArbSchG nicht nachkommt.²⁰⁹ Beim Erlass hoheitlicher, dh einseitiger Anordnungen ist zu beachten, dass § 3 Abs. 1, 2 ArbSchG dem Arbeitgeber einen weiten, eigenverantwortlich auszufüllenden Entscheidungsspielraum belassen. Es wird so rechtlich die Möglichkeit eröffnet, Lösungen zu entwickeln, die auf die konkrete betriebliche Situation zugeschnitten sind. Der bestehende Entscheidungsspielraum ist von den Betriebsparteien unter Beachtung der Mitbestimmungsrechte der betrieblichen Interessenvertretungen auszufüllen und in der Regel von der Arbeitsschutzaufsicht zu respektieren (→ ArbSchG § 22 Rn. 53). Anord-

---

201 BAG 10.3.1976 – 5 AZR 34/75, AP Nr. 17 zu § 618 BGB; BAG 18.8.1982 – 5 AZR 493/80, DB 1983, 234 f.; KJP/Koll ArbSchG § 3 Rn. 27. **202** BAG 10.3.1976 – 5 AZR 34/75, AP Nr. 17 zu § 618 BGB; BAG 18.8.1982 – 5 AZR 493/80, DB 1983, 234 f. **203** Kollmer/Klindt/Schucht/Kohte ArbSchG § 3 Rn. 93 mit Hinweisen auf die einschlägige Rechtsprechung des EuGH. **204** BAG 10.3.1976 – 5 AZR 34/75, AP Nr. 17 zu § 618 BGB; BAG 18.8.1982 – 5 AZR 493/80, DB 1983, 234 f. **205** In diesem Sinne KJP/Koll ArbSchG § 3 Rn. 27; „nachhaltige unionsrechtliche Bedenken" meldet insoweit Kollmer/Klindt/Schucht/Kohte ArbSchG § 3 Rn. 93 an. **206** MüKoBGB/Henssler BGB § 619 Rn. 6 verlangt zutreffend einen „ausdrücklichen Wunsch" der Arbeitnehmer. **207** Zum Verbot der Regelung privater Lebensgestaltung in Betriebsvereinbarungen BAG 18.7.2006 – 1 AZR 578/05, NZA 2007, 462; Fitting BetrVG § 77 Rn. 56 f.; HaKo-BetrVG/Kohte BetrVG § 88 Rn. 8. **208** Dazu Kohte BG 2010, 384 ff. **209** VG Frankfurt 13.5.2009 – 7 K 1462/08 F.

nungen kommen allerdings sehr wohl in Betracht, wenn der Arbeitgeber völlig untätig bleibt oder gesetzlich vorgeschriebene Elemente der Grundpflichten (Verfahrensschritte gemäß § 3 Abs. 1 ArbSchG, Eckpunkte der Organisation nach § 3 Abs. 2 ArbSchG) nicht oder evident verfehlt umsetzt (zB keinerlei Schutzmaßnahmen bei erkannten Gefährdungen).[210] Die Ansatzpunkte für aufsichtsrechtliche Anordnungen sind durch die von der **Nationalen Arbeitsschutzkonferenz** erarbeiteten **Leitlinien** zur Gefährdungsbeurteilung (relevant für die Grundpflichten nach § 3 Abs. 1 ArbSchG) und zur Organisation des betrieblichen Arbeitsschutzes (relevant für die Grundpflichten nach § 3 Abs. 2 ArbSchG) in transparenter Form verdeutlicht worden.[211] Die Kenntnis und Beachtung dieser Leitlinien ist für die betrieblichen Akteure von erheblicher Bedeutung, um einer Intervention durch die Arbeitsschutzaufsicht entgegenzuwirken.

106 Die Verletzung der Grundpflichten ist **nicht bußgeldbewehrt**. Da die Umsetzung der Grundpflichten nach § 3 Abs. 1 und 2 ArbSchG regelmäßig unter Rückgriff auf Bestimmungen der auf Grundlage von §§ 18, 19 ArbSchG erlassenen Arbeitsschutzverordnungen erfolgt, kann die Verletzung der Grundpflichten häufig zur Folge haben, dass auf der Grundlage der in der jüngeren Vergangenheit vermehrt erlassenen **Ordnungswidrigkeitentatbestände der Arbeitsschutzverordnungen** Bußgelder verhängt werden können (vgl. zB § 9 Abs. 1 ArbStättV; § 16 Abs. 1 LärmVibrationsArbSchV; § 22 Abs. 1 GefStoffV; § 22 BetrSichV).

107 **Kollektivrechtlich** sind die vielfältigen Entscheidungsspielräume bei der betrieblichen Umsetzung der Grundpflichten des § 3 ArbSchG nach der Rechtsprechung des Bundesarbeitsgerichts gemeinsam von den Betriebsparteien im Wege der **Mitbestimmung nach § 87 Abs. 1 Nr. 7 BetrVG** zu füllen (→ BetrVG § 87 Rn. 29 ff.).[212] Regelungen über die Ausgestaltung technischer, organisatorischer oder personenbezogener Arbeitsschutzmaßnahmen bildeten bis Ende der 1990er Jahre den Kern der Mitbestimmung nach § 87 Abs. 1 Nr. 7 BetrVG.[213] Mit dem Inkrafttreten des ArbSchG im Jahre 1996 geriet die Mitbestimmung bei Regelungen über „Sachmaßnahmen" etwas aus dem Blickfeld. Die Diskussion und die Entscheidungen konzentrierten sich stattdessen darauf, durch das ArbSchG normierten neuen präventiven Handlungspflichten des Arbeitgebers, die normative Grundlage für eine vorverlagerte Prävention bilden.[214] Ins Zentrum rückte vor allem die Frage der Mitbestimmung bei der Gefährdungsbeurteilung gemäß § 5 ArbSchG. Sie ist seit den beiden Beschlüssen des Bundesarbeitsgerichts vom 8.6.2004 im Grundsatz weitgehend anerkannt.[215] Die Anerkennung der Mitbestimmung nach § 87 Abs. 1 Nr. 7 BetrVG bei der Gefährdungsbeurteilung ist notwendige und zutreffende Konsequenz der **Vorverlagerung der gesetzlichen Pflichten** des Arbeitgebers **durch das ArbSchG**, das mit seinen Rahmenvorschriften Gegenstand und Umfang der Mitbestimmung nach § 87 Abs. 1 Nr. 7 BetrVG eingrenzt (→ BetrVG § 87 Rn. 12). Unabhängig von dieser in der Entwicklung des Arbeitsschutzrechts im Jahre 1996 begründeten Erweiterung der Mitbestimmungsgegenstände bleibt es im Übrigen dabei, dass Regelungen über „Sachmaßnahmen" des Arbeits- und Gesundheitsschutzes in dem durch § 3 Abs. 1 ArbSchG abgesteckten normativen Rahmen der Mitbestim-

---

210 VG Münster 28.2.2013 – 7 L 853/12; zuletzt VGH München 26.5.2017 – 22 ZB 17.733.
211 Download unter: www.gda-portal.de. 212 Allgemein BAG 17.1.2012 – 1 ABR 62/10, NZA 2012, 513, dazu Kohte, jurisPR-ArbR 19/2013 Anm. 1; konkret: LAG Niedersachsen 21.1.2011 – 1 TaBV 68/10, NZA-RR 2001, 247; LAG Rostock 11.11.2008 – 5 TaBV 16/08, dazu Kohte, jurisPR-ArbR 13/2010 Anm. 5; LAG Hamburg 18.8.2007 – 6 TaBV 9/07, AiB 2008, 101 mAnm Goergens. 213 Zur Situation bis vor dem Inkrafttreten des ArbSchG und der auf §§ 18, 19 ArbSchG gestützten Arbeitsschutzverordnungen vgl. instruktiv Fitting BetrVG, 18. Aufl. 1996, BetrVG Vor § 89 Rn. 41 ff. 214 Dazu auch Oberberg RdA 2015, 180 (182 f.). 215 BAG 8.6.2004 – 1 ABR 13/0, NZA 2004, 1175 ff.; BAG 8.6.2004 – 1 ABR 4/03, NZA 2005, 227 ff., zum damaligen Streitstand über die Mitbestimmung bei vorbereitenden Maßnahmen vgl. zusammenfassend Faber, Arbeitsschutzrechtliche Grundpflichten, S. 471 ff.

mung nach § 87 Abs. 1 Nr. 7 BetrVG unterliegen.[216] Zweifel sind insoweit in jüngerer Vergangenheit vor allem wegen der **generalklauselartigen Offenheit** des **§ 3 Abs. 1 ArbSchG** angemeldet worden.[217] Um einer Entgrenzung der Mitbestimmung[218] entgegenzuwirken, plädieren Stimmen in Rechtsprechung und Literatur dafür, das Mitbestimmungsrecht bei **weitgefassten Generalklauseln** wie § 3 Abs. 1 ArbSchG vom Vorliegen einer „**Gefahr**" abhängig zu machen.[219]

Das BAG[220] ist dieser Auffassung richtigerweise entgegengetreten, da sie die **Entwicklung des Arbeitsschutzrechts seit den 1990er Jahren ignoriert**. Zuzustimmen ist allerdings dem Ausgangspunkt der Kritik, wonach rechtssystematisch zwischen der Mitbestimmung bei der betrieblichen Umsetzung des zwingenden Arbeitsschutzrechts (§ 87 Abs. 1 Nr. 7 BetrVG), der Mitbestimmung bei freiwilligen Regelungen zum Arbeits- und Gesundheitsschutz (§ 88 BetrVG) sowie dem korrigierenden Mitbestimmungsrecht nach § 91 BetrVG differenziert werden muss.[221] Vor allem mit Blick auf die Abgrenzung zwischen Regelungen im freiwilligen Bereich (§ 88 BetrVG) und Regelungen über Maßnahmen zur Umsetzung der arbeitsschutzrechtlichen Mindestanforderungen (§ 87 Abs. 1 Nr. 7 BetrVG) ist der Gefahrbegriff aber verfehlt. Er bildet gerade nicht die sachliche Reichweite des Regelungsprogramms des geltenden Arbeitsschutzrechts ab.[222] Der Begriff der „Gefahr" steht für die Interventionsschwelle der aufgehobenen gewerberechtlichen Generalklausel des § 120 a GewO aF, die im Jahre 1996 durch den jetzt geltenden § 3 ArbSchG ersetzt worden ist.[223] Maßgeblich für den zwingend zu gewährleistenden Schutz sind heute vornehmlich die Grundsätze des § 4 ArbSchG, die in einem 8-Punkte-Katalog konkretisieren, wann von der Erforderlichkeit einer Maßnahme auszugehen ist. An der Spitze des Kataloges steht dabei die Pflicht aus § 4 Nr. 1 ArbSchG, **Gefährdungen** möglichst zu vermeiden und jedenfalls zu minimieren. Der Begriff der „Gefährdung", verstanden als bloße Möglichkeit eines Schadenseintritts, ist dabei vom Gesetzgeber in bewusster Abgrenzung zum Gefahrbegriff in das ArbSchG eingeführt worden (→ ArbSchG § 4 Rn. 10 ff.).[224] Die Gefährdung ist demnach heute die Interventionsschwelle, an der sich die Generalklausel des § 3 Abs. 1 ArbSchG konturiert.[225] Normiert worden ist somit – in Ergänzung zur „klassischen" Gefahrenabwehr – ein weiter, früher ansetzender gesetzlicher Arbeitsschutzansatz, dem auch mitbestimmungsrechtlich Rechnung zu tragen ist.[226] Aspekte, die bis 1996 gewissermaßen als „Kür" dem Bereich der freiwilligen Maßnahmen zuzurechnen waren, sind nunmehr nach der Neuordnung des Arbeitsschutzrechts durch das ArbSchG Teil der „Pflicht".

Die Weiterungen dieses „neuen" Ansatzes sind mehr als nur akademischer Natur. **Handlungspflichten** des Arbeitgebers entstehen demgemäß nicht erst, wenn eine Schädigung hinreichend wahrscheinlich ist, sondern **wenn Arbeitstätigkeiten** oder die Umstände, unter denen sie zu erbringen sind, **Schädigungen als möglich erscheinen lassen**. Das hat zB gravierende Auswirkungen bei Mängeln der ergonomischen Arbeitsplatzge-

---

216 Grundsätzliche Anerkennung von § 3 Abs. 1 ArbSchG als Rahmenvorschrift für die Mitbestimmung über Regelungen zur Maßnahmen des Arbeitsschutzes, zB: BAG 7.6.2016 – 1 ABR 25/14, NZA 2016, 1420 ff.; BAG 11.12.2012 – 1 ABR 81/11, AP Nr. 19 zu § 87 BetrVG 1972 Gesundheitsschutz mit krit. Anm. Oberberg RdA 2015, 180 ff.; BAG 16.6.1998 – 1 ABR 68/97, NZA 1999, 49 ff.; BAG 28.3.2017 – 1 ABR 25/15, NZA 2017, 1132 ff.; LAG Niedersachsen 11.1.2017 – 13 TaBV 109/15. **217** LAG Berlin-Brandenburg 25.3.2015 – 23 TaBV 1448/14, AuR 2016, 32 ff.; bestätigt durch BAG 28.3.2017 – 1 ABR 25/15, NZA 2017, 1132 ff.; LAG Nürnberg 9.12.2015 – 4 TaBV 13/14; aus der Literatur zB Bauer/Günther/Böglmüller NZA 2016, 1361 ff.; Grimm/Heppner, ArbRB 2016, 142 ff. **218** Begriff nach Bauer/Günther/Böglmüller NZA 2016, 1361 ff. **219** LAG Nürnberg 9.12.2015 – 4 TaBV 13/14; LAG Berlin-Brandenburg 25.3.2015 – 23 TaBV 1448/14, AuR 2016, 32 ff.; im Ergebnis bestätigt durch BAG 28.3.2017 – 1 ABR 25/15, NZA 2017, 1132 ff.; Bauer/Günther/Böglmüller NZA 2016, 1361 (1363 f.); gegen das Erfordernis einer konkreten Gefahr, LAG Baden-Württemberg 21.10.2015 – 4 TaBV 2/15; kritisch auch Pieper AuR 2016, 32 ff. **220** BAG 28.3.2017 – 1 ABR 25/15, NZA 2017, 1132 ff. **221** ZB LAG Berlin-Brandenburg 25.3.2015 – 23 TaBV 1448/14, AuR 2016, 32 ff.; Bauer/Günther/Böglmüller NZA 2016, 1361 ff. **222** Pieper AuR 2016, 32 (33). **223** Dazu zutreffend Oberberg RdA 2015, 180 (184); Pieper AuR 2016, 32 (33). **224** BT-Drs. 13/3540, 16. **225** BAG 28.3.2017 – 1 ABR 25/15, NZA 2017, 1132 ff. **226** In diesem Sinne auch Oberberg, RdA 2015, 180 (184 ff.).

staltung. So können zB für eine Schädigung der Lendenwirbelsäule neben dem Heben und Tragen von Lasten im Beruf auch außerbetriebliche Einflüsse von Bedeutung sein. Die Erforderlichkeit von Maßnahmen hängt insoweit seit Inkrafttreten des ArbSchG nicht mehr davon ab, dass die beruflichen Belastungen eine Schädigung hinreichend wahrscheinlich erscheinen lassen. Derartige, in der Sache unfallversicherungsrechtliche Erwägungen konterkarieren den durch § 4 Nr. 1 ArbSchG gesetzlich verankerten Gefährdungsschutz: Unter Berücksichtigung des Standes von Technik und Arbeitsmedizin sowie nach den gesicherten arbeitswissenschaftlichen Erkenntnissen (§ 4 Nr. 3 ArbSchG) sind – gefahrenunabhängig – die Möglichkeiten der Arbeitsplatzgestaltung auszuschöpfen, um bekanntermaßen gesundheitskritische Faktoren der Arbeit zu vermeiden bzw. zu minimieren. Soweit, um im Beispiel zu bleiben, die Gefährdungen durch den Einsatz von technischen Hilfsmitteln („Hebehilfen") reduziert werden können, besteht eine Verpflichtung die Arbeitsbedingungen zu verbessern, unabhängig davon, ob kurz-, mittel- oder langfristig der Eintritt einer Berufskrankheit bzw. arbeitsbedingten Erkrankung prognostiziert werden kann. Dies gilt zum einen, wenn eine solche Handlungspflicht durch eine systematische Gefährdungsbeurteilung nach § 5 ArbSchG ermittelt worden ist.[227] Dies ist der gesetzliche „Normalfall". Nichts anderes gilt aber auch dann, wenn der Betrieb, unabhängig von einer ordnungsgemäßen und vollständigen Gefährdungsbeurteilung, über **valide Erkenntnisse über gesundheitskritische Arbeitsbedingungen** und damit über das Bestehen von Gefährdungen verfügt (→ Rn. 2). Die Gefährdungsbeurteilung ist insoweit nur ein Weg zur systematischen Ermittlung von Gefährdungen.[228] Dies verkennt das BAG, wonach die Durchführung einer Gefährdungsbeurteilung unerlässlich für die Anwendung der Generalklausel des § 3 Abs. 1 ArbSchG ist.[229] Der Ansatz des BAG würde letztlich gerade diejenigen Arbeitgeber belohnen, die, entgegen der zwingenden gesetzlichen Vorgaben, keine (vollständigen) Gefährdungsbeurteilungen durchgeführt haben. Erkennbar erforderliche Maßnahmen könnten so letztlich durch Verweis auf noch durchzuführende ordnungsgemäße Gefährdungsbeurteilungen blockiert oder verzögert werden. Angesichts bekanntermaßen knapper Ressourcen (→ ArbSchG § 21 Rn. 12) erscheint der Hinweis des BAG auf die Möglichkeiten der Arbeitsschutzaufsicht, in dringenden Fällen hoheitliche Anordnungen nach § 22 Abs. 3 ArbSchG zu erlassen, wenig Ziel führend für einen effektiven betrieblichen Arbeits- und Gesundheitsschutz.[230]

110 Die „Gefahrenlage" ist nach alledem **ungeeignet**, um nach geltendem Recht die **Trennlinie** zwischen **verpflichtendem Arbeitsschutz und freiwilligen Aktivitäten** zu markieren.[231] Maßgeblich sind **belastbare Erkenntnisse über das Bestehen von Gefährdungen**. Werden solche vom Betriebsrat substantiiert vorgetragen, greift auch das Mitbestimmungsrecht nach § 87 Abs. 1 Nr. 7 BetrVG.[232] Der gesetzliche Rahmen für die auszuwählenden Schutzmaßnahmen folgt insoweit vor allem aus den durch § 4 ArbSchG normativ vorgegebenen Grundsätzen des Arbeitsschutzes. Diese differenzierten, handlungsleitenden Grundsätze verdeutlichen, dass die Befürchtung einer Entgrenzung der Mitbestimmung nach § 87 Abs. 1 Nr. 7 BetrVG in der Sache nicht begründet sind.

111 Der Betriebsrat kann sich zur Durchsetzung seiner Rechte auf sein Initiativrecht stützen und ggf. die Einigungsstelle anrufen (grundsätzlich zur Mitbestimmung → BetrVG § 87 Rn. 34, 79 ff.). Der Mitbestimmung unterliegen alle Regelungen nach § 3 Abs. 1 ArbSchG über konkrete Schutzmaßnahmen, einschließlich von Regelungen über Wirk-

---

[227] BAG 28.3.2017 – 1 ABR 25/15, NZA 2017, 1132 ff.; LAG Berlin-Brandenburg 25.3.2015 – 23 TaBV 1448/14, AuR 2016, 32 ff.; jüngst BAG 18.7.2017 – 1 ABR 59/15; aA Bauer/Günther/Böglmüller NZA 2016, 1361 (1364), die verkennen, dass der Gefährdungsschutz nach Maßgabe von § 4 Nr. 1 ArbSchG nicht freiwillig ist und zu den gesetzlichen Pflichten des Arbeitgebers zählt. [228] In diesem Sinne auch LAG Niedersachsen 15.7.2017 – 13 TaBV 109/15. [229] BAG 28.3.2017 – 1 ABR 25/15, NZA 2017, 1132 ff., Rn. 22. [230] BAG 28.3.2017 – 1 ABR 25/15, NZA 2017, 1132 ff., Rn. 22. [231] Pieper AuR 2016, 32 (33); Oberberg RdA 2015, 180 (184); in diesem Sinne auch Velikova/Hummel/Kummert, in: FS Kohte, S. 453 ff. (456). [232] An einem solchen Sachvortrag fehlte es zB in BAG 11.12.2012 – 1 ABR 81/11, AP Nr. 19 zu § 87 BetrVG 1972 Gesundheitsschutz. Der Entscheidung des BAG ist insoweit aus diesem Blickwinkel beizupflichten, in diesem Sinne wohl auch im Ergebnis Oberberg, RdA 2015, 180 (181).

samkeitskontrollen und Anpassungsmaßnahmen. Mitbestimmt nach § 87 Abs. 1 Nr. 7 BetrVG sind zudem die zur Konkretisierung des § 3 Abs. 2 ArbSchG zu regelnden Entscheidungen über die Ausgestaltung der betrieblichen Arbeitsschutzorganisation.[233] Sollen Maßnahmen oder arbeitsschutzrechtliche Verpflichtungen von externen Stellen wahrgenommen werden, wird dadurch nicht die Mitbestimmung bei der inhaltlichen Ausgestaltung der Maßnahmen berührt. Der Arbeitgeber muss in solchen Fällen durch eine entsprechende Vertragsgestaltung sicherstellen, dass die ordnungsgemäße Wahrnehmung des Mitbestimmungsrechts ungeachtet der „Fremdvergabe" gewährleistet ist.[234] Nach der Rechtsprechung des Bundesarbeitsgerichts[235] greift das Mitbestimmungsrecht hingegen nicht, soweit es darum geht, die vorher kollektiv vereinbarten Organisationsregelungen durch Einzelmaßnahmen wie die Übertragung von Arbeitsschutzpflichten an konkrete Personen und Einrichtungen umzusetzen (→ ArbSchG § 13 Rn. 37 f.). In Betracht zu ziehen sind in diesen Fällen Mitbestimmungsrechte des Betriebsrats bei personellen Einzelmaßnahmen nach § 99 BetrVG, sofern die Übertragung der Pflichten an Betriebsangehörige erfolgen soll. Zweck der weitreichenden Mitbestimmungsrechte ist es, die bestehenden betrieblichen Entscheidungsspielräume unter Beteiligung der betrieblichen Interessenvertretungen und unter Mobilisierung ihres betriebspraktischen Erfahrungswissens inhaltlich angemessen und fair auszufüllen.[236]

Sinngemäß das Gleiche gilt für die **kollektivrechtlichen Optionen der Personalräte des öffentlichen Dienstes**. Jedenfalls die Festlegung konkreter Arbeitsschutzmaßnahmen wie auch die zur Umsetzung des § 3 Abs. 2 ArbSchG erforderlichen Organisationsmaßnahmen unterliegen nach der Rechtsprechung des Bundesverwaltungsgerichts[237] der Mitbestimmung des Personalrats nach § 75 Abs. 3 Nr. 11 BPersVG bzw. der jeweils einschlägigen Mitbestimmungsrechte bei Arbeitsschutzmaßnahmen nach den Personalvertretungsgesetzen der Länder (ausführlich dazu → BPersVR Rn. 13 ff., 37 ff.). Nicht der Mitbestimmung unterliegen sollen nach der Rechtsprechung des Bundesverwaltungsgerichts[238] die Gefährdungsbeurteilungen, die die Entscheidungsgrundlage für konkrete Schutzmaßnahmen bilden (dazu die Kritik → BPersVR Rn. 38 ff.). Eine uneingeschränkte Übertragung dieser zu kritisierenden Rechtsprechung auf alle Landespersonalvertretungsrechte ist nicht möglich, da die Mitbestimmungstatbestände der Landespersonalvertretungsgesetze der Länder zum Arbeitsschutz zum Teil weiter gefasst sind als § 75 Abs. 3 Nr. 11 BPersVG, über den allein das Bundesverwaltungsgericht zu befinden hatte (vgl. den novellierten § 77 Abs. 4 Nr. 7 LPVG NW sowie § 66 Nr. 11 PersVG Nds[239] und § 80 Abs. 2 Nr. 7 PersVG RhPf).

Mit Blick auf die **individualrechtliche Rechtsdurchsetzung** durch einzelne Beschäftigte ist anerkannt, dass das öffentliche Arbeitsschutzrecht eine maßgebliche Hilfe zur Konkretisierung des arbeitsvertraglich nach § 618 BGB vom Arbeitgeber geschuldeten Schutzes von Leben und Gesundheit bei der Arbeit ist (ausführlich dazu → BGB § 618 Rn. 9, 18 f.).[240] Das öffentlich-rechtliche Arbeitsschutzrecht markiert danach den Mindeststandard an Schutz, den jeder Arbeitnehmer verlangen kann.[241] Öffentlich-rechtliche Arbeitsschutzbestimmungen wie § 3 ArbSchG finden Eingang in das Arbeitsverhältnis, soweit sie geeignet sind, den Gegenstand einer arbeitsvertraglichen Vereinbarung zu bilden.[242] Vor diesem Hintergrund kann der einzelne Arbeitnehmer verlangen,

---

233 Anschaulich BAG 18.3.2014 – 1 ABR 73/12, NZA 2014, 855 ff., im Hinblick auf die Übertragung von arbeitsschutzrechtlichen Pflichten auf die Gruppe der Meister; ebenso die Vorinstanz, LAG Hamburg 11.9.2012 – 1 TaBV 5/12; zustimmend Däubler in: FS Kohte, S. 435, 442. **234** BAG 30.9.2014 – 1 ABR 106/12, NZA 2015, 314 ff. **235** BAG 18.8.2009 – 1 ABR 43/08, NZA 2009, 1434 ff. **236** Dazu ausführlich Faber, Grundpflichten, S. 474 mwN; Fabricius BB 1997, 1254; HaKo-BetrVG/Kohte BetrVG § 87 Rn. 76. **237** ZB BVerwG PersR 1994, 466. **238** BVerwG 14.10.2002 – 6 P 7/01, PersR 2003, 113 ff.; BVerwG 5.3.2012 – 6 PB 25/11, PersR 2012, 380 ff.; zur Kritik Nitsche PersR 2005, 346; Baden PersR 2012, 351 ff. **239** Die Mitbestimmung bei der Gefährdungsbeurteilung auf der Grundlage des niedersächsischen Rechts bejahend VG Göttingen 7.3.2001 – 7 A 7003/99, PersR 2002, 35 ff. **240** BAG 10.5.1976 – 5 AZR 34/75, AP Nr. 17 zu § 618 BGB. **241** ErfK/Wank BGB § 618 Rn. 4. **242** ErfK/Wank BGB § 618 Rn. 5.

dass für seinen Arbeitsplatz Gefährdungsbeurteilungen durchgeführt werden[243] und die danach erforderlichen Schutzmaßnahmen iSv § 3 Abs. 1 ArbSchG getroffen und umgesetzt werden.[244]

114 Demgegenüber sollen – im Gegensatz zu solchen konkreten Schutzmaßnahmen – **Organisationsmaßnahmen** kein tauglicher Gegenstand einer arbeitsvertraglichen Vereinbarung sein,[245] da sie die Arbeitsbedingungen nicht unmittelbar verändern. Mit Blick auf die Organisationspflichten des § 3 Abs. 2 ArbSchG erscheint eine differenzierende Sicht geboten.[246] So wird in der Tat noch kein unmittelbarer Schutz dadurch bewirkt, dass zB Betriebsärzte und Fachkräfte für Arbeitssicherheit als Berater bestellt werden. Anders sieht es aber aus, wenn die jeweilige Organisationsmaßnahme zwingende Voraussetzung dafür ist, dass Schutzmaßnahmen wie der Einsatz von Sicherheitstechnik (zB Absaugungen zum Schutz vor Gefahrstoffen) auch tatsächlich wirksam werden (zB tatsächliche Bereitstellung von Absaugungen bei bestimmten Tätigkeiten, Wartung zur Aufrechterhaltung der vollen Funktionsfähigkeit der Absaugungen). In diesen Fällen dienen die Organisationsmaßnahmen (Verantwortlichkeit für die Bereitstellung und Wartung von Absaugungen) unmittelbar dazu, dass Schutzmaßnahmen auch unter den Bedingungen der betrieblichen Arbeitsteilung umgesetzt werden. Jedenfalls in diesen Fällen ist auch die tatsächliche Umsetzung organisatorischer Regelungen individualrechtlich geschuldet.

115 Bei der Geltendmachung solcher individualrechtlichen Ansprüche ist zu beachten, dass in aller Regel keine konkret bezeichneten Maßnahmen individuell beansprucht und eingeklagt werden können, da die Grundpflichten dem Arbeitgeber erhebliche **Entscheidungsspielräume** belassen, die eine Festlegung auf eine bestimmte Maßnahme kaum möglich machen. Diese Schwierigkeiten können begrenzt werden, wenn statt eines Erfüllungsanspruchs ein **Unterlassungsanspruch** geltend gemacht wird.[247] In einem solchen Fall ist der Klageantrag darauf zu richten, die Zuweisung von Arbeit zu unterlassen, bis in der gesetzlich vorgeschriebenen Weise anhand der Gefährdungsbeurteilung Maßnahmen des Gefahren- und Gefährdungsschutzes getroffen und umgesetzt worden sind. Inzwischen verlangen einige Verordnungen, zB § 7 Abs. 1 GefStoffV, § 4 Abs. 1 BetrSichV, dass eine Arbeit erst nach Erstellung einer Gefährdungsbeurteilung aufgenommen werden darf. In solchen Fällen ist ein Unterlassungsanspruch gegen diese Beschäftigung begründet.[248] Es ist dann darzulegen und ggf. zu beweisen, dass zB ein sicherheits- und gesundheitswidriger Zustand besteht, weil zB keine Schutzmaßnahmen für im Rahmen der Gefährdungsbeurteilung erkannte Gefährdungen getroffen worden sind (dazu im Einzelnen → BGB § 618 Rn. 52).

116 Im Wege der Leistungsklage können schließlich Ansprüche geltend gemacht werden, wenn der Arbeitgeber **Kosten des Arbeitsschutzes** (zB persönliche Schutzausrüstungen), etwa durch Einbehaltung von Lohn,[249] auf die Beschäftigten abwälzt.[250] Hat der Arbeitgeber die Beschäftigten beauftragt, die Schutzausrüstungen selbst zu beschaffen, so steht diesen ein Aufwendungsersatzanspruch nach § 670 BGB zu. Ihnen sind die Aufwendungen zu erstatten, die sie für erforderlich halten durften.[251] Hat der Arbeitgeber Schutzausrüstungen, die er zu stellen oder zu reinigen hatte, nicht gestellt oder gereinigt, so sind den Beschäftigten ihre Aufwendungen nach §§ 683, 670 BGB zu erstatten.[252]

---

[243] BAG 12.8.2008 – 9 AZR 1117/06, NZA 2009, 102 ff. = AP Nr. 29 zu § 618 BGB mAnm Kohte. [244] Vgl. bereits BAG 10.5.1976 – 5 AZR 34/75, AP Nr. 17 zu § 618 BGB. [245] ErfK/Wank BGB § 618 Rn. 5, 12. [246] In diesem Sinne auch Kollmer/Klindt/Schucht/Kohte ArbSchG § 3 Rn. 84 f. [247] Zu den in Betracht kommenden Ansprüchen: Kollmer/Klindt/Schucht/Kohte ArbSchG § 3 Rn. 88 ff. [248] Dazu Kohte, Anm. AP Nr. 29 zu § 618 BGB. [249] Zur zusätzlichen Beachtung des Pfändungsrechts Rosendahl JR 2009, 527 zu BAG 17.2.2009 – 9 AZR 676/07, DB 2009, 1542 = NZA 2010, 99. [250] BAG 10.3.1976 – 5 AZR 34/75, AP Nr. 17 zu § 618 BGB mAnm Herschel. [251] BAG 21.8.1985 – 7 AZR 199/83, NZA 2006, 324. [252] Staudinger/Oetker BGB § 618 Rn. 187; Kollmer/Klindt/Schucht/Kohte ArbSchG § 3 Rn. 95; vgl. BAG 19.5.1998 – 9 AZR 307/96, NZA 1999, 38.

§ 4 ArbSchG Allgemeine Grundsätze

Der Arbeitgeber hat bei Maßnahmen des Arbeitsschutzes von folgenden allgemeinen Grundsätzen auszugehen:

1. Die Arbeit ist so zu gestalten, daß eine Gefährdung für das Leben sowie die physische und die psychische Gesundheit möglichst vermieden und die verbleibende Gefährdung möglichst gering gehalten wird;
2. Gefahren sind an ihrer Quelle zu bekämpfen;
3. bei den Maßnahmen sind der Stand von Technik, Arbeitsmedizin und Hygiene sowie sonstige gesicherte arbeitswissenschaftliche Erkenntnisse zu berücksichtigen;
4. Maßnahmen sind mit dem Ziel zu planen, Technik, Arbeitsorganisation, sonstige Arbeitsbedingungen, soziale Beziehungen und Einfluß der Umwelt auf den Arbeitsplatz sachgerecht zu verknüpfen;
5. individuelle Schutzmaßnahmen sind nachrangig zu anderen Maßnahmen;
6. spezielle Gefahren für besonders schutzbedürftige Beschäftigtengruppen sind zu berücksichtigen;
7. den Beschäftigten sind geeignete Anweisungen zu erteilen;
8. mittelbar oder unmittelbar geschlechtsspezifisch wirkende Regelungen sind nur zulässig, wenn dies aus biologischen Gründen zwingend geboten ist.

Literatur: *Abele/Hurtienne/Prümper*, Usability Management bei SAP Projekten, 2007 (zitiert: Abele/Hurtienne/Prümper, Usability Management); *Aich*, Integration der Arbeitszeit in die Gefährdungsbeurteilung nach dem Arbeitsschutzgesetz, in: Romahn (Hrsg.), Arbeitszeit gestalten – Wissenschaftliche Erkenntnisse für die Praxis, 2017; *Badura/Walter/Hehlmann* (Hrsg.), Betriebliche Gesundheitspolitik, 2. Aufl. 2010 (zitiert: B/W/H); *Badura* ua, Sozialkapital, 2. Aufl. 2013; *Baethge/Rigotti*, Arbeitsunterbrechungen und Multitasking. Ein umfassender Überblick zu Theorien und Empirie unter besonderer Berücksichtigung von Altersdifferenzen, 2010 (zitiert: Baethge/Rigotti, Multitasking); *Bauer/Günther/Böglmüller*, Keine entgrenzte Mitbestimmung im Arbeits- und Gesundheitsschutz, NZA 2016, 1361 ff.; *Baumeister/Härter*, Psychische Komorbidität bei muskuloskelettalen Erkrankungen in: Bundesgesundheitsblatt – Gesundheitsforschung – Gesundheitsschutz, 1/2011; *Basten/Faber*, Sicherheitsinformationen durch den Hersteller, in: Psychologie der Arbeitssicherheit, 1999, S. 202 ff.; *BauA* (Hrsg.), Lärmwirkungen: Gehör, Gesundheit, Leistung, in: Reihe Gesundheitsschutz Heft 4, 2004; *Bauer*, Prinzip Menschlichkeit. Warum wir von Natur aus kooperieren, 2006 (zitiert: Bauer, Prinzip Menschlichkeit); *Beyer/Wocken*, Arbeitgeberpflichten gegenüber Arbeitnehmern mit einer Behinderung im Licht der aktuellen Rechtsprechung des EuGH, DB 2013, 2270; *Blume*, Erfolgsfaktoren, in: Abele/Hutrienne/Prümper: Usability Management bei SAP-Projekten, 2007, S. 317; Blume, Prävention durch Gefährdungsbeurteilung, in: Faber/Feldhoff/Nebe/Schmidt/Waßer, Gesellschaftliche Beggenungen – Recht in Bewegung, Festschrift für Wolfhard Kohte, 2016, S. 383 ff.; *Blume*, Projektkompass SAP. Arbeitsorientierte Planungshilfen für die erfolgreiche Einführung von SAP-Software, 1999 (zitiert: Blume, Projektkompass SAP); *Blume*, „Forever young" oder „Altersflexible Arbeitsgestaltung" in der Praxis, Gute Arbeit 11/2006 (zitiert als: Blume, Forever young); *Blume*, Arbeitsrechtliche Grundlagen und arbeitswissenschaftliche Grundlagen, in: Badura/Walter/Hehlmann, Betriebliche Gesundheitspolitik, 2010, S. 105 ff. (zitiert: Blume, Grundlagen); *Blume/Schleicher/Jürgen/Abele*, Modul zu Beurteilung der gesundheitlichen Situation des BAAM® Fragebogens zur Gefährdungsbeurteilung psychische Belastungen, 1998; *Blume et al*, Alternsflexible Arbeitssysteme – A-Flex, hier: Gestaltungsempfehlungen für Handwerk, Call-Center, Büroarbeit, Projektbericht 2006 (zitiert: Blume, Gestaltungsempfehlung); *Blume*, „Integration von BGM", in: Badura/Walter/Hehlmann, Betriebliche Gesundheitspolitik 2010, S. 273–288 (zitiert: Blume, BGM); BMAS, Weißbuch Arbeiten 4.0, 2017, S. 55.; *Buck/Kistler/Mendius*, Demographischer Wandel in der Arbeitswelt, Chancen für eine innovative Arbeitsgestaltung, 2002 (zitiert: Buck/Kistler/Mendius, Demographischer Wandel); *Bux*, Klima am Arbeitsplatz, Stand arbeitswissenschaftlicher Erkenntnisse – Bedarfsanalyse für weitere Forschungen, 2006 (zitiert als: Bux, Klima am Arbeitsplatz); *Debitz/ Pohlandt*, Prospektive und korrektive Arbeitsgestaltung mittels des bedingungsbezogenen Verfahrens ergoInstrument REBA 9.0 in: Trimpop/Gericke/Lau (Hrsg.), Psychologie der Arbeitssicherheit und Gesundheit. Sicher bei der Arbeit und unterwegs – wirksame Ansätze und neue Wege, 2010, S. 285–288; *Dunckel*, Kontrastive Aufgabenanalyse im Büro. Der KABA-Leitfaden Grundlagen und Manual, 1993 (zitiert: Dunckel, KABA-Leifaden); DIN EN ISO 11690-1 Akustik – Richtlinien für die Gestaltung lärmarmer machinenbestückter Arbeitsstätten, 1997; *Dragano/Siegrist*, Arbeitsbedingter Stress als Folge von betrieblichen Rationalisierungsprozessen – die gesundheitlichen Konsequenzen, Fehlzeiten-Report 1/2005, 167 ff. (zitiert: Dragano/Siegrist, Stress); *Elke/Gurt/Möltner/Externbrink*, Arbeitsschutz und betriebliche Gesundheitsförderung – vergleichende Analyse der Prädiktoren und Moderatoren guter Praxis, 2015, S. 142 ff.; *Fahrenberg*, Die Freiburger Beschwerdenliste (FBL), Form FBL-G und revidierte Form FBL-R, 1994 (zitiert: Fahrenberg, FBL); *Frieling/Schäfer*, Leitfaden zur altersgerechten Gestaltung von Arbeitsplätzen, 2009 (zitiert: Frieling/Schäfer, Leitfaden); *Froböse/Wellmann/Weber*, Betriebliche Gesundheitsförderung – Möglichkeiten der betriebswirtschaftlichen Bewertung, 2008 (zitiert: Froböse/Wellmann/Weber, Betriebliche Gesundheitsförderung); *Griefahn*, Lärmwirkungen, in: Lexikon Arbeitsgestaltung: Best Practice im Arbeitsprozess, 2007, S. 765–767 (zitiert: Griefahn, Lärmwirkungen); GDA, Empfehlungen zur Gefährdungsbeurteilung psychischer Belastungen 2016; GDA, Leitlinie für Beratung und Überwachung bei psychischen Belastungen am Arbeitsplatz, 2017; GMBI, ASR A3.6 – Technische Regeln für Arbeitsstätten – Lüftung, 2012; *Griefahn*, Lärm, Klima, Licht, in: Arbeitsmedizin: Handbuch für Theorie und Praxis, 2012, S. 543–553 (zitiert: Griefahn, Lärm, Klima, Licht); *Hacker*, Leistungs- und Lernfähigkeit älterer Menschen, in: von Cranach/Schneider/Ulich/Winkler, Ältere Menschen im Unternehmen: Chancen, Risiken, Maßnahmen, 2003 (zitiert: Hacker, Leistungs- und Lernfähigkeit älterer Menschen); *Hacker*, Allgemeine Arbeitspsychologie: Psychische Regulation von Wissens-, Denk- und körperlicher Arbeit, 2005 (zitiert: Hacker, Allgemeine Arbeitspsychologie); *Hacker*, Arbeitswelt im Wandel – Herausforderungen an die geistige Leistungsfähigkeit älter werdender Arbeitender, in: Freude/Falkenstein/Zülch, Förderung und Erhalt intellektueller Fähigkeiten für Arbeitnehmer. Abschlussbericht des Projekts „Pfiff", 2010, S. 59–70 (zitiert: Hacker, Arbeitswelt im Wandel); *Hasselhorn/Portuné*, Stress, Arbeitsgestaltung und Gesundheit, in: Badura/Walter/Hehlmann, Betriebliche Gesundheitspolitik, 2010, S. 361 ff. (zitiert: Hasselhorn/Portuné, Stress); *Hässler/Rau* ua, Auswirkungen von ständiger Erreichbarkeit und Präventionsmöglichkeiten, iga.Report 23 – 2, 2016; *Hüther/Fischer*, Biologische Grundlagen des Wohlbefindens, in: Badura, Fehlzeiten-Report 2009, 2010, S. 23–29, (zitiert: Hüther/Fischer, Biologische Grundlagen des Wohlbefindens); *Jansing*, Berufskrankheit Lärmschwerhörigkeit, in: Praktische Arbeitsmedizin 2006, S. 6–11; *Jessen*, Der Einfluss von Stress auf Sprache und Stimme, 2006 (zitiert: Jessen, Einfluss von Stress auf Sprache und Stimme); *Jerich*, Burnout – Ausdruck der Entfremdung, 2008 (zitiert: Jerich, Burnout); *Jürgen/Blume/Schleicher/Szymanski*, Arbeitsschutz durch Gefährdungsanalyse, 1997 (zitiert: Jürgen/Blume/Schleicher/Szymanski, Gefährdungsanalyse); *Joiko*, Psychische Belastung und Beanspruchung im Berufsleben. Erkennen – Gestalten, 4. Aufl. 2008; *Klein/Satzer*, Planungsansätze im Arbeitsschutzgesetz, AiB 2013, 510 ff.; *Kohte*, Arbeitsschutz in der digitalen Arbeitswelt, NZA 2015, 1417 ff.; *Kohte*, Arbeitsbedingter Stress – Perspektiven der Regulierung und Gestaltung, Jahrbuch Gute Arbeit 2012, 76 ff. (zitiert: Kohte, arbeitsbedingter Stress); *Kohte*, Arbeitsschutzrecht im Wandel – Strukturen und Erfahrungen, in: Jahrbuch des Arbeitsrechts, Bd. 37, 2001, S. 21 ff.; *König/Jaschinski*, Individuelle Gestaltung des Bildschirmarbeitsplatzes für die Generation 40 plus – ein Beratungskonzept, in: angewandte Arbeitswissenschaft 200/2009, S. 44–59 (zitiert: König/Jaschinski, Individuelle Gestaltung des Bildschirmarbeitsplatzes); *Krämer/Zimolong*, Führungsverantwortung für die Arbeitssicherheit in soziotechnischen Systemen; in: Karrer/Gauss/Steffens, Beiträge zur Mensch-Maschine-Systemtechnik aus Forschung und Praxis, 2005, S. 367 ff. (zitiert: Krämer/Zimolong, Führungsverantwortung); Landau, Altersmanagement als betriebliche Herausforderung, 2007 (zitiert: Landau, Altersmanagement); *Landau*, Lexikon der Arbeitsgestaltung, 2007 (zitiert: Landau, Arbeitsgestaltung); *Landau/Pressel*, Medizinisches Lexikon der beruflichen Belastungen und Gefährdungen, 2009 (zitiert: Landau/Pressel, Medizinisches Lexikon); *Landau*, Produktivität im Betrieb – Tagungsband der GfA Herbstkonferenz 2009, 2009 (zitiert: Landau, Produktivität); *Lange/Szymanski*, Leitfaden zur Umsetzung des CE-Kennzeichnungsverfahren für Maschinen, 2005 (zitiert: Lange/Szymanski, Abschlussbericht); *Langhoff*, Leiharbeit – eine Grauzone des Arbeitsschutzes, Gute Arbeit 5/2010, 21 ff. (zitiert: Langhoff, Leiharbeit); *Langhoff/Krietsch/Schubert*, Leiharbeit und Gesundheitsschutz – Strategiefragen und Politikempfehlungen, Jahrbuch Gute Arbeit 2012, S. 167 ff.; *Langhoff/Krietsch/Starke*, Der Erwerbseinstieg junger Erwachsener: unsicher, ungleich, ungesund, WSI-Mitteilungen 2010, 343 ff.; *Langhoff/Satzer*, Gestaltung von Schichtarbeit in der Produktion, 2017; *Langhoff/Satzer*, Schicht- und Nachtarbeit in der Produktion, Gesundheitsrisiken - Gestaltungsanforderungen - Praxishinweise, in: Schröder/Urban (Hrsg.), Gute Arbeit. Streit um Zeit – Arbeitszeit und Gesundheit, 2017, S. 147 ff.; *Lauterbach*, Geistige Fertigkeiten im Alter, in: Basler/Keil, Lebenszufriedenheit und Lebensqualität im Alter, 2002, S. 55–66 (zitiert: Lauterbach, Geistige Fertigkeiten im Alter); *LASI*, Integration psychischer Belastungen in die Beratungs- und Überwachungspraxis der Arbeitsschutzbehörden der Länder, LV 52, 2009 (zitiert: LASI 2009); *Lehner/Skiba*, Taschenbuch Arbeitssicherheit, 2005; *Lohmann-Haislah*, Stressreport 2012, 2013; *Luczak/Frenz*,

Kompetenz – Erwerb, Erhalt, Ausbau, in: Kowalski, Stärkung der persönlichen Gesundheitskompetenz im Betrieb – Bis 67 fit im Job, 2008, S. 9–59 (zitiert: Luczak/Frenz, Kompetenz); *Mühlenbrock*, Alterns- und altersgerechte Arbeitsgestaltung – Grundlagen und Handlungsfelder für die Praxis, 2016; *Nebel/Wolf/Richter*, Instrumente und Methoden zur Messung psychischer Belastung, in: Windemuth/Jung/Petermann, Praxishandbuch psychische Belastungen im Beruf, 2010, S. 261–274; *Oberthür*, Arbeitssicherheit im Mobile Office, NZA 2013, 246 ff.; *Oesterreich/Leitner/Resch*, Analyse psychischer Anforderungen und Belastungen in der Produktionsarbeit, Das Verfahren RIHA/VERA-Produktion. Handbuch, 2002 (zitiert: Oesterreich/Leitner/Resch, Produktionsarbeit); *Paridon/Apfeld/Lüken*, Manipulation von Schutzeinrichtungen – Schutz außer Kraft gesetzt – Schlechte Konstruktion fördert Manipulation, in: Arbeit und Gesundheit spezial 08/2006, 29–31 (zitiert: Paridon/Apfeld/Lüken, Manipulation); *Paridon/Ottersbach/Feldges*, Verständlichkeit von Warn- und Verbotskennzeichen, BG 2007, 199 ff.; *Paridon/Mühlbach*, Psychische Belastung in der Arbeitswelt, iga.Report 32, 2016; *Peters*, Indirekte Steuerung und interessierte Selbstgefährdung, in: Katzer/Dunkel/Becher/Hinrichs, Arbeit und Gesundheit im Konflikt, 2011 (zitiert: Peters, Indirekte Steuerung und interessierte Selbstgefährdung); *Pieper/Vorath*, Handbuch Arbeitsschutz, Sicherheit und Gesundheitsschutz im Betrieb, 2005; *Probst*, Bildschirmarbeit – Lärmminderung in Mehrpersonenbüros, 2003; *Probst*, Arbeitswissenschaftliche Erkenntnisse – Forschungsergebnisse für die Praxis. Bildschirmarbeit – Lärmminderung in Mehrpersonenbüros. Beurteilung und Minderung des Lärms an Bildschirmarbeitsplätzen im Büro und in der Produktion, 2003 (zitiert: Probst, Bildschirmarbeit); *Pröll*, Arbeitsschutz und neue Technologien, 1991; *Prümper/Hurtienne*, Gesetze, Verordnungen, Normen, in: Abele/Hurtienne/Prümper, Usability Management bei SAP Projekten, 2007; *Raestrup/Sportelli*, Stimmstörungen und stimmspezifische Belastungsfaktoren am Beispiel des Sprechberufs Call Center Agent – erste Ergebnisse eines Forschungsprojekts zur Prävention von Stimmstörungen in Call Centern, in: Die Sprachheilarbeit Jg. 46 (6), 2001; *Rau/Gebele/Morling/Rösler*, Untersuchung arbeitsbedingter Ursachen für das Auftreten von depressiven Störungen, BAuA Projekt F 1865, 2010 (zitiert: Rau/Gebele/Morling/Rösler, Auftreten von depressiven Störungen); *Rau*, Risikobereiche psychischer Belastung, iga.Report 31, 2016; *Reuhl*, Gefährdungen geschlechtergerecht beurteilen, in: Brandenburg (Hrsg.), Arbeit und Gesundheit: geschlechtergerecht?!, 2009, S. 167 ff.; *Richter*, Innere Kündigung. Modellentwicklung und empirische Befunde aus einer Untersuchung im Bereich der öffentlichen Verwaltung, Zeitschrift für Personalforschung 1999, 113 ff.; *Richter*, Psychische Belastung und Beanspruchung, 2000 (zitiert: Richter, Psychische Belastung und Beanspruchung); *Richter/Nebel/Wolf*, Jenseits von Kontrolle und Belohnung – Moderne arbeitspsychologische Ansätze zur Bewertung und Gestaltung von Arbeit, in: Aktuelle Beiträge zur Arbeitspsychologie, Festschrift Ulich, 2009, S. 5 ff. (zitiert: Richter/Nebel/Wolf, Jenseits von Kontrolle und Belohnung); *Richter/ Hacker*, Tätigkeitsbewertungssystem – Geistige Arbeit, 2003, S. 19 ff.; Richter/Hemmann/Merboth/Fritz/Hänsgen/Rudolf, Fragebogen zur Analyse erlebter Arbeitsintensität und Tätigkeitsspielraum (FIT), 2000; *Ricker/Hauser*, Arbeitsplatzkultur und Gesundheit – ganzheitliche Gestaltung der organisationalen Beziehungen zur Stärkung der psychischen Gesundheit von Mitarbeitern, in: Badura/Ducki/Schröder/Klose/Meyer, Fehlzeitenreport 2016, 2016, S. 107–118; *Rudow*, Das Gesunde Unternehmen: Gesundheitsmanagement, Arbeitsschutz und Personalpflege in Organisationen, 2004 (zitiert: Rudow, Das gesunde Unternehmen); *Scherer/Schaffner*, SAP-Training. Konzeption, Planung und Realisierung, 2003 (zitiert: Scherer/Schaffner, SAP-Training); *Schlick/Bruder/Luczak*, Arbeitswissenschaft, 3. Aufl. 2010; *Schwarzer*, Stress, Angst und Handlungsregulation, 4. Aufl. 2000; *Siegrist*, Soziale Krisen und Gesundheit, 1996; *Siegrist*, Gesundheitsgefährdender Arbeitsstress? Antworten der Wissenschaft, Jahrbuch Gute Arbeit 2013, S. 82 ff.; *Siegrist*, Fragebogen Efford – Reward – Imbalance (ERI), 2004; *Siegrist/Dragano*, Psychosoziale Belastungen und Erkrankungsrisiken im Erwerbsleben, in: Bundesgesundheitsblatt – Gesundheitsforschung – Gesundheitsschutz, 2008, Volume 51/3, S. 305–331 (zitiert: Siegrist/Dragano, Psychosoziale Belastungen); *Siegrist/ Dragano*, Arbeitsbelastungen und psychische Gesundheit bei älteren Erwerbstätigen: die Bedeutung struktureller Intervention, in: Badura, Fehlzeiten-Report 2009, 2010, S. 167–173 (zitiert: Siegrist/Dragano, Arbeitsbelastungen und psychische Gesundheit bei älteren Erwerbstätigen); *Szymanski*, Die alterssensible Gefährdungsbeurteilung, in: REFA-Nachrichten 6/2006, 20–25; *Szymanski/Lange/Berens*, Die Bilanzierung von Instrumenten zur Gestaltung des demografischen Wandels, 2009; *Tuomi/Ilmaringen/Jahkola/Katajarinne/Tulkki*, Arbeitsbewältigungsindex (ABI), 2001; *Theorell/Karasek*, Current issues relating to psychosocial job strain and cardiovascular disease research, Journal of Occupational Health Psychology, 1996 Vol. 19–26; *Van der Doef/Maes*, The Job Demand-Control (-Support) Model and employee well-being: A review of 20 years of empirical research. Work & Stress Volume 13/2, 1999, 87–114; VBG, DGUV Information. Akustik im Büro. Hilfen für die akustische Gestaltung von Büros, 2012, S. 6; *Wakula/Berg/Schaub/Bruder/Glitsch/Ellgast*, Der montagespezifische Kraftatlas, in: BGIA-Report 3/2009; *Wunderer*, Führung und Zusammenarbeit. Eine unternehmerische Führungslehre, 9. Aufl. 2011; *Walter*, Neurobiologische Grundlagen, in: Badura/Walter/Hehlmann, Betriebliche Gesundheitspolitik, 2010, S. 77 ff.; *Weg*, Gesundheitsschutz am Arbeitsplatz als „Frauenfrage"?!, STREIT 2013, 147 ff.; *Wiebauer*, Arbeitsschutz und Digitalisierung, NZA 2016, 1430 ff.; *Wlotzke*, Ausgewählte Leitlinien des Arbeitsschutzgesetzes, in: Festschrift Däubler, 1999, S. 654 ff.; *Wlotzke*, Das Mitbestimmungsrecht nach § 87 Abs. 1 Nr. 7 BetrVG und das erneuerte Arbeitsschutzrecht, in: Kohte/Anzinger/Dörner (Hrsg.), Festschrift Wißmann, 2005, S. 426 ff.; *Zimolong*, Management des Arbeits- und Gesundheitsschutzes, 2001; *Zimolong/Elke/Bierhoff*, Den Rücken stärken – Grundlagen und Programme der betrieblichen Gesundheitsförderung, 2008, S. 170 ff.

Leitentscheidungen: BAG 12.8.2008 – 9 AZR 1117/06, NZA 2009, 102 = AP Nr. 29 zu § 618 BGB mAnm Kohte; BAG 19.12.2013 – 6 AZR 190/12, NZA 2014, 372; VG Münster 28.2.2013 – 7 L 853/12.

I. Normzweck und Systematik..... 1	2. Organisatorische Maßnahmen (O)...................... 56
II. Entstehung und Unionsrecht.... 7	3. Personelle Maßnahmen (P).. 58
III. Überblick über die „Allgemeinen Grundsätze"................. 9	4. Bedeutung des „Faktors Führung".................... 59
IV. Gefahren- und Gefährdungsschutz.......................... 10	5. Anwendungsbereich des TOP (F)-Prinzips............. 61
1. Grundsätze 10	6. Erteilen geeigneter Anweisungen (§ 4 Nr. 7 ArbSchG) 64
2. Gefährdungsschutz nach § 4 Nr. 1 ArbSchG als Gestaltungspflicht und Gestaltungsprinzip 13	VI. Ganzheitliche Planung (§ 4 Nr. 4 ArbSchG) 70
	1. Allgemeines................. 70
3. Gefährdungsschutz und arbeitswissenschaftliche Erkenntnisse................. 19	2. Berücksichtigung der Wechselwirkungen von Gefährdungen..................... 72
a) Grundannahmen des Belastungs-/Beanspruchungsmodells 20	3. Bedeutung des Planungsaspekts....................... 76
	VII. Schutzniveau der Maßnahmen des Arbeitsschutzes (§ 4 Nr. 3 ArbSchG) 80
b) Durchschnittliche, individuelle und gruppenbezogene Belastung und Beanspruchung 24	1. „Stand" der Technik, Arbeitsmedizin und Hygiene 82
c) Negative Beanspruchungsfolgen............. 27	2. Sonstige gesicherte arbeitswissenschaftliche Erkenntnisse 85
d) Gestaltungsbereiche 35	
e) Modell der Regulationshindernisse 38	3. „Berücksichtigung" der in § 4 Nr. 3 ArbSchG genannten Erkenntnisse............. 91
4. Gefährdungsschutz und menschengerechte Gestaltung der Arbeit 44	VIII. Besondere Personengruppen 96
V. Grundsätze für Maßnahmen des Arbeitsschutzes zur Verhütung von Gefahren – Gefahrenbekämpfung an der Quelle und Nachrang individueller Schutzmaßnahmen..................... 52	1. Besonders schutzbedürftige Personengruppen (§ 4 Nr. 6 ArbSchG)........ 97
	2. Geschlechtsspezifisch wirkende Regelungen........... 111
	IX. Rechtsdurchsetzung 116
1. Technische Schutzmaßnahmen (T) 53	

I. Normzweck und Systematik

1 § 4 ArbSchG normiert „allgemeine Grundsätze" des Arbeitsschutzes, die bei der Ermittlung, Festlegung und Umsetzung der betrieblichen Maßnahmen des Arbeitsschutzes im Sinne von § 2 Abs. 1 ArbSchG zu beachten sind. Die Vorschrift fasst unter insgesamt 8 Nummern **elementare Gestaltungsprinzipien** für Arbeitsschutzmaßnahmen und eine diese Maßnahmen abstimmende und koordinierende Planung im Sinne einer

präventiv ansetzenden betrieblichen Arbeitsschutzpolitik zusammen.[1] Mit § 4 ArbSchG werden fundamentale Prinzipien und Erkenntnisse der Sicherheits- und Arbeitswissenschaften rechtlich aufgegriffen (→ Rn. 19 ff.).[2] So folgt insbesondere aus § 4 Nr. 1, 2, 5 ArbSchG eine **präventive „Gestaltungsverpflichtung"** bezüglich Technik, Organisation, Personal und Führung bzw. „Arbeitssystemen", durch die gesundheitliche Risikofaktoren bereits „im Vorfeld" einer konkret absehbaren Gesundheitsschädigung möglichst eliminiert werden sollen. Mit diesen normativen Vorgaben wird der arbeitswissenschaftliche Erkenntnisstand aufgegriffen, wie er zB im Bereich der Normung in der DIN EN ISO 6385:2004 (Grundsätze der Ergonomie für die Gestaltung von Arbeitssystemen) Niederschlag gefunden hat.

Als „Allgemeine Grundsätze" gelten die Gestaltungsprinzipien des § 4 ArbSchG für **alle arbeitsschutzrechtlichen Gefährdungsquellen** und alle unter dem Schutz des ArbSchG stehenden Arbeitstätigkeiten (zur Konkretisierung der Grundsätze → Rn. 10 ff.). Neben Unfallgefahren und primär auf die physische Gesundheit wirkenden Einflussgrößen (zB gefährliche Arbeitsstoffe, Arbeitsschwere, physikalische Gefährdungen durch Lärm oder Vibrationen, Temperaturen, Luftqualität) ist § 4 ArbSchG auch anzuwenden auf Gefährdungen, die zu psychischen Fehlbeanspruchungen und psychisch vermittelten Schädigungen der Gesundheit führen können (zB taktgebundene Arbeit, Arbeitsverdichtung, Überforderung aufgrund fehlender Qualifikation und Unterweisung, Unzulänglichkeiten in den betrieblichen Führungsstrukturen). § 4 ArbSchG formt die aus den Grundrechten (insbesondere Art. 2 GG) folgende Schutzpflicht des Staates für Sicherheit und Gesundheit der Beschäftigten aus. In § 4 BetrSichV, § 2 PSA-BV wird auch auf die „Pflichten" nach § 4 ArbSchG Bezug genommen; in §§ 2, 3 BaustellV werden sie auch auf Bauherren erstreckt (→ BaustellV Rn. 14). Vor diesem Hintergrund ist es zutreffend, dass in der Literatur übereinstimmend die „Allgemeinen Grundsätzen" **nicht als bloße „Programmsätze", sondern als verbindliche Rechtssätze** qualifiziert werden.[3] Ein effektiver Grundrechtsschutz erfordert verbindliche gesetzliche Vorgaben über die erforderlichen Maßnahmen zum Schutze von Leben und Gesundheit bei der Arbeit. Ob der Arbeitgeber bei seinen Maßnahmen von den allgemeinen Grundsätzen des § 4 ArbSchG Eingangssatz ausgegangen ist, muss sich aus der Gefährdungsbeurteilung nach § 5 ArbSchG, bzw. seinen Maßnahmen und ihrer (Wirksamkeits-)Dokumentation nach § 6 ArbSchG ergeben (→ ArbSchG § 5 Rn. 7, → ArbSchG § 6 Rn. 8).

Aus § 4 ArbSchG folgen lediglich **generelle Vorgaben** für Maßnahmen des Arbeitsschutzes iSv § 2 ArbSchG. Der Arbeitgeber hat vor diesem Hintergrund verpflichtet, die **„Allgemeinen Grundsätze"** in Zusammenarbeit und unter Mitbestimmung der betrieblichen Interessenvertretung (§ 87 Abs. 1 Nr. 7 BetrVG,[4] § 75 Abs. 3 Nr. 11 BPersVG) **eigenverantwortlich anzuwenden**, indem er sie **durch Gestaltungsentscheidungen zu konkreten betrieblichen Regelungen verdichtet**. § 4 ArbSchG steht damit in besonderem Maße für die mit der Rahmenrichtlinie 89/391/EWG eingeleitete und mit dem Inkrafttreten des ArbSchG im Jahre 1996 vollzogene Neujustierung des deutschen Arbeitsschutzrechts. Das überkommene Arbeitsschutzrecht in Deutschland war vor allem Ordnungsrecht.[5] Leitbild der arbeitsschutzrechtlichen Regulierung wie auch des behördlichen Vollzugs war es, möglichst präzise – idealerweise eindeutig messbare – Verhaltensvorgaben und Maßnahmen zur Abwehr von Gefahren der Gesundheit zu regeln. Konsequenz des ordnungsrechtlichen Ansatzes war, dass auf der betrieblichen Ebene wenig Spielraum zur Gestaltung eines eigenständigen, betriebsspezifischen Arbeitsschutzkonzepts bestand. Was zu tun war, war – im Idealfall – bereits von externer Stelle (Gesetzgeber, UVV, Arbeitsschutzaufsicht) im Detail vorgedacht und geregelt. Dieses Konzept bot den betrieblichen Akteuren zwar in hohem Maße Rechtssicherheit,

---

1 Dazu auch Kollmer/Klindt/Schucht/Kohte ArbSchG § 4 Rn. 6 ff., der in Anlehnung an den englischen Text der Richtlinie („general principles of prevention") von den „Grundlagen der Präventionspolitik" spricht. **2** Pieper ArbSchG § 4 Rn. 1. **3** LR/Wiebauer ArbSchG § 4 Rn. 5; KJP/Koll ArbSchG § 4 Rn. 3. **4** Zur Mitbestimmungspflichtigkeit der betrieblichen Konkretisierung von § 4 ArbSchG vgl. BAG 28.3.2017 – 1 ABR 25/15; LAG Hamburg 21.9.2000 – 7 TaBV 3/98, NZA-RR 2001, 190; Kollmer/Klindt/Schucht/Kohte ArbSchG § 4 Rn. 8; Pieper ArbSchG § 4 Rn. 1 b. **5** Pröll, Arbeitsschutz und neue Technologien, S. 71 ff.

denn es schien klar, was „von Rechts wegen" zu veranlassen war. Untrennbar mit dem ordnungsrechtlichen Ansatz verbunden waren aber auch gravierende Nachteile, die seit den 1980er Jahren immer deutlicher zu Tage traten. So erwiesen sich die extern gesetzten Vorgaben des Ordnungsrechts als zu schematisch, um die spezifische betriebliche Situation zu berücksichtigen. Vor allem aber war das „klassische Arbeitsschutzrecht" wenig geeignet, „neue" gesundheitliche Gefährdungen zu berücksichtigen, die sich durch den Einsatz neuer Technologien (zB EDV, automatisierte Arbeitsverfahren) und die Einführung neuer Arbeitsorganisationsformen (zB „lean production", Gruppenarbeit) ergaben.[6] Insbesondere ließen sich die sogenannten „psychischen Fehl-Belastungen" und geeignete Maßnahmen zu ihrer Minderung und Vermeidung, nicht ohne Weiteres in der klassischen Weise, dh ordnungsrechtlich normieren.

4 Zweck der allgemein gehaltenen Grundsätze des § 4 ArbSchG ist es, dem Arbeitgeber und den sonstigen betrieblichen Akteuren einen flexiblen rechtlichen Maßstab für die Abwägung der verschiedenen Kategorien zu geben, die zur Formulierung einer **„maßgeschneiderten" betrieblichen Arbeitsschutzkonzeption** erforderlich sind.[7] Hiermit verbunden sind neue Aufgaben der Arbeitgeber und der anderen nach § 13 ArbSchG verantwortlichen betrieblichen Akteure. Sie sind durch § 4 ArbSchG nunmehr gefordert, vorrangig selbst Gefährdungen durch die Arbeit systematisch zu ermitteln (§ 5 ArbSchG) und die „Allgemeinen Grundsätze" konkret auf die Gestaltung der betrieblichen Arbeitsbedingungen anzuwenden bzw. Verbesserungsmaßnahmen festzulegen. § 4 ArbSchG steht somit auch für eine **Neujustierung der Aufgaben und Verantwortlichkeiten im betrieblichen Arbeitsschutzsystem**. Das ArbSchG weist den betrieblichen Akteuren und dabei vor allem dem Arbeitgeber als Pflichtenadressaten, vorrangig die Aufgabe zu, **in eigener Verantwortung** die **erforderlichen Maßnahmen des Arbeitsschutzes** zu ermitteln, zu planen, umzusetzen und ggf. anzupassen (§§ 3, 5, 6 ArbSchG). Hiermit verbunden ist zugleich eine **Neuausrichtung** der nach wie vor unverzichtbaren **Arbeitsschutzaufsicht** (vgl. Art. 4 RL 89/391/EWG). Sie hat im Grundsatz die durch das ArbSchG begründeten betrieblichen Gestaltungsmaßnahmen der Arbeitgebers zu respektieren. Im Fokus der Arbeitsschutzaufsicht dürfen daher heute nicht mehr nur einzelne isolierte Maßnahmen des Arbeitsschutzes stehen. Die Aufsichtstätigkeit hat vielmehr auch die Überwachung sämtlicher betrieblicher Aktivitäten im Zusammenhang mit dem Arbeitsschutz im Sinne einer **„Systemkontrolle"** (→ ArbSchG § 21 Rn. 12) zu fokussieren.[8] § 4 ArbSchG begründet vor diesem Hintergrund einen wichtigen Bezugsrahmen für Anordnungen der Aufsicht nach § 22 Abs. 3 ArbSchG und ist somit ein Element einer effektiven Aufsicht durch die staatlichen Aufsichtsbehörden.[9]

5 Rechtssystematisch steht § 4 ArbSchG in unmittelbarem **Zusammenhang** mit den betrieblichen **Verfahrensregelungen des ArbSchG zur systematischen Ermittlung, Planung und Umsetzung von Maßnahmen** des Arbeitsschutzes iSv § 2 Abs. 1 ArbSchG. Die „Allgemeinen Grundsätze" des § 4 ArbSchG bilden den materiellrechtlichen Maßstab, an dem die Arbeitsschutzmaßnahmen zu messen sind. Konkret gilt dies zunächst für die Gefährdungsbeurteilung nach § 5 ArbSchG, bei der § 4 ArbSchG sowohl als Maßstab zur rechtlichen Bewertung des „Ist-Zustandes" als auch als Gestaltungsgrundsatz für die Ermittlung von Schutzmaßnahmen heranzuziehen ist (→ ArbSchG § 5 Rn. 66). Insbesondere § 4 Nr. 4 ArbSchG formt die aus § 3 Abs. 2 ArbSchG folgende Pflicht zur Planung durch die Normierung von Planungsgrundsätzen aus. Die Maßstabsfunktion des § 4 ArbSchG wird durch § 2 Abs. 2 DGUV Vorschrift 1 auch auf das Unfallversi-

---

[6] Instruktiv für das Beispiel der Bildschirmarbeit BAG 6.12.1983 – 1 ABR 43/81, NJW 1984, 1476; zur Kritik: Kohte AuR 1984, 263 ff.; BFK Rn. 296. [7] Zu dieser Funktion des § 4 ArbSchG Faber, Grundpflichten, S. 115. [8] LASI LV 52: Integration psychischer Belastungen in die Beratungs- und Überwachungspraxis der Arbeitsschutzbehörden der Länder, Oktober 2009, GDA-Leitlinie Beratung und Überwachung bei psychischer Belastung am Arbeitsplatz, Stand: 2017; umfassend zur Rolle der Aufsicht Faber, Grundpflichten, S. 356 ff. und Kohte BG 2010, 384; vgl. die Anforderungen an die Aufsicht in der Leitlinie Gefährdungsbeurteilung vom 15.12.2011, S. 8, in: www.gda-portal.de. [9] Beispielhaft VG Münster 28.2.2013 – 7 L 853/12.

cherungsrecht übertragen,[10] so dass sie ebenfalls für die Aufsicht der Unfallversicherungsträger (Berufsgenossenschaften, Unfallkassen) nach § 19 SGB VII richtungsweisend ist.

Die „Allgemeinen Grundsätze" des § 4 ArbSchG werden inhaltlich **ergänzt und konkretisiert**[11] durch Vorschriften in den **Arbeitsschutzverordnungen** (zB BetrSichV; LärmVibrationsArbSchV, ArbStättV, GefStoffV, OStrV). Ein Beispiel hierfür ist die Vorgabe in § 7 LärmVibrationsArbSchV, wonach die Gefährdung der Beschäftigten durch Lärm verhindert oder so weit wie möglich verringert werden muss. Hiermit wird der „Allgemeine Grundsatz" des § 4 Nr. 1 ArbSchG dahingehend konkretisiert, dass Gefährdungen durch Lärm nicht nur möglichst zu vermeiden bzw. möglichst zu verringern sind, sondern dass **ein striktes Minimierungsgebot** gilt (→ LärmVibrationsArbSchV Rn. 29 ff.). Konsequenz hieraus ist, dass Lärmminderungsmaßnahmen auch dann durchzuführen sind, wenn (Höchst-)Grenzwerte nicht überschritten werden.[12] Weitere Anforderungen des § 7 LärmVibrationsArbSchV betreffen andere „Allgemeine Grundsätze" des § 4 ArbSchG. So wird der Grundsatz des § 4 Nr. 2 ArbSchG, wonach Gefahren an ihrer Quelle zu bekämpfen sind, weiter konkretisiert durch § 7 Abs. 2 Nr. 4 LärmVibrationsArbSchV. Danach sind Gefahren durch Lärm insbesondere durch technische Maßnahmen zur Luftschallminderung, zB durch Abschirmungen oder Kapselungen, zu bekämpfen. Sofern sich in Arbeitsschutzverordnungen Konkretisierungen der „Allgemeinen Grundsätze" finden, treten diese – aber auch nur so weit – zurück, wie speziellere Regelungen getroffen werden. In aller Regel enthalten die Verordnungen zum ArbSchG keine abschließende Regelung, so dass gerade § 4 ArbSchG weiter Anwendung findet, wie zB § 2 PSA-BV deutlich zeigt.[13]

II. Entstehung und Unionsrecht

Die in § 4 ArbSchG geregelten „Allgemeinen Grundsätze" dienen der **Umsetzung der Vorgaben von Art. 6 Abs. 2 und Art. 15 Rahmenrichtlinie-Arbeitsschutz** (89/391/EWG).[14] § 4 ArbSchG ist seit Inkrafttreten des ArbSchG einmal, dh im Jahr **2013** geändert worden. In § 4 Nr. 1 ist eingefügt worden, dass sich der Gefährdungsschutz auf die **„physische und psychische" Gesundheit** bezieht.[15] Dies hatte das Bundesarbeitsgericht mit systematischer Begründung in den letzten Jahren mehrfach entschieden,[16] so dass die Regierungsbegründung in dieser Änderung zutreffend eine **„Klarstellung"** der schon bisher geltenden Rechtslage sieht.[17]

Die „Allgemeinen Grundsätze" orientieren sich inhaltlich überwiegend eng an der deutschen Fassung der Richtlinie. **Nicht ausdrücklich übernommen** wurde mit § 4 ArbSchG die Bestimmung des Art. 6 Abs. 2 lit. d RL 89/391/EWG, durch die unionsrechtlich die **Berücksichtigung des „Faktors Mensch"** bei der Arbeit gefordert wird, „insbesondere bei der Gestaltung von Arbeitsplätzen sowie bei der Auswahl von Arbeitsmitteln und Arbeits- und Fertigungsverfahren, vor allem im Hinblick auf eine Erleichterung bei eintöniger Arbeit („alleviating monotonous work") und bei maschinenbestimmtem Arbeitsrhythmus sowie auf eine Abschwächung ihrer gesundheitsbezogenen Auswirkungen".[18] Diese unionsrechtliche Vorgabe greift das **zentrale arbeitswissenschaftliche Prinzip** auf, wonach die Arbeit an den Menschen und nicht – umgekehrt – der Mensch an die Arbeit anzupassen ist (vgl. auch die englische Fassung: „adapting

---

[10] So auch Nöthlichs ArbSchG § 4 Rn. 2.1. [11] Zutreffend Pieper LärmVibrationsArbSchV § 7 Rn. 2 und Pieper OstrV § 7 Rn. 1. [12] Dazu auch Kollmer/Klindt/Schucht/Kohte ArbSchG § 4 Rn. 9, mit weiteren Beispielen. [13] So auch Oberthür NZA 2013, 246 (247). [14] BT-Drs. 13/3540, 16. [15] BGBl. I 2013, 3836, 3847. [16] BAG 12.8.2008 – 9 AZR 1117/06, NZA 2009, 102 = AP Nr. 29 zu § 618 BGB mAnm Kohte. [17] BT-Drs. 17/12297, 67. [18] Dazu auch mit Blick auf die Entstehungsgeschichte und das im Jahre 1994 gescheiterte Arbeitsschutzrahmengesetz Kollmer/Klindt/Schucht/Kohte ArbSchG § 4 Rn. 5.

the work to the individual").[19] Die Regelungslücke in der Gesetzgebung bewirkt, dass sich den betrieblichen Akteuren die Maßgeblichkeit dieses wichtigen Prinzips des Arbeitsschutzrechts nur schwer erschließt. Dies ist nicht vereinbar mit dem unionsrechtlichen Grundsatz, dass gerade bei Gesundheitsschutzpflichten die innerstaatliche Umsetzung so klar sein muss, dass die Begünstigten ihre Rechte erkennen und realisieren können.[20] Dieser Mangel ist nunmehr auf Verordnungsebene partiell durch § 6 Abs. 1 BetrSichV „geheilt" worden, der verlangt, dass die Arbeitsmittel an die körperlichen Eigenschaften und die Kompetenz der Beschäftigten angepasst sein müssen. Zur unionsrechtskonformen Auslegung des Art. 6 Abs. 2 lit. d Rahmenrichtlinie-Arbeitsschutz (89/391/EWG) ist es aber weiter geboten, die in § 4 Nr. 3 ArbSchG verlangte Berücksichtigung der „gesicherten arbeitswissenschaftlichen Erkenntnisse" auch auf die Anforderungen der EU-Richtlinie zur **Verringerung monotoner Arbeit** zu beziehen.[21]

III. Überblick über die „Allgemeinen Grundsätze"

9 § 4 nennt unter acht Nummern relativ unverbunden Gestaltungsgrundsätze, die beim Planen und Treffen von Maßnahmen des Arbeitsschutzes iSv § 2 Abs. 1 ArbSchG zugrunde gelegt werden müssen. Ihre inhaltliche Bedeutung und Reichweite sowie Verbindungslinien zwischen den Grundsätzen erschließen sich durch eine Systematisierung ihrer Regelungsgegenstände. Es lassen sich dabei im Kern **vier Kategorien von Grundsätzen** unterscheiden. Sie werden für die Gliederung der nachfolgenden Kommentierung der einzelnen „Allgemeinen Grundsätze" zugrunde gelegt. Systematisch differenziert werden kann danach zwischen

- Anforderungen an einzelne Maßnahmen des Arbeitsschutzes (Nr. 1, 2, 5, 7, dazu → Rn. 10 ff.),
- speziellen Anforderungen bei Maßnahmen zum Schutz bestimmter Personengruppen, einschließlich Schutz vor Diskriminierungen (Nr. 5, 8, dazu → Rn. 95 ff.),
- Einbettung der Einzelmaßnahmen in eine ganzheitliche Planung des Arbeits- und Gesundheitsschutzes (Nr. 4, dazu → Rn. 70 ff.),
- Schutzniveau der Maßnahmen (Nr. 3, dazu → Rn. 80 ff.).

IV. Gefahren- und Gefährdungsschutz

10 **1. Grundsätze.** Das Gesetz operiert in § 4 ArbSchG mit den Begriffen der „Gefährdung" und der „Gefahr". Beide Begriffe sind systematisch zu differenzieren, da der **Gefährdungsschutz** (dazu genauer unter → Rn. 11) und die **Gefahrenabwehr** (dazu genauer unter → Rn. 14) für **unterschiedliche Zielrichtungen** und Ansatzpunkte von Maßnahmen des Arbeitsschutzes stehen.[22] Der Terminus der **Gefahr** (§ 4 Nr. 2, 6 ArbSchG) ist auch im Arbeitsschutz nach der allgemeinen polizei- und ordnungsrechtlichen Begriffsbildung zu bestimmen. Danach ist unter Gefahr eine Sachlage zu verstehen, die bei ungehindertem Ablauf des objektiv vorhersehbaren Geschehens zu einem Schaden führt, wobei für den Schadenseintritt eine hinreichende Wahrscheinlichkeit gefordert wird und von einem Schaden erst gesprochen werden kann, wenn eine nicht unerhebliche Beeinträchtigung vorliegt.[23] Dieses klassische Verständnis des Gefahrbegriffs kommt auch im Bereich der Normung zur Risikobeurteilung zum Tragen (DIN EN

---

19 Vor allem unter dem Begriff der „differentiellen und flexiblen Arbeitsgestaltung" wird in den Arbeitswissenschaften diese Strategie der Anpassung von Arbeit und Arbeitsbedingungen an die Besonderheiten der Beschäftigten geführt. Vgl. dazu Ulich, Arbeitspsychologie, S. 96 ff. und mit konkreten Beispielen S. 293 ff.; weiter Oppolzer, Gesundheitsmanagement, S. 64 ff.; Landau, Arbeitsgestaltung, S. 9 ff., aus betriebsverfassungsrechtlicher Perspektive vgl. Fitting BetrVG § 90 Rn. 38 a. **20** EuGH 14.9.2004 – C-168/03, EuZW 2004, 728 (729) (Rn. 36) mAnm Kohte/Faber ZESAR 2005, 289 (292). **21** In diesem Sinne auch KJP/Koll ArbSchG § 4 Rn. 5; Blume, Grundlagen, S. 105, 118; Kohte, Jahrbuch Gute Arbeit 2011, S. 291, 299 und 2012, S. 76, 80 f.; Oppolzer, Gesundheitsmanagement, S. 120 ff.; Richter, Psychische Belastung und Beanspruchung, S. 6 f.; zur Definition und Gestaltung monotoner Arbeit vgl. auch die DIN EN ISO 10075 Teil 2. **22** Dazu auch ausführlich Kohte, Jahrbuch des Arbeitsrechts, S. 21, 32. **23** Vgl. zB Gesetzesbegründung BT-Drs. 13/3540, 16; Pieper ArbSchG § 4 Rn. 2 f.; Spinnarke/Schork ArbSchG § 4 Rn. 5.

ISO 14121-1:2007; ehemalig DIN EN ISO 1050). Auf sie kann zur Präzisierung des Gefahrbegriffs im Einzelfall zurückgegriffen werden.

Der Gesetzgeber hat im ArbSchG (§ 4 Nr. 1) bewusst den Begriff der „**Gefährdung**" neben den im Übrigen weiterhin relevanten Begriff der „Gefahr" gesetzt. Der im Arbeitsschutzrecht neu eingeführte Begriff der Gefährdung steht für ein zentrales Ziel des ArbSchG, das eine im Vergleich zu den abgelösten Bestimmungen der GewO früher ansetzende Prävention zu erreichen sucht.[24] Unter einer Gefährdung ist nach allgemeiner Ansicht die „**Möglichkeit eines Schadens oder einer gesundheitlichen Beeinträchtigung ohne bestimmte Anforderungen an deren Ausmaß oder Eintrittswahrscheinlichkeit**"[25] zu verstehen. Anders als beim ordnungsrechtlichen Begriff der „Gefahr" setzt die arbeitsschutzrechtliche Handlungspflicht also nicht erst dann ein, wenn ohne Maßnahmen des Arbeitsschutzes konkret mit einer gesundheitlichen Schädigung zu rechnen ist. Es genügt, dass eine Gesundheitsschädigung ggf. auch erst im Zusammenwirken mit anderen insbesondere auch außerbetrieblichen Ursachen als möglich erscheint. Auch betriebliche Gefährdungsfaktoren, die – wie zB das Burnout-Syndrom zeigt – nur zusammen mit anderen Faktoren, also multifaktoriell und nicht direkt kausal zu Schädigungen führen können, sollen möglichst ausgeschaltet oder zumindest verringert werden.[26]

Für die Praxis folgt aus der Ergänzung der „klassischen" ordnungsrechtlichen Gefahrenabwehr durch den Gefährdungsschutz die Notwendigkeit, die Planung und Durchführung betrieblicher Arbeitsschutzmaßnahmen an zwei Leitfragen und den diesen jeweils zugrunde liegenden rechtlichen Ordnungssystemen zu orientieren. Mit Blick auf den **Gefährdungsschutz** ist die Frage zu stellen: „**Kann die Arbeit auch gefährdungsfrei ausgeführt werden?**" (zB Substitution gefährlicher Arbeitsstoffe durch ungefährliche Agenzien). Im Hinblick auf die **Gefahrenabwehr** ist, an bestehenden Gefahrenlagen ansetzend, zu fragen: „**Welche Maßnahmen der Gefahrenkontrolle sind geboten,** um Schädigungen von Leib und Leben durch die Arbeit hinreichend sicher auszuschließen?" (zB Abkapselung von Quetschstellen an Maschinen). Sachlogisch genießen dabei Gestaltungsmaßnahmen des **Gefährdungsschutzes im Sinne einer Prävention Vorrang vor** Maßnahmen der **Gefahrenabwehr**. Gefahren können nur entstehen, soweit Gefährdungen im Rahmen des präventiven Gefährdungsschutzes nicht ausgeschaltet werden konnten. Dementsprechend stellt § 4 Nr. 1 ArbSchG den Gefährdungsschutz an die Spitze der „Allgemeinen Grundsätze" des Arbeitsschutzes.[27] Allerdings besteht zwischen Gefährdungs- und Gefahrenschutz keine schematische Rangfolge, sondern ein Verhältnis gegenseitiger Ergänzung, denn auch die am Gefahrenschutz orientierte Konstruktion von Maschinen wirkt präventiv und die Ergebnisse einer realistischen Evaluation können neue Gefährdungen erkennbar machen (zB Überforderung und Unfallrisiko) In der neueren Rechtsprechung des Bundesarbeitsgerichts wird daher zutreffend der „**untrennbare**" Zusammenhang von Gefährdungs- und Gefahrenschutz betont.[28] Ebenfalls untrennbar ist auch der Zusammenhang zwischen **korrektiven** und **präventiven** Maßnahmen des Arbeitsschutzes, denn hier kommt es einerseits auf die Perspektive, zum anderen auf den Zeitpunkt der Maßnahme an: Korrektive Verbesserungen eines bestehenden Arbeitssystems wirken präventiv für zukünftige Ereignisse/Aktivitäten/Expositionen im System, wohingegen die präventive menschengerechte Gestaltung neuer Arbeitssysteme oder Verbesserungen im Zuge wesentlicher Änderungen (zB von IT-Systemen oder der Arbeitsorganisation) idR zu weniger Erfordernissen korrektiver Nachsteuerung führt.[29]

---

24 BT-Drs. 13/3540, 16; ausdrücklich übernommen in www.lasi-info.com: LV 1, 3.5.1. S. 32; vgl. dazu auch Kollmer/Klindt/Schucht/Kohte ArbSchG § 4 Rn. 9. **25** BT-Drs. 13/3540, 16; Rechtsprechung (zB BAG 12.8.2008 – 9 AZR 1117/06, NZA 2009, 102 (105)) wie auch Literatur (zB Wlotzke NZA 1996, 1017 (1020)) haben diese Begriffsbildung übernommen. **26** Dazu grundsätzlich Blume, Grundlagen, S. 105, 116; zu multifaktoriellen Bedingungen von „Burnout" siehe Jerich, Burnout, S. 112 ff. **27** So auch Wlotzke in: FS Kehrmann, S. 141, 162. **28** BAG 12.8.2008 – 9 AZR 1117/06, NZA 2009, 102 (104) Rn. 24; zustimmend Kohte Anm. AP Nr. 29 zu § 618 BGB. **29** Blume in: FS Kohte, S. 383 ff.

2 ArbSchG § 4   Allgemeine Grundsätze

13   **2. Gefährdungsschutz nach § 4 Nr. 1 ArbSchG als Gestaltungspflicht und Gestaltungsprinzip.** Mit dem Inkrafttreten des ArbSchG im Jahre 1996 ist der Anwendungsbereich des gefahrorientierten Arbeitsschutzrechts durch die präventive Gestaltungspflicht des Gefährdungsschutzes nach § 4 Nr. 1 ArbSchG ergänzt worden (dazu → Rn. 11). Hierin liegt eine wesentliche Erweiterung der gesetzlichen Arbeitsschutzpflichten gegenüber dem klassischen, bis 1996 geltenden Arbeitsschutzrecht.[30] Die Norm begründet die rechtliche Verpflichtung, **gesicherte arbeitswissenschaftliche Erkenntnisse** über die menschengerechte Gestaltung der Arbeit (vgl. auch § 2 Abs. 1 ArbSchG, → ArbSchG § 2 Rn. 9 ff.) bei der Ermittlung (§ 5 ArbSchG), Planung (§ 3 Abs. 2 ArbSchG) und Umsetzung von Maßnahmen des Arbeitsschutzes zugrunde zu legen. Sie steht somit in besonderem Maße für die Herausforderungen, die das ArbSchG für die betriebliche Praxis des Arbeitsschutzes begründet.

14   Die Pflicht, die Arbeit so zu gestalten, dass eine Gefährdung für Leben und Gesundheit möglichst vermieden und die verbleibende Gefährdung möglichst gering gehalten wird, setzt die unionsrechtlichen Vorgaben des Art. 6 Abs. 2 lit. a, b Rahmenrichtlinie-Arbeitsschutz 89/391/EWG („Vermeidung von Risiken"; „Abschätzung nicht vermeidbarer Risiken") in deutsches Recht um. Es werden Pflichten begründet, die der klassischen Gefahrenabwehr vorgelagert sind.[31] Während Handlungspflichten im Rahmen der Gefahrenabwehr erst bei einer hinreichenden Wahrscheinlichkeit eines Gesundheitsschadens einsetzen, ist die Interventionsschwelle des Gefährdungsschutzes heute schon bei der bloßen Möglichkeit einer Schädigung bzw. einer gesundheitlichen Beeinträchtigung erreicht. Es ist bereits dann präventiv zu prüfen, „ob die Arbeit auch ohne eine Gefährdung" ausgeführt werden kann, so dass es ggf. „keiner weiteren korrektiven Maßnahmen zur Gefahrenkontrolle mehr bedarf. Mit dem Gestaltungsgrundsatz des „Gefährdungsschutzes" werden **Vorbilder aus dem Bereich des Umweltrechtes** in das Arbeitsschutzrecht übernommen. Das umweltrechtliche Vorsorgeprinzip (§ 5 Abs. 1 S. 1 Nr. 2 BImSchG)[32] verlangt, ebenso wie jetzt auch § 4 Nr. 1 ArbSchG, eine Minimierung schädlicher Umwelteinwirkungen, unabhängig davon, ob eine Gefahr im ordnungsrechtlichen Sinne vorliegt.[33]

15   Das durch § 4 Nr. 1 ArbSchG normierte Gebot der Gefährdungsvermeidung bzw. -minimierung verlangt eine **umfassende und vor allem frühzeitige Berücksichtigung der Belange des Arbeits- und Gesundheitsschutzes in betrieblichen Entscheidungsprozessen** (vgl. insoweit auch § 3 Abs. 2 Nr. 2 ArbSchG). Das Gesetz verlangt, unabhängig vom Vorliegen einer Gefahrenlage im ordnungsrechtlichen Sinne, zu eruieren, ob durch verhältnispräventive Gestaltungsmaßnahmen (auch entfernt) möglichen Gesundheitsschädigungen vorgebeugt werden kann. Dies kommt vor allem bei **betrieblichen Planungsprozessen** (zB Neueinrichtung von Arbeitsstätten oder Arbeitsplätzen, Umbauten, Beschaffung neuer Arbeitsmittel und Arbeitsstoffe, Einführung neuer Personalführungssysteme) zum Tragen.[34] § 4 Nr. 1 ArbSchG verlangt insoweit prospektiv eine präzise Beurteilung der Gefährdungen (§ 5 ArbSchG) und die frühzeitige Prüfung gesundheitlich weniger belastender Alternativen. In der Praxis kann diese Forderung zB durch betriebliche Beschaffungsrichtlinien, Arbeitsgestaltungsstandards, Software-Ergonomie, Styleguides oder durch die Einbeziehung von Arbeits- und Gesundheitsschutzbelangen in das Pflichtenheft betrieblicher Planungen eingelöst werden (→ ArbSchG § 3 Rn. 77 ff.).[35] Folgerichtig verlangt § 2 BaustellV, dass der Bauherr bereits in der Pla-

---

30 Wlotzke in: FS Däubler, S. 654, 659. 31 Dazu auch Kollmer/Klindt/Schucht/Kohte ArbSchG § 4 Rn. 8; Nöthlichs ArbSchG § 4 Rn. 3.1. 32 Dazu Jarass BImSchG § 5 Rn. 46 ff.; vgl. BVerwG 11.12.2003 – 7 C 19/02, NVwZ 2004, 610 (611). 33 Ähnlich KJP/Koll ArbSchG § 4 Rn. 9, der insoweit vom Arbeitsschutzprinzip der „Gefahrenvorsorge" spricht, das vor dem Gefahrenabwehr ansetzt. 34 Dazu Klein/Satzer AiB 2013, 510 (512). 35 Diese erforderliche präventive Planung „menschengerechter Arbeit" wird in der Norm DIN EN ISO 6385:2004 „Grundsätze der Ergonomie für die Gestaltung von Arbeitssystemen" als Prozess beschrieben. Auch die Verpflichtung zur „Gefahrenanalyse" aus der Maschinenrichtlinie bei wesentlichen Änderungen, zB einer Kopplung von Maschinen und Anlagen, verweist in diesen Zusammenhang; s. dazu praxisnah Lange/Szymanski, Abschlussbericht.

nungsphase die Grundsätze des § 4 ArbSchG berücksichtigt (→ BaustellV Rn. 14 ff.).[36] Ausdruck des Gefährdungsschutzes sind zudem die in § 3 Abs. 1 ArbStättV und § 3 Abs. 3 BetrSichV normierten Pflichten, bereits in der Phase des Einrichtens von Arbeitsstätten bzw. vor Auswahl und Beschaffung von Arbeitsmitteln mit der Gefährdungsbeurteilung zu beginnen.

§ 4 Nr. 1 ArbSchG verlangt, solche **„Betriebsstandards"** verbindlich und transparent zu fixieren, zum Beispiel für die Beschaffung von Technik und Möbeln, die Gestaltung von Software, Arbeitsorganisation etc. Da § 4 Nr. 1 ArbSchG eine konkretisierungsbedürftige Handlungspflicht begründet, müssen die entsprechenden Standards, Verfahren und Organisationsformen von den Betriebsparteien im Konsens festgelegt werden. Es greift insoweit das Mitbestimmungsrecht des § 87 Abs. 1 Nr. 7 BetrVG[37] (Personalrat: § 75 Abs. 3 Nr. 11 BPersVG).

16

Das Prinzip des **Gefährdungsschutzes** (Vermeidung bzw. Minimierung von Gefährdungen)[38] ist für das deutsche Arbeitsschutzrecht **nicht völlig neu**. Wiederum angestoßen durch das Unionsrecht gab es auch vor Inkrafttreten des ArbSchG im Jahre 1996 spezialgesetzliche Ausprägungen des Grundsatzes, namentlich in Gestalt der Pflicht, **gefährliche Arbeitsstoffe** so weit wie möglich durch ungefährliche oder weniger gefährliche **Ersatzstoffe zu substituieren** (vgl. § 16 GefStoffV aF; heute §§ 6 Abs. 1 S. 2 Nr. 4, 7 Abs. 3 GefStoffV).[39] Die besondere Bedeutung des § 4 Nr. 1 ArbSchG besteht vor diesem Hintergrund darin, die vor allem im Bereich der gefahrstoffrechtlichen Substitutionspflicht sektoriell gewonnenen Erfahrungen zu verallgemeinern. § 4 Nr. 1 ArbSchG macht die Pflicht zur vorrangigen **Gefährdungsvermeidung bzw. -minimierung zu einem verbindlichen, übergreifenden arbeitsschutzrechtlichen Prinzip**, das für alle Arten von Gefährdungsfaktoren gleichermaßen gilt. Seit Inkrafttreten des § 4 ArbSchG hat der Verordnungsgeber mehrfach die Gelegenheit genutzt, den allgemeinen Grundsatz des § 4 Nr. 1 ArbSchG bereichsspezifisch zu konkretisieren (→ Rn. 6) und so die Bedeutung einer frühzeitig greifenden Prävention für das moderne Arbeitsschutzrecht unterstrichen. Auch das neue Mutterschutzrecht orientiert sich deutlich am Prinzip des Gefährdungsschutzes (→ Betrieblicher Mutterschutz Rn. 22 ff.).

17

Der Gefährdungsschutz ist ein **Gestaltungsprinzip**. Gestaltung verlangt regelmäßig das **Abwägen verschiedener alternativer Lösungen**. Im Gegensatz zum strikten, klassischen Prinzip der Gefahrenabwehr („Gefahren sind zu beseitigen") stellt sich hierbei weitaus häufiger die Frage, inwieweit wirtschaftliche Erwägungen zum Tragen kommen können.[40] Abzulehnen ist in diesem Zusammenhang die Auffassung, dass der Arbeitgeber allein aus wirtschaftlichen Gründen eine suboptimale Lösung wählen kann.[41] Eine solche, allein wirtschaftliche Belange fokussierende Sicht wäre schon unionsrechtlich nicht haltbar. So wird bereits in den Erwägungsgründen der RL 89/391/EWG hervorgehoben, dass die Verbesserung von Sicherheit, Arbeitshygiene und Gesundheitsschutz der Arbeitnehmer am Arbeitsplatz Zielsetzungen bilden, „die keinen rein wirtschaftlichen Überlegungen untergeordnet werden dürfen". Dies schließt die Vornahme eines Kosten-Nutzen-Vergleichs nicht per se aus. Nicht zulässig sind vielmehr Entscheidungen, die sich eindimensional an den Kosten orientieren.[42] Ein Verzicht auf Maßnahmen des Gefährdungsschutzes ist demnach nur unter der Voraussetzung denkbar, dass eine umfassende Abwägung ergibt, dass der wirtschaftliche Aufwand in Relation zum Nutzen für Sicherheit und Gesundheit bei der Arbeit unverhältnismäßig ist.[43] Wirtschaftli-

18

---

36 Zu dieser präventiven Planungspflicht ausführlich Bremer, Arbeitsschutz im Baubereich, S. 66 ff.; VG Wiesbaden 2.10.2013 – 1 K 735/12 WI. **37** Wlotzke in: FS Wißmann, S. 426, 438. **38** Auch dazu kann auf die Parallelen im Umweltrecht zurückgegriffen werden: BVerwG 11.12.2003 – 7 C 19/02, NVwZ 2004, 610 (611). **39** Dazu auch KJP/Koll ArbSchG § 4 Rn. 10. **40** Dazu auch Kollmer/Klindt/Schucht/Kohte ArbSchG § 4 Rn. 10. **41** Nöthlichs ArbSchG § 4 Rn. 3.1. **42** Zu komplexeren Konzepten der Betrachtung von Wirtschaftlichkeit, die vielfach auf die in den 70er Jahren staatlich geförderten „Humanisierungserfahrungen" zurückgehen, vgl. ua Landau, Produktivität; Froböse/Wellmann/Weber, Betriebliche Gesundheitsförderung; und bspw. zu kostenneutralen Effekten der Softwareergonomie: Abele/Hurtienne/Prümper, Usability Management, S. 23 ff. **43** Vgl. auch Kollmer/Klindt/Schucht/Kohte ArbSchG § 4 Rn. 10; Wlotzke in: FS Däubler, S. 654, 660; LR/Wiebauer ArbSchG § 4 Rn. 14.

che Überlegungen können daher maßgeblich sein, wenn es funktional äquivalente alternative Maßnahmen gibt oder wenn eine Maßnahme zeitlich über eine nachweislich wirksame PSA/Verhaltenspräventive Kompensation „gestreckt" werden kann, bis eine grundlegende Gestaltung erfolgt. Gleiches dürfte gelten, wenn eine Gefahr oder Gefährdung so geringe Risiken enthält, dass ein zeitlicher Verzug einer verbessernden Maßnahme mit Fristsetzung zu verantworten ist. In allen Varianten müssen diese Entscheidungen mit ihren Begründungen dokumentiert werden (§ 6 ArbSchG).

19 **3. Gefährdungsschutz und arbeitswissenschaftliche Erkenntnisse.** Das Modell des Gefährdungsschutzes ist durch eine **große Offenheit** gekennzeichnet. Dies hat den Vorteil, dass auf diese Weise multifaktorielle Ursachenzusammenhänge und das Zusammenwirken betrieblicher und außerbetrieblicher Faktoren besser erfasst werden können. Mit diesem Modell kann auch die Vielfalt der möglichen Abwägungs- und Gestaltungsfaktoren besser repräsentiert werden. In der betrieblichen Praxis stößt diese Offenheit vielfach auf große Skepsis, denn es wird bezweifelt, ob angesichts dieser vielfältigen Unbestimmtheit mit der erforderlichen Trennschärfe und Genauigkeit konkrete Schutzmaßnahmen entwickelt werden können. In den letzten 40 Jahren haben die Arbeitswissenschaften jedoch wichtige Modelle entwickelt, mit deren Hilfe eine praktikable Reduktion der unbegrenzt erscheinenden Offenheit des Gefährdungsmodells erreicht werden kann. Mit dem sog „Belastungs-/Beanspruchungskonzept" (→ Rn. 20) und dem Modell der „Regulationshindernisse" (→ Rn. 38) werden zwei etablierte Grundmodelle arbeitswissenschaftlicher Erkenntnisbildung vorgestellt.

20 **a) Grundannahmen des Belastungs-/Beanspruchungsmodells.** Das Belastungs-/Beanspruchungsmodell ist in diesem Zusammenhang das in den Arbeitswissenschaften und einschlägigen Normen (vgl. insbesondere die Reihe DIN EN 10075 zu psychischen Belastungen) am meisten verbreitete und umfassend akzeptierte Modell.[44] Es systematisiert im Grundsatz die Folgen **physischer als auch psychischer Einwirkungen** auf den (arbeitenden) Menschen.[45] Arbeitswissenschaftlich werden diese Einwirkungen unter dem Oberbegriff „**Belastung**" zusammengefasst. Belastungen sind demnach alle auf den Körper und die Psyche des Menschen einwirkenden Einflüsse. Hierzu rechnen zB Lärm oder Hitze genauso wie Anforderungen aus der „Arbeitsaufgabe" (zB Arbeitsschwere, Konzentrationserfordernisse) oder „soziale Beziehungen" (zB das „Führungsverhalten"). Für das Verständnis ist es wichtig zu sehen, dass das Modell entgegen dem umgangssprachlichen Begriffsverständnis von einem **neutralen Belastungsbegriff** ausgeht. Das bedeutet konkret, dass Belastungen als messbare Einwirkungen nicht per se als schädlich und negativ aufgefasst werden. Grundannahme des Modells ist, dass diese Belastungen in jedem Falle vom Menschen verarbeitet werden müssen. Ergebnis dieser Verarbeitung der Belastungen ist in der Sprache der Arbeitswissenschaft die **Beanspruchung**.

21 Die Notwendigkeit eines neutralen Verständnisses des Belastungsbegriffs zeigt sich daran, dass die **Folgen** von **Beanspruchungen diametral verschieden sein können**, dh positiv wie auch negativ zu bewerten sein können. Bestimmte Belastungen können bestimmte Menschen etwa positiv beanspruchen, indem sie zB trainieren und aktivieren. Die gleichen Belastungen können hingegen bei anderen Menschen aber auch zu physischen und psychischen Beeinträchtigungen führen und sie kurz-, mittel- oder langfristig krank machen. Zur Veranschaulichung kann ein alltägliches Beispiel physischer Belastung/Beanspruchung helfen: Beim Fitnesstraining kann sich der schon trainierte Mensch mehr belasten als der nicht austrainierte Anfänger. Was für den „Profi" nicht mehr als eine trainierende Stimulierung ist, kann für den Anfänger bei gleicher Belastung negative Folgen durch Überforderung haben. Es kann in der Sprache der Arbeitswissenschaft zu sog „**Fehlbeanspruchungen**" kommen, die dann ggf. zu gesundheitlichen Schädigungen führen können.

---

44 Schlick/Bruder/Luczak, Arbeitswissenschaft, S. 38 ff.; Oppolzer, Gesundheitsmanagement, S. 85 ff.; Blume, Grundlagen, S. 105, 114 ff.; LR/Wiebauer ArbSchG § 4 Rn. 20. **45** Ulich, Arbeitspsychologie, S. 471 ff.; Oppolzer, Gesundheitsmanagement, S. 86 ff.

Allgemeine Grundsätze § 4 ArbSchG

22 Mit Blick auf den betrieblichen Arbeits- und Gesundheitsschutz stellt sich nach alledem die Frage: Was macht im Einzelfall Arbeitsbelastungen zu einem pathogenen oder salutogenen, dh gesundheitsförderlichen Belastungsfaktor? Für die Praxis hat in diesem Kontext die DIN EN ISO 10075:2000 Teil 1,[46] die den Begriff der „psychischen Belastung und Beanspruchung" auf der Grundlage des vorstehend skizzierten Modells definiert, eine große Bedeutung. Die Norm setzt, gewissermaßen als **intervenierende Variable**, zwischen die Belastungsstärke und die Beanspruchungsfolgen die **Eigenschaften, die Konstitution und situativen Potentiale des jeweiligen Menschen** (also Qualifikation, Alter, Einstellungen, Kondition etc., dazu auch zur Veranschaulichung nachfolgend Abbildung 1).

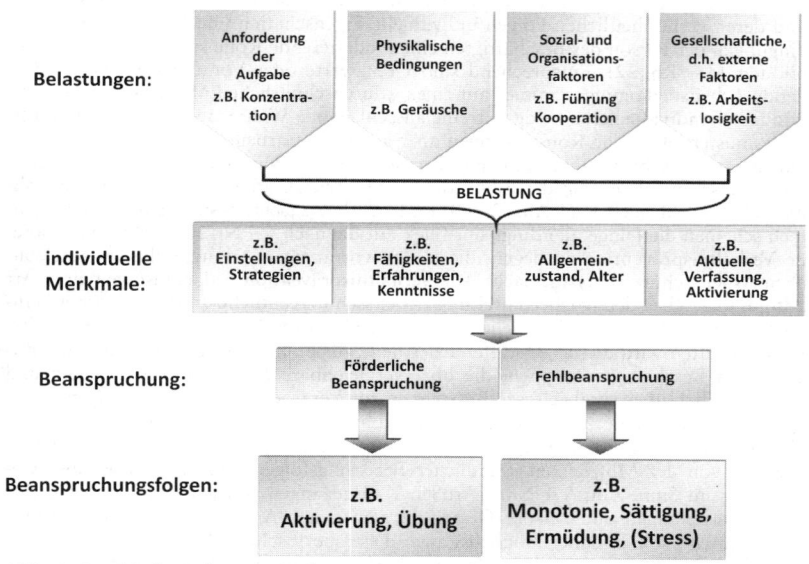

Belastungen:	Anforderung der Aufgabe z.B. Konzentration	Physikalische Bedingungen z.B. Geräusche	Sozial- und Organisationsfaktoren z.B. Führung Kooperation	Gesellschaftliche, d.h. externe Faktoren z.B. Arbeitslosigkeit
		BELASTUNG		
individuelle Merkmale:	z.B. Einstellungen, Strategien	z.B. Fähigkeiten, Erfahrungen, Kenntnisse	z.B. Allgemeinzustand, Alter	z.B. Aktuelle Verfassung, Aktivierung
Beanspruchung:	Förderliche Beanspruchung		Fehlbeanspruchung	
Beanspruchungsfolgen:	z.B. Aktivierung, Übung		z.B. Monotonie, Sättigung, Ermüdung, (Stress)	

Abb. 1: Psychische Belastung nach EN/ISO 10075, Teil I

23 Das Belastungs-/Beanspruchungsmodell fokussiert somit auf die **Belastbarkeit des einzelnen Menschen**, was zB seinen Niederschlag in der medizinischen und psychologischen Eignungsdiagnostik und der aktuellen Forschung über die Unterschiedlichkeit der individuellen Widerstandskräfte (Resilienz) findet. Es liefert damit grundlegende Erkenntnisse zu den unmittelbaren und mittelbaren gesundheitlichen Beeinträchtigungen physischer und psychischer Belastungen. Diese Erkenntnisse gewinnen juristisch über den Begriff der **Gefährdung** praktische Relevanz, indem sie erkennbar machen, **ob und ggf. welche Schädigungen** möglich erscheinen. Das Belastungs-/Beanspruchungsmodell legt dabei einen generellen Wirkmechanismus zugrunde, der besagt, dass Belastungen ab der Überschreitung einer Belastungsgrenze zu einer Schädigung führen werden. Für körperliche Belastungen stellt die Arbeitswissenschaft, zB bezogen auf die Arbeitsschwere, sog „Lastenrechner" und Methoden für orientierende Messungen, bspw. für Heben, Tragen, Schieben etc mit Ampelbeurteilung zur Verfügung.[47] Diese differenzieren zumeist nach Geschlecht und Alter und berücksichtigen zT auch kontextuelle Arbeitsbedingungen wie zB die Umgebungstemperatur. Diese Differenzierungen der

---

[46] Für diese Norm existiert seit 2015 ein Entwurf zur Neufassung, in dem ua auch der Begriff „Stress" als Beanspruchungsfolge aufgenommen wurde. [47] Zur Leitmerkmalmethode zB LASI-LV 9, www.lasi-info.com.

möglichen Beanspruchungsfolgen über die genannten Moderatorvariablen sind im Bereich der **psychischen Belastungen und ihrer Belastungsgrenzen** nach DIN EN ISO 10075 **ebenfalls vorhanden**, dh die jeweils konkrete Beanspruchung und ihre gesundheitlichen Folgen ergeben sich letztlich erst aus dem „Zusammenspiel" mit den jeweiligen individuellen Ressourcen, den Eigenschaften sowie der Situation (Arbeits- und Lebenskontext) der konkret belasteten Person.

24 **b) Durchschnittliche, individuelle und gruppenbezogene Belastung und Beanspruchung.** Nach § 4 Nr. 3 ArbSchG sind die gesicherten arbeitswissenschaftlichen Erkenntnisse des Belastungs-Beanspruchungsmodells bei der generellen Gestaltung der Arbeitsschutzmaßnahmen zu berücksichtigen. Dies erscheint aber arbeitsschutzrechtlich schwierig, da im Hinblick auf psychische, aber auch physische Beanspruchungen und deren gesundheitlichen Folgen individuelle Eigenschaften und konstitutionelle Bedingungen der Person des Beschäftigten eine moderierende Rolle spielen (vgl. auch Abbildung 1 → Rn. 22). Entsprechend sind Grenzwerte oder Voraussagen über gefährdende Arbeitsbedingungen immer auf einen „**durchschnittlichen Menschen**"[48] bezogen und lassen individuelle, in beide Extreme ausschlagende Widerstandsfähigkeit, Bewältigungsmuster, physische Konstitutionen aber auch individuelle arbeitsbedingte Kontextbedingungen außer Acht. Im Einzelfall einer Person sind diese Variablen – sofern erfassbar – zB im Zusammenhang mit der Eingliederung langzeiterkrankter Beschäftigter im Rahmen eines BEM nach § 84 Abs. 2 SGB IX fruchtbar zu berücksichtigen. Weniger einfach scheinen die Dinge allerdings mit Blick auf die nach § 4 Nr. 1, 2 ArbSchG gebotene Verhältnisprävention zu liegen, die ja den vorrangigen Ansatzpunkt des betrieblichen Arbeitsschutzrechts ausmacht. Die **Verhältnisprävention** bedarf insoweit einer Art „Stopplinie", bei deren Überschreitung arbeitsschutzrechtliche Interventionsmaßnahmen unter „normalen" individuellen Bedingungen erforderlich werden. In den Arbeitswissenschaften wird dieser „Undifferenziertheit" Rechnung getragen, ua durch die **Bildung von Beschäftigtengruppen**, die über vergleichbare Merkmalsausprägungen und damit letztlich über vergleichbare Ressourcen zur Verarbeitung von Belastungen verfügen (zB Alter, Geschlecht). Hiervon ausgehend haben arbeitswissenschaftliche Untersuchungen **gesicherte Grenzen** ergeben, bei deren Überschreitung generell bzw. **gruppenbezogen** von der Möglichkeit schädlicher Belastungsfolgen und damit von einer Gefährdung im Sinne von § 4 Nr. 1 ArbSchG ausgegangen werden kann.[49] In Gefährdungsbeurteilungen und bei der Gestaltung von neuen Arbeitssystemen oder „Bürolandschaften" sollten daher möglichst auch diese spezifischen Moderatorvariablen (zB Geschlecht, Alter, gesundheitlicher Status, Overcommitment) anonym dh gruppenbezogen erhoben und berücksichtigt werden. Erst so lässt sich einerseits das tatsächliche Gefährdungspotential abschätzen und beurteilen[50] sowie zielgruppenspezifische Gestaltungsoptionen auswählen.

25 Die Problematik lässt sich gut anhand der Merkmalsgruppe „**ältere Beschäftigte**" veranschaulichen, die wegen des demographischen Wandels in Zukunft eine kaum zu überschätzende Bedeutung gewinnen wird.[51] So ermüden ältere Beschäftigte bei gleicher Normbeleuchtung durchschnittlich schneller als jüngere (ausführlich → Rn. 102).

---

48 Zu dieser Problematik am Beispiel umweltrechtlicher Grenzwerte: M. Böhm, Der Normmensch, 1996. **49** Zu Geschlechtsunterschieden vgl. ua: Schlick/Bruder/Luczak, Arbeitswissenschaft, S. 91 ff.; Wakula/Berg/Schaub/Bruder/Glitsch/Ellgast in: BGIA-Report 3/2009; Reuhl in: Brandenburg, Arbeit und Gesundheit geschlechtergerecht?!, S. 167 ff.; zu altersbezogenen Unterschieden vgl. ua: Lauterbach, Geistige Fertigkeiten im Alter, S. 55–66; Schlick/Bruder/Luczak, Arbeitswissenschaft, S. 120–134. **50** Beurteilung des Gefährdungspotentials über Gesundheitsvariablen oder Personenmerkmale bspw. durch: Blume/Schleicher/Jürgen/Abele, Modul zu Beurteilung der gesundheitlichen Situation im BAAM® Fragebogen zur Gefährdungsbeurteilung psychische Belastungen, 1998; Richter/Hemmann/Merboth/Fritz/Hänsgen/Rudolf, Fragebogen zur Analyse von erlebter Arbeitsintensität und Tätigkeitsspielraum (FIT), 2000; Siegrist, Fragebogen Efford – Reward – Imbalance (ERI), 2004; Tuomi/Ilmaringen/Jahkola/Katajarinne/Tulkki, Arbeitsbewältigungsindex (ABI), 2001. **51** Buck/Kistler/Mendius, Demographischer Wandel, S. 38; Blume, Forever young, S. 32; Landau, Altersmanagement, S. 19 ff.; Blume, Gestaltungsempfehlungen, Kap. 5; Wakula/Berg/Schaub/Bruder/Glitsch/Ellgast in: BGIA-Report 3/2009 Berlin; König/Jaschinski, Individuelle Gestaltung des Bildschirmarbeitsplatzes, S. 185 ff.

Allgemeine Grundsätze § 4 ArbSchG

Dies gilt gleichermaßen in der Fabrik und im Büro (vgl. auch TRBS 1151 S. 7). Aufgrund einer relativen Abnahme des „Kurzzeitgedächtnisses" im Alter ist die Wahrnehmung und Verarbeitung bspw. zugerufener Informationen herabgesetzt. Dies erweist sich nicht nur auf der Baustelle, sondern auch in klassischen IT-Frontal-Schulungen häufig als unzureichend für die Informations- und Wissensvermittlung. Auch verändert sich die **akustische Wahrnehmung im Alter**. Dies gilt nicht nur für die Hörfähigkeit, sondern vor allem auch für die Verarbeitung paralleler akustischer Reize. Somit erhöht sich die Anfälligkeit für akustische „Störungen" des Menschen und beeinträchtigt bspw. informationshaltiger Lärm im Großraumbüro (zB Gespräche, Telefonate anderer) die Konzentrationsfähigkeit älterer Beschäftigter in besonderem Maße. Diese „typischen" Besonderheiten älterer Beschäftigter, die aber nicht automatisch mit dem kalendarischen Alter korrelieren, haben erwiesenermaßen zum Teil gravierende Folgen für die Arbeit sowie für die Sicherheit/Gesundheit und das Selbstbewusstsein der Betroffenen. Abhilfemaßnahmen sind nach arbeitswissenschaftlichem Erkenntnisstand möglich und geboten, zB mit Blick auf die Hörfähigkeit durch eine entsprechende **psychoakustische Gestaltung von Büroräumen**.[52] Ein zusätzlicher paralleler Ansatz kann darin bestehen, die im Laufe eines Arbeitslebens gewonnenen „**Ressourcen**" **älterer Mitarbeiter** zu nutzen und zu stärken (Erfahrung, Übersicht, soziale Kompetenz etc). Bei diesem Ansatz ist jedoch zu beachten, dass diese „Stärken des Alters" nur selten in der Lage sind, die relativ abnehmenden psycho-physiologischen Eigenschaften zu kompensieren. Insgesamt ist es deshalb für diese Beschäftigtengruppe neben verhältnispräventiven Maßnahmen auch wesentlich, in der Arbeit die potenziell abnehmenden Eigenschaften zu trainieren und so auf einem für die Aufgaben und Arbeitsbedingungen geeigneten Level zu halten. Von dieser präventiven Warte aus können über „lernförderliche" Arbeitsbedingungen die Beschäftigten positiv trainiert und so korrektive altersbezogene Maßnahmen weitergehend vermieden werden.[53] So zeigt sich auch bei dieser **Differenzierung nach Beschäftigtengruppen** die Erforderlichkeit, bei der Beurteilung der Arbeitsbedingungen und nachfolgend bei der Entwicklung erforderlicher Maßnahmen auf Seiten der Verhältnisse, vom persönlichen Einzelfall zu abstrahieren und entsprechend Maßstab und Maßnahme am Durchschnitt der älteren Beschäftigten zu orientieren. Gleichwohl muss gerade auch hier, und nicht nur im Rahmen einer Wiedereingliederung, durch ein „differentielles" Vorgehen – auch im Rahmen der Gefährdungsbeurteilung nach § 5 ArbSchG –, das den Einzelnen oder selektiv bestimmte Gruppen berücksichtigt, die Belastung verringert werden. Beispielsweise müssen in einer gefährdungsanalytischen Evaluation bzw. Wirkungskontrolle eines neuen Bürokonzepts (zB „Open Space") die alternsrelevanten Faktoren berücksichtig werden. Hierzu sind beispielsweise über klassische Lärmmessungen hinaus die psychoakustischen Eigenschaften und subjektiven Wahrnehmungen der neuen „Bürolandschaft" alternsbezogen zu ermitteln.

Das gleiche Problemmuster, also die Abweichung vom idealen arbeitsschutzrechtlichen Anspruch an die Eindeutigkeit und Anwendbarkeit von Grenzwerten, Zumutbarkeiten, Gefährdungen, tritt auch bei **Kombinationsbelastungen** von Maßnahmen auf, da auch hier nicht mehr von einer linearen Wirkungsweise ausgegangen werden kann, sondern **multikausale, multimoderierte und zum Teil exponentielle Erhöhungen der Beanspruchung** entstehen können (→ Rn. 70 ff. zu § 4 ArbSchG Nr. 4). Wichtig ist dabei zu beachten, dass diese Zusammenhänge nicht allein im Bereich der psychischen Belastungen wirksam sind, sondern auch im physischen Belastungsbereich, bspw. bei Schadstoffen oder der Kombination von Arbeitsschwere und Temperatur, sowie im Zusammenwirken körperlicher und psychischer Einwirkungen auf den Menschen (s. dazu auch Abb. 2 → Rn. 33). 26

c) Negative Beanspruchungsfolgen. Negative Beanspruchungen (sog Fehlbeanspruchungen) führen beim Überschreiten von Belastungsgrenzen im Falle psychischer Belas- 27

---

[52] Blume, Gestaltungsempfehlungen; Mühlenbrock, Alterns- und altersgerechte Arbeitsgestaltung, 2016. [53] Hacker, Arbeitswelt im Wandel, S. 59–70; Luczak/Frenz, Kompetenz, S. 9–59; Frieling/Schäfer, Leitfaden, 2009.

tungen – der DIN EN ISO 10075 folgend – insbesondere zu „**Monotonie**", „**Stress**", „**psychischer Ermüdung**" oder „**psychischer Sättigung**"nebst ihren gesundheitlichen Auswirkungen.[54]

28 **Monotone Arbeit** ist durch gleichförmige, kurzzyklische, reizarme Tätigkeiten gekennzeichnet, wie sie zB im Bereich gewerblicher Arbeit bei Montage- oder maschinenbeschickenden Tätigkeiten vorzufinden sind. Bei der Büroarbeit waren lange Zeit Dateneingabetätigkeiten die klassischen Monotoniearbeitsplätze. Sie sind aber heute im Wesentlichen von Scantätigkeiten abgelöst worden. Inzwischen sind bei der sachbearbeitenden Bildschirmarbeit bspw. der „fabrikmäßigen" Organisation von Backoffice-Tätigkeiten im Banken- und Versicherungssektor, monotone Tätigkeiten gekoppelt mit geringen Handlungsspielräumen und Zeitdruck zunehmend häufiger anzutreffen und kennzeichnen so eine Seite des Auswirkungsspektrums der „Digitalisierung 4.0" (zB im Onlinehandel und Logistikbereich[55]). Monotone Arbeit allein macht jedoch nicht unmittelbar krank. Zu einer Gefährdung im Sinne des § 4 Nr. 1 ArbSchG wird sie dadurch, dass sie mit einer **physiologischen Unterforderung** (zB Reizarmut) der betroffenen Beschäftigten verbunden ist, die den Menschen paradoxerweise letztlich überfordert: Er muss nämlich ständig gegen vorzeitige Ermüdung, Konzentrations- und Leistungsabfall ankämpfen und sich zu aktivieren versuchen. Es handelt sich somit um ein Phänomen, das vermutlich jeder aus eigenem Erleben bei langen Autobahnfahrten nachvollziehen kann. Durch monotone Arbeit wird die erforderliche Erholungszeit – nicht nur nach der Arbeit – verlängert, was in letzter Konsequenz, unter Umständen verstärkt im Zusammenwirken mit weiteren suboptimalen Arbeitsbedingungen wie zB ungünstigen Schichtsystemen, zu Beeinträchtigungen der Lebensqualität in Gestalt von Gereiztheit, Schlappheit, partiellen Bewusstseinsstörungen sowie gesundheitlichen Folgen chronischer Übermüdung führen kann.[56] **Monotone Arbeit** ist vor diesem Hintergrund also **arbeitsschutzrechtlich als Gefährdung einzuordnen**.[57] Die Belastung durch monotone Arbeit lässt sich zB durch Messung der Zykluszeiten, der Tätigkeitsvielfalt, der Reizexposition etc ermitteln. Zur Ermittlung und Beurteilung der Beanspruchung der Beschäftigten stehen neben Fragebögen (zB „BMS" von Plath und Richter)[58] auch „objektive Verfahren", wie zB physiologische Untersuchungen (etwa Messung der Herzfrequenzvariabilität),[59] zur Verfügung. Anhand der skizzierten arbeitswissenschaftlich anerkannten Messmethoden kann monotone Arbeit somit im Rahmen der Gefährdungsbeurteilung ermittelt und bewertet werden. Es kann auf diese Weise monotone Arbeit verringert werden und somit ein nach unionsrechtskonformer Auslegung des § 4 Nr. 1 ArbSchG bestehender gesetzlicher Handlungsauftrag (→ Rn. 8) erfüllt werden. Nachdem bereits in der Maschinenrichtlinie explizit für die Konstruktion und den Betrieb die Vermeidung psychischer Fehlbelastungen, insbesondere der Monotonie gefordert worden war, ist diese Anforderung jetzt auch in § 6 Abs. 1 BetrSichV in das betriebliche Arbeitsschutzrecht aufgenommen worden.[60] Monotone Arbeit kann jedoch über die unmittelbaren Wirkungen hinaus, auch mittelbar gesundheitsgefährdend sein. Wenn fehlende soziale Unterstützung, ein hoher Arbeitsdruck und ein geringer Handlungsspielraum (idR bei monotoner Arbeit) zusammentreffen, dann nennen Doefs und Beer diese Arbeit „gefährlich" und stützen sich dabei auf die zahlreichen Studien vor allem von Kraczek und Thorell, die solche Tätigkeitstypen mit einem erhöhten Herzinfarktrisiko belegen. 2010 wurden auch diesbezügliche Zusammenhänge

---

54 Dazu komprimiert Richter, Psychische Belastung und Beanspruchung. **55** BMAS, Weissbuch Arbeiten 4.0, 2017, S. 55 **56** Zu den „vier Graden der Ermüdung" s. ua Schlick/Bruder/Luczak, Arbeitswissenschaft, S. 198 f. **57** So auch zutreffend LASI 2009, LV 52, S. 8, 25; vgl. Oppolzer, Gesundheitsmanagement, S. 120 ff. sowie Art. 6 Abs. 2 lit. d RL 89/391/EWG; → Rn. 8. **58** BMS: Fragebogen zu Ermüdung – Monotonie – Sättigung – Stress von Plath/Richter von 1984, vgl. dazu die Kurzbeschreibung in der www.baua/toolbox. **59** Zu einer Übersicht physiologischer Indikatoren und ihrer Messmethoden vgl. Landau, Arbeitsgestaltung, S. 1049 f.; zur Messung von Ermüdung vgl. den Überblick in Schlick/Bruder/Luczak, Arbeitswissenschaft, S. 199 ff. **60** Schucht NZA 2015, 333 (337); BFK Rn. 455 ff. zu Maschinenrichtlinie Anh. 1 Ziff. 1.1.6.

mit einem erhöhten Depressivitätsrisiko nachgewiesen.[61] Aber über die psychophysischen Auswirkungen der Monotonie hinaus, ist eine solche Arbeitsform ohne kompensatorische Maßnahmen, wie regelmäßige Erholungsunterbrechungen, Rotation in andere, nicht monotone Arbeitssysteme etc auch nicht effektiv. So können beispielsweise die Konzentration, Aufmerksamkeit und somit insgesamt die Leistungsfähigkeit über die gesamte Schicht nicht aufrechterhalten werden. Dies führt zu vermehrten Fehlern und zyklischen Leistungsabfällen.

Eine weitere negative Folge psychischer (Fehl-)Belastungen kann in der sog **„psychischen Sättigung"** bestehen. In der für die Praxis wichtigen DIN EN ISO 10075:2000 wird sie als „Zustand der nervös-unruhigen, stark affektbetonten Ablehnung von Tätigkeiten oder Situationen" (Teil 1) definiert.[62] „Psychische Sättigung" weist neurophysiologisch betrachtet eine große Schnittmenge mit modernen Stresskonzepten auf, da auch hier unter Beteiligung des Hypocampus und der Amygdala idR der Cortisolspiegel, der Blutdruck, die Anzahl der Thrombozyten etc übernormal ansteigen und ua der auch für das Wohlbefinden wirksame Dopaminspiegel sinkt. So kann auf längere Sicht mittelbar auch der Körper nachhaltig geschädigt werden.[63] Hier können der Ärger über ständige Behinderungen durch schlechte Gebrauchstauglichkeit der Software oder schadhafte Werkzeuge, der Dauerärger mit einem Vorgesetzten oder anderen Beschäftigten genauso zu „psychischer Sättigung" führen wie enttäuschte Erwartungen und unerreichbare Leistungsvorgaben. Das **Konstrukt der „Gratifikationskrisen"** von Siegrist mit seinen gut gesicherten Studien über deren gesundheitsgefährdende Auswirkungen (ua erhöhtes Herzinfarktrisiko) beschreibt hier ebenfalls anschaulich das Belastungspanorama, das zu psychischer Sättigung führen kann.[64] Neben den akuten Ermüdungserscheinungen und der Gereiztheit kann psychische Sättigung auch Prozesse in Richtung „innerer Kündigung"[65] oder in Kombination mit anderen Überforderungen auch Beanspruchungsfolgen wie „Burnout", Depressionen und psychosomatische Erkrankungen wie Magenbeschwerden oder chronisch hohen Blutdruck in Gang setzen.[66]

Die strukturellen Auslöser (Belastungen) von psychischer Sättigung sind über **Fragebögen** und Detailanalysen bspw. in Einzel- oder Gruppeninterviews – also mit dialogischen Ermittlungsverfahren – gut zu erfassen (→ ArbSchG § 5 Rn. 58). Die individuelle Beanspruchung und deren Folgen lassen sich jedoch nicht zuletzt aufgrund der erforderlichen Anonymität bei den oben genannten Ermittlungsverfahren nur über geschützte Ansprechmöglichkeiten bspw. bei Betriebsärzten, betrieblichen Sozialdiensten bzw. EAP-Systemen oder mit entsprechend anonymisierten Fragebögen zu Beschwerden/Krankheiten (zB Freiburger Beschwerdenliste) oder/und mithilfe der Diagnoseda-

---

[61] Siegrist/Dragano, Psychosoziale Belastungen, S. 305–310; Theorell/Karasek, Journal of Occupational Health Psychology, Vol. 1, S. 9–26; Van der Doef/Maes, Work & Stress, Volume 13 Issue 2, S. 87–114; Rau/Gebele/Morling/Rösler, Auftreten von depressiven Störungen. Zusammenfassend: Lohmann-Haislah/Schütte, Stressreport 2012, S. 84 ff. [62] Oppolzer, Gesundheitsmanagement, S. 125 ff. [63] Landau/Pressel, Medizinisches Lexikon, S. 951 ff.; zu Stress und seinen neurobiologischen Manifestationen und Auswirkungen vgl. anschaulich ua Bauer, Prinzip Menschlichkeit, S. 50 ff. oder Hüther/Fischer, Biologische Grundlagen des Wohlbefindens, S. 23–29; Hüther, Spektrum der Wissenschaft, Dossier Stress 3/1999, S. 4–11. [64] Ua Siegrist, Soziale Krisen und Gesundheit, 1996; Angerer/Siegrist/Gegri (2014), Psychosoziale Arbeitsbelastungen und Erkrankungsrisiken: Wissenschaftliches Gutachten (Expertise) im Auftrag des Landesinstituts für Arbeitsgestaltung des Landes Nordrhein-Westfalen; Siegrist, Jahrbuch Gute Arbeit 2013, S. 82, 85 ff. [65] Richter, Zeitschrift für Personalforschung 1999, 113 ff., Daten zur Verbreitung „innerer Kündigung" (zwar nur mit Einschränkungen diesbezüglich valide – werden von Gallup und Towers-Perin jährlich im Ländervergleich publiziert und derzeit mit ca. 17–20 % der Beschäftigten angegeben). [66] Rau/Gebele/Morling/Rösle, Auftreten von depressiven Störungen; Studienübersichten zu Kombibelastungen – Auswirkungen: Rau iga.Report 31 S. 31 f. sowie die zusammenfassende Darstellung der „Effekte" von Paridon/Mühlbach iga.Report 32 S. 41 ff.

tenstatistiken der Gesetzlichen Krankenkassen – den „Gesundheitsberichten" (gemäß § 20 b SGB V) – maßnahmenrelevant erfassen.[67]

31 In der Norm **DIN EN ISO 10075 zu psychischen Belastungen** taucht der Begriff „Stress" nicht auf. Dies erklärt sich vor allem dadurch, dass die Verfasser sich nicht auf eine einheitliche Definition haben einigen können.[68] In der Öffentlichkeit wird dagegen quasi inflationär mit diesem Begriff umgegangen – „Managerkrankheit", guter und schlechter Stress usw – oder er wird zudem direkt als Ursache mit „Burnout" in Verbindung gebracht. In einer weit verbreiteten Lesart wird Stress als Ungleichgewicht zwischen Anforderung und aktuellen/strukturellen Fähigkeiten und Möglichkeiten der Beschäftigten umschrieben.[69] Über mehr oder minder erfolgreiche Bewältigungsstrategien (Coping) lassen sich Stressauswirkungen situativ abbauen (zB (An-)Schreien, „um den Block laufen") oder gar strukturell überwinden (zB Weiterbildung, Arbeitszeit reduzieren, Arbeitsplatzwechsel). Andernfalls wächst das Ungleichgewicht bis zu **Ohnmachtsgefühlen** an und es entsteht dann auch neurobiologisch ein Stressmuster, das chronifiziert nicht nur zu erhöhtem Herzinfarktrisiko, Magen-Darm-Krankheiten und Rückenbeschwerden führt, sondern auch nachhaltige Verhaltensänderungen in Richtung Depression und Sucht zeitigen kann.[70]

32 Auf der anderen Seite gibt es jedoch „Jobs" und dazu passende Menschen, die über Jahrzehnte 6–7 Tage in der Woche auf hohem Aktivitätsniveau, also „ständig gestresst" arbeiten (Politiker, Manager, Unternehmensberater und Selbstständige etc), aber uU keine oder nur selten strukturelle Ungleichgewichte oder Gratifikationskrisen verspüren. Diese Tätigkeitstypen sind mit hohen Handlungsspielräumen, sozialer Anerkennung und Gratifikationen und einem großen Kohärenzpotential ausgestattet, beinhalten also wesentliche gesundheitsförderliche (salutogene) Arbeitsmerkmale (→ Rn. 37). Diese Menschen müssen aber sehr genau auf ihre physische Gesundheit sowie auf ihre Leistungsgrenzen, Inkonsistenzen im Anreiz-Beitragsgefüge und Überforderungen achten und ggf. sofort Konsequenzen ziehen, sonst drohen auch hier sehr schnell Leistungs- und Motivationsabfall, Herzinfarkt, Burnout, Sucht etc. Doch sind diese **fragilen und risikoreichen salutogenen Arbeitskonzepte** und Lebensentwürfe eher die Ausnahme und nicht auf größere Beschäftigtengruppen übertragbar, wie manche Strategien der „indirekten Steuerung" (Peters) oder des „Mitarbeiterunternehmers" (Wunderer) zu suggerieren versuchen.[71] Aus arbeitswissenschaftlicher Sicht können sich sogar auf den ersten Blick gesundheitsförderliche Faktoren der Tätigkeit wie Handlungsspielraum, Vielseitigkeit oder Lernförderlichkeit in Ihrer Wirkung umkehren, wenn dadurch Überforderungen der jeweiligen Personen entstehen.[72]

33 Die folgende Abbildung fasst den **Ansatz des Belastungs-/Beanspruchungsmodells** am Beispiel der Bildschirmarbeit noch einmal exemplarisch zusammen. Die Abbildung berücksichtigt zudem das Zusammenwirken verschiedener Gefährdungsarten, namentlich von physischen und psychischen Belastungen, dem nach § 4 Nr. 4 ArbSchG bei der Planung der Maßnahmen des Arbeitsschutzes Rechnung zu tragen ist.

---

67 So zB auch mit dem BMS: Fragebogen zu Ermüdung – Monotonie – Sättigung – Stress von Plath/Richter 1984; Employee Assistance Programs (EAP), also die Möglichkeit, telefonisch mit einem Psychologen über seine persönliche Situation zu sprechen, wird mittlerweile schon in vielen – nicht nur großen – Firmen angeboten. **68** Erst der noch nicht konsolidierte Entwurf zum Teil 1 der DIN EN ISO 10075 aus dem Jahr 2015 definiert „Stressreaktionen" als mögliche Beanspruchungsfolge, S 11. Bemerkenswert für diesen Entwurf ist auch die Hereinnahme des „Burnout Syndroms" als „Effekt mit langfristigen Potential", S 13. **69** Zum Überblick der Definitionen ua Landau/Pressel, Medizinisches Lexikon, S. 958 ff.; Rudow, Das gesunde Unternehmen, S. 108 ff.; Kohte, arbeitsbedingter Stress, S. 76, 78 mwN. **70** Vgl. dazu zusammenfassend Hasselhorn/Portuné, Stress, S. 361 ff.; Siegrist/Dragano/Wahrendorf, Arbeitsbelastungen und psychische Gesundheit bei älteren Erwerbstätige, S. 167–173; Rau/Gebele/Morling/Kolrep, Auftreten von depressiven Störungen, S. 19; Lohmann-Haislah/Schütte, Stressreport 2012, S. 155 ff. **71** Peters, Indirekte Steuerung und interessierte Selbstgefährdung, S. 51 ff. **72** Schlick/Bruder/Luczak, Arbeitswissenschaft, S. 380.

Physische und Psychische Gefahren und Gefährdungen (Bildschirmarbeit)

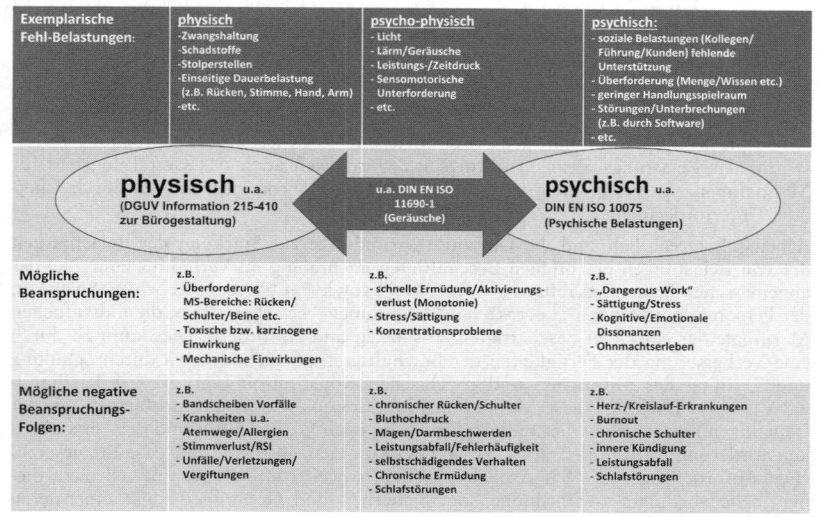

Exemplarische Fehl-Belastungen:	physisch -Zwangshaltung -Schadstoffe -Stolperstellen -Einseitige Dauerbelastung (z.B. Rücken, Stimme, Hand, Arm) -etc.	psycho-physisch - Licht - Lärm/Geräusche - Leistungs-/Zeitdruck - Sensomotorische Unterforderung - etc.	psychisch: - soziale Belastungen (Kollegen/ Führung/Kunden) fehlende Unterstützung - Überforderung (Menge/Wissen etc.) - geringer Handlungsspielraum - Störungen/Unterbrechungen (z.B. durch Software) - etc.

physisch u.a. (DGUV Information 215-410 zur Bürogestaltung) ⬅ u.a. DIN EN ISO 11690-1 (Geräusche) ➡ **psychisch** u.a. DIN EN ISO 10075 (Psychische Belastungen)

Mögliche Beanspruchungen:	z.B. - Überforderung MS-Bereiche: Rücken/Schulter/Beine etc. - Toxische bzw. karzinogene Einwirkung - Mechanische Einwirkungen	z.B. - schnelle Ermüdung/Aktivierungsverlust (Monotonie) - Stress/Sättigung - Konzentrationsprobleme	z.B. - „Dangerous Work" - Sättigung/Stress - Kognitive/Emotionale Dissonanzen - Ohnmachtserleben
Mögliche negative Beanspruchungs-Folgen:	z.B. - Bandscheiben Vorfälle - Krankheiten u.a. Atemwege/Allergien - Stimmverlust/RSI - Unfälle/Verletzungen/Vergiftungen	z.B. - chronischer Rücken/Schulter - Bluthochdruck - Magen/Darmbeschwerden - Leistungsabfall/Fehlerhäufigkeit - selbstschädigendes Verhalten - Chronische Ermüdung - Schlafstörungen	z.B. - Herz-/Kreislauf-Erkrankungen - Burnout - chronische Schulter - innere Kündigung - Leistungsabfall - Schlafstörungen

Abb. 2

Sofern Gefährdungen durch die Arbeit bestehen, verlangt § 4 Nr. 1 ArbSchG auf der 34 **Rechtsfolgenseite**, dass **Gefährdungen** für Leben und Gesundheit **möglichst vermieden werden und die verbleibende Gefährdung möglichst gering gehalten** wird. Hiermit werden arbeitsschutzrechtlich vorrangig Anforderungen an eine **präventive Arbeitsgestaltung** gestellt. Wenn Gefährdungen nicht vermieden werden können, sind Maßnahmen zu treffen, die das Gefährdungspotential verringern. Auch für die Rechtsfolgenseite bietet das Belastungs-/Beanspruchungsmodell insoweit der Praxis arbeitswissenschaftlich abgesicherte Orientierungen für wirksame Maßnahmen des Arbeitsschutzes iSv § 2 Abs. 1 ArbSchG.

d) **Gestaltungsbereiche.** Die Orientierungen des Belastungs-/Beanspruchungsmodells 35 für Maßnahmen weisen im Kern zwei Gestaltungsbereiche auf:
1. Die **Arbeitsgestaltung** mit dem Ziel eines angemessenen (Fehl-)Belastungsabbaus.
2. Die **Ressourcenförderung** zur Stärkung der Belastbarkeit der Beschäftigten.

Arbeitsschutzrechtlich **vorrangig** sind die an der **Verhältnisprävention** orientierten Ge- 36 staltungsleitlinien für einen angemessenen **Abbau von Fehl-Belastungen** (→ Rn. 35, Ziff. 1). Auf dieses Ziel sind eine Reihe von Gestaltungsempfehlungen in Normen sowie arbeitswissenschaftlichen[73] und berufsgenossenschaftlichen Empfehlungen[74] fokussiert. In hohem Maße akzeptiert sind insoweit vor allem die Festlegungen der **DIN EN ISO 10075 Teil 2**. So werden in dieser Norm zur Vermeidung von Belastungen, die zu Monotoniefolgen führen können, folgende mögliche Maßnahmen zur Gefährdungsvermeidung angeführt: Arbeitsbereicherung bzw. Aufgabenvielfalt erhöhen, Entkopplung von maschinell vorgegebener Taktbindung, Aufgabenwechsel, anregende Arbeitsumgebung, regelmäßige Erholungsphasen etc.[75] Das Belastungs-/Beanspruchungsmodell ist damit außerordentlich praktisch angelegt. Aus der Analyse der Belastungsfaktoren der Arbeit in Kombination mit den bekannten und gesicherten Beanspruchungsfolgen spannt das Belastungs-/Beanspruchungsmodell zugleich auch das Gestaltungsfeld für Maßnahmen zur Vermeidung von Gefahren und Gefährdungen auf (zB durch Über- oder Unterforderungen).

37 Arbeitsschutzrechtlich sind die Gestaltungsgrundsätze zur **Stärkung der Belastbarkeit der von Belastungen betroffenen Beschäftigten nachrangig** im Verhältnis zum Ziel des angemessenen Belastungsabbaus (→ Rn. 35, 52 sowie § 4 Nr. 2, 5 ArbSchG). Solche an der Person anknüpfenden „korrektiven Maßnahmen" bestehen darin, die individuellen Merkmale der einzelnen Beschäftigten zu stärken und zu fördern. Dies kann zB durch eine Verbesserung der Fertigkeiten der Beschäftigten geschehen, etwa durch Schulung und Training der physischen und psychischen Konstitution (vgl. zB § 4 Lasthandhabv).[76] Mit Blick auf diese Maßnahmen kann es zu Abgrenzungsproblemen mit der freiwilligen betrieblichen Gesundheitsförderung nach § 20 a SGB V und der Persönlichkeitsförderung im Rahmen des § 91 BetrVG kommen. Insoweit gilt, dass die gesetzlichen Anforderungen des § 4 ArbSchG greifen, soweit Maßnahmen speziell dazu dienen, arbeitsbedingte Gefährdungen der Sicherheit und Gesundheit zu kompensieren und nicht vorrangig der Verbesserung des allgemeinen Gesundheitszustandes dienen.[77]

38 **e) Modell der Regulationshindernisse.** Das Modell der Regulationshindernisse[78] stellt in Ergänzung des Belastungs-/Beanspruchungsmodells die den **Arbeitsvollzug behindernden Umstände** in den **Vordergrund des Belastungsgeschehens**. Fokussiert werden also (idR vermeidbare und damit unnötige) „Erschwernisse" bei der Arbeit. In die Betrachtung kommen damit also Arbeitsbedingungen, die typischerweise negativ beanspruchend auf das Individuum wirken.

39 **Regulationsbehinderungen** können bspw. in unzureichenden Informationen für den Arbeitsvollzug bestehen. So können zB die für die Erledigung der Arbeitsaufgaben benötigten Informationen ganz fehlen oder die Informationen unvollständig, missverständlich oder nur schwer erreichbar sein. Solche **Informationsdefizite** haben gleichermaßen Bedeutung für physisch geprägte Arbeiten (zB auf Baustellen) wie für eher „geistige"

---

[73] Bei der BAuA und über INQA stehen entsprechende Empfehlungen/Forschungsergebnisse idR online (www.baua.de) zur Verfügung, so bspw. die Reihe der BAuA: Zum Stand der arbeitswissenschaftlichen Erkenntnisse und die Ergebnisse des Projektes: Psychische Gesundheit in der Arbeitswelt" Abschlussbericht 2017. Einen guten Überblick aus arbeitswissenschaftlicher Sicht bieten auch Hand- und Lehrbücher der Arbeitswissenschaft zB von Martin, Oppolzer, Richter, Schmauder, Ulich, sowie das von Landau herausgegebene Lexikon der Arbeitsgestaltung. [74] Exemplarisch schon die GUV-I 8628, Handbuch zu Psychischen Belastungen,2005, jetzt www.dguv.de, die frühere BGI 650 zur Gestaltung von Bildschirm- und Büroarbeitsplätzen (neuer Titel DGUV Information 215-410) online 2016 über die VBG zu beziehen sowie das Handbuch Psychische Belastung am Arbeitsplatz der BGHW, 2011; ansonsten gibt es branchen- und tätigkeitsbezogene Gestaltungsempfehlungen von jeder Berufsgenossenschaft als Gefährdungsarten, die bspw. im Gefährdungs- und Belastungs-Katalog der DGUV (BGI/GUV-I 8700 12/2009, jetzt DGUV-Information 211-032) gelistet sind. [75] Vgl. Joiko, Psychische Belastung und Beanspruchung im Berufsleben. Erkennen – Gestalten, S. 26 ff.; Richter, Psychische Belastung und Beanspruchung, S. 8 ff. [76] Vgl. dazu auch der physischen und psychologischen Perspektive: Zimolong/Elke/Bierhoff, Den Rücken stärken – Grundlagen und Programme der betrieblichen Gesundheitsförderung, S. 170 ff. [77] Hier bietet die vergleichende BauA-Studie von Elke/Gurt/Möltner/Exterbrink, Arbeitsschutz und betriebliche Gesundheitsförderung – vergleichende Analyse der Prädiktoren und Moderatoren guter Praxis, 2015, einen profunden Überblick. [78] Vgl. Hacker, Allgemeine Arbeitspsychologie, S. 173 ff.; Schwarzer, Stress, Angst und Handlungsregulation, S. 202 ff.; Ulich, S. 126 ff.

Tätigkeiten, etwa wenn zB bei Arbeitsplätzen im Büro, den IT-Systemen ggf. nur sehr umständlich die erforderlichen Informationen zu entlocken sind.

Mängel von EDV-Systemen aus User-Sicht

Fehlendes & Fehlerhaftes	Unnötiges	Unverständliches	Unübersichtliches & Unverständliches	Langsames
• Funktionen fehlen • Hilfe fehlt • automatische Berechnungen fehlen • Felder fehlen • fehlerhafte Funktionen • Listen lassen sich nicht anpassen • ...	• Eingabefelder, die nie benötigt werden auf der Maske • unnötige Anzeigen • unnötig lange Auswahllisten • unnötig unterteilte Bearbeitungsschritte (2 statt 1 Button) • ...	• Funktionen/Informationen sind schwierig zu finden • Felder/Buttons stehen an der falschen Stelle • Cursor steht falsch • dauernder Wechsel zwischen Maus und Tastatur nötig • die Masken werden nicht wie benötigt nacheinander angeboten • ...	• unverständliche Fehlermeldungen • unverständliche Benennung von Feldern/Buttons/Funktionen ... • unlogisch sortierte Listen • Ergebnisdarstellungen: (z.B. Tabellen/Abrechnungen) sehen nicht aus, wie gewünscht • das System reagiert nicht wie erwartet • ...	• das System hat lange Wartezeiten • z.B.: beim Speichern • z.B.: beim Suchen

Quelle: ERGUSTO 2006

Abb. 3

"**Unterbrechungen**" – ebenfalls idR vermeidbar – durch Technik (störanfällig, zu lange Antwortzeiten etc), mangelhafte Organisation (fehlende Teile, unvollständige Akten, vorsprechende Kunden etc) oder aus dem sozialen Arbeitsumfeld (schwatzhafte Kollegen, Telefon etc) stellen die zweite Hauptgruppe der „Hindernisse" dar. Sie sollten im Hinblick auf eine stressarme, belastungsgerechte und daher effiziente Arbeit vermieden werden. So ist bspw. eine gute Software-Ergonomie und anforderungsgerechte Informationsbereitstellung bei Callcenter-Arbeitsplätzen ein wesentlicher Weg zum Abbau von Erschwernissen und den daraus folgenden kritischen Belastungen für die Callcenter-Agents sowie zur Verbesserung kundenorientierter Dienstleistungen.[79]

Die **pathogenen Folgen solcher Erschwernisse** im Sinne des Regulationsbehinderungsmodells sind ua ein erhöhtes physiologisches Aktivitätsniveau, durch Sättigung/Ärger/Stress in Folge von nicht anforderungsgerechten Arbeitsmitteln (zB bei Callcenter-Arbeitsplätzen umständliches Wechseln zwischen verschiedenen Softwaresystemen bei idR ungeduldigen Kunden am Telefon, Zeitverluste durch erforderliche Umwege, hier zB aufwendiges Suchen von Informationen in diversen Bildschirmmasken und dadurch verstärkter Zeitdruck). Den Beschäftigten wird durch solche Erschwernisse ständig eine erhöhte physische und psychische Leistung abverlangt. Diese, ggf. mit weiteren „Überforderungen" – zB Lärm im Großraumbüro – kombinierten Arbeitsbedingungen, beeinträchtigen unmittelbar das Wohlbefinden, die Leistungsfähigkeit und können bei längerer Einwirkung die Gesundheit schädigen. Es zählt in diesem Zusammenhang zu den **gesicherten arbeitswissenschaftlichen Erkenntnissen**, dass anhaltende psychische Sättigung und Stress durch vorstehend beschriebene Hindernisse chronische Rücken- und Nackenschmerzen hervorrufen oder psychosomatische Erkrankungen des Magen- und Darmtraktes, der Haut sowie des Herzkreislaufsystems (hoher Blutdruck etc) för-

---

[79] Baethge/Rigotti, Multitasking, S. 9 ff.; Mark/Gudith/Klocke, The cost of interrupted work, S. 1–4.

dern können. Letzteres ist insbesondere durch zahlreiche Studien belegt.[80] Die Kombination von fehlendem Handlungsspielraum, hohem Leistungsdruck und fehlender sozialer Unterstützung wird in der arbeitswissenschaftlichen Literatur[81] anschaulich und plakativ als „gefährliche Arbeit" bezeichnet, die mit einem 2–4-fach gesteigerten Herzinfarktrisiko zu Buche schlägt.[82]

Anforderungs-/Handlungsspielraum-/ Unterstützungs-Modell (Karasek & Thoerell)

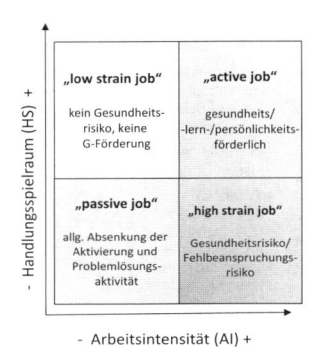

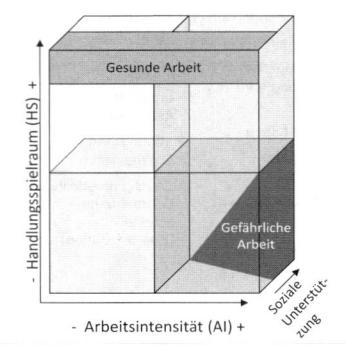

	„low strain job"	„active job"
+ Handlungsspielraum (HS)	kein Gesundheitsrisiko, keine G-Förderung	gesundheits-/lern-/persönlichkeits-förderlich
−	„passive job"	„high strain job"
	allg. Absenkung der Aktivierung und Problemlösungsaktivität	Gesundheitsrisiko/ Fehlbeanspruchungsrisiko

− Arbeitsintensität (AI) +

Gesunde Arbeit / Gefährliche Arbeit (Soziale Unterstützung)

− Arbeitsintensität (AI) +

Personen mit hohem Arbeitsstress …

- … haben ein 1,4 bis 4-fach erhöhtes Risiko, einen Herzinfarkt zu erleiden (Theorell & Karasek, 1996)
- … haben ein ca. 7-fach höheres Risiko für Kreuzschmerzen, Depressionen, Diabetes Mellitus (Rau, Gebele, Morling, Rösler, 2010; Angerer, Siegrist, Gündel, 2014)
- Personen mit hoher psychischer Belastung am Arbeitsplatz hatten eine um 7 Jahre geringere Lebenserwartung (Karasek & Theorell, 1990)

Abb. 4

42 Legt man die vorstehend skizzierten arbeitswissenschaftlichen Erkenntnisse zugrunde, ist zu konstatieren, dass **Regulationshindernisse** grundsätzlich geeignet sind, einen Schaden oder eine gesundheitliche Beeinträchtigung (mit) zu verursachen. Arbeitsschutzrechtlich handelt es sich somit um **Gefährdungen**, da sie unabhängig von Eintrittswahrscheinlichkeit und Schadenshöhe den Eintritt eines Schadens als möglich erscheinen lassen. Nach § 4 Nr. 1 ArbSchG sind daher auf der Rechtsfolgenseite Regulationshindernisse möglichst zu vermeiden oder, falls dies nicht vollständig möglich sein sollte, möglichst gering zu halten.

43 Wie auch das Belastungs-/Beanspruchungsmodell (→ Rn. 20) ist das Modell der Regulationshindernisse nicht nur geeignet, gesundheitsgefährdende Arbeitsumstände zu ermitteln und zu bewerten.[83] Es ermöglicht auch den für die Rechtsfolgenseite des § 4 Nr. 1 ArbSchG erforderlichen **Perspektivenwechsel hin zur präventiven gesundheitsgerechten Gestaltung** von „Arbeitssystemen", die solche Hindernisse möglichst schon im Planungsstadium zu eliminieren hat. Die entsprechenden arbeitswissenschaftlichen Erkenntnisse haben sich mittlerweile für die Praxis gut nachvollziehbar im Bereich der Normung niedergeschlagen. Zu verweisen ist insoweit grundlegend auf die in der DIN EN ISO Norm 6385:2004 festgehaltenen „Grundsätze der Ergonomie für die Gestaltung von Arbeitssystemen" oder, aktuell angesichts einer „Digitalisierung 4.0", für den

---

[80] Siegrist/Dragano, Psychosoziale Belastungen, S. 305–312; so auch Lohmann-Haislah, Stressreport 2012, S. 87 ff. [81] Van der Doef/Maes, Work & Stress Volume 13 Issue 2, 87–114. [82] Siegrist/Dragano, Psychosoziale Belastungen, S. 305–312. [83] Vgl. zu den Verfahren zur Analyse von Regulationshindernissen Oesterreich/Leitner/Resch, Produktionsarbeit; Dunckel, KABA-Leitfaden.

spezifischen Bereich der Software-Ergonomie, also der „Gebrauchstauglichkeit" von IT-Systemen, auf die Normenfamilie DIN EN ISO 9241 Teil 2 und 11 (→ Rn. 77 f. sowie → Rn. 90, Abb. 8).

4. Gefährdungsschutz und menschengerechte Gestaltung der Arbeit. Der der klassischen Gefahrenabwehr vorgelagerte Gefährdungsschutz nach § 4 Nr. 1 ArbSchG betrifft vor allem die nach § 2 ArbSchG verlangte **menschengerechte Arbeitsgestaltung.** Diese zählte bis zum Inkrafttreten des ArbSchG im Jahre 1996 nicht zum gesetzlich verpflichtenden Arbeitsschutz und war als „autonomer Arbeitsschutz"[84] nur unter den Voraussetzungen des § 91 BetrVG durchsetzbar. Die „**Standards**" der menschengerechten Arbeitsgestaltung ergeben sich vor allem aus entsprechenden **arbeitswissenschaftlichen Erkenntnissen.** Diesen kommt daher heute wegen des erweiterten Arbeitsschutzansatzes des ArbSchG eine verstärkte Bedeutung zu, da die gesicherten arbeitswissenschaftlichen Erkenntnissen nach alledem eine Schlüsselrolle bei der betriebspraktischen Konkretisierung des unbestimmten Rechtsbegriffs der menschengerechten Gestaltung der Arbeit spielen.[85]

In den Arbeitswissenschaften besteht weitestgehend Konsens, dass eine menschengerecht gestaltete Arbeit davon abhängt, dass vor allem vier grundlegende Kriterien erfüllt werden.[86] Menschengerechte Arbeitsgestaltung verlangt danach die „**Ausführbarkeit**", die „**Schädigungslosigkeit**", die „**Beeinträchtigungslosigkeit bzw. Zumutbarkeit**" und die „**Lern- oder Personenförderlichkeit**" der Arbeit.[87] Legt man die juristische Differenzierung zwischen Gefahrenabwehr und Gefährdungsschutz zugrunde, lassen sich die beiden ersten „Stufen" (Ausführbarkeit und Schädigungslosigkeit) tendenziell dem klassisch kausalen Gefahrenbegriff zuordnen. Wenn eine Arbeit nicht den grundlegenden physischen und psychischen Eigenschaften des Menschen entspricht (zB den Körpermaßen, der Reaktionsfähigkeit, den Kräften und sinnesphysiologischen Möglichkeiten), ist über die mangelnde Ausführbarkeit eine Schädigung oder massive Beeinträchtigung der Arbeitsfähigkeit und letztlich der Gesundheit hoch wahrscheinlich. In diesen Bereich „menschengerechter Arbeitsgestaltung", der unter → Rn. 49 noch genauer diskutiert wird, fallen zB

- anthropometrische Normen bspw. für Greifräume und Büromöbel,
- die physikalischen Eigenschaften der Haut für spezifische Dauerbelastungen (Druck, Zug etc),
- die sinnesphysiologischen Möglichkeiten bspw. für die Wahrnehmung von Darstellungen von Zeichen auf Bildschirmen (zB Bildwiederholfrequenz/Zeichengröße) oder die aufmerksamkeitsgerechte Gestaltung von Software zB für Maschinen- und Kraftwerkssteuerungen,
- die Nutzung persönlicher Schutzausrüstungen (PSA), die die Ausführbarkeitsgrenzen des Menschen zeitweilig zu erweitern in der Lage sind, wie zB Hitze- oder Kälteschutzanzüge.

Der Übergang von der „Ausführbarkeit" zur „Schädigungslosigkeit" einer Arbeit ist fließend. Auch bei der **Schädigungslosigkeit** geht es um mehr als nur um die Verhütung von Unfällen. In den Fokus zu nehmen sind auch die Umgebungsbedingungen, unter denen die Arbeit zu verrichten ist, und damit Aspekte, die auch für die Frage der Ausführbarkeit relevant sind. Zu nennen sind insoweit etwa Schadstoffe, Strahlung, Lärm, elektrische Gefährdungen, zu lange Arbeitszeiten, Vibrationen oder Kälte-/Hitzearbeitsplätze. Die genannten Faktoren können für sich allein (zB Überschreitung von Ge-

---

[84] Zum „autonomen Arbeitsschutz" und zum System des Arbeitsschutzrechts vor dem Jahre 1996 vgl. Fitting BetrVG, 18. Aufl. 1996, Vor § 89 Rn. 1 ff. [85] Wlotzke in: FS Wißmann, S. 426, 437; vgl. bereits BT-Drs. 13/3540, 15. [86] Oppolzer, Gesundheitsmanagement, S. 64 ff.; Schlick/Bruder/Luczak, Arbeitswissenschaft, S. 63 ff. [87] Nicht abschließend geklärt ist das Verhältnis dieser Kriterien zueinander. Nach Ulich, Arbeitspsychologie, S. 154 soll es sich bei diesen Kriterien um gleichberechtigte Gestaltungsfelder handeln. Richter und Hacker ordnen die Kriterien im Sinne eines hierarchisch aufsteigenden Stufenmodells (Richter/Hacker, Belastung und Beanspruchung, S. 12 ff.). Zu dieser schon älteren Diskussion ua Jürgen/Blume/Schleicher/Szymanski, Gefährdungsanalyse, S. 34 ff.

fahrstoffgrenzwerten), aber auch in Wechselwirkung mit anderen Faktoren (zB Lärm und akustische Wahrnehmung von Gefahrenquellen und Signalen) – nachweislich – gesundheitliche Schädigungen des Menschen verursachen. Es lässt sich in diesen Fällen oft – aber nicht notwendig – eine kausale Wirkbeziehung unterstellen, deren Risiko für Leib und Leben sich nach den Vorgaben der Normung (DIN EN ISO 14121-1.2007 – ehemals DIN 1050) konkret abschätzen lässt. Diese Schichtung der menschengerechten Gestaltung der Arbeit kann daher sowohl für die klassischen Aufgaben der Gefahrenabwehr, als auch für den Gefährdungsschutz nutzbar gemacht werden.

47 Ein anderes, deutlich geringer an unmittelbaren kausalen Verursachungsbeiträgen anknüpfendes Bild ergibt sich für das **Humankriterium „Beeinträchtigungslosigkeit/ Zumutbarkeit"**. Hier geht es um Beeinträchtigungen durch die Arbeitsbedingungen beispielsweise durch Erschwerungen, Störungen, nicht ausreichende Informationen etc und damit der individuellen Leistungserbringung, der (Fehl-)Belastung sowie des Wohlbefindens. Damit wird zwar nicht unmittelbar eine Gefahr für Leib und Leben hervorgerufen, aber die gesundheitlichen Bedingungen (zB Stress) und das Befinden werden negativ beeinflusst (zB Ermüdung oder psychische Sättigung). Auf längere Sicht können so Krankheiten (mit) hervorgerufen werden. Bei diesen – potenziell – gesundheitsschädlichen Einwirkungen handelt es sich typischerweise um Gefährdungen iSv § 4 Nr. 1 ArbSchG. Sie repräsentieren zugleich die im aktuellen Gesetzestext (→ Rn. 7) normierte Verknüpfung physischer und psychischer Gesundheit. Diese Gefährdungen können am besten durch das allgemein akzeptierte arbeitswissenschaftliche Wirkmodell der „**Belastung und Beanspruchung**" (→ Rn. 20 ff.) und das ergänzende Modell der „**Regulationshindernisse**" (→ Rn. 38 ff.) erfasst werden.

48 Schwieriger zuzuordnen ist das letzte Kriterium des „Stufenmodells menschengerechter Arbeit", dh die **Lern- oder Persönlichkeitsförderlichkeit**.[88] Hier geht es einerseits um Anreize aus der Arbeit, die eine fachliche und soziale Entwicklung der Beschäftigten fördern, anderseits um salutogene Faktoren, die in der Lage sind, bestimmte Beanspruchungsfolgen von Gefährdungen aus dem Bereich der Beeinträchtigungen zu kompensieren (s. auch Abb. 5). Bspw. kann ständiges Aktualisieren von Wissen die Lernfähigkeit bis ins hohe Alter fördern oder ein ständiges Einstellen auf schwierige Kunden die sozialen Kompetenzen entwickeln und so auch ein Potenzial für alternde Mitarbeiter sichern helfen.[89] Auch die vielfältigen Herausforderungen, die an eine Führungskraft gestellt werden, können persönlichkeitsförderlich wirken, wenn sie sich nicht als permanente Überforderungen für die Führungskräfte selbst herausstellen. Gesundheitsförderlich wirken erwiesenermaßen bspw. gute „soziale Beziehungen" unter Kollegen bzw. passende Führung oder/und eine Kohärenz zwischen der Tätigkeit und den eigenen Wert- und Entwicklungsvorstellungen und des realen Handlungsspielraumes. Kurz: Die Gestaltungsprinzipien „guter Arbeit" stellen idR bei einer defizitären Ausprägung Gefährdungen dar, wirken aber bei einer arbeitswissenschaftlich angemessenen Ausprägung „personenförderlich" bzw. „gesundheitsförderlich" (→ Rn. 37). Im Diskurs über altersgerechte Arbeiten werden gerade auch diese Eigenschaften von Arbeitssystemen als geeignete Maßnahmen hervorgehoben (→ Rn. 99 ff.).

49 Rechtssystematisch ist dieses Vexierbild dahingehend zu betrachten, dass § 2 Abs. 1 ArbSchG die menschengerechte Gestaltung nicht umfassend zum Gegenstand der „Maßnahmen des Arbeitsschutzes" macht, sondern lediglich den als gesundheitsnah bezeichneten Bereich der menschengerechten Arbeitsgestaltung (→ ArbSchG § 2

---

[88] Die Begriffe dieser Stufe des Bewertungs- und Gestaltungsmodells variieren je nach Autoren, so wird bspw. von Ulich, Arbeitspsychologie, S. 153 an dieser Stelle die „Zumutbarkeit" und weitergehend für die „Gesundheitsförderlichkeit" und von Oppolzer, S. 65, die „Persönlichkeitsentfaltung" gesetzt. Vgl. ua Jürgen/Blume/Schleicher/Szymanski, Arbeitsschutz durch Gefährdungsanalyse, S. 34 ff. sowie Richter/Nebel/Wolf, Jenseits von Kontrolle und Belohnung, S. 5–27.
[89] Vgl. Hacker, Leistungs- und Lernfähigkeit älterer Menschen, S. 163–174.

Rn. 10 ff.).⁹⁰ Die rechtssystematisch aufgrund des Schutzzwecks des ArbSchG gebotene Differenzierung zwischen der menschengerechten Arbeitsgestaltung im Allgemeinen und dem gesundheitsnahen Bereich der menschengerechten Arbeitsgestaltung ist nicht einfach, da – wie gezeigt – die Grenzen fließend verlaufen. Im Einzelfall ist zu prüfen (zB im Zuge einer Gefährdungsbeurteilung), ob die Missachtung der Anforderungen an eine „Gute Arbeit" (Hacker) eine Gefährdung im Sinne des Arbeitsschutzgesetzes darstellt. Dabei ist – auch im Sinne des § 4 Nr. 4 ArbSchG – darauf zu achten, dass nicht nur die isolierte Wirkung von Einzelfaktoren (wie „vollständige Arbeit" = planen, organisieren, ausführen, kontrollieren, zeitlicher Handlungsspielraum, Lerngebote aus der Arbeit, Anforderungswechsel, soziale Unterstützung und Anerkennung, Beteiligung etc) betrachtet wird, sondern dass auch das jeweils konkrete Zusammenspiel von Gefährdungen und salutogen wirkenden Faktoren beurteilt werden muss.

Die bisherige juristische Literatur erweckt den Eindruck, dass jegliche „Förderung" der Beschäftigten nicht mehr zum Gefährdungsschutz rechnet. Dies ist zu eng, denn nicht erst nach neueren arbeitswissenschaftlichen Erkenntnissen (→ Rn. 41) können auch geringe Handlungsmöglichkeiten und fehlende soziale Unterstützung in bestimmten Arbeitssituationen zu Gesundheitsgefährdungen führen, wie bspw. die Konzepte der „Gratifikationskrisen" (→ Rn. 29) oder der „gefährlichen Arbeit" zeigen (→ Rn. 41). Sachkundig ermittelte und formulierte Anforderungen an die „Lern- oder Personenförderlichkeit" der jeweiligen Tätigkeit können so erhebliche Auswirkungen für die gesundheitsnahen Bereiche der menschengerechten Gestaltung haben. Sie wirken nicht selten im Gefüge der Gesamtbelastung/Beanspruchung als **Puffer oder Verstärker für zeitweilige Fehlbeanspruchungen**. Bspw. stärkt soziale Unterstützung durch Vorgesetzte und/oder Kollegen⁹¹ die psychische Belastbarkeit und somit letztlich auch die Gesundheit. Im Umkehrschluss zu ihrer „salutogenen Wirkung" lässt ihr Fehlen die ggf. vorhandenen anderen Fehl-Belastungen direkt bzw. „ungefiltert" als Gefährdungen wirken (vgl. auch Abb. 5) sowie ggf. auch Ihre negativen gesundheitlichen Folgen verstärken.⁹² Es ist deswegen aus arbeitswissenschaftlicher Sicht wichtig, bei der Bewertung von ermittelten „Fehl-Belastungen" im Rahmen einer Gefährdungsbeurteilung auch die ggf. kompensativ wirkenden Ressourcen bzw. salutogenen Faktoren hinzuzuziehen. Dies gilt nicht zuletzt auch, um die zeitliche Dringlichkeit einer Reduktion der Fehlbelastungen abschätzen zu können (→ ArbSchG § 5 Rn. 30 ff.).

---

90 Dazu bereits BT-Drs. 13/3540, 15; Wlotzke NZA 1996, 1017 (1019); KJP/Koll ArbSchG § 2 Rn. 11; Faber, Grundpflichten, S. 77 ff.; Fitting BetrVG § 87 Rn. 293; DKKW/Klebe BetrVG § 87 Rn. 221; Kollmer/Klindt/Schucht/Kohte ArbSchG § 2 Rn. 27. **91** Vgl. dazu auch die neueren neurophysiologischen Erkenntnisse zur Wichtigkeit sozialer Beziehungen für das Wohlbefinden und die Gesundheit bei Walter in: Badura/Walter/Hehlmann, Betriebliche Gesundheitspolitik, S. 77 ff. und die neuerlichen Diskussionen um das Konzept des „Sozialkapitals"; Ricker/Hauser, Arbeitsplatzkultur und Gesundheit – ganzheitliche Gestaltung der organisationalen Beziehungen zur Stärkung der psychischen Gesundheit von Mitarbeitern, in: Badura/Ducki/Schröder/Klose/Meyer, Fehlzeitenreport 2016, S. 107–118. **92** Für das Verständnis dieser Zusammenhänge eignet sich das oben erläuterte Control/Demand/Support Modell → Rn. 40 Abb. 4.

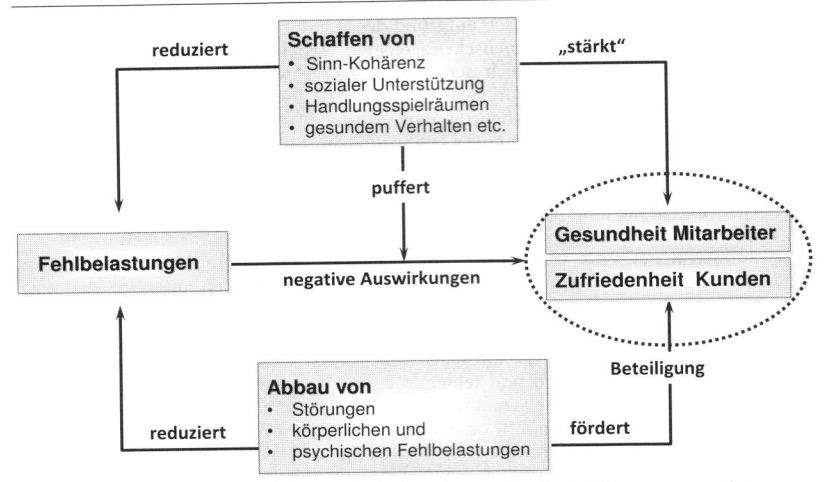

Abb. 5: Gesundheitsförderliche Arbeitsgestaltung durch Stärkung von salutogenen Faktoren und Abbau von Fehlbelastungen

51 Insgesamt lässt sich also in bestimmten Situationen auch **der Gesundheitsbezug bei dem Humankriterium der „Personenförderlichkeit"** herstellen, so dass die entsprechenden Faktoren prinzipiell ebenfalls Maßnahmen gemäß § 3 Abs. 1 ArbSchG „erforderlich" machen können. Doch für den konkreten Einzelfall ist auf dieser „Stufe" einmal mehr eine differentielle Gefährdungsermittlung notwendig, um die jeweiligen Kombinationswirkungen (salutogen oder pathogen) oder das Umschlagen einzelner Faktoren in eine Überforderung bzw. Fehlbelastung beurteilen zu können (→ ArbSchG § 5 Rn. 63 ff). Letztlich zeigt sich hier die Konsequenz der „dynamischen" Konzeption[93] des ArbSchG, die mit der Orientierung am Stand der Technik und den jeweils gesicherten arbeitswissenschaftlichen Erkenntnissen die Arbeitsschutzpflichten mit dem wissenschaftlichen Fortschritt modifiziert. Damit kommt der Arbeitswissenschaft auch eine Schlüsselrolle für die je neu zu treffende Abgrenzung zwischen Pflichten und freiwilligen Fördermaßnahmen zu,[94] so dass sich auch unter diesem Aspekt die enge Verknüpfung der Pflichten in § 4 Nr. 1 und Nr. 3 ArbSchG zeigt.

V. Grundsätze für Maßnahmen des Arbeitsschutzes zur Verhütung von Gefahren – Gefahrenbekämpfung an der Quelle und Nachrang individueller Schutzmaßnahmen

52 Maßnahmen zur Verhütung von arbeitsbedingten **Gefahren** sind **nachrangig zu Maßnahmen des Gefährdungsschutzes** (→ Rn. 12). Sie kommen in Betracht, wenn sich Gefährdungen nach Maßgabe von § 4 Nr. 1 ArbSchG nicht vermeiden bzw. minimieren lassen. In diesen Fällen, die den klassischen Ansatzpunkt des Arbeitsschutzes beschreiben, ist zu fragen, ob aus den verbliebenen (Rest-)Gefährdungen „Gefahren" am Arbeitsplatz resultieren. Dies ist der Fall, wenn ohne weitere Schutzmaßnahmen der **Eintritt eines Gesundheitsschadens hinreichend wahrscheinlich** ist, dh also eine Gefahrenlage (zum Gefahrbegriff → Rn. 10), besteht (zB Tätigkeiten mit den Grundsätzen des Gefährdungsschutzes nicht substituierbaren Arbeitsstoffen, vgl. auch § 9 Abs. 2 GefStoffV). § 4 Nr. 2, 5 ArbSchG gibt den betrieblichen Normanwendern allgemeine Grundsätze an die Hand (**Gefahrenbekämpfung an der Quelle, Nachrangigkeit individueller Maßnahmen**), an denen sich die gebotenen Schutzmaßnahmen zu orientieren

---

[93] Wlotzke in: FS Däubler, S. 654, 664. [94] Dazu bereits Kohte in: Pfaff/Slesina, Effektive betriebliche Gesundheitsförderung, S. 53, 63.

und messen zu lassen haben. In der Sache lehnen sich diese unter den Nrn. 2 und 5 des § 4 ArbSchG normierten allgemeinen Grundsätze eng an die bewährte und in der betrieblichen Praxis bekannte Vorgehensweise des sog **TOP-Prinzips** an,[95] das inzwischen in Konkretisierung von § 4 ArbSchG[96] ausdrücklich zB in § 4 Abs. 2 BetrSichV, § 7 Abs. 1 S. 4 OStrV, § 6 Abs. 1 S. 4 EMFV normiert worden ist. Technische Schutzmaßnahmen (T) sind danach vorrangig vor organisatorischen Maßnahmen (O) zu treffen und personenbezogene Schutzmaßnahmen (P) erst dann zu ergreifen, wenn technische und/oder organisatorische Maßnahmen keinen ausreichenden Schutz bieten (→ Rn. 58). § 4 ArbSchG gebietet zudem eine weitere Ausdifferenzierung dieser Methodik, indem Aspekte der Personalführung (F) in den Blick zu nehmen sind: also **TOP-(F)** (→ Rn. 59 f.).

1. Technische Schutzmaßnahmen (T). Das Schutzziel der Gefahrenverhütung „an ihrer Quelle" (§ 4 Nr. 2 ArbSchG) steht für das klassische Prinzip des Unfallschutzes in Form **einer technischen Eliminierung von Gefahren** (zB Vermeidung von Fang-, Quetsch-, Stolper- und Schnittstellen durch konstruktive Maßnahmen). Der Ansatzpunkt technischer Schutzmaßnahmen lässt sich gut am Beispiel des Lärmschutzes veranschaulichen (im Detail → LärmVibrationsArbSchV Rn. 8 ff.): Es ist seit langem unstreitig, dass Lärmexposition zu Gesundheitsschäden führen kann. Die Lärmschwerhörigkeit (BK Nr. 2301) zählt nach wie vor zu den wichtigsten Berufskrankheiten in Deutschland.[97] Vor diesem Hintergrund sind nach § 7 Abs. 1, 2 iVm § 6 Abs. 1 LärmVibrationsArbSchV bei einer Exposition ab 80 dB(A) Maßnahmen zum Schutz vor Gehörschäden zu ergreifen; ab einer Exposition von 85 dB(A) werden zudem weitere Maßnahmen gefordert (insbes. Lärmminderungsprogramm, Kennzeichnung von Lärmbereichen, vgl. § 7 Abs. 4, 5 iVm § 6 Abs. 1 LärmVibrationsArbSchV). 53

Die Realisierung des Schutzziels der Gefahrenbekämpfung an der Quelle **durch technische Schutzmaßnahmen** muss sich zunächst (für das praktisch bedeutsame Beispiel lauter Arbeitsmittel und Anlagen) auf die **Beschaffungs- bzw. Planungsentscheidung** beziehen. Gefordert ist – in engem Zusammenhang mit dem Gefährdungsschutz nach § 4 Nr. 1 ArbSchG – die Auswahl lärmarm konstruierter Arbeitsmittel. Hierzu muss sich der Arbeitgeber vor allem bei den Herstellern bzw. Verkäufern entsprechender Arbeitsmittel und Anlagen über die Lärmemissionen ihrer Produkte informieren. Insoweit ist zu beachten, dass die Vermeidung von Lärm durch konstruktive technische Vorkehrungen zu den Pflichten der Produzenten von technischen Arbeitsmitteln zählt (vgl. Anhang 1.5.8 EU-Maschinenrichtlinie RL 2006/42/EG).[98] Erleichtert wird dem Arbeitgeber diese Aufgabe dadurch, dass das Produktsicherheitsrecht eine enge Kommunikation von Produzenten/Händlern und Abnehmern von technischen Arbeitsmitteln über Fragen der Sicherheit und Gesundheit vorsieht.[99] So sind zB in Bedienungsanleitungen Angaben über die konstruktiv derzeit nicht zu vermeidenden „**Restrisiken**" zu machen. Erforderlich sind weiter spezielle Angaben zur Lärmexposition, die die Auswahlentscheidung unterstützen und den „Stand der Technik" realisieren sollen. Wesentliche Grundsätze sind inzwischen in der BetrSichV normiert (→ BetrSichV Rn. 46). 54

Sofern bei der Nutzung eines Arbeitsmittels ungeachtet der skizzierten Pflichten aus dem Maschinensicherheitsrecht an die Beschaffenheit von Maschinen und Anlagen nicht die Einhaltung der Auslösewerte (§ 6 LärmVibrationsArbSchV) gewährleistet ist, verlangt § 4 Nr. 2 ArbSchG die Prüfung weiterer technischer Schutzmaßnahmen durch den Arbeitgeber. Hierzu zählt es bezogen auf das Beispiel Lärm insbes., den Lärm so weit wie möglich zu dämmen, zB durch die Einkapselung betrieblicher Lärmquellen. Vergleichbare Anforderungen für **sekundäre technische Schutzmaßnahmen** enthalten § 9 Abs. 2 GefStoffV, § 8 Abs. 4 BioStoffV sowie die Abstufung in § 11 Bio- 55

---

[95] Dazu ua Rudow, Das gesunde Unternehmen, S. 208 ff.; GDA-Leitlinie Gefährdungsbeurteilung und Dokumentation (Stand: 22.5.2017); jetzt auch genutzt bei VG Münster 28.2.2013 – 7 L 853/12. [96] Zutreffend Pieper OStrV § 7 Rn. 1. [97] Jansing, Praktische Arbeitsmedizin, S. 6–11. [98] Dazu auch ausführlich Kohte/Bücker in: FS Reich, S. 459, 464. [99] Zum Ganzen auch Basten/Faber, in: Psychologie der Arbeitssicherheit, S. 202 ff.; Kohte/Zimolong/Elke, AGUM, S. 100 ff., 128 ff. dazu auch Lange/Szymanski, Abschlussbericht.

StoffV, die dieses Konzept aus der RL 2010/32/EU (Nadelstich-RL) übernommen hat (→ BioStoffV Rn. 29). Grundsätzlich sind aber technische Maßnahmen nicht allein auf die klassische Maschinenwelt reduziert. Daher gehören **bauliche Maßnahmen zur Verbesserung des Raumklimas und der Psychoakustik im Büro** genauso zu einer technischen Gefährdungsabwehr an der Quelle wie auch die Verbesserungen der Gebrauchstauglichkeit von Software.

56 **2. Organisatorische Maßnahmen (O).** Nicht immer lassen sich die vom Gesetz favorisierten technischen Maßnahmen realisieren, weil es – jedenfalls noch – an technischen Lösungen fehlt. Ein Beispiel ist zB die Druckindustrie, wenn Rollenoffsetmaschinen über 120 dB(A) emittieren. Hier konzentriert sich der Lösungsraum – mangels technischer Alternative – auf eine **baulich/organisatorische Trennung von Mensch und Lärmquelle**: Konkret für das Beispiel der Druckmaschinen kann die Lösung darin bestehen, einen speziell schallisolierten Steuerstand einzurichten und so eine Trennung von der Lärmquelle zu erreichen. Weitere organisatorische Maßnahmen können darüber hinaus darin bestehen, den Zugang zu bestimmten Bereichen durch die Ausweisung von Lärmbereichen zu beschränken und die unausweichlichen Expositionszeiten nachweislich extrem kurz zu halten. Im vorstehenden Beispiel der Druckmaschinen kann dies zB auch dadurch erreicht werden, dass die Anlässe für direkte menschliche Eingriffe an der Maschine verringert werden, zB durch automatische Farb- und Papierzuführungssysteme.

57 In anderen Fällen, in denen die **Organisation eine wesentliche Gefahrenquelle** darstellt,[100] sind organisatorische Änderungen ein wichtiges Beispiel für die generell verlangte Gefahrenbekämpfung an der Quelle. Bspw. können Arbeitsabläufe und die Organisation des Arbeitskräfteeinsatzes „Quellen" von Stress durch Regulationshindernisse oder Überforderungen sein, so auch durch die Technik – seien es Verwaltungs-Software, Steuerungen, Maschinensysteme – fixierte Arbeitsorganisation, Leistungssteuerung oder Monotonie. So können komplexe gefährdende Fehlbelastungskonstellationen (→ Rn. 27 ff.) hervorgerufen werden. Aber auch in klassischen Gefahrenbereichen, also bei Unfall- und unmittelbaren Schädigungsrisiken, ist die Organisation der Arbeit und der Leistungserbringung ein entscheidender Gestaltungsfaktor. Natürlich ist die „Fangstelle" oder „Absturzstelle" materiell gesehen die Quelle der Gefahr, die es zu beseitigen gilt, gleichwohl wird sie in vielen Fällen erst durch eine **bestimmte Organisation der Arbeit zu einer real wirksamen Gefahr**. Dies ist zB der Fall, wenn Inspektionen und Instandhaltung nicht gefahrengerecht organisatorisch voneinander getrennt sind, oder Stress, ungeeignete Unterweisung, billigende Duldung der Außerkraftsetzung von Sicherheitsmaßnahmen durch die Führungskräfte[101] etc, die Schädigungswahrscheinlichkeit exponentiell steigen lassen. Insofern ist in den meisten Fällen eine Gefahrenverhütung an der Quelle immer auch mit (arbeits-)organisatorischen Maßnahmen sachlich zu verknüpfen, da Technik und Organisation wirkungskausal häufig nur schwer voneinander zu trennen sind. In den neueren Verordnungen werden daher auch Wartungsprogramme als organisatorische Schutzmaßnahmen verlangt (§ 8 Abs. 1 Nr. 2 GefStoffV, § 7 Abs. 2 Nr. 4 OStrV, § 10 BetrSichV). Schließlich kann ein gesundheitsgefährdender Arbeitsrhythmus oder eine vergleichbare Arbeitszeitorganisation, zB unregulierte ständige Erreichbarkeit,[102] eine Gefahrenquelle darstellen, die korrigiert werden muss (→ ArbZG § 8 Rn. 14 f.).

58 **3. Personelle Maßnahmen (P).** Erst **in letzter Konsequenz** (vgl. § 7 Abs. 1 S. 5 OStRV) sind nach § 4 Nr. 5 ArbSchG **individuelle, dh an der Person des Beschäftigten ansetzende Maßnahmen** zu ergreifen. Auch insoweit bietet der Schutz vor Lärm und das obige Beispiel der Rollenoffsetmaschine gutes Anschauungsmaterial. Auch wenn durch die Verkürzung der Lärmexpositionszeiten die Belastung auf ein Minimum begrenzt wird,

---

100 Kohte in: Kamp/Pickshaus, Regelungslücke, 2011, S. 10, 18 ff. **101** Paridon/Apfeld/Lüken, Manipulation, S. 29 ff. Im Rahmen von 21 Gefährdungsbeurteilungen des Autors in den letzten 3 Jahren geben über 50 % der Führungskräfte (N=1200) an, weder Zeit zum Führen, noch die Gelegenheit zu gesundheitsförderlichem Verhalten zu haben. **102** Buschmann AiB 2013, 514 ff.; Hässler/Rau iga.Report 23-2 (2016).

bedarf es zur Verhütung von Gehörschäden bei einem Schalldruckpegel von 120 dB(A) weiterer Schutzmaßnahmen für bestimmte Beschäftigten, die bei Eingriffen an der Maschine extremem Lärm ausgesetzt sind. Es bleibt in diesen Fällen letztlich nichts anderes als ein möglichst hochwirksamer Gehörschutz, also eine „**persönliche Schutzausrüstung**". Die Anforderungen an die Auswahl und die Eigenschaften der persönlichen Schutzausrüstung ergeben sich aus der Gefährdungsbeurteilung nach § 5 ArbSchG sowie der PSA-BV. Neben dem angemessenen „Equipment" ist es bei solchen individuellen Schutzmaßnahmen in besonderem Maße erforderlich, die Beschäftigten durch zielgerichtete Unterweisungen (vgl. auch § 3 PSA-BV) in der sachgerechten Nutzung der persönlichen Schutzausrüstung zu trainieren und über die Bedeutung der Benutzung der Schutzausrüstung umfassend zu informieren, sowie – um im Beispiel zu bleiben – die regelmäßige Pflicht- oder Angebotsvorsorge gemäß ArbMedVV (Teil 3 des Anhangs), bei Einverständnis jeweils verbunden mit einer regelmäßige Gehöruntersuchung (G 20 „Lärm").

4. Bedeutung des „Faktors Führung". In den Arbeitswissenschaften ist der hohe Stellenwert der **Personalführung** für einen wirksamen Arbeits- und Gesundheitsschutz wiederholt empirisch nachgewiesen worden.[103] Die wichtige Bedeutung der Führung folgt dabei daraus, dass sicherzustellen ist, dass alle getroffenen Sachmaßnamen (zB Einhaltung maximaler Expositionszeiten, Unterweisungen, arbeitsmedizinische Vorsorge) auch tatsächlich umgesetzt werden und die festgelegten Kontroll-, Wartungs- und Instandsetzungsarbeiten erfolgen sowie gefährdungsgerecht durchgeführt werden. Einen entscheidenden Faktor bilden dabei die Führungskräfte, die als arbeitsschutzrechtlich Verantwortliche der ihnen unterstellten Bereiche (dazu → ArbSchG § 13 Rn. 21 und → ArbSchG § 3 Rn. 54 ff.) dafür zu sorgen haben, dass Sicherheit und Gesundheit gewährleistet sind. Deutlich wird die Bedeutung der Führung an dem in der Praxis immer wieder vorzufindenden Missstand, dass Führungskräfte billigen oder jedenfalls dulden, dass Schutzmaßnahmen und -vorkehrungen zum Zwecke der vermeintlichen Arbeitserleichterung umgangen werden (zB Überbrückung von Lichtschranken oder Schutzkontakten, Demontage von Abdeckungen).[104] Vor dem Hintergrund der elementaren Bedeutung des Faktors „Führung" wird in den Arbeitswissenschaften zu Recht dafür plädiert, das klassische TOP-Modell um den Faktor „Führung" weiter auszudifferenzieren (sog **TOP (F)-Prinzip der Gefahrenverhütung**).[105] 59

In der Sache zielt die Berücksichtigung des „**Faktors Führung**" auf die effektive Umsetzung der betrieblich geregelten Schutzmaßnahmen. Es handelt sich somit um eine **Querschnittsaufgabe**, die unabhängig davon besteht, ob es sich um technische, organisatorische oder personenbezogene Maßnahmen des Arbeitsschutzes handelt. Die Führung hat in diesem Kontext für Aufmerksamkeit zu sorgen, anzuweisen, technische oder organisatorische Fehler zu melden und die Einhaltung sicherheits- und belastungsgerechten Verhaltens zu überwachen. Entsprechende arbeitsschutzrechtliche Handlungspflichten folgen insoweit aus den skizzierten gesicherten arbeitswissenschaftlichen Erkenntnissen, die nach § 4 Nr. 3 ArbSchG bei der Gestaltung der Maßnahmen zu berücksichtigen sind. Weitere normative Anknüpfungspunkte für die Fokussierung der Führung ergeben sich aus der Grundpflicht des § 3 Abs. 2 Nr. 2 ArbSchG, die die Einbindung des Arbeitsschutzes in die betrieblichen Führungsstrukturen verlangt, sowie aus dem allgemeinen Grundsatz des § 4 Nr. 7 ArbSchG, wonach den Beschäftigten geeignete Anweisungen zu erteilen sind (→ Rn. 64 ff.). In den betrieblichen Leitungsstrukturen ist es Aufgabe der Führungskräfte, dafür zu sorgen, dass die Beschäftigten die für ein sicherheits- und gesundheitsgerechtes Arbeiten erforderlichen Anweisungen erhalten. Entsprechend bezieht auch § 4 Nr. 4 ArbSchG explizit die 60

---

103 Vgl. dazu differenziert Krämer/Zimolong, Führungsverantwortung, S. 367 ff. **104** Eingehend hierzu Paridon/Apfeld/Lüken, Manipulation, S. 29 ff.; instruktiv auch LG Wiesbaden 3.11.2009 – 2 O 179/09 für den Fall des Arbeitsunfalls eines Leiharbeitnehmers, der angewiesen wurde, an nicht gekapselten Einzugsstelle an einem Förderband zu arbeiten, sowie LG Osnabrück 20.9.2013 – 10 KLs 16/13 zu einem tödlichen Arbeitsunfall nach Ausschaltung einer Lichtschranke. **105** Blume BGM, S. 276 f.

„sozialen Beziehungen" – so auch die Führung – in die sachgerechte Verknüpfung von Maßnahmen mit ein. Dies ist zutreffend, weil **Führung** jenseits der Aufsichtsverpflichtung selbst **einen wichtigen Faktor im Belastungsgeschehen darstellt**, der durchaus gesundheitsgefährdend, aber auch gesundheitsförderlich wirken kann.[106]

61 **5. Anwendungsbereich des TOP (F)-Prinzips.** Maßnahmen nach dem TOP (F)-Prinzip sind auf jeden Fall bei einer Gefahrenlage iSd Ordnungsrechts durchzuführen (→ Rn. 10). Es ist in diesem Zusammenhang darauf hinzuweisen und praktisch bedeutsam, dass verschiedene Gefährdungen im Zusammenwirken mit anderen Faktoren sich **häufig zu Gefahren verdichten**. Auch in diesen Fällen greift das TOP (F)-Prinzip. Ein anschauliches Beispiel ist wiederum der Lärm bei der Arbeit. So ist arbeitsmedizinisch unstreitig, dass Lärm nicht nur negative Auswirkungen auf das Gehörorgan hat (sog aurale Schädigungen), sondern auch zu anderen Schädigungen der Gesundheit führen kann (sog extraaurale Lärmwirkungen, dazu →LärmVibrationsArbSchV Rn. 15 ff.). So sind schon ab ca. 65 dBA – also weit unterhalb der Schwelle einer Gehörschädigung – endokrine Prozesse nachzuweisen, die ua zur Verengung der Blutgefäße und bei längerer Exposition zu Bluthochdruck führen können. Bei zunehmender Lautstärke wächst diese Stressbelastung (unwillkürliche Fluchtreaktion) und damit das Gefährdungspotential. Weiter verstärkt wird diese Wirkung, wenn Beschäftigte unter Zeitdruck oder bei Tätigkeiten mit hohen Konzentrationsanforderungen Lärm ausgesetzt sind.[107] Erforderlich ist es daher, **verschiedene Gefährdungsfaktoren in ihrem Zusammenwirken** zu sehen und im Rahmen der Gefährdungsbeurteilung zu bewerten (sog multifaktorielle Kausalverläufe, vgl. auch § 4 Abs. 4 BetrSichV). In Betracht zu ziehen sind in diesem Zusammenhang vor allem die **Arbeitsumgebungsbedingungen**. Das sind neben Lärm etwa die Temperaturen am Arbeitsplatz, die Beleuchtung, Raumgrößen und Bewegungsflächen oder arbeitsorganisatorische Aspekte wie zB Arbeits- und Pausenzeiten.

Allgemeine Organisationspflicht der Führungskräfte im Arbeits- und Gesundheitsschutz

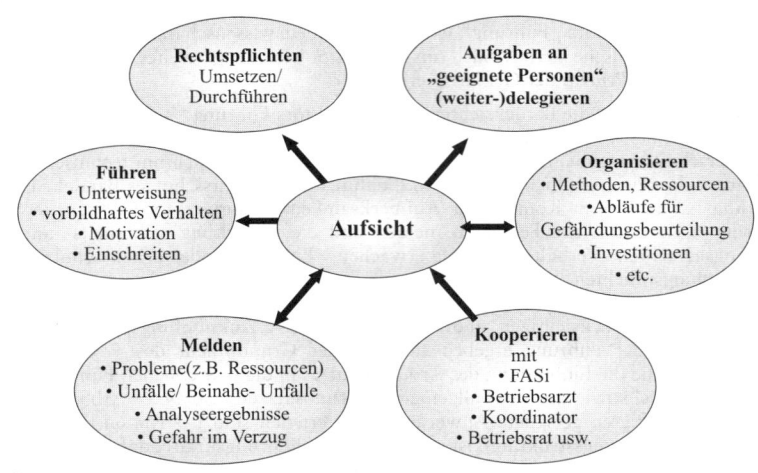

Abb. 6

---

106 Vgl. Stressreport 2012 und den Humankapitalansatz, der auch die Führung ins Zentrum der Betrachtung rückt. Dazu Badura, Sozialkapital und die Abb. 4, in der Führung in den „sozialen Beziehungen" als salutogener Faktor aufgeführt ist. **107** S. die zusammenfassende Grafik in BAuA, Lärmwirkungen: Gehör, Gesundheit, Leistung; in: Reihe Gesundheitsschutz, Heft 4 2004, 41.

Die praktische Bedeutung des TOP (F)-Prinzips kann wiederum auch am Beispiel des Lärms im Büro verdeutlicht werden. Geht man zunächst von der reinen Lautstärke aus, so ist anerkannt, dass Lärm je nach Art der Tätigkeit unterschiedliche gesundheitliche Auswirkungen hat. So macht es ersichtlich einen Unterschied, ob gewerbliche Arbeiten zu erledigen sind, einfache, überwiegend mechanisierte Bürotätigkeiten ohne große Anforderungen an eine mentale Fokussierung auf die Arbeit zu erbringen sind, oder es sich um Arbeiten handelt, die große Konzentration abverlangen. Es ist vor diesem Hintergrund arbeitswissenschaftlich anerkannt, dass **gestufte Mindestgrenzwerte je nach Tätigkeit** bei der Beurteilung von Lärm als Gefahr anzulegen sind (→ ArbstättV Rn. 83). Inzwischen werden je nach Bürotyp unterschiedliche Werte gesetzt, so zB für ein Großraumbüro 45 dB(A).[108] Diese Werte sind vorrangig durch **technische Maßnahmen** zu realisieren. So stehen im Großraumbüro zunächst Schallschutzmaßnahmen an Wänden und Decken, geeignete Abtrennungen, Möbel und ggf. eine Optimierung der Luftauslässe der Klimaanlage als technische Maßnahmen auf dem Maßnahmenplan. Es können weitere (ergänzende) **organisatorische Maßnahmen** in Betracht gezogen werden, indem zB feste Zeiten und/oder Orte für Kundenbesuche, Telefonate oder Gruppenbesprechungen festgelegt werden. Schließlich lassen sich **ergänzende individuelle Schutzmaßnahmen** ergreifen, so zB spezielle Head-Sets, die auf beiden Ohren die Außengeräusche wegfiltern oder – und hier fängt spätestens die Aufgabe und Verantwortung von personaler Führung an – Kurse organisieren und anbieten, die leises, aber effektives Sprechen vermitteln (Stimmtraining) oder die persönliche Stresskompetenz im Callcenter bzw. beim Kundenservice steigern. Solche gesundheitsförderlichen Maßnahmen können dann nicht nur die Lärmbelastung, sondern auch den Zeitdruck oder die Belastung durch schwierige Kunden besser bewältigen helfen (→ Lärm-VibrationsArbSchV Rn. 16, 23).

Ähnliche Problematiken entstehen bspw. beim **Raumklima**, zB in der Frage der Luftfeuchte bei Bildschirmarbeit. Obwohl es dazu noch keine gesicherten arbeitswissenschaftlichen Erkenntnisse gibt, ist zumindest auf der subjektiven Erlebensebene mit **trockenen Augen** erhebliche Beeinträchtigungen verbunden. Über ständige Befeuchtung mit Augentropfen (P) oder eine angemessene technische Feuchtigkeitsregulierung (T) mit einer entsprechenden Überwachung der Keimbildung (F) kann jedoch Abhilfe geschaffen werden.[109] Bei Problemen mit der Beleuchtung – zB bei alterserforderlicher Steigerung der Luxzahl, bei starker Fehlsichtigkeit, bei ausgebrannten Leuchtmitteln (< 500 Lux im Büro) – Führung – oder blendwirksamer Anordnung der Leuchten kann man jedoch nur technische (T) Lösungen realisieren.[110] Dasselbe gilt für Temperatur und Luftbewegungen, denn auch hier ist den Beschäftigten im Büro nicht zuzumuten, mit persönlicher Schutzausrüstung, also privaten Mänteln oder Filzpantoffeln den Büroalltag zu meistern. Insofern ist das **Prinzip der Nachrangigkeit individueller Schutzmaßnahmen** auch hier zu beachten, ebenso wie auch das gesetzliche Gebot des Vorrangs der Verhältnisprävention vor einer verhaltensbezogenen Maßnahme. Bei aller Nützlichkeit und Freiwilligkeit von Angeboten zum Erlernen einer gesunden Lebensführung (zB Stresskompetenz) gibt es dort verhaltensbezogene Maßnahmen, die direkt auf die Verhältnisse einwirken. So kann zB das Stimmtraining zur Verringerung der Geräuschbelastung im Büro beitragen und somit als verhältnispräventive Maßnahme gelten und zugleich auch als stimmbänderschonende und stressreduzierende Maßnahme der Gesundheitsförderung dienen.[111]

6. Erteilen geeigneter Anweisungen (§ 4 Nr. 7 ArbSchG). Der allgemeine Grundsatz des § 4 Nr. 7 ArbSchG unterstreicht die große **Bedeutung**, die das ArbSchG der **Information der Beschäftigten** und der **Transparenz** über alle Fragen von Sicherheit und Ge-

---

108 Kurtz, Lärmminderung, S. 761 ff; BAuA, Psychische Gesundheit in der Arbeitswelt – Lärm, 2016, S. 22 ; VBG, DGUV Information. Akustik im Büro. Hilfen für die akustische Gestaltung von Büros, 2012, S. 6. **109** Luftfeuchtigkeit ggf. über die „Behaglichkeitswerte" hinausgehende Empfehlungen und Erkenntnisse: Griefahn, Lärm, Klima, Licht, S. 22 f.; GMBl, ASR A3.6 – Technische Regeln für Arbeitsstätten – Lüftung, 2012. **110** Vgl. dazu die aktuelle Technische Regel für Arbeitsstätten: Beleuchtung ASR A3. **111** Jessen, Der Einfluss von Stress auf Sprache und Stimme, S. 157 ff.

sundheit bei der Arbeit beimisst. Nur gut informierte Beschäftigte sind in sicherheits- und gesundheitskritischen Arbeitssituationen in der Lage, zuverlässig „das Richtige" zu tun, um Gefährdungen wirksam zu kontrollieren und Schäden abzuwenden. Der allgemeine Grundsatz des § 4 Nr. 7 ArbSchG fügt sich systematisch in eine Reihe von Vorschriften des ArbSchG ein, die der Information und Kommunikation über Fragen der Sicherheit und Gesundheit dienen. Ihr übergreifendes Ziel ist die Stärkung der Handlungskompetenz der Beschäftigten zur Verbesserung von Sicherheit und Gesundheit bei der Arbeit.

65 § 4 Nr. 7 ArbSchG steht in **engem systematischen Zusammenhang** zu den durch § 12 ArbSchG geregelten Unterweisungen, die ebenfalls der arbeitsplatzbezogenen Information der Beschäftigten dienen. Die „Unterweisung" unterscheidet sich von den „geeigneten Anweisungen" iSv § 4 Nr. 7 ArbSchG allerdings in ihrer konkreten Zielstellung. Die Unterweisung nach § 12 ArbSchG zielt vor allem darauf ab, arbeitsplatz- und aufgabenbezogene Handlungskompetenz auf der Grundlage eines arbeitspädagogischen Konzepts systematisch zu vermitteln und zu trainieren[112] (→ ArbSchG § 12 Rn. 6 f.). **Geeignete Anweisungen** iSv § 4 Nr. 7 ArbSchG beinhalten dagegen konkrete, verbindliche Verhaltensanforderungen **für die Beschäftigten bei bestimmten Arbeitsaufgaben.** Sie können mündlich erfolgen oder schriftlich, zB im Rahmen der Verfahrensanweisungen des Qualitätsmanagements oder in Betriebsanweisungen.[113] Steht bei der **Unterweisung** der Aspekt des „**Trainings**"[114] im Vordergrund, sollen Anweisungen vor allem klare Regeln beinhalten, die in der konkreten Arbeitssituation eine hinreichend deutliche Handlungsorientierung bieten. Dies wird in der betrieblichen Praxis der Unterweisungen oft nicht ausreichend beachtet, wenn dort vor allem Rechtsvorschriften und betriebliche Regelungen referiert werden. § 4 Nr. 7 ArbSchG unterstreicht zudem den in § 3 Abs. 2 ArbSchG hervorgehobenen Aspekt der Führung (→ ArbSchG § 3 Rn. 82 ff.). **Anweisungen** sind das organisatorische **Instrument, um Maßnahmen** im betrieblichen Kontext **tatsächlich umzusetzen.**

66 Die Anweisungen müssen nach § 4 Nr. 7 ArbSchG **nach Inhalt und Form „geeignet"** sein. Anweisungen können mündlich oder schriftlich erteilt werden. Ob eine Anweisung schriftlich oder mündlich erfolgt, sollte von den konkreten Umständen, insbes. dem Grad der Gefährdung, abhängig gemacht werden. ZT ergibt sich die Pflicht zu schriftlichen Anweisungen aus speziellen Arbeitsschutzvorschriften (vgl. zB § 14 Abs. 1 GefStoffV).[115]

67 Inhaltlich sind damit vor allem Anweisungen gefordert, die sich auf die **konkreten Arbeitsaufgaben und Arbeitsbedingungen** der jeweiligen Beschäftigten beziehen. Die „Eignung" der Anweisungen hat sich im Kern an zwei Gesichtspunkten zu orientieren. Zu berücksichtigen sind zum einen die auf Basis der Gefährdungsbeurteilung nach § 5 ArbSchG festgelegten **konkreten Schutzmaßnahmen** zur Kontrolle der Gefahren bei der Arbeit (etwa Verbot der Umgehung von Schutzeinrichtungen zur vermeintlichen Erleichterung der Arbeit; sachgerechte Nutzung technischer Schutzeinrichtungen; Benutzung von persönlicher Schutzausrüstung; Meldung und Meldewege bei Störungen und Defekten, zB der Lüftungs- oder Beleuchtungsanlagen; Einhaltung arbeitsschutzrechtlich geforderter Erholungspausen, zB Arbeitsunterbrechungen nach Anhang Nr. 6.1 Abs. 2 ArbStättV, „Lärmpausen"). Zum anderen sind bei der inhaltlichen Ausgestaltung von Anweisungen der Stand der Unterweisung, die Erfahrungen und die Qualifikation, sowie die Sprachmächtigkeit der Beschäftigten in Rechnung zu stellen. Die hierfür relevanten Aspekte ergeben sich ohne Weiteres aus der Gefährdungsbeurteilung, sofern diese vollständig und ordnungsgemäß durchgeführt und dokumentiert worden ist. § 5 Abs. 3 Nr. 5 ArbSchG verlangt vor diesem Hintergrund ausdrücklich die systematische Ermittlung und Beurteilung der Qualifikation und des Standes der

---

112 BAG 11.1.2011 – 1 ABR 104/09, NZA 2011, 651 (652). 113 KJP/Koll ArbSchG § 4 Rn. 37; LR/Wiebauer ArbSchG § 4 Rn. 60. 114 Vgl. auch Art. 12 der englischen Fassung der Rahmenrichtlinie-Arbeitsschutz 89/391/EWG, in der von „Training" die Rede ist; vgl. Kohte, jurisPR-ArbR 48/2011 Anm. 4. 115 Zum Vorstehenden zB Pieper ArbSchG § 4 Rn. 20 a ff.; LR/Wiebauer ArbSchG § 4 Rn. 60.

Allgemeine Grundsätze § 4 ArbSchG 2

Unterweisung. Aus Sicht der in der Regel für die Anweisungen verantwortlichen Führungskräfte (→ ArbSchG § 13 Rn. 19) muss der allgemeine Grundsatz des § 4 Nr. 7 ArbSchG in engem Zusammenhang mit den Pflichten bei der Übertragung von Aufgaben nach § 7 ArbSchG gesehen werden. Danach ist bei der Übertragung von Aufgaben zu berücksichtigen, ob die Beschäftigten befähigt sind, die für die Sicherheit und den Gesundheitsschutz bei der Aufgabenerfüllung zu beachtenden Bestimmungen und Maßnahmen einzuhalten (→ ArbSchG § 7 Rn. 6 f.).

Um „geeignet" iSv § 4 Nr. 7 ArbSchG zu sein, muss eine Anweisung nicht nur den vorstehend skizzierten inhaltlichen Anforderungen genügen. Sie muss darüber hinaus in einer Form und Sprache erteilt werden, die für die Beschäftigten verständlich ist. Einzubeziehen sind insoweit wiederum das Qualifikationsniveau und die Erfahrung der jeweiligen Beschäftigten. Schutzziel des § 4 Nr. 7 ArbSchG ist daher nach seinem Sinn und Zweck, dass die Beschäftigten die Anweisung verstehen. Das erfordert, dass sie in der **Sprache der Beschäftigten** erfolgt. Vor diesem Hintergrund kann es bei Beschäftigten, die die deutsche Sprache nicht sicher beherrschen, erforderlich sein, Anweisungen in die Muttersprache der Beschäftigten zu übersetzen.[116] Sofern die Anweisungen schriftlich, zB in Gestalt einer Betriebsanweisung erfolgen, ist auf eine **übersichtliche Gestaltung**, ggf. unter Zuhilfenahme von Schaubildern und Piktogrammen, zu achten.[117] Um die gebotene hohe Aufmerksamkeit für schriftliche (Sicherheits-)Anweisungen iSv § 4 Nr. 7 ArbSchG zu sichern, sollten diese sich von den bei der Unterweisung genutzten Materialien auch optisch abheben (zB durch Farbe, Größe, Gestaltung). Ferner sind Widersprüche in den Arbeitsanweisungen und die Relativierung von Sicherheitsbelangen im Sinne einer Nachrangigkeit strikt zu vermeiden (zB klare Regeln für die Nutzung des „Not-Aus", Regeln über die Entfernung von Sicherheitseinrichtungen bei Reparatur und Inspektion, Wechsel von Toner nur von besonders eingewiesenen Beschäftigten). Anweisungen sind besonders wichtig für diejenigen Beschäftigten, die neu im Betrieb bzw. nur kurzfristig tätig sind. Daher verlangt § 8 Abs. 2 ArbSchG zutreffend, dass sich der Arbeitgeber vergewissert, dass **Fremdfirmenbeschäftigte angemessene Anweisungen erhalten haben**[118] (→ ArbSchG § 8 Rn. 27). 68

Die Erteilung von geeigneten Anweisungen ist eine notwendige **Voraussetzung** dafür, dass die **Beschäftigten** ihren Mitwirkungspflichten und **Mitwirkungsrechten** (§§ 15 ff. ArbSchG) sachgerecht nachkommen können.[119] Der Stellenwert einer angemessenen Anweisung der Beschäftigten zeigt sich daran, dass das Gesetz Rechtsfolgen an die Erteilung von Anweisungen knüpft. So wird der Umfang der Pflicht zur Eigen- und Fremdsorge in § 15 Abs. 1 ArbSchG gegenständlich von der Unterweisung und den Weisungen des Arbeitgebers abhängig gemacht (→ ArbSchG §§ 15–17 Rn. 9). Nach § 9 Abs. 1 ArbSchG wird der Zugang zu besonders gefährlichen Betriebsbereichen an die Voraussetzung geknüpft, dass die Beschäftigten geeignete Anweisungen erhalten haben. 69

VI. Ganzheitliche Planung (§ 4 Nr. 4 ArbSchG)

1. Allgemeines. § 4 Nr. 4 ArbSchG stellt den allgemeinen Grundsatz auf, dass Maßnahmen mit dem Ziel zu planen sind, Technik, Arbeitsorganisation, sonstige Arbeitsbedingungen, soziale Beziehungen und Einfluss der Umwelt auf den Arbeitsplatz sachgerecht zu verknüpfen (genauer formuliert in der englischen Fassung der RL: „coherent overall prevention policy").[120] Der Grundsatz verdeutlicht, dass sich der **Arbeitsschutz nicht auf isolierte Einzelmaßnahmen beschränken darf**. Es ist dem Umstand Rechnung zu tragen, dass die Beschäftigten bei ihrer weisungsgebundenen Arbeit vielfältigen Einflüssen ausgesetzt sind, die Auswirkungen auf ihre Gesundheit haben, und diese Einflüsse Wechselwirkungen miteinander haben können. Das ArbSchG verlangt daher einen „**ganzheitlichen Arbeitsschutz**", der die in § 4 Nr. 4 ArbSchG genannten Einflussgrößen berücksichtigt und sie aufeinander abstimmt. Praktisch bedeutet dies, dass es 70

---

116 NK-GA/Otto ArbSchG § 4 Rn. 11. 117 Kollmer/Klindt/Schucht/Kohte ArbSchG § 4 Rn. 34. 118 Julius, Arbeitsschutz und Fremdfirmenbeschäftigung, S. 163 ff. 119 Dazu auch Pieper ArbSchG § 4 Rn. 20. 120 Dazu Kollmer/Klindt/Schucht/Kohte ArbSchG § 4 Rn. 23.

nicht genügt, die in technischen Regelwerken für bestimmte Belastungen ausgewiesenen Grenzwerte schematisch zu befolgen. Es müssen vielmehr auch die Auswirkungen von Maßnahmen des Arbeitsschutzes auf andere Faktoren des Arbeitssystems abgeschätzt werden. Wie oben dargestellt, wirkt sich zB Lärm bei verschiedenen Arbeitsaufgaben und je nach den sonstigen Arbeits- und Arbeitsumgebungsbedingungen jeweils anders aus.

71 Ein **unverzichtbares Instrument** zur Realisierung des „ganzheitlichen Arbeitsschutzes" ist nach § 4 Nr. 4 ArbSchG die **Planung der Maßnahmen**. Planungspflichten werden juristisch immer dann virulent, wenn es darum geht, vorausschauend Lösungen für komplexe Problemlagen zu finden (zB Bauplanung, Insolvenzplan).[121] Im Rahmen des Planungsprozesses sind dabei systematisch die dem Sachverhalt zugrunde liegenden, oftmals konfligierenden Belange zu ermitteln, zu bewerten und in ihrer Bedeutung zueinander zu gewichten. Für die Planung von Arbeitsschutzmaßnahmen nach dem ArbSchG (vgl. insoweit auch § 3 Abs. 1, 2 ArbSchG) ist dabei die **Gefährdungsbeurteilung** das maßgebliche Instrument, die verschiedenen Gefährdungen bei der Arbeit systematisch zu erfassen. Die Gefährdungsbeurteilung ist insoweit auch Voraussetzung für eine ganzheitliche Sicht auf die Planungsentscheidung. Der allgemeine Grundsatz zur ganzheitlichen Planung des Arbeitsschutzes nach § 4 Nr. 4 ArbSchG bietet somit den rechtlichen Rahmen für eine systematische und transparente betriebliche Prioritätensetzung und die Bündelung von Maßnahmen für einzelne Gefahren/Gefährdungen zu einer Arbeitsschutzkonzeption für den gesamten Betrieb. Planen ermöglicht zudem ein „Handeln in der Zeit", etwa indem **kurz-, mittel- und langfristige Maßnahmen** verbindlich festgelegt werden.[122]

72 **2. Berücksichtigung der Wechselwirkungen von Gefährdungen.** Die Bedeutung von Wechselwirkungen für eine ganzheitliche Planung soll folgendes **Beispiel** aus der betrieblichen Praxis veranschaulichen:

In einem Großraumbüro wurde die alte Klimaanlage durch ein modernes Umluftsystem ersetzt. Hintergrund der Maßnahme waren nicht zuletzt andauernde Klagen der Beschäftigten wegen starker Geräuschbelästigungen durch die alte Klimaanlage. Diese Maßnahme führte paradoxerweise nach ihrer Umsetzung zu massiver Unzufriedenheit der Beschäftigten. Hintergrund war die Tatsache, dass die neue „Stille" aufgrund des fehlenden Hintergrundgeräusches der Klimaanlage zu einer hohen Verständlichkeit aller Telefonate und Gespräche im Großraumbüro führte. Die isolierte Maßnahme führte somit zu einer neuartigen, nicht intendierten Beeinträchtigung und Erschwerung der Arbeit, auch zu sozialen Spannungen („rede doch endlich leiser"), obgleich der störende Lärmpegel objektiv reduziert werden konnte. Dieses Ergebnis hätte vermieden werden können, wenn im Rahmen einer ganzheitlichen und arbeitswissenschaftliche Erkenntnisse und Erfahrungen berücksichtigenden Planung iSv § 4 Nr. 4 ArbSchG eine Ermittlung und Abstimmung der akustischen, klimatischen und arbeitsaufgabenbezogenen Bedarfe an Kommunikation vorgenommen und ggf. flankierend weitere **raumakustische Vorkehrungen** rechtzeitig festgelegt bzw. vorgesehen worden wären.[123]

73 Die Notwendigkeit ganzheitlicher Planung tritt unter Präventionsgesichtspunkten bei allen **betrieblichen Veränderungsprojekten** auf und ist im Sinne des Verbesserungsgebots gemäß §§ 3, 4 Nr. 1 ArbSchG als Projektaufgabe zu leisten.[124] So ergeben sich bei IT-Projekten – abgesehen vom Projekt- und Veränderungsstress[125] – eine Vielzahl von gesundheitsrelevanten Veränderungen: Tätigkeit, Qualifikation, Leistungsanforderung und deren Steuerung und Kontrolle, Kooperation und soziale Beziehungen etc. Diese Gestaltungsfelder sind nach § 4 Nr. 4 ArbSchG „sachgerecht zu verknüpfen" und im Sinne einer menschen- und normengerechten Gestaltung der neuen IT-gestützten Arbeit im Rahmen des Projektes zu planen (→ Rn. 78) sowie auf dieser Grundlage als Maß-

---

121 Dazu ausführlich Faber, Grundpflichten, S. 86 ff. **122** Vgl. auch Faber, Grundpflichten, S. 131 f. mwN. **123** Vgl. zur integrierten Planung „Akustik im Büro": DGUV 215-443, www.vbg. de. **124** So auch Satzer WSI-Mitteilungen 2010, 377 (378) und Klein/Satzer AiB 2013, 510 ff.; Blume in: FS Kohte, S. 383 ff. **125** Vgl. zu den Folgen von Veränderungsprozessen ua Dragano/Siegrist, Stress, S. 167 ff.; zum Projektstress ua: Blume, Projektkompass SAP, S. 49 ff.

nahmen des Arbeitsschutzes umzusetzen.[126] Auch hier ist es sinnvoll und erforderlich, dass der Plan auf den Ergebnissen der Gefährdungsbeurteilung der „alten" Arbeitssysteme und deren Wirkungskontrolle aufsetzt. Dies gilt umso mehr, wenn erforderliche Maßnahmen aus der korrektiven Gefährdungsbeurteilung (GfB) in Hinblick auf das anstehende IT-Projekt verschoben wurden.

Angesichts der sich beschleunigenden Veränderungen im Zuge einer „Digitalisierung 4.0"[127] und zunehmender Verbreitung „agiler" Projektmanagementmethoden[128] rückt der klassische Ansatz einer GfB nach Abschluss eines Veränderungsprojektes in den Bereich eines Sisyphus-Vorhabens: Verschiedene agile Projekte wirken gleichzeitig oder zeitlich versetzt auf Arbeitsplätze mit unterschiedlichen Auswirkungen ein und lassen so eine „Wirkungskontrolle" eines einzelnen Projektes kaum sinnvoll und zielführend erscheinen. Hinzu kommt noch die Tendenz, dass die „Halbwertzeiten" von Veränderungen ggf. ebenfalls kürzer werden und entsprechend korrektive Maßnahmen entweder zu spät kommen oder angesichts der nächsten Veränderung unsinnig erscheinen.

Ungeachtet der Akzeptanzprobleme, die eine nachträglichen Korrektur über eine GfB („Das hätten Sie uns ja vorher sagen können, dass der Handlungsspielraum ein wichtiges Gestaltungskriterium ist") mit sich bringt, wird es zunehmend erforderlich, das ganzheitliche Planungsgebot sowohl inhaltlich (Gestaltungskriterien guter und sicherer Arbeit[129]) als auch methodisch in die Projektaufgaben, -prozesse und Strukturen zu integrieren. Diese präventiven Gestaltungsaktivitäten sind auf allen Terrains der Veränderungen (Maschinen, Steuerung, Prozess 4.0. IT-Integration, Bürodesign etc) sinnvoll und erforderlich, wenn nicht hohe Kosten nachträglicher Sicherheits- und Gesundheitsschutzmaßnahmen in Kauf genommen werden sollen.[130]

Was spricht für präventive 4.0 Gestaltung?

Abb. 7

---

126 Praxisnah dargestellt in Abele/Hurtienne/Prümper, Usability Management, S. 51 ff. und mit Gestaltungsbeispielen zum ganzheitlichen ergonomischen Rollenzuschnitt S. 197 ff. zu Werkzeugen integrierter IT-Planung. **127** Zu arbeits- und arbeitsschutzrechtlichen Folgen der Digitalisierung vgl. auch Kohte NZA 2015, 1417 ff.; Wiebauer NZA 2016, 1430 ff. **128** Blume, Erfolgsfaktoren, S. 317. **129** Richter/Hacker, Tätigkeitsbewertungssystem – Geistige Arbeit, 2003, S. 19 ff.; Debitz/Pohlandt, Prospektive und korrektive Arbeitsgestaltung mittels des bedingungsbezogenen Verfahrens ergoInstrument REBA 9.0, S. 285–288. **130** Kohte NZA 2015, 1417 (141); Blume in: FS Kohte, S. 383 ff.; Lange/Szymanski, Leitfaden zur Umsetzung des CE – Kennzeichnungsverfahrens für Maschinen. Schriftenreihe der Bundesanstalt für Arbeitsschutz und Arbeitsmedizin, Forschung Fb 1051, 2006, S. 35 ff.

74 Von erheblicher Bedeutung sind in diesem Kontext vielfach die „sozialen Beziehungen" am Arbeitsplatz. Stichwort ist insoweit die **Sicherheits- und Gesundheitskultur**, die der Wirksamkeit einer Maßnahme im Wege stehen, sie aber auch umgekehrt fördern kann. Ein in der Praxis vieler Betriebe wichtiges Beispiel ist insofern die Einstellung der betrieblichen Akteure zur Notwendigkeit und Sinnhaftigkeit von sicherungstechnischen Maßnahmen. Solche Maßnahmen stellen sich aus der Sicht der Beschäftigten nicht selten als eine Behinderung ihrer Arbeit dar. So lässt sich zB schneller arbeiten, wenn eine Lichtschranke zum Personenschutz vor dem Greifraum nicht da wäre oder keine persönliche Schutzausrüstung anzulegen ist. Die Erfahrung zeigt, dass dies insbesondere unter Bedingungen hoher Leistungsvorgaben (zB Akkord) häufig zum Unterlaufen der installierten Sicherheitssysteme führt.[131] Dies wird nicht selten auch durch die unteren Führungskräfte, die für die Leistung in ihrem Bereich Verantwortung „nach oben" tragen, geduldet oder gar billigend in Kauf genommen.[132] In einer solchen Konstellation kann die „Gesundheitskultur" eine erhebliche Bedeutung für das Vorgehen der Beschäftigten und das Führungsverhalten „vor Ort" haben.[133] Wird die Beachtung der Sicherheitsmaßnahmen von der Geschäftsführung nicht glaubwürdig offensiv eingefordert oder ist die Beachtung der Schutzsysteme gar „sozial unerwünscht", wird der Versuch einer „gesundheitsgerechten Führung" vor Ort schnell an seine Grenzen stoßen.[134] Diese überwiegend **„organisationalen" Bedingungen** – im Zusammenspiel ggf. mit einer schlechten Sicherheitsergonomie (zB umständlich zu lösende Abdeckung „führt" zur kompletten Demontage) und mit Leistungs- und Termindruck – verdeutlichen die Notwendigkeit einer ganzheitlichen Arbeitsschutzkonzeption. Von einer sachgerechten Verknüpfung der Faktoren iSv § 4 Nr. 4 ArbSchG kann daher im vorstehenden Beispiel keine Rede sein. Die Planung muss vielmehr gerade diesen Faktoren aus den sozialen Beziehungen Rechnung tragen. Es ist kein Zufall, dass die Frage der „Awareness", also die **Aufmerksamkeit gegenüber Risiken und sicherheitsgerechtem Verhalten**, das Sehen und Beheben von Fehlern eine zentrale Frage von High Risk Unternehmen, zB der Chemie, Petrochemie, Atomwirtschaft, ist. Nicht nur der ursächliche Zusammenhang von Arbeitsschutz und Umweltschutz ist hier Treiber integrierter Planung, sondern auch die Verhaltenssicherheit, dh vor allem auch die Führung, müssen Gegenstand der Systemgestaltung sein. QHSE, also Quality, Health & Safety and Environment sind die Integrationslinien, die entsprechend verschiedene Formen von Managementsystemen hervorgebracht haben[135] (zu ASCA und OHRIS auch hier → ArbSchG § 3 Rn. 88 ff.).

75 Zu verweisen ist darauf, dass auch wohlgemeinte Maßnahmen auf arbeitsorganisatorischer Ebene (zB Abbau von nachweislichen Monotoniebelastungen durch Rotation auf andere Arbeitsplätze/Tätigkeiten) an den „sozialen Beziehungen" scheitern können, wenn beispielsweise von den Beschäftigten persönlich geschätzte soziale Beziehungen durch die von oben angeordnete Rotation zerrissen werden. Dies ist insbes. der Fall, wenn Führungskräfte den Teams den Nutzen und die Erforderlichkeit dieser Maßnahme nicht vermitteln können und diese Dimension in der betrieblichen Kultur nicht verankert wird. Notwendig sind in solchen Fällen eine geeignete „Informationspolitik" und ggf. Unterweisungen und Qualifizierungen der Betroffenen. Solange die arbeitsorganisatorische Optimierung nicht verstehen, zB weil sie den vorgegebenen Qualifikationen und Leistungsvorgaben (noch) nicht entsprechen, wird eine solche unter Gesichtspunkten des Arbeitsschutzes – hier des Belastungsabbaus – begrüßenswerte

---

[131] Eingehend hierzu Paridon/Apfeld/Lüken, Manipulation, S. 29 ff.; instruktiv auch LG Wiesbaden 3.11.2009 – 2 O 179/09 für den Fall des Arbeitsunfalls eines Leiharbeitnehmers, der angewiesen wurde, an einer nicht gekapselten Einzugsstelle an einem Förderband zu arbeiten, sowie LG Osnabrück 20.9.2013 – 10 KLs 16/13 zu einem tödlichen Arbeitsunfall nach Ausschaltung einer Lichtschranke. [132] Vgl. HVBG (Hrsg.), Manipulation von Schutzeinrichtungen an Maschinen, 2006, S. 29 ff. [133] Ricker/Hauser, Arbeitsplatzkultur und Gesundheit – ganzheitliche Gestaltung der organisationalen Beziehungen zur Stärkung der psychischen Gesundheit von Mitarbeitern, S. 107–118. [134] Zu den erheblichen strafrechtlichen Risiken einer dergestalt unzureichenden Sicherheitskultur vgl. instruktiv LG Osnabrück 20.9.2013 – 10 KLs 16/13. [135] Dazu ua Blume, BGM, S. 85 f.

Maßnahme ins Leere gehen und schlimmstenfalls zu (neuen) Überforderungen führen. Die ganzheitliche Planung nach § 4 Nr. 4 ArbSchG verlangt, solche **„Risiken und Nebenwirkungen"** von Maßnahmen im Vorfeld so weit als möglich zu antizipieren und ggf. durch eine anlassbezogene Gefährdungsbeurteilung nach § 5 ArbSchG früh zu erkennen und entsprechend nachzusteuern.

3. Bedeutung des Planungsaspekts. Der in § 4 Nr. 3 ArbSchG normierte Grundsatz der Planung der Maßnahmen **kann** sowohl eine **korrektive** als auch eine **präventive Zielrichtung** haben. Eine korrektive Zielrichtung ist gegeben, wenn es darum geht, bestehende Gefahren für Sicherheit und Gesundheit abzubauen bzw. zu verhüten. Ein solcher Fall ist zB im obigen Beispiel einer lauten Klimaanlage gegeben, bei dem es um die arbeitsschutzrechtlich gebotene Korrektur gesundheitlich unzuträglichen Lärms ging. Die Planungspflicht spannt hier den rechtlichen Rahmen für eine Vorgehensweise, unter Abwägung der Vor- und Nachteile verschiedener Lösungen eine Entscheidung über ein Maßnahmenkonzept zur Korrektur der Lärmbelastungen zu treffen. 76

Besondere Bedeutung kommt der **präventiven Planung** zu. Der Planungsaspekt ist hier ein wesentliches Element zur Umsetzung der Grundpflicht des Gefährdungsschutzes nach § 4 Nr. 1 ArbSchG, die darauf abzielt, potenziell gesundheitsschädliche Arbeitsbedingungen zu vermeiden bzw. zu vermindern, so dass Maßnahmen zur Gefahrenkontrolle (korrektiv) entbehrlich sind. Wird bspw. in der Verwaltung eines Unternehmens eine neue Software eingeführt oder wesentlich verändert, ist das im Grundsatz eine Maßnahme, die die gesundheitliche Gefährdungssituation der Mitarbeiter idR massiv beeinflussen wird: Die Tätigkeiten, der Handlungsspielraum, die Vielseitigkeit, die Bildschirmbindung der Mitarbeiter, die (Mengen-)Zuweisung von Arbeit, die Software-Ergonomie, die „Papierlosigkeit", ggf. auch der Lohngruppe und die Rolle der Führungskräfte und die Kontrollspanne etc werden sich im Rahmen dieses Projektes gewollt oder aber vielfach auch ungewollt verändern.[136] Kurz, es wird zwangsläufig ein **neuer Belastungsmix** in einem neu gestalteten „Arbeitssystem" entstehen, der entweder eine Verbesserung oder eine Verschlechterung der Beanspruchungssituation der Betroffenen mit sich bringt. Die hier arbeitswissenschaftlich einschlägige Grundnorm DIN EN ISO 6385:2004 („Grundsätze der Ergonomie für die Gestaltung von Arbeitssystemen") verweist zum einen detailliert auf die Beachtung der „hauptsächlichen Wechselwirkungen" zwischen den Bestandteilen des Arbeitssystems und den Beschäftigten.[137] 77

Zum anderen wird in der Norm auf den **integrativen Prozess der Gestaltung** eingegangen und es werden entsprechende Empfehlungen für ein gefährdungsminderndes bzw. gesundheitsförderliches Veränderungsprojekt gegeben. Bei einer solchen Ausgangssituation besteht zwar auch die Möglichkeit, nach Beendigung des Projektes – hier: der Einführung der neuen Software – im Rahmen einer Gefährdungsbeurteilung die neue Belastungssituation zu ermitteln. Auf dieser Basis könnten dann ggf. **korrigierende Maßnahmen** bspw. zur Vergrößerung der Handlungsspielraums, zur Verbesserung der Software-Ergonomie etc in sachgerechter Verknüpfung nachträglich – idR mit viel Mehraufwand – geplant werden. Eine solche letztlich korrektive Vorgehensweise steht jedoch schwerlich in Einklang mit den präventiven Zielen des § 4 Nr. 1 ArbSchG, Gefährdungen von vornherein zu vermeiden. Präventiv und somit im Sinne dieses Gesetzes ist es in solchen Fällen allein, rechtzeitig im Rahmen des Projektes auf der Grundlage der Gefährdungsbeurteilung der alten Arbeitssystems – **Lastenheft** – und unter Beachtung der gesicherten arbeitswissenschaftlicher Erkenntnisse – also hier bspw. der Normenfamilie zur Gebrauchstauglichkeit/Softwareergonomie (DIN EN ISO 9241) – **Pflichtenheft** – im Rahmen der Planung eine Verminderung von bestehenden Gefährdungen und die Vermeidung von neuen Fehlbelastungen, Überforderungen, Hindernissen, also Gefährdungen nebst ihrer Wechselwirkungen, zu prüfen und Alternativen mit 78

---

[136] Zur menschengerechten Gestaltung von IT-gestützten Arbeitssystemen, psychischen Belastungen etc Blume, Projektkompass SAP, S. 317–331 und zu entsprechenden Erfolgsfaktoren von IT-Projekten auch Blume in: Abele/Hurtienne/Prümper, Usability Management, S. 317 ff.; auch unter dem Aspekt angemessener Schulung: Scherer/Schaffner, SAP-Training. [137] Dazu auch LR/Wiebauer ArbSchG § 4 Rn. 45.

dem Ziel einer Vermeidung von Gefährdungen abzuwägen (→ ArbSchG § 3 Rn. 39 ff. und → ArbSchG § 5 Rn. 67 ff.).[138] Diese Vorgehensweise ist zumeist auch unter wirtschaftlichen Gesichtspunkten vorzugswürdig, da nachträgliche Änderungen regelmäßig mit einem beachtlichen Kosten- und Organisationsaufwand verbunden sind.

79 Die vorstehenden Erwägungen für eine Innovation im Rahmen von Verwaltungstätigkeiten gelten sinngemäß auch für alle anderen Tätigkeitsbereiche. So gilt bei der Beschaffung von Maschinen und Anlagen, die zu einem neuen oder wesentlich geänderten Arbeitssystem führen kann, dieselbe präventive und integrierende Logik des § 4 Nr. 4 ArbSchG. Sie ist rechtlich vorgeformt in der Verknüpfung von Maschinenrichtlinie und Betriebssicherheitsverordnung (→ Rn. 15 f.; → BetrSichV Rn. 4, 46 ff.), die mit den Elementen der Gefahrenanalyse, der Gestaltung und der Gefährdungsbeurteilung operiert.[139] Hieraus folgt, dass die **Maßnahmen des Arbeitsschutzes bereits Teil des Planungsprozesses** sein müssen. Vor diesem Hintergrund ist es bedenklich, dass in der Praxis die Beschäftigten und die Betriebsräte häufig nicht oder zu spät an solchen betrieblichen Veränderungsprozessen beteiligt werden.[140] Dies gilt umso mehr, als seit dem Jahr 1972 durch § 90 BetrVG entsprechende Pflichten zur Information des Betriebsrats und zur Beratung von betrieblichen Änderungsvorhaben bestehen (→ BetrVG §§ 90, 91 Rn. 9 ff.). Dieses Defizit hat sich mit der Einführung des § 4 Nr. 4 ArbSchG im Jahre 1996 weiter verschärft. Soweit es um die gesundheitlichen Auswirkungen von Änderungsprojekten geht, unterfallen notwendige Regelungen zur Gestaltung der Projekte dem Mitbestimmungsrecht des § 87 Abs. 1 Nr. 7 BetrVG. Es bedarf daher nach der Rechtsprechung des Bundesarbeitsgerichts einer von beiden Betriebsparteien gemeinsam getragenen betrieblichen Regelung (→ BetrVG § 87 Rn. 34, 54 f.).[141]

VII. Schutzniveau der Maßnahmen des Arbeitsschutzes (§ 4 Nr. 3 ArbSchG)

80 Mit der „Technikklausel" des § 4 Nr. 3 ArbSchG wird das Schutzniveau, das bei Maßnahmen des Arbeitsschutzes zu berücksichtigen ist, abstrakt umschrieben. Der **Stand von Technik, Arbeitsmedizin und Hygiene** sowie die sonstigen **gesicherten arbeitswissenschaftlichen Erkenntnisse**, auf die der Grundsatz des § 4 Nr. 3 ArbSchG Bezug nimmt, stehen letztlich für eine Kernfrage des Arbeitsschutz- und Technikrechts: „Wie sicher ist sicher genug?". Die Technikklausel ist vor allem für die Operationalisierung des Grundsatzes des § 4 Nr. 1 ArbSchG von großer praktischer Bedeutung, wonach Gefährdungen „möglichst" vermieden und die verbleibende Gefährdung „möglichst" gering zu halten ist. Sie reguliert in der Sache die Frage, was möglich und nötig ist, indem sie vorgibt, inwieweit bei der Gestaltung von Arbeitsschutzmaßnahmen sicherheitstechnische, arbeitsmedizinische, hygienische und arbeitswissenschaftliche Innovationen und Erkenntnisgewinne zu berücksichtigen sind.

81 Die Technikklausel greift nicht nur beim Gefährdungsschutz, sondern auch bei der **Gefahrenabwehr**, die anders als der Gefährdungsschutz eine hinreichend konkrete Wahrscheinlichkeit eines Schadens voraussetzt (→ Rn. 10). Im Einzelfall kann die Gefahrenabwehr allerdings auch über die Erkenntnisse des § 4 Nr. 3 ArbSchG hinausgehende Maßnahmen erfordern. Das ist der Fall, wenn sich die Gefahrenlage nur durch Maßnahmen kontrollieren lässt, die anspruchsvoller sind als Maßnahmen nach Maßgabe der in § 4 Nr. 3 ArbSchG genannten Standards. Insoweit gilt kategorisch der Grundsatz, dass Gefahrenlagen nach dem TOP-(F) Prinzip (→ Rn. 60) zu beseitigen sind. Im Gegensatz dazu ist der Gefährdungsschutz flexibler angelegt. Nach § 4 Nr. 1 ArbSchG sind Gefährdungen lediglich „möglichst" zu vermeiden bzw. zu minimieren.[142]

---

[138] Abele/Hurtienne/Prümper, Usability Management, S. 35 ff. [139] Zu entsprechenden Vorgehensweisen im Prozess der Konstruktion und bei wesentlichen Änderungen von Maschinen und Anlagen, die vom Betreiber zu verantworten sind, siehe ua Lange/Szymanski, Abschlussbericht. [140] Anschauliches Beispiel bei Klein/Satzer AiB 2013, 510 (512). [141] BAG 8.6.2004 – 1 ABR 4/03, NZA 2005, 227 ff., siehe dazu exemplarisch die Struktur einer Betriebsvereinbarung in Blume, Projektkompass SAP, S. 415 ff. [142] Dazu Kohte, Jahrbuch Arbeitsrecht 2000, S. 21 ff., 32; LR/Wiebauer ArbSchG § 4 Rn. 14.

Allgemeine Grundsätze

1. "Stand" von Technik, Arbeitsmedizin und Hygiene. Mit der Bezugnahme des § 4 Nr. 3 ArbSchG auf die Technik, Arbeitsmedizin und Hygiene rekurriert das Gesetz auf die für den klassischen Arbeitsschutz relevanten Fachdisziplinen. **Technik** meint dabei vor allem die Sicherheitstechnik. Es kann sich hierbei um technische Verfahren, Betriebsweisen und Einrichtungen zum Schutz vor Unfällen (zB Kapselungen von Einzug- und Quetschstellen, Isolationen von elektrischen Anlagen) wie auch technische Einrichtungen zum Schutz vor arbeitsbedingten Gefährdungen der Gesundheit (zB Lüftungsanlagen, Beleuchtungsanlagen) handeln. Gegenstand der **Arbeitsmedizin** sind alle Maßnahmen, Mittel und Einrichtungen zur Erkennung und Verhütung arbeitsbedingter Gesundheitsschäden.[143] Hierzu zählen sowohl Methoden und Standards betriebsärztlicher Untersuchungen einzelner Beschäftigter als auch betriebsepidemiologische Untersuchungen, etwa zur Beurteilung der Arbeitsbedingungen an den Arbeitsplätzen.[144] Mit **Hygiene** sind Erkenntnisse angesprochen, die sich insbes. auf die Anforderungen an den Betrieb von Arbeitsstätten (einschließlich Sanitär- und Sozialeinrichtungen) und Arbeitsmitteln sowie die Nutzung von persönlicher Schutzausrüstung und Arbeitskleidung ergeben. Es geht hierbei zB um Regelungen zur Reinigung der Arbeitsstätte, Regeln für die Nahrungsaufnahme im Betrieb oder um Maßnahmen zur Verhütung übertragbarer Krankheiten, etwa im Rahmen der Pandemievorsorge.[145]

Mit der Formulierung "**Stand**" von Technik, Arbeitsmedizin und Hygiene greift das Gesetz auf eine im technischen Sicherheitsrecht anerkannte[146] Stufung des Schutz- und Sicherheitsniveaus mittels "Technikklauseln" zurück. Nach der insoweit einschlägigen Rechtsprechung des Bundesverfassungsgerichts sind im Kern drei Stufungen zu unterscheiden: Die "anerkannten Regeln der Technik", der "Stand der Technik" und der "Stand von Wissenschaft und Technik".[147] Unter den "**allgemein anerkannten Regeln der Technik**" sind technische Festlegungen (schriftlich oder mündlich überliefert) für Verfahren, Einrichtungen und Betriebsweisen zu verstehen, die nach herrschender Auffassung der beteiligten Kreise (Fachleute, Anwender, öffentliche Hand) geeignet sind, das gesetzlich vorgegebene Ziel zu erreichen. Sie müssen sich in der Praxis allgemein bewährt haben oder ihre praktische Bewährung muss nach herrschender Auffassung in überschaubarer Zeit bevorstehen.[148] Die Technikklausel "**Stand von Wissenschaft und Technik**" beschreibt demgegenüber den Entwicklungsstand der fortschrittlichsten Verfahren, Einrichtungen und Betriebsweisen. Sie müssen nach Meinung der führenden Fachleute aus Wissenschaft und Technik erforderlich sein, um das gesetzlich vorgegebene Ziel zu erreichen, und auf den neuesten wissenschaftlich vertretbaren Erkenntnissen beruhen.[149]

Zwischen den "allgemein anerkannten Regeln der Technik" und dem "Stand von Wissenschaft und Technik" liegen die aus dem "**Stand der Technik**" folgenden Anforderungen an das Schutzniveau, auf die § 4 Nr. 3 ArbSchG Bezug nimmt. Unter dem "Stand der Technik" wird üblicherweise der Entwicklungsstand fortschrittlicher Verfahren, Einrichtungen und Betriebsweisen verstanden, der nach herrschender Auffassung führender Fachleute das Erreichen des gesetzlich vorgegebenen Zieles als gesichert erscheinen lässt. Die betreffenden Verfahren, Einrichtungen und Betriebsweisen oder vergleichbare Verfahren, Einrichtungen und Betriebsweisen müssen sich in der Praxis bewährt haben oder jedenfalls im Betrieb mit Erfolg erprobt worden sein.[150] § 4 Nr. 3 ArbSchG hat zu einer Erhöhung des gesetzlichen Schutzniveaus des betrieblichen Ar-

---

[143] KJP/Koll ArbSchG § 4 Rn. 17. [144] Kollmer/Klindt/Schucht/Kohte ArbSchG § 4 Rn. 16; s. auch Landau/Pressel, Medizinisches Lexikon, S. 17 ff. [145] Dazu KJP/Koll ArbSchG § 4 Rn. 18; Kollmer/Klindt/Schucht/Kohte ArbSchG § 4 Rn. 17. [146] Grundlegend BVerfG 8.8.1978 – 2 BvL 8/77, BVerfGE 49, 89 ff.; Marburger, Regeln der Technik im Recht, S. 158 ff.; zum Arbeitsschutzrecht: Wlotzke in: FS Däubler, S. 654, 664; Fitting BetrVG § 87 Rn. 281 ff.; Münch/ArbR/Kohte § 290 Rn. 27; LR/Wiebauer ArbSchG § 4 Rn. 31. [147] BVerfG 8.8.1978 – 2 BvL 8/77, BVerfGE 49, 89 ff. [148] Handbuch der Rechtsförmlichkeit, http://hdr.bmj.de/vorwort.html, Rn. 255; BVerfG 8.8.1978 – 2 BvL 8/77, BVerfGE 49, 89 (135); Nöthlichs ArbSchG § 4, 3.3.2. [149] Handbuch der Rechtsförmlichkeit, Rn. 257. [150] Handbuch der Rechtsförmlichkeit, Rn. 256; vgl. auch zB die Legaldefinition in § 2 Abs. 11 ArbStättV, § 2 Abs. 15 GefStoffV, § 2 Abs. 11 OStrV.

beitsschutzes geführt, das bis zum Inkrafttreten des ArbSchG im Jahre 1996 überwiegend nur die Beachtung der „allgemein anerkannten Regeln der Technik" verlangte (vgl. zB § 3 ArbStättV-1975). Der „Stand der Technik" als Maßstab verlagert die Anforderungen **„an die Front der technischen Entwicklung"**, während in der Vergangenheit die „allgemein anerkannten Regeln stets hinter einer weiterstrebenden technischen Entwicklung herhinkt(en)".[151] Die Technikklausel des § 4 Nr. 3 ArbSchG ist vor diesem Hintergrund ein wesentliches Element zur Erreichung eines der zentralen Ziele des ArbSchG, das darin besteht, den betrieblichen Arbeits- und Gesundheitsschutz ständig an die Dynamik der Technik anzupassen.[152] Der Stand der Technik wird insbes. wiedergegeben in den Technischen Regeln der Arbeitsschutzausschüsse beim BMAS[153] (AGS, ASR, TRBS, TRGS etc) sowie anderen technischen Normen (DIN EN, ISO, BGI etc), sofern sich diese auf die Anforderungen des Arbeitsschutzrechts beziehen (→ ArbSchG §§ 18, 19 Rn. 35 ff.). Der **Stand der Hygiene**" wird zB durch die DIN 77400 (→ ArbStättV Rn. 97) und die Empfehlungen des Robert-Koch-Instituts repräsentiert, die zB zu Schimmelpilzbelastungen in Innenräumen für den Arbeitsschutz im heutigen Schulalltag wichtige Aussagen getroffen haben.[154] Der **Stand der Arbeitsmedizin** kann dokumentiert werden in Beschlüssen der medizinischen Fachgesellschaften auf internationaler oder nationaler Ebene, zB DGAUM, sowie vor allem in den Arbeitsmedizinischen Regeln (AMR), die der Ausschuss für Arbeitsmedizin nach § 9 ArbMedVV ermittelt hat (→ ArbMedVV Rn. 16).

85 **2. Sonstige gesicherte arbeitswissenschaftliche Erkenntnisse.** Neben dem Stand der Technik, Arbeitsmedizin und Hygiene verlangt § 4 Nr. 3 ArbSchG zudem die Berücksichtigung der „gesicherten arbeitswissenschaftlichen Erkenntnisse". Die Pflicht zur Berücksichtigung der gesicherten arbeitswissenschaftlichen Erkenntnisse steht in engem systematischem Zusammenhang zum erweiterten Arbeitsschutzansatz des ArbSchG. Während der klassische Arbeitsschutz vor allem technisch und medizinisch orientiert war, verlangt § 4 Nr. 3 ArbSchG nunmehr eine **Erweiterung des Blickwinkels auf weitere Elemente**, die für die Sicherheit und die Gesundheit bei der Arbeit von Belang sind.[155] Deutlich werden diese Weiterungen durch den in § 2 Abs. 1 ArbSchG legal definierten Begriff der „Maßnahmen des Arbeitsschutzes". Eingeschlossen sind danach nunmehr ausdrücklich auch „Maßnahmen der menschengerechten Gestaltung" der Arbeit. Die „gesicherten arbeitswissenschaftlichen Erkenntnisse" bieten vor diesem Hintergrund die fachliche Grundlage für Maßnahmen der menschengerechten Gestaltung der Arbeit. Außer in § 4 Nr. 3 ArbSchG finden sich in einer Reihe spezieller Arbeitsschutzvorschriften (zB § 28 Abs. 1 JArbSchG, § 6 Abs. 1 ArbZG)[156] sowie in §§ 90, 91 BetrVG weitere Bezugnahmen auf die „gesicherten arbeitswissenschaftliche Erkenntnisse".

86 Der **Begriff der gesicherten arbeitswissenschaftlichen Erkenntnisse** ist nicht gesetzlich definiert.[157] Die Arbeitswissenschaft ist nach einer heute weitgehend anerkannten Definition die Systematik der Analyse, Ordnung und Gestaltung der technischen, organisatorischen und sozialen Bedingungen von Arbeitsprozessen. Die Zielstellung der Arbeitswissenschaften besteht dabei darin, dass Beschäftigte in produktiven und effizienten Arbeitsprozessen ausführbare und schädigungsfreie Arbeitsbedingungen vorfinden, Arbeitsinhalte, Arbeitsaufgabe, Arbeitsumgebung sowie Entlohnung und Kooperation sozial angemessen sind und der arbeitende Mensch über Handlungsspielräume verfügt, um Fähigkeiten zu erwerben und in der Kooperation mit anderen seine Persönlichkeit erhalten und entwickeln zu können[158] (s. anhand praktischer Beispiele auch → Rn. 28 am Beispiel monotoner Arbeit und → Rn. 77 am Beispiel der Software-Ergonomie).

---

151 BVerfG 8.8.1978 – 2 BvL 8/77, BVerfGE 49, 89 (135). **152** BT-Drs. 13/3540, 13. **153** Anschaulich der Bericht von Wriedt Gute Arbeit 4/2015, 26 f. zur Ermittlung des Stands der Technik im AGS. **154** Kohte RdJB 2008, 198 (206 f.); vgl. zum Anspruch auf Reinigung des Büros LAG Rheinland-Pfalz 19.12.2008 – 9 Sa 427/08 und Kohte/Faber, jurisPR-ArbR 33/2009 Anm. 5. **155** HaKo-BetrVG/Kohte BetrVG § 89 Rn. 10. **156** Dazu auch Pieper ArbSchG § 4 Rn. 11; ausführlich Habich, Sicherheits- und Gesundheitsschutz, S. 153 ff. **157** KJP/Koll ArbSchG § 4 Rn. 19. **158** Vgl. nur Münch/ArbR/Kohte § 290 Rn. 24; Pieper ArbSchG § 4 Rn. 12, jeweils unter Hinweis auf die Begriffsbildung von Schlick/Bruder/Luczak, Arbeitswissenschaft, S. 32 ff.

Arbeitswissenschaften sind vor diesem Hintergrund als „**Querschnittswissenschaft**" zu verstehen, die insbes. ergonomische, arbeitspsychologische, sozialwissenschaftliche, medizinische und neurowissenschaftliche Erkenntnisse integriert.[159] Für den Arbeits- und Gesundheitsschutz in einer sich ständig ändernden und globaler werdenden Arbeitswelt haben die Arbeitswissenschaften eine große Bedeutung, da sie sich insbes. mit der Frage beschäftigen, wie und unter welchen physikalischen Bedingungen der Mensch eine nicht gesundheitsschädliche Dauerleistung erbringen kann. Gegenstand der Arbeitswissenschaft sind demnach Fragestellungen wie: „Wann ist eine Arbeit zu viel, zu schwer, zu ermüdend, zu stressig?" Vor diesem Hintergrund können zB die Forschungen über die Auswirkungen psychischer Belastungen durch die Arbeit oder die Auswirkungen der Arbeitsorganisation und Arbeitsgestaltung auf den arbeitenden Menschen dazu beitragen, die breite gesellschaftliche Diskussion über Themen wie Arbeitsverdichtung, Schicht- und Nachtarbeit (→ ArbZG § 6 Rn. 7 ff.), Entgrenzung der Arbeit durch mobile Arbeitsformen (→ ArbStättV Rn. 193 ff.) und ständige Erreichbarkeit (→ ArbZG § 8 Rn. 14 f.) auf eine fundierte wissenschaftliche Grundlage zu stellen.[160]

Für den Bereich der **körperlichen Arbeit** gibt es heute eine Fülle von gesicherten wissenschaftlichen Erkenntnissen. Dies gilt zB für das Problem, wann eine Belastung, zB das Tragen, Ziehen oder Schieben von Lasten, das muskel-skelettale System des Menschen gesundheitsgefährdend überlastet. Hierzu gibt es sogenannte „Lastenrechner", also Tabellarien mit Maximal- und Normalwerten oder Ermittlungs- und Beurteilungsmethoden (zB die „**Leitmerkmalmethode" für das Heben und Tragen von Lasten**, dazu → ArbSchG § 5 Rn. 62; LasthandhabV Rn. 12).[161] Sie ermöglichen es, planend oder auch korrigierend eine belastungsgerechte Arbeit zu gestalten (ausführlich → ArbSchG § 5 Rn. 56 f.). Für **Belastungen aus der Arbeitsumwelt** (also zB Stoffe, Gase, Temperaturen, Farben, Lärm) liegen ebenfalls vielfältige, leicht handhabbare arbeitswissenschaftliche Erkenntnisse vor. Dies gilt auch mit Blick auf geeignete Messmethoden und die Wirksamkeitsüberprüfung von Schutzmaßnahmen.[162] Lückenhaft erforscht und vergleichsweise schwierig zu ermitteln sind hingegen **Kombinationsbelastungen**, die aus den „Wechselwirkungen" verschiedener Belastungen resultieren können. Dies zeigt sich schon bei der Kombination einzelner Schadstoffe, der Wechselwirkung von psychischen und physischen Belastungen (s. Abb. 2 → Rn. 33) und dem komplexen Zusammenspiel verschiedener Faktoren der Arbeit auf bestimmte Krankheitsbilder wie zB Rückenleiden.[163]

Für den Bereich der sogenannten „**weichen" Faktoren eines Arbeitssystems**, insbes. den psychisch wirkenden, gibt es keine validen „Lastenrechner", anhand derer zB in einem Callcenter eine maximale Anzahl von Telefonaten pro Person und Stunde/Schicht aus einer Tabelle schematisch abgelesen werden könnte. Dies hängt damit zusammen, dass die Arbeitsmenge (zB Telefonieakte incl. Dokumentation und Nacharbeit) insoweit nach dem Stand der Arbeitswissenschaft nicht isoliert und generell beurteilt werden kann. Die vorgegebene Menge/durchschnittliche Dauer einer Tätigkeit muss vielmehr immer in Bezug zu den realen Leistungsbedingungen des Arbeitssystems beurteilt und ermittelt werden (Qualität und Anforderungen der Arbeitsaufgabe; Hindernisse bei ihrer Durchführung, Arbeitszeit - Lage und Dauer; real verfügbare Personalkapazität, Qualifikationen, Qualitätsansprüche, IT- und Telefontechnik etc; → ArbSchG § 5

---

[159] Pieper ArbSchG § 4 Rn. 14; Fitting BetrVG § 90 Rn. 41 ff.; Kollmer/Klindt/Schucht/Kohte ArbSchG § 4 Rn. 17 ff.; Heilmann/Raehlmann/Schweres ZfArbwiss 2015, 258 ff. [160] Vgl. dazu ua die iga.Reporte 26, 31 und 32 sowie die Ergebnisse des BauA Projektes Psychische Belastungen der Arbeitswelt. [161] Steinberg/Caffier ZArbwiss 1998, 101 ff.; Zipprich, Prävention, S. 69 ff. [162] Vgl. hierzu die Technischen Regeln für Gefahrstoffe (TRGS), Übersichten in Handbüchern, zB Lehner/Skiba, Taschenbuch Arbeitssicherheit; Landau, Arbeitsgestaltung, sowie Landau, Produktivität, sowie einschlägige Empfehlungen der einzelnen Berufsgenossenschaften. [163] Zu den multifaktoriellen Wirkungsketten von Rückenleiden ua Baumeister/Härter, Psychische Komorbidität bei muskuloskelettalen Erkrankungen, 2011. Schlick/Bruder/Luczak, Arbeitswissenschaft, 3. Aufl., S. 951 ff. Maintz/Ullsperge/Junghanns/Ertel, Psychische Arbeitsbelastung und Prävention von Muskel-Skelett-Erkrankungen, 2010.

Rn. 63 f.).[164] Auch wenn somit keine schematisch ableitbaren Problemlösungen verfügbar sind, lassen sich gleichwohl für die Planung und den Betrieb von Arbeitsplätzen (zB eines Callcenters) psychische Überlastungen, Überforderungen und Ihre Beanspruchungsfolgen messen und entsprechend arbeitswissenschaftlich optimiert gestalten. Wenn also von „Arbeitsverdichtung" und **überfordernden Leistungsvorgaben** gesprochen wird, ist es aus arbeitswissenschaftlicher Sicht weder unmöglich noch übermäßig aufwändig, diese Sachverhalte unter gesundheitlichen Gesichtspunkten zu analysieren und in Richtung einer belastungsgerechten „Normalleistung" (REFA) oder „Standardleistung" (MTM)[165] zu gestalten. Die arbeitswissenschaftlichen Erkenntnisse bieten insoweit das methodische Inventar zu einer alle relevanten Belange kohärent verknüpfenden Planung iSv § 4 Nr. 4 ArbSchG.

89 In der Literatur wird darauf hingewiesen, dass sich § 4 Nr. 3 ArbSchG nur auf den **gesundheitsnahen Bereich der arbeitswissenschaftlichen Erkenntnisse** beziehe (→ Rn. 49).[166] Für eine solche Einschränkung sprechen rechtssystematische Erwägungen, da der Zweck des ArbSchG im Schutz der Gesundheit der Beschäftigten vor arbeitsbedingten Schädigungen und Gefährdungen der Gesundheit besteht. Die damit vorausgesetzte strikte Trennung von Persönlichkeitsförderung und Gesundheitsschutz ist in der neueren arbeitswissenschaftlichen Diskussion relativiert worden.[167] Persönlichkeitsfördernde Erkenntnisse können danach vielfach durchaus einen intensiven gesundheitlichen Bezug haben (dazu ausführlich → Rn. 45 ff.), da die Grenzen zum gesundheitsnahen Bereich der Arbeitswissenschaft vielfach fließend sind. Schematische Zuordnungen bestimmter Erkenntnisse sind von daher regelmäßig nicht sinnvoll möglich.

90 Es muss sich nach § 4 Nr. 3 ArbSchG um **gesicherte** arbeitswissenschaftliche Erkenntnisse handeln. Arbeitswissenschaftliche Erkenntnisse sind gesichert, wenn sie methodisch abgesichert sind und von einer überwiegenden Zahl der beteiligten Fachkreise zugrunde gelegt werden.[168] Hiervon ist in der Regel auszugehen, wenn arbeitswissenschaftliche Erkenntnisse sich in den Regelwerken von Normungsgremien (DIN, CEN, ISO etc), der Unfallversicherungsträger oder der Arbeitsschutzausschüsse nach § 18 Abs. 2 Nr. 5 ArbSchG niedergeschlagen haben (dazu ausführlich → ArbSchG §§ 18, 19 Rn. 35 ff.).[169] Die Anerkennung durch den überwiegenden Teil der Fachkreise spricht in diesem Falle dafür, dass Erkenntnisse methodisch einwandfrei gewonnen worden sind. Ist eine Erkenntnis nach den Methoden der jeweiligen Fachdisziplin allerdings widerlegt[170] oder hat sie sich in der Praxis als unzureichend oder unpraktikabel erwiesen, kann von einer „gesicherten" Erkenntnis keine Rede mehr sein.[171]

---

164 Im Rahmen einer ganzheitlichen Gefährdungsbeurteilung vor allem unter dem Gesichtspunkt der psychischen Belastungen müssen all diese Faktoren ermittelt und zueinander in Beziehung gesetzt werden, vgl. dazu den „Gefährdungs- und Belastungskatalog" BGI/GUV-I 8700 12 2009 und die Empfehlungen der GDA 2016 **165** „Unter REFA-Normalleistung wird eine Arbeitsausführung verstanden, die als besonders harmonisch, natürlich und ausgeglichen erscheint und erlebt wird. Sie kann erfahrungsgemäß von jedem in erforderlichem Maße geeigneten, geübten und voll eingearbeiteten Mitarbeiter auf Dauer und im Mittel der Schicht erbracht werden, sofern er für persönliche Bedürfnisse und gegebenenfalls auch für Erholung vorgegebene Zeiten einhält und eine freie Entfaltung seiner Fähigkeiten nicht behindert wird." REFA 1997; zur Anwendung im Bereich der Lohnfindung, Zeitwirtschaft und Kapazitätsberechnung vgl. ua Schlick/Bruder/Luczak, Arbeitswissenschaft, S. 664 ff. **166** Münch/ArbR/Kohte § 290 Rn. 25; KJP/Koll ArbSchG § 4 Rn. 24; HaKo-BetrVG/Kohte BetrVG § 90 Rn. 23. **167** Dazu nur Ulich, Arbeitspsychologie, S. 151 f. **168** Fitting BetrVG § 90 Rn. 43; HaKo/BetrVG/Kohte BetrVG § 89 Rn. 10. Fachlich: Elke/Gurt/Möltner/Externbrink, Arbeitsschutz und betriebliche Gesundheitsförderung – vergleichende Analyse der Prädiktoren und Moderatoren guter Praxis, 2015, S. 142 ff. **169** Münch/ArbR/ Kohte § 290 Rn. 26; Fitting BetrVG § 90 Rn. 44 f.; LR/Wiebauer ArbSchG § 4 Rn. 36. **170** Einschränkend KJP/Koll ArbSchG § 4 Rn. 22, nach dem eine arbeitswissenschaftliche Erkenntnis bereits nicht mehr gesichert ist, wenn eine „ernstzunehmende Mindermeinung" vorliegt. **171** Fitting BetrVG § 90 Rn. 43.

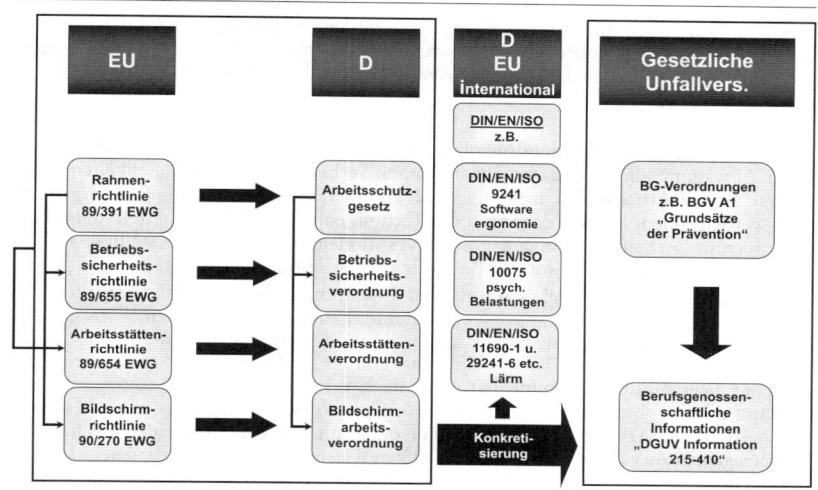

Abb. 8: Rechtsgrundlagen für Bildschirm- und Büroarbeitsplätze

3. „Berücksichtigung" der in § 4 Nr. 3 ArbSchG genannten Erkenntnisse. Nach § 4 Nr. 3 ArbSchG sind der Stand von Technik, Arbeitsmedizin und Hygiene sowie sonstige gesicherte arbeitswissenschaftliche Erkenntnisse bei Arbeitsschutzmaßnahmen zu **berücksichtigen**. Aus der Verwendung des Wortes „berücksichtigen" folgt, dass keine zwingende und schematisch umzusetzende Pflicht besteht, die in § 4 Nr. 3 ArbSchG genannten Erkenntnisse unverzüglich umzusetzen.[172] Dies bedeutet allerdings keineswegs, dass es sich bei § 4 Nr. 3 ArbSchG lediglich um einen unverbindlichen Programmsatz handelt.[173] Die Bedeutung des Tatbestandsmerkmals „berücksichtigen" erschließt sich mit einem Blick auf die Funktion der Technikklausel des § 4 Nr. 3 ArbSchG. Sie unterstreicht den Charakter des Arbeitsschutzes als dynamische Aufgabe, die nicht zuletzt darin besteht, Fortschritte der Sicherheitstechnik, Arbeitsmedizin, Hygiene und der Arbeitswissenschaft möglichst zeitnah in den Betrieben umzusetzen.[174] § 4 Nr. 3 ArbSchG ist vor diesem Hintergrund als orientierender Maßstab für die Handlungspflichten des Arbeitgebers zu verstehen, den Arbeitsschutz als dynamischen betrieblichen Prozess zu gestalten. Normativ wird dieser dynamische Prozess etwa durch die Grundpflicht des § 3 Abs. 1 S. 3 ArbSchG ausgeformt, die auf eine Optimierung des betrieblichen Arbeitsschutzes zielt (→ ArbSchG § 3 Rn. 33, 47). Weiter hervorzuheben ist an dieser Stelle der allgemeine Grundsatz des § 4 Nr. 4 ArbSchG, der eine kohärente Planung der Maßnahmen unter Einbeziehung aller für die Sicherheit und Gesundheit relevanten Aspekte fordert. Das Tatbestandsmerkmal „berücksichtigen" in § 4 Nr. 3 ArbSchG trägt hier zur **Flexibilisierung der Planung** bei.[175] Die Erkenntnisse nach § 4 Nr. 3 ArbSchG genießen danach auf der einen Seite nicht zwingend Vorrang vor anderen Arbeitsschutzzielen. Die Planung muss aber auf der anderen Seite sicherstellen, dass arbeitswissenschaftliche und sicherheitstechnische Erkenntnisfortschritte von der betrieblichen Arbeitsschutzpolitik gezielt aufgegriffen werden.[176] Letzteres kann insbes. dadurch geschehen, dass Anpassungsmaßnahmen an die Erkenntnisse nach § 4 Nr. 3 ArbSchG im Rahmen eines **verbindlichen Plans** zeitlich zurückgestellt werden **oder** bestimmte **sachliche Prioritäten** festgelegt werden. Hiermit kann insbes. das berechtigte Bestandsschutzinteresse des Arbeitgebers mit den Belangen der Sicher-

91

---

[172] Nöthlichs ArbSchG § 4 Rn. 3.3.1. [173] In diesem Sinne aber wohl Wank ArbSchG § 4 Rn. 5. [174] Wlotzke in: FS Däubler, S. 654, 664 ff.; sowie bereits grundlegend die Gesetzesbegründung BT-Drs. 13/3540, 13. [175] Dazu auch Pieper ArbSchG § 4 Rn. 7 ff. [176] Kollmer/Klindt/Schucht/Kohte ArbSchG § 4 Rn. 15.

heit und Gesundheit angemessen abgewogen werden. Hierin liegt eine erhebliche Akzentverschiebung gegenüber dem klassischen Arbeitsschutzrecht, das Durchbrechungen des Bestandsschutzes nur in seltenen Ausnahmen vorsah (→ ArbSchG § 3 Rn. 33 ff.; → ArbStättV Rn. 122 ff.).[177]

92 „Berücksichtigen" iSv § 4 Nr. 3 ArbSchG steht demnach für die Verpflichtung, die betriebliche **Arbeitsschutzkonzeption planvoll** (dh insbes. transparent und verbindlich) unter Abwägung aller relevanten Umstände, an verbesserte Schutzmöglichkeiten anzupassen. Soweit **Arbeitsplätze neu eingerichtet** oder wesentliche Änderungen vorgenommen werden sollen, ist **stets der Stand der Technik** einzuhalten.[178] Es besteht dann kein Vertrauen des Arbeitgebers in getroffene Investitionen, das eine Zurückstellung von Innovationen unter Berufung auf den Bestandsschutz rechtfertigen könnte.

93 Um die in § 4 Nr. 3 ArbSchG normierten **Erkenntnisse** berücksichtigen zu können, muss der Arbeitgeber diese zunächst **ermitteln und zur Kenntnis nehmen**.[179] Es handelt sich dabei um eine anspruchsvolle Aufgabe, die ein vertieftes Verständnis der in § 4 Nr. 3 ArbSchG genannten Fachdisziplinen verlangt.[180] Sofern der Arbeitgeber diese Aufgabe nicht selbst übernimmt, hat er sie nach § 3 Abs. 2 ArbSchG zu organisieren. Er kann auf der Grundlage einer solchen organisatorischen Regelung nach Maßgabe von § 13 Abs. 2 ArbSchG fachkundige Personen mit den entsprechenden Recherchen beauftragen. Näher dürfte es allerdings vielfach liegen, diese Aufgabe der Fachkraft für Arbeitssicherheit und dem Betriebsarzt zu übertragen, die den Arbeitgeber nach §§ 3, 6 ASiG und den Betriebsrat nach § 9 ASiG insoweit fachkundig zu beraten haben. Ein wichtiges Hilfsmittel bei der Ermittlung der Erkenntnisse nach § 4 Nr. 3 ArbSchG stellen **Technische Regeln, Normen, berufsgenossenschaftliche Regeln und Informationen** dar (s. dazu ua Abb. 8), sofern diese im jeweiligen Einzelfall auf die in Rede stehenden arbeitsschutzrechtlichen Schutzziele anwendbar sind. Inzwischen sind die arbeitswissenschaftlichen Grundsätze durch handhabbare Prinzipien verdeutlicht worden, die die Anwendung im Betrieb für alle Beteiligten erleichtern.

---

[177] Ausführlich dazu Faber, Grundpflichten, S. 160 ff. [178] So zutreffend Kollmer, Arbeitsschutzgesetz, Rn. 70. [179] Wlotzke in: FS Däubler, S. 654, 664 f.; Kollmer/Klindt/Schucht/Kohte ArbSchG § 4 Rn. 15. [180] In diesem Sinne auch Wlotzke in: FS Däubler, S. 654, 664.

Prinzipien der Gestaltung „Gesunder Arbeit"   94

Prinzip der gesundheitsschonenden Arbeitsgestaltung:
Das Prinzip der gesundheitsschonenden Arbeitsgestaltung postuliert, dass die Regenerationsfähigkeit und das Adaptionsvermögen der Beschäftigten nicht überschritten werden.

Prinzip der flexiblen Arbeitsgestaltung:
Die Bedingungen der Arbeit sind so zu gestalten, dass sie gemäß der individuellen Fähigkeiten und Fertigkeiten der Beschäftigten veränderbar sind und sie mehrere Handlungsstrategien der Arbeitsausführung für die Beschäftigten ermöglichen.

Prinzip der differenziellen Arbeitsgestaltung:
Dieses Prinzip fordert, dass für eine Arbeitsaufgabe mehrere unterschiedliche Arbeitssysteme zur selben Zeit angeboten werden, zwischen denen die Person wechseln kann.

Prinzip der dynamischen Arbeitsgestaltung:
Hierbei werden die Arbeitssysteme bezüglich der Realisierung des Standes der Technik sowie der Möglichkeiten und Potenziale der Beschäftigten ständig überprüft und angepasst.

Prinzip der partizipativen Arbeitsgestaltung:
Dieses Prinzip fordert die Beteiligung der Beschäftigten bei der Arbeitsgestaltung ein. Dabei werden die Mitarbeiter als **die** Experten ihres Arbeitsbereichs angesehen. Die Nutzung und Aktivierung des Erfahrungswissens der Mitarbeiter um Arbeitsaufgabe, Arbeitsablauf und Arbeitsbedingungen ist daher wesentliche Voraussetzung für eine belastungsoptimierende Arbeitsgestaltung.

Abb. 9

Verweise auf die in § 4 Nr. 3 ArbSchG genannten Erkenntnisse finden sich auch in **speziellen Arbeitsschutzvorschriften**. Es ist zu beachten, dass in diesen zT eine stärkere Bindungswirkung angeordnet ist.[181] So ist zB nach § 6 Abs. 1 ArbZG die Arbeitszeit von Nacht- und Schichtarbeitnehmern nach den gesicherten Erkenntnissen über die menschengerechte Gestaltung festzulegen oder sind nach § 3 Abs. 1 S. 6 LärmVibrationsArbSchV bzw. § 9 Abs. 2 S. 2 GefStoffV Schutzmaßnahmen nach dem Stand der Technik festzulegen. In diesen Fällen verbleibt kein Spielraum für eine differenzierte Abwägung im Rahmen der betrieblichen Planung nach § 4 Nr. 4 ArbSchG, so dass die jeweils einschlägigen Erkenntnisse unmittelbar umzusetzen sind.   95

VIII. Besondere Personengruppen

Unter den Nummern 6 und 8 des § 4 ArbSchG werden allgemeine Grundsätze für bestimmte Gruppen von Beschäftigten normiert. Der Schutzweck der Regelungen über **besonders schutzbedürftige Personengruppen** (§ 4 Nr. 5 ArbSchG) und über **geschlechtsspezifisch wirkende Regelungen** (§ 4 Nr. 8 ArbSchG) erschöpft sich nicht allein im Ziel des Arbeits- und Gesundheitsschutzes der betroffenen Personengruppen. Die Grundsätze begrenzen zugleich die Möglichkeiten, Angehörige dieser Personengruppen unter Verweis auf besondere Erfordernisse des Arbeits- und Gesundheitsschutzes nicht (weiter) zu beschäftigen. Vor diesem Hintergrund bestehen nachhaltige **Verschränkungen mit dem Antidiskriminierungsrecht**. Dies ist offensichtlich für den Grundsatz des § 4 Nr. 8 ArbSchG, der geschlechtsspezifische Ungleichbehandlungen nur zulässt, soweit dies aus biologischen Gründen zwingend geboten ist. § 4 Nr. 8 ArbSchG konkretisiert insoweit dies in § 7 Abs. 1 AGG normativ verankerte **Verbot der Benachteiligung wegen des Geschlechts** (ausführlich → Rn. 111 ff.). § 4 Nr. 8 ArbSchG präzisiert die Anforderungen an eine ausnahmsweise Ungleichbehandlung wegen des Geschlechts und ist insoweit bei der Auslegung des diskriminierungsrechtlichen Rechtfertigungstatbestandes des § 8 AGG heranzuziehen. Eine ähnliche Verzahnung mit dem Antidiskriminierungsrecht des AGG gilt, sofern die in § 4 Nr. 6 ArbSchG vorausgesetz-   96

---

[181] Dazu Kollmer/Klindt/Schucht/Kohte ArbSchG § 4 Rn. 15.

te besondere Schutzbedürftigkeit aus einem diskriminierungsrechtlich „verpönten" Differenzierungsmerkmal folgt. Von Bedeutung sind insoweit vor allem die in § 1 AGG genannten Merkmale „Behinderung", „Alter" und „ethnische Herkunft", etwa bei Beschäftigten „mit Migrationshintergrund". Auch insoweit gilt, dass das Arbeitsschutzrecht nicht der Ausgrenzung dieser Personengruppen aus dem Arbeitsprozess dient und daher den insoweit personengruppenbezogenen Erfordernissen bei der Gestaltung von Maßnahmen Rechnung zu tragen ist.

97 **1. Besonders schutzbedürftige Personengruppen (§ 4 Nr. 6 ArbSchG).** Das Gesetz nennt in § 4 Nr. 6 ArbSchG nicht explizit, welche Personengruppen als besonders schutzbedürftig zu gelten haben. Stattdessen umschreibt sie die relevanten Kreise der Beschäftigten dadurch, dass für die betroffenen Personengruppen spezielle Gefahren bestehen müssen. Diese tatbestandliche Umschreibung durch unbestimmte Rechtsbegriffe ermöglicht es, jederzeit neue Erkenntnisse über spezielle Gefahren aufzugreifen und die betroffenen Personenkreise zeitnah unter den Schutz des § 4 Nr. 6 ArbSchG zu stellen. Bei der Entscheidung über die Frage, ob die besonderen Erfordernisse bestimmter Gruppen von Beschäftigten zu berücksichtigen sind, ist also zu klären, ob für diese **spezielle Gefahren** bestehen, die bei einer im Übrigen den Anforderungen des Arbeitsschutzrechts genügenden Gestaltung des betrieblichen Arbeits- und Gesundheitsschutzes für andere Kolleginnen und Kollegen oder jedenfalls so nicht bestehen. Einer Mindestanzahl oder eines Quorums bedarf es für die Gruppenbildung nicht. Es genügt, wenn eine Person einer besonders schutzbedürftigen **Personengruppe** zuzuordnen ist. Dies folgt bereits daraus, dass Arbeitsschutzmaßnahmen – unabhängig von § 4 Nr. 6 ArbSchG – ohnehin auf die jeweils betroffenen Beschäftigten zuzuschneiden sind (vgl. zB § 5 Abs. 3 Nr. 5 ArbSchG, § 7 ArbSchG).[182] § 4 Nr. 6 ArbSchG verdeutlicht vor diesem Hintergrund, dass es für die Gewährleistung von Sicherheit und Gesundheit bestimmter Personengruppen, wie zB ältere Beschäftigte, Berufseinsteiger, behinderte Menschen oder Leiharbeitnehmer, anerkanntermaßen Besonderheiten gibt, denen bei der Festlegung von Maßnahmen des Arbeitsschutzes Rechnung zu tragen ist. Neben § 4 Nr. 6 ArbSchG bestehen eine Reihe spezieller, gruppenbezogener Arbeitsschutzvorschriften (vgl. zB §§ 28 ff. JArbSchG; § 11 Abs. 6 AÜG). § 4 Nr. 6 ArbSchG unterstreicht diese speziellen Vorschriften und greift als Auffangtatbestand ein, soweit die Sondervorschriften nicht regeln bzw. für bestimmte Gruppen (zB ältere Beschäftigte) spezielle arbeitsschutzrechtliche Regelungen fehlen.[183]

98 Unabhängig von § 4 Nr. 6 ArbSchG gilt, dass die allgemein, dh nicht gruppenspezifisch zu treffenden Maßnahmen des Arbeitsschutzes Vorrang haben vor speziellen Schutzmaßnahmen für besonders schutzbedürftige Personengruppen. **Maßnahmen nach § 4 Nr. 6 ArbSchG** setzen **ergänzend** an, wenn die allgemein zu treffenden Maßnahmen keinen hinreichenden Schutz für den betreffenden Personenkreis gewährleisten.[184] Es ist davon auszugehen, dass eine konsequente Umsetzung des „allgemeinen Arbeitsschutzrechts" zu einer erheblichen Verbesserung der Situation der besonderen Beschäftigtengruppen (zB ältere oder behinderte Menschen) führt. Auf einen erheblichen Bedarf „allgemeiner" verhältnispräventiver Maßnahmen deutet zB die große Zahl von Frühverrentungen bei bestimmten Berufsgruppen wie Fliesenlegern, Schlossern oder im Bereich der Kranken- und Altenpflege hin.[185] Nimmt man den Bereich der Pflegeberufe, in denen naturgemäß die vom Pflegepersonal betreuten Personen gehoben und getragen sowie beten gezogen bzw. geschoben werden müssen, wird die **Notwendigkeit allgemeiner entlastender Maßnahmen** offenkundig. Sie beugen Schädigungen der Lendenwirbelsäule generell vor und ermöglichen ggf. behinderten bzw. älteren Beschäftigten nicht selten die (weitere) Ausübung ihrer Arbeitstätigkeit. Die hohe Zahl der Früh-

---

182 So zutreffend KJP/Koll ArbSchG § 4 Rn. 33. **183** Zum Vorstehenden vgl. auch Kollmer/Klindt/Schucht/Kohte ArbSchG § 4 Rn. 36. **184** In diesem Sinne auch Kollmer/Klindt/Schucht/Kohte ArbSchG § 4 Rn. 38. **185** Vgl. dazu bspw. BiB, Rentenzugänge ausgewählter Berufe wegen verminderter Erwerbstätigkeit 2009; neuere Zahlen dazu in den Statistiken der deutschen Rentenversicherungsträger 2012 und im Fehlzeitenreport 2012. Zu Belastungen im Pflegeberuf: Jacobs ua, Pflegereport 2016, S. 73 ff.

verrentungen aufgrund von Wirbelsäulenleiden kann als Indiz gewertet werden, dass verhältnispräventive Maßnahmen nach der LasthandhabV, die die Vermeidung manueller Lastenhandhabungen durch technische und organisatorische Maßnahmen verlangt (zB Einsatz von Hebehilfen und Optimierung der Arbeitsorganisation im Bereich der Pflege), dringlich sind und bereits auf dem Gebiet der „allgemeinen Verhältnisprävention" gravierende Defizite bestehen.[186] Vor diesem Hintergrund wird in den Arbeitswissenschaften zu Recht eine „gut gestaltete Arbeit" verlangt, die von **allen Altersgruppen** bewältigt werden kann, ohne Schaden zu nehmen.[187] Daher darf § 4 Nr. 6 ArbSchG nicht dahingehend missverstanden werden, dass erst nach Eintreten von Leistungseinschränkungen besondere Maßnahmen zu ergreifen wären. Gerade die genannten Frühverrentungsstatistiken mahnen in den genannten Bereichen verstärkte verhältnispräventive Aktivitäten für alle Beschäftigten an, damit tatsächlich schädigungsfrei gearbeitet werden kann.

Zu den besonders schutzbedürftigen Personengruppen iSv § 4 Nr. 6 ArbSchG zählen **ältere Beschäftigte**.[188] Der Arbeitsschutz älterer Beschäftigter hat vor dem Hintergrund des demographischen Wandels und der Heraufsetzung des Rentenalters erhebliche praktische Bedeutung (→ Rn. 25). Es stellt sich insoweit die Frage, was getan werden muss, um das Rentenalter unter den Bedingungen des modernen Arbeitslebens tatsächlich gesund zu erreichen. Spezielle Gefahren bestehen für ältere Beschäftigte dadurch, dass sich ihr Leistungsvermögen und ihre Belastungsfähigkeit im Laufe eines Berufslebens typischerweise verändern.[189] Hieraus resultieren spezielle Gefahren, die ggf. eine Optimierung des Belastungs- und Beanspruchungsspektrums durch Arbeitsgestaltungsmaßnahmen gebieten. Eine Übersicht typischerweise auftretender Veränderungen der Leistungsfähigkeit bietet die nachstehende Übersicht.

Faktoren menschlicher Leistungsfähigkeit, die ...		
... im Alter eher abnehmen	... im Alter eher konstant bleiben	... im Alter eher zunehmen
· Muskelstärke/-kraft · Schnelligkeit der Bewegungen · Seh- und Hörvermögen · Geschwindigkeit der Informationsaufnahme · Reaktionsgeschwindigkeit · Widerstandsfähigkeit bei hohen Dauerbelastungen · Kapazität des Kurzzeitgedächtnisses · etc.	· Konzentrationsfähigkeit · Fähigkeit zur Informationsaufnahme und -verarbeitung · Sprachkompetenz und -wissen · Bearbeitung sprach- und wissensgebundener Aufgaben · etc.	· (Lebens- und Berufs-) Erfahrung · berufliche Routine und Geübtheit · Verantwortungs- und Pflichtbewusstsein · Genauigkeit und Zuverlässigkeit · Fähigkeit zum Perspektivenwechsel · Fähigkeit zu einer realistischen Selbsteinschätzung · Beurteilungsvermögen

Abb. 10: Das Kompensationsmodell!? 45+

---

[186] Dazu Kollmer/Klindt/Schucht/Kohte ArbSchG § 4 Rn. 39; vgl. Kohte AiB 2009, 387 f.
[187] Dies ist der Grundtenor der alternsgerechten Arbeitsgestaltung, vgl. dazu ua Szymanski, REFA-Nachrichten 6/2006, 20–25. Zur AFLEX Methodik: Blume, Forever young, S. 32 ff.
[188] Pieper ArbSchG § 4 Rn. 19 m; LR/Wiebauer ArbSchG § 4 Rn. 56; Kollmer/Klindt/Schucht/ Kohte ArbSchG § 4 Rn. 36, 39; Kohte AuR 2008, 281 (286). [189] Vgl. zusammenfassend Schlick/ Bruder/Luczak, Arbeitswissenschaft, S. 120 ff. und methodisch gewendet Szymanski/Lange/Berens, Die Bilanzierung von Instrumenten zur Gestaltung des demografischen Wandels.

100 Zu beachten ist, dass es sich bei den in der vorstehenden Tabelle aufgezeigten Änderungen der Leistungsfähigkeit älterer Beschäftigter um **typische Entwicklungsverläufe** handelt. Die Veränderungen können also im Einzelfall durchaus unterschiedliche Ausprägungen haben. Eine Rolle können hierbei insbes. die „Ausgangswerte" spielen. So kann bspw. ein 60-jähriger, seit jeher gut muskulär ausgestatteter und trainierter Mensch im Alter einen relativ hohen Anteil seiner körperlichen Leistungsfähigkeit verlieren, aber für die zu erbringende Arbeit immer noch kräftig genug sein. Im Vergleich dazu können die Verluste an Muskelkraft bei einem weniger gut trainierten Beschäftigten relativ geringer sein, es kann aber dennoch bei derselben Aufgabe schon zu einer Überforderung kommen. Es ist also weder über das kalendarische Alter noch über bspw. die altersspezifische Verringerung der Reaktionsfähigkeit eine personenspezifische Aussage darüber abzuleiten, ob für einen Beschäftigten spezielle Gefahren/Gefährdungen bestehen und er in letzter Konsequenz für die ihm übertragene Arbeitsaufgabe geeignet ist. Dieses Dilemma kann nur über die Beurteilung der generellen Belastungen und Gefährdungen unter Altersgesichtspunkten und ggf. eine erforderliche ärztliche Einzelfallbetrachtung wie zB bei der Nachtschicht- oder Maskentauglichkeit aufgelöst werden.

101 Das zentrale Instrument zur Verwirklichung der präventiven Ziele des ArbSchG im Hinblick auf die Gruppe der älteren Beschäftigten ist wiederum die Gefährdungsbeurteilung nach § 5 ArbSchG. Sie kann „alternssensibel" gestaltet werden, indem zB zur Gewinnung eines Überblicks über die betrieblichen Verhältnisse eine **Altersstrukturanalyse** vorgeschaltet wird und **alternsrelevante Belastungsschwerpunkte** gesondert ausgewertet und beurteilt werden.[190] Auf dieser Grundlage kann dann entschieden werden, ob und in welchen Bereichen genauere Ermittlungen – Messungen, individuelle Tauglichkeitsüberprüfungen – angestellt werden sollen und können (grundsätzlich → ArbSchG § 5 Rn. 56 f.). Aus diesem Grund wird in § 3 Abs. 2 Nr. 1 BetrSichV verlangt, dass die **alters- und alternsgerechte Gestaltung von Arbeitsmitteln** ausdrücklich Gegenstand der Gefährdungsbeurteilung ist (→ BetrSichV Rn. 6).[191] Ein weiterer Rahmen für die Eruierung eines altersspezifischen Gestaltungsbedarfs bietet das **Betriebliche Eingliederungsmanagement (BEM)** nach § 84 Abs. 2 SGB IX, das gerade darauf zielt, für den Einzelfall Möglichkeiten einer nachhaltigen Wiedereingliederung zu eruieren, wenn sich Probleme bereits in Gestalt von Arbeitsunfähigkeitszeiten von mindestens sechs Wochen manifestiert haben. Das BEM bietet insbes. einen rechtlich verfassten Rahmen, um die Grenzen der arbeitsschutzrechtlichen Verpflichtungen im Einzelfall und in einem „geschützten Raum" festzustellen, arbeitsschutzrechtlich gebotene Maßnahmen zur Gestaltung des Arbeitsplatzes „anzuschieben"[192] sowie ggf. zusätzlich die Beratung und Rehabilitationsleistungen der Rehaträger (Rentenversicherung, Krankenkassen, Unfallversicherung) und Integrationsämter (insbes. §§ 28, 33 f., 102 SGB IX) in Anspruch zu nehmen (→ SGB IX § 84 Rn. 25, 33, 42). Eine wichtige Rolle, die Prüfung der Erforderlichkeit von Maßnahmen nach § 4 Nr. 6 ArbSchG anzustoßen, kommt den betrieblichen **Vorgesetzten** zu. Sie haben bei der Übertragung von Aufgaben nach Maßgabe von § 7 ArbSchG zu berücksichtigen, ob die betreffenden Beschäftigten (noch) befähigt sind, sicher und gesund zu arbeiten. Schon aus straf- bzw. haftungsrechtlichen Gesichtspunkten muss es in ihrem Interesse liegen, dass die ihnen unterstellten Personen so arbeiten, dass sie weder Dritte noch sich selbst gesundheitlich gefährden.

102 Den besonderen Belangen älterer Beschäftigter ist dadurch Rechnung zu tragen, dass ihre **Arbeitsaufgaben** so weit wie möglich **so gestaltet** werden, dass sie ihrer **sich wandelnden Leistungsfähigkeit** gerecht werden. Hierbei gilt es nicht nur in „Defizitkategorien" zu denken und insbes. zu prüfen, ob und inwieweit altersbedingte Leistungsein-

---

190 Vgl. die Zusammenstellung und Bewertung verschiedener Instrumente in: Szymanski/Lange/Berens, Die Bilanzierung von Instrumenten zur Gestaltung des demografischen Wandels, S. 17 ff.; Blume, Gestaltungsempfehlung; Mühlenbrock, Alterns- und altersgerechte Arbeitsgestaltung – Grundlagen und Handlungsfelder für die Praxis, 2016. **191** Pieper BetrSichV § 3 Rn. 33. **192** Dazu Kohte WSI-Mitteilungen 2010, 374 (375 f.).

schränkungen durch im Alter gewonnene Fähigkeiten kompensiert werden können. Dieser wohlgemeinte, vor allem auch beschäftigungsmotivierte Kompensationsansatz verdrängt jedoch leider allzu häufig, dass altersspezifische Defizite, zB die des Kurzzeitgedächtnisses, oder Gehöreinschränkungen nur selten mit Alterstugenden wie „Pflichtbewusstsein" oder „Erfahrung" zu kompensieren sind. Hier sind schlicht alternsspezifische Maßnahmen, bspw. bei Schulungen, Unterweisungen, oder „zugerufenen" Arbeitsanweisungen, zu treffen.[193] Vor diesem Hintergrund werden zB **Änderungen der Arbeitsorganisation** auf der Grundlage von § 4 Nr. 6 ArbSchG zu eruieren sein, mit dem Ziel, einen gesundheitsverträglichen „Belastungsmix" zu erreichen, der die besonderen Fähigkeiten älterer Arbeitnehmer (wie Erfahrung und Routine) bestmöglich nutzt.

Vielfältige **Potentiale für einen altersgerechten Arbeitsschutz** ergeben sich bei der Ausstattung der Arbeitsstätte und der Gestaltung der Arbeitsumwelt. Sie können dazu beitragen, altersbedingte Probleme bei der Arbeit zu beseitigen oder jedenfalls zu verringern. So lässt bekanntermaßen die Sehfähigkeit häufig mit zunehmendem Alter nach. Dies kann dazu führen, dass Sehtätigkeiten verstärkte Anstrengungen erfordern. In den Arbeitswissenschaften ist seit langem anerkannt, dass die Sehfähigkeit in erheblichem Maße von der **Qualität der Beleuchtung** durch Tageslicht oder künstliches Licht abhängt. Einer vorzeitigen Ermüdung kann vor diesem Hintergrund wirkungsvoll durch eine bessere Beleuchtung entgegengewirkt werden (50 % > 500 Lux bei 50-jährigen Beschäftigten im Büro),[194] so dass insoweit die Prüfung des Einsatzes von optimierten Leuchtkörpern und eine Verbesserung der Versorgung mit Tageslicht nahe liegt. Es ist vor diesem Hintergrund konsequent, wenn in Ziff. 5.1. der „ASR 3.4 – Beleuchtung"[195] differenzierende Regeln für ältere Beschäftigte für erforderlich gehalten werden. § 4 Nr. 6 ArbSchG verlangt vor diesem Hintergrund, das Arbeitssystem so zu gestalten, dass **je nach Beschäftigtengruppe differenzierende Gestaltungsmaßnahmen möglich** sind – hier die arbeitsplatznahe und spezifisch einstellbare Beleuchtung. Sinngemäß das Gleiche gilt für die in einer sich technologisch rasant entwickelnden Arbeitswelt immer wichtiger werdenden Schulungen und Unterweisungen, die zB an die Lerngewohnheiten und Wahrnehmungsrestriktionen älterer Menschen anzupassen sind.[196] Ähnliches ergibt sich für die gerade unter Sicherheitsaspekten wichtige Kommunikation der Beschäftigten. Insoweit kann bei der Signalgebung im Betrieb zu beachten sein, dass nur zugerufene Anweisungen oder Warnungen ggf. nicht wahrgenommen werden.[197] Gestaltungshinweise können sich insoweit aus der ASR V3 a.2 „Barrierefrei Gestaltung von Arbeitsstätten" ergeben, die vom 2-Sinne-Prinzip ausgeht und verlangt, dass Informationen (zB über eine Alarmierung) mindestens für zwei der drei Sinne „Sehen", „Hören", „Tasten" zugänglich sind, zB gleichzeitige akustische und optische Alarmierung (Ziff. 3.3 ASR V3 a.2).

Neben älteren sind auch **jüngere Beschäftigte**, wie insbes. Auszubildende oder Berufseinsteiger, als besonders schutzbedürftige Beschäftigtengruppe anzusehen.[198] Spezielle Gefahren iSv § 4 Nr. 3 ArbSchG resultieren hier vor allem aus der noch nicht (vollständig) erworbenen beruflichen Qualifikation sowie oftmals spontanem Handeln verbunden mit fehlender Risikoerfahrung in kritischen Situationen.[199] Den besonderen Be-

---

193 Blume et al., A-FLEX – Gestaltungsempfehlungen für Callcenter, Bauhandwerk und Callcenter, 2006; Paridon/Ottersbach/Feldges, BG 2007, 199; Mühlenbrock, Alterns- und altersgerechte Arbeitsgestaltung – Grundlagen und Handlungsfelder für die Praxis, 2016. **194** Empfehlung: 50 % mehr Beleuchtungsstärke nach DIN 5035 für Arbeitnehmer zwischen dem 40. und 55. Lebensjahr und 100 % mehr Beleuchtungsstärke für Arbeitnehmer ab dem 55. Lebensjahr; vgl. Busch, Altersmanagement im Betrieb, Bd. 23, 2004. **195** GMBl 2001, 303; vgl. auch Nöthlichs ArbSchG § 4 Rn.3.6. **196** Vgl. dazu Hacker, Leistungs- und Lernfähigkeiten älterer Menschen, S. 163 ff. **197** Aufgrund schädigungs- oder altersbedingter Schwerhörigkeit muss die Signallautstärke sich stärker von dem normalen Schallpegel (normal gemäß DIN EN 475 > 15 dB (A)) des Arbeitsplatzes abheben. **198** Gesetzesbegründung BT-Drs. 13/3540, 16; Pieper ArbSchG § 4 Rn. 19 ff., insb 19 k. **199** Kollmer/Klindt/Schucht/Kohte ArbSchG § 4 Rn. 41; Europäische Agentur für Sicherheit und Gesundheitsschutz am Arbeitsplatz (Hrsg.), Junge Arbeitnehmer – Fakten und Zahlen, FACTS 70 DE, 2007; Langhoff/Krietsch/Starke WSI-Mitteilungen 2010, 343 ff.

dürfnissen jüngerer Beschäftigter kann insbes. durch die intensive Kommunikation über Fragen von Sicherheit und Gesundheit Rechnung getragen werden. Den Rahmen hierfür bieten insbes. Unterweisungen, namentlich dann, wenn sie thematisch, didaktisch und in ihrer medialen Form an den Erfahrungshorizont und den Kommunikationsstil jüngerer Beschäftigter anknüpfen (→ Jugendarbeitsschutz Rn. 29).[200] Von besonderer Bedeutung ist zudem die Personalführung. Vorgesetzte bzw. Ausbilder haben insbes. bei der Übertragung von Aufgaben die Fähigkeiten des einzelnen jüngeren Beschäftigten zu risikogerechtem Verhalten zu berücksichtigen (§ 7 ArbSchG). Die besonderen Schutzbedürfnisse jüngerer Beschäftigter werden in einer Reihe **spezieller Regelungen des JArbSchG** weiter präzisiert. Genannt seien an dieser Stelle nur die speziellen Regelungen zur Unterweisung (§ 29 JArbSchG), besondere Bestimmungen zur Arbeitszeit (§§ 8 ff. JArbSchG), Vorschriften über besonders gefährliche Arbeiten (§ 22 JArbSchG), Regelungen zu besonderen Formen der Arbeitsorganisation (zB Akkordarbeit, § 23 JArbSchG) sowie spezifische Bestimmungen zur menschengerechten Arbeitsgestaltung (§ 28 JArbSchG) und zur arbeitsmedizinischen Vorsorge (§§ 32 ff. JArbSchG). Zu beachten ist, dass auch die vom JArbSchG nicht mehr erfasste **Gruppe der 18–24-jährigen Beschäftigten** aus arbeitswissenschaftlicher Sicht als eine spezifische Risikogruppe bewertet wird.[201]

105 Eine weitere besonders schutzbedürftige Personengruppe bilden **behinderte Menschen**.[202] Ihr besonderes Schutzbedürfnis beruht darauf, dass ihre (gesundheitliche) Leistungsfähigkeit und damit zugleich die Chancen ihrer beruflichen Teilhabe nachhaltig eingeschränkt sind. § 4 Nr. 6 ArbSchG ist dabei nicht nur auf schwerbehinderte Beschäftigte anwendbar, sondern bei **jedem Grad einer Behinderung**. Maßgeblich ist insoweit die gesetzliche Definition des § 2 Abs. 1 SGB IX, wonach Menschen behindert sind, wenn ihre körperliche Funktion, geistige Fähigkeit oder seelische Gesundheit mit hoher Wahrscheinlichkeit länger als sechs Monate von dem für das Lebensalter typischen Zustand abweichen und daher ihre Teilhabe am Leben in der Gesellschaft (und damit auch am Arbeitsleben!) beeinträchtigt ist. § 4 Nr. 6 ArbSchG verlangt vor diesem Hintergrund, dass durch den betrieblichen Arbeits- und Gesundheitsschutz keine (weiteren) Barrieren für die Teilhabe am Arbeitsleben errichtet werden. Insoweit geht es vor allem um die Herstellung eines **barrierefreien Arbeitsplatzes und Arbeitsumfeldes** (ausreichende Raumgrößen auch für Rollstuhlfahrer, Rampen, optische bzw. akustische Leitsysteme auf (Rettungs-)Wegen) sowie die Gestaltung möglichst **barrierefreier Arbeitsaufgaben** (Stichwort zB barrierefreie Software).[203] Geboten ist vor diesem Hintergrund die Einrichtung von Arbeitsstätten sowie die Auswahl von Arbeitsmitteln nach den Grundsätze des sog **universellen Design** (dazu auch → ArbStättV Rn. 115 ff.). Hinweise auf den Stand der Technik zur barrierefreien Gestaltung von Arbeitsstätten sind in der ASR V3 a.2 festgehalten.

106 Zu beachten sind in diesem Zusammenhang weitere **behinderungsrechtliche Vorgaben des SGB IX**. Diese werden ergänzt durch unionsrechtliche Vorgaben der **EU-Antidiskriminierungsrichtlinie 2000/78/EG** und – völkerrechtlich – durch die Bestimmungen der **UN-Behindertenrechtskonvention**.[204] Während die Vorgaben des § 4 Nr. 6 ArbSchG vor allem – verhältnispräventiv – auf die Schaffung barrierefreier Arbeitsplätze zielen, regeln die insoweit einschlägigen behinderungsrechtlichen Vorschriften ergänzende Maßnahmen zur **Sicherung der individuellen Teilhabe am Arbeitsleben**. Die Ratio dieser Regelungen ergibt sich vor allem daraus, dass aufgrund der Vielfältigkeit der Behinderungsarten allein durch die Schaffung von Barrierefreiheit oft die Sicherung der Beschäftigung behinderter Menschen nicht immer möglich ist. Behindertenrechtlich ist der Arbeitgeber vor diesem Hintergrund verpflichtet, dem insoweit möglicherweise

---

200 Kollmer/Klindt/Schucht/Kohte ArbSchG § 4 Rn. 41. **201** Kollmer/Klindt/Schucht/Kohte ArbSchG § 4 Rn. 41. **202** BT-Drs. 13/3540, 16; Pieper ArbSchG § 4 Rn. 19 d ff., 19 l. **203** Kollmer/Klindt/Schucht/Kohte ArbSchG § 4 Rn. 38. **204** Ratifiziert durch das Gesetz zu dem Übereinkommen der Vereinten Nationen vom 13.12.2006 über die Rechte von Menschen mit Behinderungen sowie zu dem Fakultativprotokoll vom 13.12.2006 zum Übereinkommen der Vereinten Nationen über die Rechte von Menschen mit Behinderungen vom 21.12.2008, BGBl. II 2008, 1419 ff.

bestehenden individuellen Bedarf dadurch Rechnung zu tragen, dass er **„angemessene Vorkehrungen"** zur Sicherung der Teilhabe am Arbeitsleben trifft (vgl. Art. 8 EU-Richtlinie 2000/78/EG; Art. 27 UN-Behindertenrechtskonvention).

Im **Schwerbehindertenrecht** ist eine Verpflichtung zur Regelung „angemessener Vorkehrungen" insbes. mit dem **Individualanspruch auf behinderungsgerechte Beschäftigung** getroffen worden. Danach sind Arbeitsstätten behinderungsgerecht einzurichten und zu unterhalten und Arbeitsplätze mit den erforderlichen Arbeitshilfen auszustatten.[205] Aufgrund der erwähnten unions- und völkerrechtlichen Vorgaben, die die in Deutschland geläufige Differenzierung zwischen schwerbehinderten und behinderten Menschen nicht kennen, ist die Beschränkung des Anwendungsbereichs des Anspruch auf behinderungsgerechte Beschäftigung auf Schwerbehinderte und „Gleichgestellte" in § 81 Abs. 4. 5 SGB IX zu eng.[206] Es ist deswegen geboten, insbes. §§ 241 Abs. 2, 618 BGB unions- und völkerrechtskonform im Hinblick auf eine behindertengerechte Beschäftigung weit auszulegen.[207] Den geeigneten Rahmen, den Anspruch auf behinderungsgerechte Beschäftigung einzelfall- und betriebsbezogen zu konkretisieren, bietet insbes. ein BEM nach § 84 Abs. 2 SGB IX, das auch zur Verbesserung des Arbeitsschutzes dient (→ SGB IX § 84 Rn. 35 ff.) und auch dazu genutzt werden kann, die Möglichkeiten zur Erlangung von Leistungen zur Teilhabe am Arbeitsleben durch die Rehaträger und die Integrationsämter auszuloten (vgl. insbes. §§ 28, 33 f., 102 SGB IX). 107

Eine besonders schutzbedürftige Personengruppe iSv § 4 Nr. 6 ArbSchG sind des Weiteren **Leiharbeitnehmer und andere Fremdfirmenbeschäftigte**.[208] Spezielle Gefahren bestehen für sie insbes. dann, wenn der Einsatz in raschem Wechsel in unterschiedlichen Einsatzbetrieben erfolgt. Nach gesicherten arbeitswissenschaftlichen Erkenntnissen trifft Leiharbeitnehmer ein weit überdurchschnittliches Unfallrisiko.[209] Es ist vor allem darauf zurückzuführen, dass ihnen die Arbeitsplätze und die Betriebskultur oftmals nur wenig vertraut (Einweisung, Unterweisung, Erfahrung) sind und die Integration in den Einsatzbetrieb nur unzureichend ist.[210] Es bestehen in diesem Zusammenhang neben den Kooperationsvorschriften in § 8 ArbSchG eine Reihe von speziellen Bestimmungen, die der besonderen Situation von Leiharbeitnehmern Rechnung tragen sollen. So stellt § 11 Abs. 6 AÜG klar, dass Leiharbeitnehmer unbeschadet der Pflichten des Verleihers, den öffentlich-rechtlichen Arbeitsschutzvorschriften des Entleiherbetriebes unterliegen und **der Entleiher** für die Beachtung dieser Schutzvorschriften die Verantwortung trägt.[211] Aus diesem Grunde treffen den Entleiher nach § 11 Abs. 6 AÜG neben den allgemeinen Arbeitsschutzpflichten umfangreiche Informationspflichten über die sicherheits- und gesundheitsrelevanten Fragen der Arbeit im Entleiherbetrieb. 108

Nach § 12 Abs. 2 ArbSchG bestehen zudem besondere **Pflichten bei der Unterweisung** von Leiharbeitnehmern, die insbes. die Qualifikation und Erfahrung berücksichtigen müssen. Insoweit ist wegen der fehlenden betrieblichen Erfahrungen regelmäßig eine **besonders intensive** Unterweisung erforderlich, in der in sicherheits- und gesundheitsgerechtes Verhalten und die sichere Nutzung der Arbeitsmittel gezielt trainiert werden (→ ArbSchG § 12 Rn. 14 ff.). Eine besondere Verantwortung trifft insoweit die betrieblichen Führungskräfte. Diese müssen nach § 7 ArbSchG klären, ob die betreffenden Leiharbeitnehmer aufgrund ihrer Qualifikation und Unterweisung fähig sind, unter Beachtung der betrieblichen Arbeitsschutzregelungen sicher und gesund zu arbeiten. Zu- 109

---

[205] Zur ausnahmsweisen Einschränkung des Rechts auf behinderungsgerechte Beschäftigung durch Erfordernisse des betrieblichen Arbeits- und Gesundheitsschutzes vgl. Feldes/Kohte/Stevens-Bartol/Faber SGB IX § 81 Rn. 56 ff. **206** EuGH 11.4.2013 – C-335/11, NZA 2013, 553 (Ring) und EuGH 4.7.2013 – C-342/12 (Vertragsverletzungsverfahren gegen Italien); dazu Beyer/Wocken DB 2013, 2270. **207** Dazu ausführlich Feldes/Kohte/Stevens-Bartol/Faber SGB IX § 81 Rn. 113 f.; Nebe DB 2008, 1801 (1804) und BAG 19.12.2013 – 6 AZR 190/12. **208** Pieper ArbSchG § 4 Rn. 19; LR/Wiebauer ArbSchG § 4 Rn. 54. **209** Aktuelle Daten in BT-Drs. 18/179, 75 ff. **210** Julius, Arbeitsschutz und Fremdfirmenbeschäftigung, S. 67; zum Arbeitsschutz in der Leiharbeit vgl. auch den Abschlussbericht des Projekts GRAZIL, www.grazil.net sowie Langhoff Gute Arbeit 5/2010, 21 ff. und Langhoff/Krietsch/Schubert, Leiharbeit und Gesundheitsschutz, Jahrbuch Gute Arbeit 2012; bereits Langhoff/Krietsch/Starke WSI-Mitteilungen 2010, 343 (346 f.). **211** BAG 7.6.2016 – 1 ABR 25/14, NZA 2016, 1420.

dem bedarf es jedenfalls in der Anfangsphase einer intensiven **Aufsicht**, um die praktischen Fähigkeiten der Leiharbeitnehmer angemessen einschätzen zu können.

110 Spezielle Gefahren iSv § 4 Nr. 6 ArbSchG können aus Kommunikationsproblemen resultieren. Eine besonders schutzbedürftige Personengruppe stellen daher Personen mit nur geringen deutschen Sprachkenntnissen dar, wie zB oftmals **ausländische Beschäftigte** oder **Beschäftigte mit Migrationshintergrund**.[212] Der Problematik wird in verschiedenen speziellen Arbeitsschutzvorschriften dadurch Rechnung getragen, dass zB Unterweisungen in einer den Beschäftigten verständlichen Form zu erfolgen haben (§ 14 Abs. 1 GefStoffV; § 11 Abs. 2 LärmVibrationsArbSchG; § 3 Abs. 2 PSA-BV). Dies kann es erfordern, ggf. einen Dolmetscher hinzuzuziehen[213] oder Betriebsanweisungen in den Muttersprachen der Beschäftigten auszuhängen (→ BetrVG Vor §§ 87 ff. Rn. 5 f.).[214] Von hoher Bedeutung ist zudem eine klare und eindeutige Kommunikation in kritischen Situationen. Zur Vermeidung von Kommunikationsschwierigkeiten hat es sich insoweit bewährt, mehrere Zugangswege zu den insoweit wichtigen Informationen vorzuhalten. Zugangswege können etwa die Textform, grafische Darstellungen (Piktogramme) oder auch akustische Signale sein.[215]

111 **2. Geschlechtsspezifisch wirkende Regelungen.** § 4 Nr. 8 ArbSchG stellt klar, dass mittelbar oder unmittelbar **geschlechtsspezifische Regelungen** in der Regel unzulässig sind. Die Bestimmung ist auf Initiative des Bundesrates als allgemeiner Arbeitsschutzgrundsatz in § 4 ArbSchG aufgenommen worden.[216] Sinn und Zweck ist die Normierung eines arbeitsschutzrechtlichen Prinzips der Gleichbehandlung von Frauen und Männern im Arbeitsleben. § 4 Nr. 8 ArbSchG soll vor diesem Hintergrund verhindern, dass insbes. Frauen durch – ggf. vermeintlich gut gemeinte – **betriebliche Regelungen zum Arbeits- und Gesundheitsschutz** aus dem Arbeitsprozess herausgedrängt und diskriminiert werden.[217] Hierzu wird ein Verbot geschlechtsspezifisch wirkender „Maßnahmen des Arbeitsschutzes" normiert. Es ist dabei unerheblich, ob in den jeweils in Rede stehenden betrieblichen Regeln explizit auf den Geschlechteraspekt abgestellt wird (**unmittelbar geschlechtsspezifische Regelungen**) oder aber ein Geschlecht (zumeist Frauen) von den Regelungen typischerweise in besonderer Weise betroffen ist (**mittelbar geschlechtsspezifisch wirkende Regeln**, vgl. dazu auch die Legaldefinition der mittelbaren Benachteiligung in § 3 Abs. 2 AGG).[218] Mit dem Arbeitsschutzgrundsatz des § 4 Nr. 8 ArbSchG hat der Gesetzgeber auch der Rechtsprechung des Bundesverfassungsgerichts Rechnung getragen, das in seiner Nachtarbeitsentscheidung unter umfassender Auswertung des arbeitsmedizinischen und arbeitswissenschaftlichen Erkenntnisstandes zu dem Ergebnis gekommen ist, dass ein Verbot der per se als gesundheitsschädlich einzustufenden Nachtarbeit für Frauen gegen das Benachteiligungsverbot des Art. 3 Abs. 3 GG verstößt.[219]

112 **Geschlechtsspezifische betriebliche Regelungen** sind nach § 4 Nr. 8 ArbSchG nur dann zulässig, wenn dies aus biologischen Gründen zwingend geboten ist. Hieraus folgt, dass geschlechtsspezifische Regelungen als **Ausnahme** von dem durch § 4 Nr. 8 ArbSchG normierten **Verbot** verstanden werden müssen und Ausnahmen von der Regel nach allgemeinen Grundsätzen grundsätzlich eng auszulegen sind. Eine solche Ausnahme kann grundsätzlich überhaupt erst in Betracht gezogen werden, wenn auch **unter Ausschöpfung aller möglichen Schutzmöglichkeiten** eine Arbeitsaufgabe verbleibt, bei der eine unterschiedliche Behandlung von Männern und Frauen unerlässlich ist.[220]

113 Im Grundsatz ist davon auszugehen, dass die Bestimmungen des Arbeitsschutzrechts die Schutzbedürfnisse beider Geschlechter gleichermaßen berücksichtigen. Hieraus

---

212 Pieper ArbSchG § 4 Rn. 19 n. 213 LAG Baden-Württemberg 1.12.1989 – 5 Sa 55/89, AiB 1990, 313 mAnm Meißner; LAG Mainz 24.1.2006 – 5 Sa 817/05, AuA 2006, 562 mAnm Stück. 214 Kollmer/Klindt/Schucht/Kohte ArbSchG § 4 Rn. 40. 215 Dazu Kollmer/Klindt/Schucht/Kohte ArbSchG § 4 Rn. 40. 216 BT-Drs. 13/4337, 3; Pieper ArbSchG § 4 Rn. 21. 217 KJP/Koll ArbSchG § 4 Rn. 38. 218 Zum Stand der Verwirklichung des Verbots geschlechtsspezifischer Arbeitsschutzregelungen vgl. zusammenfassend Kollmer/Klindt/Schucht/Kohte ArbSchG § 4 Rn. 46 ff., sowie umfassend Nebe, Betrieblicher Mutterschutz, S. 117 ff. 219 BVerfG 28.1.1992 – 1 BvR 1025/82, 1 BvL 16/83, 1 BvL 10/91, NZA 1992, 270 ff. 220 Dazu auch KJP/Koll ArbSchG § 4 Rn. 39.

folgt, dass immer vorrangig und unabhängig vom Geschlecht zu prüfen ist, ob zB die manuelle Handhabung schwerer Lasten vermeidbar oder Lastengewichte reduzierbar sind, insbes. durch den Einsatz technischer Arbeitshilfen (§ 4 Nr. 1 ArbSchG, sowie § 2 LasthandhabV, dazu → LasthandhabV Rn. 18). Dabei ist insbes. der Stand der Technik (§ 4 Nr. 3 ArbSchG) zu berücksichtigen, der sich nicht zuletzt in den Fortschritten bei der Entwicklung solcher ergonomisch gestalteter Arbeitshilfen niederschlägt. Vor diesem Hintergrund ist es nach der unionsrechtlich veranlassten[221] Streichung des letzten geschlechtsspezifischen pauschalen Beschäftigungsverbots in § 64 a BBergG **unzulässig, Frauen generell von bestimmten Berufen,** zB in der Baubranche, **auszuschließen.**[222] Der Arbeitgeber, der eine geschlechtsspezifische Regelung treffen möchte, hat in einem etwaigen Rechtsstreit die insoweit maßgeblichen Umstände, die eine Ausnahme aus zwingenden biologischen Gründen rechtfertigen sollen, substantiiert darzulegen und im Falle des Bestreitens auch zu beweisen. Eine Schlüsselrolle hat dabei die Dokumentation der Gefährdungsbeurteilung (§§ 5, 6 ArbSchG), aus der sich ergeben muss, dass es zu einer geschlechtsspezifischen Regelung keinerlei Alternativen gibt. Dieser Nachweis ist in der Regel nicht zu erbringen.

Eine gesetzliche Ausnahme des Verbots geschlechtsspezifisch wirkender Regelungen stellt das **Mutterschutzrecht** dar, das eine unterschiedliche Behandlung von Männern und Frauen mit dem Ziel eines effektiven Mutterschutzes gesetzlich zulässt. Das insoweit noch einschlägige MuSchG und die MuSchArbV sehen insoweit geschlechtsspezifische Regelungen für werdende und stillende Mütter vor. Bei bestimmten Gefährdungslagen sind dabei als letztes Mittel auch Beschäftigungsverbote oder Beschäftigungsbeschränkungen vorgesehen, zB beim Umgang mit bestimmten Gefahrstoffen, Arbeitszeitregelungen, vgl. auch §§ 4 ff., 11 f. MuSchG (§§ 3, 8 MuSchG aF, bis 31.12.2017 §§ 4, 5 MuSchArbV). Mit dem neu gestalteten Mutterschutzgesetz[223] soll eine praktische Konkordanz zwischen Gefährdungsschutz und Diskriminierungsschutz erreicht werden (→ Betrieblicher Mutterschutz Rn. 3 f.), die zu dem gleichstellungspolitisch unerwünschten Ergebnis einer Ausgrenzung von Frauen aus dem Arbeitsprozess führt. Zu beachten ist hier aber wiederum, dass die Prävention und die gesundheitsgerechte Arbeitsgestaltung grundsätzlich Vorrang haben, um einen „ausgrenzenden Mutterschutz" zu vermeiden. Konkret bedeutet dies, dass für jeden Einzelfall anhand einer mutterschutzspezifischen Gefährdungsbeurteilung gemäß § 10 MuSchG (bis 31.12.2017: § 1 MuSchArbV) zu klären ist, ob und inwieweit nach Maßgabe von § 13 MuSchG (bis 31.12.2017: § 3 MuSchArbV) die Arbeitsbedingungen unter Berücksichtigung des Standes von Technik, Arbeitsmedizin und Hygiene sowie sonstiger gesicherter arbeitswissenschaftlicher Erkenntnisse vorübergehend umgestaltet werden können[224] oder organisatorische Maßnahmen insbes. durch eine Umsetzung an einen anderen Arbeitsplatz möglich sind (zu den Einzelheiten → Betrieblicher Mutterschutz Rn. 12 ff.). 114

Geschlechtsneutralität bedeutet allerdings nicht, dass die Kategorie „Geschlecht" für die Gestaltung des Arbeitsschutzes bedeutungslos wäre.[225] Sämtliche Untersuchungen zeigen, dass es **typische geschlechtsspezifische Gefährdungen** gibt und dass **frauenspezifische Gefährdungen** nicht selten weniger wahrgenommen werden. Heben und Tragen von Lasten sind auch Probleme in Dienstleistungs- und Gesundheitsberufen, von monotoner und repetitiver Arbeit sind Frauen häufiger betroffen.[226] Noch deutlicher wird dieses Bild, wenn die spezifischen Bedingungen von Teilzeitbeschäftigten, vor allem von geringfügig Beschäftigten, gesondert untersucht werden.[227] Dies ist daher bei der Gefährdungsbeurteilung und der Unterweisung zu beachten.[228] Zutreffend hat der Bundesrat in seinem Entwurf einer Verordnung zur Gefährdung durch psychische Be- 115

---

221 EuGH 1.2.2005 – C-203/03, EuGRZ 2005, 124. **222** Kollmer/Klindt/Schucht/Kohte ArbSchG § 4 Rn. 46; Pieper ArbSchG § 4 Rn. 21 ff. **223** BGBl. I 2017, 1228 ff.; dazu Nebe, jurisPR-ArbR 28/2017 Anm. 1. **224** Ausführlich Nebe, Betrieblicher Mutterschutz, S. 185 ff. **225** Dazu grundsätzlich Weg STREIT 2013, 147 ff.; Schlick/Bruder/Luczak, Arbeitswissenschaft 2010, 89 ff. **226** BT-Drs. 17/380, 42 ff., dazu auch Kollmer/Klindt/Schucht/Kohte ArbSchG § 4 Rn. 48 f. **227** BT-Drs. 18/179, 65 ff. **228** Reuhl Gute Arbeit 4/2011, 22 ff.

lastung bei der Arbeit verlangt, die Arbeitsbedingungen geschlechtergerecht zu gestalten und auf die entsprechenden Beschlüsse der Konferenz der Gleichstellungs- und Frauenministerinnen (GMFK) sowie der Arbeits- und Sozialministerkonferenz (ASMK) verwiesen.[229]

IX. Rechtsdurchsetzung

116 § 4 ArbSchG fasst allgemeine Grundsätze zusammen, die bei der Beurteilung der Arbeitsbedingungen nach § 5 ArbSchG und beim Treffen konkreter Schutzmaßnahmen nach § 3 ArbSchG als materielle Kriterien heranzuziehen sind. Die Frage der Rechtsdurchsetzung stellt sich von daher nicht isoliert, sondern regelmäßig im Zusammenhang mit Maßnahmen des Arbeitsschutzes bzw. der Gefährdungsbeurteilung. Dies gilt nicht nur für individuelle Klagen, sondern auch für den kollektiven Rechtsschutz und die Ausgestaltung von Anordnungen der Aufsicht. Insoweit ist auf die entsprechenden Kommentierungen zu §§ 3, 5 ArbSchG zu verweisen.

117 Eine besondere Bedeutung hat § 4 ArbSchG im **Zusammenhang mit den Mitbestimmungsrechten des Betriebs- und Personalrats**. In der Literatur und Teilen der Gerichtspraxis wird eine Beschränkung der Mitbestimmungsrechte bei Generalklauseln auf Situationen konkreter Gefahr favorisiert, um befürchtete rechtspolitische Aktivitäten von Betriebsräten eingrenzen zu können.[230] Dies ist bereits nicht überzeugend, weil damit Kategorien aus den Konflikten um § 120 a GewO in Abweichung vom neuen unionsrechtlichen Leitbild fortgeschrieben werden. Dem ist das BAG mit seinem Beschluss vom 28.3.2017 zu Recht entgegengetreten.[231] Die erforderliche Konkretisierung von § 3 Abs. 1 ArbSchG durch mitbestimmte Regelungen hat ausschließlich im Rahmen des jeweils aktuellen Arbeitsschutzrechts zu erfolgen, an das § 87 Abs. 1 Nr. 7 BetrVG anknüpft. Maßgeblich sind demnach insbes. die Grundsätze des § 4 ArbSchG. Diese sind im Übrigen weitaus differenzierter als die zu § 120 a GewO aF erarbeiteten Grundsätze (vgl. auch die vorstehende Kommentierung). So stellt § 4 ArbSchG den Gefährdungsschutz (→ Rn. 13 ff.) an die Spitze der arbeitsschutzrechtlichen Pflichten. Soweit Gefährdungen insbes. nicht vermieden werden können, folgen aus dem TOP-(F)-Prinzip (→ Rn. 53 ff.) differenzierte Vorgaben für die Entwicklung der erforderlichen Maßnahmen des Arbeitsschutzes (→ BetrVG § 87 Rn. 30). Ebenso kann durch eine eng an § 4 ArbSchG angelehnte Regelung zur Konzipierung und Durchführung einer Gefährdungsbeurteilung verdeutlicht werden, dass die Vorstellung in der verwaltungsrechtlichen Judikatur und Literatur, dass eine solche Beurteilung nur „vorbereitenden" Charakter habe, verfehlt ist (→ BPersVR Rn. 38 ff.).[232]

118 Die Gestaltungsgrundsätze des § 4 ArbSchG sind schließlich von elementarer Bedeutung für die Struktur von Revisionsschreiben und **Anordnungen nach § 22 ArbSchG**. Da sich das heutige Arbeitsschutzrecht weitgehend auf die Normierung von Zielen beschränkt, die betrieblich umzusetzen sind, ergeben sich daraus spezifische Anforderungen an die nach § 37 VwVfG verlangte Bestimmtheit von Verwaltungsakten (→ ArbSchG § 22 Rn. 46).[233] Dem Arbeitgeber kann daher in Konkretisierung der Pflichten aus §§ 3, 5 ArbSchG bzw. aus den jeweiligen Verordnungen aufgegeben werden, die Grundsätze des § 4 ArbSchG in Kombination mit Regeln der Ausschüsse nach § 18 Abs. 2 Nr. 5 ArbSchG[234] bzw. konkreter Unfallverhütungsvorschriften[235] anzuwenden. So kann gewährleistet werden, dass die betriebliche Konkretisierung in Übereinstimmung mit den heutigen Maßstäben des Arbeitsschutzrechts erfolgt.[236]

---

229 BR-Drs. 315/13, 12, 27; LR/Wiebauer ArbSchG § 4 Rn. 63. **230** Exemplarisch GK-BetrVG/Wiese/Gutzeit BetrVG § 87 Rn. 604; Bauer/Günther/Böglmüller NZA 2016, 1361 (1363 f.) **231** BAG 28.3.2017 – 1 ABR 25/15, NZA 2017, 1132 ff. **232** So bereits Nitsche PersR 2005, 346 ff.; vgl. Baden PersR 2012, 351 ff. **233** Dazu Faber, Grundpflichten, S. 373 ff.; Stelkens/Bonk/Sachs VwVfG § 37 Rn. 34 mit parallelen Beispielen aus dem Umweltrecht. **234** So VG Münster 28.2.2013 – 7 L 853/12, dazu Kohte/Jarosch, jurisPR-ArbR 22/2014 Anm. 5. **235** VG Augsburg 27.7.2009 – Au 4 K 08.1846. **236** LR/Wiebauer ArbSchG § 4 Rn. 68.

§ 5 ArbSchG Beurteilung der Arbeitsbedingungen

(1) Der Arbeitgeber hat durch eine Beurteilung der für die Beschäftigten mit ihrer Arbeit verbundenen Gefährdung zu ermitteln, welche Maßnahmen des Arbeitsschutzes erforderlich sind.

(2) ¹Der Arbeitgeber hat die Beurteilung je nach Art der Tätigkeiten vorzunehmen. ²Bei gleichartigen Arbeitsbedingungen ist die Beurteilung eines Arbeitsplatzes oder einer Tätigkeit ausreichend.

(3) Eine Gefährdung kann sich insbesondere ergeben durch
1. die Gestaltung und die Einrichtung der Arbeitsstätte und des Arbeitsplatzes,
2. physikalische, chemische und biologische Einwirkungen,
3. die Gestaltung, die Auswahl und den Einsatz von Arbeitsmitteln, insbesondere von Arbeitsstoffen, Maschinen, Geräten und Anlagen sowie den Umgang damit,
4. die Gestaltung von Arbeits- und Fertigungsverfahren, Arbeitsabläufen und Arbeitszeit und deren Zusammenwirken,
5. unzureichende Qualifikation und Unterweisung der Beschäftigten,
6. psychische Belastungen bei der Arbeit.

Literatur: Monographien: *Bundesanstalt für Arbeitsschutz und Arbeitsmedizin* (Hrsg.), Gefährdungsbeurteilung Psychischer Belastungen, 2014; *BAuA* (Hrsg.), Arbeitszeitreport 2016; *BAuA*, Psychische Gesundheit in der Arbeitswelt – Wissenschaftliche Standortbestimmung, 2017; BAuA, Sicherheit und Gesundheit bei der Arbeit 2015; *BG ETEM*, Gemeinsam zu gesunden Arbeitsbedingungen, 2014; *BGHM*, Fach – Information Nr. 0052 – Gefährdungsbeurteilung psychische Belastung, 2017; *Beck/Morschhäuser/Hasselhorn*, Gefährdungsbeurteilung psychischer Belastung, Erfahrungen und Empfehlungen, 2014; *Blume/Walter/Bellmann/ Wellmann*, Betriebliche Gesundheitspolitik – eine Chance für die Mitbestimmung, 2011 (zitiert: Blume/Walter/Bellmann/Wellmann, Betriebliche Gesundheitspolitik); *Bücker*, Von der Gefahrenabwehr zur Risikovorsorge, 1997 (zitiert: Bücker, Risikovorsorge); *Bundesvereinigung der Deutschen Arbeitgeberverbände (BDA)*, Die Gefährdungsbeurteilung nach dem Arbeitsschutzgesetz. Besonderer Schwerpunkt: Psychische Belastung – Ein Praxisleitfaden für Arbeitgeber, 2013; *DIN*, Entwurf - Ergonomische Grundlagen bezüglich psychischer Arbeitsbelastung – Teil 1: Allgemeine Konzepte und Begriffe, ISO/ DIN 10075, 2015; *GDA*, Abschlussbericht zur Dachevaluation der Gemeinsamen Deutschen Arbeitsschutzstrategie, 2014; *GDA*, Leitlinie für Beratung und Überwachung bei psychischen Belastungen am Arbeitsplatz, 2017; *Geißler*, Umgang mit psychischen Belastungen und Fehlbeanspruchungen, 2011; *Hässler/Rau* u.a., Auswirkungen von ständiger Erreichbarkeit und Präventionsmöglichkeiten, iga.Report 23 – 2, 2016; *Jürgen/Blume/Szymanski*, Unternehmensziel Gesundheit, Umsetzung der Gefährdungsbeurteilung in die betriebliche Praxis, 1999 (zitiert: Jürgen/ Blume/Szymanski, Unternehmensziel Gesundheit); *Jürgen/Blume/Schleicher/Szymanski*, Arbeitsschutz durch Gefährdungsanalyse, 1997 (zitiert: Jürgen/Blume/Schleicher/Szymanski, Gefährdungsanalyse); *Kirchler*, Arbeits- und Organisationspsychologie, 2008; *Landau*, Lexikon Arbeitsgestaltung, 2007 (zitiert: Landau, Arbeitsgestaltung); *Landau/Pressel*, Medizinisches Lexikon der beruflichen Belastungen und Gefährdungen, Definitionen, Vorkommen, Arbeitsschutz, 2009 (zitiert Landau/Pressel, Medizinisches Lexikon); *Lange/Szymanski*, Leitfaden zur Umsetzung des CE-Kennzeichnungsverfahrens für Maschinen, Abschlussbericht zum Projekt „Analyse von Konformitätsnachweisen für Maschinen: Inhalte, Formen, Vorgehensweise bei der Erarbeitung", Teil 2 – Projekt F 1896, 2005, 1051 (zitiert: Lange/Szymanski, Abschlussbericht); *Langhoff/Satzer*, Gestaltung von Schichtarbeit in der Produktion, 2017; *LASI*, Handlungsanleitung zur Überprüfung der Gefährdungsbeurteilung, LV 59, 2017; *Lohmann-Haislah*, Stressreport Deutschland 2012; *Ministerium für Arbeit, Integration und Soziales des Landes Nordrhein-Westfalen*, Arbeitsschutz ohne Grenzen, Psychische Belastungen im europäischen Vergleich (online); *Oppolzer*, Gesundheitsmanagement im Betrieb, 2010 (zitiert: Oppolzer, Gesundheitsmanagement); *Pangert/Schüpbach*, Die Auswirkungen arbeitsbezogener erweiterter Erreichbarkeit auf Life-Domain-Balance und Gesundheit, 2016; *Paridon*, Gefährdungsbeurteilung psychischer Belastungen – Tipps zum Einstieg, IAG Report 1/2013; *Paridon*, iga.Report 32 – Psychische Belastungen in der Arbeitswelt, 2016; Paridon/Lazar, iga.Report 34 – Regeneration, Erholung, Pausengestaltung; *Pohlandt*, Ergoinstrument REBA 9.0: Handbuch zum PC-Programm; Analyse, Bewertung und Gestaltung von Tätigkeiten unter Berücksichtigung von Sicherheit und Gesundheit, 2009; *Probst*, Arbeitswissenschaftliche Erkenntnisse Forschungsergebnisse für die Praxis Bildschirmarbeit –

Lärmminderung in Mehrpersonenbüros, 2003 (zitiert: Probst, Lärm an Bildschirmarbeitsplätzen); *Rau*, iga.report 31 – Risikobereiche für psychische Belastungen, 2015; *Resch*, Analyse psychischer Belastungen, 2003; *Richenhagen/Prümper/Wagner*, Handbuch der Bildschirmarbeit, 2002; *Richter/Hacker*, Tätigkeitsbewertungssystem – Geistige Arbeit für Arbeitsplatzinhaber, 2003; *Richter/Hacker*, Belastung und Beanspruchung – Stress, Ermüdung und Burnout im Arbeitsleben, 2012 (zitiert: Richter/Hacker, Belastung und Beanspruchung); *Romahn*, Gefährdungsbeurteilungen, 2013; *Schlick/Bruder/Luczak*, Arbeitswissenschaft, 2010; *Stadler/Splittgerber*, Psychosoziale Risiken bei der Arbeit – Eine europäische Kampagne der Arbeitsschutzbehörde 2013; *Ulich*, Arbeitspsychologie, 2011.

Aufsätze: *Aich*, Integration der Arbeitszeit in die Gefährdungsbeurteilung nach dem Arbeitsschutzgesetz, in: Romahn (Hrsg.), Arbeitszeit gestalten – Wissenschaftliche Erkenntnisse für die Praxis, 2017; *Beck/Richter/Ertel/Morschhäuser*, Gefährdungsbeurteilung bei psychischen Belastungen in Deutschland, in: Prävention und Gesundheitsförderung 2012, 115; *Beck/Morschhäuser/Richter*, Durchführung der Gefährdungsbeurteilung psychischer Belastungen, in: BAuA (Hrsg.), Gefährdungsbeurteilung 2014, S. 45 ff.; *Blume*, Arbeitsrechtliche und Arbeitswissenschaftliche Grundlagen der betrieblichen Gesundheitspolitik, in: Badura/Walter/Hehlmann, Betriebliche Gesundheitspolitik, Der Weg zur gesunden Organisation, 2010, S. 105–132 (zitiert: Blume, Grundlagen); *Blume*, Erfolgsfaktoren, in: Abele/Hutrienne/Prümper, Usability Management bei SAP-Projekten, 2007, S. 317–333; *Blume*, Integration von BGM, in: Badura/Walter/Hehlmann, Betriebliche Gesundheitspolitik. Der Weg zur gesunden Organisation, 2010, S. 273–288; *Blume*, Prävention durch Gefährdungsbeurteilungen, in: Faber/Feldhoff/Nebe/Schmidt/Waßer, Gesellschaftliche Beggnungen – Recht in Bewegung, Festschrift für Wolfhard Kohte, 2016, S. 383 ff.; *Blume/Carlberg*, Die Einführung von ERP-Software als Kooperationsprozess, in: PPS Management, 2001 (zitiert: Blume/Carlberg, EPR-Software), S. 24–29; *Blume*, Integration von BGM, in: Badura/Walter/Hehlmann, Betriebliche Gesundheitspolitik, 2010, S. 273; *Blume*, Erfolgsfaktoren, in: Abele/Hutrienne/Prümper (Hrsg.): Usability Management bei SAP-Projekten, 2007, S. 317–333; *Debitz/ Pohlandt*, Prospektive und korrektive Arbeitsgestaltung mittels des bedingungsbezogenen Verfahrens ergo-Instrument REBA 9.0, in: Trimpop/Gericke/Lau (Hrsg.), Psychologie der Arbeitssicherheit und Gesundheit. Sicher bei der Arbeit und unterwegs – wirksame Ansätze und neue Wege, 2010, S. 285–288; *Faber/Richenhagen*, Die Mitbestimmung des Betriebsrats bei Gefährdungsanalysen, AiB 1998, 317; *Gaul*, Leistungsdruck, psychische Belastung & Stress, DB 2013, 60; *Gutjahr/Hampe*, Gefährdungsbeurteilung von psychischen Belastungen aus arbeitsrechtlicher Sicht, DB 2012, 1208; *Herz*, Risikobeurteilung bei Maschinen, sis 2010, 113; *Kiper*, Mitbestimmung bei der Bildschirmarbeitsgestaltung, PersR 2008, 354; *Kohn/Zwingmann*, Beurteilung der Arbeitsbedingungen – Zur Weiterentwicklung der Gefährdungsbeurteilung, sis 2017, 210 ff.; *Kohte*, Das betriebliche Eingliederungsmanagement – Ein doppelter Suchprozess, WSI-Mitteilungen 2010, 374; *Kohte/Faber*, Novellierung des Arbeitsstättenrechts – Risiken und Nebenwirkungen einer legislativen Schlankheitskur, DB 2005, 224; *Kohte*, Der Beitrag der Anordnungen der Unfallversicherung zur effizienten Realisierung des Arbeitsschutzes, BG 2010, 384; *Koll*, Die Beurteilung von Gefährdungen am Arbeitsplatz und ihre Dokumentation nach der EG-Rahmenrichtlinie Arbeitsschutz, in: FS Wlotzke 1996, S. 701 ff.; *Landau*, Umsetzungsstand der Gefährdungsbeurteilung nach § 5 Arbeitsschutzgesetz, ASU 4/2013, 173 ff.; *Langhoff/Satzer*, Erfahrungen zur Umsetzung der Gefährdungsbeurteilung bei psychischen Belastungen, Gute Arbeit 2010, 267 ff.; *Langhoff/Satzer*, Schicht- und Nachtarbeit in der Produktion, Gesundheitsrisiken - Gestaltungsanforderungen - Praxishinweise, in: Schröder/Urban (Hrsg.), Gute Arbeit. Streit um Zeit – Arbeitszeit und Gesundheit, 2017, S. 147 ff.; *Lüders/Weller*, Erzwingbare Mitbestimmungsrechte des Betriebsrats bei Fragen des Gesundheitsschutzes und Gesundheitsprävention, BB 2016, 116 ff.; *Oberberg*, Initiativ-Mitbestimmung beim Arbeits- und Gesundheitsschutz, AiB 2012, 522 ff.; *Lützeler*, Herausforderung für Arbeitgeber: Die psychische Gesundheit im Arbeitsverhältnis, BB 2014, 309 ff.; *Mohr*, Beurteilung der Arbeitsbedingungen beim Heben und Tragen von Lasten, sis 1998, 214; *Morschheuser/Beck/Lohmann-Haislah*, Psychische Belastung als Gegenstand der Gefährdungsbeurteilung, in: BAuA, Gefährdungsbeurteilung psychischer Belastungen. Erfahrungen und Empfehlungen, 2014, S. 36 ff.; *Nebel/Wolf/Richter*, Instrumente und Methoden zur Messung psychischer Belastung, in: Windemuth/Jung/Petermann, Praxishandbuch psychische Belastungen im Beruf, 2010, S. 261 ff.; *Resch/Blume*, Analyse psychischer Belastungen, Computer-Fachwissen 3/2004, 8 ff.; *Romahn*, Gefährdungsbeurteilung, AiB 2008, 452; *Sasse/Schönfeld*, Rechtliche Aspekte psychischer Belastungen im Arbeitsverhältnis, RdA 2016, 346 ff.; *Satzer*, Umfassend-ganzheitliche Gefährdungsbeurteilung, WSI-Mitteilungen 2010, 377; *Satzer/Langhoff*, Betriebliche Erfahrungen zur Umsetzung der Gefährdungsbeurteilung bei psychischen Belastungen, Gute Arbeit 2010, 13; *Schmitt/Hammer*, Für welche betrieblichen Kontexte ist der Prozess der Gefährdungsbeurteilung anschlussfähig?, WSI-Mitteilungen 2015, 203 ff.; *Splittgerber/Seiler*, Integration psychischer Belastungen in der Beratungs- und Überwachungspraxis der Arbeitsschutzbehörden der Länder, sis 2010, 30; *Splittgerber*, GDA-Leitlinie – arbeitsbedingte psychische Belastungen praktisch angehen, Gute Arbeit 12/2012, 20 ff.; *Uhl/Polloczek*, Ermittlung von psychischen Belastungen am Arbeitsplatz als „Regelungen über den Gesundheitsschutz" im Sinne von § 87 Abs. 1 Nr. 7 BetrVG?, BB 2007, 2401; *Velikova/Hummel/Kummert*, Umsetzung des Gesundheitsschutzes im Betrieb – ausgewählte Fragestellungen zum Mitbestimmungsrecht nach § 87 Abs. 1 Nr. 7 BetrVG, in: Festschrift für Wolfhard Kohte, 2016, S. 453 ff.; *Wlotzke*, Fünf Verordnungen zum Arbeitsschutzgesetz von 1996, NJW 1997, 1469.

Leitentscheidungen: EuGH 15.11.2001 – C-49/00, Slg 2001, I-8575 ff.; EuGH 7.2.2002 – C-5/00, NZA 2002, 321; BVerwG 14.10.2002 – 6 P 7/01, PersR 2003, 113; BAG 8.6.2004 – 1 ABR 4/03, NZA 2005, 227; BAG 8.6.2004 – 1 ABR 13/03, NZA 2004, 1175; BAG 12.8.2008 – 9 AZR 1117/06, NZA 2009, 102; BAG 11.2.2014 – 1 ABR 72/12, NZA 2014, 989; BAG 28.3.2017 – 1 ABR 25/15, NZA 2017, 1132 ff.

I. Normzweck/Systematik	1
1. Allgemeines	1
2. Rechtssystematische Verbindungslinien	7
3. Spezielle Regelungen zur Gefährdungsbeurteilung	11
II. Entstehung/Unionsrecht	19
III. Normative Eckpunkte der Gefährdungsbeurteilung nach § 5 Abs. 1 ArbSchG	21
IV. Zu berücksichtigende Gefährdungsfaktoren (§ 5 Abs. 3 ArbSchG)	24
V. Konkretisierung der normativen Eckpunkte des § 5 ArbSchG durch die „Leitlinie Gefährdungsbeurteilung und Dokumentation"	34
VI. Zeitpunkt der Gefährdungsbeurteilung	39
VII. Prozessschritte der Gefährdungsbeurteilung	40
1. Festlegung von Arbeitsbereichen und Tätigkeiten	42
a) Festlegung des Untersuchungsbereiches	43
b) Ermitteln der für die Beurteilung relevanten Tätigkeiten	45
c) Zusammentragen vorhandener Daten und Erkenntnisse	49
d) Planung und Organisation der Gefährdungsbeurteilungen	53
2. Ermitteln der Gefährdungen	54
a) Grob- und Feinanalyse	55
b) Ermittlung psychischer Belastungen	58
3. Beurteilen der Gefährdungen	60
a) Bedeutung des Soll-Ist-Vergleichs	60
b) Komplexe Beurteilungen, insbesondere bei psychischen Belastungen	63
4. Festlegen konkreter Arbeitsschutzmaßnahmen	66
5. Durchführung der Maßnahmen	72
6. Überprüfen der Wirksamkeit der Maßnahmen	74
7. Fortschreiben der Gefährdungsbeurteilung	78
VIII. Erleichterungen bei gleichartigen Arbeitsbedingungen	79
IX. Nutzung von Handlungshilfen	82
X. Rechtsdurchsetzung	84

I. Normzweck/Systematik

1. Allgemeines. § 5 ArbSchG gehört zu den **zentralen Elementen** des im Jahre 1996 **1** durch das **ArbSchG** novellierten betrieblichen Arbeitsschutzrechts. In der Sache normiert § 5 ArbSchG mit der Pflicht zur Gefährdungsbeurteilung eine **Verfahrenspflicht**, deren effektive und fachkundige Umsetzung im Betrieb vom **Arbeitgeber** als Normadressaten zu **organisieren** ist. Ziel dieses Verfahrens ist es, systematisch zu klären, welche „Maßnahmen des Arbeitsschutzes" iSv § 3 Abs. 1 ArbSchG im Betrieb im konkreten Fall erforderlich und zu ergreifen sind. Die Qualität der betrieblichen Maßnahmen des Arbeitsschutzes hängt damit maßgeblich davon ab, wie gründlich und wie realitätsnah Gefährdungsbeurteilungen durchgeführt werden.[1] Die Regelungen des § 5

---
[1] Vgl. auch BAG 12.8.2008 – 9 AZR 1117/06, NZA 2009, 102 (104).

ArbSchG zur Gefährdungsbeurteilung werden daher zu Recht dem „Kernbereich" des Gesetzes zugeordnet.[2]

2 Die besondere betriebspraktische Bedeutung der Gefährdungsbeurteilung folgt daraus, dass der Gesetzgeber sowohl im **ArbSchG** als auch in den **Rechtsverordnungen** zum ArbSchG nur wenige konkrete, unmittelbar betrieblich umsetzbare Verhaltenspflichten normiert hat. Es werden stattdessen in aller Regel nur **allgemein gehaltene Schutzziele** normiert (zB „Gefahren sind an ihrer Quelle zu bekämpfen", § 4 Nr. 2 ArbSchG; „individuelle Schutzmaßnahmen sind nachrangig zu anderen Maßnahmen", § 4 Nr. 5 ArbSchG). Konsequenz dieser Regelungstechnik für die betrieblichen Akteure ist, dass sie dem Gesetz nicht unmittelbar entnehmen können, welche konkreten Schutzmaßnahmen rechtlich geboten sind. Der Gesetzgeber hat diese von unbestimmten Rechtsbegriffen geprägte Regelungstechnik bewusst gewählt, um einen rechtlichen Rahmen zu schaffen für einen flexiblen, an den konkreten betrieblichen Gefährdungslagen orientierten Arbeits- und Gesundheitsschutz.[3] Es soll so nicht zuletzt dem Umstand Rechnung getragen werden, dass es aufgrund der unterschiedlichen Bedingungen in den verschiedenen Bereichen des Arbeitslebens (zB gewerbliche Arbeit, Verwaltungstätigkeiten), den jeweiligen **betrieblichen Besonderheiten** (zB Betriebsgröße, Einsatz von Beschäftigten in Leiharbeit, Altersstruktur der Belegschaft) und der ständigen **Weiterentwicklung von Fertigungs- und Arbeitsverfahren** (neue Technologien, neue Formen der Betriebsorganisation; aktuelles Stichwort: Arbeit 4.0) nicht möglich ist, gleichermaßen gültige konkrete und unmittelbar umsetzbare Vorgaben für alle Betriebe zu treffen.

3 Die Gefährdungsbeurteilung fungiert damit als **Bindeglied** zwischen den allgemein gehaltenen Vorgaben des ArbSchG und der Arbeitsschutzverordnungen zu den konkreten, arbeitsschutzrechtlich gebotenen Maßnahmen des Arbeitsschutzes, die die Arbeitsbedingungen vor Ort konkret – sicherheits- und gesundheitsgerecht – gestalten sollen. Im Prozess der Gefährdungsbeurteilung geschieht dies durch eine **systematische Aufklärung des „Ist-Zustandes"**. Es sind demgemäß in tatsächlicher Hinsicht zunächst alle für die Sicherheit und Gesundheit bei der Arbeit relevanten Aspekte zu erfassen. Es ist sodann in einem weiteren, bewertenden Schritt zu eruieren, ob die Arbeitsbedingungen den Schutzzielen und sonstigen gesetzlichen Vorgaben des Arbeitsschutzrechts gerecht werden (**„Soll-Zustand"**). Ist dies nicht der Fall, fungiert die Gefährdungsbeurteilung als Instrument, um die Maßnahmen zu ermitteln, die erforderlich zur Erreichung des arbeitsschutzrechtlich vorgegebenen Standards sind. Diese ergeben sich insbesondere aus § 4 ArbSchG und den Vorgaben der Arbeitsschutzverordnungen (zB „individuelle Schutzmaßnahmen sind nachrangig zu anderen Maßnahmen" – § 4 Nr. 5 ArbSchG; „gesundheitlich zuträgliche Raumtemperatur" – Anhang Nr. 3.5 ArbStättV). Die Gefährdungsbeurteilung ist somit das arbeitsschutzrechtlich geforderte Verfahren, durch das die allgemein gehaltenen arbeitsschutzrechtlichen Anforderungen in **konkrete betriebliche Handlungserfordernisse in Gestalt von Maßnahmen des Arbeitsschutzes** „umgeformt" werden.[4]

4 Die Ergebnisse der Gefährdungsbeurteilung, die zur Beurteilung verwendeten Standards und gesicherten arbeitswissenschaftlichen Erkenntnisse sind zudem auch iS einer frühestmöglich ansetzenden Prävention bei der Neu- bzw. Umgestaltung von Arbeitssystemen und -verfahren hinzuzuziehen. Normativ verankert wurde dieser **präventiv gestaltende Ansatz** erstmals im Gefahrstoffrecht mit der Pflicht zur Substitution gefährlicher Arbeitsstoffe (heute § 6 Abs. 1 Nr. 4 GefStoffV), mit der erreicht werden sollte, dass gesundheitliche Gefährdungen bereits durch die Auswahl der Arbeitsstoffe vermieden werden. Dieser Ansatz wurde sodann mit der Einführung des ArbSchG verall-

---

2 So LR/Wiebauer ArbSchG § 5 Rn. 1; Wlotzke NZA 1996, 1017; BAG 11.2.2014 – 1 ABR 72/12, NZA 2014, 989 (990). **3** Dazu die Gesetzesbegründung, BT-Drs. 13/3540, 12. **4** BAG 28.3.2017 – 1 ABR 25/15, NZA 2017, 1132 ff.; das BAG unterschätzt allerdings, dass sich Handlungsbedarf in der Praxis häufig aus anderen validen Erkenntnissen ergeben kann (→ ArbSchG § 3 Rn. 2, Rn. 109), wie zB Erkenntnissen aus Begehungen. Die Gefährdungsbeurteilung ist insoweit der vom Gesetz präferierte Weg zur (systematischen) Ermittlung von Handlungsbedarf.

gemeinert, indem das Gebot der **Vermeidung bzw. Verringerung von Gefährdungen** an die Spitze der Grundsätze des Arbeitsschutzes nach § 4 ArbSchG gesetzt wurde. Weitere Konkretisierungen sind zwischenzeitlich durch die Arbeitsschutzverordnungen erfolgt. So sieht § 3 ArbStättV heute explizit eine prospektive Gefährdungsbeurteilung bereits bei der Einrichtung einer Arbeitsstätte vor. Nach §§ 3 Abs. 3, 4 Abs. 1 BetrSichV ist bereits in der Phase der Beschaffung von Arbeitsmitteln eine Gefährdungsbeurteilung durchzuführen um dem Stand der Technik entsprechende Maßnahmen zum Schutz von Sicherheit und Gesundheit bei der Arbeit zu treffen. Betriebliche **Veränderungsprojekte** müssen daher nach heutigem Recht von einer vorherigen und einer nachfolgenden Gefährdungsbeurteilung bzw. Wirkungskontrolle begleitet werden (→ ArbSchG § 3 Rn. 39 ff.).

Mit der „**Verfahrenspflicht Gefährdungsbeurteilung**" wird verdeutlicht, dass das System des Arbeitsschutzrechts zunehmend von der gesetzlichen Vorgabe detaillierter technischer Normenvorgaben abgerückt ist. In den Fokus des modernen Arbeitsschutzes ist, in Ergänzung zum technischen Verständnis des Arbeitsschutzes, die betriebliche Implementierung von Strukturen und Verfahrensweisen gerückt, durch die Sicherheit und Gesundheit erreicht und verbessert werden können.[5] In einem kontinuierlichen Prozess sollen mögliche Gefährdungen erkannt, notwendige Maßnahmen zu deren Beseitigung ermittelt und deren Wirkungen überprüft werden (→ ArbSchG § 1 Rn. 10 f.).[6] Zutreffend spricht das Bundesarbeitsgericht daher von einem „**einheitlichen Beurteilungs- und Planungsprozess**".[7] Die Kommentierung orientiert sich an dieser Kategorie und stellt Schritt für Schritt die einzelnen Prozesselemente dar: die Gefährdungsfaktoren (→ Rn. 24 ff.), die jeweiligen Prozessschritte (→ Rn. 40 ff.), der Zeitpunkt (→ Rn. 39) und die Organisation der Gefährdungsbeurteilung (→ Rn. 53), die Unterscheidung zwischen Ermittlung (→ Rn. 54 ff.) und Beurteilung (→ Rn. 60 ff.) der Gefährdung, jeweils mit den Besonderheiten psychischer Belastungen (→ Rn. 58 ff., 63 ff.), das Festlegen der Maßnahmen und deren Durchführung (→ Rn. 66 ff.) sowie die verschiedenen Modalitäten der Wirksamkeitskontrollen (→ Rn. 74 ff.). Damit ist zugleich sowohl ein Handlungsprogramm für die Betriebsparteien (→ Rn. 86) als auch ein Überwachungsprogramm für die Aufsicht (→ Rn. 84 f.) formuliert.

Die „Verfahrenspflicht Gefährdungsbeurteilung" hat **technik- und umweltrechtliche Vorbilder**. So sind konkrete Schutzmaßnahmen (etwa beim Betrieb einer umweltrelevanten Anlage oder bei der Entwicklung eines Produkts wie zB einer Maschine) auf ein systematisches „**Risk-Assessment**" zu stützen, mit dessen Hilfe mögliche unerwünschte Technikfolgen umfassend ermittelt und bewertet werden. Beispielhaft genannt seien hier die Risikoanalyse nach Anhang III, §§ 9 ff. StörfallV, die Umweltbetriebsprüfung nach der EU-EMAS-Verordnung[8] oder, als Beispiel aus dem Produkt-/Maschinensicherheitsrecht, die Risikobeurteilung nach Anhang 1 der EU-Maschinenrichtlinie 2006/42/EG.[9] Ein anderes Beispiel für ein vergleichbares Vorgehen ist die **Umweltverträglichkeitsprüfung** nach §§ 1, 2 UVPG, in der die verschiedenen Schritte der Ermittlung, Bewertung und Dokumentation genauer beschrieben werden. Bei Zweifelsfragen kann der Blick auf diese methodischen Vorbilder der Gefährdungsbeurteilung wichtige Hilfestellung zur sinn- und zweckgemäßen Auslegung des § 5 ArbSchG bieten. Es darf dabei allerdings nicht übersehen werden, dass die Beurteilung von „Gefährdungen" in der Regel weniger komplex ist als die umweltrechtliche Risikobetrachtung und -vorsorge, mit der unterschiedliche Interessen von zB Eigentümern, Nachbarn, Arbeitnehmern und Verbrauchern in eine praktische Konkordanz gebracht werden sollen.[10]

---

5 Bieback/Oppolzer, S. 10; exemplarisch für die Gefährdungsbeurteilung: GDA, Leitlinie für Beratung und Überwachung bei psychischen Belastungen am Arbeitsplatz, 2017; vgl. auch das Präventionsgesetz (PrävG) von 2015. **6** So ausdrücklich BAG 15.12.2009 – 9 AZR 769/08, NZA 2010, 506 (508); dazu Kiesche PersR 2010, 328. **7** BAG 15.12.2009 – 9 AZR 769/08, NZA 2010, 506 (508). **8** Zur Risikoanalyse und zur Umweltbetriebsprüfung vgl. ausführlich Faber, Grundpflichten, S. 267 ff. **9** Dazu eingehend Bücker, Risikovorsorge, S. 203, bezogen auf die nach wie vor zu beachtenden Grundsätze der abgelösten RL 89/392/EWG; zur RL 2006/42/EG, vgl. Herz sis 2010, 113 ff. **10** Faber, Grundpflichten, S. 84.

7 **2. Rechtssystematische Verbindungslinien.** Die Gefährdungsbeurteilung steht in engem systematischem Zusammenhang mit den Grundpflichten des § 3 ArbSchG. Die durch die **Gefährdungsbeurteilung** ermittelte Notwendigkeit „erforderlicher" Maßnahmen des Arbeitsschutzes löst unmittelbar die gesetzlichen Handlungspflichten des § 3 ArbSchG aus. Die Handlungspflichten des § 3 ArbSchG sollen insbesondere sicherstellen, dass die ermittelten erforderlichen Maßnahmen tatsächlich getroffen (§ 3 Abs. 1 ArbSchG) und durchgeführt (§ 3 Abs. 2 ArbSchG) werden. In der Kommentarliteratur und Judikatur wird die Gefährdungsbeurteilung als grundlegende Voraussetzung zur **betrieblichen Umsetzung der Arbeitsschutzpflichten** des Arbeitgebers aus § 3 ArbSchG bezeichnet.[11] Die mit dem sowohl in § 5 ArbSchG als auch in § 3 ArbSchG verwandten Tatbestandsmerkmal „erforderlich" bewirkte Verknüpfung der Gefährdungsbeurteilung mit den gesetzlichen Handlungspflichten des § 3 ArbSchG macht deutlich, dass die Gefährdungsbeurteilung nicht als Selbstzweck erfolgt, sondern dass es darum geht, die **Arbeitsbedingungen**, soweit es sich als erforderlich erweist, **systematisch sicherheits- und gesundheitsgerecht** korrektiv zu **gestalten**.

8 Die Gefährdungsbeurteilung ist nicht nur das gesetzlich vorgesehene Instrument zur Gestaltung von Maßnahmen des Arbeitsschutzes. Ihr kommt zugleich eine Schlüsselrolle bei der **Steuerung und Kontrolle der betrieblichen Arbeitsschutzprozesse und Arbeitsschutzorganisation** zu. Sie ist insofern als gesetzlich verankertes „**Controllinginstrument**" für die nach dem ArbSchG durchzuführenden sicherheits- und gesundheitsbezogenen Aktivitäten zu verstehen. So kann anhand der Gefährdungsbeurteilung überprüft werden, ob die getroffenen Maßnahmen wie geplant umgesetzt worden sind. Darüber hinaus ist die Gefährdungsbeurteilung unverzichtbare Arbeitsunterlage für den nach Maßgabe von § 3 Abs. 1 S. 2, 3 ArbSchG normierten **kontinuierlichen Verbesserungsprozesses** von Sicherheit und Gesundheit im Betrieb (→ ArbSchG § 3 Rn. 11 ff.). So lassen sich die nach § 3 Abs. 1 S. 2 ArbSchG vorgeschriebenen **Wirksamkeitskontrollen** nur systematisch anhand der Ergebnisse der zuvor durchgeführten Gefährdungsbeurteilung vornehmen.[12] Erreichen die umgesetzten Maßnahmen nicht die vorgesehene Wirksamkeit oder haben sich zwischenzeitlich Möglichkeiten der Optimierung ergeben (zB durch den fortschreitenden „Stand der Technik"), ist die – dann fortzuschreibende – Gefährdungsbeurteilung wiederum Grundlage für die Ermittlung der zu treffenden **Anpassungsmaßnahmen gemäß § 3 Abs. 1 S. 2, 3 ArbSchG**.

9 Bereits in der Regierungsbegründung zum ArbSchG ist hervorgehoben worden, dass die Grundpflichten der §§ 3, 5 ArbSchG durch die **Dokumentationspflicht** des § 6 ArbSchG ergänzt werden, die durch die Novellierung des Gesetzes 2013 gestärkt und unionsrechtlich fundiert worden ist.[13] Da eine kontinuierliche betriebliche Arbeitsschutzpolitik nur bei einer Dokumentation der Entscheidungsgrundlagen möglich ist, soll durch die Dokumentation der Gefährdungsbeurteilung vor diesem Hintergrund **Transparenz über die betriebliche Arbeitsschutzsituation** erreicht werden.[14] Die Dokumentation hat nicht nur Bedeutung für eine transparente, nachvollziehbare Nutzung der Gefährdungsbeurteilung als Controllinginstrument (→ Rn. 8). In der Rechtsprechung des Europäischen Gerichtshofs ist zudem vor einiger Zeit herausgearbeitet worden, dass Transparenz nicht ohne Kommunikation möglich ist. Die dokumentierte Gefährdungsbeurteilung ist von daher auch als ein Instrument zur Kommunikation von Fragen der Sicherheit und Gesundheit im Betrieb zu begreifen (→ ArbSchG § 6 Rn. 1, 14).[15] In der speziellen Regelung des § 14 MuSchG 2018 zur Information aller Beschäftigten über das Ergebnis der mutterschutzrechtlichen Gefährdungsbeurteilung und den Bedarf an Schutzmaßnahmen nach § 10 MuSchG 2018 ist dieser Aspekt für einen wichtigen Teilbereich der betrieblichen Sicherheit und Gesundheit konkretisiert worden (→ Betrieblicher Mutterschutz Rn. 12 ff., 16 ff.).[16]

---

11 Pieper ArbSchG § 5 Rn. 1; ähnlich, die Gefährdungsbeurteilung als „notwendige Voraussetzung" der Unterweisung nach § 12 ArbSchG; BAG 11.1.2011 – 1 ABR 104/09, NZA 2011, 651. 12 Faber, Grundpflichten, S. 137 ff. 13 BT-Drs. 17/13808, 16. 14 BT-Drs. 13/3540, 17; vgl. auch Wlotzke NZA 1996, 1017 (1020). 15 EuGH 7.2.2002 – C-5/00, NZA 2002, 321; Münch/ArbR/Kohte § 292 Rn. 27. 16 Dazu ausführlich Nebe, Betrieblicher Mutterschutz, S. 173 ff.

10 Systematische Verschränkungen bestehen darüber hinaus auch mit vielen **anderen arbeitsschutzrechtlichen Handlungspflichten**. So sind Unterweisungen nach § 12 ArbSchG eigens auf den jeweiligen Arbeitsplatz oder Arbeitsbereich und die dort bestehenden Gefährdungen zuzuschneiden. Die Gefährdungsbeurteilung, die genau diese Gefährdungen abzubilden hat, ist insoweit bezogen auf die verbliebenen Restrisiken die geeignete Arbeitsgrundlage für inhaltliche Ausgestaltungen und Schwerpunktsetzungen der Unterweisungen (→ ArbSchG § 12 Rn. 5).[17] Große Bedeutung kommt der dokumentierten Gefährdungsbeurteilung als Instrument der Sicherheitskommunikation bei der **Zusammenarbeit mehrerer Arbeitgeber nach § 8 ArbSchG** zu. Die gegenseitige Unterrichtung über die Gefährdungen der jeweiligen Arbeiten ist Voraussetzung für die nach § 8 ArbSchG gebotene Koordinierung der Arbeitgeber und ihrer Beschäftigten (→ ArbSchG § 8 Rn. 19). Innerhalb des Suchprozesses zur Überwindung von Arbeitsunfähigkeiten im Rahmen des **BEM nach § 84 Abs. 2 SGB IX** ist die Gefährdungsbeurteilung heranzuziehen, um die betriebliche Belastungssituation der betreffenden langzeiterkrankten Beschäftigten systematisch zu eruieren und ggf. einen belastungsgeeigneten anderen Arbeitsplatz zu suchen.[18] Je nach Ausgang kann das BEM Anlass sein, andere Prioritäten bei der Ermittlung von Maßnahmen des Arbeitsschutzes zu setzen oder die Gefährdungsbeurteilung selbst auf den Prüfstand zu stellen und ggf. an die im Rahmen des BEM gewonnenen neuen Erkenntnisse anzupassen[19] (→ SGB IX § 84 Rn. 35 ff.). In dieser Hinsicht beschränkt sich die Bedeutung der Gefährdungsbeurteilung nicht auf das Arbeitsschutzrecht, sondern kann auch den Anstoß zu **Maßnahmen der betrieblichen Gesundheitsförderung** und zum Aufbau eines **Betrieblichen Gesundheitsmanagements** (→ ArbSchG § 3 Rn. 90 ff.; → AsiG § 1 Rn. 26 ff.) geben.[20]

11 **3. Spezielle Regelungen zur Gefährdungsbeurteilung.** Normative Regelungen zur Gefährdungsbeurteilung finden sich nicht nur in § 5 ArbSchG, sondern auch in zahlreichen weiteren Rechtsvorschriften des Arbeitsschutzrechts. Zu nennen sind hier § 3 ArbStättV, § 3 BetrSichV, § 4 BioStoffV, § 6 GefStoffV, § 3 LärmVibrationsArbSchV, § 3 OStrV, § 2 LasthandhabV, § 10 MuSchG 2018 und § 28 a JArbSchG.[21] In den genannten Vorschriften werden die in § 5 ArbSchG formulierten Anforderungen unter verschiedenen Gesichtspunkten verdeutlicht und konkretisiert. Sachlich lassen sich diese Konkretisierungen ordnen in spezifische Erfordernisse für **bestimmte Gefährdungsquellen**, Schutzanforderungen für **besonders schutzbedürftige Beschäftigtengruppen** sowie **organisatorische Aspekte der Gefährdungsbeurteilung**.

12 Konkretisierende und spezifizierende Bestimmungen für **bestimmte Gefährdungsquellen** finden sich zB in § 3 Abs. 1 BetrSichV in Bezug auf Arbeitsmittel. Dort wird insbesondere verlangt, dass nicht nur die Gefährdungen beurteilt werden, die mit der Benutzung eines Arbeitsmittels selbst verbunden sind, sondern auch **Wechselwirkungen** mit anderen Arbeitsmitteln, mit Arbeitsstoffen und sonstigen Gefahren aus der Arbeitsumgebung zu berücksichtigen sind.[22] Eine Verdeutlichung der in jedem Falle **zu berücksichtigen Gefährdungsarten** folgt aus § 3 ArbStättV, der die für die Bildschirmarbeit besonders wichtigen Gefährdungen des Sehvermögens, körperliche Probleme sowie psychische Belastungen gesondert hervorhebt. Andere Bestimmungen präzisieren die Verpflichtung des Arbeitgebers, sich eine für die Gefährdungsbeurteilung angemessene **Informationsbasis** zu verschaffen. So folgt etwa aus § 4 Abs. 5 BioStoffV, § 6 Abs. 2 GefStoffV, § 3 Abs. 1 LärmVibrationsArbSchV die Pflicht, sich für die Gefährdungsbeurteilung erforderlichen Informationen bei Herstellern oder Händlern zu besorgen. Mit diesen **Pflichten zur Informationsbeschaffung** wird eine Schnittstelle zum Produktsicherheitsrecht geschaffen. So sind zB nach § 5 GefStoffV Hersteller und Händler von Gefahrstoffen verpflichtet, entsprechende Risikoinformationen insbeson-

---

17 BAG 11.1.2011 – 1 ABR 104/09, NZA 2011, 651. **18** Gaul DB 2013, 60 (64). **19** Kohte WSI-Mitteilungen 2010, 374 (376) und AiB 2009, 385. **20** Näher dazu Blume in: Badura/Walter/Hehlmann, S. 273, 283. **21** Vgl. insoweit auch die Zusammenstellung nebst Erläuterungen der speziellen Pflichten zur Gefährdungsbeurteilung bei Kollmer/Klindt/Schucht/Kreizberg ArbSchG § 5 Rn. 8 ff. **22** Vergleichbare Regelungen zur Berücksichtigung von Wechselwirkungen von Gefährdungen finden sich zB auch in § 6 Abs. 4, 6 GefStoffV, § 3 Abs. 3 LärmVibrationsArbSchV.

dere anhand eines Sicherheitsdatenblattes zu geben (→ GefStoffV Rn. 33 ff.).[23] In ähnlicher Weise zielt § 3 Abs. 4 BetrSichV auf die aktive Informationsbeschaffung beim Hersteller bzw. Händler (→ BetrSichV Rn. 10 ff.) und greift so insbes. die Informations- und Instruktionspflichten von Produzenten und „Vermarktern" auf.

13 Regelungen zur Gefährdungsbeurteilung an Arbeitsplätzen von Beschäftigten **besonders schutzbedürftiger Personengruppen** iSd § 4 Nr. 6 ArbSchG[24] (→ ArbSchG § 4 Rn. 97 ff.) finden sich im Mutterschutz- und Jugendarbeitsschutzrecht. So verlangt § 28 a JArbSchG eine gesonderte Beurteilung der mit der Beschäftigung von **Jugendlichen** verbundenen Gefährdungen (zB fehlende (Berufs-)Erfahrung).[25] § 10 MuSchG 2018 verlangt eine besondere Gefährdungsbeurteilung der Arbeitstätigkeiten im Hinblick auf spezifische Gefährdungen für **werdende oder stillende Mütter**, die sich dezidiert mit den für diesen Personenkreis besonders kritischen Arbeitsumständen und Arbeitsverfahren[26] auseinanderzusetzen hat. Entsprechend deutliche Aussagen fehlen für die Gruppe der behinderten Beschäftigten. Mit Blick auf den hohen Stellenwert der Informationsgrundlagen der Gefährdungsbeurteilung wird man davon ausgehen müssen, dass zumindest die im Rahmen des BEM nach § 84 Abs. 2 SGB IX gewonnenen Erkenntnisse systematisch auszuwerten sind, um Maßnahmen zur Barrierefreiheit sowie für die durch § 4 Nr. 6 ArbSchG besonders geschützte Gruppe der **behinderten Menschen** ermitteln zu können.[27]

14 Regelungen zur **organisatorischen Umsetzung der Gefährdungsbeurteilung** finden sich vor allem in neueren Arbeitsschutzverordnungen bzw. den letzten Novellierungen des Verordnungsrechts. Sie zielen vor allem darauf ab, die Qualität der Gefährdungsbeurteilung (dh insbes. ihre fachkundige Durchführung) zu verbessern. So stellt der 2010 neu gefasste § 3 ArbStättV klar, dass der Arbeitgeber die **fachkundige Durchführung der Gefährdungsbeurteilung** sicherzustellen hat. Fehlen dem Arbeitgeber bzw. den nach § 13 ArbSchG verantwortlichen Personen entsprechende Fachkenntnisse, haben sie sich fachkundig beraten zu lassen, sind aber weiter für die zu treffenden Maßnahmen verantwortlich. Verfehlt ist demnach ein in der Praxis oft anzutreffendes Missverständnis, wonach der Arbeitgeber seinen Pflichten gerecht wird, wenn er die Gefährdungsbeurteilung an die Fachkraft für Arbeitssicherheit delegiert. Die gesetzliche Aufgabe der Fachkraft für Arbeitssicherheit nach §§ 6, 8 ASiG besteht allein in der weisungsfreien **Beratung** des Arbeitgebers bzw. seiner Führungskräfte, nicht aber in der verantwortlichen Übernahme von Arbeitgeberpflichten (→ ASiG §§ 2–7 Rn. 1 ff.). Regelungen zur Organisation der fachkundigen Durchführung der Gefährdungsbeurteilung zählen mittlerweile zu den festen Bausteinen der Arbeitsschutzverordnungen (zB § 3 Abs. 3 BetrSichV, § 5 LärmVibrationsArbSchV, § 5 OStrV, § 4 Abs. 1 BiostoffV, § 6 Abs. 11 GefStoffV).

15 Insbesondere in neueren Arbeitsschutzverordnungen finden sich heute durchweg mehr oder weniger detaillierte Anforderungen an die **Durchführung der Gefährdungsbeurteilung** (vgl. zB § 3 LärmVibrationsArbSchV, § 3 OStrV, § 6 GefStoffV, § 4 BiostoffV). Man kann insoweit von einer zunehmend konsistenten gesetzgeberischen Konzeption zur Konkretisierung der zentralen Arbeitgeberpflicht zur Gefährdungsbeurteilung sprechen. Dies war allerdings lange nicht der Fall. Insbesondere die in der ersten Phase nach Inkrafttreten des ArbSchG im Jahre 1996 auf Grundlage von § 18 ArbSchG erlassenen Arbeitsschutzverordnungen nutzten höchst unterschiedlich die Möglichkeiten zur bereichsspezifischen Konkretisierung des § 5 ArbSchG. So wurden bereits Ende 1996 in § 3 BildscharbV aF besondere Regelungen zur Gefährdungsbeurteilung bei der Bildschirmarbeit normiert.[28] In anderen Verordnungen waren und sind sie bis heute schwer auffindbar; so verweist zB § 2 Abs. 2 LasthandhabV lediglich auf einen gesonderten Anhang, der zudem die Richtlinie nur unvollständig umsetzt.[29] Auch ist die Verwei-

---

[23] Ausführlich Marquardt, Sicherheitsdatenblatt, S. 45 ff. [24] Kollmer/Klindt/Schucht/Kohte ArbSchG § 4 Rn. 36 ff.; zu älteren Beschäftigten Kohte AuR 2008, 281 (286). [25] Ausdrücklich Art. 6 RL 94/33/EG; Material auf http://osha.europa.eu. [26] Nebe, Betrieblicher Mutterschutz, S. 168 ff. zu den Leitlinien der Kommission. [27] KKW/Kohte SGB IX § 84 Rn. 25. [28] Wlotzke NJW 1997, 1469 (1473). [29] Dazu Zipprich, Prävention S. 60 ff.

sung in § 2 PSA-BV auf § 5 ArbSchG für die Praxis wenig hilfreich (→ PSA-BV Rn. 11). Für die Verbindung zwischen dem SiGe-Plan nach § 2 BaustellV und der Gefährdungsbeurteilung nach § 5 ArbSchG fehlt jegliche explizite Regelung (→ BaustellV Rn. 21 ff.).[30] Für die Praxis besonders misslich ist, dass im **Arbeitszeitrecht** keine ausdrücklichen Regelungen zur Gefährdungsbeurteilung normiert werden, obgleich § 5 Abs. 3 Nr. 4 ArbSchG die Beurteilung von Aspekten der Arbeitszeit gerade auch unter gesundheitlichem Blickwinkel verlangt.[31] Die am Anfang sehr uneinheitliche Strukturierung der Arbeitsschutzverordnungen nach § 18 ArbSchG und der arbeitsschutzrechtlichen Fachgesetze (insbesondere ArbZG) hat in der Rechtsauslegung unerfahrene betriebliche Rechtsanwender immer wieder vor erhebliche Probleme gestellt. So wurde zB bisweilen aus der Tatsache, dass die ArbStättV bis 2009 keine spezielle Regelung zur Gefährdungsbeurteilung enthielt, fälschlicherweise gefolgert, dass bei der Gefährdungsbeurteilung arbeitsstättenrechtliche Aspekte, wie zB Belüftung und Beleuchtung, unberücksichtigt bleiben könnten. Ebenso wurde aus der punktuellen Nennung der psychischen Belastungen in § 3 BildscharbV aF nicht selten fälschlich die Schlussfolgerung gezogen, dass diese wichtigen Belastungsarten nur bei der Bildschirmarbeit zu beachten seien. Diese Unschärfe in der Diskussion und Praxis wurde im Oktober 2013 durch die Änderungen im Arbeitsschutzgesetz (§§ 4, 5) eindeutig geklärt[32] (→ Rn. 30).

Inzwischen sind in allen wesentlichen Arbeitsschutzverordnungen jeweils spezifische und konkrete Pflichten zur Erstellung einer Gefährdungsbeurteilung normiert worden. Bundesregierung und Bundesrat haben auch dem beachtlichen **Vollzugsdefizit**[33] bei der Erfüllung der Pflicht zur Gefährdungsbeurteilung durch die Normierung von **Ordnungswidrigkeitstatbeständen** Rechnung getragen (vgl. § 22 Abs. 1 BetrSichV; § 20 Abs. 1 BioStoffV; § 9 Abs. 1 ArbStättV; § 11 Abs. 1 OStrV, § 22 Abs. 1 EMFV; § 16 Abs. 1 LärmVibrationsArbSchV; § 22 Abs. 1 GefStoffV).[34] Bei Verstößen gegen diese bußgeldbewehrten Pflichten können somit entsprechende Sanktionen gegen den Arbeitgeber und die anderen verantwortlichen Personen nach § 13 ArbSchG ergriffen werden. Die Empfehlungen der LASI-Bußgeldkataloge für Arbeitsstättenverordnung LV 56 und zur BioStoff LV 61 haben diese Tatbestände für die Praxis besser handhabbar gemacht (→ ArbSchG § 25 Rn. 4). Mit den „Leitlinien zur Gefährdungsbeurteilung",[35] die im Rahmen der Gemeinsamen Deutschen Arbeitsschutzstrategie im Jahre 2008 erstellt und 2011 und 2017 aktualisiert wurden (→ ArbSchG §§ 20 a, b Rn. 7), sind zudem die Voraussetzungen für eine **Vereinheitlichung und Effektivierung des Handelns der Aufsicht** geschaffen worden. Die dort erfolgte Konkretisierung der Kernelemente der Gefährdungsbeurteilung hat die Bedingungen erleichtert, um Aufsichtsanordnungen nach § 22 ArbSchG, § 19 SGB VII zur Durchsetzung der Pflicht zur Gefährdungsbeurteilung zu realisieren (→ ArbSchG § 22 Rn. 51 ff., insbes. Rn. 53).[36] Die 2017 aktualisierte LASI-Handlungsanleitung zur Überprüfung der Gefährdungsbeurteilung (LASI LV 59)[37] hat die Möglichkeiten einer strukturierten Überwachung von § 5 ArbSchG deutlich verbessert.

Mit den besonderen Regelungen in den Arbeitsschutzverordnungen werden die allgemeinen Vorgaben des § 5 ArbSchG **partiell konkretisiert** (zB Konkretisierung der physikalischen Einwirkungen nach § 5 Abs. 3 Nr. 2 ArbSchG durch Vorgaben für Lärm und Vibrationen in § 3 Abs. 2, 3 LärmVibrationsArbSchV). Zu beachten ist allerdings, dass § 5 ArbSchG als Grundvorschrift zur Gefährdungsbeurteilung regelmäßig lediglich partiell ergänzt wird, da auch die spezialgesetzlichen Konkretisierungen **keinen abschließenden Charakter** haben. Eine wichtige Funktion des § 5 ArbSchG ist es, als **Auffang-**

---

[30] Vgl. auch Kollmer BaustellV § 2 Rn. 87 ff. [31] Gaul DB 2013, 60 (61); zum Ganzen ausführlich auch Aich, Integration der Arbeitszeit in die Gefährdungsbeurteilung, S. 47 ff. [32] Sasse/Schönfeld RdA 2016, 436 (347). [33] Dazu nur BT-Drs. 17/4300, Bericht der Bundesregierung zu Sicherheit und Gesundheit bei der Arbeit, 2009, S. 48 ff.; vgl. Oppolzer, Gesundheitsmanagement, S. 129; Landau ASU 4/2013, 173 ff.; GDA, Abschlussbericht zur Dachevaluation der Gemeinsamen Deutschen Arbeitsschutzstrategie, 2014, S. 67 ff.; Schmitt/Hammer WSI Mitteilungen 3/2015, S. 203 ff.; Kohn/Zwingmann sis 2017, 210 ff. (211). [34] Die Rechtsetzung ist allerdings noch nicht konsistent, da § 5 ArbSchG als gesetzliche Rahmenregelung nicht bußgeldbewehrt ist. [35] www.gda-portal.de. [36] Dazu Kohte BG 2010, 384 (385). [37] www.lasi-info.com.

tatbestand die insoweit bestehenden **Regelungslücken** zu füllen (zur wechselseitigen Ergänzung zwischen dem ArbSchG und den Verordnungen → ArbSchG § 1 Rn. 29).[38]

18 Aus der lückenfüllenden Funktion des § 5 ArbSchG folgt insbesondere, dass ungeachtet der verschiedenen spezialgesetzlichen Bestimmungen nicht mehrere gesonderte Gefährdungsbeurteilungen durchzuführen sind. Aus dem Rahmencharakter des § 5 ArbSchG und der umfassenden Pflicht des Arbeitgebers, alle Umstände, die die Sicherheit und Gesundheit betreffen, zu berücksichtigen (vgl. auch § 3 Abs. 1 S. 1 ArbSchG), ergibt sich, dass eine **Gesamtbewertung aller Gefährdungen** im Sinne einer **ganzheitlichen Gefährdungsbeurteilung** erfolgen muss. Eine wesentliche Funktion des § 5 ArbSchG liegt darin, den Rahmen für diese Gesamtbewertung bereitzustellen, indem die spezialgesetzlichen Vorgaben zu einer einheitlichen Gefährdungsbeurteilung zusammengeführt werden. § 5 ArbSchG hat also insoweit als Rahmenvorschrift auch eine **integrierende Funktion**.

II. Entstehung/Unionsrecht

19 § 5 ArbSchG setzt die Pflicht zur Evaluation der Gefahren nach Art. 6 Abs. 3 Buchst. a Rahmenrichtlinie-Arbeitsschutz 89/391/EWG um.[39] Seit dem Inkrafttreten des ArbSchG war § 5 ArbSchG mehr als 15 Jahre nicht geändert worden. Im Jahre 2013 wurde dann in § 5 Abs. 3 Nr. 6 ArbSchG die arbeitsschutzrechtliche Relevanz psychischer Belastungen bei der Arbeit explizit durch den Gesetzgeber klargestellt (→ Rn. 30). Der deutsche Text der Rahmenrichtlinie-Arbeitsschutz 89/391/EWG in Art. 6[40] bezieht sich auf den Begriff der **Gefahr**, während in § 5 ArbSchG in scheinbarer Diskrepanz der Begriff der **Gefährdung** verwendet wird (→ Rn. 24),[41] doch ist die deutsche Fassung des Richtlinientextes suboptimal, während in den anderen Fassungen zutreffend der zur Gefährdung passende Begriff „risk"/„risque" verwendet wird.[42] Dagegen wird in Art. 9 RL 89/391/EWG richtig der Begriff „Gefahr"/„danger" eingesetzt (→ ArbSchG § 9 Rn. 3; → ArbSchG § 14 Rn. 8).

20 In einer der ersten Grundsatzentscheidungen des **Europäischen Gerichtshofs** zum Arbeitsschutzrecht ist in einem Vertragsverletzungsverfahren gegen Italien hervorgehoben worden, dass eine **umfassende Beurteilung aller Gefährdungen** in jedem Betrieb vorgenommen werden muss.[43] Eine italienische Umsetzungsnorm, die ausschließlich drei wichtige Gefährdungsthemen nannte, wurde daher als unzureichend qualifiziert, weil sie den Eindruck erwecken konnte, dass die Gefährdungsbeurteilung sich nur auf wenige Gefährdungslagen beschränken könnte. Die Bedeutung der **Gefährdungsbeurteilung als Medium der innerbetrieblichen Sicherheits- und Gesundheitskommunikation** ist in einem weiteren Verfahren vor dem Europäischen Gerichtshofs, in dem es um die Dokumentationspflicht nach Art. 9 RL 89/391/EWG ging (ausführlich → ArbSchG § 6 Rn. 6), im Urteil und in den Schlussanträgen des Generalanwalts deutlich herausgearbeitet worden.[44]

III. Normative Eckpunkte der Gefährdungsbeurteilung nach § 5 Abs. 1 ArbSchG

21 § 5 ArbSchG ist in drei Absätze gegliedert. Abs. 1 begründet die **Handlungspflicht** des Arbeitgebers, **Gefährdungsbeurteilung durchzuführen**. Abs. 2 präzisiert die Pflicht zur Gefährdungsbeurteilung hinsichtlich des **Beurteilungsgegenstandes** (→ Rn. 27) und sieht darüber hinaus – unter den dort genannten Voraussetzungen – **Erleichterungen der Pflichten** aus § 5 ArbSchG vor (→ Rn. 79). Im dritten Absatz werden schließlich

---

38 In diesem Sinne auch Kollmer/Klindt/Schucht/Kreizberg ArbSchG § 5 Rn. 8. 39 Vgl. auch BT-Drs. 13/3540, 16; LR/Wiebauer ArbSchG § 5 Rn. 2. 40 Ebenso in Art. 10 RL 89/391/EWG, dazu KJP/Koll ArbSchG § 14 Rn. 6. 41 So Kollmer/Klindt/Schucht/Kreizberg ArbSchG § 5 Rn. 69. 42 So zutreffend Pieper ArbSchG § 4 Rn. 3; LR/Wiebauer ArbSchG § 5 Rn. 12. 43 EuGH 15.11.2001 – C-49/00, Slg 2001, I-8575 ff.; Münch/ArbR/Kohte § 292 Rn. 22; EuArbR/Klindt/Schucht RL 89/391/EWG Rn. 58. 44 EuGH 7.2.2002 – C-5/00, NZA 2002, 321; GA Gelhood Slg 2002-I, 1305, 1319.

beispielhaft **Gefährdungsfaktoren** aufgeführt, die bei der Beurteilung der Gefährdungen zu beachten sind (→ Rn. 24).

§ 5 ArbSchG normiert die Handlungspflicht zur Gefährdungsbeurteilung nicht im Detail. Das Gesetz fixiert vielmehr **lediglich einige Eckpunkte**, die bei der betrieblichen Umsetzung der Gefährdungsbeurteilung zu beachten sind. Die konkrete Ausgestaltung der Gefährdungsbeurteilung ist daher unmittelbar von den betrieblichen Akteuren im Mitbestimmungsverfahren nach § 87 BetrVG zu regeln (→ BetrVG § 87 Rn. 41 f.; für den öffentlichen Dienst → Rn. 87 sowie ausführlich → BPersVR Rn. 38 ff.).[45] Hintergrund dieser Regelungstechnik ist es, ein auf die **spezifischen betrieblichen Bedingungen zugeschnittenes** Vorgehen zu ermöglichen. Ziel der flexiblen Regelungstechnik ist es, den kaum standardisierbaren Bedingungen von Betrieben unterschiedlicher Branchen und Betriebsgrößen (zB Verwaltung, gewerbliche Produktion, Dienstleistungen) Rechnung zu tragen.[46] 22

Die Pflicht des Arbeitgebers zur Gefährdungsbeurteilung besteht unabhängig von einer Anordnung der Arbeitsschutzaufsicht. Das Gesetz fordert daher vom Arbeitgeber, dass er **eigenverantwortlich und eigeninitiativ** unter Berücksichtigung der spezifischen betrieblichen Situation die konkrete Vorgehensweise der Gefährdungsbeurteilung regelt und nach dieser Maßgabe die Gefährdungsbeurteilung durchführt. Dabei ist zu beachten, dass es sich bei § 5 ArbSchG um eine Regelung der Berufsausübung (Art. 12 GG) handelt, die nicht nur die unternehmerische Freiheit des Arbeitgebers berührt, sondern auch die durch Art. 2 GG und Art. 31 EU-GRC grundrechtlich geschützte Sicherheit und Gesundheit der Beschäftigten. Es ist vor diesem Hintergrund konsequent, dass das Unionsrecht (Art. 11 Abs. 1 der Rahmenrichtlinie) die ausgewogene Beteiligung („**balanced participation**") der Beschäftigten und ihrer Interessenvertretungen verlangt.[47] Ihre Beteiligung und Mitbestimmung (BetrVG → § 87 Rn. 7 ff.) dient vor diesem Hintergrund nicht nur dazu, das **Erfahrungswissen der Beschäftigten und des Betriebsrats** als Interessenvertretung zu mobilisieren. Die Beteiligung dient insoweit auch und gerade dem **fairen Ausgleich** zwischen der verfassungsrechtlich durch Art. 12, 14 GG normierten unternehmerischen Freiheit des Arbeitgebers und den ebenfalls grundrechtlich geschützten **Interessen** der Beschäftigten aus Art. 2 GG und Art. 31 EU-GRC.[48] 23

IV. Zu berücksichtigende Gefährdungsfaktoren (§ 5 Abs. 3 ArbSchG)

Zu ermitteln sind nach dem Wortlaut des § 5 ArbSchG „Gefährdungen". Unter einer Gefährdung ist die Möglichkeit eines Schadens oder einer gesundheitlichen Beeinträchtigung zu verstehen, ohne dass es bestimmter Anforderungen an deren Ausmaß oder Eintrittswahrscheinlichkeit bedarf (→ ArbSchG § 4 Rn. 11 f.).[49] Der Gesetzgeber hat in § 5 ArbSchG den Begriff der „Gefährdung" in **bewusster Erweiterung zum ordnungsrechtlichen Begriff der Gefahr** normiert. Der klassische Gefahrbegriff ist inhaltlich weitaus enger, er im Gegensatz zum Gefährdungsbegriff eine hinreichende Wahrscheinlichkeit einer nicht unerheblichen Rechtsgutverletzung verlangt.[50] Für die Praxis der Gefährdungsbeurteilung folgt hieraus, dass für die Zwecke der Prävention nach dem ArbSchG eine **Orientierung an entschädigungsrechtlichen Kausalitätskategorien verfehlt** ist. Es sind demzufolge für die Gefährdungsbeurteilung nicht nur Gefährdungsfaktoren relevant, die eine wesentliche oder überwiegende Bedingung für einen konkreten physischen oder psychischen Gesundheitsschaden darstellen.[51] Entscheidend und ausreichend ist vielmehr die **generelle Eignung, zur Entstehung eines physischen oder psychischen Gesundheitsschadens** beizutragen. Begrenzt wird die **Pflichtenstellung des Arbeitgebers** somit nicht durch Eintrittswahrscheinlichkeiten oder Schadenshöhen, sondern dadurch, dass es sich um **betriebliche Faktoren** handelt, die Schädigungen 24

---

[45] BAG 8.6.2004 – 1 ABR 4/03, NZA 2005, 227 ff.; vgl. Kohte/Faber DB 2005, 224 (228).
[46] BT-Drs. 13/3540, 12. [47] Dazu Koll in: FS Wlotzke, S. 701, 708; Münch/ArbR/Kohte § 289 Rn. 22. [48] Dazu grundlegend Faber, Grundpflichten, S. 63 ff. [49] Koll in: FS Wlotzke, S. 701, 707; Kollmer/Klindt/Schucht/Kohte ArbSchG § 4 Rn. 7; vgl. BAG 12.8.2008 – 9 AZR 1117/06, NZA 2009, 102 (105). [50] Vgl. die Gesetzesbegründung, BT-Drs. 13/3540, 16. [51] Dazu auch Kollmer/Klindt/Schucht/Kohte, ArbSchG § 2 Rn. 19 ff.

oder Beeinträchtigungen der physischen oder psychischen Gesundheit hervorrufen können.[52] Mit Blick auf den Erkenntnisstand über potenzielle schädigende Wirkungen betrieblicher Faktoren, wie sie beispielsweise in der GDA-Empfehlung 2016 gelistet wurden,[53] sind nach § 4 Nr. 3 ArbschG der Stand von Technik, Arbeitsmedizin und Hygiene sowie die gesicherten arbeitswissenschaftlichen Erkenntnisse als Erkenntnisquellen zu berücksichtigen. Als fachkundige Berater des Arbeitgebers (§§ 3, 6 ASiG) wie auch der betrieblichen Interessenvertretung (§ 9 ASiG) sind vor diesem Hintergrund vor allem Fachkräfte für Arbeitssicherheit und Betriebsärzte gefordert, die zB die Forschungsberichte der BAuA oder auch das Fachschrifttum auszuwerten haben. Nur auf diese Weise kann der Arbeitgeber im Rahmen seiner präventiven Verpflichtungen nach dem ArbSchG steuernd auch auf solche Gefährungen Einfluss nehmen. Dies ist zuletzt noch einmal zutreffend in der Begründung der neu eingefügten Nr. 6 des § 5 Abs. 3 ArbSchG hervorgehoben worden.[54]

25 Der Gesetzgeber hat den am weiten Begriff der arbeitsbedingten Gefährdung orientierten Ansatz in § 5 Abs. 3 ArbSchG verdeutlicht, indem beispielhaft[55] („insbesondere") **Gefährdungen aufgelistet** werden. Neben klassischen, regelmäßig dem Gefahrbegriff zuzuordnenden Faktoren,[56] wie zB physikalische, chemische und biologische Einwirkungen, finden sich in der Aufzählung auch typische Faktoren, die für die Erweiterung des Arbeitsschutzverständnisses durch das ArbSchG stehen. Genannt seien hier nur die Gestaltung von Arbeits- und Fertigungsverfahren, Arbeitsabläufen und Arbeitszeit und deren Zusammenwirken (§ 5 Abs. 3 Nr. 4 ArbSchG) oder die unzureichende Qualifikation und Unterweisung der Beschäftigten (§ 5 Abs. 3 Nr. 5 ArbSchG). So können aus der unzureichenden Qualifikation eines Beschäftigten nicht nur Unfallgefahren (zB durch Fehlbedienungen) entstehen, sondern auch Stress und Überforderung, die uU im Zusammenwirken mit weiteren betrieblichen und außerbetrieblichen Faktoren zu **psychischen und physischen** Erkrankungen führen.[57] Dies wird jetzt ausdrücklich als Dimension in §§ 4 Nr. 1, 5 Abs. 3 Nr. 6 ArbSchG hervorgehoben.

26 **Weitere normative Präzisierungen** von Gefährdungen finden sich in verschiedenen **Arbeitsschutzverordnungen**. So werden zB im Anhang der LasthandhabV mögliche Gefährdungen durch manuelle Lastenhandhabung im Hinblick auf die zu handhabende Last, die bei der Lastenhandhabung zu erfüllende Arbeitsaufgabe und die Beschaffenheit des Arbeitsplatzes und der Arbeitsumgebung verdeutlicht. Je nach Fallgestaltung sind daher stets die jeweils einschlägigen Bestimmungen der Arbeitsschutzverordnungen zu berücksichtigen (Überblick in → Rn. 12).

27 Einen guten Überblick für den sicherheitstechnischen und arbeitswissenschaftlichen Laien über die sachliche Reichweite der Gefährdungsbeurteilung bietet die Anlage 1 der „Leitlinie Gefährdungsbeurteilung und Dokumentation" (dazu ausführlich → Rn. 37). Es finden sich dort folgende Kategorien von **Gefährdungsfaktoren:**
1. Mechanische Gefährdungen
2. Elektrische Gefährdungen
3. Gefahrstoffe
4. Biologische Arbeitsstoffe
5. Brand- und Explosionsgefährdungen
6. Thermische Gefährdungen
7. Gefährdungen durch spezielle physikalische Einwirkungen
8. Gefährdungen durch Arbeitsumgebungsbedingungen
9. Physische Belastung/Arbeitsschwere

---

52 In diesem Sinne wohl auch Kollmer/Klindt/Schucht/Kreizberg ArbSchG § 5 Rn. 72 ff. **53** GDA, Empfehlungen zur Gefährdungsbeurteilung psychischer Belastungen, 2016, S. 17 ff. **54** BT-Drs. 17/12297, 67. **55** Zum beispielhaften Charakter der Aufzählung des § 5 Abs. 3 ArbSchG vgl. nur KJP/Koll ArbSchG § 5 Rn. 9; LR/Wiebauer ArbSchG § 5 Rn. 15. **56** Dazu vor Nöthlichs ArbSchG § 5 Anm. 2.1 und 3.2. **57** Dazu Lohmann-Haislah, Stressreport 2012, S. 84 ff.; Hässler/Rau ua, iga.Report 23; Rau, iga.Report 31 S. 13 f.; Paridon, iga.Report 32, S. 51. Siehe auch die Zusammenfassung am Beispiel der Bildschirmarbeit in → ArbSchG § 4 Rn. 33.

10. Psychische Gefährdungen
11. Sonstige Gefährdungen.

Die vorstehenden Cluster von Gefährdungsfaktoren werden in der „GDA-Leitlinie Gefährdungsbeurteilung und Dokumentaton" und im Anhang 2 der LV 59 jeweils durch Unterpunkte weiter konkretisiert. Die Liste kann fortgeschrieben werden, da es jeweils Platzhalter gibt für Ergänzungen und Konkretisierungen. Dies ist insoweit wichtig, als an verschiedenen Stellen durchaus noch Ergänzungsbedarf besteht, um den durch § 5 ArbSchG aufgespannten Rahmen tatsächlich zu füllen. So **fehlt bislang in der Anlage 1** der „Leitlinie Gefährdungsbeurteilung und Dokumentation" die Frage der „**Wechselwirkungen**", die sowohl in § 6 Abs. 4 GefStoffV als auch zB in § 3 Abs. 2 S. 2 Nr. 2 BetrSichV, § 3 Abs. 3 LärmVibrationsArbSchV normativ aufgegriffen wird (→ Rn. 12). 28

Ein besonderes Defizit sind die fehlenden Konkretisierungen zur **Gestaltung der Arbeitszeit als Gefährdungsfaktor** (§ 5 Abs. 3 Nr. 4 ArbSchG), obgleich in der arbeitswissenschaftlichen Diskussion die Probleme zB langer Arbeitszeiten, unregelmäßiger Arbeitszeitgestaltung und nicht ausreichender Erholungsphasen bekannt sind.[58] Dies entwickelt sich unter den Bedingungen flexibler Arbeitssysteme, einer fortschreitenden Digitalisierung (4.0) und Internationalisierung von Kooperation in der Produktion beispielsweise von IT-Systemen, weiter zu vermehrten Formen von Schichtarbeit, flexiblen Arbeitszeitmodellen, sowie ständiger bzw. erweiterter Erreichbarkeit.[59]

In den meisten Fällen wird es sinnvoll sein, dass die betrieblichen Akteure mit Blick auf die Gefährdungsfaktoren **Schwerpunkte setzen**. Im Rahmen der Vorüberlegungen ist allerdings ggf. nachvollziehbar darzulegen, dass das gesamte Spektrum der Gefährdungsbeurteilung bedacht worden ist.[60] Es bedarf daher einer intensiven Sichtung aller vorliegenden Informationen zu Gefahren, Gefährdungen und ihren Folgen (betriebliche und branchenbezogene Daten und Erkenntnisse zu Fehlzeiten, die Gesundheitsberichte der Krankenkassen, Erkenntnisse der Sozialdienste, BEM, Begehungen etc). Werden Gefährdungen nicht beurteilt, mit denen vernünftigerweise gerechnet werden muss, bleibt die Gefährdungsbeurteilung hinter den Anforderungen zurück (zB die in der Praxis verbreitete, aber rechtlich unzutreffende Negierung des Gefährdungsfaktors Lärm als Arbeitsumgebungsbedingung in Schulen[61] oder Bürobereichen mit der fehlerhaften Begründung, dass die Grenzwerte zur Prävention von Gehörschäden von 80 db(A) nicht überschritten sind). Die Gefährdungsbeurteilung muss dann entsprechend ergänzt werden. 29

In der betrieblichen Praxis stellt vor allem die inzwischen ausdrücklich im Gesetz geforderte **Gefährdungsbeurteilung psychischer Belastungen** die Akteure vor besondere Herausforderungen,[62] die sich bis heute in erheblichen Vollzugsdefiziten manifestieren.[63] Sie beruhen vielfach auf fundamentalen Missverständnissen über die Gegenstände dieses Aspekts der Gefährdungsbeurteilung, die im Ergebnis häufig zu Befürchtungen, Ablehnung und Widerstand führen. Es ist daher an dieser Stelle klarzustellen, dass es keineswegs um die Ermittlung psychischer Erkrankungen der Beschäftigten (Depressionen, Burnout, Suchtkrankheiten etc) geht. Gegenstand der Gefährdungsbeurteilung 30

---

[58] BT-Drs. 17/4300, 46; Oppolzer, Gesundheitsmanagement, S. 90, 168 ff.; Romahn AiB 2008, 452; BAuA (Hrsg.), Arbeitszeitreport 2016, S. 53 ff. Aktuell: Paridon/Lazar, iga.Report 34; BAuA, Sicherheit und Gesundheit bei der Arbeit 2015, S. 60 ff.; BAuA, Psychische Gesundheit in der Arbeitswelt – Wissenschaftliche Standortbestimmung, 2017, S. 44 ff.; Aich, Integration der Arbeitszeit in die Gefährdungsbeurteilung, S. 47 ff. (49 ff.); Langhoff/Satzer, Schicht- und Nachtarbeit in der Produktion, Gesundheitsrisiken, S. 147 ff., sowie Langhoff/Satzer, Gestaltung von Schichtarbeit, 2017. [59] Pangert/Schüpbach, Die Auswirkungen arbeitsbezogener erweiterter Erreichbarkeit auf Life-Domain-Balance und Gesundheit; Paridon, iga.Report 32. [60] Dazu auch EuGH 15.11.2001 – C-49/00, Slg 2001, I-8575 ff. [61] Dazu Kohte RdJB 2008, 198 (205 f.). [62] Ausführlich Langhoff/Satzer Gute Arbeit 2010, 267 ff.; Resch/Blume, Computer-Fachwissen 3/2004, 8 ff.; Sasse/Schönfeld RdA 2016, 346 (347 ff.); siehe auch BDA Gefährdungsbeurteilung, S. 3; Blume, FS Kohte, S. 381 ff. [63] siehe dazu GDA, Abschlussbericht zur Dachevaluation der Gemeinsamen Deutschen Arbeitsschutzstrategie, 2014, S. 22 ff.; ältere Untersuchungen kommen auf Diffusionswerte von ca. 20–30 %; dazu auch Richter/Ertel Prävention und Gesundheitsförderung 2012, 116 f.; Blume/Walter/Bellmann/Wellmann, Betriebliche Gesundheitspolitik, S. 17 ff.; Landau, Umsetzungsstand, ASU 4/2013, S. 173 f.

psychischer Belastungen sind vielmehr psychisch wirkende **Belastungsfaktoren im Betrieb**, die anerkanntermaßen die Gesundheit beeinträchtigen können.[64] In der Begründung zur Einfügung der psychischen Belastungen als § 5 Abs. 3 Nr. 6 ArbSchG ist dieser Arbeitsbezug hervorgehoben worden, da es nicht um den allgemeinen Gesundheitszustand der Beschäftigten, sondern um die Erfassung von **Gefährdungen für die physische oder psychische Gesundheit durch die Arbeit** geht.[65] Hierzu zählen zB Zeitdruck bei der Arbeit, störende Umgebungsbedingungen (Lärm, Hitze etc) oder unklare Zuständigkeiten und Verantwortlichkeiten. Über die potenziell gesundheitsschädliche Wirkung solcher Faktoren besteht in den Arbeitswissenschaften im Kern Einigkeit. Diese Einigkeit in den Fachkreisen hat sich in der Normung in Gestalt der DIN EN ISO 10075 manifestiert. In dieser internationalen Norm sind in mehreren Teilen die ergonomischen Grundlagen psychischer Belastungen zusammengetragen und dokumentiert worden (→ ArbStättV Rn. 155 ff.), so dass sie als „gesicherte arbeitswissenschaftliche Erkenntnisse" qualifiziert werden können.[66]

31 Gemäß DIN EN **ISO 10075** Teil 1 geht es um folgende Faktoren:
- „**Anforderungen seitens der Arbeitsaufgabe**" wie zB Konzentrationserfordernisse, Handlungsspielraum, Vielseitigkeit, Daueraufmerksamkeit; dabei sind auch beispielsweise die Belastungen/Beeinträchtigungen durch unzureichende Qualifikation, unergonomische Software bzw. Werkzeuge sowie mangelnde Ressourcen zu beachten,
- „**Physikalische Bedingungen**" wie zB Beleuchtung, Klima, Lärm, Gerüche, Geräusche, die beispielsweise die Konzentrationsfähigkeit beeinträchtigen,
- „**Soziale und organisationale Bedingungen**" wie zB Führung,[67] Konflikte, soziale Beziehungen in Teams, Betriebsklima,
- „**Gesellschaftliche Faktoren**" außerhalb der Organisation wie zB Arbeitsmarkt, wirtschaftliche Lage, Branchen-Probleme.

Eine gute Übersicht über die arbeitswissenschaftlich anerkannten[68] Gefährdungsfaktoren, die auch in den Leitlinien der GDA aufgenommen[69] sind, gibt der Entwurf der **Verordnung zum Schutz vor psychischen Gefährdungen bei der Arbeit**, den der Bundesrat am 3.5.2013 beschlossen hat.[70] Es handelt sich danach um folgende Faktoren:
- Gestaltung der Arbeitsaufgabe,
- Gestaltung der Arbeitsorganisation,
- Arbeitszeitgestaltung,
- Gestaltung der sozialen Bedingungen,
- Gestaltung der Arbeitsumgebungsbedingungen,
- Defizite bei der Integration von Beschäftigten.

Zu beachten ist allerdings, dass es bei der Ermittlung (→ Rn. 58 ff.) und der Beurteilung (→ Rn. 63 ff.) psychischer Belastungen einer differenzierten Vorgehensweise bedarf, die sich auch aus der **Eigenart psychischer Belastungen** ergibt, denn psychische Belastungen können auch gesundheitsförderliche Ressourcen sein. Im Rahmen der Gefährdungsbeurteilung muss daher in beide Richtungen ermittelt werden, um die Fakten zur Beurteilung (Ressource oder Fehlbelastung) systematisch zu generieren. So ist beispielsweise eine „vielseitige Arbeit" arbeitswissenschaftlich so lange zu begrüßen, wie sie die Beschäftigten anregt zu lernen, Monotonie vermeidet und eine positive Aktivie-

---

[64] Lohmann-Haislah, Stressreport 2012, S. 84 ff.; Oppolzer, Gesundheitsmanagement, S. 126 ff.; GDA-Empfehlungen 2016; DIN EN ISO 10075 Teil 1. [65] BT-Drs. 17/12297, 40. [66] Vgl. Richenhagen/Prümper/Wagner, Handbuch der Bildschirmarbeit, S. 119 ff. DIN, Entwurf – Ergonomische Grundlagen bezüglich psychischer Arbeitsbelastung – Teil 1: Allgemeine Konzepte und Begriffe, DIN EN ISO 10075, 2015. [67] Vgl. Gaul DB 2013, 60 (63). [68] Dazu Richter/Hacker, Belastung und Beanspruchung, S. 17. [69] www.gda-portal.de, Leitlinie „Beratung und Überwachung psychischer Belastung am Arbeitsplatz", vom 24.9.2012 (aktueller Stand: 19.11.2015), dazu Splittgerber Gute Arbeit 12/2012, 20 ff; GDA, Empfehlungen zur Gefährdungsbeurteilung psychischer Belastungen, 2016, S. 17 ff. [70] BR-Drs. 315/13; ähnlich die Kategorien bei Paridon, IAG-Report 1/2013; Rau, iga.Report 31, S. 22 ff.; Paridon, iga.Report 32, S. 11.

rung fördert.[71] Vielseitigkeit kann aber auch zur Überforderung von Beschäftigten führen, wenn beispielsweise die erforderlichen Qualifikationen nicht vorhanden sind oder der schnelle Tätigkeitswechsel als Überforderung oder Unterbrechung erfahren wird (→ ArbSchG § 4 Rn. 48 ff.). Die Wahrnehmung, also die Beteiligung der Beschäftigten ist gerade hier von besonderer Bedeutung (→ Rn. 59).

Es geht bei der Gefährdungsbeurteilung psychischer Belastungen also nicht um die Feststellung einer wie auch immer gearteten alleinigen Verantwortung des Arbeitgebers für die psychophysische Gesundheit der Beschäftigten. Im Gegensatz zur ordnungsrechtlichen Gefahr, die auf einer linearen Kausalität zwischen Bedingungen/Ereignis(sen) – und Verletzung/Krankheit basiert (vor allem bei Berufskrankheiten und Unfällen), geht es hier um die Ermittlung von **Belastungsfaktoren**, die als „Fehlbelastungen" die Beschäftigten idR so beanspruchen (→ Rn. 69), dass ihre Gesundheit über beispielsweise Monotonie, Stress, psychische Sättigung, Ermüdung oder fehlender körperlicher und mentaler Erholung beeinträchtigt werden kann. Die arbeitsbedingten „Fehlbelastungen" erhöhen Krankheitsrisiken und können so einen Beitrag zur Entstehung von Erkrankungen leisten, auch wenn andere (außerbetriebliche, persönliche) Faktoren gleichermaßen Bedingungen für die Krankheitsentstehung sein können. Multikausalität und komplexe Bedingungen sind hier typisch für Erkrankungsrisiken und dies sowohl hinsichtlich der betrieblichen Faktoren (zB Arbeitsmenge, Führung, Schichtarbeit) als auch der sonstigen Lebensumstände (zB familiärer Stress).

In diesem Kontext spielt zum einen das Zusammenwirken verschiedener betrieblicher Belastungen eine wesentliche Rolle (zB „Dangerous Work" = geringer Handlungsspielraum, hohe Arbeitsintensität/-Menge und geringe soziale Unterstützung; → Rn. 69), zum anderen aber auch jene Fehlbelastungen, die beispielsweise durch eine ungesunde außerbetriebliche „Lebensführung" bzw. private soziale Beziehungen entstehen. Diese privaten, außerbetrieblichen Belastungsfaktoren sind nicht Gegenstand der Gefährdungsbeurteilung. Ebenso wenig geht es deshalb im Rahmen der „Beurteilung" darum, die Gewichtung persönlicher und betrieblicher Belastungen für die Genese konkreter Erkrankung oder genereller Gesundheitsrisiken zu ermitteln. Letzteres ginge sowieso nur für den Einzelfall, zB im Rahmen einer ärztlichen Anamnese, zu der die Ergebnisse der Gefährdungsbeurteilung hinzuziehen wären. Da die Gefährdungsbeurteilung sich mit den betrieblich zu beeinflussenden und letztlich auch betrieblich zu verantwortenden Belastungsfaktoren zu befassen hat, muss sie normalerweise nicht außerbetriebliche Faktoren fokussieren, wie zB die familiäre Situation oder die wirtschaftlichen Rahmenbedingungen. Die Abschätzung der Risikoanteile Arbeitsbedingungen/außerbetriebliche Faktoren psychischer – aber auch physischer – Belastungen/Beanspruchungen und ihrer Folgen für die Gesundheit ist demzufolge nicht Thema der Gefährdungsbeurteilung. Die Maßnahmen, auf die die Gefährdungsbeurteilung abzielt, betreffen nur die **Belastungsfaktoren, die durch die Organisation, den „Betrieb" verantwortet werden**[72] und durch sie gestaltet werden (zB Work-Life-Balance). Umgekehrt können auch angenommene oder im Einzelfall nachgewiesene externe Belastungsfaktoren nicht als Begründung herangezogen werden, Maßnahmen zur Minderung betrieblicher Gefährdungen und Belastungen zu unterlassen.

V. Konkretisierung der normativen Eckpunkte des § 5 ArbSchG durch die „Leitlinie Gefährdungsbeurteilung und Dokumentation"

Die weitgehende Eigenverantwortlichkeit des Arbeitgebers und die wenig spezifizierten normativen Anforderungen des § 5 ArbSchG führen zu erheblichen Problemen der (aufsichtsbehördlichen und individualrechtlichen) **Durchsetzung der Pflicht zur Gefährdungsbeurteilung**. Es ist einerseits die Eigenverantwortlichkeit bei der Verfahrensgestaltung zu respektieren, andererseits aber dem klaren Normbefehl des § 5 Abs. 1 ArbSchG („Der Arbeitgeber hat (…) zu ermitteln") Geltung zu verschaffen. Von be-

---

[71] Ulich, Arbeitspsychologie, S. 481 ff.; Blume, Grundlagen, S. 117 f. [72] So auch die Regierungsbegründung zur Änderung von § 5 ArbSchG: BT-Drs. 17/12297, 67.

sonderer Bedeutung ist es vor diesem Hintergrund, **elementare und unverzichtbare Anforderungen an das Verfahren der Gefährdungsbeurteilung** herauszufiltern, an denen aufsichtsrechtliche Maßnahmen oder auch individualrechtliche Ansprüche anknüpfen können.[73] Die LASI-LV 59 liefert dazu einen wichtigen Beitrag.[74]

35 In der Literatur besteht Übereinstimmung, dass dem Arbeitgeber in § 5 ArbSchG letztlich **drei Pflichten** zugewiesen worden sind, die sich analytisch trennen lassen:
- die Ermittlung der Gefährdungen,
- deren Beurteilung und
- die Ermittlung der zu treffenden erforderlichen Maßnahmen.[75]

Trotz dieser analytischen Trennung bestehen **Wechselwirkungen** zwischen diesen drei Pflichten, so dass mit dem Bundesarbeitsgericht von einem einheitlichen „**Beurteilungs- und Planungsprozess**" gesprochen werden kann.[76] Er wird bestimmt durch das Ziel der Ermittlung der notwendigen Maßnahmen; diese können umso zielsicherer getroffen werden, je genauer und wirklichkeitsnäher im Betrieb die Gefährdungen ermittelt und beurteilt werden.[77]

36 Die drei genannten grundlegenden Elemente verdeutlichen, dass es sich bei der Gefährdungsbeurteilung um einen **betrieblich zu implementierenden Prozess** handelt. Der durch § 5 ArbSchG abgesteckte und eigenverantwortlich auszufüllende Gestaltungsspielraum ist jedenfalls dann unzureichend ausgefüllt worden, wenn einer dieser elementaren Prozessschritte **gänzlich** fehlt. Die Anerkennung dieser Verfahrensgrundsätze nimmt dem für die Umsetzung der Gefährdungsbeurteilung verantwortlichen Arbeitgeber nicht die vom Gesetzgeber eröffnete **Gestaltungsfreiheit**. Die genannten Prozessschritte sind in hohem Maße ausgestaltungsbedürftig, zB im Hinblick auf die Vorgehensweise bei der Gefährdungsermittlung und die dabei zu nutzenden Hilfsmittel (Checklisten, Fragebögen etc). Nach der Rechtsprechung des Bundesarbeitsgerichts ist es die Aufgabe der Betriebsparteien, im **Mitbestimmungsverfahren nach § 87 Abs. 1 Nr. 7 BetrVG** gemeinsam die erforderlichen betriebsspezifischen Konkretisierungen des Prozesses zu vereinbaren (→ Rn. 86 f.; → BetrVG § 87 Rn. 41).[78]

37 Eine Ausdifferenzierung der Kernelemente der Gefährdungsbeurteilung ist im Juni 2008 durch die zuletzt am 22.5.2017 aktualisierte „**Leitlinie Gefährdungsbeurteilung und Dokumentation**" erfolgt.[79] Mit dem im Rahmen der „**Gemeinsamen Deutschen Arbeitsschutzstrategie**" (→ ArbSchG §§ 20 a, b Rn. 7) erarbeiteten Grundsatzpapier haben sich der Bund, die Länder und die Unfallversicherungsträger auf einen abgestimmten Grundsatz (§ 20 Abs. 1 SGB VII; § 21 Abs. 3 Nr. 1 ArbSchG) zur methodischen Vorgehensweise bei der Beratung und Überwachung der Betriebe verständigt. Die Berücksichtigung der „Leitlinie Gefährdungsbeurteilung und Dokumentation" ist nicht nur für die Institutionen der Aufsicht (staatliche Behörden, Unfallversicherungsträger), sondern auch für die betrieblichen Akteure (insbesondere Betriebsparteien, Fachkräfte für Arbeitssicherheit, Betriebsärzte) von erheblicher Bedeutung, um zu rechtssicheren betrieblichen Regelungen zu gelangen. Ergänzend hinzugezogen werden können in diesem Kontext zudem die Materialien der Unfallversicherung. Nachdem die zentrale Information **DGUV 211-032** 2015 zurückgezogen worden ist, dominieren in der Unfallversicherung branchenbezogene Informationen, zB die BGHM-Information 102 zum Beurteilen von Gefährdungen und Belastungen.

---

[73] Dazu im Hinblick auf die individualrechtliche Durchsetzung BAG 12.8.2008 – 9 AZR 1117/06, NZA 2009, 102 (104) = AP 29 zu § 618 BGB mAnm Kohte. [74] Handlungsanleitung zur Überprüfung der Gefährdungsbeurteilung, LV 59, 2017, www.lasi-info.com. [75] LR/Wiebauer ArbSchG § 5 Rn. 7; Kollmer/Klindt/Schucht/Kreizberg ArbSchG § 5 Rn. 4; KJP/Koll ArbSchG § 5 Rn. 3, 6. [76] BAG 15.12.2009 – 9 AZR 769/08, NZA 2010, 506 (508). [77] BAG 8.6.2004 – 1 ABR 13/03, NZA 2004, 1175 (1177) unter Bezugnahme auf Kohte, Anm. LAGE BetrVG 1972 § 87 Gesundheitsschutz Nr. 1; bestätigt in BAG 11.1.2011 – 1 ABR 104/09, NZA 2011, 651. [78] BAG 8.6.2004 – 1 ABR 4/03, NZA 2005, 227 (231 ff.); Beispiele für die Vereinbarung von Prozessschritten Romahn, Gefährdungsbeurteilungen, S. 33 ff. [79] Download via Internet: http://www.gda-portal.de.

Der „Leitlinie Gefährdungsbeurteilung und Dokumentation" liegen methodisch im 38
Kern die in der arbeitsschutzrechtlichen Literatur seit dem Inkrafttreten des ArbSchG
1996 herausgearbeiteten **Prozessschritte** zugrunde (→ Rn. 40 ff.). Sie bindet sie – weitergehend – aber auch in die **übrigen arbeitsschutzrechtlichen Handlungspflichten** ein, insbesondere in die aus § 3 ArbSchG folgenden Pflichten zu Planung, Durchführung, Wirksamkeitskontrolle und kontinuierlichen Verbesserungen der Maßnahmen des Arbeitsschutzes (Ziff. 3.2 der Leitlinie). Darüber hinaus wird in der Leitlinie, ausgehend vom Begriff der Gefährdung (Ziff. 3.1 der Leitlinie), in Anlage 1 ein **Katalog von Gefährdungsfaktoren** (→ Rn. 27) formuliert und ein gemeinsames Verständnis der Arbeitsschutzaufsicht bezüglich des Begriffs der **besonderen Personengruppen** fixiert (→ ArbSchG § 4 Rn. 96 ff.). Unter der Ziff. 3.3 werden schließlich **Kernelemente der Dokumentation** der Gefährdungsbeurteilung zusammengestellt (→ ArbSchG § 6 Rn. 10 ff.). Angesichts ihrer herausragenden Bedeutung orientiert sich die weitere Kommentierung der Einzelfragen zur Gefährdungsbeurteilung eng an dem durch diese Leitlinie vorgezeichneten Verfahren, das als gesicherte arbeitswissenschaftliche Erkenntnis iS von von § 4 Nr. 3 ArbSchG zu qualifizieren ist (→ ArbSchG Vor §§ 20 a, 20 b Rn. 12).

VI. Zeitpunkt der Gefährdungsbeurteilung

Als präventive Maßnahme bei neuen oder wesentlich modifizierten Arbeitssystemen 39
muss die Gefährdungsbeurteilung zu einem **möglichst frühen Zeitpunkt** erfolgen. Diese Erkenntnis schlägt sich zunehmend auch in den Rechtsverordnungen zum ArbSchG nieder. In diesen wird mittlerweile klar normiert, dass die Beschäftigung zB in einem neuen Arbeitssystem erst aufgenommen werden darf, nachdem die Gefährdungsbeurteilung erfolgt ist – vgl. §§ 3 Abs. 3, 4 Abs. 1 BetrSichV, § 7 Abs. 1 GefStoffV, § 8 Abs. 3 BioStoffV, § 3 Abs. 3 OStrV. In anderen Fällen fehlt eine solche ausdrückliche Anordnung, doch ist in jedem Fall vor der Aufnahme der Beschäftigung eine Grobanalyse möglicher Gefährdungen vorzunehmen und die Reihenfolge und zeitliche Fixierung der einzelnen Prozessschritte für die detaillierte Gefährdungsbeurteilung festzulegen.[80]

Grundsätzlich sollten – nicht zuletzt um korrektive Maßnahmen möglichst zu vermeiden – neue Arbeitssysteme oder deren wesentliche Änderungen schon in der Beauftragung und Planung menschengerecht gestaltet werden.[81] Es ist von daher folgerichtig, dass in den Arbeitsschutzverordnungen zunehmend ausdrücklich die Durchführung der Gefährdungsbeurteilung vor Aufnahme der Arbeitstätigkeiten angeordnet wird (§ 4 Abs. 1 BetrSichV, § 8 Abs. 3 BioStoffV, § 7 Abs. 1 GefStoffV, im Ergebnis auch § 3 Abs. 3 ArbStättV).

Die Gefährdungsbeurteilung ist in regelmäßigen Abständen zu aktualisieren.[82] Die Aktualisierungszyklen sind von den betrieblichen Akteuren unter Berücksichtigung des Gefährdungspotentials und der sonstigen betrieblichen Gegebenheit zu regeln. Unabhängig davon ist eine **Aktualisierung** anlassbezogen erforderlich, wenn bestimmte Ereignisse eintreten. Es kann sich dabei um Veränderungen der betrieblichen Verhältnisse handeln (vgl. zB § 3 Abs. 4 S. 3 LärmVibrationsArbSchV, dazu Nr. 3.1. Abs. 4 TRLV Lärm) oder auch um **außerbetriebliche Umstände**, etwa wenn neue fachliche Erkenntnisse über mögliche Gefährdungen bekannt werden (§ 4 Abs. 2 BioStoffV).

Vor diesem Hintergrund sind Gefährdungsbeurteilungen insbesondere in den folgenden Fallgestaltungen durchzuführen:
- Erstbeurteilungen an bestehenden Arbeitsplätzen,
- Wiederholung der Beurteilungen in regelmäßigen Abständen,
- Veränderung der Arbeitsbedingungen (zB technische, arbeitsorganisatorische, bauliche Veränderungen),

---

80 LR/Wiebauer ArbSchG § 5 Rn. 29. **81** Vgl. dazu die Beispiele bei Blume in: FS Kohte, S. 381 ff. **82** So auch LR/Wiebauer ArbSchG § 5 Rn. 28; Kollmer/Klindt/Schucht/Kreizberg ArbSchG § 5 Rn. 68.

- Neuplanung und Gestaltung von Arbeitssystemen (zB Anschaffung neuer Anlagen und Maschinen oder IT-Systeme),
- Schutzmaßnahmen nicht mehr ausreichend (nach Unfällen, Beinahunfällen, Erkrankungen),
- neue Erkenntnisse liegen vor (Stand der Technik, neue arbeitswissenschaftliche Erkenntnisse).

Beispiel für eine anlassbezogene Gefährdungsbeurteilung:
In einem Betrieb wurden zwei ältere Metallbearbeitungsmaschinen durch ein neues Transport- und Zuführungssystem miteinander verkettet. Diese auf den ersten Blick primär technischen Veränderungen führten im Arbeitssystem zu einer wesentlich geänderten Gefährdungssituation. Die Gefährdungsbeurteilung bei Inbetriebnahme des neu gestalteten Fertigungssystems ergab drei neue wesentliche Gefahren/Gefährdungen:
1. Durch die neue Verkettung der Maschinen ergab sich für den Normalbetrieb eine Erhöhung des Lärmpegels in diesem Hallenteil um 8 dB(A). Die Lärmbelastung erreichte nunmehr den kritischen Wert für einen Lärmbereich (85 dB(A) nach § 7 Abs. 4 LärmVibrationsArbSchV, mit der Folge, dass im Nachhinein die geforderten Maßnahmen für Lärmbereiche zu treffen waren (Gehörschutz, Kennzeichnung, Lärmminderungsprogramm).
2. Für die Inspektions-, Instandhaltungs- und Reparaturarbeiten, also für besondere Systemzustände (zB Probeläufe) und notwendige Handlungen unter Umgehung der Sicherheitsvorkehrungen des Normalbetriebes, waren keine technischen und organisatorischen Maßnahmen getroffen worden (zB kein zentrales NOT-AUS, immer mindestens zwei Beschäftigte an der Anlage), somit hatten sich die Gefährdungen dieser Mitarbeitergruppe drastisch erhöht.
3. Die Tätigkeit der Maschinenbediener hatte sich auf eine reine Beobachtungsaufgabe und auf Eingriffe bei Störungen reduziert: Psychische Belastung/Beanspruchung durch Monotonie bei hohen Konzentrationserfordernissen, Zeitdruck und Lärm waren die Folge und erforderten Maßnahmen zur Reduzierung zB durch die Neugestaltung der Tätigkeitszuschnitte aller an diesem System Arbeitenden. Die Neugestaltung der Arbeit hatte zudem die besonderen Bedingungen älterer Mitarbeiter zu beachten, da zB der erhöhte Lärmpegel die Sprach- und Signalverständlichkeit sicherheitsrelevant verschlechtert hatte und monotone Arbeiten für ältere Mitarbeiter bekanntlich eine größere Belastung darstellen.

Die Gefährdungsbeurteilung kam im Beispielsfall zu spät, da sie gründlich erst nach Durchführung der technischen Umrüstung erfolgte. Die aufgetretenen Gefährdungen hätten bereits bei der Entwicklung des Fertigungssystems berücksichtigt und vermieden werden können und müssen. Verstärkt wurde die Problematik dadurch, dass es an einer produktbezogenen Gefahrenanalyse und Risikobeurteilung nach Anhang 1 der EU-Maschinenrichtlinie 2006/42/EG fehlte, die zu einer neuen Restrisiko- und Konformitätsbewertung sowie Bedienungsanleitung der nunmehr verketteten Maschinen hätte führen müssen. Es fehlten somit neben einer gültigen Betriebserlaubnis entscheidende Vorinformationen für die Gefährdungsbeurteilung, die nunmehr im Nachhinein ermittelt werden mussten. Für alle drei Gefährdungsbereiche war es in diesem Kontext entscheidend, dass die ersten Beurteilungsversuche auf der Basis orientierender Messungen erfolgten. Diese führten sodann zu detaillierteren Ermittlungen (zB Arbeitsanalysen, spezifische Messungen), die erst eine integrierte/ganzheitliche arbeitswissenschaftliche- und sicherheitstechnische Bewertung der neuen Anlage ermöglichten.[83]

Nicht nur beim Einsatz klassischer Maschinen ist die präventive Gestaltung von Arbeitssystemen via Gefährdungsbeurteilung sinnvoll und erforderlich. So geht es im Bereich softwaregestützter Arbeit zwar „nur" um Gefährdungen und Fehlbelastungen

---

[83] Dazu anschaulich Lange/Szymanski, Abschlussbericht, S. 105 ff.

durch unzureichende Softwareergonomie, die es präventiv zu vermeiden gilt. Prospektive Gefährdungsbeurteilungen erscheinen insoweit schon deshalb geboten, da Erschwerungen und Stressoren nachträglich nur mit viel Aufwand, Kosten und Stress gemindert werden können.[84]

VII. Prozessschritte der Gefährdungsbeurteilung

Die Gefährdungsbeurteilung verlangt einen auf das Ziel der Ermittlung erforderlicher Maßnahmen gerichteten Prozess. Die „Leitlinie Gefährdungsbeurteilung und Dokumentation" differenziert unter Ziff. 3.2 zwischen **sieben Prozessschritten**, die bei einer ordnungsgemäßen Gefährdungsbeurteilung zu berücksichtigen sind. Vorbild war die Broschüre der britischen Health & Safety Executive „Five steps to risk assessment".[85] Es werden dabei nicht nur die in der arbeitsschutzrechtlichen Literatur herausgearbeiteten Kernelemente der Gefährdungsbeurteilung (Gefährdungen ermitteln – Gefährdungen beurteilen – Maßnahmen ermitteln, dazu → Rn. 35) aufgegriffen. Zutreffend verlangt die Leitlinie, dass aus den **Ergebnissen der Gefährdungsbeurteilung Konsequenzen in Gestalt von konkreten Schutzmaßnahmen** folgen müssen.[86] Es ist ein Verdienst der Leitlinie, dies in aller Deutlichkeit klarzustellen. In der Praxis geschieht dies insbesondere bei nicht oder schwer in Maßzahlen zu fassenden Maßnahmen, wie zB Maßnahmen zur Prävention von psychischen Fehlbelastungen, nicht immer mit der arbeitsschutzrechtlich gebotenen Konsequenz. Im Einzelnen sind gemäß der „Leitlinie Gefährdungsbeurteilung und Dokumentation" folgende sieben Prozessschritte zu beachten, die nachfolgend sogleich detailliert beschrieben werden. 40

1. Festlegen von Arbeitsbereichen und Tätigkeiten,
2. Ermitteln der Gefährdungen,
3. Beurteilen der Gefährdungen,
4. Festlegen konkreter Arbeitsschutzmaßnahmen (bei diesem Schritt ist die Rangfolge der Schutzmaßnahmen nach § 4 ArbSchG zu beachten),
5. Durchführung der Maßnahmen,
6. Überprüfen der Wirksamkeit der Maßnahmen,
7. Fortschreiben der Gefährdungsbeurteilung.

Die in der Leitlinie genannten Prozessschritte zur Umsetzung konkreter Arbeitsschutzmaßnahmen sind nicht allein auf § 5 ArbSchG zu stützen. Die gesetzlichen Handlungspflichten zur Maßnahmendurchführung, Wirksamkeitsüberprüfung und Fortschreibung der Gefährdungsbeurteilung folgen vielmehr aus den Grundpflichten des § 3 Abs. 1 ArbSchG. Erst durch die systematische Verklammerung der Gefährdungsbeurteilung nach § 5 ArbSchG mit den Grundpflichten des § 3 ArbSchG wird klar, dass es sich bei der **Gefährdungsbeurteilung** um ein **Planungsinstrument** zur Gestaltung des nach § 3 Abs. 1 ArbSchG rechtlich geforderten kontinuierlichen Prozesses der Verbesserung von Sicherheit und Gesundheit im Betrieb handelt.[87] Die aus § 3 Abs. 2 ArbSchG iVm § 4 Nr. 4 ArbSchG folgende Pflicht zur Planung von erforderlichen Maßnahmen ermöglicht es, nicht lediglich schematisch Maßnahmen abzurufen, sondern betrieblich zu gestalten und betriebsangepasste Lösungen, zB durch Setzung sachlicher und zeitlicher Prioritäten, zu erreichen, dies aber im Zielkorridor von ua § 4 ArbSchG und entsprechenden Verordnungen. Diese Logik schließt – in Verbindung mit dem Präventionsgebot (→ Rn. 4) – auch die Planung von Maßnahmen zur Verbesserung der Gefährdungs- und Belastungssituation bei Veränderungen von Arbeitssystemen mit ein. 41

---

[84] Dazu mit Beispielen Blume in: Abele/Hutrienne/Prümper, 317 ff. und Instrumenten Blume/Carlberg, EPR-Software, S. 26 f. [85] Dokumentiert und übersetzt bei KJP/Koll ArbSchG § 5 Rn. 23; vgl. auch zu den Ablaufschritten Oppolzer, Gesundheitsmanagement, S. 135 ff.; Jürgen/Blume/Schleicher/Szymanski, Gefährdungsanalyse, S. 76 ff., 98 ff.; BDA, Gefährdungsbeurteilung, S. 7; Beck/Morschhäuser/Richter, Durchführung der Gefährdungsbeurteilung, S. 45 ff; Blume, Erfolgsfaktoren, S. 23. [86] So bereits KJP/Koll ArbSchG § 5 Rn. 6. [87] Faber, Grundpflichten, S. 122 ff.; Kollmer/Klindt/Schucht/Kohte ArbSchG § 3 Rn. 42 ff.; Kohn/Zwingmann sis 2017, 210 ff. (214 f.).

42 **1. Festlegung von Arbeitsbereichen und Tätigkeiten.** Im Mittelpunkt dieses ersten Prozessschrittes steht die Vorbereitung der Gefährdungsbeurteilung. Es geht dabei nicht nur um die Festlegung des Untersuchungsbereichs und die Eingrenzung des Gegenstandes der Gefährdungsbeurteilung, sondern auch darum, das weitere Vorgehen zu planen, ua durch die Festlegung von Ermittlungs- und Beurteilungsinstrumenten, die Abstimmung von inhaltlichen und zeitlichen Prioritäten oder der Abklärung organisatorischer Grundsatzfragen wie beispielsweise die „Spielregeln" für die **Einbeziehung der Beschäftigten und ihrer Vertretungen** (Betriebsrat, Personalrat, Mitarbeitervertretung).

43 **a) Festlegung des Untersuchungsbereiches.** In Betrieben aller Betriebsgrößen wird die Gefährdungsbeurteilung – zumindest beim ersten Mal – eine Fülle von Verbesserungserfordernissen zu Tage fördern. Dies gilt nicht nur für die psychischen, sondern auch für die physischen Gefährdungen und Gefahren. Es hat sich vor diesem Hintergrund in der Praxis als sinnvoll erwiesen, die Gefährdungsbeurteilung nicht „aus dem Stand" in Gänze, also über alle Arbeitssysteme von der Verwaltung bis zur Produktion gleichzeitig, durchzuführen. Die Organisation, dh der Betrieb, kann eine entsprechende Überforderung durch allzu viele Maßnahmenerfordernisse dadurch vermeiden, dass die Gefährdungsbeurteilung auf verschiedene **Untersuchungsbereiche** zeitlich versetzt wird (zB zuerst die Verwaltung und der Vertrieb, dann die Produktion und das Lager). Die Untersuchungsbereiche können formal-institutionell (zB Abteilungen/Bereiche), aber auch funktional (zB Arbeitssysteme/Prozesse) abgegrenzt werden. Dabei ist jedoch zu beachten, dass die jeweiligen **Schnittstellen** und Prozessketten, die den Untersuchungsbereich betreffen (zB Lager und Einkauf), als potenzielle Belastungsfaktoren **systematisch im Blickfeld** bleiben.

44 Diese Untersuchungsbereiche umfassen in der Regel institutionell definierte „**Organisationseinheiten**", zB Meistereien, also durch spezifische Führungsverantwortlichkeiten definierte und im Organigramm festgelegte formale Strukturen. Die Unterscheidbarkeit verschiedener Organisationseinheiten ist im Rahmen der Gefährdungsbeurteilung ua deshalb erforderlich, weil sich hierin die jeweilige Führungsfunktion/Verantwortung definiert. Nur so lassen sich zB die im Rahmen der Gefährdungsbeurteilung zu berücksichtigenden Auswirkungen des Führungsverhaltens bzw. der sozialen Beziehungen auf die Belastungen und die Gesundheit der Mitarbeiter eruieren und ggf. in diese Richtung zielende Maßnahmen ermitteln. Ein weiteres sinnvolles Unterscheidungs- und Planungskriterium für die Gefährdungsbeurteilung ist das funktional abzugrenzende „**Arbeitssystem**" (vgl. dazu ua DIN EN ISO 6385: 2004). Beispielsweise kann eine Meisterei/Abteilung verschiedene Arbeitssysteme wie betrieblicher Transport und Fertigung (zB Drehen/Fräsen) oder Debitoren- und Kreditorenbuchhaltung oder Personalservices/Personalbetreuung/Personalentwicklung enthalten und damit signalisieren, dass hier verschiedene Aufgaben und damit auch Tätigkeiten zu unterscheiden sind. Entsprechend sind auch unter diesem Blickwinkel des Arbeitssystems „je nach Art der Tätigkeit" erforderliche Maßnahmen zu spezifizieren. Weiterhin ist es sinnvoll, diejenigen Arbeitssysteme zusammenfassend zu beurteilen, die wesentliche Austauschbeziehungen haben. Beispielsweise ist eine Beurteilung entlang interner Lieferbeziehungen (Vorprodukte, Montage) hilfreich, weil sich aus diesen Beziehungen (Abstimmung, Prozessabhängigkeiten, Termine, Qualität etc) untereinander eine Fülle von Stressoren und Erschwerungen ergeben können. „Koordinierte Gefährdungsbeurteilungen" sind schließlich erforderlich zwischen **Verleiher und Entleiher**, sowie bei **sonstiger Fremdfirmenbeschäftigung**, die § 8 Abs. 1 ArbSchG zuzuordnen ist (→ ArbSchG § 8 Rn. 19).

45 **b) Ermitteln der für die Beurteilung relevanten Tätigkeiten.** Nach § 5 Abs. 2 S. 1 ArbSchG ist die Gefährdungsbeurteilung **je nach Art der Tätigkeiten** vorzunehmen. Diese normative Umschreibung des Beurteilungsobjekts verdeutlicht die Einbindung der Gefährdungsbeurteilung in das vorrangig verhältnispräventive Konzept des Gesetzes. Die Gefährdungsbeurteilung hat zunächst einmal, unabhängig von den konkreten Personen der Arbeitsplatzinhaber, den Blick auf die bei der Arbeit zu verrichtenden Tätigkeiten zu richten. Zu berücksichtigen sind dabei alle vorhersehbaren Tätigkeiten, dh neben dem „**Normalbetrieb**" sind auch **außergewöhnliche Betriebszustände** wie Wartungsarbeiten, Reparaturen oder saisonale Mengenschwankungen in die Betrachtung einzubeziehen.[88] Methodisch knüpft dieses Vorgehen an andere Vorbilder des „Risk Assessment" an, wie zB die Risikobeurteilung nach Anhang 1 der EU-Maschinenrichtlinie 2006/42/EG.[89] Für die betriebliche Praxis folgt hieraus, dass die Tätigkeiten, mit denen die Beschäftigten bei der Arbeit befasst sind, zunächst einmal in ihrer Gesamtheit zu erfassen sind.

Unerlässliche und wichtige Anhaltspunkte ergeben sich dabei aus Stellenbeschreibungen, auch wenn diese nicht notwendigerweise alle Tätigkeiten abbilden. Weitergehend müssen die Tätigkeiten, die sich darüber hinaus in der betrieblichen Praxis herausgebildet haben (zB Unterstützungs- und Springertätigkeiten), einbezogen werden. Es hat es sich bewährt, nach REFA-Grundsätzen[90] zumindest zwischen **Haupt- und Nebentätigkeiten** zu unterscheiden, um beispielsweise auch eine für die Arbeit erforderliche dispositive Tätigkeit/Qualifizierung/Wissensaktualisierung in den Analyserahmen der Gefährdungsbeurteilung mit einzubeziehen. Inwieweit man aber im Vorfeld einer zunächst orientierenden Messung/Analyse (→ Rn. 56) schon in eine differenzierende Zergliederung nach Tätigkeiten, Teiltätigkeiten und Verrichtungen (zB mithilfe des Analyseinstruments „Tätigkeits-Bewertungssystem" TBS)[91] einsteigen muss, hängt von dem betrieblichen Vorwissen um die Arbeit und Ihre Gefährdungen sowie von der geplanten Instrumentierung der Gefährdungsbeurteilung ab. Für alle so vorhersehbaren Tätigkeiten sind in der Folge die Gefährdungen, mit denen vorausschauend zu rechnen ist,[92] zu ermitteln und zu beurteilen. 46

Zu beachten ist, dass sich die anschließende Ermittlung und Beurteilung der Gefährdungen nicht darin erschöpfen darf, die einzelnen **Arbeitstätigkeiten** lediglich isoliert zu betrachten. Insoweit ist zu sehen, dass die Arbeitsaufgaben der Beschäftigten in der Regel aus mehreren Arbeitstätigkeiten bestehen werden (zB Prozesssteuerung in einem Leitstand, Inspektionen, Einrichten und Umrüsten von Anlagen, Kommunikation mit anderen Betriebseinheiten, oder Kreditberatung, Recherche, Entscheidungsvorbereitung und Dokumentation). Erst aus dem **Zusammenwirken dieser Teiltätigkeiten** – wie sie uU in einer Stellenbeschreibung geführt werden – ergibt sich ggf. die mit der Arbeit verbundene Gefährdung iSv § 5 Abs. 1 ArbSchG. In den Arbeitswissenschaften wird vor diesem Hintergrund bei der Bewertung von Arbeitstätigkeiten von „Arbeitsplätzen", „Arbeitssystemen" oder „Organisationseinheiten" ausgegangen, die die einzelnen Aufgaben, Tätigkeiten und Verrichtungen entsprechend der im Betrieb geregelten allgemeinen Aufgabenverteilung bündeln. Im Gesetz wird dieser in den Sicherheits- und Arbeitswissenschaften anerkannte Grundsatz in § 5 Abs. 2 ArbSchG aufgegriffen, wenn dort neben den Tätigkeiten der **Arbeitsplatz** als Bezugspunkt für Erleichterungen der Pflichten zur Gefährdungsbeurteilung genannt wird. Der Arbeitsplatz fasst insoweit Arbeitstätigkeiten zusammen, die typischerweise von den Inhabern der jeweiligen Stellen auszuüben sind. 47

Die **präzise Ermittlung der Arbeitstätigkeiten** bzw. der in einer Organisationseinheit, einem Arbeitssystem und an einem Arbeitsplatz gebündelten Tätigkeiten ist nicht nur wichtig, um ein umfassendes Bild der klassischen Gefährdungspotentiale (Gefahrstoffe, mechanische, thermische Gefährdungen etc) gewinnen zu können. Sie ist auch von grundlegender Bedeutung für den gesamten Bereich der **psychischen Belastungen**, etwa um Stressoren, monotone Arbeitsgestaltungen oder auch quantitativ oder qualitativ überfordernde Arbeitsbedingungen zu identifizieren. Beispielsweise ist der abstrakte Begriff Arbeitssystem „Station" in einem Krankenhaus oder einem Pflegeheim nicht 48

---

88 Vgl. auch „Leitlinie Gefährdungsbeurteilung und Dokumentation", Ziff. 2., S. 10. **89** Dazu schon im Zusammenhang mit der Gefährdungsbeurteilung: Jürgen/Blume/Schleicher/Szymanski, Gefährdungsanalyse, S. 15 ff. **90** Dazu Schlick/Bruder/Luczak, Arbeitswissenschaft, S. 667 ff. **91** Dazu Richter/Hacker, Belastung und Beanspruchung, S. 157 ff.; Kirchler, Arbeits- und Organisationspsychologie, S. 240 ff.; Jürgen/Blume/Schleicher/Szymanski, Gefährdungsanalyse, S. 193 ff.; Schlick/Bruder/Luczak, Arbeitswissenschaft, S. 514 ff. Darauf aufbauend: Pohlandt, Ergoinstrument REBA 9.0, 2009; Debitz/Pohlandt, Prospektive und korrektive Arbeitsgestaltung mittels des bedingungsbezogenen Verfahrens ergoInstrument REBA 9.0, S. 285–288. **92** Münch/ArbR/Kohte § 292 Rn. 25.

ausreichend in der Lage, die ggf. vorhandenen bzw. sich unterscheidenden Belastungen auf einer Krebsstation, der Kieferchirurgie oder Intensivpflege zu differenzieren. So tragen auch die Räumlichkeiten (Alt-/Neubau, Fahrwege, Klimatisierung, akustische Eigenschaften etc) als Arbeitsbedingungen uU massiv zur Belastungssituation in unterschiedlicher Weise bei. Aber auch die unterschiedliche Arbeitsteilung (zB Funktionspflege/ganzheitliche Pflege) und vor allem die **reale Personalausstattung und Schichtplanung** auf den Stationen können deutliche Auswirkungen auf die körperliche und psychische (Fehl-)Belastungssituation der Beschäftigten haben. Von daher ist es nicht nur erforderlich, die Arbeitssysteme „Station" hier über die Organisationseinheiten zu spezifizieren, sondern auch in ihrer Binnenstruktur – hier der Aufgabenverteilung auf die Pflegekräfte – zu unterscheiden und unterscheidbar zu machen. Ohne diese Differenzierungen können keine spezifischen Belastungen ermittelt und ggf. passgenauen Maßnahmen entwickelt und umgesetzt werden.

49 **c) Zusammentragen vorhandener Daten und Erkenntnisse.** Um Gefährdungen erkennen und ermitteln zu können, bedarf es eines Mindestmaßes an Wissen über die Gefährlichkeit bestimmter Arbeitsbedingungen, Arbeitsstoffe, Arbeitsmittel etc. Zur Vorbereitung der Gefährdungsermittlung – und der sich daran anschließenden „Beurteilung" – sind daher Informationen über die zu erwartenden Gefährdungen zu sammeln und auszuwerten. Es gilt daher der **Grundsatz der informierten und kommunikationsorientierten Gefährdungsbeurteilung**. Das moderne Arbeitsschutzrecht unterstützt vor diesem Hintergrund die betrieblichen Akteure bei der Informationsermittlung. Dies gilt zunächst einmal für die Generierung und Bereitstellung von **Informationen über die Beschaffenheit von im Arbeitsprozess genutzten Produkten** wie Arbeitsmitteln und Arbeitsstoffen (zB § 6 Abs. 2 GefStoffV).[93] So werden etwa Hersteller und Händler von gefährlichen Arbeitsstoffen verpflichtet, entsprechende Informationen und **Sicherheitsdatenblätter** für die Verwender bereitzuhalten (→ GefStoffV Rn. 33 ff.). Sicherheitsinformationen für den betrieblichen Anwender folgen für viele Arbeitsmittel aus produktbezogenen Bestimmungen insbes. des Maschinensicherheitsrechts (§ 2 9. ProdSV – Maschinenverordnung).[94] So ist zB in **Bedienungsanleitungen/-anweisungen von Maschinen** über Restrisiken zu informieren und sind nach Anhang 1.7.4. der 9. ProdSV Angaben über den **Maschinenlärm** zu machen (→ LärmVibrationsArbSchV Rn. 33).

50 Ergänzt wird dieser, bei den Produzenten und Händlern ansetzende Ansatz in den neueren Arbeitsschutzverordnungen durch **betriebsbezogene Verpflichtungen** des Arbeitgebers und der Verantwortlichen nach § 13 ArbSchG. Sie zielen darauf ab, dass sich der Arbeitgeber bereits **im Vorfeld der Gefährdungsbeurteilung aktiv informiert** (§ 6 Abs. 2 GefStoffV; § 4 Abs. 3–5 BioStoffV). Hierzu muss er ggf. hinreichend informierte, fachkundige Personen zur Unterstützung heranziehen (§ 5 LärmVibrationsArbSchV; § 3 Abs. 2 ArbStättV). Hier spielen insbesondere die Fachkräfte für Arbeitssicherheit und die Betriebsärzte, die nach §§ 3, 6 ASiG eine beratende Funktion bei der Gefährdungsbeurteilung haben, ebenso eine Rolle, wie die Aufsichtspersonen der Berufsgenossenschaften und die Beamten der staatlichen Aufsicht, die die Betriebe ebenfalls beratend zu unterstützen haben.

51 Neben Unfallberichten sind die **Erfahrungen der Beschäftigten** – und dies nicht nur zu Beinaheunfällen – eine weitere besonders wichtige Informationsquelle für eine realistische Gefährdungsermittlung, aber auch für die Ermittlung der zu treffenden Maßnahmen.[95] Auch in der Leitlinie Gefährdungsbeurteilung der GDA (→ Rn. 37) wird betont, dass nach Möglichkeit die Gefährdungsbeurteilung zusammen mit den Beschäftigten erfolgen soll. Auf diesem Grundsatz beruht letztlich auch die Rechtsprechung des Bundesarbeitsgerichts zur Mitbestimmung über die Regelungen zur Gestaltung und Durchführung der Gefährdungsbeurteilung.[96]

52 Zu nutzen ist des Weiteren das **„Know-How" der Führungskräfte**. Von Bedeutung ist insoweit vor allem ihr Wissen über die Arbeitssysteme und Gefährdungen. Weiterhin

---

93 Marquardt, Sicherheitsdatenblatt, S. 45 ff.; Pieper ArbSchG § 5 Rn. 7 f. **94** BGBl. I 2011, 2178, 2202, vorher 9. GPSGV, dazu Münch/ArbR/Kohte § 294 Rn. 9 ff. **95** Koll in: FS Wlotzke, S. 701, 708. **96** BAG 8.6.2004 – 1 ABR 13/03, NZA 2004, 1175 (1177).

stehen den Unternehmen die „**Gesundheitsberichte**" der Gesetzlichen Krankenkassen und die eigenen Statistiken über Fehlzeiten, Fluktuation, Leistungen, BEM-Fälle etc als Referenzdaten zur Verfügung.[97] Eine wesentliche Aufgabe besteht vor diesem Hintergrund in der vorbereitenden Phase der Gefährdungsbeurteilung darin, die im Betrieb vorhandenen arbeits- und gesundheitsschutzrelevanten Erkenntnisse zu sammeln und zu ordnen. Entsprechend ist es von Vorteil, auf ein gefährdungs- bzw. gesundheitsbezogenes Wissensmanagement zurückgreifen zu können, in dem die verschiedenen Dokumentationen, Berichte und betrieblich relevanten und arbeitswissenschaftlichen Erkenntnisse kontinuierlich gepflegt werden (→ ArbSchG § 3 Rn. 53 ff.).[98]

d) Planung und Organisation der Gefährdungsbeurteilungen. Die Gefährdungsbeurteilung ist regelmäßig bzw. anlassbezogen zu wiederholen (→ Rn. 39). Es handelt sich damit um eine **betriebliche Daueraufgabe**. § 3 ArbSchG verlangt bei dieser Ausgangslage, dass der Prozess der Gefährdungsbeurteilung organisiert und geplant wird. Gutes Anschauungsmaterial bieten insoweit die Regelungen in Betriebs- und Dienstvereinbarungen zur Gefährdungsbeurteilung, die mittlerweile abgeschlossen worden sind.[99] Bei allen Unterschieden im Detail haben sich die nachstehend angeführten Regelungsfragen als unerlässlich für die Planung und Durchführung von Gefährdungsbeurteilungen erwiesen:

- Festlegung der **Untersuchungsbereiche**, Organisationseinheiten „Arbeitssysteme" etc, der zeitlichen Abfolgen, was sind gleichartige Tätigkeiten, was sind gleichartige Arbeitsbedingungen etc;
- Festlegung des **Zeitintervalls** der regelmäßigen Gefährdungsbeurteilung und Definition der **Anlässe** für spezifische anlassgetriebene Gefährdungsbeurteilungen;
- **Aufbauorganisation** der Gefährdungsbeurteilung (Steuerkreis, Dokumentenlenkung, Aufgabenressourcenverteilung);
- **Festlegung der Akteure**. Es besteht oft die Neigung, dass die Sicherheitsfachkräfte entgegen ihrer Beraterrolle in § 6 Abs. 1 S. 2 ASiG die Verantwortung für die Gefährdungsbeurteilung übernehmen sollen; wenn den Vorgesetzten Fachkunde fehlt, sind ergänzend Externe zu bestellten, deren Qualifikation und Kompetenz vorher mit dem Betriebsrat zu vereinbaren ist (→ Rn. 86; → BetrVG § 87 Rn. 36 ff.);
- Festlegung von „**Spielregeln**" (zB wer entscheidet was?, Datenschutz, Vertraulichkeit, Freiwilligkeit bei der Beteiligung, Transparenz für alle Beteiligten, Schutz der Führungskräfte vor „Vorverurteilungen");[100]
- Festlegung der **Gefährdungsbereiche** (körperlich/psychisch/Kombinationsbelastungen möglichst mit den betriebsspezifischen Schwerpunkten und Auslassungen);
- Festlegung von betrieblichen **Orientierungswerten** (zB für Licht, Lärm, Raumgrößen, Kriterien Mini-Max-Werte für gut gestaltete Arbeitsaufgaben und Referenzdaten, zB Krankenstände, Krankheitsarten, Präsentismusindikatoren);
- Festlegung der **Ermittlungsinstrumente** und Messverfahren (für orientierende, detaillierende Messungen und die Kriterien, wann eine detaillierende Messung/Erhebung/Analyse zu erfolgen hat, spezifisches Vorgehen bei Führungs- und kollegialen Problemen etc);
- ggf. Festlegung eines Pilotprojektes zur Erprobung von geeigneten Instrumenten, Verfahren und Spielregeln, zB mit einer Regelungsabrede;
- **Beauftragung der Durchführung** und Koordination der Gefährdungsbeurteilung (externer/interner Dienstleister);
- **Information** der Führungskräfte und Beschäftigten über den Ablauf und den Zweck sowie die Instrumente der Gefährdungsbeurteilung und ihre Rolle in diesem Prozess;

---

[97] So auch Oppolzer, Gesundheitsmanagement, S. 140; Blume, Integration, S. 276 f. [98] Dazu Blume, Grundlagen, S. 127 ff. [99] Vgl. dazu das BV-Archiv der Hans-Böckler-Stiftung: www.boeckler.de/index_betriebsvereinbarung.htm, zusammenfassend Geißler, Umgang mit psychischen Belastungen; Romahn, Gefährdungsbeurteilungen. [100] Dazu auch Romahn, Gefährdungsbeurteilungen, S. 43.

- Planung von **Eckterminen** (Analyse, Beurteilung, Maßnahmenentwicklung/ Entscheidung, Umsetzungen, Wirkungskontrolle) und den **Personalressourcen**.

54 **2. Ermitteln der Gefährdungen.** In der Phase der Gefährdungsermittlung geht es in der Sache darum, den „**Ist-Zustand**" der betrieblichen Sicherheit und Gesundheit **in tatsächlicher Hinsicht** zu klären. Auch wenn der Begriff „Beurteilung" den Aspekt der „Bewertung" in den Vordergrund stellt, ist zu beachten, dass die sorgfältige Feststellung des tatsächlichen Status unerlässliche Voraussetzung einer realitätsnahen, betriebsspezifischen Beurteilung iSv § 5 ArbSchG ist.[101] Das Gesetz lässt dabei offen, wie die Gefährdungsermittlung durchgeführt wird. Es bestehen vor diesem Hintergrund anerkanntermaßen breite Gestaltungsspielräume, die nach der Judikatur des Bundesarbeitsgerichts von den Betriebsparteien nach § 87 BetrVG gemeinsam auszufüllen sind.[102] Die betrieblichen Akteure können dabei heute auf ein **breites Angebot von Instrumenten, Methoden und Verfahren** zurückgreifen. Je nach betrieblicher Ausgangslage können auch Verfahren in einem **Verfahrensmix** kombiniert werden oder es kann eigenständig ein neues, speziell auf den jeweiligen Betrieb zugeschnittenes Instrument/ Verfahren entwickelt werden.

55 **a) Grob- und Feinanalyse.** Bei dieser Auswahl der geeigneten Mess- bzw. Ermittlungsinstrumente sind – in Anwendung von § 4 Nr. 3 ArbSchG – der „**Stand der (Mess-)Technik**" und der „**Stand der arbeitswissenschaftlichen Erkenntnisse**" zu berücksichtigen. Weiterhin ist zu gewährleisten, dass die Ermittlungswerkzeuge auch in der Lage sind, branchen- und tätigkeitsspezifische Gefährdungen zu erfassen. So müssten ggf. Schadstoffbelastungen im Büro (zB Schimmelpilzsporen), Vibrationen von Maschinen, psychische Belastungsfaktoren von Maschinenführern (hohe Konzentrationsanforderungen, Zeitdruck etc), psychoakustische Faktoren im Großraumbüro, altersbezogene Einschränkungen/Belastungen bei der akustischen Informationsübertragung (zB durch Zurufen auf der Baustelle) etc gemessen bzw. ermittelt werden können, was, wie oben (→ Rn. 39) beschrieben, eine intensive Vorarbeit erfordert. Weil bestimmte Messungen mit viel Aufwand und Kosten verbunden sind, empfiehlt sich sowohl für den Bereich der physischen Gefährdungen als auch der psychischen Belastungen ein **abgestuftes Vorgehen**. Dies wird oft mit den Kategorien der **Grobanalyse und Feinanalyse** beschrieben.[103]

---

[101] In diesem Sinne auch Kollmer/Klindt/Schucht/Kreizberg ArbSchG § 5 Rn. 4; Pieper ArbSchG § 5 Rn. 8. [102] BAG 8.6.2004 – 1 ABR 4/03, NZA 2005, 227 (231). [103] GDA-Leitlinie psychische Belastung, 2015 Anhang 2; Oppolzer, Gesundheitsmanagement, S. 140 f.; s. auch DIN EN ISO 10075, Teil 3, auch: Jürgen/Blume/Szymanski, Unternehmensziel Gesundheit, mit Beispielen, S. 116 ff.; für psychische Belastungen Resch, Analyse, S. 24 f. und die BAuA-Toolbox (www.baua. de/de/Informationen-fuer-die-Praxis/Handlungshilfen-und-Praxisbeispiele/Toolbox/Toolbox.htm). Beck/Morschhäuser/Hasselhorn, Gefährdungsbeurteilung, 2014; neuerdings empfehlen auch die Berufsgenossenschaften gesonderte Vorgehensweisen und Instrumente zur Gefährdungsbeurteilung psychischer Belastungen.

Das zweistufige Analysekonzept psychischer Belastungen
(GDA Empfehlung 2016)

1. Stufe: Vollbefragung mit einem Sceening - Fragebogen → Belastungsschwerpunkte ermitteln

Steuerkreis 1 — Festlegung des GFB Prozesses

Steuerkreis 2 — Entscheidung zu Detailanalysen

2. Stufe: Gruppeninterviews „Geschützter Dialog" Experteninterviews etc. → Detailanalyse/Maßnahmenideen

Mitarbeiter/Führungskräfte einbeziehen

Maßnahmen — Entscheidungen/Informationen/Umsetzung der Maßnahme

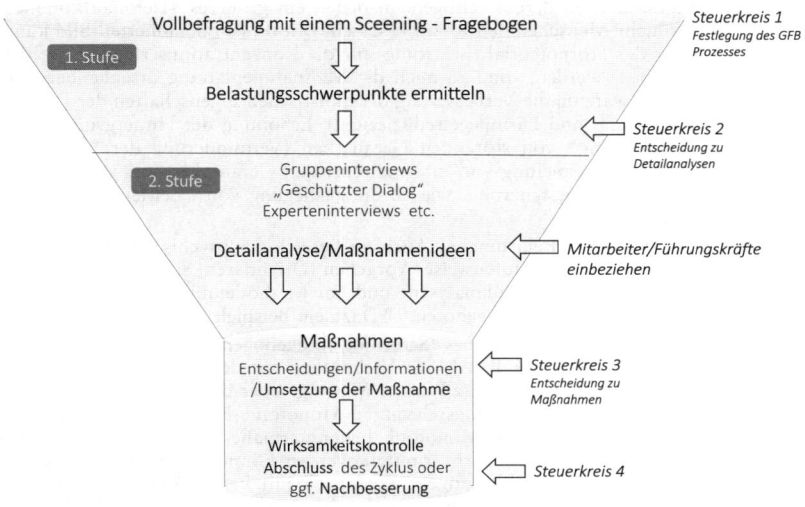

Steuerkreis 3 — Entscheidung zu Maßnahmen

Wirksamkeitskontrolle — Abschluss des Zyklus oder ggf. Nachbesserung

Steuerkreis 4

Abb. 1

1. Stufe: Grobanalyse, orientierende Messung/Screening 56

Auf dieser Stufe sollen möglichst umfassend zunächst „nur" **Gefährdungsbereiche/Belastungsschwerpunkte ermittelt** und lokalisiert werden. Es kann hier mit relativ aufwandsarmen Instrumenten/Methoden etwa folgenden Fragen nachgegangen werden: Wo (an welchem Ort, bei welcher Tätigkeit) befinden sich welche Gefahren und Gefährdungen (zB Lärm, Monotonie, Beeinträchtigungen durch Störungen oder bestimmte Schadstoffe)? Gibt es Anhaltspunkte für Ursachen, Intensität oder Häufigkeiten, also Fakten, die zum Zweck der Beurteilung in Beziehung zu Normen, Grenzwerten sowie Technischen Regeln gesetzt werden können. Beanspruchungen, dh also die Wirkungen auf die betroffenen Beschäftigungen (zu dieser Kategorie → ArbSchG § 4 Rn. 20 ff.), sind hier noch nicht Gegenstand der Ermittlung. Auf dieser Stufe kommen zum Beispiel Fragebögen,[104] Begehungen durch Experten, einfache Lärmpegelmessungen, „Leitmerkmalmethoden" zur Lastenhandhabung,[105] Fragebögen zu psychischen Belastungen etc zum Einsatz. Die Ergebnisse dieser **„Orientierenden Messungen"** oder eines „Screenings" (vgl. hierzu DIN EN ISO 10075, Teil 3, S. 8 f.) dienen als Entscheidungsgrundlage für die Durchführung von Detailanalysen, also der schwerpunktbezogenen und gefährdungsspezifischen Ermittlung von Ursachen, Intensitäten, Bedingungen, die die 2. Stufe kennzeichnen. Über diesen Weg können auch Prioritäten begründet werden, wobei jedoch der Weg (Zeitpunkt und Methode) für die geringer priorisierten Gefährdungen auch festgelegt werden müssen.

2. Stufe: Detailanalysen zur Ermittlung der Ursachen und Intensitäten der vorab lokali- 57
sierten Gefährdungsbereiche/Belastungs-Schwerpunkte

Hier kommen für den physischen und psychischen Bereich **aufwendigere und komplexere** physikalisch/chemische **Messverfahren** zum Einsatz: Wenn beispielsweise in einem Großraumbüro ein mittlerer Lärmpegel orientierend gemessen wurde (Stufe 1) und die Beschäftigten sich über Störungen aufgrund des ständigen Mithörens von Telefonaten

---
[104] Dazu Gutjahr/Hampe DB 2012, 1208 (1210). [105] Zipprich, Prävention, S. 69; Mohr sis 1998, 214 (215).

beschweren, ist es sinnvoll, vor aktionistischen Lärmschutzmaßnahmen, wie zB höheren Trennwänden, die akustischen Eigenschaften des Raumes (zB Nachhall) und die Qualität und Quantität der Hintergrundgeräusche zu ermitteln. Ggf. sind auch noch bestimmte Tageszeiten zu berücksichtigen, in denen ein größeres Telefonaufkommen üblich ist oder mehr Menschen den Raum besetzen. Mit diesem detaillierten Bild kann nicht nur besser das Störpotential (Belastung) für die Konzentrationserfordernisse der Mitarbeiter beurteilt werden, sondern auch die Maßnahmeplanung ursachenbezogen erfolgen. Denkbar wäre ua die Verbesserung der akustischen Eigenschaften der Decken und Möbel (Nachhall- und Lärmpegelreduzierung), Erhöhung der Hintergrundgeräusche oder „Maskierung" von störenden Geräuschen (Verminderung der Sprachverständlichkeit) durch Einspielung von informationslosen Geräuschen, organisatorische Maßnahmen der Telefoniesteuerung, wie zB die Festlegung von „Zeitfenstern für die Sachbearbeitung" etc.

58 **b) Ermittlung psychischer Belastungen.** Auch im Bereich der psychischen Belastungen ist laut GDA-Empfehlung ein **stufenweises Vorgehen** (Orientieren, Screening von Belastungsschwerpunkten, dann Detailanalysen) und ein Methodenmix je nach zu ermittelnden Belastungsschwerpunkten geboten.[106] Dazu ein Beispiel:

In der Stufe 1 hat sich aufgrund eines (Screening-)Fragebogens zu psychischen Belastungen (zB BASA, START oder BAAM) in Verbindung mit der Experteneinschätzung aus der Begehung der Arbeitsplätze (zB in der Montage oder der Abteilung Kontoführung) die Vermutung von gefährdungsrelevanten Monotonie-Belastungen ergeben. Da das Erleben und die Intensität von Monotonie bekanntermaßen nicht valide durch eine einfache Befragung von Mitarbeitern ermittelt werden können,[107] ist hier entweder eine Tätigkeitsanalyse[108] (Zykluslänge, Wiederholhäufigkeit, Vollständigkeit etc) durchzuführen oder/und mit einem arbeitswissenschaftlichen Testverfahren der Präzisionsstufe 2-3 (DIN EN ISO 10075, Teil 3), also beispielsweise mit der BMS-GA Scala und ggf. physiologischen Ermüdungsindikatoren das Ausmaß der Monotoniebelastung zu ermitteln.[109]

Über diesen Weg lassen sich nicht nur das Gefährdungspotential, sondern auch die zu treffenden arbeitsorganisatorische Maßnahmen zur Aufgabenerweiterung (zB Aufgabenwechsel, Verlängerung der Zyklen durch Übernahme weiterer Teiltätigkeiten) oder/und kompensatorische regelmäßige Pausen zur Vermeidung monotoniebedingter Überforderung[110] ermitteln.

59 Neben diesem gestuften Vorgehen und der sachlichen Geeignetheit der jeweiligen Ermittlungs- und Messinstrumente ist die Anwendung **weiterer Auswahlkriterien** zu empfehlen:[111]

- Die **Verständlichkeit der Ermittlungsergebnisse** (Darstellung/Erläuterung), dh für den Zweck der Beurteilung, ob eine Maßnahme erforderlich ist und ob Maßnahmen zu entwickeln und zu treffen sind, müssen die Ergebnisse der Gefährdungsermittlung für arbeitswissenschaftliche Laien als Beurteilungsgrundlage geeignet sein.[112] Dazu gehört zum einen die Explikation der Eigenschaften der eingesetzten Instrumente (Messqualität oder Grenzen der Aussagekraft), zum anderen die verständliche Aufbereitung und Darstellung der Ergebnisse.

- Die **Beteiligung der Beschäftigten**, deren Arbeitsplätze, Arbeitsumgebung, Tätigkeit etc analysiert werden, ist nicht nur eine Organisationspflicht aus § 3 Abs. 2 ArbSchG, sondern sowohl für die Ermittlung physischer Gefährdungen (zB Wahrnehmung von Gerüchen, Gefahrenstellen, Lärmauswirkungen, Luftzug) vor allem

---

106 GDA-Leitlinie psychische Belastung, 2015, Anhang 2; GDA, Empfehlungen zur Gefährdungsbeurteilung psychischer Belastungen, 2016, S. 9 ff. **107** Schlick/Bruder/Luczak, Arbeitswissenschaft, S. 193, 196 ff.; Richter/Hacker, Belastung und Beanspruchung, S. 159. **108** ZB Kirchler, Arbeits- und Organisationspsychologie, S. 206 ff. **109** Boucsein, Psychophysische Beanspruchungsmessung, in: Landau, Arbeitsgestaltung, S. 1048 ff. **110** Vgl. ua Oppolzer, Gesundheitsmanagement, S. 158 ff. mit Hinweis auf DIN EN ISO 10075 Teil 2. **111** In Anlehnung an Jürgen/Blume/Schleicher/Szymanski, Gefährdungsanalyse, S. 104 ff. **112** So auch Satzer/Langhoff Gute Arbeit 3/2010, 13 (15); Romahn AiB 2008, 452 (456).

in der Stufe 1, aber auch für die psychischen Belastungsfaktoren zB durch Fragebögen oder dialogreiche Ermittlungsverfahren sachlich geboten. Ein weiterer Vorteil beteiligungsgestützter Verfahren auch in der zweiten Stufe, beispielsweise mithilfe „moderierter Gruppen",[113] besteht in der Möglichkeit, bereits im Ermittlungsprozess erste Ideen und Vorschläge zu Verbesserungsmaßnahmen zu erheben (zu konkreten Handlungshilfen → Rn. 82).

- **Normenkonformität:** Es sind Methoden zu wählen, die den Anforderungen von DIN EN ISO 10075 Teil 1 und 3/BGI GUV-I 8700 Dezember 2009 sowie den GDA-Leitlinien standhalten und die für alle Beteiligten transparent sind, so zB auch die Berücksichtigung der „sozialen Beziehungen" als Belastungsfaktor.
- **Regelbasiertes Vorgehen (Verfahrenssicherheit):** Es sind Regeln und Vereinbarungen zu treffen, die die Entscheidungsmodalitäten, die Arbeits-und Verantwortungsverteilung, den Eskalationsweg, den Datenschutz, den Methodeneinsatz, die Information der Beteiligten etc vorab bestimmen.
- **Beurteilbarkeit und Verhandelbarkeit der Analyseergebnisse** in Bezug auf „erforderliche" Maßnahmen: Die Darstellung der Analyseergebnisse (orientierende Messung und Detailanalysen) ist so zu gestalten und an entsprechenden arbeitswissenschaftlichen Kriterien/Maßstäben zu spiegeln, dass die „Beurteiler" sie verstehen, beurteilen und entsprechende Maßnahmen ableiten sowie beispielsweise Prioritäten aushandeln können.
- **Kombinierbarkeit verschiedener Instrumente:** Es sind Methoden der Gefährdungsbeurteilung zu wählen – zB dialogorientierte Methoden – oder/und Expertenverfahren, die untereinander kombinierbar sind, also beispielweise die gleichen arbeitswissenschaftlichen Mindestkriterien zugrunde legen oder sich im Sinne des Detaillierungsgrades der Analyse ergänzen.
- **Fairer Umgang mit Führungs- und Teamproblemen:** Die Analyseinstrumente, Information über Ergebnisse, Methodik der Maßnahmenentwicklung und Wirkungskontrolle sollten so gestaltet sein, dass eine „Vorverurteilung" oder öffentliche Schuldzuweisung an Führungskräfte im „Täter-Opfer Schema" verhindert wird. Vertraulichkeitsregelungen, mediative Methoden und eine kontrollierte, diskrete „Öffentlichkeitsarbeit" etc sind vorab verbindlich zu vereinbaren.
- **Steuerbarkeit (ua Analyseaufwand):** Eine Gefährdungsbeurteilung ist ein nicht unkomplizierter und mit erheblichen Aufwänden behafteter Prozess; deshalb bedarf es einer Instanz, die sie terminlich, situativ methodisch und aufwandsbezogen koordiniert und steuert.[114] Dazu empfiehlt sich nicht die Bildung nur eines paritätischen Gremiums und koordinativer Kapazitäten, sondern auch Festlegung von „Spielregeln und Instrumenten", die so explizit sind, dass sie eine quantitative und qualitative Steuerung und ggf. erforderliche Konfliktregulierung ermöglichen.

Diese vorstehend aufgelisteten Kriterien haben sich in der Praxis bei der Auswahl von Handlungshilfen, Verfahren und deren Anwendung (→ Rn. 82) bewährt. Auch in Betriebs- oder Dienstvereinbarungen lassen sich solche Zielkriterien praxisnah vereinbaren.

3. Beurteilen der Gefährdungen. a) Bedeutung des Soll-Ist-Vergleichs. Der dritte Verfahrensschritt besteht in der eigentlichen Gefährdungsbeurteilung. Es sind dabei die zuvor ermittelten Gefährdungen einer Bewertung zu unterziehen. „Zielfrage" ist dabei, ob **Handlungsbedarf** besteht und ob Maßnahmen des Arbeitsschutzes zu ergreifen sind. Es ist mit anderen Worten der „**Ist-Zustand**" mit dem gebotenen „**Soll-Zustand**" zu **vergleichen**.[115] Den Maßstab für diese Bewertung bilden dabei die **Vorgaben des Arbeitsschutzrechts**, wie sie sich insbesondere aus dem ArbSchG und den auf der Grund-

60

---

[113] Dazu Resch, Analyse, S. 71 ff.; vgl. Romahn, Gefährdungsbeurteilungen, S. 37. [114] Anschauliches Beispiel eines Einigungsstellenspruchs: ArbG Bremen 17.4.2013 – 7 BV 711/12. [115] LR/Wiebauer ArbSchG § 5 Rn. 17; Kollmer/Klindt/Schucht/Kreizberg ArbSchG § 5 Rn. 85; aus dem technischen Regelwerk ASR V3 „Gefährdungsbeurteilung", dort insbes. die Prozessbeschreibung unter Ziffer 5.

lage von §§ 18, 19 ArbSchG erlassenen Arbeitsschutzverordnungen ergeben. Mit zu berücksichtigen im Sinne eines Mindeststandards sind dabei die gesicherten arbeitswissenschaftlichen Erkenntnisse (§ 4 Nr. 3 ArbSchG),[116] so dass zB die DIN EN ISO 9241 zur Software-Ergonomie ein wichtiger Maßstab an Bildschirmarbeitsplätzen ist (→ ArbStättV Rn. 159). Die **Gefährdungsbeurteilung** als an rechtlichen Maßstäben ausgerichtete Bewertung ist **kategoriell von Risikoabschätzungen zu unterscheiden**. Durch Risikoabschätzungen werden Gefährdungen im Hinblick auf die mögliche Schadenshöhe und die Wahrscheinlichkeit eines Schadenseintritts **in tatsächlicher Hinsicht klassifiziert** (→ ArbSchG § 4 Rn. 10 ff.). Im Rahmen des (siebenstufigen) Prozesses der Gefährdungsbeurteilung haben solche Risikoabschätzungen, die üblicherweise durch Risikokennzahlen oder eine Risikomatrix „materialisiert" werden,[117] vor allem Bedeutung beim Prozessschritt „Festlegen konkreter Arbeitsschutzmaßnahmen" als Kriterium für eine systematische und nachvollziehbare Prioritätensetzung. So sind bei Vorliegen einer Gefahr im ordnungsrechtlichen Sinne (verstanden als hinreichende Wahrscheinlichkeit eines über eine unerhebliche Beeinträchtigung hinausgehenden Schadens) kategorisch und unverzüglich Schutzmaßnahmen zu ergreifen. Wird die Gefahrschwelle hingegen nicht überschritten, können Risikoabschätzungen als wichtiges Hilfsmittel für eine **zeitliche Staffelung im Rahmen der Maßnahmenumsetzung** eingesetzt werden. Eine Risikoabschätzung darf allerdings nicht dazu genutzt werden, arbeitsschutzrechtliche Handlungspflichten quasi „wegzudefinieren". Seit Inkrafttreten des ArbSchG gilt insoweit der Grundsatz des § 4 Nr. 1 ArbSchG, dass Gefährdungen möglichst zu vermeiden bzw. zu minimieren sind (zB durch die Substitution gefährlicher Arbeitsstoffe), so dass Maßnahmen unabhängig davon zu treffen sind, ob eine ordnungsrechtliche Gefahr besteht.

61 Da sich sowohl im ArbSchG (insbes. in den allgemeinen Grundsätzen des § 4 ArbSchG) als auch in den Arbeitsschutzverordnungen (zB ArbStättV, BetrSichV, GefStoffV, LasthandhabV) lediglich durch unbestimmte Rechtsbegriffe umschriebene Schutzziele finden, gibt es auf der **gesetzlichen Ebene kaum „objektiv messbare" Maßstäbe** für die Gefährdungsbeurteilung. Objektiv messbare Anforderungen ergeben sich zunehmend aus dem **untersetzenden Technischen Regelwerk** der im Geschäftsbereich des BMAS gebildeten, pluralistisch besetzten Ausschüsse (dazu ausführlich → ArbSchG §§ 18, 19 Rn. 19 ff.). So lassen sich zB der Arbeitsstättenregel ASR 3.5[118] ohne Weiteres messbare Werte für die Mindest- und Höchstwerte für Raumtemperaturen von Arbeitsräumen entnehmen. Soweit solche Regeln nicht bestehen, lassen sich im Einzelfall auch messbare Maßstäbe in den **einschlägigen Regelwerken der Unfallversicherungsträger und sonstiger Normungsinstitutionen** (zB DIN, VDE) entnehmen (→ ArbSchG §§ 18, 19 Rn. 49 f.).

62 Im Bereich der physischen Gefahren und Gefährdungen scheint eine Beurteilung der ermittelten Sachverhalte jedenfalls dann recht einfach, wenn man entsprechende „**Grenzwerte**" (Dauerleistungsgrenze, zulässige Gewichte, maximale Arbeitsplatzkonzentrationen von Schadstoffen, schädigender Lärm etc) findet. Man stellt dann ggf. Abweichungen fest (Grenzwert – IST) und kann dann die Erforderlichkeit von Maßnahmen beurteilen. Oder man setzt Ermittlungsverfahren ein, wie zB die „Leitmerkmalmethode" der BAuA zur Ermittlung von Belastungen aus dem Heben, Schieben, Tragen und Ziehen von Lasten (→ LasthandhabV Rn. 12), die zugleich eine Beurteilung über die Einordnung der Werte in ein Ampelschema mitliefern, das zT sogar Altersspezifika der Mitarbeiter berücksichtigt. Dies sind die relativ einfachen Beurteilungsfälle.

---

116 Siehe dazu ua die Reihe Arbeitswissenschaftliche Erkenntnisse der BAuA: BAuA, Psychische Gesundheit in der Arbeitswelt – Wissenschaftliche Standortbestimmung, 2017, S. 44 ff. (www.baua.de/de/Publikationen/AWE/AWE.html) und die Handbücher: Schlick/Bruder/Luczak, Arbeitswissenschaft; Landau, Arbeitsgestaltung; Landau/Pressel, Medizinisches Lexikon. **117** Jürgen/Blume/Schleicher/Szymanski, Gefährdungsanalyse, S. 79 ff.; praxisbezogen: Lange/Szymanski, Abschlussbericht, S. 85 ff **118** Grimm DB 2010, 1588.

b) Komplexe Beurteilungen, insbesondere bei psychischen Belastungen. Doch gibt es 63
auch im Bereich physischer Gefährdung Beispiele dafür, dass eine Beurteilung der Erforderlichkeit von Maßnahmen komplexerer Natur ist.
Beispiel: So zeigte sich zB nach der orientierenden Messung in einem Officebereich einer Bank, dass der weiterhin immer noch veröffentlichte Wert von 55 dB (A) (zB die DGUV Information 215-410 zur Bürogestaltung oder ehemals § 15 ArbStättV-1975 aF) für Büroarbeiten gut eingehalten war (< 50), die Beschäftigten aber dennoch über störenden Lärm klagten. Auch detaillierte Messungen, zB zu den akustischen Eigenschaften des Groß-Raumes (Nachhall/Hintergrundgeräuschpegel etc), brachten keine weiterführenden Erkenntnisse über die Ursachen der Beeinträchtigungen. Die „gesicherten arbeitswissenschaftlichen Erkenntnisse", dass in solchen Räumlichkeiten maximal 45 dB(A) zu empfehlen sind, wenn Arbeiten mit hohen Konzentrationserfordernissen durchgeführt werden müssen (→ ArbStättVRn. 83),[119] wiesen in diesem Fall nur in Richtung aufwendiger Schallreduzierungsmaßnamen, mit der Folge von Auseinandersetzungen zwischen Arbeitgeber und Betriebsrat über deren Erforderlichkeit.
Erst eine genaue sachverständige Befragung der Beschäftigten über die Art und Folgen der Beeinträchtigung, die Zeiträume des Auftretens und die vermeintlichen Ursachen aus Sicht der Beschäftigten förderten eine „neue" Ursache und eine neue Maßnahmenorientierung zu Tage: Aufgrund der technischen Steuerung der Telefonie gab es relativ häufig Systemzustände in denen ca. 50 % der Beschäftigten sachbearbeitende Tätigkeiten durchzuführen hatten und der Rest in der Telefonie war (massives Störungsempfinden der Sachbearbeiter). Die Umstellung der Telefoniesteuerung und die Einrichtung von „Sachbearbeitungsfenstern" für alle in diesem Raum konnten die Belastungen nachhaltig mindern. Dieses Beispiel zeigt, dass nicht selten Maßnahmen nicht im technischen, sondern auch im organisatorischen Bereich zu suchen sind.
Es geht weiterhin bei der **Gefährdungsbeurteilung psychischer Belastungen** nicht um 64
die Messung und Einhaltung physikalischer/physischer Grenzwerte, die Schädigungen/Gefahren vermeiden sollen, wie beispielsweise bei Gefahrstoffen oder Lärm. Ebenso verfehlt ist jedoch die Gegenposition, dass psychische Belastungen und ggf. Beanspruchungen nicht messbar und daher per se einer Gefährdungsbeurteilung nicht zugänglich oder einem beliebigen Beurteilen anheim gegeben seien.[120] Die einzelnen Instrumente ermöglichen eine differenzierte Problemerfassung. So definiert zB die Norm 10075 in ihrem Teil 3 die Kriterien für unterschiedliche Gütegrade der Ermittlungsinstrumente für psychische Belastungen. Sie reicht von „Orientierenden Messungen", zB belastendem Lärm unterhalb der Schädigungsgrenzwerte, über „Screening"-Instrumente (zB Fragebögen mit entsprechenden Gütenachweisen) bis hin zu objektiven psychologischen Testverfahren mit Minimal- und Maximalwerten (zB Tätigkeits-Bewertungs-System TBS)[121] für verschiedene Tätigkeitsarten, und schließlich den psychophysiologische Messverfahren (zB Blutdruck, Herzfrequenzvariabilität, Cortisol-Konzentration) zur Ermittlung von Beanspruchungen und deren Folgen wie dem Stressniveau bzw. anderer Überforderungen.[122] Es ist letztlich eine Frage der Verhältnismäßigkeit, welches Instrument oder welche Kombination von Instrumenten für die Beurteilung psychischer Belastungen im Einzelfall gewählt, oder welches Nachweisniveau akzeptiert wird.
Im Gegenstandsbereich von Gefährdungen und die Gesundheit beeinträchtigenden 65
Kombinationsbelastungen beispielsweise im psychophysischen Bereich (zum Beispiel der Bildschirmarbeit → ArbSchG § 4 Rn. 33) ist idR der Beurteilungsprozess stark abhängig vom gewählten Ermittlungsinstrument und Verfahren sowie von den arbeitswissenschaftlich fundierten „Orientierungswerten" bzw. Skalenwerten der jeweiligen Messverfahren,[123] auf die man sich im Unternehmen im Mitbestimmungsverfahren geeinigt hat. Dieser Gesichtspunkt ist bei der Bewertung zu beachten; er kann auch **bei**

---

119 Probst, Lärm an Bildschirmarbeitsplätzen, S. 5, 23, sowie Kurtz, Lärmminderung, in: Landau, Arbeitsgestaltung, S. 761 ff. **120** So Uhl/Polloczek BB 2007, 2401 (2403). **121** Richter/Hacker, Belastung und Beanspruchung, S. 157 ff. **122** Boucsein, in: Landau, Arbeitsgestaltung, S. 1049. **123** So zB das Mindestprofil im TBS-GA, in: Richter/Hacker, Tätigkeitsbewertungssystem, Geistige Arbeit, S. 72; Debitz/Pohlandt, 285 ff.

Unsicherheiten oder unterschiedlichen Standpunkten dazu führen, dass beispielsweise ein frühzeitigerer Zeitpunkt für **Wirksamkeitskontrollen** festgelegt wird.

66 **4. Festlegen konkreter Arbeitsschutzmaßnahmen.** Werden die arbeitsschutzrechtlichen Schutzziele nicht vollständig erfüllt, besteht Handlungsbedarf. § 5 ArbSchG fordert in diesen – wohl die Regel bildenden – Fällen in einem weiteren Prozessschritt[124] die Ermittlung und Festlegung von Maßnahmen des Arbeitsschutzes zur Erfüllung der arbeitsschutzrechtlichen Schutzziele (zB Installation einer Schutzabdeckung als Maßnahme zum Schutz vor Quetschgefahren an offenen Anlagenteilen). Bei der Ermittlung der Maßnahmen des Arbeitsschutzes sind wiederum die normativen **Vorgaben des Arbeitsschutzrechts, nunmehr aber als Gestaltungsgrundsätze**, zu beachten. Zu nennen sind hier wiederum vor allem die „Allgemeinen Grundsätze" des § 4 ArbSchG, spezielle Regelungen in den Arbeitsschutzverordnungen nach § 18 ArbSchG (zB LasthandhabV, ArbStättV, BetrSichV) sowie das untergesetzliche technische Regelwerk der Ausschüsse nach § 18 Abs. 2 Nr. 5 ArbSchG (zB Arbeitsstättenregeln, Regeln für Betriebssicherheit) und die Normen sonstiger Normungsorganisationen (CEN, CENELEC, DIN, VDE; zur Bedeutung technischer Regelwerke → ArbSchG §§ 18, 19 Rn. 45 ff.).

67 Bei der Ermittlung der Maßnahmen des Arbeitsschutzes bestehen **erhebliche Gestaltungsspielräume**, da das ArbSchG und die Arbeitsschutzverordnungen nicht ganz bestimmte Maßnahmen im Detail spezifizieren. Im Grundsatz gilt dies häufig auch für das untergesetzliche technische Regelwerk, in dem sich die Anforderungen mit dem höchsten Konkretisierungsgrad finden. So fasst die „TRBS 2111 Teil 1 Mechanische Gefährdungen – Maßnahmen zum Schutz vor kontrolliert bewegten ungeschützten Teilen" eine Fülle beispielhafter technischer, organisatorischer und personenbezogener Maßnahmen zusammen, ohne dass in der technischen Regel eine Festlegung auf eine konkrete Maßnahme erfolgt. Gleichwohl ist die Gestaltung nicht in das freie Belieben der Betriebsparteien gestellt. Besonders deutlich wird dies an den für die Ermittlung der Maßnahmen zentralen[125] „**Allgemeinen Grundsätzen**" (**general prinicples of prevention**) des § 4 ArbSchG. Diese besagen zwar nicht, dass eine Schutzabdeckung zu montieren ist. Das Gebot, Gefahren an der Quelle zu bekämpfen und die Nachrangigkeit individueller Maßnahmen (zB Verhaltensanweisungen) wird in der Regel aber verlangen, dass die Schutzabdeckung oder ein Absperren des Gefahrbereichs zu realisieren sind.

68 Die Ermittlung der „erforderlichen Maßnahmen des Arbeitsschutzes" iSv § 5 Abs. 1 ArbSchG besteht nicht lediglich in einem schematischen Ableiten von Maßnahmen. Auf der betrieblichen Ebene sind **Auswahlentscheidungen zwischen verschiedenen Alternativen** zu treffen und dabei ihre Vor- und Nachteile abzuwägen und zu bewerten. Der „Allgemeine Grundsatz" des § 4 Nr. 4 ArbSchG verlangt vor diesem Hintergrund eine Planung der Maßnahmen, die die verschiedenen für die Sicherheit und Gesundheit relevanten Aspekte verknüpft. Die Ermittlung der Maßnahmen darf daher nicht nur isoliert für einzelne Gefährdungen erfolgen, sondern muss alle Gefährdungen einschließlich möglicher Wechselwirkungen berücksichtigen (→ ArbSchG § 4 Rn. 72 ff.).[126] Verlangt ist damit eine **ganzheitliche Planung der Maßnahmen**. Ihr Sinn erschließt sich vor dem Hintergrund, dass viele Schutzmaßnahmen Auswirkungen auf die übrigen Arbeitsbedingungen haben.

69 Das Zusammenspiel verschiedener Faktoren des Belastungsphänomens **Überforderung durch „Zeitdruck"** lässt sich nicht ohne ganzheitliche Planung hinreichend erfassen: Arbeitswissenschaftlich ist die negative Wirkung von andauerndem Zeitdruck[127] auf die Gesundheit, Qualität, Effizienz und Zufriedenheit hinlänglich belegt.[128] Gleich-

---

124 Zur Bedeutung dieses Schritts Satzer/Langhoff Gute Arbeit 3/2010 13 (16); Morscheuser/Beck/Lohmann-Haislah, Psychische Belastung als Gegenstand der Gefährdungsbeurteilung, S. 36 ff.; GDA, Empfehlungen zur Gefährdungsbeurteilung psychischer Belastungen, 2016, S. 13 f. **125** Kollmer/Klindt/Schucht/Kohte ArbSchG § 4 Rn. 3. **126** EuGH 15.11.2001 – C-49/00, Slg I 2001, 8575 ff. (Kommission ./. Italien). **127** Zu Zeitdruck und psychischer Ermüdung: Richter/Hacker, Belastung und Beanspruchung, S. 90 ff. **128** Oppolzer, Gesundheitsmanagement, S. 89 f.; Ulich, Arbeitspsychologie, S. 549 f.

wohl erscheint nahezu in allen Branchen Zeitdruck als Folge der globalisierten Märkte und somit als zur „Natur des Betriebes" gehörig. Entsprechend schwer fällt eine Beurteilung der Erforderlichkeit und Auswahl von Maßnahmen in der betrieblichen Praxis.
Beispiel: In einem Backoffice einer Versicherung ergab die im Rahmen einer Gefährdungsbeurteilung durchgeführte Befragung aller Mitarbeiter, dass Zeitdruck von über 70 % der Mitarbeiter als existent, belastend und die Arbeit beeinträchtigend eingeschätzt wurde. Diese Ergebnisse stellten die Beurteiler im Steuerkreis (Betriebsrat, Bereichsleiter und ASiG-Berater) vor ein Bewertungsdilemma: Was ist an diesem Zeitdruck pathogen? Wodurch entsteht der Zeitdruck (Standpunkt des Betriebsrates: zu viel Arbeit, zu wenig Personal), ist das Befragungsergebnis durch ein nicht unübliches „sozial erwünschtes" Antwortverhalten beeinflusst? usw. Zur weiteren Aufklärung wurde zunächst die Statistik bemüht: Die Einschätzung Zeitdruck korrelierte stark mit fehlender Qualifikation, unzureichenden Arbeitsmitteln, Organisations- und Führungsdefiziten[129] sowie Mängeln bei der Software-Ergonomie. Ein bunter Strauß von Spekulationen und Mutmaßungen über die Ursachen von Zeitdruck schloss sich im Steuerkreis an und führte schließlich zu dem Auftrag über ein **systematisches Gruppeninterview** zu den Gründen und dem Zusammenspiel von Zeitdruck-Faktoren und der Entwicklung von probaten Abhilfemaßnahmen durch die „Arbeitsplatz-Experten" („**Moderierte Gruppenanalyse**").[130] Die detailreichen Ergebnisse stützten zum einen weitgehend die statistischen Zusammenhänge, zum anderen wiesen sie anschaulich auf die Notwendigkeit einer integrierten, § 4 Nr. 4 ArbSchG aufgreifenden Maßnamenentwicklung hin: Die Wahrnehmung von Zeitdruck durch die Mitarbeiter fußte nachweislich auf einer Fülle anderer Belastungen und Organisationsdefiziten, die zT für sich schon allein auf der Basis eines Normenabgleichs eine Minderungsmaßname erforderlich machten. So verursachte zB nicht ausreichende Vertrautheit mit den neuesten Versicherungstarifen und rechtlichen Bestimmungen viele (unnötige) Nachfragen und Fehler; es waren zB Eingabe- und Auskunftsmasken zT so beschaffen, dass pro Vorgang ca. zwei Minuten mit unnötigen Eingaben „vergeudet" werden mussten, so dass hier ein Defizit in der Software-Ergonomie (→ ArbStättV Rn. 159, 167 f.) vorlag. Schließlich ließ die Telefonsteuerung keinen Raum für ein „Durchschnaufen" nach einem emotional enervierenden „Krisentelefonat". Weiterhin ließ sich über die Fragen zur Gesundheit sowie die Erfahrungen des Betriebsarztes und der Sozialberatung belegen, dass Symptome „psychischer Sättigung" und ansteigender Stressbeanspruchung zu verzeichnen waren (ständige Gereiztheit, Schlafstörungen, Schulter-Nackenschmerzen, diagnostizierter Bluthochdruck), und dies nicht nur bei über 40 % der Beschäftigten, sondern auch bei den Führungskräften.

Dieses Beispiel zur Überforderung durch Zeitdruck in einer Versicherung (→ Rn. 69) zeigt, dass das Phänomen Zeitdruck idR eine komplexe Auswirkung verschiedener Belastungen und arbeitsorganisatorischer Defizite im Arbeitssystem ist. Entsprechend müssen die **Maßnahmen zur Minderung des Zeitdrucks** ebenso multidimensional auf den verschiedenen Organisationsebenen **ganzheitlich geplant und umgesetzt** werden. So kann auch vermieden werden, dass sich verschiedene Maßnahmen und Ihre Auslassung in ihrer Wirkung konterkarieren oder neutralisieren. Es nützt zB nur wenig, wenn EDV-technische Verbesserungen der Dialogergonomie gemäß DIN EN ISO 9245 Teil 110 den Umgang mit dem Werkzeug erleichtern, aber gleichzeitig umständliche Prozesse den Arbeitsfluss behindern. Der Zeitdruck wird ebenso nicht wesentlich verringert, wenn beispielsweise eine gute mengenmäßige Verteilung von Arbeit durch die Software (Arbeitskörbe beschicken) technisch realisiert ist, aber die Führungskräfte aufgrund von nicht abgestimmten Gruppenvorgaben eingreifen und entsprechenden „Druck" machen (müssen). Hier zeigt sich die Bedeutung der methodischen Vorgabe des § 4 Nr. 4 ArbSchG, planvoll Technik, Arbeitsorganisation, Führung und Arbeitsbedingungen aufeinander abgestimmt sachgerecht zu verknüpfen (→ ArbSchG § 4 Rn. 72 ff.). Die Gefährdungsbeurteilung ist entsprechend darauf zu orientieren, De-

70

---
[129] Dazu nur Gaul DB 2013, 60 (63). [130] Vgl. Resch, Analyse 2013, S. 71 ff., als systematisches Gruppeninterview im BAAM Analyse Toolset.

fizite bei dieser Verknüpfung deutlich zu machen. Diese Zusammenhänge können idR durch statistische Verfahren bei Screening-Fragebögen – mehr oder minder theoriegeleitet – abstrakt ermittelt werden, aber eine maßnahmenrelevante Konkretisierung der Analyse ist nur über geeignete Detailanalysen möglich.

71 Eine gesundheitsbewusste Lebensführung oder Lebenssituation kann zwar über freiwillige Angebote der „Gesundheitsförderung" oder „Sozialberatung" unterstützt werden, doch ist der Arbeitgeber im Grundsatz nicht zur Gesundheitsförderung verpflichtet (→ SGB V § 20 b Rn. 16).[131] Gleichwohl können aber gesundheitsförderliche Angebote (Ernährung, Stressbewältigung etc) im Sinne des TOP-F-Schemas (→ ArbSchG § 4 Rn. 59 ff.) auch als kompensatorische personenbezogene Maßnahmen aus der Gefährdungsbeurteilung als Maßnahme erwachsen, wenn beispielsweise eine an der „Quelle" (§ 4 Nr. 2 ArbSchG) ansetzende Maßnahme aus triftigen Gründen erst später realisierbar ist oder erst nach längerer Zeit Wirkung entfalten kann. Dann können diese (P) Maßnahmen auch erforderlich im Sinne des § 3 Abs. 1 ArbSchG sein, nicht aber die eigentliche Maßnahme ersetzen.

72 **5. Durchführung der Maßnahmen.** Zur Planung der Maßnahmen nach § 4 Nr. 4 ArbSchG gehört es nicht nur, sachbezogen Gefährdungen und Maßnahmen ganzheitlich mit ihren Wechselwirkungen zu betrachten, sondern auch zeitbezogen die Abfolge der Umsetzung der Maßnahmen zu regeln. Der in § 4 Nr. 4 ArbSchG verwendete Begriff „planen" (→ ArbSchG § 4 Rn. 9 ff.) steht für eine systematische, zukunftsgerichtete Vorgehensweise, dh gewissermaßen für ein „Handeln in der Zeit".[132] Im Rahmen der Ermittlung der Maßnahmen sind daher auch **zeitliche Prioritäten** zu setzen.[133] Auf diese Weise kann besser gewährleistet werden, dass, entsprechend den unionsrechtlichen Vorgaben, auch tatsächlich alle erkannten und ermittelten Gefährdungen[134] Berücksichtigung finden. Die **Einbeziehung des „Faktors Zeit"** bietet die Möglichkeit, dringliche Maßnahmen unmittelbar zu treffen, ohne Gefährdungen mit geringerem Risikopotential aus dem Blick zu verlieren. Die Planungspflicht verbietet es, im Rahmen der Maßnahmenermittlung nach § 5 Abs. 1 ArbSchG Gefährdungen „wegzudefinieren", weil Maßnahmen zum gegenwärtigen Zeitpunkt mit unverhältnismäßigem Aufwand verbunden wären,[135] denn diese Bewertung wird sich regelmäßig im Verlaufe der Zeit ändern. Eine erforderliche Maßnahme kann es zB bei einer „Lärmproblematik" in einem Fertigungsbetrieb sein, Lärmminderungstechnik entsprechend dem Stand der Technik einzusetzen. Dies bedeutet Auswahlkriterien für Neubeschaffungen festzulegen, (→ LärmVibrationsArbSchV Rn. 32 ff.), einen Termin für Nachrüstungen der Maschine zu fixieren und für die Übergangszeit über geeignete persönliche Schutzausrüstung hinaus, die Verweilzeit der Beschäftigten in den entsprechenden Bereichen zu minimieren.

73 Eine solche planvolle und verbindliche zeitliche Verzögerung der „erforderlichen" Maßnahme ist jedoch nur dann möglich, wenn **organisatorische oder personenbezogene kompensatorische Maßnahmen zur Gefahrenvermeidung** – hier Gehörschutz oder Verringerung der Expositionszeiten (TOPF) – möglich sind und auch nachweislich umgesetzt werden. In Fällen von Gefährdungen, die nicht unmittelbar zu einer Schädigung führen (→ Rn. 24), also wenn „keine Gefahr im Verzug" ist, ist die systematische **zeitliche Streckung von Maßnahmen** schwieriger zu handhaben, weil das objektive „Zeitdruck" einer „Gefahrenverhütung an der Quelle" (§ 4 Nr. 2 ArbSchG) bei vielen, vor allem psychischen Belastungen nicht so groß zu sein erscheint. Wenn also eine software-ergonomisch erforderliche Veränderung erst beim nächsten Release-Wechsel technisch und organisatorisch möglich erscheint, wird in der Regel zwar niemand direkt geschädigt, trotzdem ist dies keine Legitimation für völlige Abstinenz im Bereich von software-ergonomischen Maßnahmen. Da viele Unternehmen ihre IT ausgegliedert oder sich in die Hand von Dienstleistern begeben haben, scheinen entsprechende Ver-

---

[131] HaKo-BetrVG/Kohte BetrVG § 88 Rn. 11; Zipprich, Prävention, S. 90 ff. [132] Faber, Grundpflichten, S. 176. [133] So auch Romahn AiB 2008, 452 (456). [134] EuGH 15.11.2001 – C-49/00, Slg 2001 I-8575 ff. [135] Zum – wenn auch geringen – Stellenwert wirtschaftlicher Argumente im Gefährdungsschutz: Kollmer/Klindt/Schucht/Kohte ArbSchG § 4 Rn. 10.

änderungsmaßnahmen nicht möglich, zu teuer, oder angesichts eines Veränderungsstaus ganz niedrig priorisiert. Bis zum Release-Wechsel wären dann folgende (Interim-)Maßnahmen sinnvoll und erforderlich:
1. Es sollte ein Software-Ergonomie-Lastenheft erstellt werden, das genau die Mängel und Erschwerungen definiert und dokumentiert. Dieses Dokument ist dann in das Pflichtenheft für den Release-Wechsel einzuarbeiten.
2. Wenn es sich um Erschwerungen handelt, die zeitkritisch sind oder/und zu Verärgerungen zB im Kundenkontakt führen (Stress und „Sättigung" durch Suchen von Daten, fehlende Auskunftsfähigkeit etc), dann wären kompensatorische Maßnahmen durch verlängerte Pausen oder Verringerung des Mengengerüstes zu ergreifen.
3. Die Stresskompetenz der Beschäftigten ist durch Resilienztrainings zu verbessern.

6. Überprüfen der Wirksamkeit der Maßnahmen. Die Gefährdungsbeurteilung ist **regelmäßig sowie zu besonderen Anlässen** zu überprüfen und ggf. zu modifizieren. Dies folgt aus dem systematischen Zusammenhang des § 5 ArbSchG zur Grundpflicht des § 3 Abs. 1 ArbSchG, die verlangt, dass der betriebliche Arbeits- und Gesundheitsschutz als Daueraufgabe im Sinne eines kontinuierlichen Verbesserungsprozesses (→ ArbSchG § 3 Rn. 11 f.) zu verankern ist. Entscheidend ist insofern die Grundpflicht, die Maßnahmen auf ihre Wirksamkeit hin zu überprüfen und sie erforderlichenfalls sich ändernden Gegebenheiten anzupassen (§ 3 Abs. 1 S. 2 ArbSchG). Für die **regelmäßige Wiederholung** lassen sich keine für alle Arbeitsplätze einheitlichen Fristen nennen, doch dürfte ein Zeitabstand von 2–3 Jahren die Regel sein, wenn eine belastbare Beurteilung erstellt worden ist. Als Obergrenze dürften Fristen von maximal fünf Jahren in Betracht kommen, wenn geringe Gefährdungspotentiale und Beeinträchtigungen vorliegen und in diesem Zeitraum keine wesentlichen Veränderungen des Arbeitssystems vorgenommen wurden oder durch anlassbezogene Analysen, die Gefährdungsbeurteilung à jour gehalten wurde. Erforderlich ist in der Regel aber ein Fristenkalender.[136] Anlassbeurteilungen entziehen sich prinzipiell einem solchen Fristenkalender (→ Rn. 76). Angesichts aktuell beschleunigter Veränderungszyklen (zB Digitalisierung 4.0) kommen sogar 2–3-jährige Gefährdungsbeurteilungen „zu spät". Entsprechend müssen die Veränderungen selbst menschengerecht gestaltet und ihre Maßnahmen in Ihrer Wirkung überprüft werden. Dann machen Screenings alle 3 Jahre wieder Sinn, weil sie einen generellen Überblick von Gefährdungen im Kontext ungleichzeitiger Veränderungen gestatten.[137]

Ziel der **regelmäßigen Wirksamkeitskontrollen** der Gefährdungsbeurteilung ist es, turnusmäßig und **anlassunabhängig** zu prüfen, ob die getroffenen Maßnahmen hinreichend wirksam sind, um die – zuvor mittels Gefährdungsbeurteilung – festgelegten Schutzziele zu erreichen. Es geht mit anderen Worten darum, ob die Maßnahmen an sich geeignet sind, die betrieblichen Schutzziele in der erwarteten Form zu realisieren. Hierzu gehört es insbesondere, die nach § 6 ArbSchG dokumentierten **Gefährdungsbeurteilungen** gewissermaßen als „**Controllinginstrument**" heranzuziehen und sie fortzuschreiben und weitere Maßnahmen zu ermitteln, sofern die getroffenen Maßnahmen nicht zu den gewünschten Erfolgen geführt haben. Dazu ist es sinnvoll und erforderlich, schon bei der Maßnahmenentwicklung die Methode und den Zeitpunkt der Wirkungskontrolle zu planen und mit in die Maßnahmenentscheidung einzubeziehen. Bei komplexen Maßnahmen sollte eine erste unmittelbare Wirkungskontrolle zeitlich kurz nach der Umsetzung der Maßnahme erfolgen (zB bei psychischen Belastungen idR drei Monate), damit ggf. erforderliche Korrekturen kurzfristig erfolgen können. Es zählt zu den Organisationspflichten des Arbeitgebers nach § 3 Abs. 2 ArbSchG (→ Rn. 23 ff.), neben den unmittelbaren auch regelmäßige Wirksamkeitskontrollen zu planen, dh insbesondere zu regeln, zu welchem Zeitpunkt und auf welche Weise die Wirksamkeit

---

136 Dieser fehlt in der Mehrzahl der untersuchten Betriebsvereinbarungen: Romahn, Gefährdungsbeurteilungen, S. 50 f. **137** Dieser Ansatz wird beispielsweise von einer deutschen Großbank praktiziert vgl. dazu ua Blume, FS Kohte, S. 395 ff.

welcher Maßnahmen überprüft werden soll.[138] Dies ist nach § 6 ArbSchG zu dokumentieren. Zu unterscheiden sind die kurzfristigen und die regelmäßigen Wirksamkeitskontrollen von **fortlaufenden Prüfungen** der konkreten betrieblichen Umsetzung der getroffenen Maßnahmen des Arbeitsschutzes.[139] Die fortlaufenden Prüfungen sind Teil der aus der Organisationspflicht des § 3 Abs. 2 Nr. 1 ArbSchG folgenden Pflicht zur Gewährleistung der Aufsicht. Sie dienen vorrangig der **Kontrolle der Umsetzung der getroffenen Maßnahmen des Arbeitsschutzes** und nicht der Kontrolle der Wirksamkeit der – an und für sich korrekt umgesetzten – Maßnahmen im Sinne ihrer Eignung zur Erreichung der festgelegten betrieblichen Schutzziele.

76 **Anlassbezogene Überprüfungen und Fortschreibungen** der Gefährdungsbeurteilungen sind erforderlich, wenn sich die Gegebenheiten geändert haben. Anlässe können sich sowohl aus betrieblichen Vorfällen ergeben als auch aus Entwicklungen außerhalb der betrieblichen Sphäre. **Betriebliche Anlässe** sind alle Vorfälle, die auf Mängel des Arbeits- und Gesundheitsschutzes hinweisen, wie zB Arbeitsunfälle, „Beinaheunfälle" und ähnliche kritische Ereignisse im Betrieb, das Auftreten arbeitsbedingter Erkrankungen, Erkenntnisse über Arbeitsschutzmängel aus dem betrieblichen Eingliederungsmanagement nach § 84 Abs. 2 SGB IX[140] oder Beschwerden von Beschäftigten sowie Erkenntnisse der ASiG-Berater aus Begehungen und Untersuchungen. **Außerbetriebliche Anlässe** sind zB neue oder geänderte Rechtsvorschriften oder Fortschritte des Standes von Technik, Arbeitsmedizin und Hygiene sowie sonstige gesicherte arbeitswissenschaftliche Erkenntnisse iSv § 4 Nr. 3 ArbSchG. So ist zB in der Betriebsvereinbarung einer überregionalen Bank geregelt, dass allen Beschäftigten ein Formblatt und ein verbindlicher Bearbeitungsprozess zur Verfügung gestellt wird, um vor Ort Gefährdungen in der Zeit zwischen den „großen" regelmäßigen Gefährdungsbeurteilungen zu erfassen und ggf. zu vermeiden. Anlassbezogene Gefährdungsbeurteilungen können sich auch auf einzelne Abteilungen oder Arbeitsvorgänge beziehen, wenn dort spezifische Probleme aufgetreten oder Veränderungen eingetreten sind.

77 Nicht einer Überprüfung der Gefährdungsbeurteilung, sondern einer **erstmaligen Ermittlung der Maßnahmen** des Arbeitsschutzes iSv § 5 Abs. 1 ArbSchG zuzuordnen ist die **wesentliche Änderung der Arbeitsplätze**, der Arbeitsstätte, der eingesetzten Arbeitsmittel und Arbeitsstoffe oder der Arbeitsorganisation.[141] Derartige Änderungen führen dazu, dass die ursprüngliche Gefährdungsbeurteilung ihre Aussagekraft einbüßt.[142] Selbstverständlich kann und sollte in solchen Konstellationen auf die Ergebnisse vergangener Gefährdungsermittlungen und -beurteilungen zurückgegriffen werden, soweit diese auch auf die neuen Bedingungen übertragbar sind. Solche Änderungen müssen regelmäßig dem Stand von Technik, Arbeitsmedizin und Hygiene sowie sonstigen gesicherten arbeitswissenschaftlichen Erkenntnissen entsprechen; ihre Umsetzung im Rahmen der **Maßnahmenplanung** nach §§ 3 Abs. 2, 4 Nr. 4 ArbSchG wird in aller Regel keinen zeitlichen Aufschub dulden. Dies ist von den Betriebsparteien auch in den Verfahren nach § 111 BetrVG zu beachten. Hierzu wurde in einer überregionalen Bank ein Verfahren installiert, das kriterienorientiert und checklistengestützt die Projektverantwortlichen verpflichtet, gesundheitsrelevante Veränderungen abzuschätzen und deren uU pathogenen Auswirkungen im Projekt nachweislich zu vermeiden. Auch andere Unternehmen haben Betriebsvereinbarungen mit Ihren Betriebsräten getroffen, um diese Art von präventivem Vorgehen **projektbezogener Gefährdungsbeurteilungen** (→ ArbSchG § 3 Rn. 39 ff.) systematisch zu organisieren.[143]

78 **7. Fortschreiben der Gefährdungsbeurteilung.** Aus effektiven Wirksamkeitskontrollen ergeben sich in der Regel zusätzliche Erkenntnisse, die zu einem Fortschreiben der Ge-

---

138 Kollmer/Klindt/Schucht/Kohte ArbSchG § 3 Rn. 28 ff.; Faber, Grundpflichten, S. 135 ff. **139** Kollmer/Klindt/Schucht/Kreizberg ArbSchG § 5 Rn. 90; GDA-Leitlinie Gefährdungsbeurteilung und Dokumentation, Stand 22.5.2017, S. 10 f. **140** Kohte WSI-Mitteilungen 2010, 374 (376). **141** Satzer WSI-Mitteilungen 2010, 377 (378) zur Bedeutung betrieblicher Umstrukturierungen für Verfahren der Gefährdungsbeurteilung, vgl. auch Blume, FS Kohte, S. 383 ff. **142** Dazu auch Kollmer/Klindt/Schucht/Kreizberg ArbSchG § 5 Rn. 45 f. **143** Romahn, Gefährdungsbeurteilungen, S. 39 ff.; Blume/Carlberg, ERP Software, S. 24 ff.; Blume, FS Kohte, S. 383 ff.

fährdungsbeurteilung führen können. Dies gilt erst recht für die **Auswertung von Unfällen und Beinahe-Unfällen**, die sich auch auf den nicht aufschiebbaren Gefahrenschutz auswirken können. Es ist daher unverzichtbar, die Gefährdungsbeurteilung in den betrieblichen „Planungs- und Entscheidungsprozess"[144] zu integrieren. Hilfreich ist hier die **Checkliste „Prozessqualität der Gefährdungsbeurteilung"** in der Leitlinie der GDA zur Beratung und Überwachung bei psychischer Belastung (→ ArbSchG §§ 20 a, b Rn. 8).[145]

VIII. Erleichterungen bei gleichartigen Arbeitsbedingungen

Grundsätzlich sind nach § 5 Abs. 1 ArbSchG Gefährdungsbeurteilungen für alle Tätigkeiten und Arbeitsplätze im Betrieb durchzuführen. § 5 Abs. 2 S. 2 ArbSchG erleichtert dem Arbeitgeber diese Aufgabe, indem er regelt, dass bei **gleichartigen Arbeitsbedingungen** die Beurteilung eines Arbeitsplatzes oder einer Tätigkeit reicht. Unter **Arbeitsbedingungen** sind alle Einflussgrößen zu verstehen, die die Art und Weise des Arbeitsvollzuges, der Arbeitsleistung sowie physische Beeinträchtigungen oder psychische Belastungen der Beschäftigten bewirken können.[146] Hierzu zählen zB Arbeitsumgebungsbedingungen wie Temperaturen, Lärm oder sonstige Bedingungen der Arbeitsstätte, Arbeitsmittel, Arbeitsstoffe, die Gestaltung der Verfahrensabläufe, Hindernisse und Unterbrechungen, die technisch organisatorisch oder sozial bedingt sind, die Arbeitszeit (Dauer, Lage etc) oder die Personalführung. Als Richtschnur für die für die Gefährdungsbeurteilung maßgeblichen Arbeitsbedingungen kann insbes. auf die beispielhaft genannten Gefährdungsquellen in § 5 Abs. 3 Nr. 1–6 ArbSchG verwiesen werden. Die sachliche Rechtfertigung, lediglich eine Gefährdungsbeurteilung für bestimmte – von den Betriebsparteien festzulegende[147] – Tätigkeiten und Arbeitsplätze ausreichen zu lassen, liegt darin, dass bei nachweislich **gleichartigen Arbeitsbedingungen** die **Vermutung eines vergleichbaren Ergebnisses der Gefährdungsbeurteilungen** berechtigt ist.[148] 79

Entscheidende Voraussetzung für die **Standardisierung von Gefährdungsbeurteilungen** ist die „Gleichartigkeit der Arbeitsbedingungen". Der Wortlaut der Norm ist missverständlich, da er den Anschein erweckt, dass bei gleichartigen Arbeitsbedingungen ohne Weiteres mit einer Gefährdungsbeurteilung auszukommen ist. Dies widerspricht so aber gesicherten arbeitswissenschaftlichen Erkenntnissen, denn die hinter § 5 Abs. 2 S. 2 ArbSchG stehende Überlegung, Gefährdungsbeurteilungen, die zu vergleichbaren und übertragbaren Ergebnissen führen werden, nur einmal durchzuführen, hängt nicht allein von einzelnen Arbeitsbedingungen ab. So kann eine Temperatur von 15 Grad Celsius bei schwerer körperlicher Arbeit durchaus angemessen sein; für sitzende Bürotätigkeiten ist sie aber entschieden zu kalt. Um die Vermutung vergleichbarer Ergebnisse der Gefährdungsbeurteilung zu rechtfertigen, ist daher eine **Gleichartigkeit aller wesentlichen Belastungsfaktoren** erforderlich.[149] Dies wird offensichtlich, wenn man sich bei psychischen Belastungen die sozialen Beziehungen und ihre Auswirkungen vorstellt. Diese können per se nicht gleich sein bzw. eine Gefährdungsanalyse im Team X kann im Ergebnis nicht auf Team Y übertragen werden, da sowohl die Führungskraft als auch die Beschäftigten andere sind und entsprechend eine andere soziale Dynamik, dh Fehlbelastungen oder soziale Unterstützung entwickeln. 80

Nicht hinreichend deutlich aus dem Normtext wird schließlich, dass eine vollständige Standardisierung von Gefährdungsbeurteilungen kaum vorstellbar ist, sondern es vor allem darum geht, unnötige **Doppelarbeiten bei bestimmten Aspekten der Gefährdungsbeurteilung** zu vermeiden. Eine alle Aspekte der Gefährdungsbeurteilung umfassende „Gleichartigkeit" ist schon deswegen fernliegend, da nach § 5 Abs. 3 Nr. 5 81

---

144 So zutreffend BAG 15.12.2009 – 9 AZR 769/08, NZA 2010, 506 (508). **145** GDA-Leitlinie zur Beratung und Überwachung bei psychischer Belastung am Arbeitsplatz, Stand 19.11.2015, S. 24 ff. **146** Dazu BVerwG 31.1.1997 – 1 C 20/95, NZA 1997, 482 (483). **147** Zur Mitbestimmung bei der Festlegung von Tätigkeiten und Arbeitsplätzen mit gleichartigen Arbeitsbedingungen BAG 8.6.2004 – 1 ABR 4/03, NZA 2005, 227 (232). **148** Vgl. BT-Drs. 13/3540, 17; Kollmer/Klindt/Schucht/Kreizberg ArbSchG § 5 Rn. 96 f. **149** Dazu Pieper ArbSchG § 5 Rn. 12; vgl. Kollmer/Klindt/Schucht/Kreizberg ArbSchG § 5 Rn. 97.

ArbSchG auch aus der unzureichenden Qualifikation und Unterweisung eine Gefährdung resultieren kann. Hierzu ist auf den Kenntnis- und Trainingsstand, ggf. auch in Abhängigkeit vom Alter der Beschäftigten des Untersuchungsbereichs, einzugehen. Gleiches gilt für die Beurteilung psychischer Belastungen, die bei den einzelnen Beschäftigtengruppen jeweils anders ausfallen kann. Personengruppenorientierte Differenzierungen wie Alter und Geschlecht sind entsprechend zu berücksichtigen. Vor allem ist im Hinblick auf die besonders schutzbedürftigen Personengruppen iSv § 4 Nr. 6 ArbSchG die Beurteilung des Arbeitssystems zu differenzieren. In aller Regel wird sich also die Gleichartigkeit jeweils nur auf bestimmte Gefährdungen oder Gefährdungselemente beziehen und sachlich begründen lassen. Im Rahmen einer Erstanalyse der Gefahren, Gefährdungen und Belastungen empfiehlt es sich deshalb, nicht lange nach „Gleichartigkeiten" zu suchen, sondern dieses Thema nach einer Analyse aller Arbeitssysteme im Rahmen der Wirkungskontrolle systematisch und dann auf einer validen Datenbasis für die Planung der nächsten Analyse zu entscheiden. Ein anderer Zugang zu einer Begrenzung des Aufwandes bei der Gefährdungsbeurteilung kann sich durch die Wahl spezieller Analyse-Instrumente erschließen. Insbesondere bei Expertenverfahren, zB Beobachtungsinterviews nach KABA oder TBS, KPB etc können an ausgewählten Arbeitsplätzen repräsentative Stichproben durchgeführt werden. IdR sind aber diese Verfahren nicht für alle Gefährdungsarten tauglich, Letztere beispielsweise nicht für die Qualität der „sozialen Beziehungen".

IX. Nutzung von Handlungshilfen

82 Allein anhand des Gesetzestextes lässt sich eine Gefährdungsbeurteilung iSv § 5 ArbSchG nicht durchführen. Zur Unterstützung sind mittlerweile eine **Fülle von Handlungshilfen**[150] von Unfallversicherungsträgern, Arbeitsschutzbehörden und sonstigen Institutionen wie Beratern, Forschungseinrichtungen oder Anbietern sicherheitstechnischer Dienstleistungen erhältlich. Viele dieser Handlungshilfen sind branchenbezogen; andere legen ihre Schwerpunkte auf bestimmte inhaltliche Aspekte wie zB die Ermittlung und Beurteilung psychischer Belastungen oder die physische Arbeitsschwere, etwa im Zusammenhang mit der manuellen Handhabung schwerer Lasten. Bereits 1997 hatte das damalige BMA gemeinsame Grundsätze zur Erstellung von Handlungshilfen publiziert,[151] die die Auswahl erleichtern sollten. In der arbeitswissenschaftlichen Literatur sind ebenfalls schon früh **mögliche Auswahlkriterien** formuliert worden[152] (→ Rn. 59). Manche Handlungshilfen beschränken sich pragmatisch auch auf Tipps zum Einstieg, um so die Hemmnisse zu reduzieren.[153]

---

[150] BAuA (Hrsg.), Gefährdungsbeurteilung psychischer Belastungen, Erfahrungen und Empfehlungen 2014; GDA, Empfehlungen zur Gefährdungsbeurteilung psychischer Belastungen, 2016. [151] Bekanntmachung des BMA vom 1.9.1997, BArBl 11/1997, 74. [152] Jürgen/Blume/Schleicher/Szymanski, Gefährdungsanalyse, 1997 S. 93 ff.; vgl. auch Resch, Analyse, S. 91 ff. [153] Dazu anschaulich Paridon, Gefährdungsbeurteilung psychischer Belastungen, IAG Report 1/2013. Die Empfehlungen der Berufsgenossenschaften sind va an KMU adressiert, ua BG ETEM, Gemeinsam zu gesunden Arbeitsbedingungen, 2014; BGHM, Fach – Information Nr. 0052 – Gefährdungsbeurteilung psychische Belastung, 2017.

Belastungen/Verhältnisse		Indikatoren	Beanspruchung(s)-Folgen/Personen	
eher beteiligungsgestützt	eher expertengestützt	betriebliche Daten	Psycho-physiologische Diagnostik	Psycho-physiologische Skalen
Orientierend/ Screening (idR universell): z.B.: - SAA - BASABASA II II - SIGMA - BAAM* - BEBABEBA - KPB - IMPULS-Test II Detailanalysen: - BALY - BAAM* - SIGMA etc.	Detailanalysen (zT spezialisiert): z.B.: - TBS - TATAII - RHIA/VERA - KABA - REBA	- Fehlzeitstatistik - Fluktuation (Zahl/Gründe) - Frühverrentungen (Zahl/Gründe) - Qualitätskennzahlen - Beschwerden/ Abmahnungen - Unfälle/ Beinaheunfälle/ Verbandsbuch - Diagnosedaten der Krankenkassen - etc.	Hautleitfähigkeit-Änderung (geringe Beanspruchung/ emotionale Beanspruchung) Cortisolkonzentration (Langzeitstress) Flimmerverschmelzungs-Frequenz/Augenbewegung (mentale und emotionale Beanspruchung,/Ermüdung) Herzfrequenzvariabilität (Ermüdung, Stress) Blutdruck (physische und mentale Beanspruchung) - etc.	- Risikotypen: z.B. AVEM nach Schaarschmidt - Burnout : z.B. MBI nach Maslach/ Jackson - Psychische Beanspruchung: z.B. BHD nach W. Hacker/ S. Reinhold - Gesundheitliche Beeinträchtigungen: z.B. BAAM® (B5-Fragebogen), Freiburger Beschwerdeliste etc. - Monotonie, Ermüdung, Sättigung: z.B. BMS nach Plath/Richter - Arbeitsfähigkeit: WAI bzw ABI Arbeitsbewältigungsindex
siehe BAUA-Toolbox			Siehe u.a Boucsein 2007	siehe BAUA-Toolbox

Abb. 2

Eine gezielte Auswahl von Instrumenten bzw. Handlungshilfen ist erforderlich, da es nicht das eine ideale Verfahren gibt, um rechtssicher und sachgerecht die Pflichten aus § 5 ArbSchG zu erfüllen. Es ist daher gerade Aufgabe und Pflicht des Arbeitgebers und der Betriebsräte, die insoweit nach § 87 Abs. 1 Nr. 7 BetrVG mitzubestimmen haben (→ Rn. 86 f.; → BetrVG § 87 Rn. 41),[154] hier eine **für den eigenen Betrieb geeignete Auswahl** zu treffen. Dazu kann es auch gehören, Verfahren entsprechend der betrieblichen Ausgangssituation zu modifizieren oder „Verfahrensangebote" zu kombinieren.[155] Mit Blick auf „rechtssicheres Handeln" sollten die betrieblichen Akteure den Blick auf die von den Institutionen der Arbeitsschutzaufsicht entwickelten „Qualitätsgrundsätze zur Erstellung von Handlungshilfen für eine Gefährdungsbeurteilung nach dem Arbeitsschutzgesetz" werfen. Es ist davon auszugehen, dass Arbeitsschutzbehörden wie auch Unfallversicherungsträger ihre Aufsichtstätigkeit an diesen einheitlichen Grundsätzen, die im www.gda-portal.de dokumentiert sind, ausrichten werden; ebenso kann auf die LV 31 und LV 52 des LASI oder die GDA-Empfehlungen 2016 zur Ermittlung psychischer Fehlbelastungen zurückgegriffen werden.[156] Die folgenden Tabellen bieten für den Auswahlprozess von geeigneten Instrumenten für die psychischen Belastungen einige Anhaltspunkte.

---

154 BAG 8.6.2004 – 1 ABR 4/03, NZA 2005, 227 (232). **155** Eberhardt Gute Arbeit 3/2010, 23 ff. zum Vorgehen bei Otis Mannheim. **156** http://lasi.osha.de/docs/lv 31.pdf; vgl. sis 2011, 30 ff. und die Informationen in der Toolbox der BAuA (www.baua.de). Die Arbeitgeberverbände und Gewerkschaften haben dazu idR jeweils eigene Handlungsempfehlungen herausgegeben, vgl. exemplarisch BDA, Die Gefährdungsbeurteilung nach dem Arbeitsschutzgesetz. Besonderer Schwerpunkt: Psychische Belastung – Ein Praxisleitfaden für Arbeitgeber, 2013. Die GDA Empfehlungen aus 2016 zur Gefährdungsbeurteilung psychischer Belastungen werden aber derzeit quasi als Referenz „gehandelt".

Methoden zur Messung Psychischer Belastungen

Methode	Einsatzbereich	Stärken u.a.	Schwächen u.a.
Fragebogen z.B. BASA II, BAAM[*], BMS	**Orientierende Messung/ Screening** – von objektiven Sachverhalten – subjektiven Wahrnehmungen und Befindlichkeiten	• Es liegen eine Fülle gut getesteter, valider Instrumente vor (siehe BAuA-Toolbox) • Chance zu repräsentativen und validen Ergebnissen • Differenzierung nach Personengruppen (Alter/ Orga-Einheit/ Tätigkeit etc.) gut möglich • Relativ geringer Planungs- und Durchführungsaufwand • Kombinierbar mit vielen Verfahren der Detailanalysen	• Hoher Auswertungs- und Interpretationsaufwand (i.d.R. Experten erforderlich) • Geringer Maßnahmebezug i.d.R. nur Identifikation von Gefährdungs- und Belastungsschwerpunkten möglich → Detailanalysen erforderlich • Datenschutz muss genau geplant und nachgewiesen werden • Akzeptanzprobleme (Datenschutz u/o zu viele Befragungen)
Checklisten für Beobachtungen z.B. KPB, der BGHM	**Orientierende Messung** von Belastungs- und Gefährdungsfaktoren	• Einfache Handhabung durch, fachkundig geschultes Personal • Einfache Dokumentation • Spezialisierung möglich (z.B. Software-Ergonomie) • Kombinierbarkeit mit anderen Methoden z.B. Beobachtungsinterviews	• Experten u.o. gut geschulte Beobachter erforderlich ggf Pflichtendelegation (§13.2) • Qualität der Checklisten • Problem der Detailliertheit/ Selektivität: wenn zu detailliert - sehr unhandlich wenn zu grob – eher unvollständig • Repräsentativität: Auswahl/ Menge der beobachteten Arbeitsplätze • Bestimmte Belastungsfaktoren sind nicht oder nur bedingt beobachtbar (z.B. Führung)
Methode	**Einsatzbereich**	**Stärken u.a.**	**Schwächen u.a.**
Beobachtungsinterview (z.B. KABA/ TBS)	**Screening und Detailanalyse** – von Gefährdungs- und Belastungsfaktoren – von subjektiven Wahrnehmungen	• Wenn durch ein explizites Verfahren gestützt – sehr valide und aussagestark • Beurteilung erfolgt im Rahmen eines Verfahrens durch Experten → hohe Akzeptanz der Ergebnisse • i.d.R. ergeben sich Verfahrens- und Expertengestützt deutliche Gestaltungsempfehlungen • Es gibt spezialisierte Verfahren z.B. auch zur Beurteilung von Software-Ergonomie • Pro Arbeitsplatztyp/-System „Stichprobenartiges Vorgehen"	• Expertenwissen erforderlich • Nicht alle Belastungsfaktoren können so detailliert ermittelt werden (z.B. soziale Beziehungen) • Hoher Aufwand, vor allem wenn differenzierte/viele Arbeitsplatztypen vorliegen (→ Repräsentativität/ Generalisierbarkeit) • Datenschutz/ Probandenschutz bei der Ergebnisdokumentation und Beurteilung ist z.T. schwer zu realisieren

Beurteilung der Arbeitsbedingungen § 5 ArbSchG

Methode	Einsatzbereich	Stärken u.a.	Schwächen u.a.
Gruppeninterview (z.B. BAAM/ TBS-GA)	**Detailanalyse** von Gefährdungs- und Belastungsfaktoren **Maßnahmenentwicklung**	• Sehr differenzierte und valide Ergebnisse (Ursachenanalyse/ Maßnahme-Ideen) • Fokussierung der Themen/ Sachverhalte i.d.R. durch vorlaufende Flächenbefragung (→ Belastungsschwerpunkte) • Unter bestimmten Bedingungen auch zur Analyse von „sozialen Beziehungen" einsetzbar • Relativ geringer Aufwand, da auch verschiedene Arbeitsplatztypen/ Orga-Einheiten kombinierbar • i.d.R. geringes Expertenwissen, aber spezifische/s Schulung und Coaching erforderlich	• Durch Beteiligung der Beschäftigten → hoher Erwartungsdruck in Richtung Verbesserung • Unterstellung nur subjektiver Ergebnisse (→ Verfahrensqualität vermitteln/ sichern) • Probanden-/ Datenschutz muss organisiert und gesichert werden (→ Vertraulichkeit/ anonyme Dokumentation/ 2-3 Mitarbeiter je Arbeitsplatztypen)

Methode	Einsatzbereich	Stärken u.a.	Schwächen u.a.
Physiologische Messung zB Herzfrequenzvariabilität, Arbeitspuls, Blutdruck etc.	**Screening** – von Beanspruchungen – Indirekte Belastungsmessung – Beurteilung des Gefährdungsrisikos – Auch physische Belastungsfaktoren messbar (z.B. Arbeitsschwere)	• Hohe Akzeptanz der Ergebnisse (→ Einsatz in Streitfällen) • Konkrete Risikoabschätzung möglich (→ Repräsentativität) • idR Durch Betriebsärzte durchführbar • Sowohl für verhältnispräventive als auch verhaltenspräventive Maßnahmen nutzbar • Geringer Aufwand und i.d.R. geringe Instrumentenkosten: zT schon über P-Tracker ermittelbar	• Nur indirekte Hinweise auf Belastungsfaktoren (Validität) • Repräsentativität muss explizit hergestellt werden • Akzeptanz- und Datenschutzprobleme müssen nachweislich gelöst werden. (Probandenauswahl, Messwertspeicherung, Information etc.)

Abb. 3

X. Rechtsdurchsetzung

Als öffentlich-rechtliche Verpflichtung unterliegt § 5 ArbSchG dem **Vollzug durch die Behörden der Arbeitsschutzaufsicht**. Neben der „beratenden Einflussnahme" (§ 21 Abs. 1 ArbSchG) kommen **Revisionsschreiben** (→ ArbSchG § 22 Rn. 45) sowie **Einzelfallanordnungen nach § 22 Abs. 3 ArbSchG** in Betracht. Probleme bei solchen Anordnungen bestehen insoweit, als die Behörde idR nicht die Durchführung eines bestimmten Verfahrens der Gefährdungsbeurteilung anordnen kann, denn die Verfahrensauswahl und die Verfahrensgestaltung sind nach der Konzeption des ArbSchG Fragen, die der Arbeitgeber unter Beteiligung der Akteure des betrieblichen Arbeitsschutzes (insbes. Betriebs-/Personalrat, Fachkraft für Arbeitssicherheit, Betriebsarzt) in Eigenverantwortung zu klären hat.[157] Anordnungen nach § 22 Abs. 3 ArbSchG kommen danach vornehmlich in Betracht, wenn der Arbeitgeber gänzlich untätig geblieben ist (LASI LV 59 – 3.3.1, S. 13; zu den Anforderungen an die Bestimmtheit einer solchen Anordnung → ArbSchG § 22 Rn. 46 ff.).[158] Im Übrigen können Anordnungen auch erlassen werden, wenn die gesetzlichen Rahmenanforderungen des § 5 ArbSchG an das Verfahren nur teilweise oder ohne Weiteres ersichtlich unzureichend erfüllt werden.[159] Davon ist auszugehen, wenn Gefährdungsquellen, mit denen vernünftigerweise zu rechnen ist, nicht ermittelt und beurteilt worden sind (zB thermische Gefährdungen in einem Gussstahlwerk oder Fragen des Führungsverhaltens). Gleiches gilt, wenn nicht alle gebotenen Prozessschritte durchgeführt worden sind (LASI LV 59 – 3.3.2., S. 15). Maßgeb-

---

157 Dazu auch BAG 12.8.2008 – 9 AZR 1117/06, NZA 2009, 102 ff. **158** Nöthlichs ArbSchG § 5 Anm. 8. **159** Kohte BG 2010, 384 (386).

liche Kriterien für den öffentlich-rechtlichen Vollzug ergeben sich insofern aus den 7 Prozessschritten der von Bund, Ländern und Unfallversicherungsträgern abgestimmten, „Leitlinie Gefährdungsbeurteilung und Dokumentation" (→ Rn. 34), die auch dieser Kommentierung zugrunde gelegt worden sind. Zur Integration psychischer Belastungen in die Aufsichtstätigkeit der Arbeitsschutzbehörden ist auf LASI LV 52[160] und die GDA-Leitlinie „Zur Beratung und Überwachung bei psychischer Belastung am Arbeitsplatz" vom 19.11.2015[161] zu verweisen (→ ArbSchG §§ 20 a, b Rn. 8).

85 § 5 ArbSchG ist nicht bußgeldbewehrt. Gleichwohl können in aller Regel Verstöße gegen die Pflicht zur Gefährdungsbeurteilung mit einem Bußgeld geahndet werden, da in der neueren Gesetzgebung entsprechende Ordnungswidrigkeitentatbestände in Arbeitsschutzverordnungen normiert worden sind (vgl. § 20 Abs. 1 BioStoffV, § 9 Abs. 1 ArbStättV, § 11 Abs. 1 OStrV, § 16 Abs. 1 LärmVibrationsArbSchV, § 22 Abs. 1 GefStoffV). Es ist kaum eine vollständige, dh ganzheitliche Gefährdungsbeurteilung denkbar, bei der nicht zumindest einer der genannten Bußgeldtatbestände der Arbeitsschutzverordnungen einschlägig ist. Mittlerweile sind seitens der Aufsicht durch Bußgeldkataloge die Voraussetzungen für einen an einheitlichen Grundsätzen orientierten Vollzug der Bußgeldtatbestände (→ ArbSchG § 25 Rn. 5 ff.) deutlich verbessert worden.

86 Es ist mehrfach durch das Bundesarbeitsgericht anerkannt worden, dass die inhaltliche Ausgestaltung der Gefährdungsbeurteilung der **erzwingbaren und gleichberechtigten Mitbestimmung des Betriebsrates nach § 87 Abs. 1 Nr. 7 BetrVG** unterliegt.[162] Gefährdungsbeurteilungen sind daher nur dann ordnungsgemäß, wenn sich die Betriebsparteien über die Regelungen zur Durchführung der Gefährdungsbeurteilung verständigt haben. Bleibt der Arbeitgeber untätig, wird das Mitbestimmungsrecht durch ein Initiativrecht des Betriebsrates flankiert (zu den Einzelheiten → BetrVG § 87 Rn. 41, 82 ff.).[163] Mithilfe dieses Initiativrechts hat der Betriebsrat die Möglichkeit, betriebliche Regelungen zu Gefährdungsbeurteilungen ggf. auch gegen den Willen des Arbeitgebers durchzusetzen. In der Praxis von Betrieben mit Betriebsrat ist das Initiativrecht oftmals der entscheidende Impulsgeber zur Umsetzung ordnungsgemäßer Gefährdungsbeurteilungen. Das Mitbestimmungsrecht greift ein bei **kollektiven Tatbeständen**, für die generelle Regelungen erforderlich sind.[164] Das Mitbestimmungsrecht ermöglicht – anders als Anordnungen der Aufsicht (→ Rn. 84) oder Individualansprüche (→ Rn. 88) – die konkrete inhaltliche Ausgestaltung der Gefährdungsbeurteilung, so dass die **Qualität der Gefährdungsbeurteilung** entscheidend von den Vereinbarungen der Betriebsparteien abhängt.[165] Das Bundesarbeitsgericht hat bereits in seiner ersten Entscheidung zur Mitbestimmung bei der Gefährdungsbeurteilung deutliche Hinweise auf die vielfältigen Regelungsfragen zur Gefährdungsbeurteilung gegeben.[166] Regelungsbedürftig sind insbesondere die **Auswahl der Instrumente der Gefährdungsbeurteilung**, die **Festlegung von Arbeitstätigkeiten und Arbeitsplätzen** mit gleichartigen Arbeitsbedingungen (für die nur eine Gefährdungsbeurteilung durchzuführen ist), die **Methoden der Ermittlungen** nebst der **Vorgehensweise** bei der **Gefährdungsbeurteilung**, die Regelung der **zeitlichen Abfolge** der zu beurteilenden Tätigkeiten und Arbeitsplätze im Sinne einer **Prioritätensetzung** oder die Auswahl der erforderlichen **Schutzmaßnahmen**. Ebenfalls unter § 87 Abs. 1 Nr. 7 BetrVG fällt die Regelung der **Organisation der Gefährdungsbeurteilung**, zB bezüglich der Grundsatzfrage, ob und ggf. in welchem Umfang **externe Personen** mit der Durchführung betraut werden sollen und über welche **Qualifikationen und Kenntnisse** die betreffenden Personen verfügen müssen

---

160 www.lasi-info.com/Publikationen; Splittgerber/Seiler sis 2010, 300 ff. **161** www.gda-portal.de. **162** Ständige Rechtsprechung seit BAG 8.6.2004 – 1 ABR 4/03, NZA 2005, 227 ff.; Fitting BetrVG § 87 Rn. 299; HaKo-BetrVG/Kohte BetrVG § 87 Rn. 79; Lüders/Weller BB 2016, 116 (118). **163** Oberberg AiB 2012, 522 (524); Gutjahr/Hampe DB 2012, 1208 (1210). **164** BAG 18.8.2009 – 1 ABR 43/08, NZA 2009, 1434 ff. **165** Ausführlich dazu Faber, Grundpflichten, S. 488 ff., 509 ff. **166** Hierzu konkret BAG 8.6.2004 – 1 ABR 4/03, NZA 2005, 227 (232); Lützeler BB 2014, 309 (313); Velikova/Hummel/Kummert, in: FS Kohte, S. 453 ff. (457 ff.); Sasse/Schönfeld RdA 2016, 346 (349), die die Systematik der Mitbestimmung zur Gefährdungsbeurteilung offenbar noch in Teilen für ungeklärt halten.

(→ ArbSchG § 13 Rn. 38).[167] Nicht der Mitbestimmung unterliegt nach der Rechtsprechung des Bundesarbeitsgerichts die **Beauftragung im Einzelfall**.[168] Nach Auffassung des Gerichts handelt es sich hierbei um **personelle Einzelmaßnahmen**. Sie sind nach Maßgabe der zuvor von den Betriebsparteien nach § 87 Abs. 1 Nr. 7 BetrVG gemeinsam geregelten Anforderungen[169] an die Fachkunde und Zuverlässigkeit dieser Personen (§ 13 ArbSchG) durchzuführen. Sollen betriebsinterne Personen mit der verantwortlichen Durchführung der Gefährdungsbeurteilung beauftragt werden, können die Anforderungen an die Fachkunde und Zuverlässigkeit iS von § 13 Abs. 2 ArbSchG auch in Auswahlrichtlinien nach § 95 BetrVG transparent und verbindlich geregelt werden. Es ist zudem darauf zu achten, dass die beauftragten Personen nicht in Interessenkonflikte geraten oder Ihre Neutralität angezweifelt wird. In Betracht kommen bei der Umsetzung solcher personeller Einzelmaßnahmen sodann Mitbestimmungsrechte nach § 99 BetrVG.

Für den Bereich des **öffentlichen Dienstes** lehnt das Bundesverwaltungsgericht[170] – unter der Kritik eines Teils der Literatur[171] – ein **Mitbestimmungsrecht des Personalrats** ab. Nach Auffassung des Bundesverwaltungsgerichts handelt es sich bei der Gefährdungsbeurteilung lediglich um eine **Vorbereitungshandlung** und nicht um eine Maßnahme iSv § 75 Abs. 3 Nr. 11 BPersVG, die typischerweise die Arbeitsbedingungen konkret gestalte (zur Kritik → BPersVR Rn. 39). Es ist zweifelhaft, ob mit dieser restriktiven Rechtsprechung (→ BPersVR Rn. 38 ff.) noch die unionsrechtlichen Anforderungen des Art. 11 Rahmen-RL 89/391 EWG an eine ausgewogene Beteiligung der Interessenvertretungen gewahrt sind. Unabhängig davon verbleiben den Personalräten nach der genannten Rechtsprechung des Bundesverwaltungsgerichts aber durchaus effektive Handlungsmöglichkeiten, auf die das Gericht ausdrücklich verweist. Danach kann die Zustimmung zu einer Maßnahme mit der Begründung verweigert werden, dass sie auf einer unzureichenden Gefährdungsbeurteilung beruht. Initiativen bleiben möglich, indem konkrete Maßnahmen beantragt werden, die auf der Grundlage und nach Maßgabe einer geänderten Gefährdungsbeurteilung zu realisieren sind.[172]

Nach der Rechtsprechung des Bundesarbeitsgerichts haben **einzelne Beschäftigte** einen auf § 5 Abs. 1 ArbSchG iVm § 618 Abs. 1 BGB gestützten einklagbaren **individualrechtlichen Anspruch** auf eine Gefährdungsbeurteilung der von ihnen zu verrichtenden Arbeitstätigkeiten.[173] Der Anspruch greift vor allem, wenn der Arbeitgeber mit Blick auf § 5 ArbSchG untätig geblieben ist oder seine Pflichten nur teilweise erfüllt hat.[174] Letzteres ist der Fall, wenn Gefährdungen nicht vollständig durch die Gefährdungsbeurteilung erfasst werden oder nicht alle 7 Prozessschritte nach der „Leitlinie Gefährdungsbeurteilung und Dokumentation" (→ Rn. 37) durchgeführt worden sind. So hat das Bundesarbeitsgericht vor diesem Hintergrund zutreffend entschieden, dass zB eine Stellungnahme des Sicherheitsingenieurs keine Gefährdungsbeurteilung iSv § 5 ArbSchG ist.[175] Weitergehende Ansprüche im Hinblick auf die konkrete Ausgestaltung der Gefährdungsbeurteilung bestehen nach Auffassung des Bundesarbeitsgerichts nicht, da der Arbeitgeber einen Spielraum hat, wie er seinen Pflichten in dem von ihm geleiteten Betrieb konkret nachkommen will. Dieser **inhaltliche Spielraum** ist in Betrieben mit Betriebsrat von den Betriebsparteien durch **kollektive Regelungen** nach § 87 Abs. 1 Nr. 7 BetrVG auszufüllen.[176] Die sachliche Reichweite von Individualansprü-

---

167 Kohte/Faber, jurisPR-ArbR 16/2012 Anm. 1; Däubler in: FS Kohte, 2016, S. 335, 342; mit Blick auf Fachkunde und Zuverlässigkeit; Sasse/Schönfeld RdA 2016, 346 (349). **168** Vgl. BAG 18.8.2009 – 1 ABR 43/08, NZA 2009, 1434 ff.; Sasse/Schönfeld RdA 2016, 346 (349); Lützeler BB 2014, 309 (313); Velikova/Hummel/Kummert, in: FS Kohte, S. 453 ff. (457 ff.). **169** Dazu BAG 30.9.2014 – 1 ABR 106/12, NZA 2015, 314. **170** BVerwG 14.10.2002 – 6 P 7/01, PersR 2003, 113; BVerwG 5.3.2012 – 6 PB 25/11, PersR 2012, 380. **171** Mit guten Gründen aA zB Kiper PersR 2008, 354; von Roetteken, jurisPR-ArbR 49/2004 Anm. 2; Baden PersR 2012, 351; vgl. Nitsche PersR 2005, 349. **172** BVerwG 14.10.2002 – 6 P 7/01, PersR 2003, 113. **173** BAG 12.8.2008 – 9 AZR 1117/06, NZA 2009, 102 ff.; ArbG Berlin 6.2.2013 – 56 C 892/12. **174** Kohte, Anm. zu BAG AP Nr. 29 zu § 618 BGB. **175** BAG 12.8.2008 – 9 AZR 1117/06, NZA 2009, 102 ff. **176** Vgl. dazu BAG 12.8.2008 – 9 AZR 1117/06, NZA 2009, 102 ff.; LR/Wiebauer ArbSchG § 5 Rn. 40.

chen ist insoweit in ähnlicher Weise begrenzt wie die Anordnungsbefugnisse der Aufsicht (→ Rn. 84); dies ist bei der gerichtlichen Geltendmachung von Individualansprüchen vor allem bei der Formulierung von Klageanträgen zu berücksichtigen (→ BGB § 618 Rn. 49 f.).

§ 6 ArbSchG Dokumentation

(1) ¹Der Arbeitgeber muß über die je nach Art der Tätigkeiten und der Zahl der Beschäftigten erforderlichen Unterlagen verfügen, aus denen das Ergebnis der Gefährdungsbeurteilung, die von ihm festgelegten Maßnahmen des Arbeitsschutzes und das Ergebnis ihrer Überprüfung ersichtlich sind. ²Bei gleichartiger Gefährdungssituation ist es ausreichend, wenn die Unterlagen zusammengefaßte Angaben enthalten.

(2) Unfälle in seinem Betrieb, bei denen ein Beschäftigter getötet oder so verletzt wird, daß er stirbt oder für mehr als drei Tage völlig oder teilweise arbeits- oder dienstunfähig wird, hat der Arbeitgeber zu erfassen.

Leitentscheidung: EuGH 7.2.2002 – C-5/00, NZA 2002, 321 ff = Slg I-2002, 1305 ff.

I. Normzweck/Systematik 1	IV. Dokumentation des Arbeitsunfallgeschehens
II. Entstehung/Unionsrecht........ 5	(§ 6 Abs. 2 ArbSchG)............ 17
III. Pflichten zur Dokumentation nach § 6 Abs. 1 ArbSchG........ 8	V. Rechtsdurchsetzung 19
1. Anwendungsbereich......... 9	
2. Inhalte, Form und Umfang der Dokumentation nach § 6 Abs. 1 ArbSchG 10	

I. Normzweck/Systematik

1 § 6 Abs. 1, 2 ArbSchG verpflichten den Arbeitgeber zur Dokumentation wesentlicher, für den betrieblichen Arbeitsschutz relevanter Aspekte. Die Dokumentationspflichten sind nicht lediglich bürokratischer Selbstzweck.[1] Sie sollen vielmehr die mit dem betrieblichen Arbeitsschutz befassten Akteure (Arbeitgeber, Führungskräfte, Verantwortliche nach § 13 ArbSchG, Interessenvertretungen, Betriebsärzte, Fachkräfte für Arbeitssicherheit, Sicherheitsbeauftragte) bei ihrer Tätigkeit unterstützen, indem sie für **Transparenz über die betriebliche Arbeitsschutzsituation** sorgen.[2] Vor diesem Hintergrund sind nach § 6 Abs. 1 ArbSchG sowohl die Ergebnisse der **präventiven Bemühungen** des Betriebes (Gefährdungsbeurteilung, getroffene Maßnahmen, Wirksamkeitskontrollen) als auch nach § 6 Abs. 2 ArbSchG **Arbeitsunfälle** zu erfassen. Unfälle müssen aus betrieblicher Sicht stets Anlass sein, die Wirksamkeit der präventiv getroffenen Schutzmaßnahmen zu hinterfragen und ggf. anzupassen.[3] Der Vorschrift liegt somit letztlich die Erkenntnis zugrunde, dass die durch § 3 Abs. 1 ArbSchG geforderte „Daueraufgabe Arbeitsschutz" nur effektiv wahrgenommen werden kann, wenn die wesentlichen Entscheidungsgrundlagen, Maßnahmen und Ergebnisse der Wirksamkeitskontrollen für die **betrieblichen Akteure** jederzeit verfügbar sind.[4] Eine Dokumentation, die schlicht im Aktenschrank oder auf einem Laufwerk abgelegt wird, damit sie für den Fall einer behördlichen Kontrolle vorgelegt werden kann, entspricht demnach nicht dem Normzweck. Die Dokumentation sollte daher so ausgestaltet sein, dass die betrieblichen Akteure (Fachkräfte für Arbeitssicherheit, Betriebsärzte, Sicherheitsbeauftragte, Führungskräfte, Interessenvertretungen, Beschäftigte) sie als Arbeitsgrundlage bei ihren Aufgaben im betrieblichen Arbeits- und Gesundheitsschutz hinzuziehen kön-

---
[1] KJP/Koll ArbSchG § 6 Rn. 1. [2] BT-Drs. 13/3540, 17; Kollmer/Klindt/Schuch/Kreizberg ArbSchG § 6 Rn. 6; NK-GA/Otto ArbSchG § 6 Rn. 2. [3] Vor diesem Hintergrund ist Kollmer/Klindt/Schucht/Kreizberg ArbSchG § 6 Rn. 73 zu widersprechen, der keinen dogmatischen und inhaltlichen Zusammenhang zwischen § 6 Abs. 1 ArbSchG und § 6 Abs. 2 ArbSchG sieht. [4] BT-Drs. 13/3540, 17; Pieper ArbSchG § 6 Rn. 2.

nen. So sind zB nach der Rechtsprechung des Bundesarbeitsgerichts[5] im Rahmen von Unterweisungen nach § 12 ArbSchG die Ergebnisse der Gefährdungsbeurteilung zu berücksichtigen und die Unterweisungsinhalte an den Ergebnissen der Gefährdungsbeurteilung auszurichten. Dies ist jedenfalls systematisch nur möglich, wenn bei der Konzeption der Unterweisungen auf entsprechende Dokumentationen zurückgegriffen werden kann. Darüber hinaus ist die Dokumentation ein wichtiges **Instrument für die Selbstkontrolle**[6] der betrieblichen Arbeitsschutzmaßnahmen, etwa im Hinblick auf die vollständige und fristgerechte Umsetzung von Maßnahmen des Arbeitsschutzes. Weiterhin ist es von Wichtigkeit, die Dokumentation auch als Kommunikationsmedium für die Führungskräfte und die Beschäftigten zu konzipieren. Im Rahmen ihrer Umsetzungsaufgaben und bei den geforderten Wirksamkeitskontrollen der Maßnahmen sind sie auf eine verständliche Dokumentation angewiesen. Im Rahmen einer ggf. angestrebten Zertifizierung eines Arbeitsschutz- bzw. Gesundheitsmanagements ist die Dokumentation nach § 6 ArbSchG ein zentrales Prüfungsobjekt (dazu → ArbSchG § 3 Rn. 55, 98).

Die Dokumentation nach § 6 ArbSchG hat nicht nur Bedeutung für die betriebliche Selbstkontrolle. Sie ist zudem ein wichtiges Hilfsmittel für die **Fremdkontrolle durch die Arbeitsschutzaufsicht**.[7] Die unionsrechtlich durch Art. 4 Rahmenrichtlinie-Arbeitsschutz 89/391/EWG vorgegebene **Pflichten der Aufsicht (staatliche Behörden, Unfallversicherungsträger), vor Ort in den Betrieben** Kontrollen durchzuführen, die Betriebe zu beraten und ggf. bei Mängeln hoheitliche Anordnungen nach § 22 Abs. 3 ArbSchG, § 19 Abs. 1 SGB VII zu treffen (→ Rn. 18), bleibt insoweit von den betrieblichen Dokumentationspflichten **unberührt**. Die Dokumentation verbessert und erleichtert Kontrollen durch die Aufsicht, indem sie die betriebliche Einschätzung der Gefährdungssituation, die festgelegten Schutzmaßnahmen sowie die Ergebnisse von Wirksamkeitskontrollen transparent macht. Daher gehört die Dokumentation nach § 6 ArbSchG zu denjenigen Unterlagen, die dem **Einsichtsrecht nach § 22 Abs. 2 ArbSchG, § 19 Abs. 2 SGB VII** unterfallen (→ ArbSchG § 22 Rn. 26).[8] Sind die Angaben der Dokumentation nicht plausibel bzw. unvollständig oder decken sie sich nicht mit den im Rahmen einer Betriebskontrolle vorgefundenen tatsächlichen Verhältnissen, spricht dies dafür, dass der Arbeitgeber die Maßnahmen nicht nach dem durch §§ 3–5 ArbSchG vorgesehenen Verfahren systematisch anhand von Gefährdungsbeurteilungen geplant und getroffen hat.[9] In der LASI-Veröffentlichung LV 59 zur Überprüfung der Gefährdungsbeurteilung durch die Aufsicht wird daher der Überprüfung der Dokumentation ein eigenständiger Abschnitt gewidmet, dessen Anforderungen weitgehend den GDA-Kategorien entsprechen.[10]

Weitere Dokumentations- und Aufzeichnungspflichten über arbeitsschutzrelevante Sachverhalte sind in einer Reihe anderer Rechtsvorschriften normiert. Sie finden sich vor allem in den Arbeitsschutzverordnungen nach §§ 18, 19 ArbSchG und präzisieren insbes. die zu dokumentierenden Informationen für spezielle Gefährdungen. Rechtssystematisch treten die allgemeinen Dokumentationspflichten des § 6 ArbSchG hinter diesen speziellen Bestimmungen zurück, soweit dort genauere Vorgaben an die Dokumentation gemacht werden. § 6 Abs. 1 ArbSchG hat insoweit die **Funktion einer Rahmenvorschrift**, die verdeutlicht, dass im Ergebnis eine Dokumentation zu führen ist, zu deren Mindestbestandteilen die in den speziellen Verordnungen geforderten Angaben zählen. Als spezielle Dokumentationspflichten zu nennen sind in diesem Zusammenhang zB **§ 3 ArbStättV, § 3 Abs. 8, 9 BetrSichV, § 7 BiostoffV, § 6 Abs. 8–10**

---

[5] BAG 11.1.2011 – 1 ABR 104/09, NZA 20011, 651 = DB 2011, 1111 f.; BAG 8.11.2011 – 1 ABR 42/10, ArbuR 2012, 181 (Ls.). [6] Koll in: FS Wlotzke, S. 701, 710; auch EuGH 7.2.2002 – C-5/00, NZA 2002, 321; GA Gelhood Slg 2002-I, 1305, 1319. [7] BT-Drs. 13/3540, 17; Wlotzke NZA 1996, 1017 ff. (1020). [8] Ebenso Kollmer/Klindt/Schucht/Kunz ArbSchG § 22 Rn. 41 a; LR/Kollmer ArbSchG § 22 Rn. 24. [9] Dazu auch GDA-Leitlinie Gefährdungsbeurteilung und Dokumentation, S. 8. [10] LV 59 Handlungsanleitung zur Überprüfung der Gefährdungsbeurteilung, Stand Januar 2017, 3.1.3, S. 10; S. 16; www.lasi-info.com.

GefStoffV,[11] § 3 Abs. 4 OStrV, § 3 Abs. 4 LärmvibrationsArbSchV[12] sowie der Sicherheitsbericht nach § 9 StörfallV, der neben dem Arbeitsschutz Angaben über den Schutz der Nachbarschaft und der Umwelt vor Industrieunfällen beinhaltet. Ebenso verpflichtet § 3 Abs. 3 DGUV Vorschrift 1 zur Dokumentation nach dem Maßstab des § 6 ArbSchG.[13] Einen Überblick über die typischerweise zu erstellenden betrieblichen Dokumente gibt Abb. 1:

Betriebliche Dokumente für den Gesundheitsschutz (eine Auswahl)

Betriebliche Dokumente

Lärm-kataster	Beleuchtungs-kataster	Klima-kataster	Gefahrstoff-kataster
Begehungs-protokolle	Arbeitsbereichs-analysen	Betriebs-anweisungen	Flucht- und Rettungspläne
Unfall-meldungen	Verbandbuch-eintragungen	Betriebs-anleitungen	Unterweisungs-protokolle
Arbeitsmedizinische Vorsorge-untersuchung	Katalog Körperschutzartikel	Hautschutz-plan	BetrSichV, GefStoffV, Unterweisungs-protokolle
Verzeichnis elektrischer Arbeitsmittel	Protokolle der Hinweise von MA	Sicherheits-datenbätter	Abnahme-protokolle
Arbeitsmittelkatalog (BetrSichV)	Explosionsschutz-dokument	Betriebsanweisung (GefStoffV)	Psychische Belastungen: Analyseergebnisse

Abb. 1

4   Eine Sonderrolle spielen Dokumentationspflichten im Zusammenhang mit der **arbeitsmedizinischen Vorsorge**, die seit Ende 2008 in der **ArbMedVV** geregelt sind (insbes. §§ 4, 6 ArbMedVV). Sie weichen insoweit von den übrigen Dokumentationspflichten ab, als es sich nicht vornehmlich um Angaben über die Arbeitsbedingungen handelt. Bei ärztlichen Untersuchungsbefunden und -ergebnissen handelt es sich regelmäßig um sensitive personenbezogene Daten. Das mit der Dokumentation verfolgte Ziel der Transparenz der Arbeitsschutzsituation tritt insoweit hinter die **Persönlichkeitsrechte** der Beschäftigten zurück. Der schrankenlosen, undifferenzierten Nutzung solcher sensitiven Daten steht bereits die ärztliche Schweigepflicht entgegen. Nur so weit, wie die betreffenden Beschäftigten, nach eingehender Information über Zweck und Umfang der Datennutzung (§ 4 a BDSG, § 28 Abs. 6 BDSG) einwilligt haben, ist eine Weitergabe oder ein Zugriff auf individuelle Untersuchungsergebnisse zulässig (vgl. auch § 6 Abs. 4 S. 3 ArbMedVV). Pauschale und damit undifferenzierte Schweigepflichtentbindungen, wie sie in der Praxis immer noch vorzufinden sind, sind daher als unverhältnismäßiger Eingriff in das grundrechtlich geschützte allgemeine Persönlichkeitsrecht regelmäßig unzulässig (→ ASiG § 8 Rn. 13 f.).

---

11 Ausführlich Pieper GefStoffV § 6 Rn. 38. 12 Zu diesen speziellen Bestimmungen eingehend Kollmer/Klindt/Schucht/Kreizberg ArbSchG § 6 Rn. 8 ff. 13 Nöthlichs ArbSchG § 6 Anm. 3.5.

II. Entstehung/Unionsrecht

Mit § 6 Abs. 1 ArbSchG ist für das staatliche deutsche Arbeitsschutzrecht in **Umsetzung** von Art. 9 Abs. 1 lit. a, b **Rahmenrichtlinie-Arbeitsschutz 89/391/EWG**[14] erstmalig eine Pflicht zur systematischen Dokumentation der Arbeitsschutzsituation und der getroffenen Maßnahmen gesetzlich geregelt worden[15]. Die Regelung des § 6 Abs. 2 ArbSchG zur Erfassung von Unfällen knüpft an die bereits vor Inkrafttreten des ArbSchG bestehende Pflicht des Arbeitgebers an, Arbeitsunfälle dem zuständigen Unfallversicherungsträger anzuzeigen (§ 193 Abs. 1 SGB VII). Die Pflicht zur Erfassung von Unfällen nach § 6 Abs. 2 ArbSchG ist unmittelbar nach der Verkündung des ArbSchG in Kraft getreten und seitdem nicht geändert worden. Die für das deutsche Recht neuen Dokumentationspflichten des § 6 Abs. 1 ArbSchG sind demgegenüber erst ein Jahr nach Verkündung des ArbSchG, dh am 21.8.1997, in Kraft getreten. Die in § 6 Abs. 1 S. 3 und 4 ArbSchG aF zunächst geregelten **Ausnahmen von der Dokumentationspflicht für Kleinbetriebe** bis zu 10 Beschäftigten sind in der Folge zweimal geändert worden.[16] Im Jahre 2013 sind die Ausnahmen für Kleinbetriebe sodann durch Art. 8 des Gesetzes zur Neuorganisation der bundesunmittelbaren Unfallkassen, zur Änderung des Sozialgerichtsgesetzes und zur Änderung anderer Gesetze (BUK-NOG)[17] durch Streichung der S. 3 und 4 des Abs. 1 aufgehoben worden, so dass die **Dokumentationspflicht heute für alle Betriebe, unabhängig von ihrer Betriebsgröße besteht**.

Die **Aufhebung der Kleinbetriebsklausel** war letztlich die (späte) Reaktion des Gesetzgebers auf ein Vertragsverletzungsverfahren gegen die Bundesrepublik Deutschland vor dem Europäischen Gerichtshof.[18] Die EU-Kommission und ihr folgend der Generalanwalt hatten die Kleinbetriebsregelung insbes. als unvereinbar mit Art. 9 Rahmenrichtlinie-Arbeitsschutz 89/391/EWG angesehen. Die Richtlinie verlange, so der Generalanwalt, von allen Arbeitgebern, über eine Evaluierung der betrieblichen Risiken für Sicherheit und Gesundheit zu verfügen.[19] Der Europäische Gerichtshof ist dieser Argumentation mit seinem Urteil vom 7.2.2002[20] im Wesentlichen gefolgt und zu dem Ergebnis gekommen, dass die in § 6 Abs. 1 S. 3 und 4 ArbSchG aF vorgesehene **Befreiung von Kleinbetrieben nicht mit dem Gemeinschaftsrecht vereinbar** ist. Diese Entscheidung war und ist folgerichtig, da der klare Wortlaut des Art. 9 Abs. 2 Rahmenrichtlinie-Arbeitsschutz 89/391/EWG einer undifferenzierten Ausnahme kleiner Betriebe von der Dokumentationspflicht entgegensteht.[21] Der deutsche Gesetzgeber hat auf die Verurteilung durch den Europäischen Gerichtshof zunächst nicht mit der Streichung der Kleinbetriebsklausel des § 6 Abs. 1 S. 3 und 4 ArbSchG aF reagiert. Stattdessen wurde die – in der Praxis bis heute häufig unbekannte – Berichtspflicht der Betriebsärzte und Fachkräfte für Arbeitssicherheit nach § 5 DGUV Vorschrift 2 auf Kleinbetriebe ausgedehnt. Weiter wurde bereits 2002 **§ 14 Abs. 2 ASiG aF gestrichen** (→ ASiG § 14 Rn. 7), der Ausnahmen von der Pflicht, Betriebsärzte und Fachkräfte für Arbeitssicherheit zu bestellen, insbes. für Kleinbetriebe, vorsah.[22] Unabhängig davon, dass große Zweifel bestehen, ob die Berichte nach § 5 DGUV Vorschrift 2, in denen Betriebsärzte und Fachkräfte für Arbeitssicherheit über die Beratungstätigkeit informieren, inhaltlich den Anforderungen an die Dokumentation nach Art. 9 der Rahmenrichtlinie 89/391/EWG genügen, entstand so, gerade für in der Rechtsanwendung wenig geschulte Kleinbetriebe, eine sehr undurchsichtige Rechtslage, da die Kleinbetriebsklausel nicht im ArbSchG, sondern durch eine Unfallverhütungsvorschrift zurückgenommen wurde.[23]

---

14 Pieper ArbSchG § 6 Rn. 1; Kollmer/Klindt/Schucht/Kreizberg ArbSchG § 6 Rn. 1. **15** Koll in: FS Wlotzke, 1996, S. 701, 704; EuArbR/Klindt/Schucht RL 89/391/EWG Rn. 59. **16** Vgl. Art. 9 des arbeitsrechtlichen Gesetzes zur Förderung von Wachstum und Beschäftigung, BGBl. I 1996, 1479; Art. 6 c des Gesetzes zu Korrekturen in der Sozialversicherung und zur Sicherung der Arbeitnehmerrechte, BGBl. I 1998, 3849. **17** BGBl. I 2013, 3836, 3847. **18** EuGH 7.2.2002 – C-5/00, NZA 2002, 321 ff. **19** Dazu insbesondere die Schlussanträge des Generalanwalts Geelhoed vom 28.6.2001 in der Rechtssache C-5/00 (Kommission ./. Bundesrepublik Deutschland), insbes. Rn. 25 ff. **20** EuGH 7.2.2002 – C-5/00, NZA 2002, 321 ff. **21** Kollmer/Klindt/Schucht/Kreizberg ArbSchG § 6 Rn. 72. **22** BGBl. I, 3412, 3420. **23** Dazu auch BT-Drs. 17/13808, 14.

7 Mit der **Streichung der Sätze 3 und 4 des** § 6 Abs. 1 ArbSchG hat der Gesetzgeber nunmehr unmittelbar im ArbSchG sowie in der Begründung klargestellt, dass diese Streichung unionsrechtlich gefordert ist[24] und dass eine Dokumentation über die Ergebnisse der Gefährdungsbeurteilung, die getroffenen Maßnahmen und die Ergebnisse der Wirksamkeitskontrollen in allen Betrieben, unabhängig von der Betriebsgröße vorzuhalten ist. § 6 Abs. 1 ArbSchG kommt dabei die Funktion einer **Rahmenvorschrift** zu, die klarstellt, dass arbeitsschutzrechtlich eine **einheitliche Dokumentation** zu erstellen ist, die alle Gefährdungen und Maßnahmen gleichermaßen abzubilden hat. Dies ist insoweit wichtig, als in der jüngeren Vergangenheit zunehmend gefährdungsspezifische Dokumentationspflichten ab dem ersten Beschäftigten in den Arbeitsschutzverordnungen normiert wurden (§ 3 ArbStättV, § 3 Abs. 8, 9 BetrSichV, § 7 BiostoffV, § 6 Abs. 8 GefStoffV, § 3 OStrV, § 3 LärmvibrationsArbSchV). Mit der Änderung des § 6 Abs. 1 ArbSchG im Jahre 2013 werden diese partiellen, auch für Kleinbetriebe geltenden Dokumentationspflichten nunmehr systematisch verzahnt.

III. Pflichten zur Dokumentation nach § 6 Abs. 1 ArbSchG

8 § 6 Abs. 1 ArbSchG verlangt eine Dokumentation, die die ermittelten und beurteilten betrieblichen Gefährdungen (vgl. auch § 5 Abs. 3 ArbSchG), die zur Prävention von gesundheitlichen Schädigungen getroffenen Maßnahmen des Arbeitsschutzes sowie die Ergebnisse der Wirksamkeitskontrollen der Maßnahmen transparent wiedergibt. Gefordert sind damit **Unterlagen**, die den durch §§ 3–5 ArbSchG geforderten effektiven **Prozess der Gefährdungsbeurteilung** und die auf dieser Grundlage geplanten und umgesetzten **präventiven Aktivitäten nachvollziehbar und bewertbar machen**.[25] Da Gefährdungsbeurteilungen im Hinblick auf das vorrangige arbeitsschutzrechtliche Ziel der Vermeidung von Gefährdungen (§ 4 Nr. 1 ArbSchG) bereits vor Aufnahme der Arbeitstätigkeiten durchzuführen sind, müssen die Dokumentationen auch bereits zu diesem Zeitpunkt vorliegen. § 3 Abs. 3 ArbStättV verlangt vor diesem Hintergrund seit der ArbStättV-Novelle 2016 dementsprechend zutreffend und konsequent, dass die Gefährdungsbeurteilung vor Aufnahme der Tätigkeiten zu dokumentieren ist. Dies gilt insbesondere auch bei präventiven Arbeitsgestaltungsprojekten (zB im Rahmen einer Digitalisierung 4.0), in denen Kriterien „Guter Arbeit" nachweislich Berücksichtigung finden.[26] Die so verstandene Dokumentation ist ein **zentrales Steuerungsinstrument** für alle mit Fragen des Arbeitsschutzes befassten betrieblichen Akteure sowie ein unverzichtbares Bewertungsinstrument für die behördliche Kontrolle der Leistungsfähigkeit des in §§ 3–5 ArbSchG normativ beschriebenen betrieblichen Arbeitsschutzsystems (→ ArbSchG § 3 Rn. 98).[27]

9 **1. Anwendungsbereich.** Seit der Streichung der Sätze 3 und 4 des § 6 Abs. 1 ArbSchG aF durch Art. 8 des BUK-NOG im Jahre 2013 (→ Rn. 4 ff.) ergibt sich unmittelbar aus § 6 Abs. 1 ArbSchG, dass in **allen Betrieben, unabhängig von der Betriebsgröße eine Dokumentation** über alle Ergebnisse von Gefährdungsbeurteilungen, alle Maßnahmen des Arbeitsschutzes und alle Wirksamkeitskontrollen verfügbar sein muss. Weitere Mindestanforderungen an die Dokumentation folgen aus verschiedenen speziellen Vorgaben der Arbeitsschutzverordnungen nach § 18 ArbSchG (vgl. § 3 ArbStättV, § 3 Abs. 8, 9 BetrSichV, § 7 BiostoffV, § 6 Abs. 8–10 GefStoffV, § 3 Abs. 4 OStrV, § 3 Abs. 4 LärmvibrationsArbSchV, § 14 MuSchG 2018). § 6 Abs. 1 ArbSchG verlangt vor dem Hintergrund der genannten speziellen Regelungen die Schaffung einer einheitlichen Dokumentation, aus der hervorgeht, dass die Arbeitsschutzkonzeption ganzheitlich angelegt ist, dh sie alle beurteilten Gefährdungen erfasst und die Schutzmaßnahmen aufeinander abgestimmt sind.

10 **2. Inhalte, Form und Umfang der Dokumentation nach § 6 Abs. 1 ArbSchG.** Nach § 6 Abs. 1 S. 1 ArbSchG muss die Dokumentation des Arbeitgebers Angaben über das Ergebnis der **Gefährdungsbeurteilung,** die **festgelegten Maßnahmen des Arbeitsschutzes**

---

24 BT-Drs. 17/13808, 16. **25** So auch LASI LV 59, S. 16. **26** Vgl. zum präventiven Vorgehen Blume, Prävention durch Gefährdungsbeurteilung, in: FS Kohte, S. 383–400. **27** KJP/Koll ArbSchG § 3 Rn. 1; Blume, Grundlagen, S. 127 f.

| Dokumentation | § 6 ArbSchG | **2** |

und die **Ergebnisse der Überprüfung der Maßnahmen** (Wirksamkeitskontrollen) enthalten. Den Kern der Dokumentation bilden damit die in der GDA-Leitlinie „Gefährdungsbeurteilung und Dokumentation" (§§ 20 a, b ArbSchG → Rn. 7) geregelten sieben Prozessschritte der Gefährdungsbeurteilung (→ ArbSchG § 5 Rn. 40 ff.), dh
(1) Festlegen von Arbeitsbereichen und Tätigkeiten,
(2) Ermitteln der Gefährdungen,
(3) Beurteilen der Gefährdungen,
(4) Festlegen konkreter Arbeitsschutzmaßnahmen nach dem Stand der Technik,
(5) Durchführung der Maßnahmen,
(6) Überprüfen der Wirksamkeit der Maßnahmen,
(7) Fortschreiben der Gefährdungsbeurteilung.[28]

Der Arbeitgeber muss über Unterlagen über das **Ergebnis** der Gefährdungsbeurteilung 11 verfügen. Hieraus folgt, dass nicht jede Vorüberlegung und Aktivität im Zusammenhang der Gefährdungsbeurteilung aufzunehmen ist. Es genügt festzuhalten, **welche Arbeitsbereiche und Tätigkeiten** im Rahmen der Gefährdungsbeurteilung betrachtet worden sind, **welche Gefährdungen ermittelt worden** sind und inwieweit die Beurteilung der ermittelten Gefährdungen einen betrieblichen Handlungsbedarf ergeben hat. In der Praxis bieten vielfach Checklisten der Arbeitsschutzaufsicht, Unfallversicherungsträger oder sonstiger Institutionen eine praktische Hilfestellung bei der Dokumentation. So finden sich zB Kopiervorlagen für spezielle Formulare, in denen die ermittelten Gefährdungen und ihre Beurteilung übersichtlich eingetragen werden können. Sinngemäß das Gleiche gilt für elektronisch unterstützte Gefährdungsbeurteilungen, die über spezielle Eingabemasken verfügen. Diese Hilfen erhöhen zumeist die Plausibilität der Dokumentation, da sie in der Regel ohne Weiteres erkennen lassen, ob die Gefährdungsermittlung vollständig war und alle arbeitsschutzrechtlich relevanten Gefährdungsfaktoren im Rahmen der Gefährdungsermittlung abgeprüft worden sind. Nur die Ergebnisse der Gefährdungsbeurteilung sind nach dem Wortlaut der Norm obligatorischer Bestandteil der Dokumentation nach § 6 Abs. 1 ArbSchG. Ungeachtet dessen ist es im Zweifelsfalle ratsam, die **wesentlichen Überlegungen und Abwägungen der Beurteilung** der ermittelten Gefährdungen, die entscheidend für die Frage sind, ob Handlungsbedarf besteht, festzuhalten.[29] Das gilt namentlich dann, wenn kein Handlungsbedarf anerkannt wird, denn im Regelfall indizieren festgestellte Gefährdungen gerade Handlungsbedarf, so dass ohne Transparenz der zugrunde liegenden Erwägungen sich Zweifel an der Plausibilität der Dokumentation geradezu aufdrängen müssen.[30] Das Gleiche gilt, wenn verschiedene Schutzmaßnahmen zur Auswahl stehen oder im Rahmen der betrieblichen Planungen zeitliche Prioritäten bei der Umsetzung der Maßnahmen gesetzt werden. Eine besonders sorgfältige Dokumentation ist ratsam, wenn von Technischen Regelwerken mit Vermutungswirkung (→ ArbSchG §§ 18, 19 Rn. 35 ff.) abgewichen wird, wie zB Technische Regeln für Arbeitsstätten (ASR) oder Technische Regeln für Betriebssicherheit (TRBS). Es ist in diesen Fällen im Einzelnen in der Dokumentation darzulegen, wie die jeweils einschlägigen arbeitsschutzrechtlichen Anforderungen durch andere Vorkehrungen erfüllt werden (vgl. § 3 a Abs. 1 ArbStättV). Zum Teil folgt diese Begründungspflicht mittlerweile unmittelbar und explizit aus Arbeitsschutzverordnungen, deren ergänzende Bestimmungen bei der konkreten Ausgestaltung der betrieblichen Dokumentation herangezogen werden müssen.[31] So ist etwa nach § 3 Abs. 8 BetrSichV in der Dokumentation anzugeben, welche Anforderungen eingehalten werden, wenn von einer Technischen Regel für Betriebssicherheit abgewichen wird. Transparenz der zugrunde liegenden Erwägungen ist vor diesem Hintergrund nicht nur not-

---

28 Vgl. Zusammenstellung der Prozessschritte in der GDA-Leitlinie Gefährdungsbeurteilung und Dokumentation, S. 10 f. (www.gda-portal.de). In der GDA-Leitlinie werden auf S. 11 insgesamt vier Mindestelemente der Dokumentation genannt. Dies dürfte nicht im Widerspruch zu der hier vertretenen Auffassung stehen, da in der Leitlinie einige Prozessschritte zum Zwecke der Dokumentation zusammengefasst werden. **29** Vgl. LR/Wiebauer ArbSchG § 6 Rn. 9. **30** In diesem Sinne auch zutreffend Kollmer/Klindt/Schucht/Kreizberg ArbSchG § 6 Rn. 66 f. **31** Vgl. auch GDA-Leitlinie Gefährdungsbeurteilung und Dokumentation, S. 11.

wendige Voraussetzung für eine nachhaltige betriebliche „Arbeitsschutzpolitik", sondern ein wichtiges Element, um ggf. im Schadensfalle festzustellen, ob die Verantwortlichen die gebotene Sorgfalt haben walten lassen.[32] In der Literatur wird daher auch die Bedeutung der Nutzung der Dokumentation im Rahmen von **Regressverfahren** nach § 110 SGB VII betont.[33]

12 Zur Dokumentation iSv § 6 Abs. 1 ArbSchG zählt es auch, die mit der Umsetzung von Arbeitsschutzmaßnahmen notwendigerweise verbundenen **organisatorischen Regelungen festzuhalten**. So ist im Zusammenhang mit der Dokumentation der festgelegten Maßnahmen, ihrer Wirksamkeitskontrolle und Anpassung anzugeben, welche konkreten Personen verantwortlich für die Umsetzung sind (vgl. § 13 ArbSchG), in welcher Weise sie ggf. vom Betriebsarzt und der Fachkraft für Arbeitssicherheit unterstützt werden und in welchen Zeiträumen die Umsetzung der Maßnahmen und Prozessschritte zu erfolgen hat.[34] Eine sinnhaft gestaltete und verfügbare Dokumentation ist somit insbes. für Führungskräfte und sonstige verantwortliche Personen nach § 13 ArbSchG wichtig, um das von ihnen geforderte Verhalten im betrieblichen Arbeits- und Gesundheitsschutz zu konkretisieren und Verantwortung im Einzelfall „greifbar" zu machen.[35]

---

[32] NK-GA/Otto ArbSchG § 6 Rn. 5; Kollmer/Klindt/Schucht/Kreizberg ArbSchG § 6 Rn. 66, unter Hinweis auf die Bedeutung für die „Beweissicherung". [33] Kohte, jurisPR-ArbR 4/2013 Anm. 2 D. [34] Vgl. auch GDA-Leitlinie Gefährdungsbeurteilung und Dokumentation, S. 11. [35] In diesem Sinne auch NK-GA/Otto ArbSchG § 6 Rn. 5; LR/Wiebauer ArbSchG § 6 Rn. 1.

Exemplarische Dokumentation einer Analyse psychischer Belastungen und der Beurteilung, sowie der Entscheidungen durch den Steuerkreis

Ergebnisse der Gruppeninterviews zu den Belastungsschwerpunkten aus der Befragung
P = Priorität: 1=hoch 2= mittel 3=gering

Beschlüsse des Steuerkreises

Nr	Umstand / Problem	Lösungsidee der Gruppe	Auswirkung der Lösung	P	Maßnahme	Feder-führend	M.-Art[1]	End-Ter-min	Nach-weis-art[2]
		Belastungsschwerpunkt Arbeitsorganisation							
18	hoher Zeitdruck: vor allem nach emotional belastenden Gesprächen warten schon wieder die nächsten Kunden, obwohl „man da mal durchatmen muss"	Möglichkeit zu Kurzpausen, vor allem wenn vorher schon sehr schwierige Gespräche („Telefonseelsorge", wütende Kunden etc.) waren die Organisation solcher Kurzpausen könnte in der Gruppe eigenständig geregelt werden	Abbau von emotionalem Stress, Erhalt der Leistungsfähigkeit	1	bestehende Regelungen werden noch einmal den Supervisoren mitgeteilt		A/F	sofort	II
23	Die Selbstüberprüfung von Ergebnissen, insbesondere in Bezug auf Verkaufserfolg bei Verschickung von Unterlagen ist nicht in dem Maß möglich, wie wünschenswert wäre: • Agents wissen oft nicht, ob Verkäufe wirklich getätigt wurden, Verkaufsergebnisse können nicht auf Einzelne zurückgeführt werden, wenn Verträge verschickt werden müssen (nur Gruppenauswertung) • keine Rückmeldungen von Fachabteilungen, was aufgrund des Gesprächs geschieht / geschehen wird	Nachfassaktionen systematisch durchführen; aber Zeit dafür muss da sein, d.h. geht nur nachmittags / früher Abend	bessere Verkaufszahlen, höhere Motivation	2	Keine Maßnahmen bezüglich individueller Zuordnung in nächster Zeit Gespräche laufen bereits auf zentraler Ebene, wie das Problem Vertriebsschlüssel gelöst werden kann; Thema ist aber sehr komplex und nur längerfristig zu lösen Es läuft bereits ein Projekt zur Vorgangsverfolgung Infos an Mitarbeiter über Stand der Dinge, Ideen von Mitarbeitern sollen aufgenommen werden.		A/C		

[1] **Maßnahmeart:** A=eigenständig umsetzbar im und durch Arbeitsbereich, B=muss noch detailliert und ausgearbeitet werden, C=muss noch mit anderen (z.B. Fachbereichen, Zentrale) abgestimmt werden, F=Problem bzw. Maßnahme bezieht sich direkt auf Führungsverhältnis

[2] **Nachweisart der Wirkungskontrolle:** I.=Regelüberprüfung, z.B. mit Fragebogen, II.=direkte Befragung zur Maßnahme nach Umsetzung, III.=Einschätzung durch Experten bzw Messungen

Abb. 2

§ 6 Abs. 1 ArbSchG schreibt im Übrigen weder im Detail vor, welche Angaben, wie umfänglich in die Dokumentation aufzunehmen sind, noch in welcher **Form** die Dokumentation zu führen ist. Das Gesetz nennt stattdessen eine Reihe von Gesichtspunkten, an denen sich die Gestaltung der von § 6 Abs. 1 ArbSchG genannten Unterlagen zu orientieren hat: Maßgeblich sind insoweit die **Art der Tätigkeiten** und die **Zahl der Beschäftigten**, dh also die Betriebsgröße. Darüber hinaus ist es bei **gleichartigen Gefähr-**

dungssituationen (→ ArbSchG § 5 Rn. 79 ff.) ausreichend, die **Angaben** in den vorzuhaltenden Unterlagen **zusammenzufassen**. Insgesamt zeigt sich hier, dass den Betrieben ein beachtlicher Handlungsspielraum für eine an den betrieblichen Anforderungen orientierte Dokumentation zugebilligt wird.[36]

14 Nach § 6 Abs. 1 ArbSchG muss der Arbeitgeber über die dort genannten **Unterlagen verfügen**. Hieraus wird in der Kommentarliteratur zutreffend gefolgert, dass das Gesetz keine bestimmte Form der Dokumentation vorschreibt. Den Anforderungen genügen somit sowohl **schriftliche Unterlagen** als auch entsprechende Angaben auf **elektronischen Datenträgern**.[37] Entsprechend dem Zweck der Dokumentation als Arbeitsgrundlage für die betrieblichen Akteure und Informationsquelle der Arbeitsschutzaufsicht (dazu → Rn. 2 f.) kommt es entscheidend darauf an, dass die in § 6 Abs. 1 S. 1 ArbSchG aufgeführten **Angaben jederzeit ohne Weiteres schnell verfügbar** sind.[38] Das Gesetz schreibt keine konkrete Struktur der Dokumentation vor. Es benennt insoweit lediglich die **Art der Tätigkeiten** und die **Zahl der Beschäftigten** als maßgebliche Gestaltungskriterien. Im Allgemeinen wird man davon ausgehen können, dass es umso eingehender Regelungen zur Verfügbarkeit bedarf, je vielfältiger die zu dokumentierenden Tätigkeiten sind und je größer die Zahl der Personen ist, die Zugriff auf die Dokumentation benötigen. Zu den „Zugriffsberechtigten" zählen insoweit insbes. die mit Fragen des Arbeitsschutzes befassen Personen (zB **verantwortliche Personen iSv § 13 ArbSchG, Interessenvertretungen, Fachkräfte für Arbeitssicherheit, Sicherheitsbeauftragte**). Diese benötigen entsprechenden Einblick, um ihre gesetzlichen Aufgaben sachgerecht wahrnehmen zu können. Aus der Rechtsprechung des Bundesarbeitsgerichts[39] folgt zudem, dass **einzelne Beschäftigte** zumindest Einblick in die Gefährdungsbeurteilungen ihres Arbeitsplatzes und ihrer Arbeitstätigkeiten nehmen können (→ Rn. 19). Insbes. in großen Betrieben dürfte eine EDV-gestützte Dokumentation, die den betreffenden Personenkreisen einen schnellen und umfassenden Zugriff ermöglicht, ihre originären Stärken haben. So gehört es beispielsweise zu den vorgegebenen Verfahrensregeln des BAAM-Verfahrens zur Gefährdungsbeurteilung psychischer Belastungen, dass nach Verabschiedung der Maßnahmen jede Führungskraft (zB Meister, Gruppenleiter) die Dokumentation der Befragungsergebnisse und die Dokumentation der Gefährdungen, Ursachen und Maßnahmen für ihren Bereich elektronisch oder als kopierbare Papiervorlage zur Verfügung gestellt bekommt (s. Abb. 3). Diese Dokumentationen sind zum einen die Grundlage einer obligatorischen Teambesprechung über die Ergebnisse der Gefährdungsbeurteilung, ua zu Fragen von Umsetzung, Maßnahmenkritik und Anpassung, zum anderen dient sie als systematische Grundlage und Dokumentation der Wirkungskontrolle, sofern sie über die Einschätzung der Beschäftigten eingeholt wird. Sie ist darüber hinaus jedem Beschäftigten zur Einsicht zur Verfügung (zB im Gruppenlaufwerk) zu stellen. Generell sind bei IT-gestützten Dokumentationen geeignete Datenschutzbedingungen – beispielsweise bei Befragungsdaten Aggregation auf mindestens sechs Personen – und entsprechende Zugriffsrechte zu organisieren.[40]

---

36 So auch LR/Wiebauer ArbSchG § 6 Rn. 12. **37** Kollmer/Klindt/Schucht/Kreizberg ArbSchG § 6 Rn. 60. Für Arbeitsmittel ist die elektronische Dokumentation mittlerweile auch ausdrücklich als Option vorgesehen, § 3 Abs. 8 BetrSichV. **38** BT-Drs. 13/3540, 17; Pieper ArbSchG § 6 Rn. 2. **39** BAG 12.8.2008 – 9 AZR 1117/06, NZA 2009, 102 ff. **40** Bei sog Integrierten Dokumentationssystemen sind vor allem betriebsärztliche Dokumentationen und BEM-Akten sicher abzuschotten, also in der Regel in separaten Systemen zu führen.

Formularangebot zur Wirkungskontrolle

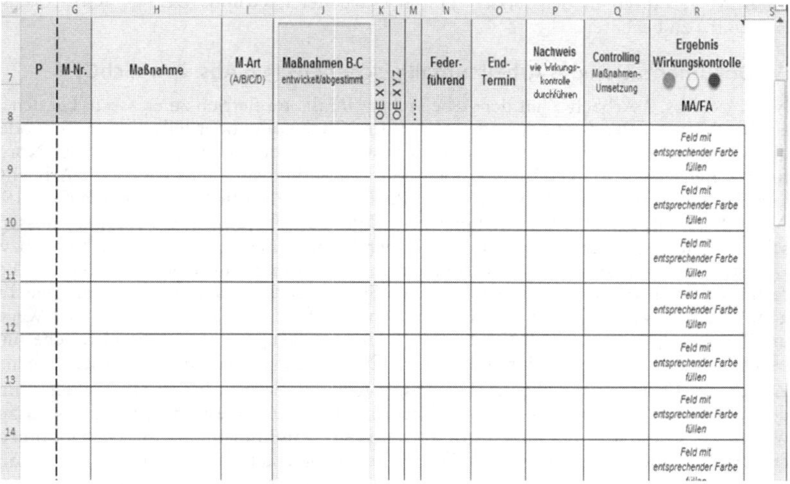

© HR&C 2016
Abb. 3

Zu dokumentieren sind **alle voraussehbaren Tätigkeiten und Arbeitsabläufe im Betrieb** (also zB auch Wartungs-, Instandsetzungs- und Reparaturarbeiten).[41] Für die Zwecke der Dokumentation kann insoweit auf die hiermit korrespondierenden Festlegungen zur Vorbereitung der Gefährdungsbeurteilung zurückgegriffen werden (→ ArbSchG § 5 Rn. 42 ff.). § 6 Abs. 1 ArbSchG stellt insoweit übereinstimmend mit den Bestimmungen zur Gefährdungsbeurteilung nach § 5 Abs. 1 ArbSchG auf die Art der Tätigkeiten ab.[42] Sofern Arbeitstätigkeiten in ihrer **Gefährdungssituation gleichartig** sind, können die Unterlagen nach § 6 Abs. 1 S. 2 ArbSchG **zusammengefasst** werden. Auch insoweit besteht ein enger systematischer Zusammenhang zur gesetzlichen Regelung der Gefährdungsbeurteilung nach § 5 Abs. 2 ArbSchG, so dass die entsprechenden Festlegungen zur Planung der Gefährdungsbeurteilung herangezogen werden können.

Je intensiver die Gefährdungsermittlung und -beurteilung auch psychische Belastungen erfasst, die auch auf Führungsverhalten und soziale Beziehungen eingehen, desto eher ist es möglich, dass in diesem Rahmen auch **persönliche Daten** erhoben werden, deren Dokumentation und Weitergabe einer speziellen Legitimation bedürfen, dh entsprechende Datenerhebungen, -verarbeitungen und -nutzungen müssen sich insbes. an den Anforderungen der §§ 32, 28 BDSG (ab 28.5.2018: § 26 BDSG-Neu) messen lassen. Dabei gilt ein strenger Maßstab, denn es handelt sich hierbei regelmäßig auch um besonders geschützte, sensible personenbezogene Daten (§ 3 Nr. 9 BDSG bzw. zukünftig Art. 9 Abs. 1 EU-DSGVO). Gefährdungsbeurteilung und Dokumentation können dies als gesetzliche Zwecke legitimieren, doch ist der Grundsatz der Verhältnismäßigkeit zu beachten.[43] Während Belastungsdaten in der Regel als Verhältnisdaten keinen unmittelbaren Personenbezug haben, kann dies bei Daten über Beanspruchungsfolgen anders sein. Ein mögliches Leitbild können die Gesundheitsberichte der Krankenkassen sein, die solche Daten nur für Gruppen von mindestens 50 Versicherten veröffentlichen. Die **Wahrung der Persönlichkeitsrechte** und ein fairer Umgang mit Führungs- und Team-

---

[41] GDA-Leitlinie Gefährdungsbeurteilung und Dokumentation, S. 10. [42] In diesem Sinne auch KJP/Koll ArbSchG § 6 Rn. 4. [43] Vgl. EuGH 30.5.2013 – C-342/12, NZA 2013, 723 (Worten).

problemen (→ ArbSchG § 5 Rn. 59) sind im Übrigen auch für die Akzeptanz des betrieblichen Arbeitsschutzes eine wesentliche Voraussetzung. Insofern sind auch die im BEM-Verfahren in den letzten Jahren erarbeiteten Grundsätze (→ SGB IX § 84 Rn. 26 ff.) zu beachten.

IV. Dokumentation des Arbeitsunfallgeschehens (§ 6 Abs. 2 ArbSchG)

17 Nach § 6 Abs. 2 ArbSchG hat der Arbeitgeber Unfälle im Betrieb zu erfassen, bei denen ein Beschäftigter verstirbt oder für mehr als drei Tage völlig oder teilweise arbeits- oder dienstunfähig wird. Die Erfassungspflicht besteht nach dem klaren Wortlaut der Norm für **alle Betriebe**, also auch für Kleinbetriebe. Der Unfallbegriff des § 6 Abs. 2 ArbSchG korrespondiert im Wesentlichen mit dem Begriff der **meldepflichtigen Unfalls iSv § 193 Abs. 1 SGB VII**, der vom Unternehmer dem Unfallversicherungsträger (Berufsgenossenschaft, Unfallkasse) anzuzeigen ist.[44] Bei der Berechnung der Zeit der Arbeits- bzw. Dienstunfähigkeit ist der Tag des Unfalls nicht mitzuzählen. Im Übrigen erfolgt die Berechnung nach Kalendertagen, so dass auch Sonn- und Feiertage sowie arbeitsfreie Tage in Anschlag zu bringen sind.[45] Zu den Arbeitsunfällen werden zu Recht auch Wegeunfälle nach § 8 Abs. 2 SGB VII gezählt.[46] Dies ist sachgerecht, da die physische und psychische Beanspruchung durch die Arbeit Einfluss auf die Verkehrssicherheit haben.

18 **Zweck der Erfassungspflicht** des § 6 Abs. 2 ArbSchG ist es, das Unfallgeschehen mit dem Ziel einer **Verbesserung des betrieblichen Arbeits- und Gesundheitsschutzes** auszuwerten.[47] Es besteht somit ein enger systematischer Zusammenhang mit der Dokumentationspflicht des Abs. 1, denn Unfallereignisse werfen stets auch die Frage nach Mängeln der Gefährdungsbeurteilung und der dokumentierten Maßnahmen des Arbeitsschutzes auf.[48] Vor dem Hintergrund dieser präventiven Zielrichtung ist das Erfassen der Unfälle mehr als nur das Sammeln von Unfallanzeigen. Es geht insbes. auch darum, **Unfälle** den jeweiligen Tätigkeiten zuzuordnen oder bestimmte **Ursachen** (wie zB organisatorische Mängel, Qualifikationsdefizite) **herauszufiltern**. In jedem Falle ist jeder Arbeitsunfall ein Anlass, die Gefährdungsbeurteilung nach § 5 ArbSchG zu überprüfen und die Dokumentation nach § 6 Abs. 1 ArbSchG anzupassen. Aus diesem Grund sind Unfälle und Betriebsstörungen auch nach § 18 GefStoffV, § 17 BioStoffV und § 18 BetrSichV zu dokumentieren.[49]

V. Rechtsdurchsetzung

19 Die Arbeitsschutzbehörden können die Umsetzung der Dokumentationspflichten durch **ordnungsbehördliche Verfügung** nach Maßgabe von § 22 Abs. 3 ArbSchG anordnen (→ ArbSchG § 22 Rn. 51).[50] In vergleichbarer Weise können die Aufsichtsbeamten der Träger der Unfallversicherung nach § 19 Abs. 1 Nr. 1 SGB VII vorgehen.[51] Die Anordnungsbefugnis wird dadurch begrenzt, dass der Gesetzgeber dem Arbeitgeber Entscheidungsspielräume eingeräumt hat, wie er die Dokumentation im Einzelfall gestaltet.[52] Diese Entscheidungsspielräume sind auch von der Arbeitsschutzaufsicht zu respektieren. Anordnungen der Arbeitsschutzaufsicht kommen vor diesem Hintergrund namentlich dann in Betracht, wenn der Arbeitgeber über **keine Dokumentation** verfügt bzw. die vorhandene **Dokumentation unvollständig oder nicht plausibel** ist. Letzteres ist etwa der Fall, wenn nicht alle betrieblichen Tätigkeiten erfasst werden (zB keine Angaben zu Wartungs- und Instandhaltungsarbeiten), entgegen dem Ergebnis der Gefährdungsbeurteilung Schutzmaßnahmen nicht getroffen und umgesetzt werden sowie Wirksamkeitskontrollen nicht oder nur unvollständig dokumentiert worden sind.[53] In der Regel werden die Mängel zunächst in einem Revisionsschreiben aufgelistet, das

---

44 BT-Drs. 13/3540, 17. **45** Einzelheiten zB bei Becker/Franke/Molkentin, SGB VII – Lehr- und Praxiskommentar, 4. Aufl. 2014, SGB VII § 193 Rn. 5. **46** Kollmer/Klindt/Schucht/Kreizberg ArbSchG § 6 Rn. 77; aA NK-GA/Otto ArbSchG § 6 Rn. 7; LR/Wiebauer ArbSchG § 6 Rn. 19. **47** KJP/Koll ArbSchG § 6 Rn. 21. **48** AA offenbar Kollmer/Klindt/Schucht/Kreizberg ArbSchG § 6 Rn. 73. **49** LR/Wiebauer ArbSchG § 6 Rn. 21. **50** So auch LR/Kollmer ArbSchG § 22 Rn. 43. **51** Nöthlichs ArbSchG § 6 Anm. 3.5. **52** Kollmer/Klindt/Schucht/Kreizberg ArbSchG § 6 Rn. 55 ff. **53** Vgl. auch GDA-Leitlinie Gefährdungsbeurteilung und Dokumentation, S. 8.

auch dem Betriebs- oder Personalrat mitzuteilen ist.[54] Handelt der Arbeitgeber oder eine verantwortliche Person nach § 13 ArbSchG einer solchen vollziehbaren Anordnung zuwider, kommt nach § 25 Abs. 1 ArbSchG die Verhängung eines **Bußgeldes** in Betracht (→ ArbSchG § 25 Rn. 10). Zu beachten ist, dass die Verhängung eines Bußgeldes auch ohne vorherige Anordnung in Betracht kommt, wenn bestimmte spezielle Dokumentationspflichten in Rechtsverordnungen nach § 18 ArbSchG verletzt werden. So handelt etwa nach § 9 ArbStättV ordnungswidrig, wer vorsätzlich oder fahrlässig eine Gefährdungsbeurteilung nicht richtig, nicht vollständig oder nicht rechtzeitig dokumentiert (→ ArbSchG § 25 Rn. 7). Da das Arbeitsstättenrecht auf die meisten Arbeitsplätze anwendbar ist, gehen Verstöße gegen Dokumentationspflichten in der Praxis heute daher fast immer mit der Verwirklichung einer Ordnungswidrigkeit einher.[55] Mittlerweile sind in den meisten Arbeitsschutzverordnungen **Bußgeldtatbestände bei fehlender oder fehlerhafter Dokumentation** normiert worden (§ 20 Abs. 1 Nr. 4 BiostoffV; § 22 Abs. 1 Nr. 1 GefStoffV; § 22 Abs. 1 Nr. 6 BetrSichV, § 16 Abs. 1 Nr. 2 LärmVibrationsArbSchV).

Das Bundesarbeitsgericht hat mit Urteil vom 12.8.2008[56] entschieden, dass einzelne 20 Beschäftigte nach § 618 BGB einen **individualrechtlichen** Anspruch auf Durchführung einer Gefährdungsbeurteilung ihres Arbeitsplatzes haben. Dieser Anspruch ist nur dann effektiv, wenn Beschäftigte auch das Recht haben, das dokumentierte Ergebnis der Gefährdungsbeurteilung zur Kenntnis zu nehmen.[57] Erst auf dieser Basis lässt sich ersehen, ob die Gefährdungsbeurteilung – unabhängig von der konkreten Methodenwahl – zumindest den Minimalanforderungen genügt und ob, mit Blick auf weitergehende Ansprüche (§ 618 BGB bzw. Schadensersatzansprüche), alle nach dem Ergebnis der Gefährdungsbeurteilung erforderlichen Maßnahmen des Arbeitsschutzes getroffen und umgesetzt worden sind.

Der **Betriebsrat** hat bei der Ausgestaltung der Dokumentation nach § 6 ArbSchG nach 21 **§ 87 Abs. 1 Nr. 7 BetrVG** mitzubestimmen (→ BetrVG § 87 Rn. 42).[58] § 6 ArbSchG begründet eine unbedingte Handlungspflicht des Arbeitgebers, bei deren Umsetzung ein der Mitbestimmung unterliegender Handlungsspielraum (→ Rn. 13) besteht. Zwischen den Betriebsparteien ist danach etwa zu regeln, ob und ggf. für welche Tätigkeiten Angaben zusammengefasst werden sollen, wie die Verfügbarkeit und damit der Zugriff auf die Dokumentation geregelt werden soll, nach welchen Kriterien Arbeitsunfälle iSv § 6 Abs. 2 ArbSchG zu erfassen sind oder ob die Dokumentation in Papierform oder elektronisch geführt werden soll. Gerade wenn die Dokumentation als Instrument zur Instruktion der Führungskräfte und Mitarbeiter gepflegt und genutzt wird, ist sie ein wirksames Mittel zur Verbesserung des Gesundheitsschutzes.

§ 7 ArbSchG Übertragung von Aufgaben

Bei der Übertragung von Aufgaben auf Beschäftigte hat der Arbeitgeber je nach Art der Tätigkeiten zu berücksichtigen, ob die Beschäftigten befähigt sind, die für die Sicherheit und den Gesundheitsschutz bei der Aufgabenerfüllung zu beachtenden Bestimmungen und Maßnahmen einzuhalten.

Literatur: *Aligbe*, Einstellungs- und Eignungsuntersuchung, 2015 *Friemel/Walk*, Neues zur Kündigung wegen Schlecht- und Minderleistung, NJW 2010, 1557; *Hunold*, Unzureichende

---

[54] LASI LV 59, Handlungsanleitung zur Überprüfung der Gefährdungsbeurteilung, 2017, S. 13, 14. [55] Belegt mit einem Regelsatz für das Bußgeld von 3.000 EUR, vgl. dazu LASI (Hrsg.), Bußgeldkataloge zur Arbeitsstättenverordnung (= LV 56), 2013, S. 9. [56] BAG 12.8.2008 – 9 AZR 1117/06, NZA 2009, 102 ff. [57] Münch/ArbR/Kohte § 292 Rn. 27 mit Hinweis auf die Schlussanträge des Generalanwalts im Verfahren EuGH Slg 2002 I, 1305 (1319). Zur Kommunikationsfunktion der Dokumentation auch Koll in: FS Wlotzke, S. 701, 710. [58] LAG Hamburg 21.9.2000 – 7 TaBV 3/98, NZA-RR 2001, 190 ff.; NK-GA/Kohte ArbSchG § 6 Rn. 9; DKKW/Klebe BetrVG § 87 Rn. 231; Fabricius BB 1997, 1254 (1257); Pieper ArbSchG § 6 Rn. 3 a; Thewes BB 2013, 1141 (1144); aA Wank ArbSchG § 6 Rn. 12; GK-BetrVG/Wiese BetrVG § 87 Rn. 610; LR/Wiebauer ArbSchG § 6 Rn. 22.

Arbeitsleistung als Abmahn- und Kündigungsgrund, BB 2003, 2345; *Maschmann*, Die mangelhafte Arbeitsleistung, NZA-Beilage 1/2006, 13; *Römermann/Haase*, Unzureichende Leistung im Arbeitsrecht, MDR 2006, 853; *Sasse*, Kündigung bei Schlechtleistung, ZTR 2009, 186; *Tillmanns*, Kündigung wegen Minderleistung, RdA 2009, 391; *Weber*, Die fähigkeitsgerechte Beschäftigung und die Bedeutung des Arbeitsschutzrechts für die Beschäftigungspflicht, 2015; *ders.*, Zum (richtigen) Umgang mit Low Performern, DB 2015, 1899; *Wetzling/Habel*, Die Beanstandung der Arbeitsleistung und die leistungsbedingte Kündigung, BB 2009, 1638.

Leitentscheidungen: BAG 11.12.2003 – 2 AZR 667/02, NZA 2004, 784; BAG 17.1.2008 – 2 AZR 2008, NZA 2008, 693 mAnm Kohte/Weber, jurisPR-ArbR 23/2009 Anm. 1; BAG 27.11.2008 – 2 AZR 675/07, NZA 2009, 842; BAG 22.10.2015 – 2 AZR 550/14, DB 2016, 1141; LAG Hamm 5.6.2008 – 15 Sa 1970/07; LAG Rheinland-Pfalz 21.1.2009 – 7 Sa 400/08; LAG Rheinland-Pfalz 22.1.2009 – 10 Sa 535/08 mAnm Kohte/Weber, jurisPR-ArbR 42/2009 Anm. 2; LAG Schleswig-Holstein 24.2.2010 – 6 Sa 399/09 mAnm Kohte/Weber, jurisPR-ArbR 35/2010 Anm. 1.

I. Normzweck, Rechtssystematik .. 1	1. Feststellung der geschuldeten Leistung 17
II. Unionsrecht, Entstehung 3	2. Vorwerfbare oder unverschuldete Leistungsminderung 19
III. Detailkommentierung 4	
1. Normadressat 4	
2. „Befähigung" iSd § 7 ArbSchG............ 5	3. Kündigung wegen krankheitsbedingter Minderleistung......................... 23
3. Zeitpunkte der Feststellung der „Befähigung"........... 9	
4. Verfahrensschritte 14	4. Personenbedingte Kündigung wegen mangelnder „Befähigung"................ 24
5. Besonders schutzbedürftige Beschäftigte................. 16	
IV. § 7 ArbSchG im Kontext personen- und verhaltensbedingter Kündigungen 17	5. Erfordernis der Abmahnung 33
	V. Rechtsdurchsetzung 34

I. Normzweck, Rechtssystematik

Normzweck des § 7 ArbSchG ist der Schutz der Beschäftigten vor Unfall- und Gesundheitsgefahren durch unzureichende Information, Unterweisung und Qualifikation. § 7 ArbSchG beinhaltet diesbezüglich eine spezifische Verpflichtung des Arbeitgebers gegenüber den Beschäftigten. Die Regelung beinhaltet eine allgemeine Antwort auf gesundheitliche Überbeanspruchungen. Bei der Übertragung von Aufgaben ist der Arbeitgeber verpflichtet, je nach Art der Tätigkeit zu berücksichtigen, ob die **Beschäftigten befähigt** sind, die für die Sicherheit und den Gesundheitsschutz maßgebenden Bestimmungen und Maßnahmen einzuhalten. Damit steht die Vorschrift in einem engen sachlichen Zusammenhang zu weiteren betrieblichen Aufgaben:

- Beurteilung der Arbeitsbedingungen in Bezug auf Gefährdungen, die sich durch unzureichende Qualifikation und Unterweisungen der Beschäftigten ergeben können (→ ArbSchG § 5 Abs. 3 Nr. 5 Rn. 25),
- spezifische Unterrichtung und geeignete Anweisungen für Beschäftigte in besonders gefährlichen Arbeitsbereichen (§ 9 ArbSchG),
- ausreichende und angemessene Unterweisungen in Bezug auf den konkreten Arbeitsplatz (§ 12 ArbSchG).

§ 7 ArbSchG ist als integraler Teil der betrieblichen Organisation des Arbeits- und Gesundheitsschutzes (→ ArbSchG § 3 Rn. 42 ff.) umzusetzen. Gleichzeitig sind seine Verpflichtungen bei der Personalplanung und -entwicklung mit einzubeziehen, um sicherzustellen, dass nur Beschäftigte mit erforderlicher Befähigung am jeweiligen Arbeitsplatz eingesetzt werden. Damit beinhaltet § 7 ArbSchG eine **individuelle Schutzmaßnahme**, die grundsätzlich nachrangig ist (→ ArbSchG § 4 Rn. 12, 52), denn zunächst ist der Schutz der Beschäftigten durch technische bzw. organisatorische Maßnahmen sicherzustellen. Die Norm berechtigt den Arbeitgeber nicht, wegen besonderer Befähigungen der Beschäftigten auf notwendige Maßnahmen des Arbeits- und Gesundheitsschutzes zu verzichten.¹ Zwar willigt ein Beschäftigter beim Abschluss des Arbeitsvertrages ein Stück weit in seine Gesundheitsgefährdung ein, jedoch nur so weit sich die Gesundheitsgefährdung nach dem jeweiligen Stand von Wissenschaft und Technik nicht beseitigen lässt.[2]

II. Unionsrecht, Entstehung

§ 7 ArbSchG setzt ohne wesentliche inhaltliche Erweiterungen **Art. 6 Abs. 3 Buchst. b EG-Rahmenrichtlinie 89/391/EWG** um.[3] Bis zum Inkrafttreten des Arbeitsschutzgesetzes gab es entsprechende Verpflichtungen nur in einzelnen Spezialgesetzen und Unfallverhütungsvorschriften, zB in § 36 Abs. 1 VBG 1, § 8 Abs. 1 UVV 1.1.[4] § 7 ArbSchG enthält nunmehr eine für alle Arbeitgeber und Branchen geltende generelle Pflicht. Im parlamentarischen Verfahren war die Norm nicht umstritten. Diese individuelle Schutzpflicht wird nunmehr in § 7 Abs. 2 DGUV Vorschrift 1 aufgegriffen und weiter konkretisiert. Danach darf der Unternehmer Versicherte, die erkennbar nicht in der Lage sind, eine Arbeit ohne Gefahr für sich oder andere auszuführen, mit dieser Arbeit nicht beschäftigen.

III. Detailkommentierung

1. Normadressat. Normadressaten sind
- der Arbeitgeber iSd § 2 Abs. 3 ArbSchG (→ ArbSchG § 2 Rn. 27 ff.),
- die „verantwortlichen" Personen iSd § 13 ArbSchG,
- bei Leiharbeitnehmern der Verleiher bzw. der Entleiher.

§ 7 ArbSchG enthält keine dem § 12 Abs. 2 ArbSchG entsprechende Regelung (→ ArbSchG § 12 Rn. 14), so dass der **Verleiher als Arbeitgeber** des Leiharbeitnehmers verpflichtet bleibt.[5] Außerdem obliegt auch dem Entleiher die Einhaltung der Pflichten aus dem Arbeitsschutzgesetz (§ 11 Abs. 6 AÜG). Der Entleiher hat sich zu vergewissern, dass der Verleiher den Pflichten des § 7 ArbSchG nachkommt. Darüber hinaus hat der Entleiher die speziellen Unterrichtungspflichten des § 11 Abs. 6 S. 2 AÜG einzuhalten (→ ArbSchG § 8 Rn. 15 f.).[6]

2. „Befähigung" iSd § 7 ArbSchG. Nach § 7 ArbSchG hat der Arbeitgeber die Befähigung der Beschäftigten hinsichtlich der Arbeitsaufgabe und den damit verbundenen Bestimmungen und Maßnahmen des Arbeitsschutzes zu berücksichtigen. Die Regelung bezieht sich auf alle Aufgaben, die die Beschäftigten im Rahmen ihrer arbeitsvertraglichen Pflichten zu erfüllen haben, nicht nur auf Aufgaben des Arbeitsschutzes.[7] Nach § 7 ArbSchG ist eine Kongruenz zwischen der **Befähigung zur Arbeitsaufgabe** und der Beachtung bzw. Umsetzung der damit verbundenen Arbeitsschutznormen und -maßnahmen herzustellen. Wegen dieser doppelten Dimension, die die Arbeitsaufgabe bzw. Tätigkeit mit einbezieht, besteht ein enger inhaltlicher Zusammenhang zur **Unterrichtungspflicht gem. § 81 Abs. 1 BetrVG, § 14 Abs. 1 ArbSchG**. Dies ist auch folgerichtig, denn nur wenn die Arbeitnehmer präzise und individuell über Arbeitsplatz, Arbeitsaufgabe und betriebliche Organisation informiert sind, können sie die weitere Unterrichtung über konkrete Unfall- und Gesundheitsgefahren einordnen. Erst in dieser Abfolge sind sie dann befähigt, auch die entsprechenden Bestimmungen einzuhalten und Maßnahmen umzusetzen.

Der Begriff der Befähigung ist umfassend im Sinne einer körperlichen und geistigen Eignung[8] zu verstehen – immer in Abhängigkeit zur Art der Tätigkeit. Es ist festzustellen, ob die für die Arbeitsaufgabe notwendigen **körperlich-gesundheitlichen Voraussetzungen** vorliegen. Wegen der Nachrangigkeit individueller Maßnahmen ist hier aber zu

---

[1] Kollmer/Klindt/Schucht/Schack ArbSchG § 7 Rn. 6; Pieper ArbSchG § 7 Rn. 3. [2] Staudinger/Oetker BGB § 618 Rn. 232. [3] BT-Drs. 13/3540, 17. [4] Kollmer Rn. 128; KJP/Koll ArbSchG § 7 Rn. 5. [5] Nöthlichs ArbSchG § 7 Rn. 1. [6] Kollmer/Klindt/Schucht/Schack ArbSchG § 7 Rn. 12. [7] Pieper ArbSchG § 7 Rn. 1; Kollmer/Klindt/Schucht/Schack ArbSchG § 7 Rn. 18; KJP/Koll ArbSchG § 7 Rn. 2; Weber, Die fähigkeitsgerechte Beschäftigung, S. 203. [8] BT-Drs. 13/3540, 24; Kollmer/Klindt/Schucht/Schack ArbSchG § 7 Rn. 13 ff.

beachten, dass nicht nur ein optimaler Gesundheitszustand und körperliche Eigenschaften, wie zB eine bestimmte Größe, zur Bejahung der „Befähigung" führen. Diesbezügliche Einschränkungen sind zunächst durch optimale Arbeitsgestaltung zu kompensieren. Nur wenn dies erfüllt ist, kann nach dem Normzweck festgestellt werden, dass der Arbeitnehmer zB wegen einer gesundheitlichen Vorbelastung der Atemwege für eine Tätigkeit mit belasteter Atemluft nicht in Frage kommt. Gleiches gilt für die Prüfung der „**psychischen Gesundheit**". Nur wenn die Art der Aufgabe trotz Einhaltung der Arbeitsschutznormen besondere Belastungsfähigkeit, Reaktionsschnelligkeit oÄ voraussetzt, zB in Leitwarten großer Anlagen, hat sich die Feststellung der Befähigung hieran zu orientieren. Es ist nicht Zweck des § 7 ArbSchG, gesundheitlich geminderte Arbeitnehmer auszugrenzen, sondern sicherzustellen, dass diese Arbeitnehmer nicht an Arbeitsplätzen eingesetzt werden, die sie oder andere gefährden.

7 Es muss festgestellt werden, ob der Arbeitnehmer über die **notwendige fachliche Qualifikation**, dh geeignete Berufsausbildung, ggf. erforderliche Fortbildungen und ggf. notwendige Berufserfahrung verfügt. Aus dieser fachlichen Qualifikation kann idR geschlossen werden, dass der Arbeitnehmer die Arbeitsaufgabe bewältigt, die damit verbundenen gesundheitlichen Gefahren erkennt und Gegenmaßnahmen umsetzen kann. Dies entbindet den Arbeitgeber indes nicht von seiner Unterweisungspflicht hinsichtlich des konkreten Arbeitsplatzes gem. § 12 ArbSchG. Auch sprachliche Barrieren können für die Beurteilung der Befähigung von Bedeutung sein.[9] Ausgangspunkt für eine fähigkeitsgerechte Beschäftigung ist eine umfassende Gefährdungsbeurteilung. Im Anschluss hieran muss die Einrichtung eines den Anforderungen des Arbeitsschutzrechtes entsprechenden Arbeitsplatzes erfolgen. Erst wenn trotz Einhaltung aller technischen und organisatorischen Maßnahmen im Sinne des § 4 ArbSchG noch Gefährdungslagen verbleiben, können die fehlenden individuellen Fähigkeiten des Arbeitnehmers eine Übertragung der jeweiligen Tätigkeiten ausschließen.[10]

8 Eine notwendige fachliche Befähigung darf nicht unterstellt werden, wenn zwar die formale Qualifikation, etwa ein bestimmter Berufsabschluss, vorliegt, der Arbeitnehmer aber nie in diesem Beruf gearbeitet oder längere Zeit ausgesetzt hat. Wegen der schnellen technologischen Veränderungen darf sich der Arbeitgeber nicht mit der formalen Feststellung einer einmal erworbenen Qualifikation begnügen, sondern muss klären, ob das notwendige fachliche Wissen und Können aktuell faktisch vorliegt. Wird der Arbeitnehmer „berufsfremd" eingesetzt oder verfügt er über keine formale Qualifikation, ist das Augenmerk darauf zu richten, ob er gleichwohl die **notwendige Sach- und Fachkunde** mitbringt oder erwerben wird. Dies bezieht sich ua auf notwendige intellektuelle Fähigkeiten, wie auch praktische Fertigkeiten und technisches Verständnis.

9 **3. Zeitpunkte der Feststellung der „Befähigung".** Es ergibt sich aus dem Wortlaut nicht eindeutig, wann der Arbeitgeber gehalten ist die Befähigung des Beschäftigten zu berücksichtigen und es ist auch nicht ersichtlich, welche Möglichkeiten dem Arbeitgeber eröffnet werden, um die Befähigung zu überprüfen. Die Norm bezieht sich auf die Feststellung, ob der Beschäftigte in der Lage ist, die notwendigen Schutzmaßnahmen einzuhalten, so dass es sich nicht um die Feststellung einer generellen Befähigung handelt.[11] Aus der Regelung kann der Arbeitgeber nicht das Recht ableiten, ohne inhaltliche Einschränkung die Befähigung des Bewerbers zu überprüfen und so eine Bestenauslese durchzuführen.[12]

10 Die Feststellung der „Befähigung" hat bei der „Übertragung von Aufgaben" zu erfolgen, dh zunächst bei **erstmaliger Übertragung**. Ausgangspunkt ist hierbei das vom Arbeitgeber vorgesehene Anforderungsprofil. Bei der Festlegung des Anforderungsprofils ist der Arbeitgeber grundsätzlich frei. Er muss allerdings im Hinblick auf die gesund-

---

9 Hier ergeben sich mitunter Probleme wegen fehlender Kenntnisse der deutschen Sprache – siehe hierzu ua BAG 28.1.2010 – 2 AZR 764/08, NZA 2010, 625; BAG 8.11.2011 – 1 ABR 42/10, DB 2012, 1213; weiterführend Kohte/Rosendahl, jurisPR-ArbR 45/2010 Anm. 1. **10** Weber, Die fähigkeitsgerechte Beschäftigung, S. 204 mwN. **11** Aligbe, Einstellungs- und Eignungsuntersuchung, Rn. 213 f. **12** Aligbe aaO.

heitlichen Anforderungen von einem arbeitsschutzrechtlich ordnungsgemäß eingerichteten Arbeitsplatz ausgehen, dh eine mangelhafte Arbeitsplatzgestaltung (zB kein Einsatz von Hebehilfen entgegen der LasthandhabV) kann nicht durch erhöhte Anforderungen an die Physis von Bewerbern gewissermaßen kompensiert werden.[13] Im Rahmen eines Einstellungsgesprächs ergeben sich idR erste Anhaltspunkte. Die Fragerechte des Arbeitgebers nach der „Befähigung" bestimmen sich danach, inwieweit er ein berechtigtes, billigenswertes und schutzwürdiges Interesse an einer wahrheitsgemäßen Beantwortung hat und demgegenüber die Belange des Bewerbers zurücktreten müssen.[14] Zum Kernbereich des Fragerechts gehören Fragen nach der fachlichen Qualifikation, nach Berufserfahrungen und einschlägigen Weiterbildungen. Ein **tätigkeitsneutrales Fragerecht** des Arbeitgebers nach dem allgemeinen Gesundheitszustand **ist abzulehnen**.[15]

Schwierig gestaltet sich die Rechtslage im Hinblick auf mögliche Einstellungsuntersuchungen. Aus der Norm kann kein generelles Recht auf die Durchführung einer Einstellungsuntersuchung abgeleitet werden. Insbesondere der mitunter drittschützende Charakter von § 7 ArbSchG führt nicht zu einer Durchbrechung der allgemeinen Risikoverteilungserwägungen und der Arbeitgeber hat regelmäßig kein geschütztes Interesse daran festzustellen, ob bei dem Beschäftigten später erhebliche Ausfallzeiten oder aber gesundheitliche Leistungseinschränkungen zu erwarten sind.[16] Weder der Vorbehalt der Befähigung des § 7 ArbSchG noch die Eignungsvorbehalte in den verschiedenen Unfallverhütungsvorschriften und des § 7 DGUV Vorschrift 1 begründen eine Rechtsgrundlage für die Forderung bzw. Anordnung von Untersuchungen, da die entsprechenden Unfallverhütungsvorschriften das Mittel der ärztlichen Untersuchung nicht benennen.[17] Eine Einstellungsuntersuchung[18] kommt in engen Grenzen nur in Betracht, wenn die Interessen des Arbeitgebers oder anderer Arbeitnehmer im Betrieb im Rahmen einer umfassenden Interessenabwägung Vorrang haben und die Untersuchung mit Blick auf die konkreten Arbeitsaufgaben als erforderlich und verhältnismäßig erscheint. Hierbei ist aber zu berücksichtigen, dass eine Untersuchung das letzte Mittel im Rahmen der Befähigungsermittlung darstellt. Erst wenn trotz Einhaltung aller technischen und organisatorischen Maßnahmen im Sinne des § 4 ArbSchG noch Gefährdungslagen verbleiben, können die fehlenden individuellen Fähigkeiten des Arbeitnehmers eine Übertragung der jeweiligen Tätigkeiten ausschließen. So müssen Zweifel an der Verhältnismäßigkeit einer Eignungsuntersuchung bei Arbeiten mit Absturzgefahr bestehen (sog „G 41 Untersuchung"), wenn die Gefahr eines Absturzes durch technische/organisatorische Maßnahmen (Umwehrungen) oder persönliche Absturzsicherungen vermieden werden kann. Die Untersuchungen und Befunderhebungen müssen sich dann auf das beschränken, was nach Stand der Arbeitsmedizin abgeklärt werden muss, um eine Kongruenz mit dem Anforderungsprofil zu erreichen. Die Grundsätze der Fragerechte sind auch bei Einstellungsuntersuchungen zu beachten, die wegen des Eingriffs in das Persönlichkeitsrecht des Bewerbers besonders sensibel zu behandeln sind.[19] Darüber hinaus bilden die §§ 32, 28 Abs. 6 BDSG eine wesentliche Schranke. Im Übrigen sind heute die Benachteiligungsverbote des AGG zu beachten. Insofern können allgemeine Fragen nach bestehenden Erkrankungen uU als – unzulässige – Fragen nach Behinderung iSd § 1 AGG bewertet werden.[20] Sofern es am Arbeitsplatz aber spezifische Gesundheitsgefährdungen bzw. Unfallgefahren gibt, ist zu ermitteln, inwieweit der Neubeschäftigte zur Einhaltung konkreter Bestimmungen und Maßnahmen befähigt ist.

---

13 HK-ArbR/Hamm/Faber ArbSchG § 7 Rn. 4. **14** Ua BAG 7.6.1984 – 2 AZR 270/83, NZA 1985, 57; BAG 11.11.1993 – 2 AZR 467/93, NZA 1994, 407; Kaehler ZfA 1996, 519. **15** Bayreuther NZA 2010, 679; Porsche in: Busch/Nebe/Feldhoff, Übergänge im Arbeitsleben und (Re)Inklusion in den Arbeitsmarkt, 2012, S. 39 ff. **16** Weber, Die fähigkeitsgerechte Beschäftigung, S. 214. **17** Aligbe, Einstellungs- und Eignungsuntersuchungen, Rn. 255. **18** Zur Mitbestimmung nach § 95 BetrVG: HaKo-BetrVG/Kohte BetrVG § 87 Rn. 89. **19** Münch/ArbR/Kohte § 296 Rn. 55; Weber, Die fähigkeitsgerechte Beschäftigung, S. 209 ff. **20** BAG 17.12.2009 – 8 AZR 670/08, NZA 2010, 383.

12 Im laufenden Arbeitsverhältnis kann aus § 7 ArbSchG außerhalb der normativ geregelten Eignungs- und Tauglichkeitsuntersuchungen keine Untersuchungspflicht ohne hinreichende Verdachtsmomente auf Gefährdungslagen abgeleitet werden. § 7 DGUV Vorschrift 1 verdeutlicht, dass die Eignungsfeststellung Teil der allgemeinen Aufsichtsführung ist. Maßgeblich ist danach, ob Beschäftigte erkennbar unsicher arbeiten. Ist dies der Fall, kann und muss die betreffende weisungsberechtigte Führungskraft die Weiterarbeit unterbinden. Eine arbeitsmedizinische Eignungsuntersuchung ist nach dem Konzept des § 7 DGUV Vorschrift 1 demnach ein Recht und eine Möglichkeit des auffällig gewordenen Beschäftigten, sich vom durch erkennbare Indizien begründeten Verdacht eines Eignungsmangels zu entlasten. Routinemäßige Untersuchungen bzw. Drogenscreenings sind vor diesem Hintergrund generell unverhältnismäßig.[21] Die Beschäftigten dürfen nicht durch Kontrollen unter Generalverdacht gestellt werden. Hier müssen stets die Freiwilligkeitsvorbehalte berücksichtigt werden.[22] Eine Weigerung des Beschäftigten kann nicht zu einem Beschäftigungsverbot führen, da es keine gesetzliche Regelung gibt. Für eine Anwendung des § 297 BGB besteht kein Raum, da von einem Unvermögen des Arbeitnehmers nicht ausgegangen werden kann.[23] Eine Überprüfung **im Rahmen bestehender Arbeitsverhältnisse** kommt in Betracht, wenn konkrete hinreichende Verdachtsmomente vorliegen, die Zweifel an der Befähigung begründen.[24] Dies können Arbeitsunfälle oder Beinahunfälle sein, wie auch Erkrankungen, die von den Arbeitsbedingungen (mit)verursacht worden sind (zu arbeitsbedingten Erkrankungen → ArbSchG § 2 Rn. 7 ff.). Gleiches gilt bei Verhaltensauffälligkeiten der Beschäftigten, insbesondere in gefährlichen Arbeitsbereichen, die den Schluss auf Alkohol- oder Drogenkonsum zulassen. Die Umsetzung des § 7 ist wie das gesamte betriebliche Arbeitsschutzorganisation beteiligungsorientiert zu gestalten (→ ArbSchG § 3 Rn. 80 ff.). Der Arbeitgeber muss die betrieblichen Voraussetzungen schaffen, damit die Beschäftigten ihren eigenen Beitrag zur Beachtung und Umsetzung des Arbeits- und Gesundheitsschutzes leisten können, den § 15 ArbSchG verlangt (→ ArbSchG §§ 15–17 Rn. 2).

13 Die Befähigung ist im laufenden Arbeitsverhältnis auch bei **Veränderungen im Arbeitsbereich** zu überprüfen. Insofern gelten dieselben Kriterien wie bei § 81 Abs. 2 BetrVG, § 14 Abs. 1 ArbSchG (→ ArbSchG § 14 Rn. 11). Im Rahmen des § 7 ArbSchG sind insbesondere relevant:
- Änderungen der Arbeitsaufgabe oder Tätigkeit,
- technologische Veränderungen der Arbeitsmittel,
- organisatorische Änderungen.

14 **4. Verfahrensschritte.** Eine Umsetzung des § 7 ArbSchG orientiert am Normzweck erfordert ein schrittweises Verfahren. Zunächst sind die Beschäftigten iSd § 12 ArbSchG, § 81 Abs. 1 BetrVG zu informieren und zu unterweisen. **Information und Unterweisung** müssen sich auf die Arbeitsaufgabe, die damit verbundenen Gesundheitsgefahren und die einzuhaltenden Maßnahmen und Bestimmungen des Arbeits- und Gesundheitsschutzes beziehen. Dabei ist auf eine vorliegende Gefährdungsbeurteilung zurückzugreifen (→ ArbSchG § 12 Rn. 5). Dann ist festzustellen, ob die Beschäftigten in der Folge über das notwendige Wissen verfügen, dh ob sie Informationen intellektuell verstanden haben und nachvollziehen können.

15 Allein die Feststellung der rein intellektuellen Befähigung reicht nicht aus. Auf der Grundlage des konkreten Wissens und Verstehens ist weiter zu klären, ob die Beschäftigten subjektiv in der Lage sind, die Bestimmungen zu beachten und die Maßnahmen umzusetzen. Dies bedeutet eine Feststellung der **subjektiven Steuerungsfähigkeit** in Bezug auf physische und psychische Voraussetzungen. Außerdem ist zu klären, inwieweit bestimmte Haltungen zur Beachtung und Befolgung der Maßnahmen (wie Zuverlässigkeit, Gründlichkeit, Verantwortungsbewusstsein) vorliegen.[25] Die Beschäftigten müs-

---
[21] Münch/ArbR/Kohte § 296 Rn. 56; BAG 12.8.1999 – 2 AZR 55/99, NZA 1999, 1209.
[22] Kohte, jurisPR-ArbR 49/2014 Anm. 2 zu LAG Köln 12.12.2013 – 7 Sa 537/13. [23] Weber, Die fähigkeitsgerechte Beschäftigung. S. 216. [24] Kollmer/Klindt/Schucht/Schack ArbSchG § 7 Rn. 35, 55. [25] Kollmer/Klindt/Schucht/Schack ArbSchG § 7 Rn. 22.

sen auch in diesem Sinne „befähigt" sein, während der Arbeit Schutzbestimmungen zu beachten und ggf. notwendige Schutzmaßnahmen in dem gebotenen Zeitrahmen uU sehr schnell zu ergreifen. Diesbezüglich sind die Arbeitnehmer zu schulen, ggf. durch praktische Übungen.

5. Besonders schutzbedürftige Beschäftigte. Chronisch kranke und behinderte Beschäftigte (zum Begriff der Behinderung → ArbSchG § 4 Rn. 105) gehören wie ältere Arbeitnehmer zu den **besonders schutzbedürftigen Personen** iSd § 4 Nr. 6 ArbSchG. Zwar können Krankheit, Behinderung und Alter Folgen für die „Befähigung" iSd § 7 ArbSchG haben. Es ist jedoch nicht zulässig, bei Vorliegen eines dieser Merkmale allgemein auf eine Minderung der „Befähigung" zu schließen. Es ist strikte Zurückhaltung bei der Zuschreibung von „typischen" Gefährdungsrisiken geboten. Denn „Befähigung" ist immer in Abhängigkeit von der konkreten Art der Tätigkeit und der individuellen Disposition iwS des konkret Beschäftigten zu bestimmen. In Bezug auf die Merkmale „Behinderung" und „Alter" sind zudem die Benachteiligungsverbote nach dem Allgemeinen Gleichbehandlungsgesetz zu beachten.[26]

16

IV. § 7 ArbSchG im Kontext personen- und verhaltensbedingter Kündigungen

1. Feststellung der geschuldeten Leistung. Die Befähigung der Beschäftigten, ihre Arbeitsaufgabe und die damit zusammenhängenden Arbeitsschutzpflichten ordnungsgemäß zu erfüllen, wird in der arbeitsgerichtlichen Praxis und Literatur überwiegend im Zusammenhang mit **Kündigungen wegen Leistungsminderung** diskutiert. Anders als bei objektbezogenen Verträgen ist die Leistungspflicht des Arbeitnehmers an seine Person gekoppelt und nach der zutreffenden Rechtsprechung des Bundesarbeitsgerichts hat jeder Arbeitnehmer einen Anspruch auf Beschäftigung.[27] Es kommt uU eine personen- oder verhaltensbedingte Kündigung in Betracht. Für die Feststellung, ob eine Minderleistung – „**Low Performance**" – vorliegt, ist von zentraler Bedeutung, welche Leistung der Arbeitnehmer schuldet. Die größten Schwierigkeiten bei der Bestimmung der Leistungspflicht ergeben sich im Hinblick auf die geschuldete Arbeitsintensität bzw. den Leistungsmaßstab. Von der Möglichkeit diesen in Tarifverträgen oder Betriebsvereinbarungen festzulegen, wird in der Praxis kaum Gebrauch gemacht. Grundsätzlich schuldet der Arbeitnehmer nicht einen bestimmten Arbeitserfolg, dh keine „objektive Normalleistung". Er ist verpflichtet, seine persönliche Leistungsfähigkeit angemessen auszuschöpfen. Das persönliche **subjektive Leistungsvermögen** bezieht sich auf die Erledigung der arbeitsvertraglich geschuldeten bzw. durch arbeitgeberseitige Weisung konkretisierten Arbeitsaufgaben. Das Bundesarbeitsgericht vertritt einen objektiv-subjektiven Maßstab. Der Arbeitnehmer muss das ihm Mögliche leisten nach der Formel: „Der Arbeitnehmer muss tun, was er soll, und zwar so gut wie er kann."[28] Entsprechend der präventiven Konzeption des Arbeitsschutzgesetzes ist die Feststellung der Leistungspflicht um den Aspekt des Gesundheitsschutzes zu ergänzen. Darauf hat das Bundesarbeitsgericht schon in einer Entscheidung aus dem Jahr 1969 hingewiesen. Grenze und Korrektiv für die geschuldete Arbeitsleistung sei die Wahrung des Gesundheitsschutzes der Beschäftigten.[29] Insbesondere die Verpflichtung zur „menschengerechten Gestaltung der Arbeit" in § 2 Abs. 1 ArbSchG wirkt bei der Festlegung der Arbeitsinhalte, -bedingungen und -zeiten auf die Bestimmung der Leistungspflicht ein. Minderleistungen werden nicht selten durch eine mangelhafte Beachtung dieser weiten arbeitsschutzrechtlichen Pflichten verursacht.[30] Die Beschäftigten schulden die Leistung, die sie unter Einsatz ihrer körperlichen und geistigen Kräfte auf Dauer **ohne Gefähr-**

17

---

26 Weber, S. 118 f. **27** Grundlegend BAG 27.2.1985 – GS 1/84, DB 1985, 2197; BAG 9.4.2014 – 10 AZR 637/13, DB 2014, 1434. **28** BAG 11.12.2003 – 2 AZR 667/02, NZA 2004, 784; BAG 17.1.2008 – 2 AZR 2008, NZA 2008, 693; BAG 27.11.2008 – 2 AZR 675/07, NZA 2009, 842; KDZ/KSchR/Deinert KSchG § 1 Rn. 143; Maschmann NZA-Beil. 1/2006, 13 (15 ff.); Tillmanns RdA 2009, 391 (393); für einen objektiven Leistungsmaßstab ua v. Hoyningen-Huene/Linck KSchG § 1 Rn. 242; Hunold BB 2003, 2345 (2346). **29** BAG 20.3.1969 – 2 AZR 283/68, ArbuR 1969, 152; dazu Weber DB 2015, 1899 (1900). **30** Weber, Die fähigkeitsgerechte Beschäftigung, S. 303, 327 ff.; ders. DB 2015, 1899 (1901 ff.).

dung ihrer Gesundheit erbringen können.[31] Eine sach- und interessengerechte Bestimmung der Leistungspflicht kann über einen abgestuften Konkretisierungsprozess erfolgen, bei dem sowohl objektive und individuelle Kriterien hinreichend berücksichtigt werden. Auf einer ersten Stufe müssen die allgemeinen Anforderungen des Arbeitsplatzes überprüft werden. Der Arbeitsplatz ist so zu gestalten, dass die geforderte Arbeitsleistung unabhängig von der Person des Arbeitnehmers erbracht werden kann. Eine wesentliche Leistungsgrenze ergibt sich aus den bestehenden arbeitsschutzrechtlichen Organisationspflichten des Arbeitgebers. Auf einer zweiten Stufe ist zu klären, welche personenbezogenen Anforderungen vom Stelleninhaber erfüllt werden müssen, damit dieser objektiv in der Lage ist die geforderten Arbeitsleistungen zu erbringen. Auf der letzten Stufe ist die individuelle Leistungsfähigkeit des Arbeitnehmers zu berücksichtigen. Dies ist die Fähigkeit, die objektiv vorhandenen und erworbenen Kenntnisse auf die konkrete Arbeitsleistung anzuwenden.[32]

18 Da das Arbeitsverhältnis ein **Dauerschuldverhältnis** ist, müssen sich Arbeitsaufgaben und -tätigkeiten betrieblichen Vorgaben ständig **anpassen**, dh „die Leistungspflicht ist nicht starr, sondern dynamisch".[33] Herausforderungen können sich ua ergeben durch

- Änderungen in der Produktpalette und in Serviceangeboten,
- höheren und von außen festgelegten Leistungsstandards zB in Zertifizierungsverfahren,
- Veränderungen der Arbeitsorganisation,
- inhaltliche Veränderung der Arbeitsaufgaben durch mehr bzw. andere Aufgaben, Übernahme von Koordinations- und Führungsaufgaben,
- zusätzliche Leistungsanforderungen, zB durch Dokumentationspflichten, Berichtswesen, Zielvereinbarungen oder Fremdsprachen,
- Einführung neuer oder Änderungen bestehender Technik.

Der von den Arbeitnehmern geschuldete **Leistungsmaßstab** bleibt derselbe: Sie müssen ihre Leistungspotentiale in Orientierung an den geforderten Veränderungen angemessen ausschöpfen. Der Arbeitgeber kann zwar durch Direktionsrecht die Leistungspflichten anpassen, aber nur bis zur Grenze der körperlichen, intellektuellen und psychischen Potentiale der Beschäftigten.[34] Aber auch das Leistungsvermögen der Arbeitnehmer unterliegt Schwankungen, die teils in der Person, zB durch Alter, Krankheit, zum Teil auch in betrieblichen Veränderungen wie oben angegeben begründet sein können. In nicht wenigen Fällen wird es zu Wechselwirkungen kommen. Die Gerichtspraxis zeigt, dass plötzliche Minderleistungen von langjährig Beschäftigten oft mit persönlichen und/oder betrieblichen Veränderungen einhergehen, denen Beschäftigte mangels Eignung nicht folgen können (→ Rn. 24).[35] Typischerweise halten Beschäftigte in diesen Situationen nicht bewusst ihr Leistungsvermögen zurück, sondern schöpfen ihre Leistungspotentiale vollständig aus, manchmal über die Grenzen eigener Gesundheit hinweg. Gleichwohl sind sie im Einzelfall überfordert und leiden unter ihren unterdurchschnittlichen Leistungen bis hin zu physischen und psychischen Erkrankungen.

19 **2. Vorwerfbare oder unverschuldete Leistungsminderung.** In der Praxis ist es schwierig festzustellen, ob ein Arbeitnehmer seine Leistungsfähigkeit pflichtwidrig oder „mangels Eignung" nicht angemessen ausschöpft. Diese Differenzierung ist für die Abgrenzung einer verhaltensbedingten zu einer personenbedingten Kündigung relevant. Bei einer verhaltensbedingten Kündigung kommt es auf das individuelle Leistungsvermögen an. Ein Arbeitnehmer, der vorsätzlich sein Leistungsvermögen nicht ausschöpft, verletzt schuldhaft seine Arbeitspflichten. Dabei kann schon das geringfügige pflichtwidrige Zurückhalten der Leistungsfähigkeit – nach einer Abmahnung – eine Kündigung aus

---

[31] Maschmann NZA-Beil. 1/2006, 13 (15); Lepke, Rn. 186; Kohte/Weber, jurisPR-ArbR 23/2009 Anm. 1. [32] Vertiefend Weber, Die fähigkeitsgerechte Beschäftigung, S. 101 ff.; ders. DB 2015, 1899 (1900 ff.). [33] BAG 17.1.2008 – 2 AZR 2008, NZA 2008, 693. [34] Wetzling/Habel BB 2009, 1638. [35] Wetzling/Habel BB 2009, 1638 (1639 f.).

verhaltensbedingten Gründen rechtfertigen.[36] Einem Arbeitnehmer, der trotz angemessener Bemühungen die geschuldete Leistung unterschreitet oder nicht erbringen kann, kann dagegen keine Verletzung der Arbeitspflicht vorgeworfen werden. Gleichwohl weichen auch seine Leistungen von den – berechtigterweise – zu Erwartenden ab. Eine **personenbedingte Kündigung** ist nicht schon bei jeder Abweichung von der Durchschnittsleistung gerechtfertigt. Anknüpfungspunkt ist hier nicht die individuelle Leistungsfähigkeit, sondern die objektiv berechtigte Leistungserwartung des Arbeitgebers.[37] Erst wenn die Minderleistungen lang andauern und erheblich unterdurchschnittlich sind, kann dem Arbeitgeber wegen schwerwiegender Störung des Verhältnisses von Leistung und Gegenleistung ein Festhalten am Arbeitsvertrag nicht zugemutet werden.[38]

Ob eine **vorwerfbare oder unverschuldete Minderleistung** vorliegt, kann der Arbeitgeber nur schwer belegen. Auch objektivierbare Kriterien wie Fehlerhäufigkeit zeigen nur an, dass die Leistungen unterhalb der Durchschnittsleistung vergleichbarer Arbeitnehmer im Betrieb oder der von einem Arbeitgeber gesetzten Norm liegen. In einer Vergleichsgruppe ist immer ein Arbeitnehmer das „Schlusslicht".[39] Dies muss nicht die Ursache geminderter Leistungsbereitschaft oder -fähigkeit sein. Es kann auch daran liegen, dass die anderen Gruppenmitglieder besonders leistungsstark sind oder sich permanent überfordern oder dass ein Arbeitnehmer umgekehrt besonders leistungsschwach ist. Das deutliche und längerfristige Unterschreiten der von den vergleichbaren Arbeitnehmern erreichten Leistungen ist nur ein Indiz dafür, dass der Arbeitnehmer seine Leistungsfähigkeit nicht zumutbar ausschöpft.[40] 20

Der 2. Senat des Bundesarbeitsgerichts und die Instanzgerichte greifen sowohl bei der personen- als auch bei der verhaltensbedingten Kündigung auf die Rechtsfigur der **abgestuften Darlegungs- und Beweislast** zurück, um festzustellen, ob es sich um eine pflichtwidrige, vorwerfbare oder eine nicht verschuldete Leistungsminderung handelt.[41] Der Arbeitgeber muss zunächst vortragen, dass die Leistungen des Arbeitnehmers über einen längeren Zeitraum die Leistungen vergleichbarer Arbeitnehmer erheblich unterschreiten. Bei **quantitativ messbaren Minderleistungen** ist eine Unterschreitung der Durchschnittsleistung von mindestens einem Drittel relevant. Es müssen valide Daten vorliegen, die diese Feststellung ermöglichen (→ Rn. 27).[42] In der Regel wird die **qualitative Leistungsminderung** (zB im Dienstleistungssektor) schwieriger zu belegen sein (→ Rn. 28). Deshalb muss der Arbeitgeber in Bezug auf konkrete Arbeitsinhalte und -anforderungen darlegen, warum die längerfristige deutliche Überschreitung der durchschnittlichen Fehlerquoten nach den Gesamtumständen ein Indiz für die vorwerfbare Pflichtverletzung ist. Er hat zu Art, Zahl und Schwere der Fehler und ihrer Folgen substantiiert vorzutragen.[43] In beiden Fallgruppen muss der Arbeitnehmer dann Argumente gegen die verwendeten Daten oder Leistungskriterien in Bezug auf Richtigkeit, Plausibilität oder Aussagekraft vortragen. Außerdem kann er darlegen, warum er gleichwohl seine persönliche Leistungsfähigkeit ausschöpft und hierfür ihn entlastende Faktoren (wie zB alters- bzw. krankheitsbedingte Leistungsdefizite oder betriebliche Umstände) benennen. Hierauf hat der Arbeitgeber ggf. unter Beweisantritt substanti- 21

---

36 BAG 11.12.2003 – 2 AZR 667/02, NZA 2004, 784; BAG 17.1.2008 – 2 AZR 2008, NZA 2008, 693; KR/Griebeling KSchG § 1 Rn. 448; KDZ/KSchR/Deinert KSchG § 1 Rn. 143; Römermann/Haase MDR 2005, 853 (855); Maschmann NZA-Beil. 1/2006, 13 (18). **37** So schon BAG 28.2.1990 – 2 AZR 401/89, DB 1990, 2430. **38** BAG 11.12.2003 – 2 AZR 667/02, NZA 2004, 784; BAG 17.1.2008 – 2 AZR 2008, NZA 2008, 693; zur Änderungskündigung BAG 22.10.2015 – 2 AZR 550/14; dazu Kohte, jurisPR-ArbR 51/2016 Anm. 1; Lepke Rn. 186; Maschmann NZA-Beil. 1/2006, 13 (20); Römermann/Haase MDR 2005, 853 (856). **39** BAG 17.1.2008 – 2 AZR 2008, NZA 2008, 693. **40** BAG 11.12.2003 – 2 AZR 667/02, NZA 2004, 784; BAG 17.1.2008 – 2 AZR 2008, NZA 2008, 693; KDZ/KSchR/Deinert KSchG § 1 Rn. 143; HaKo-KSchR/Fiebig/Zimmermann KSchG § 1 Rn. 388. **41** BAG 11.12.2003 – 2 AZR 667/02, NZA 2004, 784; BAG 17.1.2008 – 2 AZR 2008, NZA 2008, 693; LAG Schleswig-Holstein 24.2.2010 – 6 Sa 399/09, NZA-RR 2010, 466; LAG München 3.3.2011 – 3 Sa 764/10; krit. Weber, S. 346 ff., die eine stärkere Differenzierung bei personenbedingten Kündigungen anmahnt; ders. DB 2015, 1899 (1902). **42** Hierzu ausführlich BAG 11.12.2003 – 2 AZR 667/02, NZA 2004, 784. **43** BAG 17.1.2008 – 2 AZR 2008, NZA 2008, 693.

iert zu erwidern. Kann der Arbeitnehmer keine Umstände darlegen, die dafür sprechen, dass er seine Leistungsfähigkeit ausschöpft, gilt das schlüssige Vorbringen des Arbeitgebers als zugestanden, so dass davon auszugehen ist, dass der Arbeitnehmer seine Leistungspflicht schuldhaft und vorwerfbar nicht erbringt.[44] Die verhaltensbedingte Kündigung ist aber in diesen Fällen nur sozial gerechtfertigt, wenn der Verhältnismäßigkeitsgrundsatz eingehalten wird und eine Abmahnung erfolgt ist.[45]

22 Auf der Schnittstelle von verhaltens- und personenbedingter Kündigung liegen Kündigungen, die mit **Defiziten in der deutschen Sprache** begründet werden.[46] Hier ist für die Abgrenzung von Bedeutung, ob die Defizite in der mangelnden Bereitschaft oder Fähigkeit zum Erlernen der deutschen Sprache liegen. Das Einfordern von Deutschkenntnissen ist grundsätzlich geeignet, Arbeitnehmer wegen ihrer ethnischen Herkunft (§ 1 AGG) zu benachteiligen; in Betracht kommt eine **mittelbare Benachteiligung** nach § 3 Abs. 2 AGG.[47] Es ist möglich, die Beherrschung der deutschen Sprache in Wort und/ oder Schrift zu fordern; jedoch ist sorgfältig zu differenzieren. Sachlich gerechtfertigt ist die Anforderung, wenn Deutschkenntnisse in Wort und/oder Schrift für die ordnungsgemäße Erfüllung der Arbeitsaufgaben von Bedeutung sind.[48] Dies hat das Bundesarbeitsgericht für den Fall angenommen, dass der Arbeitnehmer nicht in der Lage war, Arbeits- und Prüfanweisungen im Rahmen der Erfüllung der „ISO-Zertifizierung" zu lesen und zu verstehen. Der Senat hat die Kündigung jedoch nur bejaht, weil der Arbeitgeber nachweisen konnte, dass dem Arbeitnehmer über Jahre wiederholt Deutschkurse zur Verbesserung seiner Deutschkenntnisse angeboten und nahe gelegt worden waren.[49]

23 **3. Kündigung wegen krankheitsbedingter Minderleistung.** Die in der Praxis wichtigste Fallgruppe der personenbedingten Kündigung wegen Minderleistung ist die Kündigung wegen krankheitsbedingter Minderleistung. Anders als bei der Kündigung wegen Krankheit ist der Arbeitnehmer nicht dauerhaft arbeitsunfähig erkrankt, so dass er die Arbeitsleistung überhaupt nicht mehr erbringen kann. Der Arbeitnehmer ist dauerhaft partiell an der Erbringung der arbeitsvertraglich geschuldeten Leistung gehindert; er kann krankheitsbedingt nur eine quantitativ bzw. qualitativ unterdurchschnittliche Leistung erbringen oder kann bestimmte Leistungen, die Teil seiner Arbeitstätigkeit sind, nicht oder nur zeitweise erbringen.[50] Die Prüfung der sozialen Rechtfertigung folgt grundsätzlich denselben Schritten und Kriterien wie bei der krankheitsbedingten Kündigung. Im Zusammenhang des ArbSchG ist im Rahmen der Interessenabwägung zugunsten des Arbeitnehmers von besonderer Bedeutung, wenn die krankheitsbedingte Leistungsminderung auf **betrieblichen Ursachen** beruht, insbesondere auf einer Nichterfüllung der arbeitgeberseitigen Verpflichtungen des ArbSchG und seiner Verordnungen.[51] Häufig wird bei gesundheitsbedingten Leistungsbeeinträchtigungen der Anwendungsbereich des betrieblichen Eingliederungsmanagements eröffnet sein. Dieser vorstrukturierte ergebnisoffene Suchprozess bietet regelmäßig eine gute Möglichkeit nach einer fähigkeitsgerechten Beschäftigung zu suchen und Defizite im Arbeitsschutz zu beseitigen.[52]

24 **4. Personenbedingte Kündigung wegen mangelnder „Befähigung".** Im Zusammenhang des § 7 ArbSchG sind personenbedingte Kündigungen zu thematisieren, die mit **mangelnder Eignung** iwS, zB mit fehlender fachlicher Qualifikation oder Berufserfahrung bzw. mit motorischen oder intellektuellen Defiziten, begründet werden. Es geht um quantitative und qualitative Minderleistungen, die darauf beruhen, dass der Arbeitneh-

---

44 BAG 17.1.2008 – 2 AZR 2008, NZA 2008, 693; KR/Griebeling KSchG § 1 Rn. 389. **45** Maschmann NZA-Beil. 1/2006, 13 (17 ff.); Weber, S. 298 ff. **46** BAG 28.1.2010 – 2 AZR 764/08, NZA 2010, 625; LAG Hessen 19.7.1999 – 16/Sa 1898/98; Herbert/Oberrath NJ 2011, 8; Busch AiB 2010, 370. **47** BAG Hamburg 26.1.2010 – 25 Ca 282/09 mAnm Kohte/Rosendahl, jurisPR-ArbR 45/2010 Anm. 1. **48** ArbG Berlin 11.2.2009 – 55 Ca 16952/08, NZA-RR 2010, 16. **49** BAG 28.1.2010 – 2 AZR 764/08, NZA 2010, 625; hierzu auch BAG 22.6.2011 – 8 AZR 48/10, DB 2011, 2438. **50** Hamann, S. 15 f.; KDZ/KSchR/Deinert KSchG § 1 Rn. 145. **51** BAG 26.9.1991 – 2 AZR 132/91, NZA 1992, 1073; BAG 11.12.2003 – 2 AZR 667/02, NZA 2004, 784; LAG Köln 17.10.2006 – 9 Sa 370/06; KDZ/KSchR/Deinert KSchG § 1 Rn. 145; Lepke, Rn. 187; Weber, S. 269 ff. **52** Kohte DB 2008, 582; Nebe DB 2008, 1801.

mer nicht (mehr) befähigt ist, die geschuldete Leistung zu erbringen. Bei Leistungsdefiziten, die vom Arbeitnehmer nicht steuerbar und deshalb nicht pflichtwidrig verschuldet sind, kommt nur eine **personenbedingte Kündigung** in Betracht.[53] Es kommt darauf an, dass die Arbeitsleistung die berechtigte Erwartung des Arbeitgebers an eine der Gegenleistung gleichwertige Arbeitsleistung erheblich und dauerhaft so unterschreitet, dass es dem Arbeitgeber nicht zumutbar ist, an dem Arbeitsvertrag festzuhalten. Kündigungsgrund ist nicht ein vorwerfbares Fehlverhalten, sondern die nachhaltige und unzumutbare Störung des Verhältnisses von Leistung und Gegenleistung im Arbeitsverhältnis.[54]

Die Prüfung, ob eine **personenbedingte Kündigung** des sog „Low Performers" sozial 25 gerechtfertigt ist, folgt in Grundzügen den drei Schritten einer krankheitsbedingten Kündigung,[55] jedoch mit einigen spezifischen Aspekten:[56]

- Die Arbeitsleistung des Arbeitnehmers muss die (objektiv) berechtigte Gleichwertigkeitserwartung des Arbeitgebers über einen längeren Zeitraum in einem Maß unterschreiten, dass ihm ein Festhalten an dem (unveränderten) Arbeitsvertrag unzumutbar wird.
- Aufgrund einer anzustellenden Prognose ist auch in Zukunft nicht mit der Wiederherstellung des Gleichgewichts von Leistung und Gegenleistung zu rechnen.
- Es steht kein milderes Mittel zur Herstellung des Vertragsgleichgewichts zur Verfügung.
- Bei einer Abwägung überwiegt das Änderungs- bzw. Beendigungsinteresse des Arbeitgebers gegenüber dem Interesse des Arbeitnehmers an einer unveränderten Weiterbeschäftigung.

Zu Recht stellen die Gerichte hohe Anforderungen an die Darlegungslast des Arbeitge- 26 bers auf der ersten Stufe. Der Arbeitgeber muss die (veränderten) Anforderungen der Arbeitsaufgabe und die Umstände, die den Eignungsmangel begründen, konkret darlegen, so dass die **Diskrepanz zwischen Anforderungen und Leistung** nachvollziehbar ist. In diesem Rahmen müssen die Ursachen der Minderleistung schlüssig und konkret benannt werden (Worin genau besteht die mangelnde Eignung?). Es müssen Tatsachen beschrieben werden, die den Rückschluss auf persönliche Defizite, wie zB Sprach- und Lesedefizite, mangelnde Orientierungsfähigkeit, unzureichende motorische/intellektuelle Fähigkeiten, zulassen. Pauschale Wertungen, wie zB fehlende Führungskompetenz, keine Begeisterungsfähigkeit, introvertierter Typ können die Schlechtleistung nicht begründen.[57]

Auf der ersten Stufe muss zu prognostizieren sein, dass mit einer Wiederherstellung des 27 Gleichgewichts von Leistung und Gegenleistung nicht zu rechnen ist, weil die Leistungsmängel nicht auf zumutbare Weise zu beheben sind (**negative Prognose**).[58] Bisherige erhebliche Minderleistungen können nur ein Indiz für weitere künftige Leistungsdefizite sein. Es geht bei der personenbedingten Kündigung um die erhebliche Nichterfüllung der objektiven Anforderungen des Arbeitsplatzes. Der Arbeitgeber kann diese Anforderungen aber nur stellen, wenn er seinerseits allen wesentlichen Organisationspflichten bei der Einrichtung und Ausgestaltung des Arbeitsplatzes sowie der Arbeitsbedingungen nachgekommen ist. Die Frage nach der Ursache für die Störung des Austauschverhältnisses sollte in die Prognose einfließen. Überwiegend wird die Kündigung als sozial ungerechtfertigt angesehen, wenn die gesundheitliche Beeinträchtigung des

---

[53] KDZ/KSchR/Deinert KSchG § 1 Rn. 133; KR/Griebeling KSchG § 1 Rn. 303, 384; Wetzling/Habel BB 2009, 1638 (1644); Weber, Die fähigkeitsgerechte Beschäftigung, S. 327 ff. [54] HaKo-KSchR/Gallner KSchG § 1 Rn. 602; Maschmann NZA-Beil. 1/2006, 15 (20); LAG Hessen 25.11.2008 – 13 Sa 760/08. [55] Römermann/Haase MDR 2005, 853 (856); HaKo-KSchR/Gallner KSchG § 1 Rn. 546 ff., 602. [56] BAG 19.4.2007 – 2 AZR 239/06, NZA 2007, 1041; BAG 17.1.2008 – 2 AZR 536/06, NZA 2008, 693; LAG Rheinland-Pfalz 21.1.2009 – 7 Sa 37/07; LAG Hessen 25.11.2008 – 13 Sa 760/08. [57] LAG Hamm 5.3.2008 – 8 Sa 907/03; anschaulich LAG Nürnberg 12.6.2007 – 6 Sa 37/07; LAG Rheinland-Pfalz 21.1.2009 – 7 Sa 37/07. [58] BAG 3.6.2004 – 2 AZR 386/03, NZA 2004, 1380; LAG Köln 17.10.2006 – 9 Sa 370; LAG Nürnberg 12.6.2007 – 6 Sa 37/07, NZA-RR 2008, 178; LAG Rheinland-Pfalz 21.1.2009 – 7 Sa 37/07.

Arbeitnehmers darauf beruht, dass der Arbeitgeber notwendige Schutz- und Sicherheitsmaßnahmen schuldhaft unterlassen hat.[59] Für den Nachweis der Leistungsminderung werden an die Darlegungslast des Arbeitgebers substantielle Anforderungen differenziert nach quantitativer und qualifizierter Minderleistung gestellt. Beruft sich der Arbeitgeber auf **quantitative Minderleistung** (der Arbeitnehmer erbringt zu wenig Leistung), muss er eine dauerhafte Unterschreitung von mindestens einem Drittel der Durchschnittsleistung darlegen; dabei handelt es sich nicht um eine starre Grenze, sondern diese richtet sich nach dem Einzelfall und ist stets von der Wertigkeit der Arbeit und deren Schwierigkeit abhängig.[60] Es geht nicht um eine Betriebsablaufstörung, sondern um eine Störung des Austauschverhältnisses.[61] Diesem Zahlenwert kommt indes nur Indizwirkung zu. In Zahlen gemessene Leistungen sind nur aussagekräftig, wenn die Vergleichsgruppe repräsentativ ist und die Vergleichszeiträume deckungsgleich sind. Außerdem müssen die Arbeitsbedingungen vergleichbar sein. Der Arbeitgeber muss nachvollziehbar und transparent darlegen, nach welchen Kriterien die Vergleichsgruppe gebildet worden ist und woraus sich die Vergleichbarkeit der Arbeitnehmer ergibt. Eventuelle Zweifel gehen zulasten des Arbeitgebers.[62] Im Übrigen rechtfertigt eine dauerhafte Minderleistung von weniger als einem Drittel keine Kündigung.[63]

28 Beruft sich der Arbeitgeber auf eine **qualitative Minderleistung** (der Arbeitnehmer leistet schlechte Arbeit, macht zu viele Fehler), genügt die isolierte Betrachtung der Fehlerhäufigkeit des einzelnen Arbeitnehmers nicht. Die Arbeitsleistungen bzw. die Fehlerquote müssen zu Arbeitnehmern, die vergleichbare Arbeiten unter vergleichbaren Bedingungen leisten, ins Verhältnis gesetzt werden. Die Fehlerhäufigkeit muss deutlich über das Maß der Fehler vergleichbarer Arbeitnehmer hinausgehen. Die Anforderungen an die Bildung der Vergleichsgruppen, Zeiträume und Bedingungen gelten gleichermaßen. Hierfür muss der Arbeitgeber belastbare und valide Tatsachen liefern, um die Vergleichbarkeit schlüssig und transparent darzulegen.[64] In mitbestimmten Betrieben kann ein einheitliches Bewertungssystem mit dem Betriebsrat vereinbart werden.[65]

29 Weiter muss der Arbeitgeber nach dem Aufzeigen einer negativen Leistungsprognose die **Beeinträchtigung betrieblicher Interessen** darlegen und beweisen, die ein Festhalten am Arbeitsverhältnis unzumutbar macht.[66] Zu den betrieblichen und wirtschaftlichen Auswirkungen der Minderleistung sind konkrete Angaben zu Art, Zahl und Schwere der Fehler und ihrer Folgen zu machen. Je nach Arbeitsaufgabe kann bereits ein Fehler weitreichende Konsequenzen haben, zB bei überwachenden Tätigkeiten in der Industrie. Die **quantitative Minderleistung** kann sich durch wirtschaftliche Belastungen unmittelbar ergeben, zB durch fehlerhafte Produktion und dadurch bedingte Reparaturkosten oder zusätzlichen Arbeitsaufwand. Denkbar sind auch mittelbare Folgen durch mangelnde Aufträge oder zurückgehende Kundennachfrage, weil der Arbeitnehmer zu langsam, zu wenig kundenorientiert oder fachlich fehlerhaft arbeitet.[67]

30 In engem Zusammenhang hiermit steht als nächster Prüfungsschritt die Feststellung, dass keine milderen Mittel zur Verfügung stehen, um die Kündigung abzuwenden. Im Rahmen des Kündigungsschutzgesetzes gilt für alle Kündigungen der **Verhältnismäßigkeitsgrundsatz**. Eine Kündigung ist sozial nur gerechtfertigt, wenn sie erforderlich ist, dh kein milderes Mittel zur Verfügung steht.[68] Im Zusammenhang mit der personenbedingten Kündigung wegen Minderleistung infolge mangelnder Befähigung setzt dieser „ultima-ratio-Grundsatz" voraus, dass die Leistungsdefizite nicht durch betriebliche

---

59 KR/Griebeling KSchG § 1 Rn. 348 a ff.; APS/Dörner/Vossen KSchG § 1 Rn. 174; Weber DB 2015, 1899 (1901). **60** BAG 11.12.2003 – 2 AZR 667/02, NZA 2004, 784; zust. die überwiegende Literatur, vgl. Weber, S. 251 mwN. **61** Greiner RdA 2007, 22 (29); Weber, Die fähigkeitsgerechte Beschäftigung, S. 340. **62** BAG 27.11.2008 – 2 AZR 675/07, NZA 2009, 842; LAG Rheinland-Pfalz 22.1.2009 – 10 Sa 535/08 mAnm Kohte/Weber, jurisPR-ArbR 42/2009, Anm. 2. **63** Weber, S. 340 ff. **64** BAG 17.1.2008 – 2 AZR 2008, NZA 2008, 693; LAG Schleswig-Holstein 24.2.2010 – 6 Sa 399/09 mAnm Kohte/Weber, juris PR-ArbR 35/2010 Anm. 1; LAG München 3.3.2011 – 3 Sa 74/10; Friemel/Walk NJW 2010, 1557; Tillmann RdA 2009, 391 (395). **65** LAG Düsseldorf 8.4.2009 – 7 Sa 1385/08; Friemel/Walk NJW 2010, 1557 (1559); Kohte/Weber, jurisPR-ArbR 35/2010 Anm. 1. **66** Weber, S. 278. **67** Friemel/Walk NJW 2010, 1557 (1559). **68** ErfK/Oetker KSchG § 1 Rn. 74 ff.

Anpassungsmaßnahmen behoben werden können.[69] Anpassungsmaßnahmen sind vor allem in den Fällen von Bedeutung, wenn Arbeitnehmer aufgrund betrieblicher Änderungen, nicht (mehr) zu ihrer Arbeitsaufgabe befähigt sind.[70] Der Arbeitgeber ist zunächst dafür verantwortlich, den Arbeitnehmer über veränderte Anforderungen genau zu informieren; die damit verbundenen Erwartungen an veränderte bzw. erhöhte Leistungen sind transparent zu machen. Weiter muss der Arbeitgeber erläutern, welche Anpassung, Qualifizierung und Veränderung vom Arbeitnehmer erwartet wird. Er muss geeignete Hilfestellung – bezogen auf vorher festgestellte Eignungsdefizite – geben. Diese können ua in Veränderungen der Arbeitsorganisation, der Arbeitszeit- und Pausengestaltung und der Arbeitsbedingungen bestehen. Ggf. kommt auch die Umsetzung des Arbeitnehmers auf einen fähigkeitsgerechten Arbeitsplatz in Betracht. Einen besonderen Stellenwert im Zusammenhang mit betrieblichen Änderungen nehmen (Um-)Schulungs- und Fortbildungsmaßnahmen ein; hier besteht ein enger Zusammenhang zur Unterrichtungs- und Erörterungspflicht des Arbeitgebers gem. § 81 Abs. 2, 4 BetrVG (→ Rn. 37).[71] Diese müssen passgenau sein, damit die qualifikationsbedingten Defizite verringert werden können. Dann muss der Arbeitnehmer Gelegenheit haben, die Schulungsmaßnahmen zu absolvieren und seine neu erworbenen Fähigkeiten am Arbeitsplatz einzusetzen.[72] Wenn beides nicht abgewartet wird, wird es schon an der negativen Prognose fehlen; Nachfragen und Fehler in der Phase der Einarbeitung nach der Schulung sind hinzunehmen.[73] Ursachen der Minderleistungen, Möglichkeiten zur Beseitigung und Klärung der Bereitschaft des Arbeitnehmers zB zu Fortbildungsmaßnahmen müssen in einem beteiligungsorientierten Prozess zwischen Arbeitgeber und Arbeitnehmer, ggf. unter Beteiligung des Betriebsrats, erörtert werden.[74] Im Rahmen des Kündigungsschutzprozesses muss der Arbeitgeber darlegen, welche geeigneten Anpassungsmaßnahmen versucht wurden bzw. warum sie nicht versucht wurden.[75]

Die Anpassungsmaßnahmen des Arbeitgebers dürfen sich nicht auf verhaltenspräventive Angebote beschränken, wenn die Leistungsminderung auf betrieblichen Ursachen einer **gesundheitsschädlichen Arbeitsgestaltung** beruht. Schon bei der Bestimmung des Leistungsmaßstabs ist – gesundheitsschädliche – Bedingungen, unter denen die Arbeit zu leisten ist, zu berücksichtigen (→ Rn. 16). Spätestens, wenn der Arbeitnehmer in seiner Erwiderung zum Vorwurf der Minderleistung auf belastende Arbeitsbedingungen hinweist, ist zu prüfen, inwieweit die Grundpflichten des Arbeitgebers gem. § 3 ArbSchG und die allgemeinen Grundsätze an die Gestaltung von Arbeit gem. § 4 ArbSchG eingehalten sind. Anhaltspunkte ergeben sich aus den Ergebnissen der Gefährdungsbeurteilung.[76] Gem. § 4 Nr. 5 ArbSchG (→ ArbSchG § 4 Rn. 58) sind verhältnispräventive Maßnahmen vorrangig. 31

Viele Sachverhalte in Kündigungsschutzprozessen wegen Minderleistung enthalten Anhaltspunkte für eine Arbeitsgestaltung, die den **Anforderungen des § 4 ArbSchG nicht** entspricht. Oft sind erst nach jahrelanger unbeanstandeter Arbeit Leistungsmängel bzw. eine erhöhte Fehlerhäufigkeit festzustellen. Diese gehen bei näherer Betrachtung der Arbeitsumstände mit belastenden Arbeitsbedingungen, oft im Zusammenhang mit betrieblichen Änderungen iwS einher. Dazu zählen ua repetitive Arbeiten,[77] der kurzzeitige Wechsel in eine Arbeitsaufgabe, die höchste Konzentration erfordert,[78] ständige Bildschirmarbeit,[79] veränderte bzw. erweiterte Arbeitsaufgaben ohne zureichende Ein- 32

---

69 Ausführlich Weber, S. 353 ff. **70** Zu Anpassungsmaßnahmen bei gesundheitsbedingter Minderleistung s. Weber, S. 233 ff. **71** Ausführlich s. Weber, S. 223 ff. **72** LAG Nürnberg 12.6.2007 – 6 Sa 37/07, NZA-RR 2008, 178; LAG Hamm 5.6.2008 – 15 Sa 1970/07; LAG Hessen 19.7.1999 – 16/Sa 1898/98, LAGE § 1 KSchG Betriebsbedingte Kündigung Nr. 55; LAG Rheinland-Pfalz 21.1.2009 – 7 Sa 400/08; Wetzling/Habel BB 2009, 1638 (1640 f.). **73** LAG Hamm 5.6.2008 – 15 Sa 1970/07. **74** KR/Griebeling KSchG § 1 Rn. 387; Weber, S. 245. **75** Sasse ZTR 2009, 186 (189); Wetzling/Habel BB 2009, 1638 (1645); BAG 28.1.2010 – 2 AZR 764/08, NZA 2010, 625. **76** Kohte/Weber, jurisPR-ArbR 23/09 Anm. 1 zu BAG 17.1.2008 – 2 AZR 2008, NZA 2008, 693; Kohte/Weber, juris PR-ArbR 35/2010 Anm. 1 zu LAG Schleswig-Holstein 24.2.2010 – 6 Sa 399/09, NZA-RR 2010, 466. **77** BAG 17.1.2008 – 2 AZR 2008, NZA 2008, 693. **78** LAG Schleswig-Holstein 24.2.2010 – 6 Sa 399/09, NZA-RR 2010, 466 mAnm Kohte/Weber, jurisPR-ArbR 35/2010 Anm. 1. **79** LAG München 3.3.2011 – 3 Sa 764/10, AuA 2011, 487.

arbeitung bzw. Fortbildung.[80] Typischerweise gehen alle Tätigkeiten mit hohem zeitlichem Druck einher. Eine Arbeitsgestaltung, die den Arbeitnehmer nicht (oder nicht mehr) befähigt, seine individuelle Arbeitsleistung abzurufen, ohne seine Gesundheit zu gefährden, widerspricht § 7 ArbSchG. Personenbedingte Kündigungen wegen Minderleistung sind in diesen Fällen nicht verhältnismäßig und daher sozial nicht gerechtfertigt.

33 **5. Erfordernis der Abmahnung.** Unter der Prämisse, dass die Minderleistung keine vorwerfbare Pflichtverletzung darstellt, ist fraglich, inwieweit nach dem Verhältnismäßigkeitsprinzip eine formelle **Abmahnung** erforderlich ist. Denn eine Abmahnung soll dem Arbeitnehmer konkret beschreiben, worin die Verletzung der arbeitsvertraglichen Leistungspflichten besteht, damit er Gelegenheit hat, sein Verhalten zu korrigieren und die negative Prognose bezüglich weiterer Pflichtverletzungen zu widerlegen.[81] Inhalt der Abmahnung ist nicht die Aufforderung zur Erzielung bestimmter Arbeitserfolge, sondern zur Ausschöpfung der persönlichen Leistungsfähigkeit.[82] Dies setzt gerade voraus, dass der Arbeitnehmer faktisch in der Lage ist, seine Leistung zu steigern oder anzupassen. Kennzeichen der personenbedingten Kündigung ist aber, dass der Arbeitnehmer nicht in der Lage ist, den vertragswidrigen Zustand zu beseitigen, sein Verhalten also nicht steuern kann. Gleichwohl wird zT eine Abmahnung für erforderlich gehalten. Dem Arbeitnehmer soll vor Ausspruch der Kündigung seine unzureichende Leistung klar vor Augen geführt und notwendige Verbesserungsschritte sollen durch eigene Anstrengungen angemahnt werden.[83] Im Kontext der personenbedingten Kündigung wegen Minderleistung ist indes nicht Abmahnung, sondern das **Mitarbeitergespräch** der Weg, um den **Verhältnismäßigkeitsgrundsatz** vor Ausspruch der Kündigung zu wahren. Hierbei wird der Arbeitgeber den Arbeitnehmer auf seine Minderleistung aufmerksam machen und seine Erwartungen an die Arbeitsleistung formulieren.[84] In diesem Gespräch ist zugleich zu klären, welche Ursachen der Minderleistung zugrunde liegen und welche „Eigenleistungen" der Arbeitnehmer selbst erbringen kann. Nur diese können verlangt werden; sie sind regelmäßig nur möglich, wenn der Arbeitgeber die notwendigen Maßnahmen zur Anpassung der Arbeitsorganisation – vor allem auch gem. § 4 ArbSchG einleitet. Diese werden häufig durch Maßnahmen der Personalentwicklung zu ergänzen sein, zB die Organisation einer fachkundigen, systematischen Einarbeitung oder die Gewährung einer Fortbildung. Die Überwindung der Leistungsminderung zur Vermeidung einer personenbedingten Kündigung wird daher in der Regel nur durch Kommunikation und Kooperation der betrieblichen Akteure gelingen; nur in Ausnahmefällen wird man von einer einseitigen „Bringschuld" des Arbeitnehmers ausgehen können. Sinn und Zweck einer Abmahnung gehen indes in eine andere Richtung.

V. Rechtsdurchsetzung

34 Die Feststellung der Befähigung der Arbeitnehmer zur Erfüllung ihrer Arbeitsaufgaben und der Beachtung bzw. Umsetzung der damit zusammenhängenden Bestimmungen und Maßnahmen des Arbeitsschutzes ist zukünftig enger mit den **Organisationspflichten des Arbeitgebers gem. §§ 3–5 ArbSchG** zu verzahnen. Denn der Arbeitnehmer ist nur zu einer Leistung verpflichtet, die ohne Gesundheitsgefährdung erbracht werden kann. Verstößt der Arbeitgeber gegen seine Pflicht aus § 7 ArbSchG wird zT ein Erfüllungsanspruch des Arbeitnehmers in Verbindung mit § 618 BGB angenommen; weiter werden Zurückbehaltungsrechte diskutiert.[85] Es ist jedoch wenig praxisnah, den Arbeitnehmer im laufenden Arbeitsverhältnis auf die individualrechtliche Durchsetzung

---

[80] LAG Rheinland-Pfalz 21.1.2009 – 7 Sa 37/07; LAG Nürnberg 12.6.2007 – 6 Sa 37/07, NZA-RR 2008, 178. [81] ErfK/Müller-Glöge BGB § 626 Rn. 25. [82] BAG 27.11.2008 – 2 AZR 675/07, NZA 2009, 842. [83] Sasse ZTR 2009, 186 (188); Wetzling/Habel BB 2009, 1638 (1643); KDZ/KSchR/Deinert KSchG § 1 Rn. 145; unklar: LAG Nürnberg 12.6.2007 – 6 Sa 37/07, NZA-RR 2008, 178. [84] LAG Hamm 25.9.2012 – 9 Sa 702/12 mit Hinweis auf BAG 18.9.2008 – 2 AZR 976/06, NZA 2009, 425. [85] Weber, Die fähigkeitsgerechte Beschäftigung, S. 218 ff.

des § 7 ArbSchG zu verweisen. Deshalb ist die kollektivrechtliche Durchsetzung in der Praxis von erheblicher Bedeutung.

Kollektivrechtlich haben **Personal- und Betriebsräte** darauf zu achten, dass § 7 ArbSchG im Rahmen der betrieblichen Organisation des Arbeits- und Gesundheitsschutzes zugunsten der Arbeitnehmer Beachtung findet. Zur Informationspflicht des Arbeitgebers gem. § 80 Abs. 2 BetrVG bzw. § 68 Abs. 2 BPersVG gehört die Unterrichtung, wie § 7 ArbSchG umgesetzt wird. Zudem gilt § 7 ArbSchG im Rahmen der Mitbestimmungsrechte bei Einstellungen und Versetzungen. Wird ein Arbeitnehmer eingestellt oder versetzt, dessen Befähigung iSd § 7 ArbSchG der Arbeitgeber nicht im beschriebenen Umfang (→ Rn. 5 ff.) festgestellt hat, können Betriebs- und Personalräte die Zustimmung verweigern (§ 99 Abs. 2 Nr. 1 BetrVG, §§ 77 Abs. 2, 76 Abs. 1 BPersVG).[86] Soweit regelmäßig Einstellungs- bzw. Eignungsuntersuchungen vom Arbeitgeber in Betracht gezogen werden, unterliegt dies als Auswahlrichtlinie der Mitbestimmung des Betriebsrats nach § 95 BetrVG (→ BetrVG § 87 Rn. 63). 35

Wenn der Arbeitgeber Maßnahmen plant, die technische Anlagen, Arbeitsverfahren und Abläufe sowie Arbeitsplätze betreffen, ist der Arbeitnehmer über deren Auswirkungen auf den Arbeitsplatz, die Arbeitsumgebung und die Arbeitsaufgaben zu unterrichten (§ 81 Abs. 2 S. 1 BetrVG). Steht fest, dass sich dadurch die Tätigkeit ändern wird und reichen die beruflichen Kenntnisse und Fertigkeiten zur Erfüllung der geänderten Arbeitsaufgabe nicht (mehr) aus, ist der Arbeitgeber verpflichtet, mit dem Arbeitnehmer zu erörtern, wie durch Qualifizierungsmaßnahmen den Arbeitsanforderungen zukünftig genügt werden kann (§ 81 Abs. 4 S. 2 BetrVG). Der Arbeitnehmer hat keinen Anspruch auf bestimmte Maßnahmen, die Verletzung der **Erörterungspflicht** ist aber im Rahmen der Interessenabwägung bei einer personenbedingten Kündigung wegen Nichteignung zugunsten des Arbeitnehmers zu berücksichtigen.[87] 36

Der individualrechtliche Anspruch aus § 81 BetrVG wird durch das **Mitbestimmungsrecht des § 97 Abs. 2 BetrVG** ergänzt. Führen Maßnahmen des Arbeitgebers zu einer Änderung der Tätigkeit in Bezug auf das Anforderungsprofil und/oder die Arbeitsinhalte, vor allem durch die Einführung neuer Technologien, und in der Folge zu Qualifikationsdefiziten der Arbeitnehmer, ist § 97 Abs. 2 BetrVG zu beachten; der Betriebsrat hat bei der Einführung von betrieblichen Weiterbildungsmaßnahmen mitzubestimmen. Zweck ist, präventiv betriebliche Qualifizierungsmaßnahmen zugunsten des Arbeitnehmers durchzusetzen, um das Risiko des Arbeitsplatzverlustes zu mindern und die Beschäftigung zu sichern.[88] Insofern besteht ein enger Zusammenhang zur Erörterungspflicht gem. § 81 Abs. 4 S. 2 BetrVG. Defizite im theoretischen Wissen wie auch in praktischen Fertigkeiten wegen einer Änderung der Arbeitsinhalte im funktionalen Sinne sollen frühzeitig kompensiert werden (→ Rn. 35).[89] Der Betriebsrat hat ein Mitbestimmungs- und Initiativrecht; ggf. ist eine Einigungsstelle einzurichten, gerichtet auf die Durchführung betrieblicher Maßnahmen (im funktionellen, nicht im räumlichen Sinne) zur Berufsbildung. Konkret hat der Betriebsrat bei der Festlegung von Qualifikationszielen und -wegen mitzubestimmen.[90] 37

Dieses Mitbestimmungsrecht steht in enger Beziehung zum **Widerspruchsrecht bei personenbedingten Kündigungen** wegen unverschuldeter Minderleistung (§ 102 Abs. 3 Nr. 4 BetrVG). Wenn dieser durch betriebliche Umschulungs- bzw. Fortbildungsmaßnahmen abgeholfen werden kann, entfällt der Kündigungsgrund und der Betriebsrat kann der Kündigung wirksam widersprechen, wenn der Arbeitgeber mögliche und zumutbare Maßnahmen unterlässt, die geeignet sind, die Qualifizierungsdefizite zu beheben. Wird der präventive Weg des § 97 Abs. 2 BetrVG vom Arbeitgeber verweigert, wird die Kündigung zwar individualrechtlich nicht unwirksam, aber uU stellt diese einen Verstoß gegen das „Ultima-Ratio-Prinzip" dar. Darüber hinaus kann der Be- 38

---

[86] Pieper ArbSchG § 7 Rn. 4; HaKo-BetrVG/Kreuder BetrVG § 99 Rn. 56. [87] HaKo-BetrVG/Lakies BetrVG § 81 Rn. 21; GK-BetrVG/Wiese/Franzen BetrVG § 81 Rn. 21; Fitting BetrVG § 81 Rn. 25. [88] Fitting BetrVG § 97 Rn. 10. [89] Fitting BetrVG § 97 Rn. 12; GK-BetrVG/Raab BetrVG § 97 Rn. 18, 20; DKKW/Buschmann BetrVG § 97 Rn. 20. [90] Fitting BetrVG § 97 Rn. 22 f., 26; GK-BetrVG/Raab BetrVG § 97 Rn. 13, 21.

triebsrat arbeitsgerichtlich die Unterlassung der Kündigung bis zum Abschluss des Mitbestimmungsverfahrens verlangen.[91]

39 Die präventiv wirkenden individualrechtlichen Informations- und Erörterungspflichten (§ 81 Abs. 4 BetrVG) und die Mitbestimmungsrechte bezüglich betrieblicher Weiterbildung (§ 97 Abs. 2 BetrVG) sichern die Pflichten des Arbeitgebers zur Vergewisserung und Anpassung der persönlichen Eignung des Arbeitnehmers iSd § 7 ArbSchG, insbesondere bei Veränderungen der Arbeitsanforderungen, betriebsverfassungsrechtlich ab.

§ 8 ArbSchG Zusammenarbeit mehrerer Arbeitgeber

(1) ¹Werden Beschäftigte mehrerer Arbeitgeber an einem Arbeitsplatz tätig, sind die Arbeitgeber verpflichtet, bei der Durchführung der Sicherheits- und Gesundheitsschutzbestimmungen zusammenzuarbeiten. ²Soweit dies für die Sicherheit und den Gesundheitsschutz der Beschäftigten bei der Arbeit erforderlich ist, haben die Arbeitgeber je nach Art der Tätigkeiten insbesondere sich gegenseitig und ihre Beschäftigten über die mit den Arbeiten verbundenen Gefahren für Sicherheit und Gesundheit der Beschäftigten zu unterrichten und Maßnahmen zur Verhütung dieser Gefahren abzustimmen.

(2) Der Arbeitgeber muß sich je nach Art der Tätigkeit vergewissern, daß die Beschäftigten anderer Arbeitgeber, die in seinem Betrieb tätig werden, hinsichtlich der Gefahren für ihre Sicherheit und Gesundheit während ihrer Tätigkeit in seinem Betrieb angemessene Anweisungen erhalten haben.

Literatur: *Bremer*, Arbeitsschutz im Baubereich, 2007; *Hamann*, Betriebsverfassungsrechtliche Auswirkungen der Reform der Arbeitnehmerüberlassung, NZA 2003, 526; *Herbst*, Leiharbeit und Arbeitsschutz, 2011; *Julius*, Arbeitsschutz und Fremdfirmenbeschäftigung, 2004; *Krietsch/Schubert/Langhoff*, Psychische Belastungen in der Leiharbeit – über Ursachen und Interventionsmöglichkeiten im Einsatzbetrieb, BG 2011, 200; *Kohte*, Der Beitrag der Anordnungen der Unfallversicherung zur effizienten Realisierung des Arbeitsschutzes, BG 2010, 384; *Kollmer*, Die neue Baustellenverordnung, NJW 1998, 2634; *Krug*, Beiträge zum Arbeitsschutz in NRW, Arbeitsschutz bei Vertragsarbeit, Edita 9, S. 10 ff; *Leube*, Arbeitsschutzgesetz: Pflichten des Arbeitgebers und der Beschäftigten zum Schutz anderer Personen, BB 2000, 302; *Otten*, Arbeitssicherheit beim Einsatz von Fremdfirmen, BG 2010, 114; *Pauli*, Nur verliehen und verkauft?, AiB 2008, 450; *Reuter*, Arbeitsschutz für Leiharbeitnehmer, 2009; *Schulze-Doll/Paschke*, Arbeitsschutz für Fremdpersonal im Rahmen von Werkverträgen, in: Festschrift für Kohte, 2016, S. 493 ff.; *Sczesny/Jasper/Schmidt/Bode/Horn*, Machbarkeitsstudie: Zeitarbeit – Neue Herausforderungen für den Arbeitsschutz, Neues aus Beratung und Forschung, Bd. 9, 2008; *Ulber*, Werkverträge, AiB 2013, 285; *Wassermann/Rudolph*, Leiharbeit als Gegenstand betrieblicher Mitbestimmung, Hans-Böckler-Stiftung, Arbeitspapier 148, 2007; *Wißmann*, Die Suche nach dem Arbeitgeber in der Betriebsverfassung, NZA 2001, 409; *Wlotzke*, Das neue Arbeitsschutzgesetz zeitgemäßes Grundlagengesetz für den betrieblichen Arbeitsschutz, NZA 1996, 1017; *Wunenburger*, Sicherheit und Gesundheitsschutz bei der Leiharbeit – Analyse und Bewertung der Umsetzung europäischer Rechtsgrundlagen in den Mitgliedsstaaten und empirische Ergebnisse zur Arbeitssituation der Leiharbeit in Deutschland, elektronische Publikation 2010 (http://d-nb.info/1007284986/34).

Leitentscheidungen: BAG 31.1.1989 – 1 ABR 72/87, NZA 1989, 932; BAG 13.6.1989 – 1 ABR 4/88, NZA 1989, 934; BAG 7.6.2016 – 1 ABR 25/14, NZA 2016, 1420.

I. Regelungsinhalt, Normzweck ... 1	c) Beschäftigte mehrerer Arbeitgeber 13
II. Entstehung, Unionsrecht 4	2. Umsetzung und Ausgestaltung der Zusammenarbeit... 17
III. Zusammenarbeit bei der Durchführung der Sicherheits- und Gesundheitsschutzbestimmungen (Abs. 1).................. 7	a) Verhältnis von S. 1 und S. 2 17
1. Voraussetzungen 7	b) Allgemeine Pflicht zur Zusammenarbeit nach
a) Arbeitsplatz.............. 7	S. 1 18
b) Tätigwerden 12	

---

[91] HaKo-BetrVG/Kreuder BetrVG § 97 Rn. 15; Fitting BetrVG § 102 Rn. 93.

c) Konkretisierung der Pflicht nach S. 2	21	V. Rechtsdurchsetzung	28
IV. Vergewisserungspflicht nach Abs. 2	24	1. Betriebsrat	28
1. Verhältnis zu Abs. 1	24	a) Kompetenzen hinsichtlich eigener Arbeitnehmer	28
2. Betriebsbegriff	25	b) Kompetenzen hinsichtlich Beschäftigter anderer Arbeitgeber	33
3. Anwendungsbereich	26	2. Beschäftigte	34
4. Art und Weise der Vergewisserung	27	3. Aufsicht	38

I. Regelungsinhalt, Normzweck

Die Norm des § 8 ArbSchG erfasst die **besondere Gefährdungslage** bei der Anwesenheit von **Beschäftigten verschiedener Unternehmen** auf einer Betriebsstätte. Sie bezweckt den effektiven **Schutz aller Beschäftigten**, die in einer unbekannten Arbeitsumgebung tätig werden und sich wie betriebliche Neulinge auf die unterschiedlichen Gefährdungen und Gefahren[1] (zu den Begriffen → ArbSchG § 4 Rn. 10 f.) erst einstellen müssen. Es entstehen spezifische Risikosphären, da fremde, häufig wechselnde Betriebsabläufe aufeinandertreffen. Für die beteiligten Arbeitgeber ist es schwierig vorauszusehen, inwieweit sich ihre Beschäftigten gegenseitig durch die Arbeiten, Arbeitsmittel, Arbeitsstoffe und Arbeitsverfahren gefährden.[2] Dieser Situation steht zumeist keine entsprechende Arbeitsschutzorganisation gegenüber. Weil mehrere Verantwortungsbereiche zusammentreffen, entstehen typischerweise **Abstimmungsprobleme**[3] **und Schutzdefizite**, auch weil Arbeitgeber ihre Verantwortlichkeiten falsch einschätzen oder – ggf. unreflektiert – auf die Maßnahmen der anderen vertrauen.[4] Das macht ergänzende, auf die besondere Gefährdungslage zugeschnittene Schutzpflichten erforderlich. 1

Abs. 1 ist eine **prozedurale Regelung**, dh eine arbeitsschutzrechtliche Organisationsvorschrift, die die Grundpflichten der Arbeitgeber aus § 3 ArbSchG ergänzt.[5] S. 1 verpflichtet die Normadressaten nicht zu einer konkreten technischen Maßnahme des Arbeitsschutzes, sondern allgemein zur **Zusammenarbeit bei der Durchführung** der geltenden Sicherheits- und Gesundheitsschutzbestimmungen. Art, Inhalt und Ausgestaltung der Zusammenarbeit sind nicht vorgegeben. Die Normadressaten müssen selbst ein geeignetes Konzept erarbeiten und umsetzen. S. 2 verlangt nur beispielhaft die Unterrichtung der Arbeitgeber und Abstimmung der Maßnahmen, wenn dies für die Sicherheit und den Gesundheitsschutz der Beschäftigten erforderlich ist. 2

§ 8 Abs. 2 ArbSchG normiert eine die Regelung des Abs. 1 **ergänzende Vergewisserungspflicht** der Arbeitgeber. Es handelt sich um eine gesetzliche Schutzpflicht, die dem Betriebsinhaber vor allem gegenüber allen betriebsfremden Beschäftigten obliegt, die in seinem Betrieb tätig werden. Sie dient auch dem Schutz der eigenen Arbeitnehmer, weil sich die Aufklärung der fremden Beschäftigten auf das Sicherheitsniveau am gemeinsamen Arbeitsplatz insgesamt auswirkt. Da die Vergewisserung eine Kommunikation zwischen den Arbeitgebern voraussetzt, ist diese Verpflichtung zutreffend in § 8 ArbSchG geregelt. 3

II. Entstehung, Unionsrecht

§ 8 des Entwurfs der Bundesregierung über ein Gesetz zur Umsetzung der EG-Rahmenrichtlinie Arbeitsschutz und weiterer Arbeitsschutz-Richtlinien blieb im Gesetzgebungs- 4

---

1 Dazu Münch/ArbR/Kohte § 288 Rn. 13 ff. **2** Wilrich in: Nöthlichs ArbSchG § 8 Anm. 2.1; Pieper ArbSchG § 8 Rn. 1; vgl. Begründung des RegE BaustellenV, BR-Drs. 306/98, 7; 6. und 8. Erwägungsgrund der RL 92/57/EWG des Rates vom 24.6.1992 über die auf zeitlich begrenzte oder ortsveränderliche Baustellen anzuwendenden Mindestvorschriften für die Sicherheit und den Gesundheitsschutz (EG-Baustellenrichtlinie); zur Gefährdungslage auch Bremer, Arbeitsschutz im Baubereich, S. 19 ff.; Otten BG 2010, 114 (115). **3** Kollmer/Klindt/Schucht/Schack/Schack ArbSchG § 8 Rn. 1. **4** Pieper ArbSchG § 8 Rn. 1. **5** Zu den Verfahrensregeln im betrieblichen Arbeitsschutz: Faber, Grundpflichten, S. 60 ff., 306 ff., Münch/ArbR/Kohte § 292 Rn. 35 ff.

verfahren und bis heute unverändert.[6] Im früheren Arbeitsschutzrecht fehlte eine solche Norm, doch kannte das Unfallversicherungsrecht eine solche Kooperationspflicht, die inzwischen in § 6 DGUV Vorschrift 1 normiert ist.[7]

5 § 8 ArbSchG setzt die **spezifischen Arbeitsschutzpflichten** der Art. 6 Abs. 4, Art. 10 Abs. 2 und Art. 12 Abs. 2 Rahmenrichtlinie 89/391/EWG[8] in das nationale Recht um.[9] Diese knüpfen an die besondere Situation an, dass an einem Arbeitsplatz Arbeitnehmer mehrerer Unternehmen anwesend sind. Die jeweiligen Arbeitgeber müssen arbeitsschutzbezogen **zusammenarbeiten**, ihre Maßnahmen **koordinieren**, sich gegenseitig sowie ihre Arbeitnehmer über berufsbedingte Gefahren **unterrichten** (Art. 6 Abs. RL 489/391/EWG), die Weitergabe von Informationen über Gefahren, Schutzmaßnahmen und Maßnahmen zur Gefahrenverhütung in ihrem Betrieb an die fremden Beschäftigten **ermöglichen** (Art. 10 Abs. 2 RL 89/391/EWG) und sich über den Informationsempfang **vergewissern** (Art. 12 Abs. 2 RL 89/391/EWG).[10] Damit konkretisiert die Rahmenrichtlinie die Anforderungen an die Kooperationspflicht in **Art. 17** des in Deutschland nicht ratifizierten grundlegenden **ILO-Übereinkommens 155** (→ Grundrecht Rn. 11 ff.).[11]

6 Ergänzt werden diese Pflichten durch **Art. 3, 7 RL 91/383/EWG**.[12] Hiernach müssen unbeschadet der Art. 10 der Rahmenrichtlinie **Leiharbeitnehmer vom Entleiher** über die Risiken, denen sie im Entleihbetrieb ausgesetzt sein können, und über die besonderen Merkmale des zu besetzenden Arbeitsplatzes **unterrichtet** werden. Art. 8 dieser RL verlangt, dass der Entleiher während der Dauer des Einsatzes für alle Bedingungen der Arbeitsausführung verantwortlich ist.[13] Im deutschen Recht wird diese Pflicht durch **§ 11 Abs. 6 AÜG** realisiert.

III. Zusammenarbeit bei der Durchführung der Sicherheits- und Gesundheitsschutzbestimmungen (Abs. 1)

7 **1. Voraussetzungen. a) Arbeitsplatz.** § 8 Abs. 1 ArbSchG verpflichtet zur unternehmensübergreifenden Zusammenarbeit bei der Durchführung der Sicherheits- und Gesundheitsschutzbestimmungen, wenn Beschäftigte mehrerer Arbeitgeber **an einem Arbeitsplatz** tätig werden. **Arbeitsplatz** ist der **räumliche Gefahren- und Wirkbereich**, in dem Beschäftigte mehrerer Arbeitgeber in **zeitlicher Gefährdungsnähe** auch **ohne einheitliche Direktion** arbeiten.[14]

8 **Räumlich** bestimmt sich der Arbeitsplatz unter Berücksichtigung der spezifischen Gefährdungslage, die von den unterschiedlichen **Gefährdungsfaktoren** der anwesenden Unternehmen abhängt (Gestaltung der Arbeitsabläufe, Einrichtung der Arbeitsstätten, Verwendung von Arbeitsmitteln und Arbeitsstoffen usw). Die mit den Arbeiten verbundenen Gefährdungen etwa durch physikalische, chemische und biologische Einwirkungen enden häufig nicht an der Grenze der persönlichen Arbeitsumgebung. Abs. 1 erfasst deshalb die gesamte Umgebung, innerhalb derer die Beschäftigten den Risiken und Gefahren ausgesetzt sind, die mit den Arbeiten der Beschäftigten anderer Arbeitgeber verbunden sind.[15] Diese räumliche Umgebung ist ein **gemeinsamer Gefährdungs- und Wirkbereich**. Die beteiligten Arbeitgeber müssen diesen Bereich feststellen und die dafür erforderlichen Informationen von anderen Arbeitgebern abfordern. Diese sind

---

6 Vgl. Gesetzentwurf der BReg, BT-Drs. 13/3540, 5. **7** Julius, Fremdfirmenbeschäftigung, S. 162; Pieper ArbSchG § 8 Rn. 4; vgl. KJP/Koll ArbSchG § 8 Rn. 18 ff. **8** Richtlinie 89/391/EWG des Rates vom 12.6.1989 über die Durchführung von Maßnahmen zur Verbesserung der Sicherheit und des Gesundheitsschutzes der Arbeitnehmer bei der Arbeit (Abl. EG L 183 v. 29.6.1989). **9** BT-Drs. 13/3540, 17. **10** Zu der EG-Rahmenrichtlinie: Münch/ArbR/Kohte § 289 Rn. 9 ff. **11** Zu dem Übereinkommen: BFK Rn. 234 ff. **12** Richtlinie 91/383/EWG des Rates vom 25.6.1991 zur Ergänzung der Maßnahmen zur Verbesserung der Sicherheit und des Gesundheitsschutzes von Arbeitnehmern mit befristetem Arbeitsverhältnis oder Leiharbeitsverhältnis (ABl. EG L 209 v. 29.7.1996). **13** BFK Rn. 276. **14** Vgl. KJP/Koll ArbSchG § 8 Rn. 5; Heilmann/Aufhauser ArbSchG § 8 Rn. 3; Julius, Arbeitsschutz und Fremdfirmenbeschäftigung, S. 121 ff. **15** Pieper ArbSchG § 8 Rn. 4a; Heilmann/Aufhauser ArbSchG § 8 Rn. 3; Kollmer/Klindt/Schucht/Schack/Schack ArbSchG § 8 Rn. 11.

wegen Abs. 1 S. 1 verpflichtet, die erforderlichen Informationen bereitzustellen, bevor ihre Beschäftigten die Arbeit aufnehmen. Damit beginnt die Zusammenarbeit.

Der Arbeitsplatz bestimmt sich ferner durch die zeitliche Abfolge der Tätigkeiten verschiedener Unternehmen. Verrichtungen, die **gleichzeitig, abwechselnd oder nacheinander** erbracht werden, können eine **zeitliche Gefährdungsnähe** begründen und damit als Tätigkeit an einem Arbeitsplatz dem Anwendungsbereich der Norm unterfallen.[16] Denn besondere Gefährdungen aus den Tätigkeiten anderer Beschäftigter wirken trotz Beendigung der Arbeiten häufig nach (zB Werkstoffprüfungen mit ionisierender Strahlung, Reinigung mit ätzenden Gefahrstoffen). Die Arbeitgeber sind deshalb auch dann zur arbeitsschutzrechtlichen Zusammenarbeit verpflichtet, wenn ein Teilwerk bereits fertig gestellt wurde. Der später hinzukommende Arbeitgeber muss sich informieren und informiert werden, welche Arbeiten bereits geleistet wurden und welche Gefährdungen hiervon noch für die Sicherheit und Gesundheit der eigenen Beschäftigten ausgehen. Der Auftraggeber muss dafür sorgen, dass alle Auftragnehmer die erforderlichen Informationen auch über fortwirkende Gefahrenquellen erhalten (vgl. § 15 Abs. 1 GefStoffV, dazu → GefStoffV Rn. 59). 9

Abs. 1 **ist nicht** auf Arbeitsstätten beschränkt, die außerhalb des eigentlichen Betriebes liegen.[17] Erfasst werden auch die Betriebe, in denen unter einem Dach vorübergehend oder dauerhaft verschiedene Arbeitgeber tätig werden, zB Tochterfirmen oder ausgegliederte Betriebsteile, die als rechtlich selbstständige Unternehmen im ehemaligen Stammbetrieb bleiben. Für eine Unterscheidung zwischen **inner- und außerbetrieblichen Arbeitsstätten bietet** der Wortlaut des Abs. 1 keinen Anhalt. Da der Betriebsbegriff nicht verwendet wird, ist es vielmehr ohne Bedeutung, wo sich der Arbeitsplatz befindet. Das entspricht dem **Normzweck**. Die Regelung zielt auf den größtmöglichen Schutz der Beschäftigten verschiedener Arbeitgeber.[18] Der Gefährdungstatbestand ist für diese auf inner- wie außerbetrieblichen Arbeitsstätten gleich. Hinge es vom Ort des Arbeitsplatzes ab, wäre nicht deren tatsächliche **Schutzbedürftigkeit** entscheidend. Es macht aber keinen Unterschied, ob zB Liefer- und Verladearbeiten eines Zulieferers inner- oder außerbetrieblich stattfinden. Zudem sind die Möglichkeiten eines betriebsfremden Arbeitgebers, die Ausgestaltung der Arbeitsbedingungen in einer bereits vorhandenen und gefestigten Betriebsorganisation zu beeinflussen, geringer, als auf einer – ggf. erst gemeinsam errichteten – veränderlichen Bau- oder Montagestätte außerhalb des Stammbetriebes. Auf innerbetrieblichen Arbeitsplätzen ist eine Zusammenarbeit daher mindestens gleichermaßen notwendig. 10

Aus Abs. 2 lässt sich auch kein Umkehrschluss ziehen. Die in **Abs. 1 und Abs. 2 normierten Pflichten stehen nicht in einem Alternativverhältnis**. Die Vergewisserungspflicht des Betriebsinhabers ergänzt Abs. 1 und bezieht sich auf alle betriebsfremden Beschäftigten (→ Rn. 24 ff.). Der Betriebsbegriff dient hier nur der Unterscheidung von inner- und außerbetrieblichen Beschäftigten. Es sind letztlich auch keine Gründe erkennbar, die es rechtfertigen könnten, innerbetriebliche Arbeitsstätten von der Verpflichtung zur Zusammenarbeit auszunehmen. Arbeitskräfte verschiedener Arbeitgeber auf einem innerbetrieblichen Arbeitsplatz stünden schlechter als vergleichbare Beschäftigte auf außerbetrieblichen Arbeitsstätten. Sie müssten ein geringeres Schutzniveau hinnehmen. Es wäre auch nicht zu rechtfertigen, sollten auf einer innerbetrieblichen Arbeitsstätte nur die hinzugezogenen außerbetrieblichen Arbeitgeber für die Folgen eines Unfalls aufgrund unzureichender Zusammenarbeit haften, der Betriebsinhaber selbst jedoch nicht (zur Haftungsbeschränkung → Rn. 36). 11

---

16 Pieper ArbSchG § 8 Rn. 4; Heilmann/Aufhauser ArbSchG § 8 Rn. 3; Kollmer/Klindt/Schucht/Schack/Schack ArbSchG § 8 Rn. 12; KJP/Koll ArbSchG § 8 Rn. 6; anders Wilrich in: Nöthlichs ArbSchG § 8 Anm. 2.1. **17** Pieper ArbSchG § 8 Rn. 4 a; LR/Wiebauer ArbSchG § 8 Rn. 14; Spinnarke/Schork ArbSchG § 8 Rn. 5; Kollmer/Klindt/Schucht/Schack/Schack ArbSchG § 8 Rn. 1; aA Leube BB 2000, 302; Wilrich in: Nöthlichs ArbSchG § 8 Anm. 2.1; offen gelassen: BAG 7.6.2016 – 1 ABR 25/14, NZA 2016, 1420. **18** BT-Drs. 13/3540, 17.

12 **b) Tätigwerden.** Das Tätigwerden setzt **kein gezieltes, gewolltes oder arbeitsteiliges Zusammenarbeiten** der verschiedenen Beschäftigten voraus.[19] Es genügt die Ausübung einer Tätigkeit am Arbeitsplatz. Der Wortlaut verlangt keine gemeinschaftliche Tätigkeit für die Pflicht zur Koordination des Arbeitsschutzes. Nach dem Normzweck sind für die Verpflichtung zur arbeitsschutzrechtlichen Zusammenarbeit der Arbeitgeber gerade unkoordinierte Tätigkeiten ausreichend. Bei arbeitsteiligem Tätigwerden ließen sich Gefahren schon durch die Abstimmung der Arbeitsprozesse vermeiden. Arbeitsstätten, auf denen Arbeiten verschiedener Unternehmen ohne Abstimmung ausgeführt werden, weisen tendenziell ein größeres Risiko auf.

13 **c) Beschäftigte mehrerer Arbeitgeber.** Abs. 1 verpflichtet **alle beteiligten Unternehmen** (Auftraggeber, Auftragnehmer, Subunternehmer, Entleiher, Verleiher), deren Beschäftigte an einem Arbeitsplatz tätig werden, **zur Zusammenarbeit**, auch wenn die konkreten Tätigkeiten keinen unmittelbaren Bezug zum arbeitstechnischen Zweck eines anderen Arbeitgebers aufweisen. Das schließt sowohl Arbeiten ein, die nach den Weisungen und in der betrieblichen Organisation des jeweiligen Vertragsarbeitgebers, als auch solche, die in der Betriebsorganisation eines anderen Arbeitgebers erbracht werden (zB Reinigungs- und Reparaturarbeiten). Die Arbeitgeber müssen auch dann zusammenarbeiten, wenn ihre Beschäftigten vorübergehend ganz oder teilweise in eine fremde Betriebsorganisation eingebunden werden bzw. ganz oder teilweise den Weisungen eines anderen Arbeitgebers unterliegen. Gemeint sind **temporär betrieblich tätige Arbeitskräfte**, die nicht in einem Arbeitsvertragsverhältnis zum Betriebsinhaber stehen. Das ist insbesondere bei der Arbeitnehmerüberlassung der Fall, aber auch in besonderen Konstellationen der Fremdfirmenbeschäftigung im Rahmen von Werkverträgen, wie der arbeitnehmerähnlichen Einbindung außerbetrieblicher Arbeitnehmer in den Organisationsrahmen des Auftragsbetriebs (→ ArbSchG § 2 Rn. 19 ff.).[20] Ebenso greift diese Kooperationspflicht bei der Beschäftigung von Gestellungspersonal zB in einem Krankenhaus (→ ArbSchG § 2 Rn. 28).[21] Auch diese Form des Personaleinsatzes unterliegt dem AÜG.[22] Ein wichtiges Beispiel für die Anwendung von § 8 ArbSchG betrifft schließlich die **Entsendung von Arbeitnehmern**, denn durch § 2 AEntG soll in Übereinstimmung mit der RL 96/71/EG auch der Arbeitsschutz der entsandten Beschäftigten gesichert werden.[23]

14 Auch **Unternehmer ohne eigene Beschäftigte** können zur Zusammenarbeit mit anderen Arbeitgebern nach Abs. 1 verpflichtet sein. § 6 BaustellV ordnet dies speziell für Baustellen (→ BaustellV Rn. 48 f.), § 6 Abs. 1 DGUV Vorschrift 1 ordnet dies allgemein an. Das verlangt auch der Normzweck des § 8 ArbSchG zum Schutz der Beschäftigten vor den mit den Arbeiten der Kleinunternehmer verbundenen Risiken und Gefahren. Diese sind nicht geringer, weil sie selbst keine Arbeitnehmer beschäftigen. § 8 ArbSchG schränkt insoweit die Freiheit der selbstständigen Unternehmer ein, sich selbst zu gefährden.[24] Die Anwendbarkeit des § 8 ArbSchG hängt dabei jedoch von der **Integration der Selbstständigen in die Betriebsorganisation und die Arbeitsprozesse** des Auftraggebers ab. Sie könnten auch als arbeitnehmerähnliche Person iS von § 2 Abs. 2 Nr. 2 ArbSchG und damit als Beschäftigte des Auftraggebers zu qualifizieren sein (→ ArbSchG § 2 Rn. 18).[25] In diesem Fall ist der Auftraggeber für die Sicherheit und den Gesundheitsschutz dieser Unternehmer verantwortlich. Je selbstständiger diese aber ihre eigene Betriebsorganisation gestalten, je fachfremder oder spezialisierter die Tätigkeit ist, desto geringer sind die **Einwirkungsmöglichkeiten des Auftraggebers auf die Arbeitsschutzorganisation** des Auftragnehmers. Je gefährlicher zudem dessen Arbeiten für andere Beschäftigte sind, umso wichtiger ist es, dass andere Arbeitgeber über diese Gefahren informiert, die erforderlichen Schutzmaßnahmen ermittelt und abgestimmt

---

19 Pieper ArbSchG § 8 Rn. 4 a; Heilmann/Aufhauser ArbSchG § 8 Rn. 3; LR/Wiebauer ArbSchG § 8 Rn. 12; Schulze-Doll/Paschke in: FS Kohte, S. 493, 496. **20** Julius, Fremdfirmenbeschäftigung, S. 31 ff., 152 ff. **21** Julius, Fremdfirmenbeschäftigung, S. 188; Nebe/Schulze-Doll AuR 2010, 216 (218). **22** BAG 21.2.2017 – 1 ABR 62/12, BB 2017, 1081; EuGH 17.11.2016 – C-216/15, NZA 2017, 41 (Betriebsrat der Ruhrlandklinik). **23** Ausführlich Kohte in: FS Eichenhofer, 2015, S. 314, 318 ff. **24** S. Kollmer NJW 1998, 2634 (2637). **25** Ausf. Kollmer/Klindt/Schucht/Kohte ArbSchG § 2 Rn. 86 ff.

werden. Für die Zwecke des § 8 ArbSchG ist auch der Unternehmer ohne eigene Beschäftigte ein „anderer Arbeitgeber", wenn er sich durch seine Betriebsorganisationen, von denen Risiken und Gefahren für andere Beschäftigte ausgehen, von anderen Unternehmern abgrenzt. Insoweit ist er maßgeblich durch seine **Verantwortung für den eigenen Betrieb** und nicht durch seine Position in einem Beschäftigungsverhältnis als Arbeitgeber charakterisiert.[26]

Leiharbeitnehmer sind zwar wie Stammarbeitnehmer in die Betriebsorganisation des Entleihers eingebunden und unterliegen seinem Weisungsrecht. Gleichwohl müssen auch **Entleiher und Verleiher ihre Arbeitsschutzmaßnahmen koordinieren**.[27] Es kommt nicht darauf an, ob der Vertragsarbeitgeber seine Arbeitskräfte auf dem Arbeitsplatz beschäftigt. § 8 ArbSchG gilt auch, wenn ein Dritter die Arbeitsabläufe der fremden Arbeitskräfte organisiert und Weisungsbefugnisse ausübt. Es genügt, dass **Beschäftigte mehrerer Arbeitgeber** an einem Arbeitsplatz tätig werden. Das ist bei der Arbeitnehmerüberlassung der Fall, wenn der Entleiher auch eigene Arbeitnehmer beschäftigt. Dem steht nicht entgegen, dass der Entleiher als arbeitsschutzrechtlicher Arbeitgeber der Leiharbeitnehmer iSv § 2 Abs. 3 ArbSchG bzw. gemäß § 11 Abs. 6 S. 1 AÜG ebenfalls für die Sicherheit und Gesundheit der Leiharbeitnehmer verantwortlich ist.[28] Der Verleiher bleibt während der Überlassung Vertragsarbeitgeber und seine arbeitsschutzrechtlichen Pflichten bestehen gemäß § 11 Abs. 6 S. 1 Hs. 2 AÜG ausdrücklich fort. Ihm obliegen daher die organisationsbezogenen Grundpflichten nach den §§ 3 ff. ArbSchG, wie die Überwachung der Einhaltung des ArbSchG im Entleihbetrieb[29] oder die Durchführung einer doppelten Gefährdungsbeurteilung, sowie die Durchführung konkreter Schutzpflichten nach Maßgabe der allgemeinen Grundsätze des § 4 ArbSchG, wie die Durchführung arbeitsmedizinischer Vorsorgeuntersuchungen oder die Bereitstellung der persönlichen Schutzausrüstung.[30]

Die besondere von § 8 ArbSchG erfasste Gefährdungslage lässt sich auch bei der **Überlassung von Leiharbeitnehmern** feststellen. Sie werden ständig wechselnd in neuen Betrieben mit fremden Organisationsstrukturen, unterschiedlichen Arbeitsanforderungen, veränderten Arbeitsabläufen und unterschiedlichen Arbeitsschutzorganisationen eingesetzt.[31] Es gibt verschiedene Beschäftigtengruppen mit unterschiedlichen Verantwortlichkeiten. Für die Sicherheit und den Gesundheitsschutz der Leiharbeitnehmer sind der Entleiher und der Verleiher verantwortlich; dies bedingt eine Verdichtung der Arbeitsschutzpflichten. Gleichwohl steigt das Risiko für die Leiharbeitnehmer.[32] Es besteht die Gefahr, dass sich die Arbeitgeber aufeinander verlassen, etwa bedingt durch fehlende Abgrenzung der Zuständigkeiten. Zeitdruck bei der Vergabe, Annahme und Erfüllung des Auftrages zur Arbeitnehmerüberlassung verursachen Mängel in Bezug auf die Arbeitssicherheit und den Gesundheitsschutz.[33] Entleiher und Verleiher müssen sich deshalb rechtzeitig über die mit den Arbeiten verbundenen Risiken und Gefahren, die Anforderungen an die Qualifikation und Fähigkeiten der Beschäftigten informieren sowie die erforderlichen Schutzmaßnahmen ermitteln und deren Durchführung abstimmen. Angesichts der besonders unfallträchtigen und mit überdurchschnittlichen gesundheitlichen Risiken verbundenen **Leiharbeit** ist dieser Bereich auch zu Recht ein **Schwerpunkt der GDA** (→ ArbSchG §§ 20 a, 20 b Rn. 2).[34] Ergänzend hatte das BMAS

---

26 Dazu Kollmer/Klindt/Schucht/Kohte ArbSchG § 2 Rn. 123. **27** Pauli AiB 2008, 450 (451); LR/Wiebauer ArbSchG § 8 Rn. 10. **28** Zur aufgespaltenen Arbeitgeberstellung: Kollmer/Klindt/Schucht/Kohte ArbSchG § 2 Rn. 134 ff. **29** BAG 7.6.2016 – 1 ABR 25/14, NZA 2016, 1420 (1422). **30** Julius, Fremdfirmenbeschäftigung, S. 110 ff.; einschränkend Wilrich in: Nöthlichs ArbSchG § 2 Anm. 2.3, 3. und § 8 ArbSchG Anm. 1. **31** Krietsch/Schubert/Langhoff BG 2011, 200 ff. **32** S. Bericht der Bundesregierung „Sicherheit und Gesundheit bei der Arbeit 2006", S. 42 ff.; differenzierte Auswertung der Belastungen und Beanspruchungen bei: Wunenburger, Analyse, S. 105 ff., 133 ff., zu den Ursachen S. 141 ff.; kritisch zur Datenerfassung: Sczesny/Jasper/Schmidt/Bode/Horn, Machbarkeitsstudie, S. 19 ff. **33** Zu diesen und weiteren Ursachen: Wunenburger, Analyse, S. 141 ff. **34** Arbeitsprogramm „Zeitarbeit" der GDA, www.gda-portal.de.

im Rahmen des Modellprogramms zur Bekämpfung arbeitsbedingter Erkrankungen die Leiharbeit zum Förderschwerpunkt 2008 bis 2011[35] gewählt.

17 **2. Umsetzung und Ausgestaltung der Zusammenarbeit. a) Verhältnis von S. 1 und S. 2.** S. 1 enthält als **Organisationsvorschrift** zunächst die allgemeine Pflicht zur Zusammenarbeit. Für das Verständnis und die Umsetzung der Regelung ist von Bedeutung, dass S. 2 den Normbefehl des S. 1 nicht einschränkt. Die allgemeine Pflicht zur Zusammenarbeit ist eine **Grundpflicht, die ohne weitere Voraussetzungen entsteht,** wenn Beschäftigte verschiedener Arbeitgeber an einem Arbeitsplatz tätig werden. Für das Ob der Zusammenarbeit kommt es weder auf die Erforderlichkeit für die Sicherheit und den Gesundheitsschutz der Beschäftigten, noch auf die Art der Tätigkeit an. Das ist – wie sich aus S. 2 ergibt – nur von Bedeutung für die konkrete Ausgestaltung. Denn die dort beispielhaft („insbesondere") aufgezählten Maßnahmen der gegenseitigen Unterrichtung und Abstimmung sind von der Gefährdung der Beschäftigten und der Art der Tätigkeit abhängig. Die Arbeitgeber sind daher auch dann zur arbeitsschutzbezogenen Zusammenarbeit verpflichtet, wenn Sicherheit und Gesundheitsschutz der Beschäftigten keine Unterrichtung und Abstimmung iSv S. 2 erfordern. Es sind aber ggf. andere Maßnahmen erforderlich, was zB durch eine Gefährdungsbeurteilung, die der Zusammenarbeit zumindest durch gegenseitige Information bedarf, ermittelt werden kann.

18 **b) Allgemeine Pflicht zur Zusammenarbeit nach S. 1.** S. 1 konkretisiert die **Organisationspflichten** der Arbeitgeber aus § 3 (→ ArbSchG § 3 Rn. 2, 42 ff.).[36] Inhalt, Umfang oder Intensität der Zusammenarbeit sind nicht geregelt. Diese Anforderungen ergeben sich aus der konkreten **Gefährdungslage am Arbeitsplatz** und den für den jeweiligen Arbeitgeber geltenden Sicherheits- und Gesundheitsschutzbestimmungen. Da S. 1 nicht die gemeinsame Durchführung der Sicherheits- und Gesundheitsschutzbestimmungen, sondern nur die Zusammenarbeit bei deren Durchführung anordnet, obliegt den Arbeitgebern die Ausgestaltung der Zusammenarbeit. Sie haben einen eigenen Beurteilungs- und Gestaltungsspielraum, der sich auf die Auswahl der Maßnahmen zur Umsetzung der Zusammenarbeit und die Frage ihrer Erforderlichkeit iSv S. 2 bezieht. Soweit vorhanden, ist die Arbeitnehmervertretung einzubeziehen (→ Rn. 28 ff.). Die Umsetzung muss sich am Normzweck orientieren. Eine geringe Gefährdung der Beschäftigten verlangt keine aufwändige Abstimmung oder gemeinsame Durchführung von Maßnahmen verschiedener Arbeitgeber. Das Wie der Zusammenarbeit richtet sich nach der Erforderlichkeit für die Sicherheit und den Gesundheitsschutz der Beschäftigten (S. 2). Die Ausgestaltung der Zusammenarbeit bestimmt sich im Einzelfall und kann sich auf den Austausch von Information über die Art der Tätigkeiten, ihre Risiken und Gefahren, die geltenden Arbeitsschutzvorschriften und die durchzuführenden Schutzmaßnahmen beschränken, aber auch die **Abstimmung bzw. gemeinsame Durchführung von konkreten Maßnahmen** oder die Bestellung eines Koordinators erforderlich machen.

19 Die Arbeitgeber benötigen daher zunächst eine **koordinierte Gefährdungsbeurteilung** (→ ArbSchG § 5 Rn. 44),[37] um die Risiken zu ermitteln, die sich aus der Anwesenheit ihrer Unternehmen und Beschäftigten an einem Arbeitsplatz ergeben.[38] Dann kann festgestellt werden, welche Schutzmaßnahmen zu ergreifen, abzustimmen oder gemeinsam durchzuführen sind und in welchem Umfang die eigenen Beschäftigten zum Schutz der Arbeitskräfte anderer Arbeitgeber einzubeziehen sind, zB durch Unterrichtung oder Unterweisung auch im Hinblick auf § 15 Abs. 1 S. 2 ArbSchG. Die Arbeitgeber müssen schon vor Aufnahme der Tätigkeiten die erforderlichen Informationen austauschen, da bereits die bevorstehende Tätigkeit die Pflicht nach S. 1 begründet. Der Wortlaut setzt

---

[35] „Zeitarbeit – neue Herausforderungen für den Arbeits- und Gesundheitsschutz"; gefördert wurden die Projekte GEZA, www.gesunde-zeitarbeit.de und GRAziL, www.grazil.net, fachlich begleitet durch die BAuA. [36] Zu der Rechtsetzungsmethode, überwiegend nur Sicherheits- und Schutzziele oder allgemein gefasste Anforderungen festzulegen: Münch/ArbR/Kohte § 289 Rn. 14 ff. [37] Julius, Fremdfirmenbeschäftigung, S. 114 ff.; Reuter, Arbeitsschutz für Leiharbeitnehmer, S. 20 ff. [38] HK-ArbR/Hamm/Faber ArbSchG § 8 Rn. 4; s. speziell für die Leiharbeit den Leitfaden des Modellprojekts GRAziL „Gefährdungsbeurteilung beim Einsatz von Leiharbeitskräften", www.grazil.net/toolbox; vgl. auch Herbst, Leiharbeit und Arbeitsschutz, 2011, S. 26 ff.

nicht voraus, dass die Beschäftigten bereits auf einem Arbeitsplatz iSd Norm tätig geworden sind. Es genügt, dass sie dort tätig werden. Der Informationsaustausch ist auch erforderlich, wenn es um nur kurzzeitige Tätigkeiten geht, wie beim Be- oder Entladen von Gütern. S. 1 enthält keine Geringfügigkeitsgrenze, die überschritten sein muss, um die Verpflichtung zur Zusammenarbeit auszulösen.

Auch die allgemeine Pflicht zur Zusammenarbeit ist eine **dynamische Arbeitsschutzaufgabe**, deren Wirksamkeit zu überprüfen und sich ändernden Bedingungen anzupassen ist (vgl. § 3 Abs. 1 S. 2 ArbSchG).[39] Für die Ausgestaltung der Zusammenarbeit finden sich mittlerweile einige **Handlungshilfen, zB die DGUV Information 215-830**.[40] Speziell für die Leiharbeit haben die vom BMAS geförderten Modellprojekte GEZA und GRAziL (www.grazil.net) Empfehlungen und Werkzeuge erarbeitet.[41] Auch enthalten andere Rechtsvorschriften wie § 3 BaustellV und § 15 GefStoffV (→ GefStoffV Rn. 59) Konkretisierungen, die als Orientierungshilfe dienen können. Diese verlangen zB die Information der Fremdfirma über Gefahrenquellen und spezifische Verhaltensregeln, die Bestellung eines Koordinators, der von den beteiligten Arbeitgebern alle sicherheitsrelevanten Informationen erhalten muss, oder die Einbeziehung der Fremdfirmen in das betriebliche Sicherheits- und Gesundheitsschutzsystem. 20

c) Konkretisierung der Pflicht nach S. 2. S. 2 konkretisiert die allgemeine Pflicht zur Zusammenarbeit aus S. 1. Er verlangt die gegenseitige Unterrichtung der Arbeitgeber und ihrer Beschäftigten sowie die Abstimmung der Maßnahmen zur Verhütung der mit den Arbeiten verbundenen Gefahren für Sicherheit und Gesundheit der Beschäftigten. Diese Maßnahmen sind zwingend, wenn sie für die Sicherheit und den Gesundheitsschutz der Beschäftigten erforderlich sind. Dabei handelt sich um nicht abschließend aufgezählte **Mindestmaßnahmen**. Es können auch andere Maßnahmen, zB die Bestellung eines Koordinators, erforderlich sein. Weitere Beispiele enthält die DGUV Information 215-830 (ehemals BGI 865),[42] die als gesicherte arbeitswissenschaftliche Erkenntnisse (→ ArbSchG § 4 Rn. 86) bei der betrieblichen Gestaltung zu berücksichtigen sind. 21

An die **Erforderlichkeit sind keine hohen Anforderungen** zu stellen. Sie ist auf die Sicherheit und den Gesundheitsschutz der Beschäftigten bezogen (→ ArbSchG § 1 Rn. 8 ff.). Damit kann **bereits eine Gefährdung** der Beschäftigten, dh jede Möglichkeit eines Schadens bzw. einer gesundheitlichen Beeinträchtigung (→ ArbSchG § 4 Rn. 11), die Unterrichtung und Abstimmung oder andere Maßnahmen der Zusammenarbeit auslösen.[43] Dieses Verständnis entspricht der umfassenden präventiven Zielsetzung des ArbSchG, die Sicherheit und den Gesundheitsschutz der Beschäftigten bei der Arbeit durch Maßnahmen des Arbeitsschutzes zu sichern und zu verbessern (vgl. § 1 ArbSchG).[44] Gleichermaßen enthält § 3 Abs. 1 S. 1 ArbSchG die grundlegende Arbeitgeberpflicht zu einem umfassenden Schutz der Beschäftigten vor Gesundheitsgefährdungen.[45] Ähnlich verdeutlicht § 4 Nr. 1 ArbSchG, dass sich Arbeitsschutzmaßnahmen nicht auf die Bekämpfung von Gefahren beschränken, sondern bereits Gesundheitsgefährdungen vermeiden und minimieren sollen. Auch § 15 Abs. 2 S. 1 GefStoffV, der der Konkretisierung von § 8 Abs. 1 ArbSchG dient,[46] stellt auf die gegenseitige Gefährdung der Beschäftigten ab und verlangt, dass Unfällen, arbeitsbedingten Erkrankungen oder 22

---

39 Vgl. Wlotzke NZA 1996, 1017 (1019); Kollmer/Klindt/Schucht/Kohte ArbSchG § 3 Rn. 28 ff.
40 Ehemals BGI 865 „Einsatz von Fremdfirmen im Rahmen von Werkverträgen"; sa BGI 580 „Arbeitnehmer in Fremdbetrieben"; Krug, Beiträge zum Arbeitsschutz in NRW, Arbeitsschutz bei Vertragsarbeit, Edita 9, S. 10 ff. **41** Einführung eines betrieblichen Gesundheitsmanagements, www.gesunde-zeitarbeit.de; GRAziL-Toolbox, ua Tool für die detaillierte Regelung der Zusammenarbeit von Verantwortlichen der Zeitarbeits- und Entleihunternehmen; sa „Anforderungen an den Arbeits- und Gesundheitsschutz in der Arbeitnehmerüberlassung" Empfehlungen des Projektbeirats zum Förderschwerpunkt, 2008, www.baua.de. **42** DGUV 2015-830: Einsatz von Fremdfirmen im Rahmen von Werkverträgen, 2010/2015: www.publikationen.dguv.de. **43** So auch Pieper ArbSchG § 8 Rn. 5; LR/Wiebauer ArbSchG § 8 Rn. 16; Schulze-Doll/Paschke in: FS Kohte, S. 493, 497; aA Kollmer/Klindt/Schucht/Schack/Schack ArbSchG § 8 Rn. 16, die auf eine konkrete Gefahr abstellen. **44** Dazu auch Pieper ArbSchG § 1 Rn. 1 ff., 10. **45** Vgl. BT-Drs. 13/3540, 16. **46** Vgl. Begründung des RegE, BR-Drs. 413/04, 94; Pieper GefStoffV § 15 Rn. 1.

Betriebsstörungen vorzubeugen ist (→ GefStoffV Rn. 59). Welcher Grad der Wahrscheinlichkeit möglicher Unfälle oder Störungen ausreicht, ist unter Beachtung des Verhältnismäßigkeitsgrundsatzes nach der Art der betroffenen Rechtsgüter zu bestimmen.[47] Da hier Leib und Leben der Beschäftigten, also sehr hochwertige Rechtsgüter, betroffen sind, genügt eine **geringe Eintrittswahrscheinlichkeit**.

23 Die Arbeitgeber können für die **gegenseitige Unterrichtung** auf die Ergebnisse der eigenen Gefährdungsbeurteilung zurückgreifen.[48] Die Informationen müssen geeignet sein, die anderen Arbeitgeber und deren Beschäftigte über die mit den **fremden Arbeiten** verbundenen **Gefahren** und erforderlichen **Schutzmaßnahmen** aufzuklären. Sie müssen an die Beschäftigten weitergegeben werden. Da dem fremden Arbeitgeber dafür die rechtlichen Mittel fehlen, obliegt dies zunächst dem Vertragsarbeitgeber. Dieser kann zu diesem Zweck zB eine Unterweisung nach § 12 Abs. 1 ArbSchG durchführen. Die Arbeitgeber können aber auch die Durchführung einer gemeinsamen Unterrichtung vereinbaren. Dabei müssen die Beschäftigten auch über die Gefahren aufgeklärt werden, die von den eigenen Arbeiten für die fremden Arbeitskräfte ausgehen. Das ermöglicht eine Anpassung ihres Verhaltens an sich überschneidende Arbeitsabläufe. Sie können zudem besser für die Sicherheit und die Gesundheit der Personen sorgen, die von ihren Handlungen oder Unterlassungen betroffen sind (§ 15 Abs. 1 S. 2 ArbSchG). Die Unterrichtung ermöglicht außerdem dem Arbeitgeber, seine Maßnahmen an die Tätigkeiten der fremden Beschäftigten anzupassen und deren Anwesenheit im Rahmen von § 10 Abs. 1 S. 2 Rechnung zu tragen. Die Unterrichtung kann zu einer **Abstimmung der erforderlichen Schutzmaßnahmen** führen, wenn auch dies für die Sicherheit und den Gesundheitsschutz der Beschäftigten erforderlich ist.[49] Welche Maßnahmen abzustimmen sind, ergibt sich je **nach Art der Tätigkeiten aus der konkreten Gefährdungslage** am Arbeitsplatz und den durchzuführenden Sicherheits- und Gesundheitsschutzbestimmungen. Wird eine Abstimmung nicht erreicht, weil sich die Arbeitgeber nicht einigen können, tragen sie das Haftungsrisiko (→ Rn. 35 f.).

IV. Vergewisserungspflicht nach Abs. 2

24 **1. Verhältnis zu Abs. 1.** Abs. 2 bezweckt die **Vermeidung „gegenseitiger Gefährdungen"**[50] und damit auch den Schutz der Beschäftigten anderer Unternehmen vor Gefahren, die von der Arbeitsstätte selbst ausgehend oder aus Unkenntnis über die Gegebenheiten der fremden Arbeitsstätte resultieren.[51] Die Vergewisserungspflicht ist **tatbestandlich weiter gefasst** als die Pflicht zur Zusammenarbeit nach Abs. 1. Die Beschäftigten verschiedener Arbeitgeber müssen nicht in räumlicher und zeitlicher Nähe tätig werden. Es genügt, dass sie in einem fremden Betrieb arbeiten. Einen einschränkenden Umkehrschluss erlaubt das aber nicht. Die Vergewisserungspflicht besteht auch, wenn ein Fall des Abs. 1 vorliegt. Abs. 2 **ergänzt die Pflicht zur Zusammenarbeit**.[52] Es handelt sich nicht um alternative Pflichten. Daher ist § 8 ArbSchG regelmäßig auch bei der Nutzung von Werkverträgen sowie bei Gestellungsverträgen zu prüfen.

25 **2. Betriebsbegriff.** Die Vergewisserungspflicht obliegt dem Arbeitgeber, in dessen Betrieb die Beschäftigten anderer Arbeitgeber tätig werden. Das ArbSchG definiert den Begriff in § 2 Abs. 5 nur für den Bereich des öffentlichen Dienstes, im Übrigen setzt es ihn als gegeben voraus. Aus arbeitsschutzrechtlicher Sicht ist der Betriebsbegriff funktionell als eine **organisatorische Einheit** zu verstehen, innerhalb der ein vernünftiger präventiver Arbeitsschutz betrieben werden kann. Entscheidend sind nicht – wie in der Betriebsverfassung – soziale, personelle und wirtschaftliche,[53] sondern arbeitsschutz-

---

[47] Münch/ArbR/Kohte § 288 Rn. 13; BAG 12.8.2008 – 9 AZR 1117/06, NZA 2009, 102 (103).
[48] Pieper ArbSchG § 8 Rn. 5; Kollmer/Klindt/Schucht/Schack/Schack ArbSchG § 8 Rn. 20.
[49] Beispiel für eine unterlassene Abstimmung der Arbeitsorganisation: VG Regensburg 3.4.2014 – 5 RO 5 S 14.494 und dazu Kohte/Jarosch, jurisPR-ArbR 37/2014 Anm. 4 – kein Abschalten der Stromversorgung bei Reparaturarbeiten an der Schaltschrank. [50] KJP/Koll ArbSchG § 8 Rn. 15.
[51] BT-Drs. 13/3540, 17. [52] Pieper ArbSchG § 8 Rn. 11. [53] Vgl. BAG 25.9.1986 – 6 ABR 68/84, NZA 1987, 708 (710 f.); BAG 14.9.1988 – 7 ABR 10/87, NZA 1989, 190 ff.; BAG 13.6.1989 – 1 ABR 4/88, NZA 1989, 934 (935).

rechtliche Kriterien. Hiernach kann auch ein Betriebsteil außerhalb des Stammbetriebs, eine im Fremdbetrieb errichtete Betriebsstätte oder eine gemeinsame Betriebsstätte als Betrieb zu qualifizieren sein. Die selbstständige organisatorische Einheit muss aber für die **Zuweisung der Arbeitsschutzpflichten** (s. auch § 6 Abs. 2 ArbSchG) abgrenzbar sein vom Betrieb anderer Arbeitgeber. Dabei kommt es nicht auf eine räumliche Abgrenzung an. Das ist auf gemeinsamen Arbeitsplätzen verschiedener Arbeitgeber oft nicht möglich. Da es hier um die Gefahren geht, die aus der Arbeitsstätte, den Einrichtungen und der Unkenntnis der Beschäftigten resultieren, lässt sich die Betriebsstätte danach abgrenzen, unter welcher **Organisationshoheit** von ihr **Gefährdungen für andere Beschäftigte** ausgehen. Es ist festzustellen, welcher Arbeitgeber die **Organisationsgewalt** über die **für die Gefährdungen ursächlichen** technischen Einrichtungen, Arbeitsmaterialien, Arbeitsmittel, Arbeitsabläufe und Arbeitstätigkeiten hat. Beschäftigte anderer Arbeitgeber, die in diesem Organisationsbereich tätig werden, sind unbekannten Gefahren ausgesetzt, zu denen sie angemessene Anweisungen benötigen. Es entspricht dem Normzweck, dass sich der Verursacher dieser Risiken darüber vergewissert.

3. Anwendungsbereich. Der **Auftraggeber** muss sich vergewissern, ob die Beschäftigten 26 seiner Auftragnehmer und deren Subunternehmer angemessene Anweisungen erhalten haben. Erfasst werden damit alle Arbeitskräfte, die zur Erfüllung von **Dienst- oder Werkverträgen** in seinem Betrieb eingesetzt sind.[54] Der sachliche Anwendungsbereich der Norm ist aber nach dem dargelegten Betriebsbegriff nicht auf den Einsatz betriebsfremder Arbeitskräfte im Stammbetrieb des Auftraggebers beschränkt. Auch die **Auftragnehmer** müssen sich vergewissern, wenn Beschäftigte des Auftraggebers oder anderer Auftragnehmer auf ihrer Betriebsstätte tätig werden. Diese sind in gleicher Weise unbekannten Risiken und Gefahren ausgesetzt.[55] Die von Abs. 2 erfasste Gefahrensituation unterscheidet sich insoweit nicht. Das gilt auch, wenn Auftraggeber und Auftragnehmer eine **gemeinsame Betriebsstätte** betreiben. Jeder der beteiligten Arbeitgeber gestaltet einen Teil der Arbeitsstätte durch eigene organisatorische Entscheidungen. Dementsprechend existieren Gefahren, die den Beschäftigten der anderen Arbeitgeber nicht bekannt sein können. Abs. 2 hat im Rahmen der **Arbeitnehmerüberlassung keine selbstständige Bedeutung**. Als Arbeitgeber im arbeitsschutzrechtlichen Sinne[56] ist der Entleiher ohnehin verpflichtet, die Leiharbeitnehmer nach § 12 Abs. 1 ArbSchG zu unterweisen (→ ArbSchG § 12 Rn. 14 f.). Das geht über die Vergewisserungspflicht des Abs. 2 hinaus.[57]

4. Art und Weise der Vergewisserung. Auch Abs. 2 regelt nicht die Art und Weise der 27 Verpflichtung, sich über den Erhalt angemessener Anweisungen zur vergewissern. Das soll sich entsprechend dem **Verhältnismäßigkeitsgrundsatz** nach der Gefährlichkeit der in dem Betrieb anfallenden Tätigkeit richten.[58] Der Betriebsinhaber muss sich über die **Anweisungen des Arbeitgebers** und deren **Angemessenheit** vergewissern. Die Anweisungen müssen die für die Beschäftigten erforderlichen Informationen über die mit den Arbeiten verbundenen Gefahren sowie deren Ursachen (Arbeitsabläufe, Arbeitsmittel, Arbeitsstoffe usw), die Schutzmaßnahmen und erforderlichen Verhaltensweisen enthalten.[59] Dazu muss sich der andere Arbeitgeber zuvor mit den Verhältnissen im fremden Betrieb vertraut gemacht haben.[60] Das setzt einen Kommunikationsprozess mit dem Betriebsinhaber voraus, der im Rahmen der Zusammenarbeit nach Abs. 1 ohnehin stattfinden muss. Die erforderliche Informationsdichte steigt mit zunehmender Gefahr. Je größer die Gefahren, desto höher sind die Anforderungen an die Angemessenheit der Anweisungen. Sie müssen geeignet sein, die Beschäftigten in die Lage zu versetzen, die unbekannten **Gefahren erkennen und sich gesundheits- sowie sicherheitsgerecht verhalten** zu können. Der Betriebsinhaber muss sich **vor Aufnahme der Tätigkeit** der fremden

---

54 BT-Drs. 13/3540, 17; Heilmann/Aufhauser ArbSchG § 8 Rn. 5. **55** Vgl. den Sachverhalt in BAG 5.3.1991 – 1 ABR 39/90, NZA 1991, 686 ff. **56** Julius, Fremdfirmenbeschäftigung, S. 100 ff.; zur aufgespaltenen Arbeitgeberstellung: Kollmer/Klindt/Schucht/Kohte ArbSchG § 2 Rn. 134 ff. **57** Pieper ArbSchG § 8 Rn. 11 a; LR/Wiebauer ArbSchG § 8 Rn. 24; vgl. Kollmer/Klindt/Schucht/Schack/Schack ArbSchG § 8 Rn. 27. **58** BT-Drs. 13/3540, 17. **59** Kollmer/Klindt/Schucht/Schack/Schack ArbSchG § 8 Rn. 34; KJP/Koll ArbSchG § 8 Rn. 17. **60** Wilrich in: Nöthlichs ArbSchG § 8 Anm. 3.1.

Beschäftigten vergewissern, ob sie die erforderlichen Anweisungen erhalten haben und diese angemessen sind. Hierzu kann er die Beschäftigten, Vorgesetzten, Meister, Vorarbeiter oder deren Arbeitgeber befragen.[61] Diese präventive Maßnahme dient auch dem Schutz der eigenen Beschäftigten. Denn sie profitieren von einem aufklärungsgerechten und den Gefahren angepassten Verhalten der betriebsfremden Beschäftigten (vgl. § 15 Abs. 1 S. 2 ArbSchG).

V. Rechtsdurchsetzung

28 1. **Betriebsrat.** a) **Kompetenzen hinsichtlich eigener Arbeitnehmer.** Es gehört zur **allgemeinen Aufgabe des Betriebsrats**, die **Durchführung der Zusammenarbeit und der Vergewisserung** nach § 8 ArbSchG **zu überwachen und zu fördern** (§ 80 Abs. 1 Nr. 1, 9 BetrVG; Personalrat: § 68 Abs. 1 Nr. 2 BPersVG). Der Betriebsrat kann den Arbeitgeber und die nach § 13 ArbSchG verantwortlichen Personen auf Unzulänglichkeiten in der Zusammenarbeit und Defizite bei der Umsetzung der Vergewisserungspflicht hinweisen und auf Abhilfe drängen. Die Einhaltung der Pflichten nach § 8 ArbSchG kann er aber auch dann überwachen und fördern, wenn keine Zweifel oder Umsetzungsdefizite bestehen.[62] Zur Erfüllung dieser Aufgabe gewährt § 80 Abs. 2 BetrVG (Personalrat: § 68 Abs. 2 BPersVG) dem Betriebsrat ein **umfassendes präventives Informationsrecht**.[63] Er kann vom Arbeitgeber alle zur Erfüllung seiner Aufgabe erforderlichen Informationen verlangen.[64] Ihm sind alle Unterlagen über die Beschäftigung von Fremdfirmen im Betrieb zur Verfügung zu stellen, so dass ihm auch Aufschluss über die Zusammenarbeit und Vergewisserung nach § 8 ArbSchG zu geben ist.[65] Dieses Recht ist durch die Neufassung von § 80 Abs. 2 BetrVG[66] konkretisiert und klargestellt worden.[67] Außerdem hat er das Recht, die auswärtigen Beschäftigten aufzusuchen, um sich unmittelbar vor Ort einen Eindruck zu verschaffen, zB durch Befragung der Arbeitnehmer.[68] Der auswärtige Arbeitsplatz gehört insoweit zum Betrieb iSd Betriebsverfassungsrechts.[69] Soweit erforderlich, sollte der Betriebsrat diese Rechtsposition durch eine Vereinbarung mit dem Arbeitgeber sichern.[70]

29 § 89 Abs. 1 BetrVG **ergänzt die allgemeine Überwachungsaufgabe.** Der Betriebsrat hat nicht nur das Recht, sondern auch die Pflicht, sich aktiv für die Durchführung des § 8 ArbSchG einzusetzen.[71] Bei der Bekämpfung der **spezifischen Unfall- und Gesundheitsgefahren drittbezogener Personaleinsätze** muss er die für den Arbeitsschutz zuständigen Behörden, die Träger der gesetzlichen Unfallversicherung und die sonstigen Stellen durch Anregung, Beratung und Auskunft unterstützen (→ BetrVG § 89 Rn. 13). Er kann Betriebskontrollen anregen und darlegen, welche Maßnahmen der Zusammenarbeit und Vergewisserung er für erforderlich hält, um die darauf bezogenen Entscheidungen des Arbeitgebers zu beeinflussen.[72]

30 § 89 Abs. 2 S. 2 BetrVG räumt dem Betriebsrat zudem ein **besonderes Unterrichtungsrecht** ein. Der Arbeitgeber muss ihm zB eine gemäß § 22 Abs. 3 S. 1 Nr. 1 ArbSchG erlassene behördliche Anordnung zur Durchführung des § 8 ArbSchG unverzüglich mitteilen. Außerdem ist er bei allen im Zusammenhang mit dem Arbeitsschutz stehenden Besichtigungen und Fragen einzubeziehen. Diese Beteiligung erfasst auch die Einführung und Prüfung von Arbeitsschutzeinrichtungen, die gemäß § 8 ArbSchG mit an-

---

61 Kollmer/Klindt/Schucht/Schack/Schack ArbSchG § 8 Rn. 36; KJP/Koll ArbSchG § 8 Rn. 16; Wilrich in: Nöthlichs ArbSchG § 8 Anm. 3.2; LR/Wiebauer ArbSchG § 8 Rn. 27; Pieper ArbSchG § 8 Rn. 13. **62** BAG 21.1.1982 – 6 ABR 17/79, NJW 1982, 2088. **63** HaKo-BetrVG/Kohte/Schulze-Doll BetrVG § 80 Rn. 20; Richardi/Thüsing BetrVG § 80 Rn. 47 ff. **64** BAG 19.2.2009 – 1 ABR 84/06, NZA 2008, 1078 (1079). **65** Vgl. BAG 31.1.1989 – 1 ABR 72/87, NZA 1989, 932 f.; Herbst, Leiharbeit und Arbeitsschutz, S. 46; Schulze-Doll/Paschke in: FS Kohte, S. 493, 508. **66** BGBl. I 2017, 258, 261 f. **67** BT-Drs. 18/9232, 32; Deinert RdA 2017, 65 (81); Hamann, jurisPR-ArbR 15/2017 Anm. 3 D. **68** BAG 8.2.1977 – 1 ABR 82/74, AP Nr. 10 zu § 80 BetrVG 1972. **69** BAG 13.6.1989 – 1 ABR 4/88, NZA 1989, 934 (935). **70** HaKo-BetrVG/Kohte/Schulze-Doll BetrVG § 80 Rn. 20. **71** HaKo-BetrVG/Kohte BetrVG § 89 Rn. 18, 30; GK-BetrVG/Wiese/Gutzeit BetrVG § 89 Rn. 7. **72** Vgl. DKKW/Buschmann BetrVG § 89 Rn. 24, 26; GK-BetrVG/Wiese/Gutzeit BetrVG § 89 Rn. 58.

deren Arbeitgebern abgestimmt wurden. Der Betriebsrat muss so rechtzeitig beteiligt werden, dass er auf die Entscheidung der Arbeitgeber noch einwirken kann.[73]

Auch das **besondere Unterrichtungs- und Beratungsrecht** aus § 90 BetrVG eröffnet dem Betriebsrat Beteiligungsrechte zur Durchsetzung des § 8 Abs. 1 ArbSchG.[74] Die Planung der Arbeitsverfahren und Arbeitsabläufe (§ 90 Abs. 1 Nr. 3 BetrVG) sowie der Arbeit (§ 90 Abs. 1 Nr. 4 BetrVG) verlangt – wie die Grundpflichten und allgemeinen Grundsätze der §§ 3, 4 ArbSchG verdeutlichen – Maßnahmen des Arbeitsschutzes zur Verbesserung der Sicherheit und des Gesundheitsschutzes der Beschäftigten (§ 1 Abs. 1 S. 1 ArbSchG). Daher ist der Betriebsrat bereits bei der Planung von Fremdfirmenbeschäftigung bzw. nachhaltiger Nutzung von Werkverträgen rechtzeitig zu informieren.[75] Planen die an einem drittbezogenen Personaleinsatz beteiligten Arbeitgeber gemäß § 8 Abs. 1 ArbSchG die gemeinsame Gestaltung der Arbeitsprozesse, weil das aufgrund der Gefährdung ihrer Beschäftigten erforderlich ist, muss der Betriebsrat über die gemeinsame Planung unterrichtet werden. Die **geplanten Maßnahmen** und deren **Auswirkungen** auf die Arbeitnehmer sind mit ihm gemäß § 90 Abs. 2 BetrVG **rechtzeitig zu beraten**. Die Beratung soll bewirken, dass Arbeitsplatz, Arbeitsablauf und Arbeitsverfahren von den beteiligten Arbeitgebern menschengerecht gestaltet (→ ArbSchG § 2 Rn. 9 ff., → ArbSchG § 4 Rn. 44 ff.) und die gesicherten arbeitswissenschaftlichen Erkenntnisse (→ ArbSchG § 4 Rn. 19 ff., 82 ff.) berücksichtigt werden (→ BetrVG §§ 90, 91 Rn. 19 ff.).[76]

Von besonderer Bedeutung ist § 87 **Abs. 1 Nr. 7** BetrVG (Personalrat: § 75 Abs. 3 Nr. 11 BPersVG). Die Norm räumt dem Betriebsrat ein **zwingendes Mitbestimmungsrecht** bei der Aufstellung betrieblicher Regelungen zur **Ausfüllung von Arbeitsschutz- und Unfallverhütungsvorschriften** ein. Ausfüllungsbedürftig ist eine Norm, wenn dem Arbeitgeber bei der Anwendung ein Entscheidungsspielraum verbleibt, er also entscheiden kann, auf welche Weise den Anforderungen der Norm entsprochen werden soll.[77] § 8 ArbSchG ist eine derartige **ausfüllungsbedürftige Rahmenvorschrift** über den Gesundheitsschutz. Dem Arbeitgeber ist sowohl bei der Ausgestaltung der Zusammenarbeit nach Abs. 1 als auch der Vergewisserung ein **Handlungsspielraum** eingeräumt (→ Rn. 18, 27).[78] Das erfordert nicht nur betriebsbezogene Regelungen zur Ausgestaltung der Art und Weise der allgemeinen Zusammenarbeit nach Abs. 1 S. 1,[79] sondern auch hinsichtlich der Abstimmung spezifischer Schutzmaßnahmen sowie der Vergewisserung ihrer Durchführung, wenn es nicht um ausschließlich betriebsbezogene, sondern um auch personenbezogen mögliche Schutzmaßnahmen (→ ArbSchG § 4 Rn. 58) geht, dem Vertragsarbeitgeber also mangels betriebsbezogener Organisationshoheit nicht nur Kontroll- und Überwachungsrechte verbleiben.[80] Die Pflichtenstellung des Fremdarbeitgebers entbindet diesen nicht von den eigenen Schutzpflichten. Eine darauf bezogene Entscheidungsmacht des Arbeitgebers ist begründet die Zuständigkeit für die Wahrnehmung von Mitbestimmungsrechten.[81] Das kann dann auch den Inhalt einer Betriebsvereinbarung zu § 8 ArbSchG konkretisieren, wobei die Grenzen der Gestaltungsbefugnis im Fremdbetrieb und die Mitbestimmungsrechte des dort gebildeten Betriebsrats zu beachten sind.[82] Stellt zB ein Vertragsarbeitgeber, etwa der Verleiher, bei kurzen Einsätzen seiner Arbeitnehmer im Fremdbetrieb die persönliche Schutzausrüstung bereit, muss diese auch für die am Arbeitsplatz gegebenen Bedingungen geeignet sein (§ 2

---

73 Vgl. GK-BetrVG/Wiese/Gutzeit BetrVG § 89 Rn. 66. **74** HaKo-BetrVG/Kohte BetrVG § 89 Rn. 8. **75** Ulber AiB 2013, 285 (286). **76** Zu diesem Begriff: HaKo-BetrVG/Kohte/Schulze-Doll BetrVG § 90 Rn. 22 ff.; Richardi/Annuß BetrVG § 90 Rn. 29 ff. **77** BAG 2.4.1996 – 1 ABR 47/95, NZA 1996, 998 (1001); BAG 12.8.2008 – 9 AZR 1117/06, NZA 2009, 102 (104); HaKo-BetrVG/Kohte BetrVG § 87 Rn. 580 ff.; GK-BetrVG/Wiese/Gutzeit BetrVG § 87 Rn. 594 ff.; Richardi BetrVG § 87 Rn. 549, 551. **78** Fitting BetrVG § 87 Rn. 300; HaKo-BetrVG/Kohte BetrVG § 87 Rn. 82; DKKW/Klebe BetrVG § 87 Rn. 231; Julius, Fremdfirmenbeschäftigung, S. 142; Leube BB 2000, 302 (303); Karthaus/Klebe NZA 2012, 417 (425); Schulze-Doll/Paschke in: FS Kohte, S. 493, 505. **79** Dazu auch Otten BG 2010, 114 (116). **80** BAG 7.6.2016 – 1 ABR 25/14, NZA 2016, 1420 (1422) Rn. 16. **81** BAG 13.3.2001 – 1 ABR 34/00, NZA 2001, 1262 (1263). **82** BAG 7.6.2016 – 1 ABR 25/14, NZA 2016, 1420 Rn. 17; sa LAG Niedersachsen 17.1.2017 – 13 TaBV 109/15.

Abs. 1 Nr. 2 PSA-BV → PSA-BV § 2 Rn. 12 f.).[83] Das macht eine Abstimmung hinsichtlich der Durchführung dieser spezifischen Schutzmaßnahme mit dem Fremdarbeitgeber erforderlich, was näher in einer Betriebsvereinbarung ausgestaltet werden kann. Denkbar sind im Übrigen Vereinbarungen über:

- die dauerhafte Einbindung der Zusammenarbeit und Vergewisserung in die betriebliche Arbeitsschutzorganisation,
- die Anforderungen an die gemeinsame bzw. koordinierte Gefährdungsbeurteilung[84] zur Ermittlung der Risiken, die sich aus der Anwesenheit verschiedener Unternehmen und Beschäftigter an einem Arbeitsplatz ergeben,[85]
- die Erarbeitung von Checklisten typischer Gefährdungen und Gefahren,
- die Anforderungen an die notwendigen Informationen für und durch den fremden Arbeitgeber über die mit den eigenen und den fremden Arbeiten verbundenen Risiken und Gefahren,
- die Aufstellung von Kriterien für die Erforderlichkeit bestimmter Maßnahmen der Zusammenarbeit,
- die Notwendigkeit der Abstimmung oder gemeinsamen Durchführung von Schutzmaßnahmen,
- die Voraussetzungen für die Bestellung eines Koordinators,
- die Konkretisierung der gegenseitigen Unterrichtung der Arbeitgeber und ihrer Beschäftigten,
- die Festlegung der Abstände zur Überprüfung und Anpassung der Zusammenarbeit an sich ändernde Bedingungen,
- die Dokumentation der Zusammenarbeit, dh das Ob, den Inhalt, die positiven und negativen Erfahrungen der Koordination,
- die Art und Weise der Vergewisserung nach Abs. 2, zB durch Befragung der Beschäftigten und Arbeitgeber oder Gestaltung der Fragebögen,
- die Anforderungen an die Angemessenheit der Anweisungen und deren Nachweis für die eigene Überzeugungsbildung zum Zweck der Vergewisserung.

Verbindlich geregelt und damit mitbestimmungsfrei sind hingegen das Ob der Zusammenarbeit nach Abs. 1 und der Vergewisserung nach Abs. 2.[86]

33 **b) Kompetenzen hinsichtlich Beschäftigter anderer Arbeitgeber.** Der Betriebsrat kann arbeitsschutzbezogene Beteiligungsrechte auch hinsichtlich **betriebsfremder Beschäftigter**, die nicht in einem vertraglichen oder weisungsabhängigen Arbeitsverhältnis zum Betriebsinhaber stehen, wahrnehmen. Das verdeutlicht schon die Berücksichtigung der Fremdfirmenbeschäftigten in § 80 Abs. 2 S. 1 BetrVG. Erfasst werden Beschäftigte anderer Arbeitgeber, wie Leiharbeitnehmer,[87] Erfüllungsgehilfen oder freie Mitarbeiter.[88] Für die Bestimmung der Beteiligungsrechte des Betriebsrats ist auf den jeweiligen **Gegenstand des Beteiligungsrechts** und die **darauf bezogene Entscheidungsmacht des jeweiligen Arbeitgebers** abzustellen.[89] Werden dem Auftraggeber im Rahmen der Zusammenarbeit nach Abs. 1 Möglichkeiten zur Gestaltung der Arbeitsbedingungen für

---

83 Das unterliegt dann auch der Mitbestimmung des Verleihbetriebsrats. In BAG 7.6.2016 – 1 ABR 25/14, NZA 2016, 1420 war darüber nicht zu entscheiden, da dieser nach Auslegung des Antrags ein Mitbestimmungsrecht für eine Maßnahme des Entleihers geltend machte. **84** Dazu auch Karthaus/Klebe NZA 2012, 417 (425); Schulze-Doll/Paschke in: FS Kohte, S. 493, 497 f. **85** ZB Muster einer Betriebsvereinbarung menschengerechte Arbeitsgestaltung, Gefährdungsbeurteilung, Unterweisung in der Zeitarbeit, Anhang 4 zum Leitfaden des Modellprojekts GRAziL „Gefährdungsbeurteilung beim Einsatz von Leiharbeitskräften", www.grazil.net/toolbox. **86** GK-BetrVG/Wiese/Gutzeit BetrVG § 87 Rn. 610. **87** Zur Integration der Leiharbeitnehmer auf betrieblicher Ebene: Wassermann/Rudolph, Leiharbeit als Gegenstand betrieblicher Mitbestimmung, S. 6 f., 11 ff. **88** S. bereits BAG 31.1.1989 – 1 ABR 72/87, NZA 1989, 932 f.; BAG 15.12.1998 – 1 ABR 9/98, NZA 1999, 722; HaKo-BetrVG/Kohte BetrVG § 80 Rn. 16, 48; sa BT-Drs. 14/5741, 46. **89** BAG 19.6.2001 – 1 ABR 43/00, NZA 2001, 1263; dazu Ann. Hamann EzA Nr. 63 zu § 87 BetrVG 1972; ders. NZA 2003, 526 (530 ff.); Wißmann NZA 2001, 409 (413); BAG 7.6.2016 – 1 ABR 25/14, NZA 2016, 1420; Julius, Fremdbeschäftigung, S. 143 ff., 173 ff.

die fremden Beschäftigten eingeräumt, ergeben sich auch Rechte des Betriebsrats aus § 90, ggf. § 91 BetrVG. Unabhängig davon stehen ihm die Unterrichtungs-, Überwachungs- und Mitbestimmungsrechte aus §§ 80, 89, § 87 Abs. 1 Nr. 7 BetrVG bereits dann zu, wenn der Arbeitgeber Arbeitsschutz- oder Unfallverhütungsvorschriften durchzuführen hat, die dem Schutz der in seinem Betrieb tätigen Erfüllungsgehilfen dienen.[90] Das ist bei § 8 ArbSchG der Fall, da er nicht nur den Schutz der eigenen Beschäftigten, sondern auch den der Beschäftigten anderer Arbeitgeber bezweckt. Die Mitwirkung bei der Zusammenarbeit der Arbeitgeber ist Voraussetzung für die Verbesserung der Sicherheit und des Gesundheitsschutzes. Die Vergewisserungspflicht des Abs. 2 dient vor allem dem Schutz fremder Arbeitskräfte. Der Betriebsrat hat die Einhaltung des § 8 ArbSchG daher auch hinsichtlich der betriebsfremden Beschäftigten gemäß § 80 Abs. 1 Nr. 1 BetrVG zu überwachen und sich für deren Durchführung gemäß § 89 Abs. 1 BetrVG einzusetzen. Bei der Ausgestaltung der Zusammenarbeit und Vergewisserung steht ihm das Mitbestimmungsrecht des § 87 Abs. 1 Nr. 7 BetrVG zu, das er auch initiativ ausüben kann.

2. Beschäftigte. Die Arbeitnehmer haben einen **privatrechtlichen Anspruch** auf Erfüllung der Verpflichtung zur arbeitsschutzrechtlichen Zusammenarbeit ihres Arbeitgebers nach Abs. 1. Diese öffentlich-rechtliche Regelung wird über § 618 BGB in den Arbeitsvertrag transformiert und damit zu einem vertraglichen Anspruch (→ BGB § 618 Rn. 18 f.).[91] Die Norm ist transformationsfähig, da sie gerade auch den Schutz des einzelnen Arbeitnehmers zum Ziel hat.[92] Allerdings beschränkt sich die Transformation auf das Ob der Verpflichtung zur Zusammenarbeit. Der Arbeitnehmer hat **keinen Anspruch auf eine bestimmte Art und Weise der Zusammenarbeit**, da dem Arbeitgeber insoweit ein eigener Entscheidungsspielraum eingeräumt ist. Der Inhalt des durch § 618 Abs. 1 BGB vermittelten individuellen Erfüllungsanspruchs geht nicht weiter als die öffentlich-rechtliche Norm, die den Arbeitgeber verpflichtet. Er bestimmt sich danach, ob die Arbeitsschutzvorschrift einen strikten normativen Befehl enthält oder dem Arbeitgeber einen Beurteilungs- oder Ermessensspielraum einräumen. Der Arbeitnehmer kann im letzteren Fall nur die ordnungsgemäße Ausfüllung des Beurteilungsspielraums bzw. eine fehlerfreie Ermessensausübung verlangen.[93] Die Vergewisserungspflicht des **Abs. 2 begründet keinen Erfüllungsanspruch** über § 618 Abs. 1 BGB, da sie den Schutz der Beschäftigten bezweckt, die keinen Vertrag mit dem verpflichteten Arbeitgeber haben. 34

Unterlässt der Arbeitgeber die Zusammenarbeit mit anderen Arbeitgebern schuldhaft und wird dadurch Gesundheit oder Leben des Arbeitnehmers verletzt, so hat dieser aus § 280 Abs. 1 BGB einen Anspruch auf **Schadensersatz**. Da § 8 Abs. 1, 2 ArbSchG ein Schutzgesetz iSv § 823 Abs. 2 BGB ist, begründet eine Verletzung der Pflicht zur Zusammenarbeit oder Vergewisserung außerdem eine deliktische Haftung.[94] 35

Allerdings ist die **Haftung für Personenschäden nach § 104 SGB VII** beschränkt, wenn es sich um einen Arbeitsunfall oder eine Berufskrankheit handelt und dieser Versicherungsfall nicht **vorsätzlich herbeigeführt** wurde.[95] Das gilt für die **fremden Arbeitgeber nicht**. Sie können nicht einwenden, ebenfalls haftungsbefreite Unternehmer zu sein, weil die verletzten Beschäftigten anderer Arbeitgeber für sie als „Wie-Beschäftigte" gemäß § 2 Abs. 2 SGB VII tätig waren.[96] Der Haftungsfall kann keinem weiteren Unternehmer nach § 2 Abs. 2 S. 1 SGB VII zugeordnet werden. Das schließt auch die Haftungsprivilegierung nach §§ 104, 105 SGB VII aus.[97] Der Unternehmer könnte sich allenfalls auf das Haftungsprivileg gemäß § 106 Abs. 3 SGB VII berufen. Allerdings geht es hier um die Verletzung von Organisationspflichten. 36

---

90 DKKW/Buschmann BetrVG § 89 Rn. 1. **91** Zur Transformationsfähigkeit einer öffentlich-rechtlichen Arbeitsschutzvorschrift BAG 12.8.2008 – 9 AZR 1117/06 – NZA 2009, 102 (103). **92** Ausf. Kollmer/Klindt/Schucht/Kohte ArbSchG § 3 Rn. 82 ff. **93** ErfK/Wank BGB § 618 Rn. 24, 26; BAG 12.8.2008 – 9 AZR 1117/06, NZA 2009, 102 (104) mwN. **94** Pieper ArbSchG § 8 Rn. 3, 14; LR/Wiebauer ArbSchG § 8 Rn. 36. **95** Dazu BAG 18.4.2002 – 8 AZR 348/01, NZA 2003, 37 (40 f.). **96** So noch grundlegend BGH 19.3.1957 – VI ZR 277/55, NJW 1957, 1319; BGH 3.5.1983 – VI ZR 68/81, DB 1983, 2189. **97** BGH 22.4.2008 – VI ZR 202/07, NJW-RR 2008, 1239; BGH 19.5.2009 – VI ZR 56/08, NJW 2009, 3235.

37 Zur Durchsetzung der Verpflichtung nach Abs. 1 kann der Arbeitnehmer von seinem **Zurückbehaltungsrecht** gemäß § 273 Abs. 1 BGB Gebrauch machen.[98] Dieses setzt keine besondere Gefährdungslage voraus, sondern knüpft an die Verletzung der Pflicht zur Zusammenarbeit an.[99] Der Vergütungsanspruch bleibt allerdings auch hier nur in den **Grenzen des Erfüllungsanspruchs** erhalten, wenn also der Arbeitgeber seiner Pflicht aus Abs. 1 überhaupt nicht nachkommt.[100] Über die Ausübung des Zurückbehaltungsrechts kann nicht eine bestimmte Zusammenarbeit verlangt werden. Sind Arbeitnehmer der Auffassung, dass die konkrete Art und Weise der Zusammenarbeit nicht ausreicht, um ihre Sicherheit und den Gesundheitsschutz bei der Arbeit zu gewährleisten, können sie sich an die zuständige Behörde wenden, wenn der Arbeitgeber darauf gerichteten Beschwerden nicht abhilft (§ 17 Abs. 2 ArbSchG → ArbSchG §§ 15–17 Rn. 24 ff.). Für die **Durchsetzung des Erfüllungsanspruchs** nach Ausübung des Zurückbehaltungsrechts kann der Beschäftigte einen Auskunftsanspruch geltend machen. Der Arbeitgeber kann diesen auch erfüllen, da sich aus der nach § 6 ArbSchG vorzuhaltenden Dokumentation die aufgrund der gemeinsamen Gefährdungsbeurteilung und Wirksamkeitskontrollen ermittelten erforderlichen Maßnahmen der Zusammenarbeit ergeben. Ist ihm das nicht möglich, kommt eine Beweiserleichterung oder -umkehr in Betracht.[101]

38 **3. Aufsicht.** Die **Überwachung** der Umsetzung der Pflichten des § 8 ArbSchG unterliegt dem **dualistischen deutschen Aufsichtssystem** nach § 21 Abs. 1 ArbSchG und § 17 SGB VII (→ ArbSchG § 21 Rn. 18). Im Rahmen der behördlichen Aufsicht kann die zuständige Behörde die Einhaltung des § 8 ArbSchG durch Anordnung durchsetzen. Möglich ist auch die Anordnung einer konkreten Maßnahme der Zusammenarbeit (§ 22 Abs. 3 S. 1 Nr. 1 oder 2 ArbSchG). Wird diese nicht ausgeführt, kann die Behörde die weitere Arbeit untersagen (§ 22 Abs. 3 S. 3 ArbSchG).[102] Ihr Ermessensspielraum reduziert sich, wenn die angeordnete Maßnahme der Abwendung einer besonderen Gefahr für Leben und Gesundheit der Beschäftigten dient. Zuwiderhandlungen sind nach § 25 Abs. 1 Nr. 2 Buchst. a ArbSchG nur bußgeldbewehrt, wenn sie Gegenstand einer sofort vollziehbaren Anordnung sind. Die Träger der Unfallversicherung können Anordnungen nach § 19 SGB VII erlassen, um die Kooperationspflicht nach § 6 DGUV Vorschrift 1 (→ Rn. 4) durchzusetzen.[103] Ist es bei einem Einsatz fremder Arbeitnehmer zu einem schweren Unfall gekommen, so ist die Unfalluntersuchung auch zu nutzen, um die Einhaltung der Arbeitsschutzvorschriften, auch des § 8 ArbSchG, zu überprüfen und ggf. weitere Maßnahmen zu veranlassen.[104]

§ 9 ArbSchG Besondere Gefahren

(1) Der Arbeitgeber hat Maßnahmen zu treffen, damit nur Beschäftigte Zugang zu besonders gefährlichen Arbeitsbereichen haben, die zuvor geeignete Anweisungen erhalten haben.

(2) ¹Der Arbeitgeber hat Vorkehrungen zu treffen, daß alle Beschäftigten, die einer unmittelbaren erheblichen Gefahr ausgesetzt sind oder sein können, möglichst frühzeitig über diese Gefahr und die getroffenen oder zu treffenden Schutzmaßnahmen unterrichtet sind. ²Bei unmittelbarer erheblicher Gefahr für die eigene Sicherheit oder die Sicherheit anderer Personen müssen die Beschäftigten die geeigneten Maßnahmen zur Gefahrenabwehr und Schadensbegrenzung selbst treffen können, wenn der zuständige Vorgesetzte nicht erreichbar ist; dabei sind die Kenntnisse der Beschäftigten und die vorhandenen technischen Mittel zu berücksichtigen. ³Den Beschäftigten dürfen aus ihrem Handeln keine Nachteile entstehen, es sei denn, sie haben vorsätzlich oder grob fahrlässig ungeeignete Maßnahmen getroffen.

---

98 BAG 8.5.1996 – 5 AZR 315/95, NZA 1997, 86. **99** Kollmer/Klindt/Schucht/Kohte ArbSchG § 3 Rn. 87. **100** Vgl. ErfK/Wank BGB § 618 Rn. 26. **101** Zum Ganzen: Kollmer/Klindt/Schucht/Kohte ArbSchG § 3 Rn. 90. **102** LR/Wiebauer ArbSchG § 8 Rn. 33. **103** Kohte BG 2010, 384. **104** Kohte/Jarosch, jurisPR-ArbR 37/2014 Anm. 4 zu VG Regensburg 3.4.2014 – RO 5 S 14.494.

Besondere Gefahren — § 9 ArbSchG

(3) ¹Der Arbeitgeber hat Maßnahmen zu treffen, die es den Beschäftigten bei unmittelbarer erheblicher Gefahr ermöglichen, sich durch sofortiges Verlassen der Arbeitsplätze in Sicherheit zu bringen. ²Den Beschäftigten dürfen hierdurch keine Nachteile entstehen. ³Hält die unmittelbare erhebliche Gefahr an, darf der Arbeitgeber die Beschäftigten nur in besonders begründeten Ausnahmefällen auffordern, ihre Tätigkeit wieder aufzunehmen. ⁴Gesetzliche Pflichten der Beschäftigten zur Abwehr von Gefahren für die öffentliche Sicherheit sowie die §§ 7 und 11 des Soldatengesetzes bleiben unberührt.

Literatur: *Fabricius*, Einstellung der Arbeitsleistung bei gefährlichen und normwidrigen Tätigkeiten, 1997; *Fabricius*, Die Mitbestimmung des Betriebsrats bei der Umsetzung des neuen Arbeitsschutzrechts, BB 1997, 1254 (1257); *Molketin*, Das Recht auf Arbeitsverweigerung bei Gesundheitsgefährdung des Arbeitnehmers, NZA 1997, 849; *Leube*, Arbeitsschutzgesetz: Pflichten des Arbeitgebers und der Beschäftigten zum Schutz anderer Personen, BB 2000, 302.

Leitentscheidung: BAG 19.2.1997 – 5 AZR 982/94, AP Nr. 24 zu § 618 BGB.

I. Normzweck, Rechtssystematik.. 1	b) Benachteiligungsverbot nach Abs. 2 S. 3......... 14
II. Entstehungsgeschichte, Unionsrecht 2	5. Entfernungsrecht des Arbeitnehmers (Abs. 3) 17
III. Detailkommentierung 3	a) Rechtssystematik 18
1. Begriff der Gefahr.......... 3	b) Der qualifizierte Gefahrbegriff.................... 21
2. Raumbezogener Gefahrenschutz (Abs. 1)............... 7	c) Rechtsfolgen bei berechtigter Entfernung vom Arbeitsplatz.............. 22
a) Besonders gefährliche Arbeitsbereiche 8	d) Ausnahmen vom Entfernungsrecht.............. 23
b) Zugangsbeschränkungen 9	IV. Rechtsdurchsetzung 24
c) Gegenstand der Anweisungen 10	1. Individualrecht 24
3. Informationsbezogener Gefahrenschutz (Abs. 2 S. 1) 11	2. Kollektivrecht 29
4. Eigenständige Gefahrenabwehr (Abs. 2 S. 2 und 3)..... 12	
a) Eigenständige Gefahrenabwehr.................. 13	

I. Normzweck, Rechtssystematik

In § 9 ArbSchG werden zum Gefahrenschutz und zur Gefahrenabwehr verschiedenartige Sachverhalte und Zielsetzungen geregelt. Gemeinsam ist allen Regelungen, dass sie eine **qualifizierte Gefahr** voraussetzen. Systematisch erscheint die Vorschrift auf den ersten Blick etwas ungeordnet. Die hier geregelten Rechte und Pflichten lassen sich in vier Kategorien aufgliedern.[1] In Abs. 1 geht es um den Zugang zu gefährlichen Arbeitsbereichen („**raumbezogener Gefahrenschutz**"); Abs. 2 S. 1 regelt Organisations- und Unterrichtungspflichten des Arbeitgebers („**informationsbezogener Gefahrenschutz**"); in Abs. 2 S. 2 geht es um die Pflicht des Arbeitgebers, den Arbeitnehmern zu ermöglichen, selbst Maßnahmen der Gefahrenabwehr zu ergreifen („**eigenständige Gefahrenabwehr**"); in Abs. 3 findet sich das Recht der Arbeitnehmer, ihren Arbeitsplatz bei Gefahr zu verlassen („**Entfernungsrecht**") und die damit korrespondierende Organisationspflicht des Arbeitgebers.

Gemäß § 4 Nr. 1, 2 ArbSchG sind Maßnahmen, die geeignet sind, die Gefahr einzudämmen oder gar nicht erst entstehen zu lassen, vorrangig. Diese Maßnahmen sind Gegenstand der Organisationspflichten des Arbeitgebers nach § 3 ArbSchG (→ ArbSchG § 4 Rn. 13 ff.; → ArbSchG § 3 Rn. 7 ff.).[2] Die in § 9 ArbSchG vorgesehenen

---
[1] Kollmer/Klindt/Schucht/Kohte ArbSchG § 9 Rn. 1. [2] Kollmer/Klindt/Schucht/Kohte ArbSchG § 9 Rn. 18.

Maßnahmen stellen daher eine **Ergänzung der allgemeinen Arbeitsschutzpflichten** des Arbeitgebers dar, da sie die Gefahren nicht an der Quelle bekämpfen.

II. Entstehungsgeschichte, Unionsrecht

2 Mit § 9 ArbSchG werden Art. 6 lit. d, Art. 8 Abs. 3 bis 5 der EG-Rahmenrichtlinie 89/391/EWG umgesetzt.[3] Das Entfernungsrecht in Abs. 3 hat **ältere Wurzeln im Übereinkommen der internationalen Arbeitsorganisation (ILO)**, nämlich in Art. 13 des ILO-Übereinkommens 155 aus dem Jahr 1981 und diversen Nachfolgeregelungen, die teilweise auch in Deutschland ratifiziert worden sind (→ Rn. 21).[4]

III. Detailkommentierung

3 **1. Begriff der Gefahr.** Allgemeiner Gefahrbegriff: Zunächst muss vom allgemeinen Gefahrbegriff ausgegangen werden. Dieser bezeichnet eine Sachlage, die mit **hinreichender Wahrscheinlichkeit** zu einem **Schaden** führt.[5] Die „besonderen Gefahren" in der Normüberschrift und in Abs. 1 sind gekennzeichnet durch

- eine erhöhte Wahrscheinlichkeit für den Schadenseintritt oder
- ein erhöhtes Ausmaß des Schadens oder
- eine zeitliche Komponente, also durch eine hinreichende Wahrscheinlichkeit für einen *schnellen* Schadenseintritt.

4 Qualifizierte Gefahr: Während in Abs. 1 von „besonders gefährlichen Arbeitsbereichen" die Rede ist, findet sich in Abs. 2 und 3 der Begriff „unmittelbare erhebliche Gefahr". Aus den Worten „besonders" und „unmittelbar erheblich" ergibt sich nicht ohne Weiteres, ob hier eine Qualifikation der Gefahr über den Grad der Wahrscheinlichkeit oder über die Art und das Ausmaß des Schadens gewollt ist. Nach der Gesetzesbegründung[6] soll den Arbeitnehmern ein Recht eingeräumt werden, „sich in einer Notsituation zu entziehen, bei der ihnen ein schwerer Schaden droht". Für „solche besonderen Gefahren" setze der Gesetzestext die in der Rahmenrichtlinie vorgesehenen Maßnahmen um.

5 Besondere Gefahr: Wird also in Abs. 1 und der Normüberschrift von einer „**besonderen Gefahr**" gesprochen, so ist diese durch die **Schwere des drohenden Schadens** qualifiziert. Ein drohender Schaden ist nach Art und Umfang schwer, wenn eine erhebliche Gesundheitsbeeinträchtigung in Frage steht, die zur Erwerbsunfähigkeit oder zum Tod führen kann.[7] Das ist beispielsweise der Fall, wenn der betroffene Arbeitnehmer karzinogenen Stoffen oder Strahlung jenseits der geltenden Grenzwerte ausgesetzt ist. Je nach Konzentration droht hier zwar schlimmstenfalls der Tod (jede einzelne Asbestfaser kann Asbestose auslösen), die Wahrscheinlichkeit des Schadenseintritts kann aber bei nur geringfügiger Überschreitung der Grenzwerte ebenso gering sein. Der so kontaminierte Arbeitsbereich bleibt aber „besonders gefährlich" im Sinne des Abs. 1.

6 Unmittelbare erhebliche Gefahr: Die „**unmittelbare** erhebliche Gefahr" (Abs. 2, 3) bezeichnet nach der Gesetzesbegründung „eine Sachlage, bei der der Eintritt des Schadens sehr wahrscheinlich ist oder sein Eintritt nicht mehr abgewendet werden kann und der Schaden nach Art und Umfang besonders schwer ist."[8] Mit dem Wort „unmittelbar" findet hier also eine **zusätzliche Qualifikation** über den besonders **hohen Grad der Wahrscheinlichkeit** statt. Es ist zwar nahe liegend, die unmittelbare Gefahr mit der konkreten Gefahr gleichzusetzen in Abgrenzung zur abstrakten Gefahr.[9] Die Gesetzesbegründung spricht hier aber eine eindeutig andere Sprache. Wird zur Auslegung der deutschen Umsetzungsnorm der französische Text der Richtlinie zugrunde gelegt („en cas de danger grave et immédiat"), kommt die **zeitliche Komponente** hinzu. Es sind echte Notsituationen gemeint, in denen jeder vernünftige und besonnen handelnde Arbeitnehmer an Flucht denkt, und zwar nicht nur im Eigeninteresse, sondern auch im

---

3 BT-Drs. 13/3540, 25. **4** Vgl. Einzelheiten bei Kollmer/Klindt/Schucht/Kohte ArbSchG § 9 Rn. 4; Fabricius, Einstellung der Arbeitsleistung, S. 65. **5** BT-Drs. 13/3540, 18; Wlotzke NZA 1996, 1017 (1019). **6** BT-Drs. 13/3540, 18. **7** LR/Wiebauer ArbSchG § 9 Rn. 11. **8** BT-Drs. 13/3540, 25. **9** Fabricius, Einstellung der Arbeitsleistung, S. 61.

wohlverstandenen Interesse des Arbeitgebers, die Arbeitskraft seiner Arbeitnehmer zu erhalten und die Entstehung von Schadensersatzansprüchen zu vermeiden.

2. Raumbezogener Gefahrenschutz (Abs. 1). Aus § 9 Abs. 1 ArbSchG ergibt sich die Pflicht des Arbeitgebers, bei besonders gefährlichen Arbeitsbereichen **Zugangsbeschränkungen** einzurichten.[10] Soweit dennoch einzelne Beschäftigte zu besonders gefährlichen Arbeitsbereichen Zutritt haben, müssen sie zuvor geeignete Anweisungen erhalten. Diese Pflicht dient der **präventiven Gefahrenabwehr** und nicht nur der schnellen Bewältigung solcher Gefahren.[11]

a) Besonders gefährliche Arbeitsbereiche. Ein „Arbeitsbereich" in diesem Sinne ist eine organisatorische oder räumliche Untereinheit in einem Betrieb. Es kann sich also auch nur um einen einzigen Arbeitsplatz handeln. Besonders gefährlich ist dieser Bereich, wenn eine (nicht qualifizierte) Wahrscheinlichkeit für den Eintritt eines schweren Gesundheitsschadens besteht (→ Rn. 5). Gemeint sind dabei beispielsweise Bereiche, in denen Tätigkeiten anfallen, die schon **von Gesetzes wegen als gefährlich** zu betrachten sind: Der Umgang mit krebserzeugenden Stoffen (§ 3 Abs. 2 Nr. 2 lit. f GefStoffV); der Umgang mit erbgutverändernden Stoffen (§ 3 Abs. 2 Nr. 2 lit. g GefStoffV); der Umgang mit radioaktiven Stoffen bzw. die Anwendung von ionisierenden Strahlen (§§ 36, 37 StrahlenschutzV).[12]

b) Zugangsbeschränkungen. Diejenigen Arbeitnehmer, die keine spezifischen Anweisungen erhalten haben, sollen keinen Zugang zu den besonders gefährlichen Bereichen haben. Die Pflicht des Arbeitgebers hierfür zu sorgen, ergibt sich nicht nur aus § 9 Abs. 1 ArbSchG, sondern auch aus Spezialregelungen wie § 8 Abs. 7 GefStoffV, § 6 Abs. 3 OStrV, § 6 Abs. 3 EMFV, § 9 DGUV Vorschrift 1. Diese Zugangsbeschränkungen sind durch **organisatorische Maßnahmen** sicherzustellen. Das bedeutet insbesondere das Anbringen von Schildern[13] und das Errichten technischer Sperren; infrage kommende Schilder fanden sich in der Anlage 2 P 06 zu BGV A8. Diese UVV ist inzwischen aufgehoben; die entsprechenden Regelungen finden sich jetzt in der Arbeitsstättenregel ASR 1.3 zur Sicherheits- und Gesundheitskennzeichnung in Arbeitsstätten, die differenzierte Warnungen und Sperren ermöglicht.

c) Gegenstand der Anweisungen. Der Inhalt der vom Arbeitgeber zu erteilenden Anweisungen bestimmt sich nach der vorliegenden Gefährdungsbeurteilung gemäß § 5 ArbSchG hinsichtlich der Arbeitsbedingungen und vorhandenen Gefahren. Speziell geregelte Unterweisungspflichten finden sich zum Beispiel in § 20 Druckluftverordnung, in § 18 Nr. 1 Röntgenverordnung oder in § 14 GefStoffV.[14]

3. Informationsbezogener Gefahrenschutz (Abs. 2 S. 1). Wie Abs. 1 **präventive Regelungen** zum Umgang mit qualifizierten Gefahren durch Zugangsbeschränkungen und Information enthält, regelt auch Abs. 2 „Vorkehrungen", die getroffen werden sollen, bevor es zu einer solchen Gefahr kommt. Dazu gehört zunächst die Pflicht des Arbeitgebers, die Unterrichtung der Arbeitnehmer über mögliche Abwehr- und Selbsthilfemaßnahmen bei Notfällen zu gewährleisten. Diese Pflicht des Arbeitgebers ist auch schon an anderer Stelle normiert (§ 81 Abs. 1 S. 2 BetrVG, § 14 iVm 10 Abs. 2 ArbSchG, § 29 JArbSchG). Die Regelung in § 9 Abs. 2 S. 1 ArbSchG ist jedoch **nicht überflüssig**, sondern vielmehr eine **notwendige Klarstellung**: Nur über diese Vorschrift kann die Aufsicht mithilfe von § 22 Abs. 3 Nr. 1 ArbSchG Anordnungen zur konkreten Gestaltung der Unterrichtung erlassen (→ ArbSchG § 22 Rn. 51).[15] Außerdem stellt die Regelung klar, dass effektive Selbsthilfe nur möglich ist, wenn die Arbeitnehmer über Gefahren und Abwehrmaßnahmen unterrichtet sind. **Ziel der Unterrichtung** ist es, die **Arbeitnehmer zu befähigen**, auf Gefahrensituationen **unmittelbar und eigenständig zu reagieren**.[16] Damit ergänzt § 9 Abs. 2 S. 1 ArbSchG die allgemeine Unterweisungspflicht des Arbeitgebers in § 12 ArbSchG. Auch im Rahmen des § 9 ArbSchG gehört zur Unterrichtung nicht nur das formale Vermitteln theoretischer Kenntnisse, sondern

---

10 Pieper, 2017, ArbSchG § 9 Rn. 4 a. **11** LR/Wiebauer ArbSchG § 9 Rn. 7. **12** Einzelheiten bei Kollmer/Klindt/Schucht/Kohte ArbSchG § 9 Rn. 22 ff. **13** Kollmer/Klindt/Schucht/Kohte ArbSchG § 9 Rn. 28–30. **14** Kollmer/Klindt/Schucht/Kohte ArbSchG § 9 Rn. 26. **15** Kollmer/Klindt/Schucht/Kohte ArbSchG § 9 Rn. 32–33. **16** Kollmer/Klindt/Schucht/Kohte ArbSchG § 9 Rn. 33.

auch die Durchführung praktischer Übungen mit Schutzkleidungen und Schutzausrüstungen (→ ArbSchG § 12 Rn. 6 f.). Die Unterrichtung hat bei Aufnahme der Tätigkeit zu erfolgen und ist gemäß § 12 ArbSchG regelmäßig aufzufrischen.

12 **4. Eigenständige Gefahrenabwehr (Abs. 2 S. 2 und 3).** Bei **unmittelbarer erheblicher Gefahr** gehen die Organisationspflichten des Arbeitgebers über Information und Schulung hinaus. Er muss organisatorisch gewährleisten, dass der betroffene **Arbeitnehmer vor Ort** geeignete Maßnahmen zur Schadensbegrenzung ergreifen kann und darf, wenn der zuständige Vorgesetzte nicht oder nicht rechtzeitig erreichbar ist.

13 a) **Eigenständige Gefahrenabwehr.** „Geeignete Maßnahmen zur Gefahrenabwehr und Schadensbegrenzung" können **vielfältig** sein. Sie reichen von der Benutzung eines Feuerlöschers über den Einsatz persönlicher Schutzausrüstungen bis hin zur Bedienung von Kommunikationsmitteln, um Hilfe zu alarmieren. Dass eine solche Maßnahme auch der Einsatz einer extra für diesen Zweck bereit stehenden Metallschneidemaschine sein kann, zeigt das folgende

Beispiel: Bei der Wartung von großen Passagierflugzeugen ist es notwendig, dass ein Techniker durch einen schmalen Einlass in die Flügeltanks einsteigt, die zwar frei von Treibstoff, aber nicht frei von Gefahrstoffen sind. Wenn dieser Techniker während der Arbeit sein Bewusstsein verliert, müssen es die Mitarbeiter vor Ort sein, die die Entscheidung fällen dürfen, den Flügel aufzuschneiden (und damit das Flugzeug insgesamt zu zerstören), um den Mitarbeiter zu retten.

Die Eignung der Maßnahmen, die von den Arbeitnehmern selbst getroffen werden, ist also in starkem Maße abhängig von den konkreten Bedingungen vor Ort. Dabei sollen die Kenntnisse der Beschäftigten berücksichtigt werden, die ihrerseits wieder abhängig sind von Information und Schulung gemäß Abs. 1.

14 b) **Benachteiligungsverbot nach Abs. 2 S. 3.** Aus § 9 Abs. 2 S. 3 folgt ein **Benachteiligungsverbot**. Den Beschäftigten dürfen aus ihrem Handeln keine Nachteile entstehen, es sei denn, sie haben vorsätzlich oder grob fahrlässig ungeeignete Maßnahmen getroffen. Das Benachteiligungsverbot nach Abs. 2 S. 3 ist umfassend, betrifft also auch Maßnahmen wie eine Abmahnung, eine Versetzung, eine Entgeltkürzung, eine Nichtberücksichtigung bei Beförderungsentscheidungen etc. Arbeitgeber, die die nach § 9 Abs. 2 S. 2 ArbSchG vorgesehenen Maßnahmen der eigenständigen Gefahrenabwehr einschränken oder unterbinden wollen, verstoßen damit gegen das Maßregelungsverbot des § 612 a BGB.[17] Diese Qualifizierung als unzulässige Rechtsausübung kann eine zentrale Bedeutung erlangen, wenn die Wirksamkeit einer **Kündigung** außerhalb des Anwendungsbereichs des **KSchG** infrage steht.

15 Die Zielrichtung der Selbsthilfe in § 9 Abs. 2 S. 2 ArbSchG ist nicht vorrangig die Sicherung eigener Rechte, sondern **fremdnütziges Handeln**. Die Beschäftigten sollen vorbereitet und ermutigt werden, in einer qualifizierten Gefahrenlage, die sich auch auf die „Sicherheit anderer Personen" beziehen kann, die ersten Maßnahmen selbst treffen zu können.[18] Das Nachteilsverbot gilt daher auch dann, wenn Tatsachen vorliegen, aufgrund derer der handelnde Arbeitnehmer von einer unmittelbaren erheblichen Gefahr ausgehen durfte, sich also – im Nachhinein betrachtet – **irrt, weil eine dringende Gefahr objektiv nicht vorgelegen hat**.[19] Dies entspricht dem aus § 680 BGB entwickelten Grundsatz des **situativen Haftungsausschlusses**.[20] Gegenüber den vom Bundesarbeitsgericht entwickelten Grundsätzen der Arbeitnehmerhaftung stellt Abs. 2 S. 2 eine **Sonderregelung** dar,[21] die die Grundsätze zur Arbeitnehmerhaftung als Mindestschutz aber nicht einschränken soll.

16 Der **Schutz vor Benachteiligung** gilt nicht, wenn der Beschäftigte vorsätzlich oder grob fahrlässig ungeeignete Maßnahmen getroffen hat. Bei der Beurteilung des Verschuldens sind alle Umstände des Einzelfalles zu beachten. Dazu gehört, dass gerade in Gefahrsi-

---

17 Vgl. BAG 2.4.1987 – 2 AZR 227/86, AP Nr. 1 zu § 612 a BGB. **18** LR/Wiebauer ArbSchG § 9 Rn. 16; Pieper ArbSchG § 9 Rn. 7. **19** Zum Irrtum ausführlich: Fabricius, Einstellung der Arbeitsleistung, S. 167 ff. **20** Kollmer/Klindt/Schucht/Kohte ArbSchG § 9 Rn. 46 ff. **21** BT-Drs. 13/3540, 18; Molkentin NZA 1997, 849 (856).

tuationen oder solchen Situationen, die sich subjektiv für den betroffenen Arbeitnehmer als gefährlich darstellen, **spontanes Versagen** häufiger vorliegen kann als bei Sachverhalten, die abwägendes Überlegen erlauben. Die **Annahme grober Fahrlässigkeit** dürfte daher **nur in Ausnahmefällen** in Betracht kommen. Dies gilt erst recht, wenn der Arbeitgeber seine Organisationspflichten nach § 9 Abs. 1 und Abs. 2 S. 1 ArbSchG nicht hinreichend erfüllt hat.

5. Entfernungsrecht des Arbeitnehmers (Abs. 3). Durch § 9 Abs. 3 ArbSchG wird den Beschäftigten das Recht eingeräumt, bei unmittelbarer erheblicher Gefahr den Arbeitsplatz zu verlassen. Die Regelung ist ihrem Wortlaut nach – unklar formuliert und wenig transparent – als **Organisationspflicht des Arbeitgebers** ausgestaltet.[22] In besonderen Gefahrensituationen soll den Beschäftigten die Einstellung der Arbeit und das sofortige Verlassen des Arbeitsplatzes ermöglicht werden. Aus Sinn und Zweck der Vorschrift[23] bzw. im Umkehrschluss[24] ist diese Regelung zugleich als **Entfernungsrecht** der Beschäftigten zu qualifizieren. Auch die Systematik der EU-Rahmenrichtlinie, die Arbeitnehmern eine aktive Rolle zuweist, stützt die Auslegung als Arbeitnehmerrecht. Die Formulierung in § 9 Abs. 3 ArbSchG ist damit entgegen den Vorgaben an eine transparente Umsetzung von EU-Richtlinien nicht klar und eindeutig;[25] dies kann ein Grund sein, dass die Inanspruchnahme in der Praxis marginal ist (→ Rn. 24).[26]

a) Rechtssystematik. Schon vor Einführung des § 9 Abs. 3 ArbSchG existierte im deutschen **Zivilrecht** ein differenziertes System an Rechtsinstituten, das den Beschäftigten ermöglichte, in gefährlichen oder normwidrigen Situationen oder bei Pflichtverletzungen des Arbeitgebers die Arbeit einzustellen:[27] Verstößt eine Weisung gegen ein **Verbotsgesetz** des Arbeitsschutzes, so ist sie nach § 134 BGB nichtig; verstößt der Arbeitgeber gegen arbeitsschutzrechtliche Organisations- und Handlungspflichten, so kommt ein **Zurückbehaltungsrecht** gemäß § 273 BGB in Betracht; sind die Beschäftigten von einer konkreten und schweren Gefahr bedroht, so ist die Erbringung der Arbeitsleistung nach dem Grundsatz von **Treu und Glauben** gemäß § 242 BGB unzumutbar.

Nach der Schuldrechtsmodernisierung wird allgemein anerkannt, dass die Einrede der **Unzumutbarkeit nach § 275 Abs. 3 BGB** bei erheblichen Gefahren für Leben und Gesundheit erhoben werden kann.[28] Allerdings führt diese Einrede (verglichen mit der Ausübung des Zurückbehaltungsrechts nach § 273 BGB und der Ausübung des Entfernungsrechts nach § 9 Abs. 3 ArbSchG) zu einer anderen Rechtsfolge im Hinblick auf die **Entgeltzahlungspflicht** des Arbeitgebers. Sie lässt diese Pflicht gemäß § 326 BGB **entfallen**.[29] Bei berechtigter Ausübung eines Zurückbehaltungsrechts gerät demgegenüber der Arbeitgeber in Annahmeverzug und ist gemäß § 615 BGB weiter zur Zahlung des Entgelts verpflichtet. Gleiches gilt für die berechtigte Ausübung des Entfernungsrechts nach § 9 Abs. 3 ArbSchG wegen des Benachteiligungsverbotes in § 9 Abs. 3 S. 2 ArbSchG. Die Einrede des § 275 Abs. 3 BGB gewinnt aber dann an Bedeutung, wenn angesichts des scheinbar objektivierenden Wortlautes des § 9 Abs. 3 ArbSchG zwischen „objektiver Gefahr" und „subjektiver Gefahr" (oder bei „irrtümlich nicht grob fahrlässigen Annahme einer schweren Gefahr")[30] unterschieden wird. Dass diese Unterscheidung angesichts der zwingend individuell anzustellenden Prognose bei Feststellung einer Gefahr schwierig bis unmöglich ist, wird unten unter der Überschrift „der qualifizierte Gefahrbegriff" erläutert. Wird der hier vertretenen Auffassung zum subjektiv determinierten „objektiven" Gefahrbegriff nicht gefolgt, so verbleibt die Einrede aus § 275 Abs. 3 BGB jedenfalls als eine Regelung, die den Arbeitnehmer bei **irrtümlicher Annahme einer Gefahr** vor einer verhaltensbedingten Kündigung schützen kann, wenn er auch den Entgeltanspruch verliert.

---

22 EuArbR/Klindt/Schucht RL 89/391/EWG Rn. 64. **23** Münch/ArbR/Kohte § 291 Rn. 25; EuArbR/Klindt/Schucht RL 89/391/EWG Rn. 76. **24** Müller-Petzer, Fürsorgepflichten des Arbeitgebers nach europäischem und nationalem Arbeitsschutzrecht, 2003, S. 24. **25** So auch Staudinger/Oetker BGB § 618 Rn. 269; Kollmer/Klindt/Schucht/Kohte ArbSchG § 9 Rn. 81. **26** Kollmer/Klindt/Schucht/Kohte ArbSchG § 9 Rn. 81. **27** Kurze Übersicht bei Pieper ArbSchG § 9 Rn. 16 ff. **28** Münch/ArbR/Kohte § 294 Rn. 57; ErfK/Preis BGB § 611 Rn. 686; HWK/Krause BGB § 618 Rn. 32; Staudinger/Oetker BGB § 618 Rn. 269. **29** ErfK/Preis BGB § 611 Rn. 688. **30** Münch/ArbR/Kohte § 291 Rn. 27.

20 Das Entfernungsrecht aus § 9 Abs. 3 ArbSchG hat die Rechtsinstitute des allgemeinen Zivilrechts nicht abgelöst; sie werden auch nicht eingeschränkt oder ausgeweitet. Die Regelungen stehen vielmehr nebeneinander.[31] Insbesondere das **Zurückbehaltungsrecht** aus § 273 BGB und das **Entfernungsrecht** aus § 9 Abs. 3 ArbSchG **unterscheiden sich signifikant** in ihren Voraussetzungen: Ersteres wird ausgelöst durch einen Pflichtverstoß des Arbeitgebers; Zweiteres durch eine qualifizierte Gefahr. Beide Normen betreffen also ganz unterschiedliche Sachverhalte, haben aber auch eine **Schnittmenge**, nämlich diejenigen Fälle, in denen eine objektiv vorliegende Pflichtverletzung des Arbeitgebers zu einer unmittelbaren erheblichen Gefahr führt.

21 **b) Der qualifizierte Gefahrbegriff.** Das Entfernungsrecht setzt eine unmittelbare erhebliche Gefahr für Sicherheit und Gesundheit der Beschäftigten voraus (→ Rn. 2). Im Gegensatz zu Formulierungen der Internationalen Arbeitsorganisation[32] ist **nicht** ausdrücklich von einem **subjektiven Maßstab** die Rede. Das bedeutet nicht automatisch, dass Fälle der Anscheinsgefahr ausgeschlossen wären.[33] Die Bundesrepublik Deutschland hat die ILO-Übereinkommen 167 und 176 für das Bauwesen und den Bergbau mit ihren jeweils subjektiv geprägten Entfernungsrechten ratifiziert. Zumindest für die beiden benannten Bereiche liegt es daher nahe, auf das subjektive Verständnis des Betroffenen abzustellen.[34] Hinzu kommt aber eine Besonderheit des Gefahrbegriffs selbst: Das Wahrscheinlichkeitsurteil, das Gegenstand der Gefahrdefinition ist, ist eine **Prognoseentscheidung**. Der maßgebliche Zeitpunkt für die Prognose und damit auch für die rechtliche Beurteilung, ob eine Gefahr vorlag, ist der Zeitpunkt, in dem der Prognostizierende über die Maßnahme entscheidet. „Der Prognostizierende" ist ein idealtypischer Arbeitnehmer in der Position des Betroffenen, mit dessen Wahrnehmungsmöglichkeiten, dessen Ausbildung, dessen Unterweisung durch den Arbeitgeber etc. Die **Anscheinsgefahr** ist daher gleichfalls eine objektive Gefahr.[35] Bei diesem Verständnis der „objektiven" Gefahr bedarf es nicht eines Rückgriffs auf den Unzumutbarkeitsgedanken des § 275 Abs. 3 BGB, wenn der prognostizierende Arbeitnehmer aufgrund der von ihm wahrgenommenen Tatsachen zwar eine unmittelbare erhebliche Gefahr annehmen durfte, sich im Nachhinein aber herausstellt, dass sich die Wahrscheinlichkeit für den Schadenseintritt, das Ausmaß des drohenden Schadens oder die zeitliche Komponente anders darstellen, als von ihm im Moment der Prognose berechtigterweise angenommen. Für das Entfernungsrecht aus § 9 Abs. 3 ArbSchG reicht es also aus, dass der Arbeitnehmer aufgrund der von ihm wahrgenommenen Tatsachen eine unmittelbare erhebliche Gefahr annehmen darf.

22 **c) Rechtsfolgen bei berechtigter Entfernung vom Arbeitsplatz.** Auch Abs. 3 S. 2 normiert ein Benachteiligungsverbot. Die Wahrnehmung des Entfernungsrechts aus § 9 Abs. 3 ArbSchG ist **keine Verletzung arbeitsvertraglicher Pflichten** und erst recht keine Arbeitsverweigerung. Wegen der Ausübung des Entfernungsrechts kommen daher weder eine Kündigung noch eine Abmahnung, noch eine Entgeltkürzung etc in Betracht.[36]

23 **d) Ausnahmen vom Entfernungsrecht.** Mit Abs. 3 S. 4 wird in Erinnerung gerufen, dass es Tätigkeiten gibt (insbesondere solche, bei denen es um hohe andere Rechtsgüter, wie die öffentliche Sicherheit, geht), die aus ihrer Natur heraus gefährlich sind. Hier kommt in besonders begründeten Ausnahmefällen die Aufforderung des Arbeitgebers an die Beschäftigten in Betracht, trotz unmittelbarer erheblicher Gefahr die Arbeit wieder aufzunehmen.[37] Der Arbeitgeber muss das zu erreichende Ziel und die gegenüber den Beschäftigten bestehenden Gefahren abwägen, wobei im Grundsatz davon

---

31 Staudinger/Oetker BGB § 618 Rn. 269; MüKoBGB/Henssler BGB § 618 Rn. 94; HWK/Krause BGB § 618 Rn. 32. **32** Art. 13 des ILO-Übereinkommens 155 über Arbeitsschutz und Arbeitsumwelt vom 22.6.1981. **33** AA Wilrich in: Nöthlichs ArbSchG § 9 Rn. 3, 4; Wlotzke NZA 1996, 1017 (1021); Staudinger/Oetker BGB § 618 Rn. 272. **34** Münch/ArbR/Kohte § 291 Rn. 26. **35** Hansen-Dix, Die Gefahr im Polizeirecht, im Ordnungsrecht und im technischen Sicherheitsrecht, 1982, S. 59. **36** Staudinger/Oetker BGB § 618 Rn. 275, 279; MüKoBGB/Henssler BGB § 618 Rn. 95. **37** Vgl. § 124 SeearbG; §§ 7, 11 SoldG; § 28 Zivilschutz- und Katastrophenhilfegesetz (ZSKG).

auszugehen ist, dass eine Aufforderung nach S. 3 nur in Ausnahmefällen in Betracht kommt.

IV. Rechtsdurchsetzung

1. Individualrecht. Im Individualarbeitsrecht scheinen die Regelungen des § 9 ArbSchG in der betrieblichen Praxis bzw. in der arbeitsgerichtlichen Rechtsprechung kaum zur Anwendung zu kommen. Das überrascht schon alleine angesichts der Tatsache, dass die entsprechende Regelung in Frankreich (Art L. 231-8-1 Code du travail) in den ersten zehn Jahren nach ihrer Einführung Gegenstand gleich mehrerer veröffentlichter Entscheidungen gewesen ist.[38] Dabei gehörte und gehört in Deutschland insbesondere das Entfernungsrecht aus § 9 Abs. 3 ArbSchG zu den besonders ausführlich diskutierten Regelungsbereichen des Arbeitsschutzes. Der Raum, den diese Diskussion einnimmt, steht jedoch in keinem Verhältnis zur Anzahl der arbeitsgerichtlichen Streitigkeiten, bei denen eine Prüfung des Entfernungsrechts aus § 9 Abs. 3 ArbSchG oder des Zurückbehaltungsrechts aus § 273 BGB infrage kommt. In der **arbeitsgerichtlichen Praxis** sind Fälle, bei denen es um gefährliche oder normwidrige Arbeitsbedingungen geht, **äußerst selten.** Das mag daran liegen, dass sich nach dem **Beibringungsgrundsatz** des deutschen Zivilprozessrechts die arbeitsschutzrechtliche Einschlägigkeit eines Falles erst dann ergibt, wenn die Parteien entsprechende Tatsachen in den Prozess einbringen. Außerdem ist ein so weitgehendes Individualrecht, wie die Arbeitseinstellung bei Gefahr oder normwidrigen Arbeitsverhältnissen, im Bewusstsein vieler Parteien und ihrer Prozessvertreter nicht präsent. Häufig werden diese Rechtsfragen erst auf den zweiten Blick relevant; vordergründig handelt es sich um „Standardfälle" mit der Problematik Arbeitsverweigerung, Schlechtleistung, Bummelei oder Arbeitsunfähigkeit. Da sich hinter Kündigungen, die im Prozess mit dringenden betrieblichen Erfordernissen begründet werden, oft tatsächliche oder vermeintliche Leistungsdefizite verbergen, kommt hier sogar der Bereich der betriebsbedingten Kündigung in Betracht. Das Arbeitsgericht erreicht schnell die Grenzen seines Hinweisrechts aus § 139 ZPO, wenn es in solchen Fällen gezielt nach Gefahrenlagen am Arbeitsplatz fragt. Es ist also an den Parteien, **entsprechenden Vortrag in den Prozess einzubringen.**

Das erscheint für den betroffenen Arbeitnehmer zunächst nicht schwierig. Nach den **Grundsätzen der abgestuften Darlegungslast,** die sich aus § 138 ZPO ergeben, muss er nur darlegen, er habe sich deshalb von seinem Arbeitsplatz entfernt, weil er die Situation für zu gefährlich gehalten habe und er muss die Tatsachen beschreiben, die ihn zu dieser Annahme geführt haben. Will er sich nicht auf § 9 Abs. 3 ArbSchG, sondern (auch) auf ein Zurückbehaltungsrecht nach § 273 BGB berufen, muss er vortragen, welche arbeitsschutzrechtliche Pflicht der Arbeitgeber verletzt haben soll.

Gemäß § 138 Abs. 2 ZPO ist es dann am **Arbeitgeber, sich substantiiert zu erklären.** Er kann zB darlegen, dass die behaupteten Tatsachen nicht vorlagen, oder dass er bei Vorliegen dieser Tatsachen ein vernünftiger Arbeitnehmer keine unmittelbare erhebliche Gefahr angenommen hätte. Damit diese Darlegungen des Arbeitgebers nach § 138 Abs. 1 ZPO „vollständig" sind, reicht es nicht aus, einfach die vom Arbeitnehmer vorgetragenen Tatsachen zu bestreiten oder zu behaupten, von Gefahr könne keine Rede sein. Beruft sich der Arbeitgeber auf den „vernünftigen Vergleichsarbeitnehmer", ist er vielmehr gehalten, im Einzelnen darzulegen, wie der konkret betroffene Arbeitnehmer nach § 12 Abs. 1 ArbSchG unterwiesen wurde. Soweit die Darlegungen des Arbeitnehmers hierzu Anlass geben (insbesondere, wenn sich der Arbeitnehmer auf ein Zurückbehaltungsrecht nach § 273 BGB beruft), kann der Arbeitgeber an dieser Stelle auch gehalten sein, die Erfüllung seiner Pflichten aus §§ 3 ff. ArbSchG darzulegen.

Bleiben hiernach Tatsachen streitig, richtet sich die Beweislast nach den allgemeinen Grundsätzen und den gesetzlichen Beweislastregeln: So hat im **Kündigungsschutzprozess gemäß § 1 Abs. 2 S. 4 KSchG** der Arbeitgeber zu beweisen, dass die vom Arbeitnehmer dargelegten Rechtfertigungsgründe nicht vorlagen.[39] Umgekehrt trägt der Ar-

---

[38] Fabricius, Einstellung der Arbeitsleistung, S. 26 ff. [39] AA NK-GA/Otto ArbSchG § 9 Rn. 16.

beitnehmer, der Entgelt fordert, die Beweislast für die **Tatsachen, die seinen Entgeltanspruch bedingen**. In dieser Situation ist es also der Arbeitnehmer, der beweisen muss, dass Tatsachen vorlagen, die ihn eine unmittelbare erhebliche Gefahr haben annehmen lassen oder dass eine Pflichtverletzung des Arbeitgebers vorlag, die das Zurückbehaltungsrecht rechtfertigen konnte.

28 Die Feststellung, dass ein normiertes Recht im **gerichtlichen Alltag** kaum eine Rolle spielt, bedeutet nicht, dass es diesem Recht an Relevanz in der **betrieblichen Wirklichkeit** fehlt. Je klarer sich die Regelung darstellt, umso weniger Anlass gibt es, über ihre Grenzen zu streiten. Daher hat die Norm eine nicht zu unterschätzende Bedeutung, obwohl sie in ihren Voraussetzungen und ihren Rechtsfolgen nicht weit über das hinausgeht, was bereits nach allgemeinen zivilrechtlichen Grundsätzen galt. Schon in der außergerichtlichen Auseinandersetzung über Arbeitseinstellungen bei gefährlichen und normwidrigen Tätigkeiten verdeutlicht sie mit recht klaren Worten den Parteien ihre Prozessaussichten. Vielleicht gibt es auch deshalb so wenige gerichtliche Auseinandersetzungen.

29 **2. Kollektivrecht.** Der Arbeitgeber hat bei der Auswahl und der Umsetzung der Zugangsbeschränkungen das **Mitbestimmungsrecht** des Betriebsrats aus § 87 Abs. 1 Nr. 7 BetrVG zu beachten (→ BetrVG § 87 Rn. 49).[40] Gleiches gilt für die Form und den Inhalt der Unterweisung.[41] Auch bei den in § 9 Abs. 3 ArbSchG genannten „Maßnahmen, die es den Beschäftigten ermöglichen [sollen], sich durch sofortiges Verlassen der Arbeitsplätze in Sicherheit zu bringen" ist das Mitbestimmungsrecht des Betriebsrats nach § 9 Abs. 3 ArbSchG eröffnet.

§ 10 ArbSchG Erste Hilfe und sonstige Notfallmaßnahmen

(1) ¹Der Arbeitgeber hat entsprechend der Art der Arbeitsstätte und der Tätigkeiten sowie der Zahl der Beschäftigten die Maßnahmen zu treffen, die zur Ersten Hilfe, Brandbekämpfung und Evakuierung der Beschäftigten erforderlich sind. ²Dabei hat er der Anwesenheit anderer Personen Rechnung zu tragen. ³Er hat auch dafür zu sorgen, daß im Notfall die erforderlichen Verbindungen zu außerbetrieblichen Stellen, insbesondere in den Bereichen der Ersten Hilfe, der medizinischen Notversorgung, der Bergung und der Brandbekämpfung eingerichtet sind.
(2) ¹Der Arbeitgeber hat diejenigen Beschäftigten zu benennen, die Aufgaben der Ersten Hilfe, Brandbekämpfung und Evakuierung der Beschäftigten übernehmen. ²Anzahl, Ausbildung und Ausrüstung der nach Satz 1 benannten Beschäftigten müssen in einem angemessenen Verhältnis zur Zahl der Beschäftigten und zu den bestehenden besonderen Gefahren stehen. ³Vor der Benennung hat der Arbeitgeber den Betriebs- oder Personalrat zu hören. ⁴Weitergehende Beteiligungsrechte bleiben unberührt. ⁵Der Arbeitgeber kann die in Satz 1 genannten Aufgaben auch selbst wahrnehmen, wenn er über die nach Satz 2 erforderliche Ausbildung und Ausrüstung verfügt.

I. Normzweck, Rechtssystematik.. 1	2. Erforderliche Verbindung zu außerbetrieblichen Stellen (§ 10 Abs. 1 S. 2 ArbSchG).. 10
II. Entstehungsgeschichte, Unionsrecht 3	
III. Detailkommentierung 4	3. Benennung von Beschäftigten (§ 10 Abs. 2 ArbSchG) .. 11
1. Maßnahmen der Ersten Hilfe, Brandbekämpfung und Evakuierung (§ 10 Abs. 1 S. 1 ArbSchG).. 4	IV. Rechtsdurchsetzung 14

I. Normzweck, Rechtssystematik

1 § 10 ArbSchG verpflichtet den Arbeitgeber und die nach § 13 ArbSchG Verantwortlichen vorsorgliche Maßnahmen zur Sicherung und zum Schutz bei **vorhersehbaren Not-**

---
[40] Fitting BetrVG § 87 Rn. 300. [41] BAG 8.6.2004 – 1 ABR 13/03, NZA 2004, 1175; BAG 11.1.2011 – 1 ABR 104/09, NZA 2011, 651; Fabricius BB 1997, 1254 (1257); Leube BB 2000, 302 (304).

fällen zu treffen. Dazu zählen Unfälle, Unglücke wie Brände und Explosionen und medizinische Notfälle, zB der plötzliche Herzanfall eines Beschäftigten. Der Notfall kann innerhalb (Austreten von gefährlichen Stoffen) oder außerhalb (Ausbrechen von Feuer im Nachbarbetrieb) des Betriebs entstanden sein. § 10 ArbSchG gilt für alle Betriebe, auch Klein- und Kleinstbetriebe. Es sind die Maßnahmen zu treffen, die

- zur Ersten Hilfe,
- zur Brandbekämpfung und
- zur Evakuierung

erforderlich sind. Dabei ist die Anwesenheit anderer Personen, die nicht im Betrieb beschäftigt sind, zB Kunden oder Lieferanten, zu berücksichtigen (§ 10 Abs. 1 S. 1, 2 ArbSchG).

Diese Grundpflicht wird konkretisiert durch die Verpflichtungen,

- im Notfall dafür Sorge zu tragen, dass die erforderlichen Verbindungen zu außerbetrieblichen Stellen wie Rettungsdiensten, Feuerwehr etc eingerichtet sind (§ 10 Abs. 1 S. 3 ArbSchG),
- Beschäftigte zu benennen, die Aufgaben der Ersten Hilfe, Brandbekämpfung und Evakuierung übernehmen („Ersthelfer" gem. § 10 Abs. 2 ArbSchG).

Diese Maßnahmen werden durch den Gesetzestext nicht weiter konkretisiert. Entsprechend dem Leitbild des Arbeitsschutzgesetzes, allgemeine Präventionsaufgaben vorzugeben, sind auch die genannten Schutzpflichten **flexibel angepasst** an die Arbeitsbedingungen im jeweiligen Betrieb umzusetzen.[1] Dabei haben sich die Maßnahmen zu orientieren an

- der Art der Betriebsstätte, dh insbesondere an ihren potenziellen Gefahren,
- der Art der eingesetzten Arbeitsmittel,
- der Art der Tätigkeiten und ihrer immanenten Gefährlichkeit,
- der Größe des Betriebs und der Anzahl der Beschäftigten,
- der Anzahl, Dauer und Häufigkeit der Anwesenheit anderer Personen.

§ 10 ArbSchG wird durch eine Vielzahl von vergleichbaren und konkretisierenden Arbeitsschutzvorschriften, etwa in der Arbeitsstättenverordnung und ihrem Anhang, in der Gefahrstoffverordnung, in der Biostoffverordnung ergänzt und konkretisiert.[2] Nach §§ 15 Abs. 1 Nr. 5, 17 Abs. 1 SGB VII werden den Unfallversicherungsträgern ausdrücklich Handlungspflichten im Bereich der Ersten Hilfe zugewiesen. Dementsprechend liegen zu diesem Bereich auf der Grundlage der **Unfallverhütungsvorschrift DGUV Vorschrift 1** „Grundsätze der Prävention" mehrere erläuternde Richtlinien und Informationen vor. Auf diese ergänzenden Regelungen wird im Rahmen der Detailkommentierung (→ Rn. 4) eingegangen.

II. Entstehungsgeschichte, Unionsrecht

§ 10 Abs. 1 ArbSchG setzt **Art. 8 Abs. 1, 2 EG-Rahmenrichtlinie 89/391/EWG** um. Dabei orientiert sich der im Gesetzgebungsverfahren nicht umstrittene Gesetzestext eng am Wortlaut des Richtlinientextes. Die Ausnahmebestimmung des § 10 Abs. 2 S. 5 ArbSchG, wonach der Arbeitgeber die Aufgaben der Ersthelfer auch selbst wahrnehmen kann, findet im Richtlinientext keine Entsprechung. Die Aufnahme dieser Ausnahme in den Gesetzestext ist deshalb nur **europarechtskonform**, wenn ihre Anwendung eng ausgelegt wird. Unter Rückgriff auf den Verhältnismäßigkeitsgrundsatz („erforderliche" Maßnahmen) wird man die Anwendung von Art und Größe des Betriebs sowie die Gefährlichkeit der Tätigkeiten abhängig machen müssen. Unabdingbare Voraussetzung ist, dass der Arbeitgeber die für Ersthelfer erforderliche Ausbildung absolviert (→ Rn. 10).[3] Weiter sind die Anwesenheit des Arbeitgebers im Betrieb und das Vorhalten der erforderlichen Ausrüstung notwendig. Unter diesen Vorzeichen darf die Ausnahmebestimmung nur bei Klein- und Kleinstbetrieben und/oder Dienstleistungsbe-

---

1 KJP/Koll ArbSchG § 10 Rn. 2. **2** Übersicht bei Kollmer/Klindt/Schucht/Steffek ArbSchG § 10 Rn. 9. **3** BGI/GUV-I 509 „Erste Hilfe im Betrieb", Juli 2013, S. 69.

trieben Anwendung finden.[4] Ausdrückliche Grenzen für die Anwendung der Ausnahme ergeben sich zudem aus Unfallverhütungsvorschriften, die für die Zahl der Ersthelfer in der Ersten Hilfe ab 20 Beschäftigten mehr als eine Person vorsehen (→ Rn. 10).

III. Detailkommentierung

4 1. **Maßnahmen der Ersten Hilfe, Brandbekämpfung und Evakuierung (§ 10 Abs. 1 S. 1 ArbSchG).** § 10 ArbSchG kann effektiv nur auf der Grundlage einer **betrieblichen Gefährdungsbeurteilung gem. § 5 ArbSchG** realisiert werden. Denn wirksame Maßnahmen zur Notfallbekämpfung müssen sich an deren Ergebnissen orientieren. Wenn in vielen Betrieben keine Gefährdungsbeurteilungen durchgeführt werden, hat dies mithin fatale Konsequenzen für die praktische Durchführung von Maßnahmen gem. § 10 ArbSchG. Denn erst die Gefährdungsbeurteilung liefert die Grundlage für die notwendige Konkretisierung von Notfallmaßnahmen. Gem. § 5 Abs. 2 ArbSchG hat die Gefährdungsbeurteilung je nach Art der Tätigkeiten zu erfolgen. Nach dem umfassenden Ansatz der Arbeitswissenschaften sind bei der Beurteilung Arbeitsplatz(umfeld), Arbeitstätigkeit und Arbeitsbedingungen als untrennbar ganzheitlich zu beurteilen. Damit liegt der Fokus auf **Arbeitssystemen** bzw. **Organisationseinheiten**, nicht auf atomisierten Einzeltätigkeiten. In diesem ganzheitlichen Rahmen ist nicht nur der „Normalbetrieb" zu betrachten, sondern auch mögliche Gefahren durch Notfälle iSd § 10 ArbSchG. Trotz intensiver Bemühungen, Arbeitsunfälle und betriebliche Störfälle zu vermeiden, wird immer ein Risiko bleiben. Dies differiert zwar nach Art und Größe des Betriebs, kann aber nie ausgeschlossen werden.

5 Für die betriebliche Praxis der **Organisation der Ersten Hilfe** sind in diesem Zusammenhang die einschlägigen Unfallverhütungsvorschriften zur Ersten Hilfe heranzuziehen.

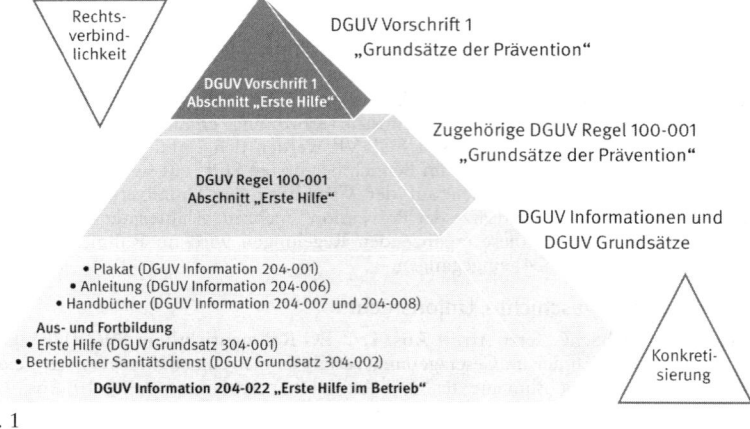

Abb. 1

Das Schaubild[5] zeigt das System der konkretisierenden Regelungen der Unfallversicherungsträger. Allgemeine Grundsätze zur Organisation der Ersten Hilfe enthält die DGUV-Vorschrift 1 „Grundsätze der Prävention" im Abschnitt „Erste Hilfe" (§§ 24–28). Diese werden in der entsprechenden DGUV-Regel 100-001 ausführlich erläutert. Detaillierte Hinweise enthält die **Information BGI/GUV-I 509** „Erste Hilfe im Betrieb", jetzt DGUV-Information 204-022. Sie berücksichtigt auch die Erste Hilfe im öf-

---

4 KJP/Koll ArbSchG § 10 Rn. 13; Kollmer/Klindt/Schucht/Steffek ArbSchG § 10 Rn. 35; Pieper ArbSchG § 10 Rn. 5. **5** Aus: BGI-GUV-I 509 „Erste Hilfe im Betrieb", Juli 2013, S. 7. Alle genannten Unfallverhütungsvorschriften, BG-Regeln und BG-Informationen sind unter den genannten Kurzbezeichnungen sowie unter DGUV-Information 204-022 im Internet zu finden.

fentlichen Dienst. Die BG-Informationen zu Aushang, Anleitung und Handbuch zur Ersten Hilfe enthalten weitere Hinweise zu Erste-Hilfe-Maßnahmen. Weiter liegen BG-Grundsätze zur Aus- und Fortbildung der Ersthelfer und Betriebssanitäter vor.

Unter „Erster Hilfe" sind Maßnahmen zu verstehen, durch die Verletzte, Vergiftete oder Erkrankte zur Abwendung akuter Gesundheits- und Lebensgefahren durch geschulte Personen vorläufig medizinisch versorgt werden.[6] Zu den „**Maßnahmen der Ersten Hilfe**" zählt die Vorhaltung von

- sachlichen Mitteln wie Verbandsstoffen, Medikamenten, Rettungstransportmitteln,
- räumlichen Einrichtungen wie Sanitätsräumen für ärztliche Erstversorgung,
- baulichen Bedingungen zum Abtransport von Verletzten, wie Rettungswege,
- Meldeeinrichtungen zu inner- und außerbetrieblichen Kommunikation des Notfalls.[7]

Weiter gehört die Benennung von Beschäftigten als Ersthelfer gem. § 10 Abs. 2 ArbSchG dazu (→ Rn. 10 f.). Die Betriebsärzte haben den Arbeitgeber bei der Organisation der „Ersten Hilfe" zu beraten (§ 3 Abs. 1 S. 2 Nr. 1 e ASiG, → ASiG §§ 2–7 Rn. 26). § 4 Abs. 5 ArbStättV wiederholt die Verpflichtung, erforderliche Mittel und Einrichtungen der Ersten Hilfe zur Verfügung zu stellen. Ergänzend ist geregelt, dass der Arbeitgeber diese regelmäßig auf Vollständigkeit und Verwendungsfähigkeit zu überprüfen hat. Spezifische Vorschriften zur Vorhaltung, Einrichtung und Erreichbarkeit von Erste-Hilfe-Räumen finden sich in § 6 Abs. 4 ArbStättV und Ziff. 4.3 Anhang der ArbStättV.

Die **Maßnahmen der Brandbekämpfung** werden konkretisiert in Nr. 2.2 Anhang ArbStättV zum Schutz vor Entstehungsbränden (→ ArbStättV Rn. 52). Sie beziehen sich insbesondere auf die Ausstattung mit ausreichenden und geeigneten **Feuerlöscheinrichtungen, Brandmeldern und Alarmanlagen**. Soweit Feuerlöscher von den Beschäftigten zu bedienen sind, müssen sie als solche gekennzeichnet, leicht zu erreichen und zu handhaben sein. Spezifische Regelungen zur Ausrüstung mit Feuerlöschern enthält die „Technische Regel für Arbeitsstätten ASR A 2.2". Allgemein müssen sich die Maßnahmen der Brandbekämpfung an der Brandgefährlichkeit der Räumlichkeiten, der Arbeitsmittel und der Art der Tätigkeit orientieren. Wird mit leicht entzündlichen Arbeitsstoffen umgegangen oder werden Arbeiten verrichtet, die mit einer hohen Brandgefahr verbunden sind (Beispiel: Brandkatastrophe auf dem Flughafen Düsseldorf, ausgelöst durch Schweißarbeiten), müssen spezifische Maßnahmen zur Unterbindung dieser erhöhten Brandgefahren getroffen werden. Bei Betrieben mit ständigem Publikumsverkehr, regelmäßigen Lieferantenbesuchen etc haben Maßnahmen der Brandbekämpfung diese Situationen zu berücksichtigen.

Wie bei Unfällen und Notfällen auch, bedarf es besonders im Brandfall funktionierender und leicht erreichbarer **Alarm- und Meldeeinrichtungen**. Die Beschäftigten sind darüber zu informieren, wo diese sich befinden, wie sie zu bedienen sind und welche Wege die Meldung – in Abhängigkeit der Gefahr – zu nehmen hat. Deshalb sind **Alarm- und Meldepläne** vorzuhalten.[8] Der Arbeitgeber hat sich zu vergewissern, dass die innerbetrieblichen Wege der Meldungen von Notfällen funktionieren. Die Alarm- und Meldepläne sind daher in die betriebliche Arbeitsschutzorganisation zu integrieren und konzeptionell zu verankern. Damit sie im betrieblichen Alltag umgesetzt werden können, müssen sie durch entsprechende Notfallübungen flankiert werden. Die konzeptionelle und faktische Verankerung muss in enger Abstimmung mit Betriebsräten, Sicherheitsbeauftragten und Ersthelfern gem. § 10 Abs. 2 ArbSchG erfolgen. Alarm- und Notfallpläne sind den Beschäftigten im Rahmen der Unterweisung gem. § 12 ArbSchG zu erläutern. Sie funktionieren im betrieblichen Alltag nur, wenn sie neben den betrieblichen Arbeitsschutzakteuren allen Beschäftigten bekannt sind, damit diese eigenverantwortlich handeln können (→ ArbSchG §§ 15–17 Rn. 1 f.). Durch den Alarmplan muss jeder Hilfesuchende in die Lage versetzt werden, ohne Zeitverlust einen Notfall

---

6 BGI/GUV-I 509, Ziff. 2.1. **7** Nöthlichs ArbSchG § 10 Rn. 3.1.1. **8** Einzelheiten BGI/GUV-I 509, Ziff. 5.2.

zu melden und die wichtigsten Informationen an die inner- und außerbetrieblichen Hilfskräfte weiterzugeben.[9]

9 Die Notwendigkeit einer **Evakuierung** kann sich bei besonders schweren Gefahren, etwa durch Feuer, Explosionen, Austritt von gefährlichen Stoffen oder Radioaktivität, stellen. § 10 ArbSchG wird an dieser Stelle durch § 4 Abs. 4 ArbStättV und Nr. 2.3, 3.2 des Anhangs konkretisiert (→ ArbStättV Rn. 99). Danach hat der Arbeitgeber dafür Sorge zu tragen, dass sich die Beschäftigten und ggf. Dritte bei unmittelbarer Gefahr schnell in Sicherheit bringen und gerettet werden können. **Verkehrswege, Fluchtwege und Notausgänge** sind freizuhalten. Fluchtwege und Notausgänge sind zu kennzeichnen und haben auf möglichst kurzem Weg ins Freie zu führen. Türen an diesen Wegen müssen sich nach außen und per Hand öffnen lassen. Weiter hat der Arbeitgeber einen Flucht- und Rettungsplan aufzustellen. Die Beschäftigten sind hierüber zu unterweisen und es sind praktische Übungen durchzuführen.[10]

10 **2. Erforderliche Verbindung zu außerbetrieblichen Stellen (§ 10 Abs. 1 S. 2 ArbSchG).** Der Arbeitgeber hat dafür Sorge zu tragen, dass im Notfall die Verbindung zu außerbetrieblichen Stellen – **Rettungsleitstelle, Feuerwehr, Katastrophenschutz** etc – hergestellt werden kann.[11] Im Regelfall ist mindestens eine Verbindung nach außen per Telefon sicherzustellen. Je nach Gefahrenpotentialen im Betrieb müssen besonders gesicherte Leitungen eingerichtet werden, die auch bei Notfällen, die etwa einen Stromausfall zur Folge haben, die Verbindung nach außen sichern. Wenn es nicht möglich ist auf stationäre Telefon- bzw. Funkverbindungen zurückzugreifen, sind Mobiltelefone zur Verfügung zu stellen. Die Rufnummern sind durch Aushänge neben dem Telefon bekannt zu machen. Neben der Bereitstellung dieser technischen Voraussetzungen muss sich der Arbeitgeber vergewissern, dass das Meldewesen „nach außen" funktioniert.[12] Zusätzlich zur innerbetrieblichen Abstimmung, Information und Übung im oben beschriebenen Sinn (→ Rn. 8) kann eine Kommunikation des Arbeitgebers und der betrieblichen Arbeitsschutzakteure unter Einschluss der Ersthelfer gem. § 10 Abs. 2 ArbSchG mit den außerbetrieblichen Rettungsstellen sachgerecht sein. In Abhängigkeit von der Größe des Betriebs, der Zahl der Beschäftigten und den Gefahrenpotentialen sollten die außerbetrieblichen Stellen am Ort über diese Fakten sowie Notfallpläne und Maßnahmen iSd § 10 ArbSchG informiert sein. Andererseits können die Rettungsstellen die Ersthelfer über ihre Organisation und Arbeitsweise informieren. Der schnelle Erfolg der Maßnahmen hängt im Notfall ua auch von einer gelingenden Kooperation und gegenseitigem Wissen um die jeweilige Organisation der Notfallmaßnahmen ab.

11 **3. Benennung von Beschäftigten (§ 10 Abs. 2 ArbSchG).** Der Arbeitgeber hat Beschäftigte zu benennen, die Aufgaben der Ersten Hilfe, der Brandbekämpfung und Evakuierung übernehmen (Ersthelfer). Nur in Ausnahmefällen darf der Arbeitgeber davon absehen und die Aufgaben selbst wahrnehmen (→ Rn. 3). Die benannten Beschäftigten übernehmen einzelne Tätigkeiten in diesen Bereichen. Es handelt sich um organisierende, vorsorgende oder in Notfällen vor Ort Hilfe leistende Aufgaben.[13] Grundsätzlich müssen sich **Anzahl, Ausbildung und Ausrüstung** an der Art des Betriebs und den dortigen Arbeitstätigkeiten mit ihren Gefahrenpotentialen sowie der Zahl der Beschäftigten orientieren. Weiter ist wiederum zu berücksichtigen, ob, wie viele und wie häufig sich Dritte im Betrieb aufhalten. Der Betriebsarzt hat bei der Einsatzplanung und Schulung mitzuwirken (§ 3 Abs. 1 S. 2 Nr. 4 ASiG). Grundlage müssen wiederum die Ergebnisse der Gefährdungsbeurteilung sein. Weiter enthält § 26 DGUV Vorschrift 1 „Grundsätze der Prävention" **Vorgaben für die Zahl und Ausbildung der Ersthelfer.** Die BGI/GUV-I 509 enthält weitere ausführliche Vorgaben ua zu Lehrinhalten und die zur Ausbildung ermächtigten Stellen.[14] § 27 der DGUV Vorschrift 1 verpflichtet den Arbeitgeber weiter zur **Bestellung von Betriebssanitätern** in Betriebsstätten mit mehr als 1.500 Versicherten bzw. besonderen Unfallgefahren oder auf Baustellen mit mehr

---

9 BGI/GUV-I 509 Ziff. 5.2. **10** Nöthlichs ArbSchG § 10 Rn. 3.3.1; Kollmer/Klindt/Schucht/Steffek ArbSchG § 10 Rn. 26. **11** Einzelheiten BGI/GUVI 509 Ziff. 5.1. **12** Nöthlichs ArbSchG § 10 Rn. 3.1.1. **13** KJP/Koll ArbSchG § 10 Rn. 9; BGI/GUV-I 509 Ziff. 6.2. **14** BGI/GUV-I 509 Ziff. 6.5.

als 100 Versicherten. Diese Regelung wird in Bezug auf Aufgaben und Ausbildung näher in Ziff. 7 der BGI/GUV I 509 ausgestaltet. Der Betriebssanitäter steht als 2. Glied in der Notfallkette zwischen Ersthelfer und Arzt.[15]

Der Arbeitgeber benennt Beschäftigte kraft seines arbeitsvertraglichen Weisungsrechts in Erfüllung seiner öffentlich-rechtlichen Pflicht gem. § 10 Abs. 2 ArbSchG. Das Einverständnis der Beschäftigten ist grundsätzlich nicht erforderlich, wird aber in der Praxis eingeholt werden. Die Möglichkeit, Beschäftigte mit besonderen Aufgaben des Arbeitsschutzes zu betrauen, korrespondiert mit ihrer allgemeinen Unterstützungspflicht gem. § 16 Abs. 2 ArbSchG (→ ArbSchG §§ 15–17 Rn. 20 f.). Der Arbeitgeber hat bei der Benennung gleichwohl sorgfältig abzuwägen. Er hat insbesondere sicherzustellen, dass benannte Beschäftigte in Bezug auf die konkret im Betrieb drohenden Notfälle geeignet sind; in diesem Zusammenhang sind die **Grundsätze des § 7 ArbSchG** zu beachten (→ ArbSchG § 7 Rn. 5 ff.). Der Arbeitgeber muss sich vergewissern, dass die Beschäftigten die körperlichen, gesundheitlichen, psychischen und fachlichen Voraussetzungen mitbringen, um ihren Aufgaben gem. § 10 ArbSchG gewachsen zu sein. 12

§ 10 Abs. 2 S. 3 ArbSchG bestimmt ausdrücklich, dass der Arbeitgeber vor der Benennung den Betriebs- oder Personalrat zu hören hat. Zwar kann ein solches Beteiligungsrecht mittelbar aus § 89 Abs. 2 S. 1 BetrVG entnommen werden. Die **Rechtsposition von Betriebs- und Personalrat** im Rahmen des Weisungsrechts wird für diese spezifische Regelung klargestellt. Sie bekräftigt die Bedeutung von effektiven Teilhaberechten in Bezug auf eine gelingende Aktivierung von Beschäftigten für die betriebliche Organisation von Notfallmaßnahmen. Gem. S. 4 berührt das Anhörungsrecht weitergehende Beteiligungsrechte nicht; es ergänzt die Beteiligungs- und Mitbestimmungsrechte des Betriebsverfassungsgesetzes und der Gesetze der Personalvertretungen im Bereich des betrieblichen Arbeitsschutzes.[16] Gleichfalls gelten die Unterrichtungs- und Anhörungsrechte der Schwerbehindertenvertretung gem. § 95 Abs. 2 SGB IX weiter.[17] Weitergehende Beteiligungsrechte enthält § 40 MVG.EKD.[18] 13

IV. Rechtsdurchsetzung

Die Frage, ob und inwieweit § 10 ArbSchG den Einzelnen individuell einklagbare Ansprüche, zB auf funktionierende, erreichbare Telefone im Notfall, gewährt, wird in der Praxis nicht gestellt. Die Rechtsdurchsetzung des § 10 ArbSchG stellt sich in der betrieblichen Realität auf der betriebsverfassungsrechtlichen Ebene. Die Aufgabe, den betrieblichen Arbeitsschutz zu fördern (§ 80 Abs. 1 Nr. 9 BetrVG), kann sachgerecht nur wahrgenommen werden, indem der Fokus der Betriebsratsarbeit auch auf der Sicherung und Verbesserung des Schutzes der Beschäftigten bei Notfällen liegt. Diesbezüglich ist die Verpflichtung des Arbeitgebers zur **innerbetrieblichen Kommunikation** nach § 89 Abs. 2 S. 1 BetrVG von den Betriebsräten einzufordern, und zwar bezogen auf die Organisation des § 10 ArbSchG insgesamt wie auch auf seine Einzelheiten, etwa die Aufstellung von Alarm- und Fluchtplänen oder Benennung und Ausbildung der Ersthelfer. Ggf. können sie durch Leistungsklagen ihre Informations- und Beteiligungsrechte durchsetzen. Die Anträge müssen bestimmt genug sein, dass der Arbeitgeber weiß, für welche konkret geplante Maßnahme des § 10 ArbSchG (Leistungsantrag) der Betriebsrat sein Beteiligungsrecht einfordert. Feststellungs- bzw. Unterlassungsklagen kommen in Betracht, wenn der Arbeitgeber beharrlich die Beteiligungsrechte missachtet (→ BetrVG § 89 Rn. 19).[19] 14

Die zentrale Bedeutung in Bezug auf die Rechtsdurchsetzung entfaltet wiederum **§ 87 Abs. 1 Nr. 7 BetrVG.** § 10 ArbSchG sowie die konkretisierenden Regelungen der Arbeitsstättenverordnung und die Unfallverhütungsvorschrift DGUV Vorschrift 1 „Grundsätze der Prävention" enthalten eine Vielzahl von Regelungen, die dem Arbeit- 15

---

15 Kollmer/Klindt/Schucht/Steffek ArbSchG § 10 Rn. 38. **16** BAG 18.3.2014 – 1 ABR 73/12 mAnm Kohte, jurisPR-ArbR 37/2014 Anm. 1. **17** Pieper ArbSchG § 10 Rn. 4; Wank ArbSchG § 10 Rn. 8; BT-Drs. 13/3540, 19. **18** Georgi, Die Beteiligungsrechte der Mitarbeitervertretungen im Arbeitsschutz, 2008, S. 170 ff. **19** HaKo-BetrVG/Kohte BetrVG § 89 Rn. 56.

geber einen Entscheidungsspielraum lassen, der betrieblich unter Mitbestimmung des Betriebsrats zu konkretisieren ist.[20]

§ 11 ArbSchG Arbeitsmedizinische Vorsorge

Der Arbeitgeber hat den Beschäftigten auf ihren Wunsch unbeschadet der Pflichten aus anderen Rechtsvorschriften zu ermöglichen, sich je nach den Gefahren für ihre Sicherheit und Gesundheit bei der Arbeit regelmäßig arbeitsmedizinisch untersuchen zu lassen, es sei denn, auf Grund der Beurteilung der Arbeitsbedingungen und der getroffenen Schutzmaßnahmen ist nicht mit einem Gesundheitsschaden zu rechnen.

Literatur: *Aligbe*, Die Pflichten des Arbeitgebers in Bezug auf die „Wunschvorsorge", ArbRAktuell 2016, 261 ff.; *Aligbe*, Einstellungs- und Eignungsuntersuchungen, 2015; *Beckschulze*, Die arbeitsmedizinische Untersuchung – Vorsorge oder Eignung – Teil 1, BB 2014, 1013 ff.; *Beckschulze*, Die arbeitsmedizinische Untersuchung – Vorsorge oder Eignung – Teil 2, BB 2014, 1077 ff.; *Bücker*, Änderungen der Verordnung zur arbeitsmedizinischen Vorsorge, MedR 2014, 291 ff.; *Bücker*, Arbeitsmedizinische Pflichtvorsorge und der Grundsatz der freien Arztwahl, Anm. zu OVG Koblenz 29.10.2013 – 2 A 11256/12.OVG, jurisPR-ArbR 39/2014 Anm. 2; *Bundesministerium für Arbeit und Soziales*, Zum Thema Eignungsuntersuchungen, (www.bmas.de/SharedDocs/Downloads/DE/Thema-Arbeitsschutz/zum-the ma-eignungsuntersuchungen.html, abgerufen: 4.7.2017); *Bundesministerium für Arbeit und Soziales*, Arbeitsmedizinische Vorsorge nach der Verordnung zur arbeitsmedizinischen Vorsorge, 2016 (www.bmas.de/DE/Service/Medien/Publikationen/a453-arbeitsmedizinischen-vo rsorge.html, abgerufen 4.7.2017, zitiert: BMAS, Fragen und Antworten); *Bundesministerium für Arbeit und Soziales*, Wunschvorsorge – Arbeitsmedizinische Empfehlung – Ausschuss für Arbeitsmedizin, 2015; *Fischinger*, Die arbeitsrechtlichen Regelungen des Gendiagnostikgesetzes, NZA 2010, 65 ff.; *Genenger*, Das neue Gendiagnostikgesetz, NJW 2010, 113 ff.; *dies.*, Begrenzung genetischer Untersuchungen und Analysen im Arbeitsrecht, AuR 2009, 285 ff.; *Giesen*, Arbeitsmedizinische Vorsorgeuntersuchungen, in: FS Wlotzke, 1996, S. 497 ff.; *Goepfert/Rottmeier*, Prophylaktische medizinische Untersuchungen im laufenden Arbeitsverhältnis – Praxishinweise, BB 2013, 1912 ff.; *Janning/Hoffmann*, Arbeitsmedizinische Vorsorge zukunftsfest gemacht, ASUMed 2013, 270 ff.; *Kiesche*, Arbeitsmedizinische Vorsorge, 2. Aufl. 2015; *Kleinebrink*, Bedeutung von Gesundheitsuntersuchungen für Arbeitgeber nach neuem Recht, DB 2014, 776 ff.; *Kohte*, Die Gestaltung der arbeitsmedizinischen Vorsorge durch betriebliche Mitbestimmung, Hans Böckler Reihe study Nr. 341, 2016; *Kohte*, Betriebliches Eingliederungsmanagement vor Versetzung und keine Pflicht zur Mitteilung von Eignungsuntersuchungsergebnissen, Anm. zu LAG Köln 12.12.2013 – 7 Sa 537/13, jurisPR-ArbR 49/2014 Anm. 2, *Kohte* Individuelle Beschäftigungsverbote im System des heutigen Arbeitsrechts, in: FS für Düwell, 2011, S. 152 ff.; *Kohte*, Arbeitsmedizinische Untersuchungen zwischen Fürsorge und Selbstbestimmung, in: GS Zachert, 2010, S. 327 ff.; *Kohte*, Betriebsärzte zwischen Reduktion, Prävention und Integration, in: FS Rosenbrock, 2010, S. 280 ff.; *Koll*, Novellierung der Verordnung zur arbeitsmedizinischen Vorsorge, BG RCI Magazin 2014, Heft 3/4, 4 ff.; *Kujath*, Aktuelles von der Verordnung zur arbeitsmedizinischen Vorsorge, BG RCI Magazin 2015, Heft 11/12, 29 ff.; *Kujath*, Verfahren zur wissenschaftlichen Begründung von Anlässen für arbeitsmedizinische Vorsorgeuntersuchungen, 2013; *Legerlotz/Schmidt*, Die arbeitsmedizinische Vorsorgeverordnung, ArbRB 2014, 317 ff.; *Letzel/Kern/Förster*, Arbeitsmedizin: Vorsorge wird neu geregelt, Deutsches Ärzteblatt 3/111 v. 17.1.2014, S. 72; *Schmatz/Nöthlichs* (Hrsg.), Sicherheitstechnik: Ergänzbare Sammlung der Vorschriften nebst Erläuterungen für Unternehmen und Ingenieure, Bd. 2, Teil 1 b: 4122–4190-8: Arbeitsschutz und Arbeitssicherheit, Loseblatt; *Wiese*, Gendiagnostikgesetz und Arbeitsleben, BB 2009, 2198 ff.

Leitentscheidungen: LAG Berlin-Brandenburg 21.7.2016 – 21 Sa 51/16, AuR 2017, 216 (Ls.); LAG Hamburg 21.9.2000 – 7 TaBV 3/98, NZA-RR 2001, 190 ff.; OVG Rheinland-Pfalz 29.10.2013 – 2 A 11256/12.OVG.

I. Allgemeines	1	III. Arbeitsmedizinische Untersuchungen gem. § 11 ArbSchG	8
II. Entstehung, Unionsrecht und Internationales Recht	4	1. Normzweck	8

---

[20] Fitting BetrVG § 87 Rn. 300; DKKW/Klebe BetrVG § 87 Rn. 231.

2. Voraussetzungen des Anspruchs 9	6. Kosten 21
3. Ermöglichung der arbeitsmedizinischen Vorsorge 13	7. Durchsetzung und betriebsverfassungsrechtliche Gestaltung 23
4. Pflichten des Arztes 16	IV. Genetische Untersuchungen 26
5. Arbeitsschutz- und arbeitsrechtliche Folgen der Untersuchung 19	

I. Allgemeines

Die Vorschrift, die grundsätzlich für alle Arbeits- und Tätigkeitsbereiche gilt,[1] räumt 1 den Beschäftigten die **Möglichkeit ein, sich auf eigenen Wunsch regelmäßig arbeitsmedizinischer Vorsorge zu unterziehen,** um sich so über arbeitsbedingte Gesundheitsgefahren aufklären und beraten zu lassen und mit der Arbeit verbundene Risiken für die Gesundheit sowie deren Ursachen zu erkennen und auf dieser Grundlage auch mögliche Maßnahmen zur Abwehr der Gefahren einleiten zu können. Dieses Recht besteht unbeschadet der Pflichten des Arbeitgebers aus anderen Rechtsvorschriften, dh das Recht auf arbeitsmedizinische Vorsorge nach § 11 ArbSchG besteht unabhängig von sonstigen Untersuchungen der Beschäftigten.[2] Die Verpflichtung des Arbeitgebers entfällt lediglich dann, wenn aufgrund der Beurteilung der Arbeitsbedingungen und der getroffenen Schutzmaßnahmen nicht mit einem Gesundheitsschaden des Beschäftigten zu rechnen ist.

Das Recht auf Vorsorge nach § 11 ArbSchG ist Teil eines Systems arbeitsmedizinischer 2 Vorsorge und des Systems betrieblichen Gesundheitsschutzes. Eine systematische Regelung der arbeitsmedizinischen Vorsorge fehlte lange Zeit. Während der erste Entwurf des Arbeitsschutzrahmengesetzes einen eigenständigen Abschnitt mit Regelungen zur arbeitsmedizinischen Vorsorge enthielt, beschränkte sich das im Jahr 1996 schließlich verabschiedete Arbeitsschutzgesetz auf eine sogenannte 1:1-Umsetzung der Rahmenrichtlinie 89/391/EWG, ohne die arbeitsmedizinische Vorsorge mit kollektiven Schutzmaßnahmen zu verknüpfen. Begriffe und Strukturen des deutschen Systems arbeitsmedizinischer Vorsorge bestimmt **seit 2008** die **Verordnung zur arbeitsmedizinischen Vorsorge (ArbMedVV).**[3] Die Verordnung schafft für die arbeitsmedizinische Vorsorge einen einheitlichen Rahmen, legt Ziele und Begriffe fest, normiert allgemeine Pflichten des Arbeitgebers und der Ärzte, etabliert einen Ausschuss für Arbeitsmedizin und regelt Sanktionen. § 11 ArbSchG und § 5 a ArbMedVV regeln sprachlich und inhaltlich übereinstimmend das Recht auf Wunschvorsorge. Eine sachgerechte Vereinheitlichung wurde allerdings noch nicht erreicht, da die ArbMedVV gem. § 1 Abs. 3 die sonstigen arbeitsmedizinischen Präventionsmaßnahmen unberührt lässt und sich auf die arbeitsmedizinische Sekundärprävention beschränkt, obgleich wesentliche Probleme in der Praxis gerade in den Defiziten der arbeitsmedizinischen Primärprävention liegen.[4] Durch die **erste Verordnung zur Änderung der ArbMedVV,**[5] die mit Wirkung vom 31.10.2013 in Kraft trat, wurde aber die Kohärenz der Regelungen zur arbeitsmedizinischen Vorsorge und die Bedeutung der Wunschvorsorge gestärkt, § 11 ArbSchG gestärkt und die Rechtssicherheit durch wichtige Klarstellungen verbessert. Der Anwendungsbereich der ArbMedVV entspricht gem. § 1 Abs. 2 ArbMedVV dem des ArbSchG. Durch die sprachliche und inhaltliche Identität von § 11 ArbSchG und § 5 a ArbMedVV wird verdeutlicht, dass die Einzelheiten der Wunschvorsorge den Anforderungen der ArbMedVV unterliegen.[6]

---

1 Kollmer/Klindt/Schucht/Leube ArbSchG § 11 Rn. 1. **2** Kollmer/Klindt/Schucht/Leube ArbSchG § 11 Rn. 8. **3** Verordnung zur arbeitsmedizinischen Vorsorge v. 18.12.2008, BGBl. I 2008, 2768, zuletzt geändert durch Art. 3 der Verordnung v. 15.11.2016, BGBl. I, 2549 mWv 19.11.2016. **4** Kohte in: FS Rosenbrock, S. 280, 287. **5** Erste Verordnung zur Änderung der Verordnung zur arbeitsmedizinischen Vorsorge vom 23.10.2013, BGBl. I, 3882; Koll BG RCI magazin, 3/4 2014, 4 ff.; BMAS, Fragen und Antworten; Kujath BG RCI 11/12 2015, 29 ff.; Legerlotz/Schmidt ArbRB 2014, 317 ff.; Letzel/Kern/Förster, Deutsches Ärzteblatt 3/111 v. 17.1.2014, S. 72; Bücker MedR 2014, 291 ff. **6** BR-Drs. 327/13, 18, 24.

3 **Begrifflich** sind gem. § 2 ArbMedVV **Pflicht-, Angebots- und Wunschvorsorge** zu unterscheiden.[7] Arbeitsmedizinische Vorsorge gem. § 11 ArbSchG wird in § 2 Abs. 4 ArbMedVV und § 5 a ArbMedVV als Wunschvorsorge bezeichnet.[8] Außerhalb des ArbSchG, des ASiG und der ArbMedVV werden auch weiterhin in unterschiedlichen staatlichen Rechtsvorschriften (zB § 6 Abs. 3 ArbZG für Nachtarbeit) **spezielle arbeitsmedizinische Vorsorgeuntersuchungen** geregelt. **Einstellungsuntersuchungen** zählen nicht zu dem Katalog der arbeitsmedizinischen Vorsorge, denn die Legitimation dieser Untersuchungen lässt sich nicht aus dem Arbeitsschutzrecht ableiten. Sie dienen vielmehr der Personalauswahl und unterliegen dementsprechend einer anderen rechtlichen Regulierung (→ ArbMedVV Rn. 8, 25 f.).[9] Auch **Eignungsuntersuchungen**, die vorrangig dem Drittschutz dienen, werden als besondere Kategorie qualifiziert. Der Verordnungsgeber hat dies im Jahr 2013 durch den neugefassten § 2 Abs. 1 Nr. 5 ArbMedVV deutlich gemacht und in der Begründung zu der Vorschrift betont, dass bereits durch die Begriffsbestimmungen deutlich auf die notwendige Unterscheidung zwischen arbeitsmedizinischer Vorsorge und Eignungsuntersuchungen hingewiesen werden soll.[10]

II. Entstehung, Unionsrecht und Internationales Recht

4 Auch wenn die **Verzahnung** zwischen der arbeitsmedizinischen Primärprävention, die so früh wie möglich ansetzt und darauf zielt, der Entstehung von Risiken und Symptomen zuvorzukommen, und arbeitsmedizinischer Sekundärprävention, die auf die möglichst frühzeitige Erfassung von Risiken und Symptomen durch Vorsorgeuntersuchungen gerichtet ist, durch die Aufteilung der Regelungen auf das Arbeitsschutzgesetz und das Arbeitssicherheitsgesetz (arbeitsmedizinische Primärprävention) und die ArbMedVV (arbeitsmedizinische Sekundärprävention) nicht ausreichend erfolgt ist, ist eine solche Verzahnung nach internationalem Arbeitsrecht geboten, denn das 1994 durch die Bundesrepublik Deutschland ratifizierte[11] **ILO-Übereinkommen 161 über betriebsärztliche Dienste** ordnet die Aufgaben der Arbeitsmedizin vorrangig der allgemeinen Primärprävention und den kollektiven Schutzmaßnahmen zu.[12] Die ArbMedVV stellt diesbezüglich auch ausdrücklich klar, dass die Maßnahmen zur arbeitsmedizinischen Vorsorge – zu denen auch die Wunschvorsorge gem. § 11 ArbSchG, §§ 2 Abs. 4, 5 a ArbMedVV zählen – Teil der arbeitsmedizinischen Präventionsmaßnahmen im Betrieb sind (§ 2 Abs. 1 Nr. 1 ArbMedVV) und das Ziel der Verordnung ua darin besteht, durch Maßnahmen der arbeitsmedizinischen Vorsorge einen Beitrag zur Fortentwicklung des betrieblichen Gesundheitsschutzes zu leisten (§ 1 Abs. 1 S. 2 ArbMedVV).

5 Die Verzahnung arbeitsmedizinischer Primär- und Sekundärprävention ist auch **unionsrechtlich geboten**. Im Unionsrecht sind die Regelungen zur präventivmedizinischen Überwachung eingebettet in die Richtlinie **89/391/EWG**[13] über die Durchführung von Maßnahmen zur Verbesserung der Sicherheit und des Gesundheitsschutzes der Arbeitnehmer bei der Arbeit. Art. 14 Abs. 1 RL 89/391/EWG verlangt als ein Element des betrieblichen Gesundheitsschutzes, dass Maßnahmen zur Gewährleistung einer geeigneten Überwachung der Gesundheit zu treffen sind. Gem. Art. 14 Abs. 2 RL 89/391/EWG sind die entsprechenden Maßnahmen so zu konzipieren, dass jeder Arbeitnehmer sich auf Wunsch einer regelmäßigen präventivmedizinischen Überwachung unterziehen kann.[14] Pflichtuntersuchungen sind gem. Art. 15 RL 89/391/EWG

---

7 LR/Wiebauer ArbSchG § 11 Rn. 2; Kohte, hbs-study Nr. 341, S. 14. Kollmer/Klindt/Schucht/Leube ArbSchG § 11 Rn. 3 9; Münch/ArbR/Kohte § 296 Rn. 30; Schlegel/Janning Gute Arbeit 5/2011, 21 f. **8** Zum Begriff „arbeitsmedizinische Vorsorge": BMAS, Fragen und Antworten, Nr. 2.1. **9** Begründung zur ArbMedVV: BR-Drs. 643/08, 25; Kohte, hbs-study Nr. 341, S. 8; Kollmer/Klindt/Schucht/Kreizberg ArbMedVV § 2 Rn. 2; Müller-Knöss Gute Arbeit 5/2011, 18 f. **10** BR-Drs. 327/13, 17, 24; zur Diskussion um Eignungsuntersuchungen: BMAS, Zum Thema Eignungsuntersuchungen; Koll BG RCI 3/4 2014, 4 (5); Beckschulze BB 2014, 1013 ff. u. 1077 ff., Algbe, Einstellungs- und Eignungsuntersuchungen, Rn. 222 ff.; Goepfert/Rottmeier, BB 2015, 1912 ff.; Kleinebrink, DB 2014, 776 ff.; Werner AuR 2017, 280 ff. **11** BGBl. II 1994, 1198. **12** Kohte, hbs-study Nr. 341, S. 8; Münch/ArbR/Kohte § 296 Rn. 28. **13** ABl. EG L 183, 1–8 vom 29.6.1989. **14** EuArbR/Klindt/Schucht RL 89/391/EWG Rn. 87, 114.

nur für besonders gefährdete Risikogruppen vorgesehen.[15] Neben der Rahmenrichtlinie 89/391/EWG schreiben auch Einzelrichtlinien (zB Bildschirmrichtlinie 90/270/EWG,[16] Arbeitszeitrichtlinie 2003/88/EG,[17] Richtlinie zum Umgang mit Gefahrstoffen 98/24/EG)[18] ein Recht auf arbeitsmedizinische Vorsorgeuntersuchungen vor. Die vom Unionsrecht vorgesehene Verzahnung zwischen individuellen und kollektiven Schutzmaßnahmen wird insbesondere am Beispiel der Richtlinie zum Umgang mit Gefahrstoffen (RL 98/24/EG) deutlich. Gem. Art. 10 Abs. 4 RL 98/24/EG muss der Arbeitgeber die Risikobewertung und die auf dieser Grundlage getroffenen Maßnahmen zur Ausschaltung oder Reduzierung der Risiken erneut überprüfen und den Rat eines Arbeitsmediziners einholen, wenn die präventivmedizinische Überwachung nach der Richtlinie im Einzelnen konkretisierte negative Ergebnisse zeigt.

Vor 1996 gab es in Deutschland eine schwer zu überschauende Gemengelage von Vorsorgeuntersuchungen, die teilweise als Pflichtuntersuchungen, teilweise als allgemeine Untersuchungen klassifiziert werden konnten.[19] Bereits seit der Diskussion um die Untersuchungen nach Aufhebung des generellen Nachtarbeitsverbots für Arbeiterinnen war umstritten, ob Untersuchungen möglichst mit Beschäftigungsverboten gekoppelt werden sollten.[20] Trotz dieser Vielfalt möglicher Untersuchungen gab es **kein Äquivalent für das neue Leitbild des Unionsrechts**, das in Art. 14 RL 89/391/EWG sowie in Art. 9 RL 90/270/EWG als Recht auf eine eigene Untersuchung normiert worden war.[21] Der 1. Senat des Bundesarbeitsgerichts war daher auch im Frühjahr 1996 noch der Ansicht, dass insoweit eine richtlinienkonforme Auslegung des deutschen Rechts nicht möglich sei, weil es an äquivalenten Normen für ein solches Recht fehle.[22] 6

Im **Entwurf des Arbeitsschutzrahmengesetzes** aus dem Jahr 1994 setzte sich die Bundesregierung daher das Ziel, das gesamte Feld der arbeitsmedizinischen Vorsorgeuntersuchungen neu zu regeln und zusätzlich auch Regelungen für genetische Untersuchungen zu treffen. Dies sollte durch einen eigenen Abschnitt (§§ 19–27 ArbSchRGE) gewährleistet werden.[23] Dieses Vorhaben scheiterte; es gab sowohl innerhalb der Koalitionsfraktionen als auch zwischen Bundestag und Bundesrat keine Mehrheiten für dieses umfassende Projekt. In der **schlankeren Version des ArbSchG** wurde daher Anfang 1996 nur noch die Wunschvorsorge des § 11 ArbSchG aufgenommen, die diese in Umsetzung von Art. 14 RL 89/391/EWG unbedingt normiert werden musste.[24] Diese Vorlage wurde im Gesetzgebungsverfahren nicht geändert. Sie ist auch seit 1996 nicht geändert worden. Durch die 2008 normierte ArbMedVV (→ Rn. 2 f.) ist sie inzwischen jedoch in einen weitergehenden Kontext gestellt worden. Der Ausschuss für Arbeitsmedizin kann nach § 9 ArbMedVV arbeitsmedizinische Regelungen und Empfehlungen zur Gestaltung der arbeitsmedizinischen Vorsorge formulieren, die auch für die Wunschvorsorge nach § 11 ArbSchG gelten. Entsprechend liegt inzwischen eine vom Ausschuss für Arbeitsmedizin erarbeitete Empfehlung für Wunschvorsorge vor.[25] Einen weiteren Entwicklungsschritt bringt die erste Verordnung zur Änderung der ArbMedVV aus dem Jahr 2013. In deren Begründung wird betont, dass die Änderung darauf abziele, die Inanspruchnahme von Wunschvorsorge zu erhöhen.[26] Arbeitsmedizinische Vorsorge könne in der modernen Arbeitswelt nicht auf die im Anhang zur ArbMedVV katalogisierte Pflicht- und Angebotsvorsorge beschränkt bleiben. Deswegen werde die Wunschvorsorge klarstellend als Arbeitgeberpflicht in die Verordnung aufgenommen.[27] Auch hinsichtlich des Gesundheitsbegriffs hat der Verordnungsgeber bewusst die **psychische Gesundheit** erwähnt (§ 2 Abs. 1 Nr. 2 ArbMedVV) und in der Begründung hervorgehoben, dass der Betriebsarzt oder die Betriebsärztin im Rahmen 7

---

15 Münch/ArbR/Kohte § 296 Rn. 26. 16 ABl. EG L 156, 14–18 vom 21.6.1990. 17 ABl. EG L 299, 9–19 vom 18.11.2003. 18 ABl. EG L 131, 11–23 vom 5.5.1998. 19 Übersicht bei Giesen in: FS Wlotzke, S. 497 ff. 20 Dazu pointiert Elsner AiB 1994, 21 ff. 21 BFK Rn. 619 ff. 22 BAG 2.4.1996 – 1 ABR 47/95, NZA 2006, 998 (1004). 23 BT-Drs. 12/6752, 42 ff.; Wlotzke NZA 1994, 602 (605). 24 BT-Drs. 13/3540, 19. 25 BMAS, Wunschvorsorge – Arbeitsmedizinische Empfehlung, 2015 (www.bmas.de/DE/Service/Medien/Publikationen/a458-ame-wunschvorsorge.html, abgerufen: 6.7.2017). 26 BR-Drs. 327/13, 16. 27 BR-Drs. 327/13, 18.

der Wunschvorsorge die erste Anlaufstelle sind, wenn Beschäftigte zum Beispiel einen Zusammenhang zwischen einer psychischen Störung und ihrer Tätigkeit vermuten.[28]

III. Arbeitsmedizinische Untersuchungen gem. § 11 ArbSchG

8 **1. Normzweck.** Zweck des § 11 ArbSchG ist es, den Beschäftigten **die Möglichkeit einzuräumen, sich auf eigenen Wunsch arbeitsmedizinischer Vorsorge unterziehen zu können.** Bereits die Begründung des Regierungsentwurfs stellte klar, dass der Anspruch auf arbeitsmedizinische Vorsorge Untersuchung und Beratung umfasst.[29] Arbeitnehmer sollen dadurch klären können, ob die ihnen übertragene Tätigkeit mit einer Gesundheitsgefährdung verbunden sein kann, und welche Gegenmaßnahmen sie selbst ergreifen können.[30] Die Vorschrift dient insoweit der **Primär- und Sekundärprävention.** Die Begründung des Entwurfs der ArbMedVV hebt hervor, dass die Vorschrift ermöglichen soll, auf betriebsspezifische Gesundheitsgefährdungen zu reagieren und neuen Gesundheitsgefährdungen am Arbeitsplatz flexibel zu begegnen. Ziel der in 2008 realisierten Einbeziehung von Wunschvorsorge iSd § 11 ArbSchG in die ArbMedVV sei es, für in der arbeitsmedizinischen Vorsorge zu wenig beachtete Bereiche arbeitsbedingter Erkrankungen (zB Muskel-Skelett-Erkrankungen) Kriterien und beispielhafte Untersuchungsanlässe ermitteln zu lassen. Betriebe und Beschäftigte sollten so Orientierung erhalten, wann arbeitsmedizinische Vorsorgeuntersuchungen zusätzlich zu den im Anhang der ArbMedVV normierten Pflicht- und Angebotsuntersuchungen geboten sind.[31] Die **Einbeziehung der Wunschvorsorge in die ArbMedVV** eröffnet somit eine Möglichkeit, die Primärprävention zu stärken.[32] Der Zweck der Vorschrift ähnelt insofern dem Zweck der arbeitsmedizinischen Vorsorgeuntersuchungen nach dem ASiG, ergänzt diese aber dadurch, dass den Beschäftigten ein Recht auf arbeitsmedizinische Vorsorge eingeräumt wird.[33] Die erste Verordnung zur Änderung der ArbMedVV hat die Bedeutung der Wunschvorsorge in der modernen Arbeitswelt noch einmal gestärkt und verfolgt – wie in der Begründung zum Entwurf der Änderungsverordnung ausdrücklich hervorgehoben wird – das Ziel, die Inanspruchnahme der Wunschvorsorge zu erhöhen. Zu diesem Zweck wurde die Wunschvorsorge klarstellend noch einmal als Arbeitgeberpflicht in die Verordnung aufgenommen und hervorgehoben, dass sie darauf zielt, den Beschäftigten über den Katalog des Anhangs zur ArbMedVV hinaus die Möglichkeit zur individuellen arbeitsmedizinischen Aufklärung und Beratung zu eröffnen und so Gesundheitsbewusstsein und verantwortungsvollen Umgang mit der Gesundheit zu stärken.[34]

9 **2. Voraussetzungen des Anspruchs.** Aufgrund von § 11 ArbSchG haben Beschäftigte einen öffentlich-rechtlichen Anspruch gegen den Arbeitgeber.[35] Anders als zB im Fall des § 5 Abs. 1 ArbSchG[36] entsteht im Fall des § 11 ArbSchG ein Anspruch nicht erst durch Transformation gem. § 618 BGB in einen privatrechtlichen Erfüllungsanspruch. Da die Vorschrift hinreichend deutlich zum Ausdruck bringt, dass nicht lediglich eine öffentlich-rechtliche Pflicht, sondern auch ein Anspruch der Beschäftigten begründet werden soll, besteht ein öffentlich-rechtlicher Anspruch, den zum einen die Beschäftigten selber vor dem Arbeitsgericht und zum anderen auch die Arbeitsschutzbehörde durch Anordnung durchsetzen können.[37] Neben dem öffentlich-rechtlichen Anspruch besteht auch ein vertraglicher Erfüllungsanspruch gem. § 11 ArbSchG iVm § 618 Abs. 1 BGB.[38] **Voraussetzung** für den Anspruch ist lediglich, dass der oder die Beschäftigte einen entsprechenden **Wunsch** äußert.[39] Durch arbeitgeberseitige Anweisung kön-

---

28 BR-Drs. 327/13, 18. **29** Gesetzentwurf – Begründung, BR-Drs. 881/95, 33. **30** Münch/ArbR/ Kohte § 296 Rn. 36; Pieper ArbSchG § 11 Rn. 3; Kollmer/Klindt/Schucht/Leube ArbSchG § 11 Rn. 2 f.; KJP/Janning (11. Lfg., 3/2010) ArbSchG § 11 Rn. 5; LR/Wiebauer ArbSchG § 11 Rn. 1. **31** Begründung: BR-Drs. 643/08, 27. **32** Pieper ArbSchG § 11 Rn. 2 a. **33** Münch/ArbR/Kohte § 296 Rn. 43; Kollmer/Klindt/Schucht/Leube ArbSchG § 11 Rn. 8. **34** BR-Drs. 327/13, 16, 18, 24. **35** Kollmer/Klindt/Schucht/Leube ArbSchG § 11 Rn. 15; LR/Wiebauer ArbSchG § 11 Rn. 24. **36** BAG NZA 2009, 102 (103) Rn. 12 ff. **37** LR/Wiebauer ArbSchG § 11 Rn. 24. **38** LAG Berlin-Brandenburg 21.7.2016 – 21 Sa 51/16 Rn. 41, 46; LR/Wiebauer ArbSchG § 11 Rn. 25; Münch/ ArbR/Kohte § 296 Rn. 42. **39** LAG Berlin-Brandenburg 21.7.2016 – 21 Sa 51/16 Rn. 49; LR/ Wiebauer ArbSchG § 11 Rn. 6; Pieper ArbSchG § 11 Rn. 5 a; Kohte, hbs-study Nr. 341, S. 18 f.; Münch/ArbR/Kohte § 296 Rn. 42; aA Kollmer/Klindt/Schucht/Leube ArbSchG § 11 Rn. 22.

nen Beschäftigte nicht verpflichtet werden, sich einer Untersuchung gem. § 11 ArbSchG zu unterziehen.[40] Dies wird schon durch die Terminologie verdeutlicht, die zwischen Pflicht-, Angebots- und Wunschvorsorge unterscheidet. Der Verordnungsgeber hat zudem in der Begründung zur Änderung der ArbMedVV ausdrücklich klargestellt, dass es im Rahmen der arbeitsmedizinischen Vorsorge **keinen Untersuchungszwang** gibt (§ 2 Abs. 1 Nr. 3 ArbMedVV).[41] Hat der oder die Beschäftigte sich bereits einmal einer arbeitsmedizinischen Vorsorge nach § 11 ArbSchG unterzogen, so entsteht ein erneuter Anspruch erst nach Ablauf einer **Wartezeit**. Denn § 11 ArbSchG gewährt Anspruch nur auf regelmäßige Untersuchung. Die Dauer der Wartezeit hängt vom Grad der Gefährdung ab, die mit der Tätigkeit des Beschäftigten verbunden ist.[42] Hat ein Arzt in der Vorsorgebescheinigung gem. § 6 Abs. 3 Nr. 3 ArbmedVV eine Zeit bis zur nächsten arbeitsmedizinisch angezeigten Untersuchung genannt, so spricht eine tatsächliche Vermutung für deren Richtigkeit.[43] Sofern keine spezifischen Umstände bestehen, dürfte die Wartezeit je nach den Umständen des Einzelfalles zwischen ein und drei Jahren betragen. Es ist Sache der Betriebsparteien, nach § 87 Abs. 1 Nr. 7 BetrVG (→ BetrVG § 87 Rn. 51) geeignete Fristen für Wiederholungsuntersuchungen festzulegen, die sich am Anhang 1 der BGV A 4 orientieren können.[44]

Falls sich wesentliche Umstände bzgl. der Arbeitsumwelt oder des Gesundheitszustandes ändern, entsteht unabhängig von der Wartezeit ein **neuer Anspruch** auf Untersuchung gem. § 11 ArbSchG, so dass vor allem jede Versetzung, die mit einer Änderung der Arbeitsbedingungen verbunden ist, einen neuen Untersuchungsanspruch auslöst.[45] Einstellungs-, Eignungs- oder Tauglichkeitsuntersuchungen sind keine arbeitsmedizinische Vorsorge (§ 2 Abs. 1 Nr. 5 ArbMedVV), die keine Wartezeit auslösen, da sie einem anderen Zweck dienen als der Wunschvorsorge nach § 11 ArbSchG.[46] Bereits durchgeführte Pflicht- und Angebotsvorsorge. §§ 4, 5 ArbMedVV sowie spezielle arbeitsmedizinische Vorsorgeuntersuchungen aufgrund gefährlicher Tätigkeiten (zB § 67 StrSchV, § 37 RöntgenV) können die Wartezeit nur dann auslösen, wenn sie – was angesichts ihrer Spezialität nicht zu vermuten ist – mit der umfassenden Vorsorge nach § 11 ArbSchG inhaltlich übereinstimmen, der Arbeitnehmer angemessen beraten wurde und keine zusätzlichen Erkenntnisse oder Präventionseffekte zu erwarten sind.[47]

Der **Anspruch** auf eine arbeitsmedizinische Vorsorge nach § 11 ArbSchG **entfällt** idR, wenn aufgrund der Beurteilung der Arbeitsbedingungen und der getroffenen Schutzmaßnahmen nicht mit einem „Gesundheitsschaden"[48] zu rechnen ist. Die Gesetzesbegründung betont, dass mit der **Anknüpfung an die Gefährdungsbeurteilung** gem. § 5 ArbSchG und den danach getroffenen Schutzmaßnahmen objektive und leicht zugängliche Kriterien gewählt wurden, die geeignet seien, Missbrauch zu verhindern.[49] Mithin entfällt der Anspruch nur, wenn eine aktuelle und belastbare nach § 6 ArbSchG dokumentierte Gefährdungsbeurteilung ergibt, dass im Hinblick auf die konkreten Arbeitsbedingungen des oder der Beschäftigten **keine Gefährdungen** iSd § 5 bestehen beziehungsweise bestehende Gefährdungen aufgrund der getroffenen Schutzmaßnahmen – insbesondere auch im Hinblick auf die spezielle gesundheitliche Konstitution und Veranlagung des oder der Beschäftigten – ausgeschlossen sind.[50] Ohne Gefährdungsbeurteilung steht dem Arbeitgeber diese Einwendung regelmäßig nicht zur Verfügung. Es handelt sich um eine rechtsvernichtende Einwendung, für die der Arbeitgeber die Dar-

---

40 Pieper ArbSchG § 11 Rn. 4; Kohte, hbs-study Nr. 341, S. 18; Münch/ArbR/Kohte § 296 Rn. 40. **41** BR-Drs. 327/13, 17. **42** Kollmer/Klindt/Schucht/Leube ArbSchG § 11 Rn. 27. **43** Kollmer/Klindt/Schucht/Leube ArbSchG § 11 Rn. 27. **44** Zu den Fristen für Pflicht- und Angebotsvorsorge: Arbeitsmedizinische Regel Nr. 2.1. (www.baua.de/DE/Angebote/Rechtstexte-und-Technische-Regeln/Regelwerk/AMR/AMR.html, abgerufen 7.7.2017). **45** Kollmer/Klindt/Schucht/Leube ArbSchG § 11 Rn. 27; LR/Wiebauer ArbSchG § 11 Rn. 11; Schmatz/Nöthlichs, Sicherheitstechnik (ST Lfg 7/05), Bd. II/1 4030, ArbSchG § 11 Anm. 4.2. **46** BR-Drs. 327/13, 17; Münch/ArbR/Kohte § 296 Rn. 39; Kollmer/Klindt/Schucht/Leube ArbSchG § 11 Rn. 28, 24; Pieper ArbSchG § 11 Rn. 5 b; KJP/Janning (11. Lfg., 3/2010) ArbSchG § 11 Rn. 16 . **47** Pieper ArbSchG § 11 Rn. 5 a. **48** Kritisch zu diesem Begriff Pieper ArbSchG § 11 Rn. 5 a. **49** Begründung: BR-Drs. 881/95, 34 f. **50** LAG Berlin-Brandenburg 21.7.2016 – 21 Sa 51/16 Rn. 48; Pieper ArbSchG § 11 Rn. 5; Münch/ArbR/Kohte § 296 Rn. 39.

legungs- und Beweislast trägt.[51] Teilweise wird vertreten, dass die Verpflichtung aus § 11 ArbSchG entfällt, wenn aufgrund der objektiven Arbeitsbedingungen nicht mit einer Gesundheitsgefährdung zu rechnen ist, da die individuellen Verhältnisse des Beschäftigten dem Arbeitgeber in der Regel nicht bekannt sind.[52] Dieser Auffassung ist zu widersprechen, denn ein Abstellen auf eine objektive Betrachtung würde dem oben dargelegten Zweck der Vorschrift, der Primär- und Sekundärprävention (→ Rn. 8), zuwiderlaufen. Eine objektive Beurteilung steht auch nicht im Einklang mit der Gesetzesbegründung: Denn die Einschränkung des Anspruchs durch eine Anknüpfung an die Gefährdungsbeurteilung und getroffene Schutzmaßnahmen soll lediglich Missbrauch verhindern. Eine arbeitsmedizinische Vorsorgeuntersuchung die aufgrund subjektiver Besonderheiten gewünscht wird, kann jedoch nicht als missbräuchlich angesehen werden.[53] Unterstützt wird dieses Argument durch die Begründung zur ersten Änderung der ArbMedVV, die betont, dass die arbeitsmedizinische Vorsorge der Beratung der Beschäftigten über Wechselwirkungen zwischen Arbeit und Gesundheit dient (§ 2 Abs. 1 Nr. 1 ArbMedVV)[54] und somit auch stets den individuellen Besonderheiten Rechnung tragen muss. Zudem war ausdrückliches Ziel der Änderung der ArbMedVV aus 2013 die Inanspruchnahme der Wunschvorsorge zu erhöhen.[55] Schließlich spricht auch die unionsrechtskonforme Auslegung für eine enge Auslegung und Beschränkung auf die **Fallgruppe des Rechtsmissbrauchs**.[56]

12 Der **Ausschuss für Arbeitsmedizin** soll gem. § 9 Abs. 3 S. 1 Nr. 2 ArbMedVV Regeln und Erkenntnisse ermitteln, wie die Anforderungen der ArbMedVV im Hinblick auf Inhalt und Umfang von Pflicht-, Angebots- und Wunschvorsorge erfüllt werden können.[57] Betriebe und Beschäftigte sollen dadurch Orientierung erhalten, wann arbeitsmedizinische Vorsorgeuntersuchungen zusätzlich zu den im Anhang normierten Pflicht- und Angebotsuntersuchungen geboten sind. Als mögliche Untersuchungsanlässe nennt die Verordnungsbegründung zB Muskel-Skelett-Erkrankungen oder Fahr-, Steuer- und Überwachungstätigkeiten und Arbeiten mit Absturzgefahr.[58] Die Regeln des Ausschusses für Arbeitsmedizin[59] können aber nicht das Recht der Beschäftigten auf arbeitsmedizinische Vorsorge nach § 11 ArbSchG einschränken. Ziel der Einbindung des Ausschusses für Arbeitsmedizin ist es, die Möglichkeiten des § 11 ArbSchG zu nutzen, um für heute in der arbeitsmedizinischen Vorsorge zu wenig beachtete Bereiche arbeitsbedingter Erkrankungen (zB Muskel-Skelett-Erkrankungen) Kriterien für beispielhafte Untersuchungsanlässe ermitteln zu lassen und so die arbeitsmedizinische Vorsorge zu stärken.[60] In den bislang veröffentlichten arbeitsmedizinischen Regeln werden entsprechend auch keine zusätzlichen Voraussetzungen für das Recht auf Wunschvorsorge formuliert, sondern zB Regelungen hinsichtlich der Aufbewahrung ärztlicher Unterlagen (AMR 1 zu § 6 ArbMedVV) oder zur Informationsbeschaffung (AMR Nr. 3.1) formuliert. Der Ausschuss für Arbeitsmedizin hat inzwischen auch Empfehlungen zur Wunschvorsorge veröffentlicht.[61] Darin werden Anregungen zur Gestaltung der Wunschvorsorge gegeben und ua hervorgehoben, dass auch mögliche Zusammenhänge psychischer Belastungen und vorhandener Beschwerden Gegenstand der Wunschvorsorge sein können.[62] Sofern zwischen den Parteien streitig ist, ob aufgrund der Gefährdungsbeurteilung und der getroffenen Schutzmaßnahmen der An-

---

51 LAG Berlin-Brandenburg 21.7.2016 – 21 Sa 51/16 Rn. 50; Münch/ArbR/Kohte § 296 Rn. 39. 52 Schmatz/Nöthlichs, Sicherheitstechnik (ST Lfg 7/05), Bd. II/1 4030, ArbSchG § 11 Anm. 5; ähnlich wohl auch Kollmer/Klindt/Schucht/Leube ArbSchG § 11 Rn. 20. 53 Für eine im Zweifel großzügige Handhabung: Kollmer/Klindt/Schucht/Leube ArbSchG § 11 Rn. 23; LR/Wiebauer ArbSchG § 11 Rn. 9. 54 BR-Drs. 327/13, 1, 17 f. 55 BR-Drs. 327/13, 1, 16. 56 KJP/Janning (11. Lfg., 3/2010) ArbSchG § 11 Rn. 16; so bereits BT-Drs. 12/6752, 44, ebenso BT-Drs. 13/3540, 19. 57 Arbeitsmedizinische Regeln sind veröffentlicht unter: www.baua.de/DE/Angebote/Rechtstexte-und-Technische-Regeln/Regelwerk/AMR/AMR.html (abgerufen: 8.7.2017); in methodischer Hinsicht dazu: Kujath 2013. 58 Begründung BR-Drs. 643/08, 27, 32, 39. 59 Die ersten Regeln konkretisierten die §§ 5, 6 ArbMedVV: GMBl. vom 27.10.2011, 712 ff.; inzwischen ist auch eine Pflichtuntersuchung (extreme Hitzebelastung) aufgenommen worden, GMBl. vom 27.12.2012, 1293 ff. 60 Begründung BR-Drs. 643/08, 27, 32, 39. 61 BMAS 2015, abrufbar unter: www.bmas.de/DE/Service/Medien/Publikationen/a458-ame-wunschvorsorge.html (8.7.2017). 62 BMAS 2015, S. 11.

spruch des bzw. der Beschäftigten auf Wunschvorsorge entfällt, trägt der Arbeitgeber diesbezüglich die **Darlegungs- und Beweislast**.[63]

3. Ermöglichung der arbeitsmedizinischen Vorsorge. Normadressat ist der Arbeitgeber. Für Leiharbeitnehmer folgt aus § 11 Abs. 6 S. 1 AÜG, dass nicht nur der Verleiher als Arbeitgeber des Leiharbeitnehmers, sondern auch der Entleiher verpflichtet ist, Wunschvorsorge gem. § 11 ArbSchG zu ermöglichen.[64] Der Arbeitgeber hat – sofern die Voraussetzungen gem. § 11 ArbSchG vorliegen – den Beschäftigten arbeitsmedizinische Vorsorge zu ermöglichen. Wie dies konkret umgesetzt wird, regelt die Vorschrift nicht. Insoweit stehen folgende **Möglichkeiten** zur Wahl:[65]

(1) Der Arbeitgeber kann es den Beschäftigten überlassen, sich durch einen Arzt ihrer Wahl untersuchen zu lassen und mit diesem einen privatrechtlichen Arztvertrag abzuschließen.

(2) Der Arbeitgeber kann zur Durchführung der Vorsorge einen Arzt oder eine Ärztin nach § 7 ArbMedVV beauftragen. Die Wahl des Arztes kann dabei sowohl durch den Arbeitgeber als auch durch die Beschäftigten erfolgen.

(3) Schließlich kann die Vorsorge durch den Betriebsarzt oder die Betriebsärztin erfolgen.

Welche Bedeutung dem **Persönlichkeitsrecht** der Beschäftigten und dem **Grundsatz der freien Arztwahl** insoweit zukommt, wird in Literatur und Rechtsprechung unterschiedlich beurteilt. Zum einen wird vertreten, dass dieser Grundsatz stets und streng zu beachten sei, so dass der Arbeitnehmer den Arzt grundsätzlich frei wählen darf.[66] Nach der gegenteiligen Auffassung soll es dem Arbeitgeber freigestellt sein, welchen Arzt er beauftragt, da er die Untersuchung zu ermöglichen hat.[67] Das OVG Rheinland-Pfalz sieht die freie Arztwahl durch § 3 Abs. 2 S. 2 ArbMedVV ausgeschlossen.[68]

Die im Jahr 2008 erlassene ArbMedVV sieht in § 3 Abs. 2 S. 2 ArbMedVV hierzu vor, dass der Arbeitgeber vorrangig, wenn ein Betriebsarzt oder eine Betriebsärztin nach § 2 ASiG bestellt ist, diesen oder diese auch mit der arbeitsmedizinischen Vorsorge beauftragen soll. Die Verordnungsbegründung hebt hierzu hervor, dass der Arzt oder die Ärztin, der oder die arbeitsmedizinische Untersuchungen durchführt, die Arbeitsplatzverhältnisse kennen muss. Der Betriebsarzt oder die Betriebsärztin verfüge idealiter bereits wegen der Beteiligung an der Gefährdungsbeurteilung sowie der Arbeitsplatzbegehungen aufgrund der Bestellung nach dem ASiG über die erforderlichen Informationen.[69] Auch wenn die Verordnung insoweit eine **Sollvorschrift für die Arztwahl** formuliert hat, sind das allgemeine Persönlichkeitsrecht und der Grundsatz der freien Arztwahl vom Arbeitgeber zu beachten. Das OVG Rheinland-Pfalz hat insoweit die restriktive Auffassung vertreten, dass durch § 3 Abs. 2 S. 2 ArbMedVV ein Recht auf freie Arztwahl ausgeschlossen sei.[70] Das Gericht ging in seiner Entscheidung jedoch irrtümlich davon aus, dass aus § 4 ArbMedVV eine Untersuchungspflicht der Beschäftigten folge.[71] Eine solche Untersuchungspflicht bestand indes bereits zum Zeitpunkt der Entscheidung nicht.[72] Würde man aus der ArbMedVV eine Pflicht der Beschäftigten, sich untersuchen zu lassen, ableiten, so wäre die ArbMedVV verfassungswidrig, weil sie nicht in hinreichend klarer Weise die Voraussetzungen und den Umfang der Eingriffe in das allgemeine Persönlichkeitsrecht durch körperliche und klinische Untersuchungen

---

63 Münch/ArbR/Kohte § 296 Rn. 39. **64** LR/Wiebauer ArbSchG § 11 Rn. 24; Kollmer/Klindt/Schucht/Leube ArbSchG § 11 Rn. 18; einschränkend gegenüber der Pflicht des Verleihers: Schmatz/Nöthlichs, Sicherheitstechnik (ST Lfg 7/05), Bd. II/1 4030, ArbSchG § 11 Anm. 1. **65** KJP/Janning (11. Lfg., 3/2010) ArbSchG § 11 Rn. 10. **66** Münch/ArbR/Kohte § 296 Rn. 38; ausführlich Kohte in: GS Zachert, S. 327, 335 ff.; HK-ArbR/Hamm/Faber ArbSchG § 11 Rn. 5. **67** Kollmer/Klindt/Schucht/Leube ArbSchG § 11 Rn. 25 mit Verweis auf billiges Ermessen gem. § 315 BGB; Schmatz/Nöthlichs, Sicherheitstechnik (ST Lfg 7/05), Bd. II/1 4030, ArbSchG § 11 Anm. 3.5 mit einschränkendem Vorbehalt gegenüber dem Betriebsarzt. **68** OVG Rheinland-Pfalz 29.10.2013 – 2 A 11256/12.OVG. **69** Begründung BR-Drs. 643/08, 33. **70** OVG Rheinland-Pfalz 29.10.2013 – 2 A 11256/12.OVG Rn. 25 ff. **71** OVG Rheinland-Pfalz 29.10.2013 – 2 A 11256/12.OVG Rn. 26; ebenfalls mit Wunschvorsorge nicht vergleichbar: BAG 27.9.2012 – 2 AZR 811/11, NZA 2013, 527, da es in diesem Fall um eine tarif- bzw. arbeitsvertragliche Pflichtuntersuchung ging. **72** BR-Drs. 327/13, 17.

bestimmt.⁷³ Das OVG verkannte somit, dass mangels Untersuchungspflicht das System der arbeitsmedizinischen Vorsorge auf die Akzeptanz der Beschäftigten ausgerichtet ist. Auch hinsichtlich des Rechts des § 3 Abs. 2 S. 2 ArbMedVV irrte das Gericht, indem es dem Betriebsarzt die zentrale Schlüsselfunktion für die Bündelung arbeitsmedizinischer und arbeitsschutzbezogener Informationen zuwies.⁷⁴ Der Entscheidung des OVG Rheinland-Pfalz ist heute keine Bedeutung mehr beizumessen, weil inzwischen durch die erste Verordnung zur Änderung der ArbMedVV das allgemeine Persönlichkeitsrecht der Beschäftigten gestärkt und ausdrücklich geregelt wurde, dass keine Untersuchungspflicht besteht. Das Recht auf freie Arztwahl ist zukünftig anzuerkennen.⁷⁵ Denn der Zweck der arbeitsmedizinischen Vorsorge kann ohne die Anerkennung eines Rechts auf freie Arztwahl nicht erreicht werden, da Beschäftigte, die kein Vertrauen zu dem Arzt haben, in körperliche und klinische Untersuchungen nicht einwilligen werden (§ 2 Abs. 1 Nr. 3 ArbMedVV). § 3 Abs. 2 S. 2 ArbMedVV eröffnet den erforderlichen Spielraum, da hinsichtlich der Arztwahl lediglich eine Sollvorschrift formuliert, dem Arbeitgeber aber kein uneingeschränktes Bestimmungsrecht eingeräumt wird. Im Ergebnis bedeutet dies, dass grundsätzlich gem. § 3 Abs. 2 S. 2 ArbMedVV der Betriebsarzt bzw. die Betriebsärztin zu beauftragen ist, Arbeitnehmer aber unter Berufung auf den Grundsatz der freien Arztwahl Wunschvorsorge durch einen Arzt ihrer Wahl beanspruchen können, ohne spezifische und begründete Bedenken hinsichtlich Fachkunde oder Unvoreingenommenheit vorbringen zu müssen. Wie die Sollvorschrift des § 3 Abs. 2 S. 2 ArbMedVV umgesetzt, das erforderliche Vertrauen zwischen Arzt und Beschäftigten gewährleistet und ein Recht auf freie Arztwahl organisatorisch ausgestaltet werden kann, können die Betriebsparteien im Rahmen der Mitbestimmung gem. § 9 Abs. 3 ASiG regeln.⁷⁶

15 Durchzuführen ist die Untersuchung durch einen **Arzt**. Dieser muss grundsätzlich gem. § 7 Abs. 1 ArbMedVV berechtigt sein, die **Gebietsbezeichnung „Arbeitsmedizin"** oder die **Zusatzbezeichnung „Betriebsmedizin"** zu führen und darf nicht eine Arbeitgeberfunktion gegenüber den zu untersuchenden Beschäftigten ausüben. Inhaltlich ist die Untersuchung darauf gerichtet, ob die Ausübung einer bestimmten Tätigkeit für den Beschäftigte zu einer gesundheitlichen Gefährdung führt, und ob der Beschäftigte aufgrund seiner gesundheitlichen Konstitution oder Veranlagung an seinem Arbeitsplatz gefährdet ist. Da stets die konkreten Gefährdungen in Bezug auf einen spezifischen Arbeitsplatz zu ermitteln sind, schreibt § 6 Abs. 1 S. 2 ArbMedVV vor, dass der Arzt oder die Ärztin sich vor Durchführung der Wunschvorsorge die **notwendigen Kenntnisse über die Arbeitsplatzverhältnisse** verschaffen muss.⁷⁷ Der Arbeitgeber ist insoweit nach § 3 Abs. 2 S. 3 ArbMedVV zur Auskunft verpflichtet.

16 **4. Pflichten des Arztes.** Pflichten des Arztes oder der Ärztin hinsichtlich Beratung und Untersuchung gem. § 11 ArbSchG ergeben sich insbesondere aus **§ 6 ArbMedVV** und dem mit dem Auftraggeber geschlossenen **Arztvertrag**. § 6 ArbMedVV wurde durch die Erste Verordnung zur Änderung der ArbMedVV stark überarbeitet, um die Rechte der Beschäftigten auf körperliche Unversehrtheit und informationelle Selbstbestimmung klarer zu fassen und auszugestalten.⁷⁸ Gem. § 6 Abs. 1 S. 2 ArbMedVV muss sich der Arzt vor Durchführung arbeitsmedizinischer Vorsorge die notwendigen Kenntnisse über die Arbeitsplatzverhältnisse verschaffen.⁷⁹ Des Weiteren hat er gem. § 6 Abs. 1 S. 3 ArbMedVV vor der Durchführung körperlicher oder klinischer Untersuchungen deren Erforderlichkeit nach pflichtgemäßem ärztlichen Ermessen zu prüfen, um Untersuchungsautomatismen und unnötige Eingriffe in die körperliche Unversehrt-

---

73 Siehe zu den Anforderungen an die gesetzliche Grundlage: BVerfG 1.12.2010 – 1 BvR 1572/10, NJW 2011, 1661–1663 Rn. 18. **74** OVG Rheinland-Pfalz 29.10.2013 – 2 A 11256/12.OVG Rn. 30. **75** Für ein Recht, den Betriebsarzt abzulehnen: Schmatz/Nöthlichs, Sicherheitstechnik (ST Lfg 7/05), Bd. II/1 4030, ArbSchG § 11 Anm. 3.5.; für die Beachtung berechtigter Wünsche der Beschäftigten: Kollmer/Klindt/Schucht/Leube ArbSchG § 11 Rn. 25; Pieper ArbSchG § 11 Rn. 10. **76** BAG 10.4.1979 – 1 ABR 34/77, NJW 1979, 2362; vgl. Kohte in: GS Zachert, S. 327, 339. **77** Aligbe ArbRAktuell 2016, 261 (263). **78** BR-Drs. 327/13, 17 f. **79** Einzelheiten in der AMR 3.1. zur Informationsbeschaffung in GMBl. 27.12.2012, 1291 ff.

heit zu vermeiden.[80] Über Inhalt, Zweck und Risiken der Untersuchung sind Beschäftigte gem. § 6 Abs. 1 S. 3 ArbMedVV aufzuklären.[81] Gegen deren Willen dürfen Untersuchungen nicht durchgeführt werden (§ 6 Abs. 1 S. 3 ArbMedVV). Dies wurde durch die erste Verordnung zur Änderung der ArbMedVV ausdrücklich klargestellt, da es in der Praxis unter Arbeitsmedizinern insoweit unterschiedliche Auffassungen gab, obwohl die Rechtslage auch vor der Änderung bereits eindeutig war und Beschäftigte im Rahmen arbeitsmedizinischer Vorsorge nicht gegen ihren Willen untersucht werden durften.[82]

Die Befunde sind entsprechend dem Arztvertrag nach dem Stand der Arbeitsmedizin festzustellen und sodann im Hinblick auf die Arbeitsplatzverhältnisse zu beurteilen. Die Anforderungen hinsichtlich Dokumentation der Ergebnisse und Information der Beschäftigten normiert § 6 Abs. 3 ArbMedVV: Ergebnis und Befund sind schriftlich zu dokumentieren und der oder die Beschäftigte darüber zu beraten. Auf Wunsch ist den Beschäftigten das Ergebnis zur Verfügung zu stellen. In jedem Fall ist der oder dem Beschäftigten und dem Arbeitgeber eine **Vorsorgebescheinigung** auszustellen. Sie dokumentiert, dass, wann und aus welchem Anlass eine arbeitsmedizinische Vorsorge stattgefunden hat.

Untersuchungsbefund und Untersuchungsergebnis unterliegen der ärztlichen **Schweigepflicht**. Leitet der Arzt oder die Ärztin Untersuchungsbefund oder -ergebnis ohne Einwilligung des Beschäftigten an den Arbeitgeber weiter, so verletzt er bzw. sie die ärztliche Schweigepflicht (§ 203 StGB). Der Beschäftigte entscheidet allein darüber, ob er den Arzt ermächtigt, Untersuchungsbefund und -ergebnis an den Arbeitgeber weiterzuleiten, ob er den Arbeitgeber selber unterrichtet oder die Ergebnisse für sich behält.[83] Im Arbeitsvertrag kann vorab keine Entbindung von der Schweigepflicht vereinbart werden (→ ASiG § 8 Rn. 13).[84]

17

Zu den Pflichten des Arztes oder der Ärztin gehört es gem. § 6 Abs. 4 ArbMedVV, die **Erkenntnisse arbeitsmedizinischer Vorsorge auszuwerten**. Zu den auszuwertenden Erkenntnissen gehören auch die Untersuchungsbefunde und -ergebnisse der Wunschvorsorge nach § 11 ArbSchG. Wenn die Auswertung Anhaltspunkte dafür ergibt, dass die vom Arbeitgeber getroffenen Schutzmaßnahmen nicht ausreichen, muss der Arzt oder die Ärztin dies – unter strikter Beachtung der ärztlichen Schweigepflicht – dem Arbeitgeber gem. § 6 Abs. 4 S. 2 ArbMedVV mitteilen und geeignete Schutzmaßnahmen vorschlagen, woraus sich für den Arbeitgeber die Pflicht ergibt, die Gefährdungsbeurteilung nach dem ArbSchG zu wiederholen.[85] Kommt der Arzt oder die Ärztin zu dem Ergebnis, dass aus medizinischen Gründen, die ausschließlich in der Person des oder der Beschäftigten liegen, ein Tätigkeitswechsel erforderlich ist, so darf diese Mitteilung nicht ohne Einwilligung des oder der Beschäftigten an den Arbeitgeber gerichtet werden (§ 6 Abs. 4 S. 3 ArbMedVV). Der Verordnungsgeber hat dies ausdrücklich durch die erste Verordnung zur Änderung der ArbMedVV klargestellt, um das Recht der Beschäftigten auf informationelle Selbstbestimmung sowie Wahrung des Rechts auf freie Berufsausübung zu stärken.[86]

18

5. Arbeitsschutz- und arbeitsrechtliche Folgen der Untersuchung. Arbeitsschutz- und arbeitsrechtliche Konsequenzen kommen nur in Betracht, wenn der Beschäftigte sein Einverständnis erklärt, dass die Untersuchungsergebnisse an den Arbeitgeber weitergeleitet werden.[87] Wie oben dargelegt, umfasst der Zweck der Wunschvorsorge gem. § 11 ArbSchG Primär- und Sekundärprävention (→ Rn. 8), doch können aufgrund des Persönlichkeitsschutzes und des Arztgeheimnisses arbeitsschutz- und arbeitsrechtliche

19

---

[80] BR-Drs. 327/13, 18, 27. [81] Kollmer/Klindt/Schucht/Leube ArbSchG § 11 Rn. 31 a. [82] BR-Drs. 327/13, 17. [83] Münch/ArbR/Kohte § 296 Rn. 40; Kollmer/Klindt/Schucht/Leube ArbSchG § 11 Rn. 38; Schmatz/Nöthlichs, Sicherheitstechnik (ST Lfg 7/05), Bd. II/1 4030, ArbSchG § 11 Anm. 3.6; Kohte, jurisPR-ArbR 49/2014 Anm. 2. [84] Hinrichs DB 1980, 2287; Däubler BB 1989, 282 (285); Schierbaum AiB 1997, 458 (465); Kohte in: GS Zachert, S. 327, 338. [85] Begründung BR-Drs. 643/08, 37; Kohte in: FS Düwell, S. 152, 167 f. [86] BR-Drs. 327/13, 29. [87] Münch/ArbR/Kohte § 296 Rn. 40; Schmatz/Nöthlichs, Sicherheitstechnik (ST Lfg 7/05), Bd. II/1 4030, ArbSchG § 11 Anm. 7; Pieper ArbSchG § 11 Rn. 9.

Maßnahmen immer erst dann eingeleitet werden, wenn der Beschäftigte in die Weitergabe der Untersuchungsbefunde und -ergebnisse eingewilligt hat. Einzige Ausnahme ist insoweit die aus § 6 Abs. 4 ArbMedVV folgende Pflicht des Arztes, die Erkenntnisse arbeitsmedizinischer Vorsorge auszuwerten und – sofern die Auswertung Anhaltspunkte für unzureichende Schutzmaßnahmen ergibt – den Arbeitgeber hierüber zu informieren und ihm Schutzmaßnahmen vorzuschlagen. Auch in diesem Fall sind das Persönlichkeitsrecht und die ärztliche Schweigepflicht strengstens zu beachten, so dass eine Weitergabe der Erkenntnisse – ohne Einwilligung des oder der Beschäftigten – nur in einer abstrakten Form zulässig ist, die keine Rückschlüsse auf die Person des Beschäftigten oder den konkreten einzelnen Arbeitsplatz zulassen.[88] Die generalisierten Untersuchungsergebnisse müssen berücksichtigt werden bei den Berichten der Betriebsärzte nach § 5 DGUV Vorschrift 2, die auch dem Betriebsrat zu übermitteln und im Arbeitsschutzausschuss zu erörtern sind.

20 Erlangt der Arbeitgeber in zulässiger Weise Kenntnis von negativen Ergebnissen der Wunschvorsorge gem. § 11 ArbSchG, so hat er die **erforderlichen Arbeitsschutzmaßnahmen gem. §§ 3 ff. ArbSchG** einzuleiten (§ 8 Abs. 1 ArbMedVV). Hierzu zählen insbesondere die Überprüfung der Wirksamkeit bereits getroffener Arbeitsschutzmaßnahmen sowie eine Überprüfung und Aktualisierung der Gefährdungsbeurteilung nach § 5 ArbSchG. Diese Maßnahmen haben grundsätzlich Vorrang vor individuellen arbeitsvertraglichen Maßnahmen wie einer Versetzung oder Kündigung.[89] Nur wenn die gesundheitlichen Bedenken nicht durch Arbeitsschutzmaßnahmen nach §§ 3 ff. ArbSchG ausgeräumt werden, hat der Arbeitgeber aufgrund der arbeitsvertraglichen Fürsorgepflicht den Beschäftigten nach Maßgabe der dienst- und arbeitsrechtlichen Regelungen auf einen anderen Arbeitsplatz zu versetzen (§ 8 Abs. 1 S. 2 ArbMedVV).[90] Die krankheitsbedingte Kündigung des Arbeitsverhältnisses kommt erst als letztes Mittel bei erheblichen gesundheitlichen Gefährdungen und betrieblichen Störungen in Betracht.[91] Der Betriebs- oder Personalrat und die zuständige Behörde sind über die getroffenen Maßnahmen gem. § 8 Abs. 2 ArbMedVV zu unterrichten.

21 **6. Kosten.** Kosten, die im Zusammenhang mit der Wunschvorsorge nach § 11 ArbSchG anfallen, trägt – wie bei allen sonstigen Maßnahmen des Arbeitsschutzes – gem. § 3 Abs. 3 ArbSchG der Arbeitgeber.

22 Gesetzlich nicht ausdrücklich geregelt ist die Frage, ob Beschäftigte für die Dauer der arbeitsmedizinischen Untersuchung Anspruch auf **Entgeltfortzahlung** haben. In § 3 Abs. 3 S. 1 ArbMedVV wird lediglich geregelt, dass arbeitsmedizinische Vorsorge während der Arbeitszeit stattfinden sollen. Wie die Gesetzesbegründung erläutert, werden durch diese Regelung die Anforderungen des ILO-Übereinkommens 161 (Übereinkommen über die Betriebsärztlichen Dienste, 1985) umgesetzt.[92] Art. 12 dieses Übereinkommens, das von der Bundesrepublik ratifiziert worden ist,[93] schreibt vor, dass die Überwachung der Gesundheit der Arbeitnehmer im Zusammenhang mit der Arbeit keinerlei Verdienstausfall zur Folge haben darf, unentgeltlich sein muss und nach Möglichkeit während der Arbeitszeit stattfinden soll. Findet die Wunschvorsorge während der Arbeitszeit statt, so folgt der Entgeltanspruch der Beschäftigten aus § 616 BGB;[94] er ist wegen § 3 Abs. 3 ArbSchG nicht abdingbar.[95] Findet die Wunschvorsorge – entgegen § 3 Abs. 3 S. 1 ArbMedVV – aus betrieblichen oder vom Arzt zu vertretenden Gründen außerhalb der Arbeitszeit statt, so hat der oder die Beschäftigte Anspruch auf

---

88 Kollmer/Klindt/Schucht/Leube ArbSchG § 11 Rn. 39. **89** Begründung BR-Drs. 643/08, 38; Pieper ArbSchG § 11 Rn. 3 b; so wohl auch Schmatz/Nöthlichs, Sicherheitstechnik (ST Lfg 7/05), Bd. II/1 4030, ArbSchG § 11 Anm. 7. **90** Begründung BR-Drs. 643/08, 38; Pieper ArbSchG § 11 Rn. 3 b; Kollmer/Klindt/Schucht/Leube ArbSchG § 11 Rn. 40. **91** Pieper ArbSchG § 11 Rn. 3 b; Kollmer/Klindt/Schucht/Leube ArbSchG § 11 Rn. 40; Schmatz/Nöthlichs, Sicherheitstechnik (ST Lfg 7/05), Bd. II/1 4030, ArbSchG § 11 Anm. 7; BFK Rn. 367 ff. **92** Begründung BR-Drs. 643/08, 34. **93** BGBl. II 1994, 1198. **94** Kollmer/Klindt/Schucht/Leube ArbSchG § 11 Rn. 45; Schmatz/Nöthlichs, Sicherheitstechnik (ST Lfg 7/05), Bd. II/1 4030, ArbSchG § 11 Anm. 8; LR/Wiebauer ArbSchG § 11 Rn. 22. **95** Münch/ArbR/Kohte § 296 Rn. 41; vgl. Pieper ArbSchG § 11 Rn. 12.

entsprechende Arbeitsbefreiung und Fortzahlung des Entgelts.[96] Der Anspruch folgt aus dem Arbeitsvertrag iVm § 3 Abs. 3 ArbSchG, § 3 Abs. 3 S. 1 ArbMedVV und Art. 12 ILO-Übereinkommen 161. Ohne eine entsprechende Arbeitsbefreiung und Entgeltfortzahlung würden die Kosten der Wunschvorsorge, zu der auch die Lohnkosten der Beschäftigten zählen, vom Arbeitgeber auf die Beschäftigten abgewälzt. Mögliche Fahrtkosten sind ebenfalls gem. § 670 BGB vom Arbeitgeber zu erstatten.[97]

7. Durchsetzung und betriebsverfassungsrechtliche Gestaltung. Weigert sich der Arbeitgeber, den Beschäftigten Wunschvorsorge gem. § 11 ArbSchG zu ermöglichen, so verletzt er eine öffentlich-rechtliche Pflicht. Die zuständige Arbeitsschutzbehörde kann in diesem Fall gem. § 22 Abs. 3 Nr. 1 ArbSchG durch eine **verwaltungsrechtliche Anordnung** den Arbeitgeber verpflichten, entsprechende Untersuchungen zu ermöglichen. Ein möglicher Rechtsstreit ist vor den Verwaltungsgerichten zu verhandeln.[98] Die Ermöglichung arbeitsmedizinischer Vorsorge nach § 11 ArbSchG ist zugleich eine vertragliche Pflicht des Arbeitgebers gegenüber den Beschäftigten (→ Rn. 9), so dass Beschäftigte ihren **arbeitsrechtlichen Erfüllungsanspruch** auch vor den Gerichten für Arbeitssachen verfolgen können.[99]

Neben der zuständigen Aufsichtsbehörde haben auch **Betriebs- bzw. Personalrat darüber zu wachen**, dass der Arbeitgeber seine Verpflichtung aus § 11 ArbSchG erfüllt (§§ 80 Abs. 1 Nr. 1, 89 Abs. 1 S. 1 BetrVG; §§ 68 Abs. 1 Nr. 2, 81 Abs. 1 BPersVG). Zudem besteht bezüglich der Modalitäten für die arbeitsmedizinische Vorsorge nach § 11 ArbSchG ein betriebliches Regelungsbedürfnis, so dass ein Mitbestimmungsrecht des Betriebsrats nach § 87 Abs. 1 Nr. 7 BetrVG bzw. des Personalrats nach § 75 Abs. 3 Nr. 11 BPersVG besteht.[100]

Art und Weise sowie Umfang der arbeitsmedizinischen Vorsorge gem. § 11 ArbSchG und der Zeitrahmen für wiederholte Vorsorge[101] bedürfen der Ausgestaltung. So können die Betriebsparteien zum Beispiel regeln, wie die Auswahl des Arztes und der Schutz des allgemeinen Persönlichkeitsrechts der Beschäftigten organisatorisch geregelt werden soll. Auch die Verzahnung mit der allgemeinen betrieblichen Primärprävention bedarf einer praktischen Ausgestaltung, die Gegenstand der Mitbestimmung sein kann. Gestützt auf § 87 Abs. 1 Nr. 7 BetrVG bzw. § 75 Abs. 3 Nr. 11 BPersVG iVm § 11 ArbSchG können keine Betriebsvereinbarungen bzgl. Einstellungs- und Eignungsuntersuchungen geschlossen werden (→ ArbMedVV Rn. 8, 25 f.).[102]

IV. Genetische Untersuchungen

Der Einsatz genetischer Untersuchungen im Arbeitsleben ist Gegenstand der §§ 19 ff. GenDG.[103] § 19 GenDG enthält ein an den Arbeitgeber gerichtetes Verbot, weder vor noch nach Beendigung des Beschäftigungsverhältnisses genetische Untersuchungen durchzuführen oder die Ergebnisse von bereits vorgenommenen genetischen Untersuchungen oder Analysen zu verwenden. Dieses Verbot ist insbesondere bei Einstellungsuntersuchungen zu beachten. Wie der Gesetzesbegründung zu entnehmen ist, sieht der Gesetzgeber genetische Untersuchungen grundsätzlich als keine sachgerechte Basis für

---

96 Kollmer/Klindt/Schucht/Leube ArbSchG § 11 Rn. 45; Münch/ArbR/Kohte § 296 Rn. 41; i.E. ebenso LR/Wiebauer ArbSchG § 11 Rn. 23; aA Schmatz/Nöthlichs, Sicherheitstechnik (ST Lfg 7/05), Bd. II/1 4030, ArbSchG § 11 Anm. 8. **97** Kollmer/Klindt/Schucht/Leube ArbSchG § 11 Rn. 46; Münch/ArbR/Kohte § 296 Rn. 41; Schmatz/Nöthlichs, Sicherheitstechnik (ST Lfg 7/05), Bd. II/1 4030, ArbSchG § 11 Anm. 8; LR/Wiebauer ArbSchG § 11 Rn. 21. **98** Münch/ArbR/Kohte § 296 Rn. 42; Kollmer/Klindt/Schucht/Leube ArbSchG § 11 Rn. 47; KJP/Janning (11. Lfg., 3/2010) ArbSchG § 11 Rn. 13. **99** Münch/ArbR/Kohte § 296 Rn. 44; Kollmer/Klindt/Schucht/Leube ArbSchG § 11 Rn. 48; vgl. BAG 12.8.2008 – 9 AZR 1117/06, NZA 2009, 102 = AP Nr. 29 zu § 618 BGB mAnm Kohte. **100** LAG Hamburg 21.9.2000 – 7 TaBV 3/98, NZA-RR 2001, 190–196; Münch/ArbR/Kohte § 296 Rn. 43; Pieper ArbSchG § 11 Rn. 6; Fitting BetrVG § 87 Rn. 300; Fabricius BB 1997, 1254 (1257); GK-BetrVG/Wiese/Gutzeit BetrVG § 87 Rn. 613. **101** Fabricius BB 1997, 1254 (1257). **102** HaKo-BetrVG/Kohte BetrVG § 87 Rn. 89; Beispiele aus der betrieblichen Praxis: Kiesche, S. 7 ff. **103** BGBl. I 2009, 2529 ff.

die Personalauswahl an.[104] Daher dürfen sie auch dann nicht durchgeführt werden, wenn die Bewerber in eine solche Untersuchung einwilligen.[105]

27 Genetische Untersuchungen im Rahmen **arbeitsmedizinischer Vorsorge** sind Gegenstand des § 20 GenDG. Diese Vorschrift normiert ein allgemeines Verbot mit Erlaubnisvorbehalt. Genetische Untersuchungen können heute durchaus zum Schutz der Beschäftigten vor arbeitsbedingten Erkrankungen beitragen. Gleichwohl hat der Gesetzgeber sich in § 20 Abs. 1 GenDG für das grundsätzliche Verbot dieser Untersuchungsmethoden entschieden, weil zu besorgen ist, dass genetische Untersuchungen im Rahmen der arbeitsmedizinischen Vorsorge zweckentfremdet und auch dazu genutzt werden könnten, gegen bestimmte Expositionen besonders unempfindliche Beschäftigte einzusetzen und zugleich auf ansonsten notwendige technische Maßnahmen zur Reduzierung bestehender Arbeitsplatzbelastungen zu verzichten.[106] Ausnahmen von dem grundsätzlichen Verbot sind nur unter den in § 20 Abs. 2, 3 GenDG speziell geregelten Ausnahmen zulässig und müssen den **Vorrang des objektiven Arbeitsschutzes** sowie der Freiwilligkeit beachten.[107]

§ 12 ArbSchG Unterweisung

(1) ¹Der Arbeitgeber hat die Beschäftigten über Sicherheit und Gesundheitsschutz bei der Arbeit während ihrer Arbeitszeit ausreichend und angemessen zu unterweisen. ²Die Unterweisung umfaßt Anweisungen und Erläuterungen, die eigens auf den Arbeitsplatz oder den Aufgabenbereich der Beschäftigten ausgerichtet sind. ³Die Unterweisung muß bei der Einstellung, bei Veränderungen im Aufgabenbereich, der Einführung neuer Arbeitsmittel oder einer neuen Technologie vor Aufnahme der Tätigkeit der Beschäftigten erfolgen. ⁴Die Unterweisung muß an die Gefährdungsentwicklung angepaßt sein und erforderlichenfalls regelmäßig wiederholt werden.

(2) ¹Bei einer Arbeitnehmerüberlassung trifft die Pflicht zur Unterweisung nach Absatz 1 den Entleiher. ²Er hat die Unterweisung unter Berücksichtigung der Qualifikation und der Erfahrung der Personen, die ihm zur Arbeitsleistung überlassen werden, vorzunehmen. ³Die sonstigen Arbeitsschutzpflichten des Verleihers bleiben unberührt.

Literatur: *Giesert/Eggendinger*, Verknüpfung der Unterweisung mit der Gefährdungsbeurteilung, AiB 2011, 611; *Kohte*, Mitbestimmung ermöglicht Beteiligung, in: Giesert (Hrsg.), Ohne Gesundheit ist alles nichts! Beteiligung von Beschäftigten an der betrieblichen Gesundheitsförderung, 2010, S. 30 (zitiert: Kohte in: Giesert); *Lützeler*, Betriebliche Mitbestimmung: Zum Verhältnis zwischen Gefährdungsunterweisung und -beurteilung nach dem ArbSchG, BB 2012, 2756; *Satzer*, Eine vorausschauende, ganzheitliche Gefährdungsbeurteilung, WSI-Mitteilungen 2010, 377.

Leitentscheidungen: BAG 8.6.2004 – 1 ABR 13/03, NZA 2004, 1175; BAG 11.1.2011 – 1 ABR 104/09, NZA 2011, 651; BAG 8.11.2011 – 1 ABR 42/10, DB 2012, 1213; BAG 30.9.2014 – 1 ABR 106/12, NZA 2015, 314; VG Regensburg 3.4.2014 – RO 5 S 14.494.

I. Normzweck, Rechtssystematik..	1	3. Zeitpunkt und Anlässe der Unterweisung................	10
II. Unionsrecht, Entstehung........	3	4. Unterweisung von Leiharbeitnehmern und Arbeitnehmern von Fremdfirmen......	14
III. Detailkommentierung	4		
1. Normadressaten.............	4		
2. Themen, Inhalte und Formen der Unterweisung	5	IV. Rechtsdurchsetzung	16

---

[104] Begründung: BR-Drs. 633/08, 75; vgl. Wiese BB 2009, 2198 (2202); Genenger AuR 2009, 285 (286). [105] Genenger AuR 2009, 285 (288); Fischinger NZA 2010, 65 (68); ErfK/Wank GenDG § 19 Rn. 4. [106] Begründung: BR-Drs. 633/08, 77. [107] Wiese BB 2009, 2198 (2205) und BB 2011, 313 (314).

Unterweisung § 12 ArbSchG 2

I. Normzweck, Rechtssystematik

Normzweck des § 12 ArbSchG ist die betriebliche Qualifizierung der Beschäftigten in Bezug auf den Arbeits- und Gesundheitsschutz an ihrem jeweiligen Arbeitsplatz. Der Arbeitgeber ist verpflichtet, die Beschäftigten zu befähigen, selbstständig Gefahren und Gefährdungen zu erkennen, entsprechende Arbeitsschutzmaßnahmen zu verstehen und dementsprechend zu handeln.[1] Entsprechend dem Leitbild und der Konzeption EG-Rahmenrichtlinie 89/391/EWG (→ Grundrecht Rn. 59 ff.; → Unionsrecht Rn. 20) ist § 12 ArbSchG als zentraler Grundsatz einer **aktivierenden und beteiligungsorientierten Arbeitsschutzorganisation** zu verstehen. Beschäftigte sollen nicht passive Objekte staatlicher bzw. arbeitgeberseitiger Anordnungen „von oben" sein, sondern handelnde Subjekte in der betrieblichen Arbeits- und Gesundheitsschutzorganisation.[2] Eine „angemessene und ausreichende" Unterweisung iSd § 12 ArbSchG legt die Grundlagen für Handlungskompetenz und Eigenverantwortlichkeit im betrieblichen Arbeits- und Gesundheitsschutz. Damit steht § 12 ArbSchG in engem inhaltlichen Zusammenhang mit §§ 7, 9 und 10 ArbSchG. Insbesondere werden die Beschäftigten durch die Unterweisung befähigt, den Anforderungen gem. §§ 15, 16 ArbSchG nachzukommen.[3] Weiter konkretisiert und erweitert § 12 ArbSchG die betriebsverfassungsrechtlich normierte Pflicht zur Unterrichtung gem. § 81 Abs. 1 S. 2 BetrVG für den öffentlich-rechtlichen Arbeitsschutz.[4] 1

In Rechtsverordnungen gem. §§ 18, 19 ArbSchG werden die Unterweisungspflichten des § 12 ArbSchG für **spezifische Gefährdungsbereiche** konkretisiert: 2

- Im Rahmen der Arbeitsstättenverordnung in § 6 ArbStättV (→ ArbstättV Rn. 111),
- bei der Benutzung von Arbeitsmitteln in § 9 Abs. 2 BetrSichV (→ BetrSichV Rn. 50),
- bei der Verwendung von Betriebsmitteln in § 12 BetrSichV (→ BetrSichV Rn. 51),
- im Rahmen der Benutzung von persönlichen Schutzausrüstungen in § 3 PSA-BV (→ PSA-BV Rn. 19),
- bei der manuellen Handhabung von Lasten in § 4 LasthandhabV (→ LasthandhabV Rn. 19),
- bei Tätigkeiten mit biologischen Arbeitsstoffen in § 12 BioStoffV (→ BioStoffV Rn. 33 ff.),
- bei Tätigkeiten mit Gefahrstoffen in § 14 GefStoffV (→ GefStoffV Rn. 53 ff.),
- bei der Exposition durch Lärm in § 11 LärmVibrationsArbSchV (→ LärmVibrationsArbSchV Rn. 51),
- in § 19 der Verordnung zum Schutz der Beschäftigten vor Gefährdungen durch elektromagnetische Felder (→ EMFV Rn. 26),
- in § 8 der Verordnung zum Schutz der Beschäftigten vor Gefährdungen durch künstliche optische Strahlungen (BGBl. 2010 I 960 ff.).[5]

Auch im Jugendarbeitsschutz gelten gem. § 29 JArbSchG spezifische Regelungen für die Unterweisung von Jugendlichen im Sinne des Gesetzes (→ Jugendarbeitsschutz Rn. 27 ff.).[6]

Neben § 12 ArbSchG und den og Verordnungen enthält auch § 4 Abs. 2 der DGUV-Vorschrift 1 „Grundsätze der Prävention" die Verpflichtung zur Unterweisung; dabei wird auf § 12 ArbSchG verwiesen. Diese Regelung wird in Punkt 2.3 durch die dazu gehörende DGUV-Regel 100-001 konkretisiert und erläutert; darauf kann auch zur Konkretisierung von § 12 ArbSchG zurückgegriffen werden. § 12 ArbSchG erweiternd beinhaltet § 4 Abs. 1 der DGUV-Vorschrift 1 eine Dokumentationspflicht und ist damit

---

1 BT-Drs. 13/3540, 27; Pieper ArbSchG § 12 Rn. 1; Lützeler BB 2012, 2756 (2757). **2** BFK Rn. 264; KJP/Koll ArbSchG § 12 Rn. 1. **3** Pieper ArbSchG § 12 Rn. 3 b; Kollmer/Klindt/Schucht ArbSchG § 15 Rn. 19. **4** Kollmer, Arbeitsschutzgesetz, Rn. 142; Kollmer/Klindt/Schucht/Steffek ArbSchG § 12 Rn. 3. **5** Vgl. BR-Drs. 262/10. **6** Zu spezifischen Regelungen bezüglich einer Unterweisung der Beschäftigten in sonstigen Gesetzen s. Pieper ArbSchG § 12 Rn. 10 ff.; KJP/Koll ArbSchG § 12 Rn. 26 ff.

für Arbeitgeber verbindlich.[7] Für Unterweisungen zum Thema „Erste Hilfe" enthält die Information „Erste Hilfe im Betrieb" BGI GUV-1 509 konkrete Anhaltspunkte.

II. Unionsrecht, Entstehung

3 Bereits vor Verabschiedung des Arbeitsschutzgesetzes galt eine allgemeine Pflicht zur Unterweisung (§ 7 Abs. 2 VBG 1). Mit der Umsetzung der Regelungsinhalte des Art. 12 Abs. 1, 4 EG-Rahmenrichtlinie 89/391/EWG durch § 12 ArbSchG ist eine einheitliche **gesetzliche Grundlage** geschaffen worden. § 12 Abs. 2 ArbSchG setzt Art. 4 iVm Art. 3 Nr. 1 der Leiharbeitnehmer-Richtlinie 91/383/EWG um.[8] Darin wird der Entleiher zur Unterweisung der in seinem Betrieb tätigen Leiharbeitnehmer verpflichtet (→ Rn. 14 f.).

III. Detailkommentierung

4 **1. Normadressaten.** Normadressaten sind der **Arbeitgeber** und die nach § 13 ArbSchG verantwortlichen Personen, gem. § 12 Abs. 2 ArbSchG auch bezüglich der im Betrieb eingesetzten Leiharbeitnehmer (→ Rn. 13). Die Normadressaten müssen die Unterweisung nicht persönlich durchführen. „Unterweisung" ist eine typische Führungsaufgabe, die aus praktischen Erwägungen von den **unmittelbaren Vorgesetzten** wahrzunehmen ist. Denn diese kennen den Alltag an den entsprechenden Arbeitsplätzen mit typischen Gefahren- und Gefährdungspotentialen und können diese praxisnah und nachvollziehbar vor Ort erläutern. Sie können weiter die konkret notwendigen (Gegen-)Maßnahmen des betrieblichen Arbeits- und Gesundheitsschutzes erklären bzw. zeigen und ggf. praktisch vormachen.[9] Unterlassen die zuständigen Vorgesetzten, zB Meister, die Unterweisung, verletzen sie ihre arbeitsvertraglichen Pflichten und können abgemahnt werden.[10] Es ist daher auch erforderlich, dass die Vorgesetzten für diese Aufgabe qualifiziert werden.[11] Beschäftigte des § 12 ArbSchG sind die Beschäftigten iSd § 2 Abs. 2 ArbSchG. Auch Beschäftigte in atypischen Beschäftigungsverhältnissen, wie befristet Beschäftigte, geringfügig Beschäftigte und Praktikanten sind zu unterweisen (→ ArbSchG § 2 Rn. 15).[12]

5 **2. Themen, Inhalte und Formen der Unterweisung.** Im ersten Schritt sind die Beschäftigten über die am konkreten Arbeitsplatz auftretenden Gefährdungen und Gefahren zu unterweisen. Bei spezifischen Gefahren in besonders betroffenen gefährlichen Arbeitsbereichen ist die Unterweisung entsprechend zu ergänzen. Im zweiten Schritt sind die Beschäftigten über die einschlägigen Bestimmungen, zB Betriebsanweisungen gem. § 14 GefStoffV, sowie technische und organisatorische Schutzmaßnahmen zu unterweisen.[13] Eine „angemessene und ausreichende" Unterweisung iSv „gründlich und umfassend" setzt als Vorbereitung voraus, dass eine **Gefährdungsbeurteilung** entsprechend den Standards des § 5 ArbSchG durchgeführt ist. Die Ergebnisse der Gefährdungsbeurteilung bezogen auf den konkreten Arbeitsplatz bzw. Aufgabenbereich prägen die Inhalte und Themen der Unterweisung des betroffenen Arbeitnehmers. Nur auf dieser Grundlage und mit diesem Wissen kann die unterweisende Person bezüglich der tatsächlichen Gefährdungen und der getroffenen Gegenmaßnahmen vollständig und qualifiziert unterweisen.[14] Denn die Unterweisung darf sich nicht auf allgemeine Fragen des Arbeits- und Gesundheitsschutzes beschränken. Die Unterweisung muss individuell auf den bzw. die Beschäftigten und den konkreten Arbeitsplatz mit seinen Arbeitsaufgaben und -bedingungen zugeschnitten sein. Denknotwendig hat daher eine **Gefähr-**

---

[7] Wiebauer NZA 2017, 220 (222); auch der erste Entwurf zu § 6 Abs. 5 ArbStättV sah eine Dokumentationspflicht vor, BR-Drs. 509/14, 9. Ein Muster findet sich in der DGUV-Regel 100-001, S. 27. [8] Richtlinie des Rates 91/383/EWG vom 25.6.1991 zu Ergänzung der Maßnahmen zur Verbesserung der Sicherheit und des Gesundheitsschutzes von Arbeitnehmern mit befristetem Arbeitsverhältnis oder Leiharbeitsverhältnis, ABl. EG L 206, 19. [9] KJP/Koll ArbSchG § 12 Rn. 35; Kohte in: Giesert, S. 30, 39. [10] Vgl. LAG Hamm 11.9.1997 – 12 Sa 964/97. [11] Giesert/Eggendinger AiB 2011, 611 (613). [12] HaKo-ArbSchG/Aufhauser ArbSchG § 12 Rn. 2. [13] KJP/Koll ArbSchG § 12 Rn. 6. [14] Pieper ArbSchG § 12 Rn. 3; Kollmer, Arbeitsschutzgesetz, Rn. 143; LR/Wiebauer ArbSchG § 12 Rn. 10.

dungsbeurteilung vor Unterweisung zu erfolgen, damit die Unterweisung den Anforderungen des Arbeitsschutzgesetzes entsprechen kann.[15] Diese nun vom Bundesarbeitsgericht bestätigte, zeitliche und sachliche Verknüpfung von Gefährdungsbeurteilung und Unterweisung darf in der betrieblichen Praxis angesichts der erheblichen Defizite bei der Realisierung von Gefährdungsbeurteilungen (→ ArbStättV Rn. 160 ff.) nicht zu weiteren „Leerstellen" in Bezug auf die Unterweisungen führen. Liegt eine Gefährdungsbeurteilung nicht vor, kommt es auf das Erfahrungswissen der unterweisenden Personen an. Sie haben dann – unterstützt durch den Betriebsrat und andere, wie Betriebsarzt und Sicherheitsfachkraft – beteiligungsorientierte Unterweisungen durchzuführen.[16] Diese „praktische Lösung" ersetzt indes nicht die nach dem Arbeitsschutzgesetz notwendige systematische Vorbereitung durch eine Gefährdungsbeurteilung gem. § 5 ArbSchG.

Mit der Unterweisung sollen die Beschäftigten befähigt werden, selbstständig Gefahren bzw. Gefährdungen zu erkennen und dementsprechende Schutzmaßnahmen eigenständig umzusetzen. Die Unterweisung muss deshalb mehr beinhalten als eine formale, schematische Wiedergabe von Rechts- und Unfallverhütungsvorschriften. Sie dient dazu, Hintergrund und Bedeutung der Sicherheits- und Gesundheitsschutzregeln des konkreten Arbeitsplatzes zu erläutern. Die Beschäftigten sollen für entsprechende Gefährdungen sensibilisiert werden, so dass ihnen gesundheitliche Risiken und insbesondere Unfallgefahren bewusst sind. Die Unterweisung muss deshalb **dialog- und beteiligungsorientiert** erfolgen.[17] Es genügt nicht, nur allgemeine schriftliche Hinweise auszuteilen; sie sind eine Ergänzung zu mündlich gegebenen Erläuterungen bezogen auf die konkrete Arbeitssituation, die stets mit den Arbeitnehmern zu kommunizieren sind.[18] Die in § 12 ArbSchG verwendeten Begriffe „Anweisungen und Erläuterungen" sind deshalb nur als Beispiele für mögliche Formen einer Unterweisung zu verstehen.[19] In der englischen Version des Art. 12 EG-Rahmenrichtlinie 89/391/EWG heißt es zutreffender: „The employer shall ensure that each worker receives adequate **safety and health training**, in particular in the form of information specific to his workstation or job: ...". Damit wird deutlich, dass Unterweisung durch vielfältige, didaktische Lehr- und Lernmethoden, die Kommunikation und praktische Übungen mit den Beschäftigten integrieren, erfolgen soll.[20] 6

Methoden einer **dialog- und beteiligungsorientierten Unterweisung** können ua sein: 7
- Erklären der Rechts- und Unfallverhütungsvorschriften,
- Aushändigung und Erklärung von Merkblättern, Betriebsanweisungen für die Arbeitsmittel sowie Beantworten von Rückfragen,
- Einsatz von Filmen und E-Learning,
- Vorstellen der Gefährdungsbeurteilung und der daraus abgeleiteten Maßnahmen,
- Demonstrieren des „sicheren" Arbeitens an gefährlichen Maschinen,
- Einweisung in die Handhabung persönlicher Schutzausrüstungen und praktische Übung,
- Erklären und Vorführen von Warnsignalen,
- Benennen und persönliche Vorstellung der Beschäftigten für Aufgaben der Ersten Hilfe, Brandbekämpfung und Evakuierung gem. § 10 Abs. 2 ArbSchG,
- Informationen über und Zeigen von Schutzeinrichtungen, wie Notschalter, Notausgängen und Feuerlöschern,
- Bekanntmachen und Erläutern von Alarm- und Notfallplänen sowie Einüben des Verhaltens in Notfällen, insbesondere im Brandfall.

Der Arbeitgeber hat sich zu vergewissern, dass die Beschäftigten die Unterweisung verstanden haben und die Maßnahmen umsetzen können. Diese Überprüfung der Hand-

---

15 BAG 11.1.2011 – 1 ABR 104/09, NZA 2011, 651 mAnm Kohte, jurisPR-ArbR 48/2011 Anm. 4; BAG 8.11.2011 – 1 ABR 42/10, DB 2012, 1213; Lützeler BB 2012, 2756 (2757). **16** Dazu Giesert/Eggendinger AiB 2011, 611 (614). **17** Giesert/Eggendinger AiB 2011, 611 (613). **18** Pieper ArbSchG § 12 Rn. 3; Kohte in: Giesert, S. 30, 37. **19** KJP/Koll ArbSchG § 12 Rn. 10. **20** Münch/ArbR/Kohte § 292 Rn. 32; Pieper ArbSchG § 12 Rn. 3; Kohte in: Giesert, S. 30, 34, 36.

lungskompetenz hat durch **Feedback-Gespräche** mit den Beschäftigten bzw. durch das **Beobachten und ggf. Korrigieren praktischer Übungen** zu erfolgen.[21] Die praktische Wirksamkeit der Unterweisung kann nur in einem kommunikativen Prozess mit den Arbeitnehmern gesichert und beurteilt werden. Eine fundierte und praxisnahe Unterweisung weckt das Verständnis für Gefahren und Gefährdungen am eigenen Arbeitsplatz und verdeutlicht, wie wichtig die aktive Rolle der Beschäftigten für die Sicherung des Arbeits- und Gesundheitsschutzes ist.

8 Augenmerk ist bei der Erstanstellung auf die **Gruppe der jungen Auszubildenden und Berufsanfänger** zu legen. Ihnen fehlt es an Reife und betrieblicher Erfahrung; das Risikobewusstsein ist altersbedingt gering. Deshalb bedürfen sie besonders intensiver Unterweisung. Dies gilt auch für ausgebildete Facharbeiter und Personen mit Hochschulabschluss, insbesondere, wenn sie als Berufsanfänger in besonders gefährlichen Arbeitsbereichen eingesetzt sind.[22] Die Vermittlung von Wissen und Fertigkeiten in Bezug auf Arbeits- und Gesundheitsschutz muss in Ausbildung, Einarbeitung und Fortbildung jüngerer Arbeitnehmer integriert werden. Ausbilder, Betreuer und Mentoren müssen diesbezüglich fachlich qualifiziert sein. Weiter müssen sie Lehr- und Lernmethoden anwenden, die Jugendliche und junge Erwachsene ansprechen und für den Arbeits- und Gesundheitsschutz von Beginn an sensibilisieren und motivieren.[23] Die Lernmethoden müssen beteiligungsorientiert und praxisnah sein, insbesondere bei der außerbetrieblichen Ausbildung. So können betriebliche Probleme des Arbeits- und Gesundheitsschutzes in der Ausbildung vorgestellt und nach praktischen und durchführbaren Lösungen gesucht werden. Weiter können die Möglichkeiten des Internets und des E-Learnings genutzt werden. Auch können zB Videos oder virtuelle Animationen verwendet werden, um typische Gefährdungen oder Hochrisikosituationen zu simulieren.[24]

9 Weiter hat die Unterweisung in einer Form zu erfolgen, die den nicht muttersprachlichen Arbeitnehmern das Verständnis ermöglicht. Wenn die mündliche Unterweisung zB viele Fachbegriffe beinhaltet, kann eine **Übersetzung** sachgerecht sein; außerdem sind Merkblätter in den betreffenden Fremdsprachen vorzuhalten. Für die Unterrichtung gem. § 81 Abs. 1 BetrVG ist dies anerkannt;[25] für die weitergehende Unterweisung gem. § 12 ArbSchG kann nichts anderes gelten.[26] Nach § 12 Abs. 1 BetrSichV und § 6 Abs. 1 ArbStättV wird nun ausdrücklich eine Unterweisung in einer für die Beschäftigten verständlichen Form und Sprache verlangt. Werden Unterweisungen in Schriftform bzw. in Form einer E-Mail wiederholt, ist ebenfalls sicherzustellen, dass die Beschäftigten diese wirklich verstehen. Denn 14 % der Menschen im Erwerbstätigenalter gelten als funktionale Analphabeten und können nicht oder nur schwer in der Lage sind, zusammenhängende Texte zu verstehen. Viele sind als Hilfskräfte in körperlich anstrengenden Berufen tätig, etwa im Bau- oder Reinigungsgewerbe, finden sich aber auch unter Auszubildenden. Hier müssen individuelle Lernangebote im Kontext des betrieblichen Alltags organisiert werden.[27]

10 **3. Zeitpunkt und Anlässe der Unterweisung.** § 12 sieht vor, dass die Unterweisung **während der Arbeitszeit** erfolgt. Damit übernimmt der Gesetzgeber wörtlich die Vorgabe aus Art. 12 Abs. 4 EG-Rahmenrichtlinie 89/391/EWG. Zudem regelt die Richtlinie, dass die Unterweisung nicht zulasten des Arbeitnehmers gehen darf. Entsprechend der weiteren Vorgabe des Art. 6 Abs. 5 der Richtlinie, umgesetzt durch § 3 Abs. 3 ArbSchG (→ ArbSchG § 3 Rn. 100 ff.), muss der Arbeitgeber die Kosten der Unterweisung tra-

---

21 Kollmer/Klindt/Schucht/Steffek ArbSchG § 12 Rn. 23; Pieper ArbSchG § 12 Rn. 3. **22** VG Regensburg 3.4.2014 – RO 5 S 14.494 mAnm Kohte/Jarosch, jurisPR-ArbR 37/2014 Anm. 4. **23** Kohte in: Giesert, S. 30, 39. **24** Best Practice Beispiele vorgestellt von der Europäischen Agentur für Gesundheit und Sicherheit: Preventing risks to young workers: policy, programmes und workplace pratices: www.osha.europa.eu/en/publications/reports/TE3008760ENC; Zusammenfassung unter www.osha.europa.eu/de/publications/factsheets/de_83.pdf. **25** LAG Rheinland-Pfalz 24.1.2006 – 5 Sa 817/05, AuA 2006, 562; HaKo-BetrVG/Lakies BetrVG § 81 Rn. 7; Fitting BetrVG § 81 Rn. 7. **26** LR/Wiebauer ArbSchG § 12 Rn. 26. **27** Saeed/Kühnert/Gerhardt, Grundbildung in Eisenbahnverkehrsunternehmen, Working Paper Forschungsförderung, Nr. 041/2017 (Hans Böckler Stiftung).

gen. Daraus folgt, dass den Beschäftigten arbeitsrechtlich kein Nachteil entstehen darf, wenn ein Teil der Arbeitszeit für Unterweisungen genutzt wird. Die Arbeitnehmer behalten den Anspruch auf volle Bezahlung; die Arbeitszeit muss nicht nachgeholt werden.[28]

Anlässe der Unterweisung sind gem. § 12 Abs. 1 S. 3 ArbSchG: 11
- die Einstellung,
- Veränderungen im Aufgabenbereich,
- die Einführung neuer Arbeitsmittel bzw. einer neuen Technologie.

Der Gesetzestext ist eindeutig: Die Unterweisung muss jeweils **vor Beginn der Arbeitsaufnahme** erfolgen. Bei Einstellungen wird es sich regelmäßig um eine Einzelunterweisung handeln. Der Normzweck verbietet eine Unterweisung „im Laufe der Zeit"; denn bei Beginn der Arbeitsaufnahme, insbesondere bei Ersteinstellungen, ist das Risiko besonders hoch.[29] Es gilt der weite Beschäftigtenbegriff des § Abs. 2 ArbSchG; damit sind auch Beschäftigte zur Aushilfe bzw. Probe, Auszubildende und Praktikanten vor Aufnahme der Tätigkeit zu unterweisen (→ ArbSchG § 2 Rn. 13 ff.) Veränderungen im Aufgabenbereich lösen dann die Notwendigkeit einer erneuten Unterweisung aus, wenn sie Auswirkungen auf Sicherheit und Gesundheitsschutz haben. Dies wird zB bei personellen Änderungen, wie Zugang oder Abgang von Kollegen, nicht der Fall sein; anders kann die Situation sein, wenn neue Arbeitsaufgaben hinzukommen oder eine räumliche Veränderung ansteht.

Zusätzlich zu den o.a. Ereignissen ist eine – erneute – **Unterweisung zur Anpassung an** 12 **die Gefährdungsbeurteilung** notwendig. Der Arbeitgeber hat die aus der Gefährdungsbeurteilung abgeleiteten Maßnahmen regelmäßig in Bezug auf ihre Wirksamkeit zu überprüfen, ggf. anzupassen und zu optimieren (→ ArbSchG § 3 Rn. 29 ff.,→ ArbSchG § 5 Rn. 74 ff.). Konkrete Anhaltspunkte für eine veränderte Gefährdungslage können sich zudem zB aus Arbeitsunfällen bzw. Beinahe-Unfällen, einer Zunahme arbeitsbedingter Erkrankungen oder Anfragen der Arbeitnehmer ergeben. Bewertet der Arbeitgeber die Gefährdungslage neu und passt die Maßnahmen entsprechend an, sind die Arbeitnehmer in Bezug auf beide Punkte erneut zu unterweisen.[30]

Weiterhin muss die Unterweisung „**erforderlichenfalls regelmäßig wiederholt**" werden. 13 § 12 Abs. 1 S. 4 ArbSchG enthält keine weitere Festlegung. Nach § 12 Abs. 2 BetrSichV und § 6 Abs. 4 S. 2 ArbStättV ist die Unterweisung mindestens einmal jährlich zu wiederholen; dies bestimmt auch § 4 Abs. 1 der DGUV Vorschrift 1. § 29 Abs. 2 JArbSchG verlangt eine mindestens halbjährliche Wiederholung. Damit ist für wichtige Bereiche eine Konkretion erfolgt. Der Begriff „regelmäßig" wird ansonsten durch den Grundsatz der Erforderlichkeit bestimmt, dh der Arbeitgeber hat insoweit einen Ermessensspielraum, der durch betriebliche Vereinbarungen zu konkretisieren ist (→ Rn. 15). Die Unterweisung zur Anpassung an geänderte Gefährdungslagen und die regelmäßige Wiederholungsunterweisung bieten sich für eine verstärkte Beteiligung der Arbeitnehmer und Sicherheitsfachkräfte, Sicherheitsbeauftragten und Betriebsärzte an. Zum einen kann ihr Handlungs- und Erfahrungswissen in die Aktualisierung der Gefährdungsbeurteilung einfließen, indem sie Berichte über Ereignisse bzw. Daten aus den vergangenen Monaten beitragen. Weiter können bis dato wenig berücksichtigte, aber beobachtete Risiken, wie zB psychische Belastungen und ihre Folgen aufgenommen werden. Außerdem müssen die bis dahin getroffenen Maßnahmen einer Wirksamkeitsüberprüfung durch alle genannten Beteiligten unterzogen werden.[31]

4. Unterweisung von Leiharbeitnehmern und Arbeitnehmern von Fremdfirmen. § 12 14 Abs. 2 ArbSchG stellt klar, dass eine allgemeine Unterweisung durch den Verleiher nicht ausreicht. Im Rahmen einer Arbeitnehmerüberlassung iSd AÜG ist der **Entleiher verpflichtet**, die entliehenen Arbeitnehmer vor Ort in seinem Betrieb zu unterweisen (§ 12 Abs. 2 ArbSchG). Durch den ausdrücklichen Verweis auf Abs. 1 gelten die be-

---

[28] KJP/Koll ArbSchG § 12 Rn. 7, 8. [29] Kohte in: Giesert, S. 30, 36; KJP/Koll ArbSchG § 12 Rn. 15. [30] Pieper ArbSchG § 12 Rn. 5; Lützeler BB 2012, 2756 (2759). [31] Kohte in: Giesert, S. 30, 40.

schriebenen Vorgaben in gleicher Weise für den Entleiher. Im Übrigen bleiben die allgemeinen Arbeitsschutzpflichten des Verleihers unberührt. § 12 Abs. 2 ArbSchG korrespondiert mit § 11 Abs. 6 S. 2, 3 AÜG. Die Bedeutung der Unterweisung für Leiharbeitnehmer hat zugenommen. Zum einen ist die Zahl der Leiharbeitnehmer in den letzten zehn Jahren mehr als verdreifacht; sie liegt aktuell bei gut 1 Mio. Die Branche ist durch eine große Dynamik in Bezug auf die Beendigung und den Abschluss neuer Arbeitsverträge gekennzeichnet. Fast jeder zweite Leiharbeitnehmer arbeitet in Tätigkeiten, die mit einem niedrigen Anforderungsniveau gekennzeichnet sind, dh Helfertätigkeiten sind verbreitet. Die Arbeitsentgelte sind, auch für Facharbeiter, unterdurchschnittlich verglichen mit fest angestellten Arbeitnehmern.[32] Die Kumulation von Faktoren, wie unsichere Beschäftigungsverhältnisse, ständig wechselnde Arbeitsorte und -bedingungen und extreme Arbeitsbelastung mit niedrigen Löhnen führt zu Unterschieden im Schutzniveau. Das Unfallrisiko ist bei der Leiharbeit doppelt so hoch wie in der Gesamtwirtschaft. Neben steigenden Unfallraten sind hohe psychische Fehlbelastungen zu beobachten. Es zeigen sich signifikant höhere Krankenstände. Die kurzen Einsatzzeiten erschweren zudem Arbeitsschutzroutinen wie – wiederholte – Unterweisungen; auch die Betreuung durch Sicherheitsfachkräfte und Betriebsärzte ist lückenhaft.[33]

15 Bei der Unterweisung hat der Entleiher die Qualifikation und Erfahrung der überlassenen Arbeitnehmer zu berücksichtigen. Er muss sich vergewissern, **ob und welche Kenntnisse der Leiharbeitnehmer in Bezug auf die typischen Gefahren des Arbeitsplatzes** und die allgemein geltenden Bestimmungen und Maßnahmen bereits hat. Es ist zu klären, in welchen Fachkenntnissen und praktischen Fertigkeiten bezüglich des konkreten Arbeits- und Aufgabenbereichs im Entleihbetrieb zusätzlich bzw. vertieft zu unterweisen ist. Denn nur der Entleiher ist mit den betriebsspezifischen Bedingungen und Gefährdungen des konkreten Arbeitsplatzes vertraut. Dabei sind die fehlende Berufserfahrung bzw. die fehlenden Arbeitsroutinen von Berufsanfängern, insbesondere in gefährlichen Arbeitsbereichen, zu berücksichtigen.[34] Der Normzweck des § 12 ArbSchG, die Förderung der eigenständigen Gefahrwahrnehmung und Handlungskompetenz, gilt auch für Leiharbeitnehmer und ist durch den Entleiher sicherzustellen. Insofern besteht ein enger Bezug zu dem Schutzgedanken des § 7 ArbSchG. Nach dem Normzweck gilt § 12 Abs. 2 ArbSchG außerhalb des AÜG, wenn Arbeitnehmer von ihrem Arbeitgeber, der nicht Verleiher iSd AÜG ist, einem anderen Arbeitgeber zur Verfügung gestellt werden. Voraussetzung ist, dass dieser Arbeitgeber das arbeitsvertragliche Weisungsrecht in Bezug auf Inhalt und Durchführung der Arbeit ausübt. Auch diese Arbeitnehmer sind vom Arbeitgeber des Betriebs, in dem sie tatsächlich arbeiten, zu unterweisen.[35]

IV. Rechtsdurchsetzung

16 Für § 81 BetrVG ist in der Kommentarliteratur anerkannt, dass der Arbeitnehmer einen **individualrechtlichen Anspruch** auf Unterrichtung und Belehrung hat. Er kann auf Erfüllung, dh auf Vornahme einer ordnungsgemäßen Unterrichtung klagen. Bis dahin kann er seine Arbeitsleistung ohne Verlust des Lohnanspruchs zurückhalten.[36] Für § 12 ArbSchG, der § 81 Abs. 1 BetrVG konkretisiert und erweitert, kann nichts anderes gelten.[37] Die aktuelle Rechtsprechung des Bundesarbeitsgerichts zur denknotwendigen Vorschaltung einer Gefährdungsbeurteilung vor Unterweisung (→ Rn. 5) könnte angesichts der vielen fehlenden Gefährdungsbeurteilungen in den Betrieben (→ ArbStättV Rn. 160 ff.) zu einer Zunahme individualrechtlicher Ansprüche und Zurückbehaltungsrechte führen. Dieses Zurückbehaltungsrecht des Arbeitnehmers wird indes in der betrieblichen Praxis kaum Realität werden, da es in schwer aushaltbare, weil

---

[32] Bundesagentur für Arbeit, Berichte: Blickpunkt Arbeitsmarkt – Aktuelle Entwicklungen der Zeitarbeit 2017. [33] Satzer WSI-Mitteilungen 2010, 377; Langhoff/Schubert/Krietsch WSI-Mitteilungen 2012, 464; Becker/Engel WSI-Mitteilungen 2015, 178. [34] VG Regensburg 3.4.2014 – RO 5 S 14.494 mAnm Kohte/Jarosch, jurisPR-ArbR 37/2014 Anm. 4. [35] Münch/ArbR/Kohte Bd. 2 § 292 Rn. 30; Pieper ArbSchG § 12 Rn. 18 a; HaKo-ArbSchG/Aufhauser ArbSchG § 12 Rn. 7. [36] Fitting BetrVG § 81 Rn. 28; HaKo-BetrVG/Lakies BetrVG § 81 Rn. 22; GK-BetrVG/Wiese/Franzen BetrVG Vor § 81 Rn. 35. [37] LR/Wiebauer ArbSchG § 12 Rn. 36; Fitting BetrVG § 81 Rn. 28.

ungewisse, Rechtsstreitigkeiten in einem laufenden Arbeitsverhältnis münden kann. In der arbeitsgerichtlichen Praxis stellen sich Streitigkeiten um die Durchsetzung von Unterweisungen – soweit ersichtlich – ausschließlich auf der kollektivrechtlichen Ebene.

Im Kollektivrecht kann der Betriebsrat die **Zustimmung nach § 99 BetrVG** zu einer Versetzung oder Einstellung sowie der Beschäftigung von Leiharbeitnehmern im Betrieb verweigern, wenn der Arbeitgeber seinen Pflichten gem. § 12 ArbSchG nicht nachkommt.[38] Für die betriebliche Praxis ist jedoch die **Anerkennung des Mitbestimmungsrechts** gem. § 87 Abs. 1 Nr. 7 BetrVG am wichtigsten (→ BetrVG § 87 Rn. 43 ff.). § 12 ArbSchG enthält bestimmte Handlungspflichten des Arbeitgebers, für deren Umsetzung Handlungsspielräume bestehen. Insbesondere Form, Umfang, konkrete Inhalte und Zeiträume der Unterweisung müssen festgelegt werden; dabei hat der Betriebsrat mitzubestimmen.[39] Zuständig ist der örtliche Betriebsrat, nicht der Gesamtbetriebsrat.[40] Das Mitbestimmungsrecht bleibt bestehen, wenn der Arbeitgeber iSd § 13 Abs. 2 ArbSchG mit der Durchführung der Unterweisung beauftragt. Es ist dann durch eine entsprechende Vertragsgestaltung zu gewährleisten, dass das Mitbestimmungsrecht ordnungsgemäß wahrgenommen werden kann.[41] Das Mitbestimmungsrecht droht indes in den Betrieben ins Leere zu laufen, in denen mangels Gefährdungsbeurteilung die Grundlage für die Unterweisung fehlt. In dieser Situation kann der Betriebsrat auch nicht Regelungen zur Unterweisung im Wege einer Einigungsstelle durchsetzen. Nach Ansicht des Bundesarbeitsgerichts kann der Komplex „Unterweisung" wegen des untrennbaren Zusammenhangs zu einer vorher zu erarbeitenden Gefährdungsbeurteilung nicht isoliert in einer Einigungsstelle einer Lösung zugeführt werden.[42]

Die Durchführung einer Gefährdungsbeurteilung ist vor allem in großen Betrieben ein arbeitszeitaufwändiger und komplexer Prozess, wenn Gefährdungen, vor allem auch psychische Gefährdungen, vollständig und wirklichkeitsnah erfasst werden sollen. Der Beschluss des Bundesarbeitsgerichts darf nicht zur Konsequenz haben, dass die Arbeitnehmer in dieser Zeit ohne Unterweisungen arbeiten bzw. Betriebsräte an etwa „auf Erfahrungswissen" basierenden Unterweisungen (→ Rn. 5) nicht beteiligt werden. **Bis zur Erstellung einer Gefährdungsbeurteilung** sind daher praktikable Lösungen[43] hinsichtlich der Durchführung von Unterweisungen zu finden, an denen die Betriebsräte notwendig zu beteiligen sind. Außerdem sollten sie – mit Blick auf die vom Bundesarbeitsgericht angemahnte sachliche Verknüpfung – versuchen, über die fehlenden kollektivrechtlichen Regelungen zu Unterweisungen die Durchführung der Gefährdungsbeurteilungen voranzubringen.

Es bietet sich an, ua folgende Punkte in einer **Betriebsvereinbarung zu § 12 ArbSchG** zu regeln:[44]

- Anwendung didaktisch erprobter Lehr- und Lernmethoden, differenziert nach unterschiedlichen Arbeitsplätzen und Gruppen von Arbeitnehmern,
- Vorgaben für die Unterweisung von nicht muttersprachlichen Arbeitnehmern,
- regelmäßige Schulungen der unterweisenden Personen,
- Regelung der Zuständigkeiten für Erst- und Wiederholungsunterweisungen,
- Festlegung inhaltlicher Schwerpunkte für Unterweisungen an bestimmten Arbeitsplätzen und ggü. bestimmten Arbeitnehmergruppen,
- Konkretion des Zeitpunkts der Unterweisung bei Einstellungen und Beschäftigung von Leih- und Fremdarbeitnehmern (vor Aufnahme der Tätigkeit),

---

38 Kohte in: Giesert S. 30, 39. **39** BAG 8.6.2004 – 1 ABR 13/03, NZA 2004, 1175; BAG 30.9.2014 – 1 ABR 106/12, NZA 2015, 314; Fitting BetrVG § 87 Rn. 300; HaKo-BetrVG/Kohte BetrVG § 87 Rn. 82; Kollmer/Klindt/Schucht/Hecht Syst B Rn. 52. **40** LAG Berlin-Brandenburg 29.4.2008 – 12 TaBV 134/08; BAG 11.1.2011 – 1 ABR 104/09, NZA 2011, 651; BAG 8.11.2011 – 1 ABR 42/10, DB 2012, 1213. **41** BAG 30.9.2014 – 1 ABR 106/12, NZA 2015, 314. **42** BAG 11.1.2011 – 1 ABR 104/09, NZA 2011, 651; BAG 8.11.2011 – 1 ABR 42/10, DB 2012, 1213. **43** Anschaulich dazu Giesert/Eggendinger AiB 2011, 611 (614). **44** Kohte in: Giesert, S. 30, 36; Lützeler BB 2012, 2756 (2757).

- Konkretion der Zeiträume für Wiederholungsunterweisungen,
- Festlegung der betrieblichen Akteure, die an Wiederholungsunterweisungen zu beteiligen sind,
- Regelungen bezüglich der Unterrichtung der Arbeitnehmer über die Ergebnisse der Gefährdungsbeurteilung,
- konkrete Festlegungen über die Zuständigkeiten, Verfahren und Inhalte der Unterweisungen der Leih- und Fremdarbeitnehmer.

§ 13 ArbSchG Verantwortliche Personen

(1) Verantwortlich für die Erfüllung der sich aus diesem Abschnitt ergebenden Pflichten sind neben dem Arbeitgeber
1. sein gesetzlicher Vertreter,
2. das vertretungsberechtigte Organ einer juristischen Person,
3. der vertretungsberechtigte Gesellschafter einer Personenhandelsgesellschaft,
4. Personen, die mit der Leitung eines Unternehmens oder eines Betriebes beauftragt sind, im Rahmen der ihnen übertragenen Aufgaben und Befugnisse,
5. sonstige nach Absatz 2 oder nach einer aufgrund dieses Gesetzes erlassenen Rechtsverordnung oder nach einer Unfallverhütungsvorschrift verpflichtete Personen im Rahmen ihrer Aufgaben und Befugnisse.

(2) Der Arbeitgeber kann zuverlässige und fachkundige Personen schriftlich damit beauftragen, ihm obliegende Aufgaben nach diesem Gesetz in eigener Verantwortung wahrzunehmen.

Literatur: *Benz*, Die Haftung des betrieblichen Vorgesetzten im Bereich der Arbeitssicherheit, BB 1988, 2237; *Boldt/Weller*, Kommentar zum BBergG, 2005; *Bremer*, Arbeitsschutz im Baubereich, 2007; *Däubler*, Delegation von Verantwortung im Arbeitsschutzrecht, in: Festschrift für Kohte, 2016, S. 435; *Gebhard*, Arbeitsschutzpflichten delegieren – ein Kann oder ein Muss?, AuA 1998, 236; *Herzberg*, Die Verantwortung für Arbeitsschutz und Unfallverhütung im Betrieb, 1984; *Leube*, Anordnungen der Unfallversicherungsträger zur Prävention, BG 1999, 66; *Rehbinder*, Andere Organe der Unternehmensverfassung, ZGR 1989, 305; *Schorn*, Die straf- und ordnungswidrigkeitenrechtliche Verantwortlichkeit im Arbeitsschutzrecht und deren Abwälzung, BB 2010, 1345; *Wilrich*, Verantwortlichkeit und Haftung im Arbeitsschutz, DB 2008, 182; *Wilrich*, Verantwortlichkeit und Pflichtenübertragung im Arbeitsschutzrecht, DB 2009, 1294; *Wilrich*, Verantwortlichkeit und Pflichtenverteilung gemäß Betriebssicherheitsverordnung, NZA 2015, 1433.

Leitentscheidungen: VGH München 9.12.2002 – 22 ZB 02.2761; OLG Düsseldorf 12.12.2006 – 2 Ss OWi 124/06, NZV 2007, 322; BVerwG 13.12.2007 – 7 C 40/07, NVwZ 2008, 583; BAG 18.8.2009 – 1 ABR 43/08, NZA 2009, 1434; LAG Hamburg 11.9.2012 – 1 TaBV 5/12, AuA 2013, 371; VG Augsburg 20.12.2012 – Au 2 K 632/11, WissR 2013, 185; BAG 18.3.2014 – 1 ABR 73/12, NZA 2012, 855; BAG 30.9.2014 – 1 ABR 106/12, NZA 2015, 314; BVerwG 23.6.2016 – 2 C 18/15, ZTR 2016, 667.

I. Normzweck, Rechtssystematik .. 1	IV. Übertragung nach § 13 Abs. 2 ArbSchG 21
II. Entstehungsgeschichte, Unionsrecht 7	1. Inhalt der Übertragung...... 22
III. Verantwortliche Personen nach § 13 Abs. 1 ArbSchG 10	2. Rechtsfolgen der Übertragung 29
	V. Rechtsdurchsetzung 33

I. Normzweck, Rechtssystematik

1 § 13 ArbSchG regelt die **Erweiterung der verwaltungsrechtlichen Verantwortlichkeit** im Arbeitsschutz. Ausgangspunkt ist die Verantwortlichkeit des Arbeitgebers, die sich bereits aus § 3 ArbSchG ergibt. Ergänzend wird in § 2 ArbSchG definiert, wer als Arbeitgeber zu qualifizieren ist. In § 13 ArbSchG werden weitere Personen **neben dem Arbeitgeber** als Verantwortliche qualifiziert. Diese Verantwortlichkeit ergibt sich teilweise

aus ihrer Stellung (§ 13 Abs. 1 Nr. 1–4 ArbSchG) teilweise aber auch aus einer gesonderten und konkreten schriftlichen Pflichtenübertragung (§ 13 Abs. 1 Nr. 5 ArbSchG). Die Anforderungen an diese Pflichtenübertragung werden in § 13 Abs. 2 ArbSchG näher definiert.

Diese zusätzliche verwaltungsrechtliche Verantwortlichkeit dient der **Effektivierung des Arbeitsschutzes**.[1] Sie ermöglicht den Aufsichtsbehörden, unmittelbar vor Ort gegenüber zuständigen Personen Anordnungen zu erlassen, ohne zum Beispiel komplexe gesellschaftsrechtliche Verantwortlichkeiten klären zu müssen. Sie kann insoweit auch an einfache arbeitsschutzrechtliche Leitungsaufgaben anknüpfen, die gerade bei dem Zusammenwirken mehrerer Arbeitgeber eine zügige Anordnung ermöglichen.[2] Auf diese Weise wird zugleich eine **Beschleunigungsfunktion** gewährleistet, so dass Anordnungen auch zügig erlassen werden können.[3] Sie ist daher gerade von Bedeutung bei Anordnungen nach § 22 Abs. 3 S. 1 Nr. 2 ArbSchG. In dieser Funktion ist die Norm weitgehend neu; als punktuelles Vorbild enthielt allerdings seit 1993 § 41 Abs. 6 S. 3 GefStoffV (jetzt § 19 Abs. 3 S. 2 GefStoffV) die Möglichkeit behördlicher Anordnungen bei Gefahr in Verzug gegen Aufsichtspersonen. Dagegen war in den früheren Entwürfen zum ArbSchG (1981/82) eine wesentlich engere Regelung vorgesehen.[4]

Im Gesetzgebungsverfahren ist 1996 auf die Vorbilder in § 58 BBergG, § 19 SprengG verwiesen worden.[5] Mit diesen Normen ist schon vor 1990 für bestimmte gefährliche Tätigkeiten eine erweiterte verwaltungsrechtliche Verantwortlichkeit normiert worden, die den Kreis möglicher Adressaten für verwaltungsrechtliche Anordnungen erweitert hat.[6] In der Rechtsprechung zu § 58 BBergG ist daher auch geklärt worden, unter welchen Bedingungen den Insolvenzverwalter die verwaltungsrechtliche Verantwortlichkeit trifft.[7] In der Literatur werden diese Träger verwaltungsrechtlicher Verantwortlichkeit auch als **Außenorgane der Unternehmensverfassung** charakterisiert.[8]

Die verwaltungsrechtliche Verantwortlichkeit ist zu trennen von der zivilrechtlichen und strafrechtlichen Verantwortlichkeit. Die **zivilrechtliche Verantwortlichkeit** knüpft grundsätzlich an den Arbeitgeber als Vertragspartner an, der nach § 618 BGB für seine Arbeitsschutzpflichten einzustehen hat. Weitergehende Pflichten können sich insoweit aus dem Vertrag mit Schutzwirkung zugunsten Dritter sowie aus dem Deliktsrecht ergeben. So wird zutreffend davon ausgegangen, dass die SiGe-Koordinatoren nach § 3 BaustellV (→ BaustellV Rn. 59) bei Unfällen am Bau gegenüber den betroffenen Beschäftigten sowohl aus einem Vertrag mit Schutzwirkung zugunsten Dritter als auch nach den Bestimmungen des Deliktsrechts haften können.[9]

Von der verwaltungsrechtlichen Verantwortlichkeit ist rechtssystematisch die **ordnungswidrigkeiten- und strafrechtliche Verantwortlichkeit** nach § 14 StGB, §§ 9, 130 OWiG zu unterscheiden. Deren Voraussetzungen knüpfen an tatsächliche Zuständigkeiten an und sind daher in den tatbestandlichen Voraussetzungen weniger streng formuliert als § 13 ArbSchG (→ Rn. 30). Dies ist rechtssystematisch folgerichtig, weil im Bußgeldrecht und im Strafrecht – anders als im Verwaltungsrecht – durch das Erfordernis des Verschuldens ein zusätzlicher Filter zur Verfügung steht. Strafrecht und Verwaltungsrecht schließen sich auf der anderen Seite nicht aus; auch die Personen, die nach § 13 ArbSchG verwaltungsrechtlich verantwortlich sind, können zusätzlich Adressaten

---

1 So die Gesetzesbegründung BT-Drs. 13/3540, 18; ebenso BAG 30.9.2014 – 1 ABR 106/12, NZA 2015, 314 (316); BVerwG 23.6.2016 – 2 C 18/15, ZTR 2016, 667 (669); vgl. Wlotzke NZA 1996, 1017 (1020); Hako-ArbSchG/Aufhauser ArbSchG § 13 Rn. 2; Nöthlichs ArbSchG § 13 Rn. 2.3. **2** VGH München 9.12.2002 – 22 ZB 02.2761; vgl. VG Regensburg 31.3.2011 – Rn. 5 K 09.2518. **3** Kollmer/Klindt/Schucht/Steffek ArbSchG § 13 Rn. 10; LR/Wiebauer ArbSchG § 13, Rn. 3. **4** Herzberg, Verantwortung, S. 88 ff. **5** BT-Drs. 13/3540, 19. **6** Boldt/Weller § 58 BBergG Rn. 10. **7** BVerwG 13.12.2007 – 7 C 40/07, NVwZ 2008, 583; bestätigt durch BVerwG 14.4.2011 – 7 B 8/11, ZfB 2011, 112. **8** Rehbinder ZGR 1989, 305 (318). **9** Bremer, Arbeitsschutz im Baubereich, S. 204 ff.

von Bußgeldbescheiden und in der strafrechtlichen Systematik als **Garanten** verantwortlich sein (→ ArbSchG Vor § 25 Rn. 33).[10]

6 Eine auf den ersten Blick vergleichbare Regelung zur Übertragung von Unternehmeraufgaben im Arbeitsschutz ist in **§ 13 DGUV Vorschrift 1** normiert worden. Diese Norm, mit der seit 2013 ältere Unfallverhütungsvorschriften an die Diktion des § 13 ArbSchG angepasst worden sind, wird auf § 15 Abs. 1 Nr. 1 SGB VII gestützt.[11] Sie kann allerdings nicht als Regelung der verwaltungsrechtlichen Verantwortlichkeit qualifiziert werden, da § 21 SGB VII anders als § 22 ArbSchG nur den Unternehmer als Adressaten von Verwaltungsakten vorsieht.[12] Gleichwohl ist sie nicht ohne Bedeutung, weil diese unfallversicherungsrechtlich verantwortlichen Personen bei Pflichtverletzungen und Missachtung von Anordnungen nach § 209 SGB VII mit Bußgeldern belegt werden können, so dass von einer ordnungswidrigkeitsrechtlichen Verantwortlichkeit in § 13 DGUV Vorschrift 1 auszugehen ist.[13] Eine konkretisierende Erläuterung dieser Vorschrift findet sich in Nr. 2.12. der DGUV-Regel 100-001.

II. Entstehungsgeschichte, Unionsrecht

7 Im früheren Arbeitsschutzrecht war eine mit § 13 ArbSchG vergleichbare umfassende Norm nicht bekannt. Erst mit der europarechtlich veranlassten Wendung zu einem präventiv-organisationsorientierten Arbeitsschutz[14] wurden Regelungen zu einer strukturierten verwaltungsrechtlichen Verantwortung eingeführt. Punktuell sah seit 1993 § 41 Abs. 6 S. 3 GefStoffV eine Erweiterung der Anordnungsbefugnis vor, die inzwischen mit geringfügigen Änderungen in § 19 Abs. 3 S. 2 GefStoffV enthalten ist. Eine umfassendere und deutlicher strukturierte Regelung mit **erweiterter verwaltungsrechtlicher Verantwortlichkeit und Anordnungsbefugnis** enthielten §§ 29, 32 Strahlenschutzverordnung in der 1989 novellierten Fassung.[15] Inzwischen ist diese Regelung in §§ 31, 113 der 2001 neu gefassten Strahlenschutzverordnung – ähnlich auch in §§ 13, 33 Abs. 4 RöV –[16] weiter differenziert worden.[17] Bereits in den Entwurf des Arbeitsschutzrahmengesetzes ist unter Hinweis auf das Vorbild von § 58 BBergG, § 19 SprengG in § 15 eine mit dem heutigen § 13 weitgehend übereinstimmende Norm vorgeschlagen worden, die auf die pragmatischen Notwendigkeiten der Pflichtendelegation im Großbetrieb hinwies.[18] Eine mit dem heutigen § 13 Abs. 2 ArbSchG übereinstimmende Regelung fand sich in § 28 dieses Entwurfs. Als nach 1994 eine schlankere Fassung als ArbSchG in das Gesetzgebungsverfahren eingebracht wurde, wurden die §§ 15, 28 ArbSchRGE in § 13 des neuen Entwurfs zusammengefasst.

8 In der modifizierten Begründung zum neuen § 13 ArbSchG wurde ausdrücklich auf die Bedeutung von **Art. 4 Abs. 2 der RL 89/391/EWG** eingegangen. Danach sind die Mitgliedstaaten zu einer angemessenen Kontrolle und Überwachung verpflichtet. Der **Effizienz dieser Aufsicht** soll die neue Fassung des § 13 dienen.[19] Dies ist zutreffend. Daher dient § 13 ArbSchG nicht der Abwälzung der Arbeitgeberverantwortlichkeit auf andere Personen, sondern umgekehrt der **Kumulierung der Verantwortung** sowie der Verbesserung der Effizienz der verwaltungsrechtlichen Anordnungen.[20] Es handelt sich daher um eine Norm der verwaltungsrechtlichen Verantwortlichkeit. Die Übertragung nach § 13 Abs. 2 ArbSchG ist daher auch eine Übertragung öffentlich-rechtlicher

---

10 Zur Garantenstellung eines Vorgesetzten bei Unterlassen arbeitsschutzrechtlicher Pflichten: OLG Naumburg 25.3.1996 – 2 Ss 27/96, NZA-RR 1997, 19; zustimmend BGH 25.6.2009 – 4 StR 610/08, BGHR § 222 StGB Pflichtverletzung 9; Noltenius in: Broß, Handbuch Arbeitsstrafrecht, 2016, Kap. 24 Rn. 75. **11** Kranig/Timm in: Hauck/Noftz SGB VII § 14 Rn. 23 a. **12** Wilrich DB 2008, 182 (183); Nöthlichs ArbSchG § 13 Rn. 4.1; LPK-SGB VII/Zakrzewski, 4. Aufl. 2014, § 21 Rn. 16. **13** Vgl. Leube BG 1999, 66, 67; Münch/ArbR/Kohte § 290 Rn. 49; Zakrzewski in: LPK-SGB VII, § 21 Rn. 17. **14** BFK Rn. 246 ff. **15** BGBl. I 1989, 1321; dazu Münch/ArbR/Wlotzke, 2. Aufl., § 208 Rn. 7. **16** BGBl. I 2003, 604. **17** BGBl. I 2001, 1714; dazu BayVGH 26.7.2013 – 22 ZB 975/13. **18** BT-Drs. 12/6752, 41. **19** BT-Drs. 13/3540, 19. **20** So bereits Münch/ArbR/Wlotzke, 2. Aufl., § 208 Rn. 7; KJP/Koll ArbSchG § 13 Rn. 3; Pieper ArbSchG § 13 Rn. 7; Wilrich NZA 2015, 1433 (1434).

Pflichten.[21] Zugleich kann sie die in Art. 6 Abs. 3 a der RL 89/391/EWG verlangte Integration des Arbeitsschutzes auf allen Leitungsebenen fördern.[22]

Im Rahmen der 2013 erfolgten Änderung des ArbSchG im Gesetzgebungsverfahren zur Neuordnung der Bundesunfallkassen (BUK-NOG) ist durch Art. 8 Nr. 3 in § 13 Abs. 1 Nr. 5 das Wort „beauftragte" durch das Wort „**verpflichtete**" ersetzt worden. Im Gesetzgebungsverfahren bestand Übereinstimmung in dem Ziel, mit dieser Änderung sicherzustellen, dass Anordnungen nach § 22 Abs. 3 ArbSchG auch an andere Personen als Arbeitgeber – zB Bauherren nach § 4 BaustellV und Unternehmer nach § 6 BaustellV – erfolgen können, denen bereits vorher durch gesetzliche Regelungen unmittelbar die Einhaltung von Arbeitsschutzpflichten auferlegt worden ist.[23] Letztlich handelt es sich auch hier wieder um eine – sachgerechte und begrüßenswerte – Klarstellung, weil dieses Ergebnis bereits durch systematische Auslegung gewonnen werden konnte (→ BaustellV Rn. 53).[24] 9

III. Verantwortliche Personen nach § 13 Abs. 1 ArbSchG

In § 13 Abs. 1 ArbSchG sind diejenigen Personen normiert, die als verantwortliche Personen nach der Herkunft ihrer Handlungsmacht unterteilt werden in Personen kraft **gesetzlicher Handlungsmacht** (Nr. 1), kraft **organschaftlicher Handlungsmacht** (Nr. 2 und 3) und kraft **gewillkürter Handlungsmacht** (Nr. 4 und 5).[25] Diese Unterscheidung ist von Bedeutung für die mögliche Einschränkung der Aufgaben und Befugnisse sowie für die Reichweite der Beteiligung des Betriebs- und Personalrates (→ Rn. 36 f.). 10

Arbeitgeber, denen ein gesetzlicher Vertreter nach § 13 Abs. 1 Nr. 1 ArbSchG zugewiesen ist, sind selten. Zunächst gehören dazu **minderjährige Arbeitgeber** und Arbeitgeber, die unter Betreuung stehen.[26] Nach der heute im Insolvenzrecht anerkannten Lehre sind Insolvenzverwalter und vergleichbare Personen wie zB Zwangsverwalter nach § 152 ZVG keine gesetzlichen Vertreter, sondern Parteien kraft Amtes. Gleichwohl ist es in Übereinstimmung mit der verwaltungsgerichtlichen Judikatur zur Betreibereigenschaft von Insolvenzverwaltern im Immissionsschutzrecht[27] sowie im Bergrecht[28] geboten, die **Vermögensverwalter kraft Amtes** den gesetzlichen Vertretern gleichzustellen.[29] Daher sind nach § 13 Abs. 1 Nr. 1 ArbSchG auch Insolvenzverwalter, Zwangsverwalter, Nachlassverwalter und Testamentsvollstrecker verantwortlich (→ ArbSchG § 2 Rn. 27; → Insolvenz Rn. 8, 10).[30] 11

§ 13 Abs. 1 Nr. 2 ArbSchG nennt als verantwortlich das **vertretungsberechtigte Organ einer juristischen Person**. Dazu rechnen vor allem der Vorstand der Aktiengesellschaft, die Geschäftsführer der GmbH sowie der Vorstand des eingetragenen Vereins. Ebenso rechnen dazu die Organe der juristischen Personen des öffentlichen Rechts,[31] also der Körperschaften, der rechtsfähigen Anstalten und der Stiftungen des öffentlichen Rechts. 12

Es kommt nicht auf die interne Verteilung der Aufgaben und Befugnisse an, so dass zB auch der Finanzvorstand der Aktiengesellschaft als Adressat eines Verwaltungsaktes in Betracht kommt. Diese **Gesamtverantwortung aller Organmitglieder** zur Erfüllung der öffentlich-rechtlichen Pflichten der juristischen Person[32] schließt nicht aus, dass zwischen den Mitgliedern des Vorstandes eine **horizontale Pflichtenverlagerung** in der Weise erfolgt, dass ein Mitglied, zB der Arbeitsdirektor, eine spezifische Fachzuständigkeit für den Arbeitsschutz hat. Für die anderen Mitglieder des Vorstandes bedeutet dies je- 13

---

21 So bereits BT-Drs. 12/6752, 50; ebenso LR/Wiebauer ArbSchG § 13 Rn. 5. **22** Pieper ArbSchG § 13 Rn. 1; vgl. Faber, Grundpflichten, S. 339 ff. sowie Kollmer/Klindt/Schucht/Kohte ArbSchG § 3 Rn. 68. **23** BT-Drs. 17/12297, 67, 85, 90. **24** So bereits Bremer, Arbeitsschutz im Baubereich, S. 139; Münch/ArbR/Kohte § 293 Rn. 46. **25** Dazu ausführlich: Kollmer/Klindt/Schucht/Steffek ArbSchG § 13 Rn. 17 f. **26** Kollmer/Klindt/Schucht/Steffek ArbSchG § 13 Rn. 21 ff. **27** BVerwG 22.10.1998 – 7 C 38/97, NJW 1999, 1416 = DÖV 1999, 303. **28** BVerwG 13.12.2007 – 7 C 40/07, NVwZ 2008, 583; OVG Sachsen-Anhalt 22.4.2015 – 2 L 47/13. **29** Dazu bereits Kollmer/Klindt/Schucht/Kohte ArbSchG § 2 Rn. 132. **30** Kollmer/Klindt/Schucht/Steffek ArbSchG § 13 Rn. 24; LR/Wiebauer ArbSchG § 13 Rn. 13; Nöthlichs ArbSchG § 13 Rn. 2.2.1. **31** KJP/Koll ArbSchG § 13 Rn. 6. **32** BGH 15.10.1996 – VI ZR 319/95, NJW 1997, 130 (131).

doch keine Freizeichnung, sondern eine Verlagerung ihrer Pflichten auf Aufsichts- und Überwachungspflichten.[33] Für die verwaltungsrechtliche Verantwortlichkeit ist eine solche **horizontale Arbeitsverteilung jedoch nicht maßgeblich.** Die Aufsichtsbehörden müssen sich nicht an der horizontalen Verteilung orientieren, sie können die Anordnung zunächst auch an ein Vorstandsmitglied, das sie schnell und sicher erreichen können, adressieren.[34] Zugleich wird damit der Grundsatz des § 3 Abs. 2 Nr. 2 ArbSchG verdeutlicht, dass die **Arbeitsschutzpflichten** in die gesamte Leitung einer Gesellschaft zu integrieren sind und daher **Relevanz für alle Mitglieder des Leitungsorgans** haben.[35]

14 § 13 Abs. 1 Nr. 3 nennt als weitere verantwortliche Personen die **vertretungsberechtigten Gesellschafter einer Personenhandelsgesellschaft**. Es handelt sich also vor allem um die persönlich haftenden Gesellschafter der OHG sowie um die Komplementäre der KG. In Übereinstimmung mit der strafrechtlichen Judikatur zu § 14 StGB ist bei der GmbH & Co KG der Geschäftsführer der Komplementär-GmbH als verantwortliche Person zu qualifizieren.[36]

15 Als 1996 das ArbSchG kodifiziert wurde, war der Umbruch in der Rechtsprechung zur GbR noch nicht vollzogen, so dass in der damaligen Kommentarliteratur die GbR im Rahmen von § 13 Abs. 1 Nr. 3 ArbSchG nicht genannt wurde.[37] Spätestens seit 2001 ist anerkannt, dass die **Gesellschaft bürgerlichen Rechts** als **rechtsfähige Personengesellschaft** zu qualifizieren ist, soweit sie durch die Teilnahme am Rechtsverkehr eigene Rechte und Pflichten begründen kann.[38] Auch im Arbeitsrecht wird inzwischen die GbR als Arbeitgeber qualifiziert.[39] Im Verwaltungsverfahrensrecht ist inzwischen ebenfalls anerkannt, dass die **GbR Adressat eines Verwaltungsaktes** sein kann.[40] In der Praxis ist es daher geboten, genau zu formulieren, ob sich der Bescheid an die GbR oder an einen vertretungsberechtigten Gesellschafter wenden soll.[41] In Teilen der verwaltungsrechtlichen Literatur wird daher eine **Beteiligungsfähigkeit der GbR** bereits nach § 11 Nr. 1 VwVfG befürwortet,[42] während im Verwaltungsprozess bisher noch knapp mehrheitlich § 61 Nr. 2 VwGO präferiert wird.[43] Für die Auslegung des ArbSchG kann diese Frage offen bleiben, weil eine mit § 61 Nr. 2 VwGO vergleichbare Variante in § 13 ArbSchG nicht vorgesehen ist.

16 In der arbeitsschutzrechtlichen Kommentarliteratur wird inzwischen erwogen, ob die GbR § 13 Abs. 1 Nr. 3 ArbSchG zugeordnet werden kann.[44] Aus meiner Sicht ist **zumindest eine analoge Anwendung dieser Norm auf die vertretungsberechtigten Gesellschafter der GbR** geboten, denn inzwischen ist auf jeden Fall eine nachträgliche Regelungslücke zu konstatieren. Der schon 1996 in § 2 ArbSchG verwandte Begriff der **rechtsfähigen Personengesellschaft** ist 2000 in § 14 Abs. 2 BGB eingefügt worden; nach allgemeiner Ansicht ist die GbR damit generell als Unternehmerin im Privatrecht anerkannt.[45] Seit 2002 ist diese Terminologie auch im Strafrecht und im Ordnungswidrigkeitenrecht nachvollzogen worden. In § 14 Abs. 2 StGB sowie in § 9 Abs. 2 OWiG ist jetzt auch die rechtsfähige Personengesellschaft als Adressat anerkannt worden, so dass die **straf- und bußgeldrechtliche Organhaftung auch die GbR erfasst** (→ ArbSchG § 25 Rn. 17).[46] Diese Auslegung ist auch in der sanktionenrechtlichen Kommentarliteratur

---

33 So zur strafrechtlichen Verantwortlichkeit BGH 6.7.1990 – 2 StR 549/89, NJW 1990, 2560 (2564) und zur deliktsrechtlichen Verantwortlichkeit BGH 15.10.1996 – VI ZR 319/95, NJW 1997, 130 (132); vgl. Wilrich DB 2009, 1294 (1295). **34** Zum Auswahlermessen bei der Bestimmung des Adressaten LR/Wiebauer, ArbSchG § 13 Rn. 16. **35** Pieper ArbSchG § 13 Rn. 1; Nöthlichs ArbSchG § 13 Rn. 2.2.2; Faber, Grundpflichten, S. 300 ff. **36** BGH 29.11.1983 – 5 StR 616/83, NStZ 1984, 119; MünchKommStGB/Radtke § 14 Rn. 74. **37** KJP/Koll ArbSchG § 13 Rn. 7. **38** BGH 29.1.2001 – II ZR 331/00, NJW 2001, 1056 = BGHZ 146, 341. **39** BAG 1.12.2004 – 5 AZR 597/03, NZA 2005, 318; Diller NZA 2003, 401; ErfK/Preis BGB § 611 Rn. 184. **40** Kopp/Ramsauer, VwVfG, § 37 Rn. 9 c; VG Würzburg 23.1.2009 – W 6 K 08.1848, GewArch 2010, 38, 39. **41** VG Schleswig 7.11.2005 – 4 A 206/04, NVwZ-RR 2007, 130. **42** Kopp/Ramsauer VwVfG § 11 Rn. 7 mwN. **43** BVerwG 17.8.2004 – 9 A 1/03, NuR 2005, 177; weiterführend Kievel/Czybulka VwGO § 61 Rn. 24. **44** LR/Wiebauer ArbSchG § 13 Rn. 20; Kollmer/Klindt/Schucht/Steffek ArbSchG § 13 Rn. 35; aA Nöthlichs ArbSchG § 13 Rn. 2.2.3. **45** Palandt/Ellenberger BGB § 14 Rn. 3. **46** BGBl. I 2002, 3387; Achenbach wistra 2002, 441 (442); BT-Drs. 14/8998, 8.

inzwischen allgemein übernommen worden.[47] Ebenso erstreckt sich die verwaltungsrechtliche Verantwortlichkeit in §§ 31 Abs. 1 S. 2 StrlSchV, 13 Abs. 1 S. 2 RöV auf die „rechtsfähige Personengesellschaft". Es ist kein Sachgrund ersichtlich, warum die verwaltungsrechtliche Verantwortlichkeit in § 13 Abs. 1 Nr. 3 ArbSchG hinter dieser Entwicklung zurückbleiben soll, so dass in der Anwaltssozietät die Anordnung der Durchführung von Gefährdungsbeurteilungen an Bildschirmarbeitsplätzen und in der ärztlichen Gemeinschaftspraxis die Anordnung der Gefährdungsbeurteilung zum Gefahrstoffrecht sich nicht nur an die GbR, sondern auch an deren vertretungsberechtigte Gesellschafter richten kann.

Als weitere Personengruppe, der eine verwaltungsrechtliche Verantwortlichkeit für den Arbeitsschutz zukommt, nennt § 13 Abs. 1 Nr. 4 die **Betriebs- und Unternehmensleiter**. Die Verantwortlichkeit ist hier mit dem **Status als Betriebsleiter untrennbar verbunden** und bedarf keiner gesonderten Übertragung.[48] Sie dokumentiert damit die Integration der Arbeitsschutzaufgaben in sämtliche Leitungsstrukturen (§ 3 Abs. 2 Nr. 2 ArbSchG). Die Begriffe des Betriebs und des Unternehmens werden in § 13 vorausgesetzt. Dies gilt auch für ihre Verwendung in § 2 Abs. 5 ArbSchG, in dem ausschließlich der Begriff der **Dienststelle** an den Betriebs- und Unternehmensbegriff angepasst wird (→ ArbSchG § 2 Rn. 32).[49] Grundsätzlich auszugehen ist von den betriebsverfassungsrechtlichen Begriffen, in denen der Betrieb als eine organisierte Arbeitseinheit und das Unternehmen als die gesamte Handlungseinheit des Rechtsträgers verstanden werden.[50] Allerdings ist davon auszugehen, dass keine dynamische Verweisung auf das Betriebsverfassungsrecht erfolgt ist, so dass tarifvertragliche Gestaltungen nach § 3 BetrVG, die 1996 nur in geringem Umfang möglich waren, in der Regel für das Arbeitsschutzrecht nicht maßgeblich sind. Gerade die nicht selten vorgenommene großräumige Zusammenfassung von Betriebsstätten über mehrere Bundesländer, die zu Wahlzwecken sinnvoll sein kann, passt für das ortsnahe Arbeitsschutzrecht wenig. Insoweit können als Betriebsleiter auch die Leiter räumlich entfernter Filialen und fachlich gesonderter Abteilungen (Fuhrpark) qualifiziert werden.[51] Die straf- und bußgeldrechtliche Verantwortlichkeit in § 14 StGB, § 9 OWiG erfasst dagegen generell auch Leiter von Betriebsteilen, die zum Teil bis zu Vorarbeitern als Leiter von Arbeitsgruppen erstreckt werden (→ ArbSchG § 25 Rn. 17).[52] Diese Unterschiede waren 1996 bekannt, so dass die bewusst engere Fassung des § 13 Abs. 1 Nr. 4 gegenüber § 9 Abs. 2 OWiG auch weiter bei der Rechtsanwendung zu beachten ist.[53]

Im Unterschied zur Verantwortlichkeit kraft organschaftlicher Handlungsmacht erfolgt die Verantwortlichkeit nach § 13 Abs. 1 Nr. 4 ArbSchG nur im Rahmen der den Betriebs- und Unternehmensleitern zustehenden „**Aufgaben und Befugnisse**". Insoweit ist eine organisatorische **Modifikation der Verantwortlichkeit** möglich und in aller Regel geboten. Diese kann allerdings nicht dazu führen, für Betriebsleiter generell eine Entbindung von arbeitsschutzrechtlichen Aufgaben vorzusehen. Eine Modifikation und gezielte Aufgabenzuordnung ist jedoch sachgerecht vor allem für die Zuordnung zwischenbetrieblicher Aufgaben,[54] für die Kooperation mit Fremdfirmen nach § 8 ArbSchG sowie für den Umfang der jeweiligen Befugnisse bei vertikaler Aufgabenteilung, die gerade durch die Möglichkeiten des § 13 Abs. 1 Nr. 5 ArbSchG nahe liegen.

---

47 MK-StGB/Radtke, 2. Aufl. 2011, § 14 Rn. 79; KK-OWiG/Rogall OWiG § 9 Rn. 51. **48** Faber, Grundpflichten, S. 307; HaKo-ArbR/Hamm/Faber ArbSchG § 13 Rn. 3; Wilrich DB 2008, 182; zustimmend Schorn BB 2010, 1345 (1346). **49** Dienststellenleiter werden in aller Regel durch das jeweilige Organisationsrecht (zB Satzung, Verwaltungsvorschrift) definiert: Kollmer/Klindt/Schucht/Steffek ArbSchG § 13 Rn. 44. **50** Pieper ArbSchG § 2 Rn. 33, 38. **51** Münch/ArbR/Kohte § 290 Rn. 44 für Filialbetriebe und weit entfernte Betriebsstätten; ähnlich Kollmer/Klindt/Schucht/Steffek ArbSchG § 13 Rn. 42; LR/Wiebauer ArbSchG § 13 Rn. 30. **52** Benz BB 1988, 2237 (2238); Herzberg, Verantwortung, S. 83 ff.; zu Recht vorsichtiger NK-StGB/Marxen/Böse StGB § 14 Rn. 55; Göhler OWiG § 9 Rn. 21; KK-OWiG/Rogall OWiG § 9 Rn. 77; anschaulich OLG Jena 15.3.2016 – 1 Ss 191/04, GewArch 2006, 209 (210). **53** Wilrich DB 2008, 182 (183); Nöthlichs ArbSchG § 13 Rn. 2.2.4; Kollmer/Klindt/Schucht/Steffek ArbSchG § 13 Rn. 42. **54** BayObLG 21.9.1993 – 2 ObOWi 354/93, NZV 1994, 82: keine generelle Verantwortlichkeit des Baustellenleiters für die die Baustelle anfahrenden Baustellenfahrzeuge des Arbeitgebers.

Wenn solche Aufgabenzuordnungen fehlen, dann ergibt sich für Betriebsleiter aus ihrer umfassenden Leitungsfunktion auch eine umfassende verwaltungsrechtliche Arbeitsschutzverantwortlichkeit.[55]

19 Eine Innovation für das allgemeine Arbeitsschutzrecht ist die **dezentrale Erweiterung der verwaltungsrechtlichen Verantwortlichkeit**, die durch § 13 Abs. 1 Nr. 5 ArbSchG ermöglicht wird. Sie schafft den Rahmen für die verwaltungsrechtlichen Konsequenzen der **Beauftragung von Personen**, die in einem überschaubaren Raum Leitungsaufgaben wahrnehmen, die arbeitsschutzrechtlich relevant sind. Weitere Einzelheiten zu dieser Übertragung sind in § 13 Abs. 2 ArbSchG normiert (→ Rn. 21 ff.). Der Personenkreis wurde bereits in den Gesetzesmaterialien so umschrieben, dass es sich um Personen handelt, „die den **Ablauf der Arbeit tatsächlich bestimmen und in den Arbeitsprozess eingreifen können**".[56] Anschaulich werden sie von Faber dem Rollenbild der „**Umsetzer**" zugeordnet, die bestimmte Arbeitsschutzaufgaben tatsächlich durchführen.[57] Es handelt sich regelmäßig um **Führungskräfte der mittleren und unteren Leitungsebene** (Abteilungsleiter, Meister, Vorarbeiter),[58] soweit ihnen arbeitsschutzrechtlich maßgebliche Entscheidungs- und Weisungsbefugnisse zukommen.[59] Im Öffentlichen Dienst handelt es sich um die Leitungsebenen unterhalb der Dienststellenleitung, so dass sich ein weiter Anwendungsbereich von Dekanen und Institutsdirektoren an einer Hochschule[60] bis zum Leiter eines Forstamts[61] ergibt.

20 Neben dieser ersten Alternative sind als weitere Möglichkeiten der Aufgabenübertragung die Verordnungen nach §§ 18, 19 ArbSchG sowie Unfallverhütungsvorschriften in § 13 Abs. 1 Nr. 5 ArbSchG genannt. In den staatlichen Verordnungen ist von besonderer Bedeutung die BaustellV, die nach § 4 **BaustellV** eine dezentrale und koordinierende Verantwortlichkeit auf den Baustellen ermöglicht, die mit der Systematik des § 13 ArbSchG korrespondiert.[62] Eine nicht näher spezifizierte und bisher kaum diskutierte Möglichkeit enthielt § 1 Abs. 3 MuSchArbV,[63] jetzt ist sie in § 9 Abs. 5 MuSchG 2018 übernommen worden. Weiter gehören zu den Verantwortlichen Beauftragte, wenn ihnen Weisungs- und Weisungsbefugnisse zukommen. Dies ist möglich, aber nicht notwendig, bei den **Laserschutzbeauftragten nach § 5 Abs. 2 OStrV**[64] (→ OStrV Rn. 18 f.) sowie den **Störfallbeauftragten**, denen nach § 58 c Nr. 3 BImSchG – zumindest in der Störfallsituation – arbeitsschutzrelevante Weisungsrechte zukommen sollen.[65] Nicht dieser Fallgruppe zugeordnet werden können die anderen Beauftragten, wie zB die Immissionsschutzbeauftragten, die fachkundigen Personen nach § 4 Abs. 1 S. 2 EMFV und vor allem die Sicherheitsbeauftragten und Sicherheitsfachkräfte, weil sie in dieser Funktion **ausschließlich als Berater** fungieren und keine außenwirksamen Leitungsaufgaben in eigener Verantwortung wahrnehmen.[66] Davon zu trennen ist die Frage, ob diesen Beauftragten und Fachkräften außerhalb dieses Status zusätzlich nach § 13 Abs. 2 weitere Aufgaben mit verwaltungsrechtlicher Verantwortlichkeit übertragen werden können (→ Rn. 24). Schließlich sind weitere Beauftragungen möglich, die auf der Basis von Unfallverhütungsvorschriften, vor allem durch § 13 DGUV Vorschrift 1, legitimiert werden.

---

55 KJP/Koll ArbSchG § 13 Rn. 8. **56** BT-Drs. 12/6752, 41 und 13/3540, 19. **57** Faber, Grundpflichten, S. 310 f. **58** Anschaulich LAG Hamburg 11.9.2012 – 1 TaBV 5/12, AuA 2013, 371 (Pflichtenübertragung auf die Gruppe der Meister); bestätigt durch BAG 18.3.2014 – 1 ABR 73/12, NZA 2014, 855. **59** Kollmer/Klindt/Schucht/Steffek ArbSchG § 13 Rn. 47 f.; Wilrich NZA 2015, 1433 (1434); Däubler in: FS Kohte, S. 435, 437. **60** VG Augsburg 20.12.2012 – Au 2 K 632/11, WissR 2013, 185; insoweit zustimmend BVerwG 23.6.2016 – 2 C 18/15, ZTR 2016, 667 (669). **61** LAG Sachsen 20.8.2004 – 2 Sa 1017/02, LAGE TVG § 4 Forstwirtschaft Nr. 1. **62** Bremer, Arbeitsschutz im Baubereich, S. 61 ff. **63** Zur Parallele zu § 13 Abs. 2 ArbSchG: Zmarzlik/Zipperer/Viethen/Vieß, MuSchG, 9. Aufl. 2006, MuSchG § 2 Rn. 61. **64** Kollmer/Klindt/Kreizberg OStrV § 5 Rn. 3 mit Hinweis auf die bisherige Regelung in § 6 BGV B 2. **65** Kohte WSI-Mitteilungen 2000, 567 (575); GK-BImSchG/Böhm, 2016, BImSchG § 58 c Rn. 11. **66** Pieper ArbSchG § 13 Rn. 9; Kohte, Mitbestimmung beim betrieblichen Umweltschutz, 2007, S. 36 ff.; Faber, Grundpflichten, S. 256 ff.; vgl. Nöthlichs ArbSchG § 13 Rn. 2.4.

IV. Übertragung nach § 13 Abs. 2 ArbSchG

Während die Verantwortlichkeiten nach § 13 Abs. 1 Nr. 1–4 ArbSchG keiner gesonderten Übertragung bedürfen, weil sie untrennbarer Bestandteil der jeweiligen gesellschaftsrechtlichen oder organisationsrechtlichen Leitungsmacht sind, ist für die Verantwortlichkeit nach § 13 Abs. 1 Nr. 5 ArbSchG eine **gesonderte Übertragung** notwendig. Diese Übertragung „kann" der Arbeitgeber vornehmen; in § 13 ArbSchG ist keine Pflicht zur dezentralen Verantwortlichkeit normiert worden. Gleichwohl besteht in vielen Fällen eine solche Pflicht,[67] die sich allerdings aus der **Organisationspflicht nach § 3 ArbSchG** ergibt. In allen Fällen, in denen ein Arbeitgeber arbeitsschutzrechtliche Aufgaben/Ermittlungen, Überwachungsmaßnahmen und Weisungen nicht in eigener Person effektiv realisieren kann, ist er zur dezentralen Aufgabenverteilung und zur Übertragung der „**Durchführungsverantwortung**"[68] verpflichtet (→ ArbSchG § 3 Rn. 73 f.).[69] In § 13 ArbSchG ist dagegen normiert, wie diese Übertragung erfolgt und welche Rechtsfolgen sie hat. In Element 1 der **GDA-Leitlinie „Organisation des betrieblichen Arbeitsschutzes"** vom 15.12.2011[70] ist jetzt formuliert, wann und wie eine solche Delegation erfolgen soll und unter welchen Bedingungen Anordnungen der Aufsicht zur Durchsetzung einer solchen Organisation in Betracht kommen (→ ArbSchG §§ 20 a, b Rn. 9).

21

1. Inhalt der Übertragung. Der Arbeitgeber überträgt eigene Arbeitsschutzpflichten an eine andere Person, die diese „in eigener Verantwortung" neben dem Arbeitgeber wahrzunehmen hat, so dass insgesamt ein System „**kumulativer Verantwortung**" geschaffen wird.[71] Da der Arbeitgeber seine eigene Verantwortung nicht vollständig, sondern allenfalls teilweise übertragen kann, muss die Übertragung hinreichend „**genau und speziell**" sein.[72] Die Erklärung muss also den **Aufgabenbereich** so deutlich benennen, dass der Verpflichtete in die Lage versetzt wird, sich ein **klares Bild über Art und Umfang der von ihm zu erfüllenden Pflichten** zu verschaffen.[73] Zusammen mit einer präzisen Gefährdungsbeurteilung kann sich damit für Vorgesetzte eine verlässliche Leitlinie für ihr Handeln ergeben.

22

In Übereinstimmung mit § 13 DGUV Vorschrift 1 muss die Übertragung nicht nur den Aufgabenbereich, sondern auch die **Befugnisse** des Verantwortlichen bestimmen. Eine effektive und verantwortliche Delegation ist nur dann gegeben, wenn die verpflichtete Person gegenüber anderen Beschäftigten befugt ist, **Weisungen zu erteilen** und arbeitsschutzwidrige Situationen zu korrigieren.[74] Der Beauftragte muss weiter über die **erforderlichen sachlichen, personellen, zeitlichen und organisatorischen Mittel** verfügen, damit er die von ihm erwarteten erforderlichen Maßnahmen in eigener Verantwortung treffen kann.[75] Zu den Befugnissen kann auch ein entsprechendes Budget rechnen, wenn zum Beispiel im Außendienst oder auf einer Baustelle kurzfristig Maßnahmen realisiert werden müssen.

23

§ 13 Abs. 2 verlangt, dass die Beauftragten „**zuverlässig**" sind. Dies ist eine klassische Kategorie des Wirtschaftsverwaltungsrechts, die jeweils nach dem entsprechenden Regelungs- und Normzweck zu präzisieren ist.[76] Im arbeitsschutzrechtlichen Kontext ist zunächst von den Beauftragten zu verlangen, dass sie die Gewähr dafür bieten, die **normativen Anforderungen des Arbeitsschutzrechts einzuhalten** und gegenüber anderen

24

---

67 So auch Spinnarke/Schork ArbSchG § 13 Rn. 7 und Däubler in: FS Kohte, S. 435. **68** Faber, Die arbeitsschutzrechtlichen Grundpflichten, S. 310. **69** Münch/ArbR/Kohte § 292 Rn. 38; LR/Wiebauer ArbSchG § 13 Rn. 56. **70** http://www.gda-portal.de. **71** Kollmer/Klindt/Schucht/Steffek ArbSchG § 13 Rn. 63. **72** Wilrich DB 2009, 1294 (1295); ähnlich Spinnarke/Schork ArbSchG § 13 Rn. 6. **73** OLG Düsseldorf 5.4.1982 – 5 Ss (Owi) 156/82, DB 1982, 1562; ausführlich jetzt BVerwG 23.6.2016 – 2 C 18/15, ZTR 2016, 667 (670). **74** Vgl. OLG Düsseldorf NJW 1990, 3221 und 12.12.2006 – 2 Ss OWi 124/06, NZV 2007, 322 = VRS 112, 210; LR/Wiebauer ArbSchG § 13 Rn. 57; Pieper ArbSchG § 13 Rn. 8. **75** Kollmer/Klindt/Schucht/Steffek ArbSchG § 13 Rn. 67; Däubler in: FS Kohte, S. 435, 437 f. **76** BVerwG 27.6.1961 – 1 C 34/60, GewArch 1961, 166.

Beschäftigten zur Geltung zu bringen.[77] Diese Einschätzung beruht regelmäßig auf einer Prognose, bei der das bisherige betriebliche Verhalten eine maßgebliche Rolle spielen wird. Neben dieser individuellen Zuverlässigkeit ist auch eine **strukturelle Zuverlässigkeit** zu beachten. Im Datenschutzrecht hat das BAG zutreffend Zuverlässigkeit verneint, wenn eine Person zum Datenschutzbeauftragten bestellt werden soll, die durch andere Bindungen nicht eine hinreichende Gewähr zur Durchsetzung des Datenschutzes bietet.[78] Daraus ergibt sich, dass eine Übertragung von Pflichten nach § 13 Abs. 2 ArbSchG, mit denen in den Arbeitsprozess leitend eingegriffen werden soll,[79] auf Sicherheitsfachkräfte, Sicherheitsbeauftragte und Betriebsärzte in deren Aufgabenbereich regelmäßig auszuscheiden hat (→ SGB VII § 22 Rn. 14; → ASiG § 8 Rn. 7), da diese als spezifische „Innenorgane"[80] durch das ASiG aus der betrieblichen Hierarchie herausgenommen sind.[81] In ihrer Funktion als **weisungsfreie Berater** nach § 8 ASiG können sie **nicht zugleich als weisungsgebundene**, in aller Regel auch hierarchisch eingebundene **Führungskräfte der unteren Ebene** agieren (→ ASiG § 8 Rn. 7).[82] In der Literatur werden Ausnahmen erwogen, wenn diese Fachkräfte außerhalb ihrer Einsatzzeiten und hinreichend getrennt von ihrer Rolle arbeitsschutzrechtliche Pflichten frei von Interessenkollisionen übernehmen. Dies kann allenfalls auf Sonderfälle beschränkt sein, dürfte jedoch regelmäßig auch der Arbeitsschutzkonzeption und den für diese Konzeption erforderlichen Rollenbildern[83] zuwiderlaufen. In der betrieblichen Praxis ist diese Frage bisher nicht eingehend diskutiert worden; in dem einschlägigen Beschluss des BAG vom 18.8.2009[84] hatten die Beteiligten diesen Punkt nicht im Blick und dazu keine Tatsachen vorgetragen, so dass sich diese Entscheidung nicht zur Verallgemeinerung eignet.[85]

25 Als weitere Voraussetzung wird im Gesetz die **Fachkunde** des Beauftragten verlangt. Die Fachkunde ist an den jeweiligen Anforderungen der Aufgabe zu messen. Für den Vorarbeiter auf dem Bau und den Baustellenleiter stellen sich andere Anforderungen als für den Leiter eines Forschungslabors mit zahlreichen, noch nicht katalogisierten Gefahrstoffen. In vielen Fällen wird auch eine hinreichende berufliche Erfahrung erforderlich sein.[86] Letztlich kann die Fachkunde nur angemessen präzisiert werden, wenn eine verlässliche und belastbare Gefährdungsbeurteilung nach § 5 ArbSchG erstellt und dokumentiert worden ist.

26 Wie bei den anderen Organen der Unternehmensverfassung ist zwischen dem jeweiligen **Organisationsakt** und dem in der Regel **arbeitsvertraglichen Grundverhältnis zu unterscheiden**.[87] Die Übertragung – und auch der Widerruf[88] – ist als eigenständiger Organisationsakt konzipiert, der – ähnlich wie bei §§ 2, 5 ASiG[89] – von der arbeitsvertraglichen Einigung zu unterscheiden ist. Als **Rechtsgrundlage einer solchen Übertragung** kommt zunächst der **Arbeitsvertrag** in Betracht. In der Literatur zu § 13 ArbSchG wird überwiegend davon ausgegangen, dass eine eigenhändige schriftliche Erklärung des Beauftragten nicht erforderlich ist.[90] Auch die Erklärung des Beauftragten nach § 13 DGUV Vorschrift 1 wird in der Praxis der Unfallversicherung, wie 2.12. der Regel 100-001 – ebenso das frühere Formular BGI 508 – dokumentiert, nicht als konstitutive Erklärung, sondern nur als „Bestätigung" der Pflichtenübertragung verstanden. Daraus ist abzuleiten, dass als Normalfall davon ausgegangen wird, dass sich die jeweilige

---

77 Zur Unzuverlässigkeit wegen Missachtung arbeitsrechtlicher Normen (AÜG, AEntG) Tettinger/Wank/Ennuschat, GewO, 8. Aufl. 2011, GewO § 35 Rn. 77; LR/Marcks GewO § 35 Rn. 43. **78** BAG 22.3.1994 – 1 ABR 51/93, NZA 1994, 1049 (1051); dazu Kohte JR 1995, 484; vgl. bereits Rehbinder ZGR 1989, 305 (329); vgl. BAG 23.3.2011 – 10 AZR 562/09, NZA 2011, 1036 (1038). **79** So schon BT-Drs. 13/3540, 19; KJP/Koll ArbSchG § 13 Rn. 3. **80** So Rehbinder ZGR 1989, 305 (317). **81** BAG 15.12.2009 – 9 AZR 769/08, NZA 2010, 506 (510). **82** Pieper ArbSchG § 13 Rn. 9; Anzinger/Bieneck ASiG § 6 Rn. 33 ff. **83** Faber, Arbeitsschutzpflichten, S. 313 ff. **84** BAG 18.8.2009 – 4 ABR 43/08, NZA 2009, 1434. **85** Vergleichbare Kritik bei Pieper ArbSchG § 13 Rn. 15. **86** Kollmer/Klindt/Schucht/Steffek ArbSchG § 13 Rn. 54; LR/Wiebauer ArbSchG § 13 Rn. 49. **87** Rehbinder ZGR 1989, 305 (332 ff.). **88** Vgl. für Betriebsärzte BAG 24.3.1988 – 7 AZR 369/87, NZA 1989, 60 (62) = AP Nr. 1 zu § 9 ASiG. **89** BAG 15.12.2009 – 9 AZR 769/08, NZA 2010, 506 (510) Fn. 51. **90** KJP/Koll ArbSchG § 13 Rn. 22; Kollmer/Klindt/Schucht/Steffek ArbSchG § 13 Rn. 56; LR/Wiebauer ArbSchG § 13 Rn. 62; Schorn BB 2010, 1345 (1347).

Arbeitsschutzpflicht und die Verpflichtung, diese Aufgabe zu übernehmen, bereits aus dem Arbeitsvertrag ergeben sollen. Die Übertragung ist dann eine Weisung nach § 106 GewO. Denkbar ist es aber auch, dass der Arbeitsvertrag eine solche Verpflichtung nicht/noch nicht enthält. In solchen Fällen sind als Voraussetzung der Übertragung entweder ein Änderungsvertrag oder eine Änderungskündigung erforderlich. Im Beamtenrecht wird sich die Übertragung regelmäßig in der Form der dienstlichen Weisung vollziehen.[91]

Spezifische Fragen der Übertragung können sich bei differenzierten Organisationen mit gespaltenen Leitungszuständigkeiten ergeben. So ist zum Beispiel an den **Hochschulen** typischerweise der Hochschulkanzler in der Hochschulleitung für Fragen des Arbeitsschutzes verantwortlich; er ist jedoch nicht der Dienstvorgesetzte des Hochschullehrer und kann daher dem neu berufenen Professor im Gefahrstofflabor keine Pflichten nach § 13 Abs. 2 ArbSchG übertragen. Sachgerecht ist es, diese Frage im Rahmen einer präventiven Arbeitsschutz- und Personalpolitik bereits in das Berufungsverfahren zu integrieren. Werden die Arbeitsschutzaufgaben ernst genommen, dann stellen sich diese Fragen auch bei der Höhe und Struktur des Budgets der jeweiligen Professur. 27

Im Unterschied zu § 9 OWiG verlangt § 13 Abs. 2 ArbSchG **Schriftlichkeit der Übertragung.** Dies wurde ursprünglich unproblematisch als eine Verweisung auf § 126 BGB verstanden.[92] Im heutigen Privatrecht ist die Schriftlichkeit in verschiedene Formvorschriften in den §§ 126–126 b BGB ausdifferenziert worden. In der neueren Rechtsprechung wird die strenge Schriftform nach § 126 BGB auf Erklärungen beschränkt, denen nicht nur eine Beweisfunktion, sondern auch eine Warnfunktion zukommt.[93] In anderen Fällen ist die Textform nach § 126 b BGB für das Merkmal „schriftlich" ausreichend.[94] Die **Aufgabenübertragung nach § 13 Abs. 2 ArbSchG** ist jedoch ebenso wie die mit ihr eingehende Bestellung nach §§ 2, 5 ASiG sowie die Bestellung nach § 55 BImSchG **als Willenserklärung zu qualifizieren,** mit der der Arbeitgeber/Betriebsinhaber die konkrete Zuweisung der Aufgaben eines Arbeitsschutzverantwortlichen vornimmt.[95] Für solche Erklärungen ist in Übereinstimmung mit den ähnlichen Rechtsvorschriften zur Bestellung anderer Beauftragter[96] auch weiterhin die **strenge Form nach § 126 BGB** geboten.[97] Mit dieser Form soll zugleich erreicht werden, dass die notwendige Bestimmtheit der Pflichtenübertragung (→ Rn. 22) beachtet wird.[98] Auch wenn die Bestellung als Organisationsakt vom arbeitsvertraglichen Grundverhältnis zu unterscheiden ist, kann die Bestellung im Zusammenhang mit dem Arbeitsvertrag bzw. dem Änderungsvertrag und in einer Vertragsurkunde erfolgen.[99] 28

2. Rechtsfolgen der Übertragung. Die Übertragung schafft im Kontext des § 13 ArbSchG zunächst eine verwaltungsrechtliche Verantwortlichkeit, so dass der Beauftragte Adressat von Verwaltungsakten sein kann. Die Verantwortlichkeit ist allerdings eine **kumulative Verantwortlichkeit,** so dass daneben auch weiterhin der Arbeitgeber Adressat von Verwaltungsakten ist.[100] 29

Die **Schriftlichkeit** nach § 13 Abs. 2 ArbSchG ist als **Wirksamkeitsvoraussetzung** normiert, wie sich im Umkehrschluss aus § 9 Abs. 3 OWiG ergibt.[101] Insoweit sind die An- 30

---

91 Vgl. VG Augsburg 20.12.2012 – Au 2 K 632/11, WissR 2013, 185; insoweit zustimmend BVerwG 23.6.2016 – 2 C 18/15, ZTR 2016, 667 (669) unter Nutzung von § 9 BayHSchPG. **92** Kollmer/Vogl, Das neue Arbeitsschutzgesetz, 1997, Rn. 39; bereits damals skeptisch Gebhard AuA 1998, 236. **93** Palandt/Ellenberger BGB § 126 b Rn. 1; Erman/Arnold BGB § 126 b Rn. 1. **94** BAG 11.10.2020 – 5 AZR 313/99, NZA 2001, 231; insoweit Anschütz JR 2001, 263 zu tariflicher Geltendmachung; BAG 9.12.2008 – 1 ABR 79/07, NZA 2009, 627 (630) sowie BAG 10.3.2009 – 1 ABR 93/07, NZA 2009, 622 (626) zum Widerspruch des Betriebsrats nach § 99 BetrVG. **95** Vergleichbar zur Bestellung des Abfallbeauftragten BAG 26.3.2009 – 2 AZR 633/07, NZA 2011, 166. **96** Jarass BImSchG, 11. Aufl. 2015, BImSchG § 55 Rn. 4; GK-BImSchG/Böhm, 2016, BImSchG § 55 Rn. 9; Anzinger/Bieneck ASiG § 2 Rn. 25. **97** Ebenso Schorn BB 2010, 1345 (1346); Däubler in: FS Kohte, S. 435, 437. **98** Dazu BVerwG 23.6.2016 – 2 C 18/15, ZTR 2016, 667 (670). **99** Zum Datenschutzbeauftragten: BAG 13.3.2007 – 9 AZR 612/05, NZA 2007, 563. **100** LAG Nürnberg 29.5.2012 – 7 TaBV 61/11; Nöthlichs, ArbSchG § 13 Rn. 2.3. **101** Schorn BB 2010, 1345 (1346); Wilrich NZA 2015, 1433 (1436); Kollmer/Klindt/Schucht/Steffek ArbSchG § 13 Rn. 57; aA LR/Wiebauer ArbSchG § 13 Rn. 60.

forderungen an die **bußgeldrechtliche Verantwortlichkeit** geringer (→ ArbSchG § 25 Rn. 17), weil hier mit dem Verschuldenserfordernis ein flexibles rechtliches Steuerungsinstrument besteht (→ Rn. 5). Ebenso kann die **strafrechtliche Garantenstellung** ausschließlich aus der **tatsächlichen Übernahme**[102] bzw. Übertragung von Arbeitsschutzpflichten abgeleitet werden. Dagegen sind die Anforderungen der Zuverlässigkeit und der Fachkunde keine Voraussetzungen für die verwaltungsrechtliche Verantwortlichkeit im Außenverhältnis. Ebenso hängt die Verantwortlichkeit nicht davon ab, ob der Arbeitgeber nach dem Arbeitsvertrag befugt war, diese Übertragung durch Weisung zu erklären. Insoweit muss zwischen dem Innen- und Außenverhältnis deutlich unterschieden werden.

31 Zu den weiteren Konsequenzen der Pflichtenübertragung gehört die **Modifikation der Pflichten des Arbeitgebers**. Dieser wird durch die Übertragung nicht von seinen arbeitsschutzrechtlichen Pflichten befreit, diese werden allerdings in ihrem Inhalt modifiziert. Sie sind jetzt stärker Aufsichts- und Kontrollpflichten und weniger Durchführungspflichten. Zunächst ist der Arbeitgeber, der Pflichten übertragen will, zur **sorgfältigen Auswahl der Beauftragten** verpflichtet.[103] Zuverlässigkeit und Fachkunde müssen für den Betrieb konkretisiert und hinreichend festgestellt werden. Vor der Übertragung ist regelmäßig eine angemessene Unterweisung nach § 12 ArbSchG erforderlich; in angemessenen, wiederum betrieblich zu konkretisierenden zeitlichen Abständen sind weitere Unterweisungen und ggf. auch Fortbildungsmaßnahmen durchzuführen.[104] Schließlich ist der Beauftragte mit den entsprechenden Hilfs- und Betriebsmitteln, im Einzelfall auch mit einem entsprechenden Budget, auszustatten.

32 Nach der Vornahme der Übertragung ist der Arbeitgeber zu einer **effektiven Überwachung** verpflichtet, die wiederum nicht notwendig von ihm persönlich, sondern von den jeweiligen Vorgesetzten des Beauftragten zu gewährleisten ist. Stellt der Arbeitgeber Mängel fest, dann ist er verpflichtet, diese zu korrigieren und notfalls die entsprechenden vertragsrechtlichen Mittel einzusetzen.[105]

V. Rechtsdurchsetzung

33 § 13 ArbSchG enthält unmittelbar keine Aussagen zur Rechtsdurchsetzung. Die verwaltungsrechtliche Verantwortlichkeit wird regelmäßig aktualisiert durch einen Verwaltungsakt, der dem jeweiligen Adressaten nach § 37 VwVfG bekannt zu geben ist. Die Anordnungen nach § 22 Abs. 3 ArbSchG können, anders als bei § 17 Abs. 2 ArbZG, auch an die nach § 13 ArbSchG verantwortlichen Personen adressiert werden (→ ArbSchG § 22 Rn. 62).[106] Diesen Adressaten stehen die verwaltungsrechtlichen Rechtsbehelfe, vor allem der Widerspruch nach § 68 VwGO, zur Verfügung. Im Widerspruchsverfahren oder im Verfahren vor dem Verwaltungsgericht kann dann als **verwaltungsrechtliche Vorfrage** geklärt werden, ob die Voraussetzungen des § 13 ArbSchG, zB die Schriftform der Beauftragung, eingehalten worden sind.[107] Dagegen sind vertragsrechtliche Fehler bei der Übertragung für die verwaltungsrechtliche Verantwortlichkeit im Außenverhältnis irrelevant und könnten nicht zur Rechtswidrigkeit des Verwaltungsakts führen. Davon zu unterscheiden ist die Anordnung nach § 22 Abs. 3 ArbSchG, mit der in Übereinstimmung mit der GDA-Leitlinie zur Organisation des betrieblichen Arbeitsschutzes die **fehlende Übertragung oder Mängel der Übertragung und Überwachung** beanstandet sowie konkrete Korrekturmaßnahmen verlangt werden (→ ArbSchG § 22 Rn. 53).

34 Die Übertragung der Verantwortlichkeit kann den Beauftragten auch der **straf- oder bußgeldrechtlichen Verantwortlichkeit** nach § 14 StGB, § 9 OWiG aussetzen. Diese

---

[102] OLG Naumburg 25.3.1996 – 2 Ss 27/96, NZA-RR 1997, 19 = NStZ-RR 1996, 229. [103] Wilrich DB 2009, 1294 (1296). [104] Wilrich DB 2009, 1294 (1296); Kollmer/Klindt/Schucht/Steffek ArbSchG § 13 Rn. 74. Einzelheiten in Element 4 der GDA-Leitlinie zur Organisation des betrieblichen Arbeitsschutzes vom 15.12.2011, http://www.gda-portal.de. [105] Kollmer/Klindt/Schucht/Steffek ArbSchG § 13 Rn. 79; LR/Wiebauer ArbSchG § 13 Rn. 91. [106] Kollmer/Klindt/Schucht/Kunz ArbSchG § 22 Rn. 58, 75. [107] Kollmer/Klindt/Schucht/Steffek ArbSchG § 13 Rn. 70.

Normen greifen jedoch nach § 14 Abs. 3 StGB, § 9 Abs. 3 OWiG auch ein, wenn die Bestellung fehlerhaft[108] war, so dass sich **Vorfragen der Beachtung des § 13 ArbSchG** im Straf- oder Bußgeldverfahren regelmäßig nicht stellen.[109]

Die Übertragung der verwaltungsrechtlichen Verantwortlichkeit nach § 13 Abs. 2 ArbSchG bedarf jeweils einer **vertragsrechtlichen oder beamtenrechtlichen Grundlage**, weil Arbeitnehmer mit Ausnahme der Pflichten nach §§ 15, 16 ArbSchG nicht generell, sondern nur nach Maßgabe der Ausgestaltung des Arbeitsvertrags öffentlichrechtlich verantwortlich sind.[110] Bei Betriebsleitern sind die Arbeitsschutzpflichten untrennbarer Teil ihrer Aufgabe, so dass es keiner gesonderten Übertragung, sondern ausschließlich der Dokumentation nach den Bestimmungen des NachweisG bedarf.[111] Eine Übertragung der Pflichten nach § 13 Abs. 2 ArbSchG durch Weisung nach § 106 GewO ist nur möglich, wenn dafür eine Grundlage im Arbeitsvertrag gelegt ist. In den anderen Fällen bedarf es eines Änderungsvertrags oder einer Änderungskündigung.[112] Diese vertragsrechtlichen Voraussetzungen der Übertragung können daher Gegenstand **arbeitsgerichtlicher Verfahren** sein. Ebenso stellen sich vergleichbare **beamtenrechtliche Fragen**, wenn eine Pflichtenübertragung auf Schulleiter, Dekane von Fachbereichen und Institutsleiter an Hochschulen erfolgen sollen.[113] 35

Betriebsverfassungsrechtlich ist die Übertragung von Aufgaben nach § 13 Abs. 2 ArbSchG zunächst nach § 80 Abs. 2 iVm Abs. 1 Nr. 1 BetrVG dem Betriebsrat mitzuteilen. Weiter stellen sich Fragen der Wirksamkeit einer Übertragung nach § 13 Abs. 2 ArbSchG regelmäßig in **Verfahren nach § 99 BetrVG** bei einer Einstellung oder einer Versetzung. Einer solchen Maßnahme kann nach § 99 Abs. 2 Nr. 1 BetrVG widersprochen werden, wenn dem jeweils verpflichteten Abteilungsleiter, Meister oder Vorarbeiter die erforderliche Zuverlässigkeit oder Fachkunde fehlt.[114] In der Rechtsprechung des BAG ist zutreffend am Beispiel einer Bestellung des Leiters eines Rechenzentrums zum Datenschutzbeauftragten anerkannt worden, dass die gebotene Zuverlässigkeit auch bei organisatorisch-struktureller Interessenkollision fehlen kann (→ Rn. 24).[115] 36

Kontrovers wurde in der Vergangenheit diskutiert, ob die Übertragung bzw. Vorfragen der Übertragung nach § 13 Abs. 2 ArbSchG von der **Mitbestimmung nach § 87 Abs. 1 Nr. 7 BetrVG** erfasst wird (→ BetrVG § 87 Rn. 34).[116] In den Fällen des § 13 Abs. 1 Nr. 1–4 ArbSchG ergibt sich die Verantwortlichkeit als automatische Rechtsfolge vorgelagerter gesellschafts- und organisationsrechtlicher Entscheidungen, so dass insoweit § 87 BetrVG nicht eingreifen kann. Für die Übertragung nach § 13 Abs. 2 ArbSchG besteht dagegen ein hinreichender Handlungsspielraum, so dass insoweit ein Mitbestimmungsrecht nicht ausgeschlossen ist und mit fallbezogenen Einschränkungen in der LAG-Rechtsprechung anerkannt worden ist.[117] In einer neueren Entscheidung[118] des BAG[119] hat das Gericht deutlich zwischen der Maßnahme der Übertragung, die keine Regelung darstellt und daher nicht von § 87 Abs. 1 Nr. 7 BetrVG erfasst wird, und den 37

---

108 Davon zu unterscheiden ist die für § 13 ArbSchG irrelevante umstrittene Rechtsfigur des „faktischen Organs": MüKo-StGB/Radtke, 2. Aufl. 2011, StGB § 14 Rn. 88 ff.; NK-StGB/Marxen/Böse StGB § 14 Rn. 41; KK-OWiG/Rogall OWiG § 9 Rn. 83; BGH 10.5.2000 – 3 StR 101/00, NJW 2000, 2285. **109** Schorn BB 2010, 1345 (1346). **110** BSG 28.5.1974 – 2 RU 79/72, BSGE 37, 262 (266); Kohte in: FS Wlotzke 1996, S. 563, 576 ff. am Beispiel der Sicherheitsbeauftragten; verallgemeinert Kollmer/Klindt/Schucht/Steffek ArbSchG § 13 Rn. 61. **111** Faber, Die arbeitsschutzrechtlichen Grundpflichten, S. 308. **112** Diese wird allerdings in aller Regel sowohl arbeitsrechtlich unwirksam als auch arbeitsschutzpolitisch kontraproduktiv sein, dazu Däubler in: FS Kohte, S. 435, 440 f. **113** Dazu VG Augsburg 20.12.2012 – Au 2 K 632/11, WissR 2013, 185; BVerwG 23.6. 2016 – 2 C 18/15, ZTR 2016, 667. **114** ArbG Berlin 15.3.1988 – 31 BV 4/87, AiB 1988, 292; zustimmend Kollmer/Klindt/Schucht/Steffek ArbSchG § 13 Rn. 62. **115** BAG 22.3.1994 – 1 ABR 51/93, NZA 1994, 1049, dazu Kohte JR 1995, 484; vgl. Däubler in: FS Kohte, S. 435, 443. **116** Zum aktuellen Meinungsstand Trittering BetrVG § 87 Rn. 300; Kollmer/Klindt/Schucht/Hecht ArbSchG SystB Rn. 53. **117** LAG Hamburg 21.9.2000 – 7 TaBV 3/98, LAGE BetrVG 1972 § 87 Gesundheitsschutz Nr. 1; LAG Niedersachsen 4.4.2008 – 16 TaBV 110/07, LAGE BetrVG 2001 § 87 Gesundheitsschutz Nr. 2; LAG Kiel 8.2.2012 – 6 TaBV 47/11, AiB 2013, 329; Kohte/Faber, jurisPR-ArbR 16/2012 Anm. 1; LAG Hamburg 28.6.2012 – 4 TaBV 17/12; LAG Hamburg 11.9.2012 – 1 TaBV 5/12, AuA 2013, 371. **118** BAG 30.9.2014 – 1 ABR 106/12, NZA 2015, 314. **119** Zustimmend Kollmer/Klindt/Schucht/Hecht, ArbSchG Syst B Rn. 53.

vorgelagerten Regelungen zur Auswahl geeigneter, zuverlässiger und fachkundiger Personen unterschieden. Bereits in einer früheren Entscheidung war das BAG[120] davon ausgegangen, dass dazu in einer früheren Betriebsvereinbarung bereits Regelungen getroffen worden seien, so dass ein etwaiges Mitbestimmungsrecht bereits verbraucht war. Diese Trennung entspricht der Struktur des § 87 Abs. 1 Nr. 7 BetrVG und ist schon früh für die organisatorischen Vorentscheidungen zum Arbeitssicherheitsrecht genutzt worden.[121]

38 In dem Verfahren 1 ABR 43/08 hatte sich der Betriebsrat mit seinen Anträgen unmittelbar auf die Übertragung nach § 13 Abs. 2 ArbSchG bezogen und hatte dieser Übertragung auch Unterstützungs- und Beratungsaufgaben der Fachkräfte für Arbeitssicherheit zuordnen wollen.[122] Damit war verkannt worden, dass sich § 13 Abs. 2 ArbSchG nicht auf Berater und Unterstützer, sondern auf Führungskräfte der mittleren und unteren Leitungsebene bezieht (→ Rn. 19). Diese Übertragung ist keine Regelung, wie das BAG zutreffend entschieden hat. Die für § 87 BetrVG maßgebliche, durch Regelungen auszugestaltende Organisationspflicht, die sich nicht aus § 13 Abs. 2 ArbSchG, sondern aus § 3 Abs. 2 ArbSchG ergibt (→ Rn. 21, → ArbSchG § 3 Rn. 73),[123] ist durch Regelungen auszugestalten, in denen die Anforderungen an Zuverlässigkeit und Fachkunde zu konkretisieren sind.[124] Ebenso können strukturelle Entscheidungen der betrieblichen Arbeitsschutzpolitik getroffen werden, dass zB bestimmte Arbeitsschutzpflichten auf die Gruppe der Meister übertragen werden[125] oder die Unterweisungen nach § 12 ArbSchG von den jeweiligen Vorgesetzten durchzuführen sind (→ ArbSchG § 12 Rn. 4).[126] Falls diese Aufgaben auf Betriebsärzte oder Sicherheitsfachkräfte übertragen werden sollen, ist zu beachten, dass diese Aufgaben nicht zum Rahmen der Pflichten nach §§ 3, 6 ASiG rechnen, in denen eine weisungsfreie Beratung erfolgt, während die Delegation nach § 13 Abs. 2 ArbSchG Entscheidungen im Rahmen und nach Maßgabe der vertikalen Handlungsorganisation betreffen. Die Übertragung kann also nur außerhalb der ASiG-Einsatzzeiten erfolgen; Interessenkonflikte müssen vermieden werden.[127]

39 Im **Personalvertretungsrecht** orientiert sich die Mitbestimmung nach § 75 Abs. 3 Nr. 11 BPersVG an den „Maßnahmen" des betrieblichen Gesundheitsschutzes, die auch gesundheitsrelevante personelle und organisatorische Maßnahmen umfassen. Es ist daher von Anfang an die Mitbestimmung des Personalrats bei der Bestellung von Sicherheitsbeauftragten[128] und anderen Funktionsträgern, zB Strahlenschutzbeauftragten und -bevollmächtigten,[129] anerkannt worden. Daher ist die Übertragung nach § 13 Abs. 2 ArbSchG, die in größeren Hochschulen eine beachtliche Zahl von Personen betrifft, auch ein Mitbestimmungsthema, das in der Praxis allerdings am besten durch generalisierende Regelungen realisiert wird.

---

[120] BAG 18.8.2009 – 1 ABR 43/08, NZA 2009, 1434; vgl. bereits die Hinweise in BAG 8.6.2004 – 1 ABR 4/03, NZA 2005, 227 (233). [121] BAG 10.4.1979 – 1 ABR 34/77, AP Nr. 1 zu § 87 BetrVG 1972 Arbeitssicherheit; dazu Münch/ArbR/Kohte, § 290 Rn. 64 und HaKo-BetrVG/Kohte BetrVG § 87 Rn. 89 f.; ausführlich Kohte in: FS Wlotzke, S. 563, 585 ff.; vgl. Fabricius BB 1997, 1254 (1258); DKKW/Klebe BetrVG § 87 Rn. 232, 235. [122] Dazu ausführlich Gäbert/Maschmann-Schulz, Mitbestimmung im Gesundheitsschutz, 2. Aufl. 2008, S. 130 ff. [123] Faber, Grundpflichten, S. 304; Kollmer/Klindt/Schucht/Steffek ArbSchG § 13 Rn. 72; zu gesicherten arbeitswissenschaftlichen Erkenntnissen zur Ausgestaltung der Organisation Blume, Arbeitsrechtliche Grundlagen, S. 105, 124 ff. [124] So Fitting, BetrVG § 87 Rn. 300; DKKW-BetrVG/Klebe BetrVG § 87 Rn. 231; Däubler in: FS Kohte, S. 435, 442; Engels AuR 2009, 65 (71); Kollmer/Klindt/Schucht/Hecht ArbSchG Syst B Rn. 53; Kohte/Faber, jurisPR-ArbR 16/2012 Anm. 1. [125] LAG Hamburg 11.9.2012 – 1 TaBV 5/12, AuA 2013, 371; bestätigt durch BAG 18.3.2014 – 1 ABR 73/12. [126] Insoweit war das praktische Ergebnis des BAG vom 18.8.2009 arbeitsschutzpolitisch außerordentlich suboptimal: Es spricht sehr wenig dafür, dass in einem Logistikunternehmen die Unterweisung nach § 12 ArbSchG am besten von zwei externen Betriebsärztinnen durchgeführt ist. [127] Gebhard AuA 1998, 236 (237). [128] BVerwG 18.5.1994 – 6 P 27/92, AP Nr. 1 zu § 719 RVO; Ilbertz/Widmaier/Sommer BPersVG § 75 Rn. 157. [129] OVG Münster 13.7.2006 – 1 A 990/05 PVL, dazu Kohte/Faber, jurisPR-ArbR 3/2007 Anm. 2.

§ 14 ArbSchG Unterrichtung und Anhörung der Beschäftigten des öffentlichen Dienstes

(1) Die Beschäftigten des öffentlichen Dienstes sind vor Beginn der Beschäftigung und bei Veränderungen in ihren Arbeitsbereichen über Gefahren für Sicherheit und Gesundheit, denen sie bei der Arbeit ausgesetzt sein können, sowie über die Maßnahmen und Einrichtungen zur Verhütung dieser Gefahren und die nach § 10 Abs. 2 getroffenen Maßnahmen zu unterrichten.

(2) Soweit in Betrieben des öffentlichen Dienstes keine Vertretung der Beschäftigten besteht, hat der Arbeitgeber die Beschäftigten zu allen Maßnahmen zu hören, die Auswirkungen auf Sicherheit und Gesundheit der Beschäftigten haben können.

Literatur: *Fischer/Schierbaum*, Die Bildschirmarbeitsverordnung, PersR 1997, 95; *Georgi*, Die Beteiligungsrechte der Mitarbeitervertretung im Arbeitsschutzrecht, 2007; *Klimpe-Auerbach*, Grippepandemie und die Folgen für die Beschäftigten, PersR 2009, 431; *Kollmer*, Die Bedeutung des Arbeitsschutzgesetzes (ArbSchG) für Beamtentum und öffentlichen Dienst, ZBR 1997, 265; *Müller-Petzer*, Haftung des Arbeitgebers aus Fürsorgepflichtverletzungen, BG 2008, 165.

Leitentscheidung: BAG 14.12.2006 – 8 AZR 628/05, NZA 2007, 262.

I. Normzweck, Rechtssystematik.. 1	IV. Anhörung der Beschäftigten des
II. Entstehung, Unionsrecht 5	öffentlichen Dienstes 12
III. Unterrichtung der Beschäftigten	V. Rechtsfolgen 13
des öffentlichen Dienstes 8	

I. Normzweck, Rechtssystematik

Die Vorschrift stellt eine **Sonderregelung** für die Beschäftigten des öffentlichen Dienstes 1 dar. Aufgrund seines umfassenden Anwendungsbereichs enthält das ArbSchG an verschiedenen Stellen spezielle, auf den öffentlichen Dienst bezogene Vorschriften,[1] so auch in § 14 ArbSchG. Während § 14 Abs. 1 ArbSchG eine **Unterrichtungspflicht** des öffentlichen Arbeitgebers hinsichtlich der Gefahren für Sicherheit und Gesundheit sowie Maßnahmen zur Verhütung dieser Gefahren festschreibt, statuiert § 14 Abs. 2 ArbSchG in diesem Zusammenhang ein **Anhörungsrecht** der Beschäftigten, sofern sie über keine Personalvertretung verfügen.

Die **Unterrichtungspflicht des Arbeitgebers ergänzt** dabei die für den Bereich der Pri- 2 vatwirtschaft geltenden § 81 **Abs. 1** S. 2 BetrVG;[2] wegen der im Gesetzgebungsverfahren betonten Parallelität kann bei Auslegungsfragen auch auf die Judikatur und Literatur zu § 81 BetrVG zurückgegriffen werden. Das Anhörungsrecht für die Beschäftigten lehnt sich an § 81 Abs. 3 BetrVG an und vervollständigt die im BPersVG und in den entsprechenden Landespersonalvertretungsgesetzen enthaltenen Rechte der Personalräte,[3] denn ausdrückliche Anhörungsrechte der Beschäftigten beim Arbeitgeber wie in § 81 Abs. 3 BetrVG waren für den Fall des Fehlens einer Personalvertretung nicht vorgesehen.[4] Mit dieser Vorschrift wird den Beschäftigten des öffentlichen Dienstes – Arbeitnehmern, Beamten, Richtern und Soldaten iSv § 2 Abs. 2 Nr. 1, 4–6 ArbSchG – ein eigenständiges Beteiligungsrecht zugestanden.

Normadressat sind die **Arbeitgeber bzw. Dienstherren „des öffentlichen Dienstes"**. Die 3 Abgrenzung kann über § 130 BetrVG erfolgen, so dass neben den staatlichen Institutionen auch die unter staatlicher Aufsicht stehenden Körperschaften, Anstalten und Stiftungen des öffentlichen Rechts erfasst sind.[5] Im Übrigen kann auf § 2 Abs. 5 ArbSchG (→ ArbSchG § 2 Rn. 32) zurückgegriffen werden. Nicht zum öffentlichen Dienst gehören die **Kirchen** (→ ArbSchG § 1 Rn. 27). Da für diesen wichtigen Bereich

---
1 Kollmer ZBR 1997, 265 (267); ErfK/Wank ArbSchG § 14 Rn. 1. **2** BT-Drs. 13/3540, 19; Wlotzke NZA 1996, 1017 (1021); Pieper ArbSchG § 14 Rn. 1. **3** Pieper ArbSchG § 14 Rn. 3. **4** Fischer/Schierbaum PersR 1997, 95 (100). **5** Kollmer/Klindt/Schucht/Baßlsperger ArbSchG § 14 Rn. 4.

weder § 14 ArbSchG noch § 81 BetrVG unmittelbar gelten, wird insoweit Art. 10 Rahmenrichtlinie-Arbeitsschutz 89/391/EWG (→ Rn. 5) zur Unterrichtung der Arbeitnehmer nicht umgesetzt. Auf der anderen Seite macht die Norm des § 1 Abs. 4 ArbSchG deutlich, dass eine Umsetzung auch im kirchlichen Bereich erfolgen soll. Dies spricht dafür, § 14 ArbSchG analog[6] anzuwenden (→ MVG EKD Rn. 27).[7] Das mit § 14 ArbSchG geschaffene Beteiligungsrecht steht den **Beschäftigten des öffentlichen Dienstes** zu. Dabei wird üblicherweise auf die Arbeitnehmer, Beamten, Richter und Soldaten iSv § 2 Abs. 2 Nr. 1, 4–6 ArbSchG verwiesen.[8] Übersehen wird in diesem Zusammenhang aber, dass inzwischen im öffentlichen Dienst auch zahlreiche arbeitnehmerähnliche Personen iSd § 2 Abs. 2 Nr. 3 ArbSchG beschäftigt werden. Gerade bei diesen Personen (zu weiteren Einzelheiten → ArbSchG § 2 Rn. 10) – zB Beschäftigte nach § 16 d SGB II (erwerbsfähige Hilfebedürftige), Praktikanten, Pflegekräfte auf vereinsrechtlicher Grundlage und Helfer im Freiwilligendienst bzw. im Jugendfreiwilligendienst – ist eine rechtzeitige Unterrichtung wichtig. Für im Strafvollzug beschäftigte Strafgefangene ist § 14 ArbSchG entsprechend anzuwenden (vgl. § 149 StVollzG).[9]

4 Insgesamt wird die Unterrichtungspflicht des öffentlichen Arbeitgebers und das Anhörungsrecht der Beschäftigten auf die **Fürsorgepflicht** des Dienstherrn aus § 45 BeamtStG für Landesbeamte und § 78 BBG für Bundesbeamte sowie §§ 618, 619 BGB und §§ 241 Abs. 2, 242 BGB für Arbeitsverhältnisse zurückgeführt.[10] Öffentliche Arbeitgeber bzw. Dienstherren haben wie private Arbeitgeber auch die Sicherheit und Gesundheit ihrer Beschäftigten zu gewährleisten. Zu den Grundbedingungen dieser Gewährleistung gehören sowohl die Unterrichtung als auch die Anhörung der Beschäftigten über die im Einzelnen bestehenden Gefahren und Gefährdungen für Gesundheit und Leben. Ohne Aufklärung und ausdrückliche Beteiligung der betroffenen Beschäftigten kann Arbeitsschutz dort tatsächlich nicht wirksam werden, wo er zwingend notwendig ist. Aufklärungspflichten und Anhörungsrechte runden folglich die konkreten Maßnahmen des öffentlichen Arbeitgebers auf der Basis des ArbSchG zum Schutz der Beschäftigten wie die Gefährdungsbeurteilung, arbeitsmedizinische Vorsorge etc ab.

II. Entstehung, Unionsrecht

5 § 14 ArbSchG geht auf **Art. 10, 11 Rahmenrichtlinie-Arbeitsschutz** 89/391/EWG (→ Unionsrecht Rn. 10 ff.) zurück.[11] Art. 10 Abs. 1 RL 89/391/EWG verpflichtet den Arbeitgeber zur Information der Arbeitnehmer und ihrer Vertreter über die

- Gefahren für Sicherheit und Gesundheit (in der englischen Fassung „safety and health risks"),
- Schutzmaßnahmen und Maßnahmen zur Verhütung von Gefahren im Betrieb allgemein und bezogen auf die einzelnen Arbeitsplätze und Aufgabenbereiche,
- Anwendung der nach Art. 8 Abs. 2 RL 89/391/EWG ergriffenen Maßnahmen, zu denen die Benennung der Arbeitnehmer gehört, die für die Leistung von Erster Hilfe, Brandbekämpfung und Evakuierung der Arbeitnehmer zuständig sind.

Diese Informationen müssen nach Art. 10 Abs. 2 RL 89/391/EWG durch geeignete Maßnahmen auch die Arbeitgeber anderer Unternehmen, deren Arbeitnehmer im Betrieb beschäftigt sind, erreichen, da hier ein entsprechender Kenntnisstand notwendig ist. Schließlich ergibt sich aus Art. 10 Abs. 3 RL 89/391/EWG, dass sowohl die Arbeitnehmer als auch die Arbeitnehmervertreter mit besonderer Funktion im Sicherheits- und Gesundheitsschutz durch geeignete Maßnahmen des Arbeitgebers Zugang zu diesen Informationen haben müssen.

6 Art. 11 Abs. 1 RL 89/391/EWG gewährleistet demgegenüber die **Anhörung und Beteiligung der Arbeitnehmer** zu Fragen, die sich auf die Sicherheit und die Gesundheit am

---

[6] Zur Analogie als Mittel unionskonformer Rechtsfortbildung BGH 26.11.2008 – VIII ZR 200/05, NJW 2009, 427 (429); zustimmend BAG 24.3.2009 – 9 AZR 983/07, NZA 2009, 538 Rn. 65 ff. [7] Georgi, S. 85 Fn. 286. [8] Pieper ArbSchG § 14 Rn. 3. [9] Kollmer/Klindt/Schucht/Kohte ArbSchG § 2 Rn. 112. [10] Kollmer ZBR 1997, 266; Müller-Petzer BG 2008, 165. [11] Zum Normzweck EuArbR/Klindt/Schucht RL 89/391/EWG Rn. 65.

Arbeitsplatz beziehen. Dazu gehören aber nicht nur Anhörungsrechte, sondern vielmehr auch das Recht der Arbeitnehmer und ihrer Vertretungen zur Unterbreitung von Vorschlägen sowie die ausgewogene Beteiligung auf der Basis der nationalen Rechtsvorschriften und Praktiken.

Im Zusammenspiel mit den personalvertretungsrechtlichen Vorschriften der §§ 68 Abs. 2, 75 Abs. 3 Nr. 11 BPersVG und § 81 BPersVG und den entsprechenden Regelungen der Landespersonalvertretungsgesetze setzt § 14 ArbSchG die europarechtlichen Vorgaben der Rahmenrichtlinie-Arbeitsschutz 89/391/EWG um. Die Umsetzung in § 14 ArbSchG geht dabei nicht über **allgemein gehaltene Anforderungen an die Information, Anhörung und Beteiligung** der Beschäftigten im öffentlichen Dienst hinaus. Es bleibt auch hier bei generellen Pflichten öffentlicher Arbeitgeber.[12] Diese werden teilweise in den Arbeitsschutzverordnungen konkretisiert, zB in § 14 Abs. 1 GefStoffV, der konkreter gefasste Informationspflichten enthält.

III. Unterrichtung der Beschäftigten des öffentlichen Dienstes

§ 14 Abs. 1 ArbSchG beinhaltet die Pflicht öffentlicher Arbeitgeber, ihre Beschäftigten über die **Gefahren** für Sicherheit und Gesundheit am Arbeitsplatz sowie über die präventiv getroffenen Maßnahmen zur Verhütung dieser Gefahren aufzuklären. Auch wenn das Gesetz von Gefahren spricht, erfasst die Unterrichtungspflicht ebenfalls **Gefährdungen**, denn eine Beschränkung der Aufklärung auf die am Arbeitsplatz existierenden Gefahren würde der in § 1 Abs. 1 ArbSchG normierten Zielsetzung – Gewährleistung und Verbesserung der Sicherheit und des Gesundheitsschutzes bei der Arbeit – nicht gerecht werden.[13] Insoweit gibt es auch keine Differenzierung im Niveau zwischen § 14 ArbSchG und § 12 ArbSchG.[14] Dies folgt auch aus dem Gebot der unionsrechtskonformen Auslegung, denn Art. 10 der Arbeitsschutz-Rahmenrichtlinie bezieht sich auf Gefährdungen und ist deutlich vom Gefahrenschutz des Art. 9 RL 89/391/EWG zu unterscheiden.[15] Gefährdungen sind auf der Basis einer **Gefährdungsbeurteilung** nach § 5 ArbSchG zu ermitteln und gemäß § 6 ArbSchG zu dokumentieren, wobei sich der Umfang der Unterrichtung aus §§ 3, 4 ArbSchG ergibt.[16] Es muss mithin eine ausreichende und angemessene Aufklärung bezogen auf den jeweiligen Arbeitsplatz stattfinden, die mit der aus § 12 Abs. 1 ArbSchG folgenden Unterweisung des Beschäftigten korrespondiert.[17] Es geht demnach um die auf den individuellen Arbeitsplatz zugeschnittenen Informationen und Erläuterungen,[18] die zusammen mit der Unterweisung des Beschäftigten nach § 12 Abs. 1 ArbSchG einen wirksamen Arbeitsschutz herstellen.

Die Unterrichtungspflicht beinhaltet die **konkrete Aufklärung über die Gefährdungen**, die für die Beschäftigten mit ihrem Arbeitsplatz verbunden sind (→ ArbSchG § 12 Rn. 5). Anhaltspunkte für die Unterrichtung liefert dabei der Gefährdungskatalog des § 5 Abs. 3 ArbSchG,[19] der in nicht abschließender Weise Gefährdungspotentiale wie die Gestaltung und Einrichtung der Arbeitsstätte und des Arbeitsplatzes, physikalische, chemische und biologische Einwirkungen, die Auswahl und den Einsatz von bestimmten Arbeitsstoffen, Maschinen, Geräten und Anlagen, die Gestaltung von Arbeits- und Fertigungsverfahren sowie Arbeitsabläufe und unzureichende Qualifikationen und Unterweisungen der Beschäftigten aufzählt (→ ArbSchG § 5 Rn. 27). Unverzichtbar sind auch Informationen über die Maßnahmen und Einrichtungen zur Verhütung dieser Gefahren, Erste Hilfe und sonstige Notfallmaßnahmen (→ ArbSchG § 10 Rn. 4), die auf § 10 ArbSchG beruhen.[20] Die Beschäftigten müssen im Ergebnis in die Lage versetzt werden, **eine Gefährdung ihrer Gesundheit zu erkennen**, denn nur dann, wenn sie sich über mögliche Gefährdungen im Klaren sind, haben sie eine reale Chance, entspre-

---

[12] Kollmer ZBR 1997, 266. [13] Wedde/Pieper ArbSchG § 14 Rn. 1. [14] Zutreffend BAG 14.12.2006 – 8 AZR 626/05, NZA 2007, 262. [15] KJP/Koll ArbSchG § 14 Rn. 6; Pieper ArbSchG § 14 Rn. 1 a; LR/Wiebauer ArbSchG § 14 Rn. 13. [16] Wedde/Pieper ArbSchG § 14 Rn. 1. [17] Klimpe-Auerbach PersR 2009, 431 (432). [18] Klimpe-Auerbach PersR 2009, 431 (432). [19] Pieper ArbSchG § 14 Rn. 1 a. [20] Fischer/Schierbaum PersR 1997, 95 (100).

chend zu reagieren.[21] Dabei gilt als allgemeiner Grundsatz: Je größer das Risiko einer Gesundheitsgefährdung ist, umso stärker müssen die Schutzmaßnahmen des Arbeitgebers ausfallen. Dementsprechend muss der Arbeitgeber auch höheren Anforderungen an die Unterrichtung bzw. dem erkennbar größeren Informationsbedürfnis der Beschäftigten Rechnung tragen.[22]

10 **Adressat** dieser Informationspflicht ist der öffentlich-rechtliche Arbeitgeber. Die Pflicht kann delegiert werden;[23] zunächst kommen diejenigen Personen in Betracht, die nach § 13 ArbSchG verpflichtet sind, die Arbeitsschutzpflichten des Dienstherrn zu erfüllen. Dieser Personenkreis ist geeignet für die Anhörung nach § 14 Abs. 2 ArbSchG. Die individuelle arbeitsplatzbezogene Informationspflicht nach § 14 Abs. 1 ArbSchG kann dagegen – ebenso wie nach § 12 (→ ArbSchG § 12 Rn. 4) in aller Regel auf den **jeweiligen Vorgesetzten** übertragen werden,[24] der insoweit zu qualifizieren ist. Gleichwohl bleibt der Arbeitgeber immer noch Schuldner der Informationspflicht, so dass er die Verantwortlichen und Vorgesetzten zu überwachen hat (→ ArbSchG § 13 Rn. 32). Wenn eine Informationspflicht – so zB nach § 22 Nr. 25 GefStoffV – bußgeldbewehrt ist, kann er daher auch bei Delegation Adressat eines Bußgeldbescheids sein (→ ArbSchG § 25 Rn. 19); andere Verantwortliche können nach § 9 OWiG ebenfalls sanktioniert werden (→ ArbSchG § 25 Rn. 17). Dies gilt selbstverständlich auch im öffentlichen Dienst.

11 Die Unterrichtung der Beschäftigten muss auf jeden Fall **vor der Aufnahme der Beschäftigung** erfolgen. Weiter ist vorgeschrieben, dass sie vor Veränderungen im Arbeitsbereich stattzufinden hat. In analoger Anwendung von § 12 Abs. 1 ArbSchG muss der öffentliche Arbeitgeber der Aufklärung auch rechtzeitig nachkommen.[25] Die **Änderungen im Aufgabenbereich** können personell veranlasst sein, so dass jede **Versetzung**, aber auch jede zeitweilige Umsetzung wie der Beginn einer neuen Beschäftigung zu behandeln ist. Die Veränderungen können aber auch **organisationsbezogen** sein, so dass Änderungen im Arbeitsablauf, wie zB neue Maschinen und Arbeitsmittel, neue Arbeitsaufgaben oder neue Arbeitszeitsysteme, eine neue Information erforderlich machen.[26] Die Information muss in **verständlicher Form und Sprache** erfolgen. Die Literatur zieht daraus zutreffend den Schluss, dass eine Aushändigung von Merkblättern allein nicht ausreicht.[27] Bei ausländischen Beschäftigten kann es, wie auch § 12 BetrSichV[28] (§ 9 BetrSichV aF außer Kraft seit dem 31.5.2015) dokumentiert, geboten sein, die Information zu übersetzen bzw. sie in der Heimatsprache zu vermitteln.[29]

IV. Anhörung der Beschäftigten des öffentlichen Dienstes

12 Unter der Voraussetzung, dass in einem Betrieb des öffentlichen Dienstes **kein Personalrat** existiert, ist der Arbeitgeber zur Anhörung der Beschäftigten in Bezug auf alle Maßnahmen verpflichtet, die sich auf die Sicherheit und die Gesundheit auswirken können. Mit dieser Anhörung sollen **kollektive und generelle Änderungen** erfasst werden. In Anlehnung an die frühere Norm des § 21 Abs. 1 GefStoffV gehören dazu zB die Einführung neuer Gefahrstoffe; dies gilt auch für die Einführung neuer Maschinen, die Änderung der Arbeitsabläufe sowie der Arbeitszeitsysteme. § 14 Abs. 2 ArbSchG

---

[21] Müller-Petzer BG 2008, 165 (166). [22] Müller-Petzer BG 2008, 165 (169); ErfK/Wank BGB § 618 Rn. 15. [23] Vgl. BVerwG 23.6.2016 – 2 C 18/15, ZTR 2016, 667 Rn. 38 f., 42 zur Übertragung der Aufgaben des Arbeitsschutzes einer Universität auf einen Professor, sofern die hinreichende Fachkunde des Inpflichtgenommenen und die Übertragung selbst dem Bestimmtheitsgrundsatz genügen; vgl. auch Vorinstanz BayVGH 24.4.2015 – 3 BV 13/834 Rn. 72 f., der die Delegation der Arbeitsschutzpflichten aus § 35 BeamtStG ableitet. [24] LR/Wiebauer ArbSchG § 14 Rn. 21. [25] Wedde/Pieper ArbSchG § 14 Rn. 2. [26] Kollmer/Klindt/Schucht/Baßlsperger ArbSchG § 14 Rn. 23; Fitting BetrVG § 81 Rn. 18; DKKW/Buschmann ArbSchG § 81 Rn. 14. [27] ErfK/Kania BetrVG § 81 Rn. 12; Bächle DB 1973, 1400 (1402). [28] Verordnung über Sicherheit und Gesundheitsschutz bei der Verwendung von Arbeitsmitteln (BetrSichV) v. 3.2.2015, BGBl. I, 49, zuletzt geändert d. Art. 147 Gesetz v. 29.3.2017, BGBl. I, 626. [29] LAG Mainz 24.1.2006 – 5 Sa 817/05, AuA 2006, 562 mAnm Stück; LAG Baden-Württemberg 1.12.1989 – 5 Sa 55/89, AiB 1990, 313 mAnm Meißner; Fitting BetrVG § 81 Rn. 14.

schreibt keine bestimmte **Form** für die Durchführung der Anhörung vor[30] – sie kann demnach sowohl mündlich als auch schriftlich vorgenommen werden. Allerdings kommt es darauf an, dass die wichtigsten Informationen auch **umfassend** und **nachvollziehbar** weitergegeben werden, um das Vorschlagsrecht der Beschäftigten nach § 17 Abs. 1 ArbSchG nicht unnötig zu erschweren.[31] Im Fall einer unzureichenden Anhörung eröffnet § 17 Abs. 2 ArbSchG den Beschäftigten schließlich die Möglichkeit, sich an die zuständige Arbeitsschutzbehörde zu wenden.[32] Festzuhalten bleibt, dass das Anhörungsrecht aus § 14 Abs. 2 ArbSchG als **Ergänzung** der Unterrichtungspflicht des öffentlichen Arbeitgebers zu verstehen ist.[33]

V. Rechtsfolgen

Für § 14 ArbSchG gilt ebenso wie für § 81 BetrVG aufgrund der individualrechtlichen Verankerung im Pflichtengefüge der Vertragsparteien, dass die üblichen vertraglichen Rechte geltend gemacht werden können. An erster Stelle steht dabei der **Anspruch auf Erfüllung,** der durch die Leistungsklage oder eine Leistungsverfügung beim Arbeitsgericht bzw. bei Beamten beim Verwaltungsgericht geltend gemacht werden kann.[34] Als weitere Reaktion ist weitgehend das allgemeine **Zurückbehaltungsrecht nach** § 273 BGB anerkannt,[35] das zumindest von Arbeitnehmern sowie arbeitnehmerähnlichen Personen genutzt werden kann. Bei begründeter Ausübung des Zurückbehaltungsrechts gerät der Arbeitgeber in **Annahmeverzug**, so dass das Arbeitsentgelt nach § 615 BGB geschuldet wird.[36] Schließlich kann, soweit nicht der Haftungsausschluss nach § 104 SGB VII und § 46 BeamtVG eingreift, **Schadensersatz** geltend gemacht werden. Anschaulich ist dies der ersten individualrechtlichen Entscheidung des Bundesarbeitsgerichts zum ArbSchG zu entnehmen.

Das Bundesarbeitsgericht hat mit seinem Urteil vom 14.12.2006[37] die Rechtsfolgen einer fehlenden Unterrichtung durch den öffentlichen Arbeitgeber ausführlich dargelegt und einen **Schadensersatzanspruch** aus §§ 280 Abs. 1, 618 Abs. 3 BGB iVm §§ 842, 254 BGB wegen Verletzung der Gesundheit bejaht. Dabei hat es ausdrücklich darauf hingewiesen, dass das Arbeitsschutzgesetz die zivilrechtlichen Pflichten des (öffentlichen) Arbeitgebers aus § 618 Abs. 1 BGB konkretisiert. In dem Verfahren ging es um eine an einer Hepatitis-C-Infektion erkrankte Lehrerin, die an einer Berufsschule als angestellte Lehrkraft im Fach Praxisunterricht Lebensmittel eingesetzt war und dort mit drogenabhängigen Jugendlichen arbeitete, die zu über 80 % mit dem Hepatitis-C Virus infiziert waren. Die Erkrankung hatte sich bei der Wundversorgung von Schülern zugezogen, da es im praktischen Unterricht bei der Zubereitung von Speisen häufig zu Schnittverletzungen insbesondere an den Händen kam. Das Bundesarbeitsgericht kam zu dem Ergebnis, dass das beklagte Land als Arbeitgeber seiner aus § 14 ArbSchG und aus § 12 Abs. 1 S. 1 ArbSchG resultierenden Informations- und Unterweisungspflicht im Hinblick auf die mit der speziellen fachpraktischen Tätigkeit der Lehrkraft zusammenhängenden Gefahren nicht nachgekommen war.[38]

In diesem BAG-Fall wurde noch der **Ersatz immaterieller Schäden** und damit ein **Schmerzensgeldanspruch** der Lehrerin abgelehnt, da § 618 Abs. 3 BGB zum Zeitpunkt der Infektion der Klägerin nicht auf die Geltung von § 847 BGB verwiesen hätte.[39] Das Bundesarbeitsgericht hob jedoch ausdrücklich hervor, dass mit dem Inkrafttreten der Neufassung des § 253 Abs. 2 BGB zum 1.8.2002 sowohl bei der **Vertrags-** als auch bei der **Gefährdungshaftung** Schmerzensgeldansprüche gegeben seien, so dass eine Haf-

---

30 Pieper ArbSchG § 14 Rn. 5. 31 Pieper ArbSchG § 14 Rn. 5. 32 KJP/Koll ArbSchG § 14 Rn. 14. 33 Preis in: WPK BetrVG § 81 Rn. 12. 34 Kollmer/Klindt/Schucht/Baßlsperger ArbSchG § 14 Rn. 32 f. 35 Kollmer/Klindt/Schucht/Baßlsperger ArbSchG § 14 Rn. 32 f.; aA LR/Wiebauer ArbSchG § 14 Rn. 27. 36 Fitting BetrVG § 81 Rn. 28; DKKW/Buschmann BetrVG § 81 Rn. 22. 37 BAG 14.12.2006 – 8 AZR 628/05, NZA 2007, 262; vgl. dazu Müller-Petzer BG 2008, 165. 38 BAG 14.12.2006 – 8 AZR 628/05, NZA 2007, 262 (263). 39 BAG 14.12.2006 – 8 AZR 628/05, NZA 2007, 262 (264).

tung nach § 618 Abs. 1 BGB nunmehr den Ersatz immaterieller Schäden einschließt (→ BGB § 618 Rn. 53).[40]

16 Im Ergebnis lassen sich mit dieser Entscheidung des Bundesarbeitsgerichts die Rechtsfolgen aus einer Verletzung der Aufklärungspflicht gemäß § 14 ArbSchG wie folgt zusammenfassen:
Werden Beschäftigte des öffentlichen Dienstes über Gefahren für Sicherheit und Gesundheit fehlerhaft oder gar nicht aufgeklärt, so haben sie einen **Anspruch auf Schadensersatz und Schmerzensgeld**, wenn sie an der Gesundheit verletzt werden und ein Haftungsausschluss nach §§ 104 ff. SGB VII, § 46 BeamtVG nicht eingreift.

17 Auf **Beamtenverhältnisse** können die Grundsätze dieser Rechtsprechung analog angewendet werden, denn mit der Fürsorgepflicht des Dienstherrn gemäß § 45 BeamtStG bzw. § 78 BBG wird ua die privatrechtliche Schutznorm des § 618 BGB, in der wiederum die Vorschriften des ArbSchG aufgehen, in das Beamtenrecht übertragen.[41] Kollmer spricht an dieser Stelle vom **Transformationsprinzip**, da es dem Beamtenrecht an konkreten zivilrechtlichen und öffentlich-rechtlichen Arbeitsschutzvorschriften sowie Unfallverhütungsvorschriften der Berufsgenossenschaften fehlt.[42] Einschränkungen erfährt das Transformationsprinzip dort, wo mit den hoheitlichen Aufgaben regelmäßig spezifische Gefahren verbunden sind, insbesondere bei der Polizei, der Feuerwehr etc.[43] Aus der Übertragung der Grundsätze des zivil- und öffentlich-rechtlichen Arbeitsschutzes resultiert für Beamte ein **Anspruch auf Schadensersatz und Schmerzensgeld** aus § 45 BeamtStG bzw. § 78 BBG iVm §§ 249 ff. BGB sowie ein eventueller Schadensersatzanspruch gegen den Dienstvorgesetzten, der als **Amtshaftungsanspruch** gemäß § 839 BGB iVm Art. 34 GG auf den Staat übergeht.[44] Für die Geltendmachung ist dem Beamten hier allerdings der **Verwaltungsrechtsweg** nach § 54 BeamtStG bzw. § 126 BBG eröffnet.[45] In jedem Fall können aber alle Beschäftigten bei mangelnder Information die Rechte nach § 17 Abs. 2 ArbSchG geltend machen.[46] Der Personalrat hat die Einhaltung von § 14 Abs. 1 ArbSchG gemäß § 68 BPersVG zu überwachen.[47] Darüber hinaus kommt ihm nach § 75 Abs. 3 Nr. 11 BPersVG und den entsprechenden landespersonalvertretungsrechtlichen Regelungen ein Mitbestimmungsrecht zu,[48] insbesondere wenn der öffentliche Arbeitgeber bzw. Dienstherr die Aufgabe der Wahrnehmung des Arbeitsschutzes in einer Dienststelle weiter delegieren will.[49] In diesem Zusammenhang kann für die Auslegung von § 75 Abs. 3 Nr. 11 BPersVG auf die Argumentation der Entscheidung des Bundesarbeitsgerichts vom 18.3.2014[50] abgestellt werden (→ BPersVG Rn. 37).

Dritter Abschnitt Pflichten und Rechte der Beschäftigten

§ 15 ArbSchG Pflichten der Beschäftigten

(1) ¹Die Beschäftigten sind verpflichtet, nach ihren Möglichkeiten sowie gemäß der Unterweisung und Weisung des Arbeitgebers für ihre Sicherheit und Gesundheit bei der Arbeit Sorge zu tragen. ²Entsprechend Satz 1 haben die Beschäftigten auch für die Sicherheit und Gesundheit der Personen zu sorgen, die von ihren Handlungen oder Unterlassungen bei der Arbeit betroffen sind.

(2) Im Rahmen des Absatzes 1 haben die Beschäftigten insbesondere Maschinen, Geräte, Werkzeuge, Arbeitsstoffe, Transportmittel und sonstige Arbeitsmittel sowie Schutz-

---

40 BAG 14.12.2006 – 8 AZR 628/05, NZA 2007, 262 (265); Müller-Petzer BG 2008, 165 (166). **41** Kollmer ZBR 1997, 265 (269). **42** Kollmer ZBR 1997, 265 (269). **43** Kollmer ZBR 1997, 265 (270). **44** BVerwG 24.8.1961 – II C 165/59, ZBR 1962, 51; Kollmer ZBR 1997, 265 (270); Kollmer/Klindt/Schucht/Baßlsperger ArbSchG § 14 Rn. 34. **45** BVerwG 24.8.1961 – II C 165/59, ZBR 1962, 51. **46** KJP/Koll ArbSchG § 14 Rn. 14; Pieper § 14 Rn. 5. **47** Vgl. allgemein zur Überwachung der ArbSchG Arbeitsschutzvorschriften Richardi/Dörner/Weber/Gräfl, BPersVG § 68 Rn. 15 f. **48** Richardi/Dörner/Weber/Kaiser BPersVG § 75 Rn. 431. **49** Vgl. das Beispiel BVerwG 23.6.2016 – 2 C 18/15, ZTR 2016, 667, Fn. 23. **50** BAG 18.3.2014 – 1 ABR 73/12, NZA 2014, 855; Kohte, jurisPR-ArbR 37/2014 Anm. 1.

vorrichtungen und die ihnen zur Verfügung gestellte persönliche Schutzausrüstung bestimmungsgemäß zu verwenden.

§ 16 ArbSchG Besondere Unterstützungspflichten

(1) Die Beschäftigten haben dem Arbeitgeber oder dem zuständigen Vorgesetzten jede von ihnen festgestellte unmittelbare erhebliche Gefahr für die Sicherheit und Gesundheit sowie jeden an den Schutzsystemen festgestellten Defekt unverzüglich zu melden.

(2) ¹Die Beschäftigten haben gemeinsam mit dem Betriebsarzt und der Fachkraft für Arbeitssicherheit den Arbeitgeber darin zu unterstützen, die Sicherheit und den Gesundheitsschutz der Beschäftigten bei der Arbeit zu gewährleisten und seine Pflichten entsprechend den behördlichen Auflagen zu erfüllen. ²Unbeschadet ihrer Pflicht nach Absatz 1 sollen die Beschäftigten von ihnen festgestellte Gefahren für Sicherheit und Gesundheit und Mängel an den Schutzsystemen auch der Fachkraft für Arbeitssicherheit, dem Betriebsarzt oder dem Sicherheitsbeauftragten nach § 22 des Siebten Buches Sozialgesetzbuch mitteilen.

§ 17 ArbSchG Rechte der Beschäftigten

(1) ¹Die Beschäftigten sind berechtigt, dem Arbeitgeber Vorschläge zu allen Fragen der Sicherheit und des Gesundheitsschutzes bei der Arbeit zu machen. ²Für Beamtinnen und Beamte des Bundes ist § 125 des Bundesbeamtengesetzes anzuwenden. ³Entsprechendes Landesrecht bleibt unberührt.

(2) ¹Sind Beschäftigte auf Grund konkreter Anhaltspunkte der Auffassung, daß die vom Arbeitgeber getroffenen Maßnahmen und bereitgestellten Mittel nicht ausreichen, um die Sicherheit und den Gesundheitsschutz bei der Arbeit zu gewährleisten, und hilft der Arbeitgeber darauf gerichteten Beschwerden von Beschäftigten nicht ab, können sich diese an die zuständige Behörde wenden. ²Hierdurch dürfen den Beschäftigten keine Nachteile entstehen. ³Die in Absatz 1 Satz 2 und 3 genannten Vorschriften sowie die Vorschriften der Wehrbeschwerdeordnung und des Gesetzes über den Wehrbeauftragten des Deutschen Bundestages bleiben unberührt.

Literatur: *Aligbe*, Die außerbetriebliche Beschwerde oder: Wann darf der Beschäftigte seinen Arbeitgeber bei der Arbeitsschutzbehörde „anzeigen"?, ArbAktuell 2014, 242; *Beyer*, Whistleblowing in Deutschland und Großbritannien. Ein Vergleich anhand der Umsetzung von Art. 11 Abs. 1 und 6 RL 89/391/EWG, 2013; *Graser*, Whistleblowing – Arbeitnehmeranzeigen im US-amerikanischen und deutschen Recht, 2000; *Kohte*, Die vorhersehbare Fehlanwendung im deutschen und europäischen Technikrecht, in: Jahrbuch des Umwelt- und Technikrechts 2004, S. 297; *Leube*, Arbeitsschutzgesetz: Pflichten des Arbeitgebers und der Beschäftigten zum Schutz anderer Personen, BB 2000, 302; *Müller-Wenner*, Unwirksamkeit einer Kündigung bei Vorliegen eines Verstoßes gegen Sicherheitsvorschriften, AiB 1998, 596; *Stein*, Die rechtsmissbräuchliche Strafanzeige, BB 2004, 1961; *Simitis*, Die verordnete Sprachlosigkeit: Das Arbeitsverhältnis als Kommunikationsbarriere, in: Festschrift für Simon, 1997, S. 329; *Ulber*, Whistleblowing und der EGMR, NZA 2011, 962; *Wendeling-Schröder*, Anmerkung zu BAG 3.7.2003, RdA 2004, 374; *Wiebauer*, Whistleblowing im Arbeitsschutz, NZA 2015, 22; *Wlotzke*, Das neue Arbeitsschutzgesetz – zeitgemäßes Grundlagengesetz für den betrieblichen Arbeitsschutz, NZA 1996, 1017; *Wlotzke*, Das Arbeitsschutzgesetz und die Arbeitsschutzpflichten der Beschäftigten, in: Festschrift für Hanau, 1999, S. 317.

Leitentscheidungen: BVerfG 2.7.2001 – 1 BvR 2049/00, NZA 2001, 888; EGMR 21.7.2011 – 28274/08, NZA 2011, 1269 (Heinisch/Deutschland); BAG 3.7.2003 – 2 AZR 235/02, NZA 2004, 427; BAG 7.12.2006 – 2 AZR 400/05, NZA 2007, 502; LAG Berlin 28.3.2006 – 7 Sa 1884/05, AuR 2007, 51; LAG Hamm 11.9.1997 – 12 Sa 964/97, AuR 1998, 168; LAG Köln 2.2.2012 – 6 Sa 304/11, NZA-RR 2012, 298.

I. Normzweck, Rechtssystematik..	1	III. Detailkommentierung	8
II. Unionsrecht, Entstehung	5		

1. Grundpflichten zur Eigenvorsorge (§ 15 Abs. 1 S. 1 ArbSchG).. 8
2. Pflicht zur Sorge für die Sicherheit und Gesundheit anderer Personen (§ 15 Abs. 1 S. 2 ArbSchG).. 12
3. Pflichten bei der Benutzung von Arbeitsmitteln (§ 15 Abs. 2 ArbSchG) 13
4. Pflicht zur Meldung von unmittelbaren, erheblichen Gefahren und Defekten an Schutzsystemen (§ 16 Abs. 1 ArbSchG) 15
5. Pflicht zur Meldung von allgemeinen Gefahren sowie von Mängeln an Schutzsystemen (§ 16 Abs. 2 S. 2 ArbSchG) 19
6. Allgemeine Unterstützungspflichten (§ 16 Abs. 2 S. 1 ArbSchG).. 20
7. Vorschlagsrecht zu allen Fragen der Sicherheit und des Gesundheitsschutzes (§ 17 Abs. 1 ArbSchG) 22
8. Recht zur außerbetrieblichen Beschwerde (§ 17 Abs. 2 ArbSchG) 24
IV. Rechtsdurchsetzung 37
1. Arbeitsrechtliche Folgen bei Verstößen gegen §§ 15, 16 ArbSchG: Abmahnung bzw. verhaltensbedingte Kündigung 38
2. Durchsetzung des Vorschlagsrechts des § 17 Abs. 1 ArbSchG 40

I. Normzweck, Rechtssystematik

1 Die §§ 15–17 ArbSchG beinhalten grundlegende Pflichten und Rechte der Beschäftigten im betrieblichen Arbeits- und Gesundheitsschutz. Die Beschäftigten iSd § 2 Abs. 2 ArbSchG (→ ArbSchG § 2 Rn. 13 ff.) sind die Normadressaten. §§ 15–17 ArbSchG spiegeln das in der EG-Rahmenrichtlinie 89/391/EWG enthaltene **Leitbild einer aktiven Rolle der Beschäftigten** wider.[1] Sie sollen einen eigenverantwortlichen Beitrag für ihre eigene Sicherheit und Gesundheit leisten, indem sie selbst dafür „Sorge tragen" (§ 15 ArbSchG) und den Arbeitgeber bei der Erfüllung seiner Arbeitsschutzpflichten aktiv unterstützen (§ 16 ArbSchG). Ergänzt werden diese Pflichten durch Vorschlags- und Beschwerderechte (§ 17 ArbSchG).

2 Normzweck der §§ 15–17 ArbSchG ist der Gedanke, dass jede betriebliche Arbeitsschutzorganisation, auch wenn sie den Standards der §§ 3–5 ArbSchG genügt, nur effektiv und nachhaltig im Alltag umgesetzt wird, wenn die Beschäftigten mehr tun, als auf einseitige Anordnungen und Maßnahmen des Arbeitgebers zu reagieren. Über deren Befolgung bzw. Beachtung hinaus verlangt die **dynamische und verfahrensorientierte Konzeption des Arbeitsschutzgesetzes** eigenverantwortliche und aktive Beschäftigte, die selbstständig einen eigenen Beitrag leisten können, der mit den Grundpflichten des Arbeitgebers gem. § 3 Abs. 1 ArbSchG korrespondiert.[2] §§ 15, 16 ArbSchG verpflichten die Beschäftigten generell, Verantwortung für die eigene Sicherheit und Gesundheit präventiv zu übernehmen. Dieser Normzweck rechtfertigt keine Delegation von Arbeitgeberpflichten auf die Beschäftigten; die primäre Verantwortung des Arbeitgebers für die Erfüllung seiner Pflichten nach dem Arbeitsschutzgesetz wird nicht eingeschränkt.[3]

3 Als spezielle Organisationspflicht gibt § 3 Abs. 2 Nr. 2 ArbSchG vor, die durch die Mitwirkungspflichten intendierte aktive Mitwirkung der Beschäftigten strukturell in der betrieblichen Arbeits- und Gesundheitsschutzorganisation zu verankern. Damit ist sicherzustellen, dass die Beschäftigten ihren Pflichten tatsächlich und effektiv nachkommen können. Dies bedingt umfassende **Transparenz** und **Information**[4] über mögliche Gefährdungen und Gegenmaßnahmen jeglicher Art.[5] Neben technischen und organisatorischen Vorkehrungen ist ein betriebliches Klima zu schaffen, in dem offen alle Fragen des betrieblichen Arbeits- und Gesundheitsschutzes thematisiert werden können.

4 Die Pflichten der §§ 15, 16 ArbSchG galten vor dem Arbeitsschutzgesetz als arbeitsvertragliche Nebenpflichten. Nun werden sie in öffentlich-rechtliche Verpflichtungen

---

1 Münch/ArbR/Kohte § 292 Rn. 62; BFK Rn. 264. **2** Kollmer/Klindt/Schucht/Kohte ArbSchG § 3 Rn. 71. **3** Wlotzke NZA 1996, 1017 (1022); Kollmer, Arbeitsschutzgesetz, Rn. 211. **4** BFK Rn. 265. **5** Kollmer/Klindt/Schucht/Kohte ArbSchG § 3 Rn. 70.

transformiert; ihre Einhaltung wird von den zuständigen Behörden überwacht, die im Einzelfall gegenüber den Beschäftigten Anordnungen erlassen können (§ 22 Abs. 3 Nr. 1 ArbSchG).[6] Inwieweit die §§ 15, 16 ArbSchG konkrete arbeitsvertragliche Pflichten beinhalten, deren Verstöße im Einzelfall arbeitsrechtliche Folgen, wie Abmahnung bzw. Kündigung, haben können, ist **differenziert zu beurteilen** (→ Rn. 37 ff.).

II. Unionsrecht, Entstehung

Mit der **Grundpflicht** nach **§ 15 Abs. 1 ArbSchG** wird Art. 13 Abs. 1 EG-Rahmenrichtlinie 89/391/EWG umgesetzt. Dieselben Pflichten sind in § 15 Abs. 1 S. 1 DGUV Vorschrift 1 – Grundsätze der Prävention verankert. **§ 15 Abs. 2 ArbSchG** setzt Art. 13 Abs. 2 lit. a, b, c EG-Rahmenrichtlinie 89/391/EWG um. Darüber hinaus wird im Richtlinientext beispielhaft („insbesondere") beschrieben, was unter „ordnungsgemäßer Benutzung (correct use)" zu verstehen ist. Eine ähnlich formulierte Verpflichtung enthält § 17 DGUV Vorschrift 1 – Grundsätze der Prävention.

Die **besonderen Unterstützungspflichten** in **§ 16 ArbSchG** setzen Art. 13 Abs. 2 lit. d, e, f EG-Rahmenrichtlinie 89/391/EWG um. Meldepflichten bei greifbaren Anhaltspunkten für unmittelbare erhebliche und sonstige Gefahren (§ 16 Abs. 1, Abs. 2 S. 2) finden sich auch in § 16 Abs. 1 DGUV Vorschrift 1 – Grundsätze der Prävention. Eine mit § 16 Abs. 2 S. 1 ArbSchG vergleichbare **allgemeine Unterstützungspflicht** enthalten § 21 Abs. 3 SGB VII und § 15 Abs. 1 DGUV Vorschrift 1 – Grundsätze der Prävention. Danach haben die Versicherten nach ihren Möglichkeiten alle Maßnahmen zur Verhütung von Arbeitsunfällen, Berufskrankheiten und arbeitsbedingten Gesundheitsgefahren sowie für eine wirksame Erste Hilfe zu unterstützen und die entsprechenden Anweisungen des Unternehmers zu befolgen.

§ 17 Abs. 1 S. 1 ArbSchG setzt das in Art. 11 Abs. 1 EG-Rahmenrichtlinie 89/391/EWG enthaltene **Vorschlagsrecht** um. Das **außerbetriebliche Beschwerderecht** des § 17 Abs. 2 ArbSchG nimmt das entsprechende Recht des Art. 11 Abs. 6 EG-Rahmenrichtlinie 89/391/EWG auf. Danach haben die Arbeitnehmer das Recht, „sich gemäß nationalen Rechtsvorschriften bzw. Praktiken an die für die Sicherheit und Gesundheitsschutz am Arbeitsplatz zuständige Behörde zu wenden", wenn nach ihrer Auffassung die vom Arbeitgeber getroffenen Maßnahmen nicht ausreichen. Der Hinweis auf das nationale Recht eröffnete dem deutschen Gesetzgeber einen Umsetzungsspielraum; jedoch bedarf es einer an Ziel und Zweck der Richtlinie orientierten effektiven Umsetzung. In diesem Zusammenhang spielte die bisherige nationale Rechtsprechung[7] und die folgende Kontroverse um ein außerbetriebliches Beschwerderecht eine maßgebliche Rolle. Inwieweit die Vorgabe des § 17 Abs. 2 ArbSchG, die zunächst eine erfolglose innerbetriebliche Beschwerde verlangt, diesen EU-rechtlichen Rahmen überschreitet, wird kontrovers diskutiert.[8] Diese Überlegungen zur unionsrechtskonformen Umsetzung des § 17 Abs. 2 ArbSchG sind im Lichte neuerer Entscheidungen zu präzisieren und für die betriebliche Praxis aufzubereiten (→ Rn. 28 ff.).

III. Detailkommentierung

1. Grundpflichten zur Eigenvorsorge (§ 15 Abs. 1 S. 1 ArbSchG). § 15 ArbSchG enthält für die allgemeine Verpflichtung der Beschäftigten konkrete rechtliche Rahmenbedingungen. Gem. § 15 Abs. 1 S. 1 ArbSchG sind die Beschäftigten „**nach ihren Möglichkeiten**" verpflichtet, Vorsorge für ihre Sicherheit und Gesundheit zu tragen. Der Arbeitgeber muss die erforderlichen sachlichen, technischen und organisatorischen Mittel entsprechend den Anforderungen des § 3 Abs. 2 ArbSchG bereitstellen. Darüber hinaus hat er sicherzustellen, dass die Beschäftigten iSd § 7 ArbSchG zur Eigenvorsorge „befähigt" sind (→ ArbSchG § 7 Rn. 6 ff.). Von den Beschäftigten darf nichts Unmögliches bzw. Unzumutbares verlangt werden; insofern soll diese Einschränkung vor Überforde-

---

[6] Wlotzke in: FS Hanau, S. 317, 322. [7] LAG Baden-Württemberg 20.12.1976, EzA § 1 KSchG 1969 Verhaltensbedingte Kündigung m. abl. Anm. Weiss. [8] BFK Rn. 614 ff.; Münch/ArbR/Kohte Bd. 2 § 292 Rn. 70; Kollmer/Klindt/Schucht/Schucht ArbSchG § 17 Rn. 51 ff.

rung schützen.[9] Insbesondere sind die Beschäftigten nicht verpflichtet, sich selbst in Gefahr zu bringen, um andere Gefahren abzuwenden.[10]

9 Die Richtlinie verlangt, dass der Beschäftigte „in accordance with his training and instructions" handelt. Die Verpflichtung zum Eigenschutz setzt daher voraus, dass der Arbeitgeber die **erforderliche Unterweisung und Anweisung** gegeben hat. Mit Unterweisung ist die Unterweisung gem. § 12 ArbSchG gemeint; nur wenn die Unterweisung den formalen und inhaltlichen Anforderungen des § 12 ArbSchG (→ ArbSchG § 12 Rn. 5 ff.) entspricht,[11] kann von den Beschäftigten die Erfüllung der Pflichten des § 15 ArbSchG verlangt werden. Anweisungen sind konkretisierte Verhaltensweisungen, insbesondere bei spezifischen Gefahren oder Störungen, wie zB Betriebsanweisungen nach § 14 Abs. 2 S. 1 GefStoffV, § 12 Abs. 1 S. 2 BetrSichV oder § 3 Abs. 1 PSA-BV. Sie müssen vom Weisungsrecht des Arbeitgebers gedeckt sein.[12] Die Beschäftigten dürfen in der Regel auf die Rechtmäßigkeit und fachliche Richtigkeit der Unterweisungen bzw. Anweisungen vertrauen. In der Folge dürfen sie sich nicht darüber hinwegsetzen, diese mutwillig nicht beachten oder zuwiderhandeln.[13] Dagegen sind sicherheitswidrige Weisungen unverbindlich.[14] Mit diesen Vorgaben wird deutlich, dass der Arbeitgeber zunächst für die objektive und subjektive Befähigung der Beschäftigten zu sorgen hat.[15] Verantwortung für eigene Vorsorge kann nur übernehmen, wer zuvor erforderliches Wissen und notwendige kognitive wie praktische Fähigkeiten erwirbt. Insofern besteht zwischen **§ 15 ArbSchG und §§ 7, 12 ArbSchG** ein untrennbarer inhaltlicher Zusammenhang. Die ordnungsgemäße Erfüllung der Pflichten des § 15 ArbSchG bedingt, dass der Arbeitgeber seinen Pflichten aus §§ 7, 12 ArbSchG nachkommt. Insbesondere kommt § 12 ArbSchG eine Schlüsselrolle zu; die Arbeitnehmer müssen aus der Unterweisung ein auf die konkrete Arbeitsplatzsituation bezogenes, eindeutig bestimmbares Verhalten ableiten können. Fehlt es an einer ordnungsgemäßen Unterweisung oder an Einzelanweisungen, müssen die Beschäftigten „nur im Rahmen ihrer Möglichkeiten" für einen verantwortlichen Eigenschutz Sorge tragen. Im Zweifel müssen sie zB betriebliche Arbeitsschutzverantwortliche anfragen.[16] Zugrunde zu legen ist ein individueller Maßstab.[17] Fehlt die Unterweisung, ist dies bei der Beurteilung der Rechtmäßigkeit einer Kündigung wegen Verstoßes gegen Unfallverhütungsvorschriften etc zugunsten des Arbeitnehmers zu berücksichtigen (→ Rn. 39).[18]

10 § 15 ArbSchG verpflichtet die Beschäftigten, für ihre Sicherheit und Gesundheit „Sorge zu tragen". Diese allgemeine Formulierung soll **alle denkbaren Handlungen zum Eigenschutz** umfassen. Dazu gehören zunächst konkrete Handlungspflichten entsprechend der jeweiligen Situation:[19]

- Beachtung der Arbeitsschutz- und Unfallverhütungsvorschriften, der Betriebsanweisungen und Einzelanweisungen,
- Benutzung von Schutzeinrichtungen und persönlichen Schutzausrüstungen,
- Wahrnehmung und Meldung von Defekten bzw. Störungen an Arbeitsmitteln, Schutzeinrichtungen und -ausrüstungen,
- Anfragen bei den verantwortlichen Vorgesetzten.

Über diesen Katalog hinaus dürfen sich die Vorsorgemaßnahmen der Beschäftigten entsprechend den Präventionszielen des § 2 ArbSchG (→ ArbSchG § 1 Rn. 8 f.) nicht auf die Verhinderung von Arbeitsunfällen und Berufskrankheiten beschränken. Auch die Beschäftigten haben ihr Verhalten – im Rahmen der Unterweisung und Weisung des Arbeitgebers – an der **Verhütung arbeitsbedingter Gesundheitsgefahren** zu orientieren.

---

9 Wlotzke in: FS Hanau, S. 313, 322. **10** Pieper ArbSchG § 15 Rn. 6; KJP/Ernst ArbSchG § 15 Rn. 4; HaKo-ArbSchG/Aufhauser ArbSchG § 15 Rn. 3; Kollmer/Klindt/Schucht/Schucht ArbSchG § 15 Rn. 33. **11** Dazu BAG 11.1.2011 – 1 ABR 104/09, NZA 2011, 651. **12** Pieper ArbSchG § 15 Rn. 6; Kollmer/Klindt/Schucht/Schucht ArbSchG § 15 Rn. 44. **13** Kollmer, Arbeitsschutzgesetz, Rn. 212. **14** LR/Wiebauer ArbSchG § 15 Rn. 7. **15** Pieper ArbSchG § 15 Rn. 6; Kollmer/Klindt/Schucht/Schucht ArbSchG § 15 Rn. 40 ff. **16** KJP/Ernst ArbSchG § 15 Rn. 31; Wlotzke in: FS Hanau, S. 313, 323. **17** LR/Wiebauer ArbSchG § 15 Rn. 10; Kollmer/Klindt/Schucht/Schucht ArbSchG § 15 Rn. 36. **18** LAG Hamm 11.9.1997 – 12 Sa 964/97, AuR 1998, 168. **19** KJP/Ernst ArbSchG § 15 Rn. 10; Wlotzke in: FS Hanau, S. 313, 323.

Dies geht weiter als die Befolgung technischer Sicherheitsregeln. Auch organisatorische Schutzmaßnahmen, wie das Einhalten der Betriebsvereinbarungen zu Rauchverboten, Pausenregelungen, Mischarbeit bei Bildschirmarbeit (→ ArbStättV Rn. 172 ff.) und Arbeitszeiten, zählen dazu. Auch sind vom Arbeitgeber zur Verfügung gestellte ergonomische Arbeitsmittel, wie zB Tastaturen, Leuchten, Stühle zu nutzen. Sind Arbeitsumgebung und Arbeitsplatz ergonomisch eingerichtet bzw. ausgestattet, sollen die Beschäftigten keine Veränderungen vornehmen. Die Eigenvorsorge der Beschäftigten hat demnach im Arbeitsalltag ihren Platz; sie ist nicht auf Situationen spezifischer, unmittelbarer Gefahrenabwehr beschränkt. Die Selbstschutzverpflichtung besteht grundsätzlich nur „bei der Arbeit"; allerdings kann sich Verhalten in der Freizeit mittelbar auswirken, wenn Folge die Arbeitsaufnahme in ungeeigneter Verfassung ist.[20]

Weiter gehört zur Eigenvorsorge die **Wahrnehmung der übrigen Pflichten und Rechte des ArbSchG**, ua 11
- die Unterstützungspflichten gem. § 16 ArbSchG,
- die Wahrnehmung der Vorschlags- und Beschwerderechte gem. § 17 ArbSchG,
- die eigenständige Gefahrenabwehr gem. § 9 Abs. 2 S. 2, 3 ArbSchG,
- die Wahrnehmung des Entfernungsrechts gem. § 9 Abs. 3 ArbSchG,
- die Wahrnehmung von Vorsorgeuntersuchungen gem. § 11 ArbSchG.

2. Pflicht zur Sorge für die Sicherheit und Gesundheit anderer Personen (§ 15 Abs. 1 S. 2 ArbSchG). Die weitergehende Verpflichtung, auch für die Sicherheit und Gesundheit anderer Personen zu sorgen, orientiert sich an den Vorgaben des S. 1. Der Gesetzestext lässt offen, wer zu den **zu schützenden anderen Personen** gehört. In der Literatur gehen die Meinungen über den Personenkreis auseinander. So sollen neben den Beschäftigten des Betriebs iSd § 2 Abs. 2 ArbSchG auch Dritte, wie Kunden, Lieferanten, Besucher, von der Schutzpflicht des § 15 Abs. 1 S. 2 ArbSchG erfasst werden.[21] § 15 Abs. 1 ArbSchG ist eine öffentlich-rechtliche Verpflichtung gerichtet an die Beschäftigten, die ihre Entsprechung in der Verpflichtung des Arbeitgebers nach § 3 ArbSchG findet. Beide Normadressaten sind nach dem Schutzzweck des Arbeitsschutzgesetzes verpflichtet, im Rahmen der innerbetrieblichen Arbeitsschutzorganisation die Sicherheit und Gesundheit der Beschäftigten iSd § 2 Abs. 2 ArbSchG zu sichern. Eine allgemein geltende Verantwortung für den Schutz aller Dritten kann den Beschäftigten nicht übertragen werden.[22] Nur im Einzelfall, wenn die Beschäftigten selbst Gefährdungen verursachen, zB durch Nichteinhalten von Sicherheitsmaßnahmen, durch die Dritte gefährdet werden, ist eine Ausdehnung des personellen Schutzbereichs gerechtfertigt. Ausdrückliche **gesetzliche Ausnahmen** enthalten § 9 Abs. 2 S. 2, § 10 Abs. 1 ArbSchG, die die Schutzverpflichtung auf andere Personen ausdehnen. 12

3. Pflichten bei der Benutzung von Arbeitsmitteln (§ 15 Abs. 2 ArbSchG). § 15 Abs. 2 ArbSchG konkretisiert Abs. 1, indem die Arbeitnehmer verpflichtet sind, **Arbeitsmittel bestimmungsgemäß zu verwenden**. Die Aufzählung der Arbeitsmittel ist nur beispielhaft und nicht abschließend; die ausdrücklich genannten sollen lediglich besonders hervorgehoben werden: 13
- Maschinen,
- Geräte,
- Werkzeuge,
- Arbeitsstoffe einschließlich Gefahrstoffe iSd GefStoffV (→ GefStoffV Rn. 28),
- Transportmittel,
- Schutzvorrichtungen,
- persönliche Schutzausrüstungen.

---
20 LR/Wiebauer ArbSchG § 15 Rn. 13; Kollmer/Klindt/Schucht/Schucht ArbSchG § 15 Rn. 47.
21 HaKo-ArbSchG/Aufhauser ArbSchG § 15 Rn. 4; Kollmer, Arbeitsschutzgesetz, Rn. 214; Pieper ArbSchG § 15 Rn. 10. **22** KJP/Ernst ArbSchG § 15 Rn. 14; LR/Wiebauer ArbSchG § 15 Rn. 20; Kollmer/Klindt/Schucht/Schucht ArbSchG § 15 Rn. 50; Wlotzke in: FS Hanau, S. 313, 324; Leube BB 2000, 302 (305).

Leitend für Abs. 2 ist folgender Gedanke: Es müssen sicherheitstechnisch und ergonomisch gestaltete Arbeitsmittel, die den Vorgaben des § 4 ArbSchG, §§ 4 ff. BetrSichV (→ BetrSichV Rn. 27 zum Begriff Arbeitsmittel) entsprechen, vom Arbeitgeber zur Verfügung gestellt werden. Dies ist notwendig, aber nicht hinreichend. Der Verweis auf Abs. 1 verdeutlicht, dass es diesbezüglich wiederum auf ordnungsgemäße Unterweisung (§ 12 ArbSchG) und Prüfung der Befähigung der Beschäftigten (§ 7 ArbSchG) ankommt.[23] Die Beschäftigten müssen befähigt und motiviert werden, diese Arbeitsmittel bestimmungsgemäß, dh ihrem üblichen Zweck entsprechend (§ 2 Nr. 5 ProdSG), zu verwenden, zu nutzen und einzusetzen. „Bestimmungsgemäße Verwendung" bedeutet ua, dass Betriebsanweisungen und Sicherheitsregeln bei der Nutzung von Transportfahrzeugen beachtet sowie Schutz- und Sicherheitseinrichtungen ordnungsgemäß benutzt werden. Persönliche Schutzausrüstungen sind zu tragen, zu warten und ordnungsgemäß zu lagern.

14 Diese ausdrücklichen Pflichten des § 15 Abs. 2 ArbSchG werden in der betrieblichen Praxis nicht immer befolgt. Schutzkleidung wird nicht getragen, weil sie als behindernd oder einengend empfunden wird. Sicherheitseinrichtungen werden abgestellt, verändert oder umgangen, weil sie im Arbeitsablauf als störend erlebt werden, insbesondere bei Zeitdruck. Die Gründe liegen nur selten in vorsätzlichem Fehlverhalten der Beschäftigten, sondern haben in der Regel technische bzw. arbeitsorganisatorische Ursachen. Daher verlangt das Recht der Maschinensicherheit, dass der Arbeitgeber auch die „vorhersehbare Fehlanwendung" (früher § 2 Abs. 6 GPSG, jetzt § 2 Nr. 28 ProdSG) einkalkuliert. Sowohl die 9. ProdSV als auch die Anhänge zur BetrSichV enthalten Regelungen, dass solchen **Fehlanwendungen durch technische und organisatorische Maßnahmen vorgebeugt wird.**[24] Zusätzlich kommt den Unterweisungen als kommunikativer Prozess über eine Verbesserung der Arbeits- und Gesundheitsschutzmaßnahmen wiederum eine Schlüsselrolle zu, damit die Akzeptanz der Schutzeinrichtungen erhöht wird (→ ArbSchG § 12 Rn. 7).[25] Es ist zu klären, ob technische Veränderungen bzw. die Anschaffung anderer Arbeitsmittel oder Schutzeinrichtungen Arbeitsabläufe und Arbeitszufriedenheit fördern können. In diesem Zusammenhang kommt dem Vorschlagsrecht der Beschäftigten gem. § 17 Abs. 1 ArbSchG und den Beteiligungsrechten der Personal- und Betriebsräte im Arbeitsschutz große praktische Bedeutung zu.

15 **4. Pflicht zur Meldung von unmittelbaren, erheblichen Gefahren und Defekten an Schutzsystemen (§ 16 Abs. 1 ArbSchG).** Nach § 16 Abs. 1 ArbSchG sind die Beschäftigten verpflichtet, jede „von ihnen festgestellte" **unmittelbare erhebliche Gefahr** unverzüglich dem Arbeitgeber oder zuständigen Vorgesetzten zu melden. Diese Meldepflicht gilt für besondere Gefahrenlagen iSd § 9 Abs. 2 ArbSchG (→ ArbSchG § 9 Rn. 6). Es handelt sich um Situationen, in denen der Schadenseintritt sehr wahrscheinlich ist oder nicht mehr abgewendet werden kann und der Schaden nach Art und Umfang besonders schwer ist.[26] Dazu zählen zB der Ausbruch von Feuer, Wassereinbruch, Freiwerden von gefährlichen Stoffen bzw. Strahlen etc. Beschäftigte müssen Gefahren melden, wenn sie selbst **konkrete Anhaltspunkte** haben, die auf eine unmittelbare erhebliche Gefahr hindeuten. Vage Hinweise oder Gerüchte über Dritte lösen keine Meldepflicht aus; auf der anderen Seite müssen die Beschäftigten nicht ermitteln, um die Gefahrenlage zweifelsfrei belegen zu können. Ein **begründeter**, auf eigener Beobachtung konkreter Tatsachen beruhender **Verdacht** genügt.[27] Nur diese Auslegung entspricht den Vorgaben der Richtlinie, die in fast allen Sprachen die Meldepflicht einsetzen lässt, wenn der Beschäftigte „reasonable grounds" („un motif reasonable") für die Annahme einer Gefahr hat. Stellt sich im Nachhinein heraus, dass die Gefahr tatsächlich nicht bestanden hat (**Putativgefahr**), sind Rügen bzw. Abmahnungen nicht gerechtfertigt. Denn der Normzweck gebietet, dass der Arbeitgeber begründeten Hinweisen der Beschäftigten nachgeht, selbst wenn sie sich – hinterher – nur als kleinere Gefahren oder Mängel im System des Arbeits- und Gesundheitsschutzes herausstellen. Ansonsten liefe die ange-

---

23 Kollmer, Arbeitsschutzgesetz, Rn. 215 ff.; Kollmer/Klindt/Schucht/Schucht ArbSchG § 15 Rn. 40 f. **24** Kohte, Die vorhersehbare Fehlanwendung, S. 297, 303 ff. **25** Müller-Wenner AiB 1998, 596 (597). **26** BT-Drs. 13/3540, 18. **27** Kollmer, Arbeitsschutzgesetz, Rn. 219.

strebte Aktivierung und Verantwortungsübernahme der Beschäftigten ins Leere; berechtigte Anzeigen in der Zukunft könnten unterbleiben und die Motivation zur Beteiligung sinken.[28]

Die Beschäftigten sind auch verpflichtet, jeden an den **Schutzsystemen festgestellten** 16 **Defekt** zu melden. Meldepflichtig sind Totalausfälle, eingeschränkte Funktionen oder Fehlfunktionen an Schutzeinrichtungen der Maschinen, Geräte oder Anlagen. Auch Defekte an optischen oder akustischen Warneinrichtungen und persönlichen Schutzausrüstungen zählen dazu.[29]

Defekte und Gefahren sind „**unverzüglich**" zu melden, dh die Beschäftigten dürfen die 17 Meldung **nicht schuldhaft verzögern** (§ 121 BGB). Die Frist bestimmt sich nach den Umständen des Einzelfalls. Eine angemessene Zeit zur Überprüfung ist zulässig. Die zeitliche Vorgabe soll Verzögerungen aus Gleichgültigkeit oder Nachlässigkeit ausschließen.

Adressaten der Meldepflichten sind Arbeitgeber, die verantwortlichen Personen iSd 18 § 13 ArbSchG und zuständige Vorgesetzte, dh Führungskräfte, denen der Beschäftigte fachlich unterstellt ist und die weisungsbefugt sind. Diese können ua Meister, Betriebsleiter, Teamleiter, Abteilungsleiter, Vorarbeiter, Schichtleiter oder Polier sein. Zuständig ist nicht im hierarchischen Sinne zu verstehen, sondern im Sinne von Sach- und Fachkunde bezüglich der aufgetretenen Gefahren bzw. Defekte. Dementsprechend haben die Beschäftigten nach pflichtgemäßem Ermessen die Person zu informieren, die in der Lage ist, die Gefahr zu beurteilen und Gegenmaßnahmen einzuleiten.[30]

5. Pflicht zur Meldung von allgemeinen Gefahren sowie von Mängeln an Schutzsyste- 19 **men (§ 16 Abs. 2 S. 2 ArbSchG)**. Die Meldepflichten des § 16 Abs. 1 ArbSchG werden durch § 16 Abs. 2 S. 2 ArbSchG ergänzt. **Sämtliche Gefahren** und **Defekte an Schutzsystemen** sollen neben dem Arbeitgeber bzw. Vorgesetztem **auch der Fachkraft für Arbeitssicherheit, dem Betriebsarzt oder dem Sicherheitsbeauftragten (§ 22 SGB VII) mitgeteilt** werden. Es handelt sich um eine „Soll-Vorschrift", dh in der Regel ist eine Meldung zu machen. Im Einzelfall kann davon abgesehen werden. Hinweise hierfür lassen sich aus § 16 Abs. 2 DGUV Vorschrift 1 – Grundsätze der Prävention entnehmen. Hiernach ist der Arbeitnehmer zur Mängelbeseitigung verpflichtet, falls diese zu seinen Aufgaben gehört und er dazu befähigt ist. In diesen Fällen ist eine Meldung nicht notwendig, insbesondere wenn es sich um geringe Mängel handelt, die nur einmal auftreten. Anderes gilt für kleinere Gefahren und geringfügige Defekte, die häufig auftreten, selbst wenn die Beschäftigten sie selbst beseitigen könnten. Denn § 16 Abs. 2 S. 2 ArbSchG verfolgt den Zweck, dass neben dem Arbeitgeber auch die übrigen Arbeitsschutzfachleute des Betriebs unmittelbar von den Beschäftigten unterrichtet werden, um mit ihnen gemeinsam Fehler auszuwerten und Vorschläge zur Behebung zu machen. **Informationsfluss** und **Prävention** sollen so durch gemeinsame Arbeit aller betrieblichen Akteure gefördert werden.[31]

6. Allgemeine Unterstützungspflichten (§ 16 Abs. 2 S. 1 ArbSchG). Die Beschäftigten 20 haben den Arbeitgeber bei der Erfüllung seiner Pflicht, Arbeits- und Gesundheitsschutz zu gewährleisten, gemeinsam mit dem Betriebsarzt und der Fachkraft für Arbeitssicherheit zu unterstützen. Die konkrete Ausfüllung dieser allgemeinen Unterstützungspflicht erfolgt je nach Einzelfall. Im Fokus stehen Sachverhalte, wo es auf das Verhalten und Handeln der Beschäftigten ankommt. Dies bedeutet in erster Linie die Befolgung der **Pflichten zum Eigenschutz** gem. § 15 ArbSchG (→ Rn. 8 ff.), wodurch die Beschäftigten unterstützend mitwirken. § 16 Abs. 2 S. 1 ArbSchG hat insofern eine ergänzende Bedeutung, indem hiernach die Pflicht zur Eigensorge im Verbund mit Betriebsarzt und Fachkraft für Arbeitssicherheit erfolgen soll. Damit wird wiederum betont, dass gelingender Arbeits- und Gesundheitsschutz vor Ort nur im Zusammenwirken aller betrieb-

---

28 KJP/Ernst ArbSchG § 16 Rn. 3. **29** KJP/Ernst ArbSchG § 16 Rn. 5. **30** Kollmer/Klindt/Schucht/Schucht ArbSchG § 16 Rn. 21; KJP/Ernst ArbSchG § 16 Rn. 2. **31** Wlotzke in: FS Hanau, S. 317, 326; KJP/Ernst ArbSchG § 16 Rn. 13 f.; Kollmer, Arbeitsschutzgesetz, Rn. 220; Pieper ArbSchG § 16 Rn. 2.

lichen Akteure erfolgen kann. Dabei bleibt die Verantwortung für die Erfüllung der Grundpflichten der §§ 3–5 ArbSchG beim Arbeitgeber.[32]

21 Über die Befolgung der unmittelbaren Pflichten des § 15 ArbSchG und der Meldepflichten des § 16 ArbSchG hinaus gibt Art. 16 Abs. 2 S. 1 ArbSchG auch Raum für weitergehende **Eigeninitiative**, wie Aufzeigen möglicher Gefahrenquellen, Hinweise auf notwendige Wartungs- und Reparaturarbeiten etc. Die Unterstützung bei der Erfüllung behördlicher Auflagen erfolgt, indem die Beschäftigten sich so verhalten, dass der Zweck der Auflagen erfüllt wird.[33]

22 **7. Vorschlagsrecht zu allen Fragen der Sicherheit und des Gesundheitsschutzes (§ 17 Abs. 1 ArbSchG).** Nach § 17 Abs. 1 S. 1 ArbSchG haben die Beschäftigten das Recht, zu allen Fragen der Sicherheit und des Gesundheitsschutzes Vorschläge zu machen. Das **Vorschlagsrecht** gilt für **alle Themen des Arbeits- und Gesundheitsschutzes**, zB für technische Fragen zur Verhütung von Arbeitsunfällen, betriebliche Organisation der Gefährdungsbeurteilung und Unterweisung, ergonomische Verbesserung von Arbeitsplatz und Umgebung, präventive Maßnahmen, wie Umrüstung von Maschinen „nach dem Stand der Technik", Verbesserung der Zusammenarbeit der betrieblichen Arbeitsschutzakteure. Weiter können Vorschläge zur Arbeitsorganisation und Arbeitszeitgestaltung, wie zB Schichtplänen und Übergabezeiten, gemacht werden.

23 Normzweck ist die **Aktivierung der Beschäftigten** im Prozess der Organisation betrieblichen Arbeits- und Gesundheitsschutzes. Sie sollen ihre Ressourcen und ihr Wissen um konkrete betriebliche Anforderungen einbringen, um den Ist-Zustand zu verbessern und präventive Maßnahmen zu befördern. Deshalb bezieht sich das Vorschlagsrecht nicht nur auf den eigenen Arbeitsplatz bzw. die konkrete Arbeitsaufgabe. Es ist an keine Form gebunden und kann ohne Entgeltminderung während der Arbeitszeit ausgeübt werden.[34] Es kann auch nach § 85 BetrVG unter Einschaltung des Betriebsrats realisiert werden. Das Vorschlagsrecht ist ein reines **Anhörungsrecht**; es besteht kein Anspruch auf Berücksichtigung des Vorschlags. Der Normzweck – Anerkennung und Förderung der Handlungs- und Wissenskompetenz der Beschäftigten – legt aber nahe, dass der Arbeitgeber verpflichtet ist, den Vorschlag ernsthaft zu prüfen und – auf Verlangen – über die Behandlung Auskunft zu geben. Formelhafte Ablehnungen mit Pseudobegründungen, wie „zu teuer", sind verfehlt, weil sie die aktive Teilhabe und Motivation der Beschäftigten ins Gegenteil verkehren und damit den Normzweck konterkarieren.[35]

24 **8. Recht zur außerbetrieblichen Beschwerde (§ 17 Abs. 2 ArbSchG).** Mit der **Implementierung eines außerbetrieblichen Beschwerderechts** in Art. 11 Abs. 6 EG-Rahmenrichtlinie 89/391/EWG unterstreicht das europäische Recht das Ziel, die Beschäftigten in ihrer Eigenverantwortung bezüglich des Arbeits- und Gesundheitsschutzes in ihrem Betrieb zu stärken. Dazu wird die Herstellung von **Transparenz und Kommunikation auch mit den zuständigen Behörden** für sachgerecht und erforderlich erachtet. In diesem Zusammenhang werden heute Fälle des sog „**Whistleblowing**" intensiv diskutiert. Im Streit ist, inwieweit Arbeitnehmer im Einzelfall berechtigt sind, sich an die Öffentlichkeit oder die Arbeitsschutzämter zu wenden bzw. Strafanzeige zu erstatten, wenn Arbeitgeber öffentlich-rechtliche Arbeitsschutz- bzw. Umweltschutzpflichten verletzen oder gar Straftaten, wie Unterschlagung, begehen.

25 § 17 Abs. 2 ArbSchG knüpft die Ausübung des Rechts, sich außerbetrieblich an die zuständige Behörde zu wenden an bestimmte **Voraussetzungen:**

- Es müssen nach Auffassung der Beschäftigten konkrete Anhaltspunkte gegeben sein, dass die vom Arbeitgeber getroffenen Maßnahmen bzw. bereitgestellten Mittel nicht ausreichen, um den Arbeits- und Gesundheitsschutz sicherzustellen.
- Die Beschäftigten müssen sich diesbezüglich innerbetrieblich (beim Arbeitgeber) beschweren.

---

32 Wlotzke in: FS Hanau, S. 317, 325; KJP/Ernst ArbSchG § 16 Rn. 7 ff. **33** KJP/Ernst ArbSchG § 16 Rn. 12. **34** Kollmer/Klindt/Schucht/Schucht ArbSchG § 17 Rn. 16; KJP/Ernst ArbSchG § 17 Rn. 3, 4. **35** Kollmer/Klindt/Schucht/Schucht ArbSchG § 17 Rn. 14; Kollmer, Arbeitsschutzgesetz, Rn. 236; HaKo-ArbSchG/Hamm/Faber ArbSchG § 17 Rn. 2.

- Der Arbeitgeber reagiert nicht oder unzureichend auf die innerbetriebliche Beschwerde.

Den Beschäftigten darf durch die Wahrnehmung des Beschwerderechts kein Nachteil entstehen.

Konkrete Anhaltspunkte sind Tatsachen, die nach Wahrnehmung der Beschäftigten den Verdacht begründen, dass beim Arbeits- und Gesundheitsschutz Mängel bestehen, weil der Arbeitgeber seinen Pflichten nicht ausreichend nachgekommen ist. Der Begriff der Maßnahmen bezieht sich auf alle Maßnahmen iSd § 2 Abs. 1 ArbSchG (→ ArbSchG § 2 Rn. 4 ff.). Mittel sind finanzielle Mittel und Sachmittel, wie zB persönliche Schutzausrüstungen.[36] Bloße Vermutungen oder allgemeine Gerüchte genügen nicht. Der Verdacht einer „unmittelbaren erheblichen Gefahr" iSd § 9 ArbSchG ist nicht vorausgesetzt.

Es ist nicht notwendig, dass die Mängel oder Pflichtverletzungen tatsächlich vorliegen.[37] Die subjektive Auffassung der Beschäftigten über Defizite muss sich auf **objektivierbare Indizien** stützen, die von einem verständigen, sorgfältigen und objektiven Dritten geteilt werden („reasonable belief").[38] Diese können sich aus der eigenen Wahrnehmung der Beschäftigten im Zusammenhang mit ihrer Tätigkeit ergeben. Eine persönliche Betroffenheit ist nicht vorausgesetzt. Die Verdachtsmomente können sich auch auf Schutzmängel in Arbeitsbereichen von Kolleginnen und Kollegen beziehen, korrespondierend mit der Pflicht gem. § 15 Abs. 1 S. 2 ArbSchG (→ Rn. 12).[39] Nach dem Wortlaut ist die Norm hinsichtlich der möglichen Gefährdungen nicht auf Beschäftigte des Arbeitgebers beschränkt. Angesichts der zunehmenden tatsächlichen Arbeit von „Nicht-Beschäftigten", wie Leiharbeitnehmern und Personen mit Werkverträgen im Betrieb, könnten auch diesbezügliche Schutzmängel Gegenstand einer Beschwerde sein.[40] 26

Konkrete Anhaltspunkte können sich weiter aus den **Ergebnissen der Gefährdungsbeurteilung** ergeben. Wenn sich danach Handlungsbedarf ergibt, hat der Arbeitgeber die „erforderlichen" Maßnahmen zu treffen. Diese haben sich an den Gestaltungsgrundsätzen des § 4 ArbSchG zu orientieren (→ ArbSchG § 5 Rn. 66). Damit Arbeitnehmer einschätzen können, ob der Arbeitgeber die nach der Gefährdungsbeurteilung erforderlichen Maßnahmen eingeleitet hat, müssen sie über die Ergebnisse der Gefährdungsbeurteilung informiert werden. In Betrieben mit Betriebsrat hat dieser neben der Beteiligung an der Durchführung der Gefährdungsbeurteilung ein Recht auf Einsichtnahme in die Dokumentation (→ ArbSchG § 6 Rn. 14).[41] In betriebs- oder personalratslosen Betrieben und Dienststellen gelten § 81 Abs. 3 BetrVG bzw. § 14 ArbSchG; danach hat der Arbeitgeber die Beschäftigten zu allen Maßnahmen des Arbeits- und Gesundheitsschutzes zu hören. Wie die Anhörung ausgestaltet wird, ist nicht geregelt. Zweck der Regelung ist, die **Transparenz in betriebs- und personalratslosen Betrieben** zu stärken. Daneben sollen das Wissen sowie die Erfahrungen der Arbeitnehmer in die Organisation des betrieblichen Arbeits- und Gesundheitsschutzes einfließen.[42] Die Erläuterung von und Anhörung zu Maßnahmen des Arbeitsschutzes kann sinnvoll nur auf der Grundlage der Ergebnisse der Gefährdungsbeurteilung erfolgen. Damit müssen die Ergebnisse der Gefährdungsbeurteilung mitgeteilt werden und in diese Anhörung einfließen. Darüber hinaus sind sie auch Grundlage jeder Unterweisung gem. § 12 ArbSchG (→ ArbSchG § 12 Rn. 5), so dass die Beschäftigten wenigstens in Grundzügen informiert sein müssen. 27

Kommt ein nach diesen Maßstäben verständiger Arbeitnehmer zu dem Schluss, dass konkrete Anhaltspunkte für mangelhafte Schutzmaßnahmen vorliegen, hat er zunächst erfolglos **innerbetrieblich Beschwerde** beim Arbeitgeber einzulegen.[43] Es genügt auch, wenn die Beschäftigten sich an ihre unmittelbaren Vorgesetzten oder an Personen im 28

---

[36] KJP/Ernst ArbSchG § 17 Rn. 11 f. [37] Kollmer/Klindt/Schucht/Schucht ArbSchG § 17 Rn. 34; KJP/Ernst ArbSchG § 17 Rn. 9. [38] Beyer S. 257 f. [39] Kollmer/Klindt/Schucht/Schucht ArbSchG § 17 Rn. 40; KJP/Ernst ArbSchG § 17 Rn. 10, 18. [40] Beyer S. 261 f.; Wiebauer NZA 2015, 22, 23. [41] HaKo-BetrVG/Kohte BetrVG § 89 Rn. 43. [42] HaKo-BetrVG/Kohte BetrVG § 81 Rn. 17. [43] Kollmer/Klindt/Schucht/Schucht ArbSchG § 17 Rn. 13; Aligbe ArbAktuell 2014, 242 (243).

Sinne von § 13 ArbSchG wenden. Sie müssen nicht recherchieren, wie mit ihrer Beschwerde umgegangen wird, ob sie an die zuständige Person weitergeleitet wird etc. Der Betriebsrat ist nicht Adressat der Beschwerde; er sollte aber informiert werden, um in Kenntnis dessen auch beim Arbeitgeber um Abhilfe nachzufragen. Damit erhält die Beschwerde Einzelner bzw. einer Gruppe informell größeres Gewicht und wird betriebsöffentlich in der Kommunikation zwischen den betrieblichen Akteuren.

29 Für individualrechtliche Beschwerden im Rahmen des § 17 Abs. 2 ArbSchG hat eine parallele Wertung zu § 89 BetrVG und eine differenzierte Beurteilung zu erfolgen.[44] Die kategorische Vorgabe des Gesetzestextes, zunächst eine erfolglose innerbetriebliche Beschwerde zu erheben, darf nicht so ausgelegt werden, dass die außerbetriebliche Beschwerde in jedem Fall nur als letztes Mittel („ultima ratio") den Betroffenen offen steht. Die restriktive Auslegung, nach der unter allen Umständen eine erfolglose innerbetriebliche Beschwerde verlangt wird,[45] ist mit dem Sinn und Zweck der Richtlinienbestimmung nicht vereinbar.[46] Nach dem **Grundsatz der** „**Effektivität**" darf die Ausübung von Rechten, die das Unionsrecht verleiht, nicht praktisch unmöglich oder wesentlich beschränkt werden. Dies gilt auch für Richtlinienbestimmungen, die unter dem Vorbehalt der Ausgestaltung durch „nationale Rechtsvorschriften und Praktiken" stehen.[47] Der 1. Senat des Bundesarbeitsgerichts hatte diesen möglichen Dissens problematisiert, aber auf ein Vorlageverfahren zur Klärung, ob § 17 Abs. 2 ArbSchG mit Art. 11 Abs. 6 EG-Rahmenrichtlinie 89/391/EWG vereinbar ist, verzichtet.[48] Weil die Beschäftigten ggf. Sanktionen befürchten müssen, wenn sie sich nicht an den innerbetrieblichen Beschwerdeweg halten, muss die Frage für die Praxis handhabbar geklärt werden.

30 Es ist maßgeblich, ob dem Arbeitnehmer eine vorherige innerbetriebliche Beschwerde **zumutbar** ist. Bei Strafanzeigen gegen den Arbeitgeber weisen neuere Entscheidungen auf **differenzierte Lösungen** hin. Sie orientieren die Verpflichtung zu einer innerbetrieblichen Beschwerde an den Umständen des Einzelfalls; einer innerbetrieblichen Klärung gebührt nicht generell der Vorrang.[49] Eine interne Beschwerde kann daher im Einzelfall nicht zumutbar sein, wenn der Arbeitnehmer Kenntnis von Straftaten erhält, durch deren Nichtanzeige er sich selbst einer Strafverfolgung aussetzen würde. Gleiches gilt, wenn der Arbeitgeber selbst schwerwiegende vorsätzliche Straftaten, zB Umweltstraftaten oder Vermögensdelikte, wie Unterschlagung, begeht.[50] Unterhalb der Schwelle von Straftaten bedarf es keiner innerbetrieblichen Beschwerde, wenn sie **offenkundig aussichtslos** wäre, weil Abhilfe berechtigterweise nicht zu erwarten ist. Dies betrifft die Fälle, in denen der Arbeitgeber durch andere Beschäftigte, den Betriebs- oder Personalrat bzw. andere, wie der Fachkraft für Arbeitssicherheit, über die Mängel bereits informiert worden ist, aber Abhilfe nicht geschaffen wurde.[51] Bei unterschiedlichen Mängeln ist eine innerbetriebliche Beschwerde unzumutbar, wenn der Arbeitgeber in der Vergangenheit allgemein auf Beschwerden über Mängel im Arbeits- und Gesundheitsschutz regelmäßig nicht oder unzureichend reagiert hat. Es ist den Arbeitnehmern nicht zumutbar, immer wieder neu auf eine Verhaltensänderung des Arbeitgebers zu hoffen.[52] In diesen Fällen tritt die vertragliche Rücksichtnahmepflicht (§ 241 Abs. 2 BGB) zurück und der Arbeitnehmer darf sich ohne (weitere) innerbetriebliche Beschwerde an die zuständigen Behörden wenden.[53]

---

44 Münch/ArbR/Kohte § 292 Rn. 70 f. **45** So aber Kollmer, Arbeitsschutzgesetz, Rn. 239 f. **46** BFK Rn. 615; Pieper ArbSchG § 17 Rn. 6. **47** EuGH 20.1.2009 - C-350/06 und 520/06, NZA 2009, 135 (Schultz-Hoff/Stringer); im Anschluss BAG 24.3.2009 - 9 AZR 983/07; dazu Kohte/Beetz, jurisPR-ArbR 25/2009 Anm. 1; Beyer S. 243 f.; Wiebauer NZA 2015, 22 (23). **48** BAG 3.6.2003 - 1 ABR 19/02, DB 2003, 2496; dazu Kohte, jurisPR-ArbR 22/2003 Anm. 1. **49** So ausdrücklich BAG 3.7.2003 - 2 AZR 235/02, NZA 2004, 427; Wiebauer NZA 2015, 22 (23). **50** BAG 7.12.2006 - 2 AZR 400/05, NZA 2007, 502; Pieper ArbSchG § 17 Rn. 7. **51** Kollmer/Klindt/Schucht/Schucht ArbSchG § 17 Rn. 51. **52** Weitergehend Beyer S. 249 ff.; vgl. Münch/ArbR/Kohte § 292 Rn. 70. **53** BAG 3.7.2003 - 2 AZR 235/02, NZA 2004, 427; BAG 7.12.2006 - 2 AZR 400/05, NZA 2007, 502; LAG Berlin 28.3.2006 - 7 Sa 1884/05, AuR 2007, 51; Pieper ArbSchG § 17 Rn. 7; Stein BB 2004, 1961; KDZ/KSchR/Däubler KSchG § 1 Rn. 264 f.; HaKo-ArbSchG/Aufhauser ArbSchG § 17 Rn. 2.

Ist eine innerbetriebliche Beschwerde unzumutbar oder reagiert der Arbeitgeber nicht 31
auf die Beschwerde, trifft er unzureichende oder falsche Maßnahmen oder wird zugesagte Abhilfe nicht durchgeführt, kann Beschwerde bei den zuständigen Behörden, dh den Landesämtern für Arbeitsschutz oder der Berufsgenossenschaft erhoben werden. Dieser Schritt sollte mit dem **Betriebsrat** abgestimmt werden; denn der Betriebsrat hat die Pflicht zur Kooperation mit den staatlichen und sonstigen Stellen (§ 89 Abs. 1 S. 2 BetrVG), dh er darf sich in diesen Fällen gleichfalls an die Aufsichtsbehörden wenden. Anders als § 17 Abs. 2 ArbSchG enthält das Betriebsverfassungsgesetz nicht die Pflicht zur vorherigen innerbetrieblichen Beschwerde. Auch aus §§ 2, 74 BetrVG kann dieses nicht für alle Fälle ausnahmslos hergeleitet werden; nur „in der Regel" ist zunächst eine innerbetriebliche Klärung zu suchen.[54] Personen mit besonderen betrieblichen Aufgaben oder einer Beauftragung dürfen nicht durch die formalistisch strikte Vorgabe eines innerbetrieblichen Klärungsprozesses von sachlich begründbarer Kommunikation mit außerbetrieblichen Stellen – durch drohende arbeitsrechtliche Sanktionen – abgehalten werden.

Wenn eine außerbetriebliche Beschwerde erhoben worden ist, gilt gem. § 17 Abs. 2 S. 2 32
ArbSchG ein **Benachteiligungsverbot**. Verboten sind ua Abmahnung, Kündigung, Versetzung oder Zuweisung anderer, ggf. minderwertiger Aufgaben oder Nichtberücksichtigung bei Beförderung. In der Praxis wird es uU schwierig sein, einen inneren Zusammenhang zwischen Beschwerde und Arbeitgebermaßnahme nachzuweisen.[55] Das Benachteiligungsverbot ist nach der Entscheidung des EMRK mehr als bisher zu achten; „Whistleblower" werden in Deutschland in der Regel eher sanktioniert und ausgeschlossen als anerkannt. Der EMRK mahnt an, dass dieser restriktive Umgang dazu führt, dass Arbeitnehmer eingeschüchtert werden und wegen befürchteter Nachteile Missstände, wie Verstöße gegen Arbeits- und Gesundheitsschutz, weder innerhalb und erst recht nicht gegenüber Behörden melden.[56]

Eine **verhaltensbedingte Kündigung** steht im Raum, wenn der Arbeitnehmer entweder 33
nicht zunächst innerbetrieblich Beschwerde eingelegt hat und/oder die außerbetriebliche Beschwerde nicht berechtigt ist, weil eine Gefährdung tatsächlich nicht bestand bzw. der Arbeitgeber seine Pflichten ordnungsgemäß erfüllt hat. Zur Beurteilung der Rechtmäßigkeit der Kündigung im Rahmen des § 17 Abs. 2 ArbSchG ist die Parallelwertung in Fällen der Strafanzeigen gegen den Arbeitgeber heranzuziehen. Diese Fälle beschäftigen die Arbeitsgerichte weitaus häufiger als Beschwerden bei Arbeitsschutzbehörden.[57] Strafanzeigen und Eingaben bei Behörden sind in unserer Rechtsordnung als Recht jeden Bürgers vorgesehen; dazu gehört weiter das Recht bzw. im Strafverfahren die Zeugenpflicht, Aussagen zu machen. Beides darf nicht arbeitsrechtlich sanktioniert werden, selbst wenn sich herausstellt, dass kein Straftatbestand bzw. eine Verletzung der Pflichten des ArbSchG vorliegt.[58] Eine vergleichbare Wertung ergibt sich aus dem objektivrechtlichen Gehalt der Meinungsfreiheit, der in der Entscheidung des EGMR betont worden ist.[59] Im Regelfall kommt der **Meinungsfreiheit bei der öffentlichen Kritik** an der Missachtung arbeitsschutzrechtlicher Vorschriften (Whistleblowing) der Vorrang zu.[60]

Die Rechtfertigung einer (fristlosen) **Kündigung wegen „Whistleblowing"** gegenüber 34
Behörden im Kontext des § 17 Abs. 2 ArbSchG ist daher **im Lichte der Rechtsprechung des EMRK** zu prüfen. Die Aussagen des EMRK sind eine Fortentwicklung und Präzi-

---

54 BAG 3.6.2003 – 1 ABR 19/02, DB 2003, 2496; dazu Kohte, jurisPR-ArbR 22/2003 Anm. 1; HaKo-BetrVG/Kohte BetrVG § 89 Rn. 30. **55** Kollmer, Arbeitsschutzgesetz, Rn. 243 f.; KJP/Ernst ArbSchG § 17 Rn. 23. **56** EGMR 21.7.2011 – 28274/08, NZA 2011, 1169 (Heinisch/Deutschland). **57** Beyer S. 107 ff. **58** BVerfG 2.7.2001 – 1 BvR 2049/00, NZA 2001, 888. **59** EGMR 21.7.2011 – 28274/08, NZA 2011, 1269 (Heinisch/Deutschland); dazu Ulber NZA 2011, 962; Forst NJW 2011, 3477. **60** So bereits Graser S. 230 ff.; Simitis S. 347 ff.

sierung der früheren Kriterien von Bundesverfassungsgericht und Bundesarbeitsgericht.[61] Im Rahmen der Abwägung sind folgende Aspekte von Bedeutung:[62]

- Die vertragliche Pflicht zur Rücksichtnahme (§ 241 Abs. 2 BGB) gebietet, dass der Arbeitnehmer zunächst versucht, eine innerbetriebliche Klärung herbeizuführen. Ist diese nicht zumutbar im beschriebenen Sinne (→ Rn. 30), kann die Kündigung nicht damit begründet werden, der Arbeitnehmer habe die außerbetriebliche Beschwerde leichtfertig erhoben.[63]
- Der Arbeitnehmer darf keine „haltlosen" Aussagen machen. Er darf nicht wissentlich oder leichtfertig falsche Behauptungen erheben. Kennt er die Mängel nicht aus eigener Beobachtung, muss er sorgfältig prüfen, ob die Informationen zutreffend und zuverlässig sind.[64] Kann die Unrichtigkeit der Information im Prozess nicht aufgeklärt werden, ist die Kündigung unwirksam.[65]
- Sucht der Arbeitnehmer anwaltlichen Rat, etwa um den Verstoß gegen (Straf-)Vorschriften rechtlich klären zu lassen, handelt er in „gutem Glauben", wenn er auf dieser Grundlage die Behörden einschaltet. Diese müssen prüfen, ob die Vorwürfe wahr sind; der Arbeitnehmer muss das Ergebnis des (Ermittlungs-)Verfahrens nicht vorhersehen. Er darf keine Nachteile erleiden, wenn sich seine in gutem Glauben erhobenen Behauptungen im Nachhinein als unwahr herausstellen.[66]

35 Eine Kündigung wird als gerechtfertigt angesehen, wenn sich die Anzeige bzw. Beschwerde als **unverhältnismäßige Reaktion** auf ein Verhalten des Arbeitgebers darstellt. In diesem Zusammenhang wird der **Motivation** des Arbeitnehmers besondere Bedeutung zugemessen.[67] Erhebt er aus „niedrigen Beweggründen", wie Rache oder Schädigungsabsicht, Beschwerde, verfolgt er keine schutzwürdigen Interessen. So handelt er auch rechtsmissbräuchlich, wenn er seinen Pflichten gem. § 16 ArbSchG, dh der Meldung von Gefahren und Defekten an Schutzsystemen, grundlos nicht nachkommt, sondern direkt die Behörde informiert. Eine verwerfliche Motivation wird jedoch nur in äußersten Ausnahmefällen allein die Kündigung rechtfertigen können.[68] In der Regel darf die Motivation des Arbeitnehmers nicht entscheidend für die Prüfung der Wirksamkeit der Kündigung sein. Das Interesse der Arbeitnehmer des Betriebs und der Allgemeinheit an der Einhaltung von (Arbeitsschutz-)Vorschriften hat Vorrang. Die **Bedeutung der Motivation ist daher zu relativieren**.[69] Nichts anderes gilt, wenn der Arbeitnehmer mit der Motivation handelt, auch seine eigenen Arbeitsbedingungen zu verbessern. Der **EGMR** hat zu Recht die **Bedeutung des Schutzes der Allgemeinheit** hervorgehoben. Dieser Schutzzweck ist auch bei der Prüfung einer verhaltensbedingten Kündigung eines „Whistleblowers" besonders zu beachten. Ein von Offenheit und Vertrauen geprägtes Betriebsklima ebnet innerbetriebliche Beschwerdewege. Daneben gehört die **Implementierung eines innerbetrieblichen Beschwerdemanagements** zu den Organisationspflichten des Arbeitgebers gem. § 3 ArbSchG.[70]

36 Beschwerden gehören zu den wichtigen Erkenntnismöglichkeiten, die die Behörden bei ihrer Überwachungsaufgabe zu nutzen haben. Aus diesem Grund erstreckt sich die **Verschwiegenheitspflicht der Aufsichtsbehörden** regelmäßig auch auf die **Identität der jeweiligen Beschwerdeführer** (→ ArbSchG § 21 Rn. 13).[71] So hat das zuständige Ministerium in NRW 2011 als Konsequenz aus dem Envio-Vorfall ein einheitliches **Beschwerdemanagement** eingeführt, durch das die Aufsichtsbehörde in NRW einheitliche Vorga-

---

61 BAG 3.7.2003 – 2 AZR 235/02, NZA 2004, 427; BAG 7.12.2006 – 2 AZR 400/05, NZA 2007, 502; LAG Berlin 28.3.2006 – 7 Sa 1884/05, AuR 2007, 51; Stahlhacke/Preis § 22 Rn. 691 f.; HaKo-KSchR/Fiebig KSchG § 1 Rn. 361 ff.; Stein BB 2004, 1961. 62 LAG Köln 2.2.2012 – 6 Sa 304/11, NZA-RR 2012, 298. 63 LAG Köln 10.7.2003 – 5 Sa 151/03; Ulber NZA 2011, 962 (963). 64 LAG Köln 2.2.2012 – 6 Sa 304/11, NZA-RR 2012, 298. 65 Ulber NZA 2011, 962 (964). 66 BAG 7.12.2006 – 2 AZR 400/05, NZA 2007, 502. 67 BAG 3.7.2003 – 2 AZR 235/02, NZA 2004, 427; LAG Hamm 24.2.2011 – 17 Sa 1669/10. 68 So LAG Rheinland-Pfalz 2.4.2009 – 10 Sa 691/08. 69 Wendeling-Schröder RdA 2004, 374 (377); Beyer S. 125 f. 70 Beyer S. 247. 71 Wlotzke in: FS Hilger und Stumpf, S. 723, 751.

ben für die Bearbeitung von Arbeitnehmerbeschwerden eingeführt hat. Zentraler Punkt ist dabei, dass die **Anonymität der Beschwerdeführer** gewahrt wird.[72]

IV. Rechtsdurchsetzung

In der Frage der Rechtsdurchsetzung ist zunächst zwischen den **Pflichten der §§ 15, 16 ArbSchG** und dem **Vorschlagsrecht des § 17 Abs. 1 ArbSchG zu differenzieren**. Bezüglich der Pflichten der Beschäftigten stellt sich in der betrieblichen Praxis weniger die Frage nach Rechtsdurchsetzung. Im Mittelpunkt steht – neben der Frage der Verpflichtung zu Schadensersatz bei herbeigeführten Sach- oder Personenschäden[73] – inwieweit der Arbeitgeber Verstöße gegen Vorschriften der Arbeits- und Gesundheitsschutzes sanktionieren darf. Das Vorschlagsrecht der Beschäftigten wird dagegen am wirkungsvollsten durch ein betriebliches Klima der Transparenz und Offenheit gegenüber aktiver Beteiligung „durchgesetzt". Die rechtliche Kategorie hierzu findet sich am ehesten in Betriebsvereinbarungen zu einem betrieblichen Vorschlagswesen, die besonders Vorschläge zum Arbeits- und Gesundheitsschutz honorieren (→ Rn. 41). 37

1. Arbeitsrechtliche Folgen bei Verstößen gegen §§ 15, 16 ArbSchG: Abmahnung bzw. verhaltensbedingte Kündigung. Allgemein werden die Pflichten der §§ 15, 16 ArbSchG als **arbeitsvertragliche Nebenpflichten** beurteilt. Eine schuldhafte Verletzung dieser Pflichten kann damit zu arbeitsrechtlichen Folgen, wie Abmahnung oder verhaltensbedingter Kündigung, führen.[74] Denn die Arbeitnehmer erfüllen ihre vertragliche Arbeitspflicht entsprechend dem Rechtsgedanken des § 242 BGB nur ordnungsgemäß, wenn sie sich an öffentlich-rechtliche Arbeitsschutzregelungen, UVV, betriebliche Vereinbarungen bzw. Regelungen und arbeitgeberseitige Maßnahmen halten. Auch die generelle Pflicht zur Eigensorge gem. § 15 ArbSchG ist nicht nur eine Pflicht „gegen sich selbst" oder die Arbeitsschutzbehörde, sondern auch eine **Vertragspflicht gegenüber dem Arbeitgeber**. Vor diesem Hintergrund ist indes eine Differenzierung in Bezug auf die Arbeitnehmerpflichten geboten: Die Pflichten zur Eigensorge, Sorge um die Sicherheit und Gesundheit anderer Beschäftigter des Betriebs und für die bestimmungsgemäße Nutzung der Arbeitsmittel (§ 15 ArbSchG) sowie Meldepflichten (§ 16 Abs. 1, Abs. 2 S. 2 ArbSchG) sind arbeitsvertragliche Nebenpflichten. Die allgemeine Pflicht zur Unterstützung des Arbeitgebers (§ 16 Abs. 2 S. 1 ArbSchG) ist indes eine Verhaltenspflicht zur Unterstützung öffentlich-rechtlicher Aufgaben des Arbeitgebers.[75] Daraus lassen sich kaum konkret bestimmbare Handlungspflichten ableiten, so dass eine arbeitsrechtliche Sanktionierung bei Nichtbefolgung nicht zu rechtfertigen ist. 38

In der **arbeitsgerichtlichen Praxis** finden sich insbesondere Urteile zur Abmahnung bzw. verhaltensbedingten Kündigung wegen Verletzung von UVV bzw. betrieblichen Sicherheitsregeln. Arbeitnehmer sind arbeitsvertraglich zu einem mit den Arbeits- und Gesundheitsschutzvorschriften korrespondierenden Verhalten verpflichtet. Ein Verstoß gegen diese Pflichten ist grundsätzlich geeignet, eine fristgemäße **verhaltensbedingte Kündigung** zu rechtfertigen; ggf. kommt bei Vorsatz sogar eine fristlose Kündigung in Betracht.[76] In der Regel ist eine Abmahnung erforderlich; der Verhältnismäßigkeitsgrundsatz ist zu beachten. Bei der notwendigen Interessenabwägung sind die Dauer der Betriebszugehörigkeit und die jahrelange pflichtgemäße Einhaltung der Sicherheitsvorschriften zugunsten des Arbeitnehmers zu berücksichtigen.[77] Über diese allgemeinen Grundsätze hinaus lassen sich folgende **spezifische Aspekte** zu Pflichtenverletzungen im Arbeits- und Gesundheitsschutz herausarbeiten: 39

---

[72] Abschlussbericht der Landesregierung NRW vom 30.4.2012 zu den Konsequenzen aus der PCB-Problematik im Bereich des Dortmunder Hafens, S. 11. [73] Siehe dazu LR/Wiebauer ArbSchG Vor § 15 Rn. 11 f.; Kollmer/Klindt/Schucht/Schucht ArbSchG § 16 Rn. 80 ff. [74] Kollmer, Arbeitsschutzgesetz, Rn. 226 f.; Kollmer/Klindt/Schucht/Schucht ArbSchG § 16 Rn. 87 ff.; für § 15 ArbSchG: HaKo-ArbSchG/Aufhauser ArbSchG § 15 Rn. 5; Pieper ArbSchG § 15 Rn. 7; KJP/Ernst ArbSchG § 15 Rn. 24. [75] Wlotzke in: FS Hanau, S. 317, 327 f. [76] LAG Rheinland-Pfalz 20.9.2007 – 11 Sa 207/07. [77] LAG Hamm 11.9.1997 – 12 Sa 964/97, AuR 1998, 168; LAG Rheinland-Pfalz 14.4.2005 – 11 Sa 810/04, NZA-RR 2006, 194; LAG Schleswig-Holstein 14.8.2007 – 5 Sa 150/07, NZA-RR 2007, 634; LAG Köln 16.7.2008 – 3 Sa 190/08, AuR 2008, 361; LAG Schleswig-Holstein 8.10.2008 – 6 Sa 158/08.

- Die **vorsätzliche Verletzung** von Sicherheitsvorschriften trotz einschlägiger Abmahnung rechtfertigt eine fristgerechte verhaltensbedingte Kündigung, insbesondere wenn der Arbeitnehmer als Obermonteur eine Vorbildfunktion hat.[78] Dies gilt auch, wenn der Arbeitnehmer sich in erster Linie selbst gefährdet.[79]
- Zugunsten des Arbeitnehmers ist zu berücksichtigen, dass die nach § 12 ArbSchG verpflichtende Unterweisung unterblieben ist, so dass dem Arbeitnehmer die Bedeutung der Sicherheitsregel und mögliche Schäden nicht erkennbar sind. In diesem Fall ist trotz eines Verstoßes – vorsätzliches Überbrücken eines Sicherheitsmechanismus – zunächst eine Abmahnung auszusprechen.[80]
- Gleiches gilt, wenn die betrieblichen Sicherheitsregeln nicht eindeutig bzw. widersprüchlich sind und Vorarbeiter das Vorgehen – Betreten eines Sicherheitsbereiches einer energielos gestellten Anlage zu Umrüstarbeiten nach Anfahren von Hand – stillschweigend geduldet haben.[81]
- Eine Kündigung ist ferner nicht gerechtfertigt, wenn der Arbeitgeber – in Kenntnis der Unfallgefahren – die notwendigen Arbeitsmittel für ein gefahrloses Ausführen von Wartungs- und Reparaturarbeiten nicht zur Verfügung stellt. Wenn der Arbeitnehmer dann auf Weisung gleichwohl – gegen Sicherheitsvorschriften – die Arbeiten ausführt und es dabei zu einem Schaden kommt, darf ihm nicht gekündigt werden.[82]

Auch bei vorsätzlichen Verstößen gegen Sicherheitsvorschriften und dem Eintreten von Körper- bzw. Sachschäden halten die Arbeitsgerichte demnach nicht in jedem Fall eine sofortige verhaltensbedingte Kündigung für gerechtfertigt. Es kommt stets auf die genauen betrieblichen Umstände im Einzelfall an. Fehlt es an einer ordnungsgemäßen Unterweisung gem. § 12 ArbSchG oder klaren und eindeutigen schriftlichen Sicherheitsregeln bzw. mündlichen Anweisungen selbst, muss vor Kündigung eine Abmahnung ausgesprochen werden. Gleiches gilt, wenn der Arbeitgeber selbst Arbeitsschutzvorschriften nicht einhält bzw. entgegengesetzte Weisungen erteilt.

40 **2. Durchsetzung des Vorschlagsrechts des § 17 Abs. 1 ArbSchG.** Das Vorschlagsrecht des § 17 Abs. 1 S. 1 ArbSchG **korrespondiert mit dem Recht gem. § 82 Abs. 1 BetrVG.** Hiernach hat der Arbeitnehmer einen individualrechtlichen Anspruch auf Anhörung und Stellungnahme zu allen ihn betreffenden betrieblichen Angelegenheiten und Maßnahmen sowie ein dementsprechendes Vorschlagsrecht. Diese Rechte gelten – gerade auch – in betriebsratslosen Betrieben. § 17 Abs. 1 ArbSchG hebt das allgemeine Vorschlagsrecht für Fragen des Arbeits- und Gesundheitsschutzes hervor und ergänzt es auf Bereiche über den unmittelbaren Arbeitsplatz hinaus.[83] Weigert sich der Arbeitgeber oder der zuständige Vorgesetzte, Vorschläge entgegenzunehmen bzw. weiterzuleiten, stehen dem Arbeitnehmer die Beschwerderechte der §§ 84, 85 BetrVG offen. Der Arbeitnehmer kann wählen, ob er sich erneut an den Arbeitgeber wendet oder direkt an den Betriebsrat.[84]

41 Unter dem Gesichtspunkt der Partizipation am betrieblichen Arbeits- und Gesundheitsschutzmanagement kommt indes der Möglichkeit, **Betriebsvereinbarungen zum betrieblichen Vorschlagswesen** abzuschließen, größere Beachtung zu (§ 87 Abs. 1 Nr. 12 BetrVG). Es können Grundsätze der Organisation und des Verfahrens zur Einreichung und zum Umgang mit Vorschlägen gem. § 17 Abs. 1 ArbSchG geregelt werden. Dazu zählen ua auch generelle Regelungen über Grundsätze einer Prämienzahlung. So können besondere Prämien für Vorschläge zum Arbeits- und Gesundheitsschutz vorgesehen werden, um Vorschläge aus dem Betrieb besonders zu fördern.[85]

---

78 LAG Rheinland-Pfalz 14.4.2005 – 11 Sa 810/04, NZA-RR 2006, 194. **79** LAG Rheinland-Pfalz 20.9.2007 – 11 Sa 207/07. **80** LAG Hamm 11.9.1997 – 12 Sa 964/97, AuR 1998, 168; zustimmend Müller-Wenner AiB 1998, 596. **81** LAG Schleswig-Holstein 18.4.2007 – 5 Sa 150/07, NZA-RR 2007, 634. **82** LAG Köln 16.7.2008 – 3 Sa 190/08, AuR 2008, 361; Kohte/Faber, jurisPR-ArbR 10/2010 Anm. 3. **83** Fitting BetrVG § 82 Rn. 7; HaKo-BetrVG/Lakies BetrVG § 82 Rn. 1, 7. **84** Fitting BetrVG § 85 Rn. 1. **85** HaKo-BetrVG/Kohte BetrVG § 87 Rn. 147 ff.

Vierter Abschnitt Verordnungsermächtigungen

§ 18 ArbSchG Verordnungsermächtigungen

(1) ¹Die Bundesregierung wird ermächtigt, durch Rechtsverordnung[1] mit Zustimmung des Bundesrates vorzuschreiben, welche Maßnahmen der Arbeitgeber und die sonstigen verantwortlichen Personen zu treffen haben und wie sich die Beschäftigten zu verhalten haben, um ihre jeweiligen Pflichten, die sich aus diesem Gesetz ergeben, zu erfüllen. ²In diesen Rechtsverordnungen kann auch bestimmt werden, daß bestimmte Vorschriften des Gesetzes zum Schutz anderer als in § 2 Abs. 2 genannter Personen anzuwenden sind.

(2) Durch Rechtsverordnungen nach Absatz 1 kann insbesondere bestimmt werden,

1. daß und wie zur Abwehr bestimmter Gefahren Dauer oder Lage der Beschäftigung oder die Zahl der Beschäftigten begrenzt werden muß,
2. daß der Einsatz bestimmter Arbeitsmittel oder -verfahren mit besonderen Gefahren für die Beschäftigten verboten ist oder der zuständigen Behörde angezeigt oder von ihr erlaubt sein muß oder besonders gefährdete Personen dabei nicht beschäftigt werden dürfen,
3. daß bestimmte, besonders gefährliche Betriebsanlagen einschließlich der Arbeits- und Fertigungsverfahren vor Inbetriebnahme, in regelmäßigen Abständen oder auf behördliche Anordnung fachkundig geprüft werden müssen,
4. daß Beschäftigte, bevor sie eine bestimmte gefährdende Tätigkeit aufnehmen oder fortsetzen oder nachdem sie sie beendet haben, arbeitsmedizinisch zu untersuchen sind und welche besonderen Pflichten der Arzt dabei zu beachten hat,
5. dass Ausschüsse zu bilden sind, denen die Aufgabe übertragen wird, die Bundesregierung oder das zuständige Bundesministerium zur Anwendung der Rechtsverordnungen zu beraten, dem Stand der Technik, Arbeitsmedizin und Hygiene entsprechende Regeln und sonstige gesicherte arbeitswissenschaftliche Erkenntnisse zu ermitteln sowie Regeln zu ermitteln, wie die in den Rechtsverordnungen gestellten Anforderungen erfüllt werden können. Das Bundesministerium für Arbeit und Soziales kann die Regeln und Erkenntnisse amtlich bekannt machen.

§ 19 ArbSchG Rechtsakte der Europäischen Gemeinschaften und zwischenstaatliche Vereinbarungen

Rechtsverordnungen nach § 18 können auch erlassen werden, soweit dies zur Durchführung von Rechtsakten des Rates oder der Kommission der Europäischen Gemeinschaften oder von Beschlüssen internationaler Organisationen oder von zwischenstaatlichen Vereinbarungen, die Sachbereiche dieses Gesetzes betreffen, erforderlich ist, insbesondere um Arbeitsschutzpflichten für andere als in § 2 Abs. 3 genannte Personen zu regeln.

Literatur: *Denninger*, Verfassungsrechtliche Anforderungen an die Normsetzung im Umwelt- und Technikrecht, 1990; *Faber*, Rechtliche Kontextbedingungen für die überbetriebliche Vertretung von Arbeitnehmerinteressen in staatlichen Arbeitsschutzausschüssen. Abschlussbericht, 2006, download: www.boeckler.de/pdf_fof/S-2004-709-4-1.pdf; *Herschel*, Zur Dogmatik des Arbeitsschutzrechts, RdA 1978, 69 ff.; *Jarass*, Der rechtliche Stellenwert technischer und wissenschaftlicher Standards – Probleme und Lösungen am Beispiel der Umweltstandards, NJW 1987, 1225 ff.; *Kloepfer*, Instrumente des Technikrechts, in: Schulte (Hrsg.), Handbuch des Technikrechts, 2003, S. 111 ff.; *Kohte*, Die Konkretisierung rechtlicher Anforderungen durch technische Regeln, in: Hendler/Marburger (Hrsg.), Technische Regeln im Umwelt- und Technikrecht, 2006, S. 119 ff. (zitiert: Kohte, Jahrbuch 86); *Lamb*, Kooperative Gesetzeskonkretisierung – Verfahren zur Erarbeitung von Umwelt- und Technikstandards,

---

[1] Siehe die Arbeitsschutzreform-VO, BetriebssicherheitsVO, die AerosolpackungsVO, die DruckgeräteVO, die Lärm- und Vibrations-ArbeitsschutzVO, die Arbeitsmedizinische Vorsorge-VO, die ArbeitsschutzVO zu künstlicher optischer Strahlung, die GefahrstoffVO und die BiostoffVO.

1995; *Lübbe-Wolff*, Verfassungsrechtliche Fragen der Normsetzung und Normkonkretisierung im Umweltrecht, ZG 1991, 219 ff.; *Marburger*, Die Regeln der Technik im Recht, 1979; Sachverständigenrat für Umweltfragen, Umweltgutachten 1996 (Umweltstandards: Bedeutung, Situationsanalyse, Verfahrensvereinheitlichung, BT-Drucks. 13/4108, 251 ff.); *Ortloff/Sundermann-Rosenow*, Die rechtliche Wirkung technischer Regelwerke am Beispiel der Technischen Regeln zur Anlagensicherheit nach § 31 a BImSchG, ZfU 2005, 345 ff.; *Risikokommission* (ad hoc-Kommission „Neuordnung der Verfahren und Strukturen zur Risikobewertung und Standardsetzung im gesundheitlichen Umweltschutz der Bundesrepublik Deutschland"): Abschlussbericht, 2003 (download: www.apug.de); *Unabhängige Sachverständigenkommission* beim Bundesministerium für Umwelt, Naturschutz und Reaktorsicherheit: Entwurf eines Umweltgesetzbuchs, 1998 (UGB-KomE); *Wilrich*, Rechtsprechung zu technischen Normen und normähnlichen Dokumenten hinsichtlich ihrer Bedeutung für Sicherheit und Gesundheitsschutz, hrsg. vom Verein zur Förderung der Arbeitssicherheit in Europa e.V., 2016 (download www.kan.de/publikationen/kan-studien/).

I. Normzweck/Systematik 1	bb) Ermitteln von Regeln und Erkenntnissen 26
II. Unionsrecht/Entstehung........ 6	c) Vermutungswirkung Technischer Regeln 35
III. Detailkommentierung 9	aa) Gegenstand der „Vermutungswirkung"...... 36
1. Rahmen der Verordnungsermächtigung (§ 18 Abs. 1 ArbSchG) 10	bb) Vermutungswirkungsfähige Technische Regeln 39
2. Beispielhafte Regelungsgegenstände (§ 18 Abs. 2 Nr. 1–4 ArbSchG) 14	cc) Gesetzliche Anordnung der Vermutungswirkung? 51
3. Bildung von Ausschüssen und Technisches Regelwerk (§ 18 Abs. 2 Nr. 5 ArbSchG) 19	4. Umsetzung von Unions- und Völkerrecht in nationales Recht durch Rechtsverordnung (§ 19 ArbSchG)........ 54
a) Ausschussmitglieder/Zusammensetzung der Ausschüsse 21	IV. Rechtsdurchsetzung 58
b) Aufgaben der Ausschüsse 24	
aa) Beratung der Bundesregierung und des BMAS 25	

I. Normzweck/Systematik

1 §§ 18, 19 ArbSchG ermöglichen es der Bundesregierung mit Zustimmung des Bundesrates Rechtsverordnungen zu erlassen. Als **Gesetze im materiellen Sinne** normieren Rechtsverordnungen verbindliches Recht, das nicht nur die Adressaten der Rechtsverordnungen (dh hier insbes. Arbeitgeber und Beschäftigte), sondern auch die Verwaltung und die Gerichte bindet.[1] Durch den Erlass von Rechtsverordnungen soll vor allem der „ordentliche", dh parlamentarische, Gesetzgeber entlastet und eine zeitnahe Anpassung der Rechtslage erreicht werden.[2] Gerade in einem technisch-wissenschaftlich geprägten Rechtsgebiet wie dem Arbeitsschutzrecht stehen Rechtsverordnungen für eine **spezifische Arbeitsteilung zwischen Legislative und Exekutive**: Während der durch Wahlen unmittelbar demokratisch legitimierte parlamentarische Gesetzgeber die **grundlegenden Weichenstellungen** durch **Parlamentsgesetze** (dh Gesetze im formellen Sinne) trifft, werden die erforderlichen **fachlichen Konkretisierungen** durch die Exekutive mittels **Rechtsverordnungen** (dh Gesetzen im materiellen Sinne) vorgenommen.

2 Verfassungsrechtlich trägt Art. 80 Abs. 1 GG dem mit einer solchen „exekutivischen" Rechtsetzung **notwendigerweise einhergehenden Verlust demokratischer Legitimation** dadurch Rechnung, dass formal eine parlamentsgesetzliche Ermächtigung zum Erlass von Rechtsverordnungen verlangt wird. Diese muss darüber hinaus materiell den Regelungsspielraum der Exekutive hinreichend genau vorprogrammieren. Das bedeutet konkret, dass der parlamentarische Gesetzgeber nach **Art. 80 Abs. 1 GG Inhalt, Zweck**

---

[1] Uhle in: Epping/Hillgruber, 2016, GG Art. 80 Rn. 2, 36 f. [2] Jarass/Pieroth, 14. Aufl. 2016, GG Art. 80 Rn. 1.

und Ausmaß der Verordnungsermächtigung zu normieren hat. Die wesentlichen Eckpunkte der Verordnungen müssen mit anderen Worten durch den parlamentarischen Gesetzgeber „vorentschieden" sein. Unabhängig davon ist der parlamentarische Gesetzgeber selbstverständlich nicht gehindert, eine Verordnungsermächtigung quasi wieder an sich zu ziehen und ein Parlamentsgesetz zu verabschieden, sofern er dies im Einzelfall für geboten hält.

§ 18 ArbSchG ist vor diesem Hintergrund die verfassungsrechtlich geforderte **Ermächtigungsgrundlage**, die den gesetzlichen Rahmen für den Erlass von **Rechtsverordnungen** zur Konkretisierung der im ArbSchG normierten Pflichten und Rechte hinsichtlich Inhalt, Zweck und Ausmaß absteckt. Rechtsverordnungen können auch zur innerstaatlichen Umsetzung unionsrechtlicher (→ Unionsrecht Rn. 36 ff.) bzw. völkerrechtlicher Pflichten der Bundesrepublik Deutschland genutzt werden (Umsetzung von EU-Richtlinien, völkerrechtlichen Verträge etc). § 18 ArbSchG wird zu diesem Zweck rechtssystematisch flankiert durch § **19 ArbSchG**, nach dessen Maßgaben **unions- bzw. völkerrechtlich erforderliche Transformationsakte** auch durch Rechtsverordnungen erfolgen können.[3] 3

Rechtssystematisch formt § 18 ArbSchG den **Rechtsrahmen** für eine gestufte Rechtssetzung zur Konkretisierung der arbeitsschutzrechtlichen Pflichten. Durch die Arbeitsschutzverordnungen werden die überaus allgemeinen und grundsätzlichen Anforderungen des ArbSchG unter verschiedenen Aspekten (zB Gefährdungsarten, Betriebsarten) – ein Stück weit – konkretisiert. Es wird auf diese Weise mit den Rechtsverordnungen eine **zweite gesetzliche Regelungsebene** eingeführt. Diese stufenweise Konkretisierung ist durch die im Jahre 2000 eingefügten Verordnungsermächtigung des § 18 Abs. 2 Nr. 5 ArbSchG um eine **weitere Regelungsebene** ergänzt worden. Danach können durch die in § 18 Abs. 2 Nr. 5 ArbSchG genannten Ausschüsse **Technische Regeln** erarbeitet werden, die die immer noch vergleichsweise allgemeinen und unbestimmten Vorgaben der Arbeitsschutzverordnungen „untersetzen" (hierzu ausführlich → Rn. 19 ff.). 4

Rechtsverordnungen als verfassungsrechtlich gebilligte Form exekutiver Gesetzeskonkretisierung sind von **Verwaltungsvorschriften** zu unterscheiden, für die es in § 24 ArbSchG eine eigene Regelung gibt. Auch Verwaltungsvorschriften verfolgen das Ziel, gesetzliche Anforderungen (hier des ArbSchG) zu konkretisieren. Anders als Rechtsverordnungen binden allgemeine Verwaltungsvorschriften jedoch nur die Vollzugsbehörden. Es handelt sich bei ihnen also quasi um **Binnenrecht des Staates** und nicht um gesetzliche Vorschriften, die im Gegensatz dazu unmittelbar Rechte und Pflichten der Bürger (dh konkret Arbeitgeber, Beschäftigte, verantwortliche Personen) begründen (→ ArbSchG § 24 Rn. 1). Mit § **19 ArbSchG** hat der Gesetzgeber vor diesem Hintergrund insbes. der **Rechtsprechung des Europäischen Gerichtshofs** Rechnung getragen. Danach sind Verwaltungsvorschriften zur ordnungsgemäßen Umsetzung der Vorgaben von EU-Richtlinien in innerstaatliches Recht nicht geeignet (→ ArbSchG § 24 Rn. 5). Zur Gewährleistung der vollständigen Anwendung einer EU-Richtlinie bedarf es danach vielmehr eines eindeutigen und transparenten **gesetzlichen Rahmens**. Den Betroffenen muss es möglich sein, von ihren Rechten Kenntnis zu nehmen und sie ggf. auch gerichtlich geltend zu machen.[4] Neben **förmlichen Gesetzen** kommen daher zur **Transformation von EU-Richtlinien** lediglich **Rechtsverordnungen** in Betracht. Sie begründen als Gesetze im materiellen Sinne im Gegensatz zu Verwaltungsvorschriften unmittelbar klagbare Rechte und Pflichten einzelner Bürger (dh hier: Arbeitgeber, Beschäftigte, verantwortliche Personen iSv § 13 ArbSchG). 5

II. Unionsrecht/Entstehung

Die Rechtsverordnungsermächtigungen der §§ 18, 19 ArbSchG sind mit der Einführung des ArbSchG geschaffen worden. Mit § 19 ArbSchG besteht eine Ermächtigungsgrundlage, die es insbes. ermöglicht, die Vorgaben der Einzelrichtlinien zur Rahmen- 6

---

[3] BT-Drs. 13/3540, 20. [4] EuGH 30.5.1991 – C 361/88, Slg 1991, 2567 ff.; Kollmer/Klindt/Schucht/Doerfert ArbSchG § 19 Rn. 11 f.

2 ArbSchG §§ 18, 19   Verordnungsermächtigungen

RL 89/391/EWG (s. Aufstellung → Unionsrecht Rn. 22) durch den Erlass von Rechtsverordnungen in deutsches Recht umzusetzen. Sie markiert somit eine wichtige **Rahmenbedingung zur zügigen Rezeption des Unionsrechts**. Seit seinem Inkrafttreten am 21.8.1996 ist § 19 ArbSchG nicht geändert worden.

7 Seit Inkrafttreten am 21.8.1996 ist der Text des § 18 ArbSchG infolge der Umbenennung des zuständigen Bundesministeriums mehrfach redaktionell geändert worden.[5] Eine inhaltliche Ergänzung der Rechtsverordnungsermächtigung erfolgte Ende des Jahres 2000 durch die Einfügung einer Nr. 5 in § 18 Abs. 2 ArbSchG.[6] Die neue Nr. 5 des § 18 Abs. 2 ArbSchG ermöglicht es, durch Rechtsverordnung die Bildung von Ausschüssen vorzusehen. Aufgabe dieser **Ausschüsse** ist die **Beratung der Bundesregierung** und des zuständiges Bundesministeriums sowie die **Ermittlung von Technischen Regeln**. Vergleichbare Ausschüsse waren bereits im Gesetzgebungsverfahren des ArbSchG Mitte der 1990-er Jahre vorgesehen. Die im damaligen Entwurf der Bundesregierung vorgesehene Nr. 5[7] wurde seinerzeit aber auf Betreiben des Ausschusses für Arbeit und Sozialordnung mit der Begründung herausgenommen, dass für einen solchen Ermächtigungstatbestand derzeit kein Bedarf bestehe.[8]

8 Die **Arbeit der Ausschüsse** ist für die **Betriebspraxis von erheblicher Bedeutung**. Dies gilt namentlich für das von den Ausschüssen ermittelte Technische Regelwerk, das den Spielraum für den Erlass von Unfallverhütungsvorschriften der Unfallversicherungsträger nachhaltig einschränkt. Nach § 15 Abs. 4 S. 6 Nr. 2 SGB VII ist der Erlass von Unfallverhütungsvorschriften nur noch unter der Voraussetzung zulässig, dass das mit der Unfallverhütungsvorschrift angestrebte Präventionsziel ausnahmsweise nicht durch Technische Regeln der Ausschüsse nach § 18 Abs. 2 Nr. 5 ArbSchG erreicht werden kann.[9] Anders als im Umwelt- und sonstigen Technikrecht, in denen es vergleichbare Ausschüsse gibt, fehlt es bislang im Arbeitsschutzrecht weitgehend an einer Diskussion über die rechtlichen Kontextbedingungen der Ausschüsse.[10] Unter **systematischen Gesichtspunkten** kann die Zuordnung der Verordnungsermächtigung zur **Bildung von Ausschüssen als Nr. 5 des § 18 Abs. 2 ArbSchG nicht überzeugen**. Nach seinem einleitenden Satzteil, sollen durch den Abs. 2 beispielhaft Regelungsgegenstände der Verordnungsermächtigung des Abs. 1 benannt werden. § 18 Abs. 1 ArbSchG bezieht sich allein auf die Rechtsstellung des Arbeitgebers, der verantwortlichen Personen bzw. der Beschäftigten. § 18 Abs. 2 Nr. 5 ArbSchG befasst sich hingegen mit der Bildung von Ausschüssen, also einem anderen Regelungsgegenstand. Vor diesem Hintergrund wäre es überzeugender gewesen, § 18 Abs. 2 Nr. 5 ArbSchG in einem eigenständigen Absatz zu regeln, um zu verdeutlichen, dass mit ihm eine grundsätzlich andere Problematik aufgegriffen wird (Beratung des BMAS, Technisches Regelwerk).[11]

III. Detailkommentierung

9 § 18 Abs. 1 ArbSchG steckt den **inhaltlichen Rahmen zum Erlass von Rechtsverordnungen** zur Konkretisierung des ArbSchG ab. In § 18 Abs. 2 ArbSchG werden ergänzend unter fünf Nummern **beispielhaft Aspekte** aufgeführt, die durch Rechtsverordnung näher ausgestaltet werden können. In § 19 ArbSchG wird die Rechtsverordnung als Handlungsform zur **Umsetzung von unions- und völkerrechtlichen Verpflichtungen** herausgestellt.

---

5 Art. 179 der 8. Zuständigkeitsanpassungsverordnung vom 25.11.2003, BGBl. I 2003, 2304 ff. (2325) – „Bundesministerium für Wirtschaft und Arbeit"; Art. 227 Nr. 1 der 9. Zuständigkeitsanpassungsverordnung vom 31.10.2006, BGBl. I 2006, 2407 ff. (2434) – „Bundesministerium für Arbeit und Soziales". **6** Art. 3 Abs. 6 Nr. 2 des Gesetzes zur Änderung des Gerätesicherheitsgesetzes und des Chemikaliengesetzes vom 27.12.2000, BGBl. I 2000, 2048 ff. (2052 f.). **7** BT-Drs. 13/3540, 8. **8** BT-Drs. 13/4854, 3. **9** Zum Vorrang des staatlichen Rechts vgl. etwa Zakrzewski in: Becker/Franke/Molkentin, SGB VII, 4. Aufl. 2014, SGB VII § 15 Rn. 7. **10** Vgl. zB Marburger, Die Regeln der Technik im Recht; Denninger, Verfassungsrechtliche Anforderungen an die Normsetzung im Umwelt- und Technikrecht; Lamb, Kooperative Gesetzeskonkretisierung – Verfahren zur Erarbeitung von Umwelt- und Technikstandards; Lübbe-Wolff ZG 1991, 219 ff.; Ortloff/Sundermann-Rosenow ZfU 2005, 345 ff., speziell mit Blick auf das Arbeitsschutzrecht; Kohte, Jahrbuch 86, S. 119 ff. **11** So auch LR/Wiebauer ArbSchG § 18 Rn. 8.

1. Rahmen der Verordnungsermächtigung (§ 18 Abs. 1 ArbSchG). In personeller Hin- 10 sicht zielt die Rechtsverordnungsermächtigung auf die weitere Konkretisierung der durch das ArbSchG allgemein beschriebenen **Rechtsstellungen des Arbeitgebers**, der **verantwortlichen Personen** isv § 13 ArbSchG und der **Beschäftigten**.[12]

Die relevanten **Verpflichtungen** des **Arbeitgebers** und der – nach Maßgabe von § 13 11 ArbSchG – sonstigen **verantwortlichen Personen** ergeben sich aus dem 2. Abschnitt des ArbSchG (§§ 3–14). Hierzu zählen insbes. die Planung und Durchführung der **erforderlichen Maßnahmen des Arbeitsschutzes**, die Berücksichtigung der Grundsätze des Arbeitsschutzes (§§ 3, 4 ArbSchG), die **Gefährdungsbeurteilung** nebst Dokumentation (§§ 5, 6 ArbSchG), **Unterweisungen** (§ 12 ArbSchG), die **Zusammenarbeit mit Dritten** (§ 8 ArbSchG), Maßnahmen im Hinblick auf **besondere Gefahrenlagen** (§§ 9, 10 ArbSchG) und die Anforderungen, die unter den Aspekten von Sicherheit und Gesundheit bei der **Übertragung von Aufgaben auf Beschäftigte** zu beachten sind (§ 7 ArbSchG). Durch Rechtsverordnung konkretisierbar sind schließlich die aus § 3 Abs. 2 ArbSchG folgenden **Grundpflichten zur Organisation** des betrieblichen Arbeits- und Gesundheitsschutzes.

Die für die **Beschäftigten** relevanten Pflichten aus dem ArbSchG ergeben sich aus den 12 §§ 15 ff. ArbSchG. Zu nennen sind in diesem Kontext die Pflichten zur **Eigen- und Fremdsorge** (§ 15 Abs. 1 ArbSchG) sowie zur **bestimmungsgemäßen Verwendung von Arbeitsmitteln und Schutzvorrichtungen** (§ 15 Abs. 2 ArbSchG), **Meldepflichten bei Mängeln** (§ 16 Abs. 1 ArbSchG) sowie die allgemeine Verpflichtung, den **Arbeitgeber** beim betrieblichen Arbeits- und Gesundheitsschutz zu **unterstützen** (§ 16 Abs. 2 ArbSchG).

Praktisch bedeutsam ist die durch § 18 Abs. 1 S. 2 ArbSchG eröffnete Möglichkeit, den 13 personellen Schutzbereich des ArbSchG über den Kreis der Beschäftigten hinaus partiell zu erweitern. Durch Rechtsverordnung kann danach bestimmt werden, dass Schutzvorschriften des ArbSchG auch zum Schutz von Personen anzuwenden sind, die nicht unter den Beschäftigtenbegriff des § 2 Abs. 2 ArbSchG fallen (→ ArbSchG § 2 Rn. 13 ff.). Gemeint sind hiermit zB **Schüler und Studenten oder ehrenamtliche Helfer**,[13] also Personen, die Beschäftigten vergleichbar Gesundheitsgefährdungen ausgesetzt sein können (vgl. **zB § 2 Abs. 7 Nr. 1 GefStoffV, § 2 Abs. 9 S. 2 BioStoffV; § 2 Abs. 10 EMFV**: Gleichstellung von in Heimarbeit beschäftigten Personen, sowie Schülerinnen und Schülern, Studierenden und sonstigen Personen, die in wissenschaftlichen Einrichtungen mit Gefahrstoffen arbeiten mit Beschäftigten im arbeitsschutzrechtlichen Sinne). Nicht unter § 18 Abs. 1 S. 2 ArbSchG fällt es, wenn Mitarbeiterinnen und Mitarbeiter verschiedener Arbeitgeber in einem Gebäude oder auf einem Areal zusammenarbeiten (Mietgebäude, Industriepark etc). Es handelt sich hierbei um eine Frage der Koordination und Abstimmung der verschiedenen Arbeitgeber, die bereits im ArbSchG selbst, insbes. durch die §§ 8, 3 ArbSchG geregelt ist.

2. Beispielhafte Regelungsgegenstände (§ 18 Abs. 2 Nr. 1–4 ArbSchG). Die Nrn. 1–4 14 des § 18 Abs. 2 ArbSchG konkretisieren den durch § 18 Abs. 1 ArbSchG grundsätzlich im Hinblick auf Inhalt, Zweck und Ausmaß (Art. 80 Abs. 1 GG) abgesteckten Rahmen der Verordnungsermächtigung. In einer beispielhaften und damit nicht abschließenden Aufzählung[14] werden mögliche Regelungsgegenstände von Verordnungen angeführt.

§ 18 Abs. 2 Nr. 1 ArbSchG benennt **Beschränkungen der Dauer oder Lage der Beschäf-** 15 **tigung oder der Zahl der Beschäftigten bei bestimmten Gefahren** als möglichen Gegenstand einer Rechtsverordnung. Die Regelung verdeutlicht grundlegende Prinzipien des ArbSchG zur Reduzierung des arbeitsbedingten Schädigungspotentials. In Zeiten zunehmender Arbeitsverdichtung ist insbes. die Möglichkeit zur Begrenzung der Dauer der Arbeit ein wichtiger „Fingerzeig", um möglichen Fehlbeanspruchungen durch quantitative Überforderungen entgegenzuwirken. Darüber hinaus kann eine monotone, anreizarme Gestaltung der Arbeit zu psychischen und physischen Fehlbeanspru-

---

[12] Vgl. auch Pieper ArbSchG § 18 Rn. 1. [13] Vgl. auch Pieper ArbSchG § 18 Rn. 1. [14] Kollmer/Klindt/Schucht/Doerfert ArbSchG § 18 Rn. 7; LR/Wiebauer ArbSchG § 18 Rn. 22.

chungen führen. Vor diesem Hintergrund ist Nr. 6.1 Abs. 2 Anhang ArbStättV ein Beispiel für eine Regelung zur Reduzierung der Belastungen durch eine Regelung der Dauer der Beschäftigung. Danach ist **Bildschirmarbeit** so zu organisieren, dass die Tätigkeiten der Beschäftigten an Bildschirmgeräten insbes. durch andere Tätigkeiten („Mischarbeit") oder durch regelmäßige Erholungszeiten unterbrochen werden.[15]

16 Nach § 18 Abs. 2 Nr. 2 ArbSchG können durch Rechtsverordnung **Verbote oder Einschränkungen der Nutzung bestimmter Arbeitsmittel oder -verfahren sowie behördliche Anzeige und Erlaubnispflichten** statuiert werden. Die Bestimmung bietet die Möglichkeit zum Erlass konkretisierender Vorgaben, wenn durch den Einsatz bestimmter Arbeitsmittel und -verfahren besondere Gefahrenlagen für die Beschäftigten insgesamt bzw. besondere Personengruppen bestehen. Entsprechende Regelungen finden sich zB in §§ 8 Abs. 8, 11 Abs. 4 iVm Anhang I GefStoffV, § 11 Abs. 6 BiostoffV.

17 § 18 Abs. 2 Nr. 3 ArbSchG ermöglicht besondere Regelungen zur Wirksamkeitskontrolle der Arbeitsschutzmaßnahmen. Es können insoweit durch Rechtsverordnung, vor der Inbetriebnahme von besonders gefährlichen Betriebsanlagen und Arbeits-/Fertigungsverfahren sowie danach regelmäßig oder aufgrund behördlicher Anordnung, **Pflichten zur fachkundigen Prüfung** normiert werden. Der Verordnungsgeber hat von dieser Möglichkeit etwa in § 14 BetrSichV Gebrauch gemacht.[16]

18 § 18 Abs. 2 Nr. 4 ArbSchG ermächtigt den Verordnungsgeber zum Erlass von Regelungen zur **arbeitsmedizinischen Vorsorge** und zu den **Pflichten der Ärztinnen und Ärzte**, die mit der arbeitsmedizinischen Vorsorge betraut sind. Die Verordnungsermächtigung ist im Jahre 2008 genutzt worden, um die bis dahin zersplitterten Vorschriften zur arbeitsmedizinischen Vorsorge in der ArbMedVV zusammenzufassen.

19 **3. Bildung von Ausschüssen und Technisches Regelwerk (§ 18 Abs. 2 Nr. 5 ArbSchG).** § 18 Abs. 2 Nr. 5 ArbSchG eröffnet die Möglichkeit, zur Ermittlung von Technischen Regeln und zur Beratung der Bundesregierung bzw. des zuständigen Ministeriums **durch Rechtsverordnung Ausschüsse zu bilden.** Der Gesetzgeber hat mit der auf Initiative des Bundestagsausschusses für Arbeit und Sozialordnung[17] im Jahre 2000 in das ArbSchG aufgenommenen Verordnungsermächtigung insbes. Erfahrungen mit dem **Ausschuss für Gefahrstoffe (AGS)** und dem **Ausschuss für biologische Arbeitsstoffe (ABAS)** aufgegriffen (§ 20 GefStoffV; § 19 BiostoffV). Vorbilder finden sich zudem im Umwelt- und Technikrecht.[18]

20 Seit Einfügung des § 18 Abs. 2 Nr. 5 ArbSchG hat der Verordnungsgeber mehrfach von der Verordnungsermächtigung Gebrauch gemacht (§ 7 ArbStättV, § 9 ArbMedVV, § 21 BetrSichV, § 9 OstrV, § 12 LärmVibrationsArbSchV, § 20 EMFV). Seit dem Jahr 2002 sind neben den bereits zuvor bestehenden AGS und ABAS der **Ausschuss für Arbeitsstätten (ASTA)**, der **Ausschuss für Arbeitsmedizin (AfAMed)** und der **Ausschuss für Betriebssicherheit (ABS)** eingerichtet worden. Nähere Informationen über die Arbeitsweise, Arbeitsergebnisse und den aktuellen Arbeitsstand lassen sich über die **Internetpräsentationen der Ausschüsse** erschließen. Auf sie kann über die Homepage der BAuA[19] zugegriffen werden.

21 **a) Ausschussmitglieder/Zusammensetzung der Ausschüsse.** In den bislang auf der Grundlage des § 18 Abs. 2 Nr. 5 ArbSchG erlassenen Rechtsverordnungen wird durchweg eine **pluralistische Zusammensetzung der Ausschüsse** verlangt (vgl. zB § 7 ArbStättV, § 24 BetrSichV, § 9 ArbMedVV). Durch diese Zusammensetzung soll den „betroffenen Kreisen" die Mitwirkung ermöglicht und eine breite Akzeptanz der Aus-

---

15 Kollmer/Klindt/Schucht/Doerfert ArbSchG § 18 Rn. 8. **16** So auch LR/Wiebauer ArbSchG § 18 Rn. 25. **17** BT-Drs. 14/3798, 24. **18** Vgl. dazu aus dem umwelt- und technikrechtlichen Schrifttum zB Marburger, Die Regeln der Technik im Recht; Denninger, Verfassungsrechtliche Anforderungen an die Normsetzung im Umwelt- und Technikrecht; Lamb, Kooperative Gesetzeskonkretisierung – Verfahren zur Erarbeitung von Umwelt- und Techniknstandards; Lübbe-Wolff ZG 1991, 219 ff.; Ortloff/Sundermann-Rosenow ZfU 2005, 345 ff., speziell mit Blick auf das Arbeitsschutzrecht; Kohte, Jahrbuch 86, S. 119 ff. **19** www.baua.de/cln_135/de/Ueber-die-BAuA/Geschaeftsfuehrung-von-Ausschuessen/Geschaeftsfuehrung-von-Ausschuessen.html.

schussarbeit erreicht werden.[20] Zu den „**betroffenen Kreisen**" zählen nach den Arbeitsschutzverordnungen die privaten und öffentlichen Arbeitgeber, die Gewerkschaften, die für den Arbeitsschutz zuständigen Länderbehörden, die Träger der gesetzlichen Unfallversicherung und Vertreter der Wissenschaft.[21]

Diese **pluralistische Zusammensetzung der Ausschüsse** entspricht dem historischen Willen des Gesetzgebers.[22] Anzumerken ist allerdings, dass sich der gesetzgeberische Wille nicht aus dem Wortlaut der Ermächtigungsgrundlage des 18 ArbSchG ergibt. In § 18 Abs. 2 Nr. 5 ArbSchG finden sich keinerlei explizite Aussagen zur Zusammensetzung der Ausschüsse. Der Wortlaut des § 18 Abs. 2 Nr. 5 ArbSchG lässt im Prinzip beliebige Besetzungsregelungen zu (zB Besetzung ausschließlich mit Vertretern der Arbeitsschutzaufsicht, ausschließlich mit Vertretern eines oder beider Sozialpartner, ausschließliche Fokussierung auf die „Wissenschaft"). Dies ist mit Blick auf die in Art. 80 GG formulierten Anforderungen an die Bestimmtheit von Verordnungsermächtigungen nicht unbedenklich. Die Zusammensetzung der Ausschüsse ist kein untergeordneter Regelungskomplex. Sie hat **erheblichen Einfluss auf die rechtliche Einordnung der Arbeitsergebnisse der Ausschüsse**. Gegenüber der „schlanken" Fassung des § 18 Abs. 2 Nr. 5 ArbSchG erscheinen daher Formulierungen vorzugswürdig, wie sie insbes. im Zusammenhang mit Ausschüssen im Bereich des Umweltrechts entwickelt worden sind. So verlangt zB der „Entwurf der Unabhängigen Sachverständigenkommission zum Umweltgesetzbuch beim Bundesministerium für Umwelt, Naturschutz und Reaktorsicherheit" eine fachlich angemessene und hinsichtlich der betroffenen Interessen ausgewogene Zusammensetzung.[23] 22

§ 18 Abs. 2 Nr. 5 ArbSchG macht keine Vorgaben zur **Rechtsstellung der Ausschussmitglieder**. Hinweise finden sich erst auf der Ebene der Arbeitsschutzverordnungen, wo durchweg von einer **ehrenamtlichen Mitgliedschaft** ausgegangen wird (§ 7 Abs. 1 ArbStättV, § 20 Abs. 1 GefStoffV, § 19 Abs. 1 BiostoffV, § 21 Abs. 1 BetrSichV, § 9 Abs. 1 ArbMedVV). Dies dürfte dem – wenn auch wiederum unausgesprochenen – Willen des Gesetzgebers entsprechen. Vorbilder wie der AGS gehen seit jeher von einer ehrenamtlichen Mitgliedschaft aus. Hinzuweisen ist darauf, dass auch die Arbeitsschutzverordnungen die aus der Ehrenamtlichkeit folgende Rechtsstellung der Ausschussmitglieder nicht weiter konkretisieren. Es sind insoweit also die **allgemeinen Grundsätze für ehrenamtliche Tätigkeiten** maßgeblich, die in §§ 81 ff. VwVfG kodifiziert sind. Aus ihnen folgt zB, dass die Übernahme von Ämtern in den Ausschüssen freiwillig ist (§ 82 VwVfG) und die ehrenamtliche Tätigkeit grundsätzlich unentgeltlich erfolgt. Zu entschädigen sind allerdings nach Maßgabe von § 85 VwVfG die notwendigen Auslagen (wie zB Reisekosten, Portokosten) und der durch die ehrenamtliche Tätigkeit ggf. entstandene Verdienstausfall.[24] 23

b) Aufgaben der Ausschüsse. § 18 Abs. 2 Nr. 5 ArbSchG sieht für die Ausschüsse im Kern zwei Aufgabenbereiche vor, 24

- die Beratung der Bundesregierung oder des BMAS und
- die Ermittlung von Regeln.

aa) Beratung der Bundesregierung und des BMAS. Bei den Ausschüssen handelt es sich um einen neuen **Akteur der Politikberatung**. Der **Beratungsauftrag** wird durch § 18 Abs. 2 Nr. 5 ArbSchG inhaltlich offen formuliert, so dass die Ausschüsse zu den verschiedensten Themen tätig werden können. Verdeutlichungen des Beratungsauftrages können insbes. den Rechtsverordnungen nach § 18 Abs. 2 Nr. 5 ArbSchG entnom- 25

---

20 Dazu zB die Begründung zu § 7 ArbStättV, BR-Drs. 450/04, 28 f.; LR/Wiebauer ArbSchG § 18 Rn. 39. **21** Vgl. § 7 Abs. 1 ArbStättV, § 9 Abs. 1 ArbMedVV, § 24 Abs. 1 BetrSichV (im ABS arbeiten auch Repräsentanten der Länder an entsprechenden Stellen), § 20 Abs. 1 GefStoffV, § 17 Abs. 1 BiostoffV. **22** BT-Drs. 14/3798, 24. **23** Umweltgesetzbuch (UGB-KomE), Entwurf der Unabhängigen Sachverständigenkommission zum Umweltgesetzbuch beim Bundesministerium für Umwelt, Naturschutz und Reaktorsicherheit, 1998, S. 118 f., 498 f. **24** Zu den Einzelheiten vgl. das insoweit einschlägige verwaltungsverfahrensrechtliche Schrifttum, zB die entsprechenden Kommentierungen der §§ 81 VwVfG, insbes. bei Fehling/Kastner/Störmer, HK-VwVfG/VwGO, 4. Aufl. 2016, VwVfG § 85 Rn. 1.

men werden. So hat der ASTA nach § 7 Abs. 3 Nr. 3 ArbStättV das BMAS **fachlich** in Fragen der Sicherheit und des Gesundheitsschutzes in Arbeitsstätten zu **beraten**. Ähnliche Regelungen finden sich für die anderen Ausschüsse (§ 20 Abs. 3 Nr. 3 GefStoffV, § 19 Abs. 3 Nr. 4 BiostoffV, § 21 Abs. 5 Nr. 3 BetrSichV, § 9 Abs. 3 Nr. 6 ArbMedVV). Der Beratungsauftrag kann auch die Fortentwicklung der Gesetzgebung und letztlich die **Arbeitsschutzpolitik** betreffen. Die Inanspruchnahme der Beratung ermöglicht es, frühzeitig die Praktikabilität und Akzeptanz rechtspolitischer Vorhaben innerhalb der betroffenen Kreise (Sozialpartner, Aufsicht, Wissenschaft) „abzuklopfen".

26 **bb) Ermitteln von Regeln und Erkenntnissen.** § 18 Abs. 2 Nr. 5 ArbSchG schafft die **rechtlichen Voraussetzungen** für die systematische Erarbeitung einer weiteren Ebene der Konkretisierung der arbeitsschutzrechtlichen Anforderungen. Die von den Ausschüssen zu ermittelnden Technischen Regeln „untersetzen" die Vorgaben der Arbeitsschutzverordnungen (die ihrerseits das ArbSchG konkretisieren). Fortlaufend untersetzt durch Technische Regeln der Ausschüsse werden gegenwärtig die **ArbStättV, BetrSichV, GefStoffV, BioStoffV und die LärmVibrationsArbSchV**. Hinzu kommen die **Regeln zum Arbeitsschutz auf Baustellen (RAB)**, die die BaustellV konkretisieren. Der mit der Ermittlung dieser Regeln befasste Ausschuss für Sicherheit und Gesundheitsschutz auf Baustellen (ASGB) hat allerdings Ende des Jahres 2003 seine Arbeit eingestellt. Schließlich werden seit 2011 vom Ausschuss für Arbeitsmedizin **Arbeitsmedizinische Regeln (AMR)** formuliert; seit 2013 gibt es auch Technische Regeln zur OStrV (TROS). Die Technischen Regeln der Ausschüsse können im Internet auf der **Homepage der BAuA** (www.baua.de) recherchiert und heruntergeladen werden. Nach der Eingliederung des Bildschirmarbeitsrechts in die ArbStättV ist zukünftig mit ASR zur Konkretisierung der Anforderungen des Anhangs 6 der ArbStättV zur Bildschirmarbeit zu rechnen.

27 Der Verordnungsgeber hat § 18 Abs. 2 Nr. 5 ArbSchG bislang **nicht genutzt**, um die Voraussetzungen für die Ermittlung **Technischer Regeln** für die Bereiche **Lastenhandhabung und persönliche Schutzausrüstungen** zu schaffen. Sachliche Gründe für den Verzicht auf ein untersetzendes Technisches Regelwerk in diesen Sachbereichen sind nicht erkennbar. Insbes. im Bereich der Lastenhandhabung besteht ein erheblicher Bedarf nach Konkretisierung der Anforderungen der LasthandhabV.

28 Für die Ermittlung eines **Technischen Regelwerks**, das die **Rahmenvorgaben des ArbSchG untersetzt, fehlt** es bereits nach dem klaren Wortlaut des § 18 Abs. 2 Nr. 5 ArbSchG an einer **Rechtsverordnungsermächtigung**. Dies ist misslich, da für viele Schutzziele des ArbSchG in der Praxis ein erheblicher Bedarf nach verlässlichen Orientierungen besteht (zB Gefährdungen durch psychische Belastungen, spezifische Anforderungen für besonders schutzbedürftige Personengruppen, Kooperation mit Fremdfirmen).

29 § 18 Abs. 2 Nr. 5 ArbSchG differenziert zwischen **zwei Typen von Regeln**. Zu ermitteln sind

- zum einen dem **Stand der Technik, Arbeitsmedizin und Hygiene entsprechende Regeln und sonstige gesicherte arbeitswissenschaftliche Erkenntnisse**
- und zum anderen **Regeln, wie die in den Rechtsverordnungen gestellten Anforderungen** erfüllt werden können.

Eine trennscharfe Differenzierung beider Regeltypen ist nicht immer möglich. Sie ist auch nicht nötig, da sich das Verfahren der amtlichen Bekanntmachung wie auch die Bedeutung beider Regeltypen in der Praxis (Stichwort: „Vermutungswirkung", → Rn. 37) nicht unterscheiden. Beide Regeltypen lassen sich letztlich unter den Oberbegriff „technische Regel" subsumieren.[25]

30 Mit den **Regeln entsprechend dem Stand der Technik, der Arbeitsmedizin und der Hygiene und sonstigen gesicherten arbeitswissenschaftlichen Erkenntnissen** nimmt § 18 Abs. 2 Nr. 5 ArbSchG Bezug auf die gleich lautende Bestimmung des § 4 Nr. 3 ArbSchG. Die Ausschüsse müssen daher – auch im Hinblick auf die Kohärenz mit den

---

[25] Kohte, Jahrbuch 86, S. 119, 142 ff.

Vorgaben des ArbSchG – bei der Regelermittlung beachten, dass die Arbeitsschutzverordnungen nicht nur materielle **Schutzziele** normieren (zB „gesundheitlich zuträgliche Raumtemperatur", Anhang Nr. 3.5 ArbStättV), sondern diese **mit einer Technikklausel** (§ 4 Nr. 3 ArbSchG) verknüpft werden, die den gebotenen Sicherheitsstandard qualitativ weiter umschreibt. Die Aufgabe der Ausschüsse besteht somit darin, im Technischen Regelwerk Schutzziele und Technikklausel zu betrieblich operationalisierbaren Verhaltensanforderungen zu verdichten.

Die Formulierung „**Regeln, wie die in den Rechtsverordnungen gestellten Anforderungen erfüllt werden können**" wird in § 18 Abs. 2 Nr. 5 ArbSchG nicht weiter präzisiert. In der Gesetzesbegründung heißt es insoweit nur, dass die Regeln der Konkretisierung ausfüllungsbedürftiger gesetzlicher Anforderungen dienen sollen.[26] In der Literatur wird dieser Regeltyp mit Hinweis auf § 24 Abs. 5 S. 1 BetrSichV aF zutreffend als **Verfahrens- und Prüfregel** bezeichnet.[27] Dies ist vor dem Hintergrund der Gesetzesbegründung plausibel. Die von den Ausschüssen ermittelten **Regeln** sollen nicht nur die allgemein gehaltenen Schutzziele der Arbeitsschutzverordnungen konkretisieren, sondern **alle ausfüllungsbedürftigen Vorgaben**. Hiermit wird letztlich dem Umstand Rechnung getragen, dass das ArbSchG und die Arbeitsschutzverordnungen den **betrieblichen Prozessen des Arbeitsschutzes** zentrale Bedeutung beimessen. Zu diesen arbeitsschutzrechtlich vorgegebenen Prozessen zählen zB die Gefährdungsbeurteilung, Wirksamkeitskontrollen, die kontinuierliche Verbesserung des Arbeitsschutzes, Fragen der Organisation des Arbeitsschutzes, Unterweisungen oder die dokumentierte Planung der betrieblichen Schutzkonzeption.[28] 31

Beide Regeltypen des § 18 Abs. 2 Nr. 5 ArbSchG greifen vielfach eng ineinander. Dies erklärt, dass sich in den Technischen Regeln der Ausschüsse **oftmals Elemente beider Regeltypen** zugleich finden. Dies ist nicht zuletzt unter Praktikabilitätsgesichtspunkten vernünftig, da ein „Regelwerk aus einem Guss" den Regelanwendern in den Betrieben die Arbeit erleichtert. Ein gutes Beispiel hierfür ist die Arbeitsstättenregel (ASR) 3.5 (Raumtemperatur). In dieser ASR wird der Stand der Arbeitsmedizin in Form von konkret bezifferten, nach der Art der Tätigkeit differenzierten Temperaturwerten wiedergegeben. Daneben finden sich in der ASR aber auch mit Blick auf die Gefährdungsbeurteilung Verfahrensregeln in Gestalt von Messregeln, aus denen sich ergibt, mit welchen Thermometern, wann und wo Temperaturmessungen durchzuführen sind. 32

Die Verordnungsermächtigung bezieht sich auf das **Ermitteln** von Regeln. Aus dem Wortsinn des Begriffs „ermitteln" ergeben sich die spezifischen Anforderungen an die Vorgehensweise der Ausschüsse. „Ermitteln" bedeutet dem Wortsinn nach „**durch Nachforschen oder Suchen Kenntnis von etwas zu erlangen.**"[29] Es folgt hieraus die Forderung nach einem gestuften Vorgehen, das zwischen primär empirischen und primär bewertenden Verfahrensschritten unterscheidet.[30] Für den Fall der Ermittlung einer Regel zum Stand der Technik bedeutet dies konkret, dass zunächst **empirisch** die Frage zu recherchieren ist, welche Schutztechniken und arbeitswissenschaftlichen Erkenntnisse mit Blick auf ein Schutzziel (zB gesundheitlich zuträgliche Raumtemperatur) überhaupt verfügbar sind. In einem weiteren Schritt sind die so ermittelten relevanten Erkenntnisse einer an rechtlichen Kategorien orientierten Bewertung zu unterziehen.[31] Es ist also zB zu entscheiden, welche Schutztechniken als dem Stand der Technik entsprechend anzusehen sind, dh fortschrittlich und in ihrer praktischen Eignung als gesichert erscheinen[32] oder welche einschlägigen arbeitswissenschaftlichen Erkenntnisse (dazu genauer → ArbSchG § 4 Rn. 80 ff.) gesichert sind.[33] 33

In der Vergangenheit hat der Verordnungsgeber entsprechend der Vorgabe des § 18 Abs. 2 Nr. 5 ArbSchG auch in den Rechtsverordnungen den Begriff „ermitteln" ver- 34

---

26 BT-Drs. 14/3798, 24. **27** Kohte, Jahrbuch 86, S. 142 f. **28** So auch LR/Wiebauer ArbSchG § 18 Rn. 41. **29** Wahrig, Wörterbuch der deutschen Sprache, 2. Aufl. 2009, S. 318. **30** Vgl. dazu zB das differenzierte Modell des Sachverständigenrats für Umweltfragen, BT-Drs. 13/4108, 300 ff. **31** Dazu auch am Beispiel des Standes der Technik für Reinigung von Abwässern, Lübbe-Wolff ZG 1991, 236. **32** Zum Begriff „Stand der Technik" vgl. die Kommentierung in → ArbSchG § 4 Rn. 82 f. sowie zB die Legaldefinitionen in § 2 Abs. 11 ArbStättV; § 2 Abs. 15 GefStoffV, § 2 Abs. 7 LärmVibrationsArbSchV, § 2 Abs. 10 OStrV. **33** Vgl. LR/Wiebauer ArbSchG § 18 Rn. 43.

wendet. Von dieser Terminologie wurde 2010 in der damals neu gefassten Gefahrstoffverordnung[34] abgewichen. In § 20 Abs. 3 ArbSchG hieß es 2010, dass **Regeln aufzustellen** sind. Eine solche Formulierung steht in einem nicht aufzulösenden Spannungsverhältnis zur Verordnungsermächtigung des § 18 Abs. 2 Nr. 5 ArbSchG. Sie birgt die Gefahr, dass sie den Charakter der Aufgaben der Ausschüsse nachhaltig modifiziert. Dem Begriff des „Aufstellens" von Regeln fehlt es an der Anbindung an einer empirischen Grundlegung für die, wie gezeigt, der Begriff des „Ermittelns" steht. Es geht beim „Aufstellen" von Regeln dem Wortsinn nach darum, typischerweise (neue) Regeln zu „erdenken" und zu formulieren.[35] Das ist etwas substantiell anderes als das Ermitteln von Regeln. Beim „Aufstellen" würden die Ausschüsse als „Schöpfer" von Regeln und damit letztlich gewissermaßen wie ein Gesetz- oder Verordnungsgeber agieren. Diese Aufgabe kommt nach der Verfassung aber nur den zuständigen Normgebern (parlamentarischer Gesetzgeber, Exekutive aufgrund Verordnungsermächtigung) zu, nicht aber Ausschüssen im Geschäftsbereich des BMAS. Es ist vor diesem Hintergrund zu begrüßen, dass der Verordnungsgeber den Wortlaut des § 20 Abs. 3, 4 GefStoffV im Juli 2013 durch eine entsprechende Änderung der GefStoffV[36] angepasst[37] hat. Dort ist nunmehr wieder, wie in den anderen Arbeitsschutzverordnungen, vom „Ermitteln" von Regeln die Rede.

35 c) **Vermutungswirkung Technischer Regeln.** Die Technischen Regeln der Ausschüsse nach § 18 Abs. 2 Nr. 5 ArbSchG haben in der **betrieblichen Praxis** einen **hohen Stellenwert**. Sie kommen einem weit verbreitetem und gut nachvollziehbarem Bedürfnis nach klaren Orientierungen für den Arbeits- und Gesundheitsschutz entgegen.[38] Vor diesem Hintergrund spricht viel für die Richtigkeit der Einschätzung, dass Technische Regeln, seien es solche der Ausschüsse nach § 18 Abs. 2 Nr. 5 ArbSchG, seien es aber auch solche anderer Institutionen (zB DIN-Normen, DGUV-Regeln), eine höhere Steuerungswirkung haben als gesetzliche Vorschriften.[39]

36 aa) **Gegenstand der „Vermutungswirkung".** Ungeachtet ihrer hohen praktischen Bedeutung haben die **Technischen Regeln** der Ausschüsse nach § 18 Abs. 2 Nr. 5 ArbSchG **keine gesetzliche Bindungswirkung**.[40] Gesetzesrecht, das Bürger, Verwaltung und Rechtsprechung gleichermaßen bindet, kann nur in den von der Verfassung vorgesehenen Handlungsformen erzeugt werden. Dazu zählt die Ermittlung von Technischen Regeln durch Ausschüsse nach § 18 Abs. 2 Nr. 5 ArbSchG ersichtlich nicht.[41] Die Anwendung des Technischen Regelwerks ist deswegen letztlich freiwillig und kann auch nicht durch behördliche Anordnung nach § 22 Abs. 3 ArbSchG durchgesetzt werden. Dem Rechnung tragend verlangen die Arbeitsschutzverordnungen auch nicht die strikte Beachtung der Technischen Regeln der Ausschüsse nach § 18 Abs. 2 Nr. 5 ArbSchG, sondern lediglich deren „Berücksichtigung" (vgl. zB § 4 Abs. 1–3 BetrSichV, § 3 a Abs. 1 ArbStättV, § 8 Abs. 5 BioStoffV). Dem Arbeitgeber bleibt es also unbenommen, andere Maßnahmen und Lösungen zu wählen. Unumgänglich ist in jedem Falle aber eine Auseinandersetzung mit dem Technischen Regelwerk. Eine Berücksichtigung der Technischen Regeln setzt voraus, dass diese zumindest zur Kenntnis genommen werden.[42]

37 Auch ohne gesetzliche Bindungswirkung haben die **Technischen Regeln** der Ausschüsse nach § 18 Abs. 2 Nr. 5 ArbSchG **rechtlich einen exponierten Stellenwert**. Technische Regeln können nach allgemeiner Auffassung die sog **Vermutungswirkung** auslösen.[43] Danach wird zugunsten des Arbeitgebers die Erfüllung der Anforderungen der Arbeits-

---

34 Verordnung zur Neufassung der Gefahrstoffverordnung und zur Änderung sprengstoffrechtlicher Verordnungen vom 26.11.2010, BGBl. I, 1643 ff. **35** Wahrig, Wörterbuch der deutschen Sprache, S. 117. **36** BGBl. I 2013, 2514, 2539. **37** BR-Drs. 325/13, 70. **38** Dazu auch VG Gießen 9.11.2011 – 8 K 1476/09/Gl, GewArch 2012, 270 f. **39** Kloepfer in: Schulte, Handbuch des Technikrechts, 2003, S. 136. **40** Vgl. zB BVerwG 31.1.1997 – 1 C 20/95, NVwZ 1997, 482 ff.; Kloepfer in: Schulte, S. 145 ff.; sowie bereits Herschel NJW 1968, 617 f. **41** Dazu ausführlich und instruktiv Lübbe-Wolff ZG 1991, 219 ff. (insbes. 221 ff.). **42** Kollmer/Klindt/Schucht/Kohte ArbSchG § 4 Rn. 15. **43** Vgl. dazu die Gesetzesmaterialien zu § 18 Abs. 2 Nr. 5, BT-Drs. 14/3798, 24; Kollmer/Klindt/Schucht/Wink BetrSichV § 4 Rn. 3; Kollmer/Klindt/Schucht/Lorenz ArbStättV § 3 a Rn. 4 ff.; Pieper ArbStättV § 3 Rn. 5.

schutzverordnungen vermutet, wenn er bei der Festlegung der Arbeitsschutzmaßnahmen akkurat das jeweils einschlägige Technische Regelwerk anwendet.[44]

Die **Vermutungswirkung** begründet erhebliche **Anreize**, sich an den **technischen Regeln** 38
der Ausschüsse nach § 18 Abs. 2 Nr. 5 ArbSchG zu orientieren. Zu nennen ist insoweit
zunächst der Faktor „**Rechtssicherheit**". Nur wenn aufgrund besonderer Umstände (→
Rn. 40 ff.) Zweifel an der Richtigkeit einer Technischen Regel bestehen, wird die Arbeitsschutzaufsicht die Rechtmäßigkeit der getroffenen Maßnahme in Zweifel ziehen
können. Hinzu kommt ein geringerer Aufwand bei akkurater Anwendung des Technischen Regelwerks. Es bedarf insbes. keines umfassenden **Nachweises der Wirksamkeit
der getroffenen Maßnahmen** des Arbeitsschutzes, da die Wirksamkeit der in den Technischen Regeln genannten Maßnahmen bereits „quasi abstrakt" durch die Ausschüsse
nach § 18 Abs. 2 Nr. 5 ArbSchG geprüft worden ist. Dies ist eine erhebliche Erleichterung für die Gefährdungsbeurteilung und ihre Dokumentation (§§ 5, 6 ArbSchG), in
der der Arbeitgeber ansonsten im Einzelnen darlegen muss, dass die getroffene, vom
Technischen Regelwerk abweichende Maßnahme dem Stand von Technik, Arbeitsmedizin und Hygiene sowie sonstigen gesicherten arbeitswissenschaftlichen Erkenntnissen
entspricht und hinreichend wirksam ist.[45]

bb) Vermutungswirkungsfähige Technische Regeln. Vermutungswirkungsfähige Tech- 39
nische Regeln sind dadurch gekennzeichnet, dass sie dem betrieblichen Anwender klar
und deutlich den Weg weisen, wie die gesetzlich geregelten Schutzziele und Anforderungen erfüllt werden können. Aus dieser Wegweiserfunktion ergeben sich **formale Anforderungen an Technische Regeln**. Sie betreffen vor allem ihre **Konkretheit**. Sie müssen so bestimmt formuliert sein, dass die getroffenen Maßnahmen tatsächlich hinreichend sicher die gesetzlichen Vorgaben einhalten. Hierin liegt angesichts der völlig unterschiedlichen Bedingungen in den verschiedenen Sektoren der Arbeitswelt (zB gewerbliche Arbeit, Verwaltungsarbeit, Pflegetätigkeiten, Lehrtätigkeit) ein erhebliches
Problem für die Regelermittlung. Der Weg zur Erfüllung der gesetzlichen Anforderungen wird jedenfalls **nicht hinreichend bestimmt** beschrieben, wenn in einer Technischen
Regel lediglich **Empfehlungen** gegeben werden oder Maßnahmen durch die Formulierung von „**Kann- bzw. Soll-Vorschriften**" in das Ermessen des betrieblichen Anwenders
gestellt werden. Die technische Regel muss vielmehr eindeutig zum Ausdruck bringen,
mit welchen Vorkehrungen und Verhalten die gesetzlichen Schutzziele regelmäßig erreicht werden. Ein Beispiel für eine Regel, die trotz der unterschiedlichen Bedingungen
verschiedener Arbeitstätigkeiten hinreichend bestimmt den Weg weist, ist Nr. 4.2 der
ASR 3.5 „Raumtemperatur". Hier wird mit Blick auf die Mindesttemperatur anknüpfend an die Faktoren „Arbeitsschwere" und die „überwiegende Körperhaltung bei der
Arbeit" ein Bewertungsraster vorgegeben, das eine hinreichend eindeutige Feststellung
der Mindesttemperatur ermöglicht.

Ihre **sachliche Rechtfertigung** findet die Vermutungswirkung dadurch, dass Technische 40
Regelwerke – sofern sie bestimmte Kriterien erfüllen – eine **besondere Richtigkeitsgewähr** für die Normkonkretisierung bieten.[46] Insbes. in der umwelt- und technikrechtlichen Literatur sind eine Reihe von **Kriterien** herausgearbeitet worden, die ein besonderes Vertrauen in die Richtigkeit Technischer Regeln und damit in ihre Vermutungswirkung begründen.

Technische Regeln werden zumeist von Gremien erarbeitet. Ein wichtiges Kriterium für 41
die Anerkennung einer Vermutungswirkung ist die Zusammensetzung des jeweiligen
Gremiums. Eine **pluralistische Zusammensetzung** der zuständigen Gremien spricht dafür, dass bei der Regelermittlung die unterschiedlichen Sichtweisen zumindest zur
Kenntnis genommen worden sind. Dies ist strukturell eine notwendige Voraussetzung,
um einer einseitigen Sicht von Partikularinteressen entgegenzuwirken. Pluralität ist vor

44 Vgl. zB Kollmer/Klindt/Schucht/Lorenz ArbStättV § 3 a Rn. 4. **45** Dazu mit Blick auf das Arbeitsstättenrecht: Kohte/Faber DB 2005, 224 (228). **46** Vgl. dazu den Formulierungsvorschlag
des § 32 UGB-KomE nebst Begründung, in: Umweltgesetzbuch (UGB-KomE), Entwurf der unabhängigen Sachverständigenkommission zum Umweltgesetzbuch beim Ministerium für Umwelt,
Naturschutz und Reaktorsicherheit, 1998, S. 118 f., 498 ff.

diesem Hintergrund Voraussetzung für einen Ausgleich der betroffenen Interessen und die **Gemeinwohlorientierung** des Regelwerks.[47] Verstärkt werden kann die Gemeinwohlorientierung weiter durch Implementierung von weiteren Instrumenten der Öffentlichkeitsbeteiligung. So können zB durch Anhörungen zu Regelentwürfen im Internet im Ausschuss nicht repräsentierte „interessierte Kreise" am Prozess der Regelermittlung partizipieren.[48] Zusätzliche Legitimation gewinnen Technische Regeln zudem dann, wenn sie, wie zB im Falle der Ausschüsse nach § 18 Abs. 2 Nr. 5 ArbSchG, durch die Verwaltungsspitze amtlich bekannt gemacht werden können.[49]

42 Einfluss auf die Richtigkeitsgewähr hat des Weiteren das **Verfahren der Regelermittlung** innerhalb der Gremien. Es muss insbes. gewährleisten, dass die beteiligten Kreise und die für sie handelnden Ausschussmitglieder die Möglichkeit haben, ihren Standpunkt in einem **fairen** Verfahren einzubringen. Hierzu zählen insbes. Vorkehrungen zum **Minderheitenschutz**, zB in Gestalt von Minderheitsvoten oder bestimmte Abstimmungsmodalitäten, wie etwa qualifizierte Mehrheiten bei der Beschlussfassung. Von Bedeutung ist weiter die **Transparenz** des Verfahrens. Hierzu zählt eine nachvollziehbare Vorgehensweise bei der Regelermittlung, die insbes. erkennen lässt, welche Erkenntnisse zugrunde gelegt und wie diese bewertet worden sind.[50] Zu einem transparenten Verfahren zählt auch Transparenz nach Außen. So müssen sich die betrieblichen Regelanwender bzw. die interessierte Öffentlichkeit zumindest über die wesentlichen Erwägungen, Entscheidungen und Begründungen informieren können.[51] Transparenz kann insoweit zB helfen, die Stärke der Vermutungswirkung abzuschätzen. So ist die Richtigkeitsgewähr einer Technischen Regel besonders hoch, wenn sie einstimmig beschlossen wird. Kommt es hingegen zu einer „Kampfabstimmung" mit knappem Ausgang, sind Zweifel an der Richtigkeit der Regel bereits im Abstimmungsergebnis manifestiert. Die Anforderungen an die Widerlegung der Vermutungswirkung sind dann tendenziell geringer.

43 Von Bedeutung ist schließlich die **Aktualität des Technischen Regelwerks**.[52] Technische Regelwerke haben die Funktion, zeitnah technische und arbeitswissenschaftliche Erkenntnisfortschritte wiederzugeben. Ein Kriterium für die Richtigkeitsgewähr Technischer Regeln ist vor diesem Hintergrund, ob die bei der Regelermittlung angewendeten Verfahrensordnungen schnelle Reaktionen auf neuere Entwicklungen (zB Schadensereignisse, Erkenntnisfortschritte der Arbeits- und Sicherheitswissenschaften) gewährleisten. Fehlt es hieran, laufen die Technischen Regeln Gefahr zu veralten. Ein Negativbeispiel sind in diesem Zusammenhang die RAB des Ausschusses für Sicherheit und Gesundheitsschutz auf Baustellen. Dieser hat seine Arbeit zum 31.12.2003 offiziell eingestellt,[53] nachdem erstmalig ein die BaustellenV untersetzendes Regelwerk ermittelt worden ist. Die Vermutungswirkung der RAB unterliegt daher einem zunehmenden, allein dem „Faktor Zeit" geschuldeten Verfall. Dies gilt umso mehr, als in dem besonders unfallträchtigen und gesundheitlich kritischen Bereich der Bauarbeit aus gutem Grund seit Jahren intensiv Studien und Forschungen betrieben werden.[54]

44 Es werden **verschiedene Auffassungen** vertreten, auf welche Weise der **besonderen Richtigkeitsgewähr** Technischer Regeln **rechtlich Rechnung** getragen werden kann. So soll ihnen bei der Konkretisierung des materiellen Rechts die Bedeutung eines Indizes, eines Anscheinsbeweises, einer widerlegbaren Vermutung oder eines antizipierten Sachverständigengutachtens zukommen.[55] Im Arbeitsschutzrecht wird im Allgemeinen von

---

47 Zum Vorstehenden vgl. zB Lübbe-Wolff ZG 1991, 243; Sachverständigenrat für Umweltfragen, BT-Drs. 13/4108, 296 f. **48** Dazu etwa Ortloff/Sundermann-Rosenow ZfU 2005, 361 ff. **49** Dazu UGB-KomE, S. 494 ff.; Ortloff/Sundermann-Rosenow ZfU 2005, 345 (364). **50** Vgl. zB Sachverständigenrat für Umweltfragen BT-Drs. 13/4108, 296. **51** Siehe zB Lübbe-Wolff ZG 1991, 244 f.; Sachverständigenrat für Umweltfragen, BT-Drs.13/4108, 296. **52** Dazu Schulze-Fielitz in: Schulte, Handbuch des Technikrechts, S. 485 f. **53** Siehe www.baua.de/cln_137/Themen-von-A-Z/Baustellen/Baustellenverordnung/ASGB.html. **54** Kollmer/Klindt/Schucht/Kann BaustellV Einführung Rn. 14 f.; Zusammenstellung der Forschungsergebnisse und guter Praktiken im Rahmen von INQA, www.inqa.de. **55** Vgl. die Zusammenfassung des Streitstandes bei UGB-KomE, S. 491 ff.

einer Vermutungswirkung ausgegangen,[56] zT unter Verweis auf die Wirkung der Technischen Regeln als antizipierte Sachverständigengutachten.[57] Im betriebspraktischen Ergebnis ergeben sich keine nennenswerten Unterschiede der verschiedenen Deutungen. Im Regelfall kann der Arbeitgeber darauf vertrauen, dass er „auf der sicheren Seite" ist und die Aufsichtsbehörden die Maßnahmen ohne weitere Sachaufklärung akzeptieren werden. Etwas anderes gilt erst, wenn besondere Umstände hinzutreten, die die Richtigkeitsgewähr in Frage stellen (zB neue sicherheitstechnische Erkenntnisse nach Schadensfällen).

Die im Arbeitsschutzrecht allgemein akzeptierte **Vermutungswirkung** technischer Regeln ermöglicht eine plausible und angemessene Einordnung der rechtlichen Bedeutung der Technischen Regeln. Dies gilt für die Regeln der Ausschüsse nach § 18 Abs. 2 Nr. 5 ArbSchG, aber im Grundsatz auch für die Technischen Regelwerke anderer Institutionen, die für den betrieblichen Arbeits- und Gesundheitsschutz von Bedeutung sind (zB Regeln und Informationen der Unfallversicherungsträger, DIN-Normen).[58] Die Bedeutung der letztgenannten Regeln ist durch die Verordnungsermächtigung des § 18 Abs. 2 Nr. 5 ArbSchG zweifelhaft geworden (→ Rn. 49 ff.). So sah zB § 8 Abs. 2 ArbStättV vor, dass die Arbeitsstättenrichtlinien zur ArbStättV 1975 bis zu ihrer Überarbeitung durch den ASTA, längstens jedoch bis zum 31.12.2012 fortgelten. Es ist zweifelhaft, ob die im technischen Regelwerk der Arbeitsstättenrichtlinien zusammengefassten **sicherheitstechnischen und arbeitswissenschaftlichen Erkenntnisse quasi per Dekret ab 1.1.2013 für irrelevant** erklärt werden können. 45

Da sich die besondere Richtigkeitsgewähr des Technischen Regelwerks auf verschiedene Kriterien (interessenplurale Zusammensetzung, faires und transparentes Verfahren, Aktualität, → Rn. 40 ff.) zurückführen lässt, können die „Richtigkeitsreserven" und damit einhergehend die **Stärke der Vermutungswirkung** je nach Technischer Regel unterschiedlich stark ausgeprägt sein. Die in → Rn. 40 ff. vorgestellten Indikatoren ermöglichen insoweit nachvollziehbare Differenzierungen. Dies gilt sowohl für die Technischen Regeln der Ausschüsse nach § 18 Abs. 2 Nr. 5 ArbSchG als auch für technische Regelwerke anderer Herkunft[59] (zB DIN-Normen, DGUV-Regeln, DGUV-Informationen). 46

Nimmt man die vorstehend (→ Rn. 40 ff.) dargestellten Kriterien, zeigt sich, dass den **Technischen Regeln der Ausschüsse nach § 18 Abs. 2 Nr. 5 ArbSchG** – wie vom Gesetzgeber gewollt – eine **starke Vermutungswirkung** zukommt. So sind die Ausschüsse pluralistisch mit Vertretern der betroffenen Kreise besetzt. Die Zusammenarbeit in den Ausschüssen erfolgt rechtsförmlich auf der Basis von Geschäftsordnungen, die für jedermann (im Internet) zugänglich sind.[60] Mit dieser Formalisierung der Spielregeln besteht eine wesentliche Voraussetzung für eine faire Zusammenarbeit der beteiligten Kreise innerhalb der Ausschüsse. Man wird weiter davon ausgehen können, dass die Technischen Regeln der Ausschüsse nach § 18 Abs. 2 Nr. 5 ArbSchG in besonderem Maße geeignet sind, die Anforderungen der Arbeitsschutzverordnungen zu konkretisieren (Rezeptionsfähigkeit des Regelwerks). Im Gegensatz zu anderen, ebenfalls mit technischen Regelwerken befassten Gremien (DIN, VDE etc), ist die **Konkretisierung der gesetzlichen Anforderungen aus den Arbeitsschutzverordnungen gerade gesetzlicher Auftrag** der Ausschüsse nach § 18 Abs. 2 Nr. 5 ArbSchG. Werden die Regeln vom BMAS amtlich bekannt gegeben, gewinnen die Technischen Regeln weiter dadurch an Gewicht, dass sie von der Spitze der Exekutive gewissermaßen autorisiert wurden.[61] 47

---

56 ZB Kollmer/Klindt/Schucht/Wink BetrSichV § 4 Rn. 3; Pieper BetrSichV § 4 Rn. 12 f. **57** Kollmer/Klindt/Lorenz ArbStättV § 3a Rn. 4; LASI (Hrsg.), Leitlinien zur Arbeitsstättenverordnung, Ausgabe 2009, S. 12. **58** Zur Bedeutung technischer Regelwerke, insbes. von DIN-Normen, in der Rechtsprechung vgl. die Studie von Wilrich, www.kan.de/publikationen/kan-studien. **59** Dazu ausführlich Wilrich, www.kan.de/publikationen/kan-studien, S. 28 f. **60** Download über die Homepage der BAuA, abrufbar unter: www.baua.de. **61** In der umweltrechtlichen Diskussion wird der amtlichen Bekanntmachung durch das zuständige Ministerium als Akt einer normativ gesteuerten Rezeption technischer Regeln entscheidende Bedeutung beigemessen, vgl. UGB-KomE, S. 495; Ortloff/Sundermann-Rosenow ZfU 2005, 364 ff.

48 Auf der anderen Seite ist nicht zu verkennen, dass **Möglichkeiten einer weiteren Stärkung der Vermutungswirkung der Technischen Regeln der Ausschüsse nach § 18 Abs. 2 Nr. 5 ArbSchG** bestehen. So ist bislang eine Beteiligung weiterer interessierter Kreise bzw. der sonstigen Öffentlichkeit, etwa in Gestalt eines Einwendungsverfahrens zu einem Regelentwurf,[62] nicht vorgesehen. Ohne die Arbeitsfähigkeit der Ausschüsse zu gefährden, könnte zudem die **Transparenz der Ausschussarbeit gegenüber der interessierten Öffentlichkeit** erhöht werden. Zu erwägen ist zB die Veröffentlichung der wesentlichen Entscheidungsgrundlagen, Diskussionsprozesse, Begründungen, ggf. abweichende Meinungen (Minderheitsvoten) und der Ergebnisse der Beschlussfassungen auf der Homepage der jeweiligen Ausschüsse. Dies geschieht bislang nur ansatzweise und wenig formalisiert.

49 Legt man die vorstehend (→ Rn. 40 ff.) dargestellten Kriterien für die Richtigkeitsgewähr von Regelwerken zugrunde, ergibt sich, dass neben den Regeln der Ausschüsse nach § 18 Abs. 2 Nr. 5 ArbSchG auch anderen Technischen Regeln eine, wenn auch schwächere und damit leichter zu widerlegende Vermutungswirkung zukommt. Zu nennen sind in diesem Kontext zB **DGUV-Regeln und DGUV Informationen**, die insbes. technische Spezifikationen und/oder Erfahrungen aus der berufsgenossenschaftlichen Präventionsarbeit zusammenfassen.[63] So werden DGUV-Regeln in einem transparenten, klar geregelten Verfahren von Fachausschüssen der Unfallversicherungsträger ermittelt.[64] In den Fachausschüssen agieren neben Fachleuten der Unfallversicherungsträger auch Vertreter der Sozialpartner und ggf. Vertreter von Herstellern und Betreibern.[65] Auch wenn DGUV-Regeln im Gegensatz zu den Regeln der Ausschüsse nach § 18 Abs. 2 Nr. 5 ArbSchG nicht durch staatliche Stellen amtlich bekannt gemacht werden, kann kaum bestritten werden, dass ihnen eine besondere Richtigkeitsgewähr zukommt. Zu beachten ist in diesem Zusammenhang allerdings, dass seit dem Inkrafttreten des **Unfallversicherungsmodernisierungsgesetz**es im Jahre 2008[66] ein grundsätzlicher **Vorrang staatlichen Rechts** besteht. Raum für DGUV-Regeln ist daher vor allem in Bereichen, für die es an einer Rechtsgrundlage für Technische Regeln nach § 18 Abs. 2 Nr. 5 ArbSchG fehlt (insbes. Lastenhandhabung, Bildschirmarbeit, psychische Belastungen) bzw. für die noch kein oder nur ein unvollständiges Technisches Regelwerk ermittelt worden ist.[67]

50 Nach wie vor von Bedeutung sind nach den skizzierten Grundsätzen zudem die **Regelwerke der (privaten) Normungsorganisationen DIN, VDE, DRGW**.[68] Auch ihnen ist eine, wenn auch schwächere und damit vergleichsweise leicht widerlegbare Vermutungswirkung beizumessen. Zu fragen ist insoweit zunächst, ob sie überhaupt Bereiche des von den Arbeitsschutzverordnungen geregelten betrieblichen Arbeitsschutzes tangieren („Rezeptionsfähigkeit", → Rn. 47). Zu bedenken ist insoweit, dass die Normungsarbeit nicht primär auf staatliche Anerkennung ausgerichtet ist, sondern der „Verständigung" der Wirtschaftssubjekte dient, zB durch den Abbau technischer Handelshemmnisse.[69] Im Übrigen resultiert aber eine gewisse Richtigkeitsgewähr daraus, dass die Normung in einem transparenten und formalisierten Verfahren mit klar definierten Beteiligten erfolgt. Zurückhaltend ist die Akzeptanz dieser Normen zu bewerten, da eine gleichberechtigte und institutionalisierte Beteiligung der betroffenen Kreise des Arbeitsschutzes, insbes. der Sozialpartner nicht gewährleistet ist.[70] Die Technischen Regelwerke der privaten Normungsorganisationen werden daher vornehmlich dann Bedeutung gewinnen, wenn es weder Regeln der Ausschüsse nach § 18 Abs. 2 Nr. 5 ArbSchG, noch der Unfallversicherungsträger gibt.

51 **cc) Gesetzliche Anordnung der Vermutungswirkung?** Da die Vermutungswirkung sachlich auf die **besondere Richtigkeitsgewähr des Technischen Regelwerkes** zur Kon-

---

62 Dazu mit Blick auf die Rechtslage in den USA, Lübbe-Wolff ZG 1991, 244 ff. **63** Zur Begriffsbestimmung von BG-Regeln/DGUV-Regeln vgl. Kap. 5 des BG-Grundsatzes 900 „Präventionsausschüsse des Hauptverbandes der gewerblichen Berufsgenossenschaften". **64** Zu den neuen Branchenregeln der DGUV: Felz, Gute Arbeit 12/2016, 30 ff. **65** Vgl. dazu Kap. 1 und 4 BGG 900. **66** BGBl. I 2008, 2130 ff. **67** Münch/ArbR/Kohte § 290 Rn. 40. **68** Dazu die Rechtsprechungsauswertung von Wilrich, www.kan.de/publikationen/kan-studien/, S. 17 ff. **69** Kloepfer in: Schulte, Handbuch des Technikrechts, S. 138. **70** Kloepfer, S. 141 f.

kretisierung der gesetzlichen Anforderungen des Arbeitsschutzrechts zurückzuführen ist (→ Rn. 40 ff.), bedarf es sie an und für sich keiner gesonderten gesetzlichen Anordnung.[71] Es ist daher unschädlich dass der parlamentarische Gesetzgeber, der mit § 18 Abs. 2 Nr. 5 ArbSchG die Ermittlung vermutungswirksamer Technischer Regeln anstoßen wollte,[72] die Vermutungswirkung nicht eigens in der Verordnungsermächtigung normiert hat.

Bedenklich ist es allerdings, dass eine **Anordnung der Vermutungswirkung in den Arbeitsschutzverordnungen** erfolgt ist (vgl. § 4 Abs. 3 BetrSichV, § 7 Abs. 2 GefStoffV, § 3 a Abs. 1 ArbStättV, § 3 Abs. 1 ArbMedVV), obgleich sich § 18 Abs. 2 Nr. 5 ArbSchG hierzu nicht verhält. Es ist zwar anerkannt, dass die Vermutungswirkung auch gesetzlich angeordnet werden kann, um die Relevanz bestimmter Technischer Regelwerke zur Normenkonkretisierung zu unterstreichen.[73] In der arbeitsschutzrechtlichen Literatur ist aber mit Blick auf die angesprochenen Bestimmungen der Arbeitsschutzverordnungen zu Recht darauf hingewiesen worden, dass es sich bei einer solchen „Aufwertung" bestimmter Technischer Regelwerke um eine wesentliche Entscheidung handelt, die vom parlamentarischen Gesetzgeber in der Verordnungsermächtigung des § 18 Abs. 2 Nr. 5 ArbSchG zu treffen ist und nicht vom Verordnungsgeber.[74] 52

Unabhängig von den vorstehenden kompetentiellen Bedenken bestehen zudem Zweifel, ob die genannten Regelungen der Arbeitsschutzverordnungen den **Anforderungen an eine gesetzliche Anordnung der Vermutungswirkung** genügen. Die amtliche Bekanntmachung der Technischen Regeln durch das BMAS ist an keine weiteren explizit formulierten Voraussetzungen geknüpft. Es ist so nicht sichergestellt, dass tatsächlich nur für Technische Regeln eine gesetzliche Vermutungswirkung besteht, die anhand der oben skizzierten Kriterien (→ Rn. 40 ff.) über eine besondere Richtigkeitsgewähr verfügen. Vor diesem Hintergrund verknüpft etwa § 32 UGB-KomE die amtliche Einführung Technischer Regeln richtigerweise mit verfahrensmäßigen Mindestanforderungen an die Regelermittlung. Zu diesen „Gütekriterien" zählen zB die Übereinstimmung des Regelwerkes mit den Wertungen des Gesetzes, die umfassende Berücksichtigung des wissenschaftlich-technischen Erkenntnisstandes, die ausgewogene Beteiligung der betroffenen Interessen, die hinreichende Begründung der Regel sowie ein fachöffentliches Verfahren unter Beteiligung der obersten Bundesbehörden.[75] In diesem Rahmen wären auch Grundregeln für die Auflösung von Konflikten zwischen Ministerium und Ausschuss vorzusehen.[76] 53

4. Umsetzung von Unions- und Völkerrecht in nationales Recht durch Rechtsverordnung (§ 19 ArbSchG). Mit § 19 ArbSchG hat der Gesetzgeber die Option geschaffen, unions- und völkerrechtliche Verpflichtungen der Bundesrepublik Deutschland in nationales deutsches Recht durch Rechtsverordnung umzusetzen. Dazu zählen zunächst **Rechtsakte der Europäischen Gemeinschaften**. Die Textfassung des § 19 ArbSchG bezieht sich noch auf den EG-Vertrag. Seit Inkrafttreten des Vertrages von Lissabon ist die EU an die Stelle der Europäischen Gemeinschaften (EG) getreten. **§ 19 ArbSchG** betrifft vor diesem Hintergrund **heute** vor allem die **Rechtsakte der EU** (§ 1 Abs. 3 S. 3 EUV).[77] Zu diesen Rechtsakten zählen vor allem **EU-Richtlinien** (zu den sonstigen Rechtsakten der EU, denen insoweit eine weniger exponierte Rolle zukommt → Unionsrecht Rn. 34 ff.). Nach Art. 288 Abs. 3 AEUV sind **EU-Richtlinien für die Mitgliedstaaten**, an die sie gerichtet sind, hinsichtlich ihrer Ziele verbindlich. Überlassen bleibt den Mitgliedstaaten demgegenüber die **Wahl der Form und der Mittel zur Zielverwirklichung.** § 19 ArbSchG bietet insoweit die Möglichkeit, die Verpflichtungen aus den EU-Richtlinien umzusetzen und die bestehenden Spielräume bei der Auswahl der Mittel entsprechend den nationalen Gepflogenheiten auszufüllen. 54

---

[71] Kohte, Jahrbuch 86, S. 142; LR/Wiebauer ArbSchG § 18 Rn. 51; zur Vermutungswirkung von DIN-Normen vgl. OVG Niedersachsen 6.9.1991 – 7 L 166/89. [72] BT-Drs. 14/3798, 24. [73] Dazu UGB-KomE, S. 118 f., 497 f. [74] Dazu zutreffend Münch/ArbR/Kohte § 290 Rn. 35; aA LR/Wiebauer ArbSchG § 18 Rn. 52. [75] UGB-KomE, S. 118 f., 497 f. [76] Münch/ArbR/Kohte § 290 Rn. 39. [77] Dazu genauer Kollmer/Klindt/Schucht/Doerfert ArbSchG § 19 Rn. 2.

55 Die EU hat auf der Grundlage des **Art. 153 AEUV** (ex Art. 137 EG-Vertrag) weitreichende Möglichkeiten **Richtlinien zur Verbesserung der Arbeitsumwelt** zum Schutz der Sicherheit und Gesundheit der Arbeitnehmer zu erlassen (→Unionsrecht Rn. 9 ff.). Sie hat diese Ermächtigungsnorm intensiv genutzt und zahlreiche **Arbeitsumwelt-Richtlinien** erlassen. Die Umsetzung dieser zahlreichen Arbeitsumwelt- Richtlinien bildete in der Vergangenheit den **Hauptanwendungsfall des** § **19 ArbSchG** (vgl. dazu auch Übersicht der einschlägigen Richtlinien, → Unionsrecht Rn. 22).

56 **Internationale Organisationen** iSv § 19 ArbSchG sind zB die ILO oder die Internationale Schifffahrtsorganisation (→ Grundrecht Rn. 3 ff.).[78] Rechtsakte dieser Organisationen, wie zB ILO-Übereinkommen erfordern zumeist einen innerstaatlichen Umsetzungsakt, um ihre praktische Wirkung zu entfalten und Rechte und Pflichten für Arbeitgeber und Arbeitnehmer zu begründen. Sinngemäß das Gleiche gilt für **zwischenstaatliche Vereinbarungen**, etwa bei Abschluss von völkerrechtlichen Verträgen, die Fragen des Arbeits- und Gesundheitsschutzes tangieren. Auch hier kann es die Erfüllung der zwischenstaatlichen Vereinbarung erfordern, innerstaatlich Rechte und Pflichten durch eine gesetzliche Regelung zu begründen. § 19 ArbSchG bewirkt, dass dies auch durch Rechtsverordnung geschehen kann, sofern die umzusetzenden Bestimmungen in den durch das **ArbSchG** aufgespannten **Regelungsrahmen** fallen.[79] Bei Arbeitsumwelt-Richtlinien wird man hiervon in der Regel ausgehen können, da diese systematisch der EU-Rahmenrichtlinie 89/391/EWG zugeordnet werden können, die selbst die Grundlage des ArbSchG ist.

57 § 19 ArbSchG bewirkt darüber hinaus eine partielle **Erweiterung des durch** § **18 ArbSchG abgesteckten Regelungsrahmens** für Arbeitsschutzverordnungen. § 19 ArbSchG ermächtigt, erforderlichenfalls neben dem Arbeitgeber (§ 2 Abs. 3 ArbSchG) weitere Personen mit Arbeitsschutzpflichten zu belegen. Gemeint sind hiermit Fälle, in denen ein adäquater Arbeits- und Gesundheitsschutz allein durch den Arbeitgeber nicht erreicht werden kann. Sofern insbes. EU-Richtlinien vor diesem Hintergrund weitere Personen in die Pflicht nehmen, ermöglicht § 19 ArbSchG es, an diese arbeitsschutzrechtliche Adressatenpflichten zu adressieren, obgleich sie nicht unter den Arbeitgeberbegriff des § 2 Abs. 3 ArbSchG fallen.[80] Ein Beispiel hierfür ist die **BaustellV**, in der neben dem Arbeitgeber auch Bauherren, Unternehmern ohne Beschäftigte sowie Koordinatoren arbeitsschutzrechtliche Pflichten zugeordnet werden (→ BaustellV Rn. 24 ff.).[81]

IV. Rechtsdurchsetzung

58 §§ 18, 19 ArbSchG begründen keine Verpflichtung der Bundesregierung, Rechtsverordnungen zur Konkretisierung des ArbSchG bzw. zur Umsetzung von unions- bzw. völkerrechtlichen Rechtsakten zu erlassen. Die Verordnungsermächtigung belässt es letztlich der (politischen) Opportunität der Bundesregierung, entsprechende Aktivitäten, zB in Gestalt von Rechtsverordnungen zu psychischen Belastungen bei der Arbeit zu erlassen. Mit Blick auf unions- bzw. völkerrechtliche Rechtsakte, wie insbes. EU-Arbeitsumweltrichtlinien, kann der parlamentarische Gesetzgeber jederzeit aktiv werden und Parlamentsgesetze erlassen. Es besteht vor diesem Hintergrund kein von Einzelpersonen oder interessierten Kreisen durchsetzbarer Anspruch, die Rechtsverordnungsermächtigung des § 18 ArbSchG auszunutzen.[82] Entsprechende Klagen vor den Verwaltungsgerichten werden regelmäßig bereits ohne Sachentscheidung als unzulässig abzuweisen sein.[83]

59 Es obliegt insbes. den Verwaltungsgerichten im Einzelfall zu beurteilen, ob die Arbeitsschutzverordnungen die durch §§ 18, 19 ArbSchG abgesteckten Grenzen wahren. Wer-

---

78 Vgl. zB Kollmer/Klindt/Schucht/Doerfert ArbSchG § 19 Rn. 10; BT-Drs. 13/3540, 20. **79** BT-Drs. 13/3540, 20; Pieper ArbSchG § 19 Rn. 8; LR/Wiebauer ArbSchG § 19 Rn. 22. **80** BT-Drs. 13/3540, 20. **81** Pieper ArbSchG § 19 Rn. 10; Kollmer/Klindt/Schucht/Doerfert ArbSchG § 19 Rn. 19; Bremer, Arbeitsschutz im Baubereich, S. 60 ff. **82** Kollmer/Klindt/Schucht/Doerfert ArbSchG § 18 Rn. 14.; LR/Wiebauer ArbSchG § 18 Rn. 22. **83** Kollmer/Klindt/Schucht/Doerfert ArbSchG § 18 Rn. 14 mwN.

den nach Auffassung des Verwaltungsgerichts die Grenzen der Verordnungsermächtigung überschritten, sind die entsprechenden Bestimmungen nichtig und nicht anzuwenden.[84] Die Anforderungen sind dann vom Gericht unmittelbar aus den rahmensetzenden Bestimmungen des ArbSchG, insbes. aus den allgemeinen Grundsätzen des Arbeitsschutzes nach § 4 ArbSchG zu entnehmen.

Mit Blick auf die Umsetzung von EU-Arbeitsumweltrichtlinien ist darauf hinzuweisen, 60 dass die Möglichkeit der Einleitung eines **Vertragsverletzungsverfahrens** vor dem **Europäischen Gerichtshof** (Art. 258 AEUV – ex Art. 226 EGV) besteht, wenn Arbeitsschutzverordnungen die unionsrechtlichen Vorgaben nicht ordnungsgemäß umsetzen. Es handelt sich hierbei nicht um ein Verfahren des Individualrechtsschutzes, da allein die EU-Kommission antragsberechtigt ist. Im Rahmen eines Individualrechtsstreits kann eine Klärung der ordnungsgemäßen Umsetzung von EU-Recht im Wege des **Vorabentscheidungsverfahrens** erwirkt werden, sofern ein Gericht eine Zweifelsfrage dem **Europäischen Gerichtshof** vorlegt (Art. 267 AEUV – ex Art. 234 EGV).[85]

§ 20 ArbSchG Regelungen für den öffentlichen Dienst

(1) Für die Beamten der Länder, Gemeinden und sonstigen Körperschaften, Anstalten und Stiftungen des öffentlichen Rechts regelt das Landesrecht, ob und inwieweit die nach § 18 erlassenen Rechtsverordnungen gelten.

(2) ¹Für bestimmte Tätigkeiten im öffentlichen Dienst des Bundes, insbesondere bei der Bundeswehr, der Polizei, den Zivil- und Katastrophenschutzdiensten, dem Zoll oder den Nachrichtendiensten, können das Bundeskanzleramt, das Bundesministerium des Innern, das Bundesministerium für Verkehr und digitale Infrastruktur, das Bundesministerium der Verteidigung oder das Bundesministerium der Finanzen, soweit sie hierfür jeweils zuständig sind, durch Rechtsverordnung¹ ohne Zustimmung des Bundesrates bestimmen, daß Vorschriften dieses Gesetzes ganz oder zum Teil nicht anzuwenden sind, soweit öffentliche Belange dies zwingend erfordern, insbesondere zur Aufrechterhaltung oder Wiederherstellung der öffentlichen Sicherheit. ²Rechtsverordnungen nach Satz 1 werden im Einvernehmen mit dem Bundesministerium für Arbeit und Soziales und, soweit nicht das Bundesministerium des Innern selbst ermächtigt ist, im Einvernehmen mit diesem Ministerium erlassen. ³In den Rechtsverordnungen ist gleichzeitig festzulegen, wie die Sicherheit und der Gesundheitsschutz bei der Arbeit unter Berücksichtigung der Ziele dieses Gesetzes auf andere Weise gewährleistet werden. ⁴Für Tätigkeiten im öffentlichen Dienst der Länder, Gemeinden und sonstigen landesunmittelbaren Körperschaften, Anstalten und Stiftungen des öffentlichen Rechts können den Sätzen 1 und 3 entsprechende Regelungen durch Landesrecht getroffen werden.

Literatur: *Battis*, Bundesbeamtengesetz, Kommentar, 5. Aufl. 2017; *Fischer/Schierbaum*, Die Bildschirmarbeitsverordnung, PersR 1997, 95; *Köckeritz*, Arbeitsschutz und dessen Überwachung im Bereich des öffentlichen Dienstes, 2013; *Kollmer*, Die Bedeutung des Arbeitsschutzgesetzes (ArbSchG) für Beamtentum und öffentlichen Dienst, ZBR 1997, 265; *Märtins*, Arbeitsschutz und Unfallverhütung im öffentlichen Dienst, ZTR 1992, 223; *Reich*, Beamtenstatusgesetz, Kommentar, 2. Aufl. 2012; *Summer*, Gedanken zur beamtenrechtlichen Fürsorgepflicht, PersV 1988, 76.

Leitentscheidungen: EuGH 14.7.2005 – C-52/04, NZA 2005, 921 (Hamburger Feuerwehr); EuGH 6.4.2006 – C-428/04, Slg 2006, I-3325 ff = ZESAR 2007, 30 mAnm Kohte/Faber; VG Frankfurt 9.3.2009 – 9 K 96/09 F; BVerwG 22.7.2009 – 1 WB15/08, PersV 2009, 424 mAnm Lorse; VG Augsburg 20.9.2012 – Au 2 K 11.1082; BVerwG 23.6.2016 – 2 C 18/15, ZTR 2016, 667.

---

84 Vgl. zB BVerwG 11.11.2004 – 3 C 8/04, BVerwGE 122, 182 ff.; BVerwG 26.11.2014 – 6 CN 1/13, NVwZ 2015, 590 (zur Unvereinbarkeit einer Verordnung mit § 13 ArbZG). **85** EuGH 6.7.2000 – C 11/99, NZA 2000, 877 (Dietrich); Vorlagebeschluss: ArbG Siegen 7.1.1999 – 1 Ca 2299/97, BB 1999, 267 = NZA-RR 2000, 183. **1** Siehe die ArbeitsschutzG-AnwendungsVO.

2 ArbSchG § 20 — Regelungen für den öffentlichen Dienst

I. Normzweck, Rechtssystematik	1	2. Ausnahmeregelungen für besondere Beamtenverhältnisse	18
II. Entstehung, Unionsrecht	5	IV. Rechtsfolgen	26
III. Detailkommentierung	8		
1. Landesrechtliche Regelungen nach § 20 Abs. 1 ArbSchG	8		

I. Normzweck, Rechtssystematik

1 § 20 ArbSchG stellt eine spezielle Regelung für den öffentlichen Dienst der Länder und des Bundes dar. Sie bezieht sich tatsächlich nur auf **Beamte und Beamtinnen**.[2] Es handelt sich um eine **Sonderregelung** in Bezug auf die Anwendung der Arbeitsschutzvorschriften,[3] obwohl nach § 1 Abs. 1 ArbSchG alle Tätigkeitsbereiche, so auch Beamtenverhältnisse, vom Arbeitsschutzrecht erfasst sind. Ein geringerer Arbeitsschutz für Beamte gegenüber Arbeitnehmern ist mit dieser Vorschrift jedoch nicht verbunden, denn die Gewährleistung der Arbeitsschutzvorschriften ist auch Ausfluss der **beamtenrechtlichen Fürsorgepflicht**[4] des Dienstherrn gemäß § 45 BeamtStG für Landesbeamte bzw. § 78 BBG für Bundesbeamte.

2 § 20 Abs. 1 ArbSchG bestimmt für den öffentlichen Dienst der Länder, Gemeinden, sonstigen Körperschaften, Anstalten und Stiftungen des öffentlichen Rechts, ob und inwieweit die auf dem Gebiet des staatlichen Arbeitsschutzrechts erlassenen Rechtsverordnungen anwendbar sind. Dabei nimmt § 20 Abs. 1 ArbSchG Bezug auf § 18 ArbSchG, der die Bundesregierung ermächtigt, Rechtsverordnungen zur Konkretisierung des Schutzes der Beschäftigten im Sinne des 2. und 3. Abschnitts des ArbSchG zu schaffen.[5] Da sich die Norm auf das Landesrecht bezieht, kann mit § 20 Abs. 1 ArbSchG die jeweilige **Landesregierung** über die Geltung einer entsprechenden **Rechtsverordnung zum Arbeitsschutz** entscheiden.[6] Über § 20 Abs. 1 ArbSchG werden damit die Schutzvorschriften für Beamte in gefahrträchtigen Berufen flexibilisiert.[7]

3 § 20 Abs. 2 ArbSchG regelt mit Blick auf die **Besonderheiten einzelner Tätigkeiten** (dienstrechtlich als **Laufbahnen** bezeichnet), wie insbesondere die Bundeswehr, die Polizei, den Zivilschutz, den Zoll und den Nachrichtendienst, die vollständige bzw. teilweise Nichtanwendung von Vorschriften des ArbSchG im Bundesdienst. Die Vorschrift trägt dem Umstand Rechnung, dass zB bei Einsätzen der Polizei eine starre Anwendung des ArbSchG zu Beeinträchtigungen der öffentlichen Sicherheit führen kann.[8] Deshalb ermöglicht § 20 Abs. 2 ArbSchG für den Bundesdienst den Erlass einer **Rechtsverordnung**, die die Geltung einzelner oder aller Schutznormen des ArbSchG beschränkt bzw. aufhebt. Gleichzeitig muss die Rechtsverordnung iSd § 20 Abs. 2 ArbSchG aber auch festlegen, welche Maßnahmen anstelle des ArbSchG die Sicherheit und den Gesundheitsschutz der betroffenen Bundesbeamten gewährleisten.[9] § 20 Abs. 2 ArbSchG stellt den im Einzelnen aufgeführten Bundesministerien und dem Bundeskanzleramt eine **Ermächtigungsgrundlage** zur Verfügung, um eine auf die entsprechenden Bedarfe zugeschnittene Verordnung zu schaffen. § 20 Abs. 2 S. 2 ArbSchG bestimmt außerdem für diese speziellen Tätigkeiten im Bundesdienst, dass die jeweiligen Rechtsverordnungen im Einvernehmen mit dem Bundesministerium für Arbeit und Soziales und dem Bundesinnenministerium zu erlassen sind, soweit das Bundesinnenministerium nicht selbst zur Schaffung einer solchen Rechtsverordnung ermächtigt ist.

4 In diesem Zusammenhang muss ebenfalls auf § 21 Abs. 5 ArbSchG eingegangen werden, der allgemein die Verantwortlichkeiten für die Umsetzung und Durchführung des ArbSchG und der aufgrund des ArbSchG erlassenen Verordnungen im öffentlichen Dienst des Bundes festlegt. Diese liegen bei der im Bundesministerium des Innern eingerichteten **Zentralstelle für Arbeitsschutz**, deren Aufgaben jetzt durch die Unfallversicherung Bund und Bahn wahrgenommen werden (→ ArbSchG § 21 Rn. 25).[10] Für das

---

2 Kollmer ZBR 1997, 265 (268). **3** Kollmer/Klindt/Schucht/Baßlsperger ArbSchG § 20 Rn. 3.
4 LR/Wiebauer ArbSchG § 20 Rn. 8; GKÖD/Hartung BBG § 78 Rn. 33. **5** Kollmer ZBR 1997, 265 (268). **6** Pieper ArbSchG § 20 Rn. 1. **7** Kollmer ZBR 1997, 265 (268). **8** Kollmer ZBR 1997, 265 (268). **9** KJP/Koll ArbSchG § 20 Rn. 21. **10** BT-Drs. 17/12297, 67 f.

Bundesverkehrsministerium ist bisher die **Eisenbahn-Unfallkasse** zuständig gewesen. Ab dem 1.1.2015 hat dies ebenfalls die **Unfallversicherung Bund und Bahn** übernommen. Für das Bundesverteidigungsministerium und das Auswärtige Amt wird der Arbeitsschutz durch das eigene Ministerium und für das Bundesfinanzministerium durch die **Berufsgenossenschaft Verkehrswirtschaft Post-Logistik Telekommunikation** gewährleistet. Mit den in § 21 Abs. 5 ArbSchG genannten Unfallkassen soll demnach die Überwachung und Einhaltung des Arbeitsschutzes auch für gefahrträchtige Tätigkeiten im Bundesdienst sichergestellt werden.

II. Entstehung, Unionsrecht

§ 20 Abs. 2 ArbSchG geht auf Art. 2 Abs. 2 der **Rahmenrichtlinie-Arbeitsschutz 89/391/EWG**[11] zurück. Nach Art. 2 Abs. 2 S. 1 RL 89/391/EWG findet die Richtlinie keine Anwendung, soweit die **Besonderheiten bestimmter spezifischer Tätigkeiten** im **öffentlichen Dienst**, zB bei den Streitkräften, der Polizei oder aber bei den Katastrophenschutzdiensten zwingend entgegenstehen. Art. 2 Abs. 2 S. 2 RL 89/391/EWG stellt für diese Fälle aber auch klar, dass unter Berücksichtigung der Ziele der Richtlinie auf andere Weise eine größtmögliche Sicherheit und ein größtmöglicher Gesundheitsschutz zu gewährleisten ist. Der Gesetzgeber hat mit § 20 Abs. 2 ArbSchG eine „**Eins zu Eins**"-Umsetzung der RL 89/391/EWG vorgenommen. 5

Damit ist für die Auslegung von § 20 Abs. 2 ArbSchG die Rechtsprechung des Europäischen Gerichtshofs maßgeblich, der Art. 2 Abs. 2 der Rahmenrichtlinie als eine **eng auszulegende Ausnahmevorschrift** behandelt. Danach bezieht sich diese Vorschrift **nur auf bestimmte besondere Tätigkeiten**,[12] deren Kontinuität unerlässlich ist, um die Unversehrtheit von Menschen und Sachen zu gewährleisten, und angesichts dieses Kontinuitätserfordernisses so geartet sind, dass eine Anwendung aller Bestimmungen der Unionsregelung über den Schutz der Sicherheit und der Gesundheit der Arbeitnehmer tatsächlich unmöglich ist.[13] Inzwischen hat sich auch das Bundesverwaltungsgericht in mehreren beamtenrechtlichen Verfahren dieser Rechtsprechung angeschlossen.[14] Sie ist auch für diese Kommentierung maßgeblich. 6

Die Regelung des § 20 Abs. 1 ArbSchG basiert demgegenüber nicht auf einer Richtlinienbestimmung, auch wenn die **Länder** als Teil der Bundesrepublik Deutschland **an die Umsetzungsvorgaben** der auf dem Gebiet des Arbeitsschutzes erlassenen **Richtlinien gebunden** sind.[15] Andererseits flexibilisiert § 20 Abs. 1 ArbSchG die Arbeit von Beamten in gefahrgeneigten Tätigkeitsbereichen auf Länderebene,[16] denn die Vorschrift stellt es den Ländern anheim, ob und inwieweit sie die Rechtsverordnungen übernehmen oder nicht. Diese Flexibilisierung ist aus arbeitsschutzrechtlicher Sicht nicht unproblematisch, jedoch gebietet der aus der Fürsorgepflicht des Dienstherrn folgende Schutz der Beamten auf Leben und körperliche Unversehrtheit, dass sich die Arbeitsplätze in einem sicheren und ordnungsgemäßen Zustand zu befinden haben.[17] Insoweit obliegt den Dienstherren auf Landes- und kommunaler Ebene eine **Schadensabwendungspflicht**, die mit einem Erfüllungsanspruch des Beamten korrespondiert.[18] Im Übrigen sind die Länder ebenfalls gehalten, das Unionsrecht zu beachten.[19] Da die Mehrzahl der deutschen Arbeitsschutzverordnungen nicht über die unionsrechtlichen Vorgaben 7

---

11 Richtlinie des Rates 89/391/EWG über die Durchführung von Maßnahmen zur Verbesserung der Sicherheit und des Gesundheitsschutzes der Arbeitnehmer bei der Arbeit v. 12.6.1989, ABl. EG L 183, 1. **12** Dazu ausführlich Köckeritz, S. 55 ff. **13** So EuGH 14.7.2005 – C-52/04, NZA 2005, 921 (Hamburger Feuerwehr); ebenso EuGH 12.1.2006 – C 132/04, AuR 2015, 454 mAnm Buschmann; bestätigt durch EuGH 3.5.2012 – C-337/10, NVwZ 2012, 688 (Neidel) = AuR 2012, 260 mAnm Buschmann. **14** BVerwG 15.12.2011 – 2 C 41/10, NVwZ 2012, 641; 26.7.2012 – C 29/11, NVwZ-RR 2012, 972; 31.1.2013 – 2 C 10/12, ZTR 2013, 349. **15** Pieper ArbSchG § 20 Rn. 1; EuGH 6.4.2006 – C-428/04, ZESAR 2007, 30 mAnm Kohte/Faber. **16** Kollmer ZBR 1997, 265 (268). **17** Battis BBG § 78 Rn. 11. **18** LR/Wiebauer ArbSchG § 20 Rn. 14. **19** EuGH 6.4.2006 – C 428/04, Slg 2006, I-3325 ff. = ZESAR 2007, 30 mAnm Kohte/Faber.

hinausgeht, ist eine Abweichung nach unten durch die Länder in aller Regel nicht statthaft.[20]

III. Detailkommentierung

8 **1. Landesrechtliche Regelungen nach § 20 Abs. 1 ArbSchG.** Für die Beamten der Länder, Gemeinden, Anstalten, Stiftungen und Körperschaften des öffentlichen Rechts bestimmt § 20 Abs. 1 ArbSchG, dass sich aus dem **Landesrecht** ergibt, welche Rechtsverordnungen gemäß § 18 ArbSchG gelten. § 18 ArbSchG ermächtigt die Bundesregierung mit Zustimmung des Bundesrates, durch Rechtsverordnungen Maßnahmen des Arbeitgebers und sonstiger verantwortlicher Personen sowie Verhaltensanweisungen für die Beschäftigten zur Erfüllung ihrer arbeitsschutzrechtlichen Pflichten festzulegen. Eine inhaltliche Konkretisierung dieser Rechtsverordnungen ergibt sich dabei aus § 18 Abs. 2 ArbSchG. Zu berücksichtigen ist allerdings, dass der Erlass von Rechtsverordnungen für die Bundesregierung nicht zwingend ist,[21] sondern lediglich eine Option darstellt.

9 Einzelne Vorschriften aus Rechtsverordnungen, die inhaltlich an § 18 Abs. 2 ArbSchG anknüpfen, sind zB

- Anhang Nr. 6 ArbStättV,[22] der iSv § 18 Abs. 2 Nr. 1 ArbSchG ua eine Regelung zur Beschäftigungsdauer und Beschäftigungslage für Bildschirm- bzw. Telearbeitsplätze getroffen hat;[23]
- §§ 10 ff. BiostoffV,[24] die iSv § 18 Abs. 2 Nr. 2 ArbSchG besonders gefährliche Arbeitsmittel oder Arbeitsverfahren verbieten oder an bestimmte Bedingungen knüpfen;
- §§ 5 ff. BetrSichV,[25] die ebenfalls iSv § 18 Abs. 2 Nr. 2 ArbSchG ein Verbot bzw. Bedingungen für besonders gefährliche Arbeitsmittel oder -verfahren aufstellen;
- §§ 14 ff. BetrSichV, die iSv § 18 Abs. 2 Nr. 3 ArbSchG eine fachkundige Überprüfung besonders gefährlicher Betriebsanlagen sowie der Arbeits- und Fertigungsverfahren vorsehen.[26]

10 Darüber hinaus sieht § 18 Abs. 2 Nr. 4 ArbSchG die Möglichkeit einer Rechtsverordnung für die Durchführung **arbeitsmedizinischer Untersuchungen** der Beschäftigten bei der Aufnahme, Fortsetzung oder Beendigung bestimmter gefährdender Tätigkeiten vor. Dabei können ebenfalls besondere, vom untersuchenden Arzt zu beachtende Pflichten festgelegt werden. Mit der **Arbeitsmedizinvorsorgeverordnung** (ArbMedVV)[27] wurden im Jahr 2008 konkrete Regelungen für arbeitsmedizinische Vorsorgeuntersuchungen geschaffen.

11 § 18 Abs. 2 Nr. 5 ArbSchG ermöglicht schließlich den Erlass von Rechtsverordnungen zur **Bildung von Ausschüssen**, deren Funktion in der Beratung der Bundesregierung oder des zuständigen Bundesministeriums in Fragen zur Anwendung der Rechtsverordnungen, des Stands der Technik, der Arbeitsmedizin und der Hygiene sowie der Ermittlung sonstiger gesicherter arbeitsmedizinischer Erkenntnisse besteht. Vor dem Hintergrund dieser Vorschrift wurden aufgrund der

- Arbeitsstättenverordnung der **Ausschuss für Arbeitsstätten**,
- Betriebssicherheitsverordnung der **Betriebssicherheitsausschuss**,

---

20 VG Frankfurt 9.3.2009 – 9 K 96/09 F zur RL 90/270/EWG. **21** Pieper ArbSchG § 18 Rn. 3. **22** Verordnung über Arbeitsstätten v. 12.8.2004, BGBl. I, 2179 idF der Änderung v. 30.11.2016, BGBl. I, 2681. **23** Die ehemalige Bildschirmarbeitsverordnung ist mit der Neuregelung der ArbStättV v. 30.11.2016 in der ArbStättV integriert worden; zur aufgehobenen Bildschirmarbeitsverordnung Fischer/Schierbaum PersR 1997, 95 (98 f.). **24** Verordnung über Sicherheit und Gesundheitsschutz bei Tätigkeiten mit biologischen Arbeitsstoffen v. 15.7.2013, BGBl. I, 2514, zuletzt geändert durch Art. 146 des Gesetzes v. 29.3.2017, BGBl. I, 626. **25** Verordnung über Sicherheit und Gesundheitsschutz bei der Verwendung von Arbeitsmitteln v. 3.2.2015, BGBl. I, 49, zuletzt geändert durch Art. 147 des Gesetzes v. 29.3.2017, BGBl. I, 626. **26** Vgl. zu den Beispielen LR/Wiebauer ArbSchG § 18 Rn. 25. **27** Verordnung zur arbeitsmedizinischen Vorsorge (ArbMedVV) v. 18.12.2008, BGBl. I, 2768, zuletzt geändert durch Art. 3 Abs. 1 der Verordnung v. 15.11.2016, BGBl. I, 2549.

- Biostoffverordnung der **Ausschuss für biologische Arbeitsstoffe**,
- Gefahrstoffverordnung der **Ausschuss für Gefahrstoffe**,
- Arbeitsmedizinvorsorgeverordnung der **Ausschuss für Arbeitsmedizin**

geschaffen.[28] Der Bundesanstalt für Arbeitsschutz und Arbeitsmedizin (BAuA) obliegt dabei regelmäßig die Geschäftsführung in diesen Ausschüssen. Zukünftig wird es ab dem 1.1.2018 auch einen **Ausschuss für Mutterschutz** geben, denn das novellierte Mutterschutzgesetz vom 23.5.2017[29] tritt mit den meisten Neuregelungen am 1.1.2018 in Kraft und bestimmt in § 30 MuSchG nF, dass beim Bundesministerium für Familie, Senioren, Frauen und Jugend ein entsprechender Ausschuss eingesetzt wird, in dem auch die öffentlichen Arbeitgeber vertreten sein werden.[30]

§ 18 Abs. 2 ArbSchG gibt mit seinen nicht abschließend formulierten Regelungstatbeständen einen inhaltlichen Rahmen für die Rechtsverordnungen der Bundesregierung vor. Über § 20 Abs. 1 ArbSchG können die Länder, Gemeinden, sonstigen Körperschaften des öffentlichen Rechts, Anstalten und Stiftungen die auf dieser Grundlage erlassenen Rechtsverordnungen ganz oder in Teilen übernehmen. Ein Beispiel für diese Umsetzung ist die Verordnung der Landesregierung Baden-Württembergs über die Geltung arbeitsschutzrechtlicher Verordnungen für die Beamten vom 3.5.1999.[31] Auch in Bremen sind mit § 82 Abs. 1 Bremisches Beamtengesetz die aufgrund von § 18 ArbSchG erlassenen Rechtsverordnungen der Bundesregierung auf bremische Beamte vollständig für anwendbar erklärt worden. Gleiches gilt für Niedersachsen gemäß § 82 Abs. 1 Niedersächsisches Beamtengesetz, Thüringen gemäß § 83 Abs. 1 Thüringer Beamtengesetz und für Brandenburg gemäß § 48 Abs. 1 des Landesbeamtengesetzes. Soweit diese Gesetze auf die Verordnungen nach § 18 ArbSchG verweisen, sind damit auch die auf § 19 ArbSchG gestützten Verordnungen erfasst, da diese im Gesetzestext als „Rechtsverordnungen nach § 18 ArbSchG" qualifiziert werden und die Länder gerade gehalten sind, das Unionsrecht zu beachten.

12

Diese Landesgesetze enthalten regelmäßig eine **dynamische Verweisung auf die Verordnungen des Bundes**. In Bayern und Nordrhein-Westfalen haben die Landesbeamtengesetze die jeweiligen Landesregierungen ermächtigt, durch Verordnung festzulegen, ob und inwieweit die Verordnungen des Bundes für die jeweiligen Landesbeamten gelten. Dies ist inzwischen in beiden Ländern durch Verordnungen zuletzt 2008 und 2009 mit umfassenden dynamischen Verweisungen erfolgt. Eine Ausnahme bildet die Norm des § 104 a Sächsisches Beamtengesetzes, das nur **statisch** auf die 2009 in dieser Norm genannten Verordnungen verweist, so dass eine Verweisung auf die erstmals 2010 erlassene OStrV[32] für die sächsischen Beamten fehlt.

13

Unabhängig davon folgt aus der Fürsorgepflicht des Dienstherrn gemäß § 45 BeamtStG bzw. § 78 BBG, dass ein sachgerechter Arbeitsschutz zu gewährleisten ist, der auf jeden Fall dem allgemeinen Arbeitsschutzrecht entspricht,[33] so dass auch die Grundsätze des § 4 ArbSchG in diesem Rahmen zu beachten sind.[34] Daher sind die meisten Beamtenverhältnisse auch von den arbeitsschutzrechtlichen Spezialgesetzen, von wenigen Ausnahmen abgesehen, erfasst.[35] Zu nennen sind hier ua das Chemikali-

14

---

28 Kollmer/Klindt/Schucht/Doerfert ArbSchG § 18 Rn. 9. **29** Gesetz zur Neuregelung des Mutterschutzrechts v. 23.5.2017, BGBl. I, 1228. **30** Hinzuweisen ist aber darauf, dass das MuSchG nF nach wie vor nicht auf Beamtinnen, Soldatinnen und Richterinnen anwendbar ist. § 46 BeamtSG nF stellt lediglich klar, dass ein „effektiver Mutterschutz" zu gewährleisten ist. **31** Baden-Württembergisches GBl., 181. **32** BGBl. I 2010, 960. **33** So schon vor Geltung des ArbSchG: BVerwG 13.9.1984 – 2 C 33/82, NJW 1985, 876; bestätigt durch BVerwG 19.3.1998 – 2 C 6/97, NVwZ 1999, 194 (196). **34** VG Ansbach 15.12.2009 – AN 1 K 09.01482 Rn. 61; VG Augsburg 20.9.2012 – Au 2 K 11.1082 Rn. 26. **35** LR/Wiebauer ArbSchG § 20 Rn. 5; Battis BBG § 78 Rn. 10; Märtins ZTR 1992, 223 (227 ff.).

engesetz[36] sowie die Strahlenschutzverordnung[37] und die Röntgenverordnung.[38] Das Arbeitssicherheitsgesetz[39] ist zwar in der öffentlichen Verwaltung sowohl auf Bundes- als auch auf Landesebene nicht unmittelbar anwendbar, jedoch stellt § 16 ASiG klar, dass hier ein in den Grundsätzen des ASiG gleichwertiger arbeitsmedizinischer und sicherheitstechnischer Arbeitsschutz zu gewährleisten ist. Dies wird für Beamtenverhältnisse in der Regel durch allgemeine Verwaltungsvorschriften erreicht.[40] Darüber hinaus gelten auch Rechtsverordnungen wie die Arbeitsstättenverordnung.[41] Ausdruck der Fürsorgepflicht ist dabei ua der in § 5 ArbStättV verankerte Schutz vor einer Gesundheitsgefährdung durch das **Passivrauchen**,[42] der ua durch den Erlass von Nichtraucherschutzgesetzen weiteren Auftrieb erhalten hat, so ua auch durch das Bundesnichtraucherschutzgesetz vom 20.7.2007.[43] Bislang nicht abschließend geklärt ist, ob auch E-Zigaretten unter den Nichtraucherschutz fallen. Für ein einheitliches Verbot in Dienststellen spricht zur Gewährleistung eines umfassenden Gesundheitsschutzes jedoch einiges.[44] Existiert ein Rauchverbot in Behörden, Dienststellen und sonstigen Einrichtungen des öffentlichen Dienstes, so hat sich damit auch die Frage nach angemessenen Abhilfemaßnahmen des Dienstherrn, die in der Vergangenheit zu einigen verwaltungsgerichtlichen Entscheidungen[45] geführt haben, erledigt.[46] Dass der allgemeine Arbeitsschutz, zB in Form des Nichtraucherschutzes, auch für Beamte gilt, hat das Bundesverwaltungsgericht im Urteil vom 23.6.2016[47] betont. Der Arbeitsschutz ist eine **Querschnittsmaterie**, denn Regelungen zum Schutz vor Gefahren am Arbeitsplatz, zB zum Schutz der nicht rauchenden Beschäftigten vor Tabakrauch, greifen auch in andere Bereiche ein, nämlich in den Nichtraucherschutz der Bevölkerung allgemein. Dem Bundesgesetzgeber kommt deshalb auf der Basis des Art. 74 Abs. 1 Nr. 12 GG die Kompetenz zu, auch für Beamte den allgemeinen Arbeitsschutz zu regeln, der lediglich dort eine Grenze findet, wo die öffentlich-rechtlichen Bindungen eine spezielle Behandlung durch gesonderte Regelungen erforderlich machen.[48]

15 Weiter gebietet es die Fürsorgepflicht, den Beamten vor einer gesundheitsgefährdenden **dienstlichen Überlastung**, insbesondere durch Mehrarbeit, Überstunden etc., zu bewahren.[49] Deshalb ist es nach Ansicht des Bundesverfassungsgerichts Sache des Dienstherrn, durch geeignete Organisationsmaßnahmen dafür Sorge zu tragen, dass für die zu bewältigenden Arbeitsaufgaben genug Personal und sachliche Mittel zur Verfügung stehen.[50] In Übertragung der Rechtsprechung des Bundesarbeitsgerichts[51] zu leitenden Angestellten ist zwar zu beachten, dass Führungskräfte des öffentlichen Dienstes, wie zB Referats- oder Abteilungsleitungen, grundsätzlich eine stärkere zeitliche und nervliche Beanspruchung ihrer Arbeitskraft hinzunehmen haben, gleichwohl hat der Dienstherr zu gewährleisten, dass die dienstliche Überlastung keine gesundheitsgefährdenden

---

36 Gesetz zum Schutz vor gefährlichen Stoffen idF v. 28.8.2013, BGBl. I, 3498, zuletzt geändert durch Art. 4 Abs. 97 Gesetz v. 18.7.2016, BGBl. I, 1666; vgl. VG Oldenburg 2.6.1992 – 3 B 30/92 OS, NVwZ 1993, 913. **37** Verordnung über den Schutz vor Schäden durch ionisierende Strahlen v. 20.7.2001, BGBl. I, 1714; BGBl. 2002 I, 1459, zuletzt geändert nach Maßgabe des Art. 10 d. Art. 6 Gesetz v. 27.1.2017, BGBl. I, 114, 1222. **38** Verordnung über den Schutz vor Schäden durch Röntgenstrahlen v. 30.4.2003, BGBl. I, 604, zuletzt geändert durch Art. 6 der Verordnung v. 11.12.2014, BGBl. I, 2010. **39** Gesetz über Betriebsärzte, Sicherheitsingenieure und andere Fachkräfte für Arbeitssicherheit v. 12.12.1973, BGBl. I, 1885, zuletzt geändert durch Art. 3 Abs. 5 des Gesetzes zur Umsetzung des Seearbeitsübereinkommens 2006 der Internationalen Arbeitsorganisation v. 20.4.2013, BGBl. I, 868. **40** Märtins ZTR 1992, 223 (226). **41** Verordnung über Arbeitsstätten v. 12.8.2004, BGBl. I, 2179 zuletzt geändert durch Art. 1 der Verordnung v. 30.11.2016, BGBl. I, 2681. **42** Vgl. dazu Summer PersV 1988, 76 (83 f.); Battis BBG § 79 Rn. 11; Schnellenbach § 10 Rn. 34. **43** BGBl. I, 1595. **44** Kollmer/Klindt/Schucht/Baßlsperger ArbSchG § 20 Rn. 37 mwN. **45** Vgl. zum grundsätzlichen Anspruch einer entweiligen Rechtsschutz auf einen rauchfreien Arbeitsplatz einer Justizvollzugsbeamtin OVG Münster 26.5.2011 – 1 B 146/11, dazu Nebe/Kiesow, juris-PR-ArbR 40/2011 Anm. 2. **46** Vgl. die Rechtsprechungsnachweise bei Kollmer/Klindt/Schucht/Baßlsperger ArbSchG § 20 Rn. 37 ff. **47** BVerwG 23.6.2016 – 2 C 18/15, ZTR 2016, 667 Rn. 44. **48** BVerwG 23.6.2016 – 2 C 18/15 Rn. 45; dazu auch → Rn. 18 ff. **49** Kollmer/Klindt/Schucht/Baßlsperger ArbSchG § 20 Rn. 42. **50** BVerfG 11.3.2008 – 2 BvR 263/07, ZBR 2008, 389 (390). **51** BAG 13.3.1967 – 2 AZR 133/66, BAGE 19, 288.

Ausmaße annimmt.[52] Wurde die Arbeitszeit ua aus gesundheitlichen Gründen nach § 27 BeamStG bzw. § 45 BBG auf mindestens die Hälfte der regelmäßigen Arbeitszeit reduziert, dann darf der Beamte nicht über den jeweiligen Umfang seiner Teilzeitarbeit hinaus zur Dienstleistung herangezogen werden.[53] Diesen Rechtsanspruch hat das Bundesverwaltungsgericht in seiner Entscheidung über eine teilzeitbeschäftigte Lehrerin vom 16.7.2015[54] ausdrücklich klargestellt.

Lange Zeit war der Dienstherr auf der Basis der Fürsorgepflicht auch gehalten, **Unfallverhütungsregelungen** zu treffen. Diese mussten grundsätzlich inhaltlich den für Arbeitnehmer geltenden Unfallverhütungsvorschriften der Berufsgenossenschaften entsprechen und wurden in der Regel durch Verwaltungsvorschriften festgelegt.[55] Inzwischen sind die **Unfallkassen der Länder und Gemeinden** berechtigt, UVV nach § 15 SGB VII zu erlassen. Eine Ausnahme gilt nach § 115 Abs. 1 SGB VII ausschließlich für die bisherige Unfallkasse des Bundes, seit dem 1.1.2015 die Unfallversicherung Bahn und Bund: In ihrem Zuständigkeitsbereich kann das BMI im Einvernehmen mit dem BMAS Regelungen zur Prävention durch allgemeine Verwaltungsvorschriften treffen (zur Kritik → ArbSchG § 21 Rn. 26). Die frühere Verordnungsermächtigung in § 115 Abs. 1 SGB VII aF ist zum 1.1.2015 durch das BUK-NOG[56] entfallen. Gleichwohl handelt es sich nach wie vor um eine **Sonderregelung** insbesondere für die unmittelbare Bundesverwaltung, die Abweichungen von den grundsätzlich jetzt ebenfalls geltenden allgemeinen Vorschriften zur Prävention im 2. Kapitel des SGB VII ermöglicht.[57] Im Bereich des § 115 Abs. 2 SGB VII bedürfen die UVV der Unfallversicherung Bund und Bahn der Genehmigung durch das BMI, das wiederum im Benehmen mit dem BMAS entscheidet.[58] Die aufgrund des § 115 Abs. 2 SGB VII aF erlassene Verordnung zur Regelung der Unfallverhütung in Unternehmen und bei Personen, für die die Unfallkasse des Bundes nach § 125 Abs. 1 Nr. 2–7, Abs. 3 SGB VII Unfallversicherungsträger ist (BUV) vom 6.4.2006[59] ist erst zum 1.1.2017 durch Art. 16 Abs. 7 BUK-NOG außer Kraft getreten. Im Bundesdienst gilt nach wie vor aber die Erste Allgemeine Verwaltungsvorschrift zur Regelung der Unfallverhütung im Bundesdienst (1. AVU Bund) vom 17.3.2005.[60]

Die gesetzliche **Unfallversicherung**, die im SGB VII ihren Niederschlag gefunden hat und die insbesondere der Prävention von Arbeitsunfällen und Berufskrankheiten dient, gilt gemäß § 4 Abs. 1 SGB VII nicht für Beamte. Deshalb stellen §§ 30 ff. BeamtVG (Beamtenversorgungsgesetz)[61] für Beamtenverhältnisse auf Bundesebene einen Schutz vor Dienstunfällen zur Verfügung, der sich allerdings nur auf Rehabilitation und Entschädigung bezieht, nicht jedoch auf die konkrete Unfallverhütung.[62] Die Gleichwertigkeit beider Schutzsysteme nach dem SGB VII einerseits und dem BeamtVG andererseits ist an dieser Stelle, insbesondere europarechtlich, nach wie vor zweifelhaft.[63] Auch die Föderalismusreform hat daran bislang nichts Wesentliches geändert. Nach dem Föderalismusreformgesetz vom 28.8.2006[64] haben die Länder die Gesetzgebungskompetenz zwar auch auf dem Gebiet der Beamtenversorgung erhalten, nach Art. 125 a Abs. 1 GG gilt das BeamtVG als Bundesrecht jedoch in den Ländern so lange fort, bis es durch entsprechendes Landesrecht ersetzt wird.[65]

---

52 Kollmer/Klindt/Schucht/Baßlsperger ArbSchG § 20 Rn. 42 f. **53** Kollmer/Klindt/Schucht/Baßlsperger ArbSchG § 20 Rn. 42. **54** BVerwG 16.7.2015 – 2 C 16/14; vgl. dazu v.d.Weiden, jurisPR-BVerwG 22/2015 Anm. 2. **55** LR/Wiebauer ArbSchG § 20 Rn. 10. **56** Gesetz zur Neuorganisation der bundesunmittelbaren Unfallkassen v. 19.10.2013, BGBl. I, 3836, zuletzt geändert durch Art. 6 Gesetz v. 28.5.2015, BGBl. I, 813, mit dem die Befugnisse und Eigenverantwortung der Unfallversicherung Bahn und Bund gegenüber den Kompetenzen der ehemaligen Unfallkasse des Bundes gestärkt werden sollten, vgl. BT-Drs. 17/12297, 24. **57** Schlegel/Voelzke/Brandenburg/Triebel, jurisPK-SGB VII § 115 Rn. 5, 7, 12. **58** BT-Drs. 17/12297, 58. **59** BGBl. I, 1114. **60** www.verwaltungsvorschriften-im-internet.de/bsvwvbund_0. **61** Gesetz über die Versorgung der Beamten und Richter des Bundes idF v. 24.2.2010, BGBl. I, 150, zuletzt geändert durch Gesetz v. 8.6.2017, BGBl. I, 1570. **62** Märtins ZTR 1992, 223 (235). **63** Märtins ZTR 1992, 223 (235); Kohte BG 2010, 384 (387). **64** BGBl. I, 2034. **65** Zur vergleichbaren Fortgeltung des § 84 SGB IX für Landesbeamte nach Art. 125 a GG: BVerwG 23.6.2010 – 6 P 8/09, PersR 2010, 442.

18 2. **Ausnahmeregelungen für besondere Beamtenverhältnisse.** Nach § 20 Abs. 2 ArbSchG sind **spezielle Beamtengruppen** – die Polizei, die Bundeswehr, der Zivilschutz und der Katastrophenschutzdienst, der Zoll und der Nachrichtendienst – **von der Anwendung des ArbSchG ganz oder teilweise ausgenommen,**[66] wenn und soweit ihre laufbahnspezifischen Aufgaben Beschränkungen des Arbeitsschutzes unter Beachtung zwingender öffentlicher Erfordernisse[67] erforderlich machen.[68] Zur Abwendung der mit diesen speziellen Aufgaben verbundenen Gefahren bedarf es aber auch hier in Orientierung an Art. 2 Abs. 2 S. 2 RL 89/391/EWG Regelungen, die im Rahmen der spezifischen Anforderungen den größtmöglichen Arbeitsschutz zu gewährleisten vermögen. Solche Regelungen können in Verordnungsform durch das Bundeskanzleramt, das Bundesministerium des Innern (BMI), das Bundesministerium für Verkehr und digitale Infrastruktur (BMVI), das Bundesministerium der Verteidigung (BMVg) und das Bundesministerium für Finanzen (BMF) ohne Zustimmung des Bundesrates geschaffen werden.

19 Das **Bundesministerium der Verteidigung** hat von der Ermächtigung des § 20 Abs. 2 S. 1–3 ArbSchG Gebrauch gemacht und die Arbeitsschutzgesetzanwendungsverordnung (**BMVg-ArbSchGAnwV**)[69] geschaffen. Diese Verordnung bezieht sich zunächst unproblematisch auf Einsatztätigkeiten und Einsatzunterstützungstätigkeiten. Dies ist mit dem Unionsrecht vereinbar. Problematisch ist die **Erstreckung auf „Einsatzvorbereitungstätigkeiten"**, zu denen auch Übung und Ausbildung rechnen.[70] Dies wird der engen Auslegung, die der Europäische Gerichtshof in Art. 2 Abs. 2 der Rahmenrichtlinie gibt (→ Rn. 6), nicht gerecht.[71]

20 § 4 BMVg-ArbSchGAnwV definiert, unter welchen Voraussetzungen ein Abweichen von den Zielen des ArbSchG ua bei Einsätzen im Verteidigungs- und Spannungsfall, bei Hilfe im Zusammenhang mit Naturkatastrophen etc möglich ist. Eine Abweichung ist dabei nur aus „**zwingenden öffentlichen Belangen**", insbesondere zur Aufrechterhaltung oder Wiederherstellung der äußeren Sicherheit der BRD, möglich. § 4 Abs. 2 BMVg-ArbSchGAnwV konkretisiert die zwingenden öffentlichen Belange.[72] Sie liegen vor, wenn die Ziele des jeweiligen Einsatzes oder die Sicherheit der Einsatzkräfte nicht ohne Abweichung vom ArbSchG erreicht werden können. Bei **Gefahr im Verzug** stellt der Dienststellenleiter das Vorliegen der zwingenden öffentlichen Belange fest, ansonsten das BMVg.

21 Aus § 5 BMVg-ArbSchGAnwV geht schließlich hervor, wie die Sicherheit und der Gesundheitsschutz der Beschäftigten zu gewährleisten ist. Nach § 5 Abs. 3 BMVg-ArbSchGAnwV sind mögliche Gefährdungen entweder durch das BMVg oder den einzelnen Dienststellenleiter zu ermitteln und zu beurteilen. Das entsprechende Fachpersonal für Arbeitssicherheit ist dazu zu hören. Auf der Basis dieser **Gefährdungsbeurteilung** sind geeignete Schutzmaßnahmen vorzusehen, insbesondere tätigkeitsspezifische Schutzeinrichtungen, Fahrzeuge und Geräte sowie angemessene Informations-, Schulungs- und Trainingsangebote. Außerdem sind die Eignungsvoraussetzungen für die Ausübung der Tätigkeit festzulegen. Konnte die Abweichung vom ArbSchG nicht vorausgesehen werden, so treffen nach § 5 Abs. 4 BMVg-ArbSchGAnwV die höchsten örtlichen Vorgesetzten die Entscheidung über die Gefährdungslage, die das Außerkraftsetzen des ArbSchG erforderlich macht. Sie haben diese Entscheidung nach Anhörung des entsprechenden Fachpersonals auf der Basis der anerkannten sicherheitstechnischen und arbeitsmedizinischen Standards zu fällen. An der BMVg-ArbSchGAnwV verdeutlicht sich damit, dass das **arbeitsschutzrechtliche System der Gefährdungsbeurteilung** auch in dem Bereich übernommen worden ist, in dem der Arbeitsschutz aufgrund der be-

---
66 Pieper ArbSchG § 20 Rn. 2. **67** Nöthlichs ArbSchG § 20 Rn. 4.1. **68** LR/Wiebauer ArbSchG § 20 Rn. 39; KJP/Koll ArbSchG § 20 Rn. 10. **69** Verordnung über die modifizierte Anwendung von Vorschriften des Arbeitsschutzgesetzes für bestimmte Tätigkeiten im öffentlichen Dienst des Bundes im Geschäftsbereich des Bundesministeriums der Verteidigung v. 3.6.2002, BGBl. I, 1850. **70** Dagegen beschränkt § 3 Pol-ArbSchGAnwV Brandenburg die Einsatzvorbereitungstätigkeiten auf Übungen unter Einsatzbedingungen. **71** Dazu ausführlich: Köckeritz, S. 175 ff. **72** KJP/Koll ArbSchG § 20 Rn. 18.

rufsspezifischen Anforderungen flexibilisiert worden ist. Im Übrigen differenziert die Verordnung nach voraussehbaren und nicht voraussehbaren Situationen. Ist das Abweichenmüssen vom ArbSchG bereits im Vorfeld erkennbar, so kann das BMVg präventive Maßnahmen ergreifen. Anderenfalls trifft die Verantwortung im Umgang mit dem ArbSchG den Dienststellenleiter bzw. den jeweils höchsten Vorgesetzten. Dieser ist in unvorhergesehenen Situationen am ehesten in der Lage, das Geschehen zu beurteilen und die richtigen Maßnahmen anzuordnen.

Auch im Bereich des **Bundesministeriums des Innern** gilt eine Arbeitsschutzgesetzanwendungsverordnung (**BMI-ArbSchGAnwV**),[73] die die Regelungen des ArbSchG in modifizierter Form zur Anwendung kommen lässt. Auch diese Verordnung basiert auf § 20 Abs. 2 S. 1–3 ArbSchG. Erfasst sind hier Einsatztätigkeiten der Beschäftigten beim Bundesamt für Verfassungsschutz, bei der Bundespolizei, beim Bundeskriminalamt und bei Einrichtungen des Zivilschutzes. § 3 BMI-ArbSchGAnwV führt dabei exemplarisch die verschiedenen Einsatztätigkeiten auf, ua bei unfriedlichen Demonstrationen, zum Schutz von Personen und Objekten bei größeren Schadensereignissen und Katastrophen sowie Übungen im Rahmen von Einsatzvorbereitungstätigkeiten. Genau wie bei der BMVg-ArbSchGAnwV ist ein Abweichen von den Vorschriften des ArbSchG bei diesen Tätigkeiten nur dann gestattet, **soweit öffentliche Belange dies zwingend erfordern** und eine entsprechende Sachlage gegeben ist (§ 4 Abs. 1 BMI-ArbSchGAnwV). Wann dies der Fall ist, wird von den einzelnen Dienststellen gemäß § 4 Abs. 2 BMI-ArbSchGAnwV in eigenen Dienstvorschriften zum Arbeitsschutz festgelegt, die jedoch den Zielen des ArbSchG im Hinblick auf die Gewährleistung des Gesundheitsschutzes und der Sicherheit Rechnung zu tragen haben. § 5 Abs. 1 BMI-ArbSchGAnwV knüpft an § 4 BMI-ArbSchGAnwV an und bestimmt, dass sich aus den Arbeitsschutzvorschriften der jeweiligen Dienstvorschriften zu ergeben hat, wie die Sicherheit und der Gesundheitsschutz der Beschäftigten bei Einsätzen und Einsatzvorbereitungen zu wahren sind. 22

Mit § 5 Abs. 2, 3 BMI-ArbSchGAnwV differenziert die Vorschrift außerdem nach **voraussehbaren** und **nicht voraussehbaren Situationen**, in denen Abweichungen vom ArbSchG geboten sind: Ist voraussehbar, dass das ArbSchG nicht eingehalten werden kann, so bedarf es auf der Grundlage einer **Gefährdungsbeurteilung** gemäß § 5 Abs. 1 ArbSchG der Festlegung von geeigneten Maßnahmen zum Schutz der Beschäftigten, zB durch tätigkeitsspezifische Schutzvorrichtungen und Schutzvorkehrungen, angemessene Informations-, Schulungs- und Trainingsangebote sowie die Festlegung der Eignungsvoraussetzungen zur Ausübung dieser speziellen Tätigkeiten (§ 5 Abs. 2 BMI-ArbSchGAnwV). Ist dagegen nicht voraussehbar, dass vom ArbSchG abgewichen werden muss oder aber durch eine Dienstvorschrift auf die Entscheidungsbefugnis der für den Einsatz vor Ort verantwortlichen Personen verwiesen, so haben diese bei ihren Entscheidungen die allgemein anerkannten sicherheitstechnischen und arbeitsmedizinischen Regeln zu berücksichtigen. Dies gilt auch dann, wenn eine Entscheidung bei der Einsatztätigkeit notwendig ist, die (bislang) nicht von den Dienstvorschriften vorgesehen ist (§ 5 Abs. 3 BMI-ArbSchGAnwV). Fehlen in den einzelnen Dienstvorschriften alternative Schutzmaßnahmen, so bleibt das ArbSchG im Ergebnis anwendbar, da die von der BMI-ArbSchGAnwV vorgesehene Bereichsausnahme für bestimmte Einsatztätigkeiten insoweit nichtig ist.[74] 23

Nach § 20 Abs. 2 S. 4 ArbSchG können die **Länder, Gemeinden** und sonstige landesunmittelbare Körperschaften, Anstalten und Stiftungen des öffentlichen Rechts für die Tätigkeiten in ihrem Dienst entsprechende Regelungen wie auf Bundesebene im Sinne des § 20 Abs. 2 S. 1–3 ArbSchG festlegen. Exemplarisch kann hier auf die relativ eng 24

---

[73] Verordnung über die modifizierte Anwendung von Vorschriften des Arbeitsschutzgesetzes für bestimmte Tätigkeiten im öffentlichen Dienst des Bundes im Geschäftsbereich des Bundesministeriums des Innern (BMI-ArbSchGAnwV) v. 8.2.2000, BGBl. I, 114 idF der Änderung durch Art. 87 des Gesetzes v. 21.6.2005, BGBl. I, 1818. [74] Pieper ArbSchG § 20 Rn. 4.

gefasste Pol-ArbSchGAnwV des Landes **Brandenburg**[75] und auf die Verordnung über die modifizierte Anwendung von Vorschriften des Arbeitsschutzgesetzes für bestimmte Tätigkeiten im öffentlichen Dienst des Landes **Berlin** (ArbSchGAnwV-Bln)[76] verwiesen werden, die die Pflichten des Dienstherrn in Bezug auf den Arbeitsschutz der Beschäftigten festlegt, wann von den Regelungen des ArbSchG aufgrund spezieller Tätigkeiten bei der Berliner Polizei, Feuerwehr, im Justizvollzug und beim Verfassungsschutz abgewichen werden muss. § 2 ArbSchGAnwV-Bln ist dabei dem unter → Rn. 22 beschriebenen § 3 BMI-ArbSchGAnwV nachempfunden, denn auch hier geht es ua um Einsätze im Rahmen von unfriedlichen Demonstrationen, den Schutz von Personen und Objekten, die Prävention und Abwehr von Katastrophen etc., allerdings auch um „Einsatzvorbereitungstätigkeiten" in einem relativ weit gefassten Verständnis.[77] Das Abweichen vom ArbSchG ist hier nach § 3 Abs. 1 ArbSchGAnwV-Bln ebenfalls nur dann gestattet, wenn „öffentliche Belange dies zwingend erfordern, insbesondere zur Aufrechterhaltung oder Wiederherstellung der öffentlichen Sicherheit oder Ordnung". Die Konkretisierung der einzelnen Voraussetzungen für die Abweichung vom ArbSchG erfolgt wie unter der Geltung der BMI-ArbSchGAnwV auch nach Maßgabe der jeweiligen Dienstvorschriften. § 4 ArbSchGAnwV-Bln entspricht schließlich sowohl inhaltlich als auch wörtlich dem § 5 BMI-ArbSchGAnwV, so dass auf die Ausführungen dazu unter → Rn. 23 verwiesen werden kann.

25 Im Ergebnis verdeutlichen die Arbeitsschutzgesetzanwendungsverordnungen auf Bundes- und Landesebene, dass bei bestimmten Tätigkeiten, die ein hohes Gefährdungspotential bergen, die Flexibilität des Arbeitsschutzes am höchsten ist, zumal sie **lediglich durch administrative Regelungen** auf der Ebene der Dienstvorschriften die Sicherheit und den Gesundheitsschutz im Einzelnen zu gewährleisten versuchen. Damit wird zwar auf der einen Seite den spezifischen Bedürfnissen für konkrete Einsätze zB im Katastrophenfall Rechnung getragen, jedoch auf der anderen Seite die Verbindlichkeit arbeitsschutzgesetzlicher Normierung geschwächt. Damit bewegen sich die Polizei, die Feuerwehr und die anderen o.a. Berufsgruppen des öffentlichen Dienstes in einem Spannungsfeld des Arbeitsschutzes, das nur bei der gebotenen engen unionsrechtskonformen Auslegung, die nicht immer beachtet wird, den tatsächlichen Anforderungen Rechnung zu tragen vermag.

IV. Rechtsfolgen

26 Werden durch den Dienstherrn Vorschriften des Arbeitsschutzes verletzt, so resultiert für den betroffenen Beamten aus der in § 45 BeamtStG, § 78 BBG verankerten Fürsorgepflicht des Dienstherrn ein **Erfüllungsanspruch**.[78] Neben dem Erfüllungsanspruch kommt bei einer rechtswidrigen Verletzung der Fürsorgepflicht aber auch ein **Folgenbeseitigungsanspruch** in Betracht, der auf die Rückgängigmachung der tatsächlichen Folgen einer Fürsorgepflichtverletzung des Dienstherrn gerichtet ist.[79] Es ist hier der Zustand wiederherzustellen, der bestünde, wenn das rechtswidrige Handeln des Dienstherrn, zB durch fehlerhafte arbeitsbezogene Organisationsmaßnahmen, nicht stattgefunden hätte.[80] Dies liegt ua vor, wenn der Dienstherr dem Beamten eine ungeeignete persönliche Schutzausrüstung zur Verfügung stellt, oder aber, wenn er fehlerhafte Sicherheitsanweisungen herausgibt.[81] Scheitern sowohl der Erfüllungs- als auch der Folgenbeseitigungsanspruch, so kann der Beamte noch einen **Schadensersatzanspruch** geltend machen. Dieser setzt ein schuldhaftes Verhalten des Dienstherrn im

---

[75] Verordnung über die modifizierte Anwendung von Vorschriften des ArbSchG im Polizeivollzugsdienst des Landes Brandenburg v. 28.12.2000, GVBl. II/01, 4. [76] Arbeitsschutzgesetzanwendungsverordnung-Berlin (ArbSchGAnwV-Bln) v. 10.8.2006, GVBl., 887. [77] Ähnlich auch die Arbeitsschutzanwendungsverordnung in Hessen vom 15.6.2010, GVBl. I, 175, dazu Nöthlichs ArbSchG § 20 Rn. 6.7. [78] Kollmer/Klindt/Schucht/Baßlsperger ArbSchG § 20 Rn. 48, 51; LR/Wiebauer ArbSchG § 20 Rn. 14; Schnellenbach/Bodanowitz, Beamtenrecht, 9. Aufl. 2017, § 10 Rn. 57. [79] Battis BBG § 78 Rn. 23. [80] Kollmer/Klindt/Schucht/Baßlsperger ArbSchG § 20 Rn. 52. [81] Kollmer ZBR 1997, 265 (271).

Rahmen seiner Fürsorgepflicht voraus[82] und bedarf zur Durchsetzung der vorherigen Beschreitung des Verwaltungsrechtswegs mit einem Vorverfahren gemäß § 54 BeamtStG. Liegen daneben die Voraussetzungen für einen **Amtshaftungsanspruch** aus § 839 BGB iVm Art. 34 GG vor, so kann dem Beamten auch hieraus ein Anspruch gegenüber dem Dienstherrn auf Schadensersatz und ggf. **Schmerzensgeld** erwachsen.[83] Da über den Amtshaftungsanspruch gemäß § 40 Abs. 2 VwGO und Art. 34 S. 3 GG die Zivilgerichte entscheiden, muss hier kein Vorverfahren iSv § 54 BeamtStG durchgeführt werden. Diese Ansprüche können allerdings bei einem Dienstunfall **nach § 46 BeamtVG**, der im Wesentlichen den §§ 104 ff. SGB VII entspricht, **ausgeschlossen** sein.[84]

Dem Beamten stehen darüber hinaus auch formlose Rechtsbehelfe zur Verfügung. Dazu gehört ua die **Beschwerde**, mit der er sich gegen eine Entscheidung des Dienstvorgesetzten zu konkreten Arbeitsschutzmaßnahmen wenden kann, wenn er der Ansicht ist, dass die getroffenen Maßnahmen nicht ausreichen, um die Sicherheit und den Gesundheitsschutz zu wahren.[85] Alle Beamtengesetze des Bundes und der Länder sehen ein Beschwerdeverfahren bis zur obersten Dienstbehörde vor, so zB § 125 BBG. Aus Art. 17 GG erwächst dem Beamten im Übrigen ein Bescheidungsanspruch. Zu beachten ist in diesem Zusammenhang aber auch, dass den Beamten nach § 36 Abs. 2 BeamtStG sogar eine Pflicht zur Äußerung von Bedenken wegen unzweckmäßiger oder rechtswidriger Weisungen (sog **Remonstrationsrecht**) trifft, da er anderenfalls für sein Handeln selbst die volle persönliche Verantwortung trägt (§ 36 Abs. 1 BeamtStG). 27

Daneben kann der Beamte aber auch noch **direkte Ansprüche** aufgrund des ArbSchG und der ArbSchG-Verordnungen gegenüber seinem Dienstherrn geltend machen. So kann er ua gemäß § 9 Abs. 1 ArbSchG beanspruchen, eine angemessene Sicherheitsanweisung oder über § 11 ArbSchG eine arbeitsmedizinische Vorsorgeuntersuchung zu erhalten.[86] 28

Ebenso sind ihm Bildschirmbrillen nach dem Anhang Teil 4 ArbMedVV (früher § 6 Abs. 2 BildscharbV[87]) zur Verfügung zu stellen.[88] Auch das VG Neustadt hat mit Urteil vom 3.11.2016[89] klargestellt, dass der Dienstherr dem Beamten eine Bildschirmarbeitsbrille zur Verfügung zu stellen hat, wenn eine entsprechende ärztliche Feststellung im Rahmen der arbeitsschutzrechtlichen Angebotsvorsorge dies für notwendig erachtet. Dabei hat das Gericht erfreulicherweise nicht nur auf § 3 Abs. 2 Nr. 1 ArbSchG iVm der BildscharbV und Anhang Teil 4 ArbMedVV zurückgegriffen, sondern sich ausführlich mit den europarechtlichen Grundlagen, hier Art. 9 RL 90/270/EWG über die Mindestvorschriften bezüglich der Sicherheit und des Gesundheitsschutzes bei der Arbeit an Bildschirmgeräten,[90] auseinandergesetzt.[91] Das Gericht macht deutlich, dass sich die arbeitsschutzspezifischen Pflichten des Dienstherrn in der bloßen Übernahme der Kosten für eine Bildschirmarbeitsbrille erschöpfen, sondern vielmehr nach den europarechtlichen Vorgaben verfahrensrechtlichen Standards unterliegen, die den umfassenden Schutz der Augen und des Sehvermögens der Beschäftigten bezwecken. Dazu gehört ua auch die besondere Ausstattungspflicht der Arbeitsplätze an Bildschirmgeräten. Nur so kann dem spezifischen Schutzgedanken der Richtlinie 90/270/EWG Rechnung getragen werden.[92]

Der Beamte kann ferner nach § 17 Abs. 1 ArbSchG Vorschläge zu allen Fragen der Sicherheit und des Gesundheitsschutzes bei der Arbeit machen und über § 17 Abs. 2 ArbSchG den Dienstherrn bei der zuständigen Aufsichtsbehörde anzeigen, sofern nach Durchlaufen des beamtenrechtlichen Beschwerdeverfahrens keine Abhilfe geschaffen 29

---

82 Battis BBG § 78 Rn. 24; Schnellenbach/Bodanowitz § 10 Rn. 59. **83** Battis BBG § 78 Rn. 25; Kollmer/Klindt/Schucht/Baßlsperger ArbSchG § 20 Rn. 55. **84** OLG Celle 21.8.2002 – 9 U 13/02, Nds RPfl 2003, 64. **85** Kollmer/Klindt/Schucht/Baßlsperger ArbSchG § 20 Rn. 57. **86** Kollmer ZBR 1997, 265 (271). **87** Die BildscharbV ist mit der Neufassung der ArbStättV v. 30.11.2016, BGBl. I, 2681, als Anhang 6 in die ArbStättV integriert worden; zur aufgehobenen Bildschirmarbeitsverordnung Fischer/Schierbaum PersR 1997, 95 (98 f.). **88** BVerwG 27.2.2003 – 2 C 2/02, ZBR 2004, 58 = NZA-RR 2003, 651. **89** VG Neustadt 3.11.2016 – 1 K 458/16 NW Rn. 19, PersR 3/2017, 45 mAnm Kohte. **90** Richtlinie 90/270/EWG v. 29.5.1990, ABl. EG L 156, 14. **91** VG Neustadt 3.11.2016 – 1 K 458/16 NW Rn. 28. **92** VG Neustadt 3.11.2016 – 1 K 458/16 NW Rn. 28.

wurde und der aus Sicht des Beamten arbeitsschutzwidrige Zustand nach wie vor besteht. § 17 Abs. 2 S. 2 ArbSchG stellt dabei klar, dass dem Beamten aus der Anzeige keine (dienstlichen) Nachteile erwachsen dürfen. Schwierig wird es jedoch in dem Moment, wenn der Beamte nicht zuvor das beamtenrechtliche Beschwerdeverfahren genau eingehalten hat. Ihm kann an dieser Stelle nämlich die Einleitung eines Disziplinarverfahrens wegen Verletzung der Treuepflicht aus § 34 S. 3 BeamtStG drohen,[93] was es im Ergebnis nicht einfacher macht, arbeitsschutzwidrige Zustände publik zu machen und auf deren Beseitigung hinzuwirken.

30 Auch im öffentlichen Dienst ist für die Rechtsdurchsetzung die **Mitbestimmung der Personalräte** von zentraler Bedeutung. Maßnahmen des Gesundheitsschutzes unterliegen generell nach § 75 Abs. 3 Nr. 11 BPersVG der Mitbestimmung des Personalrats,[94] unabhängig davon, ob es sich um Arbeiter, Angestellte oder Beamte handelt. In den Ausnahmefällen, die § 20 Abs. 2 ArbSchG erfasst, ist es denkbar, dass bei nicht voraussehbaren kurzfristigen Problemen § 69 Abs. 5 BPersVG eingreift. Dagegen ist bei den voraussehbaren Problemen, die in § 5 der BMI-ArbSchGAnwV (→ Rn. 23) geregelt sind, kein Anlass gegeben, die Mitbestimmungsrechte des Personalrats einzuschränken.

31 Soldaten sind nach § 2 Abs. 2 Nr. 6 ArbSchG Beschäftigte, so dass auch hier § 20 Abs. 2 ArbSchG gilt. Für die Mitbestimmung greift allerdings das **Soldatenbeteiligungsgesetz** (SBG) ein, das in § 25 Abs. 3 nur einen eng reduzierten Mitbestimmungskatalog der Vertrauensperson normiert hat. Gleichwohl gilt in § 25 Abs. 3 Nr. 10 SBG ein **Mitbestimmungsrecht der Vertrauenspersonen bei Maßnahmen zum Gesundheitsschutz**. Wird dieses Recht beachtet, so sind darauf gestützte Anordnungen rechtswidrig, wie dies vom Bundesverwaltungsgericht für eine Gesundheitsschutzregelung in der Feldlagerordnung im Kasernenbereich in Mazar e Sharif entschieden worden ist.[95] In dringenden Fällen ist § 22 Abs. 3 SBG zu beachten.

32 Die Einhaltung der Arbeitsschutzvorschriften im öffentlichen Dienst ist ebenso **durch Aufsichtsmaßnahmen zu überwachen**, wie sich aus § 21 ArbSchG ergibt. Gesonderte Regelungen gelten ausschließlich für die Behörden des Bundes. Hier ist für die Überwachung die Zentralstelle für Arbeitsschutz beim BMI zuständig, für die nach bisherigem Recht die Unfallkasse des Bundes, seit dem 1.1.2015 aber die Unfallversicherung Bund und Bahn handelt (→ Rn. 4). Gesonderte Überwachungsvorschriften gelten nach § 21 Abs. 5 S. 4 im Geschäftsbereich des Bundesministeriums für Verteidigung. Auch im öffentlichen Dienst können die Aufsichtsbehörden Anordnungen erlassen, wie sich aus § 22 Abs. 3 ArbSchG ergibt (weitere Einzelheiten bei → ArbSchG § 22 Rn. 70 ff.).

Fünfter Abschnitt Gemeinsame deutsche Arbeitsschutzstrategie
Vorbemerkungen zu §§ 20 a, 20 b ArbSchG

Literatur: *Brückner*, Ratifizierung des neuen ILO-Abkommens 187, sis 2010, 366; *Kohte*, Der Beitrag der Anordnungen der Unfallversicherung zur effektiven Realisierung des Arbeitsschutzes, BG 2010, 384; *Kohte*, Der Beitrag des Arbeitsschutzrechts und der Gemeinsamen Deutschen Arbeitsschutzstrategie zur betrieblichen Prävention, in: Brockmann (Hrsg.), Prävention zwischen Arbeits- und Sozialrecht, 2014, S. 69 ff.; *Pieper*, Die Gemeinsame Deutsche Arbeitsschutzstrategie, sis 2008, 440; *Rentrop*, Kooperationsbeziehungen, BG 2008, 54; *Schneider*, Qualitätsleitlinie Gefährdungsbeurteilung, BG 2011, 450.

1 Mit der Einfügung der Bestimmungen der §§ 20 a, 20 b ArbSchG[1] zur **Gemeinsamen Deutschen Arbeitsschutzstrategie** ist 2008 die überbetriebliche Ebene des deutschen Arbeitsschutzsystems neu geordnet worden. Prägend war in der Vergangenheit in Deutschland vor allem die **hoheitliche Arbeitsschutzaufsicht**. Sie basierte als Konsequenz des sog dualen Systems vor allem auf zwei Institutionen, den Arbeitsschutzbehörden des Staates (Gewerbeaufsicht, Ämter für Arbeitsschutz) und den Trägern der

---

[93] Kritisch dazu auch Kollmer ZBR 1997, 265 (271). [94] Vgl. BVerwG 14.2.2013 – 6 PB 1/13, PersR 2013, 176. [95] BVerwG 22.7.2009 – 1 WB15/08, PersV 2009, 424 mAnm Lorse. [1] BGBl. I 2008, 2130 ff.

gesetzlichen Unfallversicherung (Berufsgenossenschaft, Unfallkassen). Die **Aufsichtstätigkeit** war dabei **traditionell** stark **ordnungsrechtlich** orientiert.[2] Dies führte in der Praxis zu einer tendenziell **reaktiven Orientierung** der Arbeitsschutzaufsicht: Anlass aktiv zu werden und eine hoheitliche, dh einseitige Anordnung zu erlassen, bestand nicht selten erst und auch nur dann, wenn Gefahren in Gestalt von Mängeln festgestellt wurden (zB im Rahmen von Begehungen und Betriebsrevisionen).

Rechtspolitisch ist das **duale Aufsichtssystem** der Bundesrepublik Anfang des Jahrtausends im Zuge der Diskussion um die Deregulierung und Entbürokratisierung des Arbeitsschutzrechts in den Fokus der **rechtspolitischen Kritik** geraten, etwa im Hinblick auf nicht abgestimmte „Doppelbesichtigungen".[3] Dieser Kritik fehlte zwar die erforderliche empirische Basis, doch zog sie zeitweilig breite Kreise.[4] Folge der Diskussion war jedenfalls, dass die **Zusammenarbeit und Abstimmung** sowie die Rolle der **Akteure des dualen Arbeitsschutzsystems**, die bis dahin mit einem schwierig erzielten Kompromiss (→ ArbSchG § 21 Rn. 5 ff.) in § 21 ArbSchG aF geregelt war, intensiv **hinterfragt wurde**.

Der organisatorische Kompromiss aus dem Jahr 1996 ist zu keinem Zeitpunkt in breiterem Umfang realisiert worden. Während der Bund damals eine Experimentierklausel in § 21 Abs. 4 ArbSchG favorisiert hatte, hatten die Länder – gestützt auf ein Gutachten von Denninger – diesen Weg abgelehnt, da er zu einer unzulässigen Mischverwaltung führe (→ ArbSchG § 21 Rn. 23). In der Folgezeit sind daher nur in einzelnen Bereichen, zB in der Landwirtschaft, entsprechende Vereinbarungen beschlossen und realisiert worden (→ ArbSchG § 21 Rn. 24). Zeitweilig wurden daher monistische Lösungen diskutiert, wonach die Überwachung nur noch einem von beiden Trägern übertragen werden sollte. Die skizzierten Kooperationsmodelle wurden auch in den verschiedenen Institutionen und Parteien kontrovers diskutiert, so dass **kein abstimmungsfähiges Modell in den Bundestag eingebracht** worden war. In der Zwischenzeit erfolgte die Kooperation zwischen den Aufsichtsbehörden und den Trägern der Unfallversicherung allenfalls nach § 21 Abs. 3 ArbSchG, doch war diese Norm damals sehr knapp gefasst. Gemeinsame Berichte oder gar Evaluationen waren nicht vorgesehen und erfolgten auch nicht.

Wesentlich intensivere Impulse gewann die Diskussion durch Entwicklungen aus dem internationalen und europäischen Bereich, die beinahe zwangsläufig zu neuen Überlegungen über die (rechtliche) Ausgestaltung der Kooperation der überbetrieblichen Akteure des Arbeits- und Gesundheitsschutzes führen mussten. So verlangen mehrere **Übereinkommen und Empfehlungen der ILO**[5] die Entwicklung einer übergreifenden **Arbeitsschutzstrategie**, die sich dann von den Akteuren des Arbeitsschutzes abgestimmte **Arbeitsschutzziele** und **Umsetzungsprogramme** finden. Eine neue Qualität erlangten diese Übereinkommen durch das im Mai 2006 beschlossene **ILO-Übereinkommen 187** über den Förderungsrahmen für den Arbeitsschutz (→ Grundrecht Rn. 13). Mit diesem Übereinkommen wurde erstmals in einer systematisierten Form von den Mitgliedstaaten verlangt, dass sie eine kohärente innerstaatliche Arbeitsschutzpolitik fördern, ein innerstaatliches Arbeitsschutzsystem einrichten, unterhalten, weiterentwickeln und regelmäßig überprüfen sowie schließlich innerstaatliche Arbeitsschutzprogramme ausarbeiten und umsetzen. Diese Programme haben Ziele, Zielvorgaben und Fortschrittsindikatoren zu enthalten und sollen mit anderen innerstaatlichen Programmen koordiniert werden.[6] Dieses Übereinkommen wurde in Deutschland in Expertenkreisen lebhaft diskutiert und atypisch schnell bereits nach drei Jahren ratifiziert.[7]

Eine effektive Arbeitsschutzstrategie setzt Regelungen zur Organisation des überbetrieblichen Bereichs voraus, die insbes. die **Kooperation der überbetrieblichen Akteure** des Arbeitsschutzes ordnen und strukturieren. Sie wird ebenso verlangt und unterstützt durch die neuere Arbeitsschutzpolitik der EU, die regelmäßig für einen Zeitraum von

---

[2] Ausführlich BFK Rn. 4 ff. [3] LR/Wiebauer ArbSchG § 20 a Rn. 10 ff.; KJP/Koll ArbSchG § 20 a Rn. 29. [4] Dazu Faber, Arbeit & Ökologie, Briefe 2004/7, S. 25 ff. [5] Münch/ArbR/Kohte § 290 Rn. 111. [6] Brückner sis 2010, 366; LR/Wiebauer ArbSchG § 20 a Rn. 13. [7] Kohte BG 2010, 384.

fünf Jahren **Gemeinschaftsstrategien für Sicherheit und Gesundheit bei der Arbeit** erarbeitet und entsprechende nationale Strategien der Mitgliedstaaten erwartet.[8] Bei der Umsetzung dieser Gemeinschaftsstrategien hatte sich die differenzierte und wenig koordinierte Organisationslandschaft des damaligen deutschen Arbeitsschutzes nicht als vorteilhaft erwiesen.

6   Erheblich an praktischer Bedeutung gewannen diese unions- und völkerrechtlichen Entwicklungslinien in der Bundesrepublik Deutschland schließlich durch den **Evaluationsbericht**,[9] den eine Arbeitsgruppe des Ausschusses hoher Aufsichtsbeamter (SLIC) über das deutsche System der Arbeitsschutzaufsicht erarbeitete. In dem Bericht wurde insbes. bemängelt, dass das deutsche überbetriebliche Arbeitsschutzsystem über keine hinreichende strategische Planung verfüge, die es ermögliche, systematisch bedarfsgerechte Ziele zu setzen und die Aktivitäten der Arbeitsschutzaufsicht zu evaluieren.[10]

7   Mit der gesetzlichen Verankerung der gemeinsamen deutschen Arbeitsschutzstrategie hat der Gesetzgeber diese Kritik und die angedeuteten völker- und unionsrechtlichen Entwicklungen aufgegriffen.[11] §§ 20 a, 20 b ArbSchG formen eine Rechtsgrundlage für ein **abgestimmtes Vorgehen im Rahmen der Arbeitsschutzaufsicht** einschließlich der Herstellung eines verständlichen, überschaubaren und abgestimmten Vorschriften- und Regelwerks (§ 20 a Abs. 2 Nr. 4, 5 ArbSchG). Darüber hinaus wird eine **strategische Steuerung der Aktivitäten der (überbetrieblichen) Arbeitsschutzakteure** gefordert, indem sich diese auf gemeinsame Arbeitsschutzziele, die Festlegung vorrangiger Handlungsfelder sowie Eckpunkte für nach einheitlichen Grundsätzen zu gestaltende Arbeitsprogramme und ihre Evaluation zu verständigen haben (§ 20 a Abs. 2 Nr. 1–3 ArbSchG). Zur Realisierung dieser Zielstellungen der GDA binden §§ 20 a, 20 b ArbSchG die (überbetrieblichen) Akteure des Arbeitsschutzes in eine **gesetzlich vorgegebene Organisationsstruktur** ein. Im Zentrum dieser Organisationsstruktur steht nach § 20 b Abs. 1 ArbSchG die **Nationale Arbeitsschutzkonferenz** (→ ArbSchG §§ 20 a, 20 b Rn. 15). Sie wird unterstützt bei der Entwicklung und Fortschreibung der Arbeitsschutzziele der GDA durch das **Arbeitsschutzforum**, das nach § 20 b Abs. 3 ArbSchG in der Regel einmal pro Jahr stattfindet (→ ArbSchG §§ 20 a, 20 b Rn. 16).

8   Die GDA bietet im Grundsatz allen mit Sicherheit und Gesundheit befassten Akteuren und Institutionen einen **organisatorischen Rahmen zur Mitwirkung**. So haben alle Einrichtungen, die mit Sicherheit und Gesundheit bei der Arbeit befasst sind, die Möglichkeit, der Nationalen Arbeitsschutzkonferenz (NAK) Vorschläge für Ziele, Handlungsfelder und Programme zu machen (§ 20 b Abs. 2 ArbSchG). Außerdem bietet das Arbeitsschutzforum der gesamten Fachöffentlichkeit die Möglichkeit, frühzeitig und aktiv mitzuwirken (§ 20 b Abs. 3 ArbSchG). Zu beachten ist allerdings, dass das Gesetz die **Intensität der Partizipation** der Akteure und Institutionen differenziert regelt, dh nicht alle Beteiligten an der GDA haben gleiche Möglichkeiten an der Entscheidungsfindung mitzuwirken. Die Strukturen und Entscheidungsprozeduren der GDA sind dabei tendenziell auf die **hoheitliche Aufsicht und staatliche Stellen** zentriert. Deutlich wird dies an der Besetzung und den Rechten der Mitglieder der NAK. So rekrutieren sich die ordentlichen – stimmberechtigten – Mitglieder der NAK aus Vertretern von Bund, Ländern und Unfallversicherungsträgern. Arbeitgeberverbände und Gewerkschaften können hingegen an den Beratungen der NAK zu den in § 20 a Abs. 2 Nr. 1–3, 5 genannten Angelegenheiten lediglich mit beratender Stimme teilnehmen (§ 20 a Abs. 1 ArbSchG). Der Ansatz des ArbSchG unterscheidet sich vor diesem Hintergrund deutlich von der Praxis anderer Staaten, in denen namentlich die Spitzenorganisationen der Arbeitgeber und Arbeitnehmer eine deutlich stärkere Stellung haben.[12]

9   Nicht einmal mit beratender Stimme sind die Verbände an der NAK beteiligt, wenn es um **Festlegungen** der GDA über ein abgestimmtes Vorgehen der Landesbehörden und der Unfallversicherungsträger im Rahmen des **dualen Systems der hoheitlichen Arbeits-**

---

8 Kollmer/Klindt/Schucht/Schucht ArbSchG § 20 a Rn. 4; Münch/ArbR/Kohte § 290 Rn. 114; LR/Wiebauer ArbSchG § 20 a Rn. 14. **9** www.vdgab.de/Ablage/SLIC-Bericht_deutsch.pdf.
10 Münch/ArbR/Kohte § 290 Rn. 115; Pieper ArbSchG § 20 a Rn. 2. **11** Pieper sis 2008, 440 ff.
12 Dazu Münch/ArbR/Kohte § 290 Rn. 118.

schutzaufsicht und Beratung geht (§ 20 b Abs. 1 S. 3 ArbSchG iVm § 20 a Abs. 2 Nr. 4 ArbSchG). Der Ausschluss der förmlichen Beteiligung der Verbände ist in diesem Kontext wenig plausibel. Ziel der Abstimmung ist nicht nur, die Aktivitäten innerhalb der dualen Aufsicht zu koordinieren, sondern auch zu regeln, mit welchen inhaltlichen Schwerpunkten und auf welche Weise die Aufsichtstätigkeit „abgestimmt" erfolgen soll. Hierfür ist es durchaus hilfreich, gezielt die praktischen Erfahrungen derjenigen einzubeziehen, die vom Handeln der Arbeitsschutzaufsicht unmittelbar betroffen sind. Auf der anderen Seite verdeutlicht die Regelung allerdings auch, dass **Differenzierungen der Intensität der Beteiligung der Sozialpartner je nach Aufgabe der GDA** durchaus sinnvoll sein können. So ist die Arbeitsschutzaufsicht in der Tat nicht Sache der Verbände, sondern der Arbeitsschutzbehörden der Länder und der Unfallversicherungsträger. Sie haben vor dem Hintergrund von Art. 4 RL 89/391/EWG für eine angemessene Aufsicht und Kontrolle zu sorgen; für Defizite der Aufsicht müssen sie ggf. im Wege der Amtshaftung verantwortlich einstehen (→ BGB § 618 Rn. 61 f.). Vor diesem Hintergrund erscheint es durchaus angemessen, den Landesbehörden und den Unfallversicherungsträgern insoweit das Letztentscheidungsrecht einzuräumen. Nicht ersichtlich ist allerdings, wieso eine beratende Einflussnahme auf den Entscheidungsprozess nicht möglich sein sollte. Soweit es um die Entwicklung von übergreifenden Arbeitsschutzzielen oder die Priorisierung von Handlungsfeldern und Arbeitsprogrammen geht, ist auf der anderen Seite nicht nachvollziehbar, warum die Möglichkeiten insoweit auf die Mitberatung beschränkt sein sollen. Die Akzeptanz, auf die durch die GDA zu entwickelnden Arbeitsschutzziele, Handlungsfelder und Arbeitsprogramme angewiesen sind, hängt ganz entscheidend davon ab, dass sie von den Verbänden und den Betriebsparteien vor Ort mitgetragen werden.

Die Praxis zeigt, dass insbes. die **Abstimmung** der Arbeitsschutzbehörden der Länder und der Unfallversicherungsträger bei **der Beratung und Überwachung der Betriebe** im Rahmen der GDA (§ 20 a Abs. 2 Nr. 4, § 21 Abs. 3 ArbSchG, § 20 Abs. 1 SGB VII) **wichtige Akzente für die betriebliche Prävention** setzt. Von besonderer Bedeutung sind dabei die im Rahmen der GDA beschlossenen **GDA-Leitlinien**,[13] die einen fachlichen Rahmen für konkrete Beratungs- und Überwachungskonzepte der Aufsicht setzen (→ ArbSchG §§ 20 a, 20 b Rn. 7).[14] So identifiziert zB die GDA-Leitlinie „Gefährdungsbeurteilung und Dokumentation" unverzichtbare Elemente, um die arbeitsschutzrechtlichen Pflichten im Zusammenhang mit der Gefährdungsbeurteilung zu erfüllen. Auf diese Weise werden nicht nur die Ansatzpunkte für Interventionen der Arbeitsschutzaufsicht transparent. Für die betrieblichen Akteure werden zugleich die Fragen aufgeworfen bzw. präzisiert, die nach der Konzeption des ArbSchG eigenverantwortlich und speziell zugeschnitten auf die spezifischen betrieblichen Bedingungen zu regeln sind.[15] Angesichts der Tatsache, dass bis heute bei Weitem immer noch nicht alle Betriebe über vollständige und aktuelle Gefährdungsbeurteilungen verfügen, sollte von der GDA-Leitlinie ein beachtliches Signal für die Arbeitsschutzaufsicht wie für die Betriebe ausgehen. 10

GDA-Leitlinien sind **keine Verwaltungsvorschriften** im formellen Sinne. Dies ergibt sich bereits daraus, dass sie nicht vom BMAS erlassen werden (vgl. § 24 ArbSchG), sondern auf einem Akt kooperativer Gesetzeskonkretisierung im Rahmen der GDA basieren. Es handelt sich bei ihnen um öffentlich-rechtliche Beschlüsse, die allerdings **im funktionalen Sinne** durchaus **mit Verwaltungsvorschriften vergleichbar**[16] sind: Sie haben keine gesetzlich verbindliche Außenwirkung, sondern sollen einen gesetzlichen Rahmen konkretisieren. Sie wirken somit also vorrangig verwaltungsintern und steuern den Normvollzug. Daher sind sie an das Unionsrecht und die Normen des ArbSchG und seiner Verordnungen gebunden. Ihre Wirkung wird verstärkt durch **öffentlich-rechtliche Vereinbarungen auf Landesebene** nach § 21 Abs. 3 S. 3 ArbSchG, § 20 Abs. 2 S. 3 SGB VII 11

---

[13] Download der Leitlinien: www.gda-portal.de. [14] Zur Kritik an der Aufsichtsorientierung der Leitlinie „Gefährdungsbeurteilung und Dokumentation" Schneider BG 2011, 450. [15] Dazu Kohte in: Brockmann, S. 69 ff. [16] Vgl. LR/Wiebauer ArbSchG § 20 a Rn. 44; Kollmer/Klindt/Schucht/ Schucht ArbSchG § 20 a Rn. 34.

zwischen den Landesbehörden und den Unfallversicherungsträgern, mit denen sie die Maßnahmen festlegen, wie die auf Bundesebene beschlossene Strategie realisiert wird.[17] Solche Vereinbarungen sind 2009 in allen Bundesländern abgeschlossen worden (→ ArbSchG § 21 Rn. 21).[18] Für den Arbeitgeber als Adressaten der wesentlichen arbeitsschutzrechtlichen Pflichten sind diese Vereinbarungen von erheblicher Bedeutung, da sie die Ermessensausübung der hoheitlichen Arbeitsschutzaufsicht binden können (→ ASiG § 15 Rn. 9). Orientieren der Arbeitgeber bzw. die Betriebsparteien ihre betrieblichen Aktivitäten an den GDA-Leitlinien, dürfte im Regelfall ein ordnungsrechtliches Einschreiten nicht zu befürchten sein.

12 Die GDA-Leitlinien werden in aller Regel intensiv in Arbeitsgruppen beraten. Wenn sie zusätzlich im Arbeitsschutzforum zur Diskussion gestellt werden, erfolgt auch eine Rückkopplung zur wissenschaftlichen Diskussion. Die bisher beschlossenen und publizierten Leitlinien stellen daher zugleich auch **gesicherte arbeitswissenschaftliche Erkenntnisse** (→ ArbSchG § 4 Rn. 85) dar. In dieser Funktion haben sie eine wichtige Bedeutung für die betriebliche Praxis, weil bisher eine transparente Publikation gesicherter arbeitswissenschaftlicher Erkenntnisse fehlt. Auf der Homepage der BAuA (www.baua.de) werden zwar transparent die Regeln der nach § 18 ArbSchG gebildeten Ausschüsse, die ebenfalls gesicherte arbeitswissenschaftliche Erkenntnisse beinhalten können (→ ArbSchG §§ 18, 19 Rn. 30), sowie die eigenen Forschungen dokumentiert, doch fehlen die Dokumente von Forschungsinstituten sowie internationale Dokumente. Die **GDA-Leitlinien** fördern damit als **griffige Zusammenfassung gesicherter arbeitswissenschaftlicher Erkenntnisse** die Praxis der Betriebe und der Aufsicht.[19]

13 Die Akzeptanz, die die GDA in den letzten fast 10 Jahren erreicht hat, wird dokumentiert durch Ihre **Ausstrahlung auf die aktuelle Gesetzgebung**. Durch das Präventionsgesetz[20] ist 2015 in § 20 d SGB V eine „**Nationale Präventionsstrategie**" eingeführt worden, die nach dem Vorbild der GDA bundeseinheitliche trägerübergreifende Rahmenempfehlungen zur Gesundheitsförderung und Prävention erarbeiten und einen regelmäßigen Bericht über die Entwicklung der Gesundheitsförderung und Prävention erstellen soll (→ SGB V §§ 20 b ff. Rn. 21, 37). Dadurch soll eine **regelmäßige Evaluation** gesichert werden.[21] Damit soll eine vergleichbare Kooperation wie bei der GDA erreicht werden, die auch in ähnlicher Weise organisiert wird.[22] Auf der Grundlage von § 20 e Abs. 1 SGB V ist eine **Nationale Präventionskonferenz** gebildet worden, der vor allem die Verbände der gesetzlichen Krankenversicherung sowie der anderen Träger der Sozialversicherung angehören. Anders als im Arbeitsschutz nehmen Bund und Länder an dieser Konferenz nur mit beratender Stimme teil. Die repräsentativen Spitzenorganisationen der Arbeitgeber und Arbeitnehmer sind anders als im Arbeitsschutz nur mit je einem Sitz mit beratender Stimme an der Konferenz beteiligt. Erste Rahmenempfehlungen[23] sind am 19.2.2016 verabschiedet worden, die sich in ihrer Struktur – anders als die GDA-Leitlinien – nicht an die betrieblichen Akteure, sondern an die verschiedenen öffentlich-rechtlichen Trägerorganisationen richten. Parallel zum nationalen Arbeitsschutzforum wird auch diese Konferenz nach § 20 e Abs. 2 SGB V durch ein **Präventionsforum** beraten, das in der Regel einmal jährlich stattfindet. Hier sind neben den Fachverbänden auch die Selbsthilfe und die Fachmigrantenorganisationen vertreten.[24] Schließlich soll die Kooperation stabilisiert werden durch Landesrahmenvereinbarungen nach § 20 f SGB V zur Umsetzung der nationalen Präventionsstrategie. Durch das Flexirentengesetz[25] sind 2016 die Präventionsleistungen der Rentenversicherung neu geordnet worden; die **Träger der Rentenversicherung** sind in § 14 Abs. 3 SGB VI verpflichtet worden, sich mit diesen Leistungen an der nationalen Präventionsstrategie nach §§ 20 d ff. SGB V zu beteiligen.[26]

---

17 Rentrop BG 2008, 54 ff. **18** Mustertext bei Kollmer/Klindt/Schucht/Schucht ArbSchG § 21 Rn. 38 ff.; LR/Wiebauer ArbSchG § 20 a Rn. 42. **19** Vgl. LR/Wiebauer ArbSchG § 20 a Rn. 45. **20** BGBl. I, 1368. **21** JurisPK-SGB V/Schütze § 20 d Rn. 2. **22** Pieper ArbSchG § 20 a Rn. 6. **23** www.gkv-spitzenverband.de/media/dokumente/presse/pressemitteilungen/2016/Praevention_NP K_BRE_verabschiedet. **24** BT-Drs. 18/4282, 38; Welti in: Becker/Kingreen SGB V, 5. Aufl. 2017, SGB V § 20 e Rn. 7. **25** BGBl. I, 2838. **26** Ruland SGb 2017, 121 (125).

§ 20 a ArbSchG Gemeinsame deutsche Arbeitsschutzstrategie

(1) ¹Nach den Bestimmungen dieses Abschnitts entwickeln Bund, Länder und Unfallversicherungsträger im Interesse eines wirksamen Arbeitsschutzes eine gemeinsame deutsche Arbeitsschutzstrategie und gewährleisten ihre Umsetzung und Fortschreibung. ²Mit der Wahrnehmung der ihnen gesetzlich zugewiesenen Aufgaben zur Verhütung von Arbeitsunfällen, Berufskrankheiten und arbeitsbedingten Gesundheitsgefahren sowie zur menschengerechten Gestaltung der Arbeit tragen Bund, Länder und Unfallversicherungsträger dazu bei, die Ziele der gemeinsamen deutschen Arbeitsschutzstrategie zu erreichen.

(2) Die gemeinsame deutsche Arbeitsschutzstrategie umfasst
1. die Entwicklung gemeinsamer Arbeitsschutzziele,
2. die Festlegung vorrangiger Handlungsfelder und von Eckpunkten für Arbeitsprogramme sowie deren Ausführung nach einheitlichen Grundsätzen,
3. die Evaluierung der Arbeitsschutzziele, Handlungsfelder und Arbeitsprogramme mit geeigneten Kennziffern,
4. die Festlegung eines abgestimmten Vorgehens der für den Arbeitsschutz zuständigen Landesbehörden und der Unfallversicherungsträger bei der Beratung und Überwachung der Betriebe,
5. die Herstellung eines verständlichen, überschaubaren und abgestimmten Vorschriften- und Regelwerks.

§ 20 b ArbSchG Nationale Arbeitsschutzkonferenz

(1) ¹Die Aufgabe der Entwicklung, Steuerung und Fortschreibung der gemeinsamen deutschen Arbeitsschutzstrategie nach § 20 a Abs. 1 Satz 1 wird von der Nationalen Arbeitsschutzkonferenz wahrgenommen. ²Sie setzt sich aus jeweils drei stimmberechtigten Vertretern von Bund, Ländern und den Unfallversicherungsträgern zusammen und bestimmt für jede Gruppe drei Stellvertreter. ³Außerdem entsenden die Spitzenorganisationen der Arbeitgeber und Arbeitnehmer für die Behandlung von Angelegenheiten nach § 20 a Abs. 2 Nr. 1 bis 3 und 5 jeweils bis zu drei Vertreter in die Nationale Arbeitsschutzkonferenz; sie nehmen mit beratender Stimme an den Sitzungen teil. ⁴Die Nationale Arbeitsschutzkonferenz gibt sich eine Geschäftsordnung; darin werden insbesondere die Arbeitsweise und das Beschlussverfahren festgelegt. ⁵Die Geschäftsordnung muss einstimmig angenommen werden.

(2) Alle Einrichtungen, die mit Sicherheit und Gesundheit bei der Arbeit befasst sind, können der Nationalen Arbeitsschutzkonferenz Vorschläge für Arbeitsschutzziele, Handlungsfelder und Arbeitsprogramme unterbreiten.

(3) ¹Die Nationale Arbeitsschutzkonferenz wird durch ein Arbeitsschutzforum unterstützt, das in der Regel einmal jährlich stattfindet. ²Am Arbeitsschutzforum sollen sachverständige Vertreter der Spitzenorganisationen der Arbeitgeber und Arbeitnehmer, der Berufs- und Wirtschaftsverbände, der Wissenschaft, der Kranken- und Rentenversicherungsträger, von Einrichtungen im Bereich Sicherheit und Gesundheit bei der Arbeit sowie von Einrichtungen, die der Förderung der Beschäftigungsfähigkeit dienen, teilnehmen. ³Das Arbeitsschutzforum hat die Aufgabe, eine frühzeitige und aktive Teilhabe der sachverständigen Fachöffentlichkeit an der Entwicklung und Fortschreibung der gemeinsamen deutschen Arbeitsschutzstrategie sicherzustellen und die Nationale Arbeitsschutzkonferenz entsprechend zu beraten.

(4) Einzelheiten zum Verfahren der Einreichung von Vorschlägen nach Absatz 2 und zur Durchführung des Arbeitsschutzforums nach Absatz 3 werden in der Geschäftsordnung der Nationalen Arbeitsschutzkonferenz geregelt.

(5) ¹Die Geschäfte der Nationalen Arbeitsschutzkonferenz und des Arbeitsschutzforums führt die Bundesanstalt für Arbeitsschutz und Arbeitsmedizin. ²Einzelheiten zu Arbeitsweise und Verfahren werden in der Geschäftsordnung der Nationalen Arbeitsschutzkonferenz festgelegt.

Literatur: *Pauli*, Nationale Arbeitsschutzkonferenz beschließt neues Arbeitsschutzziel „Psyche", Gute Arbeit 10/2011, 15 f.; *Stamm/Lenhardt/Pernack/Schmitt*, Die Evaluation der Gemeinsamen Deutschen Arbeitsschutzstrategie – GDA, sicher ist sicher 2011, 442; *Timm*, Eine gemeinsame Strategie für mehr Arbeitsschutz, BG 2008, 422.

1 Die §§ 20 a, 20 b ArbSchG sind durch das Unfallversicherungsmodernisierungsgesetz (UVMG) in das Arbeitsschutzgesetz eingefügt worden. Hintergrund war die Diskussion um die Durchschlagskraft der zweigliedrigen Arbeitsschutzaufsicht mit den Polen Gewerbeaufsicht und Aufsichtsdienst der Unfallversicherungsträger. Zusätzlich ist die gemeinsame deutsche Arbeitsschutzstrategie darauf ausgerichtet, die auf europäischer Ebene initiierten Bemühungen um eine verbesserte „Arbeitsplatzqualität", die Reduzierung arbeitsbedingter Erkrankungen und die Reduzierung von Arbeitsunfällen um 25 % umzusetzen.[1] Innerhalb der gemeinsamen deutschen Arbeitsschutzstrategie soll bei prinzipieller **Beibehaltung der Kompetenzordnung** eine **verbesserte Koordination und Zusammenarbeit** erreicht werden.[2] Diese Zielsetzung bezieht sich zunächst auf das Aufsichtshandeln, also vor allem die Art und Weise der Kontrolle im Betrieb. Erstrebt wird ein **abgestimmtes Vorgehen** der für den Arbeitsschutz zuständigen Landesbehörden und der Unfallversicherungsträger bei der Beratung und Überwachung der Betriebe (§ 20 a Abs. 2 Nr. 4 ArbSchG).

2 Über die Strategie werden zudem **gemeinsame Ziele** und vorrangige Handlungen festgelegt und verfolgt (§ 20 a Abs. 2 Nr. 1, 2 ArbSchG). Unterhalb der Ebene der Ziele sind **Handlungsprogramme** vorgesehen, deren Eckpunkte im Rahmen der Strategie entwickelt werden.[3] Die ersten festgelegten Arbeitsschutzziele sind so beschaffen, dass in erster Linie bestimmte gesundheitsschädliche Endpunkte bekämpft werden sollen. In der ersten Periode 2007 bis 2012 ging es um folgende Verhütungsziele:
- die Reduzierung der Anzahl von Arbeitsunfällen und deren Schwere;
- die Reduzierung von Muskel-Skelett-Erkrankungen unter besonderer Berücksichtigung psychischer Einflüsse;
- die Reduzierung von Hauterkrankungen.

Bei der Reduzierung von Arbeitsunfällen werden auf der Ebene der **Arbeitsprogramme** Schwerpunkte bei Bau- und Montagearbeiten, der Logistik und innerbetrieblichem Transport gesetzt. Ein weiteres Arbeitsprogramm war speziell auf die Bekämpfung von Arbeitsunfällen bei Leiharbeitnehmern und Betriebsneulingen angelegt. Bei der Bekämpfung von Muskel-Skelett-Erkrankungen sollen wegen der großen praktischen Bedeutung einseitig belastende und bewegungsarme Tätigkeiten erfasst werden. Dies betrifft Büroarbeitsplätze, aber auch andere Bereiche. Körperlich schwere Arbeit wird allerdings auf diesem Wege nicht erfasst. Ein weiterer eigenständiger Schwerpunkt war die Bekämpfung von Muskel-Skelett-Erkrankungen im Gesundheitsdienst. Ein weiteres auf der Hautkampagne der DGUV aufbauendes Programm zur Reduzierung von Hauterkrankungen konzentrierte sich auf Risiken von Feuchtarbeit und dem Umgang mit hautschädigenden Stoffen.

3 Die gemeinsame deutsche Arbeitsschutzstrategie erstreckt sich auf den gesamten Arbeitsschutz, insbesondere auf die Verhütung von Arbeitsunfällen, berufsbedingten Erkrankungen und arbeitsbedingten Gesundheitsgefahren. In der Strategie ist daher ein umfassender Schutzanspruch angelegt, der ausdrücklich auch die **menschengerechte Gestaltung der Arbeit** einschließt. Die Konzeption der ersten Periode umfasste demgegenüber noch deutlichen Ansätze, die Betriebliche Gesundheitsförderung und die gesetzlichen Krankenkassen in die Strategie einzubeziehen.

4 In der **zweiten Periode**, die 2013 begann, wurden andere Sozialversicherungszweige besser integriert; inzwischen wirkt der GKV-Spitzenverband an der Umsetzung der GDA-Arbeitsprogramme mit. Außerdem wurde die Anzahl der Programme reduziert.[4] Auf der Zielebene ist es gelungen, neben dem Ziel einer besseren **Arbeitsschutzorganisation** (Ziel Orga) und dem Ziel der besseren Bekämpfung von **Muskel-Skelett-Erkran-**

---
1 Pieper ArbSchG § 20 a Rn. 2. **2** Timm BG 2008, 422 ff. **3** Pauli in: Schröder/Urban, Gute Arbeit 2010, S. 397 ff. **4** LR/Wiebauer ArbSchG § 20 a Rn. 34.

kungen (Ziel MSE) die wachsenden psychischen Belastungen im Arbeitsleben auf die Tagesordnung zu setzen.[5] Das dritte Arbeitsschutzziel (Ziel PSY) lautet: „Schutz und Stärkung der Gesundheit bei **arbeitsbedingter psychischer Belastung** (PSY)". Zutreffend ist das Ziel nicht auf die Kategorie der psychischen Gesundheit reduziert worden, denn psychische Belastungen können auch zu physischen Problemen und Schädigungen führen.[6] Handlungsfeld sind die frühzeitige Erkennung psychischer Belastungen und deren adäquate Beurteilung im Rahmen der Gefährdungsbeurteilung nach § 5 ArbSchG. Umgesetzt werden soll letztlich ein breit angelegtes Maßnahmenkonzept, an dem Krankenkassen, die gesetzliche Unfallversicherung, die Gewerbeaufsicht, Sozialpartner und weitere Kooperationspartner zu beteiligen sind. Vorgesehen sind präventive Maßnahmen in den Betrieben, die Verbesserungen der Arbeitsorganisation einschließen. Hieran anknüpfend sind auch eher extern induzierte Maßnahmen der Betrieblichen Gesundheitsförderung und der Verbesserung von Kompetenzen, dh der Qualifizierung von Beschäftigten, Fachkräften und Führungspersonal möglich, so dass auch die Krankenkassen in diese Arbeit integriert sind. BDA und DGB haben sich am 2.9.2013 in einer Gemeinsamen Erklärung zur psychischen Gesundheit in der Arbeitswelt auf Elemente eines sich annähernden Verständnisses und Umsetzungsschritte verständigt.

Zu den neuen Instrumenten der GDA gehört die **Formulierung und Beschlussfassung von Leitlinien**. Mit diesen Leitlinien soll das abgestimmte Vorgehen der Behörden und Unfallversicherungsträger bei der Beratung und Überwachung der Betriebe nach § 20 Abs. 2 Nr. 4 ArbSchG in transparenter Weise geordnet werden. Die Leitlinien formulieren einen fachlichen Rahmen, der gewährleisten soll, dass die konkreten Überwachungs- und Beratungskonzepte in den verschiedenen Ländern und Branchen inhaltlich gleichgerichtet sind. Sie sollen so konkret formuliert sein, dass sie Handlungssicherheit für die praktische Anwendung ermöglichen. In dieser Wirkungsweise nehmen sie funktional den Raum ein, den bisher Verwaltungsvorschriften (→ ArbSchG § 24 Rn. 1) ausgefüllt hatten, doch sind sie nicht identisch mit den früheren Verwaltungsvorschriften, weil sie den Überwachungsrahmen weniger strikt und hierarchisch festlegen (→ ArbSchG Vor §§ 20 a, 20 b Rn. 11).

In den ersten Jahren sind die **folgenden Leitlinien** erarbeitet, beschlossen und auf der Homepage www.gda-portal.de veröffentlicht worden:

- Leitlinie: Gefährdungsbeurteilung und Dokumentation,
- Leitlinie: Organisation des betrieblichen Arbeitsschutzes,
- Leitlinie: Beratung und Überwachung bei psychischer Belastung am Arbeitsplatz,
- Leitlinie: Planung und Ausführung von Bauvorhaben.

Diese Leitlinien sind zwischenzeitlich – zuletzt teilweise im Mai 2017 – überarbeitet worden; in der zweiten Periode sind nach 2013 jedoch bisher keine weiteren Leitlinien beschlossen worden. Dagegen sind in der zweiten Periode eine Reihe von **Handlungshilfen** erarbeitet und veröffentlicht worden, die sich an den zu den betrieblichen Akteuren richten, ihnen **Beispiele guter betrieblicher Praxis** vermitteln und zu besonderen Problemfeldern, wie zB der Gefährdungsbeurteilung psychischer Belastungen, konkrete Empfehlungen vermitteln.

Die im Dezember 2011 bereits in zweiter Auflage beschlossene **Leitlinie zur Gefährdungsbeurteilung** richtet sich vor allem an die **Aufsichtsbeamten**.[7] Sie enthält zunächst einen Rahmen, wie diese bei fehlerhafter Gefährdungsbeurteilung vorzugehen haben. Es wird unterschieden, ob die Gefährdungsbeurteilung angemessen, nicht angemessen oder nicht durchgeführt worden ist. In letzterem Fall soll durch ein Revisionsschreiben die Notwendigkeit und Dringlichkeit der Erstellung einer solchen Gefährdungsbeurteilung angemahnt werden. Falls es scheitert, sind die Aufsichtsbeamten gehalten, die im Gesetz vorgesehen Maßnahmen, also letztlich auch eine Anordnung nach § 22 ArbSchG, zu realisieren. Fachlich ist vor allem von Bedeutung, dass im Anhang eine

---

5 Pauli Gute Arbeit 10/2011, 15 f. **6** Kohte BT-Drs. 17 (11) 1159 v. 7.5.2013, S. 53 ff. **7** Zur Kritik an dieser Zielrichtung: Schneider BG 2011, 451.

Übersicht enthalten ist. Diese Übersicht enthält **sieben Prozessschritte und elf Gefährdungsfaktoren**, die wiederum durch jeweils drei bis fünf Unterpunkte näher konkretisiert werden. Dadurch ist es möglich, den betrieblichen Akteuren eine klare Orientierung zu geben und zielgerichtet mit Revisionsschreiben und Anordnungen vorzugehen. Dies erleichtert den Erlass von Anordnungen (→ ArbSchG § 22 Rn. 53). Zugleich ist diese Leitlinie als Zusammenstellung gesicherter arbeitswissenschaftlicher Erkenntnisse eine wichtige Orientierung für die betriebliche Praxis (→ ArbSchG § 5 Rn. 40).

8 Eine weitere Leitlinie, die am 24.9.2012 beschlossen worden ist, betrifft die **Beratung und Überwachung bei psychischer Belastung.**[8] Diese knüpft an die Leitlinie zur Gefährdungsbeurteilung (→ Rn. 7) an, indem sie den Punkt 10 „psychische Faktoren" aus der Liste der Gefährdungsfaktoren in der allgemeinen Leitlinie zur Gefährdungsbeurteilung näher konkretisiert. In der neuen Leitlinie werden die verschiedenen Faktoren präzisiert, dazu gehören vor allem **Arbeitsaufgabe, Arbeitsumfeld, soziale Beziehungen und Arbeitszeitfragen**, die jeweils durch weitere kritische Ausprägungen näher charakterisiert werden. Dies ist eine wichtige Bündelung der zu diesem Thema vorliegenden gesicherten arbeitswissenschaftlichen Erkenntnisse (→ ArbSchG § 4 Rn. 85), so dass sie auch der Bundesrat in seinem Entwurf einer Verordnung über den Schutz der Gesundheit bei Gefährdung durch psychische Belastung[9] aufgenommen und verdeutlicht hat. Schließlich enthält diese Leitlinie auch ein **Rahmenkonzept zur Qualifizierung des Aufsichtspersonals.**

9 Die Leitlinie „Organisation des betrieblichen Arbeitsschutzes" vom 15.12.2011 erläutert in großem Umfang die in den ersten Jahren stark vernachlässigten Organisationsfragen.[10] In einem ausführlichen, 20 Seiten umfassenden Anhang, werden insgesamt 15 Elemente der Arbeitsschutzorganisation unterschieden und näher charakterisiert. Diese Liste reicht von der „Verantwortung- und Aufgabenübertragung" (Element 1) bis zur „Organisation von Notfallmaßnahmen/Erste Hilfe" (Element 15). Diese wichtige Aufstellung ist geeignet, nicht nur die Arbeit der Aufsicht, sondern auch die Arbeit der betrieblichen Akteure zu systematisieren. Die Aufgabenübertragung und Verteilung von Zuständigkeiten gehört zu den wesentlichen Organisationsaufgaben, die nach §§ 3, 13 ArbSchG zu beachten sind (→ ArbSchG § 13 Rn. 21). Auch die weiteren Arbeitgeberpflichten im betrieblichen Arbeitsschutz, wie zB Gefährdungsbeurteilung und Unterweisung, werden in dieser Leitlinie jeweils unter dem Gesichtspunkt der organisatorischen Aufgaben präzisiert.

10 Ein eigenständiges Element betrifft die Erfüllung der **Organisationspflichten aus dem ASiG** (Element 3). Da in der Empirie festgestellt worden ist, dass in ca. 20–30 % der Betriebe die ASiG-Organisation nicht regelgerecht aufgebaut worden ist, wird damit ein wichtiges Handlungsfeld der Aufsicht beschrieben. Bei der Überwachung nach § 13 ASiG und bei den Anordnungen nach § 12 ASiG ist daher diese Leitlinie eine wichtige Hilfe (→ ASiG § 12 Rn. 11, → ASiG § 15 Rn. 9).

11 Negativ ist allerdings zu vermerken, dass in dieser Leitlinie die **wichtigen Aufgaben der Partizipation nicht angesprochen** sind, weil im Umgang mit behördlichen Auflagen zB die Vorschriften aus § 89 BetrVG nicht aufgenommen worden sind. Bei den Elementen 9 und 10 zur Einbeziehung der besonderen Funktionsträger und der Kommunikation im Arbeitsschutz fehlt die Einbeziehung der Arbeitnehmervertretungen, insbesondere der Betriebsräte und Personalräte vollständig. Dies entspricht der in Deutschland anzutreffenden unzureichenden Beachtung der Partizipationsvorschriften in Art. 11 Abs. 6 der Rahmenrichtlinie (→ Unionsrecht Rn. 20), die bereits im SLIC-Report zutreffend moniert worden ist (→ ArbSchG § 22 Rn. 6). Hier ist eine nachhaltige Korrektur dieser Leitlinie geboten. Dagegen ist in der LASI-Leitlinie LV 1 zur Überwachungs- und Beratungstätigkeit durch die Aufsichtsbehörden der Länder unter 3.6.1. die Zusammenarbeit mit Betriebs- und Personalräten zutreffend dargestellt worden.[11]

12 Die am 13.6.2013 beschlossene Leitlinie „**Planung und Ausführung von Bauvorhaben**" fasst die bisherigen Erfahrungen der Aufsichtstätigkeit auf Baustellen und der Umset-

---

8 Gute Arbeit 12/2012, 20 ff. **9** BR-Drs. 315/13. **10** Gute Arbeit 11/2013, 20 ff. **11** www.lasi-info.com.

zung der BaustellV zusammen. Sie ist darauf gerichtet, dass bereits im Vorfeld Bauherren von den Aufsichtsbehörden und Unfallversicherungsträgern auf ihre Pflichten aufmerksam gemacht werden. Daher enthält sie im Anhang 1 ein Merkblatt für Bauherren, welche Aufgaben diese nach der BaustellV zu erfüllen haben. Im weiteren Anhang 2 wird eine Liste von Arbeitshilfen, die im Netz auffindbar sind, den verschiedenen Akteuren, vor allem Bauherren und Koordinatoren, zur Verfügung gestellt. Schließlich sind zwei Musterformulare in diese Leitlinie aufgenommen worden, mit denen die gegenseitige Information zwischen Aufsichtsbehörden und Trägern der Unfallversicherung standardisiert und präzisiert werden soll. Für den bisher kaum geregelten Bereich der Überwachung im Bereich des Bundes (zur Kritik → ArbSchG § 21 Rn. 25) werden in einer Tabelle Zuständigkeiten aufgeführt, welche Behörde als Bauherr fungiert und welche Behörde diese jeweiligen Bauherren zu überwachen hat. Die Liste zeigt, dass in einem beachtlichen Umfang die Arbeitsschutzbehörden der Länder auch Aktivitäten des Bundes zu überwachen haben, so dass sich in diesem Bereich das schwierige Problem des „Insich-Verwaltungsakts" (→ ArbSchG § 22 Rn. 72) nicht stellt.

Neu an der Gemeinsamen Deutschen Arbeitsschutzstrategie ist auch, dass die Zielerreichung **evaluiert** werden soll (§ 20 a Abs. 2 Nr. 3 ArbSchG).[12] Zu diesem Zweck wurde eine Machbarkeitsstudie erstellt. Ferner wurde ein Beirat für die Evaluation eingerichtet und ein erster Zwischenbericht der Dachevaluation der Periode 2008–2012 veröffentlicht. Auch soll eine Erfolgskontrolle auf der Ebene der Arbeitsprogramme etabliert werden. Gesetzlich vorgesehen ist insbesondere eine Evaluierung anhand von Kennziffern. Diese Möglichkeit könnte auch dazu genutzt werden, die stark ausgedünnten Kapazitäten der Gewerbeaufsicht aufzugreifen und Standards für eine Mindestausstattung der Gewerbeaufsicht umzusetzen. 13

Die Evaluation erfolgt auf zwei Ebenen: die einzelnen Arbeitsprogramme werden von den jeweiligen Akteuren evaluiert; mit der **Dachevaluation** ist ein unabhängiges Institut beauftragt worden, die Kooperationsstelle Hamburg IFE GmbH; begleitet wurde sie von einem wissenschaftlichen Beirat. Der **Abschlussbericht** ist Mitte 2014 auf der Homepage www.gda-portal.de veröffentlicht worden; zusätzlich sind ein Zwischenbericht und ein Bericht über Befragungen des Aufsichtspersonals publiziert worden. Diese Berichte enthalten zunächst empirisch gestützte Aussagen über die Realisierung des Arbeitsschutzrechts in den Betrieben, über den Grad an Gefährdungsbeurteilungen, die unzureichende Gefährdungsbeurteilung psychischer Belastungen, die beachtlichen Defizite in der betrieblichen Arbeitsschutzpolitik und erste Analysen der Wirkungen der GDA. Dies ist eine schwierige Aufgabe, da es hier um langfristig wirkende multifaktorielle Entwicklungen geht, die schwer einzelnen Maßnahmen zugeordnet werden können. Gleichwohl gibt die bisherige Evaluation erste Hinweise darauf, dass gezielte **Interventionen** der Aufsicht geeignet sind, die bisherigen Defizite zu verringern. Dies könnte ein Anlass sein, den nachhaltigen Personalabbau bei den Aufsichtsbehörden (→ ArbSchG § 21 Rn. 12) zu korrigieren. Bisher ist es auch noch nicht üblich, dass der Evaluationsbericht im Parlament diskutiert wird; noch ist die Diskussion auf die Fachöffentlichkeit beschränkt, gleichwohl ist bereits diese Diskussion ein deutlicher Fortschritt gegenüber der Situation vor 2008. 14

Schließlich soll die Arbeitsschutzstrategie auch dazu genutzt werden, die Entstehung eines verständlichen, überschaubaren, abgestimmten **Vorschriften- und Regelwerkes** zu fördern (§ 20 a Abs. 2 Nr. 5 ArbSchG). Die Vorschrift bezieht sich auf das unterhalb der Arbeitsschutzverordnungen entstandene Regelwerk des AGS, des ABS, ASTA und ABAS, aber auch auf die Abstimmung zu Vorschriften und Regeln der Unfallversicherungsträger. Durch die Formulierung „abgestimmt" wird verdeutlicht, dass Schnittstellen zwischen den Regelwerken im Wege der Kooperation zwischen den regelsetzenden Institutionen bearbeitet werden sollen. Hierbei ist auf Anwenderfreundlichkeit und Übersichtlichkeit zu achten; auch ist ein ausreichender Konkretisierungsgrad bei der Normsetzung zu gewährleisten, ohne die Möglichkeiten zu betriebsspezifischen Rege- 15

---

[12] Stamm/Lenhardt/Pernack/Schmitt, sicher ist sicher 2011, S. 442 ff.; LR/Wiebauer ArbSchG § 20 a Rn. 38; Kollmer/Klindt/Schucht/Schucht ArbSchG § 20 a Rn. 29.

lungen unter Beteiligung des Betriebsrates zu verbauen. 2011 ist als erster Schritt ein **Leitlinienpapier zur Neuordnung des Vorschriften- und Regelwerks** unter Beteiligung der Sozialpartner vereinbart worden.

16 Zentrales Gremium der gemeinsamen deutschen Arbeitsschutzstrategie ist die **Nationale Arbeitsschutzkonferenz (NAK)**. Die Nationale Arbeitsschutzkonferenz besteht aus jeweils drei stimmberechtigten Mitgliedern der sogenannten Träger, also Bund, Ländern und gesetzliche Unfallversicherung. Daneben besteht eine beratende Mitgliedschaft der Arbeitgeber und der Gewerkschaften. Die NAK gibt sich eine Geschäftsordnung, die einstimmig beschlossen werden muss. Alle Einrichtungen, die mit Sicherheit und Gesundheit bei der Arbeit befasst sind, haben ein Vorschlagsrecht für Initiativen im Rahmen der Arbeitsschutzstrategie (§ 20 b Abs. 2 ArbSchG). Obwohl die Gesetzesfassung anders verstanden werden kann, sind als Einrichtungen auch Organisationen mit Satzungsautonomie angesprochen, vom Initiativrecht Gebrauch zu machen, denn der Kreis der Vorschlagsberechtigten ist weit zu verstehen.[13]

17 Der Einbeziehung der Öffentlichkeit dient auch das **Arbeitsschutzforum**, das mindestens einmal jährlich stattfindet und von den Trägern organisiert wird. Die Geschäfte der Arbeitsschutzkonferenz und des Arbeitsschutzforums führt die Bundesanstalt für Arbeitsschutz und Arbeitsmedizin (BAuA). Sie veröffentlicht die Beschlüsse und Informationen auf der Homepage www.gda-portal.de. Im September 2017 wurden im Forum die möglichen Ziele der 3. GDA-Periode vorgestellt und erörtert. Danach sollen die Ziele MSE und Psyche (→ Rn. 4) fortgesetzt, als neues Ziel die Bekämpfung vor allem kanzerogener Gefahrstoffe beschlossen werden.

Sechster Abschnitt Schlussvorschriften

§ 21 ArbSchG Zuständige Behörden; Zusammenwirken mit den Trägern der gesetzlichen Unfallversicherung

(1) ¹Die Überwachung des Arbeitsschutzes nach diesem Gesetz ist staatliche Aufgabe. ²Die zuständigen Behörden haben die Einhaltung dieses Gesetzes und der auf Grund dieses Gesetzes erlassenen Rechtsverordnungen zu überwachen und die Arbeitgeber bei der Erfüllung ihrer Pflichten zu beraten.

(2) ¹Die Aufgaben und Befugnisse der Träger der gesetzlichen Unfallversicherung richten sich, soweit nichts anderes bestimmt ist, nach den Vorschriften des Sozialgesetzbuchs. ²Soweit die Träger der gesetzlichen Unfallversicherung nach dem Sozialgesetzbuch im Rahmen ihres Präventionsauftrags auch Aufgaben zur Gewährleistung von Sicherheit und Gesundheitsschutz der Beschäftigten wahrnehmen, werden sie ausschließlich im Rahmen ihrer autonomen Befugnisse tätig.

(3) ¹Die zuständigen Landesbehörden und die Unfallversicherungsträger wirken auf der Grundlage einer gemeinsamen Beratungs- und Überwachungsstrategie nach § 20 a Abs. 2 Nr. 4 eng zusammen und stellen den Erfahrungsaustausch sicher. ²Diese Strategie umfasst die Abstimmung allgemeiner Grundsätze zur methodischen Vorgehensweise bei

1. der Beratung und Überwachung der Betriebe,
2. der Festlegung inhaltlicher Beratungs- und Überwachungsschwerpunkte, aufeinander abgestimmter oder gemeinsamer Schwerpunktaktionen und Arbeitsprogramme und
3. der Förderung eines Daten- und sonstigen Informationsaustausches, insbesondere über Betriebsbesichtigungen und deren wesentliche Ergebnisse.

³Die zuständigen Landesbehörden vereinbaren mit den Unfallversicherungsträgern nach § 20 Abs. 2 Satz 3 des Siebten Buches Sozialgesetzbuch die Maßnahmen, die zur Umsetzung der gemeinsamen Arbeitsprogramme nach § 20 a Abs. 2 Nr. 2 und der gemeinsamen Beratungs- und Überwachungsstrategie notwendig sind; sie evaluieren de-

---

13 So auch LR/Wiebauer ArbSchG § 20 b Rn. 26.

ren Zielerreichung mit den von der Nationalen Arbeitsschutzkonferenz nach § 20 a Abs. 2 Nr. 3 bestimmten Kennziffern.

(4) ¹Die für den Arbeitsschutz zuständige oberste Landesbehörde kann mit Trägern der gesetzlichen Unfallversicherung vereinbaren, daß diese in näher zu bestimmenden Tätigkeitsbereichen die Einhaltung dieses Gesetzes, bestimmter Vorschriften dieses Gesetzes oder der auf Grund dieses Gesetzes erlassenen Rechtsverordnungen überwachen. ²In der Vereinbarung sind Art und Umfang der Überwachung sowie die Zusammenarbeit mit den staatlichen Arbeitsschutzbehörden festzulegen.

(5) ¹Soweit nachfolgend nichts anderes bestimmt ist, ist zuständige Behörde für die Durchführung dieses Gesetzes und der auf dieses Gesetz gestützten Rechtsverordnungen in den Betrieben und Verwaltungen des Bundes die Zentralstelle für Arbeitsschutz beim Bundesministerium des Innern. ²Im Auftrag der Zentralstelle handelt, soweit nichts anderes bestimmt ist, die Unfallversicherung Bund und Bahn, die insoweit der Aufsicht des Bundesministeriums des Innern unterliegt; Aufwendungen werden nicht erstattet. ³Im öffentlichen Dienst im Geschäftsbereich des Bundesministeriums für Verkehr und digitale Infrastruktur führt die Unfallversicherung Bund und Bahn, soweit die Eisenbahn-Unfallkasse bis zum 31. Dezember 2014 Träger der Unfallversicherung war, dieses Gesetz durch. ⁴Für Betriebe und Verwaltungen in den Geschäftsbereichen des Bundesministeriums der Verteidigung und des Auswärtigen Amtes hinsichtlich seiner Auslandsvertretungen führt das jeweilige Bundesministerium, soweit es jeweils zuständig ist, oder die von ihm jeweils bestimmte Stelle dieses Gesetz durch. ⁵Im Geschäftsbereich des Bundesministeriums der Finanzen führt die Berufsgenossenschaft Verkehrswirtschaft Post-Logistik Telekommunikation dieses Gesetz durch, soweit der Geschäftsbereich des ehemaligen Bundesministeriums für Post und Telekommunikation betroffen ist. ⁶Die Sätze 1 bis 4 gelten auch für Betriebe und Verwaltungen, die zur Bundesverwaltung gehören, für die aber eine Berufsgenossenschaft Träger der Unfallversicherung ist. ⁷Die zuständigen Bundesministerien können mit den Berufsgenossenschaften für diese Betriebe und Verwaltungen vereinbaren, daß das Gesetz von den Berufsgenossenschaften durchgeführt wird; Aufwendungen werden nicht erstattet.

Literatur: *Bundesministerium für Arbeit und Soziales*, Übersicht über das Arbeitsrecht/Arbeitsschutzrecht, 11. Aufl. 2017 (zitiert: BMAS); *Ministerium für Arbeit, Soziales, Gesundheit und Familie des Landes Brandenburg*, Jahresberichte 2000, 2008, 2011 und 2015; *Leube*, Prävention im Zuständigkeitsbereich der Unfallkasse des Bundes, ZTR 2003, 380 ff.; *ders.*, Prävention in der Bundesverwaltung – zur Neuordnung der Unfallversicherung, ZTR 2015, 310; *Ministerium für Umwelt und Ministerium für Soziales*, Dienstanweisung für die Staatlichen Gewerbeaufsichtsämter in Niedersachsen, Gem. RdErl. d. MU u. d. MS v. 9.6.2009 – 31-02219/1 (Nds.MBl. Nr. 25/2009 S. 566) – VORIS 71000.

I. Normzweck und Systematik..... 1	4. Befugnisse und Pflichten der Behörde.................. 15
II. Entstehungsgeschichte und Unionsrecht....................... 3	IV. Struktur und Aufgaben der gesetzlichen Unfallversicherung 16
III. Überwachung des Arbeitsschutzes............................ 7	V. Zusammenarbeit der Landesbehörden und der gesetzlichen Unfallversicherung.............. 18
1. Zuständige Behörden........ 8	VI. Experimentierklausel............ 22
2. Aufgaben der Überwachungsbehörde 10	VII. Arbeitsschutz bei Bundeseinrichtungen 25
3. Umfang und Art der Überwachung................... 11	

I. Normzweck und Systematik

Nach § 3 ArbSchG ist der Arbeitgeber selbst dafür verantwortlich, durch Maßnahmen des Arbeitsschutzes die kontinuierliche Verbesserung von Sicherheit und Gesundheitsschutz der Beschäftigten anzustreben. Er hat für eine geeignete Organisation zu sorgen und dabei Führungskräfte und Beschäftigte einzubeziehen. Als Methode für die kontinuierliche Verbesserung sieht der Gesetzgeber die Gefährdungsbeurteilung und ihre

Dokumentation vor (§§ 5, 6 ArbSchG). Damit die Verbesserung des Arbeits- und Gesundheitsschutzes gelingt, werden als Instrumente der **Eigenüberwachung** durch § 3 Abs. 1 S. 2 ArbSchG Wirksamkeitskontrollen und Anpassungen vom Arbeitgeber verlangt (→ ArbSchG § 3 Rn. 23 ff.).

2 In § 21 ArbSchG wird diese Eigenüberwachung durch die Methode der **Fremdüberwachung** ergänzt.[1] Diese **Überwachung des Arbeitsschutzes ist staatliche Aufgabe**. Sie soll sicherstellen, dass die Pflichten des Arbeitsschutzgesetzes und seiner Verordnungen wahrgenommen werden. Die staatliche Überwachung ist ein wichtiges Instrument, mit dem das Grundrecht auf körperliche Unversehrtheit aus Art. 2 Abs. 2 GG[2] für die Beschäftigten gewährleistet wird.

II. Entstehungsgeschichte und Unionsrecht

3 Mit § 21 ArbSchG wird die unionsrechtliche Vorgabe der **Rahmenrichtlinie 89/391/EWG** aufgegriffen, die in **Art. 4 Abs. 2** die Mitgliedstaaten verpflichtet, für eine **angemessene Kontrolle und Überwachung** Sorge zu tragen.[3] Dies verlangt auch **Art. 3 der Europäischen Sozialcharta (ESC)**, denn nur ein effektives Aufsichtsystem kann das Grundrecht der Arbeitnehmer auf sichere und gesunde Arbeitsbedingungen gewährleisten. Ergänzt wird diese Rechtsetzung insbesondere durch das von Deutschland ratifizierte ILO-Übereinkommen 81, das Anforderungen an eine wirksame Arbeitsschutzaufsicht für die Bereiche Handel und Gewerbe formuliert hat. Schließlich wird die Überwachung durch das im Jahr 2010 ratifizierte[4] **ILO-Übereinkommen 187 zum Förderungsrahmen für den Arbeitsschutz** verlangt und ausgestaltet.[5]

4 Bereits im ersten Entwurf des **Arbeitsschutzrahmengesetzes** waren in §§ 44 und 45 Bestimmungen zu den Aufgaben und Befugnissen der Arbeitsschutzbehörden sowie zu behördlichen Anordnungen enthalten. Die Begründung berief sich insoweit auf das **ILO-Übereinkommen 81**, in dem zu den Aufgaben der Behörden nicht nur die Überwachung, sondern auch die Beratung gerechnet wurde.[6] Die weiteren Befugnisse im Entwurf lehnten sich an § 139 b GewO, § 21 ChemG sowie §§ 120 f und g GewO (inzwischen aufgehoben) sowie § 23 ChemG an. In dem deutlich „verschlankten" Entwurf eines Arbeitsschutzgesetzes vom Januar 1996[7] waren diese Aufgaben und Befugnisse in § 21 des Entwurfs nachhaltig komprimiert und verkürzt worden. Die Überwachungsvorschriften waren nunmehr auf einen Satz beschränkt worden. In der Begründung war allerdings hervorgehoben worden, dass diese Überwachung durch Art. 4 RL 89/391/EWG verlangt werde.

5 In der **Stellungnahme des Bundesrates** wurde diese Fassung des damaligen § 21 ArbSchG nachhaltig kritisiert und stattdessen eine umfassende, insgesamt 13 Absätze umfassende Neuregelung eines erweiterten § 21 ArbSchG vorgeschlagen, denn das Arbeitsschutzgesetz müsse „klare Vollzugsvorschriften für **die zuständigen Behörden** enthalten".[8] Die Bundesregierung sagte in ihrer Gegenäußerung zu, diesen Vorschlag eines erweiterten § 21 ArbSchG im weiteren Gesetzgebungsverfahren zu prüfen, und äußerte zugleich Bedenken gegen die vorgesehenen Kostenregelungen.[9] In den weiteren Beratungen im Gesetzgebungsverfahren stellten die §§ 21, 22 ArbSchG die zentralen Diskussionspunkte zwischen Bundestag und Bundesrat und innerhalb der verschiedenen Parteien dar.[10] Die am Ende beschlossenen Vorschriften orientierten sich weitgehend an dem früheren Entwurf des Arbeitsschutzrahmengesetzes und den vom Bundesrat benannten Kritikpunkten. **Beratung, Überwachung und Anordnung** wurden deutlicher voneinander getrennt. Die Überwachungsbefugnisse und die Vollzugsvorschriften wurden gesondert in § 22 ArbSchG normiert (→ ArbSchG § 22 Rn. 10 ff.), in § 21 ArbSchG verblieb aber die Grundsatzbestimmung zur Überwachung und Beratung als staatliche Aufgabe. Sie wurde ergänzt um die Regelungen zur Kooperation im dualen

---

1 Faber, Grundpflichten, S. 135. 2 Dazu BVerfG 28.1.1992 – 1 BvR 1025/82, NZA 1992, 270 (273). 3 Vgl. BT-Drs. 13/3540, 21. 4 BGBl. II 2010, 378. 5 Dazu Münch/ArbR/Kohte § 290 Rn. 79; Kohte BG 2010, 384 (385). 6 BT-Drs. 12/6752, 53. 7 BT-Drs. 13/3540, 21. 8 BT-Drs. 13/4337, 6. 9 BT-Drs. 13/4337, 13. 10 Wlotzke NZA 1996, 1017 (1019).

System und um Sondervorschriften für die Überwachung in den Betrieben und Verwaltungen des Bundes, die 2013 an die Neuordnung der Unfallkassen angepasst wurden.[11]

Eine wesentliche Veränderung erfuhr § 21 Abs. 3 ArbSchG im Rahmen der Modernisierung des Unfallversicherungsrechts durch das **2008 erlassene Unfallversicherungsmodernisierungsgesetz, UVMG**.[12] Schon seit 1996 war das Kooperationsmodell, das Zusammenwirken der Arbeitsschutzbehörden mit den Unfallversicherungen, im Gesetz verankert. Mit dem UVMG wurde dem **Kooperationsmodell** der Vorrang vor Mischmodellen, die durch § 21 Abs. 4 ArbSchG ermöglicht werden sollten, gegeben (→ Rn. 22 ff.). Dementsprechend wurden die Kooperationsvorschriften in § 21 Abs. 3 ArbSchG sowie in § 20 Abs. 1, 2 SGB VII aufeinander abgestimmt.[13]

III. Überwachung des Arbeitsschutzes

Die **Verantwortung** für den Arbeits- und Gesundheitsschutz seiner Beschäftigten trägt der **Arbeitgeber**. Er gestaltet eigenverantwortlich die Organisation und Umsetzung des betrieblichen Arbeits- und Gesundheitsschutzes. Der Gesetzgeber hat die **Überwachung der Einhaltung des Gesetzes als staatliche Aufgabe** festgelegt. So wie der Arbeitgeber die Wirkung der Maßnahmen der Gefährdungsbeurteilung und die Funktionsfähigkeit seines betrieblichen Arbeitsschutzsystems im Rahmen der Eigenüberwachung zu kontrollieren hat, so kontrollieren im Rahmen der Fremdüberwachung Arbeitsschutzbehörden die Einhaltung des Arbeitsschutzgesetzes und seiner Verordnungen. In der Gesetzesbegründung ist hervorgehoben worden, dass eine Überwachung durch „besondere Behörden" zu erfolgen hat.[14]

1. Zuständige Behörden. Die zuständigen Behörden haben die Aufgabe, die Einhaltung des Gesetzes zu überwachen. Die Zuständigkeiten werden von den **Bundesländern** geregelt, die **nach Art. 83 GG** die Überwachung des Arbeitsschutzgesetzes und seiner Verordnungen als eigene Aufgabe ausführen. So haben die Länder sicherzustellen, dass das Arbeitsschutzsystem in der Praxis funktioniert. Sie stimmen ihr Verwaltungshandeln im Arbeitsschutz untereinander im **Länderausschuss für Arbeitsschutz und Sicherheitstechnik (LASI)** in der Regel zweimal jährlich ab.[15]

Während die mit der Überwachung des ArbSchG beauftragten Behörden bis in die 1990er Jahre in fast allen alten Bundesländern **staatliche Gewerbeaufsichtsämter** waren, wurden im Rahmen der Verwaltungsmodernisierung in vielen Bundesländern **neue Strukturen** geschaffen. So gibt es zB in Niedersachsen und Bremen weiterhin Gewerbeaufsichtsämter, die direkt den Fachministerien bzw. der Senatsverwaltung unterstehen, während in Hessen und Nordrhein-Westfalen die Aufgaben heute in die Bezirksregierungen bzw. Regierungspräsidien integriert oder wie in Bayern als eigenständige Bereiche diesen unterstellt sind. Andere Bundesländer wie zB Baden-Württemberg haben Aufgaben der Gewerbeaufsicht auf die Regierungspräsidien bzw. Regierungen und die Städte und Landkreise übertragen;[16] in Brandenburg und Sachsen-Anhalt werden die Aufgaben der Überwachung von einem Landesamt wahrgenommen. Eine immer aktuelle Übersicht der für den Arbeitsschutz zuständigen Behörden bieten die Internetseite des Länderausschusses für Arbeitsschutz und Sicherheitstechnik[17] sowie das jährlich erscheinende Datenjahrbuch Betriebswacht.[18]

2. Aufgaben der Überwachungsbehörde. Die Überwachung des betrieblichen Arbeitsschutzes mit dem Ziel, das Funktionieren des Arbeitsschutzsystems sicherzustellen, beinhaltet viele Tätigkeiten, zB:

- erforderliche Auskünfte und Überlassen von Unterlagen verlangen,
- Betriebsstätten, Geschäfts- und Betriebsräume betreten, besichtigen und prüfen,

---

11 BT-Drs. 17/12297, 67. **12** BGBl. I 2008, 2130. **13** Eichendorf in: jurisPK-SGB VII § 20 Rn. 28; Rentrop BG 2008, 54. **14** BT-Drs. 13/3540, 22. **15** BMAS Kap. 7 Rn. 15. **16** Zur Kritik an der Kommunalisierung der Aufsicht: Köckeritz, Arbeitsschutz und dessen Überwachung im öffentlichen Dienst, 2013, S. 185 ff. **17** lasi-info.com, dort unter Organisationen; vgl. auch Kollmer/Klindt/Schucht/Schucht ArbSchG § 21 Rn. 65 ff. **18** Herausgeber: Deutsche Gesetzliche Unfallversicherung (DGUV), erscheint im Universum Verlag GmbH, erhältlich dort oder im Buchhandel.

- Einsicht in geschäftliche Unterlagen nehmen,
- Betriebsmittel, Arbeitsmittel und persönliche Schutzausrüstung prüfen,
- Arbeitsverfahren und Arbeitsabläufe untersuchen,
- Messungen vornehmen,
- Unfälle, arbeitsbedingte Erkrankungen und Schadensfälle untersuchen,
- arbeitsbedingte Gesundheitsgefahren feststellen.

Das Bundesministerium für Arbeit und Soziales sieht die Hauptaufgabe der Länder darin, das Funktionieren des Arbeitsschutzsystems sicherzustellen. Darum prüfen die zuständigen Behörden, ob die verschiedenen Akteure ihrer jeweiligen Verantwortung gerecht werden, und spüren Mängel und Lücken auf. Den Behörden steht ein **breites Spektrum an Handlungsmöglichkeiten** zur Verfügung: Information und Motivation, Beratung und betriebsbezogene Hilfestellung, betriebliche und überbetriebliche Kooperation sowie Kontrolle und Sanktion.[19] Die Arbeitsweise der Arbeitsschutzbehörden der Länder bei der Überwachung hat der Länderausschuss für Arbeitsschutz und Sicherheitstechnik in den Grundsätzen und Standards der Überwachungs- und Beratungstätigkeit der Arbeitsschutzbehörden der Länder konkretisiert (LV 1).[20]

11 **3. Umfang und Art der Überwachung.** Die Überwachung der Einhaltung des Arbeitsschutzgesetzes ist staatliche Aufgabe. Die Behörden haben ein weites **Ermessen** zu entscheiden, wann und in welchem Umfang sie tätig werden, zB ob sie eine umfassende Überprüfung des Betriebes oder eine Stichprobe durchführen. Kriterien für diese Entscheidung können sein:

- turnus- oder anlassbezogene Überwachung (Beschwerde, Unfall, Erkrankung),
- Gefährdungsgrad,
- Gefahrgeneigtheit,
- Betriebsgröße.

Die mit der Überwachung beauftragten Behörden haben aufgrund der staatlichen Schutzpflicht jedoch die Pflicht, ein ausreichendes Maß an staatlicher Überwachung wahrzunehmen (Untermaßverbot).[21] Orientierung gibt hier die LASI-Veröffentlichung 1 „Überwachungs- und Beratungstätigkeit der Arbeitsschutzbehörden der Länder – Grundsätze und Standards".

12 Weiter können festgelegte **Schwerpunkte für die Überwachungstätigkeit** diese Entscheidungen beeinflussen. Wichtig ist, dass die **Grundsätze des Behördenhandelns** angewandt werden: der Grundsatz der Gleichbehandlung, der Grundsatz der Verhältnismäßigkeit sowie das Übermaßverbot. Die Grundsätze sind bei der Ausübung des Ermessens einer Behörde wichtig, da sie den Rahmen für Entscheidungen festlegen. Aufgrund der in fast allen Arbeitsschutzverwaltungen in den letzten Jahren **deutlich verringerten Personalausstattung**[22] (zB Brandenburg 1995: 185 Aufsichtsbeamte, 2005: 160 Personen, 2010: 139 Personen, 2015: 88 Personen),[23] die das Handeln der Behörde begrenzt, werden von den einzelnen Bundesländern Schwerpunkte in Form von Programmen festgelegt. Weitere Schwerpunkte bilden die **Durchführung von GDA-Programmen** (→ ArbSchG § 20 a Rn. 2 ff.). Dabei wurde festgelegt: Alle GDA-Programme und nach dem Willen des Länderausschusses für Arbeitsschutz und Sicherheitstechnik (LASI) auch alle Außendiensttätigkeiten sollen eine **Systemkontrolle des betrieblichen Arbeitsschutzes** einschließen, dh das betriebliche Arbeitsschutzsystem und die Durchführung

---

19 BMAS Kap. 7 Rn. 15. **20** Veröffentlichung des Länderausschusses für Arbeitsschutz und Sicherheitstechnik LV 1: Überwachungs- und Beratungstätigkeit der Arbeitsschutzbehörden der Länder – Grundsätze und Standards, Dezember 2016 (lasi-info.com). **21** Zum Anspruch der Beschäftigten auf fehlerfreien Ermessensgebrauch Nöthlichs ArbSchG § 21 Rn. 1.5; BVerwG 18.8.1960 – 1 C 42/59, NJW 1961, 793. **22** Überblick im jährlichen Bericht zu Sicherheit und Gesundheit; 2015: BT-Drs. 18/10620; ausführliche Daten in der Antwort der Bundesregierung in BT-Drs. 17/10229. **23** Ministerium für Arbeit, Soziales, Gesundheit und Familie des Landes Brandenburg, Jahresberichte 1995, 2000, 2005, 2010 und 2015, Stichtag 30.6. des Jahres.

und Dokumentation der Gefährdungsbeurteilung sollen Bestandteil bei der Überprüfung in den Betrieben bundesweit sein.[24]

Ein wichtiger Aspekt für das Tätigwerden der Behörde sind **Beschwerden**. Beschäftigte haben nach § 17 Abs. 2 ArbSchG das Recht, sich bei der Behörde zu beschweren, wenn innerbetrieblich keine Verbesserung des Arbeits- und Gesundheitsschutzes erreicht werden kann. Gibt es Erkenntnisse, dass der Beschwerde oder auch der Anzeige eine erhebliche Gefahr zugrunde liegt, reduziert dies das Handlungsermessen der Behörde. Der Schutz der Beschäftigten ist ein hohes gesellschaftliches Gut, körperliche Unversehrtheit ist ein Grundrecht (Art. 2 GG). Die zuständigen Behörden haben den Auftrag, diese durch Überwachung zu gewährleisten. Liegt also erkennbar eine **erhebliche Gefahr für die Beschäftigten** vor, hat die Behörde zu handeln. Arbeitsrechtliche Konsequenzen für die Beschwerdeführer sind bei einer solchen Gefahrenlage nicht berechtigt. Trotzdem haben viele Beschäftigte Angst und beschweren sich anonym oder Angehörige beschweren sich für die Betroffenen. Die Behörde geht berechtigten Beschwerden nach und trifft geeignete Maßnahmen, um die Mängel abzustellen. In vielen Dienstanweisungen für die zuständigen Behörden ist festgelegt, dass die Quellen der Beschwerden in Arbeitsschutzangelegenheiten vertraulich behandelt werden (→ ArbSchG §§ 15–17 Rn. 36; → ArbSchG § 22 Rn. 18; → ArbSchG § 23 Rn. 15).[25] 13

Das Arbeitsschutzgesetz beschreibt ein Ziel, das der Arbeitgeber anzustreben hat, nämlich die kontinuierliche Verbesserung des Arbeits- und Gesundheitsschutzes in seinem Betrieb. Die Mittel und Wege dieses Ziel zu erreichen, liegen in der freien Gestaltung des Arbeitgebers. Die Behörde überprüft, ob die Anforderungen des Arbeitsschutzgesetzes im Betrieb erfüllt werden, ob zB die Arbeitsschutzorganisation aufgebaut ist und funktioniert oder ob zB die Gefährdungsbeurteilung durchgeführt und aktuell ist. Da die Gestaltung in der Verantwortung des Arbeitgebers liegt und das Gesetz keine konkreten Ziele vorgibt (Konkreteres wird aber in vielen Verordnungen nach dem ArbSchG festgelegt wie zB in der BetrSichV, GefStoffV ua), hat der Gesetzgeber die **Beratung des Arbeitgebers und der verantwortlichen Personen** als **Pflichtaufgabe der Behörde** bei der Überwachung in das Gesetz aufgenommen. 14

4. Befugnisse und Pflichten der Behörde. Die Überwachungsaufgabe kann die Behörde nur erfüllen, wenn sie entsprechende Befugnisse erhält. So kann sie vom Arbeitgeber Auskünfte verlangen, Unterlagen einsehen, Betriebsstätten, Geschäfts- und Betriebsräume betreten und besichtigen und umfassende Prüfungen durchführen (§ 22 Abs. 2 ArbSchG; zur anlassbezogenen Überprüfung ohne vorherige Terminvereinbarung → ArbSchG § 22 Rn. 33). Weiter hat sie die Möglichkeit, Maßnahmen durchzusetzen und Missstände zu ahnden (§§ 22 Abs. 3, 25 ArbSchG). 15

IV. Struktur und Aufgaben der gesetzlichen Unfallversicherung

Auch die Träger der gesetzlichen Unfallversicherung sind in Betrieben und Unternehmen mit Überwachungsaufgaben betraut. Die rechtliche Basis für ihre Aufgabe ist das Sozialgesetzbuch VII (SBG VII). Die Aufgaben der gesetzlichen Unfallversicherung sind nach § 1 SGB VII die **Prävention, Rehabilitation und Entschädigung** von Arbeitsunfällen, Berufskrankheiten sowie arbeitsbedingten Gesundheitsgefahren. Hierzu zählen ua: 16

- Verhütung von Arbeitsunfällen, Berufskrankheiten und arbeitsbedingten Gesundheitsgefahren mit allen geeigneten Mitteln und die Wirksamkeit der Ersten Hilfe,

---

[24] GDA-Leitlinie Gefährdungsbeurteilung und Dokumentation, Stand: 15.12.2011, LV 54: Grundsätze der behördlichen Systemkontrolle, März 2011 (LASI-Veröffentlichung LV 54), LV 1: Überwachungs- und Beratungstätigkeit der Arbeitsschutzbehörden der Länder – Grundsätze und Standards, Dezember 2016 (LASI-Veröffentlichung LV 1). [25] Dienstanweisung für die Staatlichen Gewerbeaufsichtsämter in Niedersachsen Gem. RdErl. d. MU u. d. MS v. 9.6.2009 – 31-02219/1 (Nds. MBl. Nr. 25/2009 S. 566) – VORIS 71000 – Bezug: Gem. RdErl. v. 15.3.2005 (Nds. MBl. S. 262) – VORIS 71000; vgl. AG Münster 17.12.2012 – 13 OWi 271/12 (b); ebenso zum Informantenschutz bei Verbraucherbeschwerden in der Lebensmittelüberwachung: OVG Münster 28.9.2010 – 13 a F 46/10, DVBl 2010, 1516, bestätigt durch BVerwG 3.8.2011 – 20 F 23/10; zuletzt BVerwG 1.12.2015 – 20 F 3/15, ZD 2016, 240.

- Leistungen der Heilbehandlung einschließlich der medizinischen Rehabilitation, berufsfördernde, soziale und ergänzende Leistungen zur Rehabilitation und zur Teilhabe am Arbeitsleben, Geld- und Sachleistungen bei Pflegebedürftigkeit,
- Übergangsgeld im Rahmen berufsfördernder Leistungen,
- Rentenleistungen bei einer Erwerbsminderung um mind. 20 v.H. infolge eines Arbeitsunfalles,
- Leistungen an Hinterbliebene im Todesfall in Form von Sterbegeld, Überführungskosten, Hinterbliebenenrenten sowie Beihilfen.

In Deutschland gibt es nach einer Vielzahl von Fusionen derzeit noch neun[26] nach Branchen gegliederte Berufsgenossenschaften für die gewerbliche Wirtschaft. Die 16 Unfallkassen und drei Gemeindeunfallversicherungsverbände sind regional gegliedert und einerseits für die Beschäftigten im öffentlichen Dienst zuständig, andererseits für Schüler, Studenten und Kinder in Tageseinrichtungen. Außerdem gibt es vier Feuerwehr-Unfallkassen sowie die Unfallkasse für Bund und Bahn.[27] Die Berufsgenossenschaften, Unfallkassen und Gemeindeunfallverbände sind Körperschaften des öffentlichen Rechtes in Selbstverwaltung. Sie erlassen eigenes, in der Selbstverwaltung beschlossenes Satzungsrecht vor allem in Form der **Unfallverhütungsvorschriften.**

17 Neben dem Bereich der Versicherung ist es auch ihre Aufgabe, die Durchführung des Arbeits- und Gesundheitsschutzes im Unternehmen zu **überwachen** und den Arbeitgeber zu **beraten.** Der Gesetzgeber stellt klar, dass die gesetzliche Unfallversicherung aufgrund der Rechtsvorschriften des SGB VII tätig wird und nicht nach dem ArbSchG. Auf der Basis der §§ 14 ff. SGB VII gibt es auch für die technischen Aufsichtspersonen nach § 19 SGB VII die Möglichkeit, Maßnahmen zur Umsetzung der Anforderungen des Gesetzes anzuordnen oder Bußgelder zu erlassen.

V. Zusammenarbeit der Landesbehörden und der gesetzlichen Unfallversicherung

18 In Deutschland sind zwei Institutionen mit der Aufgabe betraut, den betrieblichen Arbeitsschutz zu überwachen: die staatlichen Aufsichtsbehörden und die Träger der gesetzlichen Unfallversicherung. Rechtlich gibt es eine eindeutige Trennung zwischen den Aufgaben und Befugnissen beider Institutionen, inhaltlich und damit in der Wirkung sind die Aufgaben größtenteils identisch. Diese Zweiteilung wird auch als der **Dualismus im Arbeitsschutz** bezeichnet.

19 **Staatliches Arbeitsschutzrecht** und **Unfallverhütungsrecht** sind heute **eng verzahnt.** So wird in § 2 Abs. 1 S. 2 der Unfallverhütungsvorschrift DGUV Vorschrift 1 „Grundsätze der Prävention"[28] das staatliche Arbeitsschutzschutzrecht zum Bestandteil des Unfallverhütungsrechtes gemacht, soweit es den Zielen der erwähnten Grundsätze entspricht, nämlich der Verbesserung des Arbeits- und Gesundheitsschutzes der versicherten Beschäftigten. Damit wird den Unfallversicherungsträgern die Möglichkeit eröffnet, das staatliche Arbeitsschutzrecht als Teil des Unfallversicherungsrechts mit den Mitteln des Verwaltungshandelns des Sozialrechtes durchzusetzen. Dabei bleiben Genehmigungs- und Erlaubnisvorbehalte, Anzeige- und Mitteilungspflichten oder Vorlagevorbehalte auf staatliche Behörden beschränkt, außer es wird explizit Entsprechendes im Unfallversicherungsrecht geregelt. Anders kann es bei Bereichen sein, die aus dem Geltungsbereich des Arbeitsschutzgesetzes ausgenommen sind. So sind die Beschäftigten im Haushalt durch § 1 Abs. 2 ArbSchG aus dem Geltungsbereich ausgenommen (→ ArbSchG § 1 Rn. 23 ff.), als Versicherte der Berufsgenossenschaft gilt für sie aber die DGUV Vorschrift 1 und damit gelten für sie mittelbar auch Regelungen des ArbSchG und der Verordnungen, die in die DGUV Vorschrift 1 aufgenommen sind.

20 Um die sich ergebenden Überschneidungen zu reduzieren, sieht der Gesetzgeber Regelungen für die Zusammenarbeit vor, die 2008 intensiviert worden sind, um eine **effizi-**

---

[26] Stand: 1.7.2017. [27] Die aktuellen Adressen der Träger der Unfallversicherung enthält das jährlich erscheinende Datenjahrbuch Betriebswacht, Herausgeber DGUV, Universum-Verlag oder die Internetseite des Deutschen Gesetzlichen Unfallversicherung www.dguv.de. [28] Die DGUV Vorschrift 1 entspricht der GUV-V A 1 neu der früheren Gemeindeunfallversicherungsverbände.

ente **Kooperation** sicherzustellen.[29] So sollen die zuständigen Landesbehörden und die Träger der gesetzlichen Unfallversicherung bei der Überwachung eng zusammenwirken und den **Erfahrungsaustausch** fördern. Dies erfolgt auf Landesebene durch die dort gegründeten **gemeinsamen landesbezogenen Stellen** (zB Landesverband Nordwest als gemeinsame landesbezogene Stelle in den Ländern Bremen, Hamburg, Niedersachsen, Sachsen-Anhalt und Schleswig-Holstein). Weiter unterrichten sie sich gegenseitig über Besichtigungen und deren wesentliche Ergebnisse. Dies erfolgt im Allgemeinen auf der direkten Arbeitsebene. Im Einzelfall können auch gemeinsame Besichtigungen sinnvoll sein, wenn es dem Überwachungsziel der Verbesserung des betrieblichen Arbeits- und Gesundheitsschutzes dient. Rechtlich sind der Informationsaustausch sowie die Zusammenarbeit umfassend abgesichert. Um die Pflicht zur Zusammenarbeit (§ 21 Abs. 3 ArbSchG bzw. § 20 Abs. 1 SGB VII) wahrnehmen zu können, sind beide für die Zusammenarbeit bei der Überwachung des betrieblichen Arbeitsschutzes von der Schweigepflicht entbunden und können nach § 70 SGB X diese Daten übermitteln. Dadurch ist ein ungehinderter und vollständiger Informationsaustausch untereinander für das Wahrnehmen dieser Aufgabe möglich.

Für die Gemeinsame Deutsche Arbeitsschutzstrategie GDA werden von der nationalen Arbeitsschutzkonferenz Schwerpunkte und Arbeitsprogramme erarbeitet, die ein abgestimmtes Tätigwerden und gemeinsame Arbeitsschwerpunkte ermöglichen (→ ArbSchG §§ 20 a, 20 b Rn. 2 ff.). Auf Bundesebene wird eine gemeinsame Beratungs- und Überwachungsstrategie festgelegt, deren Zielerreichung regelmäßig evaluiert wird. In sämtlichen Bundesländern wurden 2009 entsprechende Umsetzungsvereinbarungen auf Landesebene zwischen den jeweiligen Landesbehörden und Unfallversicherungsträgern abgeschlossen. Inzwischen folgten weitere Zielvereinbarungen zur Realisierung der Programme der GDA.[30] Im Rahmen der GDA ist 2013 eine Musterrahmenvereinbarung abgestimmt worden, die inzwischen auf Landesebene jeweils umgesetzt worden ist.[31] In diesem Rahmen haben sich beide Seiten zur gegenseitigen Information verpflichtet, so dass sowohl die Ergebnisse von Betriebsbesichtigungen als auch Berichte von schweren Unfällen kurzfristig ausgetauscht werden können.[32] 21

VI. Experimentierklausel

Die Festlegung des § 21 Abs. 1 ArbSchG, dass die Überwachung des Gesetzes staatliche Aufgabe ist, wird in § 21 Abs. 4 ArbSchG konkretisiert. In dieser Experimentierklausel wird den zuständigen obersten Landesbehörden, also den Ministerien, die Möglichkeit eingeräumt, mit Trägern der gesetzlichen Unfallversicherung zu vereinbaren, dass diese in genau festzulegenden Bereichen die Einhaltung des Arbeitsschutzgesetzes oder bestimmter Vorschriften des Gesetzes oder der aufgrund des Gesetzes erlassenen Rechtsverordnungen überwachen. Wichtig ist dem Gesetzgeber, dass Art und Umfang der Überwachung sowie die Zusammenarbeit mit den staatlichen Arbeitsschutzbehörden festzulegen sind. An dieser Stelle wird also den obersten Landesbehörden die Möglichkeit eingeräumt, das duale System mit der staatlichen Arbeitsschutzverwaltung auf der einen und den Trägern der gesetzlichen Unfallversicherungen auf der anderen Seite zu durchbrechen. Deshalb spricht man hier von der Experimentierklausel. Die Öffnung kann allerdings nur für den Geltungsbereich des Arbeitsschutzgesetzes erfolgen. So kann eine Vereinbarung für die Überwachung des Arbeitsschutzgesetzes und der aufgrund des Arbeitsschutzgesetzes erlassenen Verordnungen, wie zB der Arbeitsstättenverordnung, getroffen werden, nicht aber zB für das Arbeitszeitgesetz, das Mutterschutzgesetz, das Jugendarbeitsschutzgesetz, das SprengG, das ProdSG oder das Strahlenschutzrecht.[33] 22

Jeder Unfallversicherungsträger entscheidet in eigener Verantwortung, ob er eine Vereinbarung zur Übernahme von Überwachungsaufgaben abschließt. Daraus ergibt sich 23

---

29 BT-Drs. 16/9154, 45. **30** Näheres dazu auf www.gda-portal.de. **31** Text auf www.gda-portal.de sowie bei LR/Wiebauer ArbSchG § 20 a Rn. 42. **32** Dazu auch Kollmer/Klindt/Schucht/ Schucht ArbSchG § 21 Rn. 40. **33** Kollmer, ArbSchG und ArbSchV, Rn. 262; LR/Wiebauer ArbSchG § 21 Rn. 86.

ein praktisches Problem: Aufgrund der Strukturen kann er diese Überwachung nur für die von ihm betreuten Betriebe und Unternehmen zusagen, das heißt in der Regel für bestimmte Branchen. Sollen alle Betriebe und Unternehmen von der Experimentierklausel erfasst werden, müsste das Bundesland mit allen dort tätigen Unfallversicherungsträgern eine Vereinbarung abschließen. Den gemeinsamen landesbezogenen Stellen ist in § 20 Abs. 2 S. 3 SGB VII eine solche Kompetenz nicht zugewiesen worden. Eine Übertragung, die zur Kosteneinsparung der Bundesländer dient, wird als unstatthaft angesehen,[34] da Länder die Kosten sparen und diese den Unfallversicherungsträgern und damit den Beitragszahlern der Berufsgenossenschaft auferlegen. Der LASI hatte im Jahr 1998 auf der Basis eines Gutachtens von Erhard Denninger[35] beschlossen, dass in der Regel nur vom Kooperationsmodell des § 21 Abs. 3 ArbSchG Gebrauch gemacht werden solle, da die Experimentierklausel mit dem **Verbot der Mischverwaltung**[36] nicht vereinbar sei.

24 Es gibt daher nur **wenige Vereinbarungen**[37] zur Übertragung von Überwachungsaufgaben. So führt zB das Land Hessen in seinem Jahresbericht 2006 die „Übertragung der Aufgaben nach § 21 (4) des Arbeitsschutzgesetzes auf die Land- und Forstwirtschaftliche Berufsgenossenschaft Hessen von 2001" auf. In Schleswig-Holstein wurden entsprechend einer Vereinbarung der obersten für den Arbeitsschutz zuständigen Landesbehörde mit der BG Bau ab 1.1.2006 für fünf Jahre Baustellenüberprüfungen grundsätzlich von der BG Bau und nicht mehr vom Landesamt wahrgenommen.[38] Nachdem das Verbot der Mischverwaltung in der Entscheidung des Bundesverfassungsgerichts zu § 44 b SGB II[39] verdeutlicht worden ist, ist durch das UVMG der **Vorrang des Kooperationsmodells** bekräftigt worden.

VII. Arbeitsschutz bei Bundeseinrichtungen

25 Für die Überwachung des Arbeitsschutzes in Betrieben und Verwaltungen des Bundes sind im Arbeitsschutz abweichende Regelungen getroffen worden (→ ArbSchG § 20 Rn. 4). Für **Betriebe und Verwaltungen des Bundes** ist die **Zentralstelle für Arbeitsschutz beim Bundesministerium des Inneren** zuständig, wenn nichts anderes geregelt wird. Für die Beratung und Überwachung der Dienststellen des Bundes ist im Auftrag der Zentralstelle die **Unfallversicherung Bund und Bahn** zuständig. Die zuständigen Ministerien können die Überwachung des ArbSchG an die Unfallversicherung Bund und Bahn oder andere, für ihren Bereich zuständige Unfallversicherungen übertragen, im Geschäftsbereich des Ministeriums für Verkehr und digitale Infrastruktur ist dies die Berufsgenossenschaft Verkehrswirtschaft Post-Logistik Telekommunikation, in die die Unfallkasse Post und Telekom integriert wurde.[40] Die Überwachung des Arbeitsschutzes im Bereich des Bundesministeriums für Verteidigung und in Auslandsvertretungen des Auswärtigen Amtes ist Aufgabe des zuständigen Bundesministeriums, sofern es nicht andere mit der Durchführung beauftragt. In diesen Bereichen wird noch die Eigenüberwachung durch die Dienststellenleitungen praktiziert.[41]

26 Gegen die **Vereinbarkeit dieser Sonderregelung mit Art. 4 Abs. 2 RL 89/391/EWG** bestehen nachhaltige Bedenken.[42] Im materiellen Arbeitsschutzrecht gibt es keine Bereichsausnahme für den öffentlichen Dienst; die Anforderungen des Arbeitsschutzes gelten in allen Tätigkeitsbereichen; für Kollisionen mit hoheitlichen Aufgaben sind differenzierte Vorschriften in § 20 Abs. 2 ArbSchG normiert (→ ArbSchG § 20 Rn. 18 ff.). Daher muss auch in den Betrieben und Verwaltungen des Bundes eine **effektive Überwachung und Kontrolle** vorgesehen und realisiert werden. Das Bundesministerium des

---

34 Kollmer/Klindt/Schucht/Schucht ArbSchG § 21 Rn. 58. **35** Zum Inhalt Kollmer/Klindt/Schucht/Schucht ArbSchG § 21 Rn. 54; KJP/Pinter ArbSchG § 21 Rn. 37 ff. **36** LASI Beschluss vom 25.6.1998; dazu bereits Egger NZS 1994, 352 (355). **37** KJP/Pinter ArbSchG § 21 Rn. 41; LR/Wiebauer ArbSchG § 21 Rn. 83. **38** Ministerium für Arbeit, Soziales, Familie, Jugend und Senioren des Landes Schleswig-Holstein: Gesund leben und arbeiten in Schleswig-Holstein, Ausgabe 2009, Schleswig-Holsteinischer Landtag Drs. 17/1147 14.1.2011. **39** BVerfG 20.12.2007 – 2 BvR 2433/04, NVwZ 2008, 183. **40** BT-Drs. 17/12297, 43. **41** BMAS Kap. 7 Rn. 17; Kollmer/Klindt/Schucht/Schucht ArbSchG § 21 Rn. 61 f. **42** Ebenso jetzt LR/Wiebauer ArbSchG § 21 Rn. 90.

Innern erlässt im Einvernehmen mit dem Bundesministerium für Arbeit und Soziales (BMAS) nach Anhörung der Vertreterversammlung allgemeine Verwaltungsvorschriften.[43] Bisher ist nur die 1. AVU in der Fassung vom 17.3.2005 erlassen worden.[44] Ihr wesentlicher Inhalt besteht in der Anordnung, dass die vor dem 1.1.1997 erlassenen Richtlinien als AVV fortgelten, für rechtlich ungeregelte Bereiche sind bis zu einer Regelung die sachlich einschlägigen Unfallverhütungsvorschriften anzuwenden. Auch das Bundesministerium der Verteidigung oder das Bundesministerium der Finanzen haben diese Befugnis, hier ist zusätzlich das Einvernehmen des Bundesministeriums des Inneren erforderlich. Nach § 115 Abs. 2 SGB VII kann die Unfallversicherung Bund und Bahn für die mittelbare Bundesverwaltung Unfallverhütungsvorschriften erlassen, diese sind vom Bundesministerium des Inneren im Einvernehmen mit dem BMAS zu genehmigen. Für die Berufsgenossenschaft Verkehrswirtschaft Post-Logistik Telekommunikation gibt es keine entsprechende Regelung im SGB VII.

In der Literatur werden zutreffend die mangelnden Kompetenzen der Unfallkasse des Bundes, jetzt Unfallversicherung Bund und Bahn kritisiert.[45] Von Bedeutung ist vor allem, dass ihr die Zentralstelle umfassende Weisungen erteilen kann und dass die Zentralstelle wiederum der Rechts- und Fachaufsicht dem BMI untersteht.[46] Andere Einzelfragen sind in der BMI-ArbSchGAnwV ua geregelt (→ ArbSchG § 20 Rn. 22).[47] Die Vorschriften über die Selbstverwaltung der Träger der Sozialversicherung finden keine Anwendung bei der Unfallversicherung Bund und Bahn[48] und der Berufsgenossenschaft Verkehrswirtschaft Post-Logistik Telekommunikation.[49]

§ 22 ArbSchG Befugnisse der zuständigen Behörden

(1) ¹Die zuständige Behörde kann vom Arbeitgeber oder von den verantwortlichen Personen die zur Durchführung ihrer Überwachungsaufgabe erforderlichen Auskünfte und die Überlassung von entsprechenden Unterlagen verlangen. ²Die auskunftspflichtige Person kann die Auskunft auf solche Fragen oder die Vorlage derjenigen Unterlagen verweigern, deren Beantwortung oder Vorlage sie selbst oder ihrer in § 383 Abs. 1 Nr. 1 bis 3 der Zivilprozeßordnung bezeichneten Angehörigen der Gefahr der Verfolgung wegen einer Straftat oder Ordnungswidrigkeit aussetzen würde. ³Die auskunftspflichtige Person ist darauf hinzuweisen.

(2) ¹Die mit der Überwachung beauftragten Personen sind befugt, zu den Betriebs- und Arbeitszeiten Betriebsstätten, Geschäfts- und Betriebsräume zu betreten, zu besichtigen und zu prüfen sowie in die geschäftlichen Unterlagen der auskunftspflichtigen Person Einsicht zu nehmen, soweit dies zur Erfüllung ihrer Aufgaben erforderlich ist. ²Außerdem sind sie befugt, Betriebsanlagen, Arbeitsmittel und persönliche Schutzausrüstungen zu prüfen, Arbeitsverfahren und Arbeitsabläufe zu untersuchen, Messungen vorzunehmen und insbesondere arbeitsbedingte Gesundheitsgefahren festzustellen und zu untersuchen, auf welche Ursachen ein Arbeitsunfall, eine arbeitsbedingte Erkrankung

---

43 Zur mangelnden Eignung von AVV zur Umsetzung von Richtlinien EuGH 28.2.1991 – C-131/88, EuZW 1991, 405; BFK Rn. 171 ff.; → ArbSchG § 24 Rn. 5. **44** Text unter http://www.verwaltungsvorschriften-im-internet.de/bsvwvbund_05042005_DII42114701721.htm **45** Leube ZTR 2003, 380 und ZTR 2015, 310 (315). **46** Diel in: Hauck/Noftz/SGB VII § 115 Rn. 17. **47** Verordnung über die modifizierte Anwendung von Vorschriften des Arbeitsschutzgesetzes für bestimmte Tätigkeiten im öffentlichen Dienst des Bundes im Geschäftsbereich des Bundesministeriums des Innern (BMI-ArbSchGAnwV) v. 8.2.2000, BGBl. I, 114 idF der Änderung durch Art. 87 des Gesetzes v. 21.6.2005, BGBl. I, 1818. **48** § 4 Abs. 1 des Gesetzes zur Errichtung der Unfallversicherung Bund und Bahn, veröffentlicht als Art. 1 des Gesetzes zur Neuorganisation der bundesunmittelbaren Unfallkassen, zur Änderung des Sozialgerichtsgesetzes und zur Änderung anderer Gesetze (BUK-Neuorganisationsgesetz – BUK-NOG) vom 19.10.2013, BGBl. I 3836; zur Kritik auch Pieper ArbSchG § 21 Rn. 28; Leube ZTR 2015, 310 (311). **49** § 5 Abs. 5 Gesetz zur Errichtung der Berufsgenossenschaft Verkehrswirtschaft Post-Logistik Telekommunikation, Art. 2 des Gesetzes zur Errichtung der Unfallversicherung Bund und Bahn, veröffentlicht als Art. 1 des Gesetzes zur Neuorganisation der bundesunmittelbaren Unfallkassen, zur Änderung des Sozialgerichtsgesetzes und zur Änderung anderer Gesetze (BUK-Neuorganisationsgesetz – BUK-NOG) vom 19.10.2013, BGBl. I 3836.

oder ein Schadensfall zurückzuführen ist. ³Sie sind berechtigt, die Begleitung durch den Arbeitgeber oder eine von ihm beauftragte Person zu verlangen. ⁴Der Arbeitgeber oder die verantwortlichen Personen haben die mit der Überwachung beauftragten Personen bei der Wahrnehmung ihrer Befugnisse nach den Sätzen 1 und 2 zu unterstützen. ⁵Außerhalb der in Satz 1 genannten Zeiten, oder wenn die Arbeitsstätte sich in einer Wohnung befindet, dürfen die mit der Überwachung beauftragten Personen ohne Einverständnis des Arbeitgebers die Maßnahmen nach den Sätzen 1 und 2 nur zur Verhütung dringender Gefahren für die öffentliche Sicherheit oder Ordnung treffen. ⁶Die auskunftspflichtige Person hat die Maßnahmen nach den Sätzen 1, 2 und 5 zu dulden. ⁷Die Sätze 1 und 5 gelten entsprechend, wenn nicht feststeht, ob in der Arbeitsstätte Personen beschäftigt werden, jedoch Tatsachen gegeben sind, die diese Annahme rechtfertigen. ⁸Das Grundrecht der Unverletzlichkeit der Wohnung (Artikel 13 des Grundgesetzes) wird insoweit eingeschränkt.

(3) ¹Die zuständige Behörde kann im Einzelfall anordnen,
1. welche Maßnahmen der Arbeitgeber und die verantwortlichen Personen oder die Beschäftigten zur Erfüllung der Pflichten zu treffen haben, die sich aus diesem Gesetz und den aufgrund dieses Gesetzes erlassenen Rechtsverordnungen ergeben,
2. welche Maßnahmen der Arbeitgeber und die verantwortlichen Personen zur Abwendung einer besonderen Gefahr für Leben und Gesundheit der Beschäftigten zu treffen haben.

²Die zuständige Behörde hat, wenn nicht Gefahr im Verzug ist, zur Ausführung der Anordnung eine angemessene Frist zu setzen. ³Wird eine Anordnung nach Satz 1 nicht innerhalb einer gesetzten Frist oder eine für sofort vollziehbar erklärte Anordnung nicht sofort ausgeführt, kann die zuständige Behörde die von der Anordnung betroffene Arbeit oder die Verwendung oder den Betrieb der von der Anordnung betroffenen Arbeitsmittel untersagen. ⁴Maßnahmen der zuständigen Behörde im Bereich des öffentlichen Dienstes, die den Dienstbetrieb wesentlich beeinträchtigen, sollen im Einvernehmen mit der obersten Bundes- oder Landesbehörde oder dem Hauptverwaltungsbeamten der Gemeinde getroffen werden.

Literatur: *Borowski*, Die materielle und formelle Polizeipflicht von Hoheitsträgern, VerwArch 2010, 58; *Köckeritz*, Arbeitsschutz und dessen Überwachung im Bereich des öffentlichen Dienstes, 2013; *Kohte*, Der Beitrag der Anordnungen der Unfallversicherung zur effizienten Realisierung des Arbeitsschutzes, BG 2010, 384; *Kohte*, Betrieblicher Umweltschutz am Beispiel des Störfallrechts, in: Festschrift für Heilmann, 2001, S. 73; *Kohte*, Der Beitrag der ESC zum europäischen und deutschen Arbeitsschutz, in: Festschrift für Birk, 2008, S. 417; *Leube*, Prävention im Zuständigkeitsbereich der Unfallkasse des Bundes, ZTR 2003, 380; *Timm*, Eine gemeinsame Strategie für mehr Arbeitsschutz in Deutschland, BG 2008, 422; Ausschuss Hoher Arbeitsaufsichtsbeamter, SLIC Evaluationsbericht über das deutsche Arbeitsaufsichtssystem, 2006, online verfügbar unter www.vdgab.de/Ablage/SLIC-Bericht_d eutsch.pdf (3.10.2017); Veröffentlichung der Länderausschusses für Arbeitsschutz und Sicherheitstechnik, Überwachungs- und Beratungstätigkeit der Arbeitsschutzbehörden der Länder – Grundsätze und Standards, LV1, Dezember 2016 (lasi-info.com).

Internetquellen: www.baua.de; www.dguv.de; www.komnet.nrw.de; www.asinfo.de; www.gda-portal.de

Leitentscheidungen: BVerwG 25.7.2002 – 7 C 24/01, BVerwGE 117, 1; KG 16.4.1987 – 5 Ws (B) 91/87, GewArch 1987, 305; VG Augsburg 27.7.2009 – Au 4 K 08.1846; VG Augsburg 5.12.2012 – Au 5 S 1221/12; VG Frankfurt 13.5.2009 – 7 K 1462/08.F; VG Stuttgart 13.10.2010 – 7 K 2625/10; VG München 19.3.2012 – M 16 K 11.5809; VG München 28.2.2013 – 7 L 853/12; VG Regensburg 3.4.2014 – RO 5 S 14.494; VG Münster 22.06.2016 – 9 K 1985/15; VG Münster 30.6.2016 – 9 L 863/16.

I. Normzweck und Systematik..... 1	III. Überwachung und Beratung –
II. Entstehungsgeschichte und Uni-	Allgemeine Grundlagen 10
onsrecht........................ 4	1. Übersicht 10
	2. Beauftragte der Behörde 12

3.	Mitwirkungs- und Duldungspflichten des Arbeitgebers	13	b) Bestimmtheit der Generalanordnung (§ 37 Abs. 1 VwVfG)	52
IV.	Befugnisse	17	4. Gefahrenanordnung (§ 22 Abs. 3 S. 1 Nr. 2 ArbSchG)	54
1.	Auskunftsrecht	17	a) Maßnahmen zur Gefahrenabwehr	54
	a) Auskunftspflichtige Personen	17	b) Einzelfälle	57
	b) Auskünfte	20	5. Ausführungsfrist (§ 22 Abs. 3 S. 2 ArbSchG)	58
	c) Auskunftsverweigerungsrecht	23	6. Untersagungsanordnung (§ 22 Abs. 3 S. 3 ArbSchG)	60
2.	Einsicht in Unterlagen bzw. Herausgabe von Unterlagen	26	7. Adressaten der Anordnung und Mitteilungen	62
3.	Betretungs- und Besichtigungsrechte	28	8. Rechtsfolge – Ermessensentscheidung	64
4.	Weitere Befugnisse der Behörde	37	9. Anspruch der Beschäftigten auf Einschreiten der Behörde	67
V.	Kooperation mit Beschäftigten sowie Betriebs- und Personalräten	41	VII. Rechtsschutz und Verwaltungsvollstreckung	68
VI.	Erlass des Verwaltungsaktes – Anordnungen (§ 22 Abs. 3 ArbSchG)	44	VIII. Sonderregelungen	70
1.	Grundsätze	44	1. Öffentlicher Dienst (§ 22 Abs. 3 S. 4 ArbSchG)	70
2.	Arten von Anordnungen und Prüfungsreihenfolge	48	2. Befugnisse der Unfallversicherungsträger	75
3.	Generalbefugnis (§ 22 Abs. 3 S. 1 Nr. 1 ArbSchG)	50	3. Ordnungswidrigkeitenverfahren	77
	a) Einhaltung des ArbSchG und seiner Rechtsverordnungen	50		

I. Normzweck und Systematik

§ 22 ArbSchG regelt die Befugnisse der Aufsichtsbehörden bei der Wahrnehmung ihrer Überwachungsaufgaben (§ 21 ArbSchG),[1] um einen **bundeseinheitlichen Vollzug des ArbSchG** und der auf ihm basierenden Rechtsverordnungen zu sichern.[2] Abs. 1 und 2 enthalten Auskunfts- und Besichtigungsbefugnisse während Abs. 3 die Anordnungsbefugnis regelt, die in S. 4 speziell auf den öffentlichen Dienst zugeschnitten ist.[3] Systematisch stellt sie die **öffentlich-rechtliche Kernvorschrift des Arbeitsschutzrechts** dar, deren Vorbild die inzwischen außer Kraft getretene § 120 d GewO ist. Abs. 3 enthält die für staatliches Eingriffshandeln unverzichtbaren Ermächtigungsgrundlagen für den Erlass von Anordnungen im Einzelfall, die ihrer Rechtsnatur nach Verwaltungsakte (§ 35 VwVfG)[4] sind. 1

§ 22 ArbSchG enthält eine **differenzierte Regelung der verschiedenen**, schrittweise stärker zugreifenden **Kompetenzen der Aufsichtsbehörden**. In Abs. 1 werden Auskunftsrechte der Behörde sowie die rechtsstaatlich gebotenen Weigerungsrechte der zur Auskunft verpflichteten Personen etabliert. In Abs. 2 werden Zutritts-, Besichtigungs- und Prüfrechte der Behörde normiert, die durch Mitwirkungspflichten des Arbeitgebers und der anderen verantwortlichen Personen ergänzt werden. Den verwaltungsrechtlichen Kern dieser zentralen Norm bilden die Anordnungsrechte nach § 22 Abs. 3 ArbSchG. Es werden drei verschiedene Arten von Anordnungen unterschieden: 2

- die **allgemeine** Anordnung nach S. 1 Nr. 1, mit der die Erfüllung arbeitsschutzrechtlicher Pflichten verlangt werden kann,

---

1 BT-Drs. 13/4854, 5. **2** LR/Kollmer ArbSchG § 22 Rn. 1. **3** BT-Drs. 13/4854, 5. **4** LR/Kollmer ArbSchG § 22 Rn. 35.

- die **Gefahrenanordnung** nach S. 1 Nr. 2, die sofortiges Handeln bei Gefahr im Verzug regelt,
- sowie die **Untersagungsanordnung** nach S. 3.

Weitere Einzelheiten des Verwaltungsverfahrens sind im ArbSchG nicht geregelt, so dass insoweit auf die Bestimmungen der Verwaltungsverfahrensgesetze (VwVfG) des Bundes bzw. der Bundesländer sowie der Verwaltungsgerichtsordnung (VwGO) zurückzugreifen ist. Schließlich enthält Abs. 3 S. 4 eine Sonderregelung für den öffentlichen Dienst, deren Reichweite kontrovers diskutiert wird (→ Rn. 70 ff.).

3 Die Überwachung und Durchsetzung der betrieblichen Arbeitsschutzpflichten wird durch ein mehrgliedriges Aufsichtssystem, im Wesentlichen durch die Arbeitsschutzbehörden und die Träger der Unfallversicherung, wahrgenommen. Es ist eingebettet in das duale Arbeitsschutzsystem, das mit der GDA (§§ 20 a ff. ArbSchG) die **Kategorien der Rechtsetzung, Überwachung und des Vollzugs** neu strukturiert hat. Die staatliche Rechtsetzung wird nicht allein und automatisch nur durch den Markt wirksam, sondern bedarf der staatlichen Überwachung durch Behörden,[5] die bei Verletzungen von Arbeitsschutzpflichten Maßnahmen anordnen und vollziehen sowie Sanktionen auferlegen können. Die Arbeitsschutzaufsicht besteht daher aus den verschiedenen Elementen der:

- Beratung (**einschließlich Information und Motivation**),
- Überwachung,
- Anordnung und Vollziehung sowie
- Sanktion.

II. Entstehungsgeschichte und Unionsrecht

4 Mit § 22 ArbSchG wird ebenso wie mit § 21 ArbSchG die Vorgabe der EG-Rahmenrichtlinie 89/391/EWG aufgegriffen, die in **Art. 4 Abs. 2** die Mitgliedstaaten verpflichtet, für eine **angemessene Kontrolle und Überwachung** Sorge zu tragen.[6] Dies verlangt auch **Art. 3 der Europäischen Sozialcharta (ESC)**, denn nur ein effektives Aufsichtssystem kann das Grundrecht der Arbeitnehmer auf sichere und gesunde Arbeitsbedingungen gewährleisten. Ergänzt werden diese Regelungen insbesondere durch das schon 1955 von Deutschland ratifizierte **ILO-Übereinkommen Nr. 81**, das Anforderungen an eine wirksame Arbeitsschutzaufsicht für die Bereiche Handel und Gewerbe formuliert hat.[7] Sie erfordert den Einsatz einer notwendigen Anzahl von dafür besonders qualifizierten Aufsichtsbeamten,[8] die mit entsprechenden Mitteln und Befugnissen auszustatten sind.[9] Nachfolgende Übereinkommen führen diesen Aufsichtsstandard fort (Übereinkommen Nr. 155 über den Arbeitsschutz und das im Jahr 2010 ratifizierte[10] **Übereinkommen Nr. 187** zum Förderungsrahmen für den Arbeitsschutz).[11]

5 Die auf Art. 4 Abs. 2 RL 89/391/EWG basierenden mitgliedstaatlichen Pflichten zur Gestaltung und Durchführung der Arbeitsschutzaufsicht hat der **Europäische Gerichtshof**[12] konkretisiert indem auch verlangt wird, ein **effektives Aufsichtssystem** zu gewährleisten (→ Grundrecht Rn. 71). Wichtige Anhaltspunkte für eine effektive Arbeitsschutzaufsicht liefert der die Einhaltung der ESC überwachende Ausschuss für Soziale Rechte, der das Aufsichtssystem klassisch in **Beratung, Überwachung und Sanktion** gliedert. Er beurteilte die Tätigkeit der Aufsichtsbehörde im Wesentlichen nach drei Kriterien: Umfang der Zuständigkeit, Aktivitäten einschließlich der Personalausstattung und ihrer Befugnisse. Insbesondere aus einer Analyse der Personalausstattung und

---

[5] Kohte in: FS Birk, S. 417, 429. [6] Vgl. BT-Drs. 13/3540, 21. [7] Ratifikationsgesetz: BGBl. 1955 II, 584; vgl. Köckeritz, Arbeitsschutz und dessen Überwachung im öffentlichen Dienst, S. 92 ff. [8] Siehe § 18 SGB VII, eine vergleichbare Regelung ist in §§ 21, 22 ArbSchG nicht vorhanden. [9] Umfassend zu den Anforderungen an die Aufsicht nach dem ILO-Übereinkommen 81: Köckeritz, Arbeitsschutz und dessen Überwachung im öffentlichen Dienst, S. 88 ff. [10] BGBl. II 2010, 378. [11] Münch/ArbR/Kohte § 290 Rn. 79; ausführlich Köckeritz, Arbeitsschutz und dessen Überwachung im öffentlichen Dienst, S. 90 ff. [12] EuGH 17.6.1999 – C-336/97, Slg 1999 I, 3771: Verurteilung Italiens wegen mangelnder Störfallaufsicht mit der Folge der Präzisierung der Störfallaufsicht in RL 2003/105/EG, ursprünglich Seveso-II-RL; dazu Kohte: FS Heilmann, S. 73.

der Bewertung der Befugnisse schließt er auf die Effektivität staatlicher Kontrolle. Die Effektivität des Aufsichtssystems hat er beispielsweise in zwei Fällen aufgrund eines zu niedrigen Verhältnisses zwischen der Anzahl der staatlichen Kontrollen und der Zahl der von ihr abgedeckten Beschäftigten verneint. Für die Bewertung von Sanktionen, die möglichst nach Ordnungswidrigkeiten und Straftaten getrennt zu beurteilen sind, sind vor allem drei Aspekte bedeutend: die Proportionalität zwischen Verstoß und Sanktion, der Einfluss der Regelmäßigkeit einer Verletzung auf das Gewicht der Sanktion sowie das allgemeine Sanktionsniveau und die Kriterien für die Bestimmung ihres Umfangs (zB der Bezug zur Anzahl der betroffenen Arbeitnehmer).[13] Die Effektivität des Arbeitsschutzsystems ist ebenfalls im zentraler Gegenstand des ILO-Übereinkommens Nr. 187 zum Förderungsrahmen für den Arbeitsschutz. Wichtig sind insbesondere die **Existenz und das Ausschöpfen eines effektiven Sanktionssystems**.[14]

Anlass, aus deutscher Sicht über die Effektivität des Aufsichts- und Sanktionssystems zu diskutieren, besteht mindestens seit der Veröffentlichung des **Evaluationsberichts des SLIC** aus dem Jahr 2006 über das deutsche Arbeitsschutzaufsichtssystem. In ihm ist insbesondere eine geringe Anzahl an durchgesetzten Aufsichtsmaßnahmen als eine Schwachstelle identifiziert worden.[15] Dem liegt die geringe Anzahl an Ordnungsverfügungen zugrunde, auf deren Basis erst die behördlichen Forderungen durchgesetzt werden können. Ebenfalls Einfluss auf die Wirksamkeit der staatlichen Aufsicht hat die in mehreren Bundesländern zu verzeichnende Abnahme der Aufsichtstätigkeit, die maßgeblich auf Umstrukturierungen und den Personalabbau auch in der Arbeitsschutzverwaltung zurückzuführen ist.[16] Letztlich steigt damit das Risiko der staatlichen Haftung (→ BGB § 618 Rn. 61). Schließlich wird in dem Bericht die uneinheitliche Kooperation zwischen Aufsichtsbehörden und Arbeitnehmervertretungen moniert.

In Art. 11 Abs. 6 RL 89/391/EWG sind **Kooperationspflichten zwischen Behörde, Beschäftigten und deren kollektiven Vertretungen** normiert. Eine Umsetzung ist im ArbSchG nicht erfolgt; in § 89 BetrVG wird eine Kooperationsregelung getroffen, die allerdings in erster Linie den jeweiligen Arbeitgeber verpflichtet (→ BetrVG § 89 Rn. 9 ff.). Im Personalvertretungsrecht findet sich eine vergleichbare Bestimmung in § 81 Abs. 3 BPersVG, die jedoch nicht in alle Landesvertretungsgesetze umfassend aufgenommen worden ist.[17] Für das Mitarbeitervertretungsrecht fehlt eine entsprechende Bestimmung, da das Kirchenrecht zwar Pflichten des kirchlichen Arbeitgebers, nicht jedoch der Aufsichtsbehörden festlegen kann. Die Konsequenzen dieser sehr sparsamen Umsetzung der Richtlinie sind bisher kaum diskutiert worden.

Die Entstehung der Vollzugsvorschriften ist gekoppelt mit der Aufsichtsvorschrift des § 21 ArbSchG und wird basierend auf der RL 89/391/EWG mit den Beratungen zum Arbeitsschutzrahmengesetz sowie der Diskussion im Rahmen des Gesetzgebungsverfahrens umfassend in der Kommentierung zu § 21 ArbSchG dargestellt (→ ArbSchG § 21 Rn. 4 f.).

Die 1996 letztlich beschlossenen Überwachungs- und Vollzugsvorschriften trennten **Beratung, Überwachung und Anordnung** wieder deutlicher voneinander; eine Modernisierung der Vollzugsvorschriften gegenüber den früheren Bestimmungen in der Gewerbeordnung fand in § 22 Abs. 3 ArbSchG partiell statt. Verfahrensrechtliche Vorschriften zum partizipativen Arbeitsschutz wurden nicht formuliert; eine konkrete Umsetzung von Art. 11 Abs. 6 RL 89/391/EWG erfolgte nicht. Die in der Richtlinie verlangte Kooperation mit den Beschäftigtenvertretungen wurde nicht über die bisherigen Bestimmungen hinaus erweitert. Diese basierten immer noch im Wesentlichen auf **allgemeinen Verwaltungsvorschriften**; die auch damals bekannte Rechtsprechung des Europäischen Gerichtshofs,[18] dass Verwaltungsvorschriften zur Umsetzung von Richt-

---

13 Kohte in: FS Birk, S. 417, 429 f.; ders. WSI-Mitteilungen 2015, 170 ff. **14** Dazu Kohte BG 2010, 384. **15** SLIC-Bericht, 2006, S. 16. **16** Kohte in: FS Birk, S. 417, 431; ders. BG 2010, 384 (385); siehe auch BT-Ausschuss-Drs. 17(11)1152, 57. **17** Zu den Problemen der hessischen Praxis BVerwG 27.11.2012 – 6 PB 12/12, ZfPR 2014, 2; dazu Alles, jurisPR-ArbR 11/2013 Anm. 6 mit Kritik an nicht hinreichender unionsrechtskonformer Auslegung in allen Instanzen. **18** Langenfeld EuZW 1991, 622 zu EuGH 28.2.1991 – C-131/88, EuZW 1991, 405; vgl. BFK Rn. 176 ff.

linien nicht ausreichen (→ ArbSchG § 24 Rn. 5, 10), wurde nicht zum Anlass einer generellen verwaltungsrechtlichen Modernisierung genommen.

Im Mutterschutz- und Jugendarbeitsschutzrecht erfolgte lange keine Modernisierung der Vollzugsvorschriften. Mit der Neuregelung des Mutterschutzes im Mai 2017 werden in § 29 MuSchG nF den nach Landesrecht zuständigen Behörden die Befugnisse des § 22 Abs. 2 und 3 ArbSchG eingeräumt.[19]

III. Überwachung und Beratung – Allgemeine Grundlagen

10 **1. Übersicht.** Die Überwachung des Arbeitsschutzes nach dem Arbeitsschutzgesetz und den aufgrund des Arbeitsschutzgesetzes erlassenen Rechtsverordnungen ist staatliche Aufgabe. Damit die Behörden und die von ihnen Beauftragten die Überwachung wahrnehmen können, erhalten sie in § 22 ArbSchG detaillierte Befugnisse. So ist gewährleistet, dass **alle Behörden**, die mit der Überwachung beauftragt sind, die **gleichen Befugnisse und Rechte** erhalten. Zugleich wird davon ausgegangen wie in § 21 Abs. 3 S. 2 Nr. 1 ArbSchG festgelegt, dass die Wahrnehmung der Überwachung mit der Beratung der Betriebe verknüpft wird.

11 Die zuständigen Behörden haben den Auftrag, die Durchführung des Arbeitsschutzgesetzes und seiner Verordnungen zu überwachen. Damit sie dies tun können, haben sie die Befugnisse
- erforderliche Auskünfte und Überlassen von Unterlagen zu verlangen,
- Betriebsstätten, Geschäfts- und Betriebsräume zu betreten, zu besichtigen und zu prüfen,
- Einsicht in geschäftliche Unterlagen zu nehmen,
- Betriebsmittel, Arbeitsmittel und persönliche Schutzausrüstung zu prüfen,
- Arbeitsverfahren und Arbeitsabläufe zu untersuchen,
- Messungen vorzunehmen,
- Unfälle, arbeitsbedingte Erkrankungen und Schadensfälle zu untersuchen,
- arbeitsbedingte Gesundheitsgefahren festzustellen.

Bei der Auswahl der Maßnahme hat die zuständige Behörde zu prüfen, welche im Einzelfall zum Erfüllen der Überwachungsaufgabe geeignet und erforderlich ist. Die gewählte Maßnahme muss auf das notwendige Maß beschränkt sein[20] und dem Grundsatz der Verhältnismäßigkeit entsprechen.

12 **2. Beauftragte der Behörde.** Ein Zutrittsrecht erhalten die mit der Überwachung beauftragten Personen der zuständigen Behörde. Tätig für die staatliche Behörde werden von ihr Beauftragte. Dies sind zum einen die speziell ausgebildeten **Gewerbeaufsichtsbeamten und -beamtinnen**. Daneben hat die Behörde aber auch die Möglichkeit, **andere Beschäftigte** mit Überwachungsaufgaben nach dem Arbeitsschutzgesetz und den darauf basierenden Rechtsverordnungen zu beauftragen. Alle mit der Aufgabe beauftragten Personen, die also zB im Geschäftsverteilungsplan oder auf dienstliche Weisung der Behördenleitung tätig sind, haben dann für die Durchführung ihrer Überwachungsaufgabe die gleichen Rechte und Befugnisse. Weiter können im Einzelfall auch **Sachverständige im Auftrag der Behörde** tätig werden, die aufgrund ihrer besonderen Kenntnisse hinzugezogen werden.[21] Sie werden als **Beliehene** tätig, also als Helfer der Behörde. Der Arbeitgeber oder verantwortliche Personen haben nicht die Möglichkeit, dies durch Widerspruch oder Klage anzufechten; das Gesetz sieht hier kein Rechtsmittel vor.

13 **3. Mitwirkungs- und Duldungspflichten des Arbeitgebers.** Der Arbeitgeber oder die verantwortliche Person müssen das Betreten und Besichtigen des Betriebs durch die Behörde **dulden**, ebenso das Durchführen von Prüfungen, Untersuchungen und Messungen im Rahmen der Überwachungstätigkeit. Das Betreten und Besichtigen der Betriebs-

---

19 Gesetz zur Neuregelung des Mutterschutzrechts vom 23.5.2017, BGBl. I, 1228, Inkrafttreten am 1.1.2018. **20** HessVGH 29.11.1982 – VIII OE 44/82, GewArch 1983, 199. **21** Kollmer/Klindt/Schucht/Kunz ArbSchG § 22 Rn. 33.

stätte durch Beauftragte der Behörde ist jederzeit während der Betriebszeit möglich. Der Arbeitgeber kann es nicht verwehren, es stellt keinen Eingriff in den Betriebsablauf dar. Der Arbeitgeber kann jedoch darum bitten, die Überprüfung zu verschieben, wenn ihm unter Abwägung aller Umstände aus schwerwiegenden Gründen nicht zuzumuten ist, gerade jetzt eine bestimmte Kontrollmaßnahme zu dulden. Dies kann zB der Fall sein, wenn wichtige Geschäftstermine anstehen. Dieser Bitte des Arbeitgebers wird, sofern nichts anderes geboten ist, durch die Behördenvertreter üblicherweise entsprochen. Bei weitergehenden Überprüfungen insbesondere bei Störungen des Betriebsablaufes ist eine Versagung durch den Arbeitgeber in begründeten Fällen möglich. Denkbar ist zB der Fall, dass auf Wunsch der Behörde eine bestimmte Anlage ohne Anhaltspunkte für eine Gefährdung zur Prüfung abgeschaltet werden soll, ein Großauftrag dadurch aber nicht fristgerecht abgearbeitet werden könnte und so eine Vertragsstrafe drohe. In diesem Fall wäre eine sofortige Prüfung unverhältnismäßig und auf einen späteren Zeitpunkt zu verlegen.[22]

Der Arbeitgeber muss die Behörde bei der Wahrnehmung ihrer Befugnisse **aktiv unterstützen**. Dazu gehören alle Maßnahmen, die der Behörde ihre Überwachung ermöglichen oder erleichtern, wie zB einen Besprechungsraum zur Verfügung zu stellen. Weiter gehören dazu auch Mitwirkungspflichten, wie zB Auskünfte und Unterlagen zur Verfügung zu stellen oder auch das Aufsperren verschlossener Türen.[23] Sollten der Arbeitgeber oder die verantwortliche Person zu Sachverhalten keine Auskunft geben können, sind sie gehalten, fachkundiges Personal zu befragen oder hinzuzuziehen. Dabei ist die Verhältnismäßigkeit zu beachten.[24] 14

Die Behörde hat das Recht, bei der Besichtigung eine **Begleitung** zu verlangen. Dies kann der Arbeitgeber, eine verantwortliche Person oder auch eine mit der Aufgabe der Begleitung explizit beauftragte Person sein. Letztere sollte eine Person sein, die umfassend Auskunft geben kann, im Zweifelsfall sollte sie vom Arbeitgeber ausdrücklich damit beauftragt werden. Die Behörde kann keine bestimmte Begleitung verlangen.[25] 15

Arbeitgeber sind weiter verpflichtet, den **Betriebs- bzw. Personalrat bei Besichtigungen durch die Aufsichtsbehörde zu beteiligen**. Ebenso hat der Arbeitgeber den Betriebsrat bei allen im Zusammenhang mit dem betrieblichen Arbeitsschutz stehenden Besichtigungen und Fragen hinzuzuziehen und ihm unverzüglich die den Arbeitsschutz, die Unfallverhütung und den betrieblichen Umweltschutz betreffenden Auflagen und Anordnungen der zuständigen Stellen mitzuteilen (→ BetrVG § 89 Rn. 14). Nach Art. 11 Abs. 6 S. 2 RL 89/391/EWG ist die Beteiligung der Arbeitnehmervertreter an den Ermittlungen und Besichtigungen zwingend vorgeschrieben. Laut § 89 Abs. 2 BetrVG sind auch die Aufsichtsbehörden verpflichtet sofern nicht Gefahr im Verzug vorliegt, den Betriebsrat oder die von ihm bestimmten Mitglieder des Betriebsrats bei allen im Zusammenhang mit dem Arbeitsschutz oder der Unfallverhütung stehenden Besichtigungen und Fragen und bei Unfalluntersuchungen hinzuzuziehen. Das bedeutet, dass vor Beginn der Besichtigung auch von den Behördenvertretern auf die Beteiligung der Arbeitnehmervertreter hingewiesen wird (→ BetrVG § 89 Rn. 15). Bereits bei der Ankündigung von Besichtigungen und Überprüfungen ist von Seiten der staatlichen Aufsicht auf die Beteiligung der Arbeitnehmervertretung hinzuweisen. Die verpflichtende Zusammenarbeit der staatlichen Aufsicht mit Betriebs- und Personalräten durch die Beteiligung an Besichtigungen ist ausdrücklich in der Veröffentlichung 1 des LASI „Überwachungs- und Beratungstätigkeit der Arbeitsschutzbehörden der Länder – Grundsätze und Standards" formuliert.[26] 16

---

22 Kollmer/Klindt/Schucht/Kunz ArbSchG § 22 Rn. 48. **23** BVerwG 5.11.1987 – 3 C 52/85, NJW 1988, 1278 (zum Betretungsrecht nach dem Lebensmittelrecht). **24** Kollmer/Klindt/Schucht/Kunz ArbSchG § 22 Rn. 49. **25** Kollmer/Klindt/Schucht/Kunz ArbSchG § 22 Rn. 50. **26** Veröffentlichung des Länderausschusses für Arbeitsschutz und Sicherheitstechnik, Überwachungs- und Beratungstätigkeit der Arbeitsschutzbehörden der Länder – Grundsätze und Standards, LV 1, Dezember 2016, 3.6.1. Zusammenarbeit mit Betriebs- und Personalräten.

IV. Befugnisse

17 **1. Auskunftsrecht. a) Auskunftspflichtige Personen.** Der Arbeitgeber trägt die Verantwortung für den Arbeits- und Gesundheitsschutz seiner Beschäftigten. Damit ist der **Arbeitgeber** der **erste Ansprechpartner**, wenn die zuständige Behörde Auskünfte verlangt. Weiter kann die Behörde ausdrücklich von verantwortlichen Personen Auskünfte verlangen, also den Personen, die nach § 13 ArbSchG aufgrund ihrer Funktion oder einer Beauftragung Verantwortung im Unternehmen tragen.[27] Die in § 13 ArbSchG genannten Personen sind zB der gesetzliche Vertreter des Arbeitgebers oder Personen, die mit der Leitung eines Unternehmens oder eines Betriebes beauftragt sind. Es können aber auch andere Personen sein, die sich gegenüber der Behörde als verantwortlich zeigen.[28]

18 **Nicht auskunftspflichtig** sind dagegen die Fachkraft für Arbeitssicherheit, der Betriebsarzt, sonstige betriebliche Aufsichtsorgane, Betriebs- und Personalräte sowie Beschäftigte,[29] wenn sie keine Funktion im Unternehmen wahrnehmen oder nicht im Einzelfall mit der Auskunft beauftragt sind. Sie können ggf. als Zeugen im Rahmen eines Verwaltungsverfahrens vernommen werden. Doch sind sie nach § 26 Abs. 3 VwVfG nicht zur Aussage verpflichtet, es sei denn, dies ist in besonderen Vorschriften vorgesehen.[30] Beschäftigte können im Rahmen einer Besichtigung auch freiwillig Auskünfte geben. Die Behördenvertreter werden im Allgemeinen bei Besichtigungen und Überprüfungen Beschäftigte befragen, um einen umfassenden Eindruck zur aktuellen Arbeitsschutzsituation zu erhalten. Dies erfolgt in Anwesenheit des Arbeitgebers oder einer von ihm beauftragten Person. Hiervon zu unterscheiden sind die Fälle, in denen sich ein Beschäftigter aktiv an die Behörde wendet (→ ArbSchG §§ 15–17 Rn. 24 ff.). Wenn die Aufsichtsbehörde im Rahmen der Amtsermittlung Beschäftigte nach § 20 VwVfG hört, so sind sie, sofern sie nicht leichtfertig falsche Auskünfte geben, nach der Rechtsprechung des Bundesverfassungsgerichts[31] auf jeden Fall vor Sanktionen zu schützen. Aus diesem Grund erstreckt sich die Verschwiegenheitspflicht der Aufsichtsbehörden regelmäßig auch auf die Identität der jeweiligen Beschwerdeführer (→ ArbSchG § 21 Rn. 13, ArbSchG § 23 Rn. 15).[32] So hat das zuständige Ministerium in NRW 2011 als Konsequenz aus dem Envio-Vorfall ein einheitliches **Beschwerdemanagement** eingeführt, durch das die Aufsichtsbehörden in NRW einheitliche Vorgaben für die Bearbeitung von Arbeitnehmerbeschwerden haben. Zentraler Punkt ist dabei, dass die **Anonymität der Beschwerdeführer** gewahrt wird.[33]

Betriebs- und Personalräte haben zwar keine Auskunftspflicht nach dem ArbSchG, wohl aber die Verpflichtung nach § 89 BetrVG bzw. § 81 BPersVG, die staatliche Aufsicht bei der Bekämpfung von Unfall- und Gesundheitsgefahren durch Anregung, Beratung und Auskunft zu unterstützen.

19 Nicht in jedem Fall sind der zuständigen Behörde der Arbeitgeber oder die verantwortlichen Personen bekannt. Wenn die **angetroffene Person** nicht Arbeitgeber oder eine andere verantwortliche Person ist, kann von einer weiteren Person Auskunft verlangt werden, die gegenüber dem Behördenvertreter als verantwortliche Person auftritt, denn wenn die zuständige Behörde die Betriebsstätte auch in Abwesenheit des Arbeitgebers oder der verantwortlichen Person betreten, besichtigen und prüfen darf, muss ihr erst recht das mildere Mittel des Auskunftsverlangens zur Verfügung stehen.[34]

20 **b) Auskünfte.** Die zuständige Behörde kann alle Auskünfte verlangen, die zur Erfüllung des Überwachungsauftrags erforderlich sind. Diese Befugnis orientiert sich an der

---

27 LR/Kollmer ArbSchG § 22 Rn. 9. **28** VGH München 26.5.2017 – 22 ZB 17.733, jurisPR-ArbR 37/2017, Anm. 5. **29** Nöthlichs ArbSchG § 22 Rn. 2.2.2. **30** Näher Kopp/Ramsauer VwVfG § 26 Rn. 45 ff. **31** BVerfG 2.7.2001 – 1 BvR 2049/00, NZA 2001, 888 zur rechtsstaatswidrigen Kündigung nach berechtigter Strafanzeige; vgl. Münch/ArbR/Kohte § 292 Rn. 71. **32** Wlotzke in: FS Hilger und Stumpf, 1983, S. 723, 751; Stelkens/Bonk/Sachs/Kallerhoff VwVfG § 26 Rn. 78; vgl. AG Münster 17.12.2012 – 13 Owi 271/12 (b); VG Ansbach GewArch 1979, 20. **33** Abschlussbericht der Landesregierung vom 30.4.2012 zu den Konsequenzen aus der PCB-Problematik im Bereich des Dortmunder Hafens, S. 11. **34** Kollmer/Klindt/Schucht/Kunz ArbSchG § 22 Rn. 12.

Zielsetzung des Gesetzes, Sicherheit und Gesundheitsschutz der Beschäftigten zu sichern und zu verbessern (§ 1 Abs. 1 ArbSchG). Eine Form ist für das Auskunftsverlangen sowie das Erteilen der Auskunft nicht vorgeschrieben; es kann mündlich oder schriftlich erfolgen. Die Auskünfte können allgemeiner Art sein wie Anzahl der Beschäftigten, die zuständige Berufsgenossenschaft usw, aber auch gezielte Einzelfragen zur Ermittlung arbeitsschutzrechtlicher Sachverhalte sein.[35] Weiter umfasst die Auskunftspflicht die Verpflichtung, **Unterlagen** wie Abschriften, Auszüge oder Zusammenstellungen **vorzulegen**.[36] So hat die zuständige Behörde die Möglichkeit, sich schon durch Auskünfte und Unterlagen ein **umfassendes Bild über die Arbeits- und Gesundheitsschutzsituation** im Unternehmen zu machen. Ein Verdacht oder Anhaltspunkt für das Auskunftsverlangen nicht erforderlich. In der Regel wird die Behörde während einer Besichtigung mündlich Auskunft verlangen. Doch kann dies auch ohne Zusammenhang mit einer Besichtigung geschehen. In jedem Fall muss die Auskunft im Rahmen der Überwachungstätigkeit erforderlich sein und darf nicht lediglich den Zweck haben, die behördliche Aufsicht zu erleichtern.[37] Eine fortlaufende Unterrichtung darf nicht verlangt werden.[38]

Wichtig ist, dass die Auskunft dem Überwachungsauftrag dient. Daher ist beim Auskunftsverlangen der Grundsatz der **Verhältnismäßigkeit** anzuwenden: 21

- die Auskünfte sind geeignet, dem Auftrag gerecht zu werden (Prinzip der Geeignetheit des Mittels);
- sie sind erforderlich, dh nicht anders, weniger belastend erreichbar (Prinzip des geringstmöglichen Eingriffs);
- sie haben ein angemessenes Verhältnis zwischen Mittel und Zweck, dh das Mittel dient dem gewünschten Ziel und führt nicht zu unverhältnismäßig großen Nachteilen (Grundsatz der Verhältnismäßigkeit im engeren Sinn → Rn. 64 ff.).[39]

In der Praxis werden Auskunftsverlangen, insbesondere wenn sie im Rahmen einer Besichtigung als Bitte formuliert werden, als **schlichtes Verwaltungshandeln** und nicht als Verwaltungsakt angesehen. Wenn für den Arbeitgeber erkennbar ist, dass das Verweigern der verlangten Auskünfte zunächst keine Konsequenzen hat, ist das Auskunftsersuchen schlichtes Verwaltungshandeln. Im Regelfall wird dem Auskunftsverlangen der zuständigen Behörde nachgekommen. Im Weigerungsfall kann ebenso wie bei der Duldungsanordnung[40] (→ Rn. 35) eine Auskunftsanordnung ergehen, die als **Verwaltungsakt** zu qualifizieren ist, weil es sich um die Verfügung einer Behörde handelt, durch die im Einzelfall von einem Dritten die Umsetzung einer gesetzlichen Pflicht gefordert wird (→ Rn. 46).[41] Beim Auskunftsverlangen durch Verwaltungsakt ist der Hinweis auf das Auskunftsverweigerungsrecht erforderlich. 22

c) Auskunftsverweigerungsrecht. Der Gesetzgeber räumt der auskunftspflichtigen Person in § 22 Abs. 1 S. 2 ArbSchG ein Auskunftsverweigerungsrecht ein, wenn sie sich oder einer ihrer Angehörigen durch eine Auskunft oder die Vorlage von Unterlagen der Gefahr einer Verfolgung wegen einer Straftat oder einer Ordnungswidrigkeit aussetzen würde. Dieses gilt nicht nur für Straftaten und Ordnungswidrigkeiten nach dem **ArbSchG** und seiner Verordnungen, sondern auch bei Verstößen in **anderen Rechtsbereichen,** wie zB im Immissionsschutzrecht. Recht auf den Schutz im Rahmen des Auskunftsverweigerungsrechtes haben die auskunftspflichtige Person und ihre Angehörigen. Dazu gehören nach § 383 Abs. 1 Nr. 1–3 ZPO nahe **Angehörige** wie zB Verlobte, Ehegatten, auch wenn die Ehe nicht mehr besteht, eingetragene Lebenspartner und durch Adoption gebundene Personen. Doch der Kreis umfasst auch (Schwieger-)Kinder und Eltern und noch weitere Personen, wie zB die Ehefrau des Vetters und die Großtante. 23

---

35 Kollmer/Klindt/Schucht/Kunz ArbSchG § 22 Rn. 6. **36** Nöthlichs ArbSchG § 22 Rn. 2.2.2. **37** BVerwG 5.11.1987 – 3 C 52/85, DVBl. 1988, 440 = NJW 1988, 1278. **38** OVG Berlin 18.3.1982 – 2 B 24.79, GewArch 1982, 279. **39** Kollmer/Klindt/Schucht/Kunz ArbSchG § 22 Rn. 7. **40** Kollmer/Klindt/Schucht/Kunz ArbSchG § 22 Rn. 51. **41** Kollmer/Klindt/Schucht/Kunz ArbSchG § 22 Rn. 10; vgl. zum Arbeitszeitrecht: Anzinger/Koberski ArbZG § 17 Rn. 19 a; Neumann/Biebl ArbZG § 17 Rn. 3.

24 Die Behörde hat den Auskunftspflichtigen auf das Auskunfts- und Vorlageverweigerungsrecht hinzuweisen, wenn die Gefahr einer Verfolgung droht. Dies ist der Fall, wenn es **Anhaltspunkte** für das Vorliegen einer Straftat oder Ordnungswidrigkeit gibt, also ein Bußgeldverfahren eingeleitet werden soll (→ ArbSchG Vor § 25 Rn. 7). Wird das Auskunftsverlangen oder das Überlassen von Unterlagen durch einen Verwaltungsakt angeordnet, ist immer der Hinweis auf das Auskunftsverweigerungsrecht aufzunehmen.

25 Das Recht auf Auskunftsverweigerung nach dem ArbSchG umfasst einmal das aktive Verweigern von Auskünften. Weiter umfasst es auch das Überlassen von Unterlagen. **Nicht verweigert** werden können Auskünfte und Unterlagen in vier Fällen:
   1. Unterlagen, zu deren Führung der Adressat verpflichtet ist,[42]
   2. wenn bei einer Prüfung in anderen (Fach-)Gesetzen das Recht der Behörde auf Auskünfte und Unterlagen verlangt werden kann (Pflicht zur Herausgabe),
   3. bei einer Beschlagnahme nach dem OWiG oder auch
   4. bei einer Einsichtnahme nach § 22 Abs. 2 ArbSchG.

26 **2. Einsicht in Unterlagen bzw. Herausgabe von Unterlagen.** § 22 Abs. 2 S. 1 ArbSchG gewährt den mit der Überwachung beauftragten Personen das Recht der Einsichtnahme in geschäftliche Unterlagen.[43] Dazu gehören zB die **Dokumentation nach § 6 ArbSchG, die Berichte der Fachkräfte für Arbeitssicherheit,** aber auch andere relevante Informationen über die Arbeitsbedingungen und die Arbeitsumgebung.[44] § 22 Abs. 2 ArbSchG enthält keinen Verweis auf das Auskunftsverweigerungsrecht des Abs. 1. Eine Einsichtnahme darf also **nicht verwehrt** werden, wohl aber das Überlassen. Diese Unterscheidung beruht auf dem Rechtsstaatsprinzip: Die Behörde soll in die Lage versetzt werden, zum Schutz der Beschäftigten und Dritter die Unternehmen und Betriebe bezüglich der Durchführung des Arbeits- und Gesundheitsschutzes zu überwachen; dazu benötigt sie die Befugnis, Unterlagen einzusehen, sie erhält das Recht zu suchen. Auf der anderen Seite soll die auskunftspflichtige Person die Möglichkeit erhalten, sich selbst oder ihre Angehörigen nicht zu belasten; sie ist also nicht in jedem Fall zur Mithilfe verpflichtet.[45] Werden von Seiten der Behörde Verstöße festgestellt und die Unterlagen nicht freiwillig überlassen, bleibt das Mittel der Beschlagnahme nach dem Ordnungswidrigkeitengesetz iVm der StPO.

27 Das **Auskunftsverweigerungsrecht** ist **auf einzelne Fragen** oder Unterlagen beschränkt. Damit bleibt der Aufsichtsbehörde die Möglichkeit, ihrer Überwachungstätigkeit trotzdem nachzukommen. Weiter ist die Aufsichtsbehörde im Rahmen von § 22 Abs. 2 ArbSchG nicht verpflichtet, auf das Aussageverweigerungsrecht hinzuweisen.[46] Der fehlende Hinweis führt insoweit also nicht zu einem Verwertungsverbot der gewonnenen Erkenntnisse.[47]

28 **3. Betretungs- und Besichtigungsrechte.** Neben dem Recht auf Auskünfte und Überlassen von oder Einsicht in Unterlagen hat die Behörde nach Abs. 2 ein Betretungs- und Besichtigungsrecht von Betriebsstätten, Geschäfts- und Betriebsräumen. Damit ist sie in der Lage, vor Ort den betrieblichen Arbeits- und Gesundheitsschutz zu überprüfen. Als **Betriebsstätte, Geschäfts- und Betriebsräume** gelten alle Bereiche mit einem Bezug zur geschäftlichen Tätigkeit. Dies sind die in § 2 ArbStättV definierten Arbeitsstätten, wobei die Aufzählung nicht abschließend ist. Zu Arbeitsstätten zählen zB Arbeitsplätze in Gebäuden und im Freien, Verkehrswege, Pausen- und Ruheräume, Lagerräume, Umkleide- und Toilettenräume (→ ArbStättV Rn. 37).

29 Alle Bereiche der Betriebsstätten können während der **Betriebs- und Arbeitszeit** betreten und besichtigt werden. Dieses umfasst alle Zeiten, in denen im Betrieb Arbeiten durchgeführt werden. Das sind einmal Zeiten, in denen Beschäftigte in der Produktion oder bei der Erbringung der Dienstleistung tätig sind, aber auch Zeiten, in denen der

---

42 BVerwG 9.8.1983 – 1 C 7/82, GewArch 1984, 120. **43** Dazu KJP/Koll ArbSchG § 22 Rn. 14.
44 KJP/Koll ArbSchG § 22 Rn. 12. **45** Kollmer/Klindt/Schucht/Kunz ArbSchG § 22 Rn. 25.
46 BayObLG 11.10.1968 – BWReg 4b St 14/68, GewArch 1969, 41. **47** Kollmer/Klindt/Schucht/Kunz ArbSchG § 22 Rn. 26.

Betrieb vollautomatisch läuft. Weiter fallen Zeiten darunter, in denen zB Wartungen, Reparaturen und Reinigungsarbeiten durchgeführt werden. Betriebszeiten sind weitreichender als Arbeitszeiten, die sich an der täglichen Arbeitszeit einzelner Personen orientieren. Die Beauftragten der Behörde haben folglich immer ein Zutrittsrecht, wenn es Anhaltspunkte für die Beschäftigung von Arbeitnehmern oder den tatsächlichen Betrieb gibt (→ ASiG § 13 Rn. 17).[48] Diese Anhaltspunkte können zB Personen in Arbeitskleidung auf dem Betriebsgelände sein oder das Wahrnehmen von Arbeitslärm. Eine Zustimmung des Arbeitgebers oder das Vorliegen einer Gefahr ist nicht Voraussetzung, um das Zutrittsrecht wahrzunehmen. Stellen die Behördenvertreter bei der Besichtigung fest, dass im Betrieb keine Person beschäftigt ist, so entfällt die Geltung des Arbeitsschutzgesetzes und die Besichtigung ist abzubrechen, wenn nicht andere Fachgesetze eine Befugnis begründen (zB im Rechtsbereich der überwachungsbedürftigen Anlagen oder im Strahlenschutz). Zu gewährende Pausenzeiten oder Abwesenheiten von Beschäftigten unterbrechen die Betriebszeiten nicht.[49] Ruht der Betrieb und wird nur durch Personen bewacht, so kann der Betrieb selbst nicht betreten und besichtigt werden, wohl aber kann eine Überprüfung des Arbeits- und Gesundheitsschutzes für das Bewachungspersonal erfolgen.

Außerhalb der Betriebszeit darf die Betriebsstätte nur betreten und es dürfen nur Prüfungen und Untersuchungen durchgeführt werden, wenn der Arbeitgeber dies erlaubt oder Maßnahmen zur Verhütung dringender Gefahren für die öffentliche Sicherheit und Ordnung zu treffen sind. Die Erlaubnis des Arbeitgebers muss persönlich, ausdrücklich und freiwillig erfolgen in dem Wissen, dass er das Betreten und Besichtigen zu dieser Zeit nicht dulden muss.[50] Die öffentliche Sicherheit und Ordnung umfasst grundlegende Rechtsgüter wie zB die Unversehrtheit des Lebens und der Gesundheit sowie den Schutz der Rechtsordnung, zu der auch das ArbSchG und seine Verordnungen gehören. Für das Recht der Behörde, Betriebsstätten außerhalb der Betriebszeiten zu betreten, reicht der Verdacht eines zurückliegenden Verstoßes nicht. Vielmehr beinhaltet der Begriff der dringenden Gefahr für die öffentliche Sicherheit und Ordnung, dass Leben und Gesundheit der Beschäftigten konkret gefährdet sind, also ein sofortiges Handeln der Behörde erforderlich ist, um die Gefahr zu beseitigen oder sie zu verhindern. Nach allgemeiner Auffassung reicht die Vermutung dieser Gefahr, wenn dies unter Würdigung der Umstände objektiv gerechtfertigt ist. Allerdings ist, wenn sich die Vermutung nicht bestätigt, die Besichtigung abzubrechen.[51]

Das Recht der Behörde, **Betriebsstätten zu betreten** und zu besichtigen, stellt aus der Sicht des Bundesverfassungsgerichts **keinen Eingriff im Sinne des Art. 13 GG** dar.[52] Es würde dem grundgesetzlichen Recht der Beschäftigten auf Schutz von Leben und Gesundheit widersprechen, wenn eine Überprüfung ihrer Arbeitsbedingungen nicht möglich wäre. Wenn sich Arbeitsstätten allerdings in Wohnungen befinden, dürfen sie nur mit Erlaubnis des Arbeitgebers oder zum Verhüten einer dringenden Gefahr für die öffentliche Sicherheit und Ordnung betreten und besichtigt werden; Art. 13 GG, also der **Schutz der Wohnung als Privatsphäre**, wird insoweit eingeschränkt (→ ASiG § 13 Rn. 18). Gemischt genutzte Räumlichkeiten gelten als Wohnungen – hier überwiegt der Schutzgedanke des Art. 13 GG. Arbeitsräume werden dagegen nicht zu Wohnungen, wenn sie gelegentlich als Wohnräume genutzt werden.[53]

Das Betretungs- und Besichtigungsrecht darf nur zur Durchführung des Überwachungsauftrages wahrgenommen werden. Die Besichtigung muss also im Einzelfall erforderlich sein (Abs. 2 S. 1). Dies bedeutet, dass die Behörde im Zweifelsfall nachvollziehbar darlegen muss, warum das Besichtigen und Betreten in dem verlangten Umfang in diesem Fall erforderlich ist.[54] Die wirksame Überwachung setzt keinen konkreten Verdacht voraus.[55] Neben der **anlassbezogenen Überprüfung** kann auch eine **turnus-**

---

48 Vgl. zu §§ 13, 20 ASiG OLG Hamm 6.5.2008 – 3 Ss Owi 277/08. **49** LR/Kahl GewO § 139b Rn. 38. **50** Kollmer/Klindt/Schucht/Kunz ArbSchG § 22 Rn. 36. **51** Kollmer/Klindt/Schucht/Kunz ArbSchG § 22 Rn. 38. **52** BVerfG 13.10.1971 – 1 BvR 280/66, BVerfGE 32, 54 (75 ff.). **53** LR/Kollmer ArbSchG § 22 Rn. 23. **54** Kollmer/Klindt/Schucht/Kunz ArbSchG § 22 Rn. 28. **55** BVerwG 5.11.1987 – 3 C 52/85, DVBl 1988, 440.

mäßige **Überprüfung** von der Behörde durchgeführt werden (→ ArbSchG § 21 Rn. 11 ff.). Die schlichte Ausübung des Betretungs- und Besichtigungsrechtes ist keine Durchsuchung iSv §§ 102 ff. StPO.[56]

33 Eine Anmeldung im Voraus oder sogar eine **Terminvereinbarung** ist für die Behörde nicht erforderlich. Es ist ausreichend, wenn der Aufsichtsbeamte die beabsichtigte Prüfung und Besichtigung unmittelbar bei Erscheinen im Unternehmen anmeldet.[57] Die vorherige Terminvereinbarung ist üblich, wenn die Anwesenheit bestimmter Ansprechpartner im Unternehmen erforderlich oder gewünscht ist, um umfassend alle für die Beurteilung der Arbeitsschutzsituation erforderlichen Informationen und Auskünfte zu erhalten.

34 Das Zutrittsrecht besteht auch, wenn der **Arbeitgeber nicht anwesend** ist. Zur Überprüfung der betrieblichen Situation kann eine Besichtigung trotzdem durchgeführt werden, wenn eine andere verantwortliche oder betriebskundige Person anwesend ist.[58] Ist diese nicht anwesend und ist die Überprüfung nicht zwingend erforderlich, wird der Behördenvertreter im Allgemeinen auf die Besichtigung zu diesem Zeitpunkt verzichten.

35 Verweigert der Arbeitgeber das Zutrittsrecht, ist dies zwar rechtswidrig, kann aber nicht als Ordnungswidrigkeit nach § 25 ArbSchG geahndet werden. Die zuständige Behörde muss in diesem Fall zunächst durch eine **Verfügung** nach § 22 Abs. 3 S. 1 Nr. 1 ArbSchG – ggf. auch mündlich – anordnen, den Zutritt zu gewähren oder die Besichtigung zu dulden. Erst wenn der Arbeitgeber auch dieser **Anordnung** nicht nachkommt, kann die Behörde mit den Mitteln des Verwaltungszwanges entsprechend den Landesverwaltungsvollstreckungsgesetzen der Anordnung Nachdruck verleihen bis zur Anwendung des unmittelbaren Zwanges mit Vollzugshilfe der örtlich zuständigen Polizei. Daneben kann die Behörde ein Ordnungswidrigkeitenverfahren nach § 25 Abs. 1 Nr. 2 ArbSchG einleiten.

36 Werden Arbeitnehmer auf einem betriebsfremden Grundstück (zB einer Baustelle) tätig, so hat nach dem ArbSchG der Arbeitgeber den Zutritt zu gestatten, nicht aber der Eigentümer. In § 19 Abs. 2 S. 5 SGB VII wird den Aufsichtspersonen der Unfallversicherungsträger das Betreten von fremden Grundstücken ermöglicht, der Eigentümer hat es zu gestatten. Der Unfallversicherungsträger kann dieses Recht mit den Mitteln des Verwaltungszwangs durchsetzen.[59] Für die staatliche Behörde fehlt diese ausdrückliche Befugnis. Es ist allerdings kein Sachgrund erkennbar, diese Befugnis ausschließlich für die Unfallversicherungsträger vorzusehen; dies spricht dafür, eine solche Befugnis auch im Bereich des staatlichen Arbeitsschutzrechts anzuerkennen. So haben in analoger Anwendung des § 19 SGB VII staatliche Behörden das Recht **fremde Grundstücke** zu betreten, um ihrer Überwachungsaufgabe nachzukommen.[60] Da dieses Recht im SGB VII nicht bußgeldbewehrt ist, greift insoweit kein Analogieverbot ein.

37 **4. Weitere Befugnisse der Behörde.** Die zuständige Behörde wird in Abs. 2 mit differenzierten Befugnissen ausgestattet, die im Wesentlichen den übersichtlicher normierten **Befugnissen der Unfallversicherungsträger in § 19 Abs. 2 SGB VII** entsprechen. So hat sie das Recht,

- Betriebsanlagen, Arbeitsmittel und persönliche Schutzausrüstungen zu prüfen,
- Arbeitsverfahren und Arbeitsabläufe zu untersuchen,
- Messungen vorzunehmen,
- arbeitsbedingte Gesundheitsgefahren festzustellen und
- Ursachen von Arbeitsunfällen, arbeitsbedingten Erkrankungen oder Schadensfällen zu untersuchen.

---

56 LR/Kahl GewO § 139 b Rn. 37 mwN. **57** KG 16.4.1987 – 5 Ws (B) 91/87, GewArch 1987, 305; Veröffentlichung des Länderausschusses für Arbeitsschutz und Sicherheitstechnik, Überwachungs- und Beratungstätigkeit der Arbeitsschutzbehörden der Länder – Grundsätze und Standards, LV 1, Dezember 2016, 3.4 Mindestanforderungen an eine Besichtigung, www.lasi-info.com. **58** LR/Kahl GewO § 139 b Rn. 38 mwN. **59** Kater/Leube SGB VII § 19 Rn. 14; vgl. BT-Drs. 13/2204, 81. **60** Nöthlichs ArbSchG § 22 Rn. 2.3.1.

Diese Befugnisse darf sie zur Wahrnehmung ihrer Überwachungsaufgabe in Zusammenhang mit dem Zutrittsrecht während der Betriebs- und Arbeitszeiten ausüben. Auch hier ist ein konkreter Verdacht nicht erforderlich,[61] um die Rechte auszuüben. Der Arbeitgeber hat die Durchführung der Prüfungen zu dulden.

Die technologische Entwicklung schreitet heute so schnell voran, dass die staatlichen Aufsichtspersonen nicht immer in der Lage sind, sicherheitstechnische Probleme zu beurteilen. Hält die Behörde in diesem Fall ein **Sachverständigengutachten** für erforderlich, muss sie dieses von Amts wegen in Auftrag geben und die Kosten tragen. Wenn das Ergebnis des Gutachtens zu einer Anordnung nach § 22 Abs. 3 ArbSchG führt, können die Gutachterkosten als Auslagen im Verwaltungsverfahren zurückgefordert werden (zB § 10 GebG NRW).[62] Eine andere Möglichkeit ist, vom Arbeitgeber in der Gefährdungsbeurteilung nach § 5 ArbSchG die Beurteilung sowie die festgelegten Maßnahmen zu fordern – ggf. durch eine Anordnung nach § 22 Abs. 3 ArbSchG. Der Arbeitgeber muss dann beurteilen, ob ein Gutachten erforderlich ist, um das sicherheitstechnische Problem zu lösen. Dann wäre der Gutachter im Auftrag des Arbeitgebers tätig, der auch die Kosten zu tragen hat.[63] 38

Die Behörde ist befugt, **Proben zu nehmen**, wenn sie zB ein technisches Arbeitsmittel genauer prüfen will, was vor Ort nicht möglich ist. Die Untersuchungen werden entweder im Amt oder durch Dritte durchgeführt. Die Probe muss nach Beendigung der Prüfung zurückgegeben werden; sie bleibt Eigentum des Arbeitgebers. Wird die Probe bei der Prüfung beschädigt oder zerstört, muss die Behörde nicht Schadenersatz leisten. Jedoch sind die Anforderungen an die Erforderlichkeit umso größer, je größer der Schaden ist, den der Eigentümer der Probe durch die Prüfung erleiden kann.[64] Die Kosten der Prüfung trägt zunächst die Behörde, die die Prüfung in Auftrag gegeben hat. Wird aufgrund des Ergebnisses eine Anordnung nach § 22 Abs. 3 ArbSchG erlassen, so können die Kosten als Auslagen im Verwaltungsverfahren geltend gemacht werden (→ Rn. 49). 39

Für Schäden, die nicht notwendigerweise mit der Probenahme und Prüfung verbunden sind, haftet das jeweilige Bundesland entsprechend der privatrechtlichen Grundsätze der Forderungsverletzung nach §§ 280, 278 BGB.[65] Es kann auch eine Haftung wegen Amtspflichtverletzung nach Art. 34 GG iVm § 839 BGB in Betracht kommen. 40

V. Kooperation mit Beschäftigten sowie Betriebs- und Personalräten

Zur Effektivierung des Arbeitsschutzes ist die **Partizipation der Beschäftigten** ein wesentliches Element.[66] In Betrieben ohne Betriebsrat ist der Arbeitgeber gemäß § 81 Abs. 3 BetrVG verpflichtet, die Arbeitnehmer zu allen Maßnahmen zu hören, die sich auf ihre Sicherheit und Gesundheit auswirken können. Eine konkrete Pflicht der Arbeitsschutzbehörden zur Kooperation mit den Betriebs- und Personalräten ist im ArbSchG nicht geregelt; allerdings richten sich bestimmte Kooperationspflichten in § 89 Abs. 2 S. 1 BetrVG auch an die Aufsichtsbehörden (→ BetrVG § 89 Rn. 15).[67] In der LASI-Veröffentlichung 1 „Überwachungs- und Beratungstätigkeit der Arbeitsschutzbehörden der Länder – Grundsätze und Standards" ist dies für die Überwachungsbehörden verbindlich formuliert.[68] 41

Eine **Anhörung des Betriebsrates** vor Erlass einer Anordnung ist ausdrücklich **in § 12 Abs. 2 Nr. 1 ASiG** vorgesehen (→ ASiG § 12 Rn. 19 ff., → ASiG § 13 Rn. 13). Diese Regelung ist als **kooperatives Leitbild** für den Arbeitsschutz verallgemeinerbar, dem die Behörden gerecht werden, wenn sie die jeweilige Beschäftigtenvertretung (Betriebsrat, 42

---

61 Kollmer/Klindt/Schucht/Kunz ArbSchG § 22 Rn. 42. **62** Gebührengesetz für das Land Nordrhein-Westfalen (GebG NRW); Bekanntmachung der Neufassung vom 23.8.1999, SGV 2011. **63** Kollmer/Klindt/Schucht/Kunz ArbSchG § 22 Rn. 43. **64** Nöthlichs ArbSchG § 22 Rn. 2.6.1; Kollmer/Klindt/Schucht/Kunz ArbSchG § 22 Rn. 44. **65** Nöthlichs ArbSchG § 22 Rn. 2.6.1. **66** Münch/ArbR/Kohte § 290 Rn. 53. **67** Fitting BetrVG § 89 Rn. 26. **68** Veröffentlichung des Länderausschusses für Arbeitsschutz und Sicherheitstechnik, Überwachungs- und Beratungstätigkeit der Arbeitsschutzbehörden der Länder – Grundsätze und Standards, LV 1, Dezember 2016, 3.4 Mindestanforderungen an eine Besichtigung, www.lasi-info.com.

Personalrat oder Mitarbeitervertretung) hinzuziehen. Mit dem intensivierten Kooperationsgebot in § 89 BetrVG bzw. § 81 BPersVG haben die Arbeitsschutzbehörden den Betriebsrat bzw. Personalrat vor Erlass einer Einzelfallanordnung nach § 22 Abs. 3 S 1 ArbSchG hinzuziehen (→ Rn. 45; → BetrVG § 89 Rn. 15). Nur mit der Beteiligung und Anhörung der Beschäftigtenvertretung wird die Behörde der Sachverhaltsermittlung, die der Amtsermittlungsgrundsatz (§ 20 VwVfG) verlangt, mit den Maßstäben des Art. 11 Abs. 6 RL 89/391/EWG gerecht. Regelmäßig ist ihre Pflicht zur Hinzuziehung der Beschäftigtenvertretung erst dann erfüllt, wenn mindestens eine mündliche Anhörung stattgefunden hat. Ziel ist es, den Sachverhalt gemeinsam mit sich daraus ergebenden Handlungsrahmen zu ermitteln, damit die Beschäftigtenvertretung von Anfang an einbezogen ist und mit dem Arbeitgeber schnell Lösungen entwickeln kann.[69] Diese Verfahrensweise sichert die Funktion des Mitbestimmungsrechts nach § 87 Abs. 1 Nr. 7 BetrVG bzw. § 75 Abs. 3 Nr. 11 BPersVG. Im präventiven Arbeitsschutzrecht dient sie konkret dazu, auf betrieblicher Ebene konkretisierungsbedürftige Rahmenvorschriften auszufüllen.[70] Eine solche ausfüllungsbedürftige Rahmenvorschrift ist beispielsweise § 5 Abs. 1 ArbSchG. Sie eröffnet dem Arbeitgeber einen Handlungs- und somit einen Beurteilungsspielraum, weil sie keine zwingenden Vorgaben enthält, wie die Gefährdungsbeurteilung durchzuführen ist, soweit nicht in Rechtsverordnungen eindeutige Festlegungen erfolgt sind. Bei der Ausfüllung hat der Betriebsrat bzw. Personalrat mitzubestimmen, um im Interesse der betroffenen Beschäftigten eine möglichst effiziente Umsetzung des gesetzlichen Arbeitsschutzes im Betrieb zu erreichen.[71] Es geht um die Verhinderung von Sachlagen, die aufgrund von Erfahrungen und Einschätzungen als typische abstrakte Gefahrenlage identifiziert wurden. Dabei kann in wirkungsvoller Weise auf das Erfahrungswissen und das Engagement der Beschäftigten und ihrer Vertreter zurückgegriffen werden.[72]

43 Eine Beteiligung der Beschäftigtenvertretung im vorgenannten Sinne kann nach den allgemeinen Grundsätzen in § 28 Abs. 2 (Entfallen der Anhörung) und 3 (Unterbleiben der Anhörung) VwVfG entfallen. Dies kommt insbesondere für eine **Anordnung bei Gefahr im Verzug** in Betracht, wenn dem Maßnahmeerfolg nicht zu gefährden (§ 28 Abs. 2 Nr. 1 VwVfG). Gleiches gilt regelmäßig für die Gefahrenanordnung gemäß § 22 Abs. 3 S. 1 Nr. 2 ArbSchG. In diesen Fällen von der Beteiligung der Beschäftigtenvertretung abzusehen wird von der Funktion des Mitbestimmungsrechts im Arbeitsschutz getragen, es dient nicht dazu, konkrete, im Einzelfall entstandene Gefahrenlagen zu bewältigen.[73]

VI. Erlass des Verwaltungsaktes – Anordnungen (§ 22 Abs. 3 ArbSchG)

44 **1. Grundsätze.** Die zuständigen Behörden[74] werden nach § 22 Abs. 3 ArbSchG ermächtigt, **Maßnahmen im Einzelfall** anzuordnen. Diese Befugnis wird zu Recht als „Kern" ihrer Kompetenzen bezeichnet.[75] Die Behörden unterliegen dabei dem Amtsermittlungsgrundsatz, dh sie sind von Amts wegen verpflichtet, den einer Anordnung zugrunde liegenden Sachverhalt zu ermitteln. Hierzu können sie insbesondere ihre Auskunfts- und Besichtigungsrechte gemäß § 22 Abs. 1 und 2 ArbSchG ausüben. Wichtig zur Ermittlung des Sachverhaltes und der Handlungsspielräume in den Betrieben ist insbesondere die enge Kooperation mit den Arbeitnehmervertretern, wie sie bereits in → Rn. 41 ff. dargestellt wurde.

45 In der Praxis spielen die **Revisions- bzw. Besichtigungsschreiben** im Bereich der Generalanordnung (§ 22 Abs. 3 S. 1 Nr. 1 ArbSchG) eine bedeutende Rolle,[76] die dem Ar-

---

69 HaKo-BetrVG/Kohte BetrVG § 87 Rn. 11 mwN. **70** Münch/ArbR/Kohte § 290 Rn. 59. **71** BAG 12.8.2008 – 9 AZR 1117/06, NZA 2009, 102 = AP Nr. 29 zu § 618 BGB mAnm Kohte. **72** Münch/ArbR/Kohte § 290 Rn. 61; siehe HaKo-BetrVG/Kohte BetrVG § 87 Rn. 11 mwN auch zu den nicht allgemein übertragbaren Konstellationen des Atomrechts. **73** Münch/ArbR/Kohte § 290 Rn. 61; vgl. zur Reduktion des Mitbestimmungsrechts in Notfällen Fitting BetrVG § 87 Rn. 25; derselbe Faber, Grundpflichten, S. 380 Fn. 94. **74** Zur Zuständigkeit siehe § 21 Rn. 25. **75** LR/Kollmer ArbSchG § 22 Rn. 34. **76** Faber, Grundpflichten, S. 371, 400; vgl. LASI LV 1, 2016, Nr. 3.5.3, S. 36.

beitgeber nach einer Betriebsbesichtigung durch die Aufsichtsbehörde zugehen. Sie beinhalten die Ergebnisse der Betriebsbesichtigung, die beanstandeten Arbeitsschutzmängel und die Aufforderung an den Arbeitgeber, diese durch Arbeitsschutzmaßnahmen innerhalb einer gesetzten Frist zu beseitigen. Das Revisionsschreiben enthält keinen Verwaltungsakt und ist somit noch nicht unmittelbar verbindlich. Erst wenn die in ihm aufgenommene Frist oder eine erneut bestimmte Frist ergebnislos verstreicht, wird von der Aufsichtsbehörde regelmäßig eine rechtsförmliche Anordnung nach § 22 Abs. 3 ArbSchG erlassen.[77] In der Praxis wird überwiegend zunächst ein Revisionsschreiben verfasst, weil davon ausgegangen werden kann, dass bereits auf dieser Basis Verbesserungen des Arbeitsschutzes im Betrieb erfolgen.[78] Aus diesem Grund ist es geboten, dass bereits diese Schreiben dem **Betriebsrat vom Arbeitgeber nach § 89 BetrVG zur Kenntnis gegeben** werden (→ BetrVG § 89 Rn. 14),[79] weil die Umsetzung des Revisionsschreibens Rechte des Betriebsrats nach §§ 80, 87 Abs. 1 Nr. 7 BetrVG betrifft. Im Einzelfall kann die Arbeitsschutzbehörde ergänzend zu § 89 Abs. 5 BetrVG das Revisionsschreiben direkt dem Betriebsrat aushändigen.

Die Anordnungen nach § 22 Abs. 3 ArbSchG müssen **hinreichend bestimmt** sein (§ 37 Abs. 1 VwVfG). Erforderlich ist, dass der Adressat der Anordnung in die Lage versetzt wird zu erkennen, was von ihm gefordert wird, und dass die Anordnung eine geeignete Grundlage für ihre zwangsweise Durchsetzung bietet.[80] Diese Rechtmäßigkeitsanforderung ist im Arbeitsschutzrecht besonders zu beachten, da es auf nationaler Ebene überwiegend Sicherheits- und Schutzziele sowie allgemein gefasste Anforderungen festlegt, die grundsätzlich durch normative Standards konkretisiert werden. Wenn verschiedene Möglichkeiten bestehen, wie, also mit welchen konkreten Mitteln, der arbeitsschutzrechtlich konforme Zustand hergestellt werden kann, ist dies in der Anordnung zu berücksichtigen. Orientierungsmaßstab können dabei die von der Rechtsprechung[81] vor allem im Arbeits- und Umweltrecht herausgebildeten Fallgruppen sein. So kann das Ziel, aber nicht das konkrete Mittel verbindlich festgelegt werden, zB bei der Vorgabe, bestimmte Grenzwerte, Höchst- oder Mindesttemperaturen einzuhalten. Es ist auch möglich, dass das **Ziel verbindlich bestimmt** wird und zusätzlich darauf hingewiesen wird, dass die Beachtung bestimmter technischer Regeln besonders geeignet ist, das Ziel zu erreichen bzw. den gesicherten arbeitswissenschaftlichen Erkenntnissen zu entsprechen.[82] Besonders gut geeignet sind die **Regeln der Ausschüsse nach § 18 Abs. 2 Nr. 5 ArbSchG**.[83] Solche Erkenntnisse können sich auch aus den BG-Regeln (BGR) oder den BG-Informationen (BGI) bzw. DGUV-Informationen ergeben (→ ArbSchG §§ 18, 19 Rn. 49). 46

In der verwaltungsgerichtlichen Praxis sind zB Anordnungen akzeptiert worden, die sich auf **klare Anforderungen aus UVV** stützten, wie zB die Aufstellung von Absturzsicherungen.[84] Ebenso ist eine Anordnung als rechtmäßig qualifiziert worden, die die Pflicht zur Gefährdungsbeurteilung dadurch konkretisiert hat, dass für eine bestimmte Gefährdung durch Gefahrstoffe eine bestimmte Analysetiefe verlangt wird, indem ein Gutachten einzuholen und der Behörde vorzulegen ist.[85] Es gibt auch gute Gründe, die Rechtsprechung zum Arbeitszeitrecht, die gesetzeswiederholende Anordnungen akzep- 47

---

77 Münch/ArbR/Kothe § 290 Rn. 90. **78** Kollmer/Klindt/Schucht/Kunz ArbSchG § 22 Rn. 84; Mertens, Der Arbeitsschutz und seine Entwicklung, 1978?, S. 144 f. **79** LASI LV 59, 2017, S. 13; vgl. HaKo-BetrVG/Kothe BetrVG § 89 Rn. 49; Kothe in: FS Heilmann, S. 73, 82. **80** BVerwG 15.2.1990 – 4 C 41/87, BVerwGE 84, 335 (338). **81** BVerwG 26.1.1990 – 8 C 69/87, NVwZ 1990, 855 mwN; BVerwG 5.11.1968 – 1 C 29/67, BVerwGE 31, 15 (18); ebenso Kopp/Ramsauer, 18. Aufl. 201VwVfG § 37 Rn. 16. **82** Dazu BVerwG 22.4.1996 – 11 B 123/95, NVwZ-RR 1997, 278; Faber, Grundpflichten, S. 373 mwN. **83** VG Münster 28.2.2013 – 7 L 853/12 – ASR A 3.5 (Raumtemperaturen), dazu Kothe/Jarosch, jurisPR-ArbR 22/2014 Anm. 5. **84** VG Augsburg 27.7.2009 – Au 4 K 08.1846; VG München 19.3.2012 – M 16 K 11.5809; VGH München 26.5.2017 – 22 ZB 17.373; siehe dagegen zur Bestimmtheit von Anordnungen zur notwendigen Aufschlagrüstung von Notausgangstüren nach der ArbStättV VG Münster 30.6.2016 – 9 L 863/16; Parallelentscheidung VG Münster 22.6.2016 – 9 K 1985/15 mAnm Kothe, jurisPR-ArbR 28/2017 Anm. 6. **85** VG Frankfurt 13.5.2009 – 7 K 1462/08.F.

tiert,[86] zumindest für die Wiederholung hinreichend konkreter Anforderungen aus den Verordnungen zum ArbSchG aufzugreifen.

48 **2. Arten von Anordnungen und Prüfungsreihenfolge.** Drei Arten von Anordnungen lassen sich innerhalb dieser Vorschrift unterscheiden, die jeweils im Ermessen der Behörde stehen („kann", § 22 Abs. 3 S. 1, 3 ArbSchG). In der Praxis wird für sie auch der Begriff der **Ordnungsverfügung/Anordnung** verwendet:
- Generalanordnung (§ 22 Abs. 3 S. 1 Nr. 1 ArbSchG),
- Gefahrenanordnung (§ 22 Abs. 3 S. 1 Nr. 2 ArbSchG),
- Untersagungsanordnung (§ 22 Abs. 3 S. 3 ArbSchG).[87]

49 § 22 Abs. 3 S. 1 ArbSchG beginnt mit der ausdrücklich auf den Arbeitsschutz bezogenen Regelung und ermächtigt die zuständigen Behörden in Nr. 1 generell, Maßnahmen zur Einhaltung der gesetzlichen Arbeitsschutzvorschriften (ArbSchG und seiner Rechtsverordnungen) zu fordern (Generalanordnung). Nr. 2 regelt die Abwehr von Gefahren für Leben und Gesundheit der Beschäftigten, so dass die Gefahrenanordnung als alternative Ermächtigungsgrundlage neben Nr. 1 steht.[88] Im Gefahrenbereich ist sie stets vor Nr. 1 zu prüfen, weil sie auch nicht durch das Arbeitsschutzrecht erfasste Gefährdungslagen umfasst. Die Untersagungsanordnung setzt wiederum grundsätzlich eine wirksame Gefahren- oder Generalanordnung voraus, der der Adressat nicht nachgekommen ist, und stellt eine weitere Maßnahme des arbeitsschutzrechtlichen Vollzugs dar. Bei dem von § 22 Abs. 3 ArbSchG vorgesehenen gestuften Vorgehen der Arbeitsschutzbehörden ist die Untersagungsanordnung damit auf der zweiten Stufe angesiedelt. In jedem Fall kann, wenn einer Anordnung nicht entsprochen wird, diese mit der verwaltungsrechtlichen Vollstreckung durchgesetzt werden. Davon zu unterscheiden ist die Kostenfestsetzung, die durch gesonderten Verwaltungsakt erfolgt, dessen Inhalt durch die Kostengesetze der Bundesländer bestimmt wird (→ Rn. 39).[89]

50 **3. Generalbefugnis (§ 22 Abs. 3 S. 1 Nr. 1 ArbSchG). a) Einhaltung des ArbSchG und seiner Rechtsverordnungen.** Die Generalbefugnis dient der **Einhaltung des ArbSchG und der auf ihm basierenden Rechtsverordnungen**. Der Hauptanwendungsbereich der generellen Befugnisnorm liegt damit im präventiven Arbeitsschutz. Sie ermächtigt zu allen Anordnungen zum Schutz der Beschäftigten vor Gefährdungen im Sinne der Gefahrenvorsorge. Es sind Maßnahmen, die im Vorfeld einer Gefahr ansetzen.[90] Der Begriff der Gefährdung bezeichnet im Unterschied zur Gefahr die Möglichkeit eines Schadens oder einer Beeinträchtigung ohne Rücksicht auf das Ausmaß oder ihre Eintrittswahrscheinlichkeit (→ ArbSchG § 4 Rn. 10 ff.).[91] Die Gefährdung ergibt sich daraus, dass der Arbeitgeber, die verantwortlichen Personen oder die Beschäftigten ihre Pflichten aus dem Arbeitsschutzgesetz oder aus den darauf beruhenden Rechtsverordnungen verletzen. In Betracht kommen vor allem die arbeitgeberseitigen Pflichten aus §§ 3–14 ArbSchG,[92] die Pflichten der Beschäftigten gemäß §§ 15–17 ArbSchG sowie Pflichten aus den nach §§ 18, 19 ArbSchG erlassenen Rechtsverordnungen (zu Anordnungen im Gefahrstoffrecht → GefStoffV Rn. 68 f.). Gegenstand der Anordnung sind alle Maßnahmen, die der Erfüllung dieser Pflichten dienen. Anforderungen an den Arbeitsschutz können sich mit neuen Entwicklungen verändern, wie zB in der Arbeitsstättenverordnung, die dynamisch ausgelegt ist. Der Adressat der erhöhten Anforderungen kann sich dabei insbesondere nicht auf baulichen Bestandsschutz berufen, der hinter der Sicherheit der Beschäftigten zurücktreten muss.[93]

---

[86] BayVerwGH 26.10.2011 – 22 Cs 1989/11, PflR 2012, 596. [87] Zu den Begrifflichkeiten LR/Kollmer ArbSchG § 22 Rn. 36, 41; Faber, Grundpflichten, S. 358 mwN. [88] Münch/ArbR/Kohte § 290 Rn. 91; Faber, Grundpflichten, S. 360 f.; aA Kollmer, ArbSchG, Rn. 285 (Nr. 2 als lex specialis zu Nr. 1). [89] Kollmer/Klindt/Schucht/Kunz ArbSchG § 22 Rn. 127 ff. [90] Faber, Grundpflichten, S. 359. [91] BT-Drs. 13/3540, 16; BAG 12.8.2008 – 9 AZR 1117/06, NZA 2009, 102. [92] Faber, Grundpflichten, S. 359. [93] VG Münster 22.6.2016 – 9 K 1985/15, dazu die Anm. Kohte, jurisPR-ArbR 28/2017 Anm. 6.

Einzelfälle für solche Anordnungen sind zB die 51
- Anordnung der Durchführung einer Gefährdungsbeurteilung gemäß § 5 Abs. 1 ArbSchG,[94]
- Anordnung der Ergänzung unzureichender Dokumentation,
- Anordnung der Durchführung einer angemessenen Unterweisung der Beschäftigten über Sicherheit und Gesundheitsschutz am Arbeitsplatz,
- Anordnung des Freischaltens vor Arbeiten an elektrischen Anlagen,[95]
- Anordnung zur Erreichung bestimmter Schutzziele, zB Sicherung gesundheitlich zuträglicher Atemluft durch Beseitigung von Schimmel in/an der Bausubstanz,[96] zur Einhaltung der erforderlichen Raumtemperatur[97] oder der Sicherung von Notausgängen und Rettungswegen.[98]

b) Bestimmtheit der Generalanordnung (§ 37 Abs. 1 VwVfG). Generalanordnungen 52 dürfen nicht so eng gefasst sein, dass sie die Ausnutzung der betrieblichen Gestaltungsfreiheit und die Wahrnehmung bestehender Mitbestimmungsrechte von Betriebs- oder Personalrat verhindern, beispielsweise wenn ohne sachliche Notwendigkeit ein konkretes Verhalten des Arbeitgebers verlangt wird. Im mitbestimmungspflichtigen Bereich liefe eine solche Anordnung darauf hinaus, von dem Arbeitgeber etwas rechtlich Unmögliches zu verlangen, weil er im Anwendungsbereich des Mitbestimmungsrechts nicht allein handeln kann.[99]

Bei der Erfüllung von Organisationspflichten (zB § 3 ArbSchG) hat die Behörde daher 53 einen bestehenden betrieblichen Gestaltungsspielraum zu wahren, so dass die Anordnungen **vorrangig an verfahrensmäßigen Regelungen** auszurichten sind.[100] Sie werden sich regelmäßig auf konkrete und isolierbare Verfahrenspflichten beziehen.[101] Zum Beispiel kann die Bestellung eines Sicherheitskoordinators nach § 3 BauStellV[102] Gegenstand einer solchen Anordnung sein.[103] Dies gilt auch für die von § 3 Abs. 2 ArbSchG verlangte innerbetriebliche Organisation; so kann angeordnet werden, welche Hierarchiestufen von Vorgesetzten für welche Arbeitsschutzaufgaben zuständig sind.[104] Anschaulich wird diese Form der Anordnung bei der Gefährdungsbeurteilung nach § 5 ArbSchG als einem zentralen Element des Arbeitsschutzes.[105] Auf der Grundlage der Gemeinsamen Deutschen Arbeitsschutzstrategie gemäß § 20 a ArbSchG sowie der „Leitlinie Gefährdungsbeurteilung und Dokumentation"[106] sind **7 Prozessschritte und 11 Gefährdungsfaktoren** zu berücksichtigen, die die Behörde bei ihrer Überprüfung berücksichtigen und auf deren Beachtung sie durch spezielle verfahrensorientierte Anordnungen hinwirken soll. Dieser prozedurale Handlungsrahmen ist hinreichend klar und im Sinne des Bestimmtheitsgrundsatzes handhabbar, mit dem die Behörden zukünftig[107] die Aufsicht über Gefährdungsbeurteilungen koordinierter und effektiver gestalten sollen.[108] Beispielhaft für eine Konkretisierung der Pflicht zur Gefährdungsbeurteilung ist eine Anordnung, die bei Anhaltspunkten für eine Gefährdung der Be-

---

94 VG Frankfurt 13.5.2009 – 7 K 1462/08.F; vgl. Kohte BG 2010, 384 (386); VG Regensburg 8.12.2016 – RN 5 K 15.1767, dazu Kohte/Schulze-Doll, jurisPR-ArbR 14/2017 Anm. 2. **95** VG Regensburg 3.4.2014 – RO 5 S 14.494, dazu Anm. Kohte/Jarosch, jurisPR-ArbR 37/2014, Anm. 4. **96** Kollmer, ArbSchG, Rn. 288; weitere Beispiele bei LR/Kollmer ArbSchG § 22 Rn. 43. **97** VG Münster 28.2.2013 – 7 L 853/12, dazu Kohte/Jarosch, jurisPR-ArbR 22/2014 Anm. 5. **98** VG Münster 22.6.2016 – 9 K 1985/15. **99** Vgl. Kohte in: FS Heilmann, S. 73, 81; illustrativ zu Anordnungen zur Gewährleistung von Notausgängen nach der ArbStättV Kohte, jurisPR-ArbR 28/2017 Anm. 6; siehe zur Rolle des Personalrats bei Arbeitszeitverstößen Buschmann Der Personalrat 6/2015, 8 ff. **100** Münch/ArbR/Kohte § 290 Rn. 92; dens. Anm. zu BAG 12.8.2008 – 9 AZR 1117/06, AP Nr. 29 zu § 618 BGB. **101** Kohte in: FS Heilmann, S. 73, 79. **102** VG Augsburg 5.12.2012 – Au 5 S 1221/12; Bremer, Arbeitsschutz im Baubereich?, 2007, S. 138 ff. **103** VG Hannover GewArch 1996, 28 mAnm Kohte AuA 1996, 399. **104** Dazu Kohte/Faber, jurisPR-ArbR 30/2012 Anm. 2. **105** BAG 12.8.2008 – 9 AZR 1117/06, NZA 2009, 102. **106** Online verfügbar unter: www.gda-portal.de/de/Betreuung/Leitlinie-Gefaehrdungsbeurteilung.html (Stand: 5/2017); zur ursprünglichen Fassung Timm BG 2008, 422 (426). **107** Siehe zur bisherigen Aufsichtstätigkeit die Monita im SLIC Evaluationsbericht über das deutsche Arbeitsaufsichtssystem, online verfügbar unter www.vdgab.de/Ablage/SLIC-Bericht_deutsch.pdf (7.5.2010). **108** Kohte, Anm. zu BAG 12.8.2008 – 9 AZR 1117/06, AP Nr. 29 zu § 618 BGB.

schäftigten durch eine Bodenkontamination ein Gutachten zur Gefährdung der Arbeitnehmer und zu möglichen Schutzmaßnahmen verlangt hatte.[109]

54 **4. Gefahrenanordnung (§ 22 Abs. 3 S. 1 Nr. 2 ArbSchG). a) Maßnahmen zur Gefahrenabwehr.** Kernelement der Gefahrenanordnung ist die besondere Gefahr für Leben und Gesundheit der Beschäftigten. Es muss zunächst eine **konkrete und objektiv bestehende Gefahr** vorliegen, dh eine Sachlage, die im Einzelfall mit hinreichender Wahrscheinlichkeit bei ungehindertem Ablauf des objektiv zu erwartenden Geschehens in absehbarer Zeit zu einem Schaden an Leben oder Gesundheit führt. Bei dem Grad der Wahrscheinlichkeit genügt wegen der bedeutsamen Rechtsgüter der Beschäftigten ein geringes Maß.[110] Ausreichend ist ferner, dass eines der beiden Rechtsgüter der Beschäftigten betroffen ist. Sie müssen nicht kumulativ bedroht sein, wie es der Gesetzeswortlaut verlangt.[111]

55 Zu beachten ist, dass die Eingriffsbefugnis immer dann besteht, wenn **Leben oder Gesundheit der Beschäftigten gefährdet** ist. Keine Rolle spielt die Ursache, die diese Gefahrenlage ausgelöst hat. Dies muss deshalb hervorgehoben werden, weil das Handeln der Behörde aufgrund § 22 ArbSchG grundsätzlich auf die Überwachung des Arbeitsschutzes nach dem ArbSchG und seiner Verordnungen (s. § 21 Abs. 1 ArbSchG) ausgerichtet ist. Jedoch verlangt § 22 Abs. 3 S. 1 Nr. 2 ArbSchG nicht, dass die Gefahrenlage auf der Verletzung arbeitsschutzrechtlicher Pflichten basiert.[112]

56 In diesem Zusammenhang steht der Gesetzeswortlaut des § 22 Abs. 3 S. 1 Nr. 2 ArbSchG, der eine „besondere" Gefahr für die Rechtsgüter Leben und Gesundheit der Beschäftigten verlangt. Da das Polizeirecht üblicherweise keinen Begriff der „besonderen" Gefahr kennt,[113] wird er aus arbeitsschutzrechtlicher Sicht unterschiedlich ausgelegt.[114] Die Rechtsgüter der Beschäftigten müssen jedoch nicht besonders schwer in dem Sinne gefährdet sein, dass nur schwere Gesundheitsschäden oder der Tod drohen.[115] Das Besondere der Gefahr ergab sich für den Gesetzgeber zu Recht aus dem Kontext mit den Arbeitsschutzpflichten, deren Nichterfüllung nicht unbedingt die Ursache der Gefahr sein muss.[116] Die Vorschrift erfasst Sachlagen, die eine konkrete Gefahr darstellen, während der mit auf die Einhaltung von Arbeitsschutzpflichten orientierten Generalanordnung grundsätzlich abstrakten Gefahren bzw. Gefährdungen begegnet wird. Die Auffassung, dass aus dem Begriff der „besonderen" Gefahr die Erforderlichkeit einer „qualifizierten" Pflichtverletzung folge, die zu einer tatsächlichen Gesundheitsgefährdung führt, ist missverständlich,[117] weil es bei der Anordnung nach Nr. 2 nicht auf eine – arbeitsschutzrechtliche – Pflichtverletzung ankommt (→ Rn. 55).

57 **b) Einzelfälle.** In der Systematik des ArbSchG können zum einen in Anlehnung an § 9 ArbSchG mit der besonderen Gefahr verschiedene Gefahrensituationen umschrieben werden. Ihre Bedeutung erlangt die Vorschrift als Ermächtigungsgrundlage vor allem bei Gefahren, die keinen Bezug zu einer arbeitsschutzrechtlichen Pflichtverletzung aufweisen.[118] Zur Überwindung solcher Gefahrensituationen bedürfen die Arbeitsschutzbehörden der gesonderten Befugnisnorm des § 22 Abs. 3 S. 1 Nr. 2 ArbSchG. Hierzu zählen beispielsweise auffangtatbestandlich Gefahren, denen aufgrund von – inzwischen aufgetretenen – Schutzlücken nicht anders begegnet werden kann, oder **Gefahren**, die durch das – schuldhafte – Handeln Dritter oder durch Sabotageakte verursacht werden oder die von benachbarten Betrieben (zB Chemieanlage, Betriebe aus einem Industriepark) ausgehen.[119] Der Fremdbezug der Gefahr ist jedoch nicht zwingend, so dass die Rechtsprechung diese Ermächtigung zu Recht auch bei Gefahren heranzieht,

---

109 VG Frankfurt 13.5.2009 – 7 K 1462/08. **110** BT-Drs. 13/3540, 16; BAG 12.8.2008 – 9 AZR 1117/06, NZA 2009, 102. **111** So auch KJP/Koll ArbSchG § 22 Rn. 40. **112** BT-Drs. 13/3540, 21; Kollmer, ArbSchG, Rn. 287; Pieper ArbSchG § 22 Rn. 11; Faber, Grundpflichten, S. 364. **113** Siehe dazu zB die Legaldefinitionen ebenda. **114** Siehe Kollmer, ArbSchG, Rn. 287 wohl im Sinne einer Generalklausel; enger Faber, Grundpflichten, S. 363. **115** Anders VG Regensburg 31.3.2011 – RN 5 K 09.2518; KJP/Koll ArbSchG § 22 Rn. 41, der auf die Kriterien der möglichen Schadensintensität und des möglichen Schadensumfangs abstellt; sowie LR/Kollmer ArbSchG § 22 Rn. 40, der eine wesentliche Gesundheitsbeeinträchtigung verlangt, dies aber wohl als Abgrenzungskriterium zur Gesundheitsgefährdung nimmt. **116** BT-Drs. 13/3540, 21. **117** Kollmer, ArbSchG, Rn. 287. **118** BT-Drs. 13/3540, 21. **119** Faber, Grundpflichten, S. 363 f.

die auf arbeitsschutzrechtliche Verletzungen des Arbeitgebers zurückzuführen sind.[120] In der Praxis werden zur Bestimmung der Gefahrenlage neben Technischen Regeln zu staatlichen Vorschriften auch Berufsgenossenschaftliche Vorschriften (BGV), Regeln (BGR) bzw. Branchenregeln, Informationen (BGI) und Grundsätze (BGG) als allgemein anerkannte Regeln der Technik oder gesicherte arbeitswissenschaftliche Erkenntnisse herangezogen;[121] zB wird bei Anordnungen zur Sicherung auf dem Bau gegen Absturzgefahren der Verweis auf die UVV C 22 regelmäßig von den Gerichten gebilligt.[122]

5. Ausführungsfrist (§ 22 Abs. 3 S. 2 ArbSchG). Die zuständige Behörde ist grundsätzlich verpflichtet, eine **angemessene Frist** zur Ausführung der Anordnung zu setzen. Maßgebend dafür, welche Frist angemessen ist, sind die Umstände des Einzelfalles, insbesondere Art und Umfang der Maßnahme, ob Dritte zur Überwindung der Schutzdefizite eingesetzt werden müssen oder die Gefährdungssituation. Ebenso benötigen die Mitbestimmungsrechte des Betriebsrates entsprechende Zeit. Je geringer der Grad der Wahrscheinlichkeit eines Schadenseintritts ist, desto länger kann die Frist bemessen sein.[123] Solange die angemessene Ausführungsfrist läuft, ist die Behörde an der Vollziehung der Anordnung gehindert (→ Rn. 67 f.). 58

Eine Ausführungsfrist kommt bei **Gefahr im Verzug** nicht in Betracht. Bei Gefahr im Verzug muss sofort eingegriffen werden. Ein Abwarten stellt die Effektivität der Gefahrenbekämpfung in Frage oder mindert sie zumindest.[124] In dieser Situation hat der Adressat der Anordnung sofort nachzukommen. Ein Anwendungsfall ist insbesondere die Gefahrenanordnung (§ 22 Abs. 3 S. 1 Nr. 2 ArbSchG), die dann im Einzelfall je nach Gefahrenlage mit der Untersagungsanordnung nach § 22 Abs. 3 S. 3 ArbSchG verbunden werden kann; in diesen Fällen ist es auch denkbar, dass der Bescheid direkt mündlich bzw. als „Handbescheid" ergeht und später schriftlich bestätigt wird.[125] Unter Vollstreckungsgesichtspunkten wird die Behörde zugleich die **sofortige Vollziehung** nach § 80 Abs. 2 S. 1 Nr. 4 VwGO anordnen (→ Rn. 67). 59

6. Untersagungsanordnung (§ 22 Abs. 3 S. 3 ArbSchG). Die zuständige Behörde ist berechtigt, die von einer Anordnung nach § 22 Abs. 3 S. 1 ArbSchG betroffene Arbeit oder die Verwendung oder den Betrieb der von der Anordnung betroffenen Arbeitsmittel zu **untersagen**, wenn der Adressat sie 60

1. nicht innerhalb einer gesetzten Frist, die nach § 22 Abs. 3 S. 2 ArbSchG angemessen sein muss, umsetzt oder
2. eine für sofort vollziehbar erklärte Anordnung (§ 80 Abs. 1 S. 2 Nr. 4 VwGO) nicht sofort ausführt.

Die Untersagungsanordnung beinhaltet für den Arbeitgeber vor allem auch aus wirtschaftlichen Gründen den schwersten Eingriff[126] und stellt daher nach dem Gesetz die **letzte förmliche Anordnungsstufe** vor der zwangsweisen Durchsetzung der Anordnung dar. Grundsätzlich wird die Aufsichtsbehörde dieses gestufte Vorgehen wählen, um damit dem Verhältnismäßigkeitsgrundsatz gerecht zu werden. Im Einzelfall kann bzw. muss die Untersagungsanordnung mit einer Anordnung nach S. 1 der Norm verbunden werden, so zB wenn Gefahr im Verzug besteht. Adressat ist derjenige, dem gegenüber eine Anordnung nach § 22 Abs. 3 S. 1 ArbSchG ergangen ist. Die Untersagung der Arbeit oder der Verwendung bzw. des Betriebes der Arbeitsmittel ist eine neue Regelung im Einzelfall, so dass die Untersagungsanordnung im Verhältnis zu der vorausgegangenen General- bzw. Gefahrenanordnung einen eigenständigen Verwaltungsakt (§ 35 VwVfG) darstellt. Sie muss die Rechtmäßigkeitsanforderungen getrennt erfüllen, dh beispielsweise, dass der Adressat muss speziell zur Untersagung gehört werden (§ 28 VwVfG). Die Untersagungsanordnung steht ebenfalls im Ermessen der Behörde, das 61

---

[120] So nur VG Regensburg 31.3.2011 – RN 5 K 09.2518. [121] VG Stuttgart 13.10.2010 – 7 K 2625/10. [122] VG Augsburg 27.7.2009 – Au 4 K 08.1846; VG München 19.3.2012 – M 16 K 11.5809, dazu Kohte/Faber, jurisPR-ArbR 30/2012 Anm. 2. [123] Kollmer, ArbSchG, Rn. 290; Münch/ArbR/Kohte § 290 Rn. 94. [124] Vgl. zB § 3 Nr. 6 SOG LSA; § 20 Abs. 1 S. 1 MEPolG; § 2 Abs. 5 BerlASOG; § 39 HessSOG. [125] Beispielhaft VG München 19.3.2012 – M 16 K 11.5809; dazu Kohte/Faber, jurisPR-ArbR 30/2012 Anm. 2; vgl. zum Handbescheid auch VGH München 26.5.2017 – 22 ZB 17.733. [126] Kollmer, ArbSchG, Rn. 291; Münch/ArbR/Kohte § 290 Rn. 94.

sorgfältig auszuüben ist.[127] Die sofortige Vollziehung nach § 80 Abs. 1 S. 2 Nr. 4 VwGO ist gesondert anzuordnen.

62 **7. Adressaten der Anordnung und Mitteilungen.** Die Anordnung ist als Verwaltungsakt demjenigen – ggf. auch mündlich (dazu § 37 Abs. 2 VwVfG) – **bekanntzugeben**, für den sie bestimmt ist, damit sie wirksam wird (§§ 41, 43 Abs. 1 VwVfG). Der Behörde steht insoweit ein Auswahlermessen zu, indem sie grundsätzlich wählen kann, gegenüber wem sie die Anordnungen erlässt.[128] Generalanordnungen können gegenüber dem Arbeitgeber, den nach § 13 ArbSchG (→ ArbSchG § 13 Rn. 12 f. mwN) verantwortlichen Personen oder gegenüber den Beschäftigten ergehen. **Richtige Adressaten der Gefahrenanordnung** sind dagegen nur der Arbeitgeber der gefährdeten Beschäftigten und die nach § 13 ArbSchG für den Arbeitsschutz verantwortlichen Personen. Die Beschäftigten selbst gehören nicht dazu. In diesem Fall ist es wirksam, wenn die Behörde vor Ort die Anordnungen gegenüber dem Arbeitgeber trifft und den Bescheid einem Vorarbeiter aushändigt.[129]

63 Um die Umsetzung der behördlich angeordneten Maßnahmen zu koordinieren, zu effektivieren und allen Beteiligten die Ausübung ihrer Rechte zu ermöglichen, ergeben sich nach dem Erhalt einer Ordnungsverfügung (abhängig von der Anordnung) für die unterschiedlichen Beteiligten **unterschiedliche Pflichten und Möglichkeiten**, Arbeitgeber, Beschäftigte, Beschäftigtenvertretung und den zuständigen Unfallversicherungsträger über die Anordnung zu informieren. Der Arbeitgeber ist die hauptverantwortliche Person, die verpflichtet ist, die Einhaltung des gesetzlichen Arbeitsschutzes zu gewährleisten (→ Rn. 62). Erhält er die Ordnungsverfügung, hat er die Beschäftigtenvertretung darüber zu informieren. Bei der Planung und Umsetzung der Maßnahmen ist sie entsprechend der gesetzlichen Regelungen zu beteiligen. Weiter muss der Arbeitgeber in jedem Fall über behördliche Anordnungen an andere Personen in seinem Betrieb Kenntnis haben, insbesondere wenn Maßnahmen zur Verbesserung des Arbeits- und Gesundheitsschutzes im Betrieb, auch in der Verbesserung der Organisation, erforderlich sind. Ergehen Anordnungen gegenüber verpflichteten Personen nach § 13 ArbSchG oder gegenüber Beschäftigten, kann es sinnvoll sein, dass die Aufsichtsbehörde den Arbeitgeber darüber direkt in Kenntnis setzt, wenn seine Verantwortung berührt ist. Auch wenn – anders als nach § 12 ASiG – keine Kommunikationspflicht besteht, empfiehlt es sich doch, den zuständigen Unfallversicherungsträger im Rahmen der Zusammenarbeit über die Anordnung zu informieren (s. zu seiner Verfahrensbeteiligung insbesondere § 12 Abs. 2 Nr. 2 ASiG, → ArbSiG § 12 Rn. 21). Im Baustellenrecht sind erweiterte Verantwortlichkeiten für den Bauherrn, den SiGe-Koordinator und den selbstständigen Unternehmer normiert worden. Diese sind ebenfalls als verpflichtete Personen und damit als Adressaten von Anordnungen nach § 22 Abs. 3 ArbSchG zu qualifizieren (→ BaustellV Rn. 52).[130] Mit der Erweiterung des § 13 ArbSchG durch das BUK-NOG ist diese Adressierung der Anordnung klargestellt worden (→ ArbSchG § 13 Rn. 9).[131]

64 **8. Rechtsfolge – Ermessensentscheidung.** § 22 Abs. 3 ArbSchG räumt der zuständigen Behörde **Ermessen** zum Erlass von General-, Gefahren- sowie Untersagungsanordnungen (S. 1, 3) ein. Es umfasst das **Entschließungsermessen**, dh ob die Behörde die Anordnung trifft oder nicht, und das **Auswahlermessen**, wie sie also vorgeht, dh welche Maßnahme sie wählt. Bei der Gefahrenanordnung, bei der die besonders hochwertigen Rechtsgüter des Lebens und der Gesundheit gefährdet sind, ist regelmäßig von einer Reduzierung des Entschließungsermessens auf Null, dh faktisch von einer Handlungsverpflichtung auszugehen.[132] Erst recht gilt dies bei Gefahr im Verzug.

65 Das Entschließungsermessen eröffnet der Behörde im Vorfeld einer Generalanordnung die Möglichkeit, auf die Erfüllung der arbeitsschutzrechtlichen Pflichten durch tatsäch-

---

127 Münch/ArbR/Kohte § 290 Rn. 94. **128** VG München 19.3.2012 – M 16 K 11.5809 m. zust. Anm. Kohte/Faber, jurisPR-ArbR 30/2012 Anm. 2. **129** Ebenda. **130** Kollmer, BaustellV, § 3 Rn. 67; Bremer, Arbeitsschutz im Baubereich?, 2007, S. 138 ff.; vgl. VG Augsburg 5.12.2012 – Au 5 S 1221/12. **131** BT-Drs. 17/12297, 90. **132** Steiner/Schenke/Schenke, Besonderes Verwaltungsrecht, Kap. II Rn. 71, S. 210.

liches Handeln hinzuwirken und uU die Generalanordnung zunächst in Aussicht zu stellen.[133] Arbeitgeber, verantwortliche Personen oder Beschäftigte können sich mit der Behörde darauf verständigen oder sich selbst verpflichten, bestimmte Maßnahmen bis zu einem bestimmten Zeitpunkt zu ergreifen. In der Praxis übernehmen die **Revisions- oder Besichtigungsschreiben** diese Funktion, die dem Arbeitgeber nach einer Betriebsbesichtigung zugehen und ihn unter Fristsetzung auffordern, die beanstandeten und im Schreiben festgehaltenen Arbeitsschutzmängel zu beseitigen. Sie können von der Behörde vorrangig dann eingesetzt werden, wenn vom Arbeitgeber zu erwarten ist, dass er dieser – unverbindlichen – Aufforderung folgt.[134] Da es sich um Gefährdungen der Beschäftigten handelt, müssen bei den genannten Instrumentarien **Fristen** geregelt bzw. gesetzt und so bemessen sein, dass die Behörde bei ergebnislosem Ablauf die Maßnahme noch rechtzeitig rechtsförmlich nach § 22 Abs. 3 ArbSchG anordnen kann.

Ob die Behörde ihr Ermessen ordnungsgemäß ausgeübt hat, wird anhand der gemäß § 39 Abs. 1 S. 3 VwVfG erforderlichen Begründung der Anordnung nach § 114 VwGO beurteilt. **Zwei Ermessensfehler** sind dort benannt: die sog **Ermessensüberschreitung** und die sog **Ermessensfehleinschätzung**, die unterteilt werden kann in das sog Ermessensdefizit (die Anordnung basiert auf einer unzureichenden Tatsachengrundlage) und den sog Ermessensfehlgebrauch, wenn sich die Behörde von sachfremden Erwägungen hat leiten lassen. Übt die Behörde ihr Ermessen gar nicht aus, liegt ein sog Ermessensausfall vor.[135] Die Ermessenserwägungen können noch im verwaltungsgerichtlichen Verfahren ergänzt werden (§ 114 S. 2 VwGO). Begrenzt wird das Ermessen insbesondere durch den Grundsatz der **Verhältnismäßigkeit**.[136] Die Einzelfallanordnung der Behörde muss also geeignet sein, ihren Zweck zu erreichen, erforderlich, und Mittel und Zweck müssen angemessen sein zur Herstellung des arbeitsschutzrechtlich konformen Zustands bzw. zur Abwehr einer Gefahr für Leben oder Gesundheit der Beschäftigten. Auf der Erforderlichkeitsprüfung liegt bei der Untersagungsanordnung ein Schwerpunkt. Eine Maßnahme ist nur dann erforderlich, wenn es keine milderen Mittel gibt, um den verfolgten Zweck zu erreichen (ultima ratio). Als mildere Mittel kommen zB in Betracht: einen Teil der betroffenen Arbeit zu untersagen, einzelne Funktionen des Arbeitsmittels außer Betrieb zu setzen oder bestimmte Verwendungen des Arbeitsmittels zu verbieten.[137]

9. Anspruch der Beschäftigten auf Einschreiten der Behörde. Im Arbeitsschutz geht es um Leben und Gesundheit der Beschäftigten.[138] Die behördlichen Vollzugsmaßnahmen dienen daher dem Schutz der Beschäftigten und begünstigen sie.[139] Daher stellt sich die Frage, ob sie einen **Anspruch auf das Einschreiten der Arbeitsschutzbehörden** haben. In den Grundrechten ist eine staatliche Schutzpflicht angelegt, die subjektive Rechte des Einzelnen begründen kann.[140] Dies wird beispielsweise angenommen, wenn eine Gefahr für die öffentliche Sicherheit und Ordnung aus der Beeinträchtigung von Rechtsgütern und Rechten einzelner Bürger resultiert. Ein Einschreiten der Behörden nach § 22 Abs. 3 ArbSchG immer relevant, wenn der Arbeitgeber bzw. die verantwortlichen Personen arbeitsschutzrechtliche Pflichten verletzen, die zumindest auch dem Schutz der Beschäftigten dienen,[141] oder wenn eine Gefahr für Leben oder Gesundheit der Beschäftigten besteht. Die Beschäftigten können die Einhaltung von Regelungen beanspruchen, die zu ihrem Schutz erlassen wurden. Damit korrespondiert die Verpflichtung der zuständigen Behörde, diese Regelungen auch umzusetzen.[142] Dementsprechend haben die Beschäftigten grundsätzlich einen im Wege der Bescheidklage gemäß § 113 Abs. 5 S. 2 VwGO verfolgbaren **Anspruch auf ermessensfehlerfreie Ent-

---

133 Siehe dazu auch Kollmer, ArbSchG, Rn. 289. 134 Münch/ArbR/Kohte § 290 Rn. 90 mwN; Kollmer/Klindt/Schucht/Kunz ArbSchG § 22 Rn. 84. 135 Decker in: Posser/Wolff, BeckOK-VwGO, Stand 2017, VwGO § 114 Rn. 13 ff. 136 BVerwG 24.11.1965 – VIII C 16.65, BVerwGE 23, 4. 137 Kollmer, ArbSchG, Rn. 291; LR/Kollmer ArbSchG § 22 Rn. 52 ff. 138 BAG 12.8.2008 – 9 AZR 1117/06, NZA 2009, 102 = AP Nr. 29 zu § 618 BGB mAnm Kohte. 139 Münch/ArbR/Kohte § 290 Rn. 96. 140 Stern DÖV 2010, 241 (243 ff.). 141 Vgl. BAG 12.8.2008 – 9 AZR 1117/06, NZA 2009, 102 zum privatrechtlichen Arbeitsschutz. 142 Siehe für die Lärmbetroffenheit nach dem BImSchG: VG Hannover 26.1.2010 – 4 A 2798/08.

scheidung der Arbeitsschutzbehörden über ihr Einschreiten.[143] Besteht eine konkrete Gefahr für die Rechtsgüter Leben und Gesundheit (§ 22 Abs. 3 S. 1 Nr. 2 ArbSchG) oder ist Gefahr im Verzug, ist regelmäßig das Entschließungsermessen der Behörde auf Null reduziert und die Beschäftigten haben im Einzelfall einen Anspruch auf direktes Einschreiten der Behörde.[144] In vielen Bundesländern (wie zB NRW) ist die Beschwerdebearbeitung explizit geregelt (→ Rn. 18, → ArbSchG § 21 Rn. 13).

VII. Rechtsschutz und Verwaltungsvollstreckung

68 Anordnungen im Einzelfall nach § 22 Abs. 3 ArbSchG begründen für die Adressaten Handlungspflichten, so dass sie **belastende Verwaltungsakte** darstellen, gegen die Rechtsmittel wie Widerspruch (§ 68 VwGO) (in Bayern, Niedersachsen und Nordrhein-Westfalen direkt Klage beim Verwaltungsgericht) und Anfechtungsklage (§ 42 Abs. 1. Alt. 1 VwGO) statthaft sind. Diese Rechtsbehelfe haben aufschiebende, dh vollstreckungshindernde Wirkung nach § 80 Abs. 1 S. 1 VwGO. Ergehen die Anordnungen nicht gegenüber dem Arbeitgeber, sondern gegenüber den anderen Normadressaten, kann der Arbeitgeber auch belastet sein, so dass ihm in diesem Fall ebenfalls die genannten Rechtsschutzmöglichkeiten offen stehen. Dazu zählt insbesondere der **vorläufige Rechtsschutz nach §§ 80, 80 a VwGO**. Zur zwangsweisen Durchsetzung der Anordnung vor Unanfechtbarkeit des Verwaltungsaktes ist erforderlich, dass die Behörde gemäß § 80 Abs. 2 S. 1 Nr. 4 VwGO die **sofortige Vollziehung** anordnet. Auch hier hat die Behörde Ermessen, das bei Gefahr im Verzug auf Null reduziert ist. Formell ist auf das Begründungserfordernis nach § 80 Abs. 3 VwGO hinzuweisen. Erforderlich ist eine auf den konkreten Einzelfall abstellende Begründung des besonderen öffentlichen Interesses, dass die sofortige Vollziehbarkeit notwendig ist. Die besonderen, auf den jeweiligen Fall bezogenen Gründe müssen dargelegt werden, deretwegen die Behörde den Suspensiveffekt ausgeschlossen hat.[145]

69 Kommt der Adressat einer Anordnung nach § 22 Abs. 3 ArbSchG nicht nach, ist die Aufsichtsbehörde berechtigt, sie mit den **Mitteln der Verwaltungsvollstreckung** nach dem Verwaltungsvollstreckungsgesetz durchzusetzen, im Allgemeinen durch Anordnung von Zwangsgeld oder Ersatzvornahme. Es müssen die allgemeinen verwaltungsvollstreckungsrechtlichen Voraussetzungen erfüllt sein. Grundsätzlich gelten keine arbeitsschutzrechtlichen Besonderheiten,[146] (zum öffentlichen Dienst → Rn. 70 ff.). Das Verfahren richtet sich nach den **Verwaltungsvollstreckungsgesetzen der Länder** bzw. **des Bundes (VwVG)**. Voraussetzung ist nach § 6 Abs. 1 VwVG, dass die Anordnung entweder unanfechtbar oder sofort vollziehbar ist (§ 80 Abs. 2 Nr. 4 VwGO) ist. Zwangsmittel müssen vor ihrer Anwendung schriftlich unter Bestimmung einer zumutbaren Frist zur Erfüllung der Anordnung angedroht werden (§ 13 VwVG). Die erforderliche Androhung von Zwangsmitteln kann die Aufsichtsbehörde mit der arbeitsschutzrechtlichen Anordnung verbinden (s. § 13 VwVG). Gegen die Androhung und Festsetzung eines Zwangsmittels ist die Anfechtungsklage zulässig (§ 42 Abs. 1 VwGO). § 17 VwVG lässt den Einsatz von Zwangsmitteln gegen Behörden und juristische Personen des öffentlichen Rechts nicht zu, „soweit nicht etwas anderes bestimmt ist". In der Literatur ist streitig, ob § 22 Abs. 3 S. 4 ArbSchG als eine solche Vorschrift zu qualifizieren ist, die im Regelfall die Verwaltungsvollstreckung zulässt (→ Rn. 73).[147] Für Eil- bzw. Notfälle, wie zB die Gefahrenanordnung oder bei Gefahr in Verzug, ist die Anwendung von Zwangsmitteln insoweit jedenfalls anerkannt.[148]

---

143 Vgl. Steiner/Schenke/Schenke, Besonderes Verwaltungsrecht, Kap. II Rn. 75. **144** Vgl. Steiner/Schenke/Schenke, Besonderes Verwaltungsrecht, Kap. II Rn. 75. **145** Zu § 17 Abs. 2 ArbZG VG Augsburg 16.5.2007 – Au 4 S 07. 491, Rn. 23. **146** Münch/ArbR/Kohte § 290 Rn. 97. **147** Sadler, VwVG, § 17 Rn. 5; Münch/ArbR/Kohte § 290 Rn. 102; aA Nöthlichs/Weber ArbSchG § 20 Rn. 2.2; Köckeritz, Arbeitsschutz und dessen Überwachung im Bereich des öffentlichen Dienstes, S. 241 ff. **148** Köckeritz, Arbeitsschutz und dessen Überwachung im Bereich des öffentlichen Dienstes, S. 242 f. mwN; vgl. BVerwG 16.1.1968 – I A 1.67, BVerwGE 29, 52 (59); Sadler, VwVG, § 17 Rn. 28.

VIII. Sonderregelungen

1. Öffentlicher Dienst (§ 22 Abs. 3 S. 4 ArbSchG). Wenn es um die Einhaltung des Arbeitsschutzes im öffentlichen Dienst geht, stellen sich systematisch drei unterschiedliche Rechtsfragen, 70

- die materielle Polizeipflicht des Hoheitsträgers,
- die formelle Polizeipflicht, der die Regelung des § 22 Abs. 3 S. 4 ArbSchG zuzuordnen ist,
- den Vollzug von Anordnungen im Wege der Verwaltungsvollstreckung.

Materielle Polizeipflichtigkeit bedeutet, dass Hoheitsträger grundsätzlich an jegliches Ordnungsrecht materiell gebunden sind. Nach Art. 2 RL 89/391/EWG soll das Arbeitsschutzrecht im öffentlichen Dienst im Allgemeinen anwendbar sein, was im deutschen Recht in §§ 2, 20 ArbSchG umgesetzt worden ist. Für enge Ausnahmen, wie sie bereits in Art. 2 Abs. 2 der Richtlinie angesprochen sind, gestattet § 20 Abs. 2 ArbSchG eine abweichende Regelung. Hiermit hat der Gesetzgeber seine Funktion wahrgenommen, Hoheitsträgern nicht generell, sondern im Einzelfall einen Dispens von Ordnungsverpflichtungen zu erteilen. Insoweit ist für den Bereich des Arbeitsschutzes im öffentlichen Dienst grundsätzlich von einer **materiellen Polizeipflichtigkeit** auszugehen.[149] 71

Davon zu trennen ist die Frage der **formellen Polizeipflichtigkeit**, dh ob die Ordnungsbehörden berechtigt sind, das materielle Ordnungsrecht mit hoheitlichen Anordnungen durchzusetzen.[150] Das Bundesverwaltungsgericht[151] hat sie in einer umweltrechtlichen Entscheidung im Jahr 2003 ausdrücklich anerkannt und zwischenzeitlich bestätigt.[152] Vergleichbare Entscheidungen sind auch im Naturschutzrecht zu finden; auch hier ist anerkannt, dass die Bindung der Bundesbehörden an Landesrecht nicht nur auf materielles Recht beschränkt ist.[153] Die Entwicklung führt richtigerweise weg von der bereits seit Längerem kritisierten Ablehnung einer Rechtsdurchsetzung mittels Anweisungen und orientiert sich an der Anwendung des konkreten Fachordnungsrechts.[154] Dies ist auf das Arbeitsschutzrecht übertragbar, das auf dem **Leitbild der formellen Polizeipflichtigkeit** basiert, die von einem Teil der Literatur inzwischen bejaht wird.[155] Dieses Leitbild kommt auch in § 22 Abs. 3 ArbSchG zum Ausdruck, der an die Befugnisse zur Überwachung des öffentlichen Dienstes in § 21 ArbSchG anknüpft. Zuständig sind besondere (Fachordnungs-)Behörden, mit denen der Gesetzgeber eine angemessene Kontrolle und Überwachung im Sinne der Rahmenrichtlinie im Gegensatz zu der bisher auf Bundesebene vorherrschenden Eigenüberwachung gewährleistet sieht.[156] 72

Für den Bereich des öffentlichen Dienstes trifft § 22 Abs. 3 S. 4 ArbSchG eine in ihrem Anwendungsbereich enge **Sonderregelung**, die der **formellen Polizeipflichtigkeit** zuzuordnen ist (→ Rn. 72). Unter der Voraussetzung, dass die Maßnahmen, die nach § 22 Abs. 3 S. 1 bzw. 3 angeordnet werden, den öffentlichen Dienstbetrieb wesentlich beeinträchtigen, sollen sie im Einvernehmen mit der obersten Bundes- oder Landesbehörde bzw. dem Hauptverwaltungsbeamten der Gemeinde getroffen werden. Die Vorschrift dient dazu, die Funktionsfähigkeit des öffentlichen Dienstes aufrechtzuerhalten und berücksichtigt, dass ein Konflikt zwischen verschiedenen Aufgabenträgern der Verwaltung aus verfassungsrechtlichen Gründen nicht mit hoheitlichen Maßnahmen gelöst 73

---

149 Köckeritz, Arbeitsschutz und dessen Überwachung im Bereich des öffentlichen Dienstes, S. 220. **150** BVerwG 25.7.2002 – 7 C 24/01, BVerwGE 117, 1; Köckeritz, Arbeitsschutz und dessen Überwachung im Bereich des öffentlichen Dienstes, S. 224 ff.; LR/Kollmer ArbSchG § 22 Rn. 68; Borowski VerwArch 2010, 58 ff. **151** BVerwG 25.7.2002 – 7 C 24/01, BVerwGE 117, 1. **152** BVerwG 25.9.2008 – 7 A 4/07, NVwZ 2009, 588 (592). **153** BVerwG 9.5.2001 – 6 C 4/00, NVwZ 2001, 1152; ausführlich Jungkind, Verwaltungsakte zwischen Hoheitsträgern, 2008, S. 193 ff. **154** Siehe Borowski VerwArch 2010, 58 (73 ff.). **155** Dazu Schoch in: Schoch (Hrsg.), Besonderes Verwaltungsrecht, 15. Aufl. 2003, Kap. 2 Rn. 175; Götz/Geis, Allgemeines Polizei- und Ordnungsrecht, 16. Aufl. 2017, § 9 Rn. 28; Erbguth/Mann/Schubert, Besonderes Verwaltungsrecht, 12 Aufl. 2015, Rn. 524, 527. **156** BT-Drs. 13/3540, 21; ausführlich Münch/ArbR/Kohte § 290 Rn. 100 f. Daher ist zu diskutieren, ob die bisherige Lehre vom Verbot des „In-sich-Verwaltungsakts" bei Landesbehörden noch aufrechterhalten werden kann.

werden kann.[157] Das Gesetz verlangt nicht nur eine einfache, sondern eine **wesentliche Beeinträchtigung des Dienstbetriebes**. Solange mit den Maßnahmen der Aufsichtsbehörde – zB der Anordnung einer Gefährdungsbeurteilung[158] – keine oder nur eine unwesentliche Beeinträchtigung des Dienstbetriebes verbunden ist,[159] erlässt die Aufsichtsbehörde sie auf Bundes-, Landes- und Kommunalebene nach den allgemeinen arbeitsschutzrechtlichen Grundsätzen, dh ohne Anwendung der vorliegenden Sonderregelung.[160] Ab der Eingriffsstufe der wesentlichen Beeinträchtigung des Dienstbetriebes sind die Anordnungen weiterhin zulässig, aber es tritt die Verpflichtung der Aufsichtsbehörde hinzu, regelmäßig das Einvernehmen der bezeichneten Behörden einzuholen. Nur in einem atypischen Einzelfall ist sie berechtigt, davon abzusehen. Regelmäßig ist davon auszugehen, dass die hoheitlichen Adressaten der Anordnung ohne Weiteres Folge leisten und die Maßnahmen umsetzen. Ist ausnahmsweise eine zwangsweise Durchsetzung erforderlich, so ist auch sie grundsätzlich zulässig.

74 Wenn aber im Rahmen der „Konsultation" nach S. 4 sichergestellt ist, dass der öffentliche Dienstbetrieb nicht wesentlich beeinträchtigt ist, dann ist auch kein Argument erkennbar, das der Verwaltungsvollstreckung entgegensteht. Zutreffend wird daher in der Literatur zu § 17 VwVG die Ansicht vertreten, dass § 22 ArbSchG „ein anderes" bestimmt, so dass die **Verwaltungsvollstreckung bei Einhaltung von § 22 Abs. 3 S. 4 ArbSchG statthaft ist**.[161] Unabhängig von der Verwaltungsvollstreckung, also auch parallel dazu, ist die Einleitung eines Ordnungswidrigkeitenverfahrens bis hin zur **Verhängung von Bußgeldern** gegenüber verpflichteten Personen iSd § 13 ArbSchG zulässig, da die Verwaltungsvollstreckung keine Sanktion darstellt (→ Rn. 77).

75 **2. Befugnisse der Unfallversicherungsträger.** Im dualen deutschen Arbeitsschutzsystem nehmen neben den staatlichen Arbeitsschutzbehörden auch die Unfallversicherungsträger Aufsichtsfunktionen wahr. Die ihre Überwachung, Beratung und den Vollzug der Unfall- und Gefahrenschutzvorschriften ausgestaltenden Vorschriften enthält das Recht der gesetzlichen Unfallversicherung (SGB VII).[162] Diese Aufgaben nehmen die Unfallversicherungsträger in eigener Zuständigkeit wahr (§ 132 iVm § 114 Abs. 1 SGB VII). Strukturell nimmt § 21 ArbSchG die Aufgabenverteilung zwischen den beiden genannten Aufsichtsinstanzen vor (ausführlich → ArbSchG § 21 Rn. 18 ff.). Dabei ist zu beachten, dass die **Aufgaben der Unfallversicherungsträger aufgrund der Gefährdungsorientierung systematisch weiter gefasst** sind als diejenigen der Arbeitsschutzbehörden.[163] Ist der Bund Unfallversicherungsträger (§ 125 SGB VII), nimmt er die Aufsicht nicht selbst war, sondern sie erfolgt im Auftrag der Zentralstelle Arbeitsschutz beim Bundesministerium des Innern durch die **Unfallversicherung Bund und Bahn** (§ 115 SGB VII).[164] Für die Unfallversicherung im Landesbereich sind die **Unfallkassen der Länder** zuständig (§ 116 SGB VII). Diese sind eigenständige Behörden, so dass sich die schwierigen Fragen des „In-sich-Verwaltungsakts" (→ Rn. 72 aE) nicht stellen.

76 Die Befugnisse der Unfallversicherungsträger sind insbesondere in § 19 Abs. 2 SGB VII geregelt, die mit denjenigen der Arbeitsschutzbehörde nach § 22 Abs. 1, 2 ArbSchG korrespondieren.[165] Die Befugnisse zur **Anordnung von präventiven Maßnahmen** durch die Unfallversicherungsträger sind in § 19 Abs. 1 SGB VII vorangestellt. Diese Norm ist die sozialrechtliche Ermächtigungsgrundlage für den Erlass von Verwaltungsakten (§ 31 SGB X), wie sie in § 22 Abs. 3 ArbSchG für die Arbeitsschutzbehörden geregelt ist. Strukturell entsprechen die Vorschriften einander im Wesentlichen,[166] so dass inhaltlich auf die obigen Ausführungen verwiesen werden kann. Da die Anordnungen Verwaltungsakte auf dem Gebiete des Sozialrechts darstellen, sind die Vorschriften über das Sozialverwaltungsverfahren im SGB X einschlägig. Für ihre zwangsweise

---

[157] BT-Drs. 13/4854, 4. [158] Zur Bedeutung und Notwendigkeit solcher Anordnungen im öffentlichen Dienst Kohte BG 2010, 384 (387). [159] Zu dieser Kategorie im Umweltrecht OVG Lüneburg 21.4.2004 – 7 LC 97/02, NuR 2004, 687 (690); Jungkind, Verwaltungsakte zwischen Hoheitsträgern, S. 193 ff. [160] Münch/ArbR/Kohte § 290 Rn. 101; Kollmer, ArbSchG, Rn. 292 a. [161] Sadler, VwVG, 9. Aufl. 2014VwVG § 17 Rn. 5; vgl. Kollmer/Klindt/Schucht/Kunz ArbSchG § 22 Rn. 200. [162] Kollmer, ArbSchG, Rn. 252 f. [163] Münch/ArbR/Kohte § 290 Rn. 103. [164] Ausführlich Freund/Fattler BArbBl 2002, 28; Leube ZTR 2003, 380; Schneider/Schweers-Sander ZTR 2004, 456. [165] Ausführlich Kohte BG 2010, 384. [166] Münch/ArbR/Kohte § 290 Rn. 105.

Durchsetzung ist die Vollstreckung nach § 66 SGB X maßgeblich. Für Streitigkeiten sind die **Verwaltungsgerichte** zuständig (§ 51 Abs. 1 Nr. 3 SGG).

3. **Ordnungswidrigkeitenverfahren.** Neben den verwaltungsrechtlichen Anordnungen steht der Behörde auch das Recht zu, in geeigneten Fällen Ordnungswidrigkeitenverfahren einzuleiten und Bußgeldbescheide zu erlassen. Eine solche Parallele ist **keine „Doppelbestrafung"**, sondern eine von den Gerichten zu Recht akzeptierte **Nutzung unterschiedlicher rechtlicher Instrumente**.[167]

§ 23 ArbSchG Betriebliche Daten; Zusammenarbeit mit anderen Behörden; Jahresbericht

(1) ¹Der Arbeitgeber hat der zuständigen Behörde zu einem von ihr bestimmten Zeitpunkt Mitteilungen über
1. die Zahl der Beschäftigten und derer, an die er Heimarbeit vergibt, aufgegliedert nach Geschlecht, Alter und Staatsangehörigkeit,
2. den Namen oder die Bezeichnung und Anschrift des Betriebs, in dem er sie beschäftigt,
3. seinen Namen, seine Firma und seine Anschrift sowie
4. den Wirtschaftszweig, dem sein Betrieb angehört,

zu machen. ²Das Bundesministerium für Arbeit und Soziales wird ermächtigt, durch Rechtsverordnung mit Zustimmung des Bundesrates zu bestimmen, daß die Stellen der Bundesverwaltung, denen der Arbeitgeber die in Satz 1 genannten Mitteilungen bereits auf Grund einer Rechtsvorschrift mitgeteilt hat, diese Angaben an die für die Behörden nach Satz 1 zuständigen obersten Landesbehörden als Schreiben oder auf maschinell verwertbaren Datenträgern oder durch Datenübertragung weiterzuleiten haben. ³In der Rechtsverordnung können das Nähere über die Form der weiterzuleitenden Angaben sowie die Frist für die Weiterleitung bestimmt werden. ⁴Die weitergeleiteten Angaben dürfen nur zur Erfüllung der in der Zuständigkeit der Behörden nach § 21 Abs. 1 liegenden Arbeitsschutzaufgaben verwendet sowie in Datenverarbeitungssystemen gespeichert und verarbeitet werden.

(2) ¹Die mit der Überwachung beauftragten Personen dürfen die ihnen bei ihrer Überwachungstätigkeit zur Kenntnis gelangenden Geschäfts- und Betriebsgeheimnisse nur in den gesetzlich geregelten Fällen oder zur Verfolgung von Gesetzwidrigkeiten oder zur Erfüllung von gesetzlich geregelten Aufgaben zum Schutz der Versicherten dem Träger der gesetzlichen Unfallversicherung oder zum Schutz der Umwelt den dafür zuständigen Behörden offenbaren. ²Soweit es sich bei Geschäfts- und Betriebsgeheimnissen um Informationen über die Umwelt im Sinne des Umweltinformationsgesetzes handelt, richtet sich die Befugnis zu ihrer Offenbarung nach dem Umweltinformationsgesetz.

(3) ¹Ergeben sich im Einzelfall für die zuständigen Behörden konkrete Anhaltspunkte für
1. eine Beschäftigung oder Tätigkeit von Ausländern ohne den erforderlichen Aufenthaltstitel nach § 4 Abs. 3 des Aufenthaltsgesetzes, eine Aufenthaltsgestattung oder eine Duldung, die zur Ausübung der Beschäftigung berechtigen, oder eine Genehmigung nach § 284 Abs. 1 des Dritten Buches Sozialgesetzbuch,
2. Verstöße gegen die Mitwirkungspflicht nach § 60 Abs. 1 Satz 1 Nr. 2 des Ersten Buches Sozialgesetzbuch gegenüber einer Dienststelle der Bundesagentur für Arbeit, einem Träger der gesetzlichen Kranken-, Pflege-, Unfall- oder Rentenversicherung oder einem Träger der Sozialhilfe oder gegen die Meldepflicht nach § 8 a des Asylbewerberleistungsgesetzes.
3. Verstöße gegen das Gesetz zur Bekämpfung der Schwarzarbeit,

---

[167] Kollmer/Klindt/Schucht/Kunz ArbSchG § 22 Rn. 153; BVerwG 24.6.1976 – 1 C 56/79, NJW 1977, 772; BayVGH 27.10.1981 – 22 B 2206/79, GewArch 1982, 87 (88).

4. Verstöße gegen das Arbeitnehmerüberlassungsgesetz,
5. Verstöße gegen die Vorschriften des Vierten und Siebten Buches Sozialgesetzbuch über die Verpflichtung zur Zahlung von Sozialversicherungsbeiträgen,
6. Verstöße gegen das Aufenthaltsgesetz,
7. Verstöße gegen die Steuergesetze,

unterrichten sie die für die Verfolgung und Ahndung der Verstöße nach den Nummern 1 bis 7 zuständigen Behörden, die Träger der Sozialhilfe sowie die Behörden nach § 71 des Aufenthaltsgesetzes. ²In den Fällen des Satzes 1 arbeiten die zuständigen Behörden insbesondere mit den Agenturen für Arbeit, den Hauptzollämtern, den Rentenversicherungsträgern, den Krankenkassen als Einzugsstellen für die Sozialversicherungsbeiträge, den Trägern der gesetzlichen Unfallversicherung, den nach Landesrecht für die Verfolgung und Ahndung von Verstößen gegen das Gesetz zur Bekämpfung der Schwarzarbeit zuständigen Behörden, den Trägern der Sozialhilfe, den in § 71 des Aufenthaltsgesetzes genannten Behörden und den Finanzbehörden zusammen.

(4) ¹Die zuständigen obersten Landesbehörden haben über die Überwachungstätigkeit der ihnen unterstellten Behörden einen Jahresbericht zu veröffentlichen. ²Der Jahresbericht umfaßt auch Angaben zur Erfüllung von Unterrichtungspflichten aus internationalen Übereinkommen oder Rechtsakten der Europäischen Gemeinschaften, soweit sie den Arbeitsschutz betreffen.

Literatur: *Kollmer*, Das Recht des Betriebsinhabers auf Geheimhaltung seiner Betriebs- und Geschäftsgeheimnisse RdA 1997, 155 ff, *Knorr*, Geheimhaltungspflichten, Gewerbearchiv 1980, 281; Land NRW, Landesinformationsfreiheitsgesetz NRW vom 27.11.2001, GV.NRW S. 806, SGV.NRW 2010; *Umweltministerium des Landes Niedersachsen, Ministerium für Soziales des Landes Niedersachsen*, Dienstanweisung für die Staatlichen Gewerbeaufsichtsämter in Niedersachsen Gem. RdErl. d. MU u. d. MS v. 9.6.2009 – 31-02219/1, Nds.MBl. Nr. 25/2009, S. 566; *Ministerium für Arbeit, Integration und Soziales des Landes Nordrhein-Westfalen*, Grundsätze über die Auskunfts- und Geheimhaltungspflichten der Beschäftigten der Arbeitsschutzverwaltung, Runderlass – III 2-8012 – vom 19.2.2015; *Länderausschuss für Arbeitsschutz und Sicherheitstechnik*, Überwachungs- und Beratungstätigkeit der Arbeitsschutzbehörden der Länder – Grundsätze und Standards, LV1, Dezember 2016, www.lasi-info.com.

Leitentscheidungen: BAG 16.3.1982 – 3 AZR 83/79, BAGE 41, 21; BVerwG 4.1.2005 – 6 B 59.04, CR 2005, 194; LAG Köln 10.7.2003 – 5 Sa 151/03, MDR 2004, 42; EuGH 30.5.2013 – C-342/12, NZA 2013, 723 (Worten).

I. Normzweck und Systematik..... 1	4. Amtsverschwiegenheit/ Amtsgeheimnis 11
II. Entstehungsgeschichte und Unionsrecht....................... 2	5. Umgang mit der Geheimhaltungspflicht................. 14
III. Mitteilungspflicht des Arbeitgebers 4	6. Informationsfreiheit......... 17
IV. Geheimhaltungspflicht der Arbeitsschutzbehörde........... 6	7. Folgen der Weitergabe von Geheimnissen................. 18
1. Geheimhaltung nach dem ArbSchG.................... 7	V. Zusammenarbeit und Datenübermittlung bei Sozialmissbrauch 21
2. Geheimhaltung nach GewO 9	VI. Jahresbericht.................... 26
3. Geheimhaltung nach VwVfG 10	

I. Normzweck und Systematik

1 In § 23 ArbSchG werden drei unterschiedliche Regelungsinhalte kombiniert. Abs. 1 enthält die **Mitteilungspflichten des Arbeitgebers**, die dieser von sich aus an die Aufsichtsbehörde zu erfüllen hat. Durch die Weitergabe dieser Standard- und Basisinformationen soll die Aufsicht erleichtert werden. Weiter enthält die Norm in Abs. 2 und 3 Bestimmungen zum Datenschutz und zur Weitergabe von Daten und Informationen. Diese Absätze verpflichten die Aufsichtsbehörden, persönliche Daten der Beteiligten

(Arbeitgeber und Arbeitnehmer) nur nach den gesetzlichen Bestimmungen sowie entsprechenden Einwilligungserklärungen an andere Personen weiterzuleiten. Die Norm dient damit zunächst dem **Datenschutz der Beteiligten**. Sie soll aber auf diese Weise auch die Arbeit der Aufsicht stärken: Die Akzeptanz bei den Betroffenen wird verbessert, weil sie davon ausgehen können, dass sie sich auf diesen Datenschutz verlassen können.[1] Weiter regelt die Norm den Umgang mit Betriebs- und Geschäftsgeheimnissen, die die Aufsichtspersonen bei der Überwachung erfahren und zur Beurteilung des Arbeits- und Gesundheitsschutzes auch benötigen. Auch diese dürfen nur in den gesetzlich geregelten Fällen weitergegeben werden. Schließlich werden in Abs. 4 **Jahresberichte** der Aufsichtsbehörden der Länder vorgeschrieben und deren Mindestinhalte festgelegt.

II. Entstehungsgeschichte und Unionsrecht

Der ursprüngliche Regierungsentwurf zum Arbeitsschutzgesetz enthielt keine Regelungen zur Mitteilung, zum Datenschutz und zur Jahresberichterstattung; man ging davon aus, dass auch weiterhin die Norm des § 139 b GewO zur Anwendung kommen könne. In den Gesetzesberatungen hatte der **Bundesrat** geltend gemacht, dass eine Modernisierung des Verwaltungs- und Vollzugsrechts im Arbeitsschutz erforderlich sei und hat daher den Vorschlag eines neuen § 21 a ArbSchG mit Regelungen zum Datenschutz ins Spiel gebracht.[2] In den parlamentarischen Verhandlungen, die generell zu einer Modernisierung des Verwaltungs- und Vollzugsrechts führten (→ ArbSchG § 21 Rn. 5, → ArbSchG § 22 Rn. 9), wurde die jetzige Fassung des § 23 ArbSchG erarbeitet. Als wesentliche Neuerung wurde vom Ausschuss hervorgehoben, dass auf diese Weise auch der Informationsaustausch mit den Trägern der Unfallversicherung ermöglicht würde, so dass die durch § 21 ArbSchG verlangte Kooperation auch datentechnisch ermöglicht wird.[3] Spiegelbildlich findet sich eine **parallele Regelung in § 20 SGB VII iVm § 70 SGB X** zur Datenübermittlung der Träger der Unfallversicherung zum Zweck des Arbeitsschutzes. 2

In den **EU-Richtlinien zum Arbeitsschutz** sind entsprechende Bestimmungen nicht auffindbar, weil die Konkretisierung der administrativen Durchsetzung des Arbeitsschutzes zu den Kompetenzen der Mitgliedsstaaten rechnet. Allerdings ist derzeit die **RL 95/46/EG zum Datenschutz** einschlägig, die 2018 von der EU-Datenschutzgrundverordnung abgelöst wird. In einer neueren Entscheidung des **Europäischen Gerichtshofs** zu dieser Richtlinie ist entschieden worden, dass die in diesem Fall erhobenen Arbeitszeitdaten als persönliche Daten vom Anwendungsbereich der RL 95/46/EG erfasst sind.[4] Weiter hat der Gerichtshof jedoch betont, dass die Behörden diese Daten im Rahmen des gesetzlichen Verwendungszwecks (hier für die Arbeitszeitüberwachung) verwenden können, wenn und soweit sie sich auf die entsprechenden Bestimmungen der Richtlinie und des nationalen Umsetzungsgesetzes stützen können. Dies ist vom Gerichtshof für die Sammlung und Verarbeitung von personenbezogenen Daten bei der Arbeitszeitaufsicht grundsätzlich anerkannt worden[5] und kann generell auf die Überwachung des Arbeits- und Gesundheitsschutzes übertragen werden. 3

III. Mitteilungspflicht des Arbeitgebers

Die Mitteilungspflicht des Arbeitgebers an Behörden in § 23 Abs. 1 ArbSchG ist aus § 139 b GewO übernommen worden. Die vom Arbeitgeber zu übermittelnden Daten sind genau festgelegt: 4

- die Zahl der Beschäftigten und derer, an die er Heimarbeit vergibt, aufgegliedert nach Geschlecht, Alter und Staatsangehörigkeit,
- den Namen oder die Bezeichnung und Anschrift des Betriebs, in dem er sie beschäftigt,

---

[1] Kollmer RdA 1997, 155 (156). [2] BT-Drs. 13/4437, 9. [3] BT-Drs. 13/4854, 4; ebenso bereits BT-Drs. 12/6752, 54. [4] Im Ergebnis ähnlich BAG 3.6.2003 – 1 ABR 19/02, AP Nr. 1 zu § 89 BetrVG 1972. [5] EuGH 30.5.2013 – C-342/12, NZA 2013, 723 (Worten).

- seinen Namen, seine Firma und seine Anschrift sowie
- den Wirtschaftszweig, dem sein Betrieb angehört.

Die Kenntnisse dieser **Daten** sind für die Behörde wichtig bei der Beurteilung der Betriebsverhältnisse. So gelten Jugendliche und werdende oder stillende Mütter unter besonderem Schutz, für ihre Beschäftigung im Betrieb gelten durch das Jugendarbeitsschutzgesetz bzw. das Mutterschutzgesetz zusätzliche Anforderungen an den Arbeits- und Gesundheitsschutz. Die Kenntnis der Staatsangehörigkeiten der Beschäftigten ist zB als Anhaltspunkt zu werten, ob die Beschäftigten der deutschen Sprache so weit mächtig sind, dass sie sicherheitsrelevante Anweisungen richtig verstehen können und sich entsprechend verhalten. Heimarbeiter werden in den eigenen privaten Räumlichkeiten für den Arbeitgeber tätig, so dass dies nicht unbedingt im Rahmen einer Überwachung der Behörde bekannt wird.

5 Weiter regelt der Gesetzgeber, wann Daten an andere Behörden weitergegeben werden können. Diese Daten dürfen nur für die Wahrnehmung der Überwachungsaufgaben nach dem Arbeitsschutzgesetz und seiner Verordnungen genutzt werden.

IV. Geheimhaltungspflicht der Arbeitsschutzbehörde

6 Bei der Überwachungstätigkeit der Arbeitsschutzbehörde ist es erforderlich, dass möglichst alle für die Beurteilung der Situation relevanten **Sachverhalte offen gelegt** werden. Damit dies geschehen kann, sieht § 23 Abs. 2 ArbSchG ausdrücklich eine Geheimhaltungspflicht der zuständigen Behörde vor. Weiter gelten für die Arbeitsschutzbehörde die Geheimhaltungspflichten gemäß § 139 b GewO, des Ordnungswidrigkeitengesetzes, der geltenden Datenschutz- und Verwaltungsverfahrensgesetze auf Landesebene sowie die allgemeine Bestimmungen der Amtsverschwiegenheit. Dagegen stehen Informationsrechte der Beteiligten in Verwaltungsverfahren, anderer Behörden, interessierter Bürger, der Presse etc. Eine Klarstellung für die Arbeitsschutzaufsicht erarbeitete die Landesverwaltung Nordrhein-Westfalen mit den Grundsätzen über die Auskunfts- und Gemeinhaltungspflichten der Beschäftigten der Arbeitsschutzverwaltung 2015.[6]

7 **1. Geheimhaltung nach dem ArbSchG.** In Abs. 2 wird die Geheimhaltung bezogen auf „Betriebs- oder Geschäftsgeheimnisse" des Arbeitgebers geregelt. Das ist eine bewusste Reduzierung auf „Geheimnisse" gegenüber § 139 b Abs. 1 S. 1 GewO, der sich umfassend auf „Geschäfts- und Betriebsverhältnisse" bezieht.[7] Der Kern der Begriffe ist eindeutig: Betriebsgeheimnisse umfassen im Wesentlichen technisches Wissen. Geschäftsgeheimnisse betreffen vornehmlich kaufmännisches Wissen, zB Ertragslagen, Kundenlisten, Marktstrategien, Unterlagen zur Kreditwürdigkeit und andere Kenntnisse, durch welche die wirtschaftlichen Verhältnisse eines Betriebs maßgeblich bestimmt werden können.[8] Der so verstandene Begriff des Betriebs- bzw. Geschäftsgeheimnisses hat formelle und materielle Elemente. Das Bundesverwaltungsgericht hat die **formellen Elemente** 2005 so formuliert:[9] „**Betriebs- und Geschäftsgeheimnisse** sind im Zusammenhang mit dem Betrieb eines Unternehmens stehende Umstände oder Vorgänge, die nur einem begrenzten Personenkreis bekannt, für Außenstehende aber wissenswert sind, die nach dem bekundeten Willen des Betriebs- oder Geschäftsinhabers geheim zu halten sind und deren Kenntnis durch Außenstehende dem Geheimnisschutzträger zu einem Nachteil gereichen kann. Allgemein bekannte Umstände und Vorgänge sind auch dann keine Betriebs- oder Geschäftsgeheimnisse, wenn der Inhaber sie als solche bezeichnet." Das Bundesverwaltungsgericht bezog sich in dem Beschluss auf die Rechtsprechung des Bundesarbeitsgerichts,[10] die zusätzlich als **materielles Element** verlangt, dass der Betriebsinhaber ein **berechtigtes Interesse an der Geheimhaltung** hat. Dieser

---

[6] Ministerium für Arbeit, Integration und Soziales NRW, Grundsätze über die Auskunfts- und Geheimhaltungspflichten der Beschäftigten der Arbeitsschutzverwaltung, Runderlass – III 2-8012 – vom 19.2.2015. [7] So schon BT-Drs. 12/6752, 54. [8] Vgl. BVerfG 14.3.2006 – 1 BvR 2087/03, BVerfGE 115, 205 (230); Stelkens/Bonk/Sachs/Kallerhoff VwVfG § 30 Rn. 13 mwN. [9] BVerwG 4.1.2005 – 6 B 59/04, CR 2005, 194. [10] Vgl. BAG 15.12.1987 – 3 AZR 474/86, BAGE 57, 159; BAG 16.3.1982 – 3 AZR 83/79, BAGE 41, 21.

materielle Begriff wird auch in der Literatur zum Arbeitsschutzrecht herangezogen.[11] Das schutzwürdige Interesse an der Geheimhaltung kann daher bei gesetzwidrigen Zuständen entfallen.[12] In vergleichbarer Weise verlangt der Bundesgerichtshof zu § 353 b StGB als normatives Element dieses Geheimnisbegriffs ein **Geheimhaltungsbedürfnis**, das bei Tatsachen über rechtswidrige Zustände oder Verhaltensweisen entfallen kann.[13]

Die für ein Unternehmen sensiblen Geheimnisse darf die Arbeitsschutzverwaltung nur in gesetzlich geregelten Fällen offenbaren. Im Arbeitsschutzgesetz selbst ist die **Offenlegung** zur Verfolgung von Gesetzwidrigkeiten, zur Erfüllung von gesetzlich geregelten Aufgaben zum Schutz der Versicherten gegenüber dem gesetzlichen Unfallversicherungsträger sowie zum Schutz der Umwelt gegenüber den dafür zuständigen Behörden vorgesehen. Die Geheimhaltung wird auf die Geschäfts- und Betriebsgeheimnisse begrenzt, die den mit der Überwachung beauftragten Personen bei Ihrer Überwachungstätigkeit zur Kenntnis gelangen. Hier geht es also um Geheimnisse, die bei Besichtigungen nach dem ArbSchG und darauf gestützter Verordnungen, bei Unfalluntersuchungen oder der Durchführung von Programmen sowie der Bearbeitung von Anzeigen und Beschwerden bekannt werden. Nicht erfasst werden entsprechende Geheimnisse, die im Rahmen von Genehmigungsverfahren (Erlaubnis- und Bewilligungsverfahren) bekannt werden. Hier finden die Vorschriften der VwVfG der Bundesländer Anwendung. So gilt zB in Nordrhein-Westfalen gemäß § 3 b VwVfG NRW, dass die Behörde Angaben über persönliche und sachliche Verhältnisse einer natürlichen Person sowie Betriebs- oder Geschäftsgeheimnisse nicht unbefugt offenbaren darf.[14]

2. Geheimhaltung nach GewO. In § 139 b Abs. 1 S. 3 GewO wird die Pflicht zur Geheimhaltung weiter gefasst: „Die amtlich zu ihrer Kenntnis gelangenden **Geschäfts- und Betriebsverhältnisse** der ihrer Besichtigung und Prüfung unterliegenden Anlagen dürfen sie nur zur Verfolgung von Gesetzwidrigkeiten und zur Erfüllung von gesetzlich geregelten Aufgaben zum Schutz der Umwelt und den dafür zuständigen Behörden offenbaren." Hier ist die Geheimhaltung für die den Beamten während ihrer Tätigkeit zur Kenntnis gekommenen Geschäfts- und Betriebsverhältnisse vorgeschrieben. Die **Geschäfts- und Betriebsverhältnisse** sind umfassender als die Betriebs- und Geschäftsgeheimnisse.[15] Sie umfassen grundsätzlich alle Vorgänge und tatsächlichen Umstände auch ohne Bezug zum Arbeitsschutz, die mit den Gegebenheiten des Geschäfts- und Betriebsablaufs in Zusammenhang stehen. Dazu gehören zB Betriebseinrichtungen, Beschaffenheit und Menge der eingesetzten Betriebsmittel und Arbeitsstoffe, Verbrauch von Brennstoffen, Einzelheiten der Betriebsorganisation, Verteilung der Arbeitszeit etc. Diese Rechtsgrundlage gilt auch heute noch für die Arbeit der Arbeitsschutzverwaltung, wenn Gesetze darauf Bezug nehmen, zB § 3 Abs. 2 HAG oder § 19 Abs. 1 Atomgesetz. Bei den aktuellen Gesetzgebungsverfahren werden die Befugnisse und damit auch die Geheimhaltungsvorschriften der Aufsichtsbehörden idR denen des § 23 Abs. ArbSchG angepasst, so auch bei § 27 Abs. 6 MuSchG 2018.[16]

3. Geheimhaltung nach VwVfG. Nach § 30 VwVfG haben die Beteiligten im Verwaltungsverfahren Anspruch darauf, dass ihre Geheimnisse, insbesondere die zum persönlichen Lebensbereich gehörenden Geheimnisse sowie die Betriebs- und Geschäftsgeheimnisse von der Behörde nicht unbefugt offenbart werden. Dieser **Geheimnisbegriff** entspricht der Definition **im ArbSchG** (→ Rn. 7).[17] Damit sind die persönlichen Daten sowie auch Betriebs- und Geschäftsgeheimnisse durch die Verschwiegenheitspflicht der Behörde geschützt, allerdings unterscheiden sich die Offenbarungsrechte der Behörde. Ein Sonderfall ist hier das Akteneinsichtsrecht in einem Verwaltungsverfahren. So hat

---

11 Münch/ArbR/Kohte § 290 Rn. 88; Nöthlichs ArbSchG § 23 Rn. 2.1. **12** So zB Fitting BetrVG § 79 Rn. 3. **13** BGH 9.12.2002 – 5 StR 276/02, NJW 2003, 979 (980). **14** Verwaltungsverfahrensgesetz für das Land Nordrhein-Westfalen (VwVfG NRW) in der Fassung der Bekanntmachung vom 12.11.1999, SGV.NRW. S. 386. **15** So auch Kollmer/Klindt/Schucht/Baßlsperger ArbSchG § 23 Rn. 8. **16** Gesetz zur Neuregelung des Mutterschutzrechts vom 23.5.2017, Art. 1: Gesetz zum Schutz von Müttern bei der Arbeit, in der Ausbildung und im Studium (Mutterschutzgesetz – MuSchG), BGBl. I, 1228. **17** Kopp/Ramsauer VwVfG § 30 Rn. 9 a; vgl. Stelkens/Bonk/Sachs/Kallerhoff VwVfG § 30 Rn. 13.

ArbSchG § 23 Betriebliche Daten; Zusammenarbeit mit anderen Behörden

jeder am Verwaltungsverfahren Beteiligte ein umfassendes Akteneinsichtsrecht, das nicht durch das Geheimhaltungsinteresse eines anderen Beteiligten eingeschränkt werden kann. Die Literatur geht davon aus, dass § 30 **VwVfG als Auffangtatbestand** zB für das JArbSchG gilt.[18] Weiter findet er Anwendung bei Genehmigungs- und Bewilligungsverfahren, die von § 23 Abs. 2 ArbSchG nicht erfasst werden.[19]

11 **4. Amtsverschwiegenheit/Amtsgeheimnis.** Bundesrechtlich ist die Pflicht zur Amtsverschwiegenheit inzwischen in § 67 Abs. 1 BBG 2009 sowie § 37 BeamtStG normiert, aber die Landesbeamtengesetze enthalten in der Regel vergleichbare Vorschriften oder verweisen auf § 37 BeamtStG.[20] Dem Beamten wird darin die Pflicht auferlegt, alle im Rahmen der amtlichen Tätigkeit bekannt gewordenen Angelegenheiten grundsätzlich – auch nach Beendigung des Beamtenverhältnisses – vertraulich zu behandeln. Dies gilt also nicht nur für Geheimnisse, sondern für **alle Sachverhalte**, die dem Beamten bei seiner Tätigkeit zur Kenntnis gelangen. Voraussetzung ist der 2009 im Gesetz klargestellte[21] Grundsatz der **Amtskausalität**: dem Beamten müssen die Tatsachen „**bei oder bei Gelegenheit der amtlichen Tätigkeit**" bekannt geworden sein. Es muss also ein „innerer Zusammenhang zur Überwachungstätigkeit"[22] bestanden haben. Die Verschwiegenheit bezieht sich nicht auf privat erlangte Kenntnisse.[23]

12 Die Geheimhaltungspflicht besteht allerdings nicht für **Mitteilungen im dienstlichen Verkehr**, bei denen die Bediensteten ja untereinander kommunizieren. Ebenfalls gilt sie auch nicht im Hinblick auf Tatsachen, die offenkundig sind oder ihrer Natur nach keiner Geheimhaltung bedürfen. Weitere Ausnahmen sind vorgesehen bei Verdacht einer Korruptionsstraftat gegenüber der obersten Dienstbehörde, der Strafverfolgungsbehörde oder einer für die Korruptionsbekämpfung zuständigen Einrichtung. Für Aussagen im Rahmen von Gerichtsverfahren benötigt der Beamte vorher eine Befreiung von der Amtsverschwiegenheit durch den Dienstvorgesetzten. Diese darf aber nur versagt werden, wenn die Angaben des Beamten das Wohl des Bundes oder eines Bundeslandes gefährden würden oder aber eine ordnungsgemäße Aufgabenerfüllung nicht mehr gewährleistet wäre.

13 Das **Amtsgeheimnis** ist von der Amtsverschwiegenheit rechtlich zu unterscheiden. Das Amtsgeheimnis ist ein Geheimnis, das sich auf einen bestimmten, nachvollziehbaren Personenkreis von Amtsträgern beschränkt. Der Begriff wird in § 11 Abs. 1 Nr. 2 StGB beschrieben. Danach sind Amtsträger nicht nur Richter und Beamte, sondern auch die sonstigen Beschäftigten im öffentlichen Dienst und Personen, denen anlassbezogen ein Amt übertragen wurde, zB ein Sachverständiger. Diese Personen müssen das Amtsgeheimnis bewahren, dh die Schweigepflicht beachten. Die Verletzung des Amtsgeheimnisses kann dienstrechtliche (Disziplinarverfahren), arbeitsrechtliche und strafrechtliche Konsequenzen nach sich ziehen.

14 **5. Umgang mit der Geheimhaltungspflicht. Ausnahmen** von der Pflicht der Geheimhaltung nach dem ArbSchG sind nur in folgenden Fällen möglich:

- Der Arbeitgeber erlaubt die Weitergabe der Betriebs- und Geschäftsgeheimnisse.
- Eine Weitergabe erfolgt zur Erfüllung gesetzlicher Arbeitsschutzpflichten[24] bzw. aufgrund einer gesetzlichen Regelung.
- Mitteilungen an Verfolgungsbehörden zur Verfolgung von Gesetzeswidrigkeiten. Dies können Staatsanwaltschaft, Polizei oder andere Verfolgungsbehörden sein (→ ArbSchG Vor § 25 Rn. 3 ff.).
- Die Betriebs- und Geschäftsgeheimnisse werden an den jeweiligen Unfallversicherungsträger weitergegeben, damit er seinem Präventionsauftrag nach dem SGB VII

---

18 Kollmer RdA 1997, 155 (160). **19** Ministerium für Arbeit, Integration und Soziales NRW, Grundsätze über die Auskunfts- und Geheimhaltungspflichten der Beschäftigten der Arbeitsschutzverwaltung, Runderlass – III 2-8012 – vom 19.2.2015, Ziff. 1.4. **20** ZB Bayern Art. 69 BayBG, Nordrhein-Westfalen § 64 LBG, Rheinland-Pfalz § 70 LBG, Sachsen-Anhalt § 51 LBG, Thüringen § 35 ThürBG. **21** BT-Drs. 16/7076, 116. **22** KJP/Koll ArbSchG § 23 Rn. 7; grundsätzlich Plog/Wiedow BBG § 67 Rn. 14 mit Hinweis auf BGH 9.12.2002 – 5 StR 276/02, NJW 2003, 979. **23** Anders noch Kollmer RdA 1997, 155 (157). **24** Dazu gehört auch die Informationspflicht nach § 89 Abs. 2 BetrVG; vgl. LR/Kahl GewO § 139 b Rn. 33.

nachkommen kann.²⁵ Für ihn gelten nach § 35 Abs. 4 SGB I, §§ 70, 78 SGB X ebenfalls spiegelbildliche Geheimhaltungspflichten.

- Zum Schutz der Umwelt dürfen Geheimnisse den dafür zuständigen Behörden offenbart werden.

Andere Fälle, in denen Geheimnisse offen gelegt werden dürfen, sieht das ArbSchG nicht vor. Es dürfen auch keine Geheimnisse in gut gemeinter Absicht offenbart werden, wenn die Weitergabe für den Arbeitgeber vorteilhaft wäre.²⁶ In einzelnen Fällen, zB wenn die Auskunft der Feuerwehr bei der Brandbekämpfung hilft, können die allgemeinen Grundsätze der Nothilfe oder der mutmaßlichen Einwilligung das Offenbaren rechtfertigen.²⁷ Für Betriebs- und Geschäftsverhältnisse gelten nur die Einschränkungen der Amtsverschwiegenheit, soweit nicht § 139 b GewO (→ Rn. 9) eingreift.

Ein Sonderfall ist der Umgang mit **Beschwerdeführern** oder Anzeigeerstattern, die sich 15 auf § 17 Abs. 2 ArbSchG berufen. Rechtlich ist die Geheimhaltung des Namens des Beschwerdeführers umstritten. Knorr²⁸ verneinte 1980 eine Geheimhaltungspflicht, da der Schutzzweck der Vorschrift (damals noch § 139 b GewO) nicht das Geheimhalten der Identität des Beschwerdeführers umfasse, um ihn vor Konsequenzen zu schützen. Blaßlsperger²⁹ vertritt die Auffassung, dass auch Beschäftigte zumindest teilweise in den Schutz des § 23 Abs. 2 ArbSchG einbezogen werden. Dies müsse schon deswegen gelten, da § 17 Abs. 2 ArbSchG ausdrücklich das durch ein Benachteiligungsverbot gestützte Recht der Beschäftigten vorsieht, sich an die Behörde zu wenden, wenn der Arbeitgeber Beschwerden nicht abgeholfen hat. So ist zu differenzieren (→ ArbSchG §§ 15–17 Rn. 24 ff.): Nur wenn hinreichend aussagekräftige Anhaltspunkte vorliegen, dass es sich um leichtfertige oder völlig haltlose Beschuldigungen handelt, ist eine Offenbarung gegenüber dem Arbeitgeber zulässig (→ ArbSchG §§ 15–17 Rn. 35).³⁰ Anzeigeerstatter, die keine leichtfertig falschen Erklärungen abgegeben haben, sind nach der Rechtsprechung des Bundesverfassungsgerichts³¹ auf jeden Fall vor Sanktionen zu schützen.³² Aus diesem Grund erstreckt sich die Verschwiegenheitspflicht der Aufsichtsbehörden regelmäßig auch auf die Identität der jeweiligen Beschwerdeführer (→ ArbSchG § 21 Rn. 13). Das Recht des Arbeitgebers auf Akteneinsicht erstreckt sich nicht auf die Identität des Beschwerdeführers.³³

In den Pressegesetzen des Bundes und der Länder ist die Zusammenarbeit der Behör- 16 den mit der Presse geregelt. Die **Presse** hat ein Recht auf Auskunft, dieses kann sie im Allgemeinen gegenüber dem Behördenleiter oder den von ihm Beauftragten geltend machen. Doch ist wie zB in Art. 4 des Bayrischen Pressegesetzes³⁴ die Auskunftsverweigerung für die Fälle vorgesehen, soweit aufgrund beamtenrechtlicher oder anderer gesetzlicher Vorschriften eine Verschwiegenheitspflicht besteht. Gleiches ist für die Arbeitsschutzverwaltung in Nordrhein-Westfalen im Runderlass der Grundsätze über die Auskunfts- und Geheimhaltungspflichten festgelegt worden³⁵ Nach der heutigen

---

25 LR/Kollmer ArbSchG § 23 Rn. 14; Pieper ArbSchG § 23 Rn. 4. **26** LR/Kahl GewO § 139 b Rn. 26. **27** Kollmer/Klindt/Schucht/Baßlsperger ArbSchG § 23 Rn. 16. **28** Knorr GewArch 1980, 281. **29** Kollmer/Klindt/Schucht/Blaßlsperger ArbSchG § 23 Rn. 22. **30** BVerwG 1.12.2015 – 20 F 9/15, ZD 2016, 240; vgl. VerfG RhP 4.11.1998 – VGH B 5/98, NJW 1999, 2264. **31** BVerfG 2.7.2001 – 1 BvR 2049/00, NZA 2001, 888 zur rechtsstaatswidrigen Kündigung nach berechtigter Strafanzeige; vgl. Münch/ArbR/Kohte § 292 Rn. 71. **32** Ebenso zum Informantenschutz bei Verbraucherbeschwerden in der Lebensmittelüberwachung: OVG Münster 28.9.2010 – 13 a F 46/10, DVBl 2010, 1516; bestätigt durch BVerwG 3.8.2011 – 20 F 23/10; Ministerium für Arbeit, Integration und Soziales NRW, Grundsätze über die Auskunfts- und Geheimhaltungspflichten der Beschäftigten der Arbeitsschutzverwaltung, Runderlass – III 2-8012 – vom 19.2.2015, Ziff. 3.5.3. **33** VG Ansbach GewArch 1979, 20; AG Münster 17.12.2012 – 13 OWi 271/12 (b); Tettinger/Wank/Ennnuschat GewO § 139 b Rn. 38; Wiebauer NZA 2015, 22 (23). **34** Art. 4 BayPrG idF vom 19.4.2000, GVBl. S. 340. **35** Ministerium für Arbeit, Integration und Soziales NRW, Grundsätze über die Auskunfts- und Geheimhaltungspflichten der Beschäftigten der Arbeitsschutzverwaltung, Runderlass – III 2-8012 – vom 19.2.2015, Ziff. 3.7.

Rechtsprechung ist abzuwägen, ob das öffentliche Informationsinteresse oder das private Diskretionsinteresse überwiegt.[36]

17 **6. Informationsfreiheit.** Informationsfreiheit bedeutet, dass alle Bürger ohne Begründung Zugang zu allen Informationen und Unterlagen haben, die bei öffentlichen Stellen vorhanden sind. Damit wird der Grundsatz der Amtsverschwiegenheit aufgebrochen. Unterlagen, die schutzbedürftige personenbezogene Daten, Betriebs- und Geschäftsgeheimnisse oder geheimhaltungsbedürftige öffentliche Informationen beinhalten, sind von dem **Recht auf Informationszugang** ausgenommen. Die Einzelheiten werden in entsprechenden Gesetzen auf Bundes- und Landesebene geregelt. Neben dem Informationsfreiheitsgesetz des Bundes, das den Zugang zu Informationen bei Bundesbehörden ermöglicht, haben viele Bundesländer eigene Landesinformationsgesetze erlassen. So legt zB Nordrhein-Westfalen fest, dass zugängliche Informationen nach dem Informationsfreiheitsgesetz NRW alle vorhandenen amtlichen Informationen unabhängig von der Form ihrer Aufbewahrung sind, also auch Informationen, die in Bild, Ton oder in sonstiger Weise vorhanden sind. Weiter besteht ein Informationsanspruch nur auf in der öffentlichen Verwaltung vorhandene Informationen. Die Behörde ist also nicht verpflichtet, Informationen zu beschaffen, zu rekonstruieren oder aufzubereiten. Sind keine Informationen vorhanden, auch wenn es für die Aufgabenwahrnehmung eigentlich notwendig wäre, besteht auch kein Anspruch.[37] Das Informationsbegehren ist im Allgemeinen durch einen – auch mündlichen – Antrag zu äußern, über den die Behörde entscheidet, von der Informationen verlangt werden. Wenn durch den Zugang zu Informationen, die nicht durch gesetzliche Vorschriften geschützt sind, Dritte belastet werden, sind diese vor der Gewährung des Informationszuganges zu hören. Sollten unterschiedliche Einschätzungen zum Schutz der begehrten Informationen bestehen, ist im Zweifel eine gerichtliche Klärung anzustreben. Sind persönliche Daten betroffen, sind die entsprechenden Datenschutzgesetze des Bundes und der Bundesländer zu beachten.

18 **7. Folgen der Weitergabe von Geheimnissen.** Verletzt ein Beauftragter einer Behörde seine Geheimhaltungs- und Verschwiegenheitspflicht, so hat das uU nicht nur **disziplinarische**, sondern auch **strafrechtliche Konsequenzen**. Wer als Amtsträger unbefugt ein fremdes Geheimnis namentlich ein Betriebs- oder Geschäftsgeheimnis offenbart, wird nach § 230 Abs. 1 S. 1 Nr. 1 StGB mit einer Freiheitsstrafe bis zu einem Jahr oder einer Geldstrafe bestraft. Dabei gilt, dass eine Offenbarung, die in Gesetzen vorgesehen ist, nicht bestraft werden kann.[38] Sollte also der Amtsträger im Zweifel sein, ob er ein Geheimnis offenbaren darf, sollte er sich ggf. bei seinem eigenen Dienst- oder Fachvorgesetzten, evtl. auch bei der obersten Dienstbehörde rückversichern.

19 Die Entscheidung der Behörde, ob sie eine Information weitergibt, ist ein **Verwaltungsakt mit Drittwirkung**, in diesem Fall belastet sie den Arbeitgeber. Dieser ist vor der Entscheidung zu hören. Nach Erlass des Verwaltungsaktes hat er die Möglichkeit, Rechtsmittel (Widerspruch und/oder Klage, → ArbSchG § 22 Rn. 68) zu nutzen. Dieses hat immer aufschiebende Wirkung, dh eine Weitergabe der Informationen ist noch nicht möglich. Der Arbeitgeber hat auch die Möglichkeit, eine **Unterlassungsklage** gemäß § 111 VwGO zu erheben, um präventiv das Unterlassen einer Geheimnisherausgabe zu verlangen. Ist der Arbeitgeber der Ansicht, dass die Behörde rechtswidrig Informationen herausgegeben hat, so kann er analog § 113 Abs. 5 VwGO eine **Fortsetzungsfeststellungsklage** mit dem Antrag erheben, dass das Verwaltungsgericht feststellen möge, dass die seinerzeitige Offenbarung der Betriebs- und Geschäftsgeheimnisse rechtswidrig gewesen sei.[39]

20 Schadensersatzansprüche aufgrund der **Amtshaftung** kann der Arbeitgeber bei einem Verstoß gegen die Geheimhaltungspflichten gemäß § 839 BGB iVm Art. 34 GG geltend machen. Zu klären sind hier ua die Fragen, ob und wann eine Amtspflichtverletzung

---

[36] OLG Hamm 31.1.2000 – 2 Ws 282/99, NJW 2000, 1278 zu einem Fall, in dem das öffentliche Informationsinteresse den Vorrang erhielt. [37] Landesinformationsfreiheitsgesetz NRW vom 27.11.2001, GV.NRW S. 806, SGV.NRW 2010. [38] Kollmer/Klindt/Schucht/Baßlsperger ArbSchG § 23 Rn. 55. [39] Kollmer RdA 1997, 162.

aufgrund einer ermessensfehlerhaften Entscheidung der Informationsherausgabe vorliegt und ob im konkreten Fall wirklich ein Schaden durch die Verletzung der Geheimhaltungspflicht entstanden ist.[40]

V. Zusammenarbeit und Datenübermittlung bei Sozialmissbrauch

§ 23 Abs. 3 ArbSchG sieht ausdrücklich eine Mitwirkung der für die Überwachung des betrieblichen Arbeits- und Gesundheitsschutzes zuständigen Behörden bei der Bekämpfung der Schwarzarbeit und illegalen Beschäftigung vor. Alle Formen der Schwarzarbeit, der illegalen Beschäftigung, des Leistungsmissbrauchs und damit einhergehende Verstöße können von den jeweils zuständigen Behörden mit Bußgeldern oder auch als Straftat mit Freiheits- oder Geldstrafen geahndet werden. 21

Schwarzarbeit ist in § 1 Abs. 2 des Gesetzes zur Bekämpfung der Schwarzarbeit und illegalen Beschäftigung definiert. Schwarz arbeitet, wer Dienst- oder Werkleistungen in erheblichem Umfang erbringt, also selbstständig tätig ist, aber 22

- gleichzeitig Sozialleistungen bezieht und die Leistungsstelle nicht von seiner Tätigkeit und seinen Einkünften unterrichtet oder
- selbstständig arbeitet, ohne ein Gewerbe angemeldet zu haben, oder
- ein Handwerk ausübt, ohne in die Handwerksrolle eingetragen zu sein.

Keine Schwarzarbeit sind Hilfeleistungen durch Angehörige und Lebenspartner, Nachbarschaftshilfe, Selbsthilfe oder Gefälligkeiten, wenn die Tätigkeiten nicht nachhaltig auf Gewinn ausgerichtet sind, dh höchstens gegen ein geringes Entgelt erbracht werden.

Illegale Beschäftigung von Ausländerinnen und Ausländern aus Ländern, die nicht zur EU gehören, wird von der Schwarzarbeit unterschieden. Hier nimmt das Gesetz vor allem die Arbeitgeber in die Verantwortung. Nicht erlaubt ist, ausländische Arbeitnehmer ohne Arbeitsgenehmigung zu beschäftigen, mit falschen Angaben eine Arbeitsgenehmigung für ausländische Arbeitnehmer zu erschleichen oder als Auftraggeber einen Subunternehmer zu beschäftigen, von dem er weiß, dass er Ausländer ohne Arbeitsgenehmigung beschäftigt. 23

Eine andere Erscheinungsform illegaler Beschäftigung ist die illegale **Arbeitnehmerüberlassung**. Erfolgt eine Arbeitnehmerüberlassung ohne die erforderliche Erlaubnis, so sind der Überlassungsvertrag und der Arbeitsvertrag unwirksam (§ 9 AÜG). Es ändert sich die Rechtsbeziehung zwischen dem Entleiher und dem Zeitarbeitnehmer. Es gilt dann die Annahme, dass zwischen diesen beiden ein Arbeitsverhältnis zustande gekommen ist. Der „Entleiher" trägt damit alle Konsequenzen eines Arbeitgebers in dem fiktiven Arbeitsverhältnis, also auch die Verantwortung bei Verstößen gegen das Arbeitnehmer-Entsendegesetz (AEntG). Dieses Gesetz verpflichtet sowohl Arbeitgeber mit Sitz in Deutschland, Arbeitgeber mit Sitz im Ausland (einschließlich der Werkvertragsunternehmer, die aufgrund bilateraler Vereinbarungen tätig werden) als auch Verleiher und Entleiher zur **Einhaltung gesetzlicher Arbeitsbedingungen**. In bestimmten Branchen müssen Arbeitgeber und Verleiher tarifvertraglich geregelte Arbeitsbedingungen gewähren. 24

Erhält die Arbeitsschutzverwaltung bei ihrer Überwachungstätigkeit konkrete Anhaltspunkte oder Verdachtsmomente, die sich auf Schwarzarbeit, illegale Beschäftigung, Leistungsmissbrauch oder den Vorenthalt von Sozialleistungen beziehen, **unterrichten** sie die für die Ahndung und Verfolgung zuständige Finanzkontrolle Schwarzarbeit bei den Hauptzollämtern. Seit 1998 verfügen die Beamten der **Finanzkontrolle Schwarzarbeit** über Polizeibefugnisse und sind Ermittlungspersonen der Staatsanwaltschaft. Damit sind sie berechtigt, Festnahmen, Durchsuchungen und Beschlagnahmen durchzuführen. Weiter sind sie berechtigt, ohne Anfangsverdacht zu prüfen. In den anderen Fällen unterrichtet die Arbeitsschutzverwaltung die dann für die Verfolgung und Ahndung der Verstöße zuständigen Behörden wie zB Berufsgenossenschaften, Ordnungsämter der Gemeinden oder die Bundesagentur für Arbeit. 25

---

[40] Kollmer/Klindt/Schucht/Baßlsperger ArbSchG § 23 Rn. 62 ff.

VI. Jahresbericht

26 Die obersten Landesbehörden sind verpflichtet, jährlich über die Tätigkeiten der zuständigen Behörden zu berichten. Diese Berichtspflicht ist aus der Gewerbeordnung übernommen worden. Die Jahresberichte ermöglichen der Bundesregierung, ihren internationalen Berichtspflichten im Arbeitsschutz sowie der Berichtspflicht nach § 25 SGB VII[41] nachzukommen. Daneben stellen die **Bundesländer ihre Tätigkeiten** dar. Dazu dient einmal eine bundesweit einheitliche statistische Erfassung der durchgeführten Dienstgeschäfte und der festgestellten Mängel. Weiter werden die auf Landes- oder Regionalebene vereinbarten Schwerpunkte, im Allgemeinen die durchgeführten Programme oder Schwerpunktaktionen, mit ihren Ergebnissen dargestellt. Die einzelnen statistischen Teile der Jahresberichte der Bundesländer werden zu einem Gesamtbericht zusammengefasst. Dieser Bericht enthält Übersichten über die regionale Verteilung der Betriebe und Branchen, über die Beanstandungen bei Überprüfungen des betrieblichen Arbeits- und Gesundheitsschutzes sowie Tabellen über die Tätigkeiten der Gewerbeärzte. Sie können Basis für Schwerpunkte der Überwachungstätigkeit der zuständigen Behörden in den Folgejahren werden.

§ 24 ArbSchG Ermächtigung zum Erlaß von allgemeinen Verwaltungsvorschriften

[1]Das Bundesministerium für Arbeit und Soziales kann mit Zustimmung des Bundesrates allgemeine Verwaltungsvorschriften erlassen
1. zur Durchführung dieses Gesetzes und der aufgrund dieses Gesetzes erlassenen Rechtsverordnungen, soweit die Bundesregierung zu ihrem Erlaß ermächtigt ist,
2. über die Gestaltung der Jahresberichte nach § 23 Abs. 4 und
3. über die Angaben, die die zuständigen obersten Landesbehörden dem Bundesministerium für Arbeit und Soziales für den Unfallverhütungsbericht nach § 25 Abs. 2 des Siebten Buches Sozialgesetzbuch bis zu einem bestimmten Zeitpunkt mitzuteilen haben.

[2]Verwaltungsvorschriften, die Bereiche des öffentlichen Dienstes einbeziehen, werden im Einvernehmen mit dem Bundesministerium des Innern erlassen.

Literatur: *Jarass*, Bindungswirkung von Verwaltungsvorschriften, JuS 1999, 105; *Kohte*, Die Konkretisierung rechtlicher Anforderungen durch technische Regeln, in: Hendler/Marburger (Hrsg.), Technische Regeln im Umwelt- und Technikrecht, 2006, S. 119 ff.; *Langenfeld/Schlemmer-Schulte*, Die TA Luft – kein geeignetes Instrument zur Umsetzung von EG-Richtlinien, EuZW 1991, 622; *Marburger*, Die Regeln der Technik im Recht, 1979; *Mertens*, Der Arbeitsschutz und seine Entwicklung, 1978.

I. Normzweck, Systematik

1 Allgemeine Verwaltungsvorschriften sind als **abstrakt-generelle Anordnungen** in einer hierarchisch gegliederten Verwaltung ein klassisches Instrument einer **zentralen Steuerung des administrativen Handelns** durch die an der Spitze der Hierarchie stehenden Behörden.[1] Im klassischen Arbeitsschutzrecht, das vorrangig mit den Mitteln des öffentliches Rechts arbeitet, fanden und finden sich daher, zB im früheren Gerätesicherheitsrecht und in § 15 ASiG, entsprechende Ermächtigungen zum Erlass allgemeiner Verwaltungsvorschriften, mit denen ein gleichmäßiger Normvollzug und damit zugleich auch Wettbewerbsgleichheit der betroffenen Arbeitgeber sichergestellt werden soll.[2] Allgemeine Verwaltungsvorschriften auf der Grundlage des § 24 ArbSchG hat das Bundesministerium für Arbeit und Soziales bisher nicht erlassen. Die Entwicklung ist über die Vorschrift und über allgemeine Verwaltungsvorschriften als Instrument im Bereich des Arbeitsschutzrechtes insgesamt hinweg gegangen. Nachdem sie sich im

---

41 Münch/ArbR/Kohte § 288 Rn. 22 ff.; zuletzt BT-Drs. 18/10620 vom 12.12.2016. **1** Marburger, S. 414 f.; vgl. Bücker, Gefahrenabwehr, S. 131 f. **2** Zu § 15 ASiG BT-Drs. 7/260, 16; Anzinger/Bieneck ASiG § 15 Rn. 2; Spinnarke/Schork ASiG § 15 Rn. 1; KJP/Koll ASiG § 15 Rn. 1.

Lichte der Rechtsprechung des Europäischen Gerichtshofs bereits weithin untauglich zur Richtlinienumsetzung erwiesen hatten (→ Rn. 5), hat das Bundesverfassungsgericht durch eine strenge Interpretation der verfassungsrechtlichen Grundlagen die Anforderungen an ihren Erlass erheblich verschärft und dadurch § 24 S. 1 Nr. 1 ArbSchG obsolet werden lassen (→ Rn. 7). Zu den Einzelheiten:

Zu den Besonderheiten des deutschen Technikrechts gehörte es, dass die allgemeinen Verwaltungsvorschriften zugleich genutzt wurden, um die **allgemein anerkannten Regeln der Technik** zu bezeichnen und auf diese Weise eine weitgehende Orientierung vor allem an bestimmten DIN-Vorschriften und vergleichbaren technischen Regeln sicherzustellen. Die beiden zentralen Instrumente waren die allgemeinen Verwaltungsvorschriften für die überwachungsbedürftigen Anlagen in den Verordnungen zu § 24 GewO[3] sowie im Recht der Maschinen- und Gerätesicherheit. Die allgemeinen Verwaltungsvorschriften nach § 11 GtA, § 10 GSG waren zentrale Instrumente des deutschen Arbeitsschutzrechts. Auf dem Höhepunkt ihres Einflusses wurden durch diese Vorschriften fast 1.000 technische Normen und Regeln identifiziert, die damit in der Praxis einen besonderen Stellenwert hatten.[4]

Dieses System konnte den heutigen Anforderungen technischer Steuerung im Gemeinsamen Markt bei sich schnell ändernden Anforderungen nicht mehr genügen.[5] Im Recht der Maschinensicherheit wurde es vor allem durch das im Gemeinschaftsrecht seit 1985 entwickelte System der in den verschiedenen Richtlinien normierten Anforderungen sowie der sie konkretisierenden europäischen Normung ersetzt.[6] Im inzwischen geltenden ProdSG finden wir keine Ermächtigung zum Erlass allgemeiner Verwaltungsvorschriften.[7] Im betrieblichen Arbeitsschutz hatte bereits seit 1975 eine Öffnung durch die Arbeitsstättenrichtlinien eingesetzt, indem die **jeweiligen Regeln** und gesicherten arbeitswissenschaftlichen Erkenntnisse **in Ausschüssen kooperativ erstellt** bzw. ermittelt wurden. Dieses System ist heute integriert in die **Ausschüsse nach § 18 Abs. 2 Nr. 5 ArbSchG** und in die **kooperativen Verfahren der Gemeinsamen Deutschen Arbeitsschutzstrategie**, so dass nur noch ein geringer Bedarf nach Regulierung durch allgemeine Verwaltungsvorschriften besteht.

II. Entstehung, Unionsrecht

Im **Gesetzgebungsverfahren** ist **§ 24 ArbSchG nicht ausführlich diskutiert** worden. Im 1994 vorgelegten Regierungsentwurf war in § 46 ArbSchRGE ein vergleichbarer Vorschlag enthalten, der weiter gehend auch die Kooperation von staatlichen Aufsichtsbehörden und Unfallversicherungsträgern solchen Verwaltungsvorschriften unterstellen wollte.[8] In dem „verschlankten" Entwurf zum ArbSchG vom Januar 1996 war eine vergleichbare Vorschrift nicht enthalten, da die Fragen des Verwaltungsvollzugs nur außerordentlich knapp geregelt werden sollten. Der Verwaltungsvollzug des neuen Gesetzes wurde ausführlich im Gesetzgebungsverfahren erst durch die Stellungnahme des Bundesrats[9] thematisiert, der allerdings das Instrument der Rechtsverordnung in den Mittelpunkt gerückt hatte. Im Rahmen des Kompromisses zwischen Bund und Ländern, der vor allem in der Ausgestaltung des § 21 ArbSchG seinen Ausdruck gefunden hatte (→ ArbSchG § 21 Rn. 5), wurde dann auch in Anlehnung an vergleichbare Vorschriften (→ Rn. 2) die Ermächtigung für Einführung allgemeiner Verwaltungsvorschriften mit Zustimmung des Bundesrats in § 24 ArbSchG normiert.[10]

Bereits im früheren **gemeinschaftsrechtlichen Kontext** sind die in der deutschen Verwaltungspraxis typischen AVV mit **großer Skepsis** aufgenommen worden. In der **Rechtsprechung des Europäischen Gerichtshofs** wurde schon früh verlangt, dass Richtlinien rechtssicher, transparent und kontrollierbar umgesetzt werden. Daraus hat der Gerichtshof zutreffend abgeleitet, dass die wesentlichen gesetzlichen Entscheidungen durch Gesetz oder durch Verordnung zu regeln sind und dass AVV nur eine Ergän-

---

3 Marburger, S. 61 ff. **4** Mertens, S. 58 f.; Münch/ArbR/Wlotzke, 1. Aufl. 1993, § 203 Rn. 23. **5** BFK Rn. 394 f. **6** Kohte, Technische Regeln, S. 119, 126 ff. **7** Anders jedoch § 37 a MPG mit Verwaltungsvorschriften zu den Anforderungen an die Aufsicht. **8** BT-Drs. 12/6752, 21, 54. **9** BT-Drs. 13/4337. **10** BT-Drs. 13/4854, 4.

zungsfunktion zukommen könne. In einer Serie von lebhaft diskutierten Entscheidungen[11] hat der Gerichtshof 1991 festgestellt, dass wichtige umweltrechtliche und in Deutschland damals übliche materielle Regelungen in AVV nicht den Anforderungen der Umsetzung des damaligen Gemeinschaftsrechts genügten. Die Umsetzung muss die tatsächliche und vollständige Anwendung der Richtlinie in so klarer und bestimmter Weise gewährleisten, dass etwaige Begünstigte in der Lage sind, von allen ihren Rechten Kenntnis zu erlangen und diese gegebenenfalls vor den nationalen Gerichten geltend zu machen. Hierfür fehlt es den Verwaltungsvorschriften bereits an einer gesicherten Drittwirkung, die dem Begünstigten eine hinreichende Gewissheit vermitteln würde.[12] Diese Rechtsprechung lässt sich normstrukturell auch auf das Arbeitsschutzrecht übertragen,[13] so dass Verwaltungsvorschriften als zur Umsetzung auch von arbeitsschutzrechtlichen Richtlinien – jedenfalls soweit sie Rechte vermitteln – als unzureichend angesehen werden müssen.

III. Verfassungsrechtliche Aspekte

6 Die klassische Struktur der allgemeinen Verwaltungsvorschriften, die von einem einzelnen Bundesministerium erlassen werden können, war lange Zeit unbestritten und hatte auch die Billigung des Bundesverfassungsgerichts gefunden.[14] Durch einen Beschluss aus dem Jahr 1999 ist hier eine Kehrtwende vollzogen worden. Der 2. Senat des Bundesverfassungsgerichts orientiert sich nunmehr strikt am Wortlaut des Art. 85 Abs. 2 S. 1 GG und verlangt, dass allgemeine Verwaltungsvorschriften von der **Bundesregierung als Kollegium mit Zustimmung des Bundesrats** zu beschließen sind.[15] Nur eine strikte Auslegung der Kompetenznormen in Art. 84, 85 GG werde der hohen Bedeutung allgemeiner Verwaltungsvorschriften für den Normvollzug der Bundesländer gerecht. Diese Entscheidung zur Bundesauftragsverwaltung ist auf die von § 24 S. 1 Nr. 1 ArbSchG angezielte und in Art. 84 GG geregelte Landeseigenverwaltung von Bundesgesetzen übertragbar. In der Literatur wird mehrheitlich auch insoweit ausschließlich die Bundesregierung als Kollegium für befugt angesehen, mit Zustimmung des Bundesrats allgemeine Verwaltungsvorschriften zu erlassen.[16] Die Gegenauffassung sieht zusätzlich die einfachgesetzliche Ermächtigung eines Bundesministerium zum Erlass von Verwaltungsvorschriften an die Länder für zulässig an, vorausgesetzt in der einfachgesetzlichen Ermächtigung ist eine Beteiligung des Bundesrats vorgesehen.[17] Die neuere Gesetzgebungspraxis hat die Entscheidung des Bundesverfassungsgerichts nachvollzogen und bezieht die Ermächtigung zum Erlass von Verwaltungsvorschriften zum Normenvollzug, die von den Ländern zu beachten sind, auf die Bundesregierung. Dies dokumentiert etwa die 2002 erfolgte Neufassung der die Länder betreffenden Bestimmungen in Bezug auf die Führung des Gewerbezentralregisters in § 153b GewO.[18] Ein anderes Beispiel ist die Novellierung der für den Arbeitsschutz wichtigen Norm des § 20 SGB VII (→ Rn. 9).

IV. Mögliche Gegenstände allgemeiner Verwaltungsvorschriften

7 Aufgrund dieser verfassungsrechtlichen und verfassungspolitischen Entwicklung ist die **Ermächtigung in § 24 S. 1 Nr. 1 ArbSchG**, zur Durchführung des ArbSchG allgemeine Verwaltungsvorschriften durch das Bundesministerium für Arbeit und Soziales zu erlassen, **obsolet** geworden.[19] Verwaltungsvorschriften könnten auch insoweit rechtssicher ausschließlich durch die Bundesregierung als Kollegium erlassen werden. Dementsprechend erfolgt die Konkretisierung des ArbSchG und der jeweiligen Verordnungen inzwischen durch die Ausschüsse nach § 18 Abs. 2 Nr. 5 ArbSchG und die Verfahren

---

11 Langenfeld/Schlemmer-Schulte EuZW 1991, 622; Zuleeg NJW 1993, 31 (36). **12** EuGH 30.5.1991 – C-361/88, Slg 1991, 2567 (Schwebstaub) = EuZW 1991, 440 Rn. 15, 20. **13** Zur Verbindung zum Arbeitsschutzrecht: BFK Rn. 171 ff. **14** BVerfG 15.7.1969 – 2 BvF 1/64, BVerfGE 26, 338 = JZ 1970, 176. **15** BVerfG 2.3.1999 – 2 BvF 1/94, BVerfGE 100, 249 = JZ 1999, 993 mAnm Tschentscher. **16** Dittmann in: Sachs, GG, 7. Aufl. 2014, GG Art. 84 Rn. 29; Jarass/Pieroth/Pieroth GG Art. 84 Rn. 26; Trute in: v. Mangoldt/Klein/Starck, GG, 6. Aufl. 2010, GG Art. 84 Rn. 68. **17** Tschentscher JZ 1999, 994 (995 f.). **18** Vgl. BT-Drs. 14/6841, 11, 18. **19** So auch Kollmer/Klindt/Schucht/Dörfert ArbSchG § 24 Rn. 9.

der Gemeinsamen Deutschen Arbeitsschutzstrategie. Dies ist sachgerecht, weil insoweit kooperative Verfahren zur Konkretisierung besser geeignet sind, nachdem die generellen Vorgaben inzwischen in Verordnungen normiert worden sind, die eine wichtige Konkretisierungsaufgabe übernommen haben.[20] Die aktuelle Entwicklung der ArbStättV und der Arbeitsstättenrichtlinien seit 2010 ist ein anschauliches Beispiel für diesen Vorrang kooperativer Verfahren.

Weniger eindeutig ist die Rechtslage hinsichtlich der beiden weiteren in § 24 ArbSchG 8
angesprochenen Regelungsgegenstände. Jedenfalls die Angaben seitens der Länderbehörden für den Unfallverhütungsbericht aber wohl auch die Gestaltungsrichtlinien dürften als Amtshilfe außerhalb des von Art. 84 GG geschützten Normenvollzugs durch die Länder bleiben.[21] Die **Anforderungen an Jahresberichte** und die Angaben für den früheren Unfallverhütungsbericht nach § 25 Abs. 2 SGB VII, der inzwischen umfassender als **Bericht über den Stand von Sicherheit und Gesundheit bei der Arbeit** qualifiziert wird, können dementsprechend durch allgemeine Verwaltungsvorschriften konkretisiert werden. Diese Anforderungen sind auch nicht ohne Bedeutung, weil nach dem neuen, 2010 ratifizierten ILO-Übereinkommen 187[22] die Berichte der Aufsicht eine wichtige Funktion für die weitere Entwicklung und Formulierung der Arbeitsschutzstrategie haben sollen. Diese Rolle können sie nur wahrnehmen, wenn sie einen substantiellen Inhalt haben und in allen Bundesländern ein einheitlicher Kernbereich von Daten erhoben wird.

Von Relevanz für den Arbeitsschutz sind weiter die **allgemeinen Verwaltungsvorschrif-** 9
ten nach § 20 Abs. 3 SGB VII, die Kooperationen der Unfallversicherungsträger betreffen. In der früheren Fassung der §§ 712, 717 RVO waren auch diese allgemeinen Verwaltungsvorschriften, die teilweise heute noch angewandt werden,[23] vom zuständigen Bundesministerium allein zu erlassen. Diese Kompetenzzuweisung ist mit dem Gesetz zur Änderung des SGB VII vom 24.7.2003[24] modifiziert worden. Danach können die allgemeinen Verwaltungsvorschriften über das Zusammenwirken der Aufsichtsbeamten der Unfallversicherungsträger mit den Arbeitsschutzbehörden sowie mit der Bergaufsicht nur von der Bundesregierung erlassen werden, während die AVV über die **Kooperation der Aufsichtsbeamten mit den Arbeitnehmervertretungen** auch weiterhin vom zuständigen Ministerium – jetzt das BMAS – erlassen werden. Diese Differenzierung findet ihre Rechtfertigung darin, dass die Zusammenarbeit der Unfallversicherungsträger mit den Arbeitnehmervertretungen keine Verwaltungskompetenzen der Länder berührt und deshalb Art. 84 Abs. 2 GG – anders als bei der Kooperation mit den Arbeitsschutz- bzw. Bergaufsichtsbehörden – nicht einschlägig ist. Rechtstatsächlich ist darauf hinzuweisen, dass die AVV zur Kooperation mit den Arbeitsschutzbehörden 2009 abgelöst worden ist durch eine Rahmenvereinbarung zwischen den Bundesländern und der DGUV, der das BMAS zugestimmt hat.[25]

Die **Kooperation zwischen Aufsichtsbeamten und Arbeitnehmervertretungen** gehört 10
nach dem Leitbild der RL 89/391/EWG zu den wichtigen Eckpunkten der heutigen Arbeitsschutzpolitik. **Art. 11 Abs. 6 RL 89/391/EWG** setzt eine solche Kooperation voraus. Es entspricht nicht den unionsrechtlichen Anforderungen (→ Rn. 5), dass diese wichtige Frage ausschließlich in einer allgemeinen Verwaltungsvorschrift, die von einem einzelnen Ministerium erlassen werden kann, ihre Grundlage finden soll.[26] Insoweit ist eine **Nachjustierung erforderlich**, um diese wichtige Partizipationsform sicherzustellen. Im SLIC-Bericht[27] war 2006 festgestellt worden, dass die Kooperationspraxis in den einzelnen Bundesländern und Regionen unterschiedlich effektiv und sorgfältig erfolgt. Trotz dieser gewichtigen Monita ist eine Korrektur bisher noch nicht erfolgt;

---

20 Vgl. Kollmer/Klindt/Schucht/Dörfert ArbSchG § 24 Rn. 10. **21** Vgl. BVerfG 14.7.1959 – 2 BvF 1/58, BVerfGE 10, 20, unter C III 2. **22** BGBl. II 2010, 378 ff. **23** Münch/ArbR/Kohte § 290 Rn. 109; Fitting BetrVG § 89 Rn. 19; Lauterbach/Hussing SGB VII § 20 Rn. 39. **24** BGBl. I 2003, 1526, 1527; sprachlich angepasst BGBl. I 2006, 2407, 2441. **25** Eichendorf in: jurisPK-SGB VII, SGB VII § 20 Rn. 9; Text in Lauterbach/Rentrop SGB VII Anh. II.1; ausführlich auch Kranig/Timm in: Hauck/Noftz SGB VII § 20 Rn. 7. **26** Münch/ArbR/Kohte § 290 Rn. 110. **27** Pieper ArbSchG § 20 a Rn. 2; Münch/ArbR/Kohte § 290 Rn. 115.

die Einzelheiten der Kooperation der Aufsichtsbeamten mit den Arbeitnehmervertretungen werden auch weiterhin nur durch Dienstanweisungen geregelt (→ ArbSchG § 22 Rn. 41).[28] Daher ist zumindest eine unionsrechtskonforme Auslegung von § 89 BetrVG geboten (→ BetrVG § 89 Rn. 15).

11 § 24 S. 2 ArbSchG ordnet an, dass AVV, die Bereiche des öffentlichen Dienstes einbeziehen, im Einvernehmen mit dem **Bundesministerium des Innern** erlassen werden. Dies war konsequent durch die Einbeziehung der Beamten in das ArbSchG. Hier könnte es sich letztlich nur um Vorschriften nach § 24 S. 1 Nr. 1 ArbSchG handeln, so dass auch diese Bestimmung für die Praxis obsolet sein dürfte.

Vorbemerkungen zu § 25 ArbSchG

Literatur: *Bock*, Criminal Compliance, 2. Aufl. 2013; *Doms*, Die strafrechtliche Verantwortlichkeit des Unternehmers für den Arbeitsschutz im Betrieb, 2006 (zitiert: Doms, Verantwortlichkeit); *Eidam*, Unternehmen und Strafe, 4. Aufl. 2014; *Erbs/Kohlhaas*, Strafrechtliche Nebengesetze, 213. Aufl. 2017 (zitiert: Bearbeiter in: Erbs/Kohlhaas); *Faber*, Die arbeitsschutzrechtlichen Grundpflichten des § 3 ArbSchG, 2004; *Fleischer*, Corporate Compliance im aktienrechtlichen Unternehmensverbund, CCZ 2008, 1; *Gercke/Kraft/Richter*, Arbeitsstrafrecht, 2. Aufl. 2015; *Hahn*, Arbeitsstrafrecht, 1992; *Hauschka*, Corporate Compliance, 2. Aufl. 2010; *Herzberg*, Die Verantwortung für Arbeitsschutz und Unfallverhütung im Betrieb, 1984 (zitiert: Herzberg, Verantwortung); *Ignor/Mosbacher*, Handbuch Arbeitsstrafrecht, 3. Aufl. 2016; *Kassebohm/Malorny*, Die strafrechtliche Verantwortlichkeit des Managements, BB 1994, 1361; *Kraft/Winkler*, Zur Garantenstellung des Compliance-Officers, CCZ 2009, 29; *Kuchenbauer*, Asbest und Strafrecht, NJW 1997, 2009; *Landau*, Das strafrechtliche Risiko der am Bau Beteiligten, wistra 1999, 47; *Lelly*, Compliance im Arbeitsrecht, 2010; *Michalski*, GmbHG, 2. Aufl. 2010; *Nöthlichs*, Neue Arbeitsschutzvorschriften in der Gewerbeordnung, Arbeitsschutz 1974, 283; *Odenthal*, Strafbewehrter Verwaltungsakt und verwaltungsrechtliches Eilverfahren, NStZ 1991, 418; *Pieper*, Das Arbeitsschutzgesetz, AuR 1669, 465; *Schliephacke*, Führungswissen Arbeitssicherheit, 3. Aufl. 2009; *Schmitz*, Verwaltungshandeln und Strafrecht, 1992; *Schorn*, Die straf- und ordnungswidrigkeitenrechtliche Verantwortlichkeit im Arbeitsschutzrecht und deren Abwälzung, BB 2010, 1345; *Steenfatt*, Der strafrechtliche Schutz des Arbeitnehmers vor einer Beschäftigung unter ungünstigen Arbeitsbedingungen, 2010; *Ulber*, Whistleblowing und der EGMR, NZA 2011, 962; *Volk*, Münchener Anwaltshandbuch Strafverteidigung, 2. Aufl. 2014; *Wiebauer*, Whistleblowing im Arbeitsschutz, NZA 2015, 22; *Wilrich*, Verantwortlichkeit und Haftung im Arbeitsschutz, DB 2008, 182; *Wilrich*, Verantwortlichkeit und Pflichtenübertragung im Arbeitsschutzrecht, DB 2009, 1294; *Wilrich*, Die Explosion auf dem Dümpersee, BPUVZ 2013, 387.

Leitentscheidungen: LG Nürnberg-Fürth 8.2.2006 – 2 Ns 915 Js 1444710/2003, NJW 2006, 1824; OLG Naumburg 25.3.1996 – 2 Ss 27/96, NStZ-RR 1996, 229; OLG Rostock 10.9.2004 – 1 Ss 80/04 I 101/04, AuR 2006, 128; LG Osnabrück 20.9.2013 – 10 KLs 16/13.

I. Rechtssystematik/Normzweck	1
II. Ermittlungsanlässe	3
III. Verfahrensfragen	6
1. Ordnungswidrigkeitenverfahren	7
a) Verfahrensabschluss	8
b) Adressat	10
c) Rechtsmittel	11
2. Strafverfahren	12
a) Anklageerhebung	13
b) Einstellung nach § 153 StPO	14
c) Einstellung nach § 153 a StPO	15
d) Rechtsmittel	16
e) Strafe	17
IV. Flankierung des Arbeitsschutzes durch das Kernstrafrecht (StGB)	18
1. Sorgfaltspflichtwidrigkeit	21
2. Kausalität	24
3. Durchbrechung der Kausalität	25
4. Vorhersehbarkeit des Erfolgs	29
V. Unterlassenstatbestände und Garantenpflichten	31
VI. Strafrechtliche Verantwortlichkeit und Delegation	34
1. Führungskräfte	38
2. Voraussetzungen der Delegation	40

---

28 HaKo-BetrVG/Kohte BetrVG § 89 Rn. 27.

I. Rechtssystematik/Normzweck

§§ 25 f. ArbSchG regeln **Straf- und Ordnungswidrigkeitentatbestände** für den Fall der Verletzung arbeitsschutzrechtlicher Pflichten aus dem ArbSchG oder den Arbeitsschutzverordnungen nach §§ 18, 19 ArbSchG. Die Bestimmungen sind im Zusammenhang mit Art. 4 Abs. 2 Arbeitsschutzrahmenrichtlinie 89/391/EWG zu sehen, der die Mitgliedstaaten verpflichtet, für eine angemessene Kontrolle und Überwachung der Einhaltung der Arbeitsschutzpflichten Sorge zu tragen. Die hoheitlichen Befugnisse der Arbeitsschutzaufsicht zur präventiven Rechtsdurchsetzung durch hoheitliche Anordnungen werden durch die §§ 25 f. ArbSchG ergänzt und verstärkt. Das Ordnungswidrigkeiten- und Strafrecht bietet ein flankierendes Instrumentarium durch die Möglichkeit, Verstöße gegen arbeitsschutzrechtliche Pflichten zu sanktionieren und so mittelbar auch zur Einhaltung des Arbeitsschutzrechts beizutragen.[1] Die **Bußgeldvorschrift des § 25 ArbSchG** regelt verschiedene arbeitsschutzrechtliche Pflichtverstöße, deren Begehung nach Wertung des Gesetzgebers jeweils lediglich **Verwaltungsunrecht** darstellt, so dass eine Ahndung durch Kriminalstrafe unangemessen wäre. Das Hinzutreten qualifizierender Umstände objektiver oder subjektiver Art kann diese Verstöße **zu Straftaten nach § 26 ArbSchG hochstufen**.[2] 1

Wie für das Nebenstrafrecht insgesamt typisch,[3] zeichnet sich auch der straf- bzw. bußgeldbewehrte Arbeitnehmerschutz in §§ 25 f. ArbSchG durch eine intensive **Verwaltungsakzessorietät** aus. Dies bedeutet, dass sich die Strafbarkeitsvoraussetzungen (bzw. die Voraussetzungen bußgeldbewehrten Handelns) nicht aus den §§ 25 f. ArbSchG unmittelbar ergeben, sondern erst aus einem Zusammenspiel mit den zugrunde liegenden Bestimmungen der nach §§ 18 Abs. 1, 19 ArbSchG erlassenen Verordnungen bzw. aus einem Zusammenspiel mit der Verletzung einer verwaltungsbehördlichen Anordnung. Im Hinblick auf das Bestimmtheitsgebot (Art. 103 Abs. 2 GG) sowie den Gewaltenteilungsgrundsatz (Art. 20 Abs. 2 GG) ist diese Praxis nicht unbedenklich, aber durchaus gängig und vom Bundesverfassungsgericht[4] akzeptiert. Für den Rechtsanwender ergibt sich hieraus, dass er immer genau klären sollte, ob der Anwendungsbereich der ausfüllenden Ge- oder Verbotsnorm eröffnet ist und ihre Voraussetzungen tatsächlich vorliegen oder ob eine arbeitsschutzbehördliche Anordnung rechtswirksam vollziehbar ist. Für die Frage, ob die tatbestandlichen Voraussetzungen der jeweiligen Ausfüllungsnorm vorliegen, kann ggf. sachverständige Expertise erforderlich sein.[5] Verzichtet der Arbeitgeber im Vorfeld auf die Nutzung von Sachverstand, der ihm bei Einhaltung der Vorschriften des ASiG regelmäßig zur Verfügung stünde (→ ASiG § 1 Rn. 1),[6] begründet dies eine Sorgfaltspflichtwidrigkeit, die bußgeld- oder strafrechtlich von Bedeutung sein kann. 2

II. Ermittlungsanlässe

Kommt durch eine arbeitsschutzrechtliche Pflichtverletzung ein Beschäftigter zu Schaden, ist für eine Anwendung der §§ 25 f. ArbSchG regelmäßig kein Raum, da hier vorrangig die genuin strafrechtlichen Regelungen wie insbes. § 222 StGB (fahrlässige Tötung) und § 229 StGB (fahrlässige Körperverletzung) sowie § 319 StGB ([fahrlässige] Baugefährdung) den Vorrang haben (→ ArbSchG § 26 Rn. 19). 3

Bei einem **Arbeitsunfall** (→ ArbSchG § 2 Rn. 5) ist gem. § 193 Abs. 1 iVm Abs. 7 SGB VII die für den Arbeitsschutz zuständige Landesbehörde zu informieren, sofern dieser den Tod oder eine länger als drei Tage andauernde Arbeitsunfähigkeit eines sozi- 4

---

1 LR/Kollmer ArbSchG § 25 Rn. 1; Kollmer/Klindt/Schucht/Pelz ArbSchG § 25 Rn. 1, ArbSchG § 26 Rn. 1; KJP/Pinter ArbSchG § 25 Rn. 1. **2** Kollmer/Klindt/Schucht/Pelz ArbSchG § 25 Rn. 2. **3** Witteck in: Heintschel-Heinegg, Beck'scher Online-Kommentar StGB, Verwaltungsakzessorietät Rn. 2. **4** BVerfGE 14, 245 (251); BVerfGE 75, 329 (342). **5** GKR/Kraft Kap. 2 Rn. 927; Ignor/Mosbacher/Behrendsen § 10 Rn. 15. Zu beachten sind insbesondere §§ 3, 6 ASiG. **6** Vgl. NK-GA/Hochheim ASiG § 1 Rn. 3.

alversicherungspflichtigen Beschäftigten zur Folge hat. Die **Behörde schaltet die Staatsanwaltschaft ein**, wenn der Verdacht einer Straftat besteht.

5 Arbeitsschutzrechtliches Fehlverhalten, das insbesondere eine repressive Ahndung nach §§ 25 f. ArbSchG infrage kommen lässt, gelangt den Arbeitsschutzbehörden auf unterschiedliche Weise zur Kenntnis. Die zuständigen Behörden haben auch ohne konkreten Verdacht eines Verstoßes gegen Arbeitsschutzvorschriften im Rahmen ihrer Befugnisse nach § 22 ArbSchG die Einhaltung arbeitsschutzrechtlicher Gebote umfassend zu überprüfen.[7] Nach Mitteilungen gem. § 17 Abs. 2 ArbSchG (→ ArbSchG §§ 15–17 Rn. 33 ff.)[8] oder nach (anonymen) Hinweisen durch Whistleblower[9] können sie sich ebenfalls veranlasst sehen, einen bestimmten Sachverhalt genau zu untersuchen (→ ArbSchG § 21 Rn. 13). Aber auch der Betriebs- oder Personalrat kann die zuständigen Arbeitsschutzbehörden einschalten, wenn er entweder den Arbeitgeber zuvor erfolglos zur Beseitigung der aus seiner Sicht bestehenden Mängel aufgefordert und eine Mitteilung an die zuständigen Behörden angekündigt hat oder wenn ihm dieses Verfahren nicht zumutbar ist (→ BetrVG § 89 Rn. 15).[10]

III. Verfahrensfragen

6 **Arbeitsunfälle mit schweren Personenschäden** führen regelmäßig zu strafrechtlichen **Ermittlungen nach Maßgabe der Strafprozessordnung**. Hinsichtlich der sonstigen Ermittlungsanlässe ermitteln die jeweilige Aufsichtsbehörden und der jeweils zuständige Träger der Unfallversicherung (Berufsgenossenschaft, Unfallkasse) nach den Vorgaben des OWiG und des SGB VII. Trotz der formellen Unterscheidung in der Rechtsfolge, nämlich Kriminalstrafe im Bereich des Straf- und Strafprozessrechts vs. Geldbuße im Bereich der Ordnungswidrigkeiten bestehen hinsichtlich des jeweiligen Unrechts- sowie des Gefährdungs- und Vorwerfbarkeitsgrades Überschneidungen.

7 **1. Ordnungswidrigkeitenverfahren.** Zur Ahndung von schuldhaften Verstößen gegen Vorschriften des Ordnungswidrigkeitsrechts führt die zuständige Behörde ein **Bußgeldverfahren** durch. Ob sie ein Bußgeldverfahren einleitet, liegt in ihrem **pflichtgemäßen Ermessen** (Opportunitätsprinzip, § 47 Abs. 1 OWiG).[11] Bei Durchführung eines Verfahrens sind die Erkenntnismöglichkeiten und Befugnisse der Verwaltungsbehörde grundsätzlich dieselben wie im Strafprozess.[12]

8 **a) Verfahrensabschluss.** Wenn die Aufsichtsbehörde ein rechtswidriges und schuldhaftes Verhalten feststellt, das den Tatbestand einer Ordnungswidrigkeit erfüllt, schließt sie ihr Ermittlungsverfahren mit einer **Verwarnung** (**§ 56 Abs. 1 S. 1 OWiG**) oder einem **Bußgeldbescheid** ab. Anderenfalls stellt sie das Verfahren ein.

9 Hinsichtlich der Höhe des Bußgeldes gilt: Gem. § 25 Abs. 2 ArbSchG kann ein Verstoß in den Fällen des § 25 Abs. 1 Nr. 1, 2 lit. b ArbSchG mit einer Geldbuße bis zu 5.000 EUR und in den Fällen des § 25 Nr. 2 lit. a mit einer Geldbuße bis 25.000 EUR geahndet werden. Bei Fahrlässigkeit halbiert sich nach § 17 Abs. 2 OWiG der jeweilige Maximalbetrag. In ihrer Funktion als „**nachdrückliche Pflichtenmahnung**"[13] soll die Geldbuße einen **erlangten Vermögensvorteil** übersteigen, so dass nach § 17 Abs. 4 OWiG das gesetzliche Höchstmaß überschritten werden kann. Dies gilt aber nur bei Vermögensvorteilen, die der Täter für sich persönlich erlangt hat. Vermögensvorteile, die Dritten zufließen, werden nicht berücksichtigt, so dass sich Unterschiede im Verfahren gegen Arbeitgeber und gegen verantwortliche Personen nach § 13 ArbSchG ergeben können.[14] In diesem Fall ist an die Rechtsfolge des Verfalls nach § 29 a OWiG zu denken.[15] Beträgt die Geldbuße mehr als 200 EUR, wird regelmäßig eine Eintragung in das Gewerbezentralregister nach § 149 Abs. 2 Nr. 3 GewO erfolgen.

---

[7] Kollmer/Klindt/Kunz ArbSchG § 22 Rn. 42. [8] Vgl. Lelly, Compliance im Arbeitsrecht, Rn. 595, sa Pieper ArbSchG § 17 Rn. 4 f. [9] Ulber NZA 2011, 962; Wiebauer NZA 2015, 22. [10] Schaub/Koch, 16. Aufl. 2015, § 236 Rn. 12 b; HaKo-BetrVG/Kohte BetrVG § 89 Rn. 7. [11] Münch/ArbR/Kohte § 290 Rn. 98. [12] Bohnert OWiG § 35 Rn. 18. [13] BVerfG 16.7.1969 – 2 BvL 2/69, BVerfGE 27, 18 (33). [14] Zu den Einzelheiten vgl. KK-OWiG/Mitsch OWiG § 17 Rn. 111 ff. [15] Dazu Ignor/Mosbacher/Sättele § 16 Rn. 47 ff.

b) Adressat. Adressat des Bußgeldbescheides ist die konkret handelnde natürliche Person. Gem. § 30 OWiG kann aber auch eine **Geldbuße gegen eine juristische Person** insbesondere dann verhängt werden, wenn eine der in § 30 Abs. 1 OWiG benannten Personen, die eine leitende Funktion im Rahmen der juristischen Person oder der Gesellschaft innehaben, eine Straftat oder Ordnungswidrigkeiten begangen hat, durch die Pflichten, welche die juristische Person oder Gesellschaft betreffen, verletzt wurden (→ ArbSchG § 25 Rn. 30).[16]

c) Rechtsmittel. Gegen einen Bußgeldbescheid kann der Betroffene innerhalb von zwei Wochen nach Zustellung **Einspruch** einlegen. Durch den Einspruch ändert sich die Bedeutung des Bußgeldbescheides von einer „vorläufigen Entscheidung" in eine tatsächlich und rechtlich näher bezeichnete Beschuldigung.[17] Wenn die Verwaltungsbehörde weder die Unzulässigkeit des Einspruchs (zB wegen Fristablaufs) feststellt noch den Bußgeldbescheid zurücknimmt, leitet sie den Vorgang über die Staatsanwaltschaft an das **Amtsgericht**, welches nach mündlicher Verhandlung durch Urteil oder mit Einverständnis von Staatsanwaltschaft und Betroffenem unter Verzicht auf eine mündliche Verhandlung durch Beschluss in der Sache entscheidet. Gegen das Urteil oder den Beschluss des Amtsgerichts kann sich der Betroffene mit der **Rechtsbeschwerde** zum Oberlandesgericht zur Wehr setzen. Das **Oberlandesgericht** überprüft die Entscheidung des Amtsgerichts ausschließlich in rechtlicher, jedoch nicht in tatsächlicher Hinsicht.

2. Strafverfahren. Steht eine Strafbarkeit im Raum, ist die Arbeitsschutzbehörde nur insoweit involviert, als sie bei Verdacht einer Straftat ein Strafverfahren in Gang setzt, an dem ihre Aufsichtspersonen ggf. als Zeugen oder Sachverständige teilnehmen.[18] In diesen Fällen gibt sie nach § 41 Abs. 1 OWiG den Vorgang zur weiteren Ermittlung an die **Staatsanwaltschaft** ab. Diese ist zu einer umfassenden Ermittlung des Geschehens gesetzlich verpflichtet, soweit zureichende tatsächliche Anhaltspunkte für eine verfolgbare Straftat vorliegen (**Legalitätsprinzip**, §§ 152 Abs. 2, 160 Abs. 1 StPO). Die Staatsanwaltschaft wird im Regelfall die **Polizei als Ermittlungspersonen** einschalten. Diese können den Betrieb aufsuchen und sich die zur Ermittlung des Sachverhalts erforderlichen Unterlagen und Gegenstände herausgeben lassen sowie die Beteiligten zu vernehmen versuchen, nachdem diese auf ihre Aussageverweigerungsrechte hingewiesen worden sind. Angesichts der Weite der Fahrlässigkeitshaftung ist es nahe, dass Beteiligte, auch im Fall der Zeugenvernehmung, sich anwaltlichen Beistands versichern, da eine spätere Veränderung des Status vom Zeugen zum Beschuldigten nicht ausgeschlossen und die eigene Verantwortung zu Beginn der Ermittlung schwer einzuschätzen ist.

a) Anklageerhebung. Die Staatsanwaltschaft schließt ihre Ermittlungen mit einer **Anklage** beim zuständigen Gericht ab, wenn die Ermittlungen zu einem **hinreichenden Tatverdacht**, dh zur Überzeugung der Staatsanwaltschaft geführt haben, das Gericht werde nach Durchführung der Hauptverhandlung unter Würdigung der von der Staatsanwaltschaft angegebenen Beweismittel zu einem Schuldspruch gegen den angeklagten Straftat kommen (§ 170 Abs. 1 StPO). Andernfalls stellt sie das Verfahren mangels hinreichenden Tatverdachts gem. § 170 Abs. 2 StPO ein. Nur natürliche Personen können wegen einer Straftat angeklagt werden. Die Verbandsstrafbarkeit ist dem deutschen Strafrecht – im Gegensatz zum Ordnungswidrigkeitenrecht – fremd.[19]

b) Einstellung nach § 153 StPO. Im Fall möglicherweise bestehender, aber **geringer Schuld**, kann die Staatsanwaltschaft nach § 153 Abs. 1 StPO mit Zustimmung des bei Anklageerhebung zuständigen Gerichts das Verfahren einstellen, wenn die Mindeststrafe des infrage stehenden Strafgesetzes geringer als ein Jahr ist (Vergehen, vgl. § 12 StGB). Der Strafrahmen des § 26 ArbSchG sieht Freiheitsstrafe bis zu einem Jahr oder Geldstrafe vor, so dass eine Verfahrensbeendigung nach § 153 StPO möglich ist.

c) Einstellung nach § 153 a StPO. In der Praxis wird das Verfahren nicht selten nach § 153 a StPO eingestellt, wenn die Ermittlungen zwar zu einem hinreichenden Tatver-

---

16 Kollmer/Klindt/Schucht/Pelz ArbSchG § 25 Rn. 126; Ignor/Mosbacher/Sättele § 16 Rn. 30 ff.
17 Göhler OWiG Vor § 67 Rn. 2. **18** Münch/ArbR/Kohte § 290 Rn. 98. **19** Göhler OWiG Vor § 29 a Rn. 7.

dacht[20] (→ Rn. 13) geführt haben, das öffentliche Interesse an der Strafverfolgung aber durch eine Auflage oder Weisung an den Beschuldigten beseitigt werden kann (§ 153 a Abs. 1 StPO). Die im § 153 a Abs. 1 StPO genannten Beispiele für Auflagen sind nicht abschließend („Insbesondere"). Typisch sind schadenkompensatorische Leistungen. In der Praxis überwiegen Geldzahlungen an gemeinnützige Einrichtungen oder an die Staatskasse.[21]

16 **d) Rechtsmittel.** Rechtsmittel gegen Urteile des Amtsgerichts sind die **Berufung** zum Landgericht oder die **Revision** zum Oberlandesgericht. Gegen Urteile des Landgerichts ist die Revision zum Bundesgerichtshof, sofern das Landgericht erstinstanzlich verhandelte, oder zum Oberlandesgericht, sofern das Landgericht als Berufungsgericht entschied, statthaft. Das Rechtsmittel steht sowohl der Staatsanwaltschaft als auch dem Beschuldigten zu. In Fällen der ausschließlichen Rechtsmitteleinlegung des Verurteilten oder der Staatsanwaltschaft zugunsten des Verurteilten gilt das sog Verböserungsverbot (reformatio in peius). Dh, die Strafe kann nicht höher ausfallen als in der ersten Instanz. Dies gilt nicht, falls die Staatsanwaltschaft zulasten des Angeklagten das Rechtsmittel einlegt.

17 **e) Strafe.** Die Konsequenzen einer Verurteilung sind Kriminalstrafe, dh Geld- oder Freiheitsstrafe. Den Strafrahmen, dh die Mindest- oder Höchststrafe, bestimmt die erfüllte Strafnorm. Die in Arbeitsschutzsachen seltenen Freiheitsstrafen in Fällen der fahrlässigen Tötung werden in der Regel zur Bewährung ausgesetzt.[22]

IV. Flankierung des Arbeitsschutzes durch das Kernstrafrecht (StGB)

18 Geht es im Arbeitsschutzbereich um die aktive Einhaltung von Arbeitsschutzbedingungen, also die aktive, prospektive Beherrschung von aus dem Arbeitsprozess resultierenden Gefahren, so geht es im Unglücksfall mit den Blick zurück[23] zur Ahndung strafrechtlichen Unrechts. Die wesentlichen, statistisch **häufigsten Ahndungen durch das Kernstrafrecht** finden im Bereich der Ermittlungen nach Arbeitsunfällen wegen **fahrlässiger Körperverletzung oder Tötung** statt.[24] In äußerst seltenen Fällen kommt sogar die Ahndung wegen vorsätzlichen Handelns mit dann beträchtlichen Strafen in Betracht, wenn die Verantwortlichen die Gefahr des Erfolgseintritts und des wesentlichen Kausalverlaufs erfassen, aber um anderer Ziele Willen, in der Regel Profit, den möglichen Erfolgseintritt billigend in Kauf nehmen.

19 Das Gros der strafrechtlich zu ahndenden Handlungen zum Schutz der menschlichen Arbeitskraft findet im Bereich der Nachlässigkeiten, mithin im Bereich der **Fahrlässigkeitshaftung**, statt. Jede Pflichtverletzung, die kausal mit der Verletzung oder dem Tod des Betroffenen verknüpft ist, führt zur Strafbarkeit der die Pflicht verletzenden Person, sofern ihr der Erfolg, also die Rechtsgutschädigung, zuzurechnen ist. Die Zurechnung erfolgt, wenn der Erfolg (oder die Rechtsgutschädigung) durch einen **Verstoß gegen eine objektive Sorgfaltspflicht**, die gerade dem Schutz des beeinträchtigten Rechtsgutes dient, kausal hervorgerufen wird. Der Täter musste ferner nach seinen subjektiven Kenntnissen und Fähigkeiten den Erfolg vorhersehen und vermeiden können.[25]

20 Im Rahmen der Fahrlässigkeit ist hervorzuheben, dass der Erfolg auf den **Pflichtverletzungen mehrerer Personen** beruhen kann, die dann als **Nebentäter** nebeneinander strafrechtlich haften. So haftet beispielsweise der Bauherr neben dem Bauunternehmer, wenn dieser für den Bauherrn erkennbar Sicherheitserfordernisse missachtet und hierdurch Beschäftigte des Bauunternehmers zu Schaden kommen.[26] In einem anderen Fall haftete die Person, die für eine nur unzulängliche Ausstattung der Arbeitskolonnen mit Arbeitsschutzmitteln sorgte, auch noch nach ihrem Ausscheiden aus dem Betrieb neben der Person, die den Arbeitseinsatz mit unzulänglicher Ausstattung, hier fehlenden

---

20 Wegen der Zustimmung des Beschuldigten werden hier geringere Anforderungen als bei der Anklageerhebung als ausreichend erachtet; vgl. Schoreit in: KK-StPO § 153 a Rn. 10. **21** GKR/Gercke Kap. 3 Rn. 21. **22** GKR/Gercke Kap. 1 Rn. 29 mit Hinweis auf LG Nürnberg-Fürth 8.2.2006 – 2 Ns 915 Js 1444710/2003, NJW 2006, 1824 Rn. 72. **23** Vgl. Wilrich DB 2009, 1294. **24** Schorn BB 2010, 1345. **25** Fischer StGB § 222 Rn. 25. **26** OLG Stuttgart 5.4.2005 – 5 Ss 12/05, NJW 2005, 2567 (2568); Landau wistra 1999, 47 (49).

Atemschutzmasken, zuließ.²⁷ Gerade bei Verletzung der Arbeitszeitpflichten durch eine pflichtwidrige Organisation der Arbeitsverteilung, zB im Speditionsgewerbe, ist eine Beteiligung mehrerer Personen typisch.²⁸

1. Sorgfaltspflichtwidrigkeit. Sorgfaltspflichtwidrigkeit ist die Nichterfüllung der von einem besonnenen und gewissenhaften Menschen in der konkreten Lage und sozialen Rolle des Handelnden zu erfüllenden Schutzpflichten.²⁹ Im Bereich des Arbeitsschutzes werden die allgemeinen Sorgfaltspflichten durch die arbeitsschutzrechtlichen Gebote konkretisiert. Hierzu zählen insbesondere das Gebot an den Arbeitgeber zur Organisation des Arbeitsschutzes nach §§ 3 ff. ArbSchG und der Arbeitszeit nach § 3 ArbZG³⁰ und die Handlungspflichten, die dem Verantwortlichen durch die auf §§ 18, 19 ArbSchG basierenden Verordnungen und durch die Unfallverhütungsvorschriften der Berufsgenossenschaften aufgegeben sind.³¹ Schutzgut ist jeweils die körperliche Unversehrtheit, die Gesundheit und das Leben.³² **Verstöße gegen Arbeitsschutz- und Arbeitszeitpflichten** stellen stets eine objektive Sorgfaltspflichtwidrigkeit dar.³³ 21

Dem Schutzbereich der **speziellen arbeitsschutzrechtlichen Verkehrssicherungspflichten** unterfallen nur Beschäftigte iSd § 2 Abs. 2 ArbSchG. Dritte sind hierdurch gleichwohl nicht schutzlos gestellt. Dem Schutz von Dritten oder anderer (berechtigterweise) am Arbeitsplatz anwesenden Personen dienen die allgemeinen Verkehrssicherungspflichten. Wenn sie weiter gehen als die Arbeitsschutznormen, können sie auch dem Schutz der Arbeitnehmer dienen. Die **allgemeinen Verkehrssicherungspflichten** folgen dem Grundsatz, dass derjenige, der eine Gefahrenquelle unterhält, alle erforderlichen und zumutbaren Maßnahmen zu ergreifen hat, um Gefahren für Dritte so gering wie möglich zu halten.³⁴ 22

Die allgemeine Verkehrssicherungspflicht und die Normen zum Schutz der Arbeitnehmer überschneiden sich somit und gehen „Hand in Hand".³⁵ Hinsichtlich der erforderlichen und zumutbaren Maßnahmen zur Gefahrvermeidung ist nach der Rechtsprechung für jeden Gefahrenbereich stets eine konkrete prognostische Abwägung der Schadenswahrscheinlichkeit und Schadensintensität vorzunehmen. Der Maßstab der Sorgfaltspflicht ist nicht ausschließlich aus speziellen Rechtsnormen oder sonstigen Regelwerken herzuleiten. Unter den besonderen Umständen des Einzelfalles, insbesondere bei außergewöhnlichen Gefährdungssachverhalten, können an die zur Vermeidung von Leibes- und Lebensgefahr zu erfüllende Sorgfaltspflicht höhere Anforderungen gestellt werden, als es sonst in Vorschriften und Regeln vorgesehen ist.³⁶ Ausgangspunkt ist jeweils das Maß der Gefahr, so dass die Sorgfaltsanforderungen umso höher sind, je größer bei **erkennbarer Gefährlichkeit die Schadenswahrscheinlichkeit und Schadensintensität** sind.³⁷ Diese Sicherungspflicht wird indes nicht bereits durch jede bloß theoretische Möglichkeit einer Gefährdung ausgelöst. Auch sie beschränkt sich auf das Ergreifen solcher Maßnahmen, die nach den Gesamtumständen zumutbar sind und die ein verständiger und umsichtiger Mensch für notwendig und ausreichend hält, um andere vor Schäden zu bewahren.³⁸ 23

2. Kausalität. Zwischen dem Unfallerfolg und dem Verstoß gegen die oben näher erläuterten Pflichten muss ein **Kausalzusammenhang** gegeben sein. Nach der Rechtsprechung wird dieser Zusammenhang bejaht, wenn die Pflichtverletzung nicht hinweggedacht werden kann, ohne dass der Erfolg entfällt.³⁹ So ist beispielsweise der Stromschlag deshalb auf den Einsatz eines nicht isolierten Kabels zurückzuführen, weil not- 24

---

27 OLG Naumburg 25.3.1996 – 2 Ss 27/96, NStZ-RR 1996, 229. 28 LG Nürnberg-Fürth 8.2.2006 – 2 Ns 915 Js 1444710/2003, NJW 2006, 1824 (1826) = NZV 1996, 433; AG Köln 14.8.2015 – 902 a OWi 378/14. 29 Fischer StGB § 15 Rn. 12 ff. 30 Vgl. LG Nürnberg-Fürth 8.2.2006 – 2 Ns 915 Js 1444710/2003, NJW 2006, 1824. 31 Fischer StGB § 222 Rn. 6 f.; Landau wistra 1999, 47 (49); Wilrich BPUVZ 2013, 387 (388). 32 Pieper ArbSchG § 1 Rn. 8. 33 LG Osnabrück 20.9.2013 – 10 KLs 16/13, Rn. 160 ff. 34 Ständige Rspr. zB BGH 31.1.2002 – 4 StR 289/01, NJW 2002, 1887 (Wuppertaler Schwebebahn); OLG Karlsruhe 24.3.1977 – 3 Ss 159/76, NJW 1977, 1930. 35 BGH 13.11.2008 – 4 StR 252/08, NStZ 2009, 146. 36 BGHSt 37, 184 (189). 37 BGH 13.11.2008 – 4 StR 252/08, NStZ 2009, 146 (147). 38 BGH 13.11.2008 – 4 StR 252/08, NStZ 2009, 146. 39 Fischer StGB Vor § 13 Rn. 36 b; Bross/Noltenius, Handbuch Arbeitsstrafrecht, 2016, Kap. 24 Rn. 79.

wendigerweise mit dem Einsatz eines ordnungsgemäß isolierten Kabels auch der Stromschlag ausgeschlossen wäre. Besteht der Sorgfaltspflichtverstoß – wie meist – in einem **Unterlassen** einer pflichtgemäß aufgegebenen Handlung, beispielsweise dem Unterlassen der Absturzsicherung, so gilt die Pflichtwidrigkeit als kausal, wenn die unterlassene Handlung nicht hinzugedacht werden kann, ohne dass der Erfolg entfällt.[40]

25 **3. Durchbrechung der Kausalität.** In der Praxis häufig anzutreffen sind Fallgestaltungen, in welchen die Verantwortlichen ihren Verpflichtungen, beispielsweise Schutzausrüstungen bereitzustellen, nicht nachkommen, der Beschäftigte indes in mehr oder weniger intensiver Erkenntnis der unzureichenden und pflichtwidrigen Umstände die Gefahren auf sich nimmt, weil er auf einen positiven Ausgang vertraut.[41] Nach dem allgemeinen Grundsatz der **fehlenden Zurechnung in Fällen eigenverantwortlicher Selbstgefährdung**[42] könnte die Kausalität verneint werden. Dieser Grundsatz wird jedoch bei Arbeitsunfällen in aller Regel – wenn auch mit unterschiedlicher Begründung – nicht angewandt. In einer ersten Fallgruppe bleibt es bei der Zurechnung eigenen täterschaftlichen Handelns beim Verantwortlichen hinsichtlich der Fremdverletzung, wenn der Veranlasser der Selbstgefährdung eines anderen die Größe des Gefährdungsrisikos dank **überlegenen Sachwissens** besser erkennt oder erkennen kann als das Unfallopfer.[43] Beispielsweise liegt diese Konstellation vor, wenn ein unerfahrener bzw. nicht hinreichend unterwiesener Arbeitnehmer die Bedeutung einer fehlenden Schutzabdeckung zwar als grundlegend gefährlich erkennt, aber vom erfahrenen Vorarbeiter in den Gefahrenbereich eingewiesen wird, der die Gefahrensituation umfassender erfasst, weil er die spätere Beweglichkeit der dahinter liegenden Maschinenteile kennt. Erst recht gilt dies, wenn ein Auszubildender mit einer gefährlichen oder gar nach § 22 JArbSchG verbotenen Arbeit beauftragt wird.[44]

26 Auch bei selbstständiger Entscheidung und umfassender – sogar gleichrangiger – Gefahrkenntnis des Arbeitnehmers hat das OLG Naumburg[45] die Zurechnung gegenüber dem Verantwortlichen bei unzulänglicher Schutzausrüstung der Arbeitnehmer mit einer arbeitsrechtsspezifischen Argumentation bejaht: Für den Bereich der Schutzpflichten des Arbeitgebers aus § 618 Abs. 1 BGB[46] bestehe eine einschränkende Selbstverantwortlichkeit des Arbeitnehmers für seine körperliche Unversehrtheit, weil das **Prinzip der Fremdverantwortung des Arbeitgebers für die Rechtsgüter seiner Arbeitnehmer** deren Selbstverantwortlichkeit bei wertender Betrachtung **überlagere**.[47] In diesem Fall hatte der Verantwortliche seinen Arbeitnehmern, die täglich Arbeiten an Gasleitungen auszuführen hatten, Atemschutzmasken nicht in ausreichender Anzahl zur Verfügung gestellt, so dass die Atemschutzmasken von Baustelle zu Baustelle gebracht werden mussten. Zum Unglücksfall mit Todesfolge war es gekommen, weil an einer Baustelle weisungswidrig nicht auf das Überbringen der notwendigen Atemschutzmasken gewartet wurde, sondern ohne Masken mit gefährlichen, eine Atemschutzmaske erfordernden Tätigkeiten begonnen wurde. Das OLG Naumburg verurteilte den Verantwortlichen wegen fahrlässiger Tötung.

27 Der in der Urteilsbegründung in dieser Allgemeinheit vorgetragenen „Überlagerungsthese" ist das OLG Rostock[48] entgegengetreten: „Soweit das OLG Naumburg ... im Falle der Verletzung von Schutzpflichten durch den Arbeitgeber eine **grundsätzliche** ‚Überlagerung' der Eigenverantwortlichkeit des Arbeitnehmers durch Fremdverantwortung des Arbeitgebers annimmt, begegnet dies Bedenken, weil diese Lösung dog-

---

[40] Instruktiv Einsturz Eissporthalle Reichenhall: BGH 12.1.2010 – 1 StR 272/09, NJW 2010, 1087 mAnm Kühl; BGHSt 37, 106 (126 ff.) = NJW 1990, 2560 (2563) (Lederspray); vgl. auch Fischer StGB Vor § 13 Rn. 39. [41] GKR/Kraft Kap. 2 Rn. 1021; Fischer StGB Vor § 13 Rn. 36. [42] Vgl. BGHSt 32, 262; BGH 26.5.2004 – 2 StR 505/03, NJW 2004, 2458. [43] BGH 7.8.1984 – 1 StR 200/84, NStZ 1985, 25 (26); GKR/Kraft Kap. 2 Rn. 1023 f.; Ignor/Mosbacher/Behrendsen § 10 Rn. 50; Fischer StGB § 222 Rn. 28 a. [44] LG Osnabrück 20.9.2013 – 10 KLs 16/13, Rn. 180. [45] OLG Naumburg 25.3.1996 – 2 Ss 27/96, NStZ-RR 1996, 229. [46] Ähnlich BGH 25.6.2009 – 4 StR 610/08 Rn. 24. [47] OLG Naumburg 25.3.1996 – 2 Ss 27/96, NStZ-RR 1996, 229 (231); zustimmend Sternberg-Lieben/Schuster in: Schönke/Schröder, 29. Aufl. 2014, StGB § 15 Rn. 166; Achenbach NStZ 1997, 536 (538); NK-StGB/Puppe, 4. Aufl. 2013, StGB Vor § 13 Rn. 134 c. [48] OLG Rostock 10.9.2004 – 1 Ss 80/04 I 101/04, AuR 2006, 128.

matisch fragwürdig ist und sie zudem den vielfältigen Umständen des jeweiligen Einzelfalles nicht gerecht werden kann."[49] Das OLG Rostock stimmte dem OLG Naumburg mit anderer Begründung zu. Im Gasmonteur-Fall hatte der Verantwortliche „**Tatherrschaft**", da er durch das Unterlassen, seinen Arbeitnehmern, die täglich Arbeiten an Gasleitungen auszuführen hatten, Atemschutzmasken in ausreichender Anzahl zur Verfügung zu stellen, überhaupt erst deren **Entschluss**, bei diesen Arbeiten keine Atemschutzmasken zu verwenden, hervorgerufen hat. Dagegen hatte das OLG Rostock für einen erfahrenen Vorarbeiter eigenverantwortliche Selbstgefährdung angenommen, während die Verletzung eines nicht eingewiesenen Arbeitnehmers als fahrlässige Körperverletzung qualifiziert worden war. Generell wird man sagen können: Wenn der zeitlich später den Schaden unmittelbar verursachende Beteiligte eine neue, für den Ersthandelnden **unvorhersehbare** Gefahrenquelle schafft, wird die Kausalität durchbrochen. Dagegen wird die Zurechnung nicht unterbrochen, wenn die neue Kausalkette die alte **fortführt** bzw. auf dieser **aufbaut**.[50]

In der Literatur besteht Skepsis gegen die generelle und vollständige Überlagerung möglicher Selbstgefährdung von Arbeitnehmern durch die Verantwortlichkeit nach § 618 BGB,[51] zumal das heutige Arbeitsschutzrecht auf gut unterrichtete Arbeitnehmer hinwirkt, die in schwierigen Situationen selbst aktiv werden können (→ ArbSchG §§ 15–17 Rn. 1). Andrerseits ist die vom OLG Rostock herangezogene Kategorie der Tatherrschaft für arbeitsteilige Organisationen nicht hinreichend trennscharf, zumal das OLG Rostock eine so wichtige Frage wie die Existenz einer Gefährdungsbeurteilung nicht berücksichtigt hat. Rechtssystematisch überzeugender ist dagegen die Kategorie des **Schutzzwecks der Norm**,[52] denn mit dieser Kategorie wird die verletzte Arbeitsschutznorm in den Mittelpunkt gestellt. In aller Regel verlangen die Arbeitsschutz- und Unfallverhütungsvorschriften vom Arbeitgeber eine Planung, Organisation und Information, die auch leichtsinnigem Verhalten entgegenwirkt,[53] so dass auch leichtsinniges Verhalten von Beschäftigten noch im Schutzbereich der Norm liegen kann, weil gerade dieses Verhalten mit präventivem Arbeitsschutz verhindert bzw. vermindert werden soll.[54] Dieser Schutzbereich wird erst verlassen, wenn das **Verhalten des Geschädigten** als ein „**gänzlich vernunftwidriges Verhalten**" zu qualifizieren ist.[55] Mit anderen Worten: Der **Zurechnungszusammenhang zum pflichtwidrigen Verhalten** des Verantwortlichen entfällt erst dann, wenn das Verhalten des Geschädigten außerhalb jeder Lebenserfahrung liegt.[56]

4. Vorhersehbarkeit des Erfolgs. Der Verantwortliche, dessen Pflichtversäumnis kausal für den Schadenserfolg ist, muss schließlich den konkreten Erfolg sowie den wesentlichen Kausalverlauf unter den konkreten Umständen und nach seinen persönlichen Kenntnissen und Fähigkeiten als möglich voraussehen.[57] Dabei stellt die **Zuwiderhandlung gegen eine arbeitsschutzrechtliche Norm** regelmäßig ein Beweiszeichen für die Vorhersehbarkeit des Erfolgs dar,[58] wohingegen der Erfolg bei Einhaltung der Unfallverhütungsvorschriften gewöhnlich als nicht voraussehbar bezeichnet werden kann.[59]

Ob die Vorhersehbarkeit trotz Verstoßes gegen eine arbeitsschutzrechtliche Norm generell verneint werden kann, wenn der Verantwortliche angesichts der über viele Jahre hinweg erlebten und von den für die Betriebssicherheit primär verantwortlichen Personen **beanstandungslos hingenommenen Üblichkeit** dieses Verstoßes seine Pflichten nicht mehr erkennen konnte,[60] ist – jedenfalls in dieser Allgemeinheit – in Zweifel zu

---

49 OLG Rostock 10.9.2004 – 1 Ss 80/04 I 101/04, AuR 2006, 128 (129); vgl. Ignor/Mosbacher/Behrendsen § 10 Rn. 50. **50** Kudlich in: Satzger/Schluckebier/Widmaier StGB Vor § 13 Rn. 57; BGH NJW 2010, 1087. **51** Exemplarisch Ignor/Mosbacher/Behrendsen § 10 Rn. 50; Bross/Noltenius, Handbuch Arbeitsstrafrecht, Kap. 24 Rn. 80. **52** Dazu bereits Herzberg, Verantwortung, S. 175 ff.; vgl. Fischer StGB Vor § 13 Rn. 30. **53** Daher sind auch Kontrollen des Arbeitgebers erforderlich: Wilrich BPUVZ 2013, 387 (390). **54** Dazu Doms, Verantwortlichkeit, S. 164 ff. **55** BGHSt 12, 75 (78). **56** OLG Bamberg 5.7.2007 – 3 Ws 44/06, NStZ-RR 2008, 10 (12); Fischer StGB § 15 Rn. 16 c. **57** Fischer StGB § 222 Rn. 25. **58** LG Osnabrück 20.9.2013 – 10 KLs 16/13, Rn. 162 unter Verweis auf Fischer StGB § 222 Rn. 26. **59** GKR/Kraft Kap. 2 Rn. 1025; OLG Karlsruhe 16.12.1999 – 3 Ss 43/99, NStZ-RR 2000, 141. **60** So GKR/Kraft Kap. 2 Rn. 1026 unter Berufung auf BGH StV 2001, 108.

ziehen. Es wird tatsächlich stets zu prüfen sein, ob der konkrete Verstoß gegen die arbeitsschutzrechtliche Norm tatsächlich von den Aufsichtspersonen in Augenschein genommen und erkannt wurde und trotz mehrfacher Wiederholung beanstandungslos blieb.[61] Dieser Einwand kann daher allenfalls nach einer genauen Einzelfallprüfung zur Straffreiheit führen.

V. Unterlassenstatbestände und Garantenpflichten

31 Die meisten Straftatbestände sind als sog Begehungsdelikte ausgestaltet, die auf ein **aktives Tun** des Täters abstellen. So heißt es beispielsweise in § 229 StGB: „Wer durch Fahrlässigkeit die Körperverletzung einer anderen Person verursacht, wird [...] bestraft." Gleichwohl ist in all diesen Fällen auch eine Strafbarkeit durch **Unterlassen** denkbar. Grundsätzlich stellt ein Unterlassen einer Erfolgsabwendung – anders als ein aktives Tun – zwar keinen Eingriff in eine fremde Rechtssphäre dar, eine Gleichstellung mit einem aktiven Tun ist jedoch dann legitim, wenn den Täter eine besondere **Garantenpflicht** zur Abwendung des Erfolgs trifft.[62] Demgemäß bestimmt § 13 Abs. 1 StGB: „Wer es unterlässt, einen Erfolg abzuwenden, der zum Tatbestand eines Strafgesetzes gehört, ist nach diesem Gesetz nur dann strafbar, wenn er rechtlich dafür einzustehen hat, dass der Erfolg nicht eintritt, und wenn das Unterlassen der Verwirklichung des gesetzlichen Tatbestandes durch ein Tun entspricht." Unfälle im Arbeitsschutzbereich fußen in der Regel auf dem **Unterlassen** von gebotenen Pflichten. Hieraus ergibt sich die Besonderheit, unter Beachtung des § 13 Abs. 1 StGB denjenigen zu ermitteln, der als Garant für das Ausbleiben des Erfolgs verantwortlich ist und dessen pflichtwidriges Unterlassen der Erfolgsabwendung der Verursachung des Erfolgs durch aktives Handeln gleichsteht.

32 Die **Abgrenzung zwischen aktivem Tun/Handeln und Unterlassen** wird nach dem „Schwerpunkt der Vorwerfbarkeit"[63] vorgenommen, was sich im Einzelfall als schwierig erweist. Bei gesetzlich formulierten bzw. in einer Verordnung aufgegebenen Handlungspflichten (beispielsweise §§ 3 Abs. 1, 5 Abs. 1 ArbSchG: Organisationspflicht, Beurteilungspflicht, § 3 Abs. 2 BetrSichV: Wahrscheinlichkeitsbeurteilung) stellt jedoch deren Unterlassen regelmäßig den Schwerpunkt der Vorwerfbarkeit dar.

33 Die Garantenpflicht selber ist im Strafgesetzbuch nicht geregelt. Eine solche Pflichtenposition mit einer Pflicht zur Erfolgsabwendung kann sich namentlich aus **gesetzlichen Bestimmungen**, aus einem Vertrag oder aus einem **gefahrbegründenden Verhalten** des Verantwortlichen sowie aus tatsächlicher Übernahme des Verantwortungsbereiches durch **Delegation**[64] ergeben. Die dem Arbeitsschutz verpflichteten verantwortlichen Personen sind gerade im Sinne des § 13 Abs. 1 StGB genau aus den Bedingungen heraus, die sie zu Adressaten in der Pflichtenstellung zum Handeln im Arbeitsschutz bestimmen, auch Garanten im strafrechtlichen Sinn. Insbesondere §§ 3, 13 ArbSchG, § 618 Abs. 1 BGB und weitere, insbesondere aus Unfallverhütungsvorschriften und Verordnungen resultierende Pflichten begründen ohne Weiteres die strafrechtliche Garantenstellung der Normadressaten.[65]

VI. Strafrechtliche Verantwortlichkeit und Delegation

34 Der Arbeitgeber ist nach § 3 ArbSchG für den Arbeitsschutz umfassend verantwortlich. Gesetzlich ist der **Arbeitsschutz als originäre Leitungsaufgabe** und somit Chefsache also zwingend der ersten Führungsebene des Unternehmens zugewiesen.[66] Entsprechend liegt der Arbeitsschutz grundsätzlich in der gemeinsamen Verantwortung der Mitglieder der Unternehmensleitung. Dies bedeutet nicht, dass Arbeitsschutz-Funktio-

---

61 Ignor/Mosbacher/Behrendsen § 10 Rn. 47. **62** Vgl. Kraft/Winkler CCZ 2009, 29. **63** Kritisch zur „Schwerpunktformel" MüKoStGB/Freund StGB § 13 Rn. 5 ff.; sowie NK-StGB/Wohlers StGB § 13 Rn. 7. **64** Fischer StGB § 13 Rn. 42; Doms, Verantwortlichkeit, S. 198 ff. **65** Doms, Verantwortlichkeit, S. 194; Achenbach NStZ 1997, 536 (539); Bross/Noltenius, Handbuch Arbeitsschutzrecht, Kap. 24 Rn. 85. **66** Wilrich DB 2008, 182; vgl. aus der Rechtsprechung zur Produktsicherheit BGHSt 37, 106 = NJW 1990, 2560 (2563) (Lederspray); dazu Kassebohm/Malorny BB 1994, 1361 ff.; LG Osnabrück 20.9.2013 – 10 KLs 16/13, Rn. 161.

nen allein auf der ersten Führungsebene angesiedelt bleiben müssen. Aufgrund der sachlichen Notwendigkeit arbeitsteiliger Betriebs- und Unternehmensführung ist die Teilung von Verantwortung einer Personenmehrheit intern horizontal auf die diversen Verantwortungsbereiche möglich. Ebenso ist die vertikale Delegation von Arbeitsschutzpflichten und Verkehrssicherungspflichten auf untergeordnete Mitarbeiter oder beauftragte Dritte möglich.

Die Unternehmensleitung kann entscheiden, wer im Unternehmen für welche Arbeitsschutzbereiche zuständig sein soll. Beachten muss sie hierbei, dass sich ihre gesetzliche Pflicht über das Gebot, sich bei der Amtsführung gesetzestreu zu verhalten, auf die Legalitätskontrolle fremder Personen erstreckt, weshalb jedes Organmitglied in seinem Verantwortungsbereich durch geeignete organisatorische Maßnahmen ein gesetzestreues Verhalten seiner Untergebenen sicherstellen muss (→ ArbSchG § 13 Rn. 13).[67] Die Legalitätskontrolle und die organschaftliche Überwachungsverantwortung der Leitungsorgane treffen insoweit zusammen.[68] Entsprechend müssen die Organmitglieder bei der **Auswahl, Einweisung** und **Überwachung** der die Pflichten übernehmenden Personen sowie der betrieblichen **Organisation** des Arbeitsschutzes zwingend die erforderliche Sorgfalt beachten.[69] 35

In jedem Fall verbleibt die nicht delegationsfähige **Oberaufsicht** und somit eine nicht zu unterschätzende Restzuständigkeit in Form von Überwachungs- bzw. Aufsichtspflichten stets bei allen Mitgliedern der Geschäftsleitung (→ ArbSchG § 13 Rn. 31).[70] Bei offenkundigen Missständen muss sie erforderliche Maßnahmen zu deren Beseitigung ergreifen. Misslingt ihr die Organisation oder unterlaufen Fehler bei der Delegation und wäre bei Beachtung der erforderlichen Sorgfalt der konkrete Unfall-(Erfolg) unterblieben, so haftet die Unternehmensleitung strafrechtlich neben den weiteren, sich ggf. pflichtwidrig verhaltenden von ihr beauftragten Führungskräften und ggf. sorgfaltspflichtwidrig handelnden Kollegen. 36

Die typischerweise nach einem Arbeitsunfall stattfindenden Vorermittlungen[71] zur Eingrenzung der Verdächtigen konzentrieren sich daher auf die unmittelbar im nahen Umfeld handelnden Kollegen und Vorarbeiter, aber grundsätzlich auch auf die **Führungsebene** im Hinblick auf deren **Organisationspflichten** und etwaige Versäumnisse. Zunehmend beziehen die Staatsanwaltschaften bei der Ermittlung von Schuldigen neben dem mittleren Management auch die obere Führungsebene ein.[72] Organisationsbücher und Organisationspläne bzw. Geschäftsverteilungspläne dienen den Ermittlungsbehörden als Nachweis individueller Verantwortlichkeiten und liefern Anhaltspunkte für weitere Ermittlungen.[73] Denn die hier niedergelegten Organisationsstrukturen des Unternehmens geben nicht nur Aufschluss über die unmittelbaren Handlungspflichten des Letztverursachers, sondern auch über die Leitungs- und Kontrollpflichten der zwischengeschalteten mittleren Führungskräfte und den Organisationspflichten des oberen Managements.[74] Insbesondere ist hinsichtlich der „**obersten Ebene**" stets zu prüfen, ob sie ihre gesetzlichen Pflichten gekannt hat, sich fachkundiger und zuverlässiger eigener oder externer Experten bedient hat und deren Arbeit auf ausreichende materielle Ausstattung und entsprechende Autoritätsbefugnisse sowie individuelle Verlässlichkeit in regelmäßigen angemessenen zeitlichen Perioden geprüft und auf Veranlassung auf einen gestörten Organisationsablauf reagiert hat.[75] 37

1. Führungskräfte. Im Regelfall bedient sich der Arbeitgeber zur Erfüllung seiner Pflichten interner bzw. externer Mitarbeiter. Aus § 13 Abs. 1 Nr. 4 ArbSchG tragen diese Verantwortung notwendig die Personen, die mit der Leitung einzelner Betriebe bzw. 38

---

67 Vgl. Fleischer CCZ 2008, 2 unter Rekurs auf OLG Köln NZG 2001, 135 (136). **68** Fleischer CCZ 2008, 2. **69** Vgl. grundlegend zur Delegation BGHZ 127, 336 (347); Schmidt-Husson in: Hauschka, Corporate Compliance, § 7 Rn. 21. **70** LG Osnabrück 20.9.2013 – 10 KLs 16/13, Rn. 187: Verurteilung des für Vertrieb zuständigen Geschäftsführers unter Hinweis auf Wilrich DB 2009, 1294 (1296); vgl. Bock, Criminal Compliance, S. 753; Haas/Ziemons in: Michalski GmbHG § 43 Rn. 170. **71** GKR/Gercke/Kraft Kap. 1 Rn. 232. **72** Schliephacke, Führungswissen Arbeitssicherheit, S. 76. **73** Eidam, Rn. 1037; vgl. Wilrich DB 2009, 1294 (1295). **74** Eidam, Rn. 1040. **75** Kollmer/Klindt/Schucht/Steffek ArbSchG § 13 Rn. 63.

Betriebsteile betraut sind. Darüber hinaus werden Führungskräfte mit der Wahrnehmung der Aufgaben (§ 13 Abs. 2 ArbSchG) betraut. Deren – hier strafrechtliche – Verantwortung folgt aus dem für Organisationsversäumnisse typischen Unterlassenscharakter und deren **Garantenstellung** infolge vertraglicher bzw. gesetzlicher oder tatsächlicher Übernahme der Schutzverantwortung.[76] Auch die Führungskraft wird die Verantwortung weiter vertikal delegieren. Das Gesetz begrenzt den Kreis der Adressaten einer Pflichtübertragung grundsätzlich nicht. In Betracht kommen Führungskräfte der mittleren und unteren Ebene, aber auch Vorarbeiter und letztlich jeder Arbeitnehmer, wenn die Übertragung der Arbeitsschutzpflicht iSd § 3 Abs. 2 ArbSchG organisatorisch geeignet ist.[77]

39 Grundsätzlich führt die Delegation nur dann zu einer Abwälzung der primären Verantwortung, wenn die zuvor genannten Bedingungen erfüllt sind (→ Rn. 35). Zugleich ist zu berücksichtigen, dass die Delegation zu einer Modifikation der Pflicht des Delegierenden führt. Aus einer originären Gestaltungspflicht wird eine **Überwachungspflicht** hinsichtlich des Fortbestandes der Voraussetzungen, die die Delegation erst ermöglichen, wobei an die Stelle der grundlegenden Schulung die Überwachung der Fortbildung (bzw. deren Finanzierung) und die Sicherstellung des Informationsflusses tritt. Keinesfalls kann der Delegierende unter Hinweis auf die erfolgte Pflichtendelegation einen Missstand sehenden Auges hinnehmen.

40 **2. Voraussetzungen der Delegation.** Voraussetzungen einer die eigene Mithaftung vermeidenden Delegation sind die strikte Beachtung sorgfältiger Auswahl, Einweisung und Überwachung des Personals und die sorgfältige betriebliche Organisation des Arbeitsschutzes. Insbesondere sind folgende Punkte zu gewährleisten:[78]

- Auswahl zuverlässiger und kompetenter Personen (→ ArbSchG § 13 Rn. 24 f.), das heißt:
  - nachgewiesene Kenntnis des aktuellen Standes der berufsgenossenschaftlichen Vorschriften und des Arbeitsschutzrechts
  - Führungs- und Anleitungsqualifikationen des Delegationsempfängers sind vorhanden (Kompetenz bzgl. einfacher, verständlicher Sprache sowie die Fähigkeit zu klaren Formulierungen an die Beschäftigten)
  - der Zuverlässigkeit steht entgegen, wenn die zu delegierende Person durch Verstöße gegen Unfallverhütungsvorschriften oder sonstige arbeitsschutzrechtliche Vorschriften bereits aufgefallen ist
- Ausstattung mit der gebotenen Autorität und Weisungsbefugnis zur Erfüllung der Aufgaben im Betrieb, einschließlich der erforderlichen Budget- und Personalkompetenz
- klare und unmissverständliche – schriftliche – Zuweisungen des zu übernehmenden Verantwortungsbereiches.[79]

§ 25 ArbSchG Bußgeldvorschriften

(1) Ordnungswidrig handelt, wer vorsätzlich oder fahrlässig
1. einer Rechtsverordnung nach § 18 Abs. 1 oder § 19 zuwiderhandelt, soweit sie für einen bestimmten Tatbestand auf diese Bußgeldvorschrift verweist, oder
2. a) als Arbeitgeber oder als verantwortliche Person einer vollziehbaren Anordnung nach § 22 Abs. 3 oder
   b) als Beschäftigter einer vollziehbaren Anordnung nach § 22 Abs. 3 Satz 1 Nr. 1 zuwiderhandelt.

---

76 Herzberg, Verantwortung, S. 231 ff. **77** Wilrich DB 2009, 1294 (1295). **78** Vgl. Münch/ArbR/Kohte § 290 Rn. 41–52: Durchführung des Arbeitsschutz- und Unfallverhütungsrechts; Doms, Verantwortlichkeit, S. 194 ff.; Wilrich DB 2009, 1294 (1296); Schorn BB 2010, 1345 (1349); Erlinger/Bock in: Volk, Münchener Anwaltshandbuch Strafverteidigung, c) Organisationsfehler. **79** BGH NStZ 2013, 408.

(2) Die Ordnungswidrigkeit kann in den Fällen des Absatzes 1 Nr. 1 und 2 Buchstabe b mit einer Geldbuße bis zu fünftausend Euro, in den Fällen des Absatzes 1 Nr. 2 Buchstabe a mit einer Geldbuße bis zu fünfundzwanzigtausend Euro geahndet werden.

Literatur: s. Vor § 25 ArbSchG

Leitentscheidungen: OLG Zweibrücken 12.6.2001 – 1 Ss 117/01, NStZ 2002, 91; OLG Hamm 9.8.2006 – 1 Ss OWi 417/06.

I. Normzweck 1	c) Zuwiderhandeln eines Beschäftigten gegen eine vollziehbare Anordnung (Abs. 1 Nr. 2 lit. b) 15
II. Entstehungsgeschichte, Unionsrecht 3	
III. Detailkommentierung 5	2. Adressaten des Bußgeldbescheids 16
1. Einzelne Bußgeldtatbestände 5	3. Innere Tatseite: Vorsatz, Fahrlässigkeit, Irrtum 21
a) Zuwiderhandeln gegen eine Rechtsverordnung (Abs. 1 Nr. 1) 6	4. Sonstiges................... 23
	a) Höhe der Geldbuße...... 23
b) Zuwiderhandeln eines Arbeitgebers oder einer sonstigen verantwortlichen Person gegen eine vollziehbare Anordnung (Abs. 1 Nr. 2 lit. a) 10	b) Verjährung............... 24
	c) Eintrag ins Gewerbezentralregister 25
	d) Konkurrenzen........... 26

I. Normzweck

§ 25 Abs. 1 ArbSchG regelt arbeitsschutzrechtliche Verstöße, die nach Wertung des Gesetzgebers lediglich **Verwaltungsunrecht** darstellen und somit bußgeldbewehrt sind. Die Möglichkeit der Sanktionierung arbeitsschutzrechtlichen Fehlverhaltens soll neben dem **präventiven Tätigwerden der Arbeitsschutzbehörden** einer **effektiven Kontrolle** dienlich sein.[1] 1

Eine vergleichbare Norm enthält **§ 209 SGB VII**, mit dem die Bußgeldvorschriften im Bereich der Unfallversicherung zusammengefasst werden.[2] Die beiden Tatbestände des § 209 Abs. 1 Nr. 1 und Abs. 1 Nr. 2 SGB VII sind zeitgleich und in Parallele zu § 25 ArbSchG formuliert worden.[3] An die Stelle der Rechtsverordnungen treten in § 209 SGB VII die Unfallverhütungsvorschriften. Vor allem seit 2008 ist die Entwicklung der jeweiligen Sanktionstatbestände gegenläufig. Während Verweisungen auf § 209 SGB VII in Unfallverhütungsvorschriften verringert werden, sind diese Verweisungen im Verordnungsrecht in den letzten Jahren erweitert worden (→ Rn. 6). Dies entspricht der Rollenverteilung, die seit 2008 in § 15 SGB VII normiert worden ist. 2

II. Entstehungsgeschichte, Unionsrecht

Die heutige Fassung der Norm entspricht weitgehend der Regierungsvorlage in § 22 des Entwurfs zum Arbeitsschutzgesetz,[4] die sich an früheren Vorbildern orientieren konnte. Maßgeblich war vor allem die 1974 eingeführte[5] Fassung des **§ 147 Abs. 1 GewO**, mit der die Umstellung von Strafnormen zu Bußgeldvorschriften im Arbeitsschutz vollzogen worden ist. Im Gesetzgebungsverfahren 1996 ist daher durch Art. 4 EASUG auch § 147 Abs. 1 GewO mit § 25 ArbSchG koordiniert worden.[6] Seit 1996 ist § 25 ArbSchG ausschließlich einmal geändert und an die Umstellung zum Euro angepasst worden. Eine Anpassung des Bußgeldrahmens an die Inflationsentwicklung ist bisher – anders als zB in Österreich – nicht vorgenommen worden. 3

Art. 4 Abs. 2 RL 89/391/EWG verlangt von den Mitgliedstaaten, dass diese für eine angemessene Kontrolle und Überwachung sorgen. Die Überwachung wird durch 4

---

1 In diesem Sinne LR/Kollmer ArbSchG § 25 Rn. 1. **2** GKR/Kraft Kap. 2 Rn. 928 ff.; Ignor/Mosbacher/Behrendsen § 10 Rn. 25 ff. **3** BT-Drs. 13/4853, 23. **4** BT-Drs. 13/3540, 21. **5** BGBl. I, 1281, 1284; Nöthlichs Arbeitsschutz 1974, 283 (284); Hahn, Arbeitsstrafrecht, S. 265. **6** BT-Drs. 13/4854, 5; Pieper AuR 1996, 465 (473).

§§ 21, 22 ArbSchG geregelt. **Zur Kontrolle gehört** in Übereinstimmung mit dem von Deutschland ratifizierten ILO-Übereinkommen 187 auch **die Existenz und Anwendung von Sanktionsnormen.**[7] Zu diesen Sanktionsnormen gehört in Deutschland auch für vergleichbare Fälle das Ordnungswidrigkeitenrecht. Nachdem im SLIC-Bericht[8] eine sehr ungleichmäßige und zum Teil fehlende Sanktionspraxis festgestellt worden ist, ist es sachgerecht, dass in den letzten Jahren die Bußgeldtatbestände in den Verordnungen auch unter Berufung auf die europäische Gemeinschaftsstrategie zum Arbeitsschutz ausgebaut worden sind.[9] Eine gewisse Vereinheitlichung kann sich ergeben durch die Formulierung von **Empfehlungen für einen Bußgeldkatalog**, mit denen durch LASI LV 56 für das Arbeitsstättenrecht begonnen worden ist.[10] Inzwischen sind 2016 auch die LV 61 mit einem Bußgeldkatalog für Verstöße gegen die BioStoffV veröffentlicht worden.

III. Detailkommentierung

5 1. **Einzelne Bußgeldtatbestände.** § 25 Abs. 1 ArbSchG normiert **drei Bußgeldtatbestände**, die jeweils vorsätzlich oder fahrlässig begangen werden können.[11]
- § 25 Abs. 1 Nr. 1 ArbSchG: Zuwiderhandeln gegen eine Rechtsverordnung nach § 18 Abs. 1 ArbSchG oder § 19 ArbSchG, soweit sie für einen bestimmten Tatbestand auf § 25 Abs. 1 ArbSchG verweist;
- § 25 Abs. 1 Nr. 2 lit. a ArbSchG: Zuwiderhandeln als Arbeitgeber oder als verantwortliche Person iSd § 13 ArbSchG gegen eine vollziehbare Anordnung nach § 22 Abs. 3 ArbSchG;
- § 25 Abs. 1 Nr. 2 lit. b ArbSchG: Zuwiderhandeln als Beschäftigter (§ 2 Abs. 2 ArbSchG) gegen eine vollziehbare Anordnung nach § 22 Abs. 3 S. 1 Nr. 1 ArbSchG.

6 a) **Zuwiderhandeln gegen eine Rechtsverordnung (Abs. 1 Nr. 1).** Nach § 25 Abs. 1 Nr. 1 ArbSchG handelt ordnungswidrig, wer vorsätzlich oder fahrlässig einer Rechtsverordnung nach § 18 Abs. 1 ArbSchG oder § 19 ArbSchG zuwiderhandelt, soweit sie für einen bestimmten Tatbestand auf diese Bußgeldvorschrift verweist. Abs. 1 Nr. 1 ist eine **Blankettvorschrift**, so dass sich die Frage, ob und inwieweit eine Ordnungswidrigkeit begangen ist, nicht nach dem ArbSchG selbst richtet. Maßgeblich ist, ob eine auf Grundlage von § 18 Abs. 1 oder § 19 ArbSchG erlassene Rechtsverordnung für einen bestimmten Tatbestand eine Verweisungsklausel auf § 25 Abs. 1 Nr. 1 ArbSchG enthält.[12] Die in der **Ausfüllungsnorm der jeweiligen Rechtsverordnung** enthaltenen Tatbestandsmerkmale werden durch den Verweis auf § 25 Abs. 1 Nr. 1 ArbSchG zugleich Tatbestandsmerkmale von § 25 Abs. 1 ArbSchG.[13]

7 Zum Zeitpunkt der Drucklegung sind folgende **Rechtsverordnungen** maßgeblich:
- § 7 Abs. 1 Baustellenverordnung (BaustellV),[14]
- § 20 Abs. 1 Biostoffverordnung (BioStoffV),
- § 6 Abs. 1 der Verordnung zum Schutz der Mütter am Arbeitsplatz (MuSchArbV), ab 2018:
- § 32 Mutterschutzgesetz 2018
- § 22 Abs. 1 Betriebssicherheitsverordnung (BetrSichV),
- § 22 Abs. 1 Druckluftverordnung (DruckLV),
- § 11 Abs. 1 Arbeitsschutzverordnung zu künstlicher optischer Strahlung (OStrV),
- § 22 Abs. 1 Elektromagnetische Felder (EMFV),
- § 9 Abs. 1 Arbeitsstättenverordnung (ArbStättV),

---
7 Vgl. KJP/Pinter ArbSchG § 25 Rn. 1. **8** Münch/ArbR/Kohte § 290 Rn. 115. **9** BR-Drs. 262/10, 29; BR-Drs. 509/14, 29; vgl. Ignor/Mosbacher/Behrendsen § 10 Rn. 8. **10** www.lasi-info.com/Publikationen. **11** LR/Kollmer ArbSchG § 25 Rn. 3; Kollmer/Klindt/Schucht/Pelz ArbSchG § 25 Rn. 3. **12** Kollmer/Klindt/Schucht/Pelz ArbSchG § 25 Rn. 6; GKR/Kraft Kap. 2 Rn. 816. **13** Ambs in: Erbs/Kohlhaas ArbSchG § 25 Rn. 2; Kollmer/Klindt/Schucht/Pelz ArbSchG § 25 Rn. 6. **14** Vgl. hierzu OLG Celle 18.9.2013 – 322 SsRs 203/13, IBR 2014, 20.

- § 10 Abs. 1 der Verordnung zur arbeitsmedizinischen Vorsorge (ArbMedVV),
- § 16 Abs. 1 Lärm- und Vibrations-Arbeitsschutzverordnung (LärmVibrationsArbSchV).

Die **GefStoffV** verweist in §§ 21–24 GefStoffV auf den Bußgeldtatbestand nach § 26 ChemG. Zwei bereits 1996 nach §§ 18, 19 ArbSchG erlassene Verordnungen – die LasthandhabV und die PSA-Benutzungsverordnung – sind zurzeit nicht bußgeldbewehrt. Dies zeigt die immer noch **uneinheitliche Sanktionspolitik** im deutschen Arbeitsschutzrecht. 8

Erforderlich ist es, dass der Täter eine dieser so bezeichneten Vorschriften verletzt hat. Die **Einwilligung** des durch den Pflichtverstoß betroffenen Beschäftigten kann den Verstoß nicht rechtfertigen, da die Einhaltung der Arbeitsschutzbestimmungen nicht zur Disposition der Beschäftigten steht.[15] Im Bußgeldbescheid muss auf **die zum Tatzeitpunkt maßgebliche Fassung** der jeweiligen Verordnung verwiesen werden. Hier sind angesichts der mehrfachen Wechsel in der letzten Zeit Fehler möglich. Die im Bußgeldbescheid in Bezug genommene Fassung muss auch zum Zeitpunkt der Zustellung tatsächlich in Kraft sein.[16] 9

b) Zuwiderhandeln eines Arbeitgebers oder einer sonstigen verantwortlichen Person gegen eine vollziehbare Anordnung (Abs. 1 Nr. 2 lit. a). Ordnungswidrig handelt weiter nach § 25 Abs. 1 Nr. 2 lit. a ArbSchG, wer als Arbeitgeber oder verantwortliche Person einer **vollziehbaren Anordnung** der Verwaltungsbehörde nach § 22 Abs. 3 ArbSchG zuwiderhandelt. Abs. 1 Nr. 2 lit. a sanktioniert somit das Hinwegsetzen des Arbeitgebers oder einer verantwortlichen Person über eine behördliche Einzelfallanordnung, die gegen den Arbeitgeber oder eine verantwortliche Person iSd § 13 ArbSchG als Anordnungsadressat erlassen wurde.[17] Sonstige Beschäftigte können Abs. 1 Nr. 2 lit. a nicht verwirklichen. 10

Durch die **verwaltungsaktsakzessorische Ausgestaltung** von Nr. 2 werden diejenigen arbeitsschutzrechtlichen Verpflichtungen bußgeldbewehrt, die keine Verweisklausel auf § 25 ArbSchG enthalten, von der zuständigen Arbeitsschutzbehörde aber zum Gegenstand einer entsprechenden Anordnung nach § 22 Nr. 3 ArbSchG gemacht worden sind.[18] Nach § 22 Abs. 3 ArbSchG kann die zuständige Behörde im Einzelfall Maßnahmen anordnen, die der Arbeitgeber und die verantwortlichen Personen oder die Beschäftigten zur Erfüllung der Pflichten zu treffen haben, die sich aus dem ArbSchG oder aufgrund dieses Gesetzes erlassenen Rechtsverordnungen ergeben. Weiter können Maßnahmen zur Abwendung einer besonderen Gefahr für Leben und Gesundheit der Beschäftigten angeordnet werden. 11

Die Anordnung muss **vollziehbar** sein. Zuwiderhandlungen gegen (noch) nicht vollziehbare Anordnungen können nicht als Ordnungswidrigkeit verfolgt werden.[19] Die Anordnung ist vollziehbar, wenn sie bestandskräftig oder nach § 80 Abs. 1 S. 2 Nr. 4 VwGO für sofort vollziehbar erklärt und die sofortige Vollziehung nicht nach § 80 Abs. 4, 5 VwGO ausgesetzt worden ist (→ ArbSchG § 22 Rn. 68). Nach Rechtsprechung und hM ist aus Gründen der Rechtssicherheit des Verwaltungshandelns auch die **rechtswidrige Anordnung** geschützt. Verfechter einer strengen Akzessorietät stellen mit unterschiedlichen Begründungen auf die Gegebenheiten des Tatzeitpunkts ab und betonen, dass ein wirksamer und vollziehbarer Verwaltungsakt zu befolgen sei, ohne dass es auf seine materielle Rechtmäßigkeit ankomme.[20] Demgegenüber betont eine beachtliche Mindermeinung, dass die Verwaltung nach Art. 20 Abs. 3 GG an die Gesetze ge- 12

---

15 Ambs in: Erbs/Kohlhaas ArbSchG § 25 Rn. 5; OLG Karlsruhe 11.7.1963 – 2 Ss 33/63, AP Nr. 6 zu § 25 AZO; OLG Jena 2.9.2010 – 1 SsBs 57/10, AuR 2011, 131. **16** Ignor/Mosbacher/Behrendsen § 10 Rn. 14. **17** GKR/Kraft Kap. 2 Rn. 904; Kollmer/Klindt/Schucht/Pelz ArbSchG § 25 Rn. 106. **18** Ambs in: Erbs/Kohlhaas ArbSchG § 25 Rn. 11 f.; Kollmer/Klindt/Schucht/Pelz ArbSchG § 25 Rn. 99. **19** Kollmer/Klindt/Schucht/Pelz ArbSchG § 25 Rn. 88. **20** S. hierzu Odenthal NStZ 1991, 418 ff.; vgl. Fischer StGB Vor § 324 Rn. 7.

bunden sei und dem Betroffenen in Hinblick auf Art. 2 Abs. 1 GG nicht zugemutet werden könne, sich an einem unrichtigen Verhaltensmaßstab zu orientieren.[21]

13 Eine Stütze für die hM bietet der Wortlaut des Abs. 1 Nr. 2, der lediglich Vollziehbarkeit der Anordnung fordert, nicht aber deren Rechtmäßigkeit (Vollziehbarkeit im materiellen Sinne). Will man aber neben der Integrität der Beschäftigten nicht auf gleicher Stufe „die Ordnungsgemäßheit des verwaltungsrechtlichen Verfahrens und die darin von der Verwaltung gesetzte (einstweilige) Rechtsordnung"[22] als durch Abs. 1 Nr. 2 geschütztes Interesse anerkennen, wird man jedenfalls in Fällen, in denen der Täter einer vollziehbaren Anordnung zuwiderhandelt, die später wegen materieller Rechtswidrigkeit kassiert wird, an einen ungeschriebenen Strafaufhebungsgrund[23] oder Wiederaufnahmegrund (analog) § 359 StPO[24] zu denken haben.

14 **Nichtige Anordnungen** sind nach § 43 Abs. 3 VwVfG unwirksam und stellen auch strafrechtlich bzw. ordnungswidrigkeitenrechtlich ein Nullum dar.[25] Sie brauchen daher nicht befolgt zu werden, selbst wenn sie nicht zur verwaltungsgerichtlichen bzw. -behördlichen Überprüfung gestellt worden sind.[26]

15 **c) Zuwiderhandeln eines Beschäftigten gegen eine vollziehbare Anordnung (Abs. 1 Nr. 2 lit. b).** Abs. 1 Nr. 2 lit. b richtet sich an Beschäftigte (§ 2 Abs. 2 ArbSchG), gegen die eine vollziehbare Anordnung nach § 22 Abs. 3. S. 1 Nr. 1 ArbSchG als Anordnungsadressat ergangen ist. Die Eigenschaft als **Beschäftigter** ist ein besonderes persönliches Merkmal iSd §§ 9, 14 OWiG.[27] Nach § 22 Abs. 3 S. 1 Nr. 1 ArbSchG kann die zuständige Behörde im Einzelfall ua anordnen, welche Maßnahmen die Beschäftigten zur Erfüllung der Pflichten zu treffen haben, die sich aus §§ 15 ff. ArbSchG und den nach §§ 18 Abs. 1, 19 ArbSchG erlassenen Rechtsverordnungen ergeben.

16 **2. Adressaten des Bußgeldbescheids.** § 25 Abs. 1 Nr. 1, 2 lit. a ArbSchG knüpfen als Sonderdelikte die Ahndbarkeit an die Eigenschaft als **Arbeitgeber** iSv § 2 Abs. 3 ArbSchG oder als **verantwortliche Person nach § 13 ArbSchG** an. Diese Eigenschaften sind **besondere persönliche Merkmale iSd §§ 9, 14 OWiG**.[28] Neben dem Arbeitgeber als natürliche Person sind damit auch die in § 13 ArbSchG erfassten Personen bußgeldrechtlich verantwortlich (→ ArbSchG § 13 Rn. 5). Insoweit sind sie sämtlich mögliche Adressaten eines Bußgeldbescheids. Dies ist vor allem im öffentlichen Dienst von Bedeutung, weil hier angesichts der kontroversen Debatte um die Reichweite der formellen Polizeipflicht (→ ArbSchG § 22 Rn. 70 ff.) verwaltungsrechtliche Anordnungen nicht oder nur selten erfolgen. Schließlich kommt für die Pflichten nach § 2 BaustellV der **Bauherr** als verantwortliche Person in Betracht (→ BaustellV Rn. 50).[29]

17 Besondere persönliche Merkmale können sich auch aus § 9 OWiG ergeben, denn diese Norm ist zwar ähnlich, aber nicht identisch mit § 13 ArbSchG. So erfasst § 9 Abs. 1 Nr. 2 OWiG alle rechtsfähigen Personengesellschaften, während die Erstreckung von § 13 Abs. 1 Nr. 3 ArbSchG auf die GbR umstritten ist (→ ArbSchG § 13 Rn. 15 f.). Ebenso ist § 13 Abs. 1 Nr. 4 ArbSchG auf den Leiter des Betriebs beschränkt, während § 9 Abs. 2 Nr. 1 OWiG auch den Leiter des Betriebsteils erfasst (→ ArbSchG § 13 Rn. 17).[30] Schließlich ist die Beauftragung nach § 13 Abs. 2 ArbSchG an das Erfordernis der **Schriftform** gebunden, während **für § 9 Abs. 2 Nr. 2 OWiG** auch eine mündliche Beauftragung ausreicht (→ ArbSchG § 13 Rn. 30).[31]

18 Weiter kommt die **bußgeldrechtliche Verantwortlichkeit** des Arbeitgebers und des Leiters eines Betriebs oder Unternehmens für eine **Aufsichtspflichtverletzung nach § 130**

---

[21] MüKoStGB/Schmitz StGB Vor §§ 324 ff. Rn. 76 ff.; Lackner/Kühl, StGB, 28. Aufl. 2014, StGB § 325 Rn. 9; ausführlich Schmitz, Verwaltungshandeln und Strafrecht, 1992, S. 80 ff. [22] So für § 95 AufenthG MüKoStGB/Gericke AufenthG § 95 Rn. 5. [23] Heine/Hecker in: Schönke/Schröder StGB Vor §§ 324 ff. Rn. 22. [24] Ambs in: Erbs/Kohlhaas ArbSchG § 25 Rn. 7. [25] Vgl. Witteck in: von Heintschel-Heinegg, Beck'scher Online-Kommentar StGB, Verwaltungsakzessorietät Rn. 6; Kühl in: Lackner/Kühl StGB § 325 Rn. 8. [26] Ambs in: Erbs/Kohlhaas ArbSchG § 25 Rn. 6 f.; Kollmer/Klindt/Schucht/Pelz ArbSchG § 25 Rn. 103. [27] Ambs in: Erbs/Kohlhaas ArbSchG § 25 Rn. 3. [28] Ambs in: Erbs/Kohlhaas ArbSchG § 25 Rn. 3. [29] OLG Hamm 9.8.2006 – 1 Ss OWi 417/06; OLG Zweibrücken 12.6.2001 – 1 Ss 117/01, NStZ 2002, 91. [30] Ausführlich Herzberg, Verantwortung, S. 83 ff. [31] Schorn BB 2010, 1345 (1348); Wilrich DB 2008, 182 (183); LR/Wiebauer ArbSchG § 13 Rn. 66.

Bußgeldvorschriften § 25 ArbSchG

OWiG in Betracht.[32] Dieser Tatbestand ist in der Judikatur als Auffangtatbestand ausgestaltet worden, der in Betracht kommt, wenn das Organ selbst nicht als Täter oder Teilnehmer eines originären Bußgeldtatbestands – hier nach § 25 ArbSchG – verantwortlich ist.[33]

Als Aufsichtspflichtverletzung kommt zunächst die **fehlende oder unzureichende Bestellung von Aufsichtspersonen** im Betrieb in Betracht.[34] Damit wird die vertikale Organisationspflicht aus § 3 Abs. 2 ArbSchG auch bußgeldrechtlich abgesichert. In der Praxis größer ist die Bedeutung der **Überwachungspflicht**.[35] Die Übertragung von Verantwortung nach § 13 ArbSchG entlastet den Arbeitgeber nicht, sondern ändert die Form seiner Verantwortung. Er ist jetzt verpflichtet, die Arbeit der von ihm eingesetzten Aufsichtspersonen effektiv zu überwachen (→ ArbSchG § 13 Rn. 32).[36] 19

Schließlich kann nach § 30 OWiG eine Geldbuße auch gegen die **juristische Person bzw. die Personenvereinigung als Arbeitgeber** festgesetzt werden. Dies entspricht der wirtschaftlichen Interessenlage und ist eine Fallgestaltung, die auch für das Arbeitsschutzrecht von Bedeutung ist.[37] Dieses Bußgeld kann in einem einheitlichen Verfahren mit dem Bußgeldbescheid gegen die natürlichen Personen festgesetzt werden; unter den Voraussetzungen, die in § 30 Abs. 4 OWiG normiert sind, kommt auch ein isoliertes Verfahren gegen die juristische Person in Betracht.[38] 20

3. Innere Tatseite: Vorsatz, Fahrlässigkeit, Irrtum. § 25 Abs. 1 ArbSchG sanktioniert vorsätzliches und fahrlässiges Fehlverhalten. Irrt der Täter über eine tatsächliche Grundlage eines Verstoßes gegen arbeitsschutzrechtliche Gebote – einschließlich der auf § 25 ArbSchG verweisenden Verpflichtungen der auf Grundlage von §§ 18 Abs. 1, 19 ArbSchG erlassenen Ausfüllungsnormen, deren Merkmale aufgrund der Blanketttechnik zum Tatbestand gehören –, handelt er in einem den Vorsatz ausschließenden Tatbestandsirrtum nach § 11 Abs. 1 OWiG, der die Ahndbarkeit wegen Fahrlässigkeit unberührt lässt (§ 11 Abs. 1 S. 2 OWiG). Des Weiteren muss er seine Sonderpflichtigkeit als Arbeitgeber, verantwortliche Person oder Beschäftigter kennen. Hierfür ist ausreichend, dass ihm die Umstände bekannt sind, aus denen sich die jeweilige Eigenschaft ableiten lässt. Irrt er dennoch und glaubt, nicht Arbeitgeber, verantwortliche Person oder Beschäftigter zu sein, liegt ein unerheblicher Subsumtionsirrtum vor, der den Vorsatz nicht ausschließt.[39] 21

Das Fehlen der Vorstellung, Unerlaubtes zu tun, begründet einen **Verbotsirrtum nach § 11 Abs. 2 OWiG**.[40] Aufgrund der Komplexität des Arbeitsschutzrechts ist der Arbeitgeber, um seiner umfassenden Verpflichtung aus § 3 Abs. 1 ArbSchG zu genügen, gehalten, im Zweifel (externen) professionellen Rechtsrat einzuholen. Auch die Arbeitsschutzbehörden und Unfallversicherungsträger sind zur Beratung verpflichtet. Unterlässt er dies, ist der Verbotsirrtum in aller Regel vermeidbar.[41] 22

4. Sonstiges. a) Höhe der Geldbuße. Die Höhe der Geldbuße richtet sich nach Abs. 2. Bei Fahrlässigkeit wird der Bußgeldrahmen nach § 17 Abs. 2 OWiG halbiert. Für die Praxis hilfreich sind die als LASI LV 56 und 61[42] veröffentlichten Empfehlungen eines **Bußgeldkatalogs** für Bußgelder nach § 9 ArbStättV bzw. § 20 BioStoffV. Die Empfehlungen geben zunächst allgemeine Hinweise auf Erhöhung oder Minderung des Bußgelds und auf die Abschöpfung wirtschaftlicher Vorteile nach § 17 Abs. 4 OWiG. Weiter enthalten sie differenzierte Sätze von zB 200 EUR für fehlende Verbandsmaterialien, 600 EUR für fehlende Toiletten oder Pausenräume und schließlich 3.000 EUR bei Fehlen einer Gefährdungsbeurteilung im Arbeitsstättenrecht sowie – gestaffelt nach Gefährlichkeit der Stoffe – zwischen 500 und 5.000 EUR im Recht der Biostoffe. 23

---

[32] Ausführlich Herzberg, Verantwortung, S. 102 ff. [33] OLG Hamm GewArch 1999, 246; OLG Koblenz 7.1.2013 – 1 SsBs 132/12, NZV 2013, 254 (255); AG Köln 14.8.2015 – 902 a OWi 378/14 (Lenkzeitverletzungen im Transportgewerbe); Göhler OWiG § 130 Rn. 25 ff.; KJP/Pinter ArbSchG § 25 Rn. 5; Kollmer/Klindt/Schucht/Pelz ArbSchG § 25 Rn. 121 ff. [34] KJP/Pinter ArbSchG § 25 Rn. 5. [35] Faber, Grundpflichten, S. 226 ff. [36] KJP/Pinter ArbSchG § 25 Rn. 6. [37] KJP/Pinter ArbSchG § 25 Rn. 7. [38] Göhler OWiG § 30 Rn. 28, 40; Kollmer/Klindt/Schucht/Pelz ArbSchG § 25 Rn. 126 f. [39] Ambs in: Erbs/Kohlhaas ArbSchG § 25 Rn. 8. [40] KK-OWiG/Rengier OWiG § 11 Rn. 56. [41] Ignor/Mosbacher/Behrendsen § 10 Rn. 44. [42] www.lasi-info.com/Publikationen.

24 **b) Verjährung.** Die Verjährung richtet sich nach allgemeinen Regeln. Demgemäß verjähren vorsätzliche Verstöße gegen Abs. 1 Nr. 1 und Nr. 2 lit. b nach **zwei Jahren** (§ 31 Abs. 2 Nr. 2 OWiG) und fahrlässige Verstöße nach **einem Jahr** (§ 31 Abs. 2 Nr. 3 OWiG iVm § 17 Abs. 2 OWiG). Vorsätzliche Verstöße gegen Abs. 1 Nr. 2 lit. a verjähren nach drei Jahren (§ 31 Abs. 2 Nr. 1 OWiG), fahrlässige Verstöße nach zwei Jahren (§ 31 Abs. 2 Nr. 2 OWiG iVm § 17 Abs. 2 OWiG). Entscheidend für den Beginn der Verjährung ist die Beendigung der Tat(en). Bei **Unterlassungsdelikten** tritt die Beendigung spätestens zu dem Zeitpunkt ein, in dem die Handlungspflicht entfallen ist.[43] Bei fahrlässigem Unterlassen kann die Handlungspflicht entfallen, wenn dem Betroffenen das Nichteinhaltung nicht mehr vorgeworfen werden kann, weil er sie nicht mehr im Gedächtnis haben konnte oder nach Verebben des Handlungsanstoßes.[44] Die Ermittlung dieses Zeitpunkts wird sich im Einzelfall als schwierig erweisen. Unter Zugrundelegung des In-dubio-pro-reo-Grundsatzes ist hier auf den frühestmöglichen Zeitpunkt abzustellen.

25 **c) Eintrag ins Gewerbezentralregister.** Beträgt die Geldbuße mehr als 200 EUR, kommt eine Eintragung in das Gewerbezentralregister nach § 149 Abs. 2 Nr. 3 GewO in Betracht.

26 **d) Konkurrenzen.** Bewirken verschiedene Handlungen mehrere Verstöße gegen § 25 ArbSchG, stehen diese in **Tatmehrheit** (§ 20 OWiG). Verletzt eine Handlung mehrere Vorschriften des ArbSchG, stehen diese in **Tateinheit** (§ 19 OWiG).[45] Erkennt die für die Verfolgung von Ordnungswidrigkeiten nach § 25 ArbSchG zuständige Verwaltungsbehörde, dass erschwerende Umstände des § 26 ArbSchG gegeben sein könnten, muss sie den Vorgang zur weiteren Ermittlung an die Staatsanwaltschaft abgeben (§ 41 Abs. 1 OWiG). Hinter § 26 ArbSchG tritt § 25 ArbSchG zurück (§ 21 Abs. 1 OWiG). Bei materiellrechtlichen oder verfahrensrechtlichen Hindernissen bleibt es bei § 25 ArbSchG (§ 21 Abs. 2 OWiG).[46]

§ 26 ArbSchG Strafvorschriften

Mit Freiheitsstrafe bis zu einem Jahr oder mit Geldstrafe wird bestraft, wer
1. eine in § 25 Abs. 1 Nr. 2 Buchstabe a bezeichnete Handlung beharrlich wiederholt oder
2. durch eine in § 25 Abs. 1 Nr. 1 oder Nr. 2 Buchstabe a bezeichnete vorsätzliche Handlung Leben oder Gesundheit eines Beschäftigten gefährdet.

Literatur: s. Vor § 25 ArbSchG

I. Normzweck und Systematik..... 1	b) Gefährdung eines Beschäftigten (Nr. 2) 10
II. Entstehungsgeschichte, Unionsrecht 3	2. Subjektiver Tatbestand: Vorsatz, Fahrlässigkeit 13
III. Detailkommentierung 5	3. Täterschaft/Teilnahme....... 14
1. Objektiver Tatbestand 5	4. Sonstiges.................... 15
a) Beharrliches Wiederholen der Zuwiderhandlung gegen eine vollziehbare Anordnung (Nr. 1)....... 6	a) Strafrahmen.............. 15
	b) Verjährung.............. 16
	c) Konkurrenzen........... 17

I. Normzweck und Systematik

1 Wie die Ordnungswidrigkeitstatbestände des § 25 ArbSchG dient § 26 ArbSchG in Umsetzung von Art. 4 Arbeitsschutzrichtlinie 89/391/EWG dem Ziel, den Behörden eine angemessene Kontrolle und Überwachung der Einhaltung der Arbeitsschutzvor-

---

43 OLG Hamm 9.8.2006 – 1 Ss OWi 417/06. **44** Bohnert in: Bohnert OWiG § 31 Rn. 17. **45** OLG Zweibrücken 12.6.2001 – 1 Ss 117/01, NStZ-RR 2002, 91 (92). **46** Vgl. KK-OWiG/Bohnert OWiG § 21 Rn. 19.

schriften zu ermöglichen.¹ Anders als § 25 ArbSchG regelt § 26 ArbSchG jedoch Verstöße gegen das Arbeitsschutzrecht, bei denen der Gesetzgeber eine **Kriminalstrafe für angemessen** hielt, da Leben und Gesundheit der Beschäftigten vor Gefährdungen geschützt werden müssen² oder eine fehlerhafte vorsätzliche Einstellung des Täters zur Rechtsordnung sanktioniert werden soll.³

§ 26 ArbSchG beinhaltet **Mischtatbestände**, bei denen durch das Hinzutreten qualifizierender **objektiver** (Gefährdung von Leben oder Gesundheit eines Beschäftigten) oder **subjektiver** (beharrliches Wiederholen) Merkmale die Ordnungswidrigkeiten des § 25 ArbSchG **zu einer Straftat hochgestuft** werden.⁴ Eine vergleichbare Normstruktur enthalten § 23 ArbZG, § 33 MuSchG 2018 und § 58 Abs. 5 JArbSchG. 2

II. Entstehungsgeschichte, Unionsrecht

Die heutige Fassung der Norm entspricht weitgehend der Regierungsvorlage in § 23 des Entwurfs zum Arbeitsschutzgesetz,⁵ die sich an früheren Vorbildern orientieren konnte. Maßgeblich war zunächst die 1974 eingeführte⁶ Fassung des § 148 Abs. 1 GewO, mit der die **Umstellung von Strafnormen zu Bußgeldvorschriften im Arbeitsschutz** durch die Hochstufung einzelner Sachverhalte zu Strafnormen flankiert worden ist. Als strukturelles Regelungsvorbild kommt allerdings vor allem § 23 ArbZG in Betracht. Seit 1996 ist § 26 ArbSchG ausschließlich einmal geändert und an die Umstellung zum Euro angepasst worden. Angesichts der vergleichbaren Normstruktur kann auch auf die Rechtsprechung zu § 148 GewO zurückgegriffen werden.⁷ 3

Art. 4 Abs. 2 RL 89/391 EWG verlangt von den Mitgliedsstaaten, dass diese für eine angemessene Kontrolle und Überwachung sorgen. Die Überwachung wird durch §§ 21, 22 ArbSchG geregelt. **Zur Kontrolle gehört** in Übereinstimmung mit dem von Deutschland ratifizierten ILO-Übereinkommen 187 auch **die Existenz und Anwendung von Sanktionsnormen**.⁸ Zu diesen Sanktionsnormen gehört in Deutschland für schwerwiegende Fälle die Hochstufung von Ordnungswidrigkeiten in das Strafrecht. 4

III. Detailkommentierung

1. Objektiver Tatbestand. § 26 ArbSchG regelt **drei Straftatbestände**. 5
- § 26 Nr. 1 ArbSchG: Beharrliches Wiederholen einer Zuwiderhandlung gegen eine vollziehbare Anordnung durch den Arbeitgeber oder verantwortliche Personen (insbes. nach § 13 ArbSchG);
- § 26 Nr. 2 Var. 1 ArbSchG: Verursachung einer konkreten Gefährdung für Leben oder Gesundheit eines Beschäftigten durch Zuwiderhandlung gegen eine Rechtsverordnung nach §§ 18 Abs. 1, 19 ArbSchG;
- § 26 Nr. 2 Var. 2 ArbSchG: Verursachung einer konkreten Gefährdung für Leben oder Gesundheit eines Beschäftigten durch Zuwiderhandlung gegen eine vollziehbare Anordnung als Arbeitgeber oder verantwortliche Person.

a) Beharrliches Wiederholen der Zuwiderhandlung gegen eine vollziehbare Anordnung (Nr. 1). Gem. § 26 Nr. 1 ArbSchG macht sich strafbar, wer eine in § 25 Abs. 1 Nr. 2 lit. a ArbSchG bezeichnete Handlung beharrlich wiederholt. Pönalisiert wird somit das **beharrliche Wiederholen** von Zuwiderhandlungen durch den Arbeitgeber oder sonst verantwortliche Personen iSd § 13 ArbSchG gegen sie gerichtete **vollziehbare Anordnungen**.⁹ Durch die Inbezugnahme von § 25 Abs. 1 Nr. 2 lit. a ArbSchG kommen als taugliche **Täter nur Arbeitgeber oder verantwortliche Personen** iSd § 13 ArbSchG bzw. 6

---
1 Kollmer/Klindt/Schucht/Pelz ArbSchG § 26 Rn. 1; KJP/Pinter ArbSchG § 26 Rn. 2. **2** BT-Drs. 13/3540, 21. **3** LR/Kollmer ArbSchG § 26 Rn. 2; GKR/Kraft, 2. Aufl. 2015, Kap. 2 Rn. 913. **4** Kollmer/Klindt/Schucht/Pelz ArbSchG § 26 Rn. 3; sa KK-OWiG/Rogall OWiG Vor §§ 1 ff. Rn. 14. **5** BT-Drs. 13/3540, 21. **6** BGBl. I 1974, 1281, 1284; Nöthlichs Arbeitsschutz 1974, 283 (286); Hahn, Arbeitsstrafrecht, 1992, S. 266; zur kontroversen Entstehungsgeschichte BT-Drs. 7/626, 14, 21, 33. **7** ZB BGH 25.2.1992 – 5 StR 528/91, NStZ 1992, 594 (595). **8** Vgl. Kollmer/Klindt/Schucht/Pelz ArbSchG § 26 Rn. 1. **9** Ambs in: Erbs/Kohlhaas ArbSchG § 26 Rn. 3.

des § 14 StGB in Betracht, nicht sonstige Beschäftigte.[10] § 14 StGB ist in vergleichbarer Weise wie § 9 OWiG (→ ArbSchG § 25 Rn. 17) verwaltungsaktakzessorisch strukturiert.[11] Als bloßes Tätigkeitsdelikt ausgestaltet, erschöpft sich Nr. 1 in der beharrlichen Wiederholung einer Zuwiderhandlung gegen eine vollziehbare behördliche Anordnung.

7 Voraussetzung für beharrliches Wiederholen ist, dass der Täter gegen ein Ver- bzw. Gebot aus Missachtung oder Gleichgültigkeit **mehrfach** verstößt. Ein mindestens einmaliger Verstoß ist erforderlich, aber noch nicht ausreichend, das wird aus dem Merkmal der Wiederholung deutlich. Das Merkmal der **Beharrlichkeit** setzt ein besonders hartnäckiges Verhalten voraus, durch das die rechtsfeindliche Einstellung des Täters gegenüber den infrage kommenden gesetzlichen Normen deutlich wird, obwohl er schon wegen der Folgen vorangegangener Zuwiderhandlungen Erfahrungen gesammelt haben müsste; dazu bedarf es keines vorangegangenen abgeschlossenen Bußgeldverfahrens oder einer strafrechtlichen Sanktion wegen der gleichen Zuwiderhandlung.[12] Dies kann der Fall sein, wenn ihn die zuständigen Behörden wegen vorangegangener Zuwiderhandlungen bereits auf die Arbeitsschutzwidrigkeit seines Verhaltens hingewiesen haben, er gleichwohl den Verstoß aber aufrechterhält oder in Kenntnis der Normwidrigkeit wiederholt.[13] Erforderlich ist eine wie auch immer geartete hemmende Erfahrung,[14] nicht notwendig jedoch eine Abmahnung,[15] über die sich der Täter hinwegsetzt.

8 Zwischen den Verstößen ist ein **zeitlicher und innerer Zusammenhang** erforderlich.[16] Wiederholen setzt voraus, dass die vorangegangenen Pflichtverstöße gleich oder gleichartig sind. Beinhaltet die Anordnung mehrere Regelungsgegenstände, die je für sich missachtet wurden, liegt keine Wiederholung vor. Die Beharrlichkeit ist zu verneinen, wenn die vorangegangenen Verstöße fahrlässig erfolgten und demgemäß eine rechtsfeindliche Einstellung des Täters nicht erkennen lassen.[17] Schließlich ist auch bei gleich gelagerten Pflichtverstößen das Merkmal der beharrlichen Wiederholung nicht erfüllt, wenn zwischen den Verstößen ein anhand der Gesamtumstände hinlänglich großer zeitlicher Abstand liegt, währenddessen der Täter der Anordnung nachgekommen ist.[18]

9 Um das Merkmal der beharrlichen Wiederholung zu erfüllen, braucht im Rahmen einer **Dauerordnungswidrigkeit** keine in sich abgeschlossene Vortat desselben Dauerdelikts vorzuliegen. Ausgehend von den konkreten Umständen des Einzelfalls ist unter eingehender Auseinandersetzung mit allen Umständen der vorangegangenen Verstöße, insbesondere der Motivationslage des Täters, zu entscheiden, ob die einzelnen Akte, mit denen das rechtswidrige Verhalten fortgesetzt wird, jeweils für sich betrachtet ab einem bestimmten Zeitpunkt eine beharrliche Wiederholung iSd § 26 ArbSchG begründen.[19] Mit anderen Worten kann in der Aufrechterhaltung eines nach § 25 ArbSchG ordnungswidrigen Zustands ab einem gemessen an den konkreten Umständen des Einzelfalls näher zu konkretisierenden Zeitpunkt ein beharrliches Wiederholen liegen, wenn der Täter in Kenntnis der Rechtswidrigkeit nicht für Abhilfe sorgt.

10 **b) Gefährdung eines Beschäftigten (Nr. 2).** Nach § 26 Nr. 2 ArbSchG macht sich strafbar, wer durch eine in § 25 Abs. 1 Nr. 1 oder Nr. 2 lit. a ArbSchG bezeichnete vorsätzliche Handlung **Leben oder Gesundheit eines Beschäftigten gefährdet** – mithin durch eine vorsätzliche Zuwiderhandlung gegen eine sich aus einer Rechtsverordnung nach § 18 Abs. 1 ArbSchG oder § 19 ArbSchG ergebenden Pflicht oder als Arbeitgeber oder verantwortliche Person iSd § 13 ArbSchG durch einen Verstoß gegen eine gegen ihn gerichtete vollziehbare Anordnung nach § 22 Abs. 3 ArbSchG. Die Pflichtwidrigkeit kann auch in einem **Unterlassen** bestehen.[20]

---

10 Kollmer/Klindt/Schucht/Pelz ArbSchG § 26 Rn. 7. **11** Schorn BB 2010, 1345 (1348). **12** BGH 25.2.1992 – 5 StR 528/91, NStZ 1992, 594 (595). **13** KJP/Pinter ArbSchG § 26 Rn. 2; Ignor/Mosbacher/Behrendsen, 3. Aufl. 2016, § 10 Rn. 39; kritisch zu einer Differenzierung nach innerer Einstellung MüKoStGB/Hörnle StGB § 184 e Rn. 5. **14** BT-Drs. 7/626, 14 zu § 148 GewO. **15** Kollmer/Klindt/Schucht/Pelz ArbSchG § 26 Rn. 8. **16** Doms, Verantwortlichkeit, S. 92. **17** Bross/Kohte/Schmitz, Handbuch Arbeitsstrafrecht, 2016, Kap. 19 Rn. 51. **18** Vgl. Doms, Verantwortlichkeit, S. 92. **19** Ambs in: Erbs/Kohlhaas GewO § 148 Rn. 2; BGH 25.2.1992 – 5 StR 528/91, NStZ 1992, 594.

Von den auf Grundlage der §§ 18 Abs. 1, 19 ArbSchG erlassenen Rechtsverordnungen verweisen folgende Verordnungen auf § 26 Nr. 2 ArbSchG:
- § 7 Abs. 2 Baustellenverordnung (BaustellV),
- § 21 Abs. 1 Biostoffverordnung (BioStoffV),
- § 23 Abs. 1 Betriebssicherheitsverordnung (BetrSichV),
- § 22 Abs. 2 Druckluftverordnung (DruckLV),
- § 11 Abs. 2 Arbeitsschutzverordnung zu künstlicher optischer Strahlung (OStrV),
- § 9 Abs. 2 Arbeitsstättenverordnung (ArbStättV),
- § 10 Abs. 2 Verordnung zur arbeitsmedizinischen Vorsorge (ArbMedVV),
- § 16 Abs. 2 Lärm- und Vibrations-Arbeitsschutzverordnung (LärmVibrationsArbSchV),
- § 22 Abs. 2 Verordnung elektromagnetische Felder (EMFV).

§ 22 Abs. 2 GefStoffV verweist auf die Strafnorm des § 27 ChemG.[21]

Nr. 2 ist als **konkretes Gefährdungsdelikt** ausgestaltet, das lediglich Beschäftigte iSv § 2 Abs. 2 ArbSchG als Schutzobjekt erfasst; nicht erfasst ist die Gefährdung von Dritten oder des Arbeitgebers selbst.[22] Nicht ausreichend ist eine abstrakte, bloß allgemein denkbare latente Gefährdung.[23] Die erforderliche konkrete Gefährdung eines Beschäftigten ist gegeben, wenn nach allgemeiner Lebenserfahrung die konkreten Umstände des Einzelfalls für die Wahrscheinlichkeit eines alsbaldigen Schadenseintritts sprechen, so dass die Möglichkeit einer Schädigung bedrohlich nahe liegt und ihr Nichteintritt lediglich dem Zufall geschuldet ist.[24] Der Pflichtverstoß muss für die Gefährdungslage adäquat kausal sein. Nicht erforderlich ist jedoch eine unmittelbare Gefahr mit einem hohen Grad der Wahrscheinlichkeit.[25]

2. Subjektiver Tatbestand: Vorsatz, Fahrlässigkeit. Da § 26 ArbSchG keine ausdrückliche Strafandrohung für fahrlässige Verstöße enthält, sind **allein vorsätzliche Verstöße** gegen § 26 ArbSchG strafbar (§ 15 StGB iVm Art. 1 Abs. 1 EGStGB), wobei bedingter Vorsatz ausreichend ist. Im Falle der Nr. 2 muss sich der (regelmäßig bedingte) Vorsatz des Täters als **Gefährdungsvorsatz** neben einer vorsätzlichen Verletzung des Grundtatbestandes auf die Gefährdung der Gesundheit oder des Lebens eines Beschäftigten erstrecken, bewusste Fahrlässigkeit ist nicht ausreichend.[26] Ein **Schädigungsvorsatz** wird dagegen **nicht verlangt**.[27]

3. Täterschaft/Teilnahme. Beharrlichkeit iSd Nr. 1 ist ein **besonderes persönliches Merkmal iSd § 28 Abs. 1 StGB** und muss im Falle mehrfacher Verwirklichung bei jedem Täter neu festgestellt werden. Die vorherige wiederholte Zuwiderhandlung durch verschiedene Täter führt noch nicht zur Beharrlichkeit des Letzthandelnden, wenn dieser an den vorherigen Verstößen nicht beteiligt war.[28] Wegen § 14 Abs. 4 OWiG bleibt es für Teilnehmer, die nicht selbst beharrlich handeln, bei einer Ordnungswidrigkeit nach § 25 Abs. 1 Nr. 2 lit. a ArbSchG. Umgekehrt kann Gehilfe einer Straftat nach Nr. 1 sein, wer selbst beharrlich handelt, auch wenn ein Haupttäter nicht vorhanden ist, weil dieser das Merkmal der Beharrlichkeit nicht aufweist.[29]

4. Sonstiges. a) Strafrahmen. Der Strafrahmen des § 26 ArbSchG beträgt Geldstrafe bis zu 360 Tagessätzen oder Freiheitsstrafe bis zu einem Jahr. Angesichts des geringen Strafmaßes dürfte in vielen Fällen eine Einstellung nach §§ 153, 153 a StPO in Betracht kommen.

b) Verjährung. Verstöße gegen § 26 verjähren nach § 78 Abs. 3 Nr. 5 StGB nach drei Jahren.[30]

---

20 GKR/Kraft Kap. 2 Rn. 920. **21** Vgl. Kuchenbauer NJW 1997, 2009 (2010). **22** GKR/Kraft Kap. 2 Rn. 921; Kollmer/Klindt/Schucht/Pelz ArbSchG § 26 Rn. 11. **23** LR/Kollmer ArbSchG § 26 Rn. 8; Ignor/Mosbacher/Behrendsen § 10 Rn. 40. **24** Ambs in: Erbs/Kohlhaas ArbSchG § 26 Rn. 6; GKR/Kraft § 2 Rn. 921. **25** Kollmer/Klindt/Schucht/Pelz ArbSchG § 26 Rn. 13. **26** Ambs in: Erbs/Kohlhaas ArbSchG § 26 Rn. 8. **27** LR/Kollmer ArbSchG § 26 Rn. 8. **28** Ignor/Mosbacher/Behrendsen § 10 Rn. 39. **29** Vgl. Ambs in: Erbs/Kohlhaas GewO § 148 Rn. 4; BayObLG 18.12.1984 – RReg 4 St 172/84, NJW 1985, 1566 zu § 184 a StGB; MüKoStGB/Weyand GewO § 148 Rn. 7.

17 c) **Konkurrenzen.** Bei Straftaten wie § 26 ArbSchG treten einschlägige **Ordnungswidrigkeiten** nach § 21 Abs. 1 OWiG zurück. Scheitert die Verurteilung nach § 26 ArbSchG an Beweisschwierigkeiten, weil zB das Merkmal der Beharrlichkeit nicht nachgewiesen wird, dann bleibt es nach § 21 Abs. 2 OWiG bei der Ordnungswidrigkeit nach § 25 ArbSchG.[31]

18 Kommt es zu einer Schädigung, so sind die §§ 222, 229 StGB vorrangig anzuwenden (Spezialität), wenn **reine Fahrlässigkeitskombinationen** mit Fahrlässigkeitstaten konkurrieren. Bei der für § 26 ArbSchG typischen Konkurrenz von Vorsatz-Vorsatz- oder **Vorsatz-Fahrlässigkeits-Kombinationen** mit Fahrlässigkeitstaten gilt **Tateinheit** (eigener Unwertgehalt der vorsätzlich begangenen Tat).[32] § 26 ArbSchG ist im Verhältnis zu §§ 222, 229 StGB **kein Durchgangsdelikt**, da Nr. 1 für die Zuwiderhandlung und Nr. 2 sowohl für die arbeitsschutzrechtliche Zuwiderhandlung als auch hinsichtlich der konkreten Gefährdung Vorsatz erfordert. Auch ist die Verknüpfung zwischen § 26 ArbSchG und §§ 222, 229 StGB weder regelmäßig noch typisch.

19 Bei mehreren Zuwiderhandlungen gegen verschiedene Anordnungen liegt **Tatmehrheit** vor. Sind dagegen von einer Gefährdung nach § 26 Nr. 2 ArbSchG mehrere Beschäftigte betroffen, ist eine Tat anzunehmen.[33]

---

30 Zu den Unterbrechungsmöglichkeiten vgl. § 78 c StGB. **31** Ignor/Mosbacher/Behrendsen § 10 Rn. 55. **32** Ignor/Mosbacher/Behrendsen § 10 Rn. 43. **33** Kollmer/Klindt/Schucht/Pelz ArbSchG § 26 Rn. 23.

Sozialgesetzbuch (SGB) Neuntes Buch (IX)
– Rehabilitation und Teilhabe behinderter Menschen –[1, 2, 3]

Vom 19. Juni 2001 (BGBl. I S. 1046)
(FNA 860-9)
zuletzt geändert durch Art. 165 G zum Abbau verzichtbarer Anordnungen der Schriftform im Verwaltungsrecht des Bundes vom 29. März 2017 (BGBl. I S. 626), aufgeh. und als § 167 ab 1.1.2018 fortgeltend durch Art. 26 Abs. 1 Satz 2 G v. 23.12.2016 I 3234 mWv 1.1.2018
– Auszug –

§ 84 SGB IX Prävention[1]

(1) Der Arbeitgeber schaltet bei Eintreten von personen-, verhaltens- oder betriebsbedingten Schwierigkeiten im Arbeits- oder sonstigen Beschäftigungsverhältnis, die zur Gefährdung dieses Verhältnisses führen können, möglichst frühzeitig die Schwerbehindertenvertretung und die in § 93 genannten Vertretungen sowie das Integrationsamt ein, um mit ihnen alle Möglichkeiten und alle zur Verfügung stehenden Hilfen zur Beratung und mögliche finanzielle Leistungen zu erörtern, mit denen die Schwierigkeiten beseitigt werden können und das Arbeits- oder sonstige Beschäftigungsverhältnis möglichst dauerhaft fortgesetzt werden kann.

(2) ¹Sind Beschäftigte innerhalb eines Jahres länger als sechs Wochen ununterbrochen oder wiederholt arbeitsunfähig, klärt der Arbeitgeber mit der zuständigen Interessenvertretung im Sinne des § 93, bei schwerbehinderten Menschen außerdem mit der Schwerbehindertenvertretung, mit Zustimmung und Beteiligung der betroffenen Person die Möglichkeiten, wie die Arbeitsunfähigkeit möglichst überwunden werden und mit welchen Leistungen oder Hilfen erneuter Arbeitsunfähigkeit vorgebeugt und der Arbeitsplatz erhalten werden kann (betriebliches Eingliederungsmanagement). ²Soweit erforderlich wird der Werks- oder Betriebsarzt hinzugezogen. ³Die betroffene Person oder ihr gesetzlicher Vertreter ist zuvor auf die Ziele des betrieblichen Eingliederungsmanagements sowie auf Art und Umfang der hierfür erhobenen und verwendeten Daten hinzuweisen. ⁴Kommen Leistungen zur Teilhabe oder begleitende Hilfen im Arbeitsleben in Betracht, werden vom Arbeitgeber die *örtlichen gemeinsamen Servicestellen* (ab 1.1.2018: *Rehabilitationsträger*) oder bei schwerbehinderten Beschäftigten das Integrationsamt hinzugezogen. ⁵Diese wirken darauf hin, dass die erforderlichen Leistungen oder Hilfen unverzüglich beantragt und innerhalb der Frist des § 14 Abs. 2 Satz 2 erbracht werden. ⁶Die zuständige Interessenvertretung im Sinne des § 93, bei schwerbehinderten Menschen außerdem die Schwerbehindertenvertretung, können die Klärung verlangen. ⁷Sie wachen darüber, dass der Arbeitgeber der ihm nach dieser Vorschrift obliegenden Verpflichtungen erfüllt.

(3) Die Rehabilitationsträger und die Integrationsämter können Arbeitgeber, die ein betriebliches Eingliederungsmanagement einführen, durch Prämien oder einen Bonus fördern.

Literatur: *Anton-Dyck*, Stufenweise Wiedereingliederung nach 28 SGB IX, 74 SGB V, 2011; *Beck*, Betriebliches Eingliederungsmanagement, NZA 2017, 81; *Beyer/Wocken*, Arbeitgeberpflichten gegenüber Arbeitnehmern mit einer Behinderung im Licht der aktuellen Rechtsprechung des EuGH, DB 2013, 2270; *Bode/Dornieden/Gerson*, Das BEM – und der subjektive

---

1 Aufgehoben mit Ablauf des 31.12.2017 durch Art. 26 Abs. 1 Satz 2 BundesteilhabeG v. 23.12.2016 (BGBl. I S. 3234); siehe ab dem Zeitpunkt das Neunte Buch Sozialgesetzbuch 2018 v. 23.12.2016 (BGBl. I S. 3234). **2** Siehe hierzu die Gegenüberstellung der Inhaltsübersichten des bisherigen und des künftigen SGB IX. **3** Verkündet als Art. 1 G v. 19.1.2001 (BGBl. I S. 1046), in Krafttreten gem. Art. 68 Abs. 1 dieses G am 1.7.2001, mit Ausnahme von § 56, der gem. Abs. 2 bereits am 1.7.2000 und § 50 Abs. 3 und § 144 Abs. 2, die gem. Abs. 4 bereits am 23.6.2001 in Kraft getreten sind. **1** Ab 1.1.2018 fortgeltend als § 167; textliche Änderung: s. Kursivdruck unten in § 84 Abs. 2 S. 4.

Faktor im Suchprozess, in: Faber/Feldhoff/Nebe/Schmidt/Waßer (Hrsg.), FS für Kohte 2016, S. 401 ff.; *Brose*, Auswirkungen des § 84 Abs. 2 SGB IX auf den Kündigungsschutz bei verhaltensbedingten, betriebsbedingten und personenbedingten Kündigungen, RdA 2006, 149; *Brose*, Das betriebliche Eingliederungsmanagement nach § 84 Abs. 2 SGB IX als eine neue Wirksamkeitsvoraussetzung für die krankheitsbedingte Kündigung?, DB 2005, 390; *Brose*, Psychische Beeinträchtigungen und Suchterkrankungen: Besondere Anforderungen an das BEM?, DB 2013, 1727; *Deinert*, Kündigungsprävention und betriebliches Eingliederungsmanagement, NZA 2010, 969; *Deutsche Hauptstelle für Suchtfragen* (DHS), Qualitätsstandards in der betrieblichen Suchtprävention und Suchthilfe, Leitfaden für die Praxis, 2. Aufl. 2011; *Faber*, Was Betriebe für Langzeitkranke tun müssen, Auswirkungen des BEM auf das Arbeits- und Kündigungsschutzrecht, SozSich 2008, 130; *Feldes*, Vom Fehlzeitenmanagement zum Eingliederungsmanagement. Ablösestrategien für die Betriebsratspraxis, AiB 2009, 22; *Feldes*, BEM konkret regeln, AiB 2016, Nr. 2, 17; *Feldes/Kohte/Stevens-Bartol*, SGB IX, 3. Aufl. 2015 (zitiert: FKS/Bearbeiter); *Feldes/Niehaus/Faber* (Hrsg.), Werkbuch BEM, Frankfurt a.M. 2015; *Freigang-Bauer/Gröben*, Eingliederung von Mitarbeitern mit psychischen Erkrankungen, Handlungsbedarf aus Sicht betrieblicher Akteure, Arbeitspapier 224 der HBS, 2011; *Gagel*, Klarstellungen zur Stufenweisen Wiedereingliederung, Beiträge 1–3/2010 in Forum B unter www.reha-recht.de; *Gagel/Schian*, Zur Berechnung der Sechs-Wochen-Frist des § 84 II SGB IX, br 2006, 46; *Gundermann/Oberberg*, Datenschutzkonforme Gestaltung des betrieblichen Eingliederungsmanagements und Beteiligung des Betriebsrates, AuR 2007, 19; *Joussen*, Verhältnis von Betrieblichem Eingliederungsmanagement und krankheitsbedingter Kündigung, DB 2009, 286; *Kiesche*, Verhaltensbedingte Kündigung – krankheitsbedingte Kündigung – betriebliches Eingliederungsmanagement, AiB 2008, 303; *Kiesche*, Rechtliche Anforderungen an ein ordnungsgemäßes betriebliches Eingliederungsmanagement, BPUVZ 2013, 356; *Kiesche*, Datenschutz im BEM, RDV 2014, 321; *Kiesche*, Die Mitbestimmung des Betriebsrats im BEM, sis 5/2017, 226; *Kohte*, Betriebliches Eingliederungsmanagement und Bestandsschutz, DB 2008, 582; *Kohte*, Das betriebliche Eingliederungsmanagement – ein doppelter Suchprozess, WSI-Mitteilungen 2010, 374; *Mehrhoff*, Return to work, RP-Reha 2016, Nr. 2, 63; *Nebe*, Die Stufenweise Wiedereingliederung, SGb 2015, 125; *Nebe*, (Re)Integration von Arbeitnehmern: Stufenweise Wiedereingliederung und Betriebliches Eingliederungsmanagement – ein neues Kooperationsverhältnis, DB 2008, 1801; *Nebe*, Individueller Anspruch auf Durchführung eines BEM-Verfahrens, ASR 2012, 17; *Nebe*, Krankheitsbedingte Kündigung – Betriebliches Eingliederungsmanagement, Anm. zu BAG 30.9.2010 – 2 AZR 88/09, AP Nr. 49 zu § 1 KSchG 1969 Krankheit; *Nebe*, Erhaltung und Wiederherstellung der Erwerbsfähigkeit als Schnittstellenproblem, SDSRV Bd. 63, S. 57 ff., 2013; *Niehaus*, Studie zur Umsetzung des Betrieblichen Eingliederungsmanagements nach § 84 Abs. 2 SGB IX, 2008; *Ramm/Welti*, Betriebliches Eingliederungsmanagement in Klein- und Mittelbetrieben – sozialrechtliche Aspekte, Beitrag 10/2010, Forum B, www.reha-recht.de; *Rehwald/Reineke/Wienemann/Zinke*, Betriebliche Suchtprävention und Suchthilfe, 2. Aufl. 2012 (zitiert: Rehwald u.a., Suchtprävention); *Schian*, Betriebliches Eingliederungsmanagement, RP-Reha 2016, Nr. 2, 5; *Schlewing*, Das betriebliche Eingliederungsmanagement nach § 84 II SGB IX – Keine Wirksamkeitsvoraussetzung für die Kündigung wegen Krankheit, ZfA 2005, 485; *Schmidt*, Gestaltung und Durchführung des BEM, 2014; *vom Stein/Rothe/Schlegel* (Hrsg.), Gesundheitsmanagement und Krankheit im Arbeitsverhältnis, 2015; *Vossen*, Das ordnungsgemäße Angebot eines Betrieblichen Eingliederungsmanagements, DB 2016, 1814; *Weber*, Betriebliche Suchprozesse und die Wechselwirkung von Arbeits-, Sozial- und Verwaltungsrecht – Der Suchprozess des betrieblichen Eingliederungsmanagements als Chance für die Verbesserung des betrieblichen Arbeitsschutzes, in: Busch/Feldhoff/Nebe (Hrsg.), Übergänge im Arbeitsleben und (Re)Inklusion in den Arbeitsmarkt, 2012, S. 81 ff.; *Weber*, Die fähigkeitsgerechte Beschäftigung und die Bedeutung des Arbeitsschutzrechts für die Beschäftigungspflicht, 2015; *Weber/Peschkes/de Boer* (Hrsg.), Return to Work – Arbeit für alle, 2015; *Weichert*, Gesundheitsdaten von Bewerbern und Beschäftigten, RDV 2007, 189; *Welti*, Das betriebliche Eingliederungsmanagement nach § 84 Abs. 2 SGB IX – sozial- und arbeitsrechtliche Aspekte, NZS 2006, 623; *Winkler*, Die Teilhabe behinderter Menschen am Arbeitsleben, Arbeitsrechtliche und sozialrechtliche Ansprüche und Verfahren, 2010; *Wolmerath*, Das betriebliche Eingliederungsmanagement – Ein bislang kaum beachtetes Werkzeug beim Mobbing, in: Festschrift Franz Josef Düwell, 2011, S. 188.

Leitentscheidungen: BAG 12.7.2007 – 2 AZR 717/06, NZA 2008, 173; BAG 10.12.2009 – 2 AZR 198/09, NZA 2010, 639; BAG 30.9.2010 – 2 AZR 88/09, NZA 2011, 39 = AP Nr. 49 zu § 1 KSchG 1969 Krankheit mAnm Nebe; BAG 24.3.2011 – 2 AZR 170/10, NZA 2011, 993; BAG 13.3.2012 – 1 ABR 78/10, NZA 2012, 748; BAG 22.3.2016 – 1 ABR

14/14, NZA 2016, 1283; BVerwG 23.6.2010 – 6 P 8/09, NZA-RR 2010, 554; LAG Hamm 26.4.2013 – 10 Sa 24/13.

I. Normzweck und Systematik..... 1	
II. Entstehungsgeschichte und Unionsrecht......................... 3	
III. Detailkommentierung des § 84 Abs. 2 SGB IX.............. 9	
1. Vorbemerkungen zur gegenwärtigen Bedeutung des BEM........................ 9	
2. Überblick über Voraussetzungen für das BEM 12	
3. Anwendungsbereich......... 13	
a) Persönlich................ 13	
b) Sachlich.................. 16	
aa) Sechswöchige Arbeitsunfähigkeit 16	
bb) Geltung in Kleinbetrieben 17	
4. Durchführung/Ablauf des BEM 19	
a) Funktionsbezogene Offenheit des regelkonformen BEM-Verfahrens 19	
b) Verfahrenseinleitung und Zustimmung des Beschäftigten............. 21	
c) Verfahrensverlauf – interner und externer Sachverstand 23	
d) Datenschutz im BEM-Verfahren.......... 26	
e) Strukturierung des Suchprozesses 30	
f) Ergebnisse des Suchprozesses..................... 33	
aa) BEM und Arbeitsschutzmaßnahmen 35	
bb) BEM und behinderungsgerechte Beschäftigung................... 42	
cc) BEM und Stufenweise Wiedereingliederung ... 43	
IV. Rechtsdurchsetzung 44	
1. Vorbemerkungen............ 44	
2. Kollektive Durchsetzungsmöglichkeiten 45	
3. Individueller Anspruch des Beschäftigten auf BEM und dessen Durchsetzung 48	
4. Rechtsfolgen der Verletzung des § 84 SGB IX (durch den Arbeitgeber) 51	
a) Kündigungsrechtliche Bedeutung............... 51	
b) Schadensersatzanspruch wegen Verletzung der BEM-Pflicht.............. 55	
5. Betriebliche Mitbestimmung zur Ausgestaltung des BEM 56	

I. Normzweck und Systematik

Beide Absätze verwirklichen den Grundsatz des Vorrangs der Prävention (§ 3 SGB IX), 1 denn Beschäftigungssicherung dient der Teilhabesicherung. Die Norm fordert und fördert systematische betriebliche Präventionsverfahren.[2] Abs. 1 verpflichtet den Arbeitgeber, bei Eintreten von Schwierigkeiten im Beschäftigungsverhältnis, die das Beschäftigungsverhältnis gefährden können, möglichst frühzeitig die Schwerbehindertenvertretung und die betriebliche Interessenvertretung sowie das Integrationsamt einzuschalten. Ziel ist es, die Schwierigkeiten zu beseitigen und hierfür alle in Betracht kommenden finanziellen und sonstigen Hilfen zu erörtern, um das Beschäftigungsverhältnis möglichst dauerhaft fortzusetzen. Das Präventionsverfahren nach Abs. 1 wird systematisch als **Konfliktprävention** verstanden, denn es geht darum, rechtzeitig vor einer Kündigung des Beschäftigungsverhältnisses stabilisierende Maßnahmen zu ergreifen.[3] Abs. 2 zielt demgegenüber ausschließlich auf die Prävention gesundheitlicher Beschäftigungsrisiken und wird daher im Gegensatz zu Abs. 1 als Verfahren der **Gesundheitsprävention** verstanden.[4] Die Pflicht zum betrieblichen Eingliederungsmanagement (BEM) nach § 84 Abs. 2 SGB IX (ab 1.1.2018: § 167 SGB IX nF) knüpft allein an eine sechswöchige AU-Dauer an, was an sich noch keine konkrete Veranlassung für eine Kündigung ist; gleichwohl rechtfertigt das sich aus einer Krankheitschronifizierung oder aus der längerfristigen Abwesenheit vom Arbeitsplatz statistisch ergebende Risiko

---

[2] FKS/Feldes SGB IX § 84 Rn. 4. [3] Schröder in: Hauck/Noftz SGB IX § 84 Rn. 6; KKW/Kohte SGB IX § 84 Rn. 2; Düwell in: LPK-SGB IX, 4. Aufl. 2014, SGB IX § 84 Rn. 9: „Kündigungsprävention". [4] Ausdrücklich KKW/Kohte SGB IX § 84 Rn. 2 unter Verweis auf BT-Drs. 15/1783, 16; Schlewing ZfA 2005, 485 (492).

des Arbeitsplatzverlustes, unter Präventionsgesichtspunkten frühzeitig nach präventiven Maßnahmen zur Stabilisierung der Gesundheit und damit auch langfristig der **Beschäftigungsfähigkeit** zu suchen. Das BEM dient damit nicht allein dem Ziel, krankheitsbedingte Kündigungen zu vermeiden (zur kündigungsrechtlichen Bedeutung → Rn. 51 f.).

2 In Übereinstimmung mit dem arbeitsschutzspezifischen Anliegen des Gesamtkommentars **konzentrieren** sich die folgenden Ausführungen ausschließlich auf das BEM, dh auf die Abs. 2 und 3 des § 84 SGB IX. Gleichwohl darf nicht übersehen werden, dass auch dem Konfliktpräventionsverfahren durchaus arbeits- und gesundheitsschutzrelevante Funktionen zukommen, auf die hier nur kurz verwiesen werden soll. Soweit zB die Voraussetzungen für das BEM im Einzelfall nicht vorliegen, insbesondere also eine mindestens sechswöchige Arbeitsunfähigkeit nicht nachgewiesen ist (zur Berechnung → Rn. 16), gleichwohl aber gerade aus gesundheitlichen Gründen eine negative Prognose gestellt werden muss und daher die krankheitsbedingte Kündigung droht, greift jedenfalls bei schwerbehinderten Beschäftigten die Pflicht zum Präventionsverfahren nach Abs. 1. Praktisch kann sich dies vor allem im Bereich der **psychischen Beeinträchtigungen** bzw. Erkrankungen auswirken, die die betroffenen Menschen nicht in gleicher Weise veranlassen, sich ärztlicherseits AU-Zeiten attestieren zu lassen, so dass die einfachen Voraussetzungen für das BEM gerade in diesen Fällen nicht immer ohne Weiteres erfüllt werden.[5] Über Abs. 1 ergibt sich dann jedoch für den Arbeitgeber eine mit dem BEM vergleichbare Präventionspflicht.

II. Entstehungsgeschichte und Unionsrecht

3 Beide Absätze (Abs. 1 und Abs. 2) zielen jeweils auf **Prävention**, dh auf eine vorbeugende Sicherung des Beschäftigungsverhältnisses. Jedoch muss sowohl **entstehungsgeschichtlich** als auch hinsichtlich des Normzwecks zwischen beiden Absätzen des § 84 SGB IX unterschieden werden. Die Absätze unterscheiden sich sowohl hinsichtlich der Anknüpfungspunkte für die Präventionspflicht als auch hinsichtlich ihrer Geltungsbereiche. Abs. 1 wurde durch das SchwBAG zum 1.10.2000 als § 14 c in das SchwbG eingefügt und stand bereits dort unter der Überschrift „Prävention".[6] Mit Einführung des SGB IX[7] wurde die Regelung weitestgehend wortgleich übernommen und um einen zweiten Absatz ergänzt. In seiner ersten Fassung hatte Abs. 2 zunächst engere Voraussetzungen.[8] Seine heutige Fassung erhielt Abs. 2 durch Art. 1 Nr. 20 des Gesetzes zur Förderung der Ausbildung und Beschäftigung schwerbehinderter Menschen[9] mit Wirkung vom 1.5.2004.[10] Gleichzeitig, durch Art. 1 Nr. 19 des Gesetzes vom 23.4.2004, wurde ursprünglich in § 84 Abs. 4 SGB IX die Möglichkeit eingeführt, Arbeitgeber zur Einführung eines BEM durch Boni und Prämien anzureizen; 2005 wurde diese Regelung in den heutigen Abs. 3 überführt.[11] Im Zuge des **Bundesteilhabegesetzes**[12] tritt gem. dessen Art. 26 Abs. 1 mWz 1.1.2018 das Sozialgesetzbuch Teil IX in geänderter Fassung in Kraft. Neben inhaltlichen Änderungen kommt es vor allem zu einer Neunummerierung. Die aus dem SGB XII herausgelösten Regelungen zur Eingliederungshilfe werden 2020 als neuer Teil 2 in das SGB IX eingefügt. Der bisherige zweite Teil, das Schwerbehindertenrecht, verschiebt sich als künftiger dritter Teil schon ab 1.1.2018 nach hinten. Der Norminhalt des bisherigen § 84 SGB IX findet sich **ab 1.1.2018**, allerdings inhaltlich **unverändert**, **als** § 167 SGB IX nF wieder.

Trotz der unveränderten Fortgeltung steht das BEM als Schlüsselverfahren für betriebliche Präventions- und Eingliederungsprozesse weiterhin in der politischen Aufmerksamkeit.[13] Die gemeinsame Verantwortung der Rehabilitationsträger ist im SGB IX nF künftig deutlicher normiert.[14] DGUV und DRV Bund haben mit einer fast zeitgleich

---

5 Vgl. dazu Nebe, Diskussionsbeitrag Forum B 18/2011, www.reha-recht.de = ASR 2012, 17 ff. **6** BT-Drs. 14/3372, 19. **7** Zum 1.7.2001, BGBl. I, 1047 ff. **8** Dazu BT-Drs. 14/5074. **9** Vom 23.4.2004, BGBl. I, 608. **10** Dazu BT-Drs. 15/1783, 1 und 16. **11** Durch Verwaltungsvereinbarungsgesetz vom 21.3.2005. **12** Vom 23.12.2016, BGBl. I, 3234 ff. **13** Vgl. Entschließungsantrag BT-Drs. 18/10528, 4. **14** Vgl. die ausdrücklichen Informations- und Hinwirkungspflichten ab 1.1.2018 in §§ 10 Abs. 5, 12 Abs. 1 S. 3 SGB IX nF.

Prävention   § 84 SGB IX

zur BTHG-Verabschiedung vereinbarten BEM-Kooperation für diesen Auftrag eine wichtige Grundlage geschaffen.[15] Die Bundesarbeitsgemeinschaft für Rehabilitation (BAR) soll vom BMAS beauftragt werden, eine **Gemeinsame Empfehlung zum BEM** zu erstellen.[16] Die zu erwartende Gemeinsame Empfehlung BEM hat zwar nicht den Rang eines materiellen Gesetzes, ist aber, wie die bereits vereinbarten Gemeinsamen Empfehlungen als Konkretisierung des Rechts von den Rehabilitationsträgern, aber ebenso von den Parteien im individuellen wie auch im kollektiven Arbeitsrecht und damit auch von den Arbeitsgerichten zur Konkretisierung der verbindlichen Vorgaben des § 84 Abs. 2 SGB IX heranzuziehen.[17]

§ 84 SGB IX setzt zwar nicht unmittelbar europäische Vorgaben um. Dennoch steht die Vorschrift im engen Zusammenhang mit **europäischen** Arbeitsschutz- und Antidiskriminierungsvorgaben (→ ArbSchG § 4 Rn. 96 ff., insbesondere → ArbSchG § 4 Rn. 106 f.). Das BEM ist systematisch dem präventiven und kooperativen Arbeitsschutz zuzuordnen. 4

Der Zusammenhang mit der Arbeitsschutz-RahmenRL 89/391/EWG ergibt sich in mehrerer Hinsicht; in erster Linie aus dem dort ebenfalls verankerten Grundsatz der **Prävention** und der Verpflichtung zur Erstellung einer **Gefährdungsbeurteilung**: In zahlreichen Betrieben fehlt es nach wie vor überhaupt oder zumindest an aussagefähigen Gefährdungsbeurteilungen (zum Vollzugsdefizit → ArbSchG § 5 Rn. 16; zu den Anforderungen an eine Gefährdungsbeurteilung gem. § 5 ArbSchG → Rn. 31). Ist ein Beschäftigter bereits längerfristig erkrankt und ein BEM durchzuführen, dann ist das BEM sozusagen der organisatorische Rahmen, die bisher versäumte Gefährdungsbeurteilung nachzuholen.[18] Für die betrieblichen Akteure erleichtert der Einzelfall, der nicht selten bereits gesundheitsspezifische Gefährdungen durch konkrete Beeinträchtigungen und daraus resultierende AU-Zeiten verdeutlicht, sowohl die Suche nach Ursachen und Gegenmaßnahmen als auch das Aufspüren weiterer, bislang nicht manifestierter Gesundheitsrisiken am Arbeitsplatz. Werden hieraus wiederum systematische **Rückschlüsse** auf vergleichbare und auch auf andere Arbeitsplätze im Betrieb gezogen, dann kann mithilfe einzelner BEM-Verfahren das bislang noch zu beklagende Vollzugsdefizit des betrieblichen Arbeitsschutzes schrittweise überwunden werden (zu diesen Wechselwirkungen → ArbSchG § 5 Rn. 13).[19] 5

Das BEM erfüllt mit seiner Pflicht, den Beschäftigten selbst sowie verschiedene innerund außerbetriebliche Akteure in den Suchprozess einzubeziehen, einen weiteren Grundsatz des europäischen Arbeitsschutzes (→ Unionsrecht Rn. 12) – den der **Kooperation und Kommunikation**.[20] Arbeitsschutz ist zwar eine originäre Aufgabe des Arbeitgebers, in die er jedoch in jedem Verfahrensstadium sowohl die Betroffenen selbst als auch die für Arbeitsschutzaufgaben verantwortlichen betrieblichen Akteure einzubeziehen hat. Wird das BEM zutreffend auch als Maßnahme des Arbeitsschutzes angesehen, so sind die verschiedenen Kooperationspflichten im Sinne der europäischen Vorgaben unionsrechtskonform auszulegen, so dass ein BEM-Verfahren regelmäßig mit der Nutzung und Überprüfung der Gefährdungsbeurteilung zu verbinden ist[21] (ausführlich → Rn. 31 ff.). 6

Das BEM ist systematisch ebenso dem Diskriminierungsschutz zuzuordnen. Im unionsrechtlichen Kontext wird § 84 Abs. 2 SGB IX richtigerweise mit den Bestimmungen zum Schutz vor Diskriminierung wegen einer Behinderung, insbesondere mit Art. 5 RL 2000/78/EG in Zusammenhang gebracht, denn dieser verlangt vom Arbeitgeber **angemessene Vorkehrungen**, um den behinderten Menschen den Zugang zur Beschäftigung 7

---

15 Gemeinsame Erklärung von DGUV und DRV über die Unterstützung von Betrieben und Unternehmen beim BEM vom 14.12.2016, zum Download www.reha-recht.de/infothek/beitrag/artikel/dguv-und-drv-wollen-betriebe-und-unternehmen-beim-bem-gemeinsam-unterstuetzen/. **16** Vgl. Entschließungsantrag BT-Drs. 18/10528, 4, dort unter Nr. 5. **17** Zur Qualität der Gemeinsamen Empfehlungen vgl. nur FKS/Stevens-Bartol SGB IX § 13 Rn. 4 ff. **18** Dazu Kohte WSI-Mitteilungen 2010, 374; Weber in: Busch/Feldhoff/Nebe, S. 81 ff. **19** Nebe in: Feldes/Niehaus/Faber (Hrsg.), Werkbuch BEM, S. 191, 195 ff. **20** Münch/ArbR/Kohte § 289 Rn. 11. **21** Düwell in: LPK-SGB IX § 84 Rn. 45; vgl. Wolmerath in: FS Düwell, S. 188, 195.

und die Ausübung des Berufs zu ermöglichen.[22] Sowohl das BEM selbst als auch die Maßnahmen, die sich im Rahmen des Suchprozesses als geeignet für eine fortgesetzte Beschäftigung ergeben, können als angemessene Vorkehrungen im Sinne des **Art. 5 RL 2000/78/EG** angesehen[23] werden (→ ArbSchG § 4 Rn. 106 f.).[24] Die Reichweite der BEM-Pflicht kann daher nicht bemessen werden, ohne den unionsrechtlichen Hintergrund und damit die Rechtsprechung des Europäischen Gerichtshofs, zB zum Geltungsbereich der Gleichstellungspflicht, zum Behinderungsbegriff oder zur Angemessenheit der Vorkehrungen, zu berücksichtigen. Aktuell wirkt sich dies in der deutschen Diskussion um die Anwendung des § 84 Abs. 2 SGB IX bzw. zu den Folgen eines Verstoßes außerhalb eines Kündigungsschutzprozesses aus (→ Rn. 55, 48 ff.).

8 Das Gleichstellungspotential, welches § 84 Abs. 2 SGB IX bietet, ist inzwischen auch für die Umsetzung der Anforderungen aus der **UN-BRK**[25] erkannt worden. Der Nationale Aktionsplan der Bundesregierung sieht das BEM ausdrücklich als wichtiges Instrument zur Förderung der Teilhabe behinderter Menschen am Arbeitsmarkt, weshalb dessen weitere Erprobung, insbesondere in den bislang hierzu noch nicht hinreichend befähigten kleinen und mittleren Betrieben (KMU) künftig stärker durch Modellprojekte gefördert werden soll.[26]

III. Detailkommentierung des § 84 Abs. 2 SGB IX

9 **1. Vorbemerkungen zur gegenwärtigen Bedeutung des BEM.** § 84 Abs. 2 SGB IX normiert eine **Verfahrenspflicht**[27] des Arbeitgebers, die Möglichkeiten zu klären, wie aktuelle Arbeitsunfähigkeit überwunden werden und mithilfe welcher Leistungen und Hilfen erneuter Arbeitsunfähigkeit vorgebeugt und der Arbeitsplatz erhalten werden kann. Schon dem Wortlaut nach hat die Vorschrift in erster Linie gesundheitspräventive Bedeutung. Die gesundheitsspezifische Präventionswirkung hatte auch der Gesetzgeber vor Augen, wie Auszüge aus den Materialien belegen: „Durch die gemeinsame Anstrengung aller Beteiligten soll ein betriebliches Eingliederungsmanagement geschaffen werden, das durch geeignete Gesundheitsprävention das Arbeitsverhältnis möglichst dauerhaft sichert … Die Regelung verschafft der **Gesundheitsprävention** am Arbeitsplatz dadurch einen stärkeren Stellenwert, dass die Akteure unter Mitwirkung des Betroffenen zur Klärung der zu treffenden Maßnahmen verpflichtet werden."[28]

10 Gleichwohl hat das BEM seinen Stellenwert in der gerichtlichen Praxis bisher vorrangig in Kündigungsverfahren erlangt (näher → Rn. 51 ff.). Auch wenn die **kündigungsspezifische Rechtsprechung** zum BEM für die systematische Fortentwicklung und die Effektivität der Norm sehr hilfreich war, darf dies nicht davon ablenken, dass der originäre Schutzzweck der Norm nicht auf der Vorbeugung von Kündigungen, sondern vielmehr auf der zeitlich noch weiter voran zu stellenden Prävention von Gesundheitsrisiken liegt. Die effektive und qualitative Ausgestaltung des BEM-Verfahrens selbst, häufig mittelbar in den Kündigungsschutzverfahren thematisiert, sollte daher die erste Aufmerksamkeit verdienen. Angesichts der bekannten Vollzugs- bzw. Durchsetzungsdefizite im laufenden Beschäftigungsverhältnis für individuelle Rechtsansprüche kommt die weitaus wichtigere Rolle für eine Effektivierung des BEM den betrieblichen und außerbetrieblichen Akteuren zu. Die neben den Kündigungsschutzprozessen zahl-

---

22 Dazu allgemein BAG 19.12.2013 – 6 AZR 190/12, BAGE 147, 60 Rn. 50 ff.; BAG 20.11.2014 – 2 AZR 664/13, NZA 2015, 931 Rn. 60; Kocher NZA 2010, 841; Beyer/Wocken DB 2013, 2270; Nebe SDSRV, 2013, Nr. 63, 57; zur EuGH-Rechtsprechung Colneric in: FS für Kohte, 2016, S. 243 ff. **23** Verneint für das Präventionsverfahren gem. § 84 Abs. 1 SGB IX von BAG 21.4.2016 – 8 AZR 402/14, NZA 2016, 1131. **24** Raasch in: Rust/Falke, AGG, 2007, AGG § 5 Rn. 107; FKS/Faber SGB IX § 81 Rn. 108 ff., 110; KKW/Kohte SGB IX § 84 Rn. 19; Welti BehR 2007, 57 (60). **25** Konvention zur Förderung und zum Schutz der Rechte und Würde von Menschen mit Behinderungen; Art. 27 UN-BRK verlangt ebenfalls angemessene Vorkehrungen zur Verwirklichung des Rechts auf Arbeit und Beschäftigung; dazu Petri/Stähler ZESAR 2008, 167; Becker in: Becker/Wacker/Banafsche (Hrsg.), S. 13; v. Roetteken, jurisPR-ArbR 33/2013 Anm. 1. **26** Nationaler Aktionsplan unter www.bmas.de. **27** Faber SozSich 2008, 130; Joussen DB 2009, 286; Schian in: Cramer/Fuchs/Hirsch/Ritz-SGB IX, 6. Aufl. 2011, SGB IX § 84 Rn. 7. **28** BT-Drs. 15/1783, 16.

reichen kollektivrechtlichen Verfahren rund um das BEM (zB zur Einsetzung einer Einigungsstelle oder zur Information von Betriebs- oder Personalrat, → Rn. 27 ff., 56) und die zahlreichen geförderten Modell- und Forschungsprojekte[29] belegen, dass die verschiedenen Akteure ihre Rollen verantwortlich wahrnehmen und fortentwickeln. Aus der anwaltlichen Beratungspraxis wird zunehmend über individuelle Rechtsschutzbegehren zur individuellen Durchsetzung des BEM-Verfahrens berichtet (→ Rn. 48 ff.).

Wenige Jahre nach Kodifizierung der Vorschrift lässt sich damit resümieren, dass die rasche Rezeption der Norm in der kündigungsschutzrechtlichen Rechtsprechung eine wichtige Flanke war; damit das BEM seinen beabsichtigten **Paradigmenwechsel** im Umgang mit Arbeitsunfähigkeiten („BEM statt Krankenrückkehrgespräch")[30] und seine gesundheitsspezifische Präventionswirkung darüber hinaus entfalten kann, muss nun in gleicher Weise die Qualität der BEM-Prozesse und deren breitflächige Akzeptanz bei allen Beteiligten vorangebracht werden. Auch insoweit wird die Rechtsanwendung, werden die Gerichte weiterhin Motor sein können. 11

2. Überblick über Voraussetzungen für das BEM. Das Gesetz knüpft die Pflicht zur Durchführung des BEM an lediglich zwei Voraussetzungen: 12

- 42 ärztlich bescheinigte Arbeitsunfähigkeitstage innerhalb von 12 Monaten (entweder ununterbrochen oder auch summiert über mehrere Einzelzeiträume)[31] und
- die Zustimmung des/der Beschäftigten.

Unerheblich und für die Durchführungspflicht daher **unbeachtlich** sind hingegen folgende Kriterien:

- Ursache der Arbeitsunfähigkeit,
- bestehende (Schwer-)Behinderung,[32]
- Betriebsgröße und
- tatsächlich bestehende Interessenvertretung.[33]

Auch für darüber hinausgehende Kriterien ist zutreffend davon auszugehen, dass sie für die BEM-Pflicht unbeachtlich sind; im Hinblick auf diese Kriterien ist die BEM-Pflicht jedoch umstrittener; gemeint sind:

- Art der Beschäftigung (Teilzeit/Vollzeit/Leiharbeit/privater oder öffentlicher Arbeitgeber/Beamtenverhältnis (→ Rn. 14) und
- Anwendungsbereich des Kündigungsschutzgesetzes.[34]

Auf die Einzelheiten wird im Folgenden zurückzukommen sein.

3. Anwendungsbereich. a) Persönlich. Die Pflicht zur Durchführung eines BEM besteht nicht nur gegenüber behinderten oder gar schwerbehinderten Beschäftigten, sondern gegenüber jedem langzeiterkrankten **Beschäftigten**.[35] Die BEM-Pflicht trifft auch den **öffentlich-rechtlichen** Arbeitgeber und auch bei öffentlich-rechtlichen Dienstver- 13

---

29 Vgl. Niehaus, BEM 2008; Ramm/Welti, DF Beitrag 10/2010; zusammenfassender Überblick über bisherige Studien bei Freigang-Bauer/Gröben, Arbeitspapier 224, S. 19 ff. sowie bei Stegmann/Richter/Zumbeck, Projekt RE-BEM Dokumentation. Die wissenschaftlichen Ergebnisse, 2017 unter www.re-bem.de. **30** Im Kontrast dazu die früheren Krankenrückkehrgespräche, vgl. dazu Feldes AiB 4/2009, 222 ff. sowie Faber/Kiesche, Krankenrückkehrgespräche: Ein überholtes Fehlzeiten-Management, Gute Arbeit 11/2015, 24 ff.; Kiesche, Krankenrückkehrgespräche und Betriebliches Eingliederungsmanagement, in: Feldes/Niehaus/Faber (Hrsg.), S. 74, 86. **31** BAG 24.3.2011 – 2 AZR 170/10, NZA 2011, 992 (994); ausführlich zur Berechnung der Fristen Gagel Forum B 10/2005, www.reha-recht.de; sowie Gagel/Schian br 2006, 46. **32** So schon früh BAG 12.7.2007 – 2 AZR 716/06, DB 2008, 277 = DB 2008, 189; APS/Vossen KSchG § 1 Rn. 196 mwN; aA noch Brose DB 2005, 390 ff. **33** BAG 30.9.2010 – 2 AZR 88/09, NZA 2011, 39 mit zust. Anm. Nebe AP Nr. 49 zu § 1 KSchG 1969 Krankheit. **34** Ausführlich dazu Nebe ASR 2012, 17 ff. sowie dies., Forum B 18/2011, www.reha-recht.de. **35** BAG 12.7.2007 – 2 AZR 716/06, NZA 2008, 173 (175); zust. Joussen DB 2009, 286; Düwell in: LPK-SGB IX § 84 Rn. 59; Fabricius in: jurisPK-SGB IX § 84 Rn. 21; SRS/v.Stein Kap. 5 § 3 Rn. 8; aA ErfK/Rolfs SGB IX § 84 Rn. 4.

hältnissen, gilt also zB auch zugunsten von Soldatinnen/Soldaten und Richterinnen/Richtern.[36]

14 Höchstrichterlich entschieden ist der Streit um die Anwendung der Norm im **Beamtenverhältnis**. Von der überwiegenden Meinung wird der Dienstherr zutreffend auch gegenüber Beamtinnen/Beamten als zur Durchführung eines BEM verpflichtet angesehen.[37] Andere lehnen die Anwendung im Beamtenverhältnis ab.[38] Die Herausnahme der Beamten aus dem Geltungsbereich der Norm entgegen ihrem weitgefassten Wortlaut („Beschäftigte", → ArbSchG § 2 Rn. 25) widerspricht allerdings der Systematik der §§ 69 SGB IX ff., die als Arbeitgeber gem. §§ 71 Abs. 1, 73 Abs. 1 SGB IX private und öffentliche Arbeitgeber nennen, die auf Arbeitsplätzen ua „Arbeitnehmer, Beamte, Richter und Auszubildende" beschäftigen. Die Nichtberücksichtigung von Beamten verstößt zudem gegen unionsrechtliche Vorgaben (→ Rn. 7), wonach zugunsten aller behinderten Menschen, einschließlich Beamter, angemessene Vorkehrungen zu treffen sind.[39] Die verwaltungsgerichtliche Rechtsprechung[40] zieht bei der Beurteilung der beamtenrechtlichen Zurruhesetzung ohne vorheriges BEM allerdings keine vergleichbaren Konsequenzen wie die arbeitsgerichtliche Judikatur im Rahmen der Kündigungsschutzklagen.[41]

15 Ein Ausschluss von **Teilzeit- oder befristet Beschäftigten** aus der BEM-Pflicht verstößt gegen die Diskriminierungsverbote gem. § 4 TzBfG. Auf die Einbeziehung von **geringfügig und teilzeit- oder befristet** Beschäftigten müssen Betriebs- wie Personalräte in besonderer Weise hinwirken. Praktisch besteht bei diesen Beschäftigtengruppen neben dem besonderen Vollzugsdefizit das Problem, dass Arbeitgebern bei zeitlich befristeten Beschäftigungsverhältnissen die indirekte Sanktion im Wege der erschwerten Darlegungs- und Beweislast im Kündigungsschutzprozess (→ Rn. 51 ff.) nicht droht und daher das Aussitzen der Langzeiterkrankung möglicherweise näher liegt. Die effektive Durchsetzung muss daher früh unterstützt werden. Ggf. kommt ein Verstoß gegen das Diskriminierungsverbot wegen einer Behinderung (→ Rn. 55) oder wegen des Geschlechts in Betracht.

16 **b) Sachlich. aa) Sechswöchige Arbeitsunfähigkeit.** Die BEM-Pflicht greift ein sowohl bei ununterbrochener als auch bei insgesamt sechswöchiger Arbeitsunfähigkeit, die sich aus mehreren einzelnen Arbeitsunfähigkeitszeiten addiert. Zur Begriffsbestimmung ist der Begriff der Arbeitsunfähigkeit des EFZG maßgeblich.[42] Gerade für Menschen mit psychischen Beeinträchtigungen können sich hierdurch Zugangsbarrieren für ein BEM ergeben, wenn sich Krankheitstage nicht durch AU-Bescheinigungen belegen lassen.[43] AU-Zeiten der letzten 12 Monate, nicht notwendig des Kalenderjahres,[44] sind zusammenzurechnen. Soweit teilweise vertreten wird, die AU-Zeiten müssten auf den-

---

36 Düwell in: FS Küttner, S. 139, 149; NPMP/Neumann SGB IX § 84 Rn. 10; Bauschke RiA 2006, 97 (104). **37** BVerwG 4.9.2012 – 6 P 5/11, PersR 2012, 508 (509); VG Gelsenkirchen 25.6.2008 – 1 K 3679/07, ZBVR online 2008, Nr. 12, 29 (Ls.); HessVGH 6.3.2008 – 1 TG 2730/07; VG Frankfurt aM 17.3.2008 – 9 L 207/08; 29.2.2008 – 9 E 941/07, ZBR 2009, 283 (Ls.); Düwell in: LPK-SGB IX § 84 Rn. 59 f., 10; Schröder in: Hauck/Noftz SGB IX § 84 Rn. 16; NPMP/Neumann SGB IX § 84 Rn. 10; Schian in: Cramer/Fuchs/Hirsch/Ritz-SGB IX, 6. A., 2011, SGB IX § 84 Rn. 10; ausführlich KKW/Kohte SGB IX § 84 Rn. 17 f. **38** OVG MV 18.4.2011 – 2 L 40/11; VG Berlin 26.2.2008 – 28 A 134.05; Steiner PersV 2006, 417 (420); Nokiel RiA 2010, 133 (135); offengelassen OVG NRW 21.5.2010 – 6 A 816/09, RiA 2010, 170 = ZBR 2011, 58 und OVG LSA 25.8.2010 – 1 L 116/10, JMBl LSA 2010, 225–227 = ZBR 2011, 141 (Ls.). **39** Ausführlich dazu KKW/Kohte SGB IX § 84 Rn. 17; Gagel/Schian Forum B 3/2007 sowie auch Kalina Forum B 7/2011, jeweils unter www.reha-recht.de. **40** Vgl. nur BVerwG 5.6.2014 – 2 C 22/13, NVwZ 2014, 1319; zu Recht differenzierter vereinzelt Instanzgerichte, vgl. VG Frankfurt 28.3.2014 – 9 K 3892/11.F für eine Zurruhesetzung zwingend vorausgehendes BEM unter Verweis auf Art. 5 RL 2000/78/EG; ähnlich VG Bayreuth 19.3.2014 – B 5 S 13.914 zum Vorrang der Rehabilitation vor Versorgung. **41** Zu Recht krit. dazu v. Roettekten, jurisPR-ArbR 46/2014 Anm. 2 mwN. **42** BAG 13.3.2012 – 1 ABR 78/10, NZA 2012, 748 (749). **43** Zu den besonderen Teilhaberisiken und den damit verbundenen erhöhten Herausforderungen im Umgang mit psychischen Beeinträchtigungen bzw. Erkrankungen BT-Drs. 18/8041, 67 sowie Riechert/Habib, Betriebliches Eingliederungsmanagement bei Mitarbeitern mit psychischen Störungen, 2017. **44** BAG 24.3.2011 – 2 AZR 170/10, DB 2011, 1343; schon Gagel/Schian br 2006, 46 (47); Zorn br 2006, 42.

selben Ursachen oder zumindest auf solchen, die in einem arbeitsmedizinischen Zusammenhang stehen, beruhen,⁴⁵ findet diese Restriktion weder im Wortlaut noch in den Motiven des Gesetzgebers oder dem Sinn und Zweck der Vorschrift eine Stütze. In Betriebs- oder Integrationsvereinbarungen kann die BEM-Pflicht schon nach kürzerer AU-Dauer vereinbart werden.

bb) Geltung in Kleinbetrieben. § 84 Abs. 2 SGB IX gilt ebenfalls in Kleinbetrieben, dh in solchen, die wegen geringer Beschäftigtenzahl gem. § 23 KSchG vom Geltungsbereich des KSchG ausgenommen sind.⁴⁶ Die Pflicht greift bereits während der kündigungsschutzspezifischen Wartezeit des § 1 Abs. 1 KSchG; § 84 Abs. 2 SGB IX normiert keine Mindestvertragslaufzeit. Im Kündigungsschutzverfahren jedoch wird bei einem Verstoß gegen die BEM-Pflicht je nach Anwendung des KSchG differenziert (→ Rn. 51). Dies ändert jedoch nichts an der wichtigen Tatsache, dass die BEM-Pflicht **unabhängig** vom Geltungsbereich des KSchG besteht.⁴⁷ Die Rehabilitationsträger und die Servicestellen (statt derer ab 1.1.2018 die dann in § 12 Abs. 1 S. 3 SGB IX normierten Ansprechstellen → Rn. 42 aE) haben eine sozialrechtliche Verantwortung, die Betriebe, insbesondere die KMU, fachlich, personell und organisatorisch zu unterstützen. 17

Auch wenn die Interessenvertretung im Rahmen des BEM eine wichtige Rolle spielt (→ Rn. 23), macht der strukturierte Suchprozess auch dann Sinn, wenn eine Interessenvertretung nicht besteht. Der Arbeitgeber muss seine Pflicht gem. § 84 Abs. 2 SGB IX daher unabhängig davon erfüllen, ob eine betriebliche Interessenvertretung gebildet ist.⁴⁸ 18

4. Durchführung/Ablauf des BEM. a) Funktionsbezogene Offenheit des regelkonformen BEM-Verfahrens. Der Erfolg eines BEM hängt entscheidend von seiner tatsächlichen Ausgestaltung und seiner Akzeptanz ab. Die **Verfahrensqualität** hat eine besondere Bedeutung. In verschiedenen höchstrichterlichen Entscheidungen finden sich dazu inzwischen wichtige Aussagen, die der sorgfältigen Einordnung bedürfen. In einigen Urteilen findet sich die Passage, das Gesetz beschreibe das BEM nicht als formalisiertes Verfahren, sondern belasse den Parteien jeden denkbaren Spielraum. Diese Aussage muss im Gesamtzusammenhang interpretiert werden; sie bedeutet nicht, dass alles denkbar ist und weitere Regeln, als die dem Wortlaut des § 84 Abs. 2 SGB IX unmittelbar zu entnehmenden, nicht gelten bzw. nicht einzuhalten wären. Eine solche Deutung liefe dem Zweck des BEM (Gesundheitsprävention und frühzeitige und dauerhafte Beschäftigungssicherung) gerade zuwider; zutreffend wird das BEM daher auch als „regelkonformes Verfahren" beschrieben;⁴⁹ das Bundesarbeitsgericht hat das **regelgerechte Verfahren** deutlich gestärkt, indem es die Erleichterungen hinsichtlich der Darlegungs- und Beweislast im Kündigungsschutzverfahren dem Arbeitgeber nur zugutekommen lässt, wenn dieser das BEM regelkonform durchgeführt hat (→ Rn. 21 f.). 19

Die Annahme grundlegender Verfahrensregeln steht gleichwohl nicht im Widerspruch zu einer gewissen Offenheit des BEM-Verlaufs. Es ist mit einem regelgerechten BEM-Verfahren durchaus, ja geradezu vereinbar, von einem **unverstellten, verlauf- und ergebnisoffenen Suchprozess**⁵⁰ zu sprechen. So werden sich schon aus der Autonomie des Beschäftigten⁵¹ sowie aus den jeweiligen Umständen des konkreten Falles und der Mitwirkung der externen Experten über den gesamten Suchprozess einzelfallspezifische Besonderheiten ergeben, die sich mit einem schematisch festen Verfahrensgang nicht vereinbaren lassen. Den betrieblichen Akteuren⁵² ist für die nähere kollektivvertragli- 20

---

45 Trenk-Hinterberger in: Lachwitz/Schellhorn/Welti, HK-SGB IX, 3. Aufl. 2010, SGB IX § 84 Rn. 20; Balders/Lepping NZA 2005, 854 (855); aA Zorn br 2006, 42. **46** Gundermann/Oberberg AuR 2007, 19 (24); SRS/v.Stein, Kap. 5 § 3 Rn. 8. **47** Ausführlich Nebe ASR 2012, 17 ff. = Diskussionsforum B 18/2011, www.reha-recht.de. **48** BAG 30.9.2010 – 2 AZR 88/09, NZA 2011, 39; so zuvor schon hL, vgl. statt vieler DDZ/KSchR/Deinert SGB IX § 84 Rn. 20; FKS/Feldes SGB IX § 84 Rn. 39; KKW/Kohte SGB IX § 84 Rn. 17. **49** BAG 24.3.2011 – 2 AZR 170/10, NZA 2011, 992 (994). **50** BAG 10.12.2009 – 2 AZR 198/09, NZA 2010, 639 im Anschluss an Kohte DB 2008, 582 (585); Düwell in: LPK-SGB IX § 84 Rn. 32; Schian in: Cramer/Fuchs/Hirsch/Ritz-SGB IX, 6. Aufl. 2011, SGB IX § 84 Rn. 6, 28; Kiesche BPUVZ 2013, 356 (357). **51** Gagel NZA 2004, 1359 (1360) spricht vom Beschäftigten als „Herr des Verfahrens". **52** Anschaulich der Praxisleitfaden für KMU von Habib, BEM – Wiedereingliederung in kleinen und mittleren Betrieben, 2. Aufl. 2017.

che Ausgestaltung des Verfahrens, zB im Wege von Betriebs- oder Inklusionsvereinbarungen, mit denen eine Verfahrensordnung geregelt wird,[53] daher **Dreierlei zu raten:**
- einerseits die feststehenden gesetzlichen Vorgaben unbedingt zu berücksichtigen,
- weitere Konkretisierungen stets auf ihre Vereinbarkeit mit dem gesetzlichen Regelungszweck des § 84 Abs. 2 SGB IX zu überprüfen und
- betriebsspezifische Konkretisierungen für die notwendige Einzelfallgestaltung hinreichend offen zu formulieren und regelmäßig auf ihre innerbetriebliche Effektivität zu evaluieren.

21 **b) Verfahrenseinleitung und Zustimmung des Beschäftigten.** Das Gesetz selbst formuliert bereits wichtige Vorgaben für das Verfahren. Die **Initiativlast** für das BEM liegt beim Arbeitgeber („klärt der Arbeitgeber", § 84 Abs. 2 S. 1 SGB IX); der Arbeitgeber hat unverzüglich nach mehr als sechswöchiger Arbeitsunfähigkeit das BEM einzuleiten, wobei der Erfolg des BEM entscheidend von einer sensiblen Kontaktaufnahme mit dem Beschäftigten abhängt.[54] Hierzu muss der Arbeitgeber zunächst den Beschäftigten auf die Ziele des BEM sowie auf Art und Umfang der hierfür zu erhebenden und zu verwendenden Daten hinweisen. Gleichzeitig muss das **Einverständnis** des Beschäftigten mit der Durchführung der Datenerhebung und -verwendung eingeholt werden (§ 84 Abs. 2 S. 3 SGB IX).[55] Nach neuester Rechtsprechung des 1. BAG-Senats umfasst dies auch die Information, die Zustimmung zu einem BEM könne vom Beschäftigten mit der Maßgabe erteilt werden, ein Einverständnis zur Beteiligung der Interessenvertretung nach § 93 SGB IX werde nicht erteilt.[56] Hiergegen ist zT erhebliche Kritik erhoben worden (→ Rn. 24 aE).

Ohne vorherige Zustimmung des Beschäftigten findet ein BEM nicht statt. Damit verbunden ist die **Freiwilligkeit** des BEM für den Beschäftigten. Aus der BEM-Pflicht des Arbeitgebers und dem individuellen Anspruch auf BEM-Durchführung folgt jedoch keine Pflicht des Einzelnen, einem angebotenen BEM zuzustimmen. Aus der Ablehnung des BEM dürfen sich keine unmittelbaren Nachteile für den Beschäftigten ergeben (§ 612 a BGB). Allerdings kann sich das Unterbleiben des BEM indirekt insoweit nachteilig auswirken, dass dem Beschäftigten die aus der BEM-Pflicht zu seinen Gunsten abgeleitete Verschiebung der Darlegungs- und Beweislast in einem Kündigungsschutzprozess gegen eine möglicherweise krankheitsbedingte Kündigung nicht zugutekommt; wichtig ist es daher, den Beschäftigten bereits zu Beginn nicht nur über Art und Umfang der Datenerhebung, sondern vor allem auch über die Ziele des BEM zu informieren. Nur die **regelgerechte Information** kann den Arbeitgeber im evtl. späteren Kündigungsschutzprozess hinsichtlich der erhöhten Darlegungs- und Beweisanforderungen entlasten; nur ein „aufgeklärter" Verzicht ist wirksam.[57]

22 Das einmal begonnene BEM bleibt von der fortdauernden Zustimmung des Beschäftigten abhängig. Versagt dieser zu einem weiteren Verfahrensschritt oder zum weiteren Fortgang generell seine Zustimmung, muss der Verfahrensschritt unterbleiben bzw. das Verfahren beendet werden.[58] Ein erfolgloses Angebot des Arbeitgebers zur Durchführung eines BEM führt nicht dazu, dass eine erneute Einleitung eines BEM nach Ablauf einer erneut eingetretenen sechswöchigen Arbeitsunfähigkeit entbehrlich ist.[59]

23 **c) Verfahrensverlauf – interner und externer Sachverstand.** Zum weiteren Verfahrensverlauf macht das Gesetz **Mindestvorgaben:** So ist zum einen der Beschäftigte fortlaufend am BEM zu beteiligen. Versagt er/sie die Beteiligung, endet das Verfahren. Besteht

---

53 Kiesche BPUVZ 2013, 356 (359). **54** Zur nicht selten begründeten Sorge, statt BEM bereite der Arbeitgeber die krankheitsbedingte Kündigung vor, Gundermann/Oberberg AuR 2007, 19 (22); zu den tatsächlichen Herausforderungen für den in vielen Betrieben notwendigen paradigmatischen Wechsel vom Krankenrückkehrgespräch zum BEM-Verfahren anschaulich Feldes AiB 4/2009, 222 ff. sowie Kiesche AiB 2011, 619 ff.; aus der Praxis auch Bode/Dornieden/Gerson in: FS für Kohte, S. 401 ff. **55** BAG 2.3.2011 – 2 AZR 170/10, NZA 2011, 993 (994). **56** BAG 22.3.2016 – 1 ABR 14/14, BAGE 154, 329 = NZA 2016, 1283 (1286). **57** BAG 24.3.2011 – 2 AZR 170/10, DB 2011, 1343 = BB 2011, 1460; LAG Hamm 27.1.2012 – 13 Sa 1493/11. **58** Gagel NZA 2004, 1359 (1360) spricht vom Beschäftigten als „Herr des Verfahrens"; SRS/v.Stein, Kap. 5 § 5 Rn. 15. **59** LAG Düsseldorf 20.10.2016 – 13 Sa 356/16.

im Betrieb/in der Dienststelle eine Interessenvertretung iSd § 93 SGB IX (ab 1.1.2018: § 176 SGB IX nF), dh Betriebsrat, Personalrat oder Richter-, Staatsanwalts- oder Präsidialrat, so ist die Interessenvertretung zwingend in den BEM-Prozess **einzubeziehen**.[60] Ist der Beschäftigte schwerbehindert oder gleichgestellt, muss zwingend die Schwerbehindertenvertretung einbezogen werden, soweit sie gewählt ist (§ 84 Abs. 2 S. 1 SGB IX). Ein ohne Beteiligung der Interessenvertretungen durchgeführtes BEM wird als nicht regelgerecht anerkannt und kann den Arbeitgeber hinsichtlich der von ihm darzulegenden Kündigung als letztes Mittel nicht entlasten.[61]

Uneinheitlich bewertet wird die Frage, inwieweit der Beschäftigte seine Zustimmung zum BEM an einen Ausschluss der Beteiligung der Interessenvertretung knüpfen kann. Zum Teil wird den Beschäftigten insoweit ein **Wahlrecht** zuerkannt, ohne dass damit die bedeutsame Funktion der Interessenvertretung im Suchprozess abgeschwächt werden soll.[62] Andere Stimmen wiederum sehen die Interessenvertretung als **notwendige Beteiligte** an und schließen eine Begrenzung des kollektiven Überwachungsrechts (§ 84 Abs. 2 S. 7 SGB IX) aus individuellen Gründen aus.[63] Aus der bisherigen BAG-Rechtsprechung, die die Zustimmung des Beschäftigten zur Unterrichtung und Einschaltung „anderer Stellen" zutreffend und ausdrücklich als zwingend erforderlich betont,[64] ließ sich eine abschließende Antwort nicht ableiten, da sich in den Entscheidungsgründen die „Stelle" weder ausdrücklich noch anhand der Einzelfallumstände näher konkretisieren lässt. Aus dem datenschutzrechtlichen Kontext ließe sich schlussfolgern, die Interessenvertretung sei dort nicht „dritte Stelle" (→ Rn. 27) und könne es demnach auch in diesem vergleichbaren Zusammenhang nicht sein. Dies spräche gegen eine Dispositionsbefugnis des Beschäftigten. Ob die der Diskussion über ein Veto gegen die kollektive Mitwirkung auf die arbeitsgerichtliche Rechtsprechung zurückgegriffen werden kann, die zumindest ein uneingeschränktes Überwachungsrecht der Interessenvertretung in anderen persönlichkeitsrechtlichen Kontexten bejaht und ein Veto des Einzelnen abgelehnt hat,[65] bleibt jedoch fraglich, denn eine Mitwirkung am „Runden Tisch" des BEM geht doch deutlich über eine Überwachung der Rechtmäßigkeit des Verfahrens hinaus. Immerhin darf das Schutzinteresse derjenigen nicht unberücksichtigt bleiben, die bei einer anhaltenden eingliederungsunfreundlichen Kommunikationskultur im Betrieb Vorbehalte gegenüber einer Mitwirkung der Interessenvertretung haben.[66] In der auf zum Teil starke Literaturkritik[67] gestoßenen Entscheidung des Bundesarbeitsgerichts vom 22.3.2016[68] hat sich der 1. BAG-Senat für ein Ablehnungsrecht des Beschäftigten gegenüber der Anwesenheit des Betriebsrats ausgesprochen. Unabhängig von einem Wahlrecht des Beschäftigten steht der Interessenvertretung in jedem Fall

---

60 Nach jüngster Rechtsprechung will der 1. BAG-Senat im Ablauf des BEM-Prozesses zwischen den Gesprächen zwischen Arbeitgeber und Beschäftigtem einerseits und den Gesprächen im späteren Klärungsprozess zwischen den Betriebsparteien differenzieren und verneint für die jeweiligen Gespräche Beteiligungsrechte des Beschäftigten und des Betriebsrats, vgl. BAG 22.3.2016 – 1 ABR 14/14, BAGE 154, 329 = NZA 2016, 1283 Rn. 29; zutreffend hiergegen die deutliche Kritik von Kohte, jurisPR-ArbR 9/2017 Anm. 2. **61** BAG 10.12.2009 – 2 AZR 400/08, NZA 2010, 398; ausführlich zur Mindestqualität auch FKS/Feldes SGB IX § 84 Rn. 38. **62** BVerwG 23.6.2010 – 6 P 8/09, Rn. 55 ff., NZA-RR 2010, 554 = ZTR 2011, 183 mit sorgfältiger Begründung; VGH München 30.4.2009 – 17 P 08.3389, Rn. 26, VGHE BY 62, 41. **63** KKW/Kohte SGB IX § 84 Rn. 24, noch deutlicher ders. aaO Rn. 39; vgl. Düwell in: LPK-SGB IX § 84 Rn. 65. **64** BAG 24.3.2011 – 2 AZR 170/10, DB 2011, 1343. **65** BAG 27.2.1968 – 1 ABR 6/67, BAGE 20, 333 (338); zust. Fitting BetrVG § 80 Rn. 61; HaKo-BetrVG/Kohte BetrVG § 80 Rn. 24; aA Meisel SAE 1968, 231. **66** Zur Schlüsselfunktion der Kommunikationskultur schon am Beispiel einer mitzuteilenden Schwangerschaft Nebe, Betrieblicher Mutterschutz, 2006, S. 96 ff. **67** Deutlich kritisch Kohte, jurisPR-ArbR 9/2017 Anm. 2; ebenso Wulff, Gute Arbeit 2016, Nr. 9, 23; Britschgi AiB 2016, Nr. 11, 61; Kiesche sis 5/2017, 226 (229 ff.); Düwell CuA 5/2017, 16 (19); für Nachbesserungen auch Beck NZA 2017, 81 (87); hingegen wohl zustimmend Ley BB 2016, 2173; Grambow DB 2016, 2487 sowie Hoffmann-Remy NZA 2016, 1261. **68** BAG 22.3.2016 – 1 ABR 14/14, NZA 2016, 1283; als „systematischer Bruch mit dem Betriebsverfassungsrecht" angesehen von KKW/Kohte SGB IX § 84 Rn. 23.

ein Informationsanspruch gegenüber dem Arbeitgeber zu, regelmäßig die BEM-berechtigten Beschäftigten zu benennen.[69]

25 Mit Arbeitgeber, Beschäftigtem und Interessenvertretungen ist allerdings nur die Mindestbesetzung genannt. Darüber hinaus sind verschiedene weitere Experten einzubeziehen. Das ist zum einen, soweit erforderlich, der **Werks- oder Betriebsarzt** (§ 84 Abs. 2 S. 2 SGB IX). Darüber hinaus ist die Hinzuziehung weiterer innerbetrieblicher Experten denkbar, wie beispielsweise Sicherheitsfachkräfte, Sicherheitsbeauftragte oder Vertreter des betrieblichen Sozialdienstes.[70] Reicht die Beteiligung der Genannten nicht aus, um die Ziele des BEM im Einzelfall zu erreichen, muss sich der Arbeitgeber im weiteren Verlauf durch **externe Experten** über mögliche Hilfen und Leistungen beraten lassen. Das sind in erster Linie die Gemeinsamen Servicestellen (künftig: Ansprechstellen gem. § 12 Abs. 1 S. 3 SGB IX → Rn. 42 aE) und bei schwerbehinderten Menschen die Integrationsämter (§ 84 Abs. 2 S. 4 SGB IX). Damit zeigt sich, dass das BEM als Suchprozess nicht nur innerbetriebliche Gestaltungsmöglichkeiten ausloten, sondern zugleich auch **sozialrechtliche** Hilfen und Leistungen für die Ziele des BEM einbeziehen soll. Das BEM markiert eine zentrale Schnittstelle zwischen Arbeits- und Sozialrecht. Angesichts des sehr weitreichenden Spektrums sozialrechtlicher Unterstützungsmaßnahmen (→ Rn. 33 f.) werden kaum Fälle denkbar sein, in denen Arbeitgeber ohne vorherige Kontaktierung der benannten Stellen zuverlässig annehmen dürfen, dass keinerlei Hilfen für eine Überwindung der Arbeitsunfähigkeit und damit für eine Weiterbeschäftigung bestehen.

26 **d) Datenschutz im BEM-Verfahren.** Das BEM wirft zahlreiche datenschutzrechtliche Fragen auf. Vor deren rechtlicher Beantwortung, ab 25.5.2018 maßgeblich nach der DS-GVO[71] und dem BDSG nF,[72] sollte stets beachtet werden, dass der Erfolg des BEM im Einzelfall von der Akzeptanz beim arbeitsunfähigen Beschäftigten abhängt, so dass dessen **Persönlichkeitsschutz** auch unter Effektivitätsgesichtspunkten hohen Stellenwert haben muss. Im Einzelnen geht es um die Verarbeitung, dh bspw. die Erhebung, Übermittlung, Speicherung und Nutzung der persönlichen, meist hoch sensiblen Gesundheitsdaten[73] (Definition in Art. 4 Nr. 2 und Nr. 15 DS-GVO). Praktisch immer noch häufig besteht die wohl nicht unbegründete Sorge, persönliche Gesundheitsdaten könnten zur Vorbereitung einer **krankheitsbedingten Kündigung** missbraucht werden.[74] Ist diese Skepsis berechtigt oder lassen sich unbegründete Vorbehalte nicht überwinden, wird das BEM mangels Mitwirkungsbereitschaft des Einzelnen kaum gelingen. Zugleich hat der Gesetzgeber mit der konkreten Überwachungspflicht in § 84 Abs. 2 S. 7 SGB IX die Rolle der Interessenvertretung über ihre Mitwirkung hinaus gestärkt, was wiederum eine gewisse Kenntnis der individuellen Daten verlangt. Interessenkollisionen sind in mehrerer Hinsicht denkbar. Individuellen und kollektiven Interessen ist im Wege praktischer Konkordanz jeweils zu weitestgehender Realisierung zu verhelfen. Alle Beteiligten sind daher in höchstem Maße zum Schutz der Daten verpflichtet. Daraus ergeben sich im Einzelnen folgende Pflichten:

27 Gestritten wurde über die Weitergabe von AU-Zeiten konkreter Personen an die Interessenvertretung. Die Rechtsprechung hat den **Überwachungsauftrag** der Interessenvertretung (§ 80 Abs. 2 S. 1 BetrVG, § 84 Abs. 2 S. 7 SGB IX; § 68 Abs. 2 BPersVG) gestärkt (→ Rn. 46); ebenso der Gesetzgeber durch Ergänzung des § 32 BDSG um Abs. 3 im Zuge des Datenschutzänderungsgesetzes im Jahr 2009 (ab 25.5.2018: § 26 Abs. 1 S. 1 BDSG nF).[75] So ist der Arbeitgeber auch ohne vorherige Zustimmung des Einzel-

---

69 BVerwG 4.9.2012 – 6 P 5/11, BVerwGE 144, 156 = NZA-RR 2013, 164; BAG 7.2.2012 – 1 ABR 46/10, NZA 2012, 744. **70** KKW/Kohte SGB IX § 84 Rn. 27. **71** VO 2016/679/EU vom 27.4.2016, ABl. EU L 119/1 vom 4.5.2016. **72** Verkündet als Art. 1 des Datenschutz-Anpassungs- und -Umsetzungsgesetzes EU vom 30.6.2017, BGBl. 2017 I 2097 ff. **73** Zur Differenzierung zwischen sensitiven und nicht sensitiven Daten und innerhalb der Gesundheitsdaten zwischen medizinischen und nicht medizinischen Daten im BEM-Zusammenhang Kiesche RDV 6/2014, 321 ff. **74** Gundermann/Oberberg AuR 2007, 19 (24). **75** BT-Drs. 16/13657, S. 10, 21; BGBl. 2009 I 2814, 2817.

Prävention § 84 SGB IX 2

nen berechtigt und verpflichtet, die Interessenvertretung[76] zur Durchführung ihrer Überwachungspflicht über die Beschäftigten zu informieren, bei denen ein BEM einzuleiten war.[77] Der Informationsanspruch ist nicht auf den Vorsitzenden des Betriebs- oder Personalrates beschränkt.[78] Er erstreckt sich auch auf das jeweils konkrete **Unterrichtungsschreiben** des Arbeitgebers an den Beschäftigten mit den Hinweisen nach § 84 Abs. 2 S. 3 SGB IX.[79] Nicht mehr vom Informationsanspruch und Überwachungsauftrag erfasst ist hingegen die Rückmeldung des einzelnen Beschäftigten im Wortlaut.[80]

Hat der Beschäftigte seine Zustimmung zur Durchführung des BEM erteilt, liegt darin nicht zugleich die Einwilligung in den Umgang mit seinen **Gesundheitsdaten** (gem. Definition in Art. 4 Nr. 15 DS-GVO[81] personenbezogene Daten, die sich auf die körperliche oder geistige Gesundheit einer natürlichen Person, einschließlich der Erbringung von Gesundheitsdienstleistungen, beziehen und aus denen Informationen über deren Gesundheitszustand hervorgehen); § 4 a Abs. 3 BDSG (ab 25.5.2018: § 26 Abs. 3 S. 2 2. Hs. BDSG nF) verlangt ausdrücklich, dass sich die Einwilligung auch auf den Umgang mit den besonderen Daten, hier den Gesundheitsdaten, beziehen muss, was wiederum eine vorherige Aufklärung des Beschäftigten über den Zweck der Datenverarbeitung (umfasst gem. Art. 4 Nr. 2 DS-GVO u.a. Erhebung, Verarbeitung und Nutzung der Daten) erfordert (§ 84 Abs. 2 S. 3 SGB IX).[82] Der Umfang einer ordnungsgemäßen Aufklärung kann allein im BEM-Anschreiben nicht erfüllt werden, sondern verlangt weitere Informationen auf verschiedenen Wegen, insbesondere im BEM-Erstgespräch.[83] Die **zweckgerichtete Datennutzung** schließt es rechtlich aus, im Rahmen des BEM erlangte Gesundheitsdaten zur Vorbereitung einer krankheitsbedingten Kündigung zu nutzen.[84] In der Regel ist es geboten, dass nicht eine umfassende Einwilligung erklärt wird, sondern dass die Einwilligung zunächst auf den jeweiligen Verfahrensschritt und auf alle oder einzelne Mitglieder des Integrationsteams beschränkt wird. Praktisch sicherstellen lässt sich der Schutz der sensiblen Gesundheitsdaten dadurch, dass die **BEM-Akte** mit den Gesundheitsdaten getrennt von der Personalakte verwahrt wird[85] (zB beim Betriebsarzt, § 28 Abs. 7 BDSG, ab dem 25.5.2018: § 26 Abs. 3 BDSG nF iVm § 22 Abs. 1 lit. b) BDSG nF und den dort genannten bespielhaften **Schutzmaßnahmen**) und die Zugriffsberechtigungen getrennt werden, dh zB kein Zugriff durch Personalverwaltung, sondern nur durch Integrationsteam.[86] In der Personalakte darf lediglich festgehalten werden, was zum Nachweis eines ordnungsgemäß durchgeführten BEM erforderlich ist, zB Angaben über Einleitung, Abschluss, Nichtzustandekommen, Abbruch oder Unterbrechung des BEM. Sinnvollerweise werden derartige Konkretisierungen der Datenschutzbestimmungen in einer BEM-Betriebs- oder Integrationsvereinbarung (infolge der Gesetzesänderung durch das BTHG nun Inklusionsvereinbarung, → Rn. 3, → Rn. 46) niedergelegt, wobei wiederum der betriebliche Datenschutzbeauftragte beratend einbezogen werden kann. Für die rein medizinischen Daten besteht gegenüber allgemeinen Gesundheitsdaten ein noch größeres Schutzbedürfnis,

28

---

[76] Die nicht „Dritter" iSd § 3 Abs. 9 BDSG ist, so dass die strengen Begrenzungen der Weiterleitung an „Dritte" nicht gelten, vgl. BAG 11.11.1997 – 1 ABR 21/97, AP Nr. 1 zu § 36 BDSG; BAG 7.2.2012 – 1 ABR 46/10, NZA 2012, 744; ausführlich Düwell in: LPK-SGB IX § 84 Rn. 81 ff.; vgl. Rechtslage ab 25.5.2018: Art. 4 Nr. 10 DS-GVO. [77] LAG München 24.11.2010 – 11 TaBV 48/10; ArbG Bonn 16.6.2010 – 5 BV 20/10 m. zust. Anm. Matthes, jurisPR-ArbR 44/2010 Anm. 1; bestätigt durch BAG 7.2.2012 – 1 ABR 46/10, NZA 2012, 744; Düwell in: LPK-SGB IX § 84 Rn. 81; Schian in: Cramer/Fuchs/Hirsch/Ritz-SGB IX, 6. Aufl. 2011, SGB IX § 84 Rn. 47; Düwell CuA 5/2012, 16 ff. [78] VG Oldenburg 3.5.2011 – 8 A 2967/10, PersR 2011, 486 mAnm Beyer, jurisPR-ArbR 34/2011 Anm. 5. [79] BVerwG 23.6.2010 – 6 P 8/09, NZA-RR 2010, 554 = ZTR 2011, 183. [80] Zutreffend BVerwG 23.6.2010 – 6 P 8/09, NZA-RR 2010, 554 = ZTR 2011, 183. [81] Zur Datenschutzgrundverordnung (DS-GVO) Kühling NJW 2017, 1985; insbesondere zum neuen Beschäftigtendatenschutz infolge § 26 BDSG nF und Art. 88 DS-GVO Wybitul NZA 2017, 413. [82] Gundermann/Oberberg AuR 2007, 19, 22 (23); Kiesche RDV 2014, 321 (322). [83] Kiesche RDV 2014, 321 (323). [84] Gundermann/Oberberg AuR 2007, 19 (24); Weichert RDV 2007, 189 (194). [85] BAG 12.9.2006 – 9 AZR 271/09, NZA 2007, 269; zu Pfändungsdaten BVerwG 28.8.1986 – 2 C 51/84, NJW 1987, 1214. [86] Deinert NZA 2010, 969 (973); Weichert RDV 2007, 189 (191, 194); Faber PersR 2007, 333 (337).

was sich auf die noch größere Differenzierung hinsichtlich des Umgangs damit auswirkt.[87]

29 In der Praxis stellt sich zudem häufig die Frage, wie lange die Daten – in der Personal- und in der BEM-Akte – gespeichert werden dürfen und wann sie gelöscht werden müssen. Gem. § 35 Abs. 2 BDSG (ab 25.5.2018: vgl. Art. 17 DS-GVO iVm § 35 Abs. 2 BDSG nF) sind Daten ua zu löschen, wenn sie unzulässig erhoben oder gespeichert wurden oder wenn sie für die Erfüllung des Zwecks der Speicherung nicht mehr erforderlich sind. Werden die verschiedenen Zwecke für die Datenspeicherung in Betracht gezogen, dann ergeben sich unterschiedliche Höchsträume für die Datenspeicherung. Hinsichtlich der BEM-Daten wird eine Aufbewahrungszeit von max. drei Jahren[88] für erforderlich gehalten, wobei die Löschung vom Arbeitgeber bzw. Betriebsarzt unabhängig von einem Antrag des Arbeitnehmers vorzunehmen ist.[89]

30 **e) Strukturierung des Suchprozesses.** Weitere Vorgaben macht das Gesetz für den Klärungsprozess nicht, weshalb das BEM zutreffend als „**unverstellter, verlauf- und ergebnisoffener Suchprozess**"[90] beschrieben wird. Gleichwohl wird – unter Transparenz- und Qualitätsgesichtspunkten auch plausibel – ein standardisiertes Verfahren empfohlen. Die praxisgerechte Entwicklung geeigneter Verfahrensmethoden ist damit Sache verschiedener Wissenschaften. So sind zB Psychologie, (Rehabilitations-)Medizin, Rehabilitations-, Arbeits- und Gesundheits-, Kommunikations- und Personalwirtschaftswissenschaft gehalten, im Wege interdisziplinärer Forschung Best-Practice-Methoden zu erproben und zu entwickeln und für die betrieblichen Akteure zugänglich zu machen. In der Praxis findet sich bereits zahlreiche anschauliche Beispiele von Integrations- oder Betriebsvereinbarungen, die derartige Vorschläge aufgegriffen und umgesetzt haben.[91] Dem Betriebsrat steht hierbei zur Einleitung genereller Verfahrensregelungen ein Initiativrecht zu; da § 84 Abs. 2 SGB IX das BEM-Verfahren als Suchprozess normiert, kann ein erzwingbares Mitbestimmungsrecht bezüglich der anschließenden Umsetzung von konkreten Maßnahmen nicht auf § 84 Abs. 2 SGB IX gestützt werden.[92]

31 Selbst wenn die Verfahrensschritte im Einzelfall differieren können, ist grob von folgendem Ablauf auszugehen: Zunächst müssen die konkrete und die individuelle Beschäftigungsfähigkeit mit den Beschäftigungsanforderungen verglichen werden. Das setzt in einem ersten Schritt die Beurteilung der gesundheitlichen Risiken am konkreten Arbeitsplatz voraus. Bei ordnungsgemäßer Einhaltung der Arbeitsschutzbestimmungen müsste hierzu auf eine bestehende **Gefährdungsbeurteilung** (§ 5 ArbSchG) zurückgegriffen werden können, die gegebenenfalls zu aktualisieren wäre.[93] In einer großen Zahl von Fällen fehlt es meist noch an einer Gefährdungsbeurteilung, so dass mit Beginn des BEM diese unverzüglich nachgeholt werden muss. Bemerkenswert ist, dass die funktionale Bedeutung der präventiv wirkenden Gefährdungsbeurteilung auch im Rahmen des BEM noch nicht hinreichend thematisiert wird. So stellen die Gerichte in den zahlreichen Kündigungsschutzverfahren im Zusammenhang mit der BEM-Pflicht bislang kaum konkrete Tatsachen darüber fest, ob sich schon auf der Basis der Gefährdungsbeurteilung spezielle Arbeitsschutzpflichten ergeben haben und diese getroffen worden sind.[94] Wiederum zeigen diese Fälle nicht selten, dass die Gesundheitsprävention schon im Wege einer **arbeitsschutzgerechten Anpassung** der Arbeitsbedingungen (zB unter Beachtung der Pflichten aus der LasthandhabV) erreicht werden kann.[95]

32 Stehen Fähigkeitsprofil und Anforderungsprofil unter Einbeziehung der Arbeitsschutzpflichten fest und lässt sich eine gesundheitsgefährdungsfreie Weiterbeschäftigung am Arbeitsplatz nicht ohne Weiteres bewerkstelligen, muss mithilfe der internen und gege-

---

87 Ausführlich Kiesche RDV 2014, 321 (324). **88** Für vier Jahre speziell für die BEM-Daten in der Personalakte Kiesche RDV 2014, 321 (324). **89** Gundermann/Oberberg AuR 2007, 19 (25); Weichert RDV 2007, 189 (195); Kiesche RDV 2014, 321 (324). **90** BAG 10.12.2009 – 2 AZR 198/09, NZA 2010, 639. **91** Vgl. bspw. die Nachweise bei Düwell in: LPK-SGB IX § 84 Rn. 119 sowie unter www.reha-recht.de und in Romahn, Betriebliches Eingliederungsmanagement, Betriebs- und Dienstvereinbarungen, 2010. **92** BAG 22.3.2016 – 1 ABR 14/14, BAGE 154, 329 = NZA 2016, 1283 (1285). **93** Düwell in: LPK-SGB IX § 84 Rn. 45; Wolmerath, S. 188, 195; Fabricius in: jurisPK-SGB IX § 84 Rn. 47. **94** Anschaulich dazu BAG 30.9.2010 – 2 AZR 88/09, NZA 2011, 39 mAnm Nebe AP Nr. 49 zu § 1 KSchG 1969 Krankheit. **95** Kohte AiB 2009, 387.

benenfalls der externen Experten am „Runden Tisch" nach Lösungsmöglichkeiten gesucht werden. Hierbei ist zu vermeiden, dass vorschnell bestimmte Hilfen ausgeschlossen werden. Neben organisatorischen Maßnahmen kommen vor allem Hilfen nach §§ 33 ff. SGB IX (ab 1.1.2018: §§ 49 ff. SGB IX nF) ergänzt durch §§ 26 ff. SGB IX (ab 1.1.2018: §§ 42 ff. SGB IX nF) in Betracht (→ Rn. 33).[96]

f) Ergebnisse des Suchprozesses. Die gesetzlichen Vorgaben zum BEM lassen den Beteiligten bei der Prüfung, mit welchen Maßnahmen, Leistungen oder Hilfen eine künftige Arbeitsunfähigkeit des Beschäftigten möglichst vermieden werden und das Arbeitsverhältnis erhalten bleiben kann, jeden denkbaren Spielraum. Es soll erreicht werden, dass keine vernünftigerweise in Betracht kommende, zielführende Möglichkeit ausgeschlossen wird.[97] Über die möglichen Ergebnisse des Suchprozesses kann hier nur ein allgemeiner Überblick gegeben werden. Als mögliche Hilfen zur Beseitigung und möglichst längerfristigen/dauerhaften Überwindung der Arbeitsunfähigkeit können **folgende Maßnahmen** in Betracht kommen: 33

- Arbeitsschutzmaßnahmen (denkbar auf der Grundlage sämtlicher öffentlich-rechtlicher Arbeitsschutzbestimmungen und Unfallverhütungsvorschriften);
- Präventionsmaßnahmen (zB durch die Krankenkasse, § 20 c SGB V) oder den Rentenversicherungsträger (§ 14 SGB VI);
- Stufenweise Wiedereingliederung gem. § 28 SGB IX (ab 1.1.2018: § 44 SGB IX nF), § 74 SGB V;
- Behinderungsgerechte Beschäftigung, § 81 Abs. 4, 5 SGB IX (ab 1.1.2018: § 164 SGB IX nF);
- Medizinische und berufliche Teilhabeleistungen, §§ 26, 33 SGB IX (ab 1.1.2018: §§ 42, 49 SGB IX nF);
- Begleitende Hilfen im Arbeitsleben, § 102 SGB IX (ab 1.1.2018: § 182 SGB IX nF);
- insbesondere Arbeitsassistenz, §§ 33 Abs. 8 S. 1 Nr. 3, 102 Abs. 4 SGB IX (ab 1.1.2018: §§ 49 Abs. 8 S. 1 Nr. 3, 185 Abs. 5 SGB IX nF);
- Betriebliche Gesundheitsförderung und Suchtprävention (§ 20 b SGB V).[98]

Allerdings ergibt sich aus der im Rahmen des Suchprozesses rein tatsächlich ermittelten Möglichkeit einer konkreten Hilfe noch nicht unmittelbar ein individueller **Anspruch** auf diese konkrete Maßnahme. Systematisch folgt dies daraus, dass § 84 Abs. 2 SGB IX eine Verfahrenspflicht normiert; jedoch unmittelbar selbst keine konkrete Umsetzungspflicht begründet.[99] Ein Anspruch auf die jeweils konkret gefundene Maßnahme lässt sich wiederum regelmäßig auf **privatvertragliche Anspruchsnormen** stützen, wie sie im Beschäftigungsverhältnis allgemein gelten. Der schwerbehinderte Beschäftigte kann sich direkt auf § 81 Abs. 4 SGB IX und der einfach behinderte bzw. chronisch kranke Mensch auf die privatvertraglichen Generalklauseln und deren **unionsrechtskonforme Auslegung** berufen (→ Rn. 7 f.; → Rn. 42; → BGB § 618 Rn. 40).[100] Insoweit kann hier wiederum nur ein allgemeiner Überblick gegeben werden.[101] 34

aa) BEM und Arbeitsschutzmaßnahmen. Kann die befähigungsgerechte Beschäftigung schon durch eine **konkrete Arbeitsschutzmaßnahme** erreicht werden (zB Lastenhandhabungsmaßnahme nach LasthandhabV, → LasthandhabV Rn. 14 ff., oder Einrichtung und Pausengestaltung bei Bildschirmarbeit nach ArbStättV, → ArbStättV Rn. 162 ff., oder Lärmminderungsmaßnahmen nach LärmVibrationsArbSchV, → LärmVibrations- 35

---

[96] Deutlich BAG 20.11.2014 – 2 AZR 755/13, NZA 2015, 612 (616) mAnm Schmidt RdA 2016, 166. [97] BAG 20.11.2014 – 2 AZR 755/13, NZA 2015, 612 (616) mAnm Schmidt RdA 2016, 166. [98] Vgl. LAG Hessen 3.6.2013 – 21 Sa 1456/12, Rn. 58: auch ein „Gesundheitsmanagement" im privaten Bereich kann als geeignetes Mittel im Wege eines BEM eruiert werden, zust. Beck NZA 2017, 81 (83). [99] Weiter gehend jedoch LAG Hamm 4.7.2011 – 8 Sa 726/11, ASR 2013, 150 (Kurzwiedergabe) mAnm Nebe/Kalina RP-Reha 2014, 31. [100] Grundlegend BAG 19.12.2013 – 6 AZR 190/12, BAGE 147, 60 Rn. 50 ff.; BAG 20.11.2014 – 2 AZR 664/13, NZA 2015, 931 Rn. 60; LAG Berlin-Brandenburg 5 6.2014 – 26 Sa 427/14, NZA-RR 2015, 74; Beyer/Wocken DB 2013, 2270; Rosendahl, Anspruch auf behinderungsgerechte Beschäftigung, Beitrag Forum B B3-2013, www.reha-recht.de. [101] Instruktiv Düwell in: LPK-SGB IX § 84 Rn. 45 ff.

ArbSchV Rn. 28 ff.), so ergibt sich ein privatvertraglicher Anspruch auf deren Erfüllung gemäß den allgemeinen Grundsätzen zur Transformation öffentlich-rechtlicher Arbeitsschutzpflichten in das einzelne Vertragsverhältnis. § 618 BGB bildet dann eine verlässliche Anspruchsgrundlage auf Durchführung der konkreten Arbeitsschutzmaßnahme (→ BGB § 618 Rn. 47 ff.).[102]

36 Diese Perspektive auf den **Arbeitsschutz** auch und gerade im BEM-Verfahren bringt das beiden Schutzkonzepten zugrunde liegende Präventionsanliegen zum Ausdruck (→ Rn. 5). Sowohl im Rahmen des Arbeits- und Gesundheitsschutzes als auch im Rahmen eines jeweiligen BEM-Verfahrens sollen auf der Grundlage von Planungsunterlagen der Arbeitsorganisation, Arbeitsplatzbegehungen und Gefährdungsbeurteilungen verhältnis- und verhaltenspräventive Schutzmaßnahmen erarbeitet werden.[103] Die Überwindung der bestehenden und die Vorbeugung erneuter Arbeitsunfähigkeit muss an der Analyse der Arbeitsbedingungen und der arbeitsschutzgerechten, dh menschengerechten, Gestaltung der Arbeitsbedingungen ansetzen (→ Rn. 31; grundlegend → ArbSchG § 3 Rn. 15 ff., → ArbSchG § 3 Rn. 32 ff. sowie → ArbSchG § 4 Rn. 44 ff.).

37 Längerfristige Arbeitsunfähigkeitszeiten gehen sehr häufig auf **Muskel- und Skeletterkrankungen** zurück und sind damit häufig Ursache krankheitsbedingter Kündigungen. Zugleich zeigen die dokumentierten Gerichtsverfahren, dass gefährdungsbeurteilungsbasierte Schutzmaßnahmen zur präventiven Bewältigung des lastenspezifischen Gesundheitsrisikos nicht thematisiert werden.[104] Dies belegt das praktische Defizit im arbeitsschutzkonformen Umgang mit dem Heben und Tragen von Lasten; die Anforderungen an die Arbeitgeber aus der LasthandhabV sind bislang in den Betrieben nicht hinreichend bekannt bzw. umgesetzt.[105] Das BEM muss und kann daher im Einzelfall dazu beitragen, den konkreten Arbeitsplatz entsprechend den Vorgaben der LasthandhabV zu gestalten, dh in erster Linie Lastgewichte und ungünstige Körperhaltungen bzw. -bewegungen zu verringern, Hebehilfen bereitzustellen und durch niederschwellige und anschauliche Unterweisungen auf eine rücken- bzw. allgemein auf eine gesundheitsschonende Bewältigung verbleibender Lasten hinzuwirken.[106] Zugleich gibt der strukturierte Suchprozess Gelegenheit, nach allgemeinen innerbetrieblichen Umsetzungsdefiziten in Bezug auf die Vorgaben der LasthandhabV zu suchen (→ LasthandhabV Rn. 22 ff.).

38 Die Muskel- und Skeletterkrankungen sind als Ursache für Arbeitsunfähigkeiten inzwischen von den psychischen Erkrankungen überholt worden. Fehlzeiten wegen **psychischer Erkrankungen/Beeinträchtigungen** nehmen bei gleichzeitig allgemein sinkendem Krankenstand deutlich und kontinuierlich zu. Gleichzeitig stellen psychische Störungen inzwischen die häufigste Ursache krankheitsbedingter Frühverrentungen dar.[107] Die Bewältigung psychischer Gesundheitsstörungen verlangt zudem ein besonderes Maß an **Gendersensibilität**[108] (→ ArbSchG § 4 Rn. 111 ff.), denn die Statistiken zeigen, dass Frauen deutlich häufiger von psychischen Störungen betroffen sind, während für Männer häufiger Alkohol- und Substanzmissbrauch festgestellt wird.[109] Aus alledem ergeben sich besondere Herausforderungen für die Wiedereingliederung psychisch beeinträchtigter Beschäftigter,[110] wobei wiederum das BEM und die Stufenweise Wiederein-

---

102 BAG 17.2.1998 – 9 AZR 130/97, NZA 1999, 33; vgl. Kohte, jurisPR-ArbR 27/2006 Anm. 2 zur weniger konsequenten Entscheidung BAG 4.10.2005 – 9 AZR 632/04, DB 2006, 902. **103** Freigang-Bauer/Gröben, S. 13. **104** BAG 30.9.2010 – 2 AZR 88/09, NZA 2011, 39 mAnm Nebe AP Nr. 49 zu § 1 KSchG 1969 Krankheit; BAG 13.6.2006 – 9 AZR 229/05, NZA 2007, 91; BAG 12.7.2007 – 2 AZR 716/06, NZA 2008, 173 mAnm Kohte, jurisPR-ArbR 16/2008 Anm. 1; LAG Hamm 26.4.2013 – 10 Sa 24/13. **105** Zipprich, Prävention, S. 7. **106** Düwell in: LPK-SGB IX § 84 Rn. 47. **107** Vgl. Antwort der Bundesregierung auf eine kleine Anfrage BT-Drs. 18/8587, 21. **108** Allgemein zur Gendersensibilität bei Gesundheitsprävention Pieck, Gendermainstreming in der BGF, 2013. **109** Freigang-Bauer/Gröben, S. 15. **110** Instruktiv Feldes SozSich 2016, 155; zu wichtigen Abstimmungsbedarfen zwischen betrieblicher Suchtprävention und allgemeiner Gesundheitsprävention Wienemann/Schumann, Qualitätsstandards in der betrieblichen Suchtprävention und Suchthilfe der Deutschen Hauptstelle für Suchtfragen – DHS, S. 15, 52, www.dhs.de/fileadmin/user_upload/pdf/Arbeitsfeld_Arbeitsplatz/Qualitaetsstandards_DHS_20 11.pdf.

gliederung als die aussichtsreichsten Instrumente angesehen werden.[111] Die Inklusion **psychisch Beeinträchtigter** wird allerdings von den betrieblichen Akteuren derzeit als die schwierigste bewertet, wobei vor allem folgende Kriterien angeführt werden:[112]

- Angst der Betroffenen vor Stigmatisierung (Mobbing);
- Tabu-Thema und damit an sich schwer zugänglich; unzureichende Aufklärung, Kommunikation;
- fehlendes Know-How im Betrieb zum Umgang mit der sensiblen Problematik;
- Vorbehalte bei Kollegen, Vorgesetzten;
- feste Takt- und Bandzeiten sowie hohe und vielfältige Belastungen für befähigungsgerechte Arbeitsplätze schlecht geeignet.

Ungeachtet dessen verlangen die Arbeitsgerichte auch im Fall von psychischen Beeinträchtigungen die **konsequente Beachtung** der BEM-Pflichten.[113] Damit auch psychisch Beeinträchtigte die Vorteile des BEM-Verfahrens nutzen und gleichzeitig aus etablierten BEM-Verfahren positive Rückschlüsse für die gesamte Belegschaft gewonnen werden können, müssen die bisher bekannten Vorbehalte bzw. Hindernisse gegenüber BEM-Verfahren zugunsten psychisch Beeinträchtigter überwunden werden. Vorschläge hierfür gibt es inzwischen:

39

- In den Betrieben muss über Auslöser und Verlaufsformen psychischer Störungen aufgeklärt und zugleich über förderliche **Maßnahmen informiert** werden.
- Es müssen **innerbetriebliche Strukturen und Prozesse** gerade im Hinblick auf verschiedene psychische Beeinträchtigungen geschaffen werden, dh bessere Kommunikation zwischen den Akteuren, bessere Information und höhere Sensibilisierung der Vorgesetzten.
- Die **psychosoziale** Begleitung der Vorgesetzten und Führungskräfte muss durch externe Experten erfolgen. Die Zusammenarbeit der betrieblichen Akteure mit externen Partnern und deren Unterstützung sind für die Bewältigung psychischer Beeinträchtigungen besonders wichtig.[114] Hierfür sind gem. § 26 Abs. 3 Nr. 3 SGB IX (ab 1.1.2018: § 42 Abs. 3 Nr. 3 SGB IX nF) auch die Rehabilitationsträger im Rahmen medizinischer Rehabilitationsmaßnamen verantwortlich.
- Im Zuge des Präventionsgesetzes sind zum einen die Wechselwirkungen zwischen Arbeitsschutz und **Betrieblicher Gesundheitsförderung** gestärkt worden[115] (→ SGB V § 20 b Rn. 9 f.); zugleich sind die Themen psychische Gesundheit und Sucht als zentrale Handlungsfelder der Gesundheitsprävention in § 20 Abs. 3 S. 1 Nr. 6, 8 SGB V niedergelegt worden (→ SGB V § 20 b Rn. 14).

Darüber hinaus vermuten Experten verbleibende Schwierigkeiten im Zusammenhang mit der erfolgreichen Wiedereingliederung von psychisch langzeiterkrankten Mitarbeitern, wenn geeignete Arbeitsplätze nicht geschaffen werden.[116] Insoweit kann zunächst auf die **stufenweise Wiedereingliederung** als das wohl wichtigste Eingliederungsinstrument[117] verwiesen werden (→ Rn. 43). Insbesondere in Dienstleistungsberufen, in denen es typischerweise um die Anpassung von Arbeitszeiten und Arbeitsaufgaben geht, kommt die stufenweise Wiedereingliederung als geeignetes Mittel in Betracht, um die Folgen einer psychischen Beeinträchtigung/Erkrankung nachhaltig zu überwinden.[118] Grundsätzlich kann die Phase der stufenweisen Wiedereingliederung in jedem Beruf/ Betrieb genutzt werden, um die Möglichkeiten einer menschengerechten Anpassung der Arbeitsbedingungen (→ ArbSchG § 4 Rn. 44 ff.) für den Fall der psychischen Be-

40

---

111 Riegel/Schlichtmann BG 2011, 370 ff.; Kohte, 21. DRV-Rehabilitationswissenschaftliches Kolloquium, Hamburg 2012, S. 207 f. 112 Freigang-Bauer/Gröben, S. 36. 113 Vgl. nur LAG Hamm 30.6.2011 – 8 Sa 285/11; dazu Kohte, 21. DRV-Rehabilitationswissenschaftliches Kolloquium, 2012, S. 207, 208. 114 Freigang-Bauer/Gröben, S. 47, beruhend auf Umfragen unter Betrieben und externen Experten. 115 BT-Drs. 18/4282, 22. 116 Freigang-Bauer/Gröben, S. 50. 117 Gagel NZA 2004, 1359 (1360); Welti NZS 2006, 623 (627); Knittel, SGB IX, 9. Aufl. 2016, SGB IX § 28 Rn. 2 a. 118 Anschaulich LAG Köln 11.6.2007 – 14 Sa 1391/06 mit zust. Anm. Kohte/Nebe, jurisPR-ArbR 23/2008 Anm. 1; allgemein zur Stufenweisen Wiedereingliederung FKS/Nebe SGB IX § 28 Rn. 1 ff.; dies. SGb 2015, 125 ff.

einträchtigung auszutesten, wobei insoweit wiederum zunächst allgemein geltende Arbeitsschutzbestimmungen zu beachten sind.[119] Für von **Mobbing** Betroffene kann das BEM in den Fällen, in denen psychosoziale Krankheiten mit längerfristigen Arbeitsunfähigkeitszeiten die Folge sind, ebenfalls ein gut geeignetes Instrument zur dauerhaften Wiedereingliederung sein. Ist das Mobbingopfer wiederholt und zusammenhängend insgesamt sechs Wochen arbeitsunfähig erkrankt, dann trifft den Arbeitgeber wie in jedem anderen Fall die Pflicht zum BEM. Die **Vorteile** zur Bewältigung einer Mobbingsituation im Rahmen eines BEM-Verfahrens werden darin gesehen, dass die betroffene Person und deren Arbeitsunfähigkeit im Vordergrund stehen und kein konkreter Mobbingvorwurf gegenüber einer oder mehreren Personen. Der Einstieg in die Beseitigung der Mobbingfolgen kann erfolgen, ohne dass ein Mobbingvorwurf erhoben werden muss.[120] Dies macht die Konfliktbewältigung gerade für die Fälle aussichtsreicher, in denen aus verschiedenen Gründen eine Konfliktbewältigung in der Mobbingsituation besonders problematisch erscheint, zB bei unzureichender sozialer (Führungs-)Kompetenz oder bei der Befürchtung, selbst Mobbingopfer zu werden. Zugleich zeigt sich am Beispiel des Mobbings wiederum, dass es sinnvoll ist, in Betriebs- oder Dienstvereinbarungen den Anspruch auf ein BEM auch jenen zuzuerkennen, die noch keine sechswöchige Arbeitsunfähigkeit nachweisen können.

41 Wie für die psychischen Beeinträchtigungen/Erkrankungen nimmt das BEM ebenso für die **Suchterkrankungen** einen wichtigen Stellenwert ein. Auch zugunsten von Suchtkranken sind Arbeitgeber zum BEM verpflichtet.[121] Allerdings gilt es hierbei, die wichtigen Abstimmungsbedarfe zwischen der (betrieblichen) Suchtprävention und der allgemeinen Gesundheitsprävention (BEM) zu beachten, um Friktionen durch kollidierende Interventionen auszuschließen. Die jeweils Verantwortlichen, Suchtberatung und Integrationsteam bzw. BEM-Beauftragte, müssen sich hinsichtlich ihrer **Interventionskonzepte** abstimmen,[122] denn der Stufenplan der Suchtprävention ist nicht durch Freiwilligkeit gekennzeichnet, so dass BEM und Suchtprävention sich zwar ergänzen können, aber als unterschiedliche Verfahren behandelt werden müssen.[123] Seitens der Suchthilfe wird vorgeschlagen, im Falle von Suchterkrankungen die Eröffnung eines BEM-Verfahrens mit Zustimmung des Betroffenen auch ohne Vorliegen der Voraussetzungen des § 84 Abs. 2 SGB IX vorzusehen. Eine Betriebsvereinbarung sollte Verfahren zur Sicherstellung der fachübergreifenden Beratung und Verfahrensabstimmung regeln und damit die Standards der Zusammenarbeit für alle Beteiligten ebenso wie für die Betroffenen transparent machen. Vor allem sollte gesichert sein, dass ein BEM-Angebot nach dem Abschluss einer stationären Suchttherapie erfolgt, so dass die Möglichkeiten stufenweiser Wiedereingliederung (→ Rn. 43) in dieser sensiblen Situation genutzt werden können.

42 **bb) BEM und behinderungsgerechte Beschäftigung.** Soweit es im Ergebnis des Suchprozesses um die Umgestaltung des Arbeitsplatzes und der Arbeitsorganisation geht, sind die Pflichten zugunsten (schwer)behinderter Beschäftigter besonders weitreichend. Ihnen gegenüber ist der Arbeitgeber bereits auf der Grundlage des **§ 81 Abs. 4 SGB IX** (ab 1.1.2018: § 164 Abs. 4 SGB IX nF) in vielfältiger Weise zur behindertengerechten Beschäftigung verpflichtet. Die weitreichenden Pflichten zur Gestaltung des Arbeitsplatzes (vgl. § 81 Abs. 4 S. 1 Nr. 4, 5 SGB IX, → BGB § 618 Rn. 40) können dann nicht mit dem Argument unverhältnismäßig hoher Kostenbelastung verweigert werden, wenn die Hilfen durch sozialrechtliche Leistungen voll- oder teilfinanziert werden können (vgl. § 81 Abs. 4 S. 2, 3 SGB IX). Gerade um dies auszuloten, ist externer Sachver-

---

[119] Ausführlich zur Einbeziehung psychischer Belastungsfaktoren in den Arbeits- und Gesundheitsschutz Gaul DB 2013, 60 ff. [120] Ausführlich Wolmerath in: FS Düwell, S. 188, 194. [121] ArbG Naumburg 6.9.2007 – 1 Ca 956/07 mit zust. Anm. Kohte/Faber, jurisPR-ArbR 26/2008 Anm. 3. [122] Dazu ausführlich Wienemann/Schumann, Qualitätsstandards in der betrieblichen Suchtprävention und Suchthilfe der Deutschen Hauptstelle für Suchtfragen – DHS, S. 15, 52, www.dhs.de, dort unter „Arbeitsfelder" – „Arbeitsplatz". [123] Rehwald ua, Suchtprävention, S. 130 ff.

stand in die Beratungen des „Runden Tisches" einzubeziehen.[124] Zur engen **Vernetzung** zwischen Rehabilitationsträgern und Arbeitgebern bei der gemeinsamen Überwindung von gesundheitsspezifischen Teilhaberisiken machen die Gemeinsamen Empfehlungen der BAR konkrete Vorgaben.[125] Ab 1.1.2018 werden statt der mit dem BTHG (→ Rn. 3) abgeschafften Servicestellen die sogenannten **Ansprechstellen** (ab 1.1.2018: § 12 Abs. 1 S. 3 SGB IX) den Arbeitgebern Angebote vermitteln, um sie ua über Inhalte und Ziele von Leistungen zur Teilhabe und die Verfahren zu deren Inanspruchnahme zu informieren.

cc) **BEM und Stufenweise Wiedereingliederung.** Untersuchungen über die Ergebnisse 43 von BEM-Verfahren haben gezeigt, dass die **Stufenweise Wiedereingliederung (StW)** als häufigstes Mittel zur Überwindung von Arbeitsunfähigkeit praktiziert wird.[126] Die praktische Relevanz deckt sich mit den rehabilitationswissenschaftlichen Ergebnissen, wonach eine Rückkehr nach längerer Arbeitsunfähigkeit im Wege einer StW die nachhaltigsten Wiedereingliederungserfolge zu verzeichnen hat.[127] Die Beschäftigung des noch Arbeitsunfähigen im Wege einer StW ist daher in vielen Fällen letztlich essenziell für den erfolgreichen Abschluss des BEM, was inzwischen von der Rechtsprechung durch Zuerkennung eines individuellen Anspruchs auf die StW anerkannt worden ist (dazu → BGB § 618 Rn. 41).[128]

IV. Rechtsdurchsetzung

1. Vorbemerkungen. Lassen sich individuelle Ansprüche auf Durchführung der ge- 44 meinsam von allen BEM-Beteiligten gefundenen Maßnahme zur Überwindung der Arbeitsunfähigkeit nicht unmittelbar im Arbeitsvertragsrecht finden, so kommt entweder ein Rückgriff auf die ermessensfehlerfreie Ausübung des **Direktionsrechts** (§ 106 GewO) oder auf die vertraglichen **Nebenpflichten** gem. § 241 Abs. 2 BGB in Betracht.[129] Die Grundsätze, die im Rahmen der Rechtsprechung zur befähigungsgerechten Weiterbeschäftigung ggf. unter Änderung der Arbeitsbedingungen, zB als gegenüber einer Kündigung milderes Mittel (§ 1 Abs. 2 S. 3 KSchG)[130] oder zur Gewährleistung tarifvertraglicher Einkommenssicherungsansprüche,[131] entwickelt worden sind, beeinflussen die Reichweite der unbestimmten Rechtsbegriffe im Rahmen der Anspruchsgrundlagen und Generalklauseln zB zur Leistungsbestimmung (§ 315 Abs. 3 BGB, § 106 GewO) oder zur befähigungsgerechten Beschäftigung (→ ArbSchG § 7 Rn. 23).[132] In der Praxis wird sich zeigen, inwieweit hier noch weitergehend als bisher § 618 BGB ggf. in **unionsrechtskonformer Auslegung** (angemessene Vorkehrungen zur Vermeidung von Diskriminierung, wobei nicht nur behinderte, sondern auch von Behinderung bedrohte Menschen vom Schutzzweck des SGB IX erfasst werden) als Anspruchsgrundlage für die vielfältig denkbaren Mittel zur Überwindung von Arbeitsunfähigkeit genutzt werden kann (→ BGB § 618 Rn. 40 f.).

2. Kollektive Durchsetzungsmöglichkeiten. Die Durchsetzung der Pflicht zum 45 BEM-Verfahren ist auf mehreren Ebenen denkbar. Die **Interessenvertretungen** können die Einleitung und bei Zustimmung des Beschäftigten auch die weitere Durchführung des BEM-Verfahrens verlangen (§ 84 Abs. 2 S. 6 SGB IX). Diesen Einleitungs- und Durchführungsanspruch können Betriebs- bzw. Personalrat bzw. die Schwerbehinder-

---

124 Zu den Verknüpfungen verschiedener Leistungspflichten am Beispiel der Hilfsmittel und technischen Arbeitshilfen FKS/Busch SGB IX § 33 Rn. 70 und SGB IX § 34 Rn. 37 f. **125** Vgl. die GE „Frühzeitige Bedarfserkennung", zu finden unter www.bar-frankfurt.de. **126** Niehaus, BEM 2008, S. 53. **127** Bürger Die Rehabilitation 2011, 74 ff. **128** Zunächst für den (schwer)behinderten Beschäftigten BAG 13.6.2006 – 9 AZR 229/05, NZA 2007, 91; inzwischen auch allgemein für den langzeiterkrankten Beschäftigten, vgl. LAG Hamm 4.7.2011 – 8 Sa 726/11, ASR 2013, 150 (Kurzwiedergabe) mAnm Nebe/Kalina RP-Reha 2014, 31; ausführlich auch FKS/Nebe SGB IX § 28 Rn. 14 ff.; Knittel SGB IX § 28 Rn. 33 ff. sowie Anton-Dyck, S. 152 ff. **129** Mückl/Hiebert NZA 2010, 1259 ff. **130** Exemplarisch BAG 12.7.2007 – 2 AZR 716/06, BAGE 123, 234. **131** Exemplarisch BAG 13.8.2009 – 6 AZR 330/08, BAGE 131, 125 mit abl. Anm. Verstege AP Nr. 4 zu § 241 BGB. **132** Ausführlich Düwell in: LPK-SGB IX § 84 Rn. 46 f.; weitreichend auf die Effektivität der BEM-Pflicht abstellend LAG Hamm 4.7.2011 – 8 Sa 726/11, ASR 2012, 150 (Kurzwiedergabe) mAnm Nebe/Kalina RP-Reha 2014, 31.

tenvertretung im arbeitsgerichtlichen Beschlussverfahren durchsetzen;[133] da das fruchtlose Verstreichen von Zeit für Prävention per se nachteilig ist, kommt insbesondere auch einstweiliger Rechtsschutz gem. § 85 Abs. 2 ArbGG in Betracht,[134] vor allem auch dann, wenn bei befristeten oder Leiharbeitsverhältnissen ansonsten ein Wegfall des Arbeitsplatzes droht bzw. die Chance für eine Brücke in eine **Normalbeschäftigung** verpasst wird (→ Rn. 15).

46 Zusätzlich zum allgemeinen **Überwachungsrecht** der Interessenvertretungen über die Einhaltung der zugunsten der Beschäftigten bestehenden Schutzvorschriften (§ 80 BetrVG, § 68 BPersVG, § 95 SGB IX) hebt § 84 Abs. 2 S. 7 SGB IX nochmals hervor, dass die Interessenvertretung (und ggf. Schwerbehindertenvertretung) darüber wacht, ob der AG seine Pflichten aus § 84 Abs. 2 SGB IX erfüllt. Das Überwachungsrecht ist unabhängig von einem konkreten Einverständnis des Beschäftigten.[135] Beim BEM bestehen, wie in anderen besonders persönlichkeitsrelevanten Fragestellungen auch, **Kontroversen** darüber, ob Beschäftigte im Einzelfall das Überwachungsrecht dadurch beschränken können, dass sie der Weitergabe personenbezogener Daten an die Interessenvertretung widersprechen. Ganz überwiegend wird die Weitergabe der für die Überwachung benötigten Daten inzwischen anerkannt (→ Rn. 23 f., 26 f.). Regelungen zur Durchführung des BEM können auch in **Inklusionsvereinbarungen**[136] getroffen werden (§ 83 Abs. 2 a Nr. 5 SGB IX; ab 1.1.2018 § 166 SGB IX nF → Rn. 3). Die Einflussnahme des Integrationsamtes ist gestärkt worden; nunmehr *sollen* die Integrationsämter bei innerbetrieblichem Dissens auf dessen Überwindung hinwirken (§ 83 Abs. 1 S. 5 SGB IX).

47 Die verschiedenen Ansprüche, dh auf Einleitung und – bei erklärter Zustimmung – auf Klärung (§ 84 Abs. 2 S. 6 SGB IX) sowie auf Überwachung und damit auf Information (§ 84 Abs. 2 S. 7 SGB IX) können von der Interessenvertretung im **arbeitsgerichtlichen Beschlussverfahren** geltend gemacht werden; dabei kann sich die Schwerbehindertenvertretung (auch die Dienststellen des öffentlichen Dienstes) auf § 2 a Abs. 1 Nr. 3 a ArbGG stützen; für den Betriebsrat eröffnet § 2 a Abs. 1 Nr. 1 ArbGG den Zugang zu den Arbeitsgerichten; für die Personalräte der Bundesdienststellen sind die Fachkammern der Verwaltungsgerichte zuständig (§§ 83 Abs. 2, 84 BPersVG), für die Personalräte der Landesdienststellen ist Landesrecht zu beachten.[137]

48 **3. Individueller Anspruch des Beschäftigten auf BEM und dessen Durchsetzung.** Bislang wird selten diskutiert, ob und wie der Einzelne die BEM-Pflicht des Arbeitgebers durchsetzen kann. Damit eng verbunden ist die Frage, ob der Einzelne einen eigenen Rechtsanspruch auf ein BEM hat. Die Antwort hierauf ist für Beschäftigte aus verschiedenen Gründen von hoher praktischer Bedeutung, wenn der Arbeitgeber die BEM-Pflicht aussitzen kann, weil zB eine Interessenvertretung nicht gewählt ist oder diese ihren Leistungsanspruch nicht durchsetzt. So führt das Abrutschen in Arbeitslosengeldbezug nach dem Auslaufen von Krankengeld zu weiteren Einkommenseinbußen; bei Betriebsänderungen und Sozialplanregelungen kann Langzeitarbeitsunfähigkeit zu erheblichen Nachteilen führen.[138] Der individuelle Durchsetzungsanspruch ist auch für jene Beschäftigte besonders relevant, die angesichts der restriktiven Rechtsprechung die indirekte Sanktion eines BEM-Verstoßes im Kündigungsstreit nicht für sich nutzen können, weil sie nicht unter den Anwendungsbereich des KSchG fallen (→ Rn. 51).[139]

---

133 Düwell BB 2000, 2570 (2572); Trenk-Hinterberger in: Lachwitz/Schellhorn/Welti, HK-SGB IX § 84 Rn. 16; KKW/Kohte SGB IX § 84 Rn. 38. **134** Düwell BB 2000, 2570 (2572); Seel in: Ernst/Adlhoch/Seel, SGB IX, Stand: Dezember 2016, SGB IX § 84 Rn. 110; KKW/Kohte SGB IX § 84 Rn. 38. **135** BAG 7.2.2012 – 1 ABR 46/10, NZA 2012, 744; Düwell CuA 5/2017, 16 (17). **136** Infolge der bereits ab 30.12.2016 in Kraft getretenen Änderungen des BTHG, vgl. Art. 2 Nr. 4 Buchst. a G. v. 23.12.2016, BGBl. I, 3234, statt vormals Integrations- nun Inklusionsvereinbarung. **137** Düwell in: LPK-SGB § 84 Rn. 103. **138** Vgl. dazu BAG 7.6.2011 – 1 AZR 34/10, NZA 2011, 1370, wonach der deutlich geringere Sozialplanabfindung eines erwerbsgeminderten Beschäftigten zulässig und nicht diskriminierend wegen einer Behinderung sein soll. **139** Zu diesen und weiteren Fallkonstellationen Nebe, Beitrag 18/2011 Forum B, www.reha-recht.de = ASR 2012, 17 ff.

Obgleich Rechtsprechung bislang zur individuellen Durchsetzung des BEM nicht besteht, 49
ist ein solcher individueller Rechtsanspruch gleichwohl anzuerkennen.[140] Weitgehende
Einigkeit besteht insoweit, dass die BEM-Pflicht des Arbeitgebers als Pflicht zugunsten des
einzelnen Beschäftigten besteht und § 84 Abs. 2 SGB IX nicht nur appellativen Charakter
hat.[141] Ein damit spiegelbildlich korrespondierender individueller Rechtsanspruch wird
nur sehr vereinzelt ausdrücklich abgelehnt,[142] überwiegend nicht diskutiert. Er besteht
gleichwohl: Für die Zuerkennung **eines individuellen Anspruchs** muss auch nicht
entschieden werden, ob die BEM-Pflicht privat- oder öffentlich-rechtlichen[143] Charakter
hat. Denn selbst wenn sie tatsächlich rein öffentlich-rechtlichen Charakter hätte,
wogegen allerdings einiges spricht,[144] ließe sie sich wegen ihres neben dem kollektiven
zugleich auch individuellen Schutzzweckes[145] im Wege des § 618 Abs. 1 BGB wie die
sonstigen individualschützenden Arbeitsschutzbestimmungen in das arbeitsvertragliche
Pflichtengefüge transformieren (→ BGB § 618 Rn. 18).[146]

Kommt es also auf die Herkunft der Pflicht nicht an, bleibt lediglich zu klären, warum 50
trotz Pflicht ein Anspruch versagt bleiben sollte. Vielmehr ist von dem allgemeinen
Grundsatz auszugehen, dass bei individueller Schutzzweckorientierung ein normiertes
Recht spiegelbildlich mit einem Anspruch auf dessen Durchsetzung verknüpft ist (vgl.
§ 194 Abs. 1 BGB). Der Gesetzgeber wollte, auch wenn dies in der Gesetzesbegründung keine explizite Erwähnung fand, eine **effektiv** wirkende Präventionsnorm schaffen. Dem Präventionszweck liefe es jedoch diametral zuwider, ließe sich die Präventionspflicht im individuellen Rechtsverhältnis lediglich im Rahmen von Schadenersatz- oder Kündigungsverfahren nutzbar machen. Da Schutzgüter zunehmend nicht allein durch rein materielle Normen, sondern zugleich durch prozedural wirkende Pflichten realisiert werden, müssen diese Verfahrensvorschriften zumindest dann, wenn sie auch und nicht nur reflexiv den Individualgüterschutz bezwecken,[147] individualrechtlich durchsetzbar sein.[148] Wie bei anderen Arbeitsschutzbestimmungen kommt auch hier einstweiliger Rechtsschutz[149] in Betracht.

4. Rechtsfolgen der Verletzung des § 84 SGB IX (durch den Arbeitgeber). a) Kündi- 51
gungsrechtliche Bedeutung. Die erhebliche praktische Relevanz verdankt das BEM seiner frühen Rezeption in der Kündigungsrechtsprechung. Heute ist geklärt, dass die Durchführung des BEM zwar keine formelle Wirksamkeitsvoraussetzung für eine Kündigung ist, allerdings jedoch den kündigungsschutzspezifischen Verhältnismäßigkeitsgrundsatz konkretisiert und damit doch wesentlichen Einfluss auf den Bestand einer Kündigung im Kündigungsschutzprozess nimmt.[150] Hat nämlich der Arbeitgeber ein BEM entweder ganz unterlassen oder in einer Weise durchgeführt, die nicht den Mindestanforderungen entspricht, so treffen ihn im Kündigungsschutzprozess erhöhte Anforderungen an die **Darlegungs- und Beweislast**, dass der langfristig erkrankte Beschäftigte weder auf seinem bisherigen Arbeitsplatz, gegebenenfalls nach dessen befähigungsgerechter Anpassung, noch auf einem anderen, ebenfalls befähigungsgerecht an-

---

140 Bejahend auch Beck NZA 2017, 81 (86); FKS/Feldes SGB IX § 84 Rn. 37; DDZ/KSchR/Deinert SGB IX § 84 Rn. 29; SRS/v.Stein, Kap. 5 § 5 Rn. 6 ff. **141** BAG 24.3.2011 – 2 AZR 170/10, DB 2011, 1343; anders noch LAG Mainz 19.7.2007 – 11 Sa 235/07; für eine privatvertragliche Pflicht Deinert NZA 2010, 969 (973); Welti NZS 2006, 623 (625). **142** So wohl nur Trenk-Hinterberger in: Lachwitz/Schellhorn/Welti, HK-SGB IX § 84 Rn. 40, der den individuellen Anspruch jedoch bei einer entsprechenden Integrations- oder Betriebsvereinbarung bejahen würde. **143** So beispielsweise LAG Hamm 24.1.2007 – 2 Sa 991/06, Rn. 28; Fabricius in: jurisPK-SGB IX § 84 Rn. 53, nimmt trotz des öffentlich-rechtlichen Charakters der BEM-Pflicht unproblematisch eine privatvertragliche Nebenpflicht des Arbeitgebers an. **144** So ist die BEM-Pflicht nicht eine öffentlich-rechtliche Arbeitsschutzbestimmung, die bußgeldbewehrt und kann auch nicht Gegenstand verwaltungsrechtlicher Anordnungen sein, dazu KKW/Kohte SGB IX § 84 Rn. 37. **145** BT-Drs. 15/1783, 15, 16. **146** So auch KKW/Kohte SGB IX § 84 Rn. 37; für eine privatvertragliche Nebenpflicht Fabricius in: jurisPK-SGB IX § 84 Rn. 53. **147** BAG 12.8.2008 – 9 AZR 1117/06, NZA 2009, 102. **148** Nebe, Beitrag 18/2011 Forum B, www.reha-recht.de = ASR 2012, 17 (19 f.). **149** Staudinger/Oetker, 2016, BGB § 618 Rn. 250. **150** BAG 12.7.2007 – 2 AZR 716/06, NZA 2008, 173.

gepasten Arbeitsplatz hätte weiterbeschäftigt werden können[151] sowie, dass künftige Fehlzeiten ebenso wenig durch gesetzlich vorgesehene Hilfen oder Leistungen der Rehabilitationsträger in relevantem Umfang hätten vermieden werden können.[152]

52 Nach den **allgemeinen Anforderungen** an eine krankheitsbedingte Kündigung hat der Arbeitgeber zwar die negative Gesundheitsprognose sowie die erhebliche Beeinträchtigung betrieblicher Interessen darzulegen und zu beweisen; im Rahmen der ebenfalls zu prüfenden Verhältnismäßigkeit der Kündigung, die dann zu verneinen ist, wenn die Kündigung durch ein milderes Mittel verhindert werden konnte, kann der Arbeitgeber ohne eine bestehende BEM-Pflicht nach der bisherigen Rechtsprechung pauschal behaupten, für den langzeiterkrankten Beschäftigten bestünden keine Beschäftigungsalternativen. Ohne BEM-Pflicht oblag es dann dem Beschäftigten, Weiterbeschäftigungsmöglichkeiten konkret darzulegen.[153]

53 Unter Geltung des § 84 Abs. 2 SGB IX nimmt die Rechtsprechung abweichend von diesen Grundsätzen eine erweiterte **Darlegungs- und Beweislast** des Arbeitgebers im Hinblick auf andere Beschäftigungsmöglichkeiten an. Das BEM ist zwar selbst kein milderes Mittel, diene aber als Verfahren dazu, solche aufzuzeigen. Verletzt nun der Arbeitgeber seine Pflicht, nach geeigneten Mitteln zu suchen, darf ihm daraus **kein prozessualer Vorteil** erwachsen, sondern muss vielmehr er im Prozess darlegen und beweisen, dass die Kündigung auch nicht durch eine Anpassungs-, Versetzungs- oder andere Präventionsmaßnahme vermeidbar war. Hat der Arbeitgeber weder internen noch externen Sachverstand hinzugezogen, also ein BEM nicht oder nicht ordnungsgemäß durchgeführt, wird es ihm nur schwer gelingen darzutun, dass keinerlei Hilfe zur Beschäftigungssicherung in Betracht kam; gänzlich oder grundsätzlich ausgeschlossen ist der prozessuale Erfolg eines solchen Vortrages allerdings nicht. Jedoch bedarf es dann umfassender und konkreter Darlegungen seitens des Arbeitgebers zur Alternativlosigkeit.[154]

54 Die bisherige Rechtsprechung des 6. BAG-Senats begrenzt die kündigungsrechtlichen Konsequenzen eines Verstoßes gegen die BEM-Pflicht auf Kündigungen im Geltungsbereich des Kündigungsschutzgesetzes mit der Begründung, der kündigungsspezifische Verhältnismäßigkeitsgrundsatz komme nur im Rahmen von Kündigungen zum Tragen, für die §§ 1, 23 KSchG das KSchG gelte.[155] Die Verengung der **kündigungsschutzspezifischen Sanktion** wird zutreffend aus verschiedenen Gründen deutlich kritisiert.[156] Wichtig ist der Hinweis auf die europäischen und völkerrechtlichen Vorgaben (→ Rn. 7 f.), durch angemessene Vorkehrungen der Benachteiligung von behinderten Menschen entgegenzuwirken. Unterbleibt ein BEM, wobei dieses selbst eine solche angemessene Vorkehrung zur Teilhabesicherung von behinderten Menschen darstellt (→ Rn. 7), dann führt dies zu einer Diskriminierung wegen Behinderung,[157] was wiederum die Unwirksamkeit der Kündigung gem. §§ 1, 7 AGG, § 134 BGB nach sich ziehen kann.[158]

55 **b) Schadensersatzanspruch wegen Verletzung der BEM-Pflicht.** Verletzt der Arbeitgeber seine Pflicht zur Durchführung des BEM, kommen unter mehreren Gesichtspunkten Schadenersatzansprüche in Betracht. Ist der langzeiterkrankte Beschäftigte behindert oder von Behinderung bedroht, dann kann das Unterlassen einer angemessenen

---

151 BAG 10.12.2009 – 2 AZR 400/08, DB 2010, 621 ff.; ausführlich DDZ/KSchR/Deinert, SGB IX § 84 Rn. 37 ff.; FKS/Feldes SGB IX § 84 Rn. 89 ff.; Fabricius in: jurisPK-SGB IX § 84 Rn. 52 ff., 55; Düwell in: LPK-SGB IX § 84 Rn. 107 ff. **152** BAG 20.11.2014 – 2 AZR 755/13, BAGE 150, 117 = NZA 2015, 612 (616); LAG Hessen 3.8.2015 – 16 Sa 1378/14, LAGE § 1 KSchG Krankheit Nr. 49. **153** Auch dazu BAG 30.9.2010 – 2 AZR 88/09, NZA 2011, 39. **154** BAG 23.4.2008 – 2 AZR 1012/06, DB 2008, 2091 = NZA-RR 2008, 515 = BB 2008, 2409 mAnm Gagel, jurisPR-ArbR 46/2008 Anm. 3; Joussen DB 2009, 286 f. **155** BAG 24.1.2008 – 6 AZR 96/07, NZA-RR 2008, 405; BAG 28.6.2007 – 6 AZR 750/06, NZA 2007, 1049. **156** KKW/Kohte SGB IX § 84 Rn. 33; Deinert AP Nr. 27 zu § 307 BGB; ders. JR 2007, 177; Gagel 26/2007 Forum B, www.reha-recht.de; ders., jurisPR-ArbR 39/2007 Anm. 1. **157** Fürst DB 2009, 2153 (2155); KKW/Kohte SGB IX § 84 Rn. 33; allgemein ErfK/Schlachter AGG § 3 Rn. 2. **158** Für die Beachtung einer Missachtung der BEM-Pflicht auch im Kleinbetrieb daher zutreffend schon LAG Schleswig-Holstein 17.11.2005 – 4 Sa 328/05, br 2006, 170.

Vorkehrung eine Diskriminierung darstellen (→ Rn. 54). Ein darauf gestützter Schadenersatzanspruch gem. § 15 Abs. 1, 2 AGG wird von der Rechtsprechung mit der **zweifelhaften** Begründung abgelehnt, die BEM-Pflicht sei zugunsten sämtlicher langzeiterkrankter Beschäftigter normiert.[159] Teilweise wird auch Schadenersatz wegen vertraglicher Pflichtverletzung[160] oder wegen Schutzgesetzverletzung[161] bei unterbliebenem BEM zuerkannt.

5. **Betriebliche Mitbestimmung zur Ausgestaltung des BEM.** Das Gesetz gibt in § 84 Abs. 2 SGB IX zwar wichtige, aber nur einige Strukturen des BEM-Verfahrens vor. Im Übrigen ist das BEM jeweils ein unverstellter, verlaufs- und ergebnisoffener Suchprozess,[162] der zur größeren Akzeptanz und Effektivität der näheren betrieblichen Ausgestaltung bedarf. Betriebliche Vereinbarungen sollten Regelungen über eine frühzeitige und vertrauensvolle Ansprache der BEM-Berechtigten, über Struktur und Rahmen des BEM-Verfahrens, über Mindeststandards und Qualitätskriterien (insbesondere zum Umgang mit sensiblen Gesundheits- und Persönlichkeitsdaten) sowie über Kooperationen mit Externen enthalten. § 83 Abs. 2 a Nr. 5 SGB IX (ab 1.1.2018: § 166 Abs. 3 SGB IX nF) hebt ausdrücklich hervor, dass konkretisierende Regelungen in einer Inklusionsvereinbarung (bisher Integrationsvereinbarung) getroffen werden können. Je größer Transparenz und Verlässlichkeit ausfallen, umso höher wird die Akzeptanz der BEM-Verfahren sein.[163] Betriebsvereinbarungen zum BEM können dem **Mitbestimmungsrecht gem. § 87 Abs. 1 Nr. 1 BetrVG** unterliegen.[164] Höchstrichterlich ist inzwischen anerkannt, dass zudem auch für jede einzelne Regelung das Mitbestimmungsrecht gem. **§ 87 Abs. 1 Nr. 7 BetrVG** zu prüfen ist. § 84 Abs. 2 SGB IX eröffnet – wie der allgemeine Arbeits- und Gesundheitsschutz – zumindest mittelbar der Prävention von Gesundheitsrisiken am Arbeitsplatz, eröffnet Gestaltungsspielräume und damit als konkretisierungsbedürftige Rahmenvorschrift die betriebliche Mitbestimmung gem. § 87 Abs. 1 Nr. 7 BetrVG.[165] Der Betriebsrat kann von seinem Initiativrecht gerade für die Vereinbarung einer Verfahrensordnung[166] Gebrauch machen und im Verfahren des § 100 ArbGG die Einsetzung der Einigungsstelle verlangen.[167]

56

---

[159] BAG 28.4.2011 – 8 AZR 515/10, NJW 2011, 2458; krit. hierzu Nebe SDSRV Bd. 63, S. 57, 67 f.; dies. in: Becker/Wacker/Banafsche (Hrsg.), S. 163, 174; DDZ/KSchR/Deinert, SGB IX § 84 Rn. 51; ders. in: Deinert/Welti (Hrsg.), Stichwortkommentar Behindertenrecht, Benachteiligungsverbot Rn. 45. [160] Deinert NZA 2010, 969 (973); LAG Hamm 4.7.2011 – 8 Sa 726/11, ASR 2013, 150 (Kurzwiedergabe) mAnm Nebe/Kalina RP-Reha 2014, 31. [161] LAG Hamm 4.7.2011 – 8 Sa 726/11, ASR 2013, 150 (Kurzwiedergabe) mAnm Nebe/Kalina RP-Reha 2014, 31; skeptisch Deinert NZA 2011, 969 (974). [162] BAG 10.12.2009 – 2 AZR 198/09, NZA 2010, 639 im Anschluss an Kohte DB 2008, 582 (585); Düwell in: LPK-SGB IX § 84 Rn. 32; Schian in: Cramer/Fuchs/Hirsch/Ritz-SGB IX, 6. Aufl. 2011, SGB IX § 84 Rn. 6, 28; Fitting BetrVG § 87 Rn. 310 a. [163] Vgl. die zusammengetragenen Studienbefunde bei Freigang-Bauer/Gröben, S. 22. [164] LAG Berlin-Brandenburg 23.9.2010 – 25 TaBV 1155/10, ArbR 2011, 178 (Kurzwiedergabe); dazu Wenning-Morgenthaler 19/2011 in Forum B, www.reha-recht.de. [165] BAG 13.3.2012 – 1 ABR 78/10, NZA 2012, 748 sowie BAG 22.3.2016 – 1 ABR 14/14, NZA 2016, 1283; LAG Nürnberg 16.1.2013 – 2 TaBV 6/12, ArbR 2013, 136 (Kurzwiedergabe); ebenso Fabricius in: jurisPK-SGB IX § 84 Rn. 33; Fitting BetrVG § 87 Rn. 310 a; Schils, Das Betriebliche Eingliederungsmanagement, 2009, S. 195 ff.; KKW/Kohte SGB IX § 84 Rn. 30; HaKo-BetrVG/Kohte BetrVG § 87 Rn. 91; Düwell in: LPK-SGB IX § 84 Rn. 69; DKKW/Klebe BetrVG § 87 Rn. 259; Feldes AiB 2005, 546; Gagel NZA 2004, 1359; Deinert NZA 2010, 969 (972); aA LAG Hamburg 5.1.2008 – H 3 TaBV 1/08, LAGE § 87 BetrVG 2001 Gesundheitsschutz Nr. 3 mit krit. Anm. Kohte; Seel br 2006, 34; Moderegger ArbRB 2005, 350; Balders/Lepping NZA 2005, 854 (855 f.); Leuchten DB 2007, 2482 (2485); Wenning-Morgenthaler 19/2011 Forum B, www.reha-recht.de. [166] Kiesche BPUVZ 2013, 356 (359). [167] ArbG Köln 10.1.2008 – 12 BVGa 2/08; LAG Hamm 18.12.2009 – 13 TaBV 52/09, AuR 2010, 393; LAG Düsseldorf 4.2.2013 – 9 TaBV 129/12, LAGE § 98 ArbGG 1979 Nr. 65; ebenso Bertzbach, jurisPR-ArbR 18/2010 Anm. 2; Faber SozSich 2008, 130 (133); KKW/Kohte SGB IX § 84 Rn. 40.

Sozialgesetzbuch (SGB) Fünftes Buch (V) – Gesetzliche Krankenversicherung –[1]

Vom 20. Dezember 1988 (BGBl. I S. 2477)
(FNA 860-5)
zuletzt geändert durch Art. 11 Abs. 43 G v. 18. Juli 2017 (BGBl. I S. 2745)
– Auszug –

§ 20 SGB V Primäre Prävention und Gesundheitsförderung

(1) [1]Die Krankenkasse sieht in der Satzung Leistungen zur Verhinderung und Verminderung von Krankheitsrisiken (primäre Prävention) sowie zur Förderung des selbstbestimmten gesundheitsorientierten Handelns der Versicherten (Gesundheitsförderung) vor. [2]Die Leistungen sollen insbesondere zur Verminderung sozial bedingter sowie geschlechtsbezogener Ungleichheit von Gesundheitschancen beitragen. [3]Die Krankenkasse legt dabei die Handlungsfelder und Kriterien nach Absatz 2 zugrunde.

(2) [1]Der Spitzenverband Bund der Krankenkassen legt unter Einbeziehung unabhängigen, insbesondere gesundheitswissenschaftlichen, ärztlichen, arbeitsmedizinischen, psychotherapeutischen, psychologischen, pflegerischen, ernährungs-, sport-, sucht-, erziehungs- und sozialwissenschaftlichen Sachverstandes sowie des Sachverstandes der Menschen mit Behinderung einheitliche Handlungsfelder und Kriterien für die Leistungen nach Absatz 1 fest, insbesondere hinsichtlich Bedarf, Zielgruppen, Zugangswegen, Inhalt, Methodik, Qualität, intersektoraler Zusammenarbeit, wissenschaftlicher Evaluation und der Messung der Erreichung der mit den Leistungen verfolgten Ziele. [2]Er bestimmt außerdem die Anforderungen und ein einheitliches Verfahren für die Zertifizierung von Leistungsangeboten durch die Krankenkassen, um insbesondere die einheitliche Qualität von Leistungen nach Absatz 4 Nummer 1 und 3 sicherzustellen. [3]Der Spitzenverband Bund der Krankenkassen stellt sicher, dass seine Festlegungen nach den Sätzen 1 und 2 sowie eine Übersicht über die nach Satz 2 zertifizierten Leistungen der Krankenkassen auf seiner Internetseite veröffentlicht werden. [4]Die Krankenkassen erteilen dem Spitzenverband Bund der Krankenkassen hierfür sowie für den nach § 20 d Absatz 2 Nummer 2 zu erstellenden Bericht die erforderlichen Auskünfte und übermitteln ihm nicht versichertenbezogen die erforderlichen Daten.

(3) [1]Bei der Aufgabenwahrnehmung nach Absatz 2 Satz 1 berücksichtigt der Spitzenverband Bund der Krankenkassen auch die folgenden Gesundheitsziele im Bereich der Gesundheitsförderung und Prävention:
1. Diabetes mellitus Typ 2: Erkrankungsrisiko senken, Erkrankte früh erkennen und behandeln,
2. Brustkrebs: Mortalität vermindern, Lebensqualität erhöhen,
3. Tabakkonsum reduzieren,
4. gesund aufwachsen: Lebenskompetenz, Bewegung, Ernährung,
5. gesundheitliche Kompetenz erhöhen, Souveränität der Patientinnen und Patienten stärken,
6. depressive Erkrankungen: verhindern, früh erkennen, nachhaltig behandeln,
7. gesund älter werden und
8. Alkoholkonsum reduzieren.

[2]Bei der Berücksichtigung des in Satz 1 Nummer 1 genannten Ziels werden auch die Ziele und Teilziele beachtet, die in der Bekanntmachung über die Gesundheitsziele und Teilziele im Bereich der Prävention und Gesundheitsförderung vom 21. März 2005 (BAnz. S. 5304) festgelegt sind. [3]Bei der Berücksichtigung der in Satz 1 Nummer 2, 3 und 8 genannten Ziele werden auch die Ziele und Teilziele beachtet, die in der Be-

---

[1] Verkündet als Art. 1 Gesetz zur Strukturreform im Gesundheitswesen (Gesundheits-Reformgesetz – GRG) v. 20.12.1988 (BGBl. I S. 2477); Inkrafttreten gem. Art. 79 Abs. 1 dieses G am 1.1.1989, mit Ausnahme der in Abs. 2 bis 5 dieses Artikels genannten Abweichungen.

kanntmachung über die Gesundheitsziele und Teilziele im Bereich der Prävention und Gesundheitsförderung vom 27. April 2015 (BAnz. AT 19.05.2015 B3) festgelegt sind. [4]Bei der Berücksichtigung der in der Satz 1 Nummer 4 bis 7 genannten Ziele werden auch die Ziele und Teilziele beachtet, die in der Bekanntmachung über die Gesundheitsziele und Teilziele im Bereich der Prävention und Gesundheitsförderung vom 26. Februar 2013 (BAnz. AT 26.03.2013 B3) festgelegt sind. [5]Der Spitzenverband Bund der Krankenkassen berücksichtigt auch die von der Nationalen Arbeitsschutzkonferenz im Rahmen der gemeinsamen deutschen Arbeitsschutzstrategie nach § 20 a Absatz 2 Nummer 1 des Arbeitsschutzgesetzes entwickelten Arbeitsschutzziele.

(4) Leistungen nach Absatz 1 werden erbracht als
1. Leistungen zur verhaltensbezogenen Prävention nach Absatz 5,
2. Leistungen zur Gesundheitsförderung und Prävention in Lebenswelten für in der gesetzlichen Krankenversicherung Versicherte nach § 20 a und
3. Leistungen zur Gesundheitsförderung in Betrieben (betriebliche Gesundheitsförderung) nach § 20 b.

(5) [1]Die Krankenkasse kann eine Leistung zur verhaltensbezogenen Prävention nach Absatz 4 Nummer 1 erbringen, wenn diese nach Absatz 2 Satz 2 von einer Krankenkasse oder von einem mit der Wahrnehmung dieser Aufgabe beauftragten Dritten in ihrem Namen zertifiziert ist. [2]Bei ihrer Entscheidung über eine Leistung zur verhaltensbezogenen Prävention berücksichtigt die Krankenkasse eine Präventionsempfehlung nach § 25 Absatz 1 Satz 2, nach § 26 Absatz 1 Satz 3 oder eine im Rahmen einer arbeitsmedizinischen Vorsorge oder einer sonstigen ärztlichen Untersuchung schriftlich abgegebene Empfehlung. [3]Die Krankenkasse darf die sich aus der Präventionsempfehlung ergebenden personenbezogenen Daten nur mit schriftlicher Einwilligung und nach vorheriger schriftlicher Information des Versicherten erheben, verarbeiten und nutzen. [4]Die Einwilligung kann jederzeit schriftlich widerrufen werden. [5]Die Krankenkassen dürfen ihre Aufgaben nach dieser Vorschrift an andere Krankenkassen, deren Verbände oder Arbeitsgemeinschaften übertragen. [6]Für Leistungen zur verhaltensbezogenen Prävention, die die Krankenkasse wegen besonderer beruflicher oder familiärer Umstände wohnortfern erbringt, gilt § 23 Absatz 2 Satz 2 entsprechend.

(6) [1]Die Ausgaben der Krankenkassen für die Wahrnehmung ihrer Aufgaben nach dieser Vorschrift und nach den §§ 20 a bis 20 c sollen insgesamt im Jahr 2015 für jeden ihrer Versicherten einen Betrag in Höhe von 3,17 Euro und ab dem Jahr 2016 einen Betrag in Höhe von 7 Euro umfassen. [2]Ab dem Jahr 2016 wenden die Krankenkassen von dem Betrag nach Satz 1 für jeden ihrer Versicherten mindestens 2 Euro jeweils für Leistungen nach den §§ 20 a und 20 b auf. [3]Unterschreiten die jährlichen Ausgaben einer Krankenkasse den Betrag nach Satz 2 für Leistungen nach § 20 a, so stellt die Krankenkasse diese nicht ausgegebenen Mittel im Folgejahr zusätzlich für Leistungen nach § 20 a zur Verfügung. [4]Die Ausgaben nach den Sätzen 1 und 2 sind in den Folgejahren entsprechend der prozentualen Veränderung der monatlichen Bezugsgröße nach § 18 Absatz 1 des Vierten Buches anzupassen.

§ 20 a SGB V Leistungen zur Gesundheitsförderung und Prävention in Lebenswelten

(1) [1]Lebenswelten im Sinne des § 20 Absatz 4 Nummer 2 sind für die Gesundheit bedeutsame, abgrenzbare soziale Systeme insbesondere des Wohnens, des Lernens, des Studierens, der medizinischen und pflegerischen Versorgung sowie der Freizeitgestaltung einschließlich des Sports. [2]Die Krankenkassen fördern unbeschadet der Aufgaben anderer auf der Grundlage von Rahmenvereinbarungen nach § 20 f Absatz 1 mit Leistungen zur Gesundheitsförderung und Prävention in Lebenswelten insbesondere den Aufbau und die Stärkung gesundheitsförderlicher Strukturen. [3]Hierzu erheben sie unter Beteiligung der Versicherten und der für die Lebenswelt Verantwortlichen die gesundheitliche Situation einschließlich ihrer Risiken und Potenziale und entwickeln Vor-

schläge zur Verbesserung der gesundheitlichen Situation sowie zur Stärkung der gesundheitlichen Ressourcen und Fähigkeiten und unterstützen deren Umsetzung. ⁴Bei der Wahrnehmung ihrer Aufgaben nach Satz 2 sollen die Krankenkassen zusammenarbeiten und kassenübergreifende Leistungen zur Gesundheitsförderung und Prävention in Lebenswelten erbringen. ⁵Bei der Erbringung von Leistungen für Personen, deren berufliche Eingliederung auf Grund gesundheitlicher Einschränkungen besonderes erschwert ist, arbeiten die Krankenkassen mit der Bundesagentur für Arbeit und mit den kommunalen Trägern der Grundsicherung für Arbeitsuchende eng zusammen.

(2) Die Krankenkasse kann Leistungen zur Gesundheitsförderung und Prävention in Lebenswelten erbringen, wenn die Bereitschaft der für die Lebenswelt Verantwortlichen zur Umsetzung von Vorschlägen zur Verbesserung der gesundheitlichen Situation sowie zur Stärkung der gesundheitlichen Ressourcen und Fähigkeiten besteht und sie mit einer angemessenen Eigenleistung zur Umsetzung der Rahmenvereinbarungen nach § 20 f beitragen.

(3) ¹Zur Unterstützung der Krankenkassen bei der Wahrnehmung ihrer Aufgaben zur Gesundheitsförderung und Prävention in Lebenswelten für in der gesetzlichen Krankenversicherung Versicherte, insbesondere in Kindertageseinrichtungen, in sonstigen Einrichtungen der Kinder- und Jugendhilfe, in Schulen sowie in den Lebenswelten älterer Menschen und zur Sicherung und Weiterentwicklung der Qualität der Leistungen beauftragt der Spitzenverband Bund der Krankenkassen die Bundeszentrale für gesundheitliche Aufklärung ab dem Jahr 2016 insbesondere mit der Entwicklung der Art und der Qualität krankenkassenübergreifender Leistungen, deren Implementierung und deren wissenschaftlicher Evaluation. ²Der Spitzenverband Bund der Krankenkassen legt dem Auftrag die nach § 20 Absatz 2 Satz 1 festgelegten Handlungsfelder und Kriterien sowie die in den Rahmenvereinbarungen nach § 20 f jeweils getroffenen Festlegungen zugrunde. ³Im Rahmen des Auftrags nach Satz 1 soll die Bundeszentrale für gesundheitliche Aufklärung geeignete Kooperationspartner heranziehen. ⁴Die Bundeszentrale für gesundheitliche Aufklärung erhält für die Ausführung des Auftrags nach Satz 1 vom Spitzenverband Bund der Krankenkassen eine pauschale Vergütung in Höhe von mindestens 0,45 Euro aus dem Betrag, den die Krankenkassen nach § 20 Absatz 6 Satz 2 für Leistungen zur Gesundheitsförderung und Prävention in Lebenswelten aufzuwenden haben. ⁵Die Vergütung nach Satz 4 erfolgt quartalsweise und ist am ersten Tag des jeweiligen Quartals zu leisten. ⁶Sie ist nach Maßgabe von § 20 Absatz 6 Satz 3 jährlich anzupassen. ⁷Die Bundeszentrale für gesundheitliche Aufklärung stellt sicher, dass die vom Spitzenverband Bund der Krankenkassen geleistete Vergütung ausschließlich zur Durchführung des Auftrags nach diesem Absatz eingesetzt wird und dokumentiert dies nach Maßgabe des Spitzenverbandes Bund der Krankenkassen.

(4) ¹Das Nähere über die Beauftragung der Bundeszentrale für gesundheitliche Aufklärung nach Absatz 3, insbesondere zum Inhalt und Umfang, zur Qualität und zur Prüfung der Wirtschaftlichkeit sowie zu den für die Durchführung notwendigen Kosten, vereinbaren der Spitzenverband Bund der Krankenkassen und die Bundeszentrale für gesundheitliche Aufklärung erstmals bis zum 30. November 2015. ²Kommt die Vereinbarung nicht innerhalb der Frist nach Satz 1 zustande, erbringt die Bundeszentrale für gesundheitliche Aufklärung die Leistungen nach Absatz 3 Satz 1 unter Berücksichtigung der vom Spitzenverband Bund der Krankenkassen nach § 20 Absatz 2 Satz 1 festgelegten Handlungsfelder und Kriterien sowie unter Beachtung der in den Rahmenvereinbarungen nach § 20 f getroffenen Festlegungen und des Wirtschaftlichkeitsgebots nach § 12. ³Der Spitzenverband Bund der Krankenkassen regelt in seiner Satzung das Verfahren zur Aufbringung der erforderlichen Mittel durch die Krankenkassen. ⁴§ 89 Absatz 3 bis 5 des Zehnten Buches gilt entsprechend.

§ 20 b SGB V Betriebliche Gesundheitsförderung

(1) ¹Die Krankenkassen fördern mit Leistungen zur Gesundheitsförderung in Betrieben (betriebliche Gesundheitsförderung) insbesondere den Aufbau und die Stärkung ge-

sundheitsförderlicher Strukturen. ²Hierzu erheben sie unter Beteiligung der Versicherten und der Verantwortlichen für den Betrieb sowie der Betriebsärzte und der Fachkräfte für Arbeitssicherheit die gesundheitliche Situation einschließlich ihrer Risiken und Potenziale und entwickeln Vorschläge zur Verbesserung der gesundheitlichen Situation sowie zur Stärkung der gesundheitlichen Ressourcen und Fähigkeiten und unterstützen deren Umsetzung. ³Für im Rahmen der Gesundheitsförderung in Betrieben erbrachte Leistungen zur individuellen, verhaltensbezogenen Prävention gilt § 20 Absatz 5 Satz 1 entsprechend.

(2) ¹Bei der Wahrnehmung von Aufgaben nach Absatz 1 arbeiten die Krankenkassen mit den zuständigen Unfallversicherungsträger sowie mit den für den Arbeitsschutz zuständigen Landesbehörden zusammen. ²Sie können Aufgaben nach Absatz 1 durch andere Krankenkassen, durch ihre Verbände oder durch zu diesem Zweck gebildete Arbeitsgemeinschaften (Beauftragte) mit deren Zustimmung wahrnehmen lassen und sollen bei der Aufgabenwahrnehmung mit anderen Krankenkassen zusammenarbeiten. ³§ 88 Abs. 1 Satz 1 und Abs. 2 des Zehnten Buches und § 219 gelten entsprechend.

(3) ¹Die Krankenkassen bieten Unternehmen unter Nutzung bestehender Strukturen in gemeinsamen regionalen Koordinierungsstellen Beratung und Unterstützung an. ²Die Beratung und Unterstützung umfasst insbesondere die Information über Leistungen nach Absatz 1 und die Klärung, welche Krankenkasse im Einzelfall Leistungen nach Absatz 1 im Betrieb erbringt. ³Örtliche Unternehmensorganisationen sollen an der Beratung beteiligt werden. ⁴Die Landesverbände der Krankenkassen und die Ersatzkassen regeln einheitlich und gemeinsam das Nähere über die Aufgaben, die Arbeitsweise und die Finanzierung der Koordinierungsstellen sowie über die Beteiligung örtlicher Unternehmensorganisationen durch Kooperationsvereinbarungen. ⁵Auf die zum Zwecke der Vorbereitung und Umsetzung der Kooperationsvereinbarungen gebildeten Arbeitsgemeinschaften findet § 94 Absatz 1 a Satz 2 und 3 des Zehnten Buches keine Anwendung.

(4) ¹Unterschreiten die jährlichen Ausgaben einer Krankenkasse den Betrag nach § 20 Absatz 6 Satz 2 für Leistungen nach Absatz 1, stellt die Krankenkasse die nicht verausgabten Mittel dem Spitzenverband Bund der Krankenkassen zur Verfügung. ²Dieser verteilt die Mittel nach einem von ihm festzulegenden Schlüssel auf die Landesverbände der Krankenkassen und die Ersatzkassen, die Kooperationsvereinbarungen mit örtlichen Unternehmensorganisationen nach Absatz 3 Satz 4 abgeschlossen haben. ³Die Mittel dienen der Umsetzung der Kooperationsvereinbarungen nach Absatz 3 Satz 4.

Literatur: *Eberle*, Betriebliche Gesundheitsförderung und AOK – Entwicklungen und Perspektiven, in: FS für Christian von Ferber, 1991, S. 97; *Eberle/Bödeker*, Arbeitsweltbezogene Präventionsziele der gesetzlichen Krankenversicherung, BG 2008, 452; *Faber/Faller*, Hat BGF eine rechtliche Grundlage? Gesetzliche Anknüpfungspunkte für die Betriebliche Gesundheitsförderung, in: Faller (Hrsg.), Lehrbuch betriebliche Gesundheitsförderung, 3. Aufl. 2017, S. 57; *Faller*, Chancen für die Gesundheitsförderung, Gute Arbeit 2/2017, S. 13; *Giesert/Geißler*, Betriebliche Gesundheitsförderung, Betriebs- und Dienstvereinbarungen, Analyse und Handlungsempfehlungen, 2003; *GKV-Spitzenverband* (Hrsg.), Leitfaden Prävention, Gemeinsame und einheitliche Handlungsfelder und Kriterien des GKV-Spitzenverbandes zur Umsetzung von §§ 20 und 20 a SGB V vom 21.6.2000 i.d.F. vom 27.8.2010, 2010; *Kiesche*, Betriebliches Gesundheitsmanagement, 2013; *Köpke*, Betriebliche Gesundheitsförderung als mögliche Vorstufe wirksamer Rehabilitation, Rehabilitation 2012, 2; *Kohte*, Arbeitsschutz und betriebliche Gesundheitsförderung, in: Pfaff/Slesina, Effektive betriebliche Gesundheitsförderung, 2001, S. 53 ff.; *Kohte*, Betriebliche Gesundheitsförderung – vom Stahlwerk in die Schule, in: Weber (Hrsg.), FS für Wolfgang Slesina, 2008, S. 193; *Lenhardt*, Akteure der Betrieblichen Gesundheitsförderung: Interessenlagen – Handlungsbedingungen – Sichtweisen, in: Faller (Hrsg.), Lehrbuch betriebliche Gesundheitsförderung, 2. Aufl. 2010, S. 112 ff.; *Lenhardt*, Betriebliche Gesundheitsförderung durch Krankenkassen, Rahmenbedingungen – Angebotsstrategien – Umsetzung, 1999; *Lenhardt*, Betriebliche Gesundheitsförderung 2010: Ziele der Krankenkassen übererfüllt, Gute Arbeit 6/2012, 34–37; *Marburger*, Zusammenarbeit zwischen Krankenkassen und BGen bei Maßnahmen der Gesundheitsförderung, BG 2009, 286; *Meggeneder*, „...zu teuer und zu aufwändig?" – Herausforderungen für die Betriebliche Gesundheitsförderung in Kleinen und Mittleren Unternehmen, in: Faller (Hrsg.),

Lehrbuch betriebliche Gesundheitsförderung, 2. Aufl. 2010, S. 243 ff; *MDS* (Hrsg.), Präventionsberichte 2016, 2012 und 2009, Leistungen der GKV: Primärprävention und betriebliche Gesundheitsförderung – Berichtsjahre 2015, 2011 und 2008, getrennt abrufbar unter www.mds-ev.de; *Mühlenbruch*, Betriebliche Gesundheitsförderung und Prävention als Gemeinschaftsaufgabe der betrieblichen Akteure und der Sozialversicherungsträger, ZSR-Sonderheft 2005, 87; *Oppolzer*, Gesundheitsmanagement im Betrieb, Integration und Koordination menschengerechter Gestaltung der Arbeit, 2010; Rahmenvereinbarung der DGUV, des Spitzenverbandes der landwirtschaftlichen Sozialversicherung und des GKV-Spitzenverbandes unter Beteiligung der Verbände der Krankenkassen auf Bundesebene zur Zusammenarbeit bei der BGF und der Verhütung arbeitsbedingter Gesundheitsgefahren, 2009; *Schneider*, Das Gesetz zur Stärkung der Gesundheitsförderung und der Prävention, SGb 2015, 599; *Tempel/Geißler/Ilmarinen*, Stärken fördern, Schwächen erkennen: Der Beitrag der betrieblichen Gesundheitsförderung für die Erhaltung der Arbeitsfähigkeit von älteren und älter werdenden Mitarbeiterinnen und Mitarbeitern, in: Faller (Hrsg.), Lehrbuch betriebliche Gesundheitsförderung, 2. Aufl. 2010, S. 181 ff; *Weg/Stolz-Willig* (Hrsg.), Agenda Gute Arbeit: geschlechtergerecht!, 2014; *Zipprich*, Prävention arbeitsbedingter Erkrankungen durch manuelles Handhaben von Lasten, 2006.

Leitentscheidungen: OVG Berlin-Brandenburg 8.11.2012 – OVG 62 PV 2.12; BFH 11.3.2010 – VI R 7/08, DB 2010, 1098 (Regenerierungskur).

I. Normzweck und Systematik.....	1	V. Überbetriebliche Organisation der BGF.........................	34
II. Entstehungsgeschichte und Unionsrecht.........................	3	1. Zusammenarbeit der Krankenkassen untereinander....	34
III. Betriebliche Gesundheitsförderung (BGF) – Detailkommentierung............................	7	2. Kooperation der Krankenkassen mit den Unfallversicherungsträgern.............	35
1. Neues sozialrechtliches Leitbild: Präventive Intervention unabhängig vom klassischen Versicherungsfall............	7	3. Kooperation mit Reha-Trägern.............................	37
		VI. Rechtsdurchsetzung.............	38
2. Ganzheitlicher Ansatz der BGF.........................	11	1. Sozialrechtliche Leistungsansprüche und untergesetzliche Konkretisierung.....................	38
3. Arbeitsschutz und Betriebliche Gesundheitsförderung – kommunizierende Bereiche..	17	2. Individuelle arbeitsrechtliche Ansprüche der Beschäftigten	41
IV. Betriebliche Organisation der BGF.........................	23	3. Beteiligungsrechte der Betriebs- und Personalräte ..	45
1. Vereinbarung................	23	4. Netzwerke als Erfolgsvoraussetzung....................	47
2. Beteiligung der Versicherten	30		
3. Datenschutz	33		

I. Normzweck und Systematik

1 Die Pflicht der Krankenkassen zur Betrieblichen Gesundheitsförderung (BGF) geht zurück auf in den **70er und 80er Jahren** entwickelte und erprobte betriebsepidemiologische Verfahren,[1] die die Kooperation mit den Beschäftigten und deren Erfahrungswissen zur Erfassung und Bewältigung der gesundheitlichen Probleme im Betrieb als wichtige Ressourcen begriffen. Damals wie heute[2] soll die BGF den klassischen staatlichen **Arbeitsschutz ergänzen**.[3] Als ein mögliches Operationsinstrument dieser ersten betriebspraktischen Verfahren erwiesen sich die Gesundheitszirkel, im Rahmen derer die negativen Arbeitsaspekte identifiziert, ihre Ursachen geklärt und geeignete Lösungsmöglichkeiten vorgeschlagen werden konnten.[4] Der Betrieb mit seinen komplexen sozialen Bezügen und seinem Bedeutungsgehalt als Lebensraum des Menschen (Setting-

---
[1] Slesina/Beuels/Sochert, Betriebliche Gesundheitsförderung, 1998, S. 14 ff. [2] So ausdrücklich auch Anliegen des aktuellen Gesetzgebers, BT-Drs. 18/4282, S. 35 (Begründung Entwurf Präventionsgesetz). [3] Oppolzer, S. 65; Faller/Faber in: Faller, S. 57, 59 ff. [4] Dazu Schröer/Sochert, Gesundheitszirkel im Betrieb, 1997; Oppolzer, S. 74; Kohte in: FS Slesina, S. 193; Lenhardt, S. 135, 138; ders., BGF 2010, Gute Arbeit 6/2012, 34, 36 krit. zum zurückhaltenden Einsatz dieses Mittels.

Ansatz → Rn. 13) ist als Präventionsort sowohl aus sozialwissenschaftlicher als auch aus gesundheitsökonomischer sowie unternehmerischer Sicht längst anerkannt.[5] Ungeachtet der Nutzungsreserven,[6] die aufgrund der jährlichen Präventionsberichte des MDS transparent sind,[7] wird die BGF insgesamt dennoch als ein Handlungsfeld mit deutlich **positiver Entwicklungstendenz** bewertet.[8]

Wie auch sämtliche Vorgängerregelungen knüpft § 20 b SGB V an diese frühen Erfahrungen an und regelt die Mitwirkung der Krankenkassen an der BGF. Die Krankenkassen sind, unter Beteiligung der Versicherten, der Verantwortlichen im Betrieb sowie, seit 25.7.2015,[9] der Betriebsärzte und der Fachkräfte für Arbeitssicherheit, verpflichtet,

- zunächst die gesundheitliche Situation der Beschäftigten im Betrieb zu erheben, einschließlich ihrer Risiken und Potenziale,
- infolgedessen Handlungsmöglichkeiten zur Verbesserung der **Gesundheitssituation** sowie zur Stärkung der gesundheitlichen Ressourcen und Fähigkeiten aufzuzeigen und
- deren Umsetzung zu unterstützen.[10]

Möglich sind auch eigene Leistungen der Krankenkassen.[11] Zur Wahrnehmung dieser Aufgaben arbeiten die Krankenkassen mit dem zuständigen Unfallversicherungsträger sowie mit den für den Arbeitsschutz zuständigen Landesbehörden **zusammen**. Diese ebenfalls auf das Präventionsgesetz[12] zurückgehende Erweiterung soll den engen Zusammenhang zwischen Arbeitsschutz und BGF stärken.[13] Wie bislang auch beschließt der Spitzenverband Bund der Krankenkassen **prioritäre Handlungsfelder** und Kriterien insbesondere hinsichtlich Bedarf, Zielgruppen, Zugangswegen, Inhalten und Methodik sowie Qualität und Messung der erreichten Ziele, § 20 Abs. 2 SGB V. Hierbei muss der **Spitzenverband Bund der Krankenkassen** bestimmte Vorgaben in § 20 Abs. 3 SGB V nF beachten. Außerdem wird sich die kooperative Arbeit in den neuen Strukturen (nationale Präventionsstrategie, nationale Präventionskonferenz und Landesrahmenvereinbarungen → Rn. 21) auf die Handlungsfelder auswirken (vgl. § 20 d Abs. 3 S. 1 sowie § 20 f Abs. 2 S. 1 Nr. 1 SGB V nF). Von dieser gesetzlichen Stärkung der Zusammenarbeit (→ Rn. 34 ff.) ist zu erwarten, dass die laut **Betriebsbefragungen** bislang nur allmähliche Etablierung der BGF in den Betrieben forciert wird.[14]

II. Entstehungsgeschichte und Unionsrecht

Bereits das Gesundheitsreformgesetz (GRG) sah ab 1989 vor, dass die Krankenkassen bei der Verhütung arbeitsbedingter Gesundheitsgefahren mitwirken können (§ 20 Abs. 2 SGB V aF). Nur kurzzeitig wurde infolge des Beitragsentlastungsgesetzes aus dem Jahr 1996 (BeitrEntlG) die Verantwortung der Krankenkassen wieder gestri-

---

5 Eberle in: FS v. Ferber, S. 97, 98; Eberle/Bödeker BG 2008, 452 ff.; Schütze in: jurisPK-SGB V § 20 a Rn. 9; zum Setting-Ansatz der Ottawa-Charta, gesundheitliche Lebenswelten zu fördern: Oppolzer, S. 67. **6** Trotz gestiegener Aufwendungen auch in 2015 wurden insgesamt nur 10.922 Betriebe (aber immerhin 100 % mehr als noch in 2009), insgesamt aber nur 1.302.383 Versicherte und damit nur ca. 3 % der sozialversicherungspflichtigen Beschäftigten direkt erreicht; MDS, Präventionsbericht 2016, S. 49, 52; zu den, allerdings noch niedrigeren Werten 2010 Lenhardt Gute Arbeit 6/2012, 34. **7** Anschaulich die Auswertungen zur BGF durch Krankenkassen im jährlichen Jahrbuch Gute Arbeit, so Kuhn/Lenhardt/Reusch in: Schröder/Urban (Hrsg.), Jahrbuch Gute Arbeit 2013, S. 347 ff.; Reusch/Lenhardt in: Schröder/Urban (Hrsg.), Jahrbuch Gute Arbeit 2012, S. 423 ff. **8** Lenhardt, BGF 2010, Gute Arbeit 6/2012, 34, 37. **9** § 20 b Abs. 1 S. 1 SGB V seit Erweiterung im Zuge des Präventionsgesetzes, vgl. Art. 1 Nr. 6 Buchst. a Präventionsgesetz v. 17.7.2015, BGBl. I S. 1368 mWv 25.7.2015. **10** Deutlich unterstreichen diese Dreiteilung bei Lungstras in: Eichenhofer/Wenner (Hrsg.), SGB V § 20 b Rn. 3. **11** BT-Drs. 16/4247, 31; Überblick über die tatsächlichen Leistungen Lenhardt, BGF 2010, Gute Arbeit 6/2012, 34 ff. **12** Präventionsgesetz v. 17.7.2015, BGBl. I 1368. **13** Lungstras in: Eichenhofer/Wenner (Hrsg.), SGB V § 20 b Rn. 3. **14** Zur Kritik vor Erlass des Präventionsgesetzes Köpke, Die Rehabilitation 2012, 2 (8); zust. Nebe, SDSRV 63, S. 57, 69 ff.; zum Nutzen einerseits und zu Umsetzungsreserven andererseits ebenso Lenhardt in: Faller (Hrsg.), S. 112, 114; zuvor schon Mühlenbruch ZSR 2005, 87 ff.

chen.[15] Schon ab 1.1.2000 knüpfte der Gesetzgeber mit dem Gesundheitsreformgesetz (GKV-Gesundheitsreform 2000) wieder an den früheren Präventionsauftrag an. Die Regelung, wonach die Krankenkassen den Arbeitsschutz ergänzende Maßnahmen zur BGF durchführen können, führte erstmals den **Begriff** der Betrieblichen Gesundheitsförderung im Gesetz ein. Als Leistung **rechtlich verpflichtend** wurde die BGF mit § 20 a SGB V aF durch das GKV-Wettbewerbsstärkungsgesetz[16] zum 1.4.2007 kodifiziert. § 20 a SGB V aF löste damit die Vorgängerregelung des § 20 Abs. 2 SGB V aF ab.[17] Es folgten verschiedene Versuche zum Erlass eines Präventionsgesetzes,[18] die jeweils scheiterten.[19] In der 18. Legislaturperiode wurde nach neuem Anlauf das **Präventionsgesetz** vom 17.7.2015[20] verabschiedet.

4 Der **heute geltende** § 20 b SGB V geht in Teilen auf den vorherigen § 20 a SGB V aF zurück; der zunächst weitgehend übereinstimmende Wortlaut des § 20 b im Regierungsentwurf mit dem § 20 a SGB V aF wurde maßgeblich durch Ergänzungen des Ausschusses für Gesundheit im Hinblick auf die Vernetzung zwischen BGF- und Arbeitsschutzmaßnahmen fortentwickelt.[21]

Die Regelungen in Art. 1 Nr. 6 des Präventionsgesetzentwurfes, dh § 20 b Abs. 1 und 2 SGB V nF, traten mWv 25.7.2015 in Kraft.[22] Die neuen Abs. 3 und 4 traten erst zum 1.1.2016 in Kraft.[23] Bei sehr grober Betrachtung lässt sich sagen, mit dem Präventionsgesetz sind die vorherigen §§ 20 a und b ungeachtet der inhaltlichen Änderungen vor allem um einen Buchstaben verschoben, dh die BGF statt vormals in § 20 a nun in § 20 b und die Prävention arbeitsbedingter Gesundheitsgefahren vormals in § 20 b nun in § 20 c geregelt.

5 Für **Verwirrung** hat § 20 b **Abs. 1 S. 3 SGB V nF** gesorgt. Bereits § 20 a SGB V aF enthielt den Verweis auf § 20 Abs. 1 S. 3 SGB V. Hierbei handelt es sich um eine zentrale Bestimmung im Bereich der Primärprävention, denn die Krankenkassen sollen ihren Präventionsleistungen die vom Spitzenverband Bund der Krankenkassen entwickelten **einheitlichen Handlungsfelder** und Kriterien zugrunde legen. Dies sollte auch für die BGF gelten. Dementsprechend sah schon der Regierungsentwurf vor, dass wie schon in § 20 a SGB V aF auch in § 20 b SGB V nF dieser Verweis enthalten bleibt. Im Gesetzgebungsverfahren schlug der Ausschuss für Gesundheit eine Erweiterung des § 20 b Abs. 1 SGB V vor, so dass der Regelungsinhalt sich auf drei Sätze erstreckte und der Verweis auf § 20 Abs. 1 S. 3 SGB V nun in den § 20 b Abs. 1 S. 3 SGB V nF rutschte.[24] Dieser Verweis findet sich, wohl wegen eines redaktionellen Versehens, heute nicht mehr im Gesetz.

Dies zu ergründen, ist komplex. Zunächst sah der Regierungsentwurf-PräventionsG in Art. 2 bereits weitere Regelungen betreffend § 20 b SGB V nF vor. So wurden neben den og Ergänzungen der Abs. 3 und 4 (durch Art. 2 Nr. 3 Buchstabe b Präventionsgesetz) eine Änderung mWz 1.1.2016 des § 20 b Abs. 1 S. 2 SGB V nF vorgesehen. Es sollte ersetzend der Verweis auf § 20 Abs. 1 S. 1 SGB V eingefügt werden, wenn im Rahmen der BGF Leistungen zur **individuellen, verhaltensbezogenen Prävention** erbracht werden.[25] Ein ergänzender Verweis auf die qualitätssichernde Norm des § 20 Abs. 5 S. 1 SGB V war sicher sinnvoll. Hierfür den Verweis auf § 20 Abs. 1 S. 3 SGB V

---

15 Diese Streichung stand ganz im Widerspruch zur gesetzlichen Neuorientierung des deutschen Arbeitsschutzes durch das 1996 verabschiedete ArbSchG, dazu Kohte in: FS Slesina, S. 196. **16** Durch Art. 1 Nr. 12 des GKV Wettbewerbsstärkungsgesetz vom 26.3.2007, BGBl. I 2007, 378; BT-Drs. 16/3100, 97; BT-Drs. 16/4247, 31. **17** Ausführlich zur Entstehungsgeschichte: Schütze in: jurisPK-SGB V § 20 b Rn. 1 ff. sowie Köpke, Rehabilitation 2012, 2, 3. **18** BT-Drs. 15/4833, 16; BT-Drs. 17/13080 und 17/14184. **19** Für die 17. Legislatur BR-Drs. 636/13 (Beschluss); vgl. bereits BR-Drs. 753/12 (Beschluss). **20** Gesetz zur Stärkung der Gesundheitsförderung und der Prävention (Präventionsgesetz), BGBl. I, S. 1368; dazu Düwell jurisPR-ArbR 15/2015 Anm. 1; ders. RP-Reha 2016, Nr. 1, 5. **21** BT-Drs. 18/5261, dazu Düwell jurisPR-15/2015 Anm. 1; ders. RP-Reha 2016, Nr. 1, 5. **22** Vgl. Art. 13 Abs. 1 Präventionsgesetz. **23** Eingef. durch Art. 2 Nr. 3 Buchst. b des Präventionsgesetzes, mWv 1.1.2016; vgl. Art. 13 Präventionsgesetz. **24** Vgl. BT-Drs. 18/5261, 15. **25** BT-Drs. 18/4282, 17 und unverändert BT-Drs. 18/5261, 28, obwohl durch den zuvor dokumentierten Änderungsvorschlag zu § 20 b Abs. 1 SGB V nF schon die Nummerierung in dem Absatz verschoben worden ist.

zu streichen, hingegen nicht.²⁶ Gerade auch die BGF braucht Handlungsfelder, wie sie durch § 20 Abs. 1 S. 3 SGB für die Krankenkassen verbindlich werden.

Nach den Änderungsvorschlägen im Ausschuss für Gesundheit lag zudem ein **Zählfehler** vor, denn trotz Veränderung des § 20 b Abs. 1 SGB V nF (aus zwei wurden drei Sätze), blieb es in der Änderung in Art. 2 Nr. 3 lit. a Präventionsgesetz bei der Ersetzung von § 20 b Abs. 1 S. 2 SGB V nF. Dies wurde erst **am 23.10.2015 im Bundesgesetzblatt korrigiert.**²⁷

Es bestehen erhebliche Zweifel, dass der Gesetzgeber eine Bestimmung, die er noch mWz 25.7.2015 in Kraft setze, zum 1.1.2016 schon wieder ersatzlos entfallen lassen wollte. Einzig sinnvoll wäre gewesen, den geplanten Verweis auf § 20 Abs. 5 S. 1 (Qualitätssicherung bei verhaltensbezogener Prävention) zusätzlich als § 20 b Abs. 1 S. 4 SGB V anzufügen bzw. den bisherigen S. 3 zum S. 4 umzudefinieren.²⁸ Letztlich ergibt sich die Bindung auch der BGF-Leistungen der einzelnen Kassen an die vom Spitzenverband definierten Handlungsfelder bereits aus § 20 Abs. 2 SGB V, denn diese Bindung erfasst alle Arten der Gesundheitsförderung²⁹ und damit auch die Betriebliche Gesundheitsförderung.

Europa- und völkerrechtlich ist die Pflicht der Krankenkassen zu präventiven Gesundheitsleistungen im Zusammenhang mit der Ottawa-Charta der **WHO** (→ Grundrecht Rn. 16),³⁰ der von Deutschland ratifizierten und damit verbindlichen **Europäischen Sozialcharta** (Art. 11 ESC; → Grundrecht Rn. 18)³¹ und der **EU-Grundrechtecharta** (→ Grundrecht Rn. 23 ff.)³² zu sehen.³³ Europäische Richtlinien mit dem Regelungsgegenstand der betrieblichen Gesundheitsförderung bestehen nicht. Auch wenn die EU auf dem Gebiet des Sozialversicherungsrechts keine eigenständige Gesetzgebungskompetenz hat, gibt es dennoch auch auf europäischer Ebene gemeinsame Überzeugungen zur Effektivität der BGF, die mit der 1997 verabschiedeten „**Luxemburger Deklaration** zur betrieblichen Gesundheitsförderung" einen gemeinsamen Orientierungsrahmen gefunden haben.³⁴ Dieser ist inzwischen auch von der deutschen Rechtsprechung zutreffend zur Kenntnis genommen worden.³⁵

III. Betriebliche Gesundheitsförderung (BGF) – Detailkommentierung

1. Neues sozialrechtliches Leitbild: Präventive Intervention unabhängig vom klassischen Versicherungsfall. § 20 b SGB V ist systematisch den Präventionsleistungen nach § 20 SGB V zugeordnet,³⁶ mit denen wiederum ein Beitrag zur Verminderung sozial bedingter Ungleichheit von Gesundheitschancen geleistet werden soll.³⁷ Besonders deut-

---

26 Da der Gesetzgeber auch zu keiner Zeit eine Begründung liefert, warum er den Verweis auf § 20 Abs. 1 S. 3 SGB V so rasch streichen wollte (vgl. BT-Drs. 18/4282, 45). **27** BGBl. 2015 I 1781. **28** So verfährt Lungstras in Eichenhofer/Wenner, § 20 b SGB V, S. 275. **29** Juris-PK-SGB V/Schütze § 20 Rn. 40 ff., 42; KassKomm/Leitherer SGB V § 20 b Rn. 6; vgl. Schneider SGb 2015, 599 (600). **30** In der Ottawa-Charta der WHO vom 21.11.1986, abgedruckt in DOK 1988, 117, wird unter anderem als Ziel proklamiert: „Die Art und Weise, wie eine Gesellschaft die Arbeit, die Arbeitsbedingungen und die Freizeit organisiert, sollte eine Quelle der Gesundheit und nicht der Krankheit sein. Gesundheitsförderung schafft sichere, anregende, befriedigende und angenehme Arbeits- und Lebensbedingungen"; dazu ausführlich Oppolzer, S. 22 sowie Zipprich, S. 90. **31** Art. 11 ESC verpflichtet die Vertragsstaaten, die Ursachen von Gesundheitsschäden zu beseitigen, Beratungs- und Schulungsmöglichkeiten zur Verbesserung der Gesundheit zu schaffen und soweit wie möglich Krankheiten vorzubeugen. **32** In Art. 35 EU-GRC ist das Recht jeder Person auf Zugang zur Gesundheitsvorsorge geschützt, wobei der Grundrechteschutz der EU nur im Anwendungsbereich von EU-Recht zur Anwendung kommt, vgl. Art. 51 EU-GRC, der angesichts der fehlenden Normsetzungskompetenz der EU eher gering ist; vielmehr ergänzt die EU die Politik der Mitgliedstaaten auf dem Gebiet der Gesundheitsvorsorge, Welti in: Becker/Kingreen SGB V § 20 Rn. 5 a. **33** Überblick wiederum Welti in: Becker/Kingreen SGB V § 20 b Rn. 4 ff.; Oppolzer, S. 69 ff. **34** Anlässlich eines Treffens der Mitglieder des europäischen Netzwerkes für betriebliche Gesundheitsförderung am 27./28.11.1997 wurde die „Luxemburger Deklaration zur betrieblichen Gesundheitsförderung in der Europäischen Union" von allen Mitgliedern verabschiedet; zum Download unter http://www.bkk.de/suche/?q=luxemburger+deklaration. **35** OVG Berlin-Brandenburg 8.11.2012 – OVG 62 PV 2.12. **36** KKW/Joussen SGB V § 20 b Rn. 2. **37** Welti in: Becker/Kingreen SGB V § 20 Rn. 8.

lich wird die systematische Nähe[38] zwischen §§ 20, 20 b und 20 c SGB V anhand der einheitlichen Intention des Gesetzgebers, Prävention und Gesundheitsförderung stärker in den Aufgabenbereich der Krankenkassen zu integrieren.[39] Während sich § 20 SGB V auf die Primärprävention[40] (gesundheitserhaltende Prävention) vor allem außerhalb des Arbeitslebens konzentriert, setzen §§ 20 b, 20 c SGB V den rechtlichen Rahmen für die Gesundheitsförderung bzw. Prävention arbeitsbedingter Gesundheitsgefahren **im Betrieb**.[41] Im Zuge des Präventionsgesetzes hat diese Systematisierung mit § 20 Abs. 4 SGB V nF auch normativ ihren Niederschlag gefunden. Leistungen der Primärprävention und der Gesundheitsförderung sind danach

- Nr. 1: Leistungen zur verhaltensbezogenen Prävention gem. § 20 Abs. 5 SGB V
- Nr. 2: Leistungen zur Gesundheitsförderung in Lebenswelten und Prävention in Lebenswelten nach § 20 a SGB V nF und
- Nr. 3: Leistungen zur BGF nach § 20 b SGB V nF.

Dass sich die **drei Arten** nicht ausschließen, zeigt schon ihre gemeinsame Regelung in § 20 Abs. 1 sowie die übergreifende Zuständigkeit des Spitzenverbandes Bund der Krankenkassen für die Handlungsfelder und Kriterien gem. § 20 Abs. 2 SGB (zur Berücksichtigung der Arbeit der **nationalen Präventionsstrategie** für die Handlungsfelder → Rn. 2); die inhaltliche Überlagerung zeigt sich aber auch an Verweisen, wie dem des § 20 b Abs. 1 S. 3 SGB V nF, der zur Sicherung der Qualität von Maßnahmen der individuellen, verhaltensbezogenen Prävention im Rahmen der BGF auf § 20 Abs. 5 S. 1 SGB V nF verweist.

8 Die Pflicht zur BGF durch die Krankenkassen liegt damit auf der Entwicklungslinie, mittels derer die schematische Trennung zwischen einer Eigenverantwortung zugeordneten individuellen Prävention einerseits (zur Mitverantwortung der Versicherten § 1 S. 2 SGB V sowie §§ 51, 52 SGB V, §§ 62, 63 SGB I) und der Einstandspflicht der Solidargemeinschaft im Versicherungsfall andererseits überwunden werden soll. Die Krankenkassen werden konkret schon zu Leistungen zur Vermeidung des Versicherungsfalls verpflichtet.[42] Sie sollen ua „Prozesse zur gesundheitsgerechten Gestaltung der betrieblichen Umwelt" anstoßen.[43] Die darin ausgedrückte Abkehr von der strengen Divergenz zwischen individueller präventiver Eigenverantwortung und solidarischer Versicherungsleistung wird sich allerdings erfolgreich nur vollziehen, wenn die BGF nicht von Arbeitsschutz getrennt wird, sondern beide Gebiete als **kommunizierende Bereiche** verstanden werden (→ Rn. 17).[44]

9 Eben diesem Ansinnen ist der Gesetzgeber[45] mit den mehrfachen **Verschränkungen** zwischen BGF und staatlichem wie auch autonomem **Arbeitsschutz** in den §§ 20 ff. SGB V nF nachgekommen.

Im Einzelnen lassen sich insoweit beispielhaft aufzählen:

- Pflicht der KK, im Rahmen der BGF mit den betrieblichen Arbeitsschutzakteuren zu kooperieren, vgl. § 20 b Abs. 1 S. 2 SGB V nF (→ Rn. 4; → ASiG § 1 Rn. 25)
- nicht nur mit dem Unfallversicherungsträger, sondern auch mit den Arbeitsschutzbehörden zusammenzuarbeiten, vgl. § 20 b Abs. 2 SGB V nF (→ ASiG § 1 Rn. 25)

---

38 Kritik an der Trennung von Wiercimok in: LPK-SGB V § 20 b Rn. 2; hingegen sieht KKW/Joussen SGB V § 20 c Rn. 1 in der doppelten Regelung von § 20 b und § 20 c SGB V eine Aufwertung des Leistungsbereichs der Prävention durch den Gesetzgeber. **39** BT-Drs. 16/3100, 98. **40** Zu den Begriffsdefinitionen Welti in: Becker/Kingreen SGB V § 20 Rn. 6 f.; Wimmer in: LPK-SGB V § 20 a Rn. 4. **41** Die normative Trennung der BGF und der Prävention arbeitsbedingter Gesundheitsgefahren in zwei Paragraphen darf zu keiner schematischen Trennung der Pflichtenkreise führen. Vielmehr bauen beide aufeinander auf und wirken wechselseitig aufeinander ein; zutreffend zu den Wechselwirkungen der „doppelten" Regelung KKW/Joussen SGB V § 20 c Rn. 1 f. **42** Deutlich Schütze in: jurisPK-SGB V § 20 b Rn. 6 sowie § 20 Rn. 7. **43** BT-Drs. 16/3100, 98. **44** Ausführlich zum wechselvollen Verhältnis Kohte in: Pfaff/Slesina (Hrsg.), Effektive betriebliche Gesundheitsförderung, 2001, S. 53 ff.; ders. in: FS Slesina, 2008, S. 193 ff., 196. **45** BT-Drs. 18/5261, 42 ff.

- Unterhaltung von **regionalen Koordinierungsstellen** zur Beratung und Unterstützung der Unternehmen bei der zielgerichteten Inanspruchnahme von BGF-Leistungen, vgl. § 20 b Abs. 3 SGB V nF (→ Rn. 34)
- Beteiligung örtlicher Unternehmensorganisationen, wie Industrie- und Handelskammern, Handwerkskammern und Innungen, an der Beratung durch die regionale Koordinierungsstelle, vgl. § 20 b Abs. 3 S. 3 SGB V nF.

Über diese konkreten Regeln für die Erbringung der BGF-Leistungen ergeben sich in 10 den §§ 20 ff. SGB V nF noch zahlreiche weitere Vorgaben, mithilfe derer die verschiedenen für Gesundheitsprävention zuständigen Sozialleistungsträger und auch die verschiedenen Verantwortlichen für die Lebenswelten ihr Wirken besser koordinieren und aufeinander abstimmen (→ Rn. 21).

2. Ganzheitlicher Ansatz der BGF. Die BGF ergänzt den präventiven Arbeits- und Gesundheitsschutz, der vorwiegend durch hoheitliches bzw. autonomes Arbeitsschutzrecht normiert und durch die betrieblichen (oder praktisch seltener die tariflichen) Partner konkretisiert ist.[46] Maßnahmen der BGF gehen über die aus dem Recht der Unfallversicherung und des staatlichen Arbeitsschutzes nach klassischem Verständnis herrührende Vermeidung von Arbeitsunfällen und Berufskrankheiten hinaus; während der klassische Arbeitsschutz danach fragt, was bei der Beschäftigung „krank macht", um die belastenden Faktoren der Arbeitswelt aufzuspüren und denen durch Prävention vorzubeugen (**Pathogenese**), folgt die BGF dem Leitbild der **Salutogenese**, dh in erster Linie der Frage „Was hält gesund".[47] Diese beiden unterschiedlichen Pfade stehen in keinem Ausschlussverhältnis zueinander (→ ArbSchG § 1 Rn. 9). Trotz aller Kritik an der lange Zeit unterbliebenen Reform des klassischen Arbeitsschutzes war auch die im klassischen Arbeitsschutz vorherrschende bio-medizinische Pathogenese zumindest relativ erfolgreich, arbeitsbedingte Krankheitsrisiken zu verringern. Die grundsätzliche Bedeutung der Pathogenese für den betrieblichen Gesundheits- und Arbeitsumweltschutz ist auch unter den heutigen beschäftigungstypischen Beanspruchungen anerkannt und Maßstab für das Arbeitsschutzrecht.[48]

Die salutogenetische Perspektive geht zurück auf die gesundheitswissenschaftlichen 12 Untersuchungen von Antonovsky.[49] Danach wird Gesundheit nicht allein negativ als Freisein von Krankheit oder Gebrechen verstanden, sondern in einem positiven Sinne definiert, wonach Gesundheit einen Zustand körperlichen, geistig-seelischen und sozialen **Wohlbefindens** darstellt, der den Menschen eine aktive Lebensgestaltung einschließlich des Arbeitslebens ermöglicht. Mit dem salutogenetischen Leitbild der BGF werden gezielt Maßnahmen in den Blick genommen, die aus der Perspektive des klassischen pathogenetisch orientierten Arbeitsschutzes kaum beachtet wurden,[50] insbesondere psychosoziale Belastungen und Fragen der Arbeitsorganisation.[51]

Die BGF folgt dem **lebensweltlich** bezogenen Gesundheitsbegriff, dem sogenannten Setting-Ansatz[52] der Ottawa-Charta; sie dient dem Gesundheitsschutz im **Arbeitsalltag** im weiteren Sinne und darüber hinaus ebenso der Schaffung einer gesundheitsgerechten **Arbeitsgestaltung**.[53] Um dies zu erreichen, müssen vor allem innerbetriebliche Entscheidungen auf ihre Gesundheitsförderlichkeit überprüft werden und Strukturen und Abläufe gegebenenfalls angepasst werden. Insbesondere sollen gesundheitliche Benachteiligungen einzelner Beschäftigungsgruppen (→ ArbSchG § 4 Rn. 96 ff.; → ArbSchG § 7 Rn. 16) durch zielgerichtete Maßnahmen nachhaltig verringert oder beseitigt werden.[54] Es geht im weitesten Sinne nicht allein um die Minimierung von Risikofaktoren,

---

46 Oppolzer, S. 26 ff., 69 ff. **47** Faller/Faber, S. 34, 36. **48** Ausführlich Oppolzer, S. 68 ff. **49** Antonovsky, Salutogenese. Zur Entmystifizierung der Gesundheit (Deutsche erweiterte Ausgabe von Alexa Franke), 1997. **50** Was allerdings nicht heißt, dass sie nicht auch schon von der Präventionspflicht des hoheitlichen Arbeitsschutzes umfasst sind, Faller/Faber, S. 60. **51** Oppolzer, S. 27, 70 f. **52** Setting als Bereich/Raum, hier im Sinne von Lebensbereich Arbeit neben bspw. Schule, Freizeit, Familie, städtische Räume usw. **53** Kohte in: FS Slesina, S. 196; Eberle/Bödeker, S. 422 ff.; Eberle in: FS v. Ferber, S. 97 ff. **54** Demmer, Betriebliche Gesundheitsförderung – von der Idee zur Tat, Bundesverband der BKK (Hrsg.), S. 38; zur mangelhaften Gesundheitsförderung für Arbeitslose: Bellwinkel BKK 2009, 18.

sondern darüber hinaus um die Stärkung gesundheitlicher Ressourcen.[55] Hierbei müssen alle BGF-Verantwortlichen die **Vielfalt** der Belegschaften berücksichtigen, um die Leistungen der BGF allen Beschäftigten, auch behinderten Menschen, in ihrer Vielfalt gleichermaßen effektiv zuteilwerden zu lassen, vgl. schon § 20 Abs. 1 S. 2 SGB V.[56]

14 Mit dem **Leitfaden Prävention**[57] wurden die folgenden vier prioritären Handlungsfelder für die BGF festgelegt:[58]
- arbeitsbedingte Belastung/Bewegung,
- Betriebsverpflegung/Ernährung,
- psychosoziale Belastungen/Stress/Mobbing,
- Suchtmittelkonsum Alkohol.

Im Zuge des **Präventionsgesetzes** sind besondere **Handlungsfelder** nun auch gesetzlich benannt, vgl. § 20 Abs. 3 SGB V nF. Die im Folgenden wiedergegebenen Gesundheitsziele sind vom Spitzenverband Bund der Krankenkassen im Rahmen seiner gem. § 20 Abs. 2 SGB V nF zu ermittelnden Handlungsfelder und Kriterien (→ Rn. 2) zu berücksichtigen:
- Diabetes mellitus Typ 2: Erkrankungsrisiko senken, Erkrankte früh erkennen und behandeln,
- Brustkrebs: Mortalität vermindern, Lebensqualität erhöhen,
- Tabakkonsum reduzieren,
- gesund aufwachsen: Lebenskompetenz, Bewegung, Ernährung,
- gesundheitliche Kompetenz erhöhen, Souveränität der Patientinnen und Patienten stärken,
- depressive Erkrankungen: verhindern, früh erkennen, nachhaltig behandeln,
- gesund älter werden und
- Alkoholkonsum reduzieren.

Zudem sind im Wege der Selbstverwaltung Kriterien zur Qualitätssicherung im Bereich der BGF aufgestellt worden. Im Zuge des Präventionsgesetzes sind kooperative Strukturen gesetzlich geregelt worden (nationale Präventionsstrategie, nationale Präventionskonferenz und Landesrahmenvereinbarungen → Rn. 21). Die Arbeit der jeweiligen Akteure wird sich auf die Handlungsfelder auswirken (vgl. § 20 d Abs. 3 S. 1 sowie § 20 f Abs. 2 S. 1 Nr. 1 SGB V nF). Insbesondere für die BGF ist die gesetzlich verankerte Pflicht bedeutsam, bei der Festlegung gemeinsamer Ziele zudem die Ziele der **gemeinsamen deutschen Arbeitsschutzstrategie** zu berücksichtigen, vgl. § 20 d Abs. 3 S. 2 SGB V nF (→ ArbSchG Vor §§ 20 a, 20 b Rn. 13).[59]

15 In finanzieller Höhe sieht § 20 Abs. 6 SGB V nF einen **Richtwert** vor. Danach sollen die Kosten für Primärprävention und Gesundheitsförderung nach § 20 SGB V sowie nach §§ 20 a bis 20 c SGB V pro Versichertem jährlich **7 EUR betragen**. Bis 2015 lag der Richtwert noch deutlich niedriger; für 2006 war er gesetzlich mit 2,74 EUR vorgegeben und wurde entsprechend den Änderungen der monatlichen Bezugsgröße gem. § 18 Abs. 1 SGB IV angepasst; 2015 betrug er laut Gesetz 3,17 EUR. Der Richtwert kann von den Krankenkassen auch überschritten werden.[60] Der Richtwert ist sowohl aus Gründen der Effizienz als auch des Wettbewerbs wichtig, wobei Verwaltungskosten für die Planung selbst nicht mitzählen. Im Zuge des Präventionsgesetzes ist eine Aufteilung

---

[55] Schütze in: jurisPK-SGB V § 20 a Rn. 9; exemplarisch: Claus ua, ASU 2017 (Jg. 52), 196 zu Diabetesprävalenz bei Wechselschichtarbeitern und niedrigschwelliger Intervention zur Risikoprävention im Wege der BGF. [56] Zu Geschlechtergerechte Praxis im Arbeitsschutz und in der BGF, Bericht der Arbeitsgruppe „Geschlechterperspektive für wirksamere Arbeits- und Gesundheitsschutz" gemäß Auftrag der 20. GFMK, 16./17. Juni 2011; Pieck/Schröder, Diversity als Handlungskonzept für einen geschlechtergerechten Arbeits- und Gesundheitsschutz?, in: Weg/Stolz-Willig (Hrsg.), S. 124. [57] GKV-Spitzenverband (Hrsg.), Leitfaden Prävention; dazu Köpke, Rehabilitation 2012, 3 f. [58] Ausführlich dazu Welti in: Becker/Kingreen SGB V § 20 Rn. 14 ff.; Gerlach SGB V: Hauck/Noftz, SGB V, K SGB V § 20 Rn. 9. [59] Faller/Faber, S. 71. [60] Wiercimok in: LPK-SGB V § 20 Rn. 18.

der Kosten auf die §§ 20, 20 a und 20 b SGB V gesetzlich geregelt. Auch ein Anreiz für die Verausgabung der Mittel ist installiert.

Da es sich bei der BGF sowohl für Arbeitgeber als auch für Arbeitnehmer weitgehend um ein **freiwilliges** Aufgabenfeld handelt,[61] hat der Gesetzgeber in § 65 a Abs. 2 SGB V Anreize für die betrieblichen Akteure geschaffen. § 65 a Abs. 2 SGB V gibt den Krankenkassen die Möglichkeit, einen **Beitragsbonus** für Arbeitgeber und die teilnehmenden Versicherten auszuschütten. Darüber hinaus bieten zahlreiche Krankenkassen Unterstützung bei der betriebsspezifischen Konzeption und Durchführung von Gesundheitsförderungsmaßnahmen an.[62] Die monetären Anreize werden die Entscheidung der Arbeitgeber bzw. des Managements für das „Ob" Betrieblicher Gesundheitsförderung allein nicht beeinflussen. Ansprache, Sensibilisierung und letztlich die positive Überzeugung der Arbeitgeber bzw. des Managements spielen ebenso eine wichtige Rolle. Für eine erfolgreiche Kommunikation der Krankenkassen mit den betrieblichen Entscheidungsebenen sollten die gewonnenen Erfahrungen im Umgang mit unterschiedlichen Betriebsgrößen sowie Führungs- und Managementstilen von Beginn an berücksichtigt werden.[63]

3. Arbeitsschutz und Betriebliche Gesundheitsförderung – kommunizierende Bereiche. § 20 b SGB V ist die zentrale Norm für die Beteiligung der Krankenkassen im Rahmen der BGF. Sie führt richtigerweise nicht zu einer Zuständigkeit der Krankenkassen im Bereich des Arbeitsschutzes – dieser bleibt Kernaufgabe des Arbeitgebers (→ ArbSchG § 3 Rn. 16, → ArbSchG § 4 Rn. 1 ff., → BGB § 618 Rn. 1). Missverständlich könnte dennoch die vielfach beschriebene Ergänzungsfunktion[64] der Krankenkassen sein, wonach Maßnahmen der BGF den Arbeitsschutz **ergänzen** sollen.[65] Die Aufgabe der bloßen Ergänzung wird der Bedeutung der BGF jedoch nicht gerecht. Vielmehr stehen beide Handlungsformen in einem Wechselwirkungsverhältnis, in welchem jeder Prozessbeitrag eigene spezifische Akzente setzt (→ ArbSchG § 1 Rn. 9).[66]

Während die BGF an den Gesundheitsbegriff der Ottawa-Charta angelehnt ist (→ Rn. 6), wird im hoheitlichen Arbeitsschutz demgegenüber von einem engeren Gesundheitsverständnis ausgegangen, und zwar dem des Art. 3 e ILO-Übereinkommen Nr. 155.[67] Trotz dieser unterschiedlichen Gesundheitsbegriffe[68] stehen beide Präventionskonzepte in einem engen Kooperationsverhältnis, das als **Dualität** des gesetzlichen Arbeitsschutzes und der BGF qualifiziert werden kann.[69] Das Arbeitsschutzrecht normiert in erster Linie Pflichten des Arbeitgebers zum Schutz der Beschäftigten vor arbeitsbedingten Sicherheits- und Gesundheitsgefährdungen, deren Einhaltung mit hoheitlichen Mitteln durchgesetzt wird. Die BGF ist demgegenüber die **flexiblere Handlungsform**. Der festgelegte Mindeststandard des staatlichen Arbeitsschutzrechts ist Ausgangspunkt für die weitergehenden Aktivitäten der BGF, zB durch Verfahren einer betriebsnahen Sicherheitskommunikation zur Erarbeitung realistischer Gefährdungsbeurteilungen, die das Erfahrungswissen der Beschäftigten[70] einfließen lassen (zur Gefährdungsbeurteilung → ArbSchG § 5 Rn. 51). Die BGF kann damit wiederum zu einer Optimierung des Arbeitsschutzes beitragen. Die betrieblichen Akteure, insbesondere Arbeitgeber, Betriebsrat, Schwerbehindertenvertretung, Sicherheitsfachkraft und Betriebsarzt sollen die im Rahmen der BGF gewonnenen Erkenntnisse überprüfen, um

---

61 OVG Berlin-Brandenburg 8.11.2012 – OVG 62 PV 2.12; bestätigt durch BVerwG 14.2.2013 – 6 PB 1/13, PersR 2013, 176 ff. = PersV 2013, 271 ff.; Faller/Faber, S. 34. **62** Ausführlich MDS (Hrsg.), Präventionsbericht 2016, S. 49 ff. **63** Anschaulich Meggeneder in: Faller, S. 243 ff.; Lenhardt in: Faller, S. 112, 115. **64** Ausführlich dazu Schütze in: jurisPK-SGB V § 20 b Rn. 15; Wiercimok in: LPK-SGB V § 20 b Rn. 3; KKW/Joussen SGB V § 20 b Rn. 1. **65** BT-Drs. 16/4247, 26. **66** Vgl. Kohte in: FS Slesina, S. 197; Faller/Faber in: Faller (Hrsg.), S. 57 ff. **67** Danach zielt Arbeitsschutz nicht nur auf das Freisein von Krankheit und Gebrechen im Zusammenhang mit Arbeit, sondern umfasst auch die physischen und geistig-seelischen Faktoren, die sich auf die Gesundheit auswirken und in unmittelbarem Zusammenhang mit der Sicherheit und der Gesundheit bei der Arbeit stehen, ILO-Übereinkommen Nr. 155, abzurufen unter http://www.ilo.org/ilolex/german/docs/gc155.htm. **68** Dazu Münch/ArbR/Kohte § 288 Rn. 19 ff. **69** BT-Drs. 16/4247, 26. **70** Zum Stellenwert der Einbeziehung der Beschäftigten Tempel/Geißler/Ilmarinen, S. 187 ff.; zu den anfangs eher schrittweisen Lernschritten diesbezüglich Lenhardt, S. 135 ff.

diese wiederum als **gesicherte arbeitswissenschaftliche Erkenntnisse** (→ ArbSchG § 4 Rn. 85 ff.) in die Fortentwicklung der betrieblichen Arbeitsschutzmaßnahmen einfließen zu lassen. Andererseits wiederum können in BEM-Verfahren festgestellte Ursachen gehäufter Arbeitsunfähigkeiten zum Anlass für konkrete Maßnahmen der BGF dienen.[71]

19 Anschaulich für dieses Prinzip der **Dualität**[72] ist das in der Literatur beschriebene Beispiel der Prävention lastenhandhabungsbedingter (→ LasthandhabV Rn. 13) Gesundheitsrisiken.[73] Die Prävention von Muskel-Skelett-Erkrankungen zählt zu den speziellen Handlungsfeldern der BGF. So können die niedrigschwelligen Handlungsinstrumente der BGF, wie zB Befragung der Beschäftigten, dazu beitragen, die sehr allgemein gehaltenen Arbeitsschutzpflichten des Arbeitgebers aus der LasthandhabV zu konkretisieren und zu ergänzen. In Betracht kommen Rückenschule und Übungen zum gezielten Muskelaufbau, wobei die gesundheitssportlichen Aktivitäten nicht nur dem Bewegungsmangel und damit Muskel-Skelett-Erkrankungen entgegenwirken sollen und typischerweise auch können; gleichzeitig sind dieselben Maßnahmen geeignet, künftigen Fehlbelastungen vorzubeugen; praktiziert werden zudem Entspannungsübungen, mithilfe derer psychische Belastungen bewältigt und damit zugleich Rückenerkrankungen durch muskuläre Entspannung vorgebeugt werden kann.[74]

20 Die wechselseitige **Ergänzung** von hoheitlichem Arbeitsschutz und freiwilliger BGF lässt sich nicht nur für den staatlichen Arbeitsschutz, sondern auch für den autonomen Arbeitsschutz und hier aktuell besonders am Beispiel der **DGUV Vorschrift 2** (→ ASiG § 1 Rn. 29) belegen. Die durch §§ 2, 5 ASiG vorgegebene Bestellung von Betriebsärzten und Fachkräften für Arbeitssicherheit (→ ASiG §§ 2–7 Rn. 5 ff.) wird sowohl qualitativ als auch quantitativ durch die DGUV V2 näher spezifiziert.[75] Die DGUV V2 sieht für die Regelbetreuung (grundsätzlich ab elf Beschäftigten für alle Betriebe, es sei denn, der Arbeitgeber kann zulässiger Weise die Alternativbetreuung wählen) das sogenannte betriebsbezogene Betreuung vor. Welche Aufgaben der Sifa, dem Betriebsarzt oder einem/r Psychologen/in im Rahmen der betriebsbezogenen Betreuung übertragen werden, ist anhand der konkreten Beschäftigungssituation und Gefährdungslage im Betrieb zu bemessen. Hierbei bietet sich mit Blick auf die BGF zum einen an, die betriebsspezifischen Gefährdungen und daraus resultierenden Bedarfe auch im Rahmen der BGF zu eruieren, dh bspw. durch Nutzung der Strukturen der BGF (→ Rn. 28). Ebenso ist es möglich, der Sifa oder einer/m Psychologen/in die Beteiligung und Fortentwicklung der Strukturen der BGF als vertragliche Aufgabe zu übertragen. Jedenfalls ist darauf zu achten, dass die konkreten Betreuungsaufgaben im Bestellungsvertrag festgehalten werden (zum Mitbestimmungsrecht für die Gestaltung der Betreuungsverträge und bei der Bestellung von Sifa/Betriebsarzt → BetrVG § 87 Rn. 73 f.). Werden die Aufgaben der Sifa/des Betriebsarztes konkret auch auf die Beteiligung am Konzept der BGF erstreckt, wird dies die Einbindung der professionellen Arbeitsschutzexperten in die BGF verbessern.[76]

21 Der Gesetzgeber hat diese Erkenntnisse – allerdings nicht schon im Regierungsentwurf, sondern erst im Rahmen des parlamentarischen Verfahrens –[77] aufgegriffen und die Einbindung der **Arbeitsschutzexperten** an verschiedenen Stellen verankert:

---

71 Dass solche Erkenntnisse verpflichtend in Maßnahmen der BGF einfließen, kann bspw. im Rahmen freiwilliger Betriebsvereinbarungen nach § 88 Nr. 1 BetrVG vereinbart werden; umfangreicher Überblick über konkrete Dienst- und Betriebsvereinbarungen in Giesert/Geißler. **72** Kohte in: FS Slesina, S. 197 verweist insoweit zutreffend auf das abgestufte Mitbestimmungsmodell im Bereich des Arbeits- und Gesundheitsschutzes nach § 87 Abs. 1 Nr. 7 BetrVG einerseits (erzwingbar) und § 88 BetrVG andererseits (konsensual). **73** Kohte in: FS Slesina, S. 197. **74** Exemplarisch hierzu für die Praxis OVG Berlin-Brandenburg 8.11.2012 – OVG 62 PV 2.12; bestätigt BVerwG 14.2.2013 – 6 BP 1/13, PersR 2013, 17 = PersV 2013, 271; ausführlich mit weiteren praktischen Beispielen Zipprich, S. 89 ff. **75** Hummel AiB 2011, 83–86; Riesberg-Mordeja AiB 2010, 538. **76** Zur nur allmählichen praktischen Einbindung der Sifa/Betriebsärzte Lenhardt, S. 144 ff. **77** BT-Drs. 18/5261, dazu Düwell jurisPR-15/2015 Anm. 1; Düwell, RP-Reha 2016, Nr. 1, 5.

- Beteiligung der Betriebsärzte und Sifa gem. § 20 b Abs. 1 S. 2 SGB V nF
- gem. § 20 c Abs. 2 SGB V nF mit der spezifizierten Zusammenarbeit mit Unfallversicherungsträgern und Arbeitsschutzbehörden zur **Vorbeugung arbeitsbedingter Gesundheitsgefahren**.
- Es wird erwartet, dass die Krankenkassen aus der engen Zusammenarbeit mit den für Arbeitsschutz zuständigen Landesbehörden Informationen über Gefährdungen, betriebliche Gegebenheiten und Handlungserfordernisse gewinnen. Sowohl ihre eigenen Erkenntnisse als auch diese Informationen sollen die Krankenkassen nutzen, um gemeinsam mit anderen Sozialversicherungsträgern eine **gemeinsame nationale Präventionsstrategie** zu entwickeln, § 20 d SGB V nF. Hierzu wirken sie an der Nationalen Präventionskonferenz, § 20 e SGB V nF, und auf Landesebene durch Abschluss von **Landesrahmenvereinbarungen zur Umsetzung der nationalen Präventionsstrategie**, § 20 f SGB V nF, mit (→ ArbSchG Vor §§ 20 a, 20 b Rn. 13).

Der Ausbau der Leistungspflicht der Krankenkassen hat vereinzelt rechtssystematische 22 Kritik hervorgerufen.[78]

IV. Betriebliche Organisation der BGF

1. Vereinbarung. Eine elementare Verantwortung für die BGF liegt im Betrieb beim Arbeitgeber, was jedoch der zentralen Rolle der Krankenkassen nicht entgegensteht, sondern vielmehr die Notwendigkeit zur Kooperation unterstreicht. Die bisherigen Ergebnisse der BGF zeigen, dass den Krankenkassen vor allem die Rolle des **Initiators** für eine Gesundheitsförderung zukommt. Der Gesetzgeber sieht vor, dass sie auch eigene Leistungen im Betrieb erbringen können.[79] Eine solche Eigenleistung kann jedoch nur in Absprache mit dem Arbeitgeber erfolgen. 23

Da die Krankenkassen nach § 20 b Abs. 1 S. 1 SGB V die Leistungen der BGF „in Betrieben" erbringen, setzt dies eine Projektvereinbarung zwischen mindestens einer Krankenkasse und einem Arbeitgeber voraus. Da die Leistungen auch „unter Beteiligung der Versicherten" erbracht werden, ist auch deren Zustimmung geboten, die in aller Regel durch eine **Betriebs- oder Dienstvereinbarung** erfolgt (→ Rn. 46 f.).[80] 24

Im **Vorfeld** einer solchen Projektvereinbarung bedarf es, wie generell bei Vertragsverhandlungen, einer Klärung der jeweiligen Interessen, der betrieblichen Besonderheiten, der zur Verfügung stehenden Daten und der von den Betroffenen als dringlich oder prioritär bewerteten Maßnahmen oder Handlungsfelder.[81] Der Erfolg oder Misserfolg von BGF-Projekten beruht nicht selten auf der Gestaltung dieser Vorbereitungsphase, der Effektivität der Partizipation und der Realitätsnähe der ermittelten Daten und Interessenlagen. 25

Die zahlreich praktizierten Modellprojekte zeigen die **vielfältigen Möglichkeiten** auf, wie sich die Krankenkassen im Rahmen der BGF einbringen können. Grundsätzlich gilt hierbei, wie im allgemeinen Arbeitsschutzrecht auch (→ Grundrecht Rn. 58 sowie → ArbSchG § 4 Rn. 24, 36, 63), dass Maßnahmen zur Verbesserung der Verhältnisprävention denen der Verhaltensprävention vorgehen.[82] Grundsätzlich unterschieden wird danach, ob am Menschen selbst, dann Verhaltensprävention, oder an Umweltfaktoren, dann Verhältnisprävention, angeknüpft wird; zu finden sind aus dem Bereich der **Verhältnisprävention** zB:[83] 26

- Gesamtmitarbeiterbefragung zum gesundheitlichen Wohlbefinden,
- Veranstaltung von Gesundheitszirkeln,
- Regelungen für alters- und alternsgerechte Personal- und Organisationsentwicklung,

---

[78] Vgl. die Beiträge in Wallrabenstein/Spiecker gen. Döhmann (Hrsg.), Rechtswissenschaftliche Fragen an das neue Präventionsgesetz, 2016 sowie Wallrabenstein in Frankfurter Allgemeine Zeitung, „Ist Gröhes Präventionsgesetz verfassungswidrig?", 21. April 2015. [79] BT-Drs. 16/4247, 31. [80] Beispiele bei Giesert/Geißler, S. 16 ff. [81] Beschreibung eines solchen Verfahrens bei Lenhardt, S. 72 ff. [82] Zur Differenzierung und zum Vorrang schon Sachverständigenrat, BT-Drs. 14/5660, 74; vgl. auch Oppolzer, S. 50 f. [83] Dazu MDS (Hrsg.), Präventionsbericht 2009, S. 79 ff.

- kontinuierliche Altersstrukturanalysen,
- Demographiewerkstatt für Führungskräfte,
- Führungskräfte-Informationstage,
- Stressseminare für Führungskräfte,
- Qualifizierungsseminare für potenzielle Nachwuchsführungskräfte.

Aus dem Bereich der **Verhaltensprävention**:
- Beratungsangebote zu den Themen Sucht und Konfliktbewältigung,
- Bewegungs- und Entspannungsangebote,
- Bewegungsanimationen am Computer,
- Aktionstage im Betrieb,
- Herz-Check-Up,
- Öffentlichkeitsarbeit durch Information der Belegschaft.

27 Die Übergänge zwischen **Verhaltens- und Verhältnisprävention** können durchaus fließend sein; für bestimmte Gesundheitsbereiche müssen beide Präventionsrichtungen gleichermaßen abgedeckt werden. Tatsächlich nehmen daher im Rahmen der BGF in jüngster Zeit jene Projekte zu, die sowohl eine verhaltens- als auch eine verhältnisbezogene Zielrichtung haben, was wiederum als Qualitätssteigerung der BGF insgesamt bewertet werden kann.[84] Um auch bei der Inanspruchnahme individueller, verhaltensbezogener Präventionsleistungen im Rahmen der BGF die Qualität dem gesetzlich geforderten allgemeinen Stand entsprechend zu gewährleisten, **verweist** § 20 b Abs. 1 S. 3 SGB V nF auf § 20 Abs. 5 S. 1 SGB V.

28 Zu den wesentlichen Elementen jeder Projektvereinbarung gehört auch die Festlegung wesentlicher **Organisations- und Prozessstrukturen** (→ ArbSchG § 3 Rn. 42 ff., 70 ff.). In den letzten Jahren sind bestimmte organisatorische Kernelemente entwickelt worden, die sich in aller Regel bewährt haben. Zu den heute anerkannten Grundlagen der BGF zählen sowohl Maßnahmen der Strukturentwicklung als auch die Entwicklung dem Gesundheitsschutz dienender persönlicher Kompetenzen (Personalentwicklung). Im Kern wird hierbei praktisch mit **drei Methoden** operiert:

- Der Betriebliche **Gesundheitsbericht** dient **als Ausgangsbasis** einer jeden BGF, dh ein Ist-Soll-Vergleich, wobei der Ist-Zustand überwiegend auf der Basis einer Sekundäranalyse vorhandener Daten zusammengetragen wird, dh durch Auswertung von Krankenstands-, Unfall- und Berufskrankheitenstatistiken, Informationen der Betriebsärzte und Fachkräfte für Arbeitssicherheit, Gefährdungsbeurteilungen, aber auch durch darüber hinausgehende Mitarbeiterbefragungen (Primärerhebung) erfolgt.
- Als Steuerungs- bzw. Lenkungsgruppe agiert ein **Arbeitskreis Gesundheit**, der alle erforderlichen Entscheidungen trifft.
- In **themenspezifischen Gesundheitszirkeln** (auch Qualitätszirkel oder Projektgruppen genannt) werden, insbesondere unter Beteiligung der Beschäftigten mit ihrer jeweiligen Betroffenenerfahrung, **konkrete Verbesserungsvorschläge** erarbeitet und dem Steuerungsgremium zur weiteren Entscheidung unterbreitet.

29 Wichtig ist die Klärung der Frage nach dem Verhältnis zum **Betrieblichen Gesundheitsmanagement (BGM)**. In den Arbeits-, Gesundheits-, Personal- und Sozialwissenschaften wird zutreffend zwischen der BGF einerseits und dem Betrieblichen Gesundheitsmanagement (BGM) andererseits unterschieden (→ ArbSchG § 3 Rn. 86 ff.). Während die BGF als das den staatlichen und autonomen Arbeitsschutz ergänzende System zu verstehen ist, welches wie beschrieben vom Arbeitgeber grundsätzlich freiwillig durchgeführt und von Krankenkassen und Unfallversicherung unterstützt wird, wird das BGM als eine der BGF übergeordnete Struktur angesehen (zur Frage, ob und inwieweit

---

[84] Gegen einseitig verhaltensbezogene Prävention und vielmehr für sowohl verhaltens- als auch verhältnispräventive Maßnahmen Lenhardt in: Faller (Hrsg.), S. 112 f. unter Verweis auf entsprechend beschriebene Praxisstandards im vom GKV-Spitzenverband herausgegebenen Leitfaden Prävention; vgl. auch MDS, Präventionsbericht 2016.

eine Rechtspflicht zur Schaffung eines BGM besteht → ASiG § 1 Rn. 26 ff.). Das BGM[85] ist als Dach zu verstehen, das unter sich neben der BGF und dem öffentlich-rechtlichen Arbeits- und Gesundheitsschutz als dritte und den zuvor genannten gleichgeordnete Säule das integrierte Personalmanagement (Personalpolitik oder Human Ressource Management) vereint.[86] Erst mithilfe dieser Gesamtheit der betrieblichen Gesundheitspolitik, dh des BGM, welches die drei Säulen gleichberechtigt untereinander vereint, ist zu erwarten, dass die Unternehmen nicht nur das Risiko beschäftigungsbedingter Belastungen und Berufskrankheiten sowie Arbeitsunfälle senken (Arbeits- und Gesundheitsschutz), sondern ebenso neue gesundheitsbezogene Trends und Entwicklungen aufgreifen und diese direkt mit den Beschäftigten und nicht über diese hinweg präventiv bewältigen (BGF) und ebenso trotz heterogener oder alternder Belegschaften die Beschäftigungsfähigkeit und zugleich die Rentabilität (BGM) langfristig erhalten können.[87] Die Organisation eines BGM wird in aller Regel allerdings nicht am Anfang einer Projektvereinbarung stehen, sondern erst **schrittweise** entwickelt werden. Wiederum ist hier die Beteiligung der Betriebs- und Personalräte unverzichtbar, da ein BGM auch die ASiG-Organisation betrifft, die zum Kernbereich der Mitbestimmung im Gesundheitsschutz rechnet (→ BetrVG § 87 Rn. 73 ff.).[88]

2. Beteiligung der Versicherten. Der Erfolg einer Gesundheitsförderungsmaßnahme 30 hängt nicht zuletzt von der Akzeptanz der Maßnahme unter den Beschäftigten ab. Es gibt, wie der Leitfaden Prävention[89] mit seinen vier prioritären Handlungsfeldern zeigt, sehr verschiedene Ansätze der BGF. Erfolgversprechend ist eine Maßnahme vor allem dann, wenn sie betriebsindividuell auf die Bedürfnisse der Beschäftigten zugeschnitten ist. Hierfür ist ein kontinuierlicher Dialog mit den Beschäftigten unabdingbar.[90] Langfristig angelegte BGF-Initiativen bedürfen außerdem eines Steuerungsgremiums, zB eines „Arbeitskreises Gesundheit", in dem die wichtigsten Akteure zusammenarbeiten. Auf diese Weise kann der langfristigen prozesshaften Einbindung der BGF entsprochen werden.[91] Dieses Vorgehen stellt zudem sicher, dass die Beschäftigten nicht allein als Nutzer der BGF, sondern auch als deren aktive Akteure gesehen und eingebunden werden. Für die BGF gilt insoweit nichts anderes als für den allgemeinen Arbeitsschutz: Eine **aktive Partizipation** der Beschäftigten in die Entscheidungs- und Gestaltungsprozesse verbessert nicht nur die Qualität der BGF selbst, sondern führt mit der erhöhten Mitverantwortung auch zu einer höheren Akzeptanz und damit dauerhaft positiven Verankerung der BGF in den betrieblichen Strukturen.[92]

Bei Gesundheitsförderungsmaßnahmen ist daher bereits aus gesundheitswissenschaftli- 31 cher Sicht die **Arbeitnehmervertretung** zu beteiligen (zur arbeits- und verwaltungsrechtlichen Bewertung → Rn. 45 f.).

Trotz grundsätzlich bestehender Bereitschaft im Betrieb stellt sich nicht selten die orga- 32 nisatorische Einbindung konkreter betrieblicher Gesundheitsmaßnahmen aus zeitlichen Gründen als besondere Herausforderung dar. Während es bei normalen Betriebsabläufen besonderer Anstrengungen bedarf, insbesondere in KMU,[93] zeitliche Freiräume zu schaffen, bieten insbesondere Phasen geringerer Arbeitsaufträge (zB während konjunkturell bedingter Kurzarbeit) umso passendere Gelegenheit, durch Kurzarbeit entstehende **zeitliche Ressourcen** gezielt für Maßnahmen der BGF zu nutzen.[94]

---

85 Vom OVG Berlin-Brandenburg 8.11.2012 – OVG 62 PV 2.12, jüngst definiert als systematische, zielorientierte und kontinuierliche Steuerung aller betrieblichen Prozesse, mit dem Ziel, Gesundheit, Leistung und Erfolg für die Beschäftigten und damit auch für den Betrieb zu erhalten und zu fördern. **86** Dazu Kiesche, S. 19 ff. **87** Ausführlich Oppolzer, S. 18 ff.; zum Stellenwert der Altersstruktur der Belegschaft für die BGF einerseits und spiegelbildlich der BGF für die positive Entwicklung der Arbeitsfähigkeit trotz alternder Belegschaften im Zuge des demografischen Wandels Tempel/Geißler/Ilmarinen in: Faller (Hrsg.), S. 181 ff. **88** HaKo-BetrVG/Kohte BetrVG § 87 Rn. 89 ff.; ebenso Fitting BetrVG § 87 Rn. 311 ff. **89** GKV-Spitzenverband (Hrsg.), Leitfaden Prävention. **90** Faller/Faber, S. 62. **91** MDS (Hrsg.), Präventionsbericht 2016, S. 58. **92** Lenhardt in: Faller (Hrsg.), S. 112, 117; Tempel/Geißler/Ilmarinen in: Faller (Hrsg.), S. 181, 187 ff. **93** Meggeneder in: Faller (Hrsg.), S. 243 f. **94** Vgl. zu Erfahrungen aus dem Pilotprojekt JobFit Kurzarbeit Schuster BKK 2010, 526 ff.

33 **3. Datenschutz.** Die Einbeziehung der Krankenkassen in die BGF ist zielführend und notwendig. Aufgrund ihres originären Aufgabenbereichs haben die Krankenkassen Zugriff auf Daten der Versicherten, die dem Arbeitgeber und der Unfallversicherung nicht zur Verfügung stehen. Neben der Erhebung der gesundheitlichen Situation der Beschäftigten im Rahmen von BGF-Maßnahmen können vor allem vorhandene Daten ausgewertet werden. In Betracht kommen statistische Analysen von Krankenversicherungsdaten zur Arbeitsunfähigkeit der Beschäftigten, aber auch die im Rahmen von betrieblichen Maßnahmen, wie zB dem betrieblichen Eingliederungsmanagement nach § 84 Abs. 2 SGB IX,[95] aus denen sich jeweils wiederum für die BGF nützliche Rückschlüsse gewinnen lassen. Im Rahmen der Verwendung **gesundheitsbezogener Daten** ist jedoch auf das Persönlichkeitsrecht der Beschäftigten und die datenschutzrechtlichen Bestimmungen zu achten.[96] Die Datenverwendung ist nur im Rahmen der §§ 67 SGB X ff. und der §§ 28, 32 BDSG zulässig (zu den Änderungen im Zuge der DS-GVO → SGB IX § 84 Rn. 26, 28 f.).[97] Darüber hinaus sind die Krankenkassen bei Erfüllung ihrer Übermittlungspflichten (→ Rn. 21) zum Schutz von **Betriebs- und Geschäftsgeheimnissen** verpflichtet.[98]

V. Überbetriebliche Organisation der BGF

34 **1. Zusammenarbeit der Krankenkassen untereinander.** Soweit die Beschäftigten im Betrieb nicht mehrheitlich einer BKK angehören, können sich durch die Mitgliedschaft in verschiedenen Krankenkassen Hürden für die BGF ergeben. Nur im Einzelfall soll eine einzelne Krankenkasse in alleiniger Verantwortung Leistungen im Rahmen der BGF erbringen.[99] Die Krankenkassen und deren Verbände können **Arbeitsgemeinschaften** bilden. Hier bedient sich der Gesetzgeber der im Sozialrecht bereits bestehenden Kooperationsmodelle (§ 219 SGB V sowie §§ 88, 94 SGB X).[100] Auch hinsichtlich der Kooperation mit den Unfallversicherungsträgern und den Arbeitsschutzbehörden sind die Krankenkassen zur Zusammenarbeit verpflichtet (§ 20 b Abs. 2 S. 2 SGB V). Zur Erfüllung ihrer Beratungs- und Unterstützungspflichten zugunsten der Unternehmen sind regionale BGF-**Koordinierungsstellen** (→ Rn. 9) vorgesehen, § 20 b Abs. 3 SGB V nF. Die Krankenkassen und deren Verbände können auch insoweit **Arbeitsgemeinschaften** bilden. Bundesweit haben die Krankenkassen eine **Kooperationsgemeinschaft** zur kassenartenübergreifenden Umsetzung von regionalen BGF-Koordinierungsstellen für die Beratung und Unterstützung von Unternehmen (KoopG Bund nach § 20 b Abs. 3 SGB V).[101] Über deren Internetauftritt werden die regionalen Ansprechpartner erreicht.

35 **2. Kooperation der Krankenkassen mit den Unfallversicherungsträgern.** Die §§ 20 b, 20 c SGB V verpflichten zwar zunächst nur die Krankenkassen. Das Konzept der BGF richtet sich jedoch an eine Vielzahl von unterschiedlichen inner- als auch **überbetrieblichen Akteuren**, die oftmals divergierende Ziele verfolgen.[102] Eine Zusammenarbeit dieser Akteure ist zwingend und maßgeblich für den Erfolg der Maßnahme. Zwar erkennt das Gesetz die Notwendigkeit der Zusammenarbeit an; § 20 b Abs. 2 SGB V statuiert eine allgemeine Pflicht zur **Zusammenarbeit** der Krankenkassen mit dem zuständigen Unfallversicherungsträger (ausführlich → ArbSchG §§ 20 a, b Rn. 1 ff.), welcher für die Verhütung von arbeitsbedingten Gesundheitsgefahren zuständig und ebenfalls zur Kooperation mit den Krankenkassen verpflichtet ist (vgl. § 14 Abs. 1 und 2 SGB VII).[103] Die wesentlichen Bedingungen und Ausgestaltungen dieser Zusammenarbeit obliegen der einzelnen Krankenkasse. Sie erstrecken sich auf alle mit der BGF zu-

---

[95] Zu den arbeits- und sozialrechtlichen Aspekten des betrieblichen Eingliederungsmanagements: Welti NZS 2006, 623 sowie Kommentierung zu § 84 SGB IX. [96] Konkrete Regelungsbeispiele bei Kiesche, S. 103 ff. [97] Dazu Bödecker AiB 2005, 29. [98] Ausführlich Wiercimok in: LPK-SGB V § 20 c Rn. 10 ff. [99] BT-Drs. 16/3100, 98. [100] Vertiefend Wiercimok in: LPK-SGB V § 20 b Rn. 10 ff. [101] www.bgf-koordinierungsstelle.de/. [102] Hierzu: Lenhardt in: Faller (Hrsg.), S. 112 ff. [103] Faller/Faber, S. 71.

sammenhängenden Aufgaben.[104] Über die Kooperation wurde eine **Rahmenvereinbarung**[105] geschlossen.[106]

§ 20 c Abs. 1 S. 2 SGB V dagegen bietet konkretere Handlungsanweisungen, indem er die Krankenkasse verpflichtet, Erkenntnisse über Zusammenhänge zwischen Erkrankungen oder Gefährdungen und Arbeitsbedingungen dem Unfallversicherungsträger mitzuteilen. Leider fehlt auch hier eine ganzheitliche Perspektive, da diese **Mitteilungspflicht** bisher ausdrücklich nur einseitig verankert ist; für die Kooperationspflicht der Unfallversicherungsträger kann zumindest auf § 14 Abs. 2 SGB VII zurückgegriffen werden.[107] Im Herbst 2012 sind erstmals die GDA-Ziele und die Präventions- und Gesundheitsförderungsziele der GKV für den Zeitraum 2013–2018 aufeinander abgestimmt worden. 36

Im Rahmen der **gemeinsamen nationalen Präventionsstrategie**, § 20 d SGB V nF, und der **Nationalen Präventionskonferenz**, § 20 e SGB V nF, auf Landesebene durch Abschluss von **Landesrahmenvereinbarungen zur Umsetzung der nationalen Präventionsstrategie**, § 20 f SGB V nF, und im Wege von **Modellvorhaben**, § 20 g SGB V nF (→ Rn. 7), wirken die Krankenkassen u.a. mit den Trägern der gesetzlichen Unfallversicherung zusammen (→ ArbSchG Vor §§ 20 a, 20 b Rn. 13).

3. Kooperation mit Reha-Trägern. Die Rentenversicherungsträger sind im Zuge des **Flexirentengesetzes**[108] verpflichtet, ihre modellhaft erprobten Präventionsleistungen nun als Anspruchsleistung zu gewähren, § 14 SGB VI. So wird bspw. ergänzend zu vorhandenen Präventionsangeboten von Arbeitgebern ressourcenorientiertes **Selbstmanagement** besonders stressbelasteter Beschäftigtengruppen, im konkreten Fall von Pflegekräften, trainiert; auf diesem Weg der Verhaltensprävention wird der Umgang mit Stress und anderen Belastungsfaktoren trainiert und damit wiederum die Beanspruchung[109] (zum Belastungs-/Beanspruchungsmodell → ArbSchG § 4 Rn. 23 ff.) gesundheitsverträglich minimiert.[110] Im Rahmen der neu kodifizierten Strukturen (Nationale Präventionsstrategie, Nationale Präventionskonferenz, → Rn. 21) muss nun auch eine Kooperation mit der Rentenversicherung erfolgen. Darüber hinaus wäre die Beteiligung von **Bundesagentur für Arbeit** oder Integrationsamt zu empfehlen.[111] Im Zuge der neuen Strukturen finden sich zumindest einzelne Beteiligungsrechte/-pflichten der Bundesagentur für Arbeit, die ja selbst nicht Träger von Gesundheitspräventionsleitungen ist, vgl. § 20 d Abs. 3 S. 5 SGB V nF (Vorbereitung des bundeseinheitlichen Rahmenempfehlungen) oder § 20 e Abs. 1 S. 7 SGB V nF (Entsendung eines Vertreters der BA in die nationale Präventionskonferenz mit beratender Stimme). 37

VI. Rechtsdurchsetzung

1. Sozialrechtliche Leistungsansprüche und untergesetzliche Konkretisierung. Die Krankenkassen sind zur BGF verpflichtet. Den Rahmen für die Leistungen der Krankenkassen legt gemäß § 20 Abs. 1 S. 3, Abs. 2 SGB V der Spitzenverband Bund der Krankenkassen gemeinsam und einheitlich unter Einbeziehung unabhängiger Sachverständiger fest, dh er bestimmt prioritäre Handlungsfelder und Kriterien für die Leistungen der BGF, wobei er sich insoweit an den gesetzlichen Vorgaben gem. § 20 Abs. 3 SGb V nF zu orientieren hat (zum noch vor Einführung von § 20 Abs. 3 SGB V nF er- 38

---

104 KKW/Joussen SGB V § 20 b Rn. 3. **105** Rahmenvereinbarung der DGUV, des Spitzenverbandes der landwirtschaftlichen Sozialversicherung und des GKV-Spitzenverbandes unter Beteiligung der Verbände der Krankenkassen auf Bundesebene zur Zusammenarbeit bei der BGF und der Verhütung arbeitsbedingter Gesundheitsgefahren, zu finden unter http://www.dguv.de/medien/inhalt/p raevention/praev_netz/documents/rahmenvereinbarung_1997_und_2001.pdf; dazu wiederum Köpke, Rehabilitation 2012, 4; anschaulich zuvor schon Mühlenbruch ZSR 2005, 87 ff. **106** Marburger BG 2009, 286. **107** Faller/Faber, S. 68; KKW/Joussen SGB V § 20 b Rn. 3 sieht ebenfalls eine entsprechende Pflicht der Unfallversicherungsträger zur Zusammenarbeit. **108** BGBl. I, 2838; BT-Drs. 18/9787, 24. **109** Zum Belastungs-Beanspruchungsmodell wiederum Oppolzer, S. 78. **110** Ritter/Leyhausen, Wie die Rentenversicherung mit passgenauen Präventionsangeboten den Erhalt der Gesundheit und Leistungsfähigkeit von Pflegekräften unterstützen kann, DRV-Schriften Bd. 98, S. 264 f. **111** Für eine Kooperationspflicht zur Prävention von Behinderung im Arbeitsleben Welti in: Becker/Kingreen SGB V § 20 b Rn. 5 f.

lassenen Leitfaden Prävention → Rn. 14). Die Arbeit der im Zuge des Präventionsgesetzes verankerten neuen Präventionsstrukturen wird auf nähere Ausgestaltung der Handlungsfelder und Ziele Einfluss haben (→ Rn. 14, → Rn. 2). Die neue gesetzliche Festlegung soll ein weitgehend einheitliches Leistungsniveau der einzelnen Krankenkassen jenseits ihres Wettbewerbs untereinander gewährleisten. Die Leistungspflicht der Krankenkassen ist damit, wie auch sonst im Krankensozialversicherungsrecht üblich, durch **untergesetzliche Normen** konkretisiert.

39 Trotz der Ausgestaltung der BGF als Pflichtleistungen[112] begründet § 20 b SGB V keinen unmittelbaren **Rechtsanspruch** auf bestimmte Maßnahmen. Die Leistungserbringung ist vielmehr in das **Ermessen** der Krankenkassen gestellt. Unmittelbare Rechtsansprüche gegen die Krankenkasse auf eine bestimmte Gesundheitsförderungsmaßnahme können sich jedoch nach den im Verwaltungsrecht allgemein bekannten Grundsätzen der **Selbstbindung der Verwaltung** vor dem Hintergrund des Gleichbehandlungsgrundsatzes ergeben.[113]

40 Die Kassen sind verpflichtet, BGF-Leistungen zu erbringen. Wenn die Verwaltung dieser Pflicht nicht oder unzureichend nachkommt, kann die Selbstverwaltung hier tätig werden, in der Regel auch an der Formulierung der Grundlinien der Ausgestaltung beteiligt ist.[114] Im Übrigen ist dies ein Handlungsfeld für die **staatliche Aufsicht** nach dem SGB IV.

41 **2. Individuelle arbeitsrechtliche Ansprüche der Beschäftigten.** Aus den sozialrechtlichen Präventionsregelungen, namentlich §§ 20 b, c SGB V, können im Arbeitsverhältnis direkte Ansprüche nicht abgeleitet werden; aus die die Kranken- und Unfallversicherungsträger verpflichtenden Vorschriften ergibt sich unmittelbar weder eine Pflicht zur Durchführung von bzw. zur Teilnahme an Maßnahmen der BGF.[115] Es gilt daher der allgemeine Grundsatz, dass Maßnahmen der BGF vom Arbeitgeber und/oder der Belegschaft grundsätzlich **freiwillig** erbracht werden.[116] Dennoch gibt es nicht selten Fälle, in denen sich auch arbeitsvertragliche Ansprüche auf BGF-Maßnahmen ergeben. Zu denken ist zunächst zB an konkrete Maßnahmen der BGF zur beruflichen **Teilhabesicherung** behinderter Menschen. Hierauf kann sich im Rahmen von § 618 BGB, § 81 Abs. 4 SGB IX ein Rechtsanspruch ergeben, da es sich auch bei Maßnahmen der BGF um angemessene Vorkehrungen iSv Art. 5 RL 2000/78 handeln kann (→ BGB § 618 Rn. 41 sowie → SGB IX § 84 Rn. 7).[117] Sofern schwerbehinderte Arbeitnehmer betroffen sind, ist auch die Schwerbehindertenvertretung zu beteiligen (§ 95 Abs. 1 S. 2 SGB IX).

42 Denkbar sind zudem Fälle, in denen arbeitsschutzrechtlich verpflichtende Maßnahmen der Verhältnisprävention wegen kurzfristig schwierig zu ändernder Verhältnisse faktisch nicht realisierbar sind, effektive Maßnahmen der Verhaltensprävention aber durchaus **zur Risikominimierung** beitragen können. Stehen hierfür kurzfristig als einzig effektives Mittel BGF-Maßnahmen zur Verhaltensprävention zur Verfügung, so zB zur Bewältigung von psychischen Belastungs-Beanspruchungsfaktoren, damit die Beschäftigten in einem gesundheitsschonenden Umgang mit psychischen Risikofaktoren geschult werden (zum Belastungs-Beanspruchungsmodell → ArbSchG § 4 Rn. 23 ff.), können Arbeitgeber auch unmittelbar zu deren Realisierung verpflichtet sein. Diese Beispiele sollen verdeutlichen, dass es in bestimmten Fällen vom grundsätzlich zutreffenden Freiwilligkeitsgrundsatz Ausnahmen geben kann, die dann, soweit sie im beschriebenen Sinn Ersatz für erzwingbaren Arbeitsschutz sind, auch im Bereich der betrieblichen Mitbestimmung nach dem BetrVG zur erzwingbaren Mitbestimmung über Maßnahmen der BGF führen dürften (→ Rn. 45 f.).

43 Unmittelbar arbeitsrechtliche Ansprüche auf Leistungen der BGF können auch durch entsprechende betriebliche Regelungen in Betracht kommen. Aktuelle finanzgerichtliche

---

112 Der Gesetzgeber sprach von einem „stark verpflichtenden Charakter", BT-Drs. 14/1977, 169. **113** Schütze in: jurisPK-SGB V § 20 a Rn. 18. **114** Dazu zB Lenhardt, S. 82 ff. **115** Faller/Faber in: Faller (Hrsg.), S. 34. **116** OVG Berlin-Brandenburg 8.10.2012 – OVG 62 PV 2.12; bestätigt BVerwG 14.2.2013 – 6 PB 1/13, PersR 2013, 176 ff. = PersV 2013, 271 ff. **117** Dazu Raasch in: Rust/Falke, AGG, 2007, AGG § 5 Rn. 106.

Entscheidungen zeigen, dass teilweise BGF-Projekte genutzt werden, um individuelle Leistungsansprüche der Beschäftigten gegen ihre Arbeitgeber zu begründen.[118] Während die Begründung dieser Leistungen freiwillig ist und gem. § 88 BetrVG Gegenstand einer freiwilligen **Betriebsvereinbarung** sein kann, unterfällt die konkrete Ausgestaltung der erzwingbaren Mitbestimmung gem. § 87 Abs. 1 Nr. 10 BetrVG (→ Rn. 46).[119]

Mit der Zunahme von BGF-Maßnahmen stellt sich die Frage der **steuerlichen Behandlung** von gesundheitsspezifischen Maßnahmen. § 3 Nr. 34 EStG sieht eine steuerliche Begünstigung vor, wonach BGF-Maßnahmen jährlich bis zu 500 EUR steuerfrei sind.[120] Daraus lässt sich allerdings nicht im Umkehrschluss folgern, jede gesundheitsfördernde Maßnahme sei einkommensteuerrechtlich relevant. Kosten der BGF sind, soweit sie vom Arbeitgeber getragen werden und nicht individuell zuordenbar sind, **Betriebsausgaben**. Doch selbst wenn gesundheitsspezifische Maßnahmen individuell zuordenbar sind, haben die Leistungen nicht zwangsläufig Arbeitslohncharakter. Die Abgrenzung zwischen zu versteuerndem Arbeitslohn und Zuwendung im betrieblichen Eigeninteresse muss in jedem Einzelfall anhand der konkreten Umstände gezogen werden.[121] Zwar nimmt die Rechtsprechung an, mit der Steuerfreistellung gem. § 3 Nr. 34 EStG habe der Gesetzgeber erkennen lassen, dass BGF-Maßnahmen grundsätzlich Arbeitslohncharakter haben und in diesem Rahmen bis zur Höhe von 500 EUR besonders förderungswürdig seien.[122] Allerdings sind solche Vorteile kein Arbeitslohn, die sich bei objektiver Würdigung aller Umstände als notwendige Begleiterscheinung betriebsfunktionaler Ziele erweisen. Insbesondere bei Maßnahmen zur Vermeidung berufsbedingter Krankheiten wird in der Regel das eigenbetriebliche Interesse erheblich überwiegen.[123] Ob sich vor dem Hintergrund dieser Rechtsprechung zur **betriebsfunktionalen Zielsetzung** für jede als BGF-Maßnahmen gekennzeichnete und individuell zuordenbare Leistung tatsächlich Arbeitslohncharakter ableiten lässt, bleibt zu bezweifeln.[124]

3. Beteiligungsrechte der Betriebs- und Personalräte. Die BGF bietet großes Potential für die Arbeitnehmervertretung, als innerbetrieblicher Impulsgeber für Gesundheitsförderungsmaßnahmen zu fungieren und somit auch die Möglichkeit, bestimmte Themen in den innerbetrieblichen Fokus zu rücken.[125] Soll im Rahmen der BGF eine ohnehin verpflichtende Arbeitsschutzmaßnahme realisiert werden, greift § 87 Abs. 1 Nr. 7 BetrVG. In den übrigen Fällen ist die BGF eine nicht erzwingbare Konsensmaßnahme, welche durch § 88 Nr. 1 BetrVG als freiwillige Betriebsvereinbarung begründet werden kann.[126] Werden den Arbeitnehmern dadurch zugleich Rechtsansprüche auf individuelle BGF-Vorsorgeleistungen eingeräumt, sind diese als freiwillige Sozialleistungen zu qualifizieren und damit wiederum deren Ausgestaltung der zwingenden Mitbestimmung des § 87 Abs. 1 Nr. 10 BetrVG zugeordnet.[127] **Betriebsratsinitiativen** in diesem Bereich sind im Rahmen des § 80 Abs. 1 BetrVG möglich.[128] Bei der betrieblichen Durchführung von Gesundheitsförderungsmaßnahmen hat die Arbeitnehmervertretung ua darauf zu achten, dass den Beschäftigten keine Nachteile aus ihrem Engagement erwachsen und der Datenschutz gewährleistet ist.[129] Soweit die Teilnahmequote inner-

---

118 FG Düsseldorf 26.1.2017 – 9 K 3682/15, EFG 2017, 732; FG Düsseldorf 18.4.2013 – 16 K 922/12 L, EFG 2013, 1358; BFH 11.3.2010 – VI R 7/08, DB 2010, 1098 (Regenerierungskur); FG Bremen 23.3.2011 – 1 K 150/09, DStRE 2012, 144 (Fitnessstudio); BFH 30.5.2001 – VI R 177/99, BB 2001, 1991 = BStBl II 2001, 671. **119** Dazu HaKo-BetrVG/Kohte BetrVG § 87 Rn. 113 und BetrVG § 88 Rn. 12. **120** Welti in: Becker/Kingreen SGB V § 20 b Rn. 4. **121** BFH 11.3.2010 – VI R 7/08, DB 2010, 1098 = BStBl II 2010, 763. **122** FG Düsseldorf 18.4.2013 – 16 K 922/12 L; beim BFH anhängig unter VI R 28/13. **123** BFH 30.5.2001 – VI R 177/99, BStBl II 2001, 671. **124** So aber letztlich FG Düsseldorf 18.4.2013 – 16 K 922/12 L, EFG 2013, 1358; anders wohl auch Bechthold/Hilbert NWB 2009, 2946 ff. **125** Zum anfänglich in den 1990er Jahren zunächst nur allmählichen Bewusstseinswandel auch innerhalb der betrieblichen Interessenvertretungen Lenhardt, S. 135, 137. **126** HaKo-BetrVG/Kohte BetrVG § 88 Rn. 12; ebenso Zipprich, S. 125 speziell für den Bereich freiwilliger Betriebsvereinbarungen zur Prävention arbeitsbedingter Erkrankungen wegen Lastenhandhabung. **127** HaKo-BetrVG/Kohte BetrVG § 87 Rn. 113 und BetrVG § 88 Rn. 12. **128** Faller/Faber in: Faller (Hrsg.), S. 45. **129** Lenhardt in: Faller (Hrsg.), S. 116; Kiesche S. 103 ff.

halb der Belegschaft an BGF geschlechtsspezifische Unterschiede aufweist,[130] hat der Betriebsrat im Rahmen seiner Pflicht nach § 80 Abs. 1 Nr. 2 a BetrVG nach Gründen zu suchen.

46 Im Anwendungsbereich des Personalvertretungsrechts unterliegen Maßnahmen der BGF sowie des BGM trotz ihrer grundsätzlichen Freiwilligkeit der **personellen Mitbestimmung** durch den Personalrat.[131] Bereits vor einiger Zeit ist anerkannt worden, dass die Einführung von Gesundheitszirkeln der Mitbestimmung des Personalrats nach § 75 Abs. 3 Nr. 11 BPersVG unterliegt.[132] Folgerichtig hat das vom Bundesverwaltungsgericht bestätigte Oberverwaltungsgericht Berlin-Brandenburg jüngst anerkannt, dass Maßnahmen des BGM grundsätzlich **mitbestimmungspflichtig** sind, da sie üblicherweise der Verhütung von Gesundheitsgefahren dienen. Unabhängig von dieser grundsätzlichen Annahme hat das OVG den Sachverhalt genutzt, angesichts der konkreten BGF-Maßnahmen die Anforderungen für die personelle Mitbestimmung im Falle präventiver, zum Teil auch dem Wohlbefinden dienenden Maßnahmen zu spezifizieren. Danach werden zutreffend sämtliche, konkret in der von der BA und dem Hauptpersonalrat geschlossenen Rahmenvereinbarung vorgesehenen Maßnahmen (Rückenschule, Muskeltraining, Entspannungstechniken, Stimmtraining, Förderung des Nichtrauchens) als vorrangig der Gesundheitsprävention dienend und mit dem Arbeitsplatz zusammenhängend bewertet. Weder das mit der Präventionsmaßnahme zugleich verbundene schlichte Wohlgefühl noch deren **doppelte Zielrichtung** – Prävention von arbeitsbedingten Gesundheitsgefahren und solchen bedingt vorrangig durch das individuelle Verhalten – ändert etwas an der Mitbestimmungspflicht (grundlegend zur Mitbestimmung nach § 75 Abs. 3 Nr. 11 BPersVG → BPersVR Rn. 11 ff.; dezidiert zur BGF → BPersVR Rn. 46 f.).[133]

47 **4. Netzwerke als Erfolgsvoraussetzung.** Ein betriebliches Gesundheitsförderungsprogramm kann das Ziel der effektiven Gesundheitswahrung nur dann erreichen, wenn es sowohl inner- als auch überbetrieblich eine **Kooperation** der verschiedenen Akteure und Institutionen gibt. Hier ist die Bildung von Netzwerken essentiell,[134] um die gewonnenen Erfahrungen und Kenntnisse zu sammeln sowie auszutauschen, aber auch um Ressourcen zu schaffen, die in diesem Bereich noch unerfahrenen Akteuren Anknüpfungspunkte bieten. Zur Verbesserung der Kooperation aller Akteure und Institutionen unterstützen das BMAS und das BMG ua das Deutsche Netzwerk für BGF[135] (DNBGF), welches ua Forschungsergebnisse aufbereitet und Best-Practice-Beispiele aufzeigt. Mit dem Präventionsgesetz ist in § 20 e SGB V die **Nationale Präventionskonferenz** (→ Rn. 21) geschaffen worden, die sich am Vorbild der GDA orientiert (→ ArbSchG Vor §§ 20 a, 20 b Rn. 13). Ebenso orientieren sich die Landesrahmenvereinbarungen nach § 20 f SGB V an den Kooperationen auf Landesebene im Arbeitsschutz nach § 21 Abs. 3 ArbSchG (→ ArbSchG § 21 Rn. 20).

48 Erforderlich ist weiter, dass sich die Präventionsstrukturen der verschiedenen Sozialleistungsträger weiter **vernetzen** und koordinieren und zugleich die Qualität der Präventionsleistungen im gegenseitigen Dialog verbessern.[136] Auf diese Forderungen hat der Gesetzgeber mit dem Präventionsgesetz reagiert und Regelungen mit Abstimmungs- und Kooperationspflichten normiert (→ Rn. 21).

49 Noch weitergehend ist die Überlegung, die präventiven Ansätze und die Strukturen der BGF stärker mit Rehabilitationsmaßnahmen zu verbinden. Diese Vorschläge zur innovativen Fortentwicklung der betrieblichen Gesundheitspolitik zielen in verschiedene

---

[130] So die Erkenntnisse aus MDS (Hrsg.), Präventionsbericht 2009, S. 72 ff. ebenso wie MDS (Hrsg.), Präventionsbericht 2012, S. 25 ff. [131] BVerwG 14.2.2013 – 6 PB 1/13, PersR 2013, 176; OVG Berlin-Brandenburg 8.11.2012 – OVG 62 PV 2.12. [132] Zur parallelen Norm des Berliner Landesrechts: VG Berlin 20.9.2006 – VG 61 A 7/06, PersR 2007, 43; zustimmend Altvater/Berg BPersVG § 75 Rn. 212. [133] OVG Berlin-Brandenburg 8.11.2012 – OVG 62 PV 2.12 unter Verweis auf die Luxemburger Deklaration. [134] So auch Lenhardt/Rosenbrock in: Hurrelmann ua, Lehrbuch Prävention und Gesundheitsförderung, 3. Aufl. 2010, S. 324, 326. [135] Das DNBGF geht auf eine Initiative des Europäischen Netzwerks für betriebliche Gesundheitsförderung zurück (European Network for Workplace Health Promotion – ENWHP). [136] Vgl. dazu Köpke SozSich 2010, 349 (351).

Richtungen; so könnten Werks- und Betriebsärzte ebenso für potenzielle Rehabilitationsbedarfe sensibilisiert und die Verfahren zur Leistung damit früher eingeleitet werden, wie sie heute – schon sehr effektiv – die Wiedereingliederung nach Rehabilitation und die Nachsorge begleiten.[137] Diese Anstöße aus der Praxis haben zusammen mit dem Flexirentengesetz,[138] insbesondere in § 14 Abs. 3 SGB VI, zu Handlungspflichten der Rentenversicherung geführt (→ ArbSchG Vor §§ 20 a, 20 b Rn. 13).

§ 20 c SGB V Prävention arbeitsbedingter Gesundheitsgefahren

(1) ¹Die Krankenkassen unterstützen die Träger der gesetzlichen Unfallversicherung bei ihren Aufgaben zur Verhütung arbeitsbedingter Gesundheitsgefahren. ²Insbesondere erbringen sie in Abstimmung mit den Trägern der gesetzlichen Unfallversicherung auf spezifische arbeitsbedingte Gesundheitsrisiken ausgerichtete Maßnahmen zur betrieblichen Gesundheitsförderung nach § 20 b und informieren diese über die Erkenntnisse, die sie über Zusammenhänge zwischen Erkrankungen und Arbeitsbedingungen gewonnen haben. ³Ist anzunehmen, dass bei einem Versicherten eine berufsbedingte gesundheitliche Gefährdung oder eine Berufskrankheit vorliegt, hat die Krankenkasse dies unverzüglich den für den Arbeitsschutz zuständigen Stellen und dem Unfallversicherungsträger mitzuteilen.

(2) ¹Zur Wahrnehmung der Aufgaben nach Absatz 1 arbeiten die Krankenkassen eng mit den Trägern der gesetzlichen Unfallversicherung sowie mit den für den Arbeitsschutz zuständigen Landesbehörden zusammen. ²Dazu sollen sie und ihre Verbände insbesondere regionale Arbeitsgemeinschaften bilden. ³§ 88 Abs. 1 Satz 1 und Abs. 2 des Zehnten Buches und § 219 gelten entsprechend.

---

137 Köpke Rehabilitation 2012, 2 (8). **138** Dazu Ruland SGb 2017, 121 (125).

Teil 3:
Arbeitsschutzverordnungen

Verordnung zur arbeitsmedizinischen Vorsorge (ArbMedVV)[1]

Vom 18. Dezember 2008 (BGBl. I S. 2768)
(FNA 805-3-11)
zuletzt geändert durch Art. 3 Abs. 1 VO zur Umsetzung der RL 2014/27/EU und zur Änd. von Arbeitsschutzverordnungen vom 15. November 2016 (BGBl. I S. 2549)

§ 1 ArbMedVV Ziel und Anwendungsbereich

(1) ¹Ziel der Verordnung ist es, durch Maßnahmen der arbeitsmedizinischen Vorsorge arbeitsbedingte Erkrankungen einschließlich Berufskrankheiten frühzeitig zu erkennen und zu verhüten. ²Arbeitsmedizinische Vorsorge soll zugleich einen Beitrag zum Erhalt der Beschäftigungsfähigkeit und zur Fortentwicklung des betrieblichen Gesundheitsschutzes leisten.

(2) Diese Verordnung gilt für die arbeitsmedizinische Vorsorge im Geltungsbereich des Arbeitsschutzgesetzes.

(3) Diese Verordnung lässt sonstige arbeitsmedizinische Präventionsmaßnahmen, insbesondere nach dem Arbeitsschutzgesetz und dem Gesetz über Betriebsärzte, Sicherheitsingenieure und andere Fachkräfte für Arbeitssicherheit (Arbeitssicherheitsgesetz), unberührt.

§ 2 ArbMedVV Begriffsbestimmungen

(1) Arbeitsmedizinische Vorsorge im Sinne dieser Verordnung
1. ist Teil der arbeitsmedizinischen Präventionsmaßnahmen im Betrieb;
2. dient der Beurteilung der individuellen Wechselwirkungen von Arbeit und physischer und psychischer Gesundheit und der Früherkennung arbeitsbedingter Gesundheitsstörungen sowie der Feststellung, ob bei Ausübung einer bestimmten Tätigkeit eine erhöhte gesundheitliche Gefährdung besteht;
3. beinhaltet ein ärztliches Beratungsgespräch mit Anamnese einschließlich Arbeitsanamnese sowie körperliche oder klinische Untersuchungen, soweit diese für die individuelle Aufklärung und Beratung erforderlich sind und der oder die Beschäftigte diese Untersuchungen nicht ablehnt;
4. umfasst die Nutzung von Erkenntnissen aus der Vorsorge für die Gefährdungsbeurteilung und für sonstige Maßnahmen des Arbeitsschutzes;
5. umfasst nicht den Nachweis der gesundheitlichen Eignung für berufliche Anforderungen nach sonstigen Rechtsvorschriften oder individual- oder kollektivrechtlichen Vereinbarungen.

(2) Pflichtvorsorge ist arbeitsmedizinische Vorsorge, die bei bestimmten besonders gefährdenden Tätigkeiten veranlasst werden muss.

(3) Angebotsvorsorge ist arbeitsmedizinische Vorsorge, die bei bestimmten gefährdenden Tätigkeiten angeboten werden muss.

(4) Wunschvorsorge ist arbeitsmedizinische Vorsorge, die bei Tätigkeiten, bei denen ein Gesundheitsschaden nicht ausgeschlossen werden kann, auf Wunsch des oder der Beschäftigten ermöglicht werden muss.

---

[1] Verkündet als Art. 1 der VO zur Rechtsvereinfachung und Stärkung der arbeitsmedizinischen Vorsorge v. 18.12.2008 (GVBl S. 2768); Inkrafttreten gem. Art. 10 dieser VO am 24.12.2008.

§ 3 ArbMedVV Allgemeine Pflichten des Arbeitgebers

(1) ¹Der Arbeitgeber hat auf der Grundlage der Gefährdungsbeurteilung für eine angemessene arbeitsmedizinische Vorsorge zu sorgen. ²Dabei hat er die Vorschriften dieser Verordnung einschließlich des Anhangs zu beachten und die nach § 9 Abs. 4 bekannt gegebenen Regeln und Erkenntnisse zu berücksichtigen. ³Bei Einhaltung der Regeln und Erkenntnisse nach Satz 2 ist davon auszugehen, dass die gestellten Anforderungen erfüllt sind. ⁴Arbeitsmedizinische Vorsorge kann auch weitere Maßnahmen der Gesundheitsvorsorge umfassen.

(2) ¹Der Arbeitgeber hat zur Durchführung der arbeitsmedizinischen Vorsorge einen Arzt oder eine Ärztin nach § 7 zu beauftragen. ²Ist ein Betriebsarzt oder eine Betriebsärztin nach § 2 des Arbeitssicherheitsgesetzes bestellt, soll der Arbeitgeber vorrangig diesen oder diese auch mit der arbeitsmedizinischen Vorsorge beauftragen. ³Dem Arzt oder der Ärztin sind alle erforderlichen Auskünfte über die Arbeitsplatzverhältnisse, insbesondere über den Anlass der arbeitsmedizinischen Vorsorge und die Ergebnisse der Gefährdungsbeurteilung, zu erteilen und die Begehung des Arbeitsplatzes zu ermöglichen. ⁴Ihm oder ihr ist auf Verlangen Einsicht in die Unterlagen nach § 4 Absatz 4 Satz 1 zu gewähren.

(3) ¹Arbeitsmedizinische Vorsorge soll während der Arbeitszeit stattfinden. ²Sie soll nicht zusammen mit Untersuchungen, die dem Nachweis der gesundheitlichen Eignung für berufliche Anforderungen dienen, durchgeführt werden, es sei denn, betriebliche Gründe erfordern dies; in diesem Fall hat der Arbeitgeber den Arzt oder die Ärztin zu verpflichten, die unterschiedlichen Zwecke von arbeitsmedizinischer Vorsorge und Eignungsuntersuchung gegenüber dem oder der Beschäftigten offenzulegen.

(4) ¹Der Arbeitgeber hat eine Vorsorgekartei zu führen mit Angaben, dass, wann und aus welchen Anlässen arbeitsmedizinische Vorsorge stattgefunden hat; die Kartei kann automatisiert geführt werden. ²Die Angaben sind bis zur Beendigung des Beschäftigungsverhältnisses aufzubewahren und anschließend zu löschen, es sei denn, dass Rechtsvorschriften oder die nach § 9 Absatz 4 bekannt gegebenen Regeln etwas anderes bestimmen. ³Der Arbeitgeber hat der zuständigen Behörde auf Anordnung eine Kopie der Vorsorgekartei zu übermitteln. ⁴Bei Beendigung des Beschäftigungsverhältnisses hat der Arbeitgeber der betroffenen Person eine Kopie der sie betreffenden Angaben auszuhändigen; § 34 des Bundesdatenschutzgesetzes bleibt unberührt.

§ 4 ArbMedVV Pflichtvorsorge

(1) ¹Der Arbeitgeber hat nach Maßgabe des Anhangs Pflichtvorsorge für die Beschäftigten zu veranlassen. ²Pflichtvorsorge muss vor Aufnahme der Tätigkeit und anschließend in regelmäßigen Abständen veranlasst werden.

(2) Der Arbeitgeber darf eine Tätigkeit nur ausüben lassen, wenn der oder die Beschäftigte an der Pflichtvorsorge teilgenommen hat.

§ 5 ArbMedVV Angebotsvorsorge

(1) ¹Der Arbeitgeber hat den Beschäftigten Angebotsvorsorge nach Maßgabe des Anhangs anzubieten. ²Angebotsvorsorge muss vor Aufnahme der Tätigkeit und anschließend in regelmäßigen Abständen angeboten werden. ³Das Ausschlagen eines Angebots entbindet den Arbeitgeber nicht von der Verpflichtung, weiter regelmäßig Angebotsvorsorge anzubieten.

(2) ¹Erhält der Arbeitgeber Kenntnis von einer Erkrankung, die im ursächlichen Zusammenhang mit der Tätigkeit des oder der Beschäftigten stehen kann, so hat er ihm oder ihr unverzüglich Angebotsvorsorge anzubieten. ²Dies gilt auch für Beschäftigte mit vergleichbaren Tätigkeiten, wenn Anhaltspunkte dafür bestehen, dass sie ebenfalls gefährdet sein können.

(3) ¹Der Arbeitgeber hat Beschäftigten sowie ehemals Beschäftigten nach Maßgabe des Anhangs nach Beendigung bestimmter Tätigkeiten, bei denen nach längeren Latenzzeiten Gesundheitsstörungen auftreten können, nachgehende Vorsorge anzubieten. ²Am Ende des Beschäftigungsverhältnisses überträgt der Arbeitgeber diese Verpflichtung auf den zuständigen gesetzlichen Unfallversicherungsträger und überlässt ihm die erforderlichen Unterlagen in Kopie, sofern der oder die Beschäftigte eingewilligt hat.

§ 5 a ArbMedVV Wunschvorsorge

Über die Vorschriften des Anhangs hinaus hat der Arbeitgeber den Beschäftigten auf ihren Wunsch hin regelmäßig arbeitsmedizinische Vorsorge nach § 11 des Arbeitsschutzgesetzes zu ermöglichen, es sei denn, auf Grund der Beurteilung der Arbeitsbedingungen und der getroffenen Schutzmaßnahmen ist nicht mit einem Gesundheitsschaden zu rechnen.

§ 6 ArbMedVV Pflichten des Arztes oder der Ärztin

(1) ¹Bei der arbeitsmedizinischen Vorsorge hat der Arzt oder die Ärztin die Vorschriften dieser Verordnung einschließlich des Anhangs zu beachten und die dem Stand der Arbeitsmedizin entsprechenden Regeln und Erkenntnisse zu berücksichtigen. ²Vor Durchführung der arbeitsmedizinischen Vorsorge muss er oder sie sich die notwendigen Kenntnisse über die Arbeitsplatzverhältnisse verschaffen. ³Vor Durchführung körperlicher oder klinischer Untersuchungen hat der Arzt oder die Ärztin deren Erforderlichkeit nach pflichtgemäßem ärztlichen Ermessen zu prüfen und den oder die Beschäftigte über die Inhalte, den Zweck und die Risiken der Untersuchung aufzuklären. ⁴Untersuchungen nach Satz 3 dürfen nicht gegen den Willen des oder der Beschäftigten durchgeführt werden. ⁵Der Arzt oder die Ärztin hat die ärztliche Schweigepflicht zu beachten.

(2) ¹Biomonitoring ist Bestandteil der arbeitsmedizinischen Vorsorge, soweit dafür arbeitsmedizinisch anerkannte Analyseverfahren und geeignete Werte zur Beurteilung zur Verfügung stehen. ²Biomonitoring darf nicht gegen den Willen der oder des Beschäftigten durchgeführt werden. ³Impfungen sind Bestandteil der arbeitsmedizinischen Vorsorge und den Beschäftigten anzubieten, soweit das Risiko einer Infektion tätigkeitsbedingt und im Vergleich zur Allgemeinbevölkerung erhöht ist. ⁴Satz 3 gilt nicht, wenn der oder die Beschäftigte bereits über einen ausreichenden Immunschutz verfügt.

(3) Der Arzt oder die Ärztin hat
1. das Ergebnis sowie die Befunde der arbeitsmedizinischen Vorsorge schriftlich festzuhalten und den oder die Beschäftigte darüber zu beraten,
2. dem oder der Beschäftigten auf seinen oder ihren Wunsch hin das Ergebnis zur Verfügung zu stellen sowie
3. der oder dem Beschäftigten und dem Arbeitgeber eine Vorsorgebescheinigung darüber auszustellen, dass, wann und aus welchem Anlass ein arbeitsmedizinischer Vorsorgetermin stattgefunden hat; die Vorsorgebescheinigung enthält auch die Angabe, wann eine weitere arbeitsmedizinische Vorsorge aus ärztlicher Sicht angezeigt ist.

(4) ¹Der Arzt oder die Ärztin hat die Erkenntnisse arbeitsmedizinischer Vorsorge auszuwerten. ²Ergeben sich Anhaltspunkte dafür, dass die Maßnahmen des Arbeitsschutzes für den Beschäftigten oder die Beschäftigte oder andere Beschäftigte nicht ausreichen, so hat der Arzt oder die Ärztin dies dem Arbeitgeber mitzuteilen und Maßnahmen des Arbeitsschutzes vorzuschlagen. ³Hält der Arzt oder die Ärztin aus medizinischen Gründen, die ausschließlich in der Person des oder der Beschäftigten liegen, einen Tätigkeitswechsel für erforderlich, so bedarf diese Mitteilung an den Arbeitgeber der Einwilligung des oder der Beschäftigten.

§ 7 ArbMedVV Anforderungen an den Arzt oder die Ärztin

(1) ¹Unbeschadet anderer Bestimmungen im Anhang für einzelne Anlässe arbeitsmedizinischer Vorsorge muss der Arzt oder die Ärztin berechtigt sein, die Gebietsbezeichnung „Arbeitsmedizin" oder die Zusatzbezeichnung „Betriebsmedizin" zu führen. ²Er oder sie darf selbst keine Arbeitgeberfunktion gegenüber dem oder der Beschäftigten ausüben. ³Verfügt der Arzt oder die Ärztin nach Satz 1 für bestimmte Untersuchungsmethoden nicht über die erforderlichen Fachkenntnisse oder die speziellen Anerkennungen oder Ausrüstungen, so hat er oder sie Ärzte oder Ärztinnen hinzuzuziehen, die diese Anforderungen erfüllen.

(2) Die zuständige Behörde kann für Ärzte oder Ärztinnen in begründeten Einzelfällen Ausnahmen von Absatz 1 Satz 1 zulassen.

§ 8 ArbMedVV Maßnahmen nach der arbeitsmedizinischen Vorsorge

(1) ¹Im Fall von § 6 Absatz 4 Satz 2 hat der Arbeitgeber die Gefährdungsbeurteilung zu überprüfen und unverzüglich die erforderlichen Maßnahmen des Arbeitsschutzes zu treffen. ²Wird ein Tätigkeitswechsel vorgeschlagen, so hat der Arbeitgeber nach Maßgabe der dienst- und arbeitsrechtlichen Regelungen dem oder der Beschäftigten eine andere Tätigkeit zuzuweisen.

(2) Dem Betriebs- oder Personalrat und der zuständigen Behörde sind die getroffenen Maßnahmen mitzuteilen.

(3) Halten der oder die Beschäftigte oder der Arbeitgeber das Ergebnis der Auswertung nach § 6 Absatz 4 für unzutreffend, so entscheidet auf Antrag die zuständige Behörde.

§ 9 ArbMedVV Ausschuss für Arbeitsmedizin

(1) ¹Beim Bundesministerium für Arbeit und Soziales wird ein Ausschuss für Arbeitsmedizin gebildet, in dem fachkundige Vertreter der Arbeitgeber, der Gewerkschaften, der Länderbehörden, der gesetzlichen Unfallversicherung und weitere fachkundige Personen, insbesondere der Wissenschaft, vertreten sein sollen. ²Die Gesamtzahl der Mitglieder soll zwölf Personen nicht überschreiten. ³Für jedes Mitglied ist ein stellvertretendes Mitglied zu benennen. ⁴Die Mitgliedschaft im Ausschuss für Arbeitsmedizin ist ehrenamtlich.

(2) ¹Das Bundesministerium für Arbeit und Soziales beruft die Mitglieder des Ausschusses und die stellvertretenden Mitglieder. ²Der Ausschuss gibt sich eine Geschäftsordnung und wählt den Vorsitzenden oder die Vorsitzende aus seiner Mitte. ³Die Geschäftsordnung und die Wahl des oder der Vorsitzenden bedürfen der Zustimmung des Bundesministeriums für Arbeit und Soziales.

(3) ¹Zu den Aufgaben des Ausschusses gehört es,
1. dem Stand der Arbeitsmedizin entsprechende Regeln und sonstige gesicherte arbeitsmedizinische Erkenntnisse zu ermitteln,
2. Regeln und Erkenntnisse zu ermitteln, wie die in dieser Verordnung gestellten Anforderungen insbesondere zu Inhalt und Umfang von Pflicht-, Angebots- oder Wunschvorsorge erfüllt werden können,
3. Empfehlungen zur arbeitsmedizinischen Vorsorge aufzustellen,
4. Empfehlungen für weitere Maßnahmen der Gesundheitsvorsorge auszusprechen, insbesondere für betriebliche Gesundheitsprogramme,
5. Regeln und Erkenntnisse zu sonstigen arbeitsmedizinischen Präventionsmaßnahmen nach § 1 Abs. 3 zu ermitteln, insbesondere zur allgemeinen arbeitsmedizinischen Beratung der Beschäftigten,
6. das Bundesministerium für Arbeit und Soziales in allen Fragen der arbeitsmedizinischen Vorsorge sowie zu sonstigen Fragen des medizinischen Arbeitsschutzes zu beraten.

²Das Arbeitsprogramm des Ausschusses für Arbeitsmedizin wird mit dem Bundesministerium für Arbeit und Soziales abgestimmt. ³Der Ausschuss arbeitet eng mit den anderen Ausschüssen beim Bundesministerium für Arbeit und Soziales zusammen.

(4) Das Bundesministerium für Arbeit und Soziales kann die vom Ausschuss für Arbeitsmedizin ermittelten Regeln und Erkenntnisse sowie Empfehlungen im Gemeinsamen Ministerialblatt bekannt geben.

(5) ¹Die Bundesministerien sowie die obersten Landesbehörden können zu den Sitzungen des Ausschusses Vertreter entsenden. ²Auf Verlangen ist diesen in der Sitzung das Wort zu erteilen.

(6) Die Geschäfte des Ausschusses führt die Bundesanstalt für Arbeitsschutz und Arbeitsmedizin.

§ 10 ArbMedVV Ordnungswidrigkeiten und Straftaten

(1) Ordnungswidrig im Sinne des § 25 Abs. 1 Nr. 1 des Arbeitsschutzgesetzes handelt, wer vorsätzlich oder fahrlässig
1. entgegen § 4 Abs. 1 eine Pflichtvorsorge nicht oder nicht rechtzeitig veranlasst,
2. entgegen § 4 Abs. 2 eine Tätigkeit ausüben lässt,
3. entgegen § 3 Absatz 4 Satz 1 Halbsatz 1 eine Vorsorgekartei nicht, nicht richtig oder nicht vollständig führt oder
4. entgegen § 5 Abs. 1 Satz 1 nicht eine Angebotsvorsorge oder nicht rechtzeitig anbietet.

(2) Wer durch eine in Absatz 1 bezeichnete vorsätzliche Handlung Leben oder Gesundheit eines oder einer Beschäftigten gefährdet, ist nach § 26 Nr. 2 des Arbeitsschutzgesetzes strafbar.

Anhang

Arbeitsmedizinische Pflicht- und Angebotsvorsorge

Teil 1 Tätigkeiten mit Gefahrstoffen

(1) Pflichtvorsorge bei:
1. Tätigkeiten mit den Gefahrstoffen:
    – Acrylnitril,
    – Alkylquecksilberverbindungen,
    – Alveolengängiger Staub (A-Staub),
    – Aromatische Nitro- und Aminoverbindungen,
    – Arsen und Arsenverbindungen,
    – Asbest,
    – Benzol,
    – Beryllium,
    – Bleitetraethyl und Bleitetramethyl,
    – Cadmium und Cadmiumverbindungen,
    – Chrom-VI-Verbindungen,
    – Dimethylformamid,
    – Einatembarer Staub (E-Staub),
    – Fluor und anorganische Fluorverbindungen,
    – Glycerintrinitrat und Glykoldinitrat (Nitroglycerin/Nitroglykol),
    – Hartholzstaub,
    – Kohlenstoffdisulfid,
    – Kohlenmonoxid,

- Methanol,
- Nickel und Nickelverbindungen,
- Polycyclische aromatische Kohlenwasserstoffe (Pyrolyseprodukte aus organischem Material),
- weißer Phosphor (Tetraphosphor),
- Platinverbindungen,
- Quecksilber und anorganische Quecksilberverbindungen,
- Schwefelwasserstoff,
- Silikogener Staub,
- Styrol,
- Tetrachlorethen,
- Toluol,
- Trichlorethen,
- Vinylchlorid,
- Xylol (alle Isomeren),

wenn
a) der Arbeitsplatzgrenzwert für den Gefahrstoff nach der Gefahrstoffverordnung nicht eingehalten wird,
b) eine wiederholte Exposition nicht ausgeschlossen werden kann und der Gefahrstoff ein krebserzeugender oder keimzellmutagener Stoff der Kategorie 1A oder 1B oder ein krebserzeugendes oder keimzellmutagenes Gemisch der Kategorie 1A oder 1B im Sinne der Gefahrstoffverordnung ist oder die Tätigkeiten mit dem Gefahrstoff als krebserzeugende Tätigkeiten oder Verfahren Kategorie 1A oder 1B im Sinne der Gefahrstoffverordnung bezeichnet werden oder
c) der Gefahrstoff hautresorptiv ist und eine Gesundheitsgefährdung durch Hautkontakt nicht ausgeschlossen werden kann;

2. Sonstige Tätigkeiten mit Gefahrstoffen:
   a) Feuchtarbeit von regelmäßig vier Stunden oder mehr je Tag,
   b) Schweißen und Trennen von Metallen bei Überschreitung einer Luftkonzentration von 3 Milligramm pro Kubikmeter Schweißrauch,
   c) Tätigkeiten mit Exposition gegenüber Getreide- und Futtermittelstäuben bei Überschreitung einer Luftkonzentration von 4 Milligramm pro Kubikmeter einatembarem Staub,
   d) Tätigkeiten mit Exposition gegenüber Isocyanaten, bei denen ein regelmäßiger Hautkontakt nicht ausgeschlossen werden kann oder eine Luftkonzentration von 0,05 Milligramm pro Kubikmeter überschritten wird,
   e) Tätigkeiten mit einer Exposition mit Gesundheitsgefährdung durch Labortierstaub in Tierhaltungsräumen und -anlagen,
   f) Tätigkeiten mit Benutzung von Naturgummilatexhandschuhen mit mehr als 30 Mikrogramm Protein je Gramm im Handschuhmaterial,
   g) Tätigkeiten mit dermaler Gefährdung oder inhalativer Exposition mit Gesundheitsgefährdung, verursacht durch Bestandteile unausgehärteter Epoxidharze, insbesondere durch Versprühen von Epoxidharzen,
   h) Tätigkeiten mit Exposition gegenüber Blei und anorganischen Bleiverbindungen bei Überschreitung einer Luftkonzentration von 0,075 Milligramm pro Kubikmeter,
   i) Tätigkeiten mit Hochtemperaturwollen, soweit dabei als krebserzeugend Kategorie 1 oder 2 im Sinne der Gefahrstoffverordnung eingestufte Faserstäube freigesetzt werden können,
   j) Tätigkeiten mit Exposition gegenüber Mehlstaub bei Überschreitung einer Mehlstaubkonzentration von 4 Milligramm pro Kubikmeter Luft.

(2) Angebotsvorsorge bei:
1. Tätigkeiten mit den in Absatz 1 Nr. 1 genannten Gefahrstoffen, wenn eine Exposition nicht ausgeschlossen werden kann und der Arbeitgeber keine Pflichtvorsorge zu veranlassen hat;
2. Sonstige Tätigkeiten mit Gefahrstoffen:
   a) Schädlingsbekämpfung nach der Gefahrstoffverordnung,
   b) Begasungen nach der Gefahrstoffverordnung,
   c) Tätigkeiten mit folgenden Stoffen oder deren Gemischen: n-Hexan, n-Heptan, 2-Butanon, 2-Hexanon, Methanol, Ethanol, 2-Methoxyethanol, Benzol, Toluol, Xylol, Styrol, Dichlormethan, 1,1,1-Trichlorethan, Trichlorethen, Tetrachlorethen,
   d) Tätigkeiten mit einem Gefahrstoff, sofern der Gefahrstoff nicht in Absatz 1 Nummer 1 genannt ist, eine wiederholte Exposition nicht ausgeschlossen werden kann und
      aa) der Gefahrstoff ein krebserzeugender oder keimzellmutagener Stoff der Kategorie 1A oder 1B oder ein krebserzeugendes oder keimzellmutagenes Gemisch der Kategorie 1A oder 1B im Sinne der Gefahrstoffverordnung ist oder
      bb) die Tätigkeiten mit dem Gefahrstoff als krebserzeugende Tätigkeiten oder Verfahren Kategorie 1A oder 1B im Sinne der Gefahrstoffverordnung bezeichnet werden,
   e) Feuchtarbeit von regelmäßig mehr als zwei Stunden je Tag,
   f) Schweißen und Trennen von Metallen bei Einhaltung einer Luftkonzentration von 3 Milligramm pro Kubikmeter Schweißrauch,
   g) Tätigkeiten mit Exposition gegenüber Getreide- und Futtermittelstäuben bei Überschreitung einer Luftkonzentration von 1 Milligramm je Kubikmeter einatembarem Staub,
   h) Tätigkeiten mit Exposition gegenüber Isocyanaten, bei denen ein Hautkontakt nicht ausgeschlossen werden kann oder eine Luftkonzentration von 0,05 Milligramm pro Kubikmeter eingehalten wird,
   i) Tätigkeiten mit Exposition gegenüber Blei und anorganischen Bleiverbindungen bei Einhaltung einer Luftkonzentration von 0,075 Milligramm pro Kubikmeter,
   j) Tätigkeiten mit Exposition gegenüber Mehlstaub bei Einhaltung einer Mehlstaubkonzentration von 4 Milligramm pro Kubikmeter Luft,
   k) Tätigkeiten mit Exposition gegenüber sonstigen atemwegssensibilisierend oder hautsensibilisierend wirkenden Stoffen, für die nach Absatz 1, Nummer 1 oder Buchstabe a bis j keine arbeitsmedizinische Vorsorge vorgesehen ist.
(3) Anlässe für nachgehende Vorsorge:
1. Tätigkeiten mit Exposition gegenüber einem Gefahrstoff, sofern
   a) der Gefahrstoff ein krebserzeugender oder keimzellmutagener Stoff der Kategorie 1A oder 1B oder ein krebserzeugendes oder keimzellmutagenes Gemisch der Kategorie 1A oder 1B im Sinne der Gefahrstoffverordnung ist oder
   b) die Tätigkeiten mit dem Gefahrstoff als krebserzeugende Tätigkeiten oder Verfahren Kategorie 1A oder 1B im Sinne der Gefahrstoffverordnung bezeichnet werden;
2. Tätigkeiten mit Exposition gegenüber Blei oder anorganischen Bleiverbindungen;
3. Tätigkeiten mit Hochtemperaturwollen nach Absatz 1 Nummer 2 Buchstabe i.
(4) Abweichungen:
Vorsorge nach den Absätzen 1 bis 3 muss nicht veranlasst oder angeboten werden, wenn und soweit die auf der Grundlage von § 9 Absatz 3 Satz 1 Nummer 1 ermittelten und nach § 9 Absatz 4 bekannt gegebenen Regeln etwas anderes bestimmen.

Teil 2 Tätigkeiten mit biologischen Arbeitsstoffen einschließlich gentechnischen Arbeiten mit humanpathogenen Organismen

(1) Pflichtvorsorge bei:
1. gezielten Tätigkeiten mit einem biologischen Arbeitsstoff der Risikogruppe 4 oder mit
   - Bacillus anthracis,
   - Bartonella bacilliformis,
   - Bartonella henselae,
   - Bartonella quintana,
   - Bordetella pertussis,
   - Borellia burgdorferi,
   - Borrelia burgdorferi sensu lato,
   - Brucella melitensis,
   - Burkholderia pseudomallei (Pseudomonas pseudomallei),
   - Chlamydophila pneumoniae,
   - Chlamydophila psittaci (aviäre Stämme),
   - Coxiella burnetii,
   - Francisella tularensis,
   - Frühsommermeningoenzephalitis-(FSME)- Virus,
   - Gelbfieber-Virus,
   - Helicobacter pylori,
   - Hepatitis-A-Virus (HAV),
   - Hepatitis-B-Virus (HBV),
   - Hepatitis-C-Virus (HCV),
   - Influenzavirus A oder B,
   - Japanenzephalitisvirus,
   - Leptospira spp.,
   - Masernvirus,
   - Mumpsvirus,
   - Mycobacterium bovis,
   - Mycobacterium tuberculosis,
   - Neisseria meningitidis,
   - Poliomyelitisvirus,
   - Rubivirus,
   - Salmonella typhi,
   - Schistosoma mansoni,
   - Streptococcus pneumoniae,
   - Tollwutvirus,
   - Treponema pallidum (Lues),
   - Tropheryma whipplei,
   - Trypanosoma cruzi,
   - Yersinia pestis,
   - Varizelle-Zoster-Virus (VZV) oder
   - Vibrio cholerae;
2. nicht gezielten Tätigkeiten mit biologischen Arbeitsstoffen der Risikogruppe 4 bei Kontaktmöglichkeit zu infizierten Proben oder Verdachtsproben oder erkrankten oder krankheitsverdächtigen Personen oder Tieren einschließlich deren Transport sowie

3. nachfolgend aufgeführten nicht gezielten Tätigkeiten
   a) in Forschungseinrichtungen oder Laboratorien: regelmäßige Tätigkeiten mit Kontaktmöglichkeit zu infizierten Proben oder Verdachtsproben, zu infizierten Tieren oder krankheitsverdächtigen Tieren beziehungsweise zu erregerhaltigen oder kontaminierten Gegenständen oder Materialien hinsichtlich eines biologischen Arbeitsstoffes nach Nummer 1;
   b) in Tuberkuloseabteilungen und anderen pulmologischen Einrichtungen: Tätigkeiten mit regelmäßigem Kontakt zu erkrankten oder krankheitsverdächtigen Personen hinsichtlich Mycobacterium bovis oder Mycobacterium tuberculosis;
   c) in Einrichtungen zur medizinischen Untersuchung, Behandlung und Pflege von Menschen:
      aa) Tätigkeiten mit regelmäßigem direkten Kontakt zu erkrankten oder krankheitsverdächtigen Personen hinsichtlich
         – Bordetella pertussis,
         – Hepatitis-A-Virus (HAV),
         – Masernvirus,
         – Mumpsvirus oder
         – Rubivirus,
      bb) Tätigkeiten, bei denen es regelmäßig und in größerem Umfang zu Kontakt mit Körperflüssigkeiten, Körperausscheidungen oder Körpergewebe kommen kann, insbesondere Tätigkeiten mit erhöhter Verletzungsgefahr oder Gefahr von Verspritzen und Aerosolbildung, hinsichtlich
         – Hepatitis-B-Virus (HBV) oder
         – Hepatitis-C-Virus (HCV);
      dies gilt auch für Bereiche, die der Versorgung oder der Aufrechterhaltung dieser Einrichtungen dienen;
   d) in Einrichtungen zur medizinischen Untersuchung, Behandlung und Pflege von Kindern, ausgenommen Einrichtungen ausschließlich zur Betreuung von Kindern: Tätigkeiten mit regelmäßigem direkten Kontakt zu erkrankten oder krankheitsverdächtigen Kindern hinsichtlich Varizella-Zoster-Virus (VZV); Buchstabe c bleibt unberührt;
   e) in Einrichtungen ausschließlich zur Betreuung von Menschen: Tätigkeiten, bei denen es regelmäßig und in größerem Umfang zu Kontakt mit Körperflüssigkeiten, Körperausscheidungen oder Körpergewebe kommen kann, insbesondere Tätigkeiten mit erhöhter Verletzungsgefahr oder Gefahr von Verspritzen und Aerosolbildung, hinsichtlich
      – Hepatitis-A-Virus (HAV),
      – Hepatitis-B-Virus (HBV) oder
      – Hepatitis-C-Virus (HCV);
   f) in Einrichtungen zur vorschulischen Betreuung von Kindern: Tätigkeiten mit regelmäßigem direkten Kontakt zu Kindern hinsichtlich
      – Bordetella pertussis,
      – Masernvirus,
      – Mumpsvirus,
      – Rubivirus oder
      – Varizella-Zoster-Virus (VZV); Buchstabe e bleibt unberührt;
   g) in Notfall- und Rettungsdiensten: Tätigkeiten, bei denen es regelmäßig und in größerem Umfang zu Kontakt mit Körperflüssigkeiten, Körperausscheidungen oder Körpergewebe kommen kann, insbesondere Tätigkeiten mit erhöhter Verletzungsgefahr oder Gefahr von Verspritzen und Aerosolbildung, hinsichtlich Hepatitis-B-Virus (HBV) oder Hepatitis-C-Virus (HCV);
   h) in der Pathologie: Tätigkeiten, bei denen es regelmäßig und in größerem Umfang zu Kontakt mit Körperflüssigkeiten, Körperausscheidungen oder Körper-

gewebe kommen kann, insbesondere Tätigkeiten mit erhöhter Verletzungsgefahr oder Gefahr von Verspritzen und Aerosolbildung, hinsichtlich Hepatitis-B-Virus (HBV) oder Hepatitis-C-Virus (HCV);
i) in Kläranlagen oder in der Kanalisation: Tätigkeiten mit regelmäßigem Kontakt zu fäkalienhaltigen Abwässern oder mit fäkalienkontaminierten Gegenständen hinsichtlich Hepatitis-A-Virus (HAV);
j) in Einrichtungen zur Aufzucht und Haltung von Vögeln oder zur Geflügelschlachtung: regelmäßige Tätigkeiten mit Kontaktmöglichkeit zu infizierten Proben oder Verdachtsproben, zu infizierten Tieren oder krankheitsverdächtigen Tieren beziehungsweise zu erregerhaltigen oder kontaminierten Gegenständen oder Materialien, wenn dabei der Übertragungsweg gegeben ist, hinsichtlich Chlamydophila psittaci (aviäre Stämme);
k) in einem Tollwut gefährdeten Bezirk: Tätigkeiten mit regelmäßigem Kontakt zu frei lebenden Tieren hinsichtlich Tollwutvirus;
l) in oder in der Nähe von Fledermaus-Unterschlupfen: Tätigkeiten mit engem Kontakt zu Fledermäusen hinsichtlich Europäischem Fledermaus-Lyssavirus (EBLV 1 und 2);
m) auf Freiflächen, in Wäldern, Parks und Gartenanlagen, Tiergärten und Zoos: regelmäßige Tätigkeiten in niederer Vegetation oder direkter Kontakt zu frei lebenden Tieren hinsichtlich
    aa) Borrelia burgdorferi oder
    bb) in Endemiegebieten Frühsommermeningoenzephalitis-(FSME)-Virus.

(2) Angebotsvorsorge:
1. Hat der Arbeitgeber keine Pflichtvorsorge nach Absatz 1 zu veranlassen, muss er den Beschäftigten Angebotsvorsorge anbieten bei
   a) gezielten Tätigkeiten mit biologischen Arbeitsstoffen der Risikogruppe 3 der Biostoffverordnung und nicht gezielten Tätigkeiten, die der Schutzstufe 3 der Biostoffverordnung zuzuordnen sind oder für die eine vergleichbare Gefährdung besteht,
   b) gezielten Tätigkeiten mit biologischen Arbeitsstoffen der Risikogruppe 2 der Biostoffverordnung und nicht gezielten Tätigkeiten, die der Schutzstufe 2 der Biostoffverordnung zuzuordnen sind oder für die eine vergleichbare Gefährdung besteht, es sei denn, nach der Gefährdungsbeurteilung und auf Grund der getroffenen Schutzmaßnahmen ist nicht von einer Infektionsgefährdung auszugehen;
   c) Tätigkeiten mit Exposition gegenüber sensibilisierend oder toxisch wirkenden biologischen Arbeitsstoffen, für die nach Absatz 1, Buchstabe a oder b keine arbeitsmedizinische Vorsorge vorgesehen ist;
2. § 5 Abs. 2 gilt entsprechend, wenn als Folge einer Exposition gegenüber biologischen Arbeitsstoffen
   a) mit einer schweren Infektionskrankheit gerechnet werden muss und Maßnahmen der postexpositionellen Prophylaxe möglich sind oder
   b) eine Infektion erfolgt ist;
3. Am Ende einer Tätigkeit, bei der eine Pflichtvorsorge nach Absatz 1 zu veranlassen war, hat der Arbeitgeber eine Angebotsvorsorge anzubieten.

(3) Gentechnische Arbeiten mit humanpathogenen Organismen:
Die Absätze 1 und 2 zu Pflicht- und Angebotsvorsorge gelten entsprechend bei gentechnischen Arbeiten mit humanpathogenen Organismen.

Teil 3 Tätigkeiten mit physikalischen Einwirkungen

(1) Pflichtvorsorge bei:
1. Tätigkeiten mit extremer Hitzebelastung, die zu einer besonderen Gefährdung führen können;

2. Tätigkeiten mit extremer Kältebelastung (- 25° Celsius und kälter);
3. Tätigkeiten mit Lärmexposition, wenn die oberen Auslösewerte von $L_{ex,8h}$ = 85 dB(A) beziehungsweise $L_{pC,peak}$ = 137 dB(C) erreicht oder überschritten werden. Bei der Anwendung der Auslösewerte nach Satz 1 wird die dämmende Wirkung eines persönlichen Gehörschutzes der Beschäftigten nicht berücksichtigt;
4. Tätigkeiten mit Exposition durch Vibrationen, wenn die Expositionsgrenzwerte
   a) A(8) = 5 m/s² für Tätigkeiten mit Hand-Arm-Vibrationen oder
   b) A(8) = 1,15 m/s² in X- oder Y-Richtung oder A(8) = 0,8 m/s² in Z-Richtung für Tätigkeiten mit Ganzkörper-Vibrationen
   erreicht oder überschritten werden;
5. Tätigkeiten unter Wasser, bei denen der oder die Beschäftigte über ein Tauchgerät mit Atemgas versorgt wird (Taucherarbeiten);
6. Tätigkeiten mit Exposition durch inkohärente künstliche optische Strahlung, wenn am Arbeitsplatz die Expositionsgrenzwerte nach § 6 der Arbeitsschutzverordnung zu künstlicher optischer Strahlung vom 19. Juli 2010 (BGBl. I S. 960) in der jeweils geltenden Fassung überschritten werden.

(2) Angebotsvorsorge bei:
1. Tätigkeiten mit Lärmexposition, wenn die unteren Auslösewerte von $L_{ex,8h}$ = 80 dB(A) beziehungsweise $L_{pC,peak}$ = 135 dB(C) überschritten werden. Bei der Anwendung der Auslösewerte nach Satz 1 wird die dämmende Wirkung eines persönlichen Gehörschutzes der Beschäftigten nicht berücksichtigt;
2. Tätigkeiten mit Exposition durch Vibrationen, wenn die Auslösewerte von
   a) A(8) = 2,5 m/s² für Tätigkeiten mit Hand-Arm-Vibrationen oder
   b) A(8) = 0,5 m/s² für Tätigkeiten mit Ganzkörper-Vibrationen
   überschritten werden;
3. Tätigkeiten mit Exposition durch inkohärente künstliche optische Strahlung, wenn am Arbeitsplatz die Expositionsgrenzwerte nach § 6 der Arbeitsschutzverordnung zu künstlicher optischer Strahlung vom 19. Juli 2010 (BGBl. I S. 960) in der jeweils geltenden Fassung überschritten werden können;
4. Tätigkeiten mit wesentlich erhöhten körperlichen Belastungen, die mit Gesundheitsgefährdungen für das Muskel-Skelett-System verbunden sind durch
   a) Lastenhandhabung beim Heben, Halten, Tragen, Ziehen oder Schieben von Lasten,
   b) repetitive manuelle Tätigkeiten oder
   c) Arbeiten in erzwungenen Körperhaltungen im Knien, in langdauerndem Rumpfbeugen oder -drehen oder in vergleichbaren Zwangshaltungen.

Teil 4 Sonstige Tätigkeiten

(1) Pflichtvorsorge bei:
1. Tätigkeiten, die das Tragen von Atemschutzgeräten der Gruppen 2 und 3 erfordern;
2. Tätigkeiten in Tropen, Subtropen und sonstige Auslandsaufenthalte mit besonderen klimatischen Belastungen und Infektionsgefährdungen. Abweichend von § 3 Abs. 2 Satz 1 in Verbindung mit § 7 dürfen auch Ärzte oder Ärztinnen beauftragt werden, die zur Führung der Zusatzbezeichnung Tropenmedizin berechtigt sind.

(2) Angebotsvorsorge bei:
1. Tätigkeiten an Bildschirmgeräten
   Die Angebotsvorsorge enthält das Angebot auf eine angemessene Untersuchung der Augen und des Sehvermögens. Erweist sich aufgrund der Angebotsvorsorge eine augenärztliche Untersuchung als erforderlich, so ist diese zu ermöglichen. § 5 Abs. 2 gilt entsprechend für Sehbeschwerden. Den Beschäftigten sind im erforderlichen Umfang spezielle Sehhilfen für ihre Arbeit an Bildschirmgeräten zur Verfü-

gung zu stellen, wenn Ergebnis der Angebotsvorsorge ist, dass spezielle Sehhilfen notwendig und normale Sehhilfen nicht geeignet sind;
2. Tätigkeiten, die das Tragen von Atemschutzgeräten der Gruppe 1 erfordern;
3. Am Ende einer Tätigkeit, bei der nach Absatz 1 Nummer 2 eine Pflichtvorsorge zu veranlassen war, hat der Arbeitgeber eine Angebotsvorsorge anzubieten.

Literatur: *Aligbe,* Arbeitsschutzrechtliche Bestimmungen bei Telearbeitsplätzen, ArbRAktuell 2016, 132 ff.; *Aligbe,* Einstellungs- und Eignungsuntersuchungen, 2015; *Aligbe,* Arbeitsmedizinische Vorsorgeuntersuchungen in Form von Pflichtuntersuchungen bei fehlenden Arbeitsplatzgrenzwerten, ASUMed 2012, 355–359; *Aligbe,* Rechtsschutzmöglichkeiten bei ärztlichen Bescheinigungen nach der ArbmedVV, ASUMed 2013, 138–139; *Bayreuther,* Einstellungsuntersuchungen, Fragerecht und geplantes Beschäftigtendatenschutzgesetz, NZA 2010, 679 ff.; *Beckschulze,* Die arbeitsmedizinische Untersuchung – Vorsorge oder Eignung – Teil 1, BB 2014, 1013 ff.; *Beckschulze,* Die arbeitsmedizinische Untersuchung – Vorsorge oder Eignung – Teil 2, BB 2014, 1077 ff.; *Behrens,* Eignungsuntersuchungen und Datenschutz, NZA 2014, 401 ff.; *Bücker,* Änderungen der Verordnung zur arbeitsmedizinischen Vorsorge, MedR 2014, 291 ff.; *Bücker,* Arbeitsmedizinische Pflichtvorsorge und der Grundsatz der freien Arztwahl, Anmerkung zu OVG Koblenz 29.10.2013, 2 A 11256/12.OVG, jurisPR-ArbR 39/2014 Anm. 2; *Bundesministerium für Arbeit und Soziales,* Zum Thema Eignungsuntersuchungen, (www.bmas.de/SharedDocs/Downloads/DE/Thema-Arbeitsschutz/zum-thema-eignungsuntersuchungen.html, abgerufen: 4.7.2017); *Bundesministerium für Arbeit und Soziales,* Arbeitsmedizinische Vorsorge nach der Verordnung zur arbeitsmedizinischen Vorsorge, 2016 (www.bmas.de/DE/Service/Medien/Publikationen/a453-arbeitsmedizinischen-vorsorge.html abgerufen 4.7.2017, zitiert: BMAS, Fragen und Antworten); *Drexler/Göen,* Biomonitoring in der arbeitsmedizinischen Praxis, ASUMed 2012, 449–459; *Feldhoff,* Mischarbeit bei nur stundenweise möglicher Tätigkeit am Bildschirm, Anm. zu LAG Berlin-Brandenburg 24.4.2014 – 21 Sa 1689/13, jurisPR-ArbR 12/2015 Anm. 6; *Helm/Steinicken,* Tod eines Gehandelten, ArbR 2013, 315–318; *Giesen,* Die Verordnung zur arbeitsmedizinischen Vorsorge – ArbMedVV, ZblArbeitsmed 2009, 119–125; *Giesen,* Die Ärztliche Schweigepflicht in der Arbeitsmedizin, ASUMed 2009, 524–531; *Goepfert/Rottmeier,* Prophylaktische medizinische Untersuchungen im laufenden Arbeitsverhältnis – Praxishinweise, BB 2015, 1912 ff.; *Fabricius,* Die Mitbestimmung des Betriebsrats bei der Umsetzung des neuen Arbeitsschutzgesetzes, BB 1997, 1254 ff.; *Janning/Hoffmann,* Arbeitsmedizinische Vorsorge zukunftsfest gemacht, ASUMed 2013, 270 ff; *Janning,* Neue Herausforderungen für die arbeitsmedizinische Vorsorge, DGUV-Forum 2011, Nr. 5, 20–21; *Kiesche,* Arbeitsmedizinische Vorsorge, 2. Aufl., 2015; *Kleinebrink,* Bedeutung von Gesundheitsuntersuchungen für Arbeitgeber nach neuem Recht, DB 2014, 776 ff.; *Kluckert/Kujath,* Pflichtberatungen, ein adäquater Ersatz für Pflichtuntersuchungen?, ZblArbeitsmed 2012, 202–205; *Kohte,* Die Gestaltung der arbeitsmedizinischen Vorsorge durch betriebliche Mitbestimmung, Hans Böckler Reihe study Nr. 341, 2016; *Kohte,* Kostenerstattung für Bildschirmbrille, Anme. zu VG Neustadt 3.11.2016 – 1 K 458/16.NW, jurisPR-ArbR 5/2017 Anm. 4; *Kohte,* Betriebliches Eingliederungsmanagement vor Versetzung und keine Pflicht zur Mitteilung von Eignungsuntersuchungsergebnissen, Anm. zu LAG Köln 12.12.2013 – 7 Sa 537/13, jurisPR-ArbR 49/2014 Anm. 2; *Kohte,* Individuelle Beschäftigungsverbote im System des heutigen Arbeitsrechts, in: Festschrift für Düwell, 2011, S. 152–171; *Kohte,* Arbeitsmedizinische Untersuchungen zwischen Fürsorge und Selbstbestimmung, in: Dieterich/Le Friant/Nogler/Kezuka/Pfarr, Gedächtnisschrift für Ulrich Zachert, 2010, S. 326–340; *Kohte,* Betriebsärzte zwischen Reduktion, Prävention und Integration, in: Gerlinger/Kümpers/Lenhardt/Wright (Hrsg.), Politik für Gesundheit, Festschrift für Rolf Rosenbrock, 2010, S. 280 ff.; *Kohte/Habich,* Kostentragungspflicht des Arbeitgebers bei Bildschirmbrille, CR 2000, 667 f.; *Koll,* Novellierung der Verordnung zur arbeitsmedizinischen Vorsorge, BG RCI Magazin 2014, Heft 3/4, 4 ff.; *Kujath,* Aktuelles von der Verordnung zur arbeitsmedizinischen Vorsorge, BG RCI Magazin 2015, Heft 11/12, 29 ff.; Länderausschuss für Arbeitsschutz und Sicherheitstechnik (Hrsg.), Bildschirmarbeitsverordnung, Auslegungshinweise zu unbestimmten Rechtsbegriffen, 2000 (zitiert: LASI); *Legerlotz/Schmidt,* Die arbeitsmedizinische Vorsorgeverordnung, ArbRB 2014, 317 ff.; *Letzel/Kern/Förster,* Arbeitsmedizin: Vorsorge wird neu geregelt, Deutsches Ärzteblatt 3/111 v. 17.1.2014, S. 72; *Letzel/Panter/Schoeller,* Qualifikationsvoraussetzungen zur Durchführung von ärztlichen Untersuchungen im betrieblichen Umfeld, ASUMed 2012, 314–317; *Müller-Knöss,* Rechtsvereinfachung und Stärkung der arbeitsmedizinischen Vorsorge, AiB 2010, 547–549; *Müller-Knöss,* Der Ausschuss für Arbeitsmedizin – die Arbeit der ersten Monate offenbart große Probleme, Gute Arbeit 2/2010, 30–33 und GA 5/2011 18 ff.; *Schlegel/Janning,* Arbeitsmedizinische Vorsorge – Baustein für Gesundheitsschutz und Beschäftigungsfähigkeit, GA 5/2011, 21 ff.; *Thüsing*, Ergonomie im Spannungsfeld von Arbeits-, Daten- und Diskriminierungsschutz, 2014; *Weber*, Die fähigkeitsgerechte Beschäftigung und die Bedeutung des Arbeitsschutzrechts für die Beschäftigungspflicht, 2015; *Werner*, Die rechtliche Zulässigkeit routinemäßiger Eignungsuntersuchungen, AuR 2017, 280–287.

Leitentscheidungen: LAG Berlin-Brandenburg 21.7.2016 – 21 Sa 51/16, AuR 2017, 216 (Ls.); VG Neustadt 3.11.2016 – 1 K 458/16.NW; OVG Rheinland-Pfalz 29.10.2013 – 2 A 11256/12.OVG.

I. Normzweck und Rechtssystematik 1	IV. Rechtsdurchsetzung und betriebliche Gestaltung. 22
II. Unionsrecht und Entstehung der Verordnung 4	V. Anhang Teil 4: Angebotsvorsorge bei Tätigkeiten an Bildschirmgeräten.................... 27
III. Anwendungsbereich, Begriffe und Pflichten. 7	

I. Normzweck und Rechtssystematik

1 Die Verordnung zur arbeitsmedizinischen Vorsorge, die gestützt auf §§ 18, 19 ArbSchG erlassen wurde und am 24.12.2008 in Kraft trat, soll die arbeitsmedizinische Vorsorge **einfacher, systematischer und transparenter regeln.**[1] Die Vorschriften zur arbeitsmedizinischen Vorsorge waren zuvor in verschiedenen staatlichen Verordnungen und in der Unfallverhütungsvorschrift „Arbeitsmedizinische Vorsorge" (BGV A4) geregelt. Der Verordnungsgeber ging davon aus, dass diese Unfallverhütungsvorschrift insbesondere durch die Novellierung der Gefahrstoffverordnung zum 1.1.2005 an Bedeutung verloren hatte und die parallele Rechtsetzung sowohl in staatlichem Recht als auch im Unfallverhütungsrecht fachlich nicht mehr begründbar sei.[2] Entsprechend dieser Zielstellung führt die Verordnung die allgemeinen Regelungen zur arbeitsmedizinischen Vorsorge aus bestehenden Arbeitsschutzverordnungen zusammen und vereinheitlicht diese. Im Anhang der Verordnung werden die Untersuchungsanlässe für Pflicht- und Angebotsvorsorge in systematischer Weise zusammengefasst: Für Tätigkeiten mit Gefahrstoffen (Teil 1 des Anhangs), Tätigkeiten mit biologischen Arbeitsstoffen einschließlich gentechnischer Arbeiten mit humanpathogenen Organismen (Teil 2 des Anhangs), Tätigkeiten mit physikalischen Einwirkungen (Teil 3 des Anhangs) und sonstige Tätigkeiten (Teil 4 des Anhangs) werden jeweils die Anlässe für Pflicht- bzw. Angebotsvorsorge aufgelistet. Am 31.10.2013 trat die **erste Verordnung zur Änderung der ArbMedVV** in Kraft, die insbesondere darauf zielt, die Rechtssicherheit durch Klarstellungen zu stärken, die Inanspruchnahme der Wunschvorsorge gem. § 11 ArbSchG, § 5 a ArbMedVV zu erhöhen und den Anhang der ArbMedVV zu aktualisieren.[3]

2 Der Verordnungsgeber hat sich 2008 bewusst gegen eine umfassende Neuregelung der arbeitsmedizinischen Prävention entschieden.[4] Die Verordnungsbegründung erläutert hierzu, dass Gegenstand der Verordnung arbeitsmedizinische Vorsorgeuntersuchungen und die individuelle arbeitsmedizinische Betreuung sind (= arbeitsmedizinische Sekundärprävention). Die arbeitsmedizinische **Primärprävention** hingegen sei **nicht in die Verordnung aufgenommen** worden. Gegenstand arbeitsmedizinischer Primärprävention, die auf die möglichst frühe Erfassung und Vermeidung von Risiken gerichtet sei und gem. § 4 Nr. 5 ArbSchG grundsätzlich Vorrang vor individuellen Arbeitsschutzmaßnahmen habe, seien in der Regel kollektive Arbeitsschutzmaßnahmen wie die Beteiligung betrieblicher Arbeitsmediziner an der Gefährdungsbeurteilung und der Unter-

---

1 Kollmer/Klindt/Schucht/Kreizberg ArbMedVV Einführung Rn. 2; Janning DGUV-Forum 2011, Nr. 5, 20 f.; Müller-Knöss AiB 2010, 547; Giesen ZblArbeitsmed 2009, 119 (120). **2** Begründung, BR-Drs. 643/08, 24; LR/Wiebauer/Kollmer ArbMedVV Einl. Rn. 1; Pieper ArbMedVV Vor § 1 Rn. 1. **3** Erste Verordnung zur Änderung der Verordnung zur arbeitsmedizinischen Vorsorge vom 23.10.2013, BGBl. I, 3882–3888; Koll BG RCI magazin 3/4 2014, 4 ff.; BMAS, Fragen und Antworten, S. 6; Kujath BG RCI 11/12 2015, 29 ff.; Legerlotz/Schmidt ArbRB 2014, 317 ff.; Janning/Hoffmann ASUMed 2013, 270 ff.; Letzel/Kern/Förster, Deutsches Ärzteblatt 3/111 v. 17.1.2014, S. 72; Bücker MedR 2014, 291 ff. **4** Begründung, BR-Drs. 643/08, 1, 24, 25.

weisung der Beschäftigten. Der Verordnungsgeber hielt eine Herausnahme der allgemeinen Regelungen zur arbeitsmedizinischen Primärprävention aus den Fachverordnungen und deren Überführung in die Verordnung zur arbeitsmedizinischen Vorsorge nicht für sinnvoll,[5] so dass die vorliegende Verordnung im Ergebnis im Wesentlichen **Maßnahmen der Sekundärprävention** zum Gegenstand hat. Eine sachgerechte Vereinheitlichung wurde damit allerdings nicht erreicht, da die ArbMedVV der gesetzgeberischen Entscheidung entsprechend die sonstigen arbeitsmedizinischen Präventionsmaßnahmen unberührt lässt und sich auf die arbeitsmedizinische Sekundärprävention konzentriert (§ 1 Abs. 3 ArbMedVV), obgleich wesentliche Probleme in der Praxis gerade in den Defiziten der arbeitsmedizinischen Primärprävention liegen.[6] Die Änderungsverordnung aus 2013 hat indes wichtige Verbesserungen gebracht und die Kohärenz zwischen ArbMedVV und ArbSchG erhöht. So wird nunmehr zB in den Begriffsbestimmungen klargestellt, dass der **Gesundheitsbegriff** in Übereinstimmung mit der Neufassung des § 4 ArbSchG (→ ArbSchG § 4 Rn. 7) auch in der ArbMedVV sowohl die Physis als auch die Psyche umfasst (§ 2 Abs. 1 Nr. 2 ArbMedVV). Es wird verdeutlicht, dass die Wunschvorsorge gem. § 11 ArbSchG den Anforderungen der ArbMedVV unterliegt,[7] und es wird insbesondere durch begriffliche Klarstellungen die arbeitsmedizinische Vorsorge noch deutlicher von Eignungs- und Einstellungsuntersuchungen abgegrenzt[8] und das Recht der Beschäftigten auf arbeitsmedizinische Vorsorge und Beratung sowie das Recht auf informationelle Selbstbestimmung und körperliche Unversehrtheit deutlicher gefasst,[9] so dass ArbMedVV und ArbSchG insoweit einem einheitlichen Leitbild folgen.

Neben Rechtsvereinfachung ist ein Ziel, das die ArbMedVV seit ihrem Erlass in 2008 verfolgt, die **Reduzierung arbeitsbedingter Erkrankungen,** die heute bei der arbeitsmedizinischen Vorsorge noch zu wenig Beachtung finden.[10] Als Beispiel hierfür nennt die Verordnungsbegründung Muskel-Skelett-Erkrankungen. Um einen flexiblen Rahmen zu schaffen, der die Erarbeitung von Kriterien und beispielhaften Untersuchungsanlässen für derartige Erkrankungen ermöglicht, hat der Verordnungsgeber auch die in § 11 ArbSchG geregelte Wunschvorsorge in die Verordnung aufgenommen.[11] Betriebe und Beschäftigte sollen dadurch Orientierung erhalten, wann arbeitsmedizinische Vorsorge zusätzlich zur Pflicht- und Angebotsvorsorge geboten ist. Schließlich soll die Verordnung die Verzahnung mit allgemeinen Maßnahmen der Gesundheitsvorsorge, wie sie insbesondere in größeren Betrieben in Form von Gesundheitsprogrammen realisiert werden, stärken (§ 3 Abs. 1 S. 3 ArbMedVV).[12]

II. Unionsrecht und Entstehung der Verordnung

Indem die vorliegende Verordnung arbeitsmedizinische Vorsorge regelt, setzt sie **unionsrechtliche Vorgaben** um.[13] Gem. Art. 14 EG-Rahmenrichtlinie 89/391/EWG sind zur Gewährleistung der Überwachung der Gesundheit geeignete Maßnahmen dergestalt zu treffen, dass jeder Arbeitnehmer sich auf Wunsch einer regelmäßigen präventivmedizinischen Überwachung unterziehen kann. Zum Schutze besonders gefährdeter Risikogruppen sind gem. Art. 15 Rahmen-RL 89/391/EWG ggf. zwingende Maßnahmen zu treffen.[14] Rechte der Beschäftigten auf präventivmedizinische Untersuchung werden zudem auch in den jeweiligen fachspezifischen Einzelrichtlinien (zB Art. 9 Bildschirmarbeits-RL 90/270/EWG,[15] Art. 10 Abs. 2 Lärmschutz-RL 2003/10/EWG)[16] normiert.

Der deutsche Gesetzgeber sah ursprünglich in dem Entwurf des Arbeitsschutzrahmengesetzes, das die Vorgaben der Rahmenrichtlinie umsetzen sollte, einen eigenständigen

---

5 Begründung, BR-Drs. 643/08, 1, 24, 25. **6** Kohte in: FS Rosenbrock 2010, S. 280 ff. **7** BR-Drs. 327/13, 24. **8** BR-Drs. 327/13, 24; BMAS, Fragen und Antworten, Nr. 2.8. **9** BR-Drs. 327/13, 17. **10** LR/Wiebauer/Kollmer ArbMedVV Einl. Rn. 2. **11** Begründung, BR-Drs. 643/08, 1, 25. **12** LR/Wiebauer/Kollmer ArbMedVV Einl. Rn. 3. **13** Begründung, BR-Drs. 643/08, 1, 25, 27. **14** Münch/ArbR/Kohte § 296 Rn. 26; BFK Rn. 271, 619 ff.; vgl. EuArbR/Klindt/Schucht RL 89/391/EWG Rn. 87, 114. **15** ABl. EG L 156, 14–18. **16** ABl. EG. L 42, 38–44.

Abschnitt zur arbeitsmedizinischen Vorsorge vor.[17] Nach einer lebhaften Debatte entschied sich der Gesetzgeber für eine **schlanke Umsetzung** der Rahmenrichtlinien und beschränkte sich in dem 1996 in Kraft getretenen Arbeitsschutzgesetz auf eine **weitgehend wörtliche Umsetzung des Art. 14 Rahmen-RL 89/391/EWG**, indem er in § 11 ArbSchG ein Recht auf Wunschuntersuchungen normierte. Im Übrigen blieben die Vorschriften zu arbeitsmedizinischer Vorsorge auf unterschiedliche Vorschriften verteilt. Ziel der 2008 erlassenen ArbMedVV ist es, das vorhandene Recht durch systematischere und transparentere Regelungen zu **vereinfachen**[18] und auch die **Verzahnung arbeitsmedizinischer Vorsorge mit allgemeinen Maßnahmen der Gesundheitsvorsorge** zu stärken.[19]

6 Auch wenn diese Zielstellung des Verordnungsgebers Zustimmung verdient, ist kritisch zu vermerken, dass die Umsetzung der Leitbilder des europäischen Arbeitsumweltrechts noch nicht vollständig gelungen ist. Positiv ist, dass insbesondere durch die erste Verordnung zur Änderung der ArbMedVV in 2013 die Wunschvorsorge gem. § 11 ArbSchG, § 5 a ArbMedVV gestärkt, deren Bedeutung für die arbeitsmedizinische Vorsorge in einer modernen Arbeitswelt betont und eine klare Abgrenzung zu Eignungs- und Einstellungsuntersuchungen vollzogen wurde.[20] Dem Leitbild des europäischen Umweltrechts entsprechend liegt der ArbMedVV ein weiter Gesundheitsbegriff, der Physis und Psyche umfasst, zugrunde und der Aufklärung und Beratung der Beschäftigten wird eine wesentliche Funktion beigemessen. Weniger überzeugt hingegen die Verzahnung zwischen individueller, arbeitsmedizinischer Vorsorge und kollektiv ausgerichteten Maßnahmen arbeitsmedizinischer Primärprävention, die ihren Ort im Arbeitsschutz- und Arbeitssicherheitsgesetz gefunden haben. Schon die Aufteilung auf unterschiedliche Gesetze ist einer effektiven Verzahnung nicht dienlich. Schwerer wiegt hingegen die zu schwache inhaltliche Verzahnung: Gem. §§ 6 Abs. 4 S. 2, 8 Abs. 1 S. 1 ArbMedVV sind eine erneute Überprüfung der Gefährdungsbeurteilung und zusätzliche Schutzmaßnahmen nur vorgesehen, wenn der Arzt oder die Ärztin durch Auswertung der arbeitsmedizinischen Vorsorge zu dem Ergebnis gelangt, dass Anhaltspunkte für unzureichende Schutzmaßnahmen bestehen. Dem Leitbild des europäischen Arbeitsumweltrechts würde es besser entsprechen, wenn der Vorrang kollektiver Schutzmaßnahmen, der auch in § 4 Nr. 5 ArbSchG normiert und in der Begründung zum Verordnungsentwurf ausdrücklich erwähnt wird,[21] in der ArbMedVV deutlich hervorgehoben würde und negative Ergebnisse präventivmedizinischer Untersuchungen stets eine Überprüfung der Gefährdungsbeurteilung zur Folge hätten. Unzulänglich ist auch die Rolle der Arbeitnehmervertreter ausgestaltet.[22] Zwar bestehen Mitbestimmungsrechte des Betriebsrats im Hinblick auf die Ausgestaltung der präventivmedizinischen Überwachung im Betrieb gem. § 87 Abs. 1 Nr. 7 BetrVG (→ BetrVG § 87 Rn. 63), doch versäumt die ArbMedVV, die unionsrechtlich gewollte Beteiligung zu benennen und auszugestalten.

III. Anwendungsbereich, Begriffe und Pflichten

7 Der **Anwendungsbereich** der ArbMedVV stimmt gem. § 1 Abs. 2 ArbMedVV mit dem in § 1 und 2 Abs. 2 ArbSchG definierten Anwendungsbereich (→ ArbSchG § 1 Rn. 13 ff., → ArbSchG § 2 Rn. 13ff.) überein, so dass die ArbMedVV für Arbeitnehmer, Auszubildende, arbeitnehmerähnliche Personen, Beamte, Richter, Soldaten und in Werkstätten für Behinderte Beschäftigte gilt. Ausgenommen sind gem. § 1 Abs. 2 ArbSchG Hausangestellte, Beschäftigte auf Seeschiffen und dem Bergrecht unterliegende Betriebe, soweit dafür entsprechende Vorschriften bestehen. Aus der in § 1 Abs. 2 ArbMedVV getroffenen Festlegung des Anwendungsbereichs folgt, dass die ArbMedVV auf Regelungen zur arbeitsmedizinischen Vorsorge, die außerhalb des Anwendungsbereichs des ArbSchG liegen, keine Anwendung findet. Dies gilt zum Beispiel für die Strahlenschutzverordnung und die Röntgenverordnung. Beide Verordnungen

---

17 Kohte in: GS Zachert, S. 326, 331 f.; Münch/ArbR/Kohte § 296 Rn. 28; Gesetzentwurf, BT-Drs. 12/6752, 10. **18** Begründung, BR-Drs. 643/08, 1, 24. **19** Begründung, BR-Drs. 643/08, 1, 27. **20** BR-Drs. 327/13, 17 f. **21** Begründung, BR-Drs. 643/08, 24. **22** BFK Rn. 267 ff.

normieren zB eine rechtliche Pflicht, sich Untersuchungen zu unterziehen, und entsprechen insoweit nicht der Konzeption der ArbMedVV.

Die zentralen Begriffe der ArbMedVV werden in § 2 ArbMedVV definiert. Als solche unterscheidet die Verordnung Pflichtvorsorge (§ 2 Abs. 2 ArbMedVV), Angebotsvorsorge (§ 2 Abs. 3 ArbMedVV) und Wunschvorsorge (§ 2 Abs. 4 ArbMedVV).[23] Die Verordnung übernimmt damit eine Struktur, die nach dem Gefährdungspotenzial des jeweiligen Untersuchungsanlasses differenziert und bereits mit der Novellierung der Gefahrstoffverordnung vom 23.12.2004[24] in der Gefahrstoffverordnung und der Biostoffverordnung eingeführt wurde.[25] Die in der Verordnung aus 2008 verwendeten Begriffe[26] der „Pflichtuntersuchung", „Angebotsuntersuchung" und „Wunschuntersuchung" wurden durch die erste Verordnung zur Änderung der ArbMedVV im Jahr 2013 durch die Begriffe „Pflichtvorsorge", „Angebotsvorsorge" und „Wunschvorsorge" ersetzt. Mit dieser Änderung reagiert der Verordnungsgeber darauf, dass in der Praxis aus den früheren Formulierungen teilweise ein Untersuchungszwang abgeleitet wurde. Durch die Begriffe der Pflicht-, Angebots- und Wunschvorsorge soll klargestellt werden, dass die arbeitsmedizinische Vorsorge der individuellen Aufklärung und Beratung der Beschäftigten dient und dass hinsichtlich körperlicher oder klinischer Untersuchungen keine Duldungspflicht und damit auch kein Untersuchungszwang besteht.[27] Unter § 2 Abs. 1 Nr. 5 ArbMedVV wird ausdrücklich klargestellt, dass Eignungs- und Einstellungsuntersuchungen nicht Teil der arbeitsmedizinischen Vorsorge sind, so dass Untersuchungen, die allein oder überwiegend der Feststellung der Eignung einer bestimmten Person für eine bestimmte Tätigkeit dienen, nicht der ArbMedVV unterfallen und auf andere Rechtsgrundlagen gestützt werden müssen.[28] Eignungsuntersuchungen zielen nicht auf arbeitsmedizinische Vorsorge, sondern verfolgen vorrangig Arbeitgeber- oder Drittschutzinteressen und sollen klären, ob ein Beschäftigter oder ein Bewerber die mit einer bestimmten Tätigkeit verbundenen gesundheitlichen Anforderungen erfüllt. Ist dies nicht der Fall, so darf die Tätigkeit nicht ausgeführt werden.[29] Beispiele sind § 11 DruckLV, §§ 2, 3 GesBergVO, § 60 StrlSchV sowie § 48 FahrerlaubnisV und § 4 LuftVG.[30] Eignungsuntersuchungen sind auch zT Gegenstand der sogenannten G-Grundsätze, die von der Deutschen Gesetzlichen Unfallversicherung herausgegeben werden.[31] Große Bedeutung haben in der Praxis zB die Untersuchungsgrundsätze für „Fahr-, Steuer und Überwachungstätigkeiten" (G 25) und die Grundsätze für „Arbeiten mit Absturzgefahr" (G 41). Diese Grundsätze haben aber keinen Gesetzescharakter und sind deswegen keine ausreichende gesetzliche Grundlage für Eignungsuntersuchungen.[32] Durch § 2 Abs. 1 Nr. 5 ArbMedVV und § 3 Abs. 3 S. 2 ArbMedVV hat der Gesetzgeber klargestellt, dass arbeitsmedizinische Vorsorge und Eignungsuntersuchungen voneinander zu trennen sind. Wenn Arbeitsschutzuntersuchungen nicht als Vorsorge, sondern als Eignungsuntersuchungen durchgeführt werden sollen, so bedarf dies gem. § 18 Abs. 2 Nr. 4 ArbSchG einer entsprechenden konkreten Regelung (→ Rn. 25 f.).[33] Durch die erste Verordnung zur Änderung der ArbMedVV erfolgten auch wichtige Klarstellungen bezüglich des Begriffs der arbeitsmedizinischen Vorsorge: In § 2 Abs. 1 ArbMedVV wird festgeschrieben, dass arbeitsmedizinische Vorsorge Teil der arbeitsmedizinischen Präventionsmaßnahmen im Betrieb ist (§ 2 Abs. 1 Nr. 1 ArbMedVV), der Gesundheitsbegriff die Physis und die Psyche umfasst (§ 2 Abs. 1 Nr. 2 ArbMedVV) und körperliche oder klinische Untersuchungen ergänzend zu dem

---

23 Vgl. LR/Wiebauer/Kollmer ArbMedVV Einl. Rn. 12 ff.; Pieper ArbMedVV § 2 Rn. 3–5. 24 BGBl. I, 3758. 25 Begründung, BR-Drs. 643/08, 29. 26 Siehe dazu: Schlegel/Janning Gute Arbeit 5/2011, 21 f. 27 BR-Drs. 327/13, 17. 28 BR-Drs. 327/13, 17. 29 BR-Drs. 327/13, 17; Kollmer/Klindt/Schucht/Kreizberg ArbMedVV § 2 Rn. 3; Behrens NZA 2014, 401 f.; Pieper ArbMedVV Vor § 1 Rn. 9 f.; Kohte, hbs-study Nr. 341, S. 15. 30 Beckschulze BB 2014, 1013. 31 www.dguv.de/de/praevention/themen-a-z/arb_vorsorge/dguv_grundsatz/index.jsp (abgerufen 11.7.2017); Pieper ArbMedVV Vor § 1 Rn. 9; Kohte, hbs-study Nr. 341, S. 24 ff. 32 BMAS, Fragen und Antworten, Nr. 2.12; Beckschulze BB 2014, 1077 (1079); Pieper ArbMedVV Vor § 1 Rn. 9; zu Untersuchungsvorbehalten und Rechtsgrundlagen für Eignungsuntersuchungen: Aligbe, Einstellungs- und Eignungsuntersuchungen, S. 70; Werner AuR 2017, 280 (281). 33 BMAS, Zum Thema Eignungsuntersuchungen; LR/Wiebauer/Kollmer ArbMedVV Einl. Rn. 31.

ärztlichen Beratungsgespräch nur zulässig sind, soweit diese für die individuelle Aufklärung und Beratung erforderlich sind und der oder die Beschäftigte diese Untersuchungen nicht ablehnt (§ 2 Abs. 1 Nr. 3 ArbMedVV). Diese Definition arbeitsmedizinischer Vorsorge reflektiert den Umstand, dass die Achtung und der Schutz der Menschenwürde sowie das Recht auf Leben und körperliche Unversehrtheit durch Art. 1 GG und Art. 2 Abs. 1, 2 S. 1 GG geboten und medizinische Maßnahmen gegen den Willen des Patienten grundsätzlich unzulässig sind, selbst wenn sie medizinisch indiziert sind.[34]

9 Der **Arbeitgeber**[35] ist gem. § 3 Abs. 1 ArbMedVV verpflichtet, auf der Grundlage der Gefährdungsbeurteilung eine **angemessene arbeitsmedizinische Vorsorge zu gewährleisten**. Dies schließt insbesondere die erforderlichen Maßnahmen zur Realisierung von Pflichtvorsorge gem. § 4 ArbMedVV, Angebotsvorsorge gem. § 5 ArbMedVV und Wunschvorsorge gem. § 5 a ArbMedVV ein. Die Gesetzesbegründung hebt ausdrücklich hervor, dass der Arbeitgeber verpflichtet ist, die Arbeitnehmer über deren Anspruch auf eine arbeitsmedizinische Untersuchung zu informieren. Dies kann im Rahmen den allgemeinen Beratung sowie im Rahmen der allgemeinen Unterweisung nach § 12 GefStoffV geschehen.[36] Gem. § 3 Abs. 1 S. 2 ArbMedVV hat der Arbeitgeber die Vorschriften der Verordnung einschließlich des Anhangs und die nach § 9 Abs. 4 ArbMedVV bekannt gegebenen Arbeitsmedizinischen Regeln und Erkenntnisse zu berücksichtigen. Der Stand der arbeitsmedizinischen Erkenntnisse und Regeln wird durch den Ausschuss für Arbeitsmedizin ermittelt und in Form sogenannter Arbeitsmedizinischer Regeln durch das Bundesministerium für Arbeit und Soziales gem. § 9 Abs. 4 ArbMedVV veröffentlicht. Gem. § 3 Abs. 1 S. 3 ArbMedVV ist zugunsten des Arbeitgebers jeweils davon auszugehen, dass die in den AMR konkretisierten gesetzlichen Anforderungen erfüllt sind, wenn die AMR eingehalten werden. Die derzeit vorliegenden Regeln betreffen zB Fristen für die Veranlassung/das Angebot arbeitsmedizinischer Vorsorge (AMR Nr. 2.1), erforderliche Auskünfte/Informationen über die Arbeitsplatzverhältnisse (AMR 3.1), Anforderungen an das Angebot arbeitsmedizinischer Vorsorgeuntersuchungen (AMR Nr. 5.1), Fristen für die Aufbewahrung ärztlicher Unterlagen (AMR Nr. 6.1) oder die Gestaltung der Vorsorgebescheinigung (AMR Nr. 6.3).[37] § 3 Abs. 2 ArbMedVV verpflichtet den Arbeitgeber, zur Durchführung arbeitsmedizinischer Vorsorge einen Arzt oder eine Ärztin zu beauftragen, der oder die berechtigt ist, die Bezeichnung „Arbeitsmedizin" oder die Zusatzbezeichnung „Betriebsmedizin" zu führen. Sofern ein Betriebsarzt oder eine Betriebsärztin bestellt ist, soll der Arbeitgeber diese auch mit der Vorsorge beauftragen (§ 3 Abs. 2 S. 2 ArbMedVV). Dadurch verliert der oder die Beschäftigte nicht das Recht auf freie Arztwahl. Ein solches Recht ist zum Schutz des allgemeinen Persönlichkeitsrechts (Art. 2 Abs. 1 GG iVm Art. 1 Abs. 1 GG) geboten. Das OVG Rheinland-Pfalz hat ein entsprechendes Recht im Fall einer Pflichtuntersuchung eines Feuerwehrbeamten zwar verneint.[38] Diese Entscheidung ist aber zum einen rechtsirrig (→ ArbSchG § 11 Rn. 14), zum anderen bezieht sie sich auf die alte Fassung der ArbMedVV. Für die durch die erste Änderungsverordnung geänderte Fassung der ArbMedVV kann die Entscheidung nicht mehr herangezogen werden, weil durch die Änderungsverordnung das allgemeine Persönlichkeitsrecht der Beschäftigten gestärkt und klargestellt wurde, dass – anders als das OVG annimmt – keine Pflicht der Beschäftigten besteht, sich klinischen oder körperlichen Untersuchungen zu unterziehen (§ 2 Abs. 1 Nr. 3 ArbMedVV).[39] Die Beauftragung des Betriebsarztes oder der Betriebsärztin hat grundsätzlich zusätzlich zu den Einsatzzeiten nach der DGUV Vorschrift 2 zu erfolgen.[40]

---

34 BR-Drs. 327/13, 24. **35** Zur Verteilung der Verantwortung zwischen Verleiher und Entleiher: Helm/Steinicken ArbR 2013, 315 ff. sowie → ArbSchG § 11 Rn. 13. **36** Begründung, BR-Drs. 643/08, 33. **37** http://www.baua.de/DE/Angebote/Rechtstexte-und-Technische-Regeln/Regelwerk/AMR/AMR.html (abgerufen 10.7.2017). **38** OVG Rheinland-Pfalz 29.10.2013 – 2 A 11256/12.OVG mAnm Bücker, jurisPR-ArbR 39/2014 Anm. 2. **39** BR-Drs. 327/13, 17, 24. **40** Begründung, BR-Drs. 643/08, 33.

Durch die erste Verordnung zur Änderung der ArbMedVV wurde in § 3 Abs. 3 S. 2 ArbMedVV klarstellend ergänzt, dass arbeitsmedizinische **Vorsorge nicht zusammen mit Eignungsuntersuchungen** durchgeführt werden soll und der oder die Beschäftigte über die unterschiedlichen Zwecke der Vorsorge und Eignungsuntersuchung zu informieren ist, wenn aus betrieblichen Gründen arbeitsmedizinische Vorsorge und Eignungsuntersuchungen zusammen durchgeführt werden.[41] Neu eingeführt wurde durch die Änderungsverordnung auch die Pflicht, eine **Vorsorgekartei für Pflicht-, Angebots- und Wunschvorsorge** zu führen. Eine Vorsorgekartei war vorher nur für Pflichtuntersuchungen vorgeschrieben. In der Praxis hatte sich die Vorsorgekartei bewährt und wurde deswegen auch verpflichtend für Angebots- und Wunschvorsorge. Durch die Vorsorgekartei weist der Arbeitgeber nach, dass er seine Pflichten erfüllt hat. Für die Beschäftigten ist die Datei ein wichtiges Hilfsmittel für die Erhaltung der Gesundheit und auch für mögliche Verfahren nach der Berufskrankheiten-Verordnung.[42]

10

Gem. § 7 Abs. 1 S. 1 ArbMedVV muss der beauftragte Arzt bzw. die beauftragte Ärztin berechtigt sein, die Gebietsbezeichnung „Arbeitsmedizin" oder die Zusatzbezeichnung „Betriebsmedizin" zu führen. Für einzelne Untersuchungsanlässe sind **Ausnahmen** möglich, sofern im Anhang der Verordnung eine entsprechende Regelung getroffen ist. Gestützt auf diese Ausnahme wird im Anhang zB für Untersuchungen des Sehvermögens aus Anlass von Bildschirmarbeiten geregelt, dass die Durchführung eines Sehtest auch durch andere fachkundige Personen erfolgen kann. Weitere Ausnahmen ermöglicht § 7 Abs. 2 ArbMedVV, die – wie die Gesetzesbegründung erläutert – insbesondere bei Tätigkeiten im Ausland erforderlich sein können, um die Einbeziehung von örtlichen Ärzten und Ärztinnen, die eine entsprechende Gebiets- oder Zusatzbezeichnung nicht führen, zu ermöglichen und damit unverhältnismäßige Untersuchungskosten zu vermeiden.[43]

11

Gem. § 4 ArbMedVV hat der Arbeitgeber bei bestimmten, im Anhang Teil 1 Abs. 1 der Verordnung konkret aufgelisteten Tätigkeiten **Pflichtvorsorge** zu veranlassen. Es handelt sich um Tätigkeiten mit einem besonders hohen Gefährdungspotenzial für die Beschäftigten. Der Arbeitgeber darf eine Tätigkeit nur ausüben lassen, wenn der oder die Beschäftigte an der Pflichtvorsorge teilgenommen hat (§ 4 Abs. 2 ArbMedVV). Daraus folgt eine Pflicht für Beschäftigte, an dem Termin zur Pflichtvorsorge teilzunehmen. Aufgrund von § 2 Abs. 1 Nr. 3 ArbMedVV sind Beschäftigte aber nicht verpflichtet, in körperliche oder klinische Untersuchungen einzuwilligen. Lehnen sie Untersuchungen ab, so beschränkt sich die Pflichtvorsorge auf ein ärztliches Beratungsgespräch.[44] Der Arbeitgeber hat gem. § 4 Abs. 1 S. 2 ArbMedVV vor Aufnahme der Tätigkeit und anschließend in regelmäßigen Abständen Pflichtvorsorge zu veranlassen. Die arbeitsmedizinische Regel Nr. 2.1. konkretisiert im Einzelnen für die unterschiedlichen Untersuchungsanlässe, wie der Begriff regelmäßig auszulegen und innerhalb welcher Fristen Pflichtvorsorge erneut zu veranlassen ist.[45]

12

Pflichtvorsorge ist ua für **Tätigkeiten mit** den speziell im Anhang Teil 1 Abs. 1 Nr. 1 ArbMedVV benannten **Gefahrstoffen** zu veranlassen. Die erste Verordnung zur Änderung der ArbMedVV hat diesbezüglich eine wichtige Klarstellung herbeigeführt: Die vorherige Regelung schrieb Pflichtuntersuchungen für den Fall vor, dass Arbeitsplatzgrenzwerte überschritten oder die Stoffe über die Haut aufgenommen werden konnten. Der Verordnungsgeber hatte ursprünglich erwartet, dass für alle Gefahrstoffe Arbeitsplatzgrenzwerte festgelegt werden können. Da jedoch für die fraglichen Stoffe schädliche Auswirkungen auf die Gesundheit nie ausgeschlossen werden können, wurden keine Grenzwerte festgelegt.[46] Dies hatte zur Folge, dass für Tätigkeiten mit krebserzeugenden oder erbgutverändernden Stoffen oder Zubereitungen des Anhangs Teil 1

13

---

41 Begründung, BR-Drs. 643/08, 33; BMAS, Fragen und Antworten, Nr. 2.9; Pieper ArbMedVV § 3 Rn. 6. **42** BR-Drs. 327/13, 26. **43** Begründung, BR-Drs. 643/08, 37. **44** Für eine Beibehaltung von Pflichtuntersuchungen: Kluckert/Kujath ZblArbeitsmed 2012, 202 ff. **45** AMR 6.0 „Fristen für die Veranlassung/das Angebot von arbeitsmedizinischer Vorsorge" (www.baua.de/DE/Angebote/Rechtstexte-und-Technische-Regeln/Regelwerk/AMR/AMR.html abgerufen 10.7.2017). **46** BR-Drs. 327/13, 16 f., 31 f.

Abs. 1 Nr. 1 ArbMedVV eine unbefriedigende Unklarheit bestand.[47] Auch wenn Anhang Teil 1 Abs. 1 Nr. 1 ArbMedVV zum Teil so ausgelegt wurde, dass auch ohne entsprechende Arbeitsplatzgrenzwerte Pflichtuntersuchungen durchgeführt werden mussten, ergaben sich weitere Probleme im Hinblick auf die Rechtfertigung eines Eingriffs in die Persönlichkeitsrechte der Beschäftigten.[48] Die Änderungsverordnung löst dieses Problem seit dem 31.10.2013, indem die Überschreitung von Arbeitsplatzgrenzwerten als Voraussetzung gestrichen wurde (Anhang Teil 1 Abs. 1 Nr. 1 Buchst. b ArbMedVV).

14 Für bestimmte, im Anhang zur ArbMedVV im Einzelnen konkretisierte gefährdende Tätigkeiten hat der Arbeitgeber den Beschäftigten gem. § 5 ArbMedVV **Angebotsvorsorge** anzubieten. Ein entsprechendes Angebot muss den Beschäftigten vor Aufnahme der Tätigkeit und anschließend in regelmäßigen Abständen gemacht werden. Wie für die Pflichtvorsorge konkretisiert die arbeitsmedizinische Regel Nr. 2.1 differenziert nach den einzelnen Tätigkeiten, innerhalb welcher Fristen erneut arbeitsmedizinische Vorsorge anzubieten ist. Anders als bei der Pflichtvorsorge besteht bei der Angebotsvorsorge keine Pflicht des Arbeitnehmers, einen Vorsorgetermin wahrzunehmen. Auch wenn der oder die Beschäftigte ein Vorsorgeangebot abgelehnt hat, bleibt der Arbeitgeber verpflichtet, regelmäßig arbeitsmedizinische Vorsorge anzubieten. Unterlässt er das Angebot, droht ihm ein Bußgeld gem. § 10 Abs. 1 Nr. 4 ArbMedVV.

15 Durch die erste Verordnung zur Änderung der ArbMedVV wurde klarstellend § 5 a ArbMedVV eingefügt. Die Vorschrift entspricht inhaltlich § 11 ArbSchG und normiert die Pflicht des Arbeitgebers, den Beschäftigten regelmäßig arbeitsmedizinische **Wunschvorsorge** zu ermöglichen. Es ist eines der wesentlichen Ziele der Änderungsverordnung, in den Bereichen, die nicht durch Pflicht- oder Angebotsvorsorge abgedeckt sind, die Inanspruchnahme arbeitsmedizinischer Vorsorge durch eine **Stärkung der Wunschvorsorge** zu erhöhen.[49] Der Verordnungsgeber betont in der Begründung des Verordnungsentwurfs, dass in der modernen Arbeitswelt vielfältige Belastungen und Beanspruchungen die Gesundheit gefährden können und erwähnt in diesem Zusammenhang insbesondere psychische Störungen, die im Zusammenhang mit der beruflichen Tätigkeit stehen können.[50] Der Anspruch auf Wunschvorsorge entfällt gem. § 5 a ArbMedVV, wenn aufgrund der Beurteilung der Arbeitsbedingungen und der getroffenen Schutzmaßnahmen nicht mit einem Gesundheitsschaden zu rechnen ist. Inhaltlich stimmen § 11 ArbSchG und § 5 a ArbMedVV vollständig überein. Die Formulierungen des § 11 ArbSchG wurden in § 5 a ArbMedVV inhaltsgleich übernommen, um die Rechtsanwendung zu vereinfachen und zu verdeutlichen, dass auch die Wunschvorsorge den Anforderungen der ArbMedVV unterliegt. Hinsichtlich des Zwecks und der Voraussetzungen des Anspruchs kann deswegen auf die Ausführungen zu § 11 ArbSchG verwiesen werden (→ ArbSchG § 11 Rn. 8 ff.).

16 Ärzte, die die arbeitsmedizinische Vorsorge im Betrieb durchführen, müssen berechtigt sein, die Gebietsbezeichnung „Arbeitsmedizin" oder die Zusatzbezeichnung „Betriebsmedizin" zu führen (→ ASiG §§ 2–7 Rn. 32) und dürfen keine Arbeitgeberfunktion gegenüber den Beschäftigten ausüben (§ 7 Abs. 1 ArbMedVV).[51] Die zuständige Behörde kann gem. § 7 Abs. 2 ArbMedVV hinsichtlich der Qualifikationsanforderungen Ausnahmen zulassen. Diese können insbesondere bei Tätigkeiten im Ausland erforderlich sein.[52] Bei der Durchführung der arbeitsmedizinischen Vorsorge hat der Arzt oder die Ärztin die Regelungen der ArbMedVV und die dem **Stand der Arbeitsmedizin entsprechenden Regeln und Kenntnisse** zu berücksichtigen, die sich ua in den vom Ausschuss für Arbeitsmedizin gem. § 9 Abs. 3 ArbMedVV ermittelten und vom Bundesministerium für Arbeit und Soziales bekannt gegebenen arbeitsmedizinischen Regeln (§ 9 Abs. 4 ArbMedVV) finden (§ 6 Abs. 1 S. 1 ArbMedVV). Vor Durchführung arbeitsmedizinischer Vorsorge muss der Arzt oder die Ärztin sich die notwendigen Kenntnisse über die Arbeitsplatzverhältnisse verschaffen (§ 6 Abs. 1 S. 2 ArbMedVV) und vor Durchfüh-

---

47 Siehe dazu Aligbe ASUMed 2012, 355 ff.; Gute Arbeit 5/2011, 24 f. **48** BR-Drs. 327/13, 16 f., 31 f. **49** BR-Drs. 327/13, 1. **50** BR-Drs. 327/13, 18. **51** Zu den Qualifikationsvoraussetzungen im Einzelnen: Letzel/Panter/Schoeller ASUMed 2012, 314 ff. **52** BR-Drs. 643/08, 37.

rung körperlicher oder klinischer Untersuchungen für jeden Einzelfall nach pflichtgemäßem Ermessen deren Erforderlichkeit prüfen (§ 6 Abs. 1 S. 3 ArbMedVV). Die **Pflicht zur Prüfung der Erforderlichkeit von körperlichen oder klinischen Untersuchungen** wurde durch die Änderungsverordnung in 2013 eingeführt und basiert auf einem vom Ausschuss für Arbeitsmedizin entwickelten Konzept, das darauf zielt, Untersuchungsmechanismen zu verhindern, körperliche und klinische Untersuchungen auf das erforderliche Maß zu beschränken und dadurch Beschäftigte vor unnötigen Eingriffen in ihre körperliche Unversehrtheit zu schützen.[53] Zu berücksichtigen hat der Arzt oder die Ärztin ua, welche Untersuchungen für eine angemessene arbeitsmedizinische Beratung im Einzelfall erforderlich sind, welche Aussagekraft mögliche Ergebnisse haben und welche Risiken mit der Untersuchung verbunden sind.[54]

Über Inhalt, Zweck und Risiken einer möglichen Untersuchung sind die Beschäftigten vorab durch den Arzt oder die Ärztin aufzuklären (§ 6 Abs. 1 S. 3 ArbMedVV). Durch die Änderungsverordnung aus 2013 wurde eine Klarstellung neu eingefügt, dass **körperliche und klinische Untersuchungen nicht gegen den Willen des oder der Beschäftigten** durchgeführt werden dürfen. Die Begründung zur Änderungsverordnung verweist darauf, dass nach der geltenden Rechtslage eine Behandlung gegen den Willen des Patienten grundsätzlich rechtswidrig ist, auch wenn sie medizinisch indiziert ist, und dass insbesondere der verfassungsrechtlich garantierte Schutz der Würde und der Freiheit des Menschen sowie des Rechts auf Leben und körperliche Unversehrtheit gebieten, die Rechtmäßigkeit eines Eingriffs von der Einwilligung des Patienten abhängig zu machen.[55] Gem. § 6 Abs. 1 S. 4 ArbMedVV hat der Arzt oder die Ärztin die **ärztliche Schweigepflicht** zu beachten (→ ASiG § 8 Rn. 10 ff.).[56] 17

Teil der arbeitsmedizinischen Vorsorge ist auch **Biomonitoring**, soweit dafür arbeitsmedizinisch anerkannte Analyseverfahren und geeignete Werte zur Beurteilung zur Verfügung stehen (§ 6 Abs. 2 S. 1 ArbMedVV).[57] Unter Biomonitoring versteht man die Untersuchung biologischen Materials von Beschäftigten zur Bestimmung von Gefahrstoffen, deren Metaboliten (Zwischenprodukten) oder deren biochemischen bzw. biologischen Effektparametern.[58] Wie bei körperlichen und klinischen Untersuchungen sieht die ArbMedVV keine Untersuchungsmechanismen vor, sondern überträgt dem Arzt oder der Ärztin die Aufgabe, über Indikation und Art des Biomonitoring im Hinblick auf den konkreten Einzelfall zu entscheiden.[59] Über den derzeitigen Stand der arbeitsmedizinischen Erkenntnisse hinsichtlich des Biomonitoring informiert die arbeitsmedizinische Regel Nr. 6.2. In § 6 Abs. 2 S. 2 ArbMedVV wird ausdrücklich klargestellt, dass Biomonitoring nicht gegen den Willen der Beschäftigten durchgeführt werden darf. 18

Durch die Änderungsverordnung aus 2013 wurde in § 6 Abs. 2 S. 3 und 4 ArbMedVV eine Regelung zu **Impfangeboten** neu eingefügt. Bislang waren Impfangebote auf die Pflichtvorsorge beschränkt und im Anhang zur ArbMedVV geregelt.[60] Aufgrund der Neufassung sind Impfungen nicht nur bei Pflicht-, sondern auch bei Angebots- und Wunschvorsorge anzubieten, wenn das Risiko einer Infektion tätigkeitsbedingt im Vergleich zur Allgemeinbevölkerung erhöht ist und nicht bereits ein ausreichender Immunschutz besteht (§ 6 Abs. 2 S. 3, 4 ArbMedVV).[61] 19

Der Arzt oder die Ärztin hat gem. § 6 Abs. 3 ArbMedVV Ergebnis und Befunde **schriftlich zu dokumentieren**, den oder die Beschäftigte darüber zu beraten, das Ergebnis dem oder der Beschäftigten auf Wunsch zugänglich zu machen und eine Vorsorgebescheinigung auszustellen, dass, wann und aus welchem Anlass ein arbeitsmedizinischer Vorsorgetermin stattgefunden hat. Die **Vorsorgebescheinigung** wurde durch die erste Ver- 20

---

[53] BR-Drs. 327/13, 17 f., 27 f. [54] BR-Drs. 327/13, 27 f. [55] BR-Drs. 327/13, 17, 24. [56] Ausführlich dazu: Giesen ASUMed 2009, 524 ff. [57] Zu Methoden und Beurteilungswerten: Drexler/Göen ASUMed 2012, 449 ff. [58] Siehe dazu: AMR Nr. 6.2. „Biomonitoring", Nr. 2.1. [59] Siehe dazu: AMR 6.2. „Biomonitoring", Nr. 1 (1.). [60] BR-Drs. 327/13, 19. [61] Zum Anspruch der Beschäftigten auf Kostenerstattung für Impfungen: ArbG Frankfurt 9.11.2011 – 6 Ca 874/11; Nebe/Kiesow, jurisPR-ArbR 24/2012 Anm. 6; zu möglichen Ersatzansprüchen des Arbeitgebers: VG Koblenz 6.3.2013 – 5 K 929/12.KO.

ordnung zur Änderung der ArbMedVV eingeführt und ersetzt die bis dahin nur für Pflichtuntersuchungen vorgesehene Information des Arztes an den Arbeitgeber darüber, ob gesundheitliche Bedenken bestehen.[62] Die Begründung zur Verordnungsänderung verweist darauf, dass insbesondere eine Bescheinigung über die gesundheitliche Unbedenklichkeit[63] zu einem Trugschluss über die Gefährlichkeit bzw. Unbedenklichkeit der Tätigkeit führen konnte. Die Neuregelung beseitigt zudem Schwierigkeiten und Rechtsunsicherheiten bezüglich der Abrechnung, da der Arbeitgeber nunmehr auch einen Nachweis über durchgeführte Angebots- oder Wunschvorsorge erhält.[64]

21 Hinsichtlich der **Auswertung der arbeitsmedizinischen Vorsorge** durch den Arzt hat die erste Verordnung zur Änderung der ArbMedVV[65] zu einer wichtigen Klarstellung geführt: Ergeben sich für den Arzt oder die Ärztin Anhaltspunkte, dass die Maßnahmen des Arbeitsschutzes für den Beschäftigten nicht ausreichen, so hat der Arzt oder die Ärztin den Arbeitgeber darüber zu informieren und ihm Schutzmaßnahmen vorzuschlagen (§ 6 Abs. 4 S. 2 ArbMedVV). Hält der Arzt oder die Ärztin einen Tätigkeitswechsel aus Gründen, die allein in der Person des oder der Beschäftigten liegen, für erforderlich, so darf diese **Mitteilung** aufgrund des neu eingefügten § 6 Abs. 4 S. 3 ArbMedVV **an den Arbeitgeber nur mit Einwilligung des oder der Beschäftigten** gegeben werden. Hintergrund dieser Regelung ist, dass die Information für Beschäftigte mit weitreichenden Folgen bis hin zum Verlust des Arbeitsplatzes verbunden sein kann.[66] Durch die Neuregelung wird das Recht der Beschäftigten auf informationelle Selbstbestimmung und freie Berufsausübung gestärkt.[67]

IV. Rechtsdurchsetzung und betriebliche Gestaltung

22 Die Pflicht des Arbeitgebers gem. §§ 3 ff. ArbMedVV für eine angemessene arbeitsmedizinische Überwachung der Arbeitnehmer im Sinne der ArbMedVV zu sorgen, ist eine **öffentlich-rechtliche Pflicht,** so dass die zuständige Behörde gegen einen Arbeitgeber, der es unterlässt, die einzelnen aus §§ 3 ff. ArbMedVV folgenden Pflichten zu erfüllen, gem. § 22 ArbSchG (→ ArbSchG § 22 Rn. 50 ff.) die erforderlichen Maßnahmen **anordnen** kann. Verstöße sind zudem **bußgeld- bzw. strafbewehrt:** Wenn ein Arbeitgeber vorsätzlich oder fahrlässig eine Pflichtvorsorge nicht rechtzeitig veranlasst, eine Tätigkeit ohne eine vorher erforderliche Pflichtvorsorge durchführen lässt, entgegen § 3 Abs. 4 S. 1 Hs. 1 ArbMedVV die Vorsorgekartei nicht oder nicht vollständig führt oder eine Angebotsvorsorge nicht oder nicht rechtzeitig anbietet, handelt er ordnungswidrig und kann gem. § 25 ArbSchG mit einer Geldbuße belegt werden (§ 10 Abs. 1 ArbMedVV). Werden durch einen entsprechenden vorsätzlichen Verstoß Leben oder Gesundheit gefährdet, kann der Arbeitgeber gem. § 26 ArbSchG mit Freiheitsstrafe bis zu zwei Jahren bestraft werden (§ 10 Abs. 2 ArbMedVV). Daneben hat der Arbeitnehmer einen **arbeitsvertraglichen Erfüllungsanspruch,** das heißt er kann von dem Arbeitgeber die Durchführung von Pflichtvorsorge bzw. die Ermöglichung von Angebotsvorsorge in einem arbeitsgerichtlichen Verfahren fordern.[68]

23 Für die Beteiligung des **Betriebs- oder Personalrats** gelten die allgemeinen Grundsätze (→ BetrVG § 87 Rn. 51). Der Betriebs- bzw. Personalrat hat die ordnungsgemäße Umsetzung der ArbMedVV im Betrieb zu **überwachen** und sich für deren Durchführung einzusetzen (§§ 80 Abs. 1 Nr. 1, 89 Abs. 1 S. 1 BetrVG, §§ 68 Abs. 1 Nr. 2, 81 BPersVG). Der Arbeitgeber hat den Betriebs- bzw. Personalrat rechtzeitig und umfassend über geplante Maßnahmen zur Gestaltung der arbeitsmedizinischen Vorsorge zu **informieren** (§ 80 Abs. 2 BetrVG, § 68 Abs. 2 BPersVG) und gem. § 8 Abs. 2 ArbMedVV sind dem Betriebs- oder Personalrat die Maßnahmen mitzuteilen, die der Arbeitgeber infolge einer Pflichtvorsorge gegenüber einem Arbeitnehmer getroffen hat.

---

[62] BR-Drs. 327/13, 18. [63] Zu Konfliktsituationen und Rechtsschutzmöglichkeiten: Aligbe ASU-Med 2013, 138 f. [64] BR-Drs. 327/13, 18. [65] Erste Verordnung zur Änderung der Verordnung zur arbeitsmedizinischen Vorsorge vom 23.10.2013, BGBl. I, 3882–3888. [66] Siehe dazu: Kohte in: FS Düwell, S. 152 ff.; BAG 15.6.2005 – 9 AZR 483/03, NZA 2005, 462 ff.; Kohte, jurisPR 49/2014 Anm. 2. [67] BR-Drs. 327/13, 29. [68] Pieper ArbMedVV Vor § 1 Rn. 15; LR/Wiebauer/Kollmer ArbMedVV Einl. Rn. 29.

Hinsichtlich der konkreten betrieblichen Ausgestaltung der präventivmedizinischen Überwachung bestehen **Mitbestimmungsrechte** des Betriebs- bzw. Personalrats gem. § 87 Abs. 1 Nr. 7 BetrVG bzw. § 75 Abs. 3 Nr. 11 BPersVG. Rahmenvorschriften im Sinne des § 87 Abs. 1 Nr. 7 BetrVG, die einen konkretisierungsbedürftigen Gestaltungsspielraum des Arbeitgebers eröffnen, sind insbesondere §§ 3, 4, 5, 5 a, 8 ArbMedVV.[69] Gem. § 3 Abs. 1 S. 1 ArbMedVV hat die arbeitsmedizinische Vorsorge auf der Grundlage der Gefährdungsbeurteilung zu erfolgen. Wie im Einzelnen im Hinblick auf die konkreten betrieblichen Umstände die Verzahnung zwischen der Gefährdungsbeurteilung und der arbeitsmedizinischen Vorsorge erfolgt, ist gesetzlich nicht vorgeschrieben und bedarf der Ausgestaltung durch die Betriebsparteien. Gleiches gilt für die Beauftragung eines Arztes oder einer Ärztin gem. §§ 3 Abs. 2, 7 ArbMedVV: In diesem Zusammenhang bedürfen zB der Grundsatz der freien Arztwahl und der Schutz des allgemeinen Persönlichkeitsrechts[70] der Beschäftigten einer konkreten Ausgestaltung unter Berücksichtigung der spezifischen betrieblichen Umstände. Auch die Pflicht-, Angebotsund Wunschvorsorge gem. §§ 4 ff. ArbMedVV bedürfen einer entsprechenden organisatorischen Ausgestaltung. Mitbestimmungsrechte des Betriebs- bzw. Personalrats ergeben sich schließlich auch aus § 8 Abs. 1 S. 1 ArbMedVV: Der Arbeitgeber ist nach dieser Vorschrift verpflichtet, die Gefährdungsbeurteilung zu überprüfen und die erforderlichen Schutzmaßnahmen zu treffen, wenn er durch den Arzt oder die Ärztin über unzureichende Schutzmaßnahmen informiert wurde. Der Betriebs- bzw. Personalrat hat in diesem Fall Mitwirkungsrechte sowohl hinsichtlich der Ausgestaltung der Überprüfung der Gefährdungsbeurteilung als auch hinsichtlich der Gestaltung der erforderlichen Schutzmaßnahmen.

Nachdem die erste Verordnung zur Änderung der ArbmedVV im Jahr 2013 durch begriffliche Klarstellungen noch deutlicher hervorgehoben hat, dass Eignungsuntersuchungen nicht auf der Grundlage der ArbMedVV erfolgen und die Ergebnisse arbeitsmedizinischer Vorsorge nicht ohne Einwilligung der Beschäftigten dem Arbeitgeber mitgeteilt werden dürfen, steht die bisherige Praxis der Einstellungs- und Eignungsuntersuchungen infrage.[71] Es existieren derzeit nur wenige gesetzliche Ermächtigungsgrundlagen für entsprechende Einstellungs- und Eignungsuntersuchungen (→ Rn. 8). Deswegen richtet sich in der Praxis das Augenmerk derzeit ua darauf, ob durch Betriebsvereinbarungen eine ausreichende Grundlage für Einstellungs- und Eignungsuntersuchungen geschaffen werden kann.[72] Nach der derzeit vorherrschenden Auffassung darf der Arbeitgeber im Rahmen der Einstellung eine gesundheitliche Untersuchung zum einen auf der Grundlage der (wenigen) gesetzlich geregelten Einstellungs- und Eignungsuntersuchungen verlangen (→ Rn. 8).[73] Zum anderen soll der Arbeitgeber eine Einstellungsuntersuchung auch unter den Voraussetzungen fordern dürfen, wie sie in der Rechtsprechung zu Fragen des Arbeitgebers nach dem Gesundheitszustand des Stellenbewerbers[74] und in § 32 Abs. 1 S. 1 BDSG[75] bestimmt werden. Voraussetzung ist danach, dass die Untersuchung erforderlich ist, um die Eignung des Arbeitnehmers für die beabsichtigte Tätigkeit festzustellen, und dass die Erhebung der Gesundheitsdaten hinsichtlich Art und Umfang verhältnismäßig ist.[76] In jedem Fall ist die Einwilligung des Arbeitnehmers erforderlich.[77] Im laufenden Arbeitsverhältnis darf der Arbeitgeber

---

69 Pieper ArbMedVV Vor § 1 Rn. 14. **70** Dazu ausführlich: Kohte in: GS Zachert, S. 326, 335 ff. **71** Beckschulze BB 2014, 1013 ff., 1077 ff.; Behrens NZA 2014, 401 f.; Goepfert/Rottmeier BB 2015, 1912 ff.; Kleinebrink DB 2014, 776 ff. **72** Beckschulze BB 2014, 1077 ff.; allgemein zu Praxis und Problemen von Betriebsvereinbarungen zu arbeitsmedizinischer Vorsorge: Kiesche, S. 7 ff.; Kohte, hbs-study Nr. 341, S. 30 ff. **73** BMAS, Zum Thema Einstellungsuntersuchungen, Pieper ArbMedVV Vor § 1 Rn. 10. **74** ErfK/Preis BGB § 611 Rn. 293; Bayreuther NZA 2010, 679 (682); Münch/ArbR/Kohte § 296 Rn. 55. **75** ErfK/Preis BGB § 611 Rn. 297; Beckschulze BB 2014, 1013 (1017); Thüsing, S. 36 ff. **76** BMAS, Zum Thema Einstellungsuntersuchungen; BAG 8.12.2010 – 7 ABR 98/09, Rn. 45; Behrens NZA 2014, 401 (404); Bayreuther NZA 2010, 679 (682); Münch/ArbR/Kohte § 296 Rn. 55 f.; Küttner/Poecher, Personalbuch 2017, Einstellungsuntersuchung, Rn. 2; Melms, Münchner Anwaltshandbuch Arbeitsrecht, 4. Aufl. 2017, § 9 Anbahnung des Arbeitsverhältnisses, Rn. 96; Aligbe, Einstellungs- und Eignungsuntersuchungen, Rn. 224 f. **77** ErfK/Preis BGB § 611 Rn. 297; Münch/ArbR/Kohte § 296 Rn. 55.

Eignungsuntersuchungen nur verlangen, wenn rechtliche Vorschriften wie zB § 48 FahrerlaubnisV eine solche Untersuchung vorsehen oder aufgrund eines konkreten Anlasses eine Eignungsuntersuchung erforderlich ist.[78] Ein beabsichtigter Wechsel der Tätigkeit oder Zweifel am Fortbestehen der Eignung, die sich auf hinreichende tatsächliche Feststellungen stützen, können berechtigten Anlass zur Durchführung einer Eignungsuntersuchung geben. Anlasslose Eignungsuntersuchungen können hingegen arbeitsvertraglich nicht vereinbart werden.[79] Durch Betriebsvereinbarungen können diese Voraussetzungen nicht aufgeweicht, sondern allenfalls konkretisiert werden. Deswegen können Betriebsvereinbarungen für das bestehende Arbeitsverhältnis nicht über die zuvor dargelegten Grundsätze hinausgehen und anlasslose, routinemäßige Eignungsuntersuchungen nicht wirksam vorschreiben.[80]

26 Diese vorherrschende Auffassung ist jedoch problematisch und bedarf einer restriktiven Auslegung und Handhabung. Denn gegen eine Orientierung am Fragerecht des Arbeitgebers bei Einstellungen spricht, dass Eignungsuntersuchungen sehr viel weiter in das allgemeine Persönlichkeitsrecht eingreifen als das Fragerecht des Arbeitgebers. Inhalt des durch Art. 2 Abs. 1 GG iVm Art. 1 Abs. 1 GG gewährleisteten allgemeinen Persönlichkeitsrechts ist die Befugnis des Einzelnen, „grundsätzlich selbst zu entscheiden, wann und innerhalb welcher Grenzen persönliche Lebenssachverhalte offenbart werden."[81] Hierzu zählt insbesondere „der Schutz vor der Erhebung und Weitergabe von Befunden über den Gesundheitszustand, die seelische Verfassung und den Charakter des Einzelnen. ... Der Schutz ist umso intensiver, je näher die Daten der Intimsphäre des Betroffenen stehen, die als unantastbarer Bereich privater Lebensgestaltung gegenüber aller staatlichen Gewalt Achtung und Schutz beansprucht."[82] Eignungsuntersuchungen, die physische oder psychische Erkrankungen bzw. entsprechende Dispositionen ermitteln, dringen regelmäßig tief in den höchstpersönlichen Bereich des Persönlichkeitsrechts ein.[83] Das Persönlichkeitsrecht wird allerdings nicht absolut geschützt. „Vielmehr muss jeder Bürger staatliche Maßnahmen hinnehmen, die im überwiegenden Interesse der Allgemeinheit auf gesetzlicher Grundlage unter Wahrung des Verhältnismäßigkeitsgebots getroffen werden ... Aus der gesetzlichen Grundlage müssen sich die Voraussetzungen und der Umfang der Beschränkungen klar und für den Bürger erkennbar ergeben. ... In grundlegenden normativen Bereichen hat der Gesetzgeber dabei alle wesentlichen Entscheidungen selber zu treffen."[84] Für den erheblichen Eingriff einer vom Arbeitgeber geforderten Eignungsuntersuchung fehlt eine solche klare und spezifische gesetzliche Grundlage, deren Inhalte durch Betriebsvereinbarungen ausgestaltet werden könnten. Der Gesetzgeber hat durch die erste Verordnung zur Änderung der ArbmedVV zu Recht das allgemeine Persönlichkeitsrecht und das Recht auf informationelle Selbstbestimmung für die arbeitsmedizinische Vorsorge gestärkt (→ Rn. 2, 21). Für Eignungsuntersuchungen steht eine entsprechende gesetzliche Stärkung des Persönlichkeitsrechts indes noch aus. Jedoch haben die Betriebsparteien gem. § 75 Abs. 2 S. 1 BetrVG „beim Abschluss von Betriebsvereinbarungen das aus Art. 2 Abs. 1 iVm Art. 1 Abs. 1 GG abgeleitete allgemeine Persönlichkeitsrecht zu beachten".[85] Deswegen können Eignungsuntersuchungen – wenn überhaupt – durch Betriebsvereinbarungen nur in engen Grenzen zum Schutze hochrangiger Rechtsgüter ausgestaltet werden. Auffassungen, die fehlende Ermächtigungsgrundlagen für Eignungsuntersuchungen pauschal durch Betriebsvereinbarungen ersetzen wollen, ist zu widersprechen.

V. Anhang Teil 4: Angebotsvorsorge bei Tätigkeiten an Bildschirmgeräten

27 In Teil 4 des Anhangs der ArbmedVV wird ua die Angebotsvorsorge für Tätigkeiten an Bildschirmgeräten konkretisiert. Die bisherige Regelung des § 6 BildscharbV, in der auf

---

[78] BAG 12.8.1999 – 2 AZR 55/99, Rn. 12 ff.; BMAS, Zum Thema Einstellungsuntersuchungen; Behrens NZA 2014, 401 (404 f.); Weber, S. 215 ff. [79] BAG 12.8.1999 – 2 AZR 55/99, Rn. 12 ff.; BMAS, Zum Thema Einstellungsuntersuchungen; ArbG Hamburg 1.9.2006 – 27 Ca 136/06, Rn. 25 ff.; Behrens NZA 2014, 401 (404 f.). [80] BMAS, Zum Thema Einstellungsuntersuchungen; Behrens NZA 2014, 401 (407). [81] BVerfG 1.12.2010 – 1 BvR 1572/10, Rn. 14. [82] BVerfG 1.12.2010 – 1 BvR 1572/10, Rn. 14. [83] Behrens NZA 2014, 401 (403). [84] BVerfG 1.12.2010 – 1 BvR 1572/10, Rn. 18. [85] BAG 15.4.2014 – 1 ABR 2/13, Rn. 39 f.

den Anhang der ArbmedVV verwiesen wurde, ist mit der Zusammenführung der Bildschirmarbeitsverordnung und der Arbeitsstättenverordnung (→ ArbStättV Rn. 134) entfallen. Für die Angebotsvorsorge bei Bildschirmtätigkeiten gelten zunächst die allgemeinen Vorschriften zur Angebotsvorsorge gem. § 5 ArbMedVV (→ Rn. 7 ff., 14).[86]

Zweck der **Angebotsvorsorge bei Bildschirmtätigkeit** ist, Einschränkungen der Sehfähigkeit und Augenerkrankungen als Folge von Bildschirmarbeit zu verhindern.[87] Die Regelungen der ArbStättV stellen nicht mehr auf den „Bildschirmarbeitnehmer" iSd § 2 Abs. 3 BildscharbV, sondern auf „Tätigkeiten an Bildschirmgeräten" ab. Der Begriff „Bildschirmgerät" wird in § 2 Abs. 6 ArbStättV definiert. Danach sind Bildschirmgeräte Funktionseinheiten, zu denen insbesondere Bildschirme zur Darstellung von visuellen Informationen, Einrichtungen zur Datenein- und -ausgabe, sonstige Steuer- und Kommunikationseinheiten (Rechner) sowie eine Software zur Steuerung und Umsetzung der Arbeitsaufgabe gehören (→ ArbStättV Rn. 145). Adressaten der Angebotsuntersuchung sind demnach alle Beschäftigten, die an einem Bildschirmgerät arbeiten. Es kommt nicht mehr auf die Dauer und Intensität der Nutzung eines Bildschirmgeräts an.[88] Es wird jegliches Arbeiten an einem Bildschirmgerät erfasst, auch Telearbeit (→ ArbStättV Rn. 146) und IT-gestützte mobile Arbeit (→ ArbStättV Rn. 193).[89] 28

Den Beschäftigten sind „angemessene Untersuchungen der Augen und des Sehvermögens" anzubieten. Wenn es sich danach als erforderlich erweist, ist eine augenärztliche Untersuchung zu ermöglichen. Bei einem entsprechenden Befund sind den Beschäftigten an Bildschirmgeräten **spezielle Sehhilfen** für ihre Arbeit am Bildschirmgerät zur Verfügung zu stellen. Voraussetzung ist, dass die augenärztliche Untersuchung die Notwendigkeit spezieller Sehhilfen bescheinigt und normale Sehhilfen des Alltags zur Korrektur der Sehschwäche nicht geeignet sind.[90] 29

Die Anschaffung einer „**Bildschirmbrille**" darf nicht zu einem Unterlaufen des Schutzstandards der Verordnung führen. Damit können Mängel in der Umsetzung des Anhangs Nr. 6 der Arbeitsstättenverordnung (→ ArbStättV Rn. 162 f.), zB Reflexionen und Blendungen durch Bildschirm und Arbeitstisch, nicht kompensiert werden.[91] Die Sehhilfe muss individuell bestimmt, angefertigt und angepasst werden.[92] Der Arbeitgeber ist verpflichtet, eine spezielle „Bildschirmbrille" zur Verfügung zu stellen, wenn die o.a. Voraussetzungen vorliegen. Dabei ist die augenärztliche Bescheinigung über die Notwendigkeit von zentraler Bedeutung. Überlässt es der Arbeitgeber dem Beschäftigten, die Brille anzuschaffen – wie in der Praxis üblich –, so hat dieser einen Aufwendungsersatzanspruch gegen den Arbeitgeber. Gem. § 670 BGB ist der Betrag zu erstatten, den der Arbeitgeber für die Anschaffung der Bildschirmbrille hätte aufwenden müssen. Denn die Bildschirmbrille ist ein **besonderes Arbeitsmittel** auf der Grundlage eines speziellen arbeitsschutzrechtlichen Bedarfs. Die Kosten werden nicht von der durchschnittlichen, für die Arbeitsaufgabe bzw. den Arbeitsplatz typischen Ausstattung erfasst.[93] Die Kosten für die Augenuntersuchung und die Anschaffung einer Bildschirmbrille sind voll umfänglich vom Arbeitgeber zu tragen; dies ergibt sich aus § 3 Abs. 2 Nr. 1 ArbSchG und dem Grundsatz des § 3 Abs. 3 ArbSchG (→ ArbSchG § 3 Rn. 100 ff.).[94]

Der Anspruch auf Bereitstellung einer Spezialbrille bzw. der Anspruch auf Kostenerstattung wird mittlerweile kaum mehr bestritten. In der Praxis umstritten sind im Einzelfall noch Fragen zum **Umfang der Erstattungspflicht**. Hier zeigt sich mittlerweile die Tendenz, dass die Gerichte bei Beamten, wie bei privat- und gesetzlich Versicherten die Kosten für eine „Bildschirmbrille" grundsätzlich dem Arbeitgeber auferlegen. Für bei- 30

---

[86] Zur Angebotsvorsorge bei Telearbeit: Aligbe ArbRAktuell 2016, 132 ff. [87] Zur Verknüpfung mit der Wunschvorsorge und möglichen Konsequenzen für die Arbeitsorganisation: Feldhoff, jurisPR-ArbR 12/2015 Anm. 6. [88] S. dazu Voraufl. BildscharbV Rn. 18 ff. [89] VG Neustadt (Weinstraße) 3.11.2016 – 1 K 458/16.NW mAnm Kohte, jurisPR-ArbR 5/2017 Anm. 4. [90] VG Neustadt (Weinstraße) 3.11.2016 – 1 K 458/16.NW, Rn. 19; vgl. Kohte PersR 3/2017, 48. [91] LAG Hamm 29.10.1999 – 5 Sa 2158/98, NZA-RR 2000, 351-353; Pieper ArbMedVV Anh. Teil 6 Rn. 12. [92] BR-Drs. 656/96, 32. [93] VG Neustadt (Weinstraße) 3.11.2016 – 1 K 458/16.NW mAnm Kohte, jurisPR-ArbR 5/2017 Anm. 4. [94] LASI, S. 12; BVerwG 27.2.2003 – 2 C 2/02, ZTR 2003, 422; VG Frankfurt/M. 9.3.2009 – 9 K 96/09.F.; Kohte/Habich CR 2000, 667.

hilfeberechtigte Beamte gilt:[95] Da es sich um ein Arbeitsmittel handelt, die Beschaffung damit eine dienstliche und nicht eine persönliche Angelegenheit des Beamten ist, sind Beamte nicht verpflichtet, die Bildschirmbrille in ihrer Freizeit anzuschaffen. Sie sind auch nicht verpflichtet, gegenüber dem Optiker in Vorleistung zu treten. Die Dienststelle hat – bei einer vom Beamten selbst beschafften Brille – gegenüber dem Optiker die Kostenübernahme zu erklären.[96] Der Erstattungsanspruch richtet sich nicht nach beihilferechtlichen Grundsätzen. Erstattungsobergrenzen dürfen daher nicht festgesetzt werden. Eine gewährte Versicherungsleistung ist nicht anzurechnen. Der **Grundsatz der Sparsamkeit** ist zu beachten, dh es ist eine geeignete Sehhilfe zu dem im Durchschnitt niedrigsten Marktpreis zu erwerben.[97] Für privatrechtlich Krankenversicherte müssen nicht nur die Kosten erstattet werden, die die Krankenkasse tragen würde, sondern die „erforderlichen Kosten", dh der Arbeitgeber trägt die Kosten insgesamt oder die nicht erstatteten Restkosten. Zahlt die Krankenkasse alles, entfällt der Anspruch gegen den Arbeitgeber.[98] Eine Begrenzung auf Festbeträge oder Leistungen der gesetzlichen Krankenkassen kommt nicht in Betracht.[99] Restriktiv sind die Gerichte vor allem in Bezug auf die Kostenerstattung für ein Brillengestell; hier wird zT angenommen, dass nur die Kosten für ein einfaches Gestell übernommen werden müssen.[100] Eine sonstige Mehrausstattung wie Entspiegelung, Kunststoffgläser oder Gleitsicht muss der Arbeitgeber nach überwiegender Meinung nur übernehmen, wenn ein augenärztlicher Befund dies für notwendig erachtet.[101]

31 In einer vor Erlass der BildscharbV getroffenen Entscheidung hatte das Bundesarbeitsgericht[102] ein Mitbestimmungsrecht bzgl. Augenuntersuchungen noch verneint, weil die EU-Bildschirmrichtlinie damals noch nicht in deutsches Recht umgesetzt war. Nach dem Anhang Teil 4 Abs. 2 ArbmedVV ist der Arbeitgeber heute aber zur Angebotsvorsorge einschließlich Augenuntersuchungen verpflichtet. Hinsichtlich der Gestaltung,[103] der Beauftragung,[104] der Zeitabstände[105] oder des Ortes[106] der Vorsorge bestehen Spielräume, die der Mitbestimmung durch Betriebs- bzw. Personalrat zugänglich sind. Das „Ob" der Anschaffung einer speziellen Sehhilfe, sowie die erforderliche Ausstattung bestimmen sich nach augenärztlichen Kriterien. Insofern besteht kein Mitbestimmungsrecht.[107] Ein Ermessensspielraum besteht dennoch bei dem Merkmal „erforderlicher Umfang" außerhalb der medizinisch notwendigen Ausstattung. Bei der betrieblichen Konkretisierung hinsichtlich der Ausstattung (Art des Brillengestells, Entspiegelung, Gleitsichtgläser etc) haben Betriebs- und Personalräte mitzubestimmen.[108]

---

95 Eine Kostenübernahme durch die Krankenkassen oder Beihilfestellen im öffentlichen Dienst kommt nach den Heil- und Hilfsmittelrichtlinien idF v. 20.2.1997 grundsätzlich nicht mehr in Betracht. Die Praxis scheint aber uneinheitlich zu sein; vgl. Urt. des ArbG Kaiserlautern 12.6.2001 – 5 Ca 316/01. **96** OVG Lüneburg 25.2.2014 – 3 LD1/13. **97** BVerwG 27.2.2003 – 2 C 2/02, ZTR 2003, 422; VG Frankfurt/M. 9.3.2009 – 9 K 96/09.F. **98** ArbG Neumünster 20.1.2000 – 4 Ca 1034/99, NZA-RR 2000, 237 = CR 2000, 665 mAnm Kohte/Habich; ArbG Kaiserlautern 12.6.2001 – 5 Ca 316/01, NZA-RR 2001, 628; LAG Hamm 29.10.1999 – 5 Sa 2158/98, NZA-RR 2000, 353. **99** ArbG Berlin 30.5.2016 – 58 Ca 5912/16. **100** ArbG Kaiserlautern 12.6.2001 – 5 Ca 316/01, NZA-RR 2001, 628; VG Frankfurt/M. 9.3.2009 – 9 K 96/09.F. **101** LASI, S. 12; Pieper ArbMedVV Anh. Teil 4 Rn. 11; LAG Hamm 29.10.1999 – 5 Sa 2158/98, NZA-RR 2000, 353; ArbG Kaiserlautern 12.6.2001 – 5 Ca 316/01, NZA-RR 2001, 628, das die Kosten für eine Entspiegelung dem Arbeitgeber auferlegt hat, obwohl kein Befund vorlag. **102** BAG 2.4.1996 – 1 ABR 47/1995, CR 1996, 606 (zur Art. 7 EG-Bildschirmrichtlinie) mAnm Kohte = AuA 1997, 97 mAnm Feldhoff. **103** LAG Hamburg 21.9.2000 – 7 TaBV 3/98, NZA-RR 2001, 190 (196). **104** Fabricius BB 1997, 1254 (1257). **105** LAG Hamburg 21.9.2000 – 7 TaBV 3/98, NZA-RR 2001, 190 (196); Kollmer/Klindt/Schucht/Hecht ArbSchG Systematische Darstellung Rn. 110. **106** Kollmer/Klindt/Schucht/Hecht ArbSchG Systematische Darstellung Rn. 113. **107** Kollmer/Klindt/Schucht/Hecht Syst B Rn. 109 mwN; Rundnagel AiB 2001, 420. **108** Fabricius BB 1997, 1254 (1257); Siemes NZA 1998, 232 (238).

Verordnung über Arbeitsstätten (Arbeitsstättenverordnung – ArbStättV)[1, 2]

Vom 12. August 2004 (BGBl. I S. 2179)
(FNA 7108-35)
zuletzt geändert durch Art. 1 VO zur Änd. von Arbeitsschutzverordnungen vom
30. November 2016 (BGBl. I S. 2681, ber. 2017 S. 2839)

§ 1 ArbStättV Ziel, Anwendungsbereich

(1) Diese Verordnung dient der Sicherheit und dem Schutz der Gesundheit der Beschäftigten beim Einrichten und Betreiben von Arbeitsstätten.

(2) Für folgende Arbeitsstätten gelten nur § 5 und der Anhang Nummer 1.3:
1. Arbeitsstätten im Reisegewerbe und im Marktverkehr,
2. Transportmittel, die im öffentlichen Verkehr eingesetzt werden,
3. Felder, Wälder und sonstige Flächen, die zu einem land- oder forstwirtschaftlichen Betrieb gehören, aber außerhalb der von ihm bebauten Fläche liegen.

(3) [1]Für Telearbeitsplätze gelten nur
1. § 3 bei der erstmaligen Beurteilung der Arbeitsbedingungen und des Arbeitsplatzes,
2. § 6 und der Anhang Nummer 6,

soweit der Arbeitsplatz von dem im Betrieb abweicht. [2]Die in Satz 1 genannten Vorschriften gelten, soweit Anforderungen unter Beachtung der Eigenart von Telearbeitsplätzen auf diese anwendbar sind.

(4) Der Anhang Nummer 6 gilt nicht für
1. Bedienerplätze von Maschinen oder Fahrerplätze von Fahrzeugen mit Bildschirmgeräten,
2. tragbare Bildschirmgeräte für die ortsveränderliche Verwendung, die nicht regelmäßig an einem Arbeitsplatz verwendet werden,
3. Rechenmaschinen, Registrierkassen oder andere Arbeitsmittel mit einer kleinen Daten- oder Messwertanzeigevorrichtung, die zur unmittelbaren Benutzung des Arbeitsmittels erforderlich ist und
4. Schreibmaschinen klassischer Bauart mit einem Display.

(5) Diese Verordnung gilt nicht für Arbeitsstätten in Betrieben, die dem Bundesberggesetz unterliegen.

(6) [1]Das Bundeskanzleramt, das Bundesministerium des Innern, das Bundesministerium für Verkehr und digitale Infrastruktur, das Bundesministerium für Umwelt, Naturschutz, Bau und Reaktorsicherheit, das Bundesministerium der Verteidigung oder das Bundesministerium der Finanzen können, soweit sie hierfür jeweils zuständig sind, im Einvernehmen mit dem Bundesministerium für Arbeit und Soziales und, soweit nicht

---

1 Amtl. Anm.: Diese Verordnung dient der Umsetzung 1. der EG-Richtlinie 89/654/EWG des Rates vom 30. November 1989 über Mindestvorschriften für Sicherheit und Gesundheitsschutz in Arbeitsstätten (Erste Einzelrichtlinie im Sinne des Artikels 16 Absatz 1 der Richtlinie 89/391/EWG) (ABl. EG Nr. L 393 S. 1) und 2. der Richtlinie 92/58/EWG des Rates vom 24. Juni 1992 über Mindestvorschriften für die Sicherheits- und/oder Gesundheitsschutzkennzeichnung am Arbeitsplatz (Neunte Einzelrichtlinie im Sinne des Artikels 16 Absatz 1 der Richtlinie 89/391/EWG) (ABl. EG Nr. L 245 S. 23) und 3. des Anhangs IV (Mindestvorschriften für Sicherheit und Gesundheitsschutz auf Baustellen) der Richtlinie 92/57/EWG des Rates vom 24. Juni 1992 über die auf zeitlich begrenzte oder ortsveränderliche Baustellen anzuwendenden Mindestvorschriften für die Sicherheit und den Gesundheitsschutz (Achte Einzelrichtlinie im Sinne des Artikels 16 Absatz 1 der Richtlinie 89/391/EWG) (ABl. EG Nr. L 245 S. 6). **2** Verkündet als Art. 1 VO über Arbeitsstätten v. 12.8.2004 (BGBl. I S. 2179); Inkrafttreten gem. Art. 4 Satz 1 dieser VO am 25.8.2004. Diese VO wurde erlassen auf Grund des § 18 ArbeitsschutzG sowie des § 66 Satz 3 und des § 68 Abs. 2 Nr. 3 BundesbergG.

das Bundesministerium des Innern selbst zuständig ist, im Einvernehmen mit dem Bundesministerium des Innern Ausnahmen von den Vorschriften dieser Verordnung zulassen, soweit öffentliche Belange dies zwingend erfordern, insbesondere zur Aufrechterhaltung oder Wiederherstellung der öffentlichen Sicherheit. ²In diesem Fall ist gleichzeitig festzulegen, wie die Sicherheit und der Schutz der Gesundheit der Beschäftigten nach dieser Verordnung auf andere Weise gewährleistet werden.

§ 2 ArbStättV Begriffsbestimmungen

(1) Arbeitsstätten sind:
1. Arbeitsräume oder andere Orte in Gebäuden auf dem Gelände eines Betriebes,
2. Orte im Freien auf dem Gelände eines Betriebes,
3. Orte auf Baustellen,

sofern sie zur Nutzung für Arbeitsplätze vorgesehen sind.

(2) Zur Arbeitsstätte gehören insbesondere auch:
1. Orte auf dem Gelände eines Betriebes oder einer Baustelle, zu denen Beschäftigte im Rahmen ihrer Arbeit Zugang haben,
2. Verkehrswege, Fluchtwege, Notausgänge, Lager-, Maschinen- und Nebenräume, Sanitärräume, Kantinen, Pausen- und Bereitschaftsräume, Erste-Hilfe-Räume, Unterkünfte sowie
3. Einrichtungen, die dem Betreiben der Arbeitsstätte dienen, insbesondere Sicherheitsbeleuchtungen, Feuerlöscheinrichtungen, Versorgungseinrichtungen, Beleuchtungsanlagen, raumlufttechnische Anlagen, Signalanlagen, Energieverteilungsanlagen, Türen und Tore, Fahrsteige, Fahrtreppen, Laderampen und Steigleitern.

(3) Arbeitsräume sind die Räume, in denen Arbeitsplätze innerhalb von Gebäuden dauerhaft eingerichtet sind.

(4) Arbeitsplätze sind Bereiche, in denen Beschäftigte im Rahmen ihrer Arbeit tätig sind.

(5) Bildschirmarbeitsplätze sind Arbeitsplätze, die sich in Arbeitsräumen befinden und die mit Bildschirmgeräten und sonstigen Arbeitsmitteln ausgestattet sind.

(6) Bildschirmgeräte sind Funktionseinheiten, zu denen insbesondere Bildschirme zur Darstellung von visuellen Informationen, Einrichtungen zur Datenein- und -ausgabe, sonstige Steuerungs- und Kommunikationseinheiten (Rechner) sowie eine Software zur Steuerung und Umsetzung der Arbeitsaufgabe gehören.

(7) ¹Telearbeitsplätze sind vom Arbeitgeber fest eingerichtete Bildschirmarbeitsplätze im Privatbereich des Beschäftigten, für die der Arbeitgeber eine mit den Beschäftigten vereinbarte wöchentliche Arbeitszeit und die Dauer der Einrichtung festgelegt hat. ²Ein Telearbeitsplatz ist vom Arbeitgeber erst dann eingerichtet, wenn Arbeitgeber und Beschäftigte die Bedingungen der Telearbeit arbeitsvertraglich oder im Rahmen einer Vereinbarung festgelegt haben und die benötigte Ausstattung des Telearbeitsplatzes mit Mobiliar, Arbeitsmitteln einschließlich der Kommunikationseinrichtungen durch den Arbeitgeber oder eine von ihm beauftragte Person im Privatbereich des Beschäftigten bereitgestellt und installiert ist.

(8) ¹Einrichten ist das Bereitstellen und Ausgestalten der Arbeitsstätte. ²Das Einrichten umfasst insbesondere:
1. bauliche Maßnahmen oder Veränderungen,
2. das Ausstatten mit Maschinen, Anlagen, anderen Arbeitsmitteln und Mobiliar sowie mit Beleuchtungs-, Lüftungs-, Heizungs-, Feuerlösch- und Versorgungseinrichtungen,
3. das Anlegen und Kennzeichnen von Verkehrs- und Fluchtwegen sowie das Kennzeichnen von Gefahrenstellen und brandschutztechnischen Ausrüstungen und
4. das Festlegen von Arbeitsplätzen.

(9) Das Betreiben von Arbeitsstätten umfasst das Benutzen, Instandhalten und Optimieren der Arbeitsstätten sowie die Organisation und Gestaltung der Arbeit einschließlich der Arbeitsabläufe in Arbeitsstätten.

(10) Instandhalten ist die Wartung, Inspektion, Instandsetzung oder Verbesserung der Arbeitsstätten zum Erhalt des baulichen und technischen Zustandes.

(11) ¹Stand der Technik ist der Entwicklungsstand fortschrittlicher Verfahren, Einrichtungen oder Betriebsweisen, der die praktische Eignung einer Maßnahme zur Gewährleistung der Sicherheit und zum Schutz der Gesundheit der Beschäftigten gesichert erscheinen lässt. ²Bei der Bestimmung des Stands der Technik sind insbesondere vergleichbare Verfahren, Einrichtungen oder Betriebsweisen heranzuziehen, die mit Erfolg in der Praxis erprobt worden sind. ³Gleiches gilt für die Anforderungen an die Arbeitsmedizin und die Hygiene.

(12) ¹Fachkundig ist, wer über die zur Ausübung einer in dieser Verordnung bestimmten Aufgabe erforderlichen Fachkenntnisse verfügt. ²Die Anforderungen an die Fachkunde sind abhängig von der jeweiligen Art der Aufgabe. ³Zu den Anforderungen zählen eine entsprechende Berufsausbildung, Berufserfahrung oder eine zeitnah ausgeübte entsprechende berufliche Tätigkeit. ⁴Die Fachkenntnisse sind durch Teilnahme an Schulungen auf aktuellem Stand zu halten.

§ 3 ArbStättV Gefährdungsbeurteilung

(1) ¹Bei der Beurteilung der Arbeitsbedingungen nach § 5 des Arbeitsschutzgesetzes hat der Arbeitgeber zunächst festzustellen, ob die Beschäftigten Gefährdungen beim Einrichten und Betreiben von Arbeitsstätten ausgesetzt sind oder ausgesetzt sein können. ²Ist dies der Fall, hat er alle möglichen Gefährdungen der Sicherheit und der Gesundheit der Beschäftigten zu beurteilen und dabei die Auswirkungen der Arbeitsorganisation und der Arbeitsabläufe in der Arbeitsstätte zu berücksichtigen. ³Bei der Gefährdungsbeurteilung hat er die physischen und psychischen Belastungen sowie bei Bildschirmarbeitsplätzen insbesondere die Belastungen der Augen oder die Gefährdung des Sehvermögens der Beschäftigten zu berücksichtigen. ⁴Entsprechend dem Ergebnis der Gefährdungsbeurteilung hat der Arbeitgeber Maßnahmen zum Schutz der Beschäftigten gemäß den Vorschriften dieser Verordnung einschließlich ihres Anhangs nach dem Stand der Technik, Arbeitsmedizin und Hygiene festzulegen. ⁵Sonstige gesicherte arbeitswissenschaftliche Erkenntnisse sind zu berücksichtigen.

(2) ¹Der Arbeitgeber hat sicherzustellen, dass die Gefährdungsbeurteilung fachkundig durchgeführt wird. ²Verfügt der Arbeitgeber nicht selbst über die entsprechenden Kenntnisse, hat er sich fachkundig beraten zu lassen.

(3) ¹Der Arbeitgeber hat die Gefährdungsbeurteilung vor Aufnahme der Tätigkeiten zu dokumentieren. ²In der Dokumentation ist anzugeben, welche Gefährdungen am Arbeitsplatz auftreten können und welche Maßnahmen nach Absatz 1 Satz 4 durchgeführt werden müssen.

§ 3 a ArbStättV Einrichten und Betreiben von Arbeitsstätten

(1) ¹Der Arbeitgeber hat dafür zu sorgen, dass Arbeitsstätten so eingerichtet und betrieben werden, dass Gefährdungen für die Sicherheit und die Gesundheit der Beschäftigten möglichst vermieden und verbleibende Gefährdungen möglichst gering gehalten werden. ²Beim Einrichten und Betreiben der Arbeitsstätten hat der Arbeitgeber die Maßnahmen nach § 3 Absatz 1 durchzuführen und dabei den Stand der Technik, Arbeitsmedizin und Hygiene, die ergonomischen Anforderungen sowie insbesondere die vom Bundesministerium für Arbeit und Soziales nach § 7 Absatz 4 bekannt gemachten Regeln und Erkenntnisse zu berücksichtigen. ³Bei Einhaltung der bekannt gemachten Regeln ist davon auszugehen, dass die in dieser Verordnung gestellten Anforderungen diesbezüglich erfüllt sind. ⁴Wendet der Arbeitgeber diese Regeln nicht an, so muss er

durch andere Maßnahmen die gleiche Sicherheit und den gleichen Schutz der Gesundheit der Beschäftigten erreichen.

(2) ¹Beschäftigt der Arbeitgeber Menschen mit Behinderungen, hat er die Arbeitsstätte so einzurichten und zu betreiben, dass die besonderen Belange dieser Beschäftigten im Hinblick auf die Sicherheit und den Schutz der Gesundheit berücksichtigt werden. ²Dies gilt insbesondere für die barrierefreie Gestaltung von Arbeitsplätzen, Sanitär-, Pausen- und Bereitschaftsräumen, Kantinen, Erste-Hilfe-Räumen und Unterkünften sowie den zugehörigen Türen, Verkehrswegen, Fluchtwegen, Notausgängen, Treppen und Orientierungssystemen, die von den Beschäftigten mit Behinderungen benutzt werden.

(3) ¹Die zuständige Behörde kann auf schriftlichen Antrag des Arbeitgebers Ausnahmen von den Vorschriften dieser Verordnung einschließlich ihres Anhanges zulassen, wenn
1. der Arbeitgeber andere, ebenso wirksame Maßnahmen trifft oder
2. die Durchführung der Vorschrift im Einzelfall zu einer unverhältnismäßigen Härte führen würde und die Abweichung mit dem Schutz der Beschäftigten vereinbar ist.

²Der Antrag des Arbeitgebers kann in Papierform oder elektronisch übermittelt werden. ³Bei der Beurteilung sind die Belange der kleineren Betriebe besonders zu berücksichtigen.

(4) Anforderungen in anderen Rechtsvorschriften, insbesondere im Bauordnungsrecht der Länder, gelten vorrangig, soweit sie über die Anforderungen dieser Verordnung hinausgehen.

§ 4 ArbStättV Besondere Anforderungen an das Betreiben von Arbeitsstätten

(1) ¹Der Arbeitgeber hat die Arbeitsstätte instand zu halten und dafür zu sorgen, dass festgestellte Mängel unverzüglich beseitigt werden. ²Können Mängel, mit denen eine unmittelbare erhebliche Gefahr verbunden ist, nicht sofort beseitigt werden, hat er dafür zu sorgen, dass die gefährdeten Beschäftigten ihre Tätigkeit unverzüglich einstellen.

(2) ¹Der Arbeitgeber hat dafür zu sorgen, dass Arbeitsstätten den hygienischen Erfordernissen entsprechend gereinigt werden. ²Verunreinigungen und Ablagerungen, die zu Gefährdungen führen können, sind unverzüglich zu beseitigen.

(3) Der Arbeitgeber hat die Sicherheitseinrichtungen, insbesondere Sicherheitsbeleuchtung, Brandmelde- und Feuerlöscheinrichtungen, Signalanlagen, Notaggregate und Notschalter sowie raumlufttechnische Anlagen instand zu halten und in regelmäßigen Abständen auf ihre Funktionsfähigkeit prüfen zu lassen.

(4) ¹Der Arbeitgeber hat dafür zu sorgen, dass Verkehrswege, Fluchtwege und Notausgänge ständig freigehalten werden, damit sie jederzeit benutzbar sind. ²Der Arbeitgeber hat Vorkehrungen so zu treffen, dass die Beschäftigten bei Gefahr sich unverzüglich in Sicherheit bringen und schnell gerettet werden können. ³Der Arbeitgeber hat einen Flucht- und Rettungsplan aufzustellen, wenn Lage, Ausdehnung und Art der Benutzung der Arbeitsstätte dies erfordern. ⁴Der Plan ist an geeigneten Stellen in der Arbeitsstätte auszulegen oder auszuhängen. ⁵In angemessenen Zeitabständen ist entsprechend diesem Plan zu üben.

(5) Der Arbeitgeber hat beim Einrichten und Betreiben von Arbeitsstätten Mittel und Einrichtungen zur Ersten Hilfe zur Verfügung zu stellen und regelmäßig auf ihre Vollständigkeit und Verwendungsfähigkeit prüfen zu lassen.

§ 5 ArbStättV Nichtraucherschutz

(1) ¹Der Arbeitgeber hat die erforderlichen Maßnahmen zu treffen, damit die nicht rauchenden Beschäftigten in Arbeitsstätten wirksam vor den Gesundheitsgefahren durch Tabakrauch geschützt sind. ²Soweit erforderlich, hat der Arbeitgeber ein allgemeines oder auf einzelne Bereiche der Arbeitsstätte beschränktes Rauchverbot zu erlassen.

(2) In Arbeitsstätten mit Publikumsverkehr hat der Arbeitgeber beim Einrichten und Betreiben von Arbeitsräumen der Natur des Betriebes entsprechende und der Art der Beschäftigung angepasste technische oder organisatorische Maßnahmen nach Absatz 1 zum Schutz der nicht rauchenden Beschäftigten zu treffen.

§ 6 ArbStättV Unterweisung der Beschäftigten

(1) Der Arbeitgeber hat den Beschäftigten ausreichende und angemessene Informationen anhand der Gefährdungsbeurteilung in einer für die Beschäftigten verständlichen Form und Sprache zur Verfügung zu stellen über
1. das bestimmungsgemäße Betreiben der Arbeitsstätte,
2. alle gesundheits- und sicherheitsrelevanten Fragen im Zusammenhang mit ihrer Tätigkeit,
3. Maßnahmen, die zur Gewährleistung der Sicherheit und zum Schutz der Gesundheit der Beschäftigten durchgeführt werden müssen, und
4. arbeitsplatzspezifische Maßnahmen, insbesondere bei Tätigkeiten auf Baustellen oder an Bildschirmgeräten,

und sie anhand dieser Informationen zu unterweisen.

(2) Die Unterweisung nach Absatz 1 muss sich auf Maßnahmen im Gefahrenfall erstrecken, insbesondere auf
1. die Bedienung von Sicherheits- und Warneinrichtungen,
2. die Erste Hilfe und die dazu vorgehaltenen Mittel und Einrichtungen und
3. den innerbetrieblichen Verkehr.

(3) [1]Die Unterweisung nach Absatz 1 muss sich auf Maßnahmen der Brandverhütung und Verhaltensmaßnahmen im Brandfall erstrecken, insbesondere auf die Nutzung der Fluchtwege und Notausgänge. [2]Diejenigen Beschäftigten, die Aufgaben der Brandbekämpfung übernehmen, hat der Arbeitgeber in der Bedienung der Feuerlöscheinrichtungen zu unterweisen.

(4) [1]Die Unterweisungen müssen vor Aufnahme der Tätigkeit stattfinden. [2]Danach sind sie mindestens jährlich zu wiederholen. [3]Sie haben in einer für die Beschäftigten verständlichen Form und Sprache zu erfolgen. [4]Unterweisungen sind unverzüglich zu wiederholen, wenn sich die Tätigkeiten der Beschäftigten, die Arbeitsorganisation, die Arbeits- und Fertigungsverfahren oder die Einrichtungen und Betriebsweisen in der Arbeitsstätte wesentlich verändern und die Veränderung mit zusätzlichen Gefährdungen verbunden ist.

§ 7 ArbStättV Ausschuss für Arbeitsstätten

(1) [1]Beim Bundesministerium für Arbeit und Soziales wird ein Ausschuss für Arbeitsstätten gebildet, in dem fachkundige Vertreter der Arbeitgeber, der Gewerkschaften, der Länderbehörden, der gesetzlichen Unfallsicherung und weitere fachkundige Personen, insbesondere der Wissenschaft, in angemessener Zahl vertreten sein sollen. [2]Die Gesamtzahl der Mitglieder soll 16 Personen nicht überschreiten. [3]Für jedes Mitglied ist ein stellvertretendes Mitglied zu benennen. [4]Die Mitgliedschaft im Ausschuss für Arbeitsstätten ist ehrenamtlich.

(2) [1]Das Bundesministerium für Arbeit und Soziales beruft die Mitglieder des Ausschusses und die stellvertretenden Mitglieder. [2]Der Ausschuss gibt sich eine Geschäftsordnung und wählt den Vorsitzenden aus seiner Mitte. [3]Die Geschäftsordnung und die Wahl des Vorsitzenden bedürfen der Zustimmung des Bundesministeriums für Arbeit und Soziales.

(3) [1]Zu den Aufgaben des Ausschusses gehört es,
1. dem Stand der Technik, Arbeitsmedizin und Hygiene entsprechende Regeln und sonstige gesicherte wissenschaftliche Erkenntnisse für die Sicherheit und Gesundheit der Beschäftigten in Arbeitsstätten zu ermitteln,

2. Regeln und Erkenntnisse zu ermitteln, wie die Anforderungen dieser Verordnung erfüllt werden können, sowie Empfehlungen für weitere Maßnahmen zur Gewährleistung der Sicherheit und zum Schutz der Gesundheit der Beschäftigten auszuarbeiten und
3. das Bundesministerium für Arbeit und Soziales in allen Fragen der Sicherheit und der Gesundheit der Beschäftigten in Arbeitsstätten zu beraten.

²Bei der Wahrnehmung seiner Aufgaben soll der Ausschuss die allgemeinen Grundsätze des Arbeitsschutzes nach § 4 des Arbeitsschutzgesetzes berücksichtigen. ³Das Arbeitsprogramm des Ausschusses für Arbeitsstätten wird mit dem Bundesministerium für Arbeit und Soziales abgestimmt. ⁴Der Ausschuss arbeitet eng mit den anderen Ausschüssen beim Bundesministerium für Arbeit und Soziales zusammen. ⁵Die Sitzungen des Ausschusses sind nicht öffentlich. ⁶Beratungs- und Abstimmungsergebnisse des Ausschusses sowie Niederschriften der Untergremien sind vertraulich zu behandeln, soweit die Erfüllung der Aufgaben, die den Untergremien oder den Mitgliedern des Ausschusses obliegen, dem nicht entgegenstehen.

(4) Das Bundesministerium für Arbeit und Soziales kann die vom Ausschuss nach Absatz 3 ermittelten Regeln und Erkenntnisse sowie Empfehlungen im Gemeinsamen Ministerialblatt bekannt machen.

(5) ¹Die Bundesministerien sowie die zuständigen obersten Landesbehörden können zu den Sitzungen des Ausschusses Vertreter entsenden. ²Diesen ist auf Verlangen in der Sitzung das Wort zu erteilen.

(6) Die Geschäfte des Ausschusses führt die Bundesanstalt für Arbeitsschutz und Arbeitsmedizin.

§ 8 ArbStättV Übergangsvorschriften

(1) ¹Soweit für Arbeitsstätten,
1. die am 1. Mai 1976 eingerichtet waren oder mit deren Einrichtung vor diesem Zeitpunkt begonnen worden war oder
2. die am 20. Dezember 1996 eingerichtet waren oder mit deren Einrichtung vor diesem Zeitpunkt begonnen worden war und für die zum Zeitpunkt der Einrichtung die Gewerbeordnung keine Anwendung fand,

in dieser Verordnung Anforderungen gestellt werden, die umfangreiche Änderungen der Arbeitsstätte, der Betriebseinrichtungen, Arbeitsverfahren oder Arbeitsabläufe notwendig machen, gelten hierfür bis zum 31. Dezember 2020 mindestens die entsprechenden Anforderungen des Anhangs II der Richtlinie 89/654/EWG des Rates vom 30. November 1989 über Mindestvorschriften für Sicherheit und Gesundheitsschutz in Arbeitsstätten (ABl. EG Nr. L 393 S. 1). ²Soweit diese Arbeitsstätten oder ihre Betriebseinrichtungen wesentlich erweitert oder umgebaut oder die Arbeitsverfahren oder Arbeitsabläufe wesentlich umgestaltet werden, hat der Arbeitgeber die erforderlichen Maßnahmen zu treffen, damit diese Änderungen, Erweiterungen oder Umgestaltungen mit den Anforderungen dieser Verordnung übereinstimmen.

(2) Bestimmungen in den vom Ausschuss für Arbeitsstätten ermittelten und vom Bundesministerium für Arbeit und Soziales im Gemeinsamen Ministerialblatt bekannt gemachten Regeln für Arbeitsstätten, die Anforderungen an den Arbeitsplatz enthalten, gelten unter Berücksichtigung der Begriffsbestimmung des Arbeitsplatzes in § 2 Absatz 2 der Arbeitsstättenverordnung vom 12. August 2004 (BGBl. I S. 2179), die zuletzt durch Artikel 282 der Verordnung vom 31. August 2015 (BGBl. I S. 1474) geändert worden ist, solange fort, bis sie vom Ausschuss für Arbeitsstätten überprüft und erforderlichenfalls vom Bundesministerium für Arbeit und Soziales im Gemeinsamen Ministerialblatt neu bekannt gemacht worden sind.

§ 9 ArbStättV Straftaten und Ordnungswidrigkeiten

(1) Ordnungswidrig im Sinne des § 25 Absatz 1 Nummer 1 des Arbeitsschutzgesetzes handelt, wer vorsätzlich oder fahrlässig
1. entgegen § 3 Absatz 3 eine Gefährdungsbeurteilung nicht richtig, nicht vollständig oder nicht rechtzeitig dokumentiert,
2. entgegen § 3 a Absatz 1 Satz 1 nicht dafür sorgt, dass eine Arbeitsstätte in der dort vorgeschriebenen Weise eingerichtet ist oder betrieben wird,
3. entgegen § 3 a Absatz 1 Satz 2 in Verbindung mit Nummer 4.1 Absatz 1 des Anhangs einen dort genannten Toilettenraum oder eine dort genannte mobile, anschlussfreie Toilettenkabine nicht oder nicht in der vorgeschriebenen Weise zur Verfügung stellt,
4. entgegen § 3 a Absatz 1 Satz 2 in Verbindung mit Nummer 4.2 Absatz 1 des Anhangs einen dort genannten Pausenraum oder einen dort genannten Pausenbereich nicht oder nicht in der vorgeschriebenen Weise zur Verfügung stellt,
5. entgegen § 3 a Absatz 2 eine Arbeitsstätte nicht in der dort vorgeschriebenen Weise einrichtet oder betreibt,
6. entgegen § 4 Absatz 1 Satz 2 nicht dafür sorgt, dass die gefährdeten Beschäftigten ihre Tätigkeit unverzüglich einstellen,
7. entgegen § 4 Absatz 4 Satz 1 nicht dafür sorgt, dass Verkehrswege, Fluchtwege und Notausgänge freigehalten werden,
8. entgegen § 4 Absatz 5 ein Mittel oder eine Einrichtung zur Ersten Hilfe nicht zur Verfügung stellt,
9. entgegen § 6 Absatz 4 Satz 1 nicht sicherstellt, dass die Beschäftigten vor Aufnahme der Tätigkeit unterwiesen werden.

(2) Wer durch eine in Absatz 1 bezeichnete vorsätzliche Handlung das Leben oder die Gesundheit von Beschäftigten gefährdet, ist nach § 26 Nummer 2 des Arbeitsschutzgesetzes strafbar.

Anhang Anforderungen und Maßnahmen für Arbeitsstätten nach § 3 Abs. 1

1 Allgemeine Anforderungen

1.1 Anforderungen an Konstruktion und Festigkeit von Gebäuden

Gebäude für Arbeitsstätten müssen eine der Nutzungsart entsprechende Konstruktion und Festigkeit aufweisen.

1.2 Abmessungen von Räumen, Luftraum

(1) Arbeitsräume, Sanitär-, Pausen- und Bereitschaftsräume, Kantinen, Erste-Hilfe-Räume und Unterkünfte müssen eine ausreichende Grundfläche und eine, in Abhängigkeit von der Größe der Grundfläche der Räume, ausreichende lichte Höhe aufweisen, so dass die Beschäftigten ohne Beeinträchtigung ihrer Sicherheit, ihrer Gesundheit oder ihres Wohlbefindens die Räume nutzen oder ihre Arbeit verrichten können.

(2) Die Abmessungen der Räume richten sich nach der Art ihrer Nutzung.

(3) Die Größe des notwendigen Luftraumes ist in Abhängigkeit von der Art der physischen Belastung und der Anzahl der Beschäftigten sowie der sonstigen anwesenden Personen zu bemessen.

1.3 Sicherheits- und Gesundheitsschutzkennzeichnung

(1) [1]Unberührt von den nachfolgenden Anforderungen sind Sicherheits- und Gesundheitsschutzkennzeichnungen einzusetzen, wenn Gefährdungen der Sicherheit und Gesundheit der Beschäftigten nicht durch technische oder organisatorische Maßnahmen vermieden oder ausreichend begrenzt werden können. [2]Das Ergebnis der Gefährdungsbeurteilung und die Maßnahmen nach § 3 Absatz 1 sind dabei zu berücksichtigen.

(2) ¹Die Kennzeichnung ist nach der Art der Gefährdung dauerhaft oder vorübergehend nach den Vorgaben der Richtlinie 92/58/EWG des Rates vom 24. Juni 1992 über Mindestvorschriften für die Sicherheits- und/oder Gesundheitsschutzkennzeichnung am Arbeitsplatz (Neunte Einzelrichtlinie im Sinne des Artikels 16 Absatz 1 der Richtlinie 89/391/EWG) (ABl. EG Nr. L 245 S. 23) auszuführen. ²Diese Richtlinie gilt in der jeweils aktuellen Fassung. ³Wird diese Richtlinie geändert oder nach den in dieser Richtlinie vorgesehenen Verfahren an den technischen Fortschritt angepasst, gilt sie in der geänderten im Amtsblatt der Europäischen Gemeinschaften veröffentlichten Fassung nach Ablauf der in der Änderungs- oder Anpassungsrichtlinie festgelegten Umsetzungsfrist. ⁴Die geänderte Fassung kann bereits ab Inkrafttreten der Änderungs- oder Anpassungsrichtlinie angewendet werden.

1.4 Energieverteilungsanlagen

¹Anlagen, die der Versorgung der Arbeitsstätte mit Energie dienen, müssen so ausgewählt, installiert und betrieben werden, dass die Beschäftigten vor dem direkten oder indirekten Berühren spannungsführender Teile geschützt sind und dass von den Anlagen keine Brand- oder Explosionsgefahren ausgehen. ²Bei der Konzeption und der Ausführung sowie der Wahl des Materials und der Schutzvorrichtungen sind Art und Stärke der verteilten Energie, die äußeren Einwirkbedingungen und die Fachkenntnisse der Personen zu berücksichtigen, die zu Teilen der Anlage Zugang haben.

1.5 Fußböden, Wände, Decken, Dächer

(1) ¹Die Oberflächen der Fußböden, Wände und Decken der Räume müssen so gestaltet sein, dass sie den Erfordernissen des sicheren Betreibens entsprechen sowie leicht und sicher zu reinigen sind. ²Arbeitsräume müssen unter Berücksichtigung der Art des Betriebes und der physischen Belastungen eine angemessene Dämmung gegen Wärme und Kälte sowie eine ausreichende Isolierung gegen Feuchtigkeit aufweisen. ³Auch Sanitär-, Pausen- und Bereitschaftsräume, Kantinen, Erste-Hilfe-Räume und Unterkünfte müssen über eine angemessene Dämmung gegen Wärme und Kälte sowie eine ausreichende Isolierung gegen Feuchtigkeit verfügen.
(2) Die Fußböden der Räume dürfen keine Unebenheiten, Löcher, Stolperstellen oder gefährlichen Schrägen aufweisen.
Sie müssen gegen Verrutschen gesichert, tragfähig, trittsicher und rutschhemmend sein.
(3) ¹Durchsichtige oder lichtdurchlässige Wände, insbesondere Ganzglaswände in Arbeitsräumen oder im Bereich von Verkehrswegen, müssen deutlich gekennzeichnet sein. ²Sie müssen entweder aus bruchsicherem Werkstoff bestehen oder so gegen die Arbeitsplätze in Arbeitsräumen oder die Verkehrswege abgeschirmt sein, dass die Beschäftigten nicht mit den Wänden in Berührung kommen und beim Zersplittern der Wände nicht verletzt werden können.
(4) Dächer aus nicht durchtrittsicherem Material dürfen nur betreten werden, wenn Ausrüstungen benutzt werden, die ein sicheres Arbeiten ermöglichen.

1.6 Fenster, Oberlichter

(1) Fenster, Oberlichter und Lüftungsvorrichtungen müssen sich von den Beschäftigten sicher öffnen, schließen, verstellen und arretieren lassen.
Sie dürfen nicht so angeordnet sein, dass sie in geöffnetem Zustand eine Gefahr für die Beschäftigten darstellen.
(2) Fenster und Oberlichter müssen so ausgewählt oder ausgerüstet und eingebaut sein, dass sie ohne Gefährdung der Ausführenden und anderer Personen gereinigt werden können.

1.7 Türen, Tore

(1) Die Lage, Anzahl, Abmessungen und Ausführung insbesondere hinsichtlich der verwendeten Werkstoffe von Türen und Toren müssen sich nach der Art und Nutzung der Räume oder Bereiche richten.

(2) Durchsichtige Türen müssen in Augenhöhe gekennzeichnet sein.

(3) Pendeltüren und -tore müssen durchsichtig sein oder ein Sichtfenster haben.

(4) Bestehen durchsichtige oder lichtdurchlässige Flächen von Türen und Toren nicht aus bruchsicherem Werkstoff und ist zu befürchten, dass sich die Beschäftigten beim Zersplittern verletzen können, sind diese Flächen gegen Eindrücken zu schützen.

(5) Schiebetüren und -tore müssen gegen Ausheben und Herausfallen gesichert sein. Türen und Tore, die sich nach oben öffnen, müssen gegen Herabfallen gesichert sein.

(6) In unmittelbarer Nähe von Toren, die vorwiegend für den Fahrzeugverkehr bestimmt sind, müssen gut sichtbar gekennzeichnete, stets zugängliche Türen für Fußgänger vorhanden sein.

Diese Türen sind nicht erforderlich, wenn der Durchgang durch die Tore für Fußgänger gefahrlos möglich ist.

(7) Kraftbetätigte Türen und Tore müssen sicher benutzbar sein.

Dazu gehört, dass sie

a) ohne Gefährdung der Beschäftigten bewegt werden oder zum Stillstand kommen können,
b) mit selbsttätig wirkenden Sicherungen ausgestattet sind,
c) auch von Hand zu öffnen sind, sofern sie sich bei Stromausfall nicht automatisch öffnen.

(8) Besondere Anforderungen gelten für Türen im Verlauf von Fluchtwegen (Nummer 2.3).

1.8 Verkehrswege

(1) Verkehrswege, einschließlich Treppen, fest angebrachte Steigleitern und Laderampen müssen so angelegt und bemessen sein, dass sie je nach ihrem Bestimmungszweck leicht und sicher begangen oder befahren werden können und in der Nähe Beschäftigte nicht gefährdet werden.

(2) Die Bemessung der Verkehrswege, die dem Personenverkehr, Güterverkehr oder Personen- und Güterverkehr dienen, muss sich nach der Anzahl der möglichen Benutzer und der Art des Betriebes richten.

(3) Werden Transportmittel auf Verkehrswegen eingesetzt, muss für Fußgänger ein ausreichender Sicherheitsabstand gewahrt werden.

(4) Verkehrswege für Fahrzeuge müssen an Türen und Toren, Durchgängen, Fußgängerwegen und Treppenaustritten in ausreichendem Abstand vorbeiführen.

(5) Soweit Nutzung und Einrichtung der Räume es zum Schutz der Beschäftigten erfordern, müssen die Begrenzungen der Verkehrswege gekennzeichnet sein.

(6) Besondere Anforderungen gelten für Fluchtwege (Nummer 2.3).

1.9 Fahrtreppen, Fahrsteige

Fahrtreppen und Fahrsteige müssen so ausgewählt und installiert sein, dass sie sicher funktionieren und sicher benutzbar sind. Dazu gehört, dass die Notbefehlseinrichtungen gut erkennbar und leicht zugänglich sind und nur solche Fahrtreppen und Fahrsteige eingesetzt werden, die mit den notwendigen Sicherheitsvorrichtungen ausgestattet sind.

1.10 Laderampen

(1) Laderampen sind entsprechend den Abmessungen der Transportmittel und der Ladung auszulegen.

(2) Sie müssen mindestens einen Abgang haben; lange Laderampen müssen, soweit betriebstechnisch möglich, an jedem Endbereich einen Abgang haben.

(3) Sie müssen einfach und sicher benutzbar sein.

Dazu gehört, dass sie nach Möglichkeit mit Schutzvorrichtungen gegen Absturz auszurüsten sind; das gilt insbesondere in Bereichen von Laderampen, die keine ständigen Be- und Entladestellen sind.

1.11 Steigleitern, Steigeisengänge
Steigleitern und Steigeisengänge müssen sicher benutzbar sein. Dazu gehört, dass sie
a) nach Notwendigkeit über Schutzvorrichtungen gegen Absturz, vorzugsweise über Steigschutzeinrichtungen verfügen,
b) an ihren Austrittsstellen eine Haltevorrichtung haben,
c) nach Notwendigkeit in angemessenen Abständen mit Ruhebühnen ausgerüstet sind.

2 Maßnahmen zum Schutz vor besonderen Gefahren

2.1 Schutz vor Absturz und herabfallenden Gegenständen, Betreten von Gefahrenbereichen

(1) [1]Arbeitsplätze und Verkehrswege, bei denen eine Absturzgefahr für Beschäftigte oder die Gefahr des Herabfallens von Gegenständen besteht, müssen mit Schutzvorrichtungen versehen sein, die verhindern, dass Beschäftigte abstürzen oder durch herabfallende Gegenstände verletzt werden können. [2]Sind aufgrund der Eigenart des Arbeitsplatzes oder der durchzuführenden Arbeiten Schutzvorrichtungen gegen Absturz nicht geeignet, muss der Arbeitgeber die Sicherheit der Beschäftigten durch andere wirksame Maßnahmen gewährleisten. [3]Eine Absturzgefahr besteht bei einer Absturzhöhe von mehr als 1 Meter.

(2) Arbeitsplätze und Verkehrswege, die an Gefahrenbereiche grenzen, müssen mit Schutzvorrichtungen versehen sein, die verhindern, dass Beschäftigte in die Gefahrenbereiche gelangen.

(3) [1]Die Arbeitsplätze und Verkehrswege nach den Absätzen 1 und 2 müssen gegen unbefugtes Betreten gesichert und gut sichtbar als Gefahrenbereiche gekennzeichnet sein. [2]Zum Schutz derjenigen, die diese Bereiche betreten müssen, sind geeignete Maßnahmen zu treffen.

2.2 Maßnahmen gegen Brände
(1) Arbeitsstätten müssen je nach
a) Abmessung und Nutzung,
b) der Brandgefährdung vorhandener Einrichtungen und Materialien,
c) der größtmöglichen Anzahl anwesender Personen

mit einer ausreichenden Anzahl geeigneter Feuerlöscheinrichtungen und erforderlichenfalls Brandmeldern und Alarmanlagen ausgestattet sein.

(2) Nicht selbsttätige Feuerlöscheinrichtungen müssen als solche dauerhaft gekennzeichnet, leicht zu erreichen und zu handhaben sein.

(3) Selbsttätig wirkende Feuerlöscheinrichtungen müssen mit Warneinrichtungen ausgerüstet sein, wenn bei ihrem Einsatz Gefahren für die Beschäftigten auftreten können.

2.3 Fluchtwege und Notausgänge
(1) [1]Fluchtwege und Notausgänge müssen
a) sich in Anzahl, Anordnung und Abmessung nach der Nutzung, der Einrichtung und den Abmessungen der Arbeitsstätte sowie nach der höchstmöglichen Anzahl der dort anwesenden Personen richten,
b) auf möglichst kurzem Weg ins Freie oder, falls dies nicht möglich ist, in einen gesicherten Bereich führen,
c) in angemessener Form und dauerhaft gekennzeichnet sein.

²Sie sind mit einer Sicherheitsbeleuchtung auszurüsten, wenn das gefahrlose Verlassen der Arbeitsstätte für die Beschäftigten, insbesondere bei Ausfall der allgemeinen Beleuchtung, nicht gewährleistet ist.

(2) ¹Türen im Verlauf von Fluchtwegen oder Türen von Notausgängen müssen
a) sich von innen ohne besondere Hilfsmittel jederzeit leicht öffnen lassen, solange sich Beschäftigte in der Arbeitsstätte befinden,
b) in angemessener Form und dauerhaft gekennzeichnet sein.

²Türen von Notausgängen müssen sich nach außen öffnen lassen. ³In Notausgängen, die ausschließlich für den Notfall konzipiert und ausschließlich im Notfall benutzt werden, sind Karussell- und Schiebetüren nicht zulässig.

3 Arbeitsbedingungen

3.1 Bewegungsfläche

(1) Die freie unverstellte Fläche am Arbeitsplatz muss so bemessen sein, dass sich die Beschäftigten bei ihrer Tätigkeit ungehindert bewegen können.

(2) Ist dies nicht möglich, muss den Beschäftigten in der Nähe des Arbeitsplatzes eine andere ausreichend große Bewegungsfläche zur Verfügung stehen.

3.2 Anordnung der Arbeitsplätze

Arbeitsplätze sind in der Arbeitsstätte so anzuordnen, dass Beschäftigte
a) sie sicher erreichen und verlassen können,
b) sich bei Gefahr schnell in Sicherheit bringen können,
c) durch benachbarte Arbeitsplätze, Transporte oder Einwirkungen von außerhalb nicht gefährdet werden.

3.3 Ausstattung

(1) Jedem Beschäftigten muss mindestens eine Kleiderablage zur Verfügung stehen, sofern keine Umkleideräume vorhanden sind.

(2) ¹Kann die Arbeit ganz oder teilweise sitzend verrichtet werden oder lässt es der Arbeitsablauf zu, sich zeitweise zu setzen, sind den Beschäftigten am Arbeitsplatz Sitzgelegenheiten zur Verfügung zu stellen. ²Können aus betriebstechnischen Gründen keine Sitzgelegenheiten unmittelbar am Arbeitsplatz aufgestellt werden, obwohl es der Arbeitsablauf zulässt, sich zeitweise zu setzen, müssen den Beschäftigten in der Nähe der Arbeitsplätze Sitzgelegenheiten bereitgestellt werden.

3.4 Beleuchtung und Sichtverbindung

(1) Der Arbeitgeber darf als Arbeitsräume nur solche Räume betreiben, die möglichst ausreichend Tageslicht erhalten und die eine Sichtverbindung nach außen haben. Dies gilt nicht für
1. Räume, bei denen betriebs-, produktions- oder bautechnische Gründe Tageslicht oder einer Sichtverbindung nach außen entgegenstehen,
2. Räume, in denen sich Beschäftigte zur Verrichtung ihrer Tätigkeit regelmäßig nicht über einen längeren Zeitraum oder im Verlauf der täglichen Arbeitszeit nur kurzzeitig aufhalten müssen, insbesondere Archive, Lager-, Maschinen- und Nebenräume, Teeküchen,
3. Räume, die vollständig unter Erdgleiche liegen, soweit es sich dabei um Tiefgaragen oder ähnliche Einrichtungen, um kulturelle Einrichtungen, um Verkaufsräume oder um Schank- und Speiseräume handelt,
4. Räume in Bahnhofs- oder Flughafenhallen, Passagen oder innerhalb von Kaufhäusern und Einkaufszentren,
5. Räume mit einer Grundfläche von mindestens 2 000 Quadratmetern, sofern Oberlichter oder andere bauliche Vorrichtungen vorhanden sind, die Tageslicht in den Arbeitsraum lenken.

(2) ¹Pausen- und Bereitschaftsräume sowie Unterkünfte müssen möglichst ausreichend mit Tageslicht beleuchtet sein und eine Sichtverbindung nach außen haben. ²Kantinen sollen möglichst ausreichend Tageslicht erhalten und eine Sichtverbindung nach außen haben.
(3) Räume, die bis zum 3. Dezember 2016 eingerichtet worden sind oder mit deren Einrichtung begonnen worden war und die die Anforderungen nach Absatz 1 Satz 1 oder Absatz 2 nicht erfüllen, dürfen ohne eine Sichtverbindung nach außen weiter betrieben werden, bis sie wesentlich erweitert oder umgebaut werden.
(4) In Arbeitsräumen muss die Stärke des Tageslichteinfalls am Arbeitsplatz je nach Art der Tätigkeit reguliert werden können.
(5) Arbeitsstätten müssen mit Einrichtungen ausgestattet sein, die eine angemessene künstliche Beleuchtung ermöglichen, so dass die Sicherheit und der Schutz der Gesundheit der Beschäftigten gewährleistet sind.
(6) Die Beleuchtungsanlagen sind so auszuwählen und anzuordnen, dass dadurch die Sicherheit und die Gesundheit der Beschäftigten nicht gefährdet werden.
(7) Arbeitsstätten, in denen bei Ausfall der Allgemeinbeleuchtung die Sicherheit der Beschäftigten gefährdet werden kann, müssen eine ausreichende Sicherheitsbeleuchtung haben.

3.5 Raumtemperatur

(1) Arbeitsräume, in denen aus betriebstechnischer Sicht keine spezifischen Anforderungen an die Raumtemperatur gestellt werden, müssen während der Nutzungsdauer unter Berücksichtigung der Arbeitsverfahren und der physischen Belastungen der Beschäftigten eine gesundheitlich zuträgliche Raumtemperatur haben.
(2) Sanitär-, Pausen- und Bereitschaftsräume, Kantinen, Erste-Hilfe-Räume und Unterkünfte müssen während der Nutzungsdauer unter Berücksichtigung des spezifischen Nutzungszwecks eine gesundheitlich zuträgliche Raumtemperatur haben.
(3) Fenster, Oberlichter und Glaswände müssen unter Berücksichtigung der Arbeitsverfahren und der Art der Arbeitsstätte eine Abschirmung gegen übermäßige Sonneneinstrahlung ermöglichen.

3.6 Lüftung

(1) In Arbeitsräumen, Sanitär-, Pausen- und Bereitschaftsräumen, Kantinen, Erste-Hilfe-Räumen und Unterkünften muss unter Berücksichtigung des spezifischen Nutzungszwecks, der Arbeitsverfahren, der physischen Belastungen und der Anzahl der Beschäftigten sowie der sonstigen anwesenden Personen während der Nutzungsdauer ausreichend gesundheitlich zuträgliche Atemluft vorhanden sein.
(2) Ist für das Betreiben von Arbeitsstätten eine raumlufttechnische Anlage erforderlich, muss diese jederzeit funktionsfähig sein.
Bei raumlufttechnischen Anlagen muss eine Störung durch eine selbsttätige Warneinrichtung angezeigt werden.
Es müssen Vorkehrungen getroffen sein, durch die die Beschäftigten im Fall einer Störung gegen Gesundheitsgefahren geschützt sind.
(3) Werden raumlufttechnische Anlagen verwendet, ist sicherzustellen, dass die Beschäftigten keinem störenden Luftzug ausgesetzt sind.
(4) Ablagerungen und Verunreinigungen in raumlufttechnischen Anlagen, die zu einer unmittelbaren Gesundheitsgefährdung durch die Raumluft führen können, müssen umgehend beseitigt werden.

3.7 Lärm

¹In Arbeitsstätten ist der Schalldruckpegel so niedrig zu halten, wie es nach der Art des Betriebes möglich ist. ²Der Schalldruckpegel am Arbeitsplatz in Arbeitsräumen ist in Abhängigkeit von der Nutzung und den zu verrichtenden Tätigkeiten so weit zu reduzieren, dass keine Beeinträchtigungen der Gesundheit der Beschäftigten entstehen.

4 Sanitär-, Pausen- und Bereitschaftsräume, Kantinen, Erste-Hilfe-Räume und Unterkünfte

4.1 Sanitärräume

(1) [1]Der Arbeitgeber hat Toilettenräume zur Verfügung zu stellen. [2]Toilettenräume sind für Männer und Frauen getrennt einzurichten oder es ist eine getrennte Nutzung zu ermöglichen. [3]Toilettenräume sind mit verschließbaren Zugängen, einer ausreichenden Anzahl von Toilettenbecken und Handwaschgelegenheiten zur Verfügung zu stellen. [4]Sie müssen sich sowohl in der Nähe der Arbeitsräume als auch in der Nähe von Kantinen, Pausen- und Bereitschaftsräumen, Wasch- und Umkleideräumen befinden. [5]Bei Arbeiten im Freien und auf Baustellen mit wenigen Beschäftigten sind mobile, anschlussfreie Toilettenkabinen in der Nähe der Arbeitsplätze ausreichend.

(2) [1]Der Arbeitgeber hat – wenn es die Art der Tätigkeit oder gesundheitliche Gründe erfordern – Waschräume zur Verfügung zu stellen. [2]Diese sind für Männer und Frauen getrennt einzurichten oder es ist eine getrennte Nutzung zu ermöglichen. [3]Bei Arbeiten im Freien und auf Baustellen mit wenigen Beschäftigten sind Waschgelegenheiten ausreichend. [4]Waschräume sind

a) in der Nähe von Arbeitsräumen und sichtgeschützt einzurichten,
b) so zu bemessen, dass die Beschäftigten sich den hygienischen Erfordernissen entsprechend und ungehindert reinigen können; dazu müssen fließendes warmes und kaltes Wasser, Mittel zum Reinigen und gegebenenfalls zum Desinfizieren sowie zum Abtrocknen der Hände vorhanden sein,
c) mit einer ausreichenden Anzahl geeigneter Duschen zur Verfügung zu stellen, wenn es die Art der Tätigkeit oder gesundheitliche Gründe erfordern.

[5]Sind Waschräume nicht erforderlich, müssen in der Nähe des Arbeitsplatzes und der Umkleideräume ausreichende und angemessene Waschgelegenheiten mit fließendem Wasser (erforderlichenfalls mit warmem Wasser), Mitteln zum Reinigen und zum Abtrocknen der Hände zur Verfügung stehen.

(3) [1]Der Arbeitgeber hat geeignete Umkleideräume zur Verfügung zu stellen, wenn die Beschäftigten bei ihrer Tätigkeit besondere Arbeitskleidung tragen müssen und es ihnen nicht zuzumuten ist, sich in einem anderen Raum umzukleiden. [2]Umkleideräume sind für Männer und Frauen getrennt einzurichten oder es ist eine getrennte Nutzung zu ermöglichen. [3]Umkleideräume müssen

a) leicht zugänglich und von ausreichender Größe und sichtgeschützt eingerichtet werden; entsprechend der Anzahl gleichzeitiger Benutzer muss genügend freie Bodenfläche für ungehindertes Umkleiden vorhanden sein,
b) mit Sitzgelegenheiten sowie mit verschließbaren Einrichtungen ausgestattet sein, in denen jeder Beschäftigte seine Kleidung aufbewahren kann.

[4]Kleiderschränke für Arbeitskleidung und Schutzkleidung sind von Kleiderschränken für persönliche Kleidung und Gegenstände zu trennen, wenn die Umstände dies erfordern.

(4) Wasch- und Umkleideräume, die voneinander räumlich getrennt sind, müssen untereinander leicht erreichbar sein.

4.2 Pausen- und Bereitschaftsräume

(1) [1]Bei mehr als zehn Beschäftigten oder wenn die Sicherheit und der Schutz der Gesundheit es erfordern, ist den Beschäftigten ein Pausenraum oder ein entsprechender Pausenbereich zur Verfügung zu stellen. [2]Dies gilt nicht, wenn die Beschäftigten in Büroräumen oder vergleichbaren Arbeitsräumen beschäftigt sind und dort gleichwertige Voraussetzungen für eine Erholung während der Pause gegeben sind. [3]Fallen in die Arbeitszeit regelmäßig und häufig Arbeitsbereitschaftszeiten oder Arbeitsunterbrechungen und sind keine Pausenräume vorhanden, so sind für die Beschäftigten Räume für Bereitschaftszeiten einzurichten. [4]Schwangere Frauen und stillende Mütter müssen sich während der Pausen und, soweit es erforderlich ist, auch während der Arbeitszeit unter geeigneten Bedingungen hinlegen und ausruhen können.

(2) Pausenräume oder entsprechende Pausenbereiche sind
a) für die Beschäftigten leicht erreichbar an ungefährdeter Stelle und in ausreichender Größe bereitzustellen,
b) entsprechend der Anzahl der gleichzeitigen Benutzer mit leicht zu reinigenden Tischen und Sitzgelegenheiten mit Rückenlehne auszustatten,
c) als separate Räume zu gestalten, wenn die Beurteilung der Arbeitsbedingungen und der Arbeitsstätte dies erfordern.

(3) Bereitschaftsräume und Pausenräume, die als Bereitschaftsräume genutzt werden, müssen dem Zweck entsprechend ausgestattet sein.

4.3 Erste-Hilfe-Räume

(1) Erste-Hilfe-Räume oder vergleichbare Bereiche sind entsprechend der Art der Gefährdungen in der Arbeitsstätte oder der Anzahl der Beschäftigten, der Art der auszuübenden Tätigkeiten sowie der räumlichen Größe der Betriebe zur Verfügung zu stellen.

(2) Erste-Hilfe-Räume müssen an ihren Zugängen als solche gekennzeichnet und für Personen mit Rettungstransportmitteln leicht zugänglich sein.

(3) Sie sind mit den erforderlichen Mitteln und Einrichtungen zur Ersten Hilfe auszustatten.

An einer deutlich gekennzeichneten Stelle müssen Anschrift und Telefonnummer der örtlichen Rettungsdienste angegeben sein.

(4) Darüber hinaus sind überall dort, wo es die Arbeitsbedingungen erfordern, Mittel und Einrichtungen zur Ersten Hilfe aufzubewahren.

Sie müssen leicht zugänglich und einsatzbereit sein.

Die Aufbewahrungsstellen müssen als solche gekennzeichnet und gut erreichbar sein.

4.4 Unterkünfte

(1) ¹Der Arbeitgeber hat angemessene Unterkünfte für Beschäftigte zur Verfügung zu stellen, gegebenenfalls auch außerhalb der Arbeitsstätte, wenn es aus Gründen der Sicherheit und zum Schutz der Gesundheit erforderlich ist. ²Die Bereitstellung angemessener Unterkünfte kann insbesondere wegen der Abgelegenheit der Arbeitsstätte, der Art der auszuübenden Tätigkeiten oder der Anzahl der im Betrieb beschäftigten Personen erforderlich sein. ³Kann der Arbeitgeber erforderliche Unterkünfte nicht zur Verfügung stellen, hat er für eine andere angemessene Unterbringung der Beschäftigten zu sorgen.

(2) Unterkünfte müssen entsprechend ihrer Belegungszahl ausgestattet sein mit:
a) Wohn- und Schlafbereich (Betten, Schränken, Tischen, Stühlen),
b) Essbereich,
c) Sanitäreinrichtungen.

(3) Wird die Unterkunft von Männern und Frauen gemeinsam genutzt, ist dies bei der Zuteilung der Räume zu berücksichtigen.

5 Ergänzende Anforderungen und Maßnahmen für besondere Arbeitsstätten und Arbeitsplätze

5.1 Arbeitsplätze in nicht allseits umschlossenen Arbeitsstätten und Arbeitsplätze im Freien

¹Arbeitsplätze in nicht allseits umschlossenen Arbeitsstätten und Arbeitsplätze im Freien sind so einzurichten und zu betreiben, dass sie von den Beschäftigten bei jeder Witterung sicher und ohne Gesundheitsgefährdung erreicht, benutzt und wieder verlassen werden können. ²Dazu gehört, dass diese Arbeitsplätze gegen Witterungseinflüsse geschützt sind oder den Beschäftigten geeignete persönliche Schutzausrüstungen zur Verfügung gestellt werden. ³Werden die Beschäftigten auf Arbeitsplätzen im Freien be-

schäftigt, so sind die Arbeitsplätze nach Möglichkeit so einzurichten, dass die Beschäftigten nicht gesundheitsgefährdenden äußeren Einwirkungen ausgesetzt sind.

5.2 Baustellen

(1) Die Beschäftigten müssen
a) sich gegen Witterungseinflüsse geschützt umkleiden, waschen und wärmen können,
b) über Einrichtungen verfügen, um ihre Mahlzeiten einnehmen und gegebenenfalls auch zubereiten zu können,
c) in der Nähe der Arbeitsplätze über Trinkwasser oder ein anderes alkoholfreies Getränk verfügen können.

Weiterhin sind auf Baustellen folgende Anforderungen umzusetzen:
d) Sind Umkleideräume nicht erforderlich, muss für jeden regelmäßig auf der Baustelle anwesenden Beschäftigten eine Kleiderablage und ein abschließbares Fach vorhanden sein, damit persönliche Gegenstände unter Verschluss aufbewahrt werden können.
e) Unter Berücksichtigung der Arbeitsverfahren und der physischen Belastungen der Beschäftigten ist dafür zu sorgen, dass ausreichend gesundheitlich zuträgliche Atemluft vorhanden ist.
f) Beschäftigte müssen die Möglichkeit haben, Arbeitskleidung und Schutzkleidung außerhalb der Arbeitszeit zu lüften und zu trocknen.
g) In regelmäßigen Abständen sind geeignete Versuche und Übungen an Feuerlöscheinrichtungen und Brandmelde- und Alarmanlagen durchzuführen.

(2) [1]Schutzvorrichtungen, die ein Abstürzen von Beschäftigten an Arbeitsplätzen und Verkehrswegen auf Baustellen verhindern, müssen vorhanden sein:
1. unabhängig von der Absturzhöhe bei
   a) Arbeitsplätzen am und über Wasser oder an und über anderen festen oder flüssigen Stoffen, in denen man versinken kann,
   b) Verkehrswegen über Wasser oder anderen festen oder flüssigen Stoffen, in denen man versinken kann,
2. bei mehr als 1 Meter Absturzhöhe an Wandöffnungen, an freiliegenden Treppenläufen und -absätzen sowie
3. bei mehr als 2 Meter Absturzhöhe an allen übrigen Arbeitsplätzen.

[2]Bei einer Absturzhöhe bis zu 3 Metern ist eine Schutzvorrichtung entbehrlich an Arbeitsplätzen und Verkehrswegen auf Dächern und Geschossdecken von baulichen Anlagen mit bis zu 22,5 Grad Neigung und nicht mehr als 50 Quadratmeter Grundfläche, sofern die Arbeiten von hierfür fachlich qualifizierten und körperlich geeigneten Beschäftigten ausgeführt werden und diese Beschäftigten besonders unterwiesen sind. [3]Die Absturzkante muss für die Beschäftigten deutlich erkennbar sein.

(3) Räumliche Begrenzungen der Arbeitsplätze, Materialien, Ausrüstungen und ganz allgemein alle Elemente, die durch Ortsveränderung die Sicherheit und die Gesundheit der Beschäftigten beeinträchtigen können, müssen auf geeignete Weise stabilisiert werden.

Hierzu zählen auch Maßnahmen, die verhindern, dass Fahrzeuge, Erdbaumaschinen und Förderzeuge abstürzen, umstürzen, abrutschen oder einbrechen.

(4) Werden Beförderungsmittel auf Verkehrswegen verwendet, so müssen für andere, den Verkehrsweg nutzende Personen ein ausreichender Sicherheitsabstand oder geeignete Schutzvorrichtungen vorgesehen werden.

Die Wege müssen regelmäßig überprüft und gewartet werden.

(5) Bei Arbeiten, aus denen sich im besonderen Maße Gefährdungen für die Beschäftigten ergeben können, müssen geeignete Sicherheitsvorkehrungen getroffen werden.

Dies gilt insbesondere für Abbrucharbeiten sowie Montage- oder Demontagearbeiten.

Zur Erfüllung der Schutzmaßnahmen des Satzes 1 sind
a) bei Arbeiten an erhöhten oder tiefer gelegenen Standorten Standsicherheit und Stabilität der Arbeitsplätze und ihrer Zugänge auf geeignete Weise zu gewährleisten und zu überprüfen, insbesondere nach einer Veränderung der Höhe oder Tiefe des Arbeitsplatzes,
b) bei Aushubarbeiten, Brunnenbauarbeiten, unterirdischen oder Tunnelarbeiten die Erd- oder Felswände so abzuböschen, zu verbauen oder anderweitig so zu sichern, dass sie während der einzelnen Bauzustände standsicher sind; vor Beginn von Erdarbeiten sind geeignete Maßnahmen durchzuführen, um die Gefährdung durch unterirdisch verlegte Kabel und andere Versorgungsleitungen festzustellen und auf ein Mindestmaß zu verringern,
c) bei Arbeiten, bei denen Sauerstoffmangel auftreten kann, geeignete Maßnahmen zu treffen, um einer Gefahr vorzubeugen und eine wirksame und sofortige Hilfeleistung zu ermöglichen; Einzelarbeitsplätze in Bereichen, in denen erhöhte Gefährdung durch Sauerstoffmangel besteht, sind nur zulässig, wenn diese ständig von außen überwacht werden und alle geeigneten Vorkehrungen getroffen sind, um eine wirksame und sofortige Hilfeleistung zu ermöglichen,
d) beim Auf-, Um- sowie Abbau von Spundwänden und Senkkästen angemessene Vorrichtungen vorzusehen, damit sich die Beschäftigten beim Eindringen von Wasser und Material retten können,
e) bei Laderampen Absturzsicherungen vorzusehen,
f) bei Arbeiten, bei denen mit Gefährdungen aus dem Verkehr von Land-, Wasser- oder Luftfahrzeugen zu rechnen ist, geeignete Vorkehrungen zu treffen.

Abbrucharbeiten, Montage- oder Demontagearbeiten, insbesondere der Auf- oder Abbau von Stahl- oder Betonkonstruktionen, die Montage oder Demontage von Verbau zur Sicherung von Erd- oder Felswänden oder Senkkästen sind fachkundig zu planen und nur unter fachkundiger Aufsicht sowie nach schriftlicher Abbruch-, Montage- oder Demontageanweisung durchzuführen; die Abbruch-, Montage- oder Demontageanweisung muss die erforderlichen sicherheitstechnischen Angaben enthalten; auf die Schriftform kann verzichtet werden, wenn für die jeweiligen Abbruch-, Montage- oder Demontagearbeiten besondere sicherheitstechnische Angaben nicht erforderlich sind.

(6) Vorhandene elektrische Freileitungen müssen nach Möglichkeit außerhalb des Baustellengeländes verlegt oder freigeschaltet werden.
Wenn dies nicht möglich ist, sind geeignete Abschrankungen, Abschirmungen oder Hinweise anzubringen, um Fahrzeuge und Einrichtungen von diesen Leitungen fern zu halten.

6 Maßnahmen zur Gestaltung von Bildschirmarbeitsplätzen

6.1 Allgemeine Anforderungen an Bildschirmarbeitsplätze

(1) ¹Bildschirmarbeitsplätze sind so einzurichten und zu betreiben, dass die Sicherheit und der Schutz der Gesundheit der Beschäftigten gewährleistet sind. ²Die Grundsätze der Ergonomie sind auf die Bildschirmarbeitsplätze und die erforderlichen Arbeitsmittel sowie die für die Informationsverarbeitung durch die Beschäftigten erforderlichen Bildschirmgeräte entsprechend anzuwenden.
(2) Der Arbeitgeber hat dafür zu sorgen, dass die Tätigkeiten der Beschäftigten an Bildschirmgeräten insbesondere durch andere Tätigkeiten oder regelmäßige Erholungszeiten unterbrochen werden.
(3) Für die Beschäftigten ist ausreichend Raum für wechselnde Arbeitshaltungen und -bewegungen vorzusehen.
(4) Die Bildschirmgeräte sind so aufzustellen und zu betreiben, dass die Oberflächen frei von störenden Reflexionen und Blendungen sind.
(5) Die Arbeitstische oder Arbeitsflächen müssen eine reflexionsarme Oberfläche haben und so aufgestellt werden, dass die Oberflächen bei der Arbeit frei von störenden Reflexionen und Blendungen sind.

(6) [1]Die Arbeitsflächen sind entsprechend der Arbeitsaufgabe so zu bemessen, dass alle Eingabemittel auf der Arbeitsfläche variabel angeordnet werden können und eine flexible Anordung des Bildschirms, des Schriftguts und der sonstigen Arbeitsmittel möglich ist. [2]Die Arbeitsfläche vor der Tastatur muss ein Auflegen der Handballen ermöglichen.

(7) Auf Wunsch der Beschäftigten hat der Arbeitgeber eine Fußstütze und einen Manuskripthalter zur Verfügung zu stellen, wenn eine ergonomisch günstige Arbeitshaltung auf andere Art und Weise nicht erreicht werden kann.

(8) [1]Die Beleuchtung muss der Art der Arbeitsaufgabe entsprechen und an das Sehvermögen der Beschäftigten angepasst sein; ein angemessener Kontrast zwischen Bildschirm und Arbeitsumgebung ist zu gewährleisten. [2]Durch die Gestaltung des Bildschirmarbeitsplatzes sowie der Auslegung und der Anordnung der Beleuchtung sind störende Blendungen, Reflexionen oder Spiegelungen auf dem Bildschirm und den sonstigen Arbeitsmitteln zu vermeiden.

(9) [1]Werden an einem Arbeitsplatz mehrere Bildschirmgeräte oder Bildschirme betrieben, müssen diese ergonomisch angeordnet sein. [2]Die Eingabegeräte müssen sich eindeutig dem jeweiligen Bildschirmgerät zuordnen lassen.

(10) Die Arbeitsmittel dürfen nicht zu einer erhöhten, gesundheitlich unzuträglichen Wärmebelastung am Arbeitsplatz führen.

6.2 Allgemeine Anforderungen an Bildschirme und Bildschirmgeräte

(1) [1]Die Text- und Grafikdarstellungen auf dem Bildschirm müssen entsprechend der Arbeitsaufgabe und dem Sehabstand scharf und deutlich sowie ausreichend groß sein. [2]Der Zeichen- und der Zeilenabstand müssen angemessen sein. [3]Die Zeichengröße und der Zeilenabstand müssen auf dem Bildschirm individuell eingestellt werden können.

(2) [1]Das auf dem Bildschirm dargestellte Bild muss flimmerfrei sein. [2]Das Bild darf keine Verzerrungen aufweisen.

(3) [1]Die Helligkeit der Bildschirmanzeige und der Kontrast der Text- und Grafikdarstellungen auf dem Bildschirm müssen von den Beschäftigten einfach eingestellt werden können. [2]Sie müssen den Verhältnissen der Arbeitsumgebung individuell angepasst werden können.

(4) Die Bildschirmgröße und -form müssen der Arbeitsaufgabe angemessen sein.

(5) Die von den Bildschirmgeräten ausgehende elektromagnetische Strahlung muss so niedrig gehalten werden, dass die Sicherheit und die Gesundheit der Beschäftigten nicht gefährdet werden.

6.3 Anforderungen an Bildschirmgeräte und Arbeitsmittel für die ortsgebundene Verwendung an Arbeitsplätzen

(1) [1]Bildschirme müssen frei und leicht dreh- und neigbar sein sowie über reflexionsarme Oberflächen verfügen. [2]Bildschirme, die über reflektierende Oberflächen verfügen, dürfen nur dann betrieben werden, wenn dies aus zwingenden aufgabenbezogenen Gründen erforderlich ist.

(2) Tastaturen müssen die folgenden Eigenschaften aufweisen:
1. sie müssen vom Bildschirm getrennte Einheiten sein,
2. sie müssen neigbar sein,
3. die Oberflächen müssen reflexionsarm sein,
4. die Form und der Anschlag der Tasten müssen den Arbeitsaufgaben angemessen sein und eine ergonomische Bedienung ermöglichen,
5. die Beschriftung der Tasten muss sich vom Untergrund deutlich abheben und bei normaler Arbeitshaltung gut lesbar sein.

(3) Alternative Eingabemittel (zum Beispiel Eingabe über den Bildschirm, Spracheingabe, Scanner) dürfen nur eingesetzt werden, wenn dadurch die Arbeitsaufgaben leichter

ausgeführt werden können und keine zusätzlichen Belastungen für die Beschäftigten entstehen.

6.4 Anforderungen an tragbare Bildschirmgeräte für die ortsveränderliche Verwendung an Arbeitsplätzen

(1) Größe, Form und Gewicht tragbarer Bildschirmgeräte müssen der Arbeitsaufgabe entsprechend angemessen sein.

(2) Tragbare Bildschirmgeräte müssen
1. über Bildschirme mit reflexionsarmen Oberflächen verfügen und
2. so betrieben werden, dass der Bildschirm frei von störenden Reflexionen und Blendungen ist.

(3) Tragbare Bildschirmgeräte ohne Trennung zwischen Bildschirm und externem Eingabemittel (insbesondere Geräte ohne Tastatur) dürfen nur an Arbeitsplätzen betrieben werden, an denen die Geräte nur kurzzeitig verwendet werden oder an denen die Arbeitsaufgaben mit keinen anderen Bildschirmgeräten ausgeführt werden können.

(4) Tragbare Bildschirmgeräte mit alternativen Eingabemitteln sind den Arbeitsaufgaben angemessen und mit dem Ziel einer optimalen Entlastung der Beschäftigten zu betreiben.

(5) Werden tragbare Bildschirmgeräte ortsgebunden an Arbeitsplätzen verwendet, gelten zusätzlich die Anforderungen nach Nummer 6.1.

6.5 Anforderungen an die Benutzerfreundlichkeit von Bildschirmarbeitsplätzen

(1) [1]Beim Betreiben der Bildschirmarbeitsplätze hat der Arbeitgeber dafür zu sorgen, dass der Arbeitsplatz den Arbeitsaufgaben angemessen gestaltet ist. [2]Er hat insbesondere geeignete Softwaresysteme bereitzustellen.

(2) Die Bildschirmgeräte und die Software müssen entsprechend den Kenntnissen und Erfahrungen der Beschäftigten im Hinblick auf die jeweilige Arbeitsaufgabe angepasst werden können.

(3) Das Softwaresystem muss den Beschäftigten Angaben über die jeweiligen Dialogabläufe machen.

(4) [1]Die Bildschirmgeräte und die Software müssen es den Beschäftigten ermöglichen, die Dialogabläufe zu beeinflussen. [2]Sie müssen eventuelle Fehler bei der Handhabung beschreiben und eine Fehlerbeseitigung mit begrenztem Arbeitsaufwand erlauben.

(5) Eine Kontrolle der Arbeit hinsichtlich der qualitativen oder quantitativen Ergebnisse darf ohne Wissen der Beschäftigten nicht durchgeführt werden.

Literatur: Monographien, Sammelbände: *BAuA* (Hrsg.) Gefährdungsbeurteilung psychischer Belastung 2014 (zit. BAuA-Gefährdungsbeurteilung); *Blume*, Prävention durch Gefährdungsbeurteilung, in: Faber/Feldhoff/Nebe/Schmidt/Waßer (Hrsg.), Gesellschaftliche Bewegungen – Recht unter Beobachtung und in Aktion, Festschrift für Wolfhard Kohte 2016, S. 383; *Dettmers/Hinz/Friedrich/Keller/Schulz/Bamberg*, Entgrenzung der täglichen Arbeitszeit – Beeinträchtigungen durch ständige Erreichbarkeit bei Rufbereitschaft in: Badura/Ducki/Schröder/Klose/Meyer, Fehlzeitenreport 2012, S. 53; *Kiper*, Gestaltung von Arbeitsstätten durch Mitbestimmung – Betriebs- und Dienstvereinbarungen: Analyse und Handlungsempfehlungen, 2013; *Kleemann*, Zur Re-Integration von Arbeit und Leben in Teleheimarbeit, in: Gottschall/Voß (Hrsg.), Entgrenzung von Arbeit und Leben, 2. Aufl. 2005, S. 59; *Kohn*, Arbeitsschutz in der mobilen IT-gestützen Arbeitswelt, in: Gumm/Janneck/Langer/Simon (Hrsg.), Mensch-Technik-Ärger? Zur Beherrschbarkeit soziotechnischer Dynamik aus transdisziplinärer Sicht, 2008, S. 153; *Kratzer/Sauer*, Entgrenzung von Arbeit. Konzept, Thesen, Befunde, in: Gottschall/Voß (Hrsg.), Entgrenzung von Arbeit und Leben, 2. Aufl. 2005, S. 87; *Lammeyer*, Telearbeit, 2007; *Martin/Prümper/von Harten*, Ergonomie-Prüfer zur Beurteilung von Büro- und Bildschirmarbeitsplätzen (ABETO), 2008 (zitiert: Martin/Prümper/von Harten); *Müller-Petzer*, Fürsorgepflichten des Arbeitgebers nach europäischem und nationalen Arbeitsrecht, 2003; *Neuhaus*, Sicherheit und Gesundheitsschutz bei Büro- und Bildschirmarbeit, 2003; *Oppolzer*, Psychische Belastungen in der Arbeitswelt, 3. Aufl. 2009; *Pfeiffer*, Technologische Grundlagen der Entgrenzung: Chancen und Risiken in: Badura/Ducki/Schröder/Klose/Meyer, Fehlzeitenreport 2012 S. 15; *Rau,* Erholung als Indikator für gesundheitsförderlich gestaltete Arbeit in: Badura/Ducki/Schröder/Klose/Meyer, Fehlzeitenreport 2012, S. 19; *Resch,* Analyse psychischer Belastungen. Verfahren und ihre Anwendungen im Arbeits- und Gesundheitsschutz, 2003; *Rehwald/Reineke/Wienemann/ Zinke,* Betriebliche Suchtprävention und Suchthilfe, 2. Aufl. 2012; *Richenhagen/Prümper/ Wagner,* Handbuch der Bildschirmarbeit, 3. Aufl. 2002; *Richenhagen,* Bildschirmarbeitsplätze, Mehr Arbeitsschutz am Computer, 3. Aufl. 1997; *Romahn,* Gefährdungsbeurteilungen. Betriebs- und Dienstvereinbarungen, 2. Aufl. 2013; *Sauer,* Entgrenzung – Chiffre einer flexiblen Arbeitswelt in: Badura/Ducki/Schröder/Klose/Meyer, Fehlzeitenreport 2012, S. 3; *Schierbaum,* Telearbeit, 2003; *Schneider,* Software-Ergonomie, Gute Arbeit 2017, 42; *Sust/Lorenz/ Schleif/Schubert/Utsch,* Callcenter-Design – arbeitswissenschaftliche Planung und Gestaltung von Callcentern, Schriftenreihe der BAuA, 2002; *Vogl/Nies,* Mobile Arbeit. Betriebs- und Dienstvereinbarungen, 2013; *Wank,* Telearbeit, 1997.

Aufsätze in Zeitschriften: *Ahlers,* Leistungsdruck, Arbeitsverdichtung und die (ungenutzte Rolle von Gefährdungsbeurteilungen, WSI-Mitteilungen 2015, 194; *Aligbe,* Arbeitsschutzrechtliche Bestimmungen bei Telearbeitsplätzen, ArbRAktuell 2016, 132; *Balikcioglu,* Die zunehmende Bedeutung der Psyche im Gesundheitsschutz, NZA 2015, 1424; *Bechmann,* Anforderungen an eine gute Akustik im Mehrpersonenbüro, Gute Arbeit 7-8/2007, 52 ff.; *Beck/Richter/Ertel/Morschhäuser,* Gefährdungsbeurteilung bei psychischen Belastungen, Prävention und Gesundheitsförderung, 2012, S. 115; *Bergwitz,* Das betriebliche Rauchverbot, NZA-RR 2004, 169 ff.; *Börgmann,* Arbeitsrechtliche Aspekte des Rauchens im Betrieb, RdA 1993, 275 ff.; *Brandt/Brandl,* Von der Telearbeit zur mobilen Arbeit, Computer und Arbeit 2008, 15; *Bretschneider-Hagemes,* Belastungen und Beanspruchen bei mobiler IT-gestützter Arbeit – Eine empirische Studie im Bereich mobiler technischer Dienstleistungen, ZArbWiss 2011, 223; *Buchner,* Nichtraucherschutz am Arbeitsplatz, BB 2002, 2382 ff.; *Buhmann,* Barrierefreiheit – Eine Herausforderung für die Prävention, BG 2003, 457 ff.; *Calle-Lambach/ Prümper,* Mobile Bildschirmarbeit: Auswirkungen der Bildschirmrichtlinie 90/270/EWG und der BildscharbV auf die Arbeit an mobil einsetzbaren IT-Geräten, RdA 2014, 345; *Carstensen,* Neue Anforderungen und Belastungen durch digitale und mobile Technologien, WSI-Mitteilungen 2015, 187; *Cosack,* Verpflichtung des Arbeitgebers bzw. Dienstherrn zum Erlass eines generellen Rauchverbots am Arbeitsplatz, DB 1999, 1450 ff.; *Doll,* Arbeiten in privaten Wohnbereichen, sis 2017, 217; *Eder,* Homeoffice – mit Betriebsrat, AiB 3/2017, 10; *Faber,* Mitbestimmen bei wesentlichen Änderungen von Arbeitsstätten, AiB 2012, 529 ff.; *Faber,* Personalratsarbeit in angemieteten Dienstgebäuden – Zugleich Besprechung des Beschlusses des OVG Nordrhein-Westfalen vom 29.6.2012, PersR 2013, 358 ff.; *Faber,* Gefährdungen mitbestimmt beurteilen, Gute Arbeit 2017, 13; *Gerlmeier,* Projektarbeit – terra incognita für den Arbeits- und Gesundheitsschutz, WSI-Mitteilungen 2005, 517; *Günther/Böglmüller,* Arbeitsrecht 4.0 – Arbeitsrechtliche Herausforderungen in der vierten industriellen Revolution, NZA 2015, 1025; *Heilmann,* Die neue Arbeitsstättenverordnung, AiB 2004, 598 ff.; *Hupke/Paridon/Stamm,* Mobiles Arbeiten: Fluch oder Segen, DGUV Forum 2009, 22; *Kiper,* Mehr Licht und Luft, AiB 7-8/2017, 10; *Kiper,* Mitbestimmung bei der Bildschirmarbeitsgestaltung, PersR 2008, 354; *Kiper,* Schmerzen im Büro durch Mausarm & Co., Computer und Arbeit 2007, 7; *Kiper,* Mischarbeit oder Erholungspausen bei Bildschirmarbeit, Computer und Arbeit 2011, 10; *Kohte,* Arbeitsschutz in der digitalen Welt, NZA 2015, 1417; *Kohte/Faber,* Novellierung des Arbeitsstättenrechts – Risiken und Nebenwirkungen einer legislativen Schlankheitskur, DB 2005, 224; *Kolbe,* Arbeitsschutz in der Hitzewelle?, BB 2010, 2762 ff.; *Krause,* Digitalisierung der Arbeitswelt – Herausforderungen und Regelungsbedarf, NZA 2016, 1004; *Lohbeck,* Arbeitsunterbrechungen bei Bildschirmbeitsplätzen im Sinne der Verordnung über Sicherheit und Gesundheitsschutz bei der Arbeit an Bildschirmgeräten (BildscharbV), ZTR 2001, 502; *Martin,* Neue Bürokonzepte und Mitbestimmung, AiB 2007, 642; *Maschke/Nies/Vogl,* Mobile Arbeit: zwischen Autonomie und Fremdbestimmung, WSI-Mitteilungen 2014, 156; *Paridon/Apfeld/Lücken,* Schutz außer Kraft gesetzt, Arbeit und Gesundheit 2006, 29–31; *Paridon,* Fehlbelastungen und die Folgen, Gute Arbeit 2017, 22; *Pieper,* Menschengerechte Gestaltung von Arbeitsplätzen, Arbeitsräumen, Arbeitsstätten – Anmerkungen zu den jüngsten Änderungen der Arbeitsstättenverordnung, AuR 2017, 188; *Pieper,* Neue Regeln für Arbeitsstätten, AiB 1/2017, 49; *Raif/Böttcher,* Nichtraucherschutz – haben Raucher im Betrieb ausgequalmt?, AuR 2009, 289 ff.; *Rudolph,* Raumtemperatur: Gute Arbeitsbedingungen in gemieteten Betriebsräumen, Gute Arbeit 4/2012, 11 f.; *Rundnagel,* Seharbeit und Bildschirm-Ergonomie – ein unterschätztes Arbeitsschutzthema, BG 2011, 434; *Rundnagel,* Ergonomie am Bildschirmarbeitsplatz, BPUVZ 2013, 342; *Rundnagel,* Die neue Arbeitsstättenverordnung, Gute Arbeit 12/2016, 26; *Schuchart,* Ständige Erreichbarkeit – Arbeitszeit light vs. Recht auf Unerreichbarkeit, AuR 2016, 341; *Schulze/Ratzesberger,* Einführung von Software-Grundlagen und Grenzen der be-

trieblichen Mitbestimmung, ArbRAktuell 2016, 301; *Thüsing*, Digitalisierung der Arbeitswelt – Impulse für rechtlichen Bewältigung der Herausforderung gewandelter Arbeitsformen, Soziales Recht 2016, 109; *Voigt*, Homeoffice – Segen oder Fluch, AiB 3/2017, 16; *von Harten/Richenhagen*, Die neue Bildschirmarbeitsverordnung, WSI-Mitteilungen 1997, 884; *Wegner/Schröder/Poschadel/Baur*, Belastung und Beanspruchung durch alternierende Telearbeit, Zbl Arbeitsmed 2011, 14; *Wellenhofer-Klein*, Der rauchfreie Arbeitsplatz, RdA 2003, 155 ff.; *Wiebauer*, Arbeitsschutz und Digitalisierung, NZA 2016, 1430; *Wiebauer*, Die Novelle der Arbeitsstättenverordnung 2016, NZA 2017, 220.
Graue Literatur (überwiegend im Internet verfügbar): *Ahlers*, Ergebnisse der Pargema/WSI Betriebsrätebefragung 2008/2009, WSI-Diskussionspapier 175, 2011; *BAuA* (Hrsg.), Grundauswertung der BiBB/BAuA Erwerbstätigenbefragung 2005/2006; *BAuA* (Hrsg.), Stressreport Deutschland 2012; *BAuA* (Hrsg.), Arbeitszeitreport Deutschland 2016, 2016; *BAuA* (Hrsg.), Die Auswirkungen arbeitsbezogener erweiterter Erreichbarkeit auf Life-Domain-Balance und Gesundheit, 2016 (zit. BAuA-Erreichbarkeit); BMAS Monitor Mobiles und entgrenztes Arbeiten 2015; BMAS Digitalisierung am Arbeitsplatz 2015; BKK-Gesundheitsreport 2016; DAK-Psychoreport 2015; DGB-Index Gute Arbeit, Arbeitsbedingte Belastung und Beanspruchung 2015; *Eisfeller/Lorenz/Schubert*, Integration der Bildschirmarbeitsverordnung in die betriebliche Praxis, Schriftenreihe der BAuA, 1999; *EU-Kommission*, The increasing use of portable computing and communication devices and its impacts on the health of EU workers, 2010; *Gebhardt/Klußmann/Dolfen/Rieger/Liebers/Müller*, Beschwerden und Erkrankungen der oberen Extremitäten an Bildschirmarbeitsplätzen, Schriftenreihe der BAuA, 2006; iga.Report 23, Auswirkungen von ständiger Erreichbarkeit und Präventionsmöglichkeiten, Teil 1, 2013; Teil 2, 2016; *Morschhäuser/Lohmann-Haislah*, Psychische Belastungen im Wandel der Arbeit in: BKK-Gesundheitsreport 2016, S. 191; *Kock*, Call-Center – Modell für Arbeitsplätze der Zukunft, in: Kock/Kurth (Hrsg.), Arbeiten in der New Economy, Landesinstitut Sozialforschungsstelle Dortmund, Beiträge aus der Forschung, Bd. 128, 2002, S. 34; *Kohn*, Invarianten für den Arbeitsschutz bei mobiler IT-gestützter Arbeit, in: GfA (Hrsg.), Bericht der 52. Kongress der Gesellschaft für Arbeitswissenschaft, 2006, S. 205; *Kohn/Stamm*, Ist die Bildschirmarbeitsverordnung noch zeitgemäß?, in: GfA (Hrsg.), Arbeit, Beschäftigungsfähigkeit und Produktivität im 21. Jahrhundert. Bericht zum 55. Kongress der Gesellschaft für Arbeitswissenschaft, 2009; *Länderausschuss für Arbeitsschutz und Sicherheitstechnik* (Hrsg.), Bildschirmarbeitsverordnung, Auslegungshinweise zu den unbestimmten Rechtsbegriffen, 2000 (zit.: LASI); *Timm/Wieland*, Begrenzte Möglichkeiten für die Arbeitsgestaltung und Gesundheitsförderung im Call-Center, in: Kutzner/Kock, Dienstleistung am Draht – Ergebnisse und Perspektiven der Call-Center Forschung, Landesinstitut Sozialforschungsstelle Dortmund, Beiträge aus der Forschung, Bd. 127, 2002, S. 56; *TNS-Infratest Sozialforschung*, Evaluation der Bildschirmarbeitsrichtlinie 90/270/EWG, Nationaler Bericht Deutschland im Auftrag des BMA, 2008; WSI-Report 33, 12/2016, Arbeit und Gesundheit im betrieblichen Kontext. Befunde aus der Betriebsrätebefragung des WSI 2015.

Leitentscheidungen: BVerwG 29.4.1983 – 1 C 167/79, GewArch 1983, 339; EuGH 12.12.1996 – C-74/95, C-129/95, NZA 1997, 307 = CR 1997, 610 mAnm Kohte; BVerwG 31.1.1997 – 1 C 20/95, NZA 1997, 482; EuGH 6.7.2000 – C-11/99, NZA 2000, 877 (Dietrich); BAG 8.6.2004 – 1 ABR 13/03, NZA 2004, 1175; EuGH 28.10.2004 – C-16/04, DB 2005, 233; BAG 19.5.2009 – 9 AZR 241/08, NZA 2009, 775; LAG Mecklenburg-Vorpommern 9.3.2010 – 5 TaBVGa 6/09; OVG Nordrhein-Westfalen 29.6.2012 – 20 A 632/10.PVL, PersR 2013, 373 ff.; BAG 11.2.2014 – 1 ABR 72/12, NZA 2014, 989; LAG Baden-Württemberg 21.10.2015 – 4 TaBV 2/15; LAG Niedersachsen 11.1.2017 – 13 TaBV 109/15; BAG 28.3.2017 – 1 ABR 25/15; BAG 18.7. 2017 – 1 ABR 59/15.

A. Rechtsentwicklung und Unionsrecht 1	1. Verhältnis zu sonstigen Vorschriften des betrieblichen Arbeitsschutzrechts.......... 21
I. Einführung: Gegenstand des Arbeitsstättenrechts und Rechtsentwicklung................... 1	2. Zur Nutzung als Arbeitsstätte überlassene Gebäude und Liegenschaften.......... 23
II. Unionsrechtlicher und völkerrechtlicher Hintergrund der ArbStättV..................... 15	3. Verhältnis zum Bauordnungsrecht.................. 26
B. Allgemeines Arbeitsstättenrecht.... 20	II. Einrichten und Betreiben als Regelungsgegenstände ArbStättV 27
I. Verhältnis zu anderen Rechtsvorschriften und Bedeutung für andere Rechtsgebiete 20	

III. Anwendungsbereich des Arbeitsstättenrechts	31
IV. Zentrale Begriffsbestimmungen	36
V. Struktur und Anwendungshinweise zur ArbStättV	47
1. Generalklausel des § 3 a Abs. 1 ArbStättV	48
2. Weitere betrieblich bedeutsame Bestimmungen des Paragrafenteils...............	51
3. Konkretisierungen der Generalklausel des § 3 a Abs. 1 ArbStättV durch den Anhang...................	52
4. Technisches Regelwerk des ASTA	53
VI. Die arbeitsstättenrechtliche Gefährdungsbeurteilung (§ 3 ArbStättV)	54
1. Allgemeines / Rechtsentwicklung.....................	54
2. Detailkommentierung.......	56
VII. Anforderungen an das Einrichten von Arbeitsstätten	63
1. Allgemeine Anforderungen (Anhang Nr. 1)	63
2. Maßnahmen zum Schutz vor besonderen Gefahren........	69
3. Arbeitsbedingungen	72
4. Anforderungen an Sozialräume.......................	84
5. Ergänzende Anforderungen an besondere Arbeitsstätten und Arbeitsplätze...........	91
VIII. Anforderungen an das Betreiben von Arbeitsstätten	92
IX. Nichtraucherschutz..............	101
1. Anwendungsbereich des § 5 ArbStättV...............	102
2. Grundtatbestand des § 5 Abs. 1 ArbStättV	103
3. Einschränkung des Nichtraucherschutzes bei Arbeitsstätten mit Publikumsverkehr......................	107
X. Unterweisung...................	111
XI. Barrierefreiheit (§ 3 Abs. 2 ArbStättV)	115
XII. Ausnahmen von Vorschriften der ArbStättV/Übergangsvorschriften/Bestandsschutz	122
1. Ausnahmen nach § 3 a Abs. 3 ArbStättV	122
2. § 8 Abs. 1 ArbStättV – Bestandsschutz	127
C. Besonderes Arbeitsstättenrecht: Bildschirmarbeit....................	134
I. Integration der Bestimmungen der Bildschirmarbeitsverordnung in die Arbeitsstättenverordnung.........................	134
II. Unmittelbare Anwendbarkeit der arbeitsstättenrechtlichen Bestimmungen...................	139
1. Einbeziehung von Telearbeit iSv § 2 Abs. 7 ArbStättV	139
2. Ausnahmen...................	140
III. Begriffsbestimmungen..........	143
1. Bildschirmarbeitsplatz.......	143
2. Bildschirmarbeitnehmer.....	144
3. Bildschirmgerät..............	145
4. Telearbeitsplatz..............	146
IV. Gefährdungsbeurteilung: Spezifische Aspekte für Bildschirmarbeit (§ 3 Abs. 1 S. 3 ArbStättV)..	152
1. Gefährdung des Sehvermögens........................	153
2. Körperliche Probleme	154
3. Psychische Belastungen......	155
4. Gefährdungsbeurteilungen in der betrieblichen Praxis ..	160
V. Maßnahmen zur Gestaltung von Bildschirmarbeitsplätzen: Anhang Nr. 6 ArbStättV.........	162
1. Gestaltung von Hard- und Software, sowie Arbeitsumgebung......................	163
2. Gestaltung der Arbeitsorganisation: Mischarbeit/regelmäßige Erholungszeiten (Anhang Nr. 6.1 Abs. 2 ArbStättV)..................	172
VI. Spezifische Probleme besonderer Arbeitsbereiche und Arbeitsformen	179
1. Telearbeit	179
2. Mobile Arbeit	193
3. Call-Center	207
4. Bildschirmarbeit in der Produktion	210
D. Rechtsdurchsetzung...............	217
I. Hoheitliche Rechtsdurchsetzung	218
II. Kollektivrechtliche Rechtsdurchsetzung......................	220
III. Individualrechtliche Rechtsdurchsetzung....................	225

A. Rechtsentwicklung und Unionsrecht
I. Einführung: Gegenstand des Arbeitsstättenrechts und Rechtsentwicklung

1 Das Arbeitsstättenrecht regelt einen Kernbereich des Arbeitsschutzrechts.[1] Seine große praktische Bedeutung erschließt sich durch einen Blick auf die inhaltlichen Regelungsgegenstände. Hierzu zählen zB die Bemessung von Raumgrößen, Bewegungsflächen am Arbeitsplatz, Arbeitsumgebungsbedingungen wie Raumtemperaturen, Belüftung, Beleuchtung oder Lärm, betriebliche Verkehrswege, die Einrichtung von Sozial-, Sanitär- und Sanitätsräumen oder die Anforderungen an den Schutz vor besonderen Gefahren (Brandschutz, Rettungswesen). Seit der ArbStättV-Novelle 2016[2] finden sich zudem die Anforderungen an die Gestaltung von Bildschirmarbeit in der ArbStättV. Es handelt sich um **Aspekte**, die für die ganz überwiegende Zahl der Beschäftigten **unmittelbar täglich spürbar** die **Sicherheit** (zB Brandschutz), **Gesundheit** (zB Beleuchtung, Raumtemperaturen) und das **Wohlbefinden** (zB Raumgrößen, Sanitärräume, Umkleiden) bei der Arbeit beeinflussen.

2 Bis in das Jahr 1975 fehlte es in Deutschland an systematisch abgestimmten Vorschriften zum Arbeitsstättenrecht. Es gab stattdessen eine Fülle von Verordnungen und Bekanntmachungen, die auf der Grundlage des damaligen § 120 e GewO erlassen wurden. Im Jahre 1975 gab es über 30 solcher speziellen Rechtsvorschriften, die zT noch aus dem 19. Jahrhundert stammten und vielfach nicht mehr dem Stand der Technik entsprachen.[3] Mit der maßgeblich von den Ländern angestoßenen ArbStättV-1975[4] sollte diese **Regelungszersplitterung** bereinigt und das 1973 ratifizierte ILO-Übereinkommen Nr. 120[5] umgesetzt werden.

3 Die ArbStättV-1975 steht nicht nur für die erstmalige zusammenhängende Kodifizierung des Arbeitsstättenrechts in Deutschland. Die Verordnung zeichnete sich zudem durch ihre ambitionierte inhaltliche Ausrichtung aus. Sie ging deutlich **über** das in den 1970er Jahren vorherrschende Verständnis des Arbeitsschutzes als **Gefahrenabwehr hinaus**.[6] So war in § 15 ArbStättV-1975 ein Lärmminderungsgebot normiert, das unabhängig von einer konkreten Gefahr auf den Abbau gesundheitlich kritischer Belastungen durch Lärm zielte.[7] Darüber hinaus ordnete § 3 Abs. 1 ArbStättV-1975 an, dass Arbeitsstätten nach den sonstigen **gesicherten arbeitswissenschaftlichen Erkenntnissen** einzurichten und zu betreiben sind. **Aspekte der menschengerechten Gestaltung der Arbeit** wurden auf diese Weise erstmals zum Gegenstand des verpflichtenden Arbeitsschutzrechts.[8]

4 Das Arbeitsstättenrecht spiegelt wie kein anderer Bereich des Arbeitsschutzrechts die rechtspolitische Wahrnehmung des Arbeits- und Gesundheitsschutzes wider. In der sozialliberalen Reformperiode der 1970er Jahre waren sichere, gesunde und menschengerechte Arbeitsbedingungen ein zentrales Politikfeld, das mit Priorität bearbeitet wurde.[9]

5 Die ArbStättV-1975 hat über die deutschen Grenzen hinaus auf unionsrechtlicher Ebene Spuren hinterlassen. So orientiert sich die knapp 15 Jahre später erlassene und bis heute geltende Arbeitsstättenrichtlinie der EU (89/654/EWG) in ihren inhaltlichen Grundlinien an der ArbStättV-1975.[10] Diese Schrittmacherrolle verlor das deutsche Arbeitsschutzrecht nach 1980, als der Arbeits- und Gesundheitsschutz zunehmend aus dem Fokus der Rechtspolitik verschwand und sich die Gesetzgebung bis 1996 in weitgehender Regulierungszurückhaltung übte. **Impulse** zur Weiterentwicklung des Arbeitsstättenrechts kamen in dieser Zeit vornehmlich aus dem **Unionsrecht**, das die Regulierungsansätze der ArbStättV-1975 nicht nur aufgriff, sondern auch weiterentwickelte.

---
1 Kollmer, ArbStättV, Einf. Rn. 2. **2** BGBl. I 2016, 2681 ff. **3** Zum Ganzen vgl. Kollmer, ArbStättV, Einf. Rn. 22, mit anschaulicher Nachzeichnung der Rechtsentwicklung hin zur ArbStättV-1975. **4** BGBl. I 1975, 729 ff. **5** ILO-Übereinkommen Nr. 120 Übereinkommen über den Gesundheitsschutz im Handel und in Büros. **6** Wank/Börgmann, S. 15, mit Verweis auf die Humanisierungsziele der §§ 90, 91 BetrVG. **7** Dazu auch Kohte/Faber DB 2005, 224 ff. (224). **8** Kollmer, ArbStättV, Einf. Rn. 14; Wank/Börgmann, S. 15. **9** Dazu auch BFK Rn. 11 f. **10** Kollmer, ArbStättV, Einf. Rn. 32.

Zur Umsetzung dieser neuen europäischen Vorgaben der Richtlinie 89/654/EWG (→ Rn. 15) erließ der Verordnungsgeber im **Jahr 1996**[11] partielle **Änderungen der ArbStättV-1975**,[12] mit dem Ziel einer schlanken 1:1-Umsetzung der unionsrechtlichen Vorgaben. Zeitgleich wurden mit dem Erlass der BildschArbV[13] **erstmalig spezielle Schutzvorschriften** zur sich rasant verbreitenden **Bildschirmarbeit** erlassen.

Die Nachbesserungen der ArbStättV-1975 im Jahre 1996 betrafen insbes. den Anwendungsbereich der ArbStättV-1975, der auf den öffentlichen Dienst ausgedehnt wurde sowie die Anpassung der für den Bestandsschutz relevanten Übergangsbestimmungen des § 56 ArbStättV (ausführlich → Rn. 127 ff.).[14] Eine völlige Umsetzung der unionsrechtlichen Vorgaben konnte auf diese Weise nicht erreicht werden. Auch wenn zwischen der EU-Arbeitsstättenrichtlinie 89/654/EWG und der ArbStättV-1975 inhaltlich große Schnittmengen bestanden, waren die sachlichen Vorgaben des Unionsrechts doch nicht deckungsgleich mit dem damaligen deutschen Arbeitsstättenrecht. So fehlten zB in der ArbStättV-1975 entgegen Anhang 1 Nr. 20 und Anhang 2 Nr. 15 EU-Arbeitsstättenrichtlinie 89/654/EWG Regelungen über behinderte Arbeitnehmer. 6

Die **Ablösung der ArbStättV-1975** durch die jetzt gültige ArbStättV im Jahre 2004 wurde vor allem mit der **Anpassung der Verordnung an die Systematik des ArbSchG** und der übrigen Arbeitsschutzverordnungen begründet.[15] Darüber hinaus sollte dem Arbeitgeber nach der Verordnungsbegründung **mehr Flexibilität** bei der konkreten Umsetzung der Verordnung im Betrieb ermöglicht werden. Aus diesem Grunde finden sich in der ArbStättV heute, anders als noch in der ArbStättV-1975, nur **kaum durch Maßzahlen** konkretisierte **Schutzziele** mehr. Stattdessen werden die Schutzziele praktisch durchweg mittels flexibel handhabbarer unbestimmter Rechtsbegriffe normativ umschrieben. Insbes. das Argument der Flexibilisierung ist für die Diskussion um die Novellierung des Arbeitsstättenrechts ab 2003 prägend gewesen. Arbeitsschutz im Allgemeinen und die Arbeitsstättenverordnung im Besonderen wurden als unflexible, bürokratische Hindernisse eingestuft, die unternehmerische Aktivitäten unbotmäßig beschränken.[16] 7

Diese beginnen beim rein textlichen Umfang der ArbStättV, der sich gegenüber der ArbStättV-1975 kaum verändert hat. Deutlich verringert hat sich allein die Zahl der Paragrafen, nicht aber der wesentliche Regelungsinhalt, der sich nunmehr in einem umfangreichen Anhang findet. In der Diskussion um die Arbeitsstättennovelle war bisweilen untergegangen, dass die Bundesrepublik gehindert war und ist, die unionsrechtlich durch die EU-Arbeitsstättenrichtlinie (89/654/EG) vorgegebenen Mindeststandards zu unterschreiten. Da die Richtlinie 89/654/EG sich in ihren Inhalten stark an der ArbStättV-1975 orientierte, waren insoweit einer inhaltlichen Verschlankung deutliche unionsrechtliche Grenzen gesetzt. 8

Die aktuelle **ArbStättV** ist seit ihrem Inkrafttreten am 25.8.2004 **mehrfach geändert** worden. Die Änderungen des Verordnungstextes betrafen teilweise lediglich **formale Aspekte** (Umbenennung des zuständigen Ministeriums,[17] Bestimmung des Gemeinsamen Ministerialblatts als Bekanntmachungsorgan für Regeln des Ausschusses für Arbeitsstätten).[18] Es sind aber auch schon bald nach Verkündung erste **inhaltliche Korrekturen** an der ArbStättV vorgenommen worden (zB Änderung des Nichtraucherschutzes im Jahre 2007).[19] 9

Inhaltlicher Änderungsbedarf entstand vor allem, weil die rechtspolitisch propagierte „**Verschlankung**" des Arbeitsstättenrechts[20] in der **Praxis** vielfach zu **Unsicherheiten und Umsetzungsproblemen** führte. Für viele betriebliche Akteure, insbes. in kleineren Betrieben, ohne professionelle, gut ausgestattete Stabsabteilungen, ging der Verzicht auf messbare Richtwerte mit dem Verlust eingespielter Handlungsorientierungen einher. Umfangreiche inhaltliche und rechtssystematische Verdeutlichungen und Neuorientierungen erfolgten sodann vor diesem Hintergrund im Jahr 2010. Die ArbStättV- 10

---

11 BGBl. I 1996, 1845. **12** Münch/ArbR/Kohte § 293 Rn. 1. **13** BGBl. I 1996, 1843 ff. **14** BGBl. I 1996, 1845. **15** BR-Drs. 450/04, 21. **16** Zur Kritik Heilmann AiB 2004, 598 (599). **17** BGBl. I 2006, 2458. **18** BGBl. 2007, 277. **19** BGBl. I 2007, 1596. **20** Dazu Kohte/Faber DB 2005, 224 ff. (225).

Novelle 2010 bereinigte dabei ein Stück weit die angesprochenen Anwendungsprobleme der Praxis mit der verschlankten ArbStättV (→ Rn. 7). So können dem neu eingefügten § 3 ArbStättV[21] nunmehr Orientierungen für die arbeitsstättenrechtlichen Aspekte der Gefährdungsbeurteilung entnommen werden. Im Jahre 2004 war auf eine solche spezielle Vorschrift zur Gefährdungsbeurteilung noch bewusst verzichtet worden. Ausdruck einer systematischen und konzeptionellen Weiterentwicklung der Verordnung ist der ebenfalls im Rahmen der Novelle 2010 eingefügte § 9 ArbStättV, mit dem ein umfangreicher Ordnungswidrigkeiten- und Straftatbestand zur Sanktionierung von Verstößen gegen die ArbStättV geschaffen wurde. Zum Zeitpunkt des Erlasses der ArbStättV im Jahre 2004 war der Aspekt der **Rechtsdurchsetzung** noch primär als bürokratisches Hindernis wahrgenommen worden. Die Vollzugstauglichkeit dieser Sanktionsnormen ist mittlerweile durch einen von den Aufsichtsbehörden der Länder empfohlenen **Bußgeldkatalog** weiter verbessert worden (→ ArbSchG § 25 Rn. 23).[22]

11 (Wieder) aufgenommen worden in die ArbStättV (Anhang Nr. 3.3)[23] ist ebenfalls im Jahre 2010 eine Regelung zu **Sitzgelegenheiten am Arbeitsplatz**. Hintergrund dieser Änderung waren supranationale Verpflichtungen aus dem ILO-Übereinkommen 120.[24] Die entsprechende Regelung der ArbStättV-1975 war bei Erlass der aktuellen ArbStättV im Jahre 2004 in bewusster Abgrenzung zum abgelösten Recht völkerrechtswidrig gestrichen worden.[25] Eine Rückorientierung auf die Bestimmungen der ArbStättV-1975 und eine Verdeutlichung des nach § 4 Nr. 1, 3 ArbSchG verlangten Gefährdungsschutzes unter Berücksichtigung des Standes der Technik erfolgte im Bereich des **Lärmschutz**es ebenfalls im Jahre 2010. Der geänderte Anhang Nr. 3.7[26] normiert zwar im Gegensatz zur ArbStättV-1975 keine konkreten Grenzwerte. Gefordert werden aber, insoweit übereinstimmend mit der ArbStättV-1975, gestufte betriebliche Festlegungen in Abhängigkeit von der Art der Nutzung und den zu verrichtenden Tätigkeiten. Der Bundesrat hat in diesem Zusammenhang den ASTA aufgefordert, eine Technische Regel für Arbeitsstätten zum Schutz vor extraauralen Gefährdungen durch Lärm zu schaffen.[27] Diese gestuften Grenzwerte werden niedriger liegen müssen als in der ArbStättV-1975, da nach dem Stand von Technik und Arbeitsmedizin von niedrigeren vertretbaren Schalldruckpegeln ausgegangen werden muss (→ Rn. 83).[28]

12 Die bislang letzte inhaltliche Novellierung des Arbeitsstättenrechts erfolgte Ende des Jahres 2016.[29] Die Novelle ging auf eine Initiative zurück, die die Bundesregierung im Oktober 2014 in das Verordnungsgebungsverfahren eingebracht hatte.[30] Diese Initiative wurde zunächst nicht weiter verfolgt, nachdem der Bundesrat dem Verordnungsentwurf auf seiner Sitzung am 19.12.2014 lediglich mit der Maßgabe einer Reihe von Änderungsvorschlägen zugestimmt hatte.[31] Hintergrund hierfür war eine massive, medienwirksame Intervention der BDA, wonach die geplante Novellierung mit zusätzlichen und unnötigen Belastungen der Wirtschaft verbunden sei, zB durch die Forderung nach einer Sichtverbindung nach außen oder Notwendigkeit einer verschließbaren Kleiderablage.[32] Ende 2015 verabschiedete in der Folge der Bundesrat eine Entschließung, in der er feststellte, dass die Bundesregierung das Rechtsetzungsverfahren nicht fortgesetzt hatte, obgleich der Bundesrat der wesentlichen Argumentation der Bundesregierung gefolgt sei. Das mit der Novelle verfolgte Ziel der Rechtsklarheit und Bestimmtheit und die Stärkung der Rechtssicherheit sei somit noch nicht erreicht. Die Bundesregierung werde daher aufgefordert, das Rechtsetzungsverfahren entweder zum Abschluss zu bringen bzw. zu Hinderungsgründen Stellung zu nehmen.[33] Schlussendlich war es sodann der Bundesrat, der nach intensiven Abstimmungsprozessen das Novellierungsverfahren von sich aus erneut in Gang setzte und den Beschluss fasste, die nach intensiven sachlichen Abstimmungen modifizierte Novelle der Bundesregierung zuzu-

---

21 BGBl. I 2010, 965. 22 LASI (Hrsg.), Bußgeldkataloge zur Arbeitsstättenverordnung (= LV 56), 2013. 23 BGBl. I 2010, 966 f. 24 Vgl. BR-Drs. 262/10, 29. 25 Zur Kritik Kohte/Faber DB 2005, 224 (225). 26 BGBl. I 2010, 967. 27 BR-Drs. 262/10, 9 (Beschluss). 28 BAuA-Ratgeber, Teil 2, Ordnungsnummer 7.1., S. 2.7 – 8. 29 BGBl I, 2681 ff. vom 2.12.2016. 30 BR-Drs. 509/14. 31 BR-Drs. 509/14 (Beschluss). 32 Dazu auch Wiebauer NZA 2017, 220; Pieper AuR 2017, 188 (188 f.). 33 Entschließung des Bundesrates vom 27.11.2015, BR-Drs. 531/15.

leiten und dem unmittelbaren Erlass der Verordnung durch die Bundesregierung zuzustimmen.[34]

Durch die ArbStättV-Novelle 2016 ist das **Bildschirmarbeitsrecht**, das seit 1996 in der BildscharbV geregelt war, in das Arbeitsstättenrecht integriert worden. In den Materialien ist dies vor allem damit begründet worden, dass eine „Fusion" von ArbStättV und BildscharbV überfällig gewesen sei. Bildschirmarbeitsplätze seien heute keine Sonderarbeitsplätze mehr, sondern fester Bestandteil von Arbeitsplätzen in Verwaltung, Produktion und Gewerbe. Die Rahmenbedingungen der Arbeit würden maßgeblich von den verwendeten EDV-Einrichtungen geprägt werden.[35] Durch die Aufhebung der BildscharbV und die Anreicherung des Arbeitsstättenrechts um das Bildschirmarbeitsrecht strahlt die ArbStättV-Novelle 2016 rechtssystematisch somit auch auf das Gesamtsystem des betrieblichen Arbeitsschutzrechts aus. Die erstmalige Regelung der **Unterweisung** durch den neugefassten § 6 ArbStättV zielt auf eine Harmonisierung der ArbStättV mit der Binnenregelungsstruktur anderer Arbeitsschutzverordnungen, um die Anwenderfreundlichkeit der ArbStättV zu erhöhen.[36] Neben weiteren inhaltlichen Aspekten und Anpassungen (zB Sichtverbindung, Verdeutlichung Nichtraucherschutz, Übergangsvorschriften/Bestandsschutz) bilden explizite Regelungen zur **Telearbeit**, die im Jahr 2004 noch bewusst ungeregelt blieb, einen weiteren sachlichen Schwerpunkt der ArbStättV-Novelle 2016. Die Integration des Bildschirmarbeitsrechts in die ArbStättV **verstärkt** zudem die Bedeutung der Arbeitsstättenregeln, da es nunmehr auch zu den Aufgaben des Ausschusses für Arbeitsstätten (§ 7 ArbStättV) zählt, für die **Bildschirmarbeit** ein die Verordnung untersetzendes **technisches Regelwerk** zu erarbeiten. Der Verordnungsgeber verspricht sich davon zukünftig für die betriebliche Gestaltung von Bildschirmarbeit eine „präzise und moderne Unterstützung nach dem Stand der Technik".[37] 13

Mehrfach geändert wurden seit dem Inkrafttreten der ArbStättV-2004 die Bestimmungen zum **Ausschuss für Arbeitsstätten (ASTA)** gem. § 7 ArbStättV. Verdeutlicht und klargestellt wurden insbes. die materiellen Vorgaben des ASTA im Rahmen des gesetzlichen Auftrages zur Ermittlung von Technischen Regeln. So ist in § 7 Abs. 3 ArbStättV Ende 2008[38] vor allem explizit klargestellt worden, dass sich die Regelermittlung des ASTA, korrespondierend mit § 4 Nr. 3 ArbSchG, materiell am Stand von Technik, Arbeitsmedizin und Hygiene und sonstigen gesicherten arbeitswissenschaftlichen Erkenntnissen für Sicherheit und Gesundheit der Beschäftigten in Arbeitsstätten zu orientieren hat. 14

II. Unionsrechtlicher und völkerrechtlicher Hintergrund der ArbStättV

Das deutsche Arbeitsstätten- und Bildschirmarbeitsrecht ist im Kontext der arbeitsumweltrechtlichen Vorgaben des Unionsrechts zu sehen. Das Unionsrecht ist für die Praxis eine wichtige Erkenntnisquelle für die Rechtsauslegung. Aus unionsrechtlicher Perspektive betrachtet, dient die ArbStättV vor allem der **Umsetzung der EU-Arbeitsstättenrichtlinie 89/654/EWG** in deutsches Recht. Durch die Integration des Bildschirmarbeitsrechts in das Arbeitsstättenrecht wird durch die ArbStättV seit der Novelle 2016 nunmehr auch die **EU-Bildschirmarbeitsrichtlinie 90/270/EWG** in deutsches Recht transformiert (→ Rn. 134). Darüber hinaus werden durch die ArbStättV weitere Regelungsinhalte, die ebenfalls der Umsetzung des Unionsrechts dienen, aufgenommen. Zu nennen sind insofern die **Richtlinie 92/58/EWG über Mindestvorschriften für die Sicherheits- und Gesundheitsschutzkennzeichnung am Arbeitsplatz** und der **Anhang IV der Richtlinie 92/57/EWG über Mindestvorschriften für zeitlich begrenzte oder ortsveränderliche Baustellen**. Außerdem werden durch das Arbeitsstättenrecht Vorgaben aus Rechtsakten der ILO, namentlich des ILO-Übereinkommens Nr. 120 über den Gesundheitsschutz im Handel und in Büros umgesetzt.[39] 15

Die Umsetzung der unions- und völkerrechtlichen Verpflichtungen im Zusammenhang mit dem Arbeitsstätten- und Bildschirmarbeitsrecht verlief dabei keineswegs reibungs- 16

---

[34] BR-Drs. 506/16. [35] BR-Drs. 506/16, 20 f. [36] BR-Drs. 506/16, 20. [37] BR-Drs. 506/16, 34 f.
[38] BGBl. I 2008, 2779. [39] BR-Drs. 506/16, 20.

los. So hielt der deutsche Gesetzgeber zunächst an der ArbStättV-1975 fest (→ Rn. 5 f.), indem er nur punktuell Anpassungen der damals geltenden ArbStättV-1975 vornahm und von einer vollständigen Neukodifizierung des Arbeitsstättenrechts zum Zwecke der **Umsetzung der EU-Arbeitsstättenrichtlinie 89/654/EWG** in nationales Recht absah.

17 Durch diese lediglich punktuellen Anpassungen wurde im Ergebnis keine vollständige Harmonisierung des „gewachsenen" deutschen Arbeitsstättenrechts mit den unionsrechtlichen Vorgaben erreicht. Ins Bewusstsein gerieten die Diskrepanzen zum Unionsrecht durch das Beispiel der Regelungen zu Schiebe- und Drehtüren, die Gegenstand eines Vertragsverletzungsverfahrens waren. In diesem wurde die Bundesrepublik Deutschland verurteilt, weil entgegen den unionsrechtlichen Vorgaben in § 10 Abs. 7 ArbStättV-1975 kein Verbot von Schiebe- und Drehtüren als Nottüren normiert war.[40] Ausweislich der Verordnungsbegründung war nicht zuletzt dieses Vertragsverletzungsverfahren ein wesentlicher juristischer Argumentationsstrang, das Arbeitsstättenrecht im Jahre 2004 vollständig zu novellieren und die ArbStättV-1975 aufzuheben.[41]

18 Die EU-Bildschirmrichtlinie 90/290/EWG ergänzt und konkretisiert die **EG-Rahmenrichtlinie 89/391/EWG** (→ Unionsrecht Rn. 10 ff.) in Bezug auf bestimmte Gesundheitsgefahren durch Bildschirmarbeit als fünfte Einzelrichtlinie gem. Art. 16 Abs. 1 EG-Richtlinie 89/391/EWG. Die Umsetzung der Richtlinie erfolgte zunächst durch die fast vier Jahre nach Ablauf der Umsetzungsfrist am 31.12.1992 erlassene BildscharbV, die mittlerweile seit der ArbStättV-Novelle 2016 in die ArbStättV integriert ist.

19 Der nationale Arbeitsschutz enthielt bis zum Erlass der BildscharbV keine gesetzlichen Regelungen zur Bildschirmarbeit. Das **Unionsrecht** erwies sich vor diesem Hintergrund als **Schrittmacher zur Modernisierung des Arbeitsschutzrechts**, da mit dem Erlass der BildscharbV dieser für den Gesundheitsschutz von vielen Arbeitnehmern wichtige Bereich erstmals rechtsverbindlich geregelt wurde. Die Arbeitsstättenverordnung beinhaltete zu dieser Zeit nur allgemeine Anforderungen, die zT zwar für Bildschirmarbeit relevant waren, zB zur Beleuchtung oder Raumtemperatur. Die ArbStättV-1975 ging jedoch nicht auf spezifische Gefahren durch das Arbeitssystem Bildschirmarbeit ein. Unfallverhütungsvorschriften, die sich im Übrigen auf Gefahren durch Arbeitsunfälle und Berufskrankheiten konzentrieren, lagen auch nicht vor. Hinweise für einen wirksamen Gesundheitsschutz konnten den Sicherheitsregeln der Verwaltungsberufsgenossenschaft und der DIN-Reihe 66234 entnommen werden. Die Sicherheitsregeln galten indes nur für den Bürobereich und waren – wie auch die DIN-Normen – nicht rechtlich verbindlich.[42] Das europäische Recht verlangt für die ordnungsgemäße **Umsetzung von Richtlinien**, dass die Richtlinieninhalte vollständig und rechtlich bindend in nationales Recht transformiert werden.[43] Deshalb musste die EG-Bildschirmrichtlinie durch eine neue Rechtsvorschrift in deutsches Recht umgesetzt werden.

B. Allgemeines Arbeitsstättenrecht

I. Verhältnis zu anderen Rechtsvorschriften und Bedeutung für andere Rechtsgebiete

20 In der Praxis des Arbeitsstättenrechts stellt sich häufig die Frage des Verhältnisses der ArbStättV zu anderen rechtlichen Vorgaben. So stellen etwa das Bauordnungsrecht oder auch andere Bestimmungen des Arbeitsschutzrechts ebenfalls Anforderungen an die Gestaltung von Gebäuden, Räumen und Arbeitsplätzen. Besondere Probleme ergeben sich zudem nicht selten, wenn Räumlichkeiten dem Arbeitgeber aufgrund eines Miet- oder Pachtverhältnisses bzw, wie im Schulbereich, aufgrund öffentlichen Organisationsrechtes nur zur Nutzung als Arbeitsstätte überlassen werden. Entspricht eine so überlassene Arbeitsstätte nicht den Mindestanforderungen der ArbStättV, stellt sich dann die Frage, wie sich die einschlägigen Vorschriften der Gebäudeüberlassung zur ArbStättV verhalten. Die ArbStättV enthält vor diesem Hinter-

---

[40] EuGH 28.10.2004 – C-16/04, DB 2005, 233. [41] BR-Drs. 450/04, 22. [42] BFK Rn. 291 ff.; Wlotzke NJW 1997, 1469 (1472); BFF, S. 101 ff. [43] BFK Rn. 171 ff.

grund mit § 3 a Abs. 4 ArbStättV[44] eine gesonderte **Abgrenzungsvorschrift** für Kollisionslagen mit den Anforderungen aus anderen Rechtskreisen. Danach gelten Anforderungen in anderen Rechtsvorschriften, insbesondere im Bauordnungsrecht der Länder, vorrangig, soweit sie über die Anforderungen der ArbStättV hinausgehen.

1. Verhältnis zu sonstigen Vorschriften des betrieblichen Arbeitsschutzrechts. Mit Blick 21 auf das **Verhältnis der ArbStättV zum ArbSchG** ist zunächst festzuhalten, dass die ArbStättV die nach dem ArbSchG vom Arbeitgeber bzw. den sonstigen verantwortlichen Personen zu treffenden Maßnahmen konkretisiert (§ 18 Abs. 1 ArbSchG). Für das rechtssystematische Verhältnis von ArbSchG und ArbStättV ist aus **unionsrechtlicher Sicht** Art. 1 Abs. 3 EU-Arbeitsstättenrichtlinie 89/654/EWG von Bedeutung. Danach findet die Arbeitsschutzrahmenrichtlinie 89/391/EWG unbeschadet strengerer oder spezifischer Bestimmungen der EU-Arbeitsstättenrichtlinie in vollem Umfang Anwendung. Hieraus folgt für das nationale deutsche Recht, dass das ArbSchG durch die ArbStättV nicht verdrängt wird. Diese unionsrechtlich gebotene rechtssystematische Zuordnung hat für die betriebliche Praxis erhebliche Relevanz, da die ArbStättV nicht alle denkbaren Konkretisierungen der Rahmenregelungen des ArbSchG vornimmt. Dies führt in der Praxis immer wieder zu Irritationen und Unsicherheiten. So regelt die ArbStättV nicht alle Formen der Bildschirmarbeit. Es werden zwar mit den Bestimmungen zu Telearbeit (→ Rn. 139) Anforderungen an die Arbeit an stationären, fest eingerichteten Bildschirmarbeitsplätzen getroffen. Ungeregelt bleibt demgegenüber die Arbeit an nicht fest eingerichteten Arbeitsplätzen außerhalb des Betriebs (zB Arbeit mit Notebook oder Smartphone in öffentlichen Verkehrsmitteln). Diese durch die technische Entwicklung zunehmend bestehenden Möglichkeiten „entgrenzter Arbeit" fallen zwar nicht in den Anwendungsbereich der ArbStättV. Dessen ungeachtet sind diese Formen der Arbeit arbeitsschutzrechtlich kein „weißer Fleck". Die Maßnahmen zum Schutz der Gesundheit ergeben sich insoweit aus dem ArbSchG. Danach hat sich die Gefährdungsbeurteilung an den tatsächlich zu erbringenden Arbeitstätigkeiten zu orientieren (§ 5 Abs. 1, 2 ArbSchG). § 3 Abs. 1 ArbSchG verlangt, dass die Maßnahmen des Arbeitsschutzes unter Berücksichtigung aller Umstände getroffen werden, die Sicherheit und Gesundheit bei der Arbeit beeinflussen.

Arbeitsschutzrechtliche Anforderungen an Arbeitsstätten werden auch in **anderen** 22 **Rechtsvorschriften des betrieblichen Arbeitsschutzrechts** normiert. Verwiesen sei hier zB auf die besonderen Hygienemaßnahmen in § 8 GefStoffV, § 9 BioStoffV, die Aspekte des Betreibens von Arbeitsstätten (§ 4 ArbStättV) betreffen. Soweit Arbeitsstätten und Arbeitsplätze eines Betriebes in den Anwendungsbereich dieser Verordnungen fallen, gehen die dort geregelten Anforderungen den allgemeinen arbeitsstättenrechtlichen Vorgaben der ArbStättV als speziellere Anforderungen vor.[45] Die ArbStättV tritt dann so weit zurück, wie sich die Regelungsgegenstände der ArbStättV und der sonstigen betrieblichen Arbeitsschutzvorschriften decken.

2. Zur Nutzung als Arbeitsstätte überlassene Gebäude und Liegenschaften. In der Pra- 23 xis entstehen immer wieder Probleme dadurch, dass die Durchführung von **Maßnahmen des Arbeitsschutzes** in **gemieteten Arbeitsstätten** als rechtlich unmöglich angesehen wird. Beispiele sind die Beseitigung von Baumängeln, die Ausstattung von Fenstern mit Sonnenschutzeinrichtungen, zu eng bemessene Büroräume oder die unzureichende Ausstattung mit Brandschutzeinrichtungen.[46] Zur Begründung wird regelmäßig vorgetragen, dass die Maßnahmen **Vermieterpflichten** berühren, die mietrechtlich nicht in den Pflichtenkreis des Arbeitgebers als Mieter fallen. Es wird hierbei übersehen, dass die Arbeitgeberpflichten aus der ArbStättV nicht davon abhängen, ob der Arbeitgeber Eigentümer der Arbeitsstätte ist oder lediglich aufgrund eines Miet- oder Pachtvertrages berechtigt ist, Räumlichkeiten und ein Betriebsgelände zu nutzen.[47] Die arbeitsstättenrechtlichen Mindestanforderungen knüpfen vielmehr am Einrichten und Betrei-

---

44 Neugefasst durch die ArbStättV-Novelle 2016, BGBl. I 2016, 2681 ff., 2683. 45 Kollmer, ArbStättV, § 3 Rn. 67. 46 Exemplarisch VG Gelsenkirchen 26.2.2010 – 12 c K 1656/09.PVL; dagegen die Beschwerdeinstanz OVG Münster 29.6.2012 – 20 A 632/10 PVL, PersR 2013, 373 ff. 47 LASI-Leitlinien-ArbStättV, S. 10; Rudolph Gute Arbeit 4/2012, 31 f.

ben von Arbeitsstätten als tatsächlichem Vorgang an,[48] so dass eigentums- und besitzrechtliche Verhältnisse für die den Beschäftigten gegenüber bestehenden Schutzpflichten des Arbeitgebers keine Bedeutung haben. Sofern in diesem Zusammenhang Schwierigkeiten auftreten, ist der Arbeitgeber, wie das Bundesverwaltungsgericht bereits im Jahre 1983 zutreffend entschieden hat, gehalten, seine Rechte gegenüber dem Vermieter geltend zu machen.[49] Dem ist uneingeschränkt zuzustimmen, denn andernfalls bestünde die Möglichkeit, durch **vertragliche Abreden zwingende gesetzliche Verpflichtungen des Arbeitgebers** zur Gewährleistung von Sicherheit und Gesundheit in Arbeitsstätten zu **umgehen** bzw. zu relativieren. Die Lösung derartiger Probleme muss im Binnenverhältnis der Mietvertragsparteien gesucht werden.[50] Die Gegenposition würde dazu führen, dass der Miet- bzw. Pachtvertrag faktisch mit einem Vertrag zulasten Dritter einherginge.

24 Die ArbStättV ist vor diesem Hintergrund von erheblicher Bedeutung, wenn der **Arbeitgeber plant**, Gewerbeimmobilien zur Nutzung als **Arbeitsstätte anzumieten**. Die ArbStättV markiert in diesen Fällen nicht nur den Schutz, den der Arbeitgeber den unter seiner Leitung tätig werdenden Beschäftigten schuldet. Nicht selten ist das Arbeitsstättenrecht auch eine wesentliche Hilfe bei der Ermittlung des Parteiwillens der Mietvertragsparteien: Sofern keine weitergehenden oder abweichenden vertraglichen Abreden getroffen worden sind, folgen aus der ArbStättV nach zutreffender,[51] allerdings nicht unbestrittener[52] Auffassung die maßgeblichen Bewertungskriterien für die Entscheidung der Frage, ob ein Objekt, das als Arbeitsstätte angemietet und zu diesem Zwecke genutzt wird bzw. genutzt werden soll, mangelfrei ist. Die Problematik hat die Gerichte wiederholt beschäftigt im Zusammenhang mit dem Aufheizen von angemieteten Arbeitsstätten im Sommer bzw. bei Sonneneinstrahlung. Gegen die Heranziehung der ArbStättV zur Konkretisierung des Vertragsinhalts lässt sich nicht anführen, dass die ArbStättV nicht das Verhältnis der Mietvertragsparteien betreffe, da sie allein an den Arbeitgeber und nicht an den Vermieter adressiert sei.[53] Dies ist zwar formal korrekt, besagt aber nicht, dass die ArbStättV für die Vertragsauslegung ohne jede Bedeutung ist. Sofern keine ausdrücklichen Abreden getroffen wurden, ist im Rahmen der Auslegung der Vertragsklauseln die Art der vorgesehenen Nutzung zur Bestimmung des Vertragsinhalts hinzuzuziehen. Ist zB ein Gebäude allgemein als Arbeitsstätte für ein bestimmtes Gewerbe oder für bestimmte Verwaltungszwecke angemietet worden, kann die Mietsache nur in der vereinbarten Weise als Arbeitsstätte in zulässiger Weise genutzt werden, wenn die Anforderungen der ArbStättV, zB hinsichtlich der Raumtemperaturen nach Anhang Nr. 3.5 ArbStättV eingehalten werden.[54] Die ArbStättV hat insoweit also (mittelbar) durchaus ausschlaggebende Bedeutung für die Auslegung der vertraglichen Abreden.[55] Angesichts der von den Gerichten nicht einheitlich beurteilten Rechtslage ist der Arbeitgeber gut beraten, sich möglichst konkret Klarheit über die arbeitsstättenrechtlichen Anforderungen zu verschaffen und diese ausdrücklich zum Inhalt des Mietvertrages zu machen.[56] Das arbeitsschutzrechtlich vorgesehene Instrument hierfür ist die Gefährdungsbeurteilung, die nach § 3 ArbStättV bereits in der Phase des Einrichtens der Arbeitsstätte durchzuführen ist. In der Rechtsprechung ist insoweit zutreffend darauf hingewiesen worden, dass die arbeitsschutzrechtliche Verantwortung des Arbeitgebers gegenüber seinen Beschäftigten nicht durch fehlende Einflussmöglichkeiten auf den Vermieter der Arbeitsstätte berührt wird. Dies hat zur Folge, dass Be-

---

48 LR/Wiebauer ArbStättV § 3 a Rn. 4. **49** BVerwG 29.4.1983 – 1 C 167/79, GewArch 1983, 339 ff.; außerdem Münch/ArbR/Kohte § 293 Rn. 3; Opfermann/Streit ArbStättV § 2 Rn. 89. **50** LR/Wiebauer ArbStättV § 3 a Rn. 5 ff. **51** OLG Naumburg 11.10.2009 – 9 U 45/09, NZM 2011, 35 ff., Nichtzulassungsbeschwerde zurückgewiesen durch BGH 27.10.2010 – XII ZR 176/09; OLG Hamm 28.2.2007 – 30 U 131/06. **52** OLG Karlsruhe 17.12.2009 – 9 U 42/09, MDR 2010, 564 f.; OLG Frankfurt 19.1.2007 – 2 U 106/06, NZM 2007, 330 ff.; vgl. KG 5.3.2012 – 8 U 48/11, MDR 2012, 756; LR/Wiebauer ArbStättV § 3 a Rn. 7. **53** So OLG Karlsruhe 17.12.2009 – 9 U 42/09, MDR 2010, 564 f. **54** In diesem Sinne auch Rudolph Gute Arbeit 4/2012, 31 f. **55** So zutreffend OLG Naumburg 11.10.2009 – 9 U 45/09, NZM 2011, 35 ff. mwN; vgl. Gsell WM 2011, 491 (495), die den aktuellen Stand des Arbeitsstättenrechts nicht beachtet. **56** In diesem Sinne wohl auch Kollmer, ArbStättV, § 3 Rn. 18 a.

schäftigte nicht auf unzureichend gesicherten oder unzureichend ausgestatteten Arbeitsplätzen eingesetzt werden dürfen.[57]

Die vorstehenden Grundsätze gelten sinngemäß auch für die Arbeitsstättengestaltung in **Schulen**. Nach dem **Schulorganisationsrecht** der meisten Bundesländer fällt das Einrichten und Betreiben der Räumlichkeiten der Schulen nicht in die Zuständigkeit des Landes als Dienstherrn der Lehrerinnen und Lehrer. Zuständig für die sog „äußeren Schulangelegenheiten" sind vielmehr die Schulträger,[58] dh die Kommunen. Auch insoweit gilt, dass schulorganisationsrechtliche Normen der Länder (dh Normen des staatlichen Binnenrechts) nicht geeignet sind, die Schutzpflichten der Länder gegenüber dem bei ihnen beschäftigten Lehrpersonal zu relativieren (→ Rn. 97).[59] Eine entsprechende Einflussnahme des Landes als Arbeitgeber der Lehrkräfte ist ohne Weiteres im Rahmen der Kommunalaufsicht möglich und zum Schutz des Lehrpersonals auch geboten.[60] 25

3. Verhältnis zum Bauordnungsrecht. § 3 a Abs. 4 ArbStättV hebt insbes. das Verhältnis der ArbStättV zu den **bauordnungsrechtlichen Vorschriften** der Länder hervor.[61] Zwischen beiden Regelungsmaterien bestehen zahlreiche Verschränkungen, da auch im Bauordnungsrecht zB Regelungen über Raumabmessungen oder Fluchtwege getroffen werden.[62] Es wird daher in der Literatur eine ganzheitliche Betrachtung empfohlen, die die arbeitsstätten- und die baurechtlichen Anforderungen gleichermaßen im Blick behält.[63] Die betreffenden Bestimmungen sind inhaltlich nicht immer deckungsgleich, da weder das Bauordnungsrecht der Länder vollständig harmonisiert ist, noch eine Abstimmung zwischen arbeitsschutzrechtlichen und bauordnungsrechtlichen Schutzzielen bis heute erreicht worden ist.[64] In der Praxis sind solche Kollisionslagen so zu lösen, dass **jeweils die weitergehenden Anforderungen** zu erfüllen sind.[65] Nur so lässt sich erreichen, dass die Schutzziele beider Rechtsgebiete (Schutz von Sicherheit und Gesundheit der Beschäftigten bei der Arbeit; Schutz der Allgemeinheit vor den Gefahren baulicher Anlagen) realisiert werden.[66] Durch Bauordnungsrecht kann daher das arbeitsschutzrechtliche Schutzniveau nicht abgesenkt werden. Ebenso wenig folgt das Arbeitsschutz- und Arbeitsstättenrecht den sehr strikten Vorgaben des bauordnungsrechtlichen Bestandsschutzes.[67] Der Vorrang des weiterreichenden Schutzes ist durch die Neufassung des § 3 a Abs. 4 ArbStättV im Rahmen der ArbStättV-Novelle 2016 noch einmal klargestellt worden.[68] In „Härtefällen" kann eine Ausnahme gem. § 3 a Abs. 3 ArbStättV in Betracht kommen[69] (→ Rn. 122 ff.). 26

II. Einrichten und Betreiben als Regelungsgegenstände ArbStättV

Der **Anwendungsbereich** der ArbStättV wird **tätigkeitsbezogen** durch die Merkmale „Einrichten" und „Betreiben" in § 1 ArbStättV umschrieben.[70] Beide Begriffe, die bereits 1975 verwendet wurden (§ 3 Abs. 1 ArbStättV-1975), sind im Zuge der Novellierung des Arbeitsstättenrechts 2004 in § 2 Abs. 5, 6 ArbStättV aF **legal definiert** worden. Sie verdeutlichen, dass die arbeitsstättenrechtlichen Pflichten des Arbeitgebers an zwei Phasen des „Lebenszyklus" einer Arbeitsstätte ansetzen. Die mit dem Einrichten und Betreiben verbundenen Pflichten des Arbeitgebers sind durch die ArbStättV-Novelle 2016 verdeutlicht und weiter ausdifferenziert worden und finden sich nunmehr in § 2 Abs. 8–10 ArbStättV. 27

---

57 OVG Münster 29.6.2012 – 20 A 632/10.PVL, PersR 2013, 373 ff. sowie eingehend zu dieser Entscheidung Faber PersR 2013, 358 ff; LR/Wiebauer ArbStättV § 3 a Rn. 5. **58** Zur Konkretisierung der Pflichtenstellung der Schulträger durch die ASR A3.5 vgl. instruktiv VG Dresden 2.2.2012 – 5 L 1563/11. **59** VGH Baden-Württemberg 11.3.2010 – PL 15 S 1773/08, PersR 2010, 455 ff.; Münch/ArbR/Kohte § 293 Rn. 3; Kohte RdJB 2008, 198 (211 ff.). **60** VGH Baden-Württemberg 11.3.2010 – PL 15 S 1773/08, PersR 2010, 455 ff. **61** Zu weiteren überschneidenden Regelungen vgl. Pieper ArbStättV § 3 a Rn. 30 ff. **62** Dazu mit Blick auf den Brandschutz Pillar sis 2017, 168 ff. **63** Pillar sis 2017, 168 (171 ff.). **64** Kollmer, ArbStättV, § 3 Rn. 65. **65** Kollmer/Klindt/Schucht/Lorenz ArbStättV § 3 a Rn. 20. **66** Dazu Kohte/Busch, jurisPR-ArbR 12/2012 Anm. 1. **67** Pillar sis 2017, 168 ff. (170); in diesem Sinne auch OVG Münster 22.6.2016 – 9 K 1985/15, wonach sich ein Arbeitgeber nicht auf baurechtliche Pflichten und auf arbeitsstättenrechtlichen Bestandsschutz berufen kann. **68** BR-Drs.506/16, 20. **69** Kollmer/Klindt/Schucht/Lorenz ArbStättV § 3 a Rn. 17 ff. **70** Münch/ArbR/Kohte § 293 Rn. 4.

28 Das **Einrichten** einer Arbeitsstätte betrifft nach § 2 Abs. 8 ArbStättV die Bereitstellung und Ausgestaltung der Arbeitsstätte (zB bauliche Maßnahmen und Veränderungen, Ausstattung mit Maschinen, Mobiliar oder Beleuchtungs- und Belüftungsanlagen, Anlegen und Kennzeichnen von Verkehrswegen, Festlegen von Arbeitsplätzen). Das Einrichten verlangt demnach die Berücksichtigung der Belange von Sicherheit und Gesundheit der Beschäftigten bereits in der Phase der **Konzeption der Arbeitsstätte**.[71] Der Begriff des „Einrichtens" ist zu unterscheiden vom bauordnungsrechtlichen Begriff des „Errichtens".[72] Auch wenn es vielfältige und intensive Überschneidungen zwischen Arbeitsstätten- und Baurecht geben mag, ist zu beachten, dass sich die arbeitsstättenrechtliche Zulässigkeit allein anhand der vom Arbeitgeber vorgesehenen Nutzung bestimmt. Die Phase des Einrichtens ist gerade unter Präventionsgesichtspunkten besonders wichtig. Sie bietet in besonderem Maße die Möglichkeit, Aspekte von Sicherheit und Gesundheit bei der Gestaltung der Arbeitsstätte (zB Verkehrs- und Fluchtwege, Festlegung und Anordnung von Arbeitsplätzen oder Installation einer Beleuchtungsanlage) zu berücksichtigen und Gefährdungen von vornherein zu vermeiden bzw. möglichst gering zu halten (§ 4 Nr. 1 ArbSchG). Es lassen sich so uU aufwändige Nachrüstungs- und Umbauarbeiten vermeiden (zB Nachrüstung bzw. Neukonzipierung des Brandschutzes bei der Planung des Berliner Willy-Brandt-Flughafens). Insbes. § 90 BetrVG verlangt dabei, unbeschadet weiterer Mitbestimmungsrechte gem. § 87 Abs. 1 Nr. 7 BetrVG, dass das Erfahrungswissen der Beschäftigten frühzeitig und gezielt genutzt wird durch die gezielte Einbeziehung des Betriebsrats in den Planungsprozess.[73]

29 Das **Betreiben** umfasst nach der Legaldefinition des § 2 Abs. 9 ArbStättV das Benutzen und Instandhalten der Arbeitsstätte. Das Betreiben folgt zeitlich auf die Einrichtung der Arbeitsstätte und betrifft im Kern die **Regelung der zu beachtenden Alltagsroutinen**. Hierzu zählen zB die Beseitigung von Verunreinigungen und sonstigen Mängeln, das Freihalten von Fluchtwegen, die Prüfung von Sicherheitseinrichtungen oder die regelmäßige Wartung und Instandhaltung[74] der Arbeitsstätte und ihrer Einrichtungen (zB Belüftungs- und Beleuchtungsanlagen, Sicherheitskennzeichnung). Der Instandhaltungsbegriff ist im Rahmen der ArbStättV-Novellierung 2016 in Anlehnung an die Begriffsbildung der Normung und der BetrSichV durch § 2 Abs. 10 ArbStättV legaldefiniert worden.[75]

30 Die Betreibenspflichten, die alltagstaugliche betriebliche Regelungen verlangen (zur Mitbestimmung → Rn. 220 ff.), verdeutlichen, dass der Arbeits- und Gesundheitsschutz als auf kontinuierliche Verbesserung abzielende Daueraufgabe anzulegen ist und sich nicht in der Lösung technischer Fragen im Rahmen des Einrichtens der Arbeitsstätte erschöpft.[76] Diese Zusammenhänge und die **Dynamik der Betreibenspflichten** kommen durch die im Jahre 2016 neugefasste Definition des Betreibens in § 2 Abs. 9 ArbStättV deutlicher zum Ausdruck als im abgelösten Recht. Danach sind das **Optimieren der Arbeitsstätten, die Organisation und Gestaltung der Arbeit einschließlich der Arbeitsabläufe** in Arbeitsstätten in Konkretisierung der Rahmenvorgabe des § 5 Abs. 3 Nr. 4 ArbSchG[77] integrale Elemente des sicheren Betreibens im Sinne des Arbeitsstättenrechts und der Gefährdungsbeurteilung gem. § 3 Abs. 1 S. 2 ArbStättV zu beachten.[78] Praxisrelevante Konkretisierungen werden in der Literatur vor allem in Gestalt von Technischen Regeln für Arbeitsstätten gem. § 7 Abs. 3, 4 ArbStättV in Zukunft erwartet.[79]

III. Anwendungsbereich des Arbeitsstättenrechts

31 Ziel der ArbStättV ist nach § 1 Abs. 1 die **Sicherheit und der Schutz der Gesundheit** der Beschäftigten beim **Einrichten und Betreiben von Arbeitsstätten**. Das Schutzziel umfasst nicht nur die Abwehr von Gefahren im ordnungsrechtlichen Sinne (insbes. Unfäl-

---

[71] Münch/ArbR/Kohte § 293 Rn. 15. [72] Kollmer, ArbStättV, § 2 Rn. 38; Opfermann/Streit ArbStättV § 2 Rn. 86. [73] Faber AiB 2012, 529 (530). [74] Opfermann/Streit ArbStättV § 2 Rn. 99 unter Rückgriff auf DIN 31051. [75] Dazu Pieper ArbStättV § 2 Rn. 9 d. [76] Kollmer/Klindt/Schucht/Lorenz ArbStättV § 2 Rn. 10. [77] Münch/ArbR/Kohte § 293 Rn. 4. [77] BR-Drs. 506/16, 27.
[78] Pieper ArbStättV § 2 Rn. 9 a. [79] Wiebauer NZA 2017, 220 (221).

le), sondern auch die Abwehr von Gefährdungen (zur Abgrenzung der Begriffe „Gefahr" und Gefährdung → ArbSchG § 4 Rn. 10 f.). Da bei den Maßnahmen der Stand von Technik, Arbeitsmedizin und Hygiene sowie sonstige gesicherte arbeitswissenschaftliche Erkenntnisse zu berücksichtigen sind, dient die Verordnung auch der **menschengerechten Gestaltung der Arbeit**.[80] Dementsprechend wird zB in Anhang Nr. 1.2 ArbStättV neben Sicherheit und Gesundheit auch das **Wohlbefinden** als Schutzziel explizit normativ vorgegeben (ausführlich → Rn. 67).

Der Anwendungsbereich der ArbStättV ist weniger eindeutig als es auf den ersten Blick scheint. Die in § 1 Abs. 1 ArbStättV normierte gesetzliche Zielstellung, also „Sicherheit und Schutz der Gesundheit beim Einrichten und Betreiben von Arbeitsstätten", deutet zwar auf einen klar erkennbaren Handlungsauftrag und Grundsatz hin, insbes. da die zentralen Begrifflichkeiten „Arbeitsstätte", „Einrichten" und „Betreiben" jeweils mit Legaldefinitionen unterlegt sind. In **§ 1 Abs. 2–6 ArbStättV** finden sich dann aber eine Reihe von Tatbeständen, die den **Anwendungsbereich** der Verordnung **zT erweitern und zT verengen**. Das ist regelungstechnisch grundsätzlich ein plausibler Weg zur differenzierten Regelung von Sachverhalten, die der Normgeber unterschiedlich behandelt sehen möchte. Das Verständnis dieser Modifikationen des Anwendungsbereichs wird allerdings dadurch erschwert, dass insbes. der gesetzlich durch § 2 Abs. 1, 2 ArbStättV legal definierte Begriff der Arbeitsstätte augenscheinlich nicht einheitlich benutzt wird. 32

§ 1 Abs. 2 ArbStättV regelt in der Sache **Sachverhalte** und Tätigkeitsbereiche, in denen die Bestimmungen der **ArbStättV** wegen der **ständig wechselnden Standorte und des fehlenden räumlichen Bezuges nur sehr eingeschränkt** passen.[81] In diesen Fällen richten sich der Nichtraucherschutz und die Sicherheits- und Gesundheitsschutzkennzeichnung (Anhang Nr. 1.3 ArbStättV) nach den arbeitsstättenrechtlichen Vorgaben des § 5 ArbStättV und des Anhangs Nr. 1.3 ArbStättV. Betroffen sind zunächst **Felder, Wälder und sonstige Flächen**, die zu einem land- oder forstwirtschaftlichen Betrieb gehören, aber **außerhalb seiner bebauten Fläche**[82] liegen. Rechtssystematisch nur unzutreffend abgestimmt mit den Legaldefinitionen des § 2 ArbStättV sind die Regelungen des § 1 Abs. 2 Nr. 1, 2 ArbStättV. Bei Transportmitteln, die im öffentlichen Verkehr[83] eingesetzt werden, handelt es sich entgegen dem einleitenden Satzteil des § 1 Abs. 2 ArbStättV nicht um Arbeitsstätten im Sinne von § 2 Abs. 1 ArbStättV, da der örtliche Bezug zum Betriebsgelände nicht besteht. Wenn § 1 Abs. 2 ArbStättV „nur" die Geltung der Bestimmungen zum Nichtraucherschutz (§ 5 ArbStättV) und zur Sicherheits- und Gesundheitsschutzkennzeichnung (Anhang Nr. 1.3 ArbStättV) anordnet, suggeriert dies, dass auf solche Verkehrsmittel die ArbStättV ansonsten anwendbar wäre. Richtigerweise muss aber der Regelungsgehalt des § 1 Abs. 2 ArbStättV in der „konstitutiven" Anordnung gesehen werden, dass mit Blick auf die Gefährdungen durch Passivrauchen und die Sicherheitskennzeichnung die Vorgaben der ArbStättV anzuwenden sind. Im Übrigen ergeben sich die zu beachtenden arbeitsschutzrechtlichen Anforderungen nicht aus der ArbStättV sondern insbes. aus den **allgemeinen Grundsätzen des Arbeitsschutzes nach § 4 ArbSchG**.[84] Soweit sie im konkreten Fall einschlägig sind und passen, können zur Konkretisierung der allgemeinen Grundsätze des Arbeitsschutzes auch Anforderungen der ArbStättV herangezogen werden (Prinzip der wechselseitigen Ergänzung von ArbSchG und ArbStättV, → Rn. 21). Sinngemäß gilt das Gleiche für die Regelungen zum **Reisegewerbe und Marktverkehr**, die ebenfalls keine Arbeitsstätten iS von § 2 Abs. 1 ArbStättV sind. Auch für sie ordnet § 1 Abs. 2 Nr. 1 ArbStättV (konstitutiv) an, dass sich der Nichtraucherschutz und die Anforderungen zur Sicherheitskennzeichnung aus dem Arbeitsstättenrecht ergeben. 33

§ 1 Abs. 5 ArbStättV sieht eine **Einschränkung des Geltungsbereichs der Verordnung** für **Betriebe** vor, die dem **Bundesberggesetz** unterliegen. Die Arbeitsplätze und Einrichtungen dieser Betriebe befinden sich in Gebäuden und Orten, die im Grundsatz unter 34

---

[80] Dazu eingehend Pieper ArbStättV § 1 Rn. 1 ff. [81] Pieper ArbStättV § 1 Rn. 10 f. [82] Zu Behelfsbauten und Baustellenwagen Opfermann/Streit ArbStättV § 1 Rn. 31. [83] Sofern Transportmittel innerbetrieblich und damit nicht im öffentlichen Verkehr genutzt werden, gilt die ArbStättV uneingeschränkt, vgl. LASI-Leitlinien-ArbStättV, S. 9. [84] Münch/ArbR/Kohte § 293 Rn. 5.

den Begriff der Arbeitsstätte gem. § 2 Abs. 1 ArbStättV fallen. § 1 Abs. 5 ArbStättV ordnet an, dass für diese die ArbStättV nicht gilt. Die so entstehende arbeitsstättenrechtliche Schutzlücke wird durch die spezielleren Regelungen der Bundesbergverordnung und der Gesundheitsschutz-Bergverordnung geschlossen, die statt der ArbStättV Anwendung finden.[85] § 1 Abs. 6 ArbStättV ermöglicht zudem in engen Grenzen („soweit öffentliche Belange dies zwingend erfordern") **Ausnahmen** von den Bestimmungen der ArbStättV bei **hoheitlichen Einsätzen** (Polizei, Bundeswehr etc). Dies ist kein Dispens von der Arbeitgeberverpflichtung zur Gewährleistung von Sicherheit und Gesundheit (§ 3 a ArbStättV iVm § 3 ArbSchG). Es ist in diesen Fällen dann vielmehr festzulegen, wie unter diesen – im Grundsatz absehbaren – besonderen Umständen Sicherheit und Gesundheit sichergestellt werden.

35 In § 1 ArbStättV sind weitere Regelungen getroffen, die die Anwendung arbeitsstättenrechtlicher Normen auch auf Sachverhalte anordnet, die an und für sich nicht unter den Begriff des Einrichtens und Betreibens von Arbeitsstätten fallen. Sie bewirken in der Sache eine **Ausdehnung** des durch § 1 Abs. 1 ArbStättV in grundsätzlicher Form aufgespannten **Anwendungsbereichs der ArbStättV**. Zu nennen sind in diesen Zusammenhang zunächst die Regelungen des § 1 Abs. 3 ArbStättV zur Anwendung des Arbeitsstättenrechts auf **Telearbeitsplätze**. Nach der Konzeption der ArbStättV ist der Arbeitsstättenbegriff des § 2 Abs. 1 ArbStättV örtlich durch das Betriebsgelände determiniert, das typischerweise in der Sachherrschaft des Betriebsinhabers liegt. Telearbeitsplätze iS der Legaldefinition des § 2 Abs. 7 ArbStättV fallen demgemäß nicht in den Anwendungsbereich der ArbStättV, da sie sich im privaten Bereich der Beschäftigten befinden. Durch § 1 Abs. 3 ArbStättV wird vor diesem Hintergrund angeordnet, dass eine Gefährdungsbeurteilung der Arbeitsstätte nur bei der erstmaligen Gefährdungsbeurteilung (§ 3 ArbStättV) des Arbeitsplatzes durchzuführen ist sowie über arbeitsstättenspezifische Gefährdungen durch Telearbeit zu unterweisen ist und die Anforderungen an die Gestaltung von Bildschirmarbeit gem. Anhang Nr. 6 ArbStättV umzusetzen sind, sofern Abweichungen von der betrieblichen Situation bestehen und die Gestaltungsanforderungen mit der Eigenart von Telearbeit anwendbar sind. Rechtssystematisch ist zu beachten, dass die arbeitsstättenrechtliche Regelung zur Telearbeit nur ein Element der nach § 5 ArbSchG geforderten ganzheitlichen Gefährdungsbeurteilung (→ ArbSchG § 5 Rn. 18) nebst der erforderlichen ganzheitlichen Maßnahmenplanung ist. So ist zB ungeachtet § 1 Abs. 3 ArbStättV die Arbeitszeitgestaltung zu beurteilen oder ist arbeitsmedizinische Vorsorge auch bei Arbeit im Privatbereich anzubieten (Teil 4 Nr. 2 Anhang ArbMedVV).[86]

IV. Zentrale Begriffsbestimmungen

36 Der Kreis der durch die ArbStättV legal definierten Begrifflichkeiten (§ 2 ArbStättV) ist durch die ArbStättV-Novelle 2016 deutlich ausgeweitet worden. Zugleich sind einige Begriffsbestimmungen mit dem Ziel der besseren Verständlichkeit neu gefasst worden. Der Gesetzgeber verfolgt damit das Ziel, **Klarheit und Rechtssicherheit** zu erreichen.[87] Eine Erleichterung der Rechtsanwendung soll zudem dadurch bewirkt werden, dass die **Begriffsbildung verordnungsübergreifend** möglichst einheitlich und abgestimmt erfolgt. Die mit der ArbStättV-Novelle 2016 neu eingefügten Definitionen des Standes der Technik (§ 2 Abs. 11 ArbStättV) und der Fachkunde (§ 2 Abs. 12 ArbStättV) orientieren sich daher bewusst an Vorbildern anderer Arbeitsschutzverordnungen[88] (zB BetrSichV, BiostoffV, GefStoffV). Die Definitionen der nunmehr 12 Absätze des § 2 ArbStättV sind für die praktische Anwendung des Arbeitsstättenrechts wichtig, da die materiellen Schutzziele des Arbeitsstättenrechts häufig an legaldefinierte Begriffe wie den des Arbeitsplatzes (§ 2 Abs. 4 ArbStättV) oder den des Arbeitsraumes (§ 2 Abs. 3 ArbStättV) anknüpfen. Dies gelingt allerdings in der Verordnung nicht durchweg. So ist zB die Definition der „Arbeitsstätte" nur unzureichend abgestimmt mit den Rege-

---
85 Pieper ArbStättV § 1 Rn. 9. **86** Dazu auch Pieper ArbStättV § 1 Rn. 12 b. **87** BR-Drs. 506/16, 24. **88** BR-Drs. 506/16, 25, 27.

lungen zum Anwendungsbereich der ArbStättV gem. § 1 Abs. 1, 2 ArbStättV (→ Rn. 31 ff.).

Einer der zentralen Begriffe der ArbStättV ist der **Begriff der Arbeitsstätte**. Er wird durch § 2 Abs. 1 ArbStättV legal definiert. Die Legaldefinition enthält eine örtliche Komponente und die Anforderung, dass die betreffende Örtlichkeit zur Nutzung für Arbeitsplätze vorgesehen ist. Nach § 2 Abs. 1 ArbStättV muss es sich um **Orte in Gebäuden oder im Freien** handeln, die sich entweder **auf dem Gelände eines Betriebes oder auf einer Baustelle** befinden. Unerheblich ist, ob die jeweiligen Orte im Eigentum des Arbeitgebers stehen oder angemietet oder gepachtet sind.[89] Grundvoraussetzung des Arbeitsstättenbegriffs ist vielmehr, dass es sich um Örtlichkeiten handelt, wo Beschäftigte unter Leitung des Arbeitgebers ihrer Arbeitstätigkeit nachgehen. Zweifelsfrei erfasst sind somit die Liegenschaften einschließlich der Gebäude von Betrieben, auf denen dauerhaft ein bestimmter Betriebszweck verfolgt wird und Örtlichkeiten (Baustellen), auf denen zwecks Ausführung eines Bauvorhabens zeitlich limitiert organisiert gearbeitet wird (zur Definition des Baustellenbegriffs vgl. § 1 Abs. 3 BaustellV). 37

Durch die Integration der Bildschirmarbeit in die ArbStättV enthält § 2 Abs. 5, 6 ArbStättV Legaldefinitionen für **Bildschirmarbeitsplätze** und **Bildschirmgeräte** (zu den Einzelheiten → Rn. 143, 145). Kein Bestandteil der Arbeitsstätte sind **Telearbeitsplätze**[90] im häuslichen Bereich von Beschäftigten, da sich diese außerhalb des Betriebsgeländes befinden (Legaldefinition in § 2 Abs. 7 ArbStättV, → Rn. 146). Auf Telearbeitsplätze sind lediglich die Bestimmungen zur erstmaligen Gefährdungsbeurteilung des Telearbeitsplatzes, zur Unterweisung sowie der Anhang Nr. 6 anwendbar → Rn. 139). **Nicht** in den **Anwendungsbereich der ArbStättV** fällt demgegenüber ortsungebundene **mobile Arbeit**, wie zB das Kommunizieren und Arbeiten mit mobilen Arbeitsmitteln wie zB Notebooks oder Smartphones auf Dienstreisen oder bei Außendiensttätigkeiten. Ungeachtet dessen unterliegen auch solche mobilen Arbeitsplätze dem Schutz des Arbeitsschutzrechts. Die nach Maßgabe von § 5 ArbSchG zu ermittelnden erforderlichen Maßnahmen hat der Arbeitgeber in diesen Fällen nach Maßgabe der allgemeinen arbeitsschutzrechtlichen Generalklausel des § 3 ArbSchG zu treffen. Da ArbSchG und ArbStättV rechtssystematisch in einem Verhältnis wechselseitiger Ergänzung stehen (→ Rn. 21), können in solchen Konstellationen bei der Ermittlung und Festlegung der Maßnahmen des Arbeitsschutzes die Vorgaben der ArbStättV als Regelungsmuster herangezogen werden, sofern eine Übertragung der Anforderungen nach der Art der jeweiligen Tätigkeiten möglich ist (zB Anhang Nr. 6.4 und 6.5 ArbStättV (Anforderungen an tragbare Bildschirmgeräte für die ortsveränderliche Verwendung an Arbeitsplätzen; Anforderungen an die Benutzerfreundlichkeit von Bildschirmarbeitsplätzen; ausführlich zur mobilen Arbeit → Rn. 193 ff.).[91] 38

Neben der örtlichen Komponente (Betriebsgelände, Baustelle) setzt der Arbeitsstättenbegriff weiter voraus, dass die betreffenden Örtlichkeiten zur **Nutzung für Arbeitsplätze** (zum Begriff des Arbeitsplatzes → Rn. 41) vorgesehen sind (§ 2 Abs. 1 ArbStättV). Unter den Arbeitsstättenbegriff und den Schutz der ArbStättV fallen somit nach § 2 Abs. 1 ArbStättV zum einen die Arbeitsplätze, dh die Orte auf Betriebsgeländen und Baustellen, an denen Beschäftigte ihre Arbeitsleistung erbringen (zB Büros, Werkstätten, Krankenhäuser, Produktionsstätten). Ebenfalls unter den Arbeitsstättenbegriff nach § 2 Abs. 1 ArbStättV zu subsumieren sind Verkaufsstände im Freien oder Straßencafés und Biergärten, jedenfalls dann, wenn diese im direkten örtlichen Zusammenhang mit einem Ladengeschäft oder einem Gastronomiebetrieb stehen.[92] Neben den Arbeitsplätzen als Ort der Erbringung der Arbeitsleistung umfasst der Arbeitsstättenbegriff darüber hinaus weitere Orte und Einrichtungen, die in § 2 Abs. 2 ArbStättV beispielhaft genannt werden. Teil der Arbeitsstätte sind danach auch die Örtlichkeiten auf einem Betriebsgelände oder einer Baustelle, die in unmittelbarem Zusammenhang 39

---

89 LASI-Leitlinien-ArbStättV, S. 10; LR/Wiebauer ArbStättV § 3 a Rn. 4. **90** Kollmer/Klindt/Schucht/Lorenz ArbStättV § 2 Rn. 3; aA Kollmer, ArbStättV, § 3 Rn. 1; unentschieden: Opfermann/Streit ArbStättV § 2 Rn. 15. **91** Pieper ArbStättV § 1 Rn. 12 c. **92** LASI-Leitlinien-ArbStättV, S. 11.

mit der (eigentlichen) Arbeitstätigkeit stehen. Dies sind nach § 2 Abs. 2 Nr. 1 ArbStättV alle Orte auf dem Gelände des Betriebes oder einer Baustelle, zu denen Beschäftigte im Rahmen ihrer Arbeit Zugang haben. Erfasst sind dabei insbes. Verkehrs- und Fluchtwege, Notausgänge, Lager, Maschinen und Nebenräume, Sanitär-, Pausen- und Bereitschaftsräume, Erste-Hilfe-Räume und Unterkünfte (vgl. auch § 2 Abs. 2 Nr. 2 ArbStättV).[93] Teil der Arbeitsstätte sind zudem all die Einrichtungen, die für das Betreiben der Arbeitsstätte erforderlich sind, wie zB Beleuchtungsanlagen, raumlufttechnische Anlagen oder Feuerlöscheinrichtungen (vgl. auch § 2 Abs. 2 Nr. 3 ArbStättV).

40 Neben dem Arbeitsstättenbegriff definiert die ArbStättV in § 2 Abs. 3 und 4 außerdem die Begriffe „**Arbeitsräume**" und „**Arbeitsplätze**". Die Definitionen sind für die praktische Anwendung der ArbStättV von erheblichem Belang, weil die Verordnung zT **spezielle Anforderungen an „Arbeitsplätze"** (zB § 3 a Abs. 2 ArbStättV; Anhang ArbStättV Ziff. 2.1, 3.1–3.2, 3.7, 5.1) und „**Arbeitsräume**" (zB Anhang ArbStättV Nr. 1.2, 3.5, 3.6, 3.7) stellt.[94]

41 Die Definition des Begriffes „Arbeitsplatz" ist durch die ArbStättV-Novelle 2016 geändert worden. **Arbeitsplätze** sind danach gem. § 2 Abs. 4 ArbStättV Bereiche von Arbeitsstätten, in denen Beschäftigte im Rahmen ihrer Arbeit tätig sind. Im Unterschied zum abgelösten Recht ist der Arbeitsplatzbegriff damit nicht mehr dadurch eingeschränkt, dass sich Beschäftigte mindestens eine bestimmte Zeitspanne oder mit einer bestimmten Häufigkeit in den betreffenden Bereichen aufhalten müssen.[95] Die entsprechende Literatur[96] sowie die für die Praxis bedeutsame Leitlinie der LASI[97] zur Bestimmung dieses zeitlichen Aspekts sind durch diese gesetzliche Öffnung des Arbeitsplatzbegriffes gegenstandslos geworden. Die **Erweiterung des Arbeitsbegriffes** war **unionsrechtlich geboten**, da der unionsrechtliche Arbeitsplatzbegriff keine Mindesttätigkeitsdauer in den betroffenen Bereichen vorsieht.[98] In der Sache ist die Öffnung des Arbeitsplatzbegriffs zu begrüßen, da der arbeitsstättenbezogene Schutz auch bereits bei geringerer Verweildauer erforderlich sein kann.[99] So dürfte die Notwendigkeit, sich bei Gefahr schnell in Sicherheit bringen zu können (Anhang Nr. 3.2 ArbStättV), auch bei kurzfristigem Umgang mit Explosivstoffen, zB in einem Lagerbereich, kaum zu bestreiten sein. Ebenso ist es zB geboten und notwendig, dass auch auf zeitlich begrenzten oder ortsveränderlichen Baustellen arbeitsstättenrechtliche Mindeststandards gelten.[100] Welche **Maßnahmen** konkret zu treffen sind, ist anhand der **Gefährdungsbeurteilung** zu ermitteln. Hierbei ist zu berücksichtigen, dass eine geringe Verweildauer die Anforderungen an Maßnahmen durchaus auch erhöhen kann, wenn die Arbeitsplatzbedingungen wenig bekannt sind und keine Gelegenheit besteht, Erfahrungswissen über die Gefährdungen und Schutzmaßnahmen aufzubauen. Orientierungen ergeben sich hierbei aus den **Arbeitsstättenregeln (ASR)** des Arbeitsstättenausschusses, bei deren akkurater Beachtung eine Vermutung für die Einhaltung der arbeitsstättenrechtlichen Anforderungen streitet (§ 3 a Abs. 1 ArbStättV).

42 Der Verordnungsgeber hat dem **Arbeitsstättenausschuss** gem. § 8 Abs. 2 ArbStättV den **Prüfauftrag** erteilt, das technische Regelwerk der ASR im Hinblick auf den neuen, erweiterten Arbeitsplatzbegriff hin zu überprüfen. Die vor dem Hintergrund des abgelösten Arbeitsplatzbegriffs des § 2 Abs. 2 ArbStättV aF bekannt gemachten Regeln gelten nach § 8 Abs. 2 ArbStättV fort, bis sie vom Arbeitsstättenausschuss überprüft und erforderlichenfalls im Gemeinsamen Ministerialblatt neu bekannt gemacht worden sind.[101]

43 Unter einem **Arbeitsraum** ist nach § 2 Abs. 3 ArbStättV ein Raum zu verstehen, in dem ein oder mehrere Arbeitsplätze innerhalb von Gebäuden dauerhaft eingerichtet sind. Zu den Arbeitsräumen zählen danach zB Werkstätten, Büros oder Lehrwerkstätten.

---

93 Pieper ArbStättV § 2 Rn. 1 f. **94** Zum vorstehenden Kollmer/Klindt/Schucht/Lorenz ArbStättV § 2 Rn. 6, 7. **95** Dazu auch Rundnagel Gute Arbeit 12/2016, 26 (26 f.). **96** ZB Kollmer/Klindt/Schucht/Lorenz ArbStättV § 2 Rn. 6. **97** LASI-Leitlinien-ArbStättV S. 11. **98** BR-Drs. 506/16, 25; Wiebauer NZA 2017, 220 ff. (221). **99** So auch Opfermann/Streit ArbStättV § 2 Rn. 56. **100** BR-Drs. 506/16, 25. **101** Kritisch zu dieser Regelung Wiebauer NZA 2017, 220 ff. (221).

Ebenfalls als Arbeitsräume einzuordnen sind überdachte, nicht allseits durch Wände umfasste Arbeitsbereiche[102] oder unterirdische Räumlichkeiten, wie zB Ladengeschäfte in U-Bahn-Passagen. Dies ergibt sich aus der bauordnungsrechtlichen Definition des Begriffs „**Gebäude**", die insoweit auch für das Arbeitsstättenrecht nutzbar gemacht werden kann.[103] Gebäude sind danach selbstständig benutzbare, überdachte bauliche Anlagen, die von Menschen betreten werden können und geeignet oder bestimmt sind, dem Schutz von Menschen, Tieren oder Sachen zu dienen (vgl. zB die allgemeine bauordnungsrechtliche Legaldefinition des § 2 Abs. 2 BauO NW).

Die Berücksichtigung des **Standes der Technik** ist bereits durch § 4 Nr. 3 ArbSchG rahmengesetzlich für alle Bereiche des Arbeitsschutzrechts, also auch für das Arbeitsstättenrecht, zwingend vorgegeben. Die mit der ArbStättV-Novelle 2016 durch § 2 Abs. 11 ArbStättV eingefügte Legaldefinition des Standes der Technik entspricht den Definitionen anderer Arbeitsschutzverordnungen[104] und ist Ausdruck eines einheitlichen Begriffsverständnisses für den gesamten Bereich des betrieblichen Arbeitsschutzrechts (→ ArbSchG § 4 Rn. 84). Maßgeblich ist danach der Entwicklungsstand von mit Erfolg in der Praxis erprobten fortschrittlichen Verfahren, Einrichtungen oder Betriebsweisen, die die praktische Eignung einer Maßnahme zur Gewährleistung der Sicherheit und zum Schutz der Gesundheit gesichert erscheinen lassen (zur Bedeutung des Standes der Technik für den Bestandsschutz grundsätzlich → ArbSchG § 4 Rn. 84). Der gleiche **fortschrittliche Standard** ist zudem **auch** für die **Arbeitsmedizin und die Hygiene** anzulegen (§ 2 Abs. 11 S. 3 ArbStättV). 44

Die Begriffsdefinition der Fachkunde durch § 2 Abs. 12 ArbStättV hat erhebliche Bedeutung für die organisatorische Umsetzung des Arbeitsstättenrechts im Betrieb. Sie gibt Aufschluss darüber, welche fachlichen Kenntnisse und Fähigkeiten die mit der Umsetzung arbeitsstättenrechtlicher Pflichten befassten betrieblichen Akteure haben müssen. Soweit der Arbeitgeber bzw. verantwortliche Personen wie insbes. Führungskräfte nicht über Fachkunde verfügen, haben sie ungeachtet dessen die fachkundige Erfüllung des Arbeitsstättenrechts sicherzustellen und sich ggf. fachkundig beraten zu lassen (§ 3 Abs. 2 ArbStättV). In der ArbStättV wird der Bezug zur Fachkunde in § 3 Abs. 2 ArbStättV und in Anhang Nr. 5.2 Abs. 5 ArbStättV explizit hergestellt.[105] Fachkunde ist aber unabhängig von diesen Akzentsetzungen generell Voraussetzung für die Erfüllung arbeitsstättenrechtlicher Verpflichtungen. Dies gilt insbes. für die Entwicklung von Maßnahmen des Arbeitsschutzes (§ 3 a ArbStättV) und die Unterweisung (§ 6 ArbStättV).[106] Maßgeblich für die Anforderungen an die Fachkunde sind die zur Erfüllung einer arbeitsstättenrechtlichen Verpflichtung erforderlichen Fachkenntnisse (§ 2 Abs. 12 S. 1, 2 ArbStättV). Der Begriff der Fachkunde ist also nicht fest und starr vorgegeben, sondern anhand der jeweils in Rede stehenden arbeitsstättenrechtlichen Verpflichtung konkret zu bestimmen. Die Fachkunde kann sich dabei aus der Berufsausbildung, Berufserfahrung oder zeitnah ausgeübter entsprechender beruflicher Tätigkeit speisen. Diese Voraussetzungen dürften in der Regel erfüllt sein, wenn die betreffende Person erfolgreich die Ausbildung zur Fachkraft für Arbeitssicherheit abgeschlossen hat und die Aktualität der Fachkenntnisse durch den regelmäßigen und erfolgreichen Besuch entsprechender Schulungen nachgewiesen werden kann. 45

Der Begriff des **Beschäftigten** wird im Gegensatz zu anderen Arbeitsschutzverordnungen (zB § 2 Abs. 7 GefStoffV, § 2 Abs. 4 BetrSichV) nicht durch eine gesonderte Begriffsdefinition untersetzt. Heranzuziehen ist daher der allgemeine Beschäftigtenbegriff des § 2 Abs. 2 ArbSchG. Neben Arbeitnehmerinnen und Arbeitnehmern sind danach zB auch **Auszubildende, Beamtinnen und Beamte** oder **arbeitnehmerähnliche Personen** als Beschäftigte zu qualifizieren (→ ArbSchG § 2 Rn. 13 ff.). Nicht unter den Arbeits- 46

---

102 Kollmer, ArbStättV, § 2 Rn. 23 unter Verweis auf OVG Münster 9.7.1987 – 21 A 2354/85.
103 So zutreffend Kollmer, ArbStättV, § 2 Rn. 23; Opfermann/Streit ArbStättV § 2 Rn. 40.
104 BR-Drs. 506/16, 27. 105 BR-Drs. 506/16, 27. 106 In diesem Sinne auch Pieper ArbStättV § 2 Rn. 15.

platzbegriff fallen dagegen Heimarbeitsplätze (vgl. § 2 Abs. 2 Nr. 3 ArbSchG). Für diese gelten die entsprechenden Arbeitsschutzbestimmungen der §§ 12 ff. HAG).[107]

V. Struktur und Anwendungshinweise zur ArbStättV

47 Aus dem Ziel der ArbStättV, einen flexiblen Regelungsrahmen aufzuspannen für Maßnahmen des Arbeitsschutzes, die an den realen betrieblichen Problemlagen ansetzen (→ Rn. 7), folgt eine spezifische Regelungsstruktur der Verordnung. Sie ist für die mit der betrieblichen Umsetzung des Arbeitsstättenrechts befassten Akteure nicht immer leicht erkenn- und handhabbar. Um die Möglichkeiten, aber vor allem auch die rechtlich zwingenden Grenzen des vom Gesetzgeber zugestandenen Flexibilisierungspotentials zutreffend erfassen zu können, müssen sie **verschiedene Regelungsebenen erkennen und miteinander verbinden**. Generell gliedert sich die Verordnung in einen durch Paragrafen gegliederten Teil und einen umfangreichen durch Nummern unterteilten Anhang. Hierin erschöpfen sich die Regelungsebenen allerdings nicht. Eine weitere für die betriebliche Praxis besonders relevante Regelungsebene bilden die Technischen Regeln für Arbeitsstätten (ASR), die nach dem gesetzlichen Auftrag des § 7 Abs. 3 ArbStättV vom Ausschuss für Arbeitsstätten (ASTA) zu ermitteln sind (zur Bedeutung technischer Regeln → ArbSchG §§ 18, 19 Rn. 26 ff.).

48 **1. Generalklausel des § 3 a Abs. 1 ArbStättV.** Nach § 3 a Abs. 1 ArbStättV hat der Arbeitgeber Arbeitsstätten so einzurichten und zu betreiben, dass von ihnen **keine Gefährdungen** für die Sicherheit und Gesundheit der Beschäftigten ausgehen. Die Vorschrift normiert generalklauselartig eine **umfassende Gewährleistungs- und Handlungspflicht**, unter allen denkbaren Gesichtspunkten **für Sicherheit und Gesundheit** in bzw. auf Arbeitsstätten zu sorgen.[108] Die Gewährleistungspflicht umfasst nicht nur Gefahren im ordnungsrechtlichen Sinne, sondern auch Gefährdungen, dh potenziell schädigende Faktoren, ohne dass es der Feststellung einer bestimmten Wahrscheinlichkeit des Eintritts eines Schadens oder einer bestimmten Schadenshöhe bedürfte (zum Gefährdungsbegriff → ArbSchG § 4 Rn. 11).[109]

49 Die Gewährleistungs- und Handlungspflicht des § 3 a Abs. 1 ArbStättV erstreckt sich **tätigkeitsbezogen** auf das „Einrichten" und „Betreiben" von Arbeitsstätten. Die Pflichten im Zusammenhang mit dem **Einrichten** (zum Begriff → Rn. 28) stehen dabei in besonderem Maße für die früh ansetzende präventive Zielrichtung der ArbStättV. Arbeitsstättenrechtliche **Pflichten** bestehen **bereits bei der Konzipierung und Planung von Arbeitsstätten** und nicht erst – korrektiv – nach deren Fertigstellung und Inbetriebnahme. Es sind daher bereits in der Planungsphase von Arbeitsstätten (Neubau, Umbau, wesentliche Änderungen der Arbeitsorganisation) neben produktionstechnischen Fragen auch die Aspekte der Sicherheit und Gesundheit der Beschäftigten zu berücksichtigen.[110] In der betrieblichen Praxis wird häufig übersehen, dass die betrieblichen Interessenvertretungen bereits in der Planungsphase zu beteiligen sind. Der Betriebsrat hat insoweit nicht nur ein Informations- und Beratungsrecht nach § 90 BetrVG, sondern darüber hinaus auch gleichberechtigte und erzwingbare Mitbestimmungsrechte nach § 87 Abs. 1 Nr. 7 BetrVG bei der Konkretisierung der betrieblichen Anforderungen an das Einrichten, zB im Hinblick auf die Ausstattung mit und die Festlegung von Arbeitsplätzen.[111] Im Hinblick auf das **Betreiben** der Arbeitsstätte verlangt § 3 a Abs. 1 ArbStättV betriebliche Regelungen für die **sicherheits- und gesundheitsgerechte Benutzung und Instandhaltung der Arbeitsstätte** (zum Begriff „Betreiben" → Rn. 29), die unter Beachtung der Mitbestimmungsrechte der Interessenvertretungen (§ 87 Abs. 1 Nr. 7 BetrVG, § 75 Abs. 3 Nr. 11 BPersVG) zu treffen sind (→ Rn. 220 ff.).[112]

---

[107] Kritisch dazu Kollmer/Klindt/Schucht/Kohte ArbSchG § 2 Rn. 120 f.; ausführlich Müller, Die arbeitnehmerähnliche Person im Arbeitsschutzrecht, 2009, S. 232 ff. [108] Kollmer, ArbStättV, § 3 Rn. 2; Pieper ArbStättV § 3 a Rn. 1 f. [109] Münch/ArbR/Kohte § 293 Rn. 6. [110] Anschaulich die im Juli 2017 bekanntgemachte ASR V3, insbes. Pkt. 4.2.1; zur Anwendung der ASR V3 unter www.baua.de. [111] Vgl. den Sachverhalt LAG Rostock 9.3.2010 – 5 TaBVGa 6/09 zur Einrichtung eines Call-Centers. [112] Dazu Kohte/Faber, jurisPR-ArbR 33/2009 Anm. 5.

Verschiedene Aspekte zur Erreichung des generalklauselartig normierten **Schutzziels** 50
werden in anderen Bestimmungen der ArbStättV gesondert geregelt. Sie finden sich im
Paragrafenteil der Verordnung, im **Anhang** und in den vom ASTA nach § 7 Abs. 3
ArbStättV ermittelten **ASR**, die nach § 3 a Abs. 1 S. 2 ArbStättV zu berücksichtigen
sind. Da es sich hierbei um verbindliche bzw. von Rechts wegen zu berücksichtigende
Anforderungen handelt, muss sie der betriebliche Normanwender stets im Auge behalten und bei der Konkretisierung der aus § 3 a Abs. 1 ArbStättV folgenden Handlungspflichten heranziehen (→ Rn. 52 f.).[113] Als **Generalklausel** kommt § 3 a Abs. 1
ArbStättV zudem unabhängig davon bei Konkretisierungen zur Anwendung, für die sich in
den übrigen Bestimmungen der ArbStättV keine weiteren Konkretisierungen finden.
Ein Beispiel hierfür sind bauliche Mängel der Arbeitsstätte, zB durch Ausdünstungen
von Baumaterialien oder Belastungen durch Schimmelpilzbefall, für die allein die Generalklausel des § 3 a ArbStättV eingreift.[114]

2. Weitere betrieblich bedeutsame Bestimmungen des Paragrafenteils. Eine erste Ebene 51
von betrieblich relevanten Konkretisierungen der Handlungspflichten aus der Generalklausel des § 3 a ArbStättV ergibt sich aus einer Reihe weiterer Bestimmungen des Paragrafenteils. Es werden insoweit verschiedene Aspekte des sicheren und gesunden Einrichtens und Betreibens von Arbeitsstätten geregelt. Zu nennen sind Regelungen über
Beschäftigte mit Behinderungen (§ 3 a Abs. 2 ArbStättV, → Rn. 115 ff.), die Regelung
des **Nichtraucherschutzes** durch § 5 ArbStättV (Rn. 101 ff.), arbeitsstättenspezifische
Bestimmungen zur **Unterweisung** (§ 6 ArbStättV, → Rn. 111 ff.) sowie **besondere Anforderungen an das Betreiben von Arbeitsstätten** (§ 4 ArbStättV, → Rn. 92 ff.). Seit
dem Jahr 2010 findet sich zudem in § 3 ArbStättV eine besondere Bestimmung zur **Gefährdungsbeurteilung**. Allen genannten Vorgaben ist gemein, dass sie den betrieblich
auszufüllenden arbeitsstättenrechtlichen Regelungsrahmen durch unbestimmte Rechtsbegriffe umschreiben.

3. Konkretisierungen der Generalklausel des § 3 a Abs. 1 ArbStättV durch den Anhang. Eine weitere Konkretisierungsebene enthält der Anhang der ArbStättV. Dort finden sich unter sechs nach Nummern gegliederten Überschriften weitere, wiederum
durch unbestimmte Rechtsbegriffe umschriebene Schutzziele, die im Kern veranschaulichen, wie die Vorgaben des Paragrafenteils im Hinblick auf das Einrichten und Betreiben zu erfüllen sind. Im Einzelnen handelt es sich um **Allgemeine Anforderungen**
(Nr. 1), **Maßnahmen zum Schutz vor besonderen Gefahren** (Nr. 2), Vorgaben zu den
Arbeitsbedingungen (Nr. 3), Anforderungen an **Sanitärräume, Pausen- und Bereitschaftsräume, Kantinen, Erste-Hilfe-Räume und Unterkünfte** (Nr. 4) sowie **Ergänzende
Anforderungen an besondere Arbeitsstätten** (Nr. 5). Die Anwendung des Anhangs verlangt eine eingehende Gefährdungsbeurteilung, durch die die zumeist mit unbestimmten Rechtsbegriffen umschriebenen Schutzziele und Anforderungen zu konkreten betrieblichen Beurteilungsmaßstäben und Arbeitsschutzmaßnahmen „heruntergebrochen" werden. Es handelt sich hierbei um eine Aufgabe, zu der nicht selten fachliche
Unterstützung benötigt werden wird, da die Maßnahmen entsprechend § 4 Nr. 3
ArbSchG, § 3 a Abs. 1 S. 2 ArbStättV den Stand von Technik, Arbeitsmedizin und Hygiene sowie sonstige gesicherte arbeitswissenschaftliche Erkenntnisse zu berücksichtigen haben. Eine wesentliche Hilfestellung bietet dabei das Technische Regelwerk des
ASTA, auf das § 3 a Abs. 1 S. 2 ArbStättV ausdrücklich verweist.

4. Technisches Regelwerk des ASTA. Die letzte und aufgrund ihrer Konkretheit für die 53
betriebliche Praxis besonders bedeutsame Regelungsebene des Arbeitsstättenrechts bildet das vom ASTA ermittelte Regelwerk der **Technischen Regeln für Arbeitsstätten**
(**ASR**). Der aktuelle Stand der ASR ist unter www.baua.de dokumentiert und kann
dort heruntergeladen werden. Der Arbeitgeber ist nicht verpflichtet, seine betrieblichen
Schutzmaßnahmen anhand der ASR festzulegen. Dies ergibt sich daraus, dass es sich

---

[113] VGH München 26.5.2017 – 22 ZB 17.733 mAnm Kohte, jurisPR-ArbR 37/2017 Anm. 5; Pieper ArbStättV § 3 a Rn. 1. [114] Eine Anwendung der GefStoffV scheidet aus, da gefährliche Stoffe, die bereits in der Bausubstanz enthalten sind, nicht unter den Anwendungsbereich der GefStoffV fallen; dazu nur Münch/ArbR/Kohte § 295 Rn. 36.

bei Technischen Regeln nicht um verbindliches Recht mit normativer Wirkung handelt (dazu → ArbSchG §§ 18, 19 Rn. 36). Folgerichtig lässt § 3 a Abs. 1 S. 4 ArbStättV es zu, dass Arbeitsstättenregeln nicht angewendet werden. Dessen ungeachtet muss der Arbeitgeber aber **in jedem Falle die ASR zur Kenntnis nehmen,**[115] da § 3 a Abs. 1 S. 2 ArbStättV ihre Berücksichtigung bei der Festlegung der Maßnahmen verlangt.[116] Die hohe Bedeutung der ASR in der betrieblichen Praxis folgt nicht nur aus ihrer Konkretheit, da sie vielfach klar und eindeutig sind und messbare Anforderungen formulieren. Ein starker Anreiz die betrieblichen Schutzmaßnahmen auf das Technische Regelwerk zu stützen, folgt mit Blick auf rechtssicheres betriebliches Handeln aus der Vermutungswirkung der ASR (vgl. § 3 a Abs. 1 S. 3 ArbStättV, → ArbSchG §§ 18, 19 Rn. 37): Wird das Technische Regelwerk akkurat angewendet, besteht eine rechtliche Vermutung, dass die Anforderungen der ArbStättV eingehalten sind. Es bedarf dann keines gesonderten Nachweises der Wirksamkeit der getroffenen Maßnahmen (§ 3 a Abs. 1 S. 4 ArbStättV). Dieser ist vom Arbeitgeber gesondert zu führen, wenn das technische Regelwerk der ASR nicht anwendet. Ob eine Arbeitsstättenregel im konkreten Fall zur Anwendung kommen soll, ist letztlich von den Betriebsparteien zu entscheiden. Da die Arbeitsstättenregeln anderweitige Lösungsmöglichkeiten nicht ausschließen, besteht ein Entscheidungsspielraum, der im Rahmen der Mitbestimmung nach § 87 Abs. 1 Nr. 7 BetrVG zu füllen ist.[117]

VI. Die arbeitsstättenrechtliche Gefährdungsbeurteilung (§ 3 ArbStättV)

54 **1. Allgemeines / Rechtsentwicklung.** Der Verordnungsgeber verzichtete ursprünglich im Jahre 2004 bewusst auf eine spezifisch arbeitsstättenrechtliche Regelung der Gefährdungsbeurteilung.[118] Er hat diese Entscheidung im Jahre 2010 revidiert und mit einem neugefassten § 3 ArbStättV erstmalig Vorschriften erlassen, die die besonderen arbeitsstättenrechtlichen Aspekte der Gefährdungsbeurteilung in den Blick nehmen.[119] Nach der Begründung der ArbStättV-Novelle 2010 soll die Regelung des § 3 ArbStättV den betrieblichen Praktikern das **Verständnis und die Anwendung der ArbStättV erleichtern**. Die Bestimmungen zur arbeitsstättenrechtlichen Gefährdungsbeurteilung (zu den im Übrigen zu beachtenden Anforderungen an Gefährdungsbeurteilung s. ausführlich § 5 ArbSchG) stellen vor diesem Hintergrund zugleich eine Rechtsangleichung an die Konzeption und Struktur anderer Arbeitsschutzverordnungen dar, zu deren festen „Bausteinen" seit längerem spezielle Regelungen zur Gefährdungsbeurteilung der jeweiligen spezifischen Gefährdungen gehören. Mit der ArbStättV-Novelle 2016 sind die Anforderungen des § 3 Abs. 1 ArbStättV an die arbeitsstättenrechtliche Gefährdungsbeurteilung weiter präzisiert worden. So ist insbes. S. 2 des § 3 Abs. 1 ArbStättV dahin gehend ergänzt worden, dass bei der Gefährdungsbeurteilung die Auswirkungen der Arbeitsorganisation und der Arbeitsabläufe in der Arbeitsstätte zu berücksichtigen sind (→ Rn. 59). In Anpassung an § 5 Abs. 3 Nr. 6 ArbSchG stellt § 3 Abs. 1 S. 3 ArbStättV jetzt klar, dass dabei auch psychische Belastungen zu erfassen sind. Zudem werden die Inhalte aus § 3 der aufgehobenen BildscharbV zur Gefährdungsbeurteilung in Bezug auf Belastungen der Augen und eine Gefährdung des Sehvermögens bei Bildschirmarbeit in § 3 Abs. 1 ArbStättV übernommen.[120] Wegen der spezifischen Gefährdungen durch Bildschirmarbeit erfolgt die Kommentierung gesondert (→ Rn. 152 ff.). Der Hinweis auf den Stand der Technik in § 3 Abs. 1 S. 4 ArbStättV wird seit der ArbStättV-Novelle 2016 durch die Legaldefinition des § 2 Abs. 11 ArbStättV rechtsverbindlich konkretisiert (→ Rn. 44). Die festgestellten arbeitsstättenrechtlichen **Gefährdungen** und die durchgeführten **Maßnahmen** sind nach Maßgabe von § 6 Abs. 1 ArbSchG un-

---

115 LR/Wiebauer ArbStättV § 3 a Rn. 30 **116** Dazu auch VGH München 26.5.2017 – 22 ZB 17.733 mAnm Kohte, jurisPR-ArbR 37/2017 Anm. Nr. 5. **117** In diesem Sinne auch Kiper AiB 7-8/2017, 10 (12 f.). **118** Der zunächst im Entwurf der Bundesregierung in § 6 vorgesehen Bestimmung zur Gefährdungsbeurteilung (BR-Drs. 627/03, 5 f.) widersprach insbes. der Bundesrat mit der Begründung, dass die Forderung entbehrlich sei, da sie schon in § 5 ArbSchG gestellt sei, vgl. BR-Drs. 627/1/03, 10. **119** BGBl. I 2010, 965. **120** BR-Drs. 506/16, 28.

abhängig von der Anzahl der Beschäftigten **vor Aufnahme der Arbeitstätigkeiten** zu dokumentieren.

Die Gefährdungsbeurteilung nach § 3 ArbStättV ist ein notwendiges Element der allgemeinen Gefährdungsbeurteilung nach § 5 ArbSchG;[121] sie folgt daher denselben **systematischen Anforderungen** und hat unter Beteiligung der Arbeitnehmer und Betriebs- bzw. Personalräte zu erfolgen. Im Sinne des prozeduralen Charakters des § 5 ArbSchG muss der Arbeitgeber eine Gefährdungsbeurteilung nicht nur bei bestehenden Arbeitsplätzen einmalig vornehmen. Auch bei Änderungen des Arbeitsplatzes und/oder Änderungen der Arbeitsorganisation ist die Gefährdungsbeurteilung zu wiederholen und gem. § 3 Abs. 3 ArbStättV, § 6 Abs. 1 ArbSchG zu dokumentieren (→ ArbSchG § 6 Rn. 10 ff.). Inhaltlich hat die Gefährdungsbeurteilung nach § 3 Abs. 1 S. 3 ArbStättV den arbeitswissenschaftlichen Erkenntnissen zu folgen, so dass insbes. auch multifaktorielle Ursachenzusammenhänge zu beachten sind. Die Folgen physischer und psychischer Einwirkungen auf die Beschäftigten können dabei in der Praxis mit dem Belastungs-/Beanspruchungsmodell erfasst werden (→ ArbSchG § 5 Rn. 19 ff.). Im Juli 2017 hat das BMAS die ASR V3 „Gefährdungsbeurteilung" (download: www.baua.de) bekannt gemacht. Sie konkretisiert die Prozessschritte und die Anforderungen an die Gefährdungsbeurteilung nach § 3 ArbStättV unter Berücksichtigung des aktuellen Standes der Technik und unterstreicht insbes. die Funktion der Gefährdungsbeurteilung als Planungsinstrument. Orientiert der Arbeitgeber die Gefährdungsbeurteilung an den Vorgaben der ASR V3, kann er davon ausgehen, dass die Anforderungen des § 3 ArbStättV erfüllt sind („Vermutungswirkung": § 3 a Abs. 1 ArbStättV).

2. Detailkommentierung. § 3 Abs. 1 S. 1 ArbStättV stellt klar, dass die **Gefährdungsbeurteilung** sowohl das **Einrichten** als auch das **Betreiben** von Arbeitsstätten zu umfassen hat. Sie muss zudem **vor Aufnahme der Tätigkeiten** in der Arbeitsstätte erfolgen und nach § 3 Abs. 3 ArbStättV dokumentiert werden.[122] Es ist damit zu rechnen, dass die arbeitsstättenrechtlichen Anforderungen an die Gefährdungsbeurteilung beim Einrichten und Betreiben von Arbeitsstätten in Zukunft durch eine ASR des ASTA konkretisiert werden, wie dies bereits in anderen Bereichen geschehen ist (im Einzelnen → Rn. 65 ff.).

Nach § 3 Abs. 1 ArbStättV muss bereits beim **Einrichten** der Arbeitsstätte eine Gefährdungsbeurteilung durchgeführt werden. In der Sache muss die **Gefährdungsbeurteilung** damit **integraler Bestandteil der Planung von Arbeitsstätten** werden.[123] Praktisch folgt hieraus, dass die Fragen der sicheren und gesunden Gestaltung der Arbeitsstätten anhand der Gefährdungsbeurteilung bereits im Zusammenhang mit baulichen Maßnahmen, Änderungen der Ausstattung der Arbeitsstätte, bei der Festlegung von neuen Arbeitsplätzen und der Einführung neuer Arbeitsabläufe aufzugreifen sind. Der Verordnungsgeber hat diesen präventiven Planungsansatz in der ArbStättV-Novelle 2016 noch einmal mit der Forderung unterstrichen, dass die **Gefährdungsbeurteilung vor Aufnahme der Tätigkeiten** zu **dokumentieren** ist (§ 3 Abs. 3 ArbStättV). Gefährdungsbeurteilungen in der Phase des Einrichtens haben große Bedeutung für eine effektive Prävention, da sie es ermöglichen, Aspekte von Sicherheit und Gesundheit frühzeitig aufzugreifen. Erforderlich ist insoweit eine enge Zusammenarbeit der betrieblichen Akteure mit Planern, Architekten sowie im Falle von angemieteten bzw. gepachteten Arbeitsstätten mit Vermietern und Verpächtern. Auf diese Weise gilt es, gesundheits- und sicherheitsgerechte Gestaltungsmöglichkeiten frühzeitig zu eruieren, bevor anderweitig „vollendete Tatsachen" geschaffen worden sind.[124]

Die **Gefährdungsbeurteilung** bzgl. des **Betreibens** (zum Begriff vgl. § 2 Abs. 9; → Rn. 29) von Arbeitsstätten zielt auf die Ermittlung und Festlegung von spezifischen betrieblichen Vorgaben, die sich deutlich im betrieblichen Alltag niederzuschlagen haben. So sind Intervalle und das inhaltliche Programm von **Prüfungs- und Wartungsar-**

---

121 LR/Wiebauer ArbStättV § 3 Rn. 2; Pieper AuR 2017, 188 (190) spricht insoweit anschaulich von einer „übergreifenden, ganzheitlichen Beurteilung der Arbeitsbedingungen". **122** Zu den Anforderungen an die Dokumentation Kollmer/Klindt/Schucht/Lorenz ArbStättV § 3 Rn. 3; Faber PersR 2013, 358 (360 ff.), speziell mit Blick auf die Ausstattung der Arbeitsstätte mit Brandmeldeanlagen. **123** LR/Wiebauer ArbStättV § 3 Rn. 2. **124** In diesem Sinne auch BR-Drs. 262/10, 27.

beiten zu regeln, um die Funktionsfähigkeit von (Sicherheits-)Einrichtungen (zB Feuerlöscher, Beleuchtungssystem, Lüftungsanlagen) jederzeit zu gewährleisten. Des Weiteren gilt es, die **Beseitigung von erkannten Mängeln** (zB Reinigung von Verkehrswegen), das **Freihalten von Flucht- und Verkehrswegen sowie Notausgängen** zu organisieren sowie **Regeln zur ordnungsgemäßen Nutzung der Arbeitsstätte** durch die Beschäftigten (zB Umsetzung des Nichtraucherschutzes, Regeln für die Benutzung von Verkehrswegen) zu ermitteln. Diese Maßnahmen und Regelungen betreffen neben technischen Aspekten vor allem spezifische organisatorische Fragen des Betreibens der Arbeitsstätte. Bei ihnen ist die Beteiligung der Beschäftigten und ihrer Vertretungen von besonderer Bedeutung, da sie mit ihrem Erfahrungswissen bestens mit den Gepflogenheiten und der „Kultur" des Betriebes vertraut sind.

59 Die **Betreibenspflichten** sind vor dem Hintergrund der vorstehenden Ausführungen zutreffend durch die **ArbStättV-Novelle 2016** dahin gehend **ergänzt und präzisiert** worden, dass die Gefährdungsbeurteilung die Auswirkungen der Arbeitsorganisation und der Arbeitsabläufe in der Arbeitsstätte zu berücksichtigen hat. Damit wird zugleich ein direkter Bezug zur Definition des Begriffs des „Betreibens einer Arbeitsstätte" in § 2 Abs. 9 ArbStättV hergestellt. Nach der Verordnungsbegründung soll damit der Dynamik sich rascher und stetig wandelnder Technologien Rechnung getragen werden. Das „Betreiben" der Arbeitsstätte steht häufig in einem untrennbaren Zusammenhang mit der Arbeitsorganisation und den Arbeitsabläufen, die wiederum an den Anforderungen moderner (Kommunikations-)Technologien orientiert sind.[125] Zugleich wird damit anerkannt, dass auch Arbeitsabläufe und die Organisation von Arbeit Belastungsfaktoren enthalten können, die v.a. psychische Fehlbeanspruchungen begründen (→ ArbSchG § 5 Rn. 30 ff.).

60 § 3 Abs. 2 ArbStättV stellt klar, dass der **Arbeitgeber** letztlich für die Durchführung der Gefährdungsbeurteilung **verantwortlich** ist. Da der Arbeitgeber nur in seltenen Fällen über die erforderliche Fachkunde in Fragen der Sicherheit und Gesundheit in Arbeitsstätten verfügen wird, hat er sich insoweit fachkundig beraten zu lassen. Dies kann insbes. durch die Fachkraft für Arbeitssicherheit geschehen.[126] Die Hinzuziehung der Fachkraft für Arbeitssicherheit oder anderer Experten berührt die Verantwortung des Arbeitgebers nicht. Der **Arbeitgeber muss** in diesen Fällen insbes. den **Prozess der Gefährdungsbeurteilung organisieren**. Hierzu gehört es, Messungen und sonstige Handlungen für die Gefährdungsermittlung zu veranlassen, die Ergebnisse der Gefährdungsermittlung entgegenzunehmen und mit fachlicher Unterstützung eine Beurteilung sämtlicher ermittelter Gefährdungen und der denkbaren Schutzmaßnahmen vorzunehmen. Gleiches gilt für betriebliche Führungskräfte, sofern diese nach Maßgabe von § 13 ArbSchG als verantwortliche Personen handeln.

61 § 3 Abs. 3 ArbStättV trifft schließlich eine Regelung zur **Dokumentation der Gefährdungsbeurteilung.** Sie stellt klar, dass die Beurteilung der Gefährdungen der Arbeitsstätte Bestandteil der gefährdungsübergreifenden Dokumentation der Gefährdungsbeurteilung nach § 6 ArbSchG ist. Eine solche, sämtliche Gefährdungen und Schutzmaßnahmen sowie die Ergebnisse von Wirksamkeitskontrollen erfassende Dokumentation ist seit der Änderung des § 6 ArbSchG im Jahre 2013 in allen Betrieben verfügbar zu halten (→ ArbSchG § 6 Rn. 7).

62 Gegenstand der Gefährdungsbeurteilung sind auch die spezifischen Gefährdungen der Bildschirmarbeit. Von daher stellt § 3 Abs. 1 S. 3 ArbStättV klar, dass weiterhin besonderes Augenmerk auf die Gefährdung des Sehvermögens gelegt wird und damit Besonderheiten bei der Gefährdungsbeurteilung von Bildschirmarbeitsplätzen bestehen. Diese werden nachfolgend, (→ Rn. 152 ff.) ausführlich dargestellt.

VII. Anforderungen an das Einrichten von Arbeitsstätten

63 **1. Allgemeine Anforderungen (Anhang Nr. 1).** Unter der Überschrift „Allgemeine Anforderungen" werden in Nr. 1 des Anhangs, untergliedert durch 11 Unterpunkte, kon-

---

[125] BR-Drs. 506/16, 27. [126] Vgl. nur Pieper ArbStättV § 3 Rn. 8.

struktive Vorgaben an die Beschaffenheit und Auslegung von Arbeitsstätten und die verschiedenen Bestandteile von Arbeitsstätten normiert. Es handelt sich hierbei um Anforderungen an die **Konstruktion und Festigkeit von Gebäuden** (Nr. 1.1), **Abmessungen von Räumen** (Nr. 1.2),[127] die **Sicherheits- und Gesundheitsschutzkennzeichnung** (Nr. 1.3), **Energieverteilungsanlagen** (Nr. 1.4), **Fußböden, Wände, Decken und Dächer** (Nr. 1.5), **Fenster, Oberlichter** (Nr. 1.6), **Türen und Tore** (Nr. 1.7), **Verkehrswege** (Nr. 1.8), **Fahrtreppen und Fahrsteige** (Nr. 1.9), **Laderampen** (Nr. 1.10) sowie **Steigleitern** (Nr. 1.11).

Die genannten Regelungen normieren durch unbestimmte Rechtsbegriffe umschriebene Schutzziele. Konkrete Maßzahlen werden im Anhang Nr. 1 enthalten. Konkrete Maßzahlen werden überwiegend in den übrigen Bestimmungen der ArbStättV nicht vorgegeben.[128] Um zu Entscheidungen über konkrete Maßnahmen und Vorkehrungen zu kommen, bedarf es daher einer sorgfältigen und **differenzierten Gefährdungsermittlung im Rahmen der Gefährdungsbeurteilung**. Es sind insoweit im Einzelnen die durch die ArbStättV vorgegebenen Einflussgrößen und Kriterien zu prüfen, von denen jeweils die Anforderungen an die Konstruktion bzw. Auslegung der Arbeitsstätte abhängen. So ist zB mit Blick auf die in Nr. 1.1 formulierten Anforderungen an die Konstruktion und Festigkeit von Gebäuden der Art der Nutzung nachzugehen und zu fragen, ob und ggf. welche Anforderungen an die Konstruktion hieraus folgen. Es macht insoweit etwa mit Blick auf die Tragfähigkeit von Gebäudedecken einen Unterschied, ob eine Arbeitsstätte als Call-Center genutzt werden soll, mit relativ leichten Arbeitsmitteln (Telefonanlage, Computer, Mobiliar) oder ob die Ausstattung eines Arbeitsraums in einem gewerblichen Betrieb mit schweren Pressen vorgesehen ist. Bei der Beurteilung möglicher Gefährdungen bedarf es insoweit der Einsicht in die entsprechenden Bauunterlagen bzw., sofern diese keine sichere Entscheidung zulassen, **angesichts der erheblichen Gefahren einer fachkundigen Begutachtung**.

Hinzuzuziehen sind darüber hinaus, sofern vorhanden, die ASR. Stand Mai 2017 wird die Nr. 1 des Anhang ArbStättV durch folgende ASRs konkretisiert:

- ASR A1.2 Raumabmessungen und Bewegungsflächen,
- ASR A1.3 Sicherheits- und Gesundheitsschutzkennzeichnung,
- ASR A1.5/1,2 Fußböden,
- ASR A1.6 Fenster, Oberlichter, lichtdurchlässige Wände,
- ASR A1.3 Sicherheits- und Gesundheitsschutzkennzeichnung,
- ASR A1.7 Türen und Tore,
- ASR A1.8 Verkehrswege.

Soweit es an Regeln für Arbeitsstätten des ASTA fehlt, können darüber hinaus **Maßzahlen aus der ArbStättV-1975** sowie aus den **Arbeitsstättenrichtlinien (ASRL)**[129] **zur ArbStättV-1975** zur betrieblichen Konkretisierung der Anforderungen herangezogen werden. Sie geben als Orientierung die anerkannten Regeln der Technik zum Zeitpunkt ihrer Bekanntgabe wieder. Konkrete Hinweise können zudem den Informationen der gesetzlichen Unfallversicherungsträger (Berufsgenossenschaften, Unfallkassen) entnommen werden, die im Internet unter der Adresse www.arbeitssicherheit.de/schriften.html (Stand: 14.7.2017) verfügbar sind.

Hervorzuheben sind mit Blick auf die unter Nr. 1 des Anhangs geregelten allgemeinen Anforderungen die Vorgaben an die **ausreichende Grundfläche und Höhe der Räume sowie den ausreichenden Luftraum**. Bereits in Nr. 15 des Anhangs I zur RL 89/654/EWG wird verlangt, dass diese so bemessen sind, dass die Beschäftigten ohne Beeinträchtigung ihrer Sicherheit, ihrer Gesundheit oder ihres Wohlbefindens ihre

---

[127] Zur betrieblichen Konkretisierung der Raumgrößen von Call-Centern vgl. LAG Mecklenburg-Vorpommern 9.3.2010 – 5 TaBVGa 6/09. [128] Ausnahmen von diesem Grundsatz stellen seit der ArbStättV-Novelle 2016 insbes. die Absturzhöhe von mehr als 1 Meter zur Konkretisierung des Vorliegens einer Absturzgefahr in Anhang Nr. 2.1 ArbStättV sowie die Maßangaben im Hinblick auf Maßnahmen zu Schutz vor Absturzgefahren auf Baustellen in Nr. 5.2 Abs. 2 Anhang ArbStättV dar. [129] Abgedruckt bei Kollmer, ArbStättV, S. 295 ff.

Arbeit verrichten können. Die **Kategorie des Wohlbefindens** ist wörtlich in den Anhang Nr. 1.2 Abs. 1 zu § 3 a ArbStättV übernommen worden. Diese Kategorie ist sachlich geboten, weil bengte Raumverhältnisse physische und psychische Belastungen am Arbeitsplatz hervorrufen können. Bereits im Jahr 1997 hat das Bundesverwaltungsgericht in einer arbeitsstättenrechtlichen Entscheidung[130] hervorgehoben, dass nach dem ganzheitlichen Arbeitsschutzkonzept des europäischen Arbeitsschutzrechtes psychische Belastungen durch eine einschränkende Raumgestaltung vermieden bzw. verringert werden sollen. Zutreffend hatte daher § 23 ArbStättV-1975 bezifferte Mindestgrenzen formuliert. Diese sind durch die ArbStättV 2004 eliminiert worden; Normenanwender müssen daher heute auf die gesicherten arbeitswissenschaftlichen Erkenntnisse zurückgreifen, die insbes. in der DGUV Information 215-410 dokumentiert sind.[131]

68 Die Problematik der Raumabmessungen ist namentlich bei der **Raumgestaltung** in **Großraumbüros** sowie in **Callcentern** (→ ausführlich Rn. 207 ff.) häufig konfliktbehaftet. In verschiedenen Untersuchungen ist festgestellt worden, dass hier beengte Raumverhältnisse das Wohlbefinden der Beschäftigten beeinträchtigen können. Auch verlangen Erfordernisse des Lärmschutzes, dass ein hinreichender Abstand zwischen den verschiedenen Arbeitsplätzen gesichert wird, so dass zB die Störwirkungen durch Telefongespräche in Callcentern möglichst weit verringert werden. Daher ist nach der Regel ASR 1.2. die allgemein empfohlene Mindestgröße von 8 qm je Person in Großraumbüros auf 12 bis 15 qm zu erhöhen. Dies ist bereits bei der Planung zu beachten.

69 **2. Maßnahmen zum Schutz vor besonderen Gefahren.** Nr. 2 des Anhangs der ArbStättV regelt Anforderungen zum Schutz vor besonderen Gefahren. Sie wird untersetzt durch folgende ASR (Stand Mai 2017):

- ASR A2.1 Schutz vor Absturz und herabfallenden Gegenständen; Betreten von Gefahrenbereichen,
- ASR A2.2 Maßnahmen gegen Brände,
- ASR A2.3 Fluchtwege und Notausgänge, Flucht- und Rettungsplan.

70 Nach Nr. 2.1 des Anhangs sind Schutzmaßnahmen zu ergreifen im Hinblick auf Arbeitsplätze und Verkehrswege, bei denen die **Gefahr eines Absturzes von Beschäftigten oder des Herabfallens von Gegenständen** besteht. Verlangt werden insoweit geeignete Schutzvorrichtungen sowie räumliche Abschirmungen der Gefahrenbereiche nebst einer entsprechenden Kennzeichnung. Zur Beurteilung der Gefährdungen und bei der Festlegung von Schutzmaßnahmen ist die „**ASR A2.1 Schutz vor Absturz und herabfallenden Gegenständen, Betreten von Gefahrenbereichen**" zu berücksichtigen. Nr. 2.1 des Anhangs ist im Zuge der ArbStättV-Novellierung 2016 inhaltlich konkretisiert und nunmehr deutlicher durch drei Absätze strukturiert worden. Bemerkenswert ist, dass im Zuge der Novellierung, entgegen der sonstigen Regelungstechnik der ArbStättV, für das Bestehen einer Absturzgefahr eine Maßzahl normiert wird (mehr als 1 Meter). Der Verordnungsgeber hat insoweit die vom ASTA in der ASR A.2.1 ermittelten Erkenntnisse (vgl. Ziff. 4.1 ASR A2.1) bewusst gesetzlich verankert.[132]

71 Mit Blick auf **Brandgefahren** verlangt Nr. 2.2 des Anhangs die Ausstattung der Arbeitsstätte mit geeigneten Feuerlöschern, Brandmeldern und Alarmanlagen. Der erforderliche Bedarf ist in Abhängigkeit von den Abmessungen und der Nutzung, der Brandgefährdung der Einrichtungen und Materialien der Arbeitsstätte und der größtmöglichen Anzahl der anwesenden Personen durch eine sorgfältige Gefährdungsermittlung zu erheben. Da die ArbStättV auf die größtmögliche Anzahl anwesender Personen abstellt, sind auch **Besucher** eines Betriebes bzw. der **Publikumsverkehr** in diese Gefährdungsbeurteilung einzubeziehen. Bei der Gefährdungsbeurteilung und bei der Festlegung der Maßnahmen ist die „ASR A2.2 Maßnahmen gegen Brände" zu berücksichtigen. Bei Abweichungen von der ASR ist ein gleicher Schutz von Sicherheit und Gesundheit zu gewährleisten (§ 3 a Abs. 1 S. 4 ArbStättV). Da Brände in Arbeitsstätten ein enormes Schädigungspotential für Beschäftigte wie auch Dritte (insbes. Kunden, Besucher) auf-

---

130 BVerwG 31.1.1997 – 1 C 20/95, NZA 1997, 482. **131** So auch Opfermann/Streit Anh. 1.2 Rn. 9. **132** BR-Drs. 506/16, 32.

weisen, kommt der regelmäßigen Anpassung und Optimierung der Brandschutzeinrichtungen besondere Bedeutung zu. In angemieteten oder gepachteten Arbeitsstätten ist der Arbeitgeber vor diesem Hintergrund gehalten, ggf. die miet- bzw. pachtrechtlichen Voraussetzungen für die Ausrüstung der Arbeitsstätte mit den notwendigen Einrichtungen herbeizuführen.[133] Gelingt dies nicht, dürfen Beschäftigte an den entsprechenden Arbeitsplätzen nicht eingesetzt werden.[134] Unter Nr. 2.3 werden besondere Vorkehrungen gegen Unfälle und Störfälle durch Einrichtung und Ausstattung[135] entsprechender **Fluchtwege und Notausgänge** verlangt.[136] Konkretisiert werden die entsprechenden Anforderungen, zB an die Anordnung, Abmessungen oder Kennzeichnungen von Fluchtwegen und Notausgängen durch die ASR 2.3 „Fluchtwege und Notausgänge, Flucht- und Rettungsplan", die nach Maßgabe des § 3 a Abs. 1 ArbStättV zu berücksichtigen ist (→ Rn. 53).[137] Da die ArbStättV wiederum auf die höchstmögliche Zahl der anwesenden Personen abstellt, sind auch insoweit Besucher des Betriebes und der Publikumsverkehr einzubeziehen. Da sich Flucht- und Rettungswege typischerweise in Anbetracht unmittelbarer Gefahr bewähren müssen, ist besonderer Wert auf ihre barrierefreie Gestaltung zu legen (vgl. insoweit **Anhang A2.3 der „ASR V3 a.2 Barrierefreie Gestaltung von Arbeitsstätten"**).

3. Arbeitsbedingungen. Die arbeitsstättenrechtlichen Anforderungen an die Arbeitsbedingungen gem. Nr. 3 Anhang ArbStättV werden Stand Mai 2017 durch folgende ASR „untersetzt": 72

- ASR A3.4 Beleuchtung,
- ASR A3.5 Raumtemperatur,
- ASR A3.6 Lüftung.

Unter Nr. 3 des Anhangs finden sich für die betriebliche Praxis besonders bedeutsame Regelungen über Mindestanforderungen an die Arbeitsbedingungen. So gehört nach Nr. 3.3 Anhang ArbStättV zur Mindestausstattung der Arbeitsstätte mindestens eine Kleiderablage, sofern nicht ohnehin Umkleidekabinen bereitzustellen sind. Vorgaben an die **Planung von Arbeitsplätzen** (→ Rn. 49) ergeben sich aus Nr. 3.1 und 3.2 Anhang ArbStättV. Sie betreffen zum einen die **Anordnung der Arbeitsplätze**. Verlangt wird insoweit durch Nr. 3.2 Anhang ArbStättV, dass Arbeitsplätze sicher zugänglich sein müssen, die Möglichkeit besteht, sich bei Gefahren schnell in Sicherheit zu bringen und dass keine Gefährdung durch Tätigkeiten benachbarter Bereiche der Arbeitsstätte (andere Arbeitsplätze, Verkehrswege etc) besteht. Dies hat zB Bedeutung für die Ausgestaltung von Arbeitsstätten, in denen die Möglichkeit von Tätlichkeiten oder sonstigen Aggressionen gegenüber Beschäftigten etwa im Rahmen des Publikumsverkehrs nicht auszuschließen ist. Bei der Aufteilung und Ausstattung der Flächen von Arbeitsstätten sind somit bereits Arbeitsschutzaspekte mit zu bedenken. Es geht dabei nicht nur um Fragen sicheren Arbeitens, sondern auch um gesundheitliche Aspekte, wie zB die Anordnung lärmintensiver Anlagen in Produktionshallen. Die **Bewegungsfläche am Arbeitsplatz** muss im Regelfall so bemessen sein, dass sich Beschäftigte ungehindert bei der Arbeit bewegen können (Nr. 3.1 des Anhangs). Nach der aktuellen „**ASR A1.2 Raumabmessungen und Bewegungsflächen**"[138] muss insoweit eine freie Mindestbewegungsfläche von 1,50 m^2 bei einer Mindestbreite der Bewegungsfläche von 1 m vorgesehen werden. Sofern betriebstechnische Gründe dem entgegenstehen, ist eine zumindest ebenso große Bewegungsfläche in der Nähe der Arbeitsplätze vorzusehen. 73

---

133 BVerwG 29.4.1983 – 1 C 167/79, GewArch 1983, 339 ff. 134 OVG Münster 29.6.2012 – 20 A 632/10.PVL, PersR 2013, 373 ff., insbes. auch im Hinblick auf die mitbestimmungsrechtlichen Aspekte nach dem Personalvertretungsrecht. 135 Zur Anordnung der Aufschlagrichtung von Fluchttüren in Fluchtrichtung vgl. VG Münster 22.6.2016 – 9 K 1985/12. 136 Zur Einrichtung von Fluchtwegen im öffentlichen Dienst vgl. OVG Berlin 18.8.2004 – 4 N 82.03. 137 Zur Unzulässigkeit von Spindeltreppen als Fluchtweg und Ausnahmen von dieser Vorgabe vgl. VG Gießen 9.11.2011 – 8 K 1476/09.Gl, GewArch 2012, 270 f. 138 GMBl 2013, 910.

74 Ausdrücklich[139] regelt Nr. 3.3 Abs. 2 Anhang ArbStättV seit der Änderungsverordnung 2010,[140] dass den Beschäftigten **Sitzgelegenheiten** zur Verfügung gestellt werden müssen, sofern die Arbeitstätigkeit nicht ganz oder teilweise sitzend verrichtet werden kann (→ Rn. 11). aktisch bedeutsam wird diese vom ILO-Übereinkommen 120 verlangte und früher in § 25 ArbStättV-1975 aF normierte Regelung zB in Einzelhandelsgeschäften, bei denen viele Beschäftigte erheblichen Belastungen des Bewegungsapparats durch permanentes Arbeiten im Stehen ausgesetzt sind.[141]

75 Unter den Nrn. 3.4 bis 3.7 Anhang ArbStättV finden sich Anforderungen an verschiedene Elemente der Arbeitsumgebung. Nr. 3.4 Anhang ArbStättV normiert unter der Überschrift **Beleuchtung und Sichtverbindung** Anforderungen an die Lichtverhältnisse in Arbeitsstätten. Die Vorschrift hat eine doppelte Schutzrichtung. Sie betont erstens die **besondere Bedeutung von Tageslicht**, das für das Wohlbefinden der Beschäftigten von elementarer Bedeutung ist.[142] Sie soll zweitens der Vermeidung eines sog „**Klausur- oder Bunkereffekts**" durch fensterlose Räume entgegenwirken. Ein solcher ist unbestritten nach dem Stand der Technik und der gesicherten arbeitswissenschaftlichen Erkenntnisse mögliche Folge einer fehlenden Sichtverbindung nach außen.[143] Dies ist durch die Rechtsprechung des Bundesverwaltungsgerichts bereits seit 1997 anerkannt.[144] Insbes. in kleinen Arbeitsräumen wird das Fehlen einer Sichtverbindung nach außen den Eindruck der Beengtheit verstärkt. Zudem wird das Erleben des Tagesablaufs und des Geschehens außerhalb des Arbeitsraums zumindest erschwert.[145] Die Sichtverbindung nach außen gewinnt insoweit gerade in Zeiten sich verstärkender psychischer Belastung zusätzlich an Bedeutung.[146]

76 Mit der Neufassung von Nr. 3.4 Abs. 1 Anhang ArbStättV durch die ArbStättV-Novelle 2016 ist der Streit um die grundsätzliche Erforderlichkeit einer Sichtverbindung nach außen gegenstandslos geworden.[147] Nr. 3.4 S. 1 Anhang ArbStättV stellt die generelle **Regel** auf, dass **Arbeitsräume** über eine **Sichtverbindung nach außen** verfügen müssen. Von dieser generellen Regel werden durch den S. 2 von Nr. 3.4 Abs. 1 Anhang ArbStättV mittels eines Fünfpunktekataloges **Ausnahmen** formuliert. Mit der Normierung dieses Regel-Ausnahmeverhältnisses knüpft der Verordnungsgeber an die bewährte Regelungstechnik des § 7 Abs. 1 ArbStättV-1975 an. Die Bestimmungen der Nr. 3.4 Anhang ArbStättV, die aufgrund politischen Druckes im Verlauf des Verordnungsgebungsverfahrens gegenüber dem ursprünglichen Entwurf[148] deutlich geändert worden sind, sind in ihrer nun verkündeten Form zum Teil wenig gelungen gefasst. Sie dürften die betrieblichen Normanwender vor erhebliche Probleme stellen.[149] So sind die unter Nr. 1 der Nr. 3.4. Abs. 1 S. 2 Anhang ArbStättV vorgesehenen Ausnahmen für Räume, bei denen betriebs-, produktions- oder bautechnische Gründe Tageslicht oder einer Sichtverbindung nach außen entgegenstehen, kaum nachzuvollziehen. Während die betriebs- und produktionstechnischen Gründe ihre Rechtfertigung aus den Spezifika des Arbeitsprozesses ziehen (zB Fotolabor, besondere Anforderungen an gleichmäßige Beleuchtung, etwa bei bestimmten Qualitätskontrollen[150]) wird mit den bautechnischen Gründen eine neue Ausnahme normiert, für die es weder in der ArbStättV-1975 noch im ursprünglichen Entwurf der Novelle ein Vorbild gibt. Der Anwendungsbereich bzw. die Reichweite dieser Ausnahme erschließt sich weder aus der Verordnungsbegründung[151] noch aus dem Sachzusammenhang, denn bautechnische Gründe, die nachvollziehbar Ausnahmen vom Erfordernis der Sichtverbindung nach außen begründen, fin-

---

139 Zur Begründung dieser Anforderung vor der Änderung der Nr. 3.3 Anhang ArbStättV vgl. Kohte/Faber DB 2005, 224 (227). **140** BGBl. I 2010, 966 f. **141** Zu einem solchen Fall nebst seinen mitbestimmungsrechtlichen Implikationen vgl. LAG Niedersachsen 21.1.2011 – 1 TaBV 68/10, NZA-RR 2011, 247 f. **142** BR-Drs. 506/16, 32; BGI 7007 Tageslicht am Arbeitsplatz; Pieper ArbStättV Anh. 3.4 Rn. 3, mit Hinweisen auf der Bedeutung der Versorgung mit Tageslicht. **143** BR-Drs. 506/16, 32; LASI-Leitlinien-ArbStättV, S. 22 sowie BGI 7007, 27; Opfermann/Streit ArbStättV Anh. 3.4. Rn. 47 ff. **144** BVerwG 31.1.1997 – 1 C 20/95, NZA 1997, 482. **145** Pieper ArbStättV Anh. 3.4 Rn. 5. **146** So die Begründung zur ArbStättV-Novelle 2016, BR-Drs. 506/16, 32. **147** Vgl. Voraufl. Rn. 75. **148** BR-Drs. 509/14, 9. **149** Dazu auch die zutreffende Kritik bei Wiebauer NZA 2017, 220 ff. (223 f.). **150** Opfermann/Streit ArbStättV Anh. Nr. 3.4 Rn. 49. **151** Die BR-Drs. 506/16, 32 stellt insoweit allein auf „betriebsspezifische Gründe" ab.

den sich schon insbes. in den Nrn. 3 bis 5 des Ausnahmenkataloges von Nr. 3.4 Abs. 1 S. 2 Anhang ArbStättV (sehr große Arbeitsräume, Einkaufszentren, Bahnhöfe, bestimmte Räume unterhalb der Erdgleiche). Diese explizit normierten Ausnahmen werden in der Literatur zutreffend als Konkretisierungen der „bautechnischen Gründe" gemäß Anhang Nr. 3.4. Abs. 1 Nr. 1 ArbStättV verstanden. Sie verdeutlichen, dass nicht jeder bautechnische Grund den Verzicht auf Fenster rechtfertigen kann.[152] Im Übrigen lässt Nr. 2 des Ausnahmenkataloges nur Räume ohne Tageslicht und Sichtverbindung zu, wenn sich Beschäftigten dort nur **kurzfristig aufhalten** müssen. Soll die Grundregel der Sichtverbindung nach außen nicht konturenlos konterkariert werden, ist daher eine **restriktive Auslegung des Ausnahmetatbestandes der Nr. 1** von Nr. 3.4 Abs. 1 S. 2 Anhang ArbStättV geboten.

Über eine Sichtverbindung (dh zumeist Fenster) und ausreichendes Tageslicht müssen 77 regelmäßig auch **Pausen- und Bereitschaftsräume** sowie **Unterkünfte** verfügen (Nr. 3.4 Abs. 2 Anhang ArbStättV). Dass auch für diese Räume Ausnahmen von der Regel möglich sind, ist daraus zu folgern, dass Pausen und Bereitschaftsräume sowie Unterkünfte „möglichst" ausreichend Tageslicht und eine Sichtverbindung nach außen haben müssen. Die Ausnahmen müssen sich auch insoweit an dem Katalog der Ausnahmen von Nr. 3.4 Abs. 1 S. 2 Anhang ArbStättV messen lassen.[153] Gleiches gilt sinngemäß für **Kantinen**, für die in der Regel („Soll-Bestimmung") ausreichendes Tageslicht und eine Sichtverbindung nach außen verlangt wird. Die Bestimmungen der Nr. 3.4 Abs. 1 S. 2 Anhang ArbStättV werden in der Literatur zu Recht als konfus bezeichnet.[154] Wieso insbes. das Regel-Ausnahmeverhältnis lediglich für Kantinen abweichend als Soll-Bestimmung umschrieben wird, erschließt sich auch nicht aus der Begründung der ArbStättV-Novelle 2016.

Nr. 3.4 Abs. 3 Anhang ArbStättV sieht für Räume ohne Fenster oder sonstige Sichtverbindung nach außen eine **Bestandsschutz**regelung vor: Sie dürfen so lange betrieben 78 werden, bis sie wesentlich erweitert oder umgebaut werden, vorausgesetzt die Einrichtung bzw. der Beginn der Einrichtung des betreffenden Raumes erfolgte vor dem 3.12.2016 (dh Inkrafttreten der ArbStättV-Novelle 2016). Der Standort der Bestandsschutzvorschrift innerhalb der Regelungsstruktur der ArbStättV ist ungewöhnlich, da Bestandsschutzfragen üblicherweise übergreifend und für den Normanwender transparent in Übergangsvorschriften im Zusammenhang geregelt werden. Nr. 3.4 Abs. 3 Anhang ArbStättV fügt sich zudem auch nur schwer in den ansonsten mit der ArbStättV-Novelle verfolgten Ansatz des Gesetzgebers ein, auf spezielle, aufgrund ihrer Komplexität oft schwer handhabbare Bestandsschutzregelungen zu verzichten.[155] In der Sache selbst wird der Bestandsschutz durch Nr. 3.4 Abs. 3 Anhang ArbStättV sehr weitgehend und kategorisch gefasst, da er erst durchbrochen wird, wenn wesentliche Änderungen vorgenommen werden sollten. Dies lässt sich schwer in Einklang bringen, mit dem durch das ArbSchG vorgegebenen Bestandsschutzverständnis. Der den Bestandsschutz rechtfertigende **Schutz des Vertrauens in getätigte Investitionen** besteht danach nur **zeitlich limitiert**. Dies folgt insbes. daraus, dass der Arbeits- und Gesundheitsschutz nach § 3 Abs. 1 S. 3 ArbSchG eine Optimierungsaufgabe ist, die durch die Verknüpfung mit dem Stand der Technik (§ 4 Nr. 3 ArbSchG, §§ 3, 3 a ArbStättV) gerade eine zeitnähere Umsetzung neuer Erkenntnisse ermöglichen soll.[156] Hiermit übereinstimmend versteht die ArbStättV seit der Novellierung im Jahre 2016 ausdrücklich auch die Optimierung als Element des arbeitsstättenrechtlichen Betreibens (vgl. § 2 Abs. 9 ArbStättV). Diese generelle Optimierungsverpflichtung besteht unabhängig von Nr. 3.4 Abs. 3 Anhang ArbStättV.

Soweit eine ausreichende Versorgung mit Tageslicht nicht besteht, verlangt Nr. 3.4 79 Abs. 5–7 Anhang ArbStättV eine angemessene künstliche Beleuchtung. Die Angemes-

---

152 Opfermann/Streit ArbStättV Anh. Nr. 3.4 Rn. 65; zu Beispielen für Fälle, in denen Ausnahmen vom Grundsatz der Sichtverbindung nicht als angemessen sind, vgl. ebd. Rn. 75. **153** Zu Recht kritisch zur Regelungstechnik der Nr. 3.4 Anhang ArbStättV Wiebauer NZA 2017, 220 (223 f.). **154** Wiebauer NZA 2017, 220 (224). **155** BR-Drs. 506/16, 30. **156** Dazu Kollmer/Klindt/Schucht/Kohte ArbSchG § 3 Rn. 39 ff.

senheit hängt dabei von der Art der jeweiligen Nutzung der Arbeitsstätte ab, da die Erfordernisse insoweit unterschiedlich sind (zB feinmechanische Präzisionsarbeiten, Arbeit in Archivräumen). Die Anforderungen an die Beleuchtung sind in der „**ASR A.3.4 Beleuchtung**" weiter konkretisiert. Es werden dort ua Anforderungen formuliert bzgl. der Beleuchtung mit Tages- und künstlichem Licht, Beleuchtungskonzepten sowie zu Betrieb und Instandhaltung von Beleuchtungsanlagen. Gute Orientierungen für die gebotenen Beleuchtungsstärken ergeben sich aus den Anhängen der ASR A.3.4, in denen Mindestbeleuchtungsstärken für Arbeitsräume, Arbeitsplätze und Tätigkeiten festgelegt sind. Zu verweisen ist in diesem Zusammenhang zudem auf die „**ASR A3.4/3 Sicherheitsbeleuchtung, optische Sicherheitsleitsysteme**", mit der der ASTA eine Technische Regel für den Fall eines Ausfalls der regulären künstlichen Beleuchtung ermittelt hat.

80 Mit Blick auf Raumtemperaturen normiert die im Zuge der ArbStättV-Novelle 2016 neu gefasste Nr. 3.5 Anhang ArbStättV[157] das übergreifende Schutzziel einer **gesundheitlich zuträglichen Raumtemperatur** während der Nutzungsdauer. Aus der Verordnung ergeben sich keine starren, schematisch heranzuziehenden **Mindest- bzw. Höchsttemperaturen**. Sie hängen vielmehr von der **Art der Nutzung** ab, wobei zwischen der Nutzung als **Arbeitsraum** (Nr. 3.5 Abs. 1 Anhang ArbStättV) und der Nutzung der betreffenden Räume gem. Nr. 3.5 Abs. 2 Anhang ArbStättV als **Sanitär-, Pausen-, Bereitschaftsräume, Kantinen, Erste-Hilfe-Räume und Unterkünfte** differenziert wird. Im Hinblick auf gesundheitlich zuträgliche Raumtemperaturen in Arbeitsräumen sind darüber hinaus für den konkreten Einzelfall die eingesetzten Arbeitsverfahren und die physischen Belastungen der Beschäftigten zu berücksichtigen. Dies erfordert es, dass im Rahmen der Gefährdungsbeurteilung nach § 3 ArbStättV die körperliche Belastungssituation der Beschäftigten ermittelt und im Hinblick auf die Anforderungen an die Raumtemperatur beurteilt wird. In der Praxis ergeben sich dabei wichtige Konkretisierungen aus der „**ASR A.3.5 Raumtemperatur**", bei deren akkurater Beachtung vermutet wird, dass die Anforderungen der Verordnung eingehalten werden (vgl. auch § 3 a Abs. 1 ArbStättV). Die ASR A.3.5 enthält, differenziert nach der Arbeitsschwere und der überwiegenden Körperhaltung, Anforderungen an **Mindesttemperaturen** von Arbeitsräumen. Sie schwanken zwischen +20° C für leichte, sitzende Tätigkeiten und +12° C bei schweren Tätigkeiten im Stehen oder Gehen.[158] Darüber hinaus werden Vorgaben gemacht für die regelmäßig im Sommer diskutierte Frage zulässiger **Höchsttemperaturen**. Generell gilt insoweit nach Ziff. 4.2(3) ASR A3.5, dass die Lufttemperatur nicht +26° C überschreiten soll. Nach Ziff. 4.4 ASR A 3.5 sind bei Außentemperaturen über +26° C zusätzliche Maßnahmen zu prüfen, wenn die **Raumtemperatur** ebenfalls **über +26° C** liegt. Die ASR A3.5 sieht insoweit ein **gestuftes Vorgehen** vor: Bis zu einer Raumtemperatur von +30° C sind in der Regel („sollen") zusätzliche Maßnahmen zu ergreifen, die sich insbes. aus einer Tabelle beispielhafter Maßnahmen ergeben (zB effektive Lüftung – Nachtauskühlung – effektiver Einsatz von Sonnenschutz, Lockerung von Bekleidungsregelns, Bereitstellung von Getränken). Wird die Marke von +30° C überschritten, sind anhand der Gefährdungsbeurteilung Maßnahmen unter Beachtung des Vorrangs von technischen und organisatorischen vor personenbezogenen Maßnahmen zu treffen. Wird die Marke von +35° C überschritten, gilt der betreffende Raum nicht mehr als für die Nutzung als Arbeitsraum geeignet, es sei denn, es werden die für Hitzearbeit geltenden technischen, organisatorischen und personenbezogenen Maßnahmen getroffen.[159] Ein so gestuftes Vorgehen kann durch das Mitbestimmungsrecht des Betriebsrats (→ Rn. 220) realisiert werden.[160]

81 Jenseits der Problematik der Sommerhitze hat die ASR A3.5 erhebliche Bedeutung für **Gebäude mit baulichen Mängeln** (schlechte Isolierung, „Glasarchitektur"), da sich sol-

---

[157] BGBl I 2016, 2687. [158] Zu einer behördlichen Anordnung im Hinblick auf die Mindesttemperaturen vgl. VG Münster 28.2.2013 – 7 L 853/12. [159] Zur Problematik von Maßnahmen zur Reduzierung unzuträglicher Raumtemperaturen in angemieteten Arbeitsstätten vgl. Rudolph Gute Arbeit 4/2012, 31 f. [160] Exemplarisch LAG Schleswig-Holstein 1.10.2013 – 1 TaBV 33/13, sowie die Anm. von Kohte/Faber, jurisPR-ArbR 19/2014 Anm. 5 zu diesem Beschluss.

che Gebäude bereits bei Außentemperaturen unter +26° C aufheizen und Raumtemperaturen deutlich über +26° C nicht selten sind. Zwar handelt es sich bei Ziff. 4.2(3) ASR A3.5 um eine „Soll-Vorschrift", so dass der Wert von +26° C nicht in jedem Falle gehalten werden muss. Es ist jedoch verfehlt, die vom ASTA ermittelten arbeitswissenschaftlichen und arbeitsmedizinischen Erkenntnisse als schlicht unverbindliche Obergrenze zu bezeichnen.[161] Sie sind vielmehr entsprechend dem Charakter von „Soll-Vorschriften" als Regelvorgabe zu verstehen, von der nur in begründeten Ausnahmefällen abgewichen werden darf, da höhere Temperaturen als Gefährdung iSv § 4 Nr. 1 ArbSchG anzusehen sind (zum Gefährdungsbegriff → ArbSchG § 4 Rn. 11). Dies dürfte es ausschließen, solche letztlich auf Baumängeln oder einer fragwürdigen Bauplanung beruhenden Defizite dauerhaft zu akzeptieren. Dem Argument der Kosten für eine Optimierung der Gebäude kann dabei durch eine gestaffelte Anpassung der Gebäude an den durch die ASR A3.5 ermittelten Stand der Technik Rechnung getragen werden. Mit den aus der **Planungspflicht** nach § 3 Abs. 2 ArbSchG sowie den aus der Grundpflicht des § 3 Abs. 1 S. 3 ArbSchG und der Pflicht zum sicheren und gesunden Betreiben gem. § 3 a ArbStättV iVm § 2 Abs. 9 ArbStättV folgenden **Optimierungsgeboten** bietet das Arbeitsschutzrecht den rechtlichen Rahmen für ein solches zeitlich gestrecktes Vorgehen.[162] Die Anpassungspflicht besteht im Übrigen nicht nur dann, wenn der Arbeitgeber Eigentümer der Arbeitsstätte ist, sondern auch bei gemieteten oder gepachteten Arbeitsstätten (→ Rn. 37).

Unter Nr. 3.6 Anhang ArbStättV werden Anforderungen an die **Lüftung** von Arbeitsräumen, Sanitär-, Pausen- und Bereitschaftsräumen, Kantinen, Erste-Hilfe-Räumen und Unterkünften normiert. Als Schutzziel wird ausreichend gesundheitlich zuträgliche Atemluft verlangt. Die Anforderungen hängen im Einzelfall von den spezifischen Bedingungen und Bedürfnissen vor Ort ab. Im Rahmen der Gefährdungsbeurteilung sind insbes. der Nutzungszweck der betreffenden Räumlichkeiten, ggf. die Arbeitsverfahren, die physischen Belastungen und die Anzahl der Beschäftigten sowie sonstiger anwesender Personen zu ermitteln und zu beurteilen. In den Abs. 2–4 von Nr. 3.6 Anhang ArbStättV werden ergänzend Anforderungen an Arbeitsstätten geregelt, die oder nicht ausschließlich durch freie Lüftung betrieben werden und die über **raumlufttechnischen Anlagen**[163] verfügen (zB Warneinrichtungen bei Störungen, Vermeidung von Luftzug, Beseitigung von Verunreinigungen). Bei der Beurteilung der Gefährdung und bei der Festlegung von Maßnahmen des Arbeitsschutzes ist die „**ASR A3.6 Lüftung**" zu berücksichtigen.

Nr. 3.7 Anhang ArbStättV regelt die „Arbeitsbedingung Lärm" in Arbeitsstätten. Nr. 3.7 S. 1 Anhang ArbStättV bekräftigt zunächst das ausführlicher in § 7 LärmVibrationsArbSchV normierte **Lärmminderungsgebot** (→ LärmVibrationsArbSchV Rn. 15, 28). Dieses Gebot ist unabhängig von Grenzwerten zu beachten. Die Vorschrift deckt sich insoweit mit § 7 Abs. 1, 2 LärmVibrationsArbSchV, so dass insbes. auf die Verdeutlichungen des § 7 Abs. 2 LärmVibrationsArbSchV zurückgegriffen werden muss, der unter Nr. 3 die lärmmindernde Gestaltung und Einrichtung von Arbeitsstätten und Arbeitsplätzen explizit erwähnt. Der originäre Regelungsgehalt der arbeitsstättenrechtlichen Lärmschutzregelung folgt aus S. 2 der Nr. 3.7 Anhang ArbStättV. Danach ist der Schalldruckpegel am Arbeitsplatz in Abhängigkeit von der Nutzung und den zu verrichtenden Tätigkeiten so weit zu reduzieren, dass keine Beeinträchtigungen der Gesundheit der Beschäftigten entstehen. Der Arbeitsstättengestaltung sind danach **Grenzwerte** zugrunde zu legen, die insbes. **im Hinblick auf die zu verrichtenden Tätigkeiten** die Schwelle bestimmen, ab der der Lärm die Gesundheit von Beschäftigten beeinträchtigen kann. Die Verordnung trägt damit der gesicherten arbeitswissenschaftlichen und arbeitsmedizinischen Erkenntnis Rechnung, dass Lärm in Abhängigkeit von der Arbeitsaufgabe auch dann gesundheitlich beeinträchtigend wirkt, wenn (noch) keine

---

[161] In diesem Sinne aber Kolbe BB 2010, 2762 ff. [162] Dazu ausführlich Faber, Grundpflichten, S. 144 ff. [163] „Raumlufttechnische Anlagen (RLT-Anlagen) sind Anlagen mit maschineller Förderung der Luft, Luftreinigung (Filtern) und mindestens einer thermodynamischen Luftbehandlungsfunktion (Heizen, Kühlen, Befeuchten, Entfeuchten)", vgl. Ziff. 3.3 der ASR 3.6.

Schädigung des Gehörs zu befürchten ist. Folgen können insoweit zB Stressreaktionen sein und auf Dauer ein erhöhtes Risiko für Erkrankungen des Herz-Kreislauf- und des Verdauungssystems.[164] In der Verordnungsbegründung wird vor diesem Hintergrund zutreffend darauf verwiesen, dass Zweck der Regelung nicht der Schutz vor den gehörschädigenden Wirkungen von Lärm ist, der insbes. durch die LärmVibrationsArbSchV gewährleistet sei. Originärer Normzweck ist vielmehr der **Schutz vor gesundheitlichen Gefährdungen durch Lärm unterhalb der Schwelle gehörschädigenden Lärms** (sog extraaurale Schallwirkungen).[165] Der Bundesrat hat den ASTA aufgefordert, eine ASR zu den extraauralen Lärmwirkungen zu ermitteln.[166] Eine solche ASR wäre ein wichtiger Schritt zur Beseitigung der Rechtsunsicherheit, die die Streichung der tätigkeitsbezogenen Grenzwerte des § 15 ArbStättV-1975 bewirkt hat. Unabhängig von dieser zu erwartenden Regel ist darauf zu verweisen, dass – allerdings zT voneinander abweichende und nicht völlig vergleichbare – Grenzwerte über die extraauralen Lärmwirkungen in verschiedenen Technischen Regelwerken bereits festgelegt worden sind. So findet sich zB in der DIN EN ISO 1160-1 „Akustik, Richtlinien für die Gestaltung lärmarmer maschinenbestückter Arbeitsstätten" eine dreistufige Grenzwertfestlegung, wonach bei Tätigkeiten, die besondere Konzentration verlangen, ein Schallpegel von 45 dB (A), bei routinemäßiger Büroarbeit ein Schallpegel von 55 dB (A) und in industriellen Arbeitsstätten ein Schallpegel von 80 dB (A) anzusetzen ist.[167]

84 **4. Anforderungen an Sozialräume.** Neben Arbeitsräumen zählen auch Sozialräume (**Sanitärräume, Pausen- und Bereitschaftsräume, Kantinen, Erste-Hilfe-Räume, Unterkünfte**) zur Arbeitsstätte (vgl. auch § 2 Abs. 2 ArbStättV). Die Anforderungen an diese Räumlichkeiten sind seit der ArbStättV-Novelle 2016 zusammenhängend in Nr. 4.1–4.4 Anhang ArbStättV normiert. Geregelt werden sowohl die Voraussetzungen, unter denen Sozialräume einzurichten sind (**das „Ob"**) als vor allem auch **das „Wie"**, zB in Gestalt von Spezifizierungen zur Ausstattung (zB Anzahl von Toilettenbecken und Handwaschgelegenheiten) und örtlichen Lage in der Arbeitsstätte (zB Zugänglichkeit, Nähe zum Arbeitsplatz). Die Anforderungen an Sozialräume werden durch das technische Regelwerk der ASR durch folgende Regeln „untersetzt" (Stand Mai 2017):
- ASR A4.1 Sanitärräume,
- ASR A4.2 Pausen- und Bereitschaftsräume,
- ASR A4.3 Erste-Hilfe-Räume, Mittel und Einrichtungen zur Ersten Hilfe,
- ASR A4.4 Unterkünfte.

85 **Toilettenräume** sind notwendiger Bestandteil jeder Arbeitsstätte.[168] Ob darüber hinaus **Waschräume** und **Umkleiden** bereitzustellen sind, hängt nach Nr. 4.2 und 4.3 Anhang ArbStättV von der Art der Tätigkeit, gesundheitlichen Erfordernissen bzw. für den Fall von Umkleiden von der Notwendigkeit ab, besondere Arbeitskleidung tragen zu müssen. Nach Nr. 4.1 Anhang ArbStättV sollen die Bereitstellung getrennter Sanitärräume für Frauen und Männer sowie die **getrennte Nutzbarkeit** („Unisextoiletten") **von Sanitärräumen** gleichwertige Alternativen darstellen. Dies widerspricht dem Stand der Hygiene, nach dem jedenfalls bei einer Zahl von mehr als fünf gleichzeitig anwesenden Beschäftigten getrennte Räumlichkeiten im Regelfall geboten sind.[169] In der aktuellen ASR 4.1. (Sanitärräume)[170] wird unter 4.6. die Einrichtung getrennter Toiletten in Betrieben mit mehr als neun Beschäftigten zwingend vorgeschrieben; in den Kleinstbetrieben muss jedoch mindestens eine zeitlich getrennte Nutzung sichergestellt sein. Eine getrennte Nutzbarkeit stellt daher nur für kleine Betriebe eine reale Alternative dar. Im

---

164 BAuA (Hrsg.), Ratgeber zur Gefährdungsbeurteilung, Teil 2, Ziff. 7.1.1. **165** BR-Drs. 262/10, 29. **166** BR-Drs. 262/10, 9. **167** Siehe Kollmer/Klindt/Schucht/Lorenz ArbStättV Anh. 3.7 Rn. 3 ff.; Opfermann/Streit ArbStättV Anh. 3.7 Rn. 55 ff.; vgl. Martin, Büroergie und Akustik, Computer und Arbeit 8-9/2008, 45 (46); BAuA (Hrsg.), Ratgeber Gefährdungsbeurteilung Teil 2, Ziff. 7.1.2.2; Bechmann Gute Arbeit 7-8/2007, 52 ff.; Reusch Gute Arbeit 1/2008, 19 ff. **168** Auf die Bedeutung der Mitbestimmung für diesen sensiblen Bereich hinweisend, Pieper ArbStättV Anh. 4.1 Rn. 2. **169** LASI-Leitlinien-ArbStättV (LV 40), S. 14.; Kollmer/Klindt/Schucht/Lorenz ArbStättV § 6 Rn. 8 f. mit Hinweis auf die ASR 4.1, sowie Opfermann/Streit ArbStättV § 6 Rn. 21. **170** GMBl. 2013, 919.

Anschluss an § 37 Abs. 1 S. 3 ArbStättV-1975 ist im Regelfall in Betrieben mit mehr als fünf Beschäftigten eine Trennung von Toiletten für Kunden und für Beschäftigte vorzusehen.[171]

Die Regelung der Nr. 4.2 Anhang ArbStättV über **Pausen- und Bereitschaftsräume** trägt dem Umstand Rechnung, dass Pausen ihren Erholungszweck nur erfüllen können, wenn Örtlichkeiten bereitgestellt werden, an denen sich die Beschäftigten ungestört regenerieren können. Die Verordnung sieht insoweit mit Pausenräumen, Pausenbereichen und Räumen, die eine gleichwertige Erholung ermöglichen (zB Büroräume, in denen während der Pause nicht gearbeitet wird und Dritte keinen Zutritt haben),[172] drei Varianten vor. **Spezielle Pausenräume oder Pausenbereiche** sind einzurichten bei **mehr als zehn Beschäftigten oder wenn Sicherheits- oder Gesundheitsgründe** dies erfordern. Letzteres kann zB der Fall sein, wenn mit Gefahrstoffen gearbeitet wird (§ 8 Abs. 3 S. 2 GefStoffV), bei Arbeitsplätzen und Arbeitsbereichen ohne Sichtverbindung nach außen, bei schwerer körperlicher oder Ausübung stark schmutzender Arbeitstätigkeiten sowie bei Arbeitsräumen, zu denen Dritte üblicherweise Zutritt haben.[173] Die Pflicht zur Bereitstellung eines Pausenraumes kann nicht mit der Begründung verweigert werden, die (Teilzeit-)Beschäftigten eines „Fan-Shops" arbeiteten weniger als 6 Stunden täglich, so dass kein Anspruch auf Pause bestehe.[174] Es bedarf vielmehr in solchen Fällen anhand der Gefährdungsbeurteilung eines substantiierten Vortrages, dass Sicherheit und Gesundheit keinen Pausenraum erfordern. Dabei ist zu berücksichtigen, dass Rückzugsmöglichkeiten in einen Pausenraum ein probates Mittel sind, um zB besondere (psychische) Belastungen zB durch hohes Kundenaufkommen zu kompensieren. 86

Unionsrechtlich problematisch ist die Regelung über **Pausenbereiche**, dh abgegrenzt von den Arbeitsplätzen eingerichtete Erholungszonen. Die EU-Arbeitsstättenrichtlinie 89/654/EWG lässt Pausenbereiche lediglich für Altarbeitsstätten in ihrem Anhang II zu. Die Bestimmung ist daher dahin gehend einschränkend auszulegen, dass sie nur auf Altarbeitsstätten anwendbar ist, die bereits vor dem 1.1.1993 genutzt wurden.[175] Fallen in die Arbeitszeit regelmäßig und häufig Bereitschaftszeiten (zB Krankenhaus), sind **Bereitschaftsräume** einzurichten, sofern keine Pausenräume vorhanden sind. Werden Pausenräume auch als Bereitschaftsräume genutzt, ist die Ausstattung dieser Nutzung entsprechend anzupassen (zB durch Ausstattung mit einer Liege als Ruhemöglichkeit).[176] Für **Schwangere und stillende Mütter** sind zudem Ruhegelegenheiten bereitzustellen. Anders als in § 31 ArbStättV-1975 sieht Nr. 4.2. Anhang ArbStättV keine gesonderten Liegeräume mehr vor. Ungeachtet dessen sind strenge Anforderungen an die Ruhegelegenheiten zu stellen, da der Erholungseffekt sicherlich nicht durch eine Liegegelegenheit am Arbeitsplatz zu erreichen sein wird. Geeignet ist die Ruhegelegenheit daher nur, wenn der Raum während der Benutzung durch werdende oder stillende Mütter nicht von anderen Personen genutzt und nicht von Unbefugten betreten werden kann.[177] 87

Für die Bereitstellung von **Erste-Hilfe-Räumen** nennt die ArbStättV keine festen Schwellenwerte. Das Erfordernis von Erste-Hilfe-Räumen bzw. von sog vergleichbaren Bereichen iSv Nr. 4.3 Abs. 1 Anhang ArbStättV ist daher anhand der Art der Gefährdungen in der Arbeitsstätte, der Anzahl der Beschäftigten, der Art der auszuübenden Tätigkeiten sowie der räumlichen Größe des Betriebes im Rahmen der Gefährdungsbeurteilung abzuklären. Zu berücksichtigen ist die ASR A4.3 „Erste-Hilfe-Räume, Mittel und Einrichtungen zur Ersten Hilfe", die, wie schon § 38 Abs. 1 ArbStättV-1975 unter Nr. 6 die Einrichtung eines Sanitätsraums stets ab 1.000 Beschäftigten und bei beson- 88

---

171 Opfermann/Streit ArbStättV § 6 Rn. 14. 172 Kollmer, ArbStättV, § 6 Rn. 21. 173 LASI-Leitlinien-ArbStättV, S. 15; Pieper ArbStättV Anh. 4.2 Rn. 4 ff. 174 In diesem Sinne aber ArbG Oberhausen 25.2.2016 – 2 Ca 2024/15 s. 175 Dazu auch Kohte/Faber DB 2005, 224 ff. (226); ebenso Kollmer, ArbStättV, § 6 Rn. 24; Opfermann/Streit ArbStättV § 6 Rn. 31. 176 Kollmer/Klindt/Schucht/Lorenz ArbStättV § 6 Rn. 19. 177 Kollmer/Klindt/Schucht/Lorenz ArbStättV § 6 Rn. 19; Opfermann/Streit ArbStättV § 6 Rn. 53 unter Bezugnahme auf ASR 31 Nr. 2.2. und 2.3.

deren Unfallgefahren ab 100 Beschäftigten fordert.[178] Aus der ASR ergeben sich zudem genauere Vorgaben an die Ausstattung, Kennzeichnung, baulichen Anforderungen und die räumliche Lage von Erste-Hilfe-Räumen. Auf diese Weise konkretisiert der Arbeitgeber zugleich rahmengesetzliche Pflichten aus § 10 Abs. 1 ArbSchG (→ ArbSchG § 10 Rn. 6).

89 Die Regelungen über **Unterkünfte** (Nr. 4.4 Anhang ArbStättV) tragen der Problematik räumlich abgelegener Arbeitsplätze Rechnung. Die Vorschrift, die sich zunächst nur auf abgelegene Baustellen bezog, ist im Jahre 2010 auf alle Arbeitsplätze ausgedehnt worden, um zB der Problematik der Saisonarbeit in der Land-, Forst- und Weinwirtschaft Rechnung zu tragen.[179] Die Verpflichtung zur Bereitstellung von Unterkünften entfällt, wenn der Arbeitgeber einen anderweitigen Ausgleich schafft. Möglich ist demzufolge zB die Unterbringung in nahe gelegenen Gasthöfen und Pensionen, sofern der Arbeitgeber die durch die Abgelegenheit des Arbeitsplatzes verursachten Kosten trägt.[180]

90 Bei der Konkretisierung des Anhangs bieten neben der bereits angesprochenen „**ASR A4.3 Erste-Hilfe-Räume, Mittel und Einrichtungen zur ersten Hilfe**" die folgenden (Stand: Januar 2014) beschlossenen Technischen Regeln des ASTA eine unerlässliche Hilfestellung zur Einrichtung und Ausstattung der Sozialräume:
- **ASR A4.1 Sanitärräume,**
- **ASR A4.2 Pausen- und Bereitschaftsräume,**
- **ASR A4.4 Unterkünfte.**

91 **5. Ergänzende Anforderungen an besondere Arbeitsstätten und Arbeitsplätze.** Unter Nr. 5 Anhang ArbStättV werden ergänzende Anforderungen an **nicht allseits umschlossene und im Freien liegende Arbeitsstätten** (Nr. 5.1 Anhang ArbStättV) und an **Baustellen** (Nr. 5.2 Anhang ArbStättV) gestellt. Sie tragen den besonderen Bedingungen dieser Arbeitsstätten bzw. Arbeitsplätze Rechnung. So werden zB besondere Maßnahmen gegen Witterungseinflüsse gefordert, spezifische Vorgaben für Sozialräume gemacht oder Anforderungen formuliert, die dem vorübergehenden Charakter von Baustellen, dem sich ständig ändernden Arbeitsumfeld oder dem besonderen Gefährdungspotential bestimmter Tätigkeiten (zB Ausschachtungen, Abbrucharbeiten, Arbeiten mit Massivbauelementen) Rechnung tragen. In der Gefährdungsbeurteilung nach § 3 ArbStättV sind die unter Nr. 5 Anhang ArbStättV genannten Aspekte besonders zu beachten, da sie gerade die spezifischen Sicherheits- und Gesundheitsrisiken dieser Arbeitsstätten bzw. Arbeitsplätze aufgreifen. Die ASR tragen den Erfordernissen für Baustellen insbes. dadurch Rechnung, dass in ihnen abweichende bzw. ergänzende Anforderungen für Baustellen angeführt werden.

VIII. Anforderungen an das Betreiben von Arbeitsstätten

92 Arbeitsstätten und die zugehörigen Einrichtungen[181] müssen nicht nur – quasi punktuell – zum Zeitpunkt der erstmaligen Bereitstellung den Mindestanforderungen an Sicherheit und Gesundheit genügen, indem sie auf Grundlage einer Gefährdungsbeurteilung unter Beachtung der arbeitsstättenrechtlichen Anforderungen eingerichtet werden (§§ 3, 3 a Abs. 1 ArbStättV; → Rn. 63 ff.). § 3 a Abs. 1 ArbStättV erstreckt die Gewährleistungspflicht vielmehr auch auf das **Betreiben**, dh auf die Zeit nach dem Einrichten der Arbeitsstätte. Der Begriff des Betreibens wird durch § 2 Abs. 9 ArbStättV gesetzlich definiert. Umfasst ist danach zunächst das **Benutzen und Instandhalten** der Arbeitsstätte. In der Sache geht es darum, die Voraussetzungen für sicheres und gesundes Arbeiten in der Arbeitsstätte zu schaffen. Hierzu gehört es, sowohl die Beschäftigten im Rahmen von Unterweisungen (§ 6 ArbStättV) mit der Ausstattung der Arbeitsstätte und ihrer bestimmungsgemäßen Benutzung vertraut zu machen, als auch die Arbeitsstätte (also

---

[178] Dazu auch Kollmer/Klindt/Schucht/Lorenz ArbStättV § 6 Rn. 21. [179] BR-Drs. 262/10, 28.
[180] Kollmer/Klindt/Schucht/Lorenz ArbStättV § 6 Rn. 26. [181] ZB Arbeitsräume, Fluchtwege, Sozialräume, Beleuchtungsanlagen, zum Arbeitsstättenbegriff vgl. im Einzelnen die Definitionen in § 2 Abs. 1–7 ArbStättV.

die „Hardware") baulich-technisch in einwandfreiem und ordnungsgemäßem Zustand zu erhalten. Die Betreiberpflicht macht klar, dass es sich beim Arbeitsschutz um eine dauerhafte Aufgabe handelt, für die betriebliche Regelungen und Routinen entwickelt und umgesetzt werden müssen.

Im Zuge der ArbStättV-Novelle 2016 ist die gesetzliche Definition des Begriffs „Betreiben" weiter ausdifferenziert worden. Zum Betreiben gehört nach § 2 Abs. 9 ArbStättV nunmehr ausdrücklich auch das **Optimieren der Arbeitsstätte**. Hiermit wird der Charakter des „Betreibens" als dauerhafte Aufgabe unterstrichen und das rahmengesetzlich durch § 3 Abs. 1 S. 3 ArbSchG vorgegebene Gebot zur Verbesserung von Sicherheit und Gesundheit bei der Arbeit bereichsspezifisch verdeutlicht und verstärkt.[182] Die im Jahre 2016 neugefasste Definition des Begriffs „Betreiben" trägt zudem dem Umstand Rechnung, dass Sicherheit und Gesundheit in Arbeitsstätten entscheidend von der **Organisation und Gestaltung der Arbeit einschließlich der Arbeitsabläufe** abhängen. Durch die explizite Einbeziehung der Arbeitsorganisation in den Betreibensbegriff des § 2 Abs. 9 ArbStättV soll vor allem dem raschen und stetigen Wandel der Arbeitswelt Rechnung getragen werden, der aufgrund immer kürzerer Innovationszyklen immer schneller und häufiger zu grundlegenden Änderungen der Arbeitsbedingungen führt. Hiermit notwendigerweise verbunden sind Änderungen des Gefährdungs- und Belastungsspektrums in der Arbeitsstätte, die zu berücksichtigen sind.[183] Da diese neuen Konzepte oftmals gerade bei der Arbeitsorganisation ansetzen (zB neue Bürokonzepte, Einführung elektronischer Aktenführung, zunehmende Prozesssteuerung durch Informations- und Kommunikationstechnologie, Einsatz von Fertigungsrobotern), ist es sachgerecht, dass die Verordnung die Bedeutung der Arbeitsorganisation für das sichere Betreiben von Arbeitsstätten betont und die rahmengesetzlichen Vorgaben des § 4 Nr. 4 ArbSchG und § 5 Abs. 1 Nr. 4 ArbSchG konkretisiert.[184] Für die betriebliche Praxis bedeutet dies, dass Änderungen der Arbeitsorganisation zB im Rahmen betrieblicher Restrukturierungen arbeitsschutzrechtlich zu „begleiten" sind, indem anhand der Gefährdungsbeurteilung überprüft wird, ob und wie sich diese auf Sicherheit und Gesundheit auswirken[185] und ob die Maßnahmen des Arbeitsschutzes ggf. anzupassen sind.

§ 4 ArbStättV regelt zur Konkretisierung der Generalklausel des § 3 a Abs. 1 ArbStättV **Kardinalpflichten** für das Betreiben von Arbeitsstätten. Die fünf Absätze des § 4 ArbStättV fassen die wesentlichen Aspekte des Betreibens von Arbeitsstätten komprimiert und übersichtlich zusammen. Zugleich führen sie vor Augen, welche Fragen betrieblich zu regeln sind. Die Vorgaben des § 4 ArbStättV werden durch den **Anhang der ArbStättV** weiter verdeutlicht. Zu berücksichtigen sind schließlich die **ASR** des ASTA und, soweit noch nicht abgelöst, die **ASRL** zur ArbStättV-1975, in denen sich weitere Spezifizierungen finden. Bei der Ermittlung des zu berücksichtigenden Standes von Technik, Arbeitsmedizin und Hygiene und den sonstigen gesicherten arbeitswissenschaftlichen Erkenntnissen kann zudem ergänzend auf verschiedene Industrienormen (DIN, VDE etc) zurückgegriffen werden.

§ 4 Abs. 1 ArbStättV regelt die besondere Pflicht zur **Instandhaltung der Arbeitsstätte**, verbunden mit der weiteren Verpflichtung, festgestellte **Mängel unverzüglich**, dh ohne schuldhaftes Zögern (§ 121 Abs. S. 1 BGB) zu **beseitigen**. Der Begriff der Instandhaltung ist seit dem Jahr 2016 durch § 2 Abs. 10 ArbStättV gesetzlich definiert. Instandhalten ist danach „die Wartung, Inspektion, Instandsetzung oder Verbesserung der Arbeitsstätten zum Erhalt des baulichen und technischen Zustandes". Zur betrieblichen Umsetzung des § 4 Abs. 1 ArbStättV müssen die betrieblichen Akteure Wartungsintervalle und die Gegenstände der jeweiligen Wartungsarbeiten festlegen sowie die Zustän-

---

182 Dazu auch Wiebauer, NZA 2017, 220 ff., 221; Pieper ArbStättV § 2 Rn. 9 a. **183** BR-Drs. 506/16, S. 27. **184** In diesem Sinne auch BR-Drs. 506/16, S. 27; Pieper ArbStättV § 2 Rn. 9 a. **185** Zu fokussieren ist die Arbeitsorganisation, soweit sie sich nach dem Ergebnis der (angepassten) Gefährdungsbeurteilung auf Sicherheit und Gesundheit bei der Arbeit auswirkt; zutreffend insoweit die Kritik an der Weite der Formulierung des § 2 Abs. 9 ArbStättV bei Wiebauer NZA 2017, 220 (221).

digkeiten innerhalb der Betriebsorganisation klären. Grundlage hierfür ist die Gefährdungsbeurteilung nach § 3 ArbStättV. Die auf dieser Basis getroffenen Regelungen und Verantwortlichkeiten sind zu dokumentieren (§ 3 Abs. 3 ArbStättV; § 6 Abs. 1 ArbSchG). In der Praxis bedarf es hierzu eines Konsenses der Betriebsparteien, die insoweit ihr betriebliches Erfahrungswissen einzubringen haben. Die entsprechenden Regelungen unterliegen der Mitbestimmung der betrieblichen Interessensvertretung (§ 87 Abs. 1 Nr. 7 BetrVG; § 75 Abs. 3 Nr. 11 BPersVG).

96 Ergänzende Regelungen werden in § 4 Abs. 1 S. 2 ArbStättV für Mängel getroffen, die zu einer **unmittelbaren erheblichen Gefahr** führen. Können sie nicht unverzüglich beseitigt werden, ist die **Arbeit einzustellen.** Unter einer unmittelbaren erheblichen Gefahr ist eine Situation zu verstehen, in der mit hoher Wahrscheinlichkeit ein schwerer Gesundheitsschaden droht[186] (zB Defekt an einer Schutzverkleidung zur Verhinderung von Quetschgefahren am Arbeitsplatz oder im direkten Arbeitsumfeld). Die Bestimmung steht in direktem systematischem Zusammenhang mit § 9 Abs. 2, 3 ArbSchG, der ebenfalls Anforderungen bei unmittelbaren erheblichen Gefahren regelt. § 9 Abs. 2 und 3 ArbSchG werden nicht von § 4 Abs. 1 ArbStättV verdrängt, da sie Aspekte besonderer Gefahrenlagen regeln, die arbeitsstättenrechtlich nicht speziell geregelt sind. Vor diesem rechtssystematischen Hintergrund verlangt § 9 Abs. 2 ArbSchG bereits im Vorfeld solcher Gefahren die **Unterrichtung der betroffenen Arbeitnehmer.** Es ist daher im Rahmen der Gefährdungsbeurteilung auch vorhersehbaren Gefahrenlagen während der Benutzung der Arbeitsstätte nachzugehen, um eine angemessene Unterrichtung zu gewährleisten. Durch die im Rahmen der Unterrichtung erteilten Informationen müssen die Betroffenen in die Lage versetzt werden, ggf. eigenständig Maßnahmen zur Gefahrenabwehr zu treffen, sofern der zuständige Vorgesetzte nicht erreichbar ist.[187] § 9 Abs. 2 ArbSchG konkretisiert insoweit die Organisationspflicht des Arbeitgebers aus § 4 Abs. 1 S. 2 ArbStättV, dafür zu sorgen, dass gefährdete Beschäftigte ihre Arbeit unverzüglich einstellen können. Darüber hinaus haben Beschäftigte, die einer unmittelbaren Gefahr ausgesetzt sind, das Recht, sich von ihrem Arbeitsplatz zu entfernen (→ ArbSchG § 9 Rn. 17).

97 Die zweite Kardinalpflicht im Rahmen des Betreibens besteht in der hygienischen Erfordernissen entsprechenden **Reinigung der Arbeitsstätte** (§ 4 Abs. 2 ArbStättV).[188] Wie auch bei der Instandhaltung geht es insoweit darum, betriebsspezifische Regelungen festzulegen, da die betrieblichen Bedingungen und Anforderungen je nach Betriebszweck und Tätigkeiten sehr unterschiedlich sein können. So unterscheiden sich die hygienischen Anforderungen an die Reinigung sehr grundlegend in Abhängigkeit davon, ob es sich etwa bei der Arbeitsstätte um ein Krankenhaus, ein Callcenter, eine Chemiefabrik oder um eine Schule handelt. Es gilt vor diesem Hintergrund, im Betrieb sowohl Regelungen über die Reinigungsmittel und -methoden als auch über Reinigungsintervalle[189] in einem „Hygieneplan" zu treffen. Im Rahmen der Gefährdungsbeurteilung sind demnach anhand des Standes der Hygiene die hygienischen Bedingungen (zB gesundheitsschädliche Ablagerungen an Arbeitsplätzen, Unfallgefahren durch arbeitsbedingt verschmutzte Verkehrswege, Keime, Schimmelpilzsporen, Feinstaubbelastung) unter Berücksichtigung der Art der Nutzung (Produktionsstätte, Pausenraum, Sanitärräume, Verkehrsweg etc) zu ermitteln und zu beurteilen sowie geeignete betriebliche Regelungen zu treffen. Wichtige Erkenntnisquellen zur Ermittlung von geeigneten Maßnahmen können in diesem Zusammenhang den Empfehlungen des Robert-Koch-Instituts[190] sowie ggf. einschlägigen technischen Normen entnommen werden (zB DIN 77400 „Reinigungsdienstleistungen Schulgebäude – Anforderungen an die Reinigung"). Adressat der Verpflichtung zur Reinigung der Arbeitsstätte ist der Arbeitgeber, der die entsprechenden Maßnahmen durchzuführen bzw. zu organisieren hat. Dies gilt

---

[186] Pieper ArbStättV § 4 Rn. 3; Kollmer/Klindt/Schucht/Kohte ArbSchG § 9 Rn. 11 ff. [187] Kollmer/Klindt/Schucht/Kohte ArbSchG § 9 Rn. 33. [188] Zum Individualanspruch eines Angestellten zur Reinigung seines Büroraums vgl. LAG Rheinland-Pfalz 19.12.2008 – 9 Sa 427/08; dazu auch Kohte/Faber, jurisPR-ArbR 33/2009 Anm. 5. [189] Zu verschiedenen Reinigungsintervallen Opfermann/Streit ArbStättV § 4 Rn. 15. [190] Kohte RdJB 2008, 198 (207).

auch, wenn die Arbeitsstätte nicht im Eigentum des Arbeitgebers steht. Vor diesem Hintergrund kann etwa der Dienstherr von Lehrkräften Hygienemaßnahmen nicht mit der Begründung unterlassen, dass dies Sache des Schulträgers sei (→ Rn. 25).

Eine weitere Betreibenspflicht ist gem. § 4 Abs. 3 ArbStättV die regelmäßige und sachgerechte **Wartung von Sicherheitseinrichtungen**, wie zB Sicherheitsbeleuchtungen, Feuerlöschern oder raumlufttechnischen Anlagen. Der Arbeitgeber hat in diesem Zusammenhang zu gewährleisten, dass diese Einrichtungen, die der Sicherheit der Beschäftigten dienen, jederzeit funktionsfähig sind.[191] Zu diesem Zweck verlangt die Vorschrift zusätzlich regelmäßige Funktionsprüfungen. Die Prüffristen und Wartungspläne sind – ähnlich der Prüfungen von Arbeitsmitteln nach § 3 Abs. 3 BetrSichV – anhand der Gefährdungsbeurteilung festzulegen.[192] Zur Orientierung kann im Rahmen der Gefährdungsbeurteilung auf die Vorgaben des § 53 Abs. 2 ArbStättV-1975 zurückgegriffen werden, in denen für Prüfungen von Sicherheitseinrichtungen ein allgemeines Prüfintervall von zwei Jahren und für Feuerlöscher und raumlufttechnische Anlagen jährliche Prüfungen vorgesehen waren.[193] Zu beachten ist, dass es für Sicherheitseinrichtungen von Sonderbauten zudem baurechtliche Bestimmungen gibt. Ob sie, angesichts der verschiedenen Schutzzwecke von Arbeitsstätten- und Bauordnungsrecht, unreflektiert übernommen werden können, ist angesichts der unterschiedlichen Schutzzwecke beider Rechtsgebiete zweifelhaft.[194] 98

§ 4 Abs. 4 ArbStättV verlangt, dass zum Schutz der Beschäftigten bei **besonderen Gefahrensituationen**, wie zB Bränden, ausreichend **Fluchtwege und Notausgänge** eingerichtet werden, die jederzeit in der vorgesehenen Weise genutzt werden können. Vor diesem Hintergrund verlangt § 4 Abs. 4 ArbStättV, dass Verkehrswege, Fluchtwege und Notausgänge ständig freigehalten werden, damit sie jederzeit benutzbar sind. Dies erfordert eine entsprechende Information der Beschäftigten im Rahmen der Unterweisung nach § 6 ArbStättV und die Organisation einer effektiven Aufsicht, vorzugsweise durch die für den jeweiligen Bereich zuständigen Vorgesetzten. Darüber hinaus sind Vorkehrungen zu treffen, die bei unmittelbarer erheblicher Gefahr eine schnelle Evakuierung ermöglichen. Dazu gehört die Aufstellung eines **Flucht- und Rettungsplans**, sofern die betriebliche Situation dies im Hinblick auf die Art der Benutzung, die Lage und die Ausdehnung der Arbeitsstätte erfordert. Das Verhalten der Beschäftigten in Notfällen ist zudem regelmäßig im Rahmen von Rettungsübungen zu trainieren. Zur Information der Beschäftigten ist der Plan an exponierter Stelle im Betrieb auszuhängen. Eine effektive Organisation des Rettungswesens setzt voraus, dass die Erfahrungen der Betroffenen gezielt genutzt werden. **Rettungsübungen** können vor diesem Hintergrund als **Wirksamkeitskontrolle** (§ 3 Abs. 1 S. 2 ArbSchG) der getroffenen Maßnahmen fungieren. Bei der Festlegung der Maßnahmen ist nach § 3 Abs. 1 S. 2 ArbStättV die ASR A2.3 „Fluchtwege und Notausgänge, Flucht- und Rettungsplan" zu berücksichtigen. 99

§ 4 Abs. 5 ArbStättV verlangt die Bereitstellung von Mitteln und Einrichtungen zur **Ersten Hilfe**. Die Erste-Hilfe-Ausstattung ist regelmäßig auf Vollständigkeit und Verwendungsfähigkeit hin zu prüfen. Hierzu zählen neben der Prüfung von Verbandskästen auch Funktionsprüfungen von Rettungstransportmitteln, Rettungsgerät (zB zur Rettung bei hochgelegenen Arbeitsplätzen) und sonstigen Einrichtungen, wie zB Notrufmeldern. Einzelheiten ergeben sich insoweit aus der ASR A4.3 „Erste-Hilfe-Räume, Mittel und Einrichtungen zur Ersten Hilfe", die bei der betrieblichen Ausgestaltung des § 4 Abs. 5 ArbStättV zu berücksichtigen ist. 100

---

191 Kollmer/Klindt/Schucht/Lorenz ArbStättV § 4 Rn. 8 ff. **192** Kollmer/Klindt/Schucht/Lorenz ArbStättV § 4 Rn. 9; Opfermann/Streit ArbStättV § 4 Rn. 25. **193** Pieper ArbStättV § 4 Rn. 6. **194** So aber offenbar Kollmer, ArbStättV, § 4 Rn. 14; Kollmer/Klindt/Schucht/Lorenz ArbStättV § 4 Rn. 9.

IX. Nichtraucherschutz

101 Das Thema Rauchen am Arbeitsplatz gehört seit langem zu den inner- und außerbetrieblich kontrovers diskutierten Themen des Arbeitsstättenrechts.[195] Lange Zeit bestand erheblicher Streit über die Notwendigkeit und die rechtlichen Möglichkeiten, das Rauchen am Arbeitsplatz zu regulieren. Kontrovers beurteilt wurde insbes., ob Passivrauchen eine **Gefahr für die Gesundheit** darstellt oder „nur" als **Belästigung** zu qualifizieren ist.[196] Sofern Passivrauchen lediglich als bloße Belästigung verstanden wurde, hatte dies zur Folge, dass die rechtliche Notwendigkeit und die Reichweite des Nichtraucherschutzes häufig eher zurückhaltend gesehen wurden.[197] Ansprüche auf einen tabakrauchfreien Arbeitsplatz wurden vor allem anerkannt, wenn Beschäftigte besondere gesundheitliche Gründe darlegen und beweisen konnten.[198] Die Forderung nach einem wirksamen Nichtraucherschutz bekam im Jahre 1998 einen erheblichen Schub, als die „Senatskommission der Deutschen Forschungsgemeinschaft der Prüfung gesundheitsschädlicher Stoffe" das Passivrauchen als „mit gesicherter krebserzeugender Wirkung beim Menschen" einstufte und diese Einstufung kurze Zeit später vom Ausschuss für Gefahrstoffe in die damalige TRGS 905 übernommen wurde.[199] Angesichts dieses erheblichen und schweren gesundheitlichen Schädigungspotentials, das zwischenzeitlich auch vom Bundesverfassungsgericht anerkannt worden ist,[200] wurde zunehmend von einer Gefahrenlage ausgegangen, die Schutzmaßnahmen erforderlich macht.[201] Im Jahre 2002 wurde sodann nicht zuletzt vor dem Hintergrund der Einstufung des Passivrauchens in der TRGS 905 mit der Einfügung des § 3 a ArbStättV-1975 der Nichtraucherschutz ausdrücklich geregelt.[202] Diese Regelung wurde als § 5 ArbStättV im Jahre 2004 unverändert in das novellierte Arbeitsstättenrecht übernommen.

102 **1. Anwendungsbereich des § 5 ArbStättV.** Der Anwendungsbereich der Nichtraucherschutzbestimmungen des § 5 ArbStättV ist **weit gefasst**.[203] § 5 ArbStättV findet auch in den Arbeitsstätten Anwendung, die ansonsten nach § 1 Abs. 2 ArbStättV von der Anwendung der ArbStättV ausgenommen sind. Hierzu zählen nach Maßgabe von § 1 Abs. 2 ArbStättV das **Reisegewerbe, öffentliche Transportmittel** sowie Arbeitsstätten außerhalb der bebauten Fläche von Betrieben der **Land- und Forstwirtschaft**. Betriebe, die dem **Bergrecht** unterliegen, fallen dagegen nicht in den Anwendungsbereich des § 5 ArbStättV, da für sie die ArbStättV nicht gilt (§ 1 Abs. 5 ArbStättV). Für sie gelten die – im Kern inhaltsgleichen – bergrechtlichen Bestimmungen der Nr. 11.3 Anhang 1 ABBergV.

103 **2. Grundtatbestand des § 5 Abs. 1 ArbStättV.** Für das Verständnis und die Auslegung des § 5 ArbStättV ist es wichtig, klar zwischen dem **Schutzweck** der Norm und den zur Realisierung des Schutzzwecks **erforderlichen Mitteln** zu differenzieren. Schutzzweck des § 5 ArbStättV ist der **Schutz der Nichtraucher vor den Gefahren des Passivrauchens**. Es geht also nicht darum, Raucher gezielt zu einer gesunden Lebensführung zu erziehen, sondern die gesundheitliche Integrität der Nichtraucher zu schützen.[204] Diese haben einen Anspruch auf einen wirksamen Schutz vor der Gefährdung durch Tabakrauch.[205] Einschränkungen der Rauchmöglichkeiten im Betrieb oder **Rauchverbote** sind vor diesem Hintergrund demzufolge nicht Zweck der gesetzlichen Regelung, sondern notwendige **Mittel zur Gewährleistung** des durch den Verordnungsgeber angeord-

---

195 Dazu zB Wellenhofer-Klein RdA 2003, 155 ff.; Cosack DB 1999, 1450 ff.; Börgmann RdA 1993, 275 ff. **196** Dazu zB Cosack DB 1999, 1450 (1450 f.); Wellenhofer-Klein RdA 2003, 155 (157). **197** Vgl. zB BAG 8.5.1996 – 5 AZR 971/94, NZA 1996, 927 ff.; Börgmann RdA 1993, 275 ff. **198** BAG 17.2.1998 – 9 AZR 84/97, NJW 1999, 162 ff.; Wellenhofer-Klein RdA 2003, 155 (159). **199** Dazu Cosack DB 1999, 1450 (1451). **200** BVerfG 30.7.2008 – 1 BvR 3262/07; 1 BvR 402/08; 1 BvR 906/08, NJW 2008, 2409 ff. **201** Börgmann, Anm. zu AP § 618 BGB Nr. 26, unter Aufgabe seiner bis dahin vertretenen Auffassung, RdA 1993, 275 (279 f.); Bergwitz NZA-RR 2004, 169 (171); Buchner BB 2002, 2382 ff.; aA Wellenhofer-Klein RdA 2003, 155 (157); zweifelnd im Hinblick auf die Intensität der Exposition, Cosack DB 1999, 1450 ff. (1451). **202** BGBl. I 2002, 3815. **203** Vgl. auch Kollmer, ArbStättV, § 5 Rn. 14 f. **204** Münch/ArbR/Kohte § 293 Rn. 21. **205** BAG 19.5.2009 – 9 AZR 241/08, NZA 2009, 775 (777); Kohte/Bernhardt, jurisPR-ArbR 12/2010 Anm. 4; Nebe/Kiesow, jurisPR-ArbR 40/2011 Anm. 2.

neten **Schutzes der Nichtraucher**.[206] Die entscheidende gesetzliche Wertung des § 5 ArbStättV besteht vor diesem Hintergrund letztlich darin, dass die **gesundheitlichen Belange der Nichtraucher im Zweifelsfalle stets Vorrang**[207] haben vor dem aus der allgemeinen Handlungsfreiheit folgenden Recht von Beschäftigten zu rauchen,[208] und damit einer zwar anerkannt gesundheitsschädlichen und zunehmend unerwünschten, gleichwohl aber bis heute erlaubten Konsumgewohnheit nachzugehen. Sofern das Ziel des Schutzes von Nichtrauchern vor Tabakrauch erreicht ist, bietet § 5 ArbStättV insbes. auch den Betriebsparteien keinerlei Grundlage, in Rechtspositionen von Rauchern einzugreifen.[209]

Ausgangspunkt für die betrieblichen Nichtraucherschutzmaßnahmen ist die **Gefährdungsbeurteilung** nach § 3 ArbStättV.[210] Es ist insoweit zu ermitteln, an welchen Stellen und bei welchen Tätigkeiten nicht rauchende Beschäftigte Tabakrauch ausgesetzt sind bzw. ausgesetzt sein können. Dabei sollte auch der Frage nachgegangen werden, ob und inwieweit die Arbeitsbedingungen selbst den Tabakkonsum ggf. fördern. Soweit solche „**suchtförderlichen Arbeitsbedingungen**"[211] auszumachen sind, besteht nach § 4 Nr. 1 ArbSchG die rechtliche Verpflichtung, diese Gefährdungen zu vermeiden bzw. zu minimieren. Als unmittelbar wirkende Maßnahmen des Nichtraucherschutzes kommen neben allgemeinen oder beschränkten **Rauchverboten** vor allem **lüftungstechnische Maßnahmen** sowie **organisatorische Regelungen** (Einrichtung von Raucherräumen) in Betracht.[212] Mit dem im Jahre 2007[213] eingefügten S. 2 des § 5 Abs. 1 ArbStättV hat der Verordnungsgeber zu Recht klargestellt, dass Rauchverbote ein unverzichtbares Element eines wirksamen und gesetzeskonformen Nichtraucherschutzes sind. **Räumlich beschränkte Rauchverbote** sind insbes. in allgemein zugänglichen Örtlichkeiten des Betriebes oder im Rahmen von Besprechungen und Versammlungen das einzig effektiv wirksame und damit auch verhältnismäßige Mittel, Tabakrauchbelastungen zu verhindern.[214] (Beschränkte) Rauchverbote bieten insoweit allein die Gewähr, die gesetzliche Zielvorgabe eines umfassenden Schutzes der Nichtraucher effektiv zu realisieren.

Die Zulässigkeit eines darüber hinausgehenden **allgemeinen Rauchverbots** hängt von den betrieblichen Spezifika ab. In der Regel dürften allgemeine Rauchverbote unverhältnismäßig sein, da in diesem Falle die Rechtspositionen der Raucher vollständig zurücktreten müssten. Es stellt sich vor diesem Hintergrund regelmäßig die Frage nach **Alternativen** zum allgemeinen Rauchverbot. Eine Alternative können zB lüftungstechnische Maßnahmen am Arbeitsplatz, im Arbeitsbereich oder in Arbeitsräumen sein, vorausgesetzt ihre Leistungsfähigkeit gewährleistet effektiv tabakrauchfreie Atemluft für die nicht rauchenden Kolleginnen und Kollegen.[215] Das Problem liegt hier vor allem darin, dass effektive Systeme oft mit hohem Investitionsaufwand verbunden sind. Weitere Gestaltungsmöglichkeiten können sich durch organisatorische Maßnahmen ergeben, wenn zB Raucher und Nichtraucher in getrennten Räumlichkeiten oder Arbeitsbereichen untergebracht werden. Voraussetzung hierfür ist allerdings eine entsprechende Arbeitsorganisation, die vermeidet, dass Nichtraucher bei der Verrichtung ihrer Arbeit die dann besonders stark belasteten Räume ihrer rauchenden Kollegen aufsuchen müssen. Zudem ist zu gewährleisten, dass bei der Neubesetzung von Stellen Nichtraucher nicht wegen ihres Anspruchs auf einen tabakrauchfreien Arbeitsplatz benachteiligt werden. Als im Regelfall praktizierbare und verhältnismäßige Alternative zum absoluten Rauchverbot bleibt in der Regel die Möglichkeit, für rauchende Beschäftigte an bestimmten Orten **Rauchgelegenheiten** einzurichten. Diese sind so auszulegen, dass Nichtraucher keinem Tabakrauch ausgesetzt werden. Dabei ist zu beachten, dass die Rauchgelegenheiten nach der Rechtsprechung des Bundesarbeitsgerichts für Raucher

---

[206] BAG 19.1.1999 – 1 AZR 499/98, NZA 1999, 546 ff.; Münch/ArbR/Kohte § 293 Rn. 21.
[207] So zutreffend Buchner BB 2002, 2382 (2384). [208] In diesem Sinne wohl auch Pieper ArbStättV § 5 Rn. 4. [209] Zutreffend Münch/ArbR/Kohte § 293 Rn. 21. [210] Nebe/Kiesow, jurisPR-ArbR 40/2011 Anm. 2. [211] Dazu instruktiv Rehwald/Reineke/Wienemann/Zinke, S. 95 ff. [212] Zu möglichen Maßnahmen des Nichtraucherschutzes vgl. zB Buchner BB 2002, 2282 (2284 f.). [213] BGBl. I 2007, 1596. [214] Münch/ArbR/Kohte § 293 Rn. 21; Opfermann/Streit ArbStättV § 5 Rn. 70. [215] Skeptisch dazu Buchner, Anm. AP Nr. 30 zu § 618 BGB.

zumutbar sein müssen und **keine Zurschaustellung und Stigmatisierung** erfolgt.[216] Nach Auffassung des Bundesarbeitsgerichts sollen dafür gegen Witterung schützende Unterstände auf dem Werksgelände genügen.[217] Dies erscheint jedenfalls für größere Betriebe als zu pauschal. Sofern es zB mehrere Pausenräume gibt und eine größere Zahl von Rauchern, spricht vieles dafür, dass zumindest einer dieser Pausenräume für Raucher eingerichtet wird.

106 Die Betriebsparteien haben den Nichtraucherschutz kooperativ auszugestalten. Es greifen insoweit **Mitbestimmungsrechte** nach § 87 Abs. 1 Nr. 1 BetrVG (Ordnung des Betriebes) und vor allem § 87 Abs. 1 Nr. 7 BetrVG im Hinblick auf die betriebliche Konkretisierung des durch § 5 ArbStättV aufgespannten Regelungsrahmens. In diesem Zusammenhang ist es ratsam, neben den Maßnahmen im engeren Sinne weitere Fragen zu klären, die in der Praxis häufig zu Problemen führen (zB Zeitpunkte und Häufigkeit von Raucherpausen, Ein- und Ausstempeln bei Rauchen außerhalb der allgemeinen Pausenzeiten etc).[218] Auch sollten zu einer glaubwürdigen betrieblichen Nichtraucherschutzpolitik weitere flankierende Maßnahmen zählen. Hierzu gehört es, suchtförderliche Arbeitsbedingungen[219] zu ermitteln und ggf. abzubauen sowie Rauchern den „Ausstieg" durch entsprechende Unterstützungsangebote zu erleichtern.[220] Dies ist zugleich ein wichtiges Handlungsfeld der betrieblichen Gesundheitsförderung (→ SGB V § 20 b Rn. 14).

107 **3. Einschränkung des Nichtraucherschutzes bei Arbeitsstätten mit Publikumsverkehr.** Einschränkungen der aus § 5 Abs. 1 ArbStättV folgenden kategorischen Verpflichtung zur Bereitstellung tabakrauchfreier Arbeitsplätze sind nur ausnahmsweise zulässig, sofern die Voraussetzungen des § 5 Abs. 2 ArbStättV vorliegen.[221] Danach sind in Arbeitsstätten mit Publikumsverkehr (zB Gaststätten, Spielbanken, Ladengeschäfte, Banken) Schutzmaßnahmen nur insoweit zu treffen, als die Natur des Betriebes und die Art der Beschäftigung es zulassen. Auf der Rechtsfolgenseite bedeutet dies, dass an die Stelle des Verbotes des Abs. 1, Nichtraucher den Gesundheitsgefahren des Tabakrauchs auszusetzen, ein **Minimierungsgebot** tritt.[222] Das Minimierungsgebot wird seit der ArbStättV-Novelle 2016 in § 5 Abs. 2 ArbStättV dadurch klargestellt[223] und verdeutlicht, dass nunmehr in den betreffenden Arbeitsstätten mit Publikumsverkehr auch explizit technische oder organisatorische Maßnahmen verlangt werden.[224]

108 Die mit der „**Natur des Betriebes**" und der „**Art der Beschäftigung**" normativ umschriebenen Gründe für eine Ausnahme von der Grundregel des § 5 Abs. 1 ArbStättV werden in der Literatur zu Recht kritisch als unscharf und potenziell geeignet angesehen, den Nichtraucherschutz auszuhöhlen.[225] Das Bundesarbeitsgericht geht dessen ungeachtet nach wie vor davon aus, dass das „Ob und Wie" einer unternehmerischen Betätigung so lange der freien Entscheidung des Arbeitgebers unterliegt, wie es sich um rechtlich zulässige Betätigungen handelt.[226] Bei diesem Ausgangspunkt hängt der Umfang des Nichtraucherschutzes von der weitgehend nicht kontrollierbaren unternehmerischen Entscheidung des Arbeitgebers ab, das Rauchen schlicht zu einem Teil seines Geschäftskonzepts zu machen. Eine solche, allein auf subjektiven Erwägungen des Arbeitgebers beruhende Ausgestaltung genügt nicht (mehr) den grundrechtlichen Schutz-

---

216 BAG 19.1.1999 – 1 AZR 499/98, NZA 1999, 546 ff. **217** BAG 19.1.1999 – 1 AZR 499/98, NZA 1999, 546 ff. **218** Hierzu LAG Düsseldorf 19.4.2016 – 14 TaBV 6/16, ZTR 2016, 459 ff.; LAG Nürnberg 5.11.2015 – 5 Sa 58/15, LAGE § 242 BGB 2002 Betriebliche Übung Nr. 13; LAG Nürnberg 5.8.2015 – 2 Sa 132/15, BB 2015, 2622 f.; aus kündigungsschutzrechtlicher Sicht LAG Hamm 17.3.2011 – 8 Sa 1854/10, LAGE § 626 BGB 2002 Nr. 33. **219** Hierzu Rehwald/Reineke/Wienemann/Zinke, S. 95 ff. **220** Dazu auch Raif/Böttcher AuR 2009, 289 ff. (291). **221** Insoweit zutreffend BAG 10.5.2016 – 9 AZR 347/15, NZA 2016, 2298 ff., ausdrücklich und zutreffend gegen die Vorinstanz, LAG Hessen 13.3.2015 – 3 Sa 1792/12, das den Nichtraucherschutz entgegen § 5 Abs. 2 ArbStättV nicht nur in Arbeitsstätten mit Publikumsverkehr für den Fall eingeschränkt, dass der Arbeitgeber seine unternehmerische Betätigungsfreiheit rechtmäßig ausübt. **222** Dazu auch Kollmer/Klindt/Schucht/Lorenz ArbStättV § 5 Rn. 10. **223** Wiebauer NZA 2017, 220 (224). **224** BR-Drs. 506/16, 29. **225** Münch/ArbR/Reiter § 293 Rn. 22; Bergwitz NZA-RR 2004, 169 ff. (172 f.). **226** BAG 10.5.2016 – 9 AZR 347/15, NZA 2016, 2298 ff.; BAG 8.5.1996 – 5 AZR 971/94, NZA 1996, 927 ff.; zustimmend Wellenhofer-Klein RdA 2003, 155 (158).

ansprüchen der Nichtraucher. Legt man demgegenüber bei der Bestimmung der „Natur des Betriebes" und der „Art der Beschäftigung" einen objektivierten Maßstab an, stellt sich die Frage, ob zB die Feststellung der Kundenerwartungen hierfür tatsächlich ein geeigneter Maßstab ist.[227] Unabhängig davon, welcher Ausgangspunkt gewählt wird, ist in jedem Fall ein strenger Maßstab anzulegen, denn § 5 Abs. 2 ArbStättV bildet eine nach allgemeinen Grundsätzen eng auszulegende **Ausnahme vom Grundtatbestand des § 5 Abs. 1 ArbStättV.**[228]

Die in der jüngeren Vergangenheit in Kraft getretenen **Nichtraucherschutzgesetze des Bundes und der Länder** haben dazu beigetragen, die skizzierten Unsicherheiten bei der Auslegung der Ausnahmeregelung für Arbeitsstätten mit Publikumsverkehr deutlich abzumildern. Wegweisend ist insoweit ein Urteil des Bundesarbeitsgerichts vom 19.5.2009.[229] Der 9. Senat hat insoweit zutreffend festgestellt, dass durch diese Gesetze, die zB Rauchverbote in öffentlichen Verkehrsmitteln, öffentlichen Gebäuden oder auch Gaststätten normieren, **die unternehmerische Freiheit in zulässiger Weise beschränkt** wird. Hieran anknüpfend ist das Gericht folgerichtig davon ausgegangen, dass in Fällen, in denen nach den Nichtraucherschutzgesetzen Rauchverbote gelten, kein Platz mehr ist für die Ausnahmeregelung des § 5 Abs. 2 ArbStättV.[230] Einem Anspruch auf einen tabakrauchfreien Arbeitsplatz steht dann nichts mehr entgegen. Hiermit ist allerdings noch kein bundeseinheitlicher Nichtraucherschutz insbes. in Gaststätten gewährleistet, da das Gaststättenrecht seit der Föderalismusreform Ländersache ist und deswegen von Land zu Land andere Regelungen gelten.[231] 109

Soweit Beschäftigte in Arbeitsstätten mit Publikumsverkehr nach § 5 Abs. 2 ArbStättV zulässigerweise Tabakrauch ausgesetzt sind, richtet sich die Schutzpflicht des Arbeitgebers darauf, die Auswirkungen des Passivrauchens entsprechend dem Stand von Technik, Arbeitsmedizin und Hygiene sowie sonstigen gesicherten arbeitswissenschaftlichen Erkenntnissen insbes. durch technische oder organisatorische Maßnahmen so gering wie möglich zu halten. In Betracht kommen in Umsetzung des in jedem Fall zu beachtenden **Minimierungsgebots** (→ Rn. 107)[232] als technische Maßnahmen vor allem **leistungsstarke Belüftungsanlagen,** die für eine kontinuierliche und schnelle Zuführung von Frischluft sorgen. Sofern möglich, sind des Weiteren **arbeitsorganisatorische Maßnahmen** zu erwägen, etwa dergestalt, dass Nichtraucher vorrangig in Nichtraucheroder wenig belasteten Bereichen eingesetzt werden. Zur Erholung sind auch **zusätzliche „Frischluftpausen"** denkbar und anerkannt.[233] 110

X. Unterweisung

In § 6 ArbStättV werden erstmals **Regelungen zur Unterweisung** der Beschäftigten aufgenommen. Damit findet eine inhaltliche und konzeptionelle Angleichung an andere Arbeitsschutzverordnungen statt, die gleichfalls Regelungen zur Unterweisung enthalten (→ ArbSchG § 12 Rn. 2). § 6 ArbStättV konkretisiert die Pflicht zur Unterweisung gem. § 12 ArbSchG für Arbeitsstätten. Insofern gelten die formalen und inhaltlichen Anforderungen an eine „ausreichende und angemessene Unterweisung" entsprechend § 12 ArbSchG. Darüber hinaus enthält § 6 ArbStättV in einigen Punkten ausführlichere Anforderungen. 111

Die Unterweisung muss **Themen** wie das bestimmungsgemäße Betreiben der Arbeitsstätte, alle gesundheits- und sicherheitsrelevanten Fragen, sowie Maßnahmen des betrieblichen Arbeits- und Gesundheitsschutzes behandeln. Weiter sind arbeitsplatzspezifische Maßnahmen, insbesondere bei Tätigkeiten auf Baustellen und an Bildschirmgeräten zu thematisieren. Die Unterweisung darf sich mithin nicht auf allgemeine Gefähr- 112

---

[227] In diese Richtung tendierend etwa Buchner BB 2002, 2382 ff. (2385). [228] Münch/ArbR/Kohte § 293 Rn. 22. [229] BAG 19.5.2009 – 9 AZR 241/08, NZA 2009, 775 ff. = AP Nr. 30 zu § 618 BGB mAnm Buchner; dazu auch Kohte/Bernhardt, jurisPR-ArbR 12/2010 Anm. 4. [230] In diesem Sinne auch BAG 10.5.2016 – 9 AZR 347/15, NZA 2016, 2298 ff. [231] Dazu zB Münch/ArbR/Kohte § 293 Rn. 22. [232] Dazu LR/Wiebauer ArbStättV § 5 Rn. 24 ff. [233] Zum Ganzen vgl. zB auch Kollmer, ArbStättV, § 5 Rn. 34 ff.; Kollmer/Klindt/Schucht/Lorenz ArbStättV § 5 Rn. 10.

dungen der Arbeitsstätte beschränken. Sie muss individuell auf den bzw. die Beschäftigten an konkreten Arbeitsplätzen zugeschnitten sein und deren spezifische Gefährdungen bzw. Maßnahmen des Arbeits- und Gesundheitsschutzes zum Thema machen. Folgerichtig nennt daher § 6 Abs. 1 Nr. 4 ArbStättV als wichtige Beispiele für Arbeitsplätze mit spezifischen Gefährdungen Baustellen (→ Rn. 91) und Bildschirmarbeitsplätze (→ Rn. 152 ff.). Weiterhin muss sich die Unterweisung auf Maßnahmen in Gefahrenfällen, bei der Ersten Hilfe und der Bedienung von Sicherheits- und Warneinrichtungen erstrecken. Nach § 6 Abs. 3 ArbStättV muss die Unterweisung weiterhin Hinweise auf Maßnahmen zur Brandverhütung, zum Verhalten im Brandfall, sowie die Nutzung der Fluchtwege und Notausgänge einbeziehen (Anhang Nr. 2).

113 Ausdrücklich bestimmt § 6 Abs. 4 S. 1 ArbStättV, dass die Unterweisungen vor **Aufnahme der Tätigkeit** stattfinden müssen. Damit wird dieser Grundsatz gesetzlich normiert, der schon im Rahmen des § 12 ArbSchG anerkannt ist (→ ArbSchG § 12 Rn. 11). Weiter gilt auch für Unterweisungen nach § 6 ArbStättV, dass die Gefährdungsbeurteilung Grundlage für die Unterweisung ist. Denn erst durch die Gefährdungsbeurteilung werden die Gefährdungsfaktoren des konkreten Arbeitsplatzes bzw. der Tätigkeit ermittelt und entsprechende Maßnahmen abgeleitet. Danach bestimmen sich die Inhalte der jeweiligen Unterweisung (→ ArbSchG § 12 Rn. 5).[234] Die Unterweisung hat der Dynamik der Gefährdungsbeurteilungen zu folgen. Ergeben sich aus deren Weiterentwicklungen andere bzw. weitere Gefährdungen, sind die Unterweisungen anzupassen (→ ArbSchG § 12 Rn. 12).

114 Weiter bestimmt § 6 Abs. 4 S. 2 ArbStättV, dass die Unterweisung **mindestens einmal jährlich zu wiederholen** ist. Damit wird über die Anpassung an Gefährdungsbeurteilungen hinaus auch in konkreter zeitlicher Hinsicht festgelegt, der § 4 Abs. 1 DGUV Vorschrift 1 entspricht (→ ArbSchG § 12 Rn. 13). Außerdem sind Unterweisungen **bei wesentlichen Veränderungen** der Tätigkeit der Beschäftigten, der Arbeitsorganisation, der Arbeits- und Fertigungsverfahren oder der Einrichtungen und Betriebsweisen zu wiederholen, wenn diese Veränderungen mit zusätzlichen Gefährdungen verbunden sind. Damit konkretisiert § 6 Abs. 4 S. 3 ArbStättV die Regelung in § 12 Abs. 1 S. 3 ArbSchG, indem er die Regelungsgegenstände der Arbeitsstättenverordnung, das Einrichten und Betreiben von Arbeitsstätten, in den Blick nimmt. Die Regelung erkennt an, dass sich schon aus einer Änderung der Arbeitsorganisation Gefährdungen ergeben können. Damit wird der Gefährdungsfaktor „psychische Belastungen" des § 5 Abs. 3 Nr. 6 ArbSchG auch im Kontext der Unterweisungen relevant. Denn in diesem Zusammenhang ist anerkannt, dass sich psychische Belastungen ua aus der Gestaltung der Arbeitsorganisation ergeben können (→ ArbSchG § 5 Rn. 31). Eine Unterweisung, wie psychische Belastungen durch geänderte Arbeitsorganisation zu vermeiden bzw. zu vermindern sind, setzt denknotwendig eine zuvor erstellte Gefährdungsbeurteilung voraus.

XI. Barrierefreiheit (§ 3 a Abs. 2 ArbStättV)

115 Mit § 3 a Abs. 2 ArbStättV ist arbeitsstättenrechtlich erstmalig eine besondere arbeitsschutzrechtliche Regelung getroffen worden, die der **spezifischen Situation behinderter Menschen** Rechnung trägt. Bis dahin ergaben sich die Anforderungen allein aus den in § 4 ArbSchG normierten allgemeinen Grundsätzen des Arbeitsschutzes. Insbes. § 4 Nr. 6 ArbSchG verlangt sinngemäß, dass bei Maßnahmen des Arbeitsschutzes spezielle Gefahren für besonders schutzbedürftige Personengruppen zu berücksichtigen sind (→ ArbSchG § 4 Rn. 96 ff.). Die neu geschaffene arbeitsstättenrechtliche Regelung ist in den Entstehungsmaterialien vor allem mit der Notwendigkeit der Umsetzung der unionsrechtlichen Vorgaben der Arbeitsstättenrichtlinie 89/654/EWG (insbes. Anhang I Ziff. 20; Anhang II Ziff. 15) begründet worden.[235]

116 § 3 a Abs. 2 S. 1 ArbStättV verlangt die Berücksichtigung der **besonderen Belange behinderter Menschen** beim **Einrichten und Betreiben** der Arbeitsstätte. § 3 a Abs. 2 S. 2

---
234 BT-Drs. 506/16, 29. **235** BR-Drs. 450/04, 25.

ArbStättV verlangt insoweit, dass Arbeitsplätze, Sanitär, Pausen- und Bereitschaftsräume, Kantinen, Erste-Hilfe-Räume und Unterkünfte sowie die zugehörigen Türen, Verkehrswege, Fluchtwege, Notausgänge, Treppen, Orientierungssysteme barrierefrei gestaltet werden, so dass sie von den betreffenden behinderten Beschäftigten sicher benutzt werden können. Nach dem eindeutigen Wortlaut der Norm werden **alle behinderten Menschen erfasst**, so dass die Anwendbarkeit insbes. **nicht vom Status einer Schwerbehinderung (§ 2 Abs. 2, 3 SGB IX) abhängt**.[236] Da neben dem Einrichten auch das Betreiben umfasst ist, geht es insoweit nicht nur um die barrierefreie Planung und Konzeption der Arbeitsstätte. Betrieblich zu regeln ist auch die sichere und gesunde Benutzung von Arbeitsstätten durch behinderte Menschen (zB durch Berücksichtigung der Belange der behinderten Beschäftigten bei der Aufstellung von Evakuierungsplänen).

Die ArbStättV verlangt, dass den Belangen behinderter Menschen insbes. durch die **barrierefreie Gestaltung der Arbeitsstätte** Rechnung getragen wird (§ 3 a Abs. 2 S. 2 ArbStättV). Der Begriff „barrierefrei" bestimmt sich nach allgemeiner Auffassung nach der Legaldefinition des § 4 BGG.[237] Danach sind **bauliche und sonstige Anlagen**, Verkehrsmittel, technische Gebrauchsgegenstände, Systeme der Informationsverarbeitung, akustische und visuelle Informationsquellen und Kommunikationseinrichtungen sowie andere gestaltete Lebensbereiche barrierefrei, wenn sie für behinderte Menschen in der allgemein üblichen Weise, ohne besondere Erschwernis und grundsätzlich ohne fremde Hilfe zugänglich und nutzbar sind. Die Definition zeigt, dass Barrierefreiheit mehr als „Rollstuhlbenutzbarkeit" meint. Barrierefreiheit ist auch im Hinblick auf andere Behinderungen" gefordert, zB durch **optische, akustische oder sensorische Orientierungssysteme** für gehörlose oder blinde Menschen.[238]

Nach den für den aufsichtsrechtlichen Vollzug der ArbStättV wichtigen Leitlinien des LASI sollen Arbeitsplätze nur dann barrierefrei zu gestalten sein, wenn Menschen mit Behinderungen beschäftigt werden.[239] Diese Auffassung, die sich auf den Wortlaut von § 3 a Abs. 2 ArbStättV stützen kann, setzt im Ergebnis einen **negativen Anreiz zur Beschäftigung behinderter Menschen**, denn Pflichten im Hinblick auf die barrierefreie Gestaltung der Arbeitsstätte entstehen erst dann, wenn behinderte Menschen beschäftigt werden.[240] Dies steht in klarem **Widerspruch** zu den **Grundprinzipien des** modernen **Behinderten- und Antidiskriminierungsrechts**, das national (SGB IX, insbes. § 1), unionsrechtlich (EU-Antidiskriminierungsrichtlinie 2000/78/EG) wie auch völkerrechtlich (UN-Behindertenrechtskonvention)[241] auf dem **Leitbild der gleichberechtigten Teilhabe behinderter Menschen in allen Lebensbereichen**, dh auch im Arbeitsleben, aufbaut. Speziell für Arbeitsstätten ist gerade die Bedeutung der Zugänglichkeit von Arbeitsstätten für behinderte Menschen in Art. 9 Abs. 1 UN-Behindertenrechtskonvention herausgestellt worden. „Barrierefreiheit" steht im Konzept der gleichberechtigten Teilhabe für ein **universelles Gestaltungsprinzip**, durch das behinderungsbedingte Erschwernisse einer gleichberechtigten Teilhabe beseitigt werden sollen: Gebäude wie auch Produkte sollen so konzipiert werden, dass die Bedürfnisse möglichst aller, dh nicht behinderter wie behinderter, Nutzer möglichst optimal Berücksichtigung finden (zB bauliche Auslegung von Räumen, Türen oder Verkehrswegen, standardisierte Schnittstellen für die Anwendung behinderungsspezifischer, individueller Hilfsmittel).[242] Es ist vor diesem Hintergrund kaum vertretbar, das Prinzip der Barrierefreiheit,

---

[236] In diesem Sinne auch Kollmer/Klindt/Schucht/Lorenz ArbStättV § 3 a Rn. 10; LR/Wiebauer ArbStättV § 3 a Rn. 45. [237] Vgl. zB Verordnungsbegründung BR-Drs. 450/04, 25; Pieper ArbStättV § 3 a Rn. 9; Kollmer, ArbStättV, § 3 Rn. 42; Ziff. 3.2 der ASR V3 a.2 „Barrierefreie Gestaltung von Arbeitsstätten". [238] Dazu auch LASI-Leitlinien-ArbStättV S. 13; Kollmer, ArbStättV, § 3 Rn. 44 ff. [239] LASI-Leitlinien-ArbStättV S. 13, ebenso zB Kollmer/Klindt/Schucht/Lorenz ArbStättV § 3 a Rn. 11; Pieper ArbStättV § 3 a Rn. 9 a; aA Kohte/Faber DB 2005, 224 ff. (227); Kollmer, ArbStättV, § 3 Rn. 47. [240] Vgl. auch Kohte/Faber DB 2005, 224 ff. (227). [241] Ratifiziert durch Gesetz vom 21.12.2008, BGBl. II, 1419 ff. [242] Dazu lesenswert und mit anschaulichen Beispielen Buhmann BG 2003, 457, (458 ff.); außerdem Münch/ArbR/Kohte § 293 Rn. 18.

wie in § 3 a Abs. 2 ArbStättV geschehen, in einen Kontext einzubinden, der tendenziell geeignet ist, behinderte Menschen von der Teilhabe am Arbeitsleben auszugrenzen.

119 Die durch die verfehlte Formulierung des § 3 a Abs. 2 ArbStättV aufscheinenden Divergenzen zum Behindertenrecht lassen sich durch einen – für juristische Laien freilich nicht leicht erkennbaren – **Rückgriff auf die allgemeinen Grundsätze des Arbeitsschutzes nach § 4 ArbSchG** zumindest deutlich abmildern. Nach § 4 Nr. 6 ArbSchG sind bei den Maßnahmen des Arbeitsschutzes die Belange besonders schutzbedürftiger Personengruppen zu berücksichtigen. Vor diesem Hintergrund gehört es zur Pflicht nach § 4 Nr. 1 ArbSchG, spezifische Gefährdungen behinderter Menschen durch eine barrierefreie Gestaltung der Arbeitsstätte zu vermeiden oder jedenfalls zu minimieren. Dies kann insbes. bei Neubauten, Umbauten und wesentlichen Änderungen der Arbeitsstätte zum Tragen kommen, sofern sich entsprechende Anforderungen an die Barrierefreiheit nicht bereits aus dem **Bauordnungsrecht** ergeben.[243] Gestützt wird diese Überlegung zudem durch **§ 81 Abs. 3 SGB IX**. Die Vorschrift verpflichtet den Arbeitgeber, sicherzustellen, dass wenigstens die vorgeschriebene Zahl schwerbehinderter Menschen („Pflichtquote", § 71 SGB IX) dauerhaft behinderungsgerecht beschäftigt werden **können**. Dies setzt entsprechende Vorkehrungen voraus, zu denen insbes. die Barrierefreiheit der Arbeitsstätte gezählt werden muss.[244]

120 Der ASTA hat begonnen, die Anforderungen des § 3 a Abs. 2 ArbStättV an die Barrierefreiheit durch die **ASR V3 a.2 „Barrierefreie Gestaltung von Arbeitsstätten"** zu konkretisieren. In der Technischen Regel finden sich allgemeine Grundsätze, aus denen sich elementare Gestaltungsprinzipien ergeben, die, je nach Art der Behinderung, für eine barrierefreie Gestaltung der Arbeitsstätte zu beachten sind. Hinzuweisen ist insoweit auf das sog „**Zwei-Sinne-Prinzip**", das dem Ausgleich von behinderungsbedingten **Einschränkungen der Sinnesfähigkeit** dient. Es besagt, dass Informationen mindestens zwei der drei Sinne (Hören, Sehen, Tasten) zugänglich sein müssen, um bei Beeinträchtigungen eines Sinnes eine alternative Informationswahrnehmung (zB gleichzeitige akustische und optische Alarmierung) zu gewährleisten (Ziff. 4(3) ASR V3 a.2). Für Behinderungen durch **Einschränkungen der motorischen Fähigkeiten** sind ebenfalls **Alternativen** vorzusehen, die **die jeweilige Behinderung quasi ausgleichen**. Beispiele sind insoweit etwa Rampen und Aufzüge zur Überwindung von Höhenunterschieden oder das Öffnen von Türen durch Taster oder elektronische Näherungsschalter statt mit einer Klinke (Ziff. 4(4) ASR V3 a.2). In den **Anhängen der ASR V3 a.2** werden die allgemeinen Grundsätze der barrierefreien Arbeitsstättengestaltung **für verschiedene Schutzziele der ArbStättV konkretisiert** und fortlaufend ergänzt. Gegenwärtig (Stand: Mai 2017) ist auf folgende ergänzende Anforderungen an die Barrierefreiheit zu verweisen, die vom ASTA beschlossen worden sind:

- Anhang A1.3: Ergänzende Anforderungen zur ASR A1.3 „Sicherheits- und Gesundheitsschutzkennzeichnung",
- Anhang A1.6: Ergänzende Anforderungen zur ASR A1.6 „Fenster, Oberlichter, lichtdurchlässige Wände"
- Anhang A1.7: Ergänzende Anforderungen zur ASR A1.7 „Türen und Tore"
- Anhang A1.8: Ergänzende Anforderungen zur ASR A1.8 „Verkehrswege"
- Anhang A2.3: Ergänzende Anforderungen zur ASR A2.3 „Fluchtwege und Notausgänge, Flucht- und Rettungsplan",
- Anhang A3.4/3: Ergänzende Anforderungen zur ASR A3.4/3 „Sicherheitsbeleuchtung, optische Sicherheitsleitsysteme",
- Anhang A4.4: Ergänzende Anforderungen zur ASR A4.4 „Unterkünfte".

121 Mit der ASR V3 a.2 ist **erstmalig** ein **speziell auf die Belange des Arbeitsschutzes zugeschnittenes Technisches Regelwerk** im Entstehen, das sich mit Fragen der **barrierefreien Gestaltung von Arbeitsstätten** befasst. Die Aufgabe des ASTA ist dabei sehr komplex, da er sich mit Blick auf praxisgerechte Regeln nicht darauf beschränken kann, die

---

[243] Zum Vorstehenden Münch/ArbR/Kohte § 293 Rn. 19. [244] Dazu auch Feldes/Kohte/Stevens-Bartol/Faber SGB IX § 81 Rn. 28 f.

ArbStättV isoliert zu betrachten. Im Blick zu behalten sind zudem Aspekte des Bauordnungsrechts und vor allem des Behindertenrechts. In der ASR V3.a.2 werden diese Problemlagen insbes. durch gesonderte „Hinweise" verdeutlicht. Diese rechtliche Gemengelage verschiedener, sich teilweise überlappender Rechtsnormensysteme erschwert die Kernaufgabe der ASR, die nicht darin besteht, komplexe Rechtsfragen auszulegen, sondern Regeln speziell zur ArbStättV zu ermitteln. Besonders deutlich wird dies dadurch, dass die behinderungsrechtlichen Vorgaben des SGB IX vor allem einzelne behinderte Personen und ihre Rechte und Ansprüche betreffen, während die ArbStättV vorrangig verhältnispräventiv orientiert ist. So bedarf es in der Regel keiner Erläuterung des Verhältnismäßigkeitsgrundsatzes für Einzelfälle (Ziff. 2 (2) ASR V3.a.2), sondern, wie dies auch in der Folge geschieht, der Beschreibung bewährter Maßnahmen. Insbes. im Falle einer (Schwer-)Behinderung kann der Verhältnismäßigkeitsgrundsatz nicht bei allein arbeitsstättenrechtlichen Fragen stehen bleiben. Mit in die Abwägungen einzustellen sind vielmehr auch behindertenrechtliche Wertungen, wie die Arbeitgeberpflicht, Arbeitsplätze generell in einem Mindestmaß behindertengerecht auszugestalten nach § 81 Abs. 3 SGB IX, sowie die Individualansprüche nach § 81 Abs. 4 SGB IX, auf die in den „Hinweisen" zu Ziff. 2 Bezug genommen wird. Die Klärung der insoweit im konkreten Einzelfall bestehenden Rechtsfragen ist nicht Sache des ASTA, sondern im Konfliktfall der Gerichte. Stufenpläne zur schrittweisen Realisierung der Barrierefreiheit können auch in **Inklusionsvereinbarungen** nach § 83 SGB IX vereinbart werden.[245]

XII. Ausnahmen von Vorschriften der ArbStättV/Übergangsvorschriften/Bestandsschutz

1. Ausnahmen nach § 3 a Abs. 3 ArbStättV. § 3 a Abs. 3 ArbStättV ermöglicht unter bestimmten Voraussetzungen Ausnahmen von den Vorgaben der Verordnung. Die Vorschrift übernimmt nahezu wortgleich die entsprechende Bestimmung des § 4 Abs. 1 ArbStättV-1975. Neu aufgenommen wurde durch die ArbStättV-2004 die Verpflichtung, bei der behördlichen Entscheidung über Ausnahmeanträge die Belange kleinerer Betriebe besonders zu berücksichtigen. 122

Eine Ausnahme setzt stets nach § 3 a Abs. 3 ArbStättV einen **schriftlichen Antrag** des Arbeitgebers an die zuständige Aufsichtsbehörde voraus. Aus ihm müssen sich insbes. die Vorschriften ergeben, von denen abgewichen werden soll, die Gründe, die eine Ausnahme erfordern und die Maßnahmen, mit denen stattdessen Sicherheit und Gesundheit gewährleistet werden sollen. Die Behörde hat über Anträge nach § 3 a Abs. 3 ArbStättV durch **Bescheid** zu entscheiden. Es gelten insoweit die allgemeinen verwaltungsverfahrensrechtlichen Anforderungen an den Erlass, die Begründung sowie die Aufhebung und Anfechtbarkeit von Verwaltungsakten (insbes. §§ 35 ff. VwVfG). Bei ihrer Entscheidung hat die Behörde das ihr durch § 3 a Abs. 3 ArbStättV eingeräumte **Ermessen** (vgl. § 40 VwVfG) auszuüben. In der Sache müssen Ausnahmeanträge auf einen der beiden in § 3 a Abs. 3 S. 1 Nr. 1 und 2 ArbStättV geregelten Gründe gestützt werden, anderenfalls ist der Antrag abzulehnen. Hält die Behörde die Voraussetzungen für eine der beiden Alternativen des § 3 a Abs. 3 S. 1 ArbStättV für gegeben, hat sie in einem weiteren Schritt die geforderte Ermessensentscheidung zu treffen. 123

Nach § 3 a Abs. 3 S. 1 Nr. 1 ArbStättV kann eine **Ausnahme** zugelassen werden, wenn der Arbeitgeber **andere, ebenso wirksame Maßnahmen** trifft. Der Anwendungsbereich dieser Ausnahme bleibt angesichts der Regelungstechnik der ArbStättV im Dunkeln. In der ArbStättV sind bewusst keine konkreten, insbes. mit Maßzahlen unterlegte Maßnahmen normiert. Stattdessen werden durchweg allgemein gehaltene Schutzziele geregelt. Sie sollen es den Betrieben ermöglichen, flexibel und in Eigenverantwortung betriebsspezifische Schutzmaßnahmen zu treffen.[246] Es fragt sich vor diesem Hintergrund nach dem Anwendungsbereich des Ausnahmetatbestandes des § 3 a Abs. 3 S. 1 Nr. 1 ArbStättV, denn aus der Ausnahmeregelung lässt sich nicht entnehmen, dass Abstriche von dem durch die Schutzziele der ArbStättV vorgegebenen Mindestschutz ermöglicht werden sollen. Bei der 124

---

[245] KKW/Kohte SGB IX § 83 Rn. 10. [246] BR-Drs. 450/04, 21.

Auswahl der Maßnahmen hat der Arbeitgeber aber ohnehin einen Gestaltungsspielraum, solange die gesetzlichen Schutzziele der ArbStättV erfüllt werden. Eines besonderen behördlichen Gestattungsaktes bedarf es daher ohnehin nicht, solange der den Schutzzielen der ArbStättV entsprechende Mindestschutz durch hinreichend wirksame Maßnahmen des Arbeitgebers erreicht wird. Werden die gesetzlichen Schutzziele demgegenüber nicht erfüllt, ist auch kein Raum für die Ausnahme des § 3 a Abs. 3 S. 1 Nr. 1 ArbSchG.[247] Wenn also zB Arbeitsräume keine ausreichende Grundfläche haben (Anhang Nr. 1.2 ArbStättV) oder Verkehrswege im Betrieb nicht sicher begangen oder befahren werden können (Anhang Nr. 1.8 ArbStättV), sind die Maßnahmen schlicht nicht hinreichend wirksam.[248] Die Frage kann dann nur darin bestehen, ob die Arbeitsstätte ungeachtet dieser Defizite ausnahmsweise eingerichtet bzw. betrieben werden darf. Die Maßstäbe zur Beurteilung dieser Frage folgen aber ersichtlich nicht aus § 3 a Abs. 3 S. 1 Nr. 1 ArbStättV, sondern aus dem Ausnahmetatbestand des § 3 a Abs. 3 S. 1 Nr. 2 ArbStättV, der sich mit Fällen befasst, in denen die gesetzlichen Schutzziele nicht vollständig erreicht werden. Hintergrund der somit in der Sache verfehlten Regelung des § 3 a Abs. 3 S. 1 Nr. 1 ArbStättV dürfte die unreflektierte Übertragung der Vorgängerregelung der ArbStättV-1975 sein. In der ArbStättV-1975 waren an vielen Stellen quantifizierte Mindestanforderungen normiert (zB zu Raumabmessungen, § 23 ArbStättV-1975). Sofern diese nicht eingehalten werden konnten, machte es Sinn, eine Ausnahme zu gestatten, wenn der Nachweis geführt werden konnte, dass der gesetzlich geforderte Schutz durch ebenso wirksame, andere Maßnahmen letztlich doch erreicht wird. Keiner Ausnahme bedarf es im Übrigen bei einer **Abweichung von Technischen Regeln** (ASR, ASRL zur ArbStättV-1975), da diese Vermutungs-, aber keine bindende Gesetzeswirkung haben (→ ArbSchG §§ 18, 19 Rn. 36).[249]

125 Angesichts des allenfalls sehr schmalen Anwendungsbereichs der Ausnahme des § 3 a Abs. 3 S. 1 Nr. 1 ArbStättV bildet § 3 a Abs. 3 S. 1 Nr. 2 ArbStättV den Schwerpunkt für behördlich gestattete Ausnahmen von den Bestimmungen der ArbStättV. § 3 a Abs. 3 S. 1 Nr. 2 ArbStättV verlangt für eine Ausnahme, dass die Umsetzung der ArbStättV im Einzelfall zu einer **unverhältnismäßigen Härte** führen würde und die Abweichung von der ArbStättV **mit dem Schutz der Beschäftigten vereinbar** ist. Bei der Auslegung ist zu berücksichtigen, dass die Bestimmung im Ergebnis zulässt, dass das durch die ArbStättV regelmäßig vorgegebene Schutzniveau im Einzelfall unterschritten wird. Als Ausnahmetatbestand muss die Vorschrift vor diesem Hintergrund eng ausgelegt werden.[250] Ein Härtefall kann betriebstechnische Gründe haben, wenn zB Schutzziele auch unter Ausschöpfung aller technischen und organisatorischen Maßnahmen nicht vollständig erreicht werden können. Auch können wirtschaftliche Aspekte Maßnahmen als unverhältnismäßig erscheinen lassen.[251] Allerdings vermag eine isoliert betriebswirtschaftliche Berufung auf die finanziell angespannte Situation eines Betriebes eine Ausnahme nicht zu tragen.[252] Maßgeblich ist insoweit ein objektiver Maßstab,[253] der den konkreten Kostenaufwand in Relation setzt zu dem mit der jeweiligen Maßnahme zu erwartenden Zuwachs an Sicherheit und Gesundheit im Betrieb. Das Gesetz verlangt insoweit richtigerweise, dass die Abweichung mit dem Schutz der Beschäftigten vereinbar ist. Der Kostenaufwand führt dabei in der Regel nicht zu einer unverhältnismäßigen Härte, wenn die notwendige Gefahrenabwehr in Frage gestellt wird (zB si-

---

247 So wohl auch Pieper ArbStättV § 3 a Rn. 11. **248** Ähnlich auch Pieper ArbStättV § 3 a Rn. 11; Kollmer, ArbStättV, § 3 Rn. 50 ff.; ohne Weiteres Anwendungsmöglichkeiten des § 3 a Abs. 3 Nr. 1 ArbStättV voraussetzend etwa Kollmer/Klindt/Schucht/Lorenz ArbStättV § 3 a Rn. 17. **249** Dazu nur Kollmer, ArbStättV, § 3 Rn. 63. **250** Kollmer, ArbStättV, § 3 Rn. 53. **251** Kollmer/Klindt/Schucht/Lorenz ArbStättV § 3 a Rn. 18; zum Antrag auf eine Ausnahme von den Vorgaben für Fluchtwege durch Gestattung einer Spindeltreppe als Fluchtweg vgl. VG Gießen 9.11.2011 – 8 K 1476/09.GL, GewArch 2012, 270 f., das sich bei der Überprüfung einer unverhältnismäßigen Härte allerdings nicht mit der Frage auseinandersetzt, ob es sich hier faktisch um eine Neuplanung handelte. **252** Münch/ArbR/Kohte § 293 Rn. 28; Opfermann/Streit ArbStättV § 3 Rn. 120. **253** Opfermann/Streit ArbStättV § 3 Rn. 124.

cherheitskonforme Umrüstung von Notausgängen).[254] Mit Blick auf den Schutz der Beschäftigten dürfte es demgegenüber vertretbar sein, ausnahmsweise in einem Betrieb mit 20 Mitarbeitern entgegen § 6 Abs. 2 ArbStättV keinen Pausenraum einzurichten, wenn die Erholung in Pausen an den Arbeitsplätzen des Betriebes sichergestellt ist. In diesen Fällen müssen dann allerdings Maßnahmen getroffen werden, die sicherstellen, dass der Sinn der Pause, eine angemessene Erholung zu ermöglichen, auch außerhalb eines speziell ausgewiesenen Pausenraumes oder gesonderten Pausenbereichs gewährleistet ist (zB einheitliche Pausenzeiten für alle, Gewährleistung hygienischer Nahrungsaufnahme, geeignete Sitzgelegenheiten und Tische, Sichtverbindung).

§ 3 a Abs. 3 S. 3 ArbStättV ordnet bei der Beurteilung von Ausnahmen die **Berücksichtigung der besonderen Belange von kleineren Betrieben** an. In der Literatur werden hierunter Betriebe mit bis zu 20 Beschäftigten verstanden.[255] Die Verordnung wie auch die Verordnungsbegründung[256] lassen offen, worin diese besonderen Belange bestehen. Festzuhalten ist insoweit, dass Aspekte der Betriebsgröße bereits im Rahmen der Abwägung der Rechtfertigung einer Ausnahme zu prüfen sind. Darüber hinaus trägt die Verordnung den Belangen dieser Betriebe bereits in verschiedenen Bestimmungen, in denen Schwellenwerte für Betriebe angegeben werden, Rechnung (vgl. insbes. § 6 ArbStättV). Vor diesem Hintergrund kann die Kleinbetriebsregelung in § 3 a Abs. 3 S. 3 ArbStättV nur so verstanden werden, dass Ausnahmen, die in unmittelbarem Zusammenhang mit der Betriebsgröße stehen, besonderes Gewicht zukommen soll. Bereits aus unionsrechtlichen Gründen bietet sie nicht die Möglichkeit eines zusätzlichen Absenkens des Schutzniveaus.[257] Insoweit gilt, dass die Gesundheit der Beschäftigten ein Rechtsgut höchsten Ranges ist, das in allen Betrieben, unabhängig von der Größe, gleichermaßen schützenswert ist. 126

2. § 8 Abs. 1 ArbStättV – Bestandsschutz. § 8 Abs. 1 ArbStättV regelt den **Bestandsschutz von Arbeitsstätten**, die bereits vor dem Inkrafttreten der ArbStättV eingerichtet wurden. Fragen des Bestandsschutzes spielen in der betrieblichen Praxis seit langem eine erhebliche Rolle. Nicht zuletzt vor dem Hintergrund der unionsrechtlichen Vorgaben der Arbeitsstättenrichtlinie 89/654/EWG sind in der Vergangenheit eine Reihe von komplizierten Übergangsvorschriften[258] zur Regelung des Bestandsschutzes für Altarbeitsstätten in das Arbeitsstättenrecht eingefügt worden. Nach dem im Zuge der ArbStättV-Novelle 2016 geänderten § 8 Abs. 1 ArbStättV **enden die arbeitsstättenrechtlichen Übergangsvorschriften zum Bestandsschutz mit dem 31.12.2020.** 127

Das Auslaufen der Bestandsschutzvorschriften ist vor allem damit begründet worden, dass die Bestimmungen in der Praxis kaum noch eine Rolle spielten,[259] da sie zT über 40 Jahre alte Arbeitsstätten beträfen. Die Beendigung der besonderen arbeitsstättenrechtlichen Bestandsschutzregelungen ist darüber hinaus auch deswegen zu begrüßen, da diese sich nicht ohne Weiteres in das durch das ArbSchG rahmengesetzlich vorgegebene Konzept des Bestandsschutzes einfügen. Dieses ist weniger strikt und basiert auf einem zeitlich limitierten, am Stand der Technik (§ 4 Nr. 3 ArbSchG) orientierten Bestandsschutz (→ ArbSchG § 4 Rn. 33 f.). Vor diesem Hintergrund ist die mit der ArbStättV-Novelle 2016 neu eingeführte Bestandsschutzbestimmung im Hinblick auf die in Nr. 3.4. Abs. 1, 2 Anhang ArbStättV genannten Räume ohne Sichtverbindung verfehlt. Die durch Nr. 3.4 Abs. 3 Anhang ArbStättV getroffene Übergangsvorschrift gehört systematisch nicht nur zu den in § 8 ArbStättV zentral geregelten Übergangsvorschriften, so dass der Standort der Regelung in der ArbStättV verfehlt ist. Vor allem ist verkannt worden, dass ein zeitlich unbegrenzter Bestandsschutz § 3 Abs. 1 S. 3 ArbSchG iVm § 4 Nr. 3 ArbSchG widerspricht, wonach der Bestandsschutz jedenfalls dann zeitlich limitiert ist, wenn sich der Stand der Technik fortentwickelt. 128

---

254 OVG Münster 3.12.1991 – 4 A 1766/90, GewArch 1992, 238 ff.; zu diesem Fall auch Kollmer, ArbStättV, § 3 Rn. 53. **255** Pieper ArbStättV § 3 a Rn. 27; Kollmer, ArbStättV, § 3 Rn. 55. **256** BR-Drs. 450/04, 25. **257** In diese Richtung tendierend auch Kollmer, ArbStättV, § 3 Rn. 56; Kollmer/Klindt/Schucht/Lorenz ArbStättV § 3 a Rn. 19. **258** BR-Drs. 506/16, 30. **259** BR-Drs. 506/16, 30; Wiebauer NZA 2017, 220 (224).

129 Bis zur Beendigung der Übergangsbestimmungen am 31.12.2020 sind mit Blick auf den Bestandsschutz zwei Fallgruppen zu differenzieren. Erfasst werden zum einen **gewerbliche Alt-Arbeitsstätten**, die am 1.5.1976, dh dem Tag des Inkrafttretens der ArbStättV-1975, errichtet waren oder mit deren Einrichtung vor diesem Zeitpunkt begonnen worden war (§ 8 Abs. 1 Nr. 1 ArbStättV). Für die neuen Bundesländer gilt der 3.10.1990 als Stichtag.[260] Die zweite Fallgruppe (§ 8 Abs. 1 Nr. 2 ArbStättV) betrifft **nichtgewerbliche Arbeitsstätten**. Sie fallen erst seit der Harmonisierung der Anwendungsbereiche von ArbStättV-1975 und ArbSchG seit dem **20.12.1996** in den Geltungsbereich des Arbeitsstättenrechts. Bis zu diesem Zeitpunkt galt das Arbeitsstättenrecht nur im gewerblichen Bereich (→ Rn. 6).[261] Unionsrechtlich verfehlt ist die zeitliche Reichweite des § 8 Abs. 1 Nr. 2 ArbSchG, da sich diese nicht an den Vorgaben des Art. 4 RL 89/654/EWG (1.1.1993) ausrichtet, sondern am Zeitpunkt der verspäteten Umsetzung der Richtlinie in deutsches Recht.[262]

130 Für das Verständnis der Übergangsbestimmungen ist zunächst festzuhalten, dass die ArbStättV im Grundsatz auch für **Altarbeitsstätten** isV § 8 Abs. 1 Nr. 1, 2 ArbStättV gilt.[263] Bestandsschutz kommt erst in Betracht, wenn die Verordnung Anforderungen stellt, die **umfangreiche Änderungen der Arbeitsstätte, der Betriebseinrichtungen, Arbeitsverfahren oder Arbeitsabläufe** erfordern. Ob eine Änderung umfangreich ist, bestimmt sich primär nach dem finanziellen Aufwand der Anpassungsmaßnahmen.[264] Nach einer Entscheidung des OVG Bremen[265] ist dabei entscheidend, ob der konkrete Nutzen, der durch die Anpassungsmaßnahme bewirkt wird, in einem angemessenen Verhältnis zur deren Kosten steht. Der Begriff der umfangreichen Änderung ist daher nicht statisch zu verstehen, sondern relativ im Sinne einer Kosten-Nutzen-Abwägung. Um den Nutzen einer Anpassungsmaßnahme bestimmen zu können, ist insbes. auf die Ergebnisse der Gefährdungsbeurteilung zurückzugreifen. Liegt eine solche nicht oder nicht ordnungsgemäß vor, geht dies zulasten des Arbeitgebers, der sich auf den Bestandsschutz berufen möchte.

131 Sofern umfangreiche Änderungen im soeben beschriebenen Sinne erforderlich werden, bedeutet dies nicht, dass grenzenlos Bestandsschutz besteht. Auch in diesen Fällen können Anpassungen geboten sein. § 8 Abs. 1 ArbStättV verweist insoweit auf den **Anhang II der EU-Arbeitsstättenrichtlinie 89/654/EWG**, in dem **Mindestanforderungen an Altarbeitsstätten** festgelegt sind. Soll von diesen Mindestanforderungen abgewichen werden, kommt im Grundsatz ein schriftlicher Antrag auf eine Ausnahme nach § 3 a Abs. 3 ArbStättV in Betracht.[266] Bei der Entscheidung über solche Anträge wird aber zu berücksichtigen sein, dass Anhang II EU-Arbeitsstättenrichtlinie Minimalanforderungen an Sicherheit und Gesundheit normiert, die kaum noch Raum für weitere Absenkungen des Schutzes zulassen.

132 Der **Bestandsschutz** wird nach § 8 Abs. 1 S. 2 ArbStättV **durchbrochen**, wenn der Arbeitgeber an Arbeitsstätten **wesentliche Änderungen** vornimmt (Erweiterungen oder Umbauten, Umgestaltung der Arbeitsverfahren und Arbeitsabläufe). Hintergrund der Regelung ist, dass es dem Arbeitgeber in solchen Fällen zumutbar ist, im Rahmen der ohnehin durchzuführenden Baumaßnahmen die Vorgaben der ArbStättV so weit als möglich zu berücksichtigen. Vor diesem Hintergrund sind Änderungen stets wesentlich, wenn sie **unmittelbar** auf die Umgestaltung bestandsgeschützter defizitärer Einrichtungen zielen. Soll zB eine suboptimale Beleuchtungsanlage, die nicht dem Stand der Technik entspricht, ersetzt werden, kann der Bestandsschutz nicht dafür herhalten, dass wiederum ein veraltetes System installiert wird. Weniger eindeutig ist die Situation, wenn die Änderungen nicht unmittelbar auf arbeitsstättenrechtlich relevante Anforderungen zielen. Sollen zB die Türen eines Arbeitsraums erneuert und verbreitert werden, wird man hierin noch nicht allein eine wesentliche Änderung erblicken kön-

---

260 Dazu Kollmer, ArbStättV, § 8 Rn. 15. **261** Vgl. zB Kollmer/Klindt/Schucht/Lorenz ArbStättV § 8 Rn. 2 f. **262** Münch/ArbR/Kohte § 293 Rn. 29; vgl. zu unzulässigen nationalen Bestandsschutzvorschriften EuGH 14.9.2004 – C-168/03, ZESAR 2005, 286 mAnm Kohte/Faber. **263** Kollmer, ArbStättV, § 8 Rn. 4. **264** Kollmer/Klindt/Schucht/Lorenz ArbStättV § 8 Rn. 5. **265** OVG Bremen 22.6.1995 – 1 BA 49/95. **266** Kollmer, ArbStättV, § 8 Rn. 1.

nen, die zum Ersatz einer suboptimalen Beleuchtungsanlage des Arbeitsraums führen muss. Wird darüber hinaus eine Änderung des Beleuchtungskonzepts erforderlich, weil die Arbeitsplätze neu angeordnet werden, kann hierin sehr wohl eine wesentliche Änderung liegen, die die Installation einer dem Stand der Technik entsprechenden neuen Beleuchtungsanlage erforderlich macht.

Zu beachten ist, dass der Arbeitgeber nach § 8 Abs. 1 ArbStättV in **Eigenverantwortung zu prüfen** hat, ob eine den Bestandsschutz durchbrechende **wesentliche Änderung** vorliegt und Anpassungsmaßnahmen zu treffen sind. Nach § 56 Abs. 1 ArbStättV-1975 entstand die Anpassungspflicht erst auf Verlangen der zuständigen Behörde.[267] Eine Berufung auf Bestandsschutz kommt bei **Neu- und Erweiterungsbauten** (zB auf einem bereits bestehenden Betriebsgelände) nicht in Betracht. Es fehlt insoweit an einem schützenswerten Vertrauen in die Beständigkeit getätigter Investitionen, das Grundvoraussetzung für jeden Bestandsschutz ist.[268]   133

C. Besonderes Arbeitsstättenrecht: Bildschirmarbeit

I. Integration der Bestimmungen der Bildschirmarbeitsverordnung in die Arbeitsstättenverordnung

Die arbeits- und gesundheitsschutzrechtlichen Anforderungen an Bildschirmarbeit werden aus der Bildschirmarbeitsverordnung in die Arbeitsstättenverordnung überführt. Damit sollen Doppelregelungen beseitigt und zu einer Rechtsvereinfachung beigetragen werden. Zentrale Begründung ist die Feststellung, dass Bildschirmarbeit heute elementarer Bestandteil von Arbeitsstätten in Industrie, Verwaltung und Gewerbe ist. Daher sei eine Sonderregelung in der Bildschirmarbeitsverordnung nicht mehr sachgerecht. Das Einrichten und Betreiben von Arbeitsstätten sei in vielen Fällen von den Vorgaben und Rahmenbedingungen der bei der Arbeit verwendeten EDV abhängig. Weiter wird darauf verwiesen, dass die Bildschirmarbeitsverordnung seit der Verabschiedung im Jahr 1996 nicht mehr dem Stand der Technik entspreche und die schnellen und umfassenden Entwicklungen in der modernen IT-Arbeit nicht nachvollziehen könne. Deshalb sollen die Regelungen des Anhang Nr. 6 zukünftig durch den Arbeitsstättenausschuss in einem untergesetzlichen Regelwerk konkretisiert und schnell angepasst werden.[269]   134

Entgegen der Situation bei Erlass der Bildschirmarbeitsverordnung 1996 sind die Regelungen längst nicht mehr nur für Büro- und Verwaltungsarbeitsplätze von Bedeutung. Heute ist kaum noch ein Arbeitsplatz denkbar, an dem nicht – zumindest zeitweise – Bildschirmarbeit geleistet wird. Dies gilt für Produktionsbetriebe (im Detail → Rn. 210 ff., in der Fertigung, im Lager etc und in allen Dienstleistungsbranchen, gleich ob Call-Center (im Detail → Rn. 207 ff.), Krankenhäuser, Einzelhandel oder Polizei. Nach Zahlen des Statistischen Bundesamts arbeiteten 2014 von 41 Mio. erwerbstätigen Menschen 18 Mio. überwiegend am Bildschirm.[270] Die „flächendeckende" Verbreitung der Bildschirmarbeit und ihre spezifischen Formen bergen **vielfältige Potentiale von Belastungen**, die – gesteigert durch ihre Kombination – zu gesundheitlichen Beanspruchungen führen können (zum Belastungs-Beanspruchungskonzept → ArbSchG § 4 Rn. 20 ff.). Bereits in den 90er Jahren festgestellte Befindlichkeitsstörungen und Gesundheitsbeschwerden werden von den Beschäftigten weiterhin genannt: Augenbeschwerden, Kopfschmerzen, Schmerzen und Verspannungen im Rücken, Schultern und Nacken, sowie an Armen und Händen.[271] Neuere Untersuchungen bestätigen diesen Befund und verdeutlichen einen engen Zusammenhang zwischen der täglichen Dauer der Bildschirmarbeit und dem Auftreten der Beschwerden. Anders als Arbeitgebervertreter führen Beschäftigte auch psychomentale Beeinträchtigungen wie Nervosität und   135

---

[267] Kollmer/Klindt/Schucht/Lorenz ArbStättV § 8 Rn. 7. [268] Kollmer, ArbStättV, § 8 Rn. 8. [269] BR-Drs. 506/16, 20 f., 34. [270] Zur Verbreitung auch BITCOM Arbeiten 3.0, S. 10; Calle Lambach/Prümper RdA 2014, 345; DGB-Index 2016, S. 6. [271] BFF, S. 96 ff.; Richenhagen, S. 26 ff.

Angespanntheit auf Bildschirmarbeit zurück.²⁷² Die Ursachen physischer und psychisch-mentaler Beschwerden durch Bildschirmarbeit folgen nach wie vor aus
- Mängeln in der Hardware (zB zu kleine Zeichengröße, keine Trennung von Bildschirm und Tastatur);
- Mängeln in der Software (zB Fehleranfälligkeit, lange Warte- und Reaktionszeiten);
- Mängeln in der Arbeitsumgebung (nicht an die Person und Arbeitsaufgabe angepasstes Mobiliar, zu geringer Raumbedarf, Geräusche);
- Mängeln der Arbeitsorganisation (ständige Zwangshaltung durch ausschließliche Bildschirmarbeit, monotone Arbeitsaufgaben).²⁷³

136 Die Regelungen in der Arbeitsstättenverordnung zur Bildschirmarbeit, insbes. in §§ 3, 6 ArbStättV und der Anhang Nr. 6 sind im Kontext des Arbeitsschutzgesetzes zu lesen und anzuwenden; sie ergänzen und konkretisieren das Arbeitsschutzgesetz in Bezug auf **spezifische Gesundheitsgefährdungen** durch Bildschirmarbeit. Ihre Regelungen gelten für alle Branchen und Berufe. Spezifische Anforderungen an eine effektive Umsetzung resultieren daraus, dass die Arbeitsbedingungen durch eine komplexe Gemengelage von Hard- und Software, Arbeitsumgebung, Arbeitsaufgabe, Arbeitszeit, Arbeitsorganisation etc gekennzeichnet sind. Diese Gemengelage hat Einfluss auf die Gesundheit der Arbeitnehmer iSd umfassenden Gesundheitsbegriffs des Arbeitsschutzgesetzes (→ ArbSchG § 1 Rn. 8 f.). Symptome psychischer Belastungen wie Ermüdung können Auslöser oder Verstärker der o.a. körperlichen Beschwerden sein. Die Ursachen sind selten monokausal. Es handelt sich um eine Kombination von diversen o.a. Mängeln der ergonomischen Gestaltung des Bildschirmarbeitsplatzes, häufig in Wechselwirkung mit psychischen Fehlbelastungen durch Anforderungen an Arbeitsmenge und -inhalt (→ Rn. 152). Dabei können die Betroffenen nur selten nachweisen, dass ein unmittelbarer und direkter Zusammenhang zu unergonomischen Arbeitsbedingungen besteht. Anders als im Entschädigungsrecht der Berufsunfälle und -krankheiten orientiert sich die offene Formulierung des § 3 ArbStättV an der Maßgabe des § 2 ArbSchG, der die Verhütung von „arbeitsbedingten Gesundheitsgefahren" einfordert. Damit werden auch vielfältige und multifaktorielle Kausalverläufe erfasst. Ein direkter und monokausaler Nachweis, dass und welche Arbeitsbedingungen die gesundheitlichen Gefährdungen verursacht haben, ist nicht zu führen. Gesundheitliche Gefährdungen sind arbeitsbedingt, wenn die Arbeitsbedingungen eine Ursache für die Entstehung oder Verschlimmerung gesundheitlicher Beschwerden sind.

137 Häufig sind die von den Beschäftigten geäußerten Beschwerden unspezifisch. Sie können klassischen Krankheitsbildern nicht zugeordnet werden. Dies gilt vor allem für das noch immer umstrittene **RSI-Symptom** (Repetitive Strain Injury). Es ist ein Sammelbegriff für Beschwerden und starke Schmerzen vor allem in Hand und Unterarm. Die Ursachen sind unklar und können selten einem bekannten Krankheitsbild zugeordnet werden. Umstritten ist weiter, ob es sich um ein eigenes Krankheitsbild verursacht durch unergonomische Arbeitsbedingungen bei Bildschirmarbeit handelt oder ob psychosoziale Faktoren bestimmend sind.²⁷⁴ Folglich ist RSI nicht als „bildschirmtypische" Krankheit bzw. Berufskrankheit anerkannt. In Deutschland sind als Berufskrankheit nur anerkannt: „Erkrankungen der Sehnenscheiden oder des Sehnengleitgewebes sowie der Sehnen- oder Muskelansätze" (BK Nr. 2101).²⁷⁵ Die Anerkennungsquote ist verschwindend gering.²⁷⁶ Erstmals hat ein Gericht diese Erkrankung für eine

---

²⁷² Gebhardt ua, S. 66 ff.; TNS Infratest, S. 28 ff.: Deutscher Teil einer EU-länderübergreifenden Untersuchung im Auftrag des BMA zur Umsetzung der EU-Bildschirmrichtlinie. Befragt wurden Geschäftsführer und Personalverantwortliche aus 1.000 Betrieben mit Bildschirmarbeitsplätzen, zudem 1.004 Erwerbstätige als Bildschirmarbeitnehmer im Jan./Feb. 2007. ²⁷³ Rundnagel BPUVZ 2013, 342. ²⁷⁴ Richenhagen, S. 41 ff.; Kiper CuA 2007, 7. ²⁷⁵ BK Nr. 2101: „Erkrankungen der Sehnenscheiden oder des Sehnengleitgewebes sowie der Sehnen- oder Muskelansätze", die zur Unterlassung aller Tätigkeiten gezwungen haben, die für die Entstehung, die Verschlimmerung oder das Wiederaufleben der Krankheit ursächlich waren oder sein können. ²⁷⁶ Ablehnend ua HessLSG 29.10.2013 – L 3 U 28/10.

Beamtin als eine einem Dienstunfall gleichgestellte Erkrankung aus der Liste der Berufskrankheiten anerkannt (§ 31 Abs. 3 BeamtVG).[277]

Das Bild von der Bildschirmarbeit hat sich inzwischen ausdifferenziert. In den 80er und 90er Jahren standen Büroarbeitsplätze mit fest installierten Geräten im Fokus der Diskussionen um die Umsetzung der EG-Bildschirmrichtlinie bzw. der auf ihr beruhenden Bildschirmarbeitsverordnung.[278] Typische Konstante, wie ein fester Arbeitsplatz im Betrieb oder eine festgelegte Arbeitszeit, die bei Entstehung der Bildschirmverordnung zur „Normalarbeit" gehörten, sind für viele Arbeitnehmer nicht mehr Realität.[279] Heute stellen viele Arbeitgeber mobile Geräte (Notebook, Tabletcomputer, Smartphone) zur Verfügung; nach einer Umfrage nutzen 79 % der Befragten mobile Geräte täglich. Damit ist ein weitgehend vom Betrieb **orts- und zeitunabhängiges Arbeiten**, etwa zu Hause, unterwegs oder beim Kunden ermöglicht. Flexible Arbeitsformen, wie Telearbeit in jeder Form und „mobile Arbeit" weiten sich aus. Diese **Informatisierung und Mobilisierung der Arbeitswelt** stellt den Gesundheitsschutz vor besondere Herausforderungen. Deshalb werden die Anforderungen an den Arbeits- und Gesundheitsschutz bei „Telearbeit" (→ Rn. 179 ff.) und „mobiler Arbeit" (→ Rn. 193 ff.) an anderer Stelle im Detail kommentiert. Dabei ist zu differenzieren: Während Telearbeitsplätze über § 1 Abs. 3, § 2 Abs. 7 ArbStättV in den Anwendungsbereich der Arbeitsstättenverordnung zumindest in Bezug auf bestimmte Regelungen einbezogen sind (→ Rn. 139), soll „mobiles Arbeiten" nicht der Arbeitsstättenverordnung unterfallen (→ Rn. 142). 138

II. Unmittelbare Anwendbarkeit der arbeitsstättenrechtlichen Bestimmungen

1. Einbeziehung von Telearbeit iSv § 2 Abs. 7 ArbStättV. In § 1 Abs. 3 ArbStättV wird der Anwendungsbereich für **Telearbeitsplätze** festgelegt. Die Regelung gilt nur für Telearbeitsplätze im Sinne des § 2 Abs. 7 ArbStättV (→ Rn. 146 ff.). Wegen der Einrichtung des Telearbeitsplatzes im Privatbereich der Beschäftigten wird der Anwendungsbereich der Verordnung im Wesentlichen auf die Anforderungen für Bildschirmarbeitsplätze beschränkt. Es gilt die Pflicht zur Gefährdungsbeurteilung gem. § 3 ArbStättV bei der erstmaligen Beurteilung der Arbeitsbedingungen und des Arbeitsplatzes. Weiter gelten § 6 ArbStättV und der Anhang Nr. 6 (im Einzelnen→ Rn. 183 ff.). In jedem Falle muss der Telearbeitsplatz so gestaltet sein, dass die Gesundheit der Beschäftigten nicht gefährdet ist. Dafür trägt der Arbeitgeber – unter Berücksichtigung der Besonderheit des Arbeitens in Privaträumen – die Verantwortung.[280] Wegen der spezifischen Problematik der Telearbeit erfolgt die Detailkommentierung unter dem Stichwort „Telearbeit" (→ Rn. 179 ff.). 139

2. Ausnahmen. Nach § 1 Abs. 4 ArbStättV gilt der Anhang Nr. 6 „Maßnahmen zur Gestaltung von Bildschirmarbeitsplätzen" nicht für bestimmte Arbeitsplätze; Abs. 4 enthält eine abschließende Aufzählung. Damit sollen die Einschränkungen des Anwendungsbereichs aus der Bildschirmarbeitsverordnung inhaltsgleich übernommen werden.[281] Schon im Geltungsbereich der Bildschirmarbeitsverordnung bestand Einigkeit, dass – entsprechend dem umfassenden Schutzzweck – diese **Ausnahmen generell eng auszulegen** sind.[282] 140

Der Anhang Nr. 6 ist demnach nicht auf klassische Büroarbeitsplätze beschränkt, sondern gilt auch in der Produktion und in Dienstleistungsbranchen.[283] Unter die Ausnahmeregelung des § 1 Abs. 4 Nr. 1 ArbStättV fallen daher nur Plätze bei einzelnen **Maschinen in der Produktion**, wo über eine Steuereinrichtung mit Bildschirm, die integraler Bestandteil der Maschine ist, unmittelbar in den Produktionsablauf eingegriffen wird. Im Rahmen einer engen Auslegung fallen unter die Ausnahme jedoch nicht Steuerstände, Leitstände und CNC-Maschinen, wenn die Arbeitnehmer daran auch vorbe- 141

---

[277] VG Göttingen 22.8.2006 – 3 A 38/05, UV-Recht Aktuell 2007, 1260. [278] Wlotzke NJW 1997, 1469 (1472 f.). [279] Kohn, GfA-Bericht, S. 205. [280] BR-Drs. 506/16, 23 f.; Aligbe arbRAktuell 2016, 596. [281] BR-Drs. 506/16, 24. [282] S. Vorauﬂ. BildscharbV Rn. 18; Kohte NZA 2015, 1417 (1421). [283] BR-Drs. 656/96, 26; von Harten/Richenhagen WSI-Mitteilungen 1997, 884 (885).

reitend, steuernd und optimierend ohne direkten Eingriff in den Produktionsablauf arbeiten[284] (→ Rn. 210 ff. zur Beachtung der Anforderungen an Bildschirmarbeit an Arbeitsplätzen in der Produktion).

142 Die Ausnahme des § 1 Abs. 4 Nr. 2 ArbStättV „tragbare Bildschirmgeräte für den ortsveränderlichen Gebrauch, sofern sie nicht regelmäßig an einem Arbeitsplatz eingesetzt sind" erfasst vor allem **Notebooks, Tablets** etc und hat damit eine große praktische Relevanz in der heutigen Arbeitswelt. Werden tragbare Geräte an einem fest eingerichteten Arbeitsplatz im Betrieb genutzt, ist der Anhang Nr. 6.4 zu beachten (→ Rn. 165).[285] Aktuelle Fragen wirft der Ausnahmetatbestand im Zusammenhang mit „mobiler Arbeit" auf, die nicht als Telearbeit im Sinne der Verordnung zu definieren ist (→ Rn. 199). Die verbreitete Nutzung „tragbarer Bildschirmgeräte" und ein zunehmender Ausbau des Internetzugangs, ua für die ständige Kommunikation mit dem Betrieb über E-Mails, ermöglichen eine Arbeitstätigkeit unabhängig von festem Arbeitsort und festgelegten Arbeitszeiten. Arbeitnehmer arbeiten „unterwegs", beim Kunden, in Hotels oder in Privaträumen. Nach der Begründung soll diese Arbeitsform ausdrücklich nicht von der Arbeitsstättenverordnung erfasst werden.[286] Es ist demnach zu klären, welche Regelungen des Arbeitsschutzes gelten und vom Arbeitgeber einzuhalten sind. Denn auch bei „mobiler Arbeit" bleibt die Verantwortung des Arbeitgebers im Arbeits- und Gesundheitsschutz bestehen. Weil diese Fragen eine zunehmende Zahl von Arbeitgebern und Arbeitnehmer betreffen, werden sie unter dem Stichwort „Mobile Arbeit" insgesamt kommentiert (→ Rn. 193 ff.).

III. Begriffsbestimmungen

143 **1. Bildschirmarbeitsplatz.** § 2 Abs. 5 ArbStättV definiert **Bildschirmarbeitsplätze** als Arbeitsplätze, die sich in Arbeitsräumen befinden und die mit Bildschirmgeräten und sonstigen Arbeitsmitteln ausgestattet sind. Die bisherige – beispielhafte, nicht abschließende – Aufzählung der einzelnen Bestandteile des Bildschirmarbeitsplatzes ist entfallen. Als Bildschirmarbeitsplatz definiert wird demnach nur ein Arbeitsplatz, der sich in Arbeitsräumen im Sinne des § 2 Abs. 3 ArbStättV befindet (→ Rn. 43). Diese Formulierung ist zumindest missverständlich. Denn nach § 2 Abs. 2 BildscharbV, der inhaltlich übernommen werden soll, ist ein Bildschirmarbeitsplatz ein Arbeitsplatz, der mit einem Bildschirmgerät ausgestattet ist. Die jetzige Fassung legt die Einschränkung nahe, dass Arbeitsplätze mit einem Bildschirmgerät, zum Beispiel im Freien oder auf Baustellen, nicht erfasst werden. Mit dieser Auslegung würde Art. 2 Buchst. b der Bildschirmrichtlinie nicht europarechtskonform umgesetzt. Folgt man der Begründung des Verordnungsgebers, dass keine Änderung der Rechtslage herbeigeführt werden soll, ist § 2 Abs. 5 ArbStättV europarechtskonform dahin gehend auszulegen, dass jeder Arbeitsplatz, der mit einem Bildschirmgerät ausgestattet, ein Bildschirmarbeitsplatz iSd § 2 Abs. 5 ArbStättV ist.[287]

144 **2. Bildschirmarbeitnehmer.** Der persönliche Anwendungsbereich der Regelungen der Arbeitsstättenverordnung ist in Bezug auf Bildschirmarbeitsplätze nicht länger auf den „Bildschirmarbeitnehmer" beschränkt. Dies ist nur folgerichtig, wenn man die betriebliche Wirklichkeit zur Kenntnis nimmt, in der Bildschirmarbeit in Verwaltung, Produktion und Gewerbe für die meisten Arbeitnehmer fester Bestandteil ihrer Arbeitstätigkeit ist.[288] Die Diskussionen um die Abgrenzung der Eigenschaft als „Bildschirmarbeitnehmer" sind damit obsolet.[289] Es kommt nicht mehr auf die notwendige Dauer und Intensität der an Bildschirm verbrachten Arbeitszeit an; Richtwerte und notwendige Zeitanteile insbes. bei Teilzeitbeschäftigung müssen nicht festgelegt werden. Dadurch ist für die betriebliche Praxis klargestellt, dass die Regelungen zur Bildschirmarbeit ab dem Zeitpunkt gelten, an dem die Arbeitstätigkeit an einem Bildschirmarbeitsplatz be-

---

[284] Richenhagen/Prümper/Wagner, S. 187; Kollmer/Oppenhauer ArbSchG § 17 Rn. 77; Pieper ArbStättV § 1 Rn. 12 e. [285] Aligbe ArbRAktuell 2016, 596 (597). [286] BR-Drs. 506/16, 24. [287] Wiebauer NZA 2017, 220 (222). [288] BR-Drs. 506/16, 20 f. [289] S. dazu die Voraufl. BildscharbV Rn. 18 f.

ginnt. Welche konkreten Maßnahmen des Anhangs Nr. 6 zu ergreifen sind, hängt von dem Ergebnis der Gefährdungsbeurteilung ab.

3. Bildschirmgerät. § 2 Abs. 6 ArbStättV definiert **Bildschirmgeräte als Funktionseinheiten**, zu denen insbesondere Bildschirme zur Darstellung von visuellen Informationen, Einrichtungen zur Datenein- und -ausgabe, sonstige Steuer- und Kommunikationseinheiten (Rechner) sowie eine Software zur Steuerung und Umsetzung der Arbeitsaufgabe gehören. Bildschirmgeräte setzen sich mithin aus mehreren Funktionseinheiten zusammen; dazu gehören ua auch Computer, Tastatur, Maus, Drucker, Scanner etc. Der eigentliche Bildschirm ist also nur ein Teil davon. Die Differenzierung soll verdeutlichen, dass Gefährdungen von allen Bestandteilen der Funktionseinheit „Bildschirmgerät" ausgehen können. Dies können zum Beispiel Wärmeentwicklung und Lärmbeeinträchtigungen durch den Lüfter im Computer oder Emissionen des Druckers sein. Der umfassendere Begriff soll weiter sicherstellen, dass auch Gerätetypen wie Laptops, Note- und Netbooks, Tablets und Smartphones erfasst werden. Es soll damit der rasanten technischen Entwicklung Rechnung getragen werden. In Anhang Nr. 6 werden Maßnahmen zur Gestaltung von Bildschirmgeräten im Sinne dieser Regelung formuliert.[290] Folgerichtig enthält der Anhang Nr. 6 unter 6.4 auch Vorgaben für tragbare Bildschirmgeräte (→ Rn. 165). 145

4. Telearbeitsplatz. § 2 Abs. 7 ArbStättV definiert erstmals „**Telearbeitsplatz**" als arbeitsschutzrechtlichen Rechtsbegriff. Hier wird den Anforderungen aus der Praxis im Kontext der zunehmenden Bedeutung dieser Arbeitsform Rechnung getragen.[291] Nur für Telearbeitsplätze, die dieser Definition entsprechen, gilt der eingeschränkte Anwendungsbereich der Arbeitsstättenverordnung (→ Rn. 139).[292] Telearbeitsplätze sind fest eingerichtete **Bildschirmarbeitsplätze im Privatbereich** der Beschäftigten, für die der Arbeitgeber eine mit den Beschäftigten vereinbarte wöchentliche Arbeitszeit und Dauer der Einrichtung festgelegt hat. Telearbeit iSd Arbeitsstättenverordnung liegt also nur vor, wenn diese Arbeitsform arbeitsvertraglich in Bezug auf die wöchentliche Stundenanzahl als individuellen Gesamtarbeitszeit und den Zeitraum der Einrichtung der Telearbeit vereinbart ist. Damit ist nur eine Form der heute verbreiteten Formen der Arbeit außerhalb des Betriebs, insbesondere im häuslichen Bereich gesetzlich erfasst. Das ist zu begrüßen, denn damit ist ein Schutzniveau für vertraglich ausdrücklich vereinbarte Telearbeit festgelegt. Damit bleiben jedoch alle anderen Formen der häuslichen Arbeit arbeitsstättenrechtlich ungeregelt, wie zum Beispiel gelegentliches Arbeiten von zuhause aus. Es kommt deshalb zu Zuordnungsproblemen bei vom Arbeitgeber regelmäßig erwarteter oder vorausgesetzter häuslicher Arbeit, etwa bei Lehrern oder Außendienstmitarbeitern ohne festen Arbeitsplatz im Betrieb. Die eng gefasste Regelung der Telearbeit erschwert damit die Zuordnung anderer Arbeitsformen. Natürlich gilt für diese Formen der allgemeine Schutzrahmen des Arbeitsschutzgesetzes (§§ 3, 4 ArbSchG). Als gesicherte arbeitswissenschaftliche Erkenntnisse haben hier die Regelungen des Anhangs Nr. 6 der ArbStättV eine herausgehobene Bedeutung. 146

Ein Telearbeitsplatz gilt erst dann als eingerichtet, wenn Arbeitgeber und Beschäftigte auch die **Bedingungen der Telearbeit** arbeitsvertraglich oder in einer Betriebsvereinbarung festgelegt haben. Es können eine Vielzahl von Punkten geregelt werden, so dass zu klären ist, welchen Mindestgehalt eine Vereinbarung haben muss, um einen Telearbeitsplatz im Sinne des § 2 Abs. 7 ArbStättV anzuerkennen.[293] Die Begründung lässt darauf schließen, dass nur essenzielle Rahmenbedingungen festzulegen sind, wie Arbeitszeit, Dauer der Telearbeit, technische Einrichtung und Ausstattung des Telearbeitsplatzes, Zutrittsrecht des Arbeitgebers für die Einrichtung und Beurteilung des Arbeitsplatzes. Dies ist auch sachgerecht, denn die Anerkennung als Telearbeitsplatz kann nicht davon abhängen, dass die Beteiligten sämtliche denkbaren Arbeitsbedingungen im Vorhinein vereinbaren.[294] Die verpflichtende Festlegung hat den Zweck, dem Ar- 147

---

[290] BR-Drs. 506/16, 26; Aligbe ArbRAktuell 2016, 596. [291] BR-Drs. 506/16, 23. [292] In diesem Sinne auch Eder AiB 3/2017, 10 (14). [293] Zu möglichen Regelungsgegenständen einer Betriebsvereinbarung s. Vogl/Nies, S. 74 ff. [294] BR-Drs. 506/16, 26 f.; Aligbe ArbRAktuell 2016, 596 (597).

beitnehmer die Bedingungen der Telearbeit transparent zu machen. Insbesondere sind die Verpflichtungen des Arbeitgebers in Bezug auf arbeits- und gesundheitsschützende Standards zu fixieren.

148 Die Einrichtung eines Telearbeitsplatzes setzt weiter voraus, dass die benötigte **Ausstattung des Telearbeitsplatzes** mit Mobiliar, Arbeitsmitteln, einschließlich der Kommunikationseinrichtungen durch den Arbeitgeber oder eine von ihm beauftragte Person im Privatbereich des Beschäftigten bereitgestellt und installiert ist. Außer der Funktionseinheit des „Bildschirmgeräts" hat der Arbeitgeber mithin das gesamte Arbeitsumfeld zu stellen. Dies schließt ergonomische Büromöbel und notwendige Kommunikationsmittel (Telefon, Faxgerät, Internetanschluss etc) ein.

149 § 2 Abs. 7 ArbStättV gilt nur für **Beschäftigte im Rahmen eines Arbeitsverhältnisses**. Heimbeitsverhältnisse im Sinne des § 2 Abs. 1 HAG sind nicht erfasst.[295]

150 Die Abgrenzung zu freien Mitarbeitern bzw. Honorarkräften erfolgt nach allgemeinen Regeln, ab 1.4.2017 kodifiziert in § 611 a BGB. Telearbeitnehmer sind in einem Normalarbeitsverhältnis als Voll- oder Teilzeitbeschäftigte tätig. Gem. § 5 Abs. 1 BetrVG sind sie Arbeitnehmer im Sinne des Betriebsverfassungsgesetzes; die Informations- und Mitbestimmungsrechte gelten für sie gleichermaßen.[296] Auch das Arbeitszeitgesetz mit eventuellen tarifvertraglichen und betrieblichen Konkretisierungen gilt für Telearbeitnehmer.

151 Für Telearbeitnehmer und Telearbeitsplätze im privaten Bereich gelten grundsätzlich dieselben Vorschriften des Arbeits- und Gesundheitsschutzes wie für die Beschäftigten, die ihre Arbeitsleistung ausschließlich im Betrieb erbringen. Dies stellt der Verordnungsgeber ausdrücklich klar.[297] Der Anwendungsbereich der Arbeitsstättenverordnung wird in Bezug auf diese Arbeitsplätze auf die Verpflichtungen gem. §§ 3, 6 ArbStättV und die Anforderungen für Bildschirmarbeitsplätze nach dem Anhang Nr. 6 beschränkt (→ Rn. 183). Wegen der besonderen Gestaltung der Telearbeit und damit verbundener spezifischer gesundheitlicher Belastungen der Beschäftigten werden die weiteren Einzelheiten gesondert kommentiert (→ Rn. 179 ff.).

IV. Gefährdungsbeurteilung: Spezifische Aspekte für Bildschirmarbeit (§ 3 Abs. 1 S. 3 ArbStättV)

152 Wie auch nach der im Jahre 2016 aufgehobenen BildscharbV ist der Arbeitgeber nach § 3 ArbStättV verpflichtet, die von Bildschirmarbeit ausgehenden spezifischen Gefährdungen für die **Gesundheit** zu analysieren; es ist dabei der weite Gesundheitsbegriff des § 1 ArbSchG zugrunde zu legen (→ ArbSchG § 1 Rn. 8 f.). Der Hinweis in der Begründung zur aufgehobenen BildscharbV ist auch weiterhin zutreffend, dass auch psychische und psycho-mentale Faktoren zu berücksichtigen seien und die „menschengerechte Gestaltung der Bildschirmarbeit" Bestandteil des Gesundheitsbegriffs sei.[298] Die bereits in der Bildschirmarbeitsverordnung beispielhaft hervorgehobenen drei möglichen **Gefährdungsbereiche**, dh **Gefährdung des Sehvermögens, körperliche Probleme und psychische Belastungen** sind auch nach der Eingliederung des Bildschirmarbeitsrechts in die ArbStättV weiterhin relevant. Die EG-Bildschirmrichtlinie verpflichtet den Arbeitgeber weitergehend dazu, die Addition und/oder die Kombination der Wirkungen der festgestellten Gefahren zu berücksichtigen (Art. 3 Abs. 2). Wie schon die Bildschirmarbeitsverordnung enthält auch § 3 ArbStättV diese Pflichten nicht explizit; im Rahmen der europarechtskonformen Auslegung der Verordnung hat eine Gefährdungsbeurteilung auch mögliche Kumulationen bzw. Wechselwirkungen verschiedener Gefährdungsfaktoren zu berücksichtigen.

153 **1. Gefährdung des Sehvermögens.** Insgesamt stellt Arbeiten an Bildschirmgeräten auch bei ergonomischer Gestaltung des Arbeitsplatzes hohe Anforderungen an das Auge. Deshalb nennt § 3 Abs. 1 S. 3 ArbStättV diesen Gefährdungsfaktor ausdrücklich. Die Gefährdungsbeurteilung hat alle möglichen Gefährdungen des Sehvermögens zu be-

---

295 BR-Drs. 506/16, 26 f. **296** Schulz/Ratzesberger ArbRAktuell 2016, 109; Vogl/Nies S. 116 f. **297** BR-Drs. 506/16, 26. **298** BR-Drs. 656/96, 28.

rücksichtigen. Beschäftigte an Bildschirmarbeitsplätzen klagen häufig über diverse Augenbeschwerden und Kopfschmerzen. Zwar hat sich die visuelle Qualität der Monitore erheblich verbessert. Durch die zunehmende tägliche Arbeitszeit vor dem Bildschirm haben sich die Belastungen gleichwohl eher verstärkt. Denn Seharbeit am Bildschirm bringt grundsätzlich **Fehlbelastungen der Augen** mit sich. Dazu zählen vor allem einseitige Anforderungen und Überforderung für die Augenmuskulatur. Dazu gehören häufige Blickwechsel in unterschiedliche Sehentfernungen oder ein starrer Blick in gleichbleibender Entfernung. Ergonomische Mängel durch ungünstige Arbeitsplatzgestaltung und Lichtverhältnisse (störende Blendungen) sowie durch mangelhafte, vor allem zu kleine und unscharfe Zeichendarstellung auf dem Bildschirm verstärken die Augenbelastungen. Die Beanspruchung der Augen ist bei älteren Beschäftigten oft höher als bei jüngeren Beschäftigten.[299] Die Gefährdungsbeurteilung muss insofern die Anforderungen des Anhangs Nr. 6.1 (Abs. 5, 8), Nr. 6.2. (Abs. 1, 2, 3), Nr. 6.3 (Abs. 1, 2 Nr. 3, 5), Nr. 6.4 (Abs. 2) erfassen. Da eine Beurteilung stets auf das **subjektive Sehvermögen** abstellen muss, kann diese nur für jeden Arbeitsplatz einzeln erfolgen. Der Arbeitgeber hat Beschäftigen an Bildschirmen eine angemessene Untersuchung der Augen und des Sehvermögens anzubieten und gegebenenfalls spezielle Sehhilfen zur Verfügung zu stellen (Anhang Teil 4 (2) ArbMedVV → ArbMedVV Rn. 27 ff.).

2. Körperliche Probleme. Von den Beschäftigten werden seit Jahrzehnten an erster Stelle körperliche Beschwerden am unteren Rücken, sowie im Schulter- und Nackenbereich geschildert; oftmals haben sie keinen Krankheitswert. Dabei zeigte sich eine deutliche Abhängigkeit zwischen der Dauer der Bildschirmarbeit, durchschnittlich über sechs Stunden täglich, und der Zunahme der Beschwerden.[300] **Dauerhafte Zwangshaltung** und Bewegungsarmut scheinen damit wesentliche Ursachen für körperliche Gesundheitsprobleme zu sein. Weiterhin sind nachgewiesene Risikofaktoren für das Auftreten solcher Beschwerden psychosoziale Belastungen, fehlende Arbeitszufriedenheit, monotone Arbeitsinhalte, sowie außerberufliche Faktoren.[301] Gefährdungsbeurteilungen haben demnach zu untersuchen, ob die Hardware, die Arbeitsmittel und die Arbeitsumgebung ergonomisch gestaltet sind. Dies betrifft vor allem die Anforderungen des Anhangs Nr. 6.1 (Abs. 3, 6, 7, 9, 10), Nr. 6.3 (Abs. 2 Nr. 1, 2, 4) der ArbStättV. Neben ergonomischen Arbeitsplatzdefiziten sind Wechselwirkungen mit psychischen Belastungen und Stress zu berücksichtigen (→ Rn. 159). 154

3. Psychische Belastungen. Im Rahmen des Arbeitsschutzgesetzes ist der Gefährdungsbereich der „psychischen Belastungen" erst durch die gesetzlichen Änderungen Mitte 2013 ausdrücklich in den Gesetzestext aufgenommen worden. § 4 Nr. 1 ArbSchG verpflichtet den Arbeitgeber, die Arbeit so zu gestalten, dass Gefährdungen für die physische und **psychische Gesundheit** vermieden bzw. gering gehalten werden (→ ArbSchG § 4 Rn. 7). Folgerichtig sind psychische Belastungen auch ausdrücklich in den Katalog möglicher Gefährdungsfaktoren in § 5 Abs. 3 Nr. 6 ArbSchG aufgenommen worden.[302] In der EG-Bildschirmrichtlinie (Art. 3 Abs. 1) waren psychische Belastungen von Anfang an als spezifischer Belastungsfaktor im Wortlaut verankert; § 3 BildscharbV sah dementsprechend eine Pflicht zur Ermittlung psychischer Belastungen vor. Gegenstand der Gefährdungsbeurteilung psychischer Belastungen an Bildschirmarbeitsplätzen sind spezifische Belastungsfaktoren an der Arbeitsstätte durch die Arbeit an Bildschirmgeräten (→ ArbSchG § 5 Rn. 30). 155

DIN EN ISO 10075 Teil 1[303] definiert – wertneutral – als **psychische Belastung** „die Gesamtheit aller erfassbaren Einflüsse, die von außen auf den Menschen zukommen und psychisch auf ihn einwirken". Psychische Belastungen können sich ergeben aus der 156

---

299 Neuhaus, S. 24 ff.; Rundnagel BG 2011, 434; DGUV Information 215-410, S. 13 f. **300** BAuA 2006, S. 47 ff.: eine Befragung von 20.000 Arbeitnehmern aus 2005/2006; Gebhardt ua, S. 66 ff.; s. auch TNS Infratest, S. 28 ff. **301** DGUV Information 215-410, S. 12 f. **302** Zu Gefährdungsbeurteilung konkret Balikcioglu NZA 2015, 1424. **303** DIN EN ISO 10075 „Ergonomische Grundlagen bezüglich psychischer Arbeitsbelastung Teil 1 Allgemeines und Begriffe". Erläuterungen dazu bei Richenhagen/Prümper/Wagner, S. 119 ff.; Neuhaus, S. 167 ff.; BAuA, Gefährdungsbeurteilung, S. 30 ff.

Arbeitsorganisation, den Arbeitsmitteln, der Arbeitsaufgabe, der Arbeitsumgebung und sozialen Faktoren am Arbeitsplatz. Annähernd gleiche Gefährdungsbereiche identifiziert die „Leitlinie Beratung und Überwachung bei psychischer Belastung am Arbeitsplatz", die von den Trägern der „Gemeinsamen deutschen Arbeitsschutzsstrategie" entwickelt worden ist.[304] Auch der Entwurf einer „Verordnung zum Schutz vor Gefährdungen durch psychische Belastung bei der Arbeit" nennt im Anhang die genannten Punkte als Risikofaktoren.[305] **Psychische Beanspruchung** ist „die unmittelbare Auswirkung der psychischen Belastung im Individuum in Abhängigkeit von seinen jeweiligen überdauernden und augenblicklichen Voraussetzungen, einschließlich der individuellen Bewältigungsstrategien" (zum Belastungs-Beanspruchungskonzept → ArbSchG § 4 Rn. 20 ff.). Nicht alle psychischen Beanspruchungen führen zu negativen Folgen; deshalb differenziert die DIN EN ISO 10075 Teil 1 ua zwischen Anregungseffekten und beeinträchtigenden Faktoren (→ ArbSchG § 4 Rn. 22).

157 „Stress" ist in diesem Modell eine mögliche kurzfristige Beanspruchungsfolge (→ ArbSchG § 4 Rn. 31 f.). Schon früh wurde **arbeitsbedingter Stress** auf europäischer Ebene definiert als „emotionale und psychophysiologische Reaktion auf ungünstige und schädliche Aspekte der Arbeit, des Arbeitsumfelds und der Arbeitsorganisation. Stress ist ein Zustand, der durch hohe Aktivierungs- und Belastungsniveaus gekennzeichnet ist und oft mit dem Gefühl verbunden ist, man könne die Situation nicht bewältigen".[306] Stressreaktionen entstehen durch ein Ungleichgewicht zwischen Anforderungen und den Mitteln, die zur Bewältigung zur Verfügung stehen.[307] Fehlen ausreichende Ressourcen im weitesten Sinne (persönliche, soziale, umgebungsbedingte), verfestigen sich unmittelbare Beanspruchungsfolgen wie zB Schlafstörungen. Dauerhafter Stress kann zu körperlichen und psychischen Erkrankungen sowie zu gravierenden Störungen des Wohlbefindens führen.[308] Für die Vermeidung bzw. Verringerung des arbeitsbedingten Stresses haben Arbeitgeber und betriebliche Akteure des Gesundheitsschutzes deshalb insbesondere auf die **Stärkung der Ressourcen** zu achten. Die Stärkung der Ressourcen darf sich nicht auf verhaltens- und personenbedingte Umstände beschränken, wie zB eine Fortbildung bei Änderung der Anwendersoftware. Im Fokus müssen immer auch verhältnisbedingte Veränderungen, wie eine gute Software-Ergonomie oder eine Kultur der Unterstützung bei neuen Arbeitsaufgaben stehen.

158 Die neueren Untersuchungen belegen, dass sich das **Ausmaß psychischer Belastungen einschließlich der negativen Beanspruchungsfolgen** aus den genannten Gefährdungsbereichen auf einem hohen Niveau stabilisiert hat. Als zentrale Belastungsfaktoren werden in allen Untersuchungen genannt: starker Termin- und Leistungsdruck (hohe Arbeitsintensität), verschiedene Arbeiten zeitgleich betreuen, störende Unterbrechungen.[309] Dabei besteht nach Beobachtung der befragten Betriebsräte eine Korrelation zwischen den als psychisch belastend wahrgenommenen Faktoren und betrieblichen Rahmenbedingungen, wie Umstrukturierungen, Personalabbau und Fachkräftemangel. Ein weiterer Zusammenhang zeigt sich zu Projektarbeit bzw. Arbeiten in „indirekter Steuerung" durch Zielvereinbarungen und Vertrauensarbeitszeit. Die heutigen Kommunikationsmittel (Notebooks, Tablets, Smartphones etc) ermöglichen ein zeitlich und örtlich vom Betrieb unabhängiges Arbeiten; die eigentlichen Inhalte werden weitgehend eigenverantwortlich festgelegt. Hier besteht ein enger Zusammenhang zu den Anforderungen „mobiler Arbeit" (→ Rn. 195). Dieser formalen Autonomie gepaart mit hoher intrinsischer Motivation steht die Anforderung der Einhaltung der Ziele und Kundenerwartungen gegenüber. Diese **Ambivalenz** führt zu hohen Erwartungen an Selbstorganisation und Eigenverantwortung. „Hoher Verantwortungsdruck" wird

---

304 Leitlinie Beratung und Überwachung bei psychischer Belastung am Arbeitsplatz, Nov. 2015. **305** BR-Drs. 315/13. **306** Zit. nach BAuA, Stressreport, S. 7. **307** BAuA, Stressreport (Befragung von 17.562 abhängig Beschäftigten), S. 13 ff.; die Europäische Agentur für Sicherheit und Gesundheit definiert work-related stress als „imbalance between the demands and the ressources people have and cope with those demands" s. http://osha.europa.eu/en.topics/stress. **308** Ausführlich BAuA, Stressreport, S. 27 ff.; Paridon Gute Arbeit 2017, 22. **309** BAuA, Stressreport, S. 35 ff.; Lohmann-Haislah/Morschhäuser, S. 191 f.; DGB-Index 2015, S. 6 ff.; WSI-Report 33, 12/2016: Betriebsrätebefragung 2015, S. 8 f.

folglich als häufige psychische Belastungsfolge genannt.[310] Es besteht Einigkeit, dass negative psychische Beanspruchungen und Stress, insbesondere eine **ständige hohe Arbeitsintensität** zu gesundheitlichen Beeinträchtigungen führen können, ua Muskel- und Skeletterkrankungen sowie Herz-Kreislauf-Erkrankungen. Auch ein Zusammenhang zu psychischen Störungen und Erkrankungen wird angenommen.[311] Allgemein wird in den letzten zehn Jahren ein Anstieg der Arbeitsunfähigkeitstage und Frühverrentungen auf der Grundlage der Diagnose „psychische Störung/Krankheit" festgestellt. Die Dauer der Arbeitsunfähigkeit ist bei diesen Diagnosen besonders lang.[312]

Gefährdungsbeurteilungen müssen die **physischen spezifischen Belastungsfaktoren** in Bezug auf Muskel-Skelett-Augen berücksichtigen (→ Rn. 153 f.). Von den genannten **psychischen Belastungsfaktoren** stehen vor allem die „Arbeitsintensität" und das „Multitasking" in Zusammenhang mit der zunehmenden Verbreitung und Intensivierung der Arbeit an Bildschirmgeräten iwS.[313] Arbeitsintensität beschreibt die Menge der geforderten Arbeit wie auch die Komplexität von Arbeitsaufgaben in Zusammenhang mit der dafür zur Verfügung stehenden Zeit. Eine hohe Arbeitsintensität wird als Zeit- und Leistungsdruck erlebt. Unterbrechungen der Arbeit verstärken den Zeitdruck.[314] Im Kontext der Arbeit am und mit dem Computer müssen ständig neue – unterschiedliche – Informationen aufgenommen und möglichst umgehend verarbeitet werden. Die zu bewältigende Arbeitsmenge in Kombination mit der Komplexität der Aufgaben führt zu steigenden Anforderungen bei geistiger Arbeit am Bildschirm und den genannten Belastungsfaktoren.[315] Die Gefährdungsbeurteilung muss daher diese „weichen" Belastungsfaktoren erfassen. Diese können sich in Kombinationen mit Defiziten in der Hard- und Software-Ergonomie, sowie der Arbeitsumgebung wechselseitig verstärken (→ ArbSchG § 4 Rn. 33). Die Addition und/oder die Wechselwirkung physischer und psychischer Gefährdungsfaktoren sind zu erfassen und zu bewerten.[316] Weitere psychisch belastende Faktoren und Stressoren können sich an der Schnittstelle von Arbeitsaufgabe und Software ergeben. Im Rahmen der Gefährdungsbeurteilung ist zu prüfen, ob die Grundsätze der **Software-Ergonomie** gem. Anhang Nr. 6.5 der ArbStättV eingehalten sind. Diese werden durch DIN EN ISO 9241 „Ergonomie der Mensch-System-Interaktion" konkretisiert. Insbesondere ist im Rahmen der Gefährdungsbeurteilung zu überprüfen, ob die Humankriterien der DIN EN ISO Teil 110 „Grundsätze der Dialoggestaltung" eingehalten sind.[317]

4. Gefährdungsbeurteilungen in der betrieblichen Praxis. Gefährdungsbeurteilungen sind das verbindliche gesetzliche Instrument, mit dem physische und psychische Belastungsfaktoren festgestellt, analysiert und damit auch reduziert bzw. vermieden werden können. Dennoch gibt es bei der **Umsetzung** erhebliche Defizite in Bezug auf Quantität und Qualität der Gefährdungsbeurteilungen.[318] Empirische europaweite und nationale Untersuchungen belegen diesen Befund.[319] Die Dachevaluation der GDA kommt zu dem Ergebnis, dass nur 50 % der Betriebe eine Gefährdungsbeurteilung vornehmen (2012). Nach der Betriebsrätebefragung des WSI 2015 sind es fast 80 %. Dabei besteht in beiden Untersuchungen ein erheblicher Zusammenhang zwischen Betriebsgröße und Durchführung. Außerdem variiert die Durchführungsquote stark zwischen den Branchen. Gefährdungsbeurteilungen konzentrieren sich nach wie vor sehr auf technische, physikalische und räumliche Gefährdungen. Es gibt eine auffallende Diskrepanz zwischen den wissenschaftlichen Erkenntnissen zu negativen psychischen Beanspruchungen bzw. Stress und der betrieblichen Praxis ihrer Beurteilung. Nach Angaben der Be-

---

310 WSI-Report 33, 12/2016: Betriebsrätebefragung 2015, S. 9; Ahlers WSI-Mitteilungen 2015, 194 (195). **311** BAuA, Stressreport, S. 178 f.; Rau in: Badura ua, S. 19 ff.; Lohmann-Haislah/Morschäuser, S. 191, 193. **312** DAK-Psychoreport 2015; BKK-Gesundheitsreport 2016, S. 39 ff.; s. auch Antwort der Bundesregierung auf eine Anfrage der Fraktion Bündnis 90/Die Grünen, BT-Drs. 18/8587. **313** Krause NZA 2016, 1004 (1006). **314** BAuA-Gefährdungsbeurteilung, S. 32. **315** Ahlers WSI-Mitteilungen 2015, 194 (196); DGB-Index 2016, S. 9, 16. **316** DGUV Information 215-410, S. 14 f.; s. auch § 4 Abs. 1 des Entwurfs einer „Verordnung zum Schutz vor Gefährdungen durch psychische Belastung bei der Arbeit", BR-Drs. 315/13, 14 f. **317** Dazu Richenhagen/Prümper/Wagner, S. 103 ff.; Martin/Prümper/von Harten, S. 27 ff. **318** Blume, S. 383, 390 ff. **319** Ahlers WSI-Mitteilungen 2015, 194 (197 f.).

triebsräte werden nur in ca. einem Drittel der Betriebe psychische Belastungen erfasst. Obwohl es keine aktuellen Daten zur Praxis der Gefährdungsbeurteilung an Bildschirmarbeitsplätzen gibt,[320] ist davon auszugehen, dass die Defizite ähnlich hoch sind. Nach der GDA-Dachevaluation werden auch in Branchen mit intensiver Bildschirmarbeit insbes. in Kommunikations-, Finanz- und sonstigen Dienstleistungen nur in etwa einem Drittel der Betriebe Gefährdungsbeurteilungen durchgeführt.[321] Die **Gründe für die unzureichende Umsetzung** sind vielfältig; genannt werden ua fehlendes Know How, Unübersichtlichkeit der Instrumente und ihre fehlende Praxisnähe.[322] Ein zentrales, betrieblich aber wenig diskutiertes Problem, ist die Haltung der Akteure zu einer betrieblichen Analyse von psychischen Belastungen und Stress. Zum einen werden Arbeitsintensivierung und Verdichtung nicht als betrieblich gestaltbares Gesundheitsschutzproblem wahrgenommen; zum Zweiten werden psychische Belastungen als stigmatisierendes Gesundheitsproblem des Einzelnen, etwa als persönliche Schwäche wahrgenommen. Betriebliche Akteure assoziieren damit psychische Erkrankungen des einzelnen Arbeitnehmers, dies führt zu einer Tabuisierung und Distanzierung.[323]

161 Die **Gefährdungsbeurteilung bei Bildschirmarbeit gem. § 3 Abs. 1 S. 3 ArbStättV** ist von zentraler Bedeutung für die Vermeidung und Verringerung der spezifischen Gefährdungen durch Bildschirmarbeit. Sie hat denselben Anforderungen zu genügen wie die Gefährdungsbeurteilung nach § 5 ArbSchG. Insofern kann auf die Ausführungen dort zu Schutzzielen, Verfahrensschritten und Beteiligung der betrieblichen Akteure verwiesen werden (→ ArbSchG § 5 Rn. 40 ff.). Die Gefährdungsbeurteilung hat die Komplexität und innere Verknüpfung der möglichen Gefährdungsursachen durch Mängel der Hard- und Software, Arbeitsumgebung, Arbeitsorganisation und Arbeitsaufgabe zu berücksichtigen. Aktuelle Entwicklungen zu neuen Bürokonzepten (Open Space, Smart Office etc) oder die „Digitalisierung – 4.0" unterstreichen die Wichtigkeit dieser Analysen im präventiven und korrektiven Sinn.[324] Es liegen eine Vielzahl von Verfahren und **Handlungshilfen** zur Gefährdungsbeurteilung von Bildschirmarbeitsplätzen vor, die auch psychische Belastungen und Software-Ergonomie berücksichtigen.[325] Hervorzuheben sind das Verfahren „ABETO" und das „BAAM"-Verfahren, weil damit explizit die Softwareergonomie mit den anderen auch bildschirmarbeitstypischen psychischen Belastungen integriert ermittelt werden können.[326] Informationen über Verfahren und die Inhalte zur Beurteilung psychischer Belastungen finden sich weiter in der Leitlinie „Beratung und Überwachung bei psychischer Belastung am Arbeitsplatz", die von den Trägern der „Gemeinsamen Deutschen Arbeitsschutzstrategie" entwickelt worden sind. Diese wird durch „**Empfehlungen zur Umsetzung der Gefährdungsbeurteilung psychische Belastung**" konkretisiert; anders als die Leitlinie richten sich die Empfehlungen an die betrieblichen Akteure. Sie beinhalten Qualitätsgrundsätze für Instrumente und Verfahren zur Gefährdungsbeurteilung psychischer Belastungen. Es werden fünf Merkmalsbereiche mit jeweiligen Belastungsfaktoren identifiziert (Arbeitsinhalt/Arbeitsaufgabe, Arbeitsorganisation, soziale Beziehungen, Arbeitsumgebung). Eine Veröffentlichung der BAuA konkretisiert die Belastungsfaktoren jeweils in Bezug auf kritische Ausprägungen, Gefährdungspotenziale und mögliche Gestaltungsansätze; sie gibt ausführliche Informationen zu exemplarischen Analyseinstrumenten und -verfahren.[327] Die praktische Durchführung der Gefährdungsbeurteilung muss vor

---

320 TNS Infratest, S. 39 ff. mit Daten aus 2007. **321** GDA-Dachevaluation 2014, S. 66 ff.; WSI-Report 33, 12/2016: Betriebsrätebefragung 2015, S. 11 f. **322** Übersicht bei Beck/Richter/Morschhäuser, S. 115 f.; Langhoff/Satzer Gute Arbeit 4/2010, 267; Ahlers WSI-Mitteilungen 2015, 194 (197). **323** Kohte in: Schröder/Urban, S. 76, 78 f.; Beck/Richter/Morschhäuser, S. 115, 117; Ahlers WSI-Mitteilungen 2015, 194 (198). **324** Blume in: FS Kohte, S. 383 ff. **325** Vgl. nur: Auflistung bei Neuhaus, S. 185 und die dort vorgestellte Arbeitshilfe im Anhang, S. 305 ff.; Hinweise bei Richenhagen/Prümper/Wagner, S. 124 ff.; vergleichende Übersicht über Verfahren unter www.ergo-online.de/Gefährdungsbeurteilung. **326** Detailliert: Martin/Prümper/von Harten; Resch; auch BAuA (2010) Tool Box Version 1.2, Instrumente zur Erfassung psychischer Belastungen S; IAG-Report (2013), Gefährdungsbeurteilung psychischer Belastungen; Satzer/Geray, Stress-Psyche-Gesundheit. Das START-Verfahren zur Gefährdungsbeurteilung, 2008; Oppholzer, Psychische Belastungen, 2009. **327** BAuA, Gefährdungsbeurteilung, S. 163 ff.

Ort organisiert werden. Das wichtigste Instrument zur Implementierung der Gefährdungsanalysen sind erfahrungsgestützte **Betriebs- bzw. Dienstvereinbarungen** (zu Mitbestimmungsrechten → BetrVG § 87 Rn. 37, → BPerVR Rn. 38 ff.). Die Betriebsparteien müssen sich auf praktikable und umfassende Regelungen zur Auswahl eines Verfahrens, Durchführungsschritten im Betrieb, Beteiligung der Arbeitnehmer etc verständigen.[328]

V. Maßnahmen zur Gestaltung von Bildschirmarbeitsplätzen: Anhang Nr. 6 ArbStättV

Die neue Nr. 6 des Anhangs der ArbStättV enthält grundsätzliche Anforderungen und Festlegungen für Bildschirmarbeit in Arbeitsstätten. Die Regelungen sind weitgehend inhaltsgleich mit dem Anhang der Bildschirmarbeitsverordnung. Anforderungen daraus, die bereits in der Arbeitsstättenverordnung geregelt sind, sind zur Vermeidung von Doppelregelungen nicht noch einmal aufgenommen.[329] Dies betrifft Bestimmungen zur Beleuchtung (Nr. 3.4 → Rn. 75) und zum Lärm (Nr. 3.7 → Rn. 83). Der Anhang ist in fünf Abschnitte strukturiert: 162

- 6.1 Allgemeine Anforderungen an Bildschirmarbeitsplätze,
- 6.2 Allgemeine Anforderungen an Bildschirme und Bildschirmgeräte,
- 6.3 Anforderungen an Bildschirmgeräte und Arbeitsmittel für die ortsgebundene Verwendung an Arbeitsplätzen,
- 6.4 Anforderungen an tragbare Bildschirmgeräte für die ortsveränderliche Verwendung an Arbeitsplätzen,
- 6.5 Anforderungen an die Benutzerfreundlichkeit von Bildschirmarbeitsplätzen.

1. Gestaltung von Hard- und Software, sowie Arbeitsumgebung. Anhang Nr. 6.1 ArbStättV enthält in Abs. 1 eine **Generalklausel** und eine **Schutzzielbestimmung**: Bildschirmarbeitsplätze sind so einzurichten und zu betreiben, dass die Sicherheit und der Schutz der Gesundheit der Beschäftigten gewährleistet sind. Die Grundsätze der Ergonomie sind auf Bildschirmgeräte iSe Funktionseinheit gem. § 2 Abs. 6 ArbStättV (→ Rn. 145) und die sonstigen Arbeitsmittel anzuwenden. Es fehlt an dieser Stelle der ausdrückliche Hinweis, dass auch die eingesetzte Software ergonomischen Grundsätzen entsprechend dem Stand der Technik entsprechen muss (→ Rn. 167 f.). Hervorzuheben ist Abs. 2, in dem die Verpflichtung des Arbeitgebers zur **Gestaltung der Bildschirmarbeit durch Mischarbeit und Arbeitsunterbrechungen** normiert ist (bisher § 5 BildscharbV). Wegen der besonderen Bedeutung wird diese Vorgabe gesondert kommentiert (→ Rn. 172 ff.). Die Abs. 2–10 enthalten bisherige Regelungen zu Arbeitsmitteln, wie Fußstütze, und zur Arbeitsumgebung, wie Beleuchtung. Neu ist die Vorgabe in Nr. 6.1 Abs. 9 zur ergonomischen Anordnung mehrerer Bildschirmgeräte bzw. Bildschirme an einem Arbeitsplatz. Sofern mehrere Eingabegeräte erforderliche sind, müssen sich diese eindeutig dem jeweiligen Bildschirmgerät zuordnen lassen. Anzahl und Größe haben Auswirkungen auf die Arbeitsumgebung. Insbesondere ist darauf zu achten, dass die Bewegungsfläche groß genug ist, damit die Beschäftigten unterschiedliche Körperhaltungen einnehmen können.[330] 163

In **Anhang Nr. 6.2, Nr. 6.3 ArbStättV** werden die bisherigen **Anforderungen an Bildschirme, Bildschirmgeräte** und Arbeitsmittel geregelt. Neu ist jetzt, dass bei Darstellung der Zeichen auf dem Bildschirm, sowie Helligkeit und Kontrast eine individuelle Einstellung in Abhängigkeit der Arbeitsaufgabe und des Sehabstands möglich sein muss (Abs. 1, 2 und 3). Erstmals geregelt ist die Eingabe durch alternative Eingabemittel, zB durch Bildschirm, Spracheingabe, Scanner. Sie dürfen nur eingesetzt werden, wenn dadurch die Arbeitsaufgaben leichter ausgeführt werden können und keine zusätzlichen Belastungen entstehen (Anhang Nr. 6.3 Abs. 3 ArbStättV). 164

---

[328] Faber, Gute Arbeit 2017, 13; Eisfeller/Lorenz/Schubert, S. 35 ff.; praktische Gestaltungshinweise bei Romahn. [329] BR-Drs. 506/16, 34. [330] DGUV Information 215-410, S. 64.

165 Die Entwicklung und verbreitete Nutzung von neuen – tragbaren – Gerätetypen wie Notebooks, Netbooks, Tablets etc hat eine Regelung notwendig gemacht.[331] In Anhang Nr. 6.4 ArbStättV „Anforderungen an tragbare Bildschirmgeräte für die ortsveränderliche Verwendung an Arbeitsplätzen" werden nun **Vorgaben für die Arbeit mit mobilen Geräten** gemacht. Anhang Nr. 6.4 gilt nur für Geräte, die „am Arbeitsplatz" iSd § 2 Abs. 4 ArbStättV, dh in Bereichen von Arbeitsstätten nach § 2 Abs. 1, 2 ArbStättV verwendet werden (→ Rn. 165 f.). Geräte, die unterwegs, zu Hause etc für Arbeitstätigkeiten benutzt werden, sollen nicht erfasst sein; das „mobile Arbeiten" unterliegt nicht der Arbeitsstättenverordnung (→ Rn. 142).[332] Erfasst werden Arbeiten an tragbaren Bildschirmgeräten, die an wechselnden Arbeitsplätzen der Arbeitsstätte verrichtet werden. Beispiele sind Laptops, mit denen in einer Autowerkstatt der Fehler in der Software des jeweiligen PKWs gesucht wird, mobile Geräte während der Visite im Krankenhaus zum Abruf der elektronischen Krankenakte oder die Protokollierung einer Projektgruppensitzung im Besprechungsraum. Die Anforderungen an die Hardware-Ergonomie der tragbaren Geräte sind in Nr. 6.4 Abs. 1, 2 formuliert.[333] Da tragbare Geräte idR nicht über externe Eingabemittel bzw. keine Tastaturen verfügen, können ergonomische Anforderungen an Tastaturen und die Anordnung der Geräte nicht eingehalten werden. Deshalb dürfen die Geräte nur kurzzeitig verwendet werden oder nur dann, wenn die Arbeitsaufgaben mit keinem anderen Bildschirmgerät ausgeführt werden können. Werden tragbare Geräte ortsgebunden an Arbeitsplätzen verwendet, gelten die allgemeinen Anforderungen der Nr. 6.1, die vor allem Vorgaben für die Arbeitsumgebung enthalten.[334]

166 In letzter Zeit sind solche tragbaren Geräte, wie zB **Notebooks, Smartphones und Tablets** in wachsendem Umfang in Betrieben angeschafft und eingesetzt worden. Dabei ist nicht selten weder eine Beteiligung nach § 90 BetrVG noch eine vorherige Gefährdungsbeurteilung erfolgt. Dies ist verfehlt, zumal inzwischen gesicherte arbeitswissenschaftliche Erkenntnisse zur Ergonomie vorliegen. Eine handhabbare Zusammenfassung enthält die **DGUV Information 211-040** zum Einsatz mobiler Informations- und Kommunikationstechnologie an Arbeitsplätzen vom März 2015. Wichtig ist bereits die Größe des Displays. Für Notebooks und Tablets soll deren Größe „auf keinen Fall" 10 Zoll unterschreiten. Bei länger andauernden Lese- und Eingabetätigkeiten sind zumindest für Notebooks größere Displays ab 15 Zoll erforderlich. Für die Leuchtdichte ist bei allen Geräten wenigstens 400 CD/qm erforderlich. Dies ist von Bedeutung, weil mobile Geräte nicht selten bei schwierigeren Lichtverhältnissen eingesetzt werden. Die Oberfläche soll, wie bereits im Anhang Nr. 6.4. ArbStättV vorgeschrieben, reflexionsarm sein. Für Smartphones gelten andere Displaygrößen, sie sollen jedoch auf keinen Fall 3,5 Zoll unterschreiten. Dieses Format erlaubt ein Mindestmaß an Ablesbarkeit, kurze Arbeitstätigkeiten können so toleriert werden. Komplexe bzw. länger andauernde Tätigkeiten müssen jedoch an anderen Geräten getätigt werden. Die allgemeine Anforderung der Mischtätigkeit hat daher bei den mobilen Geräten eine besondere Bedeutung. Ebenfalls gelten hier auch allgemeine Grundsätze, wie zB die in Anhang Nr. 6.5 ArbStättV vorgeschriebene Einschränkung der Kontrolle der Beschäftigten. Schließlich enthält die DGUV Information 211-040 ausführliche Anforderungen, die beim Einbau solcher Geräte in Kraftfahrzeuge zu beachten sind.

167 Der zum Teil neu formulierte **Anhang Nr. 6.5 ArbStättV** verpflichtet den Arbeitgeber, dafür zu sorgen, dass der Arbeitsplatz den Arbeitsaufgaben entsprechend gestaltet ist; insbesondere sind geeignete Softwaresysteme bereitzustellen. In den folgenden Absätzen werden die Anforderungen aus dem Anhang der Bildschirmarbeitsverordnung zur **Software-Ergonomie** übernommen. Orientierung zur betrieblichen Konkretisierung bieten ua DIN EN ISO-Normen und die DGUV-Information 215-410, Anhang 7.5.[335]

---

[331] Lambach/Prümper RdA 2014, 345. [332] BR-Drs. 506/16, 24. [333] Ausführliche Konkretionen in DGUV Information 215-410, Anh. 1. [334] Einzelheiten bei Pieper ArbStättV Anh. 6.4 Rn. 3 f. [335] DGUV Information 215-410 „Bildschirm- und Büroarbeitsplätze. Leitfaden für die Gestaltung" 2015; Schneider Gute Arbeit 2017, 45.

Bei der **Darstellung von Informationen** sollten die Erkenntnisse nach DIN EN ISO 9241-12 bezüglich
- Organisation von Informationen,
- Verwendung grafischer Objekte,
- Gebrauch von Kodierverfahren

berücksichtigt werden. In der DIN EN ISO 9241, Teil 110 werden „**Grundsätze der Dialoggestaltung**" konkretisiert. Die Software muss folgende Kriterien erfüllen:
- Aufgabenangemessenheit,
- Selbstbeschreibungsfähigkeit,
- Steuerbarkeit,
- Erwartungskonformität,
- Fehlerrobustheit,
- Individualisierbarkeit,
- Lernförderlichkeit.

Die Software muss gebrauchstauglich sein, das heißt sie sollte gewährleisten, dass Benutzer ihre Arbeitsaufgabe effektiv (die Genauigkeit und Vollständigkeit, mit der ein Benutzer sein Ziel erreicht), effizient (das Verhältnis von Genauigkeit und Vollständigkeit zum Aufwand, mit der ein Benutzer ein bestimmtes Ziel erreicht) und zufriedenstellend erledigen kann. Eine optimale Nutzung der Software wird noch nicht allein durch die **Gebrauchstauglichkeit** erreicht.[336] Stets sind der „spezielle Anwendungsfall" und die jeweiligen „Benutzeraspekte" wie individuelle Kenntnisse, Alter, Lerngewohnheiten zu berücksichtigen. Dies ist nur in einem hochwertigen Nutzungskontext mit angemessenen ergonomischen Bedingungen sowie aktivierenden sozialen Beziehungen und Strukturen möglich. Führungskräfte im Unternehmen sollten einen motivierten Umgang mit der Software fördern, zB durch Beteiligung der Beschäftigten an der Gestaltung der Arbeitsprozesse, umfassende Informationen oder die Möglichkeit, Verbesserungsprozesse einleiten zu können. 168

Die Anforderungen des Anhangs sind beim Einrichten (→ Rn. 28) und Betreiben (→ Rn. 29) einzuhalten. Die **betriebliche Realisierung** muss dem ganzheitlichen Leitbild des Arbeits- und Gesundheitsschutzes der §§ 3–5 ArbSchG folgen. Das zentrale Instrument ist die ganzheitliche Planung, nicht die isolierte Betrachtung einzelner ergonomischer Anforderungen (→ ArbSchG § 4 Rn. 70 ff.). Die Konzentration vor allem auf ergonomische Hardware iS einer hochwertigen technischen Qualität ist notwendig, aber nicht hinreichend. Die **systemische Betrachtung** des Bildschirmarbeitsplatzes erfordert den Fokus gleichermaßen zB auf die Software-Ergonomie und Raumaufteilung zu richten. Hierzu müssen die verschiedenen für Planung und Beschaffung verantwortlichen Bereiche (IT-Einkauf, Facility-Management) über aktuelles und umfassendes Wissen zur Ergonomie verfügen. Zudem müssen ggf. die Bedingungen des Einzelarbeitsplatzes und der Arbeitsaufgabe berücksichtigt werden.[337] Außerdem sind die Anforderungen spezifischer Beschäftigtengruppen wie älterer und behinderter Arbeitnehmer zu berücksichtigen. Dies gilt im Kontext zunehmender Beschleunigung und Flexibilisierung der Arbeit, die alle Tätigkeitsbereiche durchdringt und von Bildschirmarbeit geprägt ist, in besonderem Maße.[338] 169

Die Anforderungen des Anhangs bedürfen der **Konkretisierung**, damit der Arbeitgeber die ergonomischen Grundsätze einhalten kann. Zur Auslegung und Konkretisierung stehen Regelwerke wie **DIN EN ISO-Normen, Leitfäden und Informationen der Berufsgenossenschaften** zur Verfügung.[339] Diese zT sehr detaillierten technischen Normen und Handlungshilfen sind Instrumente zur Konkretisierung des Anhangs. Sie können 170

---

[336] Ausführlich zur Software-Ergonomie DGUV Information 215-410, S. 78 ff. [337] Rundnagel BPUVZ 2013, 342 (344). [338] Martin/Prümper/von Harten, S. 207 ff. [339] Vor allem DGUV Information 215-410 „Bildschirm- und Büroarbeitsplätze. Leitfaden für die Gestaltung" 2015, S. 24 ff.; ergo-online.de; baua.de/de/Themen-von-A-Z/Buerarbeit/Arbeitssystem-Bildschirmarbeit.html.

die betriebliche Gestaltung unterstützen, aber nicht ersetzen; in Betriebsvereinbarungen kann darauf Bezug genommen werden.[340] Die bloße wörtliche Wiedergabe zB der Regelungen des Anhangs oder von DIN EN ISO Normen in einer Betriebs- oder Dienstvereinbarung entspricht aber nicht dem prozeduralen Charakter des Arbeitsschutzrechts, der Verpflichtung zu ständigen Anpassungs- und Optimierungsmaßnahmen (→ ArbSchG § 3 Rn. 29 ff.). Dieser **Optimierungsgrundsatz** findet sich jetzt ausdrücklich in § 2 Abs. 9 ArbStättV (→ Rn. 30). Die rasche (Neu-)Entwicklung der Kommunikationstechnologien verlangt eine ständige Anpassung der ergonomischen Vorgaben nicht nur der Bildschirmgeräte, sondern der gesamten Arbeitsumgebung, ua der Raumkonzepte in Büros und Produktion. Daher wird die Arbeit des Arbeitsstättenausschusses zur Konkretisierung der Regelungen des Anhangs entsprechend dem Stand der Technik in Zukunft eine große Bedeutung für die Arbeitsstätten haben, die von Bildschirmarbeit geprägt sind. Daneben bleibt es Aufgabe der betrieblichen Akteure, den Arbeits- und Gesundheitsschutz an Bildschirmarbeitsplätzen entsprechend den konkreten betrieblichen Bedingungen und Anforderungen zu gestalten und fortzuschreiben.

171 Nach Nr. 6.5 Abs. 5 des Anhangs darf eine Kontrolle der Arbeit hinsichtlich ihres **qualitativen oder quantitativen Ergebnisses** ohne Wissen der Beschäftigten nicht durchgeführt werden. Diese Regelung entspricht Nr. 22 des Anhangs der Bildschirmarbeitsverordnung. Damit ist wie bisher die Kommentierung und Rechtsprechung zu § 87 Abs. 1 Nr. 6 BetrVG heranzuziehen.[341] Zweck des § 87 Abs. 1 Nr. 6 BetrVG ist der präventive Schutz vor Eingriffen des Arbeitgebers in Persönlichkeitsrechte, insbesondere das informationelle Selbstbestimmungsrecht der Beschäftigten. Insofern besteht ein enger Zusammenhang zu § 75 Abs. 2 BetrVG.[342] Bildschirmgeräte werden durch das Aufspielen einer entsprechenden Software zu einer „technischen Einrichtung" iSd § 87 Abs. 1 Nr. 6 BetrVG.[343] Die Daten müssen individuell oder individualisierbar sein. Kontrollrelevant ist auch die Erhebung der Daten einer Arbeitsgruppe, da bei kleinen Arbeitsgruppen auf diese Weise auch eine persönliche Kontrolle möglich ist.[344] Es genügt, wenn die Einrichtung dann **objektiv geeignet** ist, Arbeitnehmer zu überwachen bzw. zu kontrollieren. Auch wenn die Erhebung und Verarbeitung der Daten als solche keine Aussagen über Leistung und Verhalten der Arbeitnehmer zulässt, genügt die Möglichkeit, dass diese Daten mit anderen verknüpft werden können, so dass entsprechende Überwachung möglich wird.[345] Die Rechtsprechung versteht als Überwachung sowohl das Sammeln von Informationen über Arbeitnehmer als auch das Auswerten bereits vorhandener Informationen, die sich auf Verhalten oder Leistung der Arbeitnehmer beziehen.[346] Auch Status- und Betriebsdaten können kontrollrelevant sein, wenn sie als Daten über die Nutzung von Maschinen und Geräten zugleich Aussagen über das Arbeitsverhalten von Arbeitnehmern zulassen. Insofern sind heute generell alle individuell oder individualisierbar erhobenen, gespeicherten und verarbeiteten Daten, auf die der Arbeitgeber Zugriff hat, spätestens mit der Verknüpfung mit anderen Daten geeignet, Aussagen über Verhalten oder Leistung einzelner Beschäftigter zu machen.[347] Dies gilt auch im Rahmen von Telearbeit und mobiler Arbeit. Insofern ist die Regelung im Zusammenhang mit den Mitbestimmungsrechten in § 87 Abs. 1 Nr. 6 BetrVG, § 75 Abs. 3 Nr. 17 BPersVG von zentraler Bedeutung für den Schutz der Beschäftigten. Wegen der umfassenden Möglichkeiten durch heutige IT-Technologie ist eine gesetzliche Regelung zum Beschäftigtendatenschutz dringend notwendig. Die EU-Verordnung von April 2016 über den Datenschutz (EU-DSGVO), die nach einer Übergangszeit im Mai 2018 in Kraft treten wird, enthält in Art. 88 eine Öffnungsklausel zur Regelung des Daten-

---

340 Eisfelder/Lorenz/Schubert, S. 30 f.; jetzt LAG Niedersachsen 11.1.2017 – 13 TaBV 109/15.
341 Richenhagen/Prümper/Wagner, S. 98. **342** Fitting BetrVG § 87 Rn. 216; GK-Wiese BetrVG § 87 Rn. 484. **343** GK-Wiese BetrVG § 87 Rn. 553. **344** BAG 6.12.1983 – 1 ABR 43/81; BAG 26.7.1994 – 1 ABR 6/94, NZA 1995, 185. **345** BAG 11.3.1986 – 1 ABR 12/84; BAG 29.6.2004 – 1 ABR 21/03; Fitting BetrVG § 87 Rn. 226, 235; GK-Wiese BetrVG § 87 Rn. 507 mwN. **346** BAG 14.9.1984 – 1 ABR 23/82, NZA 1985, 28. **347** GK-Wiese BetrVG § 87 Rn. 527; Schulze-Ratzesberger ArbRAktuell 2016, 301.

schutzes im Beschäftigtenkontext.[348] Hierfür liegt seit 2010 ein Gesetzentwurf vor.[349] Das ab Mai 2018 an die EU-DSGVO angepasste neue Bundesdatenschutzgesetz macht von der Öffnungsklausel keinen Gebrauch. § 26 BDSG nF enthält einige Änderungen, die aber den komplexen Anforderungen an einen wirksamen Datenschutz für Beschäftigte insgesamt nicht entsprechen.[350]

2. Gestaltung der Arbeitsorganisation: Mischarbeit/regelmäßige Erholungszeiten (Anhang Nr. 6.1 Abs. 2 ArbStättV). Anhang Nr. 6.1 Abs. 2 normiert die Verpflichtung des Arbeitgebers dafür sorgen, dass die Tätigkeiten an Bildschirmgeräten durch „andere Tätigkeiten oder regelmäßige Erholungszeiten unterbrochen werden". Die Regelung orientiert sich eng an § 5 BildscharbV. Anders als diese gilt sie nicht mehr einschränkend für „Bildschirmarbeitnehmer" iSd § 2 Abs. 3 BildscharbV, sondern für alle Beschäftigten an Arbeitsplätzen mit einer Schnittstelle zwischen Mensch und elektronischer Datenverarbeitung ohne eine zeitliche Mindestgrenze. Dies ist folgerichtig in einer Arbeitswelt, wo nicht nur in Büros und Verwaltungen Bildschirmarbeit ein fester Bestandteil für Millionen von Beschäftigten in der täglichen Arbeit ist. Wie nach der Rechtslage des § 5 BildscharbV sollen gesundheitliche Beanspruchungen durch andauernde intensive Bildschirmarbeit verringert werden. **„Andere Tätigkeiten" oder „Erholungszeiten"** sollen präventiv verhindern, dass körperliche Beschwerden durch ständige Zwangshaltung bzw. Augenbelastungen und psychische Beanspruchungen, zB durch monotone Arbeitsvorgänge oder ständiges Reagieren, auftreten. Nach der Begründung des Gesetzgebers zum Anhang Nr. 6.1 Abs. 2 ArbStättV gibt es eine **klare Rangfolge:**[351]

- Die Arbeit an Bildschirmgeräten ist so zu organisieren, dass sie durch belastungsreduzierende Tätigkeiten unterbrochen wird.
- Nur als Alternative kommt eine regelmäßige Erholungszeit in Betracht.

Kann ein Arbeitnehmer aus gesundheitsbedingten Gründen nur stundenweise Bildschirmarbeit leisten, ist diese Einschränkung so auszulegen, dass der Arbeitgeber einen echten Mischarbeitsplatz anbieten muss. Es ist nicht ausreichend zusätzliche Bildschirmpausen einzuräumen.[352]

Nach intensiven Diskussionen in den 90er Jahren gibt es heute kaum noch Arbeitsplätze mit reinen Schreibtätigkeiten. Die Regel ist heute die ganzheitliche Bearbeitung von Arbeitsaufgaben im Rahmen von Bildschirmarbeit. Genau daraus haben sich wiederum Arbeitsplätze mit **andauernder intensiver Bildschirmarbeit** vor allem in Dienstleistungsbranchen wie Versicherungen, Banken, Architektur- und Planungsbüros und öffentlicher Verwaltung entwickelt. Intensive Bildschirmarbeit ist zentral für die Erledigung der Arbeitsaufgaben; die Arbeit am Computer bestimmt die Erledigung der Arbeitsaufgaben. Dadurch sind viele Beschäftigte von den negativen Beanspruchungen gesundheitlich belastet: körperliche Belastungen, insbesondere durch ständige Zwangshaltung, Belastungen der Augen durch ständigen Blickkontakt zum Bildschirm und psychische Belastungen ua durch Arbeitsverdichtung (→ Rn. 153 ff.). Diese Gefährdungen sollen deshalb durch andere Arbeiten vermindert werden. Der 8-Stunden-Tag am Bildschirm ohne andere Tätigkeiten ist nicht gesetzeskonform, aber angesichts der zunehmenden Digitalisierung häufige Praxis. Spezifische Herausforderungen bestehen diesbezüglich in Call-Centern (→ Rn. 207 ff.).

Indes besteht die Verpflichtung, echte Mischarbeit zu ermöglichen, dh unterschiedliche Tätigkeiten in einer neuen Aufgabenstellung. **Mischarbeit** ist primär als „belastungsmindernde" oder als „qualifizierende Mischarbeit" auszugestalten. Im ersten Fall geht es darum, Bildschirmarbeit durch andere Arbeiten auf gleichem fachlichem Niveau zeitlich zu reduzieren. Besonders günstig ist ein Wechsel zwischen geistiger und körperlicher Arbeit bzw. einer Arbeit, die die mögliche Zwangshaltung am Bildschirm unter-

---

[348] Verordnung (EU) 2016/679 v. 27.4.2016, ABl EU L 119, 1 v. 4.5.2016; Überblick bei Weichert CuA 2017, 8. [349] BT-Drs. 17/4230. [350] Dazu Düwell, jurisPR-ArbR 22/2017 Anm. 1; Wybitul NZA 2017, 413. [351] BT-Drs. 506/15, 34; schon zu § 5 BildscharbV BR-Drs. 656/96, 1; Pieper ArbStättV Anh. 6.1 Rn. 2 ff.; zust. aus arbeitswissenschaftlicher Sicht Richenhagen/Prümper/Wagner, S. 204 f. [352] LAG Berlin-Brandenburg 24.4.2014 – 21 Sa 1689/13 mAnm Feldhoff, juris PR-ArbR 12/2015 Anm. 6.

bricht. Das **Konzept der qualifizierenden Mischarbeit** ist insbesondere im Zuge der Verwaltungsreformen in Kommunen, Verwaltungen und Gerichten in Bezug auf Mitarbeiterinnen im Schreibdienst entwickelt worden: Reine Schreibarbeit wird durch Aufgaben der Sachbearbeitung angereichert. Das Aufgabenspektrum wird erweitert (Job enlargement) und die Arbeit vielseitiger (Job enrichment) durch ganzheitliche Arbeitsaufgaben auf höherem fachlichem Niveau. Letztlich wird dadurch eine Qualifizierung der Beschäftigten erreicht. Weitere Maßnahmen zur Realisierung sind Job-Rotation und die Einführung von Gruppenarbeit.[353] Die gesundheitsschützenden Ziele von Mischarbeit werden tendenziell bereits realisiert, wenn die Arbeitsaufgabe entsprechend DIN EN ISO 9241-110 gestaltet ist (→ Rn. 167).[354] Nur dann, wenn echte Mischarbeit im og Sinn nicht möglich ist, muss die Möglichkeit geschaffen werden, Arbeiten ohne Bildschirm zu erledigen, etwa Ablage, Besprechungen, Kundenberatung. Dabei darf aber nicht wieder auf – tragbare – Bildschirmgeräte zurückgegriffen werden. Ein weiterer möglicher, im Grunde unzureichender Weg ist, nicht bildschirmgebundene **dezentrale Arbeitsmittel**, wie zB externe Drucker, zu erhalten oder zu schaffen, um die strikte Gebundenheit an den Bildschirmarbeitsplatz zu unterbrechen. Es liegen keine aktuellen Daten vor, inwieweit die Verpflichtung zur Mischarbeit betrieblich umgesetzt wird. In einer Untersuchung aus 2007 gaben 56 % der befragten Beschäftigten mit mehr als 30 Stunden Bildschirmarbeit pro Woche an, selten oder keinen Tätigkeitswechsel zu haben.[355] Es ist davon auszugehen, dass aktuelle Zahlen eine Verschärfung der Problematik belegen würden. Deshalb müssen Betriebs- und Personalräte ihr Mitbestimmungsrecht für eine gesundheitsförderliche Ausgestaltung der Bildschirmarbeit nutzen (→ Rn. 222 ff.).

176 Nur wenn tatsächliche Mischarbeit nicht möglich ist, kommen „**regelmäßige Erholungszeiten**" in Betracht. In richtlinienkonformer Auslegung des Art. 7 Bildschirmrichtlinie muss die Neuformulierung „regelmäßige Erholungszeiten" als „Bildschirmpause" im Sinne der bisherigen Anwendung und Auslegung des Begriffs „Pause" in § 5 BildscharbV gedeutet werden. Die Neuformulierung erleichtert die betriebliche Umsetzung nicht. Denn es ist weiter nicht geregelt, in welchen Zeitabständen und wie lange **Bildschirmpausen** eingelegt werden sollen. Aus ergonomischer Sicht werden Kurzpausen von 5–10 Minuten pro Stunde, spätestens nach zwei Stunden empfohlen, deren Lage der Arbeitnehmer frei bestimmen sollte. Die Ansammlung von Pausenzeiten zur Verkürzung der Arbeitszeit erfüllt nicht den Normzweck, die **Regeneration**.[356] Kurzpausen können nur eine erste körperliche Regeneration, vor allem eine Entlastung von der Anstrengung durch ständigen Blickkontakt zum Bildschirm und der starren Sitzhaltung bewirken. Eine aktuelle Untersuchung belegt aber, dass häufige Pausen unter 15 Minuten – bei Arbeiten mit vorwiegend psychischen Anforderungen – Erholungseffekte erzielen. Sie wirken vorbeugend auf Muskel-Skelett-Beschwerden, sowie auf das Ermüdungserleben. Dies sind Faktoren, die bei Bildschirmarbeit relevant sind.[357] Eine nachhaltige Regeneration bezüglich psychischer Belastungen kann jedoch durch Kurzpausen nicht gewährleistet werden.

177 Regelmäßige Erholungszeiten sind **keine Ruhepausen gem. § 4 ArbZG**,[358] sondern Maßnahmen des Arbeitsschutzes. Insofern beugt die Neuformulierung Missverständnissen vor. Es handelt sich um bezahlte Freistellungen, jedoch nicht von der Arbeitsleistung als solcher. Die Befreiung bezieht sich nur auf die Pflicht am Bildschirm zu arbeiten, damit die gebotene Entlastung eintreten kann. Daraus folgt, dass es sich um vergütungspflichtige Arbeitszeit handelt.[359] Aus dem Rechtscharakter als **bezahlte Erholzeit** von Bildschirmarbeit wird der Schluss gezogen, dass diese Zeiten dem Direktionsrecht

---

353 Helf/Jacobsen in: Krell (Hrsg.), Chancengleichheit durch Personalpolitik, 6. Aufl. 2011, S. 465; Müller-Petzer, S. 131 f.; Kiper CuA 2011, 10 f. zu Anforderungen an echte Mischarbeit. **354** Dazu Richenhagen/Prümper/Wagner, S. 103 ff. **355** TNS-Infratest, S. 55 ff.; Eisfeller/Lorenz/Schubert, S. 31 f. **356** Richenhagen/Prümper/Wagner, S. 113 ff.; Kiper CuA 2011, 10 (13); ergo-online.de/site.aspx?url=html/arbeitsorganisation/pausen/pausen_bei_bildschirmarbeit.htm. **357** BAuA 2016. **358** BR-Drs. 656/96, 31; Pieper ArbStättV Anh. 6.1 Rn. 4. **359** Kollmer/Klindt/Schucht/Kohte ArbSchG § 3 Rn. 92.

unterliegen. Es sei deshalb zulässig, die Erholzeiten als verblockte Arbeitszeit für andere Arbeiten ohne Bildschirmarbeit, wie zB Teambesprechungen zu nutzen.[360]
Es bestehen indes Zweifel, ob die den Arbeitnehmern zustehenden Erholungszeiten auch tatsächlich eingehalten werden. Betriebliche Regelungen, die Mischarbeit bzw. Pausen konkret regeln, scheinen die Ausnahme zu sein.[361] Die Evaluation von 2007 kommt zu dem Ergebnis, dass Arbeitgeber Pausen nicht verhindern bzw. verbieten, sie aber kaum betrieblich regeln. Es bleibt den Arbeitnehmern überlassen, in welchen Zeitabständen sie eine „**Bildschirmpause**" machen. Im Ergebnis legen viele Arbeitnehmer keine Pausen ein, zT weil sie vergessen werden, zT weil – nach dem Empfinden der Arbeitnehmer – die Arbeitsorganisation dies nicht zulässt oder wegen des Zeitdruck durch Arbeitslast zu hoch ist.[362] Demnach kommen viele Arbeitgeber bzw. ihre Führungskräfte der gesetzlichen Pflicht, „Pausen zu gewähren", nicht nach. Diese organisatorischen Mängel gehen zulasten der Arbeitnehmer, denn der gesundheitsschützende Zweck der Regelung verbietet es, diese Mängel durch zusätzliche Vergütung auszugleichen.[363] Die verbreitete „Leerstelle" in Betrieben, dh die mangelnde arbeitgeberseitig veranlasste Organisation der Mischarbeit und Erholungszeiten verdeutlicht, dass Betriebs- und Personalräte ihr Mitbestimmungsrecht noch intensiver nutzen müssen (→ Rn. 224). 178

VI. Spezifische Probleme besonderer Arbeitsbereiche und Arbeitsformen

1. Telearbeit. Die Durchdringung von Verwaltungen und Dienstleistungsbranchen mit Informations- und Kommunikationstechnologie ermöglicht seit Beginn der 90er Jahre „Telearbeit" als örtlich von der zentralen Betriebsstätte unabhängige Arbeit zu gestalten. 2002 haben die europäischen Sozialpartner eine **EG-Rahmenvereinbarung** abgeschlossen, die einheitliche Sozial- und Schutzstandards enthält und die auf nationaler Ebene durch Dienst- und Betriebsvereinbarungen umzusetzen ist.[364] Bezüglich des Gesundheitsschutzes wird die Einhaltung der Rahmenrichtlinie 89/391/EWG und der Bildschirmrichtlinie vorgegeben; weitere inhaltliche Konkretisierungen sind nicht enthalten. 179

Der Fokus der folgenden Kommentierung liegt auf Telearbeit im Sinn des § 2 Abs. 7 ArbStättV (zur „mobilen Arbeit" → Rn. 193 ff.). In Abgrenzung zu Formen IT-gestützter mobiler Arbeit muss Telearbeit als besondere Arbeitsform nach dieser Definition ausdrücklich von Arbeitgeber und Arbeitnehmer vereinbart werden; die wesentlichen Bedingungen sind zu fixieren. Der Verordnungsgeber hat den Schwerpunkt auf **alternierende Telearbeit** gelegt, der Form, die in der Praxis wohl am meisten verbreitet ist. Kennzeichnend ist eine relativ enge organisatorische und technische Anbindung an die zentrale Betriebstätte ua durch regelmäßigen Austausch von Arbeitsaufgaben, Informationen, Anweisungen zum Arbeitnehmer und von Arbeitsergebnissen zum Arbeitgeber.[365] Bei alternierender Telearbeit hat der Arbeitnehmer einen Arbeitsplatz im Betrieb, der regelmäßig aufgesucht wird.[366] In diesem Zusammenhang gehen die Betriebe zum Teil aus Platz- und Kostengründen davon ab, jedem Arbeitnehmer einen eigenen Arbeitsplatz vorzuhalten. Zunehmend werden Formen wie „desk sharing", oder E-Place-Konzepte eingeführt. Auch diese Büroarbeitsplätze für wechselnde Nutzer sind in Bezug auf den individuellen Nutzer ergonomisch zu gestalten.[367] 180

Ein zentrales **Motiv der Beschäftigten**, Telearbeit zu vereinbaren, ist in erster Linie der Wunsch nach Vereinbarkeit von Beruf und Familie, dh alternierende Telearbeit wird als Möglichkeit gesehen, Kindererziehung bzw. häusliche Pflege neben der Erwerbstätigkeit zu organisieren. Zeitsouveränität und flexible Arbeitszeiten sind darüber hinaus auch der Wunsch vieler jüngerer Arbeitnehmer. Weitere Vorteile der Telearbeit aus Sicht der Arbeitnehmer sind Zeitersparnisse durch den Wegfall langer Wegezeiten und 181

---

360 Lohbeck ZTR 2001, 502; LAG Mecklenburg-Vorpommern 14.10.2008 – 5 TaBV 9/08 zu einem Tarifvertrag der Telekom. **361** Eisfeller/Lorenz/Schubert, S. 31 f. **362** TNS-Infratest, S. 57. **363** LAG Mecklenburg-Vorpommern 15.9.2011 – 5 Sa 268/10, ZTR 2012, 334. **364** Prinz NZA 2002, 1268. **365** Kohn in: Gumm, S. 153, 155 f. **366** Eder AiB 3/2017, 10 (11). **367** Dazu Martin AiB 2007, 642; Martin/Prümper/von Harten, S. 197; LAG Niedersachsen 11.1.2017 – 13 TaBV 109/15.

ein ungestörtes Arbeiten nach eigenem Arbeitsrhythmus. Alternierende Telearbeit ermöglicht weiterhin eine Teilhabe für Arbeitnehmer mit Behinderungen oder in der beruflichen Rehabilitation. Für die Arbeitgeber bestehen die Vorteile in dem Gewinnen von hoch qualifizierten Arbeitnehmern, die auf die oben genannten Vorteile Wert legen. Zudem können Kosten durch geringere Raumbedarfe gesenkt werden. Telearbeit verlangt eine Abkehr von einem starren Arbeitsorganisationskonzept, sowie von der „Kultur der Anwesenheit". Erforderlich ist ein **kooperativer und ergebnisorientierter Führungsstil**, der Vertrauen in die Selbstorganisation und Eigenverantwortung der Telearbeitnehmer beinhaltet.[368] Trotz dieser vielfältigen Vorteile ist der Anteil der Telearbeit nicht in dem Maße gestiegen, wie in den arbeitswissenschaftlichen und arbeitsrechtlichen Diskussionen der 90er Jahre unterstellt wurde.[369] Nachdem die Zahlen seit den 90er Jahren zunächst gestiegen sind, wenngleich in Deutschland geringer als in anderen Staaten der EU,[370] scheint der Trend nunmehr gegenläufig. Seit dem Jahr 2008, dem Jahr mit dem höchsten Anteil (9,3 % der abhängig Beschäftigten) hat sich der Anteil im Jahr 2012 auf 7,6 % deutlich verringert. Dabei sind abhängig Beschäftigte beiderlei Geschlechts, allen Alters und über alle Branchen und Berufe auf der Basis des Microzensus erfasst.[371] Weitaus höhere Anteile an Arbeiten im „Home-Office" nennt der „Bundesverband Informationswirtschaft, Telekommunikation und neue Medien eV"(BITCOM) in einer Untersuchung basierend auf einer Umfrage in IT-Unternehmen und Anwenderfirmen. Danach arbeitet ein Drittel der Beschäftigten regelmäßig an mehreren Tagen in der Woche von zuhause aus.[372] Nach einer Untersuchung des Bundesarbeitsministeriums bietet nur knapp ein Drittel der Betriebe die Möglichkeit an, von zuhause aus zu arbeiten. In Betrieben mit über 500 Beschäftigten bietet die Hälfte diese Möglichkeit an. 84 % der Befragten geben an, dass es sich nicht um vertraglich vereinbarte Telearbeit handelt.[373] Es ist in allen Fällen also offen, ob es sich um Telearbeitsplätze nach der Legaldefinition in § 2 Abs. 7 ArbStättV handelt.

182 Telearbeit geht mit **vielfältigen Gefährdungspotenzialen** für die physische und psychische Gesundheit der Arbeitnehmer einher. Dabei liegen aktuelle arbeitswissenschaftliche und arbeitsmedizinische repräsentative Befunde zu Telearbeit nicht vor. Eine frühe Untersuchung um das Jahr 2000 belegt die für Bildschirmarbeit typischen physischen Belastungen von Muskeln und Skelett, sowie weitere Beeinträchtigungen wie Kopfschmerzen. Eine neuere arbeitsmedizinische Untersuchung kommt zu dem Ergebnis, dass den ergonomischen Erfordernissen bei der Einrichtung des häuslichen Arbeitsplatzes nicht genügend Beachtung geschenkt wird. **Belastungen für die psychische Gesundheit** werden auch in der mangelnden räumlichen und zeitlichen Abgrenzung von Privatleben und Arbeitsbereich sowie in zeitlicher Überlastung und Überforderung gesehen. In der Folge kann es schleichend zu häufiger Arbeitszeitverlängerung bis in die eigentliche Freizeit hinein und dem Verzicht auf Pausen kommen. Dem Mehr an eigenständiger Gestaltung und Verantwortung steht damit ein Mehr an Arbeitsdruck und Belastungen gegenüber, denn eine entlastende Begrenzung durch feste Arbeitszeiten und klare Trennung von Privat- und Arbeitsbereich fehlt. Dies gilt insbesondere, wenn die Arbeitsmenge in der vereinbarten Zeit nicht zu bewältigen ist und/oder durch die ständige Erreichbarkeit über E-Mails etc Arbeit das Privatleben überlagert. Die gewählte Flexibilität stellt hohe Anforderungen an das Selbst- und Zeitmanagement. Wie bei „mobiler Arbeit" sind Risiken der „Entgrenzung von Arbeit" auch mit Telearbeit verbunden (→ Rn. 195).[374]

183 Der Arbeitgeber hat zwar nur begrenzte Möglichkeiten die Arbeitsumgebung in der Privatwohnung zu beeinflussen. Zudem kann er ein Zutrittsrecht zur Wohnung nicht erzwingen; er muss es arbeitsvertraglich direkt mit dem Arbeitnehmer vereinbaren, be-

---

368 Flüter-Hoffmann in: Badura ua, S. 71 ff. **369** Schierbaum, S. 30 f.; Brandt/Brandl Computer und Arbeit 2008, 15. **370** Flüter-Hoffmann in: Badura ua, S. 71, 75. **371** Brenke DIW-Wochenbericht 8/2014. **372** BITCOM, Arbeit 3.0, S. 9. **373** BMAS, MONITOR Mobiles und entgrenztes Arbeiten 2015, S. 8 ff. **374** Flüter-Hoffmann in: Badura ua S. 71 ff.; Wegner ua ZblArbeitsmed 2011, 14; Maschke/Nies/Vogl WSI-Mitteilungen 2014, 156; Carstensen WSI-Mitteilungen 2015, 187 (189); BMAS, MONITOR Mobiles und entgrenztes Arbeiten 2015, S. 14 f.

grenzt auf die vereinbarte Dauer der Telearbeit. Dies kann eine Voraussetzung für den Abschluss der Vereinbarung sein. Denn der Arbeitgeber hat grundsätzlich denselben **Schutzstandard** wie bei betrieblichen Arbeitsplätzen zu gewährleisten.[375] Es ist nicht zulässig, dies an den Arbeitnehmer zu delegieren und sich auf Kontrollen durch Begehungen oder Nachfragen zu beschränken. Neben dem Arbeitsschutzgesetz gilt die Arbeitsstättenverordnung gem. § 1 Abs. 3 ArbStättV in Bezug auf folgende Regelungen:

- Gefährdungsbeurteilung (§ 3 ArbStättV) bei der erstmaligen Beurteilung der Arbeitsbedingungen und des Arbeitsplatzes,
- Unterweisung gem. § 6 ArbStättV,
- Maßnahmen zur Gestaltung von Bildschirmarbeitsplätzen (Anhang Nr. 6 ArbStättV).

Die Gefährdungsbeurteilung gem. § 3 ArbStättV konkretisiert die Gefährdungsbeurteilung des § 5 ArbSchG für Arbeitsstätten. Die Einschränkung auf die erstmalige Beurteilung eines Telearbeitsarbeitsplatzes widerspricht dem Grundsatz der kontinuierlichen Überprüfung und Fortschreibung der Maßnahmen des Arbeitsschutzes gem. § 3 Abs. 1 ArbSchG. Dementsprechend ist auch die Gefährdungsbeurteilung ein kontinuierlicher Prozess, der ua das Überprüfen und ggf. die Fortschreibung der Maßnahmen umfasst (→ ArbSchG § 5 Rn. 40 ff.). Von diesem Schutzstandard kann nicht im Wege einer Verordnung abgewichen werden.[376] 184

Im Rahmen der **Gefährdungsbeurteilung** des häuslichen Telearbeitsplatzes sind die physischen und psychischen Belastungen zu berücksichtigen. Bei Bildschirmarbeit sind zudem die Belastungen der Augen und die Gefährdung des Sehvermögens einzubeziehen (→ Rn. 153). Die Gefährdungsbeurteilung des Telearbeitsplatzes kann sachgerecht nur vor Ort, dh in der Wohnung des Arbeitnehmers, durchgeführt werden. Denn sie muss die vom Arbeitgeber gestellte Hard- und Software sowie die übrige Büroausstattung und auch die Arbeitsumgebung umfassen, etwa das ergonomische Stellen der Arbeitsmöbel, die Lichtverhältnisse und die Platzgröße. Dabei sind das Zugangsinteresse des Arbeitgebers und das Interesse des Arbeitnehmers am Schutz seiner Privatsphäre in eine praktische Konkordanz zu bringen. Arbeitnehmer und Arbeitgeber sollten sich bei Vereinbarung der Telearbeit auf eine einvernehmliche Zugangsregelung einigen. Der Arbeitgeber hat die Beurteilung rechtzeitig anzukündigen, der Arbeitnehmer muss dann zustimmen und die jeweilige Begehung darf nur zu Zwecken der Gefährdungsbeurteilung erfolgen.[377] 185

Die Regelungen zur **Unterweisung des Beschäftigten** gelten auch für Telearbeitnehmer gem. § 6 ArbStättV iVm § 12 ArbSchG. Dabei sind die Besonderheiten eines Arbeitsplatzes in privaten Räumen zu berücksichtigen. Die Unterweisung bezieht sich mithin auf die Regelungsgegenstände des § 6 Abs. 1, 4 ArbStättV. Der Arbeitnehmer muss darin unterwiesen werden, den Telearbeitsplatz ergonomisch einzurichten und gesundheitsgefährdende Risiken bzw. Optimierungsbedarfe zu erkennen. Insbesondere hat der Arbeitgeber darauf hinzuweisen, dass die Anforderungen in Bezug auf Unterbrechung der Bildschirmarbeit durch andere Tätigkeiten und Pausen eingehalten werden (Anhang Nr. 6.1 Abs. 2 ArbStättV). Im Rahmen der Unterweisung sind die Akzente auf Unterstützung und Hilfen, nicht nur auf eine kontrollierende Funktion, zu legen, damit die Regelungen in die Praxis umgesetzt werden können.[378] So ist zB eine Fachkraft für Arbeitssicherheit hinzuziehen, um die ergonomischen Anforderungen an den häuslichen Bildschirmarbeitsplatz zu gewährleisten.[379] 186

Weiter ist der Telearbeitsplatz entsprechend den **Anforderungen des Anhangs Nr. 6 ArbStättV** zu gestalten. Die Regelungen der Nr. 6.1 „Allgemeine Anforderungen an Bildschirmarbeitsplätze", Nr. 6.2 „Allgemeine Anforderungen an Bildschirme und Bildschirmgeräte", Nr. 6.3 „Anforderungen an Bildschirmgeräten und Arbeitsmittel für die ortsgebundene Verwendung an Arbeitsplätzen", sowie Nr. 6.5 „Anforderungen an die Benutzerfreundlichkeit von Bildschirmarbeitsplätzen" sind ohne Weiteres einzuhalten. 187

---

375 Doll sis 2017, 217 (219). **376** Wiebauer NZA 2017, 220 (223). **377** Neuhaus, S. 263 f. **378** Aligbe ArbRAktuell 2016, 132 (134); Vogl/Nies, S. 104 ff. **379** Vogt/Nies, S. 104 ff.

Dies gilt vor allem für die Hard- und Software, sowie die Büromöbel, die der Arbeitgeber zu stellen hat. Probleme können sich wegen der Eigenart des Arbeitsplatzes in einer Privatwohnung ergeben. Dies gilt in Bezug auf die Anforderung, dass ausreichend Raum vorhanden sein muss (Nr. 6.1 Abs. 3) und die Arbeitsflächen so zu bemessen sind, dass alle Eingabemittel auf der Arbeitsfläche variabel angeordnet werden können (Nr. 6.1 Abs. 6). Die Problematik stellt sich, wenn kein oder ein zu kleines häusliches Arbeitszimmer vorgehalten wird. Der Arbeitgeber muss sich vergewissern, dass ein geeigneter und hinreichend großer Raum zur Einhaltung der Anforderungen vorhanden ist.

188 Spezifische gesundheitliche Risiken birgt die **Verwendung von Kompaktgeräten** wie Laptop, Notebook, Tablets etc an häuslichen Telearbeitsplätzen. Deshalb gilt auch hier der Anhang Nr. 6.4 „Anforderungen an tragbare Bildschirmgeräte für die ortsveränderliche Verwendung an Arbeitsplätzen". Hier ist Abs. 3 zu beachten, wonach diese Geräte nur an Arbeitsplätzen betrieben werden dürfen, an denen die Geräte nur kurzzeitig verwendet werden. Damit ist ihre Verwendung bei einem Telearbeitsplatz im Sinne der Verordnung nicht zulässig.

189 Die Verpflichtung des Arbeitgebers dafür zu sorgen, dass die Tätigkeiten der Beschäftigten durch **andere Tätigkeiten oder regelmäßige Erholungszeiten** unterbrochen werden, gilt auch bei häuslicher Telearbeit (→ Rn. 172 ff.).[380] Die Einhaltung dieser Vorgabe und ihre Kontrolle durch den Arbeitgeber stellt sich hier verschärft, denn eine „physische" Überwachung ist nicht möglich. In Betracht kommen nur Eingriffe des Arbeitgebers, etwa durch Sperrung des Zugriffs auf das Betriebs-Intranet oder eine online-Zeiterfassung der Laufzeit des Bildschirmgeräts. Programmierte „Zwangspausen" und Arbeitsunterbrechungen wiederum können zu Stress und Unzufriedenheit führen, wenn sie zur Unzeit kommen und den Arbeitnehmer zB an der Beendigung einer wichtigen (Teil-)Aufgabe hindern oder die Arbeitsmenge ununterbrochenes Arbeiten verlangt.[381] Die Problematik betrifft auch die zeitliche und örtliche Verschränkung von Privatleben und Arbeit und Strategien ihrer Bewältigung durch Arbeitsorganisation und Selbstorganisation des Arbeitnehmers.[382]

190 Weiter gilt für die Telearbeitnehmer die Verpflichtung des Arbeitgebers zu einer „**Angebotsvorsorge**" nach der Verordnung zur arbeitsmedizinischen Vorsorge. Der Arbeitgeber hat in diesem Zusammenhang auch eine angemessene Untersuchung der Augen und des Sehvermögens anzubieten. Falls eine spezielle Sehhilfe benötigt wird, muss der Arbeitgeber diese zur Verfügung stellen (→ ArbMedVV Rn. 29 f.).[383]

191 Die faktische Verbreitung und zunehmende Akzeptanz von (alternierender) Telearbeit macht es notwendig, diese Arbeitsform individual- und kollektivrechtlich zu regeln. Insbesondere für gesundheitlich eingeschränkte und **(schwer)behinderte Arbeitnehmer** bieten die heutigen technischen Möglichkeiten einen breiten Spielraum für die Einrichtung von angepassten Telearbeitsplätzen. Hierbei nennt § 81 Abs. 4 SGB IX konkrete Verpflichtungen für Arbeitgeber. Dabei beinhaltet § 81 Abs. 4 S. 1 SGB IX unter den Voraussetzungen des Abs. 1 S. 3 auch einen Anspruch auf Einrichtung eines Telearbeitsplatzes. Der Arbeitgeber ist nur dann nicht zur Beschäftigung des schwerbehinderten Arbeitnehmers auf einem Tele-/Heimarbeitsplatz verpflichtet, wenn ihm die Beschäftigung unzumutbar oder mit unverhältnismäßig hohen Aufwendungen verbunden ist.[384] Wird mit Einverständnis des Arbeitgebers Teleheimarbeit über mehrere Jahre ausgeübt, so kann der Arbeitgeber nicht ohne Weiteres anweisen, dass in Zukunft wieder in der Betriebsstätte gearbeitet wird. Das **Weisungsrecht** ist nach § 106 GewO durch die Grundsätze der Verhältnismäßigkeit, Angemessenheit und Zumutbarkeit begrenzt. Der Arbeitgeber hat die Interessen des Arbeitnehmers, seine sozialen Lebensverhältnisse und insbesondere familiären Pflichten zu berücksichtigen. Die Weisung, von

---

[380] Eder AiB 3/2017, 10 (14). [381] Carstensen WSI-Mitteilungen 2015, 187 (192). [382] Kleemann in: Gottschall/Voß (Hrsg.), S. 59 ff. [383] Aligbe ArbRAktuell 2015, 132 (133 f.). [384] LAG Hannover 6.12.2010 – 12 Sa 860/10 mAnm Beyer, jurisPR-ArbR 19/2011 Anm. 4.

der Teleheimarbeit zurück in den Betrieb zu wechseln, bedarf daher einer substantiellen Begründung.[385]

Insbesondere dieser Fall zeigt, dass die **Bedingungen der Telearbeit** unbedingt arbeitsvertraglich oder kollektivrechtlich zu regeln sind, um arbeitsgerichtliche Auseinandersetzungen zu vermeiden. Die Neuregelung des § 2 Abs. 7 ArbStättV bietet einen geeigneten Rahmen; kollektivrechtliche Regelungen sind in Tarifverträgen möglich, wie zahlreiche Haustarifverträge großer Unternehmen zeigen.[386] In Betrieben und Verwaltungen, wo Telearbeit nicht nur im Einzelfall praktiziert wird bzw. wo die Nachfrage der Beschäftigten groß ist, sollten Betriebsräte und Personalräte Dienst- bzw. Betriebsvereinbarungen abschließen. Diese sollten nicht nur die vom Gesetz verlangten zentralen Arbeitsbedingungen regeln, sondern darüber hinaus Fragen der Arbeitszeit und des Arbeitsschutzes, die sich aus dieser spezifischen Arbeitsform ergeben.[387] Zudem ist festzulegen, dass der Arbeitgeber die Kosten für das Einrichten und Ausstatten des Telearbeitsplatzes, wie auch die laufenden Kosten für Arbeitsraum und Arbeitsmittel, ggf. anteilig, trägt. Direkte Zutrittsrechte für den Arbeitgeber (→ Rn. 183) können nur mit den betreffenden Arbeitnehmern vereinbart werden. Aber kollektivrechtlich kann geregelt werden, dass Zutrittsrechte zur Einhaltung der Arbeitsstättenverordnung in Arbeitsverträgen festgelegt werden sollen.[388] Außerdem können die Voraussetzungen für die Teilnahme an Telearbeit vereinbart werden. Weitergehend wird ein Recht auf Telearbeit entsprechend dem Recht auf Teilzeitarbeit (§ 8 Abs. 1 TzBfG, § 15 Abs. 7 BEEG) insbesondere unter dem Vorzeichen der Vereinbarkeit von Beruf und Familie angeregt.[389]

2. Mobile Arbeit. Telearbeit als arbeitsvertraglich vereinbarte Arbeitsform hat nicht die Bedeutung erlangt, wie in den arbeitswissenschaftlichen und arbeitsrechtlichen Diskussionen der 90er Jahre unterstellt wurde (→ Rn. 179). In der aktuellen Diskussion um „Arbeit 4.0" sind die Veränderungen der Arbeit durch „Digitalisierung" eine zentrale Herausforderung. In diesem Zusammenhang hat wiederum „Mobile Arbeit" in den letzten drei Jahren eine herausragende Bedeutung für viele Arbeitnehmer erlangt. In Abgrenzung zur vertraglich vereinbarten Telearbeit entwickelt und verbreitet sich diese Arbeitsform häufig „schleichend", dh nicht bzw. nicht ausdrücklich angeordnet durch den Arbeitgeber und auch nicht arbeitsvertraglich oder kollektivrechtlich geregelt.[390] Die **Informatisierung der Arbeit** durch IT-Technologie ermöglicht eine **durchgehende Mobilisierung** ohne technische oder organisatorische Anbindung an Betrieb, Arbeitsstätte oder Wohnort. Die Arbeitsinhalte sind per Datenleitung übertragbar; Internetzugänge sind selbstverständlich. Personen und Arbeitsleistungen sind örtlich mobil und zeitlich flexibel einsetzbar. Die mobilen Endgeräte Notebook, Tablet PC, Smartphone etc ermöglichen die Arbeit an – fast – allen Orten und zu allen Zeiten. Die Arbeitnehmer arbeiten von zu Hause aus, auf Reisen, beim Kunden, im Hotel, in der Tagungsstätte, in Cafés etc. Die Arbeit kann nach Feierabend, im Urlaub, an Sonn- und Feiertagen erledigt werden.[391] Zur Verbreitung mobiler Arbeit in dieser Form gibt es keine verlässlichen Zahlen. Nach einer aktuellen Umfrage des BMAS stellen Arbeitgeber vor allem Führungskräften, in größeren Betrieben über 80 %, mobile Geräte zur Verfügung; etwas weniger als 20 % den Arbeitnehmern im Übrigen.[392] Auch nach einer Erhebung des Statistischen Bundesamtes im Jahr 2016 sind 20 % der Beschäftigten mit einem mobilen Internetzugang über ein tragbares Gerät ausgestattet, in der Tendenz steigend.[393] Dieselbe Zahl, 20 %, wird in einer Studie von BITCOM genannt; gleichzeitig nutzen aber 79 % der Befragten bei ihrer täglichen Arbeit mobile Geräte; zum großen Teil privat angeschafft, was spezifische Fragen aufwirft (→ Rn. 204). Drei

---

385 LAG Mainz 17.12.2015 – 4 Sa 404/14 mAnm Kohte/Volkmann, jurisPR-ArbR 25/2015 Anm. 4. **386** Thüsing Soziales Recht 2016, 87 (100 f.). **387** S. Brandt/Brandl Computer und Arbeit 2008, 18; Vogl/Nies, S. 74 ff., 170 ff. **388** Doll sis 2017, 217 (220). **389** Thüsing Soziales Recht 2016, 87 (101). **390** Carstensen WSI-Mitteilungen 2015, 187 (189). **391** Maschke/Nies/Vogl WSI-Mitteilungen 2014, 156; Carstensen WSI-Mitteilungen 2015, 187. **392** BMAS Digitalisierung am Arbeitsplatz 2015, S. 8. **393** Stat. Bundesamt, Unternehmen und Arbeitsstätten, Nutzung von Informations- und Kommunikationstechnologien in Unternehmen 2016.

von vier Arbeitnehmern nutzen diese mobilen Geräte auch zumindest hin und wieder außerhalb des Betriebs.[394]

194 Mobile Arbeit ermöglicht und forciert damit eine Arbeitsform, die gekennzeichnet ist von
- Flexibilisierung von Zeit und Ort der Arbeitsleistung,
- Vermischung von Privatsphäre und Arbeitssphäre,
- Ermöglichung des Zugriffs auf private Zeit und privaten Raum,
- ständige Erreichbarkeit und Verfügbarkeit,
- wenig dauerhafte und intensive soziale Kontakte und Kommunikation im Betrieb,
- Selbstorganisation und Selbstkontrolle,
- Eigenverantwortung und Autonomie in der Arbeitsorganisation.

195 Mobile Arbeit als „orts- und zeitunabhängige von Informationstechnologie unterstützte Form der Arbeit" ist damit eine komplexe Arbeitsform.[395] Die technische Entwicklung ist dabei nicht die alleinige Ursache und der Treiber der Veränderungen. Mobile IT-Technik ist der – verstärkende – **Enabler**. Die Veränderungen der Arbeitsorganisation, Arbeitsaufgaben und Arbeitskultur sowie die sich verschärfenden Anforderungen an Arbeitsintensität sind mit den technischen Möglichkeiten untrennbar verschränkt.[396] Arbeitsumfang und Lage der Arbeitszeiten sind nur formal fest vereinbart, richten sich im Übrigen nach den Erfordernissen der Tätigkeit und den Kundenwünschen. Anstelle von Weisungen und Eingriffen des Arbeitgebers erfolgt eine indirekte Steuerung über Zielvorgaben, Projekte etc, die den Arbeitnehmern die Verantwortung für die Organisation der täglichen Arbeit und ihr Gelingen überantwortet. Sie eröffnet auf der einen Seite Handlungs- und Zeitspielräume für die Beschäftigten, eine vermeintliche Freiheit von Zwängen. Es werden – zeitliche – Freiräume zB für Freizeit und Familienaufgaben eröffnet. Auf der anderen Seite sind die genannten Faktoren Merkmale, die mit dem Begriff „**Entgrenzung und Subjektivierung von Arbeit**" beschrieben werden. Bisherige Grenzen in arbeitsvertraglichen Vereinbarungen zu Arbeitsort und -zeit, Aufgaben des Arbeitnehmers, Organisation und Management der Arbeit durch den Arbeitgeber werden relativiert – scheinbar im Konsens aller Beteiligten. Das Mehr an zeitlicher, örtlicher und inhaltlicher Autonomie und Souveränität im Rahmen der Erledigung von Arbeitsaufgaben ist jedoch ambivalent. Die Grenzen zwischen Arbeit und Privatleben verschwimmen. Die Arbeitnehmer sind weiterhin, nur in anderer Form, stark abhängig von betrieblichen Erfordernissen, dh ausgesprochenen oder unausgesprochenen Erwartungen der Arbeitgeber und/oder Kunden an ihr Arbeitsvermögen. Sie stehen permanent unter einem enormen Entscheidungs- und Verantwortungsdruck, was aber nicht regelhaft mit größeren Handlungsspielräumen einhergeht; die Verwendung der mobilen Geräte ermöglicht eine einfache Kontrolle von Leistung und Verhalten der Arbeitnehmer (→ Rn. 171). Mobile Arbeit stellt hohe Anforderungen an Zeitmanagement, Selbststeuerung und Arbeitsdisziplin. Zeit und Raum für Privatleben ist selbst zu konstituieren und zu schützen, um der Selbstausbeutung vorzubeugen.[397]

196 Ein zentrales Problem „mobiler Arbeit" wird unter dem Stichwort „**ständige Erreichbarkeit**" **als eine Facette von Entgrenzung** intensiv diskutiert. Aktuell liegen mehrere Studien zu dieser Problematik vor. „Ständige Erreichbarkeit" ist gesetzlich bzw. juristisch als besondere Arbeits(zeit)form bislang nicht definiert; sie ist anders als „Rufbereitschaft" nicht arbeits- oder tarifvertraglich reguliert. In den Studien wird ständige Erreichbarkeit als weitestgehend unregulierte Form einer erweiterten Verfügbarkeit für dienstliche Belange außerhalb der regulären Arbeitszeiten beschrieben. In der Praxis erfolgt die Kontaktaufnahme vor allem durch Anrufe auf dem Mobiltelefon/Smartphone, über E-Mails und SMS. Laut den Studien geben ca. 20 % der Arbeitnehmer an, dass in

---

394 BITCOM, Arbeiten 3.0, S. 7 f. 13. **395** Kohn in: Gumm, S. 153. **396** Pfeiffer in: Badura ua, S. 15; Carstensen WSI-Mitteilungen 2015, 187; Morschhäuser/Lohmann-Haislah in: Knieps/Pfaff, S. 191. **397** Kratzer/Sauer in: Gottschall/Voß, S. 87; Pfeiffer in: Badura ua, S. 15; Sauer in: Badura ua, S. 3; Carstensen WSI-Mitteilungen 2015, 187; Maschke/Nies/Vogl WSI-Mitteilungen 2014, 156.

ihrem Arbeitsumfeld erwartet wird, dass sie sich in ihrem Privatleben für dienstliche Belange zur Verfügung halten. Diese Erwartungshaltung und dementsprechende Reaktionen der Beschäftigten haben in den letzten Jahren zugenommen.[398] Die Ursachen sind eine komplexe Gemengelage von betrieblichen Ursachen wie verschärfte Arbeitsintensität, indirekter Zwang durch eine bestimmte Betriebskultur, insbesondere für Führungskräfte. Auf Seiten der Beschäftigten stehen vermeintliche Entlastungen, hohe Identifikation mit der Arbeit, sowie Statusgewinn.[399]

Repräsentative Studien, die die spezifischen **Fehlbelastungen durch mobile Arbeit** umfassend analysieren, fehlen. Trotz der zunehmenden Verbreitung wird diese Arbeitsform nur vereinzelt erforscht und in den Betrieben thematisiert.[400] Es liegen nur kleinere Teilstudien vor. Sie zeigen, dass die Ambivalenzen dieser Arbeitsform zu spezifischen **Belastungsfaktoren** führen. Die Beschäftigten benennen klassische körperliche Beschwerden an Rücken, Nacken und Augen. Belastungsfaktoren sind weiter nicht ergonomische Bildschirmgeräte und Mängel in der Software. Diese werden verschärft, wenn Arbeitsplatz und Arbeitsumgebung vor Ort, zB beim Kunden, nicht nach ergonomischen Kriterien zu gestalten sind.[401] Als psycho-mentale Belastungsfaktoren werden Zeit- und Termindruck, Überflutung mit Informationen, Arbeitsunterbrechungen und Vermischung von Arbeits- und Privatleben genannt.[402] Diese Belastungsfaktoren greift der Entwurf einer Verordnung zum Schutz vor Gefährdungen durch psychische Belastung bei der Arbeit ausdrücklich auf. In § 7, sowie dem Anhang, werden die unzureichende Abgrenzung von Arbeitszeit und Freizeit, die Ausgestaltung der Erreichbarkeit, die Ausdehnung der Arbeitszeit und die Länge der Arbeitsintervalle als Risikofaktoren benannt.[403] Die og Studien zur „ständigen Erreichbarkeit" zeigen ebenfalls die beschriebenen physischen und psychischen Fehlbelastungen. Die Beschäftigten benennen insbesondere mangelnde Erholungsfähigkeit und eingeschränkte Schlafqualität. Für die Beschäftigten führen Arbeitsleistungen im Rahmen der „unregulierten Verfügbarkeit" nach Feierabend, am Wochenende oder im Urlaub zu einer ständigen Vermischung von Arbeits- und Freizeit, verbunden mit einer Fragmentierung des Privatlebens.[404] Dabei bestätigt sich in früherer Befund, nach dem schon die Anforderung verfügbar zu sein, negative gesundheitliche Folgen hat, unabhängig vom Maß der tatsächlichen Inanspruchnahme.[405] Es entwickeln sich Gefühle von **Fremdbestimmung und einer ungenügenden Distanzierung von Arbeit**. Die Erholung als ein Indikator für gesundheitsgerecht gestaltete Arbeit ist beeinträchtigt; dieser Befund ist ein Erklärungsfaktor für die Zunahme von Arbeitsunfähigkeitszeiten aufgrund psychischer Fehlbelastungen.[406]

Der Arbeitgeber ist verpflichtet, Arbeitsschutzgesetz, Arbeitsstättenverordnung und Arbeitszeitgesetz auch im Kontext mobiler Arbeit zu beachten. Hier sind jedoch die Grundannahmen der arbeitgeberseitigen Verantwortung in der Praxis problematisch. Mobile Arbeitnehmer entscheiden über Ort und Zeit ihrer Arbeit quasi selbstständig. Die Einhaltung des Arbeitszeit- und Arbeitsschutzgesetzes ist kaum zu kontrollieren. Der Arbeitgeber kann zwar ergonomische Hard- und Software bereitstellen, die übrigen Arbeitsmittel und die Arbeitsumgebung selbst aber nur begrenzt beeinflussen.[407] Zu Recht identifiziert der „Entwurf zu einer Verordnung zum Schutz vor Gefährdungen durch psychische Belastungen" die Organisation der Arbeitszeit als Problem des Arbeits- und Gesundheitsschutzes (§ 7).[408] Im Zusammenhang mit der **zeitlichen Entgrenzung** sind als Problembereiche die Einhaltung des Verbots der Sonn- und Feiertagsarbeit (§ 9 ArbZG), die Einhaltung der Tagesarbeitszeiten (§ 3 ArbZG), sowie die Ein-

---

398 BAuA-Arbeitszeitreport, S. 74 ff.; IGA-Report 23 Teil 1, S. 8 ff.; BAuA 2016, S. 8 ff. **399** IGA-Report 23 Teil 1, S. 13 ff. **400** Bretschneider-Hagemes ZArbWiss 2011, 223. **401** Carstensen WSI-Mitteilungen 2015, 187 (190). **402** Brandt/Brandl Computer und Arbeit 2008, 15; Hupke/Paridon/Stamm DGUV Forum 2009, 22; Bretschneider-Hagemes ZArbWiss 2011, 223. **403** BR-Drs. 315/13. **404** Bretschneider-Hagemes ZArbWiss 2011, 223; IGA-Report 23 Teil 1, S. 15 ff.; IGA-Report 23 Teil 2, S. 13, 50; BAuA-Arbeitszeitreport, S. 79. **405** Dettmers ua in: Badura ua, S. 53: ein Vergleich von Arbeitnehmern mit und ohne Rufbereitschaft. **406** Rau in: Badura ua, S. 181. **407** Wiebauer NZA 2016, 1430; Carstensen WSI-Mitteilungen 2015, 187 (190). **408** BR-Drs. 315/13.

haltung der Pausen (§ 6 ArbZG) identifiziert worden.[409] Unter dem Stichwort „ständige Erreichbarkeit" ist vor allem die Einhaltung der Ruhezeit von ununterbrochen 11 Stunden (§ 5 ArbZG) in der arbeitsrechtlichen Diskussion. Hier wird zum Teil ein gesetzlich bzw. tarifvertraglich verankertes „Recht auf Nichterreichbarkeit" diskutiert und die Gestaltung der Rufbereitschaft angemahnt.[410] Es geht im Kern um die Einhaltung des Gesundheitsschutzes durch die Abgrenzung von Arbeitszeit- und Freizeit bzw. Ruhezeit (→ ArbZG § 8 Rn. 14).[411]

199 Im Zeitpunkt der Verabschiedung der Bildschirmrichtlinie und -verordnung waren Zunahme und Verbreitung der mobilen Arbeit nicht vorhersehbar; auch die damit verbundenen spezifischen Gesundheitsgefährdungen waren nicht erkennbar. Sowohl in der EU-Bildschirmrichtlinie sowie in der Bildschirmarbeitsverordnung fehlen spezifische Regelungen für den Arbeits- und Gesundheitsschutz bei mobiler Arbeit. Wegen der sich ständig weiterentwickelnden Technik hatte die EU-Kommission keine Änderung bzw. Ergänzung der EU-Richtlinie empfohlen. Sie favorisiert die Entwicklung von einheitlichen „guidelines and standards", die schnell angepasst werden können.[412] Dieser Regelungstechnik entspricht die Arbeitsstättenverordnung in § 7 ArbStättV. Der Ausschuss für Arbeitsstätten erlässt **Technische Regeln für Arbeitsstätten** (ASR → Rn. 53). Durch die Zusammenführung mit der Bildschirmarbeitsverordnung kann der Ausschuss erstmals auch technische Regeln für fest installierte wie mobile Hardware und deren Software, sowie die Arbeitsumgebung der Bildschirmarbeit erlassen. Damit ist eine schnelle Anpassung an technologische Veränderungen der Informationstechnologien möglich. Obwohl Mobile Arbeit in den letzten 3 Jahren erneut weiter an Bedeutung gewonnen hat, unterliegt diese Arbeitsform nicht der Arbeitsstättenverordnung (→ Rn. 142).

200 Deshalb bestimmt sich der Arbeits- und Gesundheitsschutz für „mobile Arbeit" nach dem Arbeitsschutzgesetzgesetz. §§ 3–5 ArbSchG bilden quasi die Auffangnormen für diese Arbeitsform.[413] Danach hat der Arbeitgeber Sicherheit und Gesundheit zu gewährleisten. Diese Verantwortung bleibt auch für Beschäftigte „mobiler Arbeit" grundsätzlich bestehen. Dass der Gesundheitsschutz schwieriger zu organisieren und zu implementieren ist, ändert nichts an der Pflicht zur Einhaltung der Standards. Arbeitgeber müssen die **allgemeinen Anforderungen des Arbeitsschutzgesetzes** gem. §§ 3–5 ArbSchG mit dem Fokus auf menschengerechter Gestaltung der Arbeit einhalten (→ ArbSchG § 2 Rn. 9 ff.).[414] Zur Konkretisierung der Pflichten aus dem Arbeitsschutzgesetz muss der Arbeitgeber die Regelungen der Arbeitsstättenverordnung, insbesondere §§ 3, 6 und den Anhang Nr. 6 beachten, soweit ihre Anwendung bei mobiler Arbeit praktikabel ist.

201 Auch für mobile Arbeit ist dementsprechend eine Gefährdungsbeurteilung gem. § 5 ArbSchG, § 3 ArbStättV durchzuführen. Die Komplexität der Arbeitsform erfordert **eine ganzheitliche, systemische Gefährdungsbeurteilung** der spezifischen Belastungsfaktoren. Denn es besteht ein komplexes Wechselspiel zwischen dem Einsatz der IT-Technologie und den Einflussfaktoren der Arbeitsumgebung und -aufgabe; die Ergonomie der Hardware zB kann erst in der konkreten Einsatzumgebung beurteilt werden.[415] Die örtliche Mobilität ohne feste Arbeitsplätze erfordert die Berücksichtigung verschiedenster Umweltfaktoren. Diese müssen ggf. beim Arbeitnehmer und Kunden erfragt

---

409 Krause NZA 2016, 1004; Jacobs NZA 2016, 733; Wiebauer NZA 2016, 1430 (1432 ff.)
410 Kohte NZA 2015, 1417 (1423); Schuchart AuR 2016, 341; Thüsing Soziales Recht 2016, 87.
411 Siehe auch Anhang des Entwurfs einer Verordnung zum Schutz vor Gefährdungen durch psychische Belastungen, BR-Drs. 315/13 unter Risikofaktoren und Gestaltungsgrundsätze Nr. 3.
412 EU-Kommission (2010), S. 98. **413** IdS für Bildschirmarbeitsverordnung: Lammeyer, S. 163 f.; Neuhaus, S. 261; Kohn/Stamm in: GfA (Hrsg.), S. 565: EU Kommission (2017), S. 89 ff. für die EU-Bildschirmrichtlinie; Calle Lambach/Prümper RdA 2014, 345 (349), mit Blick auf die Rechtslage nach der ArbStättV-Novelle 2016 Pieper AiB 1/2017, 49 (50), der zudem auch zutreffend auf die Anwendbarkeit der BetrSichV verweist (→ Rn. 204). **414** Kohte NZA 2015, 1417 (1421); Günther/Böglmüller NZA 2015, 1025 (1029); Doll sis 2017, 217 (220); Pieper ArbStättV § 1 Rn. 12 c. **415** Anschaulich für mobile IT-gestützte Arbeit in einem Produktionsbetrieb Bretschneider-Hagemes ZArbWiss 2011, 223.

werden. Die Gefährdungsbeurteilung muss auch in Bezug auf Arbeitsorganisation, Einbindung des Beschäftigten in das Informationsmanagement, IT-Servicemanagement und Projektmanagement des Betriebs erfolgen.[416] Risiken der zeitlichen Flexibilisierung in Form von Arbeitszeitverlängerung und ungenügenden Erholungs- bzw. Ruhezeiten sind zu analysieren. Die Gefährdungen durch „**ständige Erreichbarkeit**" müssen einbezogen werden. Einfache Fragen nach Über- oder Unterforderung werden der Ambivalenz der Potentiale und Belastungen mobiler Arbeit nicht gerecht. Um die Facetten individueller Belastungen aus der Entgrenzung der Arbeit zu erschließen, sind **differenzierte Selbsteinschätzungen** der Betroffenen notwendig.[417] Insgesamt müssen die Gefährdungsbeurteilungen bei mobiler Arbeit individueller und kleinteiliger erfolgen, um die negativen Auswirkungen verschiedener Arbeitskontexten und Arbeitsumwelten zu erfassen.[418]

Arbeitgeber, deren Beschäftigte mobil arbeiten, haben diesen gegenüber die allgemeinen Pflichten gem. §§ 3, 4 ArbSchG zu erfüllen (→ Rn. 200). Damit haben sich die Maßnahmen des Arbeitsschutzes an § 4 Nr. 3 ArbSchG zu orientieren. Den Stand der Technik, sowie sonstige gesicherte arbeitswissenschaftliche Erkenntnisse spiegelt der Anhang Nr. 6 ArbStättV wieder. Auch bei mobiler Arbeit sind deshalb die **Anforderungen des Anhangs Nr. 6 ArbStättV** an die Gestaltung von Hard- und Software grundsätzlich einzuhalten. In Bezug auf die Hardware ergeben sich Einzelheiten aus DGUV Information 215-410 „Bildschirm- und Büroarbeitsplätze, Leitfaden für die Gestaltung". Der Anhang 1 enthält Anforderungen an die ergonomische Gestaltung mobiler Geräte und Hinweise zur mobilen Nutzung. Die DIN-EN Normen zur Software-Ergonomie sind ebenfalls zu beachten (→ Rn. 167 f.). Probleme bereiten die Anforderungen der Nr. 6.3 des Anhangs ArbStättV in Bezug auf die Trennung von Bildschirm und Tastatur, die Beweglichkeit der Bildschirme und an die Tastatur bei Notebooks etc.[419] Nicht einzuhalten sind in der Regel die Anforderungen des Anhangs an die sonstigen Arbeitsmittel und die Arbeitsumgebung, weil diese durch sich ändernden Ort der Arbeit geprägt sind. Ggf. muss daher die Hardware dem Einsatzort angepasst und eine kreative Lösung für mobile Arbeitsplätze entwickelt werden. Diesbezüglich bestehen besondere Herausforderungen, denn häufig ist die Arbeitsumgebung, zum Beispiel in Hotels, nicht ergonomisch gestaltet. Hier ist die Kluft zwischen den Vorgaben des Arbeitsschutzgesetzes bzw. der Arbeitsstättenverordnung und realen Arbeitsbedingungen überdeutlich.[420] Gleiches gilt auch für die Verpflichtung, die Arbeit als echte Mischarbeit zu organisieren oder falls dies nicht möglich ist, durch regelmäßige Erholungszeiten zu unterbrechen (→ Rn. 172 ff.). 202

Wird die **Arbeitsleistung mit mobilen Geräten** abwechselnd im Betrieb, bei Kunden und zu Hause erbracht, etwa in der IT-Dienstleistungsbranche, ist zu differenzieren. Wird die Arbeit im Betrieb geleistet, gilt die Arbeitsstättenverordnung, dh in Bezug auf die Bildschirmgeräte der Anhang Nr. 6.4 ArbStättV (→ Rn. 165 f.). Bezüglich der zu Hause erbrachten Arbeit, ist zu klären, ob es sich um gelegentliche Arbeit, also „mobile Arbeit" oder um vereinbarte (alternierende) Telearbeit handelt, die der Arbeitsstättenverordnung unterfällt (→ Rn. 146 ff.). Werden Beschäftigte in einen anderen Betrieb geschickt, um dort mit dem vom Arbeitgeber gestellten mobilen Gerät zu arbeiten, haben auch in diesen Fällen beide Arbeitgeber Sicherheit und Gesundheit ihrer Beschäftigten zu gewährleisten. Die zu treffenden Maßnahmen gem. § 3 ArbSchG hängen von konkreten Umständen ab (Gesamtdauer des Einsatzes, Arbeitszeitdauer vor Ort, Intensität der Zusammenarbeit mit anderen Beschäftigten, Arbeitsaufgabe). Es ist insbesondere darauf abzustellen, ob es sich um kurzzeitige Arbeitseinsätze handelt oder regelmäßig bzw. für eine lange Dauer bei demselben Arbeitgeber ein Projekt bearbeitet wird. Bei dauerhafter Arbeit vor Ort muss ein Arbeitsplatz eingerichtet werden, der die Anforderungen der Arbeitsstättenverordnung in vollem Umfang erfüllt. Dies bedeutet 203

---

416 Kohn in: Gumm, S. 153, 167. **417** Ruf Gute Arbeit 2007, 26 mit Hinweisen zum SelbstCheck Beschäftigungsfähigkeit der TBS NRW (tbs-nrw.de). **418** Calle Lambach/Prümper RdA 2014, 345 (353). **419** Calle Lambach/Prümper RdA 2014, 345 (351). **420** Carstensen WSI-Mitteilungen 2015, 187 (190).

konkret, dass der Arbeitgeber dafür zu sorgen hat, dass dem Beschäftigten beim Kunden ein Arbeitsplatz zur Verfügung steht, der dem Arbeitsstättenrecht, insbes. dem Anhang Nr. 6 ArbStättV, entspricht. Dies kann in einem fremden Betrieb nur in Absprache der Arbeitgeber erfolgen. Folgerichtig verlangt § 8 ArbSchG, dass die Arbeitgeber zusammenarbeiten.[421] § 8 Abs. 1 ArbSchG konkretisiert die Organisationspflichten des § 3 ArbSchG für mehrere Arbeitgeber. Sie müssen eine koordinierte Gefährdungsbeurteilung durchführen und auf dieser Grundlage abgestimmte Maßnahmen ergreifen (→ ArbSchG § 8 Rn. 18 f.).

204 Ein spezifisches Problem besteht, wenn die Beschäftigten ihre eigenen, privat angeschafften mobilen Geräte für Arbeitstätigkeiten einsetzen. Dies geschieht anstelle oder in Ergänzung der vom Arbeitgeber zur Verfügung gestellten Geräte. Damit liegt die Zahl der „mobil arbeitenden" Beschäftigten wahrscheinlich erheblich höher als die genannten durchschnittlich 20 % (→ Rn. 193).[422] Dieser Trend, der als **„Bring your own device"** (BYOD) bezeichnet wird, entbindet den Arbeitgeber nicht von der Einhaltung des Arbeitsschutzgesetzes bzw. der Arbeitsstättenverordnung. In Bezug auf die Verwendung von privat angeschaffter Hard- und Software kommt § 5 Abs. 4 BetrSichV zur Anwendung. Danach hat der Arbeitgeber dafür zu sorgen, dass Beschäftigte nur die Arbeitsmittel verwenden, die er ihnen zur Verfügung gestellt hat oder deren Verwendung er ihnen ausdrücklich gestattet hat. Damit sind Arbeitsmittel angesprochen, die die Beschäftigten privat anschaffen und für Arbeitstätigkeiten nutzen. Wenn also der Arbeitgeber duldet, dass der Arbeitnehmer private mobile Geräte nutzt, ist er verpflichtet, dafür Sorge zu tragen, dass diese Geräte und die verwendete Software den ergonomischen Anforderungen des Anhangs Nr. 6 ArbStättV entsprechen.[423]

205 Die Einhaltung der Regelungen ist bei mobiler Arbeit kaum zu kontrollieren ist. Der **Eigenverantwortung der Betroffenen** für die Umsetzung gesundheitsschützender Regelungen kommt eine zentrale Bedeutung zu. Dafür spielen Unterweisungen gem. § 12 ArbSchG, § 6 ArbStättV (→ Rn. 111 ff.) eine wichtige Rolle. Die Beschäftigten müssen zunächst für die Gefährdungspotentiale sensibilisiert werden. Die Entgrenzung und Subjektivierung von Arbeit trifft jedoch gerade für hoch qualifizierte und oft sehr mit der Arbeit identifizierte, motivierte Arbeitnehmer zu, die die Gestaltungsspielräume, die mit mobiler Arbeit verbunden sind, schätzen. Die Ambivalenz der individuellen Freiräume und die Risiken von Flexibilisierung, Autonomie und Arbeitsverdichtung sind aber zu reflektieren. Damit die gesundheitsschützenden Regelungen nicht als einschränkend und bevormundend erlebt werden, müssen die Zielkonflikte transparent gemacht werden.[424] Dies bedeutet, dass Unterweisungen in herkömmlichen Formen in diesem Kontext wenig Sinn machen. Auch **technische Zwangslösungen**, wie das Abschalten von Servern, sind eine fragliche Alternative, solange Arbeits- und Termindruck gleich bleiben. Die Beschäftigten werden dann individuelle „widerständige" Strategien entwickeln, um die vermeintlichen Einschränkungen zu umgehen.[425]

206 In Betrieben und Verwaltungen mit Interessenvertretungen sind Betriebs- und Dienstvereinbarungen der geeignete Weg, die Chancen und Risiken mobiler Arbeit zu gestalten. Dazu gehören vor allem Vereinbarungen zur **Leistungs- und Verhaltenskontrolle** und zum **Datenschutz**. Neben der Arbeitszeit und den klassischen Themen der Hard- und Software-Ergonomie sind psychische Fehlbelastungen durch die dieser Arbeitsform besonders innewohnende Entgrenzung von Arbeit zu thematisieren.[426] Die Festlegung und Begrenzung von Arbeitszeiten in Abgrenzung zur Freizeit bzw. Ruhezeit ist in diesem Kontext ein deutliches Thema des Gesundheitsschutzes. Das Problem der „ständigen Erreichbarkeit" muss behandelt werden, zB durch **persönliche Schutzzeiten** zum Schutz vor permanenter Verfügbarkeit. Beispiele für Präventionsmaßnahmen und

---

421 LAG Niedersachsen 11.1.2017 – 13 TaBV 109/15. **422** Calle Lambach/Prümper RdA 2014, 345. **423** Kohte NZA 2015, 1417 (1421); Kollmer/Klindt/Schucht/Wink BetrSichV § 5 Rn. 3; Eder AiB 3/2017, 10 (14); aA Wiebauer NZA 2016, 1430 (1432). **424** Morschhäuser/Lohmann-Haislah, S. 194. **425** Carstensen WSI-Mitteilungen 2015, 187 (192); Maschke/Nies/Vogl WSI-Mitteilungen 2014, 156 (159). **426** Lessing Gute Arbeit 2007, 28; konkrete Handlungshilfen: Vogl/Nies, S. 146 ff.; TBS-NRW „Mobile Arbeit".

Gestaltungsmöglichkeiten liegen vor.[427] Dies bedeutet, dass Fragen der Arbeitsorganisation und Arbeitsintensität nicht ausgeklammert werden dürfen. Ansonsten handelt es sich um formale Regelungen der Begrenzung der Arbeit, die wegen der im Übrigen gleichbleibenden Anforderungen an Arbeitsintensität nicht umgesetzt werden können. Die Haltung der Arbeitgeber und der betrieblichen Akteure sowie die Kultur des Betriebes sind entscheidend dafür, ob die getroffenen Vereinbarungen mit Leben gefüllt werden.

3. Call-Center. Alle Branchen und Verwaltungen nutzen heute Call-Center, entweder als Teil des Unternehmens bzw. der Verwaltung oder als externes Dienstleistungsunternehmen. Ziel der Einrichtung von Call-Centern ist die Bündelung telefonischer Kundenkontakte durch Annahme von Anrufen (Inbound) oder Tätigen von Telefonanrufen, um Dienstleistungen anzubieten (Outbound). Die Aufgaben sind breit gefächert und reichen von Bestellannahme über Informationshotline bis zum Kunden-Service, zB im Finanz- und Versicherungssektor mit zT größeren Anteilen an Sachbearbeitung. Dabei sind **Telefon und Computer** die zentralen Arbeitsmittel. Per Computer werden Kundendaten aufgerufen, Produktinformationen abgerufen, Bestellungen, Anfragen und Beschwerden entgegengenommen etc. Durch eine „Rund-um-die-Uhr"-Besetzung können Massengeschäfte rationalisiert und die Geschäftszeiten ausgeweitet werden. Die Arbeitsorganisation ist unterschiedlich differenziert: Zum Teil werden die Aufgaben ganzheitlich „in einer Hand" erledigt, zum Teil müssen die Kunden an Spezialisten vermittelt werden (second level support), weil der angelernte Call-Center-Agent des Erstkontakts nur einfache Routineaufgaben bzw. -anfragen erledigen kann.[428]

Die **Arbeitsbedingungen** weisen in vielfältiger Hinsicht **hohe Belastungspotentiale** auf.[429] Die ohnehin an Büroarbeitsplätzen bestehenden gesundheitlichen Risikofaktoren durch nicht ergonomische Arbeitsplatz- und Raumgestaltung, schlechte Luftqualität, hoher Geräuschpegel, mangelhafte Beleuchtung potenzieren sich in Call-Centern. Durch die Telefonkontakte sind die Beschäftigten quasi am Arbeitsplatz fixiert; ständige Zwangshaltungen und Bewegungsarmut führen in Kombination mit den o.a. Faktoren zu erheblichen gesundheitlichen Beanspruchungen. Hinzu kommen starke Arbeitsverdichtung und fremdgesteuerte, hoch standardisierte und monotone Arbeit. Der Leistungs- und Zeitdruck verbunden mit geringen Tätigkeitsspielräumen bis zur Unterforderung sind kennzeichnend. Entscheidender Belastungsfaktor ist das Anrufvolumen, dh die technisch verteilten Anrufe im „Minutentakt". Die Nachbearbeitungszeiten für dokumentations- oder fallabschließende Bearbeitung oder Weiterleitung sind in der Regel ebenfalls zu kurz. Schließlich schlagen sich eine schlechte Software-Ergonomie (Suchen, Bearbeiten, Erkennen können) und IT-Performance (zB langsame Rechner und Datenbanken) als massive Erschwerungen im Belastungsprofil nieder. Gleichzeitig wird von den Beschäftigten eine sehr hohe soziale Kompetenz und permanente Freundlichkeit im Kundenkontakt verlangt. Soziale Isolation durch ständiges Verweilen am Arbeitsplatz ist, wie die Möglichkeit ständiger Überwachung und Leistungs- sowie Verhaltenskontrolle, von besonderer Bedeutung.[430] Das unangekündigte oder verdeckte Mithören durch einen Coach oder die verdeckte Aufzeichnung der Telefonate durch einen Coach zur Überwachung der Qualität der Gespräche begründen einen permanenten Überwachungsdruck. Solche Maßnahme sind gem. § 87 Abs. 1 Nr. 6 BetrVG mitbestimmungspflichtig. Ihre Regelung durch eine Betriebsvereinbarung muss die Grundrechte der Arbeitnehmer beachten und ist eng am Verhältnismäßigkeitsgrundsatz zu orientieren. Die unbeschränkte Leistungskontrolle ist nicht zulässig.[431] Emotionale Erschöpfung als Teilaspekt eines Burnout-Syndroms in Verknüpfung mit Muskel-Skelett-Beschwerden werden vor allem als Folge dieser Belastungsfaktoren beschrieben.

Arbeitsplätze in Call-Centern sind in der Regel **Bildschirmarbeitsplätze**. Neben den allgemeinen Regelungen der Arbeitsstättenverordnung sind insbesondere die spezifischen

---

427 IGA-Report Teil 2, S. 51 ff.; BAuA-Erreichbarkeit, S. 41 ff. **428** Kock in: Kock/Kurth, S. 34 ff.; Neuhaus, S. 286 f. **429** Neuhaus, S. 288 ff.; Sust ua, S. 43 f., 54, 58 ff. **430** Neuhaus, S. 284; Kock in: Kock/Kurth, S. 37. **431** Fitting BetrVG § 87 Rn. 247; Schulze/Ratzesberger ArbR Aktuell 2016, 301 (303).

Vorgaben zur Bildschirmarbeit zu beachten, insbesondere der Anhang Nr. 6 ArbStättV. Die o.a. Belastungsfaktoren können durch Verbesserung der Arbeitsumgebung in Bezug auf Arbeitsplatzgestaltung, Lärm (zB DIN EN ISO 11690-1), Beleuchtung (> 500 Lux) und Klima im Rahmen der Behaglichkeitsbereiche (ua DIN 33403 Teil 3/ ASR 6/1) gemindert werden.[432] Grundlegende Hinweise für die Gestaltung der Arbeitsbedingungen in Call-Centern enthält neben der DGUV Information 215-410 „Bildschirm- und Büroarbeitsplätze. Leitfaden für die Gestaltung" die spezielle BGI 773 (Call Center. Hilfen für Planung und Einrichtung).[433] Es ist insbesondere auf eine nicht einengende Raumgestaltung und 30–50 % mehr Fläche für den einzelnen Arbeitsplatz in den Großraumbüros zu achten. Auf diese Weise lassen sich Lärmimmissionen und andere Störungen verringern. Anhang Nr. 3.7 ArbStättV orientiert den Lärmschutz an der Art der Nutzung und den zu verrichtenden Tätigkeiten (→ Rn. 83). Die spezifischen Arbeitsanforderungen und -bedingungen in Call-Centern verlangen daher **besondere Vorkehrungen in der Arbeitsplatzgestaltung**, um psychische Belastungen zu vermeiden.[434] Weiterhin sollte die Software-Ergonomie mit hoher Priorität analysiert und ggf. verbessert werden. Durch Fortbildungen zum „professionellen" Telefonieren können Stresssituationen mit unfreundlichen, aggressiven Kunden bewältigt werden. Stimmtrainings können dem vorzeitigen Verschleiß der Stimmorgane vorbeugen und eine Gelassenheit beim Sprechen durch Atemtechnik unterstützen.[435] Weiter müssen nachweislich angemessene Nachbearbeitungszeiten eingeräumt werden. Anhang Nr. 6.1 Abs. 2 ArbStättV verpflichtet Arbeitgeber durch eine entsprechende Arbeitsorganisation die permanente Arbeit an Telefon und Bildschirm zu unterbrechen. Auch in Call-Centern gilt die Rangfolge, nach der echte Mischarbeit Priorität hat (→ Rn. 172). Sachbearbeitende Aufgaben im Hintergrund mit inhaltlicher Beziehung zur sonstigen Tätigkeit reichern das Tätigkeitsspektrum an und führen zu mehr Ganzheitlichkeit. Für das **Gelingen der Mischarbeit** ist neben einer beide Tätigkeiten berücksichtigenden Arbeitsverteilung eine gute Einarbeitung und Qualifizierung der Beschäftigten unabdingbar.[436] Diese Voraussetzung bricht sich indes mit der häufig vorzufindenden Struktur der Beschäftigungsverhältnisse in Call-Centern, die durch unsichere Arbeitsplätze, befristete Verträge, fehlende Ausbildung und hoch funktionale Arbeitsteilung gekennzeichnet ist.[437]

210 **4. Bildschirmarbeit in der Produktion.** Im Zuge einer engen Auslegung des § 1 Abs. 4 Nr. 1 ArbStättV (→ Rn. 141) und der **Digitalisierung/Automation von Produktionsprozessen** spielen Regelungen zum Arbeits- und Gesundheitsschutz bei Bildschirmarbeit auch an Arbeitsplätzen in der direkten Produktion eine zunehmende Rolle. Denn die Ausnahmeregelung betrifft nur Arbeitsplätze an einzelnen Maschinen, die über eine integrierte Steuereinrichtung mit Bildschirm verfügen, über der die Produktionsablauf bedient und gesteuert bzw. im Notfall beendet wird. Arbeitsplätze an Steuerständen, Leitständen und Maschinen sind dagegen nicht ausgenommen, wenn die Arbeitnehmer daran auch vorbereitend, steuernd und optimierend arbeiten. Dazu gehören ua programmgesteuerte Werkzeugmaschinen (NC, CNC), Steuerstände und Leitwarten von Anlagen der Energieerzeugung oder der Stahlproduktion und -weiterverarbeitung, Rollenoffset-Druckmaschinen etc.

211 Arbeitsplätze in der Produktion, wie die von Meistern, Arbeitsvorbereitern, Werkstattschreibern oder Lageristen, weisen das typische Belastungsspektrum klassischer Büroarbeit auf. Häufig wird die Belastung verstärkt durch **ungünstige Arbeitsumgebungseinflüsse**, wie Lärm, ungenügend Platz und unergonomische Arbeitsplatzgestaltung.[438] Insofern gelten die allgemeinen Ausführungen zu Bildschirmarbeit ohne Einschränkungen.

---

[432] Gestaltungsempfehlungen in Sust ua, S. 126 ff.; Neuhaus, S. 297 ff. [433] Auch unter baua.de: Callcenter – Gestaltungsvorschläge durch Gesetze, Normen und Richtlinien; unter vbg.de: „Arbeitsumgebung und Ergonomie", „Effektive Arbeitsgestaltung". [434] Kohte/Faber, Anm. zu LAG Rostock 16.11.2011, jurisPR-ArbR 45/2011 Anm. 6. [435] Sportelli in: Kutzner/Kock, S. 23. [436] Neuhaus, S. 294 f.; Timm/Wieland in: Kutzner/Kock, S. 60 ff. [437] Timm/Wieland in: Kutzner/Kock, S. 62; Kock in: Kock/Kurth, S. 34 f. [438] Kiper Computer und Arbeit 2011, 20.

Im Rahmen der Geltung des Arbeitsschutzgesetzes in allen Produktionsstätten hat die 212 Gefährdungsbeurteilung nach § 5 ArbSchG im klassischen Modell die physikalisch-technischen Gegebenheiten zu berücksichtigen (→ ArbSchG § 5 Rn. 25). Weiterhin sind bei dieser Perspektive auf Maschinen und Anlagen die betrieblichen Anforderungen der Betriebssicherheitsverordnung zu beachten. Hinzu kommen Beschaffenheitsanforderungen, insbes. aus der Maschinenverordnung (zB Risikobeurteilung und CE-Kennzeichnung auch bei Eigenkonstruktion oder wesentlicher Änderung sowie die sicherheitstechnische Abnahme durch die Fachkraft für Arbeitssicherheit gemäß ASiG). Die **Gefährdungsbeurteilung gem. § 3 ArbStättV in Bezug auf Bildschirmarbeit** kann bei Arbeitsplätzen in der Produktion nicht identisch sein mit der in Büros desselben Produktionsbetriebs. Sie hat andere bzw. ergänzende Belastungsfaktoren zu erfassen und zu analysieren. Die bildschirmgestützte Programmier-, Steuerungs- und Überwachungsarbeit zB an numerisch gesteuerten Bearbeitungszentren ist über die physikalischen Gefährdungen hinaus auch systematisch hinsichtlich ihrer psychophysischen Belastungen zu analysieren und entsprechend den Vorgaben des Anhangs der Bildschirmarbeitsverordnung zu gestalten. Typische Belastungsfaktoren können sich daraus ergeben, dass die „Bildschirmgeräte" umständlich zu bedienen sind, die Oberflächen (zB Touchscreens) leicht verschmutzen, die Leuchtdichteunterschiede zwischen Bildschirm und Umfeld zu groß sind oder die Beleuchtung weder blendfrei noch ausreichend ist. Diese Belastungen potenzieren sich ggf. noch durch Umgebungseinflüsse wie Lärm über 65 dB A, frühzeitige Ermüdung (durch Licht/Leuchtdichteunterschiede) und Schadstoffe (der Maschine/des Umfeldes). Auch bestimmte Elemente der Arbeitsorganisation in der Produktion führen zu gesundheitlichen Beeinträchtigungen und einem Ansteigen der Fehler- und Unfallwahrscheinlichkeit. Dazu zählen ua Stress durch die Maschinenbedienung mit Maschinenlaufzeitverantwortung und hoher Konzentrationsanforderung, gekoppelt mit unzureichender Weiterbildung, Schichtarbeit und sozialer Isolation, die sich schließlich zu einem **gesundheitsgefährdenden „Belastungsmix"** aufaddieren können. Stressbedingt erhöhter Arbeitspuls, Erholzeitverlängerung, Nackenschmerzen und Magen-Darm-Beschwerden sind häufige Beanspruchungsfolgen.

Die Arbeitsbedingungen an den Bildschirmarbeitsplätzen können durch richtlinienkonformen Einkauf von Hard- und Software und eine ergonomiegerechte Aufstellung der Maschinen von Anfang an verbessert werden.[439] Bei vorhandenen Arbeitsplätzen ist die **Software- und Hardware-Ergonomie** (Anhang/ DIN EN ISO 9241 bzw. 14915) anzupassen. Entsprechende Maßnahmen sind ggf. unter Festlegung von Prioritäten und Zeitvorgaben zu planen (→ ArbSchG § 3 Rn. 16 ff.). Dadurch werden zwar nicht alle Belastungen abgebaut, aber die vorherrschenden Summen- und Kombinationseffekte entscheidend vermindert. Zumindest dürften dann auch die Anreize und die Duldung von Manipulationen an den sicherheitstechnischen Einrichtungen der Maschinen, die laut einer breit angelegten Studie der Berufsgenossenschaften aus 2006 bei über 37 % aller Werkzeugmaschinen anzutreffen sind,[440] geringer werden. Denn die Gründe schlechte Ergonomie und verlangsamtes Arbeitstempo durch Sicherheitstechnik müssten durch die Einhaltung der Regelungen entfallen. 213

Eine weitere, zunehmende Verbreitung von Bildschirmarbeitsplätzen in der Produktion findet sich im Zusammenhang mit der **„Leitwarte"** – oder Überwachungstätigkeit von Maschinen und Anlagen. Sie ist „bildschirmtechnisch" in der Regel durch eine Vielzahl von Bedien- und Anzeigeelementen (Bildschirme, Sticks, Tastaturen, Anzeige- und Schalterelemente – zB Alarmknopf, Manometer) gekennzeichnet. Die Arbeit umfasst idR das Überwachen und Eingreifen im Störfall. Beide Teiltätigkeiten sind hinsichtlich ihrer Belastungssets grundverschieden. Die reine Überwachungstätigkeit führt ua aufgrund mangelnder Reize (sensorische und kognitive Anforderungen) bei gleichzeitig erforderlicher Daueraufmerksamkeit zuweilen schon nach 10–20 Minuten zu fortschreitender Herabsetzung der Wachsamkeit (Ermüdung, geringere Signalerkennung etc). Der Störfall ist durch Stress und ggf. situative kognitive und sensorische Überforde- 214

---
439 Praxisempfehlungen: BAuA, Bildschirmarbeit in der Produktion, 2011. **440** Paridon/Apfeld/Lücken, S. 29 ff.

rung gekennzeichnet, die ihrerseits wiederum das Risiko von Fehlverhalten erhöhen sowie gesundheitlich beeinträchtigend wirken können. Diese spezifischen Belastungsfaktoren sind bei der Gefährdungsbeurteilung zu erfassen. Die daraus abzuleitenden Maßnahmen müssen passgenau dadurch entstehende gesundheitliche Gefährdungen vermindern.[441]

215 Die **Schutzziele des Anhangs Nr. 6 ArbStättV** müssen der besonderen Arbeitsaufgabe in Leitwarten angepasst und durch konkrete Maßnahmen umgesetzt werden. Dazu gehören zB die Überwachungsanzeigen (Bildschirme), bei denen insbesondere Graphen und Symbole sowie ihre Anordnung der „Informationsverarbeitung des Menschen" anzupassen sind. So müssen beispielsweise verschiedene Systemzustände der Anlage oder ihrer Komponenten für den Überwacher leicht unterschieden sowie wesentliche Informationen prägnant und schnell erkannt werden können. Dies kann geschehen durch unterschiedlich komplexe Schemata, spezifische Farben und häufige Bildwechsel im Normalstatus – Detailangebote, Präsentation wesentlicher Ausschnitte, Signalfarben und hohe Kontraste bei Unregelmäßigkeiten, Störungen, manuellen Eingriffen oder Wechsel von Chargen, Programmen etc. Zudem sollten sensorische Abwechslung/ Anreize geschaffen werden, beispielsweise durch akustische Signale. Die **Arbeitsumgebung** in Leitständen und -zentralen ist ua gem. DIN-EN- ISO 11064 (1–7) ergonomisch zu gestalten, bereits bei Planung, aber auch bei Maßnahmen in Folge einer Gefährdungsbeurteilung.

216 Eine hohe belastungsmindernde Wirkung wird an diesen Arbeitsplätzen durch die strikte **Umsetzung der Vorgaben zur Mischarbeit und Sicherstellung von Erholungszeiten** erzielt. Die Überwachungstätigkeit kann in vielen Fällen durch Inspektionsarbeiten „vor Ort" an der Anlage systemisch durchmischt werden (Bewegung, Aktivierung und Tätigkeitswechsel etc). Falls Mischarbeit unmöglich zu sein scheint, ist eine regelmäßige, möglichst aktive Pause (10 Min./Std.) erforderlich, um das Absinken der Wachsamkeit sowie die Ermüdungsfolgen zu vermindern.

D. Rechtsdurchsetzung

217 **Verantwortlich** für die Erfüllung der Verpflichtungen aus der ArbStättV ist stets der **Arbeitgeber** als Adressat der arbeitsstättenrechtlichen Anforderungen. Neben dem Arbeitgeber können weitere Personen als sog „**Verantwortliche Personen**" nach Maßgabe des § 13 ArbSchG in der Pflicht stehen, die Umsetzung des Arbeitsstättenrechts im Betrieb sicherzustellen (→ ArbSchG § 13 Rn. 21). Sofern der Arbeitgeber oder Personen nach § 13 ArbSchG im Rahmen ihrer Aufgaben und Befugnisse den Anforderungen der ArbStättV nicht oder nicht ordnungsgemäß nachkommen, haben **aufsichtsrechtlich** die staatlichen Arbeitsschutzbehörden und die Unfallversicherungsträger (Berufsgenossenschaften, Unfallkassen) die Aufgabe und Pflicht, das Arbeitsstättenrecht ggf. auch hoheitlich durchzusetzen. Daneben haben **kollektivrechtlich** die betrieblichen Interessenvertretungen sowie **individualrechtlich** auch einzelne Arbeitnehmer Handlungsmöglichkeiten, für sie bedeutsame Anforderungen der ArbStättV im Betrieb durchzusetzen.

I. Hoheitliche Rechtsdurchsetzung

218 Wichtigste Rechtsgrundlage der **staatlichen Arbeitsschutzaufsicht** zur Durchsetzung des Arbeitsstättenrechts ist § 22 Abs. 3 ArbSchG, der die Ermächtigungsgrundlage für den Erlass von einseitigen, **hoheitlich durchsetzbaren Anordnungen** bildet. Derartige, ggf. auch mit den Instrumenten des Verwaltungszwanges durchsetzbare Verfügungen können nun sowohl gegenüber dem Arbeitgeber, als auch gegenüber den sonstigen Verantwortlichen nach § 13 ArbSchG erlassen werden, um diesen gegenüber die Einhaltung der ArbStättV durchzusetzen. Vergleichbare Möglichkeiten hoheitlich tätig zu werden er-

---

441 Siehe dazu Schmidt/Luczak in: Zimolong/Konradt (Hrsg.), Ingenieurspsychologie, 2006; Praxisempfehlungen der BAuA: Bockelmann/Nachreiner/Nickel, Bildschirmarbeit in Leitwarten. Handlungshilfen zur ergonomischen Gestaltung von Arbeitsplätzen nach der Bildschirmarbeitsverordnung, 2012; Bildschirmarbeit in Leitwarten ergonomisch gestalten, 2014.

öffnet § 19 SGB VII für die Aufsichtspersonen der Träger der gesetzlichen Unfallversicherungen (Berufsgenossenschaften).[442] Zu beachten ist dabei, dass der Arbeitgeber bei der Umsetzung der ArbStättV aufgrund der allgemein gehaltenen Vorgaben der Verordnung breite Gestaltungsräume hat, die in Eigenverantwortung betrieblich auszufüllen sind. Diese Spielräume sind auch von der Arbeitsschutzaufsicht zu respektieren. Hoheitliche Anordnungen kommen vor diesem Hintergrund vornehmlich dann in Betracht, wenn der Arbeitgeber bzw. die Verantwortlichen nach § 13 ArbSchG völlig untätig bleiben oder aber evident gegen die Verordnung verstoßen (zB keine Bereitstellung von Sozialräumen, fehlende Einrichtung von Fluchtwegen, ausführlich → ArbSchG § 22 Rn. 50 ff.). Anordnungen sind danach etwa möglich, wenn zB die in der ASR 3.5 aufgeführten Temperaturen für eine gesundheitlich zuträgliche Raumtemperatur nicht erreicht werden.[443] Auch die öffentlich-rechtliche Verpflichtung zur Gefährdungsbeurteilung gem. § 3 ArbStättV kann durch Anordnungen der Aufsicht durchgesetzt werden (→ ArbSchG § 5 Rn. 84). Die Leitlinie Gefährdungsbeurteilung (→ ArbSchG § 5 Rn. 37 ff.) enthält Hinweise für die Aufsichtsbeamten, die regelmäßig bei betrieblichen Begehungen die jeweilige Gefährdungsbeurteilung einzusehen und bei fehlender oder unvollständiger Gefährdungsbeurteilung auf die Erfüllung von § 3 ArbStättV hinzuwirken haben. In Bezug auf Bildschirmarbeit kann dem jeweiligen Arbeitgeber aufgegeben werden bestimmte Maßnahmen in Zusammenhang mit der entsprechenden Nummer des Anhangs Nr. 6 durchzuführen. Bei der Organisationspflicht nach Anhang Nr. 6.1. Abs. 2 ArbStättV ist auch im Verwaltungsakt die Alternative von Mischarbeit oder Pausen zu beachten; auch ein solcher Verwaltungsakt ist hinreichend bestimmt.[444]

Mit der Änderungsverordnung vom 19.7.2010[445] ist mit § 9 ArbStättV ein eigenständiger **Ordnungswidrigkeiten**tatbestand geschaffen worden, der die Verhängung von Bußgeldern bis zu 5.000 EUR (vgl. § 25 ArbSchG) im Falle von Verstößen gegen die ArbStättV ermöglicht. Dieser ist zuletzt durch die ArbStättV-Novelle 2016 um weitere Bußgeldtatbestände erweitert worden.[446] Hiermit sollen ausweislich der Verordnungsbegründung die Sanktionsmöglichkeiten bei Verstößen verbessert und Forderungen der europäischen Gemeinschaftsstrategie zum Arbeitsschutz aufgegriffen werden. Die Gemeinschaftsstrategie stellt insoweit heraus, dass dem Einsatz von Sanktionsmitteln bei Verstößen mehr Aufmerksamkeit zu schenken ist.[447] § 9 ArbStättV normiert einen **Katalog von neun Ordnungswidrigkeitstatbeständen**, die zu einem Bußgeld führen können. Bußgeldbewehrt sind danach insbes. Mängel der Gefährdungsbeurteilung, Verstöße gegen die Grundpflicht des § 3 a ArbStättV zum ordnungsgemäßen Einrichten und Betreiben von Arbeitsstätten, die Nichteinstellung der Arbeit bei unmittelbarer erheblicher Gefahr iSv § 4 Abs. 1 ArbStättV, das Nichtfreihalten von Verkehrs- und Fluchtwegen oder Notausgängen nach § 4 Abs. 4 ArbStättV oder das Unterlassen bzw. die nicht ordnungsgemäße Prüfung von Sicherheitseinrichtungen gem. § 4 Abs. 3 ArbStättV. Zur Gewährleistung eines bundesweit einheitlichen Vollzuges der Ordnungswidrigkeiten nach § 9 Abs. 1 ArbStättV hat der LASI im Februar des Jahres 2013 einen Bußgeldkatalog veröffentlicht,[448] der den zuständigen Aufsichtsbehörden klare Orientierungen zur Ahndung der Verletzung arbeitsstättenrechtlicher Pflichten gibt. Danach gilt zB für Versäumnisse im Zusammenhang mit der Gefährdungsbeurteilung ein Regelsatz von 3.000 EUR, bei unzuträglichen Raumtemperaturen ein Regelsatz von 1.000 EUR oder bei nicht funktionierenden Sicherheitseinrichtungen ein Regelsatz von 5.000 EUR.[449] Gerichtsentscheidungen über Bußgeldfälle sind auch ca. 7 Jahre nach Inkrafttreten der Bußgeldregelung nicht in der Rechtsprechungsdatenbank Juris nachgewiesen (Stand 26.5.2017). Führen solche Verstöße gegen Bußgeldtatbestände zugleich zur Gefähr-

---

[442] Nach § 2 Abs. 1 DGUV Vorschrift 1 iVm Anlage 1 DGUV Vorschrift 1 ist die Beachtung der ArbStättV auch unfallversicherungsrechtlich gefordert. [443] Zu einer Anordnung wg. Nichterreichen von Mindesttemperaturen vgl. VG Münster 28.2.2013 – 7 L 853/12. [444] Dazu Faber, Arbeitsschutzpflichten, S. 370; Münch/ArbR/Kohte § 290 Rn. 92. [445] BGBl. I 2010, 966. [446] BGBl. I 2016, 2684. [447] BR-Drs. 262/10, 29. [448] LASI (Hrsg.), Bußgeldkataloge zur Arbeitsstättenverordnung (LV 56), download unter http://lasi.osha.de/. [449] LASI (Hrsg.), Bußgeldkataloge zur Arbeitsstättenverordnung, aaO, S. 9.

dung des Lebens oder der Gesundheit von Beschäftigten, steht dies nach § 9 Abs. 2 ArbStättV iVm § 26 ArbSchG zudem unter **Strafe**.

II. Kollektivrechtliche Rechtsdurchsetzung

220 Eine Schlüsselrolle bei der Rechtsdurchsetzung der ArbStättV haben die **Betriebs- und Personalräte** als allgemeine Interessenvertretungen der Beschäftigten. Sie haben das Recht und die Pflicht, die betriebliche Konkretisierung der allgemeinen Vorgaben der ArbStättV aktiv und gleichberechtigt mitzugestalten. Grundlage hierfür ist im Bereich der Privatwirtschaft vor allem das Mitbestimmungsrecht des § 87 Abs. 1 Nr. 7 BetrVG bzw. im öffentlichen Dienst die entsprechenden Mitbestimmungstatbestände des BPersVG und der Landespersonalvertretungsgesetze zum Arbeits- und Gesundheitsschutz (zB § 75 Abs. 3 Nr. 11 BPersVG; § 72 Abs. 4 Nr. 7 LPVG NW). Im Gegensatz zu den Optionen der Arbeitsschutzaufsicht, die die Gestaltungsfreiheit der Betriebe zu berücksichtigen hat und daher primär bei völliger Untätigkeit bzw. evidenten Verstößen mit hoheitlichen Anordnungen operieren kann, besteht die Aufgabe der Interessenvertretungen gerade darin, **an inhaltlichen Gestaltungsentscheidungen zu partizipieren**. Dies betrifft praktisch alle Pflichten der ArbStättV, da diese durchweg einer betrieblichen Konkretisierung bedürfen (Gefährdungsbeurteilung, Auswahl von Schutzmaßnahmen, Organisation der Maßnahmen). Zu den im Wege der Mitbestimmung zu konkretisierenden gesetzlichen Rahmenvorschriften iSv § 87 Abs. 1 Nr. 7 BetrVG zählt auch die die **arbeitsstättenrechtliche Generalklausel** des § 3 a Abs. 1 ArbStättV.[450] Dies gilt nach nicht unbestrittener Auffassung auch dann, wenn keine konkrete, objektive Gefahrenlage besteht.[451] Es ist rechtssystematisch verfehlt, das Mitbestimmungsrecht von einer objektiven Gefahr abhängig zu machen, um ihm insbes. im Hinblick auf die freiwillige Mitbestimmung nach § 88 BetrVG und das korrigierende Mitbestimmungsrecht des § 91 BetrVG Konturen zu verleihen (→ BetrVG § 87 Rn. 32). Die Notwendigkeit einer Abgrenzung der Mitbestimmungstatbestände ist zwar rechtssystematisch nicht zu bezweifeln. Das Kriterium der objektiven Gefahr ist hierfür aber verfehlt, da mit ihm übersehen wird, dass das Mitbestimmungsrecht des § 87 Abs. 1 Nr. 7 BetrVG an die Reichweite des Arbeitsschutzrechts gebunden ist und der betrieblichen Ausfüllung gesetzlicher Vorschriften dient. Die Interventionsschwelle des § 3 a Abs. 1 ArbStättV als gesetzliche Rahmenvorschrift wird aber gerade nicht vom Vorliegen einer „Gefahr", sondern von einer „**Gefährdung**" abhängig gemacht, mithin einer Interventionsschwelle, die der klassischen Gefahr vorgelagert ist (zu den Begriffen Gefahr/Gefährdung → ArbSchG § 4 Rn. 10 ff.). Der Gefährdungsbegriff hat dabei einen klaren Begriffsinhalt und meint die Möglichkeit eines Schadenseintritts, ohne besondere Anforderungen an Schadenshöhe und Eintrittswahrscheinlichkeit zu stellen. Eine im Wege der Mitbestimmung auszugestaltende Handlungspflicht besteht daher immer dann, wenn konkrete tatsächliche Anhaltspunkte vorhanden sind, dass aufgrund der Arbeitsbedingungen in der Arbeitsstätte die Möglichkeit eines Schadens besteht. Es ist vor diesem Hintergrund zutreffend, dass in der Rechtsprechung mitbestimmte Regelungen auf Basis von § 3 a Abs. 1 ArbStättV für möglich erachtet werden, wenn diese auf eine Gefährdungsbeurteilung gestützt werden können.[452] Gleiches muss aber auch gelten, wenn im Einzelfall die Erkenntnisse anderweitig gewonnen worden sind und entsprechend konkret vorgetragen wird.[453] Dh es dürfen aufgrund der substantiiert dargelegten konkreten Arbeitsbedingungen mit Blick auf den Stand von Technik, Arbeitsmedizin und Hygiene sowie den gesicherten arbeitswissenschaftlichen Erkenntnissen Schädigungen nicht ausgeschlossen werden können. Hiervon ist zB auszugehen, wenn die im Wege der Mitbestimmung angestrebten Maßnahmen zB auf eine ASR oder auf

---

450 LAG Berlin-Brandenburg 25.3.2015 – 23 TaBV 1448/14; bestätigt durch BAG 28.3.2017 – 1 ABR 25/15; LAG Nürnberg 9.12.2015 – 4 TaBV 13/14. **451** So LAG Baden-Württemberg 21.10.2015 – 4 TaBV 2/15; differenzierend LAG Berlin-Brandenburg 25.3.2015 – 23 TaBV 1448/14; dagegen LAG Nürnberg 9.12.2015 – 4 TaBV 13/14; Pieper BetrVG Rn. 24. **452** LAG Berlin-Brandenburg 25.3.2015 – 23 TaBV 1448/14. **453** LAG Niedersachsen 11.1.2017 – 13 TaBV 109/15.

sonstige abgesicherte Erkenntnisse (zB Informationen der Unfallversicherungsträger) gestützt werden.

Die Interessenvertretungen sind zur Ausübung ihrer Mitbestimmungsrechte nicht auf ein Tätigwerden der Aufsicht angewiesen (auch wenn dies in der Praxis sehr hilfreich sein kann, um die entsprechenden betrieblichen Prozesse anzustoßen).[454] Da die Mitbestimmungsrechte zum Arbeitsschutz durch Initiativrechte[455] flankiert werden, können Betriebsräte den Arbeitgeber aus eigenem Entschluss bereits im Planungsstadium, zB von Umbauten,[456] unmittelbar zu Verhandlungen auffordern bzw. können Personalräte entsprechende Initiativanträge stellen. Verweigert sich der Arbeitgeber oder kann keine Einigung erzielt werden, steht insoweit der Weg in die Einigungsstelle offen,[457] die letztendlich auch zu arbeitsstättenbezogenen Regelungen verbindliche Entscheidungen treffen kann (→ BetrVG § 87 Rn. 84 ff.). 221

Auch im Bereich der **Bildschirmarbeit** kommt der Mitbestimmung und dem Abschluss von Betriebs- und Dienstvereinbarungen durch Betriebs- und Personalräte entscheidende Bedeutung zu. § 3 Abs. 1 S. 3 ArbStättV iVm § 5 ArbSchG verpflichtet den Arbeitgeber bei der Durchführung von **Gefährdungsbeurteilungen** die spezifischen gesundheitlichen Gefährdungen durch Bildschirmarbeit zu erfassen, zu bewerten und daraus notwendige Maßnahmen iSd §§ 2 Abs. 1, 3 Abs. 1 ArbSchG abzuleiten. Die Regelung gibt nur einen allgemeinen Rahmen vor, der entsprechend den jeweiligen Bedingungen betrieblich zu konkretisieren ist (→ Rn. 54).[458] Es ist ua zu klären, welches Verfahren angewandt wird, wie die Auswahl „vergleichbarer" Arbeitsplätze erfolgt, wie und ob Befragungen der Beschäftigten durchzuführen sind, wer intern bzw. extern zu beteiligen ist etc. In Bezug auf die **Ermittlung psychischer Belastungen** können die „Empfehlungen zur Umsetzung der Gefährdungsbeurteilung psychischer Belastung" und die Erläuterungen der BAuA als gesicherte arbeitswissenschaftliche Erkenntnisse in den Prozess der Mitbestimmung eingeführt werden. Diese liefern praxisnahe Hilfen für die Betriebsparteien (→ Rn. 161). 2004 hat der 1. Senat des Bundesarbeitsgerichts in einem Verfahren, das ua den damals geltenden § 3 BildscharbV zum Gegenstand hatte, ein Mitbestimmungsrechts bejaht (→ BetrVG § 87 Rn. 56).[459] Dagegen hat der 6. Senat des Bundesverwaltungsgerichts ein Mitbestimmungsrecht des Personalrats nach § 75 Abs. 3 Nr. 11 BPersVG für die Erstellung einer Gefährdungsbeurteilung der Arbeitsplätze in der Dienststelle abgelehnt. Der Personalrat sei während der Analysephase gem. § 81 BPersVG zu beteiligen (→ BPersVG Rn. 39 f.).[460] 222

Auch die **Vorgaben des Anhangs Nr. 6 ArbStättV** sind hinsichtlich der genannten Ziele verbindlich, überlassen aber die Gestaltung und Konkretion den betrieblichen Akteuren. Es handelt sich um zentrale Gestaltungsanforderungen an ergonomische Bildschirmarbeit, die sämtlich mitbestimmungspflichtig sind.[461] Auch die in der Praxis bedeutsamen wie schwierig umzusetzenden Zielvorgaben für Software-Ergonomie unterliegen der Mitbestimmung. Bei der Umsetzung der Nr. 6.5 Abs. 5 des Anhangs sind zudem die Mitbestimmungsrechte gem. § 87 Abs. 1 Nr. 6 BetrVG, § 75 Abs. 3 Nr. 17 BPersVG zu beachten (→ Rn. 171). 223

Auch bei der Umsetzung der arbeitsorganisatorischen Verpflichtung, Bildschirmarbeit durch andere Tätigkeiten, hilfsweise durch regelmäßige Erholungszeiten zu unterbre- 224

---

454 Zu Regelungsgegenständen und Formulierungen von Betriebs- und Dienstvereinbarungen zum Arbeitsstättenrecht vgl. die Auswertungen Kiper, Gestaltung von Arbeitsstätten durch Mitbestimmung. **455** BAG 15.1.2002 – 1 ABR 13/01, NZA 2002, 995 (997); Fitting BetrVG § 87 Rn. 287; Oberberg/Schoof AiB 2012, 533 (535). **456** Faber AiB 2012, 529 (532). **457** Zu einem solchen Fall LAG Schleswig-Holstein 1.10.2013 – 1 TaBV 33/13. **458** Kohte, Anm. zu LAG Hamburg 21.9.2000 – 7 TaBV 3/98, LAGE § 87 BetrVG 1972 Gesundheitsschutz Nr. 1. **459** BAG 8.6.2004 – 1 ABR 13/03, NZA 2004, 1175; bestätigt BAG 12.8.2008 – 9 AZR 1117/06, NZA 2009, 102; dazu Kohte, jurisPR-ArbR 13/2009 Anm. 1; BAG 11.2.2014 – 1 ABR 72/12; Kollmer/Klindt/Schucht/Hecht Syst B Rn. 104. **460** BVerwG 14.10.2002 – 6 P 7/01, PersR 2003, 113; BVerwG 5.3.2012 – 6 PB 25/11, PersR 2012, 380 f. **461** LAG Niedersachsen 11.1.2017 – 13 TaBV 109/15; LAG Hamburg 21.9.2000 – 7 TaBV 3/99, ZBVR 2000, 113; Kollmer/Klindt/Schucht/Hecht Syst B, Rn. 104 ff. mwN; Pieper ArbStättV Vor Anh. Rn. 9.

chen, (Anhang Nr. 6.1 Abs. 2 ArbStättV) hat der Arbeitgeber einen Entscheidungsspielraum, der je nach betrieblichen Erfordernissen und Möglichkeiten mitbestimmungspflichtig zu gestalten ist.[462] Dabei ist der Vorrang der „anderen Tätigkeiten" zu beachten, so dass die Betriebsparteien stets zunächst über die Organisation von Mischarbeit verhandeln müssen. Erst im Nachgang ist die Ausgestaltung von Pausen (Häufigkeit, Dauer, Lage) zu verhandeln.

III. Individualrechtliche Rechtsdurchsetzung

225 Die arbeitnehmerschützenden Bestimmungen der ArbStättV werden nach allgemeiner Auffassung über § 618 BGB in das Arbeitsvertragsverhältnis transformiert (→ BGB § 618 Rn. 9).[463] Sofern am Arbeitsplatz oder bei den Arbeitstätigkeiten eines Beschäftigten Vorschriften der ArbStättV nicht beachtet werden, können insoweit **individualrechtliche Ansprüche** auf Erfüllung (Leistungsanspruch) und Unterlassung sowie bei Schädigungen ggf. vertragliche Schadensersatzansprüche (→ BGB § 618 Rn. 53) bestehen. Individualansprüche sind seit langem im Grundsatz anerkannt im Hinblick auf die Umsetzung materieller Schutzvorkehrungen. Nach der neueren Rechtsprechung können Individualansprüche aber auch Organisationspflichten wie die Gefährdungsbeurteilung zum Gegenstand haben.[464] Neben der Schwierigkeit ein entsprechendes gerichtliches Verfahren gegen den Arbeitgeber „auszuhalten", bestehen juristisch zudem erhebliche Probleme, das jeweilige Klagebegehren in einem Klageantrag hinreichend bestimmt zu formulieren. So ist der Antrag, der auf eine einzige präzise umschriebene Schutzmaßnahme abzielt, in der Regel zu weitgehend. Es gilt insoweit, ähnlich der Situation bei behördlichen Anordnungen, dass der Arbeitgeber bzw. im Rahmen der entsprechenden Mitbestimmungstatbestände die Betriebsparteien zu regeln haben, welche konkreten Maßnahmen ergriffen werden sollen.[465] Erfolg versprechend sind daher derartige individualrechtliche Klagebegehren insbes. dann, wenn der Arbeitgeber völlig untätig bleibt oder aber evident verfehlte Maßnahmen trifft. So kann zB mit Blick auf den Nichtraucherschutz der Antrag auf Bereitstellung eines tabakrauchfreien Arbeitsplatzes gestellt werden. Ein Antrag auf den Erlass eines allgemeinen Rauchverbotes wird demgegenüber nicht erfolgreich sein, wenn neben dem allgemeinen Rauchverbot andere effektive technische und organisatorische Maßnahmen denkbar sind, über deren Auswahl die Betriebsparteien im Rahmen der Mitbestimmung gemeinsam zu befinden haben. Möglich ist auch ein **Unterlassungsanspruch** (→ BGB § 618 Rn. 52). Eine wichtige Flankierung der individualrechtlichen Handlungsoptionen können vor diesem Hintergrund hinreichend bestimmt formulierte Betriebsvereinbarungen sein, die das Substrat der betrieblichen Gestaltungsentscheidungen der Betriebsparteien bilden. Werden in diese eindeutige Rechte und Ansprüche für einzelne Beschäftigte formuliert, können diese nach Maßgabe der jeweiligen Tatbestandvoraussetzungen mit guten Erfolgsaussichten eingeklagt werden.

226 Der 9. Senat des Bundesarbeitsgerichts hält grundsätzlich einen **individualrechtlichen Anspruch auf Durchführung einer Gefährdungsbeurteilung** gem. § 5 ArbSchG für möglich (→ BGB § 618 Rn. 37).[466] Diese Rechtsprechung gilt auch für die Gefährdungsbeurteilung nach § 3 ArbStättV.

227 Ist bislang keine Gefährdungsbeurteilung erfolgt, ist der Klageantrag der Beschäftigten darauf zu richten, den Arbeitgeber zu verurteilen, eine Gefährdungsbeurteilung nach § 5 ArbSchG, § 3 ArbStättV durchzuführen. In einem Betrieb, in dem ein Betriebsrat besteht und noch keine Regelung zur Durchführung einer solchen Gefährdungsbeurtei-

---

[462] Schon zu Art. 7 EG-Bildschirmrichtlinie BAG 2.4.1996 – 1 ABR 47/1995, CR 1996, 606 mAnm Kohte = AuA 1997, 97 mAnm Feldhoff; LAG Hamburg 21.9.2000 – 7 TaBV 3/98, LAGE § 87 BetrVG 1972 Gesundheitsschutz Nr. 1; BVerwG 8.1.2001 – 6 P 6.00, NZA 2001, 570; Kollmer/Klindt/Schucht/Hecht Syst B Rn. 105. [463] BAG 19.5.2009 – 9 AZR 241/08, NZA 2009, 775 (777). [464] BAG 12.8.2008 – 9 AZR 1117/06, NZA 2009, 102 ff. = AP Nr. 29 zu § 618 BGB mAnm Kohte. [465] BAG 12.8.2008 – 9 AZR 1117/06, NZA 2009, 102 ff. [466] BAG 12.8.2008 – 9 AZR 1117/06, NZA 2009, 102; dazu ausführlich Kohte, jurisPR-ArbR 13/2009 Anm. 1.

lung getroffen worden ist, ist der Klageantrag entsprechend zu modifizieren, dass der Arbeitgeber verurteilt wird, von seinem Initiativrecht gegenüber dem Betriebsrat Gebrauch zu machen, um eine Regelung für die Durchführung einer Gefährdungsbeurteilung am Arbeitsplatz des jeweiligen Klägers treffen zu können.[467]

In Bezug auf Bildschirmarbeit schreibt § 3 Abs. 1 S. 3 ArbStättV vor, ua psychische Belastungen zu berücksichtigen (→ Rn. 155 ff.). In vielen Betrieben findet **keine Analyse der psychischen Belastungen** statt; dies ist kein Ermessensfehler, sondern eine **teilweise Nichterfüllung**,[468] denn die Pflicht in § 3 Abs. 1 S. 3 ArbStättV bezieht sich eindeutig auch auf die Ermittlung und Beurteilung psychischer Belastungen. In einem solchen Fall besteht ein Anspruch auf Durchführung dieses noch fehlenden Teils der Gefährdungsbeurteilung; Arbeitgeber und Betriebsrat haben sich dann darüber zu verständigen, welche Methode sie wählen (→ Rn. 222).[469] Scheitern die Verhandlungen, hat der Arbeitgeber die Einigungsstelle anzurufen. 228

Für Bildschirmarbeit gibt weiter der **Anhang Nr. 6 ArbStättV** Maßnahmen zur Gestaltung zwingend vor: auch diese Regelungen bezwecken den unmittelbaren Schutz des Arbeitnehmers. Der Arbeitgeber ist verpflichtet, diese materiellrechtlichen Mindestbedingungen einzuhalten – als öffentlich-rechtliche Pflicht, wie auch als arbeitsvertragliche Pflicht gegenüber dem Arbeitnehmer.[470] Auch hier bestehen indes Gestaltungsspielräume für die Arbeitgeber. So ist der Anspruch des Arbeitnehmers auf Einhaltung der Schutzstandards des Anhangs Nr. 6 ArbStättV gerichtet, nicht zB auf Anschaffung einer bestimmten Tastatur.[471] 229

Auch die arbeitsorganisatorische Pflicht zur Unterbrechung der Bildschirmarbeit durch andere Arbeiten, hilfsweise durch Pausen kann individualrechtlich durchgesetzt werden. Der Ermessensspielraum der Betriebsparteien wird dadurch gewahrt, dass die Klage darauf gerichtet wird, den Arbeitgeber zu verurteilen, von seinem Initiativrecht gegenüber dem Betriebsrat Gebrauch zu machen, um die Tätigkeit des Klägers so zu organisieren, dass die Arbeit an Bildschirmgeräten regelmäßig durch andere Tätigkeiten oder durch Pausen unterbrochen wird.[472] Damit ist eine Wahlschuld des Arbeitgebers iSd § 262 BGB verbunden,[473] von der er nur nach Maßgabe des Mitbestimmungsrechts des Betriebsrates[474] oder des Personalrates[475] Gebrauch machen kann. 230

---

467 Dazu BAG 12.8.2008 – 9 AZR 1117/06, NZA 2009, 102 (104); ErfK/Wank BGB § 618 Rn. 23. **468** Dazu auch Kohte, Anm. zu BAG AP Nr. 29 zu § 618 BGB. **469** BAG 8.6.2004 – 1 ABR 13/03, NZA 2004, 1175 (1178). **470** Kollmer/Klindt/Schucht/Hecht ArbSchG § 17 Rn. 83. **471** Müller-Petzer, S. 131. **472** So ArbG Siegen 8.5.2001 – Ca 2299/1997, NZA-RR 2001, 629 (630). **473** So zutreffend Müller-Petzer, S. 134. **474** Dazu GK-BetrVG/Wiese BetrVG § 87 Rn. 631; N. Fabricius BB 1997, 1254 (1256). **475** Dazu BVerwG 8.1.2001 – 6 P 6/00, NZA 2001, 570.

Verordnung über Sicherheit und Gesundheitsschutz auf Baustellen (Baustellenverordnung – BaustellV)[1, 2]

Vom 10. Juni 1998 (BGBl. I S. 1283)
(FNA 805-3-5)
zuletzt geändert durch Art. 27 G zur Neuordnung des Rechts zum Schutz vor der schädlichen Wirkung ionisierender Strahlung vom 27. Juni 2017 (BGBl. I S. 1966)

Auf Grund des § 19 des Arbeitsschutzgesetzes vom 7. August 1996 (BGBl. I S. 1246) verordnet die Bundesregierung:

§ 1 BaustellV Ziele; Begriffe

(1) Diese Verordnung dient der wesentlichen Verbesserung von Sicherheit und Gesundheitsschutz der Beschäftigten auf Baustellen.

(2) Die Verordnung gilt nicht für Tätigkeiten und Einrichtungen im Sinne des § 2 des Bundesberggesetzes.

(3) ¹Baustelle im Sinne dieser Verordnung ist der Ort, an dem ein Bauvorhaben ausgeführt wird. ²Ein Bauvorhaben ist das Vorhaben, eine oder mehrere bauliche Anlagen zu errichten, zu ändern oder abzubrechen.

§ 2 BaustellV Planung der Ausführung des Bauvorhabens

(1) Bei der Planung der Ausführung eines Bauvorhabens, insbesondere bei der Einteilung der Arbeiten, die gleichzeitig oder nacheinander durchgeführt werden, und bei der Bemessung der Ausführungszeiten für diese Arbeiten, sind die allgemeinen Grundsätze nach § 4 des Arbeitsschutzgesetzes zu berücksichtigen.

(2) ¹Für jede Baustelle, bei der
1. die voraussichtliche Dauer der Arbeiten mehr als 30 Arbeitstage beträgt und auf der mehr als 20 Beschäftigte gleichzeitig tätig werden, oder
2. der Umfang der Arbeiten voraussichtlich 500 Personentage überschreitet,

ist der zuständigen Behörde spätestens zwei Wochen vor Einrichtung der Baustelle eine Vorankündigung zu übermitteln, die mindestens die Angaben nach Anhang I enthält. ²Die Vorankündigung ist sichtbar auf der Baustelle auszuhängen und bei erheblichen Änderungen anzupassen.

(3) ¹Ist für eine Baustelle, auf der Beschäftigte mehrerer Arbeitgeber tätig werden, eine Vorankündigung zu übermitteln, oder werden auf einer Baustelle, auf der Beschäftigte mehrerer Arbeitgeber tätig werden, besonders gefährliche Arbeiten nach Anhang II ausgeführt, so ist dafür zu sorgen, daß vor Einrichtung der Baustelle ein Sicherheits- und Gesundheitsschutzplan erstellt wird. ²Der Plan muß die für die betreffende Baustelle anzuwendenden Arbeitsschutzbestimmungen erkennen lassen und besondere Maßnahmen für die besonders gefährlichen Arbeiten nach Anhang II enthalten. ³Erforderlichenfalls sind bei Erstellung des Planes betriebliche Tätigkeiten auf dem Gelände zu berücksichtigen.

---

1 Amtl. Anm.: Diese Verordnung dient in Verbindung mit dem Arbeitsschutzgesetz der Umsetzung der EG-Richtlinie 92/57/EWG des Rates vom 24. Juni 1992 über die auf zeitlich begrenzte oder ortsveränderliche Baustellen anzuwendenden Mindestvorschriften für die Sicherheit und den Gesundheitsschutz (Achte Einzelrichtlinie im Sinne des Artikels 16 Abs. 1 der Richtlinie 89/391/EWG) (ABl. EG Nr. L 245 S. 6). 2 Die Änderungen durch G v. 27.6.2017 (BGBl. I S. 1966) treten erst mWv 31.12.2018 in Kraft und sind im Text noch nicht berücksichtigt.

§ 3 BaustellV Koordinierung

(1) ¹Für Baustellen, auf denen Beschäftigte mehrerer Arbeitgeber tätig werden, sind ein oder mehrere geeignete Koordinatoren zu bestellen. ²Der Bauherr oder der von ihm nach § 4 beauftragte Dritte kann die Aufgaben des Koordinators selbst wahrnehmen.
(1 a) Der Bauherr oder der von ihm beauftragte Dritte wird durch die Beauftragung geeigneter Koordinatoren nicht von seiner Verantwortung entbunden.
(2) Während der Planung der Ausführung des Bauvorhabens hat der Koordinator
1. die in § 2 Abs. 1 vorgesehenen Maßnahmen zu koordinieren,
2. den Sicherheits- und Gesundheitsschutzplan auszuarbeiten oder ausarbeiten zu lassen und
3. eine Unterlage mit den erforderlichen, bei möglichen späteren Arbeiten an der baulichen Anlage zu berücksichtigenden Angaben zu Sicherheit und Gesundheitsschutz zusammenzustellen.

(3) Während der Ausführung des Bauvorhabens hat der Koordinator
1. die Anwendung der allgemeinen Grundsätze nach § 4 des Arbeitsschutzgesetzes zu koordinieren,
2. darauf zu achten, daß die Arbeitgeber und die Unternehmer ohne Beschäftigte ihre Pflichten nach dieser Verordnung erfüllen,
3. den Sicherheits- und Gesundheitsschutzplan bei erheblichen Änderungen in der Ausführung des Bauvorhabens anzupassen oder anpassen zu lassen,
4. die Zusammenarbeit der Arbeitgeber zu organisieren und
5. die Überwachung der ordnungsgemäßen Anwendung der Arbeitsverfahren durch die Arbeitgeber zu koordinieren.

§ 4 BaustellV Beauftragung

Die Maßnahmen nach § 2 und § 3 Abs. 1 Satz 1 hat der Bauherr zu treffen, es sei denn, er beauftragt einen Dritten, diese Maßnahmen in eigener Verantwortung zu treffen.

§ 5 BaustellV Pflichten der Arbeitgeber

(1) Die Arbeitgeber haben bei der Ausführung der Arbeiten die erforderlichen Maßnahmen des Arbeitsschutzes insbesondere in bezug auf die
1. Instandhaltung der Arbeitsmittel,
2. Vorkehrungen zur Lagerung und Entsorgung der Arbeitsstoffe und Abfälle, insbesondere der Gefahrstoffe,
3. Anpassung der Ausführungszeiten für die Arbeiten unter Berücksichtigung der Gegebenheiten auf der Baustelle,
4. Zusammenarbeit zwischen Arbeitgebern und Unternehmern ohne Beschäftigte,
5. Wechselwirkungen zwischen den Arbeiten auf der Baustelle und anderen betrieblichen Tätigkeiten auf dem Gelände, auf dem oder in dessen Nähe die erstgenannten Arbeiten ausgeführt werden,

zu treffen sowie die Hinweise des Koordinators und den Sicherheits- und Gesundheitsschutzplan zu berücksichtigen.
(2) Die Arbeitgeber haben die Beschäftigten in verständlicher Form und Sprache über die sie betreffenden Schutzmaßnahmen zu informieren.
(3) Die Verantwortlichkeit der Arbeitgeber für die Erfüllung ihrer Arbeitsschutzpflichten wird durch die Maßnahmen nach den §§ 2 und 3 nicht berührt.

§ 6 BaustellV Pflichten sonstiger Personen

¹Zur Gewährleistung von Sicherheit und Gesundheitsschutz der Beschäftigten haben auch die auf einer Baustelle tätigen Unternehmer ohne Beschäftigte die bei den Arbei-

ten anzuwendenden Arbeitsschutzvorschriften einzuhalten. ²Sie haben die Hinweise des Koordinators sowie den Sicherheits- und Gesundheitsschutzplan zu berücksichtigen. ³Die Sätze 1 und 2 gelten auch für Arbeitgeber, die selbst auf der Baustelle tätig sind.

§ 7 BaustellV Ordnungswidrigkeiten und Strafvorschriften

(1) Ordnungswidrig im Sinne des § 25 Abs. 1 Nr. 1 des Arbeitsschutzgesetzes handelt, wer vorsätzlich oder fahrlässig
1. entgegen § 2 Abs. 2 Satz 1 in Verbindung mit § 4 der zuständigen Behörde eine Vorankündigung nicht, nicht richtig, nicht vollständig oder nicht rechtzeitig übermittelt oder,
2. entgegen § 2 Abs. 3 Satz 1 in Verbindung mit § 4 nicht dafür sorgt, daß vor Einrichtung der Baustelle ein Sicherheits- und Gesundheitsschutzplan erstellt wird.

(2) Wer durch eine im Absatz 1 bezeichnete vorsätzliche Handlung Leben oder Gesundheit eines Beschäftigten gefährdet, ist nach § 26 Nr. 2 des Arbeitsschutzgesetzes strafbar.

§ 8 BaustellV Inkrafttreten

(1) Diese Verordnung tritt am ersten Tage des auf die Verkündung[1] folgenden Kalendermonats in Kraft.

(2) Für Bauvorhaben, mit deren Ausführung bereits vor dem 1. Juli 1998 begonnen worden ist, bleiben die bisherigen Vorschriften maßgebend.

Anhang I Pflichtangaben

1. Ort der Baustelle,
2. Name und Anschrift des Bauherrn,
3. Art des Bauvorhabens,
4. Name und Anschrift des anstelle des Bauherrn verantwortlichen Dritten,
5. Name und Anschrift des Koordinators,
6. voraussichtlicher Beginn und voraussichtliche Dauer der Arbeiten,
7. voraussichtliche Höchstzahl der Beschäftigten auf der Baustelle,
8. Zahl der Arbeitgeber und Unternehmer ohne Beschäftigte, die voraussichtlich auf der Baustelle tätig werden,
9. Angabe der bereits ausgewählten Arbeitgeber und Unternehmer ohne Beschäftigte.

Anhang II Gefährliche Arbeiten

Besonders gefährliche Arbeiten im Sinne des § 2 Abs. 3 sind:
1. Arbeiten, bei denen die Beschäftigten der Gefahr des Versinkens, des Verschüttetwerdens in Baugruben oder in Gräben mit einer Tiefe von mehr als 5 m oder des Absturzes aus einer Höhe von mehr als 7 m ausgesetzt sind,
2. Arbeiten, bei denen Beschäftigte ausgesetzt sind gegenüber
   a) biologischen Arbeitsstoffen der Risikogruppen 3 oder 4 im Sinne der Biostoffverordnung oder
   b) Stoffen oder Gemischen im Sinne der Gefahrstoffverordnung, die eingestuft sind als
      aa) akut toxisch Kategorie 1 oder 2,
      bb) krebserzeugend, keimzellmutagen oder reproduktionstoxisch jeweils Kategorie 1A oder 1B,

---

[1] Verkündet am 18.6.1998.

cc) entzündbare Flüssigkeit Kategorie 1 oder 2,
dd) explosiv oder
ee) Erzeugnis mit Explosivstoff,
3. Arbeiten mit ionisierenden Strahlungen, die die Festlegung von Kontroll- oder Überwachungsbereichen im Sinne der Strahlenschutz- sowie im Sinne der Röntgenverordnung erfordern,
4. Arbeiten in einem geringeren Abstand als 5 m von Hochspannungsleitungen,
5. Arbeiten, bei denen die unmittelbare Gefahr des Ertrinkens besteht,
6. Brunnenbau, unterirdische Erdarbeiten und Tunnelbau,
7. Arbeiten mit Tauchgeräten,
8. Arbeiten in Druckluft,
9. Arbeiten, bei denen Sprengstoff oder Sprengschnüre eingesetzt werden,
10. Aufbau oder Abbau von Massivbauelementen mit mehr als 10 t Einzelgewicht.

Literatur: *Benz*, Sicherheitsmängel im Betrieb – Zur strafrechtlichen Verantwortung von Sicherheitsfachkräften, Betriebsärzten, Sicherheitsbeauftragten und technischen Aufsichtsbeamten, BB 1991, 1185; *Bremer*, Arbeitsschutz im Baubereich – Die Pflichten aller Beteiligten und die rechtlichen Instrumente ihrer Durchsetzung unter Berücksichtigung des europäischen Rechts, 2007 (zit.: Bremer, S.); *Horst/Rückert*, Baustellenverordnung – Europaeinheitliches Schutzniveau, BArbBl. 7-8/1998, 26; *Jäger*, Tagungsbericht Arbeitsschutz auf Baustellen, BG 1995, 356; *Jäger/Holland*, Sicherheit auf Baustellen, eine statistische Analyse der Baustellenunfälle, BG 1999, 256; *Jahnke*, Haftungsausschluss wegen Arbeitsunfall „auf gemeinsamer Betriebsstätte" (§ 106 III Alt. 3 SGB VII), NJW 2000, 265; *Kleinhenz*, Die Verordnung über Sicherheit und Gesundheitsschutz auf Baustellen (Baustellenverordnung), ZfBR 1999, 179; *Kohte*, Anmerkung zum Urteil des BAG, 28.10.2004 – 8 AZR 443/03, JR 2006, 176; *Kollmer*, Baustellenverordnung, 2. Aufl., 2004 (zit. Kollmer, BaustellV), *Leube*, Anmerkung zum Urteil des EuGH 7.10.2010 – C-224/09, ZESAR 2011, 342; *Leuschner/Winter/Schmidt/ Eisenbach*, Verbesserung von Sicherheit und Gesundheitsschutz auf Baustellen, BG 1996, 732; *Littbarski*, Zur Notwendigkeit der Umsetzung der Baustellensicherheitsrichtlinie – zugleich ein Beitrag zur Reform des Haftungs- und Arbeitsschutzrechts der Bundesrepublik Deutschland auf Baustellen, 1998 (zit.: Littbarski, Rn); *Meyer*, Die Haftung des Sicherheits- und Gesundheitsschutzkoordinators nach der Baustellenverordnung, NZBau 2003, 607; *Meyer*, Obergerichtliche Rechtsprechung zur Baustellenverordnung, BauR 2004, 597; *Meyer*, Die Unterlage nach § 3 Abs. 2 Nr. 3 Baustellenverordnung, BauR 2004, 1225; *Minoggio*, Der Sicherheitskoordinator nach der Baustellenverordnung als Schadensmanager: Unzulässige Kostenminimierung zulasten der Sicherheit?, VersR 2002, 1200; *Moog*, Von Risiken und Nebenwirkungen der Baustellenverordnung (BaustellV), BauR 1999, 795; *Müller-Petzer*, Wer haftet nach Baustellenunfall?, BG 2006, 437; *Otto*, Ablösung der §§ 636 bis 642 RVO durch das neue Unfallversicherungsrecht, NZV 1996, 473; *Pieper*, Die neue Baustellenverordnung, AuR 1999, 88; *Pieper*, Arbeitsschutzgesetz, 7. Aufl. 2017, *Pieper/Vorath*, Handbuch Arbeitsschutz – Sicherheit und Gesundheitsschutz im Betrieb, 2. Aufl. 2005 (zit.: Pieper/Vorath, S.); *Rozek/Röhl*, Zur Rechtsstellung des Sicherheitskoordinators nach der Baustellenverordnung, BauR 1999, 1394; *Schellhoss*, Neue Baustellenverordnung, BBauBl. 9/1998, 15; *Schmidt*, Die Baustellenverordnung – Leistungen, rechtliche Einstufung der Tätigkeit und Honorar der S+G-Koordinatoren, ZfBR 2000, 3; *Schramhauser*, Baubetreiterschutzverordnung und Bauarbeitenkoordinationsgesetz, 2. Aufl. 2002 (zit.: Schramhauser, S.); *Siegburg*, Haftung von Architekt und Bauherr für Bauunfälle, 1997 (zit.: Siegburg, Rn); *Tepasse*, Handbuch Sicherheits- und Gesundheitsschutzkoordination auf Baustellen: Ziele und Inhalt der Verordnung über Sicherheit und Gesundheitsschutz auf Baustellen (Baustellenverordnung) vom 10. Juni 1998 mit Beispielen aus der Baupraxis, 2. Aufl. 1999 (zit.: Tepasse, S.).

Leitentscheidungen: EuGH 7.10.2010 – C-224/09, EuZW 2010, 867 = ZESAR 2011, 342 mAnm Leube, dazu auch Kohte/Porsche, jurisPR-ArbR 15/2011 Anm. 2; OLG Zweibrücken 12.6.2001 – 1 Ss 117/01, NStZ-RR 2002, 91; OLG Hamm 9.8.2006 – 1 Ss OWi 417/06; OLG München 1.12.2010 – 20 U 3336/10; BayVGH 6.2.2013 – 22 CS 13.53, BauR 2013, 1734; OLG Celle 18.9.2013 – 322 SsRs 203/13, NJW-Spezial 2013, 750; VG Wiesbaden 2.10.2013 – 1 K 735/12 WI.

I. Einführung, Normzweck	1	3. § 3 BaustellV	24
II. Unionsrecht/Entstehung	4	4. § 4 BaustellV	38
III. Kommentierung der Baustellenverordnung	6	5. § 5 BaustellV	42
		6. § 6 BaustellV	48
1. § 1 BaustellV	6	7. § 7 BaustellV	50
2. § 2 BaustellV	14	IV. Rechtsdurchsetzung	52

I. Einführung, Normzweck

1 Für am Bau Beteiligte besteht eine besondere Gefährdungslage. Im Vergleich zu anderen Wirtschaftszweigen sind **Beschäftigte im Baubereich einem besonders hohen Unfall- und Gesundheitsrisiko ausgesetzt**.[1] Die spezifische Gefährdungslage resultiert aus der Tatsache, dass auf einer Baustelle oft Arbeiten von Beschäftigten verschiedener Arbeitgeber gleichzeitig oder nacheinander ausgeführt werden. Häufig werden auch Unternehmen ohne Beschäftigte tätig.[2] Die Abstimmung der am Bau Beteiligten für die zu treffenden Schutzmaßnahmen wird dadurch erheblich erschwert. Den beteiligten Personen konkrete Schutzpflichten zuzuweisen, ist schwierig.[3]

2 In der Bundesrepublik Deutschland bestanden bereits Bestimmungen – wie beispielsweise die Arbeitsstättenverordnung, die Unfallverhütungsvorschriften[4] (insbesondere die UVV „**Baustellen**" BGV C22) und die **Bauordnungen der Länder** – zum Schutz der auf Baustellen Beschäftigten, welche einem Teil der Mindestanforderungen der EG-Richtlinie 92/57/EWG vom 24.6.1992 über die auf zeitlich begrenzte oder ortsveränderliche Baustellen anzuwendenden Mindestvorschriften für die Sicherheit und den Gesundheitsschutz (EG-Baustellenrichtlinie 92/57/EWG)[5] entsprachen. Bislang nicht im staatlichen Arbeitsschutzrecht war insbesondere die Bestellung eines sog Sicherheits- und Gesundheitsschutzkoordinators (SiGe-Koordinator) normiert, wenn mehrere Arbeitgeber/Unternehmer auf der Baustelle tätig werden.[6] Zudem fehlten Regelungen zur Erarbeitung eines Sicherheits- und Gesundheitsschutzplans (SiGe-Plan) bei größeren Baustellen und bei besonders gefährlichen Arbeiten (zB Tunnelbau, Bauarbeiten an Entsorgungsanlagen), zur Vorankündigung des Vorhabens sowie zur Erstellung einer Unterlage für spätere Wartungs-, Instandhaltungs- und Umbauarbeiten nach Inbetriebnahme der baulichen Anlage. Diese Bestimmungen wurden durch die Baustellenverordnung umgesetzt.

3 Das **Baustellenrecht** wurde nicht vom **Arbeitsschutzgesetz** (ArbSchG), dem Hauptgesetz, abgekoppelt, sondern stellt einen **besonderen Teil des Arbeitsschutzrechts**[7] dar. Dies bedeutet, dass die allgemeinen Regeln des Arbeitsschutzgesetzes in vollem Umfang Anwendung finden, sofern die Baustellenverordnung zu einer bestimmten Thematik keine abschließende Regelung trifft. Die Arbeitgeber sind daher ua verpflichtet, auf den Baustellen gemäß § 4 ArbSchG Arbeitsschutzmaßnahmen durchzuführen und bei den Bauarbeiten den Stand der Sicherheitstechnik einzuhalten, nach § 5 ArbSchG Gefährdungen an den Arbeitsplätzen zu beurteilen, nach § 8 ArbSchG die Zusammenarbeit mit anderen Arbeitgebern zu organisieren sowie nach § 10 ArbSchG die Funktion der Rettungskette für die Erste Hilfe zu gewährleisten.

II. Unionsrecht/Entstehung

4 Das Unionsrecht verlangt mit der EG-Baustellenrichtlinie RL 92/57/EWG die **Festlegung einer spezifischen Arbeitsschutzorganisation**. Ziel ist es, geeignete bauliche oder organisatorische Entscheidungen schon bei der Vorbereitung eines Bauprojektes sicher-

---

[1] Vgl. Pieper/Vorath, S. 25 f.; Jäger BG 1995, 356 (356); Tepasse, S. 21; Einleitung zur GDA-Leitlinie „Planung und Ausführung von Bauvorhaben" vom 13.6.2013 (www.gda-portal.de); Leuschner/Winter/Schmidt/Eisenbach BG 1996, 732 (732): Die Kosten aufgrund von Unfällen auf Baustellen betragen durchschnittlich 3 % der Bausumme. [2] Vgl. Erwägungsgründe der EG-Baustellenrichtlinie 92/57/EWG, ABl. EG L 245, 6 ff. vom 26.8.1992; BR-Drs. 306/98, 7 f.; Kollmer BaustellV § 1 Rn. 25. [3] Vgl. Jäger/Holland BG 1999, 256 ff. [4] Vgl. Horst/Rückert, B 7-8/1998, 28; Kollmer BaustellV Einl. Rn. 12; Kollmer/Klindt/Schucht/Kann BaustellV Einf. Rn. 8. [5] ABl. EG L 245, 6 vom 26.8.1992. [6] Vgl. RAB 31, BArbBl. 8/2001, 105. [7] So ausdrücklich OLG Hamm 9.8.2006 – 1 Ss OWi 417/06; OLG Zweibrücken 12.6.2001 – 1 Ss 117/01, NStZ-RR 2002, 91.

zustellen. In diesem Sinn baut die **EG-Baustellenrichtlinie 92/57/EWG** auf der EG-Arbeitsschutzrahmenrichtlinie 89/391/EWG auf, die bereits in den Art. 6 und 8 eine Verbesserung der Arbeitsschutzorganisation und der Koordination zwischen verschiedenen Arbeitgebern postuliert hat. Hervorzuheben ist, dass durch die neuen Regelungen alle an der Vorbereitung und Ausführung am Bau Beteiligten je nach Verantwortlichkeit und Aufgabe in die Planung und Durchführung von Maßnahmen des Arbeitsschutzes einbezogen werden, also nicht allein Arbeitgeber und Beschäftigte, die Bauarbeiten ausführen, sondern auch Bauherren, von diesen beauftragte Dritte und Unternehmer.[8]

Die EG-Baustellenrichtlinie 92/57/EWG fügt sich in das bereits 1989 geschaffene Leitbild des präventiven und organisierten Arbeitsschutzes ein, ergänzt dieses jedoch durch die Einbeziehung weiterer Akteure außerhalb der klassischen Arbeitgeber-Arbeitnehmer-Beziehung um neue Facetten. Mit der Baustellenverordnung wurde die EG-Baustellenrichtlinie 92/57/EWG in das deutsche Arbeitsschutzrecht umgesetzt.[9]   5

III. Kommentierung der Baustellenverordnung

1. § 1 BaustellV. § 1 Abs. 1 BaustellV nennt als **Grund** für die Schaffung der Baustellenverordnung, dass Sicherheit und Gesundheitsschutz (→ ArbSchG § 1 Rn. 7 f.) auf Baustellen weiter wesentlich verbessert werden sollen. Dies erfolgt durch Forderungen, die sich auf die Planungsphase des Bauvorhabens, die eigentliche Bauwerkserstellung und spätere Instandhaltungsarbeiten während der Nutzungsdauer auswirken. Von den auf das Arbeitsschutzgesetz gestützten Verordnungen ist die Baustellenverordnung bislang die einzige, welche mit einer Zielsetzung versehen worden ist. Dies unterstreicht die besondere Bedeutung, die den Regelungen der Baustellenverordnung im Hinblick auf den Arbeitsschutz auf Baustellen zukommt. Die Zielklausel des § 1 Abs. 1 BaustellV begründet allerdings keine unmittelbaren Rechte oder Pflichten für Arbeitgeber, Bauherren oder Beschäftigte.[10]   6

Mit der Baustellenverordnung werden die allgemeinen Vorschriften des Arbeitsschutzgesetzes durch **spezielle Vorschriften** in Bezug auf die Sicherheit und den Gesundheitsschutz der Beschäftigten auf Baustellen ergänzt. Pflichten der Arbeitgeber sowie Pflichten und Rechte der Beschäftigten bzw. ihrer Vertretung nach dem Arbeitsschutzgesetz und sonstigen Rechtsvorschriften iSv § 2 Abs. 4 ArbSchG bleiben unberührt.[11] Es ist daher notwendig, die Rechtsvorschriften im Kontext und nicht isoliert voneinander anzuwenden.[12] Die speziellen Vorschriften der Baustellenverordnung werden durch die **Regeln zum Arbeitsschutz auf Baustellen (RAB)**, welche vom Ausschuss für Sicherheit und Gesundheitsschutz auf Baustellen aufgestellt wurden, konkretisiert (RAB 01 Nr. 1). Diese Regeln sind auf der Homepage der Bundesanstalt für Arbeitsschutz und Arbeitsmedizin (www.baua.de) veröffentlicht. Der Ausschuss hat seine Arbeit zum 31.12.2003 eingestellt. Aktuelle Leitlinien zur „Planung und Ausführung von Bauvorhaben" hat die Nationale Arbeitsschutzkonferenz 2013 beschlossen (→ ArbSchG §§ 20 a, 20 b Rn. 12). Sie richten sich vor allem an die Arbeitsschutzbehörden und Unfallversicherungsträger, um einen einheitlichen Vollzug zu sichern, enthalten jedoch auch aktuelle Informationen für die privaten Akteure am Bau.   7

Von der Verordnung werden grundsätzlich **Beschäftigte** in allen privaten und öffentlichen Tätigkeitsbereichen erfasst. Der Begriff „Beschäftigte" ist iSv § 2 Abs. 2 ArbSchG zu verstehen (→ ArbSchG § 2 Rn. 13 ff.).[13] Es werden daher insbesondere diejenigen Personen erfasst, die aufgrund einer rechtlichen Beziehung zum Arbeitgeber, wie einem öffentlich-rechtlichen Dienstverhältnis, einem Arbeitsvertrag oder im Rahmen einer Arbeitnehmerüberlassung, Arbeitsleistungen erbringen. In Bezug auf arbeitnehmerähnli-   8

---

[8] Pieper BaustellV § 1 Rn. 3; Franzen/Gallner/Oetker/Klindt/Schucht RL 89/391/EWG Rn. 157.
[9] Vgl. Kollmer BaustellV Einl. Rn. 2 ff.; Kollmer/Klindt/Schucht/Kann BaustellV Einf. Rn. 3, 10.
[10] Vgl. Pieper AuR 1999, 88 (89); ders. ArbSchG § 1 Rn. 3. [11] Pieper BaustellV § 1 Rn. 3.
[12] Kollmer BaustellV § 2 Rn. 8; Kollmer/Klindt/Schucht/Kann BaustellV Einf. Rn. 12. [13] So auch RAB 10 Nr. 1; Kollmer/Klindt/Schucht/Kann BaustellV § 1 Rn. 3; vgl. Meyer NZBau 2003, 607 (608); Kollmer BaustellV Einl. Rn. 44 c.

che Personen[14] ist von einem eher weiten Anwendungsbereich der Baustellenverordnung auszugehen, da die Verordnung nicht nur Arbeitgeber und Arbeitnehmer, sondern auch weitere Personengruppen in ihren Geltungsbereich einbezieht. Für diese Begriffsdefinition ist es insofern sachgerecht, vom Unfallversicherungsrecht auszugehen (vgl. § 2 Abs. 2 S. 1 SGB VII). Punktuelle und kurzzeitige Hilfeleistungen, die im Unfallversicherungsrecht integriert werden, müssen aber ausgeschlossen werden. **Familiäre Mithilfe** auf einer Baustelle, die nicht auf der Basis eines Arbeitsvertrages erfolgt, kann nur dann als arbeitnehmerähnlich qualifiziert werden, wenn sie über typisch familiäre Unterstützungsmaßnahmen, die unentgeltlich erwartet werden können, deutlich hinausgeht.[15]

9 Die Baustellenverordnung gilt für Beschäftigte auf Baustellen. Der Begriff „**Baustelle**" wird als der Ort definiert, an dem ein Bauvorhaben ausgeführt wird. Ein Bauvorhaben ist das Vorhaben, eine oder mehrere bauliche Anlagen zu errichten, zu ändern oder abzubrechen.[16]

10 **Bauliche Anlagen** sind mit dem Erdboden verbundene, aus Baustoffen oder Bauteilen hergestellte Anlagen einschließlich der Gebäudetechnik.[17] Beispielsweise fallen unter den Begriff bauliche Anlagen Aufschüttungen und Abgrabungen, Lagerplätze, Deponien, Abstellplätze, Ausstellungsplätze, Stellplätze für Kraftfahrzeuge und Gerüste. Auch Wohn-, Büro- und Sanitärcontainer sowie Leitungen, die der Versorgung mit Wasser, Gas, Elektrizität, Wärme oder der Abwasserbeseitigung oder dem Fernmeldewesen dienen, sind bauliche Anlagen.[18]

11 **Errichtung** ist im Wesentlichen die Herstellung oder Aufstellung der baulichen Anlage bzw. deren Wiederaufbau. Auch das Umsetzen einer baulichen Anlage (etwa eines Verkaufsstandes) auf demselben Grundstück oder das Auswechseln oder Ersetzen der Anlage ist als Errichtung zu sehen. Als Errichtung und nicht als Änderung ist auch die vollständige Erneuerung einer baulichen Anlage – Zug um Zug nach einem Gesamtplan, wie bei einer Gebäudesanierung – zu werten.[19] Zudem zählt hierzu auch die erstmalige Einrichtung oder Ausstattung der Anlage selbst. Eine erneute Einrichtung oder Ausstattung kann hingegen unter Begriff der Änderung subsumiert werden.[20]

12 **Änderung** ist vor allem die nicht unerhebliche Umgestaltung einer baulichen Anlage. Hierzu zählen insbesondere die Änderung des konstruktiven Gefüges sowie die Änderung oder der Austausch wesentlicher Bauteile (zB Erneuerung von Dächern und Fassaden, Entkernung, Erneuerung des Überbaus von Straßenbrücken, Erneuerung des Straßenoberbaus).[21] Eine Baustelle im Sinne der Baustellenverordnung ist auch dann gegeben, wenn Reparaturen, Instandhaltungs-, Maler- und Reinigungsarbeiten durchgeführt werden. Es kommt nicht auf den Umfang der Arbeiten an. Entscheidend für den Einsatz eines SiGe-Koordinators bzw. SiGe-Plans ist, ob **aufgrund von Arbeitsteilung eine Gefährdungslage** vorhanden ist oder nicht. Der Bauherr ist daher in unionsrechtskonformer Auslegung zB verpflichtet, einen SiGe-Koordinator auch dann zu bestellen, wenn mehrere Arbeitgeber/Unternehmer auf einer gemeinsamen Baustelle Arbeiten durchführen, die für sich allein jeweils keinen erheblichen Umfang haben.[22]

13 Der **Abbruch** ist das vollständige Beseitigen einer bestehenden baulichen Anlage oder eines selbstständigen Teils. Ein Teilabbruch kann ebenfalls eine Änderung darstellen.[23] Entscheidend für die Anwendung der Baustellenverordnung ist die Orientierung an ihrem Zweck. **Zweck** der Baustellenverordnung ist es, den unter I. beschriebenen spezifischen Gefährdungen auf einer Baustelle entgegenzutreten. Die Mittel der Baustellen-

---

14 Kollmer/Klindt/Schucht/Kohte ArbSchG § 2 Rn. 77 ff.; amtliche Erläuterungen des BMA in BArbBl. 3/1999 zu § 1 Abs. 1; vgl. Kollmer BaustellV § 1 Rn. 18. **15** Vgl. BSG 1.2.1979 – 2 RU 65/78, BB 1979, 1297; BFH 22.11.1996 – VI R 20/94, NJW 1997, 1872; Kollmer/Klindt/Schucht/Kohte ArbSchG § 2 Rn. 116. **16** Vgl. hierzu RAB 10 Nr. 2; BArbBl. 8/2001, 100. **17** Vgl. amtliche Erläuterungen des BMA in BArbBl. 3/1999, 68. **18** Vgl. RAB 10 Nr. 3. **19** Kollmer BaustellV § 1 Rn. 46. **20** Vgl. Bremer, S. 58. **21** Vgl. RAB 10 Nr. 4; Pieper BaustellV § 1 Rn. 11; Pieper AuR 1999, 88 (89). **22** Nähere Ausführungen hierzu bei Bremer, S. 58 ff.; anders: RAB 10 Nr. 4; amtliche Erläuterungen des BMA in BArbBl. 3/1999, 68 und Kollmer/Klindt/Schucht/Kann BaustellV § 1 Rn. 9. **23** Kollmer BaustellV § 1 Rn. 50.

verordnung müssen greifen, wenn eine Gefährdungslage gegeben ist, die **spezifische baustellenbezogene Organisationspflichten** verlangt.[24]

2. § 2 BaustellV. § 2 Abs. 1 BaustellV verlangt, dass bei der Planung der Ausführung eines Bauvorhabens, insbesondere bei der Einteilung der **Arbeiten, die gleichzeitig oder nacheinander durchgeführt werden**, und bei der Bemessung der Ausführungszeiten für diese Arbeiten, die allgemeinen Grundsätze nach § 4 ArbSchG zu berücksichtigen sind. § 2 Abs. 1 BaustellV liegt der Erwägung zugrunde, dass **präventiver Arbeitsschutz** besser verwirklicht werden kann, wenn **schon in der Planungsphase** die allgemeingültigen arbeitsschutzrechtlichen Grundsätze, die in § 4 ArbSchG normiert sind (→ ArbSchG § 4 Rn. 9 ff.), berücksichtigt werden. In dieser Phase erarbeitet der Bauherr oder die von ihm Beauftragten konkrete Vorgaben für die Bauausführung, um so die Voraussetzungen für eine effektive Koordination in der Ausführungsphase zu schaffen. Zu diesen Vorgaben zählen ua die Umsetzung und Weiterentwicklung der vorliegenden Planungen zu Ausschreibungsunterlagen, die exakte Ermittlung des Leistungsumfangs für die Bauaufträge, die Planung von Zwischen- und Endterminen, die Einarbeitung gesetzlicher und behördlicher Vorgaben in die Planungen sowie die Integration der Maßnahmen gemäß §§ 2, 3 Abs. 1, 2 BaustellV, welche sicherstellen sollen, dass bereits vor Beginn der Bauausführung Gefährdungen erkannt und minimiert werden.[25] 14

Bei der Erstellung der Baubeschreibung und der Ausschreibung von Bauleistungen sind die **Grundsätze nach § 4 ArbSchG** in der Weise zugrunde zu legen, dass etwa schadstofffreie bzw. -arme Baustoffe sowie lärm- und vibrationsarme Arbeitsmittel verwendet werden (Gefahrenbekämpfung an der Quelle) oder Halterungen von Auffangvorrichtungen bei Dacharbeiten eingebaut werden (Vorrang kollektiver vor individuellen Schutzmaßnamen). 15

Sinn und Zweck der Einbeziehung der arbeitsschutzrechtlichen Grundsätze in die Planungsphase ist, dass die Arbeitgeber als Auftragnehmer bereits bei der Angebotsbearbeitung die für die Ausführung der Arbeiten im Hinblick auf die Beachtung von Arbeitsschutzvorschriften erforderlichen Informationen erhalten und die vorgesehenen Einrichtungen und Maßnahmen berücksichtigen können. Dies gilt insbesondere für gemeinsam genutzte Arbeitsbereiche, Verkehrswege, Arbeitsmittel und Einrichtungen, wie beispielsweise Gerüste, Krane, Treppentürme, Seitenschutz, Schutzdächer, Auffangnetze, Baustellenunterkünfte, Toiletten- und Waschanlagen, Sanitätsräume sowie Angaben über mit Gefahrstoffen kontaminierte Böden und Bauteile bei einem Abbruchobjekt.[26] 16

Die „**Planung der Ausführung**" beginnt in richtlinienkonformer Auslegung nicht erst mit der Vorbereitung der Ausführungszeichnungen nach Erteilung der Baugenehmigung,[27] sondern schon in der Entwurfsphase, in der die Bauvorlagen erstellt werden, denn die EG-Baustellenrichtlinie 92/57/EWG sieht in Art. 4 vor, dass bei Entwurf, Ausführungsplanung und Vorbereitung des Bauprojekts die in der EG-Arbeitsschutzrahmenrichtlinie 89/391/EWG aufgeführten allgemeinen Grundsätze zur Verhütung von Gefahren für die Sicherheit und Gesundheit vom Bauleiter und ggf. vom Bauherrn zu berücksichtigen sind. Bereits vor Erteilung der Baugenehmigung sind demnach die allgemeinen Grundsätze nach § 4 ArbSchG zu beachten. Wenn für das Bauvorhaben ein **SiGe-Koordinator** zu bestellen ist, wird der Bauherr von ihm bei der Verpflichtung zur Berücksichtigung der allgemeinen Grundsätze nach § 4 ArbSchG unterstützt (→ Rn. 33). 17

---

[24] Eine derartige Gefährdungslage existierte auch in einem vom OLG Zweibrücken 12.6.2001 – 1 Ss 117/01, NStZ-RR 2002, 91 (91 f.) entschiedenen Fall, in dem drei Reihenhäuser in einem engen örtlichen und räumlichen Zusammenhang errichtet wurden und für die drei Baugruben gemeinsame Anlagen, wie Kran und Bauwagen, installiert wurden. Da die drei Reihenhäuser als einheitliche Baustelle qualifiziert wurden, war eine Voranmeldung erforderlich. [25] RAB 10 Nr. 5; so auch Kollmer BaustellV § 2 Rn. 3 f. [26] Kollmer/Klindt/Schucht/Kann BaustellV § 2 Rn. 20; amtliche Erläuterungen des BMA BArbl. 3/1999 zu § 2 Abs. 1; vgl. BR-Drs. 306/98, 10; RAB 33 Nr. 5.1. [27] So Kollmer BaustellV § 2 Rn. 28; Kollmer/Klindt/Schucht/Kann BaustellV § 3 Rn. 4; vgl. auch Schellhoss BBauBl. 9/1998, 15 (16); dagegen Bremer, S. 68.

18 Gemäß § 2 Abs. 2 BaustellV ist der zuständigen Arbeitsschutzbehörde spätestens zwei Wochen vor Einrichtung der Baustelle eine **Vorankündigung** zu übermitteln, wenn auf einer Baustelle entweder voraussichtlich mehr als 30 Arbeitstage[28] gearbeitet wird und dabei mehr als 20 Beschäftigte gleichzeitig tätig werden oder insgesamt voraussichtlich mehr als 500 Personentage gearbeitet wird. Ein Personentag umfasst die Arbeitsleistung einer Person über eine Arbeitsschicht.[29] Gleichzeitig tätig werden heißt, dass planmäßig mindestens 21 Beschäftigte auf der Baustelle im gleichen Zeitraum Arbeiten verrichten. Der Zeitraum muss eine Dauer von mehr als einer Arbeitsschicht haben.[30]

19 **Sinn und Zweck der Vorankündigung** sind die Unterrichtung der zuständigen Behörde und die frühzeitige Unterrichtung der am Bau Beteiligten über die für den Baustellenarbeitsschutz relevanten Tatsachen. Die Vorankündigung hat zudem eine Art „Ermahnungsfunktion", da die Verantwortlichkeiten auf der Baustelle durch sie transparent werden.[31] Liegen die og Voraussetzungen vor, so ist auch bei einem **Einfamilienhaus** eine Vorankündigung zu übermitteln.[32] Es soll der besonderen Gefahrensituation auf arbeitsteiligen Baustellen, auf denen die Gesamtarbeiten einen gewissen Umfang haben, begegnet werden. Gerade auf diesen Baustellen ändert sich die Arbeitsplatzsituation ständig. Die Bauabläufe müssen täglich neu organisiert werden. Ein häufiger Wechsel der am Bau Beteiligten und die Vergabe an Subunternehmer erhöhen ebenfalls die Unfallgefahr. Daher sind allein der voraussichtliche Umfang der Gesamtarbeiten auf einer Baustelle und das gemeinsame Gefahrenpotential entscheidend, ob den Bauherrn die in § 2 Abs. 2 BaustellV genannten Pflichten treffen oder nicht. Die Gefahrensituation ist auf einer entsprechend großen arbeitsteiligen Baustelle eines Einfamilienhauses die gleiche wie auf einer anderen Baustelle der gleichen Größe. Zudem kann eine Vorankündigung relativ leicht und ohne negative Kostenkonsequenzen bewirkt werden.[33] Sie kann in Form einer DIN A4-Seite mithilfe des Musters in den RAB 10 Anlage A einfach angefertigt werden. Handelt es sich etwa bei der Errichtung von Reihenhäusern aufgrund eines engen örtlichen und räumlichen Zusammenhangs um eine einheitliche Baustelle und beträgt der Umfang der Gesamtarbeiten „voraussichtlich mehr als 500 Personentage", muss eine Vorankündigung ergehen. Entscheidend sind also nicht die Umstände, die entweder mit der Baustelle selbst nichts zu tun haben (gesonderte Verträge mit den jeweiligen Erwerbern) oder sich auf nachträgliche Entwicklungen (unterschiedlicher Baufortschritt) beziehen, sondern das Gefahrenpotenzial aufgrund der Größe einer Baustelle.[34]

20 Die Vorankündigung ist der zuständigen Behörde spätestens **zwei Wochen vor Einrichtung der Baustelle** zu übermitteln. Sie muss gemäß § 2 Abs. 2 S. 1 BaustellV mindestens die Angaben nach Anhang I der Verordnung enthalten. Die Vorankündigung ist **sichtbar auf der Baustelle auszuhängen**. Dies bedeutet, dass Unternehmer und Beschäftigte auf der Baustelle in der Lage sein müssen, ihren Inhalt einzusehen. Sie muss zudem von äußeren Einwirkungen und Witterungseinflüssen unbeeinträchtigt lesbar bleiben.[35] Die Vorankündigung ist bei erheblichen Änderungen anzupassen. Eine erneute Mitteilung an die Behörde ist nicht erforderlich.[36] **Erhebliche Änderungen** bezogen auf den Inhalt betreffen zB den Wechsel des Bauherrn oder des von ihm nach § 4 beauftragten Dritten, den Wechsel des SiGe-Koordinators, eine wesentliche Erhöhung der Höchstzahl gleichzeitig Beschäftigter oder der Anzahl der Arbeitgeber oder der Unternehmer ohne Beschäftigte, eine Verkürzung der Dauer der Bauarbeiten, sofern dadurch verstärkt gleichzeitig oder in nicht geplanter Schichtarbeit gearbeitet werden muss.[37]

21 Der **Sicherheits- und Gesundheitsschutzplan (SiGe-Plan)** ist gemäß § 2 Abs. 3 BaustellV zu erstellen, wenn auf der Baustelle Beschäftigte mehrerer Arbeitgeber tätig werden

---

28 Arbeitstage sind alle Kalendertage, an denen gearbeitet wird, gleich, ob dies Werk-, Sonn- oder Feiertage sind, so Bremer, S. 70. **29** RAB 10 Nr. 8. **30** RAB 10 Nr. 7. **31** Vgl. Kollmer BaustellV § 2 Rn. 34. **32** Anders die Erläuterungen des BMA in BArbBl. 3/1999 zu § 2 Abs. 2; eine Vorankündigung sei nur im Ausnahmefall erforderlich: Kollmer BaustellV § 2 Rn. 47. **33** Vgl. Horst/Rückert BArbBl. 7-8/1998, 28. **34** Vgl. OLG Zweibrücken 12.6.2001 – 1 Ss 117/01, NStZ-RR 2002, 91 (91 f.). **35** Kollmer/Klindt/Schucht/Kann BaustellV § 2 Rn. 6. **36** Vgl. RAB 10 Nr. 10. **37** RAB 10 Nr. 11; Kollmer/Klindt/Schucht/Kann BaustellV § 2 Rn. 8; amtliche Erläuterungen des BMA in BArbBl. 3/1999 zu § 2 BaustellV.

und entweder wegen der Größe des Bauvorhabens eine Vorankündigung an die Arbeitsschutzbehörde zu übermitteln ist oder auf der Baustelle voraussichtlich besonders gefährliche Arbeiten ausgeführt werden. In Art. 3 Abs. 2 EG-Baustellenrichtlinie 92/57/EWG, der Regelungen zum SiGe-Plan trifft, ist eine Begrenzung der Pflicht zur Erstellung eines solchen Plans auf Baustellen mit Beschäftigten mehrerer Arbeitgeber, wie sie die deutsche Baustellenverordnung vorsieht, nicht enthalten. Der Europäische Gerichtshof[38] hat in diesem Zusammenhang zum Ausdruck gebracht, dass die verschiedenen Absätze des Art. 3 EG-Baustellenrichtlinie 92/57/EWG jeweils autonom zu bewerten sind. Der SiGe-Plan muss nach der Richtlinie demnach – unabhängig von der Voraussetzung, ob auf der Baustelle Beschäftigte mehrerer Arbeitgeber tätig werden oder nicht – erstellt werden, wenn auf einer Baustelle besonders gefährliche Arbeiten ausgeführt werden oder eine Vorankündigung erforderlich ist. Die jetzige Fassung von § 2 Abs. 3 BaustellV ist **unionsrechtswidrig**.[39]

Für **gefährliche Arbeiten** nach Anhang II der Baustellenverordnung bestehen sonstige Rechtsvorschriften, die von den Arbeitgebern zu beachten sind, wie etwa Arbeitsstätten-, Gefahrstoff-, Strahlenschutz- und Druckluftverordnung sowie Unfallverhütungsvorschriften. Steht zu Beginn der Bauarbeiten noch nicht fest, welche Arbeiten im Einzelnen vorgenommen werden, ist regelmäßig eine Prognose erforderlich. Sollte die Prognose negativ ausfallen, sich jedoch im Laufe des Bauvorhabens zeigen, dass gefährliche Arbeiten nach Anhang II erforderlich werden, so ist unverzüglich – mit „heilender Wirkung" – ein SiGe-Plan zu erstellen und nachzureichen.[40] Anhang II Nr. 2 wurde durch Art. 3 Abs. 2 der Verordnung zur Umsetzung der Richtlinie 2014/27/EU und zur Änderung von Arbeitsschutzverordnungen vom 15.11.2016[41] geändert, da eine redaktionelle Anpassung an die Änderungen der Gefahrstoffverordnung erfolgen musste.[42] Zu beachten ist, dass gefährliche Arbeiten in richtlinienkonformer Auslegung auch dann vorliegen, wenn Massivbauelemente mit weniger als 10 t Einzelgewicht auf- oder abgebaut werden.[43]

Der SiGe-Plan muss während der Planung[44] erarbeitet und in der Ausführungsphase gegebenenfalls wegen eingetretener Änderungen angepasst werden. In richtlinienkonformer Auslegung fällt unter den Begriff „Planung der Ausführung" auch schon die Entwurfsphase, also die Phase, in der die Bauvorlagen erstellt werden (→ Rn. 17). Es muss zumindest gewährleistet sein, dass bereits bei der Angebotsbearbeitung den später auf der Baustelle tätigen Arbeitgebern und Selbstständigen die relevanten Inhalte des SiGe-Plans zur Verfügung stehen (vgl. RAB 31 Nr. 3.1.2). Inhaltlich soll er Sicherheitsinformationen für die Beschäftigten und Dritte über die Besonderheiten der jeweiligen Baustelle enthalten. Dazu sind die notwendigen Einrichtungen und Maßnahmen zur Erfüllung der Arbeitsschutzbestimmungen zeitlich und in ihren Zusammenhängen darzustellen. Dies bedeutet, dass die Gefährdungen, welche bei der einzelnen Arbeitsabläufen (gegliedert nach Gewerken) auftreten können, darzustellen und Maßnahmen, durch welche diese gewerkbezogenen und gewerküberübergreifenden Gefährdungen vermieden oder verringert werden können, zu unterbreiten sind.[45] Der **SiGe-Plan** kann auch die **Form eines entsprechend ergänzten Bauablaufplanes** haben und statt aus einem großformatigen Plan aus mehreren Bestandteilen bestehen, zB einer Baustellenordnung, einem sicherheitstechnischen Bauablaufplan mit Angaben zu den Ausführungsfristen der Gewerke, Angaben zu Gefährdungen in den verschiedenen Bauzuständen und spezifischen Sicherheitsmaßnahmen, insbesondere gemeinsam benutzten Sicherheitsmaßnahmen, dem Baustelleneinrichtungsplan mit Darstellung der Hauptverkehrswege, Gefahrenzonen wie Trassen von unterirdischen und Hochspannungsleitun-

---

38 EuGH 7.10.2010 – C-224/09, EuZW 2010, 867; 25.7.2008 – C-504/06, dazu Kohte/Porsche, jurisPR-ArbR 15/2011 Anm. 2. **39** Vgl. Leube, Anm. zum Urteil des EuGH 7.10.2010 – C-224/09, ZESAR 2011, 342 (347 f.). **40** Kollmer BaustellV § 2 Rn. 105. **41** BGBl. I, 2549. **42** Vgl. BR-Drs. 470/16, 28, 45. **43** Vgl. Bremer, S. 81; zur Definition von Massivbauelementen RAB 10 Nr. 10; zur Definition von Hochspannungsleitungen und der Ermittlung des Abstandes RAB 10 Nr. 25 Nr. 4. **44** So auch VG Wiesbaden 2.10.2013 – 1 K 735/12 WI. **45** Amtliche Erläuterungen des BMA in BArbBl. 3/1999 zu § 2 Abs. 3 BaustellV; vgl. RAB 31 Nr. 3.1.6 und Nr. 3.2.

gen, Schwenkbereichen der Hochbaukrane, Tagesunterkünfte und Lagerplätze sowie einen Alarmplan mit Angaben zur Rettungskette. Der SiGe-Plan sollte wie die Vorankündigung auf der Baustelle zu finden sein, damit die zu Schützenden seine aktuellen Festlegungen kennen und nutzen können. Es ist sinnvoll, die Gefährdungsbeurteilung jedes ausführenden Unternehmens nach § 5 ArbSchG sowie ihre Dokumentation nach § 6 ArbSchG mit dem SiGe-Plan nach der Baustellenverordnung zu verbinden.[46]

24 3. **§ 3 BaustellV.** Gemäß § 3 Abs. 1 BaustellV sind ein oder mehrere[47] **Koordinatoren zu bestellen**, wenn auf der Baustelle voraussichtlich mehrere Arbeitgeber tätig sein werden. Während die Baustellenverordnung von dem **Tätigwerden mehrerer Arbeitgeber** spricht, wird nach der EG-Baustellenrichtlinie 92/57/EWG die Anwesenheit mehrerer Unternehmen vorausgesetzt. Nach § 2 Abs. 3 ArbSchG sind Arbeitgeber natürliche und juristische Personen und rechtsfähige Personengesellschaften, die Personen nach Abs. 2 (Beschäftigte) beschäftigen (→ ArbSchG § 2 Rn. 13 ff.). Der Begriff des Arbeitgebers ist nicht mit dem des Unternehmers identisch. Auf einer Baustelle können auch mehrere Unternehmer ohne Beschäftigte (vgl. § 6 BaustellV, zB Einzelhandwerker) tätig werden. Dies sind keine Arbeitgeber iSd § 2 Abs. 3 ArbSchG. Dennoch sind es mehrere Unternehmer iSd EG-Baustellenrichtlinie 92/57/EWG mit der Folge, dass nach europäischem Recht ein SiGe-Koordinator erforderlich wäre. § 3 Abs. 1 BaustellV kann aber unionsrechtskonform ausgelegt werden, wenn die Unternehmer iSd § 6 BaustellV, die nach § 6 S. 2 BaustellV zu den Adressaten der Hinweise des SiGe-Koordinators gehören, im Baustellenrecht den Arbeitgebern gleichgestellt werden. Arbeiten also entweder mehrere Arbeitgeber bzw. Unternehmer bzw. mindestens ein Arbeitgeber und ein Unternehmer auf einer Baustelle, so ist ein SiGe-Koordinator zu bestellen.[48] Es ist notwendig, die Koordination zwischen den verschiedenen Beteiligten zu verbessern, die während der Planungs- bzw. Ausführungsphase tätig werden.[49]

25 Wird nur ein **Generalunternehmer** mit eigenem Personal auf einer Baustelle tätig, so ist die Voraussetzung „mehrere Arbeitgeber" nicht erfüllt.[50] Im Regelfall setzt ein Generalunternehmer allerdings Subunternehmer ein. Da die Baustellenverordnung nicht auf den Begriff des Auftragnehmers, sondern auf den des Arbeitgebers abstellt, werden beim Einsatz von Subunternehmen mehrere Arbeitgeber auf der Baustelle tätig.[51] Diese Auslegung ergibt sich bereits aus dem in § 1 Abs. 1 BaustellV geregelten Sinn und Zweck der Baustellenverordnung.[52] Auch sind **Beschäftigte mehrerer Arbeitgeber** im Sinne der Baustellenverordnung tätig, wenn Maschinen, Geräte oder andere technische Arbeitsmittel einschließlich Personal bei einem anderen Unternehmen gemietet oder in Anspruch genommen werden, wenn das vermietende (ausleihende) Unternehmen als selbstständiger Arbeitgeber auf der Baustelle auftritt.[53] Ein Tätigwerden von Beschäftigten mehrerer Arbeitgeber liegt hingegen *nicht* vor, wenn der **zeitliche Abstand** zwischen dem Tätigwerden der Beschäftigten einzelner Arbeitgeber so groß ist, dass nach einer erfolgten Baustellenräumung eine erneute Einrichtung der Baustelle vorgenommen wird.[54]

26 Werden neben den Beschäftigten eines Arbeitgebers die Beschäftigten weiterer Arbeitgeber tätig, wie zB beim An- und Abtransportieren und Abladen von Stoffen, Bauteilen oder Geräten, bei Prüfungen, Probenahmen und Vermessungsarbeiten, oder wenn sie ausschließlich kontrollierende und/oder koordinierende Tätigkeiten ausführen, ist im Einzelfall zu prüfen, ob auch durch das kurzzeitige Tätigwerden Koordinationsprobleme auftreten könnten.[55] Da **auch bei kurzzeitigen Tätigkeiten Gesundheitsgefährdungen** bestehen können, sollten daher ohne Rücksicht auf die Dauer der Beschäftigung die Regelungen des Arbeitsschutzrechts greifen. Es muss sichergestellt sein, dass zB für

---

46 So auch Kollmer/Klindt/Schucht/Kann BaustellV § 2 Rn. 17 f. 47 Die Anzahl richtet sich nach Größe, Komplexität und Arbeitsschutzrelevanz der Baustelle – Kollmer BaustellV § 3 Rn. 29. 48 Bremer, S. 75 ff. 49 So auch die Erwägungsgründe der EG-Baustellenrichtlinie 92/57/EWG, ABl. EG L 245, 6 ff. vom 26.8.1992. 50 Zur verfehlten Annahme der Mittelstandsfeindlichkeit der Regelungen vgl. Kollmer BaustellV § 2 Rn. 140; Littbarski, Rn. 63 und 232; Bremer, S. 76 f. 51 So auch Kleinhenz ZfBR 1999, 179 (182). 52 Vgl. Schmidt ZfBR 2000, 3 (6). 53 Amtliche Erläuterungen des BMA in BArbBl. 3/1999 zu § 2 Abs. 3 BaustellV. 54 RAB 10 Nr. 12; Kollmer BaustellV § 3 Rn. 18. 55 Anders RAB 10 Nr. 12.

abzuladende Bauteile ein Lagerplatz zur Verfügung steht, der beim Ladevorgang frei von Beschäftigten anderer Arbeitgeber zu halten ist und dass der Abladevorgang nicht durch die Arbeiten der anderen Unternehmen gefährdet wird. Prüfungen, die Entnahme von Proben, Vermessungsarbeiten bzw. kontrollierende/koordinierende Tätigkeiten können nur an Orten auf der Baustelle durchgeführt werden, an denen die Beschäftigten anderer Arbeitgeber durch diese Tätigkeiten nicht gestört werden, da diese häufig nicht mit derartigen Tätigkeiten in ihrem Wirkungsbereich rechnen. Entscheidend ist, ob die Beschäftigten weiterer Arbeitgeber so in die Organisation eingegliedert sind, dass ein präventiver, organisatorischer Arbeitsschutz notwendig ist. Dabei muss der Begriff der **Eingliederung** nicht in dem Sinn verstanden werden, dass der fremde Arbeitgeber den kurzzeitig tätig werdenden Beschäftigten anderer Arbeitgeber gegenüber weisungsberechtigt und zur Fürsorge verpflichtet ist. Vielmehr ist die **Bildung einer Gefahrengemeinschaft** kraft gemeinsamer Organisation gemeint.[56]

Insofern kann die zur Auslegung von § 106 Abs. 3 Alt. 3 SGB VII herangezogene Kategorie der **Arbeitsverknüpfung** auch zur Auslegung der Baustellenverordnung herangezogen werden.[57] Gemäß § 106 Abs. 3 Alt. 3 SGB VII gelten §§ 104, 105 SGB VII ebenfalls für die Ersatzpflicht der für die beteiligten Unternehmen Tätigen untereinander, wenn Versicherte mehrerer Unternehmen vorübergehend betriebliche Tätigkeiten auf einer gemeinsamen Betriebsstätte verrichten. Es ist ein bewusstes Miteinander im Arbeitsablauf erforderlich, das sich zumindest tatsächlich als **ein aufeinander bezogenes betriebliches Zusammenwirken verschiedener Unternehmen** darstellt.[58] Notwendig sind betriebliche Aktivitäten, die bewusst und gewollt bei einzelnen Maßnahmen ineinander greifen, miteinander verknüpft sind, sich ergänzen oder unterstützen. Eine Arbeitsverknüpfung anstelle einer bloßen Arbeitsberührung ist erforderlich.[59] Eine rein kontrollierende Tätigkeit durch andere Bauarbeitnehmer reicht nicht aus, um das Vorhandensein mehrerer Arbeitgeber bejahen zu können. Die Voraussetzung „mehrere Arbeitgeber" ist aber insbesondere dann gegeben, wenn sich etwa die anderen Bauarbeitnehmer aktiv am Entladevorgang beteiligen. Die auf der Baustelle tätigen Beschäftigten müssen also gleichermaßen zum Schädiger und zum Geschädigten werden können.[60] In diesem Fall muss ein SiGe-Koordinator zum Einsatz kommen. 27

Die Bestellung eines SiGe-Koordinators muss **unabhängig von der Größe des Bauvorhabens** erfolgen, wenn auf der Baustelle voraussichtlich mehrere Arbeitgeber/Unternehmer tätig werden. Entscheidend für den Einsatz eines SiGe-Koordinators ist das Vorhandensein einer Gefährdungslage aufgrund intransparenter Zusammenarbeit mehrerer Arbeitgeber bzw. Unternehmer auf einer Baustelle. Deshalb ist bei Einfamilienhäusern ein SiGe-Koordinator erforderlich, sofern die Voraussetzungen des § 3 Abs. 1 BaustellV gegeben sind.[61] Dies hat nun auch der Europäische Gerichtshof[62] bestätigt. Art. 3 Abs. 1 EG-Baustellenrichtlinie 92/57/EWG, welcher die Bestellung von Koordinatoren regelt, enthält keine Ausnahmen für kleinere Bauvorhaben. Es kommt beispielsweise nicht darauf an, ob für die Bauarbeiten eine Baugenehmigung erforderlich ist. Auch beim Bau von privaten Einfamilienhäusern besteht daher stets die Pflicht zur Bestellung eines SiGe-Koordinators, wenn Beschäftigte mehrerer Unternehmen auf der Baustelle tätig werden.[63] Zu beachten ist in diesem Zusammenhang, dass jeder Bauherr, also auch der eines Eigenheims, verschiedene vertretbare Möglichkeiten hat, seiner Pflicht zur Bestellung eines SiGe-Koordinators nachzukommen. Er kann die Auf- 28

---

[56] Vgl. zur Verwendung dieser Kategorie bei § 637 RVO BAG 15.1.1985 – 3 AZR 59/82, AuR 1986, 250 (253) mAnm Kohte. [57] Noch weitergehend: Leube ZESAR 2011, 342 (347): Das rein räumliche Zusammentreffen von Beschäftigten mehrerer Unternehmer auf der Baustelle soll genügen, um den Bauherrn zur Bestellung eines Koordinators zu verpflichten. [58] Anschaulich am Beispiel einer Straßenbaustelle OVG Rheinland-Pfalz 28.4.2009 – 6 A 10141/09 Rn. 28; vgl. auch OLG München 1.12.2010 – 20 U 3336/10. [59] Vgl. Bremer, S. 79 mit Beispielen. [60] BAG 28.10.2004 – 8 AZR 443/03, JR 2006, 176 ff. mAnm Kohte; ErfK/Rolfs SGB VII § 106 Rn. 3. [61] Bremer, S. 83 f.; aA Kollmer BaustellV § 3 Rn. 18. [62] EuGH 7.10.2010 – C-224/09, EuZW 2010, 867; 25.7.2008 – C-504/06. [63] Leube ZESAR 2011, 342 (346 f.); Kohte/Porsche, jurisPR-ArbR 15/2011 Anm. 2.

gabe selbst wahrnehmen, wenn er die erforderliche Eignung besitzt.[64] Überträgt der Bauherr seine Aufgaben an einen Dritten, so kann dieser einen SiGe-Koordinator bestellen.

29 Unter dem Begriff „**Anwesenheit mehrerer Arbeitgeber**" versteht man, dass Beschäftigte von mindestens zwei Arbeitgebern bzw. ein oder mehrere Unternehmer gleichzeitig oder nacheinander auf der Baustelle tätig werden[65] (zum kurzzeitigen Tätigwerden → Rn. 26). Sinn und Zweck ist, etwa Gefahren aus einem nicht tragfähigen Boden für zeitlich später arbeitende Arbeitnehmer, die Fassadenarbeiten auf Gerüsten verrichten, nicht weiterhin ausschließlich in die Verantwortung des ersten Arbeitgebers zu geben.[66]

30 **Koordinierung** iSd Baustellenverordnung bedeutet, Informationen verständlich und verfügbar zu machen und dafür Sorge zu tragen, dass die für die einzelnen Arbeiten vorzusehenden Maßnahmen aufeinander abgestimmt und, falls erforderlich, im Rahmen eines SiGe-Plans zusammengefasst und optimiert werden. Der SiGe-Koordinator berät die am Bau Beteiligten und organisiert deren Zusammenarbeit.[67] Er ist sowohl für die Planungs- als auch für die Ausführungsphase eines Bauvorhabens zu bestellen. Durch die Beauftragung geeigneter Koordinatoren wird der Bauherr oder der von ihm beauftragte Dritte gemäß § 3 Abs. 1 a BaustellV nicht von seiner Verantwortung entbunden. Abs. 1 a dient der formal umfassenden Umsetzung der europäischen Baustellenrichtlinie. Er wurde eingefügt, um ein EU-Vertragsverletzungsverfahren wegen mangelhafter Umsetzung abzuwenden.[68] Dieser Absatz stellt klar, dass die Verantwortlichkeit des Bauherrn für die Erfüllung der Pflichten nach der Baustellenverordnung bestehen bleibt.

31 Die **Pflichten eines SiGe-Koordinators während der Planung der Ausführung** des Bauvorhabens sind in § 3 Abs. 2 BaustellV festgelegt. Danach hat er die Einteilung für gleichzeitig oder nacheinander zu erledigende Arbeiten und die Festlegung der Ausführungszeiten für diese Arbeiten unter Beachtung der allgemeinen Arbeitsschutzgrundsätze des § 4 ArbSchG zu koordinieren. Er wirkt also bereits im Planungsstadium darauf hin, dass die für die einzelnen Gewerke vorgesehenen Sicherheitsmaßnahmen aufeinander abgestimmt sind, dass für eine Vielzahl von Gewerken gemeinsam nutzbare sicherheitstechnische Einrichtungen gesondert ausgeschrieben werden und dass der Einsatz von Gefahrstoffen durch die Anwendung von Ersatzverfahren oder Ersatzstoffen vermieden wird.[69]

32 Der SiGe-Koordinator sorgt für die **Erstellung des SiGe-Plans** und stellt eine **Unterlage** mit sicherheitstechnischen Merkmalen für spätere Wartungs-, Instandhaltungs- und Umbauarbeiten zusammen. Die Unterlage soll Angaben enthalten über den Teil der baulichen Anlage, die Art der Arbeit sowie Gefahren und Angaben zum Sicherheits- und Gesundheitsschutz.[70] Sie soll insbesondere alle rechnerischen und zeichnerischen Unterlagen (Statik, Versorgungsleitungen, Gebäudeleittechnik), die installierten sicherheitstechnischen Einrichtungen für spätere Arbeiten an der baulichen Anlage (zB Anschlagpunkte auf Flachdächern für Leitseile und Sicherheitsgeschirre), die verwendeten Baumaterialien und etwaige erforderliche Schutzmaßnahmen enthalten.[71] Die Entwicklung der Unterlage kann daher auch zur Planung und Ausschreibung von sicherheitstechnischen Einrichtungen dienen, die für spätere Arbeiten an der baulichen Anlage be-

---

64 Bremer, S. 89 ff.; Kollmer/Klindt/Schucht/Kann BaustellV § 3 Rn. 2; aA Leube ZESAR 2011, 342 (347) mwN. **65** Vgl. Art. 6 d EG-Baustellenrichtlinie 92/57/EWG, der die Zusammenarbeit und Koordinierung zwischen den Arbeitgebern, einschließlich der nacheinander auf der Baustelle tätigen Arbeitgeber, festlegt; jetzt auch OLG Celle 18.9.2013 – 322 SsRs 203/13. **66** Schramhauser, S. 187 § 3 BauKG Anm. 1; amtliche Erläuterungen des BMA in BArbBl. 3/1999 zu § 3 Abs. 1 BaustellV; Erwägungsgründe der EG-Baustellenrichtlinie 92/57/EWG, ABl. EG L 245, 6–22 vom 26.8.1992. **67** Kollmer/Klindt/Schucht/Kann BaustellV § 3 Rn. 8; Bremer, S. 87. **68** Kollmer/Klindt/Schucht/Kann BaustellV § 3 Rn. 3; EuArbR/Kollmer BaustellRL 89/391/EWG Rn. 163. **69** Zu den weiteren Aufgaben: Amtliche Erläuterungen des BMA in BArbBl. 3/1999 zu § 3 Abs. 2 BaustellV. **70** RAB 32 Nr. 4.1 Abs. 1; allgemein zur Unterlage: Meyer BauR 2004, 1225 ff. **71** Kollmer/Klindt/Schucht/Kann BaustellV § 3 Rn. 11; Pieper BaustellV § 3 Rn. 5.

Während der **Bauausführung** hat der SiGe-Koordinator gemäß § 3 Abs. 3 BaustellV die Anwendung der allgemeinen Grundsätze nach § 4 ArbSchG zu koordinieren; er hat weiter den SiGe-Plan bei erheblichen[73] Änderungen in der Ausführung des Bauvorhabens anzupassen oder anpassen zu lassen, die Zusammenarbeit der Arbeitgeber zu organisieren und die Überwachung der ordnungsgemäßen Anwendung der Arbeitsverfahren durch die Arbeitgeber zu koordinieren. Eine **Anpassung der Unterlage** im Fall eintretender Änderungen und unter Berücksichtigung des Fortschritts der Arbeiten – wie es Art. 6 c EG-Baustellenrichtlinie 92/57/EWG ausdrücklich vorsieht – ist vorzunehmen. Der SiGe-Koordinator ist zudem für die Kontrolle der Einhaltung der Vorschriften durch die Arbeitgeber und Unternehmer ohne Beschäftigte iSd § 6 BaustellV verantwortlich. Gemäß § 6 S. 2 BaustellV müssen die Arbeitgeber und Unternehmer ohne Beschäftigte die Hinweise des Koordinators berücksichtigen.[74] Der SiGe-Koordinator hat kein originäres Weisungsrecht, da der Bauherr die Letztverantwortung hat. Allenfalls bei Gefahr im Verzug oder bei einer entsprechenden vertraglichen Regelung kann ihm ein Weisungsrecht zustehen.[75]

33

Die Bestellung eines SiGe-Koordinators muss so **rechtzeitig** erfolgen, dass die während der Planung der Ausführung des Bauvorhabens zu erfüllenden Aufgaben des Koordinators angemessen erledigt werden können.[76] Er muss bereits in der Entwurfsphase tätig werden, um seinen Aufgaben aus § 3 Abs. 2 BaustellV nachkommen zu können (→ Rn. 17). Die Unterlage, die ein SiGe-Koordinator zu erstellen hat, sollte bereits vor der Ausschreibung vorliegen. Zweckmäßigerweise sollten auch die für die später auf der Baustelle tätigen Arbeitgeber und Selbstständigen relevanten Inhalte des SiGe-Plans diesen bereits für die Angebotsbearbeitung zur Verfügung stehen. Der Koordinator soll während der Planung der Ausführung des Bauvorhabens auch darauf hinwirken, dass die in der Regel für eine Vielzahl von Gewerken gemeinsam nutzbaren sicherheitstechnischen Einrichtungen gesondert ausgeschrieben werden.

34

Anhaltspunkte hinsichtlich der **Fachkunde der Koordinatoren** sind in der RAB 30 Nr. 4 ff. enthalten. Danach ist derjenige ein geeigneter Koordinator iSd Baustellenverordnung, der über ausreichende und einschlägige bau- und arbeitsschutzfachliche Kenntnisse, Koordinatorenkenntnisse sowie berufliche Erfahrung in der Planung und/ oder Ausführung von Bauvorhaben verfügt. Ein Koordinator muss die Fähigkeit besitzen, Arbeitsabläufe systematisch, vorausschauend und Gewerke übergreifend zu durchdenken, sich anbahnende Gefährdungen zu erkennen und die gebotenen Koordinierungsmaßnahmen zu treffen. Für die Eignung als Koordinator sind also insbesondere bauliche Kenntnisse sowie Kenntnisse auf dem Gebiet der Sicherheit und des Gesundheitsschutzes und entsprechende Erfahrungen auf Baustellen erforderlich. Koordinatoren können grundsätzlich auch die bereits am Bauvorhaben ohnehin beteiligten Personen sein. Sofern er fachlich geeignet ist, kann der Bauherr auch selbst als SiGe-Koordinator tätig werden.

35

Personen, die in einem **Interessenkonflikt** stehen können, dürfen allerdings nicht als SiGe-Koordinator bestellt werden.[77] Der einem beteiligten Bauunternehmen angehörige SiGe-Koordinator müsste etwa seinen eigenen Baubetrieb hinsichtlich Sicherheit und

36

---

72 RAB 32 Nr. 4.1; ebenso jetzt VG Wiesbaden 2.10.2013 – 1 K 735/12 WI. **73** Entscheidend ist, ob die in § 2 Abs. 3 genannten Gefährdungsfaktoren sich in nicht unerheblichem Maße gewandelt haben oder neue hinzugekommen sind. Kollmer BaustellV § 3 Rn. 50 a; RAB 10 Nr. 14. **74** Rozek/Röhl BauR 1999, 1394 (1401): Aus der allgemeinen Pflicht zur Berücksichtigung der Hinweise des Koordinators ergibt sich, dass die Hinweise nicht völlig unverbindlich sein können. Daraus allein lässt sich allerdings noch kein Weisungsrecht herleiten; vgl. zu den Pflichten des Koordinators: OLG Köln 23.11.2016 – I-3 U 97/16. **75** Bremer, S. 89. **76** Amtliche Erläuterungen des BMA in BArbBl. 3/1999 zu § 3 Abs. 1; Kollmer/Klindt/Schucht/Kann BaustellV § 3 Rn. 4 und Schellhoss BBauGl. 9/1998, 15 (16) gehen davon aus, dass der SiGe-Koordinator erst nach Erteilung der Baugenehmigung bestellt werden muss. Sie sind allerdings ebenfalls der Meinung, dass der Koordinator so früh bestellt werden muss, dass er seinen Pflichten nachkommen und auf die Ausführung des Bauvorhabens rechtzeitig Einfluss nehmen kann. **77** Vgl. Bremer, S. 94 ff.

Gesundheitsschutz in den verschiedenen Bauphasen unterstützen und beraten. Sofern dieser Aspekt zu Interessenkonflikten führt, muss ein anderer SiGe-Koordinator bestellt werden. Zudem wäre die rechtzeitige Bestellung eines SiGe-Koordinators für die Planungsphase aus dem Lager eines beteiligten Bauunternehmers vor der Vergabe schon mangels Kenntnis, welches Bauunternehmen letztendlich den Zuschlag erhält, nicht möglich. Die beteiligten Bauunternehmer stehen erst nach der Vergabe fest. Das Gleiche gilt für einen Bauleiter, der aus dem Lager eines beteiligten Bauunternehmens kommt. Auch bei ihm könnte die Ausführung der Koordinatorenaufgabe, ua die ausführenden Baubetriebe bei ihrer Zusammenarbeit hinsichtlich der Einbindung von Sicherheit und Gesundheitsschutz zu beraten, zu einem Interessenkonflikt führen. Er müsste seine eigene Arbeit überwachen und gegebenenfalls kritisieren. Dies widerspräche dem Sinn und Zweck der Baustellenverordnung. Eine Übertragung der Aufgaben an einen externen SiGe-Koordinator eines überbetrieblichen Dienstes hat zudem den Vorteil, dass dieser die Tätigkeit hauptberuflich ausübt und somit zwangsläufig über ein viel größeres sicherheitstechnisches Fachwissen als zB ein Bauleiter verfügt. Ob ein Interessenkonflikt vorliegt, ist daher immer im Einzelfall zu prüfen.[78]

37 Neben der Verantwortlichkeit des Bauherrn oder seines beauftragten Dritten und den Koordinatoren bleibt während der Ausführung des Bauvorhabens die **Verantwortlichkeit des einzelnen Arbeitgebers** nach § 4 ArbSchG bestehen (§ 5 Abs. 3 BaustellV). Der Arbeitgeber hat weiterhin eigenverantwortlich die Gewährleistung von Sicherheit und Gesundheitsschutz seiner Beschäftigten zu organisieren, umzusetzen und zu überwachen.[79] Nach § 6 S. 1 und 3 BaustellV haben auch auf einer Baustelle selbst tätige Arbeitgeber sowie **Unternehmer ohne Beschäftigte** beim Treffen von Maßnahmen des Arbeitsschutzes von den allgemeinen Grundsätzen nach § 4 ArbSchG auszugehen.[80]

38 **4. § 4 BaustellV.** Nach dieser Norm treffen den Bauherrn **originäre Arbeitschutzpflichten**.[81] Grundsätzlich hat der Bauherr nach § 4 BaustellV die Maßnahmen nach §§ 2, 3 Abs. 1 S. 1 BaustellV zu treffen. Dies bedeutet, dass er bei der Planung der Ausführung des Bauvorhabens und bei der Bemessung der Ausführungszeiten für diese Arbeiten die allgemeinen Grundsätze nach § 4 ArbSchG zu berücksichtigen hat. Des Weiteren muss er unter bestimmten Voraussetzungen der zuständigen Behörde eine Vorankündigung übermitteln und er hat dafür zu sorgen, dass ein SiGe-Plan erstellt wird. Zudem sind ein oder mehrere geeignete Koordinatoren zu bestellen, wenn auf der Baustelle Beschäftigte mehrerer Arbeitgeber bzw. mehrere Unternehmer tätig werden (→ Rn. 24 ff.). Pflichtenadressat ist also grundsätzlich der Bauherr, es sei denn, er beauftragt einen **Dritten**, diese Maßnahmen in eigener Verantwortung zu treffen. Dies kann zB ein Ingenieur- oder Architekturbüro oder ein Unternehmen sein, das mit der Errichtung einer baulichen Anlage einschließlich Planung und Ausführung beauftragt worden ist. Die Vorschrift trägt damit ua der Tatsache Rechnung, dass in der Praxis viele Bauherren sog Baubetreuungsverträge abschließen, in denen dem Bauherrn Vorbereitung und Errichtung einer baulichen Anlage abgenommen werden.

39 Der Dritte muss bestimmte **Qualifikationserfordernisse** erfüllen, da sonst keine ordnungsgemäße Delegation möglich ist und die Übertragung der Pflichten durch den Bauherrn auf einen Dritten nicht die gewünschte Folge hätte. Dem Sinn und Zweck der Baustellenverordnung, die Sicherheit und den Gesundheitsschutz auf der Baustelle zu gewährleisten, muss entsprochen werden. Dies ist nur möglich, wenn der Dritte in der Lage ist, die ihm übertragenen Pflichten ordnungsgemäß auszuüben. Er muss Einfluss auf das Baugeschehen nehmen und sich wirksam gegenüber Außenstehenden artikulieren können. Daher scheiden zB völlig unerfahrene oder nicht in Deutschland wohnende Personen als zu bestellende Dritte aus. Da der Bauherr als Laie die Pflichten grundsätzlich auch selbst ausüben dürfte, kann aber von einem Dritten nicht erwartet

---

78 Minoggio VersR 2002, 1200 (1204 f.). **79** Kollmer/Klindt/Schucht/Kann BaustellV § 3 Rn. 9.
80 RAB 33 Nr. 4. **81** Vgl. „Informationen für den Bauherrn" in Anhang 1 der Leitlinie „Planung und Ausführung von Bauvorhaben" vom 13.6.2013 (www.gda-portal.de).

werden, dass er über die baufachlichen Kenntnisse verfügen muss, welche von einem SiGe-Koordinator verlangt werden.[82]

Zu beachten ist, dass durch die Beauftragung eines Dritten die **Verantwortung des Bauherrn** nicht vollständig delegiert wird. Er besitzt vielmehr regelmäßig zumindest eine **Rest-Verantwortung**.[83] Auch der Wortlaut des § 4 BaustellV („...es sei denn, er beauftragt einen Dritten, diese Maßnahmen in eigener Verantwortung zu treffen") lässt keine andere Argumentation zu. Dies ergibt sich aus einem Vergleich zu § 13 ArbSchG. Gemäß § 13 Abs. 2 ArbSchG kann der Arbeitgeber zuverlässige und fachkundige Personen schriftlich damit beauftragen, ihm obliegende Aufgaben nach diesem Gesetz in eigener Verantwortung wahrzunehmen. Trotz der Formulierung „in eigener Verantwortung" – wie sie auch die Baustellenverordnung verwendet – verbleibt es bei einer **kumulativen Verantwortung des Arbeitgebers und seiner Vertreter** (→ ArbSchG § 13 Rn. 29).[84] Das Gleiche muss im Rahmen des § 4 BaustellV gelten. Mit der Neuregelung des Begriffs „verantwortliche Personen" in § 13 ArbSchG im Jahr 2013[85] (→ Rn. 53) ist nun auch der Dritte im Sinne der Baustellenverordnung einbezogen. Daher tritt bei einem Bauherrn, der einen Dritten beauftragt, an die Stelle der Ausführungspflicht regelmäßig zumindest eine **Aufsichtspflicht**. 40

Es findet eine **Modifizierung des Verantwortungsinhalts des Bauherrn** statt. Er muss zumindest **stichprobenartig** „**Vor-Ort-Kontrollen**" durchführen und sich regelmäßig und systematisch über den Stand des Arbeits- und Gesundheitsschutzes berichten lassen.[86] Anders ist auch die Amtliche Begründung[87] „Folge der Beauftragung eines Dritten ist, dass ausschließlich der Dritte für die Maßnahmen verantwortlich ist" nicht zu verstehen. Dies bedeutet nur, dass für die Ausführung der Maßnahmen nun der Dritte verantwortlich ist. Der Bauherr hat dennoch die Pflicht zur Aufsicht. Für diese Argumentation sprechen auch Art. 7 EG-Baustellenrichtlinie 92/57/EWG und § 3 Abs. 1 a BaustellV, der Art. 7 Baustellenrichtlinie umsetzt. Diese Normen enthalten den Grundsatz, dass der Organisationspflichtige nicht vollständig befreit werden kann. Bei ihm verbleibt eine Rest-Verantwortung. Dennoch darf der Dritte einer Weisung des Bauherrn jedenfalls dann nicht folgen, wenn dadurch höchstpersönliche Rechtsgüter gefährdet werden könnten. Ähnliches gilt im Verhältnis Arbeitgeber/Arbeitnehmer. Den Arbeitnehmer können nur dann negative Folgen (Schadensersatzpflicht, Kündigung) treffen, wenn der Arbeitgeber das Direktionsrecht rechtmäßig ausgeübt hat und der Arbeitnehmer die erteilten Weisungen nicht befolgt hat. Der Arbeitgeber darf bei seinen Weisungen nicht willkürlich verfahren, sondern muss billiges Ermessen ausüben und auf legitime Belange der Beschäftigten Rücksicht nehmen.[88] Die Beauftragung des Dritten muss **rechtzeitig** erfolgen. Nicht zulässig ist daher die pauschale Übertragung aller Pflichten des Bauherrn auf das bauausführende Unternehmen im Rahmen üblicher Ausschreibungen von Bauleistungen, da zu diesem Zeitpunkt die Planung der Vorbereitung der Bauausführung bereits abgeschlossen ist und die Bestellung des Koordinators für die Planung der Ausführung bereits hätten erfolgen müssen.[89] Die Beauftragung kann jedoch im Rahmen eines Baubetreuungsvertrages stattfinden.[90] 41

5. § 5 BaustellV. § 5 Abs. 1 BaustellV betont die grundsätzliche **Verantwortlichkeit des Arbeitgebers für den Arbeitsschutz**. Die Arbeitgeber müssen die erforderlichen Maß- 42

---

82 Kollmer BaustellV § 4 Rn. 9. 83 AA Kollmer BaustellV § 4 Rn. 12, der sich auf den Wortlaut des § 4 BaustellV bezieht und keine Vergleichbarkeit zu § 13 ArbSchG sieht, da eine Entlastung des Arbeitgebers nicht Sinn und Zweck dieser Norm sei. 84 Sinn und Zweck sowohl des § 4 BaustellV als auch des § 13 ArbSchG ist eine Entlastung der Primärverantwortlichen. Vgl. zu § 13 ArbSchG: Kollmer/Klindt/Schucht/Steffek ArbSchG § 13 Rn. 14, 76. 85 BT-Drs. 17/12297, 67, 85, 90. 86 Vgl. BGH 17.10.1967 – VI ZR 70/66, NJW 1968, 247 (248); 30.1.1996 – VI ZR 408/94, NJW-RR 1996, 867 (868). 87 BR-Drs. 306/98, 12. 88 BAG 24.2.2011 – 2 AZR 636/09, NZA 2011, 1087 (1089); aA: Kollmer BaustellV § 4 Rn. 14: Eine Weisung des Bauherrn, die nicht den Anforderungen des § 2 bzw. § 3 Abs. 1 S. 1 BaustellV genüge, habe dennoch Gültigkeit, da der Bauherr „Herr des Verfahrens" und Auftraggeber im zivilrechtlichen Sinne sei. 89 Kollmer NJW 1998, 2634 (2636); amtliche Erläuterungen des BMA zu § 4 BaustellV, BArbBl. 3/1999, 71. 90 Vgl. hierzu die Amtliche Begründung zur Baustellenverordnung in BR-Drs. 306/98 vom 2.4.1998.

nahmen des Arbeitsschutzes treffen und dabei die Grundpflichten nach § 3 ArbSchG und die allgemeinen Grundsätze des Arbeitsschutzes nach § 4 ArbSchG beachten. Mit den **erforderlichen Maßnahmen des Arbeitsschutzes** sind zum einen die besonderen, baustellenverordnungsspezifischen Maßnahmen gemeint, die in § 5 Abs. 1 Nr. 1–5 BaustellenV aufgezählt werden. Dieser Katalog ist nicht abschließend. Zum anderen sind mit den zu treffenden erforderlichen Maßnahmen die allgemeinen Arbeitsschutzmaßnahmen auf der Baustelle gemeint, die zB in der ArbStättV und den Unfallverhütungsvorschriften genannt sind. Diese entsprechen teilweise den Mindestanforderungen der EG-Baustellenrichtlinie 92/57/EWG, so dass die Arbeitgeberverantwortlichkeiten in § 5 Abs. 1 BaustellV keinen hohen Stellenwert haben, doch sind insoweit auch die jetzt in §§ 4, 5 ArbSchG einbezogenen psychischen Belastungen zu beachten. Abs. 1 stellt somit klar, dass die auf der Baustelle tätigen Arbeitgeber die Hinweise des SiGe-Koordinators zur Kenntnis nehmen und bei ihrer eigenen Planung und Umsetzung der Arbeitsschutzmaßnahmen nutzen.[91] Durch die Novellierung der ArbStättV 2016[92] sind im neu gefassten Anhang unter Nr. 2.1. sowie 5.2. die auf Baustellen zu beachtenden Anforderungen präzisiert und an die Vorgaben der RL 92/57/EWG angepasst worden.[93] Vor allem die Vorschriften der ArbStättV[94] zur Absturzsicherung sind präzisiert und verdeutlicht worden.[95] Sie sind von allen Arbeitgebern auf Baustellen zu beachten.

43 Im Rahmen der besonderen, baustellenverordnungsspezifischen Maßnahmen sind unter dem Begriff „**Arbeitsmittel**" gemäß § 5 Abs. 1 Nr. 1 BaustellV zunächst Maschinen, Geräte, Werkzeuge oder Anlagen iSv § 2 Betriebssicherheitsverordnung (BetrSichV) zu verstehen, die bei der Arbeit auf dem Bau benutzt werden. Nach dem Sinn und Zweck der Baustellenverordnung fallen aber auch noch weitere in der Betriebssicherheitsverordnung selbst nicht genannte, auf dem Bau gleichwohl verwendete Gerätschaften, wie Persönliche Schutzausrüstungen, Bildschirme sowie nicht für den öffentlichen Verkehr zugelassene Fahrzeuge unter den Begriff „Arbeitsmittel". Der bisherige Arbeitsmittelbegriff der Betriebssicherheitsverordnung ist enger, weil andere Arbeitsmittel in separaten Verordnungen geregelt sind.[96] In Anlehnung an § 7 BetrSichV kann davon ausgegangen werden, dass ein ordnungsgemäßes Arbeitsmittel vorliegt, wenn dieses entweder den bestehenden Verordnungen des Bundes (zB MaschinenV, PSA-BenutzungsV) oder den Maßgaben des Anhanges I der BetrSichV entspricht.[97] Es ist allerdings zu beachten, dass der Arbeitgeber auch für bereits in Betrieb genommene Arbeitsmittel die Maßnahmen gemäß den grundlegenden Anforderungen für neue Arbeitsmittel treffen muss, da die EG-Baustellenrichtlinie 92/57/EWG eine Ausnahme – auch für den Fall der wirtschaftlichen Unverhältnismäßigkeit – nicht vorsieht.[98]

44 Gemäß § 5 Abs. 2 BaustellV haben die Arbeitgeber die Beschäftigten **in verständlicher Form und Sprache** über die sie betreffenden Schutzmaßnahmen zu informieren. Diese Verpflichtung trägt der besonderen Situation auf einer Vielzahl von Baustellen Rechnung, bei denen Beschäftigte verschiedener Nationalitäten Bauarbeiten ausführen.[99] Entscheidend für die Behebung einer derartigen Gefahrensituation ist, dass die Informationen für die Beschäftigten verständlich sein müssen.[100]

45 Nicht in jedem Fall ist eine Übersetzung notwendig. Vielmehr kann es für das Verständnis ausreichend sein, Gefahren und Schutzmaßnahmen durch **Skizzen, Piktogramme oder Bilder** darzustellen.[101] Handelt es sich um umfangreichere Gefahren und Schutzmaßnahmen, welche etwa einer Erläuterung durch einen Unterweisenden bedür-

---

91 Kollmer/Klindt/Schucht/Kann BaustellV § 5 Rn. 1. **92** BGBl. I 2016, 2981 ff., dazu Wiebauer NZA 2017, 220 ff. **93** Pieper ArbStättV, 3.Aufl. 2017, Anh. 5.2. Rn. 3. **94** Zur Kritik an der mangelnden Konkretheit der bisherigen ArbStättV für die Arbeit auf Baustellen Bremer, S. 104 ff. **95** BR-Drs. 506/16 (B), 47, 51. **96** Kollmer BaustellV § 5 Rn. 18. **97** Kollmer BaustellV § 5 Rn. 20. **98** Vgl. Bremer, S. 113 f. **99** Pieper AuR 99, 88 (93). **100** So auch Art. 11 Abs. 2 der EG-Baustellenrichtlinie 92/57/EWG; vgl. Pieper AuR 99, 88 (93) und BAG 13.10.2004 – 7 ABR 5/04: Eine Anfechtung einer Betriebsratswahl ist darauf abzustellen, ob die ausländischen Arbeitnehmer die zum Teil komplizierten Wahlvorschriften und den Inhalt des Wahlausschreibens verstehen können. **101** Vgl. RAB 10 Nr. 24; Pieper BaustellV § 5 Rn. 2; amtliche Begründung zur Baustellenverordnung in BR-Drs. 306/98 vom 2.4.1998.

fen, so kann eine **Übersetzung in die jeweilige Muttersprache** notwendig sein (→ ArbSchG § 12 Rn. 9).

Es ist die **Aufgabe des Arbeitgebers** und nicht des SiGe-Koordinators, seine jeweiligen 46 Arbeitnehmer in verständlicher Form und Sprache zu unterrichten und sich selbst mit den anderen auf der Baustelle tätigen Arbeitgebern abzusprechen und diese über entsprechende Gefahren zu informieren (vgl. § 5 Abs. 3 BaustellV iVm § 3 Abs. 1 ArbSchG, § 4 Nr. 7 ArbSchG, §§ 7, 9, 12, 14 ArbSchG).[102] Der SiGe-Koordinator wiederum spricht sich mit den Arbeitgebern bzw. Unternehmern ohne Beschäftigte ab und organisiert deren Zusammenarbeit und die Koordinierung der Tätigkeiten sowie deren gegenseitige Information. Für den SiGe- Koordinator gilt die Aufgabe, Informationen in verständlicher Form und Sprache zu vermitteln, nur insoweit, als ein Arbeitgeber bzw. Unternehmer nicht deutschsprachig ist.

§ 5 Abs. 3 BaustellV stellt klar, dass der Arbeitgeber durch die Regelungen zur Planung 47 der Ausführung des Bauvorhabens in § 2 und zur Koordinierung in § 3, dh durch die Pflichten des Bauherrn oder des von ihm beauftragten Dritten, **nicht** von seinen Pflichten in Bezug auf Sicherheit und Gesundheitsschutz der Beschäftigten **entlastet** wird. Hierzu gehört insbesondere auch die Verpflichtung, gemäß § 5 ArbSchG eine Beurteilung der Arbeitsbedingungen vorzunehmen. Dabei können die Angaben aus dem SiGe-Plan berücksichtigt werden. Falls erforderliche Schutzmaßnahmen, die zB nach der UVV C 22 und dem neuen Anhang Nr. 5.2. der ArbStättV zur Absturzsicherung verlangt werden, noch nicht getroffen worden sind, darf er entsprechende Arbeiten nicht zuweisen.[103]

6. § 6 BaustellV. Neben der Einbeziehung des Bauherrn als Arbeitsschutzpflichtigen 48 beinhaltet § 6 BaustellV einen zweiten „Bruch" in der Systematik des allgemeinen Arbeitsschutzrechts. Zur Gewährleistung von Sicherheit und Gesundheitsschutz der Beschäftigten haben auch die auf einer Baustelle tätigen **Unternehmer ohne Beschäftigte** (zB Ein-Mann-Unternehmen, Einzelhandwerker – wie zB selbstständige Gerüstbauer, Elektriker, Dachdecker, Fliesenleger) die bei den Arbeiten anzuwendenden Arbeitsschutzvorschriften einzuhalten sowie die Hinweise des SiGe-Koordinators und den SiGe-Plan zu berücksichtigen. Dies gilt entsprechend für Arbeitgeber, die selbst auf der Baustelle tätig sind. Zur Verhinderung von Unfällen ist auf einer Baustelle die verstärkte Koordinierung zwischen den verschiedenen Ausführenden erforderlich. Auch Selbstständige und Arbeitgeber, die selbst eine berufliche Tätigkeit auf einer zeitlich begrenzten oder ortsveränderlichen Baustelle ausüben, können die Sicherheit und die Gesundheit der Arbeitnehmer durch ihre Tätigkeit – etwa durch herabfallendes Werkzeug – gefährden. Wenn ein Bauherr seine berufliche Tätigkeit auf der Baustelle ausübt, etwa als Dachdeckermeister oder Maurer, ist auch er Selbstständiger und unterliegt der Vorschrift des § 6 BaustellV.[104]

Die **Pflichten der Selbstständigen** sind in § 6 BaustellV nicht abschließend normiert. 49 Die Verpflichtung der Arbeitgeber, die selbst eine berufliche Tätigkeit auf der Baustelle ausüben, bezieht sich auf die Grundsätze des Arbeitsschutzes (§ 4 ArbSchG), die Zusammenarbeit mehrerer Arbeitgeber (§ 8 Abs. 1 ArbSchG), die Vorschriften für Arbeitsmittel (BetrSichV), die Bereitstellung und Benutzung von Persönlichen Schutzausrüstungen (§ 2 PSA-BV), Schutzmaßnahmen im Hinblick auf den Umgang mit Gefahrstoffen (GefStoffV), Schutzmaßnahmen im Hinblick auf Tätigkeiten mit biologischen Arbeitsstoffen (BiostoffV) und Anforderungen an Baustellen gemäß der ArbStättV. Die Pflicht der sonstigen Personen, die anzuwendenden Arbeitsschutzvorschriften einzuhalten, dient der Gewährleistung von Sicherheit und Gesundheitsschutz der Beschäftigten. Unberührt hiervon bleiben sonstige Rechtsvorschriften (zB Unfallverhütungsvorschriften), die Regelungen zum Selbstschutz sonstiger Personen treffen.

7. § 7 BaustellV. § 7 Abs. 1 BaustellV regelt, dass ein Verstoß gegen § 2 Abs. 2 S. 1 und 50 § 2 Abs. 3 S. 1 BaustellV jeweils iVm § 4 BaustellV (keine, nicht vollständige oder nicht

---

[102] AA Kollmer BaustellV § 5 Rn. 66, der in der Aufgabe eine Koordinationsaufgabe sieht; näher hierzu: Bremer, S. 115 f. [103] BAG 19.2.2009 – 8 AZR 188/08 Rn. 43, DB 2009, 1134 (1136).
[104] Vgl. Bremer, S. 117 f.; aA Kollmer BaustellV § 6 Rn. 4.

rechtzeitige Übermittlung einer Vorankündigung bzw. Nichterstellung eines SiGe-Plans)[105] eine **Ordnungswidrigkeit iSd § 25 Abs. 1 Nr. 1 ArbSchG** darstellt (→ ArbSchG § 25 Rn. 6 ff.), die nach § 25 Abs. 2 ArbSchG mit einer Geldbuße bis zu 5.000 EUR bewehrt ist.[106] Inhaltlich wird die Vorankündigung nur die Angaben im Sinne des Anhang I enthalten können, die zum Zeitpunkt der Abgabe bekannt sind.[107] Aus der Formulierung ergibt sich, dass der Bauherr primärer **Adressat** ist. Da der Europäische Gerichtshof[108] bereits mehrfach entschieden hat, dass eine strafrechtliche Umsetzungsnorm nicht korrigierend ausgelegt werden darf, kann ein SiGe-Koordinator nicht Adressat sein.[109]

51 § 7 **Abs. 2 BaustellV** verweist auf die **Strafvorschrift des § 26 Nr. 2 ArbSchG** (→ ArbSchG § 26 Rn. 10 ff.). Wird nicht ein Beschäftigter, sondern ein Dritter (zB Kunde, Besucher) gefährdet, so ist § 7 Abs. 2 BaustellV nicht anwendbar. Im Übrigen kommt eine Bestrafung des Täters aufgrund fahrlässiger Körperverletzung oder Tötung[110] in Betracht, wenn tatsächlich ein Schaden eingetreten ist. Eine eventuelle Strafbarkeit kann sich auch aufgrund sonstiger mit dem Bau zusammenhängender Delikte (etwa § 319 StGB) ergeben (→ ArbSchG Vor § 25 Rn. 6 ff.).

IV. Rechtsdurchsetzung

52 Um eine effektive **hoheitliche Überwachung** der Arbeitsschutzpflichten zu gewährleisten, können die behördlichen Überwachungsvorschriften gemäß §§ 21, 22 ArbSchG angewendet werden, da die Baustellenverordnung keine speziellen Aufsichtsregelungen trifft. Sie sind also ein Instrument zur Durchsetzung des gesamten geltenden Rechts unter dem „Dach" des Arbeitsschutzgesetzes.[111] Nach § **22 Abs. 3 S. 1 Nr. 1 ArbSchG** können Anordnungen getroffen werden, unabhängig davon, ob eine konkrete Gefahrenlage für die Sicherheit und Gesundheit der Beschäftigten gegeben ist. Durch diese Befugnis sind auch die erweiterten Arbeitsschutzansatz des Arbeitsschutzgesetzes[112] geschuldeten Maßnahmen im Vorfeld einer Gefahr, wie zB die Bestellung eines Koordinators oder die Erstellung eines Plans, abgedeckt.[113] Nach § **22 Abs. 3 S. 1 Nr. 2 ArbSchG** kann die Behörde im Einzelfall anordnen, welche Maßnahmen der Arbeitgeber und die verantwortlichen Personen zur Abwendung einer besonderen Gefahr für Leben und Gesundheit der Beschäftigten zu treffen haben. Ob eine besondere Gefahr vorliegt, beurteilt sich aufgrund der möglichen Schadensintensität und dem möglichen Schadensumfang.[114] Das bloße Unterlassen einer Vorankündigung bzw. formale Fehlen eines SiGe-Plans wird noch nicht zum Vorliegen einer besonderen Gefahr führen. Der Anwendungsbereich im Rahmen des § 3 BaustellV (Koordinierung) dürfte relativ schmal sein.

53 **Adressaten** nach dem Arbeitsschutzgesetz sind Arbeitgeber, verantwortliche Personen oder Beschäftigte. In Zusammenhang mit der Baustellenverordnung ist zu beachten, dass mit der Neuregelung im Jahr 2013[115] der Begriff „verantwortliche Personen" in § 13 ArbSchG so definiert worden ist, dass jetzt auch der Bauherr einbezogen ist.[116] Gemäß § 13 Abs. 1 Nr. 5 ArbSchG gehören zu den verantwortlichen Personen nun

---

105 So auch OLG Celle 18.9.2013 – 322 SsRs 203/13. **106** Zur Frage, ob bei mehreren Verstößen gegen § 7 Abs. 1 BaustellV Tateinheit oder Tatmehrheit anzunehmen ist: OLG Schleswig 8.4.2003 – 2 Ss OWi 39/03 (35/03) – besprochen von Meyer BauR 2004, 597 (604). **107** So Kollmer/Klindt/Schucht/Kann BaustellV § 7 Rn. 2. **108** EuGH 8.10.1987 – C-80/86, EuGHE 1987, 3969 (Kolpinghuis); 26.9.1996 – C-168/95, EuZW 1997, 318 (Arcaro); hierzu auch Kohte/Porsche, jurisPR-ArbR 15/2011 Anm. 2. **109** AA Kollmer BaustellV § 7 Rn. 8: Er geht von Mit- oder Nebentäterschaft aus. Diese kann jedoch aus tatsächlichen Gründen nicht vorliegen, vgl. Bremer, S. 120. **110** Zur Strafbarkeit nach §§ 229, 222 StGB: Benz BB 1991, 1185 ff. **111** Kollmer/Klindt/Schucht/Kunz ArbSchG § 22 Rn. 76. **112** Zum erweiterten Arbeitsschutzansatz des Arbeitsschutzgesetzes vgl. Wlotzke NZA 1996, 1017 (1019); Faber, Grundpflichten, S. 359. **113** Dazu VG Wiesbaden 2.10.2013 – 1 K 735/12 WI: In Bezug auf den Anordnungszeitpunkt ist zu berücksichtigen, dass die Nichterfüllung relevanter Pflichten nicht lange zu dulden sein wird. **114** KJP/Koll ArbSchG § 22 Rn. 41. **115** BT-Drs. 17/12297, 67, 85, 90. **116** So schon vor Änderung des § 13 Abs. 1 Nr. 5 ArbSchG: Bremer, S. 138 ff.; Münch/ArbR/Kohte § 293 Rn. 46 und VG Augsburg 5.12.2012 – Au 5 S 12.1221 sowie BayVGH 6.2.2013 – 22 CS 13.53.

sonstige nach einer Rechtsverordnung **verpflichtete Personen** im Rahmen ihrer Aufgaben und Befugnisse. Durch die Baustellenverordnung werden den Bauherren bzw. Dritten, den Unternehmern ohne Beschäftigte und den SiGe-Koordinatoren bestimmte Arbeitsschutzpflichten auferlegt. Diese Personen können daher Anordnungsadressaten iSd § 22 Abs. 3 ArbSchG sein.[117]

Gemäß § 22 Abs. 1 und 2 ArbSchG können vom Bauherrn zB Unterlagen zur Größe und Zeitdauer der Baustelleneinrichtung verlangt werden. Zwecks Überprüfung der Geeignetheit der Koordinatoren kann in die Vertragsunterlagen mit dem SiGe-Koordinator Einsicht genommen werden (→ ArbSchG § 22 Rn. 26). Er kann etwa zur Vorlage des SiGe-Plans oder der Unterlage aufgefordert werden. Der Ablauf der SiGe-Koordination kann mit dem Koordinator mündlich erörtert werden. Zur Feststellung, ob ein Arbeitsunfall oder eine Erkrankung auf mangelhafte Koordination zurückzuführen ist, können Ausrüstungen überprüft und Messungen vorgenommen werden.[118] 54

Die **Beratung und Überwachung durch die Unfallversicherungsträger**[119] umfasst neben der Einhaltung materieller Pflichten aus berufsgenossenschaftlichen Unfallverhütungsvorschriften auch die Einhaltung der Inhalte des staatlichen Arbeitsschutzrechts. Um ihrem Überwachungsauftrag und der Beratungspflicht gerecht werden zu können, ist daher der Bauherr bzw. der SiGe-Koordinator mit dem Unternehmer gleichzustellen.[120] Auskünfte und Unterlagen können demnach auch vom Bauherrn bzw. SiGe-Koordinator verlangt werden, sofern es zur Durchführung der Überwachungsaufgabe erforderlich ist. 55

Der Vollzug der Baustellenverordnung fällt also in den originären Zuständigkeitsbereich der staatlichen Arbeitsschutzbehörden. Allerdings bezieht sich der **Überwachungsauftrag der Unfallversicherungsträger** nicht nur auf die eigenen Unfallverhütungsvorschriften, wie zB für den Bau auf die UVV C 22 (→ Rn. 2), sondern auch auf alle und somit auch auf staatlich geregelte Präventionsmaßnahmen. In § 2 Abs. 1 der **DGUV Vorschrift 1** ist festgelegt, dass auch die staatlichen Arbeitsschutzvorschriften zu beachten sind. Insofern können Anordnungen der Aufsichtspersonen auch zur Durchsetzung der Pflichten nach der Baustellenverordnung ergehen. Gegenüber Bauherren bzw. SiGe-Koordinatoren sind jedoch nur Anordnungen nach § 19 Abs. 1 S. 1 Nr. 2 und Abs. 1 S. 2 SGB VII möglich, da hier Gefahren abgewehrt werden sollen, die nicht Gegenstand von Unfallverhütungsvorschriften sind, so dass keine verfassungsrechtlichen Bedenken gegen die Einbeziehung weiterer Adressaten bestehen.[121] Schließlich können die Träger der Unfallversicherung bei Verletzung der Pflichten aus den Unfallverhütungsvorschriften, vor allem der am Bau wichtigen UVV C 22, **Regress nach § 110 SGB VII** nehmen. Die Verletzung spezifischer Unfallverhütungsvorschriften, die elementare Sicherungspflichten zum Inhalt haben, die dem Schutz der Beschäftigten vor schweren Gefahren dienen, vermittelt den Beweis, dass mindestens eine grob fahrlässige Pflichtverletzung vorliegt, die für den Unfall kausal war.[122] 56

Zur Rechtsdurchsetzung kommt des Weiteren in Betracht, **privatrechtliche Ansprüche gegenüber dem Arbeitgeber** geltend zu machen. Hierbei ist zu beachten, dass die Haftungsbeschränkung des § 106 Abs. 3 Alt. 3 SGB VII nicht mehr nur für Leiharbeitsverhältnisse und Arbeitsgemeinschaften von Unternehmen (Argen)[123] gilt, sondern nunmehr eine vorübergehende betriebliche Tätigkeit auf einer gemeinsamen Betriebsstätte ausreichend ist, ohne dass besondere Rechtsbeziehungen zwischen den Unternehmen bestehen müssen. Auf eine vorübergehende Eingliederung von Mitarbeitern in den Unfallbetrieb oder ein Tätigwerden für andere Unternehmen kommt es für die Anwendung des § 106 Abs. 3 Alt. 3 SBG VII nicht an. Diese Fälle sind regelmäßig bereits über 57

---

117 AA Kollmer/Klindt/Schucht/Kann BaustellV § 7 Rn. 5. **118** Kollmer BaustellV § 3 Rn. 71.
119 Vgl. zum abgestimmten Vorgehen mit den für den Arbeitsschutz zuständigen Behörden: Leitlinie „Planung und Ausführung von Bauvorhaben" (www.gda-portal.de). **120** Vgl. Bremer, S. 158.
121 Hierzu Bremer, S. 160 ff. **122** Hierzu OLG Frankfurt 14.12.2011 – 1 U 191/10 und Kohte, jurisPR-ArbR 4/2013 Anm. 2; zum Regress auch Müller-Petzer BG 2006, 437 ff. **123** Firmengemeinschaft, die sich zur Erzielung eines gemeinsamen Arbeitsergebnisses gebildet hatten, galten haftungsrechtlich auch schon nach der RVO als „ein" Betrieb. Otto NZV 1996, 477 (477).

§ 105 Abs. 1 SGB VII erfasst und privilegiert.[124] Eine Arbeitsverknüpfung anstelle einer bloßen Arbeitsberührung ist erforderlich.[125]

58 Soweit der Schaden eines Arbeitnehmers auf die **Verletzung von Bauherrenpflichten**, wie etwa die Berücksichtigung der allgemeinen Arbeitsschutzgrundsätze und die SiGe-Koordinatorenbestellung nach der Baustellenverordnung, zurückzuführen ist, **haftet der Bauherr** dem Arbeitnehmer sowohl nach den Grundsätzen des Vertrages mit Schutzwirkung zugunsten Dritter als auch aus Delikt, weil die Vorschriften der Baustellenverordnung auch Schutzgesetze iSd § 823 Abs. 2 BGB sind.[126] In diesem Zusammenhang kann dem Bauherrn auch Fehlverhalten des SiGe-Koordinators nach § 278 BGB zugerechnet werden.[127] Hat der Bauherr allerdings einen Dritten iSd § 4 BaustellV bestellt, kommt nur eine Haftung für eine Verletzung von sekundären Verkehrssicherungspflichten in Betracht. Der Bauherr hat also trotz der in der Praxis üblichen Heranziehung zuverlässiger und sachkundiger Fachleute noch Verkehrssicherungspflichten im Hinblick auf eine ordnungsgemäße Organisation, Anweisung und Überwachung.[128] Die sekundäre Verkehrssicherungspflicht kommt umso stärker zum Tragen, je größer die Gefährlichkeit auf der Baustelle ist und je mehr Eigeninitiative und Kenntnisse des Bauherrn vom Baugeschehen und von der Bausicherheit vorhanden sind.[129] Hat der Bauherr keinen Dritten, sondern nur einen oder mehrere SiGe-Koordinatoren beauftragt, so wird er gemäß § 3 Abs. 1 a BaustellV nicht von seiner Verantwortung entbunden. Dies bedeutet, dass er trotz der Beauftragung für die Erfüllung seiner Pflichten nach der Baustellenverordnung verantwortlich bleibt. Unabhängig von den Vorschriften der Baustellenverordnung kommt eine Haftung des Bauherrn nach den allgemeinen Grundsätzen der Verkehrssicherungspflichten in Betracht.[130] Erst recht haften weitere Beteiligte, wie zB ein Gerüstbauunternehmen, für die Verletzung von Verkehrssicherungspflichten.[131]

59 Eine **Haftung des SiGe-Koordinators** kann sich gegenüber den Arbeitnehmern ebenfalls aus dem Vertrag mit Schutzwirkung zugunsten Dritter ergeben, wenn er seiner Hinweispflicht nicht nachgekommen ist.[132] Da ihm keine originären Weisungsrechte zukommen, führt diese Position zu einer Verringerung seiner deliktischen Verantwortlichkeit;[133] gleichwohl ist bei eindeutigen Pflichtverletzungen auch eine deliktische Haftung möglich.[134]

60 Die Normen des **Betriebsverfassungsgesetzes** können grundsätzlich nicht auf einer Baustelle angewendet werden, weil der Bezugsbegriff dieses Gesetzes der Betrieb und nicht ein Ort ist, an dem in der Regel mehrere Arbeitgeber tätig werden, so dass es bei dem Mitbestimmungsrecht nach § 87 Abs. 1 Nr. 7 BetrVG gegenüber jedem einzelnen Arbeitgeber bleibt. Es ist aber möglich und sachgerecht, dass in einem freiwillig gebildeten **Baustellensicherheitsausschuss** Vertreter aus allen am Bau beteiligten Betrieben zusammenkommen (→ ASiG § 11 Rn. 8).[135]

---

124 BAG 19.2.2009 – 8 AZR 188/08, DB 2009, 1134; Jahnke NJW 2000, 265 (265). **125** BGH 23.1.2001 – VI ZR 70/00, VersR 2001, 372 (372 f.) = AP Nr. 2 zu § 106 SGB VII; OLG Naumburg 24.7.2014 – 2 U 9/14, NZA-RR 2015, 38; ErfK/Rolfs SGB VII § 106 Rn. 3. **126** Vgl. hierzu insbesondere Bremer, S. 191 ff.; Müller-Petzer BG 2006, 437 ff.; OLG München 1.12.2010 – 20 U 3336/10, dazu Wilrich BG 2011, 134 f. **127** OLG Celle 3.3.2004 – 9 U 208/03, BauR 2006, 133; Moog BauR 1999, 795 (799) bejaht die Anwendung des Vertrages mit Schutzwirkung zugunsten Dritter, ohne näher zu differenzieren. **128** OLG Hamm 29.9.1995 – 9 U 48/95, NJW-RR 1996, 1362; kritisch hierzu Siegburg, Rn. 47. **129** So auch Kollmer BaustellV § 4 Rn. 60; ähnlich Siegburg, Rn. 48. **130** OLG Bamberg 24.1.2006 – 1 U 166/05, NZBau 2007, 448. **131** OLG Rostock 3.3.2009 – 5 U 113/08, IBR 2011, 521. **132** Bremer, S. 204 ff.; vgl. Müller-Petzer BG 2006, 437 ff. **133** OLG Bamberg 11.9.2002 – 8 U 29/02, NJW-RR 2003, 238; dazu auch Bremer, S. 210; ähnlich jetzt LG Erfurt 18.8.2011 – 10 O 1961/10. **134** Beispielhaft OLG Rostock 3.3.2009 – 5 U 113/08, Rn. 37. **135** Vgl. Bremer, S. 240; Pieper BaustellV § 3 Rn. 7.

Verordnung über Sicherheit und Gesundheitsschutz bei der Verwendung von Arbeitsmitteln (Betriebssicherheitsverordnung – BetrSichV)[1]

Vom 3. Februar 2015 (BGBl. I S. 49)
(FNA 805-3-14)
zuletzt geändert durch Art. 147 G zum Abbau verzichtbarer Anordnungen der Schriftform im Verwaltungsrecht des Bundes vom 29. März 2017 (BGBl. I S. 626)

Abschnitt 1 Anwendungsbereich und Begriffsbestimmungen

§ 1 BetrSichV Anwendungsbereich und Zielsetzung

(1) [1]Diese Verordnung gilt für die Verwendung von Arbeitsmitteln. [2]Ziel dieser Verordnung ist es, die Sicherheit und den Schutz der Gesundheit von Beschäftigten bei der Verwendung von Arbeitsmitteln zu gewährleisten. [3]Dies soll insbesondere erreicht werden durch

1. die Auswahl geeigneter Arbeitsmittel und deren sichere Verwendung,
2. die für den vorgesehenen Verwendungszweck geeignete Gestaltung von Arbeits- und Fertigungsverfahren sowie
3. die Qualifikation und Unterweisung der Beschäftigten.

[4]Diese Verordnung regelt hinsichtlich der in § 18 und in Anhang 2 genannten überwachungsbedürftigen Anlagen zugleich Maßnahmen zum Schutz anderer Personen im Gefahrenbereich, soweit diese aufgrund der Verwendung dieser Anlagen durch Arbeitgeber im Sinne des § 2 Absatz 3 gefährdet werden können.

(2) [1]Diese Verordnung gilt nicht in Betrieben, die dem Bundesberggesetz unterliegen, soweit dafür entsprechende Rechtsvorschriften bestehen. [2]Abweichend von Satz 1 gilt sie jedoch für überwachungsbedürftige Anlagen in Tagesanlagen, mit Ausnahme von Rohrleitungen nach Anhang 2 Abschnitt 4 Nummer 2.1 Satz 1 Buchstabe d.

(3) Diese Verordnung gilt nicht auf Seeschiffen unter fremder Flagge und auf Seeschiffen, für die das Bundesministerium für Verkehr und digitale Infrastruktur nach § 10 des Flaggenrechtsgesetzes die Befugnis zur Führung der Bundesflagge lediglich für die erste Überführungsreise in einen anderen Hafen verliehen hat.

(4) [1]Abschnitt 3 gilt nicht für Energieanlagen im Sinne des § 3 Nummer 15 des Energiewirtschaftsgesetzes, soweit sie Druckanlagen im Sinne des Anhangs 2 Abschnitt 4 Nummer 2.1 Buchstabe b, c oder d dieser Verordnung sind. [2]Satz 1 gilt nicht für Gasfüllanlagen, die Energieanlagen im Sinne des § 3 Nummer 15 des Energiewirtschaftsgesetzes sind und nicht auf dem Betriebsgelände von Unternehmen der öffentlichen Gasversorgung von diesen errichtet und betrieben werden.

(5) Das Bundesministerium der Verteidigung kann Ausnahmen von den Vorschriften dieser Verordnung zulassen, wenn zwingende Gründe der Verteidigung oder die Erfüllung zwischenstaatlicher Verpflichtungen der Bundesrepublik Deutschland dies erfordern und die Sicherheit auf andere Weise gewährleistet ist.

§ 2 BetrSichV Begriffsbestimmungen

(1) Arbeitsmittel sind Werkzeuge, Geräte, Maschinen oder Anlagen, die für die Arbeit verwendet werden, sowie überwachungsbedürftige Anlagen.

(2) [1]Die Verwendung von Arbeitsmitteln umfasst jegliche Tätigkeit mit diesen. [2]Hierzu gehören insbesondere das Montieren und Installieren, Bedienen, An- oder Abschalten oder Einstellen, Gebrauchen, Betreiben, Instandhalten, Reinigen, Prüfen, Umbauen, Erproben, Demontieren, Transportieren und Überwachen.

---

[1] Verkündet als Art. 1 der VO v. 3.2.2015 (BGBl. I S. 49); Inkrafttreten gem. Art. 3 Satz 1 dieser VO am 1.6.2015.

(3) ¹Arbeitgeber ist, wer nach § 2 Absatz 3 des Arbeitsschutzgesetzes als solcher bestimmt ist. ²Dem Arbeitgeber steht gleich,
1. wer, ohne Arbeitgeber zu sein, zu gewerblichen oder wirtschaftlichen Zwecken eine überwachungsbedürftige Anlage verwendet, sowie
2. der Auftraggeber und der Zwischenmeister im Sinne des Heimarbeitsgesetzes.

(4) ¹Beschäftigte sind Personen, die nach § 2 Absatz 2 des Arbeitsschutzgesetzes als solche bestimmt sind. ²Den Beschäftigten stehen folgende Personen gleich, sofern sie Arbeitsmittel verwenden:
1. Schülerinnen und Schüler sowie Studierende,
2. in Heimarbeit Beschäftigte nach § 1 Absatz 1 des Heimarbeitsgesetzes sowie
3. sonstige Personen, insbesondere Personen, die in wissenschaftlichen Einrichtungen tätig sind.

(5) ¹Fachkundig ist, wer zur Ausübung einer in dieser Verordnung bestimmten Aufgabe über die erforderlichen Fachkenntnisse verfügt. ²Die Anforderungen an die Fachkunde sind abhängig von der jeweiligen Art der Aufgabe. ³Zu den Anforderungen zählen eine entsprechende Berufsausbildung, Berufserfahrung oder eine zeitnah ausgeübte entsprechende berufliche Tätigkeit. ⁴Die Fachkenntnisse sind durch Teilnahme an Schulungen auf aktuellem Stand zu halten.

(6) Zur Prüfung befähigte Person ist eine Person, die durch ihre Berufsausbildung, ihre Berufserfahrung und ihre zeitnahe berufliche Tätigkeit über die erforderlichen Kenntnisse zur Prüfung von Arbeitsmitteln verfügt; soweit hinsichtlich der Prüfung von Arbeitsmitteln in den Anhängen 2 und 3 weitergehende Anforderungen festgelegt sind, sind diese zu erfüllen.

(7) ¹Instandhaltung ist die Gesamtheit aller Maßnahmen zur Erhaltung des sicheren Zustands oder der Rückführung in diesen. ²Instandhaltung umfasst insbesondere Inspektion, Wartung und Instandsetzung.

(8) Prüfung ist die Ermittlung des Istzustands, der Vergleich des Istzustands mit dem Sollzustand sowie die Bewertung der Abweichung des Istzustands vom Sollzustand.

(9) ¹Prüfpflichtige Änderung ist jede Maßnahme, durch welche die Sicherheit eines Arbeitsmittels beeinflusst wird. ²Auch Instandsetzungsarbeiten können solche Maßnahmen sein.

(10) ¹Stand der Technik ist der Entwicklungsstand fortschrittlicher Verfahren, Einrichtungen oder Betriebsweisen, der die praktische Eignung einer Maßnahme oder Vorgehensweise zum Schutz der Gesundheit und zur Sicherheit der Beschäftigten oder anderer Personen gesichert erscheinen lässt. ²Bei der Bestimmung des Stands der Technik sind insbesondere vergleichbare Verfahren, Einrichtungen oder Betriebsweisen heranzuziehen, die mit Erfolg in der Praxis erprobt worden sind.

(11) Gefahrenbereich ist der Bereich innerhalb oder im Umkreis eines Arbeitsmittels, in dem die Sicherheit oder die Gesundheit von Beschäftigten und anderen Personen durch die Verwendung des Arbeitsmittels gefährdet ist.

(12) Errichtung umfasst die Montage und Installation am Verwendungsort.

(13) ¹Überwachungsbedürftige Anlagen sind Anlagen nach § 2 Nummer 30 Satz 1 des Produktsicherheitsgesetzes, soweit sie nach dieser Verordnung in Anhang 2 genannt oder nach § 18 Absatz 1 erlaubnispflichtig sind. ²Zu den überwachungsbedürftigen Anlagen gehören auch Mess-, Steuer- und Regeleinrichtungen, die dem sicheren Betrieb dieser überwachungsbedürftigen Anlagen dienen.

(14) Zugelassene Überwachungsstellen sind die in Anhang 2 Abschnitt 1 genannten Stellen.

(15) Andere Personen sind Personen, die nicht Beschäftigte oder Gleichgestellte nach Absatz 4 sind und sich im Gefahrenbereich einer überwachungsbedürftigen Anlage innerhalb oder außerhalb eines Betriebsgeländes befinden.

Abschnitt 2 Gefährdungsbeurteilung und Schutzmaßnahmen
§ 3 BetrSichV Gefährdungsbeurteilung

(1) ¹Der Arbeitgeber hat vor der Verwendung von Arbeitsmitteln die auftretenden Gefährdungen zu beurteilen (Gefährdungsbeurteilung) und daraus notwendige und geeignete Schutzmaßnahmen abzuleiten. ²Das Vorhandensein einer CE-Kennzeichnung am Arbeitsmittel entbindet nicht von der Pflicht zur Durchführung einer Gefährdungsbeurteilung. ³Für Aufzugsanlagen gilt Satz 1 nur, wenn sie von einem Arbeitgeber im Sinne des § 2 Absatz 3 Satz 1 verwendet werden.

(2) ¹In die Beurteilung sind alle Gefährdungen einzubeziehen, die bei der Verwendung von Arbeitsmitteln ausgehen, und zwar von
1. den Arbeitsmitteln selbst,
2. der Arbeitsumgebung und
3. den Arbeitsgegenständen, an denen Tätigkeiten mit Arbeitsmitteln durchgeführt werden.

²Bei der Gefährdungsbeurteilung ist insbesondere Folgendes zu berücksichtigen:
1. die Gebrauchstauglichkeit von Arbeitsmitteln einschließlich der ergonomischen, alters- und alternsgerechten Gestaltung,
2. die sicherheitsrelevanten einschließlich der ergonomischen Zusammenhänge zwischen Arbeitsplatz, Arbeitsmittel, Arbeitsverfahren, Arbeitsorganisation, Arbeitsablauf, Arbeitszeit und Arbeitsaufgabe,
3. die physischen und psychischen Belastungen der Beschäftigten, die bei der Verwendung von Arbeitsmitteln auftreten,
4. vorhersehbare Betriebsstörungen und die Gefährdung bei Maßnahmen zu deren Beseitigung.

(3) ¹Die Gefährdungsbeurteilung soll bereits vor der Auswahl und der Beschaffung der Arbeitsmittel begonnen werden. ²Dabei sind insbesondere die Eignung des Arbeitsmittels für die geplante Verwendung, die Arbeitsabläufe und die Arbeitsorganisation zu berücksichtigen. ³Die Gefährdungsbeurteilung darf nur von fachkundigen Personen durchgeführt werden. ⁴Verfügt der Arbeitgeber nicht selbst über die entsprechenden Kenntnisse, so hat er sich fachkundig beraten zu lassen.

(4) ¹Der Arbeitgeber hat sich die Informationen zu beschaffen, die für die Gefährdungsbeurteilung notwendig sind. ²Dies sind insbesondere die nach § 21 Absatz 4 Nummer 1 bekannt gegebenen Regeln und Erkenntnisse, Gebrauchs- und Betriebsanleitungen sowie die ihm zugänglichen Erkenntnisse aus der arbeitsmedizinischen Vorsorge. ³Der Arbeitgeber darf diese Informationen übernehmen, sofern sie auf die Arbeitsmittel, Arbeitsbedingungen und Verfahren in seinem Betrieb anwendbar sind. ⁴Bei der Informationsbeschaffung kann der Arbeitgeber davon ausgehen, dass die vom Hersteller des Arbeitsmittels mitgelieferten Informationen zutreffend sind, es sei denn, dass er über andere Erkenntnisse verfügt.

(5) Der Arbeitgeber kann bei der Festlegung der Schutzmaßnahmen bereits vorhandene Gefährdungsbeurteilungen, hierzu gehören auch gleichwertige Unterlagen, die ihm der Hersteller oder Inverkehrbringer mitgeliefert hat, übernehmen, sofern die Angaben und Festlegungen in dieser Gefährdungsbeurteilung den Arbeitsmitteln einschließlich der Arbeitsbedingungen und -verfahren, im eigenen Betrieb entsprechen.

(6) ¹Der Arbeitgeber hat Art und Umfang erforderlicher Prüfungen von Arbeitsmitteln sowie die Fristen von wiederkehrenden Prüfungen nach den §§ 14 und 16 zu ermitteln und festzulegen, soweit diese Verordnung nicht bereits entsprechende Vorgaben enthält. ²Satz 1 gilt auch für Aufzugsanlagen. ³Die Fristen für die wiederkehrenden Prüfungen sind so festzulegen, dass die Arbeitsmittel bis zur nächsten festgelegten Prüfung sicher verwendet werden können. ⁴Bei der Festlegung der Fristen für die wiederkehrenden Prüfungen nach § 14 Absatz 4 dürfen die in Anhang 3 Abschnitt 1 Nummer 3, Abschnitt 2 Nummer 4.1 Tabelle 1 und Abschnitt 3 Nummer 3.2 Tabelle 1 genannten

Höchstfristen nicht überschritten werden. ⁵Bei der Festlegung der Fristen für die wiederkehrenden Prüfungen nach § 16 dürfen die in Anhang 2 Abschnitt 2 Nummer 4.1 und 4.3, Abschnitt 3 Nummer 5.1 bis 5.3 und Abschnitt 4 Nummer 5.8 in Verbindung mit Tabelle 1 genannten Höchstfristen nicht überschritten werden, es sei denn, dass in den genannten Anhängen etwas anderes bestimmt ist. ⁶Ferner hat der Arbeitgeber zu ermitteln und festzulegen, welche Voraussetzungen die zur Prüfung befähigten Personen erfüllen müssen, die von ihm mit den Prüfungen von Arbeitsmitteln nach den §§ 14, 15 und 16 zu beauftragen sind.

(7) ¹Die Gefährdungsbeurteilung ist regelmäßig zu überprüfen. ²Dabei ist der Stand der Technik zu berücksichtigen. ³Soweit erforderlich, sind die Schutzmaßnahmen bei der Verwendung von Arbeitsmitteln entsprechend anzupassen. ⁴Der Arbeitgeber hat die Gefährdungsbeurteilung unverzüglich zu aktualisieren, wenn
1. sicherheitsrelevante Veränderungen der Arbeitsbedingungen einschließlich der Änderung von Arbeitsmitteln dies erfordern,
2. neue Informationen, insbesondere Erkenntnisse aus dem Unfallgeschehen oder aus der arbeitsmedizinischen Vorsorge, vorliegen oder
3. die Prüfung der Wirksamkeit der Schutzmaßnahmen nach § 4 Absatz 5 ergeben hat, dass die festgelegten Schutzmaßnahmen nicht wirksam oder nicht ausreichend sind.

⁵Ergibt die Überprüfung der Gefährdungsbeurteilung, dass keine Aktualisierung erforderlich ist, so hat der Arbeitgeber dies unter Angabe des Datums der Überprüfung in der Dokumentation nach Absatz 8 zu vermerken.

(8) ¹Der Arbeitgeber hat das Ergebnis seiner Gefährdungsbeurteilung vor der erstmaligen Verwendung der Arbeitsmittel zu dokumentieren. ²Dabei sind mindestens anzugeben
1. die Gefährdungen, die bei der Verwendung der Arbeitsmittel auftreten,
2. die zu ergreifenden Schutzmaßnahmen,
3. wie die Anforderungen dieser Verordnung eingehalten werden, wenn von den nach § 21 Absatz 4 Nummer 1 bekannt gegebenen Regeln und Erkenntnissen abgewichen wird,
4. Art und Umfang der erforderlichen Prüfungen sowie die Fristen der wiederkehrenden Prüfungen (Absatz 6 Satz 1) und
5. das Ergebnis der Überprüfung der Wirksamkeit der Schutzmaßnahmen nach § 4 Absatz 5.

³Die Dokumentation kann auch in elektronischer Form vorgenommen werden.

(9) Sofern der Arbeitgeber von § 7 Absatz 1 Gebrauch macht und die Gefährdungsbeurteilung ergibt, dass die Voraussetzungen nach § 7 Absatz 1 vorliegen, ist eine Dokumentation dieser Voraussetzungen und der gegebenenfalls getroffenen Schutzmaßnahmen ausreichend.

§ 4 BetrSichV Grundpflichten des Arbeitgebers

(1) Arbeitsmittel dürfen erst verwendet werden, nachdem der Arbeitgeber
1. eine Gefährdungsbeurteilung durchgeführt hat,
2. die dabei ermittelten Schutzmaßnahmen nach dem Stand der Technik getroffen hat und
3. festgestellt hat, dass die Verwendung der Arbeitsmittel nach dem Stand der Technik sicher ist.

(2) ¹Ergibt sich aus der Gefährdungsbeurteilung, dass Gefährdungen durch technische Schutzmaßnahmen nach dem Stand der Technik nicht oder nur unzureichend vermieden werden können, hat der Arbeitgeber geeignete organisatorische und personenbezogene Schutzmaßnahmen zu treffen. ²Technische Schutzmaßnahmen haben Vorrang vor organisatorischen, diese haben wiederum Vorrang vor personenbezogenen Schutzmaß-

nahmen. ³Die Verwendung persönlicher Schutzausrüstung ist für jeden Beschäftigten auf das erforderliche Minimum zu beschränken.

(3) ¹Bei der Festlegung der Schutzmaßnahmen hat der Arbeitgeber die Vorschriften dieser Verordnung einschließlich der Anhänge zu beachten und die nach § 21 Absatz 4 Nummer 1 bekannt gegebenen Regeln und Erkenntnisse zu berücksichtigen. ²Bei Einhaltung dieser Regeln und Erkenntnisse ist davon auszugehen, dass die in dieser Verordnung gestellten Anforderungen erfüllt sind. ³Von den Regeln und Erkenntnissen kann abgewichen werden, wenn Sicherheit und Gesundheit durch andere Maßnahmen zumindest in vergleichbarer Weise gewährleistet werden.

(4) Der Arbeitgeber hat dafür zu sorgen, dass Arbeitsmittel, für die in § 14 und im Abschnitt 3 dieser Verordnung Prüfungen vorgeschrieben sind, nur verwendet werden, wenn diese Prüfungen durchgeführt und dokumentiert wurden.

(5) ¹Der Arbeitgeber hat die Wirksamkeit der Schutzmaßnahmen vor der erstmaligen Verwendung der Arbeitsmittel zu überprüfen. ²Satz 1 gilt nicht, soweit entsprechende Prüfungen nach § 14 oder § 15 durchgeführt wurden. ³Der Arbeitgeber hat weiterhin dafür zu sorgen, dass Arbeitsmittel vor ihrer jeweiligen Verwendung durch Inaugenscheinnahme und erforderlichenfalls durch eine Funktionskontrolle auf offensichtliche Mängel kontrolliert werden und Schutz- und Sicherheitseinrichtungen einer regelmäßigen Funktionskontrolle unterzogen werden. ⁴Satz 3 gilt auch bei Arbeitsmitteln, für die wiederkehrende Prüfungen nach § 14 oder § 16 vorgeschrieben sind.

(6) ¹Der Arbeitgeber hat die Belange des Arbeitsschutzes in Bezug auf die Verwendung von Arbeitsmitteln angemessen in seine betriebliche Organisation einzubinden und hierfür die erforderlichen personellen, finanziellen und organisatorischen Voraussetzungen zu schaffen. ²Insbesondere hat er dafür zu sorgen, dass bei der Gestaltung der Arbeitsorganisation, des Arbeitsverfahrens und des Arbeitsplatzes sowie bei der Auswahl und beim Zur-Verfügung-Stellen der Arbeitsmittel alle mit der Sicherheit und Gesundheit der Beschäftigten zusammenhängenden Faktoren, einschließlich der psychischen, ausreichend berücksichtigt werden.

§ 5 BetrSichV Anforderungen an die zur Verfügung gestellten Arbeitsmittel

(1) ¹Der Arbeitgeber darf nur solche Arbeitsmittel zur Verfügung stellen und verwenden lassen, die unter Berücksichtigung der vorgesehenen Einsatzbedingungen bei der Verwendung sicher sind. ²Die Arbeitsmittel müssen
1. für die Art der auszuführenden Arbeiten geeignet sein,
2. den gegebenen Einsatzbedingungen und den vorhersehbaren Beanspruchungen angepasst sein und
3. über die erforderlichen sicherheitsrelevanten Ausrüstungen verfügen,

sodass eine Gefährdung durch ihre Verwendung so gering wie möglich gehalten wird. ³Kann durch Maßnahmen nach den Sätzen 1 und 2 die Sicherheit und Gesundheit nicht gewährleistet werden, so hat der Arbeitgeber andere geeignete Schutzmaßnahmen zu treffen, um die Gefährdung so weit wie möglich zu reduzieren.

(2) Der Arbeitgeber darf Arbeitsmittel nicht zur Verfügung stellen und verwenden lassen, wenn sie Mängel aufweisen, welche die sichere Verwendung beeinträchtigen.

(3) ¹Der Arbeitgeber darf nur solche Arbeitsmittel zur Verfügung stellen und verwenden lassen, die den für sie geltenden Rechtsvorschriften über Sicherheit und Gesundheitsschutz entsprechen. ²Zu diesen Rechtsvorschriften gehören neben den Vorschriften dieser Verordnung insbesondere Rechtsvorschriften, mit denen Gemeinschaftsrichtlinien in deutsches Recht umgesetzt wurden und die für die Arbeitsmittel zum Zeitpunkt des Bereitstellens auf dem Markt gelten. ³Arbeitsmittel, die der Arbeitgeber für eigene Zwecke selbst hergestellt hat, müssen den grundlegenden Sicherheitsanforderungen der anzuwendenden Gemeinschaftsrichtlinien entsprechen. ⁴Den formalen Anforderungen dieser Richtlinien brauchen sie nicht zu entsprechen, es sei denn, es ist in der jeweiligen Richtlinie ausdrücklich anders bestimmt.

(4) Der Arbeitgeber hat dafür zu sorgen, dass Beschäftigte nur die Arbeitsmittel verwenden, die er ihnen zur Verfügung gestellt hat oder deren Verwendung er ihnen ausdrücklich gestattet hat.

§ 6 BetrSichV Grundlegende Schutzmaßnahmen bei der Verwendung von Arbeitsmitteln

(1) ¹Der Arbeitgeber hat dafür zu sorgen, dass die Arbeitsmittel sicher verwendet und dabei die Grundsätze der Ergonomie beachtet werden. ²Dabei ist Anhang 1 zu beachten. ³Die Verwendung der Arbeitsmittel ist so zu gestalten und zu organisieren, dass Belastungen und Fehlbeanspruchungen, die die Gesundheit und die Sicherheit der Beschäftigten gefährden können, vermieden oder, wenn dies nicht möglich ist, auf ein Mindestmaß reduziert werden. ⁴Der Arbeitgeber hat darauf zu achten, dass die Beschäftigten in der Lage sind, die Arbeitsmittel zu verwenden, ohne sich oder andere Personen zu gefährden. ⁵Insbesondere sind folgende Grundsätze einer menschengerechten Gestaltung der Arbeit zu berücksichtigen:
1. die Arbeitsmittel einschließlich ihrer Schnittstelle zum Menschen müssen an die körperlichen Eigenschaften und die Kompetenz der Beschäftigten angepasst sein sowie biomechanische Belastungen bei der Verwendung vermieden sein. Zu berücksichtigen sind hierbei die Arbeitsumgebung, die Lage der Zugriffstellen und des Schwerpunktes des Arbeitsmittels, die erforderliche Körperhaltung, die Körperbewegung, die Entfernung zum Körper, die benötigte persönliche Schutzausrüstung sowie die psychische Belastung der Beschäftigten,
2. die Beschäftigten müssen über einen ausreichenden Bewegungsfreiraum verfügen,
3. es sind ein Arbeitstempo und ein Arbeitsrhythmus zu vermeiden, die zu Gefährdungen der Beschäftigten führen können,
4. es sind Bedien- und Überwachungstätigkeiten zu vermeiden, die eine uneingeschränkte und dauernde Aufmerksamkeit erfordern.

(2) ¹Der Arbeitgeber hat dafür zu sorgen, dass vorhandene Schutzeinrichtungen und zur Verfügung gestellte persönliche Schutzausrüstungen verwendet werden, dass erforderliche Schutz- oder Sicherheitseinrichtungen funktionsfähig sind und nicht auf einfache Weise manipuliert oder umgangen werden. ²Der Arbeitgeber hat ferner durch geeignete Maßnahmen dafür zu sorgen, dass Beschäftigte bei der Verwendung der Arbeitsmittel die nach § 12 erhaltenen Informationen sowie Kennzeichnungen und Gefahrenhinweise beachten.

(3) ¹Der Arbeitgeber hat dafür zu sorgen, dass
1. die Errichtung von Arbeitsmitteln, der Auf- und Abbau, die Erprobung sowie die Instandhaltung und Prüfung von Arbeitsmitteln unter Berücksichtigung der sicherheitsrelevanten Aufstellungs- und Umgebungsbedingungen nach dem Stand der Technik erfolgen und sicher durchgeführt werden,
2. erforderliche Sicherheits- und Schutzabstände eingehalten werden und
3. alle verwendeten oder erzeugten Energieformen und Materialien sicher zu- und abgeführt werden können.

²Werden Arbeitsmittel im Freien verwendet, hat der Arbeitgeber dafür zu sorgen, dass die sichere Verwendung der Arbeitsmittel ungeachtet der Witterungsverhältnisse stets gewährleistet ist.

§ 7 BetrSichV Vereinfachte Vorgehensweise bei der Verwendung von Arbeitsmitteln

(1) Der Arbeitgeber kann auf weitere Maßnahmen nach den §§ 8 und 9 verzichten, wenn sich aus der Gefährdungsbeurteilung ergibt, dass

1. die Arbeitsmittel mindestens den sicherheitstechnischen Anforderungen der für sie zum Zeitpunkt der Verwendung geltenden Rechtsvorschriften zum Bereitstellen von Arbeitsmitteln auf dem Markt entsprechen,
2. die Arbeitsmittel ausschließlich bestimmungsgemäß entsprechend den Vorgaben des Herstellers verwendet werden,
3. keine zusätzlichen Gefährdungen der Beschäftigten unter Berücksichtigung der Arbeitsumgebung, der Arbeitsgegenstände, der Arbeitsabläufe sowie der Dauer und der zeitlichen Lage der Arbeitszeit auftreten und
4. Instandhaltungsmaßnahmen nach § 10 getroffen und Prüfungen nach § 14 durchgeführt werden.

(2) Absatz 1 gilt nicht für überwachungsbedürftige Anlagen und die in Anhang 3 genannten Arbeitsmittel.

§ 8 BetrSichV Schutzmaßnahmen bei Gefährdungen durch Energien, Ingangsetzen und Stillsetzen

(1) ¹Der Arbeitgeber darf nur solche Arbeitsmittel verwenden lassen, die gegen Gefährdungen ausgelegt sind durch
1. die von ihnen ausgehenden oder verwendeten Energien,
2. direktes oder indirektes Berühren von Teilen, die unter elektrischer Spannung stehen, oder
3. Störungen ihrer Energieversorgung.

²Die Arbeitsmittel müssen ferner so gestaltet sein, dass eine gefährliche elektrostatische Auflladung vermieden oder begrenzt wird. ³Ist dies nicht möglich, müssen sie mit Einrichtungen zum Ableiten solcher Aufladungen ausgestattet sein.

(2) Der Arbeitgeber hat dafür zu sorgen, dass Arbeitsmittel mit den sicherheitstechnisch erforderlichen Mess-, Steuer- und Regeleinrichtungen ausgestattet sind, damit sie sicher und zuverlässig verwendet werden können.

(3) Befehlseinrichtungen, die Einfluss auf die sichere Verwendung der Arbeitsmittel haben, müssen insbesondere
1. als solche deutlich erkennbar, außerhalb des Gefahrenbereichs angeordnet und leicht und ohne Gefährdung erreichbar sein; ihre Betätigung darf zu keiner zusätzlichen Gefährdung führen,
2. sicher beschaffen und auf vorhersehbare Störungen, Beanspruchungen und Zwänge ausgelegt sein,
3. gegen unbeabsichtigtes oder unbefugtes Betätigen gesichert sein.

(4) ¹Arbeitsmittel dürfen nur absichtlich in Gang gesetzt werden können. ²Soweit erforderlich, muss das Ingangsetzen sicher verhindert werden können oder müssen sich die Beschäftigten Gefährdungen durch das in Gang gesetzte Arbeitsmittel rechtzeitig entziehen können. ³Hierbei und bei Änderungen des Betriebszustands muss auch die Sicherheit im Gefahrenbereich durch geeignete Maßnahmen gewährleistet werden.

(5) ¹Vom Standort der Bedienung des Arbeitsmittels aus muss dieses als Ganzes oder in Teilen so stillgesetzt und von jeder einzelnen Energiequelle dauerhaft sicher getrennt werden können, dass ein sicherer Zustand gewährleistet ist. ²Die hierfür vorgesehenen Befehlseinrichtungen müssen leicht und ungehindert erreichbar und deutlich erkennbar gekennzeichnet sein. ³Der Befehl zum Stillsetzen eines Arbeitsmittels muss gegenüber dem Befehl zum Ingangsetzen Vorrang haben. ⁴Können bei Arbeitsmitteln, die über Systeme mit Speicherwirkung verfügen, nach dem Trennen von jeder Energiequelle nach Satz 1 noch Energien gespeichert sein, so müssen Einrichtungen vorhanden sein, mit denen diese Systeme energiefrei gemacht werden können. ⁵Diese Einrichtungen müssen gekennzeichnet sein. ⁶Ist ein vollständiges Energiefreimachen nicht möglich, müssen an den Arbeitsmitteln entsprechende Gefahrenhinweise vorhanden sein.

(6) ¹Kraftbetriebene Arbeitsmittel müssen mit einer schnell erreichbaren und auffällig gekennzeichneten Notbefehlseinrichtung zum sicheren Stillsetzen des gesamten Arbeitsmittels ausgerüstet sein, mit der Gefahr bringende Bewegungen oder Prozesse ohne zusätzliche Gefährdungen unverzüglich stillgesetzt werden können. ²Auf eine Notbefehlseinrichtung kann verzichtet werden, wenn sie die Gefährdung nicht mindern würde; in diesem Fall ist die Sicherheit auf andere Weise zu gewährleisten. ³Vom jeweiligen Bedienungsort des Arbeitsmittels aus muss feststellbar sein, ob sich Personen oder Hindernisse im Gefahrenbereich befinden, oder dem Ingangsetzen muss ein automatisch ansprechendes Sicherheitssystem vorgeschaltet sein, das das Ingangsetzen verhindert, solange sich Beschäftigte im Gefahrenbereich aufhalten. ⁴Ist dies nicht möglich, müssen ausreichende Möglichkeiten zur Verständigung und Warnung vor dem Ingangsetzen vorhanden sein. ⁵Soweit erforderlich, muss das Ingangsetzen sicher verhindert werden können, oder die Beschäftigten müssen sich Gefährdungen durch das in Gang gesetzte Arbeitsmittel rechtzeitig entziehen können.

§ 9 BetrSichV Weitere Schutzmaßnahmen bei der Verwendung von Arbeitsmitteln

(1) ¹Der Arbeitgeber hat dafür zu sorgen, dass Arbeitsmittel unter Berücksichtigung der zu erwartenden Betriebsbedingungen so verwendet werden, dass Beschäftigte gegen vorhersehbare Gefährdungen ausreichend geschützt sind. ²Insbesondere müssen
1. Arbeitsmittel ausreichend standsicher sein und, falls erforderlich, gegen unbeabsichtigte Positions- und Lageänderungen stabilisiert werden,
2. Arbeitsmittel mit den erforderlichen sicherheitstechnischen Ausrüstungen versehen sein,
3. Arbeitsmittel, ihre Teile und die Verbindungen untereinander den Belastungen aus inneren und äußeren Kräften standhalten,
4. Schutzeinrichtungen bei Splitter- oder Bruchgefahr sowie gegen herabfallende oder herausschleudernde Gegenstände vorhanden sein,
5. sichere Zugänge zu Arbeitsplätzen an und in Arbeitsmitteln gewährleistet und ein gefahrloser Aufenthalt dort möglich sein,
6. Schutzmaßnahmen getroffen werden, die sowohl einen Absturz von Beschäftigten als auch von Arbeitsmitteln sicher verhindern,
7. Maßnahmen getroffen werden, damit Personen nicht unbeabsichtigt in Arbeitsmitteln eingeschlossen werden; im Notfall müssen eingeschlossene Personen aus Arbeitsmitteln in angemessener Zeit befreit werden können,
8. Schutzmaßnahmen gegen Gefährdungen durch bewegliche Teile von Arbeitsmitteln und gegen Blockaden solcher Teile getroffen werden; hierzu gehören auch Maßnahmen, die den unbeabsichtigten Zugang zum Gefahrenbereich von beweglichen Teilen von Arbeitsmitteln verhindern oder die bewegliche Teile vor dem Erreichen des Gefahrenbereichs stillsetzen,
9. Maßnahmen getroffen werden, die verhindern, dass die sichere Verwendung der Arbeitsmittel durch äußere Einwirkungen beeinträchtigt wird,
10. Leitungen so verlegt sein, dass Gefährdungen vermieden werden, und
11. Maßnahmen getroffen werden, die verhindern, dass außer Betrieb gesetzte Arbeitsmittel zu Gefährdungen führen.

(2) Der Arbeitgeber hat Schutzmaßnahmen gegen Gefährdungen durch heiße oder kalte Teile, scharfe Ecken und Kanten und raue Oberflächen von Arbeitsmitteln zu treffen.

(3) Der Arbeitgeber hat weiterhin dafür zu sorgen, dass Schutzeinrichtungen
1. einen ausreichenden Schutz gegen Gefährdungen bieten,
2. stabil gebaut sind,
3. sicher in Position gehalten werden,

4. die Eingriffe, die für den Einbau oder den Austausch von Teilen sowie für Instandhaltungsarbeiten erforderlich sind, möglichst ohne Demontage der Schutzeinrichtungen zulassen,
5. keine zusätzlichen Gefährdungen verursachen,
6. nicht auf einfache Weise umgangen oder unwirksam gemacht werden können und
7. die Beobachtung und Durchführung des Arbeitszyklus nicht mehr als notwendig einschränken.

(4) ¹Werden Arbeitsmittel in Bereichen mit gefährlicher explosionsfähiger Atmosphäre verwendet oder kommt es durch deren Verwendung zur Bildung gefährlicher explosionsfähiger Atmosphäre, müssen unter Beachtung der Gefahrstoffverordnung die erforderlichen Schutzmaßnahmen getroffen werden, insbesondere sind die für die jeweilige Zone geeigneten Geräte und Schutzsysteme im Sinne der Richtlinie 2014/34/EU des Europäischen Parlaments und des Rates vom 26. Februar 2014 zur Harmonisierung der Rechtsvorschriften der Mitgliedstaaten für Geräte und Schutzsysteme zur bestimmungsgemäßen Verwendung in explosionsgefährdeten Bereichen (ABl. L 96 vom 29.3.2014, S. 309) einzusetzen. ²Diese Schutzmaßnahmen sind vor der erstmaligen Verwendung der Arbeitsmittel im Explosionsschutzdokument nach § 6 Absatz 9 der Gefahrstoffverordnung zu dokumentieren.

(5) Soweit nach der Gefährdungsbeurteilung erforderlich, müssen an Arbeitsmitteln oder in deren Gefahrenbereich ausreichende, verständliche und gut wahrnehmbare Sicherheitskennzeichnungen und Gefahrenhinweise sowie Einrichtungen zur angemessenen, unmissverständlichen und leicht wahrnehmbaren Warnung im Gefahrenfall vorhanden sein.

§ 10 BetrSichV Instandhaltung und Änderung von Arbeitsmitteln

(1) ¹Der Arbeitgeber hat Instandhaltungsmaßnahmen zu treffen, damit die Arbeitsmittel während der gesamten Verwendungsdauer den für sie geltenden Sicherheits- und Gesundheitsschutzanforderungen entsprechen und in einem sicheren Zustand erhalten werden. ²Dabei sind die Angaben des Herstellers zu berücksichtigen. ³Notwendige Instandhaltungsmaßnahmen nach Satz 1 sind unverzüglich durchzuführen und die dabei erforderlichen Schutzmaßnahmen zu treffen.

(2) ¹Der Arbeitgeber hat Instandhaltungsmaßnahmen auf der Grundlage einer Gefährdungsbeurteilung sicher durchführen zu lassen und dabei die Betriebsanleitung des Herstellers zu berücksichtigen. ²Instandhaltungsmaßnahmen dürfen nur von fachkundigen, beauftragten und unterwiesenen Beschäftigten oder von sonstigen für die Durchführung der Instandhaltungsarbeiten geeigneten Auftragnehmern mit vergleichbarer Qualifikation durchgeführt werden.

(3) ¹Der Arbeitgeber hat alle erforderlichen Maßnahmen zu treffen, damit Instandhaltungsarbeiten sicher durchgeführt werden können. ²Dabei hat er insbesondere
1. die Verantwortlichkeiten für die Durchführung der erforderlichen Sicherungsmaßnahmen festzulegen,
2. eine ausreichende Kommunikation zwischen Bedien- und Instandhaltungspersonal sicherzustellen,
3. den Arbeitsbereich während der Instandhaltungsarbeiten abzusichern,
4. das Betreten des Arbeitsbereichs durch Unbefugte zu verhindern, soweit das nach der Gefährdungsbeurteilung erforderlich ist,
5. sichere Zugänge für das Instandhaltungspersonal vorzusehen,
6. Gefährdungen durch bewegte oder angehobene Arbeitsmittel oder deren Teile sowie durch gefährliche Energien oder Stoffe zu vermeiden,
7. dafür zu sorgen, dass Einrichtungen vorhanden sind, mit denen Energien beseitigt werden können, die nach einer Trennung des instand zu haltenden Arbeitsmittels von Energiequellen noch gespeichert sind; diese Einrichtungen sind entsprechend zu kennzeichnen,

8. sichere Arbeitsverfahren für solche Arbeitsbedingungen festzulegen, die vom Normalzustand abweichen,
9. erforderliche Warn- und Gefahrenhinweise bezogen auf Instandhaltungsarbeiten an den Arbeitsmitteln zur Verfügung zu stellen,
10. dafür zu sorgen, dass nur geeignete Geräte und Werkzeuge und eine geeignete persönliche Schutzausrüstung verwendet werden,
11. bei Auftreten oder Bildung gefährlicher explosionsfähiger Atmosphäre Schutzmaßnahmen entsprechend § 9 Absatz 4 Satz 1 zu treffen,
12. Systeme für die Freigabe bestimmter Arbeiten anzuwenden.

(4) Werden bei Instandhaltungsmaßnahmen an Arbeitsmitteln die für den Normalbetrieb getroffenen technischen Schutzmaßnahmen ganz oder teilweise außer Betrieb gesetzt oder müssen solche Arbeiten unter Gefährdung durch Energie durchgeführt werden, so ist die Sicherheit der Beschäftigten während der Dauer dieser Arbeiten durch andere geeignete Maßnahmen zu gewährleisten.

(5) [1]Werden Änderungen an Arbeitsmitteln durchgeführt, gelten die Absätze 1 bis 3 entsprechend. [2]Der Arbeitgeber hat sicherzustellen, dass die geänderten Arbeitsmittel die Sicherheits- und Gesundheitsschutzanforderungen nach § 5 Absatz 1 und 2 erfüllen. [3]Bei Änderungen von Arbeitsmitteln hat der Arbeitgeber zu beurteilen, ob es sich um prüfpflichtige Änderungen handelt. [4]Er hat auch zu beurteilen, ob er bei den Änderungen von Arbeitsmitteln Herstellerpflichten zu beachten hat, die sich aus anderen Rechtsvorschriften, insbesondere dem Produktsicherheitsgesetz oder einer Verordnung nach § 8 Absatz 1 des Produktsicherheitsgesetzes ergeben.

§ 11 BetrSichV Besondere Betriebszustände, Betriebsstörungen und Unfälle

(1) [1]Der Arbeitgeber hat Maßnahmen zu ergreifen, durch die unzulässige oder instabile Betriebszustände von Arbeitsmitteln verhindert werden. [2]Können instabile Zustände nicht sicher verhindert werden, hat der Arbeitgeber Maßnahmen zu ihrer Beherrschung zu treffen. [3]Die Sätze 1 und 2 gelten insbesondere für An- und Abfahr- sowie Erprobungsvorgänge.

(2) [1]Der Arbeitgeber hat dafür zu sorgen, dass Beschäftigte und andere Personen bei einem Unfall oder bei einem Notfall unverzüglich gerettet und ärztlich versorgt werden können. [2]Dies schließt die Bereitstellung geeigneter Zugänge zu den Arbeitsmitteln und in diese sowie die Bereitstellung erforderlicher Befestigungsmöglichkeiten für Rettungseinrichtungen an und in den Arbeitsmitteln ein. [3]Im Notfall müssen Zugangssperren gefahrlos selbsttätig in einen sicheren Bereich öffnen. [4]Ist dies nicht möglich, müssen Zugangssperren über eine Notentriegelung leicht zu öffnen sein, wobei an der Notentriegelung und an der Zugangssperre auf die noch bestehenden Gefahren besonders hingewiesen werden muss. [5]Besteht die Möglichkeit, in ein Arbeitsmittel eingezogen zu werden, muss die Rettung eingezogener Personen möglich sein.

(3) [1]Der Arbeitgeber hat dafür zu sorgen, dass die notwendigen Informationen über Maßnahmen bei Notfällen zur Verfügung stehen. [2]Die Informationen müssen auch Rettungsdiensten zur Verfügung stehen, soweit sie für Rettungseinsätze benötigt werden. [3]Zu den Informationen zählen:

1. eine Vorabmitteilung über einschlägige Gefährdungen bei der Arbeit, über Maßnahmen zur Feststellung von Gefährdungen sowie über Vorsichtsmaßregeln und Verfahren, damit die Rettungsdienste ihre eigenen Abhilfe- und Sicherheitsmaßnahmen vorbereiten können,
2. Informationen über einschlägige und spezifische Gefährdungen, die bei einem Unfall oder Notfall auftreten können, einschließlich der Informationen über die Maßnahmen nach den Absätzen 1 und 2.

[4]Treten durch besondere Betriebszustände oder Betriebsstörungen Gefährdungen auf, hat der Arbeitgeber dafür zu sorgen, dass dies durch Warneinrichtungen angezeigt wird.

(4) ¹Werden bei Rüst-, Einrichtungs- und Erprobungsarbeiten oder vergleichbaren Arbeiten an Arbeitsmitteln die für den Normalbetrieb getroffenen technischen Schutzmaßnahmen ganz oder teilweise außer Betrieb gesetzt oder müssen solche Arbeiten unter Gefährdung durch Energie durchgeführt werden, so ist die Sicherheit der Beschäftigten während der Dauer dieser Arbeiten durch andere geeignete Maßnahmen zu gewährleisten. ²Die Arbeiten nach Satz 1 dürfen nur von fachkundigen Personen durchgeführt werden.

(5) ¹Insbesondere bei Rüst- und Einrichtungsarbeiten, der Erprobung und der Prüfung von Arbeitsmitteln sowie bei der Fehlersuche sind Gefahrenbereiche festzulegen. ²Ist ein Aufenthalt im Gefahrenbereich von Arbeitsmitteln erforderlich, sind auf der Grundlage der Gefährdungsbeurteilung weitere Maßnahmen zu treffen, welche die Sicherheit der Beschäftigten gewährleisten.

§ 12 BetrSichV Unterweisung und besondere Beauftragung von Beschäftigten

(1) ¹Bevor Beschäftigte Arbeitsmittel erstmalig verwenden, hat der Arbeitgeber ihnen ausreichende und angemessene Informationen anhand der Gefährdungsbeurteilung in einer für die Beschäftigten verständlichen Form und Sprache zur Verfügung zu stellen über
1. vorhandene Gefährdungen bei der Verwendung von Arbeitsmitteln einschließlich damit verbundener Gefährdungen durch die Arbeitsumgebung,
2. erforderliche Schutzmaßnahmen und Verhaltensregelungen und
3. Maßnahmen bei Betriebsstörungen, Unfällen und zur Ersten Hilfe bei Notfällen.

²Der Arbeitgeber hat die Beschäftigten vor Aufnahme der Verwendung von Arbeitsmitteln tätigkeitsbezogen anhand der Informationen nach Satz 1 zu unterweisen. ³Danach hat er in regelmäßigen Abständen, mindestens jedoch einmal jährlich, weitere Unterweisungen durchzuführen. ⁴Das Datum einer jeden Unterweisung und die Namen der Unterwiesenen ist er schriftlich festzuhalten.

(2) ¹Bevor Beschäftigte Arbeitsmittel erstmalig verwenden, hat der Arbeitgeber ihnen eine schriftliche Betriebsanweisung für die Verwendung des Arbeitsmittels in einer für die Beschäftigten verständlichen Form und Sprache an geeigneter Stelle zur Verfügung zu stellen. ²Satz 1 gilt nicht für Arbeitsmittel, für die keine Gebrauchsanleitung nach § 3 Absatz 4 des Produktsicherheitsgesetzes mitgeliefert werden muss. ³Anstelle einer Betriebsanweisung kann der Arbeitgeber auch eine bei der Bereitstellung des Arbeitsmittels auf dem Markt mitgelieferte Gebrauchsanleitung oder Betriebsanleitung zur Verfügung stellen, wenn diese Informationen enthalten, die einer Betriebsanweisung entsprechen. ⁴Die Betriebsanweisung ist bei sicherheitsrelevanten Änderungen der Arbeitsbedingungen zu aktualisieren und bei der regelmäßig wiederkehrenden Unterweisung nach § 12 des Arbeitsschutzgesetzes in Bezug zu nehmen.

(3) Ist die Verwendung von Arbeitsmitteln mit besonderen Gefährdungen verbunden, hat der Arbeitgeber dafür zu sorgen, dass diese nur von hierzu beauftragten Beschäftigten verwendet werden.

§ 13 BetrSichV Zusammenarbeit verschiedener Arbeitgeber

(1) ¹Beabsichtigt der Arbeitgeber, in seinem Betrieb Arbeiten durch eine betriebsfremde Person (Auftragnehmer) durchführen zu lassen, so darf er dafür nur solche Auftragnehmer heranziehen, die über die für die geplanten Arbeiten erforderliche Fachkunde verfügen. ²Der Arbeitgeber als Auftraggeber hat den Auftragnehmer, die ihrerseits Arbeitgeber sind, über die von seinen Arbeitsmitteln ausgehenden Gefährdungen und über spezifische Verhaltensregeln zu informieren. ³Der Auftragnehmer hat den Auftraggeber und andere Arbeitgeber über Gefährdungen durch seine Arbeiten für Beschäftigte des Auftraggebers und anderer Arbeitgeber zu informieren.

(2) ¹Kann eine Gefährdung von Beschäftigten anderer Arbeitgeber nicht ausgeschlossen werden, so haben alle betroffenen Arbeitgeber bei ihren Gefährdungsbeurteilungen zusammenzuwirken und die Schutzmaßnahmen so abzustimmen und durchzuführen, dass diese wirksam sind. ²Jeder Arbeitgeber ist dafür verantwortlich, dass seine Beschäftigten die gemeinsam festgelegten Schutzmaßnahmen anwenden.

(3) ¹Besteht bei der Verwendung von Arbeitsmitteln eine erhöhte Gefährdung von Beschäftigten anderer Arbeitgeber, ist für die Abstimmung der jeweils erforderlichen Schutzmaßnahmen durch die beteiligten Arbeitgeber ein Koordinator/eine Koordinatorin schriftlich zu bestellen. ²Sofern aufgrund anderer Arbeitsschutzvorschriften bereits ein Koordinator/eine Koordinatorin bestellt ist, kann dieser/diese auch die Koordinationsaufgaben nach dieser Verordnung übernehmen. ³Dem Koordinator/der Koordinatorin sind von den beteiligten Arbeitgebern alle erforderlichen sicherheitsrelevanten Informationen sowie Informationen zu den festgelegten Schutzmaßnahmen zur Verfügung zu stellen. ⁴Die Bestellung eines Koordinators/einer Koordinatorin entbindet die Arbeitgeber nicht von ihrer Verantwortung nach dieser Verordnung.

§ 14 BetrSichV Prüfung von Arbeitsmitteln

(1) ¹Der Arbeitgeber hat Arbeitsmittel, deren Sicherheit von den Montagebedingungen abhängt, vor der erstmaligen Verwendung von einer zur Prüfung befähigten Person prüfen zu lassen. ²Die Prüfung umfasst Folgendes:
1. die Kontrolle der vorschriftsmäßigen Montage oder Installation und der sicheren Funktion dieser Arbeitsmittel,
2. die rechtzeitige Feststellung von Schäden,
3. die Feststellung, ob die getroffenen sicherheitstechnischen Maßnahmen wirksam sind.

³Prüfinhalte, die im Rahmen eines Konformitätsbewertungsverfahrens geprüft und dokumentiert wurden, müssen nicht erneut geprüft werden. ⁴Die Prüfung muss vor jeder Inbetriebnahme nach einer Montage stattfinden.

(2) ¹Arbeitsmittel, die Schäden verursachenden Einflüssen ausgesetzt sind, die zu Gefährdungen der Beschäftigten führen können, hat der Arbeitgeber wiederkehrend von einer zur Prüfung befähigten Person prüfen zu lassen. ²Die Prüfung muss entsprechend den nach § 3 Absatz 6 ermittelten Fristen stattfinden. ³Ergibt die Prüfung, dass ein Arbeitsmittel nicht bis zu der nach § 3 Absatz 6 ermittelten nächsten wiederkehrenden Prüfung sicher betrieben werden kann, ist die Prüffrist neu festzulegen.

(3) ¹Arbeitsmittel sind nach prüfpflichtigen Änderungen vor ihrer nächsten Verwendung durch eine zur Prüfung befähigte Person prüfen zu lassen. ²Arbeitsmittel, die von außergewöhnlichen Ereignissen betroffen sind, die schädigende Auswirkungen auf ihre Sicherheit haben können, durch die Beschäftigte gefährdet werden können, sind vor ihrer weiteren Verwendung einer außerordentlichen Prüfung durch eine zur Prüfung befähigte Person unterziehen zu lassen. ³Außergewöhnliche Ereignisse können insbesondere Unfälle, längere Zeiträume der Nichtverwendung der Arbeitsmittel oder Naturereignisse sein.

(4) Bei der Prüfung der in Anhang 3 genannten Arbeitsmittel gelten die dort genannten Vorgaben zusätzlich zu den Vorgaben der Absätze 1 bis 3.

(5) ¹Der Fälligkeitstermin von wiederkehrenden Prüfungen wird jeweils mit dem Monat und dem Jahr angegeben. ²Die Frist für die nächste wiederkehrende Prüfung beginnt mit dem Fälligkeitstermin der letzten Prüfung. ³Wird eine Prüfung vor dem Fälligkeitstermin durchgeführt, beginnt die Frist für die nächste Prüfung mit dem Monat und Jahr der Durchführung. ⁴Für Arbeitsmittel mit einer Prüffrist von mehr als zwei Jahren gilt Satz 3 nur, wenn die Prüfung mehr als zwei Monate vor dem Fälligkeitstermin durchgeführt wird. ⁵Ist ein Arbeitsmittel zum Fälligkeitstermin der wiederkehrenden Prüfung außer Betrieb gesetzt, so darf es erst wieder in Betrieb genommen werden, nachdem diese Prüfung durchgeführt worden ist; in diesem Fall beginnt die Frist für die

nächste wiederkehrende Prüfung mit dem Termin der Prüfung. ⁶Eine wiederkehrende Prüfung gilt als fristgerecht durchgeführt, wenn sie spätestens zwei Monate nach dem Fälligkeitstermin durchgeführt wurde. ⁷Dieser Absatz ist nur anzuwenden, soweit es sich um Arbeitsmittel nach Anhang 2 Abschnitt 2 bis 4 und Anhang 3 handelt.

(6) ¹Zur Prüfung befähigte Personen nach § 2 Absatz 6 unterliegen bei der Durchführung der nach dieser Verordnung vorgeschriebenen Prüfungen keinen fachlichen Weisungen durch den Arbeitgeber. ²Zur Prüfung befähigte Personen dürfen vom Arbeitgeber wegen ihrer Prüftätigkeit nicht benachteiligt werden.

(7) ¹Der Arbeitgeber hat dafür zu sorgen, dass das Ergebnis der Prüfung nach den Absätzen 1 bis 4 aufgezeichnet und mindestens bis zur nächsten Prüfung aufbewahrt wird. ²Dabei hat er dafür zu sorgen, dass die Aufzeichnungen nach Satz 1 mindestens Auskunft geben über:
1. Art der Prüfung,
2. Prüfumfang,
3. Ergebnis der Prüfung und
4. Name und Unterschrift der zur Prüfung befähigten Person; bei ausschließlich elektronisch übermittelten Dokumenten elektronische Signatur.

³Aufzeichnungen können auch in elektronischer Form aufbewahrt werden. ⁴Werden Arbeitsmittel nach den Absätzen 1 und 2 sowie Anhang 3 an unterschiedlichen Betriebsorten verwendet, ist am Einsatzort ein Nachweis über die Durchführung der letzten Prüfung vorzuhalten.

(8) ¹Die Absätze 1 bis 3 gelten nicht für überwachungsbedürftige Anlagen, soweit entsprechende Prüfungen in den §§ 15 und 16 vorgeschrieben sind. ²Absatz 7 gilt nicht für überwachungsbedürftige Anlagen, soweit entsprechende Aufzeichnungen in § 17 vorgeschrieben sind.

Abschnitt 3 Zusätzliche Vorschriften für überwachungsbedürftige Anlagen

§ 15 BetrSichV Prüfung vor Inbetriebnahme und vor Wiederinbetriebnahme nach prüfpflichtigen Änderungen

(1) ¹Der Arbeitgeber hat sicherzustellen, dass überwachungsbedürftige Anlagen vor erstmaliger Inbetriebnahme und vor Wiederinbetriebnahme nach prüfpflichtigen Änderungen geprüft werden. ²Bei der Prüfung ist festzustellen,
1. ob die für die Prüfung benötigten technischen Unterlagen, wie beispielsweise eine EG-Konformitätserklärung, vorhanden sind und ihr Inhalt plausibel ist und
2. ob die Anlage einschließlich der Anlagenteile entsprechend dieser Verordnung errichtet oder geändert worden ist und sich auch unter Berücksichtigung der Aufstellbedingungen in einem sicheren Zustand befindet.

³Die Prüfung ist nach Maßgabe der in Anhang 2 genannten Vorgaben durchzuführen. ⁴Prüfinhalte, die im Rahmen von Konformitätsbewertungsverfahren geprüft und dokumentiert wurden, müssen nicht erneut geprüft werden.

(2) ¹Bei den Prüfungen nach Absatz 1 ist auch festzustellen, ob die getroffenen sicherheitstechnischen Maßnahmen geeignet und funktionsfähig sind und ob die Frist für die nächste wiederkehrende Prüfung nach § 3 Absatz 6 zutreffend festgelegt wurde. ²Abweichend von Satz 1 ist die Feststellung der zutreffenden Prüffrist für Druckanlagen, deren Prüffrist nach Anhang 2 Abschnitt 4 Nummer 5.4 ermittelt wird, unmittelbar nach deren Ermittlung durchzuführen. ³Über die in den Sätzen 1 und 2 festgelegten Prüffristen entscheidet im Streitfall die zuständige Behörde. ⁴Satz 1 gilt ferner nicht für die Eignung der sicherheitstechnischen Maßnahmen, die Gegenstand einer Erlaubnis nach § 18 oder einer Genehmigung nach anderen Rechtsvorschriften sind.

(3) ¹Die Prüfungen nach Absatz 1 sind von einer zugelassenen Überwachungsstelle nach Anhang 2 Abschnitt 1 durchzuführen. ²Sofern dies in Anhang 2 Abschnitt 2, 3

oder 4 vorgesehen ist, können die Prüfungen nach Satz 1 auch von einer zur Prüfung befähigten Person durchgeführt werden. ³Darüber hinaus können alle Prüfungen nach prüfpflichtigen Änderungen, die nicht die Bauart oder die Betriebsweise einer überwachungsbedürftigen Anlage betreffen, von einer zur Prüfung befähigten Person durchgeführt werden. ⁴Bei überwachungsbedürftigen Anlagen, die für einen ortsveränderlichen Einsatz vorgesehen sind und nach der ersten Inbetriebnahme an einem neuen Standort aufgestellt werden, können die Prüfungen nach Absatz 1 durch eine zur Prüfung befähigte Person durchgeführt werden.

§ 16 BetrSichV Wiederkehrende Prüfung

(1) Der Arbeitgeber hat sicherzustellen, dass überwachungsbedürftige Anlagen nach Maßgabe der in Anhang 2 genannten Vorgaben wiederkehrend auf ihren sicheren Zustand hinsichtlich des Betriebs geprüft werden.

(2) ¹Bei der wiederkehrenden Prüfung ist auch zu überprüfen, ob die Frist für die nächste wiederkehrende Prüfung nach § 3 Absatz 6 zutreffend festgelegt wurde. ²Im Streitfall entscheidet die zuständige Behörde.

(3) ¹§ 14 Absatz 5 gilt entsprechend. ²Ist eine behördlich angeordnete Prüfung durchgeführt worden, so beginnt die Frist für eine wiederkehrende Prüfung mit Monat und Jahr der Durchführung dieser Prüfung, wenn diese der wiederkehrenden Prüfung entspricht.

(4) § 15 Absatz 3 gilt entsprechend.

§ 17 BetrSichV Prüfaufzeichnungen und -bescheinigungen

(1) ¹Der Arbeitgeber hat dafür zu sorgen, dass das Ergebnis der Prüfung nach den §§ 15 und 16 aufgezeichnet wird. ²Sofern die Prüfung von einer zugelassenen Überwachungsstelle durchzuführen ist, ist von dieser eine Prüfbescheinigung über das Ergebnis der Prüfung zu fordern. ³Aufzeichnungen und Prüfbescheinigungen müssen mindestens Auskunft geben über
1. Anlagenidentifikation,
2. Prüfdatum,
3. Art der Prüfung,
4. Prüfungsgrundlagen,
5. Prüfumfang,
6. Eignung und Funktion der technischen Schutzmaßnahmen sowie Eignung der organisatorischen Schutzmaßnahmen,
7. Ergebnis der Prüfung,
8. Frist bis zur nächsten wiederkehrenden Prüfung nach § 16 Absatz 2 und
9. Name und Unterschrift des Prüfers, bei Prüfung durch zugelassene Überwachungsstellen zusätzlich Name der zugelassenen Überwachungsstelle; bei ausschließlich elektronisch übermittelten Dokumenten die elektronische Signatur.

⁴Aufzeichnungen und Prüfbescheinigungen sind während der gesamten Verwendungsdauer am Betriebsort der überwachungsbedürftigen Anlage aufzubewahren und der zuständigen Behörde auf Verlangen vorzulegen. ⁵Sie können auch in elektronischer Form aufbewahrt werden.

(2) Unbeschadet der Aufzeichnungen und Prüfbescheinigungen nach Absatz 1 muss in der Kabine von Aufzugsanlagen eine Kennzeichnung, zum Beispiel in Form einer Prüfplakette, deutlich sichtbar und dauerhaft angebracht sein, aus der sich Monat und Jahr der nächsten wiederkehrenden Prüfung sowie der prüfenden Stelle ergibt.

§ 18 BetrSichV Erlaubnispflicht

(1) ¹Die Errichtung und der Betrieb sowie die Änderungen der Bauart oder Betriebsweise, welche die Sicherheit der Anlage beeinflussen, folgender Anlagen bedürfen der Erlaubnis der zuständigen Behörde:
1. Dampfkesselanlagen nach Anhang 2 Abschnitt 4 Nummer 2.1 Satz 1 Buchstabe a, die nach Artikel 13 in Verbindung mit Anhang II Diagramm 5 der Richtlinie 2014/68/EU des Europäischen Parlaments und des Rates vom 15. Mai 2014 zur Harmonisierung der Rechtsvorschriften der Mitgliedstaaten über die Bereitstellung von Druckgeräten auf dem Markt (ABl. L 189 vom 27.6.2014, S. 164) in die Kategorie IV einzustufen sind,
2. Anlagen mit Druckgeräten nach Anhang 2 Abschnitt 4 Nummer 2.1 Satz 1 Buchstabe c, in denen mit einer Füllkapazität von mehr als 10 Kilogramm je Stunde ortsbewegliche Druckgeräte im Sinne von Anhang 2 Abschnitt 4 Nummer 2.1 Satz 2 Buchstabe b mit Druckgasen zur Abgabe an Andere befüllt werden,
3. Anlagen einschließlich der Lager- und Vorratsbehälter zum Befüllen von Land-, Wasser- und Luftfahrzeugen mit entzündbaren Gasen im Sinne von Anhang 1 Nummer 2.2 der Verordnung (EG) Nr. 1272/2008 des Europäischen Parlaments und des Rates vom 16. Dezember 2008 über die Einstufung, Kennzeichnung und Verpackung von Stoffen und Gemischen, zur Änderung und Aufhebung der Richtlinien 67/548/EWG und 1999/45/EG und zur Änderung der Verordnung (EG) Nr. 1907/2006 (ABl. L 353 vom 31.12.2008, S. 1) zur Verwendung als Treib- oder Brennstoff (Gasfüllanlagen),
4. Räume oder Bereiche einschließlich der in ihnen vorgesehenen ortsfesten Behälter und sonstiger Lagereinrichtungen, die dazu bestimmt sind, dass in ihnen entzündbare Flüssigkeiten mit einem Gesamtrauminhalt von mehr als 10 000 Litern gelagert werden (Lageranlagen), soweit Räume oder Bereiche nicht zu Anlagen nach den Nummern 5 bis 7 gehören,
5. ortsfest errichtete oder dauerhaft am gleichen Ort verwendete Anlagen mit einer Umschlagkapazität von mehr als 1 000 Litern je Stunde, die dazu bestimmt sind, dass in ihnen Transportbehälter mit entzündbaren Flüssigkeiten befüllt werden (Füllstellen),
6. ortsfeste Anlagen für die Betankung von Land-, Wasser- und Luftfahrzeugen mit entzündbaren Flüssigkeiten (Tankstellen),
7. ortsfeste Anlagen oder Bereiche auf Flugfeldern, in denen Kraftstoffbehälter von Luftfahrzeugen aus Hydrantenanlagen mit entzündbaren Flüssigkeiten befüllt werden (Flugfeldbetankungsanlagen),[1]

²Entzündbare Flüssigkeiten nach Satz 1 Nummer 4 bis 6 sind solche mit Stoffeigenschaften nach Anhang 1 Nummer 2.6 der Verordnung (EG) Nr. 1272/2008, sofern sie einen Flammpunkt von weniger als 23 Grad Celsius haben. ³Zu einer Anlage im Sinne des Satzes 1 gehören auch Mess-, Steuer- und Regeleinrichtungen, die dem sicheren Betrieb dieser Anlage dienen.

(2) Absatz 1 findet keine Anwendung auf
1. Anlagen, in denen Wasserdampf oder Heißwasser in einem Herstellungsverfahren durch Wärmerückgewinnung entsteht, es sei denn, Rauchgase werden gekühlt und der entstehende Wasserdampf oder das entstehende Heißwasser werden nicht überwiegend der Verfahrensanlage zugeführt, und
2. Anlagen zum Entsorgen von Kältemitteln, die einem Wärmetauscher entnommen und in ein ortsbewegliches Druckgerät gefüllt werden.

(3) ¹Die Erlaubnis ist schriftlich oder elektronisch zu beantragen. ²Ein Antrag auf eine Teilerlaubnis ist möglich. ³Dem Antrag sind alle Unterlagen beizufügen, die für die Beurteilung des Antrages notwendig sind. ⁴Erfolgt die Antragstellung elektronisch, kann die zuständige Behörde Mehrfertigungen sowie die Übermittlung der dem Antrag bei-

---
[1] Zeichensetzung amtlich.

zufügenden Unterlagen auch in schriftlicher Form verlangen. [5]Aus den Unterlagen muss hervorgehen, dass Aufstellung, Bauart und Betriebsweise den Anforderungen dieser Verordnung und hinsichtlich des Brand- und Explosionsschutzes auch der Gefahrstoffverordnung entsprechen und dass die vorgesehenen sicherheitstechnischen Maßnahmen geeignet sind. [6]Aus den Unterlagen muss weiterhin hervorgehen, dass

1. auch die möglichen Gefährdungen, die sich aus der Arbeitsumgebung und durch Wechselwirkungen mit anderen Arbeitsmitteln, insbesondere anderen überwachungsbedürftigen Anlagen, die in einem räumlichen oder betriebstechnischen Zusammenhang mit der beantragten Anlage verwendet werden, betrachtet wurden und die Anforderungen und die vorgesehenen Schutzmaßnahmen geeignet sind, und
2. die sich aus der Zusammenarbeit verschiedener Arbeitgeber ergebenden Maßnahmen nach § 13 berücksichtigt wurden.

[7]Den Unterlagen ist ein Prüfbericht einer zugelassenen Überwachungsstelle beizufügen, in dem bestätigt wird, dass die Anlage bei Einhaltung der in den Unterlagen genannten Maßnahmen einschließlich der Prüfungen nach Anhang 2 Abschnitt 3 und 4 sicher betrieben werden kann.

(4) [1]Die zuständige Behörde hat die Erlaubnis zu erteilen, wenn die vorgesehene Aufstellung, Bauart und Betriebsweise den sicherheitstechnischen Anforderungen dieser Verordnung und hinsichtlich des Brand- und Explosionsschutzes auch der Gefahrstoffverordnung entsprechen. [2]Die Erlaubnis kann beschränkt, befristet, unter Bedingungen erteilt sowie mit Auflagen verbunden werden. [3]Die nachträgliche Aufnahme, Änderung oder Ergänzung von Auflagen ist zulässig.

(5) [1]Die zuständige Behörde hat über den Antrag innerhalb von drei Monaten, nachdem er bei ihr eingegangen ist, zu entscheiden. [2]Die Frist kann in begründeten Fällen verlängert werden. [3]Die verlängerte Frist ist zusammen mit den Gründen für die Verlängerung dem Antragsteller mitzuteilen.

Abschnitt 4 Vollzugsregelungen und Ausschuss für Betriebssicherheit

§ 19 BetrSichV Mitteilungspflichten, behördliche Ausnahmen

(1) Der Arbeitgeber hat bei Arbeitsmitteln nach den Anhängen 2 und 3 der zuständigen Behörde folgende Ereignisse unverzüglich anzuzeigen:
1. jeden Unfall, bei dem ein Mensch getötet oder erheblich verletzt worden ist, und
2. jeden Schadensfall, bei dem Bauteile oder sicherheitstechnische Einrichtungen versagt haben.

(2) [1]Die zuständige Behörde kann bei überwachungsbedürftigen Anlagen vom Arbeitgeber verlangen, dass dieser das nach Absatz 1 anzuzeigende Ereignis auf seine Kosten durch eine möglichst im gegenseitigen Einvernehmen bestimmte zugelassene Überwachungsstelle sicherheitstechnisch beurteilen lässt und ihr die Beurteilung schriftlich vorlegt. [2]Die sicherheitstechnische Beurteilung hat sich insbesondere auf die Feststellung zu erstrecken,
1. worauf das Ereignis zurückzuführen ist,
2. ob sich die überwachungsbedürftige Anlage in einem nicht sicheren Zustand befand und ob nach Behebung des Mangels eine Gefährdung nicht mehr besteht und
3. ob neue Erkenntnisse gewonnen worden sind, die andere oder zusätzliche Schutzvorkehrungen erfordern.

(3) Unbeschadet des § 22 des Arbeitsschutzgesetzes hat der Arbeitgeber der zuständigen Behörde auf Verlangen Folgendes zu übermitteln:
1. die Dokumentation der Gefährdungsbeurteilung nach § 3 Absatz 8 und die ihr zugrunde liegenden Informationen,

2. einen Nachweis, dass die Gefährdungsbeurteilung entsprechend den Anforderungen nach § 3 Absatz 2 Satz 2 erstellt wurde,
3. Angaben zu den nach § 13 des Arbeitsschutzgesetzes verantwortlichen Personen,
4. Angaben zu den getroffenen Schutzmaßnahmen einschließlich der Betriebsanweisung.

(4) ¹Die zuständige Behörde kann auf schriftlichen Antrag des Arbeitgebers Ausnahmen von den §§ 8 bis 11 und Anhang 1 zulassen, wenn die Anwendung dieser Vorschriften für den Arbeitgeber im Einzelfall zu einer unverhältnismäßigen Härte führen würde, die Ausnahme sicherheitstechnisch vertretbar und mit dem Schutz der Beschäftigten und, soweit überwachungsbedürftige Anlagen betroffen sind, auch mit dem Schutz anderer Personen vereinbar ist. ²Der Arbeitgeber hat der zuständigen Behörde im Antrag Folgendes darzulegen:
1. den Grund für die Beantragung der Ausnahme,
2. die betroffenen Tätigkeiten und Verfahren,
3. die Zahl der voraussichtlich betroffenen Beschäftigten,
4. die technischen und organisatorischen Maßnahmen, die zur Gewährleistung der Sicherheit und zur Vermeidung von Gefährdungen getroffen werden sollen.

³Für ihre Entscheidung kann die Behörde ein Sachverständigengutachten verlangen, dessen Kosten der Arbeitgeber zu tragen hat.

(5) ¹Die zuständige Behörde kann bei überwachungsbedürftigen Anlagen im Einzelfall eine außerordentliche Prüfung anordnen, wenn hierfür ein besonderer Anlass besteht. ²Ein solcher Anlass besteht insbesondere dann, wenn ein Schadensfall eingetreten ist. ³Der Arbeitgeber hat eine angeordnete Prüfung unverzüglich zu veranlassen.

(6) ¹Die zuständige Behörde kann die in Anhang 2 Abschnitt 2 bis 4 und Anhang 3 genannten Fristen im Einzelfall verkürzen, soweit es zur Gewährleistung der Sicherheit der Anlagen erforderlich ist. ²Die zuständige Behörde kann die in Anhang 2 Abschnitt 2 bis 4 und Anhang 3 genannten Fristen im Einzelfall verlängern, soweit die Sicherheit auf andere Weise gewährleistet ist.

§ 20 BetrSichV Sonderbestimmungen für überwachungsbedürftige Anlagen des Bundes

(1) ¹Aufsichtsbehörde für die in Anhang 2 Abschnitt 2 bis 4 genannten überwachungsbedürftigen Anlagen der Wasserstraßen- und Schifffahrtsverwaltung des Bundes, der Bundeswehr und der Bundespolizei ist das zuständige Bundesministerium oder die von ihm bestimmte Behörde. ²Dies gilt auch für alle in Anhang 2 Abschnitt 2 bis 4 genannten überwachungsbedürftigen Anlagen auf den von der Wasserstraßen- und Schifffahrtsverwaltung des Bundes, der Bundeswehr und der Bundespolizei genutzten Dienstliegenschaften. ³Für andere der Aufsicht der Bundesverwaltung unterliegende überwachungsbedürftige Anlagen nach Anhang 2 Abschnitt 2 bis 4 bestimmt sich die zuständige Aufsichtsbehörde nach § 38 Absatz 1 des Produktsicherheitsgesetzes.

(2) § 18 findet keine Anwendung auf die in Anhang 2 Abschnitt 2 bis 4 genannten überwachungsbedürftigen Anlagen der Wasserstraßen- und Schifffahrtsverwaltung des Bundes, der Bundeswehr und der Bundespolizei.

§ 21 BetrSichV Ausschuss für Betriebssicherheit

(1) ¹Beim Bundesministerium für Arbeit und Soziales wird ein Ausschuss für Betriebssicherheit gebildet. ²Dieser Ausschuss soll aus fachkundigen Vertretern der Arbeitgeber, der Gewerkschaften, der Länderbehörden, der gesetzlichen Unfallversicherung und der zugelassenen Überwachungsstellen bestehen sowie aus weiteren fachkundigen Personen, insbesondere aus der Wissenschaft. ³Die Gesamtzahl der Mitglieder soll 21 Personen nicht überschreiten. ⁴Für jedes Mitglied ist ein stellvertretendes Mitglied zu benennen. ⁵Die Mitgliedschaft im Ausschuss für Betriebssicherheit ist ehrenamtlich.

(2) ¹Das Bundesministerium für Arbeit und Soziales beruft die Mitglieder des Ausschusses und die stellvertretenden Mitglieder. ²Der Ausschuss gibt sich eine Geschäftsordnung und wählt die Vorsitzende oder den Vorsitzenden aus seiner Mitte. ³Die Geschäftsordnung und die Wahl der oder des Vorsitzenden bedürfen der Zustimmung des Bundesministeriums für Arbeit und Soziales.

(3) ¹Das Arbeitsprogramm des Ausschusses für Betriebssicherheit wird mit dem Bundesministerium für Arbeit und Soziales abgestimmt. ²Der Ausschuss arbeitet eng mit den anderen Ausschüssen beim Bundesministerium für Arbeit und Soziales zusammen.

(4) ¹Die Sitzungen des Ausschusses sind nicht öffentlich. ²Beratungs- und Abstimmungsergebnisse des Ausschusses sowie Niederschriften der Untergremien sind vertraulich zu behandeln, soweit die Erfüllung der Aufgaben, die den Untergremien oder den Mitgliedern des Ausschusses obliegen, dem nicht entgegenstehen.

(5) Zu den Aufgaben des Ausschusses gehört es,
1. den Stand von Wissenschaft und Technik, Arbeitsmedizin und Arbeitshygiene sowie sonstiger gesicherter arbeitswissenschaftlicher Erkenntnisse bei der Verwendung von Arbeitsmitteln zu ermitteln und dazu Empfehlungen auszusprechen,
2. zu ermitteln, wie die in dieser Verordnung gestellten Anforderungen erfüllt werden können, und dazu die dem jeweiligen Stand der Technik und der Arbeitsmedizin entsprechenden Regeln und Erkenntnisse zu erarbeiten,
3. das Bundesministerium für Arbeit und Soziales in Fragen von Sicherheit und Gesundheitsschutz bei der Verwendung von Arbeitsmitteln zu beraten und
4. die von den zugelassenen Überwachungsstellen nach § 37 Absatz 5 Nummer 8 des Produktsicherheitsgesetzes gewonnenen Erkenntnisse auszuwerten und bei den Aufgaben nach den Nummern 1 bis 3 zu berücksichtigen.

(6) Nach Prüfung kann das Bundesministerium für Arbeit und Soziales
1. die vom Ausschuss für Betriebssicherheit ermittelten Regeln und Erkenntnisse nach Absatz 3 Satz 1 Nummer 2 im Gemeinsamen Ministerialblatt bekannt geben und
2. die Empfehlungen nach Absatz 3 Satz 1 Nummer 1 sowie die Beratungsergebnisse nach Absatz 3 Satz 1 Nummer 3 in geeigneter Weise veröffentlichen.

(7) ¹Die Bundesministerien sowie die zuständigen obersten Landesbehörden können zu den Sitzungen des Ausschusses Vertreter entsenden. ²Diesen ist auf Verlangen in der Sitzung das Wort zu erteilen.

(8) Die Geschäfte des Ausschusses führt die Bundesanstalt für Arbeitsschutz und Arbeitsmedizin.

Abschnitt 5 Ordnungswidrigkeiten und Straftaten, Schlussvorschriften

§ 22 BetrSichV Ordnungswidrigkeiten

(1) Ordnungswidrig im Sinne des § 25 Absatz 1 Nummer 1 des Arbeitsschutzgesetzes handelt, wer vorsätzlich oder fahrlässig
1. entgegen § 3 Absatz 1 Satz 1 eine Gefährdung nicht, nicht richtig oder nicht rechtzeitig beurteilt,
2. entgegen § 3 Absatz 3 Satz 3 eine Gefährdungsbeurteilung durchführt,
3., 4. (aufgehoben)
5. entgegen § 3 Absatz 7 Satz 4 eine Gefährdungsbeurteilung nicht oder nicht rechtzeitig aktualisiert,
6. entgegen § 3 Absatz 8 Satz 1 ein dort genanntes Ergebnis nicht oder nicht rechtzeitig dokumentiert,
7. entgegen § 4 Absatz 1 ein Arbeitsmittel verwendet,

8. entgegen § 4 Absatz 4 nicht dafür sorgt, dass Arbeitsmittel, für die in § 14 oder in Abschnitt 3 dieser Verordnung Prüfungen vorgeschrieben sind, nur verwendet werden, wenn diese Prüfungen durchgeführt und dokumentiert wurden,
9. entgegen § 5 Absatz 2 ein Arbeitsmittel verwenden lässt,
10. entgegen § 5 Absatz 4 nicht dafür sorgt, dass ein Beschäftigter nur ein dort genanntes Arbeitsmittel verwendet,
11. entgegen § 6 Absatz 1 Satz 2 in Verbindung mit Anhang 1 Nummer 1.3 Satz 1 nicht dafür sorgt, dass ein Beschäftigter nur auf einem dort genannten Platz mitfährt,
12. entgegen § 6 Absatz 1 Satz 2 in Verbindung mit Anhang 1 Nummer 1.4 Satz 1 nicht dafür sorgt, dass eine dort genannte Einrichtung vorhanden ist,
13. entgegen § 6 Absatz 1 Satz 2 in Verbindung mit Anhang 1 Nummer 1.5 eine dort genannte Maßnahme nicht oder nicht rechtzeitig trifft,
14. entgegen § 6 Absatz 1 Satz 2 in Verbindung mit Anhang 1 Nummer 1.7 Satz 1 nicht dafür sorgt, dass die dort genannte Geschwindigkeit angepasst werden kann,
15. entgegen § 6 Absatz 1 Satz 2 in Verbindung mit Anhang 1 Nummer 1.8 Satz 1 Buchstabe a nicht dafür sorgt, dass eine Verbindungseinrichtung gesichert ist,
16. entgegen § 6 Absatz 1 Satz 2 in Verbindung mit Anhang 1 Nummer 2.1 Satz 1 nicht dafür sorgt, dass die Standsicherheit oder die Festigkeit eines dort genannten Arbeitsmittels sichergestellt ist,
17. entgegen § 6 Absatz 1 Satz 2 in Verbindung mit Anhang 1 Nummer 2.1 Satz 5 ein dort genanntes Arbeitsmittel nicht richtig aufstellt oder nicht richtig verwendet,
18. entgegen § 6 Absatz 1 Satz 2 in Verbindung mit Anhang 1 Nummer 2.2 Satz 1 nicht dafür sorgt, dass ein Arbeitsmittel mit einem dort genannten Hinweis versehen ist,
19. entgegen § 6 Absatz 1 Satz 2 in Verbindung mit Anhang 1 Nummer 2.3.2 nicht dafür sorgt, dass ein dort genanntes Arbeitsmittel abgebremst und eine ungewollte Bewegung verhindert werden kann,
20. entgegen § 6 Absatz 1 Satz 2 in Verbindung mit Anhang 1 Nummer 2.4 Satz 2 nicht dafür sorgt, dass das Heben eines Beschäftigten nur mit einem dort genannten Arbeitsmittel oder einer dort genannten Zusatzausrüstung erfolgt,
21. entgegen § 6 Absatz 1 Satz 2 in Verbindung mit Anhang 1 Nummer 2.5 Buchstabe b oder Buchstabe c nicht dafür sorgt, dass Lasten sicher angeschlagen werden oder Lasten oder Lastaufnahme- oder Anschlagmittel sich nicht unbeabsichtigt lösen oder verschieben können,
22. entgegen § 6 Absatz 1 Satz 2 in Verbindung mit Anhang 1 Nummer 3.2.3 Satz 2 nicht dafür sorgt, dass ein dort genanntes Gerüst verankert wird,
23. entgegen § 6 Absatz 1 Satz 2 in Verbindung mit Anhang 1 Nummer 3.2.6 Satz 1 nicht dafür sorgt, dass ein Gerüst nur in der dort genannten Weise auf-, ab- oder umgebaut wird,
24. entgegen § 6 Absatz 2 Satz 1 nicht dafür sorgt, dass eine Schutzeinrichtung verwendet wird,
25. entgegen § 12 Absatz 1 Satz 1 eine Information nicht, nicht richtig, nicht vollständig oder nicht rechtzeitig zur Verfügung stellt,
26. entgegen § 12 Absatz 1 Satz 2 einen Beschäftigten nicht, nicht richtig, nicht vollständig oder nicht rechtzeitig unterweist,
27. entgegen § 12 Absatz 2 Satz 1 eine Betriebsanweisung nicht, nicht richtig, nicht vollständig oder nicht rechtzeitig zur Verfügung stellt,
28. entgegen § 14 Absatz 1 Satz 1 oder Absatz 4 Satz 1 ein Arbeitsmittel nicht oder nicht rechtzeitig prüfen lässt,

29. entgegen § 14 Absatz 3 Satz 1 ein Arbeitsmittel einer außerordentlichen Überprüfung nicht oder nicht rechtzeitig unterziehen lässt,
30. entgegen § 14 Absatz 7 Satz 1 nicht dafür sorgt, dass ein Ergebnis aufgezeichnet und aufbewahrt wird,
31. entgegen § 14 Absatz 7 Satz 2 nicht dafür sorgt, dass eine Aufzeichnung eine dort genannte Auskunft gibt,
32. entgegen § 19 Absatz 1 bei einem Arbeitsmittel nach Anhang 3 Abschnitt 1 Nummer 1.1, Abschnitt 2 Nummer 1.1 Satz 1 oder Abschnitt 3 Nummer 1.1 Satz 1 eine Anzeige nicht, nicht richtig, nicht vollständig oder nicht rechtzeitig erstattet oder
33. entgegen § 19 Absatz 3 eine Dokumentation, eine Information, einen Nachweis oder eine Angabe nicht, nicht richtig, nicht vollständig oder nicht rechtzeitig übermittelt.

(2) Ordnungswidrig im Sinne des § 39 Absatz 1 Nummer 7 Buchstabe a des Produktsicherheitsgesetzes handelt, wer vorsätzlich oder fahrlässig
1. entgegen § 6 Absatz 1 Satz 2 in Verbindung mit Anhang 1 Nummer 4.1 Satz 1 nicht dafür sorgt, dass ein Kommunikationssystem wirksam ist,
2. entgegen § 6 Absatz 1 Satz 2 in Verbindung mit Anhang 1 Nummer 4.1 Satz 2 einen Notfallplan nicht oder nicht rechtzeitig zur Verfügung stellt,
3. entgegen § 6 Absatz 1 Satz 2 in Verbindung mit Anhang 1 Nummer 4.1 Satz 5 eine dort genannte Einrichtung nicht oder nicht rechtzeitig bereitstellt,
4. entgegen § 6 Absatz 1 Satz 2 in Verbindung mit Anhang 1 Nummer 4.1 Satz 6 nicht dafür sorgt, dass eine Person Hilfe herbeirufen kann,
5. entgegen § 6 Absatz 1 Satz 2 in Verbindung mit Anhang 1 Nummer 4.4 Satz 1 nicht dafür sorgt, dass ein Personenumlaufaufzug nur von Beschäftigten verwendet wird,
5a. entgegen § 6 Absatz 1 Satz 2 in Verbindung mit Anhang 1 Nummer 4.4 Satz 2 einen Personenumlaufaufzug durch eine andere Person verwenden lässt,
6. entgegen § 15 Absatz 1 Satz 1 nicht sicherstellt, dass eine überwachungsbedürftige Anlage geprüft wird,
7. entgegen § 16 Absatz 1 in Verbindung mit Anhang 2 Abschnitt 2 Nummer 4.1 oder 4.3, Abschnitt 3 Nummer 5.1 Satz 1 bis 3 oder 4, Nummer 5.2 Satz 1 oder Nummer 5.3 Satz 1 oder Abschnitt 4 Nummer 5.1 Satz 1, 2 oder 3, Nummer 5.2 bis 5.4 oder 5.5, Nummer 5.7 Satz 3, Nummer 5.8 oder Nummer 5.9 Satz 1 nicht sicherstellt, dass eine überwachungsbedürftige Anlage geprüft wird,
8. ohne Erlaubnis nach § 18 Absatz 1 Satz 1 eine dort genannte Anlage errichtet oder betreibt,
9. einer vollziehbaren Anordnung nach § 19 Absatz 5 Satz 1 zuwiderhandelt oder
10. eine in Absatz 1 Nummer 9 oder Nummer 24 bezeichnete Handlung in Bezug auf eine überwachungsbedürftige Anlage nach § 2 Nummer 30 des Produktsicherheitsgesetzes begeht.

(3) Ordnungswidrig im Sinne des § 39 Absatz 1 Nummer 7 Buchstabe b des Produktsicherheitsgesetzes handelt, wer vorsätzlich oder fahrlässig entgegen § 19 Absatz 1 bei einem Arbeitsmittel nach Anhang 2 Abschnitt 2 Nummer 2 Buchstabe a oder b Satz 1, Abschnitt 3 Nummer 2 oder Abschnitt 4 Nummer 2.1, 2.2 oder 2.3 eine Anzeige nicht, nicht richtig, nicht vollständig oder nicht rechtzeitig erstattet.

§ 23 BetrSichV Straftaten

(1) Wer durch eine in § 22 Absatz 1 bezeichnete vorsätzliche Handlung Leben oder Gesundheit eines Beschäftigten gefährdet, ist nach § 26 Nummer 2 des Arbeitsschutzgesetzes strafbar.

(2) Wer eine in § 22 Absatz 2 bezeichnete vorsätzliche Handlung beharrlich wiederholt oder durch eine solche vorsätzliche Handlung Leben oder Gesundheit eines anderen oder fremde Sachen von bedeutendem Wert gefährdet, ist nach § 40 des Produktsicherheitsgesetzes strafbar.

§ 24 BetrSichV Übergangsvorschriften

(1) [1]Der Weiterbetrieb einer erlaubnisbedürftigen Anlage, die vor dem 1. Juni 2015 befugt errichtet und verwendet wurde, ist zulässig. [2]Eine Erlaubnis, die nach dem bis dahin geltenden Recht erteilt wurde, gilt als Erlaubnis im Sinne dieser Verordnung. [3]§ 18 Absatz 4 Satz 3 ist auf Anlagen nach den Sätzen 1 und 2 anwendbar.

(2) [1]Aufzugsanlagen nach Anhang 2 Abschnitt 2 Nummer 2 Buchstabe a, die vor dem 30. Juni 1999 erstmals zur Verfügung gestellt wurden, sowie Aufzugsanlagen nach Anhang 2 Abschnitt 2 Nummer 2 Buchstabe b, die vor dem 31. Dezember 1996 erstmals zur Verfügung gestellt wurden, müssen den Anforderungen des Anhangs 1 Nummer 4.1 spätestens am 31. Dezember 2020 entsprechen. [2]Satz 1 gilt nicht für den Notfallplan gemäß Anhang 1 Nummer 4.1 Satz 2.

(3) Bei Aufzugsanlagen nach Anhang 2 Abschnitt 2 Nummer 2 Buchstabe b, die vor dem Inkrafttreten dieser Verordnung nach den Vorschriften der bis zum 31. Mai 2015 geltenden Betriebssicherheitsverordnung erstmalig oder wiederkehrend geprüft worden sind, ist die wiederkehrende Prüfung nach Anhang 2 Abschnitt 2 Nummer 4.1 und Nummer 4.3 dieser Verordnung erstmalig nach Ablauf der nach der Prüffrist nach der bis zum 31. Mai 2015 geltenden Betriebssicherheitsverordnung durchzuführen.

(4) [1]Die Prüfung nach Anhang 2 Abschnitt 3 Nummer 5.1 ist erstmals 6 Jahre nach der Prüfung vor der erstmaligen Inbetriebnahme durchzuführen. [2]Bei Anlagen, die vor dem 1. Juni 2012 erstmals in Betrieb genommen wurden, ist die Prüfung nach Satz 1 spätestens bis zum 1. Juni 2018 durchzuführen. [3]Die Prüfung nach Anhang 2 Abschnitt 3 Nummer 5.2 Satz 1 ist erstmals drei Jahre nach der Prüfung vor der Inbetriebnahme oder nach der Prüfung nach § 15 Absatz 15 der bis zum 31. Mai 2015 geltenden Betriebssicherheitsverordnung durchzuführen.

(5) Abweichend von Anhang 2 Abschnitt 3 Nummer 3.1 Buchstabe b und Abschnitt 4 Nummer 3 Buchstabe b dürfen zur Prüfung befähigte Personen auch ohne die dort vorgeschriebene Erfahrung Prüfungen durchführen, wenn sie nach der bis zum 31. Mai 2015 geltenden Betriebssicherheitsverordnung entsprechende Prüfungen befugt durchgeführt haben.

(6) [1]Die Prüfung nach Anhang 2 Abschnitt 4 Nummer 5.3 ist spätestens zehn Jahre nach der letzten Prüfung der Anlage durchzuführen. [2]Bei Anlagen nach Satz 1, die nur aus einem Anlagenteil gemäß Anhang 2 Abschnitt 4 Nummer 2.2 und zugehörigen Sicherheitseinrichtungen bestehen, kann für die Festlegung der Prüffrist nach Satz 1 die letzte Prüfung des Anlagenteils zu Grunde gelegt werden, sofern die Prüfinhalte der Prüfung des Anlagenteils den Prüfinhalten der Anlagenprüfung gleichwertig sind. [3]Bei Anlagen, die zuletzt vor dem 1. Juni 2008 geprüft wurden, ist die Prüfung nach Satz 1 spätestens bis zum 1. Juni 2018 durchzuführen.

(7) [1]Die Prüfung nach Anhang 2 Abschnitt 4 Nummer 6.2.1 ist erstmals fünf Jahre nach der letzten Prüfung der Anlage durchzuführen. [2]Bei Anlagen, die zuletzt vor dem 1. Juni 2012 geprüft wurden, ist die Prüfung nach Satz 1 spätestens bis zum 1. Juni 2017 durchzuführen.

Anhang 1–3 BetrSichV

Hier nicht wiedergegeben.

Literatur: *Aich/Damberg/Preuße*, Die Betriebssicherheitsverordnung, 2004; *Fähnrich/Mattes*, Die Betriebssicherheitsverordnung, 2015; *Kapoor/Klindt*, Das neue deutsche Produktsicherheitsgesetz (ProdSG), NVwZ 2012, 719; *Klein*, Arbeitsmittelsicherheit – die Neufassung der

Betriebssicherheitsverordnung, sicher ist sicher (sis) 2/2014; *Klindt*, Geräte- und Produktsicherheitsgesetz (GPSG) Kommentar, 2007; *Länderausschuss für Arbeitsschutz und Sicherheitstechnik*, Leitlinien zur Betriebssicherheitsverordnung (LV 35), Stand: 2011; *Nöthlichs/Wilrich*, Arbeitsschutz und Arbeitssicherheit, Stand 11/2016, Einführung in die neue Betriebssicherheitsverordnung 2015, vor 4101; *Pieper*, In der Pipeline – Quo Vadis Betriebssicherheitsverordnung?, Gute Arbeit 6/2013, 5 ff.; *Pieper*, Betriebssicherheitsverordnung, Basiskommentar, 2015 (zit. Pieper, Basiskommentar); *Schucht*, Der Handel mit gebrauchten Arbeitsmitteln im Spannungsfeld von Produktsicherheits- und Betriebssicherheitsrecht, NJW 2013, 967; *Schucht*, Die Bedeutung des Produktsicherheitsrechts in der neuen Betriebssicherheitsverordnung, BPUVZ 12/2014; *Schucht*, Die neue Betriebssicherheitsverordnung, NZA 2015, 333; *Wilrich*, Prüfung, Betrieb und Überwachung von Arbeitsmitteln und Anlagen nach der BetrSichV, DB 2002, 1553; *Wlotzke*, Das betriebliche Arbeitsschutzrecht, NZA 2000, 19.

Leitentscheidungen: LG Baden-Baden 3.11.2009 – 2 O 179/09; LG Rottweil 14.9.2012 – 3 O 349/11; VG München 19.3.2012 – M 16 K 11.5809.

I. Reform der BetrSichV 1	IV. Zentrale Begriffe der BetrSichV 25
II. Unionsrecht: Produktbeschaffenheit, freier Warenverkehr und Arbeitsschutz 13	V. Organisationspflichten des Arbeitgebers 45
	VI. Prüfungen....................... 53
III. Grundzüge des Regelungsinhalts 19	VII. Anhänge 57

I. Reform der BetrSichV

1 Die Betriebssicherheitsverordnung regelt in erster Linie **Anforderungen für die Verwendung von Arbeitsmitteln**. Zudem unterwirft sie einzelne Anlagentypen einer besonderen externen Überwachung. Diese typisiert erfassten Anlagen mit besonderem Gefährdungspotential werden als **überwachungsbedürftige Anlagen** bezeichnet und sind im dritten Abschnitt der Betriebssicherheitsverordnung und dem neuen Anhang 2 geregelt. Die Reform der Betriebssicherheitsverordnung (sog **Betriebssicherheitsverordnung 2015**[1]) hat die Systematik der Verordnung grundlegend verändert, ohne auf Instrumente externer Überwachung durch unabhängige zugelassene Überwachungsstellen (ZÜS) zu verzichten. Die Reform hat die Vorschriften spürbar gestrafft und die Verordnung (zB bei der Systematisierung von Prüfungen in § 14 BetrSichV) wesentlich übersichtlicher gemacht. Die neue Verordnung verdeutlicht auch deren Hauptzweck, den Schutz von Beschäftigten vor Gefährdungen durch Arbeitsmittel, klarer als deren Vorgänger. Im Gespräch war daher den Verordnungstitel an die europäische Arbeitsmittelbenutzungsrichtlinie anzunähern und auf den Begriff „Betriebssicherheit" zu verzichten. Wegen des Wiedererkennungseffekts und der verbleibenden, wichtigen Vorschriften zur Anlagensicherheit hat sich dies im Rechtssetzungsverfahren jedoch nicht durchgesetzt.

2 Die Vorläufer der Betriebssicherheitsverordnung waren mehrere Rechtverordnungen, die auf das damals noch geltende Gerätesicherheitsgesetz (GSG) gestützt wurden. Diese **Vorläuferverordnungen** waren stark technikorientiert, sie regelten Beschaffenheit und Betrieb[2] von Anlagentypen, die traditionell als tendenziell gefährlich eingestuft wurden. Geregelt waren insbesondere

- die Dampfkesselverordnung,
- die Verordnung über Gashochdruckleitungen,
- die Druckbehälterverordnung,
- die Aufzugsverordnung,
- die Verordnung über elektrische Anlagen in explosionsgefährdeten Bereichen,
- die Acetylenverordnung,
- die Verordnung über brennbare Flüssigkeiten und
- die Getränkeschankanlagenverordnung.

---
1 Nöthlichs/Wilrich, Arbeitsschutz und Arbeitssicherheit, vor 4101; Raths, BMAS, Vortrag Fachveranstaltung „Der Ausschuss für Betriebssicherheit – Aktuelle und zukünftige Herausforderungen" 4.12.2014. 2 Wlotzke NZA 2000, 19 (22).

Die hierzu teilweise existierenden allgemeinen Verwaltungsvorschriften (AVV) wurden bereits mit der Entstehung der Betriebssicherheitsverordnung aufgehoben.[3] Inzwischen sind die überwachungsbedürftigen Anlagen in § 2 Nr. 30 ProdSG definiert,[4] auf die jetzt § 2 Abs. 13 der neuen BetrSichV verweist.

Die neue **Betriebssicherheitsverordnung 2015** setzt sich von ihren technikorientierten Vorgängern in einer Reihe von Neuerungen ab und geht über eine anlagenorientierte Zusammenführung von Tatbeständen externer Überwachung hinaus. Ausgangspunkt ist das Arbeitsmittel, das ein einfacher Hammer, aber auch eine komplexe Anlage sein kann. Insgesamt gelten **für alle Arbeitsmittel** unabhängig von deren Größe oder Komplexität im Ausgangspunkt **die gleichen Vorschriften** des zweiten Abschnitts und damit auch die gleiche Methodik bei der Beurteilung von Gefährdungen. Besondere Prüfungen ersetzen die Gefährdungsbeurteilung selbstverständlich nicht, vielmehr bildet die Gefährdungsbeurteilung eine unverzichtbare Grundlage für die Prüfung, zB im Hinblick auf Prüftiefe, Prüffrequenz und den Abgleich möglicher anderer Gefährdungen, die nicht originärer Gegenstand der Prüfung sind. 3

Die Reform der Betriebssicherheitsverordnung wurde auch mit dem Ziel einer Vereinfachung von Verfahren und einer damit verbundenen Kostenreduzierung und Steigerung der Effizienz betrieben. Eine solche Vereinfachung ist beispielweise beim Schutz vor Explosionsgefährdungen beabsichtigt. Der **Explosionsschutz** muss gleichermaßen die stoffliche als auch die anlagenspezifische Gefährdung berücksichtigen, also sowohl die aus Gefahrstoffen herrührende stofflich/chemische Gefährdung als auch Gefährdungen, die sich aus Beschaffenheit und Betrieb der Anlage ergeben (zB Meß- und Regeltechnik). Durch die Reform werden die Dokumentationsanforderungen in **einem Explosionsdokument** nach § 6 Abs. 9 GefStoffV zusammengeführt.[5] Weitere Erleichterungen sollen sich aus daraus ergeben, dass Sicherheitsaspekte bereits vom Hersteller im Rahmen der Erfüllung der Pflichten aus dem ProdSG beurteilt und somit „Sicherheit" zB auch durch Bedienungs- und Gebrauchsanleitungen vom Hersteller „mitgeliefert" werden soll. 4

Die Reform führt über die beabsichtigten Vereinfachungen hinaus neue Themen in den Kontext der Betriebssicherheitsverordnung ein. Besonders gefordert wird die verstärkte Berücksichtigung **ergonomischer Zusammenhänge unter Berücksichtigung der psychischen Belastung** beim Einsatz von Arbeitsmitteln (§ 4 Abs. 6 BetrSichV). Bei der Gefährdungsbeurteilung müssen derartige Zusammenhänge ausdrücklich im Hinblick auf den Arbeitsplatz, die verwendeten Arbeitsmittel, das Arbeitsverfahren, die Arbeitsorganisation, den Arbeitsablauf, die Arbeitszeit und die Arbeitsaufgabe berücksichtigt werden (§ 3 Abs. 2 BetrSichV). Dies verdeutlicht, dass beim Einsatz von Arbeitsmitteln eine anspruchsvolle Gestaltungsaufgabe entsteht, die der Arbeitgeber mit der betrieblichen Interessenvertretung und der betrieblichen Arbeitsschutzorganisation in Angriff zu nehmen hat. 5

Hierbei sind Grundsätze der **alters- und altersgerechten Gestaltung der Arbeit** heranzuziehen (§ 3 Abs. 2 BetrSichV). Bei der Arbeitsgestaltung soll sowohl die physische als auch die psychische Belastung berücksichtigt werden. Ebenso wie im Arbeitsschutzgesetz (§ 5 Abs. 3 Nr. 6 ArbSchG) wird dadurch klargestellt, dass die verbreitete Praxis, psychische Gesichtspunkte bei der Gefährdungsbeurteilung (sofern diese stattfindet) zu vernachlässigen, rechtswidrig ist. Da die Ableitung von Schutzmaßnahmen inhaltlich anspruchsvoll sein kann und in der Praxis vielfach stockt, sollten die Verhaltensanforderungen für den Arbeitgeber gerade im Hinblick auf die erstrebte **Reduzierung von Stress** am Arbeitsplatz gesetzlich und betrieblich weiter präzisiert werden. 6

Die Betriebssicherheitsverordnung enthält erstmals in § 6 gesetzliche Vorgaben zu einem **gesundheitsschädlichen Arbeitstempo** bzw. **Arbeitsrhythmus** (§ 6 Abs. 1 Nr. 3 BetrSichV) sowie zu **gesundheitsschädlicher Monotonie** bei Bedien- und Überwachungstätigkeiten (§ 6 Abs. 1 Nr. 4 BetrSichV). Die neue Betriebssicherheitsverordnung geht dabei im Grad der Präzisierung auch über die Änderungen im Arbeitsschutzgesetz 7

---

3 Pieper BetrSichV Vor § 1 Rn. 2. **4** BGBl. I 2011, 2178, 2181. **5** Pieper GefStoffV § 6 Rn. 42 a.

hinaus, durch die die psychischen Belastungen des Beschäftigten bereits deutlicher als bisher Gegenstand der Gefährdungsbeurteilung geworden sind. Da es in der Betriebssicherheitsverordnung im Kern um Einflüsse geht, die in Zusammenhang mit dem Arbeitsmittel stehen, wird das Fehlen konkreter Regulierungen zum Schutz vor Beanspruchung durch Stress, zu hohe Arbeitsintensität und gesundheitsschädliche Methoden bei der Anleitung und Bemessung von Personal allerdings nur in einem kleineren Teilbereich aufgefangen.

8 Hieran ändert auch der positiv zu beurteilende Bezug zur **menschengerechten Gestaltung** der Arbeitswelt nichts. Arbeitsmittel müssen einschließlich ihrer Schnittstelle zum Menschen an die körperlichen Eigenschaften und die Kompetenz der Beschäftigten angepasst sein sowie biomechanische Belastungen bei der Verwendung vermeiden (§ 6 Abs. 1 Nr. 1 BetrSichV). Im Zusammenspiel mit den oben genannten ergonomischen Anforderungen zB im Hinblick auf Arbeitsaufgabe, Arbeitsorganisation und Arbeitszeit wird aber klar, dass nach den Vorstellungen des Verordnungsgebers eine **Anpassung der Technik an den Menschen** stattfindet und nicht etwa umgekehrt sich Menschen an technisch vorgegebene Abläufe und Taktzeiten usw anzupassen haben.

9 Die Bewältigung der komplexen Gestaltungsaufgabe des Arbeitgebers soll nach der gesetzgeberischen Vorstellung durch reduzierte Anforderungen an anderer Stelle zB im Hinblick auf „**mitgelieferte Sicherheit**" des Herstellers vereinfacht und erleichtert werden. Die Berücksichtigung der Produktsicherheit und des ergänzenden Arbeitsschutzes bei der Konzeption von Arbeitsmitteln wird vor allem durch die Maschinenrichtlinie und die Druckgeräterichtlinie vorgegeben. § 7 BetrSichV sieht dazu vor, dass für Arbeitsmittel, die den Vorschriften für die Bereitstellung auf dem Markt entsprechen, keine zusätzlichen Maßnahmen nach den §§ 8, 9 BetrSichV getroffen werden müssen. Die Gefährdungsbeurteilung wird aber auch hier nicht entbehrlich und es ist erforderlich, dass die weiteren Voraussetzungen für eine vereinfachte Vorgehensweise tatsächlich vorliegen, wie zB ausreichende Instandhaltung, bestimmungsgemäße Verwendung und das Fehlen zusätzlicher Gefährdungen am Arbeitsgegenstand, des Ablaufs oder der Lage der Arbeitszeit (§ 7 Abs. 1 Nr. 1–4 BetrSichV).

10 Immer einzuhaltende **Grundpflichten des Arbeitgebers** ergeben sich aus § 4 BetrSichV, aber auch hinsichtlich der Eignung des Arbeitsmittels und der anzuwendenden Schutzmaßnahmen aus §§ 5, 6 BetrSichV. Immer vorauszusetzen ist, dass die Arbeitsmittel „den für sie geltenden Rechtsvorschriften" entsprechen (**Rechtskonformität**). Hiermit sind Anforderungen aus dem Produktsicherheitsgesetz und den einschlägigen europäischen Harmonisierungsrichtlinien sowie alle weiteren rechtlichen Arbeitsschutzanforderungen gemeint.[6] Der Ansatz der neuen Verordnung, Produktsicherheit und Arbeitsschutz besser zu verbinden und das Zusammenwirken von Hersteller und Arbeitgeber zu stärken, ist prinzipiell richtig. Insbesondere sind **Gebrauchs- und Bedienungsanleitungen** eine wichtige Erkenntnisquelle bei der Gefährdungsbeurteilung, was auch § 3 Abs. 4 BetrSichV herausstellt. Ob die Qualität der existierenden Gebrauchs- und Bedienungsanleitungen ausreicht, um deren inhaltliche Richtigkeit zu vermuten (so § 3 Abs. 4 S. 3 BetrSichV), hätte vor Verabschiedung der Verordnung allerdings empirisch validiert werden müssen. Die Annahme der Verordnungsbegründung, eine Plausibilitätsprüfung des Arbeitgebers reiche aus, um die Anleitungshinweise zu übernehmen und Informationen als zutreffend einzustufen, überzeugt bis zur Vorlage seriös erhobener Daten und Praxiserfahrungen nicht. Die vorgesehenen Erleichterungen sollten daher vorerst restriktiv gehandhabt werden.

11 Eine ähnliche Problematik stellt sich auch im Hinblick auf einen teilweise geltend gemachten Vertrauensschutz des Arbeitgebers bei einer **CE-Kennzeichnung**. Die CE-Kennzeichnung beruht jedoch auf keiner Prüfung durch unabhängige Prüforganisationen, sondern sie ist eine Erklärung des Herstellers, dass das Produkt europäischen Vorschriften entspricht und einem Verfahren zur Bewertung der Konformität unterzogen wurde. Eine inhaltliche externe Prüfung wie beim Prüfzeichen GS oder dem DGUV-

---

[6] Nöthlichs/Wilrich, Arbeitsschutz und Arbeitssicherheit, vor 4101, unter Verweis auf das berufsgenossenschaftliche Regelwerk.

Testzeichen findet nicht statt. Es wird daher zu Recht davon ausgegangen, dass der CE-Kennzeichnung mangels produktsicherheitsrechtlich belastbarer Aussage im Betriebssicherheitsrecht keine Bedeutung zukommen kann.[7] § 3 Abs. 1 BetrSichV verdeutlicht, dass das Vorhandensein einer CE-Kennzeichnung keinesfalls von der Verpflichtung zur Gefährdungsbeurteilung entbindet. **Herstellerverantwortung** und **Arbeitgeberverantwortung** sind daher weiterhin getrennt zu sehen, auch wenn sie aufeinander aufbauen sollen.

Bei der Übernahme von Angaben und Festlegungen des Herstellers muss der Arbeitgeber stets prüfen, ob die Arbeitsbedingungen und -verfahren im Betrieb den Bedingungen und Annahmen entsprechen, die der Hersteller als praxistypisch vorausgesetzt hatte (§ 3 Abs. 5 BetrSichV). Sprachlich nicht geglückt ist die Formulierung in § 3 Abs. 4 S. 3 BetrSichV, wonach sich der Arbeitgeber auf Herstellerinformationen verlassen können soll, „es sei denn, dass er über andere Erkenntnisse verfügt". Fahrlässiges Nichtwissen von eventuell lebenserhaltenden Informationen ist nach dem Wortlaut nicht erfasst, was den Arbeitgeber zu stark entlastet. Dies lässt sich mit allgemein geltenden zivilrechtlichen Grundsätzen nicht vereinbaren. § 3 Abs. 4 S. 3 BetrSichV darf daher zumal bei höheren Risiken nicht im Sinne einer systemfremden Beweislastumkehr verstanden werden, sondern muss unter Heranziehung allgemeiner Sorgfaltsanforderungen ausgelegt werden. 12

II. Unionsrecht: Produktbeschaffenheit, freier Warenverkehr und Arbeitsschutz

Das tradierte System der technischen Regelsetzung bei Arbeitsmitteln enthielt ursprünglich neben Aussagen zur Bereitstellung und Verwendung von Arbeitsmitteln auch Aussagen zur Beschaffenheit der Arbeitsmittel und Anlagen, weil die Beschaffenheit, zB die Konstruktion des Arbeitsmittels, erheblichen Einfluss auf dessen Sicherheit hat. Beschaffenheitsanforderungen waren zudem in größerem Umfang in Unfallverhütungsvorschriften geregelt. Die Existenz von Beschaffenheitsanforderungen und ihre Verkoppelung mit Normen zur Bereitstellung und Verwendung von Arbeitsmitteln ist aus Anwendersicht nahe liegend und hatte sich aus nationaler Sicht auch unter Sicherheitsgesichtspunkten in der Vergangenheit im Grundsatz bewährt. Gleichzeitig bestand und besteht für den **vorgreifenden produktbezogenen Arbeitsschutz** ein **Spannungsverhältnis zu den Zielen des europäischen Binnenmarktes**, der einen freien Verkehr von Waren und Dienstleistungen innerhalb der Mitgliedstaaten der Europäischen Union vorsieht (Art. 28 ff. AEUV). 13

Die Einheitliche Europäische Akte vom 17.2.1986 und die Verträge von Maastricht und Amsterdam hatten daher die Kompetenzen der Union im Arbeitsschutz mit dem Ziel einer „Harmonisierung" erweitert. Als Konsequenz enthielt der EG-Vertrag eine Ermächtigung für Rechtsakte auf dem Gebiet des vorgreifenden produktbezogenen Arbeitsschutzes in Art. 95 EGV, jetzt in **Art. 14 AEUV** (Unionsrecht → Rn. 2, 5 ff.). Daneben steht Art. 153 AEUV (früher Art. 137 Abs. 1 EGV) als Ermächtigung und programmatische Grundlage des betrieblichen Arbeitsschutzes. 14

Die Abgrenzung beider Bereiche ist mit Blick auf das Sicherheitsniveau nach wie vor nicht unproblematisch; die Gestaltung der Politikfelder muss beide Ebenen berücksichtigen, da zwischen den Regelungskomplexen Beschaffenheit und Verwendung **Wechselwirkungen** bestehen sowie Unterschiede in der sicherheitstechnischen Gestaltung auftreten und zu Konflikten führen können.[8] Nach Art. 5 Abs. 3 der Maschinenrichtlinie müssen daher den Sozialpartnern auf nationaler Ebene Einflussmöglichkeiten bei der Entwicklung und Umsetzung harmonisierter Normen eingeräumt werden. In Deutschland soll diese Aufgabe durch die **Kommission Arbeitsschutz und Normung** wahrgenommen werden. 15

Orientiert an den Vorgaben des europäischen Rechts liegt der Schwerpunkt der Regelungen der Betriebssicherheitsverordnung nach der Reform 2015 auf den Fragestellun- 16

---

[7] Schucht BPUVZ 2014, 551 und NZA 2015, 333 (336); Pieper BetrSichV § 4 Rn. 3. [8] Pieper Einl. Rn. 88.

gen, die mit der **Verwendung des Arbeitsmittels** zusammenhängen. Gemeint ist damit jegliche Tätigkeit mit dem Arbeitsmittel (§ 2 Abs. 2 S. 1 BetrSichV). Die Verordnung spricht nicht mehr von Nutzung und Bereitstellung. Auf den Begriff Bereitstellung wird verzichtet, da er produktsicherheitsrechtlich besetzt ist. Der Arbeitgeber „stellt" aber „zur Verfügung". § 5 Abs. 3 BetrSichV verbindet insoweit **die Sphären des Marktes (Herstellerverantwortung) und des Betriebs (Arbeitgeberverantwortung)**. Der Arbeitgeber darf nur Arbeitsmittel zur Verfügung stellen, die **rechtskonform** und unter Berücksichtigung der vorgesehenen Einsatzbindungen **bei der Verwendung** sicher sind. Maßstab für die Beurteilung der rechtlichen Konformität sind die in das deutsche Recht umgesetzten Richtlinien der Europäischen Union, sonstige Rechtsvorschriften aller Art sowie die Anhänge der Betriebssicherheitsverordnung.

17 Durch die Betriebssicherheitsverordnung werden im Übrigen **weitere europäische Richtlinien** in nationales Recht umgesetzt. Relevante rechtliche Quellen sind die Explosionsschutzrichtlinie 1999/92/EG, die Druckgeräterichtlinie 97/23/EG und die Aerosolpackungen-Richtlinie 75/324/EWG.

18 Die Betriebssicherheitsverordnung setzt darüber hinaus vor allem die zunächst als RL 89/655/EWG erlassene **Arbeitsmittelbenutzungsrichtlinie** (vollständiger Titel: Richtlinie über Mindestvorschriften für Sicherheit und Gesundheitsschutz bei der Benutzung von Arbeitsmitteln durch Arbeitnehmer bei der Arbeit [ABl. EG L 393, 13]) sowie die hierzu erlassenen Änderungsrichtlinien RL 95/63/EG und RL 2001/45/EG in nationales Recht um. Maßgeblich ist inzwischen die vor allem redaktionell neu gefasste **RL 2009/104/EG**[9] vom 16.9.2009.[10] Im Unionsrecht wird seit 1995 die Beachtung ergonomischer Zusammenhänge verlangt, die jetzt in § 6 BetrSichV verdeutlicht worden ist. Auch die Pflicht zur Instandhaltung in Art. 4 Abs. 2 RL 2009/104/EG hat wichtige Impulse für das deutsche Recht gegeben.[11]

III. Grundzüge des Regelungsinhalts

19 Das Konzept der Betriebssicherheitsverordnung berücksichtigt die Vorgaben der Arbeitsschutzrahmenrichtlinie 89/391/EWG und verlangt daher die Durchführung einer **Gefährdungsbeurteilung** vor dem Zurverfügungstellen und Verwenden des Arbeitsmittels. Die Gefährdungsbeurteilung dient dazu, die im Betrieb erforderlichen Schutzmaßnahmen festzulegen. Die Verantwortlichkeit liegt in erster Linie beim Arbeitgeber. Durch die Reform der Betriebssicherheitsverordnung 2015 sind die hierbei zu berücksichtigenden Gesichtspunkte zB zur psychischen Belastung durch das Arbeitsmittel konkreter gefasst worden (→ Rn. 4). Durch den Wortlaut des § 3 Abs. 1 BetrSichV wird nunmehr auch deutlicher klargestellt, dass die Beurteilung der auftretenden Gefährdungen abgeschlossen sein muss, bevor das Arbeitsmittel eingesetzt werden kann. Solange der Arbeitgeber keine Schutzmaßnahmen nach dem Stand der Technik abgeleitet und dann auf dieser Grundlage festgestellt hat, dass die Verwendung nach dem Stand der Technik sicher ist, bleibt die Verwendung verboten (§ 4 Abs. 1 BetrSichV).

20 Aus der Betriebssicherheitsverordnung ist nicht unmittelbar ersichtlich, dass die Gefährdungsbeurteilung nicht allein Sache des Arbeitgebers ist, sondern der **Beteiligung der betrieblichen Interessenvertretung** unterliegt. Zentral ist hierbei das Mitbestimmungsrecht des Betriebsrats aus § 87 Abs. 1 Nr. 7 BetrVG (BetrVG § 87 Rn. 51). Typischerweise wird daher die Vorgehensweise bei der Gefährdungsbeurteilung auf betrieblicher Ebene durch Betriebsvereinbarungen konkretisiert.

21 Das zu erreichende Schutzniveau bei Arbeitsmitteln wird zudem durch den **Stand der Technik** vorgegeben und bestimmt (§ 4 Nr. 3 ArbSchG, dazu → ArbSchG § 4 Rn. 82; § 4 Abs. 1 Nr. 2, § 3 Abs. 7 BetrSichV). Hierdurch wird ein normativer Zwang ausgeübt, dass fortschrittliche Verfahren und Arbeitsmittel eingesetzt werden und veraltete Arbeitsmittel ersetzt werden müssen. Der Vergleich mit dem Stand der Technik ist da-

---

9 Überblick bei Kreizberg in: Oetker/Preis EAS B 6200 Rn. 24 ff. und EuArbR/Klindt/Schucht RL 89/391/EWG Rn. 123 ff. **10** ABl. EU L 260, 5 ff. **11** EuArbR/Klindt/Schucht RL 89/391/EWG Rn. 131.

her entscheidendes Kriterium für die weitere Verwendbarkeit betrieblicher Ausrüstungsbestandteile. In der Praxis besteht die Gefahr, dass der Stand der Technik außer Acht gelassen wird und veraltete oder schlecht angewendete Technik unnötige Risiken verursacht. Die Gefährdungsbeurteilung ist unter Berücksichtigung des Standes der Technik regelmäßig zu überprüfen (§ 3 Abs. 7 S. 1, 2 BetrSichV), was zur Anpassung der Schutzmaßnahmen führen soll.[12] Das dabei zu erreichende Sicherheitsniveau wird in der Verordnung nicht sehr präzise beschrieben. Ausdrücklich muss der Arbeitgeber aber feststellen können, dass die **Verwendung** nach dem **Stand der Technik** sicher ist (§ 4 Abs. 1 Nr. 3 BetrSichV). Dementsprechend darf der Arbeitgeber bei gegebenenfalls erforderlichen Nachrüstungen das aktuell durch neue Arbeitsmittel erreichte Niveau des Standes der Technik nicht unterschreiten (**einheitliches Sicherheitsniveau**).[13]

Die notwendige Feststellung des Standes der Technik (Definition in § 2 Abs. 10 BetrSichV) ist eine komplexe Aufgabe, die detailliertes Wissen um die in der Praxis angewendeten Arbeitsverfahren und Schutzmaßnahmen voraussetzt. Beim Bundesministerium für Arbeit und Soziales ist daher für allgemeine Beratungsaufgaben und die Ermittlung des Standes der Technik, weitergehender arbeitswissenschaftlicher Erkenntnisse sowie des Standes von Arbeitsmedizin und Hygiene ein Ausschuss auf nationaler Ebene errichtet (§ 21 BetrSichV). Dieser **Ausschuss für Betriebssicherheit (ABS)**[14] besteht nach der gesetzlichen Vorstellung aus nicht mehr als 21 Mitgliedern; zusätzlich hat er Untergremien gebildet. Die Verordnung sieht hierbei die Einbeziehung von Arbeitgebern und Gewerkschaften vor, ohne jedoch deren Stellung und Rechte im Detail zu beschreiben. Wenn der Ausschuss seine Rolle gerade auch im Hinblick auf branchenspezifische Fragestellungen kompetent wahrnehmen soll, müssen die Ressourcen durch verbindliche Festlegungen, etwa durch Arbeitsfreistellung der ehrenamtlichen Mitglieder und Zuerkennung von Fahrtkosten, wesentlich aufgebessert werden (→ ArbSchG §§ 18, 19 Rn. 23). Die vom Ausschuss erarbeiteten **Regeln** werden als **TRBS** bekannt gemacht und auf der Homepage www.baua.de dokumentiert. Werden sie in der betrieblichen Praxis eingehalten, so vermutet § 4 Abs. 3 S. 2 BetrSichV vermutet, dass die Anforderungen der BetrSichV eingehalten werden (ausführlich zu dieser „**Vermutungswirkung**" → ArbSchG §§ 18, 19 Rn. 35 ff.).[15] Zu den besonders wichtigen Regeln gehören die TRBS 1151, die Gestaltung und Schutz an der Schnittstelle von Mensch und Maschine verdeutlichen.

Die praktische Bedeutung der Betriebssicherheitsverordnung liegt traditionell auch darin, dass sie die Grundlage für die **Prüfung von Arbeitsmitteln und Anlagen** bildet. Die Prüfungen der klassischen überwachungsbedürftigen Anlagen sind jetzt in §§ 15, 16 BetrSichV geregelt. Einzelheiten zu den Prüfungen sind in **Anhang 2** in den „Prüfvorschriften" für Druckgeräte, Aufzüge und explosionsgefährdete Bereiche enthalten. In den **Anhang 3** sind nunmehr Prüfvorschriften für Krane, Flüssiggasanlagen und maschinentechnische Arbeitsmittel der Veranstaltungstechnik neu aufgenommen worden. In den existierenden Vorschriften sind Regelungen zu den folgenden Grundproblemen enthalten:

- Zuständigkeit für die Prüfung;
- Voraussetzungen für das Eingreifen der Prüfpflicht;
- Anforderungen an die prüfende Person oder Organisation;
- interne oder externe Prüfung;
- Gegenstand der Prüfung/Prüfungstiefe;
- Prüfungsfrequenz.

Die Betriebssicherheitsverordnung und das konkretisierende Regelwerk kann diese Fragen nicht einheitlich beantworten, da sich die Risiken, die die Betriebssicherheitsverordnung eingrenzen soll, zB nach der Art des Arbeitsmittels oder der betroffenen Anlage stark unterscheiden. Gegenstand der Prüfung kann eine explosionsgefährdete

---

12 Schucht NZA 2015, 333 (336). **13** Ähnlich Nöthlichs/Wilrich, Arbeitsschutz und Arbeitssicherheit, vor 4101 „ausreichende Sicherheit". **14** Dazu Wilrich DB 2002, 1553 (1559). **15** Kollmer/Klindt/Schucht/Wink BetrSichV § 24 Rn. 4.

Chemieanlage als Ganzes, ein Druckbehälter, aber auch ein einfacher Hammer sein. Verschleiß und Lebensdauer des Arbeitsmittels sowie die Komplexität der Prüfungsaufgabe können somit **unterschiedliche Sicherheits- und Prüfungskonzepte** erforderlich machen. Der hierdurch entstehende **Raum zur Differenzierung** wird teilweise durch die Verordnung selbst oder ihre Anhänge vorgegeben bzw. durch Technische Regeln des ABS ausgefüllt. Die Reform der BetrSichV hat die Übersichtlichkeit hierbei erhöht. Zu einem beachtlichen Teil bedarf es aber der Konkretisierung auf der betrieblichen Ebene (→ BetrVG § 87 Rn. 51).

IV. Zentrale Begriffe der BetrSichV

25 Die Betriebssicherheitsverordnung enthält **eigene Begriffsbestimmungen,** vor allem in § 2 BetrSichV, der 2015 neu gefasst wurde. Die Begriffsbestimmungen der BetrSichV erfassen viele Grundbegriffe, die für die gesamte Verordnung Bedeutung haben. So wird etwa durch die Begriffe „Arbeitsmittel" und „Verwendung" der Geltungsbereich der Betriebssicherheitsverordnung umrissen (§ 2 Abs. 1, 2 BetrSichV iVm § 1 Abs. 1 BetrSichV). Die Auswahl des Arbeitsmittels und das Zurverfügungstellen des geeigneten und rechtskonformen Arbeitsmittels ist wesentlicher Gegenstand der BetrSichV (§§ 3 Abs. 3, 5 Abs. 1 BetrSichV). Dies ist auch sinnvoll, da durch frühzeitige Berücksichtigung des Arbeitsschutzes im Anschaffungsprozess, die Gesundheit besser geschützt werden kann und nachträgliche Kosten für den Arbeitgeber vermieden werden.

26 Das Zurverfügungstellen durch den Arbeitgeber und das Verwenden von Arbeitsmitteln durch die Beschäftigten bilden die Voraussetzung für wichtige Arbeitgeberverpflichtungen, die hauptsächlich in §§ 5, 6 BetrSichV aufgeführt werden:
- Der Arbeitgeber muss sicherstellen, dass nur Arbeitsmittel bereitgestellt werden, die **für die konkrete Verwendung geeignet** sind (§ 5 Abs. 1 Nr. 1 BetrSichV).
- Das Arbeitsmittel muss den **Einsatzbedingungen angepasst** sein (5 Abs. 1 Nr. 2 BetrSichV, mit der relevanten **Sicherheitsausrüstung** ausgestattet (5 Abs. 1 Nr. 3 BetrSichV) und **mangelfrei** sein (§ 5 Abs. 4 BetrSichV).
- Der Arbeitgeber muss jedenfalls durch geeignete Schutzmaßnahmen die Gefährdung des Arbeitnehmers so gering wie möglich halten (**Minimierungsgebot, TOP Prinzip** § 5 Abs. 1 S. 2 BetrSichV und § 4 Abs. 2 BetrSichV).
- Der Arbeitgeber muss nach der Reform der BetrSichV, wie oben bereits ausgeführt (→ Rn. 4), dabei den **Stand der Technik** und die **ergonomischen Zusammenhänge** zwischen Arbeitsplatz, Arbeitsmittel, Arbeitsorganisation, Arbeitsablauf und Arbeitsaufgabe sowie nunmehr auch Arbeitszeit, Arbeitstempo und Arbeitsrhythmus berücksichtigen (§ 6 BetrSichV).

Durch die Reform der BetrSichV werden damit umfassenden Gestaltungsanforderungen im Hinblick auf eine Humanisierung der Schnittstelle Mensch Maschine deutlich besser vermittelt als in der alten Fassung der Verordnung.[16]

27 Was unter **Arbeitsmittel** zu verstehen ist, beschreibt der Verordnungsgeber in § 2 Abs. 1 BetrSichV weiter durch eine Aufzählung. Zu den Arbeitsmitteln gehören nach dem Wortlaut Maschinen, Geräte, Werkzeuge oder Anlagen sowie überwachungsbedürftige Anlagen. Diese Definition, die ähnlich auch in der in der RL 2009/104/EG zur Benutzung von Arbeitsmitteln enthalten ist, dürfte jedenfalls im Regelfall den praktischen Erfordernissen genügen. Nach dem Wortlaut der BetrSichV müssen die Arbeitsmittel (mit Ausnahme der überwachungsbedürftigen Anlagen), „für die Arbeit verwendet werden". Für die Verwendung genügt jegliche Tätigkeit mit dem Arbeitsmittel, wobei eine finales Einwirken auf einen Arbeitsgegenstand nicht zwingend ist (arg. § 2 Abs. 2 S. 2 BetrSichV).

28 Angemessen erscheint es daher weniger auf die Untergruppen der Aufzählung (Werkzeug, Gerät usw.) als auf ein **tendenziell extensives Verständnis des Arbeitsmittelbegriffs** selbst abzustellen, da dies ungewollte Begrenzungen auf klassische Technologieausprägungen vermeidet. Bereits die erste Regierungsbegründung zur BetrSichV hatte

---

[16] Pieper BetrSichV § 6 Rn. 9 ff.

formuliert, dass der Arbeitsmittelbegriff „vom Kugelschreiber bis hin zur komplexen Fertigungsstraße" reicht.[17] Ein solches umfassendes Verständnis des Begriffs ist auch in der RL 2009/104/EG angelegt, deren Art. 2 a ausdrücklich „**alle**" **Arbeitsmitteltypen** erfassen und den vollständigen Schutz vor Gefährdungen, die mit dem Arbeitsmittel in Zusammenhang stehen, gewährleisten soll. Im praktischen Ergebnis dürften daher all jene Sachen und Sachgesamtheiten, mit denen der Arbeitnehmer bei der Erbringung der Arbeitsleistung in Berührung kommt, sei es durch eigene oder fremde Benutzung oder in anderer sich auf die Gefährdung des Arbeitnehmers auswirkender Weise, der Schutzfunktion der Betriebssicherheitsverordnung unterfallen können. Zur Begründung der Arbeitsmitteleigenschaft können ergänzend auch die Beispiele für die Verwendung in § 2 Abs. 2 S. 2 BetrSichV herangezogen werden.

Die Betriebssicherheitsverordnung erfasst zudem auch **Geräte und Sachen, die aus dem Anwendungsbereich des ProdSG herausfallen**, wie etwa Medizingeräte und straßenverkehrstaugliche Fahrzeuge.[18] Privatfahrzeuge werden anders als Dienstwagen nicht vom Arbeitgeber zur Verfügung gestellt und sind daher nicht als Arbeitsmittel nach der Betriebssicherheitsverordnung zu behandeln (ebenso auch für „dienstlich anerkannte Fahrzeuge" der LASI Leitfaden LV 35 zur BetrSichV).[19] 29

Die Sicherheitsanforderungen der Betriebssicherheitsverordnung können sich mit **anderen Arbeitsschutzverordnungen** überschneiden und durch speziellere Regelungen verdrängt werden, wenn die andere Rechtsquelle den fraglichen Sachverhalt vorrangig und abschließend regelt. Medizinprodukte etwa können Arbeitsmittel im Sinne der Betriebssicherheitsverordnung sein, wenn die Anforderungen an § 1 Abs. 1 S. 1 BetrSichV erfüllt sind. Prinzipiellen Vorrang aber haben die Vorschriften des Medizinproduktegesetzes und die Medizinprodukte-Betreiberverordnung.[20] Für persönliche Schutzausrüstungen greift prinzipiell die Verordnung über Sicherheit und Gesundheitsschutz bei der Benutzung persönlicher Schutzausrüstungen bei der Arbeit (**PSA-BV**). Lücken in der PSA-BV werden jedoch dadurch aufgefangen, dass in diesen Bereichen ergänzend die Betriebssicherheitsverordnung angewendet wird. Dies gilt etwa für die in der PSA-BV nicht geregelten Flaschen für Atemschutzgeräte.[21] 30

Weitere Fälle, in denen konkurrierende Regelungen vorliegen können, können sich aus der Arbeitsstättenverordnung (ArbStättV)und der Gefahrstoffverordnung (GefStoffV) ergeben. Soweit Gebäude, Gebäudebestandteile und Einrichtungen in Gebäuden oder an Arbeitsplätzen im Freien betroffen sind, müssen die Anforderungen der **ArbStättV** berücksichtigt werden. Dies gilt etwa für kraftbetriebene Türen, Rolltore, Beleuchtung und lüftungstechnische Anlagen. Es kann sich aber bei der Anwendung der ArbStättV herausstellen, dass die Erfüllung dieser allgemeinen Anforderungen an die Arbeitsstätte nicht ausreicht, um sichere Verhältnisse für die Beschäftigten herzustellen. Wenn die Benutzung von Einrichtungen in der Arbeitsstätte einen direkten Zusammenhang zur Arbeit aufweist, kann es daher notwendig sein, die Betriebssicherheitsverordnung anzuwenden. Ein Beispiel hierfür ist die Elektroinstallation in explosionsgefährdeten Bereichen der Arbeitsstätte, bei der die Regelungen der BetrSichV anwendbar bleiben müssen.[22] Nach der Integration der BildscharbV in die ArbStättV ergeben sich Überschneidungen bei den ergonomischen Anforderungen an Bildschirmgeräte, auch an die mobilen Geräte im Betrieb, für die sich ergonomische Anforderungen aus der DGUV-Information 211-040 ergeben. Für mobile Geräte außerhalb der Arbeitsstätte ist der Arbeitgeber nach den Bestimmungen der BetrSichV verantwortlich.[23] 31

Auch zwischen den Arbeitsschutzregelungen der Betriebssicherheitsverordnung und der **Gefahrstoffverordnung** gibt es Berührungspunkte. Die Gefahrstoffverordnung findet Anwendung auf Gefahrstoffe. Dies sind in erster Linie Stoffe und Zubereitungen, die ein Gefährlichkeitsmerkmal aufweisen, weil sie zB als giftig, entzündlich, explosionsge- 32

---

17 BR-Drs. 301/02, 82; Wilrich DB 2002, 1553 (1554). **18** Pieper, Basiskommentar, BetrSichV § 2 Rn. 4. **19** LASI, Leitfaden BetrSichV, 3. Aufl., A 1.3. **20** LASI, Leitfaden BetrSichV, 3. Aufl., A 2.4. **21** LASI, Leitfaden BetrSichV, 3. Aufl., A 2.2. **22** LASI, Leitfaden BetrSichV, 3. Aufl., A 2.1. **23** Pieper ArbStättV Anh. 6.4. Rn. 2; Kohte NZA 2015, 1417 (1421); Wiebauer NZA 2017, 222 (225).

fährlich, gesundheitsschädlich, krebserzeugend, ätzend usw eingestuft sind (§ 3 a ChemG und → GefStoffV Rn. 28) oder weil sie sonstige chronisch schädigende Eigenschaften besitzen. Gefahrstoffe sind ferner Stoffe, Zubereitungen und Erzeugnisse, bei deren Herstellung oder Verwendung Stoffe und Zubereitungen mit den oben genannten gefährlichen Eigenschaften entstehen oder freigesetzt werden können. Allerdings darf die **Wechselwirkung von technischer Ausstattung und Gefahrstoffen** nicht übersehen werden. Dies ist besonders deutlich bei der Minimierung von Explosionsgefährdungen, aber zB auch bei Gefährdungen durch Druckbehälter, die unzweifelhaft auch an den Anforderungen der BetrSichV gemessen werden müssen. Vorstellbar ist schließlich auch der Fall, dass es sich bei dem einzusetzenden Stoff nicht um einen Gefahrstoff im Sinne der Gefahrstoffverordnung handelt.

33 Eine völlige Vernachlässigung chemisch/physikalisch vermittelter Gefährdungen ist in der BetrSichV nicht vorgesehen. Dies wäre mit dem in beiden Verordnungen enthaltenen einheitlichen Ansatz der Gefährdungsbeurteilung auch nicht vereinbar. In der Praxis sind Gefährdungen durch Arbeitsmittel und stoffliche Gefährdung nicht zu trennen und müssen letztlich auch durch **Ableitung einheitlicher Schutzmaßnahmen** begrenzt werden. So müssen zB bei der Verarbeitung von Holz die eingesetzten Arbeitsmittel einerseits entsprechend den Vorschriften der BetrSichV überlassen und verwendet werden, andererseits aber auch so beschaffen sein, dass stoffliche Gefährdungen durch krebserzeugenden Holzstaub (TRGS 553) vermieden werden.

34 Ein Zurverfügungstellen von Arbeitsmitteln im Sinne von § 5 BetrSichV umfasst alle Maßnahmen des Arbeitgebers, durch die ein Beschäftigter in Berührung mit einem Arbeitsmittel gebracht wird. Dies gilt auch wenn Dritte beteiligt sind. Beispielsweise wird der Aufbau eines Gerüstes durch einen externen Vertragspartner von der BetrSichV erfasst und der Arbeitgeber bleibt für die Sicherheit des Gerüstes verantwortlich.[24] Der Arbeitgeber muss durch geeignete Beschaffungs- und Auswahlverfahren und andere Vorkehrungen auch gegenüber dem Dritten sicherstellen, dass eigene und fremde Arbeitsmittel den Anforderungen der BetrSichV entsprechen. Dessen Pflichten gelten daher auch dann, wenn er nicht Eigentümer der Arbeitsmittel ist, sondern diese gemietet oder geleast hat.[25] Ebenso ist er nach § 5 Abs. 4 BetrSichV verantwortlich für Arbeitsmittel (zB digitale Geräte), die von den Beschäftigten mit Duldung des Arbeitgebers für die Arbeit genutzt werden.[26]

35 Der Begriff der **Verwendung** ist ebenfalls weit auszulegen.[27] Er umfasst jegliche Tätigkeit mit dem Arbeitsmittel (§ 2 Abs. 2 BetrSichV). Gesetzliche Beispiele sind das Montieren, Installieren, Bedienen, An- oder Abschalten, Einstellen, Gebrauchen, Betreiben, Instandhalten, Reinigen, Prüfen, Umbauen Erproben, Demontieren, Transportieren und Überwachen. Eine Verwendung kann daher im **gesamten Lebenszyklus eines Arbeitsmittels** vorliegen.

36 Besonders betont wird in der 2015 neu gefassten Verordnung die **Instandhaltung** (§ 6 Abs. 3 Nr. 1 BetrSichV und vor allem § 10 BetrSichV). Unter Instandhaltung versteht die Verordnung die Gesamtheit aller Maßnahmen, die der Erhaltung eines sicheren Zustandes dienen (§ 2 Abs. 7 BetrSichV). Hiervon soll nach dem Wortlaut auch die Rückführung eines unsicheren Zustands in einen sicheren erfasst sein. Das Pflichtenprogramm des § 10 BetrSichV ist aber sicherlich auf die Herstellung dauerhaft sicherer Verhältnisse ausgerichtet.[28] Fraglich ist daher, ob korrigierende Maßnahmen noch im eigentlichen Sinne Instandhaltung sein können oder bereits eine andere „Qualität" haben. § 10 Abs. 2 S. 2 BetrSichV verlangt, dass Instandhaltungsmaßnahmen von fachkundigen und hinreichend unterwiesenen Beschäftigten durchgeführt werden.[29] Das vermittelt Anforderungen an die Personalplanung und setzt Grenzen für Arbeitnehmerüberlassung und Fremdfirmenbeschäftigung.

---

24 Pieper, Basiskommentar, BetrSichV § 2 Rn. 16. **25** Pieper, 5. Aufl., BetrSichV § 7 Rn. 6. **26** Dazu Wiebauer NZA 2016, 1430 (1433). **27** Fähnrich/Mattes BetrSichV § 2 Rn. 3 für den Vorgängerbegriff „Benutzung". **28** Schucht NZA 2015, 333 (335). **29** Pieper BetrSichV § 10 Rn. 10.

Ebenfalls durch die Reform 2015 wird der persönliche Geltungsbereich der BetrSichV 37
in sinnvoller Weise ausgedehnt (§ 2 Abs. 4 BetrSichV). Beschäftigten im Sinne des
ArbSchG werden Schülerinnen und Schüler, Studierende sowie in Heimarbeit bzw. in
Wissenschaftseinrichtungen tätige Personen gleichgestellt. Dieser **erweiterte Beschäftigtenbegriff** führt dazu, dass der Arbeitsschutz der BetrSichV bei den genannten Gruppen unabhängig von einer Einstufung als Arbeitnehmer zu beachten ist.

Große praktische Bedeutung für die Umsetzung der BetrSichV hat die **befähigte Person**, 38
deren erforderliche Eigenschaften in § 2 Abs. 6 BetrSichV und der hierzu beschlossenen
technischen Regel TRBS 1203 festgelegt bzw. konkretisiert werden. Der Arbeitgeber
erfüllt den in der Verordnung vorgesehenen Arbeitsschutz durch **Prüfungen** von Arbeitsmitteln mithilfe der befähigten Person. Methodisch wird bei der Prüfung der „Istzustand" des Arbeitsmittels ermittelt und mit dem „Sollzustand" verglichen (§ 2 Abs. 8
BetrSichV). Ergebnis ist die Bewertung von festgestellten Abweichungen mit entsprechenden Konsequenzen für das betriebliche Handeln. Wichtige Grundfälle der Prüfungen sind in § 14 BetrSichV geregelt. Im Rahmen der Gefährdungsbeurteilung muss der
Arbeitgeber nicht nur erforderliche Prüfungen und Prüffristen festlegen. Nach § 3
Abs. 6 BetrSichV ist auch zu entscheiden, welche Person die jeweilige Prüfung durchführen kann und soll und welche konkreten Anforderungen an diese Person zu stellen
sind.[30] Der Begriff der befähigten Person wurde dabei ohne sprachliche Veränderungen
aus der deutschsprachigen Version der Arbeitsmittelbenutzungsrichtlinie in die
BetrSichV übernommen (RL 2009/104/EG und RL 89/655/EWG). 2008 ist in die
BetrSichV aufgenommen worden, dass die befähigten Personen bei ihrer Prüfungstätigkeit **keinen fachlichen Weisungen unterliegen** und dass sie wegen ihrer Tätigkeit **nicht
benachteiligt werden dürfen** (jetzt § 14 Abs. 6 BetrSichV). Diese wichtige Ergänzung,
die sachlich an § 8 ASiG (zur fachlichen Unabhängigkeit ausführlich → ASiG § 8
Rn. 6 ff.) angelehnt ist, war zunächst methodisch problematisch in die TRBS 1203 integriert worden.[31] Da sie aber von grundlegender Bedeutung für die Qualität der Prüfungen ist, ist es sachgerecht, dass sie seit längerer Zeit in der Verordnung verankert
ist.[32]

An sich wäre bereits für die Bestimmung des Begriffs der befähigten Person eine direkte 39
Anknüpfung an die Strukturen und auch die Begriffsbildung des ASiG nahe liegend.
Da es zu den **Kernaufgaben der Fachkräfte für Arbeitssicherheit** nach dem ASiG gehört, die Betriebsanlagen und die technischen Arbeitsmittel insbesondere vor der Inbetriebnahme und sicherheitstechnisch zu überprüfen (so § 6 Nr. 2 ASiG), können Fachkräfte für Arbeitssicherheit als befähigte Personen nach der BetrSichV eingesetzt werden.[33] Allerdings sind im technischen Regelwerk Tätigkeitsbereiche identifiziert worden, die eine genauere Auseinandersetzung mit der im Einzelfall vorausgesetzten Qualifikation erforderlich machen. So gibt es etwa für den Bereich der Gefährdungen durch
Druck und Explosionen spezielle Anforderungen an die befähigte Person, die sich je
nach der bestehenden Gefährdung und dem für den Prüfvorgang erforderlichen Fach-
und Erfahrungswissen erheblich unterscheiden können (TRBS 1203 Teil 2 ff. Besondere Anforderungen). Entscheidend ist, ob die prüfende Person „hierzu" befähigt ist (zB
zur Prüfung von Explosionsgefährdungen gemäß Anhang 2 Abschnitt 3 BetrSichV).
Die Verantwortung für die Auswahl der befähigten Person trägt letztlich der Arbeitgeber, der die Auswahl anhand der von der BetrSichV vorgegebenen Kriterien im Rahmen der Gefährdungsbeurteilung treffen muss. Befähigte Person kann nur sein, wer
durch seine Berufsausbildung, Berufserfahrung und zeitnahe berufliche Tätigkeit über
die erforderlichen Fachkenntnisse zur Prüfung der Arbeitsmittel verfügt (§ 2 Abs. 6
BetrSichV). Eine weitere lebensnahe Konkretisierung und Systematisierung der Anforderungen an die befähigten Personen ist wünschenswert, aber im technischen Regelwerk noch nicht in jeder Hinsicht erreicht. Umso wichtiger ist daher eine **betriebliche**

---

[30] Pieper BetrSichV § 3 Rn. 67; Wilrich NZA 2015, 1433 ff. [31] Münch/ArbR/Kohte § 290 Rn. 43. [32] Pieper BetrSichV § 2 Rn. 23 ff. [33] Pieper BetrSichV § 3 Rn. 28; Pieper, Basiskommentar, BetrSichV § 3 Rn. 74.

Konkretisierung dieser Anforderungen, die dem Mitbestimmungsrecht des Betriebsrats nach § 87 Abs. 1 Nr. 7 BetrVG unterliegt (→ BetrVG § 87 Rn. 55).[34]

40 **Einfache Sichtkontrollen**, die sich allerdings nur auf offensichtliche Mängel beziehen dürfen, müssen nicht von befähigten Personen durchgeführt werden.[35] Hierbei darf die Eigenverantwortlichkeit des Verwenders des Arbeitsmittels aber nicht durch eine überzogene Tiefe des Überprüfungsauftrags überdehnt werden. Eine Sichtkontrolle ist keine Prüfung im Sinne der BetrSichV. Es kann daher nur um die Entdeckung von Mängeln gehen, die beim einfachen Ansehen ohne jede Mühe erkannt werden können. Die organisatorische Verantwortung bleibt auch dann beim Arbeitgeber (§ 4 Abs. 5 S. 3 BetrSichV).

41 **Aufgaben, die befähigten Personen vorbehalten sind**, weil sie nur von ihnen ausgeführt werden dürfen, sind in der BetrSichV jetzt primär in der zentralen Vorschrift des § 14 BetrSichV zusammengeführt:

- die Prüfung von Arbeitsmitteln bei besonderen Verwendungskonstellationen (a) nach Montage b) bei schädigenden Einflüssen auf das Arbeitsmittel c) bei Änderungen bzw. nach außergewöhnlichen Ereignissen);
- Prüfungen von Arbeitsmitteln, die im Anhang 2 geregelt sind, durch befähigte Personen (zB bestimmte Prüfungen bei Druckgeräten und im Anhang 3 bei Kranen, Flüssiggasanlagen usw.);
- Prüfungen nach Instandsetzung überwachungsbedürftiger Anlagen, in denen eine Explosionsgefährdung auftreten kann, gemäß Anhang 2 Abschnitt 3 Ziff. 4.2. Hier muss die Befähigung der Person zusätzlich behördlich anerkannt werden (TRBS 1201 Teil 3);
- die Aufzeichnung von Prüfungen der befähigten Person gemäß § 14 Abs. 7 BetrSichV.

Befähigte Personen sind damit sowohl beim Zurverfügungstellen und Verwenden von Arbeitsmitteln als auch beim Betrieb überwachungsbedürftiger Anlagen zentrale Adressaten der Sicherheitsanforderungen der BetrSichV.

Durch die Integration der Prüfungen für Krane in die BetrSichV wurde zusätzlich als weitere Kategorie bzw. Sonderform der befähigten Person im Anhang 3 der **Prüfsachverständige** geschaffen. Hierdurch werden bewährte Prüfverfahren, die auf berufsgenossenschaftlichen Vorschriften beruhen, auch nach Überführung in das staatliche Recht erhalten.

42 Bei **den überwachungsbedürftigen Anlagen** gibt es neben den Prüfungen durch befähigte Personen die weitere Stufe externer Überwachung, nämlich die **Prüfung durch zugelassene Überwachungsstellen** (ZÜS). Anforderungen an die ZÜS formuliert Anhang 2 Abschnitt 1. Die Prüfungen selbst sind hauptsächlich in den §§ 15, 16 BetrSichV geregelt. Zu unterscheiden sind:

- die Prüfung vor erstmaliger Inbetriebnahme;
- die Prüfung vor Wiederinbetriebnahme nach prüfpflichtigen Änderungen (§ 2 Abs. 9 BetrSichV);
- die wiederkehrenden Prüfungen der überwachungsbedürftigen Anlage (§ 16 BetrSichV).

43 **Prüfpflichtige Änderungen einer überwachungsbedürftigen Anlage** liegen nur vor, wenn die an der Anlage durchgeführten Maßnahmen die Sicherheit der Anlage beeinflussen. Die allgemeine Definition für prüfpflichtige Änderungen von Arbeitsmitteln in § 2 Abs. 9 BetrSichV gilt auch für überwachungsbedürftige Anlagen. **Reparaturen** können als Instandsetzungen die Schwelle zur Änderung überschreiten, soweit sie Einfluss auf die Sicherheit der Anlage haben (§ 2 Abs. 9 S. 2 BetrSichV). Nach einer Änderung dürfen überwachungsbedürftige Anlagen nur wieder in Betrieb genommen werden, wenn die betroffenen Anlagenteile dem Stand der Technik entsprechen (§ 4 Nr. 3 ArbSchG und § 4 Abs. 1 Nr. 2 BetrSichV). Der Stand der Technik hätte daher klarstellend auch

---

[34] Münch/ArbR/Kohte § 290 Rn. 41. [35] Pieper, Basiskommentar, BetrSichV § 3 Rn. 17.

in § 15 Abs. 1 BetrSichV als Prüfkriterium erwähnt werden sollen, die Anwendbarkeit dieses Kriteriums folgt aber aus § 15 Abs. 1 Nr. 2 BetrSichV.

Bei den überwachungsbedürftigen Anlagen führte früher oft nur die „wesentliche Veränderung" zu einer Prüfpflicht der ZÜS (§ 14 Abs. 1 BetrSichV aF). Diese Differenzierung wurde durch die Reform der Betriebssicherheitsverordnung aufgegeben. Es reicht generell eine prüfpflichtige Änderung aus. Eine erhöhte Schwelle der Änderung verbleibt allein für die **Erlaubnispflicht** in § 18 BetrSichV von Bedeutung. Für die in § 18 BetrSichV aufgeführten Anlagentypen ist eine Erlaubnis der zuständigen Behörde (Gewerbeaufsicht) für Errichtung und Betrieb erforderlich, die schriftlich zu beantragen ist. Auch Änderungen der Anlage können der Erlaubnispflicht unterliegen, sie müssen aber die „Bauart" oder „Betriebsweise" betreffen und die Sicherheit der Anlage beeinflussen (§ 18 Abs. 1 BetrSichV). Es handelt sich also um Änderungen mit zusätzlichen Anforderungen. 44

V. Organisationspflichten des Arbeitgebers

Dem Arbeitgeber und dessen Arbeitsschutzorganisation kommt nach der BetrSichV die Pflicht zu, eine sichere Handhabung von Arbeitsmitteln zu ermöglichen. Grundlage für die Organisationspflichten ist diese Gefährdungsbeurteilung, mit der die konkret erforderlichen Schutzmaßnahmen einschließlich ihrer personellen Konsequenzen abgeleitet werden müssen. Hierzu gehören die Auswahl und Beschaffung der geeigneten Arbeitsmittel, die Organisation betriebsinterner Abläufe und – sofern erforderlich – auch die Einschaltung externer Prüforganisationen. Bei gefährdendem Einfluss von Arbeitsmitteln muss der Arbeitgeber geeignete Prüffristen und die betrieblichen Anforderungen an die Prüfer festlegen (§ 3 Abs. 6 BetrSichV; → Rn. 28). 45

Zu den zentralen Organisationsaufgaben gehört die Auswahl und Beschaffung der geeigneten Arbeitsmittel, die den Beschäftigten zur Verwendung zur Verfügung gestellt werden. Diese Auswahl muss nach § 4 Abs. 6 BetrSichV in die Betriebsorganisation integriert werden. § 5 BetrSichV verlangt wie oben ausgeführt, dass ausschließlich rechtskonforme Arbeitsmittel überlassen werden dürfen (dazu bereits → Rn. 5). Im Bereich der harmonisierten technischen Anforderungen ergeben sich die Kriterien aus dem Unionsrecht, vor allem aus der RL 2006/42/EG und dem Anhang sowie der Umsetzung durch die Maschinenverordnung (9. ProdSV) und ihrem Anhang. Die neue Betriebssicherheitsverordnung legt hierbei aber ein weites Verständnis zugrunde, das alle Rechtsvorschriften „über Sicherheit und Gesundheitsschutz" erfasst (§ 5 Abs. 3 S. 1 BetrSichV). Auch die Betriebssicherheitsverordnung einschließlich ihrer Anhänge ist eingeschlossen. Der Hersteller hat die Übereinstimmung seines Produkts mit diesen Anforderungen durch das **CE-Zeichen** zu bescheinigen, wobei hiermit jedoch keine externe Überprüfung der Sicherheit verbunden ist. Die CE-Kennzeichnung gewährleistet daher keinen Vertrauensschutz (→ Rn. 6). Teilweise wird neben dem CE-Zeichen ein **GS-Zeichen** oder das **DGUV-Testzeichen** verwendet.[36] Diese Zeichen beruhen auf einer externen Überprüfung der produktinhärenten Sicherheit des Arbeitsmittels. 46

Bei Arbeitsmitteln, deren Anforderungen nicht harmonisiert sind, insbesondere bei älteren Arbeitsmitteln,[37] sind seit der Reform 2015 die Schutzziele der §§ 8, 9 BetrSichV zu beachten. In diesen Schutzzielen sind Anforderungen an das Arbeitsmittel normiert, deren Erfüllung der Arbeitgeber zu überprüfen hat.[38] Da **gebrauchte Arbeitsmittel** nicht selten nachhaltige Gefährdungen aufweisen, ist hier eine besonders gründliche Gefährdungsbeurteilung und in der Regel eine Prüfung nach § 14 BetrSichV erforderlich. Es können Nachrüstungen notwendig sein. Soweit das Sicherheitsniveau des Standes der Technik nicht erreicht werden kann, sind die Arbeitsmittel auszusondern. 47

§ 7 Abs. 1 Nr. 2 BetrSichV verlangt weiter, dass Sicherheit und Gesundheit der Beschäftigten bei **bestimmungsgemäßer Verwendung** gewährleistet sind. Hier ist zu beachten, 48

---

[36] Münch/ArbR/Kohte § 294 Rn. 17; Kapoor/Klindt NVwZ 2012, 719 (723). [37] Schucht NJW 2013, 967 (969); Kapoor/Klindt NVwZ 2012, 719 (721 f.). [38] Zum Regress nach § 110 SGB VII bei Rechtsverletzungen des Arbeitgebers LG Rottweil 14.9.2012 – 3 O 349/11.

dass dieser Begriff im Recht der Maschinensicherheit auf der Grundlage der unionsrechtlichen Vorgaben eine spezifische Bedeutung hat und die **"vorhersehbare Fehlanwendung"** (so § 2 Abs. 6 GPSG aF)[39] umfasst. In der neuen Terminologie des ProdSG wird jetzt in § 2 Nr. 28 ProdSG verlangt, dass alle Verhaltensweisen zu beachten sind, mit denen vernünftigerweise zu rechnen ist. In der Sache selbst sollte dadurch allerdings keine Änderung eintreten, so dass bekannte Probleme, wie zB die Manipulation von Sicherheitseinrichtungen zur Beschleunigung von Arbeitsvorgängen, in diesem Zusammenhang notwendigerweise zu beachten sind.

49 Zu den wesentlichen Organisationspflichten des Arbeitgebers gehört auch die **Kommunikation mit den Beschäftigten**. Es genügt nicht, wenn der Arbeitgeber sicherheitsrelevantes Wissen für sich selbst generiert. Durch §§ 12, 14 ArbSchG und § 81 BetrVG wird eine Kommunikationsverpflichtung des Arbeitgebers vorgegeben, die durch **§ 12 BetrSichV** speziell für Arbeitsmittel konkretisiert wird. Die Beschäftigten sind danach über Gefährdungen und zu treffende Vorkehrungen zu **unterrichten** und zu **unterweisen**. Die Pflicht zu informieren bedeutet zunächst, dass der Arbeitgeber dafür sorgen muss, dass die Beschäftigten umfassende Informationen zu den Gefährdungen, die sich aus der Benutzung des Arbeitsmittels ergeben, erhalten. Dies gilt für selbst genutzte Arbeitsmittel, aber auch die Überlassung an Dritte löst Unterweisungspflichten aus. Bei den in der unmittelbaren Umgebung vorhandenen Arbeitsmitteln muss sich die Unterrichtung durch die Organisation des Arbeitgebers auch auf die Beschäftigten erstrecken, die die Arbeitsmittel zwar nicht selbst nutzen, aber am Arbeitsplatz Zugang zu ihnen haben.

50 Inhaltlich müssen prinzipiell Betriebsanweisungen für die benutzten Arbeitsmittel zur Verfügung gestellt werden. Die **Betriebsanweisung** muss nach § 12 BetrSichV in Form und Sprache für den jeweiligen Adressaten verständlich sein. Wenn keine Übersetzung in die jeweilige Muttersprache vorliegt, ist es Sache des Arbeitgebers, sich zu vergewissern, dass der Text der Anweisung verstanden wird.[40] Die Betriebsanweisung soll als Mindestbestandteile Aussagen zu den Einsatzbedingungen, absehbaren Betriebsstörungen und Erfahrungen enthalten, die für die Verwendung des Arbeitsmittels relevant sind.[41] Als Erleichterung für den Arbeitgeber ist nach der Reform der Betriebssicherheitsverordnung die Möglichkeit vorgesehen, eine vom Hersteller **mitgelieferte Gebrauchsanleitung** einzusetzen, wenn deren Informationen einer Betriebsanweisung entsprechen. Hierfür wird jedenfalls ein Prüfvorgang des Arbeitgebers erforderlich sein, der sich auch auf die Qualität erstreckt. Die Ermittlung valider Daten zu existierenden Gebrauchsanleitungen wäre sinnvoll, um den Reformschritt kritisch zu begleiten.

51 Unterrichtung und Betriebsanweisung zielen auf Informationsvermittlung ab und bilden die **Grundlage für die Unterweisung**, die stärker auf den Arbeitsplatz und die Arbeitsaufgabe bezogen sein muss und den Beschäftigten zu einem angemessenen Handeln anleiten soll (→ ArbSchG § 12 Rn. 6 ff.). Bei **Instandsetzungs-, Wartungs- und Umbauarbeiten** ergibt sich ein besonders hohes Gefährdungspotenzial. Der Arbeitgeber hat daher dafür zu sorgen, dass die mit der Durchführung dieser Arbeiten beauftragten Beschäftigten eine angemessene **spezielle Unterweisung** erhalten (§ 10 Abs. 2 BetrSichV). Der Inhalt und der Umfang der Unterweisung hängen vom Arbeitsmittel und den zu berücksichtigenden Gefährdungen, etwa mechanischen, thermischen, elektrischen Gefährdungen oder Gefährdungen durch Lärm, Absturz usw ab. Die Unterweisung erstreckt sich zB auf den Gebrauch des Arbeitsmittels und etwaiger persönlicher Schutzausrüstung (§ 3 Abs. 1 PSA-BenutzungsV).

52 Soweit **mehrere Unternehmen zusammenarbeiten**, entstehen hieraus zusätzliche Gefährdungen und Abstimmungsbedarfe, die in § 13 BetrSichV geregelt sind. Der Arbeitgeber hat sicherzustellen, dass den Verantwortlichen der Fremdfirmen alle relevanten Gefährdungen bekannt sind und er hat sich nach § 8 Abs. 2 ArbSchG zu vergewissern, dass den Fremdfirmenbeschäftigten geeignete Anweisungen erteilt worden sind (→ ArbSchG § 8 Rn. 24 ff.). Bei der Gefährdungsbeurteilung müssen die Arbeitgeber eben-

---

[39] Klindt GPSG § 2 Rn. 47 ff. [40] Pieper, Basiskommentar, BetrSichV § 12 Rn. 10. [41] Ähnlich Pieper BetrSichV § 12 Rn. 11 ff.; Pieper, Basiskommentar, BetrSichV § 12 Rn. 5.

falls „zusammenwirken". Soweit der Arbeitgeber im Einzelfall Organisationsverpflichtungen missachtet, ist der Bußgeldkatalog des § 22 BetrSichV einschlägig.

VI. Prüfungen

Neben der Verpflichtung zur Gefährdungsbeurteilung und der Unterrichtung und Unterweisung ergibt sich bei Arbeitsmitteln und den in der Verordnung genannten Anlagen die Notwendigkeit, dass die oben bereits dargestellten Prüfungen durchgeführt werden müssen, um sichere Arbeitsbedingungen zu gewährleisten. Viele Arbeitsmittel werden der Grundregel des § 14 BetrSichV unterfallen, bei denen die Prüfung durch hierzu befähigte Personen durchgeführt werden muss.[42] 53

Ein wichtiger Fall ist § 14 Abs. 2 BetrSichV, der den Arbeitgeber dazu verpflichtet, Arbeitsmittel durch befähigte Personen überprüfen und erforderlichenfalls erproben zu lassen, wenn das jeweilige Arbeitsmittel **Einflüssen** unterliegt, **die Schäden am Arbeitsmittel verursachen können**. Das Vorliegen schädigender Einflüsse bezieht sich auf das Arbeitsmittel selbst. Typische Einflüsse sind Abnutzung, Korrosion, Beschädigung durch Gebrauch und mögliche Materialermüdung. Eine prüfungspflichtige Situation wird im Allgemeinen schon dadurch ausgelöst, dass das Arbeitsmittel nicht die vorgesehene Sollbeschaffenheit aufweist. Es ist nicht erforderlich, dass eine gesundheitliche Beeinträchtigung sicher eintritt oder überwiegend wahrscheinlich ist. Ziel der vorgesehenen Prüfungen ist es, aktuelle oder entstehende **Mängel an Arbeitsmitteln** zu entdecken, bevor diese sich in Gefährdungen niederschlagen. 54

Die Verantwortung des Arbeitgebers erschöpft sich allerdings nicht in der Durchführung regelmäßiger Prüfungen für Arbeitsmittel. Um das betriebliche Geschehen angemessen zu kontrollieren, muss er eine befähigte Person auch dann einsetzen, wenn besondere Umstände die Sicherheit der Beschäftigten beeinflusst bzw. in Frage gestellt haben. Bei außergewöhnlichen Ereignissen sind deswegen **außerordentliche Prüfungen** durchzuführen. Diese Prüfungen finden im Gegensatz zur regulären Prüfung als Reaktion auf ein Ereignis statt. Anlass für die Überprüfung können Unfälle, Veränderungen an den Arbeitsmitteln, längere Zeiten der Nichtbenutzung der Arbeitsmittel oder Naturereignisse sein. 55

Weitere Gründe für ein Hinzuziehen der befähigten Person ergeben sich bei Arbeitsmitteln, die an unterschiedlichen Standorten eingesetzt und dort montiert werden (zB bei Gerüsten). Hängt die Sicherheit des Arbeitsmittels von den Montagebedingungen ab, so muss das Arbeitsmittel vor der ersten Inbetriebnahme von einer befähigten Person im Hinblick auf eine **fehlerfreie Montage** und sichere Funktion geprüft werden. Die Prüfpflicht erstreckt sich auch auf den Fall, dass das Arbeitsmittel mehrfach eingesetzt wird. Die Prüfung ist dann nach jeder Montage an einem anderen Standort durchzuführen. Eine ähnliche Prüfpflicht greift zudem nach der Instandsetzung von Arbeitsmitteln ein, wenn die vorgenommenen Arbeiten die Sicherheit des Arbeitsmittels beeinträchtigen können. Der Arbeitgeber ist verpflichtet, die Ergebnisse der Prüfungen nach § 14 Abs. 7 BetrSichV aufzuzeichnen. Die Aufzeichnungen sind angemessen lange aufzubewahren, mindestens bis zur nächsten Prüfung. Die elektronische Aufbewahrung durch Speichern ist zulässig. Die ordnungsgemäße Organisation und Durchführung der Prüfungen ist so wichtig, dass sie auch durch die **Bußgeldvorschrift des § 22 BetrSichV** abgesichert wird. 56

VII. Anhänge

Durch die Reform der BetrSichV von 2015 sind die Anhänge vollständig umstrukturiert worden. Der **Anhang 1** enthält Regelungen, die über § 6 BetrSichV beim Einsatz bestimmter Gruppen von Arbeitsmitteln zu beachten sind. Ein praktisch wichtiges Beispiel sind hierbei die mobilen Arbeitsmittel. Nach Ziff. 1.5 Buchst. e etwa müssen mobile Arbeitsmittel über geeignete Hilfsvorrichtungen, wie Kamera-Monitor-Systeme verfügen, um die Überwachung des Fahrwegs zu gewährleisten. Diese Voraussetzungen 57

---

[42] Wilrich DB 2002, 1553 (1557).

wurden in der Vergangenheit vor allem im Baubereich häufig nicht erfüllt.[43] Eine andere Gruppe gefährlicher Arbeitsplätze sind die **hoch gelegenen Arbeitsplätze**; hier sind besondere Anforderungen zB an Gerüste zu stellen, die in Teil 3 des Anhangs 1 formuliert sind. Im März 2017 hat der LASI dazu spezielle Vollzugshilfen für eine einheitliche Anordnungspraxis formuliert.[44] Dagegen sind die Leitlinien zur BetrSichV (LV 35) noch nicht aktualisiert. Die Missachtung des Anhangs 1 kann ua zu vollziehbaren Untersagungsanordnungen führen.[45] Eine Verletzung der Anforderungen durch den Arbeitgeber kann zudem bei Arbeitsunfällen zu Regressansprüchen der Träger der Unfallversicherung nach § 110 SGB VII führen.[46] **Anhang 2** enthält die Prüfvorschriften für die klassischen überwachungsbedürftigen Anlagen (Aufzüge, „Ex-" und Druckanlagen). **Anhang 3** enthält Vorschriften für die aufgenommenen Krane, Flüssiggasanlagen und Arbeitsmittel der Veranstaltungstechnik, die teilweise von Prüfsachverständigen geprüft werden müssen.

---

43 www.gesunde-bauarbeit.de; www.bauarbeiterschutz.de. **44** www.lasi-info.com. **45** Beispielhaft VG München 19.3.2012 – M 16 K 11.5809; dazu Kohte/Faber, jurisPR-ArbR 30/2012 Anm. 2. **46** Beispielhaft LG Baden-Baden 3.11.2009 – 2 O 179/09.

Verordnung über Sicherheit und Gesundheitsschutz bei Tätigkeiten mit Biologischen Arbeitsstoffen (Biostoffverordnung – BioStoffV)[1, 2, 3]

Vom 15. Juli 2013 (BGBl. I S. 2514)
(FNA 805-3-13)
zuletzt geändert durch Art. 146 G zum Abbau verzichtbarer Anordnungen der Schriftform im Verwaltungsrecht des Bundes vom 29. März 2017 (BGBl. I S. 626)

Abschnitt 1 Anwendungsbereich, Begriffsbestimmungen und Risikogruppeneinstufung

§ 1 BioStoffV Anwendungsbereich

(1) ¹Diese Verordnung gilt für Tätigkeiten mit Biologischen Arbeitsstoffen (Biostoffen). ²Sie regelt Maßnahmen zum Schutz von Sicherheit und Gesundheit der Beschäftigten vor Gefährdungen durch diese Tätigkeiten. ³Sie regelt zugleich auch Maßnahmen zum Schutz anderer Personen, soweit diese aufgrund des Verwendens von Biostoffen durch Beschäftigte oder durch Unternehmer ohne Beschäftigte gefährdet werden können.

(2) Die Verordnung gilt auch für Tätigkeiten, die dem Gentechnikrecht unterliegen, sofern dort keine gleichwertigen oder strengeren Regelungen zum Schutz der Beschäftigten bestehen.

§ 2 BioStoffV Begriffsbestimmungen

(1) Biostoffe sind
1. Mikroorganismen, Zellkulturen und Endoparasiten einschließlich ihrer gentechnisch veränderten Formen,
2. mit Transmissibler Spongiformer Enzephalopathie (TSE) assoziierte Agenzien,

die den Menschen durch Infektionen, übertragbare Krankheiten, Toxinbildung, sensibilisierende oder sonstige, die Gesundheit schädigende Wirkungen gefährden können.

(2) Den Biostoffen gleichgestellt sind
1. Ektoparasiten, die beim Menschen eigenständige Erkrankungen verursachen oder sensibilisierende oder toxische Wirkungen hervorrufen können,

---

1 Amtl. Anm.: Diese Verordnung dient der Umsetzung der Richtlinie 2010/32/EU des Rates vom 10. Mai 2010 zur Durchführung der von HOSPEEM und EGÖD geschlossenen Rahmenvereinbarung zur Vermeidung von Verletzungen durch scharfe/spitze Instrumente im Krankenhaus- und Gesundheitssektor (ABl. L 134 vom 1.6.2010, S. 66). 2 Verkündet als Art. 1 VO zur Neufassung der Verordnung über Sicherheit und Gesundheitsschutz bei Tätigkeiten mit Biologischen Arbeitsstoffen und zur Änderung der Gefahrstoffverordnung v. 15.7.2013 (BGBl. I S. 2514) und Inkrafttreten gem. Art. 3 dieser VO am 23.7.2013. 3 Die VO wurde erlassen auf Grund von – § 18 Absatz 1 und 2 Nummer 1, 2 und 5 sowie des § 19 des Arbeitsschutzgesetzes, von denen § 18 zuletzt durch Artikel 227 Nummer 1 der Verordnung vom 31. Oktober 2006 (BGBl. I S. 2407) geändert worden ist, – § 19 Absatz 1 in Verbindung mit Absatz 3 Nummer 1, 3, 4 Buchstabe a und h, Nummer 7, 8 und 10, des § 17 Absatz 1 Nummer 1 Buchstabe b, Absatz 2 sowie des § 20 b Absatz 1 Nummer 1 Buchstabe b und d des Chemikaliengesetzes, die zuletzt durch Artikel 1 des Gesetzes vom 2. November 2011 (BGBl. I S. 2162) geändert worden sind, – § 53 Absatz 1 Nummer 1 und 2 des Infektionsschutzgesetzes, der zuletzt durch Artikel 3 Nummer 13 des Gesetzes vom 28. März 2013 (BGBl. I S. 566) geändert worden ist, – § 13 des Heimarbeitsgesetzes, der durch Artikel I Nummer 9 des Gesetzes vom 29. Oktober 1974 (BGBl. I S. 2879) geändert worden ist, – § 25 Nummer 1, 2, 3 und 4 in Verbindung mit § 39 Absatz 2 des Sprengstoffgesetzes in der Fassung der Bekanntmachung vom 10. September 2002 (BGBl. I S. 3518), die zuletzt durch Artikel 150 Nummer 1 der Verordnung vom 31. Oktober 2006 (BGBl. I S. 2407) geändert worden sind sowie – § 6 Absatz 1 Nummer 3 Buchstabe a in Verbindung mit § 39 Absatz 2 des Sprengstoffgesetzes in der Fassung der Bekanntmachung vom 10. September 2002 (BGBl. I S. 3518), von denen § 39 Absatz 1 Satz 1 zuletzt durch Artikel 1 Nummer 21 des Gesetzes vom 17. Juli 2009 (BGBl. I S. 2062) geändert worden ist.

2. technisch hergestellte biologische Einheiten mit neuen Eigenschaften, die den Menschen in gleicher Weise gefährden können wie Biostoffe.

(3) Mikroorganismen sind alle zellulären oder nichtzellulären mikroskopisch oder submikroskopisch kleinen biologischen Einheiten, die zur Vermehrung oder zur Weitergabe von genetischem Material fähig sind, insbesondere Bakterien, Viren, Protozoen und Pilze.

(4) Zellkulturen sind in-vitro-vermehrte Zellen, die aus vielzelligen Organismen isoliert worden sind.

(5) Toxine im Sinne von Absatz 1 sind Stoffwechselprodukte oder Zellbestandteile von Biostoffen, die infolge von Einatmen, Verschlucken oder Aufnahme über die Haut beim Menschen toxische Wirkungen hervorrufen und dadurch akute oder chronische Gesundheitsschäden oder den Tod bewirken können.

(6) [1]Biostoffe der Risikogruppe 3, die mit (**) gekennzeichnet sind, sind solche Biostoffe, bei denen das Infektionsrisiko für Beschäftigte begrenzt ist, weil eine Übertragung über den Luftweg normalerweise nicht erfolgen kann. [2]Diese Biostoffe sind in Anhang III der Richtlinie 2000/54/EG des Europäischen Parlaments und des Rates vom 18. September 2000 über den Schutz der Arbeitnehmer gegen Gefährdung durch biologische Arbeitsstoffe bei der Arbeit (ABl. L 262 vom 17.10.2000, S. 21) sowie in den Bekanntmachungen nach § 19 Absatz 4 Nummer 1 entsprechend aufgeführt.

(7) Tätigkeiten sind
1. das Verwenden von Biostoffen, insbesondere das Isolieren, Erzeugen und Vermehren, das Aufschließen, das Ge- und Verbrauchen, das Be- und Verarbeiten, das Ab- und Umfüllen, das Mischen und Abtrennen sowie das innerbetriebliche Befördern, das Aufbewahren einschließlich des Lagerns, das Inaktivieren und das Entsorgen sowie
2. die berufliche Arbeit mit Menschen, Tieren, Pflanzen, Produkten, Gegenständen oder Materialien, wenn aufgrund dieser Arbeiten Biostoffe auftreten oder freigesetzt werden und Beschäftigte damit in Kontakt kommen können.

(8) [1]Gezielte Tätigkeiten liegen vor, wenn
1. die Tätigkeiten auf einen oder mehrere Biostoffe unmittelbar ausgerichtet sind,
2. der Biostoff oder die Biostoffe mindestens der Spezies nach bekannt sind und
3. die Exposition der Beschäftigten im Normalbetrieb hinreichend bekannt oder abschätzbar ist.

[2]Nicht gezielte Tätigkeiten liegen vor, wenn mindestens eine Voraussetzung nach Satz 1 nicht vorliegt. [3]Dies ist insbesondere bei Tätigkeiten nach Absatz 7 Nummer 2 gegeben.

(9) [1]Beschäftigte sind Personen, die nach § 2 Absatz 2 des Arbeitsschutzgesetzes als solche bestimmt sind. [2]Den Beschäftigten stehen folgende Personen gleich, sofern sie Tätigkeiten mit Biostoffen durchführen:
1. Schülerinnen und Schüler,
2. Studierende,
3. sonstige Personen, insbesondere in wissenschaftlichen Einrichtungen und in Einrichtungen des Gesundheitsdienstes Tätige,
4. in Heimarbeit Beschäftigte nach § 1 Absatz 1 des Heimarbeitsgesetzes.

[3]Auf Schülerinnen und Schüler, Studierende sowie sonstige Personen nach Nummer 3 finden die Regelungen dieser Verordnung über die Beteiligung der Vertretungen keine Anwendung.

(10) [1]Arbeitgeber ist, wer nach § 2 Absatz 3 des Arbeitsschutzgesetzes als solcher bestimmt ist. [2]Dem Arbeitgeber stehen gleich
1. der Unternehmer ohne Beschäftigte,
2. der Auftraggeber und der Zwischenmeister im Sinne des Heimarbeitsgesetzes.

(11) [1]Fachkundig im Sinne dieser Verordnung ist, wer zur Ausübung einer in dieser Verordnung bestimmten Aufgabe befähigt ist. [2]Die Anforderungen an die Fachkunde

sind abhängig von der jeweiligen Art der Aufgabe und der Höhe der Gefährdung. ³Die für die Fachkunde erforderlichen Kenntnisse sind durch eine geeignete Berufsausbildung und eine zeitnahe einschlägige berufliche Tätigkeit nachzuweisen. ⁴In Abhängigkeit von der Aufgabe und der Höhe der Gefährdung kann zusätzlich die Teilnahme an spezifischen Fortbildungsmaßnahmen erforderlich sein.

(12) ¹Stand der Technik ist der Entwicklungsstand fortschrittlicher Verfahren, Einrichtungen oder Betriebsweisen, der die praktische Eignung einer Maßnahme zum Schutz von Sicherheit und Gesundheit der Beschäftigten gesichert erscheinen lässt. ²Bei der Bestimmung des Standes der Technik sind insbesondere vergleichbare Verfahren, Einrichtungen oder Betriebsweisen heranzuziehen, die mit Erfolg in der Praxis erprobt worden sind.

(13) ¹Schutzstufen orientieren sich an der Risikogruppe des jeweiligen Biostoffs und sind ein Maßstab für die Höhe der Infektionsgefährdung einer Tätigkeit. ²Entsprechend den Risikogruppen nach § 3 werden vier Schutzstufen unterschieden. ³Die Schutzstufen umfassen die zusätzlichen Schutzmaßnahmen, die in den Anhängen II und III festgelegt oder empfohlen sind.

(14) Einrichtungen des Gesundheitsdienstes nach dieser Verordnung sind Arbeitsstätten, in denen Menschen stationär medizinisch untersucht, behandelt oder gepflegt werden oder ambulant medizinisch untersucht oder behandelt werden.

(15) Biotechnologie im Sinne dieser Verordnung umfasst die biotechnologische Produktion sowie die biotechnologische Forschung unter gezieltem Einsatz definierter Biostoffe.

§ 3 BioStoffV Einstufung von Biostoffen in Risikogruppen

(1) Biostoffe werden entsprechend dem von ihnen ausgehenden Infektionsrisiko nach dem Stand der Wissenschaft in eine der folgenden Risikogruppen eingestuft:
1. Risikogruppe 1: Biostoffe, bei denen es unwahrscheinlich ist, dass sie beim Menschen eine Krankheit hervorrufen,
2. Risikogruppe 2: Biostoffe, die eine Krankheit beim Menschen hervorrufen können und eine Gefahr für Beschäftigte darstellen könnten; eine Verbreitung in der Bevölkerung ist unwahrscheinlich; eine wirksame Vorbeugung oder Behandlung ist normalerweise möglich,
3. Risikogruppe 3: Biostoffe, die eine schwere Krankheit beim Menschen hervorrufen und eine ernste Gefahr für Beschäftigte darstellen können; die Gefahr einer Verbreitung in der Bevölkerung kann bestehen, doch ist normalerweise eine wirksame Vorbeugung oder Behandlung möglich,
4. Risikogruppe 4: Biostoffe, die eine schwere Krankheit beim Menschen hervorrufen und eine ernste Gefahr für Beschäftigte darstellen; die Gefahr einer Verbreitung in der Bevölkerung ist unter Umständen groß; normalerweise ist eine wirksame Vorbeugung oder Behandlung nicht möglich.

(2) ¹Für die Einstufung der Biostoffe in die Risikogruppen 2 bis 4 gilt Anhang III der Richtlinie 2000/54/EG des Europäischen Parlaments und des Rates vom 18. September 2000 über den Schutz der Arbeitnehmer gegen Gefährdung durch biologische Arbeitsstoffe bei der Arbeit (ABl. L 262 vom 17.10.2000, S. 21). ²Wird dieser Anhang im Verfahren nach Artikel 19 dieser Richtlinie an den technischen Fortschritt angepasst, so kann die geänderte Fassung bereits ab ihrem Inkrafttreten angewendet werden. ³Sie ist nach Ablauf der festgelegten Umsetzungsfrist anzuwenden.

(3) ¹Ist ein Biostoff nicht nach Absatz 2 eingestuft, kann das Bundesministerium für Arbeit und Soziales nach Beratung durch den Ausschuss nach § 19 die Einstufung in eine Risikogruppe nach Absatz 1 vornehmen. ²Die Einstufungen werden im Gemeinsamen Ministerialblatt bekannt gegeben. ³Der Arbeitgeber hat diese Einstufungen zu beachten.

(4) ¹Liegt für einen Biostoff weder eine Einstufung nach Absatz 2 noch eine nach Absatz 3 vor, hat der Arbeitgeber, der eine gezielte Tätigkeit mit diesem Biostoff beabsichtigt, diesen in eine der Risikogruppen nach Absatz 1 einzustufen. ²Dabei hat der Arbeitgeber Folgendes zu beachten:
1. kommen für die Einstufung mehrere Risikogruppen in Betracht, ist der Biostoff in die höchste infrage kommende Risikogruppe einzustufen,
2. Viren, die bereits beim Menschen isoliert wurden, sind mindestens in die Risikogruppe 2 einzustufen, es sei denn, es ist unwahrscheinlich, dass diese Viren beim Menschen eine Krankheit verursachen,
3. Stämme, die abgeschwächt sind oder bekannte Virulenzgene verloren haben, können vorbehaltlich einer angemessenen Ermittlung und Bewertung in eine niedrigere Risikogruppe eingestuft werden als der Elternstamm (parentaler Stamm); ist der Elternstamm in die Risikogruppe 3 oder 4 eingestuft, kann eine Herabstufung nur auf der Grundlage einer wissenschaftlichen Bewertung erfolgen, die insbesondere der Ausschuss nach § 19 vornehmen kann.

Abschnitt 2 Gefährdungsbeurteilung, Schutzstufenzuordnung, Dokumentations- und Aufzeichnungspflichten

§ 4 BioStoffV Gefährdungsbeurteilung

(1) ¹Im Rahmen der Gefährdungsbeurteilung nach § 5 des Arbeitsschutzgesetzes hat der Arbeitgeber die Gefährdung der Beschäftigten durch die Tätigkeiten mit Biostoffen vor Aufnahme der Tätigkeit zu beurteilen. ²Die Gefährdungsbeurteilung ist fachkundig durchzuführen. ³Verfügt der Arbeitgeber nicht selbst über die entsprechenden Kenntnisse, so hat er sich fachkundig beraten zu lassen.

(2) ¹Der Arbeitgeber hat die Gefährdungsbeurteilung unverzüglich zu aktualisieren, wenn
1. maßgebliche Veränderungen der Arbeitsbedingungen oder neue Informationen, zum Beispiel Unfallberichte oder Erkenntnisse aus arbeitsmedizinischen Vorsorgeuntersuchungen, dies erfordern oder
2. die Prüfung von Funktion und Wirksamkeit der Schutzmaßnahmen ergeben hat, dass die festgelegten Schutzmaßnahmen nicht wirksam sind.

²Ansonsten hat der Arbeitgeber die Gefährdungsbeurteilung mindestens jedes zweite Jahr zu überprüfen und bei Bedarf zu aktualisieren. ³Ergibt die Überprüfung, dass eine Aktualisierung der Gefährdungsbeurteilung nicht erforderlich ist, so hat der Arbeitgeber dies unter Angabe des Datums der Überprüfung in der Dokumentation nach § 7 zu vermerken.

(3) Für die Gefährdungsbeurteilung hat der Arbeitgeber insbesondere Folgendes zu ermitteln:
1. Identität, Risikogruppeneinstufung und Übertragungswege der Biostoffe, deren mögliche sensibilisierende und toxische Wirkungen und Aufnahmepfade, soweit diese Informationen für den Arbeitgeber zugänglich sind; dabei hat er sich auch darüber zu informieren, ob durch die Biostoffe sonstige die Gesundheit schädigende Wirkungen hervorgerufen werden können,
2. Art der Tätigkeit unter Berücksichtigung der Betriebsabläufe, Arbeitsverfahren und verwendeten Arbeitsmittel einschließlich der Betriebsanlagen,
3. Art, Dauer und Häufigkeit der Exposition der Beschäftigten, soweit diese Informationen für den Arbeitgeber zugänglich sind,
4. Möglichkeit des Einsatzes von Biostoffen, Arbeitsverfahren oder Arbeitsmitteln, die zu keiner oder einer geringeren Gefährdung der Beschäftigten führen würden (Substitutionsprüfung),

5. tätigkeitsbezogene Erkenntnisse
   a) über Belastungs- und Expositionssituationen, einschließlich psychischer Belastungen,
   b) über bekannte Erkrankungen und die zu ergreifenden Gegenmaßnahmen,
   c) aus der arbeitsmedizinischen Vorsorge.

(4) [1]Der Arbeitgeber hat auf der Grundlage der nach Absatz 3 ermittelten Informationen die Infektionsgefährdung und die Gefährdungen durch sensibilisierende, toxische oder sonstige die Gesundheit schädigende Wirkungen unabhängig voneinander zu beurteilen. [2]Diese Einzelbeurteilungen sind zu einer Gesamtbeurteilung zusammenzuführen, auf deren Grundlage die Schutzmaßnahmen festzulegen und zu ergreifen sind. [3]Dies gilt auch, wenn bei einer Tätigkeit mehrere Biostoffe gleichzeitig auftreten oder verwendet werden.

(5) [1]Sind bei Tätigkeiten mit Produkten, die Biostoffe enthalten, die erforderlichen Informationen zur Gefährdungsbeurteilung wie zum Beispiel die Risikogruppeneinstufung nicht zu ermitteln, so muss der Arbeitgeber diese beim Hersteller, Einführer oder Inverkehrbringer einholen. [2]Satz 1 gilt nicht für Lebensmittel in Form von Fertigerzeugnissen, die für den Endverbrauch bestimmt sind.

§ 5 BioStoffV Tätigkeiten mit Schutzstufenzuordnung

(1) [1]Bei Tätigkeiten in Laboratorien, in der Versuchstierhaltung, in der Biotechnologie sowie in Einrichtungen des Gesundheitsdienstes hat der Arbeitgeber ergänzend zu § 4 Absatz 3 zu ermitteln, ob gezielte oder nicht gezielte Tätigkeiten ausgeübt werden. [2]Er hat diese Tätigkeiten hinsichtlich ihrer Infektionsgefährdung einer Schutzstufe zuzuordnen.

(2) Die Schutzstufenzuordnung richtet sich
1. bei gezielten Tätigkeiten nach der Risikogruppe des ermittelten Biostoffs; werden Tätigkeiten mit mehreren Biostoffen ausgeübt, so richtet sich die Schutzstufenzuordnung nach dem Biostoff mit der höchsten Risikogruppe,
2. bei nicht gezielten Tätigkeiten nach der Risikogruppe des Biostoffs, der aufgrund
   a) der Wahrscheinlichkeit seines Auftretens,
   b) der Art der Tätigkeit,
   c) der Art, Dauer, Höhe und Häufigkeit der ermittelten Exposition
   den Grad der Infektionsgefährdung der Beschäftigten bestimmt.

§ 6 BioStoffV Tätigkeiten ohne Schutzstufenzuordnung

(1) [1]Tätigkeiten, die nicht unter § 5 Absatz 1 fallen, müssen keiner Schutzstufe zugeordnet werden. [2]Dabei handelt es sich um Tätigkeiten im Sinne von § 2 Absatz 7 Nummer 2. [3]Zu diesen Tätigkeiten gehören beispielsweise Reinigungs- und Sanierungsarbeiten, Tätigkeiten in der Veterinärmedizin, der Land-, Forst-, Abwasser- und Abfallwirtschaft sowie in Biogasanlagen und Schlachtbetrieben.

(2) Kann bei diesen Tätigkeiten eine der in § 4 Absatz 3 Nummer 1 und 3 genannten Informationen nicht ermittelt werden, weil das Spektrum der auftretenden Biostoffe Schwankungen unterliegt oder Art, Dauer, Höhe oder Häufigkeit der Exposition wechseln können, so hat der Arbeitgeber die für die Gefährdungsbeurteilung und Festlegung der Schutzmaßnahmen erforderlichen Informationen insbesondere zu ermitteln auf der Grundlage von
1. Bekanntmachungen nach § 19 Absatz 4,
2. Erfahrungen aus vergleichbaren Tätigkeiten oder
3. sonstigen gesicherten arbeitswissenschaftlichen Erkenntnissen.

§ 7 BioStoffV Dokumentation der Gefährdungsbeurteilung und Aufzeichnungspflichten

(1) ¹Der Arbeitgeber hat die Gefährdungsbeurteilung unabhängig von der Zahl der Beschäftigten erstmals vor Aufnahme der Tätigkeit sowie danach jede Aktualisierung gemäß Satz 2 zu dokumentieren. ²Die Dokumentation der Gefährdungsbeurteilung umfasst insbesondere folgende Angaben:
1. die Art der Tätigkeit einschließlich der Expositionsbedingungen,
2. das Ergebnis der Substitutionsprüfung nach § 4 Absatz 3 Nummer 4,
3. die nach § 5 Absatz 2 festgelegten Schutzstufen,
4. die zu ergreifenden Schutzmaßnahmen,
5. eine Begründung, wenn von den nach § 19 Absatz 4 Nummer 1 bekannt gegebenen Regeln und Erkenntnissen abgewichen wird.

(2) ¹Als Bestandteil der Dokumentation hat der Arbeitgeber ein Verzeichnis der verwendeten oder auftretenden Biostoffe zu erstellen (Biostoffverzeichnis), soweit diese bekannt und für die Gefährdungsbeurteilung nach § 4 maßgeblich sind. ²Das Verzeichnis muss Angaben zur Einstufung der Biostoffe in eine Risikogruppe nach § 3 und zu ihren sensibilisierenden, toxischen und sonstigen die Gesundheit schädigenden Wirkungen beinhalten. ³Die Angaben müssen allen betroffenen Beschäftigten und ihren Vertretungen zugänglich sein.

(3) ¹Bei Tätigkeiten der Schutzstufe 3 oder 4 hat der Arbeitgeber zusätzlich ein Verzeichnis über die Beschäftigten zu führen, die diese Tätigkeiten ausüben. ²In dem Verzeichnis sind die Art der Tätigkeiten und die vorkommenden Biostoffe sowie aufgetretene Unfälle und Betriebsstörungen anzugeben. ³Es ist personenbezogen für den Zeitraum von mindestens zehn Jahren nach Beendigung der Tätigkeit aufzubewahren. ⁴Der Arbeitgeber hat
1. den Beschäftigten die sie betreffenden Angaben in dem Verzeichnis zugänglich zu machen; der Schutz der personenbezogenen Daten ist zu gewährleisten,
2. bei Beendigung des Beschäftigungsverhältnisses dem Beschäftigten einen Auszug über die ihn betreffenden Angaben des Verzeichnisses auszuhändigen; der Nachweis über die Aushändigung ist vom Arbeitgeber wie Personalunterlagen aufzubewahren.

⁵Das Verzeichnis über die Beschäftigten kann zusammen mit dem Biostoffverzeichnis nach Absatz 2 geführt werden.

(4) Auf die Dokumentation der Angaben nach Absatz 1 Satz 2 Nummer 2 und 5 sowie auf das Verzeichnis nach Absatz 2 kann verzichtet werden, wenn ausschließlich Tätigkeiten mit Biostoffen der Risikogruppe 1 ohne sensibilisierende oder toxische Wirkungen durchgeführt werden.

Abschnitt 3 Grundpflichten und Schutzmaßnahmen

§ 8 BioStoffV Grundpflichten

(1) ¹Der Arbeitgeber hat die Belange des Arbeitsschutzes in Bezug auf Tätigkeiten mit Biostoffen in seine betriebliche Organisation einzubinden und hierfür die erforderlichen personellen, finanziellen und organisatorischen Voraussetzungen zu schaffen. ²Dabei hat er die Vertretungen der Beschäftigten in geeigneter Form zu beteiligen. ³Insbesondere hat er sicherzustellen, dass
1. bei der Gestaltung der Arbeitsorganisation, des Arbeitsverfahrens und des Arbeitsplatzes sowie bei der Auswahl und Bereitstellung der Arbeitsmittel alle mit der Sicherheit und Gesundheit der Beschäftigten zusammenhängenden Faktoren, einschließlich der psychischen, ausreichend berücksichtigt werden,
2. die Beschäftigten oder ihre Vertretungen im Rahmen der betrieblichen Möglichkeiten beteiligt werden, wenn neue Arbeitsmittel eingeführt werden sollen, die Einfluss auf die Sicherheit und Gesundheit der Beschäftigten haben.

(2) Der Arbeitgeber hat geeignete Maßnahmen zu ergreifen, um bei den Beschäftigten ein Sicherheitsbewusstsein zu schaffen und den innerbetrieblichen Arbeitsschutz bei Tätigkeiten mit Biostoffen fortzuentwickeln.

(3) Der Arbeitgeber darf eine Tätigkeit mit Biostoffen erst aufnehmen lassen, nachdem die Gefährdungsbeurteilung nach § 4 durchgeführt und die erforderlichen Maßnahmen ergriffen wurden.

(4) Der Arbeitgeber hat vor Aufnahme der Tätigkeit

1. gefährliche Biostoffe vorrangig durch solche zu ersetzen, die nicht oder weniger gefährlich sind, soweit dies nach der Art der Tätigkeit oder nach dem Stand der Technik möglich ist,
2. Arbeitsverfahren und Arbeitsmittel so auszuwählen oder zu gestalten, dass Biostoffe am Arbeitsplatz nicht frei werden, wenn die Gefährdung der Beschäftigten nicht durch eine Maßnahme nach Nummer 1 ausgeschlossen werden kann,
3. die Exposition der Beschäftigten durch geeignete bauliche, technische und organisatorische Maßnahmen auf ein Minimum zu reduzieren, wenn eine Gefährdung der Beschäftigten nicht durch eine Maßnahme nach Nummer 1 oder Nummer 2 verhindert werden kann oder die Biostoffe bestimmungsgemäß freigesetzt werden,
4. zusätzlich persönliche Schutzausrüstung zur Verfügung zu stellen, wenn die Maßnahmen nach den Nummern 1 bis 3 nicht ausreichen, um die Gefährdung auszuschließen oder ausreichend zu verringern; der Arbeitgeber hat den Einsatz belastender persönlicher Schutzausrüstung auf das unbedingt erforderliche Maß zu beschränken und darf sie nicht als Dauermaßnahme vorsehen.

(5) [1]Der Arbeitgeber hat die Schutzmaßnahmen auf der Grundlage der Gefährdungsbeurteilung nach dem Stand der Technik sowie nach gesicherten wissenschaftlichen Erkenntnissen festzulegen und zu ergreifen. [2]Dazu hat er die Vorschriften dieser Verordnung einschließlich der Anhänge zu beachten und die nach § 19 Absatz 4 Nummer 1 bekannt gegebenen Regeln und Erkenntnisse zu berücksichtigen. [3]Bei Einhaltung der Regeln und Erkenntnisse ist davon auszugehen, dass die gestellten Anforderungen erfüllt sind (Vermutungswirkung). [4]Von diesen Regeln und Erkenntnissen kann abgewichen werden, wenn durch andere Maßnahmen zumindest in vergleichbarer Weise der Schutz von Sicherheit und Gesundheit der Beschäftigten gewährleistet wird. [5]Haben sich der Stand der Technik oder gesicherte wissenschaftliche Erkenntnisse fortentwickelt und erhöht sich die Arbeitssicherheit durch diese Fortentwicklung erheblich, sind die Schutzmaßnahmen innerhalb einer angemessenen Frist anzupassen.

(6) [1]Der Arbeitgeber hat die Funktion der technischen Schutzmaßnahmen regelmäßig und deren Wirksamkeit mindestens jedes zweite Jahr zu überprüfen. [2]Die Ergebnisse und das Datum der Wirksamkeitsprüfung sind in der Dokumentation nach § 7 zu vermerken. [3]Wurde für einen Arbeitsbereich, ein Arbeitsverfahren oder einen Anlagetyp in einer Bekanntmachung nach § 19 Absatz 4 ein Wert festgelegt, der die nach dem Stand der Technik erreichbare Konzentration der Biostoffe in der Luft am Arbeitsplatz beschreibt (Technischer Kontrollwert), so ist dieser Wert für die Wirksamkeitsüberprüfung der entsprechenden Schutzmaßnahmen heranzuziehen.

(7) Der Arbeitgeber darf in Heimarbeit nur Tätigkeiten mit Biostoffen der Risikogruppe 1 ohne sensibilisierende oder toxische Wirkung ausüben lassen.

§ 9 BioStoffV Allgemeine Schutzmaßnahmen

(1) [1]Bei allen Tätigkeiten mit Biostoffen müssen mindestens die allgemeinen Hygienemaßnahmen eingehalten werden. [2]Insbesondere hat der Arbeitgeber dafür zu sorgen, dass

1. Arbeitsplätze und Arbeitsmittel in einem dem Arbeitsablauf entsprechenden sauberen Zustand gehalten und regelmäßig gereinigt werden,
2. Fußböden und Oberflächen von Arbeitsmitteln und Arbeitsflächen leicht zu reinigen sind,

3. Waschgelegenheiten zur Verfügung stehen,
4. vom Arbeitsplatz getrennte Umkleidemöglichkeiten vorhanden sind, sofern Arbeitskleidung erforderlich ist; die Arbeitskleidung ist regelmäßig sowie bei Bedarf zu wechseln und zu reinigen.

(2) Bei Tätigkeiten in Laboratorien, in der Versuchstierhaltung, in der Biotechnologie und in Einrichtungen des Gesundheitsdienstes hat der Arbeitgeber für die Schutzstufe 1 über die Maßnahmen des Absatzes 1 hinaus spezielle Hygienemaßnahmen entsprechend den nach § 19 Absatz 4 Nummer 1 bekannt gegebenen Regeln und Erkenntnissen zu berücksichtigen.

(3) ¹Werden nicht ausschließlich Tätigkeiten mit Biostoffen der Risikogruppe 1 ohne sensibilisierende und toxische Wirkungen ausgeübt, hat der Arbeitgeber in Abhängigkeit von der Gefährdungsbeurteilung weitergehende Schutzmaßnahmen zu ergreifen. ²Dabei hat er insbesondere

1. Arbeitsverfahren und Arbeitsmittel so zu gestalten oder auszuwählen, dass die Exposition der Beschäftigten gegenüber Biostoffen und die Gefahr durch Stich- und Schnittverletzungen verhindert oder minimiert werden, soweit dies technisch möglich ist,
2. Tätigkeiten und Arbeitsverfahren mit Staub- oder Aerosolbildung, einschließlich Reinigungsverfahren, durch solche ohne oder mit geringerer Staub- oder Aerosolbildung zu ersetzen, soweit dies nach dem Stand der Technik möglich ist; ist dies nicht möglich, hat der Arbeitgeber geeignete Maßnahmen zur Minimierung der Exposition zu ergreifen,
3. die Zahl der exponierten Beschäftigten auf das für die Durchführung der Tätigkeit erforderliche Maß zu begrenzen,
4. die erforderlichen Maßnahmen zur Desinfektion, Inaktivierung oder Dekontamination sowie zur sachgerechten und sicheren Entsorgung von Biostoffen, kontaminierten Gegenständen, Materialien und Arbeitsmitteln zu ergreifen,
5. zur Verfügung gestellte persönliche Schutzausrüstung einschließlich Schutzkleidung zu reinigen, zu warten, instand zu halten und sachgerecht zu entsorgen; Beschäftigte müssen die bereitgestellte persönliche Schutzausrüstung verwenden, solange eine Gefährdung besteht,
6. die Voraussetzungen dafür zu schaffen, dass persönliche Schutzausrüstung einschließlich Schutzkleidung beim Verlassen des Arbeitsplatzes sicher abgelegt und getrennt von anderen Kleidungsstücken aufbewahrt werden kann,
7. sicherzustellen, dass die Beschäftigten in Arbeitsbereichen, in denen Biostoffe auftreten können, keine Nahrungs- und Genussmittel zu sich nehmen; hierzu hat der Arbeitgeber vor Aufnahme der Tätigkeiten gesonderte Bereiche einzurichten, die nicht mit persönlicher Schutzausrüstung einschließlich Schutzkleidung betreten werden dürfen.

(4) ¹Der Arbeitgeber hat Biostoffe sicher zu lagern, innerbetrieblich sicher zu befördern und Vorkehrungen zu treffen, um Missbrauch oder Fehlgebrauch zu verhindern. ²Dabei hat er sicherzustellen, dass nur Behälter verwendet werden, die

1. hinsichtlich ihrer Beschaffenheit geeignet sind, den Inhalt sicher zu umschließen,
2. so gekennzeichnet sind, dass die davon ausgehenden Gefahren in geeigneter Weise deutlich erkennbar sind,
3. hinsichtlich Form und Kennzeichnung so gestaltet sind, dass der Inhalt nicht mit Lebensmitteln verwechselt werden kann.

(5) ¹Bei der medizinischen Untersuchung, Behandlung und Pflege von Patienten außerhalb von Einrichtungen des Gesundheitsdienstes findet § 11 Absatz 2 bis 5 Anwendung. ²Bei diesen Tätigkeiten hat der Arbeitgeber in Arbeitsanweisungen den Umgang mit persönlicher Schutzausrüstung und Arbeitskleidung sowie die erforderlichen Maßnahmen zur Hygiene und zur Desinfektion festzulegen.

§ 10 BioStoffV Zusätzliche Schutzmaßnahmen und Anforderungen bei Tätigkeiten der Schutzstufe 2, 3 oder 4 in Laboratorien, in der Versuchstierhaltung sowie in der Biotechnologie

(1) Zusätzlich zu den Schutzmaßnahmen nach § 9 hat der Arbeitgeber vor Aufnahme der Tätigkeiten der Schutzstufe 2, 3 oder 4 in Laboratorien, in der Versuchstierhaltung oder in der Biotechnologie
1. entsprechend der Schutzstufenzuordnung
    a) geeignete räumliche Schutzstufenbereiche festzulegen und mit der Schutzstufenbezeichnung sowie mit dem Symbol für Biogefährdung nach Anhang I zu kennzeichnen,
    b) die Schutzmaßnahmen nach Anhang II oder III zu ergreifen; die als empfohlen bezeichneten Schutzmaßnahmen sind zu ergreifen, wenn dadurch die Gefährdung der Beschäftigten verringert werden kann,
2. gebrauchte spitze und scharfe Arbeitsmittel entsprechend der Anforderung nach § 11 Absatz 4 sicher zu entsorgen,
3. den Zugang zu Biostoffen der Risikogruppe 3 oder 4 auf dazu berechtigte, fachkundige und zuverlässige Beschäftigte zu beschränken; Tätigkeiten der Schutzstufe 3 oder 4 dürfen diesen Beschäftigten nur übertragen werden, wenn sie anhand von Arbeitsanweisungen eingewiesen und geschult sind.

(2) ¹Der Arbeitgeber hat vor Aufnahme von Tätigkeiten der Schutzstufe 3 oder 4 eine Person zu benennen, die zuverlässig ist und über eine Fachkunde verfügt, die der hohen Gefährdung entspricht. ²Er hat diese Person mit folgenden Aufgaben zu beauftragen:
1. Beratung bei
    a) der Gefährdungsbeurteilung nach § 4,
    b) sonstigen sicherheitstechnisch relevanten Fragestellungen,
2. Unterstützung bei der
    a) Kontrolle der Wirksamkeit der Schutzmaßnahmen,
    b) Durchführung der Unterweisung nach § 14 Absatz 2,
3. Überprüfung der Einhaltung der Schutzmaßnahmen.

³Der Arbeitgeber hat die Aufgaben und die Befugnisse dieser Person schriftlich festzulegen. ⁴Sie darf wegen der Erfüllung der ihr übertragenen Aufgaben nicht benachteiligt werden. ⁵Ihr ist für die Durchführung der Aufgaben ausreichend Zeit zur Verfügung zu stellen. ⁶Satz 1 gilt nicht für Tätigkeiten mit Biostoffen der Risikogruppe 3, die mit (**) gekennzeichnet sind.

§ 11 BioStoffV Zusätzliche Schutzmaßnahmen und Anforderungen bei Tätigkeiten der Schutzstufe 2, 3 oder 4 in Einrichtungen des Gesundheitsdienstes

(1) Zusätzlich zu den Schutzmaßnahmen nach § 9 hat der Arbeitgeber vor Aufnahme der Tätigkeiten der Schutzstufe 2, 3 oder 4 in Einrichtungen des Gesundheitsdienstes in Abhängigkeit von der Gefährdungsbeurteilung
1. wirksame Desinfektions- und Inaktivierungsverfahren festzulegen,
2. Oberflächen, die desinfiziert werden müssen, so zu gestalten, dass sie leicht zu reinigen und beständig gegen die verwendeten Desinfektionsmittel sind; für Tätigkeiten der Schutzstufe 4 gelten zusätzlich die Anforderungen des Anhangs II an Oberflächen.

(2) Der Arbeitgeber hat entsprechend § 9 Absatz 3 Satz 2 Nummer 1 spitze und scharfe medizinische Instrumente vor Aufnahme der Tätigkeit durch solche zu ersetzen, bei denen keine oder eine geringere Gefahr von Stich- und Schnittverletzungen besteht, soweit dies technisch möglich und zur Vermeidung einer Infektionsgefährdung erforderlich ist.

(3) ¹Der Arbeitgeber hat sicherzustellen, dass gebrauchte Kanülen nicht in die Schutzkappen zurückgesteckt werden. ²Werden Tätigkeiten ausgeübt, die nach dem Stand der Technik eine Mehrfachverwendung des medizinischen Instruments erforderlich machen, und muss dabei die Kanüle in die Schutzkappe zurückgesteckt werden, ist dies zulässig, wenn ein Verfahren angewendet wird, das ein sicheres Zurückstecken der Kanüle in die Schutzkappe mit einer Hand erlaubt.

(4) ¹Spitze und scharfe medizinische Instrumente sind nach Gebrauch sicher zu entsorgen. ²Hierzu hat der Arbeitgeber vor Aufnahme der Tätigkeiten Abfallbehältnisse bereitzustellen, die stich- und bruchfest sind und den Abfall sicher umschließen. ³Er hat dafür zu sorgen, dass diese Abfallbehältnisse durch Farbe, Form und Beschriftung eindeutig als Abfallbehältnisse erkennbar sind. ⁴Satz 1 und 2 gelten auch für gebrauchte medizinische Instrumente mit Schutzeinrichtungen gegen Stich- und Schnittverletzungen.

(5) ¹Der Arbeitgeber hat die Beschäftigten und ihre Vertretungen über Verletzungen durch gebrauchte spitze oder scharfe medizinische Instrumente, die organisatorische oder technische Ursachen haben, zeitnah zu unterrichten. ²Er hat die Vorgehensweise hierfür festzulegen.

(6) Tätigkeiten der Schutzstufe 3 oder 4 dürfen nur fachkundigen Beschäftigten übertragen werden, die anhand von Arbeitseinweisungen eingewiesen und geschult sind.

(7) Vor Aufnahme von Tätigkeiten der Schutzstufe 4 hat der Arbeitgeber
1. geeignete räumliche Schutzstufenbereiche festzulegen und mit der Schutzstufenbezeichnung sowie mit dem Symbol für Biogefährdung nach Anhang I zu kennzeichnen,
2. die Maßnahmen der Schutzstufe 4 aus Anhang II auszuwählen und zu ergreifen, die erforderlich und geeignet sind, die Gefährdung der Beschäftigten und anderer Personen zu verringern,
3. eine Person im Sinne von § 10 Absatz 2 Satz 1 zu benennen und mit den Aufgaben nach § 10 Absatz 2 Satz 2 zu beauftragen.

§ 12 BioStoffV Arbeitsmedizinische Vorsorge

Die Verordnung zur arbeitsmedizinischen Vorsorge in der jeweils geltenden Fassung gilt auch für den in § 2 Absatz 9 Satz 2 genannten Personenkreis.

§ 13 BioStoffV Betriebsstörungen, Unfälle

(1) ¹Der Arbeitgeber hat vor Aufnahme einer Tätigkeit der Schutzstufen 2 bis 4 die erforderlichen Maßnahmen festzulegen, die bei Betriebsstörungen oder Unfällen notwendig sind, um die Auswirkungen auf die Sicherheit und Gesundheit der Beschäftigten und anderer Personen zu minimieren und den normalen Betriebsablauf wiederherzustellen. ²In Abhängigkeit von der Art möglicher Ereignisse und verwendeter oder vorkommender Biostoffe ist insbesondere Folgendes festzulegen:
1. Maßnahmen zur Ersten Hilfe und weitergehende Hilfsmaßnahmen für Beschäftigte bei unfallbedingter Übertragung von Biostoffen einschließlich der Möglichkeit zur postexpositionellen Prophylaxe,
2. Maßnahmen, um eine Verschleppung von Biostoffen zu verhindern,
3. Desinfektions-, Inaktivierungs- oder Dekontaminationsmaßnahmen,
4. dass getestet wird, ob bei Betriebsstörungen oder Unfällen die verwendeten Biostoffe in die Arbeitsumgebung gelangt sind, soweit dies technisch möglich ist und validierte Testverfahren bestehen.

³Die Festlegungen sind gemäß § 14 Absatz 1 Satz 4 Nummer 3 ein Bestandteil der Betriebsanweisung.

(2) ¹Der Arbeitgeber hat die Beschäftigten über die festgelegten Maßnahmen und ihre Anwendung zu informieren. ²Tritt eine Betriebsstörung oder ein Unfall im Sinne von

Absatz 1 Satz 1 ein, so hat der Arbeitgeber unverzüglich die gemäß Absatz 1 Satz 2 festgelegten Maßnahmen zu ergreifen. ³Dabei dürfen im Gefahrenbereich nur die Personen verbleiben, die erforderlich sind, um die in Absatz 1 genannten Ziele zu erreichen.

(3) ¹Vor Aufnahme von Tätigkeiten der Schutzstufe 3 oder 4 in Laboratorien, in der Versuchstierhaltung, in der Biotechnologie sowie vor Aufnahme von Tätigkeiten der Schutzstufe 4 in Einrichtungen des Gesundheitsdienstes hat der Arbeitgeber ergänzend zu den Festlegungen nach Absatz 1 einen innerbetrieblichen Plan darüber zu erstellen, wie Gefahren abzuwehren sind, die beim Versagen einer Einschließungsmaßnahme durch eine Freisetzung von Biostoffen auftreten können. ²Darin hat er die spezifischen Gefahren und die Namen der für die innerbetrieblichen Rettungsmaßnahmen zuständigen Personen festzulegen. ³Die Festlegungen sind regelmäßig zu aktualisieren. ⁴Satz 1 gilt nicht für Tätigkeiten mit Biostoffen der Risikogruppe 3, die mit (**) gekennzeichnet sind.

(4) ¹Bei Tätigkeiten der Schutzstufe 4 hat der Plan nach Absatz 3 Angaben über den Umfang von Sicherheitsübungen und deren regelmäßige Durchführung zu enthalten, sofern solche Sicherheitsübungen aufgrund der Gefährdungsbeurteilung erforderlich sind. ²Die Maßnahmen nach Absatz 3 sind mit den zuständigen Rettungs- und Sicherheitsdiensten abzustimmen. ³Darüber hinaus hat der Arbeitgeber Warnsysteme einzurichten und Kommunikationsmöglichkeiten zu schaffen, durch die alle betroffenen Beschäftigten unverzüglich gewarnt und der Rettungs- und Sicherheitsdienst alarmiert werden können. ⁴Der Arbeitgeber hat sicherzustellen, dass diese Systeme funktionstüchtig sind.

(5) ¹Der Arbeitgeber hat vor Aufnahme der Tätigkeiten ein Verfahren für Unfallmeldungen und -untersuchungen sowie die Vorgehensweise zur Unterrichtung der Beschäftigten und ihrer Vertretungen festzulegen. ²Das Verfahren ist so zu gestalten, dass bei schweren Unfällen sowie bei Nadelstichverletzungen mögliche organisatorische und technische Unfallursachen erkannt werden können und individuelle Schuldzuweisungen vermieden werden. ³Die Beschäftigten und ihre Vertretungen sind über Betriebsstörungen und Unfälle mit Biostoffen, die die Sicherheit oder Gesundheit der Beschäftigten gefährden können, unverzüglich zu unterrichten.

§ 14 BioStoffV Betriebsanweisung und Unterweisung der Beschäftigten

(1) ¹Der Arbeitgeber hat auf der Grundlage der Gefährdungsbeurteilung nach § 4 vor Aufnahme der Tätigkeit eine schriftliche Betriebsanweisung arbeitsbereichs- und biostoffbezogen zu erstellen. ²Satz 1 gilt nicht, wenn ausschließlich Tätigkeiten mit Biostoffen der Risikogruppe 1 ohne sensibilisierende oder toxische Wirkungen ausgeübt werden. ³Die Betriebsanweisung ist den Beschäftigten zur Verfügung zu stellen. ⁴Sie muss in einer für die Beschäftigten verständlichen Form und Sprache verfasst sein und insbesondere folgende Informationen enthalten:
1. die mit den vorgesehenen Tätigkeiten verbundenen Gefahren für die Beschäftigten, insbesondere zu
   a) der Art der Tätigkeit,
   b) den am Arbeitsplatz verwendeten oder auftretenden, tätigkeitsrelevanten Biostoffen einschließlich der Risikogruppe, Übertragungswege und gesundheitlichen Wirkungen,
2. Informationen über Schutzmaßnahmen und Verhaltensregeln, die die Beschäftigten zu ihrem eigenen Schutz und zum Schutz anderer Beschäftigter am Arbeitsplatz durchzuführen oder einzuhalten haben; dazu gehören insbesondere
   a) innerbetriebliche Hygienevorgaben,
   b) Informationen über Maßnahmen, die zur Verhütung einer Exposition zu ergreifen sind, einschließlich der richtigen Verwendung scharfer oder spitzer medizinischer Instrumente,

c) Informationen zum Tragen, Verwenden und Ablegen persönlicher Schutzausrüstung einschließlich Schutzkleidung,
3. Anweisungen zum Verhalten und zu Maßnahmen bei Verletzungen, bei Unfällen und Betriebsstörungen sowie zu deren innerbetrieblicher Meldung und zur Ersten Hilfe,
4. Informationen zur sachgerechten Inaktivierung oder Entsorgung von Biostoffen und kontaminierten Gegenständen, Materialien oder Arbeitsmitteln.

[5]Die Betriebsanweisung muss bei jeder maßgeblichen Veränderung der Arbeitsbedingungen aktualisiert werden.

(2) [1]Der Arbeitgeber hat sicherzustellen, dass die Beschäftigten auf der Grundlage der jeweils aktuellen Betriebsanweisung nach Absatz 1 Satz 1 über alle auftretenden Gefährdungen und erforderlichen Schutzmaßnahmen mündlich unterwiesen werden. [2]Die Unterweisung ist so durchzuführen, dass bei den Beschäftigten ein Sicherheitsbewusstsein geschaffen wird. [3]Die Beschäftigten sind auch über die Voraussetzungen zu informieren, unter denen sie Anspruch auf arbeitsmedizinische Vorsorge nach der Verordnung zur arbeitsmedizinischen Vorsorge haben. [4]Im Rahmen der Unterweisung ist auch eine allgemeine arbeitsmedizinische Beratung durchzuführen mit Hinweisen zu besonderen Gefährdungen zum Beispiel bei verminderter Immunabwehr. [5]Soweit erforderlich ist bei der Beratung die Ärztin oder der Arzt nach § 7 Absatz 1 der Verordnung zur arbeitsmedizinischen Vorsorge zu beteiligen.

(3) [1]Die Unterweisung muss vor Aufnahme der Beschäftigung und danach mindestens jährlich arbeitsplatzbezogen durchgeführt werden sowie in einer für die Beschäftigten verständlichen Form und Sprache erfolgen. [2]Inhalt und Zeitpunkt der Unterweisung hat der Arbeitgeber schriftlich festzuhalten und sich von den unterwiesenen Beschäftigten durch Unterschrift bestätigen zu lassen.

(4) [1]Für Tätigkeiten der Schutzstufen 3 und 4 sind zusätzlich zur Betriebsanweisung Arbeitsanweisungen zu erstellen, die am Arbeitsplatz vorliegen müssen. [2]Arbeitsanweisungen sind auch erforderlich für folgende Tätigkeiten mit erhöhter Infektionsgefährdung:
1. Instandhaltungs-, Reinigungs-, Änderungs- oder Abbrucharbeiten in oder an kontaminierten Arbeitsmitteln,
2. Tätigkeiten, bei denen erfahrungsgemäß eine erhöhte Unfallgefahr besteht,
3. Tätigkeiten, bei denen bei einem Unfall mit schweren Infektionen zu rechnen ist; dies kann bei der Entnahme von Proben menschlichen oder tierischen Ursprungs der Fall sein.

Abschnitt 4 Erlaubnis- und Anzeigepflichten

§ 15 BioStoffV Erlaubnispflicht

(1) [1]Der Arbeitgeber bedarf der Erlaubnis der zuständigen Behörde, bevor Tätigkeiten der Schutzstufe 3 oder 4 in Laboratorien, in der Versuchstierhaltung oder in der Biotechnologie erstmals aufgenommen werden. [2]Die Erlaubnis umfasst die baulichen, technischen und organisatorischen Voraussetzungen nach dieser Verordnung zum Schutz der Beschäftigten und anderer Personen vor den Gefährdungen durch diese Tätigkeiten. [3]Satz 1 gilt auch für Einrichtungen des Gesundheitsdienstes, die für Tätigkeiten der Schutzstufe 4 vorgesehen sind. [4]Tätigkeiten mit Biostoffen der Risikogruppe 3, die mit (**) gekennzeichnet sind, bedürfen keiner Erlaubnis.

(2) [1]Schließt eine andere behördliche Entscheidung, insbesondere eine öffentlich-rechtliche Genehmigung oder Erlaubnis, die Erlaubnis nach Absatz 1 ein, so wird die Anforderung nach Absatz 1 durch Übersendung einer Kopie dieser behördlichen Entscheidung an die zuständige Behörde erfüllt. [2]Bei Bedarf kann die zuständige Behörde weitere Unterlagen anfordern.

(3) ¹Die Erlaubnis nach Absatz 1 ist schriftlich oder elektronisch zu beantragen. ²Dem Antrag sind folgende Unterlagen beizufügen:
1. Name und Anschrift des Arbeitgebers,
2. Name und Befähigung der nach § 10 Absatz 2 oder § 11 Absatz 7 Nummer 3 benannten Person,
3. Name des Erlaubnisinhabers nach § 44 des Infektionsschutzgesetzes,
4. Lageplan, Grundriss und Bezeichnung der Räumlichkeiten einschließlich Flucht- und Rettungswege,
5. Beschreibung der vorgesehenen Tätigkeiten,
6. Ergebnis der Gefährdungsbeurteilung unter Angabe
   a) der eingesetzten oder vorkommenden Biostoffe und der Schutzstufe der Tätigkeit,
   b) der baulichen, technischen, organisatorischen und persönlichen Schutzmaßnahmen einschließlich der Angaben zur geplanten Wartung und Instandhaltung der baulichen und technischen Maßnahmen,
7. Plan nach § 13 Absatz 3,
8. Informationen über die Abfall- und Abwasserentsorgung.

³Bei Bedarf kann die zuständige Behörde weitere Unterlagen anfordern. ⁴Erfolgt die Antragstellung elektronisch, kann die zuständige Behörde Mehrfertigungen sowie die Übermittlung der dem Antrag beizufügenden Unterlagen auch in schriftlicher Form verlangen.

(4) Die Erlaubnis ist zu erteilen, wenn die Anforderungen dieser Verordnung erfüllt werden, die erforderlich sind, um den Schutz der Beschäftigten und anderer Personen vor den Gefährdungen durch Biostoffe sicherzustellen.

§ 16 BioStoffV Anzeigepflicht

(1) Der Arbeitgeber hat der zuständigen Behörde nach Maßgabe der Absätze 2 und 3 anzuzeigen:
1. die erstmalige Aufnahme
   a) einer gezielten Tätigkeit mit Biostoffen der Risikogruppe 2,
   b) einer Tätigkeit mit Biostoffen der Risikogruppe 3, soweit die Tätigkeiten keiner Erlaubnispflicht nach § 15 unterliegen,
   in Laboratorien, in der Versuchstierhaltung und in der Biotechnologie,
2. jede Änderung der erlaubten oder angezeigten Tätigkeiten, wenn diese für die Sicherheit und den Gesundheitsschutz bedeutsam sind, zum Beispiel Tätigkeiten, die darauf abzielen, die Virulenz des Biostoffs zu erhöhen oder die Aufnahme von Tätigkeiten mit weiteren Biostoffen der Risikogruppe 3 oder 4,
3. die Aufnahme eines infizierten Patienten in eine Patientenstation der Schutzstufe 4,
4. das Einstellen einer nach § 15 erlaubnispflichtigen Tätigkeit.

(2) Die Anzeige hat folgende Angaben zu umfassen:
1. Name und Anschrift des Arbeitgebers,
2. Beschreibung der vorgesehenen Tätigkeiten,
3. das Ergebnis der Gefährdungsbeurteilung nach § 4,
4. die Art des Biostoffs,
5. die vorgesehenen Maßnahmen zum Schutz der Sicherheit und Gesundheit der Beschäftigten.

(3) Die Anzeige nach Absatz 1 Nummer 1, 2 oder Nummer 4 hat spätestens 30 Tage vor Aufnahme oder Einstellung der Tätigkeiten, die Anzeige nach Absatz 1 Nummer 3 unverzüglich zu erfolgen.

(4) Die Anzeigepflicht kann auch dadurch erfüllt werden, dass der zuständigen Behörde innerhalb der in Absatz 3 bestimmten Frist die Kopie einer Anzeige, Genehmigung

oder Erlaubnis nach einer anderen Rechtsvorschrift übermittelt wird, wenn diese gleichwertige Angaben beinhaltet.

Abschnitt 5 Vollzugsregelungen und Ausschuss für Biologische Arbeitsstoffe

§ 17 BioStoffV Unterrichtung der Behörde

(1) Der Arbeitgeber hat die zuständige Behörde unverzüglich zu unterrichten über
1. jeden Unfall und jede Betriebsstörung bei Tätigkeiten mit Biostoffen der Risikogruppe 3 oder 4, die zu einer Gesundheitsgefahr der Beschäftigten führen können,
2. Krankheits- und Todesfälle Beschäftigter, die auf Tätigkeiten mit Biostoffen zurückzuführen sind, unter genauer Angabe der Tätigkeit.

(2) Unbeschadet des § 22 des Arbeitsschutzgesetzes hat der Arbeitgeber der zuständigen Behörde auf ihr Verlangen Folgendes zu übermitteln:
1. die Dokumentation der Gefährdungsbeurteilung,
2. das Verzeichnis nach § 7 Absatz 3 Satz 1 sowie den Nachweis nach § 7 Absatz 3 Satz 4 Nummer 2,
3. die Tätigkeiten, bei denen Beschäftigte tatsächlich oder möglicherweise gegenüber Biostoffen exponiert worden sind, und die Anzahl dieser Beschäftigten,
4. die ergriffenen Schutz- und Vorsorgemaßnahmen einschließlich der Betriebs- und Arbeitsanweisungen,
5. die nach § 13 Absatz 1 und 2 festgelegten oder ergriffenen Maßnahmen und den nach § 13 Absatz 3 erstellten Plan.

§ 18 BioStoffV Behördliche Ausnahmen

Die zuständige Behörde kann auf schriftlichen oder elektronischen Antrag des Arbeitgebers Ausnahmen von den Vorschriften der §§ 9, 10, 11 und 13 einschließlich der Anhänge II und III erteilen, wenn die Durchführung der Vorschrift im Einzelfall zu einer unverhältnismäßigen Härte führen würde und die beantragte Abweichung mit dem Schutz der betroffenen Beschäftigten vereinbar ist.

§ 19 BioStoffV Ausschuss für Biologische Arbeitsstoffe

(1) [1]Beim Bundesministerium für Arbeit und Soziales wird ein Ausschuss für Biologische Arbeitsstoffe (ABAS) gebildet, in dem fachlich geeignete Personen vonseiten der Arbeitgeber, der Gewerkschaften, der Länderbehörden, der gesetzlichen Unfallversicherung und weitere fachlich geeignete Personen, insbesondere der Wissenschaft, vertreten sein sollen. [2]Die Gesamtzahl der Mitglieder soll 16 Personen nicht überschreiten. [3]Für jedes Mitglied ist ein stellvertretendes Mitglied zu benennen. [4]Die Mitgliedschaft im Ausschuss ist ehrenamtlich.

(2) [1]Das Bundesministerium für Arbeit und Soziales beruft die Mitglieder des Ausschusses und die stellvertretenden Mitglieder. [2]Der Ausschuss gibt sich eine Geschäftsordnung und wählt die Vorsitzende oder den Vorsitzenden aus seiner Mitte. [3]Die Geschäftsordnung und die Wahl des oder der Vorsitzenden bedürfen der Zustimmung des Bundesministeriums für Arbeit und Soziales.

(3) [1]Zu den Aufgaben des Ausschusses gehört es,
1. den Stand der Wissenschaft, Technik, Arbeitsmedizin und Arbeitshygiene sowie sonstige gesicherte Erkenntnisse für Tätigkeiten mit Biostoffen zu ermitteln und entsprechende Empfehlungen auszusprechen einschließlich solcher Beiträge, die in öffentlich nutzbaren Informationssystemen über Biostoffe genutzt werden können,

2. zu ermitteln, wie die in dieser Verordnung gestellten Anforderungen erfüllt werden können und dazu die dem jeweiligen Stand von Technik und Medizin entsprechenden Regeln und Erkenntnisse zu erarbeiten,
3. wissenschaftliche Bewertungen von Biostoffen vorzunehmen und deren Einstufung in Risikogruppen vorzuschlagen,
4. das Bundesministerium für Arbeit und Soziales in Fragen der biologischen Sicherheit zu beraten.

²Das Arbeitsprogramm des Ausschusses wird mit dem Bundesministerium für Arbeit und Soziales abgestimmt. ³Der Ausschuss arbeitet eng mit den anderen Ausschüssen beim Bundesministerium für Arbeit und Soziales zusammen.

(4) Nach Prüfung kann das Bundesministerium für Arbeit und Soziales
1. die vom Ausschuss ermittelten Regeln und Erkenntnisse nach Absatz 3 Satz 1 Nummer 2 sowie die Einstufungen nach § 3 Absatz 3 im Gemeinsamen Ministerialblatt bekannt geben,
2. die Empfehlungen nach Absatz 3 Satz 1 Nummer 1 sowie die Beratungsergebnisse nach Absatz 3 Satz 1 Nummer 4 in geeigneter Weise veröffentlichen.

(5) ¹Die Bundesministerien sowie die zuständigen obersten Landesbehörden können zu den Sitzungen des Ausschusses Vertreter entsenden. ²Diesen ist auf Verlangen in der Sitzung das Wort zu erteilen.

(6) Die Bundesanstalt für Arbeitsschutz und Arbeitsmedizin führt die Geschäfte des Ausschusses.

Abschnitt 6 Ordnungswidrigkeiten, Straftaten und Übergangsvorschriften

§ 20 BioStoffV Ordnungswidrigkeiten

(1) Ordnungswidrig im Sinne des § 25 Absatz 1 Nummer 1 des Arbeitsschutzgesetzes handelt, wer vorsätzlich oder fahrlässig
1. entgegen § 4 Absatz 1 Satz 1 die Gefährdung der Beschäftigten nicht, nicht richtig, nicht vollständig oder nicht rechtzeitig beurteilt,
2. entgegen § 4 Absatz 2 Satz 1 eine Gefährdungsbeurteilung nicht oder nicht rechtzeitig aktualisiert,
3. entgegen § 4 Absatz 2 Satz 2 eine Gefährdungsbeurteilung nicht oder nicht rechtzeitig überprüft,
4. entgegen § 7 Absatz 1 Satz 1 eine Gefährdungsbeurteilung nicht, nicht richtig, nicht vollständig oder nicht rechtzeitig dokumentiert,
5. entgegen § 7 Absatz 3 Satz 1 ein dort genanntes Verzeichnis nicht, nicht richtig oder nicht vollständig führt,
6. entgegen § 7 Absatz 3 Satz 3 ein dort genanntes Verzeichnis nicht oder nicht mindestens zehn Jahre aufbewahrt,
7. entgegen § 8 Absatz 4 Nummer 4 erster Halbsatz persönliche Schutzausrüstung nicht oder nicht rechtzeitig zur Verfügung stellt,
8. entgegen § 9 Absatz 1 Satz 2 Nummer 3 nicht dafür sorgt, dass eine Waschgelegenheit zur Verfügung steht,
9. entgegen § 9 Absatz 1 Satz 2 Nummer 4 erster Halbsatz nicht dafür sorgt, dass eine Umkleidemöglichkeit vorhanden ist,
10. entgegen § 9 Absatz 3 Satz 2 Nummer 5 erster Halbsatz zur Verfügung gestellte persönliche Schutzausrüstung nicht instand hält,
11. entgegen § 9 Absatz 3 Satz 2 Nummer 7 zweiter Halbsatz dort genannte Bereiche nicht oder nicht rechtzeitig einrichtet,
12. entgegen § 9 Absatz 4 Satz 2 nicht sicherstellt, dass nur dort genannte Behälter verwendet werden,

13. entgegen § 10 Absatz 1 Nummer 1 Buchstabe a oder § 11 Absatz 7 Nummer 1 einen Schutzstufenbereich nicht oder nicht rechtzeitig festlegt oder nicht, nicht richtig oder nicht rechtzeitig kennzeichnet,
14. entgegen § 10 Absatz 2 Satz 1 oder § 11 Absatz 7 Nummer 3 eine Person nicht oder nicht rechtzeitig benennt,
15. entgegen § 11 Absatz 1 Nummer 1 ein dort genanntes Verfahren nicht oder nicht rechtzeitig festlegt,
16. entgegen § 11 Absatz 2 ein dort genanntes Instrument nicht oder nicht rechtzeitig ersetzt,
17. entgegen § 11 Absatz 3 Satz 1 nicht sicherstellt, dass eine gebrauchte Kanüle nicht in die Schutzkappe zurückgesteckt wird,
18. entgegen § 11 Absatz 4 Satz 1, auch in Verbindung mit Satz 4, ein dort genanntes Instrument nicht oder nicht rechtzeitig entsorgt,
19. entgegen § 13 Absatz 1 Satz 2 Nummer 1, 2 oder 3 eine dort genannte Maßnahme nicht oder nicht rechtzeitig festlegt,
20. entgegen § 13 Absatz 3 Satz 1 einen innerbetrieblichen Plan nicht, nicht richtig, nicht vollständig oder nicht rechtzeitig erstellt,
21. entgegen § 13 Absatz 5 Satz 1 ein Verfahren für Unfallmeldungen und -untersuchungen nicht oder nicht rechtzeitig festlegt,
22. entgegen § 14 Absatz 1 Satz 1 eine schriftliche Betriebsanweisung nicht, nicht richtig, nicht vollständig oder nicht rechtzeitig erstellt,
23. entgegen § 14 Absatz 2 Satz 1 nicht sicherstellt, dass ein Beschäftigter unterwiesen wird,
24. ohne Erlaubnis nach § 15 Absatz 1 Satz 1 eine dort genannte Tätigkeit aufnimmt,
25. entgegen § 16 Absatz 1 eine Anzeige nicht, nicht richtig, nicht vollständig oder nicht rechtzeitig erstattet oder
26. entgegen § 17 Absatz 1 die zuständige Behörde nicht, nicht richtig, nicht vollständig oder nicht rechtzeitig unterrichtet.

(2) Ordnungswidrig im Sinne des § 32 Absatz 1 Nummer 1 des Heimarbeitsgesetzes handelt, wer vorsätzlich oder fahrlässig entgegen § 8 Absatz 7 eine dort genannte Tätigkeit ausüben lässt.

§ 21 BioStoffV Straftaten

(1) Wer durch eine in § 20 Absatz 1 bezeichnete vorsätzliche Handlung Leben oder Gesundheit eines Beschäftigten gefährdet, ist nach § 26 Nummer 2 des Arbeitsschutzgesetzes strafbar.

(2) Wer durch eine in § 20 Absatz 2 bezeichnete vorsätzliche Handlung in Heimarbeit Beschäftigte in ihrer Arbeitskraft oder Gesundheit gefährdet, ist nach § 32 Absatz 3 oder Absatz 4 des Heimarbeitsgesetzes strafbar.

§ 22 BioStoffV Übergangsvorschriften

Bei Tätigkeiten, die vor Inkrafttreten dieser Verordnung aufgenommen worden sind,
1. ist entsprechend § 10 Absatz 2 oder § 11 Absatz 7 Nummer 3 eine fachkundige Person bis zum 30. Juni 2014 zu benennen,
2. besteht keine Erlaubnispflicht gemäß § 15 Absatz 1, sofern diese Tätigkeiten der zuständigen Behörde angezeigt wurden.

Anhang I–III BioStoffV

Hier nicht wiedergegeben.

Literatur: *Allescher*, Arbeitsschutzgesetz konkretisiert, BArbBl 1999, Nr. 5, 15 ff.; *Angermaier*, Biostoffverordnung, AiB 1999, 387 ff.; *Dreller/Jäckel*, Prävention von Nadelstichverletzungen, DGUV 5/2012, 32 ff.; *Hoffmeyer* ua, Gesundheitsbeeinträchtigungen bei aktuell und ehemals Beschäftigten der Abfallsammlung, ASU 2016, 276 ff.; *Klimpe-Auerbach*, Grippepandemie und die Folgen für die Beschäftigten, PersR 2009, 431 ff.; *Marquardt*, Das Sicherheitsdatenblatt als Instrument außer- und innerbetrieblicher Information und Kommunikation, 2007 (zitiert: Marquardt, Sicherheitsdatenblatt); *Müller-Petzer*, Fürsorgepflichten des Arbeitsgebers nach europäischem und nationalem Arbeitsschutzrecht, 2003; *Nöthlichs*, BioStoffV, Loseblatt, 31. Lieferung 2016; *Pieper*, Die Biostoffverordnung, AiB 2001, 435 ff.; *Schoeller*, TRBA 250, ASUMed 2015, 27 ff., 107 ff., 189 ff.; *dies.*, TRBA 610, ASUMed 2017, 595; *Schöneich*, Die Biostoffverordnung, baua: Aktuell 2/2013, 5 f.; *Smola/Vomberg/Niemeyer*, Die neue Biostoffverordnung, sis 2013, 423 ff.; *Wittmann/Bosselmann*, Nadelstichverletzungen und die neue BiostoffV, BPUVZ 2013, 650 ff.

Leitentscheidungen: EuGH 14.6.2001 – C-437/99 (Kommission ./. Österreich); VG Düsseldorf 20.4.2010 – 3 L 1995/09, AbfallR 2010, 212; VG Oldenburg 7.2.2017 – 7 B 6714/16, PflR 2017, 313 ff.; LAG Nürnberg 9.6.2017 – 7 Sa 231/16.

I. Normzweck, Rechtssystematik.. 1	VI. Schutzmaßnahmen 26
II. Unionsrecht, Entstehungsgeschichte 3	1. Systematik der Schutzmaßnahmen.................... 26
III. Anwendungsbereich der BioStoffV........................... 8	2. Hygienemaßnahmen (§ 9 Abs. 1–3 BiostoffV) 30
IV. Allgemeine Schutzpflichten: Informationsermittlung und Gefährdungsbeurteilung........ 12	3. Unterrichtung und Unterweisung..................... 33
V. Grundpflichten: Ersetzung, Minimierung................... 21	4. Erlaubnis-, Anzeige- und Aufzeichnungspflichten 41
	VII. Rechtsdurchsetzung 45

I. Normzweck, Rechtssystematik

Biologische Arbeitsstoffe enthalten ein beachtliches Gefährdungs- und Gefahrenpotential. Sie können ebenso **Infektionskrankheiten** wie **allergisierende und sensibilisierende Gesundheitsbeeinträchtigungen** verursachen. Diese Stoffe sind über verschiedene Branchen weit verbreitet; nach Schätzungen zum Zeitpunkt des Erlasses der BioStoffV wurde davon ausgegangen, dass circa fünf Millionen Beschäftigte von dieser Verordnung erfasst sind.[1] Da die Tätigkeit mit biologischen Arbeitsstoffen nicht auf einzelne Branchen beschränkt ist, hat die 1999 erlassene und zuletzt 2013 geänderte Verordnung einen **umfassenden, branchenübergreifenden Anwendungsbereich**. Sie orientiert sich daher am Begriff der **Tätigkeit mit biologischen Arbeitsstoffen**, wobei diese Tätigkeiten sowohl gezielte als auch nicht gezielte Tätigkeiten umfassen. 1

Der für die Verordnung zentrale Begriff der „Tätigkeiten mit biologischen Arbeitsstoffen" (→ Rn. 9) wird in der Weise eingeschränkt, dass ein **Bezug zur beruflichen Tätigkeit** vorliegen soll. Ebenso wie im Gefahrstoffrecht wird auch im Biostoffrecht ein mit der Tätigkeit nicht verbundener Kontakt mit biologischen Arbeitsstoffen dem allgemeinen Arbeitsschutzrecht zugewiesen. Werden also durch eine schlecht gewartete Klimaanlage Beschäftigte im Büro Mikroorganismen ausgesetzt, so ist dies eine Frage des Arbeitsstättenrechts. Dagegen wird der Klimatechniker, der eine verkeimte Klimaanlage reinigen muss, vom Schutzbereich der BioStoffV erfasst;[2] auch wenn er keine Tätigkeit „mit" biologischen Arbeitsstoffen ausübt, so realisiert er eine **Tätigkeit „im Gefahrenbereich"**. Dies war nach § 1 Abs. 1 BioStoffV aF ausreichend.[3] Auch wenn dieser Begriff in der neuen Fassung nicht mehr genannt wird, sind diese Fälle weiter einbezogen, denn die Neufassung sollte insoweit keine inhaltlichen Änderungen bewirken.[4] Eine weitere **Abgrenzung** erfolgt in § 1 Abs. 2 BioStoffV gegenüber dem Gentechnikrecht, das als spezielleres Recht dann vorgeht, wenn es, vor allem in der GenTSV, gleichwertige oder strengere Vorschriften enthält. Soweit es an entsprechenden Vorschriften fehlt, 2

---

1 Pieper AiB 2001, 435. 2 Müller-Petzer, Fürsorgepflicht, S. 161; Kollmer/Klindt/Schucht/Kossens BiostoffV § 1 Rn. 3; LASI LV 23, 4. Aufl. 2014, 1.4., S. 15. 3 Nöthlichs BioStoffV § 1 Rn. 12. 4 BR-Drs. 325/13, 52.

gilt auch im Gentechnikrecht das allgemeine Arbeitsschutzrecht.[5] Schließlich ist durch § 1 Abs. 4 S. 1 Nr. 1 GefStoffV eine Abgrenzung vorgenommen worden, wonach sich grundsätzlich **Gefahrstoffe und biologische Stoffe gegenseitig ausschließen**. Die Schutzvorschriften zum **Mutterschutzrecht** gehen der BioStoffV grundsätzlich als speziellere Vorschriften vor; soweit das Mutterschutzrecht allerdings keine spezifischen Regelungen enthält, gilt auch für schwangere Beschäftigte zusätzlich die BioStoffV.[6]

II. Unionsrecht, Entstehungsgeschichte

3 Im früheren Gemeinschaftsrecht ist den biologischen Arbeitsstoffen frühzeitig eine intensive Aufmerksamkeit zugewandt worden, während in Deutschland der Umgang mit biologischen Arbeitsstoffen lange Zeit nur durch Unfallverhütungsvorschriften reguliert worden war. Im Jahr 1990 wurden die beiden **Richtlinien** 90/219/EWG sowie 90/220/EWG zum **Gentechnikrecht** verabschiedet, die auch arbeitsschutzrechtliche Regeln enthalten. Vor allem aber wurde als 7. Einzel-Richtlinie zur Rahmenrichtlinie bereits 1990 die **RL 90/679/EWG** zum Schutz der Arbeitnehmer gegen Gefährdung durch biologische Arbeitsstoffe bei der Arbeit verabschiedet.[7] Diese Richtlinie war bis zum 30.11.1993 in nationales Recht umzusetzen; sie ist seit 1993 mehrfach ergänzt und erweitert worden. Schließlich erfolgte eine vollständige Neufassung durch die bis heute maßgebliche **RL 2000/54/EG** vom 18.9.2000.[8]

4 Mit dieser Richtlinie wurde ein konsequent **gefährdungsbezogenes Schutzkonzept** formuliert, das sich an den **Tätigkeiten orientiert**, die diese Gefährdungen vermitteln. Einen Überblick über die unterschiedlichen Tätigkeiten von der Nahrungsmittelproduktion bis zur Abfallentsorgung vermittelt Anhang I der Richtlinie.[9] Zum anderen werden die biologischen Arbeitsstoffe in **vier verschiedene Risikogruppen** unterteilt; für wichtige Stoffe enthält Anhang III eine bindende Einordnung in eine der Risikogruppen. Die Arbeitsschutzanforderungen werden nach diesen Risikogruppen differenziert. Bei gefährlichen biologischen Arbeitsstoffen hat der Arbeitgeber diese – parallel zur gefahrstoffrechtlichen Substitutionspflicht (→ GefStoffV Rn. 42) – grundsätzlich nach Art. 5 der Richtlinie zu **ersetzen**; soweit eine Ersetzung nicht möglich ist, ist auf jeden Fall eine **Minimierung**, hilfsweise eine **Verringerung der Risiken** geboten.[10] Als zentrales Instrument setzt auch diese Richtlinie die vor Aufnahme der Tätigkeit durchzuführende **Gefährdungsbeurteilung** ein, die die jeweiligen Stoffe den entsprechenden Risikogruppen zuweist und die damit verbundenen **Schutzmaßnahmen** definiert. Weitere Angaben zu konkreten Schutzmaßnahmen enthalten die Anhänge V und VI der Richtlinie. Wie alle Arbeitsschutzrichtlinien enthält auch diese Richtlinie Vorschriften zur **Information und Unterweisung** der Beschäftigten sowie zur **Partizipation** der Beschäftigten beziehungsweise ihrer Vertretungen. Ähnlich wie im Gefahrstoffrecht ist eine spezifische **Gesundheitsüberwachung** vorgesehen, die allerdings auch zur präventiven Gestaltung im Betrieb genutzt werden soll. Zu den Besonderheiten der Richtlinie gehört es, dass Arbeitgeber die zuständigen **Behörden zu unterrichten** haben und bei bestimmten Stoffen eine **vorherige Anmeldung** sicherstellen müssen. Darin dokumentiert sich die spezifische Gefährlichkeit bestimmter biologischer Stoffe.

5 Die Biostoff-RL wurde in Deutschland **mit deutlicher Verspätung** erst im Jahre 1999 **umgesetzt**. Die Verordnung vom 27.1.1999[11] trat zum 1.4.1999 in Kraft. Nachhaltige Veränderungen erfuhr sie im Zusammenhang mit der Umgestaltung des Gefahrstoffrechts im Jahr 2004.[12] Weitere deutliche Änderungen erfuhr die Verordnung durch Art. 3 der Verordnung zur arbeitsmedizinischen Vorsorge vom 18.12.2008.[13]

6 Präventiven Schutz vor Infektionskrankheiten soll inzwischen auch die RL 2010/32/EU des Rates vom 10.5.2010[14] (**Nadelstich-RL**) vermitteln. Sie beruht auf dem sektoralen sozialen Dialog im Gesundheitswesen. Im Juli 2009 haben die Arbeitgebervereinigun-

---
5 Pieper BioStoffV § 1 Rn. 30 ff. **6** Müller-Petzer, S. 163. **7** ABl. EG L 374, 1 vom 31.12.19901. **8** ABl. EG L 262, 21 vom 17.10.2000. **9** ABl. EG L 262, 21, 28 vom 17.10.2000. **10** EuArbR/Klindt/Schucht RL 89/391/EWG Rn. 155. **11** BGBl. I 1999, 50. **12** BGBl. I 2004, 3758, 3807, Art. 8 der Gefahrstoffrechtsanpassungsverordnung. **13** BGBl. I 2008, 2768, 2776. **14** ABl. EG. L 134, 66 vom 1.6.2010.

gen für Kliniken und Gesundheitswesen sowie der europäische Gewerkschaftsbund für den öffentlichen Dienst eine Rahmenvereinbarung zur Vermeidung von Verletzungen durch scharfe/spitze Instrumente im Krankenhaus- und Gesundheitssektor geschlossen. Die Richtlinie war bis zum Mai 2013 umzusetzen. Mit dieser Richtlinie werden präventive Maßnahmen im Gesundheitswesen angeordnet. Durch den Einsatz möglichst sicherer Instrumente, durch verbesserte Fortbildung und geeignete Arbeitsorganisation soll die Gefahr von Nadelstichverletzungen – und damit auch von Infektionen mit biologischen Arbeitsstoffen – deutlich verringert werden.[15] Damit ist zum ersten Mal eine **Vereinbarung des sektoralen sozialen Dialogs** durch eine Richtlinie in das Handlungsfeld der Arbeitsschutzpolitik der Mitgliedstaaten überführt worden (→ Unionsrecht Rn. 32).

Durch den Erlass der RL 2010/32/EU zu den Nadelstichverletzungen wurde eine **Änderung der BioStoffV** erforderlich, die im Juli 2013 relativ zeitnah erfolgte.[16] Diese Änderung wurde zugleich genutzt, um aktuelle Probleme der Biotechnologie zu berücksichtigen und die Erfahrungen zum Beispiel der Grippepandemie[17] aufzunehmen. Schließlich wurde die Verordnung auch sprachlich umgestaltet – zB „Biostoff" statt „biologischer Arbeitsstoff" – und mit den Begrifflichkeiten und der Systematik der GefStoffV besser abgestimmt.[18]

III. Anwendungsbereich der BioStoffV

Der **sachliche Anwendungsbereich** der BioStoffV wird zunächst durch den Begriff der Biostoffe definiert. In weitgehender Übereinstimmung mit Art. 2 der Richtlinie werden als Biostoffe **Mikroorganismen, Zellkulturen und humanpathogene Endoparasiten** definiert, die beim Menschen Infektionen, sensibilisierende oder toxische Wirkungen hervorrufen können. Diese Definition wurde 2013 mit dem offenen Begriff „sonstige, die Gesundheit schädigende Wirkungen" deutlich erweitert.[19] Der Begriff der Mikroorganismen umfasst vor allem Bakterien, Viren und Pilze;[20] zu den Endoparasiten zählen tierische Einzeller und Würmer, die in bestimmten Entwicklungsstadien im menschlichen Körper schmarotzen.[21] Über diese unionsrechtliche Definition hinaus geht allerdings § 2 Abs. 1 Nr. 2 BioStoffV, wonach auch **transmissible Agenzien** erfasst werden. Es handelt sich um die Erreger des „Rinderwahnsinns",[22] die 1999 angesichts ihrer Aktualität zusätzlich den Anwendungsbereich der Verordnung bestimmen. Dies ist unionsrechtlich unproblematisch, da die RL 2000/54/EG Mindestvorschriften definiert, die von den Mitgliedstaaten grundsätzlich verstärkt werden können.

Der für die Verordnung zentrale Begriff der **Tätigkeiten mit Biostoffen** wird in § 2 Abs. 7 Nr. 1 BioStoffV in einem umfassenden Sinn definiert. Er erfasst nicht nur das Verwenden von Biostoffen, sondern auch jede Form des Ge- und Verbrauchs, der Be- und Verarbeitung sowie des Ab- und Umfüllens. Im Interesse eines effektiven Schutzes, der sich – ähnlich wie im Gefahrstoffrecht – auch am Produktzyklus orientiert, werden die innerbetriebliche Beförderung, Lagerung und Aufbewahrung sowie schließlich auch die Entsorgung in den Tätigkeitsbegriff einbezogen. Daraus ergibt sich, dass die Verordnung auch eine große Bedeutung in der Abfallwirtschaft hat.[23] Andererseits ist der Tätigkeitsbegriff nicht so weit gefasst wie in § 1 Abs. 3 S. 3 GefStoffV (→ GefStoffV Rn. 29).

Der umfassende Tätigkeitsbegriff erfasst **sowohl gezielte als auch ungezielte Tätigkeiten mit Biostoffen**. Gezielte Arbeitstätigkeiten sind zum Beispiel für Forschungs- und Laborarbeiten typisch, während ungezielte Tätigkeiten die verschiedenen Formen der Kontamination beschreiben, die durch Infektionen im Gesundheitswesen, Verunreinigungen bei der Abfallwirtschaft und Probleme bei Reinigungstätigkeiten entstehen

---

[15] Dreller/Jäckel DGUV 5/2012, 32 (35). [16] BGBl. I 2013, 2514, Begründung BR-Drs. 325/13. [17] Klimpe-Auerbach PersR 2009, 431. [18] BR-Drs. 325/13, 48 f. [19] Smola/Vomberg/Niemeyer sis 2013, 423 (424) mit konkreten Beispielen. [20] Pieper BioStoffV § 2 Rn. 1. [21] Nöthlichs BioStoffV § 2. Rn. 1; vgl. LASI LV 23 2.1., S. 17 und SRS/Smola Kap. 2 § 3 Rn. 101. [22] Allescher BABl. 5/1999, 15. [23] VG Düsseldorf 20.4.2010 – 3 L 1995/09, AbfallR 2010, 212; Hoffmeyer ua ASUmed 2016, 276 ff.

können. Diese Differenzierung ist für den Anwendungsbereich der Verordnung nicht von Bedeutung, jedoch nach § 5 Abs. 2 Nr. 1, 2 BioStoffV wichtig für die Zuordnung der Schutzstufen.

11 Der **persönliche Anwendungsbereich** ist zu unterscheiden nach dem **verpflichteten** und dem **geschützten Personenkreis.** In Anlehnung an das Chemikalienrecht wird der verpflichtete Personenkreis weit gezogen und umfasst Hersteller, Inverkehrbringer und Arbeitgeber. Unter den Begriff „**Arbeitgeber**" fallen nach § 2 Abs. 10 S. 2 Nr. 1 BioStoffV – vergleichbar mit § 6 S. 1 BaustellV – auch Unternehmer ohne Arbeitnehmer, da auch durch ihre Tätigkeit in gemeinsamen Arbeitsstätten mit anderen Unternehmen Gefahren für die anderen Beschäftigten entstehen können. Geschützter Personenkreis sind die Beschäftigten und andere bzw. sonstige Personen (§ 1 Abs. 1, 3 S. 1 GefStoffV). Der Begriff **Beschäftigte** bezieht zunächst alle von § 2 Abs. 2 ArbSchG erfassten Personen mit ein (→ ArbSchG § 2 Rn. 11 ff.). Ebenso wie in § 2 Abs. 7 GefStoffV werden dieser Personengruppe in § 2 Abs. 9 S. 2 BioStoffV gleichgestellt die in **Heimarbeit** Beschäftigten sowie **Schüler, Studierende** und sonstige Personen, die gleich einem Beschäftigten behandelt werden. In der Schule gibt es gezielte Tätigkeiten mit biologischen Arbeitsstoffen im Unterricht: eine Broschüre der DGUV „Regeln für Sicherheit und Gesundheitsschutz bei Tätigkeiten mit biologischen Arbeitsstoffen im Unterricht" ist online verfügbar.[24] Problematischer ist die Schimmelbildung in schlecht gepflegten Schulgebäuden.[25] „Sonstige Personen" sind nicht nur an Hochschulen tätige Personengruppen, sondern auch **Doktoranden,** Forschungsstipendiaten oder Personen, die Tätigkeiten mit Gefahrstoffen an anderen Einrichtungen und Instituten durchführen.[26] Über den Zusatz in § 2 Abs. 9 S. 2 Nr. 3 BioStoffV „in Einrichtungen des Gesundheitsdienstes Tätige" ist der persönliche Anwendungsbereich der BioStoffV auf die Personen erweitert worden, die unter den Personenkreis der Nadelstich-RL fallen. Erstmals hat auch eine Grundpflicht des Schutzes anderer Personen bei der aktiven Verwendung von Biostoffen Berücksichtigung im Gesetzestext in § 1 Abs. 1 S. 2 BioStoffV gefunden. Durch die Bezugnahme auf § 1 ArbSchG sollen auch hier wieder **Hausangestellte** aus dem Schutzbereich ausgenommen werden.[27] Dies ist problematisch, weil nach Art. 13 der inzwischen ratifizierten ILO-Übereinkommens 189 zur menschenwürdigen Arbeit von Hausangestellten[28] auch für diesen Personenkreis das Recht auf sichere und gesunde Arbeitsbedingungen anerkannt ist. Die Bereichsausnahme in der BioStoffV ist nur akzeptabel, wenn für elementare haushaltstypische Gesundheitsbedingungen, zu denen auch der Schutz bei Tätigkeiten mit Biostoffen gehört, ein effektiver Schutz durch das Unfallversicherungsrecht realisiert wird (→ ArbSchG § 1 Rn. 23).

IV. Allgemeine Schutzpflichten: Informationsermittlung und Gefährdungsbeurteilung

12 Die **Systematik der BioStoffV** lehnt sich an das bekannte Konzept des europäischen und deutschen Arbeitsschutzrechts an. Folglich enthält auch die BioStoffV ähnlich wie die GefStoffV allgemeine (§§ 3–8 BioStoffV) und besondere Pflichten (Schutzmaßnahmen §§ 9–17 BioStoffV). Als allgemeine Pflichten sind die **Grundpflichten des Arbeitgebers auf Informationsermittlung und Gefährdungsbeurteilung** zu qualifizieren. Der Stellenwert der Gefährdungsbeurteilung wird allein dadurch deutlich, dass der Arbeitgeber gem. § 4 Abs. 1 BioStoffV die Gefährdungsbeurteilung vor Aufnahme der Arbeit durchzuführen hat. Die Durchführung der Gefährdungsbeurteilung wird durch die Bußgeldnorm des § 20 Abs. 1 Nr. 1 BioStoffV abgesichert. Die Aufsichtsbehörde kann sich nach § 17 Abs. 1 Nr. 1 BioStoffV über die Ergebnisse der Gefährdungsbeurteilung unterrichten lassen.

13 Die Gefährdungen durch Biostoffe können nur dann zuverlässig beurteilt werden, wenn die **Identität** und die jeweilige **Risikoeigenschaft** des jeweiligen Stoffes feststehen. Das deutsche und europäische Biostoffrecht folgt nicht einem Grenzwertkonzept, son-

---

24 www.sichere-schule.de. **25** Kohte RdJB 2008, 198 (209). **26** BR-Drs. 415/04, 2 f.; Pieper BioStoffV § 2 Rn. 14. **27** Pieper BioStoffV § 1 Rn. 26. **28** BGBl. II 2013, 922.

dern einem **Risikogruppenkonzept**. Danach werden die Stoffe jeweils Risikogruppen zugeteilt und jeder Risikogruppe wiederum bestimmte typisierende Schutzmaßnahmen zugeordnet. Damit beginnt die Vorbereitung einer Gefährdungsbeurteilung mit der Feststellung der Identität der biologischen Arbeitsstoffe und deren Zuordnung zu Risikogruppen.

Die **Risikogruppen sind unionsrechtlich definiert**. In Art. 2 RL 2000/54/EG werden vier **Risikogruppen** vorgegeben; maßgebliche Kriterien sind die **Infektionswahrscheinlichkeit** und der **Schweregrad der möglichen Infektionskrankheit**. Diese steigern sich, so dass die Risikogruppe 4 Stoffe beinhaltet, bei denen das Risiko einer Infektionskrankheit mit schweren Gesundheitsgefahren besonders hoch ist. Nach Art. 18 RL 2000/54/EG erfolgt die Zuordnung der Stoffe zu Risikogruppen auf europäischer Ebene; sie ist so wichtig, dass die **Zuordnung durch Ministerrat und Parlament** auf der Grundlage sachverständiger Vorbereitung festgelegt wird. **Anhang III der Richtlinie** enthält die derzeit bekannten Zuordnungen. Diese sind auch für das deutsche Recht maßgeblich, wie sich aus § 3 Abs. 2 BioStoffV ergibt.[29]

Sind Stoffe noch nicht auf europäischer Ebene einer Risikogruppe zugeordnet worden, so ist nach § 3 Abs. 4 BioStoffV der **Arbeitgeber verpflichtet**, für die in seinem Betrieb eingesetzten bzw. auftretenden Stoffe **eine solche Zuordnung vorzunehmen**. Maßstab ist die anspruchsvolle Kategorie des Standes von Wissenschaft und Technik (→ ArbSchG § 4 Rn. 83). Dazu wird der Arbeitgeber in aller Regel fachkundige Beratung benötigen. Erleichtert wird diese Aufgabe durch die Technischen Regeln des Ausschusses für biologische Arbeitsstoffe (ABAS). Dieser hat in den letzten Jahren Technische Regeln zur **Einstufung von Pilzen** (TRBA 460), zur **Einstufung von Viren** (TRBA 462) sowie zur **Einstufung von Parasiten** in Risikogruppen (TRBA 464) erarbeitet, die vom zuständigen Ministerium veröffentlicht worden sind.[30] Zu beachten sind weiter die TRBA 466 zur **Einstufung von Bakterien** und die TRBA 468 zu **Tätigkeiten mit Zellkulturen**.[31] Institutionen in Deutschland, die spezifische Informationen zu Erregern von Infektionserkrankungen geben können, sind in 3.2.3 der TRBA 250 aufgeführt. Weitere Informationen haben die Träger der Unfallversicherung veröffentlicht, die für diese Zwecke eine eigenständige Arbeitsgruppe (KONBAS) erarbeitet haben. Wichtig sind vor allem die Merkblätter „Sichere Biotechnologie – Eingruppierung biologischer Agenzien", die in den **B. 004 bis 0.007 (DGUV Information 213-087 bis 093)** dokumentiert sind. Auch diese Informationen sind einfach verfügbar und daher in jedem Fall heranzuziehen.

Als weitere Informationen zur Vorbereitung einer Gefährdungsbeurteilung sind die maßgeblichen **Tätigkeiten zu identifizieren**, bei denen biologische Stoffe entstehen bzw. frei werden können. Diese Tätigkeiten sind grundsätzlich im Betrieb bekannt, müssen jedoch wiederum unter dem Gesichtspunkt der möglichen Entstehung biologischer Arbeitsstoffe möglichst genau erfasst werden.[32] Zu diesen Tätigkeiten gehören neben dem unmittelbaren Arbeitsprozess auch die **Vorbereitung und Entsorgung**. Eine solche Informationsermittlung schreibt § 4 Abs. 3 BioStoffV vor. Daneben sind die Kategorien, die in § 5 ArbSchG für die Gefährdungsbeurteilung verlangt werden, ebenfalls zu beachten, da sich die Anforderungen beider Normen zwar überschneiden, aber natürlich auch die Anforderungen des § 5 ArbSchG beachtet werden müssen, die nicht durch die Kategorien des § 4 Abs. 3 BioStoffV erfasst werden.[33]

Die Anforderungen an die **Gefährdungsbeurteilung** werden in § 5 Abs. 1 BioStoffV unterschieden nach **gezielten Tätigkeiten** und **nicht gezielten Tätigkeiten**. Dies ist sachgerecht, denn bei gezielten Tätigkeiten wird die Identität der jeweiligen Stoffe regelmäßig feststehen. Es ist daher relativ überschaubar, welche Schutzmaßnahmen aus den jeweiligen Schutzstufen abzuleiten sind.[34] Schwieriger ist die **Gefährdungsbeurteilung bei nicht gezielten Tätigkeiten**, weil hier zunächst – ähnlich wie im Gefahrstoffrecht – ermittelt werden muss, welche biologischen Stoffe bei bestimmten Prozessen entstehen

---

[29] Pieper BioStoffV § 3 Rn. 14 ff.; Nöthlichs BioStoffV § 3 Rn. 4. [30] ZB TRBA 462 in GMBl 2012, 299 ff. und jetzt 2017, 206. [31] LASI LV 23 – 3.2., S. 26. [32] Dazu TRBA 400 Nr. 4.2.2. [33] Nöthlichs BioStoffV § 5 Rn. 1. [34] Pieper BioStoffV § 6 Rn. 3.

können. Erst auf dieser Basis kann dann eine Zuordnung dieser Stoffe zu Risikogruppen und den jeweiligen **Schutzstufen** und ihren **Schutzmaßnahmen** erfolgen. Sind mehrere Schutzstufen denkbar, so ist für gezielte Tätigkeiten nach § 5 Abs. 2 Nr. 1 BioStoffV die jeweils strengere Schutzstufe heranzuziehen. Liegt eine Einteilung in Schutzstufen bisher nicht vor, so hat nach § 6 Abs. 2 BioStoffV der Arbeitgeber eine solche Einstufung auf der Basis fachkundig beschaffter Informationen vorzunehmen. Er hat sich dabei am Stand der Technik und den gesicherten arbeitswissenschaftlichen Erkenntnissen (→ ArbSchG § 4 Rn. 82 ff.) zu orientieren.[35] Es ist daher wichtig, dass solche Erkenntnisse regelmäßig veröffentlicht werden. Für die ambulante Pflege und die Veterinärmedizin, also Bereiche, für die in der BioStoffV keine Schutzstufe vorgesehen ist, wurden in der Neufassung der TRBA 250 im Jahr 2014 in 5.1 und 5.9 Verknüpfungen mit Maßnahmen aus der Humanmedizin hergestellt.[36]

18 Die Gefährdungsbeurteilung ist von so großer Bedeutung, dass sie **vor Aufnahme der Tätigkeiten** durchzuführen ist. Ausdrücklich wird in § 8 Abs. 3 BioStoffV angeordnet, dass der Arbeitgeber Tätigkeiten erst nach Erstellung der Gefährdungsbeurteilung durchführen lassen darf. Eine **Wiederholung** ist bei **maßgeblichen Veränderungen der Arbeitsbedingungen** sowie bei **neuen fachlichen Informationen** vorzunehmen.[37] Art. 3 Abs. 2 Unterabs. 3 RL 2000/54/EG verlangt weiter, dass die Gefährdungsbeurteilung auch in **regelmäßigen Zeitabständen** zu wiederholen ist. Diese Anforderung ist im Jahr 2004 bei der Änderung der deutschen Verordnung eliminiert worden. Dies war weder sachgerecht noch mit dem Unionsrecht zu vereinbaren. Jetzt ist in § 4 Abs. 2 S. 2 BioStoffV geregelt, dass mindestens jedes zweite Jahr die Gefährdungsbeurteilung aktualisiert werden muss. Da außerdem § 3 ArbSchG regelmäßige Wirksamkeitskontrollen durchzuführen sind (→ ArbSchG § 3 Rn. 26), kann der Arbeitgeber wegen des besonderen Risikos, das sich aus dem Einsatz von biologischen Stoffen, vor allem der Risikogruppen 2–4, ergibt, im Einzelfall nach § 3 Abs. 1 S. 2 ArbSchG verpflichtet sein, in kürzeren Abständen regelmäßige neue Gefährdungsbeurteilungen zu erstellen.

19 Angesichts der **Komplexität biologischer Stoffe** wird verlangt, dass die Gefährdungsbeurteilung nur von **fachkundigen Personen** durchgeführt wird. Die Anforderungen an die Fachkunde sind in § 2 Nr. 11 BioStoffV gefährdungsbezogen verdeutlicht und nach dem Vorbild der GefStoffV für besondere Gefährdungen angehoben worden. Ist der Arbeitgeber – was regelmäßig der Fall sein wird – nicht bereits persönlich fachkundig, so kommen zunächst die Fachkräfte für Arbeitssicherheit bzw. die Betriebsärzte als fachkundige Personen in Betracht, doch sind diese (→ GefStoffV Rn. 38) nicht „per se" biologisch fachkundig, sondern „können" dies im Einzelfall sein.[38] In anderen Fällen kann es daher erforderlich sein, bestimmte Aufgaben auch an externe Stellen zu vergeben. Es handelt sich hierbei nicht um eine Delegation von Verantwortung von § 13 Abs. 2 ArbSchG, sondern um eine Methode der Ermittlung von Gefährdungen, so dass sie dem Mitbestimmungsrecht nach § 87 Abs. 1 Nr. 7 BetrVG unterfällt (→ ArbSchG § 13 Rn. 37). Eine Konkretisierung der Anforderungen an die Fachkunde ist in der TRBA 200[39] zu finden.

20 Wegen der Wichtigkeit dieser Informationen schreibt § 7 BioStoffV vor, dass **in allen Betrieben** eine **Dokumentation** zu erfolgen hat. Dies ist sachgerecht und entspricht den Anforderungen der EuGH-Rechtsprechung.[40] Zwar sieht § 7 Abs. 4 BioStoffV vor, dass im Einzelfall Ausnahmen von dieser Dokumentationspflicht gemacht werden können. Diese Kompetenz kommt aber allein den Aufsichtsbehörden zu, die sich allerdings an den Vorgaben des Unionsrechts zu orientieren haben. Nach der Begründung der maßgeblichen Entscheidung des Europäischen Gerichtshofs[41] dürfte kaum eine Fallgestaltung erkennbar sein, in der eine solche Ausnahme zugelassen werden kann.[42] Bei

---

35 BR-Drs. 325/13, 57. **36** Siehe auch bei Schoeller ASUMed 2015, 107 (108, 113). **37** SLS/Smola Kap. 2 § 3 Rn. 114. **38** So die Regierungsbegründung BR-Drs. 325/13, 55. **39** LASI LV 23 – 2.15, S. 23 und 4.2., S. 26, www.lasi-info.com. **40** EuGH 7.2.2002 – C-5/00, NZA 2002, 321. **41** EuGH 7.2.2002 – C-5/00, NZA 2002, 321. **42** Pieper BioStoffV § 8 Rn. 7 verweist auf Fälle, in denen ausschließlich Stoffe der Risikogruppe 1 eingesetzt werden.

Tätigkeiten mit Stoffen der Risikogruppe 2–4 darf nach § 7 Abs. 4 BioStoffV eine solche Ausnahme nicht erteilt werden.

V. Grundpflichten: Ersetzung, Minimierung

Im Konzept der RL 2000/54/EG steht bei den Pflichten der Arbeitgeber an erster Stelle in Art. 5 die **Pflicht zur Ersetzung**. Danach hat der Arbeitgeber die Verwendung gefährlicher biologischer Arbeitsstoffe zu vermeiden. Soweit die Art der Tätigkeit dies zulässt, sind sie durch einen nicht gefährlichen bzw. weniger gefährlichen biologischen Arbeitsstoff zu ersetzen.[43] Dies entspricht dem **Substitutionsgebot im Gefahrstoffrecht sowie im Recht der optischen Strahlung**. Die systematische Stellung macht deutlich, dass es sich nach der Systematik der Richtlinie um eine **zentrale und vorrangige Pflicht des Arbeitgebers** handelt,[44] die daher nach § 7 Abs. 1 S. 2 Nr. 2 BioStoffV auch in die Dokumentation aufzunehmen ist. 21

Die deutsche Umsetzung ließ früher diese Deutlichkeit vermissen. Die Ersetzungspflicht war nicht an die Spitze der Maßnahmen gestellt, sondern hatte einen weniger prominenten Platz in § 10 Abs. 2 BioStoffV aF. Sie hatte nach dem Wortlaut nur den Inhalt, dass gefährliche Stoffe durch weniger gefährliche zu ersetzen sind, während in der Richtlinie an erster Stelle eine Ersetzung durch „nicht gefährliche" Stoffe steht. Inzwischen wird in § 8 Abs. 4 Nr. 1 BioStoffV ausdrücklich verlangt, dass **vorrangig die Ersetzung durch nicht oder weniger gefährliche Stoffe ist**.[45] Es wird in der Praxis darauf ankommen, dass dieser **Leitbildwechsel** bereits bei der Gefährdungsbeurteilung real beachtet wird. Dies wird in der nächsten Zeit zu den **Beratungsaufgaben** der Aufsichtsbehörden und der Technischen Aufsichtsbeamten gehören (→ ArbSchG § 21 Rn. 14, 17). 22

Eine solche Ersetzung ist **chancenreich bei gezielten Tätigkeiten**; werden zum Beispiel zur Bodensanierung Mikroorganismen der Risikogruppe 2 eingesetzt, so ist bereits im Rahmen der Gefährdungsbeurteilung zu prüfen, ob auf sie entweder verzichtet werden kann oder ob sie durch Mikroorganismen der Risikogruppe 1 ersetzt werden können.[46] **Schwieriger** ist eine solche **Ersetzung bei nicht gezielten Tätigkeiten**. Beim Umgang mit infektiösen Patienten im Krankenhaus ist das Pflegepersonal in der Regel auf defensive Schutzmaßnahmen beschränkt. 23

Da somit der Ersetzung nur ein geringerer Spielraum zukommt, hat Art. 6 RL 2000/54/EG der **Verringerung der Gefährdungen** einen größeren Platz eingeräumt. In bewusst paralleler Struktur zum Gefahrstoffrecht und zum Lärmschutzrecht steht an erster Stelle die **Vermeidung der Exposition**; soweit diese technisch nicht durchführbar ist, ist die Exposition so weit wie möglich zu verringern. Insoweit besteht auch im Recht der biologischen Arbeitsstoffe ein **Minimierungsgebot**. Dieses Minimierungsgebot wird in § 9 Abs. 3 BioStoffV umgesetzt, danach sind das Arbeitsverfahren und die technischen Schutzmaßnahmen so zu gestalten, dass Biostoffe am Arbeitsplatz nicht frei werden. Soweit die Exposition nicht vermieden werden kann, sind **vorrangig technische und organisatorische Schutzmaßnahmen** zu treffen, um die Exposition der Beschäftigten so gering wie möglich zu halten. Die mit der Neuregelung der BioStoffV verbundenen Fortbildungen und Maßnahmen vermitteln die Möglichkeit, dass dem Minimierungsgebot im Recht der Biostoffe auch in der Praxis die systematisch gebotene[47] zentrale Bedeutung zukommt. 24

In den LASI-Leitlinien wird zutreffend hervorgehoben, dass sich das Vermeidungs- und Minimierungsgebot grundsätzlich auf **alle Tätigkeiten mit biologischen Arbeitsstoffen** bezieht.[48] **Vorrangig sind technische Maßnahmen** geboten, die sich vor allem auf die Gestaltung des Arbeitsverfahrens, aber auch auf die Gestaltung spezieller Probleme, wie zB der Abfallentsorgung, beziehen. Im **Anhang II zur BioStoffV**, der Sicherheitsmaßnahmen bei Tätigkeiten in Laboratorien und laborähnlichen Einrichtungen betrifft, werden diese technischen Maßnahmen vor allem auf Zu- und Abluft am Arbeits- 25

---

43 Kreizberg EAS B 6200 Rn. 184. **44** Münch/ArbR/Kohte § 295 Rn. 80. **45** BR-Drs. 325/13, 59. **46** So LASI-LV 23, 4. Aufl. 2014 , 8.2, S. 39; ebenso Pieper BioStoffV § 10 Rn. 9. **47** Münch/ArbR/Kohte § 295 Rn. 81. **48** LASI LV 23 – 8.3, S. 39.

platz bezogen. Ergänzend werden im Anhang II **organisatorische Maßnahmen** genannt. So werden sowohl Zugangsbeschränkungen auf wenige Beschäftigte als auch eine sichere Aufbewahrung und Entsorgung sowie entsprechende Hygienemaßnahmen verlangt. Im **Anhang III zur BioStoffV** steht im Vordergrund die Gestaltung des Arbeitens mit lebensfähigen Organismen in geschlossenen Systemen. Soweit dies nicht möglich ist, sind die anderen organisatorischen Schutzmaßnahmen zu treffen, die sich insbesondere auf die Verringerung der Beschäftigtenzahl, die Nutzung von Schutzkleidung und Dekontaminations- und Waschanlagen[49] sowie eine sorgfältige Hygieneorganisation beziehen. Insoweit werden die Vorgaben zum Minimierungsgebot in der Verordnung aufgegriffen, auch wenn die Struktur weniger klar als in Art. 5, 6 RL 2000/54/EG ist.

VI. Schutzmaßnahmen

26 1. **Systematik der Schutzmaßnahmen.** Die zu treffenden Schutzmaßnahmen sind am Konzept der **Gefahrenbekämpfung an der Quelle** (→ ArbSchG § 4 Rn. 52) orientiert. Soweit eine Ersetzung gefährlicher biologischer Arbeitsstoffe nicht möglich ist, sind die verschiedenen Minimierungsmaßnahmen durchzuführen. Vorrangig sind technische und organisatorische Maßnahmen durchzuführen. § 9 Abs. 3 S. 2 Nr. 1, 2 BioStoffV stellt die **technischen Maßnahmen** an die **erste Stelle**, wonach bei der Gestaltung der Arbeitsverfahren sowie der Gestaltung des Transports und der Entsorgung vorrangig auf eine Vermeidung bzw. Verringerung dieser Arbeitsstoffe hinzuwirken ist. Erst wenn dies nicht möglich ist, sind organisatorische Schutzmaßnahmen geboten, die zB die Zahl der exponierten Personen herabsetzen. Weitere organisatorische Präventionspflichten werden in § 9 Abs. 3 S. 2 Nr. 4–7 BioStoffV genannt. Danach ist eine hinreichende Sicherheitskennzeichnung erforderlich; spezifische Vorkehrungen dienen der Vermeidung von Unfällen, die zu einer größeren Kontamination führen können. Dies spricht dafür, dass solche Produktionsarbeiten organisatorisch eng miteinander koordiniert werden, so dass mögliche Expositionen sich auf möglichst wenige Beschäftigte und möglichst geringe Räume beziehen. Mit der Änderung der BioStoffV finden auch die **psychischen Belastungsfaktoren** bei den organisatorischen Maßnahmen der Gefahrenabwehr Berücksichtigung (§ 8 Abs. 1 S. 3 Nr. 1 BioStoffV).[50]

27 § 8 Abs. 7 BioStoffV sieht für die in **Heimarbeit** Beschäftigten vor, dass diese nur biologische Stoffe der Risikogruppe 1 (§ 3 Abs. Nr. 1 BioStoffV), ohne sensibilisierenden und toxischen Effekt in der Heimarbeit verwenden dürfen. Diese Verwendungseinschränkung gilt sowohl für die gezielten als auch für die nicht gezielten Tätigkeiten und kann beispielsweise bei der Verarbeitung von tierischen und pflanzlichen Produkten in Heimarbeit relevant werden.[51] Damit beinhaltet die BioStoffV eine der wenigen Regelungen im Arbeitsschutz (neben §§ 2 Abs. 7 Nr. 1, 16 Abs. 4 GefStoffV), die zusätzlich zu den in §§ 12–16 HAG festgelegten Grundsätzen in der Heimarbeit Rahmenbedingungen für einen sicheren Arbeitsplatz dieser Arbeitnehmergruppe schaffen. Dabei muss diese Absicherung nach den Vorgaben des § 16 HAG bereits beim Einrichten des Heimarbeitsplatzes sichergestellt werden, denn der Auftraggeber und Zwischenmeister (§ 2 Abs. 3 HAG) hat gem. § 16 HAG die Pflicht, eine Gefährdung des Lebens oder der Gesundheit des in Heimarbeit Beschäftigten durch die zur Verfügung gestellten technischen Mittel und Arbeitsstoffe auszuschließen. Nachdem der Auftraggeber und Zwischenmeister unter Beachtung des § 16 HAG den Arbeitsplatz eingerichtet haben, sind nach § 12 HAG die Heimarbeiterinnen und Heimarbeiter für die Einhaltung der Arbeitsschutzvorschriften selbst verantwortlich und müssen insbesondere auf die Erhaltung des sicherheitstechnischen Standards hinwirken. Für eine dauerhafte Gewährleistung des Sicherheitsniveaus hat der Auftraggeber und Zwischenmeister den Heimarbeiterinnen und Heimarbeitern jedoch zuvor etwaige Gebrauchs- und Bedie-

---

49 Dazu VG Oldenburg 7.2.2017 – 7 B 6714/16, PflR 2017, 313 ff. **50** Schöneich baua: Aktuell 2/2013, 5 f.; Smola/Vomberg/Niemeyer sis 2013, 423 (424). **51** LASI-LV 23 – 8.6., S. 41.

In § 9 Abs. 4 BioStoffV werden weiter Schutzmaßnahmen zur sicheren **Lagerung von** 28
Biostoffen normiert. Da einschlägige TRBA-Regeln bisher fehlen, können methodische
Anregungen aus der TRGS 510 „Lagerung von Gefahrstoffen in ortsbeweglichen Behältern"[53] entnommen werden, mit der praktische Erfahrungen über eine sichere Lagerung zusammengefasst worden sind. Auch für die Lagerung ist eine Gefährdungsbeurteilung unverzichtbar; sie muss möglichst früh erfolgen, damit die richtige Wahl geeigneter Lagerräume rechtzeitig geplant werden kann. Weiter müssen die Stoffe in differenzierte **Lagerklassen** aufgeteilt werden, da bestimmte Stoffe nicht in enger Nachbarschaft gelagert werden sollten. Nicht nur die Grundsätze der Gefahrenvermeidung, sondern auch die Grundsätze der Reduzierung von Gefahren verlangen eine hinreichende Trennung der unterschiedlichen Stoffe, die mithilfe der Kategorisierung von Lagerklassen erreicht werden soll. Wiederum ist auch hier eine gesonderte Betriebsanweisung und Unterweisung erforderlich, weil es auch lagerungsspezifische Gefährdungen gibt, die den Beschäftigten rechtzeitig zu vermitteln sind. Ebenso ist es auch im Rahmen der Lagerung unverzichtbar, die Erfahrungen der Beschäftigten über Beinahe-Unfälle zu sammeln, um die eigenen Schutzmaßnahmen präzisieren zu können.

Eine besondere Gruppe stellen nach der Änderung in § 11 BioStoffV die **Nadelstichver-** 29
letzungen dar.[54] In Deutschland kommt es in folgender Häufigkeit zu Nadelstichverletzungen: Ca. 800.000 Beschäftigte sind in den Krankenhäusern tätig. Pro Mitarbeiter ereignen sich 0,8 Nadelstichverletzungen pro Jahr[55]. Das ergibt 640.000 Nadelstichverletzungen pro Jahr.[56] Zur Vermeidung dieser Vorfälle findet sich in § 11 BioStoffV und der **TRBA 250**[57] eine Rangfolge der Organisationsmaßnahmen im Vorfeld wieder, wie Substitution von spitzen und scharfen Instrumenten, bei Verwendung von Kanülen eine sichere Entsorgung, sowie umfassende Unterweisungen der Beschäftigten, die den **Vorrang technischer und organisatorischer Lösungen** bereits im Normtext verdeutlicht. Die Einführung von technischen Hilfsmitteln bei Kanülen hat das Risiko von Nadelstichverletzungen in den USA, aber auch in den deutschen Modellverfahren nachweislich gesenkt. Genauso haben diese Modellverfahren in Deutschland eine weitere Erkenntnis vermittelt: Sobald Beschäftigte bei der Auswahl von Sicherheitsmechanismen einbezogen und besonders in der Anwendung ausgebildet wurden, waren die Maßnahmen zur Verhinderung von Nadelstichverletzungen eher erfolgreich. Der Arbeitgeber hat die Beschäftigten an der Erweiterung der Arbeitssicherheit zu beteiligen, wie von der Nadelstich-RL 2010/32/EU gefordert, um solche Effekte gem. § 8 Abs. 1 S. 2 BioStoffV[58] zu erzielen.

2. Hygienemaßnahmen (§ 9 Abs. 1–3 BioStoffV). Elementar für den richtigen Umgang 30
mit den Biostoffen ist die Einhaltung der **allgemeinen Hygienemaßnahmen** der Schutzstufe 1, die im Anhang II und III der BioStoffV und in der TRBA 500 mittels konkreter Mindestanforderungen differenzierter dargestellt sind. § 9 Abs. 1–3 BioStoffV enthält Regelungen zur Bereitstellung persönlicher Schutzausrüstung (PSA). Während die Hygienemaßnahmen immer zu beachten sind, da auch Stoffe der Risikogruppe 1 zB bei Personen mit verminderter Immunabwehr zu Infektionen führen können, ist die Notwendigkeit für das Tragen von PSA vermehrt bei Stoffen der Risikogruppen 2–4 gegeben.[59] Besonders hervorzuheben ist § 8 Abs. 6 BioStoffV, der eine regelmäßige Überprüfung der Funktion und der Wirksamkeit der technischen Schutzmaßnahmen verlangt, um einen effizienten Arbeitsschutz der Beschäftigten zu gewährleisten.

Die TRBA 500 macht in ihren Regelungen deutlich, dass Hygienemaßnahmen schon 31
bei der **Planung und Konstruktion der Arbeitsräume** zu beachten sind. So sollten beispielsweise die Oberflächen leicht zu reinigen sein, außerdem muss für eine ausreichen-

---

52 Otten, Heimarbeitsrecht, 3. Aufl. 2008, § 16 Rn. 4. 53 GMBl. 2010, 1693 ff.; dazu Welzbacher BG 2011, 204 ff. 54 Ausführlich Wittmann/Bosselmann BPUVZ 2013, 650 ff. 55 Zu den möglichen Gefahren LAG Nürnberg 9.6.2017 – 7 Sa 231/16. 56 Dreller/Jäckel DGUV Forum 5/2012, 32. 57 Schoeller ASUMed 2017, 27 ff. (107 ff., 189 ff). 58 Dreller/Jäckel DGUV Forum 5/2012, 32 (36). 59 TRBA 500 Punkt 3.2.

de Belüftung gesorgt werden; je nach Form des Ausstoßes von biologischen Stoffen sollen entsprechende Absauganlagen installiert werden. Nachgeordnet sind Handlungsanweisungen wie in § 9 BioStoffV an die Beschäftigten vorgesehen (Händedesinfektion, Arbeitskleidung).[60] In 4.1.2.3 iVm Anhang 4 der TRBA 250 wird dem Arbeitgeber aufgetragen, für die einzelnen Arbeitsbereiche entsprechend des Gefährdungsgrads Maßnahmen zur Vorbeugung von Infektionen zu ergreifen und diese schriftlich in einem Hygieneplan festzuhalten. Hinweise zur Gliederung eines Hygieneplans ergeben sich aus Anhang 4 der TRBA 250.[61]

32 § 9 Abs. 3 S. 2 Nr. 1 BioStoffV stellt nach dem Vorbild der Nadelstich-RL nicht nur für den Medizinsektor generell den **Vorrang technischer Maßnahmen** an die Spitze der Schutzmaßnahmen. § 9 Abs. 3 S. 2 Nr. 5, 6 BioStoffV enthält eine besondere Schutz- und Entsorgungspflicht im Umgang mit kontaminierten Gegenständen und Schutzausrüstungen. Die Vorfälle bei der Entsorgungsfirma ENVIO in Dortmund, die Gefahrstoffe betrafen, zeigen auf, welche weitreichenden Konsequenzen ein sorgloser Umgang mit kontaminierter Schutzkleidung haben kann. Die Schutzpflicht des Arbeitgebers hört jedoch nicht in den eigenen Räumlichkeiten auf. So ist bei medizinischen Einsätzen außerhalb von medizinischen Einrichtungen vom Arbeitgeber vorzugeben, welche Hygienemaßnahmen zu beachten sind (§ 9 Abs. 5 BioStoffV). Eine zu weitgehende behördliche Anordnung zur Beachtung von § 9 Abs. 3 S. 2 Nr. 4 BioStoffV iVm der TRBA 250 ist anzunehmen, wenn der Arbeitgeber verpflichtet wird, sämtliche Beschäftigten eines Demenzzentrums unabhängig von ihrer konkreten Tätigkeit (Verwaltung oder Umgang mit den Demenzkranken) mit Arbeitskleidung auszustatten, die aufgrund des Infektionsrisikos im Umgang mit den Patienten (unabhängig von der jeweiligen Schutzstufe der Tätigkeiten) zentral gewaschen werden soll.[62]

33 **3. Unterrichtung und Unterweisung.** Elementarer Bestandteil einer effizienten Gefahrenvorbeugung ist die Information der Beschäftigten nach § 14 BioStoffV. Zunächst müssen in einer **schriftlichen Betriebsanweisung** die wesentlichen Eckpunkte festgehalten sein, die für jeden einzelnen Arbeitsplatz die konkret verwendeten Biostoffe aufzeigen, die von diesen Arbeitsstoffen ausgehenden Gefährdungen benennen sowie die Maßnahmen beschreiben, die die Beschäftigten zur Hygiene, zur Verhütung einer Exposition sowie in Notfällen zu ergreifen haben. Einzelheiten zur Erstellung einer Betriebsanweisung werden in der **TRBA 500** erläutert.[63]

34 Hintergrund dieser ausführlichen Betriebsanweisungen ist ebenso wie im Gefahrstoffrecht (→ GefStoffV Rn. 53 f.) die Befähigung der Beschäftigten zu **möglichst selbstständigen Akteuren im Arbeitsschutz** (→ ArbSchG §§ 15–17 Rn. 1), die aufgrund der konkreten Handlungsanweisungen selbst in der Lage sind, auf die täglichen Hygienemaßnahmen zu achten und besonders in Notfällen die Gefahren für die eigene Gesundheit zu minimieren.

35 Ungenügend wäre die Unterrichtung der Beschäftigten jedoch, wenn sie sich auf die Aushändigung der schriftlichen Betriebsanweisung beschränken würde. Deswegen fordert § 14 Abs. 2 S. 1 BioStoffV zusätzlich eine **mündliche Unterweisung der Beschäftigten**. Diese Unterweisung hat **vor Antritt der Arbeit** zu erfolgen und ist nach § 14 Abs. 3 S. 1 BioStoffV **mindestens einmal jährlich** für jeden Arbeitsplatz **zu wiederholen**. Da die Unterweisung vor dem Arbeitsantritt durchzuführen ist, besteht für die Beschäftigten bei einem Unterlassen der Unterweisung ein **Zurückbehaltungsrecht nach § 273 BGB** (→ ArbSchG § 12 Rn. 16). Das Gebot der rechtzeitigen Anweisung und Unterweisung in § 14 Abs. 1, 2 BioStoffV wird zusätzlich abgesichert durch die **Bußgeldvorschriften** in § 20 Abs. 1 Nr. 22, 23 BioStoffV.

36 Die Unterweisung hat in einer **verständlichen Form und Sprache** zu erfolgen, die insbesondere an den Kenntnissen und Fähigkeiten der Unterwiesenen gemessen werden

---

60 S. auch die Reihenfolge der Maßnahmen in der TRBA 250. **61** Sowie Popp faktor arbeitsschutz 1/2011, 6 (9). **62** VG Oldenburg 7.2.2017 – 7 B 6714/16, PflR 2017, 313 ff. **63** Dazu auch Pieper BioStoffV § 14 Rn. 4 ff.; Kollmer/Klindt/Schucht/Kossens BioStoffV § 14 Rn. 2; weitere Informationen zu Betriebsanweisungen finden sich in der DGUV-Information 213-016 (früher BGI 853).

muss (→ ArbSchG § 12 Rn. 6 ff.; GefStoffV → Rn. 56).[64] Regelungen zur Gestaltung einer solchen Unterweisung sowie zu den Fristen für Wiederholungsunterweisungen unterliegen der Mitbestimmung des Betriebsrats nach § 87 Abs. 1 Nr. 7 BetrVG (→ BetrVG § 87 Rn. 39).[65] Es gehört daher zu den Aufgaben der betrieblichen Akteure, das Anforderungsprofil und den Umfang für die Unterweisungen in einer Betriebsvereinbarung festzuhalten und die entsprechenden arbeitspädagogischen und arbeitswissenschaftlichen Erkenntnisse[66] für ihren Betrieb zu konkretisieren.

Seit 2005 ist der Arbeitgeber nach § 14 Abs. 2 S. 3–5 BioStoffV – ebenso wie jetzt in § 14 Abs. 2 S. 2 GefStoffV – verpflichtet, eine **allgemeine arbeitsmedizinische Beratung** für alle Beschäftigten, die Tätigkeiten mit Biostoffen durchführen, sicherzustellen. Diese Beratung soll nach Möglichkeit im Rahmen der allgemeinen Unterweisung erfolgen. Dabei ist der zuständige Arzt mit heranzuziehen. Mit dieser Beratung sollen die Beschäftigten vor allem informiert und motiviert werden, die Angebotsvorsorge der ArbMedVV zu nutzen.[67]

37

In Fällen, in denen ein Infektionsrisiko aufgrund einer erhöhten Unfallgefahr besteht, ist zusätzlich zu der allgemeinen Betriebsanweisung eine **konkrete Arbeitsanweisung** zu erstellen und bekannt zu machen. Dies betrifft zum Beispiel das Arbeiten mit HIV-infizierten Blutproben, Instandhaltungsarbeiten in kontaminierten Anlagen und gefährliche Abrucharbeiten.[68] Selbstverständlich müssen im Rahmen der Unterweisung nach § 14 Abs. 1 BioStoffV auch diese konkreten Arbeitsanweisungen nach § 14 Abs. 4 BioStoffV vermittelt werden. Weitere Beispiele für spezielle Anweisungen werden in 5.4. der **TRBA 130 zu Arbeitsschutzmaßnahmen in akuten biologischen Gefahrenlagen**[69] dokumentiert.

38

Eine besondere Herausforderung ist die Pflicht zur **Information von Fremdfirmenbeschäftigten**, die sich grundsätzlich bereits aus § 8 ArbSchG ergibt. Das Spektrum der betroffenen Personen ist breit. Bei jeder Ausgliederung von Reinigungsarbeiten muss geprüft werden, ob Reinigungsarbeiten, bei denen Tätigkeiten mit Biostoffen anfallen, auch an Unternehmen des Gebäudereinigerhandwerks übertragen werden sollen oder ob solche Tätigkeiten besser im bisherigen Betriebsverbund verbleiben. Wenn jedoch eine Ausgliederung erfolgt, dann muss vorher im Rahmen der Mitbestimmung nach § 87 Abs. 1 Nr. 7 BetrVG sichergestellt sein, dass die Anforderungen des § 8 ArbSchG beachtet werden (→ BetrVG § 87 Rn. 42 ff.). Weiter können **externe Dritte** in Tätigkeiten mit Biostoffen einbezogen werden, wenn zum Beispiel bei einem Feuerwehreinsatz solche Stoffe entstehen können. Bereits bei den entsprechenden Brand- und Alarmplänen muss eine präventive Information der **Feuerwehr und vergleichbarer Akteure** sichergestellt werden.[70]

39

Eine spezielle Unterrichtungspflicht gilt nach § 13 Abs. 5 S. 3 BioStoffV bei **Betriebsstörungen**. Sobald Betriebsstörungen eintreten, die die Sicherheit oder Gesundheit der Beschäftigten gefährden können, sind die im Gefahrbereich Beschäftigten unverzüglich zu unterrichten. Als Betriebsstörungen werden Abweichungen vom normalen Betriebsablauf verstanden, so zB das Austreten von Flüssigkeiten durch eine Leckage.[71] Für diese Fallgestaltung sind außerdem **spezielle Unterrichtungspflichten gegenüber dem Betriebs-/Personalrat und den Beschäftigten** vorgeschrieben, denen zusätzlich alle relevanten Informationen zu den Biostoffen, den Ergebnissen der Gefährdungsbeurteilung und den Maßnahmen zum Arbeitsschutz zu übermitteln sind.[72] Ebenso sind über schwerwiegende Betriebsstörungen nach § 17 Abs. 1 Nr. 1 BioStoffV **die Behörden zu**

40

---

64 TRBA 500 Punkt 4.1. Abs. 3. **65** BAG 11.1.2011 – 1 ABR 104/09, NZA 2011, 651, dazu Kohte, jurisPR-ArbR 48/2011 Anm. 4. **66** Vgl. die Erkenntnisse, die für das Gefahrstoffrecht in der TRGS 555 dokumentiert sind: Heilmann, Gefahrstoffrecht, GefStoffV § 14 Rn. 8; Pieper GefStoffV § 14 Rn. 11. **67** Kollmer/Klindt/Schucht/Kossens BioStoffV § 12 Rn. 5; Pieper BioStoffV § 12 Rn. 9 a. **68** Pieper BioStoffV § 12 Rn. 10. **69** GMBl 2013, 294 ff. **70** Dazu auch: LASI LV 23 – 13.3, S. 61; Pieper BioStoffV § 13 Rn. 2. **71** LASI LV 23 – 13.1., S. 60; ebenso Pieper BioStoffV § 13 Rn. 5. **72** Kollmer/Klindt/Schucht/Kossens BioStoffV § 13 Rn. 10.

unterrichten. Insoweit gilt im Biostoffrecht ein ähnliches **Transparenzgebot** wie im Störfallrecht.[73]

41 **4. Erlaubnis-, Anzeige- und Aufzeichnungspflichten.** Die besondere Gefährlichkeit von gezielten Tätigkeiten mit Biostoffen hatte den Bundesrat veranlasst, in § 13 BiostoffV aF besondere Anzeige- und Aufzeichnungspflichten vorzuschreiben. Mit der Neuordnung der BioStoffV sind diese Pflichten durch eine **Erlaubnispflicht** ersetzt und verschärft worden.[74] In § 15 BioStoffV wurde vom Ausschuss für Biologische Arbeitsstoffe eine Erlaubnispflicht für Biostoffe der Schutzstufen 3 und 4 eingeführt, wovon die Biostoffe ausgenommen sind, die nicht über die Luft übertragen werden. Außerdem sind die Einrichtungen des Gesundheitswesens in die BioStoffV integriert worden, wobei die Erlaubnispflicht nur für Tätigkeiten der Schutzstufe 4 gilt und deshalb wenige Gesundheitseinrichtungen davon betroffen sein werden. Hintergrund für die Einführung einer Erlaubnispflicht ist, dass insbesondere die Tätigkeiten mit hochpathogenen Erregern (zB Milzbranderreger, Ebola-Viren etc) einer verstärkten staatlichen Kontrolle bedürfen.[75] Das Genehmigungsverfahren nach dem Gentechnikrecht fungierte als Vorbild. Die Neuregelung fordert für die Erlaubnis konkrete Sicherheitspläne baulicher, technischer, organisatorischer Art sowie bei der persönlichen Schutzausrüstung der Beschäftigten. Nicht in jedem Fall muss die Erlaubnis neu erteilt werden. § 15 Abs. 2 BioStoffV lässt Ausnahmen zu, wenn bereits Genehmigungsverfahren nach dem Gentechnikgesetz durchgeführt und bereits da schon die Voraussetzungen aus § 15 Abs. 1 BioStoffV erfüllt worden sind.

42 Eine **Anzeigepflicht** existiert weiterhin in § 16 BioStoffV für die erste Aufnahme einer Tätigkeit, die der Risikogruppe 2 zuzuordnen ist und bei Tätigkeiten mit Biostoffen der Risikogruppe 3, die noch nicht in § 15 BioStoffV erfasst sind. Außerdem muss jede Änderung der erlaubten oder angezeigten Tätigkeiten, wie zB die Erhöhung der Virulenz der Biostoffe, angezeigt werden. Dem Betriebsrat sind diese Informationen nach § 80 BetrVG zur Kenntnis zu geben. Bei bedeutsamen Änderungen der Tätigkeiten und bei jeder Tätigkeit, die unter die entsprechenden Risikogruppen des § 16 BioStoffV fällt, ist hier eine erneute Anzeige erforderlich. In der Regel ist hier auch die Beteiligung des Betriebsrats nach § 90 BetrVG geboten, so dass auch geklärt werden kann, welche mitbestimmungspflichtigen Regelungen zu treffen sind (→ BetrVG § 87 Rn. 60).

43 Nach § 7 Abs. 3 BioStoffV ist ein **Verzeichnis über Beschäftigte**, die gezielte Tätigkeiten mit Stoffen der Risikogruppe 3 und 4 durchführen, sowie über Unfälle, Störungen und die Identität der jeweiligen Stoffe zu führen. Diese Regelung orientiert sich an **Art. 11 RL 2000/54/EG** und soll zur rechtzeitigen Erfassung möglicher Spätfolgen beitragen. Damit sollen berufsbedingte Zusammenhänge auch nach langer Zeit nachvollziehbar sein.[76] Bis 2004 war in Anlehnung an die Vorgaben der Richtlinie festgelegt, dass das **Expositionsverzeichnis** für 10 Jahre und bei besonderen Risiken für 40 Jahre aufzubewahren war. Diese Fristen sind 2004 im Zusammenhang mit der Änderung der GefStoffV gestrichen worden.[77] Nach der Änderung der BioStoffV ist in § 7 Abs. 3 S. 3 BioStoffV eine Aufbewahrungsfrist von mindestens 10 Jahren geregelt. Bei Beendigung des Beschäftigungsverhältnisses – ähnlich wie in § 4 Abs. 3 ArbMedVV – ist dem einzelnen Beschäftigten nach § 7 Abs. 3 S. 4 Nr. 2 BioStoffV ein Auszug zur Verfügung zu stellen. Allerdings sind auch nach der Änderung der Regelung immer noch nicht alle Vorgaben in Art. 11 RL 2000/54/EG erfüllt. Für Biostoffe, die schwerwiegende Langzeitfolgen haben können, ist eine Aufbewahrungszeit von 40 Jahren erforderlich. Diese Vorgabe wurde bei der Änderung der GefStoffV (→ GefStoffV Rn. 58) berücksichtigt, hier jedoch nicht.

44 Regelungen zur **Betriebsschließung** fehlen vollständig. In der Begründung zur GefStoffV waren 2010 staatliche Regelungen von Verhandlungen der Sozialpartner mit

---

[73] Münch/ArbR/Kohte § 294 Rn. 71. [74] BR-Drs. 325/13, 66; Smola/Vomberg/Niemeyer sis 2013, 423 (424). [75] Kollmer/Klindt/Schucht/Kossens BioStoffV § 15 Rn. 2. [76] LASI LV 23 M 6; vgl. Pieper BioStoffV § 13 Rn. 5. [77] Art. 8 Nr. 4 der Änderung der GefStoffV vom 23.12.2004, BGBl. I 2004, 3758, 3808.

den Vollzugsbehörden abhängig gemacht worden.[78] Dies ist **mit den unionsrechtlichen Vorgaben** in Art. 7 Abs. 3 RL 2000/54/EG ebenso wie für das Gefahrstoffrecht (→ GefStoffV Rn. 58) mit Art. 10 RL 98/24/EG, Art. 15 RL 2004/37/EG und Art. 19 RL 2009/148/EG **nicht vereinbar** und eine in den Richtlinien nicht zugelassene Individualisierung.[79] In allen Richtlinien werden die innerstaatlichen Behörden zur Aufbewahrung verpflichtet. Die Aufbewahrung kann durch die Maßgaben des innerstaatlichen Rechts modifiziert werden, so dass die Gesetzgebung auch die Träger der Unfallversicherung oder der Krankenversicherung verpflichten kann. Bleibt die innerstaatliche Gesetzgebung untätig, so kann der Insolvenzverwalter den Anspruch jedoch nur gegenüber den staatlichen Aufsichtsbehörden geltend machen (→ Insolvenz Rn. 16 f.).

VII. Rechtsdurchsetzung

Die BioStoffV enthält ein **differenziertes System diverser Pflichten**, die unterschiedlichen Beteiligten zugeordnet werden. Es ist daher sachgerecht, die Fragen der Rechtsdurchsetzung in die Kategorien der öffentlich-rechtlichen Überwachung und Anordnung, der kollektivvertraglichen Regelung sowie der individualrechtlichen Durchsetzung aufzugliedern (→ LärmVibrationsArbSchV Rn. 56 ff.). Eine Schlüsselrolle zur Konkretisierung der Pflichten des Arbeitgebers und der anderen Beteiligten nimmt der **Ausschuss für biologische Arbeitsstoffe** (ABAS) nach § 19 BioStoffV ein. Er gehört zu den technischen Ausschüssen, die auf der Basis von § 18 Abs. 2 Nr. 5 ArbSchG inzwischen eingerichtet sind (→ ArbSchG §§ 18, 19 Rn. 19). In mehr als zehn Jahren hat der Ausschuss ein differenziertes Regelwerk (TRBA) formuliert, mit dem er den betrieblichen und fachlichen Sachverstand ausgewertet und gebündelt hat.[80] Dem Ausschuss kommt allerdings nur das Recht zu, entsprechende Vorschläge zu formulieren; das **Letztentscheidungsrecht** liegt nach § 19 Abs. 4 BioStoffV beim zuständigen **Ministerium**, auf dessen Veröffentlichungspraxis es letztlich ankommt. Verschiedene Konflikte in der Vergangenheit haben gezeigt, dass hier Divergenzen möglich sind und dass ein verlässliches Konfliktregelungsverfahren für solche Divergenzen zwischen Ausschuss und Ministerium fehlt (→ ArbSchG §§ 18, 19 Rn. 53).

Die zentralen Pflichten des Arbeitgebers betreffen die **Substitution gefährlicher Biostoffe und die Minimierung der Verwendung gefährlicher Biostoffe**; ihnen vorgelagert sind die **Pflichten zur Information sowie zur Gefährdungsbeurteilung**. Sie werden flankiert durch organisatorische Pflichten, wie vor allem die Unterrichtung und Unterweisung, sowie durch die für das Recht der Biostoffe besonders wichtigen Hygienemaßnahmen. Weitere Pflichten orientieren sich am Produktzyklus und betreffen die innerbetriebliche Kennzeichnung, die Lagerung und die fachgerechte Entsorgung.

Sämtliche Pflichten sind überwachungsbedürftig und grundsätzlich anordnungsfähig. Eine für die Praxis wichtige Aufteilung der einzelnen Pflichten enthält der 2013 erweiterte **Katalog der Ordnungswidrigkeiten in § 20 BioStoffV**. Die Länder haben wie nach dem Vorbild der ArbstättV (→ ArbSchG § 25 Rn. 23) ein Muster eines Bußgeldkatalogs für diese Ordnungswidrigkeiten formuliert, damit die Anforderungen der Nadelstich-RL an effektive Sanktionen umgesetzt werden.[81] Zu finden sind die Bußgeldkataloge in der 2016 veröffentlichten LASI LV 61[82].

Grundsätzlich ist jede dieser einzelnen in § 20 BioStoffV aufgeführten konkreten Handlungen auch **anordnungsfähig**.[83] Wegen des rechtsstaatlichen Bestimmtheitsgebots sind in § 20 BioStoffV ausschließlich konkrete Teilpflichten bußgeldbewehrt. Für die Überwachung greift dies jedoch zu kurz, denn die zentrale Pflicht des § 8 Abs. 4 Nr. 1 BioStoffV zur Substitution sowie des § 8 Abs. 4 Nr. 3 BioStoffV zur Gefahrenminimierung sind als solche nicht bußgeldbewehrt, jedoch überwachungs- und anord-

---

[78] BR-Drs. 456/10, 95. [79] Wriedt Gute Arbeit 1/2011, 33 (36). [80] Aktuell die TRBA 610 zum Umgang mit hochpathogenen Krankheitserregern, GMBl 2016, Nr. 42; Schoeller ASUMed 2017, 595 ff. [81] BR-Drs. 325/13, 67. [82] www.lasi-info.com/Publikationen. [83] Beispielhaft aus dem Gefahrstoffrecht VG Minden 25.2.2005 – 11 K 2744/02; anschaulich eine erfolglose Anordnung zur Untersagung bestimmter Arbeiten in einer Müllsortieranlage: VG Düsseldorf 20.4.2010 – 3 L 1995/09.

nungsfähig und -bedürftig. Die Überwachung ist hier im Rahmen von § 22 Abs. 1 ArbSchG zunächst darauf gerichtet, Auskünfte zu erlangen und sich entsprechende Unterlagen vorlegen zu lassen. Da die Durchführung der Substitutionsprüfung zu dokumentieren ist (→ Rn. 21), sind vorrangig solche Unterlagen vorzulegen. Nicht selten wird hier zunächst im Rahmen der Beratung, in der Regel durch die Träger der Unfallversicherung, das Geflecht möglicher Unterlagen zu klären sein. Bei weiterer Untätigkeit sind dann allerdings auch vollstreckbare **Auskunfts- und Vorlageanordnungen** möglich und geboten (→ ArbSchG § 22 Rn. 22). Schließlich enthält § 17 Abs. 1 BioStoffV weitere typisierte Unterrichtungspflichten, die in einem vereinfachten Verfahren durchgesetzt werden können.[84]

49 Der zentralen Rolle der Gefährdungsbeurteilung entspricht es, dass die **Überwachung der jeweiligen Gefährdungsbeurteilungen** in der Aufsicht einen großen Raum einzunehmen hat. Mit den Hinweisen der Gemeinsamen Deutschen Arbeitsschutzstrategie vom 15.12.2011 sind den Aufsichtsbehörden praktikable Handlungsoptionen zur Verfügung gestellt worden, die wiederum durch Überwachung, Auskunft und Anordnung auszufüllen sind. Auf dieser Basis ist es dann auch möglich, hinreichend bestimmte Anordnungen (→ ArbSchG § 22 Rn. 50 f.) zu formulieren.[85] Erst recht sind **sofort vollziehbare Anordnungen** möglich und geboten, wenn Tätigkeiten mit gefährlichen Biostoffen ohne vorherige Gefährdungsbeurteilung, Anweisung oder Unterweisung durchgeführt werden sollen. Zur Vorbereitung solcher Anordnungen und zur besseren Überwachung gibt § 17 Abs. 2 BioStoffV den Behörden das Recht, bereits im Vorfeld einer Betriebsbesichtigung wichtige Informationen, wie zB das Ergebnis der Gefährdungsbeurteilung und die getroffenen Schutz- und Vorsorgemaßnahmen, zu verlangen.[86]

50 Ergänzend sind die jeweiligen **Ermittlungs-, Mess- und Dokumentationspflichten** zu verfolgen. Es ist darauf hinzuwirken, dass eine ordnungsgemäße Messung durch **fachkundige Personen** erfolgt und dass die Gefährdungen hinreichend dokumentiert werden. Für die jeweils zu treffenden Maßnahmen kann dem Arbeitgeber selten eine konkrete Maßnahme vorgeschrieben werden, weil eine solche Reduzierung des betrieblichen Gestaltungsspielraums auf eine einzige Maßnahme nur selten in Betracht kommen wird. In der Regel wird zunächst durch **Revisionsschreiben** auf die Realisierung dieser Pflichten hinzuwirken sein (→ ArbSchG § 22 Rn. 45).[87] Im Einzelfall kann sich dann eine hinreichende Konkretisierung von Einzelpflichten, zB auf Beschaffung von Informationen, ergeben, die wiederum anordnungsfähig sein kann.[88] In der Praxis wird hier zu bedenken sein, dass nach § 89 BetrVG der Betriebsrat in diese Kommunikation einzubeziehen ist und dass ihm die jeweiligen Revisionsschreiben ebenfalls zur Kenntnis zu geben sind (→ BetrVG § 89 Rn. 15).[89] Nicht selten wird dann eine konkrete innerbetriebliche Regelung im Wege einer Betriebsvereinbarung oder einer Entscheidung der Einigungsstelle gefunden werden können. Im Rahmen solcher Verhandlungen können die Aufsichtspersonen als Auskunftspersonen bzw. als Sachverständige herangezogen werden, so dass sich auf diesem Weg die Rechtsdurchsetzung erfolgreich gestalten lässt.

51 Die in der BioStoffV normierten Pflichten des Arbeitgebers dienen dem Gesundheitsschutz der Beschäftigten und bedürfen regelmäßig der Konkretisierung durch betriebliche Regelungen, die in ähnlicher Weise wie im Gefahrstoffrecht dem **Mitbestimmungsrecht nach § 87 Abs. 1 Nr. 7 BetrVG** zuzuordnen sind (→ BetrVG § 87 Rn. 60).[90] Teilweise wird in der Literatur angenommen, für diese Mitbestimmung bestünde nur ein geringer Handlungsrahmen, da alle wesentlichen Regelungen durch die BioStoffV bzw. die jeweiligen TRBA vorgegeben seien.[91] Diese Einschätzung ist verfehlt, denn die

---

84 LASI LV 23 – 17.2. und 3, S. 76 f. **85** Kohte BG 2010, 384 (386). **86** Kollmer/Klindt/Schucht/Kossens BiostoffV § 17 Rn. 5. **87** Faber, Grundpflichten, S. 372. **88** Zur Parallele im Gefahrstoffrecht: Marquardt, Sicherheitsdatenblatt, S. 77 f. **89** HaKo-BetrVG/Kohte BetrVG § 89 Rn. 49. **90** Fitting BetrVG § 87 Rn. 301, 305; DKKW-Klebe BetrVG § 87 Rn. 242; HaKo-BetrVG/Kohte BetrVG § 87 Rn. 85; Rottmann BB 1989, 1115 ff.; Wlotzke in: FS Wißmann, S. 426, 438; ausführlich Marquardt, Sicherheitsdatenblatt, S. 245 ff. **91** HSWGNRH-BetrVG/Worzalla BetrVG § 87 Rn. 425 ff.

TRBA sind keine bindenden Normen (→ ArbSchG §§ 18, 19 Rn. 36), sondern enthalten arbeitswissenschaftliche Erkenntnisse, die regelmäßig der betrieblichen Konkretisierung bedürfen und keine zwingenden Vorgaben enthalten.[92] Die Regelungen, die daher im Verfahren nach § 87 Abs. 1 Nr. 7 BetrVG getroffen werden können, entsprechen zunächst den üblichen Regelungen, die sich auf die **Organisation der Gefährdungsbeurteilung, Unterrichtung und Unterweisung** beziehen. Wichtiger ist, dass bereits der gesamte Prozess der Informationsermittlung sinnvoll im Mitbestimmungsverfahren zu klären und zu präzisieren ist.[93] Dazu gehören vor allem die jeweiligen Zuständigkeiten, Modalitäten, Fristen und Evaluierungsverfahren.[94] Selbstverständlich bedürfen auch die diffizilen Fragen der Gesundheitsüberwachung einer vergleichbaren mitbestimmungsrechtlichen Präzisierung.

Die öffentlich-rechtlichen Pflichten des Arbeitgebers, die ihm in der BioStoffV zugewiesen sind, sind regelmäßig auch **privatrechtliche Pflichten im individuellen Arbeitsverhältnis**, da sie dem Schutz der einzelnen Beschäftigten dienen. Aus diesem Grund ist in der Rechtsprechung des Bundesarbeitsgerichts anerkannt, dass Arbeitnehmer nach § 618 BGB die Erfüllung der Pflichten des Arbeitgebers als individualrechtlichen Anspruch verlangen können.[95] Bestimmte Pflichten sind hinreichend genau gefasst, so dass sich daraus ein unmittelbarer Erfüllungsanspruch ergibt, der sich zB auf konkrete Messungen beziehen kann. Vor allem können Arbeitnehmer auch **Unterlassung** verlangen,[96] wenn ihnen zB eine Tätigkeit zugewiesen wird, für die noch keine Gefährdungsbeurteilung besteht, oder wenn sie Expositionen von Biostoffen ausgesetzt sind, ohne dass eine Unterweisung erfolgt ist (→ BGB § 618 Rn. 52). Der **Anspruch auf Erstellung einer Gefährdungsbeurteilung** kann geltend gemacht werden, wenn Arbeitgeber und Betriebsrat noch ein Handlungsspielraum zur Konkretisierung der jeweiligen Regelungen eingeräumt wird (→ BGB § 618 Rn. 47 ff.). In jedem Fall ergeben sich daraus hinreichende Rechtsschutzmöglichkeiten der einzelnen Beschäftigten gegenüber dem Arbeitgeber. Schadensersatzansprüche bei Verletzung von Leben und Gesundheit sind gesperrt, wenn ein Versicherungsfall nach § 7 SGB VII vorliegt, was nicht immer der Fall ist;[97] außerdem kann in Einzelfällen auch Vorsatz des Arbeitgebers bzw. eines seiner Erfüllungsgehilfen zu bejahen sein.[98]

---

[92] Zutreffend zu den Parallelen im Gefahrstoffrecht: Marquardt, Sicherheitsdatenblatt, S. 247. [93] Marquardt, Sicherheitsdatenblatt, S. 247 ff.; Pieper AiB 2001, 453 (457); DKKW/Klebe BetrVG § 87 Rn. 250. [94] Dazu der Katalog möglicher Regelungen bei Faber AiB 1997, 573 (580). [95] BAG 12.8.2008 – 9 AZR 1117/06, NZA 2009, 102 = AP Nr. 29 zu § 618 BGB mAnm Kohte. [96] Marquardt, Sicherheitsdatenblatt, S. 222 ff. [97] Anschaulich BAG 14.12.2006 – 8 AZR 628/05, NZA 2007, 262 = AP Nr. 28 zu § 618 BGB. [98] BAG 28.4.2011 – 8 AZR 769/09 Rn. 48 ff., AP Nr. 6 zu § 104 SGB VII = AiB 2012, 273 mAnm Müller; BAG 20.6.2013 – 8 AZR 471/12, DB 2013, 2216; dazu Kohte, JurisPR-ArbR 44/2013 Anm. 3; LAG Nürnberg 9.6.2017 – 7 Sa 231/16.

Verordnung zum Schutz der Beschäftigten vor Gefährdungen durch elektromagnetische Felder (Arbeitsschutzverordnung zu elektromagnetischen Feldern – EMFV)[1, 2]

Vom 15. November 2016 (BGBl. I S. 2531)
(FNA 805-3-15)

Abschnitt 1 Anwendungsbereich und Begriffsbestimmungen

§ 1 EMFV Anwendungsbereich

(1) Diese Verordnung gilt zum Schutz der Beschäftigten bei der Arbeit vor tatsächlichen oder möglichen Gefährdungen ihrer Gesundheit und Sicherheit durch Einwirkung von elektromagnetischen Feldern.

(2) ¹Diese Verordnung umfasst alle bekannten direkten und indirekten Wirkungen, die durch elektromagnetische Felder hervorgerufen werden. ²Sie gilt nur für die Kurzzeitwirkungen von elektromagnetischen Feldern.

(3) Diese Verordnung gilt nicht
1. für Gefährdungen durch das Berühren von unter Spannung stehenden elektrischen Teilen,
2. für vermutete Langzeitwirkungen von elektromagnetischen Feldern und
3. in Betrieben, die dem Bundesberggesetz unterliegen, soweit dort oder in den aufgrund dieses Gesetzes erlassenen Rechtsverordnungen entsprechende Rechtsvorschriften bestehen.

(4) ¹Das Bundesministerium der Verteidigung kann für Beschäftigte, für die tatsächliche oder mögliche Gefährdungen ihrer Gesundheit und Sicherheit durch elektromagnetische Felder bestehen, Ausnahmen von den Vorschriften dieser Verordnung zulassen, soweit öffentliche Belange dies zwingend erfordern, insbesondere für Zwecke der Verteidigung oder zur Erfüllung zwischenstaatlicher Verpflichtungen der Bundesrepublik Deutschland. ²In diesem Fall ist festzulegen, wie die Sicherheit und der Gesundheitsschutz der Beschäftigten nach dieser Verordnung auf andere Weise gewährleistet werden können.

§ 2 EMFV Begriffsbestimmungen

(1) Im Sinne dieser Verordnung gelten die Begriffsbestimmungen der Absätze 2 bis 10.

(2) Elektromagnetische Felder sind statische elektrische, statische magnetische sowie zeitveränderliche elektrische, magnetische und elektromagnetische Felder mit Frequenzen bis 300 Gigahertz.

(3) ¹Direkte Wirkungen sind die im menschlichen Körper durch dessen Anwesenheit in einem elektromagnetischen Feld unmittelbar hervorgerufenen Wirkungen. ²Zu denen zählen
1. thermische Wirkungen aufgrund von Energieabsorption aus elektromagnetischen Feldern im menschlichen Gewebe oder durch induzierte Körperströme in Extremitäten und

---

1 Amtl. Anm.: Diese VO dient der Umsetzung der Richtlinie 2013/35/EU des Europäischen Parlaments und des Rates vom 26. Juni 2013 über Mindestvorschriften zum Schutz von Sicherheit und Gesundheit der Arbeitnehmer vor der Gefährdung durch physikalische Einwirkungen (elektromagnetische Felder) (20. Einzelrichtlinie im Sinne des Artikels 16 Absatz 1 der Richtlinie 89/391/EWG) und zur Aufhebung der Richtlinie 2004/40/EG (ABl. L 179 vom 29.6.2013, S. 1). **2** Verkündet als Art. 1 VO v. 15.11.2016 (BGBl. I S. 2531); Inkrafttreten gem. Art. 4 dieser VO am 19.11.2016.

2. nichtthermische Wirkungen durch die Stimulation von Muskeln, Nerven oder Sinnesorganen. Diese Wirkungen können kognitive Funktionen oder die körperliche Gesundheit exponierter Beschäftigter nachteilig beeinflussen, durch die Stimulation von Sinnesorganen zu vorübergehenden Symptomen wie Schwindelgefühl oder Magnetophosphenen führen sowie das Wahrnehmungsvermögen oder andere Hirn- oder Muskelfunktionen beeinflussen und damit das sichere Arbeiten von Beschäftigten gefährden.

(4) ¹Indirekte Wirkungen sind die von einem elektromagnetischen Feld ausgelösten Wirkungen auf Gegenstände, welche die Gesundheit und die Sicherheit von Beschäftigten am Arbeitsplatz gefährden können. ²Dies betrifft insbesondere Gefährdungen durch

1. Einwirkungen auf medizinische Vorrichtungen oder Geräte, einschließlich Herzschrittmachern sowie andere aktive oder passive Implantate oder am Körper getragene medizinische Geräte;
2. die Projektilwirkung ferromagnetischer Gegenstände in statischen Magnetfeldern;
3. die Auslösung von elektrischen Zündvorrichtungen (Detonatoren);
4. Brände oder Explosionen durch die Entzündung von brennbaren Materialien aufgrund von Funkenbildung sowie
5. Kontaktströme.

(5) ¹Expositionsgrenzwerte sind maximal zulässige Werte, die aufgrund von wissenschaftlich nachgewiesenen Wirkungen im Inneren des menschlichen Körpers festgelegt wurden und deren Einhaltung nicht direkt durch Messungen am Arbeitsplatz überprüfbar ist. ²Folgende Expositionsgrenzwerte sind zu unterscheiden:

1. Expositionsgrenzwerte für gesundheitliche Wirkungen; dies sind diejenigen Grenzwerte, bei deren Überschreitung gesundheitsschädliche Gewebeerwärmung oder Stimulation von Nerven- oder Muskelgewebe auftreten können;
2. Expositionsgrenzwerte für sensorische Wirkungen; dies sind diejenigen Grenzwerte, bei deren Überschreitung reversible Stimulationen von Sinneszellen oder geringfügige Veränderungen von Hirnfunktionen auftreten können (Magnetophosphene, Schwindel, Übelkeit, metallischer Geschmack, Mikrowellenhören).

(6) ¹Auslöseschwellen sind festgelegte Werte von direkt messbaren physikalischen Größen. ²Bei Auslöseschwellen, die von Expositionsgrenzwerten abgeleitet sind, bedeutet die Einhaltung dieser Auslöseschwellen, dass die entsprechenden Expositionsgrenzwerte nicht überschritten werden. ³Bei Exposition oberhalb dieser Auslöseschwellen sind Maßnahmen zum Schutz der Beschäftigten zu ergreifen, es sei denn, dass die relevanten Expositionsgrenzwerte nachweislich eingehalten sind. ⁴Bei Auslöseschwellen, die nicht von Expositionsgrenzwerten abgeleitet sind, sind bei Überschreitung dieser Auslöseschwellen direkt Maßnahmen zum Schutz der Beschäftigten durchzuführen. ⁵Im Frequenzbereich von 0 Hertz bis 10 Megahertz ist zwischen unteren und oberen Auslöseschwellen zu unterscheiden:

1. bei elektrischen Feldern bezeichnen die Ausdrücke untere Auslöseschwelle und obere Auslöseschwelle die Werte, ab denen Überschreitung spezifische Maßnahmen zur Vermeidung von direkten und indirekten Wirkungen durch Entladungen oder Kontaktströme nach § 6 Absatz 1 zu ergreifen sind, und
2. bei magnetischen Feldern ist die untere Auslöseschwelle vom Expositionsgrenzwert für sensorische Wirkungen und die obere Auslöseschwelle vom Expositionsgrenzwert für gesundheitliche Wirkungen abgeleitet.

(7) Besonders schutzbedürftige Beschäftigte sind insbesondere Beschäftigte
1. mit aktiven medizinischen Implantaten, insbesondere Herzschrittmachern,
2. mit passiven medizinischen Implantaten,
3. mit medizinischen Geräten, die am Körper getragen werden, insbesondere Insulinpumpen,

4. mit sonstigen durch elektromagnetische Felder beeinflussbaren Fremdkörpern im Körper oder
5. mit eingeschränkter Thermoregulation.

(8) ¹Fachkundig ist, wer über die erforderlichen Fachkenntnisse zur Ausübung einer in dieser Verordnung bestimmten Aufgabe verfügt. ²Die Anforderungen an die Fachkunde sind abhängig von der jeweiligen Art der Aufgabe. ³Zu den Anforderungen zählen eine entsprechende Berufsausbildung oder Berufserfahrung jeweils in Verbindung mit einer zeitnah ausgeübten einschlägigen beruflichen Tätigkeit sowie die Teilnahme an spezifischen Fortbildungsmaßnahmen.

(9) ¹Stand der Technik ist der Entwicklungsstand fortschrittlicher Verfahren, Einrichtungen oder Betriebsweisen, der die praktische Eignung einer Maßnahme zum Schutz der Gesundheit und zur Sicherheit der Beschäftigten gesichert erscheinen lässt. ²Bei der Bestimmung des Standes der Technik sind insbesondere vergleichbare Verfahren, Einrichtungen oder Betriebsweisen heranzuziehen, die mit Erfolg in der Praxis erprobt worden sind. ³Gleiches gilt für die Anforderungen an die Arbeitsmedizin und Arbeitshygiene.

(10) ¹Beschäftigte sind Personen im Sinne des § 2 Absatz 2 des Arbeitsschutzgesetzes. ²Den Beschäftigten stehen folgende Personen gleich, sofern sie bei ihren Tätigkeiten elektromagnetischen Feldern ausgesetzt sein können:
1. Schülerinnen und Schüler,
2. Studierende und Praktikanten sowie
3. sonstige, insbesondere an wissenschaftlichen Einrichtungen tätige Personen.

³Auf die den Beschäftigten gleichstehenden Personen finden die Regelungen dieser Verordnung über die Beteiligung der Personalvertretungen keine Anwendung.

(11) Den in dieser Verordnung verwendeten physikalischen Größen sind die in Anhang 1 enthaltenen Definitionen zugrunde zu legen.

Abschnitt 2 Gefährdungsbeurteilung; Fachkundige Personen; Messungen, Berechnungen und Bewertungen

§ 3 EMFV Gefährdungsbeurteilung

(1) ¹Bei der Beurteilung der Arbeitsbedingungen nach § 5 des Arbeitsschutzgesetzes hat der Arbeitgeber zunächst festzustellen, ob elektromagnetische Felder am Arbeitsplatz von Beschäftigten auftreten oder auftreten können. ²Ist dies der Fall, hat er alle hiervon ausgehenden Gefährdungen für die Gesundheit und die Sicherheit der Beschäftigten zu beurteilen. ³Dazu sind die auftretenden Expositionen durch elektromagnetische Felder am Arbeitsplatz nach dem Stand der Technik zu ermitteln und zu bewerten. ⁴Für die Beschäftigten ist insbesondere dann von einer Gefährdung auszugehen, wenn die Expositionsgrenzwerte nach § 5 in Verbindung mit den Anhängen 2 und 3 überschritten werden. ⁵Der Arbeitgeber kann sich dazu für die Gefährdungsbeurteilung notwendige Informationen beim Wirtschaftsakteur, insbesondere beim Hersteller oder Inverkehrbringer der verwendeten Arbeitsmittel, oder von anderen ohne Weiteres zugänglichen Quellen beschaffen. ⁶Die Informationen umfassen insbesondere die für die verwendeten Arbeitsmittel verfügbaren Emissionswerte und andere geeignete sicherheitsbezogene Daten einschließlich spezifischer Informationen zur Gefährdungsbeurteilung, wenn diese auf die Expositionsbedingungen am Arbeitsplatz anwendbar sind. ⁷Ergebnisse aus Expositionsbewertungen von der Öffentlichkeit zugänglichen Bereichen können bei der Gefährdungsbeurteilung berücksichtigt werden, wenn die Expositionsgrenzwerte nach § 5 in Verbindung mit den Anhängen 2 und 3 eingehalten werden und sicheres Arbeiten gewährleistet ist. ⁸Lässt sich anhand der verfügbaren Informationen nicht sicher feststellen, ob die Expositionsgrenzwerte nach § 5 in Verbindung mit den Anhängen 2 und 3 eingehalten werden, ist der Umfang der Exposition durch Berechnungen

oder Messungen nach § 4 festzustellen. ⁹Entsprechend dem Ergebnis der Gefährdungsbeurteilung hat der Arbeitgeber Maßnahmen nach dem Stand der Technik festzulegen.

(2) ¹Bei Einhaltung der Auslöseschwellen nach § 5 in Verbindung mit den Anhängen 2 und 3 kann der Arbeitgeber davon ausgehen, dass die mit diesen Auslöseschwellen verbundenen Expositionsgrenzwerte nach § 5 in Verbindung mit den Anhängen 2 und 3 eingehalten sind und damit keine weiteren Maßnahmen nach § 6 Absatz 1 zum Schutz der Beschäftigten vor Gefährdungen durch direkte Wirkungen von elektromagnetischen Feldern erforderlich sind. ²Gefährdungen durch indirekte Wirkungen müssen gesondert betrachtet werden.

(3) Werden die Auslöseschwellen nach § 5 in Verbindung mit den Anhängen 2 und 3 überschritten und wird im Rahmen der Gefährdungsbeurteilung nach Absatz 1 nicht der Nachweis erbracht, dass Gefährdungen durch Überschreitung der relevanten Expositionsgrenzwerte oder dass Gefährdungen durch indirekte Wirkungen von elektromagnetischen Feldern ausgeschlossen werden können, so hat der Arbeitgeber zur Vermeidung oder Verringerung der Gefährdung nach Absatz 1 Satz 9 Maßnahmen nach dem Stand der Technik festzulegen.

(4) Bei der Gefährdungsbeurteilung nach Absatz 1 ist insbesondere Folgendes zu berücksichtigen:
1. Art, Ausmaß und Dauer der Exposition durch elektromagnetische Felder, einschließlich der räumlichen Verteilung der elektromagnetischen Felder am Arbeitsplatz und über den Körper des Beschäftigten,
2. die Frequenzen und erforderlichenfalls den Signalverlauf der einwirkenden elektromagnetischen Felder,
3. alle direkten und indirekten Wirkungen von elektromagnetischen Feldern, die zu Gefährdungen führen können,
4. die in § 5 in Verbindung mit den Anhängen 2 und 3 genannten Expositionsgrenzwerte für gesundheitliche und sensorische Wirkungen und die Auslöseschwellen,
5. die Verfügbarkeit und die Möglichkeit des Einsatzes alternativer Arbeitsmittel und Ausrüstungen zur Vermeidung oder Verringerung der Gefährdungen der Beschäftigten durch direkte oder indirekte Wirkungen von elektromagnetischen Feldern (Substitutionsprüfung),
6. Erkenntnisse aus der arbeitsmedizinischen Vorsorge sowie hierzu allgemein zugängliche, veröffentlichte Informationen,
7. die Exposition von Beschäftigten gegenüber elektromagnetischen Feldern aus mehreren Quellen,
8. die Exposition von Beschäftigten gegenüber elektromagnetischen Feldern mit mehreren Frequenzen,
9. die relevanten Herstellerangaben zu Arbeitsmitteln, die elektromagnetische Felder erzeugen oder emittieren, sowie weitere relevante gesundheits- und sicherheitsbezogene Informationen,
10. die Arbeitsplatz- und Expositionsbedingungen, die bei verschiedenen Betriebszuständen insbesondere bei Instandhaltungs- und Reparaturarbeiten und bei Einrichtvorgängen auftreten können sowie
11. alle Auswirkungen auf die Gesundheit und Sicherheit von besonders schutzbedürftigen Beschäftigten, insbesondere wenn der Arbeitgeber darüber informiert ist.

(5) ¹Der Arbeitgeber hat vor Aufnahme einer Tätigkeit die Gefährdungsbeurteilung und die erforderlichen Maßnahmen nach dem Stand der Technik durchzuführen. ²Die Gefährdungsbeurteilung und die Wirksamkeit der daraus abgeleiteten Maßnahmen sind regelmäßig zu überprüfen. ³Die Gefährdungsbeurteilung und die Maßnahmen sind zu aktualisieren, wenn
1. neue sicherheits- oder gesundheitsrelevante Erkenntnisse, insbesondere aus der arbeitsmedizinischen Vorsorge, vorliegen,

2. maßgebliche Veränderungen der Arbeitsbedingungen dies erfordern oder
3. die Prüfung der Wirksamkeit der Maßnahmen ergeben hat, dass die Maßnahmen nicht wirksam oder nicht ausreichend sind.

(6) ¹Der Arbeitgeber hat die Gefährdungsbeurteilung unabhängig von der Zahl der Beschäftigten vor Aufnahme der Tätigkeit nach Satz 2 in einer Form zu dokumentieren, die eine spätere Einsichtnahme ermöglicht. ²In der Dokumentation ist anzugeben, welche Gefährdungen am Arbeitsplatz auftreten können und welche Maßnahmen zur Vermeidung oder Verringerung der Gefährdung der Beschäftigten durchgeführt werden müssen. ³Die Dokumentation kann eine Begründung des Arbeitgebers einschließen, warum aufgrund der Art und des Umfangs der möglichen Gefährdungen durch elektromagnetische Felder nur eine vereinfachte Gefährdungsbeurteilung durchgeführt wurde. ⁴Der Arbeitgeber hat die Ergebnisse aus Messungen oder Berechnungen nach der Erstellung in Verbindung mit Satz 5 in einer Form aufzubewahren, die eine spätere Einsichtnahme ermöglicht. ⁵Werden an Arbeitsplätzen die oberen Auslöseschwellen bei nichtthermischen oder thermischen Wirkungen nach den Anhängen 2 und 3 überschritten, sind die ermittelten Ergebnisse aus Messungen oder Berechnungen mindestens 20 Jahre aufzubewahren.

(7) Bei der Festlegung der Maßnahmen nach Absatz 1 Satz 9 hat der Arbeitgeber nach § 4 Nummer 6 des Arbeitsschutzgesetzes die Erfordernisse von besonders schutzbedürftigen Beschäftigten entsprechend dem Ergebnis der Gefährdungsbeurteilung zu berücksichtigen und gegebenenfalls individuelle Schutzmaßnahmen vorzusehen.

§ 4 EMFV Fachkundige Personen; Messungen, Berechnungen und Bewertungen

(1) ¹Der Arbeitgeber hat sicherzustellen, dass die Gefährdungsbeurteilung, die Messungen, die Berechnungen oder die Bewertungen nach dem Stand der Technik nach Absatz 2 fachkundig geplant und durchgeführt werden. ²Verfügt der Arbeitgeber dazu nicht selbst über die entsprechenden Kenntnisse, hat er sich von fachkundigen Personen beraten zu lassen.

(2) Messverfahren und -geräte sowie eventuell erforderliche Berechnungs- und Bewertungsverfahren müssen
1. an die vorhandenen Arbeitsplatz- und Expositionsbedingungen angepasst sein,
2. geeignet sein, die erforderlichen physikalischen Größen zu bestimmen, um feststellen zu können, ob die Expositionsgrenzwerte und Auslöseschwellen nach § 5 in Verbindung mit den Anhängen 2 und 3 eingehalten sind, und
3. die Mess- oder Berechnungsunsicherheiten berücksichtigen.

(3) Im Niederfrequenzbereich können als Bewertungsverfahren bei nicht sinusförmigen oder gepulsten elektromagnetischen Feldern Verfahren zur Bewertung im Zeitbereich nach dem Stand der Technik wie die Methode der gewichteten Spitzenwerte angewendet werden.

(4) Die durchzuführenden Messungen, Berechnungen oder Bewertungen können bei gleichartigen Arbeitsplatzbedingungen auch durch repräsentative Stichprobenerhebungen erfolgen.

Abschnitt 3 Expositionsgrenzwerte und Auslöseschwellen; Festlegungen zum Schutz vor Gefährdungen durch elektromagnetische Felder

Unterabschnitt 1 Expositionsgrenzwerte und Auslöseschwellen; allgemeine Festlegungen zum Schutz vor Gefährdungen durch elektromagnetische Felder

§ 5 EMFV Expositionsgrenzwerte und Auslöseschwellen für elektromagnetische Felder

¹Expositionsgrenzwerte und Auslöseschwellen für elektromagnetische Felder sind in den Anhängen 2 und 3 festgelegt. ²Die zugehörigen physikalischen Größen sind in Anhang 1 festgelegt.

§ 6 EMFV Maßnahmen zur Vermeidung und Verringerung der Gefährdungen von Beschäftigten durch elektromagnetische Felder

(1) ¹Der Arbeitgeber hat die nach § 3 Absatz 1 Satz 9 festgelegten Maßnahmen nach dem Stand der Technik durchzuführen, um Gefährdungen der Beschäftigten auszuschließen oder so weit wie möglich zu verringern. ²Dazu sind die Entstehung und die Ausbreitung elektromagnetischer Felder nach dem Stand der Technik vorrangig an der Quelle zu verhindern oder zu reduzieren. ³Der Arbeitgeber hat dafür zu sorgen, dass die Expositionsgrenzwerte nach § 5 in Verbindung mit den Anhängen 2 und 3 eingehalten und Gefährdungen aufgrund direkter und indirekter Wirkungen von elektromagnetischen Feldern vermieden oder verringert werden und somit ein sicheres Arbeiten gewährleistet ist. ⁴Technische Maßnahmen haben Vorrang vor organisatorischen und personenbezogenen Maßnahmen. ⁵Geeignete persönliche Schutzausrüstung ist dann zu verwenden, wenn technische und organisatorische Maßnahmen nicht ausreichen oder nicht anwendbar sind.

(2) Zu den Maßnahmen nach Absatz 1 gehören insbesondere
1. alternative Arbeitsverfahren, durch die Gefährdungen durch elektromagnetische Felder vermieden oder verringert werden,
2. Auswahl, Einsatz und Betriebsweise von Arbeitsmitteln, die unter Berücksichtigung der auszuführenden Tätigkeit in geringerem Maße elektromagnetische Felder emittieren,
3. technische Maßnahmen zur Verringerung der Gefährdungen durch elektromagnetische Felder, falls erforderlich auch unter Einsatz von Abschirmungen, Verriegelungs- oder anderen Sicherheitseinrichtungen,
4. angemessene Abgrenzungs- und Zugangskontrollmaßnahmen, insbesondere Warnhinweise, Signale, Kennzeichnungen, Markierungen oder Schranken,
5. bei elektrischen Feldern Maßnahmen und Verfahren zur Vermeidung oder Minimierung von elektrischen Entladungen oder Kontaktströmen,
6. angemessene Wartungsprogramme und Kontrollen von Arbeitsmitteln, Arbeitsplätzen und Anlagen,
7. die Gestaltung und die Einrichtung der Arbeitsstätten und Arbeitsplätze,
8. organisatorische Maßnahmen zur Begrenzung von Ausmaß und Dauer der Exposition,
9. Auswahl und Einsatz von geeigneter persönlicher Schutzausrüstung sowie
10. die Verwendung der Arbeitsmittel nach den Herstellerangaben.

(3) ¹Der Arbeitgeber hat Arbeitsbereiche, in denen die Auslöseschwellen für elektromagnetische Felder nach den Anhängen 2 und 3 überschritten werden, oder Arbeitsbe-

reiche mit Gefährdungen für besonders schutzbedürftige Beschäftigte nach Satz 2 zu kennzeichnen. ²Die Kennzeichnung muss deutlich erkennbar und dauerhaft sein. ³Sie kann insbesondere durch Warn-, Hinweis- und Zusatzzeichen sowie Verbotszeichen und Warnleuchten erfolgen. ⁴Der Arbeitgeber hat die betreffenden Arbeitsbereiche für die Dauer der Tätigkeit abzugrenzen und den Zugang gegebenenfalls einzuschränken. ⁵In diesen Bereichen dürfen Beschäftigte nur tätig werden, wenn das Arbeitsverfahren dies erfordert. ⁶Absatz 1 bleibt unberührt.

1. Arbeitsbereiche müssen nicht gekennzeichnet werden, wenn der Zugang auf geeignete Weise beschränkt ist und die Beschäftigten in geeigneter Weise unterwiesen sind.
2. In Arbeitsbereichen mit öffentlich zugänglichen Arbeitsplätzen ist eine Kennzeichnung nach Satz 1 unterhalb der oberen Auslöseschwelle nach Anhang 2 Tabelle A2.10 nicht erforderlich, wenn gemäß der Gefährdungsbeurteilung nach § 3 für an diesen Arbeitsplätzen tätige Beschäftigte mit aktiven Implantaten oder am Körper getragenen medizinischen Geräten ein sicheres Arbeiten gewährleistet ist und die betroffenen Beschäftigten über die Gefährdungen aufgrund der elektromagnetischen Felder unterwiesen sind.

(4) Die Expositionsgrenzwerte für sensorische Wirkungen nach § 5 in Verbindung mit den Anhängen 2 und 3 dürfen nur überschritten werden, wenn

1. die Überschreitung auf kurzzeitige Einzelereignisse unter definierten Betriebsbedingungen beschränkt ist,
2. keine geeigneten alternativen Arbeitsverfahren zur Verfügung stehen, bei denen die Exposition der Beschäftigten minimiert oder beseitigt werden kann,
3. die besonderen Festlegungen nach den §§ 7, 14, 17 und 18 umgesetzt sind und
4. ein sicheres Arbeiten dadurch gewährleistet ist, dass nach Durchführung der entsprechend dem Ergebnis der Gefährdungsbeurteilung festgesetzten Maßnahmen Gefährdungen durch direkte und indirekte Wirkungen ausgeschlossen werden.

(5) Die Expositionsgrenzwerte für gesundheitliche Wirkungen nach § 5 in Verbindung mit den Anhängen 2 und 3 dürfen bei medizinischen Anwendungen von Magnetresonanzverfahren überschritten werden, wenn die besonderen Festlegungen nach § 18 umgesetzt sind.

(6) Werden abweichend von Absatz 4 und 5 die Expositionsgrenzwerte für sensorische oder gesundheitliche Wirkungen überschritten, hat der Arbeitgeber unverzüglich die Gründe zu ermitteln und weitere Maßnahmen nach Absatz 2 zu ergreifen, um die Exposition auf einen Wert unterhalb der Expositionsgrenzwerte zu senken und ein erneutes Überschreiten der Expositionsgrenzwerte zu verhindern.

(7) ¹Treten trotz aller durchgeführten Maßnahmen bei Beschäftigten vorübergehende Symptome auf, so hat der Arbeitgeber unverzüglich die Gefährdungsbeurteilung und die nach § 3 Absatz 1 Satz 9 festgelegten Maßnahmen zum Schutz der Beschäftigten zu überprüfen und erforderlichenfalls zu aktualisieren. ²Vorübergehende Symptome können Folgendes umfassen:

1. durch die Bewegung im statischen Magnetfeld hervorgerufene Wirkungen, insbesondere Schwindelgefühl oder Übelkeit,
2. durch zeitveränderliche elektromagnetische Felder hervorgerufene Sinnesempfindungen, insbesondere Magnetophosphene oder Mikrowellenhören, sowie Wirkungen auf die im Kopf gelegenen Teile des Zentralnervensystems oder
3. Wirkungen durch Entladungen oder Kontaktströme in elektromagnetischen Feldern.

Unterabschnitt 2 Besondere Festlegungen zum Schutz vor Gefährdungen durch statische Magnetfelder

§ 7 EMFV Besondere Festlegungen für die Überschreitung der Expositionsgrenzwerte für sensorische Wirkungen bei Tätigkeiten im statischen Magnetfeld über 2 Tesla

Bei Überschreitung des Expositionsgrenzwertes für sensorische Wirkungen unter normalen Arbeitsbedingungen im statischen Magnetfeld über 2 Tesla nach Anhang 2 Tabelle A2.1 hat der Arbeitgeber dafür zu sorgen, dass

1. die Exposition am Arbeitsplatz nur die Gliedmaßen der Beschäftigten betrifft und eine gefährdende Exposition von Kopf und Rumpf ausgeschlossen ist oder
2. nach Durchführung der festgelegten Maßnahmen entsprechend der Gefährdungsbeurteilung nach § 3
   a) die Überschreitung der Expositionsgrenzwerte für sensorische Wirkungen nach Anhang 2 Tabellen A2.1 und A2.4 auf kurzzeitige Einzelereignisse unter definierten Betriebsbedingungen beschränkt ist,
   b) die Expositionsgrenzwerte für kontrollierte Arbeitsbedingungen nach Anhang 2 Tabellen A2.1 und A2.3 eingehalten werden,
   c) nur speziell unterwiesene und geschulte Beschäftigte Zugang zu den kontrollierten Bereichen haben,
   d) spezielle Arbeitspraktiken und Maßnahmen, insbesondere kontrollierte Bewegungen der Beschäftigten im Bereich mit hohen räumlichen Magnetfeldgradienten, angewendet werden und
   e) weitere Maßnahmen nach § 6 Absatz 2 ergriffen werden, wenn vorübergehende Symptome nach § 6 Absatz 7 auftreten.

§ 8 EMFV Besondere Festlegungen für die Überschreitung der Auslöseschwellen für die Projektilwirkung von ferromagnetischen Gegenständen im Streufeld von Anlagen mit hohem statischen Magnetfeld (> 100 Millitesla)

(1) Bei Überschreitung der unteren Auslöseschwellen für die Projektilwirkung von ferromagnetischen Gegenständen im Streufeld von Anlagen mit hohem statischen Magnetfeld (> 100 Millitesla) nach Anhang 2 Tabelle A2.11 hat der Arbeitgeber die betreffenden Arbeitsbereiche nach § 6 Absatz 3 zu kennzeichnen.

(2) ¹Bei Überschreitung der oberen Auslöseschwellen für die Projektilwirkung von ferromagnetischen Gegenständen im Streufeld von Anlagen mit hohem statischen Magnetfeld (> 100 Millitesla) nach Anhang 2 Tabelle A2.11 hat der Arbeitgeber weitere Maßnahmen nach § 6 Absatz 2 zu ergreifen, um Gefährdungen der Beschäftigten zu beseitigen oder zu minimieren. ²Dazu zählen insbesondere folgende Maßnahmen:

1. Bereitstellung und Verwendung von geeigneten nichtferromagnetischen Arbeitsmitteln,
2. Abschirmungen, Verriegelungen oder andere Sicherheitseinrichtungen,
3. Zugangskontrolle zum betreffenden Arbeitsbereich, erforderlichenfalls Einsatz von Detektoren für ferromagnetische Gegenstände und
4. betriebsorganisatorische Maßnahmen, insbesondere Schulung und Unterweisung sowie erforderlichenfalls Hinweise für Dritte, damit Beschäftigte nicht gefährdet werden.

§ 9 EMFV Besondere Festlegungen für die Überschreitung der oberen Auslöseschwelle für die Beeinflussung von implantierten aktiven oder am Körper getragenen medizinischen Geräten in statischen Magnetfeldern

[1]Bei Überschreitung der oberen Auslöseschwelle nach Anhang 2 Tabelle A2.10 hat der Arbeitgeber weitere Maßnahmen nach § 6 Absatz 2 zu ergreifen, um Gefährdungen der Beschäftigten mit implantierten aktiven oder am Körper getragenen medizinischen Geräten zu beseitigen oder zu minimieren. [2]Dazu zählen insbesondere folgende Maßnahmen:
1. Bewertung der Einwirkung für den einzelnen Mitarbeiter auf der Grundlage von Informationen des Herstellers des implantierten aktiven medizinischen Gerätes und soweit möglich des behandelnden Arztes oder Arbeitsmediziners,
2. Zugangsbeschränkung zum betreffenden Arbeitsbereich insbesondere durch Kontroll- oder Absperrungsmaßnahmen und
3. betriebsorganisatorische Maßnahmen, insbesondere Schulung und Unterweisung, individuelle oder allgemeine Zugangsverbote.

Unterabschnitt 3 Besondere Festlegungen zum Schutz vor Gefährdungen durch elektromagnetische Felder im Frequenzbereich von 0 Hertz bis 10 Megahertz

§ 10 EMFV Besondere Festlegungen für die Überschreitung der unteren Auslöseschwellen für externe elektrische Felder im Frequenzbereich von 0 Hertz bis 10 Megahertz

Bei Überschreitung der unteren Auslöseschwellen für externe elektrische Felder im Frequenzbereich von 0 Hertz bis 10 Megahertz nach Anhang 2 Tabelle A2.7 hat der Arbeitgeber, wenn keine geeigneten alternativen Arbeitsverfahren zur Verfügung stehen, dafür zu sorgen, dass
1. die Expositionsgrenzwerte der internen elektrischen Feldstärke E_i für sensorische Wirkungen im Frequenzbereich bis 400 Hertz nach Anhang 2 Tabelle A2.4 nicht überschritten und Gefährdungen durch direkte und indirekte Wirkungen vermieden oder verringert werden und damit ein sicheres Arbeiten gewährleistet ist oder
2. nach Durchführung der festgelegten Maßnahmen entsprechend der Gefährdungsbeurteilung
   a) die Gefährdung durch Entladungen oder Kontaktströme durch spezifische Maßnahmen ausgeschlossen ist. Dazu zählen insbesondere
      aa) geeignete technische Arbeitsmittel,
      bb) Maßnahmen zum Potentialausgleich,
      cc) die Erdung von Arbeitsgegenständen,
      dd) die spezielle Schulung und Unterweisung der Beschäftigten und
      ee) persönliche Schutzausrüstung wie isolierende Schuhe, Isolierhandschuhe und Schutzkleidung;
   b) die Gefährdungen in statischen elektrischen Feldern durch spezifische Maßnahmen beseitigt oder minimiert sind. Dazu zählen insbesondere
      aa) die Nichtüberschreitung des Expositionsgrenzwertes für die externe elektrische Feldstärke E_e von statischen elektrischen Feldern nach Anhang 2 Tabelle A2.2,
      bb) die Zugangskontrolle zum betreffenden Arbeitsbereich und
      cc) die spezielle Schulung und Unterweisung der Beschäftigten;

c) die Expositionsgrenzwerte der internen elektrischen Feldstärke E_i für gesundheitliche Wirkungen im Frequenzbereich bis 10 Megahertz nach Anhang 2 Tabelle A2.3 nicht überschritten werden sowie
d) die Gefährdungen durch direkte und indirekte Wirkungen ausgeschlossen sind und damit ein sicheres Arbeiten gewährleistet ist.

§ 11 EMFV Besondere Festlegungen für die Überschreitung der oberen Auslöseschwellen für externe elektrische Felder im Frequenzbereich von 0 Hertz bis 10 Megahertz

[1]Bei Überschreitung der oberen Auslöseschwellen für die Exposition gegenüber externen elektrischen Feldern im Frequenzbereich von 0 Hertz bis 10 Megahertz nach Anhang 2 Tabelle A2.7 hat der Arbeitgeber, wenn keine geeigneten alternativen Arbeitsverfahren zur Verfügung stehen, dafür zu sorgen, dass über die in § 10 Nummer 2 genannten Maßnahmen hinaus weitere Maßnahmen nach § 6 Absatz 2 durchgeführt werden, damit Gefährdungen durch direkte und indirekte Wirkungen ausgeschlossen sind. [2]Zu den Maßnahmen zählen insbesondere spezielle Unterweisungen.

§ 12 EMFV Besondere Festlegungen für die Überschreitung der unteren Auslöseschwellen für magnetische Felder im Frequenzbereich von 0 Hertz bis 10 Megahertz

Bei Überschreitung der unteren Auslöseschwellen für die Exposition gegenüber magnetischen Feldern im Frequenzbereich von 0 Hertz bis 10 Megahertz nach Anhang 2 Tabelle A2.8 insbesondere im Bereich von Kopf oder Rumpf hat der Arbeitgeber, wenn keine geeigneten alternativen Arbeitsverfahren zur Verfügung stehen, dafür zu sorgen, dass
1. die Expositionsgrenzwerte der internen elektrischen Feldstärke E_i für sensorische Wirkungen im Frequenzbereich bis 400 Hertz nach Anhang 2 Tabelle A2.4 nicht überschritten werden oder
2. nach Durchführung der festgelegten Maßnahmen entsprechend der Gefährdungsbeurteilung
   a) die Überschreitung der Expositionsgrenzwerte der internen elektrischen Feldstärke E_i für sensorische Wirkungen im Frequenzbereich bis 400 Hertz nach Anhang 2 Tabelle A2.4 auf kurzzeitige Einzelereignisse unter definierten Betriebsbedingungen beschränkt ist,
   b) die Expositionsgrenzwerte der internen elektrischen Feldstärke E_i für gesundheitliche Wirkungen im Frequenzbereich bis 10 Megahertz nach Anhang 2 Tabelle A2.3 eingehalten werden und
   c) die Gefährdungen durch direkte und indirekte Wirkungen ausgeschlossen sind und damit ein sicheres Arbeiten gewährleistet ist.

§ 13 EMFV Besondere Festlegungen für die Überschreitung der Auslöseschwellen für Kontaktströme bei berührendem Kontakt

Bei Überschreitung der Auslöseschwellen für Kontaktströme I_K bei berührendem Kontakt nach Anhang 2 Tabelle A2.9 hat der Arbeitgeber, wenn keine geeigneten alternativen Arbeitsverfahren oder Arbeitsmittel zur Verfügung stehen, dafür zu sorgen, dass
1. die Beschäftigten so unterwiesen sind, dass sie immer einen greifenden Kontakt herstellen,
2. die Expositionsgrenzwerte für kontinuierliche Kontaktströme I_K bei greifendem Kontakt nach Anhang 2 Tabelle A2.5 und für den Entladungspuls eines Kontaktstroms nach Anhang 2 Tabelle A2.6 eingehalten werden und

3. die Gefährdungen durch direkte und indirekte Wirkungen ausgeschlossen sind und damit ein sicheres Arbeiten gewährleistet ist.

§ 14 EMFV Besondere Festlegungen für die Überschreitung der Expositionsgrenzwerte für sensorische Wirkungen im Frequenzbereich bis 400 Hertz

Bei Überschreitung der Expositionsgrenzwerte für sensorische Wirkungen für im Frequenzbereich bis 400 Hertz nach Anhang 2 Tabelle A2.4 hat der Arbeitgeber, wenn keine geeigneten alternativen Arbeitsverfahren zur Verfügung stehen, dafür zu sorgen, dass nach Durchführung der festgelegten Maßnahmen entsprechend der Gefährdungsbeurteilung

1. die Überschreitung auf kurzzeitige Einzelereignisse unter definierten Betriebsbedingungen beschränkt ist,
2. die Expositionsgrenzwerte der internen elektrischen Feldstärke E_i für gesundheitliche Wirkungen im Frequenzbereich bis 400 Hertz nach Anhang 2 Tabelle A2.3 nicht überschritten werden und
3. unverzüglich weitere Maßnahmen nach § 6 Absatz 2 ergriffen werden, wenn vorübergehende Symptome nach § 6 Absatz 7 auftreten.

Unterabschnitt 4 Besondere Festlegungen zum Schutz vor Gefährdungen durch elektromagnetische Felder im Frequenzbereich von 100 Kilohertz bis 300 Gigahertz

§ 15 EMFV Besondere Festlegungen für die Überschreitung der Auslöseschwellen für elektromagnetische Felder im Frequenzbereich von 100 Kilohertz bis 300 Gigahertz

(1) Bei Überschreitung der Auslöseschwellen für die Exposition gegenüber elektromagnetischen Feldern im Frequenzbereich von 100 Kilohertz bis 300 Gigahertz nach Anhang 3 Tabelle A3.4 hat der Arbeitgeber dafür zu sorgen, dass
1. die Expositionsgrenzwerte der spezifischen Absorptionsrate *SAR* für gesundheitliche Wirkungen bei Exposition gegenüber elektromagnetischen Feldern im Frequenzbereich von 100 Kilohertz bis 6 Gigahertz nach Anhang 3 Tabelle A3.1 und der Expositionsgrenzwert der Leistungsdichte *S* für gesundheitliche Wirkungen bei Exposition gegenüber elektromagnetischen Feldern im Frequenzbereich von 6 Gigahertz bis 300 Gigahertz nach Anhang 3 Tabelle A3.2 eingehalten werden und
2. nach Durchführung der festgelegten Maßnahmen entsprechend der Gefährdungsbeurteilung Gefährdungen der Beschäftigten durch direkte und indirekte Wirkungen ausgeschlossen sind und damit ein sicheres Arbeiten gewährleistet ist.

(2) [1]Die besonderen Festlegungen für die Überschreitung der Expositionsgrenzwerte der lokalen spezifischen Energieabsorption *SA* für sensorische Wirkungen bei Exposition gegenüber gepulsten elektromagnetischen Feldern im Frequenzbereich von 0,3 Gigahertz bis 6 Gigahertz (Mikrowellenhören) nach § 17 gelten unabhängig von Absatz 1. [2]Sie sind daher gesondert zu betrachten.

§ 16 EMFV Besondere Festlegungen für die Überschreitung der Auslöseschwellen für stationäre Kontaktströme oder induzierte Ströme durch die Gliedmaßen im Frequenzbereich von 100 Kilohertz bis 110 Megahertz

Bei Überschreitung der Auslöseschwellen für stationäre Kontaktströme I_K oder induzierte Ströme durch die Gliedmaßen I_G im Frequenzbereich von 100 Kilohertz bis 110 Megahertz nach Anhang 3 Tabelle A3.5 hat der Arbeitgeber dafür zu sorgen, dass
1. die Expositionsgrenzwerte der spezifischen Absorptionsrate *SAR* für gesundheitliche Wirkungen bei Exposition gegenüber elektromagnetischen Feldern nach Anhang 3 Tabelle A3.1 im Frequenzbereich von 100 Kilohertz bis 110 Megahertz eingehalten werden und
2. nach Durchführung der festgelegten Maßnahmen entsprechend der Gefährdungsbeurteilung Gefährdungen der Beschäftigten durch direkte und indirekte Wirkungen ausgeschlossen sind und damit ein sicheres Arbeiten gewährleistet ist.

§ 17 EMFV Besondere Festlegungen für die Überschreitung des Expositionsgrenzwertes der lokalen spezifischen Energieabsorption für sensorische Wirkungen von gepulsten elektromagnetischen Feldern im Frequenzbereich von 0,3 Gigahertz bis 6 Gigahertz (Mikrowellenhören)

Bei Überschreitung des Expositionsgrenzwertes der lokalen spezifischen Energieabsorption *SA* für sensorische Wirkungen bei Exposition gegenüber gepulsten elektromagnetischen Feldern im Frequenzbereich von 0,3 Gigahertz bis 6 Gigahertz (Mikrowellenhören) nach Anhang 3 Tabelle A3.3 hat der Arbeitgeber, wenn keine geeigneten alternativen Arbeitsverfahren zur Verfügung stehen, dafür zu sorgen, dass nach Durchführung der festgelegten Maßnahmen entsprechend der Gefährdungsbeurteilung
1. die Überschreitung auf kurzzeitige Einzelereignisse unter definierten Betriebsbedingungen beschränkt ist,
2. die Expositionsgrenzwerte der spezifischen Absorptionsrate *SAR* für gesundheitliche Wirkungen bei Exposition gegenüber elektromagnetischen Feldern im Frequenzbereich von 100 Kilohertz bis 6 Gigahertz nach Anhang 3 Tabelle A3.1 und der Expositionsgrenzwert der Leistungsdichte *S* für gesundheitliche Wirkungen bei Exposition gegenüber elektromagnetischen Feldern im Frequenzbereich von 6 Gigahertz bis 300 Gigahertz nach Anhang 3 Tabelle A3.2 nicht überschritten werden und
3. unverzüglich weitere Maßnahmen nach § 6 Absatz 2 ergriffen werden, wenn vorübergehende Symptome nach § 6 Absatz 7 auftreten.

Unterabschnitt 5 Besondere Festlegungen zum Schutz vor Gefährdungen durch elektromagnetische Felder bei medizinischen Anwendungen von Magnetresonanzverfahren

§ 18 EMFV Besondere Festlegungen für die Überschreitung von Expositionsgrenzwerten bei medizinischen Anwendungen von Magnetresonanzverfahren

Abweichend von den §§ 7 bis 16 hat der Arbeitgeber bei einer Überschreitung der Expositionsgrenzwerte nach den Anhängen 2 und 3 bei der Aufstellung, Prüfung, Anwendung, Entwicklung oder Wartung von medizinischen Geräten für bildgebende Verfahren mittels Magnetresonanz am Patienten oder damit verknüpften Forschungsarbeiten

1. Art, Ausmaß, Häufigkeit und Dauer der Überschreitung von Expositionsgrenzwerten in Arbeitsbereichen, in denen Beschäftigte tätig werden müssen, im Rahmen der Gefährdungsbeurteilung nach § 3 nachzuweisen,
2. alle technischen und organisatorischen Maßnahmen nach dem Stand der Technik nach § 6 Absatz 1 zur Vermeidung oder Verringerung der Exposition der betroffenen Beschäftigten durchzuführen,
3. zu begründen, für welche medizinische Anwendungsfälle die Notwendigkeit zur Überschreitung der Expositionsgrenzwerte gegeben ist,
4. alle spezifischen Merkmale des Arbeitsplatzes, der Arbeitsmittel oder der Arbeitsmethoden bei der Durchführung der Gefährdungsbeurteilung sowie die Festlegung und die Durchführung von Maßnahmen für den sicheren Betrieb und zum Schutz der betroffenen Beschäftigten zu berücksichtigen,
5. dafür zu sorgen, dass in der Dokumentation der Gefährdungsbeurteilung nach § 6 Absatz 1 ein Nachweis enthalten ist, wie Beschäftigte vor Gefährdungen durch direkte und indirekte Wirkungen geschützt sind,
6. sicherzustellen, dass die vom Hersteller bereitgestellten Bedienungsanleitungen und Sicherheitshinweise eingehalten werden und
7. sicherzustellen, dass nur speziell unterwiesene Beschäftigte tätig werden.

Abschnitt 4 Unterweisung der Beschäftigten; Beratung durch den Ausschuss für Betriebssicherheit

§ 19 EMFV Unterweisung der Beschäftigten

(1) ¹Bei Gefährdungen der Beschäftigten durch elektromagnetische Felder am Arbeitsplatz stellt der Arbeitgeber sicher, dass die betroffenen Beschäftigten eine Unterweisung erhalten, die auf den Ergebnissen der Gefährdungsbeurteilung beruht und die Aufschluss über die am Arbeitsplatz auftretenden Gefährdungen gibt. ²Die Unterweisung muss vor Aufnahme der Tätigkeit, danach in regelmäßigen Abständen, mindestens jedoch jährlich, und unverzüglich bei wesentlichen Änderungen der gefährdenden Tätigkeit oder des Arbeitsplatzes erfolgen. ³Die Unterweisung muss in einer für die Beschäftigten verständlichen Form und Sprache erfolgen und mindestens folgende Informationen enthalten:
1. die mit der Tätigkeit verbundenen Gefährdungen durch direkte und indirekte Wirkungen von elektromagnetischen Feldern,
2. die durchgeführten Maßnahmen zur Beseitigung oder zur Minimierung der Gefährdung unter Berücksichtigung der Arbeitsplatzbedingungen,
3. die relevanten Expositionsgrenzwerte und Auslöseschwellen sowie ihre Bedeutung,
4. die Ergebnisse der Expositionsermittlung zusammen mit der Erläuterung ihrer Bedeutung und der Bewertung der damit verbundenen möglichen Gefährdungen und gesundheitlichen Folgen,
5. die Beschreibung sicherer Arbeitsverfahren zur Minimierung der Gefährdung aufgrund der Exposition durch elektromagnetische Felder,
6. die sachgerechte Verwendung der persönlichen Schutzausrüstung,
7. Hinweise zur Erkennung und Meldung von möglichen gesundheitsschädlichen Wirkungen einer Exposition,
8. möglicherweise auftretende vorübergehende Symptome nach § 6 Absatz 7 und wie diese vermieden werden können und
9. spezifische Informationen für besonders schutzbedürftige Beschäftigte.

(2) ¹Im Rahmen der Unterweisung nach Absatz 1 ist auch eine allgemeine arbeitsmedizinische Beratung durchzuführen mit Hinweisen zu besonderen Gefährdungen insbesondere für besonders schutzbedürftige Beschäftigte. ²Die Beschäftigten sind dabei auch über den Anspruch und den Zweck der arbeitsmedizinischen Vorsorge nach der Verordnung über arbeitsmedizinische Vorsorge zu unterrichten. ³Falls erforderlich, hat

der Arbeitgeber die Ärztin oder den Arzt nach § 7 Absatz 1 der Verordnung zur arbeitsmedizinischen Vorsorge zu beteiligen.

§ 20 EMFV Beratung durch den Ausschuss für Betriebssicherheit

¹Das Bundesministerium für Arbeit und Soziales wird in allen Fragen der Sicherheit und des Gesundheitsschutzes bei elektromagnetischen Feldern durch den Ausschuss nach § 21 der Betriebssicherheitsverordnung beraten. ²§ 21 Absatz 3 und 4 der Betriebssicherheitsverordnung gilt entsprechend.

Abschnitt 5 Ausnahmen; Straftaten und Ordnungswidrigkeiten

§ 21 EMFV Ausnahmen

(1) ¹Die zuständige Behörde kann auf schriftlichen oder elektronischen Antrag des Arbeitgebers Ausnahmen von den §§ 6 bis 17 zulassen, wenn die Durchführung der Vorschrift im Einzelfall zu einer unverhältnismäßigen Härte führen würde und die Abweichung mit dem Schutz der Beschäftigten vereinbar ist. ²Diese Ausnahmen können mit Nebenbestimmungen verbunden werden, die unter Berücksichtigung der besonderen Umstände gewährleisten, dass die Gefährdungen, die sich aus den Ausnahmen ergeben können, auf ein Minimum reduziert werden. ³Die Ausnahmen sind spätestens nach vier Jahren zu überprüfen. ⁴Sie sind aufzuheben, sobald die Umstände, die sie gerechtfertigt haben, nicht mehr gegeben sind. ⁵Der Antrag des Arbeitgebers muss mindestens Angaben enthalten zu

1. der Gefährdungsbeurteilung einschließlich der Dokumentation,
2. Art, Ausmaß und Dauer der Exposition durch die elektromagnetischen Felder,
3. den Frequenzen und erforderlichenfalls dem Signalverlauf der elektromagnetischen Felder,
4. dem Stand der Technik bezüglich der Tätigkeiten und der Arbeitsverfahren sowie zu den technischen, organisatorischen und persönlichen Schutzmaßnahmen und
5. den Lösungsvorschlägen, wie die Exposition der Beschäftigten reduziert werden kann, um die Expositionsgrenzwerte wieder einzuhalten, sowie einen Zeitplan hierfür.

(2) Eine Ausnahme nach Absatz 1 Satz 1 kann auch im Zusammenhang mit Verwaltungsverfahren nach anderen Rechtsvorschriften beantragt werden.

§ 22 EMFV Straftaten und Ordnungswidrigkeiten

(1) Ordnungswidrig im Sinne des § 25 Absatz 1 Nummer 1 des Arbeitsschutzgesetzes handelt, wer vorsätzlich oder fahrlässig

1. entgegen § 3 Absatz 5 Satz 1 eine Gefährdungsbeurteilung oder eine dort genannte Maßnahme nicht, nicht richtig, nicht in der vorgeschriebenen Weise oder nicht rechtzeitig durchführt,
2. entgegen § 3 Absatz 6 Satz 1 eine Dokumentation nicht, nicht richtig, nicht vollständig, nicht in der vorgeschriebenen Weise oder nicht rechtzeitig erstellt,
3. entgegen § 3 Absatz 6 Satz 5 ein Ergebnis nicht oder nicht mindestens 20 Jahre aufbewahrt,
4. entgegen § 3 Absatz 7 dort genannte Erfordernisse nicht, nicht richtig oder nicht rechtzeitig berücksichtigt,
5. entgegen § 4 Absatz 1 Satz 1 nicht sicherstellt, dass eine dort genannte Gefährdungsbeurteilung, Messung, Berechnung oder Bewertung geplant oder durchgeführt wird,
6. entgegen § 6 Absatz 1 Satz 3, § 12 Nummer 2 Buchstabe b, § 13 Nummer 2, § 15 Absatz 1 Nummer 1 oder § 16 Nummer 1 nicht dafür sorgt, dass dort genannte

Expositionsgrenzwerte eingehalten werden oder eine Gefährdung vermieden oder verringert wird,
7. entgegen § 6 Absatz 3 Satz 1 einen Arbeitsbereich nicht oder nicht richtig kennzeichnet,
8. entgegen § 6 Absatz 3 Satz 4 einen Arbeitsbereich nicht oder nicht richtig abgrenzt,
9. entgegen § 8 Absatz 2 Satz 1 oder § 9 Satz 1 eine Maßnahme nicht, nicht richtig oder nicht rechtzeitig ergreift,
10. entgegen § 10 Nummer 1 oder 2 Buchstabe c, § 12 Nummer 1, § 14 Nummer 2 oder § 17 Nummer 2 nicht dafür sorgt, dass dort genannte Expositionsgrenzwerte nicht überschritten werden,
11. entgegen § 10 Nummer 2 Buchstabe a Satzteil vor Satz 2, Buchstabe b Satzteil vor Satz 2, § 12 Nummer 2 Buchstabe c, § 13 Nummer 3, § 15 Absatz 1 Nummer 2 oder § 16 Nummer 2 nicht dafür sorgt, dass eine Gefährdung ausgeschlossen, beseitigt oder minimiert ist,
12. entgegen § 11 Satz 1 nicht dafür sorgt, dass eine Maßnahme durchführt[1] wird,
13. entgegen § 12 Nummer 2 Buchstabe a, § 14 Nummer 1 oder § 17 Nummer 1 nicht dafür sorgt, dass eine Überschreitung beschränkt ist,
14. entgegen § 13 Nummer 1 nicht dafür sorgt, dass die Beschäftigten unterwiesen sind,
15. entgegen § 14 Nummer 3 oder § 17 Nummer 3 nicht dafür sorgt, dass eine Maßnahme ergriffen wird,
16. entgegen § 18 Nummer 5 nicht dafür sorgt, dass ein Nachweis enthalten ist, oder
17. entgegen § 19 Absatz 1 Satz 1 nicht sicherstellt, dass ein Beschäftigter eine Unterweisung erhält.

(2) Wer durch eine in Absatz 1 bezeichnete vorsätzliche Handlung das Leben oder die Gesundheit von Beschäftigten gefährdet, ist nach § 26 Nummer 2 des Arbeitsschutzgesetzes strafbar.

Anhang 1–3 EMFV

Hier nicht wiedergegeben.

Literatur: *BMAS* (Hrsg.), Forschungsbericht 400-D – Elektromagnetische Felder am Arbeitsplatz, 2011; *Diekel/Müller*, Elektromagnetische Felder, sicher ist sicher 2016, 310; *Di Fabio*, Rechtsfragen zu unerkannten Gesundheitsrisiken elektromagnetischer Felder, DÖV 1995, 1; *EU-Kommission*, Nicht verbindlicher Leitfaden mit bewährten Verfahren im Hinblick auf die Durchführung der Richtlinie 2013/35/EU Elektromagnetische Felder, 2014; *Hilpert/ Neuschulz*, Nationale Umsetzung der EMF-Richtlinie 2013/35/EU in Deutschland, Strahlenschutzpraxis 2015, 12; *Kremser*, Die rechtliche Bewertung elektromagnetischer Strahlungen (sog. Elektrosmog) nach der Verordnung über elektromagnetische Felder, DVBl. 1997, 1360; *Mischke*, Beschäftigung werdender Mütter mit Tätigkeiten im Zusammenhang mit der Magnetresonanztomographie, sicher ist sicher 2015, 306; *Mühlhäuser/Braach*, Elektromagnetische Felder vor Ort erfassen und nach Vorschrift bewerten, sicher ist sicher 2005, 330; *Neuschulz/Jeschke/Romanus/Hilpert*, Neue Arbeitsschutzverordnung zu elektromagnetischen Feldern – Teil 1: Anwendungsbereich, EMF-Wirkungen, Schutzkonzept, sis 2017, 330; *Neuschulz/Jeschke/Romanus/Hilpert*, Neue Arbeitsschutzverordnung zu elektromagnetischen Feldern – Teil 2: Expositionsgrenzwerte, Auslöseschwellen, Gefährdungsbeurteilung, Maßnahmen, sis 2017, 378; *Romanus*, Physikalische Einwirkungen am Arbeitsplatz – Alles geregelt?, sis 2014, 308; *Schlechter*, Schutz vor elektromagnetischen Feldern am Arbeitsplatz, sis 2014, 318; *Wittneben*, Elektromagnetische Felder, Sicherheitsingenieur 1999, 26.

---

[1] Richtig wohl: „durchgeführt".

I. Normzweck, Rechtssystematik..	1	V. Allgemeine Festlegungen	18
II. Unionsrecht, Entstehungsgeschichte	4	VI. Besondere Festlegungen	21
III. Anwendungsbereich der EMFV	7	1. Festlegungen im Einzelnen..	21
IV. Allgemeine Schutzpflichten: Informationsermittlung und Gefährdungsbeurteilung	11	2. Unterrichtung und Unterweisung	25
		3. Ausnahmen	27
		VII. Rechtsdurchsetzung	28

I. Normzweck, Rechtssystematik

Ziel der Verordnung ist der Schutz der **Gesundheit und Sicherheit** von Beschäftigten 1 vor Gefährdungen durch **elektromagnetische Felder** während der Arbeit. Bei der überwiegenden Zahl der Arbeitsplätze sind Beschäftigte elektromagnetischen Feldern ausgesetzt, denn fast überall kommen elektrische Geräte zum Einsatz. Die Bandbreite reicht dabei vom mit Notebook und Telefon ausgestatteten Büroarbeitsplatz, bis hin zum Arbeiten mit Schweißgeräten oder dem Arbeiten am Lichtbogenofen.[1] Die Gefährdungen sind dabei unterschiedlich stark ausgeprägt. Zumeist sind die Expositionen, denen die Beschäftigten ausgesetzt sind, so gering, dass keine schädlichen Wirkungen von ihnen ausgehen.[2] Schädliche Wirkungen elektromagnetischer Felder können als **direkte Folge** (zB Erwärmung des Körpers, Schwindel, Übelkeit, Wirkung auf Sinnesorgane, insbesondere Auge)[3] oder aber als **indirekte Folge** (zB Beeinflussung **am oder im Körper** getragener medizinischer Geräte, Projektilwirkung ferromagnetischer Gegenstände) einer Exposition auftreten.[4] Besonders gefährdet und daher durch die EMFV besonders geschützt sind Menschen mit **aktiven und passiven Implantaten** sowie schwangere Beschäftigte.

Die Gefahren durch elektromagnetische Felder bestehen nicht nur an Arbeitsplätzen. 2 Da solche Felder überall dort auftreten, wo elektrische Geräte oder Leitungen betrieben werden, gehören elektromagnetische Felder zum privaten wie auch zum beruflichen Alltag. Plakativ fällt in diesem Zusammenhang oft der Begriff **Elektrosmog**.[5] Die Diskussion um den Schutz vor Gefährdungen durch elektromagnetische Felder wurde zunächst außerhalb des Arbeitsrechts, nämlich im Umweltrecht, geführt.[6] Die Ergebnisse dieser Debatten resultierten schließlich in der **26. BImSchV** (Verordnung über Elektromagnetische Felder),[7] die 1997 in Kraft getreten ist. Diese verpflichtet die Betreiber von ortsfesten Hochfrequenz-, Niederfrequenz- und Gleichstromanlagen zur Einhaltung bestimmter Grenzwerte, damit Gefährdungen der Öffentlichkeit minimiert bzw. ausgeschlossen werden. Die 26. BImSchV und die EMFV haben unterschiedliche Regelungsziele, ihre Vorschriften gelten unabhängig voneinander.[8]

Die EMFV folgt in ihrer **Systematik** der Mehrzahl der heute gültigen Arbeitsschutzverordnungen. Zunächst werden Anwendungsbereich und Begrifflichkeiten geklärt. Im 2. Abschnitt steht die Pflicht zur **Gefährdungsbeurteilung** (§ 3 EMFV) im Mittelpunkt, flankiert durch Vorschriften zur fachkundigen Messung und Berechnung. Abschnitt 3 gliedert sich in einen allgemeinen und einen besonderen Teil. Zunächst werden **Auslöseschwellen und Expositionsgrenzwerte** festgelegt sowie Maßnahmen zur Vermeidung oder Verringerung von Gefährdungen durch elektromagnetische Felder (§ 6 EMFV). Sodann folgen, jeweils nach Art des Feldes und des Frequenzbereichs, besondere Festlegungen für die Fälle, in denen Expositionsgrenzwerte oder Auslöseschwellen überschritten werden. Die **Unterweisung** der Beschäftigten und die Beratung durch den Ausschuss für Betriebssicherheit (ABS) sind Gegenstand von Abschnitt 4. Schließlich werden im letzten Abschnitt die Zulässigkeit von Ausnahmetatbeständen sowie Straf- und Ordnungswidrigkeitsbestimmungen aufgenommen. Zur EMFV gehören darüber

---

1 EU-Kommission, Leitfaden, Bd. 1, Tabelle 3.2. **2** Neuschulz/Jeschke/Romanus/Hilpert sis 2017, 378 (380) gehen davon aus, dass bei 95 % aller Arbeitsplätze die untere Auslöseschwelle nicht überschritten wird. **3** Wittneben Sicherheitsingenieur 1999, 26 (28). **4** BMAS, 2011, 40. **5** Kremser DVBl 1997, 1360. **6** Vgl. nur Di Fabio DÖV 1995, 1; Kremser DVBl 1997, 1360. **7** BGBl. I, 3266, berichtigt S. 3942. **8** Anders als noch die DGUV 15 – Elektromagnetische Felder, die nicht angewandt wurde, wenn die 26. BImSchV Anwendung fand, vgl. Mühlhäuser/Braach sis 2005, 330.

hinaus 3 **Anhänge**. In Anhang 1 werden physikalische Größen im Zusammenhang mit der Exposition gegenüber elektromagnetischen Feldern definiert. Anhang 2 enthält Expositionsgrenzwerte und Auslöseschwellen zur Verhinderung von nichtthermischen Wirkungen, Anhang 3 entsprechende Werte und Schwellen für thermische Wirkungen.

II. Unionsrecht, Entstehungsgeschichte

4 Bereits im Jahr 1990 wurden Gefährdungen durch physikalische Einwirkungen – und damit einhergehend das Problem elektromagnetischer Felder – auf die politische Agenda der Gemeinschaft gehoben.[9] Die Diskussionen mündeten schließlich im Erlass der **RL 2004/40/EG**, der 18. Einzel-Richtlinie zur Rahmenrichtlinie über Mindestvorschriften zum Schutz von Sicherheit und Gesundheit der Arbeitnehmer vor der Gefährdung durch physikalische Einwirkungen (elektromagnetische Felder).[10] Die Richtlinie sollte bis zum 30.4.2008 umgesetzt werden. Diese Regelungen stießen jedoch auf **heftige Kritik**. Insbesondere aus medizinischen Kreisen wurden Bedenken geäußert, dass eine legale Beschäftigung an MRT-Geräten nicht mehr möglich sein würde.[11] Als Reaktion darauf wurde die Umsetzungsfrist mehrfach verlängert, um geeignete Lösungen zu finden.[12] Dies blieb jedoch ohne Erfolg, so dass der Schutz vor elektromagnetischen Feldern schließlich in der RL 2013/35/EU[13] (20. Einzel-Richtlinie zur Rahmenrichtlinie)[14] **neu geregelt** und die RL 2004/40/EG **aufgehoben** wurde.

5 Ziel der RL 2013/35/EU ist es, alle bekannten **direkten und indirekten biophysikalischen Wirkungen elektromagnetischer Felder** zu erfassen. Ausdrücklich **nicht hierzu** gehören mögliche **Langzeitfolgen** einer Exposition durch elektromagnetische Felder. Auch wenn zT karzinogene Wirkungen befürchtet werden,[15] blieb bis zum Erlass der Richtlinie ein eindeutiger wissenschaftlicher Beweis für diese Gefährdung der Gesundheit aus.[16] Ebenfalls ausgenommen sind Gefährdungen, die durch das Berühren von unter Spannung stehenden Leitern hervorgerufen werden können. Wie andere Richtlinien stellt auch diese Richtlinie den Prozess der Risikobewertung an den Anfang. Der Arbeitgeber soll, zunächst arbeitsplatzbezogen, eine Risikobewertung durchführen. Damit soll er in die Lage versetzt werden, bereits bei der Arbeitsplatzgestaltung eine verringerte Exposition der Beschäftigten gegenüber elektromagnetischen Feldern zu erreichen. Darüber hinaus soll für bestimmte Risikogruppen auch eine personenbezogene Risikobewertung durchgeführt werden. Von zentraler Bedeutung für die Gefährdungsbeurteilung und sich daraus ableitende Maßnahmen sind die Beachtung von Auslöseschwellen und die Einhaltung von Grenzwerten (**Grenzwertkonzept**), die in Anhang II (nicht-thermische Wirkungen) und Anhang III (thermische Wirkungen) der Richtlinie dargelegt sind. Diese stützen sich auf Empfehlungen der Internationalen Kommission für den Schutz vor nichtionisierender Strahlung (International Commission on Non-Ionizing Radiation Protection – ICNIRP). Mit Rücksicht auf die strittigen Fragen der Vorgängerregelung enthält die Richtlinie besondere Bestimmungen für bildgebende Verfahren auf Basis der **Magnetresonanz** (MRT). Darüber können Mitgliedstaaten erleichterte Regelungen für die Streitkräfte erlassen. Ergänzend zur Richtlinie hat die Kommission einen **Leitfaden** veröffentlicht, der die Handhabung der Richtlinie durch die Unternehmen erleichtern soll (→ Rn. 1). Schließlich kennzeichnet die Richtlinie eine Neuerung gegenüber den anderen Richtlinien zum Schutz vor physikalischen Einwirkungen. Der Kommission wurde die Befugnis übertragen, technische **Änderungen der Anhänge** vorzunehmen, insbesondere Auslöseschwellen anzupassen. In älteren

---

9 2. Erwägungsgrund RL 2013/35/EU. **10** ABl. EG L 159, 1 vom 30.4.2004. **11** 3. Erwägungsgrund RL 2013/35/EU; Münch/ArbR/Kohte § 295 Rn. 123. **12** Zunächst bis 30.4.2012 (RL 2008/46/EG, ABl. EG L 114, 88 vom 26.4.2008), danach bis 31.10.2013 (RL 2012/11/EU, ABl. EU L 110, 1 vom 24.4.2012). **13** RL 2013/35/EU über Mindestvorschriften zum Schutz von Sicherheit und Gesundheit der Arbeitnehmer vor der Gefährdung durch physikalische Einwirkungen (elektromagnetische Felder), ABl. EU L 179, 1 vom 29.6.2013. **14** RL 89/391/EWG, ABl. EG L 183, 1 vom 29.6.1989. Diese bleibt unbeschadet strengerer oder spezifischerer Vorschriften der 20. Einzel-Richtlinie anwendbar. **15** 7. Erwägungsgrund RL 2013/35/EU. **16** Neuschulz/Jeschke/Romanus/Hilpert sis 2017, 330 (333).

Richtlinien musste hierzu immer noch der Weg über das Parlament und den Rat genommen werden, auch wenn es diesbezüglich Änderungsbestrebungen gibt.[17]

Die EMFV dient der Umsetzung der RL 2013/35/EU. Die in Art. 8 geregelte **Gesundheitsüberwachung** wird **nicht durch die EMFV** umgesetzt. Dieser Teil ist bereits über die Verordnung zur arbeitsmedizinischen Vorsorge[18] umgesetzt worden (→ ArbMedVV Rn. 4). Die Auslöseschwellen und Grenzwerte, die in den Anhängen II und III der Richtlinie festgelegt sind, wurden komplett übernommen und darüber hinaus vereinzelt durch **weitere Werte präzisiert** (→ Rn. 21). Die RL 2013/35/EU wurde in Deutschland **verspätet umgesetzt**. Die Frist lief bis zum 30.6.2016, die EMFV trat jedoch erst am 19.11.2016 in Kraft. Damit ist die EMFV die jüngste Arbeitsschutzvorschrift. Doch wurde der Schutz der Beschäftigten vor elektromagnetischen Feldern in der betrieblichen Praxis nicht erst seit Inkrafttreten der EMFV gelebt. Bereits seit 2001 gilt auf berufsgenossenschaftlicher Ebene zunächst die BGV B 11 und jetzt die **DGUV Vorschrift 15** – Elektromagnetische Felder, die ebenfalls einem Grenzwertkonzept folgt. Es wird davon ausgegangen, dass der überwiegende Teil der Betriebe, die die Grenzwerte der DGUV Vorschrift 15 eingehalten haben, auch den Vorgaben der Verordnung genügen.[19] Nichtsdestotrotz wird eine Neubewertung der Arbeitsplätze erforderlich.[20] Darüber hinaus war ein Schutz im Rahmen allgemeiner Arbeitsschutzvorschriften des ArbSchG möglich. Die nun in Kraft getretene EMFV soll durch **Technische Regeln**, die vom Ausschuss für Betriebssicherheit (ABS) beim BMAS erarbeitet werden, flankiert werden. Die Technischen Regeln lösen eine Vermutungswirkung aus[21] und erleichtern somit die Anwendung der komplexen Verordnung in der betrieblichen Praxis (→ ArbSchG §§ 18, 19 Rn. 35 ff.). Geplant sind 2 Technische Regeln: eine für niederfrequente und eine für hochfrequente Felder.[22] Mit einer Veröffentlichung der Technischen Regeln ist **erst 2019** zu rechnen.[23] Bis dahin halten die Leitfäden der Kommission zur Anwendung der Richtlinie nützliche Anwendungshilfen bereit.[24]

III. Anwendungsbereich der EMFV

Der sachliche Anwendungsbereich der EMFV umfasst alle **direkten und indirekten Wirkungen**, die durch elektromagnetische Felder hervorgerufen werden. In Übereinstimmung mit der RL 2013/35/EU werden in § 2 EMFV elektromagnetische Felder definiert als statische elektrische, statische magnetische sowie zeitveränderliche elektrische, magnetische und elektromagnetische Felder mit Frequenzen bis 300 GHz. Damit bezieht sich die Verordnung auf statische, **niederfrequente** und **hochfrequente Felder**. Infrarot und ionisierende Strahlen (zB Röntgenstrahlen) liegen außerhalb des Anwendungsbereiches. Ebenso wird das Berühren von unter Spannung stehenden Teilchen nicht von der EMFV erfasst.[25] Die Vorschriften des Mutterschutzrechts gehen der EMFV grundsätzlich als speziellere Vorschriften vor.[26] Soweit das Mutterschutzrecht allerdings keine spezifischen Regelungen enthält, gilt auch für schwangere Beschäftigte zusätzlich die EMFV.[27] Ebenso wie elektromagnetische Strahlung gehören optische Strahlen zur Gruppe der nicht-ionisierenden Strahlen. Auch von optischen Strahlen können Gefährdungen für die Gesundheit ausgehen. Diese Problematik wird durch die

---

17 Vorschlag für eine Verordnung des Europäischen Parlaments und des Rates zur Anpassung von Rechtsakten, in denen auf das Regelungsverfahren mit Kontrolle Bezug genommen wird, an Art. 290 und 291 des Vertrags über die Arbeitsweise der Europäischen Union, COM(2016) 799 final. **18** Verordnung zur arbeitsmedizinischen Vorsorge vom 18.12.2008 (BGBl. I, 2768), zuletzt geändert durch Art. 1 der Verordnung vom 23.10.2013 (BGBl. I, 3882). **19** Schlechter sis 2014, 318 (320). **20** Diekel/Müller sis 2016, 310 (315). **21** Romanus sis 2014, 308 (309). **22** Hilpert/Neuschulz Strahlenschutzpraxis 2015, 12 (13). **23** Hilpert, Die neue Verordnung „Elektromagnetische Felder" – Umsetzung der Richtlinie 2013/35/EU, Dokumentation der Informationsveranstaltung „Elektromagnetische Felder an Arbeitsplätzen" am 8.11.2016, www.baua.de/de/Themen-von-A-Z/Elektromagnetische-Felder/EMF-Arbeitsplaetze-2016.html. **24** EU-Kommission, Leitfaden. **25** Anders noch die DGUV 15, vgl. Schlechter sis 2014, 318. **26** BR-Drs. 262/10, 38. Siehe hierzu auch Kreizberg in: EAS, Einzelrichtlinien zur Arbeitsschutzrichtlinie, Rn. 567. **27** Vgl. für den speziellen Fall der Arbeit am MRT Mischke sis 2015, 306 (308).

RL 2006/25/EG[28] geregelt, die mit der OStrV (→ OStrV Rn. 1 ff.) in deutsches Recht umgesetzt wurde.

8 Für schädliche **Langzeitwirkungen** elektromagnetischer Felder auf den menschlichen Körper **fehlen** bisher eindeutige **wissenschaftliche Belege**.[29] Sie werden daher, in Übereinstimmung mit der RL 2013/35/EU, vom Anwendungsbereich der EMFV ausgeklammert. Gemäß der Richtlinie ist es Aufgabe der Europäischen Kommission, sich bezüglich der Langzeitwirkungen laufend über die neuesten wissenschaftlichen Erkenntnisse zu informieren und gegebenenfalls Vorschläge für einen entsprechenden Rechtsakt vorzulegen. Sollten Erkenntnisse über schädliche Langzeitfolgen wissenschaftlich belegt werden, dürfen die **Arbeitgeber nicht warten**, bis der Gesetzgeber tätig geworden ist. Gemäß § 3 Abs. 5 S. 3 Nr. 1 EMFV ist der Arbeitgeber verpflichtet, eine erneute Gefährdungsbeurteilung durchzuführen, wenn neue sicherheits- oder gesundheitsrelevante Erkenntnisse vorliegen. Der wissenschaftliche Beleg schädlicher Langzeitwirkungen lässt sich unter diese Voraussetzung subsumieren. Aus dieser erneuten Gefährdungsbeurteilung leiten sich dann Schutzmaßnahmen ab, die schädliche Langzeitfolgen ausschließen sollen. Darüber hinaus ist der Arbeitgeber nach § 19 Abs. 1 EMFV verpflichtet, die betroffenen Beschäftigten erneut zu unterweisen und über die veränderte Gefährdungslage sowie ggf. ergriffenen Maßnahmen zu informieren.

9 Hinsichtlich des **persönlichen Anwendungsbereichs** ist zwischen Arbeitgebern und Beschäftigten zu differenzieren. Da die EMFV eine Verordnung iSv § 18 ArbSchG ist, orientieren sich die Definitionen der Begriffe Arbeitgeber und Beschäftige zunächst an § 2 Abs. 2, 3 ArbSchG (→ ArbSchG § 2 Rn. 13 ff.). Der Begriff des Beschäftigten ist in § 2 Abs. 10 EMFV definiert. Er umfasst zunächst alle von § 2 Abs. 2 ArbSchG erfassten Personen, wozu auch die Beamten gehören. Darüber hinaus wird der Begriff des Beschäftigten um **Schülerinnen und Schüler, Studierende, Praktikanten sowie sonstige**, insbesondere an wissenschaftlichen Einrichtungen tätige Personen erweitert, sofern diese bei Ausübung ihrer Tätigkeit elektromagnetischen Feldern ausgesetzt sind. Zu diesen sonstigen Personen zählen Doktoranden, Forschungsstipendiaten und Gastwissenschaftler.[30] Zu beachten ist, dass die EMFV hinsichtlich der Gefährdungsbeurteilung (→ Rn. 15) und den Schutzmaßnahmen zusätzliche Bestimmungen für **besonders schutzbedürftige Beschäftigte** vorsieht. Zu den besonders schutzbedürftigen Beschäftigten gehören gemäß § 2 Abs. 7 EMFV insbesondere Beschäftigte mit (1) aktiven medizinischen Implantaten, insbesondere Herzschrittmachern, (2) mit passiven medizinischen Implantaten, (3) mit medizinischen Geräten, die am Körper getragen werden, insbesondere Insulinpumpen, (4) mit sonstigen durch elektromagnetische Felder beeinflussbaren Fremdkörpern im Körper und (5) mit eingeschränkter Thermoregulation.

10 Zentral für das Verständnis der Auslöseschwellen und Grenzwerte sind die Wirkungen, die elektromagnetische Felder auf Menschen haben. Die **Frequenz und die Stärke** elektromagnetischer Felder bestimmen die Art der Gefährdung der Beschäftigten. Unterschieden wird zunächst in direkte und indirekte Wirkungen. **Direkte Wirkungen** sind solche, die eine Veränderung in der Person bewirken, die einem elektromagnetischen Feld ausgesetzt ist. Einerseits können dadurch Sinnesorgane, Nerven und Muskeln stimuliert werden (**nichtthermische Wirkungen**). Schwindel und Übelkeit treten dabei vor allem bei statischen Feldern auf. Die Stimulationswirkung tritt bei Feldern bis zu 100 kHz zutage. Andererseits können solche Felder bewirken, dass der ganze Körper oder einzelne Extremitäten erwärmt werden (**thermische Wirkungen**). Allgemein lässt sich feststellen, dass thermische Wirkungen mit steigender Frequenz (>10MHz) zunehmen.[31] **Indirekte Wirkungen** treten auf, wenn sich ein Gegenstand im elektromagnetischen Feld befindet, der eine Gefahr für die Sicherheit und Gesundheit des Beschäftigten darstellen kann. Hierzu zählen von Beschäftigen im oder am Körper getragene **medizinische Geräte** (zB Herzschrittmacher, Insulinpumpen), die durch Einwirkung des Feldes beeinträchtigt werden können. Aber auch andere aktive oder passive Implantate (zB künstliche Gelenke, Stifte, Metallplatten) können Gefahren hervorrufen. Darüber

---

28 ABl. EG L 114, 38 vom 27.4.2006. **29** BR-Drs. 469/16, 33. **30** BR-Drs. 469/16, 39. **31** EU-Kommission, Leitfaden Bd. 1, S. 18.

hinaus bestehen Gefährdungen durch **Projektilwirkung** loser ferromagnetischer Gegenstände in einem statischen Magnetfeld, durch Auslösung von Zündvorrichtungen sowie Brände und Explosionen aufgrund Funkenbildung.

IV. Allgemeine Schutzpflichten: Informationsermittlung und Gefährdungsbeurteilung

Wie im deutschen Arbeitsschutzrecht üblich, folgt auch diese Verordnung dem System von allgemeinen (§§ 3, 4 EMFV) und besonderen Pflichten (§§ 6–18 EMFV). Die allgemeinen Pflichten umfassen dabei die Informationsermittlung durch den Arbeitgeber sowie die Gefährdungsbeurteilung. Aus dieser Beurteilung leiten sich besondere Festlegungen ab, die wiederum in einen allgemeinen (§ 6 EMFV) und besonderen (§§ 7–18 EMFV) Teil untergliedert sind. 11

Die EMFV folgt einem **Grenzwertkonzept**. Kern dieses Konzeptes ist die Festlegung von Expositionsgrenzwerten und Auslöseschwellen. Diese Unterscheidung beruht auf dem Umstand, dass die schädliche Wirkung von elektromagnetischen Feldern bei Überschreitung bestimmter **Expositionsgrenzwerte** im Inneren des Körpers wissenschaftlich nachweisbar ist. Allerdings können diese Expositionsgrenzwerte nicht direkt oder nur schwierig durch Messungen am Arbeitsplatz ermittelt werden. Zusätzlich werden daher von diesen Grenzwerten abgeleitete Werte genutzt, die direkt am Arbeitsplatz messbar sind (**Auslöseschwellen**). Bei Unterschreitung dieser Auslöseschwellen werden auch die Expositionsgrenzwerte eingehalten und eine Gefährdung der Beschäftigten besteht nicht. Oberhalb der Auslöseschwellen ist der Arbeitgeber verpflichtet, bestimmte Maßnahmen zum Schutz der Beschäftigten zu treffen, es sei denn, der Nachweis der Einhaltung der Expositionsgrenzwerte gelingt dem Arbeitgeber. Darüber hinaus gibt es Auslöseschwellen, die nicht von Expositionswerten abgeleitet sind. In diesem Fall hat der Arbeitgeber bei Überschreiten der Auslöseschwelle direkt Maßnahmen zum Schutz der Beschäftigten zu ergreifen. Aufgrund der Komplexität sind die Auslöseschwellen und Expositionsgrenzwerte, anders als bei anderen Arbeitsschutzverordnungen (zB → OStrV Rn. 5), in den Anhängen 2 und 3 zur Verordnung festgelegt. 12

Die in der Verordnung festgelegten physikalischen Größen, Expositionsgrenzwerte und Auslöseschwellen beziehen sich auf Empfehlungen der Internationalen Kommission für den Schutz vor nichtionisierender Strahlung (**ICNIRP**). Die von dieser Organisation festgelegten Grenzwerte waren auch schon Grundlage der seit 2001 in Kraft getretenen Unfallverhütungsvorschrift BGV B 11, jetzt DGUV Vorschrift 15. Aufgrund neuer wissenschaftlicher Erkenntnisse konnte die ICNIRP die Grenzwerte in ihren überarbeiteten Richtlinien im Jahr 2010 teilweise lockern. Diese neuen Grenzwerte sind auch Grundlage der RL 2013/35/EU und damit der EMFV geworden.[32] Die Kommission hat aufgrund von Art. 11 RL 2013/35/EU die Befugnisse, Auslöseschwellen anzupassen und andere, rein technische Änderungen der Anhänge der Richtlinie vorzunehmen. Geschieht dies, sind auch die Anhänge der EMFV anzupassen. 13

Der Arbeitgeber ist nach § 3 EMFV verpflichtet, eine **Gefährdungsbeurteilung** für jeden Arbeitsplatz durchzuführen. Hierzu muss zunächst festgestellt werden, ob elektromagnetische Felder am Arbeitsplatz auftreten oder auftreten können. Ist dies nicht der Fall, sind keine weiteren Maßnahmen notwendig. Ist dies hingegen der Fall, muss der Arbeitgeber **alle Gefährdungen der Gesundheit** und Sicherheit der Beschäftigten beurteilen. Dazu ist erforderlich, dass sich die Expositionen am Arbeitsplatz ermittelt und bewertet. Werden Expositionsgrenzwerte überschritten, ist davon auszugehen, dass eine Gefährdung besteht. Um die Betriebe bei der Ermittlung der Expositionen nicht übermäßig zu beanspruchen, ist in vielen Fällen eine direkte Messung nicht erforderlich. Der Arbeitgeber kann sich im Rahmen einer **vereinfachten Gefährdungsbeurteilung** die erforderlichen Informationen von den **Wirtschaftsakteuren**, dh insbesondere von den Herstellern der elektrischen Geräte, besorgen oder andere geeignete, **ohne Weiteres zugängliche Quellen verwenden** (§ 3 Abs. 1 S. 5 EMFV). Nur wenn diese Recherchen kei- 14

---
[32] BR-Drs. 469/16, 35.

ne sichere Beurteilung erlauben, ist auf direkte Messungen zurückzugreifen. In jedem Fall erfordert die Gefährdungsbeurteilung ein **strukturiertes und planvolles Vorgehen.** Für Unternehmen, die ein solches Verfahren noch nicht durchgeführt haben, bietet die Europäische Agentur für Sicherheit und Gesundheitsschutz am Arbeitsplatz zur Unterstützung eine Plattform für eine interaktive Online-Gefährdungsbeurteilung (OiRA)[33] an.[34] Für einzelne Berufszweige (zB Automobilindustrie, Elektrolyse, medizinischer Bereich) hält der Leitfaden der Kommission Fallstudien bereit, die die Gefährdungsbeurteilung speziell für kleine und mittlere Unternehmen erleichtern sollen.[35] Nach § 3 Abs. 7 EMFV ist der Arbeitgeber verpflichtet, die Erfordernisse von **besonders schutzbedürftigen Personen** (→ Rn. 9) bei der Festlegung von Schutzmaßnahmen zu berücksichtigen. Dabei ist es sinnvoll, für diese Beschäftigten eine gesonderte Gefährdungsbeurteilung durchzuführen. Nur so kann den speziellen Erfordernissen der besonders schutzbedürftigen Beschäftigten ausreichend Rechnung getragen werden. Gegebenenfalls sind individuelle Schutzmaßnahmen zu ergreifen. Bei der Gefährdungsbeurteilung ist vor allem darauf zu achten, dass nicht ohne Weiteres auf Herstellerangaben, die eine Unbedenklichkeit bescheinigen, zurückgegriffen werden kann. Um die Anforderungen für die Unternehmen dennoch im Rahmen zu halten, hat die Kommission in ihrem Leitfaden eine Reihe von allgemeinen Tätigkeiten, Arbeitsmitteln und Arbeitsplätzen aufgelistet und angegeben, ob für bestimmte Risikogruppen eine gesonderte Bewertung erforderlich? ist.[36] Nur wenn dies verneint werden kann, bleibt es beim vereinfachten Verfahren.

15 Die Gefährdungsbeurteilung ist eine der wesentlichen Pflichten des Arbeitgebers im Rahmen der EMFV. Ein wirksamer Schutz der Beschäftigten wird dadurch erreicht, dass diese Beurteilung bereits **vor der Aufnahme einer Tätigkeit** zu erfolgen hat (§ 3 Abs. 5 EMFV). Diese herausgehobene Stellung wird auch dadurch deutlich, dass eine nicht oder nicht rechtzeitig durchgeführte Gefährdungsbeurteilung eine Ordnungswidrigkeit nach § 25 Abs. 1 Nr. 1 ArbSchG darstellt. Leitet der Arbeitgeber konkrete Maßnahmen nach dieser Verordnung ein, sind diese Maßnahmen auf ihre Wirksamkeit hin zu kontrollieren. Zur Sicherstellung eines **fortlaufenden Schutzes** der Beschäftigten hat der Arbeitgeber die Gefährdungsbeurteilung und die daraus abgeleiteten Maßnahmen **in regelmäßigen Abständen zu überprüfen.** Eine Aktualisierung ist vor allem dann angezeigt, wenn neue sicherheits- oder gesundheitsrelevante Erkenntnisse vorliegen, sich Arbeitsbedingungen maßgeblich ändern oder die Überprüfung einer Maßnahme den Schluss zulässt, dass die Maßnahme nicht wirksam ist. Eine zeitliche Vorgabe macht die Verordnung nicht, auch der Richtlinie ist keine Zeitspanne zu entnehmen. Andere Arbeitsschutzverordnungen kennen konkrete zeitliche Vorgaben (zB § 4 Abs. 2 S. 2 BioStoffV: jedes zweite Jahr, → BioStoffV Rn. 18), die jedoch nicht ohne Weiteres analog auf elektromagnetische Felder übertragen werden können. Somit ist auf die allgemeinen Grundsätze des § 5 ArbSchG abzustellen, wonach alle **2–3 Jahre** eine Gefährdungsbeurteilung zu wiederholen ist (→ ArbSchG § 5 Rn. 74). Längere Zeitabstände können dann gerechtfertigt sein, wenn die Auslöseschwellen bei der ersten Beurteilung nicht überschritten worden sind und sich keine wesentlichen Änderungen ergeben haben. Eine erneute Gefährdungsbeurteilung kann aber auch durch die Beschäftigten ausgelöst werden. Dies ist der Fall bei Schwangeren als auch bei Beschäftigten, die im Laufe der Zeit ein Implantat bekommen haben. Ferner ist eine erneute Gefährdungsbeurteilung angezeigt, wenn Arbeitnehmer typische Symptome einer EMF-Exposition zeigen.[37]

16 Um überhaupt in der Lage zu sein, Risiken für Beschäftigte abschätzen und angemessene Maßnahmen ergreifen zu können, ist es erforderlich, dass die Gefährdungsbeurteilung nur von **ausreichend qualifizierten Personen** durchgeführt wird. § 4 Abs. 1 EMFV fordert daher, dass diese **Personen fachkundig** sein müssen. Dies gilt insbesondere für erforderliche Messungen und Berechnungen. Fachkundig ist die Person gemäß § 2

---

33 www.oiraproject.eu. **34** Weitere Einzelheiten vgl. EU-Kommission, Leitfaden, Bd. 1, S. 36 ff. **35** EU-Kommission, Leitfaden, Bd. 2. **36** EU-Kommission, Leitfaden, Bd. 1, Tabelle 3.2. **37** Vgl. hierzu EU-Kommission, Leitfaden, Bd. 1, S. 43 f.

Abs. 8 EMFV dann, wenn sie über die für die genannten Aufgaben erforderlichen Fachkenntnisse verfügt. Diese können durch eine **einschlägige Berufsausbildung** oder aber auch durch **reines Erfahrungswissen** erworben worden sein. In jedem Fall muss die Person in engem zeitlichen Zusammenhang im Bereich elektromagnetischer Felder **tätig geworden** sein und an spezifischen **Fortbildungsveranstaltungen** teilnehmen. Sind Messungen erforderlich, so hat die Person auch die dazu erforderlichen Einrichtungen zur Verfügung zu haben. Die fachkundige Person muss die oben genannten Tätigkeiten nach dem Stand der Technik ausführen. Dieser schwierig zu handhabende Begriff (→ ArbSchG § 4 Rn. 84) wird in § 2 Abs. 9 EMFV konkretisiert. Von praktischer Bedeutung dürfte der Hinweis sein, dass auf vergleichbare Verfahren, Einrichtungen oder Betriebsweisen, die erfolgreich in der Praxis erprobt worden sind, abgestellt wird. Bis zur Veröffentlichung von Technischen Regeln durch das BMAS stellt der Leitfaden der Kommission ein geeignetes Hilfsmittel dar. Kann der Arbeitgeber nicht auf eigene Kapazitäten zurückgreifen, die diese Anforderungen erfüllen, ist auf **externe Anbieter** zurückzugreifen.

Der Arbeitgeber hat die Gefährdungsbeurteilung **bereits vor Aufnahme der Tätigkeit** 17 zu **dokumentieren**. Diese Pflicht besteht unabhängig von der Zahl der Beschäftigten, § 3 Abs. 6 EMFV. Damit wird hervorgehoben, dass eine Ausnahme für Kleinbetriebe, wie sie § 6 ArbSchG aF (→ ArbSchG § 6 Rn. 5) vorsah, nicht besteht.[38] Die jeweils aktuelle Gefährdungsbeurteilung ist zur Einsichtnahme, zB durch die Aufsichtsbehörden, aufzubewahren.[39] Inhaltlich muss diese Dokumentation angeben, welche Gefährdungen am Arbeitsplatz auftreten können und welche Maßnahmen zur Reduzierung oder Vermeidung der Gefährdungen durchzuführen sind. Der Arbeitgeber hat die Möglichkeit, seine Entscheidung zu begründen, weshalb er nur eine **vereinfachte Gefährdungsbeurteilung** durchgeführt hat. Das vereinfachte Verfahren wird zumeist bei Alltagsgegenständen (zB Handy, WLAN-Router) Anwendung finden. Ausreichend begründet ist ein vereinfachtes Verfahren dann, wenn gemäß der Herstellerangaben keine Gefährdung von dem entsprechenden Gerät ausgeht und der Arbeitgeber dies in die Dokumentation aufnimmt. Ermittelte Ergebnisse aus Messungen und Berechnungen hat der Arbeitgeber aufzubewahren. Eine spätere Einsichtnahme muss gewährleistet sein. Eine Frist nennt die EMFV nur für die Fälle, in denen die oberen Auslöseschwellen bei nichtthermischen oder thermischen Wirkungen nach den Anhängen 2 und 3 überschritten sind. Diese Ergebnisse sind **20 Jahre** aufzubewahren. Für alle anderen Situationen existiert keine Aufbewahrungsfrist.

V. Allgemeine Festlegungen

Die aus der Gefährdungsbeurteilung resultierenden **Schutzmaßnahmen** sind so umzu- 18 setzen, dass Gefährdungen der Beschäftigten ausgeschlossen oder verringert werden (§ 6 Abs. 1 EMFV). Gefährdungen durch elektromagnetische Felder sollen dabei nicht nur möglichst verhindert werden. Aus der Norm folgt ein striktes **Minimierungsgebot** (→ ArbSchG § 4 Rn. 6). Dieses Minimierungsgebot macht nicht an der Schwelle der Expositionsgrenzwerte halt, sondern ist auch bei einem Unterschreiten der Werte weiterhin anzuwenden. Dies gilt insbesondere auch deshalb, weil Langzeitwirkungen noch nicht ausreichend erforscht sind. Im Rahmen des Minimierungsgebotes muss der Arbeitgeber solche Verfahren oder Arbeitsmittel einsetzen, von denen keine oder nur eine geringe Exposition der Beschäftigten ausgeht. Ist dies nicht möglich, ist zu prüfen, ob andere, weniger gefährdende Arbeitsverfahren oder Einrichtungen verwendet werden können (**Substitutionsprüfung**). Werden die Beschäftigten dennoch nicht vernachlässigbaren Expositionen ausgesetzt, greift das **TOP Prinzip** ein, um eine sichere Arbeitsumgebung zu gewährleisten (→ ArbSchG § 4 Rn. 52 ff.). Demnach sind die vom Arbeitgeber getroffenen Maßnahmen in Rangfolge durchzuführen: (1) Maßnahmen an der Quelle, (2) technische Maßnahmen, (3) organisatorische Maßnahmen, (4) persönliche Schutzmaßnahmen. In § 6 Abs. 2 EMFV werden mögliche Maßnahmen konkretisiert.

---

38 AA Kreizberg in: EAS, Einzelrichtlinien zur Arbeitsschutzrichtlinie, Rn. 572, der diese Klarstellung für befremdlich hält. **39** BR-Drs. 469/16, 40.

Technische Maßnahmen setzen vorrangig an der Quelle an. Hier können beispielsweise Abschirmungen oder Verriegelungseinrichtungen eingesetzt werden. **Organisatorische Maßnahmen** umfassen angemessene Abgrenzungs- und Zugangskontrollmaßnahmen, die Kennzeichnung gefährdender Bereich sowie die Installation von Warnsignalen. Diese Maßnahmen sind durch eine entsprechende Unterweisung der Beschäftigten zu flankieren. **Persönliche Schutzmaßnahmen** stehen am Ende der Rangfolge, besitzen dennoch enorme Wichtigkeit, wenn andere Maßnahmen zu keinem ausreichenden Schutz führen. Diese individuellen Maßnahmen umfassen vor allem die konsequente Anwendung geeigneter persönlicher Schutzausrüstungen (PSA).

19 Eine **Kennzeichnungspflicht** trifft den Arbeitgeber für solche Arbeitsbereiche, in denen entweder die Auslöseschwellen für elektromagnetische Felder überschritten worden sind oder in denen Gefährdungen für besonders schutzbedürftige Beschäftigte auftreten können (§ 6 Abs. 3 EMFV). Eine Kennzeichnung kann durch Warn-, Hinweis- und Zusatzzeichen sowie Verbotszeichen und Warnleuchten erfolgen. In jedem Fall muss sie deutlich erkennbar und dauerhaft erfolgen. Ausnahmsweise entfällt die Kennzeichnungspflicht, wenn der Zugang zu den Arbeitsbereichen auf geeignete Art eingeschränkt ist und die Beschäftigten in geeigneter Weise unterwiesen wurden.[40]

20 Die Verordnung gestattet unter bestimmten Voraussetzungen das **Überschreiten der Expositionsgrenzwerte**. Der Expositionsgrenzwert für sensorische Wirkungen darf nur überschritten werden, wenn es sich um kurzfristige Einzelereignisse unter klar definierten Betriebsbedingungen handelt (§ 6 Abs. 4 EMFV). Besonderheiten gelten hinsichtlich der Arbeit mit medizinischen Anwendungen von Magnetresonanzverfahren. Die Expositionsgrenzwerte für gesundheitliche Wirkungen dürfen hierbei überschritten werden, vorausgesetzt es werden besondere Festlegungen nach § 18 EMFV getroffen. Damit wird Art. 10 Abs. 1 Buchst. a RL 2013/35/EU umgesetzt, der eine solche Ausnahme vorsieht. In der Vorgängerrichtlinie 2004/40/EG fehlte eine solche Ausnahme, weshalb es zu erheblicher Kritik[41] und schließlich zur Aufhebung dieser Richtlinie kam.

VI. Besondere Festlegungen

21 **1. Festlegungen im Einzelnen.** Die Exposition gegenüber statischen Magnetfeldern kann Übelkeit, Schwindel oder andere sensorische Wirkungen haben. Die EMFV legt für statische Magnetfelder 2 Expositionsgrenzwerte sowie eine untere und obere Auslöseschwellen fest. Für **sensorische Wirkungen** liegt der Expositionsgrenzwert bei 2 Tesla. Für **gesundheitliche Wirkungen** liegt der Expositionsgrenzwert bei 8 Tesla. Werden 2 Tesla im statischen Magnetfeld überschritten, hat der Arbeitgeber dafür zu sorgen, dass nur die Gliedmaßen der Beschäftigten der gefährdenden Exposition ausgesetzt sind. **Kopf und Rumpf** dürfen nicht von dieser Exposition betroffen sein. Ferner muss sichergestellt sein, dass die Überschreitung nur kurzzeitige Einzelereignisse unter definierten Betriebsbedingungen betrifft. Die Beschäftigten in diesem Bereich müssen **speziell eingewiesen und entsprechend geschult** worden sein. Dies betrifft vor allem kontrollierte Bewegungsabläufe. Der Expositionsgrenzwert von 8 Tesla darf nicht überschritten werden. Eine weitere Gefahr besteht durch Anlagen mit hohem statischen Magnetfeld (> 100 Millitesla), da in deren Streufeld eine Projektilwirkung ferromagnetischer Gegenstände auftreten kann (§ 8 EMFV). Abweichend von der RL 2013/35/EU, die nur eine Auslöseschwelle kennt, differenziert die EMFV zwischen einer unteren und einer oberen Auslöseschwelle, wobei die untere Auslöseschwelle der EMFV und die Auslöseschwelle der Richtlinie identisch sind. Damit soll aber keine Verschärfung der EU-Vorgaben bezweckt werden, sondern lediglich eine Erleichterung der Gefährdungsbeurteilung und daraus abgeleiteter Maßnahmen.[42] Bei Überschreiten dieser **unteren Auslöseschwelle** hat der Arbeitgeber die entsprechenden Bereiche zu kennzeichnen (→ Rn. 19). Wird die **obere Auslöseschwelle** überschritten, sind **weitere Maßnahmen** erforderlich, wie zB Verwendung von nicht-ferromagnetischen Arbeits-

---

40 BR-Drs. 469/16, 42. 41 3. Erwägungsgrund RL 2013/35/EU. 42 BR-Drs. 469/16, 43.

mitteln, Abschirmungen und Verriegelungen, Zugangskontrollen sowie Schulung von Mitarbeitern. Besonderheiten gelten ferner, wenn Beschäftigte implantierte aktive oder am Körper getragene **medizinische Geräte** besitzen. Wird die untere Auslöseschwelle überschritten, ist der Arbeitgeber zur Kennzeichnung der betroffenen Bereiche verpflichtet (§ 6 Abs. 3 EMFV). Bei Überschreiten der oberen Auslöseschwelle sind weitere Maßnahmen erforderlich (§ 9 EMFV).

Elektromagnetische Felder im Bereich 0–10 MHz werden als **niederfrequente Felder** 22 bezeichnet. Bei den Festlegungen wird zwischen elektrischen und magnetischen Feldern differenziert. Bei Überschreiten der **unteren Auslöseschwellen** für externe elektrische Felder hat der Arbeitgeber gemäß § 10 EMFV dafür zu sorgen, dass die Expositionsgrenzwerte der internen elektrischen Feldstärke für sensorische Wirkungen im Bereich bis 400 Hz eingehalten werden oder in der Gefährdungsbeurteilung entsprechende Maßnahmen zum Schutz der Beschäftigten festgelegt worden sind, mit denen konkrete Gefährdungen ausgeschlossen bzw. minimiert werden. Werden die **oberen Auslöseschwellen** für externe elektrische Felder überschritten, hat der Arbeitgeber zusätzliche Maßnahmen, insbesondere spezielle Unterweisungen, durchzuführen (§ 11 EMFV). Bei **magnetischen Feldern** im Frequenzbereich 0–10 MHz treffen den Arbeitgeber bei Überschreiten der unteren Auslöseschwellen Pflichten nach § 12 EMFV. Auch in diesem Fall können entweder die Expositionsgrenzwerte der internen elektrischen Feldstärke eingehalten oder besondere Maßnahmen entsprechend der Gefährdungsbeurteilung vorgenommen werden. Für **Kontaktströme bei berührendem Kontakt** gibt es nur einheitliche Auslöseschwellen. Hierbei ist nach den Vorgaben in § 13 EMFV darauf zu achten, dass nur **greifender Kontakt** hergestellt wird und der Expositionsgrenzwert für kontinuierliche Kontaktströme eingehalten wird. Darüber hinaus sind bei niederfrequenten Feldern **Expositionsgrenzwerte für sensorische Wirkungen** im Bereich bis 400 Hz zu beachten. Eine Überschreitung ist auf kurzzeitige Einzelereignisse zu begrenzen und die Expositionsgrenzwerte der internen elektrischen Feldstärke für gesundheitliche Wirkungen dürfen nicht überschritten werden.

Im **Hochfrequenzbereich** (100 kHz–300 GHz) kommt es vorrangig zu thermischen 23 Wirkungen von elektromagnetischen Feldern. Werden die **Auslöseschwellen** für elektromagnetische Felder im Frequenzbereich 100 kHz–300 GHz überschritten, muss der Arbeitgeber dafür sorgen, dass Expositionsgrenzwerte für gesundheitliche Wirkungen nicht überschritten werden (§ 15 EMFV). Für den Frequenzbereich 100 kHz–110 MHz gelten Auslöseschwellen für **stationäre Kontaktströme oder induzierte Ströme** durch die Gliedmaßen. Bei deren Überschreiten muss der Arbeitgeber sicherstellen, dass Expositionsgrenzwerte eingehalten werden und es zu keiner Gefährdung der Beschäftigten kommt (§ 16 EMFV). Eine besondere Regelung haben **gepulste elektromagnetische Felder** im Bereich 0,3–6 GHz erfahren (§ 17 EMFV). Eine besondere Auswirkung solcher Felder ist das sogenannte „**Mikrowellenhören**". Dabei nehmen die Betroffenen Geräusche (Klicken, Summen) wahr, die durch eine thermoelastische Wechselwirkung im Kopf entstehen. Dies kann zu Irritationen und damit zu Gefährdungen bei den Betroffenen führen.[43] Wird der entsprechende Expositionsgrenzwert überschritten, ist auf **alternative Arbeitsverfahren** auszuweichen. Sollten keine geeigneten Alternativen bestehen, hat der Arbeitgeber darauf zu achten, dass eine Überschreitung des Expositionsgrenzwertes auf kurzzeitige Einzelereignisse unter definierten Betriebsbedingungen beschränkt ist. Darüber hinaus dürfen die in § 15 EMFV in Bezug genommenen Expositionsgrenzwerte nicht überschritten werden.

Ein strittiger Punkt in der Richtlinie war der Umgang mit medizinischen **Anwendungen** 24 **von Magnetresonanzverfahren** (Magnetresonanztomographie, MRT). Hierbei handelt es sich um eine vor allem in der Medizin eingesetzte Technologie, bei der Patienten und Probanden absichtlich starken elektromagnetischen Feldern ausgesetzt werden, um detaillierte Bilder zu erhalten. In der EU werden geschätzt mehrere 10 Millionen Scans jährlich mittels MRT durchgeführt, so dass sich diese Technologie zu einem unverzichtbaren Instrument zur Diagnose und Behandlung von Erkrankungen entwickelt

---

43 BR-Drs. 469/16, 45.

hat.[44] Die EMFV trägt diesem Umstand Rechnung und enthält in § 18 EMFV, in Übereinstimmung mit Art. 10 der Richtlinie, **gelockerte Vorschriften** für solche Verfahren. So können unter besonderen Voraussetzungen die Expositionsgrenzwerte abweichend von den §§ 7–16 EMFV überschritten werden. Die vom Arbeitgeber zu berücksichtigenden Voraussetzungen sind in § 18 Nr. 1–7 EMFV festgelegt. Zu beachten ist, dass Patienten und Probanden nicht vom Schutzbereich der EMFV erfasst werden.

25 **2. Unterrichtung und Unterweisung.** Vergleichbar mit anderen Arbeitsschutzverordnungen geht auch die EMFV davon aus, dass die **Beschäftigten** als möglichst **selbstständige Akteure im Arbeitsschutz** agieren sollen (→ ArbSchG § 15–17 Rn. 1). Technische und organisatorische Maßnahmen des Arbeitgebers können nur dann ihre volle Wirkung entfalten, wenn die Gefährdungen durch die Beschäftigten gekannt und erkannt werden. In diesem Zusammenhang ist die Information der Beschäftigten über mögliche Gefährdungen von zentraler Bedeutung. Liegen Gefährdungen durch elektromagnetische Felder am Arbeitsplatz vor, ist der Arbeitgeber daher gemäß § 19 Abs. 1 EMFV zu einer **Unterweisung** der betroffenen Beschäftigten verpflichtet. Eine Gefährdung liegt vor, wenn die Expositionsgrenzwerte nach § 5 EMFV überschritten sind oder die Gesundheit oder Sicherheit der Beschäftigten durch indirekte Wirkungen elektromagnetischer Felder nicht gewährleistet werden kann. Die Unterweisung muss in **verständlicher Form und Sprache** erfolgen. Es ist auf die mit der Tätigkeit verbundenen Gefährdungen einzugehen bzw. auf die Ergebnisse und daraus abgeleiteten Maßnahmen der Gefährdungsbeurteilung. Die Unterweisung muss spezifische Informationen für besonders gefährdete Personen (→ Rn. 9) enthalten.

26 Die Unterweisung hat **vor Aufnahme der Tätigkeit** zu erfolgen. Sie ist in regelmäßigen Abständen zu **wiederholen**, mindestens jedoch einmal **jährlich**. Ändern sich in der Zwischenzeit die gefährdenden Tätigkeiten oder der Arbeitsplatz, so ist bei einer solchen Änderung eine Unterweisung unverzüglich durchzuführen. Diese Formulierung ist unglücklich gewählt. Um die Beschäftigten ausreichend zu schützen kann § 19 Abs. 1 S. 2 EMFV nur so gemeint sein, dass eine erneute Unterweisung vor Aufnahme der Tätigkeit im geänderten Arbeitsumfeld stattfinden muss. Ergänzend zur Unterweisung ist eine **arbeitsmedizinische Beratung** nach § 19 Abs. 2 EMFV sicherzustellen, wenn die Expositionsgrenzwerte überschritten werden können. Diese Beratung ist wichtig für Träger von Implantaten, vor allem Herzschrittmachern, weil hier spezifische Vorsichtsmaßnahmen geboten sein können.[45]

27 **3. Ausnahmen.** Die zuständige Behörde kann gemäß § 21 EMFV von den Festlegungen der §§ 6–17 EMFV begründete **Ausnahmen** erteilen, wenn die Durchführung einer Vorschrift im Einzelfall eine unbillige Härte darstellen würde und die Abweichung mit dem Schutz der Beschäftigten vereinbar ist. Spätestens nach 4 Jahren sind die Ausnahmen zu überprüfen. Die Ausnahmeregelung muss schriftlich oder elektronisch beantragt werden. Der Antrag muss ua eine Gefährdungsbeurteilung enthalten. Diese Ausnahmeregelung setzt Art. 10 Abs. 1 Buchst. b RL 2013/35/EU um. Da es sich um eine Ausnahmeregelung handelt, ist in jedem Fall eine **restriktive Auslegung** der Norm geboten.

VII. Rechtsdurchsetzung

28 Die Rechtsdurchsetzung der Regelungen der EMFV folgt dem im Arbeitsschutzrecht typischen Dreiklang der öffentlich-rechtlichen Überwachung und Anordnung, der kollektivvertraglichen Maßnahmen und individualvertraglichen Rechtsdurchsetzung.

29 Die **öffentlich-rechtliche Durchsetzung** der EMFV durch die zuständigen Behörden vollzieht sich durch Überwachung und Anordnung. Die Zuständigkeit ergibt sich aus § 21 ArbSchG, der die Überwachung des Arbeitsschutzes als staatliche Aufgabe definiert. Diese Fremdüberwachung darf aber nicht darüber hinwegtäuschen, dass der Arbeits- und Gesundheitsschutz vorrangig als eine **eigenverantwortliche Gestaltungsaufgabe** zu verstehen ist, die **kooperativ von den betrieblichen Akteuren** (Arbeitgeber, Be-

---

44 EU-Kommission, Leitfaden, Bd. 1, S. 167. **45** BR-Drs. 469/16, 45 f.

schäftigte, Betriebsrat sowie besondere Funktionsträger des Arbeitsschutzes) zu erfüllen ist.[46] Diese für das ArbSchG geltenden Grundsätze finden auch auf die EMFV Anwendung. Die darin enthaltenen Gestaltungsspielräume sind von den betrieblichen Akteuren im Rahmen ihrer Zuständigkeiten zu nutzen. Damit wird die Befugnis zum Erlass von **Anordnungen** nach § 22 ArbSchG durch die Aufsicht eingeschränkt, sie hat die Gestaltungsspielräume zu respektieren. Im Fokus der öffentlich-rechtlichen Überwachung stehen daher die Grundpflichten des Arbeitgebers nach § 3 EMFV. Die Aufsicht muss sicherstellen, dass die **Gefährdungsbeurteilung** durch fachkundige Personen durchgeführt wird und ausreichend dokumentiert ist. Hierzu kann die Behörde anordnen, dass die Gefährdungsbeurteilung sowie die Ergebnisse von Messungen und Berechnungen vorgelegt werden. Beim Erlass von Anordnungen stehen die offen formulierten Organisationspflichten der EMFV und der Bestimmtheitsgrundsatz des § 37 VwVfG in einem Spannungsverhältnis (→ ArbSchG § 22 Rn. 46). Vor allem Handlungen, die nach § 22 Abs. 1 EMFV bußgeldbewehrt sind, sind anordnungsfähig. Uneingeschränkt anordnungsfähig sind zudem Maßnahmen zur Gefahrenabwehr. Weiterhin unproblematisch, da bestimmt genug, sind Anordnungen zur **Einhaltung der Expositionsgrenzwerte und Auslöseschwellen** nach § 5 EMFV iVm den Anhängen 2 und 3. Verfahrenspflichten des Arbeitgebers, zB zur Durchführung einer Gefährdungsbeurteilung oder einer Unterweisung der Beschäftigten, sind ebenfalls bestimmt genug. Schwierigkeiten bereiten Maßnahmen, bei denen Gestaltungsspielräume eröffnet werden. Dies betrifft vor allem die Maßnahmen zur Vermeidung und Verringerung der Gefährdungen durch elektromagnetische Strahlung gemäß § 6 EMFV sowie die besonderen Festlegungen der §§ 7–18 EMFV. In vielen Fällen kann bereits die vor jeder Anordnung durchzuführende **Anhörung** von Arbeitgeber und Betriebsrat und die Nutzung eines Revisionsschreibens (→ ArbSchG § 22 Rn. 45) dazu führen, das Regelungsdefizit offenzulegen und den betrieblichen Akteuren eine Regelung nahezulegen.

Die Durchsetzung der Vorschriften der EMFV wird auf **kollektivrechtlicher Ebene** 30 durch die Mitwirkungsrechte des Betriebsrats nach § 87 **Abs. 1 Nr. 7 BetrVG** sichergestellt. Die Regelungen der EMFV dienen dem **Gesundheitsschutz**, bedürfen aber der betrieblichen Konkretisierung, weshalb der Anwendungsbereich für Mitbestimmungsrechte eröffnet ist. Auf eine Regelungsbereitschaft des Arbeitgebers kommt es nicht an, es handelt sich um ein erzwingbares Mitbestimmungsrecht des Betriebsrates. Sollte es zu keiner Regelung zwischen Betriebsrat und Arbeitgeber kommen, kann die Einigungsstelle eine Regelung treffen.[47] Denkbar ist auch die Erwirkung eines Beschlusses im arbeitsgerichtlichen Verfahren über das Bestehen eines Mitbestimmungsrechts. Regelungsgegenstand einer Betriebsvereinbarung sind grundlegende Sach-, Verfahrens- und Ordnungsvorschriften der EMFV. Hierzu gehören insbesondere die Organisation der **Gefährdungsbeurteilung** (§ 3 EMFV) und die **Unterweisung der Beschäftigten** (§ 19 EMFV). Auch die Nutzung einer Ausnahme nach § 21 EMFV (→ Rn. 27) unterliegt der Mitbestimmung.[48] Die konkrete Ausführung bestimmter Maßnahmen ist hingegen nicht Gegenstand der Mitbestimmung. Gegen einseitige Maßnahmen des Arbeitgebers, die vor Abschluss einer Vereinbarung vorgenommen werden, steht dem Betriebsrat der betriebsverfassungsrechtliche **Unterlassungsanspruch** zu (→ BetrVG § 87 Rn. 79 f.).

Die Durchsetzung der EMFV findet auch durch die **Beschäftigten** statt. Denkbar sind 31 Zurückbehaltungsrechte sowie Ansprüche auf Erfüllung, Unterlassung und Schadensersatz. Die in der EMFV definierten öffentlich-rechtlichen Pflichten des Arbeitgebers entfalten keine direkte Wirkung zwischen den Arbeitsvertragsparteien. Es ist jedoch allgemein anerkannt, dass die öffentlich-rechtlichen Pflichten des Arbeitgebers über das „Einfallstor"[49] des § 618 BGB auch als privatrechtliche Ansprüche der Arbeitnehmer verlangt werden können (→ BGB § 618 Rn. 9).[50] Eine derartige **Transformation** findet

---

46 Kollmer/Klindt/Schucht/Kohte ArbSchG § 3 Rn. 72. 47 Kollmer/Klindt/Schucht/Kohte ArbSchG § 3 Rn. 81. 48 Fitting BetrVG § 87 Rn. 278; GK-BetrVG/Wiese/Gutzeit BetrVG § 87 Rn. 606. 49 Kollmer/Klindt/Schucht/Kohte ArbSchG § 3 Rn. 83; Nebe in: FS Lörcher, 2013, S. 84, 90. 50 BAG 12.8.2008 – 9 AZR 1117/06, NZA 2009, 102 = AP Nr. 29 zu § 618 BGB mAnm Kohte.

sowohl für Maßnahmen zur unmittelbaren Gefahrenabwehr als auch für Maßnahmen zum vorgelagerten Gefährdungsschutz statt.[51] Hinsichtlich organisatorischer Fragen ist eine differenzierte Betrachtungsweise erforderlich. Verletzt der Arbeitgeber transformationsfähige Pflichten der EMFV, steht dem betroffenen Beschäftigten ein **Zurückbehaltungsrecht** gemäß § 273 BGB zu. Das Vorhandensein einer besonderen Gefahrenlage ist nicht erforderlich, tatbestandlich wird lediglich eine Pflichtverletzung des Arbeitgebers vorausgesetzt. Eingeschränkt wird diese Reaktionsmöglichkeit durch den Grundsatz von Treu und Glauben (§ 242 BGB) und das Übermaßverbot, wenn nur eine geringfügige Pflichtverletzung ohne Gefährdungspotential vorliegt. Darüber hinaus können Beschäftigte **Ansprüche auf Erfüllung** geltend machen. Denkbar sind hier die Erlangung bestimmter Informationen, die Durchführung der vorherigen Gefährdungsbeurteilung, einer Unterweisung oder Umsetzung arbeitsschutzrechtlicher Maßnahmen nach § 6–18 EMFV. Gemäß § 253 ZPO müssen darauf gerichtete Klagen hinreichend bestimmt sind. Dies ist bei Maßnahmen unproblematisch, die infolge einer Gefährdungsbeurteilung bereits festgelegt und dokumentiert, jedoch noch nicht umgesetzt sind. Schwieriger ist die Situation, wenn noch keine Maßnahmen geplant sind. Ansprüche auf Unterlassung setzen klar bestimmte Verbote voraus. So ist es dem Arbeitgeber nach Sinn und Zweck des § 3 EMFV verboten, Schutzmaßnahmen ohne eine zuvor durchgeführte und dokumentierte Gefährdungsbeurteilung umzusetzen. Schließlich können Beschäftigte auch **Schadensersatzansprüche** gegen den Arbeitgeber geltend machen. Hierbei ist jedoch der Ausschluss des § 104 SGB VII zu beachten. Bei Verletzung allgemeiner Organisationspflichten kommen Ansprüche nach § 280 BGB infrage. Auf deliktischer Ebene können solche Pflichtverletzungen Ansprüche nach § 823 Abs. 1 BGB auslösen. Für die Pflicht zur Durchführung einer Gefährdungsbeurteilung nach § 5 ArbSchG ist anerkannt, dass diese Norm ein Schutzgesetz iSv § 823 Abs. 2 BGB ist.[52] Es ist davon auszugehen, dass dies auch für § 3 EMFV gilt, so dass auch diese Anspruchsgrundlage herangezogen werden kann. In allen Fällen, in denen der Beschäftigte als Kläger auftritt, ist dieser grundsätzlich beweisbelastet. Dies kann zu kaum lösbaren Problemen führen und die individualrechtliche Rechtsdurchsetzung der Vorschriften der EMFV gefährden. Dem Beschäftigten können aber unter Umständen **Beweiserleichterungen** zugutekommen (→ BGB § 618 Rn. 55).[53]

---

[51] Kollmer/Klindt/Schucht/Kohte ArbSchG § 3 Rn. 83. [52] MüKoBGB/Henssler BGB § 618 Rn. 106; Münch/ArbR/Kohte § 291 Rn. 34. [53] Siehe hierzu Kollmer/Klindt/Schucht/Kohte ArbSchG § 3 Rn. 90.

›
Verordnung zum Schutz vor Gefahrstoffen (Gefahrstoffverordnung – GefStoffV)[1]

Vom 26. November 2010 (BGBl. I S. 1643, 1644)
(FNA 8053-6-34)
zuletzt geändert durch Art. 148 G zum Abbau verzichtbarer Anordnungen der Schriftform im Verwaltungsrecht des Bundes vom 29. März 2017 (BGBl. I S. 626)

Abschnitt 1 Zielsetzung, Anwendungsbereich und Begriffsbestimmungen

§ 1 GefStoffV Zielsetzung und Anwendungsbereich

(1) Ziel dieser Verordnung ist es, den Menschen und die Umwelt vor stoffbedingten Schädigungen zu schützen durch
1. Regelungen zur Einstufung, Kennzeichnung und Verpackung gefährlicher Stoffe und Gemische,
2. Maßnahmen zum Schutz der Beschäftigten und anderer Personen bei Tätigkeiten mit Gefahrstoffen und
3. Beschränkungen für das Herstellen und Verwenden bestimmter gefährlicher Stoffe, Gemische und Erzeugnisse.

(2) [1]Abschnitt 2 gilt für das Inverkehrbringen von
1. gefährlichen Stoffen und Gemischen,
2. bestimmten Stoffen, Gemischen und Erzeugnissen, die mit zusätzlichen Kennzeichnungen zu versehen sind, nach Maßgabe der Richtlinie 96/59/EG des Rates vom 16. September 1996 über die Beseitigung polychlorierter Biphenyle und polychlorierter Terphenyle (PCB/PCT) (ABl. L 243 vom 24.9.1996, S. 31), die durch die Verordnung (EG) Nr. 596/2009 (ABl. L 188 vom 18.7.2009, S. 14) geändert worden ist,
3. Biozid-Produkten im Sinne des § 3 Nummer 11 des Chemikaliengesetzes, die keine gefährlichen Stoffe oder Gemische sind, sowie
4. Biozid-Wirkstoffen im Sinne des § 3 Nummer 12 des Chemikaliengesetzes, die biologische Arbeitsstoffe im Sinne der Biostoffverordnung sind, und Biozid-Produkten im Sinne des § 3 Nummer 11 des Chemikaliengesetzes, die als Wirkstoffe solche biologischen Arbeitsstoffe enthalten.

[2]Abschnitt 2 gilt nicht für Lebensmittel oder Futtermittel in Form von Fertigerzeugnissen, die für den Endverbrauch bestimmt sind.

(3) [1]Die Abschnitte 3 bis 6 gelten für Tätigkeiten, bei denen Beschäftigte Gefährdungen ihrer Gesundheit und Sicherheit durch Stoffe, Gemische oder Erzeugnisse ausgesetzt sein können. [2]Sie gelten auch, wenn die Sicherheit und Gesundheit anderer Personen aufgrund von Tätigkeiten im Sinne von § 2 Absatz 5 gefährdet sein können, die durch Beschäftigte oder Unternehmer ohne Beschäftigte ausgeübt werden. [3]Die Sätze 1 und 2 finden auch Anwendung auf Tätigkeiten, die im Zusammenhang mit der Beförderung von Stoffen, Gemischen und Erzeugnissen ausgeübt werden. [4]Die Vorschriften des Gefahrgutbeförderungsgesetzes und der darauf gestützten Rechtsverordnungen bleiben unberührt.

(4) [1]Sofern nicht ausdrücklich etwas anderes bestimmt ist, gilt diese Verordnung nicht für
1. biologische Arbeitsstoffe im Sinne der Biostoffverordnung und
2. private Haushalte.

---
[1] Verkündet als Art. 1 VO v. 26.11.2010 (BGBl. I S. 1643); Inkrafttreten gem. Art. 6 Satz 1 dieser VO am 1.12.2010.

²Diese Verordnung gilt ferner nicht für Betriebe, die dem Bundesberggesetz unterliegen, soweit dort oder in Rechtsverordnungen, die auf Grund dieses Gesetzes erlassen worden sind, entsprechende Rechtsvorschriften bestehen.

§ 2 GefStoffV Begriffsbestimmungen

(1) Gefahrstoffe im Sinne dieser Verordnung sind
1. gefährliche Stoffe und Gemische nach § 3,
2. Stoffe, Gemische und Erzeugnisse, die explosionsfähig sind,
3. Stoffe, Gemische und Erzeugnisse, aus denen bei der Herstellung oder Verwendung Stoffe nach Nummer 1 oder Nummer 2 entstehen oder freigesetzt werden,
4. Stoffe und Gemische, die die Kriterien nach den Nummern 1 bis 3 nicht erfüllen, aber aufgrund ihrer physikalisch-chemischen, chemischen oder toxischen Eigenschaften und der Art und Weise, wie sie am Arbeitsplatz vorhanden sind oder verwendet werden, die Gesundheit und die Sicherheit der Beschäftigten gefährden können,
5. alle Stoffe, denen ein Arbeitsplatzgrenzwert zugewiesen worden ist.

(2) Für die Begriffe Stoff, Gemisch, Erzeugnis, Lieferant, nachgeschalteter Anwender und Hersteller gelten die Begriffsbestimmungen nach Artikel 2 der Verordnung (EG) Nr. 1272/2008 des Europäischen Parlaments und des Rates vom 16. Dezember 2008 über die Einstufung, Kennzeichnung und Verpackung von Stoffen und Gemischen, zur Änderung und Aufhebung der Richtlinien 67/548/EWG und 1999/45/EG und zur Änderung der Verordnung (EG) Nr. 1907/2006 (ABl. L 353 vom 31.12.2008, S. 1), die zuletzt durch die Verordnung (EU) 2015/1221 (ABl. L 197 vom 25.7.2015, S. 10) geändert worden ist.

(2 a) Umweltgefährlich sind, über die Gefahrenklasse gewässergefährdend nach der Verordnung (EG) Nr. 1272/2008 hinaus, Stoffe oder Gemische, wenn sie selbst oder ihre Umwandlungsprodukte geeignet sind, die Beschaffenheit von Naturhaushalt, Boden oder Luft, Klima, Tieren, Pflanzen oder Mikroorganismen derart zu verändern, dass dadurch sofort oder später Gefahren für die Umwelt herbeigeführt werden können.

(3) Krebserzeugend, keimzellmutagen oder reproduktionstoxisch sind
1. Stoffe, die in Anhang VI der Verordnung (EG) Nr. 1272/2008 in der jeweils geltenden Fassung als karzinogen, keimzellmutagen oder reproduktionstoxisch eingestuft sind,
2. Stoffe, welche die Kriterien für die Einstufung als karzinogen, keimzellmutagen oder reproduktionstoxisch nach Anhang I der Verordnung (EG) Nr. 1272/2008 in der jeweils geltenden Fassung erfüllen,
3. Gemische, die einen oder mehrere der in § 2 Absatz 3 Nummer 1 oder 2 genannten Stoffe enthalten, wenn die Konzentration dieses Stoffs oder dieser Stoffe die stoffspezifischen oder die allgemeinen Konzentrationsgrenzen nach der Verordnung (EG) Nr. 1272/2008 in der jeweils geltenden Fassung erreicht oder übersteigt, die für die Einstufung eines Gemischs als karzinogen, keimzellmutagen oder reproduktionstoxisch festgelegt sind,
4. Stoffe, Gemische oder Verfahren, die in den nach § 20 Absatz 4 bekannt gegebenen Regeln und Erkenntnissen als krebserzeugend, keimzellmutagen oder reproduktionstoxisch bezeichnet werden.

(4) Organische Peroxide im Sinne des § 11 Absatz 4 und des Anhangs III sind Stoffe, die sich vom Wasserstoffperoxid dadurch ableiten, dass ein oder beide Wasserstoffatome durch organische Gruppen ersetzt sind, sowie Gemische, die diese Stoffe enthalten.

(5) ¹Eine Tätigkeit ist jede Arbeit mit Stoffen, Gemischen oder Erzeugnissen, einschließlich Herstellung, Mischung, Ge- und Verbrauch, Lagerung, Aufbewahrung, Be- und Verarbeitung, Ab- und Umfüllung, Entfernung, Entsorgung und Vernichtung. ²Zu

den Tätigkeiten zählen auch das innerbetriebliche Befördern sowie Bedien- und Überwachungsarbeiten.

(6) ¹Lagern ist das Aufbewahren zur späteren Verwendung sowie zur Abgabe an andere. ²Es schließt die Bereitstellung zur Beförderung ein, wenn die Beförderung nicht innerhalb von 24 Stunden nach der Bereitstellung oder am darauffolgenden Werktag erfolgt. ³Ist dieser Werktag ein Samstag, so endet die Frist mit Ablauf des nächsten Werktags.

(7) Es stehen gleich
1. den Beschäftigten die in Heimarbeit beschäftigten Personen sowie Schülerinnen und Schüler, Studierende und sonstige, insbesondere an wissenschaftlichen Einrichtungen tätige Personen, die Tätigkeiten mit Gefahrstoffen ausüben; für Schülerinnen und Schüler und Studierende gelten jedoch nicht die Regelungen dieser Verordnung über die Beteiligung der Personalvertretungen,
2. dem Arbeitgeber der Unternehmer ohne Beschäftigte sowie der Auftraggeber und der Zwischenmeister im Sinne des Heimarbeitsgesetzes in der im Bundesgesetzblatt Teil III, Gliederungsnummer 804-1, veröffentlichten bereinigten Fassung, das zuletzt durch Artikel 225 der Verordnung vom 31. Oktober 2006 (BGBl. I S. 2407) geändert worden ist.

(8) ¹Der Arbeitsplatzgrenzwert ist der Grenzwert für die zeitlich gewichtete durchschnittliche Konzentration eines Stoffs in der Luft am Arbeitsplatz in Bezug auf einen gegebenen Referenzzeitraum. ²Er gibt an, bis zu welcher Konzentration eines Stoffs akute oder chronische schädliche Auswirkungen auf die Gesundheit von Beschäftigten im Allgemeinen nicht zu erwarten sind.

(9) ¹Der biologische Grenzwert ist der Grenzwert für die toxikologisch-arbeitsmedizinisch abgeleitete Konzentration eines Stoffs, seines Metaboliten oder eines Beanspruchungsindikators im entsprechenden biologischen Material. ²Er gibt an, bis zu welcher Konzentration die Gesundheit von Beschäftigten im Allgemeinen nicht beeinträchtigt wird.

(9 a) Physikalisch-chemische Einwirkungen umfassen Gefährdungen, die hervorgerufen werden können durch Tätigkeiten mit
1. Stoffen, Gemischen oder Erzeugnissen mit einer physikalischen Gefahr nach der Verordnung (EG) Nr. 1272/2008 oder
2. weiteren Gefahrstoffen, die nach der Verordnung (EG) Nr. 1272/2008 nicht mit einer physikalischen Gefahr eingestuft sind, die aber miteinander oder aufgrund anderer Wechselwirkungen so reagieren können, dass Brände oder Explosionen entstehen können.

(10) Ein explosionsfähiges Gemisch ist ein Gemisch aus brennbaren Gasen, Dämpfen, Nebeln oder aufgewirbelten Stäuben und Luft oder einem anderen Oxidationsmittel, das nach Wirksamwerden einer Zündquelle in einer sich selbsttätig fortpflanzenden Flammenausbreitung reagiert, sodass im Allgemeinen ein sprunghafter Temperatur- und Druckanstieg hervorgerufen wird.

(11) Chemisch instabile Gase, die auch ohne ein Oxidationsmittel nach Wirksamwerden einer Zündquelle in einer sich selbsttätig fortpflanzenden Flammenausbreitung reagieren können, sodass ein sprunghafter Temperatur- und Druckanstieg hervorgerufen wird, stehen explosionsfähigen Gemischen nach Absatz 10 gleich.

(12) Ein gefährliches explosionsfähiges Gemisch ist ein explosionsfähiges Gemisch, das in solcher Menge auftritt, dass besondere Schutzmaßnahmen für die Aufrechterhaltung der Gesundheit und Sicherheit der Beschäftigten oder anderer Personen erforderlich werden.

(13) Gefährliche explosionsfähige Atmosphäre ist ein gefährliches explosionsfähiges Gemisch mit Luft als Oxidationsmittel unter atmosphärischen Bedingungen (Umgebungstemperatur von –20 °C bis +60 °C und Druck von 0,8 Bar bis 1,1 Bar).

(14) Explosionsgefährdeter Bereich ist der Gefahrenbereich, in dem gefährliche explosionsfähige Atmosphäre auftreten kann.

(15) ¹Der Stand der Technik ist der Entwicklungsstand fortschrittlicher Verfahren, Einrichtungen oder Betriebsweisen, der die praktische Eignung einer Maßnahme zum Schutz der Gesundheit und zur Sicherheit der Beschäftigten gesichert erscheinen lässt. ²Bei der Bestimmung des Stands der Technik sind insbesondere vergleichbare Verfahren, Einrichtungen oder Betriebsweisen heranzuziehen, die mit Erfolg in der Praxis erprobt worden sind. ³Gleiches gilt für die Anforderungen an die Arbeitsmedizin und die Arbeitsplatzhygiene.

(16) ¹Fachkundig ist, wer zur Ausübung einer in dieser Verordnung bestimmten Aufgabe über die erforderlichen Fachkenntnisse verfügt. ²Die Anforderungen an die Fachkunde sind abhängig von der jeweiligen Art der Aufgabe. ³Zu den Anforderungen zählen eine entsprechende Berufsausbildung, Berufserfahrung oder eine zeitnah ausgeübte entsprechende berufliche Tätigkeit sowie die Teilnahme an spezifischen Fortbildungsmaßnahmen.

(17) ¹Sachkundig ist, wer seine bestehende Fachkunde durch Teilnahme an einem behördlich anerkannten Sachkundelehrgang erweitert hat. ²In Abhängigkeit vom Aufgabengebiet kann es zum Erwerb der Sachkunde auch erforderlich sein, den Lehrgang mit einer erfolgreichen Prüfung abzuschließen. ³Sachkundig ist ferner, wer über eine von der zuständigen Behörde als gleichwertig anerkannte oder in dieser Verordnung als gleichwertig bestimmte Qualifikation verfügt.

Abschnitt 2 Gefahrstoffinformation

§ 3 GefStoffV Gefahrenklassen

(1) Gefährlich im Sinne dieser Verordnung sind Stoffe, Gemische und bestimmte Erzeugnisse, die den in Anhang I der Verordnung (EG) Nr. 1272/2008 dargelegten Kriterien entsprechen.

(2) Die folgenden Gefahrenklassen geben die Art der Gefährdung wieder und werden unter Angabe der Nummerierung des Anhangs I der Verordnung (EG) Nr. 1272/2008 aufgelistet:

		Nummerierung nach Anhang I der Verordnung (EG) Nr. 1272/2008
1.	Physikalische Gefahren	2
a)	Explosive Stoffe/Gemische und Erzeugnisse mit Explosivstoff	2.1
b)	Entzündbare Gase	2.2
c)	Aerosole	2.3
d)	Oxidierende Gase	2.4
e)	Gase unter Druck	2.5
f)	Entzündbare Flüssigkeiten	2.6
g)	Entzündbare Feststoffe	2.7
h)	Selbstzersetzliche Stoffe und Gemische	2.8
i)	Pyrophore Flüssigkeiten	2.9
j)	Pyrophore Feststoffe	2.10
k)	Selbsterhitzungsfähige Stoffe und Gemische	2.11
l)	Stoffe und Gemische, die in Berührung mit Wasser entzündbare Gase entwickeln	2.12
m)	Oxidierende Flüssigkeiten	2.13
n)	Oxidierende Feststoffe	2.14
o)	Organische Peroxide	2.15
p)	Korrosiv gegenüber Metallen	2.16

		Nummerierung nach Anhang I der Verordnung (EG) Nr. 1272/2008
2.	Gesundheitsgefahren	3
a)	Akute Toxizität (oral, dermal und inhalativ)	3.1
b)	Ätz-/Reizwirkung auf die Haut	3.2
c)	Schwere Augenschädigung/Augenreizung	3.3
d)	Sensibilisierung der Atemwege oder der Haut	3.4
e)	Keimzellmutagenität	3.5
f)	Karzinogenität	3.6
g)	Reproduktionstoxizität	3.7
h)	Spezifische Zielorgan-Toxizität, einmalige Exposition (STOT SE)	3.8
i)	Spezifische Zielorgan-Toxizität, wiederholte Exposition (STOT RE)	3.9
j)	Aspirationsgefahr	3.10
3.	Umweltgefahren	4
	Gewässergefährdend (akut und langfristig)	4.1
4.	Weitere Gefahren	5
	Die Ozonschicht schädigend	5.1

§ 4 Einstufung, Kennzeichnung, Verpackung

(1) ¹Die Einstufung, Kennzeichnung und Verpackung von Stoffen und Gemischen sowie von Erzeugnissen mit Explosivstoff richten sich nach den Bestimmungen der Verordnung (EG) Nr. 1272/2008. ²Gemische, die bereits vor dem 1. Juni 2015 in Verkehr gebracht worden sind und die nach den Bestimmungen der Richtlinie 1999/45/EG gekennzeichnet und verpackt sind, müssen bis 31. Mai 2017 nicht nach der Verordnung (EG) Nr. 1272/2008 eingestuft, gekennzeichnet und verpackt werden.

(2) Bei der Einstufung von Stoffen und Gemischen sind die nach § 20 Absatz 4 bekannt gegebenen Regeln und Erkenntnisse zu beachten.

(3) Die Kennzeichnung von Stoffen und Gemischen, die in Deutschland in Verkehr gebracht werden, muss in deutscher Sprache erfolgen.

(4) Werden gefährliche Stoffe oder gefährliche Gemische unverpackt in Verkehr gebracht, sind jeder Liefereinheit geeignete Sicherheitsinformationen oder ein Sicherheitsdatenblatt in deutscher Sprache beizufügen.

(5) ¹Lieferanten eines Biozid-Produkts, für das ein Dritter der Zulassungsinhaber ist, haben über die in Absatz 1 erwähnten Kennzeichnungspflichten hinaus sicherzustellen, dass die vom Zulassungsinhaber nach Artikel 69 Absatz 2 Satz 2 der Verordnung (EU) Nr. 528/2012 anzubringende Zusatzkennzeichnung bei der Abgabe an Dritte erhalten oder neu angebracht ist. ²Biozid-Produkte, die aufgrund des § 28 Absatz 8 des Chemikaliengesetzes ohne Zulassung auf dem Markt bereitgestellt werden, sind zusätzlich zu der in Absatz 1 erwähnten Kennzeichnung entsprechend Artikel 69 Absatz 2 Satz 2 und 3 der Verordnung (EU) Nr. 528/2012 zu kennzeichnen, wobei die dort in Satz 2 Buchstabe c und d aufgeführten Angaben entfallen und die Angaben nach Satz 2 Buchstabe f und g auf die vorgesehenen Anwendungen zu beziehen sind.

(6) ¹Biozid-Wirkstoffe, die biologische Arbeitsstoffe nach § 2 Absatz 1 der Biostoffverordnung sind, sind zusätzlich nach § 3 der Biostoffverordnung einzustufen. ²Biozid-Wirkstoffe nach Satz 1 sowie Biozid-Produkte, bei denen der Wirkstoff ein biologischer Arbeitsstoff ist, sind zusätzlich mit den folgenden Elementen zu kennzeichnen:

1. Identität des Organismus nach Anhang II Titel 2 Nummer 2.1 und 2.2 der Verordnung (EU) Nr. 528/2012,

2. Einstufung der Mikroorganismen in Risikogruppen nach § 3 der Biostoffverordnung und
3. im Falle einer Einstufung in die Risikogruppe 2 und höher nach § 3 der Biostoffverordnung Hinzufügung des Symbols für Biogefährdung nach Anhang I der Biostoffverordnung.

(7) Dekontaminierte PCB-haltige Geräte im Sinne der Richtlinie 96/59/EG müssen nach dem Anhang dieser Richtlinie gekennzeichnet werden.

(8) Die Kennzeichnung bestimmter, beschränkter Stoffe, Gemische und Erzeugnisse richtet sich zusätzlich nach Artikel 67 in Verbindung mit Anhang XVII der Verordnung (EG) Nr. 1907/2006 in ihrer jeweils geltenden Fassung.

(9) Der Lieferant eines Gemischs oder eines Stoffs hat einem nachgeschalteten Anwender auf Anfrage unverzüglich alle Informationen zur Verfügung zu stellen, die dieser für eine ordnungsgemäße Einstufung neuer Gemische benötigt, wenn
1. der Informationsgehalt der Kennzeichnung oder des Sicherheitsdatenblatts des Gemischs oder
2. die Information über eine Verunreinigung oder Beimengung auf dem Kennzeichnungsetikett oder im Sicherheitsdatenblatt des Stoffs
dafür nicht ausreicht.

§ 5 GefStoffV Sicherheitsdatenblatt und sonstige Informationspflichten

(1) ¹Die vom Lieferanten hinsichtlich des Sicherheitsdatenblatts beim Inverkehrbringen von Stoffen und Gemischen zu beachtenden Anforderungen ergeben sich aus Artikel 31 in Verbindung mit Anhang II der Verordnung (EG) Nr. 1907/2006. ²Ist nach diesen Vorschriften die Übermittlung eines Sicherheitsdatenblatts nicht erforderlich, richten sich die Informationspflichten nach Artikel 32 der Verordnung (EG) Nr. 1907/2006.

(2) Bei den Angaben, die nach den Nummern 15 und 16 des Anhangs II der Verordnung (EG) Nr. 1907/2006 zu machen sind, sind insbesondere die nach § 20 Absatz 4 bekannt gegebenen Regeln und Erkenntnisse zu berücksichtigen, nach denen Stoffe oder Tätigkeiten als krebserzeugend, keimzellmutagen oder reproduktionstoxisch bezeichnet werden.

Abschnitt 3 Gefährdungsbeurteilung und Grundpflichten

§ 6 GefStoffV Informationsermittlung und Gefährdungsbeurteilung

(1) ¹Im Rahmen einer Gefährdungsbeurteilung als Bestandteil der Beurteilung der Arbeitsbedingungen nach § 5 des Arbeitsschutzgesetzes hat der Arbeitgeber festzustellen, ob die Beschäftigten Tätigkeiten mit Gefahrstoffen ausüben oder ob bei Tätigkeiten Gefahrstoffe entstehen oder freigesetzt werden können. ²Ist dies der Fall, so hat er alle hiervon ausgehenden Gefährdungen der Gesundheit und Sicherheit der Beschäftigten unter folgenden Gesichtspunkten zu beurteilen:
1. gefährliche Eigenschaften der Stoffe oder Gemische, einschließlich ihrer physikalisch-chemischen Wirkungen,
2. Informationen des Lieferanten zum Gesundheitsschutz und zur Sicherheit insbesondere im Sicherheitsdatenblatt,
3. Art und Ausmaß der Exposition unter Berücksichtigung aller Expositionswege; dabei sind die Ergebnisse der Messungen und Ermittlungen nach § 7 Absatz 8 zu berücksichtigen,
4. Möglichkeiten einer Substitution,
5. Arbeitsbedingungen und Verfahren, einschließlich der Arbeitsmittel und der Gefahrstoffmenge,
6. Arbeitsplatzgrenzwerte und biologische Grenzwerte,

7. Wirksamkeit der ergriffenen oder zu ergreifenden Schutzmaßnahmen,
8. Erkenntnisse aus arbeitsmedizinischen Vorsorgeuntersuchungen nach der Verordnung zur arbeitsmedizinischen Vorsorge.

(2) ¹Der Arbeitgeber hat sich die für die Gefährdungsbeurteilung notwendigen Informationen beim Lieferanten oder aus anderen, ihm mit zumutbarem Aufwand zugänglichen Quellen zu beschaffen. ²Insbesondere hat der Arbeitgeber die Informationen zu beachten, die ihm nach Titel IV der Verordnung (EG) Nr. 1907/2006 zur Verfügung gestellt werden; dazu gehören Sicherheitsdatenblätter und die Informationen zu Stoffen oder Gemischen, für die kein Sicherheitsdatenblatt zu erstellen ist. ³Sofern die Verordnung (EG) Nr. 1907/2006 keine Informationspflicht vorsieht, hat der Lieferant dem Arbeitgeber auf Anfrage die für die Gefährdungsbeurteilung notwendigen Informationen über die Gefahrstoffe zur Verfügung zu stellen.

(3) ¹Stoffe und Gemische, die nicht von einem Lieferanten nach § 4 Absatz 1 eingestuft und gekennzeichnet worden sind, beispielsweise innerbetrieblich hergestellte Stoffe oder Gemische, hat der Arbeitgeber selbst einzustufen. ²Zumindest aber hat er die von den Stoffen oder Gemischen ausgehenden Gefährdungen der Beschäftigten zu ermitteln; dies gilt auch für Gefahrstoffe nach § 2 Absatz 1 Nummer 4.

(4) ¹Der Arbeitgeber hat festzustellen, ob die verwendeten Stoffe, Gemische und Erzeugnisse bei Tätigkeiten, auch unter Berücksichtigung verwendeter Arbeitsmittel, Verfahren und der Arbeitsumgebung sowie ihrer möglichen Wechselwirkungen, zu Brand- oder Explosionsgefährdungen führen können. ²Dabei hat er zu beurteilen,

1. ob gefährliche Mengen oder Konzentrationen von Gefahrstoffen, die zu Brand- und Explosionsgefährdungen führen können, auftreten; dabei sind sowohl Stoffe und Gemische mit physikalischen Gefährdungen nach der Verordnung (EG) Nr. 1272/2008 wie auch andere Gefahrstoffe, die zu Brand- und Explosionsgefährdungen führen können, sowie Stoffe, die in gefährlicher Weise miteinander reagieren können, zu berücksichtigen,
2. ob Zündquellen oder Bedingungen, die Brände oder Explosionen auslösen können, vorhanden sind und
3. ob schädliche Auswirkungen von Bränden oder Explosionen auf die Gesundheit und Sicherheit der Beschäftigten möglich sind.

³Insbesondere hat er zu ermitteln, ob die Stoffe, Gemische und Erzeugnisse auf Grund ihrer Eigenschaften und der Art und Weise, wie sie am Arbeitsplatz vorhanden sind oder verwendet werden, explosionsfähige Gemische bilden können. ⁴Im Fall von nicht atmosphärischen Bedingungen sind auch die möglichen Veränderungen der für den Explosionsschutz relevanten sicherheitstechnischen Kenngrößen zu ermitteln und zu berücksichtigen.

(5) ¹Bei der Gefährdungsbeurteilung sind ferner Tätigkeiten zu berücksichtigen, bei denen auch nach Ausschöpfung sämtlicher technischer Schutzmaßnahmen die Möglichkeit einer Gefährdung besteht. ²Dies gilt insbesondere für Instandhaltungsarbeiten, einschließlich Wartungsarbeiten. ³Darüber hinaus sind auch andere Tätigkeiten wie Bedien- und Überwachungsarbeiten zu berücksichtigen, wenn diese zu einer Gefährdung von Beschäftigten durch Gefahrstoffe führen können.

(6) ¹Die mit den Tätigkeiten verbundenen inhalativen, dermalen und physikalisch-chemischen Gefährdungen sind unabhängig voneinander zu beurteilen und in der Gefährdungsbeurteilung zusammenzuführen. ²Treten bei einer Tätigkeit mehrere Gefahrstoffe gleichzeitig auf, sind Wechsel- oder Kombinationswirkungen der Gefahrstoffe, die Einfluss auf die Gesundheit und Sicherheit der Beschäftigten haben, bei der Gefährdungsbeurteilung zu berücksichtigen, soweit solche Wirkungen bekannt sind.

(7) Der Arbeitgeber kann bei der Festlegung der Schutzmaßnahmen eine Gefährdungsbeurteilung übernehmen, die ihm der Lieferant mitgeliefert hat, sofern die Angaben und Festlegungen in dieser Gefährdungsbeurteilung den Arbeitsbedingungen und Verfahren, einschließlich der Arbeitsmittel und der Gefahrstoffmenge, im eigenen Betrieb entsprechen.

(8) ¹Der Arbeitgeber hat die Gefährdungsbeurteilung unabhängig von der Zahl der Beschäftigten erstmals vor Aufnahme der Tätigkeit zu dokumentieren. ²Dabei ist Folgendes anzugeben:
1. die Gefährdungen bei Tätigkeiten mit Gefahrstoffen,
2. das Ergebnis der Prüfung auf Möglichkeiten einer Substitution nach Absatz 1 Satz 2 Nummer 4,
3. eine Begründung für einen Verzicht auf eine technisch mögliche Substitution, sofern Schutzmaßnahmen nach § 9 oder § 10 zu ergreifen sind,
4. die durchzuführenden Schutzmaßnahmen einschließlich derer,
    a) die wegen der Überschreitung eines Arbeitsplatzgrenzwerts zusätzlich ergriffen wurden sowie der geplanten Schutzmaßnahmen, die zukünftig ergriffen werden sollen, um den Arbeitsplatzgrenzwert einzuhalten,
    b) die unter Berücksichtigung eines Beurteilungsmaßstabs für krebserzeugende Gefahrstoffe, der nach § 20 Absatz 4 bekannt gegeben worden ist, zusätzlich getroffen worden sind oder zukünftig getroffen werden sollen (Maßnahmenplan),
5. eine Begründung, wenn von den nach § 20 Absatz 4 bekannt gegebenen Regeln und Erkenntnissen abgewichen wird, und
6. die Ermittlungsergebnisse, die belegen, dass der Arbeitsplatzgrenzwert eingehalten wird oder, bei Stoffen ohne Arbeitsplatzgrenzwert, die ergriffenen technischen Schutzmaßnahmen wirksam sind.

³Im Rahmen der Dokumentation der Gefährdungsbeurteilung können auch vorhandene Gefährdungsbeurteilungen, Dokumente oder andere gleichwertige Berichte verwendet werden, die auf Grund von Verpflichtungen nach anderen Rechtsvorschriften erstellt worden sind.

(9) ¹Bei der Dokumentation nach Absatz 8 hat der Arbeitgeber in Abhängigkeit der Feststellungen nach Absatz 4 die Gefährdungen durch gefährliche explosionsfähige Gemische besonders auszuweisen (Explosionsschutzdokument). ²Daraus muss insbesondere hervorgehen,
1. dass die Explosionsgefährdungen ermittelt und einer Bewertung unterzogen worden sind,
2. dass angemessene Vorkehrungen getroffen werden, um die Ziele des Explosionsschutzes zu erreichen (Darlegung eines Explosionsschutzkonzeptes),
3. ob und welche Bereiche entsprechend Anhang I Nummer 1.7 in Zonen eingeteilt wurden,
4. für welche Bereiche Explosionsschutzmaßnahmen nach § 11 und Anhang I Nummer 1 getroffen wurden,
5. wie die Vorgaben nach § 15 umgesetzt werden und
6. welche Überprüfungen nach § 7 Absatz 7 und welche Prüfungen zum Explosionsschutz nach Anhang 2 Abschnitt 3 der Betriebssicherheitsverordnung durchzuführen sind.

(10) ¹Bei Tätigkeiten mit geringer Gefährdung nach Absatz 13 kann auf eine detaillierte Dokumentation verzichtet werden. ²Falls in anderen Fällen auf eine detaillierte Dokumentation verzichtet wird, ist dies nachvollziehbar zu begründen. ³Die Gefährdungsbeurteilung ist regelmäßig zu überprüfen und bei Bedarf zu aktualisieren. ⁴Sie ist umgehend zu aktualisieren, wenn maßgebliche Veränderungen oder neue Informationen dies erfordern oder wenn sich eine Aktualisierung auf Grund der Ergebnisse der arbeitsmedizinischen Vorsorge nach der Verordnung zur arbeitsmedizinischen Vorsorge als notwendig erweist.

(11) ¹Die Gefährdungsbeurteilung darf nur von fachkundigen Personen durchgeführt werden. ²Verfügt der Arbeitgeber nicht selbst über die entsprechenden Kenntnisse, so hat er sich fachkundig beraten zu lassen. ³Fachkundig können insbesondere die Fachkraft für Arbeitssicherheit und die Betriebsärztin oder der Betriebsarzt sein.

(12) ¹Der Arbeitgeber hat nach Satz 2 ein Verzeichnis der im Betrieb verwendeten Gefahrstoffe zu führen, in dem auf die entsprechenden Sicherheitsdatenblätter verwiesen wird. ²Das Verzeichnis muss mindestens folgende Angaben enthalten:
1. Bezeichnung des Gefahrstoffs,
2. Einstufung des Gefahrstoffs oder Angaben zu den gefährlichen Eigenschaften,
3. Angaben zu den im Betrieb verwendeten Mengenbereichen,
4. Bezeichnung der Arbeitsbereiche, in denen Beschäftigte dem Gefahrstoff ausgesetzt sein können.

³Die Sätze 1 und 2 gelten nicht, wenn nur Tätigkeiten mit geringer Gefährdung nach Absatz 13 ausgeübt werden. ⁴Die Angaben nach Satz 2 Nummer 1, 2 und 4 müssen allen betroffenen Beschäftigten und ihrer Vertretung zugänglich sein.

(13) Ergibt sich aus der Gefährdungsbeurteilung für bestimmte Tätigkeiten auf Grund
1. der gefährlichen Eigenschaften des Gefahrstoffs,
2. einer geringen verwendeten Stoffmenge,
3. einer nach Höhe und Dauer niedrigen Exposition und
4. der Arbeitsbedingungen

insgesamt eine nur geringe Gefährdung der Beschäftigten und reichen die nach § 8 zu ergreifenden Maßnahmen zum Schutz der Beschäftigten aus, so müssen keine weiteren Maßnahmen des Abschnitts 4 ergriffen werden.

(14) ¹Liegen für Stoffe oder Gemische keine Prüfdaten oder entsprechende aussagekräftige Informationen zur akut toxischen, reizenden, hautsensibilisierenden oder keimzellmutagenen Wirkung oder zur spezifischen Zielorgan-Toxizität bei wiederholter Exposition vor, sind die Stoffe oder Gemische bei der Gefährdungsbeurteilung wie Stoffe der Gefahrenklasse Akute Toxizität (oral, dermal und inhalativ) Kategorie 3, Ätz-/Reizwirkung auf die Haut Kategorie 2, Sensibilisierung der Haut Kategorie 1, Keimzellmutagenität Kategorie 2 oder Spezifische Zielorgan-Toxizität, wiederholte Exposition (STOT RE) Kategorie 2 zu behandeln. ²Hinsichtlich der Spezifizierung der anzuwendenden Einstufungskategorien sind die entsprechenden nach § 20 Absatz 4 Nummer 1 bekannt gegebenen Regeln und Erkenntnisse zu berücksichtigen.

§ 7 GefStoffV Grundpflichten

(1) Der Arbeitgeber darf eine Tätigkeit mit Gefahrstoffen erst aufnehmen lassen, nachdem eine Gefährdungsbeurteilung nach § 6 durchgeführt und die erforderlichen Schutzmaßnahmen nach Abschnitt 4 ergriffen worden sind.

(2) ¹Um die Gesundheit und die Sicherheit der Beschäftigten bei allen Tätigkeiten mit Gefahrstoffen zu gewährleisten, hat der Arbeitgeber die erforderlichen Maßnahmen nach dem Arbeitsschutzgesetz und zusätzlich die nach dieser Verordnung erforderlichen Maßnahmen zu ergreifen. ²Dabei hat er die nach § 20 Absatz 4 bekannt gegebenen Regeln und Erkenntnisse zu berücksichtigen. ³Bei Einhaltung dieser Regeln und Erkenntnisse ist in der Regel davon auszugehen, dass die Anforderungen dieser Verordnung erfüllt sind. ⁴Von diesen Regeln und Erkenntnissen kann abgewichen werden, wenn durch andere Maßnahmen zumindest in vergleichbarer Weise der Schutz der Gesundheit und die Sicherheit der Beschäftigten gewährleistet werden.

(3) ¹Der Arbeitgeber hat auf der Grundlage des Ergebnisses der Substitutionsprüfung nach § 6 Absatz 1 Satz 2 Nummer 4 vorrangig eine Substitution durchzuführen. ²Er hat Gefahrstoffe oder Verfahren durch Stoffe, Gemische oder Erzeugnisse oder Verfahren zu ersetzen, die unter den jeweiligen Verwendungsbedingungen für die Gesundheit und Sicherheit der Beschäftigten nicht oder weniger gefährlich sind.

(4) ¹Der Arbeitgeber hat Gefährdungen der Gesundheit und der Sicherheit der Beschäftigten bei Tätigkeiten mit Gefahrstoffen auszuschließen. ²Ist dies nicht möglich, hat er sie auf ein Minimum zu reduzieren. ³Diesen Geboten hat der Arbeitgeber durch die Festlegung und Anwendung geeigneter Schutzmaßnahmen Rechnung zu tragen. ⁴Dabei hat er folgende Rangfolge zu beachten:

1. Gestaltung geeigneter Verfahren und technischer Steuerungseinrichtungen von Verfahren, den Einsatz emissionsfreier oder emissionsarmer Verwendungsformen sowie Verwendung geeigneter Arbeitsmittel und Materialien nach dem Stand der Technik,
2. Anwendung kollektiver Schutzmaßnahmen technischer Art an der Gefahrenquelle, wie angemessene Be- und Entlüftung, und Anwendung geeigneter organisatorischer Maßnahmen,
3. sofern eine Gefährdung nicht durch Maßnahmen nach den Nummern 1 und 2 verhütet werden kann, Anwendung von individuellen Schutzmaßnahmen, die auch die Bereitstellung und Verwendung von persönlicher Schutzausrüstung umfassen.

(5) ¹Beschäftigte müssen die bereitgestellte persönliche Schutzausrüstung verwenden, solange eine Gefährdung besteht. ²Die Verwendung von belastender persönlicher Schutzausrüstung darf keine Dauermaßnahme sein. ³Sie ist für jeden Beschäftigten auf das unbedingt erforderliche Minimum zu beschränken.

(6) Der Arbeitgeber stellt sicher, dass
1. die persönliche Schutzausrüstung an einem dafür vorgesehenen Ort sachgerecht aufbewahrt wird,
2. die persönliche Schutzausrüstung vor Gebrauch geprüft und nach Gebrauch gereinigt wird und
3. schadhafte persönliche Schutzausrüstung vor erneutem Gebrauch ausgebessert oder ausgetauscht wird.

(7) ¹Der Arbeitgeber hat die Funktion und die Wirksamkeit der technischen Schutzmaßnahmen regelmäßig, mindestens jedoch jedes dritte Jahr, zu überprüfen. ²Das Ergebnis der Prüfungen ist aufzuzeichnen und vorzugsweise zusammen mit der Dokumentation nach § 6 Absatz 8 aufzubewahren.

(8) ¹Der Arbeitgeber stellt sicher, dass die Arbeitsplatzgrenzwerte eingehalten werden. ²Er hat die Einhaltung durch Arbeitsplatzmessungen oder durch andere geeignete Methoden zur Ermittlung der Exposition zu überprüfen. ³Ermittlungen sind auch durchzuführen, wenn sich die Bedingungen ändern, welche die Exposition der Beschäftigten beeinflussen können. ⁴Die Ermittlungsergebnisse sind aufzuzeichnen, aufzubewahren und den Beschäftigten und ihrer Vertretung zugänglich zu machen. ⁵Werden Tätigkeiten entsprechend einem verfahrens- und stoffspezifischen Kriterium ausgeübt, das nach § 20 Absatz 4 bekannt gegebenen worden ist, kann der Arbeitgeber in der Regel davon ausgehen, dass die Arbeitsplatzgrenzwerte eingehalten werden; in diesem Fall findet Satz 2 keine Anwendung.

(9) Sofern Tätigkeiten mit Gefahrstoffen ausgeübt werden, für die kein Arbeitsplatzgrenzwert vorliegt, hat der Arbeitgeber regelmäßig die Wirksamkeit der ergriffenen technischen Schutzmaßnahmen durch geeignete Ermittlungsmethoden zu überprüfen, zu denen auch Arbeitsplatzmessungen gehören können.

(10) ¹Wer Arbeitsplatzmessungen von Gefahrstoffen durchführt, muss fachkundig sein und über die erforderlichen Einrichtungen verfügen. ²Wenn ein Arbeitgeber eine für Messungen von Gefahrstoffen an Arbeitsplätzen akkreditierte Messstelle beauftragt, kann der Arbeitgeber in der Regel davon ausgehen, dass die von dieser Messstelle gewonnenen Erkenntnisse zutreffend sind.

(11) Der Arbeitgeber hat bei allen Ermittlungen und Messungen die nach § 20 Absatz 4 bekannt gegebenen Verfahren, Messregeln und Grenzwerte zu berücksichtigen, bei denen die entsprechenden Bestimmungen der folgenden Richtlinien berücksichtigt worden sind:
1. der Richtlinie 98/24/EG des Rates vom 7. April 1998 zum Schutz von Gesundheit und Sicherheit der Arbeitnehmer vor der Gefährdung durch chemische Arbeitsstoffe bei der Arbeit (vierzehnte Einzelrichtlinie im Sinne des Artikels 16 Absatz 1 Richtlinie 89/391/EWG) (ABl. L 131 vom 5.5.1998, S. 11), die zuletzt durch die Richtlinie 2014/27/EU (ABl. L 65 vom 5.3.2014, S. 1) geändert worden ist, ein-

schließlich der Richtlinien über Arbeitsplatzgrenzwerte, die nach Artikel 3 Absatz 2 der Richtlinie 98/24/EG erlassen wurden,
2. der Richtlinie 2004/37/EG des Europäischen Parlaments und des Rates vom 29. April 2004 über den Schutz der Arbeitnehmer gegen Gefährdung durch Karzinogene oder Mutagene bei der Arbeit (Sechste Einzelrichtlinie im Sinne von Artikel 16 Absatz 1 der Richtlinie 89/391/EWG des Rates) (kodifizierte Fassung) (ABl. L 158 vom 30.4.2004, S. 50, L 229 vom 29.6.2004, S. 23, L 204 vom 4.8.2007, S. 28), die zuletzt durch die Richtlinie 2014/27/EU geändert worden ist, sowie
3. der Richtlinie 2009/148/EG des Europäischen Parlaments und des Rates vom 30. November 2009 über den Schutz der Arbeitnehmer gegen Gefährdung durch Asbest am Arbeitsplatz (ABl. L 330 vom 16.12.2009, S. 28).

Abschnitt 4 Schutzmaßnahmen

§ 8 GefStoffV Allgemeine Schutzmaßnahmen

(1) Der Arbeitgeber hat bei Tätigkeiten mit Gefahrstoffen die folgenden Schutzmaßnahmen zu ergreifen:
1. geeignete Gestaltung des Arbeitsplatzes und geeignete Arbeitsorganisation,
2. Bereitstellung geeigneter Arbeitsmittel für Tätigkeiten mit Gefahrstoffen und geeignete Wartungsverfahren zur Gewährleistung der Gesundheit und Sicherheit der Beschäftigten bei der Arbeit,
3. Begrenzung der Anzahl der Beschäftigten, die Gefahrstoffen ausgesetzt sind oder ausgesetzt sein können,
4. Begrenzung der Dauer und der Höhe der Exposition,
5. angemessene Hygienemaßnahmen, insbesondere zur Vermeidung von Kontaminationen, und die regelmäßige Reinigung des Arbeitsplatzes,
6. Begrenzung der am Arbeitsplatz vorhandenen Gefahrstoffe auf die Menge, die für den Fortgang der Tätigkeiten erforderlich ist,
7. geeignete Arbeitsmethoden und Verfahren, welche die Gesundheit und Sicherheit der Beschäftigten nicht beeinträchtigen oder die Gefährdung so gering wie möglich halten, einschließlich Vorkehrungen für die sichere Handhabung, Lagerung und Beförderung von Gefahrstoffen und von Abfällen, die Gefahrstoffe enthalten, am Arbeitsplatz.

(2) ¹Der Arbeitgeber hat sicherzustellen, dass
1. alle verwendeten Stoffe und Gemische identifizierbar sind,
2. gefährliche Stoffe und Gemische innerbetrieblich mit einer Kennzeichnung versehen sind, die ausreichende Informationen über die Einstufung, über die Gefahren bei der Handhabung und über die zu beachtenden Sicherheitsmaßnahmen enthält; vorzugsweise ist eine Kennzeichnung zu wählen, die der Verordnung (EG) Nr. 1272/2008 entspricht,
3. Apparaturen und Rohrleitungen so gekennzeichnet sind, dass mindestens die enthaltenen Gefahrstoffe sowie die davon ausgehenden Gefahren eindeutig identifizierbar sind.

²Kennzeichnungspflichten nach anderen Rechtsvorschriften bleiben unberührt. ³Solange der Arbeitgeber den Verpflichtungen nach Satz 1 nicht nachgekommen ist, darf er Tätigkeiten mit den dort genannten Stoffen und Gemischen nicht ausüben lassen. ⁴Satz 1 Nummer 2 gilt nicht für Stoffe, die für Forschungs- und Entwicklungszwecke oder für wissenschaftliche Lehrzwecke neu hergestellt worden sind und noch nicht geprüft werden konnten. ⁵Eine Exposition der Beschäftigten bei Tätigkeiten mit diesen Stoffen ist zu vermeiden.

(3) ¹Der Arbeitgeber hat gemäß den Ergebnissen der Gefährdungsbeurteilung nach § 6 sicherzustellen, dass die Beschäftigten in Arbeitsbereichen, in denen sie Gefahrstoffen

ausgesetzt sein können, keine Nahrungs- oder Genussmittel zu sich nehmen. ²Der Arbeitgeber hat hierfür vor Aufnahme der Tätigkeiten geeignete Bereiche einzurichten.

(4) Der Arbeitgeber hat sicherzustellen, dass durch Verwendung verschließbarer Behälter eine sichere Lagerung, Handhabung und Beförderung von Gefahrstoffen auch bei der Abfallentsorgung gewährleistet ist.

(5) ¹Der Arbeitgeber hat sicherzustellen, dass Gefahrstoffe so aufbewahrt oder gelagert werden, dass sie weder die menschliche Gesundheit noch die Umwelt gefährden. ²Er hat dabei wirksame Vorkehrungen zu treffen, um Missbrauch oder Fehlgebrauch zu verhindern. ³Insbesondere dürfen Gefahrstoffe nicht in solchen Behältern aufbewahrt oder gelagert werden, durch deren Form oder Bezeichnung der Inhalt mit Lebensmitteln verwechselt werden kann. ⁴Sie dürfen nur übersichtlich geordnet und nicht in unmittelbarer Nähe von Arznei-, Lebens- oder Futtermitteln, einschließlich deren Zusatzstoffe, aufbewahrt oder gelagert werden. ⁵Bei der Aufbewahrung zur Abgabe oder zur sofortigen Verwendung muss eine Kennzeichnung nach Absatz 2 deutlich sichtbar und lesbar angebracht sein.

(6) Der Arbeitgeber hat sicherzustellen, dass Gefahrstoffe, die nicht mehr benötigt werden, und entleerte Behälter, die noch Reste von Gefahrstoffen enthalten können, sicher gehandhabt, vom Arbeitsplatz entfernt und sachgerecht gelagert oder entsorgt werden.

(7) ¹Der Arbeitgeber hat sicherzustellen, dass Stoffe und Gemische, die als akut toxisch Kategorie 1, 2 oder 3, spezifisch zielorgantoxisch Kategorie 1, krebserzeugend Kategorie 1A oder 1B oder keimzellmutagen Kategorie 1A oder 1B eingestuft sind, unter Verschluss oder so aufbewahrt oder gelagert werden, dass nur fachkundige und zuverlässige Personen Zugang haben. ²Tätigkeiten mit diesen Stoffen und Gemischen dürfen nur von fachkundigen oder besonders unterwiesenen Personen ausgeführt werden. ³Satz 2 gilt auch für Tätigkeiten mit Stoffen und Gemischen, die als reproduktionstoxisch Kategorie 1A oder 1B oder als atemwegssensibilisierend eingestuft sind. ⁴Die Sätze 1 und 2 gelten nicht für Kraftstoffe an Tankstellen oder sonstigen Betankungseinrichtungen sowie für Stoffe und Gemische, die als akut toxisch Kategorie 3 eingestuft sind, sofern diese vormals nach der Richtlinie 67/548/EWG oder der Richtlinie 1999/45/EG als gesundheitsschädlich bewertet wurden. ⁵Hinsichtlich der Bewertung als gesundheitsschädlich sind die entsprechenden nach § 20 Absatz 4 Nummer 1 bekannt gegebenen Regeln und Erkenntnisse zu berücksichtigen.

(8) Der Arbeitgeber hat bei Tätigkeiten mit Gefahrstoffen nach Anhang I Nummer 2 bis 5 sowohl die §§ 6 bis 18 als auch die betreffenden Vorschriften des Anhangs I Nummer 2 bis 5 zu beachten.

§ 9 GefStoffV Zusätzliche Schutzmaßnahmen

(1) ¹Sind die allgemeinen Schutzmaßnahmen nach § 8 nicht ausreichend, um Gefährdungen durch Einatmen, Aufnahme über die Haut oder Verschlucken entgegenzuwirken, hat der Arbeitgeber zusätzlich diejenigen Maßnahmen nach den Absätzen 2 bis 7 zu ergreifen, die auf Grund der Gefährdungsbeurteilung nach § 6 erforderlich sind. ²Dies gilt insbesondere, wenn

1. Arbeitsplatzgrenzwerte oder biologische Grenzwerte überschritten werden,
2. bei hautresorptiven oder haut- oder augenschädigenden Gefahrstoffen eine Gefährdung durch Haut- oder Augenkontakt besteht oder
3. bei Gefahrstoffen ohne Arbeitsplatzgrenzwert und ohne biologischen Grenzwert eine Gefährdung aufgrund der ihnen zugeordneten Gefahrenklasse nach § 3 und der inhalativen Exposition angenommen werden kann.

(2) ¹Der Arbeitgeber hat sicherzustellen, dass Gefahrstoffe in einem geschlossenen System hergestellt und verwendet werden, wenn

1. die Substitution der Gefahrstoffe nach § 7 Absatz 3 durch solche Stoffe, Gemische, Erzeugnisse oder Verfahren, die bei ihrer Verwendung nicht oder weniger gefährlich für die Gesundheit und Sicherheit sind, technisch nicht möglich ist und

2. eine erhöhte Gefährdung der Beschäftigten durch inhalative Exposition gegenüber diesen Gefahrstoffen besteht.

²Ist die Anwendung eines geschlossenen Systems technisch nicht möglich, so hat der Arbeitgeber dafür zu sorgen, dass die Exposition der Beschäftigten nach dem Stand der Technik und unter Beachtung von § 7 Absatz 4 so weit wie möglich verringert wird.

(3) ¹Bei Überschreitung eines Arbeitsplatzgrenzwerts muss der Arbeitgeber unverzüglich die Gefährdungsbeurteilung nach § 6 erneut durchführen und geeignete zusätzliche Schutzmaßnahmen ergreifen, um den Arbeitsplatzgrenzwert einzuhalten. ²Wird trotz Ausschöpfung aller technischen und organisatorischen Schutzmaßnahmen der Arbeitsplatzgrenzwert nicht eingehalten, hat der Arbeitgeber unverzüglich persönliche Schutzausrüstung bereitzustellen. ³Dies gilt insbesondere für Abbruch-, Sanierungs- und Instandhaltungsarbeiten.

(4) Besteht trotz Ausschöpfung aller technischen und organisatorischen Schutzmaßnahmen bei hautresorptiven, haut- oder augenschädigenden Gefahrstoffen eine Gefährdung durch Haut- oder Augenkontakt, hat der Arbeitgeber unverzüglich persönliche Schutzausrüstung bereitzustellen.

(5) ¹Der Arbeitgeber hat getrennte Aufbewahrungsmöglichkeiten für die Arbeits- oder Schutzkleidung einerseits und die Straßenkleidung andererseits zur Verfügung zu stellen. ²Der Arbeitgeber hat die durch Gefahrstoffe verunreinigte Arbeitskleidung zu reinigen.

(6) Der Arbeitgeber hat geeignete Maßnahmen zu ergreifen, die gewährleisten, dass Arbeitsbereiche, in denen eine erhöhte Gefährdung der Beschäftigten besteht, nur den Beschäftigten zugänglich sind, die sie zur Ausübung ihrer Arbeit oder zur Durchführung bestimmter Aufgaben betreten müssen.

(7) ¹Wenn Tätigkeiten mit Gefahrstoffen von einer oder einem Beschäftigten allein ausgeübt werden, hat der Arbeitgeber zusätzliche Schutzmaßnahmen zu ergreifen oder eine angemessene Aufsicht zu gewährleisten. ²Dies kann auch durch den Einsatz technischer Mittel sichergestellt werden.

§ 10 GefStoffV Besondere Schutzmaßnahmen bei Tätigkeiten mit krebserzeugenden, keimzellmutagenen und reproduktionstoxischen Gefahrstoffen der Kategorie 1A und 1B

(1) ¹Bei Tätigkeiten mit krebserzeugenden Gefahrstoffen der Kategorie 1A oder 1B, für die kein Arbeitsplatzgrenzwert nach § 20 Absatz 4 bekannt gegeben worden ist, hat der Arbeitgeber ein geeignetes, risikobezogenes Maßnahmenkonzept anzuwenden, um das Minimierungsgebot nach § 7 Absatz 4 umzusetzen. ²Hierbei sind die nach § 20 Absatz 4 bekannt gegebenen Regeln, Erkenntnisse und Beurteilungsmaßstäbe zu berücksichtigen. ³Bei Tätigkeiten mit krebserzeugenden, keimzellmutagenen oder reproduktionstoxischen Gefahrstoffen der Kategorie 1A oder 1B hat der Arbeitgeber, unbeschadet des Absatzes 2, zusätzlich die Bestimmungen nach den Absätzen 3 bis 5 zu erfüllen. ⁴Die besonderen Bestimmungen des Anhangs II Nummer 6 sind zu beachten.

(2) Die Absätze 3 bis 5 gelten nicht, wenn
1. ein Arbeitsplatzgrenzwert nach § 20 Absatz 4 bekannt gegeben worden ist, dieser eingehalten wird und dies durch Arbeitsplatzmessung oder durch andere geeignete Methoden zur Ermittlung der Exposition belegt wird oder
2. Tätigkeiten entsprechend einem nach § 20 Absatz 4 bekannt gegebenen verfahrens- und stoffspezifischen Kriterium ausgeübt werden.

(3) Wenn Tätigkeiten mit krebserzeugenden, keimzellmutagenen oder reproduktionstoxischen Gefahrstoffen der Kategorie 1A oder 1B ausgeübt werden, hat der Arbeitgeber
1. die Exposition der Beschäftigten durch Arbeitsplatzmessungen oder durch andere geeignete Ermittlungsmethoden zu bestimmen, auch um erhöhte Expositionen in-

folge eines unvorhersehbaren Ereignisses oder eines Unfalls schnell erkennen zu können,
2. Gefahrenbereiche abzugrenzen, in denen Beschäftigte diesen Gefahrstoffen ausgesetzt sind oder ausgesetzt sein können, und Warn- und Sicherheitszeichen anzubringen, einschließlich der Verbotszeichen „Zutritt für Unbefugte verboten" und „Rauchen verboten" nach Anhang II Nummer 3.1 der Richtlinie 92/58/EWG des Rates vom 24. Juni 1992 über Mindestvorschriften für die Sicherheits- und/oder Gesundheitsschutzkennzeichnung am Arbeitsplatz (ABl. L 245 vom 26.8.1992, S. 23), die zuletzt durch die Richtlinie 2014/27/EU (ABl. L 65 vom 5.3.2014, S. 1) geändert worden ist.

(4) ¹Bei Tätigkeiten, bei denen eine beträchtliche Erhöhung der Exposition der Beschäftigten durch krebserzeugende, keimzellmutagene oder reproduktionstoxische Gefahrstoffe der Kategorie 1A oder 1B zu erwarten ist und bei denen jede Möglichkeit weiterer technischer Schutzmaßnahmen zur Begrenzung dieser Exposition bereits ausgeschöpft wurde, hat der Arbeitgeber nach Beratung mit den Beschäftigten oder mit ihrer Vertretung Maßnahmen zu ergreifen, um die Dauer der Exposition der Beschäftigten so weit wie möglich zu verkürzen und den Schutz der Beschäftigten während dieser Tätigkeiten zu gewährleisten. ²Er hat den betreffenden Beschäftigten persönliche Schutzausrüstung zur Verfügung zu stellen, die sie während der gesamten Dauer der erhöhten Exposition tragen müssen.

(5) ¹Werden in einem Arbeitsbereich Tätigkeiten mit krebserzeugenden, keimzellmutagenen oder reproduktionstoxischen Gefahrstoffen der Kategorie 1A oder 1B ausgeübt, darf die dort abgesaugte Luft nicht in den Arbeitsbereich zurückgeführt werden. ²Dies gilt nicht, wenn die Luft unter Anwendung von behördlich oder von den Trägern der gesetzlichen Unfallversicherung anerkannten Verfahren oder Geräte ausreichend von solchen Stoffen gereinigt ist. ³Die Luft muss dann so geführt oder gereinigt werden, dass krebserzeugende, keimzellmutagene oder reproduktionstoxische Stoffe nicht in die Atemluft anderer Beschäftigter gelangen.

§ 11 GefStoffV Besondere Schutzmaßnahmen gegen physikalisch-chemische Einwirkungen, insbesondere gegen Brand- und Explosionsgefährdungen

(1) ¹Der Arbeitgeber hat auf der Grundlage der Gefährdungsbeurteilung Maßnahmen zum Schutz der Beschäftigten und anderer Personen vor physikalisch-chemischen Einwirkungen zu ergreifen. ²Er hat die Maßnahmen so festzulegen, dass die Gefährdungen vermieden oder so weit wie möglich verringert werden. ³Dies gilt insbesondere bei Tätigkeiten einschließlich Lagerung, bei denen es zu Brand- und Explosionsgefährdungen kommen kann. ⁴Dabei hat der Arbeitgeber Anhang I Nummer 1 und 5 zu beachten. ⁵Die Vorschriften des Sprengstoffgesetzes und der darauf gestützten Rechtsvorschriften bleiben unberührt.

(2) Zur Vermeidung von Brand- und Explosionsgefährdungen hat der Arbeitgeber Maßnahmen nach folgender Rangfolge zu ergreifen:
1. gefährliche Mengen oder Konzentrationen von Gefahrstoffen, die zu Brand- oder Explosionsgefährdungen führen können, sind zu vermeiden,
2. Zündquellen oder Bedingungen, die Brände oder Explosionen auslösen können, sind zu vermeiden,
3. schädliche Auswirkungen von Bränden oder Explosionen auf die Gesundheit und Sicherheit der Beschäftigten und anderer Personen sind so weit wie möglich zu verringern.

(3) Arbeitsbereiche, Arbeitsplätze, Arbeitsmittel und deren Verbindungen untereinander müssen so konstruiert, errichtet, zusammengebaut, installiert, verwendet und instand gehalten werden, dass keine Brand- und Explosionsgefährdungen auftreten.

(4) ¹Bei Tätigkeiten mit organischen Peroxiden hat der Arbeitgeber über die Bestimmungen der Absätze 1 und 2 sowie des Anhangs I Nummer 1 hinaus insbesondere Maßnahmen zu treffen, die die
1. Gefahr einer unbeabsichtigten Explosion minimieren und
2. Auswirkungen von Bränden und Explosionen beschränken.

²Dabei hat der Arbeitgeber Anhang III zu beachten.

§ 12 GefStoffV (aufgehoben)

§ 13 GefStoffV Betriebsstörungen, Unfälle und Notfälle

(1) ¹Um die Gesundheit und die Sicherheit der Beschäftigten bei Betriebsstörungen, Unfällen oder Notfällen zu schützen, hat der Arbeitgeber rechtzeitig die Notfallmaßnahmen festzulegen, die beim Eintreten eines derartigen Ereignisses zu ergreifen sind. ²Dies schließt die Bereitstellung angemessener Erste-Hilfe-Einrichtungen und die Durchführung von Sicherheitsübungen in regelmäßigen Abständen ein.

(2) ¹Tritt eines der in Absatz 1 Satz 1 genannten Ereignisse ein, so hat der Arbeitgeber unverzüglich die gemäß Absatz 1 festgelegten Maßnahmen zu ergreifen, um
1. betroffene Beschäftigte über die durch das Ereignis hervorgerufene Gefahrensituation im Betrieb zu informieren,
2. die Auswirkungen des Ereignisses zu mindern und
3. wieder einen normalen Betriebsablauf herbeizuführen.

²Neben den Rettungskräften dürfen nur die Beschäftigten im Gefahrenbereich verbleiben, die Tätigkeiten zur Erreichung der Ziele nach Satz 1 Nummer 2 und 3 ausüben.

(3) ¹Der Arbeitgeber hat Beschäftigten, die im Gefahrenbereich tätig werden, vor Aufnahme ihrer Tätigkeit geeignete Schutzkleidung und persönliche Schutzausrüstung sowie gegebenenfalls erforderliche spezielle Sicherheitseinrichtungen und besondere Arbeitsmittel zur Verfügung zu stellen. ²Im Gefahrenbereich müssen die Beschäftigten die Schutzkleidung und die persönliche Schutzausrüstung für die Dauer des nicht bestimmungsgemäßen Betriebsablaufs verwenden. ³Die Verwendung belastender persönlicher Schutzausrüstung muss für die einzelnen Beschäftigten zeitlich begrenzt sein. ⁴Ungeschützte und unbefugte Personen dürfen sich nicht im festzulegenden Gefahrenbereich aufhalten.

(4) Der Arbeitgeber hat Warn- und sonstige Kommunikationssysteme, die eine erhöhte Gefährdung der Gesundheit und Sicherheit anzeigen, zur Verfügung zu stellen, so dass eine angemessene Reaktion möglich ist und unverzüglich Abhilfemaßnahmen sowie Hilfs-, Evakuierungs- und Rettungsmaßnahmen eingeleitet werden können.

(5) ¹Der Arbeitgeber hat sicherzustellen, dass Informationen über Maßnahmen bei Notfällen mit Gefahrstoffen zur Verfügung stehen. ²Die zuständigen innerbetrieblichen und betriebsfremden Unfall- und Notfalldienste müssen Zugang zu diesen Informationen erhalten. ³Zu diesen Informationen zählen:
1. eine Vorabmitteilung über einschlägige Gefahren bei der Arbeit, über Maßnahmen zur Feststellung von Gefahren sowie über Vorsichtsmaßregeln und Verfahren, damit die Notfalldienste ihre eigenen Abhilfe- und Sicherheitsmaßnahmen vorbereiten können,
2. alle verfügbaren Informationen über spezifische Gefahren, die bei einem Unfall oder Notfall auftreten oder auftreten können, einschließlich der Informationen über die Verfahren nach den Absätzen 1 bis 4.

§ 14 GefStoffV Unterrichtung und Unterweisung der Beschäftigten

(1) ¹Der Arbeitgeber hat sicherzustellen, dass den Beschäftigten eine schriftliche Betriebsanweisung, die der Gefährdungsbeurteilung nach § 6 Rechnung trägt, in einer für

die Beschäftigten verständlichen Form und Sprache zugänglich gemacht wird. ²Die Betriebsanweisung muss mindestens Folgendes enthalten:
1. Informationen über die am Arbeitsplatz vorhandenen oder entstehenden Gefahrstoffe, wie beispielsweise die Bezeichnung der Gefahrstoffe, ihre Kennzeichnung sowie mögliche Gefährdungen der Gesundheit und der Sicherheit,
2. Informationen über angemessene Vorsichtsmaßregeln und Maßnahmen, die die Beschäftigten zu ihrem eigenen Schutz und zum Schutz der anderen Beschäftigten am Arbeitsplatz durchzuführen haben; dazu gehören insbesondere
   a) Hygienevorschriften,
   b) Informationen über Maßnahmen, die zur Verhütung einer Exposition zu ergreifen sind,
   c) Informationen zum Tragen und Verwenden von persönlicher Schutzausrüstung und Schutzkleidung,
3. Informationen über Maßnahmen, die bei Betriebsstörungen, Unfällen und Notfällen und zur Verhütung dieser von den Beschäftigten, insbesondere von Rettungsmannschaften, durchzuführen sind.

³Die Betriebsanweisung muss bei jeder maßgeblichen Veränderung der Arbeitsbedingungen aktualisiert werden. ⁴Der Arbeitgeber hat ferner sicherzustellen, dass die Beschäftigten
1. Zugang haben zu allen Informationen nach Artikel 35 der Verordnung (EG) Nr. 1907/2006 über die Stoffe und Gemische, mit denen sie Tätigkeiten ausüben, insbesondere zu Sicherheitsdatenblättern, und
2. über Methoden und Verfahren unterrichtet werden, die bei der Verwendung von Gefahrstoffen zum Schutz der Beschäftigten angewendet werden müssen.

(2) ¹Der Arbeitgeber hat sicherzustellen, dass die Beschäftigten anhand der Betriebsanweisung nach Absatz 1 über alle auftretenden Gefährdungen und entsprechende Schutzmaßnahmen mündlich unterwiesen werden. ²Teil dieser Unterweisung ist ferner eine allgemeine arbeitsmedizinischtoxikologische Beratung. ³Diese dient auch zur Information der Beschäftigten über die Voraussetzungen, unter denen sie Anspruch auf arbeitsmedizinische Vorsorgeuntersuchungen nach der Verordnung zur arbeitsmedizinischen Vorsorge haben, und über den Zweck dieser Vorsorgeuntersuchungen. ⁴Die Beratung ist unter Beteiligung der Ärztin oder des Arztes nach § 7 Absatz 1 der Verordnung zur arbeitsmedizinischen Vorsorge durchzuführen, falls dies erforderlich sein sollte. ⁵Die Unterweisung muss vor Aufnahme der Beschäftigung und danach mindestens jährlich arbeitsplatzbezogen durchgeführt werden. ⁶Sie muss in für die Beschäftigten verständlicher Form und Sprache erfolgen. ⁷Inhalt und Zeitpunkt der Unterweisung sind schriftlich festzuhalten und von den Unterwiesenen durch Unterschrift zu bestätigen.

(3) Der Arbeitgeber hat bei Tätigkeiten mit krebserzeugenden, keimzellmutagenen oder reproduktionstoxischen Gefahrstoffen der Kategorie 1A oder 1B sicherzustellen, dass
1. die Beschäftigten und ihre Vertretung nachprüfen können, ob die Bestimmungen dieser Verordnung eingehalten werden, und zwar insbesondere in Bezug auf
   a) die Auswahl und Verwendung der persönlichen Schutzausrüstung und die damit verbundenen Belastungen der Beschäftigten,
   b) durchzuführende Maßnahmen im Sinne des § 10 Absatz 4 Satz 1,
2. die Beschäftigten und ihre Vertretung bei einer erhöhten Exposition, einschließlich der in § 10 Absatz 4 Satz 1 genannten Fälle, unverzüglich unterrichtet und über die Ursachen sowie über die bereits ergriffenen oder noch zu ergreifenden Gegenmaßnahmen informiert werden,
3. ein aktualisiertes Verzeichnis über die Beschäftigten geführt wird, die Tätigkeiten mit krebserzeugenden oder keimzellmutagenen Gefahrstoffen der Kategorie 1A oder 1B ausüben, bei denen die Gefährdungsbeurteilung nach § 6 eine Gefährdung

der Gesundheit oder der Sicherheit der Beschäftigten ergibt; in dem Verzeichnis ist auch die Höhe und die Dauer der Exposition anzugeben, der die Beschäftigten ausgesetzt waren,
4. das Verzeichnis nach Nummer 3 mit allen Aktualisierungen 40 Jahre nach Ende der Exposition aufbewahrt wird; bei Beendigung von Beschäftigungsverhältnissen hat der Arbeitgeber den Beschäftigten einen Auszug über die sie betreffenden Angaben des Verzeichnisses auszuhändigen und einen Nachweis hierüber wie Personalunterlagen aufzubewahren,
5. die Ärztin oder der Arzt nach § 7 Absatz 1 der Verordnung zur arbeitsmedizinischen Vorsorge, die zuständige Behörde sowie jede für die Gesundheit und die Sicherheit am Arbeitsplatz verantwortliche Person Zugang zu dem Verzeichnis nach Nummer 3 haben,
6. alle Beschäftigten Zugang zu den sie persönlich betreffenden Angaben in dem Verzeichnis haben,
7. die Beschäftigten und ihre Vertretung Zugang zu den nicht personenbezogenen Informationen allgemeiner Art in dem Verzeichnis haben.

(4) ¹Der Arbeitgeber kann mit Einwilligung des betroffenen Beschäftigten die Aufbewahrungs- einschließlich der Aushändigungspflicht nach Absatz 3 Nummer 4 auf den zuständigen gesetzlichen Unfallversicherungsträger übertragen. ²Dafür übergibt der Arbeitgeber dem Unfallversicherungsträger die erforderlichen Unterlagen in einer für die elektronische Datenverarbeitung geeigneten Form. ³Der Unfallversicherungsträger händigt der betroffenen Person auf Anforderung einen Auszug des Verzeichnisses mit den sie betreffenden Angaben aus.

§ 15 GefStoffV Zusammenarbeit verschiedener Firmen

(1) ¹Sollen in einem Betrieb Fremdfirmen Tätigkeiten mit Gefahrstoffen ausüben, hat der Arbeitgeber als Auftraggeber sicherzustellen, dass nur solche Fremdfirmen herangezogen werden, die über die Fachkenntnisse und Erfahrungen verfügen, die für diese Tätigkeiten erforderlich sind. ²Der Arbeitgeber als Auftraggeber hat die Fremdfirmen über Gefahrenquellen und spezifische Verhaltensregeln zu informieren.

(2) ¹Kann bei Tätigkeiten von Beschäftigten eines Arbeitgebers eine Gefährdung von Beschäftigten anderer Arbeitgeber durch Gefahrstoffe nicht ausgeschlossen werden, so haben alle betroffenen Arbeitgeber bei der Durchführung ihrer Gefährdungsbeurteilungen nach § 6 zusammenzuwirken und die Schutzmaßnahmen abzustimmen. ²Dies ist zu dokumentieren. ³Die Arbeitgeber haben dabei sicherzustellen, dass Gefährdungen der Beschäftigten aller beteiligten Unternehmen durch Gefahrstoffe wirksam begegnet wird.

(3) Jeder Arbeitgeber ist dafür verantwortlich, dass seine Beschäftigten die gemeinsam festgelegten Schutzmaßnahmen anwenden.

(4) ¹Besteht bei Tätigkeiten von Beschäftigten eines Arbeitgebers eine erhöhte Gefährdung von Beschäftigten anderer Arbeitgeber durch Gefahrstoffe, ist durch die beteiligten Arbeitgeber ein Koordinator zu bestellen. ²Wurde ein Koordinator nach den Bestimmungen der Baustellenverordnung vom 10. Juni 1998 (BGBl. I S. 1283), die durch Artikel 15 der Verordnung vom 23. Dezember 2004 (BGBl. I S. 3758) geändert worden ist, bestellt, gilt die Pflicht nach Satz 1 als erfüllt. ³Dem Koordinator sind von den beteiligten Arbeitgebern alle erforderlichen sicherheitsrelevanten Informationen sowie Informationen zu den festgelegten Schutzmaßnahmen zur Verfügung zu stellen. ⁴Die Bestellung eines Koordinators entbindet die Arbeitgeber nicht von ihrer Verantwortung nach dieser Verordnung.

(5) ¹Vor dem Beginn von Abbruch-, Sanierungs- und Instandhaltungsarbeiten oder Bauarbeiten muss der Arbeitgeber für die Gefährdungsbeurteilung nach § 6 Informationen, insbesondere vom Auftraggeber oder Bauherrn, darüber einholen, ob entsprechend der Nutzungs- oder Baugeschichte des Objekts Gefahrstoffe, insbesondere As-

best, vorhanden oder zu erwarten sind. ²Weiter reichende Informations-, Schutz- und Überwachungspflichten, die sich für den Auftraggeber oder Bauherrn nach anderen Rechtsvorschriften ergeben, bleiben unberührt.

Abschnitt 5 Verbote und Beschränkungen

§ 16 GefStoffV Herstellungs- und Verwendungsbeschränkungen

(1) Herstellungs- und Verwendungsbeschränkungen für bestimmte Stoffe, Gemische und Erzeugnisse ergeben sich aus Artikel 67 in Verbindung mit Anhang XVII der Verordnung (EG) Nr. 1907/2006.

(2) Nach Maßgabe des Anhangs II bestehen weitere Herstellungs- und Verwendungsbeschränkungen für dort genannte Stoffe, Gemische und Erzeugnisse.

(3) ¹Biozid-Produkte dürfen nicht verwendet werden, soweit damit zu rechnen ist, dass ihre Verwendung im einzelnen Anwendungsfall schädliche Auswirkungen auf die Gesundheit von Menschen, Nicht-Zielorganismen oder auf die Umwelt hat. ²Wer Biozid-Produkte verwendet, hat dies ordnungsgemäß zu tun. ³Zur ordnungsgemäßen Verwendung gehört es insbesondere, dass

1. ein Biozid-Produkt nur für die in der Kennzeichnung ausgewiesenen Verwendungszwecke eingesetzt wird,
2. die sich aus der Kennzeichnung und der Zulassung ergebenden Verwendungsbedingungen eingehalten werden und
3. der Einsatz von Biozid-Produkten durch eine sachgerechte Berücksichtigung physikalischer, biologischer, chemischer und sonstiger Alternativen auf das Minimum begrenzt wird.

⁴Die Sätze 1 bis 3 gelten auch für private Haushalte.

(4) Der Arbeitgeber darf in Heimarbeit beschäftigte Personen nur Tätigkeiten mit geringer Gefährdung im Sinne des § 6 Absatz 11 ausüben lassen.

§ 17 GefStoffV Nationale Ausnahmen von Beschränkungsregelungen nach der Verordnung (EG) Nr. 1907/2006

(1) ¹Für am 1. Dezember 2010 bestehende Anlagen gelten die Beschränkungen nach Artikel 67 in Verbindung mit Anhang XVII Nummer 6 der Verordnung (EG) Nr. 1907/2006 bis zum 1. Juli 2025 nicht für das Verwenden chrysotilhaltiger Diaphragmen für die Chloralkalielektrolyse oder für das Verwenden von Chrysotil, das ausschließlich zur Wartung dieser Diaphragmen eingesetzt wird, wenn

1. keine asbestfreien Ersatzstoffe, Gemische oder Erzeugnisse auf dem Markt angeboten werden oder
2. die Verwendung der asbestfreien Ersatzstoffe, Gemische oder Erzeugnisse zu einer unzumutbaren Härte führen würde

und die Konzentration der Asbestfasern in der Luft am Arbeitsplatz unterhalb von 1 000 Fasern je Kubikmeter liegt. ²Betreiber von Anlagen, die von der Regelung nach Satz 1 Gebrauch machen, übermitteln der Bundesstelle für Chemikalien bis zum 31. Januar eines jeden Kalenderjahres einen Bericht, aus dem die Menge an Chrysotil hervorgeht, die in Diaphragmen, die unter diese Ausnahmeregelung fallen, im Vorjahr verwendet wurde. ³Die Ergebnisse der Arbeitsplatzmessungen sind in den Bericht aufzunehmen. ⁴Die Bundesstelle für Chemikalien übermittelt der Europäischen Kommission eine Kopie des Berichts.

(2) Das Verwendungsverbot nach Artikel 67 in Verbindung mit Anhang XVII Nummer 16 und 17 der Verordnung (EG) Nr. 1907/2006 gilt nicht für die Verwendung der dort genannten Bleiverbindungen in Farben, die zur Erhaltung oder originalgetreuen Wiederherstellung von Kunstwerken und historischen Bestandteilen oder von Einrichtun-

gen denkmalgeschützter Gebäude bestimmt sind, wenn die Verwendung von Ersatzstoffen nicht möglich ist.

Abschnitt 6 Vollzugsregelungen und Ausschuss für Gefahrstoffe

§ 18 GefStoffV Unterrichtung der Behörde

(1) ¹Der Arbeitgeber hat der zuständigen Behörde unverzüglich anzuzeigen
1. jeden Unfall und jede Betriebsstörung, die bei Tätigkeiten mit Gefahrstoffen zu einer ernsten Gesundheitsschädigung von Beschäftigten geführt haben,
2. Krankheits- und Todesfälle, bei denen konkrete Anhaltspunkte dafür bestehen, dass sie durch die Tätigkeit mit Gefahrstoffen verursacht worden sind, mit der genauen Angabe der Tätigkeit und der Gefährdungsbeurteilung nach § 6.

²Lassen sich die für die Anzeige nach Satz 1 erforderlichen Angaben gleichwertig aus Anzeigen nach anderen Rechtsvorschriften entnehmen, kann die Anzeigepflicht auch durch Übermittlung von Kopien dieser Anzeigen an die zuständige Behörde erfüllt werden. ³Der Arbeitgeber hat den betroffenen Beschäftigten oder ihrer Vertretung Kopien der Anzeigen nach Satz 1 oder Satz 2 zur Kenntnis zu geben.

(2) Unbeschadet des § 22 des Arbeitsschutzgesetzes hat der Arbeitgeber der zuständigen Behörde auf Verlangen Folgendes mitzuteilen:
1. das Ergebnis der Gefährdungsbeurteilung nach § 6 und die ihr zugrunde liegenden Informationen, einschließlich der Dokumentation der Gefährdungsbeurteilung,
2. die Tätigkeiten, bei denen Beschäftigte tatsächlich oder möglicherweise gegenüber Gefahrstoffen exponiert worden sind, und die Anzahl dieser Beschäftigten,
3. die nach § 13 des Arbeitsschutzgesetzes verantwortlichen Personen,
4. die durchgeführten Schutz- und Vorsorgemaßnahmen, einschließlich der Betriebsanweisungen.

(3) Der Arbeitgeber hat der zuständigen Behörde bei Tätigkeiten mit krebserzeugenden, keimzellmutagenen oder reproduktionstoxischen Gefahrstoffen der Kategorie 1A oder 1B zusätzlich auf Verlangen Folgendes mitzuteilen:
1. das Ergebnis der Substitutionsprüfung,
2. Informationen über
   a) ausgeübte Tätigkeiten und angewandte industrielle Verfahren und die Gründe für die Verwendung dieser Gefahrstoffe,
   b) die Menge der hergestellten oder verwendeten Gefahrstoffe,
   c) die Art der zu verwendenden Schutzausrüstung,
   d) Art und Ausmaß der Exposition,
   e) durchgeführte Substitutionen.

(4) Auf Verlangen der zuständigen Behörde ist die nach Anhang II der Verordnung (EG) Nr. 1907/2006 geforderte Fachkunde für die Erstellung von Sicherheitsdatenblättern nachzuweisen.

§ 19 GefStoffV Behördliche Ausnahmen, Anordnungen und Befugnisse

(1) ¹Die zuständige Behörde kann auf schriftlichen oder elektronischen Antrag des Arbeitgebers Ausnahmen von den §§ 6 bis 15 zulassen, wenn die Anwendung dieser Vorschriften im Einzelfall zu einer unverhältnismäßigen Härte führen würde und die Abweichung mit dem Schutz der Beschäftigten vereinbar ist. ²Der Arbeitgeber hat der zuständigen Behörde im Antrag darzulegen:
1. den Grund für die Beantragung der Ausnahme,
2. die jährlich zu verwendende Menge des Gefahrstoffs,
3. die betroffenen Tätigkeiten und Verfahren,

4. die Zahl der voraussichtlich betroffenen Beschäftigten,
5. die geplanten Maßnahmen zur Gewährleistung des Gesundheitsschutzes und der Sicherheit der betroffenen Beschäftigten,
6. die technischen und organisatorischen Maßnahmen, die zur Verringerung oder Vermeidung einer Exposition der Beschäftigten ergriffen werden sollen.

(2) Eine Ausnahme nach Absatz 1 kann auch im Zusammenhang mit Verwaltungsverfahren nach anderen Rechtsvorschriften beantragt werden.

(3) ¹Die zuständige Behörde kann unbeschadet des § 23 des Chemikaliengesetzes im Einzelfall Maßnahmen anordnen, die der Hersteller, Lieferant oder Arbeitgeber zu ergreifen hat, um die Pflichten nach den Abschnitten 2 bis 5 dieser Verordnung zu erfüllen; dabei kann sie insbesondere anordnen, dass der Arbeitgeber
1. die zur Bekämpfung besonderer Gefahren notwendigen Maßnahmen ergreifen muss,
2. festzustellen hat, ob und in welchem Umfang eine vermutete Gefahr tatsächlich besteht und welche Maßnahmen zur Bekämpfung der Gefahr ergriffen werden müssen,
3. die Arbeit, bei der die Beschäftigten gefährdet sind, einstellen zu lassen hat, wenn der Arbeitgeber die zur Bekämpfung der Gefahr angeordneten notwendigen Maßnahmen nicht unverzüglich oder nicht innerhalb der gesetzten Frist ergreift.

²Bei Gefahr im Verzug können die Anordnungen auch gegenüber weisungsberechtigten Personen im Betrieb erlassen werden.

(4) Der zuständigen Behörde ist auf Verlangen ein Nachweis vorzulegen, dass die Gefährdungsbeurteilung fachkundig nach § 6 Absatz 9 erstellt wurde.

(5) Die zuständige Behörde kann dem Arbeitgeber untersagen, Tätigkeiten mit Gefahrstoffen auszuüben oder ausüben zu lassen, und insbesondere eine Stilllegung der betroffenen Arbeitsbereiche anordnen, wenn der Arbeitgeber der Mitteilungspflicht nach § 18 Absatz 2 Nummer 1 nicht nachkommt.

§ 20 GefStoffV Ausschuss für Gefahrstoffe

(1) ¹Beim Bundesministerium für Arbeit und Soziales wird ein Ausschuss für Gefahrstoffe (AGS) gebildet, in dem geeignete Personen vonseiten der Arbeitgeber, der Gewerkschaften, der Landesbehörden, der gesetzlichen Unfallversicherung und weitere geeignete Personen, insbesondere aus der Wissenschaft, vertreten sein sollen. ²Die Gesamtzahl der Mitglieder soll 21 Personen nicht überschreiten. ³Für jedes Mitglied ist ein stellvertretendes Mitglied zu benennen. ⁴Die Mitgliedschaft im Ausschuss für Gefahrstoffe ist ehrenamtlich.

(2) ¹Das Bundesministerium für Arbeit und Soziales beruft die Mitglieder des Ausschusses und die stellvertretenden Mitglieder. ²Der Ausschuss gibt sich eine Geschäftsordnung und wählt die Vorsitzende oder den Vorsitzenden aus seiner Mitte. ³Die Geschäftsordnung und die Wahl der oder des Vorsitzenden bedürfen der Zustimmung des Bundesministeriums für Arbeit und Soziales.

(3) ¹Zu den Aufgaben des Ausschusses gehört es:
1. den Stand der Wissenschaft, Technik, Arbeitsmedizin und Arbeitshygiene sowie sonstige gesicherte Erkenntnisse für Tätigkeiten mit Gefahrstoffen einschließlich deren Einstufung und Kennzeichnung zu ermitteln und entsprechende Empfehlungen auszusprechen,
2. zu ermitteln, wie die in dieser Verordnung gestellten Anforderungen erfüllt werden können und dazu die dem jeweiligen Stand von Technik und Medizin entsprechenden Regeln und Erkenntnisse zu erarbeiten,
3. das Bundesministerium für Arbeit und Soziales in allen Fragen zu Gefahrstoffen und zur Chemikaliensicherheit zu beraten und

4. Arbeitsplatzgrenzwerte, biologische Grenzwerte und andere Beurteilungsmaßstäbe für Gefahrstoffe vorzuschlagen und regelmäßig zu überprüfen, wobei Folgendes zu berücksichtigen ist:
   a) bei der Festlegung der Grenzwerte und Beurteilungsmaßstäbe ist sicherzustellen, dass der Schutz der Gesundheit der Beschäftigten gewahrt ist,
   b) für jeden Stoff, für den ein Arbeitsplatzgrenzwert oder ein biologischer Grenzwert in Rechtsakten der Europäischen Union festgelegt worden ist, ist unter Berücksichtigung dieses Grenzwerts ein nationaler Grenzwert vorzuschlagen.

²Das Arbeitsprogramm des Ausschusses für Gefahrstoffe wird mit dem Bundesministerium für Arbeit und Soziales abgestimmt, wobei die Letztentscheidungsbefugnis beim Bundesministerium für Arbeit und Soziales liegt. ³Der Ausschuss arbeitet eng mit den anderen Ausschüssen beim Bundesministerium für Arbeit und Soziales zusammen.

(4) Nach Prüfung kann das Bundesministerium für Arbeit und Soziales
1. die vom Ausschuss für Gefahrstoffe ermittelten Regeln und Erkenntnisse nach Absatz 3 Satz 1 Nummer 2 sowie die Arbeitsplatzgrenzwerte und Beurteilungsmaßstäbe nach Absatz 3 Satz 1 Nummer 4 im Gemeinsamen Ministerialblatt bekannt geben und
2. die Empfehlungen nach Absatz 3 Satz 1 Nummer 1 sowie die Beratungsergebnisse nach Absatz 3 Satz 1 Nummer 3 in geeigneter Weise veröffentlichen.

(5) ¹Die Bundesministerien sowie die obersten Landesbehörden können zu den Sitzungen des Ausschusses Vertreterinnen oder Vertreter entsenden. ²Auf Verlangen ist diesen in der Sitzung das Wort zu erteilen.

(6) Die Bundesanstalt für Arbeitsschutz und Arbeitsmedizin führt die Geschäfte des Ausschusses.

Abschnitt 7 Ordnungswidrigkeiten und Straftaten

§ 21 GefStoffV Chemikaliengesetz – Anzeigen

Ordnungswidrig im Sinne des § 26 Absatz 1 Nummer 8 Buchstabe b des Chemikaliengesetzes handelt, wer vorsätzlich oder fahrlässig
1. entgegen § 8 Absatz 8 in Verbindung mit Anhang I Nummer 2.4.2 Absatz 1 Satz 1 oder Absatz 2 eine Anzeige nicht, nicht richtig, nicht vollständig oder nicht rechtzeitig erstattet,
2. entgegen § 8 Absatz 8 in Verbindung mit Anhang I Nummer 3.4 Absatz 1 oder Absatz 2 eine Anzeige nicht, nicht richtig, nicht vollständig oder nicht rechtzeitig erstattet,
3. entgegen § 8 Absatz 8 in Verbindung mit Anhang I Nummer 3.4 Absatz 3 eine Änderung nicht oder nicht rechtzeitig anzeigt,
4. entgegen § 8 Absatz 8 in Verbindung mit Anhang I Nummer 3.6 eine Anzeige nicht, nicht richtig, nicht vollständig oder nicht rechtzeitig erstattet,
5. entgegen § 8 Absatz 8 in Verbindung mit Anhang I Nummer 4.3.2 Absatz 1 Satz 1 oder Absatz 2 in Verbindung mit Absatz 3 eine Anzeige nicht, nicht richtig, nicht vollständig oder nicht rechtzeitig erstattet,
6. entgegen § 8 Absatz 8 in Verbindung mit Anhang I Nummer 4.3.2 Absatz 4 eine Anzeige nicht oder nicht rechtzeitig erstattet,
7. entgegen § 8 Absatz 8 in Verbindung mit Anhang I Nummer 5.4.2.3 Absatz 1 oder Absatz 2 eine Anzeige nicht, nicht richtig, nicht vollständig oder nicht rechtzeitig erstattet,
8. entgegen § 8 Absatz 8 in Verbindung mit Anhang I Nummer 5.4.2.3 Absatz 3 eine Änderung nicht oder nicht rechtzeitig anzeigt,
9. entgegen § 18 Absatz 1 eine Anzeige nicht, nicht richtig, nicht vollständig oder nicht rechtzeitig erstattet oder

10. entgegen § 18 Absatz 2 eine Mitteilung nicht, nicht richtig, nicht vollständig oder nicht rechtzeitig macht.

§ 22 GefStoffV Chemikaliengesetz – Tätigkeiten

(1) Ordnungswidrig im Sinne des § 26 Absatz 1 Nummer 8 Buchstabe b des Chemikaliengesetzes handelt, wer vorsätzlich oder fahrlässig
1. entgegen § 6 Absatz 8 Satz 1 eine Gefährdungsbeurteilung nicht, nicht richtig, nicht vollständig oder nicht rechtzeitig dokumentiert,
2. entgegen § 6 Absatz 12 Satz 1 ein Gefahrstoffverzeichnis nicht, nicht richtig oder nicht vollständig führt,
3. entgegen § 7 Absatz 1 eine Tätigkeit aufnehmen lässt,
3a. entgegen § 7 Absatz 5 Satz 2 das Verwenden von belastender persönlicher Schutzausrüstung als Dauermaßnahme anwendet,
4. entgegen § 7 Absatz 7 Satz 1 die Funktion und die Wirksamkeit der technischen Schutzmaßnahmen nicht oder nicht rechtzeitig überprüft,
5. entgegen § 8 Absatz 2 Satz 3 eine Tätigkeit ausüben lässt,
6. entgegen § 8 Absatz 3 Satz 2 einen Bereich nicht oder nicht rechtzeitig einrichtet,
7. entgegen § 8 Absatz 5 Satz 3 Gefahrstoffe aufbewahrt oder lagert,
8. entgegen § 8 Absatz 8 in Verbindung mit Anhang I Nummer 2.4.2 Absatz 3 Satz 2 nicht dafür sorgt, dass eine weisungsbefugte sachkundige Person vor Ort tätig ist,
9. entgegen § 8 Absatz 8 in Verbindung mit Anhang I Nummer 2.4.4 Satz 1 einen Arbeitsplan nicht oder nicht rechtzeitig aufstellt,
10. entgegen § 8 Absatz 8 in Verbindung mit Anhang I Nummer 3.3 Satz 2 eine Schädlingsbekämpfung durchführt,
11. entgegen § 8 Absatz 8 in Verbindung mit Anhang I Nummer 5.4.2.1 Absatz 2 Stoffe oder Gemische der Gruppe A lagert oder befördert,
12. entgegen § 8 Absatz 8 in Verbindung mit Anhang I Nummer 5.4.2.1 Absatz 3 brennbare Materialien lagert,
13. entgegen § 8 Absatz 8 in Verbindung mit Anhang I Nummer 5.4.2.2 Absatz 3 Stoffe oder Gemische nicht oder nicht rechtzeitig in Teilmengen unterteilt,
14. entgegen § 8 Absatz 8 in Verbindung mit Anhang I Nummer 5.4.2.3 Absatz 5 Stoffe oder Gemische lagert,
15. entgegen § 9 Absatz 3 Satz 2 oder § 9 Absatz 4 eine persönliche Schutzausrüstung nicht oder nicht rechtzeitig bereitstellt,
15a. entgegen § 9 Absatz 5 nicht gewährleistet, dass getrennte Aufbewahrungsmöglichkeiten zur Verfügung stehen,
16. entgegen § 10 Absatz 4 Satz 2 Schutzkleidung oder ein Atemschutzgerät nicht zur Verfügung stellt,
17. entgegen § 10 Absatz 5 Satz 1 abgesaugte Luft in einen Arbeitsbereich zurückführt,
18. entgegen § 11 Absatz 1 Satz 3 in Verbindung mit Anhang I Nummer 1.3 Absatz 2 Satz 1 das Rauchen oder die Verwendung von offenem Feuer oder offenem Licht nicht verbietet,
19. entgegen § 11 Absatz 1 Satz 3 in Verbindung mit Anhang I Nummer 1.5 Absatz 4 oder Nummer 1.6 Absatz 5 einen dort genannten Bereich nicht oder nicht richtig kennzeichnet,
19a. entgegen § 11 Absatz 4 Satz 2 in Verbindung mit Anhang III Nummer 2.3 Absatz 1 Satz 1 eine Tätigkeit mit einem organischen Peroxid ausüben lässt,
19b. entgegen § 11 Absatz 4 Satz 2 in Verbindung mit Anhang III Nummer 2.6 Satz 1 Buchstabe a nicht sicherstellt, dass ein dort genanntes Gebäude oder ein dort genannter Raum in Sicherheitsbauweise errichtet wird,

19c. entgegen § 11 Absatz 4 Satz 2 in Verbindung mit Anhang III Nummer 2.7 einen dort genannten Bereich nicht oder nicht rechtzeitig festlegt,
20. entgegen § 13 Absatz 2 Satz 1 eine dort genannte Maßnahme nicht oder nicht rechtzeitig ergreift,
21. entgegen § 13 Absatz 3 Satz 1 einen Beschäftigten nicht oder nicht rechtzeitig ausstattet,
22. entgegen § 13 Absatz 4 Warn- und sonstige Kommunikationseinrichtungen nicht zur Verfügung stellt,
23. entgegen § 13 Absatz 5 Satz 1 nicht sicherstellt, dass Informationen über Notfallmaßnahmen zur Verfügung stehen,
24. entgegen § 14 Absatz 1 Satz 1 nicht sicherstellt, dass den Beschäftigten eine schriftliche Betriebsanweisung in der vorgeschriebenen Weise zugänglich gemacht wird,
25. entgegen § 14 Absatz 2 Satz 1 nicht sicherstellt, dass die Beschäftigten über auftretende Gefährdungen und entsprechende Schutzmaßnahmen mündlich unterwiesen werden,
26. entgegen § 14 Absatz 3 Nummer 2 nicht oder nicht rechtzeitig sicherstellt, dass die Beschäftigten und ihre Vertretung unterrichtet und informiert werden,
27. entgegen § 14 Absatz 3 Nummer 3 nicht sicherstellt, dass ein aktualisiertes Verzeichnis geführt wird, oder
28. entgegen § 14 Absatz 3 Nummer 4 nicht sicherstellt, dass ein aktualisiertes Verzeichnis 40 Jahre nach Ende der Exposition aufbewahrt wird.

(2) Wer durch eine in Absatz 1 bezeichnete Handlung das Leben oder die Gesundheit eines anderen oder fremde Sachen von bedeutendem Wert gefährdet, ist nach § 27 Absatz 2 bis 4 des Chemikaliengesetzes strafbar.

§ 23 GefStoffV (aufgehoben)

§ 24 GefStoffV Chemikaliengesetz – Herstellungs- und Verwendungsbeschränkungen

(1) Ordnungswidrig im Sinne des § 26 Absatz 1 Nummer 7 Buchstabe a des Chemikaliengesetzes handelt, wer vorsätzlich oder fahrlässig
1. entgegen § 16 Absatz 2 in Verbindung mit Anhang II Nummer 6 Absatz 1 einen dort aufgeführten Stoff verwendet,
2. entgegen § 16 Absatz 3 Satz 2 in Verbindung mit Satz 3 Nummer 1, auch in Verbindung mit Satz 4, ein Biozid-Produkt für einen nicht in der Kennzeichnung ausgewiesenen Verwendungszweck einsetzt oder
3. entgegen § 16 Absatz 3 Satz 2 in Verbindung mit Satz 3 Nummer 2, auch in Verbindung mit Satz 4, eine sich aus der Kennzeichnung oder der Zulassung ergebende Verwendungsbedingung nicht einhält.

(2) Nach § 27 Absatz 1 Nummer 1, Absatz 2 bis 4 des Chemikaliengesetzes wird bestraft, wer vorsätzlich oder fahrlässig
1. entgegen § 8 Absatz 8 in Verbindung mit Anhang I Nummer 2.4.2 Absatz 3 Satz 1 oder Absatz 4 Satz 1 Abbruch-, Sanierungs- oder Instandhaltungsarbeiten durchführt,
2. entgegen § 8 Absatz 8 in Verbindung mit Anhang I Nummer 3.5 Satz 1 Schädlingsbekämpfungen durchführt,
3. ohne Erlaubnis nach § 8 Absatz 8 in Verbindung mit Anhang I Nummer 4.2 Absatz 1 Begasungen durchführt,
4. entgegen § 8 Absatz 8 in Verbindung mit Anhang I Nummer 4.2 Absatz 7 Satz 1 Begasungen durchführt,

5. entgegen § 16 Absatz 2 in Verbindung mit Anhang II Nummer 1 Absatz 1 Satz 1 auch in Verbindung mit Satz 3 Arbeiten durchführt,
6. entgegen § 16 Absatz 2 in Verbindung mit Anhang II Nummer 1 Absatz 1 Satz 4 Überdeckungs-, Überbauungs-, Aufständerungs-, Reinigungs- oder Beschichtungsarbeiten durchführt,
7. entgegen § 16 Absatz 2 in Verbindung mit Anhang II Nummer 1 Absatz 1 Satz 5 asbesthaltige Gegenstände oder Materialien zu anderen Zwecken weiterverwendet,
8. entgegen § 16 Absatz 2 in Verbindung mit Anhang II Nummer 2 Absatz 1 die dort aufgeführten Stoffe oder Gemische herstellt,
9. entgegen § 16 Absatz 2 in Verbindung mit Anhang II Nummer 3 Absatz 1 die dort aufgeführten Erzeugnisse verwendet,
10. entgegen § 16 Absatz 2 in Verbindung mit Anhang II Nummer 4 Absatz 1, Absatz 3 Satz 1 oder Absatz 4 die dort aufgeführten Kühlschmierstoffe oder Korrosionsschutzmittel verwendet oder
11. entgegen § 16 Absatz 2 in Verbindung mit Anhang II Nummer 5 Absatz 1 die dort aufgeführten Stoffe, Gemische oder Erzeugnisse herstellt oder verwendet.

§ 25 GefStoffV Übergangsvorschrift

§ 10 Absatz 5 findet hinsichtlich der fruchtschädigenden Wirkungen von reproduktionstoxischen Stoffen oder Gemischen ab dem 1. Januar 2019 Anwendung.

Anhang I–III GefStoffV

Hier nicht wiedergegeben.

Literatur: *Aligbe*, Neufassung der Gefahrstoffverordnung 2016, ArbR aktuell 2017, 108; *Au/Schmid*,Das Sicherheitsdatenblatt, BPUVZ 2013, 88; *Becker*, Schon wieder neues Chemikalienrecht: zur GHS-Verordnung 1272/2008, NVwZ 2009, 1011 ff.; *Börgmann*, Die Gefahrstoffverordnung im Spannungsfeld zwischen Verfassungs- und EG-Recht, 1996; *Bruckhaus/Sohn*, Vom Gefahrstoffverzeichnis zur Gefährdungsbeurteilung, BPUVZ 2013, 80; *Brüning* ua, Die Herausforderungen bei der Substitution von Gefahrstoffen, DGUV Forum 7-8/2015, 28 f.; *Busse*, Grundstrukturen des Gefahrstoffrechts, DVBl. 2009, 1289 ff.; *Faber*, Die Gefahrstoffermittlungspflicht nach § 16 Abs. 1 GefStoffV, AiB 1997, 573; *Fischer*, REACH – das neue europäische Chemikalienrecht, DVBl. 2007, 853 ff.; *Führ*, Boxenstopp für die Reach-Verordnung, ZUR 2014, 270 ff.; *Gauger/Freytag*, REACH: once an article, always an article, NVwZ 2016, 205 ff.; *Grüneberg*, Die neue Gefahrstoffverordnung, AiB 2011, 588; *Grupp*, REACH in der Unternehmensverantwortung, BB 2010, 1103 ff.; *Ingerowski*, Die REACH-Verordnung, 2010; *Klein*, Die Rechtsentwicklung im Gefahrstoffbereich, in: FS Wlotzke, 1996, 533 ff.; *Kleineweischede*, Chemikalienmanagement unter REACH und CLP – Auswirkungen auf den betrieblichen Arbeitsschutz, BG 2011, 210 ff., 270 ff.; *Kluger*, Kommunikation von Sicherheitsinformationen in der Lieferkette am Bau, BG 2011, 220 ff.; *Kohte/Faber*, Störfallrecht und Betriebsverfassung, 2. Aufl., 2008; *Kluger*, Kommunikation von Sicherheitsinformationen, Gute Arbeit 1/2012, 19 ff.; *Marquardt*, Das Sicherheitsdatenblatt als Instrument außer- und innerbetrieblicher Information und Kommunikation, 2007; *Nies* ua, DNEL-Werte für Arbeitsplätze, Gefahrstoffe – Reinhalt. Luft 73 (2013) Nr. 11/12, S. 455 ff.; *Pauli*, Ausschuss für Gefahrstoffe: Grenzwert für A-Staub gesenkt, Gute Arbeit 1/2014, 29; *Pieper*, Die neue Gefahrstoffverordnung 2005, AiB 2005, 299; *Pieper*, Basiskommentar Gefahrstoffverordnung, 2013; *Purnhagen*, Die neuen Einstufungs- und Kennzeichnungsvorschriften im Chemikalienrecht, EuZW 2009, 523 ff.; *Rottmann*, Zur Mitbestimmung des Betriebsrats beim Umgang mit Gefahrstoffen, BB 1989, 115; *Scheel*, Die Richtlinie zum Schutz von Gesundheit und Sicherheit der Arbeitnehmer vor der Gefährdung durch chemische Arbeitsstoffe bei der Arbeit, DB 1999, 1654 ff.; *Stamm/Wellhäußer*, Mögliche Gefährdungen durch krebserzeugende Stoffe müssen lückenlos belegt sein, BG RCI.magazin 7/8 2015, 24 f.; *Welzbacher*, Super Gefahrstoffjahr 2010, BG 2010, 482; *ders.*, DNELs – neue Grenzwerte unter REACH, BG 2011, 560 ff.; *Wilmes/Lechtenberg-Auffarth*, Chemikalien- und Arbeitsschutzmanagement nach fünf Jahren REACH, BPUVZ 2012,

400; *Wolf/Lechtenberg-Auffarth*, Erste Erfahrungen mit der Festlegung von DNEL, BPUVZ 2013, 381; *Wriedt*, Das neue Grenzwertkonzept für Krebs erzeugende Stoffe, Gute Arbeit 6/2008, 28 ff.; *ders.*, Nutzung der REACH-Informationen für den Arbeitsschutz – ein Leitfaden für die Praxis, Gute Arbeit 2/2010, 37 ff.; *ders.*, Neue Gefahrstoffverordnung am 1. Dezember in Kraft getreten, Gute Arbeit 1/2011, 33 ff.; *ders.*, Die Entwicklung der Gefahrstoffverordnung und die Arbeit im Ausschuss für Gefahrstoffe, Gute Arbeit 3/2015, 14 ff.; *ders.*, Gefahrstoffverordnung: Ermittlung des Standes der Technik, Gute Arbeit 4/2015, 26 f., *ders.*, Risikokonzept für krebserzeugende Stoffe; Gute Arbeit 12/2015, 23 ff.

Leitentscheidungen: OLG Düsseldorf 8.12.1994 – 2 Ss 364/94, NZA 1995, 685; LG Itzehoe 19.3.1998 – 6 O 391/96, AiB 1999, 355; EuGH 14.5.2002 – C-383/00, Slg 2002, I-4219 ff. (Kommission ./. Deutschland); EuGH 7.7.2009 – C-558/07, EuZW 2009, 651 (653) (Monomer); EuGH 25.3.2010 – C-392/08, Slg 2010, I-2537 ff. (Kommission ./. Spanien); EuGH 15.9.2011 – C-53/10, UPR 2011, 443 (Müksch); BayVGH 25.7.2012 – 22 ZB 11.2011, GewArch 2012, 459; BAG 20.6.2013 – 8 AZR 471/12, DB 2013, 2216; BayVGH 19.3.2014 – 22 ZB 13.2290; EuGH 10.9.2015 – C-106/14, EuZW 2016, 73; OVG Magdeburg 11.4.2016 – 3 L 90/15, NVwZ-RR 2016, 865; VG Cottbus 12.12.2014 – 3 K 1001/13.

I. Normzweck, Rechtssystematik.. 1	V. Grundpflichten: Minimierung, Substitution...................... 42
II. Unionsrecht, Entstehungsgeschichte......................... 6	VI. Schutzmaßnahmen 45
1. Ausgangspunkt: Chemikalienrecht der Union 6	1. Systematik der Schutzmaßnahmen...................... 46
a) Marktbezogene Regelungen...................... 6	a) § 8 GefStoffV 46
b) Betriebsbezogene Richtlinien 11	b) § 9 GefStoffV 47
2. Verordnungen 20	c) § 10 GefStoffV........... 48
III. Anwendungsbereich der GefStoffV....................... 28	d) § 11 GefStoffV 50
1. Tätigkeitsbezug der Verordnung 28	2. Betriebsstörungen (§ 13 GefStoffV)............. 51
2. Adressatenkreis.............. 29	3. Unterrichtung und Unterweisung................... 53
IV. Allgemeine Schutzpflichten: Informationsermittlung und Gefährdungsbeurteilung......... 30	4. Fremdfirmenbeschäftigte (§ 15 GefStoffV)............. 59
1. Allgemeine Bedeutung....... 30	5. Klein- und Mittelunternehmen 60
2. Struktur des § 6 GefStoffV.. 32	6. Gefahrstoffe und Lebenszyklus 61
3. Marktbezogene Regelungen: Informationsermittlung (§§ 4, 5 GefStoffV).......... 33	VII. Die Schlüsselrolle des Ausschusses für Gefahrstoffe.............. 63
4. Betriebsbezogene Regelungen: Gefährdungsbeurteilung (§ 6 GefStoffV)......... 36	VIII. Rechtsdurchsetzung 66

I. Normzweck, Rechtssystematik

Die GefStoffV dient ähnlich wie das ChemG einem mehrfachen Schutzzweck: **Menschen und Umwelt** sollen **vor stoffbedingten Schädigungen geschützt** werden, indem Vorsorge- und Schutzmaßnahmen angeordnet werden. Der **Schutzbereich der GefStoffV** ist sehr weit gefasst und konzentriert sich nicht nur auf die **betriebliche Arbeitswelt**, sondern betrifft auch die allgemeine Lebensumwelt.[1] In der Praxis bleibt die GefStoffV weitgehend auf Fragen des Arbeitsschutzes beschränkt, weil nach § 1 Abs. 4 S. 1 Nr. 2 GefStoffV private Haushalte vom Anwendungsbereich ausgenommen worden sind und die Technischen Regeln fast ausnahmslos Situationen am Arbeitsplatz beschreiben. Mit den Vorschriften sollen zunächst die Gefahrstoffe so weitgehend analysiert werden, dass eine bessere Kontrolle und Handhabung in den Arbeitsstätten möglich wird und auf diese Weise die Beschäftigten und andere Personen vor Gefährdungen ihrer Gesundheit und Sicherheit sowie auch die Umwelt vor Schädigungen bewahrt

1

---

[1] Heilmann, Gefahrstoffrecht, GefStoffV § 1 Rn. 1; Münch/ArbR/Kohte § 295 Rn. 32.

werden. Die Notwendigkeit für eine Typisierung wird bereits dadurch deutlich, dass allein in Deutschland Tag für Tag 4,6 Millionen Beschäftigte mit ca. 2,3 Millionen verschiedenen Gefahrstoffen an ihren Arbeitsplätzen in Kontakt kommen.[2] Die Notwendigkeit einer Regelung wird bekräftigt durch die aktuellen Daten der DGUV, dass die Todesopfer bei anerkannten Berufskrankheiten vorrangig bei den Erkrankungen durch Gefahrstoffe, vor allem durch Asbest, zu finden sind.[3]

2 Seit der Erstfassung der GefStoffV von 1986 wird bereits das **Inverkehrbringen von Stoffen, Gemischen und Erzeugnissen geregelt** und sind auch Maßnahmen vorgegeben, mit denen **Herstellung und Verwendung** bestimmter Gefahrstoffe verboten und beschränkt werden können. Seit der GefStoffV 2010 wird in § 4 Abs. 1 GefStoffV im Hinblick auf das Inverkehrbringen nur noch deklaratorisch auf die CLP/GHS-VO (→ Rn. 26) verwiesen. Mittlerweile ist die Übergangszeit für die Übernahme der Vorgaben des CLP-Einstufungs- und Kennzeichnungssystems abgelaufen. Die letzte Frist für die Überführung von Gemischen, die vor dem 1.6.2015 in Verkehr gebracht und nach altem Recht eingestuft worden sind, lief am 31.5.2017 aus. § 16 Abs. 1 GefStoffV verdeutlicht, dass die Verbote und Beschränkungen maßgeblich auf der REACH-VO (→ Rn. 20) basieren und die GefStoffV lediglich zusätzliche nationale Sonderregelungen trifft.

3 Für das Gefahrstoffrecht in seiner heutigen Form war und ist das Unionsrecht ein ständig begleitender Impuls. Kennzeichnend ist, wie auch in anderen Bereichen des Arbeitsschutzes, eine Trennung in **marktbezogene** und **betriebsbezogene Vorschriften**.[4] Inhaltlich wirken die vor allem im ChemG normierten marktbezogenen Regelungen, die in erster Linie der Erfassung, Verpackung und Kennzeichnung der Chemikalien dienen, als eine Vorprüfungsinstanz vor dem Inverkehrbringen der chemischen Stoffe. Auf diese Art und Weise können besonders gesundheitsgefährdende Stoffe erkannt und ihre Verwendung in der Produktion eingeschränkt bzw. ein Ersatz durch nicht oder weniger gefährdende Stoffe ermöglicht werden. Die GefStoffV beinhaltet daher auch einen Bezug zu den marktbezogene Regelungen (§§ 21–24 GefStoffV) und verweist bei Ordnungswidrigkeiten und Straftaten auf das ChemG.

4 Ein umfassender Schutz für die Beschäftigten kann nur durch ein **Zusammenwirken der markt- und betriebsbezogenen Vorschriften** erreicht werden. Für alle Gefahrstoffe bedarf es einer konkreten Gefährdungsbeurteilung der Arbeitsplätze und der Anweisung der Beschäftigten, wie deren sicherer Einsatz am Arbeitsplatz realisierbar ist. Das resultiert aus dem weiten Begriff „Gefahrstoffe" gem. § 2 Abs. 1 GefStoffV, wonach quasi jeder Stoff unabhängig davon, ob er in den Verkehr gebracht worden ist oder nicht, auf den Prüfstand gestellt werden kann. Dabei sind die konkreten betrieblichen Bedingungen in die Planungen einzubeziehen. Nur eine genaue Betrachtung der Arbeitsstätten sowie der Arbeitsweise und eine Einordnung der Kenntnisse und Fähigkeiten der Beschäftigten kann den Vorschriften für eine hinreichende Gefährdungsbeurteilung genügen.[5] Dieses **Wechselspiel zwischen den markt- und betriebsbezogenen Regelungen** ist unerlässlich und Beispiel eines funktionierenden Arbeitsschutzes. Im Zusammenspiel von markt- und betriebsbezogenen Regelungen fungieren daher als **Ermächtigungsgrundlagen** vor allem die §§ 18, 19 ArbSchG im Hinblick auf die betriebsbezogenen Regelungen, § 19 **ChemG** sowie CLP/GHS-VO hinsichtlich der stoff- bzw. marktbezogenen Regelungen.

5 Seit der GefStoffV 2010 wurden die REACH-VO (→ Rn. 20 ff.) sowie die CLP/GHS-VO (→ Rn. 26) nach und nach in die GefStoffV überführt. Bis 2010 bestanden Schwierigkeiten gerade im Hinblick auf die richtige Einordnung der sog **Altstoffe**. Diese waren zusammengefasst in der EINECS-Liste,[6] die alle Stoffe erfasst, die bereits vor dem Jahr 1981 auf dem Markt waren. Erst ab 1981 wurden die sog **Neustoffe** einer detaillierteren Untersuchung mit verstärkter Berücksichtigung etwaiger Gefährdungen für

---

2 IG Metall Vorstand, Gefahrstoffe im Betrieb: Umfassend schützen und dokumentieren, Gute Arbeit 2011, 7. 3 DGUV Kompakt, Juni 2015, S. 1. 4 Münch/ArbR/Kohte § 295 Rn. 2. 5 Münch/ArbR/Kohte § 295 Rn. 33. 6 Die Abkürzung steht für: European INventory of Existing Commercial chemical Substances, deutsche Übersetzung: Europäische Datenbank kommerzieller Altstoffe.

die menschliche Gesundheit sowie der Umwelt unterzogen. Die gewonnenen Ergebnisse wurden in der ELINCS-Liste[7] registriert und ließen eine deutlich bessere Handhabung in den Betrieben zu. Der Großteil der auf dem Markt verwendeten Stoffe blieben jedoch die nur in unzureichender Form geprüften und erforschten Altstoffe. Durch die REACH-VO und die CLP/GHS-VO wurden die Daten sowohl aus der EINECS- als auch aus der ELINCS-Liste zusammengetragen und **alle Akteure der Lieferkette** in die Pflicht genommen.[8] Die Datenbank ist auf der Homepage der europäischen Chemikalienagentur (ECHA) zu finden.[9] Von diesen Änderungen profitiert die GefStoffV, denn dadurch wird ein einheitliches Informationsniveau für alle Stoffe (Alt- und Neustoffe) geschaffen, das für betriebliche Schutzmaßnahmen genutzt werden kann.[10]

II. Unionsrecht, Entstehungsgeschichte

1. Ausgangspunkt: Chemikalienrecht der Union. a) Marktbezogene Regelungen. Ursprünglich stellte sich das Gefahrstoffrecht in Deutschland als ein kaum durchsichtiges Geflecht einer Vielzahl von Rechtsvorschriften dar. Für den einzelnen Unternehmer ebenso wie für die Aufsichtsbehörden war es schwer, sich einen ganzheitlichen Überblick zu verschaffen. Der erste Schritt hin zu einem verständlicheren und praktikableren Gefahrstoffrecht gelang mit der **Chemikalien-RL 67/548/EWG**.[11] Der inhaltliche Schwerpunkt dieser gemeinschaftsrechtlichen Vorschrift lag auf der **Einstufung, Verpackung und Kennzeichnung der gefährlichen Stoffe**. Trotz der von Beginn an in diesen Regeln enthaltenen Umgangsvorschriften sind sie vorrangig als marktbezogene Vorgaben zu qualifizieren.[12]

In der Folge fand auch in Deutschland eine Überarbeitung der alten Vorschriften statt, die teilweise noch den Zeiten des Deutschen Reiches entstammten.[13] Mit der ArbStoffV 1971[14] begann die Umsetzung der Chemikalien-RL 67/548/EWG, indem die Rechts- und Verwaltungsvorschriften für die Einstufung, Verpackung und Kennzeichnung der gefährlichen Stoffe weitestgehend angepasst wurden.[15]

Im Laufe der Jahre ist die Chemikalien-RL 67/548/EWG durch mehr als 30 Änderungsrichtlinien überarbeitet und erweitert worden. Ein erheblicher Fortschritt erfolgte im Jahre 1977 mit der RL 77/728/EWG,[16] die **Zubereitungen**, wie zB Lösemittel, Lacke und Klebstoffe, registrierte und damit die praxisrelevanten **Stoffgemische** berücksichtigte. Daraufhin wurde in der ArbStoffV 1980 die Liste der gefährlichen Stoffe von vorher 430 auf 880 Stoffe erhöht.[17] 1999 kam es letztmalig zu einer generellen Novellierung, aus der die **Zubereitungs-RL 99/45/EG**[18] hervorging, die seit dem 1.7.2017 nicht mehr Anwendung findet.

Eine bedeutende Weiterentwicklung der Marktrichtlinien, auch im Hinblick auf die Substitution von Gefahrstoffen, begann mit der **Beschränkungs-RL 76/769/EWG**,[19] die Verbote und Beschränkungen für das Inverkehrbringen sowie Verwenden bestimmter gefährlicher Stoffe und Zubereitungen normierte. Zunächst sah die Beschränkungs-RL 76/769/EWG diese Einschränkungen nur für eine geringe Zahl von gefährlichen Stoffen vor. Es folgten in den nächsten Jahren zahlreiche Änderungen, ua durch die RL 83/478/EWG,[20] die als Grundlage für das nach und nach vollzogene **Verbot der diversen Asbestarten** gilt, das sich heute in Anhang XVII Nr. 6 der REACH-VO (→

---

[7] Die Abkürzung steht für: European List of Notified Chemical Substances, deutsche Übersetzung: Europäisches Neustoff-Verzeichnis. [8] Kluger Gute Arbeit 1/2012, 19; Grüneberg AiB 2011, 588. [9] https://echa.europa.eu/. [10] Dazu Bekanntmachung des BMAS vom Januar 2010 zur Nutzung der REACH-Informationen für den Arbeitsschutz: BekGS 409, GMBl 2010, 210–224. [11] RL 67/548/EWG vom 16.8.1967, ABl. EG (P) Nr. 196, 1. [12] Münch/ArbR/Kohte § 295 Rn. 2. [13] Börgmann, Die Gefahrstoffverordnung im Spannungsfeld zwischen Verfassungs- und EG-Recht, S. 31. [14] Verordnung über gefährliche Arbeitsstoffe vom 17.9.1971, BGBl. I, 1609; Klein in: FS Wlotzke, S. 533, 543 ff. [15] Wank/Börgmann, Deutsches und europäisches Arbeitsschutzrecht, S. 112 ff.; Börgmann, Die Gefahrstoffverordnung, S. 31. [16] RL 77/728/EWG vom 7.11.1977, ABl. EG L 303, 23. [17] Börgmann, Die Gefahrstoffverordnung, S. 32. [18] RL 99/45/EG vom 30.7.1999, ABl. EG L 200, 1. [19] RL 76/769/EWG vom 27.9.1976, ABl. EG L 262, 201. [20] RL 83/478/EWG vom 19.9.1983, ABl. EG L 263, 33.

Rn. 20) befindet.[21] Mittlerweile hat sich die Zahl der von der Richtlinie betroffenen gefährlichen Stoffe deutlich erhöht. Trotz einzelner umgangsbezogener Regelungen sind die Kernpunkte dieser Richtlinie eindeutig marktbezogen, weil verhindert werden soll, dass diese Stoffe in den Verkehr gebracht und auf dem Gütermarkt angeboten werden.[22]

10 Durch das **ChemG 1980**[23] wurde auch in Deutschland eine Vereinheitlichung normiert, die grundsätzlich auf alle Stoffe und Zubereitungen Anwendung fand, so dass neben dem Verbraucher- sowie Arbeitsschutz auch der Umweltschutz in das Gesetz integriert wurde. Mit dem ChemG war es fortan möglich, sämtliche „neue Stoffe", die erstmals auf den Markt gebracht werden, nach einem einheitlichen Anmelde- und Prüfverfahren zu listen. Die Annahme der Anmeldungen wurde der Bundesanstalt für Arbeitsschutz und Arbeitsmedizin (BAuA) übertragen. Auf europäischer Ebene ist durch die REACH-VO (→ Rn. 20), die 2007 und die CLP/GHS-VO (→ Rn. 26), die 2009 in Kraft traten, das Einstufungs- und Kennzeichnungssystem von Gefahrstoffen weiter verbessert worden.

11 **b) Betriebsbezogene Richtlinien.** Nachdem die ersten marktbezogenen Richtlinien etabliert waren, begann die Entwicklung von Vorschriften, die unmittelbar auf den betrieblichen Arbeitsschutz bezogen sind. Regelungen zum **betrieblichen Umgang** enthielt **erstmals die RL 80/1107/EWG**,[24] die dem direkten Schutz der Arbeitnehmer vor Gefährdungen durch chemische, physikalische und biologische Arbeitsstoffe diente. In der Folge erweiterte sich das Stoffspektrum durch Einzel-RL ua um die Gefahrstoffe **Blei**[25] und vor allem **Asbest**,[26] das seit 1983 schrittweise strikten Herstellungs- und Verwendungsbeschränkungen unterworfen wurde. Die aktuellen Beschränkungen ergeben sich aus der **RL 2009/148/EG**,[27] auf die in § 7 Abs. 11 GefStoffV Bezug genommen wird. Mittlerweile wurde von der European Federation of Building and Woodworkers (EFBWW) eine Kampagne ins Leben gerufen, die bis zum Jahr 2023 ein asbestfreies Europa zum Ziel hat.[28]

12 Die Rahmen-RL 89/391/EWG[29] war für den betrieblichen Arbeitsschutz ein erheblicher Fortschritt. Mit dieser gemeinschaftlichen Regelung wurde im Prinzip ein „Allgemeiner Teil" des europäischen Arbeitsschutzrechts geschaffen, zu dem die Einzel-RL den „Besonderen Teil" bilden.[30] Aufgrund dieses enormen Stellenwerts bezeichnete Wlotzke zutreffend die Rahmen-RL 89/391/EWG als „Grundgesetz des gemeinschaftsrechtlichen Arbeitsschutzes".[31] Mit Art. 16 Abs. 1 RL 89/391/EWG bestand nunmehr die Möglichkeit, innerhalb des dort festgehaltenen allgemeinen Rahmens Einzel-RL zu erlassen, die Regelungen für konkretere, stoffspezifische Gefährdungen vorsahen.[32]

13 Eine wichtige auf der Grundlage von Art. 16 Abs. 1 Rahmen-RL 89/391/EWG beruhende Einzel-RL war zunächst die RL 90/394/EWG,[33] die den **Umgang mit krebserzeugenden Stoffen** regelte, die inzwischen in der **RL 2004/37/EG**[34] kodifiziert wurde. Anfang 2017 hat die Kommission einen Vorschlag zur Aktualisierung dieser Richtlinie vorgelegt, der inzwischen auch Zustimmung im Parlament gefunden hat.[35] Gerade bei diesen Gefahrstoffen kommt das **Vorsorgeprinzip** besonders zum Tragen, denn die Substitutionspflichten werden innerhalb dieser Regelwerke verstärkt in den Vordergrund gerückt. Nach Art. 4 dieser Richtlinie wird bei Expositionen mit diesen gefährlichen Stoffen ein **klarer Vorrang der Substitution** solcher Stoffe angeordnet, „soweit dies technisch möglich ist". Ist eine solche Substitution nicht möglich, so hat nach Art. 5 Nr. 2 der Richtlinie die Herstellung und Verwendung des Karzinogens, soweit tech-

---

21 Zur praktischen Bedeutung im Baurecht: VG Cottbus 12.12.2014 – 3 K 1001/13. **22** Münch/ArbR/Kohte § 295 Rn. 3; Wank/Börgmann, S. 120 f. **23** Gesetz zum Schutz vor gefährlichen Stoffen vom 16.9.1980 – Chemikaliengesetz (ChemG). **24** Rahmen-RL 80/1107/EWG vom 27.11.1980, ABl. EG L 327, 8. **25** RL 82/605/EWG vom 28.7.1982, ABl. EG L 247, 12. **26** RL 83/477/EWG vom 19.9.1983, ABL. EG L 263, 25. **27** RL 2009/161 vom 30.11.2009, ABl. EG. L 330, 28. **28** Abrufbar im Internet unter: www.efbwv.org. **29** RL 89/391/EWG vom 12.6.1989, ABl. EG L 183, 1. **30** Kohte in: EAS B 6100 Rn. 1. **31** Wlotzke NZA 1990, 415 (417). **32** Kohte in: EAS B 6100 Rn. 1; Münch/ArbR/Kohte § 295 Rn. 5. **33** RL 90/394/EWG vom 26.7.1990, ABl. EG L 196, 1. **34** RL 2004/37/EG vom 29.4.2004, ABl. EG L 158, 50. **35** COM (2017) 11 final.

nisch möglich, in einem **geschlossenen System** stattzufinden. Falls auch dies nicht möglich ist, gilt ein **striktes Minimierungsgebot**.[36] Ein vergleichbares Minimierungsgebot gilt für vorsehbare Expositionen bei bestimmten Tätigkeiten, wie zB Wartungsarbeiten. Bei unvorsehbaren Expositionen soll das Minimierungsgebot dadurch realisiert werden, dass nur diejenigen Beschäftigten Zugang zu dem betroffenen Bereich haben, die für Reparaturen und sonstige notwendige Arbeiten zuständig sind. Wegen der Gefährlichkeit dieser Stoffe sind ausführliche Regelungen zu Hygienemaßnahmen, individuellen Schutzmaßnahmen und zur Gesundheitsüberwachung getroffen. Art. 15 RL 89/391/EWG verlangt – ebenso Art. 19 RL 2009/148/EG –, dass die Gesundheitsdaten 40 Jahre aufbewahrt werden und dass ein innerstaatliches Verfahren zur Verfügung gestellt wird, so dass bei Einstellung des Unternehmens diese Daten der zuständigen Behörde zur Aufbewahrung übertragen werden (→ Rn. 58).

Eine umfassende Vereinheitlichung der Umgangsregeln für allgemeine chemische Stoffe, die nicht so gefährlich wie Kanzerogene sind, ist durch die **RL 98/24/EG**[37] erreicht worden. Diese Richtlinie enthält als zentrale Bestimmung ebenfalls ein **deutliches Substitutionsgebot**,[38] das in Art. 6 der Richtlinie allerdings weniger strikt als bei kanzerogenen Stoffen formuliert worden ist. Gleichwohl gelten auch hier die in Art. 6 der Rahmenrichtlinie normierten allgemeinen Grundsätze, dass technische Maßnahmen vor organisatorischen und personellen Maßnahmen anzuwenden sind und dass **kollektive Schutzmaßnahmen den Vorrang gegenüber individuellen Schutzmaßnahmen** haben. Auch in dieser Richtlinie nimmt die **Gefährdungsbeurteilung** eine Schlüsselrolle ein. Nach Art. 4 Abs. 5 der Richtlinie darf jede neue Tätigkeit mit gefährlichen chemischen Arbeitsstoffen erst aufgenommen werden, nachdem eine Gefährdungsbeurteilung vorgenommen worden ist und alle ausgewiesenen Vorbeugungsmaßnahmen durchgeführt worden sind. In § 7 Abs. 1 GefStoffV ist diese Vorgabe wörtlich übernommen worden, gleichwohl ist sie bisher sowohl in der betrieblichen Praxis als auch in der Judikatur kaum aufgenommen worden.[39] Zu den weiteren Grundsätzen der RL 98/24/EG gehört das **Transparenzgebot**, mit dem Information und Unterweisung der Beschäftigten nachhaltig gesichert werden soll. Ebenso enthält Art. 10 RL 98/24/EG eine ausführliche Regelung zur **Gesundheitsüberwachung**, die vorrangig auf die Erkenntnis von Gefahrstoffemissionen abzielt und dafür sorgen soll, dass betriebliche Schutzmaßnahmen umfassend und realistisch erfolgen. Diese Gesundheitsüberwachung hat einzusetzen, wenn die Exposition der Arbeitnehmer gegenüber einem gefährlichen chemischen Arbeitsstoff mit einer bestimmbaren Krankheit oder einer gesundheitsschädlichen Auswirkung zusammenhängen kann. Die Beschäftigten haben das Recht auf Einsicht in die Gesundheits- und Expositionsakten. Stellt ein Unternehmen seine Tätigkeit ein, so sind nach Art. 10 Abs. 3 Unterabs. 4 die Gesundheits- und Expositionsakten der zuständigen Behörde zur Verfügung zu stellen (→ Rn. 58).

Durch Art. 3 der RL wurde die Kommission, die bereits 1995 durch den Beschluss 95/320/EG einen wissenschaftlichen Ausschuss (SCOEL) zur Beratung solcher Grenzwerte gebildet hatte, ermächtigt, **Arbeitsplatzgrenzwerte** für gefährliche chemische Arbeitsstoffe festzulegen. Durch die RL 2000/39/EG[40] wurde eine erste Liste festgelegt; inzwischen ist durch die RL 2017/164/EU[41] bereits eine vierte Liste publiziert worden. Die Mitgliedstaaten sind verpflichtet für alle in den Listen aufgeführten Stoffe einen **nationalen Arbeitsplatzgrenzwert** vorzuschlagen. Dabei sind die europäischen Grenzwerte zu berücksichtigen. In Deutschland wird die Bestimmung der Arbeitsplatzgrenzwerte vom AGS vorgenommen (→ Rn. 64). Die nach § 20 Abs. 4 GefStoffV vom zuständigen Ministerium publizierten Grenzwerte sind nach § 7 Abs. 8 GefStoffV von jedem Arbeitgeber einzuhalten.

Eine weitere Richtlinie, die auch dem Schutz der Beschäftigten vor den Folgen von Gefahrstoffen dient, ist die mehrfach geänderte **Störfallrichtlinie**. Diese ist 1982 als

---
36 Einzelheiten bei Kreizberg in: EAS B 6200 Rn. 159 ff. **37** ABl. EG L 131, 11 vom 5.5.1998; Scheel DB 1999, 1654 ff. **38** Scheel DB 1999, 1654 (1656). **39** Dazu Kohte, Anm. BAG AP Nr. 29 zu § 618 BGB. **40** ABl. EG L 142, 47 vom 16.6.2000. **41** ABl. EU L 27, 115 vom 1.2.2017.

RL 82/501/EWG über die Gefahren schwerer Unfälle bei bestimmten Industrietätigkeiten erlassen worden.[42] Eine grundlegende Novellierung erfolgte 1996 durch die Seveso II-RL (RL 96/82/EG),[43] die eine geringfügige Erweiterung durch die RL 2003/105/EG erfuhr.[44] Die inzwischen beschlossene Seveso III-RL (RL 2012/18/EU) wurde zunächst 2013 durch minimale Änderungen in die StörfallV übertragen.[45] Das erforderliche Gesetz zur Umsetzung der RL 2012/18/EU wurde mit Verspätung im Dezember 2016 veröffentlicht.[46] Die konkreten Änderungen der StörfallV erfolgten im Januar 2017.[47] Die Erwägungsgründe dieser Richtlinien gehen seit 1996 davon aus, dass schwere Unfälle in den meisten Fällen auch durch **organisatorische Mängel** verursacht worden sind,[48] so dass mit der Richtlinie auch grundlegende Prinzipien für Managementsysteme formuliert worden sind.

17 Die Richtlinie verlangt von den Betreibern gefährlicher Anlagen, in denen schwere Unfälle entstehen können, besondere Vorkehrungsmaßnahmen, wenn und weil in diesen Anlagen eine bestimmte Menge von gefährlichen Stoffen genutzt wird bzw. entstehen kann. Die entsprechenden Betriebsbereiche werden nach den jeweiligen Mengenschwellen der relevanten Stoffe unterschieden. Wird die untere Mengenschwelle überschritten, dann ist in den „einfachen" Betriebsbereichen ein **Konzept zur Verhütung schwerer Unfälle** vom Betreiber aufzustellen und umzusetzen. Dieses Konzept dient sowohl der Verhütung schwerer Unfälle als auch der Begrenzung möglicher Unfallfolgen. Das Konzept soll durch geeignete Mittel, Organisation und Managementsysteme realisiert werden (Art. 8 RL 2012/18/EU) und muss dem strengen **Stand der Sicherheitstechnik** entsprechen.[49] Wird eine erhöhte Mengenschwelle überschritten, dann werden weitergehende Anforderungen gestellt. In diesen Betriebsbereichen ist ein **Sicherheitsbericht** zu erstellen, der auch der Behörde vorgelegt wird. Dieser Bericht soll eine verständliche Darstellung des gesamten Betriebsbereichs sowie der Anlagen und Verfahren enthalten und darstellen, mit welchen Mitteln das jeweilige Störfallkonzept realisiert wird. Weiter sind **interne Alarm- und Gefahrenabwehrpläne** aufzustellen und mit den **externen Notfallplänen der Behörden** abzustimmen.

18 Die Beschäftigten, aber auch die Nachbarschaft und die Öffentlichkeit sind über Sicherheitsmaßnahmen und das richtige Verhalten im Fall eines Störfalls zu informieren. Mit dem Konzept, dem Bericht und den weitergehenden Informationspflichten enthält diese Richtlinie Elemente, die für das heutige europäische und deutsche Chemikalienrecht Leitbildcharakter eingenommen haben. Von Anfang an ist in der Störfallrichtlinie die **Information und Partizipation der Beschäftigten** betont worden. In der aktuellen Fassung wird verlangt, dass das Erfahrungswissen der Beschäftigten – zu denen insoweit auch die Leiharbeitnehmer und die Werkvertragsbeschäftigten gehören[50] – herangezogen wird, um Sicherheitsmaßnahmen und Gefahrenabwehrpläne aufzustellen (so jetzt auch § 10 Abs. 3 StörfallV). Sie enthält auch präzise Anforderungen an die nationalen Behörden und ihre Aufsichtstätigkeit, nachdem der Europäische Gerichtshof bereits 1999 aus der ersten Richtlinie entsprechende Pflichten der Aufsichtsbehörden abgeleitet hatte.[51]

19 Bereits im Vorfeld der ersten Störfallrichtlinie war in Deutschland die **StörfallVO als 12. BImSchGV** erlassen worden. Diese Verordnung ist seit 1980 mehrfach, zuletzt eingehend im Januar 2017[52], novelliert und an die europäische Rechtsentwicklung angepasst worden. Sie ist in ihrer heutigen Fassung sowohl für das Umweltrecht als auch für das Arbeitsschutzrecht von leitbildprägender Bedeutung. Umsetzungsprobleme hatte es nach 2000 bei der Abstimmung von internen und externen Notfallplänen gege-

---

[42] ABl. EG 1982 L 230, 1, dazu ausführlich BFK Rn. 496 ff. [43] ABl. EG 1997 L 10, 11 ff.
[44] ABl. EG 2003 L 345, 97. [45] Erste VO zur Änderung der StörfallV vom 14.8.2013, BGBl. I 2013, 3230. [46] BGBl. I 2016, 2749; dazu BT-Drs. 18/6417. [47] Verordnung zur Umsetzung der Richtlinie 2012/18/EU, BGBl. I 2017, 47, dazu Uechtritz DVBl 2017, 659 ff. [48] Kohte WSI-Mitteilungen 2000, 567 (571); Münch/ArbR/Kohte § 294 Rn. 63; Spindler UPR 2001, 81. [49] Feldhaus UPR 2000, 121 (124). [50] Julius, Arbeitsschutz und Fremdfirmenbeschäftigung, 2004, S. 74.
[51] EuGH 17.6.1999 – C-336/97, Slg 1999, I-3771 ff.; dazu Kohte in: FS Heilmann, S. 73, 79 ff.
[52] Verordnung zur Umsetzung der Richtlinie 2012/18/EU, BGBl. I 2017, 47, neu bekannt gemacht in I 483 ff.

ben. Nachdem die Bundesrepublik Deutschland in einem Vertragsverletzungsverfahren 2002 verurteilt worden war,[53] ist nunmehr in allen Bundesländern eine entsprechende Gesetzgebung erfolgt. Weitere Entscheidungen des Europäischen Gerichtshofs haben den Prozess der Verknüpfung interner und externer Notfallplanung und die Pflichten der Behörden präzisiert.[54] Durch die Judikatur des Europäischen Gerichtshofs ist auch verdeutlicht worden, dass die Belange des Störfallschutzes bei der Bauplanung beachtet werden müssen.[55] Für das Arbeitsschutzrecht ist inzwischen allgemein anerkannt, dass die Störfallverordnung dem Schutz der Beschäftigten dient, so dass die Partizipation hier vor allem durch Betriebsvereinbarungen nach § 87 Abs. 1 Nr. 7 BetrVG sowie durch Informationen nach §§ 80, 89 BetrVG zu erfolgen hat.[56]

2. Verordnungen. Das heutige Chemikalien- und Gefahrstoffrecht wird bei den marktbezogenen Regelungen im Wesentlichen geprägt von zwei europäischen Verordnungen, der VO 1907/2006[57] (der **REACH-Verordnung**)[58] sowie der VO 1272/2008, der **CLP/GHS-Verordnung**.[59] Die REACH-VO ist 2007 in Kraft getreten. Die Regelungen der REACH-VO machten das REACH-Anpassungsgesetz vom 20.5.2008[60] erforderlich. Um die Informationen über die Gefahrstoffe aus der REACH-VO für die arbeitsschutzrechtlichen Aufgaben sinnvoll einsetzen zu können, ist die Bekanntmachung zu Gefahrstoffen **BeKGS 409 zur Nutzung der REACH-Informationen für den Arbeitsschutz** im Januar 2010 bekanntgegeben worden.[61] Die CLP/GHS-VO[62] ist für neue Stoffe 2009 in Kraft getreten. Mit der Novellierung der GefStoffV 2010 sind die beiden Verordnungen aufgenommen worden. Die letzten Anpassungsmaßnahmen erfolgten durch die GefStoffV 2016.[63]

Das europäische Chemikalienrecht und das ChemG waren ursprünglich auf neue Stoffe beschränkt, die seit 1981 hergestellt und in den Verkehr gebracht wurden. Auf diese Weise waren auch 25 Jahre später erst ca. 4.000 Stoffe erfasst, während mehr als 100.000 Stoffe als Altstoffe von der Regulierung ausgeklammert waren. Dieses **regulatorische Defizit**[64] wird durch die REACH-VO schrittweise korrigiert. Die Verordnung dient der Registrierung, Evaluierung und Zulassung von Chemikalien; sie erfasst jetzt auch die Mehrzahl der Altstoffe, sofern sie in einer bestimmten Menge hergestellt bzw. auf den Markt gebracht werden. Bereits abgeschlossen sind die Registrierungen von Stoffen, die in Mengen von 1000 t oder mehr pro Jahr und 100–1000 t hergestellt/importiert werden. Für die letzte Registrierungsstufe (Stoffe von 1–100 t pro Jahr) läuft die Umsetzungsfrist am 31.5.2018 aus.

Ab einer Jahrestonnage von 1 t ist der Hersteller, der in der europäischen Union agiert, verpflichtet, einen solchen Stoff bei der europäischen Chemikalienagentur (ECHA) registrieren zu lassen. Ohne eine solche **Registrierung** darf ein Stoff nicht vermarktet werden (no data – no market).[65] Für diese Registrierung sind in Art. 10 der Verordnung entsprechende Angaben vorgeschrieben worden. Bei einer Menge von 10 t ist über den Stoff ein **Stoffsicherheitsbericht** zu erstellen.[66] In dem Bericht sind die Risiken der jeweiligen Stoffe verwendungsbezogen und unter Berücksichtigung des gesamten Lebenszyklus des Stoffes darzustellen und zu erläutern. Dabei sind die Hersteller gehalten, bei der Registrierung von Stoffen mit einer jährlichen Produktionsmenge von mehr als 10 t einen oder auch mehrere Richtwerte anzugeben, bei deren Einhaltung nach ihrer Überzeugung keine Gefährdung der Arbeitnehmer und Verbraucher mehr besteht. Diese **Expositions-Richtwerte** werden als **DNEL (derived no effect level)** bezeichnet.[67]

---

53 EuGH 14.5.2002 – C-383/00, Slg 2002, I-4219 ff.; vgl. EuGH 2.4.2009 – C-401/08 (Österreich). **54** EuGH 25.3.2010 – C-392/08, Slg 2010, I-2537 ff. (Kommission ./. Spanien). **55** EuGH 15.9.2011 – C-53/10, UPR 2011, 443 (Müksch); vgl. EuGH 30.9.2010 – C-36/10 (Belgien). **56** Kohte/Faber, Störfallrecht und Betriebsverfassung, S. 24 ff.; HaKo-BetrVG/Kohte § 89 Rn. 25. **57** ABl. EG L 396, 1 ff. **58** Fischer DVBl 2007, 853; Grüneberg AiB 2011, 588 (589). **59** ABl. EG L 353, 1 ff. **60** BGBl. I 2008, 922, zur Begründung BR-Drs. 8/08, zum Inhalt Kreizberg in: EAS B 6400 Rn. 72 ff. **61** GMBl. 2010, 210 ff.; vgl. dazu Wriedt Gute Arbeit 2/2010, 37 ff. **62** Becker NVwZ 2009, 1011. **63** BGBl. I 2016, 2549 ff.; Aligbe ArbR aktuell 2017, 108. **64** Ingerowski, Die REACH-Verordnung, S. 83 ff. **65** Grupp BB 2010, 1103 (1104). **66** Zu den Einzelheiten Kreizberg in: EAS B 6400 Rn. 23. **67** Ausführlich Welzbacher BG 2011, 560 ff.; Pieper GefStoffV § 2 Rn. 17 b.

Diese Richtwerte werden eigenverantwortlich von den Herstellern bzw. Importeuren erstellt. Zwar gibt es für die Bemessung dieser Richtwerte Leitfäden, allerdings basieren die DNEL nicht auf den Ergebnissen eines wissenschaftlichen Prüfverfahrens. Hingegen muss ein Arbeitsplatzgrenzwert (AGW) von einem wissenschaftlichen Gremium vorbereitet und auf einem wissenschaftlichen Messverfahren beruhen. Die Kriterien für die Ableitung eines AGW beschreibt die TRGS 901. Das Einhalten dieses Verfahrens ist notwendig, weil strikte rechtliche Konsequenzen in §§ 7 Abs. 8, 9 Abs. 1 GefStoffV nur an die Überschreitung der AGW geknüpft sind.[68] Die DNEL sollen hingegen bei der Gefährdungsbeurteilung Berücksichtigung finden.[69] Während die Grenzwerte, die die Kommission in Umsetzung der RL 98/24/EG formuliert hat, bisher nur relativ wenige Stoffe betrafen, und die Grenzwerte, die der AGS in der TRGS 900 formuliert hat, noch einen überschaubaren Stand betreffen, soll mittels der DNEL eine Zahl von Grenzwerten für mehrere tausend Stoffe ermittelt und publiziert werden. Dabei sind zahlreiche Fragen noch nicht geklärt, wenn diese Richtwerte bei verschiedenen Herstellern differieren bzw. von den Grenzwerten der Kommission bzw. des AGS nachhaltig abweichen.[70] Das ist bisher kein Einzelfall, wie erste Auswertungen zur Vergleichbarkeit von AGW und DNEL zeigen.[71]

23 Die wesentlichen Ergebnisse des Berichts sind in das **Sicherheitsdatenblatt** aufzunehmen, das bei der Vermarktung den jeweiligen Kunden zu übergeben ist. Den Herstellern stehen die Importeure gleich, die Stoffe importieren, die außerhalb der europäischen Union hergestellt worden sind. Sie haben sich von diesen Herstellern die entsprechenden Informationen zu beschaffen. Solche Hersteller können allerdings nach Art. 8 der VO einen Vertreter bestellen, der diese Informationspflichten und gleichzeitig auch alle weiteren Verpflichtungen eines Importeurs wahrnimmt.[72]

24 Die Registrierung hat eine mehrfache Funktion. Zum einen soll sie dafür sorgen, dass Daten über diese Stoffe generiert und an die staatlichen Behörden geliefert werden, so dass diese eine eigene Risikobewertung, zu der eine Dosierbewertung sowie Stoffbewertung gehören, vornehmen können. Wenn Stoffe von der europäischen Chemikalienagentur als besonders besorgniserregend eingeschätzt werden, wird eine Empfehlung an die Europäische Kommission gegeben. Diese hat darüber zu entscheiden, ob diese Stoffe in eine Liste (sog Kandidatenliste) der **besonders besorgniserregenden Stoffe (Substances of very high concern – SVHC-Stoffe)** aufgenommen werden. Stoffe, die in der Kandidatenliste geführt werden, sind nicht ohne Weiteres zulassungspflichtig, sondern dafür sind zusätzlich die Voraussetzungen von Art. 55–66 REACH-VO zu erfüllen. Erst wenn die Stoffe aus der Kandidatenliste das Zulassungsverfahren durchlaufen haben, werden sie als zulassungspflichtige Stoffe in Anhang XIV der VO aufgenommen.[73] Schließlich regelt die Verordnung ausführlich die **Kommunikationspflichten** in der Lieferkette und die Gestaltung des Sicherheitsdatenblattes nach Art. 31 ff. REACH-VO, um deren wesentlichen Informationen weitergeleitet werden sollen. Wird ein Stoff in die SVHC-Liste aufgenommen, hat der Lieferant das Sicherheitsdatenblatt zu ändern.[74] Damit wird das Sicherheitsdatenblatt, das bereits 1991 durch die RL 91/155/EWG als Kommunikationsinstrument etabliert worden ist,[75] weiter aufgewertet.[76] In der Rechtsprechung des Europäischen Gerichtshofs wird betont, dass diese Informationspflich-

---

68 Welzbacher BG 2011, 560 (565). **69** TRGS 400 „Gefährdungsbeurteilung für Tätigkeiten mit Gefahrstoffen"; TRGS 402 „Ermitteln und Beurteilen der Gefährdungen bei Tätigkeiten mit Gefahrstoffe: Inhalative Exposition"; BekGS 409 „Nutzung der REACH-Informationen für den Arbeitsschutz". **70** Ausführlich Ingerowski, Die REACH-Verordnung, S. 175 ff.; Kleineweischede BG 2011, 210 (213); zu möglichen Entwicklungen Welzbacher BG 2011, 560 (67 f.). **71** Nies/Musanke/Püringer/Rühl/Arnone, DNEL-Werte für Arbeitsplätze – Beobachtungen beim Sichten der DNEL-Liste der DGUV, Gefahrstoffe – Reinhalt. Luft 73 (2013) Nr. 11–12, 455; vgl. Wolf/Lechtenberg-Auffarth BPUVZ 2013, 381. **72** EuGH 7.7.2009 – C-558/07, EuZW 2009, 651 (653). **73** Grupp BB 2010, 1103 (1105); EuGH 15.3.2017, C-323/15 (Polynt); mehr Informationen zum Ablauf einer Eintragung in die Kandidatenliste und das Erfordernis einer Zulassungspflicht unter: https://echa.europa.eu/de/home. **74** EuG 25.9.2015 – T-268/10 RENV. **75** Dazu Marquardt, Sicherheitsdatenblatt, S. 33 ff. **76** Ausführlich Kleineweischede BG 2011, 210 (212 ff.).

ten durch die gesamte Lieferkette hindurch Geltung haben.[77] Nach Art. 35 REACH-VO hat ein Arbeitgeber diese Informationen auch den Beschäftigten und vor allem den Vertretungen der Arbeitnehmer zugänglich zu machen. Da die REACH-VO unmittelbar gilt, ist damit den Beschäftigten eine eigene Anspruchsgrundlage zur Verfügung gestellt.

Auf der Basis der Registrierungsdaten und vor allem der Stoffsicherheitsberichte erfolgt 25
die staatliche **Risikobewertung**, die eine Dosierbewertung und eine Stoffbewertung umfasst. Auf dieser Grundlage legt die europäische Chemikalienagentur eine „Kandidatenliste" für **besonders besorgniserregende Stoffe**. Diese Stoffe bedürfen der vorherigen Zulassung, bevor sie vermarktet werden können. Die Art. 57 ff. der VO werden vom EuGH und EuG zu Recht restriktiv ausgelegt.[78] Mit dem in Art. 60 ff. REACH-VO normierten **Zulassungsverfahren** können gezielte **Herstellungs- und Verwendungsbeschränkungen** beschlossen werden.[79] Mit dieser Regulierung soll nach Art. 1 der VO einerseits ein hohes Schutzniveau für Menschen und Umwelt, zum andern aber auch eine **Wettbewerbsgleichheit**[80] gesichert werden, die ein „ökologisches Dumping" verhindert. 2017 wurden von der Europäischen Chemikalienagentur (ECHA) bereits 174 solcher Stoffe bekannt gemacht. Es ist davon auszugehen, dass diese Zahlen mit weiterem Erkenntnisfortschritt steigen.[81]

Die REACH-VO wird flankiert durch die im Dezember 2008 beschlossene und am 26
20.1.2009 dem Grundsatz nach in Kraft getretene Verordnung 1272/2008 über die **Einstufung, Kennzeichnung und Verpackung** von Stoffen und Gemischen. Diese als CLP-VO (**classification, labeling und packaging**) bezeichnete EU-Verordnung basiert auf dem international entwickelten Globally Harmonized System of classification and labelling of chemical substances (GHS).[82] Dieses System beruht auf einem nicht nur in den europäischen Mitgliedstaaten angewandten System einheitlicher Einstufung und Kennzeichnung, das eine im Wesentlichen gleichartige Gefahreneinstufung voraussetzt und die Gefahrenkommunikation durch eine vereinheitlichte Kennzeichnung, die auch auf neu gestaltete, international einheitliche Piktogramme[83] zurückgreift, ermöglichen will. Diese Verordnung ist wiederum zu beachten, wenn Hersteller ein Sicherheitsdatenblatt erstellen, so dass Schutzmaßnahmen in der Lieferkette getroffen werden können.[84]

Mit diesen beiden EU-Verordnungen werden wichtige Informationen über das Gefahrenpotential der verschiedenen Stoffe und Gemische (nur in der CLP-VO zu finden) ermittelt und verbreitet. Ein Ziel dieser neuen Informationslage ist es, die Gefährdungsbeurteilungen weiter zu verbessern. Bereits mit der GefStoffV 2004 ist das Instrument der Gefährdungsbeurteilung in den Mittelpunkt der GefStoffV gerückt. Seit der GefStoffV 2010[85] sind Maßnahmen festgelegt worden, die eine **betriebsorientierte Politik** fördern. Außerdem sind Anreize gesetzt worden, Maßnahmen zur Substitution von Gefahrstoffen deutlich zu verstärken. Diese Entwicklung ist durch die GefStoffV 2016 zusammengefasst worden.[86] 27

III. Anwendungsbereich der GefStoffV

1. Tätigkeitsbezug der Verordnung. Der Anwendungsbereich der 1986 erstmals normierten[87] und seitdem vielfach novellierten GefStoffV[88] orientiert sich zunächst am Begriff der Gefahrstoffe und an bestimmten Tätigkeiten. Die Vorschriften über die Ge- 28

---

77 EuGH 10.9.2015 – C-106/14, EuZW 2016, 73 mAnm Nusser; Gauger/Freytag NVwZ 2016, 205 ff. **78** EuGH 13.7.2017 – C-651/15 (Chromtrioxid); EuG 25.9.2015 – T 268/10 RENV (Acrylamid). **79** Zur Beschränkung bei Nickel EuGH 28.7.2011 – C-14/10, Slg 2011, I-6609 ff., dazu Kohte/Grüneberg AiB 2011, 625 (627). **80** EuGH 7.7.2009 – C-558/07, EuZW 2009, 651 (Monomerstoffe). **81** https://echa.europa.eu/de/regulations/reach/evaluation/steps; vgl. BAuA-Mitteilungen, sis 2012, 460. **82** Ingerowski, Die REACH-Verordnung, S. 289 ff.; vgl. Pieper GefStoffV Vor § 1 Rn. 3 a. **83** Kreizberg in: EAS B 6400 Rn. 64 ff. **84** OLG Frankfurt 7.7.2016 – 6 U 227/15, WRP 2016, 1571 (Irreführung durch fehlerhafte Sicherheitsinformation eines Reinigungsmittels). **85** Grüneberg AiB 2011, 588; Pieper GefStoffV Vor § 1 Rn. 27. **86** BGBl. I 2016, 2549 ff.; Aligbe ArbR aktuell 2017, 108. **87** Kaufmann DB 1986, 2229 ff.; Klein in: FS Wlotzke, S. 533, 548 ff. **88** Zuletzt 15.11.2016, BGBl. I, 2549 ff.

fahrstoffinformation (Gefährlichkeitsmerkmale, Einstufung, Verpackung und Kennzeichnung, Sicherheitsdatenblatt) finden hinsichtlich des **Inverkehrbringens** für gefährliche Stoffe, Gemische und Erzeugnisse Anwendung (§ 1 Abs. 1 GefStoffV). Im Mittelpunkt steht der Begriff der **Tätigkeiten**, der in § 2 Abs. 5 GefStoffV definiert ist, und der weiter gefasst ist[89] als der frühere Begriff des „Umgangs mit Gefahrstoffen". Überdies sind auch Regelungen zur **Lagerung** sowie zur ordnungsgemäßen **Beförderung** von Gefahrstoffen getroffen (§ 8 Abs. 4 GefStoffV). Die Bedeutung der meisten Begriffe lässt sich dem ChemG entnehmen (§ 3 Nr. 1, 4, 5 ChemG). Daran wird auch ersichtlich, wie es im Bereich des Gefahrstoff- bzw. Chemikalienrechts immer wieder zu Überschneidungen kommt und die Regelwerke aufeinander bezogen sind.[90] In der heutigen Praxis werden Gefahrstoffe in einer Vielzahl von Betrieben verwandt – so sind Desinfektionsmittel typisch für das Gesundheitswesen, Reinigungsmittel für die Gebäudereinigung und Klebstoffe für zahlreiche Handwerksbetriebe –,[91] so dass es kaum noch Betriebe gibt, in denen die GefStoffV keine Anwendung findet.

29 2. **Adressatenkreis.** Der persönliche Anwendungsbereich ist **zu unterscheiden** nach dem **verpflichteten** und dem **geschützten Personenkreis**. In Anlehnung an das Chemikalienrecht wird der verpflichtete Personenkreis weit gezogen und umfasst Hersteller, Inverkehrbringer und Arbeitgeber. Unter den Begriff „**Arbeitgeber**" fallen nach § 2 Abs. 7 Nr. 2 GefStoffV – vergleichbar mit § 6 BaustellV – auch Unternehmer ohne Arbeitnehmer, da durch ihre Tätigkeit in gemeinsamen Arbeitsstätten mit anderen Unternehmen Gefahren für die anderen Beschäftigten entstehen können. Geschützter Personenkreis sind die Beschäftigten und andere bzw. sonstige Personen (§ 1 Abs. 1, 3 S. 1 GefStoffV). Der Begriff **Beschäftigte** bezieht zunächst alle von § 2 Abs. 2 ArbSchG erfassten Personen mit ein (→ ArbSchG § 2 Rn. 11 ff.). Ebenso wie in § 2 Abs. 9 BioStoffV werden dieser Personengruppe in § 2 Abs. 7 GefStoffV gleichgestellt die in **Heimarbeit** Beschäftigten sowie **Schüler, Studierende** und sonstige Personen, die gleich einem Beschäftigten behandelt werden. „Sonstige Personen" sind nicht nur an Hochschulen tätige Personengruppen, sondern auch **Doktoranden**, Forschungsstipendiaten oder Personen, die Tätigkeiten mit Gefahrstoffen an anderen Einrichtungen und Instituten durchführen.[92] Ebenso können dazu ehrenamtlich Tätige, zB Mitglieder der freiwilligen Feuerwehr, rechnen,[93] so dass bereits in § 1 Abs. 1 GefStoffV der umfassende Ansatz der Verordnung dokumentiert wird. Als weitere besondere Gruppe integriert § 1 Abs. 3 S. 3 GefStoffV seit 2010 die **Transporteure von Gefahrstoffen** in den Schutzbereich. Der in § 1 Abs. 1 GefStoffV festgehaltene Normzweck beinhaltet auch den Schutz anderer Personen bei Tätigkeiten mit Gefahrstoffen, worunter auch die Auftragnehmer, Kunden und Besucher und die Betriebsnachbarn fallen.[94] Nicht explizit aufgeführt sind Selbstständige, die zB in Werkshallen anderer Unternehmen oder auf Baustellen als Subunternehmer tätig sind, die denselben Risiken wie die dort beschäftigten Arbeitnehmer ausgesetzt sind[95]. Es ist nahe liegend, sie – wie im Baustellenrecht (→ BaustellV Rn. 48) – ebenfalls als „sonstige Personen" in den persönlichen Schutzbereich einzubeziehen.[96]

IV. Allgemeine Schutzpflichten: Informationsermittlung und Gefährdungsbeurteilung

30 1. **Allgemeine Bedeutung.** Das System der GefStoffV lehnt sich an das bekannte Konzept des europäischen und deutschen Arbeitsschutzrechts an. Folglich ist auch die GefStoffV in einen Allgemeinen (§§ 6–8 GefStoffV) und Besonderen Teil (Ergänzende Schutzmaßnahmen §§ 9–19 GefStoffV, → Rn. 47 ff.) aufgeteilt. Der Allgemeine Teil

---

[89] Pieper GefStoffV § 2 Rn. 5 f. [90] § 2 GefStoffV Einf. Rn. 22 f.; Pieper GefStoffV § 1 Rn. 1, 3. [91] Beispiele bei Bruckhaus/Sohn BPUVZ 2013, 80 (81 ff.). [92] BR-Drs. 415/04, 2 f.; Pieper ArbSchG § 3 Rn. 10. [93] LASI-LV 45, 2012 – A 1.2., S. 3, www.lasi-info.com; ebenso Pieper GefStoffV § 1 Rn. 10. [94] Heilmann, Gefahrstoffrecht, GefStoffV § 1 Rn. 11; Münch/ArbR/Kohte § 295 Rn. 36. [95] Im Einzelfall können diese Personen als arbeitnehmerähnliche Beschäftigte nach § 2 Abs. 2 Nr. 3 ArbSchG qualifiziert werden: VG Regensburg 8.12.2016 – 5 K 15.1767, dazu Kohte/Schulze-Doll, jurisPR-ArbR 14/2017 Anm. 2. [96] Kohte in: FS Birk 2008, S. 417, 424; vgl. zu § 6 BaustellV Bremer, Arbeitsschutz am Bau, S. 117; anders LASI LV 45 A 2.5.

legt zunächst die **Grundpflichten des Arbeitgebers auf Informationsermittlung und Gefährdungsbeurteilung** fest (§ 6 GefStoffV). Der Stellenwert der Gefährdungsbeurteilung wird allein dadurch deutlich, dass in Umsetzung von Art. 4 RL 98/24/EG (→ Rn. 14) der **Arbeitgeber** gem. **§ 7 Abs. 1 GefStoffV** ohne Erfüllung der Pflicht zur Gefährdungsbeurteilung die Beschäftigten nicht zur Arbeit auffordern darf. § 7 Abs. 1 GefStoffV ist folglich eine Verbotsnorm iSd § 134 BGB, so dass die Beschäftigten der Arbeit fernzubleiben haben, wenn der Arbeitgeber keine Gefährdungsbeurteilung durchgeführt hat. Es gilt dann ein **Tätigkeitsverbot**[97] und wie sich aus § 15 Abs. 1 S. 4 DGUV Vorschrift 1 ergibt, besteht für die Arbeitnehmer die Pflicht, eine „erkennbar gegen die Sicherheit und Gesundheit gerichtete Weisung nicht zu befolgen". Anderenfalls löst die Einhaltung der Vorgaben des ArbSchG und die Anwendung der vom AGS entwickelten Technischen Regeln gem. § 7 Abs. 2 S. 3 GefStoffV die aus dem ArbSchG bekannte Vermutungswirkung für den Arbeitgeber aus, dass den Anforderungen der GefStoffV ausreichend Rechnung getragen worden ist (→ ArbSchG § 18 Rn. 35 ff.).

Außerdem muss der Arbeitgeber die **Gefährdungsbeurteilungen regelmäßig aktualisieren**. Diese Pflicht geht zurück auf Art. 4 Abs. 2 RL 98/24/EG, die der Arbeitgeber gem. § 7 Abs. 11 Nr. 1 GefStoffV einzuhalten hat. Werden diese Vorgaben nicht erfüllt und liegt am Arbeitsplatz eine Gefahrenlage durch Überschreitung der Grenzwerte eines bestimmten Gefahrstoffes vor, steht den Beschäftigten auch ein **Entfernungsrecht** zu. Dies ließ sich früher aus § 21 Abs. 6 S. 2 GefStoffV 1986 und heute aus § 9 Abs. 3 ArbSchG bzw. § 275 Abs. 3 BGB entnehmen (→ ArbSchG § 9 Rn. 17).[98] Etwas abgeschwächter sind die Konsequenzen einer fehlenden Informationsermittlung. Holt der Arbeitgeber die erforderlichen Auskünfte nicht ein, so kann er auch seiner Pflicht aus § 12 ArbSchG, die Beschäftigten ordnungsgemäß zu unterweisen, nicht nachkommen, so dass den Beschäftigten nach § 273 BGB das Recht zusteht, ihre Arbeitsleistung zurückzubehalten. Im Unterschied zu den rechtlichen Möglichkeiten bei einer unterlassenen Gefährdungsbeurteilung sind die Beschäftigten in diesem Fall gehalten, diese Einrede zu erheben und dem Arbeitgeber den Grund für das Zurückhalten seiner Arbeitsleistung zu nennen (→ ArbSchG § 12 Rn. 16).[99]

2. Struktur des § 6 GefStoffV. Ein besseres Verständnis für die innere Struktur des § 6 GefStoffV gelingt mit der **TRGS 400**,[100] die gesicherte arbeitswissenschaftliche Erkenntnisse zur Konkretisierung der Arbeitgeberpflichten liefert und daher auch für Betriebsvereinbarungen und Beschlüsse von Einigungsstellen regelmäßig heranzuziehen ist. Wesentliche Punkte der Gefährdungsbeurteilung sind die Überprüfung der inhalativen, dermalen, physikalisch-chemischen sowie sonstigen Gefährdungen des Gefahrstoffes, und der möglichen Gefährdungen durch den Gefahrstoff. Erforderlich sind weiter die regelmäßige Wiederholung der Gefährdungsbeurteilung und die Durchführung der Maßnahmen durch geeignetes Personal.

3. Marktbezogene Regelungen: Informationsermittlung (§§ 4, 5 GefStoffV). Zur Erfüllung dieser Pflichten werden den Arbeitgebern wichtige Hilfsmittel zur Verfügung gestellt. Zahlreiche marktbezogene Regelungen unterstützten die Arbeitgeber bei der Informationsermittlung und der Gefährdungsbeurteilung. Die Informationsbeschaffung, die als Grundlage der Gefährdungsbeurteilung zu sehen ist,[101] wird durch das **Sicherheitsdatenblatt** entscheidend geprägt, das als „**zentraler Informationspool des Arbeitgebers für ein funktionales Gefahrstoffmanagement**"[102] mit der Sicherheitsdatenblatt-

---

[97] Pieper AiB 2005, 299 (301). [98] N. Fabricius, Einstellung der Arbeitsleistung bei gefährlichen und normwidrigen Tätigkeiten, 1995, S. 83 ff.; Kollmer/Klindt/Schucht/Kohte ArbSchG § 9 Rn. 67 ff.; Pieper ArbSchG § 9 Rn. 10; Legleitner in: jurisPK-BGB, § 618 Rn. 7. [99] BAG 8.5.1996 – 5 AZR 315/95, AP BGB § 618 Nr. 23; Moll in: Münchener Anwaltshandbuch Arbeitsrecht, BGB § 618 Rn. 5, 10; Kollmer/Klindt/Schucht/Steffek ArbSchG § 12 Rn. 7. [100] Abrufbar im Internet unter: www.baua.de. [101] Pieper GefStoffV § 7 Rn. 4. [102] Brückner, „Die Bedeutung des Sicherheitsdatenblatts für den Arbeitsschutz", Einführungsstatement für die Veranstaltung „Sicherheitsdatenblatt" am 5.6.2003 der BAuA in Dortmund, abrufbar unter: www.baua.de.

RL 91/155/EG[103] eingeführt worden ist. Mittlerweile ist diese Richtlinie nach mehreren Novellierungen in die REACH-VO integriert worden. Bis zu diesem Zeitpunkt waren die Hauptkritikpunkte an der Gestaltung der Sicherheitsdatenblätter einerseits die mangelnde Qualität der Informationen sowie andererseits die fehlende Verständlichkeit.[104] Dennoch können die Sicherheitsdatenblätter nur zu den Gefahrstoffen Informationen für die Gefährdungsbeurteilung liefern, die auch tatsächlich in den Verkehr gebracht worden sind. Für eine umfassende Gefährdungsbeurteilung sind aber auch die Gefahrstoffe zu berücksichtigen, die nur während der Arbeitsprozesse entstehen, aber nicht in der Lieferkette weitergegeben werden (§ 6 Abs. 3 GefStoffV).[105]

34 Mit den **Art. 31–36 REACH-VO**, die durch die **Bekanntmachung 220 (früher: TRGS 220)** erläutert werden, sind die Sicherheitsdatenblätter weiter aufgewertet worden. Das Sicherheitsdatenblatt ist durch die REACH-VO in seiner Funktion bekräftigt und erweitert worden, damit es als das maßgebliche Medium für die **Kommunikation in der Lieferkette** genutzt werden kann.[106] Die Bedeutung dieser Normen wird verdeutlicht durch § 6 Abs. 1 Nr. 12–16 ChemSanktionsV; danach können Verletzungen der Informationspflichten aus Art. 31, 32 REACH-VO als Ordnungswidrigkeiten mit Bußgeldern bis zu einer Höhe von 50.000 EUR belegt werden. Dazu sind in der Verordnung die Kommunikationswege in der Lieferkette verdeutlicht worden; nach Art. 35 REACH-VO ist auch den Beschäftigten und ihren Vertretern der Zugang zu diesen Informationen zu ermöglichen. Mitunter wird jedoch auch durch die Einführung der „erweiterten Sicherheitsdatenblätter" (eSDB) von einer Verkomplizierung der Informationen gesprochen, da bereits erweiterte Sicherheitsdatenblätter mit einem Umfang von 1.500 Seiten existieren.[107] Um die Nutzung der durch die REACH-VO geschaffenen Neuerungen zu erleichtern, stellen die Europäische Chemikalienagentur (ECHA) und die Berufsgenossenschaften Informationsquellen und Hilfestellungen zur Verfügung.[108]

35 Der Umfang der Stoffe, für die solche Sicherheitsdatenblätter zu erstellen sind, ist erweitert worden. Die Anforderungen, die an das Sicherheitsdatenblatt zu stellen sind, sind in Anhang II der REACH-VO ausdrücklich und übersichtlich normiert worden. Nach diesem Anhang ist das Sicherheitsdatenblatt von einer „sachkundigen Person" zu erstellen. Auf den ersten Blick ergibt sich hier eine Kollision zu dem von 2005–2010 geltenden Recht, wonach Sicherheitsdatenblätter von „fachkundigen Personen" zu erstellen waren. Aus der Sicht der Bundesregierung ist diese Kollision nur scheinbar; sie geht davon aus, dass der unionsrechtliche Begriff der Sachkunde und der deutsche Begriff der Fachkunde identisch sind.[109] Aus diesem Grund verlangt § 18 Abs. 4 GefStoffV von den Erstellern des Sicherheitsdatenblattes den **Nachweis der Fachkunde bei der Erstellung des Sicherheitsdatenblattes**. Aus der Praxis sind bisher keine Friktionen über die unterschiedliche Verwendung der Termini der Fachkunde und der Sachkunde in der REACH-VO und in der GefStoffV bekannt geworden. Maßgeblich ist insoweit die konkrete Fachkompetenz für die jeweilige Branche sowie die Unterstützung durch Brancheninformationssysteme für kleinere und mittlere Unternehmen. In der Vergangenheit sind die gesetzlichen Vorgaben für die Erstellung der Sicherheitsdatenblätter so umfangreich und kompliziert geworden, dass sogar die EU-Kommission davon ausgeht, dass einige Teile des Sicherheitsdatenblatts nur noch für spezielle Fachleute geschrieben sind, und diese Kompetenz in den Unternehmen vorgehalten werden muss.[110] Die og Schwierigkeiten (→ Rn. 33) bleiben auch nach den letzten Änderungen der Verordnung erhalten und das Ziel einer besseren Lesbarkeit sowie Verständlichkeit ist bisher nicht erreicht.

---

103 RL 91/155/EG vom 22.3.1991, ABl. EG. 76, 35; dazu Marquardt, Sicherheitsdatenblatt, S. 33 ff. **104** Mit statistischen Auswertungen von Defiziten in den Sicherheitsdatenblättern: Au/Schmid BPUVZ 2013, 88 (93); Lechtenberg-Auffarth, „Die Richtlinie 2001/58/EG – das Sicherheitsdatenblatt als Informationsträger für den Arbeitgeber", Vortrag bei der Tagung „Sicherheitsdatenblatt" am 5.6.2003 der BAuA in Dortmund, abrufbar unter: www.baua.de. **105** So auch Pieper GefStoffV § 6 Rn. 21 ff. **106** Kluger Gute Arbeit 1/2012, 19 ff.; Kleineweischede BG 2011, 270 (272); vgl. EuGH 10.9.2015 – C-106/14, EuZW 2016, 73. **107** Welzbacher BPUVZ 2012, 404. **108** Überblick und kritische Bewertung bei Welzbacher BPUVZ 2012, 404 (406 ff.). **109** BR-Drs. 456/10, 96. **110** Kluger Gute Arbeit 1/2012, 19 (21).

4. Betriebsbezogene Regelungen: Gefährdungsbeurteilung (§ 6 GefStoffV). Aus § 6 Abs. 1 S. 1 GefStoffV resultiert als **primäre Pflicht des Arbeitgebers die Erstellung einer Gefährdungsbeurteilung.** Zunächst hat er festzustellen, ob die Beschäftigten an ihrem Arbeitsplatz mit Gefahrstoffen in Kontakt kommen. Sobald Gefahrstoffe an den Arbeitsplätzen entstehen bzw. freigesetzt werden können, muss der Arbeitgeber anhand der Kriterien in § 6 Abs. 1 S. 2 GefStoffV prüfen, welcher Grad der Gefährdung für die Beschäftigten besteht bzw. entstehen kann. Das Gefahrstoffrecht hat sich von der engen Bindung der Einordnung der Schutzmaßnahmen an die Kennzeichnung der Stoffe, Zubereitungen und Erzeugnisse (Schutzstufenkonzept) entfernt. Das Schutzstufenkonzept, das mit der GefStoffV 2005 eingeführt worden war, hat sich als zu schematisch erwiesen. Stattdessen rückte mit der Novellierung der GefStoffV im Jahr 2010 die Gefährdungsbeurteilung in den Mittelpunkt. Nur das abgestufte Maßnahmenkonzept ist in seinem strukturellen Aufbau erhalten geblieben, weist nun aber keinen Bezug mehr zur Kennzeichnung auf.[111] Diese Änderung wurde notwendig, da sich eine Entwicklung abzeichnete, nach der sich die Unternehmen starr an den Kennzeichnungen orientierten und in einigen Fällen nicht alle Informationen bei der Gefährdungsbeurteilung berücksichtigt worden sind. So liegt nicht bei jeder Verwendung eines giftigen Stoffs eine Gefährdung für die Beschäftigten vor und gleichzeitig kann bei weniger gefährlichen Stoffen, die nicht als giftige Stoffe gekennzeichnet sind, dennoch eine hohe Gefährdung für die Beschäftigten entstehen. Das alte Schutzstufenkonzept hat die Expositionsbetrachtung völlig außer Acht gelassen.[112] Als wichtigste Botschaft der neuen GefStoffV wird die Aussage qualifiziert: „Wird die Gefährdungsbeurteilung ordnungsgemäß durchgeführt und regelmäßig erneuert, ist man beim Arbeits- und Gesundheitsschutz auf der sicheren Seite".[113]

Als **unterstützende Regelwerke** stehen den betrieblichen Akteuren die **TRGS 400**[114] „Gefährdungsbeurteilung für Tätigkeiten mit Gefahrstoffen", ergänzt durch die **TRGS 401**[115] **und 402**,[116] zur Verfügung. Der Arbeitgeber muss nach § 6 Abs. 3 S. 1 GefStoffV fachkundige Personen für die Gefährdungsbeurteilung bestellen. Für Stoffe, für die der Hersteller keine Pflicht zur Einstufung, Kennzeichnung und Verpackung nach § 4 Abs. 1, 2 GefStoffV hat, muss **der Arbeitgeber mithilfe der fachkundigen Personen** selbst die Einstufung vornehmen. Höchst relevant ist diese Konstellation in Fällen, in denen der Arbeitgeber auch die Funktion des Herstellers wahrnimmt (zB bei chemischen Synthesen als betriebsintern erzeugten und verwendeten Stoffen und Gemischen).[117] Die weitergehende Ermächtigung des Arbeitgebers aus § 6 Abs. 7 GefStoffV, die vom Hersteller mit den Stoffen mitgelieferten Gefährdungsbeurteilungen zu übernehmen, würde ohne den nötigen betrieblichen Sachverstand wirkungslos verpuffen und einem funktionierenden Gefahrstoffmanagement entgegenstehen. Eine Überprüfung dieser Informationen des Herstellers auf seine Richtigkeit und Vollständigkeit wäre somit nicht in ausreichendem Maße gewährleistet. Außerdem können auch bei Tätigkeiten zB in der Produktion Gefahrstoffe entstehen und freigesetzt werden. Hier ergeben sich bei fehlenden Sicherheitsdatenblättern Ermittlungspflichten des Arbeitgebers, die gefährlichen Eigenschaften der entstandenen Gefahrstoffe selbst zu überprüfen.[118]

Die GefStoffV enthält seit 2010 hinsichtlich der **Fachkunde** des für die Gefährdungsbeurteilung zuständigen Personals eine Veränderung zum früheren Regelwerk, denn die Fachkraft für Arbeitssicherheit und der Betriebsarzt werden nicht mehr per se als fachkundig iSd § 6 Abs. 11 S. 3 GefStoffV eingeordnet, sondern sind nur potenziell mit dem nötigen Fachwissen versehen,[119] womit hier die notwendige Qualifikation explizit festgestellt werden muss. Auf die konkreten Anforderungen an das Fachwissen wird

---

111 Birett, Umgang mit Gefahrstoffen, 8. Aufl. 2011, S. 41. **112** Welzbacher Der Sicherheitsingenieur 12/2010, 8 (9). **113** Wriedt Gute Arbeit 2011, 7 (9). **114** GMBl. 2017, S. 638 ff. **115** TRGS 401 „Gefährdung durch Hautkontakt – Ermittlung, Beurteilung, Maßnahmen", GMBl. 2008, S. 818 ff. **116** TRGS 402 „Ermitteln und Beurteilen der Gefährdungen bei Tätigkeiten mit Gefahrstoffen: Inhalative Exposition", GMBl. 2016, S. 843 ff. **117** LASI (Hrsg.), Leitlinien zur Gefahrstoffverordnung, D 1.4 (früher 4.1.4); Münch/ArbR/Kohte § 295 Rn. 46 a. **118** TRGS 400, 4.2 Abs. 10–12. **119** Wriedt Gute Arbeit 2011, 33 (34).

zwar in § 2 Abs. 16 GefStoffV grundsätzlich hingewiesen, aber bei genauem Blick in die verschiedenen Technischen Regeln für die Gefahrstoffe (TRGS) ergibt sich kein einheitliches Bild für den Begriff „Fachkunde". Die Niveauunterschiede der angebotenen Fortbildungen müssen beachtet werden. Zwei-Tage-Kurse können aufgrund der Komplexität des Themas nicht als ausreichend angesehen werden. Aus diesem Grund ist für eine Klärung der Begrifflichkeit „Fachkunde" in Zukunft ein Katalog von Fachkundeinhalten, eine verpflichtende Abschlussprüfung sowie eine Überprüfung von Fortbildungsveranstaltungen freier Bildungsträger anzuregen.[120] Der AGS hat hierzu eine Klarstellung herausgegeben, die die für die Fachkunde erforderlichen Voraussetzungen beschreibt und die Grundkenntnisse aufzählt, die für eine Gefährdungsbeurteilung benötigt werden. Insbesondere reicht es nicht, nur an Fachkunde-Fortbildungskursen teilzunehmen.[121] Diese Aussagen sind auch in die 2017 veröffentliche Neufassung der TRGS 220 eingegangen.[122] Umso wichtiger ist es, dass der Arbeitgeber nachweisen kann, ob die Verantwortlichen über die in §§ 6 Abs. 9, 7 Abs. 10 GefStoffV erforderliche Fachkunde verfügen.[123] Die Behörden haben solche Nachweise nach § 19 Abs. 4 GefStoffV zu verlangen.

39 Durch die Änderung der GefStoffV stellen die gesetzlichen Regelungen eine umfassendere Handlungsanleitung im Hinblick auf die Dokumentation und das **Gefahrstoffverzeichnis** in § 6 Abs. 8, 10, 12 GefStoffV bereit. § 6 Abs. 8 GefStoffV gibt eine genaue Anweisung, welchen Inhalt die schriftliche oder elektronische Dokumentation umfassen muss. Wesentliches Kriterium ist auch weiterhin eine von der Anzahl der Beschäftigten unabhängige Dokumentationspflicht. Diese ist durchzuführen, bevor die Beschäftigten mit der Arbeit beginnen. Ebenso ist auch das Ergebnis der Substitutionsprüfung zu dokumentieren.[124] Gem. § 6 Abs. 10 S. 3 GefStoffV ist der Arbeitgeber verpflichtet, eine regelmäßige Überprüfung der **Aktualität der Gefährdungsbeurteilung** durchzuführen. Diese Pflicht wurde erstmals in der GefStoffV 2010 aufgenommen und war zuvor bereits in der TRGS 400 geregelt.[125]

40 Die Arbeitgeber sind nach § 6 Abs. 12 GefStoffV verpflichtet, ein **Verzeichnis über die im Betrieb verwendeten Gefahrstoffe** anzulegen. Diese Anforderung geht auf Art. 10 Nr. 4 ILO-Übereinkommen Nr. 170 zurück.[126] § 7 Abs. 8 GefStoffV, der einen Verweis auf das betreffende Sicherheitsdatenblatt als ausreichend sah, ist mit der Neuregelung der GefStoffV korrigiert worden.[127] Bei den Kennzeichnungen in den Gefahrstoffverzeichnissen wurde durch die GHS-/CLP-VO einiges verändert. Inhalt der europäischen Regelung ist ein global harmonisiertes System zur Einstufung, Kennzeichnung und Verpackung von chemischen Stoffen. Mithilfe dieses Regelwerks sollen Missstände beseitigt werden, die schon seit Jahren dazu führen, dass sowohl national zwischen Umschlagstätigkeiten und Transportvorgängen als auch international Unterschiede in der Etikettierungen bestehen. In der Konsequenz führte dies zu einigen Unklarheiten, so dass die UN bereits in den 90er Jahren eine Regelung zur Vereinheitlichung der Etikettierungen initiierte.[128] Ein gutes Beispiel für unterschiedliche Kennzeichnung im weltweiten Vergleich ist der Stoff „Coffein". Während bei einer akuten oralen Toxizität LD_{50} (oral, Ratte) = 257 mg/kg Körpergewicht der Stoff in der EU sowie in weiteren Ländern als „gesundheitsgefährdend" eingeordnet wird, stufen die USA, Kanada, Japan und Korea Coffein als giftig ein. Indien hingegen klassifiziert den Stoff als „nicht giftig". Neuseeland nimmt die Einordnung „gefährlich" vor, China wiederum bezeichnet Coffein als „nicht gefährlich". Aufgrund dieser Vielzahl unterschiedlicher Formulierungen und Bewertungen ist für einen sicheren internationalen Handelsverkehr eine

---

[120] Carl/Schneider, Gefahrstoff-Fachkunde: Definition, Problematik und Lösungen, BPUVZ 2012, 396 ff. [121] AGS zu Fachkunde, 15.11.2016, abrufbar unter: www.baua.de. [122] GMBl. 2017, 127. [123] Pieper GefStoffV § 6 Rn. 47. [124] Pieper GefStoffV § 6 Rn. 38. [125] Wriedt Gute Arbeit 1/2011, 33 (34). [126] Heilmann, Gefahrstoffrecht, GefStoffV § 7 Vor Rn. 1; Münch/ArbR/Kohte § 295 Rn. 48. [127] Welzbacher BPUVZ 2013, S. 70 (71) mit Auflistung der Mindestinhalte eines Gefahrstoffverzeichnisses. [128] Broschüre der Arbeitnehmerkammer Bremen „Gefährdungsbeurteilung und Sicherheitsdatenblätter", S. 2 f.

Vereinheitlichung notwendig geworden.[129] Damit ist das Verzeichnis noch wichtiger geworden, so dass es eine Schlüsselrolle in der Vorbereitung der Gefährdungsbeurteilung spielt. Es wird daher zutreffend empfohlen, das Verzeichnis so zu strukturieren, dass es unmittelbar für die Zwecke der Gefährdungsbeurteilung eingesetzt werden kann.[130]

Folgende Veränderungen sind durch die CLP-VO erfolgt:[131]

- Die **Gefahrensymbole** änderten sich, auch die Darstellung der Piktogramme erfolgt nicht mehr wie früher durch orangefarbene Quadrate, sondern durch rot gerahmte, auf dem Kopf stehende Quadrate vor weißem Hintergrund.
- Die Unterscheidung der **Gefahrenklassen** wurde ausdifferenzierter als vorher. Statt der bisherigen 15 Gefahrenklassen werden 28 Gefahrenklassen unterschieden.
- Es werden **neue Signalworte** verwendet: „Gefahr" für einen hohen und „Warnung" für einen niedrigen Gefährdungsgrad.
- Außerdem sind die **neuen Kennzeichnungen** detaillierter und enthalten mehr Informationen.
- Die Bewertung einzelner Einstufungen änderte sich ebenso, so dass auf Umstufungen zu achten ist.

Wie sich diese Änderungen konkret auswirken, beschreibt die **BekGS 408**. Seit dem 1.6.2015 müssen sich die Kennzeichnung und Verpackung von Stoffen und Gemischen verbindlich nach den Vorschriften des GHS/CLP-VO richten. Gemische mit alter Kennzeichnung, die vor dem 1.6.2015 verpackt und gekennzeichnet waren, durften nur noch bis zum 1.6.2017 verkauft bzw. abgegeben werden.[132]

V. Grundpflichten: Minimierung, Substitution

An erster Stelle schreibt die auch bußgeldbewehrte Norm des **§ 7 Abs. 1 GefStoffV** vor, dass Tätigkeiten erst aufgenommen werden dürfen, wenn die **Gefährdungsbeurteilung erstellt** ist und die Schutzmaßnahmen getroffen sind.[133] Die Arbeitgeber haben weiterhin nach § 7 Abs. 4 S. 1 GefStoffV die Pflicht, **Gefährdungen** für die Gesundheit der Beschäftigten durch Gefahrstoffe **zu beseitigen oder zu minimieren**. Während in § 9 Abs. 1 S. 2 GefStoffV°2005 dem Arbeitgeber die Substitution des Gefahrstoffs als eine der Handlungsmöglichkeiten zur Erfüllung seiner Grundpflichten aufgeführt wurde, ist seit der GefStoffV°2010 in der Gesetzessystematik die **Substitution in § 7 Abs. 3 GefStoffV** der Beseitigungs- und Minimierungspflicht in § 7 Abs. 4 GefStoffV als primäre Pflicht[134] **vorangestellt**. In Anlage 3 der TRGS 600 („Substitution") wurden die Vorzüge des Austauschs von hochgradig gefährlichen Stoffen gegen weniger oder überhaupt nicht gesundheitsgefährdende Stoffe auch anhand ökonomischer Bewertungskriterien herausgehoben.[135] Eine Aktualisierung der TRGS 600, die im August 2008 publiziert worden ist, an die weitergehenden Vorschriften seit der GefStoffV 2010 ist noch nicht erfolgt. In der Praxis können bei schematischer Substitution allerdings Probleme auftreten[136]: Ein Praxisbericht dokumentiert, dass beim Ersetzen eines Stoffes/Verfahrens bei der Wahl des Ersatzstoffs/-verfahrens nicht selten nur auf die Kennzeichnung geachtet wird. Das führt allerdings nicht automatisch zu einer Verringerung der Gefährdung, denn die fehlende Kennzeichnung des Stoffs/Verfahrens allein reicht dafür nicht aus. Die Ursache kann darin gesehen werden, dass der Großteil der Gefahrstoffe bisher noch nicht tatsächlich bewertet und gekennzeichnet ist. Folglich kann beim Wechsel auf einen nicht gut untersuchten Ersatzstoff eine andere bisher unbekannte Gefährdung für die Beschäftigten entstehen, wenn keine umfassende Gefähr-

---

129 Broschüre der Arbeitnehmerkammer Bremen „Arbeitsschutz – alles neu macht die EU? – Neue Verordnungen harmonisieren den Arbeits- und Gesundheitsschutz, S. 6. 130 Beispiele bei Bruckhaus/Sohn BPUVZ 2013, 80 ff. 131 Ausführlich Ermer/Martin BG 2010, 288 ff.; Welzbacher BG 2010, 482 ff.; Kleineweischede BG 2011, 270 ff.; Kreizberg in: EAS B 6400 Rn. 37 ff. 132 Bekanntmachung des BMAS vom 6.7.2015 – IIIb3-35122 – zur Anwendung der Gefahrstoffverordnung und der TRGS mit dem Inkrafttreten der CLP-Verordnung, abrufbar unter: www.baua.de. 133 Pieper GefStoffV § 7 Rn. 2. 134 Pieper GefStoffV § 7 Rn. 18 ff. 135 Abrufbar im Internet unter: www.baua.de. 136 Dazu Brüning ua, DGUV Forum 7-8/2015, 28 f.

dungsbeurteilung erfolgt. Eine praktische Hilfe für die Substitution ist die Datenbank „Subsport", mit deren Hilfe systematische Schritte für eine betriebsnahe Substitution ermittelt werden können.[137]

43 Kann der Arbeitgeber nicht im Wege der Substitution die Gefährdung beseitigen, so sieht § 7 Abs. 4 S. 4 Nr. 1–3 GefStoffV die weitere **Rangfolge der Schutzmaßnahmen** vor. Zur Vermeidung einer erheblichen Gefährdung der Beschäftigten ist dabei besonders die Anwendung weniger gefährlicher Produktions- und Arbeitsverfahren von Arbeitgeberseite zu prüfen. Trotz dieser Vorüberlegungen treten sehr häufig Situationen ein, in denen trotz der vorhergehend bezeichneten Vorbeugemaßnahmen die Gefährdungen nicht beseitigt werden können. Dann sind organisatorische und persönliche Schutzmaßnahmen für die Beschäftigten einzuhalten. Insoweit gelten auch hier die allgemeinen Grundsätze des § 4 ArbSchG (→ ArbSchG § 4 Rn. 10 ff.). Auf jeden Fall ist die **Einhaltung der Arbeitsplatzgrenzwerte** nach § 7 Abs. 8 GefStoffV sicherzustellen; dies entbindet allerdings nicht von der **vorrangigen Minimierungspflicht**[138] nach § 7 Abs. 4 S. 2 GefStoffV. Dies ergibt sich bereits aus Art. 6 Abs. 2, 5 RL 98/24/EG und entspricht der vergleichbaren Struktur des Lärmschutzrechts (→ LärmVibrationsArbSchV Rn. 29). Die Bedeutung der AGW wurde 2014 verdeutlicht, als der Wert für **A-Staub** auf weniger als die Hälfte reduziert wurde (→ Rn. 65), so dass auch die erforderlichen Schutzmaßnahmen nachhaltig intensiviert werden mussten.[139] Die 2016 veröffentlichte **TRGS 504** gibt dazu eine wesentliche Konkretisierung.

44 Wegen des Vorrangs organisatorischer und kollektiver Schutzmaßnahmen sind, wie § 7 Abs. 4 S. 4 Nr. 3 GefStoffV dokumentiert, individuelle Schutzmaßnahmen, vor allem die Nutzung persönlicher Schutzausrüstungen, nachrangig. Daher wird ausdrücklich angeordnet, dass die Verwendung belastender **persönlicher Schutzmaßnahmen keine Dauermaßnahme** sein darf und für jeden Beschäftigten auf ein Minimum zu beschränken ist.[140] Wird dieser Grundsatz in der betrieblichen Praxis sorgfältig beachtet, wird sich daraus ein deutlicher Impuls zur Realisierung des bisher wenig beachteten Substitutionsgebots ergeben.

VI. Schutzmaßnahmen

45 Die Anknüpfungspunkte für die Bestimmung der Schutzmaßnahmen haben sich mit der GefStoffV 2010 verändert. Für eine leichtere Handhabung der alten GefStoffV wurde ein **einfaches Schutzstufenkonzept** für die Anwender konzipiert, das sich hauptsächlich an den Kennzeichnungen, die die Stoffe kategorisierten, orientierte. Nicht allein, aber auch aufgrund der Einfachheit kam es zu einer häufig unzureichenden Anwendung des Schutzstufenkonzepts und die Bedeutung einer umfassenden Gefährdungsbeurteilung wurde verkannt (→ Rn. 36).[141] Die **Gefährdungsbeurteilung** rückte nach der Aufhebung des Schutzstufenkonzepts in den Vordergrund. Diese Ausnahmestellung wird auch dadurch deutlich, dass sie als **oberste Grundpflicht** in § 7 Abs. 1 GefStoffV aufgeführt wird. Zwar sieht auch die neue GefStoffV einen stufenweisen Maßnahmenkatalog vor,[142] aber die einschlägige Schutzmaßnahme wird anhand der Gefährdungsbeurteilung ausgewählt.

46 **1. Systematik der Schutzmaßnahmen. a) § 8 GefStoffV.** Unverändert sieht die GefStoffV, sobald Gefahrstoffe am Arbeitsplatz verwendet werden, sog „**grundlegende Hygienemaßnahmen**"[143] vor. In § 8 Abs. 1–8 GefStoffV sind die Sicherheitsvorkehrungen aufgezählt, die immer im Umgang mit Gefahrstoffen zu beachten sind. Bei einer nur „geringen Gefährdung", die bei Vorliegen aller Voraussetzungen des § 6 Abs. 13 GefStoffV angenommen wird, genügt der Arbeitgeber seinen Schutzpflichten, wenn er die in § 8 GefStoffV vorgeschriebenen Maßnahmen beachtet und die Arbeitnehmer

---

137 www.subsport.eu; vgl. Wilmes/Lechtenbrink-Auffarth BPUVZ 2012, 400 ff. **138** Vgl. Heilmann, Gefahrstoffrecht, GefStoffV § 9 Rn. 22. **139** Rühl Gute Arbeit 8-9/ 2014, S. 36 ff.; Wilmes/Lechtenbrink-Auffarth/Marx BEPR 2016, 461 ff. **140** Pieper GefStoffV § 7 Rn. 29 ff. **141** Wriedt Gute Arbeit 1/2011, 33 (34). **142** Wahl, Vortrag „Gefahrstoffverordnung – Neufassung im Lichte von GHS und REACH", BMAS, 6.7.2010 in Bonn. **143** BAUA, Erläuterungen zur Neufassung der GefStoffV, S. 18.

entsprechend unterweist. Hier zeigt sich eine deutliche Verbesserung zum aufgehobenen Schutzstufenkonzept, denn im Gegensatz zur vormaligen Regelung in § 7 Abs. 9 S. 2 GefStoffV°2005 kann eine geringe Gefährdung auch bei der Verwendung von Gefahrstoffen mit dem Totenkopfsymbol vorliegen, wenn die Anforderungen in § 6 Abs. 13 GefStoffV erfüllt sind.[144] Unverzichtbar bleibt jedoch die Überprüfung, ob die Grundmaßnahmen nach § 8 GefStoffV auch tatsächlich ausreichend sind. Eine nähere Erläuterung auch anhand von Beispielen findet sich in der TRGS 400 unter Punkt 6.2.

b) § 9 GefStoffV. Sobald bei der Gefährdungsbeurteilung eine über das Stadium der "geringen Gefährdung" hinausgehende Exposition für die Beschäftigten festgestellt wird, finden die gesonderten Schutzmaßnahmen der §§ 9 ff. GefStoffV Anwendung. In § 9 Abs. 1 S. 2 Nr. 1–3 GefStoffV sind die Fallgruppen, die einen besonderen Schutz verlangen, aufgeführt. Nach § 9 Abs. 1 S. 2 Nr. 1 GefStoffV hat der Arbeitgeber erweiterte Schutzpflichten, wenn **Arbeitsplatzgrenzwerte (AGW)** oder biologische Grenzwerte überschritten werden.[145] Der Begriff AGW ist eine spezifische Bezeichnung der GefStoffV und bezeichnet die zeitlich gewichtete durchschnittliche Konzentration eines Stoffes in der Luft am Arbeitsplatz über einen bestimmten Zeitraum,[146] während sich die REACH-VO des Expositions-Richtwerts, des Derived-No-Effect-Level (DNEL), bedient (→ Rn. 22). Eine Erwähnung der DNEL in der GefStoffV ist auch im Hinblick auf deren Entstehungsgeschichte nicht zu empfehlen (→ Rn. 22). Der DNEL ist kein "Grenzwert", so dass die Überschreitung des DNEL nicht unmittelbar zur Anwendung von § 9 GefStoffV führt, wie sich auch aus der TRGS 400 und 402 und der BekGS 409, insbesondere unter Punkt 3, ergibt.[147] Der DNEL beschreibt die Konzentration des Stoffes, unterhalb der eine Gesundheitsschädigung nicht zu erwarten sei.[148] Bei Unterschieden zwischen AGW und DNEL sind unter Frage 3.2 der BekGS 409 folgende Konstellationen zu beachten: 1. Ist der AGW strenger als der DNEL, ist der AGW einzuhalten. 2. Ist der DNEL strenger als der AGW, ist der AGW vom AGS zu überprüfen. 3. Gibt es keinen AGW, aber einen DNEL, so ist der DNEL bei der Gefährdungsbeurteilung zu berücksichtigen. Sollte der dritte Fall vorliegen, so sind die nachgeschalteten Anwender nicht verpflichtet, die DNEL anzuwenden, sondern sind lediglich angehalten, die vom Hersteller im Sicherheitsdatenblatt angegebenen Risikominderungsmaßnahmen zu berücksichtigen. Die gesonderten Schutzmaßnahmen in § 9 GefStoffV gehen nach dem üblichen Prozedere vor und gestalten die Reihenfolge der Handlungen wie folgt aus: Substitution (§ 9 Abs. 2 Nr. 1 GefStoffV), Ausschluss und erst dann Minimierung der Gefährdung (§ 9 Abs. 2 S. 2 GefStoffV). Sollten alle diese Maßnahmen nicht zur Einhaltung der AGW am Arbeitsplatz führen, so ist das Tragen einer persönlichen Schutzausrüstung, deren konkrete Qualität sich nach der PSA-BV (→ PSA-BV Rn. 12) richtet, erforderlich (§ 9 Abs. 3, 4 GefStoffV). Einen positiven Effekt haben die DNEL-Werte in der Bauwirtschaft durch die Regelung in Punkt 6.4 Abs. 4 S. 3 Nr. 4 der TRGS 400 bereits erzielt. Dort waren von bisher 621 relevanten Stoffen nur 233 Stoffe mit einem AGW versehen. Durch die Einführung der DNEL-Werte können nun weitere 148 Stoffe mithilfe des inhalativen DNEL hinsichtlich ihrer Gefährdungen eingeordnet werden. Nach den Untersuchungen in der Bauwirtschaft weichen die AGW- und DNEL-Werte nur selten in hohem Maße voneinander ab.[149] Eine weitere Auswertung zeigt jedoch, dass diese Einschätzung außerhalb der Bauwirtschaft nicht geteilt wird.[150] Als erweiterte Voraussetzung zur PSA-BV verlangt § 9 Abs. 5 S. 2 GefStoffV, dass die Schutzausrüstung vom Arbeitgeber gereinigt wird und getrennte Aufbewahrungsmöglichkeiten für die Straßenkleidung und die persönliche Schutzausrüstung der Beschäftigten geschaffen werden.

---

[144] Wriedt Gute Arbeit 1/2011, 33 (34). [145] Daher führt jede Änderung der AGW in der Regel zu neuen betrieblichen Handlungspflichten, vgl. Pauli Gute Arbeit 1/2014, 29 zur Senkung der Grenzwerte für A-Staub. [146] TRGS 900 „Arbeitsplatzgrenzwerte" Punkt 1 Abs. 1. [147] Henn, Rechtliche Bedeutung des DNEL, Vortrag bei der BAUA in Berlin am 22.9.2011. [148] Wriedt Gute Arbeit 2/2010, 37 f. [149] Kersting/Musanke/Rühl, DNEL-Werte in der Bauwirtschaft, Gefahrstoffe-Reinhaltung der Luft 72 (2012), Nr. 3, 109 ff.; Wilmes/Lechtenberg-Auffarth BPUVZ 2012, 400 (402). [150] Nies/Musanke/Püringer/Rühl/Arnone, DNEL-Werte für Arbeitsplätze, S. 7.

48 c) **§ 10 GefStoffV.** § 10 GefStoffV ist mit der Novellierung der GefStoffV 2016 an die Verordnung (EG) 1272/2008 angepasst worden. Neben den Begriffen „keimzellmutagen" für das vorherige „erbgutverändernd" und „reproduktionstoxisch" für „fruchtbarkeitsgefährdend" sind auch neue Kategorienbezeichnungen in § 10 Abs. 1 GefStoffV aufgenommen worden. Aus den vorherigen Kategorien 1–3 sind jetzt Kategorie 1A, 1B und 2 geworden.[151] Aufgrund des **hohen Gefährdungsgrades** für die oben bezeichneten Stoffe, die nicht nach § 10 Abs. 2 GefStoffV mit Arbeitsplatzgrenzwerten registriert sind, finden hier die strengsten Schutzmaßnahmen Anwendung. So werden unter den Tätigkeiten nach § 10 Abs. 4 GefStoffV **Abbruch-, Sanierungs- und Instandhaltungsarbeiten**[152] verstanden, weil hier insbesondere die Gefahr besteht, dass die Beschäftigten in Kontakt mit **Asbest** kommen.[153] In der **TRGS 519**[154] sind die wesentlichen Anforderungen an sicherheitstechnische Maßnahmen, organisatorische Kompetenzen und prozedurale Regelungen, zB rechtzeitige Anzeige an die Behörde, zusammengefasst. Werden diese nicht eingehalten, ist angesichts des Gefahrenpotentials von Asbest eine sofort vollziehbare Anordnung zur Einstellung der Arbeiten geboten und berechtigt.[155] Gleichwohl reicht die Nutzung Technischer Regeln nicht aus. Zutreffend hat der Bundesrat mit Beschluss vom 14.10.2016 verlangt, dass die wesentlichen materiellen und administrativen Voraussetzungen für Asbestarbeiten in der Verordnung selbst rechtssicher zu regeln sind.[156]

49 Die Bestimmung von Grenzwerten für die unter § 10 GefStoffV gefassten Stoffe ist seit jeher ein schwieriges Unterfangen. Unabhängig von REACH-VO und CLP/GHS-VO nahm sich der AGS die Kategorisierung der CMR-Stoffe vor, da das bisher auf dem Modell der Technischen Richtkonzentration beruhende Verfahren, aus dem die TRK-Werte resultierten, immer mehr Schwächen offenbart hatte.[157] Als Hauptkritikpunkt an den alten TRK-Werten war herausgearbeitet worden, dass sie die Möglichkeit der Minimierung der Konzentration von CMR-Stoffen, eine der Hauptpflichten der GefStoffV, aufgrund ihrer wenig aussagekräftigen Werte nicht fördern.[158] Es sind nicht für alle CMR-Stoffe AGW hinterlegt, so dass in der Neufassung des § 10 S. 1 GefStoffV im Juli 2013[159] dieser Umstand berücksichtigt wurde und die Arbeitgeber verpflichtet sind, ein risikobezogenes **Maßnahmenkonzept** zu entwickeln, das dem **Minimierungsgebot** in § 7 Abs. 4 GefStoffV gerecht wird.

Der AGS entwickelte ab 2006 ein risikobezogenes **Maßnahmenkonzept**, das die Krebsgefahr in ein hohes (sog Toleranzrisiko), mittleres und geringes (sog Akzeptanzrisiko) Risiko unterteilt.[160] Das Maßnahmenkonzept befindet sich in der Testphase und hat sich zum Ziel gesetzt, eine Vielzahl von Einzelstoffen mit den erforderlichen Werten zu erfassen. Eine der Hauptaufgaben wird darin liegen, für die jeweiligen Einzelstoffe Exposition-Risiko-Beziehungen festzulegen, die eine Beziehung zwischen der Belastungshöhe und resultierendem Krebsrisiko herstellt. Die Ergebnisse sind in der **TRGS 910** und der aktuellen TRGS 561 zusammengefasst. Da bisher die Minimierungspflicht nicht in allen Betrieben nachhaltig verfolgt wird, sind neben den Aufsichtsbehörden auch die Betriebsräte gefordert, ihre Überwachungsaufgaben nach § 80 Abs. 1 Nr. 1 BetrVG wahrzunehmen und die Minimierung der Gefahrstoffkonzentration einzufordern.[161] Die REACH-VO verwendet außerdem den DMEL-Werte, die in einer Leitlinie zur REACH-VO empfohlen werden.[162] Der DMEL ist gerade im Bereich der CMR-Stoffe eine hilfreiche Unterstützung, weil es bei diesen Stoffen häufig an Wirkschwellen fehlt. Kritisch sind die DMEL-Werte deshalb zu sehen, weil nicht das quantifizierte Ri-

---

151 Aligbe, Neufassung der GefStoffV 2016, ArbRAktuell 2017, 108. **152** Pieper GefStoffV § 10 Rn. 16. **153** Anschaulich der Sachverhalt BAG 28.2.2011 – 8 AZR 769/09, AP Nr. 6 zu § 104 SGB VII und BAG 20.6.2013 – 8 AZR 471/12, DB 2013, 2216, dazu Kohte, jurisPR-ArbR 44/2013 Anm. 3. **154** GMBl. 2014, 164 ff und 2015, 136. **155** BayVGH 19.3.2014 – 22 ZB 13.2290; OVG Magdeburg 11.4.2016 – 3 L 90/15, NVwZ-RR 2016, 865. **156** BR-Drs. 470/16 (Beschluss). **157** Zu den Schwächen: Wriedt Gute Arbeit 6/2008, 28 ff. **158** Wriedt Gute Arbeit 7–8/2011, 7 (8). **159** BGBl. I 2013, 2514, 2529. **160** Wriedt Gute Arbeit 12/2015, 23 ff. **161** Beitrag zur Tagung der IG Metall zum Thema: Gefahrstoffe im Betrieb: Umfassend schützen und dokumentieren, Gute Arbeit 7–8/2011, 7 (8). **162** Die Abkürzung steht für: Derived Minimal Effect Level.

siko für eine Krebserkrankung Inhalt dieser Werte ist. In jedem Fall muss jedoch die Zielsetzung der REACH-VO, dass die CMR-Stoffe Schritt für Schritt durch adäquate Alternativstoffe und -technologien ersetzt werden sollen,[163] betriebspraktisch umgesetzt werden.

d) § 11 GefStoffV. § 11 Abs. 1 GefStoffV verpflichtet den Arbeitgeber Schutzmaßnahmen vor Brand- und Explosionsgefahren durchzuführen und dabei die Vorschriften aus Anhang Nr. 1 zu berücksichtigen. Mit den Neuregelungen zu dieser Thematik im Jahre 2015 ist es nun gelungen, eine bessere Trennung zwischen dem Brand- und Explosionsschutz in der BetrSichV und der GefStoffV sicherzustellen. Die BetrSichV regelt die Anforderungen gegen Gefahren bei der Verwendung von Arbeitsmitteln (→ BetrSichV Rn. 4). Bei stoffabhängigen Gefahren finden sich die Sicherheitsanforderungen in der GefStoffV. Eine zentrale Rolle spielt das **Explosionsschutzdokument** nach § 6 Abs. 9 GefStoffV.[164]

2. Betriebsstörungen (§ 13 GefStoffV). In der GefStoffV 2010 ist § 13 GefStoffV, der Handlungsanweisungen für den Umgang mit Betriebsstörungen, Unfällen und Notfällen bereithält, unverändert übernommen worden. Die Weiterentwicklung dieser Vorschrift fand bereits mit Umsetzung der RL 98/24/EG[165] statt, wodurch die vormalige Regelung zu Betriebsstörungen in § 26 GefStoffV 1993 angepasst wurde und entscheidende Verbesserungen vorgenommen worden waren. Es findet eine deutliche **Schwerpunktsetzung auf die Prävention** von Betriebsstörungen, Unfällen und Notfällen statt. Nur mittels geeigneter Notfallpläne, die auf Erfahrungen von Mitarbeitern bei Unfällen beruhen, und durch Einüben der anzuwendenden Notfallmaßnahmen können nach den Vorgaben des § 13 GefStoffV die Gefahren für die Gesundheit der Beschäftigten weitestgehend minimiert werden. Diese Herangehensweise ist mit den Bestimmungen im Störfallrecht zu vergleichen (→ Rn. 16); sie wird in der Literatur griffig als „Unterbau zur StörfallV" bezeichnet.[166] Grundlage für die Erstellung der Notfallpläne ist wiederum neben dem Erfahrungswissen der betrieblichen Akteure und der Beschäftigten (vgl. § 10 Abs. 3 StörfallV)[167] die Gefährdungsbeurteilung, die im Falle eines Unfalls die zu erwartenden Risiken für die Beschäftigten bestimmt. Anhand dieser Vorabprüfung sind die Eckpunkte einer **Notfall- und Alarmplanung** festzulegen. Ziel dieser im Vorfeld betriebenen Maßnahmen ist die Vermittlung der notwendigen Kenntnisse an die Beschäftigten, um in Unfallsituationen weitestgehend selbstständig die erforderlichen Schritte durchführen zu können.

Abgesehen von den vorbeugenden Maßnahmen hat sich der Arbeitgeber bei dem **Eintritt einer Betriebsstörung** streng an die Vorgaben in § 13 Abs. 2 GefStoffV zu halten. Unverzügliche Verringerung der Gefahrenlage, schnelle Unterrichtung der betroffenen Beschäftigten und Wiederherstellung der normalen Betriebssituation sind die Maßnahmen von höchster Priorität. Außerdem sind nur noch die Beschäftigten einzusetzen, die für Instandsetzungsarbeiten und sonstige notwendige Aufgaben zwingend gebraucht werden.[168] Die eingesetzten Arbeitskräfte müssen dann auch wieder mit der geeigneten persönlichen Schutzausrüstung ausgestattet werden. Die konkreten Anforderungen hinsichtlich der Schutzkleidung richten sich dann wieder nach der PSA-BV (→ PSA-BV Rn. 12). Für alle anderen Beschäftigten gilt ein **Beschäftigungsverbot** abgeleitet aus § 13 Abs. 2 S. 2 GefStoffV. Diese Vorschrift ist ein Verbotsgesetz iSd § 134 BGB, so dass der Beschäftigte von seiner Arbeitspflicht frei wird und im Gegensatz zu den Fällen, in denen Arbeitnehmern ein Zurückbehaltungsrecht nach § 273 BGB oder die Einrede der Unzumutbarkeit nach § 275 Abs. 3 BGB geltend machen, keine Einrede zu erheben hat.[169] Mit Vorliegen einer Betriebsstörung können sich die nicht in § 13 Abs. 2 S. 2 GefStoffV genannten Beschäftigten von ihrem Arbeitsplatz entfernen (→ ArbSchG § 9 Rn. 17).

---

[163] Welzbacher BG 2011, 560 (561). [164] Pieper GefStoffV § 6 Rn. 37 ff. [165] RL 98/24/EG vom 7.4.1998, ABl. EG L 131, 11 ff. [166] Pieper GefStoffV § 13 Rn. 1. [167] Kohte/Faber, Störfallrecht und Betriebsverfassung, S. 60. [168] Pieper GefStoffV § 13 Rn. 8. [169] Kollmer/Klindt/Schucht/Kohte ArbSchG § 9 Rn. 77 ff.; Fabricius, Einstellung der Arbeit, S. 102 ff.

53 3. **Unterrichtung und Unterweisung.** Elementarer Bestandteil einer effizienten Gefahrenvorbeugung ist die Information der Beschäftigten (§ 14 GefStoffV). Zunächst müssen in einer **schriftlichen Betriebsanweisung** die wesentlichen Eckpunkte festgehalten sein, die für jeden einzelnen Arbeitsplatz die konkret verwendeten Gefahrstoffe aufzeigen, die von den Gefahrstoffen ausgehenden Gefährdungen benennen sowie die Maßnahmen beschreiben, die die Beschäftigten zur Hygiene, zur Verhütung einer Exposition sowie in Notfällen zu ergreifen haben. Einzelheiten zur Erstellung einer Betriebsanweisung waren früher auch im Anhang der **TRGS 555** erläutert,[170] weitere Vorschläge zur Gestaltung von Betriebsanweisungen sind zu finden unter www.gefahrstoffe-imgriff.de.[171] Dort wird anhand von Beispielen erläutert, wie zB eine Vielzahl von Stoffen in Gruppenanweisungen zusammengeführt werden können, und auf IT-Hilfsmittel für die Erstellung von Betriebsanweisungen verwiesen.

54 Hintergrund dieser ausführlichen Betriebsanweisungen ist wiederum die Befähigung der Beschäftigten zu **möglichst selbstständigen Akteuren im Arbeitsschutz**, die aufgrund der konkreten Handlungsanweisungen selbst in der Lage sind, besonders in Notfällen, die Gefahren für die eigene Gesundheit zu minimieren und überdies Handlungen in die Wege zu leiten, die zur Wiederherstellung der betrieblichen Sicherheit führen. In § 14 Abs. 1 S. 4 GefStoffV wird die hohe Bedeutung der Bereitstellung von ausreichenden Informationen dokumentiert, indem auch den Beschäftigten sämtliche Inhalte der Sicherheitsdatenblätter zugänglich sein müssen (Art. 35 REACH-VO).

55 Nach den Veränderungen in der **Kennzeichnung der Gefahrstoffe** durch die CLP/GHS-VO finden sich Hilfestellungen zur Ausgestaltung einer Betriebsanweisung auf der Seite des Gefahrstoffinformationssystems Chemie „GisChem".[172] Leitgedanke des § 14 GefStoffV ist es, über diese Formen der betriebsöffentlichen Betriebsanweisungen die Beschäftigten zu erreichen und zu vermeiden, dass aus Gründen mangelhafter Kommunikation in den Betrieben die Beschäftigten in Unkenntnis über die korrekten Schutzmaßnahmen in Notfallsituationen einen erheblichen Schaden erleiden. Eine Verbesserung des Arbeitsschutzes kann nur auf einem ständigen Erfahrungsaustausch zwischen den betrieblichen Akteuren basieren.

56 Ungenügend wäre die Unterrichtung der Beschäftigten jedoch, wenn sie sich auf die Aushändigung der schriftlichen Betriebsanweisung beschränken würde. Deswegen fordert § 14 Abs. 2 S. 1 GefStoffV zusätzlich eine **mündliche Unterweisung der Beschäftigten**. Die Unterweisung hat **vor Antritt der Arbeit** zu erfolgen und ist nach § 14 Abs. 2 S. 5 GefStoffV mindestens einmal jährlich für jeden Arbeitsplatz **zu wiederholen**. Konsequenz der zeitlichen Einordnung der Unterweisung vor dem Arbeitsantritt ist, dass für den Beschäftigten bei einem Unterlassen des Arbeitgebers wieder ein Beschäftigungsverbot besteht, da ein Außerachtlassen der Regelungen in § 14 Abs. 2 GefStoffV – ebenso wie bei der Beschäftigung vor Gefährdungsbeurteilung – ein gesetzliches Verbot iSd § 134 BGB darstellt. Die arbeitswissenschaftlichen Kernanforderungen an die Unterweisung sind in der 2017 aktualisierten **TRGS 555** zusammengefasst.[173] Basis ist eine **verständliche Form und Sprache**, die insbesondere an den Kenntnissen und Fähigkeiten der Unterwiesenen gemessen werden muss (→ ArbSchG § 12 Rn. 9).[174] Der Inhalt und der Zeitpunkt der Unterweisung vom Arbeitgeber schriftlich zu dokumentieren und vom Unterwiesenen durch eine Unterschrift zu bestätigen.[175] Regelungen zur Gestaltung einer solchen Unterweisung sowie zu den Fristen für Wiederholungsunterweisungen unterliegen der Mitbestimmung des Betriebsrats nach § 87 Abs. 1 Nr. 7 BetrVG (→ BetrVG § 87 Rn. 39).[176] Es gehört daher zu den Aufgaben der betrieblichen Akteure, das Anforderungsprofil und den Umfang für die Unterweisungen in einer Betriebsvereinbarung festzuhalten und die entsprechenden arbeitswissenschaft-

---

170 Welzbacher BPUVZ 2013, 70 (72); Pieper GefStoffV § 14 Rn. 3. **171** Hinweise zur Zusammenfassung von Betriebsanweisungen auch bei Welzbacher BPUVZ 2013, 70 (72 ff.). **172** Abrufbar im Internet unter: www.gischem.de (Stand: 17.7.2017). **173** GMBl. 2017, S. 275 ff. **174** TRGS 555 Punkt 4.3. Abs. 4. **175** Welzbacher BPUVZ 2013, 70 (74). **176** BAG 11.1.2011 – 1 ABR 104/09, NZA 2011, 651, dazu Kohte, jurisPR-ArbR 45/2011.

lichen und arbeitspädagogischen Erkenntnisse[177] für ihren Betrieb zu konkretisieren. Nr. 5.3 Abs. 1 TRGS 555 sieht daher auch praktische arbeitsplatzbezogene Übungen vor. Verstärkt werden diese beispielhaften Hinweise durch Art. 8 RL 98/24/EG, weil in der englischsprachigen Fassung bereits in der Überschrift der Regelung von „information and trainings for workers" gesprochen wird und in der Regelung selbst „training and information on appropriate precautions and actions to be taken ..." empfohlen werden. Bei Beschäftigten, die gefährdende Tätigkeiten mit Gefahrstoffen verrichten, existiert seit 2005 verpflichtend die Vorgabe, dass die Unterweisung auch eine allgemeine **arbeitsmedizinisch-toxikologische Beratung** beinhalten muss. Die Beratungen sollen die Beschäftigten über elementare Sofortschutzmaßnahmen, aber auch über die Angebotsvorsorge nach der ArbMedVV (→ ArbMedVV Rn. 14) informieren.[178]

Ein weiteres explizit genanntes Betätigungsfeld für die Arbeitnehmervertretungen ist in § 14 Abs. 3 GefStoffV für den **Umgang mit CMR-Stoffen** vorgesehen. Dort sind die Vertreter der Beschäftigten als Akteure aufgeführt, um in Umsetzung der RL 2004/37/EG über ein Zusammenwirken der verschiedenen Akteure in einem Unternehmen die Exposition von CMR-Stoffen gemeinsam verringern zu können. Zwar bedarf es nicht zwingend einer Erwähnung in der GefStoffV, dass die Betriebsräte ihre Mitbestimmungsrechte ausüben können, da das BetrVG diese Handlungsmöglichkeiten bereits eröffnet, aber zutreffend sind diese wichtigen Informations- und Kontrollrechte herausgestellt, damit sie als wichtige Akteure für ein hohes Arbeitsschutzniveau in den Betrieben fungieren können. Dabei darf nicht übersehen werden, dass § 14 Abs. 3 GefStoffV diese **Informations- und Kontrollrechte auch den einzelnen Beschäftigten als eigene Rechte** zuordnet. Weitere Hinweise zur Unterweisung bei kanzerogenen Stoffen sind der TRGS 555[179] dokumentiert. 57

Unternehmen, die mit CMR-Stoffen arbeiten, müssen nach § 14 Abs. 3 Nr. 3 GefStoffV eine **Expositionsdatenbank** erstellen. Mit dieser Regelung wurde die Anpassung der GefStoffV an die „EU-Krebs-RL" 2004/37/EG umgesetzt. Aus dem Verzeichnis geht der Name des Beschäftigten, die Höhe und die Dauer der Exposition, die der Beschäftigte den CMR-Stoffen ausgesetzt war, hervor.[180] Weitere Hinweise zum Expositionsverzeichnis sind der TRGS 410[181] zu entnehmen. Folgende Vorteile ergeben sich neben dem Erhalt der Daten auch nach Schließungen von Unternehmen: Bei Ausscheiden von Beschäftigten aus dem Unternehmen können diese direkt bei der DGUV kostenfrei ihre gespeicherten Daten abrufen. Sowohl Beschäftigte als auch Unfallversicherungsträger sollen bei Verdacht auf eine Berufskrankheit auf die bei der DGUV geführte ZED (Zentrale Expositionsdatenbank) zurückgreifen können und damit der Ermittlungsaufwand bei Berufskrankheiten verringert werden.[182] Für CMR-Stoffe ist weiter festgelegt, dass das **Expositionsverzeichnis 40 Jahre aufzubewahren ist**. Bei Beendigung des Beschäftigungsverhältnisses ist – ähnlich wie in § 4 Abs. 3 ArbMedVV – den einzelnen Beschäftigten nach § 14 Abs. 3 Nr. 4 GefStoffV ein Auszug zur Verfügung zu stellen. Regelungen zur Betriebsschließung fehlten bisher und sind in der Begründung der Novellierung der GefStoffV 2010 von Verhandlungen der Sozialpartner mit den Vollzugsbehörden abhängig gemacht worden.[183] Dies war schon zum damaligen Zeitpunkt **mit den unionsrechtlichen Vorgaben** in Art. 10 RL 98/24/EG, Art. 15 RL 2004/37/EG und Art. 19 RL 2009/148/EG **nicht vereinbar** und eine verfehlte Individualisierung.[184] Die innerstaatlichen Behörden waren bereits 2010 zur Aufbewahrung verpflichtet. Mit der Änderung der GefStoffV vom Juli 2013 ist eine Neuregelung in § 14 Abs. 4 GefStoffV eingeführt worden.[185] Demnach hat der Arbeitgeber die Möglichkeit, mit Einwilligung des betroffenen Beschäftigten, weil es aus datenschutzrechtlicher Sicht eine Herausgabe personenbezogener Daten an Dritte darstellt, die Aufbewahrungs- und Aushändigungspflicht nach § 14 Abs. 3 Nr. 4 GefStoffV auf den zuständigen gesetzlichen Unfallversi- 58

---

[177] Dazu Heilmann, Gefahrstoffrecht, GefStoffV § 14 Rn. 8; Pieper GefStoffV § 14 Rn. 11. [178] Welzbacher BPUVZ 2013, 70 (75); Pieper ArbSchR GefStoffV § 14 Rn. 16 ff. [179] TRGS 555 Punkt 6. [180] Aligbe ArbRAktuell 2017, 108 (109). [181] GMBl 2015, 587 ff [182] Eichendorf Gute Arbeit 2/2017, 30; Stamm/Wellhäuser BG RCI-Magazin 7–8/2015, 24 f. [183] BR-Drs. 456/10, 95. [184] Wriedt Gute Arbeit 1/2011, 33 (36). [185] Wriedt Gute Arbeit 3/2015, 14 (15).

cherungsträger zu übertragen und die Daten in einer für die elektronische Datenverarbeitung geeigneten Form zu übermitteln. Für den Zeitraum von 2010 bis 2013, in dem die innerstaatliche Gesetzgebung untätig geblieben ist, konnten die Insolvenzverwalter den Anspruch gegenüber den staatlichen Aufsichtsbehörden geltend machen (→ Insolvenz Rn. 10 ff.). Trotz aller Fortschritte greift die jetzige Regelung zu kurz, weil sie nur eine Möglichkeit, nicht jedoch eine Pflicht des Betriebsinhabers regelt.

59 **4. Fremdfirmenbeschäftigte (§ 15 GefStoffV).** Fremdfirmenbeschäftigte stellen eine Beschäftigtengruppe dar, die besonders den Gefahren von Arbeitsunfällen und arbeitsbedingten Erkrankungen ausgesetzt ist.[186] In den letzten Jahren wurden vermehrt Leiharbeitnehmer, Werkunternehmer und Dienstleister eingesetzt. Hier treffen viele der bereits angesprochenen Problemfelder zusammen: Häufig kurzfristige Einsätze in den Unternehmen, teilweise mangelhafte Sprachkenntnisse sowie fehlende Informationen an den Betriebsrat. Ein immer noch aktueller Forschungsbericht der BAuA lässt den Schluss zu, dass Fremdfirmenbeschäftigte unter deutlich schlechteren Bedingungen als die Stammbelegschaft eingesetzt werden und dass sie deutlich höheren Stoffbelastungen ausgesetzt sind.[187] Deshalb dürfen nur solche Fremdfirmen herangezogen werden, die die erforderliche Fachkunde und Erfahrung haben. **§ 15 Abs. 2 GefStoffV verpflichtet** weiter in Konkretisierung und Verstärkung von § 8 ArbSchG (→ ArbSchG § 8 Rn. 17 ff.) **die verschiedenen Arbeitgeber zur Kooperation** sowie zum Informationsaustausch, damit für alle im Betrieb tätigen Beschäftigten die Sicherheit an den Arbeitsplätzen gewährleistet werden kann. Sie müssen bei der Erstellung der Gefährdungsbeurteilung kooperieren, ihre Schutzmaßnahmen aufeinander abstimmen und dies dokumentieren.[188] Stellt sich heraus, dass die Beschäftigten einer erhöhten Gefährdung ausgesetzt sind, so müssen die beteiligten Arbeitgeber – ähnlich wie in § 13 BetrSichV – einen Koordinator bestellen (→ BetrSichV Rn. 52). Der **Koordinator** organisiert anhand der von den beteiligten Arbeitgebern zur Verfügung gestellten Informationen die durchzuführenden Schutzmaßnahmen. Allerdings können sich die Arbeitgeber mit Bestellung des Koordinators nicht ihrer Verantwortung entziehen; sie haben die Tätigkeiten des Koordinators ihrerseits zu kontrollieren (§ 15 Abs. 4 S. 4 GefStoffV). Aus § 15 Abs. 4 S. 2 GefStoffV ergibt sich, dass die Bestellung eines Koordinators nach § 3 BauStellV vorrangig ist, so dass für die Stellung des Koordinators auf die konkreten Erfahrungen nach § 3 BauStellV zurückgegriffen werden kann (→ BauStellV Rn. 35 f.).

60 **5. Klein- und Mittelunternehmen.** Die richtige Umsetzung der Neuregelungen wird auch für die Klein- und Mittelunternehmen (KMU) eine Herausforderung darstellen. Bereits in der Forschungsstudie von Voullaire[189] wurde ersichtlich, dass es den meisten KMU an der nötigen Fachkenntnis fehlt, um die Informationen aus den Sicherheitsdatenblättern für eine hinreichende Gefährdungsbeurteilung zum Einsatz zu bringen. In der Vergangenheit sind eingehende Anstrengungen unternommen worden, um diese Unternehmen von staatlicher Seite zu unterstützen.[190] So wurde bereits im Jahr 2003 das **KMU-Gefahrstoffportal**[191] ins Leben gerufen und im Herbst 2006 startete das REACH-Net-Beratungssystem.[192] Das Problem der Verwendung von Sicherheitsdatenblättern auf der Ebene der KMU bleibt auch in Zukunft eine der wesentlichen Aufgaben, die im Gefahrstoffrecht zu bewältigen sind.

61 **6. Gefahrstoffe und Lebenszyklus.** Weitere Pflichten des Arbeitgebers orientieren sich am jeweiligen **Lebenszyklus** des Gefahrstoffes. Verschiedene Unfälle und Störfälle hatten dokumentiert, dass Gefahren nicht nur bei der jeweiligen Herstellung und Verwendung eines Gefahrstoffs auftreten können, sondern dass die „Nebentätigkeiten", wie zB Transport und Lagerung, die lange unterschätzt worden sind, ebenfalls beträchtliche Gefährdungen hervorrufen können, zumal diese Beschäftigten nicht selten nur eine

---

186 Julius, Arbeitsschutz und Fremdfirmenbeschäftigung, S. 2 ff. **187** Kuhlmann/Elbeshausen/Hebisch/Wolf, Stoffbelastungen der Mitarbeiter von Servicefirmen bei Reinigungs-, Wartungs- und Reparaturarbeiten, 2011, S. 45 ff.; Sachverhalt BayVGH 25.7.2012 – 22 ZB 11.2011, GewArch 2012, 459. **188** Pieper GefStoffV § 15 Rn. 13. **189** Voullaire, Gefahrstoffe in Klein- und Mittelbetrieben: Neue Wege überbetrieblicher Unterstützung, S. 19 ff. **190** Mühlemeyer/Sassmannshausen/Lang/Nolting sis 2010, 546. **191** www.gefahrstoffe-im-griff.de. **192** www.reach-net.com.

geringe Fachkunde für die Probleme von Gefahrstoffen haben. Mit der GefStoffV 2010 wurde in § 1 Abs. 3 S. 3 GefStoffV der Transport von Gefahrstoffen generell in die „Tätigkeit mit Gefahrstoffen" integriert. Folgerichtig enthält § 8 GefStoffV weitere Vorschriften, mit denen eine sichere Beförderung von Gefahrstoffen durch die Verwendung verschließbarer Behälter in § 8 Abs. 4 GefStoffV vorgeschrieben wird. Diese elementaren Maßnahmen[193] sind für die **Entsorgung** von grundlegender Bedeutung.

Da in § 8 GefStoffV zu den Schutzmaßnahmen ausdrücklich die Reduzierung der Gefahrstoffe in der Produktion gerechnet wird, ist die sichere **Lagerung von Gefahrstoffen** wichtiger geworden. Während früher Technische Regeln nur für giftige und sehr giftige Stoffe formuliert worden waren (zB die TRGS 514 aus dem Jahr 1998), ist 2010 die TRGS 510 „Lagerung von Gefahrstoffen in ortsbeweglichen Behältern"[194] veröffentlicht worden, mit der praktische Erfahrungen über eine sichere Lagerung zusammengefasst worden sind. Auch für die Lagerung ist eine Gefährdungsbeurteilung unverzichtbar; sie muss möglichst früh erfolgen, damit die richtige Wahl geeigneter Lagerräume rechtzeitig geplant werden kann. Weiter ist anzuraten, dass die Stoffe in differenzierten **Lagerklassen** aufgeteilt werden, da bestimmte Stoffe nicht in enger Nachbarschaft gelagert werden sollten. Nicht nur die Grundsätze der Gefahrenvermeidung, sondern auch die Grundsätze der Reduzierung von Gefahren verlangen eine hinreichende Trennung der unterschiedlichen Stoffe, die mittels der Kategorisierung von Lagerklassen erreicht werden soll. Wiederum ist auch hier eine gesonderte Betriebsanweisung und Unterweisung erforderlich, weil es lagerungsspezifische Gefährdungen gibt, die den Beschäftigten rechtzeitig zu vermitteln sind. Ebenso ist es im Rahmen der Lagerung unverzichtbar, die Erfahrungen der Beschäftigten über Beinahe-Unfälle zu sammeln, um die eigenen Schutzmaßnahmen präzisieren zu können. Eine gut organisierte Lagerung reduziert zugleich eine wichtige Gefahrenquelle, denn auf diese Weise kann die riskante **Lagerung von Gefahrstoffen in Arbeitsräumen** so gering wie möglich gehalten werden.[195]

VII. Die Schlüsselrolle des Ausschusses für Gefahrstoffe

Eine Schlüsselrolle zur Konkretisierung der Pflichten des Arbeitgebers und der anderen Beteiligten nimmt der **Ausschuss für Gefahrstoffe** nach § 20 GefStoffV ein. Vorläufer dieses Ausschusses sind bereits seit 1971 durch § 28 ArbStoffV,[196] seit 1986 durch § 44 GefStoffV 1986[197] und seit 1993 durch § 52 GefStoffV 1993[198] als besonders wichtiger technischer Ausschuss installiert worden. Er ist das wichtigste Vorbild für die Einführung weiterer technischer Ausschüsse, die auf der Basis von § 18 Abs. 2 Nr. 5 ArbSchG inzwischen erfolgt ist (→ ArbSchG §§ 18, 19 Rn. 19). In mehr als 20 Jahren hat der Ausschuss ein differenziertes Regelwerk (TRGS und BekGS) formuliert, mit dem er den betrieblichen und fachlichen Sachverstand ausgewertet und gebündelt hat. Dem Ausschuss kommt allerdings nur das Recht zu, entsprechende Vorschläge zu formulieren; das **Letztentscheidungsrecht** liegt nach § 20 Abs. 4 GefStoffV beim zuständigen **Ministerium**, auf dessen Veröffentlichungspraxis es letztlich ankommt. Verschiedene Konflikte in der Vergangenheit haben gezeigt, dass hier Divergenzen möglich sind und dass ein verlässliches Konfliktregelungsverfahren für solche Divergenzen zwischen Ausschuss und Ministerium fehlt (→ ArbSchG §§ 18, 19 Rn. 48).

Eine besonders wichtige Aufgabe des Ausschusses ist das Recht, nach § 20 Abs. 3 Nr. 4 GefStoffV **Arbeitsplatzgrenzwerte vorzuschlagen**. Mit der schrittweisen Kodifikation des Gefahrstoffrechts ist diese Aufgabe getrennt worden von der wissenschaftlichen Beratung durch die **DFG-Senatskommission**, die regelmäßig **MAK-Werte** formuliert. Die Senatskommission ist ein wissenschaftliches Gremium, das inzwischen auch die internationale wissenschaftliche Diskussion berücksichtigt und daher konsequent Mitglieder aus anderen Staaten integriert hat. Die Senatskommission hat daher eine erhebliche Transparenz entwickelt; sie begründet ihre Ergebnisse und teilt ihre Arbeitspläne

---

193 Pieper GefStoffV § 8 Rn. 19. **194** GMBl. 2010, 1693 ff.; dazu Welzbacher BG 2011, 204 ff. **195** Dazu Müller, Gefahrstoffe in Arbeitsräumen BPUVZ 2015, 286 ff. **196** BGBl. I 1971, 1609, 1615; Klein in: FS Wlotzke, S. 533, 545. **197** Kaufmann DB 1986, 2229 (2234). **198** Theuer BB 1994, 208 (216).

jedes Jahr rechtzeitig mit, damit entsprechende Erfahrungen in diese Beratungen eingebracht werden können[199].

65 Für den AGS ist eine solche Intensität der kommunikativen Transparenz noch nicht erreicht, gleichwohl hat er in den letzten Jahren das System der Arbeitsplatzgrenzwerte regelmäßig und beharrlich ausgebaut und veröffentlicht inzwischen ebenfalls Begründungen für die jeweiligen Grenzwerte. Die **TRGS 900 (Arbeitsplatzgrenzwerte)** ist mehrfach novelliert[200] und jeweils um einige Stoffe angereichert worden. Das Ministerium hat die vorerst letzte Fassung der TRGS 900 im Juni 2017 veröffentlicht.[201] In der Sitzung vom 18.11.2013 hat der Ausschuss für die Betriebspraxis wichtige Änderungen (Grenzwerte für A-Stäube) beschlossen (→ Rn. 43).[202] In der Zukunft wird sich der AGS – ebenso wie der vergleichbare Ausschuss auf europäischer Ebene auch mit divergierenden DNEL-Werten (→ Rn. 22) zu befassen haben.[203] Der AGS befasst sich jetzt systematisch mit Abweichungen von DNEL-Werten zu den AGW. Die BAuA liefert die Vorarbeit, indem sie diese Unterschiede herausarbeitet und den AGS darüber informiert. Die vom Ministerium veröffentlichten Arbeitsplatzgrenzwerte sind für die betriebliche Praxis von hoher Bedeutung, denn nach § 7 Abs. 8 GefStoffV hat der Arbeitgeber sicherzustellen, dass diese Grenzwerte eingehalten werden. Bei Überschreiten der Grenzwerte sind nach § 9 GefStoffV weitere Schutzmaßnahmen erforderlich.

VIII. Rechtsdurchsetzung

66 Die GefStoffV enthält ein **differenziertes System diverser Pflichten**, die unterschiedlichen Beteiligten zugeordnet werden. Es ist daher sachgerecht, die Fragen der Rechtsdurchsetzung in die Kategorien der öffentlich-rechtlichen Überwachung und Anordnung, der kollektivvertraglichen Regelung sowie der individualrechtlichen Durchsetzung aufzugliedern (→ LärmVibrationsArbSchV Rn. 56 ff.). Die zentralen Pflichten des Arbeitgebers betreffen die **Gefahrstoffsubstitution und die Gefahrstoffminimierung**; ihnen vorgelagert ist die **Pflicht zur Gefahrstoffinformation sowie zur Gefährdungsbeurteilung**. Sie werden flankiert durch organisatorische Pflichten, wie vor allem die Unterrichtung und Unterweisung. Weitere Pflichten orientieren sich am Produktzyklus und betreffen die innerbetriebliche Kennzeichnung, die Lagerung und die fachgerechte Entsorgung. Schließlich wird verlangt, die **Informationen in der Gefahrstoffkette** weiterzuleiten. Dazu sind die herstellerbezogenen Pflichten zur Erstellung, Lieferung und Aktualisierung des Sicherheitsdatenblattes zu beachten. In § 18 GefStoffV finden sich in beachtlichem Umfang **Informationspflichten des Arbeitgebers gegenüber der Behörde**, deren Verletzung in bestimmten Fällen auch zu einer Untersagungs- und Stilllegungsanordnung nach § 19 Abs. 5 GefStoffV führen kann.

67 Sämtliche Pflichten sind überwachungsbedürftig und grundsätzlich anordnungsfähig. Eine für die Praxis wichtige Aufteilung der einzelnen Pflichten enthält der **Katalog der Ordnungswidrigkeiten in § 22 GefStoffV**. Grundsätzlich ist jede dieser einzelnen konkreten Handlungen auch anordnungsfähig.[204] Wegen des rechtsstaatlichen Bestimmtheitsgebots sind in § 22 GefStoffV ausschließlich konkrete Teilpflichten bußgeldbewehrt. Für die Überwachung greift dies jedoch zu kurz, denn die zentrale Pflicht des § 7 Abs. 3 GefStoffV zur Substitution sowie des § 7 Abs. 4 GefStoffV zur Gefahrstoffminimierung sind als solche nicht bußgeldbewehrt, jedoch überwachungs- und anordnungsbedürftig. Die Überwachung ist hier im Rahmen von § 22 Abs. 1 ArbSchG zunächst darauf gerichtet, Auskünfte zu erlangen und sich entsprechende Unterlagen vorlegen zu lassen. Da die Durchführung der Substitutionsprüfung nach § 6 Abs. 8 GefStoffV zu dokumentieren ist (→ Rn. 39), sind vorrangig solche Unterlagen vorzulegen. Nicht selten wird hier zunächst im Rahmen der Beratung, in der Regel durch die Träger der Unfallversicherung, das Feld zu klären sein. Bei weiterer Untätigkeit sind dann allerdings auch zwangsgeldbewehrte **Auskunfts- und Vorlageanordnungen** möglich und geboten (→ ArbSchG § 22 Rn. 22).

---

199 dazu Kohte, Jahrbuch für Umwelt- und Technikrecht Bd. 86, 2006, S. 119, 152 **200** GMBl. 2011, 1024 und 2012, 11 ff. **201** GMBl. 2017, 368 ff. **202** Pauli Gute Arbeit 1/2014, 29. **203** Welzbacher BG 2011, 560 (567). **204** Beispielhaft VG Minden 25.2.2005 – 11 K 2744/02.

Der zentralen Rolle der Gefährdungsbeurteilung entspricht es, dass die **Überwachung** 68
der jeweiligen Gefährdungsbeurteilungen ebenfalls einen großen Raum einzunehmen hat. Mit den Hinweisen der Gemeinsamen Deutschen Arbeitsschutzstrategie vom 15.12.2011 – aktualisiert am 22.5.2017 – ist den Aufsichtsbehörden ein entsprechender Rahmen zur Verfügung gestellt, der wiederum durch Überwachung, Auskunft und Anordnung auszufüllen ist. Auf dieser Basis ist es dann auch möglich, hinreichend bestimmte Anordnungen (→ ArbSchG § 22 Rn. 46 f.) zu formulieren.[205] Erst recht sind **sofort vollziehbare Anordnungen** möglich und geboten, wenn **Gefahrstofftätigkeiten ohne vorherige Gefährdungsbeurteilung oder Unterweisung** durchgeführt oder wenn Tätigkeiten realisiert werden sollen, die den Verwendungsbeschränkungen, zB bei Asbest, widersprechen.[206] § 19 Abs. 3 GefStoffV bietet den Behörden intensive **Anordnungsmöglichkeiten**.[207] Beispiele ergeben sich auch aus den LASI-Veröffentlichungen, zB der Handlungsanleitung LV 24, 4. Aufl. 2014 für die Gefährdungsbeurteilung nach der GefStoffV.[208]

Ergänzend sind die jeweiligen **Ermittlungs-, Mess- und Dokumentationspflichten** zu 69 verfolgen. Es ist darauf hinzuwirken, dass eine ordnungsgemäße Messung durch **fachkundige Personen** erfolgt und dass die Gefährdungen hinreichend dokumentiert werden. Für die jeweils zu treffenden Maßnahmen kann dem Arbeitgeber selten eine konkrete Maßnahme vorgeschrieben werden, weil eine solche Reduzierung des betrieblichen Gestaltungsspielraums auf eine einzige Maßnahme nur selten in Betracht kommen wird. In der Regel wird zunächst durch **Revisionsschreiben** auf die Realisierung dieser Pflichten hinzuwirken sein.[209] Im Einzelfall kann sich dann eine hinreichende Konkretisierung von Einzelpflichten, zB bei Beschaffung eines Sicherheitsdatenblatts, ergeben, die wiederum anordnungsfähig sein kann.[210] In der Praxis wird hier zu bedenken sein, dass nach § 89 BetrVG der Betriebsrat in diese Kommunikation einzubeziehen ist und dass ihm die jeweiligen Revisionsschreiben ebenfalls zur Kenntnis zu geben sind.[211] Nicht selten wird dann eine konkrete innerbetriebliche Regelung im Wege einer Betriebsvereinbarung oder einer Entscheidung der Einigungsstelle gefunden werden können. Im Rahmen solcher Verhandlungen können die Aufsichtspersonen als Auskunftspersonen bzw. als Sachverständige herangezogen werden, so dass sich auf diesem Weg die Rechtsdurchsetzung erfolgreich gestalten lässt.

Die in der GefStoffV normierten Pflichten des Arbeitgebers dienen dem Gesundheits- 70 schutz der Beschäftigten und bedürfen regelmäßig der Konkretisierung durch betriebliche Regelungen, die nach allgemeiner Ansicht dem **Mitbestimmungsrecht nach § 87 Abs. 1 Nr. 7 BetrVG** zuzuordnen sind.[212] Teilweise wird in der Literatur angenommen, für diese Mitbestimmung bestünde nur ein geringer Handlungsrahmen, da alle wesentlichen Regelungen durch die GefStoffV bzw. die jeweiligen TRGS vorgegeben seien.[213] Diese Einschätzung ist verfehlt, denn die TRGS sind keine bindenden Normen (→ ArbSchG §§ 18, 19 Rn. 36), sondern enthalten arbeitswissenschaftliche Erkenntnisse, die regelmäßig der betrieblichen Konkretisierung bedürfen und daher keine zwingenden Vorgaben enthalten können.[214] Bei Einhaltung der TRGS entsteht jedoch eine Vermutungswirkung zugunsten des Arbeitgebers (§ 7 Abs. 2 S. 3, 4 GefStoffV). Die Regelungen, die im Verfahren nach § 87 Abs. 1 Nr. 7 BetrVG getroffen werden können, entsprechen zunächst den üblichen Regelungen, die sich auf die **Organisation der Gefähr-**

---

205 Kohte BG 2010, 384 (386). **206** Dazu der Hinweis auf die Anordnung Asbesttätigkeiten einzustellen, im Sachverhalt des Urteils BAG 28.4.2011 – 8 AZR 769/09 Rn. 6, AP Nr. 6 zu § 104 SGB VII und BAG 20.6.2013 – 8 AZR 471/12, DB 2013, 2216, dazu Kohte, jurisPR-ArbR 44/2013 Anm. 3. **207** Anschaulich BayVGH 25.7.2012 – 22 ZB 11.2011, GewArch 2012, 459; BayVGH 19.3.2014 – 22 ZB 13.2290; OVG Magdeburg 11.4.2016 – 3 L 90/15, NVwZ-RR 2016, 865. **208** www.lasi-info.com. **209** Faber, Grundpflichten, S. 372. **210** Marquardt, Sicherheitsdatenblatt, S. 77 f. **211** HaKo-BetrVG/Kohte BetrVG § 89 Rn. 49. **212** Fitting BetrVG § 87 Rn. 305; DKKW-Klebe BetrVG § 87 Rn. 242; HaKo-BetrVG/Kohte BetrVG § 87 Rn. 85; Rottmann BB 1989, 1115 ff.; Wlotzke in: FS Wißmann, S. 426, 438; Grüneberg AiB 2011, 588 (592); ausführlich Marquardt, Sicherheitsdatenblatt, S. 245 ff. **213** HSSWGNRH-BetrVG/Worzalla BetrVG § 87 Rn. 359, 425 ff. **214** Zutreffend Marquardt, Sicherheitsdatenblatt, S. 247; dazu am Beispiel der ASR jetzt auch BAG 18.7.2017 – 1 ABR 59/15 Rn. 25.

dungsbeurteilung, Unterrichtung und Unterweisung** beziehen. Wichtiger ist, dass bereits der gesamte Prozess der Informationsermittlung und des Umgangs mit den Sicherheitsdatenblättern sinnvoll im Mitbestimmungsverfahren zu klären und zu präzisieren ist.[215] Dazu gehören vor allem die jeweiligen Zuständigkeiten, Modalitäten, Fristen und Evaluierungsverfahren.[216] Selbstverständlich bedürfen auch die diffizilen Fragen der Gesundheitsüberwachung einer vergleichbaren mitbestimmungsrechtlichen Präzisierung. Angesichts der Zunahme von Werkverträgen sind vor der Tätigkeit von Werkvertragsbeschäftigten **Regelungen zur Konkretisierung von § 15 GefStoffV** zu treffen (→ Rn. 59). Eine Tätigkeit vor Abschluss einer solchen Vereinbarung kann mit dem allgemeinen betriebsverfassungsrechtlichen Unterlassungsanspruch abgewehrt werden.

71 Die öffentlich-rechtlichen Pflichten des Arbeitgebers, die ihm in der GefStoffV zugewiesen sind, sind regelmäßig auch **privatrechtliche Pflichten im individuellen Arbeitsverhältnis**, da sie dem Schutz der einzelnen Beschäftigten dienen. Aus diesem Grund ist in der Rechtsprechung des Bundesarbeitsgerichts anerkannt, dass Arbeitnehmer nach § 618 BGB die Erfüllung der Pflichten des Arbeitgebers als individualrechtlichen Anspruch verlangen können.[217] Bestimmte Pflichten sind hinreichend genau gefasst, so dass sich daraus ein unmittelbarer Erfüllungsanspruch ergibt, der sich zB auf konkrete Messungen beziehen kann. Vor allem können Arbeitnehmer **Unterlassung** verlangen,[218] wenn ihnen zB eine Tätigkeit zugewiesen wird, für die noch keine Gefährdungsbeurteilung besteht (→ Rn. 30) oder wenn sie Expositionen von Gefahrstoffen ausgesetzt sind, für die Verwendungsbeschränkungen oder entsprechende Grenzwerte bestehen (→ BGB § 618 Rn. 52).[219] Der **Anspruch auf Erstellung einer Gefährdungsbeurteilung** kann ebenfalls geltend gemacht werden, wenn Arbeitgeber und Betriebsrat noch ein Handlungsspielraum zur Konkretisierung der jeweiligen Regelungen eingeräumt wird (→ BGB § 618 Rn. 47). In jedem Fall ergeben sich daraus hinreichende Rechtsschutzmöglichkeiten der einzelnen Beschäftigten gegenüber dem Arbeitgeber. Schadensersatzansprüche bei Verletzung von Leben und Gesundheit sind nur gesperrt, wenn ein Versicherungsfall nach § 7 SGB VII vorliegt, was nicht immer der Fall ist;[220] außerdem kann in Einzelfällen auch Vorsatz des Arbeitgebers bzw. eines seiner Erfüllungsgehilfen zu bejahen sein.[221]

72 Gerade bei dem Umgang mit Gefahrstoffen können den einzelnen Beschäftigten auch **Ansprüche gegenüber dem Hersteller von Gefahrstoffen** zustehen, wenn diese fehlerhaft produziert waren oder eine erforderliche Information in der Lieferkette gefehlt hatte bzw. wenn Fehlinformationen weitergegeben worden sind. Ein solcher Anspruch wird in der Regel als Schadensersatzanspruch geltend gemacht, der sich vor allem auf die Regeln des Produkthaftungsrechts und des allgemeinen Deliktsrechts stützen kann.[222] Im Einzelfall kann der Kaufvertrag zwischen Arbeitgeber und Hersteller auch als ein Vertrag mit Schutzwirkung zugunsten Dritter zu qualifizieren sein.[223] Dabei greift der Haftungsausschluss nach § 104 SGB VII in der Regel nicht ein, weil der Lieferant nicht von den §§ 104–106 SGB VII erfasst wird. Es handelt sich dann um ein Verhältnis der gestörten Gesamtschuld, so dass der Hersteller möglicherweise für Haftungsanteile des Arbeitgebers nicht haften muss.[224]

---

215 Marquardt, Sicherheitsdatenblatt, S. 247 ff. **216** Dazu der Katalog möglicher Regelungen bei Faber AiB 1997, 573 (580). **217** BAG 12.8.2008 – 9 AZR 1117/06, NZA 2009, 102 = AP Nr. 29 zu § 618 BGB mAnm Kohte. **218** Marquardt, Sicherheitsdatenblatt, S. 222 ff. **219** BAG 28.4.2011 – 8 AZR 769/09 Rn. 47, AP Nr. 6 zu § 104 SGB VII; BAG 20.6.2013 – 8 AZR 471/12, DB 2013, 2216, dazu Kohte, jurisPR-ArbR 44/2013 Anm. 3. **220** Anschaulich BAG 14.12.2006 – 8 AZR 628/05, NZA 2007, 262 = AP Nr. 28 zu § 618 BGB. **221** BAG 28.4.2011 – 8 AZR 769/09 Rn. 48 ff., AP Nr. 6 zu § 104 SGB VII = AiB 2012, 273 mAnm Müller; bei Verletzung der BioStoffV: LAG Nürnberg 9.6.2017 – 7 Sa 231/16, NZA-RR 2017, 522. **222** Marquardt, Sicherheitsdatenblatt, S. 225 ff. **223** Marquardt, Sicherheitsdatenblatt, S. 170 ff. **224** LG Itzehoe AiB 1999, 335 mAnm Schoof; BFK Rn. 12.

In der Vergangenheit wurde vermehrt festgestellt, dass die Sicherheitsdatenblätter nicht 73 selten eine mangelhafte Qualität aufweisen.[225] Diese Fehler und Unvollständigkeiten bleiben jedoch für den Hersteller, der die Gefahrstoffe in den Verkehr bringt, nicht ohne rechtliche Konsequenzen. Gem. § 5 GefStoffV iVm Art. 31 REACH-VO ist er verpflichtet, ein Sicherheitsdatenblatt zusammen mit den Gefahrstoffen auszuliefern. Eine Gefährdungsbeurteilung ist ohne Sicherheitsdatenblatt nicht möglich und ohne Gefährdungsbeurteilung dürfen die Beschäftigten nicht eingesetzt werden (→ Rn. 30). Zumeist werden die Gefahrstoffe im Wege eines Kaufvertrages erworben, so dass sich ein Fehlen des Sicherheitsdatenblatts im zivilrechtlichen Sinne wie die **Verletzung einer vertragsergänzenden Informationspflicht** auswirkt und dem Käufer das Recht eröffnet, die Abnahme des Gefahrstoffes gegenüber dem Verkäufer nach § 320 BGB zurückzuweisen, ohne dabei in Schuldnerverzug zu geraten. Fällt dem Käufer erst nach dem Gefahrübergang das Fehlen des Sicherheitsdatenblatts auf, so besteht jedoch keine Gefahr einer Verfristung seiner Ansprüche nach den §§ 437 ff. BGB, § 377 HGB, da die Sache in diesem Fall ohne Sicherheitsdatenblatt als noch nicht endgültig geliefert gilt.[226]

Weiterhin sollte anhand vertraglicher Vereinbarungen gesichert werden, dass der Verkäufer bei neuen Erkenntnissen zu potenziellen Gefahrenherden eine Aktualisierung des Sicherheitsdatenblatts vornimmt. Außerdem können sich die Käufer von Gefahrstoffen bei mangelhaften Sicherheitsdatenblatt auf die Gewährleistungsrechte nach den §§ 437 ff. BGB berufen. Hier können die Angaben im Sicherheitsdatenblatt auch zur Auslegung der kaufvertraglichen Beschaffenheitsvereinbarung herangezogen werden.[227] Nicht nur um seine Ansprüche zu wahren, sondern auch um etwaigen Folgen aus den fehlerhaften Sicherheitsdatenblättern vorzubeugen, die zu Verletzungen bei den Arbeitnehmern und daraus folgenden Schadensersatzansprüchen führen, sollte der Verwender von Gefahrstoffen ein hohes Interesse daran haben, eine fachkundige Person mit der Überwachung der Sicherheitsdatenblätter zu beauftragen. 74

---

225 So auch BR-Drs. 719/06; Rathmann/Kluger, „Sicherheitsdatenblätter und Gefährdungsbeurteilung", Vortrag beim Workshop „Fachkunde für Sicherheitsdatenblätter – Was heißt das konkret?" der BauA am 1.12.2006 in Dortmund, abrufbar im Internet unter: www.baua.de.
226 Marquardt, Sicherheitsdatenblatt, S. 105. **227** Kohte, „Zivilrechtliche Folgen mangelhafter Sicherheitsdatenblätter", Vortrag bei der Informationsveranstaltung „Sicherheitsdatenblatt – Instrument des Arbeitsschutzes" des BauA am 5.6.2003 in Dortmund, abrufbar im Internet unter: www.baua.de.

Verordnung zum Schutz der Beschäftigten vor Gefährdungen durch Lärm und Vibrationen (Lärm- und Vibrations-Arbeitsschutzverordnung – LärmVibrationsArbSchV)[1]

Vom 6. März 2007 (BGBl. I S. 261)
(FNA 805-3-10)
zuletzt geändert durch Art. 2 VO zur Umsetzung der RL 2013/35/EU und zur Änd. von Arbeitsschutzverordnungen vom 15. November 2016 (BGBl. I S. 2531)

Abschnitt 1 Anwendungsbereich und Begriffsbestimmungen

§ 1 LärmVibrationsArbSchV Anwendungsbereich

(1) Diese Verordnung gilt zum Schutz der Beschäftigten vor tatsächlichen oder möglichen Gefährdungen ihrer Gesundheit und Sicherheit durch Lärm oder Vibrationen bei der Arbeit.

(2) Diese Verordnung gilt nicht in Betrieben, die dem Bundesberggesetz unterliegen.

(3) ¹Das Bundesministerium der Verteidigung kann für Beschäftigte, die Lärm und Vibrationen ausgesetzt sind oder ausgesetzt sein können, Ausnahmen von den Vorschriften dieser Verordnung zulassen, soweit öffentliche Belange dies zwingend erfordern, insbesondere für Zwecke der Landesverteidigung oder zur Erfüllung zwischenstaatlicher Verpflichtungen der Bundesrepublik Deutschland. ²In diesem Fall ist gleichzeitig festzulegen, wie die Sicherheit und der Gesundheitsschutz der Beschäftigten nach dieser Verordnung auf andere Weise gewährleistet werden kann.

§ 2 LärmVibrationsArbSchV Begriffsbestimmungen

(1) Lärm im Sinne dieser Verordnung ist jeder Schall, der zu einer Beeinträchtigung des Hörvermögens oder zu einer sonstigen mittelbaren oder unmittelbaren Gefährdung von Sicherheit und Gesundheit der Beschäftigten führen kann.

(2) ¹Der Tages-Lärmexpositionspegel ($L_{EX,8\,h}$) ist der über die Zeit gemittelte Lärmexpositionspegel bezogen auf eine Achtstundenschicht. ²Er umfasst alle am Arbeitsplatz auftretenden Schallereignisse.

(3) Der Wochen-Lärmexpositionspegel ($L_{EX,40\,h}$) ist der über die Zeit gemittelte Tages-Lärmexpositionspegel bezogen auf eine 40-Stundenwoche.

(4) Der Spitzenschalldruckpegel ($L_{pC,peak}$) ist der Höchstwert des momentanen Schalldruckpegels.

(5) ¹Vibrationen sind alle mechanischen Schwingungen, die durch Gegenstände auf den menschlichen Körper übertragen werden und zu einer mittelbaren oder unmittelbaren Gefährdung von Sicherheit und Gesundheit der Beschäftigten führen können. ²Dazu gehören insbesondere

1. mechanische Schwingungen, die bei Übertragung auf das Hand-Arm-System des Menschen Gefährdungen für die Gesundheit und Sicherheit der Beschäftigten verursachen oder verursachen können (Hand-Arm-Vibrationen), insbesondere Knochen- oder Gelenkschäden, Durchblutungsstörungen oder neurologische Erkrankungen, und

2. mechanische Schwingungen, die bei Übertragung auf den gesamten Körper Gefährdungen für die Gesundheit und Sicherheit der Beschäftigten verursachen oder ver-

---

[1] Verkündet als Art. 1 VO v. 6.3.2007 (BGBl. I S. 261); Inkrafttreten gem. Art. 7 dieser VO am 9.3.2007. Die VO wurde erlassen ua auf Grund von §§ 18, 19 Arbeitsschutzgesetz, §§ 3 a, 14, 17, 19, und 20 b Chemikaliengesetz, § 14 Abs. 1 Geräte- und Produktsicherheitsgesetz und § 25 Sprengstoffgesetz.

ursachen können (Ganzkörper-Vibrationen), insbesondere Rückenschmerzen und Schädigungen der Wirbelsäule.

(6) Der Tages-Vibrationsexpositionswert A(8) ist der über die Zeit nach Nummer 1.1 des Anhangs für Hand-Arm-Vibrationen und nach Nummer 2.1 des Anhangs für Ganzkörper-Vibrationen gemittelte Vibrationsexpositionswert bezogen auf eine Achtstundenschicht.

(7) [1]Fachkundig ist, wer über die erforderlichen Fachkenntnisse zur Ausübung einer in dieser Verordnung bestimmten Aufgabe verfügt. [2]Die Anforderungen an die Fachkunde sind abhängig von der jeweiligen Art der Aufgabe. [3]Zu den Anforderungen zählen eine entsprechende Berufsausbildung oder Berufserfahrung jeweils in Verbindung mit einer zeitnah ausgeübten einschlägigen beruflichen Tätigkeit sowie die Teilnahme an spezifischen Fortbildungsmaßnahmen.

(8) [1]Der Stand der Technik ist der Entwicklungsstand fortschrittlicher Verfahren, Einrichtungen oder Betriebsweisen, der die praktische Eignung einer Maßnahme zum Schutz der Gesundheit und zur Sicherheit der Beschäftigten gesichert erscheinen lässt. [2]Bei der Bestimmung des Standes der Technik sind insbesondere vergleichbare Verfahren, Einrichtungen oder Betriebsweisen heranzuziehen, die mit Erfolg in der Praxis erprobt worden sind. [3]Gleiches gilt für die Anforderungen an die Arbeitsmedizin und die Arbeitshygiene.

(9) Den Beschäftigten stehen Schülerinnen und Schüler, Studierende und sonstige in Ausbildungseinrichtungen tätige Personen, die bei ihren Tätigkeiten Lärm und Vibrationen ausgesetzt sind, gleich.

Abschnitt 2 Ermittlung und Bewertung der Gefährdung; Messungen

§ 3 LärmVibrationsArbSchV Gefährdungsbeurteilung

(1) [1]Bei der Beurteilung der Arbeitsbedingungen nach § 5 des Arbeitsschutzgesetzes hat der Arbeitgeber zunächst festzustellen, ob die Beschäftigten Lärm oder Vibrationen ausgesetzt sind oder ausgesetzt sein können. [2]Ist dies der Fall, hat er alle hiervon ausgehenden Gefährdungen für die Gesundheit und Sicherheit der Beschäftigten zu beurteilen. [3]Dazu hat er die auftretenden Expositionen am Arbeitsplatz zu ermitteln und zu bewerten. [4]Der Arbeitgeber kann sich die notwendigen Informationen beim Hersteller oder Inverkehrbringer von Arbeitsmitteln oder bei anderen ohne weiteres zugänglichen Quellen beschaffen. [5]Lässt sich die Einhaltung der Auslöse- und Expositionsgrenzwerte nicht sicher ermitteln, hat er den Umfang der Exposition durch Messungen nach § 4 festzustellen. [6]Entsprechend dem Ergebnis der Gefährdungsbeurteilung hat der Arbeitgeber Schutzmaßnahmen nach dem Stand der Technik festzulegen.

(2) Die Gefährdungsbeurteilung nach Absatz 1 umfasst insbesondere
1. bei Exposition der Beschäftigten durch Lärm
    a) Art, Ausmaß und Dauer der Exposition durch Lärm,
    b) die Auslösewerte nach § 6 Satz 1 und die Expositionswerte nach § 8 Abs. 2,
    c) die Verfügbarkeit alternativer Arbeitsmittel und Ausrüstungen, die zu einer geringeren Exposition der Beschäftigten führen (Substitutionsprüfung),
    d) Erkenntnisse aus der arbeitsmedizinischen Vorsorge sowie allgemein zugängliche, veröffentlichte Informationen hierzu,
    e) die zeitliche Ausdehnung der beruflichen Exposition über eine Achtstundenschicht hinaus,
    f) die Verfügbarkeit und Wirksamkeit von Gehörschutzmitteln,
    g) Auswirkungen auf die Gesundheit und Sicherheit von Beschäftigten, die besonders gefährdeten Gruppen angehören, und
    h) Herstellerangaben zu Lärmemissionen sowie

2. bei Exposition der Beschäftigten durch Vibrationen
   a) Art, Ausmaß und Dauer der Exposition durch Vibrationen, einschließlich besonderer Arbeitsbedingungen, wie zum Beispiel Tätigkeiten bei niedrigen Temperaturen,
   b) die Expositionsgrenzwerte und Auslösewerte nach § 9 Abs. 1 und 2,
   c) die Verfügbarkeit und die Möglichkeit des Einsatzes alternativer Arbeitsmittel und Ausrüstungen, die zu einer geringeren Exposition der Beschäftigten führen (Substitutionsprüfung),
   d) Erkenntnisse aus der arbeitsmedizinischen Vorsorge sowie allgemein zugängliche, veröffentlichte Informationen hierzu,
   e) die zeitliche Ausdehnung der beruflichen Exposition über eine Achtstundenschicht hinaus,
   f) Auswirkungen auf die Gesundheit und Sicherheit von Beschäftigten, die besonders gefährdeten Gruppen angehören, und
   g) Herstellerangaben zu Vibrationsemissionen.

(3) ¹Die mit der Exposition durch Lärm oder Vibrationen verbundenen Gefährdungen sind unabhängig voneinander zu beurteilen und in der Gefährdungsbeurteilung zusammenzuführen. ²Mögliche Wechsel- oder Kombinationswirkungen sind bei der Gefährdungsbeurteilung zu berücksichtigen. ³Dies gilt insbesondere bei Tätigkeiten mit gleichzeitiger Belastung durch Lärm, arbeitsbedingten ototoxischen Substanzen oder Vibrationen, soweit dies technisch durchführbar ist. ⁴Zu berücksichtigen sind auch mittelbare Auswirkungen auf die Gesundheit und Sicherheit der Beschäftigten, zum Beispiel durch Wechselwirkungen zwischen Lärm und Warnsignalen oder anderen Geräuschen, deren Wahrnehmung zur Vermeidung von Gefährdungen erforderlich ist. ⁵Bei Tätigkeiten, die eine hohe Konzentration und Aufmerksamkeit erfordern, sind störende und negative Einflüsse infolge einer Exposition durch Lärm oder Vibrationen zu berücksichtigen.

(4) ¹Der Arbeitgeber hat die Gefährdungsbeurteilung unabhängig von der Zahl der Beschäftigten zu dokumentieren. ²In der Dokumentation ist anzugeben, welche Gefährdungen am Arbeitsplatz auftreten können und welche Maßnahmen zur Vermeidung oder Minimierung der Gefährdung der Beschäftigten durchgeführt werden müssen. ³Die Gefährdungsbeurteilung ist zu aktualisieren, wenn maßgebliche Veränderungen der Arbeitsbedingungen dies erforderlich machen oder wenn sich eine Aktualisierung auf Grund der Ergebnisse der arbeitsmedizinischen Vorsorge als notwendig erweist.

§ 4 LärmVibrationsArbSchV Messungen

(1) ¹Der Arbeitgeber hat sicherzustellen, dass Messungen nach dem Stand der Technik durchgeführt werden. ²Dazu müssen
1. Messverfahren und -geräte den vorhandenen Arbeitsplatz- und Expositionsbedingungen angepasst sein; dies betrifft insbesondere die Eigenschaften des zu messenden Lärms oder der zu messenden Vibrationen, die Dauer der Einwirkung und die Umgebungsbedingungen und
2. die Messverfahren und -geräte geeignet sein, die jeweiligen physikalischen Größen zu bestimmen, und die Entscheidung erlauben, ob die in den §§ 6 und 9 festgesetzten Auslöse- und Expositionsgrenzwerte eingehalten werden.

³Die durchzuführenden Messungen können auch eine Stichprobenerhebung umfassen, die für die persönliche Exposition eines Beschäftigten repräsentativ ist. ⁴Der Arbeitgeber hat die Dokumentation über die ermittelten Messergebnisse mindestens 30 Jahre in einer Form aufzubewahren, die eine spätere Einsichtnahme ermöglicht.

(2) Messungen zur Ermittlung der Exposition durch Vibrationen sind zusätzlich zu den Anforderungen nach Absatz 1 entsprechend den Nummern 1.2 und 2.2 des Anhangs durchzuführen.

§ 5 LärmVibrationsArbSchV Fachkunde

[1]Der Arbeitgeber hat sicherzustellen, dass die Gefährdungsbeurteilung nur von fachkundigen Personen durchgeführt wird. [2]Verfügt der Arbeitgeber nicht selbst über die entsprechenden Kenntnisse, hat er sich fachkundig beraten zu lassen. [3]Fachkundige Personen können insbesondere der Betriebsarzt und die Fachkraft für Arbeitssicherheit sein. [4]Der Arbeitgeber darf mit der Durchführung von Messungen nur Personen beauftragen, die über die dafür notwendige Fachkunde und die erforderlichen Einrichtungen verfügen.

Abschnitt 3 Auslösewerte und Schutzmaßnahmen bei Lärm

§ 6 LärmVibrationsArbSchV Auslösewerte bei Lärm

[1]Die Auslösewerte in Bezug auf den Tages-Lärmexpositionspegel und den Spitzenschalldruckpegel betragen:
1. Obere Auslösewerte: $L_{EX,8h}$ = 85 dB(A) beziehungsweise $L_{pC,peak}$ = 137 dB(C),
2. Untere Auslösewerte: $L_{EX,8h}$ = 80 dB(A) beziehungsweise $L_{pC,peak}$ = 135 dB(C).

[2]Bei der Anwendung der Auslösewerte wird die dämmende Wirkung eines persönlichen Gehörschutzes der Beschäftigten nicht berücksichtigt.

§ 7 LärmVibrationsArbSchV Maßnahmen zur Vermeidung und Verringerung der Lärmexposition

(1) [1]Der Arbeitgeber hat die nach § 3 Abs. 1 Satz 6 festgelegten Schutzmaßnahmen nach dem Stand der Technik durchzuführen, um die Gefährdung der Beschäftigten auszuschließen oder so weit wie möglich zu verringern. [2]Dabei ist folgende Rangfolge zu berücksichtigen:
1. Die Lärmemission muss am Entstehungsort verhindert oder so weit wie möglich verringert werden. Technische Maßnahmen haben Vorrang vor organisatorischen Maßnahmen.
2. Die Maßnahmen nach Nummer 1 haben Vorrang vor der Verwendung von Gehörschutz nach § 8.

(2) Zu den Maßnahmen nach Absatz 1 gehören insbesondere:
1. alternative Arbeitsverfahren, welche die Exposition der Beschäftigten durch Lärm verringern,
2. Auswahl und Einsatz neuer oder bereits vorhandener Arbeitsmittel unter dem vorrangigen Gesichtspunkt der Lärmminderung,
3. die lärmmindernde Gestaltung und Einrichtung der Arbeitsstätten und Arbeitsplätze,
4. technische Maßnahmen zur Luftschallminderung, beispielsweise durch Abschirmungen oder Kapselungen, und zur Körperschallminderung, beispielsweise durch Körperschalldämpfung oder -dämmung oder durch Körperschallisolierung,
5. Wartungsprogramme für Arbeitsmittel, Arbeitsplätze und Anlagen,
6. arbeitsorganisatorische Maßnahmen zur Lärmminderung durch Begrenzung von Dauer und Ausmaß der Exposition und Arbeitszeitpläne mit ausreichenden Zeiten ohne belastende Exposition.

(3) In Ruheräumen ist unter Berücksichtigung ihres Zweckes und ihrer Nutzungsbedingungen die Lärmexposition so weit wie möglich zu verringern.

(4) [1]Der Arbeitgeber hat Arbeitsbereiche, in denen einer der oberen Auslösewerte für Lärm ($L_{EX,8h}$, $L_{pC,peak}$) überschritten werden kann, als Lärmbereiche zu kennzeichnen und, falls technisch möglich, abzugrenzen. [2]In diesen Bereichen dürfen sich Beschäftigte nur aufhalten, wenn das Arbeitsverfahren dies erfordert und die Beschäftigten eine geeignete persönliche Schutzausrüstung verwenden; Absatz 1 bleibt unberührt.

(5) ¹Wird einer der oberen Auslösewerte überschritten, hat der Arbeitgeber ein Programm mit technischen und organisatorischen Maßnahmen zur Verringerung der Lärmexposition auszuarbeiten und durchzuführen. ²Dabei sind insbesondere die Absätze 1 und 2 zu berücksichtigen.

§ 8 LärmVibrationsArbSchV Gehörschutz

(1) Werden die unteren Auslösewerte nach § 6 Satz 1 Nr. 2 trotz Durchführung der Maßnahmen nach § 7 Abs. 1 nicht eingehalten, hat der Arbeitgeber den Beschäftigten einen geeigneten persönlichen Gehörschutz zur Verfügung zu stellen, der den Anforderungen nach Absatz 2 genügt.

(2) ¹Der persönliche Gehörschutz ist vom Arbeitgeber so auszuwählen, dass durch seine Anwendung die Gefährdung des Gehörs beseitigt oder auf ein Minimum verringert wird. ²Dabei muss unter Einbeziehung der dämmenden Wirkung des Gehörschutzes sichergestellt werden, dass der auf das Gehör des Beschäftigten einwirkende Lärm die maximal zulässigen Expositionswerte $L_{EX,8h}$ = 85 dB(A) beziehungsweise $L_{pC,peak}$ 137 dB(C) nicht überschreitet.

(3) Erreicht oder überschreitet die Lärmexposition am Arbeitsplatz einen der oberen Auslösewerte nach § 6 Satz 1 Nr. 1, hat der Arbeitgeber dafür Sorge zu tragen, dass die Beschäftigten den persönlichen Gehörschutz bestimmungsgemäß verwenden.

(4) ¹Der Zustand des ausgewählten persönlichen Gehörschutzes ist in regelmäßigen Abständen zu überprüfen. ²Stellt der Arbeitgeber dabei fest, dass die Anforderungen des Absatzes 2 Satz 2 nicht eingehalten werden, hat er unverzüglich die Gründe für diese Nichteinhaltung zu ermitteln und Maßnahmen zu ergreifen, die für eine dauerhafte Einhaltung der Anforderungen erforderlich sind.

Abschnitt 4 Expositionsgrenzwerte und Auslösewerte sowie Schutzmaßnahmen bei Vibrationen

§ 9 LärmVibrationsArbSchV Expositionsgrenzwerte und Auslösewerte für Vibrationen

(1) ¹Für Hand-Arm-Vibrationen beträgt
1. der Expositionsgrenzwert $A(8)$ = 5 m/s² und
2. der Auslösewert $A(8)$ = 2,5 m/s².

²Die Exposition der Beschäftigten gegenüber Hand-Arm-Vibrationen wird nach Nummer 1 des Anhangs ermittelt und bewertet.

(2) ¹Für Ganzkörper-Vibrationen beträgt
1. der Expositionsgrenzwert $A(8)$ = 1,15 m/s² in X- und Y-Richtung und $A(8)$ = 0,8 m/s² in Z-Richtung und
2. der Auslösewert $A(8)$ = 0,5 m/s².

²Die Exposition der Beschäftigten gegenüber Ganzkörper-Vibrationen wird nach Nummer 2 des Anhangs ermittelt und bewertet.

§ 10 LärmVibrationsArbSchV Maßnahmen zur Vermeidung und Verringerung der Exposition durch Vibrationen

(1) ¹Der Arbeitgeber hat die in § 3 Abs. 1 Satz 6 festgelegten Schutzmaßnahmen nach dem Stand der Technik durchzuführen, um die Gefährdung der Beschäftigten auszuschließen oder so weit wie möglich zu verringern. ²Dabei müssen Vibrationen am Entstehungsort verhindert oder so weit wie möglich verringert werden. ³Technische Maßnahmen zur Minderung von Vibrationen haben Vorrang vor organisatorischen Maßnahmen.

(2) Zu den Maßnahmen nach Absatz 1 gehören insbesondere
1. alternative Arbeitsverfahren, welche die Exposition gegenüber Vibrationen verringern,
2. Auswahl und Einsatz neuer oder bereits vorhandener Arbeitsmittel, die nach ergonomischen Gesichtspunkten ausgelegt sind und unter Berücksichtigung der auszuführenden Tätigkeit möglichst geringe Vibrationen verursachen, beispielsweise schwingungsgedämpfte handgehaltene oder handgeführte Arbeitsmaschinen, welche die auf den Hand-Arm-Bereich übertragene Vibration verringern,
3. die Bereitstellung von Zusatzausrüstungen, welche die Gesundheitsgefährdung aufgrund von Vibrationen verringern, beispielsweise Sitze, die Ganzkörper-Vibrationen wirkungsvoll dämpfen,
4. Wartungsprogramme für Arbeitsmittel, Arbeitsplätze und Anlagen sowie Fahrbahnen,
5. die Gestaltung und Einrichtung der Arbeitsstätten und Arbeitsplätze,
6. die Schulung der Beschäftigten im bestimmungsgemäßen Einsatz und in der sicheren und vibrationsarmen Bedienung von Arbeitsmitteln,
7. die Begrenzung der Dauer und Intensität der Exposition,
8. Arbeitszeitpläne mit ausreichenden Zeiten ohne belastende Exposition und
9. die Bereitstellung von Kleidung für gefährdete Beschäftigte zum Schutz vor Kälte und Nässe.

(3) ¹Der Arbeitgeber hat, insbesondere durch die Maßnahmen nach Absatz 1, dafür Sorge zu tragen, dass bei der Exposition der Beschäftigten die Expositionsgrenzwerte nach § 9 Abs. 1 Satz 1 Nr. 1 und § 9 Abs. 2 Satz 1 Nr. 1 nicht überschritten werden. ²Werden die Expositionsgrenzwerte trotz der durchgeführten Maßnahmen überschritten, hat der Arbeitgeber unverzüglich die Gründe zu ermitteln und weitere Maßnahmen zu ergreifen, um die Exposition auf einen Wert unterhalb der Expositionsgrenzwerte zu senken und ein erneutes Überschreiten der Grenzwerte zu verhindern.

(4) ¹Werden die Auslösewerte nach § 9 Abs. 1 Satz 1 Nr. 2 oder § 9 Abs. 2 Satz 1 Nr. 2 überschritten, hat der Arbeitgeber ein Programm mit technischen und organisatorischen Maßnahmen zur Verringerung der Exposition durch Vibrationen auszuarbeiten und durchzuführen. ²Dabei sind insbesondere die in Absatz 2 genannten Maßnahmen zu berücksichtigen.

Abschnitt 5 Unterweisung der Beschäftigten; Beratung durch den Ausschuss für Betriebssicherheit

§ 11 LärmVibrationsArbSchV Unterweisung der Beschäftigten

(1) ¹Können bei Exposition durch Lärm die unteren Auslösewerte nach § 6 Satz 1 Nr. 2 oder bei Exposition durch Vibrationen die Auslösewerte nach § 9 Abs. 1 Satz 1 Nr. 2 oder § 9 Abs. 2 Satz 1 Nr. 2 erreicht oder überschritten werden, stellt der Arbeitgeber sicher, dass die betroffenen Beschäftigten eine Unterweisung erhalten, die auf den Ergebnissen der Gefährdungsbeurteilung beruht und die Aufschluss über die mit der Exposition verbundenen Gesundheitsgefährdungen gibt. ²Sie muss vor Aufnahme der Beschäftigung und danach in regelmäßigen Abständen, jedoch immer bei wesentlichen Änderungen der belastenden Tätigkeit, erfolgen.

(2) Der Arbeitgeber stellt sicher, dass die Unterweisung nach Absatz 1 in einer für die Beschäftigten verständlichen Form und Sprache erfolgt und mindestens folgende Informationen enthält:
1. die Art der Gefährdung,
2. die durchgeführten Maßnahmen zur Beseitigung oder zur Minimierung der Gefährdung unter Berücksichtigung der Arbeitsplatzbedingungen,
3. die Expositionsgrenzwerte und Auslösewerte,

4. die Ergebnisse der Ermittlungen zur Exposition zusammen mit einer Erläuterung ihrer Bedeutung und der Bewertung der damit verbundenen möglichen Gefährdungen und gesundheitlichen Folgen,
5. die sachgerechte Verwendung der persönlichen Schutzausrüstung,
6. die Voraussetzungen, unter denen die Beschäftigten Anspruch auf arbeitsmedizinische Vorsorge haben, und deren Zweck,
7. die ordnungsgemäße Handhabung der Arbeitsmittel und sichere Arbeitsverfahren zur Minimierung der Expositionen,
8. Hinweise zur Erkennung und Meldung möglicher Gesundheitsschäden.

(3) [1]Um frühzeitig Gesundheitsstörungen durch Lärm oder Vibrationen erkennen zu können, hat der Arbeitgeber sicherzustellen, dass ab dem Überschreiten der unteren Auslösewerte für Lärm und dem Überschreiten der Auslösewerte für Vibrationen die betroffenen Beschäftigten eine allgemeine arbeitsmedizinische Beratung erhalten. [2]Die Beratung ist unter Beteiligung des in § 7 Abs. 1 der Verordnung zur arbeitsmedizinischen Vorsorge genannten Arztes durchzuführen, falls dies aus arbeitsmedizinischen Gründen erforderlich sein sollte. [3]Die arbeitsmedizinische Beratung kann im Rahmen der Unterweisung nach Absatz 1 erfolgen.

§ 12 LärmVibrationsArbSchV Beratung durch den Ausschuss für Betriebssicherheit

[1]Der Ausschuss nach § 24 der Betriebssicherheitsverordnung berät das Bundesministerium für Arbeit und Soziales auch in Fragen der Sicherheit und des Gesundheitsschutzes bei lärm- oder vibrationsbezogenen Gefährdungen. [2]§ 24 Abs. 4 und 5 der Betriebssicherheitsverordnung gilt entsprechend.

§ 13 LärmVibrationsArbSchV (aufgehoben)

§ 14 LärmVibrationsArbSchV (aufgehoben)

Abschnitt 6 Ausnahmen, Straftaten und Ordnungswidrigkeiten, Übergangsvorschriften

§ 15 LärmVibrationsArbSchV Ausnahmen

(1) [1]Die zuständige Behörde kann auf schriftlichen oder elektronischen Antrag des Arbeitgebers Ausnahmen von den Vorschriften der §§ 7 und 10 zulassen, wenn die Durchführung der Vorschrift im Einzelfall zu einer unverhältnismäßigen Härte führen würde und die Abweichung mit dem Schutz der Beschäftigten vereinbar ist. [2]Diese Ausnahmen können mit Nebenbestimmungen verbunden werden, die unter Berücksichtigung der besonderen Umstände gewährleisten, dass die sich daraus ergebenden Gefährdungen auf ein Minimum reduziert werden. [3]Diese Ausnahmen sind spätestens nach vier Jahren zu überprüfen; sie sind aufzuheben, sobald die Umstände, die sie gerechtfertigt haben, nicht mehr gegeben sind. [4]Der Antrag des Arbeitgebers muss Angaben enthalten zu
1. der Gefährdungsbeurteilung einschließlich deren Dokumentation,
2. Art, Ausmaß und Dauer der ermittelten Exposition,
3. den Messergebnissen,
4. dem Stand der Technik bezüglich der Tätigkeiten und der Arbeitsverfahren sowie den technischen, organisatorischen und persönlichen Schutzmaßnahmen,
5. Lösungsvorschlägen und einem Zeitplan, wie die Exposition der Beschäftigten reduziert werden kann, um die Expositions- und Auslösewerte einzuhalten.

[5]Die Ausnahme nach Satz 1 kann auch im Zusammenhang mit Verwaltungsverfahren nach anderen Rechtsvorschriften beantragt werden.

(2) In besonderen Fällen kann die zuständige Behörde auf Antrag des Arbeitgebers zulassen, dass für Tätigkeiten, bei denen die Lärmexposition von einem Arbeitstag zum anderen erheblich schwankt, für die Anwendung der Auslösewerte zur Bewertung der Lärmpegel, denen die Beschäftigten ausgesetzt sind, anstatt des Tages-Lärmexpositionspegels der Wochen-Lärmexpositionspegel verwendet wird, sofern
1. der Wochen-Lärmexpositionspegel den Expositionswert $L_{EX,40\,h}$ = 85 dB(A) nicht überschreitet und dies durch eine geeignete Messung nachgewiesen wird und
2. geeignete Maßnahmen getroffen werden, um die mit diesen Tätigkeiten verbundenen Gefährdungen auf ein Minimum zu verringern.

§ 16 LärmVibrationsArbSchV Straftaten und Ordnungswidrigkeiten

(1) Ordnungswidrig im Sinne des § 25 Abs. 1 Nr. 1 des Arbeitsschutzgesetzes handelt, wer vorsätzlich oder fahrlässig
1. entgegen § 3 Abs. 1 Satz 2 die auftretende Exposition nicht in dem in Absatz 2 genannten Umfang ermittelt und bewertet,
2. entgegen § 3 Abs. 4 Satz 1 eine Gefährdungsbeurteilung nicht dokumentiert oder in der Dokumentation entgegen § 3 Abs. 4 Satz 2 die dort genannten Angaben nicht macht,
3. entgegen § 4 Abs. 1 Satz 1 in Verbindung mit Satz 2 nicht sicherstellt, dass Messungen nach dem Stand der Technik durchgeführt werden, oder entgegen § 4 Abs. 1 Satz 4 die Messergebnisse nicht speichert,
4. entgegen § 5 Satz 1 nicht sicherstellt, dass die Gefährdungsbeurteilung von fachkundigen Personen durchgeführt wird, oder entgegen § 5 Satz 4 nicht die dort genannten Personen mit der Durchführung der Messungen beauftragt,
5. entgegen § 7 Abs. 4 Satz 1 Arbeitsbereiche nicht kennzeichnet oder abgrenzt,
6. entgegen § 7 Abs. 5 Satz 1 ein Programm mit technischen und organisatorischen Maßnahmen zur Verringerung der Lärmexposition nicht durchführt,
7. entgegen § 8 Abs. 1 in Verbindung mit Abs. 2 den dort genannten Gehörschutz nicht zur Verfügung stellt,
8. entgegen § 8 Abs. 3 nicht dafür Sorge trägt, dass die Beschäftigten den dort genannten Gehörschutz bestimmungsgemäß verwenden,
9. entgegen § 10 Abs. 3 Satz 1 nicht dafür sorgt, dass die in § 9 Abs. 1 Satz 1 Nr. 1 oder § 9 Abs. 2 Satz 1 Nr. 1 genannten Expositionsgrenzwerte nicht überschritten werden,
10. entgegen § 10 Abs. 4 Satz 1 ein Programm mit technischen und organisatorischen Maßnahmen zur Verringerung der Exposition durch Vibrationen nicht durchführt oder
11. entgegen § 11 Abs. 1 nicht sicherstellt, dass die Beschäftigten eine Unterweisung erhalten, die auf den Ergebnissen der Gefährdungsbeurteilung beruht und die in § 11 Abs. 2 genannten Informationen enthält.

(2) Wer durch eine in Absatz 1 bezeichnete vorsätzliche Handlung das Leben oder die Gesundheit eines Beschäftigten gefährdet, ist nach § 26 Nr. 2 des Arbeitsschutzgesetzes strafbar.

§ 17 LärmVibrationsArbSchV Übergangsvorschriften

(1) Für den Bereich des Musik- und Unterhaltungssektors ist diese Verordnung erst ab dem 15. Februar 2008 anzuwenden.
(2) Für Wehrmaterial der Bundeswehr, das vor dem 1. Juli 2007 erstmals in Betrieb genommen wurde, gilt bis zum 1. Juli 2011 abweichend von § 9 Abs. 2 Nr. 1 für Ganzkörper-Vibrationen in Z-Richtung ein Expositionsgrenzwert von $A(8) = 1{,}15$ m/s².
(3) Abweichend von § 9 Abs. 2 Nr. 1 darf bis zum 31. Dezember 2011 bei Tätigkeiten mit Baumaschinen und Baugeräten, die vor dem Jahr 1997 hergestellt worden sind und

bei deren Verwendung trotz Durchführung aller in Betracht kommenden Maßnahmen nach dieser Verordnung die Einhaltung des Expositionsgrenzwertes für Ganzkörper-Vibrationen nach § 9 Abs. 2 Nr. 1 nicht möglich ist, an höchstens 30 Tagen im Jahr der Expositionsgrenzwert für Ganzkörper-Vibrationen in Z-Richtung von $A(8) = 0,8$ m/s² bis höchstens 1,15 m/s² überschritten werden.

Anhang LärmVibrationsArbSchV Vibrationen

1. Hand-Arm-Vibrationen

1.1 Ermittlung und Bewertung der Exposition

Die Bewertung des Ausmaßes der Exposition gegenüber Hand-Arm-Vibrationen erfolgt nach dem Stand der Technik anhand der Berechnung des auf einen Bezugszeitraum von acht Stunden normierten Tagesexpositionswertes $A(8)$; dieser wird ausgedrückt als die Quadratwurzel aus der Summe der Quadrate (Gesamtwert) der Effektivwerte der frequenzbewerteten Beschleunigung in den drei orthogonalen Richtungen a_{hwx}, a_{hwy}, a_{hwz}.

Die Bewertung des Ausmaßes der Exposition kann mittels einer Schätzung anhand der Herstellerangaben zum Ausmaß der von den verwendeten Arbeitsmitteln verursachten Vibrationen und mittels Beobachtung der spezifischen Arbeitsweisen oder durch Messung vorgenommen werden.

1.2 Messung

Im Falle von Messungen gemäß § 4 Abs. 2

a) können Stichprobenverfahren verwendet werden, wenn sie für die fraglichen Vibrationen, denen der einzelne Beschäftigte ausgesetzt ist, repräsentativ sind; die eingesetzten Verfahren und Vorrichtungen müssen hierbei den besonderen Merkmalen der zu messenden Vibrationen, den Umweltfaktoren und den technischen Merkmalen des Messgeräts angepasst sein;

b) an Geräten, die beidhändig gehalten oder geführt werden müssen, sind die Messungen an jeder Hand vorzunehmen. Die Exposition wird unter Bezug auf den höheren der beiden Werte ermittelt; der Wert für die andere Hand wird ebenfalls angegeben.

1.3 Interferenzen

§ 3 Abs. 3 Satz 2 ist insbesondere dann zu berücksichtigen, wenn sich Vibrationen auf das korrekte Handhaben von Bedienungselementen oder das Ablesen von Anzeigen störend auswirken.

1.4 Indirekte Gefährdung

§ 3 Abs. 3 Satz 2 ist insbesondere dann zu berücksichtigen, wenn sich Vibrationen auf die Stabilität der Strukturen oder die Festigkeit von Verbindungen nachteilig auswirken.

1.5 Persönliche Schutzausrüstungen

Persönliche Schutzausrüstungen gegen Hand-Arm-Vibrationen können Teil des Maßnahmenprogramms gemäß § 10 Abs. 4 sein.

2. Ganzkörper-Vibrationen

2.1 Bewertung der Exposition

Die Bewertung des Ausmaßes der Exposition gegenüber Ganzkörper-Vibrationen erfolgt nach dem Stand der Technik anhand der Berechnung des auf einen Bezugszeitraum von acht Stunden normierten Tages-Vibrationsexpositionswertes $A(8)$; dieser wird ermittelt aus demjenigen korrigierten Effektivwert der frequenzbewerteten Beschleunigung $1,4\,a_{wx}$, $1,4\,a_{wy}$ oder a_{wz} der drei zueinander orthogonalen Richtungen x, y oder z, bei dem der Zeitraum, der zu einer Überschreitung des Auslösewertes beziehunsweise des Expositionsgrenzwertes führt, am geringsten ist.

Die Bewertung des Ausmaßes der Exposition kann mittels einer Schätzung anhand der Herstellerangaben zum Ausmaß der von den verwendeten Arbeitsmitteln verursachten Vibrationen und mittels Beobachtung der spezifischen Arbeitsweisen oder durch Messung vorgenommen werden.

2.2 Messung

Im Falle von Messungen gemäß § 4 Abs. 2 können Stichprobenverfahren verwendet werden, wenn sie für die betreffenden Vibrationen, denen der einzelne Beschäftigte ausgesetzt ist, repräsentativ sind. Die eingesetzten Verfahren müssen den besonderen Merkmalen der zu messenden Vibrationen, den Umweltfaktoren und den technischen Merkmalen des Messgeräts angepasst sein.

2.3 Interferenzen

§ 3 Abs. 3 Satz 2 ist insbesondere dann zu berücksichtigen, wenn sich Vibrationen auf das korrekte Handhaben von Bedienungselementen oder das Ablesen von Anzeigen störend auswirken.

2.4 Indirekte Gefährdungen

§ 3 Abs. 3 Satz 2 ist insbesondere dann zu berücksichtigen, wenn sich Vibrationen auf die Stabilität der Strukturen oder die Festigkeit von Verbindungen nachteilig auswirken.

2.5 Ausdehnungen der Exposition

Wenn die Ausdehnung der beruflichen Exposition über eine Achtstundenschicht hinaus dazu führt, dass Beschäftigte vom Arbeitgeber überwachte Ruheräume benutzen, müssen in diesen die Ganzkörper-Vibrationen auf ein mit dem Zweck und den Nutzungsbedingungen der Räume zu vereinbarendes Niveau gesenkt werden. Fälle höherer Gewalt sind ausgenommen.

Literatur: *Bechmann*, Anforderungen an eine gute Akustik im Mehrpersonenbüro, Gute Arbeit 7-8/2007, 52 ff.; *Christ*, Vibrationseinwirkungen an Arbeitsplätzen, BG 2002, 225; *Christ/Fischer*, Lärmminderung an Arbeitsplätzen, 5. Aufl. 2007; *Christ/Hecker*, Betriebliche Umsetzung der EG-RL Lärm, BG 2005, 641; *DGUV*, Das ergonomische Klassenzimmer, DGUV-Report 2/2013; *Kaulbars*, Erstmals Grenzwerte für die Vibrationsbelastung, TÜ Bd. 48 (2007) Nr. 9 S. 17; *Kaulbars*, Messungen der Vibrationsexposition am Arbeitsplatz, Technische Sicherheit 10/2013, 10 ff.; *Kaulbars/Amari*, Strategien zur Reduzierung hoher Hand-Arm-Vibrationen, VDI-Berichte Nr. 2190, 2013, S. 363 ff.; *Kohte*, Neue Impulse aus Brüssel zur Mitbestimmung im betrieblichen Gesundheitsschutz, in: FS für Albert Gnade, 1992, S. 675; *Kohte*, Arbeits- und Gesundheitsschutz in der Schule, RdJB 2008, 198; *Kohte/Faber*, Novellierung des Arbeitsstättenrechts – Risiken und Nebenwirkungen einer legislativen Schlankheitskur, DB 2005, 224; *Lazarus*, Umsetzung der neuen UVV und der EG-RL in die Praxis, AiB 1992, 677; *Martin*, Büroarbeit und Akustik, Computer und Arbeit 8–9/2008, 45; *Maue*, Neue DIN 45645-2: Geräusche am Arbeitsplatz beurteilen, Sicherheitsingenieur 4/2011, 2; *Maue*, Rechtliche Vorgaben und Normen für die Lärmmessung im Betrieb, sis 2011, 265; *Pauli*, Mit Recht gegen Lärm, AiB 2007, 454; *Probst*, Beurteilung und Minderung des Lärms an Bildschirmarbeitsplätzen im Büro und in der Produktion, in: BAuA, Arbeitswissenschaftliche Erkenntnisse Nr. 124, 2003; *Sickert*, Richtige Auswahl von Gehörschutz, BG 2011, 306; *Siegmann*, Extraaurale Lärmwirkungen, ASUMed 2013, 298 ff.; *Sukowski*, Extra-aurale Wirkung von Lärm am Arbeitsplatz, sis 2016, 362 ff.

Leitentscheidungen: EuGH 19.5.2011 – C-256/10, NZA 2011, 967 (Barcenilla Fernández); LAG Niedersachsen 25.1.1988 – 3 TaBV 72/87, AiB 1988, 110 mAnm Grimberg; ArbG Frankfurt/M. 1.11.2006 – 22 Ca 11214/04.

I. Normzweck und Systematik	1
II. Entstehungsgeschichte, Unionsrecht	3
III. Anwendungsbereich	10
IV. Pflicht zur Gefährdungsbeurteilung und fachkundigen Messung	18
V. Pflicht zur Minimierung von Lärm und Vibrationen	28
1. Lärmminimierung als generelle Pflicht	29
2. Lärm- und Vibrationsminimierung und Planungspflichten	32
3. Lärm- und Vibrationsminderungsprogramme	37
VI. Weitere Schutzmaßnahmen	43
1. Expositionsgrenzwerte	43
2. Individuelle Maßnahmen	47
3. Unterweisung und arbeitsmedizinische Beratung	51
4. Arbeitsmedizinische Untersuchungen	54
VII. Rechtsdurchsetzung	56

I. Normzweck und Systematik

1 Seit 2007 sind die Regelungen zum Schutz bei Lärm und Vibration in einer eigenständigen Verordnung zusammengefasst, der LärmVibrationsArbSchV vom 9.3.2007.[1] Die Verordnung dient der Umsetzung der beiden Richtlinien RL 2003/10/EG zum Lärmschutz sowie RL 2002/44/EG zum Schutz bei Vibrationen. Die Verordnung orientiert sich an den **modernen Konzepten der Minimierung von Lärm und Vibrationen**, weil es sich in beiden Fällen um besonders gefährliche Einwirkungen auf den menschlichen Körper handelt.

2 Die **Gliederung der Verordnung** entspricht der Gliederung der Mehrzahl der heutigen Verordnungen zum Arbeitsschutz. Nach den einleitenden Regelungen zum Anwendungsbereich und zu den maßgeblichen Begriffsbestimmungen folgt als erste zentrale Pflicht die Gefährdungsbeurteilung (§ 3), die hier ergänzt wird durch Anforderungen an Messungen sowie an die Fachkunde der beratenden und beurteilenden Akteure. Im Mittelpunkt der Verordnung stehen die vom Arbeitgeber zu treffenden Maßnahmen, die für den Lärmschutz in § 7 und für den Vibrationsschutz in § 10 normiert sind. Das bekannte Problem des individuellen Gehörschutzes ist sichtbar nachgeordnet durch die Regelung in § 8. Abschließend folgen wiederum für beide Gefahrenquellen einheitlich die Bestimmungen zur Unterweisung (§ 11) und die Verweisung auf die Beratung und Ermittlung von Regeln[2] durch den Ausschuss für Betriebssicherheit in § 12. Ausnahmen werden in § 15 – der Gefahrenintensität von Lärm und Vibration entsprechend – sehr eng formuliert; Sanktionsbestimmungen zu Straftaten und Ordnungswidrigkeiten folgen in § 16.

II. Entstehungsgeschichte, Unionsrecht

3 Lärmschutz und Vibrationsschutz gehören zu den klassischen Themen des Arbeitsschutzes. In der für ihre Zeit richtungsweisenden **Arbeitsstättenverordnung von 1975** waren in §§ 15, 16 ArbStättV Regelungen enthalten, die grundlegende arbeitswissenschaftliche Erkenntnisse normiert hatten. Gerade die Bestimmung in § 15 ArbStättV, die nicht nur den **Lärmschutz bei intensivem Lärm**, sondern auch den **Lärmschutz bei geistig-konzentrativer Arbeit** geregelt hatte, setzte wichtige Markierungen. Im Lärmschutz war allerdings eine **umfassende Regelung damals nur im Unfallverhütungsrecht** erfolgt. Die UVV 121, später BGV B 3, die seit 1974 galt, hatte die Lärmwerte in ein umfassendes Konzept technischer und organisatorischer Lärmminderung eingeordnet.[3] Gleichwohl wurde in den ersten Jahren nach 1974 keine nachhaltige Lärmminderung erzielt, weil für Altanlagen ein relativ starker Vertrauensschutz implementiert worden war.

4 Die Regelung zum **Vibrationsschutz in § 16 Abs. 1 ArbStättV 1975** war wesentlich weniger umfassend und beschränkte sich auf die Minimierung **raumbezogener mechani-**

---
1 BGBl. I 2007, 261. **2** Maßgeblich sind die TRLV Lärm 2010 und die TRLV Vibrationen 2015, die in GMBl. 2010, 359 ff. sowie 2015, 482 ff. und auf der Homepage der BAuA (www.baua.de) dokumentiert sind. **3** Dazu Kohte in: FS Gnade, S. 675, 682.

scher Schwingungen, soweit sie nach der Art des Betriebes möglich war. Damit waren vor allem Schwingungen durch rotierende Maschinen erfasst sowie durch hin und her gehende Maschinen, wie zum Beispiel Dampfmaschinen, Pressen, Stanzen und Schmiedehämmer.[4] Konkrete Grenzwerte enthielt die Verordnung noch nicht, ebenso wenig konnten in dieser arbeitsstättenbezogenen Regelung die Probleme der Hand-Arm-Vibrationen durch Arbeitsmittel, wie zum Beispiel Bohrhämmer, erfasst werden. Für solche Geräte und Werkzeuge galten Regelungen in einzelnen Unfallverhütungsvorschriften, ebenso für andere Maschinen in den UVV zu Fahrzeugen (VBG 12) sowie zu Erdbaumaschinen (VBG 40).

Erste Änderungen im Lärmschutz wurden erforderlich durch die **RL 86/188/ EWG** über den Schutz der Arbeitnehmer gegen Gefährdung durch Lärm am Arbeitsplatz.[5] Diese Richtlinie verlangte bereits damals für Altanlagen mit überhöhtem Lärm die Aufstellung und Durchführung von Lärmminderungsprogrammen. Zur Umsetzung dieser RL wurde 1990 die UVV Lärm modernisiert und flankierend durch die **dritte GSG-Verordnung**[6] die rechtzeitige Information über Lärmemissionen bei Maschinen verbessert.

1993 ratifizierte die Bundesrepublik Deutschland mit Ratifikationsgesetz vom 12.1.1993[7] das **ILO-Übereinkommen Nr. 148** vom 20.6.1977 über den Schutz der Arbeitnehmer gegen Berufsgefahren infolge von Luftverunreinigungen, Lärm und Vibrationen an den Arbeitsplätzen. In diesem wichtigen Übereinkommen wurden Lärm und Vibration als vergleichbare gefährliche physikalische Einwirkungen auf den Menschen einer kohärenten Regelung unterworfen, die von den Mitgliedstaaten eine gezielte Schutzpolitik verlangte, die **vorrangig auf technische und organisatorische Maßnahmen** zur Verringerung von Lärm- und Vibrationseinwirkungen setzte, während die **Nutzung persönlicher Schutzausrüstungen** und die gesundheitliche Überwachung bewusst als **nachrangige Schutzmaßnahmen** qualifiziert wurden. Eine zügige Umsetzung erfolgte allerdings nicht; Vorrang sollten europäische Regelungen haben, die bereits 1989 und 1990 angekündigt worden waren, jedoch erst mit größerer zeitlicher Verzögerung 2002 und 2003 beschlossen wurden.

2004 erfolgte keine Umsetzung dieser Richtlinien, sondern für die betriebliche Praxis einschneidende und mit den internationalen Entwicklungen nicht vereinbare **Änderungen der ArbStättV 2004**. Diese Änderungen, die als Vereinfachung dargestellt worden waren, führten zur zeitweiligen Aufhebung des Vibrationsschutzes und zur scheinbaren Reduzierung des Lärmschutzes auf den Wert von 85 db(A). Damit konnte zwar keine wirksame Korrektur der gesicherten arbeitswissenschaftlichen Erkenntnisse zu den niedrigeren Lärmschwellen bei geistig-konzentrierter Arbeit bewirkt werden, doch war dies für die betriebliche Praxis nur schwer erkennbar.[8] Da eine Umsetzung der Arbeitsschutz-Richtlinien ausschließlich durch Unfallverhütungsvorschriften wegen des lückenhaften Anwendungsbereichs des Unfallversicherungsrechts nicht ausreichen konnte, war es geboten, die RL 2003/10/EG zum Lärmschutz[9] zusammen mit der RL 2002/44/EG zum Vibrationsschutz[10] in eine neue Verordnung umzusetzen. Diese **Umsetzung** erfolgte durch die **LärmVibrationsArbSchV im Frühjahr 2007**. Die erforderliche Korrektur des Anhangs 3.7 der ArbStättV erfolgte allerdings erst 2010 (→ Rn. 15; → ArbStättV Rn. 83).

Im Oktober 2006 hatte die Bundesregierung den Entwurf der LärmVibrationsArbSchV in den Bundesrat eingebracht, nachdem die Kommission wegen nachhaltiger Überschreitung der Fristen für die Umsetzung der beiden RL 2002/44/EG sowie 2003/10/EG ein Vertragsverletzungsverfahren angedroht hatte.[11] Nach einem relativ kurzen parlamentarischen Verfahren stimmte die Mehrheit des Bundesrates mit zahlreichen Maßgaben zu, so dass die Verordnung im März 2007 veröffentlicht werden

---
4 Opfermann/Streit ArbStättV 1975 § 16 Rn. 29. **5** Text in Wank/Börgmann, Deutsches und Europäisches Arbeitsschutzrecht, 1992, S. 325 ff. **6** BGBl. I 1991, 146; Begründung in BR-Drs. 617/90. **7** BGBl. II 1993, 74. **8** Zur Kritik Kohte/Faber DB 2005, 224 (228). **9** Zum Inhalt EAS/Kreizberg, 2015, B 6200 Rn. 436 ff. **10** Zum Inhalt EAS/Kreizberg 2015, B 6200 Rn. 423 ff. **11** BR-Drs. 751/06, 1.

konnte. Im Bundesrat war es zu Kontroversen zwischen dem Wirtschaftsausschuss und dem Arbeits- und Sozialausschuss gekommen, weil der Wirtschaftsausschuss eine Verschlechterung der Grenzwerte für den Vibrationsschutz verlangt hatte; er konnte sich mit diesem Plan jedoch nicht durchsetzen.[12] Die Verordnung ist in der Zwischenzeit nur geringfügig modifiziert worden; die generelle Konzeption mit ihrer engen Anlehnung an die beiden Richtlinien gilt weiter.

9 Verschiedene Präzisierungen der LärmVibrationsArbSchV erfolgten vor allem im Zusammenhang mit der Normierung der Arbeitsschutzverordnung zu künstlicher optischer Strahlung (OStrV) vom 19.7.2010.[13] Diese Verordnung setzte die dritte Richtlinie (**RL 2006/25/EG**)[14] zu physikalischen Einwirkungen auf den Menschen um, die sich nach Kontroversen im Rechtssetzungsverfahren auf die **künstliche optische Strahlung**, insbesondere Laserstrahlung, beschränkte. Die Struktur dieser Verordnung lehnt sich eng an die LärmVibrationsArbSchV an und verdeutlicht daher deren Konzeption. Der persönliche und betriebliche Anwendungsbereich auch der OStrV ist weit gefasst (→ OStRV Rn. 8 f.), im Mittelpunkt steht die Pflicht zur Minimierung der Strahlung, zum Vorrang technischer und organisatorischer Maßnahmen, zur Aufstellung eines Strahlenminimierungsprogramms, wenn die Expositionsgrenzwerte überschritten worden sind, sowie zur Heranziehung fachkundiger Personen. Schließlich sind 2016 geringfügige Änderungen im Zusammenhang mit der Umsetzung der RL 2013/35/EU erfolgt.[15]

III. Anwendungsbereich

10 Der **personelle Anwendungsbereich** der LärmVibrationsArbSchV orientiert sich zunächst konsequent am ArbSchG, weil die Verordnung auf § 18 ArbSchG gestützt ist, so dass sie zunächst für **sämtliche Beschäftigte iSd § 2 ArbSchG** gilt. Damit sind auch – anders als bei den früheren unfallversicherungsrechtlichen Regeln – Beamte und Richter ebenfalls einbezogen. Es gehört daher zu den wichtigen Effekten der Umsetzung der LärmVibrationsArbSchV, dass der Nachholbedarf zum Lärmschutz in den Schulen und anderen Bildungseinrichtungen aufgegriffen und realisiert werden kann.[16] Ergänzend werden den Beschäftigten gleichgestellt **Schülerinnen und Schüler, Studierende** und in sonstigen Ausbildungseinrichtungen tätige Personen, die bei ihren Tätigkeiten Lärm und Vibrationen ausgesetzt sind (§ 2 Abs. 8 LärmVibrationsArbSchV).

11 Der **betriebliche Anwendungsbereich** ist weit gefasst. Die RL 2003/10/EG hat frühere Ausnahmen für die Seeschifffahrt sowie für Tätigkeiten im Musik- und Unterhaltungssektor unter Gewährung von speziellen Umsetzungsfristen in Art. 17 aufgehoben. Nachdem diese Fristen inzwischen abgelaufen sind, ist die LärmVibrationsArbSchV umfassend anwendbar. Eine schon 2005 normierte Ausnahme gilt für das Bergrecht, in dem spezielle Vorschriften zum Lärmschutz in §§ 11, 12 Gesundheitsschutz-Bergverordnung[17] zu beachten sind.

12 Der **sachliche Anwendungsbereich** der LärmVibrationsArbSchV wird durch den Normzweck bestimmt, der durch den Schutz der Beschäftigten vor tatsächlichen oder möglichen Gefährdungen ihrer Gesundheit und Sicherheit durch Lärm oder Vibration bei der Arbeit definiert ist. Die Verordnung ordnet sich damit in das Konzept des **präventiven Gefährdungsschutzes** nach § 4 Nr. 1 ArbSchG ein. Dies ist vor allem maßgeblich für den zentralen **Rechtsbegriff des Lärms**. Lärm ist nach § 2 Abs. 1 LärmVibrationsArbSchV Schall, dem die Beschäftigten ausgesetzt sind oder ausgesetzt sein können. Damit wird nicht nach der Quelle des Lärms gefragt, so dass auch von außen einwirkender Lärm, wie zum Beispiel Verkehrslärm und Umgebungslärm, zu berücksichtigen ist.[18] Die Differenzierung zwischen inner- und außerbetrieblichem Lärm spielt erst eine Rolle bei den unterschiedlichen Möglichkeiten von Abhilfemaßnahmen.

---

12 BR-Drs. 751/1/06, 7. **13** BGBl. I 2010, 960, 965. **14** Zu den Einzelheiten der RL Siekmann/Brose BG 2007, 296. **15** BGBl. I 2016, 2531, 2548. **16** Kohte RdJB 2008, 198 (207). **17** BGBl. I 2005, 2452. **18** Opfermann/Streit LärmVibrationsArbSchV Rn. 74; Kollmer/Klindt/Schucht/Kreizberg LärmVibrationsArbSchV § 1 Rn. 1.

Anders als in früheren Regulierungsphasen wird Lärm nicht mehr durch bestimmte Grenzwerte definiert. Lärm ist im Anschluss an Art. 3 b des ILO-Übereinkommens 148 vielmehr **jeglicher Schall**, der zu einer Beeinträchtigung des Hörvermögens oder zu einer sonstigen Gefährdung von Sicherheit und Gesundheit der Beschäftigten führen kann. Dies ist eine wesentliche Erweiterung des sachlichen Anwendungsbereichs des heutigen Lärmarbeitsschutzrechts. In Übereinstimmung mit dem Konzept des Gefährdungsschutzes ist die Gefährdung der Beschäftigten durch Schall, dem sie ausgesetzt sind, ausreichend zur Definition von Lärm. Eine weitere Konkretisierung erfolgte nach § 12 LärmVibrationsArbSchV durch Technische Regeln, die der Ausschuss für Betriebssicherheit beschlossen hat. Maßgeblich sind die **TRLV Lärm**[19] und die **TRLV Vibration**, die zuletzt 2015 veröffentlicht worden sind.[20]

Auf einer ersten Stufe der Gefährdungen stehen die **klassischen auralen (auf das Ohr bezogenen) Konsequenzen**, die sich aus Schalleinwirkungen ergeben können. Dies sind vor allem die Beeinträchtigungen des Hörvermögens und Krankheiten, die zu Berufskrankheiten nach Nr. 2301 der BKV führen können. Diese intensiv erforschten auralen Konsequenzen werden in §§ 6, 7 LärmVibrationsArbSchV mit dem unteren Auslösewert in Verbindung gebracht. Dieser beträgt 80 dB(A); bei kurzfristigem Lärm kann auch ein Schallleistungspegel von 137 dB(A) maßgeblich sein. Schall wird auch dann als Lärm qualifiziert, wenn er die **Sicherheit der Beschäftigten gefährden** kann. Eine solche Situation liegt vor allem vor, wenn Schall die **Möglichkeit von Arbeitsunfällen oder von Fehlleistungen** negativ beeinflussen kann, weil zum Beispiel akustische Warnsignale oder warnende Zurufe von anderen Beschäftigten nicht hinreichend wahrgenommen werden können.[21] Diese Gefährdung bedarf besonderer Feststellungen, da sie – anders als die Mehrzahl der auralen Schädigungen – bereits bei kurzfristigen Schallemissionen auftreten kann. Hier können auch unregelmäßige und unerwartete Geräusche negativ wirken.

Das umfassende Gefährdungskonzept der Richtlinie und der LärmVibrationsArbSchV bezieht schließlich auch **sämtliche extraauralen Wirkungen**[22] ein, so dass die Möglichkeit solcher Schäden dazu führt, dass Schall als Lärm zu qualifizieren ist. Aus den arbeitsmedizinischen Untersuchungen der letzten mehr als 30 Jahre[23] ist bekannt, dass Schalleinwirkungen zu vegetativen Störungen, insbesondere zu Bluthochdruck und zur Erhöhung von Herzinfarktrisiken führen können.[24] Die Vermeidung beziehungsweise Verringerung solcher extraauraler Probleme ist ein wichtiger Schutzzweck der heutigen LärmVibrationsArbSchV.[25] Die extraauralen Probleme sind eng mit der **jeweiligen Art der Tätigkeit** verknüpft, so dass, wie die Neufassung des Anhangs 3.7 zur ArbStättV im Jahr 2010 (→ ArbStättV Rn. 83) dokumentiert, bereits aus diesem Grund **kein einheitlicher Grenzwert** bestimmt werden kann. § 15 ArbStättV hatte 1975 die beiden Grenzwerte von 70 dB(A) für **einfache Tätigkeiten** und von 55 dB(A) für **geistige Tätigkeiten** normiert. Deren Streichung im Jahr 2004 hatte den Eindruck erweckt, dass diese Werte nicht mehr maßgeblich seien. Dies war ein Irrtum,[26] weil die Regelungen in der früheren ArbStättV auf zu beachtenden gesicherten arbeitswissenschaftlichen Erkenntnissen, vor allem der VDI-Richtlinie 2058, beruhen. Diese Richtlinie ist inzwischen weiterentwickelt worden. Dabei haben sich die früheren Werte grundsätzlich bestätigt. Es hat sich allerdings gezeigt, dass der Wert von 55 dB(A) einer Modifikation bedarf. Bei **Arbeiten mit intensiver Konzentration**, wie sie zum Beispiel bei der Bildschirmarbeit und im Call-Center anfallen können, ist auch dieser Wert zu hoch, so dass hier bei entsprechend konzentrierter Tätigkeit Schall mit einer Intensität von 45–50 dB(A) bereits als Lärm qualifiziert werden kann.[27] Inzwischen sind diese strengeren

---

19 GMBl. 2010 Nr. 18–20, 359 ff. **20** GMBl. 2015 Nr. 25/26, 482 ff. **21** Ausführlich TRLV Lärm Teil 1 Anhang 2 Nr. 8. **22** Dazu Sukowski sis 2016, 362 ff. und Siegmann ASUMed 2013, 298 ff. **23** Vgl. bereits Ising, Blutdrucksteigerung durch Lärm am Arbeitsplatz, 1980. **24** Ausführlich TRLV Lärm Teil 1 Anhang 2 Nr. 7; vgl. Opfermann/Streit LärmVibrationsArbSchV Rn. 44. **25** Opfermann/Streit LärmVibrationsArbSchV Rn. 77 ff. **26** Kohte/Faber DB 2005, 224 (228). **27** Probst, Arbeitswissenschaftliche Erkenntnisse Nr. 124, 2003; Kollmer/Klindt/Schucht/Lorenz Anhang 3.7 Rn. 7; Martin Computer und Arbeit 8-9/2008, 45 f.

Grenzen als gesicherte arbeitswissenschaftliche Erkenntnisse auch in den **DIN-EN 11690** zu finden.[28]

16 Neuere arbeitswissenschaftliche Untersuchungen haben weiter ergeben, dass zB in **Großraumbüros** sowie in **Call-Centern Lärm** zu den wichtigsten **Stressoren** bei der Arbeit gehört. Schallemissionen, die sich aus Telefongesprächen anderer Personen, der Nutzung von Laserdruckern und Kopierern, den Hintergrundgeräuschen von Klimaanlagen und schließlich auch den Geräuschen der Bedienung eines PC ergeben, können bei entsprechender räumlicher oder organisatorischer Konstellation **psychische Reaktionen** auslösen,[29] die ebenfalls als Gesundheitsgefährdungen zu qualifizieren sein können. Daher ist die Feststellung, ob eine bestimmte Schallemission als Lärm iSd § 2 Abs. 1 LärmVibrationsArbSchV zu qualifizieren ist, oft erst als Ergebnis einer eingehenden und fachkundig erarbeiteten Gefährdungsbeurteilung festzustellen.

17 Wesentlich einfacher ist im Regelfall festzustellen, ob die Beschäftigen Vibrationen ausgesetzt sind. **Vibrationen** sind in § 2 Abs. 5 LärmVibrationsArbSchV definiert als **mechanische Schwingungen**, die durch Gegenstände auf den menschlichen Körper übertragen werden und zu einer **mittelbaren oder unmittelbaren Gefährdung** von Sicherheit und Gesundheit der Beschäftigen führen können. Als wichtige Regelbeispiele werden die **Ganzkörper-Vibration** sowie die **Hand-Arm-Vibration** aufgeführt. Die Ganzkörper-Vibration betrifft vor allem die Arbeitsplätze, die bereits von § 16 ArbStättV aF geregelt worden waren. Als neuer und für die Praxis besonders wichtiger Faktor wurde 2007 die Hand-Arm-Vibration eingeführt, denen Beschäftigte vor allem durch mobile Arbeitsgeräte, wie zum Beispiel bei der Bedienung eines Bohrhammers, ausgesetzt werden. In § 9 LärmVibrationsArbSchV werden erstmals allgemeine normative Auslösewerte festgelegt,[30] die wiederum entsprechende Handlungspflichten der Arbeitgeber auslösen.

IV. Pflicht zur Gefährdungsbeurteilung und fachkundigen Messung

18 Angesichts der nachhaltigen Gefährdungen, die sich aus Lärm und Vibrationen ergeben können, spielen **Informationsermittlung** und **Gefährdungsbeurteilung** eine zentrale Rolle. Nach § 3 Abs. 1 S. 1 LärmVibrationsArbSchV hat der Arbeitgeber „zunächst festzustellen", ob die Beschäftigten Lärm oder Vibrationen ausgesetzt sind oder ausgesetzt sein können. Nach dem oben erläuterten relativen Lärmbegriff, der nach der Art der Tätigkeit variiert, kann ein solcher relevanter Lärm bei hoch konzentrierter Tätigkeit bereits bei 45 dB(A) zu bejahen sein. In dieser ersten Phase der Informationsermittlung sind zunächst die einfach zugänglichen Informationen einzuholen und zu beachten. Dies sind zum Beispiel die **Herstellerangaben** über Lärmemissionswerte bzw. Vibrationswerte, die Ergebnisse früherer Messungen, allgemeine Brancheninformationen und schließlich auch die Ergebnisse der Gesundheitsüberwachung. Hier ist Vorsicht geboten; aktuelle Publikationen aus dem Bereich der DGUV haben gezeigt, dass in einem beachtlichen Umfang Herstellerangaben eine zu geringe Gefährdung enthielten.[31] Auf dieser Ebene ist zunächst nur festzustellen, ob die Beschäftigten Lärm oder Vibrationen **ausgesetzt sein können**. Es handelt sich letztlich um eine worst case Betrachtung: Kann unter Verwendung der jeweils sichersten Informationen und Werte eine Gefährdung sicher ausgeschlossen werden?[32]

19 Wenn dies nicht der Fall ist, muss mit einer Exposition von Lärm oder Vibrationen gerechnet werden. Der Arbeitgeber darf in einem solchen Fall den Arbeitnehmer die **Tätigkeit erst aufnehmen** lassen, **nachdem eine Gefährdungsbeurteilung vorgenommen wurde** und die daraus resultierenden Maßnahmen des Arbeitsschutzes ergriffen wurden.[33] Dies ergibt sich letztlich aus einer Auslegung der Verordnung am Maßstab von

---

28 Opfermann/Streit LärmVibrationsArbSchV Rn. 112; vgl. Bechmann Gute Arbeit 7-8/2007, 52 ff.; so jetzt auch DGUV-Information 209-023, Lärm am Arbeitsplatz, 2013. **29** Dazu TRLV Lärm Teil 1 Anhang 2 Nr. 7. **30** Kaulbars TÜ 9/2007, 9 ff. **31** Kaulbars, VDI-Berichte Nr. 2190, 2013, S. 363 ff. **32** TRLV Lärm Teil 1, 10. **33** So ausdrücklich TRLV Lärm Teil 1 Nr. 3.1.3; ebenso Opfermann/Streit LärmVibrationsArbSchV Rn. 89; Pieper LärmVibrationsArbSchV § 3 Rn. 4 a; vgl. auch § 3 Abs. 3 OStrV.

Art. 4 Abs. 7 RL 2003/10/EG.[34] Eine solche Gefährdungsbeurteilung bedarf einer sorgfältigen Vorbereitung, bevor fachkundige und repräsentative Messungen erfolgen, die eine verlässliche und umfassende Gefährdungsbeurteilung ermöglichen. Die Ermittlung der einzelnen Gefährdungsfaktoren soll zielgerichtet erfolgen, damit letztlich effektive Maßnahmen des Arbeitsschutzes festgelegt werden können (§ 3 Abs. 1 S. 6 LärmVibrationsArbSchV). Es ist daher geboten, sich die einzelnen Faktoren der Gefährdungsbeurteilung vor Augen zu führen, die in § 3 Abs. 2 LärmVibrationsArbSchV in Übereinstimmung mit Art. 4 RL 2003/10/EG normiert worden sind.

Bei einer Exposition der Beschäftigten durch Lärm steht an erster Stelle die **Ermittlung von Art, Ausmaß und Dauer der Exposition durch Lärm**. Diese Kategorien gehen davon aus, dass es keinen „Einheitslärm" gibt. Vielmehr differiert Lärm sowohl nach dem Schallleistungsspiegel als auch nach der jeweiligen Intensität. Eine zentrale Rolle spielt die **Frequenz des Lärms**, weil in der Regel höhere Frequenzen als unangenehmer und belästigender wahrgenommen werden. Ein weiterer wichtiger Faktor ist der **Impulslärm**, der sich nachhaltig auf die Situation von Beschäftigten auswirken kann. Von Anfang an waren Fragen der Bewertung des Impulslärms umstritten. In der aktuellen DIN 45645-2 finden sich dazu wichtige Aussagen, die dem Stand der Technik entsprechen und Zuschläge vorsehen, die zur Erfassung psychischer Belästigungen durch Lärm unterhalb der Grenze von 80 dB(A) unverzichtbar sind.[35] Für die Beurteilung von Geräuschen hinsichtlich der Gehörgefährdung wird der Stand der Technik inzwischen in der **DIN EN ISO 9612** zusammengefasst. Hier sind ebenso wie bei der Bewertung des Impulslärms unterschiedliche Verfahren möglich, so dass eine betriebliche Konkretisierung geboten ist.[36]

Weiter zu klären ist das Ausmaß der Lärmexposition. Selten wird Lärm über den gesamten Arbeitstag in gleicher Weise verteilt sein, so dass zunächst ein **Schichtmittelwert** zu bestimmen ist, der eine realistische Gefährdungsbeurteilung ermöglicht. Bei starken **Schwankungen** der Lärmintensität können sich allerdings zusätzliche Belastungen ergeben, die nicht allein mit der Kategorie eines Mittelwertes erfasst werden können. Das Ausmaß des Lärms steht weiter in einer Relation zur Dauer der Arbeitszeit. In der Praxis wird die wichtige **Rolle der Arbeitszeit** oft nicht hinreichend beachtet, obgleich es evident ist, dass bei Überstunden eine höhere Lärmexposition erfolgt, die mit dem auf eine Achtstundenschicht bemessenen Mittelwert nicht hinreichend abgebildet wird.[37] Werden die Erfordernisse des Arbeitsschutzes, wie es § 3 Abs. 2 ArbSchG verlangt, in die gesamte betriebliche Leitungstätigkeit integriert, dann wird es für die Entscheidung über nicht nur einmalige **Überstunden** in der Regel geboten sein, auch die jeweiligen Lärmwerte heranzuziehen. Dies gilt selbstverständlich ebenso in einer nach § 87 Abs. 1 Nr. 3 BetrVG eingerichteten Einigungsstelle.

Die Maßnahmenorientierung der Gefährdungsbeurteilung wird deutlich gemacht durch die Anforderungen in § 3 Abs. 2 Nr. 1 Buchst. c LärmVibrationsArbSchV, denn danach ist im Rahmen jeglicher Gefährdungsbeurteilung bei Expositionen durch Lärm auch zu ermitteln, ob und in welcher Weise eine **Substitution** von Arbeitsmitteln und Ausrüstungen erfolgen kann, die zu einer geringeren Exposition der Beschäftigten führen. Zu jedem Zeitpunkt des Verfahrens ist das **Lärmminimierungsgebot** aus § 5 Abs. 1 LärmVibrationsArbSchV als zentrale Maxime bereits der Informationsermittlung und Gefährdungsbeurteilung heranzuziehen.

§ 3 Abs. 3 LärmVibrationsArbSchV verlangt eine ganzheitliche Gefährdungsbeurteilung, so dass auch die **Kombination unterschiedlicher Gefährdungen** entsprechend zu ermitteln und zu bewerten ist. Diese kann sich bereits in einer Kombination zwischen Lärm und Vibrationen ausdrücken; § 3 Abs. 3 S. 3 der Verordnung verlangt aber auch die Berücksichtigung der gleichzeitigen Belastung durch Lärm bzw. Vibrationen und arbeitsbedingten **ototoxischen Substanzen**. Die maßgeblichen Substanzen sind inzwi-

---

[34] Deutlich wird dieser Grundsatz jetzt in § 3 Abs. 5 EMFV zum Ausdruck gebracht; es handelt sich aber nicht um eine Besonderheit elektromagnetischer Felder. [35] Dazu Maue SI 4/2011, 2 ff. [36] Dazu Maue sis 2011, 265 (267); zu den Fragen des Messverfahrens bereits Kohte in: FS Gnade, S. 675, 684. [37] Opfermann/Streit LärmVibrationsArbSchV Rn. 97.

schen in gesicherten arbeitswissenschaftlichen Erkenntnissen zusammengefasst.[38] Schließlich werden besondere Anforderungen an die Lärmminderung bei Tätigkeiten mit hoher geistiger Konzentration gestellt. Insoweit war hier auch die gleichzeitige Anforderung in Nr. 17 des Anhangs der BildschArbV zu berücksichtigen. Diese Anforderung ist nicht in Anhang 6 zur ArbStättV übernommen worden; sie gilt aber als gesicherte arbeitswissenschaftliche Erkenntnis nach Nr. 7.4.3 der DGUV-Information 215-410 zu Bildschirm- und Büroarbeitsarbeitsplätzen (→ BildschArbV Rn. 57).

24 Für die Ermittlung der Gefährdungsbeurteilung bei der **Exposition durch Vibrationen** ist in § 3 Abs. 2 Nr. 2 LärmVibrationsArbSchV ein **vergleichbares Untersuchungsprogramm** normiert. Wiederum stehen Art, Ausmaß und Dauer der Exposition durch Vibrationen an erster Stelle. Realistisch werden gesundheitsgefährdende Kombinationen mit Arbeitsbedingungen, wie zum Beispiel besonders kalten Temperaturen, ausdrücklich genannt; sie sind entsprechend zu ermitteln und zu bewerten. Auch für den Vibrationsschutz wird in § 3 Abs. 2 Nr. 2 Buchst. e LärmVibrationsArbSchV die gesonderte Bewertung der zeitlichen Ausdehnung der beruflichen Exposition über eine Achtstundenschicht hinaus als maßgebliches Kriterium angeordnet. In der Regel ist zunächst mit orientierenden Verfahren zu beginnen.[39] Weitergehende Anforderungen an das Messverfahren ergeben sich aus der DIN EN ISO 8041, daher sind die betrieblich einzusetzenden Messverfahren an den aktuellen digitalen Stand der Messtechnik anzupassen.[40] Der aktuelle Stand der Messverfahren ergibt sich aus dem IFA-Report 2015, Grenzwerteliste 2015, S. 152 ff.

25 Eine so anspruchsvolle Gefährdungsbeurteilung wird in aller Regel nicht ohne eine fachkundige Messung verlässlich vorgenommen werden können. Daher verlangt § 4 LärmVibrationsArbSchV ein **spezifisches Messprogramm**, das nach § 5 LärmVibrationsArbSchV von **fachkundigen Personen** durchzuführen ist. Einzelheiten zur hier verlangten Fachkunde waren bereits in der TRLV Lärm bzw. der TRLV Vibration festgelegt worden. Inzwischen ist 2016 in § 2 Abs. 7 LärmVibrationsArbSchV eine **spezifische Definition der Fachkunde** eingefügt worden, die sich an die 2013 eingefügten Definitionen in § 2 Nr. 11 BioStoffV und § 2 Nr. 16 GefStoffV anlehnt.[41] Danach kann nicht in jedem Fall davon ausgegangen werden, dass eine Fachkraft für Arbeitssicherheit die hier erforderliche Fachkunde besitzt (→ GefStoffV Rn. 38 → EMFV Rn. 16). Betrieblich ist daher rechtzeitig zu klären, wer mit der Messung beauftragt wird. Bei fehlender innerbetrieblicher Fachkunde[42] sind externe Dienste oder Fachkräfte zu beauftragen.

26 Ein korrektes Messverfahren ist wiederum einzuordnen in ein komplexes Organigramm. An erster Stelle steht zunächst eine **Arbeitsanalyse**, um die repräsentativen gefährdenden Situationen möglichst genau ermitteln zu können. Ziel der Arbeitsanalyse ist die Festlegung **repräsentativer Arbeitssituationen**. Es muss sichergestellt werden, dass Messungen mit den typischen Arbeitsgängen eng verknüpft sind. Auf der Grundlage der Arbeitsanalyse ist zugleich auch die Wahl zwischen **personenbezogenen und ortsbezogenen Messmethoden** vorzunehmen. Wenn die Beschäftigten während einer Schicht an unterschiedlichen Plätzen arbeiten und ihren Standpunkt häufig verändern, dann ist regelmäßig ein am Körper getragenes Dosimeter besser geeignet für realistische Werte als die Messung eines kleinen Arbeitsplatzes, an dem sich keine Person befindet. In der arbeitswissenschaftlichen Diskussion ist allgemein anerkannt, dass repräsentative Arbeitssituationen nicht ohne Nutzung der Erfahrungen der Beschäftigten und der Vorgesetzten ermittelt und festgelegt werden können.[43] Auch diese Verfahren sind rechtzeitig vor der Expositionsermittlung zu bestimmen.

27 Die Durchführung der Messungen muss sich an der vorherigen Ermittlung repräsentativer Arbeitssituationen orientieren und diese hinreichend abbilden. Dazu sind **aussagefähige Messprotokolle** erforderlich, in denen das jeweilige Messverfahren in transpa-

---

[38] Opfermann/Streit LärmVibrationsArbSchV Rn. 103 ff. [39] Opfermann/Streit LärmVibrationsArbSchV Rn. 91 ff. [40] Kaulbars Technische Sicherheit 10/2013, 10 ff. [41] BR-Drs. 469/16, 47. [42] Sicherheitsfachkräfte sind nach § 5 S. 3 LärmVibrationsArbSchV nicht automatisch für diese Aufgabe fachkundig, vgl. BR-Drs. 262/10, 25. [43] TRLV Lärm Teil 1.

renter Weise dokumentiert wird. Je genauer und wirklichkeitsnäher die einzelnen Faktoren ermittelt werden, desto präziser wird die Gefährdungsbeurteilung sein und umso besser wird sie zielgerichtete und effektive Schutzmaßnahmen ermöglichen.[44]

V. Pflicht zur Minimierung von Lärm und Vibrationen

Die zentrale Pflicht des Arbeitgebers wird in § 7 Abs. 1 S. 1 LärmVibrationsArbSchV normiert. Danach ist die Gefährdung der Beschäftigten durch Lärm auszuschließen oder so weit wie möglich zu verringern. Damit erfolgt die **Umsetzung des Lärmminimierungsgebots**, das in Art. 5 Abs. 1 RL 2003/10/EG normiert ist.[45] Diese Pflicht knüpft an Art. 5 RL 86/188/EWG sowie an § 3 Abs. 1 BGV B 3 an. Dieses Minimierungsgebot, das wir in ähnlicher Weise bei der optischen Strahlung (§ 7 OStrV) sowie im Recht der Gefahrstoffe (s. § 7 GefStoffV) finden, beruht auf der besonderen Gefährlichkeit dieser Einwirkungen auf den menschlichen Körper und die Gesundheit. Eine vergleichbar strukturierte Regelung findet sich inzwischen in Anhang Nr. 3.7 (Lärm) zu den Anforderungen an Arbeitsstätten nach § 3a Abs. 1 ArbStättV (→ ArbStättV Rn. 83).

1. Lärmminimierung als generelle Pflicht. Das Lärmminimierungsgebot ist in § 7 LärmVibrationsArbSchV **nicht mit spezifischen Grenzwerten verbunden**, sondern grundsätzlich an allen Arbeitsplätzen mit Lärmimmissionen zu beachten. In der betrieblichen Praxis fand und findet man das Verständnis, dass Lärm nur bis zu einer bestimmten Grenze, zB 90 bzw. 85 oder 80 dB(A), zu verringern sei. Diese Vorstellung ist verfehlt.[46] Lärm kann, wie sich bereits aus der oben (→ Rn. 12) erläuterten Definition des § 2 LärmVibrationsArbSchV ergibt, auch bei wesentlich geringeren Werten die Gesundheit von Menschen gefährden, so dass bewusst das Lärmminimierungsgebot nicht an solche Werte geknüpft worden ist. Die Auslösewerte in § 6 LärmVibrationsArbSchV sind ausschließlich für bestimmte Kennzeichnungs- und Verhaltenspflichten maßgeblich, nicht jedoch für das Minimierungsgebot. Insoweit gilt hier derselbe Grundsatz wie im Anhang Nr. 3.7. zur ArbStättV.

Die Lärmminimierung folgt dem Grundsatz des § 4 Nr. 2 ArbSchG, wonach **Gefahren an der Quelle zu bekämpfen** sind (→ ArbSchG § 4 Rn. 20 ff.). Danach steht in § 7 Abs. 2 LärmVibrationsArbSchV an erster Stelle die **Einführung alternativer Arbeitsverfahren**, welche die Exposition der Beschäftigten durch Lärm verringern.[47] Eine vergleichbare Rolle können auch die **Auswahl und der Einsatz neuer Arbeitsmittel** spielen, die eine Lärmminderung ermöglichen. Soweit diese Maßnahmen ausscheiden, kommt in zweiter Hinsicht eine **lärmmindernde Gestaltung und Einrichtung der Arbeitsstätte** und Arbeitsplätze in Betracht. Diese kann zunächst erreicht werden durch die **Kapselung von Lärmquellen** als aktive Maßnahmen der Lärmeindämmung. Als passive Maßnahmen können **raumakustische Maßnahmen**[48] in Betracht kommen, mit denen ein Teil der Schallwirkungen absorbiert oder verringert wird. Solche raumakustischen Maßnahmen sind vor allem anwendbar, wenn eine Kapselung von Lärmquellen nicht möglich oder unverhältnismäßig ist.[49]

Soweit technische Maßnahmen ausscheiden oder nicht zum Ziel führen, sind **organisatorische Maßnahmen** zu prüfen. Diese können vor allem in der Verringerung lärmintensiver Tätigkeiten bzw. der Verringerung der Zahl der Beschäftigten, die einem solchen Lärm ausgesetzt sind, bestehen. In diesem Zusammenhang spielen **Lärmpausen** eine wichtige Rolle. In der betrieblichen Praxis hat man darunter zeitweilig Arbeitspausen verstanden, die als Kurzpausen ohne Tätigkeit vergleichbar mit den Pausen nach

---

[44] Dazu BAG 8.6.2004 – 1 ABR 4/03, NZA 2005, 227 unter Bezugnahme auf Kohte, Anm. zu LAG Hamburg, LAGE § 87 BetrVG Gesundheitsschutz Nr. 1. [45] So die Regierungsbegründung BR-Drs. 751/06, 30; ebenso Kollmer/Klindt/Schucht/Kreizberg LärmVibrationsArbSchV § 7 Rn. 1; Opfermann/Streit LärmVibrationsArbSchV Rn. 154. [46] Dazu bereits Kohte in: FS Gnade, S. 675, 680. [47] Dazu die Tabelle in TRLV Lärm Teil 3 Nr. 1; vgl. Pauli AiB 2007, 454. [48] Zur Raumakustik im Großraumbüro Bechmann Gute Arbeit 7-8/2007, 52 ff. [49] Zur Bedeutung raumakustischer Maßnahmen in der Schule: Kohte RdJB 2008, 198 (205 f.) mit Hinweis auf www.fluesterndes-klassenzimmer.de; ebenso Kohte Gute Arbeit 4/2013, 15 ff. und jetzt auch www.ergonomisches.klassenzimmer.de.

§ 4 ArbZG gewährt werden sollten.⁵⁰ Damit wurden die gesicherten arbeitswissenschaftlichen Erkenntnisse deutlich verfehlt. Eine kurze Zeit von ca. zehn Minuten ohne Lärmimmissionen ist in aller Regel nicht geeignet, die gesundheitliche Gefährdung durch mehrstündigen Lärm herabzusetzen. In der arbeitswissenschaftlichen Literatur sind eingehende Korrelationen ermittelt worden, welche zeitliche Dauer solche Pausen einnehmen müssen. In aller Regel liegt diese Dauer nicht unter einer Stunde, so dass es nicht um Freizeit, sondern um die **Zuweisung anderer Tätigkeiten** und damit eher um Mischarbeit geht.⁵¹ Solche Maßnahmen kommen daher nur in bestimmten Konstellationen in Betracht. Typischerweise sind sie geeignete kurzfristige Maßnahmen, die man ergreift, solange die Planung und Realisierung effektiver technischer Maßnahmen noch nicht erfolgreich durchführbar ist. In dieser „Brückenfunktion" sind sie allerdings in vielen Betrieben unverzichtbar.

32 **2. Lärm- und Vibrationsminimierung und Planungspflichten.** Um die Gefahren in Übereinstimmung mit § 4 ArbSchG an der Quelle zu bekämpfen,⁵² ist ein planmäßiges Vorgehen erforderlich. Dazu ist in den letzten 20 Jahren das System **präventiver Informationspflichten** schrittweise ausgebaut worden. Bereits die erste Fassung der Maschinenrichtlinie 89/392/EWG vom 14.6.1989⁵³ – inzwischen RL 2006/42/EG – hat die Hersteller verpflichtet, Maschinen möglichst lärmarm zu konstruieren. Nach Nr. 1.5.8. im Anhang der Maschinenrichtlinie müssen Maschinen so konzipiert und gebaut sein, dass Risiken durch Luftschallemission an der Quelle so weit gemindert werden, wie es nach dem Stand des technischen Fortschritts und mit den zur Lärmminderung verfügbaren Mitteln möglich ist.⁵⁴ Diese Pflicht ist bereits 1992 mit der 9. GSGV in das deutsche Recht eingeführt worden. Derzeit ist sie in der 9. ProdSV normiert und vor allem für Hersteller verbindlich.

33 Weiter sind die Hersteller durch die Maschinenrichtlinie verpflichtet worden, für die betriebliche Praxis verständliche **Angaben zum Schallemissionswert** zur Verfügung zu stellen. Nach Anhang 1.7.4 der Richtlinie – und damit auch nach der 9. ProdSV – sind klare Daten für den Lärmemissionspegel und dessen Dokumentation anzugeben. Diese Angaben sind sowohl in der Bedienungsanleitung als auch in allen technischen Informationsbroschüren – also bereits in der Phase der Werbung – zu dokumentieren.⁵⁵ Der Arbeitgeber ist wiederum verpflichtet, diese Informationen einzuholen. Dies war nach dem früheren Recht in Umsetzung der früheren RL 86/188/EWG ausdrücklich in § 3 Abs. 2 zunächst der UVV 121, später der BGV B 3 normiert und durch eine Bußgeldvorschrift abgesichert worden. Inzwischen ergibt sich diese Pflicht aus den Grundpflichten nach § 3 Abs. 2 ArbSchG, der auch zur Aufstellung und Einhaltung von **Beschaffungsrichtlinien** verpflichtet;⁵⁶ weitere Einzelheiten zur Wissensorganisation und zum Wissensmanagement enthält die TRLV Lärm Teil 3. In deren Anhang 3 ist das Muster eines **Geräuschdatenblatts** dokumentiert, das der betrieblichen Praxis bei der Beschaffung von Maschinen eine **systematische Informationsermittlung** ermöglicht. Wichtige Informationen zu **lärmarmer Konstruktion** enthält auch die **VDI 3720**.⁵⁷ Mit diesen Informationen soll sichergestellt werden, dass bereits im Planungsstadium die Pflicht zur Lärmminimierung die erforderliche Priorität finden kann.

34 Diese Planungspflicht des § 3 Abs. 2 Nr. 1 ArbSchG verpflichtet jeden Arbeitgeber, sich diese Herstellerinformationen über den Leistungspegel und die anderen relevanten Schallinformationen zu beschaffen, bevor eine neue Produktionslinie aufgebaut wird. In der Praxis ist es besonders wichtig bei der **Beschaffung neuer Arbeitsmittel**. Sie betrifft hier zB Arbeitsmittel, die Druckluftgeräusche erzeugen, bei denen ein beachtliches Lärmminderungspotential besteht,⁵⁸ aber auch Arbeitsmittel für die **Büroarbeit**, wenn

---

50 Anschaulich der Sachverhalt BAG 28.7.1981 – 1 ABR 65/79, AP Nr. 3 zu § 87 BetrVG Arbeitssicherheit. 51 Dazu Kohte AiB 1983, 51 sowie Kohte in: FS Gnade, S. 675, 684; ausführlich Maier, Pausengestaltung als Organisationspflicht, 2012, S. 135 f. 52 Kollmer/Klindt/Schucht/Kohte ArbSchG § 4 Rn. 17. 53 Text in BFK S. 248 ff. 54 Opfermann/Streit LärmVibrationsArbSchV Rn. 162. 55 BFK Rn. 484. 56 Kollmer/Klindt/Schucht/Kohte ArbSchG § 3 Rn. 64; Faber, Grundpflichten, S. 343 ff. 57 Opfermann/Streit LärmVibrationsArbSchV Rn. 164. 58 Beispiele bei Christ/Fischer, Lärmminderung, S. 44 ff.

zB Drucker oder Kopierer beschafft werden sollen. Mit der Nutzung dieser Informationen kann die Grundpflicht des § 7 Abs. 2 S. 2 LärmVibrationsArbSchV wesentlich effektiver realisiert werden. Zugleich wird damit der präventive Ansatz unterstrichen.
Als **sekundäre Schallschutzmaßnahmen** sieht § 7 Abs. 2 Nr. 3 LärmVibrationsArbSchV 35
vor allem die lärmarme Gestaltung und Einrichtung der Arbeitsstätten und Arbeitsplätze vor.[59] Zu diesen Maßnahmen gehören vor allem spezielle Maßnahmen der Lärmminderung bei der Schallausbreitung, die seit einigen Jahren auch in der Schule entwickelt worden sind;[60] inzwischen sind gesicherte Erkenntnisse zusammengefasst worden.[61] Diese in ihrer Wirkung sekundären Maßnahmen müssen wiederum zeitlich bereits in der **ersten Stufe der Planung** berücksichtigt werden, weil sie bereits bei der **Anordnung der Räume im Gebäude** sowie der Anordnung von Maschinen und Geräten im Raum eine große Rolle spielen. Dazu gibt es handhabbare Informationen der Unfallversicherungsträger,[62] die als gesicherte arbeitswissenschaftliche Erkenntnisse notwendig zu berücksichtigen sind. Andere Möglichkeiten bestehen in der Luft- und Trittschalldämmung sowie anderen Maßnahmen zur Schallabsorption. Schließlich ist es denkbar, lärmintensive Maschinen und Arbeitsmittel durch **räumliche Ausgliederung** und akustische Trennung in ihrer Wirkung deutlich einzuschränken.[63] Das Gebot der Lärmminimierung verlangt **raumakustische Maßnahmen gerade auch in Büroräumen**, so dass psychische Belastungen und extraaurale Probleme verhindert oder verringert werden.[64] Die Planung solcher Maßnahmen wird erleichtert durch die inzwischen entwickelten Konzepte zur „Auralisation zur Planung von Büroräumen". Die erforderliche Software kann kostenlos von der Homepage der BAuA heruntergeladen werden.[65]

Für **Vibrationen** besteht in § 10 Abs. 1 LärmVibrationsArbSchV ein **vergleichbares Minimierungsgebot**, das mit parallelen Maßnahmen erreicht werden soll. Eine große Rolle spielen hier die **Auswahl und der Einsatz von Arbeitsmitteln**, die nach **ergonomischen Gesichtspunkten** ausgelegt sind und die gerade die auf den Hand-Arm-Bereich übertragene Vibration verringern können. Weiter verlangt § 10 Abs. 2 Nr. 4 LärmVibrationsArbSchV **Wartungsprogramme** für Arbeitsmittel, Arbeitsplätze und Anlagen sowie Fahrbahnen, denn typischerweise nehmen Vibrationen bei nicht oder schlecht gewarteten Arbeitsmitteln zu. Vibrationen durch Fahrzeuge werden verstärkt, wenn die innerbetrieblichen Fahrwege nicht hinreichend gepflegt und ausgestaltet sind. Weitere Einzelheiten enthält die TRLV Vibrationen – Teil 3. 36

3. Lärm- und Vibrationsminderungsprogramme. Das für die Praxis wohl wichtigste 37
Element der Lärmminimierung ist die in § 7 Abs. 5 LärmVibrationsArbSchV normierte Pflicht, ein **Lärmminderungsprogramm** aufzustellen, wenn der obere Auslösewert von 85 dB(A) überschritten ist und unmittelbar keine Einzelmaßnahme greift, mit der dieser Wert unterschritten werden kann. In einer solchen Situation darf kein Stillstand eintreten; mit dem Lärmminderungsprogramm soll ein gestuftes Vorgehen zur Lärmminderung im Betrieb realisiert werden.[66]

In dieser Regelung liegt ein wichtiger **Leitbildwechsel**. Das Gebot der Lärmminimierung war bereits seit 1974 in der UVV Lärm sowie in § 15 ArbStättV normiert. Gleichwohl hatten sich in den nächsten zehn Jahren kaum Änderungen ergeben. Die Zahl der Lärmarbeitsplätze blieb etwa gleich hoch.[67] Dies war nach der rechtlichen Struktur des klassischen deutschen Arbeitsschutzrechts nicht überraschend. Dieses Recht war als polizeiliches Eingriffsrecht konzipiert und basierte daher auch auf dem Bestandsschutzprinzip. Arbeitsstätten, die in Übereinstimmung mit den zum Gründungszeitpunkt gel- 38

---

59 Überblick bei Christ/Fischer, Lärmminderung, S. 79 ff., 87 ff. **60** Vgl. den Bericht über raumakustische Maßnahmen im Projekt www.fluesterndesklassenzimmer.de; Kohte RdJB 2008, 198 (206); DGUV-Report 2/2013, das ergonomische Klassenzimmer. **61** DGUV-Report 2/2013, Das ergonomische Klassenzimmer, S. 12 ff. **62** DGUV, Innenraumarbeitsplätze – Vorgehensempfehlung für die Ermittlungen zum Arbeitsumfeld, 2013; DGUV-Information 215-443, Akustik im Büro. **63** Opfermann/Streit LärmVibrationsArbSchV Rn. 172. **64** Martin Computer und Arbeit 8-9/2008, 45 (47). **65** www.baua.de/de/Themen-von-A-Z/Laerm-und-Akustik/Auralisation. **66** Opfermann/Streit LärmVibrationsArbSchV Rn. 194; Kollmer/Klindt/Schucht/Kreizberg LärmVibrationsArbSchV § 7 Rn. 5; DGUV-Information 209-023, Abschnitt 7.7. **67** Lazerus AiB 1992, 677.

tenden Vorschriften in Betrieb genommen waren, konnten ohne große Änderungen betrieben werden, wie sich aus § 16 UVV 121, § 56 ArbStättV 1975 ergab. Die fortschrittlichen neuen Werte und Minimierungspflichten konnten in den bestehenden Betrieben umfangreiche Änderungen nur bewirken, wenn ihre Beachtung durch eine gesonderte und individuelle Anordnung der Aufsicht vorgeschrieben wurde; solche Anordnungen waren jedoch selten.[68]

39 Das Lärmminimierungsprogramm verkörpert dagegen einen Leitbildwechsel zu einem **dynamischen Arbeitsschutzkonzept**.[69] Inzwischen ist das Arbeitsschutzkonzept des Unionsrechts dadurch umfassend gekennzeichnet, dass die Anforderungen des Arbeitsschutzes an die Erfordernisse der Gegenwart anzupassen sind, so dass regelmäßig für sämtliche Richtlinien Übergangsvorschriften installiert wurden, mit denen eine zügige Umsetzung der neuen Werte erreicht werden sollte.[70] Daher war bereits 1986 in Art. 6 RL 86/188/EWG ein solches Lärmminderungsprogramm bei einem **Ausgangswert von 90 dB(A)**, vorgeschrieben. Mit Art. 5 Abs. 2 RL 2003/10/EG wurde diese Pflicht bekräftigt und erweitert, weil nunmehr das Lärmminderungsprogramm nicht bei einer Exposition von 90 dB(A), sondern bereits bei einer **Exposition von 85 dB(A)** einzurichten war.[71] § 7 Abs. 5 LärmVibrationsArbSchV übernahm diese Pflicht in wörtlicher Anlehnung an die Richtlinie. In der Praxis wurde wenig beachtet, dass wegen der exponentiellen Messwerte eine Herabsetzung der Exposition um 5 dB(A) in wenigstens 20 % der Industriebetriebe zur Aufstellung von neuen Lärmminderungsprogrammen führen müsste.

40 Eine weitere Effektivierung und Verschärfung dieser Pflicht ergab sich durch die Anordnung in § 6 LärmVibrationsArbSchV, dass bei der **Bestimmung der Auslösewerte** die schalldämpfende Wirkung persönlichen Gehörschutzes nicht berücksichtigt werden dürfe. Auch diese Bestimmung ist wörtlich aus Art. 2 RL 2003/10/EG übernommen worden. In einer neueren Entscheidung des Europäischen Gerichtshofs zum Lärmschutz[72] wurde ausdrücklich die sorgfältige Beachtung dieser spezifischen Messmethode verlangt, weil sie kennzeichnend für den präventiven Charakter des europäischen Lärmschutzrechtes ist und weil dadurch gesichert werden soll, dass der Vorrang der technischen und organisatorischen Lärmminimierung im Betrieb realisiert wird. In diesem Verfahren hatte der beklagte spanische Arbeitgeber des Ausgangsverfahrens sich damit verteidigt, dass bei Berücksichtigung des persönlichen Gehörschutzes der Auslösewert von 80 dB(A) nicht erreicht würde. Der Gerichtshof hat diese Einwendung ausdrücklich zurückgewiesen.

41 Das Lärmminderungsprogramm ist eine **komplexe Regelung**, die erforderlich wird, wenn durch eine kurzfristig verfügbare Einzelmaßnahme der Auslösewert von 85 dB(A) nicht unterschritten wird. Es besteht aus einer Kombination unterschiedlicher Maßnahmen, die in einen zeitlichen Handlungsrahmen gestellt werden. Unverzichtbare Elemente eines Lärmminderungsprogramms sind **Prioritätenliste, Zeitplan und Wirksamkeitskontrolle**.[73] Für ein erfolgreiches Lärmminderungsprogramm ist wiederum mit einer sorgfältigen Ermittlung zu beginnen. Wenn die Lärmschwerpunkte ermittelt worden sind, ist eine Ursachenanalyse vorzunehmen, um gezielte Maßnahmen einleiten zu können. Für die Auswahl der Maßnahmen sind wiederum die allgemeinen Kriterien maßgeblich: Technische Maßnahmen haben den Vorrang vor organisatorischen Maßnahmen, aktiver Lärmschutz ist vorrangig gegenüber passiven Lärmschutz. Die verschiedenen Maßnahmen sind nach Prioritäten und Handlungsmöglichkeiten zu gliedern und durch einen Zeitplan miteinander zu verbinden.[74] In vergleichbarer Weise verlangt § 10 Abs. 4 LärmVibrationsArbSchV die Aufstellung und Realisierung eines **Vibrationsminderungsprogramms**, wenn die Auslösewerte nach § 9 LärmVibrationsArbSchV nicht nur kurzfristig überschritten werden. Für das Vibrationsminderungsprogramm gelten dieselben strukturellen Regeln wie für das in der Rechtsetzung seit

---

68 Kohte in: FS Gnade, S. 675, 680. **69** Dazu bereits BFK Rn. 484. **70** Beispielhaft EuGH 14.9.2004 – C-168/03, EuZW 2004, 728 (729). **71** Pauli AiB 2007, 454. **72** EuGH 19.5.2011 – C-256/10, NZA 2011, 967. **73** Dazu 7.7 in TRLV Teil 3. **74** Dazu Christ/Fischer, Lärmminderung, S. 131 ff.

1986 anerkannte Lärmminderungsprogramm. Wiederum sind Maßnahmen, Termine und Kontrollen in einem zusammenhängenden Programm festzulegen. Auch dieses Programm basiert zunächst auf einer Ermittlung der Vibrationsschwerpunkte sowie der Ursachen für die Überschreitung der Auslösewerte. In der Regel wird es geboten sein, veraltete Arbeitsmittel zumindest innerhalb von zwei Jahren durch Arbeitsmittel mit niedrigeren Vibrationswerten zu ersetzen. In der Zwischenzeit können organisatorische Maßnahmen (wie zB die Reduzierung von Vibrationsarbeiten) als Überbrückungsmaßnahme eingesetzt werden.[75]

In der betrieblichen Praxis besteht immer noch ein Defizit[76] bei der Aufstellung und 42 Realisierung von Lärm- und Vibrationsminderungsprogrammen. In den letzten Jahren hat die BAuA in ihren Publikationen eine Reihe von Best Practice-Beispielen veröffentlicht. Die allgemeinen Grundsätze sind in **Nr. 7 der TRLV-Teil 3** niedergelegt worden. Die **DGUV 209-023** vermittelt wichtiges Erfahrungswissen der Träger der Unfallversicherung. Durch die TRLV Lärm ist das Lärmminderungsprogramm inzwischen so weit in Einzelschritte gegliedert, dass hinreichend bestimmte Anordnungen nach § 22 Abs. 3 ArbSchG möglich sind.[77] Ebenso ist die Pflicht zur Aufstellung eines Lärm- oder Vibrationsminderungsprogramms nach § 16 Abs. 1 Nr. 6 bzw. 10 LärmVibrationsArbSchV **bußgeldbewehrt**. Das **Mitbestimmungsrecht** der Betriebsräte bezieht sich auch auf die Aufstellung von Lärm- und Vibrationsminderungsprogrammen.[78] In der Einigungsstelle kann es geboten sein, Aufsichtsbeamte der Arbeitsschutzbehörden bzw. der Träger der Unfallversicherung hinzuzuziehen, die den Stand der gesicherten arbeitswissenschaftlichen Erkenntnisse in der TRLV sowie in den Informationen der DGUV betriebsnah erläutern und einbringen können.

VI. Weitere Schutzmaßnahmen

1. Expositionsgrenzwerte. Art. 3 Abs. 1 RL 2003/10/EG differenziert zwischen **Auslö-** 43 **sewerten** und Expositionsgrenzwerten. Der Expositionsgrenzwert markiert eine Obergrenze. Nach Art. 7 Abs. 1 RL 2003/10/EG dürfen bei der Exposition der Arbeitnehmer die Expositionsgrenzwerte „unter keinen Umständen / under no circumstances" überschritten werden. Falls dies der Fall ist, werden unverzüglich Maßnahmen ergriffen, um die Exposition auf einen Wert unter den Expositionsgrenzwert zu verringern. Diese klare Vorgabe ist in der LärmVibrationsArbSchV in einer schwer verständlichen Weise umgesetzt. In der Regelung über den Gehörschutz wird in § 8 Abs. 2 S. 2 LärmVibrationsArbSchV verlangt, dass der Expositionswert nicht überschritten wird. Er unterscheidet sich daher deutlich in der Rechtsfolge vom oberen Auslösewert, der zur Folge hat, dass persönlicher Gehörschutz getragen werden muss und dass ein Lärmbereich gekennzeichnet werden muss.

Diese Unterscheidung wird weiter dadurch erschwert, dass in der LärmVibrations- 44 ArbSchV der Expositionsgrenzwert ebenfalls auf 85 dB(A) festgesetzt wird, was als günstigere Maßnahme unionsrechtlich unproblematisch zulässig ist. Für große Teile der betrieblichen Praxis ist diese Gleichsetzung beider Werte jedoch wenig transparent, denn bei der Bestimmung des Expositionsgrenzwerts wird – anders als beim oberen Auslösewert – die dämmende Wirkung des Gehörschutzes berücksichtigt, so dass **in der Praxis der Expositionsgrenzwert regelmäßig deutlich über dem oberen Auslösewert** liegt. Dies ist auch in der Systematik der Richtlinie zutreffend, da dieser Wert als **ein nicht zu überschreitender Grenzwert** konstruiert ist. Dies gilt bei unionsrechtskonformer Auslegung auch für das deutsche Recht, so dass eine gesonderte Messung von Auslösewert und Expositionsgrenzwert erforderlich ist und die Überschreitung des Ex-

---

[75] Weitere Einzelheiten zu Vibrationsminderungsprogrammen in TRLV Vibrationen Teil 3 Nr. 3.5 sowie bei Opfermann/Streit LärmVibrationsArbSchV Rn. 266. [76] Dieses Defizit betrifft auch die Rechtsetzung: Das Strahlungsminderungsprogramm in Art. 5 Abs. 2 RL 2006/25/EG ist in § 7 OStrV so unklar umgesetzt worden, dass die Parallele zum Lärmminderungs- und Vibrationsschutzprogramm kaum noch erkennbar ist. [77] Dazu Kohte BG 2010, 384 (386). [78] Dazu bereits LAG Niedersachsen 25.1.1988 – 3 TaBV 72/87, AiB 1988, 110; HaKo-BetrVG/Kohte BetrVG § 87 Rn. 84; DKKW/Klebe BetrVG § 87 Rn. 243; Schoof AiB 2013, 523 (527 f.).

positionsgrenzwerts mit kurzfristigen Maßnahmen zu beantworten ist. In unionsrechtskonformer Auslegung von § 8 Abs. 2 S. 2 LärmVibrationsArbSchV sind vor allem die in Art. 7 Abs. 2 RL 2003/10/EG aufgeführten Maßnahmen geboten.

45 In der RL 2002/44/EG werden ebenfalls **Expositionsgrenzwerte für die Ganzkörpervibration sowie für die Hand-Arm-Vibration** festgelegt. Art. 5 Abs. 3 RL 2002/44/EG ordnet wiederum unmissverständlich an, dass diese **Expositionsgrenzwerte „in keinem Fall" überschritten werden dürfen** und dass bei einzelnen Überschreitungen kurzfristige Maßnahmen angeordnet werden müssen. Dies ist in § 10 Abs. 3 LärmVibrationsArbSchV besser verständlich als zum Lärmschutz übernommen worden, obgleich auch diese Regelung nicht die Klarheit und Deutlichkeit der unionsrechtlichen Vorlage erreicht.

46 Die unionsrechtlichen Vorschriften, die die Expositionswerte als strikte Obergrenzen verstehen, bedürfen auch **spezifischer Rechtsfolgenbestimmungen**. Falls diese Grenzwerte nicht nur einmalig überschritten werden, wird regelmäßig eine Anordnung wegen Gefahr im Verzug nach § 22 Abs. 3 Nr. 2 ArbSchG geboten sein. Im Rahmen der Überwachung nach § 80 BetrVG ist jede Überschreitung des Expositionsgrenzwerts dem Betriebsrat unaufgefordert mitzuteilen. Die einzelnen Beschäftigten können bei solchen Überschreitungen ihr **Zurückbehaltungsrecht nach § 273 BGB** ausüben sowie einen **Unterlassungsanspruch** geltend machen (→ BGB § 618 Rn. 52).[79]

47 **2. Individuelle Maßnahmen.** Nach § 4 Nr. 5 ArbSchG haben individuelle Maßnahmen grundsätzlich den **Nachrang gegenüber kollektiven Maßnahmen**. Dies gilt auch im Lärmschutzrecht. In der betrieblichen Praxis ist oft eine andere Prioritätensetzung anzutreffen, die dem persönlichen Gehörschutz den Vorrang gegenüber technischen und organisatorischen Maßnahmen der Lärmminimierung zuschreibt.[80] In Übereinstimmung mit Art. 6 RL 2003/10/EG wird aber in § 8 Abs. 1 LärmVibrationsArbSchV der Vorrang technischer und organisatorischer Maßnahmen der Lärmminimierung ausdrücklich angeordnet. Erst wenn trotz „Durchführung" der technischen und organisatorischen Maßnahmen der untere Auslösewert (80 dB(A)) überschritten wird, ist persönlicher Gehörschutz zur Verfügung zu stellen. Es reicht daher nicht aus, solche Maßnahmen pauschal für undurchführbar zu erklären. Vorrang hat die Planung und Durchführung von Lärmminderungsmaßnahmen, denn persönlicher Gehörschutz ist eine defensive und relativ schwache Schutzmaßnahme. Noch deutlicher gilt dies für den **Vibrationsschutz**, weil Schutzausrüstungen, wie zB Vibrationsschutzhandschuhe, allenfalls geringe Schutzwirkungen vermitteln und generell nicht als einzige Maßnahmen eingesetzt werden dürfen.[81]

48 Die **generellen Anforderungen an den persönlichen Gehörschutz** sind in § 8 Abs. 2 LärmVibrationsArbSchV normiert. Dieser muss so effektiv sein, dass durch seine Anwendung die Gefährdung des Gehörs beseitigt oder auf ein „Minimum" verringert wird. In jedem Fall ist sicherzustellen, dass der Expositionswert von 87 dB(A), der unter Einbeziehung der dämmenden Wirkung des Gehörschutzes zu messen ist, nicht überschritten wird. Da Gehörschutz eine persönliche Schutzausrüstung ist, gelten auch die **Anforderungen der PSA-BV**, so dass der Gehörschutz auch den **Anforderungen der 8. ProdSV**[82] - in Zukunft der VO (EU) 2016/425 -entsprechen muss (→ PSA-BV Rn. 1, 12). Gehörschutzmittel müssen daher nach der **DIN EN 352** geprüft sein und eine **CE-Kennzeichnung** besitzen.[83]

49 Für die **Auswahl des persönlichen Gehörschutzes** gelten wiederum der Effektivitäts- und Präventionsgrundsatz, die Gefährdung ist zu beseitigen oder auf ein Minimum herabzusetzen. In Nr. 6.2 der TRLV Lärm Teil 3 werden die verschiedenen Vor- und Nachteile der Kapselgehörschützer, der Gehörschutzstöpsel sowie der Otoplastiken erläutert. Die Auswahl des effektiven Mittels ist sachkundig zu klären und zu dokumentieren. Die **Beteiligung der Beschäftigten** erhöht die Akzeptanz und damit die Schutz-

---

[79] Zur Unterlassung bei arbeitsschutzwidrigen Zuständen BAG 16.3.2004 – 9 AZR 93/03, NZA 2004, 927; ausführlich Faber, Grundpflichten, S. 441 ff. [80] Anschaulich dazu auch der Sachverhalt EuGH 19.5.2011 – C-256/10. [81] TRLV Vibrationen Teil 3 Nr. 3.6. [82] BGBl. I 2011, 2178, 2200; vgl. Christ/Fischer, Lärmminderung, S. 140. [83] TRLV Lärm Teil 3 Nr. 6.1.

wirkung; bei besonders gefährdeten Gruppen, zB Beschäftigten mit bestehender Innenohrschädigung, sind vorherige Trageversuche geboten.[84] Bei der Auswahl sind die **DIN EN 458** (Gehörschützer) zu berücksichtigen. Weitere Informationen für die betriebliche Praxis enthalten die **BGI 5024, die BGR/GUV R – 194 (Regeln zum Gehörschutz)**[85] sowie die Datenbank des BGIA,[86] die über die Homepage der DGUV auffindbar ist. Gehörschutzmittel sind nicht selten empfindlich und unterliegen dem alltäglichen Verschleiß. Daher verlangt § 6 Abs. 4 LärmVibrationsArbSchV ausdrücklich, dass der Zustand des ausgewählten persönlichen Gehörschutzes **in regelmäßigen Abständen zu überprüfen** ist. Diese Abstände sind innerbetrieblich zu regeln und festzulegen; es handelt sich um eine spezifische Form der Wirksamkeitskontrollen nach § 3 Abs. 1 S. 2 ArbSchG.

Wenn der obere Auslösewert – 85 dB(A) – überschritten wird, hat der Arbeitgeber dafür Sorge zu tragen, dass die Beschäftigten den persönlichen Gehörschutz bestimmungsgemäß verwenden. Aus diesem Grund sind die entsprechenden Arbeitsplätze nach § 7 Abs. 4 LärmVibrationsArbSchV als **Lärmbereiche zu kennzeichnen**. Es ist sicherzustellen, dass sich in diesen Bereichen Beschäftigte nur aufhalten, wenn das Arbeitsverfahren ihre Anwesenheit erfordert.[87] Einzelheiten zur differenzierten Ermittlung der Lärmbereiche enthält Teil 3 Nr. 5 der TRLV Lärm.

3. Unterweisung und arbeitsmedizinische Beratung. Eine wichtige Rolle spielt **die Unterweisung nach § 11 LärmVibrationsArbSchV**, die sich auch auf den persönlichen Gehörschutz und die gebotene Form der Verwendung von Gehörschutz bezieht. In der Praxis weniger beachtet wird oft, dass sich die Unterweisung nach § 11 LärmVibrationsArbSchV nicht auf diese defensive Maßnahme beschränkt. Immer dann, wenn die Exposition durch Lärm den **unteren Auslösewert** erreicht oder überschreiten kann, müssen die betroffenen Beschäftigten noch vor Aufnahme der Beschäftigung sowie in regelmäßigen Abständen eine **Unterweisung erhalten**, die auf den Ergebnissen der Gefährdungsbeurteilung beruht und die zunächst den Beschäftigten Aufschluss über die jeweiligen Gesundheitsgefährdungen und die zu treffenden Maßnahmen gibt. Nach § 11 Abs. 2 LärmVibrationsArbSchV sind die Beschäftigten daher zu informieren über die Art der Gefahr, über das gesamte Konzept der technischen und organisatorischen Maßnahmen zur Beseitigung oder zur Minimierung der Gefährdung. Die Beschäftigten sind weiter auch zu informieren über die **Ergebnisse der Messungen und deren Bedeutung**. Auf diese Weise soll erreicht werden, dass die Beschäftigten eine aktive Rolle im Arbeitsschutz spielen und dass sie in den Fällen, in denen persönlicher Gehörschutz getragen werden muss, dies mit Umsicht und Sorgfalt vornehmen.

Eine **vergleichbare Unterweisung** hat ebenfalls nach § 11 LärmVibrationsArbSchV zu erfolgen, wenn bei **Vibrationen** die Auslösewerte nach § 9 LärmVibrationsArbSchV überschritten werden. Damit wird Art. 6 RL 2002/44/EG umgesetzt. Zwar existieren bei Vibrationen nicht vergleichbare ähnliche individuelle Möglichkeiten wie der persönliche Gehörschutz, doch ist auch hier die Information über die Gesundheitsgefährdungen, die Messergebnisse und mögliche Verhaltensweisen unverzichtbar. Einzelheiten enthalten die beiden **EU-Vibrations-Handbücher**, die zB verlangen, dass Fahrern gezeigt wird, wie sie Schwingsitze auf ihr persönliches Gewicht einstellen und ergonomisch richtige Sitzeinstellungen vornehmen können.[88] Eine große Rolle spielen hier auch **Wartungsprogramme**, weil der Verschleiß der Arbeitsmittel zu den zentralen Problemen des Vibrationsschutzes gehört. Es ist plausibel, dass gut unterwiesene Beschäftigte eine solche Wartung, die nach § 9 LärmVibrationsArbSchV verlangt wird, umsichtiger und sorgfältiger durchführen als Beschäftigte, die dies als eine Pflichtübung ansehen, deren Gesundheitsschutzdimension ihnen unbekannt geblieben ist.

§ 11 Abs. 3 LärmVibrationsArbSchV verpflichtet Arbeitgeber, den Beschäftigten die Möglichkeit einer **arbeitsmedizinischen Beratung** zur Verfügung zu stellen, sobald die

---

[84] TRLV Lärm Teil 3 Nr. 6.6. [85] Dazu Sickert BG 2011, 306 ff. [86] Opfermann/Streit LärmVibrationsArbSchV Rn. 207. [87] Opfermann/Streit LärmVibrationsArbSchV Rn. 192; vgl. § 7 Abs. 3 S. 5 OStrV für Arbeitsbereiche mit intensiver künstlicher optischer Strahlung. [88] Opfermann/Streit LärmVibrationsArbSchV Rn. 276 f.

Auslösewerte nach § 6 S. 1 Nr. 2 bzw. § 9 LärmVibrationsArbSchV überschritten sind. Auch diese Regelung gehört zum Leitbildwechsel, den das europäische Recht für den klassischen arbeitsschutz eingeleitet hat. Standen dort Pflichtuntersuchungen mit Selektivcharakter im Vordergrund, so dient jetzt die Untersuchung zunächst der Information und Beratung der Beschäftigten.[89] Mit einer solchen Beratung soll sichergestellt werden, dass die Beschäftigten frühzeitig gesundheitliche Probleme erkennen und sowohl auf Lärmminderung als auch auf gesundheitliche Maßnahmen hinwirken. Vor allem im Bereich des **Vibrationsschutzes** ist eine rechtzeitige medizinische Beratung[90] notwendig, aber auch aussichtsreich.

54 **4. Arbeitsmedizinische Untersuchungen.** Deutlich unterschieden von der arbeitsmedizinischen Beratung ist die arbeitsmedizinische Vorsorge, die zunächst in § 13 LärmVibrationsArbSchV und inzwischen im Anhang 3 zur ArbMedVV geregelt ist. Zu unterscheiden war hier zwischen Pflicht- und Angebotsuntersuchungen. Die seit 2013 normierte **Angebotsvorsorge** wird den Beschäftigten angeboten, wenn die unteren Auslösewerte für Lärm bzw. Vibration überschritten sind. Es handelt sich um Untersuchungen, die für die Beschäftigten freiwillig sind und die wiederum ihrer Information und Beratung dienen (→ ArbMedVV Rn. 14).

55 Eine spezifische Rolle spielen die Untersuchungen, die bei Überschreitung der oberen Auslösewerte für Lärm und der Expositionsgrenzwerte für Vibration vorgesehen sind. Bei diesen Untersuchungen handelt es sich um **Pflichtvorsorge**; wer an dieser Vorsorge nicht teilgenommen hat, darf an solchen Arbeitsplätzen nicht eingesetzt werden (→ ArbMedVV Rn. 12).[91] Im System des europäischen Arbeitsschutzrechtes sind solche Pflichtmaßnahmen Ausnahmen, die Art. 15 RL 89/391/EWG zuzuordnen sind.[92] Sie sind eingeordnet in das Konzept des präventiven Gefährdungsschutzes, denn nach Art. 10 RL 2003/10/EG und Art. 8 RL 2002/44/EG dienen sie der gesundheitlichen Überwachung und sollen den betrieblichen Akteuren ebenso wie der Aufsicht wichtige Informationen über die Realität des Lärm- und Vibrationsschutzes im Betrieb vermitteln. Die Ergebnisse der gesundheitlichen Überwachung dienen der **Ermittlung der realen Lärm- und Vibrationsprobleme** und sind daher auszuwerten und darauf zu untersuchen, welche technischen und organisatorischen sowie kollektiven Maßnahmen sich daraus ergeben können. Es handelt sich nicht um Eignungsuntersuchungen, die Beschäftigungsverbote rechtfertigen können.

VII. Rechtsdurchsetzung

56 Die LärmVibrationsArbSchV enthält ein tief gestaffeltes System **differenzierter öffentlich-rechtlicher Pflichten**, die den jeweiligen Arbeitgeber treffen und die ebenfalls von den verantwortlichen Personen nach § 13 ArbSchG zu verantworten sind. Der für das Arbeitsschutzrecht typische Dreiklang von öffentlich-rechtlicher Überwachung und Anordnung, kollektivvertraglicher Regelung und individualrechtlicher Durchsetzung gilt auch für die LärmVibrationsArbSchV.

57 Die Pflichten des Arbeitgebers zur **Lärmminimierung** setzen sich in der Regel aus **verschiedenen Einzelmaßnahmen** zusammen, die jeweils sinnvoll miteinander zu kombinieren sind. Besonders deutlich ist dies bei der Aufstellung und Realisierung eines Lärmminderungsprogramms. Solche Pflichten sind **schwierig durch hoheitliche Anordnung** nach § 22 Abs. 3 ArbSchG durchzusetzen, da solche Anordnungen eine hinreichende Bestimmtheit haben müssen, andererseits jedoch die betrieblichen Gestaltungsmöglichkeiten respektieren müssen (→ ArbSchG § 22 Rn. 46).[93] Angesichts dieser Schwierigkeiten steht daher zunächst die Überwachung und Beratung im Vordergrund, mit der auf die jeweiligen Arbeitgeber und verantwortlichen Personen eingewirkt werden soll. Dies ist nachvollziehbar, doch sind die in der Verordnung statuierten Pflichten auch mit den Mitteln der hoheitlichen Anordnung durchzusetzen.

---

89 Dazu bereits Kohte in: FS Gnade, S. 675, 682. **90** Einzelheiten bei Opfermann/Streit LärmVibrationsArbSchV Rn. 279. **91** Pieper LärmVibrationsArbSchV § 3 Rn. 4 b. **92** BFK Rn. 604. **93** Zu dieser Spannungslage grundsätzlich Faber, Grundpflichten, S. 378 ff.

Eine solche Durchsetzung verlangt zunächst die Reduzierung von Komplexität und die **Abschichtung einzelner Teilpflichten,** die je für sich Gegenstand von Revisionsschreiben und Anordnungen sein können.[94] Für ein praktisches Vorgehen bietet es sich an, die Pflichten des Arbeitgebers anhand des Bußgeldkatalogs in § 16 Abs. 1 LärmVibrationsArbSchV aufzugliedern. Dieser Katalog enthält wegen der Eigengesetzlichkeiten von Bußgeld- und Strafvorschriften eine hinreichende Bestimmtheit. Die so präzisierten Pflichten sind damit aber auch tauglicher Gegenstand für Anordnungen; solche Anordnungen stehen gleichzeitigen Ordnungswidrigkeitsverfahren nicht entgegen.[95] Es handelt sich nicht um eine „Doppelbestrafung", sondern um den Einsatz unterschiedlicher Verfahren, die zur effektiven Umsetzung geboten sein können (→ GefStoffV Rn. 67). 58

In aller Regel wird es zunächst geboten sein, die **Ermittlungs-, Mess- und Dokumentationspflichten** zu verfolgen und darauf hinzuwirken, dass eine ordnungsgemäße Messung durch fachkundige Personen erfolgt und dass die Gefährdungen hinreichend dokumentiert werden. Für die jeweils zutreffenden Maßnahmen kann dem Arbeitgeber selten eine konkrete Maßnahme vorgeschrieben werden, weil eine solche Reduzierung des betrieblichen Gestaltungsspielraums auf eine einzige Maßnahme nur selten in Betracht kommen wird. Wenn sich allerdings der Arbeitgeber in einer Gefährdungsbeurteilung oder einer Betriebsvereinbarung verpflichtet hat, eine konkrete Maßnahme durchzuführen, die § 22 Abs. 3 ArbSchG zugeordnet werden kann, dann kann auch die Vornahme einer konkreten Lärmminderungsmaßnahme angeordnet werden. 59

In anderen Fällen ist anzuordnen, dass ein Lärmminderungsprogramm innerhalb eines bestimmten Zeitraums aufgestellt wird. Hier richtet sich die Anordnung regelmäßig darauf, zu diesem Zweck Verfahren mit dem Betriebsrat einzuleiten. Der Aufsichtsbehörde wird zweckmäßigerweise zunächst ein **Revisionsschreiben** mit einer bestimmten Fristsetzung zuleiten und nach fruchtlosen Ablauf eine Anordnung erlassen, die wiederum eine bestimmte, nunmehr kürzere Frist setzt, in der der Arbeitgeber Verhandlungen mit dem Betriebsrat über die jeweilige Regelung einzuleiten hat (→ ArbSchG § 22 Rn. 45 ff.). Die Anordnung verpflichtet in der Regel zur Aufnahme von Verhandlungen mit dem Betriebsrat, weil die überwiegende Zahl der Pflichten des Arbeitgebers in der LärmVibrationsArbSchV mitbestimmungspflichtig ist, da diese einer betrieblichen Konkretisierung bedürfen. Nach einer hinreichenden zu bemessenden Frist sind dann allerdings konkrete Maßnahmen anzuordnen; es kann auch sein, dass nunmehr § 22 Abs. 3 S. 1 Nr. 2 ArbSchG als Ermächtigungsgrundlage in Betracht kommt. Im Übrigen ist die Pflicht dann so zu konkretisieren, dass ein Einigungsstellenverfahren durchzuführen ist, wenn bis zu einem festgelegten Zeitpunkt keine Regelung gefunden worden ist.[96] 60

Die in der LärmVibrationsArbSchV normierten Pflichten des Arbeitgebers dienen dem Gesundheitsschutz der Beschäftigten und bedürfen regelmäßig der **betrieblichen Konkretisierung.** Nach allgemeiner Ansicht sind sie daher dem **Mitbestimmungsrecht nach § 87 Abs. 1 Nr. 7 BetrVG** zuzuordnen (→ BetrVG § 87 Rn. 58),[97] so dass die Voraussetzungen der Bildung einer Einigungsstelle nach § 98 ArbGG typischerweise zu bejahen sind.[98] Auch für die Betriebsparteien führt die Komplexität der Pflichten in der LärmVibrationsArbSchV vor allem bei der Aufstellung und Abänderung eines Lärmminderungs- und Vibrationsminderungsprogramms zu gewissen Problemen. Es ist daher hier ebenfalls geboten, die Pflichten in Teilschritte zu zerlegen und jeweils Teilregelungen zu treffen, die schrittweise aufeinander aufbauen. Dabei ist allerdings die Systematik des ArbSchG zu beachten. Wird keine ordnungsgemäße Gefährdungsbeurteilung durchgeführt, so können konkretisierende Maßnahmen in der Regel nur in einem be- 61

---

94 Zu diesem Vorgehen Kohte BG 2010, 384 (387). **95** Kollmer/Klindt/Schucht/Kunz ArbSchG § 22 Rn. 153; BVerwG 24.6.1976 – 1 C 56/79, NJW 1977, 772; BayVGH 27.10.1981 – 22 B 2206/79, GewArch 1982, 87 (88). **96** Kohte in: FS Heilmann, 2001, S. 73, 80 ff. **97** Fitting BetrVG § 87 Rn. 303; DKKW/Klebe BetrVG § 87 Rn. 243; HaKo-BetrVG/Kohte BetrVG § 87 Rn. 84. **98** LAG Niedersachsen 25.1.1988 – 3 TaBV 72/87, AiB 1988, 110 mAnm Grimberg; Schoof AiB 2013, 523 (528).

grenzten Segment für kurzfristige Handlungen, die der Gefahrvermeidung dienen, geregelt werden.[99]

62 Auch für **Einigungsstellen** ist die Differenziertheit und Komplexität dieser Pflichten zu beachten. In Einzelfällen kann es sinnvoll sein, wenn eine Einigungsstelle nur für einen knapp umrissenen Bereich beantragt und gebildet wird. In der Regel ist es allerdings unpassend, wenn die Möglichkeiten der Einigungsstelle zu eng eingeschränkt werden, so dass ein breiterer Aufgabenbereich einer Einigungsstelle besser geeignet ist. In solchen Fällen kann es sich für die Einigungsstelle allerdings anbieten, zunächst **Teilbeschlüsse** zu fassen oder über **einvernehmliche Verfahrensregelungen** den Prozess der Messung, Beurteilung und Regelung kurzfristiger Maßnahmen, zum Beispiel im Bereich des Gehör- oder Vibrationsschutzes, zu fördern. Angesichts der technischen Komplexität vieler Fragen wird eine **sachverständige Beratung der Einigungsstelle**[100] in vielen Fragen erforderlich sein, die durch die Aufsichtsbehörden oder unabhängige Sachverständige erfolgen kann. Zur Klärung des Sachverhalts kann es sachdienlich sein, die jeweiligen Arbeitsplätze unter Beteiligung der Sicherheitsfachkräfte bzw. Betriebsärzte aufzusuchen.

63 Die öffentlich-rechtlichen Pflichten des Arbeitgebers, die ihm in der LärmVibrationsArbSchV zugewiesen sind, sind in der Regel auch **privatrechtliche Pflichten im individuellen Arbeitsverhältnis**, da sie dem Schutz der einzelnen Beschäftigten dienen und typischerweise geeignet sind für arbeitsschutzrechtliche Vereinbarungen.[101] Da der Arbeitgeber nach der LärmVibrationsArbSchV verpflichtet ist, die jeweiligen Einzelmaßnahmen zügig durchzuführen, steht den Beschäftigten typischerweise ein Anspruch aus § 618 BGB in Verbindung mit der jeweiligen Einzelnorm der LärmVibrationsArbSchV zu, dass der Arbeitgeber zum Beispiel Messungen vornimmt oder Lärmquellen reduziert (→ BGB § 618 Rn. 47).[102] Dies entspricht der aktuellen Judikatur des Europäischen Gerichtshofs, der anhand eines Lärmschutzfalls verlangt hat, dass den Beschäftigten gesicherte Rechte zur Lärmminderung zustehen müssen.[103]

64 Auf diese Weise ergeben sich einzelne Pflichten, die einerseits als Leistungspflichten verfolgt werden können, wie zum Beispiel die Aufstellung eines Minderungsprogramms oder die Durchführung kurzfristiger Maßnahmen bei Überschreiten des Expositionsgrenzwertes. In aller Regel steht den Beschäftigten kein Anspruch auf die Durchführung konkreter Maßnahmen zu, weil insoweit sowohl der Gestaltungsspielraum des Arbeitgebers als auch der Spielraum, der den Betriebsparteien zukommt, zu berücksichtigen ist.[104] Solche Ansprüche sind in der Regel schwer vollstreckbar und in der Praxis darauf angewiesen, dass auch die Betriebsräte das Mitbestimmung- und Einigungsstellenverfahren kompetent und zügig betreiben. In Einzelfällen kann ein Beschäftigungsanspruch erfolgreich mit der Klage verfolgt und vollstreckt werden, wenn er sich auf eine hinreichend bestimmte und abgegrenzte Beschäftigung bezieht (zum Beispiel Beschäftigung einer Orchestermusikerin allein mit Kammermusik).[105] In geeigneten Fällen kommt auch **einstweiliger Rechtsschutz** in Betracht.[106]

65 Bei mehr als geringfügiger **Überschreitung des Expositionsgrenzwertes** bzw. bei nicht nur kurzfristiger Untätigkeit des Arbeitgebers kann sich auch ein **Unterlassungsanspruch**[107] ergeben, wonach es der Arbeitgeber zu unterlassen hat, ohne vorherige Messungen und Gefährdungsbeurteilungen Arbeit im Lärmbereich zuzuweisen bzw. Arbei-

---

99 BAG 11.1.2011 – 1 ABR 104/09, NZA 2011, 651, dazu Kohte, jurisPR-ArbR 48/2011 Anm. 4. **100** Fitting BetrVG § 76 Rn. 44. **101** Kollmer/Klindt/Schucht/Kohte ArbSchG § 3 Rn. 84. **102** BAG 12.8.2008 – 9 AZR 1117/06, NZA 2009, 102 = AP Nr. 29 zu § 618 BGB mAnm Kohte. **103** EuGH 19.5.2011 – C-256/10, NZA 2011, 967 (Barcenilla Fernández), dazu Kohte/Grüneberg AiB 2011, 625. **104** BAG 12.8.2008 – 9 AZR 1117/06, NZA 2009, 102 (104). **105** ArbG Frankfurt/M. 1.11.2006 – 22 Ca 11214/04. **106** Staudinger/Oetker BGB § 618 Rn. 250; Münch/ArbR/Kohte § 291 Rn. 17; ArbG Frankfurt/M. 10.11.2004 – 2 Ga 297/04. **107** Zum Unterlassungsanspruch Staudinger/Oetker BGB § 618 Rn. 256; Münch/ArbR/Kohte § 291 Rn. 21; vgl. BAG 16.3.2004 – 9 AZR 93/03, NZA 2004, 927 (931).

ten anzuordnen, bei denen der Expositionsgrenzwert oder ein anderer Grenzwert[108] überschritten wird (→ BGB § 618 Rn. 52).

Als weitere Handlungsmöglichkeiten steht Beschäftigten das **Zurückbehaltungsrecht nach § 273 BGB** zu. Verschiedene Pflichten der LärmVibrationsArbSchV sind zeitlich klar konditioniert; so ist die LärmVibrationsArbSchV so konstruiert, dass eine Gefährdungsbeurteilung vor der Zuweisung von Arbeiten im Lärmbereich zu erfolgen hat.[109] Schließlich können die Beschäftigten auch Beschwerdeverfahren nach §§ 84, 85 BetrVG einleiten, die sich der jeweilige Betriebsrat wiederum zu Eigen machen kann.

Der Anspruch auf Beschäftigung bzw. auf Unterlassung kann in dringenden Fällen auch im Wege des einstweiligen Rechtsschutzes verfolgt werden. Wegen der gesundheitlichen Gefahren, die Lärm verursachen kann, ist ein Verfügungsgrund in der Regel zu bejahen.[110]

---

[108] ZB Obergrenze von 80 dB(A) bei einer schwangeren Orchestermusikerin: ArbG Frankfurt/M. 1.11.2006 – 22 Ca 11214/04. [109] Opfermann/Streit LärmVibrationsArbSchV Rn. 29; vgl. auch § 3 Abs. 3 OStrV. [110] ArbG Frankfurt/M. 10.11.2004 – 22 Ga 297/04.

Verordnung über Sicherheit und Gesundheitsschutz bei der manuellen Handhabung von Lasten bei der Arbeit (Lastenhandhabungsverordnung – LasthandhabV)[1]

Vom 4. Dezember 1996 (BGBl. I S. 1841)
(FNA 805-3-2)
zuletzt geändert durch Art. 428 Zehnte ZuständigkeitsanpassungsVO vom 31. August 2015 (BGBl. I S. 1474)

§ 1 LasthandhabV Anwendungsbereich

(1) Diese Verordnung gilt für die manuelle Handhabung von Lasten, die aufgrund ihrer Merkmale oder ungünstiger ergonomischer Bedingungen für die Beschäftigten eine Gefährdung für Sicherheit und Gesundheit, insbesondere der Lendenwirbelsäule, mit sich bringt.

(2) Manuelle Handhabung im Sinne dieser Verordnung ist jedes Befördern oder Abstützen einer Last durch menschliche Kraft, unter anderem das Heben, Absetzen, Schieben, Ziehen, Tragen oder Bewegen einer Last.

(3) Die Verordnung gilt nicht in Betrieben, die dem Bundesberggesetz unterliegen.

(4) ¹Das Bundeskanzleramt, das Bundesministerium den Innern, das Bundesministerium für Verkehr und digitale Infrastruktur, das Bundesministerium der Verteidigung oder das Bundesministerium der Finanzen können, soweit sie hierfür jeweils zuständig sind, im Einvernehmen mit dem Bundesministerium für Arbeit und Soziales und, soweit nicht das Bundesministerium des Innern selbst zuständig ist, im Einvernehmen mit dem Bundesministerium des Innern bestimmen, daß für bestimmte Tätigkeiten im öffentlichen Dienst des Bundes, insbesondere bei der Bundeswehr, der Polizei, den Zivil- und Katastrophenschutzdiensten, dem Zoll oder den Nachrichtendiensten, Vorschriften dieser Verordnung ganz oder zum Teil nicht anzuwenden sind, soweit öffentliche Belange dies zwingend erfordern, insbesondere zur Aufrechterhaltung oder Wiederherstellung der öffentlichen Sicherheit. ²In diesem Fall ist gleichzeitig festzulegen, wie die Sicherheit und der Gesundheitsschutz der Beschäftigten nach dieser Verordnung auf andere Weise gewährleistet werden.

§ 2 LasthandhabV Maßnahmen

(1) Der Arbeitgeber hat unter Zugrundelegung des Anhangs geeignete organisatorische Maßnahmen zu treffen oder geeignete Arbeitsmittel, insbesondere mechanische Ausrüstungen, einzusetzen, um manuelle Handhabungen von Lasten, die für die Beschäftigten eine Gefährdung für Sicherheit und Gesundheit, insbesondere der Lendenwirbelsäule mit sich bringen, zu vermeiden.

(2) ¹Können diese manuellen Handhabungen von Lasten nicht vermieden werden, hat der Arbeitgeber bei der Beurteilung der Arbeitsbedingungen nach § 5 des Arbeitsschutzgesetzes die Arbeitsbedingungen insbesondere unter Zugrundelegung des Anhangs zu beurteilen. ²Aufgrund der Beurteilung hat der Arbeitgeber geeignete Maßnahmen zu treffen, damit eine Gefährdung von Sicherheit und Gesundheit der Beschäftigten möglichst gering gehalten wird.

---

1 Verkündet als Art. 2 VO zur Umsetzung von EG-Einzelrichtlinien zur EG-Rahmenrichtlinie Arbeitsschutz v. 4.12.1996 (BGBl. I S. 1841); Inkrafttreten gem. Art. 5 dieser VO am 20.12.1996. Diese VO wurde erlassen auf Grund des § 19 ArbeitsschutzG. Diese Verordnung dient in Verbindung mit dem Arbeitsschutzgesetz der Umsetzung der Richtlinie 90/269/EWG des Rates vom 29. Mai 1990 über die Mindestvorschriften bezüglich der Sicherheit und des Gesundheitsschutzes bei der manuellen Handhabung von Lasten, die für die Arbeitnehmer insbesondere eine Gefährdung der Lendenwirbelsäule mit sich bringt (ABl. EG Nr. L 156 S. 9).

§ 3 LasthandhabV Übertragung von Aufgaben

Bei der Übertragung von Aufgaben der manuellen Handhabung von Lasten, die für die Beschäftigten zu einer Gefährdung für Sicherheit und Gesundheit führen, hat der Arbeitgeber die körperliche Eignung der Beschäftigten zur Ausführung der Aufgaben zu berücksichtigen.

§ 4 LasthandhabV Unterweisung

[1]Bei der Unterweisung nach § 12 des Arbeitsschutzgesetzes hat der Arbeitgeber insbesondere den Anhang und die körperliche Eignung der Beschäftigten zu berücksichtigen. [2]Er hat den Beschäftigten, soweit dies möglich ist, genaue Angaben zu machen über die sachgemäße manuelle Handhabung von Lasten und über die Gefahren, denen die Beschäftigten insbesondere bei unsachgemäßer Ausführung der Tätigkeit ausgesetzt sind.

Anhang

Merkmale, aus denen sich eine Gefährdung von Sicherheit und Gesundheit, insbesondere der Lendenwirbelsäule, der Beschäftigten ergeben kann:
(1) Im Hinblick auf die zu handhabende Last insbesondere
   1. ihr Gewicht, ihre Form und Größe,
   2. die Lage der Zugriffsstellen,
   3. die Schwerpunktlage und
   4. die Möglichkeit einer unvorhergesehenen Bewegung.
(2) Im Hinblick auf die von den Beschäftigten zu erfüllende Arbeitsaufgabe insbesondere
   1. die erforderliche Körperhaltung oder Körperbewegung, insbesondere Drehbewegung,
   2. die Entfernung der Last vom Körper,
   3. die durch das Heben, Senken oder Tragen der Last zu überbrückende Entfernung,
   4. das Ausmaß, die Häufigkeit und die Dauer des erforderlichen Kraftaufwandes,
   5. die erforderliche persönliche Schutzausrüstung,
   6. das Arbeitstempo infolge eines nicht durch die Beschäftigten zu ändernden Arbeitslaufs und
   7. die zur Verfügung stehende Erholungs- oder Ruhezeit.
(3) Im Hinblick auf die Beschaffenheit des Arbeitsplatzes und der Arbeitsumgebung insbesondere
   1. der in vertikaler Richtung zur Verfügung stehende Platz und Raum,
   2. der Höhenunterschied über verschiedene Ebenen,
   3. die Temperatur, Luftfeuchtigkeit und Luftgeschwindigkeit,
   4. die Beleuchtung,
   5. die Ebenheit, Rutschfestigkeit oder Stabilität der Standfläche und
   6. die Bekleidung, insbesondere das Schuhwerk.

Literatur: *Bolm-Audorff ua*, Zusammenhang zwischen manueller Lastenhandhabung und lumbaler Chondrose, Zbl Arbmed 2007, 304; *Feldhoff*, Die neuen Berufskrankheiten der Wirbelsäule, AiB 1995, 400; *Georgi*, Die Beteiligungsrechte der Mitarbeitervertretungen im Arbeitsschutz, 2008; *Geray*, Das Kreuz mit dem Kreuz, AiB 1997, 520; *Opfermann/Rückert*, Neue Regeln zur manuellen Handhabung von Lasten, AuA 1997, 187; *Pauli*, Lasten besser handhaben – Ansätze zur Reduzierung von Muskel-Skelett-Erkrankungen im Baugewerbe, Gute Arbeit 3/2009, 9; *Petereit-Haack ua*, Zusammenhang zwischen beruflichen psychosozialen Belastungen und bandscheibenbedingten Erkrankungen der Lendenwirbelsäule, Zbl Arbmed 2007, 328; *Seidler ua*, Zusammenhang zwischen der kumulativen Wirbelsäulenbe-

lastung durch Lastenhandhabungen und lumbalen Prolapserkrankungen, Zbl Arbmed 2007, 290; *Wlotzke*, Fünf Verordnungen zum Arbeitsschutzgesetz, NJW 1997, 1469; *Zipprich*, Prävention arbeitsbedingter Erkrankungen durch manuelles Handhaben von Lasten, 2006.
Leitentscheidungen: ArbG Berlin 25.3.1998 – 36 BV 25490/97, LAGE § 95 BetrVG 1972 Nr. 18 mAnm Feldhoff AiB 1999, 227; LAG Hessen 15.9.2000 – 2 Sa 1833/99, LAG Köln 8.9.2008 – 5 Sa 618/08 mAnm Kohte AiB 2009, 387;

I. Normzweck, Rechtssystematik.. 1	4. Unterrichtung und Unterweisung
II. Entstehung, Unionsrecht 4	(§ 4 LasthandhabV) 19
III. Detailkommentierung 7	IV. Rechtsdurchsetzung 20
1. Anwendungsbereich (§ 1 LasthandhabV) 7	1. Lastenhandhabungsverordnung im Kontext des § 618 BGB................. 20
2. Maßnahmen des Arbeitgebers (§ 2 LasthandhabV).... 9	2. Lastenhandhabungsverordnung im Kontext des betrieblichen Eingliederungsmanagements (BEM).. 22
a) Reihenfolge der Maßnahmen 9	
b) Gefährdungsbeurteilung 10	
c) Maßnahmen des Arbeitgebers 14	3. Mitwirkungs- und Mitbestimmungsrechte der betrieblichen Interessenvertretung..................... 25
3. Berücksichtigung der körperlichen Eignung bei der Übertragung von Aufgaben (§ 3 LasthandhabV) 18	

I. Normzweck, Rechtssystematik

1 Das Arbeitsschutzgesetz enthält allgemeine Schutzpflichten, die durch spezielle Verordnungen für bestimmte Gefährdungen ergänzt und konkretisiert werden. Eine dieser Gefährdungen ist das **manuelle Handhaben von Lasten** ohne mechanische Hilfsmittel, wie es zum Beispiel im Gesundheitswesen oder im Baubereich häufig vorkommt. Arbeitsschutzgesetz und Lastenhandhabungsverordnung sollen dazu beitragen, dass Gesundheitsgefährdungen durch die manuelle Handhabung schwerer Lasten reduziert werden und in der Folge weniger Personen aufgrund dieser Gefahren erkranken oder Gesundheitsschäden erleiden.

2 **Empirische Befunde** belegen das Ausmaß und die Bedeutung von Erkrankungen und Beanspruchungen durch manuelle Lastenhandhabung in unterschiedlichen Dimensionen: Bei den Neuzugängen von Erwerbsminderungsrenten in die gesetzliche Rentenversicherung machen Muskel-Skelett-Erkrankungen neben den psychischen Erkrankungen einen Großteil der Indikationen aus (konstant gut 12 %). Weiter wurden 2015 über 6.000 Verdachtsfälle der Berufskrankheiten Nr. 2108 und 2109 angezeigt (bandscheibenbedingte Erkrankungen der Lendenwirbelsäule durch langjähriges Heben oder Tragen schwerer Lasten oder durch langjährige Tätigkeiten in extremer Rumpfbeugehaltung/bandscheibenbedingte Erkrankungen der Halswirbelsäule durch langjähriges Tragen von Lasten auf der Schulter).[1] Davon wurden zwar lediglich 431 Fälle anerkannt; dies entspricht jedoch einem Anteil von fast einem Viertel der anerkannten Berufskrankheiten.[2]

3 Die durch das Handhaben von Lasten hervorgerufenen Gesundheitsstörungen müssen von den durch normalen altersbedingten Verschleiß hervorgerufenen Störungen abgrenzt werden, dh nicht jedes Rückenleiden ist **durch die berufliche Tätigkeit bedingt**.[3] Die hohe Zahl der Verdachtsanzeigen korrespondiert indes mit Angaben der Beschäftigten zum Ausmaß der gesundheitlichen Belastungen durch die manuelle Handhabung von Lasten. Trotz Ausweitung der Dienstleistungsarbeit müssen immer noch über ein Fünftel Arbeitnehmer häufig schwere Lasten heben und tragen. Damit sind für Männer Lasten von mind. 20 kg und für Frauen Lasten über mind. 10 kg gemeint, vor allem in den Branchen Baugewerbe, Pflege und Müllentsorgung. Über 50 % der betroffenen Be-

---

1 Dazu Feldhoff AiB 1995, 400. **2** BAUA/BMAS Unfallverhütungsbericht 2015, S. 58, 99.
3 Merkblatt zur Berufskrankheit Nr. 2108 der Anlage zur BKV, BArbBl. 10-2006, S. 30 f.

schäftigten fühlen sich dadurch belastet, in der Alten- und Krankenpflege und im Baugewerbe liegen die Zahlen weitaus höher. Über 14 Mio. Beschäftigte klagen über Schmerzen im unteren Rücken im unmittelbaren zeitlichen Zusammenhang mit der Arbeit.[4] In der Konsequenz machten Krankheiten des Muskel-Skelett-Systems im Jahr 2015 fast ein Viertel der Arbeitsunfähigkeitstage aus; das ist damit die am häufigsten gestellte Diagnose.[5] Der Zusammenhang zu den Arbeitsbedingungen liegt nahe und ist inzwischen in mehreren Publikationen der Ergebnisse der Deutschen Wirbelsäulenstudie erhärtet worden.[6] Die kurzfristigen Wirkungen zeigen sich in Ermüdungen und negativen Folgen für das gesamte Muskel- und Nervensystem des Rückens ua in Form von Schmerzen und Verspannungen. Langfristig können degenerative Wirbelsäulenerkrankungen auftreten.[7] Deshalb ist Prävention dort wichtig, wo die Gesundheitsgefahren durch die manuelle Handhabung von Lasten für die Beschäftigten entstehen – im Betrieb.

II. Entstehung, Unionsrecht

Die Lastenhandhabungsverordnung wurde am 4.12.1996[8] erlassen. Bereits 1990 war die hierdurch umgesetzte **EG-Richtlinie 90/269/EWG**[9] zum Schutz Beschäftigter vor den Gefahren des manuellen Handhabens von Lasten in Kraft getreten.[10] Auf europäischer Ebene wurde schon früh erkannt, dass das manuelle Handhaben von Lasten Gefahren für die Gesundheit der Beschäftigten bergen kann, denen vorzubeugen ist. Die Kommission führte bereits in den Jahren 1978 und 1984 Aktionsprogramme für die Sicherheit und den Gesundheitsschutz durch, die erste Harmonisierungsmaßnahmen im Bereich des Arbeitsschutzes und des betrieblichen Gesundheitsschutzes bewirkten. Im **Aktionsprogramm von 1984** wurde das manuelle Handhaben von Lasten als Gefährdungsfaktor bereits ausdrücklich erwähnt. Danach sollten Vorschläge für spezielle Maßnahmen ausgearbeitet werden, die Unfälle beim manuellen Handhaben von Gegenständen verhüten. Nachdem zunächst lediglich Empfehlungen für die gute Arbeitspraxis angestrebt wurden, die den durch die falsche Gestaltung des Arbeitsplatzes und der daraus resultierenden körperlichen Belastung, durch fehlerhaftes Handhaben der Werkstoffe sowie durch unzweckmäßige Hebevorgänge und durch Stürze verursachten Rückenschmerzen und Rückenverletzungen entgegenwirken sollten, legte die Kommission im Jahr 1988 einen Richtlinienvorschlag vor, der nach zahlreichen Änderungen schließlich im Jahr 1990 als RL 90/269/EWG erlassen wurde.

Damit hatte die Kommission einen Gefährdungsbereich aufgegriffen, der **im deutschen Arbeitsschutzrecht bis dahin nur eine untergeordnete Rolle** gespielt hatte. Rechtliche Regelungen gab es im Mutterschutzrecht (§ 4 Abs. 2 Nr. 1 MuSchG), der Verordnung über die Beschäftigung von Frauen auf Fahrzeugen[11] sowie vereinzelten Unfallverhütungsvorschriften.[12] Für andere hoch belastete Tätigkeitsbereiche wie Speditionen oder die Baubranche enthielten die damaligen Unfallverhütungsvorschriften keine entsprechenden Regelungen.[13]

Entsprechend dem europäischen Konzept der Regelung des betrieblichen Gesundheitsschutzes normieren, konkretisieren und ergänzen die Einzelrichtlinien die EG-Rahmenrichtlinie 89/391/EG in Bezug auf bestimmte Gefährdungsarten. Die RL 90/269/EWG ist die vierte dieser Einzelrichtlinien. Die Lastenhandhabungsrichtlinie enthält spezielle Regelungen, um Gefährdungen, die sich gerade aus der manuellen Handhabung von

---

4 BAUA/BMAS Unfallverhütungsbericht 2012, BT-Drs. 18/179, 45 ff. **5** BAUA/BMAS Unfallverhütungsbericht 2015, S. 113. **6** Seidler ua Zbl Arbeitsmed 2007, 290 ff.; Bolm-Audorff ua Zbl Arbeitsmed 2007, 304 ff. **7** DGAUM/GfA Leitlinie S1, S. 2 ff. **8** BGBl. I, 1842; Begründung zur Verordnung in BR-Drs. 656/96, 19 f. **9** Anhangtext in BFK S. 293 ff. **10** RL 90/269/EWG des Rates vom 29.5.1990 über die Mindestvorschriften bezüglich der Sicherheit und des Gesundheitsschutzes bei der manuellen Handhabung von Lasten, die für die Arbeitnehmer insbesondere eine Gefährdung der Lendenwirbelsäule mit sich bringt, ABl. EG Nr. L 156 vom 21.6.1990, S. 9 f.; dazu Zipprich, Prävention, S. 19 f. **11** Verordnung vom 2.12.1971 (BGBl. I, 1957). **12** § 29 BGV C 8 (Gesundheitsdienst), § 14 Abs. 1 BGV C 13 (Schlachthöfe und Schlachthäuser), § 16 Abs. 1 BGV D 18 (Nahrungsmittelmaschinen). **13** BFK Rn. 340 ff.

Lasten ergeben, zu vermeiden oder zu verringern.[14] In Übereinstimmung mit der Systematik der Rahmenrichtlinie gilt sie für **alle Arbeitnehmer und Arbeitsplätze**. Rückenschmerzen und Rückenverletzungen soll vorgebeugt werden, weil erkannt worden war, dass ein Zusammenhang zu beruflicher Beanspruchung bestehen kann. Außerdem sind sehr viele Menschen von Rückenerkrankungen und Erkrankungen des Muskel-Skelett-Systems betroffen und die möglichen Erkrankungen sind oft degenerativ, das heißt, nicht mehr zu heilen. Daher ist **Prävention im Betrieb** die geeignete nachhaltige Maßnahme, um arbeitsbedingte Muskel- und Skeletterkrankungen zu vermeiden.

III. Detailkommentierung

7 1. **Anwendungsbereich (§ 1 LasthandhabV).** Die Lastenhandhabungsverordnung gilt, wie die Mehrzahl der Arbeitsschutzverordnungen, für **alle Beschäftigten und alle Arbeitgeber** iSv § 2 Abs. 2, 3 ArbSchG (→ ArbSchG § 2 Rn. 13 ff., 27 ff.). Manuelles Handhaben von Lasten ist jegliches Bewegen, Heben, Senken, Tragen, Halten, Schieben etc von Lasten durch menschliche Kraft, nicht mit maschineller Hilfe (§ 1 Abs. 2 LasthandhabV). Der Begriff „Last" ist gesetzlich nicht definiert. Vom Wortsinn her handelt es sich dabei um einen Gegenstand, der bewegt wird und dessen Gewicht dabei als drückend empfunden wird.[15] Lasten sind Gegenstände, aber auch Tiere und Menschen, etwa Patienten und Kinder.[16] Im deutschen Arbeitsschutzrecht gibt es keine allgemein geltenden Gewichtsgrenzen, sondern nur Richtwerte, ab deren Überschreitung gesundheitliche Beeinträchtigungen vermutet werden.[17] Lediglich im Mutterschutzrecht sind Gewichtsgrenzen normiert. So dürfen nach § 4 Abs. 2 MuSchG in der bisherigen Fassung[18] werdende Mütter regelmäßig nur Lasten bis 5 kg und selten Lasten bis zu 10 kg handhaben. Einziges Merkmal einer „Last" im Sinn der Lastenhandhabungsverordnung ist, dass das **Handhaben der Last eine Gefährdung der Gesundheit** mit sich bringen kann.[19] Dies wissen die beteiligten Akteure unter Umständen jedoch erst, wenn die Gefährdungsbeurteilung durchgeführt worden ist. Aus der Arbeitswissenschaft ist zudem bekannt, dass auch das Handhaben leichter Gegenstände Gesundheitsgefahren hervorrufen kann, wenn diese zum Beispiel sehr häufig und/oder in ungünstiger Körperhaltung bewegt werden müssen.[20] Neuere Untersuchungen im Rahmen der „Deutschen Wirbelsäulenstudie" haben inzwischen auch gezeigt, dass es einen Zusammenhang zwischen psychosozialen Belastungen, wie zB Arbeitshetze und Stress und bandscheibenbedingten Erkrankungen der Wirbelsäule gibt.[21] Diese arbeitswissenschaftlichen und arbeitsmedizinischen Erkenntnisse führen dazu, dass in allen Fällen, in denen Beschäftigte Gegenstände handhaben müssen und eine Gefährdung der Gesundheit nicht von vornherein offensichtlich ausgeschlossen werden kann, eine Gefährdungsbeurteilung durchzuführen ist.

8 Die Verordnung gilt grundsätzlich für alle Tätigkeitsbereiche (→ ArbSchG § 1 Rn. 19). Dabei können aufgrund der Regelungsstruktur zunächst alle Ausnahmen vom Anwendungsbereich nach dem Arbeitsschutzgesetz eingreifen. Darüber hinaus ist in § 1 Abs. 3 LasthandhabV geregelt, dass die Lastenhandhabungsverordnung generell nicht für Bergbaubetriebe gilt. Die dem Bundesberggesetz unterliegenden Betriebe sind herausgenommen worden, weil in der **Gesundheitsschutz-Bergverordnung** ähnliche Pflichten wie in der Lastenhandhabungsverordnung normiert sind.[22] Die Regelung in § 1 Abs. 4 LasthandhabV ermächtigt weiterhin **Bundesbehörden**, bestimmte Tätigkeiten vom Anwendungsbereich der Lastenhandhabungsverordnung auszunehmen. Erforderlich ist in diesen Fällen, dass die Ausnahme vom Anwendungsbereich durch öffentliche Belange zwingend erforderlich ist und andererseits geregelt ist, wie die Sicherheit und der Ge-

---

[14] Ausführlich Zipprich, Prävention, S. 27 ff.; Georgi, Die Beteiligung der Mitarbeitervertretungen im Arbeitsschutz, S. 61 ff. [15] Duden Bedeutungswörterbuch, Stichwort „Last". [16] Opfermann/Rückert AuA 1997, 187. [17] DGUV-Information 208-033, S. 31. [18] Das neue Mutterschutzrecht hat diese Bestimmung mit geringen redaktionellen Änderungen übernommen: BT-Drs. 18/8963, 79. [19] . Kollmer/Klindt/Schucht/Klindt LasthandhabV § 1 Rn. 2. [20] Zipprich, Prävention, S. 62. [21] Petereit-Haack ua Zbl Arbeitsmed 2007, 328 ff. [22] § 14 der Bergverordnung zum gesundheitlichen Schutz der Beschäftigten vom 31.7.1991, BGBl. I, 1751, zuletzt geändert am 3. 8.2016, BGBl. I, 1866; dazu im Einzelnen Zipprich, Prävention, S. 54 f.

sundheitsschutz der Beschäftigten stattdessen geschützt werden soll. Die Abwägung, ob die Ausnahme zwingend erforderlich ist, muss sich dabei daran orientieren, wie stark das geschützte Rechtsgut gefährdet ist und welche sonstigen Interessen durch die Ausnahme von der Anwendung der Lastenhandhabungsverordnung betroffen sind.

2. Maßnahmen des Arbeitgebers (§ 2 LasthandhabV). a) Reihenfolge der Maßnahmen. Die Verordnung hat den Gesundheitsschutz der Beschäftigten beim manuellen Handhaben von Lasten entsprechend der Konzeption der Richtlinie geregelt. Dabei werden in der Lastenhandhabungsverordnung nur die jeweiligen Besonderheiten bei dieser speziellen Gefährdungsart geregelt. Im Übrigen kommen daneben die Regelungen im Arbeitsschutzgesetz zur Anwendung. Dabei spiegelt § 2 LasthandhabV die allgemeinen Grundsätze des § 4 ArbSchG wider. In der Verordnung wird eine **Reihenfolge der erforderlichen Maßnahmen** vorgegeben. Der Arbeitgeber muss als „oberstes Gebot"[23] nach § 2 Abs. 1 LasthandhabV prüfen, ob sich die **gesundheitsgefährdenden Tätigkeiten vermeiden** lassen. Falls dies nicht der Fall ist, muss eine Gefährdungsbeurteilung unter Berücksichtigung der Gefährdungsfaktoren des Anhangs erfolgen; auf deren Grundlage sind geeignete Maßnahmen zur Verringerung der Gesundheitsgefährdung zu treffen (§ 2 Abs. 2 LasthandhabV). Dabei sind Gefährdungen an der Quelle durch vorrangig technische und organisatorische Maßnahmen zu bekämpfen, bevor individuelle Maßnahmen ergriffen werden (§ 4 Nr. 3, 5 ArbSchG).[24] 9

b) Gefährdungsbeurteilung. Kernstück jeder betrieblichen Prävention ist die Gefährdungsbeurteilung (§ 2 Abs. 2 S. 1 LasthandhabV). Mit der Durchführung der Gefährdungsbeurteilung soll erfasst werden, ob und inwieweit die Gesundheit oder die Sicherheit der Beschäftigten durch das manuelle Handhaben von Lasten gefährdet wird. Wenn feststeht, dass die Tätigkeiten verbunden mit Lastenhandhabung gesundheitsgefährdend sind, muss geprüft werden, ob sich die gefährdenden Tätigkeiten vermeiden lassen (§ 2 Abs. 1 LasthandhabV). Insofern wird auf § 4 Nr. 1 ArbSchG Bezug genommen. In der Verordnung sind keine Kriterien festgelegt worden, die bei dieser **Vermeidbarkeitsprüfung** anzuwenden sind. Insofern besteht ein Spannungsfeld zwischen Gesundheitsschutz und wirtschaftlichen Interessen. Nach der Lastenhandhabungsverordnung ist jedenfalls erforderlich, dass geprüft und dokumentiert wird, ob sich die gesundheitsgefährdenden Tätigkeiten vermeiden lassen. 10

Für die Durchführung der **Gefährdungsbeurteilung** stehen **verschiedene Methoden** zur Verfügung.[25] Diese Methoden unterscheiden sich hinsichtlich des erforderlichen Arbeitsaufwands, der Kenntnisse des Anwenders, der erfassten Gefährdungskriterien und auch der Kosten. Nach § 2 Abs. 2 LasthandhabV muss die Gefährdungsbeurteilung die im Anhang genannten Gefährdungsfaktoren berücksichtigen. Neben den Lastgewichten und der Form der Last sind die Art der Lastenbewegung, Körperhaltungen und -bewegungen und die Arbeitsumgebung zu berücksichtigen.[26] Es ist weiter zwingend notwendig, dass eine Methode ausgewählt wird, die von ihrer Konzeption her die im jeweiligen Betrieb faktisch auftretenden Gefährdungsfaktoren erfassen kann. 11

Einen ersten Überblick über gesundheitsgefährdende Arbeitsbedingungen durch manuelle Lastenhandhabung können Arbeitgeber und betriebliche Akteure des Arbeitsschutzes mit einfachen Checklisten gewinnen. Die Erkenntnisse hieraus liefern jedoch nur erste Anhaltspunkte für eine ggf. vertiefende Gefährdungsbeurteilung.[27] Eine Methode, die relativ einfach anzuwenden ist und die die im Anhang der Verordnung genannten Kriterien erfassen kann, ist die **Leitmerkmalmethode**. Diese Methode steht sowohl für die Beurteilung von Ziehen und Schieben[28] als auch für die Beurteilung von Heben, Halten und Tragen[29] zur Verfügung. Sie wurde von der Bundesanstalt für Arbeits- 12

---

[23] Wlotzke NJW 1997, 1469 (1472). [24] Pieper LasthandhabV § 2 Rn. 1. [25] Überblick in: DGAUM/GfA Leitlinie S1, S. 5; DGUV-Informationen 208-033, Anhang 2. [26] DGAUM/GfA Leitlinie S1, S. 4; Klindt/Kollmer/Schucht/Klindt LasthandhabV Anh. Rn. 1. [27] Kollmer/Klindt/Schucht/Klindt LasthandhabV Anh. nach Rn. 6; DGUV-Informationen 208-033, Anhang 1. [28] Leitmerkmalmethode zur Beurteilung von Ziehen und Schieben, Version 2002, im Internet verfügbar unter www.baua.de. [29] Leitmerkmalmethode zur Beurteilung von Heben, Halten und Tragen, Version 2001, im Internet verfügbar unter www.baua.de.

schutz und Arbeitsmedizin (BAuA) und dem Länderausschuss für Arbeitssicherheit und Sicherheitstechnik (LASI) entwickelt und ist relativ einfach anzuwenden. Anhand dieser Methode lässt sich unter Berücksichtigung der Kriterien des Anhangs der Lastenhandhabungsverordnung ermitteln, ob durch die konkrete Tätigkeit eine Gesundheitsgefährdung möglich ist. Für die Einwirkung von kleineren Kräften (zB Lasten mit nur einem geringen Gewicht) und dafür aber einer größeren Häufigkeit oder Dauer wurde die Leitmerkmalmethode erweitert und steht nunmehr zur Praxiserprobung auch als **Leitmerkmalmethode Manuelle Arbeitsprozesse** zur Verfügung.[30]

13 Für die Gefährdungsbeurteilung können auch **andere Erkenntnisquellen** genutzt werden. So können sich zum Beispiel aus Gesundheitszirkeln[31] oder aus einer evaluierten Maßnahme der betrieblichen Gesundheitsförderung[32] Erkenntnisse ergeben, welche Faktoren auf die Gesundheit der Beschäftigten einwirken. In einem Gesundheitszirkel werden in einer Kleingruppe aus Beschäftigten, Vorgesetzten, Betriebsrat, Sicherheitsbeauftragten und anderen Personen unter Anleitung eines Moderators Arbeitsanforderungen im eigenen Arbeitsbereich gesammelt und Vorschläge für eine gesundheitsgerechtere Arbeitsgestaltung erarbeitet. Maßnahmen der betrieblichen Gesundheitsförderung können nach § 20 b SGB V durch die gesetzlichen Krankenkassen gefördert werden. Durch Maßnahmen der betrieblichen Gesundheitsförderung lassen sich im Idealfall weitere Belastungsfaktoren und deren Zusammenwirken identifizieren. Durch die Kumulation bzw. Wechselwirkungen von Belastungen können Gesundheitsgefahren verstärkt werden. So ist bekannt, dass beim Handhaben von Lasten psychische Einflussfaktoren wie zum Beispiel Stress oder Zeitdruck großen Einfluss auf das Erleben der Belastung haben. Dies gilt v.a. in der Alten- und Krankenpflege. Ein wichtiges Instrument sind auch **Belegschaftsbefragungen**,[33] mit denen das Erfahrungswissen mobilisiert und gerade der Einfluss psychischer Belastungen ermittelt werden soll.

14 c) **Maßnahmen des Arbeitgebers.** Auf der Grundlage der Ergebnisse der Gefährdungsbeurteilung und ggf. anderer Erkenntnisse hat der Arbeitgeber **Maßnahmen zum Gesundheitsschutz** der Betroffenen zu treffen. Hier muss eine Abwägung stattfinden zwischen den möglichen Maßnahmen und dem Nutzen dieser Maßnahmen. Nicht jede potenzielle Gefahr für die Gesundheit kann mit einem vertretbaren Aufwand ausgeschaltet werden. Der Maßstab für diese Abwägungsentscheidung ist gesetzlich nicht explizit festgelegt. Die Abwägung muss sich dabei am Ausmaß der möglichen Gesundheitsgefährdung orientieren. Ist die Gesundheitsgefährdung besonders groß oder drohen sogar irreparable Gesundheitsschäden, müssen weiter reichende Maßnahmen ergriffen werden als bei geringerer Gesundheitsgefährdung. Diese Entscheidung muss der Arbeitgeber unter Beteiligung der betrieblichen Interessenvertretung treffen.

15 Diese Gestaltungsmaßnahmen haben sich in jedem Fall an den **Grundsätzen des § 4 ArbSchG** zu orientieren, dh die Vermeidung der manuellen Handhabung von Lasten hat Priorität. Gelingt dies aufgrund der Arbeitsanforderungen nicht, geht die Verhältnisprävention der Verhaltensprävention vor. **Vorrang haben technische und organisatorische Maßnahmen** vor personellen Maßnahmen, wie zum Beispiel Rückenschulen und zusätzliche Pausen. Zu den technischen Maßnahmen gehört vor allem die **Mechanisierung des Bewegungsvorgangs** der Lasten, zB durch Hebebühnen bzw. Hilfsmittel wie eine Sackkarre.[34] Deren Nutzung muss den Beschäftigten faktisch möglich sein, dh die Hilfsvorrichtungen müssen verfügbar und nutzbar sein, zB indem sie regelmäßig gewartet und repariert werden. Die Beschäftigten müssen in der Anwendung geschult und trainiert werden; Anleitung und Arbeitszeit müssen hierfür zur Verfügung gestellt werden. Die betriebliche Praxis zeigt, dass technische Hilfsmittel nur dann von den Be-

---

30 Herausgegeben von der BAuA, 2007, im Internet verfügbar auf der Homepage der BAuA unter www.baua.de; auf der Internetseite www.rueckenkompass.de steht darüber hinaus ein Methodeninventar zur Verfügung, das neben den Leitmerkmalmethoden auch zwei Fragebögen, ein Modul zur betriebsärztlichen Mehrstufendiagnostik und ein Modul zur Auswertung des Ergebnisses enthält. 31 Beispiele finden sich ua im Internet unter www.ergo-online.de oder www.infoline-gesundheitsförderung.de; vgl. Zipprich, Prävention, S. 92 ff. 32 Vgl. die Zusammenstellung von Links auf der Homepage des Deutschen Netzwerks für Betriebliche Gesundheitsförderung unter www.dnbgf.de. 33 Zipprich, Prävention, S. 113. 34 Opfermann/Rückert AuA 1997, 187 (188).

schäftigten genutzt werden, wenn sie als praktikabel und als „echte Hilfe" empfunden werden. Wenn Beschäftigte sie – insbesondere im Kontext von Arbeitsverdichtung und Zeitdruck – als den Arbeitsablauf störend oder verzögernd erleben, bleiben sie ungenutzt. Organisatorische Maßnahmen sind vor allem die Verringerung der Lastgewichte,[35] die gute ergonomische Gestaltung der Arbeitsumgebung, zB genügend Platz, gute Griffbedingungen oder ein rutschfester Boden. Auch eine Umgestaltung der Arbeitsabläufe oder Arbeitszeiten, wie die Verringerung des Arbeitstempos[36] oder die **Gewährung zusätzlicher Kurzpausen**,[37] sind geeignete Maßnahmen.

Zu den **personellen Maßnahmen** gehören das Erlernen von Tragetechniken und guter Körperhaltung. Präventionsangebote der betrieblichen Gesundheitsförderung wie Rückenschule können ebenfalls geeignete Maßnahmen sein. Das Ergreifen personeller Maßnahmen entbindet den Arbeitgeber nicht von der Verpflichtung nach § 2 Abs. 1 und Abs. 2 S. 2 LasthandhabV zu prüfen, ob sich die gefährdenden Tätigkeiten nicht vermeiden oder die Gefährdungen reduzieren lassen. Häufig werden personelle Maßnahmen nur ergänzend sein; die Gefährdungen dürfen nicht durch Angebote der Gesundheitsförderung individualisiert und in die Verantwortung der Betroffenen gegeben werden. Der Arbeitgeber ist weiter nach § 5 Abs. 1 iVm Anhang Teil 3 Abs. 2 Nr. 4 a ArbmedVV verpflichtet eine **Angebotsvorsorge** anzubieten (→ ArbmedVV Rn. 14). Erfasst sind „Tätigkeiten mit wesentlich erhöhten körperlichen Belastungen, die mit Gesundheitsgefährdungen für das Muskel-Skelett-System verbunden sind durch Lastenhandhabung beim Heben, Halten, Tragen, Ziehen oder Schieben von Lasten". Diese Vorgabe wird durch die Arbeitsmedizinische Regel „Tätigkeiten mit wesentlich erhöhten körperlichen Belastungen mit Gesundheitsgefährdungen für das Muskel-Skelett-System" konkretisiert (AMR 13.2).[38]

Nachdem die Maßnahmen durchgeführt worden sind, muss überprüft werden, ob sie den gewünschten Effekt hatten (Wirksamkeitskontrolle). Insofern ist eine erneute Gefährdungsbeurteilung durchzuführen und das Programm beginnt von neuem. Damit wird deutlich, dass Arbeitsschutz nach der Lastenhandhabungsverordnung keine punktuelle Maßnahme sein kann, sondern ein **langfristiger Prozess der Prävention** ist. Durch diesen anspruchsvollen Prozess sollen Arbeitsabläufe langfristig so verbessert werden, dass die Gefährdung für Sicherheit und Gesundheit der Beschäftigten so gering wie möglich ist.

3. Berücksichtigung der körperlichen Eignung bei der Übertragung von Aufgaben (§ 3 LasthandhabV). Mit dieser Regelung wird § 7 ArbSchG in Bezug auf die Berücksichtigung der körperlichen Befähigung bei der manuellen Handhabung von Lasten konkretisiert. Die Verpflichtung nach § 3 LasthandhabV korrespondiert insofern mit der des § 7 ArbSchG. Danach hat der Arbeitgeber sich zu versichern, dass die Beschäftigten für die übertragene Arbeitsaufgabe und die Beachtung und Umsetzung der damit verbundenen Arbeitsschutznormen und -maßnahmen befähigt sind. Der Begriff der Befähigung ist im Rahmen des § 7 ArbSchG weit auszulegen. Neben der körperlichen **Befähigung** sind auch notwendige fachliche Qualifikationen und die subjektive Steuerungsfähigkeit zu überprüfen (→ ArbSchG § 7 Rn. 6 ff.). § 3 LasthandhabV verpflichtet den Arbeitgeber, bereits bei der Auswahl, welchem Arbeitnehmer welche Aufgabe übertragen wird, auf die körperliche Eignung des Beschäftigten Rücksicht zu nehmen. **Rücksicht nehmen** bedeutet, dass dem Arbeitgeber bzw. der handelnden Person klar sein muss, ob eine Gesundheitsgefährdung vorliegt und welche Arbeitnehmer weniger gefährdet sind. Diese Erkenntnisse lassen sich aus der Gefährdungsbeurteilung ablesen. Sofern offensichtlich ist, dass bei gleicher Tätigkeit einer der Arbeitnehmer weniger gefährdet ist als ein anderer, muss dies bei der Übertragung von Aufgaben berücksichtigt werden. Dies ist stets individuell zu beurteilen, dh schematische Ausschlusskriterien,

---

[35] Exemplarisch die Umstellung der Zentnersäcke Zement zu 25 kg-Gebinden, dazu Kollmer/Klindt/Schucht/Klindt LasthandhabV § 2 Rn. 2. **36** Wlotzke NJW 1997, 1469 (1472); Münch/ArbR/Kohte § 293 Rn. 37. **37** Geray AiB 1997, 520 (522); Oppolzer, Gesundheitsmanagement im Betrieb, 2010, S. 160. **38** Bekanntmachung gem. § 9 Abs. 4 ArbmedVV in: GMBl Nr. 76–77, 23.12.2014, S. 1571.

wie ein bestimmtes Geschlecht, Alter, eine bestimmte Körpergröße oder Gewicht, sind nicht mit dem Normzweck vereinbar. Die Berücksichtigung der körperlichen Eignung führt nicht dazu, dass die in § 2 LasthandhabV verpflichtend vorgegebene **Reihenfolge der Maßnahmen** obsolet ist. Auch wenn geeignete Arbeitnehmer zur manuellen Handhabung von zB schweren Lasten im Betrieb verfügbar sind, bleibt der Arbeitgeber verpflichtet, zunächst organisatorische bzw. technische Möglichkeiten zur Vermeidung gefährdender manueller Lastenhandhabung zu prüfen bzw. zu realisieren.

19 **4. Unterrichtung und Unterweisung (§ 4 LasthandhabV).** Durch § 4 LasthandhabV wird die **allgemeine Unterweisungspflicht** in § 12 ArbSchG konkretisiert. Die Unterrichtung und Unterweisung der Beschäftigten ist ein weiterer Bestandteil der Prävention von Gesundheitsgefahren durch das manuelle Handhaben von Lasten. Dies gilt insbesondere, wenn sich die manuelle Handhabung von Lasten nicht vermeiden oder nicht weiter minimieren lässt und Unfallgefahren oder gesundheitliche Gefährdungen drohen. In diesem Fall ist der Arbeitgeber verpflichtet, die Beschäftigten über diese drohenden Gefahren zu unterrichten. Er hat „genaue Angaben" zu machen, dh Angaben über die Gefahrenpotentiale entsprechend des Anhangs, die sich aus der Art der Last, der Arbeitsaufgabe und der Arbeitsumgebung ergeben.[39] Kommen technische Hilfsmittel zum Einsatz, so sind die Beschäftigten im Gebrauch zu unterweisen und zu trainieren (→ ArbSchG§ 12 Rn. 6).[40] Auch verhaltenspräventive Schutzmaßnahmen wie zB das Erlernen von Arbeitstechniken zum rückenschonenden Heben und Tragen müssen Gegenstand intensiver Unterweisung und Übung sein.[41] So wie im allgemeinen Rahmen des § 12 ArbSchG genügt es auch hier nicht, den betroffenen Beschäftigten allgemeine (schriftliche) Hinweise zu geben. Der Normzweck verlangt auf die Arbeitsaufgabe und Arbeitsschutzmaßnahmen abgestimmte Unterweisungen, Kommunikation und Trainingsübungen (→ ArbSchG § 12 Rn. 7).

IV. Rechtsdurchsetzung

20 **1. Lastenhandhabungsverordnung im Kontext des § 618 BGB.** Die Einhaltung der Pflichten aus der Lastenhandhabungsverordnung wird wie alle Arbeitsschutznormen von den für den betrieblichen Arbeitsschutz zuständigen Behörden überwacht. Darüber hinaus wirken einige der Verpflichtungen des Arbeitgebers auch direkt im Arbeitsverhältnis nach § 618 Abs. 1 BGB. Diese Norm enthält eine **Generalklausel** der privatrechtlichen Pflichten des Arbeitgebers gegenüber dem Arbeitnehmer zum Schutz vor Gefahren gegen Leben und Gesundheit. Dabei ist anerkannt, dass öffentlich-rechtliche Arbeitsschutzpflichten diese allgemeine Pflicht aus § 618 Abs. 1 BGB konkretisieren (→ BGB § 618 Rn. 10).[42] Im Rahmen der privatrechtlichen Verpflichtung aus § 618 Abs. 1 BGB muss der Arbeitgeber daher wenigstens das beachten, was bereits durch öffentlich-rechtliche Vorschriften vorgegeben ist. Die Lastenhandhabungsverordnung konkretisiert § 618 BGB für gesundheitsgefährdende manuelle Lastenhandhabung.[43]

21 Danach besteht ein **Erfüllungsanspruch.** Der Arbeitgeber ist nicht nur öffentlich-rechtlich, sondern auch privatrechtlich verpflichtet, die Verpflichtungen aus der Lastenhandhabungsverordnung einzuhalten. Die Arbeitsschutzverpflichtung aus § 2 Abs. 2 S. 2 LasthandhabV lässt dem Arbeitgeber verschiedene Möglichkeiten bei der Reduzierung der festgestellten Gesundheitsgefährdung. Dementsprechend kann die privatrechtliche Verpflichtung des Arbeitgebers auch keinen anderen Inhalt haben als die öffentlich-rechtliche Verpflichtung. Letztlich muss bei einer festgestellten Gesundheitsgefährdung eine geeignete Maßnahme getroffen werden. Diese Verpflichtung, eine geeignete Maßnahme zu treffen, besteht nach § 618 BGB auch gegenüber dem betroffenen Arbeitnehmer. Schließlich ist der Arbeitgeber auch individualrechtlich verpflichtet, bei der

---

39 Kollmer/Klindt/Schucht/Klindt LasthandhabV § 4 Rn. 1. **40** Pieper LasthandhabV § 4 Rn. 1. **41** Zipprich, Prävention, S. 96; Georgi, Mitarbeitervertretungen, S. 66. **42** BAG 12.8.2008 – 9 AZR 1117/06, NZA 2009, 102 = AP Nr. 29 zu § 618 BGB mAnm Kohte. **43** LAG Hamm 25.10.2014 – 7 Sa 803/16 Rn. 75; Staudinger/Oetker, 2016, BGB § 618 Rn. 168.

Übertragung von Aufgaben die körperliche Eignung zu berücksichtigen sowie die Beschäftigten zu unterweisen.

2. Lastenhandhabungsverordnung im Kontext des betrieblichen Eingliederungsmanagements (BEM). Der hohe Anteil an Arbeitsunfähigkeitstagen durch Erkrankungen des Muskel-Skelettsystems lässt den Schluss zu, dass Rückenleiden auch häufig lang andauernde Erkrankungen zur Folge haben. Der Arbeitgeber ist verpflichtet, ein betriebliches Eingliederungsmanagement durchzuführen, wenn Arbeitnehmer **länger als sechs Wochen arbeitsunfähig erkrankt** sind (§ 84 Abs. 2 SGB IX). Diese Verpflichtung besteht trotz ihrer Verortung im Behindertenrecht für alle beschäftigten Arbeitnehmer.[44] Im Rahmen des betrieblichen Eingliederungsmanagements ist unter Beteiligung des erkrankten Arbeitnehmers zu erörtern, aufgrund welcher gesundheitlichen Einschränkungen es zu den bisherigen Arbeitsunfähigkeitszeiten gekommen ist und ob Möglichkeiten bestehen, sie durch betriebliche Veränderungen so zu verringern, dass der Arbeitsplatz erhalten und eine krankheitsbedingte Kündigung vermieden werden kann.[45] Als Ergebnis des betrieblichen Eingliederungsmanagements kann sich herausstellen, dass eine **Anpassung des Arbeitsplatzes** durch Verringerung der Gefährdungen durch manuelle Handhabung von Lasten erforderlich und zumutbar ist. In diesem Fall hat der Arbeitgeber diese Anpassung zu realisieren, um seinen Pflichten aus der Verordnung zu genügen. Der Arbeitgeber kann in Annahmeverzug nach § 615 BGB geraten, wenn der Arbeitnehmer trotz gegebener Anpassungsmöglichkeit der Arbeitsbedingungen nicht beschäftigt wird.[46] 22

Schon vor Implementierung des betrieblichen Eingliederungsmanagements für langzeiterkrankte Arbeitnehmer war die Lastenhandhabungsverordnung im Rahmen der **Rechtfertigung krankheitsbedingter Kündigungen** zu berücksichtigen. Im Kontext der Interessenabwägung sind arbeitsbedingte Ursachen der Erkrankung zugunsten der Beschäftigten zu bewerten. Eine gleiche Fehlzeitenquote vergleichbarer Arbeitnehmer ist ein Indiz für diesen Zusammenhang.[47] Nach dem Verhältnismäßigkeitsgrundsatz gilt eine krankheitsbedingte Kündigung als sozialwidrig, wenn **betriebliche Gestaltungsmaßnahmen als milderes Mittel möglich und zumutbar** sind.[48] Beruht die Arbeitsunfähigkeit auf einer durch die manuelle Handhabung von Lasten hervorgerufenen Krankheit, ist demnach die Kündigung in der Regel nur gerechtfertigt, wenn der Arbeitgeber seine Verpflichtungen aus der Lastenhandhabungsverordnung erfüllt hat.[49] 23

Zudem führt ein nicht durchgeführtes Eingliederungsmanagement im Rahmen eines Kündigungsschutzverfahrens dazu, dass sich die Anforderungen an den Vortrag des Arbeitgebers verschärfen (→ SGB IX § 84 Rn. 53). Im Rahmen der **abgestuften Verteilung der Darlegungs- und Beweislast** muss der Arbeitgeber vortragen, dass eine Anpassung des Arbeitsplatzes nicht möglich ist.[50] Bei Tätigkeiten mit manueller Lastenhandhabung sind in erster Linie der Einsatz von technischen Hilfsmitteln, eine Veränderung der Arbeitsumgebung oder organisatorische Maßnahmen, wie zB die Verringerung der Lasten, zu prüfen. Auch – nachrangige – verhaltenspräventive Maßnahmen, wie das Training von rückenschonenden Tragemethoden sind in diesem Kontext zu berücksichtigen (→ Rn. 14 ff.). In diesem Stadium sind Arbeitnehmer gut beraten, auf die Regelungen der Lastenhandhabungsverordnung hinzuweisen. Vor dem Hintergrund unzureichend durchgeführter Gefährdungsbeurteilungen in der betrieblichen Praxis ist zu klären, ob die Gefährdungspotentiale des Anhangs Gegenstand von Gefährdungsbeurteilungen waren und welche Maßnahmen iSd § 2 LasthandhabV am konkreten Ar- 24

---

44 BAG 12.7.2007 – 2 AZR 716/06 mAnm Kohte, jurisPR-ArbR 16/2008 Anm. 1. 45 Kohte WSI-Mitteilungen 2010, 374. 46 ErfK/Preis BGB § 615 Rn. 48; LAG Hamm 25.10.2014 – 7 Sa 803/16. 47 KR/Griebeling KSchG § 1 Rn. 348 a; Lepke, Kündigung bei Krankheit, 15. Aufl. 2015, Rn. 208; HaKo-KSchR/Gallner/Denecke, 5. Aufl., KSchG § 1 Rn. 574; Kohte AiB 1990, 125 (130). 48 BAG 24.3.2011 – 2 AZR 170/10, NZA 2011, 993; Kohte, Anm. zu BAG 10.12.2009 – 2 AZR 400/08, jurisPR-ArbR 21/2010 Anm. 1; ders. AiB 2009, 387. 49 LAG Hessen 15.9.2000 – 2 Sa 1833/99, dazu Pauli Gute Arbeit 3/2009, 9 (11); LAG Köln 8.9.2005 – 5 Sa 618/08 mAnm Kohte AiB 2009, 387. 50 BAG 12.7.2007 – 2 AZR 716/06 mAnm Kohte, jurisPR-ArbR 16/2008 Anm. 1; 10.12.2009 – 2 AZR 400/08, NZA 2010, 398; dazu ErfK/Rolfs SGB IX § 84 Rn. 8 f.; LAG Mainz 7.12.2011 – 8 Sa 237/11; 20.12.2016 – 6 Sa 330/16 Rn. 38.

beitsplatz implementiert sind. In der Praxis hat sich erwiesen, dass ein sachgerechtes BEM zugleich geeignet ist, betriebliche Defizite in der Anwendung der LasthandhabV zu korrigieren.[51]

25 **3. Mitwirkungs- und Mitbestimmungsrechte der betrieblichen Interessenvertretung.** Die betriebliche Interessenvertretung kann wesentlich auf das Gelingen der Präventionsaufgaben Einfluss nehmen. Aus der Arbeitswissenschaft ist bekannt, dass Arbeitsschutzmaßnahmen dann am besten wirken, wenn verschiedene Akteure eingebunden und beteiligt werden. Auch bei der Anwendung der Lastenhandhabungsverordnung steht dem Betriebsrat ein Mitbestimmungsrecht nach § 87 Abs. 1 Nr. 7 BetrVG zu. Im Rahmen der Lastenhandhabungsverordnung besteht zB ein **Mitbestimmungsrecht bei der Auswahl der Methode der Gefährdungsbeurteilung** (→ BetrVG § 87 Rn. 41).[52] Auch bei der **Auswahl der** „**geeigneten Maßnahmen**" zur Vermeidung oder Minimierung der Gefährdungen gem. § 2 LasthandhabV iVm dem Anhang hat der Betriebsrat mitzubestimmen (→ BetrVG § 87 Rn. 57).[53] Schließlich steht dem Betriebsrat auch ein Mitbestimmungsrecht zur Konkretisierung der Verpflichtungen gem. § 4 LasthandhabV zu, das sich an der inzwischen konsolidierten Judikatur zu § 12 ArbSchG orientieren kann[54] und mit dem die Verbindung von Information und praktischer Übung geregelt werden kann (→ ArbSchG § 12 Rn. 6 ff.).[55] In einem Gerichtsverfahren muss genau bezeichnet werden, bei welcher Maßnahme der Betriebsrat mitbestimmen will (→ BetrVG § 87 Rn. 82).[56] Die Einigungsstelle hat in einem Spruch wiederum den Sachverhalt selbst hinreichend genau zu regeln.[57] Weiter ist beim erstmaligen Übertragen einer Aufgabe, die unter die Lastenhandhabungsverordnung fällt, ein Mitbestimmungsrecht nach § 99 BetrVG gegeben.[58]

---

51 Nebe, Arbeitsschutz und BEM, in Feldes/Niehaus/Faber, Werkbuch BEM, 2016, S. 191, 200. **52** Vgl. den Überblick über sieben zu regelnde Fragen bei Geray AiB 1997, 520 (525). **53** Kollmer/Klindt/Schucht/Hecht Syst B Rn. 139; Zipprich, Prävention, S. 114 ff. **54** Zuletzt BAG 8.8.2011 – 1 ABR 42/10, BB 2012, 768. **55** Georgi, Mitarbeitervertretungen, S. 192. **56** Vgl. BAG 18.8.2009 – 1 ABR 45/09; 11.1.2011 – 1 AZR 104/09, NZA 2011, 651; I. Schmidt AuR 2011, 382 (383). **57** BAG 8.6.2004 – 1 ABR 4/03, NZA 2005, 227 (229). **58** ArbG Berlin 25.3.1998 – 36 BV 25490/97, LAGE § 95 BetrVG 1972 Nr. 18 mAnm Feldhoff AiB 1999, 227; Pauli Gute Arbeit 3/2009, 9 (11); Pieper LasthandhabV § 3 Rn. 5.

Verordnung zum Schutz der Beschäftigten vor Gefährdungen durch künstliche optische Strahlung (Arbeitsschutzverordnung zu künstlicher optischer Strahlung – OStrV)[1, 2]

Vom 19. Juli 2010 (BGBl. I S. 960)
(FNA 805-3-12)
zuletzt geändert durch Art. 2 VO zur Änd. von Arbeitsschutzverordnungen vom 30. November 2016 (BGBl. I S. 2681)

Abschnitt 1 Anwendungsbereich und Begriffsbestimmungen

§ 1 OStrV Anwendungsbereich

(1) [1]Diese Verordnung gilt zum Schutz der Beschäftigten bei der Arbeit vor tatsächlichen oder möglichen Gefährdungen ihrer Gesundheit und Sicherheit durch optische Strahlung aus künstlichen Strahlungsquellen. [2]Sie betrifft insbesondere die Gefährdungen der Augen und der Haut.

(2) Die Verordnung gilt nicht in Betrieben, die dem Bundesberggesetz unterliegen, soweit dort oder in den auf Grund dieses Gesetzes erlassenen Rechtsverordnungen entsprechende Rechtsvorschriften bestehen.

(3) [1]Das Bundesministerium der Verteidigung kann für Beschäftigte, für die tatsächliche oder mögliche Gefährdungen ihrer Gesundheit und Sicherheit durch künstliche optische Strahlung bestehen, Ausnahmen von den Vorschriften dieser Verordnung zulassen, soweit öffentliche Belange dies zwingend erfordern, insbesondere für Zwecke der Verteidigung oder zur Erfüllung zwischenstaatlicher Verpflichtungen der Bundesrepublik Deutschland. [2]In diesem Fall ist gleichzeitig festzulegen, wie die Sicherheit und der Gesundheitsschutz der Beschäftigten nach dieser Verordnung auf andere Weise gewährleistet werden können.

§ 2 OStrV Begriffsbestimmungen

(1) [1]Optische Strahlung ist jede elektromagnetische Strahlung im Wellenlängenbereich von 100 Nanometer bis 1 Millimeter. [2]Das Spektrum der optischen Strahlung wird unterteilt in ultraviolette Strahlung, sichtbare Strahlung und Infrarotstrahlung:
1. Ultraviolette Strahlung ist die optische Strahlung im Wellenlängenbereich von 100 bis 400 Nanometer (UV-Strahlung); das Spektrum der UV-Strahlung wird unterteilt in UV-A-Strahlung (315 bis 400 Nanometer), UV-B-Strahlung (280 bis 315 Nanometer) und UV-C-Strahlung (100 bis 280 Nanometer);
2. sichtbare Strahlung ist die optische Strahlung im Wellenlängenbereich von 380 bis 780 Nanometer;
3. Infrarotstrahlung ist die optische Strahlung im Wellenlängenbereich von 780 Nanometer bis 1 Millimeter (IR-Strahlung); das Spektrum der IR-Strahlung wird unterteilt in IR-A-Strahlung (780 bis 1 400 Nanometer), IR-B-Strahlung (1 400 bis 3 000 Nanometer) und IR-C-Strahlung (3 000 Nanometer bis 1 Millimeter).

(2) Künstliche optische Strahlung im Sinne dieser Verordnung ist jede optische Strahlung, die von künstlichen Strahlungsquellen ausgeht.

---

1 Amtl. Anm.: Diese Verordnung dient der Umsetzung der Richtlinie 2006/25/EG des Europäischen Parlaments und des Rates vom 5. April 2006 über Mindestvorschriften zum Schutz von Sicherheit und Gesundheit der Arbeitnehmer vor der Gefährdung durch physikalische Einwirkungen (künstliche optische Strahlung) (19. Einzelrichtlinie im Sinne des Artikels 16 Absatz 1 der Richtlinie 89/391/EWG) (ABl. L 114 vom 27.4.2006, S. 38). **2** Verkündet als Art. 1 VO v. 19.7.2010 (BGBl. I S. 960); Inkrafttreten gem. Art. 5 dieser VO am 27.7.2010.

(3) ¹Laserstrahlung ist durch einen Laser erzeugte kohärente optische Strahlung. ²Laser sind Geräte oder Einrichtungen zur Erzeugung und Verstärkung von kohärenter optischer Strahlung.

(4) Inkohärente künstliche optische Strahlung ist jede künstliche optische Strahlung außer Laserstrahlung.

(5) Expositionsgrenzwerte sind maximal zulässige Werte bei Exposition der Augen oder der Haut durch künstliche optische Strahlung.

(6) Bestrahlungsstärke oder Leistungsdichte ist die auf eine Fläche fallende Strahlungsleistung je Flächeneinheit, ausgedrückt in Watt pro Quadratmeter.

(7) Bestrahlung ist das Integral der Bestrahlungsstärke über die Zeit, ausgedrückt in Joule pro Quadratmeter.

(8) Strahldichte ist der Strahlungsfluss oder die Strahlungsleistung je Einheitsraumwinkel je Flächeneinheit, ausgedrückt in Watt pro Quadratmeter pro Steradiant.

(9) Ausmaß ist die kombinierte Wirkung von Bestrahlungsstärke, Bestrahlung und Strahldichte von künstlicher optischer Strahlung, der Beschäftigte ausgesetzt sind.

(10) ¹Fachkundig ist, wer über die erforderlichen Fachkenntnisse zur Ausübung einer in dieser Verordnung bestimmten Aufgabe verfügt. ²Die Anforderungen an die Fachkunde sind abhängig von der jeweiligen Art der Aufgabe. ³Zu den Anforderungen zählen eine entsprechende Berufsausbildung oder Berufserfahrung jeweils in Verbindung mit einer zeitnah ausgeübten einschlägigen beruflichen Tätigkeit sowie die Teilnahme an spezifischen Fortbildungsmaßnahmen.

(11) ¹Stand der Technik ist der Entwicklungsstand fortschrittlicher Verfahren, Einrichtungen oder Betriebsweisen, der die praktische Eignung einer Maßnahme zum Schutz der Gesundheit und zur Sicherheit der Beschäftigten gesichert erscheinen lässt. ²Bei der Bestimmung des Standes der Technik sind insbesondere vergleichbare Verfahren, Einrichtungen oder Betriebsweisen heranzuziehen, die mit Erfolg in der Praxis erprobt worden sind. ³Gleiches gilt für die Anforderungen an die Arbeitsmedizin und Arbeitshygiene.

(12) Den Beschäftigten stehen Schülerinnen und Schüler, Studierende und sonstige in Ausbildungseinrichtungen tätige Personen, die bei ihren Tätigkeiten künstlicher optischer Strahlung ausgesetzt sind, gleich.

Abschnitt 2 Ermittlung und Bewertung der Gefährdungen durch künstliche optische Strahlung; Messungen

§ 3 OStrV Gefährdungsbeurteilung

(1) ¹Bei der Beurteilung der Arbeitsbedingungen nach § 5 des Arbeitsschutzgesetzes hat der Arbeitgeber zunächst festzustellen, ob künstliche optische Strahlung am Arbeitsplatz von Beschäftigten auftritt oder auftreten kann. ²Ist dies der Fall, hat er alle hiervon ausgehenden Gefährdungen für die Gesundheit und Sicherheit der Beschäftigten zu beurteilen. ³Er hat die auftretenden Expositionen durch künstliche optische Strahlung am Arbeitsplatz zu ermitteln und zu bewerten. ⁴Für die Beschäftigten ist in jedem Fall eine Gefährdung gegeben, wenn die Expositionsgrenzwerte nach § 6 überschritten werden. ⁵Der Arbeitgeber kann sich die notwendigen Informationen beim Hersteller oder Inverkehrbringer der verwendeten Arbeitsmittel oder mit Hilfe anderer ohne Weiteres zugänglicher Quellen beschaffen. ⁶Lässt sich nicht sicher feststellen, ob die Expositionsgrenzwerte nach § 6 eingehalten werden, hat er den Umfang der Exposition durch Berechnungen oder Messungen nach § 4 festzustellen. ⁷Entsprechend dem Ergebnis der Gefährdungsbeurteilung hat der Arbeitgeber Schutzmaßnahmen nach dem Stand der Technik festzulegen.

(2) Bei der Gefährdungsbeurteilung nach Absatz 1 ist insbesondere Folgendes zu berücksichtigen:
1. Art, Ausmaß und Dauer der Exposition durch künstliche optische Strahlung,
2. der Wellenlängenbereich der künstlichen optischen Strahlung,
3. die in § 6 genannten Expositionsgrenzwerte,
4. alle Auswirkungen auf die Gesundheit und Sicherheit von Beschäftigten, die besonders gefährdeten Gruppen angehören,
5. alle möglichen Auswirkungen auf die Sicherheit und Gesundheit von Beschäftigten, die sich aus dem Zusammenwirken von künstlicher optischer Strahlung und fotosensibilisierenden chemischen Stoffen am Arbeitsplatz ergeben können,
6. alle indirekten Auswirkungen auf die Sicherheit und Gesundheit der Beschäftigten, zum Beispiel durch Blendung, Brand- und Explosionsgefahr,
7. die Verfügbarkeit und die Möglichkeit des Einsatzes alternativer Arbeitsmittel und Ausrüstungen, die zu einer geringeren Exposition der Beschäftigten führen (Substitutionsprüfung),
8. Erkenntnisse aus arbeitsmedizinischen Vorsorgeuntersuchungen sowie hierzu allgemein zugängliche, veröffentlichte Informationen,
9. die Exposition der Beschäftigten durch künstliche optische Strahlung aus mehreren Quellen,
10. die Herstellerangaben zu optischen Strahlungsquellen und anderen Arbeitsmitteln,
11. die Klassifizierung der Lasereinrichtungen und gegebenenfalls der in den Lasereinrichtungen zum Einsatz kommenden Laser nach dem Stand der Technik,
12. die Klassifizierung von inkohärenten optischen Strahlungsquellen nach dem Stand der Technik, von denen vergleichbare Gefährdungen wie bei Lasern der Klassen 3R, 3B oder 4 ausgehen können,
13. die Arbeitsplatz- und Expositionsbedingungen, die zum Beispiel im Normalbetrieb, bei Einrichtvorgängen sowie bei Instandhaltungs- und Reparaturarbeiten auftreten können.

(3) ¹Vor Aufnahme einer Tätigkeit hat der Arbeitgeber die Gefährdungsbeurteilung durchzuführen und die erforderlichen Schutzmaßnahmen zu treffen. ²Die Gefährdungsbeurteilung ist regelmäßig zu überprüfen und gegebenenfalls zu aktualisieren, insbesondere wenn maßgebliche Veränderungen der Arbeitsbedingungen dies erforderlich machen. ³Die Schutzmaßnahmen sind gegebenenfalls anzupassen.

(4) ¹Der Arbeitgeber hat die Gefährdungsbeurteilung unabhängig von der Zahl der Beschäftigten vor Aufnahme der Tätigkeit in einer Form zu dokumentieren, die eine spätere Einsichtnahme ermöglicht. ²In der Dokumentation ist anzugeben, welche Gefährdungen am Arbeitsplatz auftreten können und welche Maßnahmen zur Vermeidung oder Minimierung der Gefährdung der Beschäftigten durchgeführt werden müssen. ³Der Arbeitgeber hat die ermittelten Ergebnisse aus Messungen und Berechnungen in einer Form aufzubewahren, die eine spätere Einsichtnahme ermöglicht. ⁴Für Expositionen durch künstliche ultraviolette Strahlung sind entsprechende Unterlagen mindestens 30 Jahre aufzubewahren.

§ 4 OStrV Messungen und Berechnungen

(1) ¹Der Arbeitgeber hat sicherzustellen, dass Messungen und Berechnungen nach dem Stand der Technik fachkundig geplant und durchgeführt werden. ²Dazu müssen Messverfahren und -geräte sowie eventuell erforderliche Berechnungsverfahren
1. den vorhandenen Arbeitsplatz- und Expositionsbedingungen hinsichtlich der betreffenden künstlichen optischen Strahlung angepasst sein und
2. geeignet sein, die jeweiligen physikalischen Größen zu bestimmen; die Messergebnisse müssen die Entscheidung erlauben, ob die in § 6 genannten Expositionsgrenzwerte eingehalten werden.

(2) Die durchzuführenden Messungen können auch eine Stichprobenerhebung umfassen, die für die persönliche Exposition der Beschäftigten repräsentativ ist.

§ 5 OStrV Fachkundige Personen, Laserschutzbeauftragter

(1) ¹Der Arbeitgeber hat sicherzustellen, dass die Gefährdungsbeurteilung, die Messungen und die Berechnungen nur von fachkundigen Personen durchgeführt werden. ²Verfügt der Arbeitgeber nicht selbst über die entsprechenden Kenntnisse, hat er sich fachkundig beraten zu lassen.

(2) ¹Vor der Aufnahme des Betriebs von Lasereinrichtungen der Klassen 3R, 3B und 4 hat der Arbeitgeber, sofern er nicht selbst über die erforderlichen Fachkenntnisse verfügt, einen Laserschutzbeauftragten schriftlich zu bestellen. ²Der Laserschutzbeauftragte muss über die für seine Aufgaben erforderlichen Fachkenntnisse verfügen. ³Die fachliche Qualifikation ist durch die erfolgreiche Teilnahme an einem Lehrgang nachzuweisen und durch Fortbildungen auf aktuellem Stand zu halten. ⁴Der Laserschutzbeauftragte hat folgende Aufgaben:
1. die Unterstützung des Arbeitgebers bei der Durchführung der Gefährdungsbeurteilung nach § 3 und bei der Durchführung der notwendigen Schutzmaßnahmen nach § 7;
2. die Gewährleistung des sicheren Betriebs von Lasern nach Satz 1.

⁵Bei der Wahrnehmung seiner Aufgaben arbeitet der Laserschutzbeauftragte mit der Fachkraft für Arbeitssicherheit und dem Betriebsarzt zusammen.

Abschnitt 3 Expositionsgrenzwerte für und Schutzmaßnahmen gegen künstliche optische Strahlung

§ 6 OStrV Expositionsgrenzwerte für künstliche optische Strahlung

(1) Die Expositionsgrenzwerte für inkohärente künstliche optische Strahlung entsprechen den festgelegten Werten im Anhang I der Richtlinie 2006/25/EG des Europäischen Parlaments und des Rates vom 5. April 2006 über Mindestvorschriften zum Schutz von Sicherheit und Gesundheit der Arbeitnehmer vor der Gefährdung durch physikalische Einwirkungen (künstliche optische Strahlung) (19. Einzelrichtlinie im Sinne des Artikels 16 Absatz 1 der Richtlinie 89/391/EWG) (ABl. L 114 vom 27.4.2006, S. 38) in der jeweils geltenden Fassung.

(2) Die Expositionsgrenzwerte für Laserstrahlung entsprechen den festgelegten Werten im Anhang II der Richtlinie 2006/25/EG des Europäischen Parlaments und des Rates vom 5. April 2006 über Mindestvorschriften zum Schutz von Sicherheit und Gesundheit der Arbeitnehmer vor der Gefährdung durch physikalische Einwirkungen (künstliche optische Strahlung) (19. Einzelrichtlinie im Sinne des Artikels 16 Absatz 1 der Richtlinie 89/391/EWG) (ABl. L 114 vom 27.4.2006, S. 38) in der jeweils geltenden Fassung.

§ 7 OStrV Maßnahmen zur Vermeidung und Verringerung der Gefährdungen von Beschäftigten durch künstliche optische Strahlung

(1) ¹Der Arbeitgeber hat die nach § 3 Absatz 1 Satz 7 festgelegten Schutzmaßnahmen nach dem Stand der Technik durchzuführen, um Gefährdungen der Beschäftigten auszuschließen oder so weit wie möglich zu verringern. ²Dazu sind die Entstehung und die Ausbreitung künstlicher optischer Strahlung vorrangig an der Quelle zu verhindern oder auf ein Minimum zu reduzieren. ³Bei der Durchführung der Maßnahmen hat der Arbeitgeber dafür zu sorgen, dass die Expositionsgrenzwerte für die Beschäftigten gemäß § 6 nicht überschritten werden. ⁴Technische Maßnahmen zur Vermeidung oder Verringerung der künstlichen optischen Strahlung haben Vorrang vor organisatorischen

und individuellen Maßnahmen. ⁵Persönliche Schutzausrüstungen sind dann zu verwenden, wenn technische und organisatorische Maßnahmen nicht ausreichen oder nicht anwendbar sind.

(2) Zu den Maßnahmen nach Absatz 1 gehören insbesondere:
1. alternative Arbeitsverfahren, welche die Exposition der Beschäftigten durch künstliche optische Strahlung verringern,
2. Auswahl und Einsatz von Arbeitsmitteln, die in geringerem Maße künstliche optische Strahlung emittieren,
3. technische Maßnahmen zur Verringerung der Exposition der Beschäftigten durch künstliche optische Strahlung, falls erforderlich auch unter Einsatz von Verriegelungseinrichtungen, Abschirmungen oder vergleichbaren Sicherheitseinrichtungen,
4. Wartungsprogramme für Arbeitsmittel, Arbeitsplätze und Anlagen,
5. die Gestaltung und die Einrichtung der Arbeitsstätten und Arbeitsplätze,
6. organisatorische Maßnahmen zur Begrenzung von Ausmaß und Dauer der Exposition,
7. Auswahl und Einsatz einer geeigneten persönlichen Schutzausrüstung,
8. die Verwendung der Arbeitsmittel nach den Herstellerangaben.

(3) ¹Der Arbeitgeber hat Arbeitsbereiche zu kennzeichnen, in denen die Expositionsgrenzwerte für künstliche optische Strahlung überschritten werden können. ²Die Kennzeichnung muss deutlich erkennbar und dauerhaft sein. ³Sie kann beispielsweise durch Warn-, Hinweis- und Zusatzzeichen sowie Verbotszeichen und Warnleuchten erfolgen. ⁴Die betreffenden Arbeitsbereiche sind abzugrenzen und der Zugang ist für Unbefugte einzuschränken, wenn dies technisch möglich ist. ⁵In diesen Bereichen dürfen Beschäftigte nur tätig werden, wenn das Arbeitsverfahren dies erfordert; Absatz 1 bleibt unberührt.

(4) ¹Werden die Expositionsgrenzwerte trotz der durchgeführten Maßnahmen nach Absatz 1 überschritten, hat der Arbeitgeber unverzüglich weitere Maßnahmen nach Absatz 2 durchzuführen, um die Exposition der Beschäftigten auf einen Wert unterhalb der Expositionsgrenzwerte zu senken. ²Der Arbeitgeber hat die Gefährdungsbeurteilung nach § 3 zu wiederholen, um die Gründe für die Grenzwertüberschreitung zu ermitteln. ³Die Schutzmaßnahmen sind so anzupassen, dass ein erneutes Überschreiten der Grenzwerte verhindert wird.

Abschnitt 4 Unterweisung der Beschäftigten bei Gefährdungen durch künstliche optische Strahlung; Beratung durch den Ausschuss für Betriebssicherheit

§ 8 OStrV Unterweisung der Beschäftigten

(1) ¹Bei Gefährdungen der Beschäftigten durch künstliche optische Strahlung am Arbeitsplatz stellt der Arbeitgeber sicher, dass die betroffenen Beschäftigten eine Unterweisung erhalten, die auf den Ergebnissen der Gefährdungsbeurteilung beruht und die Aufschluss über die am Arbeitsplatz auftretenden Gefährdungen gibt. ²Sie muss vor Aufnahme der Beschäftigung, danach in regelmäßigen Abständen, mindestens jedoch jährlich, und sofort bei wesentlichen Änderungen der gefährdenden Tätigkeit erfolgen. ³Die Unterweisung muss mindestens folgende Informationen enthalten:
1. die mit der Tätigkeit verbundenen Gefährdungen,
2. die durchgeführten Maßnahmen zur Beseitigung oder zur Minimierung der Gefährdung unter Berücksichtigung der Arbeitsplatzbedingungen,
3. die Expositionsgrenzwerte und ihre Bedeutung,
4. die Ergebnisse der Expositionsermittlung zusammen mit der Erläuterung ihrer Bedeutung und der Bewertung der damit verbundenen möglichen Gefährdungen und gesundheitlichen Folgen,

5. die Beschreibung sicherer Arbeitsverfahren zur Minimierung der Gefährdung aufgrund der Exposition durch künstliche optische Strahlung,
6. die sachgerechte Verwendung der persönlichen Schutzausrüstung.

[4]Die Unterweisung muss in einer für die Beschäftigten verständlichen Form und Sprache erfolgen.

(2) [1]Können bei Tätigkeiten am Arbeitsplatz die Grenzwerte nach § 6 für künstliche optische Strahlung überschritten werden, stellt der Arbeitgeber sicher, dass die betroffenen Beschäftigten arbeitsmedizinisch beraten werden. [2]Die Beschäftigten sind dabei auch über den Zweck der arbeitsmedizinischen Vorsorgeuntersuchungen zu informieren und darüber, unter welchen Voraussetzungen sie Anspruch auf diese haben. [3]Die Beratung kann im Rahmen der Unterweisung nach Absatz 1 erfolgen. [4]Falls erforderlich, hat der Arbeitgeber den Arzt nach § 7 Absatz 1 der Verordnung zur arbeitsmedizinischen Vorsorge zu beteiligen.

§ 9 OStrV Beratung durch den Ausschuss für Betriebssicherheit

[1]Das Bundesministerium für Arbeit und Soziales wird in allen Fragen der Sicherheit und des Gesundheitsschutzes bei künstlicher optischer Strahlung durch den Ausschuss nach § 24 der Betriebssicherheitsverordnung beraten. [2]§ 24 Absatz 4 und 5 der Betriebssicherheitsverordnung gilt entsprechend.

Abschnitt 5 Ausnahmen; Straftaten und Ordnungswidrigkeiten

§ 10 OStrV Ausnahmen

(1) [1]Die zuständige Behörde kann auf schriftlichen Antrag des Arbeitgebers Ausnahmen von den Vorschriften des § 7 zulassen, wenn die Durchführung der Vorschrift im Einzelfall zu einer unverhältnismäßigen Härte führen würde und die Abweichung mit dem Schutz der Beschäftigten vereinbar ist. [2]Diese Ausnahmen können mit Nebenbestimmungen verbunden werden, die unter Berücksichtigung der besonderen Umstände gewährleisten, dass die Gefährdungen, die sich aus den Ausnahmen ergeben können, auf ein Minimum reduziert werden. [3]Die Ausnahmen sind spätestens nach vier Jahren zu überprüfen; sie sind aufzuheben, sobald die Umstände, die sie gerechtfertigt haben, nicht mehr gegeben sind. [4]Der Antrag des Arbeitgebers muss mindestens Angaben enthalten zu
1. der Gefährdungsbeurteilung einschließlich der Dokumentation,
2. Art, Ausmaß und Dauer der Exposition durch die künstliche optische Strahlung,
3. dem Wellenlängenbereich der künstlichen optischen Strahlung,
4. dem Stand der Technik bezüglich der Tätigkeiten und der Arbeitsverfahren sowie zu den technischen, organisatorischen und persönlichen Schutzmaßnahmen,
5. den Lösungsvorschlägen, wie die Exposition der Beschäftigten reduziert werden kann, um die Expositionswerte einzuhalten, sowie einen Zeitplan hierfür.

[5]Der Antrag des Arbeitgebers kann in Papierform oder elektronisch übermittelt werden.

(2) Eine Ausnahme nach Absatz 1 Satz 1 kann auch im Zusammenhang mit Verwaltungsverfahren nach anderen Rechtsvorschriften beantragt werden.

§ 11 OStrV Straftaten und Ordnungswidrigkeiten

(1) Ordnungswidrig im Sinne des § 25 Absatz 1 Nummer 1 des Arbeitsschutzgesetzes handelt, wer vorsätzlich oder fahrlässig
1. entgegen § 3 Absatz 3 Satz 1 Beschäftigte eine Tätigkeit aufnehmen lässt,
2. entgegen § 3 Absatz 4 Satz 1 und 2 eine Gefährdungsbeurteilung nicht richtig, nicht vollständig oder nicht rechtzeitig dokumentiert,

3. entgegen § 4 Absatz 1 Satz 1 nicht sicherstellt, dass eine Messung oder eine Berechnung nach dem Stand der Technik durchgeführt wird,
4. entgegen § 5 Absatz 1 Satz 1 nicht sicherstellt, dass die Gefährdungsbeurteilung, die Messungen oder die Berechnungen von fachkundigen Personen durchgeführt werden,
5. entgegen § 5 Absatz 2 Satz 1 einen Laserschutzbeauftragten nicht schriftlich bestellt,
5a. entgegen § 5 Absatz 2 Satz 2 einen Laserschutzbeauftragten bestellt, der nicht über die für seine Aufgaben erforderlichen Fachkenntnisse verfügt,
6. entgegen § 7 Absatz 3 Satz 1 einen Arbeitsbereich nicht kennzeichnet,
7. entgegen § 7 Absatz 3 Satz 4 einen Arbeitsbereich nicht abgrenzt,
8. entgegen § 7 Absatz 4 Satz 1 eine Maßnahme nicht oder nicht rechtzeitig durchführt oder
9. entgegen § 8 Absatz 1 Satz 1 nicht sicherstellt, dass ein Beschäftigter eine Unterweisung in der vorgeschriebenen Weise erhält.

(2) Wer durch eine in Absatz 1 bezeichnete vorsätzliche Handlung das Leben oder die Gesundheit von Beschäftigten gefährdet, ist nach § 26 Nummer 2 des Arbeitsschutzgesetzes strafbar.

Literatur: *Brose/Reidenbach*, Strahlenschutzpraxis 2015, 58; *Brose/Udovicic*, Technische Regeln zur Arbeitsschutzverordnung zu künstlicher optischer Strahlung – TROS Laserstrahlung, Strahlenschutzpraxis 2015, 18; *Gritsch*, Künstliche optische Strahlung am Arbeitsplatz vermeiden, BPUVZ 2012, 334; *Hustedt/Hennigs/Wenzel/Markstein*, Passive und aktive Schutzbekleidung gegen Laserstrahlung (Teil 1 von 2), sis 2012, 506; *International Agency for Research on Cancer (IARC)*, Exposure to artificial UV radiation and skin cancer, IARC Working Group Reports, Vol. 1, 2005; *Kohte*, Berufskrankheit heller Hautkrebs: Chancen und Herausforderungen der Prävention, Gute Arbeit 8-9/2015, 34; *Reidenbach/Brose/Ott/Siekmann*, Praxis-Handbuch optische Strahlung, 2012; *Romanus/Brose*, Rechtliche Anpassung der Arbeitsschutzverordnung zu künstlicher optischer Strahlung (OStrV), sis 2017, 79; *Romanus/Ott/Brose/Sterk*, Neue Grenzwerte in der Lasersicherheitsnorm – Konsequenzen für den Arbeitsschutz, sis 2014, 71; *Romanus/Udovicic/Ott*, TROS – Technische Regeln für die Arbeitsschutzverordnung zu künstlicher optischer Strahlung, sis 2015, 498; *Sutter*, Schutz vor optischer Strahlung, 3. Aufl. 2008; *Udovicic/Romanus*, Expositionsgrenzwerte zum Schutz vor Gefährdungen durch Laserstrahlung, sis 2013, 294; vom Stein/Rothe/Schlegel, Gesundheitsmanagement und Krankheit im Arbeitsverhältnis, 2015; *Wittlich*, Arbeitsschutz bei künstlicher optischer Strahlung, sis 2013, 289; *Wittlich*, Was ist zu tun bei der Gefährdungsbeurteilung bei Expositionen gegenüber optischer Strahlung, sis 2013, 285; *Zajons/Püster*, Lasersicherheit – ein Muss für den Erfolg der Lasertechnik, BPUVZ 2015, 222.

I. Normzweck, Rechtssystematik..	1	3. Fachkundige Personen, Laserschutzbeauftragter.....	17
II. Unionsrecht, Entstehungsgeschichte	4	V. Schutzmaßnahmen	21
III. Anwendungsbereich der OStrV	7	1. Vermeidung und Minimierung optischer Strahlung....	22
IV. Allgemeine Schutzpflichten: Informationsermittlung und Gefährdungsbeurteilung.........	11	2. Kennzeichnung.............	24
1. Expositionsgrenzwerte	12	3. Unterweisung..............	25
2. Gefährdungsbeurteilung	14	4. Ausnahmen................	27
		VI. Rechtsdurchsetzung	28

I. Normzweck, Rechtssystematik

Ziel der Verordnung ist der **Schutz der Beschäftigten** vor Gefährdungen ihrer Gesundheit und Sicherheit durch **künstliche optische Strahlung** bei Tätigkeiten am Arbeitsplatz. Der Mensch ist permanent optischer Strahlung ausgesetzt, sei es durch natürliche Quellen, wie die Sonne, oder künstliche Quellen. Am Arbeitsplatz kann künstliche optische Strahlung auftreten, weil sie entweder für einen Prozess benötigt wird (zB UV-Härtung von Lacken und Farben) oder weil sie als Nebenprodukt bei einem Prozess entsteht (zB Schweißlichtbogen).¹ Neben positiven Effekten² kann optische Strahlung auch eine Gefährdung darstellen. Etwa die Hälfte der 600.000 Fälle von Grauem Star bzw. die Hälfte der 140.000 Neuerkrankungen an Hautkrebs lassen sich auf künstliche optische Strahlung zurückführen.³ Optische Strahlung hat die Eigenschaft, **nur oberflächlich in die Haut** einzudringen. Innere Organe sind daher, anders als bei elektromagnetischen Feldern, nicht betroffen. Aus diesem Grund beschränken sich die **biologischen Auswirkungen auf die Haut und auf die Augen**⁴, so dass diese besonderen Schutz bedürfen. Bei den schädlichen biologischen Wirkungen sind daher Auge und Haut zu unterscheiden.⁵ Weiterhin ist zwischen akuten und chronischen Schädigungen zu differenzieren. Das Gefährdungspotential künstlicher optischer Strahlung ist abhängig von der Wellenlänge und der Bestrahlungsstärke. Unter Umständen können auch Bestrahlungsdauer, Größe der bestrahlten Fläche und optische Eigenschaften des betroffenen Gewebes eine Rolle spielen.⁶ Schädigungen am Auge treten kurzfristig in Form von Augenreizungen, Augenschmerzen, Eintrübung des Scharfsehens und des Farbsehens auf, langfristig kann eine Trübung der Augenlinse (Katarakt = **Grauer Star**) auftreten. Kurzfristige Schädigungen der Haut können als Erythembildung (Sonnenbrand) auftreten, langfristig kann UV-Strahlung **Hautkrebs** verursachen.⁷

2 Grundsätzlich findet die OStrV, in Übereinstimmung mit der RL 2006/25/EG, auf **alle künstlichen optischen** Strahlenquellen Anwendung. Gefährdungen treten typischerweise bei Schweißarbeiten, Laseranwendungen, Glas- und Quarzverarbeitung sowie Stahlherstellung und -verarbeitung auf.⁸ Der Geltungsbereich der Verordnung ist aber offen gestaltet, so dass auch **triviale Quellen** optischer Strahlung wie die Allgemeinbeleuchtung, Computerbildschirme und Displays zu beachten sind. Bei diesen Strahlungsquellen ergeben sich Schnittpunkte zur ArbStättV. Die Verordnungen gelten parallel nebeneinander. Die Vorschriften des Mutterschutzrechts gehen der OStrV grundsätzlich als speziellere Vorschriften vor.⁹ Soweit das Mutterschutzrecht allerdings keine spezifischen Regelungen enthält, gilt auch für schwangere Beschäftigte zusätzlich die OStrV.

3 Die OStrV folgt in ihrer Systematik der Mehrzahl der heute gültigen Arbeitsschutzverordnungen. Zunächst werden Anwendungsbereich und Begrifflichkeiten geklärt. Im 2. Abschnitt steht die Pflicht zur **Gefährdungsbeurteilung** (§ 3) im Mittelpunkt, flankiert durch Vorschriften zur fachkundigen Messung und Berechnung sowie zur Position des **Laserschutzbeauftragten**. Abschnitt 3 legt mit Verweis auf die Anhänge der RL 2006/25/EG **Expositionsgrenzwerte** fest und beinhaltet als zentrales Element der Verordnung **Maßnahmen** zur Vermeidung oder Verringerung von Gefährdungen durch optische Strahlung (§ 7). Die **Unterweisung** der Beschäftigten und die Beratung durch den Ausschuss für Betriebssicherheit ist Gegenstand von Abschnitt 4. Schließlich werden im letzten Abschnitt die Zulässigkeit von Ausnahmebeständen sowie Straf- und Ordnungswidrigkeitsbestimmungen aufgenommen. Flankierend zur OStrV hat das BMAS den Ausschuss für Betriebssicherheit beauftragt, Technische Regeln zur besseren Anwendbarkeit der Verordnung zu erarbeiten. Im Mai 2015 veröffentliche das BMAS Technische Regeln für inkohärente optische Strahlung (**TROS IOS**) und Technische Regeln für Laserstrahlung (**TROS LS**).¹⁰ Die OStrV gehört zu den jüngeren Arbeitsschutzvorschriften und trat 2010 in Kraft. Zuvor war ein Schutz vor künstlicher optischer Strahlung nur im Rahmen allgemeiner Arbeitsschutzvorschriften des ArbSchG möglich, was jedoch unzureichend war. Für Teilbereiche galten zudem berufsgenossenschaftliche Reglungen, zB seit 1988 die **DGUV Vorschrift 11** (Unfallverhütungsvor-

---

1 TROS IOS (Technische Regeln zur Arbeitsschutzverordnung zu künstlicher optischer Strahlung – Inkohärente Optische Strahlung, verfügbar unter www.baua.de), Allgemeines, S. 8; Wittlich sicher ist sicher 2013, 289. **2** Wittlich sicher ist sicher 2013, 289. **3** Gritsch BPUVZ 2012, 334 (335). **4** TROS IOS, Allgemeines, S. 9; Wittlich sicher ist sicher 2013, 289. **5** Ausführlich Sutter S. 128 ff. **6** TROS IOS, Allgemeines, S. 9. **7** IARC, Exposure to artificial UV radiation and skin cancer, IARC Working Group Reports, Vol. 1. **8** LR/Wiebauer OStrV Rn. 5. **9** BR-Drs. 262/10, 21. **10** www.baua.de. Eine Übersicht geben Romanus/Udovicic/Ott sicher ist sicher 2015, 498 ff.; zur TROS LS s. Brose/Udovicic Strahlenschutzpraxis 2015, 18 ff.

schrift Laserstrahlung, vormals BGV B2).[11] Seit ihrem Inkrafttreten wurde die OStrV zweimal angepasst. Eine erste Änderung hinsichtlich der Qualifikation und den Aufgaben des Laserschutzbeauftragten (→ Rn. 17) sollte bereits im Jahr 2015 erfolgen,[12] doch wurde das Vorhaben wegen Streitigkeiten um die parallel zu regelnden Änderungen der ArbStättV auf Eis gelegt.[13] Die beabsichtigten **Änderungen** traten schließlich im Dezember 2016 in Kraft.[14] Wenige Tage zuvor erfolgte mit der Einführung der EMFV (→ EMFV Rn. 6) eine weitere Änderung.[15] Zur Vereinheitlichung mit anderen Verordnungen zum Schutz vor physikalischen Gefährdungen wurde die Definition des Begriffes „fachkundig" in § 2 Abs. 10 OStrV aufgenommen.

II. Unionsrecht, Entstehungsgeschichte

Bereits im Jahr 1990 wurden Gefährdungen durch physikalische Einwirkungen – und damit einhergehend das Problem der optischen Strahlung – auf die politische Agenda der Gemeinschaft gehoben.[16] Die Verordnung dient der Umsetzung der **19. Einzel-Richtlinie zur Rahmenrichtlinie**[17] über Mindestvorschriften zum Schutz von Sicherheit und Gesundheit der Arbeitnehmer vor der Gefährdung durch physikalische Einwirkungen (optische Strahlung, RL 2006/25/EG).[18] Die RL 2006/25/EG ist Bestandteil eines Paketes von vier Richtlinien,[19] die Beschäftigte vor physikalischen Gefährdungen schützen sollen. In dieser Gruppe ist die künstliche optische Strahlung das letzte Thema, dem sich die EU gewidmet hat. Die RL 2006/25/EG war bis zum 27.4.2010 umzusetzen. 4

Die Richtlinie dient dem Schutz der Arbeitnehmer vor Auswirkungen **künstlicher optischer Strahlung** auf Gesundheit und Sicherheit, insbesondere auf die Schädigung der Augen und der Haut.[20] Der Kommissionsentwurf der Richtlinie sah noch vor, den Geltungsbereich der Richtlinie auch auf optische Strahlung aus **natürlichen Quellen** zu erstrecken. Aufgrund heftigen Widerstands im Europaparlament wurde dieser Passus jedoch gestrichen. Es wurde darauf verwiesen, dass natürliche optische Strahlung (Sonneneinstrahlung, Feuer) bereits durch die Rahmen-RL 89/391/EWG hinreichend abgedeckt sei.[21] Die RL 2006/25/EG basiert auf einem **Grenzwertkonzept**, bei dem die in den Anhängen I und II der Richtlinie aufgeführten Expositionswerte die zentrale Rolle spielen. Werden diese Werte unterschritten, soll keine Gefährdung der Arbeitnehmer vorliegen. Bei Überschreitung der **Expositionsgrenzwerte** liegt eine Gefährdung vor, dies muss durch den Arbeitgeber verhindert werden. Zur Vermeidung bzw. Minimierung der Gefahren definiert die Richtlinie eine Reihe von Maßnahmen. Die Expositionsgrenzwerte der Anhänge basieren auf den Empfehlungen der international anerkannten Organisation **ICNIRP** (International Commission on Non-Ionizing Radiation Protection). Diese hat ihre Empfehlungen im Jahr 2013 aktualisiert und dabei Grenzwerte sowohl abgesenkt als auch angehoben.[22] Die in den Anhängen aufgeführten Expositionsgrenzwerte können gemäß Art. 10 Abs. 1 RL 2006/25/EG? nur durch das Europäische Parlament und den Rat geändert werden. Es ist geplant, die Befugnis zur technischen Änderung der Anhänge vollständig der Kommission zu übertragen, so dass 5

---

[11] Die DGUV Vorschrift 11 – Laserstrahlung wurde trotz Veröffentlichung der TROS LS noch nicht zurückgezogen. **12** BR-Drs. 509/14. **13** S. hierzu Kollmer/Klindt/Schucht/Kreizberg OStrV Einführung Rn. 9 ff. **14** Verordnung zur Änderung von Arbeitsschutzverordnungen vom 30.11.2016, BGBl. I, 2681. **15** Verordnung zur Umsetzung der RL 2013/35/EU und zur Änderung von Arbeitsschutzverordnungen vom 30.11.2016, BGBl. I, 2531. **16** 2. Erwägungsgrund RL 2006/25/EG. **17** RL 89/391/EWG, ABl. L 183, 1 vom 29.6.1989. Diese bleibt unbeschadet strengerer oder spezifischerer Vorschriften der 19. Einzel-Richtlinie anwendbar. **18** ABl. EU L 114, 38 vom 27.4.2006. **19** Die anderen drei: RL 2002/44/EG (Vibrationen, 16. Einzel-Richtlinie im Sinne des Art. 16 Abs. 1 RL 89/391/EWG); RL 2003/10/EG (Lärm – 17. Einzel-Richtlinie); RL 2013/35/EU (elektromagnetische Felder – 20. Einzel-Richtlinie). **20** 4. Erwägungsgrund RL 2006/25/EG. **21** BR-Drs. 262/10, 15; zur Kritik Kohte Gute Arbeit 8-9/2015, 37. **22** Romanus/Ott/Brose/Sterk sicher ist sicher 2014, 71 (72).

diese Rechtsakte nach Art. 290 AEUV erlassen kann.[23] Die damit **geplante Neufassung des Art. 10** RL 2006/25/EG verlangt von der Kommission die vorherige Beteiligung von Sachverständigen. Damit würde eine schnellere Anpassung der Expositionsgrenzwerte an neue wissenschaftliche Erkenntnisse möglich.

6   Die 19. Einzel-Richtlinie wurde in Deutschland **verspätet** umgesetzt. Die Frist lief bis 27.4.2010, die Verordnung vom 19.7.2010[24] trat jedoch erst am 27.7.2010 in Kraft. Die in Art. 8 geregelte Gesundheitsüberwachung wird nicht durch die OStrV umgesetzt. Dieser Teil ist bereits über die Verordnung zur arbeitsmedizinischen Vorsorge (ArbMedVV)[25] umgesetzt worden.

III. Anwendungsbereich der OStrV

7   Der **sachliche Anwendungsbereich** ergibt sich aus dem Normzweck, nämlich dem Schutz der Beschäftigten vor Gefährdungen ihrer Gesundheit und Sicherheit durch künstliche optische Strahlung bei Tätigkeiten am Arbeitsplatz. Die OStrV findet auf optische Strahlung aus **künstlichen Quellen** Anwendung. Damit erfasst die Verordnung elektromagnetische Strahlung im Wellenlängenbereich von 100 Nanometer bis 1 Millimeter. Innerhalb dieses Bereichs wird zwischen ultravioletter Strahlung (UV-Strahlung, 100 nm–400 nm), sichtbarer Strahlung (Licht, 400 nm–780 nm) und infraroter Strahlung (IR-Strahlung, 780 nm–1 mm) unterschieden. Nicht erfasst ist optische Strahlung aus natürlichen Quellen (zB Sonne). Insoweit stimmt die OStrV mit dem Anwendungsbereich der RL 2006/25/EG überein. In deren Entstehungsprozess wurde zunächst in Betracht gezogen, auch optische Strahlung aus natürlichen Quellen mit einzubeziehen (→ Rn. 5), später dann aber dies den Mitgliedsstaaten überlassen.[26] Hinsichtlich natürlicher optischer Strahlung sind die Beschäftigten nicht schutzlos. Es besteht Einigkeit, dass natürliche optische Strahlung in den Anwendungsbereich des § 3 ArbSchG (→ ArbSchG § 3 Rn. 2) fällt.[27] Im Rahmen der Beurteilung der Arbeitsbedingungen ist der Arbeitgeber nach § 5 Abs. 3 Nr. 2 ArbSchG verpflichtet, insbesondere Gefährdungen aufgrund physikalischer Einwirkungen zu berücksichtigen. Hierzu gehören auch Gefährdungen aufgrund optischer Strahlung aus natürlichen Quellen. Erfasst werden sowohl **direkte Gefährdungen** der Haut und der Augen als auch **indirekte Wirkungen**, zB durch Blendung, Brand- und Explosionsgefahr.

8   Der **betriebliche Anwendungsbereich** ist weit gefasst. Dies gilt auch für Betriebe, die dem Bundesberggesetz unterliegen. Zwar enthält § 1 Abs. 2 OStrV eine Ausnahme, wonach die OStrV nicht gilt, soweit im BBergG oder in daraufhin erlassenen Rechtsverordnungen entsprechende Regelungen bestehen. Das BBergG kennt keine Regelungen zum Schutz vor optischer Strahlung. Das zuständige Bundesministerium für Wirtschaft und Energie hat ebenfalls keine entsprechende Verordnung erlassen.[28] Als weitere Ausnahme kann das Bundesministerium der Verteidigung gemäß § 1 Abs. 3 OStrV abweichende Regelungen für die Streitkräfte erlassen.

9   Hinsichtlich des **persönlichen Anwendungsbereichs** ist zwischen Arbeitgebern und Beschäftigten zu differenzieren. Da die OStrV eine Verordnung iSv § 18 ArbSchG ist, orientieren sich die Definitionen der Begriffe Arbeitgeber und Beschäftige zunächst an § 2 Abs. 2, 3 ArbSchG (→ ArbSchG § 2 Rn. 13 ff.). Der Begriff des Beschäftigten wird in § 2 Abs. 12 OStrV abweichend vom ArbSchG erweitert. Ihnen stehen **Schülerinnen und Schüler, Studierende und sonstige in Ausbildungseinrichtungen tätige Personen**, die bei ihren Tätigkeiten künstlicher optischer Strahlung ausgesetzt sind, gleich. Der erfasste Personenkreis erstreckt sich somit auch auf Doktoranden, Forschungsstipendiaten und

---

23 Vorschlag für eine Verordnung des Europäischen Parlaments und des Rates zur Anpassung von Rechtsakten, in denen auf das Regelungsverfahren mit Kontrolle Bezug genommen wird, an Art. 290 und 291 des Vertrags über die Arbeitsweise der Europäischen Union, COM(2016) 799 final. **24** BGBl. I 2010, 960. **25** Verordnung zur arbeitsmedizinischen Vorsorge vom 18.12.2008 (BGBl. I, 2768), zuletzt geändert durch Art. 1 der Verordnung vom 23.10.2013 (BGBl. I, 3882). **26** LR/Wiebauer OStrV Rn. 30; Pieper OStrV Vor § 1 Rn. 7. **27** Gute Arbeit 8-9/2015, 34 f.; Kollmer/Klindt/Schucht/Kohte ArbSchG § 3 Rn. 16; LR/Wiebauer ArbSchG § 3 Rn. 8. **28** Vgl. vom Stein/Rothe/Schlegel/Allescher/Hilpert Kap. 2 Rn. 128.

Gastwissenschaftler.[29] **Unklar** bleibt, weshalb die OStrV von sonstigen Personen in „Ausbildungseinrichtungen" spricht, während andere Arbeitsschutzverordnungen den Terminus „wissenschaftliche Einrichtungen" verwenden (§ 2 Abs. 7 GefStoffV, § 2 Abs. 9 BioStoffV, § 2 Abs. 10 EMFV). Damit werden sonstige Personen in Forschungseinrichtungen, die keine Ausbildung betreiben, nicht von der OStrV erfasst.[30]

Künstliche optische Strahlung kann einerseits in Form von **inkohärenter optischer** 10 **Strahlung**, andererseits in Form von **Laserstrahlung** auftreten. Von Laserstrahlung geht eine besondere Gefährdung für Haut und Augen aus, weshalb differenzierte Regelungen gerechtfertigt sind. Um den präventiven Charakter der Richtlinie gerecht zu werden, liegt der OStrV ein Grenzwertkonzept zugrunde. Hierzu verweist § 6 OStrV auf die RL 2006/25/EG, die in Anhang I Expositionsgrenzwerte für inkohärente optische Strahlung, in Anhang II Expositionsgrenzwerte für Laserstrahlung bereithält. Künstliche optische Strahlung, von der keine Gefährdung für Augen oder Haut der Beschäftigten ausgeht, soll nach der Gesetzesbegründung nicht vom Anwendungsbereich der Verordnung erfasst werden.[31] Gemeint sind sicher Arbeitsplätze mit handelsüblichen Lichtquellen, die bereits der Arbeitsstättenverordnung unterliegen. Dennoch **geht die Feststellung fehl,** dass eine Anwendung der OStrV gänzlich ausgeschlossen wäre. Dies würde bedeuten, dass auch eine fachkundige Gefährdungsbeurteilung gemäß § 3 OStRV nicht stattzufinden bräuchte. Es ist aber gerade das Ziel einer Gefährdungsbeurteilung, tatsächliche und mögliche Gefahren festzustellen. Diese Auslegung würde dazu verleiten, bestimmte Arbeitsplätze per se als ungefährlich einzustufen, da sie lediglich mit handelsüblichen Quellen optischer Strahlung ausgestattet sind. Beispielsweise ist die Nutzung eines deckenmontierten Beamers in der Regel ungefährlich.[32] Eine andere Bewertung kann sich aber dann ergeben, wenn sich die Einsatzbedingungen ändern. Die Identifizierung solcher Gefahrenquellen kann **nur zuverlässig durch eine Gefährdungsbeurteilung** erfolgen. Darüber hinaus steht eine Unanwendbarkeit der Verordnung auf scheinbar ungefährliche optische Strahlung im Widerspruch zur RL 2006/25/EG, die eine solche Ausnahme nicht kennt.

IV. Allgemeine Schutzpflichten: Informationsermittlung und Gefährdungsbeurteilung

Allgemeine Schutzpflichten ergeben sich aus §§ 3–5 OStrV. Zunächst statuiert § 3 11 OStrV die Pflicht zur Durchführung einer Gefährdungsbeurteilung, ergänzt durch inhaltliche und zeitliche Vorgaben. Anforderungen an erforderliche Messungen und Berechnungen werden in § 4 OStrV geregelt. In § 5 OStrV wird schließlich gefordert, dass die Gefährdungsbeurteilung sowie erforderliche Messungen und Berechnungen nur von fachkundigen Personen durchgeführt werden dürfen. Darüber hinaus regelt § 5 Abs. 2 OStrV die Bestellung eines Laserschutzbeauftragten und definiert dessen notwendige Qualifikationen und Aufgaben.

1. Expositionsgrenzwerte. Anknüpfungspunkt für die Bewertung der Gefährlichkeit 12 optischer Strahlung sind die **Expositionsgrenzwerte**. Sie werden **nicht direkt** in der OStrV geregelt. Vielmehr enthält § 6 OStrV gleitende **Verweise auf Anhang I** (Expositionsgrenzwerte für inkohärente optische Strahlung) und **Anhang II** (Expositionsgrenzwerte für Laserstrahlung) der **RL 2006/25/EG.** Damit wird sichergestellt, dass Änderungen der Anhänge der Richtlinie sofort direkte Gültigkeit erlangen, eine zusätzliche innerstaatliche Umsetzung ist nicht erforderlich. Ein Regelungsdefizit ergibt sich jedoch für die Wellenbereiche 100 nm–180 nm sowie 3.000–20.000 nm. Die Anhänge enthalten für diese Bereiche **keine Expositionsgrenzwerte.** Die TROS IOS bestimmen, dass für diese Bereiche die Expositionsgrenzwerte für 180 nm bzw. 3.000 nm, die in den Anhängen zur Richtlinie enthalten sind, angewendet werden.[33] Allerdings hat dies nur **empfehlenden Charakter,** da die TROS IOS insoweit keine Ausweitung der Expositionsgrenzwerte verpflichtend vorschreiben können.

---

29 BR-Drs. 262/10, 20. **30** Ebenso LR/Wiebauer OStrV Rn. 11. **31** BR-Drs. 262/10, 18; ebenso Kollmer/Klindt/Schucht/Kreizberg OStrV § 2 Rn. 1. **32** TROS IOS, Allgemeines, S. 7 f. **33** TROS IOS, Teil 2, S. 16 f.

13 Die in den Anhängen der Richtlinie enthaltenen Expositionsgrenzwerte wurden aus den Empfehlungen der international anerkannten **ICNIRP** übernommen. Diese Empfehlungen stammen aus den Jahren 1996 und 2000.[34] Die ICNIRP hat ihre **Empfehlungen** bereits im Jahr 2013 aktualisiert. Hierbei gab es sowohl Lockerungen als auch Verschärfungen der Expositionsgrenzwerte. **Problematisch** ist, dass diese Empfehlungen auch Basis für die Risikobeurteilung und -einteilung von Lasern nach dem ProdSG sind.[35] Romanus/Ott/Brose/Sterk weisen darauf hin, dass dadurch bestimmte Laser der Klasse 3B nunmehr der Klasse 1 zugeordnet werden, was eine Pflicht zur **Kennzeichnung** dieser Produkte **entfallen** lässt.[36] Dies kann dazu führen, dass Lasereinrichtungen im Rahmen der Gefährdungsbeurteilung als ungefährlich eingestuft werden und auf eine Messung verzichtet wird, obwohl die Expositionsgrenzwerte überschritten wurden.[37] Dies mag – da auf neuesten wissenschaftlichen Erkenntnissen beruhend – im besten Fall keine Auswirkungen auf die Gesundheit und Sicherheit der Beschäftigten haben. Dennoch ist die Gefährdungsbeurteilung fehlerhaft und stellt gemäß § 11 Abs. 1 Nr. 1, 2 OStrV eine Ordnungswidrigkeit dar. Zur Minimierung dieses Risikos kommt es darauf an, dass der Arbeitgeber bei der Einsetzung der fachkundigen Personen bzw. des Laserschutzbeauftragten Sorgfalt walten lässt und die Pflicht zur regelmäßigen Fortbildung (→ Rn. 20) beachtet wird.

14 **2. Gefährdungsbeurteilung.** Der Arbeitgeber ist gemäß § 3 OStrV zur Durchführung einer **Gefährdungsbeurteilung** verpflichtet. Diese knüpft an das allgemeine Verfahren zur Bewertung der Arbeitsbedingungen gemäß § 5 ArbSchG an. Zunächst muss ermittelt werden, ob überhaupt künstliche optische Strahlung am Arbeitsplatz auftritt. Dies dürfte in der Praxis für die meisten Arbeitsplätze zutreffen. In einem zweiten Schritt hat der Arbeitgeber die auftretenden Expositionen zu ermitteln und in einem dritten Schritt die damit verbundenen Gefährdungen für die Beschäftigten zu bewerten. Werden an einem Arbeitsplatz nur handelsübliche Deckenleuchten, Allgemeinbeleuchtungen, Computerbildschirme oder Kontrollleuchten verwendet, liegt keine Gefährdung der Gesundheit oder Sicherheit der Beschäftigten vor.[38] Werden jedoch die **Expositionsgrenzwerte** (§ 6 OStrV) überschritten, ist von einer Gefährdung auszugehen. Dabei wird der Arbeitgeber in vielen Fällen nicht zur direkten Messung der Expositionen verpflichtet sein. Die Verordnung eröffnet die Möglichkeit, dass der Arbeitgeber anstelle aufwendiger Messungen die **Angaben von Herstellern** oder Inverkehrbringern der verwendeten Arbeitsmittel nutzt. Diese Akteure sind gemäß ProdSG sowie Medizinproduktegesetz dazu verpflichtet, entsprechende Unterlagen zu liefern.[39] Auch Informationen aus **leicht zugänglichen Quellen**, zB dem Internet, können genutzt werden. Nur wenn diese Informationen noch Zweifel an der Ungefährlichkeit zulassen oder keine solche Informationen verfügbar sind, hat der Arbeitgeber Messungen und Berechnungen gemäß § 4 OStrV durchzuführen. Bei der **Durchführung der Gefährdungsbeurteilung** empfiehlt sich, die Arbeitsplatz- und Expositionsbedingungen gemäß § 3 Abs. 2 Nr. 13 OStrV in Normalbetrieb – Einrichtungsvorgang – Instandhaltung/Reparatur zu gliedern. In den unterschiedlichen Modi können Gefährdungen unterschiedlich stark auftreten, zB können bei Instandhaltungen entsprechender Geräte Schutzvorrichtungen entfernt werden und es kann dadurch zu stärkeren Expositionen kommen. Kommen im Betrieb Lasereinrichtungen der Klassen 3R, 3B und 4 zum Einsatz, ist der Laserschutzbeauftragte unterstützend hinzuzuziehen.

15 Die Gefährdungsbeurteilung ist eine der wesentlichen Pflichten des Arbeitgebers im Rahmen der OStrV. Ein wirksamer Schutz der Beschäftigten wird dadurch gefördert, dass diese Beurteilung bereits **vor der Aufnahme einer Tätigkeit** zu erfolgen hat (§ 3 Abs. 3 OStrV). Diese herausgehobene Stellung wird auch dadurch deutlich, dass eine

---

34 Vgl. hierzu Romanus/Ott/Brose/Sterk sicher ist sicher 2014, 71 (72). **35** Über die Norm DIN EN 60825.1:2015. Die Vorgängerversion DIN EN 60825.1:2008 orientierte sich noch an denselben Expositionsgrenzwerten, die auch für die OStrV maßgeblich sind. **36** Romanus/Ott/Brose/Sterk sicher ist sicher 2014, 71 (72). **37** Darauf weisen auch die TROS LS, Allgemeines, S. 28 f. hin. **38** LR/Wiebauer OStrV Rn. 15. **39** Näheres in TROS IOS, Teil 1, S. 6; TROS LS, Teil 1, S. 8.

nicht oder nicht rechtzeitig durchgeführte Gefährdungsbeurteilung eine Ordnungswidrigkeit nach § 25 Abs. 1 Nr. 1 ArbSchG darstellt. Leitet der Arbeitgeber konkrete Maßnahmen nach der Verordnung ein, sind diese Maßnahmen auf ihre Wirksamkeit hin zu kontrollieren. Zur Sicherstellung eines fortlaufenden Schutzes der Beschäftigten hat der Arbeitgeber die Gefährdungsbeurteilung und die daraus abgeleiteten Maßnahmen **in regelmäßigen Abständen zu überprüfen.** Eine Aktualisierung ist vor allem dann angezeigt, wenn neue sicherheits- oder gesundheitsrelevante Erkenntnisse vorliegen, sich Arbeitsbedingungen maßgeblich ändern oder die Überprüfung einer Maßnahme den Schluss zulässt, dass die Maßnahme nicht wirksam ist. Eine zeitliche Vorgabe macht die Verordnung nicht, auch der Richtlinie ist keine Zeitspanne zu entnehmen. Andere Arbeitsschutzverordnungen kennen konkrete zeitliche Vorgaben (zB § 4 Abs. 2 S. 2 BioStoffV: jedes zweite Jahr, → BioStoffV Rn. 18), die jedoch nicht ohne Weiteres analog auf künstliche optische Strahlung übertragen werden können. Somit ist auf die allgemeinen Grundsätze des § 5 ArbSchG abzustellen, wonach alle **2–3 Jahre** eine Gefährdungsbeurteilung zu wiederholen ist (→ ArbSchG § 5 Rn. 74). Eine **erneute Gefährdungsbeurteilung** kann aber auch durch gesundheitliche Probleme der Beschäftigten ausgelöst werden. Dies ist der Fall, wenn Beschäftigte typische Symptome einer Exposition durch optische Strahlung aufweisen. Bei entsprechenden Hinweisen aus der arbeitsmedizinischen Vorsorge haben Ärzte nach § 6 Abs. 4 ArbmedVV aktiv zu werden (→ ArbmedVV Rn. 21).

Den Arbeitgeber hat die Gefährdungsbeurteilung bereits **vor Aufnahme der Tätigkeit** zu dokumentieren (§ 3 Abs. 4 OStrV). Die jeweils aktuelle Gefährdungsbeurteilung ist zur Einsichtnahme, zB durch Vollzugsbehörden, aufzubewahren. Inhaltlich muss diese Dokumentation angeben, welche Gefährdungen am Arbeitsplatz auftreten können und welche Maßnahmen zur Reduzierung oder Vermeidung der Gefahren durchzuführen sind. In der Dokumentation hat der Arbeitgeber zudem die Möglichkeit, seine Entscheidung zu begründen, weshalb er nur eine **vereinfachte Gefährdungsbeurteilung** (→ Rn. 14) durchgeführt hat. Messungen und Berechnungen hat der Arbeitgeber so aufzubewahren, dass eine spätere Einsichtnahme gewährleistet sein muss. Die Aufbewahrung kann in **Papierform oder elektronisch** erfolgen.[40] Eine konkrete Aufbewahrungsfrist nennt die OStrV nur für Unterlagen, also Gefährdungsbeurteilung sowie Ergebnisse aus Messungen und Berechnungen, bezüglich künstlicher ultravioletter Strahlung. Diese sind **30 Jahre** lang **aufzubewahren.** Für alle anderen Unterlagen existiert keine Aufbewahrungsfrist. Bei diesen Unterlagen ist es ausreichend, wenn nur der jeweils aktuelle Stand vorrätig ist. Die Altbestände sollten aber so lange aufbewahrt werden, wie dies zum Verständnis der aktuellen Dokumente erforderlich ist.[41]

3. Fachkundige Personen, Laserschutzbeauftragter. Um überhaupt in der Lage zu sein, Risiken für Beschäftigte abschätzen und angemessene Maßnahmen ergreifen zu können, ist es erforderlich, dass die Gefährdungsbeurteilung nur von **ausreichend qualifizierten Personen** durchgeführt wird. § 5 Abs. 1 OStrV fordert daher, dass diese Personen **fachkundig** sein müssen. Dies gilt insbesondere für erforderliche Messungen und Berechnungen. Gerade im Bereich der optischen Strahlung können Messungen, die reproduzierbare Ergebnisse liefern sollen, nur von Personen mit ausreichendem Erfahrungswissen durchgeführt werden.[42] Die Anforderungen an die Fachkunde sind mit der Änderung der OStrV im Jahr 2016 neu in § 2 Abs. 10 OStrV aufgenommen worden.[43] Damit wurde eine Angleichung an andere Arbeitsschutzvorschriften erreicht. Fachkundig ist die Person demnach, wenn sie über die für die genannten Aufgaben erforderlichen Fachkenntnisse verfügt. Diese können durch eine **einschlägige Berufsausbildung** oder aber auch – anders als beim Laserschutzbeauftragten (→ Rn. 18) – durch **reines Erfahrungswissen** erworben worden sein. So können, bei Vorhandensein dieser Kenntnisse, Fachkräfte für Arbeitssicherheit und Betriebsärzte die Fachkunde für sich

---

40 So auch vom Stein/Rothe/Schlegel/Allescher/Hilpert Kap. 2 Rn. 136. **41** So die Regierungsbegründung zu § 6 ArbSchG, BT-Drs. 881/95, 30. **42** Wittlich sicher ist sicher 2013, 285. **43** Verordnung zur Umsetzung der RL 2013/35/EU und zur Änderung von Arbeitsschutzverordnungen vom 15.11.2016, BGBl. I, 2531.

in Anspruch nehmen.[44] In jedem Fall muss die Person in engem zeitlichen Zusammenhang im Bereich der optischen Strahlung tätig geworden sein und an spezifischen **Fortbildungsveranstaltungen** teilnehmen. Sind Messungen erforderlich, so hat die Person auch die dazu erforderlichen Einrichtungen zur Verfügung zu haben. Kann der Arbeitgeber nicht auf eigene Kapazitäten zurückgreifen, die diese Anforderungen erfüllen, ist auf **externe Anbieter** zurückzugreifen.

18 Von **leistungsstarken Lasereinrichtungen** der Klassen 3R, 3B, 4 gehen besondere Gefährdungen für die Beschäftigten aus. Bevor diese in Betrieb genommen werden, ist die Bestellung eines **Laserschutzbeauftragten** (LSB) durch den Arbeitgeber zwingend erforderlich (§ 5 Abs. 2 OStrV). Der LSB ist in Deutschland ein über viele Jahre gewachsener und allseits anerkannter Akteur des Arbeitsschutzes.[45] Er gehört, ähnlich wie der Strahlenschutzbeauftragte nach § 31 StrSchV, zu den **professionellen Beratungskräften** (→ ASiG § 10 Rn. 10). Die berufsgenossenschaftliche Vorschrift BGV B2 Laserstrahlung erforderte bereits seit 1973 die Bestellung eines LSB und legte Anforderungen an sein Qualifikationsprofil fest. Der RL 2006/25/EG ist diese Position hingegen nicht bekannt, auch im ersten Entwurf der OStrV fehlte ein entsprechender Passus. Erst auf Druck des Bundesrats wurde die Position des LSB in die Verordnung aufgenommen.[46] Sie geht damit in zulässiger Weise über die Vorgaben der RL 2006/25/EG hinaus. Durch die Änderungen der OStrV im **Jahr 2016**[47] wurden die Aufgaben des LSB präzisiert und qualitative Anforderungen an die Person des LSB verschärft.

19 Die **Bestellung** des LSB hat **schriftlich** zu erfolgen. In dieser Bestellung legt der Arbeitgeber konkrete **Rechte und Pflichten** des LSB näher fest. Um einen wirksamen Schutz der Beschäftigten zu gewährleisten, hat der Arbeitgeber die Bestellung **vor der Inbetriebnahme** von Lasereinrichtungen der Klassen 3R, 3B und 4 vorzunehmen. Die **Aufgaben** des LSB sind in § 5 Abs. 2 OStrV klar umrissen: Er soll (1) den Arbeitgeber bei der Gefährdungsbeurteilung und Ergreifung von Schutzmaßnahmen unterstützen sowie (2) den sicheren Betrieb der leistungsstarken Lasereinrichtungen gewährleisten. Vor der Änderung der OStrV[48] im Jahr 2016 war die Unterstützungsleistung des LSB auf Maßnahmen begrenzt, die sich aus der Gefährdungsbeurteilung ergeben haben.[49] Dass der LSB nun auch bei der Gefährdungsbeurteilung selbst mitzuwirken hat, ist zu begrüßen. Der Umgang mit diesen leistungsstarken Lasern erfordert hohes Spezialwissen, welches die fachkundige Person haben kann, aber nicht muss. Damit ist auch klar, dass der LSB nicht nur **vor Inbetriebnahme** gefährlicher Lasereinrichtungen, sondern auch **vor der Durchführung der Gefährdungsbeurteilung** für diese Arbeitsbereiche **zu bestellen** ist. Andererseits hat er den sicheren Betrieb von Lasereinrichtungen der Klassen 3R, 3B und 4 zu gewährleisten. Vor der Änderung war es Aufgabe des LSB, den sicheren Betrieb dieser Einrichtungen zu überwachen. Strittig war die Frage, ob der LSB zur Überwachung persönlich anwesend sein musste.[50] Mit der Änderung 2016[51] hat der LSB den Betrieb zu gewährleisten, nicht mehr zu überwachen. Eine **persönliche Anwesenheit** des LSB am Standort der Lasereinrichtung ist damit **nicht erforderlich**.[52] Aufgrund des geänderten Aufgabenfeldes ist es erforderlich, die schriftlichen Bestellungen, in denen die Rechte und Pflichten des LSB dargelegt werden sollen, zu überprüfen und ggf. anzupassen.

20 Aufgrund dieser verantwortungsvollen Tätigkeiten kommen nur Personen infrage, die über die **erforderlichen Fachkenntnisse** verfügen. Reines Erfahrungswissen, wie es bei der fachkundigen Person nach § 5 Abs. 1 OStrV möglich ist, kommt in diesem Fall zu kurz. In der ursprünglichen Fassung war im § 5 Abs. 2 OStrV noch von „sachkundiger" Person die Rede. Dies wurde jedoch durch die Änderung 2016[53] durch die „fachkundige" Person ersetzt. Damit ist eine Kategorie herangezogen worden, die inzwischen im technischen Arbeitsschutz regelmäßig genutzt wird (→ BioStoffV Rn. 19).

---

[44] vom Stein/Rothe/Schlegel/Allescher/Hilpert Kap. 2 Rn. 140. [45] S. hierzu Brose/Reidenbach Strahlenschutzpraxis 2015, 58 ff. [46] BR-Drs. 262/10B, 2 f. [47] Verordnung zur Änderung von Arbeitsschutzverordnungen vom 30.11.2016, BGBl. I, 2681. [48] BGBl. I 2016, 2681. [49] BR-Drs. 262/10B, 2 f. [50] S. hierzu Brose/Reidenbach Strahlenschutzpraxis 2015, 58 (63). [51] BGBl. I 2016, 2681. [52] BR-Drs. 509/14, 34. [53] BGBl. I 2016, 2681.

Angesichts der zunehmenden Spezialisierung werden die konkreten Anforderungen regelmäßig in den technischen Regelwerken formuliert (→ GefStoffV Rn. 38; LärmVibrationsArbSchV Rn. 25). Seine Fachkunde weist der LSB neben einer **einschlägigen Ausbildung** durch erfolgreiches **Absolvieren**[54] **eines Lehrgangs** nach. Gemäß der TROS LS ist eine Ausbildung einschlägig, wenn diese eine Dauer von mindestens 2 Jahren hatte, abgeschlossen wurde und einen technischen, naturwissenschaftlichen, medizinischen oder kosmetischen Schwerpunkt aufweist.[55] Problematisch sind die in den TROS LS enthaltenen Anforderungen an den zu absolvierenden Lehrgang zur Erlangung der Fachkunde. Unter Punkt 5.2.1 wird der zuständigen Stelle die Aufgabe zugewiesen, Anforderungen an Kurse und Prüfungen festzulegen. Die TROS LS selbst geben dabei Prüfungsform und Bewertungsmaßstäbe vor. Auch wenn eine standardisierte Lehrgangsbeschreibung zur Sicherstellung eines hohen Ausbildungsniveaus der LSB wünschenswert ist, so kann nicht darüber hinweggesehen werden, dass eine rechtliche Grundlage für derlei Vorgaben nicht vorhanden ist.[56] Eine solche sollte Gegenstand der OStrV werden, doch wurde dies durch den Bundesrat gestoppt.[57] Zusätzlich zum Lehrgang zur Erlangung der Fachkunde ist eine Neuregelung aus dem Jahr 2016 begrüßenswert, wonach der LSB seine Kenntnisse durch **regelmäßige Fortbildungen** auf dem aktuellen Stand halten muss. Eine genauere Definition des Begriffes regelmäßig nennt die OStrV nicht. In Anlehnung an die Regelungen zum Strahlenschutz kann anzunehmen sein, dass Fachkenntnisse **alle 5 Jahre** aufzufrischen sind.[58] Da der LSB jedoch bei seinen Aufgaben immer den Stand der Technik zu berücksichtigen hat, ist spätestens mit der Einführung neuer Standards (zB Änderung der Laserklassen) oder Vorschriften (zB OStrV) eine Fortbildung zu absolvieren. Seine Aufgaben soll der LSB nicht autark bewältigen. Er arbeitet mit der **Fachkraft für Arbeitssicherheit** und dem **Betriebsarzt** zusammen (→ ASiG § 10 Rn. 10). Der Arbeitgeber hat dafür zu sorgen, dass solche Kooperationen möglich sind. Da keine Interessenkollision ersichtlich ist, können die Funktionen der fachkundigen Person gemäß § 5 Abs. 1 OStrV und des LSB nach § 5 Abs. 2 OStrV in einer Person vereint werden.[59] In jedem Fall müssen aber die strengeren Voraussetzungen an das Amt des LSB erfüllt werden.

V. Schutzmaßnahmen

Die §§ 7, 8 OStrV beinhalten Schutzmaßnahmen und stellen das Kernstück der OStrV 21 dar. In § 7 statuiert die Verordnung das allgemeine Prinzip von Vermeidung und Minimierung. Die Unterweisung der Beschäftigten ist Gegenstand von § 8 OStrV.

1. Vermeidung und Minimierung optischer Strahlung. Die aus der Gefährdungsbeur- 22 teilung resultierenden Schutzmaßnahmen sind so umzusetzen, dass Gefährdungen der Beschäftigten ausgeschlossen oder verringert werden (§ 7 Abs. 1 OStrV). Gefährdungen durch optische Strahlung sollen dabei nicht nur möglichst verhindert werden. Aus der Norm folgt ein **striktes Minimierungsgebot** (→ ArbSchG § 4 Rn. 6). Dieses Minimierungsgebot macht nicht an der Schwelle der Expositionsgrenzwerte halt, sondern ist auch bei einem Unterschreiten der Werte weiterhin anzuwenden.[60] Im Rahmen des Minimierungsgebotes muss der Arbeitgeber solche Verfahren oder Arbeitsmittel einsetzen, von denen keine oder nur eine geringe Exposition für die Beschäftigten ausgeht. Ist dies nicht möglich, ist zu prüfen, ob andere, weniger gefährdende Arbeitsverfahren oder Einrichtungen verwendet werden können. Diese **Substitutionsprüfung** steht nach § 7 Abs. 2 Nr. 1, 2 OStrV an der Spitze der zu treffenden Maßnahmen (→ GefStoffV Rn. 42).

Nicht immer kommen Minderung der Gefährdung oder Substitution in Betracht. Vor 23 allem beim Einsatz von Lasern sind diesem Minimierungsgebot Grenzen gesetzt.[61] Werden die Beschäftigten dennoch nicht vernachlässigbaren Expositionen ausgesetzt,

---

[54] Romanus/Brose sicher ist sicher 2017, 79 (80), die auf das Bestehen einer Abschlussprüfung hinweisen. [55] TROS LS, Allgemeines, S. 13 f. [56] Ebenso Kollmer/Klindt/Schucht/Kreizberg OStrV § 5 Rn. 16 ff. [57] S. hierzu Brose/Reidenbach Strahlenschutzpraxis 2015, 58 (64). [58] Zajons/Püster BPUVZ 2015, 222 (227). [59] TROS LS, Allgemeines, S. 13. [60] Vgl. TROS IOS, Teil 3, S. 2. [61] Udovicic/Romanus sicher ist sicher 2013, 294 (296).

greift das **TOP Prinzip** ein, um eine sichere Arbeitsumgebung zu gewährleisten (→ ArbSchG § 4 Rn. 52 ff.). Demnach sind die vom Arbeitgeber getroffenen Maßnahmen in Rangfolge durchzuführen: (1) technische Maßnahmen, (2) organisatorische Maßnahmen, (3) persönliche Schutzmaßnahmen. **Technische Maßnahmen** setzen vorrangig an der Quelle der optischen Strahlung ein. Zunächst kann versucht werden, den Zugang zum gefährdeten Bereich zu verhindern. Dabei können feste oder bewegliche Schutzwände[62] sowie Verriegelungsschalter zum Einsatz kommen. Viele Industrieverfahren, bei denen Laser verwendet werden, sind ganz oder teilweise umschlossen. Die Beobachtung der Vorgänge kann über Kameras oder Sichtfenster mit entsprechenden Filtermaterialien erfolgen.[63] Dadurch kann auf Schutzbrillen verzichtet werden. **Organisatorische Maßnahmen** umfassen die Erhöhung des Abstands des Beschäftigten zur Quelle, die Begrenzung der Aufenthaltsdauer im Bereich der Strahlung, die Kennzeichnung gefährdender Bereich sowie die Installation von Warnsignalen. Zudem ist es angemessen, für besonders gefährdete Bereiche Betriebsanweisungen anzufertigen. Diese zeigen ua die Gefahren auf, geben Anweisungen bei Störungen und/oder Unfällen und benennen Ansprechpartner.[64] In jedem Fall sind organisatorische Maßnahmen durch eine entsprechende Unterweisung der Beschäftigten zu flankieren. **Persönliche Schutzmaßnahmen** sollen nur dann zum Einsatz kommen, wenn technische und organisatorische Maßnahmen keinen ausreichenden Schutz der Beschäftigten gewährleisten können. Diese individuellen Maßnahmen umfassen vor allem die konsequente Anwendung geeigneter persönlicher Schutzausrüstung (PSA). Generell sind Augen und Gesicht zu schützen. Infrage kommen verschiedene Typen von **Schutzbrillen**, die der jeweiligen Gefährdung angepasst sind.[65] Bei leistungsstarken Lasern, Schweißen, IR-Strahlung, UV-Strahlung und bei intensiv gepulster Strahlung ist ggf. auch der Schutz der Haut zu beachten (zB Schweißerschutzkleidung).[66] Darüber hinaus gibt es im Bereich des Laserschutzes aktive Schutzbekleidung, die bei unbeabsichtigter Strahlung den Laser abschaltet.[67] Trotz der technischen Komponente der automatischen Abschaltung ist die Maßnahme, solche Schutzbekleidung zu tragen, als individuelle Maßnahme zu klassifizieren. Daher gebührt rein technischen und organisatorischen Maßnahmen Vorrang. Nicht zu vernachlässigen sind Maßnahmen zur Verhinderung oder Vermeidung von **indirekten Gefährdungen**, zB durch Blendung. Zunächst ist zu prüfen, ob technische Maßnahmen eine Gefährdung ausschließen können, zB durch Anwendung technischer oder organisatorischer Maßnahmen, um den direkten Blick in eine Quelle sichtbarer Strahlung zu verhindern. Ebenso gehören Schutzmaßnahmen hierher, die die Entzündung brennbarer Stoffe oder explosionsfähiger Atmosphäre verhindern.[68] Zuletzt sind auch Schutzmaßnahmen gegenüber Gefahrstoffen zu beachten.[69]

24 **2. Kennzeichnung.** Als Teil der organisatorischen Maßnahmen trifft den Arbeitgeber gemäß § 7 Abs. 3 OStrV eine **Kennzeichnungspflicht**. Diese bezieht sich nicht nur auf Bereiche, in denen die Expositionsgrenzwerte nachweislich überschritten werden, sondern auch auf solche Bereiche, in denen eine Überschreitung möglich ist. Damit werden insbesondere Beschäftigte auf eine Gefährdungssituation hingewiesen, die nicht direkt an oder mit der Quelle der optischen Strahlung arbeiten, sondern sich nur zufällig im Gefahrenbereich aufhalten. Soweit dies technisch möglich ist, ist der Zugang für **Unbefugte für solche Bereiche zu verhindern** oder einzuschränken (→ ArbSchG § 9 Rn. 8 f.). Dabei steht eine Reihe von Möglichkeiten offen. Die Kennzeichnung kann zB durch Warn-, Hinweis- und Zusatzzeichen oder Verbotszeichen erfolgen. Auch Warnleuchten sind denkbar. Hierbei kommt es auf die konkrete Arbeitsumgebung und Gefährdung an. Am häufigsten werden die **Warnzeichen** W009 „Warnung vor optischer Strahlung" oder W010 „Warnung vor Laserstrahlung" Verwendung finden. Die TROS IOS und TROS LS geben weitere Beispiele für Warn- und Hinweiszeichen.[70]

---

[62] S. hierzu Zajons/Püster BPUVZ 2015, 222 (223 f.). [63] Reidenbach/Brose/Ott/Siekmann S. 108 f. [64] Reidenbach/Brose/Ott/Siekmann S. 110. [65] Eine Übersicht geben Reidenbach/Brose/Ott/Siekmann S. 113 ff. [66] Reidenbach/Brose/Ott/Siekmann S. 112 f. [67] Hustedt/Hennigs/Wenzel/Markstein sicher ist sicher 2012, 506 (507 f.). [68] TROS IOS, Teil 3, S. 4. [69] TROS IOS, Teil 3, S. 5. [70] TROS IOS, Teil 3, S. 16 f.; TROS LS, Allgemeines, S. 38 ff.

3. Unterweisung. In Übereinstimmung mit der Systematik des Arbeitsschutzrechts geht 25 auch die OStrV davon aus, die **Beschäftigten** zu möglichst **selbstständigen Akteuren im Arbeitsschutz** zu befähigen (→ ArbSchG § 15–17 Rn. 1). In diesem Zusammenhang ist die Information der Beschäftigten über mögliche Gefährdungen von zentraler Bedeutung. Liegen Gefährdungen durch künstliche optische Strahlung am Arbeitsplatz vor, ist der Arbeitgeber zur **Unterweisung** der betroffenen Beschäftigten verpflichtet. Eine Gefährdung liegt vor, wenn die Expositionsgrenzwerte nach § 6 OStrV überschritten sind oder der Schutz der Gesundheit oder der Sicherheit der Beschäftigten durch indirekte Wirkungen nicht erreicht werden kann. Die Unterweisung muss in **verständlicher Form und Sprache** erfolgen. Es ist auf die mit der Tätigkeit verbundenen Gefährdungen einzugehen bzw. auf die Ergebnisse und daraus abgeleiteten Maßnahmen der Gefährdungsbeurteilung. Die Unterweisung hat **vor Aufnahme der Tätigkeit** zu erfolgen. Sie ist in regelmäßigen Abständen zu **wiederholen**, mindestens jedoch einmal **jährlich**. Ändern sich in der Zwischenzeit die gefährdenden Tätigkeiten oder der Arbeitsplatz, so ist bei einer solchen Änderung eine Unterweisung sofort durchzuführen. Diese Formulierung ist unglücklich gewählt. Um die Beschäftigten ausreichend zu schützen kann § 8 Abs. 1 S. 2 OStrV nur so gemeint sein, dass eine erneute Unterweisung **vor Aufnahme der Tätigkeit im geänderten Arbeitsumfeld** stattfinden muss.

Wenn eine Überschreitung der Expositionsgrenzwerte möglich ist, ist nach § 8 Abs. 2 26 OStrV eine **arbeitsmedizinische Beratung** sicherzustellen. Damit wird ein Modell aus anderen Verordnungen – zB § 11 Abs. 3 LärmVibrationsArbSchV – übernommen (→ LärmVibrationsArbSchV Rn. 53), mit dem das Verständnis für die arbeitsmedizinische Vorsorge erhöht werden soll, denn je nach den Messergebnissen ist eine Pflichtvorsorge zu realisieren bzw. eine Angebotsvorsorge anzubieten.[71]

4. Ausnahmen. Die zuständige Behörde kann gemäß § 10 OStrV von den Festlegungen 27 des § 7 OStrV begründete **Ausnahmen** erteilen, wenn die Durchführung einer Vorschrift im Einzelfall eine unbillige Härte darstellen würde und die Abweichung mit dem Schutz der Beschäftigten vereinbar ist. Spätestens nach 4 Jahren sind die Ausnahmen zu überprüfen. Die Ausnahmeregelung muss schriftlich oder elektronisch beantragt werden. Der Antrag muss ua eine Gefährdungsbeurteilung enthalten. Eine solche Ausnahme ist in der Richtlinie nicht vorgesehen. Daher ist eine **restriktive Anwendung** dieser Befugnis angezeigt.[72] Abweichungen von den Expositionsgrenzwerten sind nicht möglich.[73] Im Übrigen ist die praktische Bedeutung dieser Ausnahmeregelung sehr gering. Die BGV B2 enthielt für den Bereich des Laserschutzes auch eine entsprechende Ausnahmeregelung, welche jedoch nie in Anspruch genommen wurde.[74]

VI. Rechtsdurchsetzung

Die Rechtsdurchsetzung der Regelungen der OStrV folgt dem im Arbeitsschutzrecht ty- 28 pischen Dreiklang der öffentlich-rechtlichen Überwachung und Anordnung, der kollektivvertraglichen Maßnahmen und individualvertragliche Rechtsdurchsetzung.

Die **öffentlich-rechtliche Durchsetzung** der OStrV durch die zuständigen Behörden 29 vollzieht sich durch Überwachung und Anordnung. Die Zuständigkeit ergibt sich aus § 21 ArbSchG, der die Überwachung des Arbeitsschutzes als staatliche Aufgabe definiert. Diese Fremdüberwachung darf aber nicht darüber hinwegtäuschen, dass der Arbeits- und Gesundheitsschutz vorrangig als eine **eigenverantwortliche Gestaltungsaufgabe** zu verstehen ist, die kooperativ von den betrieblichen Akteuren (Arbeitgeber, Beschäftigte, Betriebsrat sowie besondere Funktionsträger des Arbeitsschutzes, zB der Laserschutzbeauftragte) zu erfüllen ist. Diese für das ArbSchG geltenden Grundsätze finden auch auf die OStrV Anwendung. Die darin enthaltenen Gestaltungsspielräume sind von den betrieblichen Akteuren im Rahmen ihrer Zuständigkeiten zu nutzen. Damit wird die Befugnis zum Erlass von Anordnungen nach § 22 ArbSchG durch die Aufsicht eingeschränkt, sie hat die Gestaltungsspielräume zu respektieren. Im Fokus der

---

[71] LR/Wiebauer OStrV Rn. 26. [72] Ebenso LR/Wiebauer OStrV Rn. 35. [73] vom Stein/Rothe/Schlegel/Allescher/Hilpert Kap. 2 Rn. 146. [74] Reidenbach/Brose/Ott/Siekmann S. 125.

öffentlich-rechtlichen Überwachung stehen daher die Grundpflichten des Arbeitgebers nach § 3 OStrV. Die Aufsicht muss sicherstellen, dass die **Gefährdungsbeurteilung** durch fachkundige Personen durchgeführt wird und ausreichend dokumentiert ist. Hierzu kann die Behörde anordnen, dass die Gefährdungsbeurteilung sowie die Ergebnisse von Messungen und Berechnungen vorgelegt werden. Beim Erlass von **Anordnungen** stehen die offen formulierten Organisationspflichten der OStrV und der Bestimmtheitsgrundsatz des § 35 VwVfG in einem Spannungsverhältnis (→ ArbSchG § 22 Rn. 46). Handlungen, die nach § 11 Abs. 1 OStrV bußgeldbewehrt sind, sind anordnungsfähig. Uneingeschränkt anordnungsfähig sind zudem Maßnahmen zur Gefahrenabwehr. Weiterhin unproblematisch, da bestimmt genug, sind Anordnungen zur Einhaltung der Expositionsgrenzwerte nach § 6 OStrV iVm den Anhängen I und II der RL 2006/25/EG. Verfahrenspflichten des Arbeitgebers, zB zur **Durchführung einer Gefährdungsbeurteilung** oder einer **Unterweisung** der Beschäftigten, sind ebenfalls bestimmt genug, ebenso die Bestellung eines Laserschutzbeauftragten. Schwierigkeiten bereiten Maßnahmen, bei denen Gestaltungsspielräume eröffnet werden. Dies betrifft vor allem die Maßnahmen zur Vermeidung und Verringerung der Gefährdungen durch optische Strahlung gemäß § 7 OStrV. In vielen Fällen können bereits die vor jeder Anordnung durchzuführende **Anhörung** von Arbeitgeber und Betriebsrat und die Nutzung eines Revisionsschreibens (→ ArbSchG § 22 Rn. 45) dazu führen, das Regelungsdefizit offenzulegen und den betrieblichen Akteuren eine Regelung nahezulegen.

30 Die Durchsetzung der Vorschriften der OStrV wird auf **kollektivrechtlicher Ebene** durch die Mitwirkungsrechte des Betriebsrats nach **§ 87 Abs. 1 Nr. 7 BetrVG** sichergestellt. Die Regelungen der OStrV dienen dem **Gesundheitsschutz**, bedürfen aber der betrieblichen Konkretisierung, weshalb der Anwendungsbereich für Mitbestimmungsrechte eröffnet ist. Auf eine Regelungsbereitschaft des Arbeitgebers kommt es nicht an, es handelt sich um ein **erzwingbares Mitbestimmungsrecht** des Betriebsrates. Sollte es zu keiner Regelung zwischen Betriebsrat und Arbeitgeber kommen, kann die Einigungsstelle die Regelung treffen.[75] Denkbar ist auch die Erwirkung eines Beschlusses im arbeitsgerichtlichen Verfahren über das Bestehen eines Mitbestimmungsrechts. Regelungsgegenstand einer Betriebsvereinbarung sind grundlegende Sach-, Verfahrens- und Ordnungsvorschriften der OStrV. Hierzu gehören insbesondere die Organisation der **Gefährdungsbeurteilung**, die Festlegung von Schutzmaßnahmen sowie Regeln für die **Unterweisung** der Beschäftigten. Auch die Vorfragen der Bestellung und die konkrete Ausgestaltung der Aufgaben des LSB unterliegen der Mitbestimmung (→ BetrVG § 87 Rn. 59). Die konkrete Ausführung bestimmter Maßnahmen ist hingegen nicht Gegenstand der Mitbestimmung. Gegen einseitige Maßnahmen des Arbeitgebers, die vor Abschluss einer Vereinbarung vorgenommen werden, steht dem Betriebsrat der betriebsverfassungsrechtliche **Unterlassungsanspruch** zu (→ BetrVG § 87 Rn. 79 f.).

31 Die Durchsetzung der OStrV findet auch durch die **Beschäftigten** statt. Denkbar sind Zurückbehaltungsrechte sowie Ansprüche auf Erfüllung, Unterlassung und Schadensersatz. Die in der OStrV definierten Pflichten des Arbeitgebers entfalten keine direkte Wirkung zwischen den Arbeitsvertragsparteien. Es ist jedoch allgemein anerkannt, dass die öffentlich-rechtlichen Pflichten des Arbeitgebers über das „Einfallstor"[76] des § 618 BGB auch als privatrechtliche Ansprüche der Arbeitnehmer verlangt werden können.[77] Eine derartige **Transformation** findet sowohl für Maßnahmen zur unmittelbaren Gefahrenabwehr als auch für Maßnahmen zum vorgelagerten Gefährdungsschutz statt.[78] Verletzt der Arbeitgeber transformationsfähige Pflichten der OStrV, steht dem betroffenen Beschäftigten ein **Zurückbehaltungsrecht** gemäß § 273 BGB zu. Das Vorhandensein einer besonderen Gefahrenlage ist nicht erforderlich, tatbestandlich wird lediglich eine Pflichtverletzung des Arbeitgebers vorausgesetzt. Eingeschränkt wird diese Reaktionsmöglichkeit durch den Grundsatz von Treu und Glauben (§ 242 BGB) und das Übermaßverbot, wenn nur eine geringfügige Pflichtverletzung ohne Gefährdungspoten-

---

75 Kollmer/Klindt/Schucht/Kohte ArbSchG § 3 Rn. 81. **76** Kollmer/Klindt/Schucht/Kohte ArbSchG § 3 Rn. 83. **77** BAG 12.8.2008 – 9 AZR 1117/06, NZA 2009, 102 = AP Nr. 29 zu § 618 BGB mAnm Kohte. **78** Kollmer/Klindt/Schucht/Kohte ArbSchG § 3 Rn. 83.

tial vorliegt. Darüber hinaus können Beschäftigte **Ansprüche auf Erfüllung** geltend machen. Denkbar sind hier die Erlangung bestimmter Informationen, die Durchführung einer Unterweisung oder Umsetzung arbeitsschutzrechtlicher Maßnahmen nach § 7 OStrV. Gemäß § 253 ZPO müssen darauf gerichtete Klagen hinreichend bestimmt sind. Dies ist bei Maßnahmen unproblematisch, die infolge einer Gefährdungsbeurteilung bereits festgelegt und dokumentiert, jedoch noch nicht umgesetzt sind. Schwieriger ist die Situation, wenn noch keine Maßnahmen geplant sind. Ansprüche auf Unterlassung setzen klar bestimmte Verbote voraus. So ist es dem Arbeitgeber nach Sinn und Zweck des § 3 OStrV verboten, Schutzmaßnahmen ohne eine zuvor durchgeführte und dokumentierte Gefährdungsbeurteilung umzusetzen. Schließlich können Beschäftigte auch **Schadensersatzansprüche** gegen den Arbeitgeber geltend machen. Hierbei ist jedoch der Ausschluss des § 104 SGB VII zu beachten. Bei Verletzung allgemeiner Organisationspflichten kommen Ansprüche nach § 280 BGB infrage. Auf deliktischer Ebene können solche Pflichtverletzungen Ansprüche nach § 823 Abs. 1 BGB auslösen. Für die Pflicht zur Durchführung einer Gefährdungsbeurteilung nach § 5 ArbSchG ist anerkannt, dass dieser ein Schutzgesetz iSv § 823 Abs. 2 BGB ist.[79] Es ist davon auszugehen, dass dies auch für § 3 OStrV gilt, so dass auch diese Anspruchsgrundlage herangezogen werden kann. In allen Fällen, in denen der Beschäftigte als Kläger auftritt, ist dieser grundsätzlich beweisbelastet. Dies kann zu kaum lösbaren Problemen führen und die individualrechtliche Rechtsdurchsetzung der Vorschriften der OStrV gefährden. Dem Beschäftigten können aber unter Umständen **Beweiserleichterungen** zugutekommen (→ BGB § 618 Rn. 55).[80]

---

[79] MüKoBGB/Henssler BGB § 618 Rn. 106; Münch/ArbR/Kohte § 291 Rn. 34. [80] Siehe hierzu Kollmer/Klindt/Schucht/Kohte ArbSchG § 3 Rn. 90.

Verordnung über Sicherheit und Gesundheitsschutz bei der Benutzung persönlicher Schutzausrüstungen bei der Arbeit (PSA-Benutzungsverordnung – PSA–BV)[1]

Vom 4. Dezember 1996 (BGBl. I S. 1841)
(FNA 805-3-1)

§ 1 PSA–BV Anwendungsbereich

(1) Diese Verordnung gilt für die Bereitstellung persönlicher Schutzausrüstungen durch Arbeitgeber sowie für die Benutzung persönlicher Schutzausrüstungen durch Beschäftigte bei der Arbeit.

(2) Persönliche Schutzausrüstung im Sinne dieser Verordnung ist jede Ausrüstung, die dazu bestimmt ist, von den Beschäftigten benutzt oder getragen zu werden, um sich gegen eine Gefährdung für ihre Sicherheit und Gesundheit zu schützen, sowie jede mit demselben Ziel verwendete und mit der persönlichen Schutzausrüstung verbundene Zusatzausrüstung.

(3) Als persönliche Schutzausrüstungen im Sinne des Absatzes 2 gelten nicht:
1. Arbeitskleidung und Uniformen, die nicht speziell der Sicherheit und dem Gesundheitsschutz der Beschäftigten dienen,
2. Ausrüstungen für Not- und Rettungsdienste,
3. persönliche Schutzausrüstungen für die Bundeswehr, den Zivil- und Katastrophenschutz, die Polizeien des Bundes und der Länder sowie sonstige Einrichtungen, die der öffentlichen Sicherheit oder der öffentlichen Ordnung dienen,
4. persönliche Schutzausrüstungen für den Straßenverkehr, soweit sie verkehrsrechtlichen Vorschriften unterliegen,
5. Sportausrüstungen,
6. Selbstverteidigungs- und Abschreckungsmittel,
7. tragbare Geräte zur Feststellung und Signalisierung von Gefahren und Gefahrstoffen.

(4) Die Verordnung gilt nicht in Betrieben, die dem Bundesberggesetz unterliegen.

§ 2 PSA–BV Bereitstellung und Benutzung

(1) Unbeschadet seiner Pflichten nach den §§ 3, 4 und 5 des Arbeitsschutzgesetzes darf der Arbeitgeber nur persönliche Schutzausrüstungen auswählen und den Beschäftigten bereitstellen, die
1. den Anforderungen der Verordnung über das Inverkehrbringen von persönlichen Schutzausrüstungen entsprechen,
2. Schutz gegenüber der zu verhütenden Gefährdung bieten, ohne selbst eine größere Gefährdung mit sich zu bringen,
3. für die am Arbeitsplatz gegebenen Bedingungen geeignet sind und
4. den ergonomischen Anforderungen und den gesundheitlichen Erfordernissen der Beschäftigten entsprechen.

(2) ¹Persönliche Schutzausrüstungen müssen den Beschäftigten individuell passen. ²Sie sind grundsätzlich für den Gebrauch durch eine Person bestimmt. ³Erfordern die Um-

---

[1] Verkündet als Art. 1 VO zur Umsetzung von EG-Einzelrichtlinien zur EG-Rahmenrichtlinie Arbeitsschutz v. 4.12.1996 (BGBl. I S. 1841); Inkrafttreten gem. Art. 5 dieser VO am 20.12.1996. Diese VO wurde erlassen auf Grund des § 19 ArbeitsschutzG. Diese Verordnung dient in Verbindung mit dem Arbeitsschutzgesetz der Umsetzung der Richtlinie 89/656/EWG des Rates vom 30. November 1989 über Mindestvorschriften für Sicherheit und Gesundheitsschutz bei Benutzung persönlicher Schutzausrüstungen durch Arbeitnehmer bei der Arbeit (ABl. EG Nr. L 393 S. 18).

stände eine Benutzung durch verschiedene Beschäftigte, hat der Arbeitgeber dafür zu sorgen, daß Gesundheitsgefahren oder hygienische Probleme nicht auftreten.

(3) Werden mehrere persönliche Schutzausrüstungen gleichzeitig von einer oder einem Beschäftigten benutzt, muß der Arbeitgeber diese Schutzausrüstungen so aufeinander abstimmen, daß die Schutzwirkung der einzelnen Ausrüstungen nicht beeinträchtigt wird.

(4) Durch Wartungs-, Reparatur- und Ersatzmaßnahmen sowie durch ordnungsgemäße Lagerung trägt der Arbeitgeber dafür Sorge, daß die persönlichen Schutzausrüstungen während der gesamten Benutzungsdauer gut funktionieren und sich in einem hygienisch einwandfreien Zustand befinden.

§ 3 PSA–BV Unterweisung

(1) [1]Bei der Unterweisung nach § 12 des Arbeitsschutzgesetzes hat der Arbeitgeber die Beschäftigten darin zu unterweisen, wie die persönlichen Schutzausrüstungen sicherheitsgerecht benutzt werden. [2]Soweit erforderlich, führt er eine Schulung in der Benutzung durch.

(2) Für jede bereitgestellte persönliche Schutzausrüstung hat der Arbeitgeber erforderliche Informationen für die Benutzung in für die Beschäftigten verständlicher Form und Sprache bereitzuhalten.

Literatur: BG-Information „Persönliche Schutzausrüstungen", (BGI 515), 2006; *Gaul*, Arbeitsschutzrechtliche Pflicht zur Bezahlung von Umkleidezeit bei der Verwendung von Schutzausrüstungen?, NZA 2016, 149–153; *Hüchelbach/Schulze*, Persönliche Schutzausrüstungen, Die neue PSA-Verordnung, 2016; *Klindt*, Persönliche Schutzausrüstungen als Gegenstand gerichtlicher Urteile, BG 2009, 174; *Kohte*, Kostenerstattung für Bildschirmbrille, Anmerkung zu VG Neustadt, Urt. v. 3.11.2016, 1 K 458/16.NW, jurisPR-ArbR 5/2017 Anm. 4; *Kohte*, Die Kosten des Arbeitsschutzes am Beispiel der Umkleidezeiten, AuR 2016, 404 ff.; *Kohte*, Anspruch des Arbeitnehmers auf Gefährdungsbeurteilung, jurisPR-ArbR 13/2009 Anm. 1; Liedtke, Neue Verordnung für persönliche Schutzausrüstungen, sis 2016, 122 ff.; *Müller-Petzer*, Fürsorgepflichten des Arbeitgebers nach europäischem und nationalem Recht, 2003; *Opfermann/Rückert*, Neuregelungen für Persönliche Schutzausrüstungen, AuA 1997, 124; *Schramm/Lodemann*, Regelungsmöglichkeiten zur Vergütung von Umkleidezeiten, NZA 2017, 624 ff.; *Schucht*, Die neue Verordnung über persönliche Schutzausrüstungen, EuZW 2016, 407 ff.; *Thierbach*, Die neue europäische PSA-Verordnung (EU) 2016/425, Gefahrstoffe-Reinhaltung der Luft, 2016, 187 ff.; *Wlotzke*, Fünf Verordnungen zum Arbeitsschutzgesetz von 1996, NJW 1997, 1469.
Leitentscheidungen: BAG 13.12.2016 – 9 AZR 574/15, NZA 2017, 459–463; BAG 7.6.2016 – 1 ABR 25/14, BAGE 155, 215–220; VG Neustadt 3.11.2016 – 1 K 458/16.NW, PrsR 3/2017, 45–49.

I. Normzweck und Rechtssystematik ... 1	III. Anwendungsbereich, Bereitstellung, Benutzung und Unterweisung ... 9
II. Unionsrecht und Entstehung der Verordnung ... 5	IV. Rechtsdurchsetzung und betriebliche Gestaltung ... 21

I. Normzweck und Rechtssystematik

Die PSA-Benutzungsverordnung (PSA-BV) setzt die **PSA-Benutzungs-RL 89/656/ EWG**[1] in nationales Recht um, welche als eine Einzelrichtlinie iSd Art. 16 Abs. 1 Rah-

---

[1] RL 89/656/EWG des Rates vom 30.11.1989 über Mindestvorschriften für Sicherheit und Gesundheitsschutz bei Benutzung persönlicher Schutzausrüstungen durch Arbeitnehmer bei der Arbeit, ABl. EG L 393, 18 vom 30.11.1989.

menrichtlinie 89/391/EWG² erlassen wurde. Die PSA-BV regelt wie die PSA-Benutzungs-RL 89/656/EWG **Mindestvorschriften** für Sicherheit und Gesundheitsschutz bei der **Benutzung** persönlicher Schutzausrüstungen. Sie normiert Vorgaben, die der Arbeitgeber bei der **Auswahl**, dem **Erwerb** und dem **Einsatz** von persönlichen Schutzausrüstungen zu beachten hat. Produktbezogene Anforderungen an das Inverkehrbringen von persönlichen Schutzausrüstungen sind Gegenstand des Produktsicherheitsgesetzes (ProdSG)³ und der Verordnung über das Inverkehrbringen von persönlichen Schutzausrüstungen (8. ProdSV)⁴, die Vorgaben der EU-Richtlinie 89/686/EWG⁵ in nationales Recht umsetzen. Ab dem 21.4.2018 wird die RL 89/686/EWG aufgehoben und es gilt ab dann, von einzelnen Ausnahmen abgesehen, für das Inverkehrbringen von persönlichen Schutzausrüstungen die VO (EU) 2016/425.⁶ Da die VO (EU) 2016/425 anders als die Richtlinie in allen ihren Teilen verbindlich ist und in jedem Mitgliedstaat unmittelbar gilt, werden die Regelungen der 8. ProdSV und auch die Regelungen des ProdSG, soweit sie persönliche Schutzausrüstungen betreffen, in wesentlichen Teilen nicht mehr Bestand haben. Lediglich für solche Bereiche, die in der Verordnung nicht abschließend geregelt und zur weiteren Ausgestaltung den Mitgliedstaaten überlassen sind, ist nach dem 21.4.2018 noch Raum für nationale Regelungen. Dies ist zB hinsichtlich der Sanktionen durch Bußgeld- und Strafvorschriften der Fall. Inhaltlich wird die bisherige Konzeption der RL 89/686/EWG im Wesentlichen beibehalten. Die Verordnung trifft aber im Vergleich zur RL 89/686/EWG detailliertere Regelungen, die nun in allen Mitgliedstaaten einheitlich gelten. Gewisse inhaltliche Anpassungen wurden zum Beispiel hinsichtlich des Anwendungsbereichs, der Einteilung der persönlichen Schutzausrüstungen in Risikokategorien und der grundlegenden Sicherheitsanforderungen vorgenommen. Die grundsätzliche Differenzierung zwischen arbeitsschutzrechtlichen Vorschriften hinsichtlich der Benutzung persönlicher Schutzausrüstungen und produktbezogenen Sicherheitsanforderungen hinsichtlich des Inverkehrbringens persönlicher Schutzausrüstungen wird beibehalten. Die produktbezogenen Regelungen der VO (EU) 2016/425 werden also weiterhin im Sinne eines vorgreifenden Schutzes darauf zielen, dass nur sichere PSA auf den Markt kommen. Die PSA-BV wird weiterhin betriebliche Fragen der Auswahl, des Erwerbs und des Einsatzes der persönlichen Schutzausrüstungen regeln. Hierbei hat der Arbeitgeber die betrieblichen Verhältnisse, also die Gestaltung der Arbeitsstätte, die Art der zu verrichtenden Tätigkeiten und die damit verbundenen Risiken sowie die Fähigkeiten und Kenntnisse der Beschäftigten zu berücksichtigen.⁷

2 Die PSA-Benutzungsverordnung ist nicht nur formal mit dem Arbeitsschutzgesetz dadurch verbunden, dass sie gestützt auf § 19 ArbSchG erlassen wurde. Es war eine konzeptionelle Entscheidung des Gesetzgebers, die Einzelrichtlinien nach Art. 16 Rahmenrichtlinie 89/391/EWG durch eine Artikelverordnung umzusetzen, die am Grundsatz der **Kohärenz mit dem Arbeitsschutzgesetz** ausgerichtet ist.⁸ Dieser Grundsatz verwirklicht sich unter anderem in § 2 Abs. 1 PSA-BV und dem dort enthaltenen Verweis auf die §§ 3, 4, 5 ArbSchG. Die Verordnungsbegründung hebt insoweit ausdrücklich die in § 3 ArbSchG geregelte allgemeine Arbeitgeberpflicht hervor, die erforderlichen Maßnahmen des Arbeitsschutzes zu treffen, wozu auch die Auswahl und Bereitstellung von PSA gehöre. Die in § 3 Abs. 3 ArbSchG getroffene Regelung, dass die **Kosten** für Arbeitsschutzmaßnahmen nicht den Beschäftigten auferlegt werden dürfen, setze bereits

---

2 RL 89/391/EWG des Rates vom 12.6.1989 über die Durchführung von Maßnahmen zur Verbesserung der Sicherheit und des Gesundheitsschutzes der Arbeitnehmer bei der Arbeit, ABl. EG L 183, 1 vom 29.6.1989. **3** BGBl. I 2011, 2178; Zur Neufassung des Gesetzes: Kapoor/Klindt NVwZ 2012, 719–724. **4** BGBl. I 1997, 316, zuletzt geändert durch Art. 16 d. Gesetzes v. 8.11.2011, BGBl. I, 2178. **5** ABl. EG L 399, 18 v. 30.12.1989, zuletzt geändert durch die VO (EG) Nr. 1882/2003 (ABl. L 284, 1 v. 31.10.2003. **6** ABl. EG L 81, 51 v. 3.1.2016, zu den Ausnahmen bzgl. des Inkrafttretens: Art. 48, zur Aufhebung der RL 89/686/EWG: Art. 46, zu Übergangsregelungen: Art. 47; allgemein zu der VO (EU) 2016/425: Thierbach, Gefahrstoffe – Reinhaltung der Luft 2016, 187 ff.; Schucht, EuZW 2016, 407 ff., Liedtke, sis 2016, 122 ff.; detailliert: Hüchelbach/Schulze, S. 52 ff. **7** Münch/ArbR/Kohte § 296 Rn. 18. **8** Verordnungsentwurf – Begründung, BR-Drs. 656/96, 14; Wlotzke NJW 1997, 1469 (1470).

die Bestimmung des Art. 4 Abs. 6 Hs. 1 PSA-Benutzungs-RL 89/656/EWG in nationales Recht um.[9] Des Weiteren verweist die Begründung auf die allgemeinen Grundsätze gem. § 4 ArbSchG und insbesondere auf die Regelung des § 4 Nr. 5 ArbSchG, wonach individuelle Schutzmaßnahmen nachrangig zu anderen Maßnahmen sind, so dass **Maßnahmen des objektiven Arbeitsschutzes**, also technische Schutzmittel und arbeitsorganisatorische Maßnahmen, **stets Vorrang** vor individuellen Schutzmaßnahmen wie der Benutzung von PSA haben. Ebenso sei auch die **Ermittlungs- und Bewertungspflicht** des Arbeitgebers gem. Art. 5 Abs. 1 S. 2 PSA-Benutzungs-RL 89/656/EWG, diejenigen Gefahren am Arbeitsplatz, die nicht anders als durch die Bereitstellung von PSA verhindert werden können, zu untersuchen und abzuwägen, bereits in der Beurteilungspflicht des Arbeitgebers gem. § 5 ArbSchG enthalten.[10] Bezüglich der Unterweisung verweist schließlich § 3 PSA-BV auf § 12 ArbSchG. Auch wenn die **Verknüpfung mit dem ArbSchG** und dem dort normierten Leitbild des Arbeitsumweltrechts im Verordnungstext sicherlich deutlicher und eindringlicher geregelt werden könnte als dies in der PSA-BV geschehen ist, belegen die Verordnungsbegründung und die genannten Regelungen, dass eine entsprechende Verknüpfung mit dem Arbeitsschutzgesetz normativ vorgegeben ist. Es sind daher auch ohne ausdrückliche Verweisung stets die Vorschriften und allgemeinen Grundsätze des ArbSchG bei der Anwendung der PSA-BV zu beachten.[11]

Unter welchen Voraussetzungen und in welchen Situationen konkret persönliche Schutzausrüstungen vom Arbeitgeber bereitzustellen sind, regelt die PSA-BV nicht. Gem. Art. 6 PSA-Benutzungs-RL 89/656/EWG besteht zwar eine unionsrechtliche Pflicht der Bundesrepublik zu regeln, bei welchen Arbeitsverfahren den Beschäftigten PSA bereitzustellen ist. Der Verordnungsgeber ging jedoch davon aus, dass diese unionsrechtliche Verpflichtung bereits in ausreichender Weise durch die Unfallverhütungsvorschriften der Unfallversicherungsträger umgesetzt wurde.[12] In den Sicherheitsregeln der Unfallversicherungsträger, die allerdings keine normative Bedeutung haben, seien darüber hinaus umfassende Informationen über Funktion, Auswahlkriterien, Benutzung und Instandhaltung der PSA enthalten. Für die Praxis bedeutet dies, dass die PSA-BV nicht nur im Zusammenhang mit dem Arbeitsschutzgesetz gelesen und angewendet werden muss, sondern dass zusätzlich auch die einschlägigen **Unfallverhütungsvorschriften** der Unfallversicherungsträger heranzuziehen sind. Als solche ist zunächst die **DGUV Vorschrift 1** zu nennen, die in §§ 29–31 allgemeine Regelungen zur Bereitstellung und Benutzung von PSA sowie zur Unterweisung trifft. Daneben kommen jeweils die **branchenspezifischen Unfallverhütungsvorschriften** und Regeln zur Anwendung, die bezogen auf konkrete Tätigkeiten spezifische Regelungen treffen und Beispiele für den Einsatz von Schutzausrüstungen geben. Gut zu recherchieren sind diese Vorschriften auf der Internetseite der Deutschen Gesetzlichen Unfallversicherung.[13] Einen guten Gesamtüberblick über das Zusammenwirken von Arbeitsschutzgesetz, PSA-BV und DGUV Vorschrift 1 gibt die berufsgenossenschaftliche Information über persönliche Schutzausrüstungen (**BGI 515 – jetzt DGUV-Information 212-515**).[14]

Die PSA-BV ergänzende oder konkretisierende Vorschriften finden sich zudem auch in **staatlichen Arbeitsschutzvorschriften** (zB § 9 Abs. 3 GefStoffV, § 9 Abs. 3 Nr. 5 BiostoffV und § 8 LärmVArbSchV). Da die PSA-BV wie auch die PSA-Benutzungs-RL 89/656/EWG nur Mindestvorschriften normiert, können ergänzende und den Schutz verstärkende Regelungen gegebenenfalls auch durch Tarifverträge oder Betriebsvereinbarungen getroffen werden.[15]

---

[9] Verordnungsentwurf – Begründung, BR-Drs. 656/96, 17. [10] Verordnungsentwurf – Begründung, BR-Drs. 656/96, 17; Wlotzke NJW 1997, 1469 (1471). [11] Münch/ArbR/Kohte § 296 Rn. 19; LR/Wiebauer/Kollmer PSA-BV Einl. Rn. 1; Pieper PSA-BV § 1 Rn. 3. [12] Zur Kritik an dieser Umsetzungsform: BFK Rn. 271, 635 ff. [13] http://www.dguv.de/de/praevention/vorschriften_regeln/index.jsp (abgerufen: 15.7.2017). [14] http://www.arbeitssicherheit.de/de/html/library/law/50 04710%2C1%2C20060901 (abgerufen: 15.7.2017). [15] Münch/ArbR/Kohte § 296 Rn. 18.

II. Unionsrecht und Entstehung der Verordnung

5 Die europarechtlichen Regelungen bezüglich persönlicher Schutzausrüstungen differenzieren zwischen **produktbezogenen Regelungen**, die derzeit noch in der **PSA-RL 89/686/EWG**[16] und zukünftig in der **VO (EU) 2016/425** (→ Rn. 1) getroffen werden, sowie **betriebsbezogenen Regelungen**, die Gegenstand der **PSA-Benutzungs-RL 89/656/EWG** sind und die Auswahl, den Erwerb und Einsatz der PSA am Arbeitsplatz zum Gegenstand haben. Die produktbezogenen Regelungen der PSA-RL 89/686/EWG bzw. der VO (EU) 2016/425 richten sich an Hersteller, Bevollmächtigte, Einführer und Händler von persönlichen Schutzausrüstungen und verfolgen eine doppelte Zielstellung: Sie sollen zum einen gewährleisten, dass nur sichere PSA auf den Markt kommen. Zugleich dienen sie der Verwirklichung des Binnenmarktes, indem sie die Rechtsvorschriften der Mitgliedstaaten für persönliche Schutzausrüstungen angleichen und damit die Voraussetzung für die europaweite Vermarktung von PSA schaffen. Dieser Zielsetzung entsprechend sind die Anforderungen der RL 89/686/EWG und der VO (EU) 2016/425 abschließende Regelungen in dem Sinne, dass die Mitgliedstaaten keine weitergehenden Anforderungen als Voraussetzungen für das Inverkehrbringen der Produkte normieren dürfen. In einem Vertragsverletzungsverfahren gegen Deutschland wurden diese Grenzen zB bzgl. der Schutzausrüstungen für Feuerwehrleute insbesondere im Hinblick auf den Anwendungsbereich der RL 89/686/EWG präzisiert.[17] Die Richtlinie und die VO (EU) 2016/425 folgen dem System der neuen Konzeption, das heißt, sie regeln in ihrem Anhang grundlegende Anforderungen für Gesundheitsschutz und Sicherheit. Die Konkretisierung dieser Anforderungen erfolgt durch harmonisierte technische Normen. Stimmen persönliche Schutzausrüstungen mit harmonisierten Normen überein, deren Fundstellen im Amtsblatt der EU veröffentlicht worden sind, wird die Konformität mit den grundlegenden Gesundheits- und Sicherheitsanforderungen vermutet. Inzwischen sind sehr viele europäische Normen im Bereich der PSA erarbeitet worden. Hersteller sind nicht gezwungen, ihre Produkte nach der harmonisierten technischen Norm zu produzieren. Die Einhaltung der Normen löst aber zugunsten der Hersteller eben die Vermutung aus, dass das Produkt mit den grundlegenden Sicherheits- und Gesundheitsanforderungen übereinstimmt. Art. 8 ff. PSA-RL 89/686/EWG und zukünftig Art. 15 ff. VO (EU) 2016/425 normieren im Einzelnen, wie die Übereinstimmung der PSA mit den Anforderungen der Richtlinie zu überprüfen und zu dokumentieren ist.[18]

6 Die RL 89/686/EWG wurde zunächst durch die 8. GSGV und seit 2004 durch die 8. GPSGV umgesetzt,[19] die 2011 ohne wesentliche inhaltliche Änderungen in die **8. ProdSV** überführt wurde.[20] Ab dem 21.4.2018 werden die Regelungen der VO (EU) 2016/425 gelten und im Wesentlichen an die Stelle der 8. ProdSV treten (→ Rn. 1). Durch diese produktbezogenen Vorschriften soll gesichert werden, dass persönliche Schutzausrüstungen nur in den Verkehr gebracht werden, die den grundlegenden Anforderungen für Gesundheitsschutz und Sicherheit entsprechen, die in Anhang II RL 89/686/EWG bzw. zukünftig in der VO (EU) 2016/425 normiert sind.[21] § 2 der 8. ProdSV normiert, dass persönliche Schutzausrüstungen nur auf den Markt gebracht werden dürfen, wenn Sie den grundlegenden Sicherheits- und Gesundheitsanforderun-

---

16 Richtlinie 89/686/EWG des Rates vom 21.12.1989 zur Angleichung der Rechtsvorschriften der Mitgliedstaaten für persönliche Schutzausrüstungen, ABl. EG L 399, 18–38 v. 30.12.1989, zuletzt geändert durch VO (EG) Nr. 1882/2003 v. 29.9.2003, ABl. EG L 284, 1 v. 31.10.2003. **17** EuGH 22.5.2003 – C-103/01, DVBl. 2003, 1146 (Kommission/Deutschland) zu zusätzlichen Anforderungen an Schutzausrüstungen für Feuerwehrleute; dazu Klindt BG 2009, 174 ff. **18** Zur RL 89/686/EWG: Münch/ArbR/Kohte § 296 Rn. 7–17; Kollmer/Klindt/Schucht/Klindt PSA-BV Einführung Rn. 8; Schucht EuZW 2016, 407 (410); Auflistung der einschlägigen technischen Normen: https://ec.europa.eu/growth/single-market/european-standards/harmonised-standards/personal-protective-equipment_en (abgerufen: 15.7.2017). **19** BGBl. I 2004, 2, 17; zunächst BGBl. I 1992, 1019 und I 1997, 316. **20** BGBl. I 2011, 2178, 2200. **21** Kollmer/Klindt/Schucht/Klindt PSA-BV Einführung, Rn. 7; Pieper PSA-BV § 1 Rn. 8, zur VO (EU) 2016/425: Thierbach Gefahrstoffe – Reinhaltung der Luft 2016, 187 ff.; Schucht EuZW 2016, 407 (409); Liedtke sis 2016, 122 ff.; Hüchelbach/Schulze, S. 26.

gen des Anhangs II der Richtlinie 89/686/EWG entsprechen und bei angemessener Wartung Leben und Gesundheit der Benutzer schützen, ohne die Gesundheit oder Sicherheit von anderen Personen zu gefährden. Gem. Art. 47 Abs. 1 VO (EU) 2016/425 gilt für Produkte, die der Richtlinie 89/686/EWG entsprechen, eine Übergangsfrist bis zum 21.4.2019. Ab dann müssen persönliche Schutzausrüstungen gem. Art. 5 VO (EU) 2016/425 die grundlegenden Gesundheitsschutz- und Sicherheitsanforderungen des Anhangs II der VO (EU) 2016/425 erfüllen.[22] Eine längere bis zum 21.4.2023 währende Übergangszeit besteht gem. Art. 47 Abs. 2 VO (EU) 2016/425 für solche persönlichen Schutzausrüstungen, für die eine nach der RL 89/686/EWG ausgestellte Baumuster-Prüfbescheinigung vorliegt.[23] Zu den weiteren Voraussetzungen gehört, dass die Schutzausrüstung mit einer **CE-Kennzeichnung** versehen ist, durch die der Hersteller bestätigt, dass die **Sicherheitsanforderungen nach § 2 der 8. ProdSV** erfüllt sind. Zusätzlich wird verlangt, dass der Hersteller technische Unterlagen bereithält, die die Aufsichtsbehörden einsehen können. Fehler bei der Anbringung der CE-Kennzeichnung und der Sicherstellung der Informationspflicht können nach § 9 der 8. ProdSV als Ordnungswidrigkeiten geahndet werden. Die Vorgaben zur CE-Kennzeichnung finden sich zukünftig in Art. 16, 17 VO (EU) 2016/425, die auf die allgemeinen Grundsätze der CE-Kennzeichnung gem. Art. 30 VO (EG) 765/2008 verweisen, ohne dass sich daraus grundlegende Änderungen gegenüber der derzeitigen Regelung ergeben werden.[24] Während es derzeit noch genügt, dass die EU-Konformitätserklärung vom Hersteller bereitgehalten wird (§ 3 Abs. 1 Nr. 2 Buchst. b 8. ProdSV), muss die Konformitätserklärung zukünftig in der vom Hersteller mit dem Produkt ausgehändigten Anleitung enthalten oder über eine in der Anleitung genannte Internetadresse abrufbar sein (Anhang II Nr. 1.4 VO (EU) 2016/425).[25] Eine 1997 erfolgte und 2001 aktualisierte Untersuchung der Kommission Arbeitsschutz und Normung hat ergeben, dass sich die Normung bei den persönlichen Schutzausrüstungen insgesamt bewährt hat und dass das Sicherheitsniveau mit dem vorgreifenden Arbeitsschutz stabilisiert werden konnte.[26] Gesichert wird der Schutz durch Verfügungen nach § 26 ProdSG (früher § 8 GPSG).[27]

Die auf Art. 118 a EG-Vertrag (heute Art. 153 AEUV) gestützte RL 89/656/EWG über Mindestvorschriften für Sicherheit und Gesundheitsschutz bei **Benutzung persönlicher Schutzausrüstungen** hebt in den Erwägungsgründen hervor, dass die Bestimmungen in der Rahmenrichtlinie 89/391/EWG in vollem Umfang auf die Benutzung persönlicher Schutzausrüstungen Anwendung finden und **kollektive Schutzmaßnahmen Vorrang gegenüber persönlichen Schutzausrüstungen genießen.** Art. 3 RL 89/656/EWG regelt diesen Grundsatz noch einmal ausdrücklich. Art. 4 RL 89/656/EWG normiert allgemeine Grundsätze für die betriebliche Bereitstellung und Nutzung von Schutzausrüstungen: hierzu zählt unter anderem der Grundsatz gem. Art. 4 Abs. 6 RL 89/656/EWG, dass der Arbeitgeber persönliche Schutzausrüstungen kostenfrei zur Verfügung zu stellen hat und eine Kostenbeteiligung der Arbeitnehmer nur zulässig ist, sofern das Tragen der Schutzausrüstungen nicht auf die Arbeit beschränkt ist. Art. 5 RL 89/656/EWG konkretisiert die Anforderungen an die Risikoanalyse und -bewertung, die der Auswahl und dem Einsatz von PSA vorausgehen müssen. Unterrichtung, Anhörung und Beteiligung der Arbeitnehmer sind Gegenstand der Art. 7, 8 RL 89/656/EWG.

Die PSA-BV wurde im Jahr 1996 zusammen mit drei weiteren Verordnungen, die Einzelrichtlinien zur Rahmenrichtlinie 89/391/EWG in deutsches Recht umsetzen, erlassen und seitdem nicht geändert. Zu den Grundsätzen, an denen sich die Verordnung orientiert, gehört zum einen, wie oben bereits dargestellt, die Kohärenz mit dem Arbeits-

---

22 Thierbach Gefahrstoffe – Reinhaltung der Luft 2016, 187 (189); Schucht EuZW 2016, 407; Liedtke sis 2016, 122 (127); Hüchelbach/Schulze, S. 53. **23** Thierbach Gefahrstoffe – Reinhaltung der Luft 2016, 187 (189); Liedtke sis 2016, 122 (127); Hüchelbach/Schulze, S. 53. **24** Schucht EuZW 2016, 407 (409); Hüchelbach/Schulze, S. 36 ff. **25** Schucht EuZW 2016, 407 (409); Hüchelbach/Schulze, S. 75. **26** KAN-Bericht 12: Normung im Bereich persönliche Schutzausrüstungen. **27** Anschaulich aus dem PSA-Bereich zur früheren Norm des § 8 GPSG: VG Aachen 20.11.2008 – 3 L 383/08; Klindt BG 2009, 174 (175).

schutzgesetz und zum anderen die Beschränkung auf eine inhaltsgleiche sogenannte **1:1-Umsetzung** der materiellen Mindestregelungen der EG-RL 89/656/EWG.[28]

III. Anwendungsbereich, Bereitstellung, Benutzung und Unterweisung

9 Den **sachlichen und persönlichen Anwendungsbereich** der Verordnung bestimmt § 1 Abs. 1 PSA-BV. Der persönliche Anwendungsbereich umfasst entsprechend der Ermächtigungsgrundlage (§ 19 ArbSchG) alle privaten und öffentlichen Tätigkeitsbereiche. Die in § 1 Abs. 1 PSA-BV verwendeten Begriffe des Arbeitgebers bzw. des Beschäftigten sind iSd § 2 Abs. 2, 3 ArbSchG zu verstehen.[29] Beschäftigte sind danach ua Arbeiter, Angestellte und auch Praktikanten,[30] Beamte, Richter sowie arbeitnehmerähnliche Personen (→ ArbSchG § 2 Rn. 19 ff.). Lediglich für Landesbeamte gilt die Verordnung nicht unmittelbar, da der Bundesgesetzgeber für diese Beamte keine Gesetzgebungszuständigkeit hat. Für die Beamten der Länder, Gemeinden und sonstigen Körperschaften, Anstalten und Stiftungen des öffentlichen Rechts auf Landesebene ist daher durch Landesrecht gem. § 20 Abs. 1 ArbSchG zu entscheiden, ob und inwieweit die Verordnung gilt.[31] Soweit ersichtlich haben die meisten Bundesländer in den jeweiligen Landes-Beamtengesetzen beziehungsweise darauf gestützten Verordnungen die PSA-BV unverändert übernommen.[32] Gem. § 1 Abs. 4 PSA-BV gilt die Verordnung nicht in Betrieben, die dem Bundesberggesetz unterliegen. Für die dort Beschäftigten trifft § 18 BundesBergV eine spezielle Regelung.

10 In **sachlicher** Hinsicht wird der **Anwendungsbereich** der Verordnung durch § 1 PSA-BV festgelegt. Die Verordnung gilt für die Bereitstellung persönlicher Schutzausrüstungen durch den Arbeitgeber sowie für deren Benutzung durch Beschäftigte bei der Arbeit. Nach der in § 1 Abs. 2 PSA-BV getroffenen Definition gilt als persönliche Schutzausrüstung jede Ausrüstung, die dazu bestimmt ist, von den Beschäftigten benutzt oder getragen zu werden, um sich gegen eine Gefährdung ihrer Sicherheit und Gesundheit zu schützen, sowie jede mit demselben Ziel verwendete und mit der persönlichen Schutzausrüstung verbundene Zusatzausrüstung. Diese Definition stimmt mit der in Art. 2 Abs. 1 PSA-Benutzungs-RL 89/656/EWG getroffenen Definition überein. Zentrale Elemente dieser Definition sind die Schutzfunktion und die personengebundene Nutzung der Ausrüstung. Um zu verhindern, dass durch die Kombination von Zusatzausrüstungen mit PSA deren Schutzfunktion beeinträchtigt wird, gelten für derartige Kombinationen die gleichen Anforderungen wie für PSA.[33] In Übereinstimmung mit Art. 2 Abs. 2 PSA-Benutzungs-RL 89/656/EWG nimmt § 1 Abs. 3 PSA-BV bestimmte Ausrüstungen vom Anwendungsbereich der PSA-BV aus. **Ausgenommen werden Ausrüstungen**, die entweder keine spezifische Schutzfunktion besitzen, wie zum Beispiel normale Arbeitskleidung und Uniformen, die nicht dem Schutz von Sicherheit und Gesundheit dienen, oder ausschließlich für die Benutzung durch besondere Einrichtungen, wie zum Beispiel Not- und Rettungsdienste, Militär, Polizei und Ordnungsdienste, bestimmt sind. Die Begründung stellt insoweit ausdrücklich klar, dass diese Ausnahme nur für Einrichtungen gilt, die der öffentlichen Sicherheit oder der öffentlichen Ordnung dienen, dass private Sicherheitsdienste jedoch nicht zu den besonderen Einrichtungen iSd § 1 Abs. 3 Nr. 3 PSA-BV zählen und somit nicht dem Anwendungsbereich der Verordnung entzogen sind.[34] PSA, die verkehrsrechtlichen Vorschriften unterliegen, und Sportausrüstungen sind gem. § 1 Abs. 3, Nr. 4, 5 PSA-BV ausgenommen.

---

28 Verordnungsentwurf – Begründung, BR-Drs. 656/96, 14; Wlotzke NJW 1997, 1469 (1470). **29** Verordnungsentwurf – Begründung, BR-Drs. 656/96, 15; Münch/ArbR/Kohte § 296 Rn. 20; Kollmer/Klindt/Schucht/Klindt PSA-BV § 1 Rn. 1 f.; Pieper PSA-BV § 1 Rn. 16; LR/Wiebauer/Kollmer PSA-BV Einl. Rn. 1. **30** Kollmer/Klindt/Schucht/Kohte ArbSchG § 2 Rn. 64 ff. **31** Dazu VGH BW 3.5.2006 – 9 S 778/04, ESVGH 56, 222. **32** § 2 Bayrische ArbSchV v. 21.4.2009, § 70 Abs. 1 LandesbeamtenG Brandenburg v. 3.4.2009, § 82 Abs. 1 LandesbeamtenG MV v. 17.12.2009, § 1 ArbSchVO NRW v. 9.6.1998, § 62 LandesbeamtenG Rheinland Pfalz v. 20.10.2010, § 83 Abs. 1 LandesbeamtenG Sachsen-Anhalt v. 15.12.2009, § 78 Sächsisches Beamtengesetz – SächsBG v. 18.12.2013. **33** Verordnungsentwurf – Begründung, BR-Drs. 656/96, 16; Münch/ArbR/Kohte § 296 Rn. 20; Pieper PSA-BV § 1 Rn. 10. **34** Verordnungsentwurf – Begründung, BR-Drs. 656/96, 16; Kollmer/Klindt/Schucht/Klindt PSA-BV § 1 Rn. 4.

Auswahl, Bereitstellung und Benutzung von PSA sind Gegenstand des § 2 PSA-BV. Die in § 2 PSA-BV normierten Verpflichtungen des Arbeitgebers hinsichtlich Auswahl und Bereitstellung von PSA folgen nur zum Teil unmittelbar aus dem Text der Vorschrift: Denn hinsichtlich wesentlicher Pflichten des Arbeitgebers im Zusammenhang mit der Auswahl und Bereitstellung von PSA verweist § 2 Abs. 1 Hs. 1 PSA-BV auf die §§ 3–5 ArbSchG. Insbesondere die Pflicht des Arbeitgebers, die bei der Arbeit auftretenden **Gefährdungen zu ermitteln und geeignete Schutzmaßnahmen festzulegen**, wird nicht in der PSA-BV, sondern durch Verweis auf §§ 3, 4 und 5 ArbSchG normiert. Ohne dass dies in der PSA-BV noch einmal ausdrücklich hervorgehoben wird, hat der Arbeitgeber bei der Auswahl und Festlegung der notwendigen Maßnahmen stets die **gesetzlich normierte Rangfolge** zu beachten.[35] Danach wird technischen Schutzmaßnahmen der Vorrang vor organisatorischen Maßnahmen und diesen wiederum der Vorrang vor persönlichen Schutzausrüstungen eingeräumt. 11

Ergibt die Gefährdungsbeurteilung, dass technische oder organisatorische Maßnahmen nicht in Betracht kommen oder nicht ausreichen und daher persönliche Schutzausrüstungen zu verwenden sind, so hat der Arbeitgeber die Schutzausrüstungen nach Maßgabe des § 2 PSA-BV bereitzustellen. Er darf gem. § 2 Abs. 1 PSA-BV nur Schutzausrüstungen **auswählen und bereitstellen**, die die **in Abs. 1 im Einzelnen festgelegten Anforderungen** erfüllen. Die Schutzausrüstungen müssen danach zunächst die Anforderungen der Verordnung über das Inverkehrbringen von persönlichen Schutzausrüstungen (8. ProdSV[36], zukünftig VO (EU) 2016/425 → Rn. 1) erfüllen. Der Arbeitgeber kann sich insoweit regelmäßig an der CE-Kennzeichnung orientieren. Durch diese Regelung soll gewährleistet werden, dass nur sichere PSA bereitgestellt und benutzt werden. Im Übrigen ergeben sich weitere Einzelheiten aus den Regelwerken der Träger der Unfallversicherung, die in den DGUV Regeln 112-XXX[37] detaillierte Anforderungen für die verschiedenen Ausrüstungen, wie zB Atemschutzgeräte (DGUV R 112-190), Kopfschutz (DGUV R 112-193) und Schutzhandschuhe (DGUV R 112-195),[38] formuliert haben. 12

Des Weiteren muss die PSA gem. § 2 Abs. 1 Nr. 2 PSA-BV **Schutz gegen die zu verhütende Gefährdung bieten, ohne selbst eine größere Gefährdung mit sich zu bringen**. Insoweit sind insbesondere die jeweiligen Arbeitsplatzbedingungen zu berücksichtigen. So darf zum Beispiel Gehörschutz nicht die Wahrnehmbarkeit von Evakuierungssignalen verhindern. Auch ergonomische und gesundheitliche Erfordernisse der Beschäftigten, die ebenfalls in Abs. 1 ausdrücklich erwähnt werden, sind insoweit zu berücksichtigen: So können zum Beispiel Tragezeitbegrenzungen zur Vermeidung zusätzlicher Gefährdungen erforderlich sein.[39] 13

Gem. § 2 Abs. 3 PSA-BV gilt Entsprechendes für den gleichzeitigen Einsatz mehrerer persönlicher Schutzausrüstungen: Diese müssen so aufeinander abgestimmt werden, dass die Schutzwirkungen der einzelnen Ausrüstungen sich nicht beeinträchtigen.

Als weitere wesentliche Voraussetzung für die Erreichung des Schutzzwecks der Verordnung normiert § 2 Abs. 2 PSA-BV den **Grundsatz der personengebundenen Nutzung**. Dieser Grundsatz ist zum einen unionsrechtlich durch Art. 4 Abs. 4 PSA-Benutzungs-RL 89/656/EWG vorgegeben. Er folgt zum anderen daraus, dass Schutzausrüstungen ihren Zweck nur erfüllen können, wenn sie dem Benutzer hinsichtlich Form und Größe passen. Die Begründung der Verordnung hebt insoweit hervor, dass insbesondere PSA, die den Benutzer gegen tödliche Gefahren oder vor ernsten irreversiblen Gesundheitsschäden schützen sollen, einer **individuellen Anpassung an den Träger** be- 14

---

[35] Pieper PSA-BV § 2 Rn. 3; LR/Wiebauer/Kollmer PSA-BV Einl. Rn. 1; Münch/ArbR/Kohte § 296 Rn. 21; BGI 515 Nr. 3.1.; Verordnungsentwurf – Begründung, BR-Drs. 656/96, 17. [36] BGBl. I 2011, 2178, 2200. [37] Überblick über die DGUV-Regeln unter: http://publikationen.dguv.de/dguv/udt_dguv_main.aspx?ID=0 (abgerufen: 16.7.2017). [38] Anschauliche Beispiele bei Otto BG 2010, 432. [39] DGUV Information 212-515 Nr. 3.2.3. (zuvor: BGI 515); Münch/ArbR/Kohte § 296 Rn. 22; Verordnungsentwurf – Begründung, BR-Drs. 656/96 vom 5.9.1996, 18.

dürfen.[40] In Empfehlungen zur Epilepsie im Arbeitsleben wird entsprechend hervorgehoben, dass für diesen Personenkreis eine besondere Ausgestaltung von Schutzhelmen geboten ist.[41] Ausnahmen vom Grundsatz der personengebundenen Nutzung sind gem. § 2 Abs. 2 S. 3 PSA-BV allerdings zulässig, wenn die Umstände eine Benutzung durch verschiedene Beschäftigte erfordern. Unter welchen Voraussetzungen solch eine Ausnahme zulässig ist, erläutert die Verordnung nicht. Es gilt insoweit die allgemeine Regelung, dass Ausnahmen eng auszulegen sind. Die Formulierung des Tatbestandes stellt zudem darauf ab, dass die „Umstände" eine gemeinsame Nutzung „erfordern", so dass reine Zweckmäßigkeitsüberlegungen eine Ausnahme nicht rechtfertigen können. Aus dem Zweck des Grundsatzes der personengebundenen Nutzung – der Sicherstellung der Funktion von PSA und der Vermeidung hygienischer und gesundheitlicher Gefahren – folgt schließlich, dass ein strenger Maßstab an das Merkmal der Erforderlichkeit anzulegen ist. Aufgrund der Umstände kann eine gemeinsame Nutzung von PSA durch mehrere Beschäftigte zum Beispiel bei PSA erforderlich sein, die mit Rettungsgeräten fest verbunden sind, oder wenn es organisatorisch nicht möglich ist, den Kreis der Verwender einer Schutzausrüstung (zum Beispiel Schutzwesten) einzugrenzen. Gem. § 2 Abs. 2 S. 3 PSA-BV hat der Arbeitgeber in diesen Fällen dafür zu sorgen, dass Gesundheitsgefahren oder hygienische Probleme nicht auftreten.

15 Gem. § 2 Abs. 4 PSA-BV hat der Arbeitgeber durch **Wartungs-, Reparatur- und Ersatzmaßnahmen** sowie durch ordnungsgemäße Lagerung dafür zu sorgen, dass die PSA während der gesamten Benutzungsdauer gut funktionieren und sich in einem hygienisch einwandfreien Zustand befinden. Die Notwendigkeit zur Wartung variiert je nach Beschaffenheit der PSA und kann von einfachen Arbeiten bis hin zu komplexen Aufgaben für spezialisierte Werkstätten reichen. Angaben hierzu gehören zu den grundlegenden Sicherheits- und Gesundheitsanforderungen, die vom Hersteller beziehungsweise Importeur zu erfüllen sind (Anhang II Nr. 1.4 PSA Richtlinie 89/686/EWG). In verschiedenen DGUV Regeln sind Fristen enthalten, wann PSA regelmäßig zu überprüfen, zu warten bzw. zu wechseln sind.[42]

16 Neuere Untersuchungen haben gezeigt, dass die Abstimmung zwischen technisch gut genormten Schutzausrüstungen und ihrem betrieblichen Einsatz noch deutlich verbesserungsfähig ist. Eine aktuelle Studie hat ermittelt, dass die in der Praxis erreichten Dämmwerte von Gehörschutz deutlich unter den Angaben der Hersteller lagen.[43] Die Ursachen wurden in dieser Studie vorrangig nicht bei den Herstellern, sondern in **Defiziten der betrieblichen Praxis** verortet. Dazu gehören unsachgemäße Lagerung und Alterung der Gehörschützer; Probleme bei der Kombination mit anderen Schutzausrüstungen, wie zB Helm und Schutzbrille, sowie fehlerhafter Gebrauch der PSA (falsche Größe oder Tragposition, Fehler beim Einsetzen des Gehörschutzes). Den in der PSA-BV formulierten Anforderungen der arbeitsplatzgerechten Anpassung der PSA, der hinreichenden Schulung und Unterweisung, der korrekten Wartung und Lagerung sowie der Aussortierung veralteter und nicht mehr hinreichend funktionsfähiger Schutzausrüstung kommt daher eine hohe Bedeutung zu.[44]

17 Die **Kosten** für die Bereitstellung persönlicher Schutzausrüstungen hat grundsätzlich der Arbeitgeber zu tragen. Die einschlägige Regelung findet sich nicht in der PSA-BV, sondern in § 3 Abs. 3 ArbSchG.[45] Diese Vorschrift setzt sowohl die allgemeine unionsrechtliche Regelung des Art. 6 Abs. 5 Rahmenrichtlinie 89/391/EWG zur Kostentragung durch den Arbeitgeber als auch die spezielle Regelung des Art. 4 Abs. 6

---

40 Verordnungsentwurf – Begründung, BR-Drs. 656/96, 18; ausführlich Müller-Petzer, Fürsorgepflichten, S. 104 ff. **41** Institut der deutschen Wirtschaft (Hrsg.), Wenn Neuronen Sondersocken machen, 2015, S. 34 (www.rehadat.de/wissensreihe/epilepsie.pdf abgerufen: 16.7.2017). **42** Otto BG 2010, 432 (434); Kollmer/Klindt/Schucht/Klindt PSA-BV § 2 Rn. 5; zB DGUV R 112-198: Einsatz von persönlichen Schutzausrüstungen gegen Absturz. **43** BGIA-Report 4/2009: Schalldämmung von Gehörschützern in der betrieblichen Praxis – Studie von 2005–2007. **44** Dazu auch Dantscher KANBrief 3/2009, 3. **45** Kollmer/Klindt/Schucht/Klindt PSA-BV § 2 Rn. 3; Pieper PSA-BV § 2 Rn. 7; Münch/ArbR/Kohte § 296 Rn. 21.

PSA-Benutzungs-RL 89/656/EWG in nationales Recht um.[46] Ergänzend zu § 3 Abs. 3 ArbSchG haben Arbeitnehmer auch einen vertraglichen Anspruch gegen ihren Arbeitgeber auf Übernahme der Kosten für Arbeitsschutzmaßnahmen.[47] Umkleidezeiten für das Anlegen von PSA sind Arbeitszeiten und deswegen als solche zu vergüten.[48] Dies folgt daraus, dass nach allgemeinen Grundsätzen das Umkleiden für die Arbeit zur Arbeitszeit zählt, wenn der Arbeitgeber das Tragen einer bestimmten Kleidung vorgibt und das Umkleiden im Betrieb erfolgen muss.[49] Sofern Umkleidezeiten das An- bzw. Ablegen von PSA betreffen, tritt als weiterer Grund § 3 Abs. 3 ArbSchG hinzu, wonach Kosten für Arbeitsschutzmaßnahmen nicht den Beschäftigten auferlegt werden dürfen.[50] Im Ergebnis zutreffend hat das Bundesarbeitsgericht einen Anspruch auf Vergütung der Umkleidezeiten für das Anlegen von PSA anerkannt, obwohl ein Tarifvertrag den Vergütungsanspruch explizit ausschloss.[51] In der Begründung vertrat das Bundesarbeitsgericht aber zu Unrecht die Auffassung, eine tarifvertragliche Regelung, die den Vergütungsanspruch ausschließt, sei nicht wegen Verstoß gegen § 3 Abs. 3 ArbSchG unwirksam.[52] Die Argumentation des Bundesarbeitsgerichts ist nicht auf andere Fälle zu übertragen, da sie sich am Wortlaut der Vorschrift orientiert, ohne hinreichend zu berücksichtigen, dass § 3 Abs. 3 ArbSchG richtlinienkonform im Sinne des Art. 6 Abs. 5 Rahmenrichtlinie 89/391/EWG und Art. 4 Abs. 6 PSA-Benutzungs-RL 89/656/EWG auszulegen ist (→ ArbSchG § 3 Rn. 103). Das VG Neustadt (Weinstraße) hat im Ergebnis offengelassen, ob ein Anspruch auf Zurverfügungstellung und Kostenersatz für eine Bildschirmarbeitsbrille aus § 1 Abs. 2 PSA-BV iVm § 3 Abs. 3 ArbSchG abzuleiten ist, und zutreffend darauf verwiesen, dass Augenuntersuchungen und das Zurverfügungstellen spezieller Sehhilfen für die Arbeit an Bildschirmgeräten jedenfalls spezieller in der ArbmedVV, Anhang Teil 4, Abs. 2 geregelt ist.[53] Zutreffend erscheint aber, dass Bildschirmarbeitsbrillen unter den Begriff der persönlichen Schutzausrüstungen iSd § 1 Abs. 2 PSA-BV zu subsumieren sind, und daher die allgemeinen Regelungen der PSA-BV zur Benutzung von Schutzausrüstungen auch für Bildschirmarbeitsbrillen gelten.

Sofern Arbeitnehmer die persönlichen Schutzausrüstungen im **Privatbereich** nutzen können und dürfen, ist eine individual- oder kollektivrechtliche Vereinbarung über eine **Kostenbeteiligung der Beschäftigten** nach der Rechtsprechung des Bundesarbeitsgerichts zulässig. Voraussetzung ist, dass der Arbeitgeber die Möglichkeit zur Nutzung der PSA, zB die Nutzung von Arbeitsschuhen, im Privatbereich anbietet, und der Arbeitnehmer freiwillig von dieser Möglichkeit Gebrauch macht. Sofern von dieser Möglichkeit durch eine arbeitsvertragliche Individualvereinbarung oder eine kollektivrechtliche Regelung durch Tarifvertrag oder Betriebsvereinbarung Gebrauch gemacht wird, darf höchstens ein marktüblicher Kostenbeitrag der Beschäftigten vereinbart werden, da ansonsten die Pflicht des Arbeitgebers, die Kosten der betrieblichen Arbeitsschutzmaßnahmen zu tragen, verletzt würde.[54] Benötigt ein Arbeitnehmer aufgrund individueller Besonderheiten seines Stütz- oder Bewegungsapparates besonders geformte Schutzausrüstungen (zum Beispiel orthopädische Sicherheitsschuhe), so ändert dies nichts an der Pflicht des Arbeitgebers, entsprechend angepasste Schutzausrüstungen ohne Kostenbelastung des Beschäftigten bereitzustellen.[55] Die erhöhten Kosten muss der Arbeitgeber in der Regel jedoch nicht allein übernehmen, da typischerweise ein Teil der Kosten von weiteren Leistungsträgern übernommen wird: Als solche kommen die gesetzlichen Unfallversicherungsträger, Integrationsämter, Träger der gesetzliche Ren-

---

46 Verordnungsentwurf – Begründung, BR-Drs. 656/96, 17. **47** Kollmer/Klindt/Schucht/Kohte ArbSchG § 3 Rn. 91. **48** Kollmer/Klindt/Schucht/Kohte ArbSchG § 3 Rn. 92; LR/Wiebauer/Kollmer ArbSchG § 3 Rn. 71. **49** BAG 19.9.2012 – 5 AZR 678/11, Rn. 23; Franzen NZA 2016, 136f. **50** Kollmer/Klindt/Schucht/Kohte ArbSchG § 3 Rn. 92; LR/Wiebauer/Kollmer ArbSchG § 3 Rn. 71. **51** BAG 13.12.2016 – 9 AZR 574/15, NZA 2017, 459; zur Vorinstanz: Gaul/Hofelich NZA 2016, 149 ff.; Kohte AuR 2016, 404 ff.; zu Gestaltungsoptionen: Schramm/Lodemann, NZA 2017, 624 ff. **52** BAG 13.12.2016 – 9 AZR 574/15, NZA 2017, 459 (462) Rn. 28 ff. **53** VG Neustadt (Weinstraße) 3.11.2016 – 1 K 458/16.NW, Rn. 23; Kohte, jurisPR-ArbR 5/2017 Anm. 4 = PersR 3/2017, 45 ff. **54** Münch/ArbR/Kohte § 296 Rn. 21. **55** VGH BW 3.5.2006 – 9 S 778/04, ESVGH 56, 222.

tenversicherung, die Bundesagentur für Arbeit, Träger der begleitenden Hilfe im Arbeitsleben sowie Träger der Sozialhilfe in Betracht.[56]

19 Ergänzend zu der allgemeinen Unterweisungspflicht gem. § 12 ArbSchG normiert § 3 Abs. 1 PSA-BV eine spezielle **Unterweisungspflicht** des Arbeitgebers in Hinblick auf die sicherheitsgerechte Benutzung der PSA. Die Unterweisung soll die Befähigung zur sicherheitsgerechten Benutzung der PSA fördern und die Akzeptanz und Motivation zum Tragen von PSA stärken.[57] Art und Umfang der Unterweisung bestimmen sich nach den Gefahren, vor denen die PSA schützen sollen, und den für die sicherheitsgerechte Benutzung erforderlichen Kenntnissen. Soweit erforderlich, sind Schulungen mit praktischen Übungen durchzuführen. Die Verordnungsbegründung[58] und auch § 31 DGUV Vorschrift 1 halten **Schulungen mit praktischen Übungen**, zum Beispiel bei komplexen PSA iSd Art. 8 Abs. 4 PSA-RL 89/686/EWG, die gegen tödliche Gefahren oder ernste und irreversible Gesundheitsschäden schützen sollen, generell für erforderlich.[59] Ziel der Übungen sollte neben einer sicheren Benutzung der PSA auch das richtige Verhalten in kritischen Situationen sein.[60]

20 Ein sicherheitsgerechtes Verhalten der Beschäftigten, zu dem diese gem. § 15 Abs. 2 ArbSchG verpflichtet sind, ist nur möglich, wenn die hierfür erforderlichen Informationen zur Verfügung stehen. Deswegen schreibt § 3 Abs. 2 PSA-BV vor, dass der Arbeitgeber die erforderlichen **Informationen** für die Benutzung der bereitgestellten PSA in einer für die Beschäftigten verständlichen Form und Sprache bereithalten muss. Der Arbeitgeber kann bei der Erstellung dieser Informationen auf die mitgelieferten technischen Unterlagen der Hersteller und Importeure von PSA gem. § 3 Abs. 1 Nr. 3 8. GSPGV (= Informationsbroschüre gem. Nr. 1.4. des Anhangs II der PSA-RL 89/686/ EWG) zurückgreifen. Die Verordnungsbegründung hebt in diesem Zusammenhang hervor, dass die Information auch Reinigungs- und Pflegevorschriften für die PSA vermitteln kann.[61]

IV. Rechtsdurchsetzung und betriebliche Gestaltung

21 Die PSA-BV normiert öffentlich-rechtliche Pflichten des Arbeitgebers, die der **behördlichen Überwachung** unterliegen. Einschlägig sind insoweit die Regelungen der §§ 21 ff. ArbSchG. Da die PSA-BV selbst keine Bußgeldvorschriften enthält, können Verstöße des Arbeitgebers gegen die PSA-BV nur als **Ordnungswidrigkeit** verfolgt und mit Bußgeldern geahndet werden, wenn dieser gegen eine zuvor nach § 22 ArbSchG erlassene vollziehbare Anordnung der zuständigen Behörde verstößt (§ 25 Abs. 1 Nr. 2 Buchst. a ArbSchG, → ArbSchG § 25 Rn. 10). Die Normen der UVV, zB §§ 29–31 DGUV Vorschrift 1, werden nach § 17 SGB VII von den Trägern der Unfallversicherung überwacht und können durch Anordnungen nach § 19 SGB VII durchgesetzt werden. Neben Arbeitsschutzbehörden und Berufsgenossenschaften haben auch Betriebsärzte und Fachkräfte für Arbeitssicherheit sowie die Sicherheitsbeauftragten für die Einhaltung der PSA-BV zu achten.[62] Die Bereitstellung geeigneter PSA gem. § 2 PSA-BV ist jedoch nicht nur eine öffentlich-rechtliche Pflicht. Jeder Arbeitgeber ist gem. § 618 BGB auch privatrechtlich verpflichtet, die aufgrund öffentlich-rechtlicher Vorschriften erforderlichen Schutzausrüstungen zur Verfügung zu stellen und die damit verbundenen Kosten zu tragen (→ BGB § 618 Rn. 38).[63] Arbeitnehmer haben daher auch einen **arbeitsvertraglichen Erfüllungsanspruch**, der vor dem Arbeitsgericht geltend zu machen ist.

22 Für die Beteiligung des **Betriebs- oder Personalrats** gelten die allgemeinen Grundsätze, so dass auch der Betriebs- bzw. Personalrat die ordnungsgemäße Anwendung der PSA-BV zu **überwachen** und sich für deren Durchführung einzusetzen hat (§§ 80 Abs. 1

---

[56] S. dazu: DGUV R 112-191, Anhang 2, Nr. 5 (Stand: März 2007). [57] Pieper PSA-BV § 3 Rn. 1; Münch/ArbR/Kohte § 296 Rn. 24; Verordnungsentwurf – Begründung, BR-Drs. 656/96, 19.
[58] Verordnungsentwurf – Begründung, BR-Drs. 656/96, 19. [59] Opfermann/Rückert AuA 1997, 124 (126); Müller-Petzer, Fürsorgepflichten, S. 107. [60] DGUV Information 212-515, Nr. 3.5.4.
[61] Verordnungsentwurf – Begründung, BR-Drs. 656/96, 19. [62] Münch/ArbR/Kohte § 296 Rn. 25.
[63] BAG 18.8.1982 – 5 AZR 493/80, BAGE 40, 50–56; BAG 10.3.1978 – 5 AZR 34/75, AP Nr. 17 zu § 618 BGB; LAG Hamm 9.12.1999 – 17 Sa 1455/99, ZTR 2000, 182 f.

Nr. 1, 89 Abs. 1 S. 1 BetrVG, §§ 68 Abs. 1 Nr. 2, 81 BPersVG). Die Regelungen der §§ 2 und 3 PSA-BV eröffnen zudem Entscheidungsspielräume des Arbeitgebers, die im Rahmen des **Mitbestimmungsrechts** gem. § 87 Abs. 1 Nr. 7 BetrVG bzw. § 75 Abs. 3 Nr. 11 BPersVG auszugestalten sind. Ein erheblicher ausfüllungsfähiger und ausfüllungsbedürftiger Regelungsspielraum besteht zunächst hinsichtlich der **Ermittlung und der Festlegung geeigneter Schutzmaßnahmen** gem. § 2 Abs. 1 Hs. 1 PSA-BV iVm § 5 Abs. 1 ArbSchG. Diese Vorschriften räumen dem Arbeitgeber einen Spielraum bei der Beurteilung von Gefahren und Festlegung von Schutzmaßnahmen ein, der der Mitbestimmung des Betriebs- bzw. Personalrats unterliegt.[64] Nicht nur die Ermittlung der Gefahr, sondern auch die **konkrete Auswahl der Schutzausrüstungen** unterliegt der Mitbestimmung. Denn die gesetzlichen Regelungen des § 2 PSA-BV treffen keine Festlegung, welche von verschiedenen, aber gleich geeigneten Möglichkeiten zur Auswahl und Bereitstellung von Schutzausrüstungen der Arbeitgeber zu treffen hat.[65] Die Betriebsparteien können und sollen insoweit gemeinsam die Spielräume des § 2 Abs. 1 Nr. 2–4 PSA-BV ausgestalten (→ ArbSchG § 12 Rn. 19).[66] Auch die Ausgestaltung der Unterweisung gem. § 3 Abs. 1 PSA-BV sowie die Bereitstellung der Informationen gem. § 3 Abs. 2 PSA-BV ist gesetzlich nicht in einer abschließenden Form geregelt, sondern bedarf einer Ausgestaltung: Art, Umfang und Inhalt der Unterweisung bzw. Schulung sind ebenso wie deren organisatorische Umsetzung nicht abschließend gesetzlich geregelt und daher durch die Betriebsparteien auszugestalten.[67] Ein Mitbestimmungsrecht bezüglich der Auswahl und Bereitstellung von persönlichen Schutzausrüstungen für Leiharbeitnehmer im Betrieb des Entleihers besteht grundsätzlich bei dem Betriebsrat des Entleihers, nicht bei dem Betriebsrat des Verleihbetriebes.[68] Zwar sind Leiharbeitnehmer gem. § 14 Abs. 1 AÜG betriebsverfassungsrechtlich grundsätzlich auch während der Dauer ihrer Überlassung Teil der Belegschaft des Verleihbetriebes. Während der Dauer ihrer Überlassung sind die Leiharbeitnehmer aber zusätzlich in die Organisation des Entleiherbetriebes eingegliedert, und die Zuständigkeit für die Wahrnehmung von Mitbestimmungsrechten in Bezug auf Leiharbeitnehmer bestimmt sich in dieser Situation nach dem Gegenstand des geltend gemachten Mitbestimmungsrechts und der darauf bezogenen Entscheidungsmacht der jeweiligen Arbeitgeber.[69] Für die Dauer der Eingliederung in den Betrieb des Entleihers liegt die Verantwortung für die Auswahl und Bereitstellung der persönlichen Schutzausrüstungen bei dem Entleiher, weswegen das entsprechende Mitbestimmungsrecht dem Betriebsrat des Entleiherbetriebes zukommt.[70] Der Verleihbetrieb hat lediglich Überwachungs- und Kontrollpflichten gem. § 11 Abs. 6 S. 1 AÜG, die gegebenenfalls im Rahmen der betrieblichen Mitbestimmung näher ausgestaltet werden können.[71] Regelungen über eine Kostenbeteiligung der Beschäftigten für private Nutzungen können hingegen nicht im Rahmen des § 87 Abs. 1 Nr. 7 BetrVG erzwungen, sondern nur als freiwillige Vereinbarungen gem. § 88 BetrVG getroffen werden, wenn den Beschäftigten die freie Entscheidung über die private und entgeltliche Nutzung der Ausrüstungen ausdrücklich überlassen wird.[72] Zu einer Kostenverlagerung auf die Beschäftigten ohne deren individuelle Zustimmung fehlt den Betriebsparteien auch für Vereinbarungen nach § 88 BetrVG die Kompetenz.[73]

---

64 Vgl. BAG 12.8.2008 – 9 AZR 1117/06, AP Nr. 29 zu § 618 BGB; Müller-Petzer, Fürsorgepflichten, S. 106 sowie zum Unterweisungsanspruch S. 109. **65** Vgl. BAG 16.6.1998 – 1 ABR 68/97, NZA 1999, 49; Münch/ArbR/Kohte § 296 Rn. 25; Pieper PSA-BV § 2 Rn. 5. **66** Dazu § 2 Abs. 1 Nr. 3 PSA-BV?: BAG 16.6.1998 – 1 ABR 68/97 (Rn. 24, 27); Münch/ArbR/Kohte § 296 Rn. 25. **67** BAG 8.6.2004 – 1 ABR 13/03, BAGE 111, 36; BAG 18.8.2009 – 1 ABR 43/08 (Rn. 24); Pieper PSA-BV § 3 Rn. 4; Fitting BetrVG § 87 Rn. 303; Fabricius BB 1997, 1256. **68** BAG 7.6.2016 – 1 ABR 25/14, NZA 2016, 1420. **69** BAG 7.6.2016 – 1 ABR 25/14, NZA 2016, 1420 Rn. 13. **70** BAG 7.6.2016 – 1 ABR 25/14, NZA 2016, 1420 Rn. 14. **71** BAG 7.6.2016 – 1 ABR 25/14, NZA 2016, 1420 Rn. 20. **72** Münch/ArbR/Kohte § 296 Rn. 21; Richardi BetrVG § 87 Rn. 561; GK-BetrVG/Wiese BetrVG § 87 Rn. 626. **73** BAG 18.7.2006 – 1 AZR 578/05, NZA 2007, 462 (464) zur Kostenbeteiligung bei Entgeltpfändung.

Teil 4:
Arbeitszeitrecht

Arbeitszeitgesetz (ArbZG)[1]

Vom 6. Juni 1994 (BGBl. I S. 1170)
(FNA 8050-21)
zuletzt geändert durch Art. 12 a 6. SGB IV-ÄndG vom 11. November 2016
(BGBl. I S. 2500)

Erster Abschnitt Allgemeine Vorschriften

§ 1 ArbZG Zweck des Gesetzes

Zweck des Gesetzes ist es,
1. die Sicherheit und den Gesundheitsschutz der Arbeitnehmer in der Bundesrepublik Deutschland und in der ausschließlichen Wirtschaftszone bei der Arbeitszeitgestaltung zu gewährleisten und die Rahmenbedingungen für flexible Arbeitszeiten zu verbessern sowie
2. den Sonntag und die staatlich anerkannten Feiertage als Tage der Arbeitsruhe und der seelischen Erhebung der Arbeitnehmer zu schützen.

Literatur: *Andresen/Brennenstuhl*, Frühpensionierung und Altersteilzeit, 3. Aufl. 2003; *Bieder*, Der Nullstundenvertrag – zulässiges Flexibilisierungsinstrument oder Wegbereiter für ein modernes Tagelöhnertum?, RdA 2015, 388; *Birk*, Zeit hat Wert, AiB 2014, 43; *Biswas*, Vertrauensarbeitszeit und Arbeitszeitfreiheit im arbeitszeitrechtlichen und betriebsverfassungsrechtlichen Kontext, 2004; *Böker*, Flexible Arbeitszeit – Langzeitkonten, 2007; *Bundesanstalt für Arbeitsschutz und Arbeitsmedizin*, Arbeitszeitreport Deutschland, 2016; *Colneric*, Konsequenzen der Nachtarbeitsverbotsurteile des EuGH und des BVerfG, NZA 1992, 393; *Doleczik/Schaefer*, Altersteilzeit: ein praxisorientierter Leitfaden für Entscheidungsträger, 1998; *Däubler*, Das Arbeitsrecht 2, 12. Aufl. 2009; *Eckstein*, Offshore-Arbeitszeitverordnung (OffshoreArbZV) seit 1. August 2013 in Kraft, NZA 2013, 1060; *Grunewald*, Grundlagen und Grenzen der Vertrauensarbeitszeit, 2005; *Gutmann* (Hrsg.), Flexibilisierung der Arbeitszeit, 1997; *Habich*, Sicherheits- und Gesundheitsschutz durch die Gestaltung von Nacht- und Schichtarbeit und die Rolle des Betriebsrates, 2006; *Hackh*, Gleitende Arbeitszeit, 1971; *Hamm*, Flexible Arbeitszeiten in der Praxis, 1999 (zitiert: Hamm, Flexible Arbeitszeiten); *ders.*, Flexible Arbeitszeit – Kontenmodelle, 2008 (zitiert: Hamm, Kontenmodelle); *ders.*, Arbeitszeitkonten, 2003 (zitiert: Hamm, Arbeitszeitkonten); *ders.*, Das Ende der Vertrauensarbeitszeit, AiB 2013, 518; *Hoff*, Vertrauensarbeitszeit: einfach flexibel arbeiten, 2002; *Hildebrandt/Wotschack/Kirschbaum*, Zeit auf der hohen Kante, 2009; *Knevels/Lindena*, Gleitende Arbeitszeit, 1987; *Kümmerle/Buttler/Keller*, Betriebliche Zeitwertkonten, 2006; *Markowski*, Vertrauenssache, AiB 2016, 19; *Maul-Sartori*, Das neue Seearbeitsrecht – auch für Landratten von Interesse, NZA 2013, 821; *Meine/Wagner* (Hrsg.), Handbuch Arbeitszeit, 2. Aufl. 2016; *Pleßner*, Vertrauensarbeitszeit, 2005; *Preis*, Flexicurity und Abrufarbeit, RdA 2015, 244; *Reim*, Die Neuregelungen des Arbeitszeitgesetzes zum 1.1.2004, DB 2004, 186; *Schäffer/Kapljic*, Richtlinien zur Durchführung der Sozialpartnervereinbarung über das Seearbeitsabkommen, ZESAR 2009, 170; *Schröder/Urban* (Hrsg.), Jahrbuch Gute Arbeit Ausgabe 2017, 2017; *Simon*, Flexible Arbeitszeit, 2006; *Veit*, Arbeitszeitkonten und betriebliche Altersversorgung, 2008; *Statistisches Bundesamt*, Arbeitsmarkt auf einen Blick – Deutschland und Europa, 2016; *Wagner*, Arbeitszeitmodelle, 1995; *Waltermann*, Gesetzliche und tarifvertragliche Gestaltung im Niedriglohnsektor, NZA 2013, 1041; *Wiebauer*, Auslandsarbeit und Arbeitszeitgesetz, EuZA 2012, 485.

---

[1] Verkündet als Art. 1 ArbeitszeitrechtsG vom 6.6.1994 (BGBl. I S. 1170); Inkrafttreten gem. Art. 21 Satz 2 dieses G am 1.7.1994.

I. Normzweck, Rechtssystematik..	1	bb) Altersteilzeitkonten (Blockmodell)	29
II. Entstehungsgeschichte, Unionsrecht	6	cc) Sonstige Langzeitarbeitszeitkonten (Zeitwertkonten)	35
III. Zweckbestimmung des § 1 Nr. 1	8	e) Vertrauensarbeitszeit	36
1. Sicherheit und Gesundheitsschutz der Arbeitnehmer	8	f) Arbeit auf Abruf, Kapazitätsorientierte variable Arbeitszeit (KAPOVAZ)	43
2. Verbesserung der Rahmenbedingungen für flexible Arbeitszeiten.................	13	g) Jobsharing	49
a) Teilzeit	15	IV. Zweckbestimmung des § 1 Nr. 2	51
b) Schichtarbeit	18	V. Unbenannte Gesetzeszwecke....	53
c) Gleitende Arbeitszeit.....	21	VI. Verhältnis der Zweckbestimmungen	54
d) Arbeitszeitkonten	25	VII. Räumlicher Anwendungsbereich des ArbZG......................	59
aa) Jahresarbeitszeitkonto („Ampelkonto", „Flexikonto")	25		

I. Normzweck, Rechtssystematik

In Übereinstimmung mit anderen Schutzgesetzen – zB § 1 ASiG – werden in § 1 ArbZG **1** **unterschiedliche Gesetzeszwecke** normiert. Sicherheit und Gesundheitsschutz der Arbeitnehmer (→ Rn. 8 ff.), Sonn- und Feiertagsschutz (§ 9 ArbZG) sowie Verbesserung der Rahmenbedingungen für flexible Arbeitszeiten (→ Rn. 13 ff.) sind ohne explizite Gewichtung genannt. Für die weitere Auslegung ist zu beachten, dass mit dem ArbZG die RL 2003/88/EG (ursprünglich RL 93/104/EWG) umgesetzt werden soll (→ Rn. 8).

Nach einhelliger Auffassung begründen die in § 1 ArbZG genannten Zweckbestim- **2** mungen **keine unmittelbaren Rechte und Pflichten zwischen den Arbeitsvertragsparteien.**[1] Jedoch sind sie bei der Auslegung der Vorschriften des Gesetzes zu berücksichtigen. Dies gilt insbesondere bei der Auslegung von unbestimmten Rechtsbegriffen, deren Inhalt nach den allgemeinen Auslegungskriterien unter Berücksichtigung der Zielsetzungen des ArbZG zu bestimmen ist.

Als weiterer wichtiger Aspekt bezüglich der Zweckbestimmungen ist ihre **Bedeutung** **3** **für Behördenentscheidungen** zu nennen.[2] Soweit Vorschriften des ArbZG diesen, wie zB in § 15 ArbZG für die Erteilung von Ausnahmegenehmigungen sowie in § 17 ArbZG für den Erlass von Anordnungen, einen Ermessenspielraum einräumen, müssen diese bei der Ausübung des Ermessens die Zwecke des ArbZG berücksichtigen. Missachtet die Behörde diese bei der Rechtsanwendung, können sich für die öffentliche Hand uU Amtshaftungsansprüche nach § 839 BGB ergeben.

Da die in § 1 ArbZG genannten Schutzziele stets zumindest auch den Schutz des einzel- **4** nen Arbeitnehmers zum Gegenstand haben, führt das Erfordernis ihrer Berücksichtigung bei der Bestimmung des Inhaltes der Vorschriften des ArbZG dazu, dass es sich bei diesen Regelungen um **Schutzgesetze** iSv § 823 Abs. 2 BGB handelt. Ihre Verletzung durch den Arbeitgeber kann daher für diesen eine Schadensersatzpflicht begründen. Dem ArbZG widersprechende vertragliche Vereinbarungen zwischen Arbeitgeber und Arbeitnehmer sind wegen Gesetzesverstoßes gemäß § 134 BGB nichtig. Einzelweisungen des Arbeitgebers, die gegen das Arbeitszeitrecht verstoßen, braucht der Arbeitnehmer keine Folge zu leisten. Insoweit steht ihm ein Leistungsverweigerungsrecht zur Verfügung.

Werden im Rahmen des Arbeitsverhältnisses rechtswidrige Arbeitszeiten praktiziert, **5** kann der Arbeitnehmer nach § 17 ArbSchG deren Unterlassung verlangen. Kommt der Arbeitgeber diesem Verlangen nicht nach, kann er sich an die zuständige Aufsichtsbehörde wenden und Anzeige erstatten. Hieraus dürfen ihm seitens des Arbeitgebers keine Nachteile entstehen. So verstieße eine Kündigung wegen einer solchen Anzeige gegen das Maßregelungsverbot des § 612 a BGB und wäre daher unwirksam.

---

1 Anzinger/Koberski ArbZG § 1 Rn. 17; Baeck/Deutsch ArbZG § 1 Rn. 6; Neumann/Biebl ArbZG § 1 Rn. 8. **2** Baeck/Deutsch ArbZG § 1 Rn. 8; Anzinger/Koberski ArbZG § 1 Rn. 19, 28.

II. Entstehungsgeschichte, Unionsrecht

6 § 1 ArbZG übernimmt weitgehend die Formulierung des Gesetzentwurfes der Bundesregierung.³ Im Hinblick auf Art. 139 WRV wurden auf Initiative des Bundesrates in Nr. 2 lediglich die Worte „und der seelischen Erhebung" hinzugefügt.⁴ Die im Entwurf der SPD-Fraktion enthaltene Zielsetzung des Schutzes der Beschäftigten vor Überforderung und Überbeanspruchung durch die Lage der Arbeits- und Schichtzeiten oder zu kurze Ruhepausen und einer Erleichterung der Vereinbarkeit von Beruf und Familie, sowie die Gewährleistung der Erholung und Freizeitgestaltung und der Teilhabe am gesellschaftlichen Leben fanden dagegen keinen Eingang in den Gesetzestext.⁵ Gleiches galt für einen Vorschlag des Bundesratsausschusses für Arbeit und Sozialordnung, der die Verbesserung der Rahmenbedingungen für „menschengerechte" flexible Arbeitszeiten in die Zwecksetzung aufnehmen wollte.⁶ Schließlich fand auch ein Vorschlag des Bundesrates keine Berücksichtigung, wonach dem Gesetzeszweck eine Nr. 3 hinzugefügt werden sollte, nach der die Vereinbarkeit von Erwerbstätigkeit und tatsächlicher Verantwortung für Haushalt, Kindererziehung und Betreuung Pflegebedürftiger erleichtert und ausreichend arbeitsfreie Zeit für Erholung und Teilnahme am gesellschaftlichen Leben gewährleistet werden sollte. Die Bundesregierung hielt dies für nicht notwendige Klarstellungen.⁷ Eine aktuelle Änderung zum räumlichen Anwendungsbereich des Gesetzes erfolgte 2013 im Rahmen der Neugestaltung des Seearbeitsrechts (→ Rn. 61 f.).⁸

7 Das ArbZG ist zur Umsetzung des Gebots in **Art. 30 des Einigungsvertrags** erlassen worden. Bereits in diesem Dokument ist auf die Bedeutung des Gemeinschaftsrechts verwiesen worden, so dass die Gesetzesbegründung ausdrücklich auf die Übereinstimmung mit der Konzeption der Arbeitszeitrichtlinie eingegangen ist.⁹ Folgerichtig sind 2003 wichtige Änderungen des Gesetzes in **Umsetzung der Judikatur des Europäischen Gerichtshofs** erfolgt.¹⁰ Weiter wurde die Neuregelung erforderlich durch die Entscheidung des **Bundesverfassungsgerichts vom 28.1.1992**, die eine staatliche Schutzpflicht zur Ausgestaltung der Nachtarbeit formuliert hatte.¹¹ Diese Gesichtspunkte sind für die Auslegung des Gesetzes heranzuziehen.

III. Zweckbestimmung des § 1 Nr. 1

8 **1. Sicherheit und Gesundheitsschutz der Arbeitnehmer.** Gemäß § 1 Nr. 1 ArbZG bezwecken die arbeitszeitrechtlichen Regelungen zunächst die Gewährleistung der Sicherheit und des Gesundheitsschutzes der Arbeitnehmer. Insoweit entspricht deren Zielsetzung den Vorgaben der RL 2003/88/EG.¹² Allerdings bleibt das Gesetz an einer Stelle auch hinter der Richtlinie zurück. Im Gegensatz zu dieser spricht es lediglich von einer Gewährleistung der Sicherheit und des Gesundheitsschutzes, wohingegen die Richtlinie eine Verbesserung dieser Punkte einschließlich der Arbeitshygiene im Blick hat. Insoweit wird allerdings angenommen, dass es sich hierbei lediglich um eine sprachliche Ungenauigkeit handelt.¹³ In jedem Fall sei § 1 ArbZG aber europarechtskonform auszulegen, so dass vom Sinn und Zweck der Vorschrift her nicht nur die Gewährleistung der Sicherheit und des Gesundheitsschutzes, also die Sicherung des Status quo, sondern auch deren Verbesserung umfasst wird und daher bei der Auslegung der Normen des ArbZG zu berücksichtigen ist. Dies gilt erst recht seit 2009, seit das Grundrecht in Art. 31 EU-GRC für die Durchführung des Rechts der Union, zu dem auch die RL 2003/88/EG gehört, richtungsweisend ist. Dass das Gesetz in Abweichung von der Richtlinie den Begriff der Arbeitshygiene nicht ausdrücklich erwähnt, stellt kein Umsetzungsdefizit dar, da die Arbeitshygiene nach dem deutschen Begriffsverständnis notwendigerweise vom Oberbegriff des Gesundheitsschutzes umfasst ist.

9 Dem vorstehend genannten Ziel wird das ArbZG durch die Festlegung von täglichen Höchstarbeitszeiten und Mindestruhepausen sowie täglicher und wöchentlicher Min-

---

3 BR-Drs. 507/93. **4** Empfehlung des Bundestagsausschusses für Arbeit und Sozialordnung, BT-Drs. 12/6990, 42. **5** BT-Drs. 12/5282, 3. **6** BR-Drs. 507/93. **7** BT-Drs. 12/5888, 50. **8** BGBl. I 2013, 868, 914. **9** BT-Drs. 12/5888, 19 f. **10** Reim DB 2004, 186. **11** BVerfG 28.1.1992 – 2 BvR 1025/82, AuR 1992, 187 mAnm Blanke/Diederich; vgl. Colneric NZA 1992, 393. **12** Erwägungsgrund Nr. 4 der Richtlinie. **13** Buschmann/Ulber ArbZG § 1 Rn. 6.

destruhezeiten und durch spezielle Regelungen zu besonderen Arbeitszeiten, wie Nacht- oder Schichtarbeit, gerecht. Durch diese Vorschriften sollen Überbeanspruchungen der Arbeitnehmer verhindert werden, die einerseits zu sicherheitsgefährdenden Unkonzentriertheiten und Übermüdungen führen und andererseits die Gesundheit der Arbeitnehmer negativ beeinflussen. Insofern zielt das Gesetz insbesondere auf die Verhinderung überlanger täglicher und wöchentlicher Arbeitszeiten und zu langer Arbeitsphasen ohne und mit zu wenigen Ruhepausen ab. Es setzt damit auch der „ständigen Erreichbarkeit" gewisse Grenzen (→ ArbZG § 2 Rn. 34 f.).[14]

Die im ArbZG zu Arbeits- und Pausenzeiten enthaltenen Grenzen können durch den Arbeitgeber weder durch einseitige Festlegungen noch durch vertragliche Vereinbarungen mit den Arbeitnehmern überschritten werden. Insoweit greifen die entsprechenden Regelungen in dessen Berufsfreiheit nach Art. 12 GG und die ebenfalls grundrechtlich durch Art. 2 GG geschützte Vertragsautonomie ein. Diese Grundrechtseingriffe sind jedoch verfassungsrechtlich legitimiert.[15] In seiner Entscheidung zum Nachtbackverbot hat das Bundesverfassungsgericht hierzu ausgeführt, dass dieses dem Gesundheitsschutz der Beschäftigten und damit vernünftigen Erwägungen des Gemeinwohls dient und dass die aus der Nachtarbeit resultierenden Gesundheitsgefahren die Schutzpflichten des Staates auslösen. Danach sei dieser verpflichtet, zur Gewährleistung des grundrechtlich durch Art. 2 Abs. 2 S. 1 GG geschützten Rechts auf körperliche Unversehrtheit, den Schutz der Arbeitnehmer vor den gesundheitsschädlichen Folgen der Nachtarbeit zu regeln.[16] Diese Rechtsprechung lässt sich allgemein auf alle gesetzlichen Vorschriften zum Arbeitszeitrecht übertragen. Da diese die Berufsfreiheit des Arbeitgebers nicht auf der Ebene der Berufswahl, sondern lediglich der Berufsausübung reglementieren, können sie bereits durch „vernünftige, zweckmäßige Gründe des Gemeinwohls" gerechtfertigt werden.[17] Zu diesen zählen die in § 1 Nr. 1 ArbZG enthaltenen Schutzzwecke. An der zudem erforderlichen Verhältnismäßigkeit der Grundrechtseingriffe bestehen im Fall der Regelungen des ArbZG keinerlei Zweifel. 10

Da auch von einer ständig **wechselnden Lage der Arbeitszeit**, zB einem ständigen kurzfristigen Wechsel von der Nacht- in die Spätschicht und umgekehrt, gesundheitliche Belastungen ausgehen können, erstreckt sich die Zielsetzung des Gesetzes auch auf die Verhinderung gesundheitsbeeinträchtigender Arbeitszyklen. Obwohl das ArbZG hierzu mit Ausnahme von § 6 keine ausdrücklichen Regelungen enthält, sind daher Fragen der Sicherheit und des Gesundheitsschutzes der Arbeitnehmer auch bei der Planung und Durchführung von Arbeitszeitmodellen mit wechselnden Arbeitszeiten, wie zB bei Schichtsystemen, zu beachten. 11

Ein im Zusammenhang mit dem Schutzzweck des ArbZG bisher kaum beachteter Aspekt ist die Frage der Arbeitsverdichtung bzw. **Arbeitsintensität**.[18] Soweit der Arbeitgeber in Bezug auf Höchstarbeitszeiten, Lage und Dauer der Pausen und Mindestruhezeiten die gesetzlichen Vorgaben einhält, kann dieser den Arbeitsprozess nach seinen Vorstellungen gestalten. Insofern kann er über die Zuweisung einer Tätigkeit und die Festlegung des Arbeitstempos die Intensität der Arbeit und damit auch die von dieser für den Arbeitnehmer ausgehenden Belastungen beeinflussen. So kann auch eine Arbeitsverdichtung durch Überbeanspruchung zu einer Gefährdung der Sicherheit und Gesundheit der Arbeitnehmer führen. Insofern muss bei der Auslegung der Regelungen des ArbZG auch die Arbeitsintensität berücksichtigt werden. 12

2. Verbesserung der Rahmenbedingungen für flexible Arbeitszeiten. Neben der Gewährleistung der Sicherheit und des Gesundheitsschutzes für Arbeitnehmer sollen mit dem ArbZG auch die Rahmenbedingungen für flexible Arbeitszeiten verbessert werden. Hierdurch soll den Arbeitgebern zur Verbesserung ihrer Wettbewerbsfähigkeit 13

---

[14] Buschmann AiB 2013, 514 (517). [15] Baeck/Deutsch ArbZG § 1 Rn. 11; Biebl/Neumann ArbZG § 1 Rn. 3. [16] BVerfG 17.11.1992 – 1 BvR 168/89, DB 1993, 538; BVerfG 25.2.1976 – 1 BvL 26/73, DB 1976, 913; BVerfG 28.1.1992 –1 BvR 1025/82, NZA 1992, 270. [17] BVerfG 10.5.1988 – 1 BvR 111/77, NJW 1988, 2292 f.; BVerfG 13.12.2000 – 1 BvR 335/97, NJW 2001, 353. [18] Hierauf weist Däubler zutreffend hin. Vgl. Däubler ArbR II, S. 199 ff.; vgl. Meine in: Schröder/Urban, Jahrbuch Gute Arbeit 2017, S. 237 ff.

eine bessere Auslastung von Betriebs- und Maschinenlaufzeiten ermöglicht werden. Darüber hinaus zielen verbesserte Rahmenbedingungen für flexible Arbeitszeiten darauf ab, den Arbeitnehmern die Vereinbarkeit von Beruf und Familie zu erleichtern und ihre Teilhabe am gesellschaftlichen Leben zu verbessern.[19] Insofern berücksichtigt der Gesetzeszweck in Bezug auf die Arbeitszeitflexibilisierung nicht nur die wirtschaftlichen Belange der Arbeitgeber, sondern darüber hinaus auch die individuellen Bedürfnisse der Arbeitnehmer hinsichtlich einer flexiblen Arbeitszeitgestaltung. Keinesfalls kann sich daher eine solche allein an den betrieblichen Bedürfnissen orientieren.[20]

14 Bezüglich der Arbeitszeitflexibilisierung werden grundsätzlich drei Varianten unterschieden.[21] Bei der ersten betrifft diese ausschließlich die Lage der Arbeitszeit. Hierzu gehören gleitende Arbeitszeitmodelle, wie zB Gleitzeit oder Schichtarbeit. Unter der zweiten Variante werden Modelle verstanden, bei denen nicht nur die Lage, sondern auch die Dauer der Arbeitszeit variabel gestaltet wird (zB Teilzeit, Altersteilzeit, Arbeitszeitverkürzungen, Mehrarbeit, Jobsharing). Diese Formen flexibler Arbeitszeiten werden auch als dynamische Arbeitszeiten bezeichnet. Schließlich finden sich als dritte Variante sog variable Arbeitszeitmodelle, die nur noch ansatzweise reglementiert sind. Hierzu gehören Lebensarbeitszeitmodelle und die Vertrauensarbeitszeit.

15 a) Teilzeit. Eine erhebliche **praktische Bedeutung** im Bereich flexibler Arbeitszeiten hat zunächst die Teilzeitbeschäftigung. 2014 waren in Deutschland insgesamt 10,1 Millionen Personen von 20 bis 64 Jahren (27 %) in Teilzeit beschäftigt. Unter den erwerbstätigen Frauen dieser Altersgruppe war der Anteil der Teilzeitbeschäftigten dabei mit 47 % besonders hoch (Männer nur 9 %).[22]

16 Teilzeitarbeit liegt nach § 2 Abs. 1 S. 1 TzBfG vor, wenn der Arbeitnehmer mit weniger als der für vergleichbare Vollzeitkräfte geltenden regelmäßigen wöchentlichen Arbeitszeit beschäftigt wird. Neben dem **Vorteil** einer an den Bedürfnissen der Arbeitnehmer orientierten Lage und Dauer der Arbeitszeit birgt die Teilzeitbeschäftigung anerkanntermaßen eine ganze Reihe von **Nachteilen** für sie.[23] Nicht nur, dass ihre soziale Absicherung in Bezug auf Arbeitslosigkeit und Rente im Vergleich zu Vollzeitarbeitnehmern aufgrund ihrer Beitragssituation deutlich schlechter ist. Zudem sind sie aufgrund ihrer kürzeren Arbeitszeiten nicht selten schlechter als diese in den Betrieb integriert. Darüber hinaus ist das Verhältnis von Wegezeit zu Arbeitszeit bei ihnen deutlich ungünstiger als bei Vollzeitbeschäftigten. Schließlich sind die Arbeitsintensität und die damit verbundenen körperlichen und geistigen Belastungen bei ihnen nicht selten deutlich höher.

17 **Teilzeitkräfte, die weniger als 450 EUR mtl. verdienen** (geringfügig Beschäftigte), sind sozial noch schlechter abgesichert als andere Teilzeitarbeitnehmer, weil für sie nur begrenzt Sozialversicherungsbeiträge anfallen. In der Kranken-, Pflege- und Arbeitslosenversicherung sind diese versicherungsfrei. In der Rentenversicherung besteht zwar eine Versicherungspflicht für nach dem 31.12.2012 begonnene Arbeitsverhältnisse, von der sich die Arbeitnehmer jedoch auf Antrag befreien lassen können. Diese Abgabenprivilegierung ist in letzter Zeit zunehmend kritisiert und vom 68. DJT abgelehnt worden.[24] Im vorliegenden Zusammenhang ist besonders wichtig, dass empirische Untersuchungen[25] deutliche Defizite bei der Realisierung des Arbeitszeit- und Urlaubsrechts in diesem Sektor gezeigt haben (→ Urlaub und Gesundheitsschutz Rn. 51).

18 b) Schichtarbeit. Unter Schichtarbeit wird die **Aufteilung der betrieblichen Arbeitszeit in mehrere Zeitabschnitte mit versetzten Anfangszeiten** beziehungsweise unterschiedli-

---

19 Baeck/Deutsch ArbZG § 1 Rn. 12; Roggendorff ArbZG § 1 Rn. 4. Die sowohl im Interesse des Arbeitgebers als auch des Arbeitnehmers liegende Möglichkeit einer an den jeweiligen Bedürfnissen orientierten Gestaltung der Arbeitszeit betonen auch Schliemann ArbZG § 1 Rn. 5, 6 und ErfK/Wank ArbZG § 1 Rn. 6. **20** Buschmann/Ulber ArbZG § 1 Rn. 8; HK-ArbZR/Spengler ArbZG § 1 Rn. 7. **21** Vgl. auch Hamm, Flexible Arbeitszeiten, S. 144 ff. **22** Statistisches Bundesamt, Arbeitsmarkt auf einen Blick – Deutschland und Europa, S. 48. **23** Vgl. Laux/Schlachter TzBfG Einl. Rn. 35 ff. **24** Dazu nur Waltermann NZA 2013, 1041 (1043). **25** RWI (2013), Studie zur Analyse der geringfügigen Beschäftigungsverhältnisse, Projektbericht, S. 103, abrufbar über www.rwi-essen.de/publikationen/rwi-projektberichte/.

cher Lage sowie unter Umständen unterschiedlicher Dauer verstanden. Auf diese Weise kann die tägliche Betriebszeit in mehrere Zeitabschnitte unterteilt werden, wobei jeweils eine Gruppe von Schichtarbeitern durch eine andere Gruppe an demselben Arbeitsplatz abgelöst wird.[26] Ziel dieser Arbeitsablösung ist, die Betriebszeit über die individuelle Arbeitszeit hinaus auszudehnen, so dass Produktions-, Service- oder Ansprechzeiten unabhängig von den Anwesenheitszeiten einzelner Mitarbeiter verlängert werden können. Die Betriebszeit kann somit in Abhängigkeit von ihrer täglichen Dauer (zB 6:00–22:00 Uhr oder Rund-um-die-Uhr) in verschiedene Schichten, wie Früh-, Spät-, Nacht- und Freischicht, eingeteilt werden.[27] Allerdings müssen hierbei die Vorschriften des ArbZG, insbesondere die § 6 ArbZG, bzw. möglicherweise anwendbarer Tarifverträge beachtet werden. Zudem unterliegt die Einführung von Schichtsystemen der Mitbestimmung durch den Betriebsrat.

Mit der Einführung von Schichtsystemen werden **individuelle Arbeitszeiten der Arbeitnehmer und betriebliche Funktionszeiten entkoppelt**, dh, die Regelungen des ArbZG zur Dauer der werktäglichen Arbeitszeit der Arbeitnehmer bilden keine Begrenzung für die Geschäfts- bzw. Produktionszeiten. Ziel dieser Entkopplung ist eine Kosteneinsparung zur Verbesserung der Wettbewerbsfähigkeit und die Amortisation erhöhter Investitionskosten insbesondere durch eine effektivere Ausnutzung der Produktionsanlagen, einer Ausdehnung der Maschinenlaufzeiten und einer besseren Arbeitsplatzausnutzung und Kapazitätsauslastung. Zudem kann die tägliche Betriebszeit durch die Einführung von Schichten verlängert werden, ohne dass zuschlagspflichtige Überstunden anfallen, die entsprechend vergütet werden müssten.

Allerdings bergen auch Schichtarbeitssysteme **Nachteile und Risiken**. Hier sind neben dem erhöhten Organisations- und Kooperationsaufwand auf Arbeitgeberseite insbesondere die mit der Schichtarbeit verbundenen hohen psychischen und physischen Belastungen für die Arbeitnehmer zu nennen, die wiederum Auswirkungen auf den Krankenstand und die Leistungsfähigkeit haben können (ausführlich → ArbZG § 6 Rn. 1).[28] Hinzu kommen erhebliche Einschränkungen hinsichtlich der Teilhabe am sozialen Leben durch Arbeitszyklen in den Abend- und Nachtstunden. Vor dem Hintergrund des Gesetzeszweckes ist bei der Anwendung von Schichtsystemen daher darauf zu achten, dass die Belastungen für die Arbeitnehmer möglichst gering ausfallen. Hierzu können Maßnahmen wie zB die Verlängerung der Schichtrhythmen bei Wechselschicht oder die Aufstockung des Schichtmodells auf ein Vier-Schichtsystem dienen. Dazu ist auf die gesicherten arbeitswissenschaftlichen Erkenntnisse zur Schichtgestaltung zurückzugreifen (Überblick bei → ArbZG § 6 Rn. 10).

c) **Gleitende Arbeitszeit.** Bei Gleitzeitarbeit kann der Arbeitnehmer innerhalb eines vom Arbeitgeber vorgegebenen Zeitrahmens Lage und Dauer seiner **Arbeitszeit selbst gestalten**.[29] Danach entscheidet dieser innerhalb der Vorgaben selbstbestimmt über den Beginn und das Ende seiner täglichen Arbeitszeit. Dabei hängt das Maß seiner Arbeitszeitsouveränität entscheidend von dem jeweils praktizierten Gleitzeitmodell ab. Grundsätzlich lassen sich zwei Modelle unterscheiden: einfache und qualifizierte Gleitzeit.

Bei der **einfachen Gleitzeit** steht der Zeitrahmen, in dem der Arbeitnehmer seine Tätigkeit täglich aufnehmen und beenden kann, fest.[30] Beispielsweise können die entsprechenden Regelungen diesem diesbezüglich einen Spielraum zwischen 7:00 Uhr und 18:00 Uhr einräumen. In der Regel ist allerdings auch eine bestimmte Kernarbeits-

---

26 Vgl. BAG 6.6.1990 – 4 AZR 5/90, NZA 1990, 861; BAG 18.10.1995 – 10 AZR 853/94, NZA-RR 1996, 395; Münch/ArbR/Anzinger § 300 Rn. 8 ff.; Schaub/Link § 69 Rn. 30; zu praktischen Schichtmodellen s. Fergen/Schulte-Meine/Vetter in: Meine/Wagner, S. 172, 182 ff. **27** Münch/ArbR/Anzinger § 300 Rn. 23; Habich, S. 4. **28** Hierzu Habich, S. 10 ff.; vgl. auch Hamm, Flexible Arbeitszeiten, S. 205 ff.; Fergen/Schulte-Meine/Vetter in: Meine/Wagner, S. 172, 174 ff.; Angaben der Bundesanstalt für Arbeitsschutz und Arbeitsmedizin, Arbeitszeitreport Deutschland 2016, S. 49 ff. **29** Zur Begrifflichkeit Schaub/Vogelsang § 160 Rn. 2 ff.; Hackh, S. 15 ff.; Vor- und Nachteile bei Knevels/Lindena, S. 13 ff.; Simon, S. 87 ff. **30** Hamm, Flexible Arbeitszeiten, S. 91 ff.; Praktische Beispiele bei Hartwig in: Wagner, Arbeitszeitmodelle, S. 127, 131 ff.; Schliemann ArbZG § 3 Rn. 59; Hoff in: Gutmann (Hrsg.), S. 317, 319 f.; Knevels/Lindena, S. 8.

23 Bei der **qualifizierten Gleitzeit** („variable Arbeitszeit") kann der Arbeitnehmer nicht nur den Beginn und das Ende der täglichen Arbeitszeit, sondern auch deren Dauer jeweils selbst bestimmen.[31] Insofern kann seine Zeitbilanz im Gegensatz zur einfachen Gleitzeit auch einen positiven oder negativen Saldo aufweisen. Vorgeschrieben ist lediglich die durchschnittliche Arbeitszeit in der Woche, im Monat oder im Jahr. Allerdings werden auch bei diesem Modell häufig bestimmte Kernarbeitszeiten vom Arbeitgeber festgelegt.

zeit – etwa zwischen 10:00 Uhr und 14:00 Uhr – vorgesehen, während der der Arbeitnehmer in jedem Fall anwesend sein muss. Hintergrund hierfür können innerbetriebliche Koordinierungsbedürfnisse bezüglich eines reibungslosen Zusammenwirkens der Arbeitnehmer, aber auch außerbetriebliche Belange, wie beispielsweise Zeiten eines verstärkten Kundenaufkommens, sein.

24 Die **Überwachung** der Einhaltung der Gesamtdauer der Arbeitszeit erfolgt regelmäßig über Arbeitszeitkonten. In diesen wird die täglich tatsächlich erbrachte Arbeitszeit erfasst. In diesem Zusammenhang arbeitszeitrechtlich besondere Bedeutung hat die Festlegung des Beginns und des Endes der Arbeitszeit (→ ArbZG § 2 Rn. 63 ff.) Im Gegensatz zu den nachfolgend behandelten „Flexikonten" dienen jedoch Gleitzeitkonten lediglich der Arbeitszeitkontrolle und nicht der Schaffung eines Arbeitszeitpuffers für den Fall eines verringerten Arbeitsanfalls.

25 **d) Arbeitszeitkonten. aa) Jahresarbeitszeitkonto** („Ampelkonto", „Flexikonto"). In Betrieben inzwischen weit verbreitet sind **Jahresarbeitszeitkonten**.[32] Die für derartige Zeitkonten in der Praxis gewählten Bezeichnungen sind vielfältig. Häufig werden sie als „Ampelkonto" oder auch „Flexikonto" bezeichnet. Auf einem solchen Konto werden den Arbeitnehmern bei guter Auftragslage anfallende Überstunden gutgeschrieben.[33] Zudem können in diese auch in Zeit umgewandelte Überstundenzuschläge fließen. Bei geringem Arbeitsanfall werden die Arbeitnehmer dann unter Entnahme von Stunden aus dem Konto und Fortzahlung der vereinbarten Vergütung von der Arbeit freigestellt. Zu beachten ist dabei, dass die Jahresarbeitszeitkonten sowohl ein Stundenguthaben als auch Minusstunden aufweisen können, wenn die Freistellung unmittelbar nach der Einführung beginnt oder diese ein zuvor angesammeltes Zeitguthaben übersteigt.

26 Ein wichtiger Aspekt von Jahresarbeitszeitkonten ist die Frage, bis zu welcher **Grenze** ein Stundenguthaben bzw. Minusstunden aufgebaut werden können. Eine gesetzliche Vorgabe hierfür existiert nicht. In der Praxis finden sich diesbezüglich Werte zwischen +/- 20 Stunden und +/- 250 Stunden und darüber.[34] Letztlich muss die Grenze für jeden Betrieb im Mitbestimmungsverfahren nach § 87 Abs. 1 Nr. 2 BetrVG festgelegt werden.[35] Zu warnen ist allerdings vor zu hohen Grenzen, denn Grenzen von mehr als 150 Stunden bedeuten nichts anderes, als dass der Arbeitnehmer, wenn er Minusstunden in dieser Höhe aufgebaut hat, ca. einen Monat nacharbeiten muss oder der Arbeitgeber bei einem gleich hohen Guthaben Möglichkeiten finden muss, den Arbeitnehmer insgesamt einen Monat von der Arbeit freizustellen. Da sich gerade Letzteres als schwierig erweisen kann, besteht die Gefahr, dass Arbeitnehmer letztlich auf ihre Guthabenstunden verzichten, was nicht nur im Hinblick auf den darin liegenden Vergütungsverzicht, sondern auch wegen des dadurch eintretenden Verlusts von arbeitsfreien Zeiten unter dem Aspekt des Gesundheitsschutzes bedenklich ist. Die Ansammlung hoher Guthaben kann auch durch sorgfältige Gestaltung des Ausgleichs nach § 3 S. 2 ArbZG verhindert werden (→ ArbZG § 3 Rn. 45).

---

31 Hamm, Flexible Arbeitszeiten, S. 89; Knevels/Lindena, S. 10 ff.; Schliemann ArbZG § 3 Rn. 61.
32 Laut einer Studie des Bundesamtes für Arbeitsschutz und Arbeitssicherheit verfügen 88% der Arbeitnehmer, deren Arbeitszeit in den Betrieben erfasst wird, über ein solches Konto. Bundesamt für Arbeitsschutz und Arbeitssicherheit, Arbeitszeitreport Deutschland 2016, S. 60 ff. Überblick über Arbeitszeitkonten bei Wagner/Wick in: Meine/Wagner, S. 124 ff. 33 Zum Prinzip und zur Abgrenzung zur Gleitzeit s. Kümmerle/Buttler/Keller, S. 2 ff.; Schaub/Vogelsang § 160 Rn. 37 ff.
34 Siehe Hamm, Kontenmodelle, S. 52 ff. 35 DKKW/Klebe BetrVG § 87 Rn. 99; Fitting BetrVG § 87 Rn. 115; HaKo-BetrVG/Kohte BetrVG § 87 Rn. 45.

Um den vorstehenden Schwierigkeiten frühzeitig zu begegnen, haben sich in der Praxis 27
bei Jahresarbeitszeitkonten sog „Ampelmodelle" bewährt.[36] Bei diesen werden Arbeitgeber und Arbeitnehmer ggf. unter Einbeziehung des Betriebsrates verpflichtet, beim Erreichen einer bestimmten Stundenanzahl korrigierende Maßnahmen zu ergreifen. Denkbar wäre bei einem Gesamtvolumen des Zeitkontos von +/- 150 Stunden etwa folgende Vorgehensweise:

- **Stundensaldo bis +/- 50 Stunden:** Grüne Zone = kein Handlungsbedarf;
- **Stundensaldo zwischen +/- 50 und +/- 100 Stunden:** Gelbe Zone = Arbeitnehmer und Vorgesetzter besprechen die zukünftige Entwicklung und Maßnahmen zur Stundenreduzierung bzw. zum Stundenaufbau;
- **Stundensaldo über +/- 100 Stunden:** Rote Zone = Arbeitgeber muss in Absprache mit dem Arbeitnehmer Maßnahmen zur Stundenreduzierung oder zum Stundenaufbau ergreifen.

Vor dem Hintergrund der von dauernder Mehrarbeit ohne ausreichende Erholungs- 28
phasen ausgehenden gesundheitlichen Belastungen der Arbeitnehmer sollte bei Jahres- oder Flexikonten zudem darauf geachtet werden, dass diese in regelmäßigen Abständen einen **Nulldurchgang** aufweisen. Dh, die Konten müssen innerhalb eines festgelegten Zeitraumes einmal auf „Null" stehen. In der Praxis hat sich bezüglich dieser gemeinhin als Ausgleichszeitraum bezeichneten Zeitspanne ein Nulldurchgang der Konten einmal im Kalenderjahr als sinnvoll erwiesen.

bb) Altersteilzeitkonten (Blockmodell). Altersteilzeit hat den **Zweck**, dem Arbeitneh- 29
mer einen gleitenden Übergang vom Erwerbsleben in den Ruhestand ohne Einbußen beim Arbeitsentgelt und der Rente zu ermöglichen.[37] Hierzu wird Arbeitszeit über einen Zeitraum von mehreren Jahren auf einem Zeitkonto gesammelt, ohne dass aus diesem während dieser Zeit Stunden entnommen werden. Insoweit unterscheiden sich diese Konten von den Ampel- bzw. Flexikonten. Vielmehr wird dem Arbeitnehmer das Zeitguthaben als Block (ggf. mehrere Jahre) vor dem Erreichen der Altersrente und unter Fortzahlung der Vergütung gewährt, was ein Ampelmodell sowie einen Ausgleichszeitraum überflüssig macht. Entsprechende Konten müssen vom Arbeitgeber gegen Insolvenz gesichert werden (§ 8 a ATZG).

Die Möglichkeit **Altersteilzeit** in Anspruch zu nehmen, ist mit Wegfall der staatlichen 30
Förderung Ende 2009 in der Praxis **nicht bedeutungslos** geworden. Auch nach dem Auslaufen dieser besteht für die Arbeitsvertragsparteien die Möglichkeit zur Vereinbarung von Altersteilzeit weiter. Entfallen ist lediglich deren staatliche Förderung für Arbeitgeber, was allerdings deren Bereitschaft zu Altersteilzeitvereinbarungen deutlich dämpfen dürfte. Politische Bestrebungen, die 2009 diesbezüglich geltende Regelung erneut in Kraft zu setzen,[38] waren bisher nicht erfolgreich.

Die **Voraussetzungen für Altersteilzeit** regelt § 2 ATZG. Danach können Arbeitnehmer, 31
die das 55. Lebensjahr vollendet und innerhalb der letzten fünf Jahre vor Beginn der Altersteilzeit mindestens 1.080 Kalendertage (entspricht etwa drei Jahren) in einer versicherungspflichtigen Beschäftigung gestanden haben, diese in Anspruch nehmen. Erforderlich ist der Abschluss einer Altersteilzeitvereinbarung mit dem Arbeitgeber. Das ATZG enthält diesbezüglich allerdings keinen Rechtsanspruch.[39] Ein solcher kann sich jedoch ggf. aus einem Tarifvertrag, einer Betriebsvereinbarung oder einem Einzelvertrag herleiten.

Durch die Altersteilzeitvereinbarung mit dem Arbeitgeber wird die bisherige wöchentli- 32
che Arbeitszeit des Arbeitnehmers halbiert und in zwei Blöcken (**Blockmodell**) zusam-

---

[36] Wagner/Wick in: Meine/Wagner, S. 168 ff.; Hamm, Kontenmodelle, S. 54 mit Beispielen; Hoff in: Gutmann (Hrsg.), S. 317, 323. [37] Siehe § 1 Abs. 1 ATZG, hierzu auch RittwegerATZG § 1 Rn. 4 ff in Rittweger/Petri/Schweikert, Altersteilzeit, 2. Aufl. 2002.; Förster/Heger in: Doleczik/ Schaefer (Hrsg.), S. 11; Überblick bei Kümmerle/Buttler/Keller, S. 13 ff. [38] Vgl. Gesetzentwurf der SPD-Fraktion vom 10.11.2009, BT-Drs. 17/20. Der Entwurf enthält eine Verlängerung bis 1.1.2015. [39] Rittweger ATZG § 2 Rn. 9 f., 24

mengefasst.[40] Während der sog Arbeitsphase arbeitet dieser trotz der Halbierung der Arbeitszeit weiterhin voll, bei hälftigem Arbeitsentgelt. In der sich daran anschließenden Freistellungsphase wird er dann gänzlich von der Arbeit freigestellt, erhält aber auch in dieser Zeit den halben Lohn. Der höchstzulässige Verteilzeitraum, ohne dass ein Tarifvertrag zur Altersteilzeit gilt, beträgt insgesamt drei Jahre (1½ Jahre Arbeit, gefolgt von 1½ Freistellung). Findet dagegen ein Altersteilzeittarifvertrag Anwendung bzw. wurde auf der Grundlage eines solchen eine Betriebsvereinbarung abgeschlossen, erhöht sich dieser Gesamtzeitraum auf bis zu sechs Jahre (drei Jahre Vollarbeit, drei Jahre Freistellung). Längere Phasen der Arbeit bzw. Freistellungen können in einem Tarifvertrag oder im Arbeitsvertrag vereinbart werden. In jedem Fall ist Bezugspunkt für die Fristberechnung das Renteneintrittsalter des Arbeitnehmers.

33 Soweit im Falle der Tarifgebundenheit des **Arbeitgebers** ein anwendbarer Altersteilzeittarifvertrag existiert, kann auch in nichttarifgebundenen Betrieben eine entsprechende Betriebsvereinbarung geschlossen werden. Fehlt es in einem solchen Betrieb an einem Betriebsrat, kann eine entsprechende Vereinbarung auch im Arbeitsvertrag getroffen werden.

34 Der Altersteilzeitarbeitnehmer erhält – wie bereits erwähnt – unabhängig von der Arbeitszeitverteilung für den gesamten Zeitraum der Altersteilzeit ein Arbeitsentgelt, als wenn er die Hälfte der Arbeitszeit gearbeitet hätte. Dieses Entgelt wird durch den Arbeitgeber um mindestens 20 % des Regelarbeitsentgelts aufgestockt. Weiterhin erbringt der Arbeitgeber zusätzliche Rentenversicherungsbeiträge auf der Basis von 80 % des Regelarbeitsentgelts.

35 cc) Sonstige Langzeitarbeitszeitkonten (Zeitwertkonten). Sonstige Langzeitarbeitszeitkonten unterscheiden sich äußerlich nicht von Altersteilzeitkonten.[41] Allerdings können diese auch ohne Vorliegen der Voraussetzungen des ATZG eingeführt werden. Auch sie haben idR einen Umfang von mehreren hundert bzw. tausend Stunden und bleiben bis zur blockweisen Inanspruchnahme des Guthabens durch den Arbeitnehmer, zB für Weiterbildung oder einen längerfristigen Ausstieg aus dem Beruf, unangetastet.[42] Auch für sie ist – wie bei Altersteilzeitkonten – eine Insolvenzsicherung gesetzlich vorgeschrieben (§ 7 e SGB IV).

36 e) Vertrauensarbeitszeit. Mit dem Begriff „Vertrauensarbeitszeit" wird ein Arbeitszeitmodell beschrieben, das ein **Höchstmaß an Flexibilität** beinhaltet. Bei dieser gibt es auf den ersten Blick für den Arbeitnehmer überhaupt keine festgelegten Arbeitszeiten, so dass dieser bezüglich der Frage, wann und in welchem Umfang er seine Arbeitsleistung erbringen will, weite Handlungsspielräume hat, die er in eigener Verantwortlichkeit ausfüllt.[43] Da eine Kontrolle der Arbeitszeit im klassischen Sinn nicht erfolgt, gibt es bei Vertrauensarbeitszeit auch keine klassische Zeiterfassung und keine Arbeitszeitkonten. Als einziges Beurteilungskriterium für die Arbeitsleistung erscheint zwar die Erreichung eines bestimmten Arbeitsergebnisses, doch geht das Bundesarbeitsgericht in der neueren Rechtsprechung davon aus, dass auch hier eine feste Arbeitszeit vereinbart wird, die allerdings einer geringeren Kontrolle unterliegt.[44]

37 Vertrauensarbeitszeit scheint auf den ersten Blick für den Arbeitnehmer viele **Vorteile** zu haben. So kann dieser sich zB die Arbeitszeit nach seinen eigenen Bedürfnissen und Wünschen selbst einteilen.[45] Allerdings darf nicht übersehen werden, dass sich im Zusammenhang mit der Vertrauensarbeitszeit für die Arbeitnehmer auch eine ganze Reihe

---

40 Rittweger ATZG § 2 Rn. 42 ff.; ErfK/Rolfs ATG § 2 Rn. 6; Andresen/Brennenstuhl, S. 283 f. **41** Zu deren Verbreitung in der Praxis s. Hildebrandt/Wotschack/Kirschbaum, S. 48 ff.; zur Errichtung, Steuerung und Insolvenzschutz für derartigen Konten Böker, S. 23 ff. mit Beispielen und S. 67 ff.; vgl. auch Wagner/Wick in: Meine/Wagner, S. 147 ff., Kümmerle/Buttler/Keller, S. 113; vgl. auch Birk AiB 2014, 43 (44 ff.). **42** Zu den Zielen vgl. Böker, S. 15; Hamm, Flexible Arbeitszeiten, S. 182 ff. **43** Zur Definition Pleßner, S. 1 f.; Hoff, S. 3; Simon, S. 97 ff.; Merkmale der Vertrauensarbeitszeit bei Biswas, S. 22 ff. **44** BAG 24.5.2012 – 2 AZR 124/11, NZA 2012, 1223 (1226); Schaub/Vogelsang § 160 Rn. 33 ff.; BAG 15.5.2013 – 10 AZR 325/12, DB 2013, 2215 (2216), dazu Hamm AiB 2013, 518. **45** Vgl. Simon, S. 100; Biswas, S. 39.

von **Nachteilen** ergeben können.⁴⁶ Dabei muss zunächst darauf hingewiesen werden, dass bei dieser zwar keine technische Zeiterfassung mehr stattfindet, jedoch über die persönliche Wahrnehmung des Vorgesetzten oder von Kollegen bezüglich des Zeitpunktes, wann der Arbeitnehmer die Arbeit aufnimmt bzw. beendet, dennoch eine gewisse Kontrolle bezüglich der Lage und Dauer der tatsächlichen Arbeitszeit erfolgt.

Weiterhin problematisch ist, dass die intensive Orientierung am Arbeitsergebnis vielfach dazu führt, dass Beschäftigte **über Gebühr viel Zeit investieren,** um die gestellten Zielvorgaben zu erreichen. Insoweit nimmt der Arbeitgeber über die Aufgabenstellung zumindest mittelbar Einfluss auf die Arbeitszeitgestaltung der Arbeitnehmer. Definiert dieser dabei während der regulären Arbeitszeit nur schwer erreichbare Ziele, steigt der Leistungsdruck, was zu permanenten nicht kontrollierbaren Überschreitungen der höchstzulässigen werktäglichen Arbeitszeit führen kann.⁴⁷ Die Folge hiervon können erhebliche gesundheitliche Probleme der Arbeitnehmer sein. 38

Nicht übersehen werden darf auch, dass der Arbeitgeber mit der Einführung von Vertrauensarbeitszeit **Aufgaben,** die eigentlich ihn selber treffen, **auf die Arbeitnehmer delegiert.** So müssen diese ihre Arbeitszeit und damit auch die Arbeitsabläufe eigenverantwortlich organisieren und sich erforderlichenfalls mit Kollegen zeitlich abstimmen. Da das ArbZG ein öffentlich-rechtliches Gesetz ist, kann eine umfassende Delegation rechtswirksam nicht erfolgen und die bußgeldrechtliche Verantwortlichkeit nach § 22 Abs. 1 Nr. 9 ArbZG nicht unbegrenzt verlagert werden (→ ArbZG § 16 Rn. 14 f.; → ArbZG § 22 Rn. 15).⁴⁸ 39

Zudem wird über die Vertrauensarbeitszeit möglicherweise die **Konkurrenz** unter den Arbeitnehmern gefördert. Wenn ein Kollege die ihm gestellten Aufgaben innerhalb der Zeit erfüllt, will ein anderer Kollege nicht hinter diesem zurückstehen, um beim Arbeitgeber nicht negativ aufzufallen. Daher versucht er, ggf. auch unter Einsatz von unbezahlter Mehrarbeit, mit diesem gleichzuziehen. Werden jetzt die Zielstellungen immer weiter erhöht, besteht die Gefahr, dass sich unter den Beschäftigten ein „Wettlauf" bezüglich der Aufgabenerfüllung entwickelt, von dem allein der Arbeitgeber profitiert und der die Arbeitnehmer zur mehr oder weniger selbstbestimmten Überschreitung der Regelungen des Arbeitszeitrechts veranlassen könnte. Dies kann letztlich zu einer **Entsolidarisierung** unter ihnen führen. 40

Auch können erhebliche Probleme bei der **Feststellung der von den Arbeitnehmern tatsächlich geleisteten Arbeitszeit** entstehen. Diesbezüglich gelten die gleichen Darlegungs- und Beweislastregeln wie für die Normalarbeitszeit bzw. Überstunden. Daher müssen die Arbeitnehmer auch hier im Streitfall zunächst darlegen und im Fall des arbeitgeberseitigen Bestreitens auch beweisen, dass die behaupteten Arbeitszeiten tatsächlich angefallen sind.⁴⁹ Dabei haben von diesen selbst angefertigte Aufzeichnungen grundsätzlich keine Beweiskraft. Anderes gilt nur dann, wenn entsprechende Belege von Vorgesetzten abgezeichnet wurden. Führt der Arbeitgeber für den mit Vertrauensarbeit tätigen Arbeitnehmer allerdings ein Arbeitszeitkonto, gelten auf diesem vorbehaltlos ausgewiesene Guthaben als von ihm zugestanden.⁵⁰ Will er dieses im Nachhinein bestreiten, muss er detailliert darlegen, aus welchen Gründen der Saldo des Kontos geringer als angegeben sein soll. 41

Schließlich wird wegen der **fehlenden Zeiterfassung** die Überprüfung der Einhaltung der tariflichen bzw. gesetzlichen Arbeitszeitvorgaben sehr schwierig. Soweit ein Betriebsrat besteht, hat dieser jedoch auf der Grundlage der ihm durch § 80 Abs. 1 Nr. 1 BetrVG bezüglich der zugunsten der Arbeitnehmer im Betrieb geltenden Rechtsvorschriften zugewiesenen Überwachungsfunktion gegenüber dem Arbeitgeber einen Auskunftsanspruch bezüglich des Beginns und des Endes der täglichen Arbeitszeit der Ar- 42

---

46 Siehe Wagner/Wick in: Meine/Wagner, S. 158 ff.; Hamm, Flexible Arbeitszeiten, S. 221; Pleßner, S. 30; Biswas, S. 42 ff. **47** Simon, S. 104; vgl. auch Markowski AiB 2016, 19. **48** Grunewald, S. 138 ff. **49** St. Rspr. Vgl. nur BAG 18.4.2012 – 5 AZR 248/11, NZA 2012, 998; BAG 16.5.2012 – 5 AZR 347/11, NZA 2012, 939. **50** BAG 23.9.2015 – 5 AZR 767/13, NZA 2016, 295.

beitnehmer, welcher auch die Vertrauensarbeitszeit erfasst.[51] Dies gilt auch dann, wenn sich der Arbeitgeber bewusst gegen die Erfassung der Arbeitszeiten entschieden hat.[52] Insoweit ist dieser verpflichtet, dem Betriebsrat aussagefähige Unterlagen zur Verfügung zu stellen (→ ArbZG § 16 Rn. 21). Ausgenommen hiervon sind lediglich Auskünfte über die Arbeitszeiten der leitenden Angestellten. Darüber hinaus können Betriebsräte auch eigene Kontrollen durchführen, um Verstöße, zB gegen die Dauer der täglichen Arbeitszeit, festzustellen.

43 **f) Arbeit auf Abruf, Kapazitätsorientierte variable Arbeitszeit (KAPOVAZ).** Bei der **kap**azitätsorientierten variablen **A**rbeitszeit (KAPOVAZ) kann der Arbeitgeber die Arbeitsleistung des Arbeitnehmers je nach Bedarf abrufen.[53] Insoweit steht diesem hinsichtlich der Arbeitszeit ein einseitiges Leistungsbestimmungsrecht zu.[54] Hierdurch wird ihm die Möglichkeit eingeräumt, den Arbeitskräfteeinsatz hinsichtlich Lage und Dauer in Abhängigkeit vom Arbeitsanfall äußerst flexibel zu gestalten. Allerdings wird auch bei diesem Arbeitszeitmodell die vom Arbeitnehmer pro Monat oder Woche insgesamt geschuldete Arbeitszeit und die hierfür vom Arbeitgeber zu zahlende Vergütung vertraglich festgelegt.[55] Letztere wird auch dann geschuldet, wenn der Arbeitgeber das vereinbarte Stundenvolumen nicht oder nicht vollständig abruft, da er sich unter diesen Umständen mit der Annahme der Arbeitsleistung in Verzug befindet.[56]

44 Zur wirksamen Vereinbarung einer Arbeit auf Abruf muss zumindest eine **Mindestdauer der Arbeitszeit im Vertrag** angegeben werden. Eine vertragliche Arbeitszeitbestimmung, wonach sich Umfang und Lage der geschuldeten Arbeitszeit „wegen des schwankenden und nicht vorhersehbaren Umfangs der Arbeiten nach dem jeweiligen Arbeitsanfall" richten sollen (sog Nullstundenvertrag oder Zero-Hours-Contract), genügt insoweit nicht.[57] Zulässig ist aber, im Rahmen einer Arbeitszeitspanne (Bandbreite) vertraglich ein zusätzliches Arbeitszeitvolumen festzulegen, welches der Arbeitgeber bei Bedarf ganz oder teilweise abrufen kann. Der zusätzliche Flexibilitätsanteil darf die geschuldete Mindestarbeitszeit allerdings höchstens um 25 % überschreiten.[58] Bei einer Vereinbarung über die Verringerung der vereinbarten Arbeitszeit beträgt die Grenze maximal 20 %.[59] Unzulässig ist allerdings, zeitgleich eine Erhöhung um 25 % und eine Verringerung um 20 % zu vereinbaren, da damit das flexible Arbeitszeitvolumen 45 % betragen würde.

45 Wird bei der Arbeit auf Abruf überhaupt **keine wöchentliche Arbeitszeitdauer** vertraglich festgelegt, führt dies nicht zur Unwirksamkeit des Arbeitsvertrages.[60] Allerdings entsteht in derartigen Fällen auch kein Vollzeitarbeitsverhältnis.[61] Vielmehr gelten gemäß § 12 Abs. 1 S. 3, 4 TzBfG dann 10 Stunden wöchentlich und mindestens drei Stunden täglich als zwischen den Parteien vereinbart. Dies soll selbst dann gelten, wenn der Arbeitnehmer auf der Grundlage des Arbeitsvertrages tatsächlich deutlich länger gearbeitet hat.[62] Hinsichtlich der oberhalb der gesetzlichen Grenze bisher geleisteten Arbeitszeiten gerät der Arbeitgeber daher auch nicht in Annahmeverzug, wenn er sie in der Folgezeit nicht mehr abruft.

46 Hinsichtlich der anzusetzenden Arbeitszeit anders zu beurteilen sind die bereits erwähnten **Nullstundenverträge oder Zero-Hours-Contracts.** Bei diesen kann § 12 Abs. 1

---

51 BAG 6.5.2003 – 1 ABR 13/02, NZA 2003, 1348; zustimmende Anm. von Kohte, jurisPR-ArbR 25/2003 Anm. 1; Kohte in: FS Wißmann, 2005, S. 331, 341 ff.; Markowski AiB 2016, 19 (21 f.). **52** ArbG Braunschweig 30.3.2007 – 4 BV 130/06, AfP 2007, 392 (393). **53** Siehe Hamm, Flexible Arbeitszeiten, S. 142 ff.; Laux/Schlachter TzBfG § 12 Rn. 32. **54** Vgl. Laux/Schlachter TzBfG § 12 Rn. 36; HK-TzBfG/Boecken TzBfG § 12 Rn. 8. **55** So BAG 7.12.2005 – 5 AZR 535/04, NZA 2006, 423–429. **56** Laux/Schlachter TzBfG § 12 Rn. 42. **57** LAG Düsseldorf 17.4.2012 – 8 Sa 1334/11, NZA-RR 2012, 563; vgl. LAG Chemnitz 16.7.2009 – 5 Sa 407/08. **58** BAG 7.12.2005 – 5 AZR 535/04, NZA 2006, 423. LAG Berlin-Brandenburg 16.10.2014 – 21 Sa 903/14 (Entscheidungsdatenbank Berlin-Brandenburg). In dem vom BAG entschiedenen Fall war eine Sockelarbeitszeit von 30 Stunden vereinbart. Weitere 10 Stunden sollte die Arbeitnehmerin auf Anforderung leisten. Damit war die festgelegte Mindestarbeitszeitdauer um 33,33 % überschritten. **59** BAG 7.12.2005 – 5 AZR 535/04, NZA 2006, 423. **60** BAG 24.9.2014 – 5 AZR 1024/12, NZA 2014, 1328. **61** BAG 24.9.2014 – 5 AZR 1024/12, NZA 2014, 1328. **62** BAG 24.9.2014 – 5 AZR 1024/12, NZA 2014, 1328 f.

S. 3, 4 TzBfG nicht zur Auffüllung der durch die unwirksame Arbeitszeitvereinbarung entstandenen Vertragslücke herangezogen werden, da dies dem Schutzzweck der Vorschrift widersprechen und den Interessen der Vertragsparteien nicht gerecht würde.[63] Vielmehr ist hier im Wege der ergänzenden Vertragsauslegung – insbesondere unter Berücksichtigung der vom Arbeitnehmer in der Vergangenheit tatsächlich durchschnittlich geleisteten Arbeitszeiten – festzustellen, welche Arbeitszeit von den Arbeitsvertragsparteien gewollt gewesen ist.[64] Der grundsätzlich zulässige Flexibilisierungsrahmen von 25 % kann dabei nicht in Abzug gebracht werden.[65] Einer ergänzenden Vertragsauslegung im Fall einer zu unbestimmten Arbeitszeitvereinbarung ist lediglich die Dauer der Arbeitszeit zugänglich und nicht auch die Frage, ob die Parteien diesbezüglich möglicherweise eine Bandbreitenregelung haben treffen wollen. Anderes kann nur dann gelten, wenn eine unzulässige Bandbreitenregelung der Grund für das Entfallen der Arbeitszeitvereinbarung ist.

Neben dem nicht zu leugnenden Vorteil eines festen Einkommens unabhängig von der geleisteten Arbeitszeit kann die allein am Bedarf des Arbeitgebers orientierte Arbeitszeitgestaltung viele **Nachteile für den Arbeitnehmer** mit sich bringen. Dies gilt insbesondere für die Einschränkung hinsichtlich der Verfügbarkeit über seine Freizeit und damit verbunden einem uU erhöhten Koordinierungsaufwand im privaten Bereich. 47

Vor diesem Hintergrund hat der Gesetzgeber in § 12 TzBfG für die Arbeit auf Abruf einige wenige Rahmenbedingungen festgelegt. So muss die Dauer der täglichen und wöchentlichen Arbeitszeit von den Arbeitsvertragsparteien im Voraus festgelegt werden. Fehlt eine solche Festlegung, gilt eine Arbeitszeit von zehn Stunden wöchentlich bzw. mindestens drei zusammenhängenden Stunden täglich als vereinbart. Zudem sieht § 12 Abs. 2 TzBfG für die Inanspruchnahme des Arbeitnehmers eine Ankündigungsfrist von mindestens vier Tagen vor. Von beiden Regelungen kann nur durch Tarifvertrag zuungunsten der Arbeitnehmer abgewichen werden. Im Geltungsbereich eines solchen Tarifvertrages können nicht tarifgebundene Arbeitgeber und Arbeitnehmer eine Anwendung der tariflichen Regelungen arbeitsvertraglich vereinbaren. 48

g) Jobsharing. Beim sog Jobsharing betrifft die Arbeitszeitflexibilisierung allein die Dauer der Arbeitszeit. Zwei oder mehrere Arbeitnehmer teilen sich einen oder mehrere Arbeitsplätze.[66] Die in der **Praxis** wohl häufigste Form ist, dass Ganztagsstellen in Halbtagsstellen geteilt werden. Diese Stellen können von den Arbeitnehmern auch mit einem unterschiedlichen Anteil an Arbeitszeit ausgefüllt werden. Auch können die Anteile regelmäßig oder unregelmäßig wechseln, so dass unterschiedliche wöchentliche oder monatliche Arbeitszeiten entstehen. 49

Es werden zwei Formen des Jobsharings unterschieden. Beim **Jobsplitting** wird der Arbeitsplatz lediglich geteilt. Die Arbeitnehmer üben ihre Tätigkeit auf demselben Arbeitsplatz aus, ohne dass es einer Abstimmung zwischen ihnen bedarf. Das sehr viel seltenere **Job-Pairing** unterscheidet sich vom Jobsplitting dadurch, dass die Arbeitnehmer eine gemeinsame Aufgabe erfüllen und sich insoweit untereinander abstimmen müssen. Der wesentliche rechtliche Unterschied zwischen beiden Formen besteht darin, dass im ersten Fall die Arbeitsverhältnisse der Arbeitnehmer unabhängig voneinander sind und daher auch separat gekündigt werden können, während sie im zweiten Fall untrennbar miteinander verbunden sind, so dass nur deren gemeinsame Kündigung möglich ist. 50

IV. Zweckbestimmung des § 1 Nr. 2

Neben den in § 1 Nr. 1 ArbZG genannten Schutzzielen bezweckt Nr. 2 den Schutz der Sonn- und Feiertage als Tage der Arbeitsruhe und der seelischen Erhebung. Welche Tage staatliche Feiertage sind, ist in den jeweiligen Landesgesetzen geregelt. Die diesbe- 51

---

[63] Ebenso Preis RdA 2015, 244 (247); aA Bieder RdA 2015, 388 (396). [64] LAG Düsseldorf 29.7.2015 – 7 Sa 313/15, AuR 2016, 367 mAnm Buschmann. [65] So zutreffend Buschmann, Anm. zu LAG Düsseldorf 29.7.2015 – 7 Sa 313/15, AuR 2016, 367 (370). [66] Zum Begriff Schaub/Linck § 43 Rn. 20; Hamm, Flexible Arbeitszeiten, S. 142 ff.

zügliche Zuständigkeit der Länder ergibt sich aus Art. 70 Abs. 1 GG. Soweit ein Tag ein rein kirchlicher Feiertag ist, wird dieser auch dann nicht von § 1 Nr. 2 ArbZG erfasst, wenn er in einem Landesgesetz enthalten ist.[67]

52 Zu beachten ist zudem, dass das Grundgesetz Sonn- und Feiertage zwar als Institutionen garantiert, was jedoch nicht heißt, dass an diesen Tagen eine generelle Arbeitsruhe zu herrschen hat. Vielmehr kann der Gesetzgeber die ihm in diesem Bereich eingeräumte Regelungskompetenz unter Berücksichtigung der grundrechtlichen Wertungen und des Grundsatzes der Verhältnismäßigkeit ausüben und hierzu Vorschriften erlassen. Von dieser Befugnis hat er in den §§ 9 ff. ArbZG Gebrauch gemacht.

V. Unbenannte Gesetzeszwecke

53 Die Aufzählung der Gesetzeszwecke in § 1 ArbZG ist **nicht abschließend**.[68] Dies folgt bereits aus dem Umstand, dass die Vorschrift nicht alle dem Gesetz zugrunde liegenden Gesetzgebungsaufträge enthält. Insbesondere fehlt in dieser die in der Gesetzesbegründung zu findende, aus zwei Entscheidungen des Bundesverfassungsgerichts abzuleitende Zielsetzung der Vereinheitlichung der Arbeitszeitregelungen für Männer und Frauen.[69] Darüber hinaus muss bei der Auslegung der Normen des ArbZG auch stets dessen europarechtlicher Hintergrund berücksichtigt werden, der als Gesetzeszweck ebenfalls keine ausdrückliche Erwähnung in § 1 ArbZG findet. Da durch das Gesetz die europäische Arbeitszeitrichtlinie in das deutsche Recht transformiert werden soll, sind daher auch die diese prägenden Zielsetzungen bei der Bestimmung des Gesetzeszwecks des 1 ArbZG zu beachten. Weitergehende soziale Gesichtspunkte wie die Freizeitbelange der Arbeitnehmer und deren Möglichkeit zur freien Entfaltung ihrer Persönlichkeit bleiben allerdings nach der Auffassung des Bundesarbeitsgerichts unberücksichtigt.[70] Sie können allenfalls im Zusammenhang mit der Sonn- bzw. Feiertagsbeschäftigung Bedeutung erlangen.

VI. Verhältnis der Zweckbestimmungen

54 In welchem Verhältnis die in § 1 ArbZG genannten Zwecksetzungen im Falle ihrer Kollision zueinander stehen, ist umstritten. Nach einer in der Literatur vertretenen Auffassung sollen die Zweckbestimmungen generell gleichrangig nebeneinander stehen.[71] Andere Autoren wollen ausgehend vom Wortlaut des § 1 ArbZG, der nicht ausdrücklich regele, welchem der Ziele der Vorrang gebühre, keine generelle Reihenfolge bei der Wertigkeit der Zweckbestimmungen festlegen, sondern diese im Einzelfall danach bestimmen, wie die Normen des ArbZG in ihrer Gesamtheit zueinander stehen.[72] Danach soll der Sicherheit und dem Gesundheitsschutz für Arbeitnehmer aufgrund der textlichen Nebeneinanderstellung der Ziele jedenfalls kein genereller Vorrang vor der Arbeitszeitflexibilisierung bzw. dem Sonn- und Feiertagsschutz zukommen.[73] Vielmehr soll es insoweit stets einzelfallbezogen darauf ankommen, wie sich die speziellen Normen des ArbZG auf die Gesundheit der Arbeitnehmer auswirken.[74]

55 Die vorstehenden Auffassungen überzeugen nicht. Vielmehr ist im Rahmen des § 1 **Nr. 1 ArbZG** von einer generellen Nachrangigkeit der Verbesserung der Rahmenbedingungen für flexible Arbeitszeiten gegenüber der Gewährleistung der Sicherheit und des Gesundheitsschutzes für die Arbeitnehmer auszugehen.[75] Dem steht der Wortlaut der Vorschrift nicht entgegen. Dieser spricht weder für eine Gleichrangigkeit der Zweckbestimmungen, noch kann aus ihm eine einzelfallbezogene Nachrangigkeit des Gesundheitsschutzes abgeleitet werden. Vielmehr ergibt sich aus der Reihenfolge der Aufzäh-

---

[67] Baeck/Deutsch ArbZG § 1 Rn. 13; Neumann/Biebl ArbZG § 1 Rn. 7. [68] So auch Schliemann ArbZG § 1 Rn. 15; Anzinger/Koberski ArbZG § 1 Rn. 17. [69] BT-Drs. 12/5888, 19, 21. [70] BAG 11.7.2006 – 9 AZR 519/05, NZA 2007, 155. [71] So Anzinger/Koberski ArbZG § 1 Rn. 9, 11; Dobberahn, S. 12 f. [72] Baeck/Deutsch ArbZG § 1 Rn. 10; Neumann/Biebl ArbZG § 1 Rn. 8; wohl auch ErfK/Wank ArbZG § 1 Rn. 9. [73] Neumann/Biebl ArbZG § 1 Rn. 8; Baeck/Deutsch ArbZG § 1 Rn. 10. [74] Baeck/Deutsch ArbZG § 1 Rn. 10. [75] Buschmann/Ulber ArbZG § 1 Rn. 11; Anzinger/Koberski ArbZG § 1 Rn. 9; Schliemann ArbZG § 1 Rn. 14; HK-ArbZR/Spengler ArbZG § 1 Rn. 5.

lung in Nr. 1 bereits, dass der Gesetzgeber einen Vorrang der Sicherheit und des Gesundheitsschutzes jedenfalls vor der Verbesserung der Rahmenbedingungen für flexible Arbeitszeiten beabsichtigt hat.[76]

Ihre Stütze findet diese Ansicht nicht zuletzt auch in der unionsrechtlichen Grundlage des ArbZG, die inzwischen eine weitere Stütze im Grundrecht des Art. 31 EU-GRC findet. Bereits die Erwägungsgründe der RL 2003/88/EG enthalten für den Fall der Kollision von Sicherheits- und Gesundheitsschutzerwägungen mit wirtschaftlichen Zielsetzungen eine grundsätzliche Regelung, nach der Erstere nicht hinter Letztere zurücktreten dürfen.[77] Damit ist ein Vorrang von Flexibilisierungsaspekten im Rahmen der Zweckbestimmung des ArbZG grundsätzlich dann ausgeschlossen, wenn es um Arbeitszeitflexibilisierung im alleinigen **wirtschaftlichen Interesse des Arbeitgebers** geht, wie etwa bei Bestrebungen zur Ausdehnung der Maschinenauslastung oder einer an den Kundenwunsch angepassten Dienstleistungszeit. Da eine Gleichrangigkeit der Zwecksetzungen bei der Auslegung der Normen des ArbZG zu nicht praktikablen Lösungen führen würde, bedeutet dies, dass unter den genannten Umständen Sicherheit und Gesundheitsschutz der Arbeitnehmer Vorrang vor der Verbesserung der Rahmenbedingungen für flexible Arbeitszeiten haben.

Aber auch für den Fall, dass die angestrebte Arbeitszeitflexibilisierung im Interesse des Arbeitnehmers liegen sollte, bleiben Sicherheit und Gesundheitsschutz der Arbeitnehmer gegenüber der Verbesserung der Rahmenbedingungen für flexible Arbeitszeiten der primäre Zweck des ArbZG. Hierfür spricht insbesondere, dass die Zielsetzung einer Flexibilisierung der Arbeitszeiten in den Erwägungsgründen der RL 2003/88/EG überhaupt keine Erwähnung findet. Sicher ist es den Mitgliedstaaten nicht verwehrt, im Rahmen der Umsetzung der Richtlinie in das nationale Recht mit den entsprechenden Regelungen über die in den Erwägungsgründen genannte Zielsetzung hinausgehende Zwecke zu verfolgen. Jedoch kann dies nicht dazu führen, dass die vom europäischen Gesetzgeber vorgegebene Zielsetzung hinter derartige nationale Zweckbestimmungen zurücktritt.

Auch soweit das **Verhältnis des Schutzzieles unter § 1 Nr. 2 ArbZG** zu den sonstigen Zielen des ArbZG betroffen ist, ist eine Gleichrangigkeit bzw. einzelfallbezogene Feststellung des Rangverhältnisses abzulehnen.[78] Vielmehr ist diesbezüglich der Auffassung zu folgen, die den Schutz der Sonn- und Feiertage grundsätzlich hinter die Sicherheit und den Gesundheitsschutz der Arbeitnehmer zurücktreten lässt, diesen jedoch gegenüber der Verbesserung der Rahmenbedingungen für flexible Arbeitszeiten für vorrangig hält.[79] Der Vorrang der Sicherheit und des Gesundheitsschutzes der Arbeitnehmer vor dem Schutz der Sonn- und Feiertage lässt sich unschwer aus der Gesetzessystematik ablesen. Insoweit ist davon auszugehen, dass der Gesetzgeber die Regelung hierzu ganz bewusst in eine gesonderte Ordnungsnummer gefasst hat, um damit eine Rangfolge der Zwecksetzungen zu verdeutlichen. Im Übrigen wird in der Literatur zu Recht darauf hingewiesen, dass zwar sowohl der Gesundheitsschutz (Art. 2 GG) als auch der Schutz der Sonn- und Feiertage (Art. 139 GG iVm Art. 140 WRV) grundgesetzlich verankert sind. Jedoch handele es sich beim Gesundheitsschutz um ein Grundrecht, während die Sonn- und Feiertage lediglich als Institution garantiert seien.[80] Die Nachrangigkeit der Verbesserung der Rahmenbedingungen für flexible Arbeitszeiten gegenüber beiden ergibt sich hiernach bereits daraus, dass diese nicht verfassungsrechtlich abgesichert ist.[81]

VII. Räumlicher Anwendungsbereich des ArbZG

Das ArbZG ist in seiner Struktur in Deutschland als ein vorrangig öffentlich-rechtliches Gesetz formuliert worden, das eine Überwachung durch Arbeitsschutzbehörden als wesentlichen Mechanismus der Durchsetzung vorsieht. Dies entspricht der Überwa-

---

[76] So auch Anzinger/Koberski ArbZG § 1 Rn. 9. [77] Zum unionsrechtlichen Hintergrund des Vorrangs des Gesundheitsschutzes ebenso Buschmann/Ulber ArbZG § 1 Rn. 11; HK-ArbZR/Spengler ArbZG § 1 Rn. 5. [78] So aber ErfK/Wank ArbZG § 1 Rn. 9. [79] So Schliemann ArbZG § 1 Rn. 14. [80] Ebenso Schliemann ArbZG § 1 Rn. 14. [81] Dazu auch BVerwG 4.12.2014 – 8 B 66.14, AuR 2016, 250 mAnm Ulber.

chungspflicht, die die Mitgliedstaaten in Art. 4 RL 89/391/EWG übernommen haben. Bereits im bisherigen nationalen Arbeitszeitrecht wurden die öffentlich-rechtlichen Arbeitszeitnormen daher als **zwingende Eingriffsnormen iSd Art. 34 EGBGB** qualifiziert.[82] Sie werden daher heute überwiegend **Art. 9 Rom I-VO** zugeordnet;[83] die Anwendbarkeit der Normen richtet sich daher grundsätzlich nach dem Arbeitsort, nicht nach dem Statut des Arbeitsvertrags. Sowohl inländische als auch ausländische Arbeitgeber und Arbeitnehmer haben diese Normen zu beachten, wenn die Arbeitsleistung im Inland erbracht wird. Ist eine Zuordnung des Arbeitsortes zu einem konkreten Territorium schwierig, wie zB beim fliegenden Personal, so ist das Arbeitszeitrecht der jeweiligen Zweigniederlassung maßgeblich.[84]

60 Für die Arbeit im Ausland gilt daher auch für deutsche Arbeitnehmer das dortige Arbeitszeitrecht, auch wenn es hinter den europäischen bzw. deutschen Standards zurückbleibt.[85] Die Arbeitsvertragsparteien können allerdings schuldrechtlich[86] die Regeln des ArbZG als maßgeblich vereinbaren.[87] Bei grenzüberschreitender Arbeit sind die Arbeitszeiten zusammenzurechnen, so dass ein Kraftfahrer, der zum Beispiel fünf Stunden in der Schweiz gearbeitet hat, nur noch maximal fünf Stunden in Deutschland tätig sein kann, auch wenn die Höchstarbeitszeit in der Schweiz höher liegt.[88]

61 Für eine wichtige Gruppe von Beschäftigten, die typischerweise transnational tätig sind, ist durch das **ILO-Seearbeitsübereinkommen** aus dem Jahr 2006 eine einheitliche Handlungsgrundlage geschaffen worden. Inzwischen ist dieses Übereinkommen von der Bundesrepublik Deutschland ratifiziert worden;[89] im August 2012 ist die erforderliche Ratifikation von 30 Mitgliedstaaten erfolgt.[90] Damit ist dieses Übereinkommen eine maßgebliche Richtschnur, zumal es im Bereich der Europäischen Union zusätzlich durch ein Sozialpartnerübereinkommen realisiert wird.[91] Auf dieser Basis ist 2013 § 1 ArbZG geändert worden (→ Rn. 1).[92] Auf der Grundlage einer europäischen Sozialpartnervereinbarung ist durch die RL 2014/112/EU die BinnenschiffahrtsRL mit einem einheitlichen grenzüberschreitenden Schutzniveau geschaffen worden, die 2016 durch eine Änderung von § 21 ArbZG umgesetzt worden ist (→ ArbZG § 21 Rn. 4).

62 Nach § 1 ArbZG gilt daher das Arbeitszeitrecht – ebenso wie seit einigen Jahren bereits das Arbeitsschutzrecht (→ ArbSchG § 1 Rn. 18) – auch in der **ausschließlichen Wirtschaftszone**, die sich vor der Küste erstreckt. § 3 SeeArbG ist so gefasst worden, dass die typischen Offshore-Tätigkeiten nicht dem Seearbeitsrecht unterfallen, so dass insoweit das allgemeine Arbeitszeitrecht gilt.[93] Die Interessenlage der Offshore-Beschäftigten unterscheidet sich von anderen Beschäftigten, da die Freizeitmöglichkeiten auf der Bohrinsel deutlich beschränkt sind und daher größere Freizeitblöcke an Land angestrebt werden.[94] In den parlamentarischen Beratungen zum Seearbeitsrecht bestand daher weitgehend Übereinstimmung, dass dieser Interessenlage durch die besondere Verordnungsermächtigung des § 15 Abs. 2 a ArbZG Rechnung getragen werden soll, mit der längere Arbeitszeiten und damit korrespondierend längere Freizeitblöcke ermöglicht werden sollen. Dies entspricht den unionsrechtlichen Vorgaben in Art. 20 RL 2003/88/EG (→ ArbZG § 15 Rn. 18) und ist durch die **Offshore-Arbeitszeitverordnung** (→ ArbZG § 15 Rn. 19) vom 5.7.2013 konkretisiert worden.[95]

---

82 BAG 12.12.2001 – 5 AZR 255/00, NZA 2002, 734 (738). **83** Dazu bereits Münch/ArbR/Oetker § 11 Rn. 91; ebenso ErfK/Schlachter Rom I-VO Art. 9 Rn. 21. **84** BAG 13.11.2007 – 9 AZR 134/07, NZA 2008, 761 (764). **85** BAG 30.4.1987 – 2 AZR 192/86, NJW 2007, 2766 und BAG 12.12.1990 – 4 AZR 238/90, NZA 1991, 386 (zur Maßgeblichkeit der 54-Stunden-Woche in Saudi-Arabien). **86** Zu tarifvertraglichen Regelungen Buschmann/Ulber ArbZG § 1 Rn. 26. **87** Anzinger/Koberski ArbZG § 3 Rn. 7; Buschmann/Ulber ArbZG § 1 Rn. 24. **88** Wiebauer EuZA 2012, 485 (489 ff.). **89** BGBl. II 2013, 763. **90** BT-Drs. 17/13059, 163. **91** Einzelheiten bei Schäffer/Kapljic ZESAR 2009, 170 ff. **92** BGBl. I 2013, 868, 914; Maul-Sartori NZA 2013, 821 (823). **93** BT-Drs. 17/12420, 19. **94** BT-Drs. 17/10959, 120; vgl. Düwell, jurisPR-ArbR 15/2013 Anm. 1; Eckstein NZA 2013, 1060. **95** BGBl. I 2013, 2228.

§ 2 ArbZG Begriffsbestimmungen

(1) ¹Arbeitszeit im Sinne dieses Gesetzes ist die Zeit vom Beginn bis zum Ende der Arbeit ohne die Ruhepausen; Arbeitszeiten bei mehreren Arbeitgebern sind zusammenzurechnen. ²Im Bergbau unter Tage zählen die Ruhepausen zur Arbeitszeit.

(2) Arbeitnehmer im Sinne dieses Gesetzes sind Arbeiter und Angestellte sowie die zu ihrer Berufsbildung Beschäftigten.

(3) Nachtzeit im Sinne dieses Gesetzes ist die Zeit von 23 bis 6 Uhr, in Bäckereien und Konditoreien die Zeit von 22 bis 5 Uhr.

(4) Nachtarbeit im Sinne dieses Gesetzes ist jede Arbeit, die mehr als zwei Stunden der Nachtzeit umfaßt.

(5) Nachtarbeitnehmer im Sinne dieses Gesetzes sind Arbeitnehmer, die
1. auf Grund ihrer Arbeitszeitgestaltung normalerweise Nachtarbeit in Wechselschicht zu leisten haben oder
2. Nachtarbeit an mindestens 48 Tagen im Kalenderjahr leisten.

Literatur: *Abeln*/Repey, Die Revision der EU-Arbeitszeitrichtlinie und der Bereitschaftsdienst der Ärzte, ArbuR 2005, 20; *Adam*, Bestimmung des Umfangs der zu vergütenden Arbeitszeit, ArbuR 2001, 481; *Andritzky/Schneedorf*, Umkleidezeiten: Eine rechtliche, praktische und finanzielle Analyse, NZA 2016, 1379; *Baeck/Lösler*, Neue Entwicklungen im Arbeitszeitrecht, NZA 2005, 247; *Bartz/Stratmann*, Zeit der Teilnahme an einer Betriebsversammlung – "Ruhezeit" im Sinne des Arbeitszeitgesetzes, NZA-RR 2013, 281; *Bauer/Diller/Schuster*, Das Korrekturgesetz zur „Scheinselbständigkeit" – Alles anders, nichts besser!, NZA 1999, 1297; *Bauer/v. Medem*, „One size fits all" – im Arbeitsrecht nicht angemessen, NZA 2013, 1233; *Bermig*, Die Änderung des Arbeitszeitgesetzes durch das Gesetz zu Reformen am Arbeitsmarkt, BB 2004, 101; *Boemke*, Vergütung von ärztlichem Bereitschaftsdienst, jurisPR-ArbR 27/2004 Anm. 2; *Boerner*, Anpassung des Arbeitszeitgesetzes an das Gemeinschaftsrecht, NJW 2004, 1559; *Boerner/Boerner*, Bereitschaftsdienst – auch in Deutschland Arbeitszeit, NZA 2003, 883; *Bissels/Domke/Wisskirchen*, BlackBerry & Co.: Was ist heute Arbeitszeit?, DB 2010, 2052; *Braunschneider*, Betriebsratsarbeit ist Arbeitszeit, AiB 2011, 38; *Busch*, Waschen und Umkleiden als Arbeitszeit, BB 1995, 1690; *Buschmann*, Europäisches Arbeitszeitrecht, in: Festschrift für Düwell, 2011, S. 34 ff; *ders.*, Was ist Arbeitszeit?, in: Festschrift für Peter Hanau, 1999, S. 197; *ders.*, Bereitschaftsdienst als begriffliche Negation von Arbeitszeit – ein unfruchtbares Übergangsphänomen, in: Festschrift für Wolfhard Kohte, 2016, S. 417 ff.; *Colneric*, Konsequenzen der Nachtarbeitsverbotsurteile des EuGH und des BVerfG, NZA 1992, 393; *Däubler*, Das Arbeitsrecht 2, 12. Auflage 2009; *ders.*, Der gesetzliche Mindestlohn – doch eine unendliche Geschichte?, NJW 2014, 1924; *Ebener/Schmalz*, Bereitschaftsdienst als Arbeitszeit i. S. des Arbeitszeitgesetzes?, DB 2001, 813; *Els*, Dienstreise und Arbeitszeit; BB 1986, 2192; *Erasmy*, Ausgewählte Fragen zum neuen Arbeitszeitrecht I, NZA 1994, 1105; *ders.*, Ausgewählte Fragen zum neuen Arbeitszeitrecht II, NZA 1995, 97; *Fechner*, Probleme der Arbeitsbereitschaft, 1963; *Franzen*, Bereitschaftsdienst von Krankenhausärzten als Arbeitszeit iS der Richtlinie 93/104/EG, BB 2003, 2070; *ders.*, Umkleidezeit und Arbeitszeit, NZA 2016, 136; *Gragert*, Von Miles & More im Arbeitsverhältnis?, NJW 2006, 3762; *Heinze*, Ärztlicher Bereitschaftsdienst als Arbeitszeit im Sinne des Arbeitszeitgesetzes?, ZTR 2002, 102; *Gaul/Hofelich*, Arbeitsschutzrechtliche Pflicht zur Bezahlung von Umkleidezeit bei der Verwendung von Schutzausrüstungen?, NZA 2016, 149; *Heinz/Leder*, Die arbeitsrechtliche Behandlung von Wegezeiten bei Dienstreisen, NZA 2007, 249; *Henssler/Lunk*, Leitende Angestellte und das Arbeitszeitrecht – Betrachtungen de lege lata und de lege ferenda, NZA 2016, 1425; *Henrici*, Der rechtliche Schutz für Selbstständige, 2002; *Hunold*, Aktenlesen in der Bahn – Probleme von Arbeitszeit und Vergütung bei Dienstreisen, NZA Beil. 2006, 38; *ders.*, Nebentätigkeit und Arbeitszeitgesetz, NZA 1995, 558; *Jacobs*, Reform im Arbeitszeitrecht, NZA 2016, 733; *Junker*, Brennpunkte des Arbeitszeitgesetzes, ZfA 1998, 105; *Kleinebrink*, Die Vergütung von Zeiten einer Dienstreise, DB 2016, 2114; *Kohte*, Arbeitsschutz in der digitalen Arbeitswelt, NZA 2015, 1417; *Lakies*, Zwei Jahre gesetzlicher Mindestlohn – Bilanz und Ausblick, AuR 2017, 53; *Lembke*, Das Mindestlohngesetz und seine Auswirkungen auf die arbeitsrechtliche Praxis, NZA 2015, 70; *Litschen*, Präjudiz von EuGH-Entscheidungen im Deutschen Recht, ZTR 2002, 54; *Linnenkohl*, Bereitschaftsdienst als Arbeitszeit, ArbuR 2003, 302; *Lörcher*, Die Dienstleistungsrichtlinie und die Stellungnahme des Ausschusses für Beschäftigung und soziale Angelegenheiten, EuroAS 2005, 16; *Loritz/Koch*, Reisezeit als Arbeitszeit, BB 1987, 1188; *Maier*, Freie

Arbeitszeiteinteilung von Wissensarbeitern – Selbstbestimmung oder Ausbeutung?, DB 2016, 2723; *Peter*, Freizeitausgleich für Reisezeiten eines Betriebsratsmitglieds, AiB 2005, 186; *Reim*, Bereitschaftszeit als Arbeitszeit, PersR 2003, 431; *ders.*, Die Neuregelungen im Arbeitszeitgesetz zum 1.1.2004, DB 2004, 186; *Ricken*, Arbeitszeit im Sinne des Arbeitszeitrechts, DB 2016, 1255; *Scheiwe/Schwach*, Das Arbeitszeitrecht für Hausangestellte nach Ratifizierung der ILO-Konvention 189, NZA 2013, 1116; *Schlegel*, Grenzenlose Arbeit, NZA 2014, 16; *Schliemann*, Allzeit bereit – Bereitschaftsdienst und Arbeitsbereitschaft zwischen Europarecht, Arbeitszeitgesetz und Tarifvertrag, NZA 2004, 513; *ders.*, Bereitschaftsdienst im EG-Recht, NZA 2006, 1009; *Schmidt*, Das Gesetz zur Förderung der Selbständigkeit und seine Folgen für die Praxis, NZS 2000, 57; *Schramm/Lodemann*, Regelungsmöglichkeiten zur Vergütung von Umkleidezeiten, NZA 2017, 624; *Schuchart*, Ständige Erreichbarkeit – Arbeitszeit light vs. Recht auf Unerreichbarkeit, AuR 2016, 341; *Schulze*, BR-Arbeit ist Ehrenamt, AiB 2012, 657; *Steffan*, Arbeitszeit(recht) auf dem Weg zu 4.0, NZA 2015, 1409; *Thüsing/Hütter*, Was ist Arbeit? – Oder: Warum Bereitschaftsdienst keine Arbeitszeit im Sinne des MiLoG ist, NZA 2015, 970; *Wank*, Arbeitnehmer und Selbständige, 1983; *Wiebauer*, Betriebsratsarbeitszeit, NZA 2013, 540; *ders.*, Arbeitsschutz und Digitalisierung, NZA 2016, 1430; *Wisskirchen/Schiller*, Aktuelle Problemstellungen im Zusammenhang mit „Bring Your Own Device", DB 2015, 1163; *Zmarzlik*, Entwurf eines Arbeitszeitgesetzes, BB 1993, 2009.

Leitentscheidungen: EuGH 10.9.2015 – C-266/14, NZA 2015, 1177 (Tyco); EuGH 9.9.2003 – C-151/02, NZA 2003, 1019 (1023) (Jaeger); EuGH 1.12.2005 – C-14/04, NZA 2006, 89 (90) (Dellas); BAG 29.6.2000 – 6 AZR 900/98, NZA 2000, 165; BAG 31.1.2002 – 6 AZR 214/00, NZA 2002, 871; BAG 11.7.2006 – 9 AZR 519/05, NZA 2007, 155; OVG Münster 10.5.2011 – 4 A 1403/08, AuR 2011, 311 = NWVBl 2011, 112; BAG 18.1.2017 – 7 AZR 224/15, NZA 2017, 791.

I. Normzweck, Rechtssystematik.. 1	VI. Arbeitnehmer 76
II. Entstehung und Unionsrecht 3	1. Allgemeines.................. 76
III. Arbeitszeitbegriff des ArbZG (Abs. 1) 9	2. Abgrenzung zum Selbstständigen................... 78
1. Tatsächliche Erbringung der Arbeitsleistung 9	3. Einzelfälle 81
2. Arbeitsbereitschaft 15	VII. Nachtzeit 88
3. Bereitschaftszeit 21	VIII. Nachtarbeit 93
4. Rufbereitschaft 30	IX. Nachtarbeitnehmer 96
5. Ständige Erreichbarkeit 34	1. Wechselschichten............ 97
6. Sonstige Zeiten 36	2. Nachtarbeit an wenigstens 48 Tagen im Kalenderjahr .. 103
a) Umkleide- und Waschzeiten................... 36	a) Bezugspunkt Kalenderjahr...................... 104
b) Rüstzeiten................ 43	b) Tatsächlich geleistete oder geplante Nachtarbeit....................... 105
c) Wegezeiten.............. 44	
d) Dienstreisen.............. 49	
e) Betriebsratstätigkeit 61	c) Anteilige Kürzung der 48-Tage-Grenze.......... 108
f) Ruhepausen.............. 62	
IV. Beginn und Ende der Arbeit..... 63	d) Nachtarbeit bei mehreren Arbeitgebern......... 109
V. Zusammenrechnung der Arbeitszeiten bei mehreren Arbeitgebern..................... 71	

I. Normzweck, Rechtssystematik

1 Mit den Begriffsbestimmungen in § 2 ArbZG wird verdeutlicht, dass für die Zwecke des ArbZG, das auch ein öffentlich-rechtliches Schutzgesetz darstellt, **spezifische Definitionen** erforderlich sind, die nicht notwendig mit dem üblichen Sprachgebrauch oder den vergütungsrechtlichen Vereinbarungen übereinstimmen müssen. Dies gilt vor allem für den elementaren Begriff der Arbeitszeit, der für die Reichweite des Gesetzes maßgeblich ist. Daher muss dieser Begriff in Übereinstimmung mit Art. 31 EU-GRC sowie

der RL 2003/88/EG ausgelegt werden. Er ist zu unterscheiden vom vergütungsrechtlichen Begriff der Arbeitszeit;[1] Ausnahmen müssen eng ausgelegt werden.[2]

§ 2 ArbZG enthält weiter die grundlegenden Definitionen der Nachtzeit, der Nachtarbeit und des Nachtarbeitnehmer (→ Rn. 101 ff.). Mit diesen Begriffen wird die Vorschrift des § 6 ArbZG zum Schutz der Nachtarbeitnehmer operabel gemacht. Zugleich dokumentieren diese hervorgehobenen Definitionen die Bedeutung des Urteils des BVerfG vom 28.1.1992 zur **Nachtarbeit**,[3] das dem Gesetzgeber aufgab, den staatlichen Schutzpflichten nachzukommen und effektive und der Gleichberechtigung entsprechende Schutzvorschriften zur Gestaltung der Nachtarbeit zu erlassen.

II. Entstehung und Unionsrecht

Der in § 2 ArbZG geregelte Begriff der Arbeitszeit entspricht dem Wortlaut in § 2 Abs. 1 AZO von 1938.[4] Zu den sonstigen im ArbZG definierten Begrifflichkeiten wie Nachtarbeit oder Nachtzeit fanden sich dort indes keine gesonderten Vorschriften. Allerdings sah § 2 Abs. 2 AZO wie das ArbZG bei Untertagearbeit im Bergbau die Einbeziehung von Pausen in die Arbeitszeit vor und legte zudem in § 2 Abs. 3 AZO eine Zusammenrechnung der bei mehreren Arbeitgebern geleisteten Arbeitszeiten fest.

Inhaltlich entspricht § 2 ArbZG dem **Gesetzentwurf der Bundesregierung** vom 13.10.1993. Änderungsvorschläge wie etwa die Erstreckung des persönlichen Anwendungsbereichs des Gesetzes auf Beamte, Lehrlinge, Praktikanten, Heimarbeiter und arbeitnehmerähnliche Personen wurden von der Bundesregierung abgelehnt.[5] Diese hielt insbesondere die Einbeziehung von Heimarbeitern und arbeitnehmerähnlichen Personen für nicht mit deren Wesen vereinbar, da diese ihre Arbeitszeit und Pausen selbst einteilen könnten und daher von den Regelungen der §§ 4, 5 ArbZG nicht erfasst würden.

Auch der auf den Entwurf der SPD-Fraktion zurückgehende und mit der Humanisierung der Arbeit begründete **Vorschlag des Bundesrates**, den Beginn der Nachtzeit von 23:00 Uhr auf 22:00 Uhr vorzuverlegen, fand bei der Bundesregierung kein Gehör.[6] Insoweit hielt diese eine Änderung für nicht erforderlich, da nach ihrer Auffassung gesicherte arbeitsmedizinische Kenntnisse vorhanden waren, nach denen als die bedeutsame Nachtarbeitszeit die Zeit zwischen 1:00 Uhr und 4:00 Uhr anzusehen sei und daher nur dieser Zeitraum von der gesetzlichen Regelung erfasst werden müsse.[7] Zudem verwies die Bundesregierung auf die insoweit bestehende Regelungsbefugnis der Tarifvertragsparteien, die nach § 7 Abs. 1 Nr. 5 ArbZG die Möglichkeit hätten, den Beginn der Nachtzeit um eine Stunde vor- oder zurückzuverlegen. Allerdings musste 1996 wegen der Aufhebung des Gesetzes über die Arbeitszeit in Bäckereien und Konditoreien die gesonderte Definition der Nachtzeit für diesen Bereich nachträglich in § 2 Abs. 3 ArbZG eingefügt werden.[8]

Schließlich wollte der Bundesrat in § 2 ArbZG weitere Begriffsbestimmungen aufnehmen, wie etwa die der Schichtzeit, der Wochenarbeitszeit oder der Arbeitsbereitschaft, des Bereitschaftsdienstes und der Rufbereitschaft.[9] Unter Hinweis darauf, dass die Begriffe aus sich heraus verständlich und von der Rechtsprechung bereits hinlänglich konkretisiert seien, lehnte die Bundesregierung die Erweiterung des Definitionskataloges des § 2 ArbZG jedoch ab.[10]

Geringfügig geändert wurde dagegen § 2 Abs. 5 Nr. 1 ArbZG. In diesem war zunächst geregelt, dass Nachtarbeitnehmer derjenige ist, der regelmäßig wiederkehrend in Wech-

---

[1] EuGH 1.12.2005 – C-14/04, NZA 2006, 89, 90 (Dellas). [2] EuGH 9.9.2003 – C-151/02, NZA 2003, 1019, 1023 (Jaeger); vgl. Buschmann in: FS Düwell, S. 34, 50. [3] BVerfG 28.1.1992 – 1 BvR 1025/82, AuR 1992, 165 mAnm Blanke/Diederich = NZA 1992, 270; dazu Colneric NZA 1992, 393 ff. [4] Verordnung vom 30.4.1938, RGBl. I 447. [5] Siehe § 3 Abs. 1 Gesetzentwurf der SPD-Fraktion, BT-Drs. 12/5282, 3 und Nr. 3 der Stellungnahme des Bundesrates zum Gesetzentwurf der Bundesregierung, BT-Drs. 12/5888, 37; zur Ablehnung der Bundesregierung BT-Drs. 12/5888, 50. [6] Vgl. Nr. 4 der Stellungnahme des Bundesrates zum Gesetzentwurf der Bundesregierung, BT-Drs. 12/5888, 37. [7] Vgl. BT-Drs. 12/5888, 50. [8] Siehe Art. 2 Nr. 1 BGBl. 1996 I 1183. [9] Vgl. Nr. 5 der Stellungnahme des Bundesrates zum Gesetzentwurf der Bundesregierung, BT-Drs. 12/5888, 37. [10] Vgl. BT-Drs. 12/5888, 50.

selschicht Nachtarbeit leistet. Hiervon wären auch Arbeitnehmer erfasst gewesen, die zwar regelmäßig Nachtarbeit in Wechselschicht leisten, bei denen dies aber nur ausnahmsweise der Fall ist.[11] Um diese nicht beabsichtigte Wirkung zu verhindern, wurden die Begriffe „regelmäßig" und „wiederkehrend" durch „normalerweise" ersetzt.

8 1994 wurde nicht diskutiert, dass der Wortlaut des § 2 ArbZG hinter dem durch die RL 2003/88/EG normierten **gemeinschaftsrechtlichen Arbeitszeitbegriff** zurück blieb. Nach diesem Begriff, der sich an den vergleichbaren Kategorien der ESC und der ILO orientiert[12], zählt nicht nur die Zeit, in der der Arbeitnehmer tatsächlich arbeitet, zur Arbeitszeit, sondern alle Zeiten, in denen er nach den einzelstaatlichen Vorschriften und/oder Gepflogenheiten dem Arbeitgeber zur Verfügung steht und seine Tätigkeit ausübt oder Aufgaben wahrnimmt.[13] Die insoweit zwischen nationalem Recht[14] und Gemeinschaftsrecht zunächst bestehende Differenz[15] in der arbeitszeitrechtlichen Einordnung von Bereitschaftsdiensten wurde erst durch die Novelle des Arbeitszeitgesetzes im Jahr 2004 beseitigt.[16]

III. Arbeitszeitbegriff des ArbZG (Abs. 1)

9 **1. Tatsächliche Erbringung der Arbeitsleistung.** Schon von jeher völlig unstreitig ist, dass Zeiten, während denen der Arbeitnehmer tatsächlich zur Erbringung seiner Arbeitsleistung herangezogen wird, unter den Begriff der Arbeitszeit fallen.[17] Dabei wird unter **Arbeit jede Tätigkeit** verstanden, die der **Befriedigung eines fremden Bedürfnisses** dient.[18] Hierfür spielt es keine Rolle, ob es sich bei dieser um eine arbeitsvertraglich geschuldete Arbeitsleistung oder eine andere Beschäftigung handelt.[19] Entscheidend ist vielmehr, dass sie auf Anforderung des Arbeitgebers erbracht wird. Insofern liegt auch dann Arbeitszeit vor, wenn der Arbeitnehmer vom Arbeitgeber mit Tätigkeiten beschäftigt wird, die nicht zur arbeitsvertraglichen Leistungsverpflichtung gehören.[20] Auch der Ort der Arbeitsleistung hat für die Einordnung der Tätigkeit als Arbeitszeit keine Bedeutung. Diese kann sowohl in einer Betriebsstätte des Arbeitgebers als auch außerhalb einer solchen, wie zB in der eigenen Wohnung oder bei einem Kunden des Arbeitgebers, erfolgen.[21] Nicht als Arbeitszeit gewertet werden dagegen Zeiten, in denen der Arbeitnehmer während der eigentlichen Arbeitszeit privaten Belangen, zB privaten Telefongesprächen, nachgeht, da er in diesem Fall weder seine Arbeitskraft anbietet, noch gesundheitlichen Belastungen durch die Arbeitsleistung ausgesetzt ist.[22]

10 Ebenfalls ohne Bedeutung für die Einordnung von Zeiten als Arbeitszeit ist, ob der Arbeitgeber durch die Tätigkeit des Arbeitnehmers einen wirtschaftlichen Vorteil erlangt.[23] Beim Arbeitsvertrag handelt es sich um einen Dienstvertrag, bei dem im Unterschied zum Werkvertrag nicht die Erreichung eines bestimmten vertraglich vereinbarten Erfolges, sondern lediglich die Tätigkeit als solche geschuldet wird.[24] Mithin zählen auch Zeiten zur Arbeitszeit, in denen der Arbeitnehmer eine unterdurchschnittliche Leistung erbringt oder sich seine Tätigkeit für den Arbeitgeber nicht rechnet. Allerdings muss der Arbeitnehmer grundsätzlich die Leistung erbringen, die ihm bei ange-

---

11 Neumann/Biebl ArbZG § 2 Rn. 3. **12** Buschmann in: FS Kohte, S. 417, 419. **13** Art. 2 Nr. 1 der RL 2003/88/EG, ABl. EG L 299 vom 18.11.2003. **14** Nach deutschem Rechtsverständnis waren Bereitschaftszeiten bis zu diesem Zeitpunkt keine Arbeits-, sondern Ruhezeit. Vgl. BAG 30.1.1996 – 3 AZR 1030/94, NZA 1996, 1164. **15** Zu dieser Differenz BAG 18.2.2003 – 1 ABR 2/02, NZA 2003, 742. **16** Reim DB 2004, 186 ff.; Schliemann NZA 2004, 513 ff. **17** Schliemann ArbZG § 2 Rn. 4 f.; Baeck/Deutsch ArbZG § 2 Rn. 4; Buschmann/Ulber ArbZG § 2 Rn. 5. **18** BAG 25.4.1962 – 4 AZR 213/61, DB 1962, 874; BAG 16.1.2002 – 5 AZR 733/00, NZA 2002, 1163. **19** Buschmann/Ulber ArbZG § 2 Rn. 5; Schliemann ArbZG § 2 Rn. 8; Baeck/Deutsch ArbZG § 2 Rn. 6. **20** Schliemann ArbZG § 2 Rn. 8; Buschmann/Ulber ArbZG § 2 Rn. 5; HK-ArbZG/Spengler ArbZG § 2 Rn. 3. **21** Neumann/Biebl ArbZG § 2 Rn. 11. **22** Baeck/Deutsch ArbZG § 2 Rn. 7; aA wohl Anzinger/Koberski ArbZG § 2 Rn. 8, die annehmen, dass Arbeitszeit nicht nur die Zeit zwischen dem Beginn und Ende ist, in der gearbeitet wird. **23** Einhellige Meinung, vgl. Buschmann/Ulber ArbZG § 2 Rn. 6; HK-ArbZR/Spengler ArbZG § 2 Rn. 3; Schliemann ArbZG § 2 Rn. 8. **24** Zur Abgrenzung des Arbeitsvertrages von anderen Vertragsverhältnissen vgl. Palandt/Weidenkaff BGB Einf. vor § 611 Rn. 1 ff.; Münch/ArbR/Richardi § 3 Rn. 4 ff.; HK-ArbR/Kreuder/Matthiessen-Kreuder BGB §§ 611, 611 a Rn. 113 ff.

messener Anspannung seiner körperlichen und geistigen Kräfte auf Dauer ohne die Gefährdung seiner Gesundheit möglich ist (subjektiver Leistungsbegriff).[25]

Zur Arbeitszeit gehören zudem auch Zeiten, in denen der Arbeitnehmer seine Arbeitsleistung deshalb nicht erbringen kann, weil dies aus einem vom Arbeitgeber zu vertretenen Grund nicht möglich ist. Insoweit befindet sich der Arbeitgeber bezüglich der vom Arbeitnehmer ordnungsgemäß angebotenen Arbeitsleistung im **Annahmeverzug** (vgl. § 615 Abs. 1 BGB).[26] Dabei ist unerheblich, ob der Arbeitgeber die Arbeit nicht annehmen will oder kann (Annahmeunwilligkeit, Annahmeunfähigkeit). Zur Arbeitszeit zählen daher insbesondere auch Zeiten, in denen der Arbeitnehmer seine Arbeitsleistung wegen einer mangelhaften Arbeitsorganisation durch den Arbeitgeber nicht erbringen kann, zB wenn nicht ausreichend Material bestellt wurde. In jedem Fall erforderlich ist allerdings, dass der Arbeitnehmer seine Arbeitsleistung dem Arbeitgeber ordnungsgemäß anbietet.[27] Dh, er muss diesem in Erfüllung seiner sich aus dem Arbeitsvertrag ergebenden Pflichten zur Verfügung stehen.[28] Dies wird bei kurzfristig auftretenden Störungen, bei denen sich der Arbeitnehmer regelmäßig vor Ort im Betrieb befindet, keinerlei Probleme aufwerfen. 11

Kann der Arbeitnehmer die Arbeitsleistung aus einem Grund nicht erbringen, den weder er selbst noch der Arbeitgeber zu vertreten hat, ist dieses **Betriebsrisiko** nach § 615 S. 3 BGB ebenfalls vom Arbeitgeber zu tragen, mit der Folge, dass auch hierauf zurückgehende Wartezeiten Arbeitszeit sind.[29] Daher zählen etwa auch Zeiten, in denen der Arbeitnehmer wegen eines nicht vom Arbeitgeber verschuldeten Stromausfalls nicht arbeiten kann, zur Arbeitszeit. Ebenso sind **Zeiten betriebsverfassungsrechtlicher Aktivitäten**, wie zB die Teilnahme an einer Betriebsversammlung,[30] Arbeitszeit iSd § 2 ArbZG (zur Betriebsratstätigkeit → Rn. 61). 12

Nach einhelliger Auffassung zählen auch **Vor- und Abschlussarbeiten**, wie etwa das Aufräumen des Arbeitsplatzes, zur Arbeitszeit.[31] Diese dürfen daher grundsätzlich nicht zu einer Verlängerung der „normalen" täglichen Arbeitszeit führen. Insoweit ist allerdings § 14 Abs. 2 Nr. 2 ArbZG zu beachten, der eine Arbeitszeitverlängerung für solche Arbeiten im Ausnahmefall zulässt (ausführlich → ArbZG § 14 Rn. 17 ff.). Zu den **Vor- und Abschlussarbeiten** gehören zB: 13

- Aufräumen des Arbeitsplatzes,
- Auf- und Abbau sowie das Einlagern von Arbeitsmitteln,
- Sichern von Räumen, Fahrzeugen und Arbeitsmaterialien,
- Erstellen von Abrechnungen oder Arbeitsberichten,
- Datenübermittlung,
- Zu-Ende-Bedienen von Kunden.

Auch Zeiten, in denen der Arbeitnehmer unter **Verstoß gegen gesetzliche oder tarifliche Arbeitszeitbestimmungen** arbeitet, sind Arbeitszeit.[32] Hierbei kommt es nicht darauf an, ob der Verstoß auf eine Weisung des Arbeitgebers zurückgeht oder dieser die 14

---

[25] BAG 11.12.2003 – 2 AZR 667/02, NZA 2004, 784, 786; BAG 17.1.2008 – 2 AZR 536/06, NZA 2008, 693, 693; Münch/ArbR/Reichold § 36 Rn. 41 ff.; Kittner/Zwanziger/Deinert/Lakies § 23 Rn. 5 ff. [26] Zu den Voraussetzungen des Verzuges siehe Palandt/Weidenkaff BGB § 615 Rn. 7; Münch/ArbR/Boewer § 69 Rn. 9 ff.; Münch/ArbR/Reichold § 36 Rn. 41 ff. Kittner/Zwanziger/Deinert/Stumpf § 37 Rn. 11 ff. [27] Kriterien siehe Palandt/Weidenkaff BGB § 615 Rn. 10 ff.; Münch/ArbR/Boewer § 69 Rn. 13 ff. [28] Zustimmung Buschmann in: FS Kohte, S. 417, 418 Fn. 6; ebenso Buschmann/Ulber ArbZG § 2 Rn. 6; Baeck/Deutsch ArbZG § 2 Rn. 4. [29] Zum Betriebsbzw. Wirtschaftsrisiko BAG 30.5.1963 – 5 AZR 282/62, DB 1963, 836; BAG 9.3.1983 – 4 AZR 301/80, DB 1983, 1496, 1497; BAG 11.7.1990 – 5 AZR 557/89, NZA 1991, 67, 68. Vgl. auch Palandt/Weidenkaff BGB § 615 Rn. 21 ff.; Münch/ArbR/Boewer § 69 Rn. 56. [30] OVG Münster 10.5.2011 – 4 A 1403/08, AuR 2011, 311 = NWVBl 2011, 112; ebenso Buschmann/Ulber ArbZG § 2 Rn. 38; aA BAG 14.11.2006 – 1 ABR 5/06, NZA 2007, 458, 462; Fitting BetrVG § 44 Rn. 32; Bartz/Stratmann NZA-RR 2013, 281. [31] Buschmann/Ulber ArbZG § 2 Rn. 6; Schliemann ArbZG § 2 Rn. 11; jetzt auch BAG 12.11.2013 – 1 ABR 59/12 Rn. 57. [32] Schliemann ArbZG § 2 Rn. 9; Neumann/Biebl ArbZG § 2 Rn. 12.

15 **2. Arbeitsbereitschaft.** Von der Arbeitszeit ist die Arbeitsbereitschaft zu unterscheiden. Eine Definition dieses Begriffs findet sich im ArbZG nicht. Die Rechtsprechung versteht hierunter einen Zustand „wacher Achtsamkeit im Zustand der Entspannung".[34] Dies bedeutet, dass der Arbeitnehmer während dieser Zeit zwar nicht tatsächlich arbeitet, sich aber bereithält, um seine Arbeitsleistung jederzeit erbringen zu können. Hiermit ist regelmäßig der Aufenthalt am Arbeitsort verbunden. Entscheidend ist, dass sich der Arbeitnehmer trotz einer gesteigerten Aufmerksamkeit, die eine jederzeitige Arbeitsaufnahme ermöglicht, in dieser Zeit tatsächlich auch entspannen kann, wobei jedoch eine völlige Entspannung nicht erforderlich ist.[35]

rechtswidrige Arbeitszeit lediglich entgegennimmt. Fallen dabei Überstunden an, sind diese auch als solche zu vergüten.[33]

16 Aufgrund der von ihr ausgehenden psychischen Belastung der Arbeitnehmer gehört auch die Arbeitsbereitschaft zur **Arbeitszeit** im Sinne des ArbZG.[36] Das ergibt sich nunmehr unzweifelhaft auch aus dem Wortlaut des § 7 Abs. 1 Nr. 1 a ArbZG, wonach die Arbeitszeit abweichend von § 3 ArbZG – bei Bestehen einer tarifvertraglichen Regelung – auf über zehn Stunden verlängert werden kann, wenn in diese Zeit regelmäßig und in erheblichem Umfang Arbeitsbereitschaft fällt. Diese Regelung wäre unverständlich, würde Arbeitsbereitschaft nicht als Arbeitszeit zählen.

17 Die Abgrenzung von **Arbeitsbereitschaft und Vollarbeit** ist dennoch von erheblicher praktischer Bedeutung, da Zeiten der Arbeitsbereitschaft geringer vergütet werden können als Vollarbeit.[37] Für eine im Vergleich zur Vollarbeit möglicherweise lediglich anteilige Vergütung der Arbeitsbereitschaft sind ggf. die jeweils einschlägigen Tarifverträge bzw. Betriebsvereinbarungen oder individualvertraglichen Regelungen maßgeblich. Diese können insoweit auch die Zahlung einer Pauschale vorsehen.[38] Fehlt eine spezielle Vereinbarung, ist Arbeitsbereitschaft wegen ihrer Zuordnung zur Arbeitszeit wie Vollarbeit zu vergüten.[39]

18 Das **BAG geht bezüglich der vergütungsrechtlichen Abgrenzung** von Vollarbeit und Arbeitsbereitschaft davon aus, dass alle versprochenen Dienste als reguläre Arbeitszeit zu vergüten und Ausnahmen auch in Tarifverträgen nur von Bedeutung sind, wenn sie transparent eine Verringerung der Vergütung vorsehen.[40] Das ist am ehesten kompatibel mit der bereits bisher vom 4. Senat und der Literatur überwiegend vertretenen Beanspruchungstheorie, nach der vergütungsrechtlich Arbeitsbereitschaft nur dann vorliegt, wenn der Grad der Beanspruchung des Arbeitnehmers deutlich unter dem bei Vollarbeit liegt.[41] Wann dies der Fall ist, soll unter Berücksichtigung der Lage, Dauer und Häufigkeit der Inanspruchnahme des Arbeitnehmers durch die Vollarbeit bzw. die Arbeitsunterbrechungen zu bestimmen sein.[42]

19 Diese Kriterien führen hinsichtlich der Einordnung der jeweiligen Tätigkeit zu einer **Einzelfallbeurteilung**. Im Rahmen dieser richtet sich die Entscheidung für oder gegen Arbeitsbereitschaft bzw. Vollarbeit danach, welches Maß an Aufmerksamkeit der Ar-

---

33 BAG 24.8.2016 – 5 AZR 129/16, DB 2017, 313. **34** Vgl. BAG 14.4.1966 – 2 AZR 337/64, DB 1966, 1279; BAG 14.4.1966 – 2 AZR 216/64, DB 1966, 1239; 28.1.1981 – 4 AZR 892/78, DB 1981, 1195; BAG 30.1.1985 – 7 AZR 446/82, AP Nr. 2 zu § 35 BAT; BAG 12.2.1986 – 7 AZR 358/84, DB 1987, 995; zum Begriff siehe auch HK-ArbZR/Spengler ArbZG § 2 Rn. 5; Anzinger/Kobersiki ArbZG § 2 Rn. 40; Buschmann/Ulber ArbZG § 2 Rn. 16. Die Definition wird in der Literatur vereinzelt als „Leerformel" kritisiert, ohne dass jedoch eine griffigere Begriffsbestimmung erfolgt. Vgl. Baeck/Deutsch ArbZG § 2 Rn. 33; ErfK/Wank ArbZG § 2 Rn. 21. **35** Baeck/Deutsch ArbZG § 2 Rn. 37. **36** Schliemann ArbZG § 2 Rn. 19; Neumann/Biebl ArbZG § 2 Rn. 12; HK-ArbZR/Spengler ArbZG § 2 Rn. 5. **37** BAG 28.11.1973 – 4 AZR 74/73, DB 1974, 586; BAG 12.3.2008 – 4 AZR 616/06, DB 2009, 122 (Ls.); Neumann/Biebl ArbZG § 7 Rn. 17; Buschmann/Ulber ArbZG § 2 Rn. 16. **38** BAG 28.1.2004 – 5 AZR 530/02, NZA 2004, 656; Boemke, jurisPR-ArbR 27/2004 Anm. 2; BAG 12.3.2008 – 4 AZR 616/06, DB 2009, 122 (Ls.). **39** Buschmann/Ulber ArbZG § 2 Rn. 16; Anzinger/Koberski ArbZG § 2 Rn. 43. **40** BAG 9.9.2012 – 5 AZR 178/11, PersR 2013, 118 = PflR 2013, 77 mAnm Roßbruch. **41** BAG 28.1.1981 – 4 AZR 892/78, DB 1981, 1195; vgl. auch Schliemann ArbZG § 2 Rn. 18; Baeck/Deutsch ArbZG § 2 Rn. 35. **42** Schliemann ArbZG § 2 Rn. 19; Baeck/Deutsch ArbZG § 2 Rn. 36; Anzinger/Koberski ArbZG § 2 Rn. 45.

beitnehmer während der Tätigkeit an den Tag legen muss. Keine Arbeitsbereitschaft, sondern **Vollarbeit** sind in jedem Fall **Beschäftigungspausen**, die während der Ausübung einer Tätigkeit immer mal wieder eintreten. Dies gilt etwa für folgende Beispiele:

- die Verkäuferin, die auf Kunden wartet,
- der Kraftfahrer wartet, während sein Fahrzeug be- oder entladen wird;[43] auch dann, wenn er während dieser Zeit das Betriebsgelände verlassen darf,
- der Arbeitnehmer, der in einer Telefonzentrale auf Anrufe wartet,
- das Servicepersonal und Köche in der Gastronomie, die auf Gäste warten,
- die Überwachung von Produktionsprozessen in Leitwarten.

Dagegen hat das BAG bei einer länger als zehn Minuten dauernden Überwachung von Funkkanälen durch einen Rettungssanitäter Arbeitsbereitschaft angenommen.[44]

Zudem ist zu beachten, dass Arbeitsbereitschaft als Arbeitszeit im Zusammenhang mit 20 der Einhaltung der **Arbeitszeitgrenzen** maßgeblich ist. Daher ist auch Arbeitsbereitschaft in der Regel nur bis zu acht Stunden pro Werktag, dh, nur bis zu 48 Stunden pro Woche zulässig. Bei Verlängerungen auf bis zu zehn Stunden pro Tag ist ein Zeitausgleich zu gewährleisten, dh im Ausgleichszeitraum von sechs Monaten oder von 24 Wochen dürfen pro Tag im Durchschnitt acht Stunden Arbeitsbereitschaft nicht überschritten werden.

3. Bereitschaftszeit. Auch den Begriff der Bereitschaftszeit definiert das ArbZG nicht. 21 Das BAG versteht hierunter die Zeitspanne, während derer sich der Arbeitnehmer, ohne dass von ihm wache Achtsamkeit gefordert wird, für Zwecke des Betriebes an einer vom Arbeitgeber bestimmten Stelle innerhalb oder außerhalb des Betriebs aufzuhalten hat, damit er erforderlichenfalls seine volle Arbeitstätigkeit sofort oder zeitnah aufnehmen kann.[45] Zudem definieren auch einige Tarifverträge diesen Begriff, indem sie ihm bestimmte Zeiten zuordnen. Dabei übernehmen sie teilweise die Begriffsbestimmung des BAG. So legt der TVöD fest, dass Bereitschaftszeiten die Zeiten sind, in denen sich die Arbeitnehmer am Arbeitsplatz oder einer anderen vom Arbeitgeber bestimmten Stelle zur Verfügung halten müssen, um im Bedarfsfall die Arbeit selbstständig, ggf. auch auf Anordnung, aufzunehmen, sofern die Zeit ohne Arbeitsleistung überwiegt.[46] Was der Arbeitnehmer während des Bereitschaftsdienstes tut, spielt für dessen arbeitszeitrechtliche Einordnung keine Rolle. So kann er sich – sofern die Anweisungen des Arbeitgebers dies zulassen – während dieser Zeit von seinem Arbeitsplatz entfernen, persönlichen Dingen nachgehen oder sogar schlafen.[47]

Die Frage, ob **Bereitschaftszeiten Arbeitszeit sind**, war einer der zentralen Streitpunkte 22 im Arbeitszeitrecht vor 2004. Nach der früheren Rechtsprechung des BAG[48] und der in der Literatur[49] überwiegend vertretenen Auffassung waren Bereitschaftszeiten nicht vom Arbeitszeitbegriff des ArbZG erfasst. Diese Ansicht stand jedoch im Widerspruch zu dem insoweit eindeutigen Wortlaut von Art. 2 der europäischen Arbeitszeit-Richtlinie (RL 93/104/EG), nach dem Bereitschaftszeiten Arbeitszeit sind. Folgerichtig hatte auch der EuGH bereits im Jahr 2000 im Fall spanischer Ärzte und Pflegekräfte den ge-

---

43 BAG 29.10.2002 – 1 AZR 603/01, NZA 2003, 1212; Beispiele auch bei Baeck/Deutsch ArbZG § 2 Rn. 38. **44** BAG 24.9.1992 – 6 AZR 101/90, NZA 1993, 517. **45** St. Rspr. des BAG. Vgl. BAG 10.6.1959 – 4 AZR 567/56, DB 1959, 1031; 13.11.1986 – 6 AZR 567/83, AP BGB § 242 Betriebliche Übung Nr. 27; BAG 10.1.1991 – 6 AZR 352/89, NZA 1991, 516; BAG 29.10.2002 – 1 AZR 603/01, NZA 2003, 1212; vgl. auch Baeck/Deutsch ArbZG § 2 Rn. 41; Buschmann/Ulber ArbZG § 2 Rn. 17; Erfk/Wank ArbZG § 2 Rn. 28. **46** Vgl. § 9 TVöD. **47** Anzinger/Koberski ArbZG § 2 Rn. 48; Schliemann ArbZG § 2 Rn. 23; Erfk/Wank ArbZG § 2 Rn. 29. **48** Vgl. BAG 13.11.1986 – 6 AZR 567/83, AP Nr. 27 zu § 242 BGB Betriebliche Übung; BAG 22.11.2000 – 4 AZR 612/99, DB 2001, 820. **49** Vgl. Schliemann (2. Aufl.) ArbZG § 2 Rn. 65; Erfk/Wank (3. Aufl.) ArbZG § 2 Rn. 43; Baeck/Deutsch ArbZG § 2 Rn. 42; Zmarzlik BB 1993, 2009, 2010.

meinschaftsrechtlichen Arbeitszeitbegriff entsprechend ausgelegt.⁵⁰ Nationale Regelungen, die eine Ausdehnung der Wochenarbeitszeit über 48 Stunden hinaus zulassen, verstoßen daher auch dann gegen Art. 6 Nr. 2 der Richtlinie, wenn in dieser Zeit regelmäßig und in erheblichem Umfang Bereitschaftszeiten enthalten sind.

23 Dem folgte das BAG im Februar 2003, indem es – abweichend von seiner früheren Rechtsprechung – feststellte, dass gesetzliche und betriebliche Regelungen, die eine mit dem ArbZG in Einklang stehende Überschreitung der in der Arbeitszeit-Richtlinie festgelegten Grenze von wöchentlich 48 Stunden zulassen, mit dem Gemeinschaftsrecht unvereinbar sind.⁵¹ Allerdings hat sich das Gericht angesichts des eindeutigen Wortlautes des ArbZG nicht zu einer gemeinschaftsrechtskonformen Auslegung der Vorschriften in der Lage gesehen, sondern den Gesetzgeber zu einer entsprechenden Gesetzesänderung aufgefordert.⁵² Da dieser hierauf jedoch nicht reagierte, entstand 2003 wegen der unterschiedlichen Bindungswirkung des Gemeinschaftsrechts für öffentliche und private Arbeitgeber bezüglich der Geltung der in der Arbeitszeit-Richtlinie für die Wochenarbeitszeit festgelegten Höchstgrenze in der Bundesrepublik ein zweigeteiltes Arbeitszeitrecht.⁵³

24 Erst nachdem der EuGH am 9.9.2003 („Jaeger") seine diesbezügliche Auffassung – diesmal in einem Verfahren mit deutscher Beteiligung – ausdrücklich bestätigte,⁵⁴ sah sich der Gesetzgeber zum Handeln gezwungen und legte bereits am darauffolgenden Tag einen entsprechenden Gesetzentwurf vor, welcher mit nur geringfügigen Veränderungen Anfang 2004 auch Gesetz wurde.⁵⁵ In dessen Begründung wird zunächst festgestellt, dass die Arbeitszeit-Richtlinie auch für die Ausgestaltung des deutschen ArbZG maßgeblich und die **Rechtsprechung des EuGH zur Frage der Bereitschaftsdienste auf das deutsche Arbeitszeitrecht zu übertragen** ist,⁵⁶ dass Bereitschaftszeiten auch nach dem ArbZG in vollem Umfang als Arbeitszeit zu werten sind.⁵⁷ Dies gilt im Übrigen nicht nur für Bereitschaftsdienste, die von Ärzten in Krankenhäusern geleistet werden, sondern für alle Bereiche mit vergleichbarer Arbeitsorganisation, wie zB Feuerwehr, Polizei usw.⁵⁸

25 Die **Anpassung des ArbZG an die Vorgaben des Europarechts** in Bezug auf die Einordnung von Bereitschaftsdiensten hat **erhebliche praktische Konsequenzen**. So gilt für die wöchentliche Arbeitszeit nunmehr grundsätzlich die in der europäischen Arbeitszeit-Richtlinie festgelegte Obergrenze von 48 Stunden, auch wenn hierin Bereitschaftszeiten enthalten sind. Die bisher häufig im Rahmen von Betriebsvereinbarungen,⁵⁹ insbesondere

---

50 EuGH 3.10.2000 – C-303/98, DB 2001, 818 ff. (Simap): Siehe auch Anmerkungen von Ebener/Schmalz DB 2001, 813 ff.; Heinze ZTR 2002, 102 ff.; zur Entwicklung der EuGH-Rechtsprechung siehe Schliemann NZA 2006, 1009, 1009 f.; krit. zur Rechtsprechung des EuGH Baeck/Deutsch ArbZG § 2 Rn. 45; Litschen NZA 2001, 1355 ff.; Franzen BB 2003, 2070 f. **51** Vgl. BAG 18.2.2003 – 1 ABR 2/02, DB 2003, 1387, 1388 f.; vgl. hierzu auch Boerner/Boerner NZA 2003, 883, 887; Linnenkohl ArbuR 2003, 302 (303). **52** Vgl. BAG 18.2.2003 – 1 ABR 2/02, DB 2003, 1387, 1389 ff.; Boerner/Boerner NZA 2003, 883, 890. **53** BAG 18.2.2003 – 1 ABR 2/02, DB 2003, 1387, 1389 ff.; BAG 5.6.2003 – 6 AZR 114/02 – jurisPR-ArbR 11/2004 Anm. 1; vgl. auch Boerner/Boerner NZA 2003, 883, 889 f.; Reim PersR 2003, 431 (433); Franzen BB 2003, 2070 f.; Bermig BB 2004, 101 (102). **54** Siehe EuGH 9.9.2003 – C 151/02, NZA 2003, 1019 ff. (Jaeger); s. auch Anmerkungen von Franzen BB 2003, 2070 f.; weiter bestätigt durch EuGH 1.12.2005 – C-14/04, NZA 2006, 89 (Dellas). **55** Vgl. Änderungsantrag von SPD und BÜNDNIS 90/DIE GRÜNEN in der Ausschussdrucksache des Bundestagsausschusses für Wirtschaft und Arbeit vom 10.9.2003. ADrs. 15(9)610. Vgl. auch Schliemann NZA 2006, 1009, 1010; Bermig BB 2004, 101,102 f.; die extrem kurze „Reaktionszeit" der Bundesregierung lässt vermuten, dass der Entwurf bereits vor dem EuGH-Urteil vom 9.9.2003 vorlag, man aber das Ergebnis des Verfahrens abwarten wollte. **56** Siehe Beschlussempfehlung des Bundestagsausschusses für Wirtschaft und Arbeit. BT-Drs. 15/1587, 33. **57** Siehe Beschlussempfehlung des Bundestagsausschusses für Wirtschaft und Arbeit. BT-Drs. 15/1587, 34. Neumann/Biebl ArbZG § 2 Rn. 12; Buschmann/Ulber ArbZG § 2 Rn. 12; Anzinger/Koberski ArbZG § 2 Rn. 49; unter Aufgabe ihrer früheren Auffassung nunmehr auch Schliemann ArbZG § 2 Rn. 22; Baeck/Deutsch ArbZG § 2 Rn. 43. **58** EuGH 15.7.2005 – C-52/04, NZA 2005, 594 (Feuerwehr Hamburg); EuGH 1.12.2005 – C-14/04, NZA 2006, 89 (Dellas); Buschmann/Ulber ArbZG § 2 Rn. 13; ErfK/Wank ArbZG § 2 Rn. 25; Schliemann ArbZG § 2 Rn. 22. **59** Vgl. etwa den Sachverhalt bei BAG 18.2.2003 – 1 ABR 2/02, DB 2003, 1387 ff.

für Berufe, bei denen eine ständige Anwesenheit von Personal in Form von Bereitschaftsdienst erforderlich ist, anzutreffende Überschreitung dieser Grenze ist nur noch bei Erfüllung zusätzlicher Voraussetzungen, wie etwa der Einwilligung des Arbeitnehmers, zulässig (→ ArbZG § 7 Rn. 87 ff.). Darüber hinaus hat der Gesetzgeber im Zuge der Neuregelung des ArbZG die Voraussetzungen, unter denen von der gesetzlichen Arbeitszeit abgewichen werden kann, wesentlich verändert. Statt einer einheitlichen Grenze enthält das Gesetz diesbezüglich nunmehr eine an die Erfüllung unterschiedlicher Bedingungen geknüpfte, zeitlich abgestufte Regelung (→ ArbZG § 7 Rn. 36–52).[60]

Bereits 2004 legte die EU-Kommission einen **Entwurf zur Änderung der RL 2003/88/EG** vor, in dem ua eine Legaldefinition des Bereitschaftsdienstes enthalten war.[61] Danach sollte dieser in einen aktiven und einen (definierten) inaktiven Bereitschaftsdienst unterschieden werden, wobei Letzterer nicht als Arbeitszeit gelten sollte und daher auch nicht auf die arbeitszeitlichen Höchstgrenzen anzurechnen gewesen wäre. Dies stünde jedoch im Widerspruch zu der von der Kommission postulierten verbesserten Vereinbarkeit von Beruf und Familie, da sich hieraus eine nahezu uneingeschränkte Verfügbarkeit der Arbeitnehmer ergeben könnte. Letztlich scheiterte dieser Entwurf nach langwierigen Verhandlungen im April 2009 daran, dass sich die Mitgliedstaaten und das Europäische Parlament im Vermittlungsausschuss nicht über eine Ausnahmeregelung bezüglich der Obergrenze für die wöchentliche Höchstarbeitszeit einigen konnten.[62] Auch in der Folgezeit waren alle Versuche zur Herabsetzung des unionsrechtlichen Schutzniveaus im Arbeitszeitrecht nicht erfolgreich.[63] 26

Umgangssprachlich werden nicht selten auch Zeiten, in denen sich der Arbeitnehmer **ohne persönliche Anwesenheit** im Betrieb zur Erbringung der Arbeitsleistung bereithalten muss, als Bereitschaftsdienste bezeichnet. Arbeitszeitrechtlich gelten solche Zeiten allerdings dann nicht als Bereitschaftszeiten, sondern als nicht zur Arbeitszeit gehörende Rufbereitschaft (→ Rn. 30 ff.), wenn der Aufenthaltsort des Arbeitnehmers nicht vom Arbeitgeber vorgegeben wird.[64] Trotz der aufgrund der jederzeitigen Erreichbarkeit bestehenden Verfügbarkeit des Arbeitnehmers, kann dieser unter diesen Umständen während des Dienstes frei über die Ausgestaltung der Zeit verfügen und ist insbesondere an keinen bestimmten Aufenthaltsort gebunden. 27

Von der arbeitszeitrechtlichen Betrachtung der Bereitschaftszeiten ist deren **vergütungsrechtliche Dimension** zu unterscheiden. Angesichts der von diesen im Vergleich zur Vollarbeit bzw. Arbeitsbereitschaft ausgehenden geringeren Belastungen für die Arbeitnehmer muss die Vergütung dieser Zeiten nicht derjenigen der Vollarbeit bzw. Arbeitsbereitschaft entsprechen.[65] Letztlich kommt es für deren Höhe wie schon im Fall der Arbeitsbereitschaft auf die konkreten kollektiven bzw. individualvertraglichen Regelungen an. Fehlen solche Vereinbarungen, ist gemäß § 612 Abs. 2 BGB die für Bereitschaftsdienste der erbrachten Art übliche Vergütung zu zahlen.[66] Auch hier ist wie bei der Arbeitsbereitschaft die Abgeltung durch eine Pauschale oder die Gewährung von entsprechender Freizeit möglich.[67] 28

Ob für die Vergütung von inaktiven Zeiten der Bereitschaftsdienste der **gesetzliche Mindestlohn** gilt, ist umstritten. Das BAG und mit ihm der überwiegende Teil des Schrifttums bejahen dies unter Rückgriff auf den Arbeitszeitbegriff des ArbZG zu 29

---

60 Zu den Änderungen Bermig BB 2004, 101,103 f.; Boerner NJW 2004, 1559; Reim DB 2004, 186, 187 ff.; Schliemann NZA 2004, 513, 515 ff. 61 Vorschlag der EU-Kommission vom 22.9.2004, KOM (2004) 607, Rn. 18. Diese Regelung war auch in dem geänderten Vorschlag der Kommission vom 31.5.2005 enthalten. KOM (2005), 246 endg. Zustimmend Baeck/Lösler NZA 2005, 247, 249; krit. Abeln/Repey ArbuR 2005, 20; Lörcher EuroAS 2005, 16. 62 Ausführliche Darstellung der Auseinandersetzung bei Schliemann NZA 2006, 1009, 1011 ff. 63 Buschmann in: FS Düwell, S. 34, 50 ff. 64 Siehe EuGH 9.9.2003 – C-151/02, NZA 2003, 1019 ff. (Jaeger). 65 St. Rspr. BAG 5.6.2003 – 6 AZR 114/02, DB 2004, 138; BAG 28.1.2004 – 5 AZR 530/02, NZA 2004, 656. 66 Baeck/Deutsch ArbZG § 2 Rn. 46. 67 BAG 28.1.2004 – 5 AZR 530/02, NZA 2004, 656; Anzinger/Koberski ArbZG § 2 Rn. 51.

Recht uneingeschränkt.[68] Nach anderer Auffassung soll für inaktive Bereitschaftszeiten der Mindestlohn jedenfalls dann gelten, wenn für solche Zeiten keine abweichenden tariflichen oder arbeitsvertraglichen Regelungen bestehen.[69] Hiernach unterfiele die Entscheidung über die Anwendbarkeit des Mindestlohngesetzes jedoch unzulässigerweise der Regelungskompetenz der Tarif- bzw. Arbeitsvertragsparteien.[70] Schließlich finden sich Stimmen, die in inaktiven Bereitschaftdiensten grundsätzlich keine Arbeitszeit iSd MiLoG sehen, ohne jedoch deren grundsätzliche Vergütungspflichtigkeit in Abrede zu stellen.[71]

30 **4. Rufbereitschaft.** Das ArbZG verwendet in § 5 Abs. 2 Nr. 1 ArbZG den Begriff der Rufbereitschaft, ohne ihn jedoch zu definieren. Von Literatur und Rechtsprechung wird dieser regelmäßig in Abgrenzung vom Bereitschaftsdienst bestimmt. Danach unterscheidet sich die Rufbereitschaft von diesem dadurch, dass sich der Arbeitnehmer nicht an einem vom Arbeitgeber festgelegten, sondern an jedem beliebigen Ort aufhalten kann.[72] Dies entspricht der gemeinschaftsrechtlichen Auffassung von diesem Begriff.[73] Allerdings muss er seinen Aufenthaltsort dem Arbeitgeber angeben. Auch kann er diesen nicht völlig frei wählen. Vielmehr muss er sicherstellen, dass er von diesem aus seinen Einsatzort erforderlichenfalls rechtzeitig erreichen kann. Dies setzt ua auch voraus, dass er an seinem Aufenthaltsort erreichbar ist. So liegt nach Auffassung des BAG Rufbereitschaft bereits dann vor, wenn der Arbeitnehmer lediglich verpflichtet ist, in seiner Freizeit ein Handy mitzuführen.[74] Zudem hat dieser bei der Ausgestaltung der ihm zur Verfügung stehenden Freiräume die vom Arbeitgeber ggf. vorgegebene maximale Anfahrtszeit zu berücksichtigen. Allerdings darf der Arbeitgeber den Zeitraum zwischen Abruf der Arbeitsleistung und der tatsächlichen Arbeitsaufnahme nicht derart kurz bemessen, dass sich der Arbeitnehmer praktisch in der Nähe des Arbeitsortes aufhalten muss. Insoweit hat das BAG eine tarifvertraglich festgelegte Frist von 20 Minuten als zu kurz und mit dem Wesen der Rufbereitschaft für unvereinbar angesehen.[75]

31 Zeiten der Rufbereitschaft sind grundsätzlich **keine Arbeitszeiten** iSv § 2 ArbZG.[76] Diese sind daher nicht auf die Höchstarbeitszeiten nach den §§ 3 und 6 ArbZG anzurechnen. Auch liegt zB kein Verstoß gegen Arbeitnehmerschutzbestimmungen vor – insbesondere nicht gegen § 5 ArbZG – wenn der Arbeitgeber zwischen zwei Acht-Stunden-Schichten Rufbereitschaft anordnet. Jedoch besteht hinsichtlich der Einführung und Ausgestaltung der Rufbereitschaft ein **Mitbestimmungsrecht** des Betriebsrates gemäß § 87 Abs. 1 Nr. 2 BetrVG (→ BetrVG § 87 Rn. 66).[77] So hat dieser zB über die Dauer der Rufbereitschaft, den erfassten Personenkreis, die Vergütung und die Anfahrtszeiten mitzubestimmen, soweit diesbezüglich keine tariflichen Regelungen bestehen. Auch arbeitsschutzrechtlich kann die mit der Rufbereitschaft verbundene „ständige Erreichbarkeit" als eine besondere Belastung zu qualifizieren sein, die bei der Gefährdungsbeurteilung nach § 5 Abs. 3 Nr. 6 ArbSchG[78] zu berücksichtigen ist (→ ArbZG § 8 Rn. 14, → ArbSchG § 5 Rn. 30 ff.).

32 Zur Arbeitszeit gehören und wie diese zu vergüten sind dagegen alle Zeiten, in denen der Arbeitnehmer **während der Rufbereitschaft zur Arbeitsleistung** herangezogen wird. Dies gilt auch dann, wenn der Arbeitnehmer an einem Wochenfeiertag im Rahmen der

---

68 BAG 19.11.2014 – 5 AZR 1101/12, DB 2015, 253, 254; BAG 29.6.2016 – 5 AZR 716/15, NZA 2016, 1332; Däubler NJW 2014, 1924, 1926; Düwell/Schubert MiLoG § 1 Rn. 44; Lembke NZA 2015, 70,73; Bayreuther NZA 2015, 385, 388; Holm DB 2015, 441; Lakies AuR 2017, 53, 55. **69** So ErfK/Franzen MiLoG § 1 Rn. 4 f. **70** Ebenso Thüsing NZA 2015, 970, 971 f. **71** So Thüsing/Hütter NZA 2015, 970, 971 f.; Riechert/Nimmerjahn MiLoG § 1 Rn. 66; ErfK/Wank ArbZG § 2 Rn. 29. **72** BAG 23.6.1967 – 3 AZR 439/66, DB 1967, 2166; BAG 28.4.1971 – 4 AZR 538/68, AP Nr. 2 zu § 611 BGB Arbeitsbereitschaft; BAG 3.12.1986 – 4 AZR 7/86, BB 1987, 478; HK-ArbZR/Spengler ArbZG § 2 Rn. 10; Schliemann ArbZG § 2 Rn. 27; Anzinger/Koberski ArbZG § 2 Rn. 53 f. **73** EuGH 3.10.2000 – C-303/98, DB 2001, 818 ff. (Simap). **74** BAG 29.6.2000 – 6 AZR 900/98, NZA 2000, 165. **75** BAG 31.1.2002 – 6 AZR 214/00, NZA 2002, 871. **76** BAG 12.2.1969 – 4 AZR 308/68, ArbuR 1969, 350; Baeck/Deutsch ArbZG § 2 Rn. 52; Schliemann ArbZG § 2 Rn. 29; Buschmann/Ulber ArbZG § 2 Rn. 20. **77** BAG 23.1.2001 – 1 ABR 36/00, NZA 2001, 741; so jetzt auch zum BPersVG BVerwG 4.9.2012 – 6 P 10/11, PersR 2012, 464; Buschmann/Ulber ArbZG § 2 Rn. 20; Baeck/Deutsch ArbZG § 2 Rn. 51. **78** Kohte NZA 2015, 1417, 1423; Wiebauer NZA 2016, 1430, 1433.

Rufbereitschaft in Anspruch genommen wird, so dass ihm in einem solchen Fall auch die entsprechenden Zuschläge zustehen.[79] Zudem beginnt in diesem Fall die nach § 5 ArbZG zu gewährende Ruhezeit von elf Stunden nach der Beendigung des Einsatzes erneut von vorn zu laufen.[80] Hierdurch kann sich der Beginn der darauffolgenden täglichen Arbeitszeit verschieben. Wurde der Arbeitnehmer etwa wegen eines Störfalles im Rahmen der Rufbereitschaft angefordert und hat zu dessen Behebung zwischen 1:00 Uhr und 2:00 Uhr gearbeitet, beginnt die Arbeitszeit für ihn an diesem Tag frühestens um 13:00 Uhr. Dies ist durch die Erholungsfunktion der Ruhezeit gerechtfertigt (zur Vergütung der durch die Ruhezeitunterbrechung entfallenen Arbeitszeit vgl. → ArbZG § 5 Rn. 14).

Da es sich bei der Rufbereitschaft nicht um Arbeitszeit handelt, muss deren **Vergütung** auch nicht dieser entsprechen. Anderes gilt allerdings für die Zeiten, in denen der Arbeitnehmer während der Rufbereitschaft tatsächlich arbeitet. Diese sind wie Vollarbeit zu vergüten. Maßgeblich für die während der Rufbereitschaft ohne Inanspruchnahme der Arbeitsleistung durch den Arbeitgeber anfallende Vergütung sind die entsprechenden kollektiv- bzw. individualvertraglichen Regelungen. Diese können diesbezüglich einen bestimmten Prozentsatz von der für die Vollarbeit geltenden Vergütung oder eine Pauschale festlegen.[81] Darüber hinaus kann hinsichtlich der Vergütung auch zwischen der eigentlichen Rufbereitschaft und der Wegezeit, die der Arbeitnehmer im Fall seiner Inanspruchnahme aufwenden muss, differenziert werden. Schließlich besteht die Möglichkeit, die Abrechnung der Einsatzzeiten detailliert zu regeln. So sah § 8 Abs. 3 S. 4 TVöD-K aF vor, dass bei mehreren Arbeitseinsätzen während der Rufbereitschaft zunächst die Zeiten der einzelnen Einsätze jeweils auf volle Stunden aufzurunden und anschließend zu addieren waren.[82] 33

5. Ständige Erreichbarkeit. Unter dem Stichwort „Arbeiten 4.0" wird mit Blick auf die immer stärkere Digitalisierung der Arbeitswelt und veränderte Produktzyklen zunehmend eine zeitliche und räumliche Entgrenzung der Arbeit diskutiert.[83] Dabei wird von den Arbeitnehmern im Zuge einer **„ständigen Erreichbarkeit"** häufig erwartet, auch außerhalb ihrer eigentlichen Arbeitszeit für den Arbeitgeber oder Vorgesetzte erreichbar zu sein und auf telefonische Anfragen oder Nachrichten zeitnah zu reagieren. Dies birgt – insbesondere durch eine mögliche Überschreitung von Höchstarbeitszeiten und den Abbau von Erholungszeiten – vielfältige gesundheitliche Risiken für die Arbeitnehmer und stellt daher auch an den bisherigen Arbeitszeitschutz weitreichende Anforderungen (→ ArbZG § 8 Rn. 14). Aufgrund der von einer ständigen Erreichbarkeit für die Arbeitnehmer ausgehenden Belastungen ist deren Gesundheitsschutz daher (auch) über die Einhaltung der Vorgaben des ArbZG, insbesondere im Hinblick auf Höchstarbeitszeiten (→ ArbZG § 3 Rn. 12 ff.), Pausen (→ ArbZG § 4 Rn. 12 ff.) und Ruhezeiten (→ ArbZG § 5 Rn. 13), zu gewährleisten.[84] 34

Hinsichtlich der **arbeitszeitrechtlichen Behandlung** der ständigen Erreichbarkeit ist nach Zeiten, in denen der Arbeitnehmer tatsächlich arbeitsbezogene Anfragen bearbeitet, und Zeiten, in denen er lediglich bereit ist, solche entgegenzunehmen, zu unterscheiden. Da er während dieser Zeiten die von ihm geschuldete Arbeitsleistung erbringt, zählt Erstere ohne Zweifel zur tatsächlichen Arbeitszeit.[85] Dagegen dürften Zeiten, in denen sich der Arbeitnehmer für die Entgegennahme entsprechender Anfragen bereithält, der Rufbereitschaft (und nicht dem Bereitschaftsdienst) zuzuordnen 35

---

79 BAG 9.10.2003 – 6 AZR 447/02, NZA 2004, 390. **80** Ebenso Anzinger/Koberski ArbZG § 2 Rn. 55; Baeck/Deutsch ArbZG § 5 Rn. 13. **81** Nach § 8 TVöD wird für Rufbereitschaft eine tägliche Pauschale je Entgeltgruppe bezahlt. Sie beträgt für die Tage Montag bis Freitag das Zweifache, für Samstag, Sonntag sowie für Feiertage das Vierfache des tariflichen Stundenentgelts nach Maßgabe der Entgelttabelle. **82** Vgl. Sachverhalt BAG 24.9.2008 – 6 AZR 664/07, NJ 2009, 126, ebenso BAG ZTR 2009, 22. **83** Hierzu Überblick bei Steffan NZA 2015, 1409; Kohte NZA 2015, 1417; Schlegel NZA 2014, 16; Jacobs NZA 2016, 733. **84** Zu Recht auf die Betroffenheit des ArbSchG hinweisend Kohte NZA 2015, 1417, 1423. **85** Wie hier Schuchart AuR 2016, 341, 342; Wisskirchen/Schiller DB 2015, 1163, 1167; aA unter Hinweis auf eine dem ArbZG nicht zu entnehmende „Erheblichkeitsschwelle" für die Unterbrechung der Ruhezeit Bissels/Domke/Wisskirchen DB 2010, 2052, 2054.

sein,[86] da der Arbeitgeber in diesen Fällen regelmäßig keinen bestimmten Aufenthaltsort für den Arbeitnehmer festlegt. Für die vorstehende Einordnung macht es keinen Unterschied, ob der Arbeitgeber die ständige Erreichbarkeit angeordnet hat, er eine solche vom Arbeitnehmer erwartet oder er eine „freiwillige" Erreichbarkeit des Arbeitnehmers lediglich duldet.[87] Anderes kann lediglich dann gelten, wenn dieser unter Verstoß gegen ein ausdrückliches Verbot des Arbeitgebers oder in einer Betriebsvereinbarung entsprechende Anfragen bearbeitet.[88]

36 **6. Sonstige Zeiten. a) Umkleide- und Waschzeiten.** Inwieweit Umkleide- und Waschzeiten zur Arbeitszeit gehören, hängt von der im Einzelfall geschuldeten Arbeitsleistung ab. In der Rechtsprechung zur AZO wurde dies als Ausnahmefall angesehen.[89] Außer in den seltenen Fällen, in denen etwa das Umkleiden Bestandteil der Arbeitsleistung ist, wie etwa Kostümwechsel bei Theaterschauspielern oder Bekleidungswechsel bei einer Modenschau, mussten hierfür vielmehr besondere Umstände hinzutreten, die eine entsprechende Einordnung rechtfertigen. Solche hat das BAG beispielsweise für den Fall bejaht, dass eine vom Arbeitgeber gestellte Arbeitskleidung nicht mit nach Hause genommen werden darf und dieser für das Umziehen vom Arbeitsplatz getrennte Räume zur Verfügung stellt.[90] Unter diesen Umständen ist auch die **durch das Umkleiden veranlasste innerbetriebliche Wegezeit** Arbeitszeit.[91]

37 Gleiches gilt, wenn aus **arbeitsschutzrechtlichen oder hygienischen Gründen** eine bestimmte Kleidung getragen werden muss.[92] Dabei kann es nicht darauf ankommen, ob das Umkleiden Teil der geschuldeten Arbeitsleistung ist oder zur persönlichen Vorbereitung des Arbeitnehmers auf die Arbeit gehört.[93] Soweit eine – wie auch immer geartete – Verpflichtung des Arbeitnehmers zum Tragen einer bestimmten Kleidung besteht und er diese im Betrieb anzulegen hat, steht ihm diese Zeit nicht zur freien Verfügung, da die Art und Weise, wie er diese Zeit zu verbringen hat, vorgeschrieben ist. Zudem wendet er diese Zeit nicht vornehmlich im Eigeninteresse, sondern im Interesse des Arbeitgebers bzw. in Erfüllung gesetzlicher Vorgaben auf, so dass es sich hierbei fraglos um Arbeitszeit handelt (→ PSA-BV Rn. 17).[94] Anderes ist dann der Fall, wenn das Umkleiden im privaten Bereich erfolgen kann und es mithin dem Arbeitnehmer selbst überlassen bleibt, ob er sich im Betrieb oder der eigenen Wohnung umziehen will.

38 Auch wenn die **Arbeitskleidung mit nach Hause genommen** werden kann, so dass sie bereits auf dem Weg zur Arbeit getragen werden könnte, kann Umkleidezeit Arbeitszeit sein. Dies ist dann der Fall, wenn ihr Tragen in der Öffentlichkeit aufgrund ihrer **Auffälligkeit** für die Arbeitnehmer nicht zumutbar ist.[95] Besonders auffällig ist die Kleidung dann, wenn der Arbeitnehmer im öffentlichen Raum aufgrund der Ausgestaltung der Kleidungstücke ohne Weiteres als Angehöriger des Arbeitgebers erkannt werden kann. Hierfür kommt es nicht allein auf deren Farbgebung an. Auch bei einer dezenten Farbgestaltung kann die Möglichkeit der Zuordnung bestehen, wenn an der Arbeitskleidung ein in der Öffentlichkeit bekanntes/r Emblem oder Schriftzug angebracht

---

86 So auch Kohte NZA 2015, 1417, 1423; Wiebauer NZA 2016, 1430, 1433; im Ergebnis letztlich auch Wisskirchen/Schiller DB 2015, 1163, 1167. **87** So auch Schuchart AuR 2016, 341, 342; aA Bissels/Domke/Wisskirchen DB 2010, 2052, 2054; Wisskirchen/Schiller DB 2015, 1163, 1167. **88** Wiebauer NZA 2016, 1430, 1433; Jacobs NZA 2016, 733, 736; Krause NZA 2016, 1004. **89** BAG 25.4.1962 – 4 AZR 213/61, DB 1962, 874. **90** BAG 28.7.1994 – 6 AZR 220/94, NZA 1995, 437; Schliemann ArbZG § 2 Rn. 32 f.; Anzinger/Koberski ArbZG § 2 Rn. 29 a; Busch BB 1995, 1690, 1690. **91** BAG 19.9.2012 – 5 AZR 678/11, NZA-RR 2013, 63. **92** Vgl. LAG Baden-Württemberg 12.2.1987 – 13 (7) Sa 92/86, AiB 1987, 246; dazu auch Kohte/Bernhardt, jurisPR-ArbR 30/2011 Anm. 2 mit Hinweis auf § 3 Abs. 3 ArbSchG; Schliemann ArbZG § 2 Rn. 1. **93** So aber noch BAG 22.3.1995 – 5 AZR 934/93, NZA 1996, 107. Wie hier Baeck/Deutsch ArbZG § 2 Rn. 102; Adam ArbuR 2001, 481, 482 f. **94** Zur Anwendung von § 87 Abs. 1 Nr. 2 BetrVG bei Umkleidezeiten BAG 10.11.2009 – 1 ABR 54/08, DB 2010, 454; BAG 12.11.2013 – 1 ABR 59/12 Rn. 57. **95** BAG 10.11.2009 – 1 ABR 54/08; BAG 12.11.2013 – 1 ABR 34/12; BAG 17.11.2015 – 1 ABR 76/13, NZA 2016, 247; LAG Düsseldorf – 9 Sa 425/15, DB 2015, M15 (Verfahren durch Vergleich erledigt); kritisch Schliemann ArbZG § 2 Rn. 31; Buschmann/Ulber ArbZG § 2 Rn. 34 f.; Andritzky/Scheednorf NZA 2016, 1379, 1381.

ist.[96] Dabei kommt es nicht auf deren Größe, sondern nur auf die Erkennbarkeit an. Allerdings soll nach Auffassung des BAG auch unter diesen Umständen keine Arbeitszeit vorliegen, wenn es dem Arbeitnehmer gestattet ist, die auffällige Kleidung auch außerhalb der Arbeitszeit zu tragen und dieser sich dafür entscheidet, diese nicht im Betrieb an- und abzulegen.[97] Hier liege das Umkleiden außerhalb des Betriebes nicht mehr allein im Interesse des Arbeitgebers, weil der Arbeitnehmer auf dem Arbeitsweg keine eigene Kleidung einsetzen müsse oder sich aus anderen Gründen selbstbestimmt gegen das An- und Ablegen der Dienstkleidung im Betrieb entschieden habe. Auch in diesem Fall gilt somit, dass für den Fall, dass sich der Arbeitnehmer im Fall auffälliger Arbeitskleidung dafür entscheidet, sich jeweils erst im Betrieb umzuziehen, diese Zeit Arbeitszeit ist.[98]

Unzumutbar kann das Tragen der **Arbeitskleidung** auf dem Weg zur und von der Arbeit auch dann sein, wenn diese unzumutbar **stark verschmutzt** ist. Wann dies der Fall ist, ist nach den Umständen des Einzelfalls zu bestimmen. Das LAG Hessen hat dies im Fall von Mitarbeitern eines Müllheizwerkes bejaht, deren Arbeitskleidung während der Arbeit stark verschmutzt wird, so dass deren Tagen auf dem Arbeitsweg aus hygienischen Gründen für die Mitarbeiter selbst bzw. für Mitreisende in öffentlichen Verkehrsmitteln unzumutbar war.[99] 39

Unter welchen Umständen auch **Waschzeiten** Arbeitszeit sein können, ist höchstrichterlich noch nicht geklärt. Auch hinsichtlich der Einordnung solcher Zeiten wird man zu fragen haben, ob das Waschen lediglich fremdnützig – also im Interesse des Arbeitgebers – ist oder zumindest auch im Interesse des Arbeitnehmers selbst liegt und ob bei diesem Weg von der Arbeit ohne das Waschen zuzumuten ist. Dies lässt sich hier – anders als bei Umkleidezeiten – nur schwer bestimmen. Das LAG Düsseldorf hat hierzu festgestellt, dass Waschzeiten wohl grundsätzlich vergütet werden müssten, wenn sie hygienisch zwingend notwendig sind.[100] 40

Soweit Umkleide- und Waschzeiten Arbeitszeit sind, besteht hinsichtlich ihrer inhaltlichen Ausgestaltung ein **Mitbestimmungsrecht des Betriebsrates** gemäß § 87 Abs. 1 Nr. 2 BetrVG.[101] Dieses erfasst zunächst die Anweisung an die Arbeitnehmer, sich vor Beginn bzw. nach dem Ende der Arbeitszeit umzuziehen. Nach Auffassung des BAG erstreckt sich dieses allerdings nicht auf die Festlegung der Dauer der Umkleidezeit des einzelnen Arbeitnehmers, so dass hierzu pauschalierte Regelungen nur im Rahmen einer freiwilligen Betriebsvereinbarung getroffen werden können.[102] Ebenso soll kein Mitbestimmungsrecht bezüglich der Frage bestehen, welche Handlungen als Umkleidezeit der Arbeitszeit zuzurechnen sind.[103] Möglich ist dagegen, im Rahmen einer erzwingbaren Betriebsvereinbarung nach § 87 Abs. 1 Nr. 2 BetrVG den Beginn und das Ende der täglichen Arbeitszeit so festzulegen, dass Zeiten für das Umkleiden als Arbeitszeit mit erfasst werden. Dagegen können diese Zeiten auch aufgrund betrieblicher Kollektivvereinbarungen nicht zu Ruhezeiten werden, da den Betriebsparteien insoweit keine Regelungsbefugnis zukommt. Eine solche Vereinbarung würde nicht die Festlegung des Beginns und Endes der Arbeitszeit nach § 87 Abs. 1 Nr. 2 BetrVG, sondern die einer solchen Regelung vorgelagerte Frage nach der rechtlichen Einordnung von Umkleide- bzw. Waschzeiten betreffen.[104] 41

Fallen Umkleide- und Waschzeiten unter den Arbeitszeitbegriff des § 2 ArbZG sind diese regelmäßig **vergütungspflichtig**.[105] Dies gilt auch dann, wenn es sich bei ihnen – wie meist – nicht um die eigentliche Arbeitsleistung, sondern eine diese lediglich vorbe- 42

---

96 BAG 17.11.2015 – 1 ABR 76/13, NZA 2016, 247. 97 BAG 12.11.2013 – 1 ABR 59/12, NZA 2013, 557; BAG 17.11.2015 – 1 ABR 76/13, NZA 2016, 247. 98 Vgl. auch Franzen NZA 2016, 136, 136. 99 LAG Hessen 23.11.2015 – 16 Sa 494/15, DB 2016, M 15. 100 LAG Düsseldorf – 9 Sa 425/15, DB 2015, M15 (Verfahren durch Vergleich erledigt). 101 BAG 12.11.2013 – 1 ABR 59/12, NZA 2014, 557. 102 BAG 12.11.2013 – 1 ABR 59/12, NZA 2014, 557; zustimmend Franzen, NZA 2016, 136, 138. 103 Franzen NZA 2016, 136, 138. 104 Ebenso Buschmann/Ulber ArbZG § 2 Rn. 40; aA BAG 22.3.1995 – 5 AZR 934/93, NZA 1996, 107. 105 Die Rechtsprechung des BAG zur arbeitszeit- und vergütungsrechtlichen Einordnung von Umkleidezeiten unter Hinweis auf die mangelnde Belastung des Arbeitnehmers durch das Umkleiden ablehnend Andritzky/Schneedorf NZA 2016, 1379, 1381.

reitende Handlung handelt, da der Arbeitnehmer aufgrund ihrer rechtlichen Einordnung als Arbeitszeit gemäß § 612 BGB eine Vergütung dieser Zeiten erwarten kann.[106] Die Vergütungspflicht von Umkleidezeiten besteht allerdings nur hinsichtlich der hierfür erforderlichen Zeiten.[107] Insoweit sind die Gerichte im Streitfall berechtigt, den entsprechenden Zeitumfang zu schätzen. Die Tarifvertragsparteien können Umkleidezeiten und mit diesen zusammenhängende Wegezeiten von der Vergütungspflicht ausnehmen.[108] Der 9. Senat des BAG meint, dass dies auch dann gilt, wenn es sich um arbeitsschutzrechtlich vorgeschriebene Umkleidezeiten handelt.[109] In der Literatur wird insoweit teilweise die Grenze des § 3 Abs. 3 ArbSchG zur Geltung gebracht (→ ArbSchG § 3 Rn. 103).[110] Allerdings kann eine tarifliche Regelung zur Vergütungsfreiheit von Umkleidezeiten eine für die Arbeitnehmer diesbezüglich günstigere Rechtsgrundlage (Arbeitsvertrag, betriebliche Übung, Gesamtzusage) nicht verdrängen. Unter Beachtung des Tarifvorbehaltes kann die Vergütung von Umkleidezeiten auch in Betriebsvereinbarungen geregelt werden.[111]

43 b) **Rüstzeiten.** Unter Rüstzeiten werden Zeiten verstanden, in denen der Arbeitnehmer die eigentliche Arbeit vorbereitet. Hierzu zählen vor allem Zeiten für die Vorbereitung der Arbeitsmittel wie zB das Bereitstellen von Werkzeug, das Einrichten von Maschinen oder das Hochfahren von PCs. Ebenfalls unter diese fallen Nachbereitungsarbeiten, wie etwa das Aufräumen des Arbeitsplatzes. Die für diese Tätigkeiten aufgewendeten Zeiten gehören dann zur Arbeitszeit, wenn dem Arbeitnehmer die Erbringung der eigentlichen Arbeitsleistung ohne diese nicht möglich ist. Dies ist etwa bei einem Sachbearbeiter der Fall, dessen Arbeitsmittel ein PC ist. Das OVG Nordrhein-Westfalen hat dies auch für einen Polizeibeamten hinsichtlich des Anlegens seiner Dienstausrüstung bejaht.[112]

44 c) **Wegezeiten.** Auch der Begriff der Wegezeit ist gesetzlich nicht definiert. In der Praxis wird dieser mit unterschiedlicher Bedeutung verwendet. Insoweit ist bei der Frage, ob Wegezeiten der Arbeitszeit zugerechnet werden können, zu differenzieren. Soweit hierunter die Zeit für den Weg des Arbeitnehmers von der **Wohnung zum Arbeitsplatz** gemeint ist, fällt diese nicht unter den Arbeitszeitbegriff des § 2 ArbZG.[113] Dies gilt auch für den Fall, dass der Arbeitnehmer sich von seiner Wohnung direkt zu einer außerhalb des Betriebs gelegenen Arbeitsstelle, wie etwa einer Baustelle, begibt.[114] Hierin liegt gegenüber dem Aufsuchen des Betriebes selbst keine zusätzliche Belastung für den Arbeitnehmer. Anderes wird man jedoch dann annehmen können, wenn die Dauer der Wegezeit zu der außerbetrieblichen Arbeitsstelle über die Zeit des Weges zum Betrieb hinausgeht. Insoweit liegt in diesem Fall Arbeitszeit vor.[115] Dies gilt umso mehr, als hiermit nicht nur eine zusätzliche Belastung für den Arbeitnehmer verbunden ist, sondern der Arbeitgeber unter diesen Umständen durch sein arbeitsvertragliches Weisungsrecht in die freie Verfügbarkeit des Arbeitnehmers über seine Zeit eingreift. Keine Rolle spielt es in diesem Zusammenhang, dass der Arbeitnehmer auf diesen Wegen unfallversichert ist.

45 Der Weg von der Wohnung zur Arbeitsstelle und zurück kann auch dann Arbeitszeit sein, wenn dies **tarifvertraglich geregelt** ist. Ob dies der Fall ist, ist im konkreten Einzelfall durch Auslegung der tariflichen Regelung zu bestimmen. Im Fall von § 11 TV-Ärzte/VKA hat das BAG diesbezüglich angenommen, dass die Tarifvertragsparteien mit

---

106 Franzen NZA 2016, 136, 138 f. **107** BAG 26.10.2016 – 5 AZR 168/16, NZA 2017, 323, 325. **108** BAG 19.9.2012 – 5 AZR 678/11, NZA-RR 2013, 63; vgl. auch Ricken DB 2016, 1255, 1257; Franzen NZA 2016, 136, 137, aA Andritzky/Schneedorf NZA 2016, 1379, 1382. **109** BAG 13.12.2016 – 9 AZR 574/15, NZA 2017, 459; Gaul/Hofelich NZA 2016, 149, 151. **110** LR/Wiebauer ArbSchG § 3 Rn. 71; Kohte AuR 2016, 404, 406. **111** Vgl. auch Schramm/Lodemann NZA 2017, 624, 626 f. **112** OVG Nordrhein-Westfalen 3.11.2016 – 6 A 2151/14, www.justiz.nrw.de/ovgs/ovg_nrw/2016. **113** BAG 8.12.1960 – 5 AZR 304/58, DB 1961, 242; BAG 19.1.1977 – 4 AZR 595/75, AP Nr. 5 zu § 42 BAT; Anzinger/Koberski ArbZG § 2 Rn. 19; Buschmann/Ulber ArbZG § 2 Rn. 27; Schliemann ArbZG § 2 Rn. 37; Neumann/Biebl ArbZG § 2 Rn. 14. **114** Schliemann ArbZG § 2 Rn. 39; Anzinger/Koberski ArbZG § 2 Rn. 19. **115** Ebenso Buschmann/Ulber ArbZG § 2 Rn. 28; Neumann/Biebl ArbZG § 2 Rn. 14; Anzinger/Koberski ArbZG § 2 Rn. 9.

dieser Vorschrift über eine Verteuerung der Inanspruchnahme der Ärzte während der Rufbereitschaft deren übermäßiger Nutzung entgegenwirken wollen.[116] Hieraus lasse sich ableiten, dass nicht nur der Einsatz im Krankenhaus selbst, sondern auch die erforderlichen Wegezeiten „Arbeitsleistung" iSd § 11 Abs. 1 S. 1 TV-Ärzte/VKA seien. Diese beginne daher mit dem Verlassen des Aufenthaltsortes und ende mit der Rückkehr an diesen.

Wegezeiten sind jedenfalls dann Arbeitszeit, wenn das Aufsuchen der außerbetrieblichen Arbeitsstelle zur geschuldeten Arbeitsleistung gehört. Dies ist bei **Außendienstmitarbeitern**[117] und **Kundendienstmonteuren**[118] für die Fahrten von der Wohnung zum ersten Kunden und vom letzten Kunden nach Hause der Fall.[119] Diese Fahrzeiten bilden mit der übrigen Tätigkeit eine Einheit und stellen bei der Verkehrsanschauung jedenfalls bei Außendienstmitarbeitern, Vertretern, „Reisenden" uÄ – unabhängig davon, ob der Fahrtantritt ab der Betriebsstätte des Arbeitgebers oder ab der Wohnung erfolgt – insgesamt die Dienstleistung iSd §§ 611, 612 BGB dar. Entsprechendes hat das LAG Hamm auch für den Fahrer eines Fahrdienstes bei einem Personaldienstleister für die Fahrt zum ersten Abholungsort der Leiharbeitnehmer und vom letzten Rückkehrort zum Büro des Arbeitgebers bzw. zur Wohnung des Fahrers angenommen.[120] Dieser könne während der Zeit, in der er fährt, nicht frei über seine Zeit verfügen oder seinen eigenen Interessen nachgehen. Er habe keinen festen Arbeitsort, vielmehr sei es seine Aufgabe, Personen zu verschiedenen Orten zu transportieren. Diese Fahrten gehören untrennbar zu seiner Tätigkeit als Fahrer. 46

Ebenso zählt Wegezeit, die aufgewendet werden muss, um auf Anordnung des Arbeitgebers **Dienstbekleidung an einer außerbetrieblichen Ausgabestelle abzuholen**, zur Arbeitszeit.[121] Dabei erstreckt sich diese auf die gesamte Zeitspanne, die zur Abholung benötigt wird. Erfasst ist daher nicht allein die Wegezeit, sondern auch die Zeit, die möglicherweise die Auswahl, Anprobe und Entgegennahme der Arbeitskleidung erfordert (Ausgabezeit). Hinsichtlich der Wegezeit ist der Arbeitnehmer allerdings verpflichtet, unter Berücksichtigung der verfügbaren Verkehrsmittel, der örtlichen Gegebenheiten (Lage der Ausgabestelle, der Wohnung und der Arbeitsstelle) und der entstehenden Kosten, den Weg im Rahmen des ihm Zumutbaren so zu wählen, dass er für den Arbeitgeber am günstigsten ist. 47

Soweit es sich um „**innerbetriebliche**" Wegezeiten handelt, liegt nach einhelliger Auffassung Arbeitszeit vor.[122] Derartige Zeiten fallen nicht nur bei Wegen innerhalb einer Betriebsstätte an, etwa beim Weg zwischen zwei Werkhallen, sondern liegen darüber hinaus auch dann vor, wenn der Arbeitgeber von den Arbeitnehmern verlangt, dass diese sich zunächst an einem bestimmten Punkt (zB dem Betriebsgelände) einfinden, von wo aus sie zu ihrer eigentlichen Arbeitsstelle (zB eine Baustelle) gebracht werden. Auch solche Zeiten gehören zur Arbeitszeit iSd § 2 ArbZG,[123] während sie vergütungsrechtlich unterschiedlich eingestuft werden.[124] Gleiches gilt für Wegezeit zwischen dem Umkleideort im Betrieb und einer innerhalb oder außerhalb des Betriebes gelegenen Arbeitsstelle, wenn die Arbeitskleidung im Betrieb angelegt werden muss[125] oder der Arbeitgeber das Tragen einer besonders auffälligen Arbeitskleidung anordnet, die zwar grundsätzlich auch außerhalb des Betriebes getragen werden kann, sich der Arbeitnehmer aber dafür entscheidet, diese im Betrieb an- bzw. abzulegen.[126] 48

---

116 BAG 20.8.2014 – 10 AZR 937/13, NZA 2015, 192. **117** BAG 22.4.2009 – 5 AZR 292/08, NZA-RR 2010, 231; vgl. auch Buschmann/Ulber ArbZG § 2 Rn. 31; Schliemann ArbZG § 2 Rn. 44. **118** EuGH 10.9.2015 – C-266/14, NZA 2015, 1177 (Tyco). **119** Vgl. auch Ricken DB 2016, 1255, 1257 f. **120** LAG Hamm 1.12.2015 – 14 Sa 509/15, DB 2016, 1324. **121** BAG 19.3.2014 – 5 AZR 954/12, NZA 2014, 787. **122** BAG 2.12.1959 – 4 AZR 400/58, DB 1960, 388; BAG 11.7.2006 – 9 AZR 519/05, NZA 2007, 155; Neumann/Biebl ArbZG § 2 Rn. 14; Schliemann ArbZG § 2 Rn. 38. **123** Neumann/Biebl ArbZG § 2 Rn. 14; HK-ArbZR/Spengler ArbZG § 2 Rn. 14; Anzinger/Koberski ArbZG § 2 Rn. 20. **124** Ablehnung der Vergütungspflicht unter ausdrücklicher Aufgabe der früheren Rechtsprechung durch BAG 3.9.1997 – 5 AZR 428/96, NZA 1998, 540; ebenso Schliemann ArbZG § 2 Rn. 40; aA Anzinger/Koberski ArbZG § 2 Rn. 23. **125** BAG 19.9.2012 – 5 AZR 678/11, NZA-RR 2013, 63. **126** BAG 17.11.2015 – 1 ABR 76/13, NZA 2016, 247.

49 d) **Dienstreisen.** Ob Dienstreisen zur Arbeitszeit zu zählen sind, ist **umstritten**. Hierunter werden Fahrten verstanden, die der Arbeitnehmer zu einem anderen Ort unternehmen muss, um seine Arbeitsleistung an diesem zu erbringen, wobei es nicht darauf ankommt, ob die Dienstreise vom Sitz des Arbeitgebers oder von der Wohnung des Arbeitnehmers aus angetreten wird.[127] Ebenso ohne Bedeutung ist, ob die Dienstreise mit dem eigenen Pkw, einem vom Arbeitgeber zur Verfügung gestellten oder einem öffentlichen Verkehrsmittel durchgeführt wird. Allerdings fällt unter den Begriff der Dienstreise im Sinne des Arbeitszeitrechts nur die Reisezeit selbst und nicht die Zeit, die der Arbeitnehmer am Zielort verbringt.

50 Hinsichtlich der arbeitszeitrechtlichen Einordnung besteht Einigkeit insoweit, als solche Reisen, soweit die Reisetätigkeit **Bestandteil der Hauptleistungspflicht** ist, in jedem Fall zur Arbeitszeit gehören.[128] Dies gilt unabhängig davon, ob sie während der üblichen Arbeitszeit oder außerhalb dieser angetreten werden. Insofern gelten die Grenzen des ArbZG etwa in den Fällen, in denen Kundenbesuche Teil der geschuldeten Arbeitsleistung sind, auch wenn diese nach der eigentlichen Arbeitszeit erfolgen. Gleiches gilt etwa für Reiseleiter oder Berufskraftfahrer einschließlich beruflich tätiger Beifahrer.

51 Für den Fall, dass die Reisetätigkeit selbst nicht zur Hauptleistungspflicht des Arbeitnehmers gehört, gehen Rechtsprechung und Literatur ebenfalls davon aus, dass die Reisezeit jedenfalls dann Arbeitszeit ist, wenn der Arbeitnehmer während dieser **Zeit Aufgaben im Zusammenhang mit der geschuldeten Arbeitsleistung** erledigt bzw. Tätigkeiten ausführt, die untrennbar mit dieser verbunden sind.[129] Dies ist zweifellos dann gegeben, wenn er während der Reisezeit auf Weisung des Arbeitgeber oder mit dessen Duldung Arbeitsaufgaben erfüllt, wie etwa Akten bearbeitet, mit dem Laptop arbeitet oder Kundengespräche über ein Handy führt. Derartige Zeiten gehören daher zur Arbeitszeit.

52 Unterschiedlich wird allein der Fall beurteilt, dass der Arbeitnehmer in Verbindung mit der Dienstreise **keinerlei zur Hauptleistung gehörende Tätigkeiten** ausführt. Das BAG und der überwiegende Teil der Literatur sind trotz des auch in diesem Fall unverkennbaren Bezuges der Dienstreise zur Arbeitsleistung der Auffassung, dass es sich bei diesen Zeiten nicht um Arbeitszeit iSv § 2 ArbZG handelt, wenn es dem Arbeitnehmer freisteht, während der Reise zu arbeiten oder anderweitigen Tätigkeiten, wie etwa schlafen oder essen, nachzugehen.[130] Insoweit bleibe die Belastung des Arbeitnehmers noch hinter der bei der Rufbereitschaft zurück, da er sich nicht auf Abruf für die Erbringung der Arbeitsleistung bereit halten müsse. Auch wenn der Arbeitnehmer die Dienstreise mit einem vom Arbeitgeber gestellten Pkw selbst durchführt, soll keine Arbeitszeit vorliegen (näher unter → Rn. 55).[131]

53 Dem wird von einigen Autoren zunächst zu Recht entgegengehalten, dass Dienstreisen, auch dann, wenn der Arbeitnehmer keine vertraglich geschuldeten Tätigkeiten ausführt, für diesen mit zusätzlichen Belastungen verbunden sein können. Dies sei etwa dann der Fall, wenn sie mit einem Pkw absolviert werden.[132] Zugleich hätten auch derartige Dienstreisen eine Beeinträchtigung des familiären und gesellschaftlichen Lebens des Arbeitnehmers zur Folge. Darüber hinaus werde die Reisezeit auch bei diesen Rei-

---

127 Vgl. BAG 22.2.1978 – 4 AZR 579/76, DB 1978, 1284; BAG 11.7.2006 – 9 AZR 519/05, NZA 2007, 155; vgl. auch Hunold NZA Beil. 2006, 38, 39. Zudem wird teilweise zu Unrecht eine nicht unerhebliche Dauer der Dienstreise gefordert, vgl. Loritz/Koch BB 1987, 1188, 1190. **128** So das BAG zuletzt ausdrücklich für Außendienstmitarbeiter, vgl. BAG 22.4.2009 – 5 AZR 292/08, DB 2009, 1602 mAnm von Fabritius BB 2010, 642; Baeck/Deutsch ArbZG § 2 Rn. 74; Schliemann ArbZG § 2 Rn. 44; Anzinger/Koberski ArbZG § 2 Rn. 21; Hunold NZA Beil. 2006, 38, 39; Kleinebrink DB 2016, 2114, 2116. **129** St. Rspr. BAG, vgl. BAG 11.7.2006 – 9 AZR 519/05, NZA 2007, 155; Neumann/Biebl ArbZG § 2 Rn. 15; HK-ArbZR/Spengler ArbZG § 2 Rn. 16; Anzinger/Koberski ArbZG § 2 Rn. 21; Hunold NZA Beil. 2006, 38, 40; Kleinebrink DB 2016, 2114, 2116. **130** BAG 11.7.2006 – 9 AZR 519/05, NZA 2007, 155; zustimmend Heinz/Leder NZA 2007, 249; Neumann/Biebl ArbZG § 2 Rn. 15; Baeck/Deutsch ArbZG § 2 Rn. 75; Hunold NZA Beil. 2006, 38, 40; Ricken DB 2016, 1255, 1259. **131** BAG 6.10.1965 – 2 AZR 375/64, AP Nr. 1 zu § 17 BAT. **132** Für die Gegenauffassung Buschmann/Ulber ArbZG § 2 Rn. 29; Baeck/Deutsch ArbZG § 2 Rn. 76.

sen, wenn sie während der üblichen Arbeitszeit durchgeführt werden, regelmäßig wie Arbeitszeit vergütet. Schließlich wird darauf verwiesen, dass für die Einordnung als Arbeitszeit auch Art. 2 Nr. 1 der RL 2003/88/EG spreche, nach dem eine solche bereits dann vorliege, wenn der Arbeitnehmer dem Arbeitgeber zur Verfügung stehe, was bei Dienstreisen wegen der von dieser ausgehenden Beschränkung des Aufenthaltes und der fehlenden Möglichkeit, selbstbestimmte Tätigkeiten zu verrichten, gegeben sei.

Der vorstehende Streit muss vor dem Hintergrund des Zwecks des Arbeitszeitrechts entschieden werden. Dieser besteht ausweislich § 1 Abs. 1 ArbZG im Arbeits- und Gesundheitsschutz der Arbeitnehmer. Dem dienen ua die Festlegung von Höchstarbeits- und Mindestruhezeiten, deren Bestimmung auf arbeitsmedizinischen Erkenntnissen zu den für die Arbeitnehmer zumutbaren Belastungen basiert. Entscheidend für die arbeitszeitrechtliche Einordnung von Dienstreisen ohne Bezug zur arbeitsvertraglichen Hauptleistung ist mithin, ob für den Arbeitnehmer von dieser eine Belastung ausgeht, die aus arbeitsmedizinischer Sicht die Annahme von Arbeitszeit rechtfertigt.[133] Insoweit ist auf den jeweiligen Einzelfall abzustellen. 54

In jedem Fall zur Arbeitszeit gehören Dienstreisen, die der **Arbeitnehmer als Fahrer mit einem Pkw** unternimmt. Zum einen ergeben sich im Zusammenhang mit dem Führen eines Pkws im Straßenverkehr unbestreitbar körperliche und geistige Belastungen, die zur Ermüdung und Unkonzentriertheit führen, so dass der Arbeitnehmer gerade in solchen Fällen des Schutzes des Arbeitszeitrechts bedarf.[134] Zum anderen kann der Arbeitnehmer unter diesen Umständen gerade nicht frei über die Art und Weise entscheiden, wie er die Zeit während der Reise verbringen will, sondern muss insoweit seine ordnungsgemäße Teilnahme am Straßenverkehr sicherstellen, so dass auch im unionsrechtlichen Sinn von Arbeitszeit auszugehen ist. In diesem Zusammenhang ist es auch völlig unerheblich, ob die Dienstreise mit einem eigenen oder vom Arbeitgeber gestellten Pkw durchgeführt wird.[135] Die unterschiedlichen Eigentumsverhältnisse bezüglich des Fahrzeugs ändern nichts an den von der Fahrt ausgehenden Belastungen. Ebenso ohne Bedeutung ist, wenn der Arbeitgeber dem Arbeitnehmer alternativ die Benutzung von öffentlichen Verkehrsmitteln angeboten hat.[136] Dass insoweit möglicherweise private Gründe für die Wahl des eigenen Pkw ausschlaggebend waren, ändert nichts an der in dem Führen des Fahrzeugs im Straßenverkehr bestehenden Belastungssituation. Auch hat die Wahlfreiheit des Arbeitnehmers bezüglich des Transportmittels keinen Einfluss auf die betriebliche Veranlassung der Reise. Gleiches gilt, wenn der Arbeitgeber die Nutzung des eigenen Pkws nicht ausdrücklich angewiesen hat. Auch in diesem Fall ist die auf Anordnung des Arbeitgebers durchgeführte Dienstreise ausschließlich fremdnützig.[137] Im eigenen Interesse des Arbeitnehmers erfolgte lediglich die Auswahl des Verkehrsmittels.[138] 55

Es bleiben die Fälle, in denen der Arbeitnehmer während der Dienstreise **keinerlei körperlichen oder geistigen Belastungen** ausgesetzt ist. Dies wird regelmäßig nur dann der Fall sein, wenn er eine Mitfahrgelegenheit im eigenen Pkw oder öffentliche Verkehrsmittel nutzt, ohne Tätigkeiten mit Bezug zur Arbeitsleistung auszuführen. Ausgangspunkt für die arbeitszeitrechtliche Beurteilung derartiger Dienstreisen ist der unionsrechtliche Arbeitszeitbegriff der RL 2003/88/EG. Dieser stellt für die Annahme einer solchen gerade nicht auf die Belastung des Arbeitnehmers ab, sondern verweist insoweit darauf, dass dieser dem Arbeitgeber zur Verfügung steht.[139] Ausgehend von diesem Begriffsverständnis ist in der obigen Konstellation zu berücksichtigen, dass Arbeitnehmer auch arbeitsmäßig nicht belastende Dienstreisen nicht im Eigeninteresse, sondern allein auf Anweisung des Arbeitgebers durchführen[140] und diese daher ausschließlich fremdnüt- 56

---

[133] Ebenso Baeck/Deutsch ArbZG § 2 Rn. 77. [134] Ähnlich Hunold NZA Beil. 2006, 38, 40. [135] Baeck/Deutsch ArbZG § 2 Rn. 79. [136] AA BAG 11.7.2006 – 9 AZR 519/05, NZA 2007, 155, 156; Baeck/Deutsch ArbZG § 2 Rn. 76; Schliemann ArbZG § 2 Rn. 42; Heinz/Leder NZA 2007, 249; Hunold NZA Beil. 2006, 38, 40. [137] So aber zu Unrecht Kleinebrink DB 2016, 2114, 2116 f. [138] Vgl. auch Buschmann/Ulber ArbZG § 2 Rn. 30. [139] Vgl. Art. 2 RL 2003/88/EG. [140] Ähnlich Peter AiB 2005, 186 (188); Adam ArbuR 2001, 481 (483); Els BB 1986, 2192 f.

zig sind. Für ihre Einordnung als Arbeitszeit kann es daher keinen Unterschied machen, ob der Arbeitnehmer während der Dienstreise arbeitsvertragliche Tätigkeiten ausführt. Vielmehr ist die auf der Grundlage des § 106 GewO vom Arbeitgeber angewiesene Reise selbst auch ohne die Ausführung von Arbeitstätigkeiten als arbeitsvertraglich geschuldete Tätigkeit des Arbeitnehmers zu verstehen. Andernfalls könnte der Arbeitnehmer die Durchführung dieser auch verweigern, ohne dass ihm rechtliche Konsequenzen drohen. Entgegen der Auffassung des BAG ist er während dieser Zeit auch nicht völlig frei in der Entscheidung darüber, wie er diese verbringt, sondern aufgrund der arbeitsvertraglichen Weisung verpflichtet, die Dienstreise zu einem bestimmten Ort, zu einer vorgegebenen Zeit, ggf. mit einem vorgegebenen Verkehrsmittel und auf einer vorgegebenen Route durchzuführen. Daher handelt es sich bei der für diese Reise aufgewendeten Zeit nicht um Zeit, über die der Arbeitnehmer frei verfügen kann, sondern um Zeit, die er dem Arbeitgeber zur Verfügung steht. Insoweit werden auch solche Dienstreisen grundsätzlich vom Arbeitszeitbegriff der RL 2003/88/EG erfasst.[141]

57 Diese Auffassung findet letztlich auch eine Stütze in dem vom BAG entschiedenen Fall eines Beifahrers, der auf bis zu 30-stündigen Fahrten als „Wechselkraftfahrer" eingesetzt wurde und der sich auf diesen zwischenzeitlich auch in der Schlafkabine aufhalten konnte. Zwar hat sich das Gericht nicht zur arbeitszeitrechtlichen Einordnung dieser Zeiten geäußert, jedoch hinsichtlich deren Vergütungspflichtigkeit festgestellt, dass Arbeit auch die vom Arbeitgeber veranlasste Untätigkeit ist, während derer der Arbeitnehmer am Arbeitsplatz anwesend sein muss und nicht frei über die Nutzung seiner Zeit bestimmen kann, also weder Pause noch Freizeit hat.[142] Folgerichtig hat das BAG auch den Aufenthalt des Beifahrers in der Schlafkabine allein wegen dessen durch die Fahrt eingeschränkte Verfügungsmöglichkeit über seine Zeit als Arbeitsleistung angesehen. Es ist kein Grund ersichtlich, warum dies bei Dienstreisen anders bewertet werden müsste. Auch diese werden auf Weisung des Arbeitgebers angetreten und beschränken den Arbeitnehmer in seiner Freizeit, welche dadurch geprägt ist, dass er über seinen Aufenthaltsort und seine Aktivitäten frei entscheiden kann.[143]

58 Dem steht auch nicht entgegen, dass der Arbeitnehmer während der Reise „dösen" oder schlafen kann. Insoweit unterscheidet sich die Dienstreise auch nicht vom Bereitschaftsdienst.[144] Im Gegenteil, stellt man auf den vom Arbeitgeber bestimmten Aufenthaltsort des Arbeitnehmers als das vom EuGH für die Einordnung von Bereitschaftsdiensten als Arbeitszeit zentral angesehene Merkmal ab,[145] kann aufgrund der diesbezüglichen Anordnungen des Arbeitgebers für die arbeitszeitrechtliche Beurteilung von Dienstreisen nichts anderes gelten. Denn auch während des Bereitschaftsdienstes ist es dem Arbeitnehmer nicht verwehrt, sich mit nicht zur Arbeitsleistung gehörenden Dingen zu beschäftigen oder zu schlafen. Dabei kann es keinen Unterschied machen, ob der Arbeitgeber für den Aufenthalt des Arbeitnehmers einen Ort innerhalb oder außerhalb des Betriebes festlegt. Auch sind Dienstreisen nicht mit der Rufbereitschaft vergleichbar, da der Arbeitnehmer während dieser hinsichtlich seiner Bewegungsfreiheit wie gezeigt deutlich stärker eingeschränkt ist. Zudem stellen Dienstreisen jedenfalls dann eine gesundheitliche Beeinträchtigung für den Arbeitnehmer dar, wenn sie vor oder nach der eigentlichen Arbeitszeit durchgeführt werden. In diesen Fällen kommt es häufig dazu, dass die Arbeitnehmer zu nicht dem Biorhythmus entsprechenden Zeiten aufstehen oder zu Bett gehen müssen. Soweit dies über einen längeren Zeitraum der Fall ist, können sich gesundheitliche Probleme wie Schlafstörungen oder Kopfschmer-

---

141 Ebenso Buschmann/Ulber ArbZG § 2 Rn. 30; HK-ArbZR/Spengler ArbZG § 2 Rn. 16. **142** BAG 20.4.2011 – 5 AZR 200/10, NZA 2011, 917. Anders jedoch BAG 11.6.2006 – 9 AZR 519/05, NZA 2007, 155, wo das Gericht die Möglichkeit des Arbeitnehmers, in öffentlichen Verkehrsmitteln zu „dösen" oder schlafen zu können, als Merkmal gegen die Einordnung der Reisezeit als Arbeitszeit gesehen hat. **143** Ebenso Buschmann in: FS Hanau, S. 197, 209. **144** So aber das BAG 11.7.2006 – 9 AZR 519/05, NZA 2007, 155, 158; wie hier Kleinebrink DB 2016, 2114, 2117. **145** EuGH 3.10.2000 – C-303/98, DB 2001, 818 ff. (Simap); EuGH 9.9.2003 – C-151/02, NZA 2003, 1019 ff. (Jaeger).

zen ergeben. Vor diesen sollen die Arbeitnehmer durch die Vorschriften des ArbZG aber gerade geschützt werden.

Da nach der hier vertretenen Auffassung Dienstreisen zur Arbeitszeit gehören, sind sie generell wie diese zu **vergüten**.[146] Dies schließt ggf. die Zahlung entsprechender Zuschläge für Mehr-, Nacht- bzw. Sonntagsarbeit ein. Will man dem nicht folgen, sind diese Zeiten auch ohne eine entsprechende Vereinbarung jedenfalls dann zu vergüten, wenn sie innerhalb der Arbeitszeit liegen.[147] Auch außerhalb der Arbeitszeit liegende Reisezeiten sind vergütungspflichtig, wenn der Arbeitnehmer während dieser geschuldete Arbeitsleistungen erbringt. Ob dies der Fall ist, muss im Einzelfall bestimmt werden. Zu dieser kann auch eine vom Arbeitgeber veranlasste Untätigkeit, während der der Arbeitnehmer nicht frei über die Nutzung seiner Zeit bestimmen kann, gehören.[148] Anspruch und Umfang der Vergütung können sich auch aus einer tariflichen Regelung[149], einer Betriebsvereinbarung oder dem Arbeitsvertrag ergeben. Fehlen derartige Vereinbarungen, sind Dienstreisezeiten dann zu vergüten, wenn eine Vergütung nach den Umständen zu erwarten ist.[150] Ob dies der Fall ist, muss im Einzelfall beurteilt werden. So hat das BAG im Fall eines Prüfers eines Revisionsverbandes für ärztliche Organisationen, der zu Außenprüfungen stets anreise und ein vergleichsweise hohes monatliches Bruttogehalt bezog, angenommen, dass eine tägliche Reisezeit von zwei Stunden nicht zu vergüten sei.[151] Grundsätzlich keinen Anspruch hat der Arbeitnehmer auf im Zusammenhang mit der Dienstreise über den Arbeitgeber erworbene Sonderleistungen, wie sog Bonusmeilen oder Payback-Punkte.[152]

Geht man mit der hier vertretenen Auffassung davon aus, dass Dienstreisen in jedem Fall Arbeitszeit sind, besteht sowohl bei deren Anordnung während der Arbeitszeit als auch außerhalb der Arbeitszeit ein generelles **Mitbestimmungsrecht des Betriebsrates** nach § 87 Abs. 1 Nr. 2 und Nr. 3 BetrVG. Folgt man dem nicht, kann sich beim Vorliegen der entsprechenden Voraussetzungen dennoch ein Mitbestimmungsrecht nach § 99 BetrVG iVm § 95 Abs. 3 BetrVG (Versetzung) ergeben.[153] In jedem Fall besteht jedoch ein Mitbestimmungsrecht nach § 87 Abs. 1 Nr. 1 BetrVG, sofern der Arbeitgeber eine Dienstreiseordnung mit allgemeinen Regeln über die Beantragung, Durchführung und Abrechnung von Dienstreisen erlassen will.

e) Betriebsratstätigkeit. Nach Auffassung der Instanzgerichte ist **Betriebsratstätigkeit keine Arbeitszeit** iSv § 2 ArbZG.[154] Insoweit fehle es für eine gegenteilige Annahme in diesem Fall bereits an der Weisungsgebundenheit der Tätigkeit der Arbeitnehmer. Hinzu komme, dass der zur Durchsetzung der Vorgaben des ArbZG verpflichtete Arbeitgeber in Erfüllung dieser Verpflichtung in die autonome Betriebsratsorganisation eingreifen müsste, etwa bei Überschreitung der nach § 3 S. 1 ArbZG zulässigen täglichen Höchstarbeitszeit im Rahmen einer Betriebsratssitzung diese auflösen müsste. Dem wird in der Literatur unter Hinweis auf den Schutzzweck des ArbZG und die Arbeitszeitrichtlinie RL 2003/88/EG zu Recht widersprochen. Dieser Auffassung ist auch insoweit zuzustimmen, als sie klarstellt, dass die von der Gegenmeinung in Bezug genommene Entscheidung des BAG vom 19.7.1977 lediglich die vergütungsrechtliche Dimen-

---

146 So auch Peter AiB 2005, 186 (188); für Dienstreisen außerhalb der üblichen Arbeitszeit auf die Fälle beschränkend, in denen eine Vergütung erwartet werden kann: Anzinger/Koberski ArbZG § 2 Rn. 24. **147** So auch Hunold NZA Beil. 2006, 38, 41; Kleinebrink DB 2016, 2114, 2114. **148** BAG 20.4.2011 – 5 AZR 200/10, NZA 2011, 917. **149** Vgl. zB § 5 MTV Metall NRW idF vom 6.5./19.6.1990. In § 44 Abs. 2 TVöD ist vereinbart, dass, wenn die dienstplanmäßige Arbeitszeit wegen der Dienstreisezeit nicht erreicht werden kann, die regelmäßige Arbeitszeit vergütet wird, auch wenn am Dienstort weniger gearbeitet wurde. Unter engen Voraussetzungen erfolgt ab der 15. Dienstreisestunde im Monat eine Anrechnung der Reisezeit zu einem Viertel auf das Gleitzeitkonto. **150** Kleinebrink DB 2016, 2114, 2116 ff. **151** BAG 3.9.1997 – 5 AZR 428/96, NZA 1998, 540. **152** BAG 11.4.2006 – 9 AZR 500/05, NZA 2006, 1089; Gragert NJW 2006, 3762, 3763. **153** Vgl. Hunold NZA Beil. 2006, 38, 44. **154** LAG Hamm 10.2.2015 – 13 Sa 1386/14 (Rechtsprechungsdatenbank NRW) und LAG Niedersachsen 20.4.2015 – 12 TaBV 76/14, NZA-RR 2015, 476; vgl. auch Wiebauer NZA 2013, 540 541 f.; Ricken DB 2016, 1255, 1260; aA mit beachtlichen Argumenten Buschmann/Ulber, ArbZG § 2 Rn. 39.

sion der Betriebsratstätigkeit betrifft.[155] In einer aktuellen Entscheidung hat das BAG diese Frage offen gelassen, aber verlangt, dass zwischen dem Ende der Betriebsratstätigkeit und dem Beginn der üblichen Arbeit eine mit § 5 Abs. 1 ArbZG übereinstimmende Ruhezeit eingehalten wird.[156] Hinsichtlich der Vergütung von Betriebsratstätigkeit hat das BAG entschieden, dass es sich bei dieser um ein Ehrenamt und nicht um vergütungspflichtige Arbeitszeit handelt, so dass zB ein vollständig freigestelltes Betriebsratsmitglied Anwesenheitszeiten, die über die vertraglich geschuldete Arbeitszeit hinausgehen, nicht auf einem Arbeitszeitkonto gutgeschrieben bekommen kann. Vielmehr erfolgt deren Ausgleich allein durch die Freistellung gemäß § 37 Abs. 3 BetrVG.[157]

62 **f) Ruhepausen.** Nach dem insoweit eindeutigen Wortlaut des § 2 Abs. 1 ArbZG zählen Ruhepausen mit Ausnahme bei der Arbeit unter Tage im Bergbau **nicht zur Arbeitszeit**. Hiermit gemeint sind Pausen iSv § 4 ArbZG.[158] Soweit Pausen die dort enthaltenen Vorgaben nicht erfüllen, die Pausen also nicht im Voraus festgelegt sind und/oder Pausenabschnitte weniger als 15 Minuten betragen, gehören sie zur Arbeitszeit (→ ArbZG § 4 Rn. 12 ff.). Hintergrund ist die Tatsache, dass Arbeitsunterbrechungen von weniger als 15 Minuten den mit den Ruhepausen verfolgten Erholungszweck aus arbeitsmedizinischer Sicht nicht mehr erfüllen können.

IV. Beginn und Ende der Arbeit

63 Die Begriffe des Beginns und Endes der Arbeit regelt das Gesetz nicht, obwohl sie für den durch das ArbZG beabsichtigten Gesundheitsschutz der Arbeitnehmer bedeutsam sind. Angesichts der Vielgestaltigkeit der konkreten Umstände in der Betriebspraxis lassen sich zu der Frage, wann die Arbeit beginnt bzw. endet keine generalisierenden Aussagen treffen.[159] Vielmehr sind die jeweiligen Zeitpunkte anhand des betreffenden Arbeitsverhältnisses und unter Beachtung der betrieblichen Besonderheiten einzelfallbezogen zu bestimmen. In Betracht kommen insoweit das Betreten oder Verlassen des Betriebsgeländes, das Erreichen bzw. Verlassen von bestimmten Betriebsgebäuden oder Räumlichkeiten (Werkhalle, Abteilung, Umkleideräume), das Erscheinen am oder das Verlassen des konkreten Arbeitsplatzes oder auch die Inbetriebnahme bzw. das Abstellen von Betriebsmitteln (Maschinen, PC, Fahrzeuge). Welcher Zeitpunkt im Einzelfall anzusetzen ist, hängt zunächst von den diesbezüglichen Regelungen im Arbeitsvertrag oder betrieblichen bzw. tariflichen Vorschriften ab. Fehlen solche, kann es insoweit auch auf eine betriebliche Übung oder das Direktionsrecht des Arbeitgebers ankommen.

64 Soweit keine entsprechende Regelung getroffen wurde, beginnt die Arbeit auf jeden Fall **spätestens** dann, wenn der Arbeitnehmer die vertraglich geschuldete Tätigkeit aufnimmt.[160] Allerdings wird man vor dem Hintergrund der europarechtlichen Definition der Arbeitszeit, die maßgeblich darauf abstellt, dass der Arbeitnehmer dem Arbeitgeber zur Verfügung steht, auch unter diesen Umständen **regelmäßig einen früheren Arbeitsbeginn** annehmen müssen.[161] Hiernach dürfte dies der Zeitpunkt sein, zu dem der Arbeitnehmer an seinem Arbeitsplatz anwesend ist, da er spätestens ab diesem Zeitpunkt dem Arbeitgeber zur Verfügung steht.

65 Existiert ein **Zeiterfassungssystem**, wird der Beginn und das Ende der Arbeitszeit regelmäßig durch dessen Betätigung festgelegt werden. Anderes kann nur bei anderslautenden individual- oder kollektivvertraglichen Regelungen angenommen werden. Insoweit entscheidend ist letztlich, wo das Zeiterfassungssystem sich befindet. Ein solches kann sich am Eingang des Betriebsgeländes oder -gebäudes befinden oder auch, wie etwa bei

---

[155] Buschmann/Ulber ArbZG § 2 Rn. 39; Braunschneider AiB 2011, 38 (40); Schulze AiB 2012, 657 (657 ff.). [156] BAG 18.1.2017 – 7 AZR 224/15, NZA 2017, 791; dazu Vielmeier DB 2017, 1784. [157] BAG 28.9.2016 – 7 AZR 248/14, NZA 2017, 335. [158] BAG 27.4.2000 – 6 AZR 861/98, NZA 2001, 274; Neumann/Biebl ArbZG § 2 Rn. 17; Baeck/Deutsch ArbZG § 2 Rn. 14; HK-ArbZR/Spengler ArbZG § 2 Rn. 14. [159] Neumann/Biebl ArbZG § 2 Rn. 16. [160] Baeck/Deutsch ArbZG § 2 Rn. 9; ErfK/Wank ArbZG § 2 Rn. 16; Schliemann ArbZG § 2 Rn. 47. [161] So auch Schliemann ArbZG § 2 Rn. 48.

einem Computer, bei dem der Moment des Einschaltens automatisch im System gespeichert wird, in das Arbeitsmittel integriert sein.

Keine Rolle für den Beginn der Arbeitszeit spielt, ob der Arbeitgeber die Arbeitskraft des Arbeitnehmers auch in Anspruch nimmt. Vielmehr reicht es hierfür aus, dass Letzterer diese ordnungsgemäß anbietet,[162] dh er muss sie zur rechten Zeit, am rechten Ort und in der richtigen Art und Weise anbieten. Hierfür genügt regelmäßig, dass er an dem Ort, an dem er die Arbeitsleistung zu erbringen hat, erscheint. Unerheblich ist, ob der Arbeitgeber ihn mit der vertraglich geschuldeten Arbeit beschäftigt. Daher beginnt die Arbeitszeit auch dann, wenn der Arbeitnehmer auf Weisung des Arbeitgebers Tätigkeiten ausführt, zu denen er vertraglich nicht verpflichtet ist. 66

Soweit nach den Umständen des Einzelfalls **Umkleidezeiten** zwischen dem Beginn und dem Ende der Arbeitszeit liegen, gehören diese auch dann zur Arbeitszeit, wenn es sich nicht um das Anlegen gesetzlich vorgeschriebener Schutz- bzw. Hygienebekleidung handelt (→ Rn. 36 ff.). Auch Zeiten der **Arbeitsvor- bzw. -nachbereitung**, die nicht die unmittelbare Erbringung der Arbeitsleistung betreffen, sind unter diesen Umständen als Arbeitszeit zu berücksichtigen (→ Rn. 13). Insoweit von dieser erfasst wird beispielsweise auch die Zeit, in der ein Kraftfahrer die Ladungspapiere im Büro abholt und diese überprüft. 67

Beginn und Ende der Arbeit können Gegenstand tarifvertraglicher Vereinbarungen sein. Unmittelbare Vorgaben, die von den Tarifvertragsparteien im Fall einer solchen zu beachten wären, enthält das ArbZG nicht. Allerdings dürfen **Tarifverträge** bei der Festlegung des Beginns und Endes der Arbeit nicht die gesetzlichen Grenzen bezüglich der maximal zulässigen Dauer der werktäglichen Arbeitszeit verletzen (→ ArbZG § 3 Rn. 12 ff., 19; → ArbZG § 7 Rn. 36 ff.). 68

Angesichts der Vielgestaltigkeit der konkreten betrieblichen Umstände erscheinen – dort, wo solche möglich sind – **Betriebsvereinbarungen** zur Regelung des Beginns und Endes der Arbeitszeit zur Klarstellung dieses wichtigen Punktes für die Arbeitnehmer sinnvoll. Gelegentlich enthalten Tarifverträge einen entsprechenden Regelungsauftrag an die Betriebsparteien.[163] Das Mitbestimmungsrecht des Betriebsrates für diesen Sachverhalt ergibt sich aus § 87 Abs. 1 Nr. 2 BetrVG. Möglich, aber nicht erforderlich, ist in diesem Zusammenhang die Schaffung betriebseinheitlicher Regelungen. Zulässig und vielfach sachgerechter dürften sich an den konkreten betrieblichen Bedürfnissen orientierende, differenzierende (zB nach Abteilungen) Betriebsvereinbarungen sein. Sollte der Arbeitgeber eine solche Regelung nicht von sich aus anregen, kann der Betriebsrat aufgrund des ihm insoweit zustehenden Initiativrechts von sich aus an diesen mit der Forderung nach einer entsprechenden Betriebsvereinbarung herantreten.[164] 69

Spezielle Regelungen bezüglich Beginns und Endes der Arbeitszeit können auch in **Arbeitsverträgen** enthalten sein. Diese haben allerdings Vorrang vor diesbezüglich möglicherweise bestehenden tariflichen Regelungen und Betriebsvereinbarungen. 70

V. Zusammenrechnung der Arbeitszeiten bei mehreren Arbeitgebern

Originär dem Gesundheitsschutz der Arbeitnehmer dient die Regelung des § 2 Abs. 1 S. 2 ArbZG. Nach dieser Vorschrift sind die bei mehreren Arbeitgebern geleisteten Arbeitszeiten zusammenzurechnen. Damit wird eine Umgehung der für die Arbeitszeit bestehenden gesetzlichen Höchstgrenzen durch eine **Mehrfachbeschäftigung** verhindert. Hierfür spielt es keine Rolle, ob und ggf. welche Tätigkeit die Haupttätigkeit des Arbeitnehmers darstellt oder ob dieser über eine ganze Reihe lediglich geringfügiger Beschäftigungsverhältnisse verfügt.[165] Auch gilt der Grundsatz der Zusammenrechnung für den Fall, dass Arbeitszeiten sowohl im In- als auch im Ausland anfallen.[166] 71

---

[162] Vgl. Baeck/Deutsch ArbZG § 2 Rn. 9 mwN. [163] Vgl. Bundesrahmentarifvertrag für das Baugewerbe vom 4.7.2002 idF vom 10.6.2016 Punkt 1.5. [164] DKKW/Klebe BetrVG § 87 Rn. 95; Richardi/Richardi BetrVG § 87 Rn. 310; Fitting BetrVG § 87 Rn. 583 ff. [165] BAG 14.12.1967 – 5 AZR 74/67, DB 1968, 402; Buschmann/Ulber ArbZG § 2 Rn. 41; Baeck/Deutsch ArbZG § 2 Rn. 18. [166] Buschmann/Ulber ArbZG § 2 Rn. 42.

72 In die Berechnung **nicht einbezogen** werden Tätigkeiten als Handelsvertreter, Heimarbeiter und arbeitnehmerähnliche Person, da auf diese die Vorschriften des ArbZG keine Anwendung finden (zum Arbeitnehmerbegriff → Rn. 76 ff.). Auch eine Tätigkeit als Selbstständiger im Rahmen eines Werk- oder Dienstvertrages wird nicht erfasst.[167] Gleiches gilt schließlich für die in § 18 Abs. 1 Nr. 3 und 4 ArbZG genannten Tätigkeiten, so dass auch Beschäftigungen im Bereich häuslicher Erziehungs-, Pflege- und Betreuungstätigkeiten, die durch das gemeinsame Wohnen und Erziehen geprägt sind (→ ArbZG § 18 Rn. 16), sowie liturgische Arbeiten nicht in die Berechnung der Gesamtarbeitszeit einbezogen werden.[168]

73 Die Zusammenrechnungspflicht besteht für **jeden der Arbeitgeber**.[169] Daher muss auch ein Arbeitgeber, bei dem der Arbeitnehmer lediglich eine Nebentätigkeit ausübt, bei der Festlegung der Arbeitszeiten die beim Hauptarbeitgeber anfallende Arbeitszeit berücksichtigen. Zu beachten ist dabei, dass, wenn die zulässige Dauer der Arbeitszeit im Rahmen der Nebenbeschäftigung, etwa aufgrund einer tariflichen Regelung nach § 7 ArbZG, über die der Hauptarbeit hinaus geht, der Arbeitgeber der Nebentätigkeit diese nicht in Anspruch nehmen kann.[170] Da es sich für den Arbeitgeber bei der Einhaltung der gesetzlichen Höchstarbeitszeiten um eine öffentlich-rechtliche Pflicht handelt, steht diesem gegenüber dem Arbeitnehmer ein **Auskunftsanspruch** bezüglich des zeitlichen Umfangs einer bei einem oder mehreren Arbeitgebern anderweitig ausgeübten Tätigkeit zu.[171]

74 Arbeitszeitvereinbarungen, durch die **Höchstarbeitszeiten überschritten** werden, sind nach § 134 BGB nichtig (→ ArbZG § 3 Rn. 50). Im Fall der Zusammenrechnung zweier oder mehrerer Arbeitsverhältnisse ergibt sich die Überschreitung der gesetzlichen Grenzen jedoch regelmäßig erst durch die kumulative Betrachtung von für sich genommen gesetzeskonformen Arbeitszeiten. In einem solchen Fall soll lediglich der zuletzt geschlossene Arbeitsvertrag unwirksam sein, da der gesetzwidrige Zustand erst durch diesen eingetreten ist.[172] Dabei soll es nicht darauf ankommen, ob dieses das Haupt- oder Nebenarbeitsverhältnis ist. Stellt das zweite Arbeitsverhältnis jedoch das Hauptarbeitsverhältnis dar und wird durch das erste Arbeitsverhältnis die gesetzliche Arbeitszeit in so geringem Maße ausgeschöpft, dass die zulässige Arbeitszeit insgesamt nur geringfügig überschritten wird, soll das zweite Arbeitsverhältnis in dem gesetzlich erlaubten Umfang erhalten bleiben.[173] Oder anders ausgedrückt: Wird durch die zuerst eingegangene „Nebenbeschäftigung" nur ein kleiner Teil der zulässigen Arbeitszeit in Anspruch genommen, wird der die Grenze des Zulässigen überschreitende Teil der Arbeitszeit des danach eingegangenen Hauptarbeitsverhältnisses reduziert. Soweit das zweite Arbeitsverhältnis nichtig ist, soll sich der Arbeitgeber dieses Arbeitsverhältnisses nach den Regeln über das faktische Arbeitsverhältnis für die Vergangenheit nicht auf dessen Nichtigkeit berufen können, so dass für diese Zeit sämtliche erworbenen Ansprüche des Arbeitnehmers, insbesondere hinsichtlich der Vergütung, erhalten bleiben.[174]

75 Der Auffassung, die generell einen Wegfall des letzten Arbeitsverhältnisses unabhängig von dessen wirtschaftlicher Bedeutung für den Arbeitnehmer annimmt, kann nicht ge-

---

167 BAG 14.12.1967 – 5 AZR 74/67, DB 1968, 402; Schliemann ArbZG § 2 Rn. 53 ff.; Baeck/Deutsch ArbZG § 2 Rn. 6 ff. **168** Zur Bedeutung des ILO-Übereinkommens Nr. 189 Scheiwe/Schwach NZA 2013, 1116. **169** Anzinger/Koberski ArbZG § 2 Rn. 13; Hunold NZA 1995, 558, 559. Enger Wank, der eine Erkundigungspflicht des Arbeitgebers auf die Fälle beschränken will, in denen dieser Anhaltspunkte für eine Nebentätigkeit hat, vgl. ErfK/Wank ArbZG § 2 Rn. 18. **170** Neumann/Biebl ArbZG § 2 Rn. 18. **171** St. Rspr. des BAG. BAG 14.12.1967 – 5 AZR 74/67, DB 1968, 402; BAG 18.1.1996 – 6 AZR 314/95, NZA 1997, 41; BAG 11.12.2001 – 9 AZR 464/00, NZA 2002, 965; Anzinger/Koberski ArbZG § 2 Rn. 14; Neumann/Biebl ArbZG § 2 Rn. 18. **172** BAG 19.6.1959 – 1 AZR 565/57, DB 1959, 1086; Baeck/Deutsch ArbZG § 2 Rn. 20; Schliemann ArbZG § 2 Rn. 59; Kritisch Hunold, der nicht in der arbeitsvertraglichen Verpflichtung, sondern in der tatsächlichen Arbeitszeitüberschreitung das Nichtigkeitskriterium erblickt, vgl. Hunold NZA 1995, 558, 559. **173** BAG 14.12.1967 – 5 AZR 74/67, DB 1968, 402; vgl. auch Baeck/Deutsch ArbZG § 2 Rn. 21. **174** Allgemeine Meinung, vgl. Baeck/Deutsch ArbZG § 2 Rn. 23.

folgt werden. Vielmehr erscheint auf der Grundlage des das gesamte Arbeitsrecht prägenden Grundgedankens des Arbeitnehmerschutzes eine Ausnahme vom Prioritätsprinzip geboten.[175] Dies sollte vor allem deshalb gelten, weil der Arbeitnehmer nach der obigen Auffassung im Ergebnis letztlich statt über ein Teilzeit- und ein Vollzeitarbeitsverhältnis nur über zwei Teilzeitarbeitsverhältnisse verfügt, mit allen sich aus einer Teilzeitbeschäftigung ergebenden Nachteilen.[176] Darüber hinaus hat der Arbeitnehmer, sofern er bereits über eine Teilzeitbeschäftigung mit mehr als der Hälfte der zulässigen Arbeitszeit verfügt, nur die Möglichkeit, eine ihm unter Überschreitung der Arbeitszeitgrenzen angebotene Vollzeitstelle abzulehnen, was seine Chancen auf eine solche sinken. Schließlich muss er, wenn er die Vollzeitstelle annehmen will, die Teilzeitbeschäftigung zunächst aufgeben. Da sich die Auflösung der Teilzeitbeschäftigung und der Beschäftigungsbeginn der Vollzeitarbeit zeitlich überschneiden können, wird er die Vollzeitstelle ohne eine entsprechende Rücksichtnahme des neuen oder alten Arbeitgebers nicht antreten können. Auch ein schlichter Vertragsbruch gegenüber dem bisherigen Arbeitgeber kommt nicht in Betracht, da dieser Schadensersatzansprüche und/oder eine Vertragsstrafe nach sich ziehen kann. Vor diesem Hintergrund sollte im Fall einer arbeitszeitrechtlichen Kollision von Haupt- und Nebenarbeitsverhältnissen Ersterem stets der Vorrang eingeräumt werden.

VI. Arbeitnehmer

1. Allgemeines. Nach seinem Wortlaut findet das ArbZG nur auf Arbeitnehmer Anwendung. Ausweislich der Gesetzesbegründung übernimmt das ArbZG insoweit den Arbeitnehmerbegriff des § 5 BetrVG.[177] Die in § 2 Abs. 2 ArbZG enthaltenen Begriffe „Arbeiter", „Angestellte" und „zu ihrer Berufsausbildung Beschäftigte" stellen lediglich eine Umschreibung und keine inhaltliche Festlegung des Arbeitnehmerbegriffs dar.[178] Zudem ist die Unterscheidung der Arbeitnehmer in gewerbliche Arbeiter und Angestellte heute weitgehend überholt.

Nach allgemeiner Auffassung ist Arbeitnehmer, wer aufgrund eines privatrechtlichen Vertrages verpflichtet ist, eine Arbeitsleistung für einen anderen zu erbringen (ausführlich unter → ArbSchG § 2 Rn. 14). Maßgeblich dabei ist die persönliche Abhängigkeit des Arbeitnehmers vom Arbeitgeber. Eine solche liegt regelmäßig dann vor, wenn der zur Leistung Verpflichtete an die Weisungen des Vertragspartners bezüglich Art, Ort und Zeit der Leistung gebunden und in dessen Arbeitsorganisation hinsichtlich der Nutzung der Arbeitsmittel und des Zusammenwirkens mit anderen Beschäftigten eingebunden ist.[179] Dies gilt selbst dann, wenn der Arbeitgeber sein diesbezügliches Weisungsrecht nicht ausübt, sondern der Beschäftigte die Erbringung der Arbeitsleistung zB hinsichtlich der Arbeitszeiteinteilung weitgehend selbst bestimmen kann. Allerdings müssen dann andere Merkmale der persönlichen Abhängigkeit vorliegen.[180] Diese sind ua die Art der Vergütung, die Höchstpersönlichkeit der Leistungserbringung sowie deren Überwachung, keine Übernahme des unternehmerischen Risikos und keine Freiheit in der Annahme von Aufträgen. Die die Arbeitnehmereigenschaft charakterisierenden Merkmale müssen nicht kumulativ vorliegen. Treffen nur einige von ihnen zu, kommt es für die Einordnung des Vertragsverhältnisses auf die Verkehrsanschauung an. Insoweit ist eine wertende Entscheidung zu treffen.

2. Abgrenzung zum Selbstständigen. Abzugrenzen ist der Arbeitnehmer vom Selbstständigen, für den die arbeitsrechtlichen Vorschriften in aller Regel nicht gelten. Nach § 84 HGB ist selbstständig, wer seine Tätigkeit frei gestalten und seine Arbeitszeit frei

---

175 Zum Schutzgedanken Kittner/Zwanziger/Deinert/Deinert § 1 Rn. 3 ff.; Münch/ArbR/Richardi § 3 Rn. 30 ff. **176** Zu den Nachteilen vgl. Laux/Schlachter Einl. Rn. 35. **177** Siehe BT-Drs. 12/5888, 23. **178** So auch Neumann/Biebl ArbZG § 2 Rn. 21. **179** BAG 17.5.1978 – 5 AZR 580/77, AP Nr. 28 zu § 611 BGB Abhängigkeit; BAG 13.1.1983 – 5 AZR 149/82, NJW 1984, 1985; BAG 9.5.1984 – 5 AZR 195/82, DB 1984, 2203; BAG 21.2.1990 – 5 AZR 162/89, BB 1990, 1064; BAG 19.11.1997 – 5 AZR 653/96, DB 1998, 624; zuletzt BAG 20.5.2009 – 5 AZR 31/08, AP Nr. 16 zu § 611 BGB Arbeitnehmerähnlichkeit; ErfK/Preis BGB § 611 Rn. 34 ff. mwN. Vgl. auch Definition des Arbeitsvertrages in § 611 a BGB. **180** Maier DB 2016, 2723.

bestimmen kann. Als Indiz für einen Arbeitnehmer gilt dabei, dass die Leistung mit Arbeitsgegenständen des Vertragspartners erbracht wird und der Leistende zur Leistungserbringung in Person verpflichtet ist (§ 613 S. 1 BGB).[181] Dagegen sind selbstständige Unternehmer keine Arbeitnehmer. Probleme ergeben sich dabei insbesondere hinsichtlich der Tätigkeiten, die sowohl als abhängige Beschäftigung als auch selbstständig ausgeübt werden können. Hierzu zählen zB kleine Fuhrunternehmer, die nur für einen Auftraggeber fahren, aber auch solche Berufe wie Ärzte, Steuerberater oder Rechtsanwälte, die auch in einem Angestelltenverhältnis ausgeübt werden können. Soweit derartige Dienstverpflichtete ihre Leistungen regelmäßig auf der Grundlage eines Werk- oder selbstständigen Dienstvertrages erbringen, verrichten sie keine weisungsgebundenen und abhängigen Tätigkeiten und stehen daher auch nicht in einem Arbeitsverhältnis zu ihrem Auftraggeber.

79 Allerdings werden Dienst- bzw. Werkvertragskonstruktionen nicht selten zur Umgehung von Arbeitnehmerschutzrechten wie dem ArbZG eingesetzt. Für dieses Phänomen hat sich der Begriff der sog **Scheinselbstständigkeit** eingebürgert.[182] Hierbei handelt es sich um Unternehmer, die zwar rechtlich selbstständig sind und jedenfalls formal auch auf der Basis eines Werk- oder Dienstvertrages tätig werden. Nach der tatsächlichen Ausgestaltung der vertraglichen Beziehung ergibt sich in diesen Fällen jedoch regelmäßig, dass diese Personen entgegen der Vertragsgestaltung Arbeitnehmer sind. Der Einsatz solcher Kleinstunternehmer ist für die Auftraggeber meist wesentlich kostengünstiger als die Beschäftigung eigener Arbeitnehmer, da für diese keine Sozialversicherungsbeiträge anfallen und auch die meisten Arbeitnehmerschutzbestimmungen, wie zB das ArbZG, nicht beachtet werden müssen. Dieser Grauzone versucht das Gesetz zur Bekämpfung der Scheinselbstständigkeit zu beggnen.[183]

80 Bezüglich der Frage, ob ein Vertragsverhältnis tatsächlich ein Werk- bzw. Dienstvertrag zwischen Selbstständigen darstellt oder es sich doch um einen Arbeitsvertrag handelt, kommt es grundsätzlich nicht darauf an, welche Bezeichnung die Parteien für dieses gewählt haben (zB „Freier Mitarbeitervertrag"). Maßgeblich ist vielmehr, wie der Vertrag in der Praxis durchgeführt wird.[184] Ergibt sich danach, dass der Dienstverpflichtete eine weisungsgebundene, abhängige Tätigkeit ausführt und in die betriebliche Organisation des Vertragspartners eingebunden ist, ist er Arbeitnehmer und die schuldrechtliche Beziehung zwischen den Parteien damit ein Arbeitsverhältnis.

81 **3. Einzelfälle.** Bei einem sog **Normalarbeitsverhältnis**, das vorliegt, wenn jemand unbefristet und in Vollzeit bei einem Arbeitgeber beschäftigt ist, ergeben sich bezüglich der Einordnung der Beschäftigten als Arbeitnehmer keine Probleme. Auch **Teilzeitbeschäftigte, befristet Beschäftigte und Leiharbeitnehmer** sind Arbeitnehmer iSd Arbeitszeitrechts.[185] Gleiches gilt für **Beschäftigte, die auf Probe** eingestellt sind. Auch **außertarifliche Angestellte** sind Arbeitnehmer iSd ArbZG, wenn sie weisungsgebunden tätig sind. Aufgrund der Übernahme des Arbeitnehmerbegriffs aus § 5 BetrVG scheidet eine Anwendung des Arbeitszeitgesetzes auf **leitende Angestellte** jedoch aus.[186] Wer leitender Angestellter ist, richtet sich nach § 5 Abs. 3 und 4 BetrVG (→ ArbZG § 18 Rn. 5 ff.).

82 **Auszubildende** sind nach § 2 Abs. 2 ArbZG Arbeitnehmern gleichgestellt. Daher finden die Vorschriften des Gesetzes auf sie Anwendung. Hierbei müssen jedoch die arbeitszeitrechtlichen Sondervorschriften des BBiG und ggf. des JArbSchG beachtet werden (→ Jugendarbeitsschutz Rn. 43 ff.). Nach § 26 BBiG iVm § 10 Abs. 2 BBiG gelten die

---

[181] BAG 19.11.1997 – 5 AZR 653/96, DB 1998, 624; zuletzt BAG 29.8.2012 – 10 AZR 499/11, NZA 2012, 1433. [182] Zur Problematik siehe Henrici, S. 21 ff. [183] Gesetz zu Korrekturen in der Sozialversicherung und zur Sicherung der Arbeitnehmerrechte, BGBl. 1998 I 3843 ff.; zum Inhalt Bauer/Diller/Schuster NZA 1999, 1297 ff.; Brand DB 1999, 1162; Schmidt NZS 2000, 57 ff. [184] St. Rspr, vgl. nur BAG 3.4.1990 – 3 AZR 258/88, NZA 1991, 267; BAG 13.8.2008 – 7 AZR 269/07, AP Nr. 19 zu § 10 AÜG (Ls.). Allgemeine Auffassung in der Literatur, vgl. für alle Münch/ArbR/Richardi § 17 Rn. 1 ff. [185] Hierzu Anzinger/Koberski ArbZG § 2 Rn. 65; Buschmann/Ulber ArbZG § 2 Rn. 43 ff. [186] HK-ArbZR/Spengler ArbZG § 2 Rn. 29; Kritisch zu dieser Bereichsausnahme Bauer/v. Medem NZA 2013, 1233, 1235; Henssler/Lunk NZA 2016, 1425, 1427.

Vorschriften des Arbeitszeitrechts, soweit das BBiG keine abweichenden Regelungen enthält, auch für Personen, mit denen kein Arbeitsverhältnis vereinbart wurde und bei deren Tätigkeit es sich auch nicht um eine Berufsausbildung handelt, sofern sie eingestellt wurden, um berufliche Kenntnisse, Fertigkeiten und Erfahrungen zu erwerben. Hierzu zählen vor allem **Praktikanten** und **Volontäre**. Ausbildungsverhältnisse können aber auch auf öffentlich-rechtlichen Grundlagen basieren. Zu nennen sind hier in erster Linie **Schüler und Studenten**. Diese sind schon wegen des Fehlens einer privatrechtlichen Vertragsbeziehung keine Arbeitnehmer und unterfallen daher auch nicht dem ArbZG.

Bei den im **öffentlichen Dienst** beschäftigten Personen ist zu unterscheiden: Arbeiter und Angestellte sind auf der Grundlage eines privatrechtlichen Vertrages weisungsgebunden tätig und somit Arbeitnehmer. Keine Arbeitnehmer sind dagegen Beamte, Richter und Soldaten. Diese stehen in einem durch Verwaltungsakt (Ernennung) begründeten, öffentlich-rechtlichen Dienstverhältnis.[187] Für sie gilt daher generell das Beamten- und nicht das Arbeitsrecht. Das ArbZG findet auf sie keine Anwendung,[188] doch gilt auch für diese Beschäftigtengruppen die RL 2003/88/EG (→ ArbZG § 19 Rn. 5), so dass nur geringe Abweichungen zulässig sind. Keine Arbeitnehmer sind **Strafgefangene**, die im Rahmen des Strafvollzuges zu Arbeiten herangezogen werden. Ihre Tätigkeit richtet sich nach den §§ 37 ff. StVollzG und nicht nach dem ArbZG. Dies ist auch dann der Fall, wenn der Einsatz durch die JVA in einem Privatbetrieb erfolgt.[189] Anderes gilt allerdings dann, wenn sie als Freigänger außerhalb der JVA von einem Arbeitgeber beschäftigt werden.[190]

Dem öffentlichen Dienst vergleichbar ist die Situation bei den **Beschäftigten kirchlicher Einrichtungen**. Auch hier bildet im Regelfall ein privatrechtliches Arbeitsverhältnis die Grundlage der Tätigkeit. Keine Arbeitnehmer iSd ArbZG sind dagegen die kirchlichen Amtsträger (Geistliche) und Personen, die aus religiösen oder karitativen Gründen (Ordensschwestern in kirchlichen Krankenhäusern) tätig werden.[191] Beschäftigte, die auf privatrechtlicher Grundlage ihre Arbeitsleistung erbringen, sind Arbeitnehmer (zB Gärtner, Sekretärin, Beschäftigte in kirchlichen Einrichtungen der Kinderbetreuung oder kirchlichen Krankenhäusern),[192] so dass daher die Vorgaben des ArbZG zu beachten sind.

Die Regelungen des ArbZG gelten gemäß § 18 Abs. 1 Nr. 3 nicht für **Beschäftigte, die in häuslicher Gemeinschaft mit ihnen anvertrauten Personen leben** und diese eigenverantwortlich erziehen pflegen oder betreuen (→ ArbZG § 18 Rn. 16 f.). Diese Ausnahme gilt nicht für Arbeitnehmer, die abwechselnd eine durchgehende Betreuung von Personen in Wohngruppen sicherstellen, selbst aber nicht in der jeweiligen Einrichtung wohnen.[193] Von ihr ebenfalls nicht erfasst werden Arbeitnehmer in Kinderdörfern, die dort lediglich als Vertretung arbeiten.[194]

Teilweise wird die Anwendung des ArbZG auf Beschäftigungsverhältnisse, die keine Arbeitsverhältnisse sind,[195] gesetzlich angeordnet. Eine solche Verweisung findet sich für „Ein-Euro-Jobber" in § 16 d Abs. 7 S. 2 SGB II, für als Bundesfreiwillige Tätige in § 13 Abs. 1 BFDG und für **Helfer im freiwilligen sozialen Jahr** in § 13 JFDG. Diese Vorschriften erklären arbeitsschutzrechtliche Bestimmungen, zu denen auch das ArbZG gehört, ausdrücklich für anwendbar. Gleiches gilt nach § 74 SGB V für zur Wiedereingliederung beschäftigte Sozialversicherte.

Bereits aus der Bezeichnung ergibt sich, dass **arbeitnehmerähnliche Personen** keine Arbeitnehmer sind.[196] Zu diesen Personen zählen ua Heimarbeiter, Hausgewerbetreiben-

---

[187] Siehe Münch/ArbR/Richardi § 17 Rn. 41 ff.; Schaub/Vogelsang § 8 Rn. 19. [188] Anzinger/Koberski ArbZG § 2 Rn. 74 f. [189] BAG 3.10.1978 – 6 ABR 46/76, DB 1979, 118; Anzinger/Koberski ArbZG § 2 Rn. 76; siehe Münch/ArbR/Richardi § 17 Rn. 44; Schaub/Vogelsang § 8 Rn. 14. [190] Schliemann ArbZG § 2 Rn. 86. [191] Vgl. BAG 3.6.1975 – 1 ABR 98/74, BB 1975, 1388; siehe Münch/ArbR/Richardi § 17 Rn. 35 ff., Schaub/Vogelsang § 8 Rn. 18; vgl. auch Schliemann ArbZG § 2 Rn. 93. [192] Siehe Münch/ArbR/Richardi § 17 Rn. 36. [193] VG Berlin 24.3.2015 – 14 K 184/14, NZA-RR 2015, 522 mAnm Scheiwe. [194] EuGH 26.7.2017 – C-175/16 (Halvä ua), NZA 2017, 1113. [195] Münch/ArbR/Richardi § 17 Rn. 45, 49 ff.; Schaub/Vogelsang § 8 Rn. 15 ff.

de, einkommensschwache Einfirmenvertreter sowie sonstige freie Mitarbeiter, sofern ihr Dienstverhältnis kein Arbeitsverhältnis ist. Im Gegensatz zu Arbeitnehmern erbringen arbeitnehmerähnliche Personen ihre Arbeitsleistung nicht in persönlicher Abhängigkeit. Allerdings ist ihre wirtschaftliche Abhängigkeit von einem Unternehmen meist so stark, dass sie nicht selten ebenso schutzbedürftig sind wie Arbeitnehmer.[197] Diese Schutzbedürftigkeit wird meist noch dadurch verstärkt, dass es bei diesen Personen regelmäßig an einem einheitlichen Betriebsverband fehlt, so dass sie auch in der kollektiven Wahrnehmung ihrer Interessen eingeschränkt sind. Insofern finden nicht selten auf sie auch arbeitsrechtliche Regelungen Anwendung. Dies gilt allerdings nicht für das Arbeitszeitrecht.[198]

VII. Nachtzeit

88 Arbeitsmedizinisch erwiesen ist, dass die Erbringung der Arbeitsleistung in der Nacht besonders gesundheitsbelastend ist und die Arbeitnehmer daher in diesem Fall eines besonderen Schutzes bedürfen.[199] Häufige Beschwerden im Zusammenhang mit Nachtarbeit sind ua ein chronisches Schlafdefizit, Magen-Darm- und Kreislaufprobleme, Gereiztheit und Appetitlosigkeit. Die Notwendigkeit, nachts wach bleiben zu müssen, kann zudem eine ungesunde Lebensweise durch unregelmäßige Essenszeiten und die Einnahme schlafunterdrückender Mittel, wie Kaffee oder Medikamente, nach sich ziehen (ausführlich → ArbZG § 6 Rn. 1). Insoweit ist die rechtliche Regelung der Beschäftigung von Arbeitnehmern in den Nachtstunden ein zentraler Gegenstand des ArbZG. Dies findet seinen Ausdruck auch darin, dass § 2 ArbZG in diesem Zusammenhang gleich drei Begriffe ausdrücklich definiert.

89 Zunächst enthält das ArbZG in § 2 Abs. 3 eine ausdrückliche **Definition des Begriffs** „Nachtzeit". Allerdings geht die Vorschrift diesbezüglich nicht von dem naturwissenschaftlichen Aspekt der Nacht als dem Zeitraum zwischen Sonnenuntergang und Sonnenaufgang aus, sondern definiert diese grundsätzlich als die Zeit zwischen 23:00 Uhr und 6:00 Uhr des Folgetages. Insoweit setzt das ArbZG die unionsrechtlichen Vorgaben des Art. 2 Nr. 3 RL 1993/104/EG bzw. RL 2003/88/EG eins zu eins in das deutsche Recht um.

90 Wegen des früheren Arbeitsbeginns in Betrieben dieser Branche besteht für **Bäckereien und Konditoreien** eine Sonderregel, nach der die Nachtzeit die Zeit zwischen 22:00 Uhr und 5:00 Uhr ist. Insoweit erfolgt allerdings lediglich eine Vorverlegung der Nachtzeit. Ihre Gesamtdauer von sieben Stunden bleibt erhalten. Die Sondervorschrift wurde erst nachträglich durch das Gesetz zur Änderung des Ladenschlussgesetzes und zur Neuregelung der Arbeitszeit in Bäckereien und Konditoreien eingeführt.[200]

91 Verglichen mit § 19 Abs. 1 AZO wurde die Nachtzeit durch das ArbZG **um zwei Stunden verkürzt**. Zudem wurde die Beschränkung der Geltung dieses Begriffs ausschließlich für Arbeitnehmerinnen aufgehoben, so dass alle die Nachtzeit betreffenden Regelungen nunmehr für alle Arbeitnehmer gelten. Ursache hierfür war ein Wandel zur Rechtsprechung zur Verfassungsmäßigkeit der Beschränkung des Nachtarbeitsverbots auf Arbeitnehmerinnen.[201] Die insoweit geänderte Rechtslage fand Eingang in den Gesetzentwurf zum ArbZG, in dem alle Vorschriften geschlechtsneutral formuliert wurden.

92 **Tarifvertraglich** kann der Beginn der Nachtarbeit gemäß § 7 Abs. 1 Nr. 5 ArbZG variabel auf eine Zeit zwischen 22:00 Uhr und 24:00 Uhr festgelegt werden (→ ArbZG § 7

---

196 Kittner/Zwanziger/Deinert/Deinert § 3 Rn. 174 ff. **197** Kittner/Zwanziger/Deinert/Deinert § 35 Rn. 174 ff. Eine Mindermeinung ordnet arbeitnehmerähnliche Personen aufgrund ihrer wirtschaftlichen Abhängigkeit von nur einem Vertragspartner unter bestimmten Bedingungen den Arbeitnehmern zu, mit der Folge, dass die arbeitsrechtlichen Vorschriften generell anwendbar sind, Wank, S. 32 ff. **198** AA Anzinger/Koberski ArbZG § 2 Rn. 73. **199** Zur Schädlichkeit der Nachtarbeit RL 2003/88/EG.,ABl. EG L 299, 9 Erwägungsgründe 6–10. BVerfG 28.1.1992 – 1 BvR 1025/82, 1 BvL 16/83, 1 BvL 10/91, AiB 1992, 281; BAG 9.12.2015 – 10 AZR 423/14, NZA 2016, 426 Rn. 17. **200** BGBl. 1996 I 1187, Art. 2. **201** Zur Entwicklung siehe Baeck/Deutsch ArbZG § 2 Rn. 101.

VIII. Nachtarbeit

Als weiteren **Begriff** definiert § 2 Abs. 4 ArbZG die Nachtarbeit, die vor allem im Hinblick auf die Regelungen des § 6 ArbZG von Bedeutung ist. Danach liegt eine solche vor, wenn ein Arbeitnehmer während der Nachtzeit mehr als zwei Stunden arbeitet. Insoweit geht das ArbZG über die unionsrechtlichen Vorgaben hinaus, nach denen Nachtarbeit mindestens drei Stunden Arbeit während der Nachtzeit voraussetzt (Art. 2 RL 2003/88/EG). Dies ist unionsrechtlich unbedenklich, da es den Mitgliedstaaten nicht verwehrt ist, über den durch das Unionsrecht gewährten Schutz hinauszugehen. 93

§ 2 Abs. 4 ArbZG spricht ausdrücklich von einem Zeitraum von **mehr als zwei Stunden**, so dass eine Zeitspanne von genau zwei Stunden nicht unter die Nachtarbeit fällt.[202] Dies ist insbesondere dann von Bedeutung, wenn die Nachtarbeit zwei Stunden nach ihrem Beginn endet (1:00 Uhr) oder erst zwei Stunden vor dem Ende der Nachtzeit beginnt (4:00 Uhr). Gleiches gilt bei Unterbrechungen der Nachtarbeit, wenn die verbleibende Arbeitszeit während der Nachtzeit zwei Stunden nicht überschreitet. Arbeitet der Arbeitnehmer von 23:00 Uhr bis 00:00 Uhr und nach einer Pause von 5:00 Uhr bis 6:00 Uhr, stellt dies daher ebenfalls keine Nachtarbeit dar. 94

Nicht erforderlich für Nachtarbeit ist, dass während der Nachtzeit mehr als zwei Stunden **zusammenhängend** gearbeitet werden muss. Ausreichend ist vielmehr, dass die Gesamtzeit der in dieser Zeit geleisteten Arbeit die Grenze des § 2 Abs. 4 ArbZG überschreitet.[203] Insofern liegt Nachtarbeit auch dann vor, wenn ein Arbeitnehmer bis 1:00 Uhr arbeitet und seine Tätigkeit um 5:00 Uhr wieder aufnimmt. Da sich der Definition nicht entnehmen lässt, dass die Nachtarbeit innerhalb eines Arbeitszyklus bzw. einer Schicht liegen muss, ist von § 2 Abs. 4 ArbZG auch der Fall erfasst, dass der Arbeitnehmer in den Morgenstunden ab 4:00 Uhr arbeitet und seine Tätigkeit um 23:00 Uhr desselben Tages wieder aufnimmt. 95

IX. Nachtarbeitnehmer

Aus § 2 Abs. 5 ArbZG geht hervor, dass nicht jeder Arbeitnehmer, der zur Nachtzeit in dem von Abs. 4 festgelegten Umfang Nachtarbeit verrichtet, den Schutz der einschlägigen arbeitszeitrechtlichen Regelungen genießt. Dieser erstreckt sich nur auf die Arbeitnehmer, die Nachtarbeitnehmer sind. 96

1. Wechselschichten. Zu den Nachtarbeitnehmern zählen nach § 2 Abs. 5 Nr. 1 ArbZG zunächst Arbeitnehmer, die aufgrund ihrer Arbeitszeitgestaltung normalerweise Nachtarbeit in Wechselschicht leisten. Der Begriff der Wechselschichten muss von seinem Ausgangspunkt der Schichtarbeit her definiert werden. Was unter dieser zu verstehen ist, sagt das ArbZG nicht. Allerdings enthält Art. 2 Nr. 5 RL 2003/88/EG eine diesbezügliche **Begriffsbestimmung**. Nach dieser ist Schichtarbeit jede Form der Arbeitsgestaltung kontinuierlicher oder nicht kontinuierlicher Art, bei der die Arbeitnehmer nach einem bestimmten Zeitplan, auch im Rotationsturnus, sukzessive an den gleichen Arbeitsplätzen eingesetzt werden, so dass sie ihre Arbeit innerhalb eines Tage oder Wochen umfassenden Zeitraumes zu unterschiedlichen Zeiträumen verrichten müssen (→ ArbZG § 6 Rn. 6). In Anlehnung hieran verstehen Rechtsprechung und Literatur unter Schichtarbeit, dass sich mehrere Arbeitnehmer bei der Erfüllung einer Arbeitsaufgabe regelmäßig nach einem bestimmten Plan dergestalt abwechseln, dass ein Arbeitnehmer 97

---

[202] Neumann/Biebl ArbZG § 2 Rn. 25; Schliemann ArbZG § 2 Rn. 126; Baeck/Deutsch ArbZG § 2 Rn. 105. [203] Allgemeine Meinung, siehe Baeck/Deutsch ArbZG § 2 Rn. 105; Neumann/Biebl ArbZG § 2 Rn. 25.

arbeitet und der/die anderen Arbeitnehmer arbeitsfrei haben.[204] Der in einem Schichtplan konkret vorgesehene Wechselrhythmus ist für die Einordnung der Arbeitszeitgestaltung als Wechselschicht ohne Bedeutung.

98 **Üblich** sind Zweischichtsysteme mit zwei nacheinander liegenden Acht-Stunden-Schichten, Dreischichtsysteme, die eine ganztägige Arbeit rund um die Uhr in der Woche ermöglichen, und Vierschicht- oder Fünfschichtsysteme, die einen kontinuierlichen Betrieb sieben Tage und 24 Stunden am Tag erlauben. Letzteres wird auch als „vollkontinuierlicher Betrieb" bezeichnet. Die konkrete Ausgestaltung der jeweiligen Schichtsysteme hinsichtlich der Arbeitszeiten und eventueller Sonderzahlungen ist im Einzelfall regelmäßig in Tarifverträgen bzw., wo solche möglich sind, in Betriebsvereinbarungen geregelt (zur Beachtung arbeitswissenschaftlicher Erkenntnisse → ArbZG § 6 Rn. 10 ff.). Vor diesem Hintergrund stellen sich Wechselschichten als ein Arbeitszeitmodell dar, bei dem sich die Arbeitszeit des betroffenen Arbeitnehmers in einem regelmäßigen Rhythmus ändert.

99 Für die Annahme einer Wechselschicht **nicht erforderlich** ist, dass der Arbeitnehmer immer auf demselben Arbeitsplatz eingesetzt wird oder die einander ablösenden Personen immer dieselben sind.[205] Gleiches gilt für den Umstand der unmittelbaren Aufeinanderfolge der Schichten. Der Annahme eines Schichtsystems steht auch nicht entgegen, dass zwischen den Arbeitsphasen der Arbeitnehmer ein zeitlicher Zwischenraum oder eine Überlappung besteht.[206] Maßgeblich hierfür ist allein, ob ein Wechsel zwischen den einzelnen Schichten stattfindet. Schließlich muss zwischen den Tätigkeiten der einander ablösenden Arbeitnehmer auch keine völlige Übereinstimmung bestehen.[207]

100 Von der Wechselschicht zu unterscheiden ist der Fall, dass zwar die Arbeitnehmer entsprechend der Schichtgestaltung wechseln, jeder der Arbeitnehmer aber stets in der gleichen Schicht eingesetzt wird. Bei solchen **Dauerschichten** („Permanentschichten") ändert sich die Lage der Arbeitszeit für die betroffenen Arbeitnehmer nicht. Derartige Fallgestaltungen sind daher auch nicht von § 2 Abs. 5 Nr. 1 ArbZG erfasst, so dass die Arbeit in Dauernachtschichten nicht hierunter fällt.[208] Allerdings sind auch diese Arbeitnehmer nicht schutzlos, da für sie in einem gewissen Umfang der Nachtarbeit § 2 Abs. 5 Nr. 2 ArbZG einschlägig ist (→ Rn. 103 ff.).

101 Gleiches gilt nach dem insoweit eindeutigen Wortlaut von § 2 Abs. 5 Nr. 1 ArbZG, wenn der Arbeitnehmer nicht **normalerweise** Nachtschichten in Wechselschicht durchführt. Was unter dem Begriff „normalerweise" zu verstehen ist, sagt die Vorschrift allerdings nicht. Einen diesbezüglichen Anhaltspunkt bietet ihre Entstehungsgeschichte. Danach wurde im Gesetzgebungsverfahren die zunächst verwendete Formulierung „regelmäßig wiederkehrend" durch „normalerweise" ersetzt. Hieraus lässt sich zunächst ableiten, dass Arbeitnehmer, die lediglich gelegentlich oder ausnahmsweise, etwa als „Springer", Nachtarbeit in Wechselschicht leisten, von der Regelung nicht erfasst sein sollen.[209] Andererseits dürfte für die Annahme eines Nachtarbeitnehmers in jedem Fall ausreichend sein, wenn der Anteil der in Wechselschicht geleisteten Nachtarbeit mehr als 50 % der Gesamtarbeitszeit ausmacht. Liegt dieser darunter ist Nachtarbeitnehmer, wer Nachtarbeit in einem festen Schichtmodell leistet.[210] Unter diesen Umständen erfolgt die Nachtarbeit in Wechselschicht normalerweise iSv § 2 Abs. 5 Nr. 1 ArbZG und

---

204 Vgl. BAG 4.2.1988 – 6 AZR 203/85, DB 1988, 1855; BAG 18.7.1990 – 4 AZR 295/89, NZA 1991, 23; BAG 23.3.2006 – 6 AZR 497/05, AP Nr. 3 zu § 11 ArbZG = DB 2006, 1435 (Ls.); Schliemann ArbZG § 2 Rn. 135; Anzinger/Koberski ArbZG § 6 Rn. 18; Baeck/Deutsch ArbZG § 2 Rn. 65. **205** BAG 4.2.1988 – 6 AZR 203/85, DB 1988, 1855; BAG 18.7.1990 – 4 AZR 295/89, NZA 1991, 23; Baeck/Deutsch ArbZG § 2 Rn. 64 f. **206** BAG 18.7.1990 – 4 AZR 295/89, NZA 1991, 23; Neumann/Biebl ArbZG § 2 Rn. 7; Baeck/Deutsch ArbZG § 2 Rn. 64. **207** BAG 4.2.1988 – 6 AZR 203/85, DB 1988, 1855. **208** Siehe Schliemann ArbZG § 2 Rn. 136 (Beispiel); Anzinger/Koberski ArbZG § 2 Rn. 92, weisen auf die Wechselschicht als entscheidendes Kriterium hin. **209** Anzinger/Koberski ArbZG § 2 Rn. 92; Neumann/Biebl ArbZG § 2 Rn. 27; Baeck/Deutsch ArbZG § 2 Rn. 109; ErfK/Wank ArbZG § 2 Rn. 19; Erasmy NZA 1994, 1105, 1108. **210** Baeck/Deutsch ArbZG § 2 Rn. 109; insoweit reichen nach Anzinger/Koberski zwölf Nachtarbeitsperioden im Kalenderjahr, Anzinger/Koberski ArbZG § 2 Rn. 92.

gerade nicht gelegentlich. Hierfür spricht im Übrigen auch der Schutzgedanke des ArbZG.

Fällt **Nachtarbeit in Wechselschichten** an, ist es für die Eigenschaft, Nachtarbeitnehmer zu sein, nicht erforderlich, dass der Arbeitnehmer bereits Nachtarbeit geleistet hat. Ausreichend hierfür ist vielmehr, dass er auf der Grundlage seines Arbeitsvertrages in Verbindung mit der betrieblichen Organisation zu dieser verpflichtet ist. Dies ist bereits dann der Fall, wenn im Betrieb Schichtpläne bestehen, aus denen hervorgeht, dass der Arbeitnehmer zu Nachtarbeit in Wechselschicht herangezogen werden wird.[211]   102

2. Nachtarbeit an wenigstens 48 Tagen im Kalenderjahr. Da Nachtarbeit anerkanntermaßen nicht nur dann, wenn sie in einem Wechselschichtsystem geleistet wird, erhebliche Gesundheitsgefahren birgt, sind nach § 2 Abs. 5 Nr. 2 ArbZG auch die Arbeitnehmer Nachtarbeitnehmer, die an mindestens 48 Tagen im Kalenderjahr Nachtarbeit leisten. Im Gegensatz zur Regelung in Nr. 1 kommt es in diesem Fall nicht darauf an, ob die Nachtarbeit im Rahmen eines Schichtsystems erbracht wird.[212] Danach sind nicht nur Nachtschichten außerhalb eines Schichtbetriebes, sondern auch die nach Nr. 1 ausgeschlossenen Dauernachtschichten erfasst. Ebenso ist es nicht erforderlich, dass die Nachtarbeit regelmäßig, zusammenhängend oder in einem gewissen Zeitraum geleistet wird. Gleiches gilt für die Planung der Nachtarbeit. Demnach ist § 2 Abs. 5 Nr. 2 ArbZG auch dann anwendbar, wenn die Nachtarbeit aufgrund unvorhergesehener Umstände, wie erhöhtem Arbeitseinsatz oder der Beseitigung von Havarien, anfällt.[213]   103

a) Bezugspunkt Kalenderjahr. Der Bezugspunkt der Regelung ist nicht das Beschäftigungsjahr des Arbeitnehmers, sondern das Kalenderjahr. Dieses reicht vom 1.1. bis zum 31.12.   104

b) Tatsächlich geleistete oder geplante Nachtarbeit. Umstritten ist, ob die Norm erst dann eingreift, wenn der Arbeitnehmer an 48 Tagen im Jahr tatsächlich Nachtarbeit geleistet hat[214] oder es für die Eigenschaft, Nachtarbeitnehmer zu sein, ausreicht, wenn – etwa aufgrund der Arbeitsvertragsgestaltung – feststeht, dass der Arbeitnehmer im erforderlichen Umfang Nachtarbeit leisten, diese also nach den Planungen des Arbeitgebers anfallen wird.[215] Für die erste Auffassung scheint der Wortlaut von § 2 Abs. 5 Nr. 2 ArbZG insbesondere im Vergleich zu Nr. 1 zu sprechen. Entgegen Nr. 1, in der davon die Rede ist, dass der Arbeitnehmer die Nachtarbeit in Wechselschicht „zu leisten hat", verwendet Nr. 2 lediglich den Begriff „leisten", was in der Tat den Schluss nahelegen könnte, dass Nachtarbeitnehmer nur Arbeitnehmer sind, die tatsächlich 48 Tage Nachtarbeit im Kalenderjahr geleistet haben.   105

Vor dem **arbeitsmedizinischen Hintergrund** der 48-Tage-Grenze steht dem allerdings der am Gesundheitsschutz der Arbeitnehmer orientierte Gesetzeszweck entgegen. Da der Bezugspunkt der Regelung von Nr. 2 das Kalenderjahr ist, müsste nach der obigen Auffassung die 48-Tage-Grenze in jedem Jahr tatsächlich erreicht werden. Damit wären jahresübergreifend insgesamt 94 Tage (47 + 47) mit ununterbrochener Nachtarbeit möglich, bevor die Schutzmechanismen des § 6 ArbZG eingreifen würde.[216] Weiterhin spricht für diese Auffassung die bereits von geplanter Nachtarbeit ausgehende Einschränkung der Verfügungsbefugnis des Arbeitnehmers über seine Freizeit. Insoweit muss dieser seine privaten Aktivitäten bereits im Fall der Planung von Nachtarbeitseinsätzen an den entsprechenden Vorgaben des Arbeitgebers ausrichten.   106

Einigkeit besteht dahin gehend, dass, wenn die Nachtarbeit in einem zusammenhängenden Block geleistet wird und diese wegen des **Überschreitens der 24-Uhr-Marke** an zwei Tagen liegt, lediglich ein Tag Nachtarbeit iSv § 2 Abs. 5 Nr. 2 ArbZG vorliegt.[217]   107

---

211 Allgemeine Auffassung, vgl. Baeck/Deutsch ArbZG § 2 Rn. 109; Anzinger/Koberski ArbZG § 2 Rn. 93; Neumann/Biebl ArbZG § 2 Rn. 28; Buschmann/Ulber ArbZG § 2 Rn. 50. **212** HK-ArbZR/Spengler ArbZG § 2 Rn. 31. **213** Baeck/Deutsch ArbZG § 2 Rn. 109. **214** So Anzinger/Koberski ArbZG § 2 Rn. 96; Schliemann ArbZG § 2 Rn. 145. **215** So Neumann/Biebl ArbZG § 2 Rn. 30; Buschmann/Ulber ArbZG § 2 Rn. 49; ErfK/Wank ArbZG § 2 Rn. 19 aE; HK-ArbZR/Spengler ArbZG § 2 Rn. 31. **216** Buschmann/Ulber ArbZG § 2 Rn. 48; Neumann/Biebl ArbZG § 2 Rn. 30. **217** Ebenso Anzinger/Koberski ArbZG § 2 Rn. 95; Schliemann ArbZG § 2 Rn. 146; Neumann/Biebl ArbZG § 2 Rn. 31; Junker ZfA 1995, 105, 119.

Eine Arbeitszeit von 23:00 Uhr bis 6:00 Uhr des Folgetages schlägt daher mit nur einem Nachtarbeitstag zu Buche. Insoweit anderes gilt allerdings dann, wenn der Arbeitnehmer zu Beginn des Tages, etwa von 0:00 Uhr bis 6:00 Uhr, Nachtarbeit leistet, und am Abend zwischen 21:00 Uhr und 4:00 Uhr erneut arbeitet. In diesem Fall leistet er an zwei Tagen Nachtarbeit, da die Ruhezeit keine bloße Unterbrechung der Arbeit darstellt, sondern durch diese die zeitliche Verbindung der Nachtarbeitsblöcke aufgehoben ist.

108 **c) Anteilige Kürzung der 48-Tage-Grenze.** In der Literatur wird die Auffassung vertreten, dass bei Arbeitsverhältnissen, die erst im laufenden Kalenderjahr begründet werden, die Grenze von 48 Kalendertagen anteilig zu kürzen sei.[218] Dieser Ansicht ist zu folgen. Zwar scheint es nach dem Wortlaut der Vorschrift darauf anzukommen, dass 48 Tage Nachtarbeit im Kalenderjahr geleistet werden. Eine anteilige Reduzierung des Grenzwertes in Abhängigkeit vom Beginn des Arbeitsverhältnisses ist dagegen nicht vorgesehen. Sie lässt sich aber unschwer mit dem Schutz der Gesundheit der Arbeitnehmer rechtfertigen. Tritt der Arbeitnehmer etwa erst zum 1.11. in den Betrieb ein, könnte er das gesamte verbleibende Jahr Nachtarbeit leisten, ohne Nachtarbeitnehmer zu sein. Hieran könnte im Folgejahr unmittelbar eine Nachtarbeitsphase von weiteren 47 Tagen anschließen, ohne dass § 2 Abs. 5 Nr. 2 ArbZG eingreifen würde. Die hierin liegende Vorenthaltung des durch das ArbZG intendierten Gesundheitsschutzes in diesem Fall ist unter arbeitsmedizinischen Aspekten nicht vertretbar. Daher muss der Arbeitnehmer im Beispiel bereits dann als Nachtarbeitnehmer gelten, wenn er in den restlichen zwei Monaten des Jahres mindestens an 8 Tagen (48 Tage : 12 Monate x 2 Monate) Nachtarbeit leistet.

109 **d) Nachtarbeit bei mehreren Arbeitgebern.** Soweit die Nachtarbeit **parallel bei mehreren Arbeitgebern** geleistet wird, sind diese Zeiten zusammenzurechnen.[219] Daher genießt ein Arbeitnehmer unstreitig den Schutz des § 2 Abs. 5 Nr. 2 ArbZG, wenn er im Kalenderjahr nebeneinander bei unterschiedlichen Arbeitgebern Nachtarbeit leistet. Die insoweit geleisteten Zeiten sind nach § 2 Abs. 2 ArbZG zusammenrechnen und führen, wenn sie zusammen die Grenze von 48 Tagen im Kalenderjahr überschreiten, zur Anwendung der entsprechenden gesetzlichen Schutznormen.

110 Unterschiedliche Auffassungen bestehen bezüglich der Zusammenrechnung dieser Zeiten für den Fall, dass die Nachtarbeit **bei verschiedenen Arbeitgebern nacheinander** geleistet wird. Nach einer Auffassung soll eine solche unter diesen Umständen nicht erfolgen, weil es für diesen Fall an einer gesetzlichen Regelung fehlt.[220] Zudem wird geltend gemacht, dass § 2 Abs. 1 S. 1 Hs. 2 ArbZG auf diesen Fall nicht anwendbar sei, da dieser nur für zeitgleich bestehende Arbeitsverhältnisses gelte.[221] Dieser Auffassung ist jedoch nicht zu folgen.[222] Schon die Annahme, dass es bezüglich der obigen Konstellation an einer Regelung im ArbZG fehle, überzeugt nur bedingt. Sie findet jedenfalls keine Stütze im Wortlaut des § 2 Abs. 5 Nr. 2 ArbZG, der für die Annahme eines Nachtarbeitnehmers ausdrücklich allein auf die Anzahl der Nachtarbeitstage im Kalenderjahr und gerade nicht darauf abstellt, ob diese bei einem Arbeitgeber oder mehreren Arbeitgebern parallel oder nacheinander geleistet werden. Dass der Gesetzgeber eine solche Differenzierung, die für Arbeitnehmer bei einem Arbeitsplatzwechsel nicht selten bedeutsam sein dürfte, schlicht vergessen haben soll, erscheint angesichts des Schutzgedankens des Arbeitszeitrechts zumindest fraglich. Insoweit spricht einiges dafür, dass es auch nach dem Willen des Gesetzgebers für das Vorliegen eines Nachtarbeitnehmers allein auf den Umfang der Nachtarbeit als solcher ankommen soll.

111 Aber selbst wenn man die eine Zusammenrechnung nacheinander geleisteter Nachtarbeit ablehnende Auffassung zugrunde legt, ist das von dieser Ansicht gefundene Ergebnis unzutreffend. Richtig ist lediglich, dass eine direkte Anwendung der Norm auf die-

---

[218] Vgl. Anzinger/Koberski ArbZG § 2 Rn. 96; aA Neumann/Biebl ArbZG § 2 Rn. 33. [219] Allgemeine Auffassung, vgl. Schliemann ArbZG § 2 Rn. 148; Baeck/Deutsch ArbZG § 2 Rn. 115; Neumann/Biebl ArbZG § 2 Rn. 32. [220] Baeck/Deutsch ArbZG § 2 Rn. 115. [221] So Schliemann ArbZG § 2 Rn. 148; Baeck/Deutsch ArbZG § 2 Rn. 115. [222] So auch Neumann/Biebl ArbZG § 2 Rn. 33.

se Konstellation ausscheidet. Die gegenteilige Meinung übersieht allerdings, dass hier die Voraussetzungen für ihre analoge Anwendung vorliegen. Angesichts der mit der Nachtarbeit anerkanntermaßen verbundenen erhöhten Gesundheitsgefahren für die Arbeitnehmer kann vorliegend nicht davon ausgegangen werden, dass der Gesetzgeber den Fall einer nacheinander geleisteten Nachtarbeit bewusst offen lassen wollte. Unter Zugrundelegung der obigen Auffassung liegt mithin eine unbewusste planwidrige Regelungslücke vor, die vor dem Hintergrund des Normzecks zu schließen ist. Danach kann der auch bei einer **nacheinander geschalteten Nachtarbeit** bei verschiedenen Arbeitgebern bestehenden gesundheitlichen Belastung nur hinreichend begegnet werden, wenn die entsprechenden **Zeiten zusammengerechnet** und die Arbeitnehmer bei Überschreiten der 48-Tage-Grenze entsprechend geschützt werden. Auch kann es in der Praxis hierfür keinen Unterschied machen, ob der Arbeitnehmer insgesamt 48 Tage dadurch erreicht, dass er im Rahmen zweier Parallelarbeitsverhältnisse in der Woche an drei Tagen Nachtarbeit bei einem Arbeitgeber erbringt und zwei Tage bei einem anderen oder er im Rahmen eines ersten Arbeitsverhältnisses zunächst an mindestens 24 Tagen nachts arbeitet und nach einem Arbeitsplatzwechsel erneut Nachtarbeit im gleichen Umfang anfällt. Andernfalls könnte der Anwendungsbereich der Schutzvorschriften unter diesen Umständen im Extremfall bei mehrfachem Arbeitsplatzwechsel erst nach einem Vielfachen der gesetzlich festgelegten Grenze von 48 Tagen oder schlimmstenfalls überhaupt nicht eröffnet sein. Dies wäre jedoch mit dem Schutzweck der Regelung zur Nachtarbeit keinesfalls vereinbar.

Zweiter Abschnitt Werktägliche Arbeitszeit und arbeitsfreie Zeiten

§ 3 ArbZG Arbeitszeit der Arbeitnehmer

¹Die werktägliche Arbeitszeit der Arbeitnehmer darf acht Stunden nicht überschreiten. ²Sie kann auf bis zu zehn Stunden nur verlängert werden, wenn innerhalb von sechs Kalendermonaten oder innerhalb von 24 Wochen im Durchschnitt acht Stunden werktäglich nicht überschritten werden.

Literatur: *Anzinger*, Neues Arbeitszeitrecht in Kraft getreten, BB 1994, 1492; *Due* (Hrsg.), Festschrift für Ulrich Everling, 1995; *Düwell/Stückemann/Wagner* (Hrsg.), Bewegtes Arbeitsrecht, Festschrift für Wolfgang Leinemann zum 70. Geburtstag, 2006; *Ende*, Gemeinschaftsrechtliche Auffangregelungen als soziales Auffangnetz am Beispiel des § 3 ArbZG; *Habich*, Sicherheits- und Gesundheitsschutz, 2006; *Junker*, Brennpunkte des Arbeitszeitgesetzes, ZfA 1998, 105; *Kohte*, Der Beitrag der Betriebsverfassung zur Realisierung des Arbeitszeitrechts, in: Kohte/Dörner/Anzinger (Hrsg.), Arbeitsrecht im sozialen Dialog, Festschrift für Helmut Wißmann zum 65. Geburtstag, 2005, S. 331 (zitiert: Bearbeiter in: FS Wißmann); *Oppolzer*, Rückbau oder Ausbau des Gesundheitsschutzes, AuR 1994, 41; *Schliemann*, Allzeit bereit – Bereitschaftsdienst und Arbeitsbereitschaft zwischen Europarecht, Arbeitszeitgesetz und Tarifvertrag, NZA 2004, 513; *Wirtz*, Gesundheitliche und soziale Folgen langer Arbeitszeiten, 2010; *Zwanziger*, Das BAG und das Arbeitszeitgesetz, DB 2007, 1356; *WSI-Tarifarchiv*, Statisches Taschenbuch Tarifpolitik 2016, 2016.

Leitentscheidungen: EuGH 14.10.2010 – C-243/09, NZA 2010, 1344 (Fuß I); BAG 26.6.2002 – 5 AZR 592/00, DB 2002, 243; BAG 24.1.2006 – 1 ABR 6/05, NZA 2006, 862; BAG 21.11.2006 – 9 AZR 176/06, NZA 2007, 446; BAG 17.10.2012 – 5 AZR 697/11, AuR 2013, 99; BAG 24.8.2016 – 5 AZR 129/16, NZA 2017, 58.

I. Normzweck und Systematik..... 1	a) Grundsatz................. 12
II. Entstehung, Unionsrecht 2	b) Wochenarbeitszeit/
III. Grundsatz: Acht-Stunden-Tag... 5	Jahresarbeitszeit 17
1. Werktage 5	IV. Verlängerung der Arbeitszeit
2. Arbeitszeit an Sonn- und	nach § 3 S. 2 ArbZG............. 19
Feiertagen 11	1. Zehn-Stunden-Grenze....... 20
3. Höchstarbeitszeit............ 12	2. Ausgleichszeiträume......... 23

a) Allgemeines	23	a) Beginn und Ende des Ausgleichszeitraumes	36
b) Verhältnis zum Unionsrecht	30	b) Kein Ausgleich vor der Arbeitszeitverlängerung	37
3. Ausgleichszeitraum von sechs Monaten	32	c) Praktische Umsetzung des Ausgleichs	40
4. Ausgleichszeitraum von 24 Wochen	34	V. Sonderregelungen	47
5. Lage des Ausgleichszeitraumes	36	VI. Rechtsdurchsetzung	50

I. Normzweck und Systematik

1 § 3 ArbZG gehört zu den zentralen Vorschriften des ArbZG. Er statuiert als **Grundsatz** den **Acht-Stunden-Tag**, mit dem der Gesundheitsschutz der Arbeitnehmer sowie die Sicherung ihrer Freizeit realisiert werden sollen.[1] Dieser Grundsatz wird im Interesse einer Flexibilisierung der Arbeitszeit modifiziert, indem Abweichungen für einen überschaubaren Zeitraum (Ausgleichszeitraum) gestattet werden, wenn die Obergrenze des § 3 ArbZG zumindest in einer mittleren Frist gesichert wird. Weitere Abweichungen werden durch die §§ 7, 14, 15, 19 ArbZG ermöglicht. Gleichwohl ist zu beachten, dass mit § 3 ArbZG die verfassungsrechtliche Schutzpflicht eines öffentlich-rechtlichen Gesundheitsschutzes realisiert werden soll, weil gerade die Länge der Arbeitszeit zu den anerkannten gesundheitlichen Risiken rechnet.[2]

II. Entstehung, Unionsrecht

2 § 3 ArbZG geht auf die §§ 3, 4 AZO von 1938 zurück.[3] Bereits dort wurde die werktägliche Höchstarbeitszeit auf acht Stunden festgelegt. Darüber hinaus war vorgesehen, dass ausgefallene Arbeitszeit auf die Arbeitstage derselben, vorgehenden oder folgenden Woche verteilt werden konnte. Soweit der Ausfall durch Betriebsferien oder Volksfeste begründet war, galt ein zusammenhängender Ausgleichszeitraum von maximal fünf Wochen. Bei dessen Nutzung durfte die Arbeitszeit zehn Stunden täglich nicht überschreiten.

3 Die Modernisierung des Arbeitszeitrechts und eine Ablösung der AZO von 1938 wurden bereits in **Art. 30 des Einigungsvertrags** unter Berufung auf die gemeinschaftsrechtliche Dimension verlangt. Mit der **RL 93/104/EG** zu Aspekten der Arbeitszeitgestaltung, die inzwischen durch die **RL 2003/88/EG** abgelöst wurde, war eine Neuregelung dringend geboten. Das ArbZG dient der Umsetzung dieser Richtlinie,[4] so dass dessen Normen jeweils unionsrechtskonform auszulegen sind. Diese Auslegung ist für § 3 ArbZG nicht einfach, denn das Ziel des Gesundheitsschutzes durch Höchstarbeitszeiten wird in der Richtlinie durch eine **Begrenzung der Wochenarbeitszeit** angestrebt; **Art. 6 Buchst. b RL 2003/88/EG** normiert als Obergrenze die 48-Stunden-Woche. Das deutsche Recht orientiert sich dagegen an der Höchstarbeitszeit für den einzelnen Arbeitstag; letztlich ergibt sich aber aus der Bedeutung der werktäglichen Arbeitszeit eine Regelung, die mit dem Ziel der Richtlinie im Wesentlichen übereinstimmt.[5] Anfangs wurde allerdings wenig beachtet,[6] dass die Bestimmungen zum Ausgleichszeitraum sowie zu den Ausnahmen von den Höchstarbeitszeitgrenzen in der Richtlinie anders und teilweise strenger als im deutschen Recht gezogen worden sind. Daraus ergeben sich wichtige Anforderungen für eine unionsrechtskonforme Auslegung auch von § 3 ArbZG, denn die Obergrenze des Art. 6 Buchst. b RL 2003/88/EG wird vom Europäischen Gerichtshof als eine „**besonders wichtige Regel des Sozialrechts der Union**"

---

1 Anzinger/Koberski ArbZG § 3 Rn. 2. **2** Habich, S. 64 ff.; Oppolzer AuR 1994, 41 (42); Wirtz, Gesundheitliche und soziale Folgen langer Arbeitszeiten, 2010; Stressreport 2012, S. 113 ff. **3** Verordnung vom 30.4.1938, RGBl. I, 447. **4** BT-Drs. 12/5888, 19. **5** Schliemann ArbZG § 3 Rn. 1. **6** Vgl. jedoch Ende AuR 1997, 137 (138); Kohte DZWiR 1996, 451.

qualifiziert, die jedem Arbeitnehmer ungeschmälert zugutekommen muss.[7] Diese Regel ist von allen Trägern öffentlicher Gewalt zu beachten.[8]

Wie § 2 ArbZG durchlief § 3 ArbZG idF des Gesetzentwurfes der Bundesregierung das Gesetzgebungsverfahren unverändert. Die von der SPD[9] und den GRÜNEN[10] vorgeschlagene Festsetzung einer wöchentlichen Höchstarbeitszeit von 40 Stunden bezogen auf eine regelmäßige Fünf-Tage-Arbeitswoche von Montag bis Freitag konnte sich nicht durchsetzen. Gleiches gilt für die Anregung des Bundesrates, bei Arbeitszeitverlängerungen einen Ausgleichszeitraum von zwölf Monaten oder 48 Wochen zuzulassen. Diesbezüglich verwies die Bundesregierung in ihrer Ablehnung darauf, dass die Festlegung des Ausgleichszeitraumes nach der Konzeption des Gesetzentwurfes im Interesse eines praxisnahen und sachgerechten Arbeitszeitschutzes den Tarifvertragsparteien vorbehalten bleiben sollte.[11]

III. Grundsatz: Acht-Stunden-Tag

1. Werktage. Nachdem § 2 Abs. 1 ArbZG den Begriff der Arbeitszeit definiert, legt § 3 S. 1 ArbZG deren maximale Dauer je Werktag grundsätzlich auf acht Stunden fest. Allerdings **definiert** das ArbZG den **Begriff des Werktages nicht.** Im Allgemeinen werden hierunter alle Kalendertage außer Sonntage und gesetzliche Feiertage verstanden.[12] Hiernach sind auch Samstage, sofern sie nicht auf einen gesetzlichen Feiertag fallen, grundsätzlich Werktage, so dass das Gesetz von einer Sechs-Tage-Arbeitswoche ausgeht. Insoweit unerheblich ist, ob der Arbeitnehmer vertraglich lediglich eine geringere Zahl an Arbeitstagen pro Woche vereinbart hat oder sich eine solche aus der betrieblichen Organisation ergibt.[13] Insgesamt ergibt sich mithin eine wöchentliche Höchstarbeitszeit von 48 Stunden, was Art. 6 Buchst. b RL 2003/88/EG entspricht.

Unter Werktag ist nicht der Kalendertag zu verstehen, so dass dieser nicht die Zeit von 0:00 Uhr bis 24:00 Uhr umfasst, sondern einen Zeitraum von **24 Stunden,** der mit der Arbeitsaufnahme des Arbeitnehmers beginnt.[14] Insoweit unterscheidet sich die Regelung von anderen Vorschriften des ArbZG (zB § 9 ArbZG) oder anderen gesetzlichen Regelungen (zB § 3 BUrlG). Maßgeblich für die Bestimmung des 24-Stunden-Zeitraumes ist der Beginn der Arbeitszeit am ersten Werktag der Woche.[15] Dies wird zwar für die überwiegende Mehrzahl der Arbeitnehmer der Montag sein, zwingend ist dies jedoch nicht. Möglich ist vielmehr auch ein Arbeitsbeginn an jedem anderen Werktag.

Die Bezugnahme auf den individuellen Arbeitsbeginn des Arbeitnehmers hat zur Folge, dass es für die Bestimmung der Dauer der Arbeitszeit nicht auf den allgemeinen Zeitpunkt ankommt, an dem die Arbeit im Betrieb aufgenommen wird. Vielmehr ist hierfür der **individuelle Zeitpunkt der Arbeitsaufnahme** durch den Arbeitnehmer maßgeblich. Insofern ist die Frage der Einhaltung der Höchstarbeitszeit einer kollektiven Betrachtungsweise entzogen und im Einzelfall für den jeweils betroffenen Arbeitnehmer nach den Maßstäben des § 2 ArbZG zu beurteilen.[16] Daher beginnt der 24-stündige Beurteilungszeitraum für einen Arbeitnehmer, der seine Arbeit um 7:00 Uhr aufnimmt, um 7:00 Uhr und für einen Arbeitnehmer, der um 22:00 Uhr zu arbeiten beginnt, um 22:00 Uhr. Das Ende des Werktages liegt für beide jeweils 24 Stunden später. Diese gesundheitsrechtlich plausible Systematik erschwert die Überwachung der Arbeitszeit, so dass § 16 ArbZG spezielle Dokumentationspflichten vorschreibt (→ ArbZG § 16 Rn. 10 ff.).

Soweit der Arbeitsbeginn immer zur gleichen Zeit erfolgt und der Arbeitnehmer – abgesehen von den Pausen – **durchgängig** arbeitet, erweist sich die Berechnung der inner-

---

[7] EuGH 14.10.2010 – C-243/09, NZA 2010, 1344, 1346 (Fuß I). [8] EuGH 25.11.2010 – C-429/09, NZA 2011, 53 (55) (Fuß II); dazu Kohte/Grüneberg AiB 2011, 625. [9] Vgl. BT-Drs. 12/5282, 5. [10] BT-Drs. 10/2188, 3. [11] Gegenäußerung der Bundesregierung zur Stellungnahme des Bundesrates, BT-Drs. 12/5888, 50. [12] Buschmann/Ulber ArbZG § 3 Rn. 6; Baeck/Deutsch ArbZG § 3 Rn. 14; Schliemann ArbZG § 3 Rn. 6. [13] Baeck/Deutsch ArbZG § 3 Rn. 14. [14] Baeck/Deutsch ArbZG § 3 Rn. 6; Buschmann/Ulber ArbZG § 3 Rn. 6; Anzinger/Koberski ArbZG § 3 Rn. 10. [15] HK-ArbZR/Jerchel ArbZG § 3 Rn. 8; Schliemann ArbZG § 3 Rn. 7. [16] Allgemeine Auffassung, vgl. Baeck/Deutsch ArbZG § 3 Rn. 16; ErfK/Wank ArbZG § 3 Rn. 2; Anzinger/Koberski ArbZG § 3 Rn. 12; Buschmann/Ulber ArbZG § 3 Rn. 4.

halb des Bezugszeitraumes geleisteten Arbeitszeit als unproblematisch. Gleiches gilt, wenn dieser seine Arbeitszeit in **Teilabschnitten** erbringt, etwa von 8:00 Uhr bis 12:00 Uhr und von 16:00 Uhr bis 20:00 Uhr. In diesem Fall liegen innerhalb des von 8:00 Uhr bis 8:00 Uhr am Folgetag reichenden Werktages lediglich acht Arbeitsstunden, so dass die Vorgaben des § 3 ArbZG eingehalten sind. Dies gilt auch dann, wenn die Teilabschnitte an zwei verschiedenen Tagen liegen. Daher liegt der Arbeitsbeginn eines Arbeitnehmers, der am Montag von 18:00 Uhr bis 22:00 Uhr und am anschließenden Dienstag von 8:00 Uhr bis 12:00 Uhr arbeitet, am Montag um 18:00 Uhr. Innerhalb des 24-stündigen Beurteilungszeitraumes, der bis Dienstag 18:00 Uhr reicht, liegen wiederum nur acht Arbeitsstunden.

9 **Schwierigkeiten** ergeben sich dagegen, wenn ein Arbeitnehmer, der am Montag von 8:00 Uhr bis 12:00 Uhr und von 16:00 Uhr bis 20:00 Uhr gearbeitet hat, die Arbeit am Dienstag um 8:00 Uhr wieder aufnimmt, um bis 16:00 Uhr zu arbeiten. Legt man in diesem Fall den zweiten Arbeitsbeginn am Montag (16:00 Uhr) zugrunde, läge ein Verstoß gegen die werktägliche Höchstarbeitszeit vor, da der Arbeitnehmer von Montag 16:00 Uhr bis Dienstag 16:00 Uhr insgesamt zwölf Stunden gearbeitet hätte.[17] Dies würde aber übersehen, dass für die Bestimmung des 24-Stunden-Referenzzeitraumes auch hier der Arbeitsbeginn an dem Tag der Woche, an dem der Arbeitnehmer seine Arbeit zuerst aufgenommen hat, maßgeblich ist. Dies wäre Montag 8:00 Uhr. Der Referenzzeitraum endet mithin am Dienstag 8.00 Uhr. Die Zeit, die am Dienstag zwischen 8:00 Uhr und 16:00 Uhr gearbeitet wurde, fällt damit nicht in diesen Zeitraum, so dass eine Überschreitung der Arbeitszeitgrenzen auch hier nicht in Betracht kommt. Dem stehen auch nicht Gesundheitsschutzaspekte entgegen, da der Arbeitnehmer wegen der Erreichung der Acht-Stunden-Grenze am Dienstag an diesem Tag ab 16:00 Uhr bis Mittwoch 8:00 Uhr nicht mehr eingesetzt werden dürfte.

10 **Wechselt der Arbeitsbeginn** an den Tagen, verschiebt sich auch der Beginn des jeweiligen Referenzzeitraumes.[18] Insofern beginnt dieser bei einem Arbeitsbeginn am Montag um 6:00 Uhr ebenfalls um 6:00 Uhr. Nimmt der Arbeitnehmer am darauffolgenden Dienstag seine Arbeit erst um 8:00 Uhr auf, beginnt auch der Referenzzeitraum erst zu diesem Zeitpunkt (vorwärts rollierend). Wird rückwärts rolliert, fallen die Stunden des Folgetages dagegen noch in den Referenzzeitraum des Vortages. So endet dieser bei einem Arbeitsbeginn am Montag um 7:00 Uhr auch dann erst am Dienstag um 7:00 Uhr, wenn der Arbeitnehmer an diesem Tag bereits um 6:00 Uhr mit der Arbeit beginnt. Die Stunde zwischen 6:00 Uhr und 7:00 Uhr am Dienstag zählt daher zu dem am Montag beginnenden Referenzzeitraum.

11 **2. Arbeitszeit an Sonn- und Feiertagen.** Da § 3 ArbZG lediglich die Frage der Höchstarbeitszeit an Werktagen regelt, stellt sich zwangsläufig die Frage, inwieweit an Sonn- und Feiertagen gearbeitet werden darf. Soweit nicht ein generelles Arbeitsverbot an diesen Tagen eingreift, verweist § 11 Abs. 2 ArbZG insoweit auf die Regelung des § 3 ArbZG. Daher darf eine Arbeitszeit von acht Stunden täglich grundsätzlich auch bei ausnahmsweise zulässiger Sonn- bzw. Feiertagsarbeit nicht überschritten werden. Ebenso gelten die Regeln des § 2 ArbZG über den Beginn und das Ende der täglichen Arbeitszeit auch für diese.[19]

12 **3. Höchstarbeitszeit. a) Grundsatz.** § 3 ArbZG legt die Dauer der täglichen Arbeitszeit auf **acht Stunden** fest. Hierbei handelt es sich um eine **Höchstgrenze**, die abgesehen von den gesetzlichen Ausnahmetatbeständen nicht überschritten werden darf.[20] Diese Grenze ist nicht willkürlich gewählt, sondern orientiert sich an arbeitsmedizinischen Erkenntnissen. Insoweit hält auch die Gesetzesbegründung eine Begrenzung der täglichen Höchstarbeitszeit aus Gründen des Gesundheitsschutzes für erforderlich.[21] Erwiesenermaßen führen überlange Arbeitszeiten immer wieder zu gesundheitlichen Problemen, Stress, Übermüdung und Unkonzentriertheit. Hierdurch steigt nicht nur das Risiko durch die Arbeit verursachter Erkrankungen, sondern auch die Gefahr von Arbeitsunfällen.

---

[17] Vgl. auch Buschmann/Ulber ArbZG § 3 Rn. 8. [18] Beispiele bei Schliemann ArbZG § 3 Rn. 10.
[19] Schliemann ArbZG § 3 Rn. 18. [20] Baeck/Deutsch ArbZG § 3 Rn. 24. [21] BT-Drs. 12/5888, 3.

Der von § 3 ArbZG verwendete **Begriff der Stunde** bezieht sich auf die Zeitstunde von 60 Minuten. Dabei werden angefangene Stunden entsprechend ihrer tatsächlichen Arbeitszeit berücksichtigt. Diese Zeiten werden weder auf- noch abgerundet.[22] 13

Die **Lage der Arbeitszeit** wird durch § 3 ArbZG nicht definiert. Insoweit bildet die Bestimmung des 24-stündigen Werktages lediglich den äußeren Rahmen für den Zeitraum, innerhalb dessen die individuelle Arbeitszeit des Arbeitnehmers von höchstens acht Stunden liegen kann. Diese kann daher innerhalb des Bereiches von 24 Stunden jeden Zeitraum – auch die Nachtzeit – umfassen. Dabei muss die Arbeitszeit nicht in einem Block geleistet werden. Vielmehr ist auch eine Aufteilung der acht Stunden innerhalb des Werktages möglich, zB auf vier Stunden von 8:00 Uhr bis 12:00 Uhr und weitere vier Stunden von 20:00 Uhr bis 24:00 Uhr. Dies ermöglicht Arbeitgebern einen flexiblen, zB am Arbeitsanfall orientierten Einsatz der Arbeitnehmer. Zu lange Pausen zwischen den Arbeitszeitblöcken können allerdings mit § 106 GewO unvereinbar sein (→ ArbZG § 4 Rn. 14).[23] 14

Ohne vertragliche Festlegungen unterliegen Lage und Verteilung der Arbeitszeit innerhalb des Werktages dem **Direktionsrecht des Arbeitgebers**, so dass dieser beide einseitig festlegen kann. Allerdings kann er hierüber nicht ohne Berücksichtigung der berechtigten Interessen des Arbeitnehmers entscheiden. Insoweit hat er sein Direktionsrecht vielmehr gemäß § 106 GewO nach billigem Ermessen auszuüben.[24] Dem würde es zB widersprechen, wenn der Arbeitgeber den Arbeitsbeginn für einen alleinerziehenden Elternteil ohne betriebliche Notwendigkeit auf 5:00 Uhr festlegt und die Kindertagesstätte erst um 6:00 Uhr öffnet. Gleiches gilt, wenn im Fall der Aufteilung der Arbeitszeit die Wegezeit des Arbeitnehmers außer Verhältnis zur Arbeitszeit stehen würde. Dies wäre etwa dann der Fall, wenn bei einer Arbeitszeit von 4 x 2 Stunden jeweils eine Wegezeit von mehr als 30 Minuten anfallen würde. **Einschränkungen des Direktionsrechts** des Arbeitgebers in Bezug auf die Lage und die Dauer der Arbeitszeit können sich auch aus arbeitsvertraglichen, betrieblichen und tariflichen Regelungen ergeben. Soweit auf betrieblicher Ebene bezüglich der Lage der Arbeitszeit kollektive Regelungen getroffen werden sollen, greift das Mitbestimmungsrecht des Betriebsrates aus § 87 Abs. 1 Nr. 2 BetrVG ein.[25] 15

Zu beachten ist, dass Arbeitszeiten aus **nebeneinander bestehenden Arbeitsverhältnissen** nach § 2 Abs. 1 ArbZG zusammengerechnet werden. Damit darf die Grenze von acht Stunden täglich auch dann nicht überschritten werden, wenn der Arbeitnehmer über mehrere parallel bestehende Arbeitsverhältnisse verfügt. So kann zB ein Arbeitnehmer, der in Vollzeit bei einem Arbeitgeber bereits acht Stunden am Tag arbeitet, grundsätzlich keiner weiteren Beschäftigung bei einem anderen Arbeitgeber nachgehen, da sonst die höchstzulässige Arbeitszeit überschritten wäre. 16

b) Wochenarbeitszeit/Jahresarbeitszeit. Eine Regelung der Wochenarbeitszeit erfolgt durch § 3 ArbZG nicht ausdrücklich. Insoweit unterscheidet sich dieser von der RL 2003/88/EG und einigen nationalen Vorschriften, wie etwa § 8 JArbSchG. So begrenzt Art. 6 Buchst. b RL 2003/88/EG die wöchentliche Arbeitszeit auf durchschnittlich 48 Stunden. § 8 JArbSchG bestimmt iVm § 15 JArbSchG wiederum, dass die Arbeitszeit von Jugendlichen in der für sie geltenden Fünf-Tage-Woche 40 Stunden nicht überschreiten darf. Allerdings ergibt sich auch nach § 3 ArbZG zumindest mittelbar eine wöchentliche Höchstarbeitszeit. Diese folgt aus der werktäglichen Höchstarbeitszeit von acht Stunden in Verbindung mit der sich aus dem Begriff des Werktages ergebenden Sechs-Tage-Woche zu maximal 48 Stunden.[26] Durch Multiplikation der täglichen Höchstarbeitszeit mit der von dem konkreten Arbeitnehmer pro Jahr geschulde- 17

---

[22] Baeck/Deutsch ArbZG § 3 Rn. 19. [23] LAG Köln 15.6.2009 – 5 Sa 179/09, AuR 2010, 43 = LAGE § 106 GewO 2003 Nr. 7. [24] Nebe, jurisPR-ArbR 36/2009 Anm. 1 zu LAG Rostock 26.11.2008 – 2 Sa 217/08, STREIT 2009, 21. [25] Zur Errichtung einer Einigungsstelle und zum Einigungsstellenverfahren DKKW/Klebe BetrVG § 76 Rn. 15 ff., 47 ff.; Richardi/Richardi BetrVG § 87 Rn. 964 ff. [26] HK-ArbZR/Jerchel ArbZG § 3 Rn. 9; Schliemann ArbZG § 3 Rn. 19; Baeck/Deutsch ArbZG § 3 Rn. 22.

ten Anzahl der Arbeitstage gelangt man zu der für ihn maximal jährlich zulässigen Arbeitszeit.

18 Die Wochenarbeitszeit ist häufig Gegenstand **tariflicher Regelungen**. Die in diesen festgelegten wöchentlichen Höchstarbeitszeiten unterscheiden sich je nach Branche und Region teilweise erheblich.[27] So sind diese in den Tarifgebieten Ostdeutschlands meist höher als in denen Westdeutschlands. Auch liegt zB die tarifliche Wochenarbeitszeit in der Metall- und Elektroindustrie Westdeutschlands mit 35 Stunden unter der im westdeutschen Einzelhandel mit 37,5 Stunden. Auf der anderen Seite ist zu beachten, dass unter Nutzung von § 7 ArbZG auch Tarifverträge vereinbart worden sind, in denen die Arbeitszeit der Arbeitnehmer deutlich verlängert worden ist (zu den Voraussetzungen → ArbZG § 7 Rn. 36 ff.).

IV. Verlängerung der Arbeitszeit nach § 3 S. 2 ArbZG

19 § 3 S. 2 ArbZG ermöglicht eine Ausdehnung der werktäglichen Arbeitszeit auf bis zu zehn Stunden. Diese Grenze darf nur in den begrenzten Ausnahmefällen des § 7 Abs. 1 Nr. 1 Buchst. a ArbZG oder der §§ 14, 15 ArbZG überschritten werden. Mit der Zulassung von Arbeitszeitverlängerungen wird der in § 1 Nr. 1 ArbZG genannten Zielsetzung des ArbZG einer Verbesserung der Rahmenbedingungen für flexible Arbeitszeiten Rechnung getragen, indem die Vorschrift den Arbeitgebern die Möglichkeit einräumt, flexible Arbeitszeitmodelle zu praktizieren.[28] Insbesondere können damit Gleitzeit (→ ArbZG § 1 Rn. 21 ff.) und Arbeitszeitkonten (→ ArbZG § 1 Rn. 25 ff.) eingeführt werden. Zudem ermöglicht die Regelung die Anordnung von Überstunden. Aus dem Umstand, dass die Arbeitszeitverlängerung durch das Gesetz ausdrücklich zugelassen wird, ergibt sich allerdings, dass diese im Verhältnis zur Regelarbeitszeit Ausnahmecharakter besitzt.[29] Wegen der Verweisung in § 11 Abs. 2 ArbZG besteht die Möglichkeit verlängerter Arbeitszeiten auch im Fall von Sonn- oder Feiertagsarbeit.

20 **1. Zehn-Stunden-Grenze.** Für eine Arbeitszeitverlängerung auf bis zu zehn Stunden bedarf es keines besonderen Grundes.[30] Vielmehr kann eine solche aus jedem Anlass erfolgen. Auch muss dabei der Zeitraum von zwei zusätzlichen Stunden nicht voll ausgeschöpft werden. Dass es sich bei der Grenze des S. 2 um eine **nicht überschreitbare Obergrenze** handelt, ergibt sich aus dem Wortlaut der Regelung, die davon spricht, dass die Arbeitszeit auf „bis" zu zehn Stunden verlängert werden kann. Insofern kann die Arbeitszeitverlängerung jeden Zeitraum bis zu dieser Stundenzahl umfassen. Wird die Verlängerungsoption vollständig in Anspruch genommen, ergibt sich bei einer Sechs-Tage-Woche mithin **kurzfristig eine maximale wöchentliche Arbeitszeit von 60 Stunden**.

21 Vor dem Hintergrund der von einer verlängerten täglichen Arbeitszeit ausgehenden Gesundheitsbelastungen darf die Obergrenze des § 3 S. 2 ArbZG insbesondere auch für **Teilzeitkräfte**, die mit verringerter wöchentlicher Arbeitszeit beschäftigt werden, nicht überschritten werden. Ihre Arbeitszeit kann daher nicht unter Überschreitung der Obergrenze des S. 2 auf wenige Wochentage konzentriert werden. Insoweit würde eine Regelung, bei der die wöchentliche Arbeitszeit von 25 Stunden auf lediglich zwei Tage verteilt wäre, gegen § 3 S. 2 ArbZG verstoßen. Zulässig ist es hingegen, Vollzeitkräfte mit einer wöchentlichen Arbeitszeit von 40 Stunden im Rahmen einer Vier-Tage-Woche zu beschäftigen, wenn die tägliche Arbeitszeit zehn Stunden nicht überschreitet und ein Ausgleich im Ausgleichszeitraum erfolgt.

22 Zu beachten ist, dass die auf § 3. S. 2 ArbZG gestützte Verlängerung der Arbeitszeit grundsätzlich **keine Mehrarbeit** darstellt,[31] da die entsprechenden Regelungen der AZO nicht ins ArbZG übernommen wurden. Diese Sichtweise entspricht dem Überstundenbegriff des BAG, nach dem solche nur bei einer vorübergehenden Überschrei-

---

[27] Überblick in: WSI-Tarifarchiv, Statisches Taschenbuch Tarifpolitik 2016, Pkt. 3.1., 3.2. und 5. [28] BAG 18.4.2012 – 5 AZR 195/11, NZA 2012, 796 (797). [29] Anzinger/Koberski ArbZG § 3 Rn. 59. [30] Neumann/Biebl ArbZG § 3 Rn. 5; Schliemann ArbZG § 3 Rn. 25; Anzinger BB 1994, 1492 (1493). [31] Buschmann/Ulber ArbZG § 3 Rn. 12.

tung der individuellen regelmäßigen Arbeitszeit des Arbeitnehmers vorliegen.[32] Eine solche Überschreitung ist angesichts der bei einer verlängerten Arbeitszeit für den Arbeitgeber bestehenden Ausgleichspflicht jedoch gerade nicht gegeben. Insofern besteht für diese Zeiten kein Anspruch auf eine Mehrarbeitsvergütung. Anderes kann sich allerdings aus kollektiven oder individualvertraglichen Regelungen ergeben.

2. Ausgleichszeiträume. a) Allgemeines. Vor dem Hintergrund arbeitsmedizinisch erwiesener gesundheitlicher Risiken von auf Dauer verlängerten Arbeitszeiten ist die Arbeitszeitverlängerung in § 3 S. 2 ArbZG begrenzt worden. Danach darf die Arbeitszeit auf bis zu zehn Stunden täglich nur dann ausgedehnt werden, wenn innerhalb eines Ausgleichszeitraumes von 24 Wochen bzw. sechs Monaten ein Durchschnitt von acht Stunden täglich erreicht wird. Welcher Ausgleichszeitraum angewendet wird, bleibt die Entscheidung des Arbeitgebers. Besteht ein Betriebsrat, hat dieser insoweit ein **Mitbestimmungsrecht nach § 87 Abs. 1 Nr. 2 BetrVG**.[33] Dieses bezieht sich nicht nur auf die erstmalige Festlegung des Ausgleichszeitraumes, sondern auch auf dessen Veränderung. 23

Der Ausgleichszeitraum ist **für jeden Arbeitnehmer gesondert** nach dem Beginn der jeweiligen Arbeitszeitverlängerung zu bestimmen.[34] Einheitliche Regelungen sind insoweit möglich, als die Arbeitszeiten für den gesamten Betrieb oder eine Gruppe von Arbeitnehmern (zB eine Abteilung) übereinstimmend verlängert werden. Allerdings kann in einem solchen Fall keine gegenseitige Verrechnung der verlängerten Arbeitszeit und Ausgleichszeiten erfolgen. 24

Nach einhelliger Meinung muss der Arbeitgeber sich nicht für einen der im Gesetz vorgegebenen Ausgleichszeiträume entscheiden.[35] Deren unterschiedliche Ausgestaltung soll lediglich die Abrechnung bei Anwendung der verlängerten Arbeitszeit erleichtern. Die Arbeitgeber sollen in Abhängigkeit vom jeweils praktizierten Modell der Zeiterfassung 24 Wochen oder sechs Monate als Ausgleichszeitraum wählen können. Insoweit stellt es keinen Verstoß dar, wenn ein Arbeitgeber einen Ausgleichszeitraum von 24 Wochen anwendet, der (endgültige) Ausgleich der zusätzlichen Arbeitszeit aber erst in der Woche nach dem Ablauf dieser Zeit, aber vor dem Ablauf von sechs Monaten erfolgt.[36] Ein solcher Wechsel muss allerdings auch betriebsverfassungsrechtlich legitimiert sein. 25

Bei den in § 3 S. 2 ArbZG genannten Ausgleichszeiträumen handelt es sich um zeitliche **Obergrenzen**. Dies ergibt sich bereits aus dem Wortlaut der Vorschrift, nach dem die Arbeitszeitverlängerung „innerhalb" der genannten Zeitspannen auszugleichen ist. Arbeitgeber und Betriebsrat sind dadurch nicht gehindert, auch **kürzere Ausgleichszeiträume** als in § 3 S. 2 ArbZG angegeben zu wählen.[37] Da in diesem Fall für die Arbeitnehmer ein schnellerer Ausgleich der durch die Arbeitszeitverlängerung entstandenen Belastungen erfolgt, sind kürzere Ausgleichszeiträume für diese zudem günstiger. Eine **Überschreitung** der Ausgleichszeiträume kommt nur unter den Voraussetzungen des § 7 Abs. 1 Nr. 1 Buchst. b ArbZG in Betracht (→ ArbZG § 7 Rn. 53 f.).[38] Überschreitungen der tatsächlich festgelegten Ausgleichszeiträume sind bis zu den Grenzen des § 3 S. 2 ArbZG zulässig.[39] 26

Auch wenn sich der Arbeitgeber bzw. die Betriebsparteien für einen Ausgleichszeitraum entschieden haben, ist es möglich, **zwischen den Ausgleichszeiträumen** zu **wechseln**. Voraussetzung hierfür ist allerdings, dass die verlängerte Arbeitszeit in dem früheren Ausgleichszeitraum bereits vollständig ausgeglichen ist.[40] Insofern kann ein Arbeitgeber, der bei einem Ausgleichszeitraum von sechs Monaten zwei Wochen täglich eine 27

---

32 BAG 26.6.2002 – 5 AZR 592/00, DB 2002, 243; BAG 19.5.2009 – 9 AZR 145/08, ZTR 2009, 487 (488). **33** Baeck/Deutsch ArbZG § 3 Rn. 55; Buschmann/Ulber ArbZG § 3 Rn. 15; Anzinger/Koberski ArbZG § 3 Rn. 34, 83; Kohte in: FS Wißmann, S. 331, 336. **34** Schliemann ArbZG § 3 Rn. 71 f.; Dobberahn Rn. 30. **35** Neumann/Biebl ArbZG § 3 Rn. 8; ErfK/Wank ArbZG § 3 Rn. 8. **36** Neumann/Biebl ArbZG § 3 Rn. 8. **37** Schliemann ArbZG § 3 Rn. 74; Anzinger/Koberski ArbZG § 3 Rn. 35; Zmarzlik BB 1993, 2009 (2011). **38** Schliemann ArbZG § 3 Rn. 74; Anzinger/Koberski ArbZG § 3 Rn. 36; Zmarzlik BB 1993, 2009 (2011). **39** Schliemann ArbZG § 3 Rn. 74. **40** Anzinger/Koberski ArbZG § 3 Rn. 28; ErfK/Wank ArbZG § 3 Rn. 8; Dobberahn Rn. 29.

Stunde mehr arbeiten lässt und diese Zeit in der dritten Woche durch eine entsprechend verkürzte Arbeitszeit ausgeglichen hat, bereits in der vierten Woche zu einem Ausgleichszeitraum von 24 Wochen wechseln und muss für den Wechsel nicht die gesamten sechs Monate abwarten. Allerdings kann die folgende Ausgleichszeit durch den zuvor nicht verbrauchten Ausgleichszeitraum nicht verlängert werden, es sei denn, eine tarifliche Regelung gestattet dies.[41] Auch eine Übertragung von verlängerter Ausgleichszeit in einen anderen Ausgleichszeitraum ist nicht möglich.

28 Die Festlegung des Ausgleichszeitraums ist **nicht an das Kalenderjahr gebunden**.[42] Vielmehr kann dieser auch über einen Jahreswechsel hinausreichen. Zur Sicherstellung seines gesundheitsschützenden Zwecks ist lediglich erforderlich, dass die sechs Monate bzw. 24 Wochen zusammenhängend sind. Auch muss der Ausgleich innerhalb des gewählten Zeitraumes nicht gleichmäßig erfolgen. Die im Rahmen des Ausgleichszeitraumes zu gewährende Freizeit kann zB in vollständig freie Tage oder Wochen zusammengefasst werden. Insoweit können innerhalb dieser Phasen auch Freizeitblöcke vorgesehen sein.

29 Die Vorschrift des § 3 S. 2 ArbZG über den Ausgleich verlängerter Arbeitszeiten steht als **zwingendes Gesetzesrecht** nicht zur Disposition der Arbeitsvertragsparteien. Dies folgt aus deren Wortlaut, in dem es unmissverständlich heißt, dass eine Arbeitszeitverlängerung nur zulässig ist, wenn die Zeiten innerhalb der Fristen ausgeglichen „werden". Im Übrigen wäre eine Dispositivität des Ausgleichs auch nicht mit dem Gesundheitsschutz der Arbeitnehmer vereinbar. Dieser kann nur gewährleistet werden, wenn der Arbeitnehmer die mit der Arbeitszeitverlängerung einhergehenden physischen und psychischen Belastungen während der real zu gewährenden Freizeit auch kompensieren kann. Daher sind Vereinbarungen, mit denen sich der Arbeitnehmer die ihm nach § 3 S. 2 ArbZG zustehende Freizeit praktisch „abkaufen" lässt, nach § 134 BGB unwirksam. Aus diesem Grund kommt auch eine Verlängerung ohne Ausgleichszeitraum durch tarifliche Regelungen iSv § 7 Abs. 1 ArbZG nicht in Betracht.[43]

30 **b) Verhältnis zum Unionsrecht.** Die Vereinbarkeit der Ausgleichszeiträume mit den Vorgaben des Unionsrechts ist an Art. 16 Buchst. b RL 2003/88/EG zu messen, der für den Ausgleich verlängerter Wochenarbeitszeiten lediglich einen Zeitraum von maximal vier Monaten vorsieht. Daher wird im Schrifttum in den Ausgleichszeiträumen des § 3 S. 2 ArbZG zu Recht ein **Verstoß gegen das Unionsrecht** gesehen und eine entsprechende Anpassung der Vorschrift gefordert.[44] Dem steht auch nicht Art. 19 Abs. 1 RL 2003/88/EG entgegen, da dieser sich nach seinem Wortlaut ausdrücklich nur auf Ausnahmeregelungen des Art. 17 Abs. 2 bzw. Abs. 3 der Richtlinie bezieht, die Abweichungen lediglich für bestimmte Tätigkeiten und im Rahmen von Kollektivvereinbarungen gestatten. Insoweit räumt die Vorschrift den Mitgliedstaaten gerade keine generelle Verlängerungsmöglichkeit des Ausgleichszeitraumes ein, sondern beschränkt deren Regelungsbefugnis in diesem Bereich auf die ausdrücklich genannten Fallkonstellationen.[45] Derartige Einschränkungen enthält § 3 S. 2 ArbZG jedoch gerade nicht. Daher hat die **Kommission** in ihrem Bericht (COM [2010] 802) zur Umsetzung der Arbeitszeit-RL diese Norm als **richtlinienwidrig** qualifiziert.[46]

31 Aufgrund ihrer Unionsrechtswidrigkeit können die Ausgleichszeiträume von sechs Monaten bzw. 24 Wochen im innerstaatlichen Recht **keine Anwendung** finden. Diese sind vielmehr durch die entsprechenden Regelungen der RL 2003/88/EG zu ersetzen. Indem Art. 16 Buchst. b RL 2003/88/EG den Ausgleichszeitraum auf maximal vier Monaten begrenzt, ordnet er eine klar erkennbare Rechtsfolge an und gewährt dem Einzelnen damit eine hinreichend konkrete individuelle Rechtsposition, so dass – ebenso wie bei

---

41 Baeck/Deutsch ArbZG § 3 Rn. 46. **42** ErfK/Wank ArbZG § 3 Rn. 8; Baeck/Deutsch ArbZG § 3 Rn. 29. **43** BAG 24.1.2006 – 1 ABR 6/05, NZA 2006, 862 (866). **44** Buschmann/Ulber ArbZG § 3 Rn. 16; Ende AuR 1997, 137 (138); Schliemann ArbZG § 3 Rn. 30; ders. NZA 2004, 513 (516); HK-ArbZR/Jerchel ArbZG § 3 Rn. 30; ErfK/Wank ArbZG § 3 Rn. 7; Kohte in: FS Wißmann, S. 331, 335 f.; Zwanziger DB 2007, 1356 (1357). **45** Vgl. EuGH 19.11.1991 – C-9/90, NJW 1992, 165 (Francovich); EuGH 9.9.2003 – C-151/02, NZA 2003, 1019 (Jaeger). **46** Auszüge aus dem Kommissionsbericht in AuR 2011, 105.

Art. 6 Buchst. b der Richtlinie[47] – eine unmittelbare Anwendung im nationalen Recht möglich ist.[48] Soweit es sich um Arbeitsverhältnisse im **öffentlichen Dienst** handelt, bereitet diese keinerlei Probleme, da der Staat als Adressat der Richtlinie selbst unmittelbar an diese gebunden ist.[49] Hinsichtlich der unmittelbaren Geltung von Art. 16 Buchst. b RL 2003/88/EG bei Arbeitsverhältnissen mit **privaten Arbeitgebern** ist dagegen zu unterscheiden. Soweit der Staat selbst als privater Arbeitgeber auftritt – zB in Form einer stadteigenen GmbH – bleibt er auch als privater Arbeitgeber der Staat und als solcher an die Richtlinie gebunden. Hierfür reicht es bereits aus, wenn sich ein Unternehmen nur überwiegend im Eigentum des Staates befindet.[50] Für rein private Arbeitgeber lehnt der Europäische Gerichtshof eine unmittelbare Geltung von Richtlinien dagegen bisher ab und verweist die Beteiligten auf das Gebot unionsrechtskonformer Auslegung.[51] Diese ist zB geboten bei der Kontrolle der Ermessensausübung einer Einigungsstelle (→ Rn. 51).

3. Ausgleichszeitraum von sechs Monaten. Neben der Vereinbarkeit der Ausgleichszeiträume in § 3 S. 2 ArbZG mit dem Unionsrecht ist zudem umstritten, ob mit dem Ausgleichszeitraum von sechs Monaten „Kalendermonate"[52] vom ersten bis zum letzten Tag des Monats **oder** „Zeitmonate",[53] die an jedem Kalendertag beginnen und enden können, gemeint sind. Bedeutung erlangt diese Unterscheidung hinsichtlich der Gesamtdauer des Ausgleichszeitraumes. Folgt man der zweiten Auffassung, endet dieser genau mit dem Tag sechs Monate nach dem Beginn der Arbeitszeitverlängerung. Wird die Arbeitszeit zB am 15.3. erstmalig verlängert, endet der Ausgleichszeitraum mit Ablauf des 15.9. Nach der ersten Meinung würde dieser hingegen bis zum 30.9. dauern (Berechnung → Rn. 36). 32

Für die Auffassung, die den sechsmonatigen Ausgleichszeitraum auf Kalendermonate beziehen will, scheint zunächst der Wortlaut des § 3 S. 2 ArbZG zu sprechen. Allerdings führt diese Interpretation dazu, dass sich der Ausgleichszeitraum im Extremfall auf nahezu sieben Monate verlängern könnte. Darüber hinaus wäre die Länge des konkreten Ausgleichszeitraumes im Einzelfall jeweils abhängig davon, wann dieser beginnt.[54] Trotz der ausweislich der Gesetzesbegründung mit der Regelung angestrebten Arbeitszeitflexibilität kann aber nicht angenommen werden, dass der Gesetzgeber in der betrieblichen Praxis diesbezüglich einen „Flickenteppich" beabsichtigt hat. Vielmehr wird es ihm darum gegangen sein, bezüglich der Dauer des Ausgleichszeitraumes eine einheitliche, für den Arbeitgeber abrechnungstechnisch leicht handhabbare Frist von sechs Monaten festzulegen. Zudem spricht auch die am Gesundheitsschutz der Arbeitnehmer ausgerichtete Intention des ArbZG für die Bemessung des Ausgleichszeitraumes nach Zeitmonaten, da in diesem Fall Arbeitszeitverlängerungen zwingend spätestens nach sechs Monaten ausgeglichen sein müssen. Im Übrigen erscheint die Annahme von Kalendermonaten auch im Hinblick auf den Ausgleichszeitraum von 24 Wochen fragwürdig, da es bei diesem gerade nicht um Kalenderwochen geht und für die unterschiedlichen Bezugsgrößen der Ausgleichszeiträume kein sachlicher Grund ersichtlich ist. Nach alledem ist davon auszugehen, dass dem Gesetzgeber bei der Wortwahl „Kalendermonate" ein Irrtum unterlaufen ist und sich auch der sechsmonatige Ausgleichszeitraum tatsächlich auf Zeitmonate bezieht.[55] Diese Auslegung entspricht auch dem Gebot der unionsrechtskonformen Auslegung. 33

4. Ausgleichszeitraum von 24 Wochen. Der Ausgleichszeitraum von 24 Wochen wirft weniger Fragen auf als der von sechs Monaten. Zum einen spricht das Gesetz hier 34

---

47 EuGH 14.10.2010 – C-243/09, NZA 2010, 1344, 1346 (Fuß I). **48** EuGH 26.2.1986 – C-152/84 (Marshall); EuGH 19.11.1991 – C-6/90, C-9/90, NJW 1992, 165 (Francovich); EuGH 24.1.2012 – C-282/10, NZA 2012, 139 (Dominguez); ErfK/Wißmann AEUV Rn. 24. **49** Dazu Ende AuR 1997, 137 (139); HK-ArbZR/Jerchel ArbZG § 3 Rn. 31. **50** Vgl. EuGH 12.7.1990 – C-188/89, DB 1990, 2428 (Foster). **51** EuGH 14.7.1994 – C-91/92, NJW 1994, 2473 (Dori/Recreb); dagegen Steindorf in: FS Everling, S. 1455, 1460 ff. **52** So Baeck/Deutsch ArbZG § 3 Rn. 28; Buschmann/Ulber ArbZG § 3 Rn. 9; Anzinger/Koberski ArbZG § 3 Rn. 29. **53** So Schliemann ArbZG § 3 Rn. 32 ff. **54** Ausführlich Schliemann ArbZG § 3 Rn. 38; Roggendorff ArbZG § 3 Rn. 13. **55** Ausführlich Schliemann ArbZG § 3 Rn. 32; zustimmend Neumann/Biebl ArbZG § 3 Rn. 8.

nicht von Kalenderwochen, sondern lediglich von „Wochen". Somit bezieht sich der Ausgleichszeitraum nicht auf eine feststehende Woche von Montag bis Sonntag, sondern kann jeden Zeitraum von **sieben aufeinander folgenden Tagen** umfassen.[56] Dieser kann daher auch an einem Tag in der Kalenderwoche beginnen. Maßgeblich ist insoweit allein der Tag, an dem die Verlängerung der Arbeitszeit beginnt.

35 Die Ausgleichszeiträume von sechs Monaten bzw. 24 Wochen müssen grundsätzlich **zusammenhängende Monate bzw. Wochen** umfassen. Eine zeitliche Verschiebung oder Aufteilung der Zeiten verbietet der Wortlaut des § 3 S. 2 ArbZG, wonach der Ausgleich „innerhalb" von 24 Wochen erfolgen muss. Maßgeblich ist mithin auch hier der Beginn der Verlängerung der Arbeitszeit.

36 **5. Lage des Ausgleichszeitraumes. a) Beginn und Ende des Ausgleichszeitraumes.** Für den Beginn der Ausgleichszeiträume gilt § 187 Abs. 1 BGB.[57] Danach kommt es für den Fristbeginn zunächst auf den Tag an, an dem die werktägliche Höchstarbeitszeit von acht Stunden überschritten wird. Dieser Tag zählt bei der Fristberechnung allerdings nicht mit, so dass die Ausgleichszeiträume erst am darauf folgenden Tag beginnen. Sie enden mit dem Tag sechs Monate bzw. 24 Wochen nach diesem um 0:00 Uhr. Wird also die Arbeitszeit am 5.3. überschritten, beginnt der jeweilige Zeitraum am 6.3. und endet bei einem sechsmonatigen Ausgleichszeitraum am 6.9. um 0:00 Uhr bzw. einem 24-wöchigen Ausgleichszeitraum am 20.8. um 0:00 Uhr.

37 **b) Kein Ausgleich vor der Arbeitszeitverlängerung.** Nach überwiegender Auffassung soll die Möglichkeit bestehen, die **Ausgleichszeit vor die Arbeitszeitverlängerung** zu legen.[58] Danach könnten Arbeitgeber Arbeitszeitmodelle praktizieren, bei denen Tage mit verkürzter Arbeitszeit vor denen mit einer nach § 3 S. 2 ArbZG verlängerten Arbeitszeit liegen. Als Begründung hierfür werden der Wortlaut und der Sinn der Regelung angeführt.[59] Insofern spräche insbesondere die gesetzliche Zielsetzung einer Arbeitszeitflexibilisierung für die Zulässigkeit einer solchen Praxis. Eine Beschränkung des Ausgleichszeitraumes allein auf einen nachträglichen Ausgleich würde dem zuwiderlaufen, da eine langfristige vorausschauende Planung erschwert würde. Zudem würde die Vorschrift des § 3 S. 2 ArbZG insoweit hinter der Vorgängerregelung der AZO zurückbleiben. Außerdem habe die noch im Regierungsentwurf enthaltene Formulierung, die vorsah, dass ein Ausgleich in den „folgenden" sechs Kalendermonaten bzw. 24 Wochen erfolgen muss, keinen Eingang in die endgültige Fassung der Regelung gefunden.

38 Dem ist zunächst entgegenzuhalten, dass der Wortlaut der Norm letztlich keinen endgültigen Aufschluss über die Lage des Ausgleichszeitraumes gibt, da § 3 S. 2 ArbZG hierzu keine Aussage enthält. Soweit die gegenteilige Auffassung insoweit auf den Sinn und Zweck der Regelung abstellen will, greift der Hinweis auf die angestrebte Verbesserung der Rahmenbedingungen für flexible Arbeitszeitgestaltungen zu kurz. Ausweislich § 1 Nr. 1 ArbZG zielt das ArbZG gerade nicht nur auf eine Flexibilisierung der Arbeitszeit, sondern – und dies ist das vordringliche Gesetzesziel (→ ArbZG § 1 Rn. 54 ff.) – auf die Sicherheit und die Gesundheit der Arbeitnehmer. Dass diese Zielsetzung von übergeordneter Bedeutung ist, ergibt sich nicht nur aus dem Wortlaut des § 1 Nr. 1 ArbZG, in dem die Sicherheit und der Gesundheitsschutz an erster Stelle genannt werden. Vielmehr spricht auch die allgemeine Gesetzesbegründung davon, dass das Gesetz den öffentlich-rechtlichen Arbeitsschutz neu regeln soll. Dazu soll – wie zuvor – die Gesundheit der Arbeitnehmer ua durch die Begrenzung der höchstzulässigen täglichen Arbeitszeit geschützt werden.[60] Ebenso wird unter dieser Überschrift die „Arbeitszeit" gerade nicht nur im Hinblick auf die Verbesserung der Rahmenbedingungen für flexible Arbeitszeiten angesprochen. Vielmehr stellt die Gesetzesbegründung auch

---

56 Anzinger/Koberski ArbZG § 3 Rn. 31; Baeck/Deutsch ArbZG § 3 Rn. 30; HK-ArbZR/Jerchel ArbZG § 3 Rn. 22. **57** Vgl. ausführlich Schliemann ArbZG § 3 Rn. 42 ff. **58** Anzinger/Koberski ArbZG § 3 Rn. 33; Schliemann ArbZG § 3 Rn. 54 ff.; ErfK/Wank ArbZG § 3 Rn. 9; Baeck/Deutsch ArbZG § 3 Rn. 35; Neumann/Biebl ArbZG § 3 Rn. 9; Dobberahn Rn. 32; Junker ZfA 1998, 105 (114). **59** Schliemann ArbZG § 3 Rn. 55 f.; ErfK/Wank ArbZG § 3 Rn. 9; Baeck/Deutsch ArbZG § 3 Rn. 35; Neumann/Biebl ArbZG § 3 Rn. 9. **60** BT-Drs. 12/5888, 19.

hier einen unmittelbaren Zusammenhang zu einem **wirksamen und praktikablen Gesundheitsschutz** her.[61] Mithin kann kein Zweifel daran bestehen, dass eine Bestimmung des Regelungsgehalts des § 3 S. 2 ArbZG stets auch unter angemessener Berücksichtigung von Arbeitsschutz und Gesundheit der Arbeitnehmer zu erfolgen hat.

Vor diesem Hintergrund muss auch die Frage nach der Lage des Ausgleichszeitraumes beantwortet werden. In diesem Zusammenhang weisen *Buschmann/Ulber* und *Roggendorff* zu Recht darauf hin, dass eine Aneinanderreihung zweier Ausgleichszeiträume eine wöchentliche Arbeitszeit von 60 Stunden über einen Zeitraum von neun Monaten hinweg erlauben würde.[62] Eine solche, in hohem Maß gesundheitsgefährdende Belastung hat der Gesetzgeber jedoch angesichts des von ihm stets in den Mittelpunkt gestellten Schutzanspruches des Arbeitszeitrechts mit Schaffung der Ausgleichszeiträume keinesfalls beabsichtigt. Vielmehr geht dieser insgesamt davon aus, dass eine Arbeitszeit von 48 Stunden pro Woche im Durchschnitt von sechs Monaten bzw. 24 Wochen aus arbeitswissenschaftlicher Sicht (gerade noch) vertretbar ist. Das Vorschalten von Ausgleichszeiten würde jedoch dazu führen, dass größere Zeiträume mit verlängerten Arbeitszeiten in Verbindung mit kürzeren Zeiten nachgeschalteter Ausgleichszeiten entstünden. Hieraus wird zu Recht geschlossen, dass dieser Zeitraum weder vor- noch zurückgerechnet werden darf. Schließlich sprechen auch **praktische Erwägungen** gegen eine „vorgeschaltete" Ausgleichszeit. Da der Arbeitgeber den zukünftigen Arbeitsanfall in aller Regel nur sehr ungenau bestimmen kann, würde er den vorzuschaltenden Ausgleichszeitraum ebenfalls nicht genau festlegen können. Sollte dieser letztlich dann nicht ausreichend sein, würde dies zu einer Arbeitszeitverlängerung ohne Ausgleich führen. Ein solcher bildet jedoch gerade die Voraussetzung dafür, dass die Arbeitszeit überhaupt verlängert werden darf.

c) Praktische Umsetzung des Ausgleichs. Im Hinblick auf die praktische Durchführung des Zeitausgleichs enthält § 3 ArbZG nur marginale Vorgaben. Dieser legt lediglich fest, dass er so zu erfolgen hat, dass innerhalb des jeweiligen Ausgleichszeitraumes ein Durchschnitt von acht Stunden werktäglich nicht überschritten wird. Ausgangspunkt der Berechnungen ist die Summe der geleisteten Arbeitszeit. Diese ist durch die Anzahl der im jeweiligen Ausgleichszeitraum anfallenden Werktage zu teilen. Werktage sind auch hier die Tage von Montag bis Samstag exklusive der gesetzlichen Feiertage.[63] Dabei spielt es keine Rolle, ob der jeweilige Tag für den Arbeitnehmer selbst oder den Betrieb ein Arbeitstag ist.[64] Daher zählt zB der Samstag auch dann als Ausgleichstag, wenn im Betrieb lediglich eine Fünf-Tage-Woche (Montag bis Freitag) praktiziert wird. Gleiches gilt, wenn der Arbeitnehmer eine individuelle Arbeitswoche von vier Tagen (Montag bis Donnerstag) hat. In diesem Fall stellen auch die ansonsten arbeitsfreien Werktage – hier Freitag und Samstag – Ausgleichszeit dar, sofern sie keine gesetzlichen Feiertage sind. Der sich aus der obigen Berechnung ergebende Wert darf acht Stunden nicht überschreiten.

In den Ausgleichszeitraum fallende **Krankheits- bzw. Urlaubstage** führen nach überwiegender Auffassung nicht zu einem Ausgleich der zuvor verlängerten Arbeitszeit.[65] Sie können daher nicht als Ausgleichstage herangezogen werden. Diese Tage gelten mithin als Arbeitstag mit der üblicherweise anfallenden Arbeitszeit.[66] Dies gilt im Übrigen für alle Arten von Urlaub, wie den Erholungsurlaub, den gesetzlichen Zusatzurlaub für Schwerbehinderte und Jugendliche sowie für bezahlten und unbezahlten Sonderurlaub, da auch in diesem Fall für den Arbeitnehmer keine Arbeitsverpflichtung be-

---

61 BT-Drs. 12/5888, 20. **62** Buschmann/Ulber ArbZG § 3 Rn. 18; Roggendorff ArbZG § 3 Rn. 12; Kittner/Zwanziger/Deinert/Schoof/Heuschmid § 26 Rn. 58. **63** AllgM, siehe Neumann/Biebl ArbZG § 3 Rn. 1; HK-ArbZR/Jerchel ArbZG § 3 Rn. 25; Anzinger/Koberski ArbZG § 3 Rn. 38. **64** Anzinger/Koberski ArbZG § 3 Rn. 38. **65** Vgl. LAG Brandenburg 27.5.2005 – 5 Sa 141/04, NZA-RR 2005, 626; Buschmann/Ulber ArbZG § 3 Rn. 10; Anzinger/Koberski ArbZG § 3 Rn. 62 f.; Schliemann ArbZG § 3 Rn. 86; ErfK/Wank ArbZG § 3 Rn. 10; Neumann/Biebl ArbZG § 3 Rn. 10; Anzinger BB 1994, 1492 (1493); Junker ZfA 1998, 105 (112); aA Dobberahn Rn. 31; Baeck/Deutsch ArbZG § 3 Rn. 3 f. **66** HK-ArbZG/Jerchel ArbZG § 3 Rn. 26; aA Erasmy NZA 1994, 105 (107), der lediglich diese Tage mit der tatsächlich anfallenden Arbeitszeit auf die Ausgleichszeit anrechnen will.

steht. Die **Nichtanrechnung von Krankheits- und Urlaubstagen** führt mithin zu einer **Verlängerung des Ausgleichszeitraums** um diese Tage. Gleiches muss für die Arbeitsbefreiung durch den Arbeitgeber an sog **Brückentagen** gelten, da auch an diesen Tagen keine Arbeitspflicht besteht.

42 Unter Berücksichtigung von Art. 16 Buchst. b RL 2003/88/EG wird zudem vertreten, dass der Arbeitgeber Krankheits- bzw. Urlaubstage auch neutral behandeln könne, mit der Folge, dass diese Tage mit acht Stunden auf den Ausgleichszeitraum angerechnet werden könnten.[67] Dies ist jedoch abzulehnen, da diese Tage im Falle ihrer Anrechnung für den Arbeitnehmer gerade nicht neutral wären. Vielmehr muss berücksichtigt werden, dass für die Betroffenen an Krankheits- bzw. Urlaubstagen keine Arbeitsverpflichtung besteht, so dass ein Ausgleich der verlängerten Arbeitszeit im Sinne einer Kompensation dieser durch eine Befreiung von der Arbeitspflicht gar nicht stattfinden kann. Schließlich dienen die Zeiträume in § 3 S. 2 ArbZG dem Ausgleich verlängerter Arbeitszeiten, wohingegen Urlaub bzw. die Arbeitsbefreiung infolge Krankheit der Regeneration der Arbeitskraft bei Einhaltung der üblichen Arbeitszeiten dienen. Vor diesem Hintergrund würde eine Anrechnung dieser Zeiträume den Ausgleichszeitraum verkürzen und letztlich zu einer Erweiterung des arbeitszeitrechtlichen Spielraums für den Arbeitgeber führen, was mit Sinn und Zweck des § 3 S. 2 ArbZG unvereinbar wäre.[68] Zudem spricht letztlich auch Art. 16 Buchst. b RL 2003/88/EG gegen eine Anrechnung dieser Zeit, da die Vorschrift Zeiten des bezahlten Jahresurlaubs und Krankheitszeiten von einer Berücksichtigung ausdrücklich ausschließt. Dieser Grundsatz ist im Zuge der unionsrechtskonformen Auslegung auf das ArbZG, in dem eine solche Regelung fehlt, zu übertragen.

43 Ebenfalls nicht als Ausgleichszeit zählen **Tage anderweitiger Arbeitsbefreiung**, wie etwa die Teilnahme an einem rechtmäßigen Streik oder einer unverschuldeten vorübergehenden Arbeitsverhinderung nach § 616 BGB.[69] Danach werden auch freie Tage wegen der Pflege eines erkrankten Kindes, dem Tod eines nahen Angehörigen oder einer gerichtlichen Ladung nicht auf den Ausgleichszeitraum angerechnet.[70] Nach der hier vertretenen Auffassung würde dies auch für Tage gelten, die ein Elternteil für die Betreuung des Kindes für den Fall aufwenden muss, dass eine Kindertagesstätte bestreikt wird und anderweitige Betreuungsmöglichkeiten nicht bestehen. Auch hierbei handelt es sich – trotz des außerfamiliären Anlasses – um einen in der Person des/der Arbeitnehmer/in liegenden Grund für die Arbeitsverhinderung.[71] Anderes kann lediglich dann gelten, wenn der Streik langfristig angekündigt wurde und es der Arbeitnehmer versäumt hat, sich um alternative Betreuungsmöglichkeiten zu bemühen. Eine Anrechnung dieser Tage auf den Ausgleichszeitraum würde zudem dem Sinn und Zweck der anderweitigen Arbeitsbefreiungen zuwiderlaufen,[72] der gerade nicht in der Erholung und Regeneration der Arbeitskraft besteht.

44 Eine **Anrechnung** von Tagen auf den Ausgleichszeitraum kann allerdings dann erfolgen, wenn der Arbeitnehmer unter Verstoß gegen die Arbeitspflicht unberechtigt der Arbeit fernbleibt.[73] Erfasst sind damit beispielsweise das unentschuldigte Fehlen, aber auch Tage, an denen der Arbeitnehmer an einem rechtswidrigen Streik teilgenommen oder eine Krankheit lediglich vorgetäuscht hat.

45 Die Art und Weise der **Verteilung der innerhalb des Ausgleichszeitraumes** maximal zulässigen Arbeitszeit ist gesetzlich nicht vorgeschrieben. Diesbezüglich bestehen für den Arbeitgeber daher weitreichende Flexibilisierungsmöglichkeiten. Entscheidet er sich zB für einen Ausgleichszeitraum von 24 Wochen, ergibt sich hieraus eine höchstzulässige

---

67 Vgl. Dobberahn Rn. 31; Baeck/Deutsch ArbZG § 3 Rn. 3 f. **68** Vgl. auch HK-ArbZR/Jerchel ArbZG § 3 Rn. 28. **69** Wie hier HK-ArbZR/Jerchel ArbZG § 3 Rn. 28; Buschmann/Ulber ArbZG § 3 Rn. 10; aA Anzinger/Koberski ArbZG § 3 Rn. 62; sowie Schliemann ArbZG § 3 Rn. 90, der insoweit zu Unrecht auf den aus der Sphäre des Arbeitnehmers stammenden Anlass der Arbeitsbefreiung abstellt. **70** Beispiele bei ErfK/Preis BGB § 616 Rn. 4 ff. **71** Diller/Krieger in: FS Leinemann, S. 65, 68 ff. **72** So auch Buschmann/Ulber ArbZG § 3 Rn. 10; Baeck/Deutsch, ArbZG § 3 Rn. 45. **73** Vgl. Anzinger/Koberski ArbZG § 3 Rn. 64; Neumann/Biebl ArbZG § 3 Rn. 10.

Arbeitszeit von 1152 Stunden (24 Wochen x 6 Werktage/Woche x 8 Stunden/Tag).[74] Diese Stundenzahl wäre auf 144 Werktage zu verteilen (24 Wochen x 6 Werktage). Insofern stünde es dem Arbeitgeber frei, etwa an 72 Tagen zehn Stunden arbeiten zu lassen und an den verbleibenden Tagen lediglich sechs Stunden. Denkbar und sowohl aus arbeitsmedizinischer Sicht als auch im Hinblick auf die Interessen der Arbeitnehmer vorzugswürdiger wäre aber wohl die Bildung von Freizeitblöcken, wobei die vorangehenden Phasen mit verlängerter Arbeitszeit nicht übermäßig lang sein dürfen. Insoweit besteht daher für die Betriebsparteien und die Einigungsstelle eine besondere Verantwortung bei der Gestaltung von Betriebsvereinbarungen. In Betracht käme bei einer Fünf-Tage-Woche etwa eine vierwöchige Verlängerung der Arbeitszeit auf zehn Stunden, an die sich eine zusammenhängende Ausgleichsphase von arbeitsfreien fünf Tagen anschließt.

Die Möglichkeit, unter Einhaltung eines Ausgleichszeitraumes die Arbeitszeit auf bis zu zehn Stunden täglich ausdehnen zu können, bietet auch die Möglichkeit einer **ungleichmäßigen Verteilung** der Arbeitszeit auf die Arbeitstage. So kann bei einer 40-Stunden-Woche verteilt auf fünf Tage auch an vier Tagen neun Stunden gearbeitet werden, wenn an dem verbleibenden Tag lediglich vier Stunden gearbeitet wird.

V. Sonderregelungen

Für bestimme Arbeitnehmergruppen gelten spezielle Höchstarbeitszeiten. So dürfen nach § 8 Abs. 1, 2 MuSchG aF, § 4 Abs. 1 MuSchG nF **werdende und stillende Mütter** nicht mit Mehrarbeit beschäftigt werden (→ MuSchG Rn. 34). **Schwerbehinderte und ihnen gleichgestellte Menschen** sind nach § 124 SGB IX auf ihr Verlangen von Mehrarbeit freizustellen. Nach der Rechtsprechung des Bundesarbeitsgerichts orientiert sich der Begriff der Mehrarbeit hier an § 3 ArbZG.[75] Auch **Kinder und Jugendliche** erhalten einen besonderen Schutz vor Überlastungen durch verlängerte Arbeitszeiten (ausführlich → Jugendarbeitsschutz Rn. 46 ff.). Danach dürfen Kinder, die nicht mehr der Vollzeitschulpflicht unterliegen, außerhalb eines Berufsausbildungsverhältnisses maximal sieben Stunden täglich und 35 Stunden wöchentlich beschäftigt werden (§ 7 S. 1 Nr. 2 JArbSchG). Für Jugendliche gelten bis auf die Ausnahme der Nichtarbeit an sog Brückentagen zur Schaffung größerer Freizeitblöcke generell die Grenzen von acht Stunden täglich und 40 Stunden in der Woche (§ 8 JArbSchG).

Weiterhin existieren gesonderte Höchstarbeitszeiten für **Kraftfahrer.** Der auf die EG-VO Nr. 561/2006[76] zurückgehende und durch das Gesetz zur Änderung personenbeförderungsrechtlicher Vorschriften und arbeitszeitrechtlicher Vorschriften für Fahrpersonal[77] eingeführte § 21 a ArbZG legt für Fahrer und Beifahrer in Abs. 4 fest, dass die Arbeitszeit 48 Stunden in der Woche nicht übersteigen darf (→ ArbZG § 21 a Rn. 17 f.). Eine Verlängerung auf bis zu 60 Stunden ist nur unter Beachtung eines Ausgleichszeitraumes von vier Monaten oder 16 Wochen zulässig.[78]

Für im **Einzelhandel** tätige Arbeitnehmer sind zudem die Vorschriften der **Ladenschlussgesetze** der Länder und – wo dieses noch gilt – das Ladenschlussgesetz des Bundes zu beachten. Über die Bestimmung der zulässigen Öffnungszeiten begrenzen diese die Arbeitszeiten der Beschäftigten. Allerdings gestatten die Ladenschlussgesetze vereinzelt zeitlich begrenzt eine Beschäftigung vor und nach der Ladenöffnung zur Erledigung von Vor- bzw. Nachbereitungsarbeiten.[79]

VI. Rechtsdurchsetzung

Arbeitnehmern steht ein individualrechtlicher Anspruch auf Einhaltung des Arbeitszeitrechts zu, den sie als **Erfüllungsanspruch** oder, was praktisch oft vorzuziehen ist, als

---

[74] Weitere Beispiele bei Anzinger/Koberski ArbZG § 3 Rn. 39 ff. [75] BAG 21.11.2006 – 9 AZR 176/06, NZA 2007, 446. [76] ABl. EG L 102/1 v. 11.4.2006. [77] BGBl. I 2006, 1962 ff. [78] Neumann/Biebl ArbZG § 21 a Rn. 7. [79] Vgl. zB § 13 Abs. 1 LadenöffG Rheinland-Pfalz vom 21.11.2006, GVBl. 2006, 351.

Unterlassungsanspruch geltend machen können.[80] In der Gerichtspraxis werden bei Streitigkeiten über die Auslegung der Arbeitszeitvorschriften auch **Feststellungsklagen** akzeptiert.[81] Vereinbarungen, die gegen § 3 ArbZG verstoßen, sind nach § 134 BGB rechtsunwirksam;[82] eine Nichtleistung unzulässiger Arbeitszeit kann daher auch keine Pflichtverletzung sein, so dass eine verhaltensbedingte Kündigung in solchen Fällen ausgeschlossen ist.[83] Im Fall der Unwirksamkeit einer Arbeitszeitabrede bleibt der Arbeitsvertrag in der Regel im Übrigen wirksam und ist entsprechend anzupassen.[84] Haben Arbeitnehmer verbotswidrige Mehrarbeit geleistet, so ist diese gleichwohl mit dem üblichen Arbeitsentgelt zu vergüten.[85] Formulararbeitsverträge werden so ausgelegt, dass sich unzulässige Arbeitszeitbestimmungen („bis zu 260 Stunden im Monat") im Zweifel auf die Bemessung des Arbeitsentgelts beziehen und keine Bestimmung der Arbeitspflicht enthalten.[86] Möglich ist es jedoch, dass die Arbeitsvertragsparteien den Umfang der zu leistenden Arbeitszeit an die maximal zulässige gesetzliche Arbeitszeit binden.[87] Enthält ein Arbeitsvertrag keine ausdrückliche Arbeitszeitabrede, ist die Formulierung, der Arbeitnehmer werde „in Vollzeit" beschäftigt, dahin gehend zu verstehen, dass die Parteien die betriebsübliche Arbeitszeit vereinbaren wollen.[88] In diesem Fall kann der Arbeitnehmer redlicherweise davon ausgehen, dass er in gleichem Umfang wie andere Vollzeitarbeitnehmer des Arbeitgebers zur Arbeitsleistung verpflichtet ist, wobei die Dauer der wöchentlichen Arbeitszeit 40 Stunden pro Woche jedenfalls nicht überschreiten darf.[89]

51 Der Betriebsrat hat nach § 80 BetrVG auch die Einhaltung der Arbeitszeitvorschriften zu überwachen, so dass ihm vom Arbeitgeber insoweit rechtzeitig Auskunft zu erteilen ist. § 16 Abs. 2 ArbZG enthält eine zusätzliche Dokumentationspflicht des Arbeitgebers, die auch gegenüber dem Betriebsrat zu beachten hat (→ ArbZG § 16 Rn. 10).[90] Auf dieser Basis kann der Betriebsrat zugleich wirkungsvoll sein Mitbestimmungsrecht ausüben, denn die Festlegung der Lage der Arbeitszeit unterliegt nach § 87 Abs. 1 Nr. 2 BetrVG der **Mitbestimmung durch den Betriebsrat**.[91] Die in der Literatur umstrittene Frage, ob und wann diese Mitbestimmung auch die Dauer der Arbeitszeit erfasst,[92] ist für § 3 ArbZG ohne praktische Bedeutung, da die Betriebsparteien die Grenzen des § 3 ArbZG einhalten müssen und die Verlängerung nach § 7 ArbZG nur durch freiwillige Betriebsvereinbarung realisiert werden kann.[93] Gegenstand solcher betrieblicher Regelungen können dabei vor allem die Verlängerung der täglichen Arbeitszeit über acht Stunden hinaus und die Festlegung des Ausgleichszeitraums sein.[94] Führt der Arbeitgeber die Verlängerung der täglichen Arbeitszeit und die Wahl des Ausgleichszeitraums ohne die Einbeziehung des Betriebsrates durch, kann dieser Unterlassung verlangen. Im Falle der Eilbedürftigkeit einer gerichtlichen Entscheidung, die immer dann gegeben ist, wenn der Arbeitgeber die Verlängerung kurzfristig angekündigt hat, kann der **Unterlassungsanspruch** vom Betriebsrat auch im Wege der einstweiligen Verfügung durchgesetzt werden.[95] Wird eine Regelung zur Verlängerung der Arbeitszeit und des Ausgleichszeitraums durch die **Einigungsstelle** getroffen, hat diese im Rahmen der Interessenabwägung nach § 76 Abs. 5 BetrVG die Wertungen des Unions-

---

80 BAG 16.3.2004 – 9 AZR 93/03, NZA 2004, 927; vgl. BAG 11.7.2006 – 9 AZR 519/05, NZA 2007, 155 (158). **81** LAG Brandenburg 27.5.2005 – 5 Sa 141/04, NZA-RR 2005, 626. **82** BAG 28.9. 2005 – 5 AZR 52/05, NZA 2006, 149; BAG 24.8.2016 – 5 AZR 129/16, NZA 2017, 58. **83** LAG Rheinland-Pfalz 25.5.2007 – 6 SA 53/07, BB 2008, 59 mAnm Freckmann. **84** LAG Rheinland-Pfalz 10.6.2010 – 2 Sa 74/10, Entscheidungsdatenbank des Ministeriums für Justiz und Verbraucherschutz Rheinland-Pfalz, www.mjv.rlp.de/Rechtsprechung. **85** BAG 28.9.2005 – 5 AZR 52/05, NZA 2006, 149; BAG 24.8.2016 – 5 AZR 129/16, NZA 2017, 58. **86** BAG 17.10.2012 – 5 AZR 697/11, AuR 2013, 99 = AP Nr. 40 zu § 611 BGB Arbeitszeit. **87** BAG 18.4.2012 – 5 AZR 195/11, NZA 2012, 796 (797). **88** BAG 15.5.2013 – 10 AZR 325/12, DB 2013, 2215, 2215. **89** BAG 25.3.2015 – 5 AZR 602/13, NZA 2015, 1002 (1003). **90** BAG 6.5.2003 – 1 ABR 13/02, NZA 2003, 1348 = AP Nr. 61 zu § 80 BetrVG 1972 mAnm Hamm; vgl. Kohte in: FS Wißmann, S. 331, 341 ff. **91** Vgl. auch Anzinger/Koberski ArbZG § 1 Rn. 61 ff.; Buschmann/Ulber ArbZG Einl. Rn. 23. **92** DKKW/Klebe BetrVG § 87 Rn. 87 ff. **93** ErfK/Wank ArbZG § 7 Rn. 20; LAG Hamburg 17.12.2008 – 5 TaBV 8/08, AuR 2010, 339 mAnm Buschmann. **94** Anzinger/Koberski ArbZG § 3 Rn. 34, 83 ff.; Buschmann/Ulber ArbZG § 3 Rn. 15. **95** Dazu nur BAG 25.2.1997 – 1 ABR 68/96, NZA 1997, 955.

rechts zur maximalen Länge des Ausgleichszeitraums zu beachten[96] und die für diese in der RL 2003/88/EG festgelegte Obergrenze von vier Monaten zu berücksichtigen.

§ 3 ArbZG gehört zu den zentralen Normen des Arbeitszeitrechts, so dass er auch für die behördliche **Überwachung nach § 17 ArbZG** eine wichtige Rolle spielt. Stellen die Aufsichtsbehörden diesbezügliche Probleme fest, können sie die Vorlage von Arbeitsnachweisen anordnen; dem Arbeitgeber steht insoweit kein Auskunftsverweigerungsrecht zu.[97] Bei Verletzungen der Arbeitszeitvorschriften kann durch klarstellenden Verwaltungsakt nach § 17 Abs. 2 ArbZG eine Anordnung zur Einhaltung von Arbeitszeiten und Ruhezeiten erfolgen (→ ArbZG § 17 Rn. 32 ff.).[98] 52

Die Beschäftigung von Arbeitnehmern unter **Verstoß gegen die Vorschriften des § 3 ArbZG** stellt eine Ordnungswidrigkeit nach § 22 Abs. 1 Nr. 1 ArbZG dar (→ ArbZG § 22 Rn. 5 ff.). Unabhängig davon, ob der Arbeitgeber diesbezüglich vorsätzlich oder fahrlässig handelt, droht ihm in diesem Fall eine Bußbuße von bis zu 15.000 EUR in jedem Einzelfall. Ausreichend ist dabei bereits die Duldung der Überschreitung oder eine mangelhafte Überwachung der Arbeitszeiten durch den Arbeitgeber.[99] Auf eine Einwilligung durch die Arbeitnehmer kann sich der rechtswidrig handelnde Arbeitgeber nicht berufen, denn die Einhaltung der Arbeitszeitgrenzen ist unverzichtbar.[100] Für die bußgeldrechtliche Ahndung von Arbeitszeitverstößen sind die staatlichen Arbeitsschutzbehörden zuständig. Soweit der Arbeitszeitverstoß zu einer Gesundheitsgefährdung der Arbeitnehmer führt oder er beharrlich wiederholt wird, handelt es sich um eine Straftat iSv § 23 ArbZG. Handelt der Arbeitgeber vorsätzlich, muss er mit einer Freiheitsstrafe von bis zu einem Jahr oder einer Geldstrafe rechnen. Fällt ihm dagegen lediglich Fahrlässigkeit zur Last, kann die auch hier neben einer Geldstrafe in Betracht kommende Freiheitsstrafe höchstens sechs Monate betragen. 53

Tarifliche und – wo diese möglich sind – betriebliche Bestimmungen zu § 3 ArbZG berühren die gesetzlichen Vorgaben zu Höchstarbeitszeit und Ausgleichszeiträumen nicht. Insoweit diese lediglich Einfluss auf die vom Arbeitnehmer arbeitsvertraglich geschuldete Arbeitszeit. **Ein Verstoß gegen tarifliche bzw. betriebliche Arbeitszeitvorschriften** löst daher auch keine gesetzlichen Sanktionen aus. Der Arbeitgeber macht sich bei deren Überschreitung weder strafbar noch begeht er eine Ordnungswidrigkeit. Allerdings besteht für die Arbeitnehmer in diesem Fall ein arbeitsvertragliches Leistungsverweigerungsrecht, da sie tarifwidrigen bzw. gegen Betriebsvereinbarungen verstoßenden Weisungen nicht nachkommen müssen. Zudem kann die jeweils tarifschließende Gewerkschaft nach Art. 9 Abs. 3 GG, § 23 Abs. 3 BetrVG, §§ 823, 1004 BGB bzw. der Betriebsrat nach § 23 Abs. 3 BetrVG vom Arbeitgeber die Unterlassung der rechtswidrigen Arbeitszeitregelung verlangen und dies ggf. auch gerichtlich – notfalls im Wege der einstweiligen Verfügung – durchsetzen.[101] Dies gilt für Gewerkschaften im Fall tariflicher Arbeitszeitvorgaben auch dann, wenn der Betriebsrat mit der Überschreitung der tariflichen Wochenarbeitszeit einverstanden sein sollte.[102] 54

§ 4 ArbZG Ruhepausen

[1]Die Arbeit ist durch im voraus feststehende Ruhepausen von mindestens 30 Minuten bei einer Arbeitszeit von mehr als sechs bis zu neun Stunden und 45 Minuten bei einer Arbeitszeit von mehr als neun Stunden insgesamt zu unterbrechen. [2]Die Ruhepausen nach Satz 1 können in Zeitabschnitte von jeweils mindestens 15 Minuten aufgeteilt werden. [3]Länger als sechs Stunden hintereinander dürfen Arbeitnehmer nicht ohne Ruhepause beschäftigt werden.

---

96 Kohte in: FS Wißmann, S. 331, 335 ff.; HaKo-BetrVG/Kohte BetrVG § 87 Rn. 48; Ende AuR 1997, 137 (139); Buschmann/Ulber ArbZG § 3 Rn. 16; HK-ArbZR/Jerchel ArbZG § 3 Rn. 31. **97** BayVGH 14.3.2008 – 22 CS 2968/07, GewArch 2008, 371. **98** BayVGH 26.10.2011 – 22 CS 1989/11, PflR 2012, 596 mAnm Rossbruch. **99** So auch Neumann/Biebl ArbZG § 3 Rn. 18; Anzinger/Koberski ArbZG § 3 Rn. 89. **100** OLG Jena 2.9.2010 – 1 Ss Bs 57/10, AuR 2011, 131. **101** Vgl. hierzu auch Buschmann/Ulber ArbZG § 3 Rn. 9. **102** BAG 20.4.1999 – 1 ABR 72/98, NZA 1999, 887.

Literatur: *Aligbe*, Die Arbeitsschutzmaßnahme „Ruhepause" als öffentlich-rechtliche Norm, BG 2011, 515 ff.; *Anzinger*, Neues Arbeitszeitgesetz in Kraft getreten, BB 1994, 1492; *BAUA*, Arbeitszeitreport Deutschland 2016, 2016; *Junker*, Brennpunkte des Arbeitszeitgesetzes, ZfA 1998, 105; *Lohmann-Haislah*, Stressreport 2012; *Kleinebrink*, Die richtige Handhabung von Ruhepausen in der betrieblichen Praxis, DB 2015, 2023; *Maier*, Pausengestaltung als Organisationspflicht, 2012 (zitiert: Maier, S.); *Oppolzer*, Kurzpausen, AiB 2011, 597 ff.; *Schlick/Bruder/Luczak*, Arbeitswissenschaft, 3. Aufl. 2010.

Leitentscheidungen: BAG 25.2.2015 – 1 AZR 642/13, NZA 2015, 442; BAG 16.12.2009 – 5 AZR 157/09, NZA 2010, 505; BAG 13.10.2009 – 9 AZR 139/08, AP Nr. 4 zu § 2 ArbZG; BAG 29.10.2002 – 1 AZR 603/01, NZA 2003, 1212; LAG Köln 15.6.2009 – 5 Sa 179/09, AuR 2010, 43 = LAGE § 106 GewO 2003 Nr. 7; LAG Köln 26.4.2013 – 4 Sa 1120/12, AuR 2013, 427; LAG Köln 3.8.2010 – 12 Sa 610/10, LAGE § 4 ArbZG Nr. 2; VG Augsburg 25.1.2008 – Au 4 K 07.973; VG Ansbach 25.1.2017 – AN 4 K 15.00907; LAG Köln 16.2.2017 – 7 Sa 577/16.

I. Normzweck, Systematik......... 1	2. Im Voraus feststehend....... 19
II. Entstehungsgeschichte, Unionsrecht 3	3. Zeitliche Vorgaben zur Lage 22
	VI. Sonderregelungen................. 25
III. Begriff der Ruhepause........... 6	VII. Aufenthalt während der Pause .. 26
IV. Dauer der Ruhepause............ 12	VIII. Mitbestimmung.................. 27
V. Lage der Pausen 18	IX. Rechtsdurchsetzung 28
1. Pflicht des Arbeitgebers zur Festlegung 18	

I. Normzweck, Systematik

1 Ruhepausen im Sinne des Arbeitszeitrechts sind **Unterbrechungen der Arbeitszeit von bestimmter Dauer**, die der Erholung dienen.[1] Es muss sich um im Voraus festliegende Unterbrechungen der Arbeitszeit handeln,[2] in denen der Arbeitnehmer weder Arbeit zu leisten, noch sich dafür bereitzuhalten hat. Er muss frei darüber entscheiden können, wo und wie er diese Zeit verbringen will. Entscheidendes Merkmal der Ruhepause ist, dass der Arbeitnehmer von jeder Arbeitsverpflichtung und auch von jeder Verpflichtung, sich zur Arbeit bereitzuhalten, freigestellt ist.[3] Insoweit umfasst die Erholung nicht nur die physische Stärkung, sondern auch die psychische Entspannung ebenso wie die Möglichkeit der störungsfreien Kommunikation.[4]

2 Die Pflicht zur Gewährung von Pausen ist als eine öffentlich-rechtliche Norm[5] statuiert, die sich an den **Arbeitgeber als Normadressaten** richtet, der durch die Organisation der Arbeit sicherzustellen hat, dass alle Arbeitnehmer tatsächlich eine Pause erhalten. Sie beruht auf arbeitswissenschaftlichen Erkenntnissen, dass eine **belastungsnahe Ruhe- und Ausgleichszeit besonders effektiv** ist und einen deutlichen Erholungswert hat.[6] Sie ist daher arbeitswissenschaftlich und funktional deutlich zu unterscheiden von der Ruhezeit nach § 5 ArbZG. Nach der Systematik des ArbZG ist sie keine Arbeitszeit und daher auch nicht zu vergüten. Dagegen werden andere Pausen, die einen belastungsnahen Ausgleich für besonders intensive und belastende Arbeiten darstellen (→ Rn. 15), von den §§ 3, 4 ArbSchG gefordert und dürfen nach § 3 Abs. 3 ArbSchG keine Vergütungsminderung zur Folge haben.[7]

II. Entstehungsgeschichte, Unionsrecht

3 § 4 ArbZG ersetzt die bis dahin geltenden Pausenregelungen der nach dem Geschlecht differenzierenden **§§ 12 Abs. 2 und 18 AZO**.[8] In § 12 AZO war geregelt, dass männliche Arbeitnehmer bei einer mehr als sechsstündigen Arbeitszeit eine halbstündige bzw.

---
1 BAG 28.9.1972 – 5 AZR 198/72, AP Nr. 9 zu § 12 AZO; ebenso BAG 29.10.2002 – 1 AZR 603/01, NZA 2003, 1212. **2** BAG 13.10.2009 – 9 AZR 139/08, AP Nr. 4 zu § 2 ArbZG. **3** BAG 23.9.1992 – 4 AZR 562/91, NZA 1993, 752. **4** Buschmann/Ulber ArbZG § 4 Rn. 7; HK-ArbZR/Jerchel ArbZG § 4 Rn. 9. **5** Aligbe BG 2011, 515. **6** Schlick/Bruder/Luczak, Arbeitswissenschaft, S. 202; BAG 13.10.2009 – 9 AZR 139/08, NZA-RR 2010, 623 (627) Rn. 41. **7** Maier, S. 181 ff., 194 ff. **8** Verordnung vom 30.4.1938, RGBl. I 1938, 447.

zwei viertelstündige Pausen beanspruchen konnten. Für Frauen war in § 18 Abs. 1 AZO vorgesehen, dass bei einer Arbeitszeit von mehr als 4,5 Stunden eine im Voraus feststehende angemessene Ruhepause zu gewähren war. Dabei galt als Ruhepause nur eine Arbeitsunterbrechung von mindestens einer Viertelstunde (§ 18 Abs. 2 AZO). Bei Arbeitszeiten von mehr als 4,5 Stunden musste die Pause schrittweise auf 20, 30 und 45 Minuten erhöht werden. Zudem war in Abs. 3 für Frauen ein generelles Beschäftigungsverbot während der Pausen verankert und die Einrichtung von Pausenräumen bzw. -plätzen geregelt.

Der später nahezu unverändert Gesetz gewordene **Entwurf der Bundesregierung** hat 4 diese Regelungen in leicht abgewandelter Form übernommen, allerdings wurde die Differenzierung nach dem Geschlecht beseitigt.[9] Die Vereinheitlichung sollte außerdem der Vermeidung von Schwierigkeiten in der betrieblichen Praxis dienen.[10] Alternativvorschläge der GRÜNEN[11] und der SPD,[12] die kürzere Pauseintervalle und teilweise längere Pausenzeiten enthielten, wurden ebenso wenig übernommen, wie die vom Bundesrat geforderte zusätzliche Arbeitsunterbrechung von fünf Minuten pro Stunde bei besonders gefährlichen und belastenden Arbeitsumständen, wie etwa Hitze, Kälte oder hohem Arbeitstempo, durch die stärkeren Belastungen und einer schnelleren Ermüdung der Arbeitnehmer entgegengewirkt werden sollte.[13] Letzteres lehnte die Bundesregierung unter Hinweis auf die dadurch für die Arbeitgeber entstehenden Kosten und der größeren Sachnähe von diesbezüglichen Regelungen durch die Tarifvertrags- und Betriebsparteien ab.[14]

Unionsrechtlich wird durch § 4 ArbZG **Art. 4 RL 93/104/EG bzw. 2003/88/EG** umge- 5 setzt, nach dem eine Ruhepause allerdings erst nach einer Arbeitszeit von mehr als 6 Stunden gewährt werden muss und die Einzelheiten der Pausengewährung vorrangig in Tarifverträgen oder anderen kollektiven Vereinbarungen zu regeln sind.[15] Der englische Begriff „rest breaks" umschreibt anschaulich die Kombination von **Erholung durch Arbeitsunterbrechung**. Weitere Pausenregelungen ergeben sich aus Art. 5 RL 2002/15/ EG. Sie sind zu unterscheiden von den Lenkzeitunterbrechungen in Art. 7 VO 561/2006/EG (→ ArbZG § 21 a Rn. 3). Ebenso sind die „Bildschirmpausen" in Art. 5 RL 90/270/EWG keine Pausen im Sinn des Arbeitszeitrechts, sondern Unterbrechungen der Bildschirmarbeit, die nach Anhang Nr. 6.1 Abs. 2 ArbStättV auch durch Mischarbeit realisiert werden können (→ ArbStättV Rn. 172 ff).[16]

III. Begriff der Ruhepause

Der Begriff der Ruhepause wird im ArbZG selbst nicht definiert. Er lässt sich daher 6 allein vom Gesetzeszweck her interpretieren. Unter Berücksichtigung des insoweit im Vordergrund stehenden Gesundheitsschutzes der Arbeitnehmer stellen Pausen im **Voraus festgelegte Arbeitsunterbrechungen** dar, in denen der Arbeitnehmer sich erholen und seine Arbeitskraft regenerieren können muss.[17] Dies setzt wiederum voraus, dass er während dieser Zeit von jeglicher Arbeitsverpflichtung befreit ist und über diese Zeit frei verfügen kann.[18] Während dieser Zeit darf er daher weder zur Arbeitsleistung herangezogen werden, noch muss er sich zu deren Erbringung bereithalten.[19] Daher hat das Bundesarbeitsgericht zu Recht beispielsweise Wendezeiten von Busfahrern, die sich während dieser Zeit am Fahrzeug aufhalten und ggf. Vorbereitungen zur Weiterfahrt

---

9 Dazu am Beispiel der Nachtarbeit BVerfG 28.1.1992 – 1 BvR 1025/82, NZA 1992, 270. **10** BT-Drs. 12/5888, 24. **11** BT-Drs. 10/2188, 4, 13. Der Entwurf wurde in der neuen Legislaturperiode nicht erneut eingebracht. **12** BT-Drs. 12/5282, 3 f. **13** BT-Drs. 12/5282, 3 f., 12. **14** BT-Drs. 12/5888, 51. **15** ABl. EG L 307, 18 v. 13.12.1993; ABl. EG L 299, 9, 11 v. 18.11.2003. **16** Aligbe BG 2011, 515. **17** St. Rspr. des BAG. Vgl. nur BAG 29.10.2002 – 1 AZR 603/01, NZA 2003, 1212; BAG 13.10.2009 – 9 AZR 139/08, ZTR 2010, 79. Siehe auch Neumann/Biebl ArbZG § 4 Rn. 2; Buschmann/Ulber ArbZG § 4 Rn. 1; Schliemann ArbZG § 4 Rn. 5 f. **18** BAG 28.1.2015 – 5 AZR 536/13, EzA § 4 TVG Verkehrsgewerbe Nr. 6 Rn. 17; Buschmann/Ulber ArbZG § 4 Rn. 1; Neumann/Biebl ArbZG § 4 Rn. 1; Schliemann ArbZG § 4 Rn. 5 f.; Baeck/Deutsch ArbZG § 4 Rn. 9. **19** Weitaus überwiegende Auffassung. Vgl. Buschmann/Ulber ArbZG § 4 Rn. 1; Roggendorff, ArbZG 1994 § 4 Rn. 6; Baeck/Deutsch ArbZG § 4 Rn. 11; ErfK/Wank ArbZG § 4 Rn. 1; Anzinger/Koberski ArbZG § 4 Rn. 5; Anzinger BB 1994, 1492 (1494).

treffen müssen, nicht als Ruhepausen angesehen.[20] Auch Umkleide- und Waschzeiten sind, soweit es sich bei diesen um Arbeitszeit iSv § 2 Abs. 1 ArbZG handelt (→ ArbZG § 2 Rn. 36 ff.), keine Pausen iSv § 4 ArbZG. Der Einordnung von Zeiten als Ruhepausen steht nicht entgegen, wenn der Arbeitgeber für diese Zeit eine Vergütung zahlt.[21] Eine solche kann sich aus einem Tarifvertrag oder einer individualvertraglichen Vereinbarung ergeben. Für das Vorliegen einer Pause ist hingegen nicht erforderlich, dass der Arbeitnehmer die Betriebsstätte verlassen darf.[22]

7 Während der Ruhepause erfüllt der Arbeitnehmer aufgrund der mit dieser verbundenen Freistellung von der Arbeitsleistung seine Arbeitspflicht nicht. Pausen sind daher auch **keine Arbeitszeit**, was letztlich bereits aus dem Wortlaut des § 2 Abs. 1 ArbZG herzuleiten ist. Anderes kann sich allerdings aus tariflichen Regelungen ergeben, wenn diese Pausenzeiten generell in die Arbeitszeit einbeziehen.[23] Unter diesen Umständen sind auch Pausen wie Arbeitszeit zu vergüten, es sei denn, der Tarifvertrag sieht diesbezüglich Abweichendes vor. Erfolgt keine Einbeziehung in die Arbeitszeit, verlängern Pausen die Aufenthaltsdauer der Arbeitnehmer im Betrieb. Für den Fall, dass die individuelle tägliche Arbeitszeit des Arbeitnehmers acht Stunden beträgt und der Arbeitgeber ihm während dieser Zeit insgesamt 45 Minuten Pause gewährt, beträgt die Aufenthaltsdauer des Arbeitnehmers im Betrieb daher acht Stunden und 45 Minuten.

8 Aus dem Merkmal des „im Voraus Feststehens" ergibt sich, dass Arbeitsunterbrechungen, die in Verbindung mit **technischen oder organisatorischen Störungen** im Betriebsablauf entstehen, bereits deshalb nicht zu den Pausenzeiten gehören können, weil sie ungeplant eintreten. Diese können vom Arbeitgeber auch nicht nachträglich zu Pausen erklärt werden.[24] Im Übrigen dienen diese auch nicht der Erholung der Arbeitnehmer. Das Merkmal der feststehenden Pause ist auch dann nicht erfüllt, wenn der Arbeitnehmer die Arbeit aus **eigenem Entschluss** unterbricht.[25] Anders als betriebsbedingte Störungen stehen **ablauftechnisch bedingte Wartezeiten** zwar im Voraus fest, sind aber dennoch keine Pausenzeiten, da sie nicht der Erholung des Arbeitnehmers dienen.[26] Dies gilt selbst dann, wenn derartige Unterbrechungen regelmäßig auftreten. Insofern sind Wartezeiten, die durch einen Arbeitsvorgang in einer Maschine entstehen, keine Ruhepausen iSv § 4 ArbZG, sondern Arbeitszeit. Jedoch hat der Arbeitgeber die Möglichkeit, Pausenzeiten in die Zeit betriebstechnischer Wartezeiten zu legen. Allerdings liegt auch in diesem Fall nur dann eine Ruhepause iSv § 4 ArbZG vor, wenn der Arbeitnehmer in dieser Zeit von jeglicher Arbeitsverpflichtung und Pflicht zum Bereithalten befreit ist. Keine Pause liegt mithin vor, wenn der Arbeitnehmer jederzeit damit rechnen muss, zur Arbeitsleistung herangezogen zu werden.[27]

9 Ebenfalls keine Pausen sind Zeiten der **Arbeitsbereitschaft**.[28] Während dieser muss sich der Arbeitnehmer im „Zustand der wachen Aufmerksamkeit" bereithalten, um seine Arbeitsleistung jederzeit erbringen zu können (→ ArbZG § 2 Rn. 15). Zwar wechseln sich in dieser Zeit Entspannungs- und Aufmerksamkeitsphasen ab. Die für das Vorliegen einer Ruhepause iSv § 4 ArbZG erforderliche Erholung in dem Sinne, dass eine Regeneration der Arbeitskraft eintritt, ist jedoch nicht möglich. Daher dürfen beispielsweise Zeiten, in denen Kontrollgeräte in Leitständen überwacht werden oder ein Call-Center-Agent auf Kundenanrufe wartet, nicht auf die Pausenzeiten angerechnet werden. Gleiches gilt nach der Rechtsprechung des Bundesarbeitsgerichts für Be- und Ent-

---

[20] BAG 17.7.2008 – 6 AZR 602/07, NZA-RR 2009, 88 (89); BAG 13.10.2009 – 9 AZR 139/08, ZTR 2010, 79. [21] BAG 23.1.2001 – 9 AZR 4/00, NZA 2002, 224. [22] BAG 21.8.1990 – 1 AZR 567/89, NZA 1991, 154; ebenso ErfK/Wank ArbZG § 4 Rn. 5; Roggendorff, ArbZG § 4 Rn. 7. [23] BAG 27.4.2000 – 6 AZR 861/98, NZA 2001, 274–277. [24] BAG 13.10.2009 – 9 AZR 139/08, NZA-RR 2010, 623; Kleinebrink DB 2015, 2023 (2024). [25] Schliemann ArbZG § 4 Rn. 26. [26] Ebenso Schliemann ArbZG § 4 Rn. 8. [27] BAG 29.10.2002 – 1 AZR 603/01, NZA 2003, 1212; LAG Köln 3.8.2012 – 5 Sa 252/12, LAGE § 4 ArbZG Nr. 3; LAG Köln 16.2.2017 – 7 Sa 577/16. [28] HK-ArbZR/Jerchel ArbZG § 4 Rn. 11; Buschmann/Ulber ArbZG § 4 Rn. 4; ErfK/Wank ArbZG § 4 Rn. 1.

ladezeiten von Lkw selbst dann, wenn der Kraftfahrer das Betriebsgelände verlassen darf, aber einem Arbeitsaufruf des Arbeitgebers umgehend nachkommen muss.[29]

Auch Zeiten, in denen der Arbeitnehmer zu **Bereitschaftsdiensten** herangezogen wird, sind keine Pausenzeiten.[30] Hierzu hat das Bundesarbeitsgericht ausgeführt, dass das ArbZG es zwar nicht ausschließe, zwingend einzuhaltende Ruhepausen in die Zeit eines Bereitschaftsdienstes zu legen,[31] doch müsse dabei dem Zweck der Pausenregelung genügt werden. Die Ruhepause solle den Arbeitnehmer vor Übermüdung und den damit verbundenen Gesundheits- und Unfallgefahren schützen. Deshalb dürfe ihm bei einer im Bereitschaftsdienst gelegenen Ruhepause keine Arbeit zugewiesen werden. Vielmehr müsse er für die Dauer der gesetzlichen Ruhepause frei über die Nutzung dieses Zeitraums bestimmen können. Dem ist uneingeschränkt zu folgen. Selbst während inaktiver Zeiten des Bereitschaftsdienstes müssen sich die Arbeitnehmer für Zwecke des Betriebes an einer vom Arbeitgeber bestimmten Stelle aufhalten, um erforderlichenfalls die volle Arbeitstätigkeit zeitnah aufnehmen zu können (→ ArbZG § 2 Rn. 16). Daher können selbst diese nicht als Ruhepausen gewertet werden.[32] Dem Arbeitnehmer fehlt es daher während des Bereitschaftsdienstes an einer Verfügungsbefugnis über seine Zeit, da er vom Arbeitgeber jederzeit zur Leistungserbringung herangezogen werden kann. Für den Fall, dass der Arbeitnehmer permanent mit einer Unterbrechung der Pause rechnen muss, hat das Bundesarbeitsgericht jedoch das Vorliegen einer Pause explizit abgelehnt.[33] Im Übrigen lässt sich aus einer weiteren Entscheidung des Gerichts herleiten, dass tatsächlich arbeitsfreie Zeiten während des Bereitschaftsdienstes nur dann Pausen sein können, wenn diese im Voraus festgelegt werden.[34] Ist dies nicht der Fall, scheitert deren Einordnung als solche zudem an der Nichterfüllung der begrifflichen Merkmale einer Pause.

Zeiten der **Rufbereitschaft** können hingegen nach überwiegender Auffassung auf Pausenzeiten angerechnet werden.[35] Begründet wird dies hauptsächlich damit, dass Rufbereitschaft arbeitszeitrechtlich keine Arbeitszeit darstellt und daher diese unterbricht. Dem ist zwar grundsätzlich insoweit zuzustimmen, als die für die Pausenzeiten in § 4 ArbZG enthaltenen Vorgaben bei Rufbereitschaft nicht eingehalten werden müssen. Jedoch übersieht diese Auffassung, dass Pausen nach insoweit allgemeiner Definition nur dann vorliegen, wenn der Arbeitnehmer über seine Zeit frei verfügen kann. Dies ist bei Rufbereitschaft jedoch gerade nicht der Fall. Zwar ist der Bewegungsspielraum des Arbeitnehmers weiter als bei Bereitschaftszeiten, jedoch sind alle Aktivitäten untersagt, die den zeitlichen Vorgaben zur Sicherstellung der rechtzeitigen Arbeitsaufnahme zuwiderlaufen würden. Dies stellt nach der hier vertretenen Auffassung zumindest eine dienstpflichtähnliche Inanspruchnahme des Arbeitnehmers dar. Da jedoch eine Ruhepause nur dann vorliegt, wenn dieser von jeglicher Dienstpflicht befreit ist, kann die Rufbereitschaft wegen der mit ihr verbundenen Auflagen keine Ruhepause iSv § 4 ArbZG darstellen. Jedoch handelt es sich bei diesen Zeiten auch nicht um Arbeitszeit, so dass die Rufbereitschaft auch nicht durch Pausen unterbrochen werden muss. Allerdings dürfen diese Zeiten nicht auf Ruhepausen angerechnet werden.[36] Anderes gilt dann, wenn der Arbeitnehmer im Rahmen einer der Rufbereitschaft gleichzusetzenden ständigen Erreichbarkeit E-Mails oder Telefonate von Vorgesetzten oder Kollegen bearbeitet bzw. annimmt. Solchen Zeiten sind Arbeitszeit und können daher nicht auf Pausenzeiten angerechnet werden (→ ArbZG § 2 Rn. 34 f.).

---

29 BAG 29.10.2002 – 1 AZR 603/01, NZA 2003, 1212. **30** BAG 16.12.2009 – 5 AZR 157/09, NZA 2010, 505 (506); LAG Köln 16.2.2017 – 7 Sa 577/16; Neumann/Biebl ArbZG § 4 Rn. 2; Buschmann/Ulber ArbZG § 4 Rn. 4; ErfK/Wank ArbZG § 4 Rn. 1. **31** BAG 5.6.2003 – 6 AZR 114/02, NZA 2004, 164. **32** BAG 19.12.2009 – 5 AZR 157/09, NZA 2010, 505 (506); Anzinger/Koberski ArbZG § 2 Rn. 49. **33** BAG 21.10.2002 – 1 AZR 603/01, NZA 2003, 1212; BAG 16.12.2009 – 5 AZR 157/09, NZA 2010, 505 (506). **34** BAG 25.10.1989 – 2 AZR 633/88, NZA 1990, 561; bestätigt durch BAG 13.12.1989 – 5 AZR 543/88. **35** Neumann/Biebl ArbZG § 4 Rn. 2; Baeck/Deutsch ArbZG § 4 Rn. 11; Kleinebrink DB 2015, 2023 (2023); aA Buschmann/Ulber ArbZG § 4 Rn. 4. **36** Im Ergebnis ebenso Buschmann/Ulber ArbZG § 4 Rn. 4.

IV. Dauer der Ruhepause

12 Anzahl und die Dauer der Ruhepausen sind in § 4 ArbZG **detailliert geregelt**. Danach muss der Arbeitgeber bei einer Arbeitszeit bis zu sechs Stunden keine Pausen gewähren. Bei einer Arbeitszeit von mehr als sechs und bis zu neun Stunden beträgt die Pausenzeit 30 Minuten und bei einer Arbeitszeit von mehr als neun Stunden 45 Minuten. Diese Zeiten sind auch dann einzuhalten, wenn im Betrieb – etwa wie im Fall von **Vertrauensarbeitszeit** – keine Arbeitszeiterfassung erfolgt.[37] Dies hat das Bundesarbeitsgericht im Zusammenhang mit der Sicherstellung des Auskunftsanspruches des Betriebsrates gemäß § 80 Abs. 1 Nr. 1 BetrVG ausdrücklich entschieden.[38]

13 Nach § 12 AZO waren sog **Kurzpausen** von weniger als 15 Minuten bei Arbeit in Wechselschicht statthaft, wenn sie von angemessener Dauer waren. Unter Berücksichtigung der Regelungen in § 4 S. 2 ArbZG und § 7 Abs. 1 Nr. 2 ArbZG sind diese nunmehr **nur noch auf der Basis tarifvertraglicher Regelungen** zulässig. Allerdings erweitert das ArbZG die Möglichkeit von Kurzpausen sachlich auch auf Verkehrsbetriebe. Insoweit hat das Bundesarbeitsgericht Lenkzeitenunterbrechungen bei Straßenbahnfahrern von 8 Minuten ohne jegliche Arbeitsverpflichtung für zulässig angesehen.[39] In anderen Bereichen kommen diese nicht mehr in Betracht.[40]

14 Bei den gesetzlichen Pausenvorgaben handelt es sich um **Mindestwerte**.[41] Insofern ist der Arbeitgeber nicht gehindert, auch längere Pausen zu gewähren. Diese Möglichkeit wird in der Praxis nicht selten genutzt. Insbesondere bei Vollzeitarbeitsverhältnissen, die regelmäßig eine Arbeitszeit von acht Stunden täglich umfassen und bei denen gesetzlich eine Gesamtpausenzeit von lediglich 30 Minuten vorgeschrieben ist, finden sich häufig verlängerte Pausenzeiten von 45 Minuten. Bei der Verlängerung der Pausen muss der Arbeitgeber allerdings das Interesse der Arbeitnehmer an einem möglichst frühen Arbeitsende nach billigem Ermessen berücksichtigen.[42] Mit diesem wäre es unvereinbar, bei einem Teilzeitarbeitnehmer mit einer Arbeitszeit von fünf Stunden zwei Pausen à 45 Minuten vorzusehen.[43] Nicht zu beanstanden ist dagegen bei einer sechsstündigen täglichen Arbeitszeit eine zusätzliche unbezahlte Pause von 30 Minuten je Schicht an jahresdurchschnittlich 10 Tagen im Monat.[44]

15 Aus der **arbeitsvertraglichen Fürsorgepflicht** bzw. § 618 BGB iVm § 3 ArbSchG kann sich eine Verpflichtung des Arbeitgebers zur Verlängerung der Ruhepausen oder zur Einführung zusätzlicher Erholungsphasen ergeben.[45] Arbeitswissenschaftlich anerkannt sind solche wegen § 3 Abs. 3 ArbSchG **bezahlten Kurzpausen als belastungsnaher Ausgleich vor allem bei besonders belastender Arbeit**. Diese Belastungen können sich ergeben aus Monotonie, besonders intensiver Konzentration und emotionaler Inanspruchnahme (zB im Call-Center).[46] Da diese Pausen nicht § 4 ArbZG zugeordnet werden, können sie auch bei Teilzeitkräften vor Ablauf von sechs Stunden erforderlich werden.

16 Häufig besteht in der Praxis Streit darüber, ob der **Weg zur und von der Kantine** zurück an den Arbeitsplatz zur Pause gehört. Dabei geht es um die Frage, ob die Pause bereits mit dem Verlassen des Arbeitsplatzes, dem Erreichen der Kantine oder dem Erhalt des Essens beginnt. Zu deren Beantwortung ist von dem gesetzlichen Begriff der Pause auszugehen. Danach liegt eine solche vor, wenn der Arbeitnehmer von jeglicher Arbeitsverpflichtung freigestellt wird, er also die Zeit so verbringen kann, wie er möchte. Danach ist hinsichtlich der Einbeziehung von Wege- und Verteilzeiten in die Pausen-

---

37 Kleinebrink DB 2015, 2023 (2023). **38** BAG 6.5.2003 – 1 ABR 13/02, NZA 2003, 1348; vgl. LAG Köln 6.9.2010 – 5 TaBV 14/10, Rechtsprechungsdatenbank des Justizministeriums NRW, AuR 2011, 266. **39** BAG 13.10.2009 – 9 AZR 139/08, NZA-RR 2010, 623. **40** Vgl. auch Schliemann ArbZG § 4 Rn. 12. **41** Allgemeine Auffassung, Neumann/Biebl ArbZG § 4 Rn. 5; Anzinger/Koberski ArbZG § 4 Rn. 19; Schliemann ArbZG § 4 Rn. 21; BAG 16.12.2009 – 5 AZR 157/09, NZA 2010, 505. **42** BAG 19.5.1992 – 1 AZR 418/91, NZA 1992, 978 = EzA § 315 BGB Nr. 39; vgl. auch Baeck/Deutsch ArbZG § 4 Rn. 19. **43** LAG Köln 15.6.2009 – 5 Sa 179/09, LAGE § 106 GewO 2003 Nr. 7. **44** BAG 25.2.2015 – 1 AZR 642/13, NZA 2015, 442. **45** Baeck/Deutsch ArbZG § 4 Rn. 18; Roggendorff, ArbZG § 4 Rn. 13. **46** Oppolzer AiB 2011, 597 ff.; Maier, S. 183 f.

zeit je nach konkreter Ausgestaltung im Betrieb zu unterscheiden. Verlangt der Arbeitgeber, dass die Arbeitnehmer in der Pause die Kantine oder einen weiter entfernt liegenden Pausenraum aufsuchen, steht diesen die Wegezeit nicht zur freien Verfügung und gehört daher auch nicht zur Pause. Steht es den Arbeitnehmern dagegen grundsätzlich frei, wo sie die Pause verbringen, zählt die Zeit, die sie zur Kantine brauchen, grundsätzlich zur Pause. Die Kantine darf sich jedoch nicht zu weit vom Arbeitsplatz entfernt befinden, andernfalls ist die Pausenzeit entsprechend zu verlängern.[47] Insoweit noch hinnehmbar ist eine Entfernung von etwa 100 m bzw. eine Wegezeit von fünf Minuten.[48]

Auch die **Aufteilung der Pausen** liegt grundsätzlich im Ermessen des Arbeitgebers. § 4 ArbZG macht diesbezüglich lediglich die Einschränkung, dass eine Ruhepause nur dann vorliegt, wenn der entsprechende Zeitabschnitt mindestens 15 Minuten umfasst. Hieraus leiten sich die in der Praxis häufig anzutreffenden 15-minütigen Frühstücks- und 30-minütigen Mittagspausen ab. Unzulässig wäre dagegen die Aufteilung einer Gesamtpausenzeit von 30 Minuten in einen 20-minütigen und einen 10-minütigen Teil. Anderes kann auf der Grundlage von § 7 Abs. 1 Nr. 2 ArbZG für **Schicht- und Verkehrsbetriebe** in Tarifverträgen festgelegt werden (→ ArbZG § 7 Rn. 57). 17

V. Lage der Pausen

1. Pflicht des Arbeitgebers zur Festlegung. Durch § 4 ArbZG wird dem Arbeitgeber die **Organisationspflicht**[49] auferlegt, Ruhepausen festzulegen. Diese entbindet ihn von der Verpflichtung, während der Pause Arbeitsleistungen des Arbeitnehmers anzunehmen und verhindert damit, dass dieser seine Arbeitsleistung erbringen kann.[50] Seiner Festlegungspflicht kann der Arbeitgeber in **unterschiedlicher Art und Weise** nachkommen. So hat er wie im Fall der Dauer der Pausen auch bei deren Lage die Möglichkeit, diese nach billigem Ermessen und unter Berücksichtigung der Interessen der Arbeitnehmer kraft seines Direktionsrechts einseitig festzulegen. Wenn ein Betriebsrat besteht, ist über die Lage der Pausen eine Betriebsvereinbarung zu schließen, die diesbezüglich eine betriebseinheitliche oder – was häufig der Fall sein wird – eine zB nach Abteilungen differenzierende Regelung enthalten kann. Schließlich kann der Arbeitgeber mit einzelnen Arbeitnehmern oder Arbeitnehmergruppen Individualvereinbarungen bezüglich der zeitlichen Lage der Pausen treffen. Ist Letzteres der Fall, liegt allerdings dann eine Pflichtverletzung des Arbeitgebers vor, wenn dieser die Regelungsbefugnis in Bezug auf die Lage der Pausen an eine Arbeitnehmergruppe, zB ein OP-Team,[51] übertragen hat, diese jedoch keine einsprechenden Absprachen trifft oder solche nicht anwendet.[52] Gleiches gilt, wenn der Arbeitgeber zwar eine Pause festgesetzt hat, er den Arbeitnehmern jedoch nicht ermöglicht, diese auch in Anspruch zu nehmen.[53] 18

2. Im Voraus feststehend. Gesetzliche Vorgaben zur Konkretisierung der Lage der Pausen finden sich nur ansatzweise. So sieht § 4 S. 1 ArbZG zunächst lediglich vor, dass die Lage der Pausen **im Voraus feststehen** muss. Ob deren Zeitpunkt bereits zu Beginn der täglichen Arbeitszeit[54] oder erst beim Beginn der Pause selbst[55] festgelegt sein muss, ist umstritten. Das Bundesarbeitsgericht hat diese Frage zuletzt ausdrücklich offen gelassen.[56] Aus dem Gesetzestext allein lassen sich bezüglich der Beantwortung dieser 19

---

[47] Ähnlich Schliemann ArbZG § 4 Rn. 24. [48] Vgl. ASR A.4.2 „Pausen- und Bereitschaftsräume" – Nr. 4 1. (5), GMBl 2012, S. 660, geändert GMBl 2014, S. 287. [49] Maier, S. 148 ff.; Buschmann/Ulber ArbZG § 4 Rn. 20. [50] BAG 25.2.2015 – 1 AZR 642/13, NZA 2015, 442. [51] LAG Schleswig-Holstein 14.1.2009 – 6 Sa 347/08, LAGE § 4 ArbZG Nr. 1. [52] BAG 27.7.1992 – 6 AZR 478/90, DB 1992, 2247; zustimmend Buschmann/Ulber ArbZG § 4 Rn. 7; Kleinebrink DB 2015, 2023 (2024); differenzierend Schliemann und Roggendorff, die eine Überlassung der Organisation an Arbeitnehmergruppen befürworten, jedoch den Arbeitgeber bezüglich der Durchführung in der Kontrollpflicht sehen, vgl. Schliemann ArbZG § 4 Rn. 14; Roggendorff, ArbZG § 4 Rn. 17. [53] BAG 23.9.1992 – 4 AZR 562/91, NZA 1993, 725, ebenso Buschmann/Ulber ArbZG § 4 Rn. 20; Anzinger/Koberski ArbZG § 4 Rn. 36. [54] So Neumann/Biebl ArbZG § 4 Rn. 3. [55] So Schliemann ArbZG § 4 Rn. 18; Kleinebrink DB 2015 2023 (2025); ausnahmsweise auch Anzinger/Koberski ArbZG § 4 Rn. 33, wenn eine frühere Festlegung aus betrieblichen Gründen nicht möglich sein sollte. [56] BAG 25.2.2015 – 1 AZR 642/13, NZA 2015, 444.

Frage keine Anhaltspunkte gewinnen. Insoweit ist auf den Zweck der Regelung abzustellen. Pausen dienen zur Erholung und Regeneration der Arbeitskraft. Dieser Zweck wird sicherlich auch dann gewahrt, wenn der Arbeitgeber die zeitliche Lage der Pause nicht schon zu Beginn der täglichen Arbeitszeit festlegt. Auf jeden Fall muss organisatorisch gesichert sein, dass Pausen auch bei hohen Arbeitsanforderungen nicht „vergessen" werden.[57]

20 Allerdings folgt aus der Tatsache, dass die Pausen im Voraus feststehen müssen, dass für den Arbeitnehmer bezüglich ihrer Lage eine gewisse **Vorhersehbarkeit** gegeben sein muss. Dem trägt die Gesetzesbegründung – was auch das Bundesarbeitsgericht bisher jedenfalls nicht aufgreift[58] – dadurch Rechnung, dass nach dieser die Festlegung im Voraus bedeutet, dass zu Beginn der täglichen Arbeitszeit zumindest ein **bestimmter zeitlicher Rahmen feststehen muss**, innerhalb dessen der Arbeitnehmer – ggf. in Absprache mit anderen Arbeitnehmern – seine Ruhepause in Anspruch nehmen kann.[59] Insoweit hat der Gesetzgeber der bis dahin geltenden Rechtsprechung des Bundesarbeitsgerichts entsprochen, nach der die Vorhersehbarkeit der Lage der Pause jedenfalls dann gewährt sein soll, wenn deren Inanspruchnahme innerhalb eines Zeitraumes von zwei Stunden möglich ist.[60] Zu beachten in diesem Zusammenhang ist allerdings, dass durch die Festlegung eines überlangen Zeitrahmens für die Pausengewährung der Erholungszweck konterkariert würde. Insoweit dürften diesbezüglich **Zeitspannen von mehr als zwei Stunden unzulässig** sein. In der aktuellen Judikatur wird zu Recht verlangt, dass der Arbeitnehmer zu Beginn der täglichen Arbeitszeit erkennen kann, in welchem zeitlichen Rahmen er eine Pause erhält, damit er sich in seinem Arbeitsrhythmus darauf einstellen kann.[61]

Dem Gegenargument, dass Pausen in bestimmten Branchen, wie etwa dem Einzelhandel, bei dem der Umfang des jeweiligen Arbeitsanfalls vom Kundenaufkommen abhängig sei, nicht zuverlässig im Voraus geplant werden könnten,[62] ist entgegenzuhalten, dass dieser Umstand auch auf die Zeit zutrifft, während der der Arbeitnehmer die Pause tatsächlich in Anspruch nimmt. Will der Arbeitgeber sicherstellen, dass während dieser Zeit ein plötzlich steigendes Kundenaufkommen aufgefangen wird, muss er entsprechende personelle Vorkehrungen treffen.[63] Entsprechendes wäre auch im Fall einer Festlegung der Pausen am Beginn der Arbeitszeit nicht nur möglich, sondern würde auch für den Arbeitgeber deutlich einfacher zu planen sein. Im Übrigen dürfte der Einwand jedenfalls in den häufigen Fällen nicht durchgreifen, in denen in den Betrieben konkrete Erfahrungswerte bezüglich der zeitlichen Verteilung des Arbeitsanfalls (Kundenaufkommen, Telefonate, Posteingang usw.) existieren. Hier hat der Arbeitgeber durchaus die Möglichkeit, eine Planung der Pausen zumindest am Beginn der Arbeitszeit vorzunehmen. Auch die Ansicht, der Gesetzgeber wolle mit dem Begriff „im Voraus" lediglich sicherstellen, dass der Arbeitgeber nicht etwa rückwirkend Zeiten eines unvorhergesehenen Arbeitsstillstands als Erholungspause deklarieren könne, findet weder im Wortlaut der Regelung noch in der Gesetzesbegründung eine Stütze. Im Gegenteil: Wie bereits ausgeführt, findet sich in Letzterer der ausdrückliche Hinweis auf die Intension der Festlegung zumindest eines Zeitrahmens für die Pausen am Beginn der

---

[57] Kohte NZA 2015, 1417 (1422) mit Verweis auf BAG 13.10.2009 – 9 AZR 139/08, NZA-RR 2010, 623 (627) Rn. 47. [58] Das BAG zieht die Gesetzesbegründung nur für die Frage heran, ob die Pausenzeit vor Beginn der Arbeit festgelegt sein muss, BAG 25.2.2015 – 1 AZR 642/13, NZA 2015, 444. [59] BT-Drs. 12/5888, 24; vgl. auch Neumann/Biebl ArbZG § 4 Rn. 3; Baeck/Deutsch ArbZG § 4 Rn. 24; HK-ArbZR/Jerchel ArbZG § 4 Rn. 30; Buschmann/Ulber ArbZG § 4 Rn. 12; Junker ZfA 1998, 105 (115); Anzinger BB 1994, 1492 (1494). [60] BAG 28.9.1972 – 5 AZR 198/72, AuR 1973, 158; vgl. auch BAG 27.7.1992 – 6 AZR 478/90, DB 1992, 2247. [61] LAG Köln 26.10.2012 – 10 Sa 539/12, Rechtsprechungsdatenbank des Justizministeriums NRW, www.jm.nrw.de/Bibliothek/Rechtsprechung Nordrhein-Westfalen; ähnlich bereits LAG Köln 3.8.2010 – 12 Sa 610/10, LAGE § 4 ArbZG Nr. 2. [62] So LAG Köln 13.5.2013 – 7 Sa 261/12, Rechtsprechungsdatenbank des Justizministeriums NRW, www.jm.nrw.de/Bibliothek/Rechtsprechung Nordrhein-Westfalen. Schliemann ArbZG § 4 Rn. 19 hält den vom Gesetzeswortlaut vorgegebenen Rahmen für ausreichend. [63] So auch VG Ansbach 25.1.2017 – AN 4 K 15.00907.

täglichen Arbeitszeit.⁶⁴ Schließlich verkennt die eine Festlegung der Pausen am Beginn der Arbeitszeit ablehnende Auffassung, dass der Arbeitnehmer möglicherweise eine gewisse Zeit benötigt, um Arbeitsprozesse vor der eigentlichen Pause abzuschließen, so dass er diese häufig schon allein aus praktischen Erwägungen keinesfalls spontan beginnen kann.

Darüber hinaus hat das Bundesarbeitsgericht entschieden, dass nicht nur der Beginn der Pause, sondern auch deren **Dauer** durch den Arbeitgeber **im Voraus festzulegen** ist.⁶⁵ Eine Arbeitsunterbrechung, bei der der Arbeitnehmer zu Beginn nicht weiß, wie lang sie dauern wird, ist daher keine Pause iSd Arbeitszeitrechts, da sich dieser unter diesen Umständen während der Zeit durchgängig zur Arbeitsaufnahme bereithalten muss. Allerdings genügt es im Gegensatz zu ihrer Lage hier, dass dem Arbeitnehmer die Dauer der Pause erst zu deren Beginn mitgeteilt wird.⁶⁶ 21

3. Zeitliche Vorgaben zur Lage. Auch zur konkreten zeitlichen Lage der Ruhepausen enthält § 4 ArbZG nur sehr begrenzte Aussagen. So legt dieser in S. 2 diesbezüglich lediglich fest, dass Arbeitnehmer nicht länger als sechs Stunden ohne eine solche beschäftigt werden dürfen. Daraus folgt, dass die erste Ruhepause in jedem Fall **spätestens nach sechs Stunden** Arbeitszeit zu gewähren ist. Aus dem Wortlaut der Regelung, die davon spricht, dass die Arbeitszeit durch die Ruhepause zu „unterbrechen" ist, geht zudem unmissverständlich hervor, dass **Pausenzeiten der Arbeitszeit weder vor- noch nachgelagert** sein dürfen.⁶⁷ In diesem Fall würde es an einer Unterbrechung der Arbeitszeit fehlen. 22

Im Rahmen dieser Vorgaben besteht hinsichtlich der Lage der Pausen grundsätzlich eine Entscheidungsfreiheit des Arbeitgebers. Dieser bestimmt daher auf der Grundlage seines Direktionsrechts auch darüber, wann diese beginnen und enden sollen. Allerdings muss er hierbei den Zweck der Ruhepausen beachten. Dem in diesem Zusammenhang maßgeblichen Erholungseffekt würden sowohl Pausen **kurz nach Arbeitsbeginn** als auch **kurz vor dem Arbeitsende** zuwiderlaufen.⁶⁸ Insofern muss der Arbeitgeber diese in einem angemessenen Abstand zu den Grenzen der Arbeitszeit festlegen. Dabei kommt es für die Angemessenheit auf die konkrete Tätigkeit des Arbeitnehmers im Einzelfall an. So können körperlich anstrengende oder eine hohe Konzentration erfordernde Beschäftigungen früher eine (erste) Arbeitsunterbrechung erfordern als weniger beanspruchende Tätigkeiten. Hat der Arbeitgeber lediglich eine Pause festgelegt, sollte diese daher in jedem Fall nach Möglichkeit etwa in der Mitte der Arbeitszeit liegen. Werden dem Arbeitnehmer dagegen mehrere Pausen gewährt, ist deren möglichst gleichmäßige Verteilung über die gesamte Arbeitszeit angezeigt. 23

Unter bestimmten Umständen kann der Arbeitgeber auch verpflichtet sein, eine Pause bei Arbeitszeiten von **weniger als sechs Stunden** zu gewähren. Wie bei der Pflicht zur Verlängerung der Pausenzeiten bzw. der Erhöhung der Anzahl der Pausen kommt dies insbesondere bei besonders belastenden Tätigkeiten in Betracht (→ Rn. 15). Einen Hinweis darauf, welcher Belastungsumfang hierfür maßgeblich sein könnte, lässt sich aus § 1 FPersV iVm Art. 7 VO 561/2006/EG für Kraftfahrer entnehmen, in der abweichend von § 4 ArbZG eine erste Pause von mindestens 45 Minuten bereits nach einer Lenkzeit von 4,5 Stunden gesetzlich vorgeschrieben ist.⁶⁹ In aller Regel treffen Arbeitgeber in der Praxis jedoch bereits von sich aus entsprechende Regelungen. So liegt eine 24

---

64 BT-Drs. 12/5888, 24. **65** BAG 29.10.2002 – 1 AZR 603/01, NZA 2003, 1212. **66** BAG 13.10.2013 – 9 AZR 139/08, NZA-RR 2010, 623; vgl. auch Kleinebrink DB 2015 2023 (2025). **67** AllgM, vgl. Neumann/Biebl ArbZG § 4 Rn. 6; Buschmann/Ulber ArbZG § 4 Rn. 4; HK-ArbZR/Jerchel ArbZG § 4 Rn. 28; Baeck/Deutsch ArbZG § 4 Rn. 23; Dobberahn S. 22. **68** LAG Köln 20.9.2010 – 2 Sa 540/10, Rechtsprechungsdatenbank des Justizministeriums NRW, www.jm.nrw.de/Bibliothek/Rechtsprechung Nordrhein-Westfalen; ebenso Roggendorff, S. 60; Anzinger/Koberski ArbZG § 4 Rn. 22; Kleinebrink DB 2015 2023 (2024); aA ErfK/Wank ArbZG § 4 Rn. 3; ähnlich Baeck/Deutsch ArbZG § 4 Rn. 23, die eine Lage der Pause kurz vor Beginn bzw. Ende der Arbeitszeit in Abhängigkeit von den Umständen des Einzelfalls nicht grundsätzlich für unzulässig halten. **69** Vgl. FPersV, BGBl. I 2005, 1882, zuletzt geändert durch Verordnung vom 8.8.2017, BGBl. I 2017, 3158; ABl. EG 2006 L 102, 6.

erste 15-minütige Pause, die häufig der Nahrungsaufnahme dient, regelmäßig bereits zwei bis drei Stunden nach dem Beginn der Arbeit.

VI. Sonderregelungen

25 Eine Sonderregelung zu Dauer und Lage der Pausen besteht für **Kraftfahrer**. Nach § 1 FPersV iVm Art. 7 der VO 561/2006/EG muss diesen abweichend von § 4 ArbZG eine erste Pause von mindestens 45 Minuten bereits nach einer Lenkzeit von 4,5 Stunden gesetzlich gewährt werden.[70] Weitere Sondervorschriften bestehen für **Jugendliche** im Rahmen des § 11 JArbSchG (→ JArbSchR Rn. 50). Soweit **stillenden Müttern** zusätzliche Stillzeiten nach § 7 MuSchG aF zu gewähren sind, dürfen diese nicht auf die Pausenzeiten nach § 4 ArbZG angerechnet werden; dies ist jetzt ausdrücklich in § 23 Abs. 1 MuSchG 2017 normiert, da für diese Zeit kein Verdienstausfall entstehen darf.

VII. Aufenthalt während der Pause

26 Während der Pause kann sich der Arbeitnehmer grundsätzlich frei bewegen und daher seinen Arbeitsplatz auch verlassen. Ob auch das Betriebsgelände verlassen werden darf, hängt davon ab, ob der Arbeitgeber dies gestattet hat. Nach § 6 Abs. 3 ArbStättV haben Arbeitgeber, die mehr als zehn Arbeitnehmer beschäftigen, **Pausenräume** einzurichten, sofern nicht Büroräume oder vergleichbare Räume diese Funktion erfüllen können (→ ArbStättV Rn. 86).

VIII. Mitbestimmung

27 Bei der Festlegung der Ruhepausen muss der Arbeitgeber ggf. berücksichtigen, dass die Frage, wann Pausen beginnen bzw. enden sollen, nach **§ 87 Abs. 1 Nr. 2 BetrVG** der zwingenden **Mitbestimmung** durch den Betriebsrat unterliegt. Dies gilt auch, wenn die Pausen über die in § 4 ArbZG bestimmte Dauer hinausgehen.[71] Damit kann der Arbeitgeber beispielsweise nicht einseitig festlegen, dass die Pause mit Verlassen bzw. Erreichen des Arbeitsplatzes beginnt bzw. endet. Vielmehr muss er insoweit Einvernehmen mit dem Betriebsrat erzielen. Dabei ist das Mitbestimmungsrecht bereits dann gewahrt, wenn in einer Betriebsvereinbarung zwar nicht die konkrete Lage und Dauer der Pausen festgelegt ist, sondern diese insoweit lediglich ein Festlegungsverfahren enthält. Werden nach diesem zB Anzahl und Dauer der von über die gesetzlichen Mindestpausen hinausgehenden Arbeitsunterbrechungen begrenzt und dem Arbeitgeber untersagt, die Pausen eins im Laufe der Schicht flexibel zu bestimmen, liegt in dem gleichzeitigen Verzicht auf die Einholung der Zustimmung des Betriebsrates zu jeder einzelnen konkreten Pausenfestlegung keine unzulässige Aufgabe des Mitbestimmungsrechts durch den Betriebsrat.[72] Gelingt keine Einigung mit dem Betriebsrat, entscheidet nach § 87 Abs. 2 BetrVG die **Einigungsstelle** über die Aufteilung und Lage der Pausen. Sofern der Arbeitgeber keine Pausenregelung trifft, kann der Betriebsrat aufgrund seines **Initiativrechts** eine entsprechende Regelung auch erzwingen. Mitbestimmungswidrige Zuweisung von Arbeit während der Pause kann auch mit dem Instrument des § 23 Abs. 3 BetrVG unterbunden werden.[73] Für Pausen nach § 4 ArbZG besteht ein Mitbestimmungsrecht des Betriebsrates nach § 87 Abs. 1 Nr. 2 BetrVG nur hinsichtlich deren Lage, nicht aber bezüglich ihrer Dauer.[74] Wenn solche Pausen jedoch nach § 618 BGB iVm § 3 ArbSchG geschuldet werden (→ Rn. 15), ergibt sich ein Mitbestimmungsrecht, das auch die Dauer umfasst, aus **§ 87 Abs. 1 Nr. 7 BetrVG**.[75]

IX. Rechtsdurchsetzung

28 Verstößt der Arbeitgeber gegen die gesetzlichen Pausenregelungen, indem Pausen nicht in dem erforderlichen Umfang oder nicht rechtzeitig gewährt werden, liegt nach § 22

---

[70] Vgl. FPersV, BGBl. I 2005, 1882, zuletzt geändert durch Verordnung vom 8.8.2017, BGBl. I 2017, 3158; ABl. EG 2006 L 102, 6. [71] BAG 25.2.2015 – 1 AZR 642/13, NZA 2015, 442. [72] BAG 25.2.2015 – 1 AZR 642/13, NZA 2015, 442. [73] BAG 7.2.2012 – 1 AZR 77/10, DB 2012, 1575. [74] BAG 1.7.2003 – 1 ABR 20/02, NZA 2004, 620; Fitting BetrVG § 87 Rn. 118. [75] Kohte in: FS Wißmann, S. 331, 337; HaKo-BetrVG/Kohte BetrVG § 87 Rn. 43; Maier, S. 266; Fitting BetrVG § 87 Rn. 119.

Abs. 1 Nr. 2 ArbZG eine **Ordnungswidrigkeit** vor. In diesem Fall droht ihm eine Geldbuße von bis zu 15.000 EUR je Verstoß, und zwar unabhängig davon, ob dieser vorsätzlich oder fahrlässig erfolgt ist (→ ArbZG § 22 Rn. 22). Führt die Nichtbeachtung der Vorschriften des § 4 ArbZG zu einer Gesundheitsgefährdung der Arbeitnehmer oder verstößt der Arbeitgeber wiederholt gegen § 4 ArbZG, handelt es sich um eine Straftat iSv § 23 ArbZG (→ ArbZG § 23 Rn. 6 ff.). Im Übrigen kann die zuständige Aufsichtsbehörde bei Verletzung von § 4 ArbZG **Anordnungen nach § 17 ArbZG** erlassen,[76] indem der Arbeitgeber zB verpflichtet wird, Aufzeichnungen über die Einhaltung der Pausen vorzunehmen.[77] Anlass für solche Maßnahmen besteht in zunehmendem Umfang. Nach dem Arbeitszeitreport 2016 der BAuA fallen bei knapp jedem fünften Beschäftigten mit einer Arbeitszeit von mehr als 6 Stunden Arbeitspausen über 15 Minuten häufig aus. Bei Beschäftigten mit überlangen Arbeitszeiten trifft dies bei etwa der Hälfte zu (44 % bzw. 52 %). Als Hauptgrund hierfür geben die Arbeitnehmer zu viel an Arbeit an.[78]

Auch **tarifliche bzw. betriebliche Regelungen** zur Pausengestaltung sind vom Arbeitgeber zu beachten. Bei Verstößen gegen diese kommen **Unterlassungsansprüche** der jeweils tarifschließenden Gewerkschaft nach Art. 9 Abs. 3 GG, §§ 823, 1004 BGB bzw. des Betriebsrats nach § 23 Abs. 3 BetrVG[79] in Betracht. Im Fall der Eilbedürftigkeit einer gerichtlichen Entscheidung kann einstweiliger Rechtsschutz in Anspruch genommen werden. Haben die Betriebsparteien die Pausen durch Betriebsvereinbarung geregelt, dann kann der Betriebsrat bei Rechtsverletzungen den betriebsverfassungsrechtlichen Durchführungsanspruch gerichtlich realisieren.[80] Verstößt der Arbeitgeber bei der Festlegung der Pause gegen das Mitbestimmungsrecht nach § 87 Abs. 1 Nr. 2 BetrVG, dann wird aus der Theorie der Wirksamkeitsvoraussetzung abgeleitet, dass den Arbeitnehmern für die Zeit der Freistellung Arbeitsentgelt nach § 615 BGB zusteht.[81] 29

Die einzelnen Arbeitnehmer können Gewährung der Pausen nach § 618 BGB iVm § 4 ArbZG verlangen.[82] Dieser **Erfüllungsanspruch** kann durch Leistungsklage realisiert werden; in geeigneten Fällen akzeptieren die Arbeitsgerichte auch die Möglichkeit der Feststellungsklage (→ ArbZG § 3 Rn. 50). Hat der Arbeitgeber Pausenzeiten angeordnet, die den Anforderungen des § 4 ArbZG nicht entsprechen, weil zB gleichzeitig Arbeitsbereitschaft verlangt wird oder keine hinreichende Freistellung erfolgt (→ Rn. 1 f.), dann gerät er bezüglich der Arbeitsleistung in der Regel selbst dann in **Annahmeverzug**, wenn der Arbeitnehmer während der fraglichen Zeit nicht arbeitet, so dass ein Zahlungsanspruch nach § 615 BGB geschuldet wird.[83] Voraussetzung hierfür ist allerdings, dass der Arbeitnehmer die Arbeitsleistung zumindest wörtlich ordnungsgemäß anbietet. Das bloße Erscheinen am Arbeitsplatz genügt insoweit nicht, da hieraus für den Arbeitgeber nicht deutlich wird, dass der Arbeitnehmer auch dann arbeiten möchte, wenn er tatsächlich nicht arbeitet, sondern die (rechtswidrig) angeordnete Pause in Anspruch nimmt.[84] Der verzugsbedingte Zahlungsanspruch entsteht in Höhe der vertraglich vereinbarten Vergütung, mindestens aber in Höhe des gesetzlichen Mindestlohnes von derzeit 8,84 EUR/Stunde.[85] Eine fehlende Pausengewährung ist zugleich eine arbeitsvertragliche Pflichtverletzung, so dass bei einem Gesundheitsschaden auch Schadensersatz nach § 280 Abs. 1 BGB geschuldet wird, soweit § 104 SGB VII 30

---

[76] Aligbe BG 2011, 515 (519). [77] VG Augsburg 25.1.2008 – Au 4 K 07.973, Datenbank-Recht der Bayrischen Staatsregierung, www.Gesetze-bayern.de/jportal; VG Ansbach 25.1.2017 – 4 AN K 15.00907, dazu Kohte, jurisPR-ArbR 17/2017 Anm. 2. [78] BAUA, Arbeitszeitreport Deutschland 2016, S. 30; vgl. auch Lohmann-Haislah, Stressreport 2012, S. 51; vgl. Kohte NZA 2015, 1417 (1422); HK-ArbZR/Jerchel ArbZG § 4 Rn. 7. [79] BAG 7.2.2012 – 1 ABR 77/10, DB 2012, 1575. [80] LAG Frankfurt 30.11.2015 – 16 TaBV 96/15, dazu Kohte, jurisPR-ArbR 16/2017 Anm. 1. [81] LAG Köln 26.4.2013 – 4 Sa 1120/12 Rn. 135 ff., AuR 2013, 427 (Ls.). [82] Generell zur Funktion des § 618 BGB im Arbeitszeitrecht: BAG 16.3.2004 – 9 AZR 93/03, NZA 2004, 927; vgl. BAG 11.7.2006 – 9 AZR 519/05, NZA 2007, 155 (158). [83] LAG Köln 26.10.2012 – 10 Sa 539/12, Rechtsprechungsdatenbank des Justizministeriums NRW, www.jm.nrw.de/Bibliothek/Rechtsprechung Nordrhein-Westfalen; bestätigt durch LAG Köln 8.5.2013 – 3 Sa 83/13. [84] BAG 25.2.2015 – 1 AZR 642/13, NZA 2015, 442. [85] So auch Kleinebrink DB 2015, 2023 (2025).

nicht eingreift.[86] Gegenüber Arbeitsanordnungen, die mit § 4 ArbZG unvereinbar sind, besteht ein **Leistungsverweigerungsrecht nach § 273 BGB**.[87]

§ 5 ArbZG Ruhezeit

(1) Die Arbeitnehmer müssen nach Beendigung der täglichen Arbeitszeit eine ununterbrochene Ruhezeit von mindestens elf Stunden haben.

(2) Die Dauer der Ruhezeit des Absatzes 1 kann in Krankenhäusern und anderen Einrichtungen zur Behandlung, Pflege und Betreuung von Personen, in Gaststätten und anderen Einrichtungen zur Bewirtung und Beherbergung, in Verkehrsbetrieben, beim Rundfunk sowie in der Landwirtschaft und in der Tierhaltung um bis zu eine Stunde verkürzt werden, wenn jede Verkürzung der Ruhezeit innerhalb eines Kalendermonats oder innerhalb von vier Wochen durch Verlängerung einer anderen Ruhezeit auf mindestens zwölf Stunden ausgeglichen wird.

(3) Abweichend von Absatz 1 können in Krankenhäusern und anderen Einrichtungen zur Behandlung, Pflege und Betreuung von Personen Kürzungen der Ruhezeit durch Inanspruchnahmen während der Rufbereitschaft, die nicht mehr als die Hälfte der Ruhezeit betragen, zu anderen Zeiten ausgeglichen werden.

Literatur: *Bissels/Domke/Wisskirchen*, BlackBerry & Co.: Was ist heute Arbeitszeit?, DB 2010, 2052; *Dobberahn*, Das neue Arbeitszeitgesetz in der Praxis, 1996; *Erasmy*, Ausgewählte Rechtsfragen zum neuen Arbeitszeitrecht, NZA 1994, 1105; *Falder*, Immer erreichbar – Arbeitszeit- und Urlaubsrecht in Zeiten des technologischen Wandels, NZA 2010, 1150; *Göpfert/Wilke*, Nutzung privater Smartphones für dienstliche Zwecke, NZA 2012, 765; *Hassler/Rau/Hupfeld/Paridon*, Auswirkungen von ständiger Erreichbarkeit und Präventionsmöglichkeiten, iga.Report 23 Teil 2, 2016; *Junker*, Brennpunkte des Arbeitszeitgesetzes, ZfA 1998, 105; *Kohte*, Arbeitsschutz in der digitalen Arbeitswelt, NZA 2015, 1417; *ders.*, Arbeitszeitrecht und das Leitbild der Zeitsparkasse, in: Däubler/Voigt (Hrsg.), risor silvaticus, Festschrift für Rudolf Buschmann, 2014, S. 71 (zitiert: FS Buschmann); *ders.*, Anwendbarkeit der Bildschirmrichtlinie auf Cutterin, BB 2000, 2579; *Krause*, Digitalisierung der Arbeitswelt – Herausforderungen und Regelungsbedarf, NZA 2016, 1004; *Linnenkohl*, Arbeitszeitschutz, Rufbereitschaft und Lohnrisiko, BB 1982, 2053; *Maier*, Freie Arbeitszeiteinteilung von Wissensarbeitern – Selbstbestimmung oder Ausbeutung?, DB 2016, 2723; *Schlegel*, Grenzenlose Arbeit, NZA Beil. 1/2014, 16; *Schuchart*, Ständige Erreichbarkeit – Arbeitszeit light, AuR 2016, 341; *Seebacher*, Immer Anschluss unter dieser Nummer, AiB 11/2014, 19; *Wank*, Facetten der Arbeitszeit, RdA 2014, 285; *Wiebauer*, Arbeitsschutz und Digitalisierung, NZA 2016, 1430; *Zmarzlik*, Entwurf eines Arbeitszeitgesetzes, BB 1993, 2009.

Leitentscheidungen: EuGH 9.9.2003 – C-151/02, NZA 2003, 1019 (1024) (Jaeger); EuGH 14.10.2010 – C-428/09, Slg I 2010, 9961 (Union syndicale); EuGH 23.12.2015 – C-180/14, AuR 2016, 162 mAnm. Buschmann; BAG 22.7.2003 – 1 ABR 28/02, NZA 2004, 507; BAG 18.1.2017 – 7 AZR 224/15, NZA 2017, 791; BayVGH 26.10.2011 – 22 CS 1989/11, PflR 2012, 596.

I. Normzweck, Systematik 1	a) Krankenhäuser und andere Einrichtungen 22
II. Entstehungsgeschichte, Unionsrecht 3	b) Gaststätten und andere Einrichtungen........... 24
III. Ununterbrochene Ruhezeit von elf Stunden (Abs. 1) 6	c) Verkehrsbetriebe......... 25
1. Ruhezeit 6	d) Rundfunk 29
2. Dauer der Ruhezeit......... 10	e) Landwirtschaft, Tierhaltung 31
3. Lage der Ruhezeit 15	
IV. Verkürzung der Ruhezeiten...... 18	f) Ausgleich der Ruhezeitverkürzung 34
1. § 5 Abs. 2 ArbZG 18	

---

[86] Anzinger/Koberski ArbZG § 4 Rn. 40; Maier, S. 222 ff.; HK-ArbZR/Jerchel ArbZG § 4 Rn. 66.
[87] Anzinger/Koberski ArbZG § 4 Rn. 56; Buschmann/Ulber ArbZG § 4 Rn. 20 mit Hinweis auf LAG Rheinland-Pfalz 11.4.2005 – 7 Sa 1/05, AuR 2006, 35; Maier, S. 226 ff.

2. § 5 Abs. 3 ArbZG	37	VI. Rechtsdurchsetzung	47
V. Abweichungen	45		

I. Normzweck, Systematik

Tägliche Ruhezeiten gehören zu den klassischen Instrumenten des Arbeitszeitrechts. Ihr Zweck ist in Art. 2 Nr. 9 RL 2003/88/EG in der Weise umschrieben worden, dass mit solchen Ruhezeiten sichergestellt wird, dass die Beschäftigten nicht wegen Übermüdung oder wegen eines unregelmäßigen Arbeitsrhythmus sich selbst, ihre Kollegen oder sonstige Personen verletzen und weder kurzfristig noch langfristig ihre Gesundheit schädigen. Der Europäische Gerichtshof hat daher Ruhezeiten nur dann als effektiv qualifiziert, wenn die Arbeitnehmer sich von der **durch ihre Arbeit hervorgerufenen Übermüdung** erholen können, und zugleich den präventiven Charakter betont, dass Sicherheit und Gesundheit der Arbeitnehmer auch langfristig nicht verschlechtert werden.[1] Dieser Zweck ist in der deutschen Diskussion ebenfalls anerkannt. Ergänzend wird darauf hingewiesen, dass eine effektive Ruhezeit von wenigstens elf Stunden den **persönlichen Interessen der Beschäftigten** dient und es ihnen ermöglicht, am gesellschaftlichen, politischen, gewerkschaftlichen, kulturellen und religiösen Leben teilzunehmen.[2] Dem Arbeitnehmer soll ohne Unterbrechung durch Arbeit genügend Zeit für Erholung, Entspannung und Schlaf zur Verfügung stehen.[3]

Für **spezielle Gruppen** sind spezifische Ruhezeitvorschriften normiert worden. So verlangt § 13 JArbSchG eine ununterbrochene „Freizeit" von zwölf Stunden. Der spezifische Begriff soll eine intensivere Freistellungsphase umschreiben, die den persönlichen Interessen der Jugendlichen noch stärker dienen soll, so dass – im Unterschied zur klassischen Ruhezeit – auch Rufbereitschaft ausgeschlossen ist (→ Jugendarbeitsschutz Rn. 52).[4] Einen spezifischen Freizeitschutz enthält das Verbot der Mehrarbeit für werdende und stillende Mütter in § 4 Abs. 1 MuSchG 2018, bisher § 8 Abs. 1 MuSchG (→ MuSchG Rn. 34). Dagegen sind für **Kraftfahrer** in § 21 a Abs. 5 ArbZG Dauer und Lage der Ruhezeiten gesondert normiert und verkürzt; gleichwohl finden wir keinen spezifischen Ruhezeitbegriff für Kraftfahrer (→ ArbZG § 21 a Rn. 19).

II. Entstehungsgeschichte, Unionsrecht

§ 5 Abs. 1 ArbZG ist **nahezu wortgleich mit § 12 Abs. 1 S. 1 AZO**, der ebenfalls eine ununterbrochene Ruhezeit der Arbeitnehmer von elf Stunden festlegte.[5] Eine Verkürzung um eine Stunde war in S. 2 für Gast- und Schankwirtschaften und das Beherbergungs- und Verkehrswesen gestattet. Weitere Ausnahmen konnte das Gewerbeaufsichtsamt zulassen. Diese Vorgaben fanden sich weitgehend im Gesetzentwurf der Bundesregierung wieder. Allerdings wurden die Bereiche, in denen eine Verkürzung der Ruhezeit möglich sind, um Krankenhäuser und andere Einrichtungen zur Behandlung, Pflege und Betreuung von Personen ergänzt. Hinzu kam außerdem ein Ausgleichszeitraum für die Verkürzung der Ruhezeit von einem Monat oder vier Wochen, in dem die Ruhezeit auf zwölf Stunden auszudehnen ist. Dies sollte nach Abs. 3 allerdings nicht für Arbeitnehmer in Krankenhäusern und anderen Einrichtungen zur Behandlung, Pflege und Betreuung von Personen gelten, wenn diese im Rahmen von Bereitschaftsdiensten oder Rufbereitschaft zur Arbeitsleistung herangezogen werden und die dadurch bedingte Verkürzung der Ruhezeit nicht mehr als die Hälfte beträgt. Schließlich war in dem Gesetzentwurf der Bundesregierung ein inzwischen weggefallener Abs. 4 enthalten, der für Kraftfahrer und Beifahrer die Anwendung gemeinschaftsrechtlicher Vorschriften festlegte, soweit diese geringere Mindestruhezeiten enthalten. Hier sah die RL 3820/85/EG die Möglichkeit einer Aufteilung der Ruhezeit vor. Dies hielt die Bundesregierung aus ordnungs- und wettbewerbspolitischen Gründen für geboten.[6]

---

[1] EuGH 9.9.2003 – C-151/02, NZA 2003, 1019 (1024) (Jaeger). [2] Anzinger/Koberski ArbZG § 5 Rn. 3. [3] So jetzt BAG 18.1.2017 – 7 AZR 224/15 Rn. 27, NZA 2017, 791. [4] ErfK/Schlachter JArbSchG § 13 Rn. 1. [5] Verordnung vom 30.4.1938, RGBl. I, 447. [6] BT-Drs. 12/5888, 25.

4 Der Entwurf der Bundesregierung wurde **inhaltlich nahezu unverändert** in das Gesetz übernommen. Allein den Bereichen, in denen eine Verkürzung der Ruhezeit zulässig ist, wurde der „Rundfunk" hinzugefügt.[7] Alle sonstigen Änderungsvorschläge wurden abgelehnt. So scheiterte der Bundesrat mit dem Vorschlag, Heimarbeiter aus dem Anwendungsbereich des § 5 Abs. 1 ArbZG auszunehmen und das ArbZG generell auf diese zu erstrecken. Auch die Anregung, bei den in Abs. 3 genannten Personen den Ausgleichszeitraum nicht nur bei einer Inanspruchnahme im Rahmen von Bereitschaftsdiensten oder Rufbereitschaft generell entfallen zu lassen, fand keine Zustimmung. Gleiches galt für die Streichung des Abs. 4, für den der Bundesrat im Hinblick auf Art. 11 RL 3820/85/EG, der den Erlass günstigerer Regelungen im ArbZG erlaubt, keine Notwendigkeit mehr sah. Diese Regelung entfiel erst, als aufgrund der RL 2002/15/EG das Personenbeförderungsgesetz geändert wurde (→ ArbZG § 21 a Rn. 19). Ebenso keinen Erfolg hatten die Gesetzentwürfe der SPD und der GRÜNEN, nach denen die Ruhezeit mindestens zwölf Stunden betragen und ihre Verkürzung lediglich im Fall von Arbeitsbereitschaft möglich sein sollte.

5 Im Unionsrecht verlangt Art. 3 RL 2003/88/EG von den Mitgliedstaaten, dass sie die erforderlichen Maßnahmen treffen, damit jedem Arbeitnehmer pro 24-Stunden-Zeitraum eine **Mindestruhezeit von elf zusammenhängenden Stunden** gewährt wird. Diese tägliche Ruhezeit wird in der Rechtsprechung des Europäischen Gerichtshofs[8] als eine besonders wichtige Regel des Sozialrechts der Union qualifiziert. Die Ruhezeit muss effektiv sein, indem sie es den Betreffenden erlaubt, sich von der durch ihre Tätigkeit hervorgerufenen Ermüdung zu erholen; sie muss weiter vorbeugend wirken, um Gefahren für Sicherheit und Gesundheit der Arbeitnehmer so weit wie möglich zu verringern. Aus diesem Grund sind die Mitgliedstaaten auch verpflichtet, die reale Umsetzung dieses Anspruchs zu gewährleisten.[9] Von diesem Grundsatz kann nur in **eng festgelegten Ausnahmefällen** abgewichen werden, die in der Richtlinie vor allem in **Art. 17 Abs. 1 und Abs. 3** normiert sind.

III. Ununterbrochene Ruhezeit von elf Stunden (Abs. 1)

6 **1. Ruhezeit.** Ohne den Begriff zu definieren, ordnet § 5 Abs. 1 ArbZG an, dass Arbeitnehmern nach der Beendigung der Arbeitszeit eine ununterbrochene Ruhezeit von mindestens elf Stunden zu gewähren ist. Insoweit ist der **Begriff der Ruhezeit** von seinem Zweck (→ Rn. 1) her zu bestimmen. Diese ist dazu bestimmt, dem Arbeitnehmer eine Erholung von der Arbeitsbelastung sowie die Regeneration seiner Arbeitskraft zu ermöglichen.[10] Insofern setzt die Einordnung von Zeiten als Ruhezeit voraus, dass der Arbeitnehmer von jeglicher Arbeitsverpflichtung frei ist und dem Arbeitgeber auch nicht anderweitig zur Verfügung stehen muss. Mithin ist **Ruhezeit** die Zeit zwischen dem Ende der täglichen Arbeitszeit und dem Beginn der folgenden täglichen Arbeitszeit.[11] Sie bildet somit das begriffliche Gegenstück zur Arbeitszeit.

7 Aus dem Vorstehenden folgt, dass alle Zeiten, in denen der Arbeitnehmer tatsächlich zu **Arbeitsleistungen** herangezogen wird, keine Ruhezeiten iSv § 5 ArbZG sind. Gleiches gilt für Zeiten der **Arbeitsbereitschaft** und des **Bereitschaftsdienstes**. Auch diese sind nach einhelliger Auffassung Arbeitszeit (→ ArbZG § 2 Rn. 15 ff., 21 ff.). Ob Zeiten der **Rufbereitschaft** zur Ruhezeit gehören, ist umstritten. Teilweise werden diese unter Hinweis auf § 21 a Abs. 3 S. 3 ArbZG nicht zur Ruhezeit gezählt.[12] Dies überzeugt nicht, da die Regelung aufgrund ihrer systematischen Stellung im Gesetz lediglich Bedeutung für eine Beschäftigung als Fahrer oder Beifahrer bei Straßentransporttätigkeit hat. Hätte der Gesetzgeber sie auf alle Beschäftigungsverhältnisse erstrecken wollen, hätte er eine entsprechende Formulierung unschwer in § 5 ArbZG aufnehmen kön-

---
[7] BT-Drs. 12/6990, 9. [8] EuGH 14.10.2010 – C-428/09, Slg I 2010, 9961, Rn. 47 (Union syndicale). [9] EuGH 7.9.2006 – C-484/04, Slg 2006, I-7471, Rn. 38 (Kommission ./. Vereinigtes Königreich Großbritannien und Nord Irland). [10] Vgl. Schliemann ArbZG § 5 Rn. 5; HK-ArbZR/Jerchel ArbZG § 5 Rn. 13; Roggendorff ArbZG § 5 Rn. 9. [11] BAG 13.2.1992 – 6 AZR 638/89, NZA 1992, 981; Baeck/Deutsch ArbZG § 5 Rn. 6; Dobberahn Rn. 62. [12] Vgl. Buschmann/Ulber ArbZG § 5 Rn. 4.

nen. Dass dies nicht der Fall ist, spricht mithin für eine Anwendungsbeschränkung des
§ 21a Abs. 3 S. 3 ArbZG (→ ArbZG § 21a Rn. 14).

Gegen die Annahme, Rufbereitschaft gehöre zur Ruhezeit, spricht zudem die Entstehungsgeschichte des § 21a ArbZG. Mit diesem wurde ua die Richtlinie 2002/15/EG zu Arbeitszeiten im Straßentransport in das deutsche Recht überführt. Zwar kann der Gesetzgeber im Rahmen der Umsetzung europarechtlicher Vorgaben in nationales Recht inhaltlich über diese hinausgehen. Jedoch bestehen vorliegend hierfür keinerlei Anhaltspunkte, da er zur Umsetzung der Richtlinie eine gesonderte Norm geschaffen hat, die ausdrücklich nur auf deren Inhalt Bezug nimmt. Dass auch der Gesetzgeber **Zeiten der Rufbereitschaft zur Ruhezeit zählen** will, ergibt sich letztlich aus § 5 Abs. 3 ArbZG, der unter bestimmten Voraussetzungen eine Verkürzung der Ruhezeit im Fall der Inanspruchnahme des Arbeitnehmers während der Rufbereitschaft zulässt.[13] Schließlich spricht auch der Sinn und Zweck der Ruhezeit gegen einen Ausschluss der Rufbereitschaft aus der Ruhezeit. So ist deren Erholungs- und Regenerationsfunktion durch die aus der Rufbereitschaft regelmäßig resultierende lediglich örtliche Beschränkung des Arbeitnehmers nicht nachhaltig beeinträchtigt. Insofern sind diese Zeiten Ruhezeiten iSv § 5 Abs. 1 ArbZG.[14]

Nicht zur Ruhezeit, sondern zur Arbeitszeit gehören dagegen die Zeiten, in denen der Arbeitnehmer während der Rufbereitschaft **tatsächlich zur Arbeitsleistung herangezogen** wird. Inwieweit sonstige Zeiten, wie Warte-, Wege- und Umkleidezeiten oder Zeiten von Dienstreisen der Arbeits- oder der Ruhezeit zuzuordnen sind, richtet sich im Einzelfall danach, ob der Arbeitnehmer dem Arbeitgeber während dieser Zeiten zur Verfügung steht (→ ArbZG § 2 Rn. 36 ff.).

2. Dauer der Ruhezeit. Die Dauer der Ruhezeit muss nach § 5 Abs. 1 ArbZG **mindestens elf Stunden** betragen. Für jugendliche Arbeitnehmer gilt die Sonderregelung des § 13 JArbSchG, der eine Freizeit von mindestens zwölf Stunden vorschreibt. Bei diesen zeitlichen Vorgaben handelt es sich um zwingende Mindestregelungen, die auf arbeitsmedizinischem Erfahrungswissen über die einem Arbeitnehmer zumutbare Belastung beruhen, so dass sie nach Ansicht des Bundesarbeitsgerichts auch außerhalb des Anwendungsbereichs des ArbZG zu beachten sind.[15] Insofern ist es unzulässig, die Ruhezeit aufgeteilt auf kleinere Zeitabschnitte zu gewähren und diese dann zusammenzurechnen. Allerdings ist der Arbeitgeber nicht gehindert, dem Arbeitnehmer eine längere Ruhezeit als elf Stunden einzuräumen. Eine **Verkürzung der Ruhezeit** kommt hingegen nur im Rahmen der speziellen gesetzlichen Regelungen in Abs. 2 und 3 in Betracht (→ Rn. 18 ff., 37 ff.).

Nach § 5 Abs. 1 ArbZG ist die Ruhezeit **ununterbrochen** zu gewähren. Dies trägt dem dieser zugrunde liegenden Erholungs- und Regenerationsgedanken Rechnung. Wird der Arbeitnehmer während der Ruhezeit zu Arbeitsleistung, Arbeitsbereitschaft oder Bereitschaftsdiensten herangezogen, tritt hierdurch eine **Unterbrechung der Ruhezeit** ein. Da die Ruhezeit jedoch zusammenhängend zu gewähren ist, beginnt sie nach der Inanspruchnahme durch den Arbeitgeber erneut von vorn.[16] Dies gilt selbst dann, wenn der Arbeitnehmer mit der Unterbrechung der Ruhezeit einverstanden ist und diese insoweit freiwillig erfolgt.[17]

---

13 So auch Neumann/Biebl ArbZG § 5 Rn. 2. **14** Wie hier ErfK/Wank ArbZG § 5 Rn. 3; Schliemann ArbZG § 5 Rn. 9; Neumann/Biebl ArbZG § 5 Rn. 2; Dobberahn Rn. 63; Roggendorff ArbZG § 5 Rn. 11. **15** BAG 18.1.2017 – 7 AZR 224/15 Rn. 27, NZA 2017, 791; im Grundsatz bestätigt durch BAG 21.3.2017 – 7 ABR 17/15. **16** BAG 5.7.1976 – 5 AZR 264/75, DB 1976, 1868 (1869); vgl. auch Baeck/Deutsch ArbZG § 5 Rn. 13; Buschmann/Ulber ArbZG § 5 Rn. 8; Schliemann ArbZG § 5 Rn. 12. **17** Schliemann ArbZG § 5 Rn. 10. Zur Unterbrechung der Ruhezeit bei Nutzung moderner Kommunikationstechnologien: Anzinger/Koberski ArbZG § 5 Rn. 12; Falder NZA 2010, 1150 (1154).

12 Der erneute Beginn der Ruhezeit gilt auch bei nur **kurzzeitigen Unterbrechungen**, zB auch bei dienstlichen Telefonaten, Lesen von E-Mails oder Whats-App-Nachrichten.[18] Dem kann nicht unter Hinweis auf den Zweck der Ruhezeit entgegengehalten werden, dass nur geringfügige Unterbrechungen den Arbeitnehmer kaum belasten würden.[19] Einer solchen Auslegung steht bereits der Wortlaut des § 5 Abs. 1 ArbZG entgegen, der eine solche Einschränkung nicht enthält. Zudem erscheint das von der Gegenauffassung verwendete Merkmal der kaum belastenden Tätigkeit aufgrund seiner Undifferenziertheit als wenig praktikabel. Insoweit dürften sich bei der Einordnung einer Ruhezeitunterbrechung als kurzzeitig im Einzelfall erhebliche Probleme ergeben, da auch solche Unterbrechungen mit erheblichen körperlichen und geistigen Belastungen für die Arbeitnehmer verbunden sein können, so dass bei mehrfachen nur kurzzeitigen Unterbrechungen der Ruhezeit der Schutzzweck des § 5 Abs. 1 ArbZG nicht mehr gewährleistet wäre, da der Erholungseffekt für den Arbeitnehmer entfallen würde.

13 Für Arbeitnehmer, die Dauer und Lage der Arbeitszeit weitgehend selbst bestimmen können, wird im Rahmen einer sog **erweiterten arbeitsbedingten Erreichbarkeit** neuerdings die Aufweichung des Grundsatzes, dass jede – auch geringfügige – arbeitsbezogene Tätigkeit eine Unterbrechung der Ruhezeit darstellt, gefordert.[20] Insoweit sollen die Betriebsparteien festlegen können, dass unterbrochene Ruhezeiten zusammengerechnet werden können.[21] Zudem soll der Arbeitnehmer selbst die Anzahl der Unterbrechungen festlegen. Hierzu soll eine Smartphone-App dessen aktuelle Situation erkennen und Anfragen nach dessen Vorgaben nach dringend (nur diese werden durchgestellt) und nicht dingend selektieren.[22] Dies widerspricht dem Erholungszweck ununterbrochener Ruhezeiten und den insoweit gesicherten arbeitsmedizinischen Erkenntnissen[23] und ist daher abzulehnen. In einer aktuellen Umfrage zur Erreichbarkeit gaben die Befragten an, dass sie außer in den Erholungszeiten vor allem auch nachts in den Schlafzeiten gestört wurden.[24] Vor allem Beschäftigte ohne feste Arbeitszeiten bzw. mit Vertrauensarbeitszeit berichteten von Schlafstörungen, Unruhe und fehlendem Abschalten von der Arbeit sowie Dauerstress. Gleiches galt für Mitarbeiter, die sich sehr stark mit ihrer Tätigkeit identifizierten. Zudem belastete die Erreichbarkeit das Privat- und Familienleben. Dem kann auch nicht – wie vorschlagen – durch eine eigenverantwortliche Begrenzung der Kontakte durch die Arbeitnehmer selbst entgegengewirkt werden. Ihre diesbezüglichen Entscheidungen unterliegen regelmäßig den Erwartungen von Arbeitgebern, Kollegen und Kunden und werden zudem durch mögliche Eigeninteressen, zB hinsichtlich Karrierechancen, beeinflusst, so dass diese von ihnen nicht frei getroffen werden können. Insoweit führt auch eine geringfügige Inanspruchnahme des Arbeitnehmers während der Ruhezeit durch die Beantwortung von E-Mails oder Telefonaten zu deren Unterbrechung, so dass diese nach dem Ende der Tätigkeit von vorn beginnt;

---

18 Wie hier Buschmann/Ulber ArbZG § 5 Rn. 8; HK-ArbZR/Jerchel ArbZG § 5 Rn. 16; Roggendorff ArbZG § 5 Rn. 15; Zmarzlik BB 1993, 2009 (2011); Junker ZfA 1998, 105 (118); einschränkend Anzinger/Koberski ArbZG § 5 Rn. 13, die die entgegenstehende Gesetzeslage zwar anerkennen, offenbar aber bei „nicht nennenswerten" Arbeitsleistungen keine Ruhezeitunterbrechung annehmen wollen; aA Baeck/Deutsch ArbZG § 5 Rn. 14. **19** So aber Baeck/Deutsch ArbZG § 5 Rn. 14. **20** Anzinger/Koberski ArbZG § 5 Rn. 13; Baeck/Deutsch § 5 Rn. 14; Bissels/Domke/Wisskirchen DB 2010, 2052 (2054); Schlegel NZA Beil. 1/2014, 16 (19 ff.); Maier DB 2016, 2723 (2727 ff.). **21** Maier DB 2016, 2723 (2727 ff.); weitere Regelungsvorschläge für die Betriebsparteien bei Schlegel NZA Beil. 1/2014, 16 (20 f.). **22** Für das Entscheidungsrecht des Arbeitnehmers, welche Kontakte er zulassen will, hat sich der Begriff „Bring Your Own Device" (BYOD) eingebürgert. Siehe Göpfert/Wilke NZA 2012, 765 unter Hinweis auf die damit verbundenen Auswirkungen auf den Beginn und das Ende der werktäglichen Arbeitszeit (und damit mittelbar auf die Ruhezeit). **23** BAG 18.1.2017 – 7 AZR 224/15 Rn. 27 NZA 2017, 791. **24** Hassler/Rau/Hupfeld/Paridon, iga.Report 23 Teil 2, 2016, 13 f., 26 ff.

die strikte Beachtung dieses Grundsatzes wird nicht nur vom ArbZG, sondern auch vom Unionsrecht verlangt.[25]

Besondere Bedeutung hat die Unterbrechung der Ruhezeit im Zusammenhang mit Zeiten der **Rufbereitschaft**. Ist ein Arbeitnehmer nach seiner Arbeitszeit ab 17:00 Uhr bis zum Beginn der Arbeitszeit am nächsten Morgen um 7:00 Uhr zur Rufbereitschaft eingeteilt und wird er während dieser Zeit zwischen 1:00 und 2:00 Uhr angefordert, beginnt die elfstündige Ruhezeit ab 2:00 Uhr erneut zu laufen. Demnach braucht er an diesem Tag erst wieder um 13:00 Uhr am Arbeitsplatz zu erscheinen. In solchen Fällen stellt sich regelmäßig die Frage nach der **Vergütung für die durch die verschobene Ruhezeit am Folgetag ausgefallene Arbeitszeit**. Das Bundesarbeitsgericht verneint unter diesen Umständen einen Lohnanspruch, wenn nicht individual- oder kollektivvertraglich etwas anderes geregelt ist.[26] Dies überzeugt nicht. Zunächst besteht ein Vergütungsanspruch des Arbeitnehmers für die ausgefallene Arbeitszeit in jedem Fall dann, wenn ein Verhalten des Arbeitgebers (zB Havarie durch Nichteinhaltung von Wartungszyklen) für seine Heranziehung während der Rufbereitschaft ursächlich war. Unter diesen Umständen ist der Arbeitsausfall am folgenden Tag vom Arbeitgeber zu vertreten, so dass er gemäß § 615 Abs. 1 BGB zur Lohnzahlung verpflichtet bleibt. Eine solche Pflicht besteht aber auch dann, wenn der Arbeitseinsatz im Rahmen der Rufbereitschaft und damit der Arbeitsausfall am Folgetag wegen eines nicht vorhersehbaren Notfalls nicht vom Arbeitgeber zu vertreten ist. Solche Störungen im Betriebsablauf gehören nach § 615 S. 3 BGB grundsätzlich zum vom Arbeitgeber zu tragenden Betriebsrisiko und gehen deshalb zu seinen Lasten.[27] Mit diesem Grundsatz wäre die Übertragung des Lohnrisikos für die wegen eines Einsatzes während der Ruhezeit verschobene Arbeitszeit auf den Arbeitnehmer nicht zu vereinbaren. Dem steht auch nicht entgegen, dass der Arbeitgeber mit der Verschiebung der Ruhezeit lediglich einer gesetzlichen Verpflichtung nachkommt. Vielmehr erfolgt die Einführung der Rufbereitschaft und die Inanspruchnahme der Arbeitnehmer während dieser regelmäßig ausschließlich in seinem Interesse, so dass es nur sachgerecht ist, ihm für die am Folgetag ausfallende Arbeitszeit auch das Lohnrisiko aufzubürden.

3. Lage der Ruhezeit. § 5 Abs. 1 ArbZG regelt auch die Lage der Ruhezeit. Da die insoweit zu gewährenden elf Stunden nach der Beendigung der Arbeitszeit liegen müssen, beginnt die Ruhezeit erst mit dem Ende der täglichen Arbeitszeit. Unter Berücksichtigung der Definition der Ruhezeit als der Zeit nach der täglichen Arbeitsschicht sind somit Doppelschichten als zwei unmittelbar aufeinander folgende Arbeitsschichten unzulässig.[28] Auch zählen **Arbeitsunterbrechungen** während der Arbeitszeit, wie **Pausen** oder **betriebsbedingte Wartezeiten**, nicht zur Ruhezeit. Die Ruhezeit kann nach der Arbeitszeit zu jeder Tages- und Nachtzeit beginnen. Da sie die Zeit zwischen dem Ende der Arbeitszeit und dem Beginn der nächsten täglichen Arbeitszeit umfasst, kann die Ruhezeit auch tagesübergreifend gewährt werden. So beginnt die Ruhezeit für einen Arbeitnehmer an einem Tag mit dem Arbeitsende um 17:00 Uhr und endet frühestens am darauffolgenden Tag um 4:00 Uhr.

Die Ruhezeit kann auch mit anderen Zeiten der Arbeitsbefreiung, wie zB Urlaub oder Sonn- und Feiertagen, zusammenfallen. Zu berücksichtigen ist darüber hinaus, dass diese nach § 11 Abs. 4 ArbZG regelmäßig **in Verbindung mit der Sonn- und Feiertagsruhe** bzw. den für eine Beschäftigung an solchen Tagen anfallenden Ersatzruhetagen zu gewähren ist.[29]

---

[25] So zu Recht Buschmann/Ulber ArbZG § 5 Rn. 8; Kohte NZA 2015, 1417 (1423); Schuchart AuR 2016, 341 (342); Krause NZA 2016, 1004 (1005); Wank RdA 2014, 285 (289); Wiebauer NZA 2016, 1430 (1433); ebenso unter zutreffendem Hinweis darauf, dass auch Bereitschaftsdienste ohne Inanspruchnahme des Arbeitnehmers vollumfänglich Arbeitszeit sind Falder NZA 2010, 1150 (1152). [26] BAG 5.7.1976 – 5 AZR 264/75, DB 1976, 1867 (1868), ebenso Baeck/Deutsch ArbZG § 5 Rn. 11; Roggendorff ArbZG § 5 Rn. 16; dagegen wie hier HK-ArbZR/Jerchel ArbZG § 5 Rn. 10; Linnenkohl BB 1982, 2053 (2054); Buschmann/Ulber ArbZG § 5 Rn. 8. [27] Ebenso Buschmann/Ulber ArbZG § 5 Rn. 8. [28] Schliemann ArbZG § 5 Rn. 11. [29] Anzinger/Koberski ArbZG § 5 Rn. 24 f.

17 Bei Beschäftigungsverhältnissen mit **mehreren Arbeitgebern** gilt als Beginn der Ruhezeit das Ende der Arbeitszeit bei der zeitlich zuletzt gelegenen Tätigkeit.[30] Daher kann ein Arbeitnehmer, der bei einem Arbeitgeber am Vortag bis 22:00 Uhr beschäftigt war, bei einem anderen Arbeitgeber am Folgetag nicht schon ab 7:00 Uhr arbeiten. Seine Arbeitszeit dürfte vielmehr frühestens um 9:00 Uhr beginnen.

IV. Verkürzung der Ruhezeiten

18 **1. § 5 Abs. 2 ArbZG.** Nach § 5 Abs. 2 ArbZG kann die Ruhezeit um bis zu **eine Stunde** auf zehn Stunden verkürzt werden. Dabei ist die volle Ausschöpfung des Zeitrahmens nicht erforderlich. Insofern kann die Zeitdauer der Verkürzung jede Zeitspanne innerhalb der gesetzlichen Vorgabe umfassen.[31] Allerdings werden Verkürzungen auf „ungerade" Zeiten, wie etwa auf zehn Stunden und 37 Minuten, wegen ihrer schwierigen Handhabbarkeit in der Praxis wohl nur selten anzutreffen sein.

19 **Personell** enthält der Wortlaut der Norm keine expliziten Aussagen. Insoweit wird vertreten, dass sie für alle Arbeitnehmer der in Abs. 2 genannten Einrichtungen gilt.[32] Dies ist vom Wortlaut des ArbZG nicht gefordert und mit dem Wortlaut von Art. 17 Abs. 3 Buchst. c RL 2003/88/EG schwer vereinbar, denn die Kürzungsmöglichkeit ist nur vorgesehen für „Tätigkeiten, die dadurch gekennzeichnet sind, dass die **Kontinuität des Dienstes oder der Produktion gewährleistet** sein muss".[33] Dies gilt nicht für alle Tätigkeiten im Krankenhaus oder einem Verkehrsbetrieb. Da nach allgemeinen Grundsätzen Ausnahmen von einer Richtlinie eng auszulegen sind (→ Unionsrecht Rn. 38),[34] sind diese tätigkeitsbezogen und nicht betriebsbezogen zu bestimmen. Für schwangere und stillende Frauen lässt § 4 Abs. 2 MuSchG 2017 keine Ausnahmen von der elfstündigen Ruhezeit zu.

20 § 5 Abs. 2 ArbZG ordnet keine Kürzung der Ruhepausen an, sondern ist als **Zulassungsnorm** zu qualifizieren, die diese Verkürzung ermöglicht. Bei der Entscheidung über eine Inanspruchnahme dieser Möglichkeit muss wegen des Erholungszwecks der Ruhezeit auch die Beanspruchung des jeweiligen Arbeitnehmers durch seine konkrete Tätigkeit berücksichtigt werden, so dass bei Tätigkeiten, die mit besonderen körperlichen bzw. geistigen Belastungen verbunden sind, eine Verkürzung der Ruhezeit ausgeschlossen sein könnte. Ein solcher Ausschluss von der Verkürzungsmöglichkeit kann für besonders belastete Arbeitnehmergruppen durch Kollektivvereinbarungen (Betriebsvereinbarung, Tarifvertrag) erfolgen, da die Nutzung dieser Kürzungsmöglichkeit dem Mitbestimmungsrecht nach § 87 Abs. 1 Nr. 2 BetrVG unterliegt. Die Einigungsstelle kann angesichts der jeweiligen betrieblichen Situation auch entscheiden, von der Kürzungsmöglichkeit nach § 5 Abs. 2 ArbZG keinen Gebrauch zu machen. Das kann mit § 76 Abs. 5 BetrVG vereinbar sein.[35]

21 **Sachlich** begrenzt die Vorschrift die Möglichkeit der Verkürzung der Ruhezeiten auf bestimmte Bereiche. Insoweit ist die Aufzählung in § 5 Abs. 2 ArbZG abschließend. Die Trägerschaft, in der sich die hier genannten Einrichtungen befinden, ist unerheblich. Daher gilt § 5 Abs. 2 ArbZG sowohl für öffentlich-rechtlich als auch für privatrechtlich organisierte Arbeitgeber.

22 **a) Krankenhäuser und andere Einrichtungen.** Die Ruhezeitverkürzung ist zunächst in Krankenhäusern zulässig. Der Begriff des Krankenhauses wird im ArbZG allerdings nicht definiert. Insoweit wird auf die Definition in § 2 Krankenhausfinanzierungsgesetz

---

30 Vgl. auch Baeck/Deutsch ArbZG § 5 Rn. 10. **31** Schliemann ArbZG § 5 Rn. 17; Neumann/Biebl ArbZG § 5 Rn. 5. **32** Baeck/Deutsch ArbZG § 5 Rn. 27. **33** EuGH 14.10.2010 – C-428/09, Slg I 2010, 9961, Rn. 47 (Union syndicale). **34** EuGH 6.7.2000 – C-11/99, AuR 2000, 385 (Dietrich) mAnm Lörcher = NZA 2000, 877; dazu Kohte BB 2000, 2579. **35** BAG 22.7.2003 – 1 ABR 28/02, NZA 2004, 507 (510); zustimmend Buschmann/Ulber ArbZG § 5 Rn. 9.

zurückgegriffen.³⁶ Danach werden von der Regelung neben Krankenhäusern ieS auch Einrichtungen der Rehabilitation, Kurkliniken oder Sanatorien erfasst.

Hinzu kommen aufgrund der Erweiterung auf **andere Einrichtungen zur Behandlung, Pflege und Betreuung von Personen** Senioren- und Pflegeheime, psychiatrische Unterbringungen sowie Jugend- und Mütterheime usw.³⁷ Schließlich findet die Regelung auch auf Frauenhäuser und Einrichtungen zur Betreuung von Obdachlosen und Drogenabhängigen Anwendung. Maßgebliches Abgrenzungskriterium für die Möglichkeit, die Ruhezeit zu verkürzen, ist, ob über die reine Unterbringungs- bzw. Wohnmöglichkeit eine kontinuierliche Pflege- bzw. Betreuungsleistung erbracht wird.³⁸

b) Gaststätten und andere Einrichtungen. Auch eine Definition des Begriffs der Gaststätte fehlt im ArbZG. Aufgrund der unterschiedlichen Zielrichtungen des Gaststättengesetzes und des ArbZG wird dessen inhaltliche Beschränkung auf ein gewerberechtliches Verständnis abgelehnt.³⁹ Nach diesem weiten Verständnis fallen in den Anwendungsbereich des § 5 Abs. 2 ArbZG nicht nur Restaurants, Hotels, Gasthäuser, Speisewirtschaften und Wirtschaften, in denen ausschließlich Speisen und Getränke, gleich welcher Art, angeboten werden, sondern auch Raststätten, Kantinen, Jugendherbergen, Tagungs- und Schulungsstätten, Kioske, Trinkhallen usw. Diese weite Auslegung des Gaststättenbegriffs hat zur Folge, dass für den alternativ vorgesehenen Anwendungsfall der „anderen Einrichtung zur Bewirtung und Beherbergung" kaum noch Fallkonstellationen in Betracht kommen. Zu denken ist hier vor allem an entsprechende mobile Angebote, wie rollende Hotels, Speisewagen der Eisenbahn, Partyservice oder Menübringdienste.⁴⁰

c) Verkehrsbetriebe. Unter Verkehrsbetriebe werden alle privaten und öffentlich-rechtlichen Betriebe bzw. Betriebsteile gefasst, deren Zweck auf die **Beförderung** von Personen, Gütern oder Nachrichten gerichtet ist.⁴¹ Erfasst sind daher Eisenbahn-, Straßenbahn- und Busunternehmen, Speditionen, Airlines, Taxibetriebe, Post- und Kurierdienste, auch soweit es sich bei diesen um einen Betrieb der Telekommunikation handelt. Mit diesem weiten Anwendungsbereich wäre diese Alternative des § 5 Abs. 2 ArbZG allerdings unionsrechtswidrig, so dass es wieder um kontinuierliche Tätigkeiten in den Bereichen geht, die in Art. 17 der Richtlinie genannt werden.

§ 5 Abs. 2 ArbZG unterfallen notwendigerweise nicht nur die Beförderung von Personen, Gütern oder Nachrichten als solche, sondern auch die mit dieser unmittelbar **zusammenhängenden Tätigkeiten**.⁴² Andernfalls wäre eine ordnungsgemäße Abwicklung der Beförderung nicht möglich. Diese Tätigkeiten müssen nicht in dem Verkehrsbetrieb selbst erledigt werden, sondern können auch ausgelagert sein. Insofern ist eine Ruhezeitverkürzung auch in Betrieben möglich, die von dem Verkehrsbetrieb im Rahmen von Outsourcing mit Teilschritten der Beförderung beauftragt wurden, etwa der Verpackung von Gütern. Sachlogisch muss sich die Möglichkeit der Ruhezeitverkürzung zudem auf Betriebe erstrecken, durch die die Beförderung von Personen, Gütern und Nachrichten sichergestellt wird. Hierzu zählen insbesondere Reinigungsunternehmen, Gepäckabfertigungen, Flughäfen, Bahnhöfe usw.⁴³

Erfasst sein können auch Unternehmen, die Arbeitnehmer an Verkehrsbetriebe oder Betriebe, die deren Tätigkeit sicherstellen, zur kontinuierlichen Arbeitsleistung überlas-

---

36 Neumann/Biebl ArbZG § 5 Rn. 7; Baeck/Deutsch ArbZG § 5 Rn. 25; aA ErfK/Wank ArbZG § 5 Rn. 7; HK-ArbZR/Jerchel ArbZG § 5 Rn. 26, die insoweit auf den engeren § 107 SGB V abstellen. Aufgrund der Erweiterung auf „andere Einrichtungen zur Behandlung, Pflege und Betreuung von Personen" ergeben sich aus den verschiedenen Ansätzen bezüglich des Anwendungsbereiches des § 5 Abs. 2 ArbZG jedoch keine Unterschiede. **37** Im Einzelnen Schliemann ArbZG § 5 Rn. 25 ff.; Neumann/Biebl ArbZG § 5 Rn. 5; Baeck/Deutsch ArbZG § 5 Rn. 26. **38** Anzinger/Koberski ArbZG § 5 Rn. 38. **39** Baeck/Deutsch ArbZG § 5 Rn. 28. Eine Beschränkung des Begriffs im gewerberechtlichen Sinn hätte bezüglich des Anwendungsbereichs der Norm keine Konsequenzen, da diese auch andere Einrichtungen der Bewirtung und Beherbergung erfasst. **40** Vgl. ErfK/Wank ArbZG § 5 Rn. 7; Baeck/Deutsch ArbZG § 5 Rn. 28; Weber, Arbeitszeitgesetz, 3. Aufl. 2000, S. 17. **41** BT-Drs. 12/5888, 25. **42** Vgl. auch Baeck/Deutsch ArbZG § 5 Rn. 33; Schliemann ArbZG § 5 Rn. 35. **43** Vgl. Aufzählung bei Baeck/Deutsch ArbZG § 5 Rn. 34; Schliemann ArbZG § 5 Rn. 35; Roggendorff ArbZG § 5 Rn. 23; Weber, Arbeitszeitgesetz, S. 17.

sen (**Leiharbeit**). Allerdings kommt bei diesen eine Verkürzung der Ruhezeit nur für die tatsächlich an derartige Betriebe überlassenen Arbeitnehmer in Betracht. Aufgrund ihres Ausnahmecharakters ist die Regelung des § 5 Abs. 2 ArbZG eng auszulegen, so dass ihre Anwendung auf alle anderen Leiharbeitnehmer ausscheidet.

28 Auf **Kraftfahrer und Beifahrer** findet § 5 Abs. 2 ArbZG keine Anwendung. Für diese gilt die Sonderregelung des § 21 a ArbZG (→ ArbZG § 21 a Rn. 19).

29 d) **Rundfunk.** Die Verkürzungsmöglichkeit der Ruhezeit für Beschäftigte im Rundfunk zielt darauf ab, dessen Aufgabe im Zusammenhang mit der Informationsweitergabe sicherzustellen.[44] Dabei erfasst der Begriff des Rundfunks sowohl **Hörfunk- als auch Fernsehsender.** Umstritten ist allerdings, ob von § 5 Abs. 2 ArbZG nur die Arbeitnehmer erfasst werden, die unmittelbar mit der Informationsbeschaffung und -vermittlung beschäftigt sind,[45] oder ob sich die Regelung auf sämtliche Arbeitnehmer des Senders erstreckt.[46] Für die letzte Auffassung scheint zunächst der Wortlaut der Vorschrift zu sprechen, der lediglich von „Rundfunk" spricht und insoweit nicht nach den in solchen Betrieben ausgeübten Tätigkeiten unterscheidet. Dem steht aber der in der Sicherstellung der Informationsweitergabe bestehende Zweck der Regelung und der Tätigkeitsbezug in Art. 17 Abs. 3 Buchst. c RL 2003/88/EG entgegen, so dass beispielsweise Beschäftigte im Verwaltungsbereich aus ihrem Anwendungsbereich auszunehmen sind. Im Übrigen gilt auch hier, dass § 5 Abs. 2 ArbZG als Ausnahme von einer arbeitnehmerschützenden Regelung eng auszulegen ist.

30 Die vorstehenden Erwägungen rechtfertigen es zudem nicht, eine Ruhezeitverkürzung bei sog **Vorratsproduktionen** zu gestatten.[47] Hierbei handelt es sich um Produktionen, die nicht der aktuellen Berichterstattung dienen, sondern erst zu einer späteren Zeit gesendet bzw. an den Auftraggeber abgeliefert werden sollen. Bei diesen wird es regelmäßig an dem nach § 5 Abs. 2 ArbZG erforderlichen Aktualitätsbezug der Information fehlen.

31 e) **Landwirtschaft, Tierhaltung.** Der Begriff der Landwirtschaft wird durch das ArbZG nicht definiert. Nach Auffassung des Bundesarbeitsgerichts ist hierunter die planmäßige Nutzung des Bodens zur Gewinnung pflanzlicher oder tierischer Erzeugnisse sowie deren Verwertung zu verstehen.[48] Insoweit kann auch auf § 10 Nr. 12 ArbZG verwiesen werden (→ ArbZG § 10 Rn. 27 f.). Da die Gesetzesbegründung den Anwendungsbereich ausdrücklich auf die in § 123 SGB VII genannten Unternehmen erstreckt hat, ist ein Ausschluss von Betrieben der **Forstwirtschaft** aus dem Geltungsbereich des § 5 Abs. 2 ArbZG nicht zu rechtfertigen, auch wenn diese anders als noch in § 1 AZO in der Vorschrift nicht mehr ausdrücklich erwähnt werden.[49]

32 Erfasst sind darüber hinaus auch **landwirtschaftliche Nebenbetriebe**, in denen die durch die Landwirtschaft gewonnenen Erzeugnisse verarbeitet und vermarktet werden. Einschränkend muss der jeweilige Nebenbetrieb allerdings auch dem Inhaber des landwirtschaftlichen Betriebes gehören. Dies ist beispielsweise dann nicht der Fall, wenn Landwirte zur Verarbeitung und Vermarktung ihrer Erzeugnisse gemeinsam einen Betrieb führen.[50] **Sonstige Betriebe**, die nicht zur Landwirtschaft gehören, aber für deren kontinuierliche Tätigkeiten unverzichtbar sind, fallen ebenfalls unter § 5 Abs. 2 ArbZG, zB (Not-)Reparaturdienste für Landmaschinen.[51]

33 Unter **Tierhaltung** iSv § 5 Abs. 2 ArbZG wird auch die Tierhaltung außerhalb der Landwirtschaft verstanden.[52] Zudem soll es für die Anwendung der Vorschrift nicht darauf ankommen, zu welchem Zweck die Tierhaltung erfolgt.[53] Dieser Auslegung ist

---

44 BT-Drs. 12/6990, 9, 43. **45** So wohl Neumann/Biebl ArbZG § 5 Rn. 13. **46** So Baeck/Deutsch ArbZG § 5 Rn. 35. **47** Umstritten. Wie hier Neumann/Biebl ArbZG § 5 Rn. 13; eine solche Möglichkeit zumindest in Betracht ziehend Anzinger/Koberski ArbZG § 5 Rn. 50; grundsätzlich aA Schliemann ArbZG § 5 Rn. 41; Baeck/Deutsch ArbZG § 5 Rn. 35. **48** BAG 25.4.1995 – 3 AZR 528/94, NZA 1995, 1205 (1206). **49** Wie hier Anzinger/Koberski ArbZG § 5 Rn. 53; Schliemann ArbZG § 5 Rn. 43; aA Neumann/Biebl ArbZG § 5 Rn. 15. **50** BAG 25.4.1995 – 3 AZR 528/94, NZA 1995, 1205 (1207); vgl. auch Anzinger/Koberski ArbZG § 5 Rn. 56. **51** Anzinger/Koberski ArbZG § 5 Rn. 57. **52** Schliemann ArbZG § 5 Rn. 46. **53** Vgl. auch Beispiele bei Neumann/Biebl ArbZG § 5 Rn. 16; Anzinger/Koberski ArbZG § 5 Rn. 58.

nicht zu folgen, weil Art. 17 Abs. 3 RL 2003/88/EG nicht jegliche Tierhaltung, sondern nur „landwirtschaftliche Tätigkeiten" erfasst. In anderen Bereichen der Tierhaltung müsste wiederum zunächst die Kontinuität der Dienstleistungen festgestellt werden. Eine Ruhezeitverkürzung ist damit sowohl in Zucht- als auch in Mastbetrieben jeglicher Art möglich.

f) Ausgleich der Ruhezeitverkürzung. Eine Ruhezeitverkürzung muss nach § 5 Abs. 2 ArbZG innerhalb **eines Kalendermonats oder** von **vier Wochen** durch eine Verlängerung der Ruhezeit auf mindestens zwölf Stunden ausgeglichen werden. Dabei ist unter Kalendermonat ein Monat des Kalenders zu verstehen, so dass die Ausgleichszeiträume in Abhängigkeit vom betreffenden Monat unterschiedlich lang sein können. Bei einem Ausgleichszeitraum von vier Wochen sind unter dem Begriff der Woche sieben aufeinanderfolgende Tage zu verstehen, so dass der Ausgleichszeitraum an jedem Tag der Kalenderwoche beginnen kann. Maßgeblich ist insoweit allein der Tag, an dem die Verkürzung der Ruhezeit erfolgt. Der Arbeitgeber kann den jeweiligen Ausgleichszeitraum wählen. 34

Teilweise werden Ausgleichszeiträume für die Ruhezeitverkürzung wegen **europarechtlicher Bedenken** generell für unzulässig gehalten.[54] Zum einen kenne der ua die Abweichungsmöglichkeit von der Ruhezeit regelnde Art. 17 RL 2003/88/EG keinen Ausgleichszeitraum. Zum anderen gehe auch der Europäische Gerichtshof von einer Ausgleichspflicht unmittelbar im Anschluss an die Ruhezeitverkürzung aus, indem er annehme, der Ausgleich erfolge, „bevor die folgende Arbeitsperiode beginnt."[55] Diese Argumentation überzeugt, insbesondere auch vor dem Hintergrund der gesundheitsschützenden Zwecksetzung des Ausgleichs von Ruhezeitverkürzung. So könnte der Arbeitgeber bei einer Ausgleichszeit von einem Kalendermonat einen gesamten Monat die Ruhezeit täglich um eines Stunde verkürzen, bevor er hierfür einen Ausgleich gewähren müsste. 35

Die Ausgleichszeit für Ruhezeitverkürzung muss **mindestens zwölf Stunden** betragen. Umstritten ist, ob Verkürzungen der Ruhezeit von weniger als einer Stunde ebenfalls zu einem Ausgleichsanspruch von mindestens zwölf Stunden führen[56] oder in diesen Fällen lediglich ein zeitgenauer Ausgleich erfolgen muss.[57] Für die erste Auffassung spricht ohne Zweifel der Wortlaut des § 5 Abs. 2 S. 2 ArbZG, nach dem ein Ausgleich von mindestens zwölf Stunden für „jede Verkürzung" der Ruhezeit zu gewähren ist. Dem kann auch nicht die in § 1 Nr. 1 ArbZG enthaltene Zweckbestimmung des ArbZG entgegengehalten werden. Gerade der Gesundheitsschutz der Arbeitnehmer gibt Anlass zu der Annahme, dass der Gesetzgeber die Verkürzung der Ruhezeit grundsätzlich zwar zulassen wollte, ihre praktische Anwendung aber eher die Ausnahme sein sollte. Insofern erscheint eine „Überkompensation" von Ruhezeitverkürzungen von nur wenigen Minuten durch einen Ausgleich von mindestens einer Stunde gerechtfertigt. 36

2. § 5 Abs. 3 ArbZG. Nach § 5 Abs. 3 ArbZG können in **Krankenhäusern und anderen Einrichtungen zur Behandlung, Pflege und Betreuung** von Personen Kürzungen der Ruhezeit durch Inanspruchnahme während der Rufbereitschaft, die nicht mehr als die Hälfte der Ruhezeit betragen, zu anderen Zeiten ausgeglichen werden. Dabei entspricht die den sachlichen Anwendungsbereich definierende Begrifflichkeit des Abs. 3 der Abs. 2 (→ Rn. 22 ff.). Die Ausnahme ist sachlich ausschließlich auf diesen Bereich beschränkt. Andere Betriebe als die genannten können diese daher nicht in Anspruch nehmen. 37

---

54 So Buschmann/Ulber ArbZG § 5 Rn. 10; HK-ArbZR/Jerchel ArbZG § 5 Rn. 39; Kohte in: FS Buschmann, S. 71, 73 f. Die gegenteilige Auffassung geht, ohne dieses Problem zu diskutieren, unausgesprochen von der grundsätzlichen Zulässigkeit der Ausgleichszeiträume aus. **55** EuGH 9.9.2003 – C-151/02, NZA 2003, 1019 (1024) (Jaeger); EuGH 14.10.2010 – C-428/09, SlgI 2010, 9961, Rn. 51 (Union syndicale); EuGH 23.12.2015 – C-180/14, AuR 2016, 162 Rn. 52 mAnm Buschmann. **56** Baeck/Deutsch ArbZG § 5 Rn. 21; Buschmann/Ulber ArbZG § 5 Rn. 9; Schliemann ArbZG § 5 Rn. 18 ff.; HK-ArbZR/Jerchel ArbZG § 5 Rn. 30; Anzinger/Koberski ArbZG § 5 Rn. 31; Roggendorff ArbZG § 5 Rn. 3; Erasmy NZA 1994, 1105 (1107 f.); Junker ZfA 1998, 105 (118). **57** So Neumann/Biebl ArbZG § 5 Rn. 5; HK-ArbZG/Linnenkohl ArbZG § 5 Rn. 15; ErfK/Wank ArbZG § 5 Rn. 5.

38 **Personell** ist die Ruhezeitverkürzung nach dem Gesetzeswortlaut auf die Personen beschränkt, die Rufbereitschaftsdienste leisten. Hierbei wird es sich regelmäßig um das medizinische und pflegerische Personal der Einrichtung handeln. Darüber hinaus sind aber auch Arbeitnehmer erfasst, die im Rahmen der technischen Sicherstellung der Arbeit in den Krankenhäusern zur Rufbereitschaft eingeteilt werden.[58] Dagegen kommt für den Verwaltungsbereich eine Ruhezeitverkürzung nach § 5 Abs. 3 ArbZG nicht in Betracht.

39 Der Regelung liegt zugrunde, dass Zeiten der Rufbereitschaft nach dem Willen des Gesetzgebers zur Ruhezeit gehören (→ ArbZG § 2 Rn. 30 ff.). Wird diese durch die Heranziehung des Arbeitnehmers zur Arbeitsleistung während der Rufbereitschaft unterbrochen, beginnt die elfstündige Ruhezeit erneut (→ Rn. 11 f.). Dies würde jedoch insbesondere in medizinischen und pflegerischen Einrichtungen zu erheblichen Schwierigkeiten führen. Insofern hat sich der Gesetzgeber entschlossen, die Dauer der Ruhezeitverkürzung und deren Ausgleich für diese Personengruppe gesondert zu regeln.[59]

40 Eine Verkürzung der Ruhezeit ist zunächst nur dann zulässig, wenn der Arbeitnehmer **während der Rufbereitschaft** zur Arbeitsleistung herangezogen wird. Daraus folgt, dass ein neuer Ruhezeitraum von elf Stunden in jedem Fall dann entsteht, wenn eine Inanspruchnahme während Ruhezeiten erfolgt, in der der Arbeitnehmer nicht zur Rufbereitschaft eingeteilt ist. Ursache hierfür kann beispielsweise ein großes Patientenaufkommen infolge einer Industriehavarie, eines Verkehrsunfalls oder eines Zugunglücks sein, für dessen Bewältigung außer den zur Rufbereitschaft eingeteilten Arbeitnehmern weitere Beschäftigte zur Arbeitsleistung herangezogen werden müssen.

41 Soweit die vorstehenden Voraussetzungen vorliegen, kann die Ruhezeit im Rahmen der Inanspruchnahme während der Rufbereitschaft maximal um die Hälfte, dh also um **höchstens fünfeinhalb Stunden** verkürzt werden.[60] Die verbleibende Ruhezeit darf nicht mehr unterbrochen werden. Die Unterbrechungszeit muss auch nicht zusammenhängend sein. Vielmehr sind Teilunterbrechungen während der Rufbereitschaft zusammenzurechnen.[61] Überschreiten diese fünfeinhalb Stunden, liegt kein Fall des § 5 Abs. 3 ArbZG vor. Vielmehr gilt dann die Regelung des Abs. 1 bzw. 2 mit der Folge, dass der fragliche Arbeitnehmer einen Anspruch auf eine elf- bzw. zehnstündige ununterbrochene Ruhezeit hat.[62]

42 Anders als Abs. 2 sieht § 5 Abs. 3 ArbZG für den Fall der Verkürzung der Ruhezeit **keinen Ausgleichszeitraum** vor. Nach der Regelung müssen diese Zeiten lediglich zu anderen Zeiten ausgeglichen werden. Der den Arbeitgebern insoweit durch den Gesetzgeber eingeräumte große Spielraum erscheint vor dem Hintergrund des Gesundheitsschutzes bedenklich. Die Inanspruchnahme während der Rufbereitschaft führt zwangsläufig zu unregelmäßigen Arbeitsbelastungen, die sich nachteilig auf die Leistungsfähigkeit der betroffenen Arbeitnehmer auswirken. Dies gilt insbesondere dann, wenn nächtliche Rufbereitschaften durch Arbeitseinsätze unterbrochen werden. Der sich daraus ergebende unregelmäßige Schlaf-Wach-Rhythmus kann ua Unkonzentriertheit, Schlafstörungen und psychosomatische Störungen zur Folge haben. Dies gilt umso mehr, wenn im Rahmen des § 5 Abs. 3 ArbZG zwischen zwei Arbeitszyklen lediglich nur eine Ruhezeit von fünfeinhalb Stunden liegen muss. Insoweit hätte der Gesetzgeber gerade im Fall der Ruhezeitverkürzung nach § 5 Abs. 3 ArbZG einen Ausgleichszeitraum vorsehen müssen.

43 Zur **Dauer des Ausgleichs** enthält Abs. 3 im Gegensatz zu Abs. 2 keine ausdrückliche Regelung. Allerdings gilt auch hier die Vorschrift des § 5 Abs. 1 ArbZG, nach der nach einer Verkürzung der Ruhezeit durch eine Inanspruchnahme des Arbeitnehmers eine

---

58 Allgemein Schliemann ArbZG § 5 Rn. 51. **59** Vgl. Gesetzesbegründung BT-Drs. 12/5888, 12.
60 Wie hier Schliemann ArbZG § 5 Rn. 52. Anders offenbar Anzinger/Koberski ArbZG § 5 Rn. 68, die Kürzungen auch über fünfeinhalb Stunden zulassen wollen, was aber mit dem insoweit eindeutigen Wortlaut der Vorschrift unvereinbar ist. **61** Schliemann ArbZG § 5 Rn. 53.
62 Vgl. Baeck/Deutsch ArbZG § 5 Rn. 44; HK-ArbZR/Jerchel ArbZG § 5 Rn. 38; Roggendorff ArbZG § 5 Rn. 35.

Ruhezeit von mindestens elf Stunden zu gewähren ist.[63] Dies gilt in jedem Fall dann, wenn die Ruhezeit unzulässigerweise um mehr als fünfeinhalb Stunden verkürzt wurde.[64]

Auch ohne einen klar definierten Ausgleichszeitraum ist der Arbeitgeber hinsichtlich 44
der **zeitlichen Lage des Ausgleichs** von Ruhezeitverkürzungen im Rahmen des § 5 Abs. 3 ArbZG nicht völlig frei. Vielmehr hat ein solcher unter Berücksichtigung der in diesen liegenden gesundheitlichen Beeinträchtigungen aufgrund der den Arbeitgeber treffenden Fürsorgepflicht möglichst zeitnah zur Ruhezeitverkürzung zu erfolgen.[65] Zudem kann die Ausgleichszeit auch während der Zeiten liegen, während denen der Arbeitnehmer zur Rufbereitschaft eingeteilt ist, nicht jedoch während des Bereitschaftsdienstes, da dieser Arbeitszeit ist.

V. Abweichungen

Gemäß **§ 7 Abs. 1 Nr. 3 ArbZG** kann die in § 5 Abs. 1 ArbZG auf elf Stunden festge- 45
legte Ruhezeit tarifvertraglich um bis zu zwei Stunden verkürzt werden, wenn die Art der Arbeit dies erfordert und die fehlende Ruhezeit innerhalb eines festzulegenden Ausgleichszeitraumes ausgeglichen wird. Auf der Grundlage eines solchen Tarifvertrages besteht darüber hinaus die Möglichkeit, solche Verkürzungen auch auf betrieblicher Ebene zu vereinbaren (ausführlich unter → ArbZG § 7 Rn. 59 ff.).

Weitere Abweichungen von § 5 Abs. 1 ArbZG können nach **§ 7 Abs. 2 Nr. 1–4 ArbZG** 46
unter Berücksichtigung des Gesundheitsschutzes in kollektiven Regelungen vorgesehen sein, wenn die Ruhezeitverkürzung durch eine Inanspruchnahme während der Rufbereitschaft während der Bestellungs- und Erntezeit oder witterungsbedingt in der Landwirtschaft erfolgt oder es sich um Beschäftigte im Rahmen der Behandlung, Pflege und Betreuung von Personen und in Verwaltungen und Betrieben des Bundes, der Länder, Gemeinden und sonstigen Körperschaften, Anstalten und Stiftungen des öffentlichen Rechts handelt und Arbeitgeber anderer Arbeitgeber, die der Tarifbindung eines für den öffentlichen Dienst geltenden oder eines im Wesentlichen inhaltsgleichen Tarifvertrages unterliegen, betroffen sind (ausführlich unter → ArbZG § 7 Rn. 62).

VI. Rechtsdurchsetzung

Soweit eine Ausnahmeregelung zu § 5 Abs. 1 ArbZG nicht eingreift, ist der Arbeitneh- 47
mer während der Ruhezeit nicht verpflichtet zu arbeiten. Insoweit steht ihm im Falle einer Inanspruchnahme durch den Arbeitgeber ein **Leistungsverweigerungsrecht** zur Verfügung.[66] Eine Ausnahme von diesem Grundsatz besteht allerdings dann, wenn der Arbeitnehmer aufgrund von Notfällen (→ ArbZG § 14 Rn. 4) während der Ruhezeit zur Arbeitsleistung herangezogen werden soll. In diesen Fällen kann er wegen der gegenüber dem Arbeitgeber bestehenden Rücksichtnahmepflicht die Arbeitsleistung nicht verweigern.

Nach Auffassung des Bundesarbeitsgerichts können ruhezeitwidrige Arbeitszeitgestal- 48
tungen nicht mittels einer Unterlassungsklage verhindert werden. Insoweit hält das Gericht allein eine **Feststellungsklage** im Hinblick auf den Inhalt der Weisungsbefugnis des Arbeitgebers für zulässig.[67]

Ein Verstoß gegen die Regelung des § 5 Abs. 1 bzw. 2 ArbZG stellt gemäß § 22 Abs. 1 49
Nr. 3 ArbZG eine **Ordnungswidrigkeit** dar. Die Nichtgewährung von Ruhezeiten bzw. von Ausgleichszeiten bei einer Verkürzung der Ruhezeit innerhalb des Ausgleichszeitraumes kann daher mit einem Bußgeld von bis zu 15.000 EUR je Fall der Zuwiderhandlung geahndet werden. Ausreichend hierfür ist bereits fahrlässiges Verhalten des Arbeitgebers. Verstößt der Arbeitgeber beharrlich gegen die Ruhezeitvorschriften oder

---

63 Ebenso Anzinger/Koberski ArbZG § 5 Rn. 67; Neumann/Biebl ArbZG § 5 Rn. 8; aA Baeck/Deutsch ArbZG § 5 Rn. 46; Schliemann ArbZG § 5 Rn. 53. **64** Schliemann ArbZG § 5 Rn. 54. **65** Vgl. Baeck/Deutsch ArbZG § 5 Rn. 46. **66** Baeck/Deutsch ArbZG § 5 Rn. 17; Roggendorff ArbZG § 5 Rn. 17. **67** Vgl. BAG 24.3.1998 – 9 AZR 172/97, NZA 1999, 107 (Ls.); kritisch Buschmann/Ulber ArbZG § 5 Rn. 8.

gefährdet er durch solche Verstöße die Gesundheit der Arbeitnehmer, liegt eine **Straftat** nach § 23 Abs. 1 Nr. 1 bzw. 2 ArbZG vor, die eine Geldstrafe oder eine Freiheitsstrafe nach sich ziehen kann.

50 § 5 ArbZG gehört zu den zentralen Normen des Arbeitszeitrechts, so dass dieser auch für die behördliche **Überwachung nach § 17 ArbZG** eine wichtige Rolle spielt. Stellen die Aufsichtsbehörden Probleme fest, können sie nach § 17 Abs. 4 ArbZG die Vorlage von Arbeitsnachweisen anordnen;[68] dem Arbeitgeber steht insoweit kein Auskunftsverweigerungsrecht zu (→ ArbZG § 3 Rn. 52).[69] Bei Verletzungen der Arbeitszeitvorschriften kann durch klarstellenden Verwaltungsakt nach § 17 Abs. 2 ArbZG eine Anordnung zur Einhaltung von Arbeitszeiten und Ruhezeiten erfolgen (→ ArbZG § 17 Rn. 37 f.).[70]

51 Eine **effektive Rechtsdurchsetzung** kann vor allem durch die Mitbestimmung der Betriebsräte und der Personalräte nach § 87 Abs. 1 Nr. 2 BetrVG ggf. auch nach § 87 Abs. 1 Nr. 6 BetrVG im Zusammenhang mit der Nutzung von mobilen Endgeräten durch die Arbeitnehmer bzw. § 75 Abs. 3 Nr. 1 BPersVG gesichert werden.[71] Dabei ist die Einhaltung der Ruhezeit nach § 5 Abs. 1 ArbZG den Betriebsparteien allerdings vorgegeben, so dass sie bei ihren Regelungen insoweit nicht abweichen können. Hinsichtlich der Einhaltung bereits abgeschlossener Betriebsvereinbarungen steht dem Betriebsrat gegenüber dem Arbeitgeber ein gerichtlich durchsetzbarer **Erfüllungsanspruch** zu.[72] Denkbar ist zudem, dass die Auslegung von § 5 ArbZG als Vorfrage in einem Einigungsstellenverfahren geklärt werden muss (zu einer vergleichbaren Konstellation → ArbZG § 10 Rn. 47). Da die Verkürzung der Ruhezeit nach § 5 Abs. 2 ArbZG optional ist, haben die Betriebsparteien bei der Ausübung des Mitbestimmungsrechts auch über solche Abweichungen zu entscheiden. Bei belastenden betrieblichen Bedingungen kann es geboten sein, von Verkürzungen der Ruhezeiten vollständig abzusehen. Eine solche Entscheidung einer Einigungsstelle kann mit § 76 Abs. 5 BetrVG vereinbar sein.[73] Wird eine Verkürzung der Ruhezeit vom Arbeitgeber einseitig ohne vorherige Einigung mit dem Betriebsrat festgelegt, so steht diesem ein **Unterlassungsanspruch** (→ ArbZG § 9 Rn. 26) gegen die Einführung der neuen Arbeitszeiten mit verkürzten Ruhezeiten zu. Grundlage von Initiativanträgen für entsprechende Regelungen kann ein **Auskunftsverlangen nach § 80 BetrVG** sein, das auf die Überwachung der Einhaltung von § 5 ArbZG gerichtet ist (→ ArbZG § 3 Rn. 51). Diesem kann ein Arbeitgeber nicht entgegenhalten, dass er wegen einer Vereinbarung zur Vertrauensarbeitszeit (→ ArbZG § 1 Rn. 38 ff.) keine Kenntnisse habe.[74]

§ 6 ArbZG Nacht- und Schichtarbeit

(1) Die Arbeitszeit der Nacht- und Schichtarbeitnehmer ist nach den gesicherten arbeitswissenschaftlichen Erkenntnissen über die menschengerechte Gestaltung der Arbeit festzulegen.

(2) [1]Die werktägliche Arbeitszeit der Nachtarbeitnehmer darf acht Stunden nicht überschreiten. [2]Sie kann auf bis zu zehn Stunden nur verlängert werden, wenn abweichend von § 3 innerhalb von einem Kalendermonat oder innerhalb von vier Wochen im Durchschnitt acht Stunden werktäglich nicht überschritten werden. [3]Für Zeiträume, in denen Nachtarbeitnehmer im Sinne des § 2 Abs. 5 Nr. 2 nicht zur Nachtarbeit herangezogen werden, findet § 3 Satz 2 Anwendung.

(3) [1]Nachtarbeitnehmer sind berechtigt, sich vor Beginn der Beschäftigung und danach in regelmäßigen Zeitabständen von nicht weniger als drei Jahren arbeitsmedizinisch

---

68 Vgl. VG Ansbach 25.1.2017 – AN 4 K 15.00907, dazu Kohte, jurisPR-ArbR 17/2017 Anm. 2. **69** BayVGH 14.3.2008 – 22 CS 2968/07, GewArch 2008, 371. **70** BayVGH 26.10.2011 – 22 CS 1989/11, PflR 2012, 596 mAnm Rossbruch. **71** Siehe Seebacher AiB 11/2014, 19 (20 f.). **72** Kohte, jurisPR-ArbR 16/2017 Anm. 1. **73** BAG 22.7.2003 – 1 ABR 28/02, NZA 2004, 507 (510). **74** LAG Köln 6.9.2010 – 5 TaBV 14/10, AuR 2011, 266 im Anschluss an BAG 6.5.2003 – 1 ABR 13/02, NZA 2003, 1348 = AP Nr. 61 zu § 80 BetrVG 1972 mAnm Hamm; vgl. Kohte in: FS Wißmann, S. 331, 341 ff.

untersuchen zu lassen. ²Nach Vollendung des 50. Lebensjahres steht Nachtarbeitnehmern dieses Recht in Zeitabständen von einem Jahr zu. ³Die Kosten der Untersuchungen hat der Arbeitgeber zu tragen, sofern er die Untersuchungen den Nachtarbeitnehmern nicht kostenlos durch einen Betriebsarzt oder einen überbetrieblichen Dienst von Betriebsärzten anbietet.

(4) ¹Der Arbeitgeber hat den Nachtarbeitnehmer auf dessen Verlangen auf einen für ihn geeigneten Tagesarbeitsplatz umzusetzen, wenn
a) nach arbeitsmedizinischer Feststellung die weitere Verrichtung von Nachtarbeit den Arbeitnehmer in seiner Gesundheit gefährdet oder
b) im Haushalt des Arbeitnehmers ein Kind unter zwölf Jahren lebt, das nicht von einer anderen im Haushalt lebenden Person betreut werden kann, oder
c) der Arbeitnehmer einen schwerpflegebedürftigen Angehörigen zu versorgen hat, der nicht von einem anderen im Haushalt lebenden Angehörigen versorgt werden kann,

sofern dem nicht dringende betriebliche Erfordernisse entgegenstehen. ²Stehen der Umsetzung des Nachtarbeitnehmers auf einen für ihn geeigneten Tagesarbeitsplatz nach Auffassung des Arbeitgebers dringende betriebliche Erfordernisse entgegen, so ist der Betriebs- oder Personalrat zu hören. ³Der Betriebs- oder Personalrat kann dem Arbeitgeber Vorschläge für eine Umsetzung unterbreiten.

(5) Soweit keine tarifvertraglichen Ausgleichsregelungen bestehen, hat der Arbeitgeber dem Nachtarbeitnehmer für die während der Nachtzeit geleisteten Arbeitsstunden eine angemessene Zahl bezahlter freier Tage oder einen angemessenen Zuschlag auf das ihm hierfür zustehende Bruttoarbeitsentgelt zu gewähren.

(6) Es ist sicherzustellen, daß Nachtarbeitnehmer den gleichen Zugang zur betrieblichen Weiterbildung und zu aufstiegsfördernden Maßnahmen haben wie die übrigen Arbeitnehmer.

Literatur: *Anzinger*, Das Arbeitszeitgesetz, in: FS Wlotzke 1996, S. 427 ff.; *BAuA* (Hrsg.), Arbeitszeitreport 2016; *Beermann*, Bilanzierung arbeitswissenschaftlicher Erkenntnisse zur Nacht- und Schichtarbeit – Amtliche Mitteilungen der Bundesanstalt für Arbeitsschutz und Arbeitsmedizin, 2000; *Beermann*, Leitfaden zur Einführung und Gestaltung von Nacht- und Schichtarbeit, 2005; *Beermann*, Fehlzeiten-Report 2009, S. 72 ff.; *Elsner*, Schichtarbeit und gesundheitliche Vorsorge: Überbetriebliche und betriebliche Regelungen, AiB 1990, 53 ff.; *Fuchs*, Die gesicherten arbeitswissenschaftlichen Erkenntnisse: ein umstrittener Begriff im Arbeitsschutz, 1984; *Habich*, Sicherheits- und Gesundheitsschutz durch die Gestaltung von Nacht- und Schichtarbeit und die Rolle des Betriebsrates, 2006; *Hahn*, Nacht- und Schichtarbeit I, Gesundheitliche Auswirkungen, Soziale Auswirkungen, Berufsverlauf, 1992; *Hamm*, Flexible Arbeitszeiten in der Praxis, 2001; *Hofe*, Betriebliche Mitbestimmung und Humanisierung der Arbeitswelt, 1978; *Kohte*, Arbeitsmedizinische Untersuchungen zwischen Fürsorge und Selbstbestimmung, in: GS Zachert, 2010, S. 327 ff.; *ders.*, Arbeitszeitrecht und das Leitbild der Zeitsparkasse, in: FS Buschmann 2013, S. 70 ff.; *Kohte/Ritschel*, Nachtarbeit – tarifliche Regelung zum Freizeitausgleich, Anm. zu BAG 18.5.2011, JR 2012, 357 f.; *Kreft*, Grundfragen der Arbeitszeitdauerregulierung, 2001; *Kiesswetter/van Thiel/Seeber*, Arbeitszeitflexibilisierung: Gesundheitsrisiken im Rahmen von Schichtarbeit mit toxischen Belastungen, in: Trimpop/Zimolong/Kalveram, Psychologie der Arbeitssicherheit und Gesundheit, 2002, S. 223–228; *Maier*, Pausengestaltung als Organisationspflicht, 2012; *Maschewsky*, Sehr empfindlich oder überempfindlich? Der Streit um die chemische Mehrfachbelastung, SozSich 4/1995, 143 ff, 185 ff.; *Müller-Seitz*, Erfolgsfaktor Arbeitszeit, 1996; *Oppolzer*, Ökologie der Arbeit – Mensch und Arbeitsumwelt: Belastungen und Gestaltungserfordernisse, 1993; *Paridon ua*, DGUV-Report 1/2012: Schichtarbeit; *Pulte*, „Gesicherte" arbeitswissenschaftliche Erkenntnisse, AuR 1983, 174 ff.; *Reuhl*, Nacht- und Schichtarbeit: Herausforderungen für den Gesundheitsschutz, Arbeit & Ökologie Briefe 2002, 40; *Rothe/Beermann/Wöhrmann*, Arbeitswissenschaftliche Erkenntnisse zu Arbeitszeit und Gesundheit, in: Schröder/Urban (Hrsg.), Jahrbuch Gute Arbeit 2017, S. 123 ff.; *Reusch/Lenhardt*, Indikatoren Guter Arbeit, in: Jahrbuch Gute Arbeit 2012, S. 404 ff.; *Schweflinghaus*, Nacht- und Schichtarbeit gestalten: Was die Wissenschaft dazu sagt, Gute Arbeit 11/2011, 14 ff.; *Sczesny*, Gestaltung der Arbeitszeit im Krankenhaus – Zur Umsetzung neuer Nachtarbeitszeitregelungen unter Berücksichtigung arbeitswissenschaftlicher Erkenntnisse, in: Bundesanstalt für Arbeitsschutz und Arbeitsmedizin, 2012; *Sendfeld*, Arbeitszeitrecht, Arbeitszeitschutz und deren Bedeutung für die Gestaltung neuer Arbeitszeitmodelle im Krankenhaus, in: Bieback/Oppolzer (Hrsg.), Strukturwandel des Arbeitsschutzes, 1999; *Streich/Bielenski*, Nacht- und Schichtarbeit – Probleme und Beispiele für ihre Bewältigung, WSI-Mitteilungen 1981, 100 ff.; *Tietje*, Grundfragen des Arbeitszeitrechts, 2001; *Wagner*, Mitbestimmung bei Bildschirmtechnologien, 1985; *Wedderburn*, Leitlinien für Schichtarbeiter – Bulletin für europäische Schichtarbeitsfragen, 1991; *Wedderburn*, Schichtarbeit und Gesundheit – BEST Europäische Zeitstudien 1/2000; *Wlotzke/Lorenz*, Arbeitsrecht und Arbeitsschutzrecht im deutsch-deutschen Einigungsprozess, BB 1990, Beil. 35, 1 ff.; *Wriedt*, Biorhythmen und Schadstoffe: Wenn die Entgiftung aus dem Takt gerät, gegengift 15/16 1991, 32 ff.; *Zeppenfeld*, Das europäische Arbeitszeitrecht und seine Umsetzung ins deutsche Recht (unter besonderer Berücksichtigung der EU-Arbeitszeitrichtlinie 93/104/EG), 1999.

Leitentscheidungen: BVerfG 28.1.1992 – 1 BvR 1025/82, NZA 1992, 270; BAG 11.2.1998 – 5 AZR 472/97, NZA 1998, 647; BAG 5.9.2002 – 9 AZR 202/01, NZA 2003, 563; BAG 1.2.2006 – 5 AZR 422/04, NZA 2006, 494; BAG 23.3.2011 – 10 AZR 661/09, NZA 2011, 1000; BAG 17.1.2012 – 1 ABR 62/10, NZA 2012, 513; BAG 9.4.2014 – 10 AZR 637/13, NZA 2014, 719; BAG 9.12.2015 – 10 AZR 423/14, NZA 2016, 426 = AP Nr. 14 zu § 6 ArbZG m. Anm. D. Ulber.

I. Normzweck, Rechtssystematik.. 1	6. Mitbestimmung des Betriebsrates.................. 23
II. Entstehung, Unionsrecht 3	IV. Arbeitszeit der Nachtarbeitnehmer (Abs. 2)...................... 27
III. Menschengerechte Gestaltung der Arbeitszeit (Abs. 1) 5	V. Arbeitsmedizinische Untersuchungen (Abs. 3)................. 32
1. Geltungsbereich 6	VI. Umsetzung auf einen Tagesarbeitsplatz (Abs. 4) 38
2. Gesicherte arbeitswissenschaftliche Erkenntnisse über die menschengerechte Gestaltung der Arbeit 7	VII. Ausgleichsleistungen für die Nachtarbeit (Abs. 5)............. 47
3. Gestaltungspflicht des Arbeitgebers und Gefährdungsbeurteilung............ 16	VIII. Weiterbildung und aufstiegsfördernde Maßnahmen (Abs. 6).... 55
4. Mehrfachbelastungen bei Nacht- und Schichtarbeit.... 18	
5. Transformation von § 1 Abs. 1 ArbZG in das Individualrecht 19	

I. Normzweck, Rechtssystematik

1 Nacht- und Schichtarbeitnehmer sind in der heutigen Arbeitswelt besonderen Belastungen ausgesetzt. Diese Belastungen resultieren zum einen aus der Lage der Arbeitszeit an sich, da die physiologische Leistungsbereitschaft von Menschen im Laufe eines Tages gesetzmäßigen und gegliederten Schwankungen unterliegt, die ungefähr in einem 24-Stunden-Rhythmus auftreten (sog „Tagesperiodik" oder „**Circadian-Rhythmus**").[1] Zum anderen treten bei Nacht- und Schichtarbeitnehmern zusätzliche Arbeitsbelastungen auf, zB Belastungen durch Umgebungseinflüsse (Lärm, Erschütterungen, Schadstoffe, Kälte, Hitze, Nässe, grelles Licht etc), körperliche Belastungen (zB Arbeit im Stehen, Heben und Tragen von Lasten, Zwangshaltungen, Tragen von Schutzkleidung und -ausrüstung) und psychische Belastungen (Monotonie, Termin- und Leistungsdruck, Vorschreiben der Arbeitsdurchführung in allen Einzelheiten, sehr schnelles Arbeitstempo usw.).[2] Insoweit ist seit längerer Zeit bekannt, dass Nacht- und Schichtarbeitsplätze überdurchschnittlich von **Mehrfachbelastungen** betroffen sind.[3] Dabei ist

---

1 Hahn, S. 10; Beermann, Bilanzierung arbeitswissenschaftlicher Erkenntnisse, S. 17; Schmidt in: Prax.-Komm., B 5 Rn. 58; Sczesny, S. 16 f.; Schweflinghaus Gute Arbeit 11/2011, 14. **2** Beermann, Fehlzeiten-Report 2009, S. 72 ff. mit Verweis auf die Erwerbstätigenbefragung 2006 von BiBB/BAuA; Oppolzer, Ökologie der Arbeit, S. 149; Elsner AiB 1990, 53 (55); in allgemeiner Form auch der Bericht der Europäischen Kommission vom 21.12.2010 über die Durchführung der Richtlinie 2003/88/EG, KOM (2010), 802 endg. S. 9. **3** Hahn, S. 75 ff.; Streich/Bielenski WSI-Mitteilungen 1981, 100 (102).

weiter „die **Verstärkerfunktion der Nachtschicht**"[4] zu berücksichtigen, da eine bestimmte Arbeit in der Spät- und ganz besonders in der Nachtschicht bis zu 1,5 mal so sehr belastet wie die gleiche Arbeit während einer normalen Tagesarbeitszeit.[5] Diese Belastungen sind durch den Stress-Report 2012 deutlich bestätigt worden;[6] zugleich ist ermittelt worden, dass die Quote der Nachtarbeitnehmer von 1991 bis 2008 von 13,4 % auf 15,7 % zugenommen hat.[7] Somit zeigt sich, dass für Nacht- und Schichtarbeitnehmer spezifische gesetzliche Regelungen erforderlich sind, um ihrem besonderen Schutzbedürfnis Rechnung zu tragen. Im Arbeitszeitreport 2016 war die Quote der Nachtarbeitnehmer geringer, doch wurden sie nach anderen Kategorien erfasst. Es zeigte sich jedoch ein signifikanter Zusammenhang zwischen Nachtarbeit und gesundheitlichen Beschwerden.[8] Im BAuA-Projekt zur psychischen Gesundheit in der Arbeitswelt wurden Gefährdungen der psychischen Gesundheit durch Nachtarbeit festgestellt.[9] Eine umfangreiche Auswertung der DGUV zeigte, dass vor allem bei Nachtarbeit, die gegen die arbeitswissenschaftlichen Empfehlungen gestaltet worden ist, das Unfallrisiko signifikant ansteigt.[10]

Mit den Regelungen in § 6 ArbZG soll – anknüpfend an die besonderen Belastungen hinsichtlich **Lage, Dauer, Verteilung und Rhythmik der Arbeitszeit** – grundsätzlich ein umfassender Schutz der Sicherheit und der physischen sowie psychischen Gesundheit der Nacht- und Schichtarbeitnehmer erreicht werden, wobei unter Berücksichtigung von §§ 3, 4 ArbSchG eine **dynamische Verbesserung** von Sicherheit und Gesundheit anzustreben ist.[11]

II. Entstehung, Unionsrecht

§ 19 Abs. 1 AZO enthielt ein generelles Nachtarbeitsverbot für gewerbliche Arbeiterinnen in der Nachtzeit von 20 bis 6 Uhr. Dagegen statuierte das AGB-DDR kein solches Nachtarbeitsverbot für Frauen, so dass bereits 1990 eine Neuregelung erforderlich wurde, um den betroffenen Frauen in der ehemaligen DDR eine Weiterbeschäftigung in ihrem erlernten Beruf zu ermöglichen.[12] Am 28.1.1992 stellte das Bundesverfassungsgericht[13] weiter fest, dass das Nachtarbeitsverbot in § 19 AZO mit Art. 3 Abs. 1 und Abs. 3 GG unvereinbar sei. Dies hatte der EuGH bereits 1991 hinsichtlich der Unvereinbarkeit einer vergleichbaren französischen Regelung zum Nachtarbeitsverbot für Frauen mit dem Diskriminierungsverbot in Art. 5 RL 76/207/EWG festgestellt.[14] Das Bundesverfassungsgericht gab dem Gesetzgeber in der genannten Entscheidung ausdrücklich auf, den Schutz der Beschäftigten vor den schädlichen Folgen der Nachtarbeit neu zu regeln. Sogleich betonte das Bundesverfassungsgericht die **Schutzpflicht des Gesetzgebers**, wonach durch die Neuregelung dem objektiven Gehalt der Grundrechte, insbesondere des Rechts auf körperliche Unversehrtheit nach Art. 2 Abs. 2 GG, Genüge getan werden muss.[15]

Zugleich wollte der Gesetzgeber mit den Regelungen in § 6 ArbZG die spezifischen Schutzvorschriften zugunsten der Nacht- und Schichtarbeitnehmer umsetzen, die in der

---

4 So Hahn, S. 79. **5** Reuhl Arbeit & Ökologie Briefe 2002, 40. **6** Stress-Report 2012, S. 115 ff. **7** Reusch/Lenhardt, S. 404, 432. Die Quote der Wechselschichtarbeitnehmer und -arbeitnehmerinnen stieg im genannten Zeitraum von 12,7 % auf 17,3 %. Vgl. Westheide/Göcking Gute Arbeit 2011, 16. **8** BAuA (Hrsg.), Arbeitszeitreport 2016, S. 46 ff. **9** Rothe/Beermann/Wöhrmann, Arbeitswissenschaftliche Erkenntnisse zu Arbeitszeit und Gesundheit, S. 123 ff. **10** DGUV-Report 1/2012: Schichtarbeit, S. 103 ff. **11** Habich, S. 126 ff. mwN. **12** Wlotzke/Lorenz BB 1990, Beil. 35, 1 (9). **13** BVerfG 28.1.1992 – 1 BvR 1025/82, NZA 1992, 270; anders zuvor noch BVerfG 18.12.1953, BB 1954, 38; 25.5.1956, AP Nr. 1 zu Art. 103 GG; 13.11.1979, AP Nr. 28 zu § 1 HATG-NRW. **14** EuGH 25.1.1991 – C-345/89, EuZW 1991, 666 (Tribunal de police Illkirch [Frankreich]/Alfred Stoeckel). **15** BVerfG 28.1.1992 – 1 BvR 1025/82, NZA 1992, 270.

Arbeitszeitrichtlinie 93/104/EG verankert waren.[16] Des Weiteren sollte insbesondere mit § 6 ArbZG ein Beitrag zur Umsetzung der Arbeitsschutzrahmenrichtlinie 89/391/EWG geleistet werden.[17] Nicht zuletzt spielte bei der Entstehung des Arbeitszeitgesetzes, insbesondere im Hinblick auf § 6 ArbZG, das **ILO-Übereinkommen 171** über Nachtarbeit eine gewichtige Rolle.[18]

III. Menschengerechte Gestaltung der Arbeitszeit (Abs. 1)

5   Nach § 6 Abs. 1 ArbZG ist die Arbeitszeit der Nacht- und Schichtarbeitnehmer nach den **gesicherten arbeitswissenschaftlichen Erkenntnissen** über die menschengerechte Gestaltung der Arbeit festzulegen. Mit dieser Regelung leistete der Gesetzgeber einen Beitrag zur Umsetzung von **Art. 12 Buchst. a RL 2003/88/EG**, wonach die Mitgliedstaaten die erforderlichen Maßnahmen treffen, damit Nacht- und Schichtarbeitern hinsichtlich Sicherheit und Gesundheit in einem Maße Schutz zuteil wird, das der Art ihrer Arbeit Rechnung trägt.[19] Aber auch **Art. 13 der RL 2003/88/EG** erfährt durch § 6 Abs. 1 ArbZG eine teilweise Umsetzung.[20] Nach Art. 13 der RL 2003/88/EG sind die Mitgliedstaaten verpflichtet, die erforderlichen Maßnahmen zu treffen, damit ein Arbeitgeber, der beabsichtigt, die Arbeit nach einem bestimmten **Rhythmus** zu gestalten, dem allgemeinen Grundsatz Rechnung trägt, dass die Arbeitsgestaltung dem Menschen angepasst sein muss, insbesondere im Hinblick auf die Verringerung des eintönigen Arbeit und des maschinenbestimmten Arbeitsrhythmus.[21] Diese beiden Regelungen spielen bei der Auslegung von § 6 ArbZG somit eine erhebliche Rolle.

6   **1. Geltungsbereich.** Die Schutzvorschrift von § 6 Abs. 1 ArbZG gilt ausdrücklich für **Nachtarbeitnehmer.** Der Begriff des Nachtarbeitnehmers ist im Gegensatz zu dem des **Schichtarbeitnehmers** explizit in § 2 Abs. 5 ArbZG definiert (→ ArbZG § 2 Rn. 96 ff.). Nach Art. 2 Nr. 6 RL 2003/88/EG ist als Schichtarbeitnehmer jeder Arbeitnehmer anzusehen, der im Rahmen eines Schichtarbeitsplan eingesetzt ist. Weiterhin definiert **Art. 2 Nr. 5 RL 2003/88/EG** als **Schichtarbeit** „jede Form der Arbeitsgestaltung kontinuierlicher oder nichtkontinuierlicher Art mit Belegschaften, bei der Arbeitnehmer nach einem bestimmten Zeitplan, auch im Rotationsturnus, sukzessive an den gleichen Arbeitsstellen eingesetzt werden, so dass sie ihre Arbeit innerhalb eines Tages oder Wochen umfassenden Zeitraums zu unterschiedlichen Zeiten verrichten müssen"[22] (→ ArbZG § 2 Rn. 97).

7   **2. Gesicherte arbeitswissenschaftliche Erkenntnisse über die menschengerechte Gestaltung der Arbeit.** Die Regelung in § 6 Abs. 1 ArbZG knüpft an den **unbestimmten Rechtsbegriff** der „gesicherten arbeitswissenschaftlichen Erkenntnisse über die menschengerechte Gestaltung" an und stellt die Arbeitgeber und Betriebsparteien zunächst vor die Frage, welche Erkenntnisse hinsichtlich der Schichtplangestaltung als **gesichert** gelten, insbesondere wenn sie – wie im Anwendungsbereich von § 6 ArbZG – nicht in DIN-, EU- oder ISO-Normen verankert sind.

8   Zunächst räumt § 18 Abs. 2 Nr. 5 ArbSchG auf dem Gebiet des Arbeitsschutzes die Möglichkeit ein, **Ausschüsse unter Beteiligung der betroffenen Kreise**[23] zu bilden, um gesicherte arbeitswissenschaftliche Erkenntnisse zu ermitteln. Insbesondere über das Zusammenwirken von §§ 3, 4 AbSchG und einer richtlinienkonformen Auslegung von

---

16 Vgl. zB Gesetzentwurf der Bundesregierung zur Vereinheitlichung und Flexibilisierung des Arbeitszeitrechts vom 13.10.1993, BT-Drs. 12/5888, 1 ff.; siehe auch die Antwort der Bundesregierung auf die große Anfrage Arbeitszeitflexibilisierung in BT-Drs. 13/2581, 6, wonach die Umsetzung der Arbeitszeitrichtlinie Fortschritte für deutsche Arbeitnehmer brachte, insbesondere im Hinblick auf die besonderen Schutzvorschriften für Nacht- und Schichtarbeitnehmer. Die Richtlinie 93/104/EG wurde durch die Richtlinie 2003/88/EG vom 4.11.2003 abgeändert (ABl. L 299/9 vom 18.11.2003). **17** Vgl. § 8 Abs. 2 des Entwurfes des Arbeitszeitgesetz, BT-Drs. 12/5282, 12. **18** Gesetzesbegründung der Bundesregierung, BT-Drs. 12/5888, 24 und Entschließung des Bundestages, BT-Drs. 12/4380, 3. **19** Vgl. ausführlich Habich, S. 189 f. **20** Vgl. ausführlich Habich, S. 190 ff.; Zeppenfeld, S. 150 ff. **21** Dazu Maier, S. 68 ff. **22** Siehe auch EuGH 3.10.2000 – C-303/98, Slg 2000, I-7997 ff. (SIMAP); BAG 18.7.1990, NZA 1991, 23; 20.6.1990, NZA 1990, 861; 23.9.1960, AP Nr. 4 zu § 2 AZO. **23** Zu möglichen verfassungsrechtlichen Bedenken, Faber, Grundpflichten, S. 454 Fn. 350.

§ 6 Abs. 1 ArbZG durch die nichtordnungsgemäße Umsetzung von Art. 12, 13 RL 2003/88/EG aufgrund einer fehlenden prozeduralen Absicherung ergibt sich das Erfordernis, dass die gesicherten arbeitswissenschaftlichen Erkenntnisse auf dem Gebiet der Arbeitszeitgestaltung von Nacht- und Schichtarbeit durch einen vergleichbaren Ausschuss ermittelt werden und mit einer **widerlegbaren Vermutung** verknüpft werden, um eine effektive Rechtsdurchsetzung durch Rechtssicherheit, Rechtsklarheit und eine gleichförmige Verwaltungspraxis zu erreichen.[24] Bisher wurde diese Möglichkeit jedoch nicht weiter in Betracht gezogen. Dies ist verfehlt, wie zB das Urteil des Bundesarbeitsgericht vom 11.12.2013 verdeutlicht[25] (zu weiteren Defiziten der Ausschussbildung → ArbSchG §§ 18, 19 Rn. 49). Somit ist ein weiteres gesetzgeberisches Handeln erforderlich.

Das Bundesarbeitsgericht hatte in einem Urteil vom 11.2.1998[26] in seinem Leitsatz herausgestellt, dass es keine gesicherten arbeitsmedizinischen Erkenntnisse darüber gebe, ob eine kurze oder eine längere Schichtfolge die Gesundheit der Arbeitnehmer stärker beeinträchtige. Insoweit führte das Bundesarbeitsgericht in seiner Begründung aus, dass – bezogen auf die Gestaltung der Schichtfolgen – aufgrund des Vorliegens von unterschiedlichen Auffassungen zu den gesundheitlichen Belastungen von Schichtarbeitnehmern, grundsätzlich nicht davon auszugehen sei, dass gesicherte arbeitswissenschaftliche Erkenntnisse die Gestaltungsmöglichkeiten bei Nacht- und Schichtarbeit in einer bestimmten Weise einschränken. Diese Rechtsprechung wurde zu Recht kritisiert.[27] Das Bundesarbeitsgericht hat in seiner Entscheidung versäumt, sich mit dem Begriff der „Gesichertheit" näher auseinanderzusetzen und insbesondere die verschiedenen Quellenangaben einer genaueren Betrachtung zu unterziehen. Im Übrigen haben sich die arbeitswissenschaftlichen Erkenntnisse in den letzten 20 Jahren deutlich stabilisiert (→ Rn. 10), so dass auch aus diesem Grund nicht mehr auf das Urteil aus dem Jahr 1998 zurückgegriffen werden kann. 9

Eine effektive Umsetzung von § 6 Abs. 1 ArbZG durch den Arbeitgeber ist zu erwarten, soweit konkrete Vorgaben für die Schichtplangestaltung bestehen. Solche Gestaltungsempfehlungen werden durch die **Europäische Stiftung zur Verbesserung der Lebens- und Arbeitsbedingungen**[28] sowie die **Bundesanstalt für Arbeitsschutz und Arbeitsmedizin (BAuA)**[29] zusammenfassend wie folgt abgegeben: 10

- keine dauerhafte Nachtschicht, nur in besonderen Ausnahmefällen;
- möglichst kurze Nachtschichtfolge, in der Regel nicht mehr als zwei bis vier Nachtschichten in Folge;[30]
- Nach einer Nachtschichtphase sollte eine möglichst lange Ruhephase folgen. Sie sollte auf keinen Fall weniger als 24 Stunden betragen. Optimal wäre eine Ruhezeit von 48 Stunden;
- ausreichende Ruhezeiten zwischen zwei Schichten, um eine effektive Erholung zu ermöglichen;
- keine Arbeitsperioden von acht oder mehr Arbeitstagen in Folge. Die Checkliste der Initiative Neue Qualität der Arbeit sieht eine Arbeitsfolge von maximal drei Arbeitstagen vor;[31]

---

24 Vgl. hierzu ausführlich Habich, S. 173 ff., 192 ff. **25** BAG 11.12.2013 – 10 AZR 736/12, AP Nr. 103 zu § 1 TVG mit zutreffender kritischer Anmerkung von Kohte. **26** BAG 11.2.1998 – 5 AZR 472/97, NZA 1998, 647. **27** Buschmann/Ulber ArbZG § 6 Rn. 7; Münch/ArbR/Anzinger § 300 Rn. 22; Hamm, S. 47 ff. **28** Wedderburn, Leitlinien für Schichtarbeiter, S. 11 ff.; vgl. Broschüre „Leitlinien für Schichtarbeiter" abrufbar unter http://inqa.gawo-ev.de, unter Broschüren/Weblinks (Stand: 31.8.2013); vgl. auch Wedderburn, Schichtarbeit und Gesundheit – BEST Europäische Zeitstudien 1/2000 (http://www.eurofound.europa.eu/pubdocs/2000/09/de/1/ef0009de.pdf; Stand: 27.8.2013). **29** Beermann, Bilanzierung arbeitswissenschaftlicher Erkenntnisse, S. 13 ff., vgl. https://www.baua.de/DE/Themen/Arbeitsgestaltung-im-Betrieb/Arbeitszeit/Nacht-und-Schichtarbeit.html (Stand: 30.6.2017); vgl. Beermann, Leitfaden 2005, S. 12 ff. **30** Schweflinghaus Gute Arbeit 11/2011, 14 f. betont, dass die Desynchronisation der Rhythmik umso stärker ist, je mehr Nachtschichten hintereinander gearbeitet werden müssen und desto länger ist auch die Rückumstellung. Daher laute die Forderung der Arbeitswissenschaft: Nicht mehr als drei Nachtschichten in Folge. **31** http://inqa.gawo-ev.de/cms/ (letzter Abruf: 20.10.2017).

- Kopplung der Schichtlänge an die körperliche und geistige Beanspruchung der Arbeit. Nach den Erkenntnissen der BAuA sollte die tägliche Arbeitszeit auf acht Stunden am Tag und 48 Stunden in der Woche begrenzt werden.[32] Eine Verlängerung des Arbeitstages komme ua nur dann in Betracht, wenn durch die Arbeitsaufgabe eine geringe physische und psychische Belastung besteht, die MAK-Werte angepasst sind und die Arbeitszeit zT aus Arbeitsbereitschaft besteht.
- Schichtarbeitnehmer sollten möglichst mehr freie Tage im Jahr haben als Tagarbeitnehmer.
- Die Nachtschicht sollte grundsätzlich kürzer sein als die Frühschicht und die Spätschicht. Bei Nachtarbeit mit geringer Belastung kann die Nachtarbeit auch verlängert werden, so dass insgesamt weniger Nachtschichten anfallen.
- Ein Vorwärtswechsel der Schichten bei kontinuierlichen Schichtsystemen (erst Früh-, dann Spät- und dann Nachtschicht) begünstigt Schlaf und allgemeines Wohlbefinden und ruft daher bei den Beschäftigten weniger Beschwerden hervor.
- Die Frühschicht sollte nicht zu früh beginnen, um Kürzungen des Nachtschlafs zu vermeiden.
- Die Nachtschicht sollte möglichst früh enden (nur BAuA).
- Regelmäßigkeit in der Schichtenfolge (nur Europäische Stiftung).
- Geblockte Wochenendfreizeiten sind besser als einzelne freie Tage am Wochenende.
- rechtzeitige Information der Arbeitnehmer über den Schichtplan.
- Flexibilität bei den Übergabezeiten.
- Spielraum für individuelle Wünsche der Arbeitnehmer.

11 Damit stellt sich die Frage, ob die dargestellten **Handlungshilfen** als gesicherte arbeitswissenschaftliche Erkenntnisse über die menschengerechte Gestaltung der Arbeit einzuordnen sind. Die beiden letztgenannten Gestaltungsempfehlungen scheiden von vornherein aus, da sie zwar die Arbeitszufriedenheit und die Motivation der Beschäftigten erhöhen, aber nicht in Verbindung zu physischen oder psychischen Belastungen genannt werden, die die Gefahr einer arbeitsbedingten Erkrankung hervorrufen. Diese beiden arbeitswissenschaftlichen Erkenntnisse unterfallen somit dem gesundheitsnahen Bereich der menschengerechten Gestaltung der Arbeit iSd § 6 Abs. 1 ArbZG. Fraglich ist, ob die anderen Gestaltungsempfehlungen der Europäischen Stiftung zur Verbesserung der Lebens- und Arbeitsbedingungen sowie der Bundesanstalt für Arbeitsschutz und Arbeitsmedizin als gesicherte arbeitswissenschaftliche Erkenntnisse anzusehen sind. Diese Frage wird zu Recht von Buschmann/Ulber bejaht.[33]

12 Bisher werden arbeitswissenschaftliche Erkenntnisse grundsätzlich als gesichert angesehen, wenn sie empirisch, insbesondere methodisch und ggf. statistisch, nachgewiesen sind, sich in der betrieblichen Praxis bewährt haben und auch die Mehrheit der Fachleute von ihrer Zweckmäßigkeit überzeugt ist.[34] Unter Berücksichtigung der Zielsetzungen des Arbeitsschutzgesetzes und des Arbeitszeitgesetzes, dh eine Verbesserung der Sicherheit und der Gesundheit der Arbeitnehmer zu erreichen, hat die Verankerung von gesicherten arbeitswissenschaftlichen Erkenntnissen im Rahmen des § 6 Abs. 1 ArbZG zum Ziel, dass jederzeit neue arbeitswissenschaftliche Erkenntnisse flexibel in den Prozess des Arbeitsschutzes in Form der Arbeitszeitgestaltung transformiert werden und folglich eine **ständige betriebliche Anpassung an Veränderungen der Wissenschaft** ermöglicht wird.[35] Daher ist dem OVG Lüneburg[36] zuzustimmen, wonach „bei gesicherten arbeitswissenschaftlichen Erkenntnissen" eine **Bewährung in der Praxis nicht erforderlich** sei, sondern es diesbezüglich ausreicht, wenn bei den maßgeblichen

---

32 Beermann, Bilanzierung arbeitswissenschaftlicher Erkenntnisse, S. 41. **33** Buschmann/Ulber ArbZG § 6 Rn. 7; vgl. auch Westheide/Göcking Gute Arbeit 11/2011, 16 (17); offen gelassen dagegen ua Schliemann ArbZG § 6 Rn. 15; Anzinger/Koberski ArbZG § 6 Rn. 30. **34** Anzinger/Koberski ArbZG § 6 Rn. 29, Baeck/Deutsch ArbZG § 6 Rn. 20. **35** Fuchs, S. 85; ähnlich Wagner, S. 139; Hofe, S. 87. **36** OVG Lüneburg 19.7.1984 – 7 A 45/82, GewArch 1985, 128 ff.; ähnlich auch Pulte AuR 1983, 174 (177); Wagner, S. 139.

Vertretern des jeweiligen wissenschaftlichen Fachbereichs die Überzeugung vorherrscht, dass die Erkenntnisse wissenschaftlich hinreichend abgesichert sind und einer wissenschaftlichen Überprüfung standhalten würden (→ ArbSchG § 4 Rn. 85 ff.).

Die **Europäische Stiftung zur Verbesserung der Lebens- und Arbeitsbedingungen** sowie die **Bundesanstalt für Arbeitsschutz und Arbeitsmedizin**, deren jeweilige Aufgabe die interessenunabhängige Erforschung und Verbreitung arbeitswissenschaftlicher Fragenstellungen ist, haben sich im Rahmen ihrer Veröffentlichungen zu den arbeitswissenschaftlichen Empfehlungen zur Gestaltung von Nacht- und Schichtarbeit (→ Rn. 10) intensiv mit den vorhandenen wissenschaftlichen Untersuchungen zu Belastungen durch Nacht- und Schichtarbeit auseinandergesetzt und eine umfassende Querschnittsanalyse vorgelegt. Die Aussagen zu den Belastungen durch Nacht- und Schichtarbeit sowie die hierauf bezogenen Gestaltungsempfehlungen sind durch die aktuellen Arbeiten der BAuA und der INQA-Initiative bestätigt worden und daher als „**gesichert**" **aufgrund vorherrschender Überzeugung der Wissenschaftler** der Arbeitsmedizin und anderer Gebiete anzusehen und somit zur Konkretisierung von § 6 Abs. 1 ArbZG heranzuziehen.[37] Für die Praxis akzeptabel ist die Zusammenstellung der DGUV, mit der die Handlungsempfehlungen auf einen „harten Kern" von fünf elementaren Forderungen konzentriert werden.[38] 13

In diesem Zusammenhang ist jedoch zu beachten, dass einzelne Gestaltungsempfehlungen grundsätzlich nicht miteinander in Einklang zu bringen sind (zB Nachtschicht sollte möglichst früh enden und Frühschicht möglichst spät beginnen) und zugleich keine Rangfolge der Bewertung innerhalb der aufgezeigten Gestaltungsrichtlinien vorhanden ist.[39] Der Arbeitgeber hat somit einen Gestaltungsspielraum. 14

Zur Ausgestaltung dieses **Gestaltungsspielraums** ist es erforderlich, dass der Arbeitgeber über die notwendige Kenntnis von gesicherten arbeitswissenschaftlichen Erkenntnissen über die menschengerechte Gestaltung der Arbeitszeit von Nacht- und Schichtarbeitnehmern verfügt. Neben den bereits dargestellten Leitfäden zur Gestaltung von Schichtplänen sind im Internet ua **Checklisten** für eine gute Schichtplangestaltung[40] oder auch Verlinkungen zu **softwaregestützter Arbeitszeitgestaltung** nach gesicherten arbeitswissenschaftlichen Erkenntnissen bspw. auf der Internetseite der Bundesanstalt für Arbeitsschutz und Arbeitsmedizin (Computerprogramm BASS 3.0 = Bedarfsorientiertes Arbeitswissenschaftliches System zur Schichtplangestaltung)[41] zu finden. 15

3. Gestaltungspflicht des Arbeitgebers und Gefährdungsbeurteilung. Aus § 6 Abs. 1 ArbZG folgt eine **zwingende öffentlich-rechtliche Pflicht des Arbeitgebers**, die Arbeitszeit der Nacht- und Schichtarbeitnehmer nach den gesicherten arbeitswissenschaftlichen Erkenntnissen über die menschengerechte Gestaltung der Arbeit festzulegen.[42] Aufgrund der Einordnung des Arbeitszeitgesetzes als besonderes Arbeitsschutzgesetz sind, wie Art. 1 Abs. 4 der RL 2003/88/EG zeigt, auch die Vorschriften des allgemeinen Arbeitsschutzgesetzes zu beachten. Mithin ergibt sich die Notwendigkeit zur Durchführung einer **Gefährdungsbeurteilung nach § 5 ArbSchG** unter besonderer Berücksichtigung der Arbeitszeitgestaltung bei Nacht- und Schichtarbeitnehmern nach § 6 Abs. 1 ArbZG. Dem Arbeitgeber wird durch § 6 Abs. 1 ArbZG zunächst ermöglicht, die Gefährdungsquelle „Nacht- und Schichtarbeit" als solche zu erkennen. Diesbezüglich ist auch die Kenntnis von gesicherten arbeitswissenschaftlichen Erkenntnissen notwendig, da sie dazu dienen, eine Gefährdung an sich herauszukristallisieren.[43] Im weiteren Verlauf der Gefährdungsbeurteilung werden mithilfe der gesicherten arbeitswissenschaftlichen Erkenntnisse und der o.a. Gestaltungsrichtlinien die Mindeststandards der Ar- 16

---

37 Habich, S. 182 ff. **38** DGUV-Report 1/2012: Schichtarbeit, S. 134 ff.; vgl. HK-ArbZR/Lorenz ArbSchG § 6 Rn. 32. **39** Beermann, Bilanzierung arbeitswissenschaftlicher Erkenntnisse, S. 30; Wedderburn, Leitlinien für Schichtarbeiter, S. 11. **40** ZB http://www.ergo-online.de/site.aspx?url=html/arbeitsorganisation/pausen/checkliste_schlichtplan.htm (Stand: 31.10.2011). **41** http://www.baua.de/de/Informationen-fuer-die-Praxis/Handlungshilfen-und-Praxisbeispiele/Arbeitszeitgestaltung/Computerprogramm%20BASS%203.0.html. **42** Buschmann/Ulber ArbZG § 6 Rn. 7; HK-ArbZR/Lorenz ArbSchG § 6 Rn. 35; Anzinger/Koberski ArbZG § 6 Rn. 23. **43** Faber, Grundpflichten, S. 111; HK-ArbZR/Lorenz ArbSchG § 6 Rn. 30.

beitszeitgestaltung festgelegt. Zeigen sich bei der Überprüfung nach § 3 Abs. 1 S. 2 ArbSchG Defizite, so ist eine Veränderung der Schichtplangestaltung erforderlich.

17 Besonderes Augenmerk ist im Zusammenhang von Nacht- und Schichtarbeit auf die vorhandenen **Mehrfachbelastungen** am Arbeitsplatz zu legen, da **Nacht- und Schichtarbeit** im Hinblick auf andere Belastungen (→ Rn. 1, 18 f.) eine **Verstärkerfunktion** zukommt. Insoweit kann sich nach §§ 3, 4 ArbSchG die allgemeine Pflicht des Arbeitgebers ergeben, weitere erforderliche und geeignete Maßnahmen zu treffen, um Gefährdungen der Nacht- und Schichtarbeitnehmer beim Zusammentreffen mit weiteren Belastungen zu minimieren. Auch sind arbeitswissenschaftliche Erkenntnisse über §§ 3, 4 ArbSchG im Rahmen einer Gefährdungsbeurteilung zu berücksichtigen, die nicht in Gestaltungsrichtlinien verankert sind. So wurde in Belastungsuntersuchungen nachgewiesen, dass Nacht- und Schichtarbeitnehmer vielfältige Probleme der Verdauung haben und hieraus häufig Magen-Darm-Erkrankungen resultieren.[44] Somit kommt als geeignete und erforderliche Arbeitsschutzmaßnahme nach § 3 Abs. 1 ArbSchG zB die **Gestaltung der betrieblichen Essensversorgung** durch bestimmte Essensgrundsätze oder die Beratung der Arbeitnehmer durch den Betriebsarzt/andere arbeitsmedizinische Experten oder eine entsprechende Schulung in Betracht.[45]

18 **4. Mehrfachbelastungen bei Nacht- und Schichtarbeit.** Die aus der Mehrfachbelastung am Arbeitsplatz resultierenden Gefährdungen, insbesondere bei Nacht- und Schichtarbeit, erfordern eine besondere Beachtung durch den Arbeitgeber. Danach bestehen aufgrund von durchgeführten wissenschaftlichen Untersuchungen begründete Vermutungen, dass Gefahrstoffe je nach Tageszeit unterschiedlich auf den Körper einwirken und auch vom Körper tageszeitlich verschieden abgebaut werden.[46] Dieser Einfluss des Biorhythmus wird bei der Grenzwertfestlegung für Belastungen durch Gefahrstoffe – **MAK-Werte der TRGS 900** – nicht hinreichend berücksichtigt, da sie auf eine normale Arbeitszeit am Tag (Mittelwert von acht Stunden an fünf Wochentagen) berechnet sind; sie sind somit in der Phase besonderer Empfindlichkeit nachts entsprechend vorsichtiger anzusetzen.[47] Die **richtlinienkonforme Umsetzung** von Art. 12 Nr. 1 RL 2003/88/EG erfordert zusätzliche Arbeitsschutzmaßnahmen nach § 8 Abs. 1 S. 1 iVm Abs. 2 GefStoffV und ggf. nach § 9 Abs. 2 GefStoffV.[48] Somit ergeben sich folgende arbeitsorganisatorische Handlungsfelder: Entlastung der Nachtschicht von den Erschwernissen der Gefahrstoffe,[49] Annahme von niedrigeren Grenzwerten in der Nacht- und Spätschicht, Verringerung der eingesetzten Gefahrstoffe in ihrer Gesamtheit während Nacht- und Spätschicht oder Verringerung der Expositionszeit mit Gefahrstoffen durch Verkürzung der Nachtschichtdauer, Einführung zusätzlicher angemessener Pausen und entsprechende Gestaltung der Arbeitstätigkeit, indem sich Zeiten gefahrstoffexponierter Tätigkeiten mit Zeiten gefahrstofffreier Tätigkeiten abwechseln.[50]

19 **5. Transformation von § 6 Abs. 1 ArbZG in das Individualrecht.** Vereinzelt wird § 6 Abs. 1 ArbZG nur als Programmsatz qualifiziert,[51] doch wird damit die Bedeutung der vom Gesetzgeber gewollten Umsetzung des Unionsrechts (→ Rn. 4) verkannt. Die hM sieht § 6 Abs. 1 ArbZG zwar als **Rechtsnorm** an, die auch durch **Anordnung nach § 17 Abs. 2 ArbZG** konkretisiert werden kann,[52] lehnt aber einen Anspruch des einzelnen Arbeitnehmers auf Erfüllung aus § 6 Abs. 1 ArbZG ab.[53] Die Regelung des § 6 Abs. 1 ArbZG ist als arbeitsschutzrechtliche Norm jedoch geeignet, über § 618 Abs. 1 BGB in das **Individualrecht**[54] transformiert zu werden, so dass die Arbeitgeber dem Arbeitnehmer **unmittelbar** auf eine solche Arbeitszeitgestaltung nach § 6 Abs. 1 ArbZG auch **verpflichtet** sind.[55]

---

44 Habich, S. 12 mwN. 45 Habich, S. 232; Hahn, S. 93. 46 Reuhl Arbeit & Ökologie Briefe 2002, 40; Kiesswetter/van Thiel/Seeber, S. 223, 226; Wriedt gegengift 1991, 32 (35); Maschewsky SozSich 4/1995, 185. 47 Oppolzer, Ökologie der Arbeit, S. 153; Wriedt gegengift 1991, 32 (35); Sendfeld, S. 177, 198. 48 Habich, S. 211. 49 Müller-Seitz, S. 130 f. 50 Habich, S. 210 ff. 51 Junker ZfA 1998, 105 (120). 52 Münch/ArbR/Anzinger § 300 Rn. 18; Neumann/Biebl ArbZG § 6 Rn. 8. 53 Anzinger in: FS Wlotzke, S. 427, 428; Baeck/Deutsch ArbZG § 6 Rn. 28. 54 Grundsätzlich Faber, Grundpflichten, S. 410 ff. 55 So auch Buschmann/Ulber ArbZG § 6 Rn. 8; vgl. auch Kreft, S. 233; HK-ArbZR/Lorenz ArbZG § 6 Rn. 36.

Insofern ist zwischen den einzelnen Gestaltungsrichtlinien zu unterscheiden. Soweit die 20
einzelnen Gestaltungsempfehlungen sich nicht widersprechen und sie darüber hinaus
konkret formuliert sind, wie zB Vorwärtswechsel bei kontinuierlichen Schichtsystemen
oder Begrenzung der Arbeitsleistung auf maximal vier Nachtschichten in Folge, hat der
Arbeitnehmer auch einen durchsetzbaren Anspruch auf Einhaltung dieser Gestaltungsrichtlinien. Vor allem sind diese Gestaltungsrichtlinien von Bedeutung für die Ermessensausübung der Einigungsstelle nach § 76 BetrVG.[56]

Im Übrigen ist der Erfüllungsanspruch des Arbeitnehmers auf eine **fehlerfreie Ausfüllung** dieses unbestimmten Rechtsbegriffs gerichtet und darüber hinaus auch auf eine 21
fehlerfreie Ausübung des Ermessens des Arbeitgebers in Bezug auf die konkrete
Schichtplangestaltung in ihrer Gesamtheit.[57] Grundlage für die Erfüllung dieser Pflichten bildet die durchzuführende Gefährdungsbeurteilung.

Die Einordnung von § 6 Abs. 1 ArbZG als arbeitsschutzrechtliche Norm führt auch zu 22
einer Bejahung eines **Zurückbehaltungsrechts** des Arbeitnehmers nach § 273 BGB.[58]
Insoweit hat der Arbeitnehmer ein Zurückbehaltungsrecht, wenn der Arbeitgeber den
unbestimmten Rechtsbegriff der gesicherten arbeitswissenschaftlichen Erkenntnisse
nicht oder eindeutig fehlerhaft ausfüllt, elementare Gestaltungsempfehlungen (zB keine
Dauernachtarbeit; Vorwärtswechsel, max. vier Nachtschichten in Folge) nicht berücksichtigt oder die verschiedenen Erkenntnisse eindeutig ermessensfehlerhaft abwägt.[59]
Allerdings ist zu berücksichtigen, dass einmalige und kurzfristige arbeitgeberseitige
Pflichtverstöße nicht ausreichen, ein Zurückbehaltungsrecht des Arbeitnehmers anzunehmen.

6. Mitbestimmung des Betriebsrates. Der Betriebsrat hat bei der Einführung und Ausgestaltung von Nacht- und Schichtarbeit einschließlich der Lage der einzelnen Schichten sowie der Festlegung des Personenkreises ein **umfassendes Mitbestimmungsrecht nach § 87 Abs. 1 Nr. 2 BetrVG**.[60] Explizit hat der 1. Senat des Bundesarbeitsgerichts[61]
entschieden, dass der gesamte Komplex der Schichtarbeit mit dem Betriebsrat gemeinsam zu regeln ist: die Aufstellung der einzelnen Schichtpläne, die entweder in allen Einzelheiten zwischen den Betriebsparteien vereinbart werden oder sich nur auf bestimmte
Grundsätze und Kriterien beschränken können; Verteilung der (regelmäßigen) wöchentlichen Arbeitszeit auf sechs Arbeitstage in der Woche; die Entscheidung, ob in
einem Rolliersystem oder einem Schichtdienst anderer Art gearbeitet werden soll; über
die Anzahl der Rolliergruppen; ob freie Tage auf einen Feiertag fallen können; ob für
die Rolliergruppen ein Freizeitkalender zu führen ist; die Festlegung des Schichtwechselrhythmus, der Schichtwechselzeitpunkte, der Schichtüberlappungszeiten, die
Schichtwechselrichtung, den Schichtzyklus und die Regelung der Springereinsatzzeiten.

§ 6 Abs. 1 ArbZG stellt nach den bisherigen vorliegenden gesicherten arbeitswissen- 24
schaftlichen Erkenntnissen Grundsätze für die Schichtplangestaltung auf, die einer näheren Ausfüllung zugänglich sind, zB möglichst kurze Nachschichtfolge von nicht
mehr als zwei bis vier Nachtschichten in Folge. Somit kommt auch ein Mitbestimmungsrecht nach § 87 Abs. 1 Nr. 7 BetrVG in Betracht, da die Arbeitszeitvorschriften
gleichzeitig dem Gesundheitsschutz dienen.[62] In diesen Zusammenhang zeigt sich, dass
§ 6 Abs. 1 ArbZG keine abschließende Vorschrift iSd § 87 Abs. 1, Eingangssatz BetrVG
darstellt.[63] Damit ergibt sich eine Regelungsbefugnis der Betriebsparteien, wobei im
Rahmen des § 87 Abs. 1 Nr. 2 BetrVG zwingend die **gesicherten arbeitswissenschaftli-**

---

56 Neumann/Biebl ArbZG § 6 Rn. 9; Münch/ArbR/Anzinger § 300 Rn. 23. **57** Habich, S. 261 f.;
vgl. zum parallelen Anspruch des Arbeitnehmers auf Durchführung der Gefährdungsbeurteilung:
BAG 12.8.2008 – 9 AZR 1112/06, NZA 2009, 102 = AP Nr. 29 zu § 618 BGB mAnm Kohte.
58 Ebenfalls bejahend: Buschmann/Ulber ArbZG § 6 Rn. 8; Schliemann ArbZG § 6 Rn. 20.
59 Habich, S. 269 f. **60** BAG 28.10.1986, AP Nr. 20 zu § 87 BetrVG Arbeitszeit; BAG 8.8.1989,
DB 1990, 1191; LAG Hamm 26.5.2003, NZA-RR 2004, 24; BAG 1.7.2003, AP Nr. 103 zu § 87
BetrVG 1972 Arbeitszeit; HK-BetrVG/Kohte BetrVG § 87 Rn. 44. **61** BAG 28.10.1986, AP Nr. 20
zu § 87 BetrVG 1972 Arbeitszeit; BAG 27.6.1989, AP Nr. 35 zu § 87 BetrVG 1972 Arbeitszeit;
BAG 31.1.1989, AuR 1990, 133; BAG 28.5.2002, NZA 2003, 1352; BAG 1.7.2003, AP Nr. 103
zu § 87 BetrVG 1972 Arbeitszeit; vgl. auch Schoof AiB 1992, 265 ff. **62** HaKo-BetrVG/Kohte
BetrVG § 87 Rn. 88. **63** Habich, S. 286 f.

chen Erkenntnisse zu beachten sind, die als **Mindeststandards** die Grenze der Regelungsbefugnis bilden.[64] Die Betriebsparteien können darüber hinaus weitere arbeitswissenschaftliche Erkenntnisse, die möglicherweise noch nicht gesichert sind, in die Schichtplangestaltung einfließen lassen.

25 Gleichzeitig haben sich Betriebsrat und Arbeitgeber gemeinsam über die Konkretisierung des unbestimmten Rechtsbegriffs der gesicherten arbeitswissenschaftlichen Erkenntnisse als Vorfrage für die Ausübung des Mitbestimmungsrechts nach § 87 Abs. 1 Nr. 2 BetrVG zu verständigen.[65] In der arbeitswissenschaftlichen Diskussion ist eine weitere Funktion des Mitbestimmungsrechts herausgearbeitet worden: danach ist die Einführung arbeitswissenschaftlich empfohlener Modelle eher erfolgreich, wenn die frühzeitige Partizipation der Beschäftigten beachtet wird.[66]

26 Die besondere Arbeitsbelastung, die mit der Erbringung von Nacht- und Schichtarbeit verbunden ist, findet bspw. in **Tarifverträgen** spezifische Berücksichtigung. Nach § 2 a Nr. 3 des Tarifvertrages für die Beschäftigten der chemischen Industrie für die Neuen Bundesländer und Berlin (Ost) können zB Arbeitnehmer in voll- und teilkontinuierlicher Wechselschichtarbeit die zweieinhalbstündige **Altersfreizeit** je Woche bereits ab dem 55. Lebensjahr in Anspruch nehmen. Die Grundregelung dagegen sieht eine Inanspruchnahme dieser Altersfreizeit erst mit Vollendung des 57. Lebensjahres vor. Andere Regelungen sieht der Tarifvertrag zum flexiblen Übergang in die Rente für die Beschäftigten in der Metall- und Elektroindustrie in Baden-Württemberg vom 3.9.2008 (gültig seit 1.1.2010) vor. Insofern besteht für Nacht- und Wechselschichtarbeitnehmer die Möglichkeit der vorzeitigen Inanspruchnahme der **Altersteilzeit** (grundsätzlich mit 57 Jahren statt mit 61 Jahren, wobei bei der letzten Variante die schrittweise Anhebung der Altersgrenze berücksichtigt wird). Diese Regelungen spiegeln die besonderen Belastungen durch Nacht- und Schichtarbeit während des Arbeitslebens wider, denen Rechnung getragen werden soll. Diese Erkenntnis muss zugleich dazu beitragen, den präventiv-gestaltenden Aspekt von § 6 Abs. 1 ArbZG stärker als bisher in den Mittelpunkt der Organisations-/Gestaltungspflicht des Arbeitgebers während des gesamten Arbeitslebens zu rücken.

IV. Arbeitszeit der Nachtarbeitnehmer (Abs. 2)

27 Ebenso wie § 3 S. 1 ArbZG wiederholt § 6 Abs. 2 S. 1 ArbZG den Grundsatz, dass die werktägliche Arbeitszeit der Nachtarbeitnehmer **acht Stunden** nicht überschreiten darf. Darüber hinaus kann die werktägliche Arbeitszeit wie bei den übrigen Arbeitnehmern werktäglich auf bis zu zehn Stunden verlängert werden (§ 3 S. 2 ArbZG), wobei jedoch für Nachtarbeitnehmer aus Gründen des Gesundheitsschutzes der Ausgleichszeitraum auf den Kalendermonat oder die folgenden vier Wochen verkürzt ist. Diese Vorschrift gilt auch dann, wenn die Nachtarbeitnehmer Früh- und Spätschicht, zB im Rahmen eines rollierenden Schichtsystems, leisten.[67] Der **verkürzte Ausgleichszeitraum** ist auch für Zeiträume, in denen Nachtarbeitnehmer urlaubs- und krankheitsbedingt keine Nachtarbeit leisten, maßgebend.

28 Arbeitgeber und Betriebsparteien haben – ebenso wie bei § 3 ArbZG (→ ArbZG § 3 Rn. 23 ff., 32 ff.) – die **Wahl zwischen zwei Ausgleichszeiträumen**. Der Kalendermonat als Ausgleichszeitraum beginnt in Übereinstimmung mit dem Wortlaut zwingend am ersten jeden Kalendermonats,[68] während der Vier-Wochen-Zeitraum an jedem Tag eines Monats beginnen und somit äquivalent nach § 188 BGB enden kann.[69]

29 Mit der Regelung in § 6 Abs. 2 ArbZG wird zunächst Art. 8 Buchst. a der RL 2003/88/EG umgesetzt. Weiterhin sieht die Richtlinie in Art. 8 Buchst. b vor, dass die werktägliche Arbeitszeit von Nachtarbeitnehmern, deren **Arbeit mit besonderen Gefahren oder erheblichen körperlichen und geistigen Belastungen** verbunden ist, wäh-

---

[64] Anzinger/Koberski ArbZG § 6 Rn. 92. [65] Habich, S. 287 ff. [66] Rothe/Beermann/Wöhrmann, S. 123, 133. [67] Baeck/Deutsch ArbZG § 6 Rn. 33. [68] So Anzinger/Koberski ArbZG § 6 Rn. 33; HK-ArbZR/Lorenz ArbZG § 6 Rn. 41; aA Neumann/Biebl ArbZG § 6 Rn. 12, die Kalendermonat als Zeitmonat verstehen. [69] Vgl. Baeck/Deutsch ArbZG § 6 Rn. 32, ArbZG § 3 Rn. 30.

rend der Erbringung der Nachtarbeit auf acht Stunden begrenzt wird. Gleichzeitig sollte durch den Gesetzgeber, durch die Tarif- und/oder Sozialpartner festgelegt werden, welche Arbeit hierunter zu verstehen ist. An einer solchen Umsetzung mangelt es bisher.[70] Diesen Umstand der Mehrbelastung hat der Arbeitgeber in die Gefährdungsbeurteilung nach §§ 5, 6 ArbSchG einzubeziehen und im Rahmen seiner Organisationspflicht nach §§ 3, 4 ArbSchG grundsätzlich zu beachten. Da diese Normierung in der Richtlinie 2003/88/EG als gesicherte arbeitswissenschaftliche Erkenntnis anzusehen ist, ist Art. 8 Buchst. b RL 2003/88/EG im Rahmen des § 6 Abs. 1 ArbZG zu berücksichtigen und der Arbeitgeber verpflichtet, die Arbeitszeit – abweichend von § 6 Abs. 2 S. 2 ArbZG – bei entsprechender Gefährlichkeit oder Belastung während der Nachtarbeit auf acht Stunden zu begrenzen.

§ 6 Abs. 2 S. 3 ArbZG sieht zudem vor, dass der verlängerte Ausgleichszeitraum nach § 3 S. 2 ArbZG gilt, wenn Nachtarbeitnehmer iSd § 2 Abs. 5 Nr. 2 ArbZG nicht zur Nachtarbeit herangezogen werden. Somit scheidet die Verlängerung des Ausgleichszeitraums für Nachtarbeitnehmer, die Wechselschicht leisten, von vornherein aus. Nach dem Wortlaut der Norm kommt der verlängerte Ausgleichszeitraum nach § 3 S. 2 ArbZG praktisch nur dann in Betracht, wenn aus einem im voraus festgelegten Plan ersichtlich ist, dass der Arbeitnehmer in einem verlängerten Zeitraum keine Nachtarbeit leistet. Sobald der Arbeitnehmer auch nur einmal zur Nachtarbeit herangezogen wird, ist automatisch der verkürzte Zeitraum nach § 2 Abs. 2 S. 2 ArbZG anzuwenden.[71]

Weitere Abweichungsmöglichkeiten für die Tarifvertrags- und Betriebsparteien bzgl. der Ausgleichszeiträume sieht § 7 ArbZG vor; auch hier sind die Vorgaben des Unionsrechts und die gesicherten arbeitswissenschaftlichen Erkenntnisse als Grenzen des tarifdispositiven Rechts zu beachten (→ ArbZG § 7 Rn. 54).

V. Arbeitsmedizinische Untersuchungen (Abs. 3)

Nach § 6 Abs. 3 S. 1 ArbZG haben Nachtarbeitnehmer gegenüber ihrem Arbeitgeber einen Anspruch auf Durchführung einer arbeitsmedizinischen Untersuchung vor Beginn der Beschäftigung als Nachtarbeitnehmer und anschließend in regelmäßigen Abständen von nicht weniger als drei Jahren. Nach Vollendung des 50. Lebensjahres hat der Arbeitnehmer einen Anspruch auf Untersuchung innerhalb eines Jahres (S. 2). Dem Arbeitnehmer bleibt es jedoch unbenommen, auf sein Recht auf arbeitsmedizinische Untersuchung zu verzichten, dh eine solche Untersuchung findet nur auf **ausdrückliches Verlangen** des Arbeitnehmers statt.[72]

Zur weiteren Auslegung dieser Norm ist ua auf Art. 9 RL 2003/88/EG zurückzugreifen. Danach unterliegt nach **Art. 9 Abs. 2 RL 2003/88/EG** die Untersuchung des Gesundheitszustands der Nachtarbeitnehmer der ärztlichen Schweigepflicht. In die Untersuchung sind alle Gefährdungen, die am Arbeitsplatz auftreten, unter Berücksichtigung von § 4 ArbSchG einzubeziehen.[73] Darüber hinaus hat der Nachtarbeitnehmer auch einen Anspruch auf die **allgemeine arbeitsmedizinische Vorsorge** nach § 11 ArbSchG (→ ArbSchG § 11 Rn. 9 ff.), die neben die Untersuchung nach § 6 Abs. 3 ArbZG tritt. Schichtarbeitnehmer unterfallen nicht dem Anwendungsbereich von § 6 Abs. 3 ArbZG, so dass sie nur nach § 11 ArbSchG arbeitsmedizinische Vorsorge verlangen können.

Sofern der Arbeitnehmer seinen Anspruch auf arbeitsmedizinische Untersuchung vor Beginn der Beschäftigung als Nachtarbeitnehmer gegenüber seinem Arbeitgeber geltend macht, kann er die Erbringung der Nachtarbeit solange verweigern, bis seine gesundheitliche Eignung zur Leistung von Nachtarbeit durch das Untersuchungsergebnis

---

[70] ErfK/Wank ArbZG § 6 Rn. 5; Schliemann ArbZG § 6 Rn. 29. [71] Buschmann/Ulber ArbZG § 6 Rn. 14. [72] Buschman/Ulber ArbZG § 6 Rn. 15; Neumann/Biebl ArbZG § 6 Rn. 14; Schliemann ArbZG § 6 Rn. 45. [73] Buschman/Ulber ArbZG § 6 Rn. 15.

bestätigt wird.[74] Ein Beschäftigungsverbot des Arbeitgebers lässt sich zu diesem Zeitpunkt noch nicht ableiten.[75]

35 Das Untersuchungsergebnis ist dem Arbeitnehmer mitzuteilen. Stellt sich im Rahmen der Begutachtung eines Nachtarbeitnehmers heraus, dass er aus gesundheitlichen Gründen nicht oder nur eingeschränkt in der Lage ist, seine Arbeit zur Nachtzeit zu erbringen, so hat der Arbeitnehmer nach §§ 3, 4 ArbSchG iVm § 618 BGB – unabhängig von § 6 Abs. 4 ArbZG – einen Anspruch auf **Herstellung eines arbeitsschutzkonformen Arbeitsplatzes** unter Berücksichtigung seiner gesundheitlichen Beeinträchtigungen.[76] Diesbezüglich sind die Grundsätze des § 4 ArbSchG seitens des Arbeitgebers zu beachten.

36 Die **Kosten** für die arbeitsmedizinische Untersuchung trägt nach dem Wortlaut des § 6 Abs. 3 ArbZG grundsätzlich der **Arbeitgeber**. Hierzu zählen nicht nur die Kosten für die Untersuchung selbst, sondern auch Zusatzkosten, die dem Arbeitnehmer zur Durchführung dieser Untersuchung entstehen, wie zB Anfahrtskosten, Kinderbetreuungskosten und auch der Entgeltanspruch, selbst wenn die Untersuchung außerhalb der Schichtzeit stattfindet.[77]

37 Nach dem Gesetzeswortlaut hat der Arbeitgeber die Kosten der Untersuchung nur dann zu tragen, wenn er dem Arbeitnehmer keine Untersuchung durch einen Betriebsarzt oder arbeitsmedizinischen Dienst anbietet. Mittelbar wird durch diese Regelung das **Recht auf freie Arztwahl** eingeschränkt, da es dem Arbeitnehmer unbenommen bleibt, einen Arzt seiner Wahl in Anspruch zu nehmen, ohne jedoch eine Kostentragungspflicht des Arbeitgebers auszulösen. Eine solche Einschränkung ist dem Wortlaut von Art. 9 Abs. 2 RL 2003/88/EG nicht zu entnehmen. Im Übrigen bestehen grundsätzliche Bedenken im Hinblick auf das geschützte Recht des Arbeitnehmers auf freie Arztwahl.[78] In diesem Zusammenhang ist auch auf § 3 Abs. 3 ArbSchG zu verweisen, wonach die Kosten für Arbeitsschutzmaßnahmen nicht auf den Arbeitnehmer umgelegt werden dürfen (→ ArbSchG § 11 Rn. 21).

VI. Umsetzung auf einen Tagesarbeitsplatz (Abs. 4)

38 Aus § 6 Abs. 4 ArbZG folgt unter bestimmten Voraussetzungen ein Anspruch des Nachtarbeitnehmers auf Umsetzung auf einen geeigneten Tagesarbeitsplatz. Zunächst muss der Nachtarbeitnehmer die Umsetzung auf einen Tagesarbeitsplatz gegenüber dem Arbeitgeber **verlangen**. Diesbezüglich besteht kein Schriftform- und Begründungserfordernis. Beides kann sich in der betrieblichen Praxis empfehlen.

39 Sofern der Arbeitnehmer sich nach einer arbeitsmedizinischen Untersuchung nach § 6 Abs. 4 ArbZG darauf beruft, dass die weitere Verrichtung von Nachtarbeit ihn in seiner Gesundheit gefährdet, so hat der Arbeitnehmer eine Bescheinigung über das Ergebnis der **arbeitsmedizinischen Beurteilung** des Arbeitsmediziners vorzulegen.[79] Auf diese Weise wird es dem Arbeitgeber ermöglicht – insbesondere in Zusammenarbeit mit dem Arbeitsmediziner im Rahmen der Aufgaben nach dem ASiG –, einen gesundheitsgerechten Tagesarbeitsplatz zu finden. Dem Arbeitgeber ist es jedoch verwehrt, sich den Untersuchungsbefund vorlegen zu lassen. Grundsätzlich wird im Rahmen des § 6 Abs. 4 Buchst. a ArbZG der Eintritt einer **konkreten Gefährdung** der Gesundheit des Arbeitnehmers verlangt. Es muss folglich mit **hinreichender Wahrscheinlichkeit** eine ernsthafte Beeinträchtigung der Gesundheit durch Fortsetzung der Nachtarbeit zu befürchten sein.[80] Insoweit ist eine prognostische Entscheidung des Arbeits-

---

[74] Neumann/Biebl ArbZG § 6 Rn. 14; Buschmann/Ulber ArbZG § 6 Rn. 15; zahlreiche Beispiele zu Krankheitsbildern bzw. Gesundheitsstörungen: HK-ArbZR/Lorenz ArbZG § 6 Rn. 49 und 60 unter Verweis auf die „Anhaltspunkte zur Durchführung arbeitsmedizinischer Untersuchungen bei Nachtarbeitnehmern gem. § 6 Abs. 3 ArbZG vom 22.8.1995" (BArbBl. 10/1995, 79 f.). [75] Buschmann/Ulber ArbZG § 6 Rn. 15; Schliemann ArbZG § 6 Rn. 45. [76] Vgl. Buschmann/Ulber ArbZG § 6 Rn. 19. [77] Buschmann/Ulber ArbZG § 6 Rn. 17; HK-ArbZR/Lorenz ArbZG § 6 Rn. 69. [78] So auch Buschmann/Ulber ArbZG § 6 Rn. 18; Kohte in: FS Zachert, S. 326, 332; aA Schliemann ArbZG § 6 Rn. 56; Neumann/Biebl ArbZG § 6 Rn. 16. [79] HK-ArbZR/Lorenz ArbZG § 6 Rn. 78. [80] Schliemann ArbZG § 6 Rn. 65; Münch/ArbR/Anzinger § 300 Rn. 40.

mediziners erforderlich. Eine nähere Begründung seitens des Arbeitsmediziners ist insbesondere im Hinblick auf die ärztliche Schweigepflicht nicht zulässig.

Als weiterer Grund für einen Umsetzungsanspruch des Arbeitnehmers ist die Betreuung eines **in seinem Haushalt lebenden Kindes unter zwölf Jahren** anzusehen, wobei nach dem Wortlaut Voraussetzung ist, dass keine andere im Haushalt lebende Person die Betreuung übernehmen kann. Auf ein Verwandtschaftsverhältnis kommt es im Rahmen des § 6 Abs. 4 Buchst. b ArbZG gerade nicht an.[81] Sofern beide Betreuungspersonen Nachtschichtarbeit verrichten, obliegt ihnen die Entscheidung über die Geltendmachung des Umsetzungsanspruchs. Der Arbeitgeber hat diesbezüglich kein Mitbeurteilungsrecht. 40

Schließlich kann auch ein Nachtarbeitnehmer, der einen „**schwerpflegebedürftigen**" **Angehörigen** zu versorgen hat, der nicht von einem anderen im Haushalt lebenden Angehörigen versorgt werden kann, einen Umsetzungsanspruch geltend machen. Ziel dieses Umsetzungsanspruchs ist es, den Beschäftigten die Erbringung ihrer Arbeitsleistung und gleichzeitig die Pflege von Angehörigen zu ermöglichen. Somit dient § 6 Abs. 4 Buchst. c ArbZG auch der Verbesserung der Vereinbarkeit von Beruf und familiärer Pflege. Folglich sind die Zielsetzungen des Pflegezeitgesetzes und von § 6 Abs. 4 Buchst. c ArbZG identisch, so dass es angebracht erscheint, zur Auslegung des Begriffes des „Angehörigen" iSd § 6 Abs. 4 Buchst. c ArbZG für den Regelfall auf § 7 Abs. 3 PflegeZG zurückzugreifen, da dort sogar von einem „nahen Angehörigen" gesprochen wird, zu denen ua auch Schwiegereltern gehören.[82] Weitere Voraussetzung ist die „Schwerpflegebedürftigkeit" des Angehörigen. Diese Kategorie war 1994 in § 53 SGB V normiert. Inzwischen ist in Anlehnung an § 15 SGB XI davon auszugehen, dass die Pflegegrade dieses Kriterium erfüllen.[83] Es muss zudem diskutiert werden, dass auch Personen, die aufgrund ihrer Demenzerkrankung Pflegeversicherungsleistungen nach den §§ 36 ff., 45 a ff. SGB XI erhalten, als „schwerpflegebedürftig" iSd § 6 Abs. 4 Buchst. c ArbZG eingestuft werden. Darüber hinaus ist es nicht erforderlich, dass der pflegebedürftige Angehörige im Haushalt des Nachtarbeitnehmers lebt.[84] 41

Der Arbeitnehmer kann die Umsetzung nach § 6 Abs. 4 ArbZG auf einen für ihn geeigneten Arbeitsplatz dann verlangen, wenn dem keine dringenden betrieblichen Gründe entgegenstehen. Dabei ist jedoch zwischen den einzelnen Gründen, die dem Umsetzungsverlangen zugrunde liegen, zu differenzieren. 42

Der Arbeitnehmer hat grundsätzlich einen durchsetzbaren Anspruch nach § 618 BGB iVm §§ 3, 4 ArbSchG auf Herstellung eines arbeitsschutzkonformen Arbeitsplatzes, wobei nach § 4 Nr. 6 ArbSchG die speziellen Gefahren für besonders schutzbedürftige Beschäftigtengruppen zu berücksichtigen sind (→ ArbSchG § 4 Rn. 95 ff.). Bei einer konkreten Gesundheitsgefährdung des Arbeitnehmers durch Nachtarbeit ist dem Verlangen des Arbeitnehmers im Rahmen des § 618 BGB, §§ 3, 4 ArbSchG zu entsprechen. Die Ablehnung dieses Verlangens und damit auch das Verbleiben des Nachtarbeitnehmers in der Nachtschicht sind nur als Ausnahme möglich. In diesem Zusammenhang ist wiederum der vorrangige Schutzzweck des Gesetzes, nämlich die Verbesserung des Sicherheits- und Gesundheitsschutzes der Arbeitnehmer, als entscheidendes Kriterium anzusehen. Ein **dringendes betriebliches Erfordernis**, das der Umsetzung entgegensteht, ist daher nur dann zu bejahen, wenn objektiv keine entsprechende Beschäftigungsmöglichkeit im Betrieb oder Unternehmen besteht bzw. geschaffen werden kann.[85] In vergleichbarer Weise hat der 10. Senat des BAG in einem Fall, in dem die Anwendbarkeit von § 2 Abs. 5 ArbZG umstritten war, zur Beschäftigung auf einem Tagesarbeitsplatz unter Nutzung von § 106 GewO verurteilt.[86] 43

---

[81] Münch/ArbR/Anzinger § 300 Rn. 41. [82] HK-ArbZR/Lorenz ArbZG § 6 Rn. 86 geht darüber hinaus und erweitert den Personenkreis auf schwerpflegebedürftige entfernte Angehörige. [83] Vgl. Münch/ArbR/Anzinger § 300 Rn. 42; Neumann/Biebl ArbZG § 6 Rn. 21. [84] Münch/ArbR/Anzinger § 300 Rn. 42. [85] Buschmann/Ulber ArbZG § 6 Rn. 25; aA Schliemann ArbZG § 6 Rn. 62, der es ablehnt, dass der Tagesarbeitsplatz erst geschaffen bzw. freigemacht wird. [86] BAG 9.4.2014 – 10 AZR 637/13, NZA 2014, 719.

44 Im Hinblick auf das Umsetzungsverlangen aus § 6 Abs. 4 Nr. 2 und Nr. 3 ArbZG ist das Merkmal der dringenden betrieblichen Erfordernisse in Anlehnung an diesen Begriff in § 7 Abs. 1 BUrlG auszulegen.[87] Insoweit ist unter Beachtung aller Umstände des Einzelfalls eine umfassende Abwägung der beiderseitigen Interessen des Arbeitgebers und des Arbeitnehmers durchzuführen, wobei im Ergebnis die Umsetzung dem Betrieb **nicht zumutbar** sein darf, um das Umsetzungsverlangen abzulehnen.[88]

45 Im arbeitsgerichtlichen Prozess obliegt es dem Arbeitnehmer, die Anspruchsvoraussetzungen für den Umsetzungsgrund/-anspruch darzulegen. Sodann hat der Arbeitgeber im Falle der Gesundheitsgefährdung des Arbeitnehmers darzulegen und zu beweisen, **dass ein geeigneter Tagesarbeitsplatz für den Nachtarbeitnehmer nicht zur Verfügung steht**. In den anderen Fällen nach § 6 Abs. 4 Nr. 2 und 3 ArbZG hat der Arbeitnehmer zunächst zu behaupten, dass ein geeigneter Tagesarbeitsplatz frei zur Verfügung steht. Sofern dies nicht zutrifft, hat der Arbeitgeber darzulegen, dass ein freier Tagesarbeitsplatz nicht vorhanden ist und unter Berücksichtigung betrieblicher Interessen auch nicht geschaffen werden kann. Insbesondere ist es dem Arbeitgeber zuzumuten, den Tagesarbeitsplatz im Rahmen seines Direktionsrechts zB durch einen Ringtausch freizumachen.[89] Letztlich obliegt die Beweislast für die Anspruchsvoraussetzung nach § 6 Abs. 4 Nr. 2 und 3 ArbZG dem Nachtarbeitnehmer.[90] Sofern sich der Arbeitgeber darauf beruft, dass – trotz Vorhandensein eines geeigneten, freien Tagesarbeitsplatzes – eine Umsetzung nicht in Betracht kommt, so hat er auch die entgegenstehenden dringenden betrieblichen Erfordernisse darzulegen und zu beweisen.

46 Bevor der Arbeitgeber geltend machen kann, dass der Umsetzung dringende betriebliche Erfordernisse entgegenstehen, hat er gem. § 6 Abs. 4 S. 2 ArbZG den **Betriebsrat oder Personalrat** zu hören. Dieser hat sodann die Möglichkeit, dem Arbeitgeber Vorschläge für eine Umsetzung zu unterbreiten. Er kann auch Einstellungen neuer Stellenbewerber nach § 99 Abs. 2 Nr. 3 BetrVG widersprechen, solange eine Umsetzung nach § 6 Abs. 4 ArbZG nicht erfolgt ist.

VII. Ausgleichsleistungen für die Nachtarbeit (Abs. 5)

47 Der Arbeitgeber hat Nachtarbeitnehmern für die während der Nachtzeit geleisteten Arbeitsstunden einen **angemessenen Freizeitausgleich** oder einen **Nachtarbeitszuschlag** zu gewähren, soweit keine tarifvertraglichen Ausgleichsleistungen vorhanden sind. Nunmehr hat das Bundesarbeitsgericht folgerichtig entschieden, dass **Bereitschaftsdienst** in der Nachtzeit in seiner gesamten Dauer nach § 6 Abs. 5 ArbZG auszugleichen ist, unabhängig davon, in welchen Arbeitsstunden tatsächlich eine Arbeitsleistung erbracht wurde.[91] Nur diese Rechtsprechung wird auch dem Sinn und Zweck von § 6 Abs. 5 ArbZG gerecht. Zum einen dient diese Regelung durch die Gewährung von Freizeitausgleich **unmittelbar** dem Gesundheitsschutz, da die mit der Nachtarbeit verbundenen Belastungen beim einzelnen Nachtarbeitnehmer durch **Freizeit** ausgeglichen werden sollen. Zum anderen verfolgt diese Regelung das Ziel, die Arbeitsleistung des Arbeitnehmers zur Nachtzeit durch die Zahlung eines Geldzuschlages zu **verteuern** und sie somit gleichzeitig einzudämmen, so dass sie **mittelbar** dem Gesundheitsschutz dient.[92] Auf diese Weise wird zugleich das Zusammenspiel von § 6 Abs. 5 und § 6 Abs. 1 ArbZG deutlich, wonach sich aus § 6 Abs. 1 ArbZG iVm §§ 3, 4 ArbSchG die vorrangige Pflicht des Arbeitgebers zur möglichst weitgehenden Reduzierung von Nachtarbeit ergibt.[93]

48 Bei der Statuierung der Ausgleichsleistung nach § 6 Abs. 5 ArbZG handelt es sich nicht nur um eine **öffentlich-rechtliche Pflicht** des Arbeitgebers, mit der der Gesetzgeber seine durch das Unionsrecht zugewiesenen Schutzpflicht erfüllt,[94] sondern zugleich um

---

[87] Münch/ArbR/Anzinger § 300 Rn. 27. [88] Schliemann ArbZG § 6 Rn. 73; ArbG Freiburg 24.11.2009 – 7 Ca 218/09. [89] ArbG Freiburg 24.11.2009 – 7 Ca 218/09; Neumann/Biebl ArbZG § 6 Rn. 22. [90] Schliemann ArbZG § 6 Rn. 76. [91] BAG 23.3.2011 – 10 AZR 661/09; BAG 15.7.2009, AP Nr. 10 zu § 6 ArbZG. [92] BAG 5.9.2002 – 9 AZR 202/01, NZA 2003, 563 = AP Nr. 4 zu § 6 ArbZG. [93] Kohte in: FS Buschmann 2013, S. 71, 78. [94] Kohte in: FS Buschmann 2013, S. 71, 79.

einen **privatrechtlichen Anspruch** des Arbeitnehmers.[95] § 6 Abs. 5 ArbZG begründet eine Wahlschuld des Arbeitgebers nach § 262 BGB.[96] Grundsätzlich stehen nach der hM die beiden Ausgleichsleistungen gleichrangig nebeneinander.[97] Somit wird das Wahlrecht des Arbeitgebers prinzipiell nicht eingeschränkt, ob er dem Nachtarbeitnehmer einen Freizeitausgleich, einen finanziellen Ausgleich oder eine Kombination von beiden gewährt.

Soweit tarifvertragliche Normen bestehen, sind deren Regelungen nach dem Wortlaut von § 6 Abs. 5 ArbZG vorrangig. Das Bundesarbeitsgericht hebt in diesem Zusammenhang die **größere Sachnähe der Tarifvertragsparteien** hervor und betont folglich den **subsidiären gesetzlichen Anspruch**.[98] Dabei geht das Bundesarbeitsgericht davon aus, dass der tarifliche Ausgleich nach § 6 Abs. 5 ArbZG dabei nicht nur ausdrücklich, sondern auch **stillschweigend** geregelt sei.[99] Diesbezüglich stellt das Bundesarbeitsgericht allerdings hohe Anforderungen an einen solchen stillschweigenden Ausgleich, wonach der Tarifvertrag selbst entsprechende Hinweise enthalten muss oder solche sich aus der Tarifgeschichte oder aus Besonderheiten des Geltungsbereichs ergeben. Im Hinblick auf die **unionsrechtliche Schutzpflicht** ist diese Rechtsprechung allenfalls auf Tarifverträge anwendbar, die vor der Regelung des § 6 Abs. 5 ArbZG in Kraft getreten sind.[100] Enthält zB der Tarifvertrag eine Regelung, wonach Nachtarbeitszuschläge entfallen, so soll mit dieser tariflichen Ausgleichsleistung nicht der Anspruch aus § 6 Abs. 5 ArbZG ausgeschlossen werden, sondern der Ausgleich für die Nachtarbeit ist dann in Form von Freizeit zu gewähren.[101]

49

§ 6 Abs. 5 ArbZG erfordert die „**Angemessenheit**" der Ausgleichsleistungen. Somit können tarifvertragliche Regelungen den gesetzlichen Anspruch aus § 6 Abs. 5 ArbZG nur sperren, wenn sie einen **effektiven Gesundheitsschutz** gewährleisten.[102] Die Tatsachengerichte dürfen dabei die Aussage, eine tarifliche Festlegung des Nacharbeitszuschlages sei stets angemessen, nicht im Rahmen des § 6 Abs. 5 ArbZG heranziehen.[103] Vielmehr ist eine **Rechtskontrolle** durchzuführen und die Tatsachengerichte haben bei der Auslegung dieses unbestimmten Rechtsbegriffs einen **Beurteilungsspielraum**.[104] Die einzelnen Mitgliedstaaten können ihre unionsrechtliche Schutzpflicht nicht vollumfänglich auf die Tarifvertragsparteien übertragen.[105] Sofern keine angemessene tarifvertragliche Ausgleichsregelung besteht, obliegt der Entscheidung über den Umfang der Ausgleichsleistung dem Arbeitgeber aufgrund seiner gesetzlichen Verpflichtung aus § 6 Abs. 5 ArbZG, wobei der Arbeitnehmer die Angemessenheit im Rahmen einer Leistungsklage inzident überprüfen lassen kann.[106] Eine generelle Aussage über die Angemessenheit der Ausgleichsleistung im Einzelfall ist nicht möglich. Vielmehr sind die betroffenen Belange der Nachtarbeitnehmer, insbesondere Umfang und Intensität, aber auch Alter der Beschäftigten und Dauer der Belastung durch Nachtarbeit, in die Abwägungsentscheidung des Arbeitgebers einzubeziehen.[107]

50

Nach der Rechtsprechung des Bundesarbeitsgerichts richtet sich die Höhe des angemessenen Nachtzuschlags nach der Gegenleistung, für die sie bestimmt ist.[108] Als üblich wird ein Nachtarbeitszuschlag von **regelmäßig 25 %** des Bruttostundenlohnes an-

---

95 BAG 5.9.2002 – 9 AZR 202/01, AP Nr. 4 zu § 6 ArbZG; BAG 31.8.2005 – 5 AZR 545/04, AP Nr. 8 zu § 6 ArbZG; Tietje, S. 193. **96** BAG 26.8.1997 – 1 ABR 16/97, NZA 1998, 441 (444); BAG 24.2.1999 – 4 AZR 62/98, NZA 1999, 995 (997); BAG 27.5.2003 – 9 AZR 180/02, AP Nr. 5 zu § 6 ArbZG; Anzinger/Koberski ArbZG § 6 Rn. 83. **97** BAG 26.8.1997 – 1 ABR 16/97, NZA 1998, 441 (444); BAG 5.9.2002 – 9 AZR 202/01, AP Nr. 4 zu § 6 ArbZG; Baeck/Deutsch ArbZG § 6 Rn. 83; Tietje, S. 194; HK-ArbZR/Lorenz ArbZG § 6 Rn. 117; aA Buschmann/Ulber ArbZG § 6 Rn. 28. **98** BAG 18.5.2011 – 10 AZR 369/10, ZTR 2011, 557 Rn. 15; BAG 17.1.2012 – 1 ABR 62/10, NZA 2012, 513, Rn. 15. **99** BAG 18.5.2011 – 10 AZR 369/10, ZTR 2011, 557. **100** Kohte/Ritschel JR 2012, 357 (358). **101** BAG 26.4.2005 – 1 ABR 1/04, NZA 2005, 884 ff.; LAG Düsseldorf 6.10.2000 – 9 Sa 949/00, NZA-RR 2001, 151. **102** BAG 26.4.2005 – 1 ABR 1/04, NZA 2005, 884; dazu Kohte/Busch, jurisPR-ArbR 33/2005 Anm. 1; Kohte in: FS Buschmann, S. 70, 78. **103** BAG 5.9.2002 – 9 AZR 202/01, AP Nr. 4 zu § 6 ArbZG. **104** BAG 18.5.2011 – 10 AZR 369/10, ZTR 2011, 557 Rn. 25. **105** Kohte in: FS Buschmann, S. 71, 79; Kohte, jurisPR-ArbR 19/2013 Anm. 1. **106** Tietje, S. 195. **107** BAG 24.2.1999 – 4 AZR 62/98, NZA 1999, 995 (997); Buschmann/Ulber ArbZG § 6 Rn. 29. **108** BAG 11.2.2009 – 5 AZR 148/08, AuA 2009, 486.

gesehen, wenn der Arbeitnehmer bspw. in einem Dreischichtbetrieb arbeitet und jede dritte Woche Nachtarbeit leistet.[109] In einem Grundsatzurteil aus dem Jahr 2015 hat der 10. Senat den Wert von 25 % als Regelbeispiel für einen Zuschlag bei Nachtschicht im Wechsel definiert; für die gesundheitlich stärker belastende Dauernachtschicht hält er einen Wert von 30 % im Regelfall für angemessen.[110] Dagegen kann zB die veränderte Arbeitsbelastung bei Arbeitsbereitschaft und Bereitschaftsdienst einen Einfluss auf die Höhe der Ausgleichsleistung haben und niedrigere Zuschläge rechtfertigen.[111] Dabei ist die Rechtsprechung des Bundesarbeitsgerichts, wonach auch Zuschläge von 5 % in Einzelfällen als angemessen angesehen worden sind, kritisch zu betrachten.[112] Eine Kompensation für die mit der Nachtarbeit verbundenen Belastungen stellt eine solche Ausgleichsleistung nicht dar. Zudem hielten in der gerichtlichen Praxis niedrigere Zuschläge als 25 % einer Kontrolle nach § 6 Abs. 5 ArbZG allenfalls stand, wenn die Arbeitsaufgabe zur Nachtzeit, zB im Bewachungsgewerbe und bei den Rettungssanitätern, nicht verschiebbar war und somit die Verteuerungsfunktion grundsätzlich keine Wirkung entfalten konnte.[113] Dagegen reicht eine gesellschaftliche Konvention, dass bestimmte Arbeiten nachts erfolgen, für eine solche Absenkung nicht aus, wie von Gerichten für den Zuschlag von Zeitungszustellern entschieden worden ist.[114] Angesichts der arbeitsschutzrechtlichen Bedeutung des Zuschlags kann er nicht auf den Mindestlohn verrechnet werden.[115] Klarstellend soll hervorgehoben werden, dass auch beim Freizeitausgleich ein Zeitzuschlag zu gewähren ist. Zulässig und im Rahmen einer Leistungsklage als ein entscheidendes Kriterium anzusehen, sind einschlägige Branchentarifverträge, die somit zur Ermittlung der Zuschlagshöhe als Orientierungshilfe herangezogen werden können.[116]

51 Sofern ein Nachtarbeitnehmer im Arbeitsvertrag auf Ausgleichsleistungen bei Nachtarbeit verzichtet, ist **eine unangemessene Benachteiligung nach § 307 Abs. 2 Nr. 1 BGB** indiziert, wenn es sich um einen unentgeltlichen Verzicht ohne kompensatorische Gegenleistung handelt.[117] Folglich ist diese Arbeitsvertragsklausel unwirksam. Zulässig ist eine solche Verzichtsklausel dann, wenn der Grundlohn aufgrund der Nachtarbeit mit einer Erhöhung versehen ist und im Arbeitsvertrag hinreichend zwischen Grundvergütung und dem Nachtarbeitszuschlag unterschieden wird.[118]

52 Das Wahlrecht des Arbeitgebers geht auch bei angemessener Fristsetzung durch den Arbeitnehmer nicht gem. § 264 Abs. 2 BGB auf diesen über,[119] da der Arbeitgeber Schuldner der Ausgleichsleistung ist, so dass § 264 Abs. 1 BGB zur Anwendung kommt. Der Arbeitnehmer muss somit Leistungsklage mit einem Antrag auf wahlweise Leistung einer angemessenen Zahl bezahlter freier Tage und einem angemessenen Entgeltzuschlag erheben.[120] Der Arbeitgeber schuldet folglich die Vornahme der Wahl. Die Vollstreckung richtet sich nach § 888 ZPO.

53 Nach der neuesten Rechtsprechung des Bundesarbeitsgerichts[121] hat der Betriebsrat bei § 6 Abs. 5 ArbZG ein **Mitbestimmungsrecht** nach § 87 Abs. 1 Nr. 7 BetrVG bei Fehlen einer tariflichen Regelung oder wenn die tarifliche Regelung keine angemessene Ausgleichs-

---

109 LAG Berlin-Brandenburg 17.9.2009 – 26 Sa 809/09; BAG 11.2.2009 – 5 AZR 148/08, AuA 2009, 486; BAG 1.2.2006 – 5 AZR 422/04, NZA 2006, 494 ff.; BAG 27.5.2003 – 9 AZR 180/02, ZTR 2004, 212; Münch/ArbR/Anzinger § 300 Rn. 45. **110** BAG 9.12.2015 – 10 AZR 423/14, NZA 2016, 426 mAnm D. Ulber AP Nr. 14 zu § 6 ArbZG; anders das vom Arbeitgeber vorgelegte Gutachten von Raab ZfA 2014, 237. **111** BAG 11.2.2009 – 5 AZR 148/08, AuA 2009, 486; Buschmann/Ulber ArbZG § 6 Rn. 29. **112** Kohte, jurisPR-ArbR 19/2013 Anm. 1. **113** Kohte in: FS Buschmann, S. 70, 80. **114** LAG Bremen 7.12.2016 – 3 Sa 43/16; ArbG Trier 21.6.2016 – 3 Ca 1527/15; aA ArbG Dortmund 14.2.2017 – 2 Ca 4632/16. **115** BAG 25.5.2016 – 5 AZR 135/16, NZA 2016, 1327. **116** BAG 5.9.2002 – 9 AZR 202/01, AP Nr. 4 zu § 6 ArbZG; aA Buschmann/Ulber ArbZG § 6 Rn. 30, wonach zur Ermittlung der Zuschlagshöhe grundsätzlich unter Hinweis auf § 612 Abs. 2 BGB auf Branchentarifverträge zurückzugreifen ist. **117** Vgl. allgemein ErfK/Preis BGB §§ 305–310 Rn. 96; zu den Grenzen pauschalierter Nachtarbeitszuschläge LAG Mainz 11.7.2017 – 8 Sa 516/16. **118** BAG 5.9.2002 – 9 AZR 202/01, AP Nr. 4 zu § 6 ArbZG; Habich, S. 273. **119** So aber Buschmann/Ulber ArbZG § 6 Rn. 27. **120** Münch/ArbR/Anzinger § 300 Rn. 44. **121** Nunmehr BAG 17.1.2012 – 1 ABR 62/10, NZA 2012, 513; vorher: BAG 26.8.1997 – 1 ABR 16/97, NZA 1998, 441 (444 f.); bestätigt in BAG 26.4.2005 – 1 ABR 1/04, AP Nr. 118 zu § 87 BetrVG 1972 Arbeitszeit.

leistung enthält und somit keine Sperre entfaltet oder wenn der Tarifvertrag den Betriebsparteien die weitere Ausgestaltung und Konkretisierung überlässt.[122] Bei der Auslegung des unbestimmten Rechtsbegriffs der „angemessenen Ausgleichsleistung" hat der Arbeitgeber einen Entscheidungsspielraum, da „nach dem Gesetzeszweck ... einerseits zwischen den Belangen der betroffenen Arbeitnehmer, insbesondere nach dem Umfang und der Intensität der Belastung durch Nachtarbeit, und andererseits den betrieblichen Notwendigkeiten und den wirtschaftlichen Interessen des Arbeitgebers abgewogen werden" soll, so das Bundesarbeitsgericht bereits in seiner Entscheidung vom 26.8.1997. Damit sind verschiedene Möglichkeiten der angemessenen Ausgleichsleistung, nicht zuletzt eine Kombination von Freizeitausgleich und Nachtarbeitszuschlag, denkbar.

In diesen Fällen besteht zur Konkretisierung von § 6 Abs. 5 ArbZG ein Mitbestimmungsrecht des Betriebsrates nach § 87 Abs. 1 Nr. 7 BetrVG bei der Frage, welche Ausgleichsmöglichkeit herangezogen wird. Das Bundesarbeitsgericht betont, dass die von der Arbeitswissenschaft empfohlenen Freistellungsansprüche bisher eher selten Gegenstand einer tariflichen Regelung sind.[123] Dies können die Betriebsparteien auf betrieblicher Ebene ändern, soweit keine tarifliche Sperre besteht. Dabei ist zu beachten, dass eine tarifliche Regelung, die die Gewährung eines Nachtarbeitszuschlages ausschließt, keine Ausgleichsregelung iSv § 6 Abs. 5 ArbZG darstellt und somit keine tarifliche Sperrwirkung für Regelungen der Betriebsparteien zum Freizeitausgleich entfaltet.[124] Vielmehr wird die Wahlmöglichkeit auf die Gewährung von Freizeitausgleich begrenzt, wobei der Betriebsrat bei der Ausgestaltung des Freizeitausgleiches mitzubestimmen hat und einen Vorrang des Freizeitausgleichs durchsetzen kann.[125] Sofern der Nachtarbeitszuschlag nicht bereits einer tariflichen Regelung unterfällt, ist die Höhe des Nachtarbeitszuschlages eine Strukturfrage, die grundsätzlich nach der bisherigen Rechtsprechung nicht der Mitbestimmung des Betriebsrates nach § 87 Abs. 1 Nr. 10 BetrVG unterliegt.[126] 54

VIII. Weiterbildung und aufstiegsfördernde Maßnahmen (Abs. 6)

Die zwingende Vorschrift des § 6 Abs. 6 ArbZG verpflichtet den Arbeitgeber, Nachtarbeitnehmern den gleichen Zugang zur betrieblichen Weiterbildung und zu aufstiegsfördernden Maßnahmen zu gewähren wie den übrigen Arbeitnehmern des Betriebs. Aufgrund dieses speziellen Gleichbehandlungsgrundsatzes ergibt sich eine Handlungspflicht des Arbeitgebers im Hinblick auf organisatorische Maßnahmen, wie zB Änderungen des Schichtplans und vorübergehender Umsetzung auf einen Tagesarbeitsplatz. Bei der Einführung von Nachtarbeit kann der Betriebsrat bspw. seine Zustimmung verweigern, wenn der Arbeitgeber keine entsprechenden Regelungen vorsieht.[127] In diesem Zusammenhang entfaltet das erzwingbare Mitbestimmungsrecht des Betriebsrats bei Maßnahmen zur betrieblichen Berufs-/Weiterbildung nach § 98 BetrVG eine wesentliche Bedeutung. 55

§ 7 ArbZG Abweichende Regelungen

(1) ¹In einem Tarifvertrag oder auf Grund eines Tarifvertrags in einer Betriebs- oder Dienstvereinbarung kann zugelassen werden,
1. abweichend von § 3
   a) die Arbeitszeit über zehn Stunden werktäglich zu verlängern, wenn in die Arbeitszeit regelmäßig und in erheblichem Umfang Arbeitsbereitschaft oder Bereitschaftsdienst fällt,
   b) einen anderen Ausgleichszeitraum festzulegen,

---

[122] So bereits Tietje, S. 196; Hess-Grunewald AiB 1999, 164 (165); Anzinger/Koberski ArbZG § 6 Rn. 97 f. [123] BAG 5.9.2002 – 9 AZR 202/01, AP Nr. 4 zu § 6 ArbZG. [124] Anzinger/Koberski ArbZG § 6 Rn. 97. [125] BAG 26.4.2005 – 1 ABR 1/04, NZA 2005, 884; Kittner/Zwanziger/Deinert-Schoof § 27 Rn. 189 c. [126] Weitergehend Habich, S. 312 ff. [127] Buschmann/Ulber ArbZG § 6 Rn. 31. 1 Übergangsregelung für Tarifverträge in § 25.

2. abweichend von § 4 Satz 2 die Gesamtdauer der Ruhepausen in Schichtbetrieben und Verkehrsbetrieben auf Kurzpausen von angemessener Dauer aufzuteilen,
3. abweichend von § 5 Abs. 1 die Ruhezeit um bis zu zwei Stunden zu kürzen, wenn die Art der Arbeit dies erfordert und die Kürzung der Ruhezeit innerhalb eines festzulegenden Ausgleichszeitraums ausgeglichen wird,
4. abweichend von § 6 Abs. 2
   a) die Arbeitszeit über zehn Stunden werktäglich hinaus zu verlängern, wenn in die Arbeitszeit regelmäßig und in erheblichem Umfang Arbeitsbereitschaft oder Bereitschaftsdienst fällt,
   b) einen anderen Ausgleichszeitraum festzulegen,
5. den Beginn des siebenstündigen Nachtzeitraums des § 2 Abs. 3 auf die Zeit zwischen 22 und 24 Uhr festzulegen.

(2) ²Sofern der Gesundheitsschutz der Arbeitnehmer durch einen entsprechenden Zeitausgleich gewährleistet wird, kann in einem Tarifvertrag oder auf Grund eines Tarifvertrags in einer Betriebs- oder Dienstvereinbarung ferner zugelassen werden,
1. abweichend von § 5 Abs. 1 die Ruhezeiten bei Rufbereitschaft den Besonderheiten dieses Dienstes anzupassen, insbesondere Kürzungen der Ruhezeit infolge von Inanspruchnahmen während dieses Dienstes zu anderen Zeiten auszugleichen,
2. die Regelungen der §§ 3, 5 Abs. 1 und § 6 Abs. 2 in der Landwirtschaft der Bestellungs- und Erntezeit sowie den Witterungseinflüssen anzupassen,
3. die Regelungen der §§ 3, 4, 5 Abs. 1 und § 6 Abs. 2 bei der Behandlung, Pflege und Betreuung von Personen der Eigenart dieser Tätigkeit und dem Wohl dieser Personen entsprechend anzupassen,
4. die Regelungen der §§ 3, 4, 5 Abs. 1 und § 6 Abs. 2 bei Verwaltungen und Betrieben des Bundes, der Länder, der Gemeinden und sonstigen Körperschaften, Anstalten und Stiftungen des öffentlichen Rechts sowie bei anderen Arbeitgebern, die der Tarifbindung eines für den öffentlichen Dienst geltenden oder eines im wesentlichen inhaltsgleichen Tarifvertrags unterliegen, der Eigenart der Tätigkeit bei diesen Stellen anzupassen.

(2 a) In einem Tarifvertrag oder auf Grund eines Tarifvertrags in einer Betriebs- oder Dienstvereinbarung kann abweichend von den §§ 3, 5 Abs. 1 und § 6 Abs. 2 zugelassen werden, die werktägliche Arbeitszeit auch ohne Ausgleich über acht Stunden zu verlängern, wenn in die Arbeitszeit regelmäßig und in erheblichem Umfang Arbeitsbereitschaft oder Bereitschaftsdienst fällt und durch besondere Regelungen sichergestellt wird, dass die Gesundheit der Arbeitnehmer nicht gefährdet wird.

(3) ¹Im Geltungsbereich eines Tarifvertrags nach Absatz 1, 2 oder 2 a können abweichende tarifvertragliche Regelungen im Betrieb eines nicht tarifgebundenen Arbeitgebers durch Betriebs- oder Dienstvereinbarung oder, wenn ein Betriebs- oder Personalrat nicht besteht, durch schriftliche Vereinbarung zwischen dem Arbeitgeber und dem Arbeitnehmer übernommen werden. ²Können auf Grund eines solchen Tarifvertrags abweichende Regelungen in einer Betriebs- oder Dienstvereinbarung getroffen werden, kann auch in Betrieben eines nicht tarifgebundenen Arbeitgebers davon Gebrauch gemacht werden. ³Eine nach Absatz 2 Nr. 4 getroffene abweichende tarifvertragliche Regelung hat zwischen nicht tarifgebundenen Arbeitgebern und Arbeitnehmern Geltung, wenn zwischen ihnen die Anwendung der für den öffentlichen Dienst geltenden tarifvertraglichen Bestimmungen vereinbart ist und die Arbeitgeber die Kosten des Betriebs überwiegend mit Zuwendungen im Sinne des Haushaltsrechts decken.

(4) Die Kirchen und die öffentlich-rechtlichen Religionsgesellschaften können die in Absatz 1, 2 oder 2 a genannten Abweichungen in ihren Regelungen vorsehen.

(5) In einem Bereich, in dem Regelungen durch Tarifvertrag üblicherweise nicht getroffen werden, können Ausnahmen im Rahmen des Absatzes 1, 2 oder 2 a durch die Auf-

---

2 Übergangsregelung für Tarifverträge in § 25.

sichtsbehörde bewilligt werden, wenn dies aus betrieblichen Gründen erforderlich ist und die Gesundheit der Arbeitnehmer nicht gefährdet wird.

(6) Die Bundesregierung kann durch Rechtsverordnung mit Zustimmung des Bundesrates Ausnahmen im Rahmen des Absatzes 1 oder 2 zulassen, sofern dies aus betrieblichen Gründen erforderlich ist und die Gesundheit der Arbeitnehmer nicht gefährdet wird.

(7) [1]Auf Grund einer Regelung nach Absatz 2 a oder den Absätzen 3 bis 5 jeweils in Verbindung mit Absatz 2 a darf die Arbeitszeit nur verlängert werden, wenn der Arbeitnehmer schriftlich eingewilligt hat. [2]Der Arbeitnehmer kann die Einwilligung mit einer Frist von sechs Monaten schriftlich widerrufen. [3]Der Arbeitgeber darf einen Arbeitnehmer nicht benachteiligen, weil dieser die Einwilligung zur Verlängerung der Arbeitszeit nicht erklärt oder die Einwilligung widerrufen hat.

(8) [1]Werden Regelungen nach Absatz 1 Nr. 1 und 4, Absatz 2 Nr. 2 bis 4 oder solche Regelungen auf Grund der Absätze 3 und 4 zugelassen, darf die Arbeitszeit 48 Stunden wöchentlich im Durchschnitt von zwölf Kalendermonaten nicht überschreiten. [2]Erfolgt die Zulassung auf Grund des Absatzes 5, darf die Arbeitszeit 48 Stunden wöchentlich im Durchschnitt von sechs Kalendermonaten oder 24 Wochen nicht überschreiten.

(9) Wird die werktägliche Arbeitszeit über zwölf Stunden hinaus verlängert, muss im unmittelbaren Anschluss an die Beendigung der Arbeitszeit eine Ruhezeit von mindestens elf Stunden gewährt werden.

Literatur: *Boerner*, Anpassung des Arbeitszeitgesetzes an das Gemeinschaftsrecht, NJW 2004, 1559; *Bepler*, Tarifdispositives Gesetzesrecht, in: Festschrift Kempen, 2013, S. 109; *Bermig*, Die Änderung des Arbeitszeitgesetzes durch das Gesetz zu Reformen am Arbeitsmarkt; BB 2004, 101; *Buchner*, Der „Funktionseliten"-Streik – Zu den Grenzen der Durchsetzbarkeit von Spartentarifverträgen, BB 2003, 2121; *Erasmy*, Ausgewählte Rechtsfragen zum neuen Arbeitszeitrecht (I), NZA 1994, 1105; *Herms*, Verlängerung der wöchentlichen Arbeitszeit auf über 48 Stunden zulässig, BB 2011, 509; *Hock*, Bereitschaftsdienst und Arbeitsbereitschaft ab 1.1.2004, ZTR 2004, 114; *Hottgenroth*, Die Verhandlungspflicht der Tarifvertragsparteien, 1990; *v. Hoyningen-Huene*, Die Bezugnahme auf den Tarifvertrag – ein Fall der Tarifbindung, RdA 1974, 138; *Jacobs*, Tarifpluralität statt Tarifeinheit – Aufgeschoben ist nicht aufgehoben!, NZA 2008, 325; *Janßen/Nachreiner*, Flexibilisierung und Verlängerung von Arbeitszeiten, AiB 2006, 549; *Karthaus*, Wahlarbeitszeitgesetz – Flexibilität am Küchentisch?, AuR 2017, 154; *Kohte*, Tarifdispositives Arbeitszeitrecht – zwischen respektierter Tarifautonomie und eingeschränktem Gestaltungsspielraum, in: Festschrift Bepler, 2012, S. 287; *ders.*, Arbeitszeitrecht und das Leitbild der Zeitsparkasse, in: Festschrift Buschmann, 2013, S. 71 ff.; *Körner*, Arbeitszeit und Bereitschaftsdienst, NJW 2003, 3606; *Mayer*, Bereitschaftsdienst im neuen Arbeitszeitgesetz, AiB 2003, 713; *Reim*, Die Neuregelungen im Arbeitszeitgesetz zum 1.1.2004, DB 2004, 186; *D. Ulber*, Die Vereinbarkeit der Neuregelung des Arbeitszeitgesetzes mit dem Europarecht und dem Grundgesetz, ZTR 2005, 70; *D. Ulber*, Tarifdispositives Gesetzesrecht im Spannungsfeld von Tarifautonomie und grundrechtlichen Schutzpflichten, 2010; *Waas*, Zur Rechtsnatur der Bezugnahme auf einen Tarifvertrag nach deutschem Recht, ZTR 1999, 540; *Wank*, Schadensersatz wegen Überschreitung der Höchstarbeitszeit, AuR 2011, 200; *Willemsen/Mehrens*, Das Ende der Tarifeinheit – Folgen und Lösungsansätze, NZA 2010, 1313; *Wirtz*, Gestaltungsmöglichkeiten bei der Verlängerung der täglichen Arbeitszeit nach dem ArbZG, BB 2014, 1397.

Leitentscheidungen: BAG 26.6.2013 – 5 AZR 231/12, BeckRS 2013, 73493; BAG 23.6.2010 – 10 AZR 543/09, NZA 2010, 1081 = AuR 2011, 174 mAnm Wank; BAG 13.10.2009 – 9 AZR 139/08, NZA-RR 2010, 623; LAG Hamburg 17.12.2008 – 5 TaBV 8/08, AuR 2010, 339 mAnm Buschmann; VG Düsseldorf 22.2.2011 – 3 K 8454/09, PflR 2011, 286 mAnm Roßbruch; EuGH 21.10.2010 – C-227/09, NZA 2011, 215; EuGH 23.12.2015 – C 180/14, AuR 2016, 162; LAG Chemnitz 15.11.2016 – 8 Sa 335/16.

I. Normzweck, Rechtssystematik..	1	III. Rechtsgrundlagen für abweichende Arbeitszeitregelungen (Abs. 1)	9
II. Entstehungsgeschichte, Unionsrecht	4	1. Tarifvertrag	9
		a) Wirksamer Tarifvertrag..	10

b) Geltungsbereich des Tarifvertrages............	11
aa) Persönlicher Geltungsbereich................	11
bb) Zeitlicher Geltungsbereich...................	16
c) Regelungsinhalt..........	18
2. Betriebs- oder Dienstvereinbarungen	19
a) Delegation der Regelungsbefugnis durch die Tarifvertragsparteien	20
b) Wirksamkeit	23
c) Verhandlungsanspruch/ Erzwingbarkeit	24
d) Geltungsbereich..........	26
aa) Räumlicher Geltungsbereich.................	26
bb) Persönlicher Geltungsbereich.................	28
cc) Zeitlicher Geltungsbereich	30
e) Regelungsinhalt..........	31
f) Wirkung	32
3. Regelungsabrede	33
4. Arbeitsvertragliche Vereinbarungen	34
5. Direktionsrecht des Arbeitgebers.......................	35
IV. Abweichungen bezüglich der Dauer der Arbeitszeit............	36
1. Verlängerung über acht Stunden (Abs. 2 a) ohne zeitlichen Ausgleich	36
a) Regelmäßige Arbeitsbereitschaft oder Bereitschaftsdienst in erheblichem Umfang...........	38
b) Besondere Regelungen zum Gesundheitsschutz..	42
c) Einwilligung des Arbeitnehmers.................	45
d) Grenzen der Regelungsmacht	46
2. Verlängerung auf mehr als zehn Stunden (Abs. 1 Nr. 1 Buchst. a) mit Ausgleich.....	47
3. Verlängerung über zehn Stunden bei Nachtarbeit (Abs. 1 Nr. 4 Buchst. b)......	50
4. Verlängerung über zwölf Stunden (Abs. 9).............	52
V. Abweichende Ausgleichszeiträume......................	53
1. Bei Verlängerung der werktäglichen Arbeitszeit (Abs. 1 Nr. 1 Buchst. b).....	53
2. Bei Verlängerung der Nachtarbeit (Abs. 1 Nr. 4 Buchst. b)......	54
VI. Abweichende Aufteilung der Ruhepausen (Abs. 1 Nr. 2)	55
1. Anwendungsbereich.........	56
2. Angemessene Dauer der Kurzpausen...................	58
VII. Abweichungen bei den Ruhezeiten..............................	59
1. Verkürzung um bis zu zwei Stunden (§ 7 Abs. 1 Nr. 3)...	59
2. Anpassung bei Rufbereitschaft (Abs. 2 Nr. 1).........	62
3. Keine Ruhezeitregelungen nach § 7 Abs. 2 a ArbZG....	65
VIII. Sonstige Abweichungsmöglichkeiten............................	66
1. Verschiebung des Beginns der Nachtzeit (Abs. 1 Nr. 5)	66
2. Sonderregelungen für spezielle Wirtschaftsbereiche (Abs. 2 Nr. 2–4).............	67
3. Landwirtschaft (Abs. 2 Nr. 2)	68
4. Behandlung, Pflege und Betreuung von Personen (Abs. 2 Nr. 3)	69
5. Öffentlicher Dienst (Abs. 2 Nr. 4)	71
IX. Erweiterung des Geltungsbereichs tariflicher Abweichungen (Abs. 3)	73
1. Übernahme durch Betriebsvereinbarung oder Individualvertrag (Abs. 3 S. 1)	74
2. Übertragung der betrieblichen Regelungsbefugnis (Abs. 3 S. 2).................	78
3. Sonderregelung für den öffentlichen Dienst (Abs. 3 S. 3)	79
X. Kirchen und Religionsgemeinschaften (Abs. 4).................	80
XI. Ausnahmen durch Aufsichtsbehörden (Abs. 5)	84
XII. Verordnungsermächtigung (Abs. 6)	86
XIII. Einwilligung des Arbeitnehmers (Abs. 7).........................	87
1. Formale Voraussetzungen...	88
2. Widerrufsfrist (Abs. 7 S. 2)..	93
3. Benachteiligungsverbot (Abs. 7 S. 3)..................	95
4. Dokumentationspflicht (§ 16 Abs. 2)	97
XIV. Ausgleichszeiträume (Abs. 8)	98
XV. Rechtsdurchsetzung	99

Abweichende Regelungen § 7 ArbZG 4

I. Normzweck, Rechtssystematik

Sinn und Zweck des § 7 ArbZG ist eine Anpassung der Vorschriften über den gesundheitsbezogenen Arbeitszeitschutz an die **konkreten betrieblichen Bedürfnisse** in den jeweiligen, gesetzlich abschließend normierten Bereichen.[3] Dies soll allerdings nach dem Willen des Gesetzgebers nicht durch individuelle Vereinbarungen der Arbeitsvertragsparteien geschehen. Vielmehr sind – ebenso wie bei § 12 ArbZG (→ ArbZG § 12 Rn. 3) – die Befugnisse zu abweichenden Regelungen wegen der grundlegenden Bedeutung des Gesundheitsschutzes nur den Tarifvertrags- bzw. Betriebsparteien im Rahmen von Öffnungsklauseln übertragen worden. Es handelt sich damit um eine typische Form tarifdispositiven Rechts. Mit diesem Instrument setzt die Gesetzgebung die Tarifvertragsparteien zur Konkretisierung wegen ihrer Sachnähe ein. Es handelt sich also nicht um originäre Tarifautonomie, sondern um die Zuordnung eines „eingeschränkten Gestaltungsspielraums".[4] In der Literatur wird das dispositive Recht herkömmlich beschränkt auf die Sozialfunktion der jeweiligen Normen, während die Schutzfunktion, mit der grundrechtliche Schutzpflichten durch die Gesetzgebung wahrgenommen werden, nicht auf die Tarifvertragsparteien übertragen werden kann.[5] Kontrovers wird diskutiert, ob und in welchem Umfang vom tarifdispositiven Arbeitszeitrecht Gebrauch gemacht werden kann, um Folgen der **Digitalisierung** in ihren Auswirkungen auf die Arbeitszeit zu erfassen. Im Weißbuch 4.0 war für eine weitgehende und experimentelle Öffnung des § 7 ArbZG plädiert worden, während in Teilen der Literatur eine solche Öffnung kritisiert wurde, zumal bereits jetzt § 7 ArbZG vielfältige Öffnungsmöglichkeiten vermittelt und bisher nicht erkennbar ist, inwieweit eine weitere Öffnung geboten ist.[6]

Die **Schlüsselrolle** für die Abweichung kommt dem jeweiligen **Tarifvertrag** zu.[7] Die Arbeitsvertragsparteien können keine eigenständigen Abweichungen vereinbaren; die Betriebsparteien können nur insoweit Regelungen treffen, wie ihnen eine solche Kompetenz von den Tarifvertragsparteien übertragen worden ist. Die Aufsichtsbehörden können nur in den Bereichen Ausnahmen nach § 7 Abs. 5 ArbZG genehmigen, in denen üblicherweise solche Regelungen durch Tarifverträge nicht getroffen werden.

Eine besondere Form der Abweichung repräsentiert die 2003 beschlossene **Opt-out-Regelung des § 7 Abs. 2 a ArbZG**. Diese Form der Arbeitszeitverlängerung ohne Ausgleich ist besonders riskant; sie bedarf daher zum einen besonderer Gesundheitsschutzregelungen (→ Rn. 50 ff.) und zum anderen der individuellen, widerruflichen Einwilligung jedes betroffenen Arbeitnehmers[8] (→ Rn. 96 ff.).

II. Entstehungsgeschichte, Unionsrecht

Die durch § 7 ArbZG eröffnete Möglichkeit, von gesetzlichen Arbeitszeitvorschriften durch kollektivvertragliche Regelungen abweichen zu können, ist **deutlich differenzierter als die entsprechenden Vorschriften in der AZO**.[9] Diese sahen in § 7 Abs. 1 und 2 AZO lediglich vor, dass durch einen Tarifvertrag die tägliche Arbeitszeit grundsätzlich auf bis zu zehn Stunden verlängert werden kann. Soweit regelmäßig und in erheblichem Umfang Arbeitsbereitschaft geleistet wurde, waren auch tägliche Arbeitszeiten von mehr als zehn Stunden möglich. Darüber hinaus ließen § 12 Abs. 2 S. 3 und 4 AZO für in Wechselschicht beschäftigte Arbeitnehmer eine Abweichung von der Dauer der Pausen zu. Die insoweit ermöglichten Kurzpausen mussten jedoch von angemessener Dauer sein.

Der **Entwurf der Bundesregierung** zur Einführung des ArbZG aus dem Jahr 1993 enthielt umfangreiche und differenzierte Regelungen zur Verlängerung der Arbeitszeit, der Aufteilung der Pausen in Schicht- und Verkehrsbetrieben, zur Verkürzung der Ruhezeit

---

[3] Baeck/Deutsch ArbZG § 7 Rn. 2; Anzinger/Koberski ArbZG § 7 Rn. 5; generell zu diesem Zweck des tarifdispositiven Rechts Bepler in: FS Kempen, S. 109, 121. [4] So Kohte in: FS Bepler, S. 287, 299 ff. unter Bezugnahme auf BAG 21.9.2010 – 9 AZR 510/09, NZA 2011, 805. [5] Anzinger/Koberski ArbZG § 7 Rn. 6. [6] Karthaus AuR 2017, 124; vgl. Kohte AuR 2017, 277. [7] Münch/ArbR/Anzinger § 298 Rn. 70. [8] Reim DB 2004, 186 (188). [9] RGBl. 1938 I 447.

und der Verschiebung des Beginns der Nachtarbeit.[10] Dabei sollte eine entsprechende Abweichung von den gesetzlichen Regelungen nicht mehr nur durch Tarifverträge, sondern auch durch Betriebsvereinbarungen auf der Grundlage tariflicher Vorschriften möglich sein. Die Bundesregierung wollte nicht nur den Tarifvertragsparteien, sondern unter bestimmten Bedingungen auch den Betriebspartnern im Interesse eines praxisnahen, sachgerechten und effektiven Arbeitsschutzes mehr Befugnisse und mehr Verantwortung übertragen.[11] Insoweit ging der Entwurf davon aus, dass die kollektiven Interessenvertreter der Arbeitnehmer aufgrund einer größeren Sachnähe die entsprechenden Regelungen besser den regionalen und branchenspezifischen Besonderheiten anpassen können. Der im Gesetzgebungsverfahren vorgelegte **Gesetzentwurf der SPD** unterschied sich inhaltlich deutlich von dem der Bundesregierung.[12] Dessen abweichende Regelungsinhalte fanden allerdings keine Berücksichtigung in der Beschlussempfehlung des Bundestagsausschusses für Arbeit und Sozialordnung, die § 7 ArbZG unverändert aus dem Gesetzentwurf der Bundesregierung übernahm.[13]

6 Eine weitreichende Neuregelung erfuhr § 7 ArbZG im Rahmen der am 1.1.2004 in Kraft getretenen Reformen am Arbeitsmarkt. Erforderlich wurde die Reform durch die **Rechtsprechung des EuGH** zur arbeitszeitrechtlichen Einordnung von Bereitschaftsdiensten. Der Gerichtshof hatte bereits im Jahr 2000 im Fall spanischer Ärzte entschieden, dass Bereitschaftsdienste, die an einem vom Arbeitgeber bestimmten Ort zu erbringen sind, um ggf. die volle Arbeitstätigkeit aufnehmen zu können, Arbeitszeit sind und daher bei der Einhaltung der in Art. 6 Buchst. b der EG-Arbeitszeitrichtlinie RL 93/104/EG (heute: RL 2003/88/EG) festgelegten Obergrenze von 48 Stunden wochendurchschnittlich zu berücksichtigen sind.[14] Im Jahr 2003 wurde diese Aussage für die Bereitschaftsdienste deutscher Ärzte bekräftigt.[15]

7 Arbeitszeitrechtlicher Kernpunkt der **Agenda-Reformen am Arbeitsmarkt**[16] war daher die Einbeziehung von Bereitschaftszeiten bei der Berechnung der Arbeitszeit in den Fällen der Arbeitszeitverlängerung. Zugleich wurde im Gesetzestext klargestellt, dass Arbeitszeitverlängerungen nicht nur im Rahmen von Betriebsvereinbarungen, sondern auch auf der Grundlage der im öffentlichen Dienst üblichen **Dienstvereinbarungen** möglich sind. Diese unterliegen wie Betriebsvereinbarungen der Kontrolle durch die zuständige Landesbehörde (§ 17 Abs. 4 ArbZG), der sie auf Verlangen vorzulegen sind. Systematisch wurden die gesetzlichen Vorgaben für die Arbeitszeitverlängerung insoweit geändert, als die bisherige Einheitsregelung (§ 7 Abs. 1 Nr. 1 a ArbZG aF) nunmehr durch ein Stufenmodell ersetzt wurde, welches die Zulässigkeit einer solchen in Abhängigkeit von ihrer Dauer an die Einhaltung bestimmter Voraussetzungen knüpft. Schließlich wurde in § 7 Abs. 2 a ArbZG eine neuartige Opt-out-Regelung in das deutsche Arbeitszeitrecht eingeführt (→ Rn. 3).

8 Wenig beachtet worden ist in Deutschland, dass in der **Rechtsprechung des EuGH** auch die **Art. 17 und 18 der RL 2003/88/EG**, mit denen Abweichungen von der Richtlinie von Gesetz beziehungsweise Tarifvertrag ermöglicht werden, näher erläutert worden sind. Bereits 2010[17] ist der Grundsatz herausgearbeitet worden, dass es sich bei diesen Abweichungen um Ausnahmeregelungen handelt, so dass sie an die Grundsätze der Erforderlichkeit und Transparenz zu binden sind. Im 2015 entschiedenen Vertragsverletzungsverfahren gegen Griechenland[18] ist verlangt worden, dass angesichts der Bedeutung des Gesundheitsschutzes Vorschriften in den Mitgliedsstaaten, die Abweichungen ermöglichen, hinreichend klar und transparent gefasst werden müssen. Die Grenzen für Ausgleichszeiträume sind von der Gesetzgebung festzulegen und dürfen nicht blankettmäßig an die tariflichen oder betrieblichen Akteure weitergegeben werden.

---

[10] BT-Drs. 12/5888, 6 f. [11] BT-Drs. 12/5888, 20, 26. [12] BT-Drs. 12/5282. [13] BT-Drs. 12/6990, 10. [14] EuGH 3.10.2000 – C-303/98, NZA 2000, 1227 (SIMAP). [15] EuGH 9.9.2003 – C-151/02, NZA 2003, 1019 (Jaeger). [16] Siehe Art. 4 b des Gesetzes zu Reformen am Arbeitsmarkt BGBl. I 2003, 3002, 3005 f. [17] EuGH 14.10.2010 – C-428/09, AuR 2010, 531; EuGH 21.10.2010 – C-227/09, NZA 2011, 215 (Accardo). [18] EuGH 23.12.2015 – C-180/14, AuR 2016, 162, dazu Kohte AuR 2017, 277.

Dies verlangt hinreichende Korrekturen für die deutsche Gesetzgebung und Tarifpraxis.[19]

III. Rechtsgrundlagen für abweichende Arbeitszeitregelungen (Abs. 1)

1. Tarifvertrag. Nach § 7 Abs. 1 ArbZG sind Abweichungen von den arbeitszeitrechtlichen Vorgaben der §§ 3–6 ArbZG zunächst durch entsprechende Regelungen in Tarifverträgen gestattet. Insoweit sind diese Regelungen **tarifdispositiv** und haben daher keinen zwingenden Charakter.[20] Für die in § 7 Abs. 1, 2 und 2 a ArbZG nicht erwähnten Bereiche bleibt es dagegen dabei, dass diese auch durch tarifliche Regelungen nur zugunsten der Arbeitnehmer verändert werden können.[21] So ermöglicht § 7 Abs. 1 Nr. 2 ArbZG es beispielsweise nur in Schicht- und Verkehrsbetrieben die durch § 4 S. 2 ArbZG vorgeschriebene Mindestpausendauer von 15 Minuten auf Kurzpausen von angemessener Dauer aufzuteilen. In allen anderen Betrieben ist dies nicht möglich, so dass es in diesen bei den gesetzlichen Pausenregelungen und dem Günstigkeitsprinzip für zusätzliche Pausenregelungen (→ ArbZG § 4 Rn. 14) bleibt. 9

a) Wirksamer Tarifvertrag. Die Nutzung der Abweichungsmöglichkeit setzt den wirksamen Abschluss eines Tarifvertrages voraus. Hierzu bedarf es nach § 1 Abs. 2 TVG eines schriftlichen Vertrages zwischen **tariffähigen Vertragspartnern**.[22] **Schriftform** bedeutet gemäß § 126 BGB dabei, dass der Vertrag schriftlich vorliegen und von beiden Seiten unterschrieben werden muss. Diese Voraussetzungen gelten auch für Vereinbarungen der Tarifpartner, mit denen Tarifverträge nach § 7 ArbZG geändert oder diese im Falle ihrer Befristung fortgeschrieben werden sollen (Änderungs- bzw. Anschlusstarifverträge).[23] Wird die Schriftform nicht gewahrt, ist die Vereinbarung nach § 125 BGB nichtig und kann daher nicht als Grundlage für eine abweichende Arbeitszeitregelung dienen.[24] In einem solchen Fall bleibt es daher bei der Anwendung der Vorschriften des Arbeitszeitgesetzes. Wird das Fehlen einer der Voraussetzungen erst nachträglich – etwa durch eine gerichtliche Entscheidung – festgestellt, entfällt die von den §§ 3–6 ArbZG abweichende Regelung rückwirkend. Insoweit gelten die gesetzlichen Vorschriften dann auch für die Vergangenheit. 10

b) Geltungsbereich des Tarifvertrages. aa) Persönlicher Geltungsbereich. Die Ablösung der gesetzlichen Regelung setzt weiterhin voraus, dass die abweichende Regelung des Tarifvertrages auf das betreffende Arbeitsverhältnis anwendbar ist. Insoweit muss dieses zunächst dessen **persönlichem Geltungsbereich** unterfallen. Dies erfordert wiederum eine Bindung beider Arbeitsvertragsparteien an den fraglichen Tarifvertrag.[25] Grundsätzlich kann eine **Tarifbindung** nach § 3 Abs. 1 TVG zunächst wegen der Mitgliedschaft von Arbeitnehmer und Arbeitgeber in den jeweils tarifschließenden Verbänden (Gewerkschaften, Arbeitgeberverband, Beamtenbund, Marburger Bund, Handwerksinnungen usw) bestehen. Ebenso kann ein einzelner Arbeitgeber einen Firmentarifvertrag mit der zuständigen Gewerkschaft abschließen. Eine weitere Form der Tarifbindung kann sich aus einer Allgemeinverbindlicherklärung des Tarifvertrages nach § 5 TVG bzw. § 7 AEntG ergeben.[26] 11

In diesem Zusammenhang ist umstritten, ob tarifliche Regelungen im Rahmen des § 7 ArbZG als **Inhaltsnormen oder Betriebsnormen** anzusehen sind.[27] Wäre Letzteres der 12

---

19 Buschmann AuR 2016, 164 und PersR 6/2017, 34 (36 f.); vgl. Karthaus AuR 2017, 124 (125). 20 Baeck/Deutsch ArbZG § 7 Rn. 17. 21 Zum allgemeinen Günstigkeitsprinzip siehe ausführlich bei Kittner/Zwanziger/Deinert § 6 Rn. 9. 22 Zur spezifischen Bedeutung der Tariffähigkeit für tarifdispositives Recht: Bepler in: FS Kempen, S. 109, 113. 23 Vgl. insoweit Nebe in: Däubler TVG § 1 Rn. 161 ff. 24 Ebenso Schliemann ArbZG § 7 Rn. 11; Schaub/Treber ArbRHB § 199 Rn. 10. 25 Vgl. ausführlich Lorenz in: Däubler TVG § 3 Rn. 10 ff. 26 Zu den Voraussetzungen der Allgemeinverbindlichkeit Lakies in: Däubler TVG § 5 Rn. 80 ff.; AEntG § 7 Rn. 4 ff. 27 Für Betriebsnormen: Schliemann ArbZG § 7 Rn. 13; Neumann/Biebl ArbZG § 7 Rn. 3; HK-ArbZR/Pfeiffer ArbZG § 7 Rn. 22; aA Buschmann/Ulber ArbZG § 7 Rn. 2 a; HK-ArbR/Ernst/Growe ArbZG § 7 Rn. 3. Nach dem jeweiligen Regelungsinhalt differenzierend Roggendorff, der einen Doppelcharakter (Betriebs- und Inhaltsnorm) jedenfalls dann annimmt, wenn die tarifliche Bestimmung die Arbeitszeit der Arbeitnehmer materiell-rechtlich regelt, ArbZG § 7 Rn. 28; zur Doppelnorm auch Nebe in: Däubler TVG § 1 Rn. 380 ff.

Fall, käme es nach § 3 Abs. 2 TVG für ihre Anwendbarkeit auf alle Arbeitnehmer des Betriebes allein auf eine Tarifbindung des Arbeitgebers an. Eine Tarifgebundenheit der Arbeitnehmer wäre hierfür nicht erforderlich. Hiergegen wird zu Recht eingewandt, dass eine Verringerung des gesetzlichen Arbeitnehmerschutzes durch eine Erstreckung verschlechternder tariflicher Arbeitszeitregelungen auf nicht tarifgebundene Arbeitnehmer verfassungsrechtlich bedenklich ist.[28] Im Übrigen ist bei den abweichenden arbeitszeitrechtlichen Tarifvereinbarungen die für die Annahme von Betriebsnormen erforderliche tatsächliche oder rechtliche Notwendigkeit einer betriebseinheitlichen Geltung nicht ersichtlich.[29]

13 Schließlich ist im Zusammenhang mit dem persönlichen Geltungsbereich tariflicher Arbeitszeitregelungen im Rahmen des § 7 ArbZG der von dem betreffenden **Tarifvertrag selbst festgelegte personelle Geltungsbereich** zu beachten. Zwar erfassen derartige Regelungen meist alle Arbeitnehmer des Betriebes in ihrem Anwendungsbereich. Möglich ist aber auch, dass die Geltung der Tarifnormen auf bestimmte Beschäftigtengruppen beschränkt wird. Unter arbeitsmedizinischen Aspekten wäre beispielsweise an eine Herausnahme älterer oder jugendlicher Arbeitnehmer aus der tariflich eingeräumten Möglichkeit einer Verlängerung der Arbeitszeit oder der Verkürzung der Ruhezeiten zu denken.

14 Geht man mit der hier vertretenen Auffassung davon aus, dass es sich bei tariflichen Regelungen im Rahmen des § 7 ArbZG um Inhaltsnormen handelt, stellt sich für den Fall, dass der Arbeitgeber an **mehrere von den gesetzlichen Arbeitszeitregelungen abweichende Tarifverträge** mit unterschiedlichen Gewerkschaften gebunden ist (**Tarifpluralität**), die Frage nach der Tarifgeltung. Vor 2010 löste das BAG derartige Konstellationen nach dem in der Literatur umstrittenen Grundsatz der Tarifeinheit.[30] Nach diesem galt in einem Betrieb auch bei mehrfacher Tarifbindung des Arbeitgebers stets nur ein Tarifvertrag. Diesen Grundsatz hat das BAG 2010 jedoch ausdrücklich aufgegeben.[31] Insoweit führt es nunmehr aus, dass es keinen übergeordneten Grundsatz gäbe, dass für verschiedene Arbeitsverhältnisse derselben Art in einem Betrieb nur einheitliche Tarifregelungen zur Anwendung kommen. Folgt man dieser Ansicht, kann der Fall eintreten, dass in einem Betrieb Abweichungen von den Regelungen der §§ 3–6 ArbZG gleich durch mehrere Tarifverträge zugelassen werden. Sofern diese sich inhaltlich unterscheiden, würden für Arbeitnehmer bezüglich der Gegenstände des § 7 ArbZG unterschiedliche tarifliche Regelungen gelten. Im Gesundheitswesen ist dies bereits heute der Fall. Hier bestätigt sich die in der Literatur geäußerte Prognose, dass in einem Betrieb ein Nebeneinander mehrerer Arbeitszeitsysteme handhabbar ist (→ Rn. 74).[32]

15 Sieht man hingegen in Tarifverträgen nach § 7 ArbZG **Betriebsnormen**, liegen die Dinge anders. Da die Wirksamkeit einer solchen Regelung nicht davon abhängt, dass sie mit allen im Betrieb vertretenen Gewerkschaften vereinbart wird,[33] liegt bei diesen ein Fall von Tarifkonkurrenz vor. Diese wurde bisher nach dem Grundsatz der Spezialität aufgelöst, nunmehr wurde schon vor 2015 die These vertreten, dass die Betriebsnormen des Tarifvertrages mit der Gewerkschaft, die im Betrieb am mitgliederstärksten ist, für den gesamten Betrieb gelten und die Vereinbarungen mit anderen Gewerkschaften verdrängt.[34] Mithin ergäbe sich in diesem Fall die Geltung nur eines abweichenden Tarif-

---

28 Buschmann/Ulber ArbZG § 7 Rn. 2 a; für die wöchentliche Arbeitszeit ErfK/Wank ArbZG § 7 Rn. 3. **29** Zum Erfordernis der einheitlichen Geltung vgl. BAG 26.4.1990 – 1 ABR 84/87, NZA 1990, 850; BAG 17.6.1998 – 1 ABR 3/97, NZA 1998, 213; Nebe in: Däubler TVG § 1 Rn. 347 ff., jeweils mwN. Im Ergebnis bezüglich tariflicher Regelungen im Rahmen des § 7 ArbZG wie hier HK-ArbR/Ernst/Growe ArbZG § 7 Rn. 3. Zur aktuellen Empirie Bepler in: FS G. Fischer, 2010, 13 ff. **30** BAG 14.6.1989 – 4 AZR 200/89, DB 1990, 129; BAG 20.3.1991 – 4 AZR 455/90, NZA 1991, 736; 4.12.2002 – 10 AZR 113/02, RdA 2003, 375; ebenso Buchner BB 2003, 2121 (2124 ff.); Kritisch u.a. Kempen/Zachert/Wendeling-Schröder, 2. Aufl. 2014, TVG § 4 Rn. 187; Löwisch/Rieble TVG § 4 Rn. 132 ff.; Däubler, Tarifvertragsrecht, Rn. 1502 ff.; Zwanziger in: Däubler TVG § 4 Rn. 943 ff. **31** BAG 7.7.2010 – 4 AZR 549/08, NZA 2010, 1068; vgl. auch Willemsen/Mehrens NZA 2010, 1313. **32** HMB/Greiner Kap. 9 Rn. 107; Jacobs NZA 2008, 325 (327); vgl. Salje SAE 1993, 79 (80); Kohte SAE 1996, 14 (16). **33** So BAG 9.12.2009 – 4 AZR 190/08, NZA 2010, 712. **34** Vgl. Deinert in: Däubler, 3. Aufl., TVG § 4 Rn. 925 ff., 940 ff.

vertrages nach § 7 ArbZG. Diese Konsequenz würde sich jetzt nach § 4 a Abs. 2 TVG aus dem gesetzlich revitalisierten Grundsatz der **Tarifeinheit** ergeben. Dies setzt allerdings eine Tarifkollision iSd § 4 a Abs. 2 S. 2 TVG voraus; dies ist nicht der Fall, wenn sich der persönliche bzw. fachliche Geltungsbereich der kollidierenden Tarifverträge nicht überschneiden.[35] Bereits vor 2015 war in der Literatur eine Differenzierung hervorgehoben worden, dass der fachliche Geltungsbereich von Tarifverträgen, die sich jeweils auf bestimmte Berufsgruppen beziehen (zB Ärzte, Krankenpfleger, Lokführer, Flugbegleiter), dazu führen kann, dass in einem Betrieb unterschiedliche Betriebsnormen für verschiedene Berufsgruppen nebeneinander gelten können.[36] Eine solche „relative Koexistenz"[37] ist daher im Arbeitszeitfragen durchaus denkbar. Sollte auf dem Feld tarifdispositiven Arbeitszeitrechts mithilfe der Mehrheitsregel des § 4 a TVG eine Verdrängung besser schützender Tarifverträge erfolgen, wäre damit ein Handlungsfeld eröffnet, in dem sich die Frage nach der – vom Minderheitsvotum überzeugend kritisierten – Anwendung der Angemessenheitskontrolle stellt, die die Mehrheit des 1. Senats des BVerfG zum Arbeitnehmerschutz einsetzen will.[38]

bb) Zeitlicher Geltungsbereich. Tarifliche Abweichungen von gesetzlichen Arbeitszeitregelungen setzen schließlich voraus, dass der betreffende Tarifvertrag in zeitlicher Hinsicht in Kraft getreten ist.[39] Dabei ist bezüglich des Inkrafttretens tariflich geregelter Abweichungen nach § 7 ArbZG zu beachten, dass in Tarifverträgen für dieses häufig ein bestimmtes Datum festgelegt wird. Die in Rechtsprechung und Literatur umstrittene Frage der Rückwirkung tariflicher Regelungen dürfte im Fall von Tarifverträgen im Rahmen des § 7 ArbZG keine praktische Bedeutung haben.

Ist eine tarifliche Vereinbarung über abweichende Arbeitszeiten wirksam zustande gekommen, kann sie nur insoweit **zeitliche Geltung** beanspruchen, als sie noch nicht beendet wurde. Auch im Rahmen des § 7 ArbZG gelten die allgemeinen Beendigungstatbestände.[40] Nach ihrem zeitlichen Außerkrafttreten befinden sich die tariflichen Regelungen zu Abweichungen von den Vorgaben des ArbZG gemäß § 4 Abs. 5 TVG in der **Nachwirkung.**[41] Während dieser gelten sie zwar immer noch unmittelbar, verlieren jedoch ihre zwingende Wirkung.[42] Insofern endet ihre zeitliche Geltung, wenn sie durch andere Abmachungen ersetzt werden. Dies können nach den allgemeinen Grundsätzen ein anderer Tarifvertrag, eine Betriebsvereinbarung oder eine arbeitsvertragliche Regelung sein,[43] die denselben Regelungsbereich betreffen und mit hinreichender Deutlichkeit den nachwirkenden Tarifvertrag ablösen sollen.[44] Nur ein anderer Tarifvertrag kann zu einer tarifdispositiven Modifikation führen;[45] Betriebsvereinbarung und Arbeitsvertrag können zwar den nachwirkenden Tarifvertrag beenden, müssen danach jedoch die durch §§ 3–6 ArbZG gezogenen Grenzen beachten.[46] Insofern können Betriebs- und Arbeitsvertragsparteien vormals tariflich geregelte Abweichungen von den Vorschriften des ArbZG nicht einfach im Rahmen einer Betriebsvereinbarung oder arbeitsvertraglicher Absprachen fortschreiben oder verschlechtern, sondern sich nur „zurück zum Gesetz" bewegen.[47] Wird keine abweichende Abmachung getroffen, ist die

---

35 NK-GA/Bepler TVG § 4 a Rn. 32 f. 36 Jacobs NZA 2008, 325 (327); Schaub/Treber § 203 Rn. 54. 37 Dazu Däubler/Zwanziger TVG § 4 a Rn. 38 f. 38 BVerfG 11.7.2017 – 1 BvR 1571/15, NZA 2017, 915 ff. 39 Vgl. Kempen/Zachert/Kocher, 2. Aufl. 2014, TVG § 4 Rn. 155 ff. 40 Überblick bei Deinert in: Däubler TVG § 4 Rn. 74 ff. 41 So auch Anzinger/Koberski ArbZG § 7 Rn. 135; Baeck/Deutsch ArbZG § 7 Rn. 31; Neumann/Biebl ArbZG § 7 Rn. 46; Bepler in: Däubler TVG § 4 Rn. 920 ff.; Roggendorf ArbZG § 7 Rn. 27; aA Buschmann/Ulber ArbZG § 7 Rn. 2, ErfK/Wank ArbZG § 7 Rn. 2. 42 Baeck/Deutsch ArbZG § 7 Rn. 33. 43 BAG 3.12.1985 – 4 ABR 60/85, AP Nr. 2 zu § 74 BAT; vgl. auch Bepler in: Däubler TVG § 4 Rn. 976 ff.; Löwisch/Rieble TVG § 4 Rn. 384; Baeck/Deutsch ArbZG § 7 Rn. 31; Anzinger/Koberski ArbZG § 7 Rn. 136; aA Schliemann ArbZG § 7 Rn. 21, der den Begriff der anderen Abmachung auf Tarifverträge beschränken will. 44 BAG 22.10.2008 – 4 AZR 789/07, NZA 2009, 265 (267). 45 Dazu Schliemann ArbZG § 7 Rn. 21. 46 Wie hier Baeck/Deutsch ArbZG § 7 Rn. 33; Anzinger/Koberski ArbZG § 7 Rn. 136. 47 HK-ArbZR/Pfeiffer ArbZG § 7 Rn. 22.

Nachwirkung zeitlich unbegrenzt.[48] Allerdings können die Tarifvertragsparteien die Nachwirkung der im Rahmen von § 7 ArbZG getroffenen Vereinbarungen auch ausdrücklich ausschließen.[49] Ob auch Arbeitsverhältnisse, die erst im Nachwirkungszeitraum von den betreffenden tariflichen Regelungen begründet werden, erfasst sind, ist umstritten.[50]

18 c) **Regelungsinhalt.** Die inhaltliche Ausgestaltung der von den §§ 3–6 ArbZG abweichenden Tarifvereinbarungen liegt im **Ermessen der Tarifvertragsparteien.** So sind diese insbesondere nicht verpflichtet, den ihnen durch das Gesetz eingeräumten Regelungsspielraum voll auszuschöpfen. Vielmehr können sie auch hinter diesem zurückbleiben und an den konkrete branchen- oder betriebsnotwendigen Besonderheiten orientierte Regelungen schaffen. Eine Grenze hinsichtlich der Regelungsbefugnis ziehen aber die diesbezüglichen Vorgaben des ArbZG, die von den Tarifvertragsparteien nicht überschritten werden dürfen.

19 **2. Betriebs- oder Dienstvereinbarungen.** Wie sich aus dem Wortlaut des § 7 Abs. 1 ArbZG ergibt, sind die Tarifvertragsparteien nicht gehalten, von den §§ 3–6 ArbZG abweichende Regelungen vollständig zu treffen (→ Rn. 21). Vielmehr können sie **die Konkretisierung** des von den Tarifparteien gesetzten Rahmens auch den **Betriebsparteien** übertragen. Dies setzt allerdings zunächst voraus, dass in einem auf den Betrieb anwendbaren Tarifvertrag eine diesbezügliche **Öffnungsklausel** enthalten ist.[51] Die Geltung des Tarifvertrages für den betreffenden Betrieb kann sich dabei aus der Verbandsmitgliedschaft des Arbeitgebers, aus seiner Stellung als Partei des Tarifvertrages (Haus- bzw. Firmentarifvertrag) oder der Allgemeinverbindlicherklärung des fraglichen Tarifvertrages nach § 5 TVG ergeben.

20 a) **Delegation der Regelungsbefugnis durch die Tarifvertragsparteien.** Voraussetzung für eine abweichende betriebliche Arbeitszeitregelung ist, dass ein Tarifvertrag den Betriebsparteien eine solche **ausdrücklich gestattet.**[52] Diese Gestattung muss klar und unmissverständlich formuliert sein.[53] Bleiben Zweifel an der Übertragung der Regelungsbefugnis an die Betriebsparteien, gelten die gesetzlichen bzw. tariflichen Vorgaben.[54] Für die Übertragung der Regelungsbefugnis an die Betriebsparteien nicht ausreichend ist, dass in dem fraglichen Tarifvertrag eine **entsprechende Regelung nicht vorhanden** ist. Das Fehlen einer solchen Bestimmung eröffnet den Betriebsparteien in diesem Bereich noch keine Regelungsmöglichkeit.[55]

21 Grundsätzlich liegt es im **Ermessen der Tarifvertragsparteien,** ob und in welchem Umfang sie den Betriebsparteien durch eine entsprechende Tarifvereinbarung einen arbeitszeitrechtlichen Regelungsspielraum eröffnen wollen.[56] So sind sie insbesondere nicht gehalten, diesen voll auszuschöpfen; sie können die Möglichkeiten der Betriebsparteien zu abweichenden Arbeitszeitregelungen den konkreten Bedürfnissen der jeweiligen Branche anpassen. Eine entsprechende Tarifvereinbarung kann sich somit sowohl auf alle in § 7 ArbZG enthaltenen Gegenstände erstrecken, als auch auf einzelne dieser Aspekte beschränken. Durch den Einsatz von Haustarif- bzw. firmenbezogenen Verbandstarifverträgen lassen sich darüber hinaus sogar betriebliche Sonderregelungen

---

[48] Baeck/Deutsch ArbZG § 7 Rn. 32; vgl. grundsätzlich auch BAG 15.10.2003 – 4 AZR 573/02, NZA 2004, 387; zur verfassungsrechtlichen Zulässigkeit der zeitlich unbegrenzten Nachwirkung siehe BVerfG 3.7.2000 – 1 BvR 945/00, NZA 2000, 947. [49] Allgemeine Meinung. Vgl. für alle nur Bepler in: Däubler TVG § 4 Rn. 902 ff. [50] Ablehnend: Ständige Rechtsprechung des BAG. Siehe BAG 11.6.2002 – 1 AZR 390/01, NZA 2003, 570; 7.5.2008 – 4 AZR 288/07, NZA 2008, 886; ebenso ErfK/Franzen TVG § 4 Rn. 53 und Löwisch/Rieble TVG § 4 Rn. 814; zustimmen jedoch Bepler in: Däubler TVG § 4 Rn. 897 ff.; Kempen/Zachert/Kempen, 2. Aufl. 2014, TVG § 4 Rn. 722. [51] Baeck/Deutsch ArbZG § 7 Rn. 34. [52] Anzinger/Koberski ArbZG § 7 Rn. 11; Schliemann ArbZG § 7 Rn. 18 f.; Buschmann/Ulber ArbZG § 7 Rn. 3; Neumann/Biebl ArbZG § 7 Rn. 6; HK-ArbR/Ernst/Growe ArbZG § 7 Rn. 5. [53] Buschmann/Ulber ArbZG § 7 Rn. 4. [54] Neumann/Biebl ArbZG § 7 Rn. 5; Roggendorf ArbZG § 7 Rn. 23. [54] Ebenso Buschmann/Ulber ArbZG § 7 Rn. 3; Roggendorf ArbZG § 7 Rn. 23. [55] Allgemeine Auffassung. Vgl. Schliemann ArbZG § 7 Rn. 25; Neumann/Biebl ArbZG § 7 Rn. 4; Buschmann/Ulber ArbZG § 7 Rn. 4; HK-ArbR/Ernst/Growe ArbZG § 7 Rn. 5; Baeck/Deutsch ArbZG § 7 Rn. 35. [56] Hierzu Neumann/Biebl ArbZG § 7 Rn. 4; Schliemann ArbZG § 7 Rn. 26; Baeck/Deutsch ArbZG § 7 Rn. 36.

treffen. Zudem können die Tarifvertragsparteien auch bei einer Zulassung abweichender Betriebsvereinbarungen die Kontrolle über das Ausmaß der konkreten betrieblichen Regelungen behalten, indem sie deren Zulässigkeit über eine Genehmigungspflicht von ihrer Zustimmung abhängig machen.

Der Tarifvertrag kann auch **keine Blankettermächtigung für die Betriebsparteien** vorsehen, sondern ist als Normsetzer gehalten, diesen einen hinreichend bestimmten Rahmen zu setzen.[57] Zu Recht wird daher die pauschale Ermächtigung der Betriebsparteien durch § 6 Abs. 4 TVöD/TV-L in der Literatur kritisiert.[58] Daher können die Tarifvertragsparteien die inhaltliche Ausgestaltung abweichender Arbeitszeitregelungen im Rahmen des § 7 ArbZG **nicht pauschal** an die Betriebsparteien **delegieren**.[59] Dies würde einen unzulässigen Verzicht auf die ihnen durch Art. 9 Abs. 3 GG eingeräumten Normsetzungsbefugnis darstellen. Insofern stellen tarifliche Vorschriften wie etwa „die Betriebsparteien können bezüglich der Arbeitszeit von den Vorgaben des Arbeitszeitgesetzes Abweichendes regeln" keine wirksamen Rechtsgrundlagen für eine entsprechende betriebliche Regelung dar. Hieraus folgt, dass die Tarifvertragsparteien im Fall der Vereinbarung einer arbeitszeitlichen Öffnungsklausel den Betriebsparteien zumindest den Rahmen für abweichende Regelungen vorgeben müssen.[60] Hierzu gehören etwa die maximale Dauer der täglichen, wöchentlichen oder monatlichen Arbeitszeit sowie Regelungen zu den Ausgleichszeiträumen. Für diese Bereiche muss die Öffnungsklausel eindeutige inhaltliche Vorgaben bezüglich der Reichweite der Regelungsbefugnis der Betriebsparteien enthalten.[61] Dies führt nicht dazu, dass den Betriebsparteien kein Regelungsspielraum mehr bleibt. Beispielsweise kann die Zulässigkeit von Arbeitszeitverlängerungen auf betrieblicher Ebene vor dem Hintergrund der von einer solchen ausgehenden gesundheitlichen Belastung im Tarifvertrag zeitlich begrenzt oder von zusätzlichen gesundheitsschützenden Maßnahmen, wie etwa zusätzlichen Pausen, abhängig gemacht werden.

b) Wirksamkeit. Auch wenn eine entsprechende Öffnungsklausel im Tarifvertrag vorhanden ist, können Betriebs- bzw. Dienstvereinbarungen von den gesetzlichen Vorgaben abweichende Regelungen nur treffen, wenn sie auch betriebsverfassungsrechtlich wirksam zustande gekommen sind. Daher müssen die für Betriebsvereinbarungen geltenden Vorschriften des BetrVG beachtet werden. Hierzu gehört insbesondere die Einhaltung des **Schriftformgebotes** des § 77 Abs. 2 S. 3 BetrVG.[62] Der Verstoß gegen dieses Gebot führt zur Unwirksamkeit der Betriebs- bzw. Dienstvereinbarung (§ 125 BGB).

c) Verhandlungsanspruch/Erzwingbarkeit. Wie im Fall tariflicher Abweichungen von den Vorgaben des ArbZG besteht auch für Betriebsvereinbarungen **kein gegenseitiger Verhandlungsanspruch** der Betriebsparteien hinsichtlich abweichender betrieblicher Arbeitszeitregelungen nach § 7 ArbZG. Arbeitgeber können daher – auch wenn eine diesbezügliche tarifliche Regelung besteht – den Betriebsrat beispielsweise nicht zu Verhandlungen über eine Arbeitszeitverlängerung zwingen. Ob die betriebliche Inanspruchnahme tariflicher Öffnungsklauseln nach § 7 ArbZG über eine **Einigungsstelle** erzwungen werden kann, ist umstritten.[63] Diese Frage lässt sich **nicht pauschal** beantworten. Maßgeblich ist vielmehr, ob von der jeweiligen betrieblichen Regelung ein zwingendes Mitbestimmungsrecht des Betriebsrates betroffen ist. Insofern kommt die Anrufung einer Einigungsstelle beispielsweise bei einer tariflich zugelassenen Verlängerung der täglichen Arbeitszeit grundsätzlich nicht in Betracht, da dieser Bereich nicht

---

57 Buschmann/J. Ulber ArbZG § 12 Rn. 11; D. Ulber in: Däubler TVG Einl. Rn. 480. **58** Burger, TVöD/TV-L, 2. Aufl. 2012, § 6 Rn. 56. **59** Ebenso Buschmann/Ulber ArbZG § 7 Rn. 6; Schliemann ArbZG § 7 Rn. 25; HK-ArbR/Ernst/Growe ArbZG § 7 Rn. 5; Schaub/Vogelsang § 156 Rn. 40; aA Baeck/Deutsch ArbZG § 7 Rn. 36; Neumann/Biebl ArbZG § 7 Rn. 4; HK-ArbZR/Pfeiffer ArbZG § 7 Rn. 23. **60** Vgl. zur Kurzarbeitsklausel des § 15 Abs. 5 BAT-O: BAG 18.10.1994 – 1 AZR 503/93, NZA 1995, 1064. **61** Ausführlich Buschmann/Ulber ArbZG § 7 Rn. 3. **62** Vgl. ausführlich DKKW/Berg BetrVG § 77 Rn. 8 ff.; Fitting BetrVG § 77 Rn. 21. **63** Generell ablehnend Buschmann/Ulber ArbZG § 7 Rn. 25 c; Anzinger/Koberski ArbZG § 7 Rn. 76; jedenfalls partiell zulassend dagegen Neumann/Biebl ArbZG § 7 Rn. 43; Baeck/Deutsch ArbZG § 7 Rn. 40; Schliemann ArbZG § 7 Rn. 29.

der Mitbestimmung unterliegt. Hierzu kann eine Betriebsvereinbarung daher nur freiwillig nach § 88 BetrVG abgeschlossen werden.[64]

25 Dagegen sind Dauer und Lage gesetzlicher Pausen nach § 87 Abs. 1 Nr. 2 BetrVG mitbestimmungspflichtig.[65] Daher könnten betriebliche Regelungen nach § 7 Abs. 1 Nr. 2 ArbZG über eine Einigungsstelle erzwungen werden.[66] Insoweit unerheblich ist, welcher Herkunft die angestrebte betriebliche Regelung ist. In diesem Zusammenhang spielt es mithin keine Rolle, ob es lediglich um die Verteilung der gesetzlich vorgeschriebenen Pausenzeiten oder die Umsetzung einer zulässigen tariflichen Abweichung von den gesetzlichen Pausenvorgaben geht. Ebenfalls mittels Einigungsstellenspruch durchsetzbar dürfte die Inanspruchnahme einer tariflichen Öffnungsklausel zur Verkürzung der Ruhezeiten sein, wenn diese mit einer Verlagerung des Beginns der Arbeitszeit einhergeht, da nach § 87 Abs. 1 Nr. 2 BetrVG ebenfalls der Mitbestimmung unterfällt. Gleiches gilt nicht zuletzt auch für die Verlängerung der werktäglichen Arbeitszeit nach § 7 Abs. 1 Nr. 1 Buchst. a ArbZG, jedenfalls dann, wenn sich durch diese – was üblicherweise der Fall sein dürfte – das Ende der täglichen Arbeitszeit verschiebt.[67]

26 **d) Geltungsbereich. aa) Räumlicher Geltungsbereich.** Eine Arbeitszeitverlängerung für Arbeitnehmer durch Betriebs- bzw. Dienstvereinbarung kommt nur in Betracht, wenn deren Arbeitsverhältnis in den Anwendungsbereich der Kollektivvereinbarung fällt. Diesbezüglich erweist sich die Bestimmung des räumlichen Geltungsbereiches meist als unproblematisch. Betriebs-/Dienstvereinbarungen gelten regelmäßig für die jeweilige betriebliche Einheit, für die sie abgeschlossen werden. Als **Betrieb** gilt dabei die organisatorische Einheit, in der der Arbeitgeber mit seinen Arbeitnehmern fortgesetzt einen einheitlichen arbeitstechnischen Zweck verfolgt.[68] Für die Geltung der Betriebsvereinbarung kommt es auf den **betriebsverfassungsrechtlichen Betriebsbegriff** an. Danach erstreckt sich eine Betriebsvereinbarung zur Abweichung von den Vorgaben des § 7 ArbZG auch auf Einheiten eines Betriebes, die räumlich vom Hauptbetrieb getrennt sind, aber von diesem mitgeführt werden. Gleiches gilt für Kleinstbetriebe mit weniger als fünf Arbeitnehmern, die nach § 4 BetrVG dem Hauptbetrieb zugeschlagen werden. Schließlich können betriebsverfassungsrechtliche Strukturen gemäß § 3 BetrVG durch Tarifverträge abweichend von den Vorgaben des BetrVG geregelt werden. Ist dies der Fall, sind bei der Bestimmung des räumlichen Anwendungsbereichs abweichender Arbeitszeitregelungen auf Betriebsebene auch diese Vorgaben zu berücksichtigen. Betriebsvereinbarungen zur Abweichung von den §§ 3–6 ArbZG können ihren räumlichen Geltungsbereich selbst festlegen. Insbesondere können die Betriebsparteien sich dazu entschließen, diesen zu **beschränken**, indem sie entsprechende Arbeitszeitregelungen nur für bestimmte Betriebsabteilungen abschließen.

27 Grundsätzlich könnten auch betriebsübergreifende abweichende Arbeitszeitregelungen im Rahmen von **Gesamtbetriebsvereinbarungen** getroffen werden. Solche dürften jedoch mangels originärer Zuständigkeit des Gesamtbetriebsrates für derartige Vereinbarungen nur selten in Betracht kommen.[69] Nach § 50 Abs. 1 S. 1 BetrVG können nur Angelegenheiten, die das gesamte Unternehmen oder mehrere Betriebe des Unternehmens betreffen und nicht durch die einzelnen Betriebe geregelt werden können, Gegenstand einer Gesamtbetriebsvereinbarung sein.[70] Hierfür ausreichend ist nicht schon der bloße Wunsch des Arbeitgebers nach einer unternehmenseinheitlichen abweichenden

---

64 Vgl. LAG Hamburg 17.12.2008 – 5 TaBV 8/08, AuR 2010, 339 mAnm Buschmann; ebenso Bertzbach jurisPR-ArbR 20/2009 Anm. 4; HaKo-BetrVG/Kohte § 88 Rn. 3. **65** Vgl. DKKW/Klebe BetrVG § 87 Rn. 97. **66** Zur Nichterzwingbarkeit aufgrund mangelnder Regelungskompetenz nichttarifgebundener Arbeitgeber im Fall von § 7 Abs. 3 ArbZG vgl. LAG Hamburg 17.12.2008 – 5 TaBV 8/08, AuR 2010, 339. **67** In diesem Sinne auch Baeck/Deutsch ArbZG § 7 Rn. 40; Schliemann ArbZG § 7 Rn. 29. **68** Zum Betriebsbegriff vgl. Schaub/Linck § 17 Rn. 1. **69** Zu einem solchen Ausnahmefall BAG 19.6.2012 – 1 ABR 19/11, NZA 2012, 1237; dazu ErfK/Koch BetrVG § 50 Rn. 4. **70** Ständige Rechtsprechung des BAG. Vgl. nur BAG 3.5.2006 – 1 ABR 15/05, NZA 2007, 1245. Siehe auch DKKW/Trittin BetrVG § 50 Rn. 103 f.; Fitting BetrVG § 50 Rn. 21 ff.

Arbeitszeitregelung.[71] Vielmehr muss für eine solche eine zwingende sachliche Notwendigkeit bestehen. Angesichts unterschiedlicher betrieblicher Voraussetzungen und Bedürfnisse dürfte dies im Fall abweichender Regelungen im Rahmen des § 7 ArbZG nur ganz ausnahmsweise der Fall sein. Daneben können die einzelnen Betriebsräte jedoch den Gesamtbetriebsrat nach § 50 Abs. 2 BetrVG durch Beschluss beauftragen, eine entsprechende Betriebsvereinbarung abzuschließen.[72] Diese würde dann allerdings nur für den bzw. die Betriebe gelten, die den Gesamtbetriebsrat entsprechend mandatiert haben.[73]

bb) Persönlicher Geltungsbereich. Soweit der räumliche Geltungsbereich der zu § 7 ArbZG abgeschlossenen Betriebs- bzw. Dienstvereinbarung eröffnet ist, gilt diese grundsätzlich für alle Arbeitnehmer im Geltungsbereich.[74] Eine Gewerkschaftszugehörigkeit ist hierfür ohne Bedeutung.[75] Sie erstreckt sich auch auf später in den Betrieb eintretende Arbeitnehmer.[76] Keine Anwendung findet sie allerdings auf leitende Angestellte, die nach § 5 Abs. 3 BetrVG ausdrücklich aus dem Anwendungsbereich des BetrVG ausgenommen sind. Die Betriebsparteien können die Anwendbarkeit betrieblicher Regelungen nach § 7 ArbZG über die **Konkretisierung des persönlichen Geltungsbereichs** einschränken. Möglich ist ihre Beschränkung auf Betriebsteile oder einzelne Abteilungen, so dass nur die dort tätigen Arbeitnehmer erfasst werden.[77] Ebenso können Betriebsvereinbarungen auf bestimmte Arbeitnehmergruppen oder Tätigkeitsarten, wie etwa Servicekräfte, beschränkt werden. Die Begrenzung des persönlichen Anwendungsbereiches kann dadurch erfolgen, dass Arbeitnehmergruppen, für die die Vereinbarung gelten soll, in dieser ausdrücklich benannt oder bestimmte Arbeitnehmergruppen aus dem Anwendungsbereich der Betriebsvereinbarung ausdrücklich ausgenommen werden. Unter Gesundheitsschutzaspekten empfiehlt sich beispielsweise im Fall von Betriebsvereinbarungen, die die Arbeitszeit im Rahmen der Vorgaben des § 7 ArbZG verlängern, eine Herausnahme von Arbeitnehmern, für die sich die Verlängerung als besonders belastend erweisen kann. Hierzu können ältere Arbeitnehmer oder auch Arbeitnehmer mit gesundheitlichen Einschränkungen gehören. Im Hinblick auf die Auswirkungen von Arbeitszeitverlängerungen auf die persönliche Lebensführung kommen auch Sonderregelungen für Alleinerziehende in Betracht.[78]

Betriebsvereinbarungen, die auf der Grundlage von Tarifverträgen von den Regelungen der §§ 3–6 ArbZG abweichen, können auch für im Entleihbetrieb tätige **Leiharbeitnehmer** gelten. Leiharbeitnehmer unterliegen dann den im Entleihbetrieb geltenden Betriebsvereinbarungen, wenn bezüglich des Regelungsgegenstandes ein Direktionsrecht des Entleihers besteht.[79] Hat also der Verleiher sein arbeitszeitliches Weisungsrecht bezüglich der Leiharbeiter an den Entleiher delegiert, muss – praktisch komplementär dazu – auch eine Zuständigkeit des Betriebsrates des Entleihers für diese Frage bestehen. Insoweit können Betriebsvereinbarungen im Entleihbetrieb, die im Rahmen des § 7 ArbZG Abweichungen von den §§ 3–6 ArbZG vorsehen, auch Leiharbeitnehmer in ihren persönlichen Geltungsbereich einbeziehen.

cc) Zeitlicher Geltungsbereich. In aller Regel **beginnt** die normative Wirkung der von den §§ 3–6 ArbZG abweichenden Betriebsvereinbarung für die ihr unterfallenden Arbeitsverhältnisse mit deren Unterzeichnung. Allerdings haben die Betriebsparteien auch die Möglichkeiten, den Wirksamkeitsbeginn ausdrücklich auf ein bestimmtes Datum festzulegen.[80]

---

71 BAG 14.11.2006 – 1 ABR 4/06, NZA 2007, 399; BAG 9.12.2003 – 1 ABR 49/02, NZA 2005, 234. **72** DKKW/Trittin BetrVG § 50 Rn. 170 ff.; Fitting BetrVG § 50 Rn. 62 ff. **73** Fitting BetrVG § 50 Rn. 73. **74** DKKW/Berg BetrVG § 77 Rn. 78. **75** Fitting BetrVG § 77 Rn. 35. **76** ErfK/Kania BetrVG § 77 Rn. 32; HaKo-BetrVG/Lorenz BetrVG § 77 Rn. 20. **77** BAG 1.2.1957 – 1 AZR 195/55, NJW 1957, 966 = AuR 1958, 27; DKKW/Berg BetrVG § 77 Rn. 78; Fitting BetrVG § 77 Rn. 35. **78** Zu den betrieblichen Problemen der praktischen Konkordanz Kohte/Schulze-Doll jurisPR-ArbR 26/2011 Anm. 1. **79** Allgemeine Auffassung. Vgl. BAG 15.12.1992 – 1 ABR 38/92, NZA 1993, 513; Fitting BetrVG § 87 Rn. 11; HaKo-BetrVG/Kohte § 87 Rn. 5. **80** ErfK/Kania BetrVG § 77 Rn. 35.

Die Geltung der Betriebsvereinbarung endet, wenn ein Beendigungstatbestand gegeben ist. Auch im Rahmen des § 7 ArbZG gelten die allgemeinen Beendigungstatbestände.[81] Zusätzlich ist als spezieller Tatbestand die Beendigung des Tarifvertrages, auf dem die Betriebsvereinbarung zu abweichenden Arbeitszeitregelungen basiert, zu beachten.[82] Ob im Rahmen des § 7 ArbZG abgeschlossene Betriebsvereinbarungen nach ihrem Außerkrafttreten eine Nachwirkung nach § 77 Abs. 6 BetrVG entfalten, richtet sich danach, ob sie Gegenstände der erzwingbaren Mitbestimmung betreffen (→ Rn. 24). Insoweit kommt eine solche nach der hier vertretenen Auffassung jedenfalls dann in Betracht, wenn sich abweichende betriebliche Arbeitszeitregelungen auf den Beginn bzw. das Ende der täglichen Arbeitszeit oder die Lage oder Dauer der Pausen auswirken.[83] Folgt man dem nicht, wirken entsprechende Betriebsvereinbarungen nur dann nach, wenn dies von den Betriebsparteien ausdrücklich vereinbart wurde.[84]

31 e) **Regelungsinhalt.** Im Rahmen der ihnen eingeräumten Regelungsbefugnis steht den **Betriebsparteien** hinsichtlich der inhaltlichen Ausgestaltung abweichender Arbeitszeitregelungen ein **eigener Entscheidungsspielraum** zur Verfügung.[85] Anderes gilt nur dann, wenn der betreffende Tarifvertrag statt einer Rahmenregelung feste Vorgaben enthält, von denen die Betriebsparteien nicht abweichen können. Das Spektrum der tariflichen Vorschriften ist sehr breit; zwischen festen Vorgaben, Statuierung von Zustimmungserfordernissen bis zu sehr offenen Regelungen spannt sich ein breiter Bogen.[86] Insgesamt können die Betriebsparteien überwiegend autonom nicht nur darüber entscheiden, ob sie überhaupt eine abweichende Vereinbarung treffen wollen, sondern auch darüber, inwieweit sie ggf. die ihnen übertragene Regelungsbefugnis inhaltlich nutzen wollen. Diesbezüglich sind sie insbesondere nicht gezwungen, die entsprechenden tarifvertraglichen Vorgaben in toto zu übernehmen. Vielmehr können diese zB hinsichtlich der Dauer der Arbeitszeitverlängerung in Abhängigkeit von den konkreten betrieblichen Umständen auch hinter dieser zurückbleiben. Auch haben sie die Möglichkeit zu differenzierten betrieblichen Regelungen, etwa zu unterschiedlichen Arbeitszeitverlängerungen für verschiedene Abteilungen. In jedem Fall sind die Betriebsparteien ebenso wie die Tarifvertragsparteien gehalten, die Abweichung vom Gesetzesrecht hinreichend klar und deutlich zu formulieren[87]. Eine Überschreitung der durch den Tarifvertrag gezogenen Grenzen ist dagegen wegen des Tarifvorrangs nach § 77 Abs. 3 BetrVG unzulässig.[88] Gleiches gilt für eine Delegation der Regelungsbefugnis an die Arbeitsvertragsparteien.[89]

32 f) **Wirkung.** Von den Vorgaben der §§ 3–6 ArbZG abweichende Betriebsvereinbarungen haben für die ihnen unterfallenden Arbeitsverhältnisse nach § 77 Abs. 4 BetrVG **unmittelbare und zwingende Wirkung**.[90] Insoweit erfordert ihre Geltung weder eine entsprechende Kenntnis der Arbeitsvertragsparteien noch eine Übernahme der Vereinbarung in den Arbeitsvertrag; allerdings sind die Betriebsvereinbarungen nach § 77 Abs. 2 S. 3 BetrVG im Betrieb bekannt zu machen.[91] Darüber hinaus sind individualvertragliche Abweichungen von den Inhalten der Betriebsvereinbarung nur zugunsten der Arbeitnehmer möglich.

---

[81] Zu diesen Beendigungstatbeständen ausführlich DKKW/Berg BetrVG § 77 Rn. 92 ff. [82] Baeck/Deutsch ArbZG § 7 Rn. 42; Buschmann/Ulber ArbZG § 7 Rn. 6 b. Dieser Umstand folgt schon aus dem Wortlaut des § 7 ArbZG Einleitungssatz, der davon spricht, dass abweichende Regelungen in Betriebs- und Dienstvereinbarungen „auf Grund" eines Tarifvertrages möglich sind. [83] Weitergehend Neumann/Biebl ArbZG § 7 Rn. 5. Baeck/Deutsch lehnen eine Nachwirkung von Betriebsvereinbarungen zu § 7 Abs. 1, 2 und 2 a ArbZG grundsätzlich ab, bejahen diese nach § 77 Abs. 6 BetrVG nur bei aus sich heraus handhabbaren erzwingbaren Regelungen (ArbZG § 7 Rn. 42), so auch Schliemann ArbZG § 7 Rn. 32 ff. und HK-ArbZR/Pfeiffer ArbZG § 7 Rn. 25. Generell aA Buschmann/Ulber ArbZG § 7 Rn. 17; Roggendorff ArbZG § 7 Rn. 31. [84] Schliemann ArbZG § 7 Rn. 32. [85] Anzinger/Koberski ArbZG § 7 Rn. 16. [86] Anschaulich die Dokumentation wichtiger tariflicher Regelungen bei Neumann/Biebl ArbZG § 7 Anhang I–XI. [87] Schliemann ArbZG § 7 Rn. 30. [88] So auch HK-ArbZR/Pfeiffer ArbZG § 7 Rn. 23; HK-ArbR/Ernst/Growe ArbZG § 7 Rn. 4. [89] Anzinger/Koberski ArbZG § 7 Rn. 11. [90] Zur unmittelbaren und zwingenden Wirkung vgl. DKKW/Berg BetrVG § 77 Rn. 42 ff.; Fitting BetrVG § 77 Rn. 12 ff. [91] HaKo-BetrVG/Lorenz BetrVG § 77 Rn. 14, dort auch zur fehlenden konstitutiven Wirkung dieser Publikation.

3. Regelungsabrede. Nach dem insoweit eindeutigen Wortlaut des Einleitungssatzes 33
des § 7 ArbZG kann eine Abweichung von Vorgaben der §§ 3–6 ArbZG von den Betriebsparteien **nicht** im Rahmen einer **Regelungsabrede** vereinbart werden,[92] denn durch eine solche Abrede werden lediglich Rechte und Pflichten zwischen dem Arbeitgeber und dem Betriebsrat begründet, die für die Arbeitsverträge keine zwingende und unmittelbare Wirkung entfalten.[93]

4. Arbeitsvertragliche Vereinbarungen. Eine von den gesetzlichen Arbeitszeitvorgaben 34
nach unten abweichende Regelung durch den Arbeitsvertrag ist **nicht möglich,** da der Gesetzgeber bewusst auf die Aufnahme einer solchen Befugnis verzichtet hat.[94] Diese kann den Arbeitsvertragsparteien auch nicht durch einen entsprechenden Tarifvertrag oder eine Betriebsvereinbarung eingeräumt werden.[95] Die sich hieraus ergebende ausschließliche Regelungsbefugnis kollektiver Akteure dient dem Schutz der Arbeitnehmer vor entsprechenden Arbeitgeberforderungen nach einer Verlängerung der Arbeitszeit. Der Ablehnung von diesbezüglichen individualvertraglichen Vereinbarungen steht nicht entgegen, dass bei fehlender Tarifbindung des Arbeitgebers die Arbeitsvertragsparteien innerhalb des Geltungsbereichs eines solchen Tarifvertrages im Falle des Fehlens eines Betriebs-/Personalrates eine entsprechende tarifliche Regelung übernehmen können. Dies setzt das Vorliegen einer tariflichen Regelung voraus, wodurch der Schutz der Arbeitnehmer des nicht tarifgebundenen Arbeitgebers durch die Kollektivebene gewährleistet ist.

5. Direktionsrecht des Arbeitgebers. Von den Vorgaben der §§ 3–6 ArbZG abweichen- 35
de Arbeitszeiten können nicht vom Arbeitgeber aufgrund des ihm zustehenden Direktionsrechts einseitig festgelegt werden. Entsprechenden Weisungen müssen die Arbeitnehmer nicht nachkommen, so dass ihnen gegenüber keine arbeitsrechtlichen Konsequenzen ergriffen werden dürfen.

IV. Abweichungen bezüglich der Dauer der Arbeitszeit

1. Verlängerung über acht Stunden (Abs. 2 a) ohne zeitlichen Ausgleich. § 7 Abs. 2 a 36
ArbZG erlaubt durch einen Tarifvertrag oder eine auf der Grundlage eines solchen abgeschlossenen Betriebs- bzw. Dienstvereinbarung eine **Ausdehnung der werktäglichen Arbeitszeit** über acht Stunden hinaus, **ohne** dass hierfür ein **Ausgleich** vorgesehen werden muss. Für diese unionsrechtswidrige Konstellation (→ Rn. 3) sind im Wesentlichen **drei Voraussetzungen** erforderlich. Als erste Voraussetzung wird verlangt, dass in die Arbeitszeit regelmäßig und in erheblichem Umfang Arbeitsbereitschaft oder Bereitschaftsdienst fällt. Zweitens muss durch besondere Regelungen sichergestellt werden, dass die Gesundheit der Arbeitnehmer, die mit einer verlängerten Arbeitszeit beschäftigt werden, nicht gefährdet wird. Liegen diese Voraussetzungen vor, ist schließlich noch die schriftliche Einwilligung des Arbeitnehmers in die Arbeitszeitverlängerung erforderlich (§ 7 Abs. 7 ArbZG).

Mit § 7 Abs. 2 a ArbZG wollte der Gesetzgeber die Opt-out-Möglichkeiten des Uni- 37
onsrechts nutzen und damit gleichzeitig die Handlungsfähigkeit der Tarifvertrags-, Betriebs- und Arbeitsvertragsparteien auf dem Gebiet der Arbeitszeit erweitern.[96] **Die Gemeinschaftsrechtskonformität der Regelung** wird jedoch zu Recht **abgelehnt**.[97] Inso-

---

[92] Allgemeine Meinung. Vgl. Buschmann/Ulber ArbZG § 7 Rn. 12; Neumann/Biebl ArbZG § 7 Rn. 6; Baeck/Deutsch ArbZG § 7 Rn. 38; Schliemann ArbZG § 7 Rn. 27. [93] DKKW/Berg BetrVG § 77 Rn. 161 ff.; Fitting BetrVG § 77 Rn. 217. [94] Siehe Baeck/Deutsch ArbZG § 7 Rn. 44; Anzinger/Korberski ArbZG § 7 Rn. 12; Schliemann ArbZG § 7 Rn. 9. [95] So ausdrücklich für die Betriebsparteien Anzinger/Koberski ArbZG § 7 Rn. 11. [96] Siehe Beschlussempfehlung des Ausschusses für Wirtschaft und Arbeit BT-Drs.15/1587, 34. [97] Zur Kritik siehe Buschmann/Ulber ArbZG § 7 Rn. 24 c; HK-ArbZG/Linnenkohl ArbZG § 7 Rn. 65; Neumann/Biebl ArbZG § 7 Rn. 19 a; ErfK/Wank ArbZG § 7 Rn. 18; HK-ArbR/Ernst/Growe ArbZG § 7 Rn. 21; Mayer AiB 2003, 713; Reim DB 2004, 186 (188); D. Ulber ZTR 2005, 70 (74, 76 f.); vgl. auch die Stellungnahmen des DGB und Ver.di zur öffentlichen Anhörung vor dem Bundestagsausschuss für Wirtschaft und Arbeit am 22.9.2003. ADrs. 15(9)622, 4 ff. und 11 ff.; diesbezüglich skeptisch Schliemann ArbZG § 7 Rn. 75; aA Baeck/Deutsch ArbZG § 7 Rn. 109; HK-ArbZR/Pfeiffer ArbZG § 7 Rn. 71.

weit wird insbesondere darauf hingewiesen, dass Art. 22 Abs. 1 der EG-Arbeitszeitrichtlinie RL 2003/88/EG als europarechtliche Grundlage den Mitgliedstaaten zwar eine Überschreitung der durch Art. 6 festgelegten durchschnittlichen wöchentlichen Höchstarbeitszeit von 48 Stunden erlaube. Jedoch dürfe der Gesetzgeber die Anforderungen an die Maßnahmen zum Gesundheitsschutz nicht pauschal an die Tarifvertrags- bzw. Betriebsparteien delegieren, sondern müsse selbst die wesentlichen Anforderungen formulieren.[98] Zudem eröffne § 7 Abs. 2 a ArbZG eine regelmäßige Überschreitung der Höchstarbeitszeit, was jedoch dem Umstand widerspreche, dass die in Art. 17 der Richtlinie vorgesehenen Abweichungsmöglichkeiten Ausnahmeregelungen darstellten. Auch rechtfertige die Richtlinie nach Art. 23 keine Zurücknahme des allgemeinen Schutzstandards, was durch § 7 Abs. 2 a ArbZG aber der Fall sei, da diese Form der Mehrarbeit mit Einwilligung des Arbeitnehmers vor 2004 in Deutschland unzulässig gewesen sei. Folgt man der auch hier vertretenen Auffassung darf § 7 Abs. 2 a ArbZG wegen der unmittelbaren Bindung des Arbeitgebers an das Unionsrecht jedenfalls im öffentlichen Dienst nicht angewendet werden.[99]

38 a) **Regelmäßige Arbeitsbereitschaft oder Bereitschaftsdienst in erheblichem Umfang.** Die Möglichkeit einer Arbeitszeitverlängerung nach § 7 Abs. 2 a ArbZG setzt voraus, dass die Arbeitszeit **regelmäßig und in erheblichem Umfang Arbeitsbereitschaft oder Bereitschaftsdienst** beinhaltet. Dabei entsprechen die hier verwendeten Begriffe „Arbeitsbereitschaft" und „Bereitschaftsdienst" inhaltlich denen des § 2 ArbZG (→ ArbZG § 2 Rn. 15 ff., 21 ff.). Arbeitsbereitschaft und/oder Bereitschaftsdienst müssen **regelmäßig** anfallen. Insofern ist eine Arbeitszeitverlängerung nach § 7 Abs. 2 a ArbZG jedenfalls bei lediglich einmaliger/m oder nur gelegentlicher/m Arbeitsbereitschaft oder Bereitschaftsdienst ausgeschlossen. Vielmehr müssen solche Zeiten in immer wiederkehrenden Zeitabständen auftreten. Diese Abstände müssen allerdings nicht gleichmäßig sein.[100] Insoweit müssen Zeiten der Arbeitsbereitschaft und des Bereitschaftsdienstes zB auch nicht immer am gleichen Wochentag oder in der gleichen Schicht liegen. Ausreichend ist vielmehr, dass mit einem Auftreten solcher Zeiten erfahrungsgemäß zu rechnen ist.[101] Dem hat auch im Hinblick auf den Schutz der Gesundheit der von Arbeitszeitverlängerung nach § 7 Abs. 2 a ArbZG betroffenen Arbeitnehmer zuzustimmen. Für die von diesen ausgehenden Belastungen kommt es nicht darauf an, dass die verlängerten Arbeitszeiten stets auf die gleichen Wochentage fallen und der Abstand zwischen ihnen identisch ist.

39 Letztlich noch nicht endgültig entschieden ist die Frage, welcher Anteil an Arbeitsbereitschaft bzw. Bereitschaftsdienst an der Arbeitszeit als **erheblich** anzusehen ist. Das BAG hat dies bisher bei einem Anteil von 27 % bejaht.[102] In der Literatur werden hierzu unterschiedliche Ansichten vertreten. So soll nach einer Auffassung die Erheblichkeitsschwelle überschritten sein, wenn der Anteil der Arbeitsbereitschaft bzw. des Bereitschaftsdienstes mehr als 30 % bzw. 1/3 der Gesamtarbeitszeit ausmacht.[103] Andere Autoren sehen diese Voraussetzung erst dann als erfüllt an, wenn mindestens 50 % der Gesamtarbeitszeit auf die Arbeitsbereitschaft oder den Bereitschaftsdienst entfallen.[104] Demgegenüber wird das Erreichen der Grenze im Fall des Bereitschaftsdienstes wegen der geringeren Belastung vereinzelt bereits dann angenommen, wenn ein Anteil von 20 % überschritten wird.[105]

---

98 Kohte in: FS Bepler, S. 287, 292 ff.; zur Aufgabe des Gesetzgebers, den Rahmen für tarifdispositive Regelungen zu formulieren, Bepler in: FS Kempen, S. 109, 121; D. Ulber in: Däubler TVG Einl. Rn. 477; vgl. EuGH 23.12.2015, AuR 2016, 162. **99** Vgl. HK-ArbR/Ernst/Growe ArbZG § 7 Rn. 21. **100** Allgemeine Auffassung. Vgl. Baeck/Deutsch ArbZG § 7 Rn. 48; Neumann/Biebl ArbZG § 7 Rn. 18; Schliemann ArbZG § 7 Rn. 40; ErfK/Wank ArbZG § 7 Rn. 4. **101** So zum gleichen Tatbestandsmerkmal in § 7 AZO BAG 24.9.1992 – 6 AZR 101/90, NZA 1993, 517. **102** BAG 24.1.2006 – 1 ABR 6/05, NZA 2006, 862. **103** Anzinger/Koberski ArbZG § 7 Rn. 23; HK-ArbZG/Linnenkohl ArbZG § 7 Rn. 33; Neumann/Biebl ArbZG § 7 Rn. 18; Roggendorff geht von 25–30 % aus; vgl. Roggendorff ArbZG § 7 Rn. 36; ebenso HK-ArbZR/Pfeiffer ArbZG § 7 Rn. 33. **104** So Buschmann/Ulber ArbZG § 7 Rn. 19. **105** Vgl. ErfK/Wank ArbZG § 7 Rn. 6; Baeck/Deutsch ArbZG § 7 Rn. 53.

Hierzu ist zunächst grundsätzlich festzustellen, dass ein **einheitlicher Grenzwert für die** 40
Erheblichkeitsgrenze nicht festgelegt werden kann, sondern unter Berücksichtigung der
Belastung der Arbeitnehmer während der tatsächlichen Arbeit und der Möglichkeit zur
Entspannung während der Arbeitsbereitschaft bzw. des Bereitschaftsdienstes diesbezüglich eine **differenzierte Betrachtung** vorzunehmen ist.[106] Hiernach ist ein Anteil der
Arbeitsbereitschaft bzw. des Bereitschafsdienstes an der Arbeitszeit von mindestens
50 % jedenfalls dann zu verlangen, wenn Arbeitnehmer während der Vollarbeit starken körperlichen oder psychischen Belastungen ausgesetzt sind und die Möglichkeiten,
sich von diesen während der Arbeitsbereitschaft oder des Bereitschaftsdienstes zu erholen, eingeschränkt sind. Dies könnte etwa dann der Fall sein, wenn das Tragen spezieller Schutzkleidung auch während der Arbeitsbereitschaft zeitweilig erforderlich ist. Besteht für die Arbeitnehmer bei normaler körperlicher oder psychischer Belastung während der Vollarbeit im Rahmen der Arbeitsbereitschaft oder des Bereitschaftsdienstes
hingegen die hinreichende Möglichkeit zur Entspannung und Erholung, kann die Erheblichkeitsschwelle des § 7 Abs. 2 a ArbZG auch niedriger angesetzt werden, wobei
im Interesse des Gesundheitsschutzes eine **Grenze von 30 %** generell nicht unterschritten werden darf. Angesichts der insoweit bestehenden Unsicherheiten sollten die Tarifvertragsparteien in den von ihnen vereinbarten Abweichungsmöglichkeiten bezüglich
der Erheblichkeitsgrenze konkrete Regelungen treffen bzw. im Fall von einschlägigen
Öffnungsklauseln den Betriebsparteien entsprechende Vorgaben machen.[107] Im Übrigen zeigt sich bereits bei dieser Frage, dass eine Gefährdungsbeurteilung vor einer entsprechenden betrieblichen Regelung unverzichtbar ist.

Bei der Bestimmung der Erheblichkeit kommt es auf das Verhältnis der Gesamtarbeits- 41
zeit zur Arbeitsbereitschaft bzw. zum Bereitschaftsdienst an.[108] Dabei sind die Zeiten
der Arbeitsbereitschaft und des Bereitschaftsdienstes zusammenzurechnen.[109] Allerdings gehören hierzu nur Zeiten, die eine Erholung erlauben, so dass entsprechende
Zeiten von weniger als 15 Minuten Dauer nicht anzurechnen sind.[110] Ebenso unberücksichtigt bleiben Pausen, da diese nicht zur Arbeitsbereitschaft oder dem Bereitschaftsdienst zählen.[111]

b) Besondere Regelungen zum Gesundheitsschutz. Als weitere Voraussetzung für eine 42
Verlängerung der Arbeitszeit über acht Stunden hinaus ohne Ausgleich ist in § 7
Abs. 2 a ArbZG vorgesehen, dass durch besondere Regelungen sicherzustellen ist, dass
die **Gesundheit der Arbeitnehmer nicht gefährdet** wird. In der Gesetzesbegründung
stellt der Gesetzgeber hierzu generell fest, dass von überlangen Arbeitszeiten besondere
Gesundheitsrisiken ausgehen.[112] Es ist daher davon auszugehen, dass eine Arbeitszeitverlängerung ohne Ausgleich stets ein Gesundheitsrisiko für die betroffenen Arbeitnehmer darstellt.[113] Auf eine konkrete Gesundheitsgefährdung kommt es nicht an; vielmehr ist die Verlängerung an sich geeignet, die Gesundheit der Arbeitnehmer zu beeinträchtigen. Insofern sind bei jeder Arbeitszeitverlängerung nach § 7 Abs. 2 a ArbZG
besondere Regelungen zum Gesundheitsschutz der Arbeitnehmer zu treffen.

Das Gesetz selbst enthält selbst keine Vorgaben über den **Inhalt der besonderen Rege-** 43
lungen zum Gesundheitsschutz. In Anlehnung an die Regelungen zum Ausgleich von
Gesundheitsbelastungen im Fall von Nachtarbeit in § 6 ArbZG kommen hier Vereinbarungen über verlängerte Ruhezeiten oder spezielle arbeitsmedizinische Untersuchun-

---

106 Vgl. auch Baeck/Deutsch ArbZG § 7 Rn. 51. **107** Ähnlich Schliemann ArbZG § 7 Rn. 42.
108 So ausdrücklich BAG 26.6.2013 – 5 AZR 231/12, Rn. 16, www.bundesarbeitsgericht.de/Entscheidungen. **109** Baeck/Deutsch ArbZG § 7 Rn. 52, 54; Neumann/Biebl ArbZG § 7 Rn. 18; HK-ArbR/Ernst/Growe ArbZG § 7 Rn. 7. **110** Wie hier HK-ArbR/Ernst/Growe ArbZG § 7 Rn. 7; Anzinger/Koberski ArbZG § 7 Rn. 24; zehn Minuten als Beispiel für „Splitterzeiten" in BAG
9.3.2005 – 5 AZR 385/02, Rn. 27, ZTR 2005, 479 (481); aA Neumann/Biebl ArbZG § 7 Rn. 18.
111 Neumann/Biebl ArbZG § 7 Rn. 18. **112** So bereits in der Gesetzentwurf von SPD und BÜNDNIS
90/Die Grünen vom 10.9.2003. ADrs. 15(9)610 des Bundestagsausschusses für Wirtschaft und
Arbeit. Siehe auch Beschlussempfehlung des Ausschusses BT-Drs. 15/1587, 35. **113** So auch Anzinger/Koberski ArbZG § 7 Rn. 68; Baeck/Deutsch ArbZG § 7 Rn. 115; Bermig BB 2004, 101;
Reim DB 2004, 186 (188); Janßen/Nachreiner AiB 2006, 549 (551); Kohte in: FS Bepler, S. 287,
293.

gen für betroffene Arbeitnehmer in Betracht (→ ArbZG § 6 Rn. 32 ff.).[114] Die Kommission hat in ihrem Evaluationsbericht gerügt, dass in der deutschen Regelung eine **Pflicht zur Gewährung gleichwertiger Ausgleichsruhezeiten** fehlt.[115] Denkbar ist aber auch die Herausnahme von Personen aus der Arbeitszeitverlängerung, ähnlich dem Nachtarbeitsverbot für Jugendliche gem. § 14 JArbSchG oder dem Versetzungsanspruch auf einen Tagesarbeitsplatz nach § 6 Abs. 4 ArbZG. Da es sich bei den vorstehenden, der Kompensation von Gesundheitsrisiken bei Nachtarbeit dienenden Vorschriften um gesetzliche Mindestregelungen handelt, sind auch Vereinbarungen möglich, die den Schutz der Arbeitnehmer vor übermäßigen Belastungen durch verlängerte Arbeitszeiten erweitern. Unzureichend ist dagegen die Beschränkung auf eine Gefährdungsbeurteilung nach § 5 ArbSchG, da diese bereits zu den allgemeinen Schutzpflichten gehört.[116] Insgesamt haben die Gerichte in unionsrechtskonformer Auslegung zu präzisieren, welche Anforderungen an die „besonderen Regelungen" zu stellen sind.[117]

44 Da § 7 Abs. 2 a ArbZG keine Aussage hierzu trifft, könnte fraglich sein, auf welcher **Regelungsebene** (Betriebs- oder Tarifebene) die besonderen Vereinbarungen für den Gesundheitsschutz der Arbeitnehmer zu treffen sind. Der Wortlaut der Vorschrift könnte dafür sprechen, dass diese Aufgabe allein den Tarifvertragsparteien zugewiesen wurde.[118] Diese Sichtweise könnte ihre Stütze in der Gesetzesbegründung finden, in der ausdrücklich festgestellt wird, dass das Gesetz die Tarifvertragsparteien dazu verpflichtet, Maßnahmen zum Gesundheitsschutz der Arbeitnehmer zu treffen.[119] In der Praxis dürfte eine ausschließliche Regelungskompetenz der Tarifvertragsparteien allerdings nicht selten zu Schwierigkeiten führen. Da sich Arbeitszeitverlängerungen in Bezug auf die von ihnen möglicherweise ausgehenden Gesundheitsgefährdungen nach Branchen, Betrieben und Tätigkeiten stark unterscheiden können, werden verallgemeinerungsfähige abschließende Regelungen zum Gesundheitsschutz auf der tariflichen Ebene nur selten möglich sein. Insofern erscheint es aus Gründen eines wirksamen Gesundheitsschutzes für die Arbeitnehmer sinnvoll, den **Betriebsparteien** wegen ihrer größeren Sachnähe eine im Tarifvertrag konkretisierte und limitierte Regelungsbefugnis für entsprechende Vereinbarungen einzuräumen.[120] Hierfür spricht, dass der Gesetzgeber abweichende Arbeitszeitregelungen auch auf der Grundlage von Betriebs- bzw. Dienstvereinbarungen ermöglicht. Wer aber über Zulässigkeit und Ausmaß von Arbeitszeitverlängerungen entscheiden können soll, muss auch deren gesundheitliche Auswirkungen im Blick behalten. Soweit die Tarifvertragsparteien den Betriebsparteien eine entsprechende Regelungskompetenz einräumen, müssen diese daher auch berechtigt sein, in Konkretisierung der tariflichen Vorgaben besondere Regelungen zum Gesundheitsschutz der Arbeitnehmer treffen zu können. Wird ihnen diese Befugnis nicht ausdrücklich eingeräumt, besteht sie als Annexkompetenz zur tariflichen Ermächtigung, Arbeitszeitverlängerungen nach § 7 ArbZG vereinbaren zu können. Eine entsprechende Kompetenz der Betriebsparteien besteht schließlich aufgrund ihrer größeren Problemnähe auch dann, wenn Arbeitszeitverlängerungen ausschließlich auf einer tariflichen Vereinbarung beruhen. Soweit die Tarifvertragsparteien insoweit einen Regelungsrahmen vorgeben, ist dieser von den Betriebsparteien zu beachten.

45 c) **Einwilligung des Arbeitnehmers.** Als weitere Voraussetzung für die Arbeitszeitverlängerung im Rahmen des § 7 Abs. 2 a ArbZG bestimmt der ebenfalls neu eingefügte § 7 Abs. 7 ArbZG, dass die Arbeitszeit aufgrund einer Regelung nach Abs. 2 a **nur mit schriftlicher Einwilligung des Arbeitnehmers** verlängert werden kann (ausführlich → Rn. 87 ff.). Diese Regelung geht zurück auf Art. 22 Abs. 1 Buchst. a der RL 2003/88/EG. Dieser sieht vor, dass von dem Arbeitnehmer eine längere Arbeitszeit nur dann verlangt werden kann, wenn sich dieser dazu bereit erklärt.

---

114 Vgl. ErfK/Wank ArbZG § 7 Rn. 18; HK-ArbR/Ernst/Growe ArbZG § 7 Rn. 20. **115** Bericht COM 2010 (802) – AuR 2011, 105 (107). **116** So auch BAG 23.6.2010 – 10 AZR 543/09, NZA 2010, 1081 (1084); Kohte in: FS Bepler, S. 287, 293 f.; vgl. Herms BB 2011, 509 (510). **117** Ähnlich Wank AuR 2011, 175 (176). **118** So offenbar Neumann/Biebl ArbZG § 7 Rn. 32 a. **119** BT-Drs. 15/1587, 35. **120** Vgl. Baeck/Deutsch ArbZG § 7 Rn. 116; Schliemann ArbZG § 7 Rn. 76; Reim DB 2004, 186 (188); Herms BB 2011, 509 (510).

d) Grenzen der Regelungsmacht. Die Ausdehnung der täglichen Arbeitszeit nach § 7 46
Abs. 2 a ArbZG kann **ohne Ausgleich** erfolgen, wenn in die Arbeitszeit regelmäßig und
in erheblichem Umfang Arbeitsbereitschaft oder Bereitschaftsdienst fällt. Die Notwendigkeit eines Ausgleichszeitraums lässt sich auch nicht aus § 7 Abs. 8 ArbZG ableiten,
da Abs. 2 a in dieser Vorschrift nicht genannt wird.[121] Eine explizite **Obergrenze** für die
verlängerte Arbeitszeit enthält § 7 Abs. 2 a ArbZG nicht.[122] Insofern erlaubt die Vorschrift auch eine Überschreitung der wöchentlichen Höchstarbeitszeit von 48 Stunden.
Allerdings muss in diesem Fall beachtet werden, dass bei einer Verlängerung auf mehr
als zehn Stunden täglich ein Ausgleichszeitraum nach § 7 Abs. 1 Nr. 1 Buchst. a ArbZG
vorzusehen ist. Zugleich wird zu Recht darauf hingewiesen, dass die Tarifvertragsbzw. Betriebsparteien im Rahmen der Arbeitszeitverlängerung den Gesundheitsschutz
der Arbeitnehmer beachten und daher auf deren Leistungsfähigkeit und die Zumutbarkeit der Verlängerung Rücksicht nehmen müssen.[123] Dadurch kann nicht verdeckt werden, dass die fehlenden gesetzlichen Obergrenzen mit der Rechtsprechung des EuGH
zu Art. 17, 18 RL 2003/88/EG[124] nicht vereinbar sind.

2. Verlängerung auf mehr als zehn Stunden (Abs. 1 Nr. 1 Buchst. a) mit Ausgleich. Soweit die Arbeitszeit **regelmäßig und in erheblichem Umfang Arbeitsbereitschaft oder
Bereitschaftsdienst** beinhaltet, gestattet § 7 Abs. 1 Nr. 1 Buchst. a ArbZG durch Tarifvertrag oder eine auf der Grundlage eines solchen geschaffenen Betriebs- bzw. Dienstvereinbarung die Verlängerung der täglichen Arbeitszeit auf über zehn Stunden. Wann
die Voraussetzungen der Regelmäßigkeit bzw. Erheblichkeit gegeben sind, ist nach den
unter § 7 Abs. 2 a ArbZG beschriebenen Maßstäben zu beurteilen (→ Rn. 38 ff.). Im
Unterschied zu dieser Vorschrift ist für eine Arbeitszeitverlängerung nach § 7 Abs. 1
Nr. 1 Buchst. a ArbZG weder die Einwilligung der betroffenen Arbeitnehmer erforderlich, noch müssen besondere Maßnahmen zu deren Gesundheitsschutz getroffen werden. 47

Einen Zeitraum für den **Ausgleich der verlängerten Arbeitszeit** nennt § 7 Abs. 1 Nr. 1 48
Buchst. a ArbZG nicht. Dies bedeutet jedoch nicht, dass diese Zeiten wie bei § 7
Abs. 2 a ArbZG nicht auszugleichen sind. Vielmehr bestimmt § 7 Abs. 8 ArbZG durch
einen entsprechenden Verweis auf Abs. 1 Nr. 1 Buchst. a, dass auch in diesem Fall die
Arbeitszeit 48 Stunden wöchentlich im Durchschnitt von zwölf Kalendermonaten nicht
überschritten werden darf (ausführliche Kritik unter → Rn. 98 f.). Insofern sind entsprechende Arbeitszeitverlängerungen innerhalb eines Jahres auszugleichen. Dabei ist
der Bezugszeitraum zwölf Monate und nicht das Kalenderjahr.

Eine **Grenze für die Ausdehnung** der täglichen Arbeitszeit ist in § 7 Abs. 1 Nr. 1 49
Buchst. a ArbZG ebenfalls nicht vorgesehen. Entsprechende Einschränkungen ergeben
sich zunächst grundsätzlich aus den gesundheitlichen Belastungen verlängerter Arbeitszeiten. Insoweit haben die Tarifvertrags- bzw. Betriebsparteien bei der Ausgestaltung
ihrer Regelungen die Leistungsfähigkeit der Arbeitnehmer und die Zumutbarkeit der
Arbeitszeitverlängerung zu beachten.[125] Danach ist eine gesundheitsgefährdende Ausdehnung der Arbeitszeit unzulässig. Ob dies der Fall ist, muss im Einzelfall bestimmt
werden. Insoweit zu berücksichtigen sind körperliche und psychische Belastungen, die
mit der jeweiligen Tätigkeit selbst zusammenhängen, aber auch die Umstände, unter
denen diese zu verrichten ist, wie Temperatur, Geräuschpegel, Zugluft, Erschütterungen usw.[126] Zudem ergeben sich Beschränkungen der Arbeitszeitverlängerung aus den
nach § 5 ArbZG zwingend einzuhaltenden Ruhezeiten,[127] denen ebenfalls zu beachtenden Ausgleichszeitraum nach § 7 Abs. 8 ArbZG und den Anforderungen von Art. 18
und 19 der RL 2003/88/EG.[128] Schließlich muss die **zeitliche Grenze der täglichen Ar-**

---

[121] Siehe auch Baeck/Deutsch ArbZG § 7 Rn. 110. [122] Hierzu Schliemann ArbZG § 7 Rn. 76; Baeck/Deutsch ArbZG § 7 Rn. 108. [123] Vgl. Schliemann ArbZG § 7 Rn. 77. [124] ZB EuGH 23.12.2015 – C-180/14, AuR 2016, 162 mAnm Buschmann. [125] HK-ArbR/Ernst/Growe ArbZG § 7 Rn. 9. [126] Vgl. Anzinger/Koberski ArbZG § 7 Rn. 25; HK-ArbZR/Pfeiffer ArbZG § 7 Rn. 25. [127] Wie hier Neumann/Biebl ArbZG § 7 Rn. 19; HK-ArbZG/Linnenkohl ArbZG § 7 Rn. 34; HK-ArbR/Ernst/Growe ArbZG § 7 Rn. 20; aA Schliemann ArbZG § 7 Rn. 43 f.; Baeck/Deutsch ArbZG § 7 Rn. 55; Anzinger/Koberski ArbZG § 7 Rn. 25. [128] Schliemann ArbZG § 7 Rn. 43.

beitzeit hinreichend bestimmt festgelegt werden, da nur eine solche Regelung den Anforderungen des § 22 ArbZG genügt (→ ArbZG § 22 Rn. 6).[129]

50 **3. Verlängerung über zehn Stunden bei Nachtarbeit (Abs. 1 Nr. 4 Buchst. a).** Nach § 6 Abs. 2 ArbZG darf auch die Nachtarbeit werktäglich acht Stunden grundsätzlich nicht überschreiten. Diese kann auf der Grundlage eines Tarifvertrages oder einer Betriebsbzw. Dienstvereinbarung auf über zehn Stunden hinaus ausgedehnt werden, wenn in die Arbeitszeit **regelmäßig und in erheblichem Umfang Arbeitsbereitschaft oder Bereitschaftsdienst** fällt. Inhaltlich entsprechen die Begriffe „Arbeitsbereitschaft", „Bereitschaftsdienst" und „regelmäßiger Umfang" denen in § 2 ArbZG bzw. § 7 Abs. 1 Nr. 1 Buchst. a bzw. Abs. 2 ArbZG (zum Merkmal der Erheblichkeit → Rn. 38 f.). Auch bei der Arbeitszeitverlängerung für Nachtarbeiter muss der Ausgleichszeitraum des § 7 Abs. 8 ArbZG beachtet werden.

51 Angesichts der von der Nachtarbeit ausgehenden besonderen Gesundheitsgefahren[130] bestehen gegen die Vereinbarkeit von § 7 Abs. 1 Nr. 4 Buchst. a ArbZG mit der Zwecksetzung des ArbZG **durchgreifende Bedenken**.[131] Diese beziehen sich insbesondere auf die aus der Vorschrift hinsichtlich der Möglichkeit einer zeitlichen Ausdehnung resultierende Gleichbehandlung von Tages- und Nachtarbeit. Eine solche berücksichtigt die von der Nachtarbeit ausgehenden besonderen gesundheitlichen Belastungen (→ ArbZG § 6 Rn. 1) nur ungenügend. Dem ist durch eine entsprechende Auslegung des Merkmals der **Erheblichkeit** entgegenzuwirken. Insoweit ist es geboten, für die Zulässigkeit einer Arbeitszeitverlängerung auf über zehn Stunden täglich im Fall von Nachtarbeit einen höheren Anteil der Arbeitsbereitschaft bzw. des Bereitschaftsdienstes (mindestens 50 %) zu verlangen. Dem steht der Wortlaut des § 7 Abs. 1 Nr. 4 Buchst. a ArbZG nicht entgegen. Zudem lässt sich diese Auslegung vor dem Hintergrund der zusätzlichen Gesundheitsschutzes für Nachtarbeiter rechtfertigen. In jedem Fall müssen die Tarifvertrags- bzw. Betriebsparteien jedoch im Rahmen ihrer diesbezüglichen Regelungsbefugnis sehr zurückhaltend mit der Gestattung einer Verlängerung der Nachtarbeit umgehen und – wenn entsprechende Regelungen unverzichtbar sein sollten – deren Dauer begrenzen und spezifische Schutzmaßnahmen vorsehen, weil auch sie die gesicherten arbeitswissenschaftlichen Erkenntnisse iSd § 6 Abs. 1 ArbZG (→ ArbZG § 6 Rn. 7 ff.) zu beachten haben.[132]

52 **4. Verlängerung über zwölf Stunden (Abs. 9).** Eine ausdrückliche Gestattung der Arbeitszeitverlängerung über zwölf Stunden enthält die Regelung nicht. Die Zulässigkeit einer solchen Verlängerung ergibt sich jedoch zweifelsfrei aus dem Wortlaut des § 7 Abs. 9 ArbZG, der für diese Fälle vorschreibt, dass in jedem Fall **unmittelbar im Anschluss** an die Beendigung einer solchen Arbeitszeit eine **Ruhezeit** von mindestens elf Stunden zu gewähren ist. Mit dieser Regelung wird die einschlägige Rechtsprechung des EuGH umgesetzt, nach der eine Verkürzung der täglichen Ruhezeit nur dann zulässig ist, wenn den Arbeitnehmern unmittelbar im Anschluss an die Arbeitszeit eine gleichwertige Ruhezeit gewährt wird.[133] Hierdurch sollen die betroffenen Arbeitnehmer vor Überlastung geschützt werden. Daher ist es nicht möglich, an eine über zwölfstündige Arbeitszeit Arbeitsbereitschaft oder Bereitschaftsdienst anzuschließen, um dann erneut Arbeitszeit zu leisten.[134] Die sich an die Ruhezeit anschließende Arbeitszeit kann erneut zwölf Stunden überschreiten.[135]

V. Abweichende Ausgleichszeiträume

53 **1. Bei Verlängerung der werktäglichen Arbeitszeit (Abs. 1 Nr. 1 Buchst. b).** § 3 S. 2 ArbZG legt fest, dass die werktägliche Arbeitszeit von acht Stunden bezogen auf einen Ausgleichszeitraum von sechs Monaten bzw. 24 Wochen nicht überschritten werden darf. Nach § 7 Abs. 1 Nr. 1 Buchst. b ArbZG kann durch Tarifvertrag oder eine auf

---

[129] Anzinger/Koberski ArbZG § 7 Rn. 25; HK-ArbZR/Pfeiffer ArbZG § 7 Rn. 36. [130] Vgl. Anzinger/Koberski ArbZG § 7 Rn. 36. [131] Siehe Buschmann/Ulber ArbZG § 7 Rn. 33; Kohte in: FS Buschmann, S. 71, 74 f. [132] HK-ArbZR/Pfeiffer ArbZG § 7 Rn. 49. [133] EuGH 9.9.2003 – C-151/02, NZA 2003, 1019 (Jaeger); BT-Drs. 15/1587, 36. [134] Wie hier Neumann/Biebl ArbZG § 7 Rn. 61; Schliemann ArbZG § 7 Rn. 90. [135] Neumann/Biebl ArbZG § 7 Rn. 61.

einem solchen basierende Betriebs- bzw. Dienstvereinbarung auch ein anderer Ausgleichszeitraum festgelegt werden. Insoweit kommt sowohl eine **Verlängerung** als auch eine **Verkürzung** des Ausgleichszeitraumes in Betracht.[136] Sofern eine Verlängerung erfolgt, darf diese nicht über zwölf Monate[137] hinausgehen, da in § 7 Abs. 8 ArbZG festgelegt ist, dass innerhalb dieses Zeitraumes eine Arbeitszeit von 48 Stunden wochendurchschnittlich erreicht werden muss (zur Kritik → Rn. 98).[138] Bei sechs Werktagen pro Woche ergibt sich hieraus mithin eine einzuhaltende tägliche Arbeitszeit von durchschnittlich acht Stunden. Insbesondere im Fall einer Verlängerung des Ausgleichszeitraumes haben die Tarifvertrags- bzw. Betriebsparteien den das Arbeitszeitrecht prägenden Zweck des Gesundheitsschutzes zu berücksichtigen. Insoweit sind bei der Festlegung der Dauer im Einzelfall die gesundheitlichen Belastungen der jeweiligen Tätigkeit zu beachten. Diese können auch Anlass dafür sein, für unterschiedliche Arbeitnehmergruppen in Abhängigkeit von der jeweiligen Art der Beschäftigung **verschiedene Ausgleichszeiträume** festzulegen. Dies wird durch § 7 Abs. 1 Nr. 1 Buchst. b ArbZG jedenfalls nicht ausgeschlossen. In jedem Fall muss im Tarifvertrag ein **konkret bestimmter Ausgleichszeitraum** fixiert werden; fehlt ein solcher Zeitraum, ist die tarifliche Abweichung unwirksam.[139]

2. Bei Verlängerung der Nachtarbeit (Abs. 1 Nr. 4 Buchst. b). Wird die Nachtarbeit 54 nach § 6 Abs. 2 ArbZG auf über zehn Stunden verlängert, muss nach dieser Vorschrift sichergestellt werden, dass die werktägliche Arbeitszeit von durchschnittlich acht Stunden innerhalb eines Monats oder von vier Wochen nicht überschritten wird. Allerdings erlaubt es § 7 Abs. 1 Nr. 4 Buchst. b ArbZG, in Tarifverträgen oder auf diesen basierenden Betriebs- bzw. Dienstvereinbarungen einen anderen Ausgleichszeitraum festzulegen. Wie bei der Gestattung einer verlängerten Nachtarbeit sollte auch eine **Ausdehnung** des Ausgleichszeitraumes angesichts der gesundheitlichen Konsequenzen für die Arbeitnehmer möglichst vermieden werden.[140] Dies muss auch vor dem Hintergrund gelten, dass der Gesetzgeber den Gesundheitsgefahren der Nachtarbeit ua auch dadurch Rechnung getragen hat, dass der generelle gesetzliche Ausgleichszeitraum bei der Verlängerung von Nachtarbeit deutlich kürzer ist als bei einer Ausdehnung der Arbeitszeit zu anderen Zeiten (→ ArbZG § 6 Rn. 27 ff.).[141] Der Verzicht auf einen zeitlichen Rahmen in § 7 Abs. 1 Nr. 4 b ArbZG darf daher nicht als Gleichstellung von Tages- und Nachtarbeit hinsichtlich der Abweichungsmöglichkeiten verstanden werden. In jedem Fall müssen die Tarifvertrags- und Betriebsparteien im Fall einer Verlängerung des Ausgleichszeitraumes die generelle Obergrenze des § 7 Abs. 8 ArbZG sowie die gesicherten arbeitswissenschaftlichen Erkenntnisse nach § 6 Abs. 1 ArbZG beachten.[142] Unbedenklich ist dagegen eine **Verkürzung** des Ausgleichszeitraumes durch kollektivvertragliche Regelungen.

VI. Abweichende Aufteilung der Ruhepausen (Abs. 1 Nr. 2)

§ 4 S. 1 ArbZG regelt die Gesamtdauer der Ruhepausen. Diese müssen bei einer Arbeitszeit von mehr als sechs Stunden mindestens 30 Minuten und bei einer Arbeitszeit von mehr als neun Stunden mindestens 45 Minuten betragen. Dabei darf ein Pausenanteil gemäß § 4 S. 2 ArbZG nicht kürzer als 15 Minuten sein. § 7 Abs. 1 Nr. 2 ArbZG erlaubt in Schicht- und Verkehrsbetrieben eine davon abweichende Aufteilung der Dauer der einzelnen Pausen. Eine Veränderung der Gesamtdauer der Pausenzeiten ist 55

---

136 Allgemeine Auffassung. Vgl. Baeck/Deutsch ArbZG § 7 Rn. 59; HK-ArbZR/Pfeiffer ArbZG § 7 Rn. 38; Neumann/Biebl ArbZG § 7 Rn. 20; Schliemann ArbZG § 7 Rn. 47. **137** Zu den deutlich strengeren Anforderungen aus Art. 19 der RL 2003/88/EG Buschmann/Ulber ArbZG § 7 Rn. 22; ErfK/Wank ArbZG § 7 Rn. 28. **138** Wie hier Neumann/Biebl ArbZG § 7 Rn. 20; ErfK/Wank ArbZG § 7 Rn. 7; Anzinger/Koberski ArbZG § 7 Rn. 27; Schliemann ArbZG § 7 Rn. 45; zweifelnd HK-ArbZG/Linnenkohl ArbZG § 7 Rn. 35. **139** Anzinger/Koberski ArbZG § 7 Rn. 27. **140** Ebenso HK-ArbZG/Linnenkohl ArbZG § 7 Rn. 51; Schliemann ArbZG § 7 Rn. 62; Kohte in: FS Buschmann, S. 71, 74 ff. **141** Siehe BT-Drs. 12/5888, 25. **142** Schliemann ArbZG § 7 Rn. 61.

hingegen nicht möglich.[143] Insofern müssen auch die Kurzpausen nach § 7 Abs. 1 Nr. 2 ArbZG in ihrer Summe mindestens den Vorgaben des § 4 S. 1 ArbZG entsprechen.

56 1. **Anwendungsbereich.** Die Möglichkeit einer durch Tarifvertrag bzw. Betriebs- oder Dienstvereinbarung veränderten Pausenaufteilung besteht zunächst in **Schichtbetrieben** (zur Schichtarbeit → ArbZG § 6 Rn. 6). Einigkeit besteht insoweit, dass die Regelung für alle **Arten von Schichtbetrieben** gilt. Von ihr erfasst sind daher 2-, 3- und 4-Schichtbetriebe, ebenso wie Betriebe, in denen in Wechselschicht gearbeitet wird.[144] Ob für eine Inanspruchnahme dieser Abweichungsmöglichkeit die Schichtarbeit für einen nicht unerheblichen Teil der Belegschaft gelten muss[145] oder die **Anzahl der Schichtarbeiter** hierfür unerheblich ist,[146] ist dagegen umstritten. Zur Beantwortung dieser Frage ist vor allem darauf hinzuweisen, dass § 7 Abs. 1 Nr. 2 ArbZG bezüglich der von Schichtarbeit betroffenen Arbeitnehmer keine zahlenmäßige Einschränkung enthält. Im Übrigen sollen mit der Regelung Betrieben, die Schichtarbeit nutzen, hinsichtlich der Pausenzeitgestaltung Flexibilisierungsmöglichkeiten eingeräumt werden. Nicht ersichtlich ist schließlich, aus welchem Grund Betriebe, die nur in geringen Teilbereichen Schichtarbeit betreiben, von der Regelung ausgeschlossen sein sollen. Allerdings können die Tarifvertragsparteien solche Betriebe ausdrücklich aus dem Geltungsbereich einer Vereinbarung nach § 7 Abs. 1 Nr. 2 ArbZG ausnehmen. Ebenso können die Tarif- und Betriebsparteien regeln, ob diese Pausen nur für Schichtarbeitnehmer oder den gesamten Schichtbetrieb gelten sollen.[147]

57 Die Abweichungsmöglichkeit des § 7 Abs. 1 Nr. 2 ArbZG besteht auch in **Verkehrsbetrieben**. Ausgenommen sind allerdings Fahrer und Beifahrer bei Straßenverkehrstätigkeiten. Für diese gilt die Sonderregelung des § 21 a ArbZG. Der § 7 Abs. 1 Nr. 2 ArbZG zugrunde liegende Begriff des Verkehrsbetriebes entspricht dem Begriff in § 5 ArbZG (→ ArbZG § 5 Rn. 24 ff.). Auch in einem Verkehrsbetrieb können Kurzpausen allerdings nur für die Bereiche eingeführt werden, für die ein **Grund** für eine solche Pausenzeitgestaltung vorliegt.[148] Warum dies nicht praktikabel sein soll,[149] ist nicht ersichtlich. So dürfte es wohl keine organisatorischen Schwierigkeiten bereiten, Kurzpausen für Straßenbahnfahrer einzuführen und dies für in der Verwaltung des Verkehrsbetriebes tätige Beschäftigte zu unterlassen.

58 2. **Angemessene Dauer der Kurzpausen.** § 7 Abs. 1 Nr. 2 ArbZG ermöglicht die Einführung von **angemessenen Kurzpausen**, ohne jedoch den Begriff der Angemessenheit näher zu erläutern. Dieser ist vom Erholungszweck der Pause her zu bestimmen. Insoweit sind bei der Bestimmung der Angemessenheit nur Zeiten zu berücksichtigen, während denen der Arbeitnehmer weder arbeiten noch sich zur Arbeit bereithalten oder Bereitschaftsdienst leisten muss. Solche Zeiten erfüllen das Merkmal der Angemessenheit nach verbreiteter Auffassung jedoch nur dann, wenn sie **mindestens fünf Minuten** dauern.[150] Das BAG hat in diesem Zusammenhang entschieden, dass Lenkzeitunterbrechungen bei Straßenbahnfahrern von mindestens acht Minuten, während denen weder Arbeitsleistung zu erbringen ist, noch Arbeitsbereitschaft verlangt wird, keine Arbeitszeit, sondern Ruhepausen sind.[151] Soweit die Kurzpausen angemessen sind und diese im Voraus feststehen, handelt es sich um **Ruhepausen** iSv § 4 ArbZG. Als solche zählen sie nicht zur Arbeitszeit und sind daher grundsätzlich auch nicht zu vergüten.[152] Anderes kann tarifvertraglich geregelt werden.

---

143 Allgemeine Meinung. Vgl. Baeck/Deutsch ArbZG § 7 Rn. 65; Neumann/Biebl ArbZG § 7 Rn. 24; Anzinger/Koberski ArbZG § 7 Rn. 30. **144** Siehe hierfür nur Schliemann ArbZG § 7 Rn. 51. **145** Vgl. Anzinger/Koberski ArbZG § 7 Rn. 31. **146** Im Ergebnis so Baeck/Deutsch ArbZG § 7 Rn. 68. **147** Anzinger/Koberski ArbZG § 7 Rn. 31; Baeck/Deutsch ArbZG § 7 Rn. 68. **148** AA Anzinger/Koberski ArbZG § 7 Rn. 32; Baeck/Deutsch ArbZG § 7 Rn. 67. **149** So auch Baeck/Deutsch ArbZG § 7 Rn. 67. **150** Schliemann ArbZG § 7 Rn. 55; ErfK/Wank ArbZG § 7 Rn. 9; Anzinger/Koberski ArbZG § 7 Rn. 29; HK-ArbZR/Pfeiffer ArbZG § 7 Rn. 40; Neumann/Biebl ArbZG § 7 Rn. 24; Roggendorf ArbZG § 7 Rn. 40. Von drei bis fünf Minuten gehen Baeck/Deutsch ArbZG § 7 Rn. 69 aus. **151** BAG 13.10.2009 – 9 AZR 139/08, NZA-RR 2010, 623. **152** BAG 13.10.2009 – 9 AZR 139/08, NZA-RR 2010, 623.

VII. Abweichungen bei den Ruhezeiten

1. Verkürzung um bis zu zwei Stunden (§ 7 Abs. 1 Nr. 3). Durch Tarifverträge oder durch Betriebs- bzw. Dienstvereinbarungen auf deren Grundlage kann die nach der Beendigung der Arbeitszeit nach § 5 Abs. 1 ArbZG grundsätzlich einzuhaltende Ruhezeit von 11 Stunden um bis zu zwei Stunden – also auf bis zu neun Stunden – verkürzt werden. Dabei muss der für die Verkürzung zur Verfügung stehende zeitliche Spielraum nicht voll ausgeschöpft werden. Möglich ist vielmehr jede innerhalb dieser Grenze liegende Verkürzung. Grundsätzlich ausgeschlossen ist eine solche jedoch, wenn die tägliche Arbeitszeit über 12 Stunden hinaus ausgedehnt wurde, da sich in diesem Fall nach § 7 Abs. 9 ArbZG zwingend eine Ruhezeit von 11 Stunden anschließen muss. Fraglich ist, ob § 7 Abs. 1 Nr. 3 ArbZG auch auf die in § 5 Abs. 2 ArbZG genannten Bereiche anwendbar ist. Eine entsprechende Beschränkung des Anwendungsbereichs lässt sich dem Wortlaut der Vorschrift jedenfalls nicht entnehmen. Zu beachten ist jedoch, dass § 5 Abs. 2 ArbZG, eine Spezialnorm für die dort bezeichneten Tätigkeiten darstellt, die als solche der allgemeineren Vorschrift des § 7 Abs. 1 Nr. 3 ArbZG vorgeht. Insofern kann in Krankenhäusern und anderen Einrichtungen zur Behandlung, Pflege und Betreuung von Personen, in Gaststätten und anderen Einrichtungen zur Bewirtung und Beherbergung, in Verkehrsbetrieben, beim Rundfunk sowie in der Landwirtschaft und der Tierhaltung die Ruhezeit abweichend von § 7 Abs. 1 Nr. 3 ArbZG höchstens um eine Stunde verkürzt werden.[153] Die überwiegend im Schrifttum vertretene gegenteilige Ansicht[154] übersieht die entgegenstehende Gesetzessystematik. Wären die in § 5 Abs. 2 ArbZG genannten Tätigkeiten auch von § 7 Abs. 1 Nr. 3 ArbZG erfasst, verbliebe aufgrund der weitergehenden sachlichen Geltung dieser Vorschrift für § 5 Abs. 2 ArbZG kein Anwendungsbereich mehr, da alle dort genannten Fälle auch über § 7 Abs. 1 Nr. 3 ArbZG abwickelt werden könnten. Zudem ist darauf hinzuweisen, dass die Regelung ausdrücklich nur auf § 5 Abs. 1 ArbZG Bezug nimmt und § 5 Abs. 2 ArbZG nicht erwähnt.

Die Verkürzung der Ruhezeit muss **wegen der Art der Arbeit erforderlich** sein. Hierfür können sowohl arbeitsorganisatorische (zB Schichtarbeit) oder branchenspezifische Gründe (zB Notfallorganisation bei Gas-, Wasser- und Stromversorgung) ursächlich sein.[155] Die konkret erfassten Bereiche legen die Tarifvertragsparteien selbst fest. Der ihnen durch die gesetzliche Regelung hinsichtlich der betriebsorganisatorischen und branchenspezifischen Gründe eröffnete weite Regelungsspielraum findet seine Grenzen allerdings dort, wo diese Gründe ihrer Notwendigkeit entbehren.[156] Dies ist ua dann der Fall, wenn die fragliche Tätigkeit nicht zwingend vom selben Arbeitnehmer ausgeführt werden muss, so dass eine Ruhezeitverkürzung für diesen nicht zwingend erforderlich ist.[157] Gleiches gilt, wenn eine solche Verkürzung nicht arbeitstechnisch bedingt ist. Angesichts der von der unscharfen Geltungsbereichsbestimmung ausgehenden Unsicherheit erscheint eine möglichst genaue tarifvertragliche Fixierung der Bereiche, in denen eine Ruhezeitverkürzung möglich sein soll, angebracht. Im Übrigen haben Tarifvertrags- und Betriebsparteien bei der Zulassung und dem zeitlichen Umfang der Ruhezeitverkürzung die Erfordernisse des Gesundheitsschutzes zu beachten. Diese können bei unterschiedlichen Tätigkeiten auch verschieden lange Verkürzungen erforderlich machen. In der Diskussion um die Konsequenzen der Digitalisierung wird eine tarifvertragliche Öffnung der Bestimmungen zu den Ruhezeiten diskutiert.[158] Es ist nicht erkennbar, dass eine weitere Absenkung über § 7 Abs. 1 Nr. 3 ArbZG hinaus mit dem Unionsrecht vereinbar ist.[159]

Soll die Öffnungsklausel des § 7 Abs. 1 Nr. 3 ArbZG genutzt werden, müssen die Tarifvertrags- bzw. Betriebsparteien in der zu treffenden Regelung für die Ruhezeitverkür-

---

[153] Wie hier Buschmann/Ulber ArbZG § 7 Rn. 17. [154] So Neumann/Biebl ArbZG § 7 Rn. 26; Baeck/Deutsch ArbZG § 7 Rn. 69; HK-ArbZG/Linnenkohl ArbZG § 7 Rn. 44. [155] Vgl. hierzu Anzinger/Koberski ArbZG § 7 Rn. 34; Baeck/Deutsch ArbZG § 7 Rn. 74; Neumann/Biebl ArbZG § 7 Rn. 27; allgemeiner Schliemann ArbZG § 7 Rn. 57. [156] Neumann/Biebl ArbZG § 7 Rn. 27; Baeck/Deutsch ArbZG § 7 Rn. 74; ErfK/Wank ArbZG § 7 Rn. 10. [157] Ebenso Baeck/Deutsch ArbZG § 7 Rn. 74. [158] Dazu Karthaus AuR 2017, 124 ff. [159] Kohte AuR 2017, 277.

zung einen **Ausgleichszeitraum** vorsehen. Hinsichtlich der Dauer dieses Zeitraumes enthält die Vorschrift keine Vorgaben.[160] Deshalb muss das Gesetz den Tarifvertragsparteien eine Grenze setzen;[161] angesichts der bisherigen verfehlten Untätigkeit der Gesetzgebung muss das Richterrecht Grenzen setzen[162] – hier für den Ausgleichszeitraum. In jedem Fall ist jedoch im Tarifvertrag ein zeitlich fixierter Ausgleichszeitraum festzulegen; wenn ein solcher Zeitraum fehlt, ist der Tarifvertrag insoweit unwirksam.[163] Dessen Bestimmung obliegt somit den Kollektivakteuren. Soweit ein Tarifvertrag entsprechende Regelungen enthält, sind die Betriebsparteien an diese gebunden. Unter dem Aspekt des Gesundheitsschutzes sind möglichst **kurze Ausgleichszeiträume** festzulegen.[164] Auch sollte vor diesem Hintergrund ein enger zeitlicher Zusammenhang zwischen Ruhezeitverkürzung und Ausgleichszeit bestehen.[165] Letztlich ist auch hier die Rechtsprechung des EuGH zur Geltung zu bringen.[166]

62 **2. Anpassung bei Rufbereitschaft (Abs. 2 Nr. 1).** Die Regelung des § 7 Abs. 2 Nr. 1 ArbZG ermöglicht im Fall der Rufbereitschaft durch Tarifvertrag bzw. einer auf einem solchen basierenden Betriebs- bzw. Dienstvereinbarung die Anpassung der nach § 5 Abs. 1 ArbZG grundsätzlich mindestens elfstündigen Ruhezeit (zum Begriff der Rufbereitschaft → ArbZG § 2 Rn. 30 ff.). Aus dem Wortlaut der Vorschrift ist ersichtlich, dass diese keine Anwendung auf Bereitschaftsdienste findet.[167] Soweit der Arbeitgeber im Rahmen der betrieblichen Organisation auf diese zurückgreift, kommt eine Anpassung der Ruhezeiten somit nicht in Betracht. Auch eine Verlängerung der täglichen Arbeitszeit kann nicht auf diese Vorschrift gestützt werden. Den Begriff der **Anpassung** erläutert das Gesetz nicht. In jedem Fall ist sowohl eine **Verlängerung** als auch eine **Verkürzung** der Ruhezeit möglich, wobei lediglich die zweite Alternative praktisch bedeutsam sein dürfte. Zulässig sind zudem von § 5 Abs. 1 ArbZG abweichende Regelungen bezüglich der Unterbrechung der Ruhezeit. So können Tarifverträge oder entsprechende Betriebs- oder Dienstvereinbarungen auch vorsehen, dass die elfstündige Ruhezeit abweichend von § 5 Abs. 1 ArbZG nicht ununterbrochen gewährt werden muss.[168] Durch Unterbrechungen entstehende Teilruhezeiten können zusammengerechnet werden.

63 Zum **zeitlichen Umfang der Anpassung** (Verkürzung) enthält § 7 Abs. 2 Nr. 1 ArbZG keine Vorgaben. In jedem Fall haben sich die kollektivvertraglichen Abweichungen jedoch an den Besonderheiten des Rufbereitschaftsdienstes zu orientieren. Insoweit dürfen diese nicht über das für die Durchführung der Rufbereitschaft notwendige Maß hinausgehen. Darüber hinaus darf die gesundheitsschützende Funktion der Ruhezeit als Erholungsphase für die Arbeitnehmer durch die Flexibilisierung nicht völlig entwertet werden.[169] Danach wären tarifliche bzw. betriebliche Regelungen unwirksam, die bei einer Vielzahl von Unterbrechungen der Ruhezeit, eine Zusammenrechnung der insoweit verkürzten Abschnitte der tatsächlichen Ruhe erlauben würden. Dies ergibt sich letztlich auch aus der Sonderregelung des § 5 Abs. 3 ArbZG, nach der auch bei der Verkürzung nach § 7 Abs. 2 Nr. 1 ArbZG in jedem Fall eine mindestens fünf Stunden zusammenhängende Ruhezeit gewährt werden muss.[170]

64 Bei Inanspruchnahme der Abweichung nach § 7 Abs. 2 Nr. 1 ArbZG sind die Tarifvertrags- bzw. Betriebsparteien verpflichtet, einen **Zeitausgleich** zu vereinbaren. Sonstige

---

[160] Wie hier Buschmann/Ulber ArbZG § 7 Rn. 16; Anzinger/Koberski ArbZG § 7 Rn. 35; aA Baeck/Deutsch ArbZG § 7 Rn. 75, die trotz des eindeutigen Wortlautes des § 7 Abs. 8 ArbZG, der § 7 Abs. 3 ArbZG nicht erwähnt, die Regelung dennoch anwenden wollen. [161] Dazu Kohte in: FS Bepler, S. 287, 298. [162] Methodische Parallelwertung, zuletzt BAG 26.10.2016 – 7 AZR 140/15, NZA 2017, 463, die allerdings im Arbeitszeitschutz strenger sein muss. [163] Vgl. Anzinger/Koberski ArbZG § 12 Rn. 15, § 7 Rn. 27 und ohne Begründung abgeschwächt Rn. 35. [164] Ebenso Anzinger/Koberski ArbZG § 7 Rn. 35. [165] Schliemann ArbZG § 7 Rn. 58. [166] Kohte in: FS Buschmann, S. 71, 73 f.; vgl. auch Buschmann/Ulber ArbZG § 7 Rn. 29. [167] So auch Baeck/Deutsch ArbZG § 7 Rn. 90; aA Roggendorf ArbZG § 7 Rn. 9, der auch den Bereitschaftsdienst einbeziehen will. [168] Vgl. auch Schliemann ArbZG § 7 Rn. 67; Baeck/Deutsch ArbZG § 7 Rn. 87. [169] Ähnlich Anzinger/Koberski ArbZG § 7 Rn. 44; Buschmann/Ulber ArbZG § 7 Rn. 37; Neumann/Biebl ArbZG § 7 Rn. 32; Schliemann ArbZG § 7 Rn. 67. [170] So auch Baeck/Deutsch ArbZG § 7 Rn. 89. Vgl. auch BAG 24.2.1982 – 4 AZR 223/80, NJW 1982, 2140, in der das Gericht zur Begründung ausdrücklich auf den Gesundheitsschutz abstellt.

Ausgleichsmaßnahmen, insbesondere das „Abkaufen" der Ruhezeit in Form von Geld, sind unzulässig.[171] Hinsichtlich der Dauer und der Lage des Zeitausgleichs steht den Kollektivakteuren ein weiter Regelungsspielraum zur Verfügung. Daher kann ein „entsprechender" Zeitausgleich iSv § 7 Abs. 2 ArbZG auch dann gegeben sein, wenn die Verkürzung der Ruhezeit nicht in vollem Umfang durch eine Verlängerung ausgeglichen wird. Jedoch haben sich die Tarifvertrags- bzw. Betriebsparteien entsprechend des Wortlautes der Norm bei der inhaltlichen Ausgestaltung ihrer Regelungen an den Bedürfnissen des Gesundheitsschutzes der Arbeitnehmer zu orientieren. Sie können diese Norm daher auch zu einem Einstieg in kollektivvertragliche Regelungen zur Begrenzung der „ständigen Erreichbarkeit" nutzen.[172]

3. Keine Ruhezeitregelungen nach § 7 Abs. 2 a ArbZG. Nach dem Wortlaut des § 7 65 Abs. 2 a ArbZG könnte man zu der Auffassung gelangen, dass auch auf der Grundlage dieser Vorschrift tarifliche oder betriebliche Abweichungen von § 5 Abs. 1 ArbZG möglich sein könnten. Dem steht jedoch Art. 22 der EG-Arbeitszeitrichtlinie RL 2003/88/EG als Rechtsgrundlage für § 7 Abs. 2 a ArbZG entgegen, der Abweichungen ausschließlich bezüglich der in Art. 6 der Richtlinie geregelten wöchentlichen Höchstarbeitszeit gestattet.[173]

VIII. Sonstige Abweichungsmöglichkeiten

1. Verschiebung des Beginns der Nachtzeit (Abs. 1 Nr. 5). Der Beginn der Nachtzeit ist 66 durch § 2 Abs. 3 ArbZG gesetzlich auf 23:00 Uhr festgelegt (→ § 2 ArbZG Rn. 93 ff.). § 7 Abs. 1 Nr. 5 ArbZG erlaubt den Tarifvertrags- bzw. den von ihnen legitimierten Betriebsparteien, diesen um bis zu eine Stunde nach vorn auf 22:00 Uhr oder bis zu eine Stunde nach hinten auf 24:00 Uhr zu verschieben. Hierdurch sollen an den speziellen Bedürfnissen der jeweiligen Branche oder des jeweiligen Betriebes orientierte Regelungen ermöglicht werden.[174] Dabei muss der Spielraum in diesen Regelungen nicht voll ausgeschöpft werden, so dass zB auch Verschiebungen um 30 Minuten zulässig sind.[175] Die Norm erlaubt jedoch keine Verkürzung der Nachtzeit.[176] Da der Nachtzeitraum nach den Vorgaben des § 2 Abs. 3 ArbZG generell sieben Stunden umfasst, ist diese Zeitspanne daher auch bei einer Verschiebung ihres Beginns einzuhalten.

2. Sonderregelungen für spezielle Wirtschaftsbereiche (Abs. 2 Nr. 2–4). § 7 Abs. 2 67 Nr. 2–4 ArbZG lässt in Nutzung von Art. 17 der RL 2003/88/EG eine Anpassung der Arbeitszeitvorgaben der §§ 3, 4, 5 Abs. 1 und § 6 Abs. 2 ArbZG an die **besonderen Bedürfnisse bestimmter Wirtschaftsbereiche** zu. Der im Einleitungssatz der Vorschrift verwendete Begriff der „Anpassung" wird nicht näher erläutert. In jedem Fall setzt er jedoch voraus, dass eine solche wegen der Besonderheiten der in der betreffenden Branche zu verrichtenden Tätigkeiten erforderlich ist.[177] Diese werden dann durch die für die jeweilige Branche geltende Sonderregelung näher eingegrenzt. Zudem setzt die Zulässigkeit von Anpassungen nach § 7 Abs. 2 Nr. 2–4 ArbZG – wie schon die Anpassung der Ruhezeit im Fall von Rufbereitschaft – die Festlegung eines Zeitausgleichs durch die Tarifvertrags- bzw. Betriebsparteien voraus. Diesbezüglich wird auf die dortigen Ausführungen verwiesen (→ Rn. 64). Schließlich haben diese bei der Bestimmung der Dauer und Lage der Ausgleichszeit nach dem Eingangssatz des Abs. 2 den Gesundheitsschutz der Arbeitnehmer zu beachten. Insoweit sind die diesbezüglichen Vereinbarungen so auszugestalten, dass von der Anpassung der gesetzlichen Arbeitsvorgaben gesundheitsgefährdende Auswirkungen auf die Arbeitnehmer, insbesondere durch Überlastungen, ausgeschlossen werden.[178]

---

[171] Allgemeine Auffassung. Siehe Schliemann ArbZG § 7 Rn. 64; Anzinger/Koberski ArbZG § 7 Rn. 40; Baeck/Deutsch ArbZG § 7 Rn. 89; Buschmann/Ulber ArbZG § 7 Rn. 34; ErfK/Wank ArbZG § 7 Rn. 13; HK-ArbR/Ernst/Growe ArbZG § 7 Rn. 20. [172] Vgl. Neumann/Biebl ArbZG § 7 Rn. 13 b. [173] Wie hier Buschmann/Ulber ArbZG § 7 Rn. 43; aA Baeck/Deutsch ArbZG § 7 Rn. 110. [174] Vgl. Gesetzesbegründung BT-Drs. 12/5888, 27. [175] So auch Neumann/Biebl ArbZG § 7 Rn. 31; Roggendorff ArbZG § 7 Rn. 43. [176] Schliemann ArbZG § 7 Rn. 62; Baeck/Deutsch ArbZG § 7 Rn. 80; Roggendorff ArbZG § 7 Rn. 43. [177] Vgl. auch Schliemann ArbZG § 7 Rn. 64. [178] Anzinger/Koberski ArbZG § 7 Rn. 40; HK-ArbR/Ernst/Growe ArbZG § 7 Rn. 16.

68 **3. Landwirtschaft (Abs. 2 Nr. 2).** § 7 Abs. 2 Nr. 2 ArbZG erlaubt kollektivvertragliche Anpassungen der werktäglichen Arbeitszeit und des Ausgleichszeitraumes bei Arbeitszeitverlängerung (§ 3 ArbZG), der Ruhezeit (§ 5 Abs. 1 ArbZG) und der Arbeitszeit bei Nachtarbeit (§ 6 Abs. 2 ArbZG) in der **Landwirtschaft** (zum Begriff → ArbZG § 5 Rn. 30 ff., → ArbZG § 10 Rn. 27) an Witterungseinflüsse und während der Bestellungs- und Erntezeiten. Auch Tierhaltung, die nicht der Landwirtschaft unterfällt, wird von der Vorschrift erfasst.[179] Soweit diese anwendbar ist, erlaubt sie in den genannten Fällen jeweils unter Vereinbarung eines Zeitausgleichs die werktägliche Arbeitszeit durch einen Tarifvertrag oder eine auf einem solchen basierenden Betriebsvereinbarung auch über zehn Stunden auszudehnen, die Ruhezeit zu verkürzen sowie die Dauer der Nachtarbeit zu verändern. Dagegen ermöglicht § 7 Abs. 2 Nr. 2 ArbZG keine Abweichung von den gesetzlichen Pausenregelungen. Tarifliche bzw. betriebliche Abweichungen von den Vorgaben der §§ 3, 5 Abs. 1 und 6 Abs. 2 ArbZG sind allerdings daran geknüpft, dass sie auf die **Bestellungs- oder Erntezeit** Bezug nehmen.[180]

Soweit die Voraussetzung der Bestellungs- bzw. Erntezeit vorliegt, erstreckt sich die Regelungsbefugnis der Tarifvertrags- bzw. Betriebsparteien in Bezug auf Abweichungen von den Vorgaben der §§ 3, 5 Abs. 1 und 6 Abs. 2 ArbZG nach zutreffender Ansicht auf **alle Arbeiten**, die während dieser Zeiten anfallen.[181] Sie ist somit nicht auf die Bestellungs- und Erntearbeiten selbst und die mit diesen zusammenhängenden Tätigkeiten (zB Wartungsarbeiten) beschränkt. Zwar ist es richtig, dass arbeitszeitrechtliche Ausnahmeregelungen eng auszulegen sind. Jedoch findet die hier vertretene Auffassung ihre Stütze zum einen im Wortlaut der Vorschrift, der ausdrücklich nicht von Bestellungs- und Erntearbeiten, sondern von Erntezeiten spricht.[182]

69 **4. Behandlung, Pflege und Betreuung von Personen (Abs. 2 Nr. 3).** Eine weitere Ausnahme von den Vorgaben der §§ 3, 5 Abs. 1 und 6 Abs. 2 ArbZG gilt nach § 7 Abs. 2 Nr. 3 ArbZG für den Bereich der Behandlung, Pflege und Betreuung von Personen. Die für den sachlichen **Anwendungsbereich** der Vorschrift maßgebliche Begrifflichkeit entspricht der in § 5 Abs. 2 und 3 ArbZG (→ ArbZG § 5 Rn. 22). Nehmen die Tarifvertrags- bzw. Betriebsparteien die ihnen eingeräumte Regelungsbefugnis in Anspruch, haben sie den Gesundheitsschutz zu beachten. Insbesondere haben sie bei der Vereinbarung von arbeitszeitlichen Abweichungen und Ausgleichszeiten die menschliche Leistungsfähigkeit zu beachten.[183]

70 Anders als nach § 7 Abs. 2 Nr. 2 ArbZG lässt Nr. 3 für die erfassten Bereiche außer für die Dauer der werktäglichen Arbeitszeit, den Ausgleichszeitraum, die Ruhezeit und die Arbeitszeit für Nachtarbeitnehmer (hierzu bereits → Rn. 68) zusätzlich kollektivvertragliche Abweichungen von den gesetzlichen **Pausenregelungen** (§ 4 ArbZG) zu. Insoweit beschränkt sich die Regelungsbefugnis der Tarifvertrags- bzw. Betriebsparteien nach dem Wortlaut der Vorschrift nicht allein auf die Anpassung der Aufteilung der Pausenzeiten. Vielmehr betrifft sie auch die Dauer der Pausen, so dass tariflich bzw. durch Betriebsvereinbarungen auch geringere Gesamtpausenzeiten als in § 4 ArbZG festgelegt werden können.[184] Zudem kann auch die Lage der Pausen verändert werden. So kann der Zeitpunkt der Erforderlichkeit einer Pause hinausgeschoben werden. Insgesamt wäre eine deutliche Unterschreitung der gesetzlichen Mindestpausen oder deren Aufspaltung in zu kleine Zeitabschnitte unter fünf Minuten (vgl. insoweit → Rn. 58) genauso unzulässig wie eine Konzentration der Pausen zu Beginn oder am Ende der täglichen Arbeitszeit (→ ArbZG § 4 Rn. 21). Eine tarifliche oder betriebliche Anpassung der gesetzlichen Arbeitszeitvorgaben im Rahmen von § 7 Abs. 2 Nr. 3 ArbZG ist jedoch nur möglich, wenn die **Eigenart der Tätigkeit** und das **Wohl der zu behandelnden, pflegenden oder betreuenden Personen** eine solche erfordern. Da beide Vorausset-

---

179 Neumann/Biebl ArbZG § 7 Rn. 36; Schliemann ArbZG § 7 Rn. 71. **180** Baeck/Deutsch ArbZG § 7 Rn. 95; Anzinger/Koberski ArbZG § 7 Rn. 50. **181** Wie hier Baeck/Deutsch ArbZG § 7 Rn. 96; Anzinger/Koberski ArbZG § 7 Rn. 51; aA Roggendorff ArbZG § 7 Rn. 48. **182** So auch Anzinger/Koberski ArbZG § 7 Rn. 51; HK-ArbZR/Pfeiffer ArbZG § 7 Rn. 57. **183** Neumann/Biebl ArbZG § 7 Rn. 38; Schliemann ArbZG § 7 Rn. 71. **184** Ebenso Baeck/Deutsch ArbZG § 7 Rn. 99.

zungen kumulativ vorliegen müssen, scheidet eine ausschließlich an betriebsorganisatorischen Bedürfnissen orientierte Anpassung aus. Vielmehr muss neben tätigkeitsbezogenen Abweichungserfordernissen auch immer gefragt werden, ob die jeweilige Abweichung zum Wohl der in den jeweiligen medizinischen, pflegerischen oder sozialen Einrichtungen befindlichen Personen notwendig ist.

5. Öffentlicher Dienst (Abs. 2 Nr. 4). Ziel der Ausnahme für die in § 7 Abs. 2 Nr. 4 ArbZG genannten **Körperschaften, Anstalten und Stiftungen des öffentlichen Rechts** ist es, die tariflichen Regelungsbereiche mit der Öffnungsklausel abzustimmen.[185] Die für diese danach ebenfalls möglichen Anpassungen bei der Arbeitszeitverlängerung (§ 3 ArbZG), den Pausen (§ 4 ArbZG), der Ruhezeit (§ 5 Abs. 1 ArbZG) und der Arbeitszeit bei Nachtarbeit (§ 6 Abs. 2 ArbZG) setzt allerdings nicht zwingend eine Tarifbindung des Arbeitgebers voraus. Neben einer solchen genügt für eine Inanspruchnahme der Abweichungsmöglichkeit vielmehr bereits, dass der Arbeitgeber einem mit einem Tarifvertrag des öffentlichen Dienstes inhaltsgleichen Tarifvertrag unterliegt. Damit wird sichergestellt, dass sich auch Körperschaften des öffentlichen Rechts, die nicht an den TVöD gebunden sind, und privatrechtlich, zB als stadteigene GmbH, organisierte öffentliche Arbeitgeber auf die Vorschrift des § 7 Abs. 2 Nr. 4 ArbZG berufen können.[186] 71

Wie in Nr. 3 setzt auch eine Anpassung der gesetzlichen Arbeitszeitvorgaben an die Belange der öffentlichen Arbeitgeber die Beachtung der **Eigenart der Tätigkeit** voraus. In jedem Fall hierfür allein nicht ausreichend ist die bloße Eigenschaft öffentlicher Arbeitgeber zu sein.[187] Vielmehr müssen sich nach dem Wortlaut der Vorschrift aus der Tätigkeit selbst konkrete Gründe ergeben, die eine Anpassung der Vorschriften des ArbZG erforderlich machen. Diese können beispielsweise dann entfallen, wenn anderweitige, weniger einschneidende abweichende Arbeitszeitregelungen, etwa nach § 7 Abs. 1 ArbZG ausreichend sind.[188] Kann beispielsweise einer mit einem zeitlich begrenzten erhöhten Publikumsverkehr in einer Behörde im Zusammenhang mit einer Gesetzesänderung verbundenen Überschreitung der nach § 3 ArbZG höchstzulässigen täglichen Arbeitszeit aufgrund der Eigenart der Tätigkeit bereits durch eine Verlängerung des Ausgleichszeitraumes nach § 7 Abs. 1 Nr. 1 Buchst. b ArbZG begegnet werden, besteht für eine darüber hinausgehende tarifliche bzw. betriebliche Regelung nach § 7 Abs. 2 Nr. 4 ArbZG kein Bedürfnis mehr. 72

IX. Erweiterung des Geltungsbereichs tariflicher Abweichungen (Abs. 3)

Im Rahmen von § 7 ArbZG tarifvertraglich vereinbarte Abweichungen von den Vorgaben der §§ 3, 5, 4 und 6 ArbZG gelten grundsätzlich nur für die an die jeweilige tarifliche Regelung gebundenen Arbeitsvertragsparteien (zur Tarifbindung → Rn. 11). Ohne eine solche Tarifbindung kommt eine Veränderung der Arbeits-, Ausgleichs-, Ruhe- oder Pausenzeiten nicht in Betracht. Jedoch lässt § 7 Abs. 3 ArbZG unter bestimmten Voraussetzungen eine Übertragung der in § 7 Abs. 1, 2 und 2 a ArbZG vorgesehenen Abweichungsmöglichkeiten auf die **Arbeitsverhältnisse nicht tarifgebundener Arbeitnehmer und Arbeitgeber** zu. 73

1. Übernahme durch Betriebsvereinbarung oder Individualvertrag (Abs. 3 S. 1). Nach § 7 Abs. 3 S. 1 ArbZG können im Geltungsbereich eines Tarifvertrages nach § 7 Abs. 1, 2 und 2 a ArbZG von den gesetzlichen Vorgaben abweichende tarifliche Regelungen in **Betrieben nicht tarifgebundener Arbeitgeber, in denen ein Betriebs- bzw. Personalrat** 74

---

[185] Neumann/Biebl ArbZG § 7 Rn. 39. [186] Anzinger/Koberski ArbZG § 7 Rn. 56; Baeck/Deutsch ArbZG § 7 Rn. 104. Zur Frage der Anwendbarkeit von Tarifbestimmungen nach der Novellierung des ArbZG vgl. Hock ZTR 2004, 114. [187] So auch Buschmann/Ulber ArbZG § 7 Rn. 24, die aus diesem Grund die gesamte Regelung verfassungsrechtlich für bedenklich halten. Dagegen Schliemann ArbZG § 7 Rn. 74; HK-ArbZR/Pfeiffer ArbZG § 7 Rn. 64. Vgl. Baeck/Deutsch ArbZG § 7 Rn. 103. [188] Ebenso Anzinger/Koberski ArbZG § 7 Rn. 62; HK-ArbZR/Pfeiffer ArbZG § 7 Rn. 63.

besteht, durch eine Betriebs- bzw. Dienstvereinbarung übernommen werden.[189] Diese Vereinbarung muss allerdings wirksam zustande gekommen sein (hierzu unter → Rn. 23) und die übernommene Regelung eindeutig erkennen lassen.[190] Eine solche kann von den Betriebsparteien auch nur freiwillig abgeschlossen und nicht über eine Einigungsstelle erzwungen werden.[191] Eine Übernahme durch eine Regelungsabrede oder eine Individualvereinbarung zwischen Arbeitgeber und Arbeitnehmer ist nach dem eindeutigen Wortlaut der Regelung nicht möglich. Zudem muss der betreffende Betrieb – so der Arbeitgeber tarifgebunden wäre – in den fachlichen und räumlichen Geltungsbereich des fraglichen Tarifvertrages fallen.[192] Insofern scheidet die Übernahme branchenfremder Abweichungstarifverträge aus. Gleiches gilt, wenn eine abweichende tarifliche Regelung für einen Tarifbezirk getroffen wurde, der betreffende Betrieb aber in einem anderen Tarifgebiet liegt, welches die Vereinbarung nicht übernommen hat. Nach der geänderten Rechtsprechung des Bundesarbeitsgerichts zum Grundsatz der Tarifeinheit können auch **unterschiedliche Tarifverträge** nebeneinander übernommen werden (→ Rn. 14). Unzulässig ist es allerdings, die verschiedenen tariflichen Regelungen in Bezug auf ein und dasselbe Arbeitsverhältnis zu vermischen.[193]

75 Nach überwiegender Auffassung können auch lediglich **nachwirkende Tarifverträge** übernommen werden.[194] Dies wird unter Bezugnahme auf den Wortlaut des § 7 Abs. 3 ArbZG mit dem Argument, dass die Nachwirkung nicht mehr zum zeitlichen Geltungsbereich des Tarifvertrages gehöre, teilweise abgelehnt.[195] Diese Auffassung übersieht allerdings, dass tarifliche Regelungen in der Nachwirkung lediglich ihre zwingende Wirkung verlieren. Ihre unmittelbare Wirkung bleibt dagegen bis zu ihrer Ersetzung durch eine andere Abmachung erhalten. Im Rahmen einer solchen können die Betriebsparteien in an sich tarifgebundenen Betrieben Betriebsvereinbarungen schließen, mit denen sie sogar von den bisherigen tariflichen Vorgaben abweichen können. Diese könnten sich aber auch dafür entscheiden, die bisherige Regelung des Tarifvertrages im Rahmen einer Betriebsvereinbarung beizubehalten und ihr durch eine solche erneut zwingende Wirkung zu verleihen. Aus welchem Grund dies im Fall von § 7 Abs. 3 S. 1 ArbZG für die Betriebsparteien nicht tarifgebundener Betriebe nicht möglich sein soll, ist nicht ersichtlich.

76 Tarifverträge, die Abweichungen von den gesetzlichen Arbeitszeitvorgaben enthalten, müssen von den Betriebsparteien nicht in Gänze übernommen werden. Die einzelne abweichende Regelung selbst ist jedoch grundsätzlich **vollständig und unverändert** zu übertragen.[196] Eine Abweichung zugunsten der Arbeitnehmer ist allerdings möglich.[197] Dynamische Verweisungen, mit denen die abweichende tarifliche Regelung in ihrer jeweils geltenden Fassung übernommen werden soll, sind unzulässig.[198]

77 Nur wenn ein **Betriebsrat oder Personalrat nicht besteht**, können abweichende tarifliche Arbeitszeitregelungen in nicht tarifgebundenen Betrieben nach § 7 Abs. 3 S. 1 ArbZG auch durch eine **schriftliche Vereinbarung zwischen Arbeitgeber und Arbeitnehmer** übernommen werden. Schriftform bedeutet dabei, dass die Regelung schriftlich niedergelegt und von beiden Seiten eigenhändig unterschrieben wird (§ 125 BGB). Voraussetzung ist allerdings auch hier, dass das Arbeitsverhältnis, so dessen Parteien tarifgebunden wären, vom Geltungsbereich des fraglichen Tarifvertrages erfasst würde. Hinsichtlich des Umfangs der Übernahme gilt das unter → Rn. 76 Gesagte.

---

189 Zu den rechtlichen Bedenken gegen die Vorschrift siehe HK-ArbZG/Linnenkohl ArbZG § 7 Rn. 19; Buschmann/Ulber ArbZG § 7 Rn. 26; HK-ArbR/Ernst/Growe ArbZG § 7 Rn. 16; Erasmy NZA 1994, 1105; aA HK-ArbZR/Pfeiffer ArbZG § 7 Rn. 77. **190** Schliemann ArbZG § 7 Rn. 78; Anzinger/Koberski ArbZG § 7 Rn. 81; Roggendorff ArbZG § 7 Rn. 53. **191** Eine Erzwingbarkeit zutreffend ablehnend LAG Hamburg 17.12.2008 – 5 TaBV 8/08, AuR 2010, 339 mAnm Buschmann; ebenso HK-ArbZR/Pfeiffer ArbZG § 7 Rn. 75; Anzinger/Koberski ArbZG § 7 Rn. 76; ErfK/Wank ArbZG § 7 Rn. 20; HaKo-BetrVG/Kohte § 88 Rn. 3. **192** Schliemann ArbZG § 7 Rn. 78. **193** Neumann/Biebl ArbZG § 7 Rn. 45. **194** So Baeck/Deutsch ArbZG § 7 Rn. 126; HK-ArbZG/Pfeiffer ArbZG § 7 Rn. 13; Neumann/Biebl ArbZG § 7 Rn. 46. **195** ErfK/Wank ArbZG § 7 Rn. 19. **196** Allgemeine Meinung. Vgl. Schliemann ArbZG § 7 Rn. 78; Baeck/Deutsch ArbZG § 7 Rn. 124; Anzinger/Koberski ArbZG § 7 Rn. 81. **197** So auch Buschmann/Ulber ArbZG § 7 Rn. 49. **198** Buschmann/Ulber ArbZG § 7 Rn. 30 mwN; aA Baeck/Deutsch ArbZG § 7 Rn. 125.

2. Übertragung der betrieblichen Regelungsbefugnis (Abs. 3 S. 2).

Legt ein Tarifvertrag von den gesetzlichen Vorgaben der §§ 3–6 ArbZG abweichende Arbeitszeitregelungen nicht selbst abschließend fest, sondern überträgt die diesbezügliche Regelungskompetenz im Rahmen einer Öffnungsklausel (zu den Grenzen) auf die Betriebsparteien, können entsprechende Betriebs- bzw. Dienstvereinbarungen auch in nicht tarifgebundenen Betrieben abgeschlossen werden. Auch in diesem Fall muss der Betrieb jedoch dem Geltungsbereich des Tarifvertrages unterfallen, wenn der Arbeitgeber tarifgebunden wäre. Eine Ausfüllung des tariflich eröffneten Regelungsspielraumes durch eine Vereinbarung der Arbeitsvertragsparteien ist nicht möglich.[199]

3. Sonderregelung für den öffentlichen Dienst (Abs. 3 S. 3).

Die Regelung nimmt ausschließlich Bezug auf die in § 7 Abs. 2 Nr. 4 ArbZG für den öffentlichen Dienst eingeräumte tarifliche Abweichungsmöglichkeit. Für diese ordnet sie an, dass eine solche zwischen nicht tarifgebundenen Arbeitgebern und Arbeitnehmern gilt, wenn zwischen ihnen die Anwendung der im öffentlichen Dienst geltenden tarifvertraglichen Bestimmungen vereinbart wurde und die Arbeitgeber die Kosten des Betriebes überwiegend durch Zuwendungen im Sinne des Haushaltsrechts decken. Die Geltung der Tarifverträge muss umfassend sein. Nicht ausreichend ist die arbeitsvertragliche Inbezugnahme nur einzelner Tarifbestimmungen.[200] Nicht jede Inanspruchnahme öffentlicher Mittel eröffnet den Anwendungsbereich des § 7 Abs. 2 S. 3 ArbZG. Vielmehr muss es sich bei diesen um eine **Zuwendung iSd Haushaltsrechts** handeln. Solche sind nach § 23 BHO Ausgaben und Verpflichtungsermächtigungen für Leistungen an Stellen außerhalb der Bundesverwaltung zur Erfüllung bestimmter Zwecke. Überwiegend iSv S. 3 sind diese, wenn der Arbeitgeber mehr als 50 % seiner Kosten durch sie abdeckt.[201]

X. Kirchen und Religionsgemeinschaften (Abs. 4)

§ 7 Abs. 4 ArbZG gilt für **Kirchen und öffentlich-rechtliche Religionsgemeinschaften** nach Art. 137 Abs. 3 WRV und den ihnen gleichgestellten **weltanschaulichen Vereinigungen**.[202] Danach können diese die in § 7 Abs. 1, 2 bzw. 2 a ArbZG genannten Abweichungen in ihren Regelungen vorsehen. Als Grundlage wird das den Kirchen und Religionsgemeinschaften durch Art. 137 Abs. 3 WRV iVm Art. 140 GG verfassungsmäßig garantierte Selbstverwaltungsrecht herangezogen.[203] Allerdings bestehen gegen die unionsrechtliche Zulässigkeit des Abs. 4 erhebliche **Bedenken**, da Art. 18 Abs. 1 der RL 2003/88/EG den Mitgliedstaaten die Zulassung von Abweichungen nur im Rahmen von Tarifverträgen oder Vereinbarungen der Sozialpartner gestattet.[204] Kirchliche Kollektivvereinbarungen sind aber nach nahezu einheitlicher Auffassungen gerade keine Tarifverträge, da ihnen die unmittelbare und zwingende Wirkung fehlt.[205] Hieran ändert auch ihre faktische Gleichstellung mit diesen durch Abs. 4 nichts. Angesichts des bischöflichen bzw. synodalen Letztentscheidungsrechts bei Verhandlungen dürften die an der Aushandlung der Arbeitsvertragsregelungen Beteiligten auch kaum als Sozialpartner in dem von Art. 18 der EG-Arbeitszeitrichtlinie zugrunde gelegten Sinne anzusehen sein.

Der Begriff der **Religionsgemeinschaft** entspricht dem in Art. 137 Abs. 3 WRV. Erfasst von diesem sind nicht nur die allgemein anerkannten christlichen Bekenntnisse, sondern auch Glaubensgemeinschaften weltanschaulicher Art. Dabei nicht ausreichend ist allerdings, dass sich eine Organisation selbst als Kirche versteht. Keine Religionsgemeinschaft in diesem Sinne ist daher Scientology, die wirtschaftliche Zielsetzungen ver-

---

[199] Baeck/Deutsch ArbZG § 7 Rn. 128. [200] Baeck/Deutsch ArbZG § 7 Rn. 130; Roggendorff ArbZG § 7 Rn. 56. [201] Neumann/Biebl ArbZG § 7 Rn. 47; Anzinger/Koberski ArbZG § 7 Rn. 92; Baeck/Deutsch ArbZG § 7 Rn. 132. [202] Neumann/Biebl ArbZG § 7 Rn. 50; Anzinger/Koberski ArbZG § 7 Rn. 98 f. [203] Vgl. hierzu Jarass/Pieroth GG Art. 140 Rn. 7 ff.; Richardi, Arbeitsrecht in der Kirche, 7. Aufl. 2015, § 2 Rn. 21 ff. [204] HK-ArbR/Ernst/Growe ArbZG § 7 Rn. 25; Buschmann/Ulber ArbZG § 7 Rn. 52; HK-ArbR/Pfeiffer ArbZG § 7 Rn. 12. [205] BAG 19.2.2003 – 4 AZR 11/02, NZA 2004, 54; aA Thüsing S. 119 ff.; zum Sonderfall des Tarifvertrags auf dem „zweiten Weg" BAG 20.11.2012 – 1 AZR 611/11, NZA 2013, 437.

folgt.²⁰⁶ Nach der Gesetzesbegründung erstreckt sich der Anwendungsbereich der Vorschrift auch auf kirchliche Einrichtungen im karitativen und erzieherischen Bereich.²⁰⁷ Erfasst sind demnach zB auch kirchliche Krankenhäuser und Kindertagesstätten. Ausgeschlossen ist hingegen der gesamte liturgische Bereich (→ ArbZG § 18 Rn. 19).

82 Die Abweichungen von gesetzlichen Arbeitszeitvorgaben sind nur durch **kollektive kirchliche Regelungen** möglich. Eine individualvertragliche Abweichung kommt nicht in Betracht. Für die katholische Kirche gelten insoweit die jeweiligen KODA-Ordnungen sowie für die evangelische Kirchen die Arbeitsrechts-Regelungsgesetze (ARRG).²⁰⁸ Entsprechende Regelungen finden sich auch in den Arbeitsvertragsrichtlinien der sozialen Einrichtungen der beiden großen Kirchen in Deutschland, dh von den Mitgliedern der regionalen Caritasverbände (katholische Kirche) oder der regionalen Diakonischen Werke (evangelische Kirche). Diese legen daher den von ihnen als Arbeitgeber vereinbarten Arbeitsverträgen die Arbeitsvertragsrichtlinien (AVR) Caritas bzw. die Arbeitsvertragsrichtlinien (AVR) Diakonie zugrunde.

83 § 7 Abs. 4 ArbZG beschränkt die Befugnis zu von gesetzlichen Vorgaben abweichenden Arbeitszeitregelungen nicht auf allgemeine kollektive Vereinbarungen. Vielmehr können deren Parteien durch eine entsprechende **Öffnungsklausel** solche auch durch Dienstvereinbarungen oder Einzelverträge im Rahmen des MVG oder der MAVO gestatten.²⁰⁹ Dabei haben sie die Möglichkeit, den örtlichen Akteuren oder Arbeitsvertragsparteien einen mehr oder weniger weiten Rahmen zu setzen, der von diesen einerseits ausgefüllt werden muss, andererseits aber auch nicht überschritten werden darf. In jedem Fall muss die kirchliche Arbeitszeitregelung **wirksam zustande gekommen** sein. Insoweit sind daher die jeweiligen kirchenrechtlich vorgegebenen Verfahren und Formvorschriften einzuhalten. Dies ist etwa dann nicht der Fall, wenn das Kuratorium einer katholischen Krankenhausstiftung mit der Mitarbeitervertretung einen „Haustarifvertrag" abschließt und die kirchenrechtliche Mitarbeitervertretungsordnung keine entsprechende Delegationsnorm enthält.²¹⁰

XI. Ausnahmen durch Aufsichtsbehörden (Abs. 5)

84 In **Wirtschaftsbereichen, in denen tarifliche Regelungen üblicherweise nicht getroffen** werden, können Ausnahmen nach § 7 Abs. 1, 2 und 2 a ArbZG auch durch die jeweils zuständige Aufsichtsbehörde bewilligt werden, wenn sie aus betrieblichen Gründen erforderlich sind und die Gesundheit der Arbeitnehmer nicht gefährdet wird. Diese Abweichungsmöglichkeit dürfte angesichts des in Deutschland umfangreichen tariflichen Regelungssystems nur von geringer praktischer Bedeutung sein, da für die meisten Wirtschaftsbereiche tarifliche Arbeitszeitregelungen existieren. Die Gesetzesbegründung verweist in diesem Zusammenhang auf die Bereiche der selbstständigen Dienste, wie Anwälte oder Wirtschaftsprüfer, und der kollektiven Interessenvertretungen der Arbeitgeber und Arbeitnehmer.²¹¹ Die Grenzen des sachlichen Anwendungsbereichs der Vorschrift sind allerdings ständigen Veränderungen unterworfen.²¹² Der Anwendungsbereich der Vorschrift wird durch das Merkmal **üblicherweise** weiter eingeschränkt. Auf die Abweichung kann damit nur dann zurückgegriffen werden, wenn der tariflose Zustand für den jeweiligen Bereich charakteristisch ist. Das lediglich vorübergehende Fehlen tariflicher Vorschriften rechtfertigt behördliche Ausnahmen daher nicht. Insoweit sperren auch in der Nachwirkung befindliche Tarifverträge eine solche Ausnahme.²¹³

---

206 BAG 22.3.1995 – 5 AZB 21/94, NZA 1995, 823. **207** Vgl. BT-Drs. 12/5888, 28; siehe auch Neumann/Biebl ArbZG § 7 Rn. 50; Anzinger/Koberski ArbZG § 7 Rn. 97. **208** Vgl. Richardi § 14 Rn. 3 und 13. **209** Neumann/Biebl ArbZG § 7 Rn. 51. **210** BAG 16.3.2004 – 9 AZR 93/03, NZA 2004, 927; Schliemann ArbZG § 7 Rn. 80; Anzinger/Koberski ArbZG § 7 Rn. 97; Baeck/Deutsch ArbZG § 7 Rn. 137. **211** BT-Drs. 12/5888, 28; Überblick bei Roggendorff ArbZG § 7 Rn. 61. **212** Zu Recht weisen Buschmann/Ulber ArbZG § 7 Rn. 53 in diesem Zusammenhang darauf hin, dass zumindest für den Bereich der Rechtsanwälte inzwischen jedenfalls partiell tarifliche Regelungen existieren. Vgl. etwa „Manteltarifvertrag für Beschäftigte in Rechtsanwaltsbüros Südhessens". **213** Allgemeine Meinung. Siehe Neumann/Biebl ArbZG § 7 Rn. 52 mwN.

Die Ausnahmegenehmigung wird nur auf Antrag des jeweiligen Arbeitgebers erteilt. In dem durch seinen Antrag eingeleiteten Verfahren prüft die Behörde, ob eine Abweichung vom ArbZG aus **betrieblichen Gründen** erforderlich ist. Hierfür nicht ausreichend dürfte der allgemeine Wunsch des Arbeitgebers nach einer zeitoptimierten Organisation der Arbeitsprozesse sein. Vielmehr ist die Vorschrift als Ausnahmeregelung eng auszulegen, so dass vom Arbeitgeber die Benennung konkreter Umstände, deren Bewältigung ohne eine abweichende Arbeitszeitregelung nicht möglich wäre, zu fordern ist. Hierbei kann es sich zB im Fall einer angestrebten Arbeitszeitverlängerung um einen vorübergehend erhöhten Arbeitsanfall handeln, der jedoch anhand entsprechender Angaben zu belegen ist. Die beantragte Regelung muss geeignet sein, die **Einhaltung des Gesundheitsschutzes** sicherzustellen, denn die Bewilligung darf nur erteilt werden, wenn die Gesundheit der Arbeitnehmer nicht gefährdet wird.[214] Bei Abweichungen auf der Grundlage behördlicher Genehmigungen nach § 7 Abs. 5 ArbZG beträgt der Ausgleichszeitraum nach § **7 Abs. 8** S. 2 ArbZG maximal sechs Kalendermonate bzw. 24 Wochen. Anders als S. 1 erfasst die Regelung auch Abweichungen von § 7 Abs. 2 a ArbZG. Dies ergibt sich aus dem Umstand, dass die Vorschrift pauschal auf § 7 Abs. 5 ArbZG Bezug nimmt und in diesem neben § 7 Abs. 1 und 2 auch Abs. 2 a ArbZG genannt ist. In den Ländern **zuständig** für die Erteilung der Ausnahmebewilligungen sind in der Regel die jeweiligen Arbeitsschutzbehörden (→ ArbZG § 17 Rn. 5; → ArbSchG § 21 Rn. 9). Im Rahmen ihrer Entscheidung über eine abweichende Arbeitszeitregelung steht der Behörde ein Ermessensspielraum zu. Entspricht sie dem Antrag des Arbeitgebers nicht, steht diesem der **Verwaltungsrechtsweg** offen.

XII. Verordnungsermächtigung (Abs. 6)

Nach § 7 Abs. 6 ArbZG kann die Bundesregierung durch Rechtsverordnung mit Zustimmung des Bundesrates Ausnahmen im Rahmen von Abs. 1 und 2 zulassen, sofern dies aus betrieblichen Gründen erforderlich ist und die Gesundheit der Arbeitnehmer nicht gefährdet wird. Gegen die Ausnahmeregelung werden **verfassungsrechtliche Bedenken** geltend gemacht. Insoweit wird ihre Vereinbarkeit mit dem für solche Ermächtigungen geltenden Bestimmtheitsgrundsatz des Art. 80 Abs. 1 Nr. 2 GG gerügt, dem die Merkmale „aus betrieblichen Gründen erforderlich" und „Gesundheitsschutz der Arbeitnehmer nicht gefährden" nicht gerecht würden.[215] Eine Rechtsverordnung nach § 7 Abs. 6 ArbZG kann nur unter Berücksichtigung der Möglichkeit der Schaffung tariflicher Abweichungen in Betracht kommen.[216] Gestützt wird dies auf die Gesetzesbegründung, nach der der Erlass einer Rechtsverordnung nur dann vorgesehen ist, wenn die Abweichungsmöglichkeiten nach § 7 Abs. 1, 2, 3 und 5 ArbZG nicht ausreichen. Dies führt dazu, dass, soweit **tarifliche Regelungen** bestehen, diese **nicht** durch eine anders lautende Rechtsverordnung **abgelöst** werden können.[217] Die gegenteilige Auffassung lässt insbesondere außer Acht, dass die Ersetzung einer tariflichen Regelung durch eine Rechtsverordnung faktisch einer Überprüfung der tariflichen Regelung bezüglich ihrer inhaltlichen Zweckmäßigkeit gleichkäme. Eine solche Kontrolle von Tarifverträgen ist im Gesetz nicht explizit vorgesehen.

XIII. Einwilligung des Arbeitnehmers (Abs. 7)

Nach § 7 Abs. 7 ArbZG können die in Abs. 2 a bezüglich der §§ 3, 5 Abs. 1 ArbZG und § 6 Abs. 2 ArbZG vorgesehenen kollektiven Abweichungsmöglichkeiten nur genutzt werden, wenn der Arbeitnehmer schriftlich in diese einwilligt. Diese Regelung geht zurück auf Art. 22 Abs. 1 Buchst. b der RL 2003/88/EG. Dieser sieht vor, dass von dem Arbeitnehmer eine längere Arbeitszeit nur dann verlangt werden kann, wenn sich dieser dazu bereit erklärt.

---

214 Schliemann ArbZG § 7 Rn. 83. 215 So Buschmann/Ulber ArbZG § 7 Rn. 54; aA Neumann/Biebl ArbZG § 7 Rn. 54; Schliemann ArbZG § 7 Rn. 84; HK-ArbZR/Pfeiffer ArbZG § 7 Rn. 8. 216 Anzinger/Koberski ArbZG § 7 Rn. 106; Buschmann/Ulber ArbZG § 7 Rn. 55. 217 Wie hier Buschmann/Ulber ArbZG § 7 Rn. 55; aA Anzinger/Koberski ArbZG § 7 Rn. 106; ErfK/Wank ArbZG § 7 Rn. 24.

88 **1. Formale Voraussetzungen.** Vor dem Hintergrund des Schutzes der Arbeitnehmer bedeutet das Einwilligungserfordernis, dass der Arbeitgeber die Zustimmung des Arbeitnehmers grundsätzlich **vor der Einführung der jeweiligen Änderung** einholen muss (vgl. § 183 BGB).[218] Erfolgt dies nicht, ist die Ausdehnung der Arbeitszeit wegen Verstoß gegen die gesetzlichen Bestimmungen unwirksam (§ 134 BGB). Der Arbeitnehmer ist nicht verpflichtet, zu den rechtswidrig verlängerten Arbeitszeiten zu arbeiten. Da insoweit kein Verschulden des Arbeitgebers erforderlich ist, ist hierfür ohne Bedeutung, ob der Arbeitgeber die Einholung der Zustimmung des Arbeitnehmers bewusst unterlassen oder lediglich vergessen hat.

89 Die Einwilligung zur Arbeitszeitverlängerung ist nach dem insoweit eindeutigen Wortlaut des § 7 Abs. 7 ArbZG **schriftlich** zu erklären. Dies setzt nach § 126 BGB die eigenhändige Unterschrift des Arbeitnehmers unter die Einwilligung voraus. Fehlt eine solche, ist die Einwilligungserklärung nach § 125 BGB nichtig. Eine **konkludente Erteilung** der Einwilligung in abweichende Arbeitszeitregelungen durch die schlichte Arbeitsaufnahme zu den vom Arbeitgeber geforderten Zeiten **scheidet aus**.[219] Da die Einhaltung der Schriftform nach § 126 BGB auch eine eigenhändige Unterschrift voraussetzt, kommt eine solche auch nicht durch ein Fax oder eine E-Mail in Betracht. Anderes gilt für die E-Mail nur dann, wenn diese vom Arbeitnehmer mit seiner elektronischen Signatur versehen wurde, da die elektronische Form für die Einwilligung nicht grundsätzlich ausgeschlossen ist. Für den Fall, dass der Arbeitnehmer ohne Einwilligung gearbeitet hat, kann er seine Tätigkeit zu jeder Zeit ohne Verletzung seiner arbeitsvertraglichen Leistungspflicht einstellen. Nach einhelliger Auffassung erforderlich ist zudem, dass der Arbeitnehmer die Einwilligung **selbst** erklärt.[220] Eine Stellvertretung kommt angesichts des eindeutigen Wortlautes des § 7 Abs. 7 ArbZG nicht in Betracht. Sie kann daher weder durch eine Gewerkschaft noch durch eine betriebliche Interessenvertretung oder einen Abteilungs- oder Gruppenleiter erklärt werden. Das Recht auf eine persönliche Einwilligung ist auch weder übertragbar noch verzichtbar,[221] ebenso ist eine vorformulierte Einverständniserklärung oder Pauschaleinwilligung in Formulararbeitsverträgen nicht ausreichend.[222]

90 **Inhaltlich** reicht es aus, wenn der Arbeitnehmer erklärt, dass er mit der abweichenden Arbeitszeitregelung einverstanden ist. Dies muss sich eindeutig aus dessen Erklärung ergeben. Darüber hinaus muss die Abweichung genau bezeichnet sein. So genügt es beispielsweise nicht, dass sich der Arbeitgeber vom Arbeitnehmer eine Zustimmung zu einer Arbeitszeitanpassung „nach Bedarf" holt.[223] Im Fall der Arbeitszeitverlängerung nach § 7 Abs. 2 a ArbZG ist erforderlich, dass der regelmäßige Anfall von Arbeitsbereitschaft und Bereitschaftsdiensten in erheblichem Umfang benannt ist.[224] Ebenso muss aus der Erklärung eindeutig hervorgehen, dass der Arbeitnehmer mit dem Verzicht auf einen Ausgleichszeitraum einverstanden ist.

91 Die vom Arbeitnehmer nach § 7 Abs. 7 ArbZG erklärte Einwilligung ist nur dann wirksam, wenn sie von ihm **freiwillig** erteilt wurde. Diese Voraussetzung nennt der Gesetzestext zwar nicht ausdrücklich. Die Geltung des Freiwilligkeitsprinzips ergibt sich allerdings unzweifelhaft aus der Gesetzesbegründung.[225] Was in diesem Zusammenhang unter Freiwilligkeit zu verstehen ist, wird dort allerdings nicht erläutert. Sie soll laut Gesetzgeber dadurch gewährleistet werden, dass die Einwilligung schriftlich gegeben werden muss und sie widerrufen werden kann.[226] Allerdings ist hierbei zu beachten, dass die Arbeitnehmerentscheidung für oder gegen die Abweichung von einer Viel-

---

[218] HK-ArbZR/Pfeiffer ArbZG § 7 Rn. 93; Reim DB 2004, 186 (189); Buschmann/Ulber ArbZG § 7 Rn. 41; im Ergebnis ebenso Baeck/Deutsch ArbZG § 7 Rn. 144; abweichend wohl Bernig BB 2004, 101 (104). [219] Baeck/Deutsch ArbZG § 7 Rn. 142. [220] Vgl. Schliemann ArbZG § 7 Rn. 87; Erfk/Wank ArbZG § 7 Rn. 25; Anzinger/Koberski ArbZG § 7 Rn. 110; Bermig BB 2004, 101 (104). [221] HK-ArbZR/Pfeiffer ArbZG § 7 Rn. 93. [222] Anzinger/Koberski ArbZG § 7 Rn. 110. [223] BAG 11.12.2009 – 10 AZR 222/08, NZA 2009, 428. [224] Vgl. insoweit Baeck/ Deutsch ArbZG § 7 Rn. 145. [225] Siehe Beschlussempfehlung des Bundestagsausschusses für Wirtschaft und Arbeit, BT-Drs. 15/1587, 36. [226] Siehe Beschlussempfehlung des Bundestagsausschusses für Wirtschaft und Arbeit, BT-Drs. 15/1587, 36; vgl. auch Neumann/Biebl ArbZG § 7 Rn. 55; Baeck/Deutsch ArbZG § 7 Rn. 143 a.

zahl von Faktoren beeinflusst wird, die dazu führen können, dass er auch gegen seine eigentlichen Interessen in eine solche einwilligt. So können in diesem Zusammenhang nicht nur Erwägungen einer möglichen Gefährdung des eigenen Arbeitsplatzes bei Verweigerung der Einwilligung eine Rolle spielen. Denkbar ist eine Einwilligung des Arbeitnehmers gegen seinen wirklichen Willen auch aus Rücksichtnahme gegenüber unbeteiligten Dritten, seien es im Fall der Weigerung uU mehrbelastete Kollegen oder etwa Patienten.

Freiwilligkeit bedeutet, dass sich der Betroffene **ohne Zwang** für oder gegen die Regelung entscheiden können muss.[227] Von einem solchen ist jedoch auszugehen, wenn der Arbeitgeber trotz anderer Alternativen die oben geschilderte Situation selbst herbeigeführt hat. Dies ist beispielsweise dann der Fall, wenn er allein aus Gründen der Kosteneinsparung, obwohl auf dem Arbeitsmarkt genügend qualifizierte Arbeitnehmer verfügbar sind, seine Produktion mit permanenter Unterbesetzung fährt. Dagegen liegt keine Zwangslage für den Arbeitnehmer vor, wenn der Arbeitgeber die Unterbesetzung mangels geeigneter Bewerber nicht beseitigen kann. Die **Entscheidungsfreiheit des Arbeitnehmers** ist ebenfalls dann nicht mehr gewährleistet, wenn einem Bewerber während des Einstellungsgesprächs bezüglich der Arbeitszeitverlängerung eine Einwilligungserklärung vorgelegt und ihm gleichzeitig mitgeteilt wird, dass er ohne Unterschrift unter diese nicht beschäftigt werde.[228] Auf diese Art „erzwungene" Einwilligungserklärungen sind unwirksam. Im Bericht der Kommission ist daher gerügt worden, dass die Einwilligung zum Opt-out vor oder während der Unterzeichnung des Arbeitsvertrags verlangt werden kann.[229] 92

2. Widerrufsfrist (Abs. 7 S. 2). An eine einmal gegebene Einwilligung ist der Arbeitnehmer nicht zeitlich unbegrenzt gebunden. Vielmehr kann er diese mit einer **Frist von sechs Monaten** jederzeit **schriftlich widerrufen**.[230] Durch diese Widerrufsfrist soll den Arbeitgebern Planungssicherheit hinsichtlich des einsetzbaren Personals gegeben werden.[231] Allerdings hält ein Teil der Literatur eine solche Frist für nicht mit Art. 22 (früher Art. 18) der EG-Arbeitszeitrichtlinie vereinbar, nach dem die Einwilligung gänzlich freiwillig erfolgen muss.[232] Hält man die Vorschrift für wirksam, erscheint eine Frist von sechs Monaten unter Berücksichtigung der weitreichenden Auswirkungen, die zB die Ausdehnung der Arbeitszeit auf die persönliche Lebensführung der Arbeitnehmer hat, in jedem Fall als **zu lang**.[233] Meist sind es unvorhersehbare Ereignisse, die den Arbeitnehmer veranlassen, zur Normalarbeitszeit zurückkehren zu wollen. Ihn dann noch ein weiteres halbes Jahr an der unter anderen Umständen erteilten Einwilligung festzuhalten, erscheint zumindest fragwürdig. Insofern wird in der Literatur eine Frist von **drei Monaten** als beiden Seiten gerecht werdend angesehen.[234] 93

Der Widerruf der Einwilligung kann **jederzeit** erfolgen. Besondere sachliche Voraussetzungen für die Ausübung des Widerrufsrechts sieht das Gesetz nicht vor. Insbesondere nicht erforderlich ist, dass der Arbeitnehmer hierfür einen speziellen Grund geltend machen kann. Sollte dennoch ein solcher vorliegen, muss dieser dem Arbeitgeber nicht mitgeteilt werden. Auch kann der Arbeitgeber dem Widerruf auch dann nicht widersprechen, wenn er dringende betriebliche Gründe gegen die Verkürzung der Arbeitszeit geltend machen kann. Insofern hat dieser keine Möglichkeit, die Fortschreibung der verlängerten Arbeitszeit zu erzwingen.[235] 94

---

227 Reim DB 2004, 186 (188); zustimmend Anzinger/Koberski ArbZG § 7 Rn. 111. **228** Stellungnahme des DGB ADrs. 15(9)622, 5; siehe auch Neumann/Biebl ArbZG § 7 Rn. 55. **229** Bericht COM 2010 (802) AuR 2011, 105 (106). **230** Zur Kritik an der Widerrufsmöglichkeit vgl. Boerner NJW 2004, 1559. **231** BT-Drs. 15/1587, 36; siehe auch Neumann/Biebl ArbZG § 7 Rn. 56. **232** So HK-ArbZG/Linnenkohl ArbZG § 7 Rn. 67; HK-ArbR/Ernst/Growe ArbZG § 7 Rn. 33; Buschmann/Ulber ArbZG § 7 Rn. 43; D. Ulber ZTR 2005, 70 (75); aA ErfK/Wank ArbZG § 7 Rn. 26; Schliemann ArbZG § 7 Rn. 88; HK-ArbZR/Pfeiffer ArbZG § 7 Rn. 96. **233** Ebenso die Kommission in COM 2010 (802) AuR 2011, 105 (106). **234** Vgl. auch Reim DB 2004, 186 (189); weitergehend Buschmann/Ulber ArbZG § 7 Rn. 43, die sogar eine arbeitsvertragliche Verpflichtung des Arbeitnehmers bis zum Ablauf der Frist ablehnen; aA Baeck/Deutsch ArbZG § 7 Rn. 147. **235** Kritisch hierzu Baeck/Deutsch ArbZG § 7 Rn. 147.

95 **3. Benachteiligungsverbot (Abs. 7 S. 3).** Nach § 7 Abs. 7 S. 3 ArbZG darf der Arbeitgeber einen **Arbeitnehmer nicht benachteiligen**, weil dieser die Einwilligung zu abweichenden Arbeitszeitregelungen nicht erklärt oder eine solche widerrufen hat.[236] Dieser darf im Vergleich zu Arbeitnehmern, die solche Vereinbarungen nicht abgelehnt haben, nicht schlechter gestellt werden. Als Beispiel nennt der Gesetzgeber hier die Benachteiligung beim beruflichen Aufstieg.[237] Danach darf dem Arbeitnehmer eine höher dotierte Stelle nicht allein deshalb versagt werden, weil er nicht zu einer Verlängerung der Arbeitszeit bereit ist oder eine hierzu gegebene Einwilligung widerrufen hat. Gegen das Benachteiligungsverbot verstoßen würde auch eine hierauf gestützte Kündigung oder Versetzung auf einen anderen, geringer qualifizierten und (oder) vergüteten Arbeitsplatz. Unzulässig wäre schließlich auch, den betreffenden Arbeitnehmer wegen der Ablehnung der Arbeitszeitverlängerung generell von Überstunden auszuschließen. Ein wichtiges Beispiel für eine Benachteiligung ist auch die Nichtverlängerung eines befristeten Arbeitsvertrags.[238]

96 Ein **Verstoß gegen das Benachteiligungsverbot** führt zu einem Anspruch des Arbeitnehmers auf Ausgleich der entstandenen Nachteile. Insoweit ist auf das Maßregelungsverbot des § 612 a BGB zu verweisen. Darüber hinaus kann für weitergehende Schäden nach den §§ 280, 281 bzw. 823 BGB ein vertraglicher oder deliktischer Schadensersatzanspruch in Betracht kommen. Soweit eine Einstellung allein wegen der Verweigerung der Einwilligung nach § 7 Abs. 7 ArbZG nicht erfolgt ist, besteht allerdings kein Anspruch auf Abschluss eines Arbeitsvertrages.[239] Vielmehr verbleibt es insoweit bei einem Schadensersatzanspruch aus vorvertraglichem Schuldverhältnis nach § 280, 311 b Abs. 2 BGB.

97 **4. Dokumentationspflicht (§ 16 Abs. 2).** Gemäß § 16 Abs. 2 ArbZG ist der Arbeitgeber verpflichtet, ein **Verzeichnis der Arbeitnehmer** zu führen, die in eine Verlängerung der Arbeitszeit gemäß § 7 Abs. 7 ArbZG eingewilligt haben (→ ArbZG § 16 Rn. 16). Die Nachweise sind mindestens zwei Jahre aufzubewahren. Mit dieser Norm, die die Arbeit der Aufsicht erleichtern soll, ist allerdings Art. 22 der RL 2003/88/EG nur unvollständig umgesetzt worden (→ ArbZG § 16 Rn. 4).

XIV. Ausgleichszeiträume (Abs. 8)

98 Die Vorschriften der § 7 Abs. 1 Nr. 1 und 4, Abs. 2 Nr. 2 und Abs. 4 ArbZG, mit denen eine Verlängerung der täglichen Arbeitszeit gestattet wird, enthalten keine Regelungen bezüglich eines Ausgleichszeitraumes. Insoweit bestimmt § 7 Abs. 8 S. 1 ArbZG, dass solche Verlängerungen innerhalb von **zwölf Monaten** auszugleichen sind. Damit geht die durch die Norm ermöglichte Arbeitszeitflexibilisierung deutlich über die nach § 3 ArbZG (der lediglich Ausgleichszeiträume von sechs Monaten bzw. 24 Wochen erlaubt) mögliche Verlängerung hinaus. Immerhin setzt die Vorschrift des § 7 Abs. 8 ArbZG eine auf keiner Regelungsebene überschreitbare Höchstgrenze.[240] Da § 7 Abs. 2 a ArbZG nicht erwähnt wird, scheidet die Anwendbarkeit des Abs. 8 auf diesen Fall der Arbeitszeitverlängerung aus. Gegen die **Gemeinschaftsrechtskonformität** der Vorschrift werden zu Recht **durchgreifende Bedenken** erhoben.[241] Zum einen wird eingewandt, dass Art. 19 der RL 2003/88/EG eine Kompetenz zur Verlängerung der Ausgleichszeiträume lediglich für die Tarifvertragsparteien vorsieht, § 7 Abs. 8 ArbZG durch die pauschale Verweisung auf die Vorschriften zur Arbeitszeitverlängerung eine solche aber auch den Betriebsparteien einräumt. Zum anderen wird gerügt, dass die

---

[236] Kritisch zu Wirksamkeit Ulber ZTR 2005, 70 (76); Körner NJW 2003, 3606 (3608).
[237] Siehe Beschlussempfehlung des Bundestagsausschusses für Wirtschaft und Arbeit, BT-Drs. 15/1587, 36; weitere Beispiele Schliemann ArbZG § 7 Rn. 89; Baeck/Deutsch ArbZG § 7 Rn. 148.
[238] Dazu Kohte in: FS Wank, 2013, S. 245 ff. mwN. [239] Wie hier ErfK/Wank ArbZG § 7 Rn. 27; aA Neumann/Biebl ArbZG § 7 Rn. 57. [240] So auch Neumann/Biebl ArbZG § 7 Rn. 28; Schliemann ArbZG § 7 Rn. 89; grundsätzlich auch Hock ZTR 2004, 114, 115. Die bis zum 31.12.2005 geltende Übergangsvorschrift des § 25 ArbZG ist außer Kraft getreten. [241] Vgl. Buschmann/Ulber ArbZG § 7 Rn. 22; HK-ArbR/Ernst/Growe ArbZG § 7 Rn. 3; ErfK/Wank ArbZG § 7 Rn. 28; aA Baeck/Deutsch ArbZG § 7 Rn. 152; Anzinger/Koberski ArbZG § 7 Rn. 121; differenzierend Schliemann ArbZG § 7 Rn. 89.

Gefährliche Arbeiten § 8 ArbZG

Vereinbarung eines Ausgleichszeitraumes von zwölf Monaten nicht an betriebliche Notwendigkeiten und die Einhaltung des Gesundheitsschutzes gebunden ist. Schließlich bestimme Art. 19 der Richtlinie nur unter besonderen Bedingungen zwölf Monate als maximale Grenze für den Ausgleichszeitraum, wohingegen § 7 Abs. 8 ArbZG diese generell als Ausgleichszeitraum vorsehe.[242]

XV. Rechtsdurchsetzung

Durch die überwiegend kollektivvertraglichen Regelungen zur Arbeitszeitverlängerung werden die bußgeldbewehrten Vorschriften der §§ 3–6 ArbZG modifiziert, so dass die privatrechtlichen Regelungen zugleich öffentlich-rechtliche Konsequenzen haben.[243] Die gesetzlichen Normen treten zurück, soweit die kollektivvertraglichen Normen tatsächlich vorliegen und wirksam sind.[244] Für den Arbeitgeber enthalten sie ein strafbefreiendes bzw. bußgeldbefreiendes Tatbestandsmerkmal.[245] Daher ist es erforderlich, dass die kollektivvertraglichen Normen, die die öffentlich-rechtlichen Grenzen – zB zur Dauer der täglichen Arbeitszeit – modifizieren, **hinreichend bestimmt** sind (→ Rn. 49).[246] Ebenso muss der Tarifvertrag, der den Betriebsparteien Regelungsmöglichkeiten eröffnet, eine **ausdrückliche Gestattung** enthalten (→ Rn. 20). Im jeweiligen **Ordnungswidrigkeitenverfahren**, in dem zB ein Verstoß nach § 22 Abs. 1 Nr. 1 ArbZG (→ ArbZG § 22 Rn. 6) zu verhandeln ist, ist daher als Vorfrage zu klären, ob durch eine Tarifnorm die Dauer der täglichen Arbeitszeit wirksam verlängert worden ist. 99

Die abweichenden Regelungen nach § 7 ArbZG sind daher auch für die **Tätigkeit der Aufsichtsbehörden** von nicht zu unterschätzender Bedeutung. Diese haben bei ihrer Überwachungsaufgabe ebenfalls zu überprüfen, ob zB die Verlängerung der täglichen Arbeitszeit auf einem wirksamen Kollektivvertrag beruht und ob dessen Voraussetzungen im Einzelfall eingehalten worden sind.[247] Dies ist angesichts der Komplexität zB der neueren Tarifverträge im Gesundheitswesen nicht einfach und stellt auch die Verwaltungsgerichte vor hohe Anforderungen.[248] Gerade bei den diffizilen Opt-out-Vorschriften ist die Überwachung schwierig, aber zugleich auch notwendig. Daher stellt Art. 22 der RL 2003/88/EG spezifische Anforderungen an die nationale Rechtsetzung und Kontrolle; die Aufzeichnungspflicht des § 16 Abs. 2 ArbZG (→ ArbZG § 16 Rn. 16) und der Informationsanspruch der Behörden nach § 17 Abs. 4 ArbZG sollen diesen die Überwachung erleichtern. Erfolgt eine Anordnung nach § 17 Abs. 2 ArbZG, dann ist wiederum die (Un)wirksamkeit der jeweiligen Kollektivverträge bzw. der Einwilligungserklärungen (→ Rn. 87 ff.) oder der besonderen Gesundheitsschutzregelungen (→ Rn. 42 ff.) als Vorfrage zu prüfen. 100

Auf der **individualvertraglichen** Ebene sind die Möglichkeiten der Rechtsdurchsetzung eingeschränkt. Den einzelnen Arbeitnehmern steht kein Anspruch gegen die kollektivvertraglichen Akteure auf Regelung oder Unterlassung einer Regelung zu, da diese nach eigenem Ermessen über die Nutzung der Handlungsspielräume entscheiden können (→ Rn. 21, 24, 31). Ist allerdings die Regelung unwirksam oder greift sie im jeweiligen Fall nicht ein, können die einzelnen Arbeitnehmer sich darauf berufen, dass sie nicht verpflichtet sind, einer Weisung nachzukommen, mit der sie zu einer verlängerten Arbeitsleistung aufgefordert werden (→ Rn. 88). 101

§ 8 ArbZG Gefährliche Arbeiten

¹Die Bundesregierung kann durch Rechtsverordnung mit Zustimmung des Bundesrates für einzelne Beschäftigungsbereiche, für bestimmte Arbeiten oder für bestimmte Arbeitnehmergruppen, bei denen besondere Gefahren für die Gesundheit der Arbeitnehmer zu erwarten sind, die Arbeitszeit über § 3 hinaus beschränken, die Ruhepausen

---

[242] ErfK/Wank ArbZG § 7 Rn. 28. [243] Schliemann ArbZG § 7 Rn. 8; Kohte in: FS Bepler, S. 287, 295. [244] So bereits Herschel RdA 1969, 211 (214). [245] Anzinger/Koberski ArbZG § 7 Rn. 144; HK-ArbZR/Pfeiffer ArbZG § 7 Rn. 111. [246] Anzinger/Koberski ArbZG § 7 Rn. 25. [247] Dazu Kohte in: FS Bepler, S. 287, 295. [248] Exemplarisch VG Düsseldorf 22.2.2011 – 3 K 8454/09, PflR 2011, 286 mAnm Roßbruch.

und Ruhezeiten über die §§ 4 und 5 hinaus ausdehnen, die Regelungen zum Schutz der Nacht- und Schichtarbeitnehmer in § 6 erweitern und die Abweichungsmöglichkeiten nach § 7 beschränken, soweit dies zum Schutz der Gesundheit der Arbeitnehmer erforderlich ist. ²Satz 1 gilt nicht für Beschäftigungsbereiche und Arbeiten in Betrieben, die der Bergaufsicht unterliegen.

Literatur: *BAuA* (Hrsg.), Arbeitszeitreport 2016; *Buschmann*, Ständige Erreichbarkeit, AiB 2013, 514; *Dettmers* ua, Entgrenzung der täglichen Arbeitszeit, in: Badura/Ducki, Fehlzeitenreport 2012, S. 53 ff.; *Falder*, Immer erreichbar – Arbeitszeit- und Urlaubsrecht in Zeiten technologischen Wandels, NZA 2010, 1150 ff.; *Hässler/Rau* ua, Auswirkungen von ständiger Erreichbarkeit und Präventionsmöglichkeiten, iga-Report 23 – 2, 2016; *Kohte*, Arbeitsschutz in der digitalen Arbeitswelt, NZA 2015, 1417; *Oppolzer*, Kurzpausen, AiB 2011, 597 ff.; *B. Pangert/H. Schüpbach*, Die Auswirkungen arbeitsbezogener erweiterter Erreichbarkeit auf Life-Domain-Balance und Gesundheit, 2016; *Schuchart*, Ständige Erreichbarkeit – Arbeitszeit light vs. Recht auf Unerreichbarkeit, AuR 2016, 341; *Wiebauer*, Arbeitsschutz und Digitalisierung, NZA 2016, 1430.

Leitentscheidung: ArbG Berlin 22.3.2012 – 54 BV 7072/11.

I. Normzweck, Rechtssystematik.. 1	IV. Rechtssystematische und -rechtspolitische Perspektiven 10
II. Entstehungsgeschichte, Unionsrecht 3	V. Rechtsdurchsetzung 16
III. Anwendungsbereich 6	

I. Normzweck, Rechtssystematik

1 § 8 ArbZG enthält eine Verordnungsermächtigung, mit der in spezifischen Gefahrenbereichen eine **Erweiterung des gesetzlichen Arbeitszeitschutzes** ermöglicht wird. Eine solche Verordnung kann für einzelne Beschäftigungsbereiche, für bestimmte Arbeiten oder für bestimmte Arbeitnehmergruppen erfolgen. Seit 1994 ermächtigt diese Norm zur Nutzung von verschiedenen **quantitativ orientierten Arbeitszeitregulierungen**, nämlich zur Verkürzung der täglichen Arbeitszeit, zur Verlängerung der Ruhezeiten bzw. der Pausen und zur Beschränkung der Abweichungsmöglichkeiten in § 7 ArbZG. Diese Norm übernimmt damit ein viele Jahre übliches Schutzinstrument, von dem in den letzten Jahren jedoch selten Gebrauch gemacht worden ist. Bisher ist **nur eine Verordnung**, nämlich die erste Verordnung zur Änderung der **Druckluftverordnung** vom 19.6.1997[1] **auf § 8 S. 1 ArbZG** gestützt worden. Die weiter geltenden Verordnungen zur Arbeitszeit in der Eisen- und Stahlindustrie sowie in der Papierindustrie aus den Jahren 1968 und 1972[2] betreffen nur die Sonn- und Feiertagsarbeit und sind daher § 13 ArbZG zuzuordnen.[3]

2 Von praktischer Relevanz ist vor allem die Möglichkeit der **Arbeitszeitverkürzung im Bergbau**. Diese kann allerdings nicht auf § 8 ArbZG, sondern nur auf § 66 BBergG gestützt werden. Die maßgebliche Verordnung ist die **Klimabergverordnung** (KlimaBergV) vom 9.6.1983,[4] zuletzt geändert am 31.8.1990.[5] Sie ermöglicht eine Arbeitszeitverkürzung an heißen Arbeitsplätzen im Untertage-Bergbau und im Salzbergbau. Sie orientiert sich an einer Trockentemperatur von 28° C im Untertage-Bergbau und einer Effektivtemperatur von 25° C. Im Salzbergbau gelten abweichende Werte und weiterreichende Staffelungen, die eine Verkürzung der täglichen Arbeitszeit auf bis zu 6 ½ Stunden ermöglichen.

II. Entstehungsgeschichte, Unionsrecht

3 Eine Verordnungsermächtigung zu Arbeitszeitverkürzungen an bestimmten gefährlichen Arbeitsplätzen enthielt bereits § 9 Abs. 2 AZO; diese Norm wurde 1994 in das ArbZG integriert und zugleich in ihren Möglichkeiten erweitert. Die entsprechenden

---

[1] BGBl. 1997 I 1384. [2] Schliemann ArbZG Vorb Rn. 26, 27. [3] Anzinger/Koberski ArbZG § 13 Rn. 16; Baeck/Deutsch ArbZG § 13 Rn. 8. [4] BGBl. 1983 I 685. [5] BGBl. 1990 II 889; dazu Anzinger/Koberski ArbZG § 8 Rn. 11; Neumann/Biebl ArbZG § 8 Rn. 4 ff.; HK-ArbZR/Lorenz ArbZG § 8 Rn. 17 ff.; HWK/Gäntgen ArbZG § 8 Rn. 3.

Formulierungen des Regierungsentwurfs[6] sind im Gesetzgebungsverfahren nicht geändert worden.

Durch Art. 21 ArbZRG wurden 1994 zugleich verschiedene Verordnungen, die Arbeitszeitverkürzungen zB in Stahlwerken, Kokereien und Zementwerken ermöglichten, aufgehoben.[7] Aufrechterhalten wurde ausschließlich die DruckluftV vom 4.10.1972,[8] die zuletzt am 29.3.2017 geändert worden ist.[9] Damit ist insgesamt das Instrument einer einfachen Arbeitszeitverkürzung bei gefährlichen Arbeiten nur noch auf einen **geringen Anwendungsbereich** zurückgeführt worden.

Das Unionsrecht ermöglicht nach **Art. 15 der RL 2003/88/EG** solche Arbeitszeitverkürzungen, die sich aus der Sicht der Arbeitnehmer als eine für sie **günstigere Regelung** darstellen. Die Abweichungsmöglichkeiten, die in Art. 17 und 18 der Richtlinie genannt werden, bewirken jeweils eine Verringerung des Schutzes, so dass deren Reichweite vor allem im Zusammenhang mit §§ 7, 18 ArbZG, nicht aber mit § 8 ArbZG zu diskutieren ist (→ ArbZG § 7 Rn. 67 ff.; → ArbZG § 18 Rn. 4).

III. Anwendungsbereich

Die Verordnungsermächtigung bezieht sich auf Arbeiten, bei denen **besondere Gefahren für die Gesundheit der Arbeitnehmer** zu erwarten sind. Diese Definition knüpft an das klassische Arbeitsschutzrecht an, das als Gefahrenschutzrecht konzipiert und strukturiert war. Der Begriff der Gefahr ist gekennzeichnet durch die hinreichende Wahrscheinlichkeit eines Schadenseintritts (→ ArbSchG § 4 Rn. 10).[10] Mit der Kategorie der „besonderen Gefahr" wird eine Steigerung verlangt, die sich auf eine **große Wahrscheinlichkeit des Schadenseintritts** bezieht.[11] Dabei kann es sich allerdings nur um eine typisierte Schätzung handeln, weil die Bundesregierung bei der Setzung der Verordnung eine generalisierende Prognose über eine besondere Gefahr prüfen und bejahen muss, ohne dass die Verhältnisse des jeweiligen Arbeitsplatzes individuell beurteilt werden können.[12] Bei der Auslegung dieses Begriffs kann auch auf Anhang II zur BaustellV zurückgegriffen werden, mit dem der Anhang II zur RL 92/57/EWG übernommen worden ist (→ BaustellV Rn. 22).[13]

Wird eine solche besondere Gefahr bejaht, dann können in der Verordnung die verschiedenen Instrumente der Verbesserung des Arbeitszeitschutzes zur Geltung gebracht werden. Damit kann sowohl die Verkürzung der täglichen Höchstarbeitszeit, die Verlängerung von Ruhezeiten und Pausen sowie die Einschränkung der Abweichungsmöglichkeiten nach § 7 ArbZG vorgeschrieben werden. Mit dieser klaren Normierung des Schutzzwecks und der Instrumente ist diese Verordnungsermächtigung – gemessen an den Kategorien der Rechtsprechung des Bundesverfassungsgerichts[14] – **hinreichend bestimmt iSd Art. 80 Abs. 1 S. 2 GG**.[15]

Deutlich dokumentiert dies die einzige Verordnung des Arbeitszeitrechts, die **DruckluftV vom 4.10.1972**,[16] die durch die erste Verordnung zur Änderung der Druckluftverordnung vom 19.6.1997[17] an die Systematik des ArbZG sowie des ArbSchG angepasst worden ist. Sie bezieht sich auf bestimmte Arbeiten, die mit einer besonderen Gesundheitsgefahr verbunden sind, denn die Arbeiten unter Druckluft, wie zB die Arbeiten im Stollenvortrieb im Verkehrstunnelbau, können nicht nur zu schweren Krankheiten führen, sondern bei zu hoher Belastung auch zu tödlichen Unfällen, wenn der Beschäftigte zB ohnmächtig wird oder nicht mehr rechtzeitig die erforderlichen Signale geben kann. Die in der Verordnung differenziert verlangte Arbeitszeitverkürzung[18] ist auch ein geeignetes Mittel, mit dem diesen besonderen Gefahren begegnet werden kann; die weiteren Mittel der technischen Überwachung der Arbeitskammer sowie der

---

6 BT-Drs. 12/5888, 28. **7** Einzelheiten bei Neumann/Biebl ArbZG § 8 Rn. 2. **8** BGBl. 1972 I 1909. **9** BGBl. 2017 I 626, 643. **10** Kollmer/Klindt/Schucht/Kohte ArbSchG § 4 Rn. 7. **11** So auch HK-ArbZR/Lorenz ArbZG § 8 Rn. 8; vgl. Baeck/Deutsch ArbZG § 8 Rn. 13. **12** ErfK/Wank ArbZG § 8 Rn. 4. **13** Pieper BaustellV Anhang II Rn. 9. **14** BVerfGE 106, 1, 19; Jarass/Pieroth GG Art. 80 Rn. 11. **15** Ebenso Schliemann ArbZG § 8 Rn. 2; Baeck/Deutsch ArbZG § 8 Rn. 10. **16** BGBl. 1972 I 1909. **17** BGBl. 1997 I 1384. **18** Einzelheiten bei HK-ArbZR/Lorenz ArbZG § 8 Rn. 25.

9 Lange Zeit waren auch Arbeitszeitverkürzungen im **Gefahrstoffrecht** auf § 9 Abs. 2 AZO, § 8 S. 1 ArbZG gestützt worden. Nach § 15 a der früheren Fassung der GefStoffV wurde beim Umgang mit typischerweise krebserzeugenden Gefahrstoffen ebenfalls eine Arbeitszeitverkürzung vorgeschrieben. Diese Vorschrift ist inzwischen geändert worden. Nach § 10 Abs. 4 GefStoffV ist nicht mehr eine Arbeitszeitverkürzung vorgesehen, sondern eine Beschränkung der Dauer und des Umfangs der Exposition mit bestimmten Gefahrstoffen.[19] Diese Beschränkung, die in der Praxis eher zu Mischarbeit oder zu zeitweiliger Arbeit an weniger belasteten Arbeitsplätzen führt, ist eingebettet in das heutige Konzept der Minimierung des Einsatzes von Gefahrstoffen. Dieses **Minimierungsgebot ist die grundlegende Anforderung**, die auch durch arbeitsorganisatorische Maßnahmen wie Expositionsbeschränkungen zu gewährleisten ist (→ GefStoffV Rn. 43). Dies ist eine weiterreichende Konzeption, die dem traditionellen Instrument des § 8 ArbZG überlegen ist.

IV. Rechtssystematische und -rechtspolitische Perspektiven

10 Die Norm des § 8 ArbZG ist nach 1994 nicht an das neue Arbeitsschutzrecht angepasst worden. Auch wenn der Gefahrenbegriff weiterhin im Arbeitsschutzrecht eine markante Rolle spielt, ist **das heutige Recht vorrangig als Gefährdungsrecht** strukturiert, so dass die verschiedenen Maßnahmen, zu denen selbstverständlich auch Arbeitszeitverkürzungen gehören, bereits an einem früheren Zeitpunkt ansetzen. Insoweit greift die Beschränkung des § 8 ArbZG auf „besondere Gefahren" zu kurz.

11 Vor allem ist dieses Instrument **nicht hinreichend abgestimmt mit der Notwendigkeit betrieblicher Präventionsstrategien**, die sich an § 4 ArbSchG orientieren. Nach dieser Norm sind Gefahren vorrangig an der Quelle zu bekämpfen. Die Arbeitszeitverkürzung setzt in der Regel nicht an der Quelle an, sondern an den Auswirkungen und versucht diese zu verringern. Es war daher konsequent und zutreffend, dass im heutigen Gefahrstoffrecht – geleitet durch das Minimierungsgebot – mit der Dauer und dem Umfang der Exposition eine präzisere und präventiv genauer orientierte Anforderung formuliert worden ist. Dies gilt ebenfalls für § 5 BildscharbV – jetzt Anhang Nr. 6.1. ArbStättV 2016. Danach geht es auch bei der **Bildschirmarbeit** nicht pauschal um Arbeitszeitverkürzung, sondern vorrangig um die Struktur von Mischarbeit. Erst wenn die Gefahrenbekämpfung an der Quelle keinen Erfolg verspricht, sind Arbeitszeitverkürzungen mögliche weitergehende Schutzmaßnahmen (→ ArbStättV Rn. 172 ff.). Besonders anschaulich wird diese Änderung der Präventionspolitik an der Norm des **§ 2 Abs. 3 BaustellV**. Danach ist bei besonders gefährlichen Tätigkeiten, die im Anhang II näher beschrieben werden, zunächst ein **Sicherheits- und Gesundheitsplan** zu erstellen, in dem die fachlichen und organisatorischen Anforderungen an den Umgang mit diesen besonderen Gefahren auf betrieblicher Ebene festgelegt werden. Die Verordnung ordnet keine konkreten Maßnahmen an, da diese betrieblich zu präzisieren sind. So kann bei der Arbeit mit „schweren Massivbauteilen", die in der BaustellV als besonders gefährlich qualifiziert werden, eine Rolle spielen, wie Form, Größe, Gewicht und Verwendungsart dieser Bauteile geschaffen sind. Die möglichen organisatorischen Konsequenzen sind vielfältig und innerbetrieblich festzulegen. Arbeitszeitbeschränkungen stellen nur ein Element innerhalb dieser Präventionspolitik dar.[20]

12 In der Literatur ist diskutiert worden, ob die fehlende Nutzung von § 8 S. 1 ArbZG für die besonderen Belastungen durch **Nachtarbeit und Schichtarbeit** als Umsetzungsdefizit in Bezug auf Art. 8 Abs. 2 sowie Art. 12 der RL 2003/88/EG zu qualifizieren ist.[21] Wiederum erweist sich die nur auf Arbeitszeitquanten bezogene Normstruktur von § 8

---

19 Pieper GefStoffV § 10 Rn. 15; HK-ArbZR/Lorenz ArbZG § 8 Rn. 24. **20** Bremer, Arbeitsschutz im Baubereich, S. 81. **21** Kreft, Arbeitszeitdauerregulierungen, S. 238; Habich, Sicherheits- und Gesundheitsschutz durch die Gestaltung von Nacht- und Schichtarbeit, 2006 S. 199 ff.

ArbZG als Hindernis, denn arbeitswissenschaftlich ergeben sich bei Nacht- und Schichtarbeit die besonderen Belastungen gerade aus dem Zusammenwirken von Nacht- und Schichtarbeit, besonderen Gefährdungen durch Gefahrstoffe, Lärm oder Lasten sowie durch spezifische betriebliche Bedingungen. Angesichts der typischen und arbeitswissenschaftlich belegten Gefährdungslage besteht hier eine Handlungspflicht des Arbeitgebers aus § 3 Abs. 1 ArbSchG, die durch eine Gefährdungsbeurteilung zu präzisieren ist.[22] Die jeweils zu findenden und zu treffenden Regelungen sind in aller Regel differenziert; Arbeitszeitermäßigungen sind ein Baustein in diesem Konzept, das sich aus einer unionsrechtskonformen Auslegung von Art. 8, 12 und 13 der RL 2003/88/EG und von Art. 6 RL 89/391/EG ableiten lässt, die zu Handlungspflichten nach § 3 Abs. 1 ArbSchG führt.[23] Zu realisieren ist es daher möglicherweise mithilfe einer Verordnung nach § 18 ArbSchG, in jedem Fall aber durch betriebliche Maßnahmen, die durch Betriebsvereinbarung strukturiert werden können.

In vergleichbarer Weise können **zusätzliche Pausen und Arbeitszeitverkürzungen bei psychischen Belastungen**, die sich zum Beispiel aus Taktarbeit und monotoner sowie eintöniger Arbeit ergeben können, eingesetzt werden.[24] Auch diese Maßnahmen sind jeweils innerbetrieblich zu klären; sie basieren auf der Handlungspflicht nach § 3 Abs. 1 ArbSchG und sind regelmäßig durch Gefährdungsbeurteilungen zu strukturieren. Auch hier ist jedoch zu beachten, dass Pausen Belastungen durch Monotonie nur verringern, so dass sie nie als vorrangiges Mittel eingesetzt werden können.[25] 13

Ein vergleichbarer Befund ergibt sich für arbeitszeitbezogene Regelungen bei den **Problemen des Multi-Tasking sowie der ständigen bzw. erweiterten Erreichbarkeit**.[26] In mehreren repräsentativen Untersuchungen der letzten Zeit ist festgestellt worden, dass die Quote der Erreichbarkeit von Beschäftigten außerhalb der Kernarbeitszeiten deutlich zugenommen hat.[27] Ein „harter Kern" von ca. 10–20 % der Beschäftigten soll sich auch außerhalb der betrieblichen Anwesenheitszeiten zur Verfügung halten. In beachtlichem Umfang wird diese Verfügbarkeit auch genutzt. Einen wesentlich größeren Umfang von ca. 20 % hat eine Grauzone, in der aus Sicht der Beschäftigten eine Erreichbarkeit erwartet wird, ohne dass dazu eine förmliche Regelung bzw. Abgrenzung erfolgt ist. Gleichwohl wird diese erweiterte Erreichbarkeit auch überwiegend eingehalten. Dies ist nicht ohne Konsequenzen für die Gesundheit und die Work-Life-Balance. Weitgehend gesichert ist eine Zunahme von gesundheitlichen Gefährdungen und Schlafstörungen. Die Gruppe der „Erreichbaren" hatte bei den letzten Untersuchungen auch insgesamt einen schlechteren Allgemeinzustand, so dass diese Praxis in einem auf Gefährdungseinschränkung angelegten Arbeitsschutzrecht nicht negiert werden darf. Daraus ergibt sich zunächst, dass die **strikten Grenzen des ArbZG** – vor allem die Ruhezeit nach § 5 ArbZG, ggf. modifiziert nach § 7 Abs. 1 Nr. 2 ArbZG – einzuhalten sind (→ ArbZG § 2 Rn. 34; → ArbZG § 5 Rn. 13).[28] 14

In den aktuellen Untersuchungen hat sich gezeigt, dass mit der Praxis erweiterter Erreichbarkeit auf **Defizite der Arbeitsorganisation** geantwortet wird.[29] Je besser die sozialen Beziehungen und die Regelungen formeller und informeller Vertretung ausgestaltet sind, desto geringer ist Erreichbarkeit nach Verlassen des Betriebs zu verzeichnen. Einschränkungen sind daher am besten dadurch zu erreichen, dass die Arbeitsorganisation und die Vertretungsorganisation innerhalb des Betriebs als Gefährdungsquelle untersucht und gegebenenfalls korrigiert wird.[30] Damit erweist sich die Einschränkung der Erreichbarkeit in erster Linie als eine **Maßnahme des Arbeitsschutzes nach §§ 3, 5** 15

---

22 Ausführlich Habich, Sicherheits- und Gesundheitsschutz, S. 208 ff. **23** Maier, Pausengestaltung als Organisationspflicht, 2012, S. 194. **24** Oppolzer, Gesundheitsmanagement im Betrieb, S. 149 ff. **25** Kollmer/Klindt/Schucht/Kohte ArbSchG § 4 Rn. 24. **26** Paridon DGUV-Forum 6/2012, 26; Dettmers ua, Entgrenzung der täglichen Arbeitszeit, in: Badura/Ducki, Fehlzeitenreport 2012, S. 53 ff.; Falder NZA 2010, 1150 (1151); Buschmann AiB 2013, 514 ff.; Schuchart AuR 2016, 341. **27** Krause NZA 2016, 1004 (1005) mwN; Pangert/Schüpbach, Erweitere Erreichbarkeit, S. 12 ff.; BAuA, Arbeitszeitreport 2016, S. 74 ff. **28** Wiebauer NZA 2016, 1430 (1433); Krause NZA 2016, 1004 (1005); Schuchart AuR 2016, 341 (342); Schaub/Vogelsang ArbRHB § 158 Rn. 5. **29** Hässler/Rau ua, IGA 23-2016, S. 26 ff. **30** Dies ist auch die Zielrichtung des aktuellen französischen Arbeitsrechts, Durlach/Renaud AuR 2017, 196 (197).

ArbSchG,[31] so dass vor jeder Erreichbarkeit eine **Gefährdungsbeurteilung** erforderlich ist. Mit quantitativen Zeitbegrenzungen allein wird das Problem nicht an der Quelle in Angriff genommen. Soweit bei ständiger Erreichbarkeit zusätzliche Regulierungen und „**Handypausen**" eingeführt werden, könnten sie nur schwer auf § 8 ArbZG gestützt werden, da die Probleme der Erreichbarkeit nicht notwendig Bereitschaftsdienst und Arbeit, sondern möglicherweise die Modalitäten der Rufbereitschaft betreffen, die zunächst bei der Gefährdungsbeurteilung psychischer Belastungen nach § 5 Abs. 3 Nr. 6 ArbSchG zu erfassen sind (→ ArbZG § 2 Rn. 31, → ArbSchG § 5 Rn. 30 ff.). Damit geht es regelmäßig um den Auffangtatbestand der **Grundpflicht des § 3 Abs. 1 ArbSchG**, so dass es konsequent ist, dass die Konkretisierung dieser Pflichten im Rahmen einer Verordnung zum Schutz vor psychischer Gefährdung bei der Arbeit auf § 18 ArbSchG zu stützen ist,[32] weil diese Verordnungsermächtigung ein besser geeignetes und differenzierteres Instrumentarium zur Verfügung stellt. § 8 ArbZG ist dadurch allerdings nicht funktionslos, jedoch nur in beschränktem Umfang bei typisierten besonderen Gefahren anwendbar, bei denen die zu treffenden Regulierungen vor allem arbeitszeitbezogen und nicht arbeitsorganisations- oder arbeitsumgebungsbezogen sind. Dies gilt ebenso für die Pausen, die als Ausgleichsmaßnahmen bei besonders intensiver, monotoner und belastender Arbeit als sekundäre Ausgleichsmaßnahmen arbeitswissenschaftlich verlangt werden.[33] Die Konkretisierung der Handlungspflicht des Arbeitgebers nach § 3 ArbSchG erfolgt durch das Mitbestimmungsrecht nach § 87 Abs. 1 Nr. 7 BetrVG.[34] In letzter Zeit sind daher verschiedene Modalitäten von Betriebsvereinbarungen bekannt geworden, die nach geeigneten Regelungsmustern suchen.[35]

V. Rechtsdurchsetzung

16 Da § 8 ArbZG ausschließlich eine Verordnungsermächtigung erhält, ist diese Norm **zur individuellen primären Rechtsdurchsetzung nicht geeignet**. Nach der deutschen staatsrechtlichen Tradition haben Betroffene keinen Anspruch auf den Erlass eines Gesetzes oder einer Verordnung.[36] Diese steht insoweit im Ermessen der jeweils zuständigen politischen Akteure. Falls Vorgaben des Unionsrechts, wie zum Beispiel Art. 8 RL 2003/88/EG, nicht hinreichend umgesetzt werden, ist eine Frage des Vertragsverletzungsverfahrens, der unionsrechtskonformen Auslegung zB des § 3 ArbSchG und in spezifischen Fällen des unionsrechtlichen Staatshaftungsanspruchs. Ebenso kann sich nach deutschem Recht bei evidenter Verletzung der Schutzpflicht aus Art. 2 Abs. 2 GG ein Anspruch auf Schutzmaßnahmen oder Entschädigung, nicht aber auf rechtliche Regulierung ergeben.[37]

17 Wenn eine durch § 8 S. 1 ArbZG legitimierte Verordnung, wie zB die DruckluftV, erlassen ist, gelten für sie wiederum die **üblichen Wege der Rechtsdurchsetzung**. Die Einhaltung der Verordnung wird nach § 17 Abs. 1 ArbZG überwacht; Aufsichtsbehörden können Anordnungen treffen, die auf § 17 Abs. 2 ArbZG gestützt werden; die Arbeitszeitbeschränkungen in § 21 Abs. 4 und 5 DruckluftV werden durch § 23 DruckluftV auch ordnungswidrigkeitenrechtlich abgesichert, so dass auch Bußgelder nach § 22 ArbZG verhängt werden können (→ ArbZG § 22 Rn. 10).[38]

---

31 Kohte NZA 2015, 1417 (1421); Wiebauer NZA 2016, 1430 (1435); Hässler/Rau, S. 55 ff. **32** So der Beschluss des Bundesrates zu einer Verordnung zum Schutz vor Gefährdungen durch psychische Belastung bei der Arbeit vom 3.5.2013 – BR-Drs. 315/13 (Beschluss). **33** Oppolzer AiB 2011, 597. **34** Kohte in: Festschrift Wißmann, S. 331, 339 zu BAG 1.7.2003 – 1 ABR 20/02, NZA 2004, 620 (622) und Kraft SAE 2004, 192 (193); vgl. BAG 28.3.2017 – 1 ABR 25/15, NZA 2017, 1132. **35** ArbG Berlin 22.3.2012 – 54 BV 7072/11; vgl. auch Gute Arbeit 3/2014, 27 f. **36** Anzinger/Koberski ArbZG § 8 Rn. 14 mwN. **37** BVerfG 4.5.2011 – 1 BvR 1502/08, NVwZ 2011, 991. **38** HK-ArbZR/Lorenz ArbZG § 8 Rn. 27; Waßmer in Bross, Handbuch Arbeitsstrafrecht Kap. 18 Rn. 81.

Dritter Abschnitt Sonn- und Feiertagsruhe

§ 9 ArbZG Sonn- und Feiertagsruhe

(1) Arbeitnehmer dürfen an Sonn- und gesetzlichen Feiertagen von 0 bis 24 Uhr nicht beschäftigt werden.

(2) In mehrschichtigen Betrieben mit regelmäßiger Tag- und Nachtschicht kann Beginn oder Ende der Sonn- und Feiertagsruhe um bis zu sechs Stunden vor- oder zurückverlegt werden, wenn für die auf den Beginn der Ruhezeit folgenden 24 Stunden der Betrieb ruht.

(3) Für Kraftfahrer und Beifahrer kann der Beginn der 24stündigen Sonn- und Feiertagsruhe um bis zu zwei Stunden vorverlegt werden.

Literatur: *Buschmann*, Internationales Arbeitszeitrecht, in: FS für Etzel, 2011, S. 103; *Canaris*, Grundrechte und Privatrecht, AcP 184, 201; *Däubler*, Sonntagsarbeit aus wirtschaftlichen und technischen Gründen, DB 1988, Beil. Nr. 7; *Dobberahn*, Das neue Arbeitszeitgesetz in der Praxis, 1996; *Dommermuth-Alhäuser*, Sonntagsarbeit im Streik, NZA 2016, 522; *Erasmy*, Ausgewählte Rechtsfragen zum neuen Arbeitszeitrecht (II), NZA 1995, 97; *Falder*, Immer erreichbar – Arbeitszeit- und Urlaubsrecht in Zeiten technologischen Wandels, NZA 2010, 1150; *Greiner*, Institutioneller Schutz und individueller Freiraum – Die Novellierung der Sonn- und Feiertagsarbeit nach dem Urteil des BVerwG vom 26.11.2014, ZfA 2015, 469; *Griebeling*, Arbeitnehmerbegriff und das Problem der „Scheinselbstständigkeit", RdA 1998, 208; *Grube*, Der Sonntag und die kirchlichen Feiertage zwischen Gefährdung und Bewährung, 2004; *Häberle*, Der Sonntag als Verfassungsprinzip, 2006; *ders.*, Verfassungslehre als Kulturwissenschaft, 1998; *Heinemann*, Grundgesetzliche Vorgaben bei der staatlichen Anerkennung von Feiertagen, 2004; *Herschel*, Bemerkungen zum Entwurf eines Arbeitszeitgesetzes, BB 1986, 384; *ders.*, Die arbeitnehmerähnliche Person, DB 1977, 1185; *Hromadka*, Arbeitnehmer oder freier Mitarbeiter, NJW 2003, 1847; *Hufen*, Der Ausgleich verfassungsrechtlich geschützter Interessen bei der Ausgestaltung des Sonn- und Feiertagsschutzes, 2014; *Jacobs*, Reformbedarf im Arbeitszeitrecht, NZA 2016, 733; *Junker*, Brennpunkte des Arbeitszeitgesetzes, ZfA 1998, 105; *Kappus*, Sonntagsarbeit und Mitbestimmung, DB 1990, 478; *Klein*, Lärmende Arbeiten am Sonntag stören nicht nur Arbeitnehmer, VBlBW 2017, 274; *Knauff*, Sonntagsruhe zwischen Verfassungsgebot und Kommerzialisierung, GewArch 2016, 217 u. 272; *Kohte*, Arbeitsschutzrecht und UWG – ein fruchtbares Wechselverhältnis, AuR 1989, 241; *ders.*, Anmerkung zum Beschluss des OVG Magdeburg vom 17.8.1999 – B 1 S 114/99, AuR 1999, 453; *ders.*, Der Beitrag der Betriebsverfassung zur Realisierung des Arbeitszeitrechts, in: FS für Wißmann, 2005, S. 331; *Kühn*, Sonntagsarbeit bleibt unsicher, AuR 2010, 299; *Kuhr*, Die Sonntagsruhe im Arbeitszeitgesetz aus verfassungsrechtlicher Sicht, DB 1994, 2186; *Mosbacher*, Das neue Sonntagsgrundrecht – am Beispiel des Ladenschlusses, NVwZ 2010, 537; *Nebe*, Betrieblicher Mutterschutz ohne Diskriminierungen, 2006; *Preis/Ulber*, Direktionsrecht und Sonntagsarbeit, NZA 2010, 729; *Przybylski* (Hrsg.), Ende gemeinsamer Zeit? Risiken neuer Arbeitszeitgestaltung und Öffnungszeiten, 1988; *Richardi*, Sonn- und Feiertagsruhe im Arbeitsleben, AuR 2006, 379; *Rozek*, Ladenschluss in der Verfassung, AuR 2005, 169; *ders.*, Immer wieder sonntags?, AuR 2010, 148; *Schleicher*, Mutterschutz und GG, BB 1985, 340; *Wiebauer*, Sonntagsarbeit und Bedürfnisse der Bevölkerung, NVwZ 2015, 543; *Wirtz/Nachreiner/Rolfes*, Sonntagsarbeit – Auswirkungen auf Sicherheit, Gesundheit und Work-Life-Balance der Beschäftigten, ZfArbwiss 2011, 136; *Zmarzlik*, Zulässigkeit gewerblicher Sonn- und Feiertagsarbeit, BB 1991, 901; *ders.*, Entwurf eines Arbeitszeitgesetzes, BB 1993, 2009.

Leitentscheidungen: BVerfG 9.6.2004 – 1 BvR 636/02, BVerfGE 111, 10; BVerfG 1.12.2009 – 1 BvR 2857, 2858/07, BVerfGE 125, 39; BVerfG 27.10.2016 – 1 BvR 458/10, BVerfGE 143, 161; BVerwG 26.11.2014 – 6 CN 1.13, BVerwGE 150, 327; BVerwG 4.12.2014 – 8 B 66/14, NVwZ-RR 2015, 256; BVerwG 11.11.2015 – 8 CN 2.14, BVerwGE 153, 183; BAG 4.5.1993 – 1 ABR 57/92, BAGE 73, 118; BAG 15.9.2009 – 9 AZR 757/08, BAGE 132, 88.

I. Entstehungsgeschichte; Rechtssystematik 1	II. Sonn- und Feiertagsschutz in verfassungsrechtlicher Dimension 3
	III. Detailkommentierung 6

1.	Verbot der Beschäftigung an Sonn- und Feiertagen (Abs. 1)	6	
	a) Verbot der Beschäftigung an gesetzlichen Feiertagen	6	
	b) Geschützte Arbeitnehmer......................	9	
	c) Umfang und Dauer des Beschäftigungsverbots ...	14	
2.	Verlegung der Sonn- und Feiertagsruhe in mehrschichtigen Betrieben (Abs. 2)	18	
3.	Sonn- und Feiertagsruhe für Kraftfahrer und Beifahrer (Abs. 3)	23	
IV.	Rechtsdurchsetzung	25	

I. Entstehungsgeschichte; Rechtssystematik

1 § 9 ArbZG gilt in seiner heutigen Fassung seit Inkrafttreten des Arbeitszeitgesetzes 1994. Im Gegensatz zu anderen Vorschriften des ArbZG ist die Regelung nicht auf die damaligen gemeinschaftsrechtlichen Vorgaben der EG-Arbeitszeitrichtlinie 93/104/EG zurückzuführen. Deren Art. 5 Abs. 2 sah zunächst eine 24-stündige Ruhezeit pro Woche vor, in die der Sonntag grundsätzlich einzuschließen war. Der EuGH akzeptierte zwar die 24-stündige Ruhezeit aus Gründen des Arbeits- und Gesundheitsschutzes – entsprechend der europarechtlichen Ermächtigungsgrundlage (damals Art. 118 a EGV, → Unionsrecht Rn. 9). Für den Gerichtshof war jedoch nicht plausibel, warum der Sonntag als wöchentlicher Ruhetag in engerer Verbindung zur Gesundheit der Arbeitnehmer steht als ein anderer Wochentag. Daher erklärte er die entsprechende Richtlinienregelung für nichtig,[1] so dass die nachfolgende RL 2003/88/EG keine Bestimmungen zur Sonntagsarbeit enthält. Das Ziel des § 9 ArbZG wird folglich **nicht unionsrechtlich, sondern vor allem verfassungsrechtlich** bestimmt: Die Regelungen zur Sonn- und Feiertagsruhe sollen in Übereinstimmung mit den grundgesetzlichen Vorgaben aus Art. 140 GG iVm Art. 139 WRV näher ausgestaltet und modernisiert werden.[2] Hinzuweisen ist ferner darauf, dass Art. 2 Nr. 5 ESC im Ergebnis ebenfalls den Kernbereich eines Sonntagsschutzes für Arbeitnehmer enthält.[3]

2 Das Verbot des **§ 9 Abs. 1 ArbZG** hat **öffentlich-rechtlichen Charakter**.[4] Es ist ein Schutzgesetz iSv § 823 Abs. 2 BGB und enthält ein gesetzliches Verbot iSv § 134 BGB.[5] Abweichende Abreden in Tarifverträgen, Betriebsvereinbarungen oder Arbeitsverträgen sind, soweit nicht Ausnahmetatbestände eingreifen, unwirksam.[6] Ebenso ist ein Spruch einer Einigungsstelle unwirksam, der Arbeit am Sonntag im Widerspruch zu den §§ 9 ff. ArbZG regelt.[7] Die Arbeitnehmer und die kollektiven Interessenvertretungen können nicht wirksam auf den Schutz der Sonn- und Feiertagsruhe verzichten. Weisungen des Arbeitgebers, die gegen § 9 Abs. 1 ArbZG verstoßen, müssen von den Arbeitnehmern nicht befolgt werden, ohne dass ihnen deshalb arbeitsrechtliche Sanktionen (Abmahnung, Kündigung) drohen,[8] denn wegen des Beschäftigungsverbots sind Arbeitnehmer nach § 275 Abs. 1 BGB von der Arbeitspflicht befreit.[9] Die Vergütungspflicht ergibt sich in Abweichung von § 326 BGB aus § 2 EFZG (→ Rn. 8). Der Arbeitgeber als Normadressat ist verpflichtet, für die Einhaltung des Arbeitsverbots in seinem Betrieb zu sorgen und Verstöße gegen dieses Verbot zu unterbinden. Er hat daher dafür Sorge zu tragen, dass die Arbeitnehmer in seinem Zuständigkeitsbereich nicht von sich aus gegen das Verbot der Sonn- und Feiertagsarbeit verstoßen. Er darf „freiwillig" er-

---

1 EuGH 12.11.1996 – C-84/94, NZA 1997, 23 (Vereinigtes Königreich ./. Rat). **2** Vgl. Gesetzesbegründung BT-Drs. 12/5888, 21. **3** Vgl. Däubler DB 1988, 10; Kohte AuR 1999, 453 (455); Buschmann in: FS Etzel, S. 103, 111 ff. **4** Siehe ferner nur Baeck/Deutsch ArbZG § 9 Rn. 5; Münch/ArbR/Anzinger § 297 Rn. 12 f.; Roggendorf, S. 106. **5** BAG 15.9.2009 – 9 AZR 757/08, BAGE 132, 88 (93). **6** AllgA – siehe Roggendorf, S. 106; Baeck/Deutsch ArbZG § 9 Rn. 12; Neumann/Biebl, ArbZG § 9 Rn. 4; HK-ArbZR/Herbert ArbZG § 9 Rn. 58; Buschmann/Ulber ArbZG § 9 Rn. 10. **7** BAG 4.5.1993 – 1 ABR 57/92, BAGE 73, 118 (127). **8** Vgl. Buschmann/Ulber ArbZG § 9 Rn. 19 f., § 10 Rn. 22 f.; Anzinger/Koberski ArbZG § 9 Rn. 60; Roggendorf, S. 106. **9** BAG 18.4.2012 – 10 AZR 200/11, BAGE 141, 129, 133.

brachte Arbeitsleistungen nicht entgegennehmen.[10] Wenn der Arbeitgeber von solchen Arbeiten Kenntnis erhält, ist er verpflichtet, dafür zu sorgen, dass die Arbeiten unverzüglich eingestellt werden.[11] Abweichungen vom Verbot der Arbeit an Sonn- und Feiertagen sind nur bei Vorliegen der gesetzlichen Ausnahmen des ArbZG möglich. Auch in diesen Fällen wird das **Weisungsrecht des Arbeitgebers** an den einzelnen Arbeitnehmer im Rahmen des § 106 GewO **begrenzt durch die Wertentscheidungen des Grundgesetzes**, insbesondere aus den Art. 4 Abs. 1, 2 und Art. 6 GG (→ Rn. 7, → ArbZG § 13 Rn. 2). Die Ungleichbehandlung der von den Ausnahmen betroffenen Arbeitnehmer im Vergleich zu den Arbeitnehmern, auf die keine Ausnahmen anwendbar sind, findet ihre sachliche Rechtfertigung in Gemeinwohlerwägungen, der Sicherstellung des gesellschaftlichen Lebens und besonderen Bedürfnissen der Bürger.[12]

II. Sonn- und Feiertagsschutz in verfassungsrechtlicher Dimension

§ 9 ArbZG – gleiches gilt für die Ausnahmetatbestände in den §§ 10, 13 ArbZG – ist im Lichte der verfassungsrechtlichen Gewährleistung des Sonn- und Feiertagsschutzes nach Art. 140 GG iVm Art. 139 WRV **verfassungskonform** auszulegen und anzuwenden. Das BVerfG hat die verfassungsrechtliche Institution des Sonn- und Feiertagsschutzes in mehreren grundlegenden Entscheidungen (zu Ladenschlussregelungen des Bundes bzw. des Landes Berlin) entfaltet und konkretisiert.[13] Die Verwaltungsrechtsprechung folgt den verfassungsgerichtlichen Vorgaben auch für die Anwendung der §§ 9, 10 und 13 ArbZG inzwischen auf breiter Front.[14] Der Sonn- und Feiertagsschutz nach Art. 140 GG iVm Art. 139 WRV hat sowohl eine **religiös-christliche** als auch eine **weltlich-soziale** Bedeutung.[15] In ersterer Hinsicht ist die Garantie durch einen religiösen Gehalt geprägt. Anknüpfend an die in christlicher Tradition entstandenen Feiertage zielt sie auf die Möglichkeit der Ausübung der Religionsfreiheit nach Art. 4 Abs. 1, 2 GG und darauf, dass Gläubige diesen Tagen ein Gesamtgepräge geben können, wie es ihrem Glauben entspricht.[16] Zugleich wird der Schutz vor einer weitgehenden Ökonomisierung des Menschen verfolgt, indem ein „**Rhythmus von Arbeit und Ruhe**" gelebt werden kann.[17] Arbeitsfreie Sonn- und Feiertage sollen die Möglichkeit zur persönlichen Ruhe und Besinnung bieten. Die **Erholung von der beruflichen Tätigkeit**, die physische und psychische Regeneration sollen das individuelle Wohlbefinden und die Gesundheit erhalten und stabilisieren. Diese Funktion des Sonntagsarbeitsverbots wird durch die neuere arbeitswissenschaftliche Forschung bestätigt.[18] Die spezifische Bedeutung des Sonn- und Feiertagsschutzes im weltlichen Bereich resultiert ganz wesentlich aus der **synchronen Taktung** des sozialen Lebens.[19] Der zeitliche Gleichklang einer für alle Bereiche regelmäßigen Arbeitsruhe ist ein grundlegendes Element für die Wahrneh-

---

10 AllgM – vgl. Anzinger/Koberski ArbZG § 9 Rn. 6; ErfK/Wank ArbZG § 9 Rn. 1; HK-ArbZR/Herbert ArbZG § 9 Rn. 13; Buschmann/Ulber ArbZG § 9 Rn. 19; HWK/Gäntgen ArbZG § 9 Rn. 2; Baeck/Deutsch ArbZG § 9 Rn. 12. **11** Neumann/Biebl ArbZG § 9 Rn. 3; ErfK/Wank ArbZG § 9 Rn. 1; Falder NZA 2010, 1150 (1153). **12** Vgl. auch Anzinger/Koberski ArbZG § 9 Rn. 3. **13** BVerfG 9.6.2004 – 1 BvR 636/02, BVerfGE 111, 10 (50 ff.); BVerfG 1.12.2009 – 1 BvR 2857, 2858/07, BVerfGE 125, 39 (77 ff.); daran anknüpfend zuletzt BVerfG 27.10.2016 – 1 BvR 458/10, BVerfGE 143, 161 (190 ff. Rn. 59 ff.). **14** Vgl. BVerwG 26.11.2014 – 6 CN 1.13, BVerwGE 150, 327 (330 ff. Rn. 15 ff. u. 32 ff.); BayVGH 8.12.2016 – 22 ZB 16.1180, BayVBl. 2017, 563 (564); BayVGH 18.12.2015 – 22 CS15.2716, GewArch 2016, 121 f.; OVG Münster 18.12.2015 – 4 B 1463/15, GewArch 2016, 157 f.; OVG Münster 18.12.2015 – 4 B 1465/15, Rn. 8 ff.; OVG Münster 10.7.2015 – 4 B 791/15, DVBl. 2015, 1266 f.; OVG Münster 10.7.2015 – 4 B 792/15, NVwZ-RR 2015, 776 f.; OVG Bautzen 11.12.2015 – 3 B 369/15, Rn. 5 ff.; vgl. zum Ladenschlussrecht ferner noch BVerwG 11.11.2015 – 8 CN 2.14, BVerwGE 153, 183 (185 f. Rn. 16, 187 f. Rn. 22 ff.); BVerwG 4.12.2014 – 8 B 66/14, NVwZ-RR 2015, 256 ff. **15** BVerfG 1.12.2009 – 1 BvR 2857, 2858/07, BVerfGE 125, 39 (80 f.); BVerfG 27.10.2016 – 1 BvR 458/10, BVerfGE 143, 161 (190 f. Rn. 60 f.); vgl. auch Häberle, Der Sonntag als Verfassungsprinzip, S. 106; Knauff GewArch 2016, 217 (219). **16** BVerfG 27.10.2016 – 1 BvR 458/10, BVerfGE 143, 161 (191 Rn. 61) im Anschluss an BVerfG 1.12.2009 – 1 BvR 2857, 2858/07, BVerfGE 125, 39 (80 f.). **17** HWK/Gäntgen ArbZG § 9 Rn. 1. **18** Wirtz/Nachreiner/Rolfes ZfArbwiss 2011, 136 ff. **19** BVerfG 1.12.2009 – 1 BvR 2857, 2858/07, BVerfGE 125, 39 (82); BVerfG 27.10.2016 – 1 BvR 458/10, BVerfGE 143, 161 (190 f. Rn. 60); vgl. auch Richardi AuR 2006, 379 (384); Knauff GewArch 2016, 217 (219).

mung zahlreicher Formen sozialen (Zusammen-)Lebens.[20] Die **gemeinsame Arbeitsruhe als „kulturelles Teilhaberecht"**[21] ermöglicht die Gestaltung einer gemeinsamen Freizeit der Familie und die gemeinsame Teilhabe am gesellschaftlichen Leben in Vereinen, Gewerkschaften und anderen Kooperationsformen. Der Schutzauftrag des Art. 140 GG iVm Art. 139 WRV ist auf die Stärkung des Schutzes derjenigen Grundrechte angelegt, die in besonderem Maße auf Tage der Arbeitsruhe und der seelischen Erhebung angewiesen sind.[22] Art. 140 GG iVm Art. 139 WRV konturiert und konkretisiert mithin staatliche Schutzpflichten nicht nur in Bezug auf Art. 4 Abs. 1, 2 GG, sondern – im Rahmen seiner weltlich-sozialen Zielsetzung – auch hinsichtlich weiterer Grundrechte; die Gewährleistung ist als **Konnexgarantie** auch zu diesen Grundrechten zu begreifen.[23] Dazu zählen namentlich das Grundrecht der körperlichen Unversehrtheit (Art. 2 Abs. 2 S. 1 GG) ebenso wie der Schutz von Ehe und Familie (Art. 6 Abs. 1 GG) sowie die Vereinigungsfreiheit (Art. 9 Abs. 1 GG) einschließlich der Koalitionsfreiheit (Art. 9 Abs. 3 GG).[24] Den Regelungen der §§ 9, 10 und 13 ArbZG, die den verfassungsrechtlichen Schutzauftrag aus Art. 140 GG iVm Art. 139 WRV einfachgesetzlich konkretisieren, kommt vor diesem Hintergrund in entsprechendem Umfang ein **drittschützender Charakter** zu.[25] Nicht nur betroffene Arbeitnehmer,[26] sondern etwa auch in ihrem Tätigkeitsbereich betroffene Gewerkschaften können sich danach erfolgreich darauf berufen, die Voraussetzungen für eine Ausnahme vom Verbot der Sonntagsarbeit hätten nicht vorgelegen und die Ausnahme verstoße daher gegen eine auch sie schützende Rechtsposition.[27]

4 Art. 140 GG iVm Art. 139 WRV statuiert ein **Regel-Ausnahme-Verhältnis**.[28] Der verfassungsrechtlich garantierte Sonn- und Feiertagsschutz ist in seinem **Kernbestand** zu achten und nur beschränkt einschränkbar. Im Rahmen der gesetzlichen Ausgestaltung sind Sonn- und Feiertage regelhaft als solche der Arbeitsruhe festzulegen. Beim Ausgleich zwischen dem Sonn- und Feiertagsschutz einerseits und gegenläufigen Grundrechten wie namentlich Art. 12 Abs. 1 GG und Art. 2 Abs. 1 GG andererseits ist der Gesetzgeber grundsätzlich nicht weiter legitimierungsbelastet, wenn er der Regel des Art. 139 WRV folgt;[29] **rechtfertigungsbedürftig** sind vielmehr die **Ausnahmen**. Dies gilt für „Arbeiten trotz des Sonntags" (zB in der Produktion) wie für „Arbeiten für den Sonntag" (zB in Gaststätten). Ausnahmen dürfen nur zur Wahrung **höher- oder gleichwertiger Rechtsgüter** gemacht werden.[30] Diese müssen ein solches Gewicht entfalten, dass sie die verfassungsrechtliche Sonn- und Feiertagsgarantie als Ausnahme durchbre-

---

20 BVerwG 26.11.2014 – 6 CN 1.13, BVerwGE 150, 327 (330 Rn. 15); BVerwG 11.11.2015 – 8 CN 2.14, BVerwGE 153, 183 (185 Rn. 16). 21 Häberle, Verfassungslehre als Kulturwissenschaft, S. 994 ff.; ders., Der Sonntag als Verfassungsprinzip, S. 48 ff., 118 ff.; Kohte AuR 1999, 453 (455). 22 BVerfG 1.12.2009 – 1 BvR 2857, 2858/07, BVerfGE 125, 39 (84); BVerwG 26.11.2014 – 6 CN 1.13, BVerwGE 150, 327 (330 Rn. 15); BVerwG 11.11.2015 – 8 CN 2.14, BVerwGE 153, 183 (185 Rn. 16). 23 Grundlegend BVerfG 1.12.2009 – 1 BvR 2857, 2858/07, BVerfGE 125, 39 (80 f., 82); zuletzt bestätigt durch BVerfG 27.10.2016 – 1 BvR 458/10, BVerfGE 143, 161 (199 Rn. 83). 24 Vgl. BVerfG 1.12.2009 – 1 BvR 2857, 2858/07, BVerfGE 125, 39 (82); BVerwG 26.11.2014 – 6 CN 1.13, BVerwGE 150, 327 (330 Rn. 15); Rozek AuR 2010, 148 (149); Preis/Ulber NZA 2010, 729; Buschmann/Ulber ArbZG § 9 Rn. 4; Greiner ZfA 2015, 469 (473 ff.); Knauff GewArch 2016, 217 (220 ff.) mwN. 25 Siehe für (§ 9 Abs. 1 iVm) § 13 Abs. 1 Nr. 2 lit. a ArbZG BVerwG 26.11.2014 – 6 CN 1.13, BVerwGE 150, 327 (329 ff. Rn. 14 ff.); für (§ 9 Abs. 1 iVm) § 13 Abs. 3 Nr. 2 lit. b ArbZG OVG Münster 18.12.2015 – 4 B 1463/15, GewArch 2016, 157; OVG Bautzen 11.12.2015 – 3 B 369/15, Rn. 6; BayVGH 8.12.2016 – 22 ZB 16.1180, BayVBl. 2017, 563 (564). 26 Siehe insoweit schon BVerwG 19.9.2000 – 1 C 17/99, BVerwGE 112, 51 (54 ff.). 27 BVerwG 26.11.2014 – 6 CN 1.13, BVerwGE 150, 327 (330 f. Rn. 15 ff.); Wiebauer NVwZ 2015, 543 (544); Dommermuth-Alhäuser NZA 2016, 522 (528). 28 BVerfG 9.6.2004 – 1 BvR 636/02, BVerfGE 111, 10, 53; BVerfG 1.12.2009 – 1 BvR 2857, 2858/07, BVerfGE 125, 39, 85; Rozek AuR 2010, 148 (150); Greiner ZfA 2015, 469 (475); Knauff GewArch 2016, 217 (219). 29 BVerfG 9.6.2004 – 1 BvR 636/02, BVerfGE 111, 10 (52); vgl. ferner BVerfG 1.12.2009 – 1 BvR 2857, 2858/07, BVerfGE 125, 39 (87); BVerfG 27.10.2016 – 1 BvR 458/10, BVerfGE 143, 161 (199 ff Rn. 82 ff.); dazu auch Knauff GewArch 2016, 217 (222); aA NK-GA/Wichert ArbZG § 9 Rn. 2. 30 BVerfG 9.6.2004 – 1 BvR 636/02, BVerfGE 111, 10 (50); BVerfG 1.12.2009 – 1 BvR 2857, 2858/07, BVerfGE 125, 39 (85); vgl. auch Buschmann/Ulber ArbZG § 9 Rn. 4; Knauff GewArch 2016, 217 (222).

chen können. Je geringer das Gewicht der Gründe ist, die zum Sonn- und Feiertagsschutz ins Verhältnis gesetzt werden, umso höhere Bedeutung erlangt die Wahrung des Regel-Ausnahme-Gebots.[31] Bei „Arbeiten trotz des Sonntags" intensivieren sich die Anforderungen an Ausnahmen.[32] Eine lediglich pauschale Berufung auf Gründe des „öffentlichen Interesses", auf „unternehmerische Interessen" oder „Interessen der Allgemeinheit" reicht zur Rechtfertigung von Ausnahmen nicht aus. Stets muss durch den Gesetzgeber ein **hinreichendes Schutzniveau** gewahrt bleiben;[33] ein **Kernbestand** an Sonn- und Feiertagsruhe ist unantastbar. Der Gesetzgeber hat durch die Formulierung von Ausnahmetatbeständen ferner sicherzustellen, dass den Anforderungen des Art. 140 GG iVm Art. 139 WRV auch dann Rechnung getragen werden kann, wenn die Ausnahme erst durch Verwaltungsentscheidung (Rechtsverordnung, Verwaltungsakt) getroffen wird.[34]

Die Rechtsprechung des BVerfG hat den Sonn- und Feiertagsschutz, der dem ökonomischen Nutzendenken Grenzen setzt und dem Menschen um seiner selbst willen dient,[35] gegenüber erwerbswirtschaftlich motivierten Aushöhlungstendenzen nachhaltig gestärkt. **Der gemeinsam arbeitsfreie Sonntag** soll als **Normalität** aufrechterhalten werden.[36] Den Maßgaben der verfassungsgerichtlichen Rechtsprechung (→ Rn. 3 f.) ist auch bei der Anwendung der Ausnahmevorschriften der §§ 10 ff. ArbZG strikt Rechnung zu tragen (→ ArbZG § 10 Rn. 4).[37] Die **Ausnahmetatbestände** sind daher grundsätzlich **restriktiv auszulegen**.[38] Ein bloß wirtschaftliches Umsatzinteresse des Unternehmens und ein alltäglich zu befriedigendes Konsuminteresse potenzieller Kunden genügen prinzipiell nicht, um Ausnahmen vom Sonn- und Feiertagsschutz zu rechtfertigen. Diese Interessen sind gegenüber der verfassungsrechtlichen Wertung aus Art. 140 GG iVm Art. 139 WRV generell wenig durchsetzungsstark.[39] Vor allem die praktische Handhabung des derzeitigen gesetzlichen Schutzkonzepts in den §§ 9 ff. ArbZG wirft weiterhin die Frage auf, ob dem Regel-Ausnahme-Verhältnis (→ Rn. 4) durchgängig hinreichend Beachtung geschenkt wird.[40]

III. Detailkommentierung

1. Verbot der Beschäftigung an Sonn- und Feiertagen (Abs. 1). a) Verbot der Beschäftigung an gesetzlichen Feiertagen. Eine **Regelung des Bundes** auf dem Gebiet der gesetzlichen Feiertage besteht nur für den Tag der Deutschen Einheit, der nach Art. 2 Abs. 2 des Einigungsvertrages auf den 3. Oktober gelegt worden ist.[41] Alle sonstigen gesetzlichen Feiertage sind durch **Landesgesetze** geregelt. Die Gesetzgebungskompetenz der Länder folgt aus Art. 70 Abs. 1 GG, nach dem diese das Recht zur Gesetzgebung haben, soweit das Grundgesetz nicht dem Bund Gesetzgebungsbefugnisse verleiht. Unter Inanspruchnahme dieser Regelungszuständigkeit haben alle Bundesländer Feiertagsgesetze verabschiedet.[42] Keine gesetzlichen Feiertage und daher **nicht** vom Beschäfti-

---

31 BVerfG 1.12.2009 – 1 BvR 2857, 2858/07, BVerfGE 125, 39 (88). **32** BVerfG 9.6.2004 – 1 BvR 636/02, BVerfGE 111, 10 (52); Knauff GewArch 2016, 217 (220). **33** BVerfG 9.6.2004 – 1 BvR 636/02, BVerfGE 111, 10 (52); BVerfG 1.12.2009 – 1 BvR 2857, 2858/07, BVerfGE 125, 39 (85); Rozek AuR 2005, 169; Mosbacher NVwZ 2010, 537. **34** Vgl. BVerfG 1.12.2009 – 1 BvR 2857, 2858/07, BVerfGE 125, 39 (97 ff.); Rozek AuR 2010, 148 (150). **35** So ausdrücklich BVerfG 1.12.2009 – 1 BvR 2857, 2858/07, BVerfGE 125, 39 (82). **36** Preis/Ulber NZA 2010, 729; Rozek AuR 2010, 148 (149). **37** Vgl. auch Buschmann/Ulber ArbZG § 10 Rn. 1; aA NK-GA/Wichert ArbZG § 9 Rn. 2. **38** HWK/Gäntgen ArbZG § 9 Rn. 1 mwN; aA NK-GA/Wichert ArbZG § 9 Rn. 2. **39** Treffend Knauff GewArch 2016, 217 (222); aA NK-GA/Wichert ArbZG § 9 Rn. 2. **40** Instruktives Anschauungsmaterial aus der jüngeren Rsp. zu behördlicherseits zugelassener, jedoch verfassungs- bzw. gesetzwidriger Sonntagsarbeit bieten ua BVerwG 26.11.2014 – 6 CN 1.13, BVerwGE 150, 327 (334 ff. Rn. 32 ff.); OVG Münster 18.12.2015 – 4 B 1463/15, GewArch 2016, 157 f.; BayVGH 8.12.2016 – 22 ZB 16.1180, BayVBl. 2017, 563 (564 f.); OVG Bautzen 11.12.2015 – 3 B 369/15, Rn. 7 ff.; kritisch auch Buschmann/Ulber ArbZG § 9 Rn. 3. **41** Einigungsvertrag v. 31.8.1990, BGBl. II 1990, 889, 890. **42** Überblicke zu den gesetzlichen Feiertagsregelungen in den Bundesländern bieten ErfK/Reinhard EFZG § 2 Rn. 3; Schliemann ArbZG Anhang 4; HK-ArbZR/Herbert ArbZG § 9 Rn. 17 f.; NK-GA/Wichert ArbZG § 9 Rn. 30 f.; zum Verhältnis der Feiertagsgesetze zum ArbZG vgl. zuletzt Klein VBlBW 2017, 274 ff. mwN.

gungsverbot des § 9 Abs. 1 ArbZG erfasst sind sog **"unechte" Feiertage**, an denen traditionsbedingt, oft regional sehr begrenzt, nicht selten die Arbeit ruht. Die wichtigsten "unechten" Feiertage sind Heiligabend (24.12.), Silvester (31.12.), Weiberfastnacht, Rosenmontag und Karnevalsdienstag. Für diese Tage steht den Beschäftigten kein gesetzlicher, aber im Einzelfall ein vertraglicher oder kollektivvertraglicher Freistellungsanspruch zu.[43] **Ebenso wenig** fallen **kirchliche** bzw. **religiöse Feiertage** unter § 9 Abs. 1 ArbZG, soweit sie nicht zugleich gesetzliche Feiertage sind. In einzelnen Feiertagsgesetzen (zB in Bayern und NRW) ist unabhängig davon für bestimmte jüdische Feiertage vorgesehen, dass den bekenntniszugehörigen Beamten und Arbeitnehmern an diesen Tagen das Recht zusteht, von der Arbeit fernzubleiben. In Hamburg ist in Verträgen mit islamischen Organisationen sowie mit der alevitischen Gemeinde vereinbart worden, dass je drei islamische bzw. alevitische Feiertage kirchlichen Feiertagen gleichgestellt werden; das dortige Feiertagsgesetz ist 2013 entsprechend ergänzt worden (§ 3 a HmbFeiertagsG).[44] Bremen hat in Umsetzung eines Vertrages mit islamischen Religionsgemeinschaften ebenfalls 2013 sein Sonn- und Feiertagsgesetz um vergleichbare Regelungen ergänzt.[45] Um gesetzliche Feiertage iSv § 9 Abs. 1 ArbZG handelt es sich dabei jeweils nicht.

7 Von § 9 Abs. 1 ArbZG **nicht erfasst** sind ferner **ausländische freie Tage und Feiertage**. Danach besteht für Arbeitnehmer mit einer ausländischen Staatsangehörigkeit oder Betriebszugehörigkeit lediglich ein gesetzliches Beschäftigungsverbot an Sonntagen und in der Bundesrepublik geltenden gesetzlichen Feiertagen. Unter dieses Beschäftigungsverbot fallen nicht die in den Herkunftsstaaten möglicherweise davon abweichenden arbeitsfreien Tage. So kann sich zB ein türkischer Arbeitnehmer nicht auf ein allgemeines Beschäftigungsverbot an den Tagen des Zucker- bzw. Opferfestes berufen. Schließlich ist noch zu beachten, dass nach der neueren Judikatur[46] und Literatur[47] ggf. individualrechtlich eine Freistellung ohne Entgelt nach § 275 Abs. 3 BGB möglich ist bzw. sich aus der Ermessensausübung nach § 106 GewO ergeben kann.

8 Hinsichtlich der **Vergütung für Arbeitstage, die infolge gesetzlicher Feiertage entfallen**, legt § 2 Abs. 1 EFZG ausdrücklich fest, dass der Arbeitgeber verpflichtet ist, für solche Tage das Entgelt zu zahlen, das der Arbeitnehmer erhalten hätte, wenn er an diesem Tag gearbeitet hätte (Entgeltausfallprinzip).[48] Zu vergüten ist ggf. nicht nur die ausgefallene Arbeitszeit, sondern auch Mehrarbeit, wenn feststeht, dass diese für den betreffenden Arbeitnehmer angefallen wäre. Soweit Leistungslohn mit wechselnden Tagesverdiensten gezahlt wird, ist eine Durchschnittsvergütung zu berechnen.[49] Für die Vergütungspflicht spielt es keine Rolle, ob die an dem Feiertag ausfallende Arbeitszeit vor- oder nachgearbeitet wurde. Auch in diesem Fall besteht für den Feiertag daher ein Lohnanspruch. Eine Verpflichtung des Arbeitnehmers zur Vor- bzw. Nacharbeit besteht nicht.[50] Eine vor- bzw. nachgeholte Arbeitszeit ist zusätzlich zu vergüten – allerdings nicht als Mehrarbeit, soweit kollektivrechtliche Vorschriften nicht anderweitige Regelungen enthalten.[51]

9 **b) Geschützte Arbeitnehmer.** Als Arbeitnehmerschutzgesetz verbietet § 9 Abs. 1 ArbZG die **Beschäftigung von Arbeitnehmern** an Sonn- und Feiertagen, wobei der Arbeitnehmerbegriff dem des § 2 Abs. 2 ArbZG entspricht. Zusätzlich zu beachten sind allerdings die Ausnahmeregelungen des § 18 ArbZG. Danach gilt § 9 Abs. 1 ua nicht für leitende Angestellte iSv § 5 Abs. 3 BetrVG (→ ArbZG § 18 Rn. 5). Für die

---

[43] Anschaulich BAG 26.10.2004 – 1 ABR 31/03 (A), BAGE 112, 227 ff. (Karnevalsdienstag in Köln). [44] HmbGVBl. 2013, 304. [45] Siehe § 8 Abs. 2 iVm §§ 9, 10 des bremischen Gesetzes über Sonn- und Feiertage. [46] BAG 24.2.2011 – 2 AZR 636/09, BAGE 137, 164 (174 f.) = AP Nr. 9 zu Art. 4 GG mAnm Greiner. Ablehnend noch die ältere Rspr. – vgl. LAG Düsseldorf 14.2.1963 – 7 Sa 581/62, JZ 1964, 258. [47] Vgl. Canaris AcP 1984, 201, 239; Kohte NZA 1989, 161 (164); ErfK/Schmidt GG Art. 4 Rn. 26; Heinemann, S. 178. Zur Option der Anerkennung nichtchristlicher Feiertage durch das Feiertagsrecht ausführlich Heinemann, S. 181 ff. [48] Eingehend BAG 18.4.2012 – 10 AZR 200/11, BAGE 141, 129 (133 f.); Schmitt EFZG § 2 Rn. 63 ff.; Neumann/Biebl ArbZG § 9 Rn. 11 ff. [49] Neumann/Biebl ArbZG § 9 Rn. 20. [50] Anzinger/Koberski ArbZG § 9 Rn. 20. [51] Neumann/Biebl ArbZG § 9 Rn. 15; Anzinger/Koberski ArbZG § 9 Rn. 20 mwN.

Arbeitnehmer im **Einzelhandel** gilt das Verbot des § 9 Abs. 1 ArbZG grundsätzlich ebenfalls; es ist aber im Kontext der Sonderregelung des § 17 LSchlG und der Ladenschlussgesetze der Länder zu lesen, die spezielle Ausnahmen vorsehen.[52] Diese Ausnahmen haben sich ebenfalls in den Grenzen der vom BVerfG aufgestellten Maßgaben zu halten (→ Rn. 3 f.).[53] Vom Beschäftigungsverbot des § 9 Abs. 1 ArbZG gemäß § 5 Offshore-ArbZV ausgenommen sind Arbeitnehmer, die Offshore-Tätigkeiten durchführen (→ ArbZG § 15 Rn. 18 ff.). Von § 9 Abs. 1 ArbZG generell nicht erfasst sind Tätigkeiten, die **Selbstständige** ausführen.[54] Die in der Praxis schwierige Abgrenzung ua zu Scheinselbstständigen,[55] Honorarkräften und freien Mitarbeitern folgt den allgemeinen Grundsätzen der Rechtsprechung des BAG zum Arbeitnehmerbegriff.[56]

§ 9 Abs. 1 ArbZG findet keine Anwendung auf **jugendliche Arbeitnehmer unter 18 Jahren** (§ 18 Abs. 2 ArbZG). Für diese gelten aus Gründen eines gesteigerten Gesundheitsschutzes die besonderen Sonn- und Feiertagsregelungen der §§ 17, 18 JArbSchG (→ Jugendarbeitsschutz Rn. 54). 10

Weitere Sondervorschriften zur Sonn- und Feiertagsarbeit gelten für **werdende und stillende Mütter**. Hier gelten zunächst die dem Gesundheitsschutz von Mutter und Kind dienenden generellen Beschäftigungsverbote der §§ 3 ff. MuSchG 2018. Zusätzlich bestimmt § 6 Abs. 1 S. 1 MuSchG 2018, dass werdende und stillende Mütter grundsätzlich nicht an Sonn- und Feiertagen eingesetzt werden dürfen.[57] Eine ausnahmsweise Beschäftigung an Sonn- und Feiertagen kommt nur bei Wahrung der kumulativen Voraussetzungen des § 6 Abs. 1 S. 2 Nr. 1–4 MuSchG 2018 in Betracht. Danach muss insbesondere eine Ausnahme vom Verbot des § 9 Abs. 1 ArbZG nach § 10 ArbZG zugelassen sein (§ 6 Abs. 1 S. 2 Nr. 2 MuSchG 2018) und der betroffenen Frau in jeder Woche im Anschluss an eine ununterbrochene Nachtruhezeit von mindestens elf Stunden ein Ersatzruhetag gewährt werden (§ 6 Abs. 1 S. 2 Nr. 3 MuSchG 2018). Ferner muss sich die Frau ausdrücklich zur Sonn- und Feiertagsarbeit bereit erklären (§ 6 Abs. 1 S. 1 Nr. 1 MuSchG 2018) und eine unverantwortbare Gefährdung für sie oder ihr Kind durch Alleinarbeit muss ausgeschlossen sein (§ 6 Abs. 1 S. 2 Nr. 4 MuSchG 2018). 11

§ 9 Abs. 1 ArbZG findet keine Anwendung auf **Arbeitnehmer, die ins Ausland entsandt werden**. Da für diese Vorschrift – genauso wie für die anderen Vorschriften des ArbZG – das **Territorialitätsprinzip** gilt (→ ArbZG § 1 Rn. 59 ff.), können solche Arbeitnehmer am Einsatzort an Sonn- und Feiertagen beschäftigt werden. Allerdings muss der Arbeitgeber in diesem Fall das dortige Feiertagsrecht beachten. 12

Auch die **Entsendung von Arbeitnehmern innerhalb der Bundesrepublik** wirkt sich wegen der unterschiedlichen Regelungen in den Landesgesetzen auf die Zulässigkeit der Beschäftigung an Sonn- und Feiertagen aus, da sich das Beschäftigungsverbot an gesetzlichen Feiertagen nach dem **am Arbeitsort geltenden Feiertagsrecht** richtet.[57] Erfolgt eine Entsendung in ein anderes Bundesland, gelten insofern die dortigen Vor- 13

---

[52] Für die Gesetzgebungsmaterie des Ladenschlusses sind seit der Föderalismusreform 2006 nach Art. 70 Abs. 1 iVm Art. 74 Abs. 1 Nr. 11 GG die Länder zuständig, die bis auf Bayern den Ladenschluss durch Landesgesetze geregelt haben; vgl. die Übersicht bei Schliemann Teil B 3, S. 565 ff. Die Zuständigkeit für den Ladenschluss erstreckt sich zwar nicht auf arbeitszeitrechtliche Regelungen, für die nach Art. 74 Abs. 1 Nr. 12 GG weiterhin eine konkurrierende Gesetzgebungskompetenz des Bundes gilt; dazu BVerfG 14.1.2015 – 1 BvR 931/12, BVerfGE 138, 261 (273 ff. Rn. 27 ff.). Von dieser konkurrierenden Zuständigkeit für arbeitszeitrechtliche Regelungen hat der Bund im Gefolge des ladenschlussrechtlichen Kompetenztransfers auf die Föderalismusreform bis dato jedoch noch keinen abschließenden Gebrauch gemacht, so dass die Länder bis auf Weiteres nach Art. 72 Abs. 1 GG in Ergänzung zu § 17 LSchlG auch spezifische arbeitszeitrechtliche Regelungen in ihre Ladenschlussgesetze aufnehmen können; vgl. BVerfG 14.1.2015 – 1 BvR 931/12, BVerfGE 138, 261 (279 ff. Rn. 41 ff.). [53] Vgl. dazu zuletzt BVerwG 11.11.2015 – 8 CN 2.14, BVerwGE 153, 183 ff. [54] Vgl. Baeck/Deutsch ArbZG § 9 Rn. 11; Anzinger/Koberski ArbZG § 9 Rn. 4; ErfK/Wank ArbZG § 9 Rn. 2; DFL/Krauss ArbZG § 9 Rn. 4; NK-GA/Wichert ArbZG § 9 Rn. 8. [55] Zu Abgrenzungsproblemen siehe Griebeling RdA 1998, 208 ff.; Hromadka NJW 2003, 1847. [56] Vgl. nur BAG 29.8.2012 – 10 AZR 499/11, BAGE 143, 77 (80) – Telefonseelsorge. [57] AllgM – BAG 13.4.2005 – 5 AZR 475/04, NZA 2005, 882 (883); vgl. auch Baeck/Deutsch ArbZG § 9 Rn. 10; Anzinger/Koberski ArbZG § 9 Rn. 18.

schriften und nicht die Sonn- und Feiertagsregelungen am Wohnsitz des Arbeitnehmers oder am Sitz des Unternehmens.

14 **c) Umfang und Dauer des Beschäftigungsverbots.** § 9 Abs. 1 ArbZG enthält keine Definition der verbotenen „**Beschäftigung**".[58] Nach einheitlicher Auffassung gehören hierzu **sämtliche zum Betrieb gehörenden Tätigkeiten**.[59] Erfasst sind damit alle Arbeiten, die zur Erfüllung des Betriebszwecks erforderlich sind. Dies sind nicht nur die Arbeiten, die originär dem Kernbereich der betrieblichen Tätigkeit zuzuordnen sind, wie etwa die Produktion oder die unmittelbare Erbringung einer Dienstleistung. Vielmehr werden auch Hilfstätigkeiten, wie Produktionsvorbereitung, Reinigungsarbeiten oder Lieferdienste, erfasst. Ebenso erstreckt sich das Beschäftigungsverbot nach einheitlicher Auffassung nicht nur auf Bereitschaftsdienste, sondern auch auf die **Rufbereitschaft**[60] und den freiwilligen Besuch von betrieblichen Weiterbildungsmaßnahmen.[61] Auch der **Ort** der Tätigkeit spielt für die Geltung von § 9 Abs. 1 ArbZG keine Rolle. Mithin sind an Sonn- und Feiertagen nicht nur Tätigkeiten im Betrieb, sondern auch bei Kunden oder die Beschäftigung in Heimarbeit verboten.[62] Unter § 9 Abs. 1 ArbZG fallen auch **innerbetriebliche Wege- und Umkleidezeiten**, da diese Verrichtungen ohne Zweifel im Zusammenhang mit der Erwerbstätigkeit stehen.[63] Anderes gilt lediglich für den Weg vom Wohnort zur Arbeitsstelle und für den Fall, dass es dem Arbeitnehmer freigestellt ist, wo und wann er seine Arbeitskleidung anlegen kann. Insofern können diese Tätigkeiten auch an Sonn- bzw. Feiertagen ausgeführt werden (zur arbeitszeitrechtlichen Bewertung → ArbZG § 2 Rn. 36 ff.).

15 Unerheblich für die Klassifizierung einer Tätigkeit als Beschäftigung iSv § 9 Abs. 1 ArbZG ist deren zeitliche **Dauer** oder die von ihr für die Arbeitnehmer ausgehende **Belastung**.[64] Insoweit gilt das Beschäftigungsverbot auch für nur kurzzeitige Tätigkeiten und Tätigkeiten, die nur geringe körperliche oder geistige Anstrengungen erfordern. Erfasst sind damit beispielsweise auch das nur kurzzeitige Öffnen des Betriebshofes zur Warenannahme oder die Erfüllung reiner Überwachungsaufgaben. In Teilen der Literatur wird das **vollautomatische Laufenlassen von Produktionsprozessen** für zulässig erachtet.[65] Damit wird der weite Anwendungsbereich des Begriffs „Beschäftigung" (→ Rn. 14) verkannt. Selbst wenn der Arbeitgeber auf eine Überwachung verzichten sollte, kann es immer zu Ausfällen oder Störungen kommen. Deshalb werden einzelne Arbeitnehmer mindestens zur Rufbereitschaft verpflichtet sein, um eingreifen zu können, damit die Produktion weiterlaufen kann bzw. Schäden vermieden werden. Damit leisten sie jedoch eine Tätigkeit, die dem Verbot des § 9 Abs. 1 ArbZG unterfällt.

16 Von § 9 Abs. 1 ArbZG erfasst werden auch **Reisezeiten**. Dies gilt unabhängig davon, ob die Reisetätigkeit, wie etwa bei Handelsvertretern, zur originären Arbeitsleistung zu zählen ist oder während der Dienstreise Arbeitsaufgaben erledigt werden müssen. Auch die vom Arbeitgeber angeordnete Dienstreise mit einem Pkw als Fahrer unterfällt dem grundsätzlichen Verbot der Sonn- und Feiertagsarbeit, selbst wenn diese Tätigkeit nicht zu der vom Arbeitnehmer geschuldeten Arbeitsleistung gehört. Vor dem Hintergrund des Zwecks der Regelung ist deren Anwendung auch dann gerechtfertigt, wenn es dem Arbeitnehmer selbst überlassen ist, wie er die Zeit der Dienstreise verbringt, denn insoweit kann er diese gerade nicht zur Arbeitsruhe verwenden. Er steht dem Arbeitgeber im weitesten Sinne zur Verfügung (zur Frage, ob Dienstreisezeiten Arbeitszeit sind → ArbZG § 2 Rn. 39 ff.).

---

58 Zur Auslegung BAG 22.9.2005 – 6 AZR 579/04, BAGE 116, 28 (33). **59** Vgl. auch Neumann/Biebl ArbZG § 9 Rn. 3; Baeck/Deutsch ArbZG § 9 Rn. 12; Schliemann ArbZG § 9 Rn. 6; Buschmann/Ulber ArbZG § 9 Rn. 12. **60** HK-ArbZR/Herbert ArbZG § 9 Rn. 11; DFL/Krauss ArbZG § 9 Rn. 1; Falder NZA 2010, 1150 (1153): Auch die sog „Handy-Bereitschaft" ist mit § 9 Abs. 1 ArbZG nicht vereinbar. **61** Anzinger/Koberski ArbZG § 9 Rn. 4; ErfK/Wank ArbZG § 9 Rn. 1; Baeck/Deutsch ArbZG § 9 Rn. 12; DFL/Krauss ArbZG § 9 Rn. 1. **62** Neumann/Biebl ArbZG § 9 Rn. 3; Anzinger/Koberski ArbZG § 9 Rn. 4; ErfK/Wank ArbZG § 9 Rn. 1. **63** Vgl. Baeck/Deutsch ArbZG § 9 Rn. 12; Buschmann/Ulber ArbZG § 9 Rn. 12. **64** Baeck/Deutsch ArbZG § 9 Rn. 12. **65** ErfK/Wank ArbZG § 9 Rn. 2; HK-ArbZG/Rauschenberg ArbZG § 9 Rn. 8; DFL/Krauss ArbZG § 9 Rn. 4; NK-GA/Wichert ArbZG § 9 Rn. 5; differenzierend Anzinger/Koberski ArbZG § 9 Rn. 5.

Das Beschäftigungsverbot an Sonn- und Feiertagen besteht, soweit nicht die Ausnahmen der Abs. 2 und 3 eingreifen, grds. in der Zeit von **0:00 Uhr bis 24:00 Uhr**. Hierbei handelt es sich um eine Mindestregelung, so dass auch eine längere Dauer der Betriebsruhe möglich ist.[66] Unter Berücksichtigung der Mindestruhezeit nach § 5 Abs. 1 ArbZG beträgt die Ruhezeit der Arbeitnehmer im Zusammenhang mit der Sonn- und Feiertagsruhe mithin 35 Stunden.[67] Folgt auf einen Sonntag ein Feiertag oder umgekehrt, ist ein Beschäftigungsverbot von 48 Stunden einzuhalten.[68] 17

2. Verlegung der Sonn- und Feiertagsruhe in mehrschichtigen Betrieben (Abs. 2). Gemäß § 9 Abs. 2 ArbZG kann der Beginn der Sonn- und Feiertagsruhe in mehrschichtigen Betrieben mit regelmäßiger Tag- und Nachtschicht um bis zu sechs Stunden vor- oder zurückverlegt werden, wenn für die auf das Ende der Ruhezeit folgenden 24 Stunden der Betrieb ruht. Die dabei jeweils einzuhaltenden **sechs Stunden** stellen eine **Obergrenze** dar, so dass eine Verschiebung auch für kürzere Zeiten erfolgen kann. Hintergrund für diese **Flexibilisierungsmöglichkeit** ist, dass ohne sie der Schichtwechsel in diesen Betrieben am Samstag stets um 24:00 Uhr stattfinden müsste. Dieser Zeitpunkt wäre mit den üblichen Zeiten des Schichtbeginns um 6:00, 14:00, 18:00, 22:00 Uhr nicht kompatibel.[69] Insoweit wäre der Arbeitgeber gezwungen, abhängig davon, ob zwei- oder dreischichtig gearbeitet wird, entweder auf sechs bzw. zwei Stunden Produktionszeit zu verzichten bzw. entsprechend verkürzte Schichten einzurichten oder die Schicht tatsächlich genau um 24:00 Uhr beginnen zu lassen. Beide Alternativen sind jedoch weder im Interesse des Arbeitgebers noch des Arbeitnehmers. Für den Arbeitnehmer würde insbesondere der Arbeitsbeginn um 24:00 Uhr gegenüber den üblichen Schichtbeginn um 22:00 Uhr eine nicht notwendige gesundheitliche Belastung darstellen. Die Verschiebung der Sonn- bzw. Feiertagsruhe darf nicht zu einer Verkürzung der Betriebsruhezeit führen.[70] Daher ist eine solche nur dann zulässig, wenn auch in diesem Fall die Betriebsruhe mindestens 24 Stunden beträgt. Somit kann beispielsweise bei einer Rückverlegung der Sonntagsruhe von 0:00 auf 4:00 Uhr die Arbeit im Betrieb am Montag frühestens um 4:00 Uhr beginnen. § 9 Abs. 2 ArbZG betrifft ausschließlich den öffentlich-rechtlichen Feiertagsschutz; der Entgeltanspruch aus § 2 EFZG bleibt unberührt.[71] 18

Ein **Schichtbetrieb** iSv § 9 Abs. 2 ArbZG liegt vor, wenn in diesem Betrieb regelmäßig **Tag- und Nachtschichten** anfallen. In Betrieben, in denen lediglich in einer Früh- und Spätschicht gearbeitet wird, kommt eine Verschiebung der Feiertagsruhe daher nicht in Betracht.[72] In jedem Fall ausreichend für das Vorliegen einer Nachtschicht ist, dass in der fraglichen Schicht Nachtarbeit iSv § 2 Abs. 4 ArbZG anfällt, dh die Schicht mehr als zwei Stunden Nachtzeit iSv § 2 Abs. 3 ArbZG (zwischen 23 und 6 Uhr) umfasst.[73] Darüber hinaus ist eine Nachtschicht jedoch auch dann anzunehmen, wenn diese organisatorisch für eine geringere Zeitdauer in die Nachtzeit fällt.[74] Ein Ausschluss dieser Fälle aus dem Anwendungsbereich des § 9 Abs. 2 ArbZG ergibt sich nicht aus dem Wortlaut der Vorschrift, der gerade nicht auf die Nachtarbeit nach § 2 Abs. 4 ArbZG Bezug nimmt. Die dortige Grenze von mehr als zwei Stunden der Nachtzeit lässt sich daher nicht auf die Verschiebung der Sonn- und Feiertagsruhe übertragen. Dem stünde auch der unterschiedliche Zweck der Regelungen entgegen: Während § 2 Abs. 4 ArbZG dem Gesundheitsschutz der Arbeitnehmer dient, zielt § 9 Abs. 2 ArbZG als Ausnahmevorschrift zu § 9 Abs. 1 ArbZG vornehmlich auf den Erhalt einer effekti- 19

---

66 Neumann/Biebl ArbZG § 9 Rn. 3; Buschmann/Ulber ArbZG § 9 Rn. 13. **67** Baeck/Deutsch ArbZG § 9 Rn. 6; Buschmann/Ulber ArbZG § 9 Rn. 13; ErfK/Wank ArbZG § 9 Rn. 3, Münch/ArbR/Anzinger § 301 Rn. 10. **68** Neumann/Biebl ArbZG § 9 Rn. 6; Anzinger/Koberski ArbZG § 9 Rn. 12; HK-ArbZG/Rauschenberg ArbZG § 9 Rn. 11. **69** Zum Zweck der Regelung siehe BT-Drs. 12/5888, 28; Anzinger/Koberski ArbZG § 9 Rn. 41; Baeck/Deutsch ArbZG § 9 Rn. 22. **70** Ebenso ErfK/Wank ArbZG § 9 Rn. 4; HK-ArbZG/Herbert ArbZG § 9 Rn. 36; NK-GA/Wichert ArbZG § 9 Rn. 12. **71** BAG 15.5.2013 – 5 AZR 139/12, NZA 2013, 974. **72** Schliemann ArbZG § 9 Rn. 11; HK-ArbZG/Herbert ArbZG § 9 Rn. 35; Baeck/Deutsch ArbZG § 9 Rn. 23. **73** Vgl. Baeck/Deutsch ArbZG § 9 Rn. 23; einschränkend Buschmann/Ulber ArbZG § 9 Rn. 15, die zusätzlich eine „volle Nachtschicht" verlangt. **74** So zu Recht Baeck/Deutsch ArbZG § 9 Rn. 23.

ven Betriebsorganisation. In deren Zusammenhang hat der Arbeitgeber die Sonn- und Feiertagsruhe zum Schutz der Arbeitnehmer sicherzustellen, indem er eine zeitliche Verlegung organisiert. Insoweit kann eine Verschiebung der Sonn- und Feiertagsruhe auch dann erfolgen, wenn die betroffenen Arbeitnehmer nicht mehr als zwei Stunden zur Nachtzeit arbeiten müssen.[75]

20 **Regelmäßig** fallen Tag- und Nachtschichten an, wenn sie nicht nur singulär aus einem bestimmten Anlass vom Arbeitgeber eingesetzt werden, sondern aufgrund eines organisatorischen Konzepts des Arbeitgebers stetig wiederkehrend bzw. üblicherweise anfallen.[76] Damit fällt ein einmaliger, vorübergehender oder anlassbezogener sporadischer Einsatz von Tag- und Nachtschichten nicht in den Anwendungsbereich des § 9 Abs. 2 ArbZG. Nicht erforderlich ist allerdings, dass in dem Betrieb permanent oder fast immer in Schichten gearbeitet wird.[77] Von einer Regelmäßigkeit der Schichten ist vielmehr bereits dann auszugehen, wenn diese vom Arbeitgeber systematisch zur Bewältigung des Arbeitsanfalls eingesetzt werden. Dabei kommt es auf etwaige zeitliche Abstände zwischen Phasen der Schichtarbeit nicht an. Insofern greift § 9 Abs. 2 ArbZG auch dann ein, wenn in jedem Monat lediglich in einer Woche in Tag- und Nachtschichten gearbeitet wird. Ebenso ist es nicht erforderlich, dass an jedem Tag der Woche Schichtarbeit anfällt.[78]

21 § 9 Abs. 2 ArbZG lässt eine Verschiebung des Beginns der Sonn- und Feiertagsruhe nur dann zu, wenn nach der Verschiebung für **24 Stunden Betriebsruhe** herrscht. Diese muss für den **gesamten Betrieb** gelten.[79] Nach dem eindeutigen Wortlaut der Vorschrift genügt es nicht, wenn lediglich einzelne Abteilungen oder einzelne Arbeitnehmer für 24 Stunden „ruhen". Schon die Vorläufernorm des § 105 b Abs. 1 S. 4 GewO wurde in diesem Sinne ausgelegt. Deren wortgleiche Übernahme in § 9 Abs. 2 ArbZG stützt das Festhalten an dieser restriktiven Auslegung.

22 **Betriebsruhe** iSv § 9 Abs. 2 ArbZG bedeutet, dass von den Arbeitnehmern – abgesehen von den gesetzlichen Ausnahmen – **keinerlei Arbeiten im Betrieb** ausgeführt werden dürfen.[80] Es dürfen keine Vor- und Nachbereitungszeiten, insbesondere Aufräum- und Reinigungsarbeiten erfolgen. Überwachungstätigkeiten sind während der Betriebsruhe gleichfalls ausgeschlossen,[81] so dass auch ein vollautomatisches Laufenlassen von Maschinen während der 24-stündigen Betriebsruhe nicht in Betracht kommt (→ Rn. 15).[82] Umstritten ist, ob eine selbstständige Eigentätigkeit des Arbeitgebers während der Betriebsruhe ebenfalls verboten ist. Angesichts des von § 9 ArbZG auch beabsichtigten Schutzes der Sonn- und Feiertagsruhe als Institution wird man dies mit der hM wohl zu bejahen haben.[83]

23 **3. Sonn- und Feiertagsruhe für Kraftfahrer und Beifahrer (Abs. 3).** § 9 Abs. 3 ArbZG erlaubt die **Vorverlegung** der Sonn- und Feiertagsruhe für Kraftfahrer und Beifahrer um bis zu zwei Stunden. Danach können diese an Sonn- und Feiertagen ab 22:00 Uhr beschäftigt werden. Eine Rückverlegung der Sonn- und Feiertagsruhe wie in § 9 Abs. 2 ArbZG ist nach Abs. 3 nicht möglich. Soll die Arbeitszeit von Kraftfahrern und Beifahrern vorverlegt werden, ist zu beachten, dass eine 24-stündige **Ruhezeit** eingehalten werden muss. Die Regelung hat anders als § 9 Abs. 2 ArbZG nicht die Betriebsruhe als

---

[75] Vgl. Baeck/Deutsch ArbZG § 9 Rn. 23. Zum Zweck des § 9 Abs. 2 ArbZG vgl. Roggendorff, S. 108; Baeck/Deutsch ArbZG § 9 Rn. 22. [76] Wie hier Neumann/Biebl ArbZG § 9 Rn. 6; HK-ArbZR/Herbert ArbZG § 9 Rn. 41; Baeck/Deutsch ArbZG § 9 Rn. 23; ErfK/Wank ArbZG § 9 Rn. 5; NK-GA/Wichert ArbZG § 9 Rn. 11. [77] So aber Anzinger/Koberski ArbZG § 9 Rn. 40. [78] Anzinger/Koberski ArbZG § 9 Rn. 41; Dobberahn, S. 44. [79] Wie hier Neumann/Biebl ArbZG § 9 Rn. 6; Buschmann/Ulber ArbZG § 9 Rn. 16; Schliemann ArbZG § 9 Rn. 14; ErfK/Wank ArbZG § 9 Rn. 6; Anzinger/Koberski ArbZG § 9 Rn. 46; Junker ZfA 1998, 105 (125); Erasmy NZA 1995, 97; ebenso für die wortgleiche Regelung des § 105 Abs. 1 S. 4 GewO Zmarzlik BB 1993, 2013; aA Baeck/Deutsch ArbZG § 9 Rn. 24; Dobberahn, S. 44; NK-GA/Wichert ArbZG § 9 Rn. 13. [80] Anzinger/Koberski ArbZG § 9 Rn. 46; Schliemann ArbZG § 9 Rn. 14. [81] Roggendorf, S. 108. [82] Anzinger/Koberski ArbZG § 9 Rn. 46; Buschmann/Ulber ArbZG § 9 Rn. 16; Zmarzlik BB 1991, 901 (903); aA HK-ArbZG/Rauschenberg ArbZG § 9 Rn. 17; NK-GA/Wichert ArbZG § 9 Rn. 13. [83] So auch Anzinger/Koberski ArbZG § 9 Rn. 46.

solche, sondern die Ruhezeit des einzelnen Kraftfahrers bzw. Beifahrers im Blick.[84] Hat dieser zB an einem Samstag bis 24:00 Uhr gearbeitet, kann der Arbeitsbeginn am Sonntag daher nicht schon auf 22:00 Uhr festgelegt werden.[85]

Die Regelung dient nach dem Willen des Gesetzgebers der **Harmonisierung** der Arbeitszeiten von Kraftfahrern und Beifahrern **mit dem in § 30 Abs. 3 S. 1 StVO enthaltenen Sonntagsfahrverbot**.[86] Insoweit ist die Vorschrift entgegen der wohl überwiegenden Auffassung restriktiv auszulegen und ihre Geltung auf **Fahrer und Beifahrer von LKW mit einer zulässigen Gesamtmasse über 7,5 t** (sowie Anhänger hinter Lkw) zu beschränken.[87] Für einen möglichst engen Anwendungsbereich von § 9 Abs. 3 ArbZG spricht auch ihr Ausnahmecharakter und die § 9 ArbZG insgesamt tragende Intention des Gesetzgebers, die Sonn- und Feiertagsruhe möglichst weitreichend zu erhalten. Für die Inanspruchnahme der Vorverlegung ohne Bedeutung ist dagegen, ob die Kraftfahrer bzw. Beifahrer bei Verkehrsbetrieben beschäftigt sind, da § 30 Abs. 3 StVO keine entsprechende sachliche Begrenzung seines Anwendungsbereiches enthält. Vielmehr erfasst die Regelung alle Fahrer und Beifahrer **unabhängig vom eigentlichen Betriebszweck**. 24

IV. Rechtsdurchsetzung

Ebenso wie die öffentlich-rechtlichen Arbeitsschutzvorschriften, die dem Arbeitnehmerschutz dienen, begründen auch die an den Arbeitgeber gerichteten öffentlich-rechtlichen Arbeitszeitvorschriften **zwingende vertragsrechtliche Pflichten**.[88] Arbeitnehmer können daher die Erfüllung des Arbeitszeitrechts und – bei Anordnung verbotener Arbeitszeit – Unterlassung verlangen und dafür gerichtlichen Rechtsschutz erreichen, der auf § 618 BGB gestützt wird (→ BGB § 618 Rn. 26).[89] Möglich ist auch einstweiliger Rechtsschutz.[90] Wenn Arbeitnehmer Sonntagsarbeit unter Berufung auf § 9 Abs. 1 ArbZG nach § 273 BGB verweigern, ist die Beachtung des Arbeitszeitrechts als Vorfrage im Kündigungs- oder Abmahnungsprozess zu klären. 25

Die Verschiebung der Sonn- und Feiertagsruhe im Betrieb unterliegt nach § 87 Abs. 1 Nr. 2 BetrVG der **Mitbestimmung durch den Betriebsrat**.[91] Gegenstand solcher betrieblichen Regelungen können vor allem der Umfang der Verschiebung und die Festlegung der von ihr betroffenen Arbeitnehmer sein. Führt der Arbeitgeber die Verlegung der Sonn- und Feiertagsruhe ohne die Einbeziehung des Betriebsrates durch, kann dieser Unterlassung verlangen. Im Falle der Eilbedürftigkeit einer gerichtlichen Entscheidung, die immer dann gegeben ist, wenn der Arbeitgeber die Verlegung kurzfristig ankündigt, kann der **Unterlassungsanspruch** vom Betriebsrat auch im Wege der einstweiligen Verfügung durchgesetzt werden.[92] Wird eine Regelung der Arbeitszeit am Sonntag durch die **Einigungsstelle** getroffen, kann von den Betriebsparteien die Feststellung beantragt werden, dass der Beschluss unwirksam ist, wenn er gegen die Vorschriften zum Sonntagsarbeitsverbot verstößt.[93] 26

Die **Aufsichtsbehörden** sind nach § 17 ArbZG gehalten, die Einhaltung des Sonntagsarbeitsverbots zu überwachen. Bei Verletzungen können sie durch **Anordnung nach § 17 Abs. 2 ArbZG** eine solche Beschäftigung untersagen; eine entsprechende Untersagungs- 27

---

[84] Roggendorff, S. 109; NK-GA/Wichert ArbZG § 9 Rn. 16. [85] Buschmann/Ulber ArbZG § 9 Rn. 17; Baeck/Deutsch ArbZG § 9 Rn. 30. [86] Vgl. BT-Drs. 12/5888, 28. Siehe auch Schliemann ArbZG § 9 Rn. 15; Neumann/Biebl ArbZG § 9 Rn. 7. [87] Wie hier Anzinger/Koberski ArbZG § 9 Rn. 49; aA Baeck/Deutsch ArbZG § 9 Rn. 29; Neumann/Biebl ArbZG § 9 Rn. 7.; HK-ArbZR/ Herbert ArbZG § 9 Rn. 47; NK-GA/Wichert ArbZG § 9 Rn. 15. [88] Anzinger/Koberski ArbZG § 1 Rn. 37 ff.; Münch/ArbR/Anzinger § 297 Rn. 18. [89] BAG 16.3.2004 – 9 AZR 93/03, BAGE 110, 60 (64); dazu Kohte, jurisPR-ArbR 36/2004, Anm. 1; MüKoBGB/Henssler BGB § 618 Rn. 24; Staudinger/Oetker BGB § 618 Rn. 20, 169 ff. [90] HK-ArbZR/Herbert ArbZG § 9 Rn. 59 mit dem Vorschlag für eine Antragsformulierung. [91] Vgl. auch Anzinger/Koberski ArbZG § 9 Rn. 58; Baeck/Deutsch ArbZG § 9 Rn. 31; ErfK/Wank ArbZG § 9 Rn. 11; Buschmann/Ulber ArbZG § 9 Rn. 22; NK-GA/Wichert ArbZG § 9 Rn. 19; Kappus DB 1990, 479 f. [92] ArbG Flensburg 16.4.1998 – 2 BV 32/97, AiB 1998, 591 mAnm Hjort; Buschmann/Ulber ArbZG § 9 Rn. 23 mwN. [93] BAG 4.5.1993 – 1 ABR 57/92, BAGE 73, 118 (122); vgl. Kohte in: FS Wißmann, S. 331, 345.

verfügung wird idR als sofort vollziehbar anzuordnen sein.[94] Zulässig sind auch gesetzeswiederholende Anordnungen und feststellende Verwaltungsakte (→ ArbZG § 17 Rn. 36 ff.).[95] Dem Arbeitgeber stehen gegen solche aufsichtsbehördlichen Maßnahmen die verwaltungsprozessualen Rechtsbehelfe zur Verfügung.[96] Von Ausnahmeregelungen, insbesondere nach § 13 ArbZG, betroffene Arbeitnehmer,[97] aber auch in ihrem Tätigkeitsbereich betroffene Gewerkschaften[98] können gegen die Ausnahmen verwaltungsgerichtlichen Rechtsschutz erlangen (→ Rn. 3, → ArbZG § 13 Rn. 50, 59, 84, 89). Besteht Streit darüber, ob die Voraussetzungen einer gesetzlichen Ausnahme nach § 10 ArbZG erfüllt sind, können sie verwaltungsprozessual einen Anspruch auf ermessensfehlerfreie Entscheidung über den Erlass einer behördlichen Untersagungsverfügung nach § 17 Abs. 2 ArbZG verfolgen.[99]

28 Soweit im Betrieb Arbeitnehmer unter Verstoß gegen § 9 Abs. 1 ArbZG beschäftigt werden, stellt dies nach § 22 Abs. 1 Nr. 5 ArbZG eine **Ordnungswidrigkeit** dar. Dabei ist unerheblich, ob der Verstoß vorsätzlich oder fahrlässig begangen wird. Bei vorsätzlichem Handeln in Verbindung mit einer Gesundheitsgefährdung der Arbeitnehmer oder bei wiederholten Verstößen kann sich der Arbeitgeber zudem nach § 23 Abs. 1 ArbZG **strafbar** machen.

29 **Wettbewerbsrechtliche Unterlassungsansprüche** nach **§ 8 Abs. 1 iVm §§ 3 Abs. 1, 3 a UWG** können **nicht** auf den Verstoß eines konkurrierenden Unternehmens gegen das Sonntagsarbeitsverbot des § 9 Abs. 1 ArbZG gestützt werden, da es sich bei § 9 Abs. 1 ArbZG nach hM nicht um eine Marktverhaltensregelung iSv § 3 a UWG handelt.[100] Als Marktverhaltensregelungen iSv § 3 a UWG eingestuft werden jedoch die Bestimmungen der Feiertagsgesetze der Länder, die die Sonn- und Feiertagsruhe schützen sollen (zB § 3 FeiertagsG NRW), so dass sich ein wettbewerbsrechtlicher Unterlassungsanspruch auf eine Verletzung dieser Vorschriften gründen lässt.[101]

§ 10 ArbZG Sonn- und Feiertagsbeschäftigung

(1) Sofern die Arbeiten nicht an Werktagen vorgenommen werden können, dürfen Arbeitnehmer an Sonn- und Feiertagen abweichend von § 9 beschäftigt werden
1. in Not- und Rettungsdiensten sowie bei der Feuerwehr,
2. zur Aufrechterhaltung der öffentlichen Sicherheit und Ordnung sowie der Funktionsfähigkeit von Gerichten und Behörden und für Zwecke der Verteidigung,
3. in Krankenhäusern und anderen Einrichtungen zur Behandlung, Pflege und Betreuung von Personen,
4. in Gaststätten und anderen Einrichtungen zur Bewirtung und Beherbergung sowie im Haushalt,
5. bei Musikaufführungen, Theatervorstellungen, Filmvorführungen, Schaustellungen, Darbietungen und anderen ähnlichen Veranstaltungen,

---

94 Schliemann ArbZG § 17 Rn. 12. **95** Anzinger/Koberski ArbZG § 17 Rn. 10 a. **96** Vgl. OVG Münster 10.7.2015 – 4 B 791/15, DVBl. 2015, 1266 f.; OVG Münster 10.7.2015 – 4 B 792/15, NVwZ-RR 2015, 776. **97** Zum arbeitnehmerschützenden Charakter der Vorschriften des ArbZG über den Sonn- und Feiertagsschutz siehe BVerwG 19.9.2000 – 1 C 17/99, BVerwGE 112, 51 (54 ff.); Dommermuth-Alhäuser NZA 2016, 522 (528). **98** Zur Antrags- und Klagebefugnis von Gewerkschaften siehe BVerwG 26.11.2014 – 6 CN 1.13, BVerwGE 150, 327 (330 f. Rn. 15 ff.); OVG Bautzen 11.12.2015 – 3 B 369/15, Rn. 6; OVG Münster 18.12.2015 – 4 B 1463/15, GewArch 2016, 157; BayVGH 8.12.2016 – 22 ZB 16.1180, BayVBl. 2017, 563 f.; Wiebauer NVwZ 2015, 543 (544); Dommermuth-Alhäuser NZA 2016, 522 (528); aA NK-GA/Wichert ArbZG § 9 Rn. 19. **99** Dazu näher Dommermuth-Alhäuser NZA 2016, 522 (527 f.). **100** Vgl. LG Münster 12.1.2017 – 022 O 93/16, WRP 2017, 744 (746 f.); dazu auch Köhler/Bornkamm, UWG, 35. Aufl. 2017, § 3 a Rn. 1.264; Ohly/Sosnitza, UWG, 7. Aufl. 2016, § 3 a Rn. 74; Ebert-Weidenfeller in: Götting/Nordemann, UWG, 3. Aufl. 2016, § 3 a Rn. 88; anders für die frühere Rechtslage nach der Generalklausel des § 1 UWG aF noch BGH 26.11.1987 – I ZR 178/85, AuR 1989, 259. **101** Siehe dazu OLG Düsseldorf 11.9.2007 – 20 U 36/07, NJW 2008, 158; OLG Düsseldorf 7.9.2010 – I-20 U 21/10, MMR 2011, 39 (40); LG Münster 12.1.2017 – 022 O 93/16, WRP 2017, 744 (747); Ebert-Weidenfeller in: Götting/Nordemann, UWG, 3. Aufl. 2016, § 3 a Rn. 68.

6. bei nichtgewerblichen Aktionen und Veranstaltungen der Kirchen, Religionsgesellschaften, Verbände, Vereine, Parteien und anderer ähnlicher Vereinigungen,
7. beim Sport und in Freizeit-, Erholungs- und Vergnügungseinrichtungen, beim Fremdenverkehr sowie in Museen und wissenschaftlichen Präsenzbibliotheken,
8. beim Rundfunk, bei der Tages- und Sportpresse, bei Nachrichtenagenturen sowie bei den der Tagesaktualität dienenden Tätigkeiten für andere Presseerzeugnisse einschließlich des Austragens, bei der Herstellung von Satz, Filmen und Druckformen für tagesaktuelle Nachrichten und Bilder, bei tagesaktuellen Aufnahmen auf Ton- und Bildträger sowie beim Transport und Kommissionieren von Presseerzeugnissen, deren Ersterscheinungstag am Montag oder am Tag nach einem Feiertag liegt,
9. bei Messen, Ausstellungen und Märkten im Sinne des Titels IV der Gewerbeordnung sowie bei Volksfesten,
10. in Verkehrsbetrieben sowie beim Transport und Kommissionieren von leichtverderblichen Waren im Sinne des § 30 Abs. 3 Nr. 2 der Straßenverkehrsordnung,
11. in den Energie- und Wasserversorgungsbetrieben sowie in Abfall- und Abwasserentsorgungsbetrieben,
12. in der Landwirtschaft und in der Tierhaltung sowie in Einrichtungen zur Behandlung und Pflege von Tieren,
13. im Bewachungsgewerbe und bei der Bewachung von Betriebsanlagen,
14. bei der Reinigung und Instandhaltung von Betriebseinrichtungen, soweit hierdurch der regelmäßige Fortgang des eigenen oder eines fremden Betriebs bedingt ist, bei der Vorbereitung der Wiederaufnahme des vollen werktägigen Betriebs sowie bei der Aufrechterhaltung der Funktionsfähigkeit von Datennetzen und Rechnersystemen,
15. zur Verhütung des Verderbens von Naturerzeugnissen oder Rohstoffen oder des Mißlingens von Arbeitsergebnissen sowie bei kontinuierlich durchzuführenden Forschungsarbeiten,
16. zur Vermeidung einer Zerstörung oder erheblichen Beschädigung der Produktionseinrichtungen.

(2) Abweichend von § 9 dürfen Arbeitnehmer an Sonn- und Feiertagen mit den Produktionsarbeiten beschäftigt werden, wenn die infolge der Unterbrechung der Produktion nach Absatz 1 Nr. 14 zulässigen Arbeiten den Einsatz von mehr Arbeitnehmern als bei durchgehender Produktion erfordern.

(3) Abweichend von § 9 dürfen Arbeitnehmer an Sonn- und Feiertagen in Bäckereien und Konditoreien für bis zu drei Stunden mit der Herstellung und dem Austragen oder Ausfahren von Konditorwaren und an diesem Tag zum Verkauf kommenden Bäckerwaren beschäftigt werden.

(4) Sofern die Arbeiten nicht an Werktagen vorgenommen werden können, dürfen Arbeitnehmer zur Durchführung des Eil- und Großbetragszahlungsverkehrs und des Geld-, Devisen-, Wertpapier- und Derivatehandels abweichend von § 9 Abs. 1 an den auf einen Werktag fallenden Feiertagen beschäftigt werden, die nicht in allen Mitgliedstaaten der Europäischen Union Feiertage sind.

Literatur: *Anzinger*, Neues Arbeitszeitgesetz in Kraft getreten, BB 1994, 1492; *ders.*, Ergänzung des Arbeitszeitgesetzes durch das Euro-Einführungsgesetz, NZA 1998, 845; *Berger-Delhey*, Nochmals: Der Entwurf eines Arbeitszeitrechtsgesetzes (EArbZRG), ZTR 1994, 105; *ders.*, „Druckerschwärze und Papier" ... „Sonntags ... nie"?, BB 1994, 2199; *Däubler*, Sonntagsarbeit aus technischen und wirtschaftlichen Gründen, DB 1988, Beil. 7; *Dommermuth-Alhäuser*, Sonntagsarbeit im Streik, NZA 2016, 522; *Erasmy*, Ausgewählte Rechtsfragen zum neuen Arbeitszeitrecht II, NZA 1995, 97; *Greiner*, Institutioneller Schutz und individueller Freiraum – Die Novellierung der Sonn- und Feiertagsarbeit nach dem Urteil des BVerwG vom 26.11.2014, ZfA 2015, 469; *Häberle*, Der Sonntag als Verfassungsprinzip, 2006; *Jacobs*, Reformbedarf im Arbeitszeitrecht, NZA 2016, 733; *Junker*, Brennpunkte des Arbeitszeitgesetzes, ZfA 1998, 105; *Kohte*, Der Beitrag der Betriebsverfassung zur Realisierung des Arbeitszeitrechts, in: FS für Hellmut Wißmann, 2005, S. 331; *Kühn*, Sonntagsarbeit bleibt unsicher!, AuR 2010, 299; *Kuhr*, Die Sonntagsruhe im Arbeitszeitgesetz aus verfassungsrechtlicher Sicht, DB 1994, 2186; *Lakies*, Vertragsgestaltung und AGB im Arbeitsrecht, 2. Aufl. 2011; *Preis/Ulber*, Direktionsrecht und Sonntagsarbeit, NZA 2010, 729: *Richardi/Annuß*, Bedarfsgewerbeverordnungen: Sonn- und Feiertagsarbeit ohne Grenzen?, NZA 1999, 953; *Rozek*, Immer wieder sonntags?, AuR 2010, 148; *Scheiwe/Schwach*, „Decent work for domestic workers" – das Übereinkommen 189 der Internationalen Arbeitsorganisation, ZIAS 2012, 317; *Wiebauer*, Sonntagsarbeit und Bedürfnisse der Bevölkerung, NVwZ 2015, 543; *Zmarzlik*, Entwurf eines Arbeitszeitgesetzes, BB 1993, 2009; *ders.*, Zulässigkeit gewerblicher Sonn- und Feiertagsarbeit, BB 1991, 901.

Leitentscheidungen: BVerwG 19.9.2000 – 1 C 17/99, BVerwGE 112, 51; BAG 4.5.1993 – 1 ABR 52/92, BAGE 73, 118; BayVGH 14.5.2004 – 22 B 00.2284, GewArch 2004, 428; OVG Münster 10.7.2015 – 4 B 791/15, DVBl. 2015, 1266 f.; OVG Münster 10.7.2015 – 4 B 792/15, NVwZ-RR 2015, 776 f.; OVG Berlin-Brandenburg 3.4.2014 – OVG 1 B 1.12; VG Berlin 30.11.2011 – 35 K 388/09.

I. Entstehungsgeschichte, Rechtssystematik 1	3. Arbeiten im betrieblichen Interesse (Abs. 1 Nr. 12–16, Abs. 2)... 27
II. Auslegung der Norm im Lichte der verfassungsrechtlichen Dimension des Sonn- und Feiertagsarbeitsverbots 4	4. Ausnahmen für Arbeiten in Bäckereien und Konditoreien (Abs. 3) 44
III. Detailkommentierung 9	5. Arbeiten an Feiertagen im Eil- und Großbetragszahlungsverkehr und Geld-, Devisen-, Wertpapier- und Derivatehandel (Abs. 4) 45
1. Arbeiten im öffentlichen Interesse und zur Daseinsvorsorge (Abs. 1 Nr. 1–3, 11) 9	
2. Arbeiten im kulturell-gesellschaftlichen Interesse (Abs. 1 Nr. 4–10) 14	IV. Rechtsdurchsetzung 46

I. Entstehungsgeschichte, Rechtssystematik

1 § 10 ArbZG enthält weitreichende Ausnahmeregelungen vom Verbot der Sonn- und Feiertagsarbeit. Diese gehen teilweise auf die Vorschriften der §§ 105 c ff. GewO zurück.[1] Mit dem ArbZG 1994 sollten die bis dahin bestehenden Möglichkeiten zur Sonn- und Feiertagsarbeit nicht eingeschränkt werden.[2] Zu diesem Zweck wurden einige Regelungen der GewO in teilweise modifizierter Fassung in das ArbZG übernommen. In **§ 10 Abs. 1 Nr. 1–11 ArbZG** sind weitreichende Ausnahmen für Arbeiten im öffentlichen Interesse, in Bereichen der Daseinsvorsorge sowie aus gesellschaftlichen und kulturellen Gründen enthalten. Wie schon zuvor nach der GewO sehen **§ 10 Abs. 1 Nr. 12–16 ArbZG** sowie **§ 10 Abs. 2 ArbZG** weitere Ausnahmen von § 9 ArbZG **aus betrieblichen Gründen** vor. § 10 Abs. 3 ArbZG ist durch eine Gesetzesänderung 1996 hinzugefügt worden, die ihre Ursache in der Neuregelung der Arbeitszeiten für Bäcker und Konditoren hatte;[3] das zuvor geltende Bäckerarbeitszeitgesetz trat dabei außer Kraft. Durch das Gesetz zur Euroeinführung ist schließlich **§ 10 Abs. 4 ArbZG** zum 1.1.1999 hinzugetreten.[4] Die Vorschrift soll den Eil- und Großbetragszahlungsverkehr und den Geld-, Devisen-, Wertpapier- und Derivatehandel an Feiertagen ermöglichen, die auf einen Werktag fallen und die nicht in allen EU-Mitgliedstaaten Feiertage sind. Dies soll die Wettbewerbsfähigkeit des Finanzplatzes Deutschland sichern.

---

1 RGBl. 1891 Nr. 18, 261; vgl. auch Zmarzlik BB 1993, 2009 (2013 ff.); zur Vorgängerregelung siehe Zmarzlik BB 1991, 901 ff.; Synopse bei Anzinger BB 1994, 1492 (1496). **2** BT-Drs. 12/5888, 29. **3** BGBl. I 1996, 1186; zur Vereinbarkeit von § 10 Abs. 3 ArbZG mit Art. 140 GG iVm Art. 139 WRV vgl. Baeck/Deutsch ArbZG § 10 Rn. 151. **4** BGBl. 1998 I 1242.

Die Aufzählung der Ausnahmetatbestände in § 10 ArbZG hat **enumerativen Charakter**;[5] sie kann über den Wortlaut hinaus nicht im Wege der Analogiebildung ausgedehnt werden.[6] Durch **Rechtsverordnung** kann die Bundesregierung die Ausnahmen näher bestimmen (§ 13 Abs. 1 Nr. 1 ArbZG) sowie unter bestimmten Voraussetzungen weitere Ausnahmen zulassen (§ 13 Abs. 1 Nr. 2 ArbZG; → ArbZG § 13 Rn. 3 ff.). Für weitere Ausnahmen iSv § 13 Abs. 1 Nr. 2 lit. a ArbZG besteht ferner eine subsidiäre Rechtsverordnungskompetenz der Landesregierungen (§ 13 Abs. 2 ArbZG; → § 13 Rn. 23 ff.).

Bei den in § 10 ArbZG aufgeführten Ausnahmetatbeständen handelt es sich um **Ausnahmen kraft Gesetzes**; über die Inanspruchnahme der jeweiligen Ausnahmeregelung entscheidet der Arbeitgeber. Eine behördliche Erlaubnis ist – anders als nach § 13 Abs. 3, 4 und 5 ArbZG – nicht erforderlich; die Sonn- und Feiertagsarbeit ist ipso iure **öffentlich-rechtlich zulässig**, wenn die Voraussetzungen eines Ausnahmetatbestandes vorliegen. Der Arbeitgeber hat dies selbstständig zu prüfen und die bei einer Fehleinschätzung drohenden Sanktionen nach den §§ 22, 23 ArbZG zu tragen (→ ArbZG § 22 Rn. 17). Hat der Arbeitgeber insoweit Zweifel, kann er nach § 13 Abs. 3 Nr. 1 ArbZG feststellen lassen, ob ein Ausnahmetatbestand gemäß § 10 ArbZG vorliegt (→ ArbZG § 13 Rn. 31). Wird eine Entscheidung über Sonn- und Feiertagsarbeit durch die Einigungsstelle nach § 76 BetrVG getroffen, hat diese die Auslegung des § 10 ArbZG als Vorfrage zu klären (→ Rn. 47).

II. Auslegung der Norm im Lichte der verfassungsrechtlichen Dimension des Sonn- und Feiertagsarbeitsverbots

Bei der Auslegung und Anwendung des § 10 ArbZG ist in jedem Einzelfall die **verfassungsrechtliche Dimension des grundsätzlichen Sonn- und Feiertagsarbeitsverbots** zu berücksichtigen (→ § 9 Rn. 3 ff.). Die religiösen und weltlich-sozialen Funktionen des verfassungsrechtlichen Sonn- und Feiertagsschutzes, die durch § 9 ArbZG eine arbeitnehmerschützende Konkretisierung erfahren haben, verlangen Beachtung. Das Regel-Ausnahme-Verhältnis darf durch die Handhabung der zum Teil weit gefassten Ausnahmeregelungen des § 10 Abs. 1 ArbZG nicht in sein Gegenteil verkehrt werden. Für Arbeitsbereiche jenseits der existenziellen Daseinsvorsorge und der Aufrechterhaltung der öffentlichen Sicherheit und Ordnung (vgl. § 10 Abs. 1 Nr. 1–3, 11 ArbZG) ist deshalb in jedem Einzelfall sorgfältig zu prüfen, ob und inwieweit eine Durchbrechung der Regel des Sonn- und Feiertagsarbeitsverbots gerechtfertigt ist. Namentlich für die Ausnahmetatbestände des § 10 Abs. 1 Nr. 14–16 ArbZG, die aus betrieblichen Gründen „Arbeiten trotz des Sonntags" erlauben, ist eine restriktive Anwendung geboten, damit der Sonn- und Feiertagsschutz nicht unzulässig ausgehöhlt wird (→ ArbZG § 9 Rn. 4).

Im Lichte des verfassungsrechtlich garantierten Regel-Ausnahme-Verhältnisses ist demgemäß auch der Eingangssatz des § 10 Abs. 1 ArbZG zu lesen: **Alle** Ausnahmetatbestände des § 10 Abs. 1 Nr. 1–16 ArbZG stehen unter dem **Vorbehalt**, dass die betreffenden **Arbeiten nicht an einem Werktag vorgenommen** werden können. Diesem Vorbehalt muss vor allem bei geplanten Ausnahmen aus betrieblichen Gründen (§ 10 Abs. 1 Nr. 14–16) besonderes Augenmerk geschenkt werden. Er verlangt vom Arbeitgeber, die Arbeit nach Möglichkeit so zu planen und zu gestalten, dass Sonntagsarbeit vermieden wird. Eine Ausnahme iSd § 10 Abs. 1 ArbZG kommt demnach nicht in Betracht, wenn der Arbeitgeber zumutbare Vorkehrungen zu deren Vermeidung nicht getroffen hat, insbesondere infolge von Versäumnissen in der Produktionsorganisation bzw. -vorbereitung.[7] Der Vorbehalt soll bewirken, dass **Sonn- und Feiertagsarbeit auf ein Mindestmaß reduziert** wird.[8] Der Arbeitgeber hat demnach technische und arbeits-

---

5 AllgA – vgl. nur Anzinger/Koberski ArbZG § 10 Rn. 9; Baeck/Deutsch ArbZG § 10 Rn. 1; Buschmann/Ulber ArbZG § 10 Rn. 1. **6** Buschmann/Ulber ArbZG § 10 Rn. 1; aA NK-GA/Wichert ArbZG § 10 Rn. 2. **7** So auch Anzinger/Koberski ArbZG § 10 Rn. 25; Buschmann/Ulber ArbZG § 10 Rn. 5; aA wohl Baeck/Deutsch ArbZG § 10 Rn. 18; vgl. auch NK-GA/Wichert ArbZG § 10 Rn. 6. **8** BVerwG 19.9.2000 – 1 C 17/99, BVerwGE 112, 51 (61 f.); VG Berlin 30.11.2011 – 35 K 388/09, Rn. 45; Buschmann/Ulber ArbZG § 10 Rn. 5.

organisatorische Möglichkeiten auszuschöpfen; hier können die Betriebsräte ihr betriebliches Wissen einbringen (→ Rn. 47). Dabei haben sich die Betriebsparteien am „Stand der Technik" zu orientieren (→ ArbZG § 13 Rn. 14 f.). Erst wenn und soweit Sonntagsarbeit nach diesem Maßstab **aus technischen Gründen unvermeidbar** ist, liegt eine insoweit gerechtfertigte Ausnahme vor.

6 Unter Beachtung des Vorbehalts kann Sonn- und Feiertagsarbeit darüber hinaus gerechtfertigt sein, wenn und soweit eine Verlagerung der betreffenden Arbeiten auf Werktage für den Betrieb wegen **unverhältnismäßiger wirtschaftlicher oder sozialer Nachteile unzumutbar** ist.[9] An die Unverhältnismäßigkeit des Nachteils sind dabei **strenge Anforderungen** zu stellen. Ein streikbedingter Arbeitsrückstand genügt allein nicht, um die Notwendigkeit von Sonntagsarbeit iSv § 10 Abs. 1 ArbZG zu belegen.[10] Vielmehr kommt die Anordnung von Sonntagsarbeit insofern nur in Betracht, wenn an Sonntagen in einem beachtlichen Umfang gerade solche Tätigkeiten vorgenommen werden sollen, die an Werktagen nicht vorgenommen werden können.[11] Im Einzelfall ist eine **Abwägung** der Arbeitgeberinteressen mit den Belangen der Arbeitnehmer im Hinblick auf die hochrangigen Schutzziele des Arbeitszeitrechts nach § 1 Nr. 1 und Nr. 2 ArbZG geboten. Danach wird Sonn- und Feiertagsarbeit auch angesichts des hohen Schutzgutes der Gesundheit der Arbeitnehmer selbst bei erheblichen wirtschaftlichen Belastungen des Arbeitgebers nur ausnahmsweise in Betracht kommen. Zu denken ist vor allem an Extremsituationen, wie eine existenzgefährdende Vervielfachung der Kosten oder ein dramatisches Wegbrechen von Absatzmärkten. In systematischer Hinsicht sind, was eine Berücksichtigung erwerbswirtschaftlicher Interessen der Arbeitgeber im Rahmen der Auslegung des Vorbehalts in § 10 Abs. 1 ArbZG betrifft, zudem die weiteren Ausnahmetatbestände nach § 13 ArbZG mit in den Blick zu nehmen. Dort werden ua die Sicherung von Beschäftigung und Konkurrenzfähigkeit ausdrücklich als Kriterien für die Zulassung bzw. Bewilligung von Ausnahmen genannt (vgl. § 13 Abs. 1 Nr. 2 lit. c, Abs. 5 ArbZG). Über diese Tatbestände kann ökonomischen Interessen der Arbeitgeber grds. ausreichend Rechnung getragen werden, was eine insoweit restriktive Auslegung des Vorbehalts in § 10 Abs. 1 ArbZG zusätzlich unterstützt.

7 Soweit Sonn- und Feiertagsarbeit unter diesen Voraussetzungen zulässig ist, muss der Arbeitgeber diese zeitlich und inhaltlich auf das unbedingt notwendige Mindestmaß beschränken. Die Pflicht zur „**Minimierung der Sonntagsarbeit**" bezieht sich – im Rahmen des jeweiligen Ausnahmetatbestandes – auf den Umfang der Arbeit und den Kreis der betroffenen Arbeitnehmer.[12]

8 Soweit die Voraussetzungen für Sonn- und Feiertagsarbeit gegeben sind, können Arbeitnehmer über die jeweilige Haupttätigkeit hinaus auch mit **Hilfs- und Nebentätigkeiten** beschäftigt werden, wenn diese in unmittelbarem Zusammenhang stehen. Wegen des Ausnahmecharakters ist der Begriff der Neben- und Hilfstätigkeiten allerdings eng auszulegen; nur solche Hilfs- und Nebentätigkeiten sind zugelassen, die im Einzelfall für die Haupttätigkeit unverzichtbar sind. Hierunter können insbesondere Materi-

---

9 So die hM – vgl. BVerwG 19.9.2000 – 1 C 17/99, BVerwGE 112, 51 (61); VG Münster 9.7.2015 – 1 L 906/15, Rn. 10; Neumann/Biebl ArbZG § 10 Rn. 5; Schliemann ArbZG § 10 Rn. 8; Anzinger/Koberski ArbZG § 10 Rn. 24; ErfK/Wank ArbZG § 10 Rn. 2; Baeck/Deutsch ArbZG § 10 Rn. 16; NK-GA/Wichert ArbZG § 10 Rn. 5; Roggendorff, S. 114; Erasmy NZA 1995, 97 (98); Dommermuth-Alhäuser NZA 2016, 522 (524); aA Wichert/Ulber ArbZG § 10 Rn. 5; enger auch Däubler DB 1988, Beilage 7 (8), der von Sondersituationen spricht, die zu einer ganz ungewöhnlichen Schädigung des Unternehmens führen. **10** Vgl. OVG Münster 10.7.2015 – 4 B 791/15, DVBl. 2015, 1266 (1267); OVG Münster 10.7.2015 – 4 B 792/15, NVwZ-RR 2015, 776 (777); HWK/Gäntgen ArbZG § 10 Rn. 1; DFL/Krauss ArbZG § 10 Rn. 2; differenzierend Dommermuth-Alhäuser NZA 2016, 522 (524). **11** OVG Münster 10.7.2015 – 4 B 791/15, DVBl. 2015, 1266 (1267); OVG Münster 10.7.2015 – 4 B 792/15, NVwZ-RR 2015, 776 (777). **12** BVerwG 19.9.2000 – 1 C 17/99, BVerwGE 112, 51 (61 f.); VG Münster 9.7.2015 – 1 L 906/15, Rn. 10; vgl. auch Schliemann ArbZG § 10 Rn. 9; ErfK/Wank ArbZG § 10 Rn. 3; Neumann/Biebl ArbZG § 10 Rn. 6; Buschmann/Ulber ArbZG § 10 Rn. 5.

altransporte, Versorgungs-, Überwachungs- oder Kommunikationstätigkeiten fallen.[13] Wenn der Arbeitgeber die Arbeiten mit Leiharbeitern oder anderen Betriebsfremden (Subunternehmer, Beschäftigte mit Werkvertrag) ausführen lässt, muss der Betrieb, in dem die Beschäftigung tatsächlich stattfindet, einen Ausnahmetatbestand des § 10 Abs. 1 ArbZG erfüllen. Sind für die zulässige Tätigkeit **Zuarbeiten anderer Betriebe** erforderlich, gilt die Ausnahme des § 10 Abs. 1 ArbZG für diese Betriebe nur dann, wenn es sich um für den anderen Betrieb unverzichtbare Zuarbeiten handelt. Hierfür in Betracht kommen vor allem ebenfalls Transport- und Lieferarbeiten, aber auch Reinigungs- oder Überwachungstätigkeiten.[14]

III. Detailkommentierung

1. **Arbeiten im öffentlichen Interesse und zur Daseinsvorsorge (Abs. 1 Nr. 9 1–3, 11).** Unter **Not- und Rettungsdiensten** iSv § 10 Abs. 1 Nr. 1 ArbZG werden Organisationen verstanden, die Not- und Unglücksfälle verhindern bzw. beim Eintritt solcher Hilfe leisten sollen.[15] In Abgrenzung von § 14 Abs. 1 ArbZG geht es hier nicht um den einzelnen Not- bzw. Unglücksfall, sondern um die Vorhaltung des Dienstes als solchen einschließlich der tatsächlichen Leistungserbringung. Der Dienst kann öffentlich-rechtlich oder privatrechtlich organisiert sein; er muss nicht institutionalisiert sein.[16] Die Nr. 1 erfasst nicht nur Notdienste im Gesundheitsbereich, wie ärztliche Notdienste oder Krankentransporte, sondern auch Rettungsdienste, wie die Dienste des ADAC, der DLRG oder der Bergwacht. Darüber hinaus fallen Sanitär-, Strom- und Schlüsselnotdienste oder auch Wochenenddienste in Betrieben und Verwaltungen unter die Regelung.[17] Gleiches gilt für Not- und Sperrdienste von Banken und Kreditinstituten.[18] Einen Sonderfall bilden Apothekennotdienste, für die nicht die §§ 9 ff. ArbZG, sondern die §§ 4 und 17 LSchlG (Bayern) bzw. die entsprechenden Vorschriften der Ladenschlussgesetze der Länder gelten.[19] Neben den Not- und Rettungsdiensten ist die **Feuerwehr** in der Nr. 1 ausdrücklich aufgeführt. Die Beschäftigung ist nicht nur bei Brand- und anderen Notstandsfällen zulässig; erfasst sind auch insofern alle Tätigkeiten, die der Aufrechterhaltung von Funktionsfähigkeit und Einsatzbereitschaft der Feuerwehr dienen (→ Rn. 8).[20] Auf die Art der Feuerwehr (Berufsfeuerwehr, freiwillige Feuerwehr, Werksfeuerwehr) kommt es ebenfalls nicht an.[21]

Die Aufrechterhaltung der **öffentlichen Sicherheit und Ordnung** (§ 10 Abs. 1 Nr. 2 10 ArbZG) obliegt der Polizei, der Landesverteidigung, der Justiz und der Verwaltung. Allerdings ist zu beachten, dass das Beschäftigungsverbot des § 9 Abs. 1 ArbZG für Beamte, Richter und Soldaten ohnehin nicht gilt, da diese keine Arbeitnehmer iSd ArbZG sind (§ 2 Abs. 2 ArbZG). Bedeutung hat die Regelung mithin nur für Zivilbeschäftigte der Sicherheitskräfte und Beschäftigte der Justiz bzw. Verwaltung, die in einem Arbeitsverhältnis stehen. Insoweit kommen für die Ausnahme nach der Nr. 2 im Wesentlichen die Aufgabenerfüllung von Amtsträgern sicherstellende Tätigkeiten in Betracht. Hierzu gehören vor allem Schreibdienste, die Sicherstellung von Telekommunikation, Überwachungs- oder Reparaturaufgaben.[22] Gemäß § 19 ArbZG kann die zuständige Dienstbehörde die beamtenrechtlichen Arbeitszeitregelungen auch auf die bei ihr mit der Wahrnehmung hoheitlicher Aufgaben beschäftigten Arbeitnehmer übertragen, soweit keine tarifvertragliche Regelung besteht (→ ArbZG § 19 Rn. 1 ff.).

---

13 Baeck/Deutsch ArbZG § 10 Rn. 4; Anzinger/Koberski ArbZG § 10 Rn. 12; Neumann/Biebl ArbZG § 10 Rn. 6. **14** Baeck/Deutsch ArbZG § 10 Rn. 16; Anzinger/Koberski ArbZG § 10 Rn. 15; Buschmann/Ulber ArbZG § 10 Rn. 3; HK-ArbZR/Herbert ArbZG § 10 Rn. 3. **15** Siehe ErfK/Wank ArbZG § 10 Rn. 4. **16** Neumann/Biebl ArbZG § 10 Rn. 7; ErfK/Wank ArbZG § 10 Rn. 4; NK-GA/Wichert ArbZG § 10 Rn. 8. **17** Neumann/Biebl ArbZG § 10 Rn. 7; Buschmann/Ulber ArbZG § 10 Rn. 6 a; Baeck/Deutsch ArbZG § 10 Rn. 20 f.; Anzinger/Koberski ArbZG § 10 Rn. 30; NK-GA/Wichert ArbZG § 10 Rn. 8. **18** BT-Drs. 12/5888, 29; DFL/Krauss ArbZG § 10 Rn. 5. **19** AA HK-ArbZR/Herbert ArbZG § 10 Rn. 14. **20** Baeck/Deutsch ArbZG § 10 Rn. 22. **21** DFL/Krauss ArbZG § 10 Rn. 6; NK-GA/Wichert ArbZG § 10 Rn. 9. **22** AllgA – vgl. nur Baeck/Deutsch ArbZG § 10 Rn. 25; HK-ArbZR/Herbert ArbZG § 10 Rn. 15; Anzinger/Koberski ArbZG § 10 Rn. 36.

11 Die Regelung in § 10 Abs. 1 Nr. 3 ArbZG umfasst **Krankenhäuser, Kinder-, Jugend-, Senioren- und Pflegeheime, Obdachlosenunterkünfte, Internate, Justizvollzugsanstalten, Jugend- und Frauenhäuser** usw.[23] Über die stationäre Pflege oder Betreuung hinaus werden auch **ambulante Pflegedienste** erfasst.[24] Zulässig sind alle **Tätigkeiten**, die zur Aufgabenerfüllung erforderlich sind und nicht auf Werktage verschoben werden können. Hierzu gehören vor allem unaufschiebbare Therapie- und Pflegemaßnahmen sowie Tätigkeiten, die zur Sicherstellung der Versorgung der Personen notwendig sind. Der Umfang der Leistungen ist dabei nicht auf ein Mindestmaß beschränkt. Es sind alle Tätigkeiten zulässig, die dem normalen Behandlungs-, Pflege- bzw. Betreuungsstandard entsprechen.[25] Soweit Aufgaben, wie etwa die Verpflegung, an andere Betriebe übertragen sind, gilt die Nr. 3 auch für diese Aufgaben.

12 Ausnahmen vom Verbot der Sonn- und Feiertagsarbeit bestehen für **Betriebe der Energie- und Wasserversorgung sowie der Abfall- und Abwasserentsorgung** (§ 10 Abs. 1 Nr. 11 ArbZG). Diese Betriebe zählen zur originären Daseinsvorsorge, so dass die Ausnahme wegen der Sicherung existenzieller Grundbedürfnisse der Bevölkerung im öffentlichen Interesse gerechtfertigt ist. Zur **Energieversorgung** zählen alle Betriebe, die ihre Abnehmer mit Strom, Gas und Wärme versorgen.[26] Darunter fallen insbesondere Kraftwerke (unabhängig von der Art der Energieerzeugung), Gaswerke, Heizwerke, Umspannwerke und Fernleitungsunternehmen. Betriebe der **Wasserversorgung** sind Betriebe, die Kunden mit Trink- und/oder Brauchwasser versorgen.[27] Neben Wasserwerken gilt die Ausnahme auch für Betriebe, die der Wassergewinnung dienen, und solche, die mit der Wartung der Leitungssysteme beschäftigt sind. Betriebe, die Abfälle iSv § 3 Abs. 1 KrWG transportieren, lagern, verwerten oder beseitigen, fallen als **Betriebe der Abfallentsorgung** unter die Nr. 11.[28] Beispiele für solche Betriebe sind die Müllabfuhr, Mülldeponien, Recyclinghöfe, Altkleiderbetriebe, Müllverbrennungsanlagen, die Straßenreinigung und Wertstoffbetriebe. Zu den **Betrieben der Abwasserbeseitigung** gehören Betriebe, die Abwasser iSv § 54 Abs. 1 WHG sammeln, fortleiten, behandeln, einleiten, versickern, verregnen oder entwässern lassen (vgl. § 54 Abs. 2 WHG). Hierzu gehören in erster Linie Klärwerke.[29] Die Vorschrift erfasst in den genannten Bereichen sowohl **öffentlich-rechtlich** als auch **privatrechtlich** organisierte Betriebe. Soweit für die Tätigkeit der vorstehenden Betriebe die Einschaltung von **Hilfsbetrieben**, etwa für die Zulieferung von Rohstoffen, erforderlich ist, gilt die Ausnahme nach der Nr. 11 auch für diese Hilfsbetriebe.[30]

13 Zulässig im Rahmen von § 10 Abs. 1 Nr. 11 ArbZG sind nur **Tätigkeiten**, die im Rahmen der Aufgabenerfüllung des jeweiligen Betriebes **zwingend an Sonn- oder Feiertagen erforderlich** sind und deshalb nicht auf einen Werktag verschoben werden können.[31] Dies gilt insbesondere für Überwachungsaufgaben in Betrieben der Energie- und Wasserversorgung sowie für notwendige Reparaturarbeiten, wenn andernfalls ein kurzfristiger Ausfall mit großer Wahrscheinlichkeit droht. Wartungsarbeiten werden erfasst, soweit diese turnusmäßig auch an Sonn- und Feiertagen erfolgen müssen, ferner dann, wenn eine Unterbrechung von Wartungsarbeiten an Sonn- und Feiertagen technisch nicht möglich ist oder eine solche das Ergebnis der Wartung gefährden würde. Entsprechendes gilt für die Tätigkeiten von Zuliefer- bzw. Hilfsbetrieben (→ Rn. 12).[32]

---

23 HK-ArbZR/Herbert ArbZG § 10 Rn. 16; Neumann/Biebl ArbZG § 10 Rn. 10 f. **24** BT-Drs. 12/5888, 29. Vgl. auch ErfK/Wank ArbZG § 10 Rn. 6; Neumann/Biebl ArbZG § 10 Rn. 10; Anzinger BB 1994, 1492 (1496). **25** Schliemann ArbZG § 10 Rn. 16; HK-ArbZR/Herbert ArbZG § 10 Rn. 16. **26** ErfK/Wank ArbZG § 10 Rn. 15; Neumann/Biebl ArbZG § 10 Rn. 33; NK-GA/Wichert ArbZG § 10 Rn. 38. **27** Schliemann ArbZG § 10 Rn. 36; ErfK/Wank ArbZG § 10 Rn. 15. **28** Schliemann ArbZG § 10 Rn. 37; Baeck/Deutsch ArbZG § 10 Rn. 84; NK-GA/Wichert ArbZG § 10 Rn. 39. **29** Neumann/Biebl ArbZG § 10 Rn. 33; HK-ArbZR/Herbert ArbZG § 10 Rn. 36; Schliemann ArbZG § 10 Rn. 37. **30** Baeck/Deutsch ArbZG § 10 Rn. 83; Schliemann ArbZG § 10 Rn. 36; Anzinger/Koberski ArbZG § 10 Rn. 84; Roggendorff, S. 117; Erasmy NZA 1995, 97 (98). **31** Siehe auch Baeck/Deutsch ArbZG § 10 Rn. 86. **32** In diesem Sinne auch Buschmann/Ulber ArbZG § 10 Rn. 9 c.

2. Arbeiten im kulturell-gesellschaftlichen Interesse (Abs. 1 Nr. 4–10).

Nach § 10 Abs. 1 Nr. 4 ArbZG gelten Ausnahmen für **Gaststätten** (vgl. § 1 GastG bzw. die entsprechende landesgesetzliche Regelung[33]) und **Einrichtungen zur Bewirtung und Beherbergung**. Es ist unerheblich, ob mit dem Betrieb ein gewerblicher Zweck verfolgt wird oder ob dieser nur für einen eingeschränkten Nutzerkreis zugänglich ist. Die Vorschrift gilt daher nicht nur für „klassische" Restaurationsbetriebe, sondern zB auch für Kantinen und Vereinsheime.[34] Von erheblicher Bedeutung im Alltag sind Bewirtungsbetriebe, die über keine eigenen Räumlichkeiten verfügen, wie zB Straßenimbisse, Lieferservice und Catering-Dienste. Auch deren Arbeitnehmer dürfen an Sonn- und Feiertagen nach der Nr. 4 beschäftigt werden. 14

In den Anwendungsbereich von § 10 Abs. 1 Nr. 4 ArbZG fallen zunächst alle mit der Bewirtung bzw. Beherbergung unmittelbar zusammenhängenden **Tätigkeiten**. Dies sind vor allem die Vorbereitung, die Herstellung und das Servieren der Speisen und Getränke bzw. das Herrichten der Zimmer und ggf. Arbeiten an der Rezeption, vorausgesetzt diese Arbeiten lassen sich nicht auf einen Werktag verschieben. Zudem gilt die Nr. 4 auch für Arbeiten im Umfeld der Bewirtung bzw. Beherbergung, wie etwa für den Verkauf von Reisezubehör.[35] Soweit im **Privathaushalt** Arbeitnehmer iSd § 2 Abs. 2 ArbZG beschäftigt werden (vgl. auch § 18 Abs. 1 Nr. 3 ArbZG), gelten für sie die Ausnahmen vom Verbot der Sonn- und Feiertagsarbeit gemäß der Nr. 4, wenn die Arbeit nicht auf Werktage verlegt werden kann.[36] 15

Die **Ausnahmen nach § 10 Abs. 1 Nr. 5 ArbZG** betreffen Tätigkeiten im Zusammenhang mit der Inanspruchnahme kultureller Leistungen und Freizeitaktivitäten durch die Bevölkerung, die traditionell an den für den überwiegenden Teil der Arbeitnehmer arbeitsfreien Sonn- und Feiertagen nachgefragt werden. Ihnen gemeinsam ist, dass sie **öffentlich angeboten werden**, also vor Publikum stattfinden (müssen).[37] Zugelassen ist zunächst eine Tätigkeit bei der jeweiligen Aktivität selbst.[38] Insofern können im Rahmen von Nr. 5 Arbeitnehmer, die im Zusammenhang mit der Aufführung unmittelbar tätig werden, beschäftigt werden. Hierzu gehören Musiker, Sänger, Schauspieler usw. Zudem erfasst die Vorschrift auch unterstützende Arbeiten, so dass zB auch Beleuchter, Toningenieure und Garderobenmitarbeiter an Sonn- und Feiertagen eingesetzt werden können.[39] Ebenso werden vor- und nachbereitende Arbeiten erfasst, wie zB Aufbau- und Reinigungstätigkeiten. Wegen des Vorbehalts ist für diese Arbeiten freilich stets sorgsam zu prüfen, ob insofern an einem Werktag vor- oder nachgearbeitet werden kann. 16

§ 10 Abs. 1 Nr. 6 ArbZG erlaubt die **Sonn- und Feiertagsbeschäftigung im nichtgewerblichen Bereich** bei Aktionen und Veranstaltungen von Kirchen, Verbänden, Vereinen, Parteien und ähnlichen Vereinigungen. Damit soll dem Umstand Rechnung getragen werden, dass Veranstaltungen in Trägerschaft dieser Organisationen aus Gründen der Publikumsresonanz regelmäßig gerade an Sonn- und Feiertagen stattfinden. Erfasst sind diese Aktionen bzw. Veranstaltungen nur dann, wenn sie **nichtgewerblich**, dh nicht auf die Erzielung eines Gewinns gerichtet sind. Wird dennoch ein Gewinn erwirtschaftet, schadet dies der Anwendung der Ausnahme nicht, wenn der Gewinn einem gemeinnützigen Zweck zugeführt wird.[40] Von der Nr. 6 erfasst werden zB Wohltätigkeitsveranstaltungen, wie etwa Weihnachtsbasare der Kirchen oder karitativer Organisationen, Veranstaltungen von Heimatverbänden, Schützen-, Karnevals-, Kleingarten- 17

---

33 Die Gesetzgebungszuständigkeit für das Gaststättenrecht liegt seit 2006 bei den Ländern (Art. 70 Abs. 1 iVm Art. 74 Abs. 1 Nr. 11 GG). Etliche Bundesländer haben das GastG inzwischen durch Landesgesetze ersetzt. **34** Baeck/Deutsch ArbZG § 10 Rn. 33; HK-ArbZR/Herbert ArbZG § 10 Rn. 17. **35** Baeck/Deutsch ArbZG § 10 Rn. 33. **36** HK-ArbZR/Herbert ArbZG § 10 Rn. 18; Anzinger/Koberski ArbZG § 10 Rn. 41; Schliemann ArbZG § 10 Rn. 17; Scheiwe/Schwach ZIAS 2012, 317 (333). **37** So auch Neumann/Biebl ArbZG § 10 Rn. 14; HK-ArbZR/Herbert ArbZG § 10 Rn. 19; Anzinger/Koberski ArbZG § 10 Rn. 42; NK-GA/Wichert ArbZG § 10 Rn. 17; aA Baeck/Deutsch ArbZG § 10 Rn. 44. **38** Baeck/Deutsch ArbZG § 10 Rn. 44. **39** Neumann/Biebl ArbZG § 10 Rn. 15; Schliemann ArbZG § 10 Rn. 18; Baeck/Deutsch ArbZG § 10 Rn. 44 f. **40** Neumann/Biebl ArbZG § 10 Rn. 17.

und Tierzüchtervereinen oder sonstiger Hobbyvereine,[41] aber auch Informations- und Wahlkampfveranstaltungen politischer Parteien. Die **praktische Bedeutung** der Regelung dürfte **eher gering sein**, da entsprechende Arbeiten idR weitgehend durch die Mitglieder der jeweiligen Organisation selbst oder durch andere Ehrenamtliche, nicht jedoch von Arbeitnehmern erbracht werden.[42] Arbeitnehmer dürfen alle im Zusammenhang mit der Aktion bzw. Veranstaltung anfallenden Arbeiten ausführen, soweit diese nicht an einem Werktag vorgenommen werden können.

18 Die Ausnahmeregelung nach § 10 Abs. 1 Nr. 7 ArbZG erlaubt Sonn- und Feiertagsarbeit für **Sportveranstaltungen**, in **Freizeit-, Erholungs-** und **Vergnügungseinrichtungen**, beim **Fremdenverkehr** sowie in **Museen** und **wissenschaftlichen Präsenzbibliotheken**. Auch solche Angebote werden insbesondere an Wochenenden und Feiertagen verstärkt nachgefragt. Zu beachten ist, dass die Nr. 7 nicht für alle Bibliotheken gilt, sondern nur für wissenschaftliche Präsenzbibliotheken. Dies sind Bibliotheken, die wissenschaftliche Literatur für Forschung, Lehre und Studium vorhalten und auch für die Öffentlichkeit zugänglich sind.[43] Ist dies – wie etwa bei Instituts- oder Gerichtsbibliotheken – nicht der Fall, kommt Sonn- und Feiertagsarbeit nicht in Betracht.[44] Zulässige Sonn- und Feiertagsarbeit wird idR auf Tätigkeiten der Aufsicht und Ausleihe beschränkt sein.

19 § 10 Abs. 1 Nr. 8 ArbZG erlaubt Sonn- und Feiertagsarbeit beim **Rundfunk**, dh bei **Hörfunk und Fernsehen**,[45] sowie bei der **Presse**. Dieser Ausnahmetatbestand erfordert eine sorgfältige Abwägung zwischen dem verfassungsrechtlich geschützten Beschäftigungsverbot an Sonn- und Feiertagen und einem berechtigten Informationsinteresse der Bevölkerung, welches mit der jeweils grundrechtlich in Art. 5 Abs. 1 GG geschützten Presse-, Rundfunk- und Informationsfreiheit und deren Bedeutung für den öffentlichen Meinungsbildungsprozess korrespondiert.[46] Ein genereller Dispens des verfassungsrechtlichen Regel-Ausnahme-Verhältnisses geht mit dieser spezifisch kommunikationsgrundrechtlichen Dimension indes nicht einher.[47] Es ist jedoch bei der Anwendung der Nr. 8 ein schonender Ausgleich zu suchen, der möglichst alle Interessen zur Geltung bringt. Dabei bleibt namentlich zu prüfen, inwieweit Tätigkeiten auf Werktage verschoben werden können. Soweit danach Sonn- und Feiertagsarbeit zulässig ist, dürfen wiederum nur zwingend erforderliche Arbeiten erledigt werden, damit auch der Kreis der von den Arbeiten betroffenen Arbeitnehmer so klein wie möglich gehalten wird (→ Rn. 4).

20 Im Bereich von Hörfunk und Fernsehen sind insbesondere Arbeiten im Zusammenhang mit der **Produktion der Programmbeiträge** und der **Programmausstrahlung an Sonn- und Feiertagen möglich**. Beschäftigt werden können dabei zB Korrespondenten, Redakteure, Moderatoren, Maskenbildner, technisches Personal, wie etwa Kameraleute oder Techniker in Übertragungswagen oder Sendezentren.[48] Soweit die Produktion von Programmteilen an andere Produktionsfirmen ausgelagert wurde, gilt die Ausnahme nach der Nr. 8 auch für deren Personal. Zudem können Tätigkeiten erledigt werden, die für die Fortsetzung des Programms an Montagen und Tagen nach Feiertagen zwingend erforderlich sind.[49] Wegen der Verschiebbarkeit auf einen Werktag nicht erfasst sind dagegen Tätigkeiten im Zusammenhang mit sog Vorratsproduktionen.[50]

---

41 Vgl. auch die Aufzählungen bei Baeck/Deutsch ArbZG § 10 Rn. 44; Anzinger/Koberski ArbZG § 10 Rn. 48. **42** So auch HK-ArbZR/Herbert ArbZG § 10 Rn. 21; DFL/Krauss ArbZG § 10 Rn. 11. **43** Zum Begriff siehe HK-ArbZR/Herbert ArbZG § 10 Rn. 24; Neumann/Biebl ArbZG § 10 Rn. 23; Baeck/Deutsch ArbZG § 10 Rn. 56. **44** Vgl. Baeck/Deutsch ArbZG § 10 Rn. 56. **45** AllgM – vgl. nur Schliemann ArbZG § 10 Rn. 24. **46** Vgl. dazu auch Anzinger/Koberski ArbZG § 10 Rn. 56; Baeck/Deutsch ArbZG § 10 Rn. 59; HK-ArbZR/Herbert ArbZG § 10 Rn. 26; kritisch Berger-Delhey ZTR 1994, 105 (109). **47** Vgl. BVerfG 27.10.2016 – 1 BvR 458/10, NJW 2017, 461 (466) = BVerfGE 143, 161 (202 f., Rn. 91 f.) für Kollisionen zwischen Art. 140 GG iVm Art. 139 WRV und dem (Kommunikations-)Grundrecht der Versammlungsfreiheit (Art. 8 Abs. 1 GG). **48** Vgl. auch Anzinger/Koberski ArbZG § 10 Rn. 58; Baeck/Deutsch ArbZG § 10 Rn. 61. **49** Baeck/Deutsch ArbZG § 10 Rn. 61. **50** Schliemann ArbZG § 10 Rn. 24; Neumann/Biebl ArbZG § 10 Rn. 25; Buschmann/Ulber ArbZG § 10 Rn. 9.

Hierunter werden Produktionen verstanden, die erst zu einem späteren Zeitpunkt ausgestrahlt werden.

Im Bereich der Presse sind nach der Nr. 8 Ausnahmen zulässig, wenn der Auftrag einer 21 **tagesaktuellen Berichterstattung** über politische, gesellschaftliche und sportliche Ereignisse zu erfüllen ist. Insoweit erfasst die Vorschrift zunächst Tageszeitungen, die auch am Sonntag erscheinen.[51] Zudem erstreckt sie sich auch auf Zeitungen, die ausschließlich an Sonntagen erscheinen (Sonntagszeitungen). Die Herstellung und Verteilung von reinem Werbematerial ist dagegen unzulässig.[52] Im Fall von Anzeigenblättern bedeutet dies, dass sie über Anzeigen hinaus tagesaktuelle redaktionelle Teile enthalten müssen.[53] Bei periodisch (wöchentlich, monatlich) erscheinenden **Zeitschriften** als „anderen Presseerzeugnissen" iSv Nr. 8 sind gleichfalls der Tagesaktualität dienende Tätigkeiten für diese Presseerzeugnisse von der Ausnahme erfasst;[54] die generelle Ausklammerung solcher Zeitschriften aus der Nr. 8 lässt sich dem Wortlaut nicht entnehmen und wäre auch mit Blick auf die Pressefreiheit verfassungsrechtlich problematisch (→ Rn. 19).[55] In Abhängigkeit vom Erscheinungstag bedarf indes die Verlegbarkeit der Arbeiten auf einen Werktag sorgsamer Prüfung.

Ist der tagesaktuelle Bezug gewahrt, gestattet die Nr. 8 die **Herstellung von Satz, Filmen** 22 **und Druckformen** für Nachrichten und Bilder und **Aufnahmen von Ton- und Bildträgern**. Weiterhin ist der **Transport** und die **Kommissionierung** von Presseerzeugnissen an Sonn- und Feiertagen erlaubt, wenn deren Erscheinungstag auf einen Montag oder einen Tag nach einem Feiertag fällt. Zulässig sind danach ua das Verpacken, Kennzeichnen, Verladen und Verteilen der Erzeugnisse.[56] Keine Rolle spielt, ob das Presseerzeugnis täglich, wöchentlich oder monatlich erscheint. Maßgeblich ist allein, dass der im Voraus festgelegte Erscheinungstag ein Montag bzw. ein Tag nach einem Feiertag ist.[57] Ebenso wenig bedarf es zwingender Gründe für das Erscheinen des Presseerzeugnisses zu diesen Terminen.[58]

§ 10 Abs. 1 Nr. 9 ArbZG lässt Sonn- und Feiertagsarbeit bei **Messen, Ausstellungen,** 23 **Märkten und Volksfesten** (iSd §§ 64 ff. GewO[59]) zu. Es sind alle **Tätigkeiten** im Rahmen der in der Vorschrift genannten Veranstaltungen gestattet. Dies gilt insbesondere für Beratungs- und Verkaufstätigkeiten, aber auch für künstlerische Darbietungen auf Märkten und Volksfesten oder das Verteilen von Werbung. Auch erforderliche Nebentätigkeiten, wie etwa Kundenbetreuung durch Catering, Einlass- und Reinigungsdienste sowie die technische Absicherung der Veranstaltung, sind zulässig. Schließlich können – soweit erforderlich – auch Vor- und Nacharbeiten, insbesondere der Auf- und Abbau von Ständen oder die Anlieferung von Produkten an Sonn- bzw. Feiertagen erfolgen.[60] Die Verschiebbarkeit der Tätigkeit auf einen Werktag kann jedoch entgegenstehen.

Nach **§ 10 Abs. 1 Nr. 10 ArbZG** gilt eine weitere Ausnahme vom Verbot der Sonn- und 24 Feiertagsarbeit für **Verkehrsbetriebe**. Hierzu gehören Betriebe des Personen-, Güter-

---

[51] Neumann/Biebl ArbZG § 10 Rn. 26; Schliemann ArbZG § 10 Rn. 25; Dobberahn, S. 46; Erasmy NZA 1995, 97 (98); Anzinger BB 1994, 1492 (1496). [52] Vgl. ErfK/Wank ArbZG § 10 Rn. 11; Neumann/Biebl ArbZG § 10 Rn. 26; Baeck/Deutsch ArbZG § 10 Rn. 66; Roggendorff, S. 116; DFL/Krauss ArbZG § 10 Rn. 18. [53] Baeck/Deutsch ArbZG § 10 Rn. 66; Anzinger/Koberski ArbZG § 10 Rn. 64. [54] Vgl. auch Schliemann ArbZG § 10 Rn. 26; Neumann/Biebl ArbZG § 10 Rn. 27; HK-ArbZR/Herbert ArbZG § 10 Rn. 26; DFL/Krauss ArbZG § 10 Rn. 18; NK-GA/Wichert ArbZG § 10 Rn. 26; Baeck/Deutsch ArbZG § 10 Rn. 65 mwN. Danach differenzierend, ob entsprechende Produkte tagesaktuelle Informationen enthalten, Berger-Delhey BB 1994, 2199 (2202). [55] AA die Vorauﬂ. Rn. 21; Buschmann/Ulber ArbZG § 10 Rn. 9; nach Tätigkeiten einschränkend auch Anzinger/Koberski ArbZG § 10 Rn. 62. [56] Vgl. die Aufzählung bei HK-ArbZR/Herbert ArbZG § 10 Rn. 28. [57] Neumann/Biebl ArbZG § 10 Rn. 28; Baeck/Deutsch ArbZG § 10 Rn. 68; DFL/Krauss ArbZG § 10 Rn. 19; NK-GA/Wichert ArbZG § 10 Rn. 27; aA Buschmann/Ulber ArbZG § 10 Rn. 9. [58] AA Vorauﬂ. Rn. 22; Buschmann/Ulber ArbZG § 10 Rn. 9. [59] Zur Verlagerung der Gesetzgebungszuständigkeit für Messen, Ausstellungen und Märkte auf die Länder nach Art. 70 Abs. 1 iVm Art. 74 Abs. 1 Nr. 11 GG siehe Pieroth in: Jarass/Pieroth GG Art. 74 Rn. 31 f. [60] Vgl. auch Baeck/Deutsch ArbZG § 10 Rn. 75; Anzinger/Koberski ArbZG § 10 Rn. 75; NK-GA/Wichert ArbZG § 10 Rn. 32.

und Nachrichtenverkehrs.[61] Demnach erfasst die Vorschrift ua den Schienenverkehr (Eisenbahn, Straßenbahnen), Straßenverkehr (Busunternehmen, Taxi- und Mietwagenbetriebe, Speditionen), Luftverkehrsunternehmen und Schifffahrtbetriebe. Richtigerweise wird der Transport von Presseerzeugnissen wegen der abschließenden Spezialregelung in § 10 Abs. 1 Nr. 8 ArbZG vom Anwendungsbereich der Nr. 10 ausgenommen.[62] Nicht erfasst ist zudem werkseigener Verkehr.[63] Der Betrieb kann privatrechtlich oder öffentlich-rechtlich organisiert sein. Unerheblich ist ferner, ob der Betrieb gewerblich oder nichtgewerblich ist.

25 Die Ausnahmeregelung der Nr. 10 betrifft zunächst die jeweilige **Transporttätigkeit** selbst, soweit diese nicht auf einen Werktag verlagert werden kann. Im Bereich von Postdienstleistungsunternehmen sind das Interesse am Abbau streikbedingter Zustellungsrückstände und das Interesse der Empfänger an zeitnaher Zustellung von Sendungen jedenfalls bei gewöhnlicher Post nicht höher zu gewichten als die verfassungsrechtlich geschützte Sonn- und Feiertagsruhe und der Schutz der Arbeitnehmer, selbst wenn dies zu einer geringfügigen weiteren Verzögerung bei der Auslieferung führt.[64] **Hilfs- und Nebentätigkeiten** können dann unter die Ausnahmeregelung fallen, wenn sie für die Durchführung der zulässigen Haupttätigkeit zwingend auch an Sonn- oder Feiertagen vorgenommen werden müssen. Hierzu können Arbeiten, wie das Betanken, Reinigen oder Reparieren der jeweiligen Fahrzeuge, des Weiteren auch Überwachungs- und Sicherungsarbeiten gehören. Gleiches gilt für Lager- und Abfertigungsarbeiten. Soweit die entsprechenden Hilfs- bzw. Nebentätigkeiten von anderen Betrieben erbracht werden, greift die Nr. 10 auch für diese. Demgemäß kann Sonn- und Feiertagsarbeit für Tankstellen, Raststätten oder Werkstattbetriebe zulässig sein.[65] Für sonntägliche Wartungsarbeiten an einem Flugsimulator gilt dies nur, wenn die Wartungstätigkeit nach der Natur eines Luftfahrtunternehmens keinen Aufschub duldet.[66]

26 Die Ausnahme der Nr. 10 erfasst ferner Arbeiten im Zusammenhang mit dem **Transport und der Kommissionierung leichtverderblicher Waren** iSv § 30 Abs. 3 Nr. 2 StVO. Dazu gehören vor allem frische Molkereiprodukte, Frischfleisch und leichtverderbliche landwirtschaftliche Erzeugnisse, wie empfindliche Obst- und Gemüsesorten.[67] Alle Tätigkeiten, die im Zusammenhang mit dem Transport und der Kommissionierung dieser Waren erforderlich sind, dürfen auch an Sonn- und Feiertagen ausgeführt werden. Hierunter fallen das Sortieren, Zusammenstellen, Verpacken, Kennzeichnen, Be- und Entladen und die Lieferung der Waren.[68] Sonn- und Feiertagsarbeit ist nicht zulässig, wenn der Arbeitgeber eine Möglichkeit hat, die Waren ohne Qualitätsverlust so zu lagern, dass Transport und Kommissionierung am Montag oder am Tag nach dem Feiertag erfolgen können. Bei den möglichen Kühl- und Lagereinrichtungen hat er sich am „Stand der Technik" zu orientieren. Ob eine solche Investition wirtschaftlich zumutbar ist, ist im Einzelfall unter Berücksichtigung der Investitionskosten und der Folgen für die Betriebsergebnisse zu entscheiden.[69]

27 **3. Arbeiten im betrieblichen Interesse (Abs. 1 Nr. 12–16, Abs. 2).** Nach § 10 Abs. 1 Nr. 12 ArbZG darf in der **Landwirtschaft, der Tierhaltung und in Einrichtungen zur Behandlung und Pflege von Tieren** sonn- und feiertags gearbeitet werden. Der Bereich „Landwirtschaft" bezieht sich auf Betriebe der landwirtschaftlichen Urproduktion mit landwirtschaftlicher Tierhaltung, nicht aber auf Unternehmen zum Schutz und zur För-

---

61 Ausführlich Baeck/Deutsch ArbZG § 10 Rn. 77; Neumann/Biebl ArbZG § 10 Rn. 31; Anzinger/Koberski ArbZG § 10 Rn. 76. **62** So Anzinger/Koberski ArbZG § 10 Rn. 76. **63** Buschmann/Ulber ArbZG § 10 Rn. 9 b; HK-ArbZR/Herbert ArbZG § 10 Rn. 32; Anzinger/Koberski ArbZG § 10 Rn. 76. **64** OVG Münster 10.7.2015 – 4 B 791/15, DVBl. 2015, 1266 (1267); OVG Münster 10.7.2015 – 4 B 792/15, NVwZ-RR 2015, 776 (777); DFL/Krauss ArbZG § 10 Rn. 2; aA Dommermuth-Alhäuser NZA 2016, 522 (526 f.). **65** Vgl. die Übersicht bei Baeck/Deutsch ArbZG § 10 Rn. 77. **66** Im konkreten Fall verneint von BAG 4.5.1993 – 1 ABR 52/92, BAGE 73, 118 (129); dazu auch Baeck/Deutsch ArbZG § 10 Rn. 77. **67** Weitere Beispiele bei Baeck/Deutsch ArbZG § 10 Rn. 78; Schliemann ArbZG § 10 Rn. 34; Neumann/Biebl ArbZG § 10 Rn. 32; Anzinger/Koberski ArbZG § 10 Rn. 78. **68** Schliemann ArbZG § 10 Rn. 33; Roggendorff, S. 117. **69** BVerwG 19.9.2000 – 1 C 17/99, BVerwGE 112, 51 (60).

derung der Landwirtschaft.[70] Zur Tierhaltung zählen Betriebe der Tierhaltung ohne eigene Futtergrundlage, wie Mastbetriebe und Betriebe der Eierproduktion,[71] sowie Zoos, Tierparks, Aquarien, Tierhandlungen usw, sofern für sie nicht schon die Ausnahme nach § 10 Abs. 1 Nr. 7 ArbZG in Betracht kommt.[72] Bei **Einrichtungen zur Behandlung und Pflege von Tieren** kommt es nicht darauf an, ob es sich bei ihnen um Wirtschaftsunternehmen oder um nichtkommerzielle Einrichtungen handelt. Insoweit gilt die Vorschrift für Tierheime und Wildtierauffangstationen ebenso wie für Tierarztpraxen, Tierkliniken und Tierrettungen.[73]

In den von der Nr. 12 erfassten Betrieben ist Sonn- und Feiertagsarbeit zum einen zulässig, wenn die Arbeiten **naturbedingt** an einem Sonn- oder Feiertag erledigt werden müssen (sog naturnotwendige Arbeiten).[74] Insoweit erfasst die Nr. 12 in jedem Fall das Füttern und Tränken von Tieren. Auch erforderliche Untersuchungen und Behandlungen von Tieren sowie die Medikamentengabe oder Geburtshilfe sind zulässig. Gleiches gilt für das Ausnutzen von Schönwetterperioden zum Einbringen der Ernte, wenn eine Wetterverschlechterung angekündigt ist. Darüber hinaus können namentlich im landwirtschaftlichen Bereich unter engen Voraussetzungen (→ Rn. 6) ausnahmsweise auch Tätigkeiten zulässig sein, deren Verschiebung auf Werktage aus wirtschaftlichen Gründen unzumutbar ist; zu denken ist dabei insbesondere an saisonal abhängige Produkte.[75] Nicht erfasst werden dagegen reine Verwaltungstätigkeiten und wiederkehrende Routinearbeiten, die auf einen Werktag verschoben werden können. 28

§ 10 Abs. 1 Nr. 13 ArbZG erlaubt Sonn- und Feiertagsarbeit im **Bewachungsgewerbe** iSd § 34 a GewO, dh die Bewachung fremder Objekte durch gewerbliche Unternehmen.[76] Hierunter fallen sowohl ortsfeste als auch bewegliche Objekte (zB Transporte).[77] Auch der Personenschutz ist von der Vorschrift erfasst.[78] Der Bereich „**Bewachung von Betriebsanlagen**" gilt für Bewachung durch betriebsangehörige Arbeitnehmer, die eine Hilfsfunktion bei der Erfüllung des eigentlichen Betriebszwecks darstellt. Der Einsatz eigenen Bewachungspersonals durch die Arbeitgeber an Sonn- und Feiertagen wird durch diese ausdrückliche Ausnahme ermöglicht. Dazu gehören vor allem betriebseigene Sicherheits- und Wachdienste, Pförtner, Werksfeuerwehren usw.[79] In beiden Tatbeständen sind alle **Tätigkeiten** zulässig, die dem Schutz der Betriebsanlagen vor unbefugtem Betreten, Entwenden oder Beschädigen dienen oder unbefugte Eingriffe in die betrieblichen Abläufe verhindern sollen. Dagegen darf betriebseigenes Bewachungspersonal nicht zur Überwachung und Kontrolle betrieblicher Abläufe, zB in Leitwarten, herangezogen werden.[80] Eine **Verschiebbarkeit der Tätigkeiten** auf einen Werktag kommt idR nicht in Betracht. Im Gegenteil: Gerade an Sonn- und Feiertagen können für die zu sichernden Objekte wegen Schließung oder geringer personeller Besetzung besondere Risiken bestehen. Im Rahmen der Sonn- bzw. Feiertagsarbeit darf jedoch nur die Zahl an Arbeitnehmern beschäftigt werden, die für die Erfüllung der Bewachungsaufgaben unbedingt notwendig ist. Gleiches gilt für die Beschäftigungsdauer. Beides ist im Einzelfall ua nach Art und Größe des Betriebes sowie den technischen und baulichen Voraussetzungen zu entscheiden. 29

§ 10 Abs. 1 Nr. 14 ArbZG enthält **Ausnahmen für drei Arbeitsbereiche**: Reinigungs- und Instandhaltungsarbeiten, Vorbereitungsarbeiten zur Wiederaufnahme des vollen 30

---

70 AA Baeck/Deutsch ArbZG § 10 Rn. 88; HK-ArbZR/Herbert ArbZG § 10 Rn. 57. **71** Vgl. Neumann/Biebl ArbZG § 10 Rn. 34; Baeck/Deutsch ArbZG § 10 Rn. 89. **72** Anzinger/Koberski ArbZG § 10 Rn. 88. **73** Baeck/Deutsch ArbZG § 10 Rn. 89. **74** AllgA – vgl. etwa Buschmann/Ulber ArbZG § 10 Rn. 11; Baeck/Deutsch ArbZG § 10 Rn. 88; Schliemann ArbZG § 10 Rn. 39; Neumann/Biebl ArbZG § 10 Rn. 35; NK-GA/Wichert ArbZG § 10 Rn. 43. **75** Vgl. Baeck/Deutsch ArbZG § 10 Rn. 88; Schliemann ArbZG § 10 Rn. 39; Neumann/Biebl ArbZG § 10 Rn. 35; NK-GA/Wichert ArbZG § 10 Rn. 43; aA wohl Buschmann/Ulber ArbZG § 10 Rn. 11. **76** Baeck/Deutsch ArbZG § 10 Rn. 92; Anzinger/Koberski ArbZG § 10 Rn. 91. **77** Baeck/Deutsch ArbZG § 10 Rn. 92; Schliemann ArbZG § 10 Rn. 41; NK-GA/Wichert ArbZG § 10 Rn. 45. **78** Neumann/Biebl ArbZG § 10 Rn. 36; ErfK/Wank ArbZG § 10 Rn. 17. **79** Vgl. die Aufzählungen bei Anzinger/Koberski ArbZG § 10 Rn. 94; Baeck/Deutsch ArbZG § 10 Rn. 93; Neumann/Biebl ArbZG § 10 Rn. 36; NK-GA/Wichert ArbZG § 10 Rn. 46. **80** AllgA – siehe Neumann/Biebl ArbZG § 10 Rn. 36; Baeck/Deutsch ArbZG § 10 Rn. 94; Roggendorff, S. 118; DFL/Krauss ArbZG § 10 Rn. 26.

werktägigen Betriebs und Arbeiten zur Aufrechterhaltung der Funktionsfähigkeit von Datennetzen und Rechnersystemen. Insbesondere bei den ersten beiden Varianten stellt sich in der Praxis vor allem für Produktionsbetriebe die Frage, inwieweit die Arbeiten innerhalb der werktäglichen Betriebszeit von 144 Stunden pro Woche (sechs Tage à 24 Stunden) ausgeführt werden können.[81] Damit kommt dem Vorbehalt im Eingangssatz des § 10 Abs. 1 ArbZG bei diesen Ausnahmetatbeständen eine besonders große praktische Bedeutung zu. Die genannten Arbeiten sind von gewöhnlichen, zum üblichen Produktionsprozess gehörende Tätigkeiten abzugrenzen. Außerdem handelt es sich bei diesen Arbeiten um „Arbeiten trotz des Sonntags", so dass an Ausnahmen strenge Anforderungen zu stellen sind; die betrieblichen Gründe müssen ein solches Gewicht haben, dass sie die verfassungsrechtlich geschützte Sonntags- und Feiertagsruhe zu durchbrechen vermögen (→ ArbZG § 9 Rn. 4). Letztlich stellt sich an mehreren Stellen der Nr. 14 die Frage, inwieweit „unternehmerische Interessen" bzw. „ökonomisch-finanzielle Nachteile" Ausnahmen rechtfertigen können. Eine pauschale Bejahung verbietet sich; angesichts der Vorgaben der verfassungsgerichtlichen Rechtsprechung zum Schutz vor einer „Ökonomisierung" der Sonn- und Feiertage müssen diese Gründe bei einer Güterabwägung im Einzelfall eindeutig überwiegen. Auch im Kontext der Nr. 14 ist der Arbeitgeber verpflichtet, den Betrieb so zu organisieren, dass eine Inanspruchnahme von Sonn- oder Feiertagsarbeit nach Möglichkeit ausgeschlossen ist oder zumindest minimiert wird, dh technische und organisatorische Gestaltungsalternativen sind vorrangig zu prüfen und zu ergreifen.

31 Eine restriktive Handhabung der Ausnahmen nach Nr. 14 wird für Produktionsbetriebe durch **§ 10 Abs. 2 ArbZG** bestätigt und konkretisiert: Die Regelung strebt an, die Zahl der insgesamt an Sonn- und Feiertagen beschäftigten Arbeitnehmer zu verringern.[82] Deshalb ist Sonn- und Feiertagsarbeit in der Produktion nach § 10 Abs. 2 ArbZG zulässig, wenn für Arbeiten nach der Nr. 14 der Einsatz von mehr Arbeitnehmern notwendig wäre als bei durchgängiger Produktion. Im Rahmen des Vergleichs kommt es nicht auf die Anzahl der jeweils eingesetzten Arbeitnehmer, sondern auf die Gesamtzahl der von den Arbeitnehmern jeweils zu erbringende Arbeitsstunden an. Nur diese Berechnungsweise wird dem Normzweck gerecht.[83] Eine analoge Anwendung des § 10 Abs. 2 ArbZG auf die in § 10 Abs. 1 Nr. 15 und Nr. 16 ArbzG genannten Fälle kommt nicht in Betracht.[84]

32 **Reinigung iSv Nr. 14 Var. 1** ist die Säuberung von Arbeitsmitteln (Maschinen, Werkzeugen, Transportmitteln und sonstige Geräten) von Schmutz, Abfällen und anderen Verunreinigungen.[85] Die Reinigung von Ausgangsmaterial für die Produktion ist nicht erfasst.[86] Zur **Instandhaltung** gehören Pflege und Wartung der Maschinen und Geräte, das Auswechseln von Verschleißteilen und das Beseitigen von Störungen, etwa durch eine Reparatur, sowie eine Funktionsprüfung.[87] Zulässig sind alle Arbeiten, die die Produktionsmittel verwendungs- und einsatzbereit halten. Das Aufstellen und Einrich-

---

[81] Buschmann/Ulber ArbZG § 10 Rn. 13 a. [82] Vgl. die Gesetzesbegründung, BT-Drs. 12/5888, 29; Buschmann/Ulber ArbZG § 10 Rn. 19 und Kuhr DB 1994, 2186 (2187) halten die Ausnahme des § 10 Abs. 2 ArbZG für unvereinbar mit der EG-Arbeitszeitrichtlinie. Dagegen Baeck/Deutsch ArbZG § 10 Rn. 143; Anzinger/Koberski ArbZG § 10 Rn. 239 f. [83] Siehe Schliemann ArbZG § 10 Rn. 75; Baeck/Deutsch ArbZG § 10 Rn. 146; ErfK/Wank ArbZG § 10 Rn. 25; HWK/Gäntgen ArbZG § 10 Rn. 29; anders DFL/Krauss ArbZG § 10 Rn. 36; zweifelnd auch NK-GA/Wichert ArbZG § 10 Rn. 75 f. [84] So die überwiegende Auffassung – siehe Buschmann/Ulber ArbZG § 10 Rn. 19; Neumann/Biebl ArbZG § 10 Rn. 54; HK-ArbZR/Herbert ArbZG § 10 Rn. 50; ErfK/Wank ArbZG § 10 Rn. 25; Schliemann ArbZG § 10 Rn. 76; NK-GA/Wichert ArbZG § 10 Rn. 77; Roggendorff, S. 123; aA Baeck/Deutsch ArbZG § 10 Rn. 141; Dobberahn, S. 50; Zmarzlik BB 1993, 2009 (2015); Junker ZfA 1998, 105 (126); Erasmy NZA 1995, 97 (100). [85] Schliemann ArbZG § 10 Rn. 46; Baeck/Deutsch ArbZG § 10 Rn. 99; ErfK/Wank ArbZG § 10 Rn. 18; Zmarzlik BB 1991, 901 (904). [86] AllgM – siehe Neumann/Biebl ArbZG § 10 Rn. 37; Baeck/Deutsch ArbZG § 10 Rn. 99; Roggendorff, S. 118. [87] Baeck/Deutsch ArbZG § 10 Rn. 100; HK-ArbZR/Herbert ArbZG § 10 Rn. 14; Neumann/Biebl ArbZG § 10 Rn. 37; ErfK/Wank ArbZG § 10 Rn. 18; NK-GA/Wichert ArbZG § 10 Rn. 50; Zmarzlik BB 1991, 901 (904).

ten neuer Maschinen fällt nicht unter die Nr. 14 Var. 1.[88] Auch die Überwachung nach einer Funktionsprobe weiterlaufender Maschinen gehört nicht mehr zur Instandsetzung.[89] Nach dem eindeutigen Wortlaut gilt die Nr. 14 Var. 1 auch für Unternehmen, die entsprechende **Dienstleistungen für andere Betriebe** anbieten.[90] Dies trägt dem Umstand Rechnung, dass gerade in diesen Bereichen früher durch betriebsangehörige Arbeitnehmer erbrachte Tätigkeiten mittlerweile häufig an Fremdfirmen vergeben werden (sog Outsourcing).

Reinigungs- und Instandhaltungsarbeiten können in der Praxis regelmäßig an Werktagen vorgenommen werden, so dass der Vorbehalt des Eingangssatzes des § 10 Abs. 1 ArbZG Sonn- und Feiertagsarbeit meist sperren wird.[91] Ausnahmen sind denkbar für täglich erforderliche Reinigungsarbeiten in vollkontinuierlichen Betrieben oder Wartungsarbeiten nach einer bestimmten Laufzeit zum Erhalt der Herstellergarantie. Neben dem Vorbehalt des Eingangssatzes werden die weit gefassten Tatbestandsmerkmale der Reinigung und Instandhaltung weiter eingegrenzt: Die entsprechenden Arbeiten an Sonn- und Feiertagen sind nur zulässig, wenn sie für den **regelmäßigen Fortgang des eigenen oder eines fremden Betriebs erforderlich** sind. Die Reinigungs- und Instandhaltungsarbeiten müssen demnach notwendige Voraussetzung dafür sein, dass der Betrieb am folgenden Werktag im normalen Betriebsumfang ohne Einschränkungen fortgesetzt werden kann. Danach scheidet eine Anwendung der Nr. 14 Var. 1 dann aus, wenn sich die Unterlassung der Arbeiten nicht auf den Fortgang des Betriebs auswirkt oder deren Vornahme einer Leistungssteigerung dient, wie etwa beim Austausch von Maschinenteilen zur Erhöhung des Produktionsausstoßes. Fraglich ist aber, ob es für die Ausnahme genügt, dass die Nichtvornahme der Tätigkeit nur partiell zu betrieblichen Einschränkungen führt.[92] Dies wird man pauschal nicht annehmen können. Vor dem Hintergrund der grundrechtlichen Bedeutung des Sonn- und Feiertagsschutzes für die Arbeitnehmer ist die Nr. 14 in dieser Variante restriktiv anzuwenden: Sonn- und Feiertagsarbeit ist nur zulässig, wenn es ohne die Arbeiten zu erheblichen Beeinträchtigungen der betrieblichen Abläufe, vor allem in Form von Produktionsausfällen kommt. Der Schutz der Produktionseinrichtungen wird im Übrigen durch § 10 Abs. 1 Nr. 16 ArbZG gewährleistet (→ Rn. 43).

Die „**Vorbereitung der Wiederaufnahme des vollen werktäglichen Betriebs**" (Nr. 14 Var. 2) zielt auf die vollständige Ausnutzung der wöchentlichen Arbeitszeit. Diese soll nicht durch Vorbereitungszeiten beeinträchtigt werden. Mit dem Begriff der Wiederaufnahme wird klargestellt, dass die Vorbereitungsarbeiten nur zulässig sind, wenn der Betrieb bei diskontinuierlicher Produktionsweise zuvor eingeschränkt oder ganz eingestellt wurde. Auch muss die Tätigkeit der Wiederaufnahme des vollen werktäglichen Betriebes dienen. Arbeiten, mit denen ein verringerter Betriebsumfang lediglich auf ein Niveau unterhalb des Vollbetriebes angehoben werden soll, sind an Sonn- und Feiertagen daher unzulässig.

In der Praxis stellt sich die Frage nach der **Abgrenzung** zwischen **Vorbereitungstätigkeiten und Arbeiten im laufenden Produktionsprozess**, die nicht zulässig sind.[93] Auch dieser Ausnahmetatbestand ist wegen des Regel-Ausnahme-Verhältnisses für Abweichungen vom Sonntagsarbeitsverbot eng auszulegen (→ ArbZG § 9 Rn. 4). Diffizile Abgren-

---

[88] Schliemann ArbZG § 10 Rn. 47; Anzinger/Koberski ArbZG § 10 Rn. 42, 99; Neumann/Biebl ArbZG § 10 Rn. 37; HK-ArbZR/Herbert ArbZG § 10 Rn. 41; ErfK/Wank ArbZG § 10 Rn. 18; Roggendorff, S. 118. [89] So auch OVG Münster 16.12.1993 – 4 A 799/91, GewArch 1994, 241 (243 ff.) für das Weiterlaufenlassen von Spinnmaschinen für 30 Minuten nach einer Reparatur. Siehe auch Neumann/Biebl ArbZG § 10 Rn. 37; Baeck/Deutsch ArbZG § 10 Rn. 100; HK-ArbZR/Herbert ArbZG § 10 Rn. 41. [90] Neumann/Biebl ArbZG § 10 Rn. 37; Schliemann ArbZG § 10 Rn. 50; Baeck/Deutsch ArbZG § 10 Rn. 101. [91] Wie hier Buschmann/Ulber ArbZG § 10 Rn. 13a; Anzinger/Koberski ArbZG § 10 Rn. 101. [92] Baeck/Deutsch ArbZG § 10 Rn. 101; NK-GA/Wichert ArbZG § 10 Rn. 51. [93] Wie hier Neumann/Biebl ArbZG § 10 Rn. 41; Buschmann/Ulber ArbZG § 10 Rn. 13b; Schliemann ArbZG § 10 Rn. 51; HK-ArbZR/Herbert ArbZG § 10 Rn. 42; vgl. auch NK-GA/Wichert ArbZG § 10 Rn. 54; aA Baeck/Deutsch ArbZG § 10 Rn. 105; Anzinger/Koberski ArbZG § 10 Rn. 113; ErfK/Wank ArbZG § 10 Rn. 19; Dobberahn, S. 48; Erasmy NZA 1995, 97 (98 f.); Zmarzlik BB 1991, 901 (904).

zungsfragen in der betrieblichen Realität sind keine Rechtfertigung für eine Relativierung des Grundsatzes, dass Ausnahmen gerade bei „Arbeiten trotz des Sonntags" restriktiv zu handhaben sind. Ab dem ersten Schritt der Produktion zählen die Arbeiten nicht mehr zur Vorbereitung, sondern zur Produktion. Insofern sind das Anfahren der Produktion oder das Beladen von Transportmitteln an Sonn- und Feiertagen nicht von der Ausnahme nach der Nr. 14 Var. 2 gedeckt. Dagegen können das Bereitstellen von Material, Funktionsprüfungen und Kontrollen von Maschinen und Anlagen, das Starten von Hilfsprozessen, wie das Anfeuern von Öfen oder das in Gang setzen von Maschinen im Leerlauf oder Hilfseinrichtungen, wie Förderanlagen oder auch die konkrete Organisation des Arbeitnehmereinsatzes am folgenden Werktag, von der Regelung erfasst sein.[94]

36 Die **zwingende Erforderlichkeit** von sonn- bzw. feiertäglichen Vorbereitungsarbeiten kann auf technischen bzw. organisatorischen Gründen beruhen. Eine Nichtverschiebbarkeit auf Werktage aus wirtschaftlichen Ursachen ist darüber hinaus nur anzunehmen, wenn und soweit die Verlegung der Vorbereitungsarbeiten im Einzelfall unzumutbare Opfer für den Betrieb zur Folge hätte.[95] Die Nr. 14 Var. 2 bedarf vor dem verfassungsrechtlichen Hintergrund (→ ArbZG § 9 Rn. 4) insgesamt restriktiver Anwendung, da sie letztlich von ökonomischen Überlegungen getragen ist: Die an einem Sonn- bzw. Feiertag erfolgenden Vorbereitungsarbeiten mindern die wirtschaftlichen Nachteile, die bei einer Verschiebung auf einen Werktag entstünden.

37 Zugunsten der **Aufrechterhaltung der Funktionsfähigkeit von Datennetzen und Rechnersystemen** ist nach **Nr. 14 Var. 3** eine weitere Ausnahme vorgesehen. Der Anwendungsbereich erstreckt sich auf alle EDV-Anlagen und die sie beinhaltenden technischen Einrichtungen. Erfasst sind daher Großrechner ebenso wie betriebliche Computernetzwerke und der einzelne Personalcomputer einschließlich der zugehörigen Übertragungstechnik.[96] Auf deren Einsatzgebiet kommt es nicht an.[97] Nicht erforderlich ist, dass der vom Arbeitgeber verfolgte **Betriebszweck** im Betreiben von Datennetzen oder Rechnersystemen besteht. Daher sind neben Rechenzentren oder Internetprovidern auch Unternehmen erfasst, bei denen der Betrieb solcher Systeme die Erreichung des eigentlichen Betriebszwecks lediglich unterstützt. Ebenso wenig kommt es darauf an, ob diese Systeme auch externen Nutzern zur Verfügung stehen oder ob sie allein dem innerbetrieblichen Datenaustausch dienen. **Zulässig** sind nur **Arbeiten**, die der Aufrechterhaltung der Funktionsfähigkeit dienen, dh für den Betrieb des Systems unverzichtbar sind. Dazu gehören ua die Eingabe von Daten, außerdem Wartungs- und Instandhaltungsarbeiten sowie Kontroll- und Überwachungstätigkeiten.[98] Die Arbeiten sind nicht auf einen Werktag verschiebbar, wenn dies technisch nicht möglich ist. Der Dauerbetrieb des jeweiligen Systems muss für eine ordnungsgemäße Funktion oder im Rahmen des Zwecks der Einrichtung unverzichtbar sein. Sonn- und Feiertagsarbeit allein mit der Begründung für zulässig zu erklären, das Herunter- und Wiederhochfahren der Systeme sei mit wirtschaftlichen Nachteilen verbunden,[99] birgt die Gefahr einer problematischen Bevorzugung wirtschaftlicher Interessen gegenüber dem Schutzgut der Sonn- und Feiertagsruhe.

38 **§ 10 Abs. 1 Nr. 15 Var. 1 ArbZG** erlaubt die Sonn- und Feiertagsarbeit zunächst für den Fall, dass **Naturerzeugnisse oder Rohstoffe zu verderben drohen**. Naturerzeugnisse sind pflanzliche und tierische Produkte, die entweder im ursprünglichen Zustand ver-

---

94 Neumann/Biebl ArbZG § 10 Rn. 40; Schliemann ArbZG § 10 Rn. 51; im Ergebnis auch ErfK/Wank ArbZG § 10 Rn. 19; Baeck/Deutsch ArbZG § 10 Rn. 105; Dobberahn, S. 48; Zmarzlik BB 1991, 901 (904). **95** Baeck/Deutsch ArbZG § 10 Rn. 106; NK-GA/Wichert ArbZG § 10 Rn. 55; Zmarzlik DB 1989, 526 (528); einschränkend Däubler DB 1988, Beilage 7, S. 8. **96** Neumann/Biebl ArbZG § 10 Rn. 42; Baeck/Deutsch ArbZG § 10 Rn. 108; Anzinger/Koberski ArbZG § 10 Rn. 123; Roggendorff, S. 119; Dobberahn, S. 47; Erasmy NZA 1995, 97 (99). **97** Schliemann ArbZG § 10 Rn. 52; ErfK/Wank ArbZG § 10 Rn. 20; Buschmann/Ulber ArbZG § 10 Rn. 13 c; Baeck/Deutsch ArbZG § 10 Rn. 107. **98** Dazu näher Baeck/Deutsch ArbZG § 10 Rn. 110; HK-ArbZR/Herbert ArbZG § 10 Rn. 43. **99** Vgl. Baeck/Deutsch ArbZG § 10 Rn. 111; NK-GA/Wichert ArbZG § 10 Rn. 60.

braucht oder zu anderen Erzeugnissen weiterverarbeitet werden.[100] Rohstoffe sind mineralische Erzeugnisse sowie die aus diesen und den pflanzlichen und tierischen Erzeugnissen hergestellte Zwischenprodukte.[101] Ein **Verderben** der Naturerzeugnisse und Rohstoffe liegt vor, wenn diese sich aufgrund chemischer, physikalischer oder biologischer Prozesse derart verändern, dass sie für ihre eigentliche Verwendung nicht mehr brauchbar sind.[102] Eine völlige Unbrauchbarkeit der Stoffe ist nicht erforderlich; es genügt, dass die Veränderung aus Sicht eines objektiven Dritten ihre Verwendung für den jeweiligen Betriebszweck verhindert. Insoweit können auch lediglich geringfügige Beeinträchtigungen Sonn- und Feiertagsarbeiten rechtfertigen, wenn diese Beeinträchtigungen dazu führen, dass die Stoffe für den Betrieb unbrauchbar werden. So wird zB die Brauchbarkeit von Zement schon durch geringe Feuchtigkeitsmengen erheblich beeinträchtigt, so dass dieser bei unsicherer Wetterlage sofort trocken gelagert werden muss. Hingegen rosten Stahlhalbprodukte zwar, wenn sie Feuchtigkeit ausgesetzt werden, was aber idR nicht sofort zu einer Gefährdung ihrer Brauchbarkeit führt. Lassen sich die Stoffe mit einem geringen Aufwand wiederherstellen, liegt kein Verderben iSv Nr. 15 Var. 1 vor.[103]

39 Die Unterbrechung der Arbeit an Sonn- und Feiertagen muss **ursächlich** für das Verderben der Rohstoffe bzw. Naturerzeugnisse sein. „Natürliche" Prozesse des Verderbens bleiben außer Betracht. Der Arbeitgeber muss zudem zumutbare organisatorisch-technische Maßnahmen treffen, um Sonn- und Feiertagsarbeit zu verhindern. Dazu zählen Verpackung oder Umlagerung, sowie das Trocknen, Einsalzen, Einfrieren oder Erhitzen der Stoffe.[104] Ggf. muss der Arbeitgeber entsprechende Investitionen tätigen, so dass auch an dieser Stelle eine Abwägung zwischen zumutbaren wirtschaftlichen Belastungen und dem Sonn- und Feiertagsschutz zu treffen ist. Im Übrigen dürfen an Sonn- und Feiertagen nur Arbeiten ausgeführt werden, die für die **Sicherung der Naturerzeugnisse und Rohstoffe unbedingt erforderlich** sind, um ein Verderben zu verhindern. In Betracht kommen die Umlagerung der Stoffe, ihre Trocknung, die Verpackung oder Abdeckung, Kühlung, Haltbarmachung oder – mangels sonstiger Alternativen – auch die sofortige Verarbeitung.[105] Dies kann auch bedeuten, dass eine vorläufige Sicherung ausreichend ist, indem zB Stoffe, die nicht nass werden dürfen, nur abgedeckt werden, statt sie sofort in eine Lagerhalle zu verbringen.

40 Nach **§ 10 Abs. 1 Nr. 15 Var. 2 ArbZG** ist Sonn- und Feiertagsarbeit zulässig, wenn ansonsten **Arbeitsergebnisse misslingen**. Es werden Arbeiten im Produktions- und im Dienstleistungssektor erfasst, bei diskontinuierlichen ebenso wie bei kontinuierlichen Betriebslaufzeiten.[106] Ein **Misslingen** liegt vor, wenn ohne Sonn- und Feiertagsarbeit Fehler in Produkten oder Dienstleistungen verursacht werden, die ihre bestimmungsgemäße Verwendung ausschließen oder wesentlich beeinträchtigen.[107] Die insoweit verbreitet als Indikator herangezogene Fehlerquote von 5 % einer Wochenproduktion bezieht sich auf Massenprodukte in einer kontinuierlichen Produktion (144 Arbeitsstun-

---

[100] Schliemann ArbZG § 10 Rn. 55; Neumann/Biebl ArbZG § 10 Rn. 43; ErfK/Wank ArbZG § 10 Rn. 21; HK-ArbZR/Herbert ArbZG § 10 Rn. 45; NK-GA/Wichert ArbZG § 10 Rn. 62. [101] Baeck/Deutsch ArbZG § 10 Rn. 119; ErfK/Wank ArbZG § 10 Rn. 21; Zmarzlik BB 1993, 2009 (2014). [102] Siehe dazu Neumann/Biebl ArbZG § 10 Rn. 43; Anzinger/Koberski ArbZG § 10 Rn. 143; Baeck/Deutsch ArbZG § 10 Rn. 120; ErfK/Wank ArbZG § 10 Rn. 21; HK-ArbZR/Herbert ArbZG § 10 Rn. 45; DFL/Krauss ArbZG § 10 Rn. 30; Zmarzlik BB 1991, 901 (905). [103] So zu Recht Baeck/Deutsch ArbZG § 10 Rn. 121. [104] Überwiegende Ansicht – vgl. Neumann/Biebl ArbZG § 10 Rn. 44; Baeck/Deutsch ArbZG § 10 Rn. 122; Buschmann/Ulber ArbZG § 10 Rn. 16; Anzinger/Koberski ArbZG § 10 Rn. 146; ErfK/Wank ArbZG § 10 Rn. 21; Roggendorff, S. 120; aA Schliemann ArbZG § 10 Rn. 58; NK-GA/Wichert ArbZG § 10 Rn. 63. [105] Baeck/Deutsch ArbZG § 10 Rn. 121. [106] BVerwG 19.9.2000 – 1 C 17/99, BVerwGE 112, 51 (59); Schliemann ArbZG § 10 Rn. 65; Baeck/Deutsch ArbZG § 10 Rn. 130; Neumann/Biebl ArbZG § 10 Rn. 47; Roggendorff, S. 121; Zmarzlik BB 1993, 2009 (2014); Erasmy NZA 1995, 97 (99); Anzinger BB 1994, 1492 (1497); aA Buschmann/Ulber ArbZG § 10 Rn. 17; zur Diskussion zum früheren § 105 c Nr. 4 GewO vgl. noch Zmarzlik BB 1991, 901 (906). [107] Vgl. Baeck/Deutsch ArbZG § 10 Rn. 125; Schliemann ArbZG § 10 Rn. 60; Neumann/Biebl ArbZG § 10 Rn. 44; ErfK/Wank ArbZG § 10 Rn. 22; NK-GA/Wichert ArbZG § 10 Rn. 65; Zmarzlik BB 1991, 901 (905).

den pro Woche) und liefert daher nur einen Anhaltspunkt.[108] Sie stellt namentlich keine starre oder absolute Untergrenze dar, so dass je nach den Bedingungen der Produktion bzw. der Dienstleistung und der Art der Arbeitsergebnisse ein Misslingen auch schon dann vorliegen kann, wenn die mangelhaften Arbeitsergebnisse diese Quote nicht erreichen; es kommt auf eine Gesamtbetrachtung der Umstände im Einzelfall an.[109] Insofern relevante Gesichtspunkte können zB Produktionsengpässe bei der Weiterverarbeitung, hohe Regressforderungen von Bestellern oder das Verderben von Ausgangsstoffen sein.[110] Bei der Ermittlung der Ausfallquote bleiben Fehler außer Betracht, die andere (zB technische) Ursachen als die Unterbrechung der Arbeit wegen eines Sonn- oder Feiertages haben. Dies gilt selbst dann, wenn solche Unterbrechungen zufällig auf einen Sonn- oder Feiertag fallen.[111] Das Misslingen in Gestalt der ermittelten Fehlerquote muss demnach ausschließlich **durch die Arbeitsunterbrechung verursacht** sein. In der Praxis wird diese Feststellung ggf. die Einholung eines Sachverständigengutachtens erfordern.[112]

41 Kann eine ausreichende Fehlerquote auf die Unterbrechung wegen Sonn- und Feiertagen zurückgeführt werden, kann der Arbeitgeber verpflichtet sein, ein Misslingen der Arbeitsergebnisse durch **technisch-organisatorische Umgestaltung** der Arbeit zu verhindern bzw. zu verringern, zB durch Investitionen in technisch modernere Produktionsstätten oder bauliche Veränderungen. Nur wenn der finanzielle Aufwand dafür außer Verhältnis zu Umsatz und Gewinn des Betriebs bzw. des konkreten Betriebsteils steht, ist die Ausnahme zulässig.[113] Erlaubt sind in diesem Fall nur **Tätigkeiten zur Verhinderung des Misslingens** der Arbeitsergebnisse. Insoweit ist der Arbeitgeber gehalten, Art und Umfang der Arbeiten sowie die Zahl der betroffenen Arbeitnehmer auf das hierfür unbedingt erforderliche Maß zu beschränken. Darüber hinausgehende Arbeiten, etwa zur Produktions- oder Qualitätssteigerung, sind unzulässig.[114] Die gegenteilige Auffassung steht im Widerspruch zum Wortlaut der Vorschrift und übersieht, dass die wirtschaftlichen Interessen des Arbeitgebers gegen die von der Sonn- und Feiertagsarbeit ausgehenden gesundheitlichen Belastungen für die Arbeitnehmer abgewogen werden müssen. Wegen des grundsätzlichen Schutzcharakters des ArbZG können rein wirtschaftliche Interessen des Arbeitgebers für das Eingreifen der Ausnahmeregelung nicht ausreichen.

42 § 10 Abs. 1 Nr. 15 Var. 3 ArbZG lässt Sonn- und Feiertagsarbeit schließlich bei **kontinuierlich durchzuführenden Forschungsarbeiten** zu. Der Begriff der Forschung setzt einen ernsthaften und planmäßigen Versuch der Ermittlung der Wahrheit voraus.[115] Hierzu erforderlich ist die Einhaltung eines wissenschaftlichen Mindeststandards und ein methodisches Vorgehen.[116] In welcher Trägerschaft die Forschungsarbeit stattfindet, spielt hingegen keine Rolle, so dass die Ausnahmeregelung sowohl für öffentlich-rechtliche als auch private Forschungseinrichtungen gilt. Ebenso wenig muss die Einrichtung die Forschung als hauptsächlichen Zweck betreiben; die Ausnahme gilt dann für diejenigen Teilbereiche, etwa einzelne Abteilungen, die sich mit Forschung beschäftigen. Es muss sich um **kontinuierliche Forschung** handeln, dh der Forschungsprozess selbst muss so ausgestaltet sein, dass seine Unterbrechung an Sonn- oder Feiertagen ohne eine Gefährdung seines Fortgangs nicht möglich ist. Dies ist zB bei längeren (ggf.

108 BT-Drs. 12/5888, 29; BVerwG 19.9.2000 – 1 C 17/99, BVerwGE 112, 51 (60). **109** BVerwG 19.9.2000 – 1 C 17/99, BVerwGE 112, 51 (60); BayVGH 14.5.2004 – 22 B 00.2284, GewArch 2004, 428; Buschmann/Ulber ArbZG § 10 Rn. 17; DFL/Krauss ArbZG § 10 Rn. 31; NK-GA/Wichert ArbZG § 10 Rn. 66. **110** Vgl. BT-Drs. 12/5888, 29; Baeck/Deutsch ArbZG § 10 Rn. 126; Neumann/Biebl ArbZG § 10 Rn. 49; Schliemann ArbZG § 10 Rn. 63; HK-ArbZG/Herbert ArbZG § 10 Rn. 46; Anzinger/Koberski ArbZG § 10 Rn. 167. **111** BT-Drs. 12/5888, 29; Baeck/Deutsch ArbZG § 10 Rn. 129; Roggendorff, S. 121. **112** Anschaulich BVerwG 19.9.2000 – 1 C 17/99; BVerwGE 112, 51 (62); BayVGH 14.5.2004 – 22 B 00.2284, GewArch 2004, 428. **113** BVerwG 19.9.2000 – 1 C 17/9, BVerwGE 112, 51 (60); BayVGH 14.5.2004 – 22 B 00.2284, GewArch 2004, 428; Buschmann/Ulber ArbZG § 10 Rn. 17. **114** BVerwG 19.9.2000 – 1 C 17/99, BVerwGE 112, 51 (61); Neumann/Biebl ArbZG § 10 Rn. 46; Buschmann/Ulber ArbZG § 10 Rn. 17; aA Baeck/Deutsch ArbZG § 10 Rn. 130; zweifelnd auch NK-GA/Wichert ArbZG § 10 Rn. 67. **115** Vgl. nur BVerfG 29.5.1973 – 1 BvR 424/71 u. 325/72, BVerfGE 35, 79 (113). **116** Vgl. HK-ArbZR/Herbert ArbZG § 10 Rn. 47; Baeck/Deutsch ArbZG § 10 Rn. 132.

aufeinander aufbauenden) Versuchsreihen oder bei einer über einen längeren Zeitraum permanent oder in regelmäßigen Abständen erforderlichen Forschungsbeobachtung der Fall. Zulässig sind alle **Tätigkeiten**, die für den Fortgang der Forschung erforderlich sind. Dies können die Vornahme von Versuchen und deren Auswertung zur Vorbereitung weiterer Versuchsreihen, Beobachtungen, Kontrollen von technischen Einrichtungen, Beprobungen usw sein.[117] Die Ausnahmeregelung erfasst nicht Forschungsvorhaben, die an Sonn- und Feiertagen erst eingeleitet werden.[118]

§ 10 Abs. 1 Nr. 16 ArbZG lässt Arbeiten an Sonn- und Feiertagen ausnahmsweise zu, wenn ansonsten die **Zerstörung** oder eine **erhebliche Beschädigung** von **Produktionseinrichtungen** droht. Produktionseinrichtungen sind nicht nur Anlagen, die der Fertigung von Endprodukten dienen. Vielmehr gehören dazu auch Einrichtungen, die Halb- und Zwischenfabrikate herstellen.[119] Von der Regelung erfasst sind Maschinen, Geräte, Fertigungsstraßen, Anlagen, Öfen, Fließbänder usw. Eine **Zerstörung** liegt vor, wenn die Beeinträchtigung so massiv ist, dass die weitere Produktion unmöglich und die Wiederherstellung technisch nicht möglich oder wirtschaftlich für den Arbeitgeber nicht zumutbar ist.[120] Letzteres ist jedenfalls dann anzunehmen, wenn die Wiederherstellungskosten den Wert der Produktionsanlage überschreiten. Eine **Beschädigung** der Produktionseinrichtung ist dann gegeben, wenn die Produktionseinrichtung in ihrer Funktion beeinträchtigt ist, die Beseitigung dieser Störung jedoch technisch möglich und wirtschaftlich sinnvoll ist. Erheblich ist die Beschädigung dann, wenn ihre Hinnahme für den Arbeitgeber – vor allem in wirtschaftlicher Hinsicht – unzumutbar ist.[121] Dabei sind sowohl die Reparaturkosten als auch die Kosten für den durch die Beschädigung zu erwartenden Produktionsausfall zu berücksichtigen.[122] Die Unzumutbarkeitsgrenze ist in jedem Einzelfall zu bestimmen.[123] Die Arbeitsunterbrechung an Sonn- und Feiertagen muss **kausal** für die Gefahr der Zerstörung oder Beschädigung sein.[124] Es sind nur **Tätigkeiten** erlaubt, die zur Verhinderung der Zerstörung oder erheblichen Beschädigung erforderlich sind. Hierbei kann es sich um die Fortsetzung der Produktion oder um zusätzliche Maßnahmen handeln, wie Reparaturen oder den Austausch von Betriebsstoffen (zB Schmiermitteln).

4. Ausnahmen für Arbeiten in Bäckereien und Konditoreien (Abs. 3). Die Vorschrift des **§ 10 Abs. 3 ArbZG** erlaubt die Beschäftigung von Arbeitnehmern in Bäckereien und Konditoreien mit der **Herstellung sowie dem Austragen oder Ausfahren von Backwaren**, die am gleichen Tag verkauft werden. Dabei gilt eine höchstzulässige Betriebszeit von drei Stunden für diese Betriebe, in denen Backwaren (Brot, Brötchen, Baguette usw) und Konditorwaren (Kuchen, Torten) hergestellt werden.[125] Die Ausnahme kann nur für Back- und Konditoreiwaren, die **am Tage der Herstellung zum Verkauf** kommen, in Anspruch genommen werden. Zweck der Ausnahme ist die Versorgung der Bevölkerung mit frischen Backerzeugnissen; dies schließt ihre Ausweitung auf haltbar gemachte Erzeugnisse und Fertigbackprodukte aus.[126] Den Befürwortern einer solchen Ausweitung ist zwar zuzugeben, dass der Anwendungsbereich der Norm nicht an die

---

117 Anzinger/Koberski ArbZG § 10 Rn. 207 f.; Baeck/Deutsch ArbZG § 10 Rn. 134. **118** Ebenso Neumann/Biebl ArbZG § 10 Rn. 50; ErfK/Wank ArbZG § 10 Rn. 23; Buschmann/Ulber ArbZG § 10 Rn. 14; Zmarzlik BB 1993, 2009 (2014); aA Baeck/Deutsch ArbZG § 10 Rn. 133; Schliemann ArbZG § 10 Rn. 67; NK-GA/Wichert ArbZG § 10 Rn. 69. **119** Vgl. Baeck/Deutsch ArbZG § 10 Rn. 136; Neumann/Biebl ArbZG § 10 Rn. 50; HK-ArbZR/Herbert 10 ArbZG Rn. 48. **120** HK-ArbZR/Herbert ArbZG § 10 Rn. 48; Baeck/Deutsch ArbZG § 10 Rn. 138; Schliemann ArbZG § 10 Rn. 71. **121** Schliemann ArbZG § 10 Rn. 71; ErfK/Wank ArbZG § 10 Rn. 24; Neumann/Biebl ArbZG § 10 Rn. 53. **122** Neumann/Biebl ArbZG § 10 Rn. 53; Baeck/Deutsch ArbZG § 10 Rn. 139; Schliemann ArbZG § 10 Rn. 71. **123** So auch HK-ArbZR/Herbert ArbZG § 10 Rn. 48; Anzinger/Koberski ArbZG § 10 Rn. 221. Eine starre Grenze von 5 % der Wochenproduktion ist abzulehnen; aA Baeck/Deutsch ArbZG § 10 Rn. 139. **124** HK-ArbZR/Herbert ArbZG § 10 Rn. 49; Baeck/Deutsch ArbZG § 10 Rn. 140; Buschmann/Ulber ArbZG § 10 Rn. 18. **125** Neumann/Biebl ArbZG § 10 Rn. 57; Baeck/Deutsch ArbZG § 10 Rn. 152. **126** HK-ArbZRG/Herbert ArbZG § 10 Rn. 52; Buschmann/Ulber ArbZG § 10 Rn. 20; aA Baeck/Deutsch ArbZG § 10 Rn. 152; differenzierend Neumann/Biebl, ArbZG § 10 Rn. 57, die die Regelung dann auf Betriebe, die Dauerbackwaren produzieren, anwenden wollen, wenn diese auch Bäcker- und Konditorwaren herstellen.

Verderblichkeit der Waren anknüpft. Jedoch ist ein besonderes Interesse der Bevölkerung an einer sonn- bzw. feiertäglichen Versorgung mit Dauerbackwaren oder tiefgekühlten Backerzeugnissen nicht ersichtlich. Die Vorschrift gilt nur für die genannten Tätigkeiten und zwingend notwendige Zuarbeiten. In den Verkaufsstellen sind für die Betriebszeiten an Sonn- und Feiertagen zusätzlich die Anforderungen des § 17 LSchlG bzw. der entsprechenden landesrechtlichen Regelung zu beachten.[127]

45 **5. Arbeiten an Feiertagen im Eil- und Großbetragszahlungsverkehr und Geld-, Devisen-, Wertpapier- und Derivatehandel (Abs. 4).** § 10 Abs. 4 ArbZG erlaubt Arbeiten an Feiertagen im Eil- und Großbetragszahlungsverkehr und Geld-, Devisen-, Wertpapier- und Derivatehandel, wenn der Feiertag auf einen Werktag fällt und der Tag nicht in allen Mitgliedstaaten der EU ein Feiertag ist. Die Ausnahme erfasst **sämtliche technischen Systeme, die diesen Finanztransaktionen dienen,**[128] und ist nicht betragsmäßig begrenzt.[129] Zweck der Norm ist der Wettbewerbsschutz innerhalb der EU. Daher gilt die Norm für alle nationalen Feiertage mit Ausnahme des 25. Dezembers und des 1. Januars, die in allen EU-Staaten Feiertage sind. Einschränkend gilt die Ausnahme nur für **Feiertage, die auf einen Werktag** fallen, also in Deutschland zB nicht für den Ostersonntag. Damit ist das Sonntagsarbeitsverbot des § 9 Abs. 1 ArbZG nicht tangiert. Zulässig sind alle Tätigkeiten, die für die jeweiligen Finanztransaktionen erforderlich sind, einschließlich von Hilfs- und Nebentätigkeiten.[130] Es gilt der **Vorbehalt,** dass die Arbeiten nicht auf einen Werktag verschiebbar sein dürfen. Die Sicherung gleicher Wettbewerbsbedingungen bzw. der Schutz vor Wettbewerbsnachteilen in der EU rechtfertigt keine Absenkung des Schutzstandards. Die zum Eingangsvorbehalt des § 10 Abs. 1 ArbZG aufgezeigten Abwägungskriterien sind auch im Rahmen des § 10 Abs. 4 ArbZG zu beachten. Der Feiertagsschutz gebietet eine restriktive Auslegung der Ausnahme.[131] So sind zB Arbeiten im Zusammenhang mit dem normalen Massenzahlungsverkehr nicht zulässig.[132]

IV. Rechtsdurchsetzung

46 Eine Pflicht des Arbeitnehmers, Sonn- und/oder Feiertagsarbeit zu leisten, ergibt sich aus § 10 ArbZG nicht.[133] Eine solche kann sich nur auf der Grundlage eines Tarifvertrages, einer Betriebsvereinbarung oder des Arbeitsvertrages ergeben. Das Bundesarbeitsgericht geht davon aus, dass auch die Anordnung von Sonntagsarbeit generell dem Direktionsrecht des Arbeitgebers unterliegt. Anderes soll nur dann gelten, wenn es Anhaltspunkte im Arbeitsvertrag dafür gibt, dass dieses Recht eingeschränkt ist.[134] Dem ist zu Recht mit dem Argument widersprochen worden, dass bei der Auslegung des Arbeitsvertrages die verfassungsrechtliche Dimension des Verbotes der Sonn- und Feiertagsarbeit zu berücksichtigen ist.[135] Insofern bedarf es für eine entsprechende Weisungsbefugnis des Arbeitgebers stets einer ausdrücklichen Vereinbarung im Arbeitsvertrag. Anderes kann nur für Tätigkeitsbereiche gelten, in denen Sonn- bzw. Feiertagsarbeit üblich ist.[136] Wird von Arbeitnehmern Sonntagsarbeit verlangt, die nicht nach § 10 ArbZG erlaubt ist, können sie die Einhaltung des Arbeitszeitrechts und bei Anordnung verbotener Arbeitszeit **Unterlassung verlangen** und dafür gerichtlichen

---

127 Vgl. Neumann/Biebl LSchlG § 17 Rn. 1. **128** Insbes. TARGET – Transeuropean Automatic Realtime Gross Settlement Express Transfer. **129** Baeck/Deutsch ArbZG § 10 Rn. 161; Neumann/Biebl ArbZG § 10 Rn. 60. **130** Anzinger/Koberski ArbZG § 10 Rn. 250; Neumann/Biebl ArbZG § 10 Rn. 60; Baeck/Deutsch ArbZG § 10 Rn. 164; Schliemann ArbZG § 10 Rn. 79; NK-GA/Wichert ArbZG § 10 Rn. 84. **131** Vgl. Richardi/Annuß NZA 1999, 953 (955); Buschmann/Ulber ArbZG § 10 Rn. 2; dagegen Baeck/Deutsch ArbZG § 10 Rn. 158. **132** Buschmann/Ulber ArbZG § 10 Rn. 21; Schliemann ArbZG § 10 Rn. 79; Anzinger/Koberski ArbZG § 10 Rn. 250; Neumann/Biebl ArbZG § 10 Rn. 60; DFL/Krauss ArbZG § 10 Rn. 38; NK-GA/Wichert ArbZG § 10 Rn. 83; Anzinger NZA 1998, 845 (846). **133** Anzinger/Koberski ArbZG § 10 Rn. 16; DFL/Krauss ArbZG § 10 Rn. 4; NK-GA/Wichert ArbZG § 10 Rn. 88. **134** BAG 15.9.2009 – 9 AZR 757/08; BAGE 132, 88 (93). **135** Vgl. Preis/Ulber NZA 2010, 729 (732). **136** Preis/Ulber NZA 2010, 729 (732); Lakies, S. 104.

Rechtsschutz erlangen, der auf § 618 BGB gestützt wird (→ BGB § 618 Rn. 26, 52).[137] Kontroversen um die zutreffende Auslegung von § 10 ArbZG sind als Vorfrage im arbeitsgerichtlichen Verfahren zu klären.[138]

Die Einführung von Sonn- und Feiertagsarbeit betrifft die Verteilung der Arbeitszeit auf die Wochentage. Soweit die Voraussetzung eines kollektiven Tatbestandes erfüllt ist, besteht daher ein Mitbestimmungsrecht des Betriebsrates nach § 87 Abs. 1 Nr. 2 BetrVG. Der Betriebsrat hat insofern bereits darüber mitzubestimmen, ob die Ausnahme überhaupt in Anspruch genommen werden soll. Ist dies der Fall, erstreckt sich die Mitbestimmung auch auf den Umfang der Ausnahme und die Auswahl der von ihr betroffenen Arbeitnehmer. Die Betriebsparteien sind nicht zur Vereinbarung verbotener Sonntagsarbeit befugt; im Streit zwischen den Betriebsparteien um die Wirksamkeit des Spruchs einer Einigungsstelle ist die zutreffende Auslegung von § 10 ArbZG als **Vorfrage im arbeitsgerichtlichen Beschlussverfahren** zu klären.[139] 47

Werden Arbeitnehmer fahrlässig oder vorsätzlich an Sonn- und Feiertagen beschäftigt, ohne dass ein Ausnahmetatbestand des § 10 ArbZG vorliegt, stellt dies eine **Ordnungswidrigkeit** nach § 22 Abs. 1 Nr. 5 ArbZG dar. Soweit die Verstöße vorsätzlich begangen und dadurch die Gesundheit oder die Arbeitskraft der Arbeitnehmer gefährdet werden oder der Arbeitgeber die Verstöße beharrlich wiederholt, macht dieser sich zudem nach § 23 Abs. 1 ArbZG **strafbar**. 48

Die **Aufsichtsbehörden** sind nach § 17 ArbZG gehalten, die Einhaltung des Sonntagsarbeitsverbots zu überwachen. Bei Verletzungen können sie durch **Anordnung nach § 17 Abs. 2 ArbZG** eine solche Beschäftigung untersagen (→ ArbZG § 9 Rn. 27). Betroffene Arbeitnehmer und Gewerkschaften können verwaltungsprozessual einen Anspruch auf ermessensfehlerfreie Entscheidung über den Erlass einer behördlichen Untersagungsverfügung nach § 17 Abs. 2 ArbZG verfolgen.[140] Durch Verwaltungsakt nach § 13 Abs. 3 Nr. 1 ArbZG kann festgestellt werden, ob eine Beschäftigung nach § 10 ArbZG zulässig ist (→ ArbZG § 13 Rn. 30). 49

§ 11 ArbZG Ausgleich für Sonn- und Feiertagsbeschäftigung

(1) Mindestens 15 Sonntage im Jahr müssen beschäftigungsfrei bleiben.

(2) Für die Beschäftigung an Sonn- und Feiertagen gelten die §§ 3 bis 8 entsprechend, jedoch dürfen durch die Arbeitszeit an Sonn- und Feiertagen die in den §§ 3, 6 Abs. 2 und §§ 7, 21 a Abs. 4 bestimmten Höchstarbeitszeiten und Ausgleichszeiträume nicht überschritten werden.

(3) ¹Werden Arbeitnehmer an einem Sonntag beschäftigt, müssen sie einen Ersatzruhetag haben, der innerhalb eines den Beschäftigungstag einschließenden Zeitraums von zwei Wochen zu gewähren ist. ²Werden Arbeitnehmer an einem auf einen Werktag fallenden Feiertag beschäftigt, müssen sie einen Ersatzruhetag haben, der innerhalb eines den Beschäftigungstag einschließenden Zeitraums von acht Wochen zu gewähren ist.

(4) Die Sonn- oder Feiertagsruhe des § 9 oder der Ersatzruhetag des Absatzes 3 ist den Arbeitnehmern unmittelbar in Verbindung mit einer Ruhezeit nach § 5 zu gewähren, soweit dem technische oder arbeitsorganisatorische Gründe nicht entgegenstehen.

Literatur: *Erasmy*, Ausgewählte Rechtsfragen zum neuen Arbeitszeitrecht II, NZA 1995, 97; *Junker*, Brennpunkte des Arbeitszeitgesetzes, ZfA 1998, 105; *Kuhr*, Die Sonntagsruhe im Ar-

---

[137] BAG 16.3.2004 – 9 AZR 93/03, BAGE 110, 60 (64); dazu auch Kohte, jurisPR-ArbR 36/2004 Anm. 1; MüKoBGB/Henssler BGB § 618 Rn. 24; Staudinger/Oetker BGB § 618 Rn. 20, 169 ff. [138] Vgl. für die Verwirkung einer Vertragsstrafe bei Verweigerung von Sonntagsarbeit BAG 5.2.1986 – 5 AZR 564/84, NZA 1986, 782 (784). [139] BAG 4.5.1993 – 1 ABR 57/92, BAGE 73, 118; BAG 27.1.2004 – 1 ABR 5/03, BAGE 109, 227 (230); vgl. dazu auch Kohte in: FS Wißmann, S. 331, 345. [140] Dazu näher Dommermuth-Alhäuser NZA 2016, 522 (527 f.); zur Antrags- und Klagebefugnis von Gewerkschaften vgl. BVerwG 26.11.2014 – 6 CN 1.13, BVerwGE 150, 327 (330 f., Rn. 15 ff.); OVG Bautzen 11.12.2015 – 3 B 369/15, Rn. 6; OVG Münster 18.12.2015 – 4 B 1463/15, GewArch 2016, 157; BayVGH 8.12.2016 – 22 ZB 16.1180, BayVBl. 2017, 563 f.; Wiebauer NVwZ 2015, 543 (544).

beitszeitgesetz aus verfassungsrechtlicher Sicht, DB 1994, 2186; *Sondermann*, Die geplante Neuregelung des Arbeitszeitrechts, DB 1993, 1922; *Ulber*, Ersatzruhetage bei Sonn- und Feiertagsarbeit, AiB 1999, 181; *Ulber*, Feiertagsarbeit und Arbeitsschutz, AuR 2002, 281; *Wiebauer*, Zeitarbeit und Arbeitszeit, NZA 2012, 68.

Leitentscheidungen: BAG 12.12.2001 – 5 AZR 294/00, NZA 2002, 505; BAG 22.9.2005 – 6 AZR 579/04, NZA 2006, 329 (331); BAG 19.9.2012 – 5 AZR 727/11, ZTR 2013, 23; LAG Köln 21.5.2015 – 7 Sa 883/14.

I. Entstehungsgeschichte, Rechtssystematik 1	3. Ersatzruhetage für Sonn- und Feiertagsarbeit (Abs. 3) 14
II. Detailkommentierung 3	4. Ersatzruhetage in Verbindung mit Ruhezeit (Abs. 4).. 19
1. Beschäftigungsfreie Sonntage (Abs. 1) 3	III. Rechtsdurchsetzung 24
2. Geltung der §§ 3–8 ArbZG für Sonn- und Feiertagsarbeit (Abs. 2) 9	

I. Entstehungsgeschichte, Rechtssystematik

1 Die Regelung des § 11 ArbZG geht im Wesentlichen auf **§ 105 c Abs. 3 GewO** zurück.[1] Bereits diese Norm legte fest, dass Arbeitnehmern, die in bestimmten Bereichen an Sonntagen länger als drei Stunden beschäftigt wurden, entweder an jedem dritten Sonntag 36 Stunden oder an jedem zweiten Sonntag mindestens zwischen 6:00 Uhr morgens und 6:00 Uhr abends Freizeit zu gewähren war. Auf diese Vorschrift nahmen § 105 d Abs. 2 GewO (Saison- und kontinuierliche Betriebe), § 105 e Abs. 1 S. 2 GewO (Bedürfnisgewerbe) und § 105 g S. 3 GewO (Verordnungsermächtigung) Bezug. An dieser Rechtslage änderte sich durch die Arbeitszeitordnung von 1938 nichts.

2 § 11 ArbZG soll durch eine zahlenmäßige Begrenzung der Sonntage, an denen der Arbeitnehmer zur Arbeit verpflichtet ist, **Belastungen einschränken** und zugleich durch die Festlegung von Ersatzruhezeiten einen **Ausgleich schaffen**. Bei der Anwendung und Auslegung des § 11 ArbZG sind daher stets die Schutzzwecke des grundsätzlichen Sonn- und Feiertagsarbeitsverbots des § 9 ArbZG zu berücksichtigen (→ ArbZG § 9 Rn. 3 ff.). Hintergrund für § 11 Abs. 4 ArbZG war Art. 5 Abs. 2 EG-Arbeitszeitrichtlinie[2] in der früheren Fassung. Danach schloss die wöchentliche Mindestruhezeit von 24 Stunden grundsätzlich den Sonntag ein. Diese Regelung ist vom Europäischen Gerichtshof für nichtig erklärt worden (→ ArbZG § 9 Rn. 1). Das deutsche Recht behält sie jedoch bei, indem die Arbeitsruhe an Sonn- und Feiertagen bzw. an einem Ersatzruhetag unmittelbar mit der elfstündigen Ruhezeit des § 5 Abs. 1 ArbZG zu verbinden ist. Damit wird eine wöchentliche Mindestruhezeit von 35 Stunden sichergestellt, die ggf. wegen technischer oder arbeitsorganisatorischer Umstände auf 24 Stunden verkürzt werden darf (→ Rn. 23). § 11 ArbZG ist **zwingendes Recht** und ein **Schutzgesetz** iSd § 823 Abs. 2 BGB. Der Arbeitgeber ist verpflichtet, die Einhaltung zu überwachen; bei Verstößen drohen ihm Sanktionen (→ Rn. 25 f.). Von § 11 Abs. 1, 2 und 3 ArbZG kann durch Tarifvertrag abgewichen werden (s. § 12 ArbZG). Eine weitere Abweichung von § 11 ArbZG ist seit 2013 durch die Offshore-ArbZV normiert.[3]

II. Detailkommentierung

3 **1. Beschäftigungsfreie Sonntage (Abs. 1).** § 11 Abs. 1 ArbZG wurde im Gesetzgebungsverfahren erheblich verändert. Hier hatte die Bundesregierung zunächst beabsichtigt, dass lediglich ein Sonntag im Monat beschäftigungsfrei bleiben sollte.[4] In seiner Stellungnahme zum Gesetzentwurf schlug der Bundesrat dagegen vor, die Zahl der freien Sonntage auf zwei pro Monat zu erhöhen.[5] Hierdurch sollte eine bessere Teilhabe der Arbeitnehmerinnen und Arbeitnehmer am gesellschaftlichen Leben erreicht werden. Den Charakter einer **Kompromisslösung** hatte dann die auf einen Vorschlag des

---

[1] RGBl. 1891, 260. [2] RL 93/104/EG, Abl. EG L 307 vom 13.12.1993. [3] Schliemann ArbZG § 11 Rn. 27. [4] BT-Drs. 12/5888, 8. [5] BT-Drs. 12/5888, 43.

Ausschusses für Arbeit und Soziales zurückgehende gesetzliche Regelung von **15 arbeitsfreien Sonntagen** pro Jahr.[6] Hierdurch wird letztlich eine größere Flexibilität der Arbeitszeitgestaltung als bei einer auf den Monat bezogenen Anzahl arbeitsfreier Sonntage erreicht. Davon profitieren insbesondere Bereiche, wie zB Saisonbetriebe, in denen die Gewährung eines freien Sonntags im Monat zu Schwierigkeiten führen kann.[7]

Die Zahl der arbeitsfreien Sonntage bleibt in § 11 Abs. 1 ArbZG hinter der bis dahin geltenden Rechtslage zurück, nach der mindestens 17 Sonntage im Jahr beschäftigungsfrei bleiben mussten.[8] Eine Begrenzung der Feiertagsbeschäftigung ist nicht vorgesehen. Eine Pflicht des Arbeitgebers zur Freistellung der Arbeitnehmer für eine bestimmte Zahl an Feiertagen lässt sich aus der Norm daher nicht ableiten. Auf der anderen Seite erfasste die Gewerbeordnung nur das produzierende Gewerbe, während § 11 Abs. 1 ArbZG für alle Arbeitnehmer verbindliches Recht ist. Auch wenn sich der Gesetzgeber mit der von ihm getroffenen Regelung innerhalb der Grenzen seiner Gestaltungsfreiheit bewegt,[9] sind die Bedenken gegen die Regelung begründet. Eine wirkliche Verbesserung der Arbeitsbedingungen, wie von der Gemeinschaftscharta der Sozialen Grundrechte der Arbeitnehmer aus dem Jahr 1989 ausdrücklich auch hinsichtlich der Arbeitszeit vorgesehen (Ziff. 7 Abs. 1), ist darin nicht zu sehen. Auch wird die verfassungsrechtlich garantierte Institution der Sonn- und Feiertage (→ ArbZG § 9 Rn. 3 ff.) durch die Gewährung von Ersatzruhetagen an Werktagen erheblich eingeschränkt.[10] In der Konsequenz **muss § 11 Abs. 1 ArbZG eng** und an den Schutzzwecken des § 9 ArbZG orientiert **ausgelegt werden**.

4

§ 11 Abs. 1 ArbZG legt fest, dass **mindestens 15 Sonntage im Jahr** beschäftigungsfrei sein müssen. Für Feiertage gilt § 11 Abs. 1 ArbZG nicht. Bezugszeitraum für die Gewährung der freien Sonntage ist nicht das Kalender-, sondern das **Beschäftigungsjahr**.[11] Andernfalls wäre es denkbar, dass bei einer entsprechenden Verteilung der freien Sonntage am Anfang eines Kalenderjahres und am Ende des Folgejahres Arbeitnehmern mehr als ein Jahr kein freier Sonntag gewährt werden müsste. Das Bezugsjahr beginnt mit der erstmaligen Beschäftigung des Arbeitnehmers an einem Sonntag.[12] Insofern ist der Arbeitgeber gezwungen, die Gewährung der nach § 11 Abs. 1 ArbZG erforderlichen Anzahl freier Sonntage bei jedem in Betracht kommenden Arbeitnehmer gesondert fortlaufend zu überwachen.

5

Für die **Verteilung** der insgesamt 15 arbeitsfreien Sonntage über das Beschäftigungsjahr macht § 11 Abs. 1 ArbZG keine Vorgaben. Demnach erschiene es zulässig, Arbeitnehmer zunächst 15 Sonntage nacheinander arbeitsfrei zu stellen und sie daran anschließend 37 Sonntage zu beschäftigen.[13] Der Gesundheitsschutz der Arbeitnehmer würde dann durch die Gewährung von Ersatzruhetagen an anderen Tagen sichergestellt, denn in einem Zeitraum von zwei Wochen wäre zumindest ein Tag arbeitsfrei (→ Rn. 16). Eine Beschäftigung an 37 aufeinander folgenden Sonntagen ist jedoch mit den übrigen Schutzzwecken des § 9 ArbZG nicht vereinbar. Denn der verfassungsrechtliche Sonntagsschutz zielt außerdem auf die Herstellung einer synchronen Taktung des Familien- und Gesellschaftslebens, die eine religiöse, private und kulturelle Teilhabe sicherstellen soll (→ ArbZG § 9 Rn. 3), ab. Eine Verteilung, die diese Teilhabe am sonntäglichen Leben im größten Teil des Jahres zusammenhängend unmöglich macht bzw. erheblich beeinträchtigt, widerspricht auch dem Grundgedanken von Art. 2 Abs. 5 der Europäischen Sozialcharta, die die gemeinsame Arbeitsruhe in Familie und Gesellschaft durch einen einheitlichen Ruhetag gewährleistet. Dieses Prinzip muss die Verteilung der arbeitsfreien Sonntage nach Abs. 1 über das Beschäftigungsjahr leiten. Ein Spruch der Ei-

6

---

[6] BT-Drs. 12/6990, 14. [7] BT-Drs. 12/6990, 43; Dobberahn, S. 53. [8] Nach § 105 c Abs. 3 GewO hatte mindestens jeder dritte Sonntag beschäftigungsfrei zu sein. RGBl. 1891, 260. [9] HM, ausführlich Baeck/Deutsch ArbZG § 11 Rn. 11; Anzinger/Koberski ArbZG § 11 Rn. 9 f.; siehe auch Schliemann ArbZG § 11 Rn. 4. [10] Zu den Bedenken Buschmann/Ulber ArbZG § 11 Rn. 3; vgl. auch Kuhr DB 1994, 2186 (2188). [11] Allgemeine Auffassung, s. Neumann/Biebl ArbZG § 11 Rn. 3; Anzinger/Koberski ArbZG § 11 Rn. 15; Schliemann ArbZG § 11 Rn. 6; HK-ArbZR/Herbert ArbZG § 11 Rn. 4; Baeck/Deutsch ArbZG § 11 Rn. 9; Junker ZfA 1998, 105 (127). [12] Baeck/Deutsch ArbZG § 11 Rn. 9; ErfK/Wank ArbZG § 11 Rn. 1. [13] Vgl. insoweit Anzinger/Koberski ArbZG § 11 Rn. 14; Buschmann/Ulber ArbZG § 11 Rn. 4.

7 nigungsstelle, der Beschäftigung an 37 aufeinander folgenden Sonntagen anordnet, dürfte im Übrigen im Regelfall ermessensfehlerhaft sein.

7 Maßgeblich für die Einhaltung des § 11 Abs. 1 ArbZG ist die Zahl der Sonntage, an denen der Arbeitnehmer **tatsächlich nicht arbeiten** muss. Auf diese Tage können nach überwiegender Ansicht Sonntage angerechnet werden, an denen der Arbeitnehmer aus anderen Gründen, zB wegen Urlaub, Feiertag, Krankheit, Freistellung zum Abbau von Überstunden, nicht beschäftigt wird.[14] Der Gesundheitsschutz der Arbeitnehmer steht dem nicht entgegen, solange in jedem Fall mindestens 15 arbeitsfreie Sonntage eingehalten werden.

8 **Beschäftigungsfreiheit** bedeutet, dass alle Tätigkeiten untersagt sind, bei denen der Arbeitnehmer dem Arbeitgeber in irgendeiner Form zur Verfügung steht. Insoweit gelten die für § 9 ArbZG entwickelten Grundsätze für Umfang und Dauer des Beschäftigungsverbots (→ ArbZG § 9 Rn. 14 ff.). Das Verbot des § 11 Abs. 1 ArbZG erfasst daher auch den Einsatz im Rahmen von Bereitschaftsdiensten bzw. Rufbereitschaft.[15] Die Regelung bezieht sich auf den Schutz des einzelnen Arbeitnehmers; sie wird nicht im Sinne einer generellen Betriebsruhe verstanden.[16] Die Mindestzahl von 15 arbeitsfreien Sonntagen ist auch einzuhalten, wenn der Arbeitnehmer über mehrere Beschäftigungsverhältnisse verfügt. Soweit diese mit mehreren Arbeitgebern bestehen, bedarf es zur Einhaltung der Vorgaben des § 11 Abs. 1 ArbZG einer Abstimmung.

9 **2. Geltung der §§ 3–8 ArbZG für Sonn- und Feiertagsarbeit (Abs. 2).** § 11 Abs. 2 ArbZG bestimmt, dass im Fall von Sonn- bzw. Feiertagsarbeit die Vorschriften der §§ 3–8 ArbZG Anwendung finden, wobei die in den §§ 3, 6 Abs. 2 ArbZG und § 7 ArbZG festgelegten Höchstarbeitszeiten und Ausgleichszeiträume nicht überschritten werden dürfen. Hierdurch wird erreicht, dass auch in den Fällen einer Beschäftigung an Sonn- und Feiertagen der Gesundheitsschutz der Arbeitnehmer gewährleistet bleibt.[17] Dagegen ergibt sich aus diesem Verweis kein gesetzlicher Anspruch auf Zuschläge für Sonntagsarbeit.[18] Abweichend kann die Arbeitszeit in vollkontinuierlichen Betrieben gemäß § 12 S. 1 Nr. 4 ArbZG auf bis zu zwölf Stunden verlängert werden, wenn dadurch zusätzliche Freischichten an Sonn- und Feiertagen erreicht werden (→ ArbZG § 12 Rn. 18 ff.). Weitere Abweichungen sind in Notfällen und anderen außergewöhnlichen Fällen nach § 14 ArbZG möglich. Schließlich können solche Abweichungen auch durch behördliche Ausnahmebewilligungen nach § 15 ArbZG zugelassen werden.

10 Durch den Verweis auf § 3 ArbZG ist klargestellt, dass Arbeitnehmer auch an Sonn- und Feiertagen grundsätzlich nur **acht Stunden** beschäftigt werden dürfen. Wird die Arbeitszeit an solchen Tagen ausnahmsweise auf bis zu zehn Stunden ausgedehnt, müssen die zusätzlichen Stunden entsprechend § 3 S. 2 ArbZG innerhalb von 24 Wochen bzw. sechs Monaten ausgeglichen werden, so dass eine durchschnittliche wöchentliche Arbeitszeit von 48 Stunden nicht überschritten wird. Der Verweis auf § 3 ArbZG stellt zudem klar, dass die Sonn- und Feiertagsarbeit stets Bestandteil der wöchentlichen Höchstarbeitszeit ist.[19] Diese erlaubt – unter Einschluss von Sonn- und Feiertagsarbeit – demnach 48 Stunden bzw. bei Inanspruchnahme der Verlängerungsmöglichkeit des § 3 S. 2 ArbZG 60 Stunden (→ ArbZG § 3 Rn. 17, 20 f.).

---

14 Neumann/Biebl ArbZG § 11 Rn. 4; Schliemann ArbZG § 11 Rn. 5; HK-ArbZR/Herbert ArbZG § 11 Rn. 5; Roggendorff ArbZG § 11 Rn. 6; Junker ZfA 1998, 105 (127); aA Buschmann/Ulber ArbZG § 11 Rn. 4. **15** BAG 22.9.2005 – 6 AZR 579/04, NZA 2006, 329 (331); ErfK/Wank ArbZG § 11 Rn. 1; HK-ArbZR/Herbert ArbZG § 11 Rn. 3; Neumann/Biebl ArbZG § 11 Rn. 2. **16** So die weitaus überwiegende Auffassung: ErfK/Wank ArbZG § 11 Rn. 1; Anzinger/Koberski ArbZG § 11 Rn. 11; Schliemann ArbZG § 11 Rn. 4; HK-ArbZR/Herbert ArbZG § 11 Rn. 3; Neumann/Biebl ArbZG § 11 Rn. 3; Roggendorff ArbZG § 11 Rn. 3; Dobberahn, S. 53; zur Begründung vgl. Junker ZfA 1998, 105, (126 f.); Erasmy NZA 1995, 97 (102); aA: Buschmann/Ulber ArbZG § 11 Rn. 2. **17** Baeck/Deutsch ArbZG § 11 Rn. 13. **18** BAG 11.1.2006 – 5 AZR 97/05, NZA 2006, 372; LAG Schleswig-Holstein 7.11.2013 – 4 Sa 254/13. **19** Wie hier Buschmann/Ulber ArbZG § 11 Rn. 5; Schliemann ArbZG § 11 Rn. 10; aA Baeck/Deutsch ArbZG § 11 Rn. 14; Anzinger/Koberski ArbZG § 11 Rn. 21; Dobberahn, S. 53; Erasmy NZA 1995, 97 (103).

§ 11 Abs. 2 ArbZG verweist auch auf § 6 ArbZG, wobei Abs. 2 der Vorschrift ausdrücklich erwähnt wird. Daher darf die tägliche Arbeitszeit von **Nachtarbeitnehmern** auch an Sonn- und Feiertagen acht Stunden nicht überschreiten. Eine Verlängerung auf bis zu zehn Stunden ist nur bei Einhaltung eines Ausgleichszeitraumes von vier Wochen oder einem Monat zulässig. Angesichts der von dieser für die Arbeitnehmer ausgehenden erhöhten Gesundheitsgefahren und der besonderen sozialen Bedeutung von Sonn- und Feiertagen ist Nachtarbeit an diesen Tagen mehr noch als an Werktagen auf ein unbedingt notwendiges Mindestmaß zu beschränken. Wie bei diesen ist ihre Ausgestaltung entsprechend § 6 Abs. 1 ArbZG zudem den gesicherten arbeitswissenschaftlichen Erkenntnissen anzupassen (→ ArbZG § 6 Rn. 7 ff.).

Durch den Verweis auf § 4 ArbZG wird sichergestellt, dass die gesetzlichen Vorgaben für **Pausen** auch im Fall von Sonn- bzw. Feiertagsarbeit einzuhalten sind. Demnach sind den an diesen Tagen beschäftigten Arbeitnehmern bei mehr als sechsstündiger Arbeit mindestens 30 Minuten und bei mehr als neunstündiger Arbeit 45 Minuten Pause zu gewähren. Hierauf angerechnet werden nur Pausenabschnitte, die mindestens 15 Minuten umfassen (zu Sonderregelungen für Verkehrsbetriebe → ArbZG § 7 Rn. 57).

Da § 11 Abs. 2 ArbZG auf § 7 ArbZG in vollem Umfang Bezug nimmt, können in **Tarifverträgen** oder auf der Grundlage solcher auch in **Betriebsvereinbarungen** abweichende Regelungen von den grundlegenden Vorgaben des Arbeitszeitrechts auch für die Sonn- und Feiertagsarbeit getroffen werden. So kann beispielsweise die Arbeitszeit an Sonn- und Feiertagen durch einen Tarifvertrag oder eine auf der Grundlage eines solchen abgeschlossenen Betriebsvereinbarung auf über zehn Stunden ausgedehnt werden, wenn in diese Zeit regelmäßig und in erheblichem Umfang Arbeitsbereitschaft oder Bereitschaftsdienst fällt. Unter dieser Voraussetzung kann in dem Tarifvertrag oder der betreffenden Betriebsvereinbarung im Fall der Arbeitszeitverlängerung auch auf die Festlegung eines Ausgleichszeitraumes verzichtet werden. Dabei muss allerdings durch besondere Regelungen sichergestellt sein, dass für die Arbeitnehmer keine Gesundheitsgefährdungen entstehen (→ ArbZG § 7 Rn. 42 ff.).

3. Ersatzruhetage für Sonn- und Feiertagsarbeit (Abs. 3). Nach § 11 Abs. 3 S. 1 ArbZG müssen Arbeitnehmer, die an einem **Sonntag** beschäftigt werden, einen **Ersatzruhetag** erhalten, der ihnen innerhalb eines den Beschäftigungstag einschließenden Zeitraumes von zwei Wochen zu gewähren ist. Dabei kommt es nicht darauf an, ob es sich bei der Sonntagsarbeit um reguläre Arbeit oder Mehrarbeit handelt. Ebenso spielt es keine Rolle, wie lange der Arbeitnehmer am Sonntag beschäftigt wurde.[20] Schließlich ist für die Pflicht zur Gewährung eines Ersatzruhetages auch unerheblich, wie belastend die Beschäftigung ist. Daher gilt § 11 Abs. 3 S. 1 ArbZG auch für sonntägliche Bereitschaftsdienste und Rufbereitschaften.[21] Ein **individualvertraglicher Verzicht** der Arbeitnehmer auf Ersatzruhetage ist **nicht möglich**.[22] Bei der Regelung des § 11 Abs. 3 ArbZG handelt es sich – auch wenn diese auf den individuellen Gesundheitsschutz der Arbeitnehmer abzielt – um eine öffentlich-rechtliche Verpflichtung, die nicht zur Disposition der Arbeitsvertragsparteien steht. Ausnahmen von § 11 Abs. 3 ArbZG sind unter den Voraussetzungen des **§ 12 Nr. 2, 3 ArbZG** sowie nach **§ 14 ArbZG** bei Notfällen möglich. **Kann der Arbeitgeber** den Ersatzruhetag im Fall einer dauerhaften Beschäftigung des Arbeitnehmers an Sonntagen **nicht gewähren**, weil dieser an Werktagen bei einem anderen Arbeitgeber tätig ist, stellt dies nach der Rechtsprechung des Bundesarbeitsgerichts einen in der Person des Arbeitnehmers liegenden Kündigungsgrund dar.[23] Wenn ein Leiharbeitnehmer Sonn- oder Feiertagsarbeit in einem Entleihbetrieb geleistet hat, die dort wegen Beendigung des Einsatzes nicht mehr ausgeglichen worden ist, hat der Verleiher diesen Ausgleich zu gewähren.[24]

---

20 Schliemann ArbZG § 11 Rn. 16; Dobberahn, S. 24. **21** Vgl. hierzu HK-ArbZR/Herbert § 11 Rn. 11; Buschmann/Ulber ArbZG § 11 Rn. 6a; Neumann/Biebl ArbZG § 11 Rn. 9; Schliemann ArbZG § 11 Rn. 15; Roggendorff ArbZG § 11 Rn. 11; bezüglich Rufbereitschaft aA Dobberahn, S. 54. **22** Ebenso Baeck/Deutsch ArbZG § 11 Rn. 23. **23** BAG 24.2.2005 – 2 AZR 211/04, NZA 2005, 759 (760 f.) **24** Wiebauer NZA 2012, 68 (72).

15 Der Ersatzruhetag muss ein **Werktag** sein. Die Freistellung an diesem Tag erstreckt sich unabhängig von der Dauer der Beschäftigung am Sonntag von 0:00 Uhr bis 24:00 Uhr und muss sicherstellen, dass dieser Tag von jeglicher Beschäftigung frei gehalten wird.[25] Nach herrschender Auffassung kann der Ersatzruhetag auch an einem für den Arbeitnehmer ohnehin arbeitsfreien Tag gewährt werden.[26] Insofern kann dieser bei einer Fünf-Tage-Woche auch der an sich arbeitsfreie Samstag sein. Gleiches gilt im Fall von Schichtarbeit für einen anderen schichtplanmäßig freien Tag.[27] Der Gesundheitsschutz soll bereits durch die Freistellung an einem Tag innerhalb eines Sieben-Tage-Zeitraums gewahrt sein. Die gemeinsame freie Zeit an Sonn- und Feiertagen kann in der Tat nicht durch die Gewährung eines Ersatzruhetages an einem nicht beschäftigungsfreien Werktag ausgeglichen werden. Jedoch soll dem Arbeitnehmer, der an Sonn- und Feiertagen arbeitet, im gleichen Zeitraum die gleiche Anzahl (nicht die gleichen Tage) an arbeitsfreien Tagen zustehen wie den Arbeitnehmern, die nicht zur Sonn- und Feiertagsarbeit herangezogen werden. Diese Gleichbehandlung wird unterlaufen, wenn ohnehin betriebsüblich arbeitsfreie Tage als Ausgleichstage gewährt werden.[28]

16 Der Ersatzruhetag für Sonntagsarbeit muss **innerhalb von zwei Wochen** gewährt werden. Hierin eingeschlossen ist der Sonntag, an dem die Beschäftigung des Arbeitnehmers erfolgt. Letztmöglicher Termin der Freistellung wäre danach der Samstag der übernächsten Woche. Allerdings kann der beschäftigungsfreie Werktag auch vor dem Sonntag liegen, an dem der Arbeitnehmer tätig werden soll.[29] Die gegenteilige Auffassung findet keine Stütze im Gesetzestext, der lediglich davon spricht, dass der Ausgleichszeitraum den Beschäftigungssonntag beinhalten muss. Insoweit kann dieser sowohl an dessen Anfang als auch an dessen Ende liegen. Auch der Zweck der Regelung steht der hM nicht entgegen, da eine Verlegung des Ersatzruhetage an den Anfang bzw. das Ende der Ausgleichszeit nicht zu einer Arbeit an vier aufeinander folgenden Sonntagen führen kann. Bei einer maximalen Ausnutzung des Spielraums würde immer noch jeweils der Sonntag vor und nach dem Beschäftigungssonntag frei bleiben, so dass auch unter diesen Umständen maximal lediglich 13 zusammenhängende Arbeitstage entstehen können. Da sowohl am Beginn als auch Ende dieses Zeitraumes jeweils ein arbeitsfreier Sonntag steht, ist auch die Vorgabe von mindestens einem Ruhetag im Zeitraum von sieben Tagen eingehalten.

17 Werden Arbeitnehmer an einem **Feiertag**, der auf einen Werktag fällt, beschäftigt, müssen diese gemäß § 11 Abs. 3 S. 2 ArbZG innerhalb eines den Beschäftigungstag einschließenden **Zeitraumes von acht Wochen** einen Ersatzruhetag erhalten. Fällt der nicht beschäftigungsfreie Feiertag zufällig auf einen Sonntag, wird deswegen kein zusätzlicher Ersatzruhetag gewährt.[30] In diesem Fall bleibt es bei dem für den Sonntag anfallenden Ersatzruhetag. Bei dem zu gewährenden Ersatzruhetag muss es sich um einen **Werktag** handeln. Auch wird diskutiert, ob es sich um einen zusätzlich freien Werktag oder einen ohnehin freien Werktag handeln darf (→ Rn. 15). Wie bei den Ersatzruhetagen für Sonntagsarbeit ist auch die **Freistellungspflicht** für Feiertagsarbeit nur dann erfüllt, wenn an dem Ersatzruhetag **zwischen 0:00 Uhr und 24:00 Uhr** keinerlei Beschäftigung der Arbeitnehmer erfolgt und von ihnen auch kein Bereitschaftsdienst und

---

[25] LAG Berlin-Brandenburg 14.9.2011 – 15 Sa 61/11 unter Bezugnahme auf BAG 24.2.2005 – 2 AZR 211/04, NZA 2005, 759 (760 f.) [26] BAG 12.12.2001 – 5 AZR 294/00, NZA 2002, 505 (506); BAG 17.7.2006 – 6 AZR 55/06, DB 2006, 2820; BAG 19.9.2012 – 5 AZR 727/11, ZTR 2013, 23; LAG Köln 21.5.2015 – 7 Sa 883/14; Schliemann ArbZG § 11 Rn. 17; ErfK/Wank ArbZG § 11 Rn. 3; Neumann/Biebl ArbZG § 11 Rn. 8; Roggendorff ArbZG § 11 Rn. 12; Anzinger/Koberski ArbZG § 11 Rn. 31; Dobberahn, S. 54; Erasmy NZA 1995, 97 (103); Baeck/Deutsch ArbZG § 11 Rn. 17. [27] BAG 12.12.2001 – 5 AZR 294/00, NZA 2002, 505 (506); zur Kritik Ulber AuR 2002, 281 (283). [28] Buschmann/Ulber ArbZG § 11 Rn. 6 b; Ulber AiB 1999, 181 (182 f.). [29] So die weitaus überwiegende Auffassung. Siehe Anzinger/Koberski ArbZG § 11 Rn. 32; Schliemann ArbZG § 11 Rn. 18; Baeck/Deutsch ArbZG § 11 Rn. 19; HK-ArbZR/Herbert ArbZG § 11 Rn. 14; Neumann/Biebl ArbZG § 11 Rn. 10; ErfK/Wank ArbZG § 11 Rn. 4; Dobberahn, S. 54; Erasmy NZA 1995, 97 (103); aA Buschmann/Ulber ArbZG § 11 Rn. 6 b; Roggendorff ArbZG § 11 Rn. 13. [30] Baeck/Deutsch ArbZG § 11 Rn. 16.

keine Rufbereitschaft zu leisten ist.³¹ Für die **Lage des Ersatzruhetages** innerhalb des achtwöchigen Ausgleichszeitraumes gelten die gleichen Maßstäbe wie für den Ausgleich im Fall von Sonntagsarbeit (→ Rn. 15). Auch der Ersatzruhetag für Feiertagsarbeit kann daher sowohl bis zu acht Wochen vor als auch bis zu acht Wochen nach dem Feiertag gewährt werden, an dem der Arbeitnehmer zur Arbeit herangezogen werden soll bzw. wird.

Innerhalb der Ausgleichszeiträume des Abs. 3 von zwei bzw. acht Wochen hat der Arbeitgeber bei der Bestimmung des Ersatzruhetages entsprechend § 106 GewO im Rahmen seiner Ermessensentscheidung die berechtigten Interessen des Arbeitnehmers zu berücksichtigen.³² Dabei hat er – wie von der Gerichtspraxis zunehmend angemahnt – vor allem familiäre Pflichten bezüglich der Betreuung von Kindern bzw. Pflege von pflegebedürftigen Angehörigen zu berücksichtigen (→ ArbZG § 13 Rn. 86 mwN). Diese grundrechtlichen Wertungen des Art. 6 GG sind auch bei der Ankündigungsfrist zur Lage der Ersatzruhetage zu beachten, indem völlig kurzfristige Ansetzungen unterbleiben müssen. Für die betriebliche Praxis kann die Ankündigungsfrist des § 12 Abs. 2 TzBfG – vier Tage – ein praktikabler Anhaltspunkt sein.³³ 18

4. Ersatzruhetage in Verbindung mit Ruhezeit (Abs. 4). Der Ersatzruhetag für Sonn- bzw. Feiertagsarbeit nach § 11 Abs. 3 ArbZG ist gemäß Abs. 4 **in Verbindung mit der elfstündigen Ruhezeit** nach § 5 ArbZG zu gewähren. In diesem Fall beträgt die zusammenhängende arbeitsfreie Zeit daher mindestens 35 (24 + 11) Stunden.³⁴ 19

Umstritten ist die **Lage des Ersatzruhetages in Bezug auf die Ruhezeit**. Diesbezüglich wird aus § 5 Abs. 1 ArbZG, der festlegt, dass die Ruhezeit nach der Beendigung der täglichen Arbeitszeit zu gewähren ist, geschlossen, dass der Ersatzruhetag grundsätzlich der Ruhezeit nachfolgt.³⁵ Nach der gegenteiligen herrschenden Ansicht lässt sich aus dem Wortlaut der Regelung eine solche Schlussfolgerung nicht ableiten, so dass der Ersatzruhetag sowohl vor als auch nach der Ruhezeit liegen könne.³⁶ Der Streit scheint eher theoretischer Natur, da beide Auffassungen letztlich zu dem Ergebnis führen, dass eine zusammenhängende Freistellung von 35 Stunden zu gewähren ist. Dem Gesundheitsschutz der Arbeitnehmer ist jedenfalls in beiden Fällen dadurch hinreichend Genüge getan, dass eine Verbindung zwischen dem Ersatzruhetag und der Ruhezeit nach § 5 ArbZG besteht. Allerdings ist zu beachten, dass bei der Bejahung einer vorgreiflichen Lage der Ruhezeit nach § 5 ArbZG die Arbeitszeit für den Arbeitnehmer am Tag vor dem Ruhetag bereits um 13:00 Uhr enden muss.³⁷ 20

Da § 11 Abs. 4 ArbZG auf die Gesamtregelung des § 5 ArbZG verweist, gelten hier auch die Ausnahmeregelungen des **§ 5 Abs. 2, 3 ArbZG** (→ ArbZG § 5 Rn. 18 ff., 41 ff.). Daher können in den dort genannten Einrichtungen die Ruhezeiten um bis zu eine Stunde verkürzt werden, wenn diese Verkürzung innerhalb eines Monats oder von vier Wochen ausgeglichen wird. Im Fall von Krankenhäusern und Pflege- und Betreuungseinrichtungen ist zudem auch ein Ausgleich zu anderen Zeiten zulässig. 21

Nach **Abs. 4 Hs. 2** muss der Ersatzruhetag dann nicht in Verbindung mit der Ruhezeit nach § 5 ArbZG gewährt werden, wenn dem technische oder arbeitsorganisatorische Gründe entgegenstehen. **Technische Gründe** liegen vor, wenn Produktionsvorgänge aufgrund der aus ihnen resultierenden technischen Gegebenheit die Einhaltung der Vorgaben des Abs. 4 verhindern. Dagegen beziehen sich **arbeitsorganisatorische Gründe** auf die vom Arbeitgeber angewendeten Methoden des Personal- und Mitteleinsatzes. Hierzu gehört vor allem die Organisation von Schichtsystemen oder auch Arbeiten 22

---

31 Vgl. LAG Berlin-Brandenburg 14.9.2011 – 15 Sa 61/11. **32** Vgl. zum tariflichen Freizeitausgleich nach Feiertagsarbeit BAG 13.12.2001 – 6 AZR 709/00, NZA 2002, 1221 (1224); Ulber AuR 2002, 281 (286). **33** Buschmann/Ulber ArbZG § 11 Rn. 7; zuletzt ArbG Berlin 5.10.2012 – 28 Ca 10243/12. **34** BT-Drs. 12/5888, 30; Neumann/Biebl ArbZG § 11 Rn. 13; Schliemann ArbZG § 11 Rn. 22; HK-ArbZR/Herbert ArbZG § 11 Rn. 21; Erasmy NZA 1995, 97 (103). **35** So Buschmann/Ulber ArbZG § 11 Rn. 8; Roggendorff ArbZG § 11 Rn. 15. **36** Schliemann ArbZG § 11 Rn. 22; Anzinger/Koberski ArbZG § 11 Rn. 37; HK-ArbZR/Herbert ArbZG § 11 Rn. 22; Neumann/Biebl ArbZG § 11 Rn. 14; Junker ZfA 1998, 105 (127 f.). **37** So Buschmann/ Ulber ArbZG § 11 Rn. 8.

an Wochenenden in Bereichen der Daseinsvorsorge und zur Befriedigung der Bedürfnisse der Bevölkerung.[38]

23 Die Verkürzung der Ruhezeit auf 24 Stunden ist ein eng auszulegender Ausnahmetatbestand zur Regel der 35-Stunden-Ruhezeit.[39] Im Grundsatz ist der Arbeitgeber verpflichtet, seinen Betrieb so zu organisieren, dass er die Vorgaben des ArbZG einhält, um den Gesundheitsschutz des Arbeitnehmers möglichst umfassend zu gewährleisten.[40] Insofern muss er vor der Ruhezeitverkürzung Alternativen prüfen und die Betriebsabläufe ggf. anpassen, um die Regelruhezeit einhalten zu können.[41] Eine Verkürzung ist nur gerechtfertigt, wenn eine Verschiebung vor dem Hintergrund der betrieblichen Abläufe technisch nicht möglich oder für den Arbeitgeber wirtschaftlich nicht zumutbar ist.[42] Die Bearbeitung eiliger Aufträge ist in der Regel kein hinreichender Grund.[43] Ist die Verkürzung der Ruhezeit nach diesen strengen Maßstäben gerechtfertigt, ist das Ausmaß der Abweichung auf das für den technischen oder betriebsorganisatorischen Ablauf absolut notwendige Maß zu begrenzen. In Betracht kommt insoweit zunächst eine Verschiebung des gesamten Ruhezeitraumes nach hinten. Eine Verringerung der Ruhezeit auf unter 24 Stunden ist mit Blick auf Art. 5 EG-Arbeitszeitrichtlinie generell ausgeschlossen.[44]

III. Rechtsdurchsetzung

24 Betriebliche Regelungen über die Lage des Ersatzruhetages und Abweichungen von den Vorgaben des § 11 ArbZG unterliegen gemäß **§ 87 Abs. 1 Nr. 2 BetrVG** der Mitbestimmung des Betriebsrates.[45] Kommt keine Einigung zwischen den Betriebsparteien zustande, entscheidet hierüber gemäß § 87 Abs. 2 BetrVG die Einigungsstelle, die bei ihrer Ermessensausübung auch die Schutzzwecke des § 11 ArbZG beachten muss.

25 Die Arbeitsschutzbehörden haben die Einhaltung von § 11 ArbZG zu gewährleisten, so dass bei Rechtsverletzungen **Anordnungen nach § 17 ArbZG** geboten sein können. Arbeitnehmer sind daher berechtigt, die Behörden auf solche Rechtsverletzungen aufmerksam zu machen. Ein solches Verhalten legitimiert keine Kündigung (→ ArbSchG §§ 15–17 Rn. 38 f.).[46]

26 Vorsätzliche oder fahrlässige Verstöße des Arbeitgebers gegen § 11 Abs. 1, 3 ArbZG stellen gemäß § 22 Abs. 1 Nr. 6 ArbZG Ordnungswidrigkeiten dar und können je Fall der Zuwiderhandlung mit einem Bußgeld von bis zu 15.000 EUR geahndet werden (→ ArbZG § 22 Rn. 12). Gleiches gilt für Verstöße gegen § 11 Abs. 2 ArbZG, die nach § 22 Abs. 1 Nr. 1 ArbZG Ordnungswidrigkeiten darstellen. Schließlich handelt der Arbeitgeber auch ordnungswidrig nach § 22 Abs. 1 Nr. 3 ArbZG, wenn er die Verbindung von Ruhezeit und Ersatzruhetag grundlos missachtet, da bei entsprechenden Zuwiderhandlungen Verstöße gegen § 5 ArbZG vorliegen.[47] Werden die Vorstöße vorsätzlich begangen und durch diese die Gesundheit oder die Arbeitskraft der Arbeitnehmer gefährdet, macht sich der Arbeitgeber nach § 23 Abs. 1 Nr. 1 ArbZG strafbar. Gleiches gilt, wenn er die Verstöße beharrlich wiederholen sollte (§ 23 Abs. 1 Nr. 2 ArbZG).

---

38 Zu den Schichtplänen BT-Drs. 12/5888, 30; Buschmann/Ulber ArbZG § 11 Rn. 9; Anzinger/Koberski ArbZG § 11 Rn. 47; ErfK/Wank ArbZG § 11 Rn. 5; Neumann/Biebl ArbZG § 11 Rn. 15; Schliemann ArbZG § 11 Rn. 24; Erasmy NZA 1995, 97 (103). **39** So auch die Mitteilung der Kommission vom 24.5.2017 – 2017/C 165/01, C 165/27. **40** Zu diesem Grundsatz Kohte, jurisPR-ArbR 16/2017 Anm. 1 zu LAG Frankfurt 30.11.2015 – 16 TaBV 96/15. **41** Umstritten. Wie hier Buschmann/Ulber ArbZG § 11 Rn. 9; aA Baeck/Deutsch ArbZG § 11 Rn. 30. **42** Vgl. auch Baeck/Deutsch ArbZG § 11 Rn. 32. **43** So auch Anzinger/Koberski ArbZG § 11 Rn. 45. **44** So auch Schliemann ArbZG § 11 Rn. 24. **45** Einhellige Auffassung, s. DKKW/Klebe BetrVG § 87 Rn. 93; Fitting BetrVG § 87 Rn. 111; HWK/Gäntgen ArbZG § 11 Rn. 6; Baeck/Deutsch ArbZG § 11 Rn. 33; Ulber AuR 2002, 281 (287); vgl. auch LAG Köln 24.9.1998 – 4 BV 11/97, AiB 1999, 467. **46** LAG Köln 10.7.2003 – 5 Sa 151/03, MDR 2004, 41. **47** Baeck/Deutsch ArbZG § 11 Rn. 34.

§ 12 ArbZG Abweichende Regelungen

¹In einem Tarifvertrag oder auf Grund eines Tarifvertrags in einer Betriebs- oder Dienstvereinbarung kann zugelassen werden,
1. abweichend von § 11 Abs. 1 die Anzahl der beschäftigungsfreien Sonntage in den Einrichtungen des § 10 Abs. 1 Nr. 2, 3, 4 und 10 auf mindestens zehn Sonntage, im Rundfunk, in Theaterbetrieben, Orchestern sowie bei Schaustellungen auf mindestens acht Sonntage, in Filmtheatern und in der Tierhaltung auf mindestens sechs Sonntage im Jahr zu verringern,
2. abweichend von § 11 Abs. 3 den Wegfall von Ersatzruhetagen für auf Werktage fallende Feiertage zu vereinbaren oder Arbeitnehmer innerhalb eines festzulegenden Ausgleichszeitraums beschäftigungsfrei zu stellen,
3. abweichend von § 11 Abs. 1 bis 3 in der Seeschiffahrt die den Arbeitnehmern nach diesen Vorschriften zustehenden freien Tage zusammenhängend zu geben,
4. abweichend von § 11 Abs. 2 die Arbeitszeit in vollkontinuierlichen Schichtbetrieben an Sonn- und Feiertagen auf bis zu zwölf Stunden zu verlängern, wenn dadurch zusätzliche freie Schichten an Sonn- und Feiertagen erreicht werden.[1]
²§ 7 Abs. 3 bis 6 findet Anwendung.

Literatur: *Berger-Delhey*, Nochmals: Der Entwurf eines Arbeitszeitrechtsgesetzes, ZTR 1994, 105; *Erasmy*, Ausgewählte Rechtsfragen zum neuen Arbeitszeitrecht II, NZA 1995, 97; *Kohte*, Tarifdispositives Arbeitszeitrecht – zwischen respektierter Tarifautonomie und eingeschränktem Gestaltungsspielraum, FS Bepler, 2012, S. 287; *Kuhr*, Die Sonntagsruhe im Arbeitszeitgesetz aus verfassungsrechtlicher Sicht, DB 1994, 2186; *Maul-Sartori*, Das neue Seearbeitsrecht – auch für Landratten von Interesse, NZA 2013, 821; *D. Ulber*, Tarifdispositives Gesetzesrecht im Spannungsfeld von Tarifautonomie und grundrechtlichen Schutzpflichten, 2010; *J.Ulber*, Feiertagsarbeit und Arbeitsschutz, AuR 2002, 281; *Zmarzlik*, Entwurf eines Arbeitszeitgesetzes, BB 1993, 2009.

Leitentscheidungen: BAG 22.9.2005 – 6 AZR 579/04, NZA 2006, 329; BAG 23.3.2006 – 6 AZR 497/05, EzA § 12 ArbZG Nr. 1; LAG Köln 5.5.2006 – 11 Sa 714/04, ZTR 2007, 253.

I. Entstehungsgeschichte, Rechtssystematik 1	
II. Abweichungen (§ 12 S. 1 ArbZG) 7	
1. Rechtsgrundlage für Abweichungen..................... 7	
2. Abweichungen im Einzelnen 8	
a) Verringerung der Anzahl der arbeitsfreien Sonntage (S. 1 Nr. 1) 8	
b) Wegfall von Ersatzruhetagen und Festlegung eines Ausgleichszeitraums (S. 1 Nr. 2) 14	
c) Abweichende Regelungen für die Seeschifffahrt (S. 1 Nr. 3) 16	
d) Verlängerung der Arbeitszeit in vollkontinuierlichen Schichtbetrieben (S. 1 Nr. 4)........... 18	
e) Reichweite der Ausnahmeregelungen 21	
3. Verweis auf § 7 Abs. 3–6 (S. 2) ArbZG .. 23	
a) § 7 Abs. 3 ArbZG........ 24	
b) § 7 Abs. 4 ArbZG........ 28	
c) § 7 Abs. 5 ArbZG........ 30	
d) § 7 Abs. 6 ArbZG........ 31	
III. Mitbestimmung des Betriebsrates 32	
IV. Verstöße......................... 33	

I. Entstehungsgeschichte, Rechtssystematik

Die Regelungen des § 12 ArbZG sind im Gesetzgebungsverfahren nur marginalen Änderungen unterworfen gewesen. So sah bereits der **Gesetzentwurf der Bundesregierung** vor, dass Abweichungen von § 11 ArbZG nur auf der Grundlage von Tarifverträgen oder auf der Grundlage von auf solchen basierenden Betriebsvereinbarungen zulässig

---
1 Übergangsregelung für Tarifverträge in § 25.

sein sollten.² Auch inhaltlich entsprach der Entwurf weitgehend der derzeitigen gesetzlichen Regelung. So erlaubte bereits dieser in Nr. 1, die Anzahl der arbeitsfreien Sonntage in bestimmten Bereichen unterschiedlich stark zu verringern. Nr. 2 gestattete zudem tarifvertragliche und betriebliche Vereinbarungen über den Wegfall von Ersatzruhetagen für auf einen Werktag fallende Feiertage sowie die Freistellung von Arbeitnehmern innerhalb eines Ausgleichszeitraumes. Weiterhin sah eine auf die Seeschifffahrt begrenzte Ausnahme die Möglichkeit einer zusammenhängenden Gewährung aller den Arbeitnehmern nach § 11 Abs. 1–3 ArbZG zustehenden freien Tage vor. Ebenso sollte die Arbeitszeit in vollkontinuierlichen Betrieben nach S. 1 Nr. 4 auf bis zu zwölf Stunden verlängert werden können, wenn dadurch zusätzliche Freischichten an Sonn- und Feiertagen erreicht werden. Schließlich war in dem Entwurf auch der Verweis auf § 7 Abs. 3–6 ArbZG schon enthalten.

2 Zusätzlich war im Entwurf vorgesehen, dass Arbeitnehmer an mehreren Sonn- und Feiertagen hintereinander beschäftigt werden konnten, jedoch mindestens zwölf Sonntage beschäftigungsfrei zu bleiben hatten. Dieser Vorschlag wurde jedoch nach der Beschlussempfehlung des Ausschusses für Arbeit und Soziales letztlich nicht in das Gesetz übernommen.³ Die Aufnahme des Rundfunks in S. 1 Nr. 1 erfolgte wegen dessen verfassungsrechtlich geschützten Programm- und Informationsauftrages auf Initiative des Bundesrates. Schließlich wurde mit dem Gesetz zu Reformen am Arbeitsmarkt 2003 die Abweichung von § 11 ArbZG auch im Rahmen von **Dienstvereinbarungen** ausdrücklich erlaubt.⁴

3 **Sinn und Zweck** des § 12 ArbZG ist eine Anpassung der Vorschriften über die Sonn- und Feiertagsarbeit an die **konkreten betrieblichen Bedürfnisse** in den jeweiligen, gesetzlich abschließend normierten Bereichen.⁵ Dies soll allerdings nach dem Willen des Gesetzgebers nicht durch individuelle Vereinbarungen der Arbeitsvertragsparteien geschehen. Vielmehr sind – ebenso wie bei § 7 ArbZG (→ ArbZG § 7 Rn. 9 ff.) – die Befugnisse zu abweichenden Regelungen wegen der grundlegenden Bedeutung der Sonn- und Feiertagsruhe allein den Tarifvertrags- bzw. Betriebsparteien im Rahmen von Öffnungsklauseln übertragen worden. Es handelt sich damit um eine typische Form tarifdispositiven Rechts. Mit diesem Instrument setzt die Gesetzgebung die Tarifvertragsparteien zur Konkretisierung wegen ihrer Sachnähe ein. Es handelt sich also nicht um originäre Tarifautonomie, sondern um die Zuordnung eines „eingeschränkten Gestaltungsspielraums".⁶ In der Literatur wird das dispositive Recht herkömmlich beschränkt auf die Sozialfunktion der jeweiligen Normen, während die Schutzfunktion, mit der grundrechtliche Schutzpflichten durch die Gesetzgebung wahrgenommen werden, nicht auf die Tarifvertragsparteien übertragen werden kann.⁷

4 Umstritten ist, ob die Übertragung der Regelungskompetenzen im Bereich der Sonn- und Feiertagsarbeit auf die tarifliche bzw. betriebliche Ebene mit dem **Grundgesetz vereinbar** ist. Dabei besteht zunächst insoweit Einigkeit, dass hierin jedenfalls kein Verstoß gegen Art. 9 Abs. 3 bzw. Art. 3 Abs. 1 GG liegt.⁸ Insbesondere liegt in der Delegierung der Rechtsetzungsbefugnis weder ein Zwang zum Beitritt zu einer Koalition noch werden die Koalitionen selbst durch § 12 ArbZG zum Abschluss entsprechender Tarifverträge gezwungen.

5 Allerdings wird gegen die Vorschrift eingewandt, dass die Delegierung der Regelungsmacht an die Tarifvertrags- bzw. Betriebsparteien mit dem Wesentlichkeitsgrundsatz, nach dem der Gesetzgeber verpflichtet ist, Angelegenheiten von grundlegender Bedeutung selbst zu regeln, unvereinbar sei und diese deshalb gegen den **Gesetzesvorbehalt** verstoße.⁹ Im Rahmen ihrer verfassungskonformen Auslegung seien jedenfalls nur sol-

---

2 BT-Drs. 12/5888, 8; zur damaligen Kritik an der beabsichtigten Regelung Berger-Delhey ZTR 1994, 105 (110). **3** BT-Drs. 12/6990, 15. **4** BGBl. I 2003, 3002, 3005. **5** Baeck/Deutsch ArbZG § 12 Rn. 5; Anzinger/Koberski ArbZG § 12 Rn. 2. **6** So Kohte in: FS Bepler, S. 287, 299 ff. unter Bezugnahme auf BAG 21.9.2010 – 9 AZR 510/09, NZA 2011, 805. **7** Anzinger/Koberski ArbZG § 12 Rn. 3. **8** Vgl. nur Anzinger/Koberski ArbZG § 12 Rn. 3. **9** Zu Wesentlichkeitstheorie und Gesetzesvorbehalt vgl. ständige Rspr. des BVerfG, zB BVerfG 6.12.1972 – 1 BvR230/70, BVerfGE, 34, 165 (192 f.); BVerfG 8.8.1978 – 2 BvL 8/77, BVerfGE 49, 89 (126 f.).

che tariflichen bzw. betrieblichen Regelungen zulässig, die den Sonn- und Feiertagsschutz der Arbeitnehmer verstärken.[10] Dem wird jedoch von der überwiegenden Auffassung zu Recht entgegengehalten, dass eine Delegierung der Rechtsetzung auf die Tarifvertragsparteien im **Kernbereich des Sonn- und Feiertagsschutzes** durch § 12 ArbZG nicht stattfindet. Diesen habe der Gesetzgeber in den §§ 9, 10 ArbZG selbst geregelt, ohne dass § 12 ArbZG, der lediglich auf § 11 ArbZG Bezug nimmt, Abweichungen von diesen Vorschriften durch Tarifvertrag bzw. Betriebsvereinbarung zulasse.[11] Zudem habe der Gesetzgeber **Gegenstand und Grenzen der Ausnahmen** von § 11 ArbZG in § 12 ArbZG **abschließend definiert**. Nur innerhalb dieser Schranken könnten sich die Tarifvertrags- bzw. Betriebsparteien mit den von ihnen zu treffenden Regelungen bewegen.[12] Deutlich zeigt sich die Struktur in § 12 Abs. 1 S. 1 ArbZG. Die Stufung der Grenzen (zur Kritik am Umfang der Absenkung → Rn. 11) ist nachvollziehbar und lässt ein Parallelwertung zur Struktur von § 10 ArbZG erkennen.

Zudem ist in diesem Zusammenhang zu beachten, dass der Gesetzgeber die das Arbeitszeitrecht dominierende Aufgabe des Gesundheitsschutzes durch die inhaltliche Beschränkung der Regelungsmöglichkeiten der Tarifvertrags- bzw. Betriebsparteien im Rahmen des § 12 ArbZG gerade nicht zu deren Disposition stellt. Da die gesundheitsschützenden Vorschriften über die Dauer der Arbeitszeit an Sonn- und Feiertagen und Mindestruhezeiten sowie die Festlegung von mindestens einem Ruhetag in einem Siebentageszeitraum nicht von der Ausnahme erfasst sind, können diese nicht Gegenstände tariflicher bzw. betrieblicher Regelungen sein. Insoweit werden durch § 12 ArbZG hinsichtlich des Gesundheitsschutzes der Arbeitnehmer nur marginale Regelungsbefugnisse an die Tarifvertrags- bzw. Betriebsparteien übertragen. Ein Verstoß gegen den verfassungsrechtlich verlangten Gesetzesvorbehalt liegt daher nicht vor.[13]

II. Abweichungen (§ 12 S. 1 ArbZG)

1. Rechtsgrundlage für Abweichungen. Arbeitszeitrechtliche Abweichungen im Rahmen von § 12 S. 1 Nr. 1–4 ArbZG sind nur möglich, wenn ein **Tarifvertrag** oder eine auf einem solchen basierende **Betriebs- bzw. Dienstvereinbarung** diese zulassen. Die entsprechenden Vorschriften müssen wirksam zustande gekommen und noch wirksam sein. Zudem muss das fragliche Arbeitsverhältnis von der jeweiligen Regelung räumlich und sachlich erfasst sein (→ ArbZG § 7 Rn. 6 ff., 25 ff.). Dagegen ist nach Ansicht der Rechtsprechung des BAG nicht erforderlich, dass der Tarifvertrag ausdrücklich auf die §§ 11, 12 ArbZG Bezug nimmt; so wurde eine abschließende Regelung, dass ein Tag in der Woche dienstfrei sei, als ein hinreichend deutlicher Wegfall des Ersatzruhetages qualifiziert.[14] Diese Entscheidung ist verfehlt und widerspricht der Normstruktur tarifdispositiven Tarifrechts. Da dies zum Nachteil der Beschäftigten vom allgemein geltenden Schutzniveau abweicht, muss diese Abweichung eindeutig normiert sein und kann nicht „konkludent" erfolgen.

2. Abweichungen im Einzelnen. a) Verringerung der Anzahl der arbeitsfreien Sonntage (S. 1 Nr. 1). Nach § 11 Abs. 1 ArbZG müssen **mindestens 15 Sonntage im Jahr arbeitsfrei** bleiben (→ ArbZG § 11 Rn. 3 ff.). Hiervon gestattet § 12 S. 1 Nr. 1 ArbZG in bestimmten Bereichen tarifvertragliche und betriebliche Abweichungen, deren Ausmaß je nach Tätigkeitsfeld unterschiedlich ist. Insoweit betroffen sind hauptsächlich Dienstleistungen aus dem Bereich der öffentlichen Sicherheit und Ordnung und der Daseinsvorsorge sowie Angebote, die von der Bevölkerung regelmäßig gerade an Sonn- und

---

10 Vgl. insoweit Buschmann/Ulber ArbZG § 12 Rn. 1; Kuhr DB 1994, 2186 (2188); Ulber AuR 2002, 281 (285). **11** Ebenso Hk-ArbZR/Schaumberg ArbZG § 12 Rn. 2; Baeck/Deutsch ArbZG § 12 Rn. 4; Neumann/Biebl ArbZG § 12 Rn. 2; Schliemann ArbZG § 12 Rn. 3; Zmarzlik BB 1993, 2009 (2013). **12** Ausführlich Baeck/Deutsch ArbZG § 12 Rn. 4; Anzinger/Koberski ArbZG § 12 Rn. 4 ff.; siehe auch Erasmy NZA 1995, 97 (103). **13** Ähnlich Neumann/Biebl ArbZG § 12 Rn. 2; Schliemann ArbZG § 12 Rn. 3. **14** BAG 22.9.2005 – 6 AZR 579/04, NZA 2006, 329 (330); zur Kritik Buschmann/Ulber ArbZG § 12 Rn. 5.

Feiertagen in Anspruch genommen werden. Die betroffenen Bereiche sind in § 12 ArbZG **abschließend** aufgezählt.[15]

9 Zunächst ist eine Verringerung der Zahl der arbeitsfreien Sonntage im Jahr in den in § 10 Abs. 1 Nr. 2, 3, 4 und 10 ArbZG genannten Einrichtungen auf bis zu **mindestens zehn Sonntage** möglich. Von der Ausnahme erfasst sind damit Einrichtungen zur Aufrechterhaltung der öffentlichen Sicherheit und Ordnung (→ ArbZG § 10 Rn. 10) sowie der Funktionsfähigkeit von Gerichten und Behörden und für Zwecke der Verteidigung. Ebenso gilt sie für Krankenhäuser und andere Einrichtungen zur Behandlung, Pflege und Betreuung von Personen (→ ArbZG § 10 Rn. 11), Gaststätten und andere Einrichtungen zur Bewirtung und Beherbergung und Haushalte (→ ArbZG § 10 Rn. 14 f.). Schließlich unterfallen § 12 S. 1 Nr. 1 ArbZG auch Verkehrsbetriebe (→ ArbZG § 10 Rn. 24) und Tätigkeiten beim Transport und Kommissionieren von leichtverderblichen Waren im Sinne des § 30 Abs. 3 Nr. 2 der StVO (→ ArbZG § 10 Rn. 26).

10 Darüber hinaus erlaubt § 12 S. 1 Nr. 1 ArbZG die tarifliche bzw. betriebliche Verringerung der Anzahl der arbeitsfreien Sonntage auf **mindestens acht Sonntage** im Jahr im Rundfunk (→ ArbZG § 5 Rn. 28; → ArbZG § 10 Rn. 19), in Theaterbetrieben, Orchestern sowie bei Schaustellungen (→ ArbZG § 10 Rn. 16).

11 Schließlich kann die Zahl der jährlichen arbeitsfreien Sonntage auf **mindestens sechs Sonntage** in Filmtheatern (→ ArbZG § 10 Rn. 16) und in der Tierhaltung (→ ArbZG § 5 Rn. 32, → ArbZG § 10 Rn. 27) verringert werden. Es ist zu diskutieren, ob damit die Grenzen, die das Gesetz, das wegen der grundrechtlichen Schutzpflichten zur Geltung bringen muss,[16] dem tarifdispositiven Recht setzen darf, überschritten sind. In der Diskussion zu § 14 Abs. 2 TzBfG ist eine Verdopplung (hier natürlich Halbierung) als Schutzgrenze ins Spiel gebracht worden.[17]

12 Ob für die Inanspruchnahme der Ausnahmeregelung ein besonderer **branchen- oder bereichsspezifischer sachlicher Grund** erforderlich ist, ist umstritten. Diesbezüglich wird vertreten, dass für eine Abweichung stets nachvollziehbare Kriterien vorhanden sein müssen, die aus Sicht der jeweiligen Bereiche bzw. Branchen eine Abweichung von den Vorgaben zur Sonn- und Feiertagsruhe notwendig machen. Dies gelte insbesondere deshalb, weil § 11 Abs. 1 ArbZG arbeitnehmer- und nicht betriebsbezogen sei. Eine Gewährleistung der Sonn- und Feiertagsruhe könne der Arbeitgeber durch einen Austausch der Arbeitnehmer oder eine entsprechende Arbeitszeitgestaltung sicherstellen.[18]

13 Hiergegen wird vom Schrifttum mehrheitlich eingewandt, dass es für die Verringerung der Zahl der arbeitsfreien Sonntage stets eines Tarifvertrages oder einer Betriebsvereinbarung als rechtlicher Grundlage bedarf und hierdurch sichergestellt sei, dass eine solche nicht ohne sachlichen Grund erfolgt.[19] Dem ist zwar grundsätzlich zuzustimmen, jedoch sollte hinsichtlich der Begründung vom Wortlaut der gesetzlichen Regelung ausgegangen werden, der keine von der Gegenauffassung angenommene Anwendungsbeschränkung enthält. Hätte der Gesetzgeber eine solche gewollt, hätte er, wie in anderen Fällen, betriebliche Gründe als Voraussetzung für eine Inanspruchnahme der Ausnahme vorsehen können (vgl. zB § 7 Abs. 5 und 6 ArbZG). Dass er dies jedoch gerade nicht getan hat, spricht dafür, dass es für die Anwendung der Ausnahmen nach § 12 S. 1 Nr. 1 ArbZG nicht der Erfüllung weiterer Bedingungen, insbesondere nicht des Vorliegens eines bereichsspezifischen Grundes, bedarf. Allerdings bedeutet dieser Umstand **nicht**, dass deren Inanspruchnahme **völlig grundlos** erfolgen kann. Vielmehr ist insoweit der gesundheitsschützende Grundgedanke des ArbZG zu berücksichtigen. Die Verringerung der Zahl der arbeitsfreien Sonntage bedarf daher wegen der damit verbundenen Gesundheitsbelastung grundsätzlich der sachlichen Rechtfertigung. Insoweit ist zwischen dem Grund für die zahlenmäßige Verringerung der arbeitsfreien Sonntage

---

15 Schliemann ArbZG § 12 Rn. 6; HK-ArbZR/Schaumberg ArbZG § 12 Rn. 6. **16** D. Ulber, Tarifdispositives Gesetzesrecht, S. 585; D. Ulber in: Däubler TVG Einl. Rn. 477. **17** Francken NZA 2013, 122 (125); KR/Lipke TzBfG § 14 Rn. 602 f.; der 7. Senat will bis an die Grenze des Rechtsmissbrauchs gehen: BAG 26.10.2016 – 7 AZR 140/15, NZA 2017, 463; das ist für den Arbeitszeitschutz keine passende Grenze. **18** Buschmann/Ulber ArbZG § 12 Rn. 4. **19** Baeck/Deutsch ArbZG § 12 Rn. 11; wohl auch HK-ArbSchR/Schaumberg ArbZG § 12 Rn. 2.

und der Notwendigkeit und dem Umfang der Abweichung von den Vorgaben des § 11 Abs. 1 ArbZG abzuwägen. In der Regel erfolgt eine solche Konkretisierung nicht allein durch den Tarifvertrag, sondern auf einer zweiten Stufe durch eine Betriebsvereinbarung. Diese ist nach allgemeinen Grundsätzen an § 75 BetrVG zu messen, so dass insoweit eine Rechtskontrolle verbleibt.

b) Wegfall von Ersatzruhetagen und Festlegung eines Ausgleichszeitraums (S. 1 Nr. 2). Nach der ersten Alternative der Nr. 2 kann in einem Tarifvertrag oder einer Betriebsvereinbarung auf der Grundlage eines solchen der **Wegfall von Ersatzruhetagen für Feiertage** vereinbart werden, die auf einen Werktag fallen. Da die Regelung nur für Feiertage gilt, kann in diesen ein Wegfall nicht für Arbeiten vorgesehen werden, die an feststehenden Sonntagsfeiertagen (zB Ostersonntag) geleistet werden. Auch wenn ein beweglicher Feiertag, wie etwa der 1. Mai, auf einen Sonntag fallen sollte, kann der hierfür zu gewährende Ersatzruhetag nicht durch eine tarifvertragliche oder betriebliche Regelung entfallen.[20] Da die gesetzliche Regelung insoweit keinerlei Beschränkungen hinsichtlich der Anzahl der Ersatzruhetage enthält, sind die Tarifvertrags- bzw. Betriebsparteien frei in der Entscheidung, in welchem Umfang Ersatzruhetage entfallen sollen. Allerdings haben sie hierbei den Gesundheitsschutz der Arbeitnehmer zu berücksichtigen. Insoweit dürfte ein generelles ersatzloses Entfallen von Ruhetagen nur ausnahmsweise in Betracht kommen.[21] In der Gerichtspraxis sind die Streichungen bisher keine präzisen Grenzen gesetzt worden.[22]

Die zweite Alternative der Nr. 2 ermöglicht in Tarifverträgen und Betriebsvereinbarungen eine von § 11 Abs. 3 ArbZG **abweichende Festlegung des Ausgleichszeitraums** für Ersatzruhetage. Dies ist in der Praxis vor allem für Kampagne- und Saisonbetriebe von Bedeutung.[23] Nach dieser Regelung ist Arbeitnehmern, die an einem Sonntag beschäftigt werden, innerhalb des Beschäftigungstag einschließlich eines Zeitraums von zwei Wochen ein Ersatzruhetag zu gewähren. Bei einer Beschäftigung an einem auf einen Werktag fallenden Feiertag beträgt der Ausgleichszeitraum acht Wochen. Die hiervon abweichenden tarifvertraglichen bzw. betrieblichen Regelungen können die Ausgleichszeiträume sowohl **verkürzen** als auch **verlängern**.[24] Wie beim Wegfall von Ersatzruhetagen enthält das Gesetz auch bei der Gestaltung der Ausgleichszeiträume keine Begrenzung, so dass die Gerichtspraxis den kollektiven Akteuren einen weiten Ermessenspielraum zubilligt, der bis hin zu einer problematischen Entscheidung bis auf ein Jahr erstreckt werden kann.[25] Das nach der hier nicht unmittelbar anwendbaren Wertung von Art. 19 der RL 2003/88/EG nicht unproblematisch, denn die Tarifvertragsparteien haben auch den **Grundsatz des Gesundheitsschutzes durch einen zeitnahen Belastungsausgleich** der Arbeitnehmer zu beachten.[26] Deshalb muss das Gesetz den Tarifvertragsparteien eine Grenze setzen[27]; angesichts der bisherigen verfehlten Untätigkeit der Gesetzgebung muss das Richterrecht Grenzen setzen[28] – hier für den Ausgleichszeitraum. In jedem Fall ist jedoch im Tarifvertrag ein zeitlich fixierter Ausgleichszeitraum festzulegen; wenn ein solcher Zeitraum fehlt, ist der Tarifvertrag insoweit unwirksam.[29]

c) Abweichende Regelungen für die Seeschifffahrt (S. 1 Nr. 3). Nach § 18 Abs. 3 ArbZG gelten die Regelungen des ArbZG nicht für Arbeitnehmer als Besatzungsmitglieder auf Kauffahrteischiffen einschließlich der Küsten- und Hochseefischerei.[30] Diese unterfallen auch arbeitszeitrechtlich seit 2013 ausschließlich dem Seearbeitsgesetz[31]

---

[20] Einhellige Auffassung: Baeck/Deutsch ArbZG § 12 Rn. 13, Neumann/Biebl ArbZG § 12 Rn. 5; HK-ArbZR/Schaumberg ArbZG § 12 Rn. 8; Schliemann ArbZG § 12 Rn. 11. [21] Vgl. hierzu Buschmann/Ulber ArbZG § 12 Rn. 5; Anzinger/Koberski ArbZG § 12 Rn. 15. [22] LAG Köln 5.5.2006 – 11 Sa 714/04, ZTR 2007, 253. [23] Zur Zuckerrübenkampagne beispielhaft Anzinger/Koberski ArbZG § 12 Rn. 20. [24] Baeck/Deutsch ArbZG § 12 Rn. 13; Schliemann ArbZG § 12 Rn. 12; Neumann/Biebl ArbZG § 12 Rn. 6. [25] BAG 23.3.2006 – 6 AZR 497/05, EzA § 12 ArbZG Nr. 1. [26] Buschmann/Ulber ArbZG § 12 Rn. 6; vgl. Neumann/Biebl ArbZG § 12 Rn. 6 und Kohte in: FS Buschmann, 2013, S. 71, 73. [27] Dazu Kohte in: FS Bepler, S. 287, 298. [28] Methodische Parallelwertung, zuletzt BAG 26.10.2016 – 7 AZR 140/15, NZA 2017, 463, die allerdings im Arbeitszeitschutz strenger sein muss. [29] Anzinger/Koberski ArbZG § 12 Rn. 15. [30] BT-Drs. 17/10959, 60. [31] BGBl. 2013 I 868 ff.; dazu Maul-Sartori NZA 2013, 821 ff.

und werden daher von den Regelungen des § 11 Abs. 1–3 ArbZG ohnehin nicht erfasst (→ ArbZG § 18 Rn. 23). Von § 11 ArbZG erfasst ist dagegen die **Beschäftigung auf Schiffen, die nicht dem SeeArbG unterliegen**. Dazu gehören zB die Küstenwache, Rettungsschiffe sowie die Forschungsschiffe des Bundes.[32]

17 Von § 11 Abs. 1–3 ArbZG abweichende Regelungen sind durch Tarifvertrag bzw. Betriebsvereinbarung nur insoweit möglich, als die nach diesen Vorschriften zu gewährenden **freien Tage zusammenhängend gewährt** werden können. Daher können die in § 11 Abs. 1 ArbZG festgelegten 15 arbeitsfreien Sonntage nur zusammengefasst werden. Eine Verringerung ihrer Zahl ist nicht zulässig.[33] Gleiches gilt für die nach § 11 Abs. 3 ArbZG zu gewährenden Ersatzruhetage. Für diese setzt die Anwendung der Vorschrift zudem zwingend eine Verlängerung der Ausgleichszeiträume voraus,[34] andernfalls eine Zusammenfassung der Tage nur innerhalb des sich an den ersten Sonn- bzw. Feiertag, an dem gearbeitet wird, anschließenden Zeitraumes von zwei bzw. acht Wochen möglich wäre. Für eine solche Einschränkung des Anwendungsbereiches der Norm enthält jedoch weder deren Wortlaut noch die Gesetzesbegründung Anhaltspunkte. Ebenso müssen die Ersatzruhetage in das folgende Kalenderjahr übertragen werden können. Dies gilt nicht für die arbeitsfreien Sonntage nach § 11 Abs. 1 ArbZG.

18 **d) Verlängerung der Arbeitszeit in vollkontinuierlichen Schichtbetrieben (S. 1 Nr. 4).** § 12 S. 1 Nr. 4 ArbZG gestattet in vollkontinuierlichen Schichtbetrieben durch Tarifvertrag bzw. Betriebsvereinbarung die Verlängerung der Arbeitszeit an Sonn- und Feiertagen auf bis zu zwölf Stunden, wenn dadurch für die Arbeitnehmer zusätzliche freie Schichten an Sonn- und Feiertagen erreicht werden.[35] Die Vorschrift erfasst nur **vollkontinuierlich arbeitende Schichtbetriebe**. Hierzu zählen nur Betriebe mit einer Betriebslaufzeit von 168 Stunden in der Woche, die mindestens im Dreischichtrhythmus arbeiten.[36] Betriebe, die Schichtsysteme mit geringerer Betriebslaufzeit oder weniger Schichten praktizieren, können sich nicht auf die Ausnahme nach Nr. 4 berufen.[37] Weder können sie entsprechende tarifliche Regelungen direkt in Anspruch nehmen, noch können in ihnen solche Betriebsvereinbarungen abgeschlossen werden. Bei der Beurteilung der Betriebslaufzeit bleiben technisch oder betriebsorganisatorisch bedingte Zeiten der Betriebsruhe, wie Produktionsausfälle durch technische Störungen oder Materialmangel oder eine Betriebsschließung aufgrund von Betriebsferien, unberücksichtigt.[38] Ausreichend für die Anwendbarkeit von Nr. 4 ist vielmehr, dass das Organisationskonzept des Betriebes grundsätzlich eine vollkontinuierliche Arbeitsweise vorsieht.

19 Die Inanspruchnahme von § 12 S. 1 Nr. 4 setzt nicht voraus, dass im gesamten Betrieb ein vollkontinuierliches Schichtsystem praktiziert wird. Ausreichend hierfür ist vielmehr, dass ein solches in **Betriebsteilen, einzelnen Abteilungen** oder bei **Gruppen von Arbeitnehmern** zur Anwendung kommt. Ist dies der Fall, erfasst die Ausnahmeregelung allerdings nur die Bereiche, in denen vollkontinuierlich gearbeitet wird. In allen anderen Betriebsteilen ist eine Arbeitszeitverlängerung an Sonn- und Feiertagen auf bis zu zwölf Stunden dagegen nicht möglich.[39]

20 Schließlich setzt die Vorschrift voraus, dass die Arbeitnehmer durch die verlängerte Arbeitszeit an Sonn- bzw. Feiertagen **zusätzliche Freischichten** an Sonn- und Feiertagen erlangen können. Insoweit hat der Gesetzgeber durch den Wortlaut der Regelung ausdrücklich klargestellt, dass hierfür die sich bereits bei nicht verlängerter Arbeitszeit gesetzlich ergebenden Freischichten nicht ausreichen. Vielmehr müssen für die betreffen-

---

[32] BT-Drs. 12/5888, 30; Schliemann ArbZG § 18 Rn. 13; ErfK/Wank ArbZG § 12 Rn. 4; Baeck/Deutsch ArbZG § 12 Rn. 15, allerdings unter Bezugnahme auf das nicht mehr geltende Seemannsgesetz. [33] Allgemeine Auffassung: Neumann/Biebl ArbZG § 12 Rn. 8; Baeck/Deutsch ArbZG § 11 Rn. 15. [34] Vgl. auch Baeck/Deutsch ArbZG § 11 Rn. 15; Roggendorff ArbZG § 12 Rn. 12. [35] Zur Historie vgl. Anzinger/Koberski ArbZG § 12 Rn. 24. [36] Buschmann/Ulber ArbZG § 12 Rn. 9; Baeck/Deutsch ArbZG § 12 Rn. 17. [37] Anzinger/Koberski ArbZG § 12 Rn. 25. [38] Baeck/Deutsch ArbZG § 12 Rn. 17; Schliemann ArbZG § 12 Rn. 15; Roggendorff ArbZG § 12 Rn. 13. [39] Baeck/Deutsch ArbZG § 12 Rn. 17; Roggendorff ArbZG § 12 Rn. 13.

den Arbeitnehmer weitere Freischichten an Sonn- und Feiertagen entstehen,[40] denn § 12 S. 1 Nr. 4 ArbZG ermöglicht insgesamt keine Arbeitszeitverlängerung, sondern nur eine andere Arbeitszeitverteilung.[41]

e) Reichweite der Ausnahmeregelungen. Die Tarifvertrags- und Betriebsparteien müssen den ihnen durch § 12 S. 1 ArbZG eröffneten Regelungsspielraum **nicht voll auszuschöpfen**. Vielmehr können sie den Umfang der danach zulässigen Abweichungen von § 11 ArbZG auch begrenzen. So können sie beispielsweise die Mindestzahl der arbeitsfreien Sonntage in Einrichtungen nach § 10 Abs. 1 Nr. 2, 3, 4 und 10 ArbZG auch auf zwölf festlegen und den Wegfall von Ersatzruhetagen für Arbeiten an einem auf einen Werktag fallenden Feiertag auf bestimmte Feiertage begrenzen. Auch die vom Gesetz nach § 12 S. 1 Nr. 4 ArbZG zugelassene Dauer der Arbeitszeitverlängerung an Sonn- und Feiertagen muss nicht ausgeschöpft werden. Vielmehr ist bis zur Grenze von zwölf Stunden jede Verlängerung zulässig. 21

Ein tarifvertraglich bezüglich der Abweichungen von § 11 ArbZG vorgegebener Regelungsrahmen ist für die Betriebsparteien bzw. den Arbeitgeber bindend. Gleiches gilt für den Arbeitgeber bezüglich entsprechender Regelungen in einer Betriebsvereinbarung. Vor dem Hintergrund der von den Abweichungen in den jeweiligen Bereichen für die Arbeitnehmer ausgehenden gesundheitlichen Belastungen sind zudem sowohl die kollektiven Akteure als auch der Arbeitgeber in Anbetracht des Zwecks des Arbeitszeitrechts (§ 1 Nr. 1 ArbZG) gehalten, die Abweichungsmöglichkeiten und deren Inanspruchnahme auf ein für die Sicherstellung der betrieblichen Abläufe **unbedingt notwendiges Mindestmaß** zu beschränken. 22

3. Verweis auf § 7 Abs. 3–6 (S. 2) ArbZG. § 12 S. 2 ArbZG verweist auf die Vorschriften des § 7 Abs. 3–6 ArbZG. Insoweit gelten für die Erweiterung des sachlichen Anwendungsbereiches der durch die Vorschrift zugelassenen Abweichungen von § 11 ArbZG die gleichen Sonderregelungen wie für eine Arbeitszeitverlängerung nach § 7 ArbZG. Darüber hinaus besteht auch bei diesen die Möglichkeit behördlicher Genehmigungen von Abweichungen bzw. des Erlasses einer entsprechenden Rechtsverordnung durch die Bundesregierung. Dagegen verweist § 12 ArbZG nicht auf § 7 Abs. 2 a ArbZG, so dass **opt-out-Regelungen** nicht auf § 12 ArbZG gestützt werden können.[42] 23

a) § 7 Abs. 3 ArbZG. Durch die Inbezugnahme von § 7 Abs. 3 ArbZG ermöglicht § 12 S. 2 ArbZG die Übernahme von tarifvertraglich vereinbarten Abweichungen von § 11 ArbZG durch **nicht tarifgebundene Betriebe** im Rahmen von Betriebs- bzw. Dienstvereinbarungen. Dies gilt allerdings nur für Betriebe, die im Falle einer Tarifbindung dem räumlichen und fachlichen Geltungsbereich des jeweiligen Tarifvertrages unterfallen würden. Nur in diesem Fall stellt die tarifliche Regelung auch für diese Betriebe in Bezug auf von den Vorgaben des § 11 ArbZG abweichende Vorschriften eine sachgerechte Regelung auf. 24

In Betrieben im sachlichen und räumlichen Geltungsbereich eines Tarifvertrages nach § 12 S. 1 ArbZG, in denen **keine betriebliche Interessenvertretung** besteht, können von § 11 ArbZG abweichende tarifliche Regelungen auch zwischen Arbeitgebern und Arbeitnehmern individualvertraglich vereinbart werden. Dabei legt § 7 Abs. 3 S. 1 ArbZG allerdings fest, dass solche Vereinbarungen zwischen den Arbeitsvertragsparteien schriftlich getroffen werden müssen. Entsprechende mündliche Absprachen sind wegen des Verstoßes gegen das Schriftformgebot des § 126 BGB unwirksam. 25

Inhaltlich sind sowohl die Betriebs- als auch die Arbeitsvertragsparteien bei ihren Vereinbarungen an die Vorgaben der jeweils von § 11 ArbZG abweichenden **tariflichen Regelungen gebunden**. Trotz fehlender Tarifbindung dürfen entsprechende Betriebsvereinbarungen bzw. arbeitsvertragliche Absprachen nicht über die **Grenzen des betreffenden Tarifvertrages** hinausgehen. Daher kann die Nutzung der Regelungsbefugnis durch 26

---

40 Buschmann/Ulber ArbZG § 12 Rn. 10; ErfK/Wank ArbZG § 12 Rn. 5. **41** HK-ArbZR/Schaumberg ArbZG § 12 Rn. 13; HWK/Gäntgen ArbZG § 12 Rn. 8. **42** Buschmann/Ulber ArbZG § 12 Rn. 12; Schliemann ArbZG § 12 Rn. 17; vgl. BAG 17.12. 2009 – 6 AZR 729/08, ZTR 2010, 192.

die jeweiligen Akteure für die Arbeitnehmer nicht zu einer schlechteren Lage bezüglich der Abweichungen von § 11 ArbZG führen, als sie im Tarifvertrag enthalten ist. Für die Arbeitnehmer günstigere Vereinbarungen in Betriebsvereinbarungen oder Individualverträgen bleiben dagegen möglich.[43]

27 Trifft der **fragliche Tarifvertrag keine hinreichenden inhaltlichen Regelungen** zu § 11 ArbZG, sondern enthält lediglich eine Delegierung der Regelungsbefugnis, kann der nicht tarifgebundene Arbeitgeber eine entsprechende Vereinbarung weder auf betrieblicher noch auf individualvertraglicher Ebene treffen.[44] Der Tarifvertrag kann auch keine Blankettermächtigung für die Betriebsparteien vorsehen, sondern ist als Normsetzer gehalten, diesen einen hinreichend bestimmten Rahmen zu setzen.[45] Zu Recht wird daher die pauschale Ermächtigung der Betriebsparteien durch § 6 Abs. 4 TVöD/TV-L in der Literatur kritisiert.[46]

28 b) **§ 7 Abs. 4 ArbZG.** Der Verweis von § 12 S. 2 ArbZG auf § 7 Abs. 4 ArbZG erlaubt von § 11 ArbZG abweichende Arbeitszeitregelungen im Zuständigkeitsbereich der **Kirchen und öffentlich-rechtlichen Religionsgemeinschaften.** Insoweit erfasst werden nicht nur deren originäre Einrichtungen, sondern auch Einrichtungen im Bereich der Caritas bzw. Diakonie.[47] Die ausdrückliche Gleichstellung von Kollektivvereinbarungen in diesen Bereichen mit Tarifverträgen ist notwendig, da in der kirchlichen Arbeitswelt in aller Regel keine Tarifverträge abgeschlossen werden, sondern die Kirchen insoweit Vereinbarungen eigener Art treffen (sog Dritter Weg).[48] Ohne die Einbeziehung von § 7 Abs. 4 ArbZG in die Verweisung wären kirchliche Arbeitsverhältnisse daher vom Anwendungsbereich des § 12 S. 1 ArbZG generell ausgeschlossen. Angesichts einer ausgedehnten Betätigung der Kirchen und Religionsgemeinschaften gerade im Gesundheits- und Pflegebereich erschien es nahe liegend, sie in § 12 ArbZG einzubeziehen (vgl. § 12 S. 1 Nr. 1 ArbZG iVm § 10 Abs. 1 Nr. 3 ArbZG).

29 **Inhaltlich** dürfen die Abweichungen in kirchlichen Regelungen von § 11 ArbZG einerseits nicht über die Vorgaben des § 12 S. 1 ArbZG hinausgehen. Der das Arbeitszeitrecht prägende, aus Art. 2 Abs. 2 GG abgeleitete Gedanke des Gesundheitsschutzes rechtfertigt diese Einschränkung des ebenfalls verfassungsrechtlich geschützten kirchlichen Selbstorganisationsrechts. Andererseits sind auch die Parteien kirchlicher Kollektivvereinbarungen nicht gezwungen, den ihnen eingeräumten gesetzlichen Regelungsspielraum vollständig wahrzunehmen. Vielmehr können sie im Rahmen ihrer Vereinbarung hinter den in § 12 S. 1 ArbZG enthaltenen Obergrenzen zurückbleiben. In jedem Fall sind auch sie verpflichtet, bei den von ihnen zu treffenden Vereinbarungen den gesundheitsschützenden Zweck des ArbZG zu beachten. Dies berücksichtigend dürfen abweichende Regelungen inhaltlich nur so weit reichen, wie dies zur Sicherstellung der Arbeitsabläufe in den Einrichtungen erforderlich ist.

30 c) **§ 7 Abs. 5 ArbZG.** Für Bereiche, in denen tarifliche Regelungen üblicherweise nicht getroffen werden, gestattet § 12 S. 2 ArbZG durch den Verweis auf § 7 Abs. 5 ArbZG abweichende Regeln von S. 1 durch die **Bewilligung der jeweils zuständigen Aufsichtsbehörde.** Voraussetzung hierfür ist, dass die Abweichung wegen betrieblicher Gründe erforderlich ist und die Gesundheit der Arbeitnehmer durch sie nicht gefährdet wird. In den **sachlichen Anwendungsbereich** der Regelung fallen Tätigkeitsfelder, in denen der Abschluss von Tarifverträgen traditionell die Ausnahme bildet. Hierzu gehören vor allem Dienstleistungsbranchen wie Rechtsanwälte, Notare, Steuerberater, Makler und Wirtschaftsprüfer. Darüber hinaus erfasst sie auch die Tarifvertragsparteien selbst, also Gewerkschaften und Arbeitgeberverbände sowie deren Spitzenorganisationen.[49] Diese

---

[43] Wie hier Baeck/Deutsch ArbZG § 12 Rn. 21. [44] So auch Buschmann/Ulber ArbZG § 12 Rn. 14; aA Neumann/Biebl ArbZG § 7 Rn. 43. [45] Buschmann/Ulber ArbZG § 12 Rn. 11; D. Ulber in: Däubler TVG Einl. Rn. 480. [46] Burger TVöD/TV-L, 2. Aufl. 2012, § 6 Rn. 56. [47] Anzinger/Koberski ArbZG § 12 Rn. 34; Baeck/Deutsch ArbZG § 11 Rn. 22; aA Buschmann/Ulber ArbZG § 12 Rn. 10. [48] Vgl. Thüsing, S. 114 ff.; Nebe in: Däubler TVG § 1 Rn. 282 f.; KeZa/Kempen Grundl. Rn. 250. Generell zum „Dritten Weg" BAG 20.11.2012 – 1 AZR 179/11, NZA 2013, 448; vgl. ErfK/Schmidt GG Art. 4 Rn. 52. [49] Weitere Beispiele bei Baeck/Deutsch ArbZG § 12 Rn. 24.

Möglichkeit spielt bereits im Rahmen von § 7 ArbZG keine relevante Rolle; solche Bewilligungen im Rahmen von § 12 ArbZG sind ohne größere Bedeutung, so dass auf die Kommentierung zu § 7 Abs. 5 ArbZG (→ ArbZG § 7 Rn. 84 f.) verwiesen werden kann.

d) § 7 Abs. 6 ArbZG. Schließlich eröffnet § 12 S. 1 ArbZG über § 7 Abs. 6 ArbZG 31 noch die Möglichkeit, Abweichungen von § 11 ArbZG durch eine **Rechtsverordnung der Bundesregierung** unter Zustimmung des Bundesrates zuzulassen. Auch die Inanspruchnahme dieser Ausnahme setzt das Vorliegen betrieblicher Gründe voraus und ist zudem daran geknüpft, dass die Gesundheit der Arbeitnehmer nicht gefährdet wird.[50] Eine solche Rechtsverordnung ist bis heute nicht erlassen worden.

III. Mitbestimmung des Betriebsrates

Soweit betriebliche Abweichungen von § 11 ArbZG zulässig sind, besteht ein Mitbe- 32 stimmungsrecht des Betriebsrates nach § 87 Abs. 1 Abs. 2 BetrVG (→ ArbZG § 11 Rn. 24). Insoweit haben Arbeitgeber und Betriebsrat die Anzahl der arbeitsfreien Sonntage, die Zahl der zusammenhängend zu gewährenden freien Tage, den Wegfall von Ersatzruhetagen für Feiertagsarbeit, die Arbeitszeitverlängerung an Sonn- und Feiertagen sowie die Lage der zusätzlichen Freischichten einvernehmlich festzulegen. Kommt keine Einigung zwischen ihnen zustande, entscheidet über die streitige Regelung nach § 87 Abs. 2 BetrVG die Einigungsstelle.

IV. Verstöße

Verstöße gegen § 12 ArbZG liegen vor, wenn Arbeitgeber die nach der Vorschrift er- 33 laubten Grenzen der Abweichungen von § 11 ArbZG überschreiten. In solchen Fällen handeln sie **ordnungswidrig** nach § 22 Abs. 1 Nr. 6 ArbZG, wenn sie vorsätzlich oder fahrlässig die entsprechende Zahl an arbeitsfreien Sonntagen oder die verbleibenden Ersatzruhetage für nicht arbeitsfreie Feiertage nicht oder nicht rechtzeitig gewähren (→ ArbZG § 22 Rn. 12). Über die §§ 3, 6 Abs. 2 ArbZG stellen auch Verstöße gegen die Grenzen der Abweichungen von § 11 Abs. 2 ArbZG Ordnungswidrigkeiten nach § 22 Abs. 1 Nr. 1 ArbZG dar. Arbeitnehmer, die an rechtswidrig festgesetzten Arbeitstagen, die dem Sonn- oder Feiertagsrecht unterliegen, nicht arbeiten, begehen keine Pflichtverletzung und können aus diesem Grund weder abgemahnt noch gekündigt werden.[51]

Werden die Verstöße vorsätzlich begangen und durch diese die Gesundheit oder die Ar- 34 beitskraft der Arbeitnehmer gefährdet, macht sich der Arbeitgeber nach § 23 Abs. 1 Nr. 1 ArbZG **strafbar**. Gleiches gilt, wenn er die Verstöße beharrlich wiederholt (§ 23 Abs. 1 Nr. 2 ArbZG).

§ 13 ArbZG Ermächtigung, Anordnung, Bewilligung

(1) Die Bundesregierung kann durch Rechtsverordnung mit Zustimmung des Bundesrates zur Vermeidung erheblicher Schäden unter Berücksichtigung des Schutzes der Arbeitnehmer und der Sonn- und Feiertagsruhe
1. die Bereiche mit Sonn- und Feiertagsbeschäftigung nach § 10 sowie die dort zugelassenen Arbeiten näher bestimmen,
2. über die Ausnahmen nach § 10 hinaus weitere Ausnahmen abweichend von § 9
    a) für Betriebe, in denen die Beschäftigung von Arbeitnehmern an Sonn- oder Feiertagen zur Befriedigung täglicher oder an diesen Tagen besonders hervortretender Bedürfnisse der Bevölkerung erforderlich ist,
    b) für Betriebe, in denen Arbeiten vorkommen, deren Unterbrechung oder Aufschub

---

[50] Die Regelung des § 7 Abs. 6 ArbZG wird überwiegend für verfassungsgemäß gehalten (→ ArbZG § 7 Rn. 86). [51] Vgl. zur individualrechtlichen Dimension des § 12 ArbZG Anzinger/Koberski ArbZG § 12 Rn. 40.

aa) nach dem Stand der Technik ihrer Art nach nicht oder nur mit erheblichen Schwierigkeiten möglich ist,
bb) besondere Gefahren für Leben oder Gesundheit der Arbeitnehmer zur Folge hätte,
cc) zu erheblichen Belastungen der Umwelt oder der Energie- oder Wasserversorgung führen würde,
c) aus Gründen des Gemeinwohls, insbesondere auch zur Sicherung der Beschäftigung,

zulassen und die zum Schutz der Arbeitnehmer und der Sonn- und Feiertagsruhe notwendigen Bedingungen bestimmen.

(2) ¹Soweit die Bundesregierung von der Ermächtigung des Absatzes 1 Nr. 2 Buchstabe a keinen Gebrauch gemacht hat, können die Landesregierungen durch Rechtsverordnung entsprechende Bestimmungen erlassen. ²Die Landesregierungen können diese Ermächtigung durch Rechtsverordnung auf oberste Landesbehörden übertragen.

(3) Die Aufsichtsbehörde kann
1. feststellen, ob eine Beschäftigung nach § 10 zulässig ist,
2. abweichend von § 9 bewilligen, Arbeitnehmer zu beschäftigen
   a) im Handelsgewerbe an bis zu zehn Sonn- und Feiertagen im Jahr, an denen besondere Verhältnisse einen erweiterten Geschäftsverkehr erforderlich machen,
   b) an bis zu fünf Sonn- und Feiertagen im Jahr, wenn besondere Verhältnisse zur Verhütung eines unverhältnismäßigen Schadens dies erfordern,
   c) an einem Sonntag im Jahr zur Durchführung einer gesetzlich vorgeschriebenen Inventur,

und Anordnungen über die Beschäftigungszeit unter Berücksichtigung der für den öffentlichen Gottesdienst bestimmten Zeit treffen.

(4) Die Aufsichtsbehörde soll abweichend von § 9 bewilligen, daß Arbeitnehmer an Sonn- und Feiertagen mit Arbeiten beschäftigt werden, die aus chemischen, biologischen, technischen oder physikalischen Gründen einen ununterbrochenen Fortgang auch an Sonn- und Feiertagen erfordern.

(5) Die Aufsichtsbehörde hat abweichend von § 9 die Beschäftigung von Arbeitnehmern an Sonn- und Feiertagen zu bewilligen, wenn bei einer weitgehenden Ausnutzung der gesetzlich zulässigen wöchentlichen Betriebszeiten und bei längeren Betriebszeiten im Ausland die Konkurrenzfähigkeit unzumutbar beeinträchtigt ist und durch die Genehmigung von Sonn- und Feiertagsarbeit die Beschäftigung gesichert werden kann.

Literatur: *Anzinger*, Neues Arbeitszeitgesetz in Kraft getreten, BB 1994, 1492; *Dobberahn*, Das neue Arbeitszeitgesetz in der Praxis, 1996; *Dommermuth-Alhäuser*, Sonntagsarbeit im Streik, NZA 2016, 522; *Erasmy*, Ausgewählte Rechtsfragen zum neuen Arbeitszeitrecht (II), NZA 1995, 97; *Greiner*, Institutioneller Schutz und individueller Freiraum – Die Novellierung der Sonn- und Feiertagsarbeit nach dem Urteil des BVerwG vom 26.11.2014, ZfA 2015, 469; *Junker*, Brennpunkte des Arbeitszeitgesetzes, ZfA 1998, 105; *Knauff*, Sonntagsruhe zwischen Verfassungsgebot und Kommerzialisierung, GewArch 2016, 217 u. 272; *Kohte*, Der Beitrag der Betriebsverfassung zur Realisierung des Arbeitszeitrechts, in: FS für Hellmut Wißmann, 2005, S. 331; *Kuhr*, Die Sonntagsruhe im Arbeitszeitgesetz aus verfassungsrechtlicher Sicht, DB 1994, 2186; *Preis/Ulber*, Direktionsrecht und Sonntagsarbeit, NZA 2010, 729; *Richardi/Annuß*, Bedarfsgewerbeverordnungen: Sonn- und Feiertagsarbeit ohne Grenzen?, NZA 1999, 953; *dies.*, Sonn- und Feiertagsarbeit unter der Geltung des Arbeitszeitgesetzes, 1999; *Rose*, Die uneingeschränkte Erlaubnis der Sonn- und Feiertagsarbeit nach § 13 Abs. 5 ArbZG, DB 2000, 1662; *Rozek*, Immer wieder sonntags?, AuR 2010, 148; *Strobach*, Schutz des Verkaufspersonals vor verkaufsoffenen Sonntagen, AiB 2000, 275; *Wiebauer*, Sonntagsarbeit und Bedürfnisse der Bevölkerung, NVwZ 2015, 543.

Leitentscheidungen: BVerwG 17.12.1998 – 1 CN 1/98, BVerwGE 108, 182; BVerwG 19.9.2000 – 1 C 17/99, BVerwGE 112, 51; BVerwG 26.11.2014 – 6 CN 1.13, BVerwGE 150, 327; OVG Münster 10.4.2000 – 4 A 756/97, DB 2000, 1671; VGH Kassel 12.9.2013 – 8 C 1776/12.N, GewArch 2014, 35; OVG Bautzen 11.12.2015 – 3 B 369/15; OVG Münster 18.12.2015 – 4 B 1463/15, GewArch 2016, 157; OVG Münster 18.12.2015 – 4 B 1465/15;

BayVGH 18.12.2015 – 22 CS 15.2716, GewArch 2016, 121; BayVGH 8.12.2016 – 22 ZB 16.1180, BayVBl. 2017, 563; VG Meiningen 5.11.2012 – 2 E 423/12 Me.

I. Entstehungsgeschichte, Rechtssystematik und Normzweck	1	ArbZG und Bewilligung weiterer Abweichungen von § 9 ArbZG (Abs. 3)	29
II. Verordnungsermächtigung für die Bundesregierung (Abs. 1)	3	1. Feststellung der Zulässigkeit der Beschäftigung (Abs. 3 Nr. 1)	30
1. Allgemeine Voraussetzungen	3	2. Bewilligung von Sonn- und Feiertagsarbeit (Abs. 3 Nr. 2)	34
2. Konkretisierung der Bereiche der Sonn- und Feiertagsarbeiten (Abs. 1 Nr. 1)	7	a) Ausnahmen im Handelsgewerbe (Nr. 2 lit. a)	35
3. Zulassung weiterer Ausnahmen von der Sonn- und Feiertagsruhe (Abs. 1 Nr. 2)	8	b) Ausnahmen zur Verhütung unverhältnismäßiger Schäden (Nr. 2 lit. b)	38
a) Betriebe zur Befriedigung der Bedürfnisse der Bevölkerung (Nr. 2 lit. a)	9	c) Gesetzlich vorgeschriebene Inventuren (Nr. 2 lit. c)	47
b) Erfordernis der ununterbrochenen Arbeit (Nr. 2 lit. b)	13	d) Bewilligungsverfahren	48
aa) Unterbrechung der Arbeiten technisch unmöglich oder besonders schwierig (Nr. 2 lit. b aa)	14	V. Bewilligung von Sonn- und Feiertagsarbeit aus technischen oder naturwissenschaftlichen Gründen (Abs. 4)	51
bb) Besondere Gefahren für Leben und Gesundheit der Arbeitnehmer (Nr. 2 lit. b bb)	16	VI. Ausnahmebewilligung zur Beschäftigungssicherung (Abs. 5)	60
		1. Weitergehende Ausnutzung der gesetzlich zulässigen wöchentlichen Betriebszeiten	62
cc) Erhebliche Belastungen der Umwelt oder der Energie- oder Wasserversorgung (Nr. 2 lit. b cc)	17	2. Längere Betriebszeiten im Ausland	68
c) Gründe des Gemeinwohls, insbesondere Sicherung der Beschäftigung (Nr. 2 lit. c)	18	3. Unzumutbare Beeinträchtigung der Konkurrenzfähigkeit	72
4. Verfahren	21	4. Sicherung der Beschäftigung	79
III. Verordnungsermächtigung für die Landesregierungen (Abs. 2)	23	5. Bewilligungsverfahren	81
IV. Feststellung der Zulässigkeit einer Beschäftigung nach § 10		VII. Rechtsdurchsetzung	85

I. Entstehungsgeschichte, Rechtssystematik und Normzweck

§ 13 ArbZG übernimmt hinsichtlich der Gestattung staatlicher Ausnahmeregelungen 1
vom Verbot der Sonn- und Feiertagsarbeit inhaltlich teilweise die früheren Ermächtigungsvorschriften der **Gewerbeordnung** (§§ 105 d, 105 e GewO aF) und passt diese an zwischenzeitliche wirtschaftliche Entwicklungen an. Die Vorschrift richtet sich an mehrere Adressaten: In § 13 Abs. 1 ArbZG wird die **Bundesregierung** ermächtigt, Rechtsverordnungen mit dem Zweck der Konkretisierung bzw. der Ausweitung der Ausnahmen von der Sonn- und Feiertagsruhe (§§ 9, 10 ArbZG) zu erlassen. § 13 Abs. 2 ArbZG enthält eine subsidiäre Verordnungsermächtigung zugunsten der **Landesregierungen** für den Teilbereich des § 13 Abs. 1 Nr. 2 lit. a ArbZG. In § 13 Abs. 3–5 ArbZG werden die **Aufsichtsbehörden** (§ 17 ArbZG) ermächtigt, für einzelne Betriebe weitere Ausnahmen von der Sonn- und Feiertagsruhe zuzulassen.

Das **tief gestaffelte System möglicher Rechtsverordnungen auf Bundes- und Landesebene** sowie die Ermächtigungsgrundlage für **Ausnahmebewilligungen** soll die allgemeinen 2

Vorgaben der §§ 9, 10 ArbZG näher konkretisieren. Dabei werden verschiedene Zwecke verfolgt: Teilweise sollen die Verordnungen bzw. die Verwaltungsakte Missbräuche eindämmen; in anderen Konstellationen können dagegen die Verordnungen und Verwaltungsakte das Sonntagsarbeitsverbot zusätzlich einschränken. Der Eingangssatz in § 13 Abs. 1 ArbZG gibt das allgemeine Normanwendungsprogramm vor: Es muss ein Ausgleich geschaffen werden zwischen der Vermeidung erheblicher Schäden für die jeweils in den Blick genommenen Rechtsgüter einerseits und dem Schutz der Arbeitnehmer und der Sonn- und Feiertagsruhe andererseits; Letztere hat auch im Anschluss an entsprechende Regelungen den verfassungsrechtlich vorgegebenen Regelfall darzustellen.[1]

II. Verordnungsermächtigung für die Bundesregierung (Abs. 1)

3 **1. Allgemeine Voraussetzungen.** Auf der Grundlage des § 13 Abs. 1 Nr. 1 ArbZG kann die Bundesregierung per Rechtsverordnung die Bereiche mit Sonn- und Feiertagsbeschäftigung nach § 10 ArbZG und die in diesen zugelassenen Arbeiten näher bestimmen. Damit soll Missbräuchen vorgebeugt und eine einheitliche Verwaltungspraxis geschaffen werden. Nach § 13 Abs. 1 Nr. 2 ArbZG können durch Rechtsverordnung über § 10 ArbZG hinausgehende Ausnahmen vom Sonn- und Feiertagsarbeitsverbot festgelegt werden.[2] Die Rechtsverordnungen bedürfen der Zustimmung des Bundesrates. Nach dem Eingangssatz des § 13 Abs. 1 ArbZG dürfen Rechtsverordnungen nur zur **Vermeidung erheblicher Schäden** und unter Berücksichtigung des **Schutzes der Arbeitnehmer** sowie der **Sonn- und Feiertagsruhe** ergehen. § 13 Abs. 1 Nr. 2 ArbZG greift damit das verfassungsrechtlich und einfachgesetzlich vorgegebene **Regel-Ausnahme-Verhältnis** auf, wahrt den verfassungsrechtlichen Wesentlichkeitsgrundsatz[3] und steht schon seinem Wortlaut nach der Schaffung weitgehender Ausnahmen vom Verbot der Sonn- und Feiertagsarbeit auf dem Verordnungswege entgegen.[4] Stets ist eine **Abwägung** zwischen dem verfassungsrechtlich garantierten Sonn- und Feiertagsschutz (→ ArbZG § 9 Rn. 3 ff.), dem Arbeits- und Gesundheitsschutz der Arbeitnehmer und den drohenden erheblichen Schäden für die von der Nr. 2 lit. a–c jeweils erfassten Rechtsgüter vorzunehmen. **Ziel einer Rechtsverordnung** nach § 13 Abs. 1 Nr. 2 ArbZG ist es, den drohenden erheblichen Schaden zu verhindern. Der Ausnahmecharakter der Regelung ist strikt zu beachten; erst wenn das Verbot der Sonn- und Feiertagsarbeit geeignet ist, negative Wirkungen zu zeitigen, die über bloße Unannehmlichkeiten und nach den verfassungsrechtlichen Wertungen hinzunehmende Einschränkungen von Verdienstmöglichkeiten und Bedürfnisbefriedigungen hinausgehen, kommt insoweit eine Rechtsverordnung nach der Nr. 2 in Betracht.[5] Die Vermeidung generell negativer Auswirkungen der Sonn- und Feiertagsruhe zB für die Interessen des Arbeitgebers genügt nicht.[6] Sowohl die Gesundheit der Arbeitnehmer als auch die Sonn- und Feiertagsruhe genießen verfassungsrechtlichen Schutz und müssen daher ggf. nur hinter höher- oder gleichwertige Rechtsgüter der Allgemeinheit bzw. des Arbeitgebers zurücktreten.

4 Der **Schadensbegriff** wird in § 13 Abs. 1 ArbZG nicht definiert. Jedoch besteht ein **enger sachlicher Zusammenhang** zwischen den Gründen, aus denen die Beschäftigung von Arbeitnehmern ausnahmsweise zugelassen werden darf, und den Schäden, deren Vermeidung die Zulassung einer Ausnahme dienen soll.[7] Beide sind aufeinander bezogen. Je nach Zielrichtung des Ausnahmetatbestandes kann es sich um betriebliche Schäden, wie etwa Schäden am Eigentum bzw. Vermögen des Arbeitgebers (vgl. § 13 Abs. 1 Nr. 2 lit. b aa ArbZG) oder Gesundheitsschäden der Beschäftigten (vgl. § 13 Abs. 1 Nr. 2 lit. b bb ArbZG), oder um außerbetriebliche Schäden, wie etwa Umwelt-

---

1 BVerfG 1.12.2009 – 1 BvR 2857, 2858/07, BVerfGE 125, 39 (85); BVerwG 26.11.2014 – 6 CN 1.13, BVerwGE 150, 327 (338 Rn. 46 f.); BVerwG 11.11.2015 – 8 CN 2.14, BVerwGE 153, 183 (187 Rn. 22); dazu auch Rozek AuR 2010, 148; Wiebauer NVwZ 2015, 543 (545); Greiner ZfA 2015, 469 (475 ff.); Knauff GewArch 2016, 217 (219). **2** BT-Drs. 12/5888, 30. **3** BVerwG 26.11.2014 – 6 CN 1.13, BVerwGE 150, 327 (337 f. Rn. 44 ff.); Wiebauer NVwZ 2015, 543 (545). **4** Treffend Knauff GewArch 2016, 272 (273). **5** Vgl. Knauff GewArch 2016, 272 (273). **6** Baeck/Deutsch ArbZG § 13 Rn. 11. **7** BVerwG 26.11.2014 – 6 CN 1.13, BVerwGE 150, 327 (334 Rn. 34).

schäden und Versorgungsbeeinträchtigungen (vgl. § 13 Abs. 1 Nr. 2 lit. b cc ArbZG) handeln.[8] Im Fall des § 13 Abs. 1 Nr. 2 lit. a ArbZG müssen die Schäden darin bestehen, dass relevante Bedürfnisse der Bevölkerung nur unzureichend befriedigt werden;[9] Beeinträchtigungen von Arbeitgeberinteressen spielen insoweit keine Rolle.[10] Sub specie des § 13 Abs. 1 Nr. 2 lit. c ArbZG müssen Schäden für die dort angeführten Gemeinwohlgründe drohen.

Das Kriterium „**erheblich**" setzt voraus, dass der drohende Schaden von signifikantem 5 Gewicht ist. Dass von der Verordnungsermächtigung nur zur Vermeidung erheblicher Schäden Gebrauch gemacht werden darf, steuert die Anforderungen, die an Bedeutung und Gewicht des Ausnahmegrundes zu stellen sind, und schränkt damit den Gestaltungsspielraum des Verordnungsgebers zusätzlich ein.[11] Die durch die Sonn- bzw. Feiertagsruhe üblicherweise, zB für Rechtsgüter des Arbeitgebers, verursachten Einschränkungen können eine Rechtsverordnung des Bundes nach § 13 Abs. 1 ArbZG grds. nicht rechtfertigen. Die Bedeutung des konkret gefährdeten Rechtsgutes und das Ausmaß seiner Gefährdung sind auch insoweit gegen den Schutz der Sonn- und Feiertagsruhe abzuwägen (→ Rn. 3). Danach vermögen Rechtsgüter von untergeordneter Bedeutung auch dann nicht den Erlass einer Rechtsverordnung nach § 13 Abs. 1 ArbZG zu begründen, wenn diese durch die Sonn- und Feiertagsruhe weitreichend beeinträchtigt werden.[12] Entsprechendes gilt für eine nur unwesentliche Beeinträchtigung gewichtiger Rechtsgüter.

Mit der Formulierung „**zur Vermeidung** erheblicher Schäden" ist klargestellt, dass ein 6 Schaden an dem jeweiligen Rechtsgut nicht bereits eingetreten sein muss. Vielmehr genügt es für den Erlass einer Rechtsverordnung insoweit bereits, wenn andernfalls das Schadensereignis mit hinreichend hoher Wahrscheinlichkeit zu besorgen ist. Die teilweise in der Literatur vertretene Auffassung, dass die Anforderungen an die Wahrscheinlichkeit eines Schadenseintritts umso geringer ausfallen können, je gravierender der drohende Schaden sei,[13] findet weder im Wortlaut noch im Zweck der Regelung eine Stütze. Das Wahrscheinlichkeitsurteil ist einheitlich auf den Eintritt des Schadens und dessen Erheblichkeit zu erstrecken; für beides muss bei Untätigkeit des Verordnungsgebers nach den Umständen des Einzelfalls eine überwiegende Wahrscheinlichkeit sprechen.

2. Konkretisierung der Bereiche der Sonn- und Feiertagsarbeiten (Abs. 1 Nr. 1). Für die 7 in § 10 ArbZG enthaltenen Bereiche erlaubt § 13 Abs. 1 Nr. 1 ArbZG, die **Ausnahmen** für die Sonn- und Feiertagsarbeit durch Rechtsverordnung **inhaltlich näher auszugestalten**. Insoweit können insbes. die an diesen Tagen gestatteten Arbeiten näher konkretisiert werden.[14] Darüber hinaus können die Voraussetzungen, unter denen Arbeiten auf einen Werktag verschoben werden können, näher bestimmt werden. Aus dem systematischen Verhältnis zu § 13 Abs. 1 Nr. 2 ArbZG, der eine **Ausweitung der Sonn- und Feiertagsarbeit** zulässt, folgt weiterhin, dass auf der Grundlage des § 13 Abs. 1 Nr. 1 ArbZG auch **Einschränkungen** der Erlaubnisbereiche nach § 10 ArbZG möglich sind.[15]

3. Zulassung weiterer Ausnahmen von der Sonn- und Feiertagsruhe (Abs. 1 Nr. 8 **2).** § 13 Abs. 1 Nr. 2 ArbZG gestattet über § 10 ArbZG hinausgehende Abweichungen von dem Verbot der Sonn- und Feiertagsarbeit durch **Rechtsverordnung der Bundesre-**

---

[8] Vgl. Neumann/Biebl ArbZG § 13 Rn. 9; Baeck/Deutsch ArbZG § 13 Rn. 10. [9] BVerwG 26.11.2014 – 6 CN 1.13, BVerwGE 150, 327 (334 Rn. 34). [10] Wiebauer NVwZ 2015, 543 (546). [11] Vgl. BVerwG 26.11.2014 – 6 CN 1.13, BVerwGE 150, 327 (334 f. Rn. 34). [12] Vgl. BVerwG 26.11.2014 – 6 CN 1.13, BVerwGE 150, 327 (338 Rn. 46 f.); zuvor schon VGH Kassel 12.9.2013 – 8 C 1776/12.N, GewArch 2014, 35. [13] So Baeck/Deutsch ArbZG § 13 Rn. 10. [14] HK-ArbZR/Schaumberg ArbZG § 13 Rn. 8; Baeck/Deutsch ArbZG § 13 Rn. 13; DFL/Krauss ArbZG § 13 Rn. 2. [15] Wie hier Buschmann/Ulber ArbZG § 13 Rn. 3; Schliemann ArbZG § 13 Rn. 11; aA Baeck/Deutsch ArbZG § 13 Rn. 13; HK-ArbSchR/Schaumberg ArbZG § 13 Rn. 5; DFL/Krauss ArbZG § 13 Rn. 2; NK-GA/Wichert ArbZG § 13 Rn. 6.

gierung (→ Rn. 3). Bestehende Rechtsverordnungen auf der Grundlage von § 105 d GewO aF bleiben in Kraft.[16]

9 a) **Betriebe zur Befriedigung der Bedürfnisse der Bevölkerung (Nr. 2 lit. a).** § 13 Abs. 1 Nr. 2 lit. a ArbZG erlaubt den Erlass von Rechtsverordnungen zur Sonn- und Feiertagsbeschäftigung in Betrieben, in denen diese Beschäftigung zur Befriedigung von täglichen oder an diesen Tagen besonders hervortretenden Bedürfnissen der Bevölkerung erforderlich ist (sog **Bedürfnisgewerbe**). Die Bundesregierung hat bis dato keine Bedürfnisgewerbeverordnung erlassen, so dass die Länder ihre subsidiäre Zuständigkeit nach § 13 Abs. 2 ArbZG nutzen konnten (→ Rn. 23 ff.). § 13 Abs. 1 Nr. 2 lit. a ArbZG ermächtigt zum Erlass genereller Regelungen; der Verordnungsgeber soll nicht für einzelne konkrete Betriebe Ausnahmen zulassen, sondern muss die Betriebe nach Branchen oder Tätigkeitsfeldern abstrakt umschreiben.[17] Soweit entsprechende Betriebe bereits nach § 10 ArbZG vom Verbot der Sonn- bzw. Feiertagsbeschäftigung ausgenommen sind, fallen sie schon gegenständlich nicht (mehr) in den Anwendungsbereich des § 13 Abs. 1 Nr. 2 lit. a ArbZG. Die Interessen der Arbeitgeber sind im Rahmen der Ermächtigung des § 13 Abs. 1 Nr. 2 lit. a ArbZG kein relevanter Abwägungsbelang, weil es explizit um die Bedürfnisse der Bevölkerung geht.[18] Ebenso wenig dient die Ermächtigung dazu, Fehldispositionen einzelner Unternehmen auszugleichen.[19]

10 Ein **Bedürfnis** iSv § 13 Abs. 1 Nr. 2 lit. a ArbZG liegt vor, wenn die von dem Betrieb angebotene Ware oder Dienstleistung von einem wesentlichen Teil der Bevölkerung als täglich wichtig in Anspruch genommen wird und ihr Fehlen allgemein als Mangel empfunden würde.[20] Der bloße Wunsch der Bevölkerung, entsprechende Angebote auch an Sonn- und Feiertagen in Anspruch nehmen zu können, rechtfertigt eine Rechtsverordnung nach § 13 Abs. 1 Nr. 2 lit. a ArbZG hingegen nicht.[21] Entsprechendes gilt für Bedürfnisse, die vornehmlich oder allein an Sonn- und Feiertagen auftreten. Bedürfnisse der Bevölkerung, die an Sonn- und Feiertagen besonders hervortreten, sind insbes. solche, die der Freizeitgestaltung dienen und damit ihrerseits verfassungsrechtlichen Schutz aus Art. 140 GG iVm Art. 139 WRV genießen.[22]

11 **Erforderlich** iSv § 13 Abs. 1 Nr. 2 lit. a ArbZG ist die Befriedigung solcher Bedürfnisse der Bevölkerung indes nur, wenn ihr Unterbleiben einen **erheblichen Schaden** darstellt (→ Rn. 5). Daran fehlt es, wenn Wünsche nach einer bestimmten Freizeitgestaltung durch eine vorausschauende Planung realisiert werden können[23] oder die sofortige Befriedigung des Bedürfnisses nicht in einer Weise dringend ist, dass durch einen Aufschub das Freizeitvergnügen erheblichen Schaden nimmt.[24] Des Weiteren ist ausgeschlossen, dass der Betrieb von Callcentern, gleichgültig in welcher Branche oder für welche Tätigkeitsfelder, stets erforderlich ist, um entsprechende Bedürfnisse der Bevölkerung zu befriedigen.[25] Dies gilt insbes. für die Abwicklung des Versandhandels über Callcenter und damit für Tätigkeiten, die eng der werktäglichen Geschäftigkeit und alltäglichen Erwerbswünschen zuzurechnen sind. Es ist nicht erforderlich, das Bedürfnis nach weiteren Auskünften, nach Beratung oder Erteilung eines Auftrags sogleich sonntäglich zu befriedigen; ein Aufschub auf einen folgenden Werktag ist ohne Weiteres zumutbar.[26] Nach dem Maßstab der Erforderlichkeit sind an die **Dringlichkeit des Bedürfnisses** generell hohe Anforderungen zu stellen. Selbst wenn die betreffenden Leis-

---

16 Schliemann ArbZG § 13 Rn. 11; vgl. auch NK-GA/Wichert ArbZG § 13 Rn. 5. **17** BVerwG 26.11.2014 – 6 CN 1.13, BVerwGE 150, 327 (334 Rn. 31). **18** Wiebauer NVwZ 2015, 543 (546); Knauff GewArch 2016, 272 (273). **19** BVerwG 26.11.2014 – 6 CN 1.13, BVerwGE 150, 327 (334 Rn. 67); Richardi/Annuß NZA 1999, 953 (956); Wiebauer NVwZ 2015, 543 (548). **20** Vgl. BVerwG 14.11.1989 – 1 C 14.88, GewArch 1990, 66 (67); BVerwG 14.11.1989 – 1 C 29.88, BVerwGE 84, 86 (90); Anzinger/Koberski ArbZG § 13 Rn. 12; DFL/Krauss ArbZG § 13 Rn. 3. **21** Vgl. BVerwG 14.11.1989 – 1 C 14.88, GewArch 1990, 66 (67); BVerwG 14.11.1989 – 1 C 29.88, BVerwGE 84, 86 (90); Neumann/Biebl ArbZG § 13 Rn. 7; Schliemann ArbZG § 13 Rn. 16; HK-ArbZR/Schaumberg ArbZG § 13 Rn. 10. **22** BVerwG 26.11.2014 – 6 CN 1.13, BVerwGE 150, 327 (335 Rn. 35); Wiebauer NVwZ 2015, 543 (546). **23** BVerwG 26.11.2014 – 6 CN 1.13, BVerwGE 150, 327 (336 Rn. 39). **24** BVerwG 26.11.2014 – 6 CN 1.13, BVerwGE 150, 327 (337 Rn. 42). **25** BVerwG 26.11.2014 – 6 CN 1.13, BVerwGE 150, 327 (340 Rn. 54). **26** BVerwG 26.11.2014 – 6 CN 1.13, BVerwGE 150, 327 (340 f. Rn. 55).

tungen von existenzieller Bedeutung sind, scheidet eine Ausnahme aus, wenn die Leistung unproblematisch zu einem anderen Zeitpunkt erworben werden kann.[27] Wenn Sonntagsarbeit durch zumutbare Vorkehrungen derjenigen, die sie in Anspruch nehmen, vermieden werden kann, genießt der Sonntagsschutz Vorrang.[28] Diese Wertung betrifft nicht nur die „Arbeit für den Sonntag", dh die Freizeitgestaltung, sondern auch die „Arbeit trotz des Sonntags".

§ 13 Abs. 1 Nr. 2 lit. a ArbZG kommt danach vor allem die Funktion zu, die Schaffung 12
von Ausnahmen zu ermöglichen, die der **unmittelbaren Befriedigung kurzfristig hervortretender Bedürfnisse** der Bevölkerung dienen, für die wegen ihrer Unvorhersehbarkeit keine Vorsorge getroffen werden kann und bei denen ein Aufschub die betroffenen Interessen unverhältnismäßig beeinträchtigen würde.[29] Anerkannt ist dies namentlich für das Bestattungsgewerbe sowie für Garagen und Parkhäuser.[30] Nach den von der Rechtsprechung des BVerwG herausgearbeiteten Maßgaben[31] bietet die Vorschrift demgegenüber prinzipiell keinen Raum für eine Gestattung der Sonn- und Feiertagsbeschäftigung von Arbeitnehmern in Videotheken, öffentlichen Bibliotheken, bei Lotto- und Totogesellschaften, Getränke- und Speiseeisherstellern und im betreffenden Großhandel. Die Abnehmer müssen Vorsorge treffen, dass auch bei unerwartet hohem Besucherandrang Getränke und Speiseeis nicht knapp werden.[32] In Bezug auf **Callcenter** sind als unzulässig alle Ausnahmen zugunsten von Tätigkeiten anzusehen, die mit dem Vertrieb von Waren und Dienstleistungen in Verbindung stehen.[33] Echte Notdienste, auch soweit sie über Callcenter betrieben werden, sind hingegen ohnehin bereits nach § 10 Abs. 1 Nr. 1 ArbZG zugelassen (→ § 10 Rn. 9).[34] Dass darüber hinaus im Rahmen des § 13 Abs. 1 Nr. 2 lit. a ArbZG noch Raum für die Gestattung von Leistungsangeboten durch Callcenter bleibt, die eine Auskunftserteilung oder technische Unterstützung betreffen, dürfte eher zu verneinen sein.[35]

b) Erfordernis der ununterbrochenen Arbeit (Nr. 2 lit. b). Nach **§ 13 Abs. 1 Nr. 2 lit. b** 13
ArbZG kann die Bundesregierung für Betriebe, in denen die **Unterbrechung** oder der **Aufschub der Arbeiten** nach dem Stand der Technik

- nicht oder nur mit erheblichen Schwierigkeiten möglich ist (Nr. 2 lit. b aa) oder
- besondere Gefahren für Leben oder Gesundheit der Arbeitnehmer zur Folge hätte (Nr. 2 lit. b bb) oder
- zu erheblichen Belastungen der Umwelt oder der Energie- und Wasserversorgung führen würde (Nr. 2 lit. b cc),

durch Rechtsverordnung weitere Ausnahmen von dem Verbot der Sonn- und Feiertagsarbeit zulassen.

aa) Unterbrechung der Arbeiten technisch unmöglich oder besonders schwierig (Nr. 2 14
lit. b aa). Von § 13 Abs. 1 Nr. 2 lit. b aa ArbZG erfasst werden nur ganzjährig arbeitende Betriebe, die aufgrund der technischen Gegebenheiten **vollkontinuierlich produzieren**. Kriterium für den Verordnungserlass ist, dass nach dem Stand der Technik die Unterbrechung oder das Aufschieben der Arbeiten unmöglich oder nur unter erheblichen Schwierigkeiten möglich ist, so dass die Fortsetzung der Arbeiten auch an Sonn- und Feiertagen erforderlich ist. Zugleich bedarf es steter Prüfung, ob eine (bestehende) Rechtsverordnung nach diesem Maßstab (noch) notwendig ist (→ ArbSchG § 4

---

[27] Knauff GewArch 2016, 272 (273). [28] Wiebauer NVwZ 2015, 543 (546). [29] Wiebauer NVwZ 2015, 543 (547); vgl. auch Knauff GewArch 2016, 272 (273). [30] Richardi/Annuß NZA 1999, 953 (956); Knauff GewArch 2016, 273 (274). [31] BVerwG 26.11.2014 – 6 CN 1.13, BVerwGE 150, 327 (333 ff. Rn. 29 ff.) - zur Ermächtigungsgrundlage des § 13 Abs. 2 S. 1 iVm Abs. 1 Nr. 2 lit. a ArbZG. [32] Vgl. BVerwG 26.11.2014 – 6 CN 1.13, BVerwGE 150, 327 (344 Rn. 67). [33] Vgl. BVerwG 26.11.2014 – 6 CN 1.13, BVerwGE 150, 327 (340 f. Rn. 53 ff.); Wiebauer NVwZ 2015, 543 (547 f.); Knauff GewArch 2016, 272 (274); aA für Callcenter des Direktbankengeschäfts Greiner ZfA 2015, 469 (505 ff.). [34] BVerwG 26.11.2014 – 6 CN 1.13, BVerwGE 150, 327 (341 Rn. 56). [35] AA Wiebauer NVwZ 2015, 543 (547 f.); vgl. ferner Knauff GewArch 2016, 272 (274).

Rn. 80 ff.). Die Ermächtigung wahrt ungeachtet der Verwendung unbestimmter Rechtsbegriffe insgesamt den Bestimmtheitsgrundsatz des Art. 80 Abs. 1 S. 2 GG.[36]

15 Unter dem „**Stand der Technik**" wird üblicherweise (vgl. § 3 Abs. 6 BImSchG) der Entwicklungsstand fortschrittlicher Verfahren, Einrichtungen und Betriebsweisen verstanden, deren praktische Eignung gesichert erscheint. Die betreffenden bzw. vergleichbare Verfahren, Einrichtungen und Betriebsweisen müssen sich in der Praxis bewährt haben oder jedenfalls im Betrieb mit Erfolg erprobt worden sein. Es sind danach ggf. auch technische Entwicklungen an „vorderster Front" zu berücksichtigen. Ob eine Unterbrechung oder ein Aufschub **unmöglich** ist, richtet sich demgemäß nicht nach den im jeweiligen Betrieb konkret angewendeten Arbeitsmethoden und -techniken, sondern nach dem objektiven „Stand der Technik".[37] Gleiches gilt für die Frage, wann eine Unterbrechung oder der Aufschub der Arbeiten mit **erheblichen Schwierigkeiten** verbunden ist. Erhebliche Schwierigkeiten sind jedenfalls dann anzunehmen, wenn bei einer Unterbrechung der **technische Aufwand** zum Wiederanfahren der Prozesse unverhältnismäßig hoch wäre. Sie können aber auch dann vorliegen, wenn die **wirtschaftlichen Belastungen** durch die Unterbrechung oder den Aufschub der Arbeiten jedes zumutbare Maß übersteigen.[38]

16 bb) **Besondere Gefahren für Leben und Gesundheit der Arbeitnehmer (Nr. 2 lit. b bb).** Nach § 13 Abs. 1 Nr. 2 lit. b bb ArbZG kann die Bundesregierung im Fall von **besonderen Gefahren für das Leben oder die Gesundheit der Arbeitnehmer** über § 10 ArbZG hinausgehende Ausnahmen vom Verbot der Sonn- und Feiertagsarbeit zulassen. Die Gefahren für die Arbeitnehmer müssen sich gerade aus der Unterbrechung oder dem Aufschub der Arbeiten an diesen Tagen ergeben. Dazu zählt zB eine Unkontrollierbarkeit von Produktionsprozessen. Der Arbeitgeber darf freilich solche Situationen nicht als gegeben hinnehmen, sondern muss wegen der von der Sonn- und Feiertagsarbeit ausgehenden Gesundheitsbelastung der Arbeitnehmer alle ihm zumutbaren organisatorischen bzw. technischen Maßnahmen ergreifen, um eine gefahrlose Unterbrechung der Produktion zu gewährleisten. Erst wenn solche Vorkehrungen nicht greifen, kommt eine Rechtsverordnung nach der Nr. 2 lit. b bb in Betracht.[39]

17 cc) **Erhebliche Belastungen der Umwelt oder der Energie- oder Wasserversorgung (Nr. 2 lit. b cc).** Nach § 13 Abs. 1 Nr. 2 lit. b cc ArbZG kann die Bundesregierung Ausnahmen vom Verbot der Sonn- und Feiertagsarbeit zulassen, wenn die Unterbrechung oder der Aufschub der Arbeiten zu erheblichen **Umweltbelastungen** führen würde.[40] Dies kann insbes. dann der Fall sein, wenn ein Wiederanfahren der Produktion zu mehr Schadstoffemissionen führen würde als ein kontinuierliches Weiterlaufen der Prozesse.[41] Hierbei kann es sich um feste, flüssige oder gasförmige Schadstoffe handeln. Gleiches gilt, wenn durch die Unterbrechung Schadstoffgrenzwerte kurzzeitig überschritten würden. Der Erlass einer Rechtsverordnung kommt ferner in Betracht, wenn die Unterbrechung oder der Aufschub der Arbeiten zu erheblichen **Belastungen der Energie- oder Wasserversorgung** führen würde. Dies ist der Fall, wenn die Wiederaufnahme oder eine spätere Erledigung der Arbeiten mit einem erheblich höheren Einsatz von Energie oder Wasser verbunden wäre als bei kontinuierlicher Arbeitsweise. So können zB das andernfalls notwendige Wiederanfahren von Öfen oder die bei einer Betriebsunterbrechung möglicherweise zusätzlich anfallenden Reinigungsarbeiten ggf. den Erlass einer entsprechenden Rechtsverordnung rechtfertigen.[42] Die Belastungen der Umwelt bzw. der Energie- oder Wasserversorgung müssen jeweils **erheblich** sein. Der Arbeitgeber ist verpflichtet, die ihm zumutbaren technischen bzw. organisatorischen Maßnah-

---

[36] Baeck/Deutsch ArbZG § 13 Rn. 17; Schliemann ArbZG § 13 Rn. 18; teilweise aA Buschmann/Ulber ArbZG § 13 Rn. 6. [37] Schliemann ArbZG § 13 Rn. 18; Buschmann/Ulber ArbZG § 13 Rn. 6. [38] Vgl. BR-Drs. 507/93, 87; Schliemann ArbZG § 13 Rn. 18; Baeck/Deutsch ArbZG § 13 Rn. 17; aA Buschmann ArbZG § 13 Rn. 6; Voraufl. Rn. 14. [39] Ähnlich Anzinger/Koberski ArbZG § 13 Rn. 17; Baeck/Deutsch ArbZG § 13 Rn. 18. [40] Buschmann/Ulber ArbZG § 13 Rn. 7 halten es für möglich, dass durch eine entsprechende Rechtsverordnung die Durchführung bestimmter Arbeiten verpflichtend vorgeschrieben werden kann; dagegen zu Recht Schliemann ArbZG § 13 Rn. 19; Baeck/Deutsch ArbZG § 13 Rn. 19. [41] Baeck/Deutsch ArbZG § 13 Rn. 19. [42] Vgl. auch Anzinger/Koberski ArbZG § 13 Rn. 19; Baeck/Deutsch ArbZG § 13 Rn. 19.

men zu treffen, um Schadstoffemissionen zu verhindern bzw. zu reduzieren und Grenzwerte einzuhalten. Dabei ist wiederum der „Stand der Technik" Maßstab für die zu treffenden Vorkehrungen (vgl. § 3 Abs. 6 BImSchG).

c) **Gründe des Gemeinwohls, insbesondere Sicherung der Beschäftigung** (Nr. 2 lit. c). Nach § 13 Abs. 1 Nr. 2 lit. c ArbZG kann eine Rechtsverordnung zur Gestattung von Sonn- und Feiertagsarbeit von der Bundesregierung auch aus **Gründen des Gemeinwohls** erlassen werden.[43] Mit der Verwendung des Gemeinwohlbegriffs ist klargestellt, dass die Beeinträchtigung von Individualinteressen einzelner Arbeitgeber von dieser Ermächtigungsgrundlage grds. nicht erfasst ist.[44] Anderes kann nur dann gelten, wenn und soweit sich Individualinteressen im Einzelfall mit Gemeinwohlinteressen decken. 18

Als Gemeinwohlgrund wird beispielhaft die „**Sicherung der Beschäftigung**" hervorgehoben, der einschlägig ist, wenn ohne eine Ausnahme vom Verbot der Sonn- und Feiertagsbeschäftigung ein Verlust von Arbeitsplätzen in einer Branche droht. Davon umfasst sind auch gesamtwirtschaftliche Gründe wie zB die Existenzgefährdung von Betrieben und der damit verbundene drohende Verlust von Arbeitsplätzen oder die angespannte internationale Wettbewerbssituation in einer Branche.[45] 19

Der verwendete Wortlaut („insbesondere") stellt klar, dass Rechtsverordnungen nach der Nr. 2 lit. c neben der Sicherung der Beschäftigung auch **aus anderen Gründen des Gemeinwohls** erlassen werden können. Diese Gründe müssen jedoch ein vergleichbar starkes Gewicht aufweisen wie die Beschäftigungssicherung.[46] Eine unzulässige **Unbestimmtheit der Norm** folgt aus der gewählten Regelungstechnik nicht.[47] 20

4. Verfahren. Zuständig für den Erlass von Rechtsverordnungen nach § 13 Abs. 1 ArbZG ist die **Bundesregierung** als Kollegialorgan. Über den Entwurf einer entsprechenden Rechtsverordnung hat das **Bundeskabinett** zu beraten und zu beschließen. Ist die Verordnung vom Kabinett ordnungsgemäß beschlossen worden, bedarf sie zwingend noch der **Zustimmung des Bundesrates**. Der Bundesrat besitzt zudem im Vorfeld ein förmliches **Initiativrecht** nach Art. 80 Abs. 3 GG; die Bundesregierung muss sich mit entsprechenden Initiativen befassen, sie aber nicht beschließen.[48] Im Übrigen kann der Erlass einer Rechtsverordnung grds. von jedermann angeregt werden (vgl. Art. 17 GG); neben Arbeitgeberverbänden und Gewerkschaften kommen insofern auch einzelne Arbeitgeber oder Bürger in Betracht. Ein Rechtsanspruch auf den Erlass oder auf einen bestimmten Inhalt einer Rechtsverordnung nach § 13 Abs. 1 ArbZG besteht indes prinzipiell nicht. Ob und mit welchem Inhalt eine entsprechende Rechtsverordnung erlassen werden soll, liegt vielmehr im pflichtgemäßen Ermessen der Bundesregierung. Diese hat bis dato von der Verordnungsermächtigung des § 13 Abs. 1 ArbZG insgesamt noch keinen Gebrauch gemacht. 21

Die verwaltungsgerichtliche Normenkontrolle nach § 47 VwGO ist gegen Rechtsverordnungen des Bundes nicht eröffnet. Eine **verwaltungsgerichtliche Inzidentkontrolle** ist jedoch im Rahmen der allgemeinen Feststellungsklage gemäß § 43 Abs. 1 VwGO möglich; insofern begründen Streitigkeiten über die Frage der Anwendbarkeit einer entsprechenden Rechtsverordnung ein konkretes feststellungsfähiges Rechtsverhältnis zwischen dem Normadressanten und der normüberwachenden Landesbehörde (§ 17 Abs. 1 ArbZG).[49] Wenn Verwaltungsakte in Vollzug einer solchen Rechtsverordnung ergehen, kann über deren verwaltungsgerichtliche Anfechtung (§ 42 Abs. 1 VwGO) 22

---

43 Zu den verfassungsrechtlichen Bedenken vgl. Buschmann/Ulber ArbZG § 13 Rn. 8. Für die Vereinbarkeit der Vorschrift mit dem Bestimmtheitsgrundsatz Baeck/Deutsch ArbZG § 13 Rn. 20. **44** Baeck/Deutsch ArbZG § 13 Rn. 20. **45** BT-Drs. 12/5888, 30; Anzinger/Koberski ArbZG § 13 Rn. 22; Baeck/Deutsch ArbZG § 13 Rn. 20; Schliemann ArbZG § 13 Rn. 20; ErfK/Wank ArbZG § 13 Rn. 2; HK-ArbZR/Schaumberg ArbZG § 13 Rn. 11; NK-GA/Wichert ArbZG § 13 Rn. 10; aA Buschmann/Ulber ArbZG § 13 Rn. 8; Kuhr DB 1994, 2186 (2188). **46** Baeck/Deutsch ArbZG § 13 Rn. 20. **47** AA Richardi/Annuß, Sonn- und Feiertagsarbeit, S. 34 f.; dies. NZA 1999, 953 (955); zweifelnd auch Buschmann/Ulber ArbZG § 13 Rn. 8. **48** Vgl. Pieroth in: Jarass/Pieroth GG Art. 80 Rn. 29 mwN. **49** Vgl. BVerwG 23.8.2007 – 7 C 2.07, BVerwGE 129, 199 (204 ff. Rn. 20 ff.); vgl. auch BVerwG 28.1.2010 – 8 C 19.09, BVerwGE 136, 54 (59 f. Rn. 28 f.).

ebenfalls eine Inzidentkontrolle herbeigeführt werden, soweit die Gültigkeit der Verordnung entscheidungserhebliche Vorfrage für die Rechtmäßigkeit des Verwaltungsaktes ist.[50] Entsprechendes gilt in anderen gerichtlichen Verfahren. In Bezug auf eine **verfassungsgerichtliche Überprüfung** von Rechtsverordnungen des Bundes ist zu beachten, dass der Zulässigkeit einer sofortigen Rechtssatzverfassungsbeschwerde (Art. 93 Abs. 1 Nr. 4 a GG) idR deren Subsidiarität entgegenstehen wird.[51] Rechtsverordnungen des Bundes sind ferner zwar ein tauglicher Gegenstand für eine abstrakte Normenkontrolle (Art. 93 Abs. 1 Nr. 2 GG);[52] der Kreis der möglichen Antragsteller ist in dieser Hinsicht jedoch sehr eng begrenzt.

III. Verordnungsermächtigung für die Landesregierungen (Abs. 2)

23 Nach § **13 Abs. 2 S. 1 ArbZG** können in den Bereichen des § 13 Abs. 1 Nr. 2 lit. a ArbZG (→ Rn. 9 ff.) auch die **Landesregierungen** entsprechende Rechtsverordnungen erlassen, solange und soweit die Bundesregierung ihre diesbezügliche Regelungskompetenz nicht wahrgenommen hat (**subsidiäre Kompetenz der Länder**). Darüber hinaus können die Landesregierungen die ihnen daraus erwachsende Rechtsetzungsbefugnis auch auf oberste Landesbehörden delegieren (§ 13 Abs. 2 S. 2 ArbZG).

24 Nach dem eindeutigen Wortlaut des Abs. 2 S. 1 besteht die subsidiäre sachliche Regelungsbefugnis der Länder nur für **Betriebe**, in denen die Sonn- und Feiertagsbeschäftigung **zur Befriedigung täglicher oder an diesen Tagen besonders hervortretender Bedürfnisse der Bevölkerung** erforderlich ist (→ Rn. 9 ff.). Rechtsverordnungen in den Bereichen des § 13 Abs. 1 Nr. 2 lit. b und lit. c ArbZG können von den Ländern daher **nicht** erlassen werden.[53]

25 Da die Bundesregierung von ihrer Regelungskompetenz nach § 13 Abs. 1 Nr. 2 lit. a ArbZG bislang keinen Gebrauch gemacht hat (→ Rn. 9), sind die Länder derzeit nach § 13 Abs. 2 ArbZG uneingeschränkt befugt, entsprechende Rechtsverordnungen zu erlassen. Die Länder haben sich zu Vereinheitlichungszwecken schon 1996 auf einen **Musterentwurf für eine einheitliche Bedürfnisgewerbeverordnung** verständigt, der einen breiten Katalog von Ausnahmen auflistet, die von § 13 Abs. 2 iVm Abs. 1 Nr. 2 lit. a ArbZG gedeckt sein sollen.[54]

26 Auf der Basis des Musterentwurfs haben alle **Bundesländer** außer Sachsen folgende, teilweise gegenüber dem Musterentwurf noch modifizierte Bedarfs- bzw. Bedürfnisgewerbeverordnungen erlassen:

Baden-Württemberg: Bedarfsgewerbeverordnung (BedGVO) vom 16.11.1998 (GBl. 1998, 616); zuletzt geändert durch Gesetz vom 14.2.2007 (GBl. 2007, 135).

Bayern: Bedürfnisgewerbeverordnung (BedV) vom 29.7.1997 (GVBl. 1997, 395); zuletzt geändert durch Gesetz vom 9.5.2006 (GVBl. 2006, 190).

Berlin: Bedürfnisgewerbeverordnung (BedV) vom 3.4.1997 (GVBl. 1997, 270); zuletzt geändert durch VO vom 23.7.2002 (GVBl. 2002, 236).

Brandenburg: Bedarfsgewerbeverordnung (BedGewV) vom 13.11.1998 (GVBl. II 1998, 622).

Bremen: Bedarfsgewerbeverordnung (BedGewV) vom 18.11.1997 (GBl. 1997, 577).

Hamburg: Bedarfsgewerbeverordnung vom 9.8.2005 (GVBl. 2005, 349).

Hessen: Bedarfsgewerbeverordnung (BedGewV) vom 12.10.2011 (GVBl. I 2011, 664); zuletzt geändert durch VO vom 29.11.2016 (GVBl. I 2016, 222).

Mecklenburg-Vorpommern: Bedarfsgewerbeverordnung (BedGewVO M-V) vom 31.8.1998 (GVBl. 1998, 802).

---

50 Vgl. nur BVerwG 19.9.2001 – 6 C 13/00, BVerwGE 115, 125 (126 ff.). **51** Zur Subsidiarität der (Rechtssatz-)Verfassungsbeschwerde siehe etwa Pieroth in: Jarass/Pieroth GG Art. 93 Rn. 100 f., 103 mwN. **52** Vgl. nur BVerfG 6.7.1999 – 2 BvF 3/90, BVerfGE 101, 1 (30); BVerfG 27.6.2002 – 2 BvF 4/98, BVerfGE 106, 1 (12). **53** Vgl. auch Buschmann/Ulber ArbZG § 13 Rn. 10 b; DFL/Krauss ArbZG § 13 Rn. 6; NK-GA/Wichert ArbZG § 13 Rn. 12. **54** Zum Inhalt des Musterentwurfs siehe Anzinger/Koberski ArbZG § 13 Rn. 27.

Niedersachsen: Niedersächsische Verordnung über die Beschäftigung an Sonn- und Feiertagen (SFB-VO) vom 12.7.1999 (GVBl. 1999, 161); zuletzt geändert durch VO vom 28.8.2002 (GVBl. 2002, 373).

Nordrhein-Westfalen: Bedarfsgewerbeverordnung vom 5.5.1998 (GVBl. 1998, 381); zuletzt geändert durch VO vom 21.10.2014 (GVBl. 2014, 676).

Rheinland-Pfalz: Bedarfsgewerbeverordnung vom 30.6.1999 (GVBl 1999, S. 147), zuletzt geändert durch Gesetz vom 22.12.2003 (GVBl. 2003, 396).

Saarland: Bedürfnisgewerbeverordnung (BedV) vom 4.9.1997 (ABl. 1997, 890).

Sachsen-Anhalt: Bedarfsgewerbeverordnung (BedGewV) vom 4.5.2000 (GVBl. 2000, 230); zuletzt geändert durch Gesetz vom 22.11.2006 (GVBl. 2006, 528).

Schleswig-Holstein: Bedarfsgewerbeverordnung (BedGewV SH) vom 9.3.1999 (GVBl. 1999, 82); zuletzt geändert durch VO vom 25.11.2004 (GVBl. 2004, 447).

Thüringen: Thüringer Bedarfsgewerbeverordnung vom 8.4.1998 (GVBl. 1998, 140).

In der Literatur ist frühzeitig kritisiert worden, dass die dort geregelten weitreichenden Bereichsausnahmen weder dem verfassungsrechtlich vorgegebenen Stellenwert des Sonntagsarbeitsverbots noch den Maßgaben des § 13 Abs. 1 Nr. 2 lit. a ArbZG durchgängig gerecht werden.[55] Durch das **Leiturteil des BVerwG vom 26.11.2014**, das erhebliche Teile der hessischen Bedarfsgewerbeverordnung aus dem Jahr 2011 für unwirksam erklärt hat,[56] ist diese Kritik in zentralen Punkten bestätigt worden. Diese Entscheidung hat die neuere Rechtsprechung des BVerfG zum Sonn- und Feiertagsschutz konsequent umgesetzt (→ § 9 Rn. 3 ff.) und klargestellt, dass die streitbefangenen Regelungen der hessischen Bedarfsgewerbeverordnung in wesentlichen Teilen nicht von der Ermächtigungsgrundlage des § 13 Abs. 2 S. 1 iVm Abs. 1 Nr. 2 lit. a ArbZG in der verfassungsrechtlich gebotenen engen Auslegung (→ Rn. 9 ff.) gedeckt sind. Das betraf namentlich die angegriffenen Ausnahmebestimmungen zur Sonn- und Feiertagsarbeit in Videotheken, öffentlichen Bibliotheken, Callcentern sowie zur Abwicklung des Lotto- und Totogeschäfts. Die vom BVerwG explizit für unwirksam erklärten Ausnahmen tauchen in der Ende 2016 geänderten hessischen Bedarfsgewerbeverordnung nicht mehr auf. Ein Anpassungsbedarf besteht jedoch weiterhin für Parallelbestimmungen in den Bedürfnis- bzw. Bedarfsgewerbeverordnungen der übrigen Länder, da von der Unwirksamkeit dieser Parallelbestimmungen gleichfalls auszugehen ist.[57]

Die Optionen einer gerichtlichen **Kontrolle der Landesverordnungen** nach § 13 Abs. 2 S. 1 iVm Abs. 1 Nr. 2 lit. a ArbZG lassen sich wie folgt skizzieren: Eine **verwaltungsgerichtliche Kontrolle** kann auf mehreren Wegen herbeigeführt werden. In den Bundesländern, die eine **verwaltungsgerichtliche Normenkontrolle nach § 47 Abs. 1 Nr. 2 VwGO** für Landesrecht eröffnet haben, das im Rang unter dem Landesgesetz steht,[58] können entsprechende Verordnungen grds. zum Gegenstand einer prinzipalen Kontrolle im Verfahren nach § 47 VwGO gemacht werden. Der vorläufige Rechtsschutz richtet sich nach § 47 Abs. 6 VwGO.[59] Die **Antragsbefugnis** nach § 47 Abs. 2 S. 1 VwGO steht nicht nur betroffenen Arbeitnehmern,[60] sondern etwa auch in ihrem Tätigkeitsbe-

27

28

---

[55] Richardi/Annuß NZA 1999, 953 ff.; vgl. auch dies., Sonn- und Feiertagsarbeit, S. 42 für weitreichenden Befreiung von Callcentern vom Sonntagsarbeitsverbot. [56] BVerwG 26.11.2014 – 6 CN 1.13, BVerwGE 150, 327 ff.; dazu auch Wiebauer NVwZ 2015, 543 ff.; Knauff GewArch 2016, 217 ff., 272 ff. [57] Vgl. auch Wiebauer NVwZ 2015, 543 (548); Knauff GewArch 2016, 272 (274); unklar NK-GA/Wichert ArbZG § 13 Rn. 15. [58] Dies sind: Baden-Württemberg (§ 4 BWAGVwGO); Bayern (Art. 5 BayAGVwGO); Brandenburg (§ 4 Abs. 1 BbgVwGG); Bremen (Art. 7 BremAGvwGO); Hessen (§ 15 HessAGVwGO); Mecklenburg-Vorpommern (§ 13 MVAGGStrukG); Niedersachsen (§ 7 NdsAGVwGO); Rheinland-Pfalz (§ 4 RhPfAGVwGO); Saarland (§ 18 SaarlAGVwGO); Sachsen (§ 24 Abs. 1 SächsJG); Sachsen-Anhalt (§ 10 LSAAGVwGO); Schleswig-Holstein (§ 5 SchlHAGVwGO); Thüringen (§ 4 ThürAGVwGO). [59] Vgl. dazu OVG Weimar 7.3.2016 – 3 EN 123/16, ThürVBl. 2017, 93 (94); OVG Greifswald 19.7.2016 – 2 M 61/16, NVwZ-RR 2017, 190 f.; VGH Mannheim 26.10.2016 – 6 S 2041/16, NVwZ-RR 2017, 289 f. [60] Vgl. dazu BVerwG 17.12.1998 – 1 CN 1/98, BVerwGE 108, 182 (184); vgl. ferner BVerwG 19.9.2000 – 1 C 17/99, BVerwGE 112, 51 (54 ff.).

reich betroffenen Gewerkschaften zu,[61] da die Regelungen des § 9 und § 13 Abs. 2 S. 1 iVm Abs. 1 Nr. 2 lit. a ArbZG, die den verfassungsrechtlichen Schutzauftrag der grundrechtlichen Konnexgarantie des Art. 140 GG iVm Art. 139 WRV einfachgesetzlich konkretisieren, einen auch insoweit drittschützenden Charakter aufweisen (→ ArbZG § 9 Rn. 3).[62] Hinsichtlich der existierenden Altregelungen ist freilich zu konstatieren, dass die **einjährige Antragsfrist** des § 47 Abs. 2 S. 1 VwGO längst verstrichen ist.[63] In den Blickpunkt rückt daher insofern – wie generell in den Bundesländern, die keine verwaltungsgerichtliche Normenkontrolle nach § 47 Abs. 1 Nr. 2 VwGO implementiert haben[64] – die Möglichkeit einer **verwaltungsgerichtlichen Inzidentkontrolle** im Rahmen der **allgemeinen Feststellungsklage gemäß § 43 Abs. 1 VwGO**; insofern begründen Streitigkeiten über die Frage der Anwendbarkeit der Rechtsverordnung ein konkretes feststellungsfähiges Rechtsverhältnis zwischen klagebefugten Normadressaten – wie betroffenen Arbeitnehmern und Gewerkschaften – einerseits und der normüberwachenden Landesbehörde (§ 17 Abs. 1 ArbZG) andererseits.[65] Daneben gibt es auch hier die Möglichkeit einer Inzidentkontrolle im Rahmen von Verfahren gegen Rechtsakte, die die Gültigkeit einer solcher Verordnung voraussetzen (→ Rn. 22). In Bezug auf eine **bundesverfassungsgerichtliche Überprüfung** von Landesverordnungen ist zu beachten, dass die Zulässigkeit einer sofortigen Rechtssatzverfassungsbeschwerde (Art. 93 Abs. 1 Nr. 4 a GG) regelmäßig am Gebot der Rechtswegerschöpfung bzw. am Subsidiaritätsgrundsatz scheitern wird.[66] Rechtsverordnungen des Landes sind ebenfalls ein zulässiger Gegenstand für eine **abstrakte Normenkontrolle** (→ Rn. 22). Schließlich bestehen **Rechtsschutzmöglichkeiten vor den Landesverfassungsgerichten** nach Maßgabe und am Maßstab des jeweiligen Landesverfassungsrechts, auf die hier nicht im Einzelnen eingegangen werden kann; lediglich auf die bayerische Besonderheit der Popularklage (Art. 98 S. 4 BayVerf) sei noch verwiesen.[67]

IV. Feststellung der Zulässigkeit einer Beschäftigung nach § 10 ArbZG und Bewilligung weiterer Abweichungen von § 9 ArbZG (Abs. 3)

29 § 13 Abs. 3 ArbZG gibt den **Aufsichtsbehörden** die Befugnis, **durch Verwaltungsakt** klarstellend und steuernd einzugreifen. Dabei verfolgt der Abs. 3 verschiedene Zielsetzungen: Einerseits kann ein feststellender Verwaltungsakt dazu erlassen werden, ob eine Beschäftigung nach § 10 ArbZG zulässig ist (Nr. 1); andererseits können weitere Ausnahmen vom Verbot des § 9 ArbZG durch Verwaltungsakt bewilligt werden (Nr. 2). Daraus ergeben sich jeweils unterschiedliche Anforderungen. Das **Verwaltungsverfahren** zum Erlass dieser Verwaltungsakte richtet sich nach dem Verwaltungsverfahrensgesetz (VwVfG) des jeweiligen Bundeslandes.

30 **1. Feststellung der Zulässigkeit der Beschäftigung (Abs. 3 Nr. 1).** Besteht Unsicherheit darüber, ob eine bestimmte Beschäftigung an Sonn- bzw. Feiertagen gemäß § 10 ArbZG zulässig ist, kann die zuständige Aufsichtsbehörde gemäß **§ 13 Abs. 3 Nr. 1 ArbZG** durch feststellenden Verwaltungsakt für Klarheit sorgen. Der Gesetzgeber hat damit der Aufsichtsbehörde die Befugnis verschafft, eine rasche Klärung der Rechtslage herbeizuführen.[68] **Inhaltlich** kann die Behörde lediglich feststellen, ob die Arbeiten an Sonn- bzw. Feiertagen zulässig sind; Erweiterungen oder Einschränkungen der Tatbestände des § 10 ArbZG sind ihr dagegen nicht möglich.[69] Auch der Nachsatz des

---

[61] BVerwG 26.11.2014 – 6 CN 1.13, BVerwGE 150, 327 (329 ff. Rn. 14 ff.); Wiebauer NVwZ 2015, 543 (544 f.); Knauff GewArch 2016, 217 (219); aA noch Leisner NVwZ 2014, 921 ff. [62] Vgl. BVerwG 26.11.2014 – 6 CN 1.13, BVerwGE 150, 327 (329 ff. Rn. 14 ff.). [63] Zur Antragsfrist und zur Frage ihres erneuten Laufes bei Änderungen und Neubekanntmachungen der Norm siehe W.-R. Schenke in: Kopp/Schenke VwGO § 47 Rn. 83 mwN. [64] Dies sind: Berlin, Hamburg und Nordrhein-Westfalen. [65] Vgl. zu dieser Konstellation BVerwG 23.8.2007 – 7 C 2.07, BVerwGE 129, 199 (204 ff. Rn. 20 ff.); OVG Münster 10.6.2016 – 4 B 504/16, KommJur 2017, 61 f.; vgl. auch BVerwG 28.1.2010 – 8 C 19.09, BVerwGE 136, 54 (59 f. Rn. 28 f.). [66] Ergibt sich nur aus Pieroth in: Jarass/Pieroth GG Art. 93 Rn. 100 f., 103 mwN. [67] Vgl. BayVerfGH 21.12.2011 – Vf. 3-VII-11, GewArch 2012, 218. [68] BT-Drs. 12/5888, 30; Schliemann ArbZG § 13 Rn. 25; DFL/Krauss ArbZG § 13 Rn. 8. [69] Anzinger/Koberski ArbZG § 13 Rn. 32.

Abs. 3 zu Anordnungen über die Beschäftigungszeit unter Berücksichtigung von Zeiten der öffentlichen Gottesdienste betrifft allein die Fälle des § 13 Abs. 3 Nr. 2 ArbZG.[70]

Das **Verwaltungsverfahren** zur Feststellung der Zulässigkeit der Beschäftigung kann **von Amts wegen** oder **auf Antrag** eingeleitet werden. IdR wird ein Feststellungsverfahren auf **Antrag des Arbeitgebers** beginnen, dem ein berechtigtes Interesse an der Feststellung der Zulässigkeit der Arbeiten und damit eine Antragsbefugnis bereits dann zuzusprechen ist, wenn die Sach- und Rechtslage hinsichtlich der Zulässigkeit der konkreten Sonn- bzw. Feiertagsbeschäftigung nicht eindeutig ist.[71] Zwar besteht grds. eine eigenverantwortliche Prüfungs- und Beurteilungspflicht des Arbeitgebers hinsichtlich der Voraussetzungen des § 10 ArbZG; der Arbeitgeber trägt allerdings das Risiko, dass die gesetzlichen Voraussetzungen entgegen seiner Einschätzung nicht vorliegen. Bei einer Fehleinschätzung muss er mit Sanktionen rechnen. Um dieses Risiko zu verringern, kann er die behördliche Feststellung nach der Nr. 1 beantragen.[72] Zu einem gebundenen Anspruch auf Erlass eines Feststellungsbescheids für den Arbeitgeber führt dies nicht;[73] dessen Erlass liegt im **pflichtgemäßen Ermessen der Behörde** („kann"), das freilich mit Blick auf die Zielsetzung des Feststellungsverfahrens (→ Rn. 30) ggf. entsprechend reduziert ist:[74] Die Ausübung des eingeräumten Entschließungsermessens ist daran auszurichten, ob die Feststellung geeignet ist, bestehende Zweifel auszuräumen. Wenn die Zulässigkeit der Beschäftigung zwischen Arbeitgeber und Belegschaft umstritten ist, so ist es in aller Regel ermessensgerecht, jedenfalls auf Antrag darüber eine Feststellung zu treffen.[75] Im Übrigen gehen etwaige Ausnahmen gemäß § 10 ArbZG immer zulasten der mit Sonn- und Feiertagsarbeit beschäftigten Arbeitnehmer. Es liegt daher im Interesse beider Arbeitsvertragsparteien, im Zweifelsfall die Zulässigkeit bzw. Unzulässigkeit klären zu lassen. Sollte die Beschäftigung der Arbeitnehmer rechtswidrig sein, können sie die Arbeitsleistung an diesen Tagen verweigern, ohne arbeitsrechtliche Konsequenzen (Abmahnung, Kündigung) befürchten zu müssen (→ ArbZG § 9 Rn. 2).

Infolgedessen können auch **einzelne Arbeitnehmer** eine Feststellung nach der Nr. 1 beantragen. Dass auch der **Betriebsrat** über eine entsprechende Antragsbefugnis verfügt,[76] ist hingegen zu verneinen.[77] Dies würde voraussetzen, dass er durch einen Feststellungsbescheid in Bezug auf die gesetzliche Zulässigkeit der Sonn- und Feiertagsbeschäftigung in eigenen subjektiven Rechten betroffen sein kann. Daran fehlt es: Die Mitbestimmungsrechte des Betriebsrates erstrecken sich nur auf Bereiche, in denen eine gesetzliche oder tarifliche Regelung nicht besteht (§ 87 Abs. 1 BetrVG). Das ArbZG mit seinen Höchstarbeitszeiten und Ausnahmen hiervon stellt eine der Mitbestimmung innerhalb des Betriebes nach § 87 Abs. 1 Nr. 2 BetrVG vorgegebene gesetzliche Regelung dar (→ ArbZG § 9 Rn. 26); insbes. enthält das BetrVG keine Vorschrift, die dem Betriebsrat gegenüber anderen Stellen als dem Arbeitgeber ein Recht auf Mitbestimmung einräumt.[78]

Für die **Durchführung des Feststellungsverfahrens** sind die Vorschriften des Verwaltungsverfahrensgesetzes (VwVfG) des jeweiligen Bundeslandes maßgeblich (→ Rn. 29);[79] insbesondere gilt der Untersuchungsgrundsatz (vgl. § 24 Abs. 1 VwVfG), nach dem die Behörde den Sachverhalt von Amts wegen zu ermitteln hat. Insoweit ist die Behörde inhaltlich nicht an die Anträge und das Vorbringen des Arbeitgebers zur Begründung des Feststellungsantrages gebunden, sondern kann auch eigene Ermittlungen zur Feststellung von Tatsachen anstellen (vgl. § 24 Abs. 1 S. 2 VwVfG). Dabei hat

---

[70] BVerwG 19.9.2000 – 1 C 17.99, BVerwGE 112, 51 (58); zustimmend Baeck/Deutsch ArbZG § 13 Rn. 27; Schliemann ArbZG § 13 Rn. 27; HWK/Gäntgen ArbZG § 13 Rn. 17; krit. Ulber AuR 2000, 470 (471). [71] Baeck/Deutsch ArbZG § 13 Rn. 30; Anzinger/Koberski ArbZG § 13 Rn. 38 f. [72] BVerwG 19.9.2000 – 1 C 17.99, BVerwGE 112, 51 (56); NK-GA/Wichert ArbZG § 13 Rn. 16. [73] Insoweit zutreffend Buschmann/Ulber ArbZG § 13 Rn. 14; aA wohl Schliemann ArbZG § 13 Rn. 25. [74] BVerwG 19.9.2000 – 1 C 17.99, BVerwGE 112, 51 (58). [75] BVerwG 19.9.2000 – 1 C 17.99, BVerwGE 112, 51 (58). [76] So Buschmann/Ulber ArbZG § 13 Rn. 14. [77] VG Frankfurt/M. 11.11.2008 – 7 E 1739/07, Rn. 24; Schliemann ArbZG § 13 Rn. 26. [78] VG Frankfurt/M. 11.11.2008 – 7 E 1739/07, Rn. 24. [79] Vgl. dazu auch Anzinger/Koberski ArbZG § 13 Rn. 43 ff.

sie alle für den Einzelfall bedeutsamen, auch die für die Beteiligten günstigen Umstände zu berücksichtigen (vgl. § 24 Abs. 2 VwVfG). Zu den in Betracht kommenden Beweismitteln vgl. § 26 Abs. 1 VwVfG; zur Anhörung Beteiligter vgl. § 28 VwVfG. Die Entscheidung der Behörde erfolgt durch **Feststellungsbescheid**, der durch Bekanntgabe gegenüber dem Arbeitgeber wirksam wird (vgl. §§ 41, 43 Abs. 1 VwVfG). Der Feststellungsbescheid bzw. dessen Versagung unterliegen den üblichen **Rechtsbehelfen nach der VwGO** (Widerspruch[80] und Anfechtungs- bzw. Verpflichtungsklage).[81] Wird der Antrag des Arbeitgebers auf Feststellung der Zulässigkeit abschlägig beschieden oder ergeht der Bescheid inhaltlich abweichend von der beantragten Feststellung, so ist für den **Arbeitgeber** die **Verpflichtungsklage** die statthafte Rechtsschutzform. Wird ein ihn belastender Feststellungsbescheid erlassen, ohne dass er einen Antrag gestellt hat, kann der Arbeitgeber **Anfechtungsklage** erheben. **Arbeitnehmer** können gegen einen Bescheid, der die Zulässigkeit der Beschäftigung nach § 10 ArbZG feststellt, (**Dritt-)Anfechtungsklage** erheben; ein solcher Feststellungsbescheid greift jedenfalls deshalb in die Rechte der Arbeitnehmer ein, weil er, solange er Bestand hat, verhindert, dass die Aufsichtsbehörde gegen den Arbeitgeber wegen nicht erlaubter Beschäftigung von Arbeitnehmern an Sonn- und Feiertagen vorgehen kann.[82] Im Rahmen der Begründetheit der Anfechtungsklage wird geprüft, ob der Feststellungsbescheid rechtswidrig (und rechtsverletzend) ist, weil er gegen die arbeitnehmerschützenden Vorschriften über den Sonn- und Feiertagsschutz verstößt.[83] Entsprechende Rechtsschutzmöglichkeiten stehen ferner in ihrem Tätigkeitsbereich betroffenen **Gewerkschaften** zur Verfügung: Den Regelungen der §§ 9, 10 und 13 Abs. 3 Nr. 1 ArbZG, die den verfassungsrechtlichen Schutzauftrag aus Art. 140 GG iVm Art. 139 WRV einfachgesetzlich konkretisieren, kommt ein auch insoweit **drittschützender Charakter** zu (→ ArbZG § 9 Rn. 3). Gewerkschaften können danach geltend machen, dass die Voraussetzungen für eine Ausnahme vom Verbot der Sonntagsarbeit nicht vorliegen und dass der gegenteilige Feststellungsbescheid deshalb gegen eine auch sie schützende Rechtsposition verstoße.[84] Dagegen fehlt dem **Betriebsrat** mangels eigener subjektiver Rechtsposition (→ Rn. 32) eine entsprechende Widerspruchs- bzw. Klagebefugnis.[85]

34 **2. Bewilligung von Sonn- und Feiertagsarbeit (Abs. 3 Nr. 2).** Nach § 13 Abs. 3 Nr. 2 ArbZG kann auch die **Aufsichtsbehörde** Abweichungen von § 9 ArbZG bewilligen. Im Unterschied zu den gesetzlichen Ausnahmen des § 10 ArbZG sind mögliche Abweichungen hinsichtlich des Umfangs sowie zum Teil gegenständlich auf bestimmte Bereiche oder Tätigkeiten begrenzt. Der Katalog der Nr. 2 lit. a–c ist insoweit abschließend. Die Ausnahmetatbestände beziehen sich auf den Betrieb bzw. mehrere Betriebe und nicht auf einzelne Arbeitnehmer.[86]

35 **a) Ausnahmen im Handelsgewerbe (Nr. 2 lit. a).** § 13 Abs. 3 Nr. 2 lit. a ArbZG erlaubt für das Handelsgewerbe Arbeiten an Sonn- und Feiertagen, an denen besondere Verhältnisse einen erweiterten Geschäftsverkehr erforderlich machen. Die Anzahl der Sonn- und Feiertage, an denen gearbeitet werden darf, ist auf insgesamt maximal **zehn Sonn- und Feiertage** im Jahr beschränkt. Als Obergrenze muss diese Zahl nicht ausgeschöpft werden. Bezugszeitraum ist das **Kalenderjahr**.[87] Für das **Handelsgewerbe** kenn-

---

80 Soweit die Durchführung eines Vorverfahrens nicht nach § 68 Abs. 1 S. 2 VwGO insbes. auch landesgesetzlich ausgeschlossen ist; siehe dazu W.-R. Schenke in: Kopp/Schenke VwGO § 68 Rn. 17a mwN. **81** Vgl. BT-Drs. 12/5888, 30. **82** BVerwG 19.9.2000 – 1 C 17/99, BVerwGE 112, 51 (56 f.). **83** BVerwG 19.9.2000 – 1 C 17/99, BVerwGE 112, 51 (55 f.); Neumann/Biebl ArbZG § 13 Rn. 12; Schliemann ArbZG § 13 Rn. 26; Buschmann/Ulber ArbZG § 13 Rn. 14; Strobach AiB 2000, 275 (280). **84** Vgl. BVerwG 26.11.2014 – 6 CN 1.13, BVerwGE 150, 327 (330 f. Rn. 15 ff.); Wiebauer NVwZ 2015, 543 (544); Dommermuth-Alhäuser NZA 2016, 522 (528); aA noch NK-GA/Wichert ArbZG § 13 Rn. 62. **85** VG Frankfurt/M. 11.11.2008 – 7 E 1739/07, Rn. 24; VG Schleswig 24.9.2014 – 12 A 219/13, Rn. 47; Schliemann ArbZG § 13 Rn. 26; aA Buschmann/Ulber ArbZG § 13 Rn. 14. **86** Neumann/Biebl ArbZG § 13 Rn. 13; Baeck/Deutsch ArbZG § 13 Rn. 34; NK-GA/Wichert ArbZG § 13 Rn. 21. **87** Wie hier Anzinger/Koberski ArbZG § 13 Rn. 65; aA Baeck/Deutsch ArbZG § 13 Rn. 38: Zeitraum eines Jahres ab der erstmaligen Beschäftigung auf der Grundlage einer Bewilligung.

zeichnend ist der Umsatz von Waren aller Art und von Geld,[88] dazu gehören Groß- und Einzelhandel ebenso wie Geld- und Kredithandel. Erfasst sind zudem unselbststän- dige Hilfstätigkeiten des Handelsgewerbes, ohne die die Inanspruchnahme einer Bewil- ligung nach der Nr. 2 lit. a praktisch nicht möglich wäre. Vor 1994 wurden dazu auch Lager-, Kommissionier- und Transporttätigkeiten gerechnet;[89] dies will ein Teil der Li- teratur für die Nr. 2 lit. a übernehmen.[90] Gerechtfertigt ist dies nur, soweit es sich um reine Hilfstätigkeiten im eigenen Betrieb handelt. Ansonsten fallen diese Tätigkeiten bereits unter die gesetzliche Ausnahme des § 10 Abs. 1 Nr. 10 ArbZG, so dass es inso- weit keiner (zusätzlichen) Ausnahmebewilligung bedarf.[91]

36 Eine Ausnahmebewilligung für das Handelsgewerbe kann nur erlassen werden, wenn ein insoweit erweiterter Geschäftsverkehr aufgrund **besonderer Verhältnisse erforder- lich** ist. Als Begründung für eine Ausnahmebewilligung kommen allein **außerbetriebli- che Umstände** in Betracht.[92] Diese müssen so **gewichtig** sein, dass sie trotz der verfas- sungsrechtlichen Garantie der Sonn- und Feiertagsruhe bei einer Abwägung Abwei- chungen von dieser rechtfertigen (→ ArbZG § 9 Rn. 3 ff.); bloße Rentabilitätsinteres- sen und wirtschaftliche Nachteile durch die Einhaltung der Sonn- und Feiertagsruhe reichen jedenfalls nicht aus.[93] In Betracht kommen hingegen gesamtwirtschaftliche Stö- rungen oder wirtschaftliche Schwierigkeiten in einzelnen Wirtschaftsbereichen, die ihre Ursachen ggf. auch in politischen Entwicklungen haben können. Die Einbindung des Arbeitgebers in internationale Wirtschaftsbeziehungen, bei denen ausländische Ge- schäftspartner eine Marktteilnahme an Sonn- und Feiertagen erwarten, mag im Einzel- fall ebenfalls eine Bewilligung nach der Nr. 2 lit. a rechtfertigen.

37 Vor diesem Hintergrund hat die **Rechtsprechung** vor 1994 ua in folgenden Fällen ein Vorliegen besonderer Verhältnisse bejaht für:

- an internationalen Börsen tätige Brokerfirmen im Fall von Kursschwankungen auf- grund unvorhersehbarer politischer und wirtschaftlicher Entwicklungen;[94]
- eine zentrale deutsche Datenverarbeitungsanlage, wenn deren Stillstand an inländi- schen Sonn- oder Feiertagen für angeschlossene ausländische Unternehmen zu un- zumutbaren Störungen führt;[95]
- die Durchführung handelsüblicher Termine von Haus- und Ordermessen, die im Zusammenhang mit Messen, Märkten oder Ausstellungen nach den §§ 64 ff. GewO stehen;[96]
- Betriebe des Sahnegroßhandels, die Betriebe beliefern, die Sahne an Sonn- und Fei- ertagen an Verbraucher abgegeben.[97]

An aktueller Rechtsprechung zu dieser Konstellation fehlt es.

38 **b) Ausnahmen zur Verhütung unverhältnismäßiger Schäden (Nr. 2 lit. b).** An bis zu **fünf Sonn- und Feiertagen** im Jahr kann die Aufsichtsbehörde gemäß § 13 Abs. 3 Nr. 2 lit. b ArbZG Abweichungen von § 9 ArbZG bewilligen, wenn **besondere Verhältnisse zur Verhütung eines unverhältnismäßigen Schadens** dies **erforderlich** machen. Hier- durch sollen einerseits über § 14 Abs. 1 ArbZG hinausgehende Ausnahmen vom Ver-

---

88 BVerwG 14.11.1989 – 1 C 29/88, BVerwGE 84, 86 (88); Neumann/Biebl ArbZG § 13 Rn. 14; ErfK/Wank ArbZG § 13 Rn. 6; Dobberahn, S. 57; NK-GA/Wichert ArbZG § 13 Rn. 24; zur Ab- grenzung zum Verkehrsgewerbe vgl. BAG 4.5.1993 – 1 ABR 57/92, DB 1993, 1881. **89** BVerwG 14.11.1989 – 1 C 29/88, BVerwGE 84, 86 (88). **90** ErfK/Wank ArbZG § 13 Rn. 6; Neumann/ Biebl ArbZG § 13 Rn. 14; HK-ArbZR/Schaumberg ArbZG § 13 Rn. 21; Dobberahn, S. 57. **91** So zu Recht Schliemann ArbZG § 13 Rn. 39; vgl. auch Baeck/Deutsch ArbZG § 13 Rn. 36: Streitfra- ge ohne praktische Bedeutung. **92** So die hM – siehe Anzinger/Koberski ArbZG § 13 Rn. 57; Schliemann ArbZG § 13 Rn. 40; HK-ArbZR/Schaumberg ArbZG § 13 Rn. 23; Buschmann/Ulber ArbZG § 13 Rn. 16; Dobberahn S. 57; für die Zulassung auch innerbetrieblicher Ursachen dage- gen Baeck/Deutsch ArbZG § 13 Rn. 37; NK-GA/Wichert ArbZG § 13 Rn. 27. **93** Vgl. VG Düs- seldorf 18.10.1977 – 3 K 2879/77, GewArch 1978, 93; Neumann/Biebl ArbZG § 13 Rn. 15; Schliemann ArbZG § 13 Rn. 40. **94** BVerwG 29.4.1983 – 1 C 140/80, NJW 1984, 1318. **95** VG Düsseldorf 18.10.1977 – 3 K 2879/77, GewArch 1978, 93. **96** VG Düsseldorf 2.10.1987 – 3 L 1793/87, GewArch 1988, 300. **97** BVerwG 29.3.1966 – 1 C 8/65, BVerwGE 24, 15 (16 f.).

bot der Sonn- und Feiertagsarbeit ermöglicht werden.[98] Andererseits ist die Auslegung der Nr. 2 lit. b in verfassungskonformer Weise vorzunehmen, damit vermieden wird, dass durch die Bestimmung oder ihre Anwendung im Einzelfall die Mindestanforderungen an den Sonn- und Feiertagsschutz unterschritten werden, die sich aus Art. 140 GG iVm Art. 139 WRV ergeben (→ ArbZG § 9 Rn. 3 ff.).[99] Der **gegenständliche Anwendungsbereich** ist nicht auf bestimmte Wirtschaftszweige beschränkt. Die Bewilligungen können bei Vorliegen der Voraussetzungen für alle Betriebe unabhängig von deren Betriebszweck erteilt werden. Der zeitliche Bezugspunkt ist das **Kalenderjahr**.[100]

39 Die Bewilligung von Ausnahmen nach Nr. 2 lit. b setzt zunächst das Vorliegen **besonderer Verhältnisse** voraus. Diese müssen zu erheblichen Abweichungen vom üblichen Betriebsablauf führen und zudem nur von vorübergehender Natur sein.[101] Andernfalls erfüllen sie schon das Kriterium der Besonderheit nicht, da die betreffenden Verhältnisse dann den „Normalfall" bilden.

40 Ob die Sondersituation für den Arbeitgeber **unvorhersehbar** war oder nicht, darauf kommt es – im Gegensatz zur früheren Rechtslage[102] – tatbestandlich nicht (mehr) an, da das vormalige Merkmal des „nicht vorhersehbaren Bedürfnisses" durch den Begriff der „besonderen Verhältnisse" ersetzt worden ist.[103] Deshalb können auch für den Arbeitgeber **vorhersehbare Ereignisse** den Tatbestand der Ausnahmeregelung erfüllen. Vor dem Hintergrund der grundsätzlichen Verpflichtung des Arbeitgebers, seinen Betrieb entsprechend der Vorgaben des ArbZG zu organisieren, kommt bei für ihn vorhersehbaren Ereignissen die Erteilung einer Ausnahmebewilligung indes nur in Betracht, wenn der Arbeitgeber im Vorfeld alle geeigneten und zumutbaren Maßnahmen ergriffen hat, um die drohende Sonn- und Feiertagsarbeit abzuwenden.[104]

41 Besondere Verhältnisse können ihre Ursache sowohl in **außerbetrieblichen** als auch in **betriebsinternen Umständen** haben.[105] Insoweit kommen Wetterereignisse (Sturm, Hochwasser, Schnee, Blitzschläge), technische Ursachen (Maschinen- oder Stromausfall), logistische Ursachen (Materialmangel, Ausfall von Transportkapazitäten), erheblicher Personalausfall oder ein über den normalen bzw. saisonal bedingten Arbeitsanfall weit hinausgehender Auftragseingang in Betracht.[106] In letzterer Beziehung liegen die Voraussetzungen für eine Ausnahmebewilligung allerdings nicht vor, wenn der im Versandhandel tätige Arbeitgeber im eigenen Umsatzinteresse Kundenwünsche nach spontaner Belieferung von Geschenkartikeln in der Vorweihnachtszeit durch die Zusage kürzester Lieferfristen noch befördert, ohne versucht zu haben, Belastungsspitzen ohne Sonntagsarbeit aufzufangen (→ Rn. 40).[107] Vielmehr haben Arbeitgeber insoweit schon bei der Festlegung des Geschäftskonzeptes dem Gewicht des Sonn- und Feiertagsschutzes angemessen Rechnung zu tragen.[108] Wegen der staatlichen Neutralitäts-

---

98 Vgl. Anzinger/Koberski ArbZG § 13 Rn. 68; Schliemann ArbZG § 13 Rn. 49. **99** OVG Münster 18.12.2015 – 4 B 1463/15, GewArch 2016, 157 im Anschluss an BVerfG 1.12.2009 – 1 BvR 2857, 2858/07, BVerfGE 125, 39 ff.; dazu auch Kohte jurisPR-ArbR 46/2016 Anm. 4. **100** AA Baeck/Deutsch ArbZG § 13 Rn. 44; NK-GA/Wichert ArbZG § 13 Rn. 32. **101** Vgl. Schliemann ArbZG § 13 Rn. 45; HK-ArbZR/Schaumberg ArbZG § 13 Rn. 24; Buschmann/Ulber ArbZG § 13 Rn. 17. **102** Vgl. noch BVerwG 23.6.1992 – 1 C 29.90, BVerwGE 90, 238 (239); dazu auch Baeck/Deutsch ArbZG § 13 Rn. 40; Anzinger/Koberski ArbZG § 13 Rn. 68. **103** BayVGH 8.12.2016 – 22 ZB 16.1180, BayVBl. 2017, 563 (564); Neumann/Biebl ArbZG § 13 Rn. 16; Schliemann ArbZG § 13 Rn. 45; HK-ArbZR/Schaumberg ArbZG § 13 Rn. 24; Baeck/Deutsch ArbZG § 13 Rn. 40; Buschmann/Ulber ArbZG § 13 Rn. 17. **104** Vgl. BayVGH 8.12.2016 – 22 ZB 16.1180, BayVBl. 2017, 563 (564 f.); OVG Münster 18.12.2015 – 4 B 1463/15, GewArch 2016, 157 f.; OVG Münster 18.12.2015 – 4 B 1465/15, Rn. 24; OVG Bautzen 11.12.2015 – 3 B 369/15, Rn. 9; Buschmann/Ulber ArbZG § 13 Rn. 17; ähnlich ErfK/Wank ArbZG § 13 Rn. 7. **105** Enger Buschmann/Ulber ArbZG § 13 Rn. 17: außerbetriebliche Umstände, die den Betrieb treffen. **106** Siehe Neumann/Biebl ArbZG § 13 Rn. 16; Schliemann ArbZG § 13 Rn. 46; NK-GA/Wichert ArbZG § 13 Rn. 29. **107** OVG Münster 18.12.2015 – 4 B 1463/15, GewArch 2016, 157 f.; dazu Kohte jurisPR-ArbR 46/2016 Anm. 4; vgl. auch BayVGH 8.12.2016 – 22 ZB 16.1180, BayVBl. 2017, 563 (564 f.). **108** OVG Münster 18.12.2015 – 4 B 1463/15, GewArch 2016, 157; OVG Münster 18.12.2015 – 4 B 1465/15, Rn. 24; BayVGH 8.12.2016 – 22 ZB 16.1180, BayVBl. 2017, 563 (564 f.).

pflicht bei Arbeitskämpfen (Art. 9 Abs. 3 GG) scheidet bei rechtmäßigen **Streiks** eine Bewilligung entsprechender Ausnahmen ebenfalls aus.[109]

Eine Ausnahmebewilligung kann nur erlassen werden, wenn sie **zur Verhütung eines unverhältnismäßigen Schadens** erforderlich ist. Insoweit ist ein **weiter Schadensbegriff** zugrunde zu legen. Erfasst sind nicht nur materielle Schäden, wie Schäden an Maschinen, der Produktion oder baulichen Anlagen, sondern darüber hinaus auch reine Vermögensschäden des Arbeitgebers, wie etwa Kostenerhöhungen, Wertverluste oder auch entgangener Gewinn durch Auftragsverluste.[110] Der Schaden muss **drohen**; er braucht noch nicht tatsächlich eingetreten zu sein. Allerdings bedarf es insoweit einer hinreichenden Wahrscheinlichkeit, dass sich ohne die Ausnahmebewilligung ein entsprechender Schaden beim Fortgang der Entwicklung realisieren wird. Ob dies der Fall ist, ist im Wege einer **ex-ante-Prognose** anhand der Umstände des Einzelfalls zu beurteilen. 42

Der für den Betrieb zu erwartende Schaden ist **unverhältnismäßig**, wenn die wirtschaftlichen Auswirkungen bei Versagung der Ausnahmebewilligung für den Arbeitgeber unzumutbar sind.[111] Dabei sind die sich für den Arbeitgeber in diesem Fall ergebenden Belastungen gegen den Sonn- und Feiertagsschutz der Arbeitnehmer abzuwägen. Eine Ausnahmebewilligung ist nicht erst dann zu erteilen, wenn ansonsten die Existenz des Betriebes gefährdet wäre. Die wirtschaftlichen Auswirkungen müssen jedoch über das Maß hinausgehen, das schon bei der üblicherweise einzuhaltenden Sonn- und Feiertagsruhe auftritt.[112] Eine Unverhältnismäßigkeit ist zudem zu verneinen, wenn der drohende Schaden auch durch andere, für den Arbeitgeber zumutbare Maßnahmen abgewendet werden kann.[113] Kriterien für die Beurteilung der Unverhältnismäßigkeit können die Betriebsgröße, die wirtschaftliche Leistungskraft des Betriebes oder die Bedeutung der beantragten Sonn- und Feiertagsarbeit für die Betriebsbilanz sein. 43

Unter Umständen können auch drohende **unverhältnismäßige Schäden in anderen Betrieben des gleichen Arbeitgebers** eine Bewilligung von Sonn- und Feiertagsarbeit für einen vom Schaden nicht betroffenen Betrieb rechtfertigen.[114] Für diese Konstellation ist aufgrund des Ausnahmecharakters der Nr. 2 lit. b zu berücksichtigen, dass Sonn- bzw. Feiertagsarbeit in dem vom Schaden nicht betroffenen Betrieb lediglich dann in Betracht kommen kann, wenn der Arbeitgeber in dem schadensbedrohten Betrieb alle Maßnahmen zur Schadensabwendung ergriffen hat bzw. absehbar ist, dass diese nicht wirksam sein werden. Insofern können nur sehr schwerwiegende Umstände, wie Naturkatastrophen, Brände, Explosionen oÄ, eine Ausdehnung der Bewilligung auf nicht unmittelbar vom Schaden bedrohte Betriebe des gleichen Arbeitgebers rechtfertigen. In diesem Fall kommt es nicht darauf an, ob sich der schadensbedrohte Betrieb im In- oder Ausland befindet.[115] 44

Fraglich ist, ob eine Bewilligung für einen nicht betroffenen Betrieb auch dann erteilt werden kann, wenn der **vom Schaden bedrohte Betrieb zu einem anderen Unternehmen gehört**. Teilweise wird insoweit zusätzlich verlangt, dass eine geschäftliche Beziehung zwischen den Betrieben besteht[116] bzw. dass beide Betriebe in der Bundesrepublik 45

---

109 Buschmann/Ulber ArbZG § 13 Rn. 17; Anzinger/Koberski ArbZG § 13 Rn. 72; HWK/Gäntgen ArbZG § 13 Rn. 15; anders wohl Baeck/Deutsch ArbZG § 13 Rn. 40; NK-GA/Wichert ArbZG § 13 Rn. 29; differenzierend auch Dommermuth-Alhäuser NZA 2016, 522 (526). **110** Vgl. auch Schliemann ArbZG § 13 Rn. 46; Neumann/Biebl ArbZG § 13 Rn. 17; Baeck/Deutsch ArbZG § 13 Rn. 41; HK-ArbZR/Schaumberg ArbZG § 13 Rn. 245; NK-GA/Wichert ArbZG § 13 Rn. 30. **111** Vgl. BVerwG 23.6.1992 – 1 C 29.90, BVerwGE 90, 238 (239); Anzinger/Koberski ArbZG § 13 Rn. 75; ErfK/Wank ArbZG § 13 Rn. 7; Schliemann ArbZG § 13 Rn. 47; Baeck/Deutsch ArbZG § 13 Rn. 41. **112** So auch Baeck/Deutsch ArbZG § 13 Rn. 41; Roggendorff, S. 139. **113** Vgl. OVG Bautzen 11.12.2015 – 3 B 369/15, Rn. 9; OVG Münster 18.12.2015 – 4 B 1463/15, GewArch 2016, 157; Neumann/Biebl ArbZG § 13 Rn. 17; Buschmann/Ulber ArbZG § 13 Rn. 17; ErfK/Wank ArbZG § 13 Rn. 7; NK-GA/Wichert ArbZG § 13 Rn. 31. **114** So Anzinger/Koberski ArbZG § 13 Rn. 76 f.; Schliemann ArbZG § 13 Rn. 47; Roggendorff, S. 139. **115** Vgl. BVerwG 23.6.1992 – 1 C 29.90, BVerwGE 90, 238 (244); Anzinger/Koberski ArbZG § 13 Rn. 77; Baeck/Deutsch ArbZG § 13 Rn. 43. **116** So Baeck/Deutsch ArbZG § 13 Rn. 43; vgl. auch Schliemann ArbZG § 13 Rn. 47.

belegen sein müssen.[117] Zwar ist dem Wortlaut der Vorschrift eine ausdrückliche Beschränkung auf Betriebe des gleichen Arbeitgebers nicht zu entnehmen. Zweck der Regelung ist es jedoch nicht, eine „Solidargemeinschaft" der Arbeitgeber zu befördern, sondern Schaden von einem konkreten Betrieb abzuwenden und insoweit unter Berücksichtigung der Verantwortung und der Möglichkeiten des konkret betroffenen Arbeitgebers Ausnahmen von der Sonn- und Feiertagsruhe zuzulassen. Irgendein – ggf. geringer – rechtsgeschäftlicher Kontakt des Drittbetriebes zu dem schadensbedrohten Betrieb genügt insofern für den Eingriff in den verfassungsrechtlich gewährleisteten Sonn- und Feiertagsschutz nicht. Denkbar sind allenfalls wenige Ausnahmefälle, in denen ein drohender Schaden in einem Betrieb unmittelbare erhebliche Auswirkungen auf Rechtsgüter eines Drittbetriebes hat. Möglich erscheint dies nur, wenn es zwischen den Betrieben enge tatsächliche Verflechtungen gibt, indem zB die Produktion in hohem Maße wechselseitig voneinander abhängig ist.

46 Schließlich muss die Bewilligung nach der Nr. 2 lit. b nach Art und Umfang auch **geeignet** sein, das Schadensereignis abzuwenden oder dessen Folgen zumindest erheblich abzumindern.[118] Erforderlich ist insoweit eine hinreichende Wahrscheinlichkeit, dass bei Inanspruchnahme der durch die Bewilligung eingeräumten Beschäftigungsmöglichkeiten der Schaden nicht eintreten bzw. deutlich geringer ausfallen wird als ohne diese Bewilligung. Beurteilungskriterien hierfür sind Ausmaß und Wahrscheinlichkeit des zu erwartenden Schadens sowie Art und Umfang der beantragten Bewilligung.

47 c) **Gesetzlich vorgeschriebene Inventuren** (Nr. 2 lit. c). Gemäß § 13 Abs. 3 Nr. 2 lit. c ArbZG kann die Aufsichtsbehörde zur Durchführung einer gesetzlich vorgeschriebenen Inventur an **einem Sonntag im Kalenderjahr**[119] eine Abweichung von § 9 ArbZG bewilligen. Zu beachten ist, dass der Wortlaut der Regelung keine Bewilligung für Inventuren an Feiertagen erlaubt. Der praktisch wichtigste Anwendungsfall ist die Jahresabschlussinventur für Kaufleute nach § 240 Abs. 2 HGB. Aber auch Inventuren wegen einer Insolvenz (§ 153 Abs. 1 InsO) sind von der Vorschrift erfasst. Dagegen gilt sie nicht für Inventuren, die vom Arbeitgeber ohne gesetzliche Anordnung durchgeführt werden. Für solche Inventuren darf die Behörde daher keine Bewilligung nach der Nr. 2 lit. c erteilen. Da insoweit das Verbot der Sonn- und Feiertagsarbeit nicht außer Kraft gesetzt werden kann, steht den Arbeitnehmern im Falle ihrer Anordnung durch den Arbeitgeber ein Leistungsverweigerungsrecht zu, weil die Anweisung gegen ein gesetzliches Verbot verstößt.

48 d) **Bewilligungsverfahren.** Die Einleitung des **Verwaltungsverfahrens** zur Erteilung einer Ausnahmebewilligung setzt in den Fällen des § 13 Abs. 3 Nr. 2 ArbZG regelmäßig einen entsprechenden **Antrag des Arbeitgebers** an die für ihn zuständige Aufsichtsbehörde voraus. Der Antrag ist an keine bestimmte Form gebunden. Allerdings sollte er zweckmäßigerweise alle zur Überprüfung der Bewilligungsvoraussetzungen für die Behörde erforderlichen Angaben enthalten (vgl. § 26 Abs. 2 VwVfG). Dazu gehören namentlich die Darlegung der Gründe für die beabsichtigte Sonn- oder Feiertagsbeschäftigung (zB Angaben zu den besonderen Verhältnissen und zum drohenden unverhältnismäßigen Schaden) und Ausführungen zum Inhalt der angestrebten Bewilligung (insbes. Angaben zum Termin, zur Anzahl der einzusetzenden Arbeitnehmer und zur Dauer der Beschäftigung).

49 Über den Antrag entscheidet die Behörde nach pflichtgemäßem **Ermessen**. Im Rahmen der hierbei vorzunehmenden Interessenabwägung berücksichtigt sie das Gewicht der vom Arbeitgeber für die Bewilligung vorgetragenen Gründe einerseits und den Arbeitnehmer- sowie Sonn- und Feiertagsschutz andererseits.[120] Ebenso beurteilt die Behörde, ob die beantragte Ausnahmebewilligung nach Art und Umfang erforderlich ist. Gegen einen Ablehnungsbescheid oder einen inhaltlich von seinem Antrag abweichenden

---

[117] So Anzinger/Koberski ArbZG § 13 Rn. 77; aA Baeck/Deutsch ArbZG § 13 Rn. 43. [118] Schliemann ArbZG § 13 Rn. 47. [119] AA Baeck/Deutsch ArbZG § 13 Rn. 47. [120] Daher ist es in der Praxis üblich, wenn auch rechtlich nicht geboten, dass der Betriebsrat im Rahmen der Amtsermittlung angehört wird; vgl. Anzinger/Koberski ArbZG § 13 Rn. 139.

Bewilligungsbescheid steht dem **Arbeitgeber** der Rechtsschutz nach der VwGO zur Verfügung (→ Rn. 33).

Wird von der Behörde eine Ausnahme vom Verbot der Sonn- bzw. Feiertagsarbeit bewilligt, liegt hierin ein für die betroffenen **Arbeitnehmer** belastender Verwaltungsakt. Da sie durch die Ausnahmebewilligung in eigenen Rechten beschwert sind, können sie diese mit Widerspruch[121] und Anfechtungsklage (§ 42 Abs. 1 VwGO) angreifen.[122] Entsprechende Rechtsbehelfe zeitigen grds. aufschiebende Wirkung (§ 80 Abs. 1 VwGO), so dass der Arbeitgeber von der Bewilligung keinen Gebrauch machen, dh die Sonn- bzw. Feiertagsarbeit gegenüber den Arbeitnehmern nicht anordnen darf. Entsprechende Weisungen an die Arbeitnehmer wären rechtswidrig und müssten von diesen nicht befolgt werden. Wenn der Arbeitgeber die Arbeitnehmer gleichwohl beschäftigen will, muss er sich ggf. um die sofortige Vollziehung der Bewilligung bemühen (vgl. §§ 80 a Abs. 1 Nr. 1, 80 Abs. 2 S. 1 Nr. 4 VwGO). Wird die Ausnahmebewilligung behördlicherseits für sofort vollziehbar erklärt, können die Arbeitnehmer die Wiederherstellung der aufschiebenden Wirkung beim Verwaltungsgericht beantragen (§ 80 a Abs. 3 S. 2 iVm § 80 Abs. 5 VwGO).[123] Entsprechende Rechtsschutzmöglichkeiten stehen in ihrem Tätigkeitsbereich betroffenen **Gewerkschaften** zur Verfügung:[124] Den Regelungen der §§ 9 und 13 Abs. 3 Nr. 2 ArbZG, die den verfassungsrechtlichen Schutzauftrag aus Art. 140 GG iVm Art. 139 WRV einfachgesetzlich konkretisieren, kommt ein auch insoweit **drittschützender Charakter** zu (→ ArbZG § 9 Rn. 3 ff.). Gewerkschaften können danach geltend machen, dass die Voraussetzungen für eine Ausnahme vom Verbot der Sonntagsarbeit nicht gegeben sind und dass die Ausnahmebewilligung daher gegen eine auch sie schützende Rechtsposition verstößt.[125] Demgegenüber fehlt dem **Betriebsrat** mangels eigener subjektiver Rechtsposition eine entsprechende Widerspruchs-, Antrags- und Klagebefugnis.[126]

V. Bewilligung von Sonn- und Feiertagsarbeit aus technischen oder naturwissenschaftlichen Gründen (Abs. 4)

§ 13 Abs. 4 ArbZG gestattet die behördliche Bewilligung von Ausnahmen vom Verbot der Sonn- und Feiertagsbeschäftigung für Arbeiten, die aus **chemischen, biologischen, technischen oder physikalischen** Gründen einen **ununterbrochenen Fortgang** auch an diesen Tagen erfordern. Die Bestimmung ist als Soll-Vorschrift ausgestaltet.[127] Ziel der Regelung ist es, Sonn- und Feiertagsarbeit aus Gründen zuzulassen, die im **Arbeitsverfahren** selbst liegen. Ihre **praktische Bedeutung** ist bisher **gering**, da in vielen Fällen bereits eine gesetzliche Ausnahme nach **§ 10 Abs. 1 Nr. 15 oder Nr. 16 ArbZG** greift, die dem Abs. 4 vorgeht.[128] Mit dem Abs. 4 will der Gesetzgeber die Möglichkeit von entsprechenden Abweichungen vom Verbot der Sonn- und Feiertagsarbeit für neue, bislang noch unbekannte Produktionsverfahren offen halten („Option für die Zu-

---

[121] Soweit die Durchführung eines Vorverfahrens nicht nach § 68 Abs. 1 S. 2 VwGO insbes. auch landesgesetzlich ausgeschlossen ist; siehe dazu W.-R. Schenke in: Kopp/Schenke VwGO § 68 Rn. 17 a mwN. [122] Vgl. BVerwG 19.9.2000 – 1 C 17/99, BVerwGE 112, 51 (55 ff.); Buschmann/Ulber ArbZG § 13 Rn. 36. [123] Vgl. VG Meiningen 5.11.2012 – 2 E 423/12 Me, Rn. 17 ff.; dazu Kohte jurisPR-ArbR 9/2013 Anm. 1. [124] Vgl. für (§ 9 Abs. 1 iVm) § 13 Abs. 3 Nr. 2 lit. b ArbZG OVG Münster 18.12.2015 – 4 B 1463/15, GewArch 2016, 157; OVG Münster 18.12.2015 – 4 B 1465/15, Rn. 8; OVG Bautzen 11.12.2015 – 3 B 369/15, Rn. 6; BayVGH 18.12.2015 – 22 CS15.2716, GewArch 2016, 121 f.; BayVGH 8.12.2016 – 22 ZB 16.1180, BayVBl. 2017, 563 f. – jeweils im Anschluss an BVerwG 26.11.2014 – 6 CN 1.13, BVerwGE 150, 327 (330 f. Rn. 15 ff.); dazu auch Kohte jurisPR-ArbR 46/2016 Anm. 4; aA noch NK-GA/Wichert ArbZG § 13 Rn. 66. [125] Vgl. OVG Münster 18.12.2015 – 4 B 1463/15, GewArch 2016, 157; OVG Bautzen 11.12.2015 – 3 B 369/15, Rn. 6; BayVGH 8.12.2016 – 22 ZB 16.1180, BayVBl. (564); Wiebauer NVwZ 2015, 543 (544); Dommermuth-Alhäuser NZA 2016, 522 (528). [126] Vgl. VG Schleswig 24.9.2014 – 12 A 219/13, Rn. 38 ff.; Lützeler jurisPR-ArbR 8/2015 Anm. 4; Schliemann ArbZG § 13 Rn. 26; aA Eisele ArbAktuell 2014, 574; Buschmann/Ulber ArbZG § 13 Rn. 14. [127] Vgl. BT-Drs. 12/6990, 16, 44. [128] Anzinger/Koberski ArbZG § 13 Rn. 85; ErfK/Wank ArbZG § 13 Rn. 9.

kunft")[129] Durch die vorgeschaltete Entscheidung der Aufsichtsbehörde soll ein Missbrauch verhindert werden.[130] Die Vorschrift ist einer **verfassungskonformen restriktiven Auslegung** zugänglich; sie unterliegt bei der gebotenen engen Auslegung[131] keinen durchgreifenden verfassungsrechtlichen Bedenken.[132]

52 **Chemische Gründe** liegen vor, wenn im Rahmen des Betriebsablaufes chemische Reaktionen erforderlich sind, für die eine Aufrechterhaltung bestimmter Parameter wie Druck, Temperatur, Stromzufuhr, Zufuhr einer bestimmten Menge von Ausgangsstoffen usw über einen längeren Zeitraum notwendig ist.[133] Ohne die fraglichen Arbeiten muss die Erreichung des Arbeitsergebnisses unmöglich oder zumindest erheblich erschwert werden. Letzteres ist namentlich dann der Fall, wenn die Wiederaufnahme der Prozesse nach der Unterbrechung für den Arbeitgeber nur mit einem unzumutbaren technischen oder wirtschaftlichen Aufwand erfolgen kann.

53 **Biologische Gründe** sind gegeben, wenn bei einer Unterbrechung der Arbeit ein biologischer Prozess unkontrolliert ablaufen und deshalb das Arbeitsergebnis beeinträchtigt oder dessen erneute Ingangsetzung unmöglich gemacht würde.[134] Dies kann etwa der Fall sein bei der Herstellung von Antibiotika durch Fermentationen mittels Mikroorganismen oder bei Prozessen in der Molekularbiologie bzw. Gentechnik.[135]

54 **Technische Gründe** gestatten eine Ausnahmebewilligung, wenn die sonn- und feiertägliche Arbeitsunterbrechung eine Zerstörung oder Beschädigung von Produktionsanlagen oder -mitteln nach sich ziehen würde. Insoweit ist etwa eine wechselnde thermische Materialbeanspruchung durch Aufheizung oder Abkühlung zu denken, zB durch das Aus- und Einschalten von Öfen.[136]

55 Auf **physikalische Gründe** kann eine Bewilligung nach dem Abs. 4 dann gestützt werden, wenn die Betriebsabläufe ständig gleichbleibende physikalische Bedingungen verlangen. Hierzu gehören Arbeiten, die gleichbleibend starke Magnetfelder verlangen, wie zB Langzeitmessungen analytischer Proben, bei denen die Messgeräte fortlaufend kontrolliert und justiert werden müssen. Auch Schmelzvorgänge, die auf eine kontinuierliche Zugabe von Rohmaterial und Energie angewiesen sind, fallen in diese Kategorie.[137]

56 Der Abs. 4 setzt voraus, dass aus den genannten Gründen ein **ununterbrochener Fortgang** der Arbeiten **erforderlich** ist. Nach einer vertretenen Ansicht soll dies schon dann der Fall sein, wenn durch eine Unterbrechung der Arbeiten an Sonn- und Feiertagen Nachteile für den Betrieb eintreten, die über die üblicherweise mit solchen Unterbrechungen verbundenen Nachteile hinausgehen.[138] Einer Missbrauchsgefahr werde hinreichend durch die Einschaltung der Aufsichtsbehörde begegnet.[139]

57 Eine solche Auslegung wird dem Charakter des Abs. 4 als Ausnahmetatbestand nicht gerecht.[140] Nur geringfügig über das Normalmaß hinausgehende Belastungen des Arbeitgebers durch sonn- oder feiertägliche Arbeitsunterbrechungen genügen nicht, um die **Erforderlichkeit** iSv Abs. 4 zu belegen, zumal der Abs. 4 – anders als § 13 Abs. 3

---

129 BT-Drs. 12/6990, 12, 41; siehe auch Schliemann ArbZG § 13 Rn. 53; Neumann/Biebl ArbZG § 13 Rn. 20; Baeck/Deutsch ArbZG § 13 Rn. 50; Anzinger/Koberski ArbZG § 13 Rn. 86; ErfK/Wank ArbZG § 13 Rn. 9; DFL/Krauss ArbZG § 13 Rn. 12; NK-GA/Wichert ArbZG § 13 Rn. 35; Erasmy NZA 1995, 97 (100). **130** Vgl. Baeck/Deutsch ArbZG § 13 Rn. 50. **131** Dafür auch Neumann/Biebl ArbZG § 13 Rn. 20; Schliemann ArbZG § 13 Rn. 54; Buschmann/Ulber ArbZG § 13 Rn. 20; Roggendorff, S. 141; aA Baeck/Deutsch ArbZG § 13 Rn. 57. **132** BVerfG 1.12.2009 – 1 BvR 2857, 2858/07, BVerfGE 125, 39 (86 f.); BAG 15.9.2009 – 9 AZR 757/08, BAGE 132, 88 (94 Rn. 38); Baeck/Deutsch ArbZG § 13 Rn. 50; aA Buschmann/Ulber ArbZG § 13 Rn. 20; Kuhr DB 1994, 2186 (2189). **133** Baeck/Deutsch ArbZG § 13 Rn. 52; Anzinger/Koberski ArbZG § 13 Rn. 88; Roggendorff, S. 140; Dobberahn, S. 59. **134** Baeck/Deutsch ArbZG § 13 Rn. 53. **135** Baeck/Deutsch ArbZG § 13 Rn. 53; Anzinger/Koberski ArbZG § 13 Rn. 90; Roggendorff, S. 141; Dobberahn, S. 59. **136** Vgl. Baeck/Deutsch ArbZG § 13 Rn. 54; HK-ArbZG/Rauschenberg ArbZG § 13 Rn. 35; Anzinger/Koberski ArbZG § 13 Rn. 89; Roggendorff, S. 141; Dobberahn, S. 59. **137** Vgl. Baeck/Deutsch ArbZG § 13 Rn. 55; Anzinger/Koberski ArbZG § 13 Rn. 91; Roggendorff, S. 141; Dobberahn, S. 59. **138** So Baeck/Deutsch ArbZG § 13 Rn. 58. **139** Baeck/Deutsch ArbZG § 13 Rn. 57. **140** Vgl. auch Buschmann/Ulber ArbZG § 13 Rn. 20; für eine restriktive Anwendung auch Roggendorff, S. 141; Kuhr DB 1994, 2188 (2189).

Nr. 2 lit. a–c ArbZG (→ Rn. 34 ff.) – die Anzahl der Sonn- und Feiertage, an denen eine Beschäftigung gestattet werden kann, nicht begrenzt. Das Recht der Arbeitnehmer auf Sonn- und Feiertagsruhe sowie ihr Schutz vor körperlicher oder geistiger Überbeanspruchung gebieten eine restriktive Auslegung: An die Erforderlichkeit ist ein **strenger Maßstab** anzulegen.[141] Der Ausnahmecharakter der Norm verpflichtet den Arbeitgeber, alle ihm zumutbaren technischen und organisatorischen Vorkehrungen zu treffen, um Sonn- und Feiertagsarbeit zu vermeiden. Kriterium für die Zumutbarkeit in Bezug auf technische Möglichkeiten ist jeweils der objektive „Stand der Technik" (→ Rn. 15).[142] Der Abs. 4 rechtfertigt regelmäßige Sonn- und Feiertagsarbeit nicht schon deswegen, weil ein ununterbrochener Arbeitsablauf jegliche atypischen Nachteile infolge einer Unterbrechung vermeidet.

Die Bewilligung von Sonn- und Feiertagsarbeit nach dem Abs. 4 kann auch **Vorbereitungs- und Folgearbeiten** erfassen, soweit diese für die Fortführung der nicht unterbrechbaren Arbeiten unabdingbar sind[143] und ebenfalls nicht unterbrochen werden können, ohne dass das Arbeitsergebnis gefährdet wäre, zB im Fall von Transport- und Aufbereitungsarbeiten. Entsprechendes gilt für Arbeiten zur Sicherung der Arbeitsergebnisse, zB vor schädlichen Umwelteinflüssen. Die Weiterverarbeitung der Arbeitsergebnisse ist dagegen nicht von Abs. 4 erfasst.[144]   58

Die Erteilung einer Ausnahmebewilligung nach Abs. 4 setzt einen entsprechenden **Antrag** bei der zuständigen Aufsichtsbehörde voraus. Er kann auch als Hilfsantrag zu einem Antrag auf Erlass eines feststellenden Verwaltungsaktes nach § 13 Abs. 3 Nr. 1 iVm § 10 Abs. 1 Nr. 15 ArbZG (→ Rn. 31) gestellt werden. Eine bestimmte Form ist für den Antrag nicht vorgeschrieben. Durch die **Soll-Bestimmung** des Abs. 4 wird die Behörde in ihrer Ermessensentscheidung gebunden.[145] Liegen die tatbestandlichen Voraussetzungen vor, muss die Behörde die Ausnahmebewilligung im Regelfall erteilen. Nur in atypisch gelagerten Fällen kommt eine Versagung der Ausnahmebewilligung in Betracht.[146] Die Bewilligung kann von der Behörde ggf. mit **Nebenbestimmungen** versehen werden (vgl. § 36 Abs. 1 und Abs. 2 VwVfG). Insofern kann sie die Bewilligung etwa mit der **Auflage** verbinden, dass ohnehin notwendige Unterbrechungen der Betriebsabläufe, zB wegen Reinigungsarbeiten, auf Sonn- oder Feiertage zu legen sind.[147] Die Beifügung eines **Widerrufsvorbehalts** für den Fall, dass die Bewilligungsvoraussetzungen nachträglich entfallen, scheidet im gesetzlichen Regelfall des Abs. 4 dagegen aus.[148] Gegen einen Ablehnungsbescheid oder einen inhaltlich von seinem Antrag abweichenden Bewilligungsbescheid steht dem **Arbeitgeber** der Rechtsschutz nach der VwGO zur Verfügung (→ Rn. 33); Gleiches gilt für die Anfechtung ggf. beigefügter Nebenbestimmungen durch den Arbeitgeber.[149] Betroffene **Arbeitnehmer** und in ihrem Tätigkeitsbereich betroffene **Gewerkschaften** können einen Bewilligungsbescheid und die Anordnung dessen sofortiger Vollziehung mit den Rechtsbehelfen nach der VwGO angreifen (→ Rn. 50); der **Betriebsrat** verfügt mangels eigener subjektiver Rechtsposition nicht über diese Option (→ Rn. 50).[150]   59

VI. Ausnahmebewilligung zur Beschäftigungssicherung (Abs. 5)

Nach § 13 Abs. 5 ArbZG hat die Aufsichtsbehörde, die dabei über kein Ermessen verfügt, sondern eine gebundene Entscheidung trifft, abweichend von § 9 ArbZG die Be-   60

---

141 Ebenso Schliemann ArbZG § 13 Rn. 54; Buschmann/Ulber ArbZG § 13 Rn. 20 b. 142 So schon Kuhr DB 1994, 2188 (2189); siehe auch Buschmann/Ulber ArbZG § 13 Rn. 20 b. 143 Vgl. Baeck/Deutsch, ArbZG § 13 Rn. 56. 144 Baeck/Deutsch ArbZG § 13 Rn. 56. 145 Baeck/Deutsch ArbZG § 13 Rn. 59; Schliemann ArbZG § 13 Rn. 33; Neumann/Biebl ArbZG § 13 Rn. 19; Buschmann/Ulber ArbZG § 13 Rn. 21; NK-GA/Wichert ArbZG § 13 Rn. 35. 146 Vgl. Kopp/Ramsauer VwVfG § 40 Rn. 64. 147 Insoweit für eine zwingend gebotene Auflage Buschmann/Ulber ArbZG § 13 Rn. 21 a; dagegen Baeck/Deutsch ArbZG § 13 Rn. 59; Erasmy NZA 1995, 97 (100 f.) 148 Vgl. BVerwG 9.12.2015 – 6 C 37.14, BVerwGE 153, 301 (304 ff. Rn. 17 ff.); aA noch Anzinger/Koberski ArbZG § 13 Rn. 96; Buschmann/Ulber ArbZG § 13 Rn. 21 a. 149 Vgl. dazu allgemein Kopp/Ramsauer VwVfG § 36 Rn. 93 mwN. 150 Vgl. VG Schleswig 24.9.2014 – 12 A 219/13, Rn. 38 ff.; Lützeler jurisPR-ArbR 8/2015 Anm. 4; aA Eisele ArbAktuell 2014, 574; Buschmann/Ulber ArbZG § 13 Rn. 36.

schäftigung von Arbeitnehmern an Sonn- und Feiertagen zu bewilligen, wenn bei einer weitgehenden Ausnutzung der gesetzlich zulässigen wöchentlichen Betriebszeiten die Konkurrenzfähigkeit des Betriebes durch längere Betriebszeiten im Ausland unzumutbar beeinträchtigt ist und durch die Genehmigung die Beschäftigung im Inland gesichert werden kann. Zweck der Regelung ist es, inländische Unternehmen vor **Wettbewerbsnachteilen gegenüber ausländischen Konkurrenzunternehmen** zu schützen, die sich aus dem Gefälle unterschiedlicher Arbeitszeitregime ergeben.[151] Insoweit zielt die Vorschrift auch auf den Erhalt inländischer Arbeitsplätze.

61 Einwände gegen die **Verfassungsmäßigkeit** des Abs. 5 – angebliche Unvereinbarkeit mit der institutionellen Garantie der Sonn- und Feiertagsruhe aus Art. 140 GG iVm Art. 139 WRV und allzu große Unbestimmtheit[152] – werden zu Recht überwiegend nicht geteilt.[153] Aufgrund der eng gefassten tatbestandlichen Voraussetzungen einschließlich der Pflicht zur Berücksichtigung des Verhältnismäßigkeitsgrundsatzes ist auch der Abs. 5 einer **verfassungskonformen restriktiven Auslegung** zugänglich und unterliegt von daher keinen durchgreifenden verfassungsrechtlichen Bedenken.[154] Bei der Auslegung und Anwendung der unbestimmten Rechtsbegriffe des Abs. 5 verfügt die Aufsichtsbehörde zudem über **keinen administrativen Beurteilungsspielraum**;[155] behördliche Normauslegung und -anwendung unterliegen vielmehr uneingeschränkter verwaltungsgerichtlicher Kontrolle (Art. 19 Abs. 4 GG). Einige Bundesländer haben Verwaltungsvorschriften für die Aufsichtsbehörden zum Umgang mit Abs. 5 erlassen.[156]

62 **1. Weitgehende Ausnutzung der gesetzlich zulässigen wöchentlichen Betriebszeiten.** Eine Bewilligung von Sonn- und Feiertagsarbeit nach Abs. 5 setzt zunächst voraus, dass der Betrieb die **gesetzlich zulässigen wöchentlichen Betriebszeiten weitgehend ausnutzt**. Insoweit gelten die Vorschriften des ArbZG, so dass sich die gesetzlich zulässigen wöchentlichen Betriebszeiten bezogen auf 6 Werktage à 24 Stunden auf insgesamt **144 Stunden** belaufen.[157]

63 Unter die **Betriebszeit** fallen alle Tätigkeiten, die zur Aufrechterhaltung des Betriebes erforderlich sind. Zu Betriebszeit gehören daher nicht nur die Tätigkeiten, die zur Erreichung des originären Betriebszweckes notwendig sind, wie etwa Produktionsarbeiten. Erfasst sind vielmehr auch Vorbereitungs-, Hilfs- und Nebentätigkeiten.[158] Mithin sind bei der Feststellung der tatsächlichen Betriebszeiten beispielsweise auch Transport- und Verpackungszeiten sowie Reparatur- und Wartungsarbeiten zu berücksichtigen. Dies gilt auch dann, wenn die eigentliche Haupttätigkeit des Betriebes ruht.[159] Ausgenommen sind hingegen Zeiten einer generellen Betriebsruhe, wie etwa Betriebsferien, oder Zeiten, in denen weder Haupt- noch Nebentätigkeiten stattfinden.[160] So gehören etwa Nachtzeiten, in denen im Betrieb nicht gearbeitet wird, aber ein betrieblicher Wachschutz anwesend ist, nicht zur Betriebszeit.

64 Die wöchentliche Betriebszeit bestimmt sich nach der Betriebszeit, die unter **gewöhnlichen Umständen** im Betrieb anfällt. Damit bleiben Betriebszeitverkürzungen aufgrund

---

[151] Vgl. dazu Neumann/Biebl ArbZG § 13 Rn. 22; Baeck/Deutsch ArbZG § 13 Rn. 68; Anzinger/Koberski ArbZG § 13 Rn. 98; ErfK/Wank ArbZG § 13 Rn. 11; NK-GA/Wichert ArbZG § 13 Rn. 36; Rose DB 2000, 1662. [152] Vgl. Buschmann/Ulber ArbZG § 13 Rn. 22; Kuhr DB 1994, 2186 (2189). [153] BVerfG 1.12.2009 – 1 BvR 2857/07, BVerfGE 125, 39 (86 f.); BAG 15.9.2009 – 9 AZR 757/08, BAGE 132, 88 (94), Rn. 38; Baeck/Deutsch ArbZG § 13 Rn. 67; Neumann/Biebl ArbZG § 13 Rn. 22; Anzinger/Koberski ArbZG § 13 Rn. 100 ff.; NK-GA/Wichert ArbZG § 13 Rn. 38; Erasmy NZA 1995, 97 (102). [154] Vgl. BAG 15.9.2009 – 9 AZR 757/08, BAGE 132, 88 (94), Rn. 38; Baeck/Deutsch ArbZG § 13 Rn. 67. [155] AA Schliemann ArbZG § 13 Rn. 34, 94; Anzinger/Koberski ArbZG § 13 Rn. 134; Neumann/Biebl ArbZG § 13 Rn. 21; Buschmann/Ulber ArbZG § 13 Rn. 25 wollen darüber hinaus auch die gesetzlich erlaubte Sonn- und Feiertagsbeschäftigung einbeziehen; dagegen zutreffend Schliemann ArbZG § 13 Rn. 68. [158] Vgl. Neumann/Biebl ArbZG § 13 Rn. 23; Schliemann ArbZG § 13 Rn. 67; Roggendorff, S. 142; Rose DB 2000, 1662 (1663). [159] Vgl. Baeck/Deutsch ArbZG § 13 Rn. 70. [160] Vgl. Schliemann ArbZG § 13 Rn. 67; HK-ArbZR/Schaumberg ArbZG § 13 Rn. 29; ErfK/Wank ArbZG § 13 Rn. 12.

Ermächtigung, Anordnung, Bewilligung § 13 ArbZG 4

ungewöhnlicher Ereignisse, wie etwa Arbeitskämpfe, Materialmangel, Energieausfall, Naturkatastrophen usw bei der Bestimmung der Voraussetzungen des § 13 Abs. 5 ArbZG unberücksichtigt.[161] Auch muss die gesetzlich zulässige Betriebszeit nicht jede Woche erreicht werden. Auch insoweit bleiben außergewöhnliche Umstände unberücksichtigt, die zu einer nicht vorhersehbaren Verkürzung der wöchentlichen Betriebszeit führen.

Nach dem Wortlaut der Vorschrift kommt eine Ausnahmebewilligung nach Abs. 5 nur in Betracht, wenn der Arbeitgeber die zulässige wöchentliche Betriebszeit **weitgehend ausnutzt**. Hieraus folgt, dass der Wert von 144 Wochenstunden nicht unbedingt vollständig erreicht werden muss. Die Rechtsprechung hat insoweit bereits eine Betriebszeit von durchschnittlich 127,25 Stunden wöchentlich für die vier dem Antrag des Arbeitgebers vorausgehenden Quartale ausreichen lassen,[162] was letztlich einer Ausnutzung der Betriebszeit von lediglich ca. 88 % entsprach. Angesichts seines Ausnahmecharakters ist eine restriktivere Auslegung des Abs. 5 geboten. Insofern ist es zunächst die Pflicht des Arbeitgebers, seine Konkurrenzfähigkeit innerhalb der Grenzen des ArbZG sicherzustellen. Daher sollte der Beobachtungszeitraum auf die letzten sechs Monate vor Antragstellung begrenzt und eine Auslastung der Betriebszeit von mindestens 95 % gefordert werden.[163] Darüber hinaus gilt nach dem ArbZG auch der Samstag als Werktag. Insofern liegt eine weitgehende Ausnutzung der zulässigen wöchentlichen Arbeitszeit iSv Abs. 5 nicht vor, wenn im Betrieb lediglich von Montag bis Freitag gearbeitet wird.[164] Gleiches gilt bei nicht kontinuierlicher Arbeitsweise, etwa bei einem Zweischichtbetrieb. 65

Bei kontinuierlich arbeitenden **Dreischichtbetrieben**, die die Arbeiten am Samstag unterbrechen und diese erst am Montag wieder aufnehmen, ist zu differenzieren. Teilweise wird vertreten, dass hier auch wöchentliche Betriebszeiten von 128 Stunden als weitgehende Ausnutzung der zulässigen Wochenarbeitszeit anzusehen sind.[165] Dies ergebe sich unter Berücksichtigung der üblichen Schichtwechselzeiten (6:00, 14:00 und 22:00 Uhr). Insoweit würden sich bei Ausnutzung der Arbeitszeit am Samstag bis 22:00 Uhr aufgrund von Folgearbeiten in vielen Betrieben Schwierigkeiten bezüglich der Einhaltung der Sonntagsruhe ergeben. Der Arbeitgeber sei nicht gezwungen, Schicht- und Arbeitsende zusammenzulegen und müsse auch keine Kurzschichten einführen, um die Lücken zwischen Schichtende bzw. -beginn und der Ruhezeit auszufüllen. Es reiche mithin aus, wenn der Arbeitgeber mit der tatsächlichen Arbeitszeit nahe an die gesetzliche Sonn- und Feiertagsruhe heranreiche. Dem kann so pauschal nicht gefolgt werden. Ist die Einschränkung der Sonntagsruhe durch Arbeiten nach Schichtende um 22:00 Uhr nicht gegeben oder ist dem Arbeitgeber nach den Arbeitsabläufen unter Berücksichtigung der Personalsituation die Einführung von Kurzschichten im konkreten Einzelfall möglich und zumutbar, ist vor dem Hintergrund des Arbeitnehmerschutzes und des Ausnahmecharakters des Abs. 5 eine über 128 Stunden hinausgehende Ausnutzung der wöchentlichen Arbeitszeit zu fordern. 66

Angesichts des Zwecks der Regelung des Abs. 5, der im Konkurrenzschutz inländischer Betriebe gegenüber ausländischen Mitbewerbern besteht, scheidet für die Frage der weitgehenden Ausnutzung der wöchentlichen Betriebszeiten eine ausschließlich vergan- 67

---

161 AllgA – siehe Baeck/Deutsch ArbZG § 13 Rn. 73; Schliemann ArbZG § 13 Rn. 70. **162** Vgl. Rose DB 2000, 1662 (1663) unter Verweis auf OVG Münster 10.4.2000 – 4 A 756/97, NZA-RR 2000, 491; zustimmend Baeck/Deutsch ArbZG § 13 Rn. 72; vgl. auch NK-GA/Wichert ArbZG § 13 Rn. 41; Dobberahn S. 61; Junker ZfA 1998, 105 (129). **163** Ähnlich DGB NRW AiB 1994, 582 (584), der in den letzten zwölf Monaten eine Betriebszeit von mindestens 90 % der zulässigen wöchentlichen Betriebszeit fordert. Anders Anzinger/Koberski ArbZG § 13 Rn. 110, die einen Zeitraum von einem Jahr, der mindestens der Dauer der beantragten Ausnahme entspricht. Buschmann/Ulber ArbZG § 13 Rn. 25 a verlangen zunächst eine vollständige Ausnutzung der werktäglichen Betriebszeiten in der Woche. **164** So auch Schliemann ArbZG § 13 Rn. 69; Baeck/Deutsch ArbZG § 13 Rn. 71; Anzinger/Koberski ArbZG § 13 Rn. 104; Roggendorff, S. 142; Erasmy NZA 1995, 97 (101). **165** Anzinger/Koberski ArbZG § 13 Rn. 109; Baeck/Deutsch ArbZG § 13 Rn. 73; vgl. auch Neumann/Biebl ArbZG § 13 Rn. 23; Schliemann ArbZG § 13 Rn. 70.

genheitsorientierte Betrachtungsweise aus.[166] Konkurrenzschutz iSv Abs. 5 ist dann geboten, wenn dem antragstellenden Arbeitgeber ohne eine Ausnahmebewilligung gegenüber ausländischen Konkurrenten schwerwiegende Wettbewerbsnachteile entstehen. Selbst wenn für die Vergangenheit eine Benachteiligung des inländischen Arbeitgebers gegenüber ausländischen Konkurrenten trotz weitgehender Ausschöpfung der Betriebszeiten zu konstatieren ist, kann eine Bewilligung nach Abs. 5 gleichwohl erst dann erteilt werden, wenn eine entsprechende Situation auch für die **Zukunft** zu erwarten ist.

68 **2. Längere Betriebszeiten im Ausland.** Des Weiteren setzt die Bewilligung einer Ausnahme nach Abs. 5 **längere Betriebszeiten im Ausland** voraus, die sich zugunsten von **ausländischen Konkurrenzbetrieben** auswirken. Daraus folgt, dass längere Betriebszeiten bei inländischen (Konkurrenz-)Betrieben eine Ausnahmebewilligung nicht rechtfertigen können.[167] Dagegen spielt es keine Rolle, ob es sich bei den ausländischen Betrieben ebenfalls um Betriebe desselben Unternehmens handelt.[168] Dies folgt aus dem Schutzzweck der Vorschrift, der in der Sicherung inländischer Arbeitsplätze besteht.

69 Bei den ausländischen Betrieben muss es sich um **Konkurrenzbetriebe** zu dem antragstellenden inländischen Betrieb handeln, deren längere Betriebslaufzeiten die Konkurrenzfähigkeit im Inland beeinträchtigen. Dies setzt zunächst voraus, dass die ausländischen Vergleichsbetriebe gleichartige Produkte oder Dienstleistungen wie der inländische Betrieb anbieten und auf identischen Märkten agieren müssen.[169] Insofern kann etwa trotz längerer Betriebszeiten im Ausland eine Ausnahmebewilligung nicht erteilt werden, wenn die ausländischen Betriebe keine Mitbewerber auf dem gleichen Markt sind.

70 Weiterhin muss eine **tatsächliche Konkurrenzsituation** zwischen dem inländischen Betrieb und den ausländischen Betrieben vorliegen. Hierfür reicht es nicht aus, wenn der ausländische Betrieb lediglich auf dem gleichen Markt mit einem identischen Angebot tätig ist. Vielmehr muss sich dessen Marktstellung merklich auf die des inländischen Betriebes auswirken.[170] Insoweit kommt es mithin entscheidend auf einen Vergleich der Marktposition des Antragstellers mit der des ausländischen Mitbewerbers an. Hat Letzterer gegenüber dem inländischen Betrieb einen vergleichsweise zu vernachlässigenden Marktanteil, besteht zwischen beiden keine hinreichende Konkurrenzsituation.

71 Die **wöchentlichen Betriebszeiten** der ausländischen Konkurrenzbetriebe müssen **über** den nach dem ArbZG zulässigen **144 Stunden** liegen. Dies ist zunächst anhand der gesetzlichen Vorgaben des ausländischen Rechts oder gesetzesvertretender bzw. -ausfüllender Vereinbarungen der ausländischen Sozialpartner zu beurteilen.[171] Mit Blick auf den Schutzzweck des Abs. 5 sind indes letztlich die im Ausland **tatsächlich praktizierten Betriebszeiten** entscheidend.[172] Soweit deren Feststellung praktisch nur schwer möglich ist, begründet die rechtliche Zulässigkeit längerer Betriebszeiten idR die Vermutung, dass insoweit bestehende Wettbewerbsvorteile von den ausländischen Konkurrenzunternehmen auch genutzt werden.[173]

72 **3. Unzumutbare Beeinträchtigung der Konkurrenzfähigkeit.** Die längeren Betriebszeiten in den ausländischen Konkurrenzbetrieben müssen für den antragstellenden inländischen Betrieb zu einer **unzumutbaren Beeinträchtigung der Konkurrenzfähigkeit** führen. Es reicht dabei ggf. aus, dass die Wettbewerbsfähigkeit des inländischen Betriebes

---

166 Vgl. Baeck/Deutsch ArbZG § 13 Rn. 73; Schliemann ArbZG § 13 Rn. 76; Anzinger/Koberski ArbZG § 13 Rn. 110; NK-GA/Wichert ArbZG § 13 Rn. 41. **167** Baeck/Deutsch ArbZG § 13 Rn. 77; Schliemann ArbZG § 13 Rn. 78; Anzinger/Koberski ArbZG § 13 Rn. 116; Erasmy NZA 1995, 97 (101). **168** So Anzinger/Koberski ArbZG § 13 Rn. 112; Baeck/Deutsch ArbZG § 13 Rn. 80; NK-GA/Wichert ArbZG § 13 Rn. 43; aA Buschmann/Ulber ArbZG § 13 Rn. 27. **169** Hierzu Baeck/Deutsch ArbZG § 13 Rn. 75; Schliemann ArbZG § 13 Rn. 80. **170** Baeck/Deutsch ArbZG § 13 Rn. 77; Schliemann ArbZG § 13 Rn. 82. **171** Vgl. Schliemann ArbZG § 13 Rn. 75; Erasmy NZA 1995, 97 (101); Junker ZfA 1998, 105 (129). **172** Vgl. Anzinger/Koberski ArbZG § 13 Rn. 114; Baeck/Deutsch ArbZG § 13 Rn. 75; Neumann/Biebl ArbZG § 13 Rn. 24; Buschmann/Ulber ArbZG § 13 Rn. 26; aA DFL/Krauss ArbZG § 13 Rn. 25. **173** Im Ergebnis ebenso Baeck/Deutsch ArbZG § 13 Rn. 75; Neumann/Biebl ArbZG § 13 Rn. 24; Anzinger/Koberski ArbZG § 13 Rn. 115; Schliemann ArbZG § 13 Rn. 75; NK-GA/Wichert ArbZG § 13 Rn. 42.

durch einen einzelnen ausländischen Konkurrenzbetrieb beeinträchtigt wird.[174] Dies kann etwa der Fall sein, wenn dieser, zB wegen der Art des Produktes oder eines überlegenen Vertriebswegenetzes, eine marktbeherrschende Stellung einnimmt.

Beeinträchtigt ist die Konkurrenzfähigkeit des inländischen Betriebes dann, wenn der ausländische Wettbewerber seine Waren bzw. Dienstleistungen günstiger anbieten kann als der Antragsteller. Derartige **Kostenvorteile** ergeben sich bei längeren Betriebszeiten insbesondere durch die Möglichkeit einer effektiveren Auslastung der Produktionsanlagen und die Vermeidung von Zusatzkosten durch Produktionsunterbrechungen, wie etwa zusätzliche Personalkosten, Reinigungskosten oder Kosten für das Herunter- bzw. Wiederanfahren der Produktion.[175] Die bloße Unterbrechung des Arbeitnehmereinsatzes an Sonn- und Feiertagen ohne kostenwirksame Nachteile stellt dagegen keine Beeinträchtigung der Konkurrenzfähigkeit dar.[176] 73

Die längeren Betriebszeiten im Ausland müssen für die Beeinträchtigung der Wettbewerbsfähigkeit des antragstellenden Betriebes **nicht allein ursächlich** sein.[177] Dies ergibt sich aus dem Wortlaut des § 13 Abs. 5 ArbZG, der für eine Ausnahmebewilligung nicht verlangt, dass die Beeinträchtigung „durch" oder „infolge" längerer Betriebszeiten, sondern lediglich „bei" längeren Betriebszeiten im Ausland bestehen. Existieren längere Betriebszeiten, so besteht eine – allerdings widerlegliche – Vermutung, dass diese auch durch die Konkurrenzfähigkeit des inländischen Betriebes beeinträchtigen.[178] Andere Ursachen von Wettbewerbsvorteilen der ausländischen Konkurrenzbetriebe, wie etwa ein niedrigeres Lohnniveau oder niedrigere Sicherheits- und Umweltstandards, genügen anstelle der längeren Betriebszeiten für eine Ausnahmebewilligung nach Abs. 5 nicht; andererseits ist es grds. unschädlich, wenn neben den längeren Betriebszeiten weitere ausländische Umstände für die Wettbewerbsvorteile **mitursächlich** sind.[179] Der Wortlaut des Abs. 5 stellt explizit auf längere Betriebszeiten ab; der Gesetzgeber hatte bei dessen Konzeption gerade die sich aus diesem Umstand ergebenden Wettbewerbsnachteile im Blick. Dementsprechend ist der Begriff der „anderen Arbeitsbedingungen" aus dem ursprünglichen Gesetzentwurf gestrichen worden.[180] 74

Kein Anwendungsfall des Abs. 5 liegt vor, wenn die Beeinträchtigung der Konkurrenzfähigkeit des inländischen Betriebs nichts mit den längeren Betriebszeiten im Ausland zu tun hat, sondern auf **Mängeln des inländischen Betriebes** (zB veraltete Produktionsanlagen) beruht.[181] Für den antragstellenden Arbeitgeber besteht insofern eine Obliegenheit, vor der Inanspruchnahme einer auf Abs. 5 gestützten Ausnahmebewilligung seinen Betrieb technisch und organisatorisch so zu gestalten, dass Wettbewerbsnachteile gegenüber ausländischen Konkurrenten nach Möglichkeit nicht entstehen. Entsprechende Maßnahmen müssen – insbes. wirtschaftlich – zumutbar sein und sind im Einzelfall anhand der konkreten betrieblichen Umstände zu bestimmen. Zu berücksichtigen sind ua mögliche organisatorische Veränderungen unter Berücksichtigung der Anzahl und der Qualifikation der vorhandenen Arbeitskräfte, die Verfügbarkeit anderweitiger technischer Lösungen oder auch die wirtschaftliche Leistungsfähigkeit des Betriebes. 75

Schließlich muss die mit den verlängerten Betriebszeiten der ausländischen Konkurrenzbetriebe verbundene Beeinträchtigung der Konkurrenzfähigkeit für den inländi- 76

---

174 Ebenso Anzinger/Koberski ArbZG § 13 Rn. 113; Neumann/Biebl ArbZG § 13 Rn. 25; Junker ZfA 1998, 105 (129); Roggendorff S. 143; Erasmy NZA 1995, 97 (101). **175** Vgl. OVG Münster 10.4.2000 – 4 A 756/97, NZA-RR 2000, 491 (492); Anzinger/Koberski ArbZG § 13 Rn. 118 ff. **176** Wie hier Roggendorff, S. 143; aA Baeck/Deutsch ArbZG § 13 Rn. 81. **177** AllgM – vgl. Neumann/Biebl ArbZG § 13 Rn. 26; Schliemann ArbZG § 13 Rn. 83; Baeck/Deutsch ArbZG § 13 Rn. 82; Anzinger/Koberski ArbZG § 13 Rn. 122; ErfK/Wank ArbZG § 13 Rn. 14; NK-GA/Wichert ArbZG § 13 Rn. 47. **178** So Schliemann ArbZG § 13 Rn. 48; Dobberahn, S. 62; für eine unwiderlegliche Vermutung Baeck/Deutsch ArbZG § 13 Rn. 82; Rose DB 2000, 1662 (1663). **179** Vgl. Neumann/Biebl ArbZG § 13 Rn. 26; Schliemann ArbZG § 13 Rn. 84; HWK/Gäntgen ArbZG § 13 Rn. 24; aA wohl Buschmann/Ulber ArbZG § 13 Rn. 27. **180** Vgl. BT-Drs. 12/5888, 9. **181** HWK/Gäntgen ArbZG § 13 Rn. 24; Neumann/Biebl ArbZG § 13 Rn. 26; Buschmann/Ulber ArbZG § 13 Rn. 27.

schen Betrieb **unzumutbar** sein. Hiervon ist jedenfalls dann auszugehen, wenn die Beeinträchtigung zu dessen Existenzgefährdung führt.[182] Darüber hinaus reicht es nach hM auch aus, dass sich die Situation des Betriebes infolge der Minderung von Absatzchancen auf absehbare Zeit deutlich verschlechtert.[183] Dies kann vor allem durch den Verlust wesentlicher Marktanteile der Fall sein, auch wenn er für den Betrieb noch nicht existenzbedrohend ist. An die insoweit erforderliche Prognose werden bisher vergleichsweise geringe Anforderungen gestellt; in zeitlicher Hinsicht soll bereits eine kurz- bzw. mittelfristige Beeinträchtigung genügen. Dies wird dem verfassungsrechtlichen Regel-Ausnahme-Verhältnis des Sonntagsarbeitsverbots (→ ArbZG § 9 Rn. 4) nicht hinreichend gerecht. Von daher dürfen keine zu geringen Anforderungen an das Merkmal der Unzumutbarkeit gestellt werden.[184]

77 Umstritten ist, ob der Umstand, dass **inländische Konkurrenten** des Antragstellers **keinen Antrag** auf Erteilung einer Ausnahmegenehmigung gestellt haben, dazu führt, dass die Wettbewerbsnachteile für den Antragsteller zumutbar sind.[185] Wenn in der betreffenden Branche keiner der inländischen Konkurrenten eine Ausnahme nach Abs. 5 beantragt hat, so gibt dies jedenfalls Anlass zu näherer Prüfung, ob die wirtschaftlich schwierige Situation des Antragstellers nicht auf andere Ursachen als auf die längeren Betriebszeiten ausländischer Konkurrenten zurückzuführen ist.

78 Nicht erforderlich ist, dass sich die unzumutbare Beeinträchtigung der Konkurrenzfähigkeit auf den gesamten inländischen Betrieb erstreckt. Insoweit reicht es aus, wenn von dieser Beeinträchtigung einzelne **Betriebsstätten oder Betriebsabteilungen** erfasst werden, die allerdings in Wettbewerb zu den ausländischen Mitbewerbern stehen müssen.[186] In einer solchen Konstellation ist die Bewilligung nach Abs. 5 von der Behörde folgerichtig auf die entsprechend betroffenen Betriebsstätten oder -abteilungen zu beschränken.

79 **4. Sicherung der Beschäftigung.** Die Bewilligung einer Ausnahme nach Abs. 5 muss der **Sicherung der Beschäftigung** dienen. Dies ist der Fall, wenn durch die Bewilligung **Arbeitsplätze erhalten oder neu geschaffen** werden.[187] Hierbei kommt es nicht darauf an, ob die Arbeitsplätze auf Dauer gesichert werden können. Vielmehr genügt es bereits, dass die Arbeitsplätze für eine gewisse Zeit erhalten oder geschaffen werden. Der Erteilung einer Bewilligung nach Abs. 5 steht selbst ein möglicher **Arbeitsplatzabbau** dann nicht entgegen, wenn der Abbau infolge der Bewilligung geringer ausfällt oder parallel zum Abbau neue Arbeitsplätze geschaffen werden.[188]

80 Wenn die übrigen tatbestandlichen Voraussetzungen des Abs. 5 vorliegen, spricht eine tatsächliche **Vermutung** dafür, dass durch die Bewilligung einer entsprechenden Ausnahme die Beschäftigung gesichert werden kann.[189] Zum Zeitpunkt der Erteilung muss nicht zwingend feststehen, dass durch die Zulassung von Sonn- und Feiertagsarbeit tatsächlich eine Beschäftigungssicherung eintritt. Die Bewilligung muss jedoch geeignet sein, die Beschäftigung zu sichern.[190] Insofern ist der Arbeitgeber bei der Antragstellung gehalten, **konkrete Anhaltspunkte für die beschäftigungssichernde Eignung** der begehrten Ausnahme darzulegen; diese können sich aus der Auftragslage, dem Umsatz, bestimmten Arbeitszeitmodellen oder Marktanteilen des betroffenen Betriebes ergeben.

---

182 OVG Münster 10.4.2000 – 4 A 756/97, NZA-RR 2000, 491 (492); Baeck/Deutsch ArbZG § 13 Rn. 83. **183** Vgl. Schliemann ArbZG § 13 Rn. 85; Neumann/Biebl ArbZG § 13 Rn. 27; Baeck/Deutsch ArbZG § 13 Rn. 83; Anzinger/Koberski ArbZG § 13 Rn. 124; ErfK/Wank ArbZG § 13 Rn. 14; NK-GA/Wichert ArbZG § 13 Rn. 46. **184** So zu Recht Schliemann ArbZG § 13 Rn. 85; Neumann/Biebl ArbZG § 13 Rn. 27; HWK/Gäntgen ArbZG § 13 Rn. 23; aA Erasmy NZA 1995, 97 (101). **185** Dies verneinen als rechtlich unerheblichen Umstand Baeck/Deutsch ArbZG § 13 Rn. 84; Neumann/Biebl ArbZG § 13 Rn. 27; Schliemann ArbZG § 13 Rn. 87; aA Buschmann/Ulber ArbZG § 13 Rn. 29. **186** Baeck/Deutsch ArbZG § 13 Rn. 83. **187** Vgl. BT-Drs. 12/5888, 31; OVG Münster 10.4.2000 – 4 A 756/97, NZA-RR 2000, 491 (492); Neumann/Biebl ArbZG § 13 Rn. 28; Buschmann/Ulber ArbZG § 13 Rn. 31; Baeck/Deutsch ArbZG § 13 Rn. 83; Schliemann ArbZG § 13 Rn. 88; Anzinger/Koberski ArbZG § 13 Rn. 128; NK-GA/Wichert ArbZG § 13 Rn. 49; Rose DB 2000, 1662 (1663). **188** Schliemann ArbZG § 13 Rn. 88; Buschmann/Ulber ArbZG § 13 Rn. 31. **189** Schliemann ArbZG § 13 Rn. 89; Baeck/Deutsch ArbZG § 13 Rn. 87; Erasmy NZA 1995, 97 (101 f.). **190** Baeck/Deutsch ArbZG § 13 Rn. 87; Neumann/Biebl ArbZG § 13 Rn. 28; DFL/Krauss ArbZG § 13 Rn. 13.

5. Bewilligungsverfahren. Die Erteilung einer Ausnahmebewilligung nach Abs. 5 setzt 81
einen entsprechenden Antrag des Arbeitgebers voraus, der jedoch nicht an eine bestimmte Form gebunden ist. Für die Feststellung der Bewilligungsvoraussetzungen gilt der **Untersuchungsgrundsatz** (vgl. § 24 VwVfG). Die Aufsichtsbehörde muss daher von Amts wegen ermitteln, ob die Bewilligungsvoraussetzungen vorliegen.[191] Allerdings trifft den Antragsteller insoweit eine Mitwirkungsobliegenheit (vgl. § 26 Abs. 2 VwVfG), so dass er der Behörde alle ihm bekannten, für eine Erteilung maßgeblichen Umstände mitteilen sollte.[192] Dagegen ist er nicht verpflichtet, eigene Ermittlungen zur Feststellung dieser Umstände anzustellen. Insbesondere muss er nicht die in dem/den ausländischen Konkurrenzbetrieb/en tatsächlich praktizierten Betriebszeiten in Erfahrung bringen.[193]

Liegen sämtliche tatbestandlichen Voraussetzungen des Abs. 5 vor, ist die Behörde nach 82
dem eindeutigen Wortlaut der Regelung („hat") verpflichtet, die beantragte Ausnahme zu bewilligen (**gebundene Entscheidung**).[194] Korrespondierend dazu besteht ein **Rechtsanspruch** des Antragstellers auf eine entsprechende Behördenentscheidung.[195] Die Ausnahme vom Verbot der Sonn- und Feiertagsarbeit nach Abs. 5 unterscheidet nicht zwischen „normalen" Sonn- und Feiertagen und „hohen" Feiertagen; Letztere können daher von der Bewilligung auch nicht ausgenommen werden.[196] Die Bewilligung kann mit **Nebenbestimmungen** zur Sicherstellung ihrer Rechtmäßigkeit versehen werden (vgl. § 36 Abs. 1 Alt. 2 VwVfG); Nebenbestimmungen sind danach indes nur zulässig, wenn sie sicherstellen sollen, dass die Voraussetzungen für den Erlass der Bewilligung erfüllt werden, nicht hingegen dann, wenn sie nur gewährleisten sollen, dass die Voraussetzungen erfüllt bleiben.[197] Damit scheidet es insbes. aus, die Bewilligung mit einem **Widerrufsvorbehalt** für den Fall zu versehen, dass die Voraussetzungen ihrer Erteilung nachträglich entfallen.[198] Gleiches gilt für die Beifügung einer **auflösenden Bedingung**.[199] Eine auflösende Bedingung für den Fall, dass es zu betriebsbedingten Kündigungen in den von der Bewilligung erfassten Bereichen kommt, ist daher rechtswidrig.[200] Derartigen Konstellationen trägt das Verwaltungsverfahrensrecht durch **besondere Widerrufstatbestände** Rechnung (vgl. § 49 Abs. 2 S. 1 Nr. 3 und Nr. 4 VwVfG), die auch das Bestandsinteresse des Betroffenen berücksichtigen.[201] In Betracht kommen hingegen ggf. **Auflagen**, mit denen dem Antragsteller im Einzelfall erforderliche Berichtspflichten auferlegt werden können.[202]

Auch eine **Befristung** der Bewilligung scheidet nach dem obigen Maßstab (→ Rn. 82) 83
prinzipiell aus, es sei denn, die Ausnahme wird vom Antragsteller nur für eine bestimmte Zeitspanne beantragt oder es ist von vornherein ersichtlich, dass die tatbestandlichen Voraussetzungen nur während eines bestimmten Zeitraums erfüllt wer-

---

191 IdR wird daher in diesem Rahmen auch der Betriebsrat angehört; vgl. Anzinger/Koberski ArbZG § 13 Rn. 139. **192** Dazu auch Schliemann ArbZG § 13 Rn. 90; NK-GA/Wichert ArbZG § 13 Rn. 52. **193** Vgl. auch Anzinger/Koberski ArbZG § 13 Rn. 131 ff.; weitergehend HWK/Gäntgen ArbZG § 13 Rn. 22. **194** OVG Münster 10.4.2000 – 4 A 756/97, NZA-RR 2000, 491 (492). **195** Schliemann ArbZG § 13 Rn. 94; Anzinger/Koberski ArbZG § 13 Rn. 134; NK-GA/Wichert ArbZG § 13 Rn. 54. **196** OVG Münster 10.4.2000 – 4 A 756/97, NZA-RR 2000, 491 (492 f.); Anzinger/Koberski ArbZG § 13 Rn. 134; Baeck/Deutsch ArbZG § 13 Rn. 90; Neumann/Biebl ArbZG § 13 Rn. 21; ErfK/Wank ArbZG § 13 Rn. 16; HWK/Gäntgen ArbZG § 13 Rn. 18; Rose DB 2000, 1662 (1664). **197** Vgl. grundlegend BVerwG 9.12.2015 – 6 C 37.14, BVerwGE 153, 301 (304 ff. Rn. 17 ff.); Kopp/Ramsauer VwVfG § 36 Rn. 42. **198** Vgl. BVerwG 9.12.2015 – 6 C 37.14, BVerwGE 153, 301 (304 ff. Rn. 18 ff.); anders ua noch Schliemann ArbZG § 13 Rn. 97; Buschmann/Ulber ArbZG § 13 Rn. 31 a, 33; Baeck/Deutsch ArbZG § 13 Rn. 91; Anzinger/Koberski ArbZG § 13 Rn. 136. **199** Vgl. BVerwG 9.12.2015 – 6 C 37.14, BVerwGE 153, 301 (305 f.) Rn. 20. **200** So bereits auch Anzinger/Koberski ArbZG § 13 Rn. 136; ErfK/Wank ArbZG § 13 Rn. 16; Baeck/Deutsch ArbZG § 13 Rn. 91; NK-GA/Wichert ArbZG § 13 Rn. 55; Rose DB 2000, 1662 (1664); aA Buschmann/Ulber ArbZG § 13 Rn. 31 a, 33; Vorauf. Rn. 82. **201** Vgl. BVerwG 9.12.2015 – 6 C 37.14, BVerwGE 153, 301 (305 f.), Rn. 20; vgl. auch schon Baeck/Deutsch ArbZG § 13 Rn. 91. **202** Vgl. BT-Drs. 12/6990, 41; Schliemann ArbZG § 13 Rn. 97; NK-GA/Wichert ArbZG § 13 Rn. 55.

den.²⁰³ Auch wegen des Charakters der Ausnahmebewilligung als Dauerverwaltungsakt ist sie idR unbefristet zu erteilen.

84 Gegen einen Ablehnungsbescheid oder einen inhaltlich von seinem Antrag abweichenden Bewilligungsbescheid steht dem **Arbeitgeber** der **Rechtsschutz nach der VwGO** zur Verfügung (→ Rn. 33, 49); Gleiches gilt für die Anfechtung ggf. beigefügter Nebenbestimmungen durch den Arbeitgeber (→ Rn. 59). Betroffene **Arbeitnehmer** und in ihrem Tätigkeitsbereich betroffene **Gewerkschaften** können einen Bewilligungsbescheid und die Anordnung dessen sofortiger Vollziehung mit den Rechtsbehelfen nach der VwGO angreifen (→ Rn. 50, 59); der **Betriebsrat** verfügt mangels eigener subjektiver Rechtsposition nicht über diese Option (→ Rn. 50, 59).²⁰⁴

VII. Rechtsdurchsetzung

85 Wenn die Aufsichtsbehörde nach § 13 Abs. 3, Abs. 4 oder Abs. 5 ArbZG wirksame Ausnahmen vom Verbot der Sonn- und Feiertagsarbeit erteilt, steht einer entsprechenden **Weisung des Arbeitgebers** das Verbot des § 9 Abs. 1 ArbZG nicht länger entgegen. Trifft der Arbeitsvertrag keine Bestimmungen zur Lage der Arbeitszeit und zur Verteilung auf die einzelnen Wochenarbeitstage, gehört die Verteilung der Arbeitszeit zum Kernbestand des arbeitgeberseitigen Direktionsrechts. Denn die zur Zeit des Arbeitsvertrags geltende betriebsübliche Arbeitszeit wird nicht automatisch Inhalt des Arbeitsvertrags. Sie muss nach Ansicht des BAG aus betrieblichen Gründen veränderbar sein, um den Dynamiken der Arbeitswelt Rechnung zu tragen.²⁰⁵ Dass diese Grundsätze für die Anordnung von Sonntagsarbeit auf der Grundlage einer Genehmigung nach § 13 Abs. 4 oder Abs. 5 ArbZG auch dann gelten, wenn in dem Betrieb bisher Sonntagsarbeit nicht üblich war, ist höchstrichterlich geklärt.²⁰⁶

86 Räumt man dem Arbeitgeber die grundsätzliche Weisungsbefugnis zur Anordnung von Sonn- und Feiertagsarbeit ein, so kann der Arbeitnehmer zur Sonn- und Feiertagsarbeit verpflichtet werden, wenn eine wirksame Bewilligung gemäß § 13 Abs. 3, Abs. 4 oder Abs. 5 ArbZG vorliegt. Die Ausübung des Weisungsrechts muss „billigem Ermessen" gemäß § 106 S. 1 GewO entsprechen, dh es ist eine **Interessenabwägung** zwischen betrieblichen Erfordernissen bzw. der unternehmerischen Betätigungsfreiheit (Art. 12 Abs. 1 GG) und den Interessen des Arbeitnehmers an der Arbeitsruhe vorzunehmen. Zugunsten der Arbeitnehmer sind insbes. die Wertungen aus Art. 6 Abs. 1, und Art. 4 Abs. 1, 2 GG zu berücksichtigen. So hat der Arbeitgeber ggf. durch eine andere – ihm zumutbare – Schichteinteilung bzw. eine unbezahlte Freistellung oder eine vorübergehende Versetzung dem Arbeitnehmer die Religionsausübung zu ermöglichen und ihm einen Gewissenskonflikt mit seinen religiösen Überzeugungen zu ersparen.²⁰⁷ Weiter wird im Rahmen des § 106 S. 1 GewO die Situation von erziehenden bzw. pflegenden Arbeitnehmern von der arbeitsgerichtlichen Praxis zunehmend berücksichtigt.²⁰⁸ Die Gerichte beziehen familiäre Verpflichtungen ua bei der Zuteilung von Spätschichten und beim Arbeitsbeginn ein; Entsprechendes muss für die Anordnung von Sonn- bzw. Feiertagsarbeit gelten.

87 Werden Ausnahmen nach § 13 ArbZG erteilt, sind die Mitbestimmungsrechte des Betriebsrates aus § **87 Abs. 1 Nr. 2 und Nr. 3 BetrVG** berührt.²⁰⁹ Der Betriebsrat hat über

---

203 Vgl. zur Befristungsfrage auch Baeck/Deutsch ArbZG § 13 Rn. 91; Schliemann ArbZG § 13 Rn. 96; Erasmy NZA 1995, 97 (102); weitergehend BT-Drs. 12/6990, 41; Neumann/Biebl ArbZG § 13 Rn. 21; Anzinger/Koberski ArbZG § 13 Rn. 136; Buschmann/Ulber ArbZG § 13 Rn. 31 a, 33; Anzinger BB 1994, 1492 (1498); Vorauft. Rn. 83. **204** VG Schleswig 24.9.2014 – 12 A 219/13, Rn. 38 ff.; Lützeler jurisPR-ArbR 8/2015 Anm. 4; aA Eisele ArbAktuell 2014, 574; Buschmann/Ulber ArbZG § 13 Rn. 36. **205** BAG 23.6.1992 – 1 AZR 57/92, NZA 1993, 89. **206** BAG 15.9.2009 – 9 AZR 757/08, BAGE 132, 88 (92 f. Rn. 33 ff.) mwN; zur Kritik an dieser Rspr. vgl. Preis/Ulber NZA 2010, 729 (730); Neumann/Biebl ArbZG § 10 Rn. 61; Schliemann ArbZG Rn. 84. **207** Vgl. LAG Hamm 8.11.2007 – 15 Sa 271/07, Rn. 44 ff. **208** Vgl. LAG Rostock 26.11.2008 – 2 Sa 217/08 mAnm Nebe jurisPR-ArbR 36/2009 Anm. 1 mwN; ArbG Bochum 22.12.2010 – 5 Ca 2700/10 mAnm Feldhoff jurisPR-ArbR 37/2011 Anm. 6 mwN. **209** Vgl. dazu auch Schliemann ArbZG § 13 Rn. 92; Buschmann/Ulber ArbZG § 13 Rn. 32; NK-GA/Wichert ArbZG § 13 Rn. 60.

die Lage und die Verteilung der Arbeitszeit oder die Ausgestaltung von Schichtplänen an Sonn- und Feiertagen mitzubestimmen. Kommt es mit dem Arbeitgeber insoweit zu keiner Einigung, entscheidet nach § 87 Abs. 2 BetrVG die Einigungsstelle; diese hat die Einhaltung des Arbeitszeitrechts als Vorfrage zu prüfen.

§ 22 Abs. 1 Nr. 4 ArbZG bestimmt, dass der Arbeitgeber **ordnungswidrig** handelt, wenn er vorsätzlich oder fahrlässig gegen eine nach § 13 Abs. 1 oder Abs. 2 ArbZG erlassene Rechtsverordnung verstößt und diese Verordnung für einen bestimmten Tatbestand auf die Vorschrift des § 22 Abs. 1 Nr. 4 ArbZG verweist. Im Falle der Nichteinhaltung einer Rechtsverordnung nach § 13 Abs. 1 Nr. 1 ArbZG kommt eine Ordnungswidrigkeit nach § 22 Abs. 1 Nr. 5 ArbZG in Betracht, da in diesem Fall regelmäßig ein Verstoß gegen § 9 Abs. 1 ArbZG vorliegen wird. Entsprechendes gilt für den Fall, dass der Arbeitgeber den Rahmen von Ausnahmebewilligungen nach § 13 Abs. 4 bzw. Abs. 5 ArbZG überschreitet. Soweit danach ein Verstoß iSv § 22 Abs. 1 Nr. 5 ArbZG vorliegt, macht sich der Arbeitgeber unter den weiteren Voraussetzungen des § 23 Abs. 1 Nr. 1 oder Nr. 2 ArbZG zudem **strafbar**. 88

Nach inzwischen gefestigter Verwaltungsrechtsprechung[210] verfügen **Arbeitnehmer**, die möglicherweise zur Sonntagsarbeit herangezogen werden, ebenso wie **Gewerkschaften**, die von entsprechenden Ausnahmen vom Verbot des § 9 Abs. 1 ArbZG in ihrem Tätigkeitsbereich betroffen sind, über die erforderlichen **Antrags-** bzw. **Klagerechte**, um verwaltungsgerichtlichen Rechtsschutz sowohl gegenüber Rechtsverordnungen nach § 13 Abs. 1 und Abs. 2 ArbZG als auch gegen feststellende Verwaltungsakte nach § 13 Abs. 3 Nr. 1 ArbZG und gegen Ausnahmebewilligungen nach § 13 Abs. 3 Nr. 2, Abs. 4 und Abs. 5 ArbZG vollumfänglich realisieren zu können (→ Rn. 22, 28, 33, 50, 59, 84; → ArbZG § 9 Rn. 3 ff.). 89

Vierter Abschnitt Ausnahmen in besonderen Fällen

§ 14 ArbZG Außergewöhnliche Fälle

(1) Von den §§ 3 bis 5, 6 Abs. 2, §§ 7, 9 bis 11 darf abgewichen werden bei vorübergehenden Arbeiten in Notfällen und in außergewöhnlichen Fällen, die unabhängig vom Willen der Betroffenen eintreten und deren Folgen nicht auf andere Weise zu beseitigen sind, besonders wenn Rohstoffe oder Lebensmittel zu verderben oder Arbeitsergebnisse zu mißlingen drohen.

(2) Von den §§ 3 bis 5, 6 Abs. 2, §§ 7, 11 Abs. 1 bis 3 und § 12 darf ferner abgewichen werden,
1. wenn eine verhältnismäßig geringe Zahl von Arbeitnehmern vorübergehend mit Arbeiten beschäftigt wird, deren Nichterledigung das Ergebnis der Arbeiten gefährden oder einen unverhältnismäßigen Schaden zur Folge haben würden,
2. bei Forschung und Lehre, bei unaufschiebbaren Vor- und Abschlußarbeiten sowie bei unaufschiebbaren Arbeiten zur Behandlung, Pflege und Betreuung von Personen oder zur Behandlung und Pflege von Tieren an einzelnen Tagen,

wenn dem Arbeitgeber andere Vorkehrungen nicht zugemutet werden können.

(3) Wird von den Befugnissen nach Absatz 1 oder 2 Gebrauch gemacht, darf die Arbeitszeit 48 Stunden wöchentlich im Durchschnitt von sechs Kalendermonaten oder 24 Wochen nicht überschreiten.

---

[210] Vgl. für Arbeitnehmer namentlich BVerwG 17.12.1998 – 1 CN 1/98, BVerwGE 108, 182 ff. sowie BVerwG 19.9.2000 – 1 C 17/99, BVerwGE 112, 51 ff.; für Gewerkschaften insbes. BVerwG 26.11.2014 – 6 CN 1.13, BVerwGE 150, 327 (330 ff. Rn. 15 ff., Rn. 32 ff.); BayVGH 8.12.2016 – 22 ZB 16.1180, BayVBl. 2017, 563 f.; BayVGH 18.12.2015 – 22 CS15.2716, GewArch 2016, 121 f.; OVG Münster 18.12.2015 – 4 B 1463/15, GewArch 2016, 157 f.; OVG Münster 18.12.2015 – 4 B 1465/15, Rn. 8 ff.; OVG Münster 10.7.2015 – 4 B 791/15, DVBl. 2015, 1266 f.; OVG Münster 10.7.2015 – 4 B 792/15, NVwZ-RR 2015, 776 f.; OVG Bautzen 11.12.2015 – 3 B 369/15, Rn. 5.

Literatur: *Dobberahn*, Das neue Arbeitszeitgesetz in der Praxis, 1996; *Zmarzlik*, Zulässigkeit gewerblicher Sonn- und Feiertagsarbeit, BB 1991, 901.

Leitentscheidungen: LAG Baden-Württemberg 23.11.2000 – 4 Sa 81/00, AuR 2001, 512 mAnm Perreng; LAG Hamm 30.3.2006 – 8 Sa 1992/04, PflR 2006, 429; VG Berlin 30.11.2011 – 35 K 388/09; VG Augsburg 18.4.2013 – Au 5 K 783/11; VG Augsburg 16.1.2014 – Au 5 K 13.1508, AiB 5/2014, 68 mAnm Reim.

I. Entstehungsgeschichte, Rechtssystematik	1	2. Abweichungen nach Abs. 2	17
II. Detailkommentierung	4	3. Ausgleichszeitraum (Abs. 3)	19
1. Abweichungen bei Notfällen und außergewöhnlichen Fällen (Abs. 1)	4	III. Rechtsdurchsetzung	20

I. Entstehungsgeschichte, Rechtssystematik

1 Die Regelung in § 14 ArbZG sieht für außergewöhnliche Fälle Ausnahmen von Bestimmungen des ArbZG vor. Durch sie wird weitgehend der Inhalt des bis zum Jahre 1993 geltenden § 14 AZO[1] übernommen. Gegenüber jener Vorschrift aus der AZO konkretisiert die aktuelle Regelung die Möglichkeiten für Abweichungen. Diese Konkretisierungen betreffen insbesondere Arbeiten im Bereich der Pflege und der Forschung sowie Arbeiten im Zusammenhang mit Vor- und Abschlussarbeiten; Abweichungen, die zuvor nur „an einzelnen Tagen" erlaubt waren, sollen nun „vorübergehend" möglich sein. Wie sich zeigen wird und wie schon das Begriffspaar „an einzelnen Tagen" und „vorübergehend" vermuten lässt, ist die Formulierung teilweise missverständlich geraten. Gleiche Voraussetzungen werden unterschiedlich benannt; es finden sich aus systematischem Gesichtspunkt unnötige Wiederholungen und missverständliche Auslassungen (→ Rn. 17). Diese Mängel sind dem Bemühen des Gesetzgebers geschuldet, einerseits eine lange bestehende Vorschrift so wenig wie möglich anzutasten[2] und andererseits weitere Regelungen, zB § 5 Abs. 3 AZO (Vor- und Abschlussarbeiten), in einer Vorschrift zusammenzufassen. Durch die Einführung des Arbeitszeitgesetzes wurden insgesamt 28 Gesetze außer Kraft gesetzt.[3]

2 Der **Zweck** der Regelung ist der Ausgleich zwischen den Zielen des Arbeitszeitrechts (Gesundheitsschutz und Schutz der Sonn- und Feiertagsruhe) einerseits und der Verhinderung drohender Schäden beim Arbeitgeber durch Abbruch der Arbeit andererseits. Ausnahmevorschriften wie diese betreffen *Ausnahmen*, also Einzelfälle. Sie sind daher **restriktiv auszulegen** und anzuwenden.[4] Das gilt hier ganz besonders, weil § 14 ArbZG dem Arbeitgeber das Recht gibt, autonom zu entscheiden, ohne vorher eine Behörde zu konsultieren. Normativ ergibt sich die Notwendigkeit restriktiver Anwendung aus dem **unionsrechtlichen Maßstab** in Art. 17 Abs. 3 f RL 2003/88/EG.[5]

3 Strukturell stellt sich die Vorschrift als **Gegenstück zu** § 9 Abs. 3 ArbSchG (→ ArbSchG § 9 Rn. 17) dar. Dort wird dem Arbeit*nehmer* bei unmittelbarer erheblicher Gefahr die autonome Entscheidung erlaubt, entgegen der grundsätzlich bestehenden Arbeitspflicht, seine Arbeitsleistung einzustellen. Hier ist es der Arbeit*geber*, der bei einer drohenden qualifizierten Gefahr für sein Unternehmen autonom, entgegen der grundsätzlich bestehenden Pflicht, den Einsatz der Beschäftigten zu beenden, die Entscheidung fällen darf, die Arbeitnehmer zur Weiterarbeit anzuhalten und deren Arbeit entgegenzunehmen. In beiden Fällen wird die Entscheidung aufgrund einer **Prognose** gefällt. Bei dieser Prognose ist die Intensität eines drohenden Schadens zu beurteilen und die Wahrscheinlichkeit, dass dieser Schaden eintritt. In beiden Fällen gehört zur Prognose-Entscheidung das Risiko der Fehleinschätzung. Schließlich verbindet beide Fälle der Charakter der Ausnahmeerlaubnis, welche nur bei solchen Schadensrisiken

---
[1] RGBl. I 1938, 447. [2] BT-Drs. 12/5888, 31. [3] BT-Drs. 12/5888, 2. [4] Buschmann/Ulber ArbZG § 14 Rn. 1 a; VG Berlin 30.11.2011 – 35 K 388/09 Rn. 47. [5] Zur engen Auslegung von Art. 17 der RL: VG München 26.10.2004 – M 5 K 04.1374 (Dienstzeiten eines Hausmeisters an einer FH).

und Schadensereignissen in Betracht kommt, die nicht so weit voraussehbar waren, dass sie nicht auf andere Weise bekämpft werden konnten. Hier wie dort ist also auch eine zeitliche Komponente zu berücksichtigen: Je früher das Schadensrisiko voraussehbar war, desto weniger kommt die Anwendung der Ausnahmevorschrift in Betracht und desto mehr ist der Prognostizierende gehalten, auf anderem Wege für Abhilfe zu sorgen als durch Verletzung der Hauptleistungspflicht (durch den Arbeitnehmer) oder hier durch Verletzung der Arbeitsschutzpflicht (durch den Arbeitgeber). Schon aus diesem Grund ist in beiden Fällen eine Interessenabwägung notwendig. Und weil es über die Frage der bloßen Nichterfüllung einer Vertragspflicht hinaus um die Verwirklichung grundrechtlich geschützter Positionen geht, ist eine Verhältnismäßigkeitsprüfung durchzuführen – auch dort, wo sie als Voraussetzung nicht ausdrücklich genannt wird.

II. Detailkommentierung

1. Abweichungen bei Notfällen und außergewöhnlichen Fällen (Abs. 1). Nach § 14 Abs. 1 ArbZG darf der Arbeitgeber in „Notfällen" und in „außergewöhnlichen Fällen" von den arbeitszeitrechtlichen Regelungen in den §§ 3–5, 6 Abs. 2, 7, 9–11 ArbZG abweichen, also von den meisten derjenigen Vorschriften, die zum Schutz der Gesundheit der Arbeitnehmer und zum Schutz der Feiertagsruhe die Arbeitszeit beschränken. Es ist von einem **einheitlichen Begriff des außergewöhnlichen Falles** auszugehen, der mit den Worten „Notfall" und „außergewöhnlicher Fall" umschrieben wird. Die Grenze zwischen den beiden Begriffen ist fließend.[6] Eine trennscharfe Unterscheidung wäre sinnvoll, da die Rechtsfolge, nämlich die Erlaubnis für den Arbeitgeber die Weiterarbeit anzuordnen, die gleiche ist. Der Begriff „Notfall" macht deutlich, dass der Begriff des „außergewöhnlichen Falles" entsprechend restriktiv zu verstehen ist, denn unter „Not" versteht schon der allgemeine Sprachgebrauch einen Mangel an lebenswichtigen Dingen. Der Begriff kann auch einen seelischen Zustand, wie das Gefühl von Ausweglosigkeit, Verzweiflung und Angst bezeichnen. Bei „Not" denken die Menschen – je nach ihrem individuellen Vorverständnis – an Kälte, Hunger, Schmerzen, kriegerische Einwirkungen, Unterdrückung etc. Der Begriff Notfall vermittelt also eine gewisse Dramatik. Umgekehrt relativiert die Wortwahl „außergewöhnliche Fälle" den Begriff „Notfall" in dem Sinne, dass die Anwendbarkeit des § 14 Abs. 1 ArbZG nicht nur dann in Betracht kommt, wenn ein öffentlicher Notstand oder eine Gemeinwohlgefährdung droht.[7]

Die allgemein gängige Definition[8], nach der von einem Notfall auszugehen ist, wenn ein „ungewöhnliches, unvorhergesehenes, plötzliches Ereignis vorliegt, das für den Betrieb nachteilig ist und für diesen einen unverhältnismäßigen Schaden mit sich bringt", ist folglich etwas ungenau. Nach ihr kann zum Beispiel nur dann von einem außergewöhnlichen Fall gesprochen werden, wenn ein Schaden bereits eingetreten ist. Wie bereits verdeutlicht (→ Rn. 3), geht es aber bei der Anordnung weiterzuarbeiten um das Ergebnis einer *Prognose* und damit um Risikoabschätzung, nicht aber um Schadensbetrachtung.

Bei der **Definition** eines Ausnahmefalles im Sinne des § 14 Abs. 1 ArbZG ist nach den Üblichkeiten der Gesetzesauslegung der Wortlaut, die Systematik und der Zweck des Gesetzes zu berücksichtigen. Hinzu kommen hier noch die definitorischen Bestandteile der Begriffe „Prognose" und „Gefahr". Ein Ausnahmefall im Sinne des § 14 Abs. 1 ArbZG, der durch die Worte „Notfall" und „außergewöhnlicher Fall" bezeichnet wird und dem Arbeitgeber die Möglichkeit eröffnet, von den Regelungen des Arbeitszeitrechts abzuweichen, ist danach unter den folgenden Voraussetzungen anzunehmen, die anschließend im Einzelnen erläutert werden sollen:

- Ein besonnener Arbeitgeber als objektivierter Betrachter der Situation;
- ein Betrieb, der sich nicht schon dem Grunde nach mit der Beseitigung von Notfällen befasst;

---

6 NK-GA/Wichert ArbZG § 14 Rn. 7. 7 Vgl. Neumann/Biebl ArbZG § 14 Rn. 3; Dobberahn S. 67. 8 zB Neumann/Biebl ArbZG § 14 Rn. 3; Schliemann ArbZG § 14 Rn. 5; Dobberahn S. 67.

- eine durch den Arbeitgeber veranlasste betriebliche Organisation, die darauf gerichtet ist, einen außergewöhnlichen Fall im Sinne des § 14 ArbZG zu vermeiden;
- keine abgelehnte behördliche Erlaubnis;
- eine auf Tatsachen gründende Prognose durch den Arbeitgeber;
- als Gegenstand dieser Prognose eine hohe Wahrscheinlichkeit, ein kurzzeitiger Kausalitätsablauf und ein erheblicher Schaden für den Betrieb oder für das Unternehmen des Arbeitgebers oder möglicherweise für Dritte;
- eine durch den Arbeitgeber vorgenommene und das ultima-ratio-Prinzip berücksichtigende Interessenabwägung, bei der die Arbeitszeitbeschränkungen des ArbZG im Ergebnis zurücktreten müssen.

Nur wenn alle diese Voraussetzungen kumulativ erfüllt sind, kann die Entscheidung des Arbeitgebers, gegen die ansonsten geltenden Arbeitszeitvorschriften zu verstoßen, rechtmäßig sein.

7 Da eine Prognose ein wertendes Wahrscheinlichkeitsurteil zum Gegenstand hat, dessen Grundlagen sich durch Zeitablauf ändern, muss es bei der Beurteilung der Frage, ob der Arbeitgeber einen Ausnahmefall im Sinne des § 14 Abs. 1 ArbZG annehmen darf, auf den **Zeitpunkt der Prognose** ankommen. Dabei kann der leichtsinnige oder (zu) knapp kalkulierende Arbeitgeber nicht der Maßstab sein. Wenn unter Berücksichtigung der notwendigen Subjektivität einer Prognose dem Arbeitgeber, wenn auch in engen Grenzen, schon das „Recht" eingeräumt wird, sich zu irren (das ist für ihn wichtig mit Blick auf die Buß- und Strafvorschriften der §§ 22, 23 ArbZG), dann muss er sich im Gegenzug den Blickwinkel eines **besonnenen und gut organisierten Arbeitgebers** als verobjektivierter Betrachter zurechnen lassen.

8 Ein außergewöhnlicher Fall im Sinne der Vorschrift kann nur dann vorliegen, wenn die Situation **für den konkreten Betrieb ungewöhnlich** ist. So kann eine verschlossene Tür für einen Schlüsseldienst kein Notfall sein, weil es zu seinem Unternehmensgegenstand gehört, verschlossene Türen zu öffnen. Das Gleiche muss bei einem Wasserrohrbruch für einen Installateur-Betrieb gelten.[9]

9 Ein Arbeitgeber kann sich nur dann auf einen außergewöhnlichen Fall berufen, wenn er zumutbare Anstrengungen unternommen und eine entsprechende **Organisation** vorgehalten hat, um auch abweichende Abläufe im Rahmen der öffentlich-rechtlichen Arbeitsschutzvorschriften auffangen zu können.[10] Der schnell artikulierte Ruf „das ist ein Notfall" versucht häufig Organisationsmängel im Vorfeld zu verdecken. In den folgenden Fällen kann sich der Arbeitgeber daher regelmäßig **nicht auf § 14 Abs. 1 ArbZG berufen** und der Ruf „das ist ein Notfall" ist bei diesen Sachverhalten unberechtigt, weil hier jeweils der außergewöhnliche Fall auf einen Organisationsfehler des Arbeitgebers zurückzuführen ist:

- Eine überraschende Häufung von Aufträgen, die nicht fristgerecht erledigt werden können.[11]
- Störungen in der IT-Abteilung.[12]
- Saisonal bedingte und regelmäßig auftretende erhöhte Personalbedarfe[13]; falsche Dispositionen hinsichtlich des Personal- und des Materialbedarfs.[14]
- Krankheitsbedingter Ausfall von Personal, soweit es nicht um eine Epidemie geht.[15]

---

9 Wie hier: Schliemann ArbZG § 14 Rn. 7; Wirtz BB 2014, 1397 (1400); aA wohl LR/Neumann ArbZG § 14 Rn. 5. **10** Schliemann ArbZG § 14 Rn. 6; LAG Baden-Württemberg 23.11.2000 – 4 Sa 81/00, AuR 2001, 512 mAnm Perreng; BayVGH 28.10.1993 – 22 B 3225/90, GewArch 1994, 192; VG Augsburg 18.4.2013 – Au 5 K 783/11. **11** OLG Düsseldorf 13.4.1992 – 5 Ss (OWi) 106/92, DB 1992, 2148 zu § 14 AZO; zustimmend Neumann/Biebl ArbZG § 14 Rn. 4. **12** VG Köln 5.9.1989 – 1 K 1753/88, GewArch 1990, 360 zu § 14 AZO; zustimmend Schliemann ArbZG § 14 Rn. 6. **13** VG Augsburg 16.1.2014 – Au 5 K 13.1508, AiB 5/2014, 68 mAnm Reim. **14** Neumann/Biebl ArbZG § 14 Rn. 5. **15** Schliemann ArbZG § 14 Rn. 6; Anzinger/Koberski ArbZG § 14 Rn. 5 mit weiteren Beispielen aus der Rechtsprechung zu § 14 AZO.

- Betriebstypisch erhöhte Arbeitsanfälle, selbst dann nicht, wenn sie nur schwer planbar sind.[16]
- Fehlende Personalreserven aus fiskalischen Gründen im öffentlichen Dienst.[17]
- Im Rettungsdienst, wenn Dienstpläne so gestaltet werden, dass die Arbeitszeitregelungen regelmäßig nicht eingehalten werden können.[18]
- Bei vom Arbeitgeber selbst verursachter Notlage.[19]

Um die in diesen Fällen absehbaren Spitzenbedarfe abzudecken, ist der Arbeitgeber somit beispielsweise gehalten, eine Personalreserve vorzuhalten, eine Ruf- und Fahrbereitschaft[20] zu organisieren oder den Kontakt zur Bundesagentur für Arbeit oder zu Leiharbeitsfirmen aufzunehmen.[21] So kann und muss zB ein Einsatz außerhalb der Betriebsstätte kurz vor Ablauf der Zehn-Stunden-Frist des § 3 ArbZG durch rechtzeitige Planung ausgeschlossen werden.[22] Selbst Naturereignisse können vorhersehbar sein, wenn sie häufiger und unter bestimmten Umständen auftreten. So muss jede Überschwemmung des Hamburger Fischmarktes auch für die dort tätigen Gastronomen in diesem Sinne als vorhersehbar gelten. 10

Dort, wo eine **behördliche Erlaubnis** ausdrücklich vorgesehen ist, kommt in den Fällen, in denen die Behörde einen Ausnahmefall abgelehnt hat, § 14 ArbZG als Auffangtatbestand nicht mehr in Betracht, wie zum Beispiel bei § 13 Abs. 3 Nr. 2 lit. b ArbZG (Sonn- und Feiertagsarbeit an bis zu 5 Tagen im Jahr) oder bei § 15 Abs. 2 ArbZG (Ausnahmen im öffentlichen Interesse),[23] es sei denn nach der Ablehnung der Behörde treten neue Tatsachen hinzu, die nicht Gegenstand der Ermessensentscheidung der Behörde waren.[24] 11

Die dem Arbeitgeber überlassene autonome Entscheidung, einen Ausnahmefall anzunehmen, der eine Abweichung von dem im Übrigen geltenden Arbeitszeitrecht rechtfertigen soll, setzt eine ordnungsgemäß angestellte **Prognose** voraus: Bloße Werturteile, Ängste oder Gerüchte reichen nicht aus. Es müssen **Tatsachen** vorliegen, die der Arbeitgeber zur Grundlage seiner Entscheidung machen kann. Schon aus dem Gesetzeswortlaut selber („drohen" als letztes Wort des ersten Absatzes) ergibt sich umgekehrt, dass Tatsachen, die die Prognose rechtfertigen, ausreichen können und nicht schon ein Schaden eingetreten sein muss. 12

Gegenstand der Prognose-Entscheidung muss eine **qualifizierte Gefahr** sein. Eine *einfache* Gefahr liegt vor, wenn eine Wahrscheinlichkeit besteht, dass ein Schaden eintritt. Wie gezeigt ergibt sich aus der Begriffskombination „Notfall/außergewöhnlicher Fall" und aus der Feststellung des hohen Stellenwerts der Güter, die durch das ansonsten geltende Arbeitszeitrecht geschützt werden sollen (Leben, Gesundheit, Feiertag) die Notwendigkeit einer restriktiven Auslegung und damit die Notwendigkeit, eine einfache Gefahr für die Annahme eines Ausnahmefalles nicht ausreichen zu lassen. Vielmehr muss eine qualifizierte Gefahr vorliegen: **Die Wahrscheinlichkeit muss hoch sein, dass ohne Abhilfe durch weiterarbeitende Beschäftigte in Kürze ein intensiver Schaden eintritt.** Eine „hohe Wahrscheinlichkeit" setzt mindestens voraus, dass der Schadenseintritt wahrscheinlicher ist als der Nichteintritt. „In Kürze" bezeichnet eine so kurze Zeitspanne, dass anderweitige Abhilfe (Personalreserve, Bereitschaft, Leiharbeitnehmer, Werkunternehmer, Anschaffung oder Miete technischer Vorrichtungen etc.) nicht mehr organisiert werden kann. Ein Schaden ist jedenfalls dann „intensiv", wenn er für den Betrieb oder das Unternehmen existenzgefährdend ist oder jedenfalls dann, wenn ein Gewinnausfall für mehrere Tage oder Wochen eintritt. Die vom Gesetz genannten Beispiele „wenn Rohstoffe oder Lebensmittel zu verderben oder Arbeitsergebnisse zu 13

---

16 Anzinger/Koberski ArbZG § 14 Rn. 7; Buschmann/Ulber ArbZG § 14 Rn. 6. **17** VG München 26.10.2004 – M 5 K 04.1374 (Dienstzeiten eines Hausmeisters an einer FH). **18** LAG Baden-Württemberg 23.11.2000 – 4 Sa 81/00 AuR 2001, 512. **19** Roggendorff S. 146; Neumann/Biebl ArbZG § 14 Rn. 3, vgl. auch ErfK/Wank ArbZG § 14 Rn. 2. **20** LAG Hamm 30.3.2006 – 8 Sa 1992/04, PflR 2006, 429 (Pfleger im Dialyse-Zentrum). **21** NK-GA/Wichert ArbZG § 14 Rn. 12. **22** Dazu Perreng AuR 2001, 513; Anzinger/Koberski ArbZG § 14 Rn. 1 a. **23** Buschmann/Ulber ArbZG § 14 Rn. 1 a; VG Augsburg 16.1.2014 – Au 5 K 13.1508, AiB 5/2014, 68 mAnm Reim; vgl. Kohte, jurisPR-ArbR 44/2014 Anm. 1. **24** Schliemann ArbZG § 14 Rn. 11.

misslingen drohen" sind für die Qualifizierung wenig aussagekräftig, abgesehen von der Andeutung, dass hier drohende Schäden gemeint sind, die nicht „wieder gut zu machen" wären. Rein begrifflich kann „Rohstoff" auch ein Eimer Zement sein, „Lebensmittel" eine Flasche Milch und „Arbeitsergebnis" der nicht fristgebundene Schriftsatz eines Anwalts. Sinn und Zweck der Vorschrift machen deutlich, dass solche Marginalien nicht gemeint sind, sondern eher ein Schiff voller verderblicher Chemikalien, die soeben eingebrachte Salaternte oder der kurz vor Vollendung stehende Guss der Kirchenglocke.

14 Die soeben dargestellten einzelnen Voraussetzungen des Ausnahmetatbestandes sind nicht starr zu betrachten, sondern in jedem Einzelfall im Rahmen der vom Arbeitgeber vorzunehmenden **Interessenabwägung** dynamisch:

- Die elfte Stunde Schreibtischarbeit ist für den Arbeitnehmer weniger belastend und daher auch weniger gefährlich als die elfte Stunde Kesselreinigung im Kohlekraftwerk;
- für die Schreibkraft im Anwaltsbüro steht nur ihre eigene Gesundheit in Frage, der müde LKW-Fahrer dagegen kann gemeingefährlich sein;
- die durch eine Arbeitszeitüberschreitung einhergehende Gesundheitsgefährdung für den Arbeitnehmer erscheint im Falle des Rettungssanitäters, der vor dem Unfallopfer steht und auf die Uhr schaut, in einem anderen Licht, als im Falle eines Schmiedes der 10 Stunden Schmiedearbeit in Hitze, Lärm und Vibration hinter sich hat und bei dem im Falle der Arbeitseinstellung nach Ablauf der 10. Stunde nicht ein Menschenleben auf dem Spiel steht, sondern lediglich ein Zangen-Rohling zu verderben droht.

Wie die beiden letztgenannten Beispiele zeigen, sind in die vom Arbeitgeber vorzunehmende Interessenabwägung neben den unterschiedlichen Interessen der betroffenen Beschäftigten und den Interessen des Arbeitgebers auch die **Interessen Dritter** einzubeziehen.[25] Bevor der Arbeitgeber unter Missachtung der Arbeitszeitvorschriften die Weiterarbeit anordnet, hat er also eine umfassende Güterabwägung vorzunehmen.[26] Korrespondierend mit dem Zweck der Ausnahmevorschrift (→ Rn. 2) sind die durch das Arbeitszeitrecht und das Grundgesetz geschützten Rechtsgüter Leben und Gesundheit der Beschäftigten, die Feiertagsruhe und ggf. Interessen Dritter einerseits abzuwägen mit der drohenden Gefahr für die Interessen des Arbeitgebers und auch hier ggf. der Interessen Dritter andererseits. Der hohe Rang der durch das ArbZG geschützten Rechtsgüter, der Ausnahmecharakter der Norm, die ausdrückliche Erwähnung des Ultima-ratio-Prinzips („… nicht auf andere Weise zu beseitigen …") und die gesonderte Erwähnung von „Rohstoffen oder Lebensmitteln", zeigt, dass abstrakt und konkret **nur wenige Fälle** in Betracht kommen, in denen alle oben genannten Voraussetzungen erfüllt sind und in denen die Interessenabwägung zum Nachteil der Schutzzwecke des Arbeitszeitrechts ausgeht.

15 Keine Besonderheiten sind bei **Arbeitskräfteausfällen aufgrund von Streiks** zu beachten. Als Folge eines Streiks können Tatsachen auftreten, die eine Ausnahmesituation im oben genannten Sinne darstellen – wenn alle genannten Voraussetzungen vorliegen. Dabei darf spätestens in der Interessenabwägung nicht unberücksichtigt bleiben, dass die Schädigung der Interessen des Arbeitgebers gerade das Ziel des Streiks ist, der seinerseits die Ausübung eines Grundrechts der Streikenden aus Art. 9 Abs. 3 GG darstellt. Daher sind Streik und Aussperrung regelmäßig keine „außergewöhnlichen Fälle".[27] Die im Arbeitskampf üblichen Not- und Erhaltungsarbeiten sind in der Regel keine Notfälle iSd § 14 ArbZG, sondern Schranken des Arbeitskampfrechts, die sich aus dem Verhältnismäßigkeitsgrundsatz ergeben und von den Kampfparteien rechtzei-

---

25 Schliemann ArbZG § 14 Rn. 7. **26** Vgl. hierzu Anzinger/Koberski ArbZG § 14 Rn. 10; ErfK/Wank ArbZG § 14 Rn. 4; Buschmann/Ulber ArbZG § 14 Rn. 9. **27** Anzinger/Koberski ArbZG § 14 Rn. 7; Buschmann/Ulber ArbZG § 14 Rn. 6.

tig zu regeln sind[28]. Ihre Organisation unterliegt dem Gebot des „billigen Ermessens"[29], so dass durch den Charakter der Not- und Erhaltungsarbeit allein keine Abweichung von den Schranken des ArbZG legitimiert ist und auch im Arbeitskampf die oben (→ Rn. 6) definierten Voraussetzungen des § 14 ArbZG gelten.

Indem der Gesetzeswortlaut ausdrücklich von „**vorübergehenden Arbeiten**" spricht, verdeutlicht er ein weiteres Mal den Ausnahmecharakter der Vorschrift. Die konkret vorliegenden Tatsachen und die Anwendung des Verhältnismäßigkeitsgrundsatzes entscheiden über die Frage, ob in der Ausnahmesituation das Wort „vorübergehend" einen Zeitraum von wenigen Minuten, Stunden oder gar einigen Tagen bezeichnet. In jedem Fall sind die Arbeiten zeitlich und hinsichtlich ihres Umfanges auf das geringste notwendige Maß zu begrenzen. 16

2. Abweichungen nach Abs. 2. Die Regelung in Abs. 2 ist gesetzestechnisch missglückt. Die in Abs. 2 genannten außergewöhnlichen Fälle unterscheiden sich von denen in Abs. 1 marginal in der Rechtsfolge, und kaum in den Voraussetzungen. Lediglich die gesonderte Erwähnung von Forschung und Lehre ohne eine gesonderte Qualifikation wie „unaufschiebbar" sticht hier hervor. Als Rechtsfolge sind in Abs. 2 anders als in Abs. 1 Abweichungen von den Regelungen zur Sonn- und Feiertagsruhe in §§ 9, 10 ArbZG nicht möglich, wohl aber Abweichungen von tarifvertraglichen Regelungen über den *Ausgleich* von Sonn- und Feiertagsbeschäftigung (§ 12 ArbZG).[30] In den Voraussetzungen des Abs. 2 finden sich über weite Strecken Wiederholungen und reine Bestätigungen, vor allem aber Konkretisierungen des Abs. 1. Wenn hier die Rede ist von „verhältnismäßig geringe Zahl", „unverhältnismäßiger Schaden", „unaufschiebbar" und „an einzelnen Tagen", so sind dies lediglich Wiederholungen und Betonungen der Tatsache, dass der Verhältnismäßigkeitsgrundsatz und der Ausnahmecharakter der Vorschrift zu beachten sind. Wenn ein Arbeitsergebnis droht zu misslingen (so die Formulierung in Abs. 1), dürfte es sich um eine ähnliche Situation handeln, wie die, in der das „Ergebnis der Arbeiten gefährdet" ist (so die Formulierung in Abs. 2). Aus der Systematik der Norm ergibt sich, dass die in Abs. 2 geregelten Ausnahmen nur dann gelten sollen, wenn auch die allgemeinen Voraussetzungen des Abs. 1 gegeben sind.[31] Eine verfassungsrechtlich gebotene Verhältnismäßigkeitsprüfung kann bei absolut geschützten Rechtsgütern wie Leben und Gesundheit einfachgesetzlich nicht ausgeschlossen werden. Die Regelungen in Abs. 2 sind daher vor allem als ein gesetzgeberischer Versuch einer Konkretisierung des Abs. 1 zu betrachten. 17

Alle in Abs. 2 genannten außergewöhnlichen Fälle der drohenden Ergebnisvereitelung, der Vor- und Abschlussarbeiten sowie der Arbeiten zur Pflege und Betreuung von Mensch und Tier kommen nach dem Gesetzeswortlaut nur dann als Rechtfertigung einer Ausnahme von den ansonsten zwingenden Arbeitszeitnormen in Betracht, wenn sie auf eine bestimmte Art qualifiziert sind, wenn nämlich ein „unverhältnismäßiger Schaden" droht oder sich die Arbeiten als „unaufschiebbar" darstellen. Es gelten daher hier die oben genannten Voraussetzungen eines außergewöhnlichen Falles nach Abs. 1 (→ Rn. 6) unter besonderer Betonung der Tatsache, dass im Rahmen der Interessenabwägung auch Interessen Dritter zu berücksichtigen sind. Eine Ausnahme bildet hier die Erwähnung von **Forschung und Lehre**. Wird die Vorschrift des Abs. 2 unter Weglassung der anderen außergewöhnlichen Fälle gelesen, so lautet er: „Von den §§ 3 bis 5 [...] darf ferner abgewichen werden, bei Forschung und Lehre wenn dem Arbeitgeber andere Vorkehrungen nicht zugemutet werden können." Nach diesem isolierten Wortlaut des Abs. 2 Nr. 2 und der dort erfolgten Beschränkung der Rechtsfolgen (keine Ausnahmen von §§ 9, 10 ArbZG – Sonn- und Feiertagsruhe) könnte gefolgert werden, dass der Medizinprofessor, der an einem Krebsmedikament forscht, sein von ihm aufwendig eingearbeitetes wissenschaftliches Personal am Tage und Nächte zur Arbeit anhalten könnte – nur am Sonntag nicht. Dieses Ergebnis ließe die systematische Stellung der Regelung außer Betracht, nach der die Voraussetzungen des Abs. 1 in jedem 18

---

28 Däubler/Reinsfelder, Arbeitskampfrecht, 3. Aufl. 2011, § 15 Rn. 36 ff.; Schaub/Treber § 192 Rn. 60 ff. **29** ErfK/Linsenmaier GG Art. 9 Rn. 188. **30** VG Berlin 30.11.2011 – 35 K 388/09 Rn. 47. **31** Buschmann/Ulber ArbZG § 14 Rn. 17.

Falle gegeben sein müssen (→ Rn. 17): Auch hier muss ein außergewöhnlicher Fall und damit eine hohe Wahrscheinlichkeit für einen in Kürze eintretenden intensiven Schaden vorliegen, diesmal für die Wissenschaft im Allgemeinen oder eine aufwendige Versuchsreihe im Speziellen.

19 **3. Ausgleichszeitraum (Abs. 3).** § 14 Abs. 3 ArbZG legt fest, dass die wöchentliche Arbeitszeit von 48 Stunden im Fall einer Inanspruchnahme der Ausnahmeregelungen der Abs. 1 und 2 im Durchschnitt von sechs Monaten oder 24 Wochen eingehalten werden muss. Welcher Ausgleichszeitraum zur Anwendung kommen soll, entscheidet der Arbeitgeber. Dieser kann auch zwischen den Ausgleichszeiträumen wechseln.

III. Rechtsdurchsetzung

20 Mit Blick auf das **arbeitsvertragliche Pflichtenprogramm** zeigt sich die eingangs erwähnte Spiegelbildlichkeit der hier behandelten Weisung des Arbeitgebers zur Weiterarbeit in außergewöhnlichen Fällen nach § 14 ArbZG einerseits mit dem Arbeitsniederlegungsrecht des Arbeitnehmers aus § 9 ArbSchG andererseits, besonders deutlich (→ ArbSchG § 9 Rn. 17):

- Wenn die Voraussetzungen des § 14 ArbZG vorliegen und der Arbeitgeber sein Recht, die Weiterarbeit anzuordnen, ausübt, dann ist der Arbeitnehmer nach § 611 BGB in Verbindung mit seinem Arbeitsvertrag und unter Berücksichtigung etwa anwendbarer Tarifverträge und Betriebsvereinbarungen verpflichtet, seine Arbeitsleistung auch über die Grenzen des ansonsten geltenden Arbeitszeitrechts hinaus zu erbringen. Eine Arbeitsverweigerung kann eine **Abmahnung oder gar eine Kündigung** rechtfertigen. Nach § 326 Abs. 1 BGB **entfällt** bei Nichtarbeit die Pflicht zur Gegenleistung, also hier die **Lohnzahlungspflicht**. Eine Ausnahme von diesem Grundsatz ist nicht ersichtlich, insbesondere kommt Annahmeverzug gemäß §§ 293, 615 BGB nicht in Betracht.
- Wenn die Voraussetzungen des § 14 ArbZG *nicht* vorliegen, dann ist die Weisung des Arbeitgebers weiterzuarbeiten, rechtswidrig und verstößt gegen ein Verbotsgesetz, zum Beispiel gegen § 3 S. 1 ArbZG („... darf acht Stunden nicht überschreiten."). Die Weisung ist gemäß § 134 BGB nichtig und muss vom Arbeitnehmer nicht befolgt werden (→ ArbSchG § 9 Rn. 18). Eine Arbeitsverweigerung kann in diesem Falle weder eine Abmahnung noch eine Kündigung rechtfertigen. Für die Zeit der Nichtarbeit ergibt sich kein Anspruch auf Arbeitsentgelt aus dem Arbeitsvertrag in Verbindung mit § 611 BGB. Es kann sich aber dann ein Entgeltanspruch oder entgeltähnlicher Anspruch aus dem Gesichtspunkt des Annahmeverzuges ergeben, wenn der Arbeitgeber die rechtswidrig angeordnete Arbeitszeit als Abzugsposten im Arbeitszeitkonto berücksichtigt und es an anderer Stelle unterlässt, dem Arbeitnehmer hinreichend Arbeit zuzuweisen.
- Denkbar – wohl nur theoretisch – ist der Fall, dass sowohl die Voraussetzungen des § 9 ArbSchG als auch die des § 14 ArbZG vorliegen, dass also sowohl der Arbeitgeber wegen einer von ihm angenommenen Gefahr für sein Unternehmen die Weiterarbeit anordnet, als auch der Arbeitnehmer wegen einer von ihm angenommenen unmittelbaren erheblichen Gefahr seine Arbeit verweigert. Dieses auf den ersten Blick kuriose Ergebnis ist möglich, weil beide Rechte aus den beiden Ausnahmevorschriften auf eine individuell determinierte Prognose des jeweils Handelnden zurückzuführen sind. Da auch in diesem Fall der Arbeitnehmer, trotz der rechtmäßigen Weisung des Arbeitgebers, berechtigt ist, die Arbeit zu verweigern, kommen auch hier Abmahnung und Kündigung nicht in Frage. Wegen des in § 9 Abs. 3 S. 2 ArbSchG ausdrücklich geregelten Benachteiligungsverbots (→ ArbSchG § 9 Rn. 22) ist hier sogar an die Zahlung von Entgelt aus dem Gesichtspunkt des Annahmeverzuges zu denken.

Im Kündigungsschutzprozess hat der Arbeitgeber nach der allgemein geltenden Beweislastverteilung des § 1 Abs. 2 S. 4 KSchG die Darlegungs- und Beweislast für die Tatsachen, die die Kündigung bedingen sollen, hier also für die Tatsachen, die zur Anwendung des § 14 ArbZG und damit zur Arbeitspflicht des Arbeitnehmers führen sollen.

Die Weisung des Arbeitgebers, über die Grenzen des ansonsten geltenden Arbeitszeitrechts hinaus Arbeit zu leisten, betrifft „Beginn und Ende der täglichen Arbeitszeit" und die „vorübergehende ... Verlängerung der betrieblichen Arbeitszeit", also ohne Weiteres die **Mitbestimmungstatbestände** aus § 87 Abs. 1 Nr. 2, 3 BetrVG. Ohne die Zustimmung des Betriebsrats oder einen diese ersetzenden Einigungsstellenspruch ist der Arbeitgeber also grundsätzlich aus betriebsverfassungsrechtlichen Gründen gehindert, die Weiterarbeit anzuordnen. Für die Tatbestände des § 87 BetrVG gibt es keine Regelung über vorläufige Maßnahmen wie zum Beispiel § 100 BetrVG. Sind aber die Voraussetzungen des § 14 ArbZG erfüllt, so stehen Arbeitgeber und Betriebsrat, wie gezeigt, nicht nur vor einem einfachen Eilfall,[32] sondern vor einer Notsituation. In diesem Fall kann der Arbeitgeber die mitbestimmungspflichtige Maßnahme zunächst ohne die Beteiligung des Betriebsrats durchführen, muss aber den Betriebsratsvorsitzenden oder einzelne Mitglieder des Gremiums so schnell und umfassend wie möglich in das Geschehen einbinden und das Mitbestimmungsverfahren so bald wie möglich nachholen.[33] 21

Abweichungen von den arbeitszeitrechtlichen Vorgaben ohne Vorliegen der in § 14 Abs. 1 bzw. 2 ArbZG genannten Voraussetzungen stellen – je nach betroffener Regelung – **Ordnungswidrigkeiten** gemäß § 22 Abs. 1 Nr. 1–6 ArbZG dar. Handelt der Arbeitgeber in den Fällen des § 22 Abs. 1 Nr. 1–3, 5–7 ArbZG vorsätzlich und gefährdet er dadurch die Gesundheit oder die Arbeitskraft eines Arbeitnehmers oder wiederholt er die Verstöße beharrlich, macht er sich zudem nach § 23 ArbZG **strafbar**. Wenn die Aufsichtsbehörde rechtzeitig erfährt, dass ein Arbeitgeber unberechtigt Arbeitszeitverlängerungen nach § 14 ArbZG anordnen will, kann sie diese durch eine **sofort vollziehbare Ordnungsverfügung** unterbinden.[34] Wird bei einer Betriebsbesichtigung festgestellt, dass rechtswidrige Arbeitszeitverlängerungen praktiziert werden, kann eine Anordnung nach § 17 Abs. 2 ArbZG erfolgen. Wenn sich der Arbeitgeber im Anfechtungsverfahren auf § 14 ArbZG beruft, ist über die Berechtigung dieser Argumentation im Verwaltungsgerichtsverfahren zu entscheiden.[35] 22

§ 15 ArbZG Bewilligung, Ermächtigung

(1) Die Aufsichtsbehörde kann
1. eine von den §§ 3, 6 Abs. 2 und § 11 Abs. 2 abweichende längere tägliche Arbeitszeit bewilligen
   a) für kontinuierliche Schichtbetriebe zur Erreichung zusätzlicher Freischichten,
   b) für Bau- und Montagestellen,
2. eine von den §§ 3, 6 Abs. 2 und § 11 Abs. 2 abweichende längere tägliche Arbeitszeit für Saison- und Kampagnebetriebe für die Zeit der Saison oder Kampagne bewilligen, wenn die Verlängerung der Arbeitszeit über acht Stunden werktäglich durch eine entsprechende Verkürzung der Arbeitszeit zu anderen Zeiten ausgeglichen wird,
3. eine von den §§ 5 und 11 Abs. 2 abweichende Dauer und Lage der Ruhezeit bei Arbeitsbereitschaft, Bereitschaftsdienst und Rufbereitschaft den Besonderheiten dieser Inanspruchnahmen im öffentlichen Dienst entsprechend bewilligen,
4. eine von den §§ 5 und 11 Abs. 2 abweichende Ruhezeit zur Herbeiführung eines regelmäßigen wöchentlichen Schichtwechsels zweimal innerhalb eines Zeitraums von drei Wochen bewilligen.

(2) Die Aufsichtsbehörde kann über die in diesem Gesetz vorgesehenen Ausnahmen hinaus weitergehende Ausnahmen zulassen, soweit sie im öffentlichen Interesse dringend nötig werden.

---

32 Zur Mitbestimmung im Eilfall BAG 19.6.2001 – 1 ABR 43/00, NZA 2001, 1263 (1266); DKKW/Klebe BetrVG § 87 Rn. 28. **33** Baeck/Deutsch ArbZG § 14 Rn. 46; Anzinger/Koberski ArbZG § 14 Rn. 31; vgl. Fitting BetrVG § 87 Rn. 25. **34** VG Düsseldorf 27.6.1984 – 3 L 1053/84, NZA 1984, 407. **35** VG Augsburg 18.4.2013 – Au 5 K 783/11.

(2 a) Die Bundesregierung kann durch Rechtsverordnung mit Zustimmung des Bundesrates
1. Ausnahmen von den §§ 3, 4, 5 und 6 Absatz 2 sowie von den §§ 9 und 11 für Arbeitnehmer, die besondere Tätigkeiten zur Errichtung, zur Änderung oder zum Betrieb von Bauwerken, künstlichen Inseln oder sonstigen Anlagen auf See (Offshore-Tätigkeiten) durchführen, zulassen und
2. die zum Schutz der in Nummer 1 genannten Arbeitnehmer sowie der Sonn- und Feiertagsruhe notwendigen Bedingungen bestimmen.

(3) Das Bundesministerium der Verteidigung kann in seinem Geschäftsbereich durch Rechtsverordnung mit Zustimmung des Bundesministeriums für Arbeit und Soziales aus zwingenden Gründen der Verteidigung Arbeitnehmer verpflichten, über die in diesem Gesetz und in den auf Grund dieses Gesetzes erlassenen Rechtsverordnungen und Tarifverträgen festgelegten Arbeitszeitgrenzen und -beschränkungen hinaus Arbeit zu leisten.

(3 a) Das Bundesministerium der Verteidigung kann in seinem Geschäftsbereich durch Rechtsverordnung im Einvernehmen mit dem Bundesministerium für Arbeit und Soziales für besondere Tätigkeiten der Arbeitnehmer bei den Streitkräften Abweichungen von in diesem Gesetz sowie von in den auf Grund dieses Gesetzes erlassenen Rechtsverordnungen bestimmten Arbeitszeitgrenzen und -beschränkungen zulassen, soweit die Abweichungen aus zwingenden Gründen erforderlich sind und die größtmögliche Sicherheit und der bestmögliche Gesundheitsschutz der Arbeitnehmer gewährleistet werden.

(4) Werden Ausnahmen nach Absatz 1 oder 2 zugelassen, darf die Arbeitszeit 48 Stunden wöchentlich im Durchschnitt von sechs Kalendermonaten oder 24 Wochen nicht überschreiten.

Literatur: *Aligbe*, Offshore-Tätigkeiten, BPUVZ 2013, 493; *Bubenzer/Jörgens* (Hrsg.), Praxishandbuch Seearbeitsrecht, 2015; *Bubenzer/Noltin/Peetz/Mallach*, SeeArbG Kommentar, 2015; *Eckstein*, Offshore-Arbeitszeitverordnung (OffshoreArbZV) seit 1. August 2013 in Kraft, NZA 2013, 1060; *Hoffmann/Günter/Rowold*, Die neue Offshore-Arbeitszeitverordnung – Offene Fragen aus der Praxis, NZA 2013, 1332; *Lunk/Hinze*, Das Arbeitsrecht in der ausschließlichen Wirtschaftszone Deutschlands (AWZ), NVwZ 2014, 278; *Maul-Sartori*, Das neue Seearbeitsrecht – auch für Landratten von Interesse, NZA 2013, 821.

I. Entstehungsgeschichte, Rechtssystematik 1	
II. Detailkommentierung 2	
1. Abweichungen von §§ 3, 6 Abs. 2, 11 Abs. 2 für bestimmte Tätigkeitsbereiche (Abs. 1 Nr. 1)............ 2	
a) Kontinuierliche Schichtbetriebe 3	
b) Bau- und Montagebetriebe..................... 4	
2. Abweichungen von §§ 3, 6 Abs. 2, 11 Abs. 2 ArbZG für Saison- und Kampagnebetriebe (Abs. 1 Nr. 2) 6	
3. Abweichende Ruhezeiten im öffentlichen Dienst bei Arbeitsbereitschaft, Bereitschaftsdienst und Rufbereitschaft (Abs. 1 Nr. 3)......... 8	
4. Abweichende Ruhezeit bei regelmäßigem wöchentlichem Schichtwechsel (Abs. 1 Nr. 4) 11	
5. Ausnahmen vom Arbeitszeitgesetz im öffentlichen Interesse (Abs. 2) 13	
6. Ausnahmen bei Offshore-Tätigkeiten (Abs. 2 a)........ 18	
7. Ausnahmen im Bereich der Landesverteidigung (Abs. 3 und 3 a) 21	
8. Ausgleichszeiträume (Abs. 4) 22	
III. Rechtsdurchsetzung 23	

Bewilligung, Ermächtigung § 15 ArbZG **4**

I. Entstehungsgeschichte, Rechtssystematik

Die Vorschrift, die auf §§ 4 Abs. 3, 28 f AZO[1] zurückgeht, regelt Ausnahmemöglichkeiten von den Anforderungen des Arbeitszeitgesetzes. Die erfassten, im Sinne der Überschrift zum Vierten Abschnitt „besondere Fälle" sind durch spezifische Umstände der Tätigkeit oder ein besonderes öffentliches Interesse gekennzeichnet. Ausnahmen nach § 15 ArbZG setzen ein vorheriges behördliches Tätigwerden voraus. Hierin unterscheiden sie sich von den unmittelbaren Abweichungsbefugnissen nach § 14 ArbZG. Die behördliche Tätigkeit kann dabei in einer **Bewilligung** seitens der Aufsichtsbehörde bestehen. Dies betrifft die Ausnahmen in § 15 Abs. 1 ArbZG insbesondere für Schicht-, Saison- und Kampagnebetriebe sowie Bau- und Montagestellen sowie den öffentlichen Dienst. Nach § 15 Abs. 2 ArbZG kann eine Ausnahme bewilligt werden, soweit sie im öffentlichen Interesse dringend nötig wird. § 15 Abs. 4 ArbZG bestimmt eine bei der Bewilligung von Ausnahmen zu beachtende Höchstgrenze für die Wochenarbeitszeit, die im Durchschnitt von sechs Kalendermonaten oder 24 Wochen 48 Stunden nicht überschreiten darf. Die für eine Ausnahme nach § 15 ArbZG vorausgesetzte behördliche Tätigkeit kann aber auch im Erlass einer **Rechtsverordnung** bestehen. Entsprechende Ermächtigungsgrundlagen sind in § 15 Abs. 2 a bis 3 ArbZG enthalten. Sie betreffen Offshore-Tätigkeiten und Arbeitnehmer im Geschäftsbereich des Bundesverteidigungsministeriums. Ergangen ist eine Rechtsverordnung auf der Grundlage von § 15 ArbZG bisher nur für die Offshore-Tätigkeiten und zwar zeitnah zur Einführung der entsprechenden Ermächtigungsgrundlage durch das „Gesetz zur Umsetzung des Seearbeitsübereinkommens 2006 der Internationalen Arbeitsorganisation."[2] Abs. 3 a als Ermächtigungsgrundlage für Rechtsverordnungen zu besonderen Tätigkeiten für die Streitkräfte geht auf das „Bundeswehrreform-Begleitgesetz"[3] zurück, Abs. 4 und die dort bestimmte Höchstgrenze für die bewilligungsfähigen Arbeitszeiten auf das „Gesetz zu Reformen am Arbeitsmarkt."[4] Die Abs. 1, 2 und 3 sind – abgesehen von Anpassungen bei der Bezeichnung des zuständigen Ministeriums – seit ihrer Verabschiedung durch das Arbeitszeitrechtsgesetz[5] in 1994 unverändert. 1

II. Detailkommentierung

1. Abweichungen von §§ 3, 6 Abs. 2, 11 Abs. 2 für bestimmte Tätigkeitsbereiche (Abs. 1 Nr. 1). Nach § 15 Abs. 1 Nr. 1 ArbZG kann die Aufsichtsbehörde Ausnahmebewilligungen von den **täglichen Höchstarbeitszeiten** gemäß §§ 3, 6 Abs. 2 und 11 Abs. 2 ArbZG bewilligen. Der Anwendungsbereich ist sachlich auf kontinuierliche Schichtbetriebe (Nr. 1 Buchst. a) und Bau- und Montagestellen (Nr. 1 Buchst. b) begrenzt. 2

a) Kontinuierliche Schichtbetriebe. Nach Nr. 1 Buchst. a kann die tägliche Arbeitszeit in **kontinuierlichen Schichtbetrieben** auf über zehn Stunden ausgedehnt werden, wenn dadurch zusätzliche Freischichten erreicht werden. Kontinuierliche Schichtbetriebe sind solche, in denen ein Mehrschichtsystem den gesamten Zeitraum von 00.00 Uhr bis 24.00 Uhr über die gesamte Woche (vollkontinuierlich) oder über einen Teil der Woche (teilkontinuierlich), etwa Montag (6.00 Uhr) bis Samstag (22.00 Uhr), abdeckt.[6] Ausnahmen dürfen nur bewilligt werden, wenn durch die Arbeitszeitverlängerung **zusätzliche Freischichten** erreicht werden. Dies setzt voraus, dass die Arbeitnehmer über die gesetzlichen Vorgaben hinausgehend mehr freie zusammenhängende Tage erhalten, als ihnen ohne die Verlängerung der täglichen Arbeitszeit zustünden.[7] 3

b) Bau- und Montagebetriebe. Für Arbeiten auf **Bau- und Montagestellen** erlaubt § 15 Abs. 1 Nr. 1 Buchst. b ArbZG in Umsetzung der Arbeitszeit-Richtlinie (Art. 17 Abs. 3 a der RL 2003/88/EG) ebenfalls die Verlängerung der täglichen Arbeitszeit durch eine behördliche Genehmigung auf mehr als zehn Stunden. Eine Baustelle ist eine auswärtige Arbeitsstelle, an der ein Bauwerk errichtet, umgebaut oder abgebrochen wird.[8] Da- 4

---

[1] RGBl. 1938 I 447. [2] BGBl. 2013 I 868. [3] BGBl. 2012 I 1583. [4] BGBl. 2003 I 3002. [5] BGBl. 1994 I 1170. [6] Schliemann ArbZG § 15 Rn. 6; Anzinger/Koberski ArbZG § 15 Rn. 4. [7] Buschmann/Ulber ArbZG § 15 Rn. 6; ErfK/Wank ArbZG § 15 Rn. 1; NK-GA/Wichert ArbZG § 15 Rn. 4; Roggendorff, Arbeitszeitgesetz, S. 154. [8] Schliemann ArbZG § 15 Rn. 7.

bei spielt es keine Rolle, ob die Baustelle, wie etwa bei einem Gebäude, ortsfest oder örtlich veränderlich ist, wie zB eine wandernde Autobahnbaustelle. Ebenso ohne Bedeutung ist, ob Hoch- oder Tiefbauarbeiten ausgeführt werden.[9] Unter Montagestellen werden allgemein wiederum Arbeitsstellen verstanden, auf denen weitgehend vorgefertigte Teile zusammengebaut werden. Bei dem Einsatz von Arbeitnehmern auf **auswärtigen Bau- bzw. Montagestellen** können Verlängerungen der täglichen Arbeitszeit den Arbeitnehmern längere „Freizeitblöcke" ermöglichen, die sie an ihrem Wohnort verbringen können. Die Bewilligung sollte von einem entsprechenden Ausgleich abhängig gemacht werden.[10]

5 Für beide Arbeitsbereiche kann die Arbeitszeitverlängerung für Werktage (Abweichungen von § 3 ArbZG), für Nachtarbeit (Abweichungen von § 6 Abs. 2 ArbZG) und für Sonn- und Feiertagsarbeit (Abweichungen von § 11 Abs. 2 ArbZG) bewilligt werden. Die Behörde darf Überschreitungen der insoweit durch die genannten Vorschriften vorgesehenen 8- bzw. 10-Stunden-Grenze zulassen. Dabei steht jede Ausdehnung der täglichen Arbeitszeit unionsrechtlich unter dem Gebot der Beachtung der allgemeinen Grundsätze des Gesundheitsschutzes. Mit dieser auch das Arbeitszeitgesetz prägenden Zielsetzung wäre beispielsweise die Verdoppelung der Schichtzeiten auf 16 Stunden unvereinbar.[11] Eine übermäßige Ausdehnung der Nachtarbeit würde zudem gegen die Grundsätze der Gestaltung von Nachtarbeit gemäß § 6 Abs. 1 ArbZG verstoßen (→ § 6 ArbZG Rn. 10 ff.). Vor dem Hintergrund der von längeren Arbeitszeiten für die Arbeitnehmer ausgehenden erheblichen gesundheitlichen Belastungen wird deshalb zu Recht gefordert, dass die Ausnahmen durch eine Obergrenze von 12 Stunden zu begrenzen sind.[12] Jedenfalls zu beachten ist die wöchentliche Höchstarbeitszeit von 48 Stunden, die gemäß der Regelung in Abs. 4 im Durchschnitt von sechs Kalendermonaten oder 24 Wochen nicht überschritten werden darf.[13]

6 **2. Abweichungen von §§ 3, 6 Abs. 2, 11 Abs. 2 ArbZG für Saison- und Kampagnebetriebe (Abs. 1 Nr. 2).** § 15 Abs. 1 Nr. 2 ArbZG erlaubt ebenfalls die Bewilligung verlängerter täglicher Arbeitszeiten in Abweichung von den Begrenzungen durch §§ 3, 6 Abs. 2 und 11 Abs. 2 ArbZG, und zwar für Saison- und Kampagnebetriebe. Voraussetzung ist, dass die acht Stunden überschreitende tägliche Arbeitszeit zu anderer Zeit ausgeglichen wird. Saisonbetriebe sind Betriebe, die ganzjährig arbeiten, in denen der Arbeitsanfall aber während einer bestimmten Jahreszeit außergewöhnlich verstärkt ist und insoweit saisonalen Schwankungen unterfällt.[14] Dies kann mit der Art der Produkte, zB Reifenfachhandel oder Speiseeisfabriken, und den Verbrauchsgewohnheiten der Bevölkerung zusammenhängen. Gleiches gilt für Dienstleistungsbetriebe, etwa Eisdielen oder Pensionen in Kur- und Fremdenverkehrsorten.[15] Kampagnebetriebe sind Betriebe, deren Produktion auf eine bestimmte Jahreszeit beschränkt ist, wie zB Zuckerrübenfabriken.[16]

7 Die Arbeitszeitverlängerung über acht bzw. zehn Stunden täglich ist **nur für die Zeit der Saison bzw. Kampagne** zulässig. Insoweit ist die zeitliche Dauer der Ausnahmebewilligung durch die Behörde auf diesen Zeitraum zu beschränken. Sollte eine Verlängerung notwendig werden, ist diese vom Arbeitgeber unter Angabe der Gründe zu beantragen. Dass der erhöhte Arbeitsanfall wegen der Regelmäßigkeit des Eintritts der Umstände in gewissen Grenzen vorhersehbar ist, steht der Ausnahmebewilligung nicht

---

[9] Anzinger/Koberski ArbZG § 15 Rn. 8; Schliemann ArbZG § 15 Rn. 7; vgl. auch Richtlinie des Rates 1992/57 vom 24. Juni 1992 über Mindestvorschriften für Sicherheit und Gesundheitsschutz auf zeitlich begrenzte oder ortsveränderliche Baustellen, ABl. EG L 245, 6. [10] Anzinger/Koberski ArbZG § 15 Rn. 10; ErfK/Wank ArbZG § 15 Rn. 3; aA: Baeck/Deutsch ArbZG § 15 Rn. 16; Neumann/Biebl ArbZG § 15 Rn. 4. [11] Anzinger/Koberski ArbZG § 15 Rn. 5; HK-ArbZR/Käckenmeister/Hahn ArbZG § 15 Rn. 3. [12] Neumann/Biebl ArbZG § 15 Rn. 4; Buschmann/Ulber ArbZG § 15 Rn. 7; HWK/Gäntgen ArbZG § 15 Rn. 3; NK-GA/Wichert ArbZG § 15 Rn. 7. Die ausnahmsweise Überschreitung der 12-Stunden-Grenze halten für zulässig: Anzinger/Koberski ArbZG § 15 Rn. 5; Baeck/Deutsch ArbZG § 15 Rn. 11. [13] Anzinger/Koberski ArbZG § 15 Rn. 11. [14] VG Augsburg 16.1.2014 – Au 5 K 13.1508, Rn. 37. [15] Anzinger/Koberski ArbZG § 15 Rn. 12; Baeck/Deutsch ArbZG § 15 Rn. 19 f.; ErfK/Wank ArbZG § 15 Rn. 4. [16] Neumann/Biebl ArbZG § 15 Rn. 5; Schliemann ArbZG § 15 Rn. 8.

entgegen.[17] In die Ermessensausübung vor Bewilligung einer Ausnahme sind die Schutzzwecke des ArbZG einzubeziehen. In der Abwägung mit der unternehmerischen Betätigungsfreiheit ist dabei grundsätzlich dem Schutz der Sicherheit und Gesundheit der Arbeitnehmer Vorrang zu geben.[18] Der Zweck des ArbZG, den größtmöglichen Gesundheitsschutz der beschäftigten Arbeitnehmer zu gewährleisten, verlangt, dass vorrangig vor Arbeitszeitverlängerungen zunächst sämtliche organisatorische Maßnahmen zur Bewältigung saisonaler Arbeitsspitzen ausgeschöpft sind.[19] Dementsprechend muss zB ein Reifenfachhandel zur Bewältigung des saisonalen Wechsels auf Winterreifen zunächst die zulässige Höchstarbeitszeit auch an den Sonnabenden ausnützen, bevor ihm an den übrigen Werktagen Arbeitszeiten länger als zehn Stunden bewilligt werden können. Eine **Grenze** für die maximal zulässige Überschreitung der täglichen Arbeitszeit enthält § 15 Abs. 1 Nr. 2 ArbZG nicht. Unter dem Aspekt des Gesundheitsschutzes der Arbeitnehmer sind jedoch auch hier Arbeitszeiten von mehr als 12 Stunden nicht zuzulassen (→ Rn. 5). Die verlängerte Arbeitszeit muss zu einer anderen Zeit **ausgeglichen** werden. Hierdurch soll erreicht werden, dass die tägliche Arbeitszeit auch im Rahmen dieser Ausnahmebewilligung im Durchschnitt acht Stunden täglich nicht überschreitet.[20] Da für die Vorschrift des Abs. 1 die in § 15 Abs. 4 ArbZG festgelegten **Ausgleichszeiträume** gelten, hat der Ausgleich innerhalb von sechs Kalendermonaten bzw. 24 Wochen zu erfolgen (→ Rn. 22).[21]

3. Abweichende Ruhezeiten im öffentlichen Dienst bei Arbeitsbereitschaft, Bereitschaftsdienst und Rufbereitschaft (Abs. 1 Nr. 3). § 15 Abs. 1 Nr. 3 ArbZG erlaubt die Bewilligung abweichender Ruhezeiten bei Arbeitsbereitschaft, Bereitschaftsdienst und Rufbereitschaft (→ ArbZG § 2 Rn. 15 ff., 21 ff., 30 ff.). Die Abweichungen können sich auf die gesetzlichen Vorgaben zu Lage und Dauer der Ruhezeit in § 5 ArbZG beziehen. Aus der Einbeziehung von § 11 Abs. 2 ArbZG folgt, dass dies auch für Sonn- und Feiertagsbeschäftigung gilt. Die Abweichungsmöglichkeiten nach Nr. 3 gelten **nur für den öffentlichen Dienst**. Insoweit sind die in § 7 Abs. 2 Nr. 4 erwähnten Verwaltungen und Betriebe der öffentlich-rechtlichen Rechtsträger (Bund, Länder, Gemeinden, sonstige Körperschaften, Anstalten und Stiftungen des öffentlichen Rechts) erfasst. Keine Anwendung findet die Ausnahmebewilligung auf die in § 7 Abs. 2 Nr. 4 ArbZG genannten anderen Arbeitgeber, die der Tarifbindung eines für den öffentlichen Dienst geltenden oder eines im Wesentlichen inhaltsgleichen Tarifvertrags unterliegen.[22] Ausgenommen sind ebenfalls privatwirtschaftliche Betriebe, an denen die öffentliche Hand lediglich beteiligt ist, selbst wenn es sich hierbei um eine Mehrheitsbeteiligung handelt.[23] § 15 Abs. 1 Nr. 3 ArbZG ergänzt für Krankenhäuser etc, die dem öffentlichen Dienst zugehören, die Möglichkeiten zur Verkürzung der Ruhezeiten nach § 5 Abs. 2 ArbZG (→ ArbZG § 5 Rn. 18 ff.) ergeben. Da Art. 17 der RL 2003/88/EG keine generelle Abweichung von Bestimmungen der RL **für den öffentlichen Dienst** insgesamt zulässt, muss – abgesehen von den durch Art. 17 Abs. 3 RL 2003/88/EG für Ausnahmen geöffneten Tätigkeiten und Bereiche – die tägliche Ruhezeit von elf Stunden gewahrt werden. Die Aufsichtsbehörde ist als Träger öffentlicher Gewalt gehalten, die vollständige Realisierung der Richtlinie zu gewährleisten. Beschäftigte im öffentlichen Dienst können die Einhaltung der Richtlinie beanspruchen.

Von der Regelung erfasst werden nur Arbeiten, die sich aus den **Besonderheiten des öffentlichen Dienstes** ergeben. Dies können nur solche **Arbeiten** sein, **an denen ein öffentliches Interesse besteht**, vor allem Tätigkeiten im Zusammenhang mit der Aufrechterhaltung der Sicherheit und Ordnung bzw. der Daseinsvorsorge, wie etwa der Winter-

---

[17] Anzinger/Koberski ArbZG § 15 Rn. 13; Schliemann ArbZG § 15 Rn. 8. [18] Vgl. Bayerischer VGH 13.3.3014 – 22 ZB 14.344, Rn. 15 mAnm Kohte, jurisPR-ArbR 44/2014 Anm. 1. [19] VG Augsburg 16.1.2014 – Au 5 K 13.1508, Rn. 42. [20] Vgl. BT-Drs. 12/5888, 31. [21] Wie hier Buschmann/Ulber ArbZG § 15 Rn. 9; Anzinger/Koberski ArbZG § 15 Rn. 15; Neumann/Biebl ArbZG § 15 Rn. 5. Die generell abweichende Auffassung von Schliemann ArbZG § 15 Rn. 9 lässt sich angesichts des eindeutigen Wortlautes des § 15 Abs. 4 ArbZG nicht aufrechterhalten. [22] Schliemann ArbZG § 15 Rn. 11. [23] Baeck/Deutsch ArbZG § 15 Rn. 24; NK-GA/Wichert ArbZG § 15 Rn. 10.

dienst.[24] Ob dieses Interesse wie bei § 15 Abs. 2 ArbZG auch dringend sein muss, ist umstritten.[25] Der Ausnahmecharakter der Regelung verlangt, dass die Behörde auch für die genannten Bereiche nicht pauschal ein öffentliches Interesse unterstellt. Diese hat stets den arbeitszeitrechtlichen Gesundheitsschutz im Rahmen der Ermessensabwägung zu berücksichtigen. Die Ausnahmemöglichkeit entbindet den öffentlichen Arbeitgeber nicht von der Verpflichtung, Maßnahmen personeller und organisatorischer Art zur Bewältigung der öffentlichen Aufgaben zu ergreifen und dabei auch die Notwendigkeit von Umstrukturierung bzw. die Hinzuziehung zusätzlichen (ggf. auch externen) Personals zu prüfen. Nur in den Fällen, in denen trotz dieser Vorsorge die öffentliche Sicherheit und Ordnung bedroht ist oder in der Daseinsvorsorge erhebliche Beeinträchtigungen der Bevölkerung drohen, die ohne die Inanspruchnahme der Ausnahmeregelung nicht abgewendet werden können, sind Ausnahmen zulässig.[26]

10 Liegen die Voraussetzungen vor, kann die Behörde Ausnahmen von den gesetzlichen Anforderungen an **Dauer und Lage der Ruhezeiten** bewilligen, wie sie sich aus § 5 ArbZG (→ ArbZG § 5 Rn. 10 ff., 15 ff.) ergeben. Solche Ausnahmen sind für die Arbeit an Werktagen, aber auch für Arbeiten an Sonn- und Feiertagen möglich. In Betracht kommt zum einen eine Verschiebung, so dass sich an die werktägliche Arbeitszeit beispielsweise Bereitschaftsdienste anschließen können. Darüber hinaus kann die Ruhezeit auch verkürzt werden; die Regelung enthält keine Schranke. Über das zulässige Ausmaß der Verkürzung muss die Behörde in Abhängigkeit von der Dringlichkeit und Art des öffentlichen Interesses entscheiden.

11 **4. Abweichende Ruhezeit bei regelmäßigem wöchentlichem Schichtwechsel (Abs. 1 Nr. 4).** § 15 Abs. 1 Nr. 4 ArbZG erlaubt schließlich die Bewilligung abweichender Ruhezeiten zur Erreichung eines regelmäßigen wöchentlichen Schichtwechsels. Wie Nr. 3 gilt dies sowohl für Arbeiten an Werktagen als auch für die Beschäftigung an Sonn- und Feiertagen. Die Bewilligung kann allerdings nur zweimal innerhalb eines Dreiwochenzeitraumes erteilt werden. Die Ausnahmebewilligung nach Nr. 4 darf im Gegensatz zu Nr. 3 nur die **Dauer der Ruhezeit** verkürzen, nicht aber deren Lage verändern.[27] Anders als bei Nr. 1 Buchst. a setzt Nr. 4 nicht voraus, dass für die Arbeitnehmer zusätzliche Freischichten entstehen. Es genügt, dass ein regelmäßiger wöchentlicher Schichtwechsel erreicht wird. Im Rahmen der von der Behörde bei der Erteilung der Ausnahmebewilligung vorzunehmenden Interessenabwägung stehen sich mithin organisatorische Belange des Arbeitgebers, uU verbunden mit dem Interesse der Arbeitnehmer an einem möglichst regelmäßigen Arbeitsbeginn und der **Gesundheitsschutz** gegenüber. Vor diesem Hintergrund sollte der Umfang der Ruhezeitverkürzung auf ein absolutes Mindestmaß beschränkt werden. Die Verkürzung der Ruhezeit für einen Schichtarbeitnehmer auf null, so dass Doppelschichten von bis zu 16 Stunden entstehen können, ist hier – wie bei Abs. 1 Nr. 1 Buchst. a (→ Rn. 5) – aus Gründen des Gesundheitsschutzes nicht zulässig.[28]

12 § 15 ArbZG stellt zwischen den Regelungen der Abs. 1 Nr. 1 Buchst. a und Nr. 4 **keine Rangfolge** auf. Insoweit steht es im Ermessen der Behörde, welche Ausnahmebewilligung erteilt wird. Dieses Ermessen wird jedoch durch den Inhalt des vom Arbeitgeber zu stellenden Antrages begrenzt. Legt dieser sich ausdrücklich auf eine bestimmte Art der Ausnahme inhaltlich fest, entscheidet die Behörde nur über das Vorliegen der für diese erforderlichen Voraussetzungen.

13 **5. Ausnahmen vom Arbeitszeitgesetz im öffentlichen Interesse (Abs. 2).** Nach § 15 Abs. 2 ArbZG kann die Aufsichtsbehörde Ausnahmen von den gesetzlichen Arbeitszeitvorgaben bewilligen, wenn diese **im öffentlichen Interesse dringend notwendig** sind. Die Regelung nennt keine sachliche Beschränkung auf einzelne Vorschriften des Ar-

---

24 Winterdienste sind das in der Entwurfsbegründung angeführte Beispiel, wann flexible Regelungen hinsichtlich Lage und Dauer der Ruhezeit erforderlich sein können (BT-Drs. 12/5888, 31). **25** So Buschmann/Ulber ArbZG § 15 Rn. 10; aA Baeck/Deutsch ArbZG § 15 Rn. 25. **26** Vgl. auch Buschmann/Ulber ArbZG § 15 Rn. 10. **27** HM Buschmann/Ulber ArbZG § 15 Rn. 11; Neumann/Biebl ArbZG § 15 Rn. 7; ErfK/Wank ArbZG § 15 Rn. 7; Schliemann ArbZG § 15 Rn. 13; zweifelnd Baeck/Deutsch ArbZG § 15 Rn. 29. **28** AA Anzinger/Koberski ArbZG § 15 Rn. 19.

beitszeitgesetzes. Sie erfasst sämtliche arbeitszeitrechtliche Bestimmungen.[29] Dieser weite Anwendungsbereich darf nicht zum Unterlaufen der Schutzfunktionen des Arbeitszeitgesetzes führen. § 15 Abs. 2 ArbZG ist daher restriktiv auszulegen. Insbesondere sind die verfassungsrechtliche Dimension des Sonntagsarbeitsverbots (→ ArbZG § 9 Rn. 3 ff.) sowie die besonderen Schutzfunktionen der Arbeitsruhe (→ ArbZG § 5 Rn. 1) und die Gestaltungsvorgaben an Nachtarbeit (→ ArbZG § 6 Rn. 10 ff.) zu berücksichtigen.

Der Wortlaut der Norm „weitergehende Ausnahmen" spricht dafür, dass § 15 Abs. 2 ArbZG nur zur Anwendung kommt, wenn die Interessen der Allgemeinheit nicht bereits durch die Inanspruchnahme einer anderen Sondervorschrift gewahrt werden können.[30] Zudem würden sich andernfalls die Anwendungsbereiche der Spezialnormen mit denen des § 15 Abs. 2 ArbZG sehr weitreichend überschneiden, was mit der differenzierten Systematik des Gesetzes nicht vereinbar wäre. Dazu zählen vor allem die Möglichkeiten, abweichende Regelungen in Rechtsverordnungen zu treffen, insbesondere in § 13 Abs. 1 Nr. 2 Buchst. c ArbZG (→ ArbZG § 13 Rn. 18). Auch Abweichungen in Tarifverträgen bzw. Betriebsvereinbarungen nach den §§ 7, 12 ArbZG gehen vor. Dagegen ist § 15 Abs. 2 ArbZG gegenüber der Auffangnorm des § 14 Abs. 1 ArbZG vorrangig (→ ArbZG § 14 Rn. 1). 14

Die Inanspruchnahme der Ausnahmeregelung des Abs. 2 setzt zunächst das Vorliegen eines **öffentlichen Interesses** an einer Abweichung von den Arbeitszeitregelungen voraus. Insoweit genügen **rein privatwirtschaftliche Interessen** des Arbeitgebers nicht.[31] Erforderlich ist vielmehr, dass durch die Versagung einer entsprechenden Bewilligung zumindest auch **Belange des Gemeinwohls** betroffen sind. Demnach ist eine mögliche Gefährdung von Rechtsgütern des Arbeitgebers, wie Waren, Maschinen oder Kundenkontakte allein ohne Auswirkungen auf das öffentliche Interesse, noch kein Grund für die Bewilligung einer Ausnahmeregelung durch die Aufsichtsbehörde nach Abs. 2. Dies gilt in aller Regel selbst dann, wenn ohne eine solche der Betrieb des Arbeitgebers in seiner Existenz gefährdet wäre.[32] Auch die **Interessen von Dritten**, wie etwa Kunden, rechtfertigen einen Rückgriff auf § 15 Abs. 2 ArbZG nur dann, wenn zumindest auch **Interessen der Allgemeinheit** berührt sind, weil zB die Versorgung der Bevölkerung oder erheblicher Teile der Bevölkerung die Abweichung vom ArbZG erforderlich machen. Insoweit ist nicht ausreichend, dass durch die Abweichung die Inanspruchnahme der Dienstleistung durch die Kunden lediglich einfacher ist oder die Bewilligung eher deren Interessen entspricht.[33] 15

Ob danach ein **öffentliches Interesse** vorliegt, muss anhand der Umstände des jeweiligen Einzelfalls ermittelt werden. Dies kommt etwa in Betracht, wenn durch die Versagung der Ausnahme Belange der **Sicherheit und Ordnung** oder die **Versorgung der Bevölkerung** etwa mit Lebensmitteln oder Mitteln der Daseinsvorsorge, wie Strom, Gas oder Wasser oder die Sicherstellung der Telekommunikation, gefährdet wären.[34] Gleiches gilt für sofort erforderliche **Katastrophenhilfe** im In- oder Ausland oder Dienst-, Werk- und Sachleistungen im Rahmen **notstandsrechtlicher Regelungen**.[35] Das öffentliche Interesse muss von **einigem Gewicht** sein.[36] 16

Die Bewilligung einer Ausnahmeregelung muss zudem **dringend nötig** sein. Dies ist der Fall, wenn ohne unverzüglich erteilte Ausnahmegenehmigung erhebliche Nachteile ent- 17

---

29 Baeck/Deutsch ArbZG § 15 Rn. 30; Roggendorff, Arbeitszeitgesetz, S. 155. **30** Anzinger/Koberski ArbZG § 15 Rn. 25; Schliemann ArbZG § 15 Rn. 18; ErfK/Wank ArbZG § 15 Rn. 8; Buschmann/Ulber ArbZG § 15 Rn. 13; Baeck/Deutsch ArbZG § 15 Rn. 31; Neumann/Biebl ArbZG § 15 Rn. 8. **31** Neumann/Biebl ArbZG § 15 Rn. 9; Baeck/Deutsch ArbZG § 15 Rn. 32; Roggendorff, Arbeitszeitgesetz, S. 155. **32** Anzinger/Koberski ArbZG § 15 Rn. 29. **33** Anzinger/Koberski ArbZG § 15 Rn. 29; Baeck/Deutsch ArbZG § 15 Rn. 33. **34** Allgemeine Auffassung vgl. Baeck/Deutsch ArbZG § 15 Rn. 33; Schliemann ArbZG § 15 Rn. 19; ErfK/Wank ArbZG § 15 Rn. 8, Roggendorff, Arbeitszeitgesetz, S. 155. **35** Neumann/Biebl ArbZG § 15 Rn. 9; Baeck/Deutsch ArbZG § 15 Rn. 33, Buschmann/Ulber ArbZG § 15 Rn. 14; BT-Drs. 12/5888, 31. **36** Anzinger/Koberski ArbZG § 15 Rn. 25; Baeck/Deutsch ArbZG § 15 Rn. 33.

stehen, die im öffentlichen Interesse nicht hinnehmbar sind.[37] Der sich hieraus ergebende zeitliche Aspekt ist nur erfüllt, wenn ein Handeln der Behörde unverzüglich erforderlich ist, um die Beeinträchtigung von Belangen der Allgemeinheit zu verhindern. Ob dies der Fall ist, ist nach den Umständen des Einzelfalls zu beurteilen. Danach kommt es für die Anwendbarkeit des Abs. 2 darauf an, ob die konkrete Situation den Schluss zulässt, dass ohne eine zeitnahe Genehmigung einer Ausnahme die Interessen der Allgemeinheit erheblich beeinträchtigt werden. Dies kann auch bei der grundsätzlichen Möglichkeit der Nutzung einer anderen, im Gesetz vorgesehenen Abweichungsmöglichkeit der Fall sein, wenn deren Inanspruchnahme durch kollektive Akteure oder den Gesetzgeber selbst im Hinblick auf die Interessengefährdung zu einer nicht hinnehmbaren Zeitverzögerung führen würde. Schließlich ist eine Abwägung erforderlich zwischen dem dringenden öffentlichen Interesse und den Belangen der betroffenen Arbeitnehmer, insbesondere dem Gesundheitsschutz,[38] dem im Zweifel der Vorrang einzuräumen ist.[39]

18 **6. Ausnahmen bei Offshore-Tätigkeiten (Abs. 2 a).** Die Rechtsverordnungsermächtigung zur Arbeitszeitregelung für Offshore-Tätigkeiten gehört zu den Änderungen des ArbZG durch das „Gesetz zur Umsetzung des Seearbeitsübereinkommens 2006 der Internationalen Arbeitsorganisation".[40] Zugleich mit der Klärung der Anwendbarkeit des Arbeitszeitgesetzes auch in der deutschen ausschließlichen Wirtschaftszone in Nord- und Ostsee in § 1 Nr. 1 ArbZG (→ ArbZG § 1 Rn. 6, 61) wollte der Gesetzgeber die Möglichkeit schaffen, durch Rechtsverordnung die Regelungen des ArbZG den besonderen Verhältnissen im Zusammenhang mit Offshore-Tätigkeiten anzupassen und die zum Schutz der Beschäftigten notwendigen Bedingungen zu bestimmen.[41] Betroffen ist eine **Beschäftigtengruppe** an der Schnittstelle zum Seearbeitsrecht: das Offshore-Personal. Dies sind Arbeitnehmer, die besondere Tätigkeiten zur Errichtung, zur Änderung oder zum Betrieb von Anlagen auf See ausführen. Erfasst sind etwa die Arbeitnehmer, die bei der Errichtung von Windparks auf See in unterschiedlichen Tätigkeiten und Berufen beschäftigt sind. Besondere Tätigkeiten iSd Vorschrift sind dabei alle Tätigkeiten mit der genannten Zweckrichtung. Dementsprechend können auch mittelbar dienende Tätigkeiten erfasst sein, wie etwa die Tätigkeit als Koch auf einer Wohnplattform.[42] Kommt Offshore-Personal von Schiffen aus zum Einsatz, so sind sie aufgrund der Ausnahmebestimmung in § 3 Abs. 3 Nr. 7 SeeArbG trotz Bordtätigkeit keine Besatzungsmitglieder und unterfallen deshalb nicht dem Geltungsbereich des Seearbeitsgesetzes und dessen besonderen Arbeitszeitregelungen. Insoweit kommt dem Merkmal „besondere Tätigkeiten" die Bedeutung zu, das Offshore-Personal von den übrigen Arbeitnehmern auf dem Schiff abzugrenzen, die im gewöhnlichen Schiffsbetrieb tätig sind und deren Einordnung als Besatzungsmitglieder und damit die Einbeziehung in das Seearbeitsrecht durch das Seearbeitsübereinkommen der Internationalen Arbeitsorganisation geboten ist.[43] Personen, deren Tätigkeit für den typischen Betrieb eines Offshore-Spezialschiffes erforderlich ist (zB der für das Aufstellen des Hubschiffes auf dem Meeresgrund zuständige Mechaniker), gehören nicht zum Offshore-Personal, sondern zu den Besatzungsmitgliedern.[44] Für die Besatzungsmitglieder auf den für Offshore-Tätigkeiten zum Einsatz kommenden Schiffen enthält § 55 SeeArbG eine mit § 15 Abs. 2 a ArbZG gleichlaufende Ermächtigung, auch insoweit angepasste Arbeitszeitregelungen durch Rechtsverordnung zu bestimmen.

19 Mit der „Verordnung über die Arbeitszeit bei Offshore-Tätigkeiten (**Offshore-Arbeitszeitverordnung** – Offshore-ArbZV)[45] hat die Bundesregierung einen einheitlichen Rechtsrahmen für Offshore-Tätigkeiten geschaffen. Nach ihrem § 1 gilt sie sowohl im

---

37 Schliemann ArbZG § 15 Rn. 18. **38** NK-GA/Wichert ArbZG § 15 Rn. 15. **39** Anzinger/Koberski ArbZG § 15 Rn. 33. **40** BGBl. 2013 I 868. **41** BT-Drs. 17/10959, 120. **42** Hoffmann/Günter/Rowold NZA 2013, 1332 (1334). **43** Resolutions adoptetd by the International Labour Conference at its 94th (Maritime) Session, Information on occupational groups, abrufbar unter: http://www.ilo.org/global/standards/maritime-labour-convention/WCMS_088130/lang--en/index.htm; vgl. Maul-Sartori NZA 2013, 821 (822 f.). **44** Noltin in: Bubenzer/Noltin/Peetz/Mallach SeeArbG § 3 Rn. 25; weitere Beispiele zur Abgrenzung bei: Bubenzer/Jörgens/Bubenzer Kap. 2 Rn. 83 ff. **45** BGBl. 2013 I 2228.

Küstenmeer als auch in der ausschließlichen Wirtschaftszone der Bundesrepublik[46] und erfasst sowohl die Arbeitnehmer mit Offshore-Tätigkeiten im Sinne des § 15 Abs. 2 a ArbZG als auch die Besatzungsmitglieder auf Schiffen, von denen solche Tätigkeiten aus durchgeführt werden. International ist sie als öffentliches Recht zwingend auf Offshore-Tätigkeiten in der bundesdeutschen Außenwirtschaftszone anwendbar. Noch ungeklärt ist, ob dies auch dann gilt, wenn das Recht des ausländischen Flaggenstaates des Errichterschiffes, dem die Person zuordenbar ist, sie als Besatzungsmitglied einordnet.[47] Jedenfalls erfasst ist aber Offshore-Personal, das das Recht dieses Flaggenstaates nicht als Besatzungsmitglied einordnet.[48] Auskunft hierüber gibt die Besatzungsliste, die jedes Seeschiff in internationaler Fahrt aufgrund schiffssicherheitsrechtlicher Verpflichtungen mitführen muss.[49]

Für das Offshore-Personal, wie es dem ArbZG unterfällt, schafft die Offshore-ArbZV 20 die Möglichkeit **bis zu zwölfstündiger Arbeitstage** sowie von **Sonn- und Feiertagsbeschäftigung**.[50] Die Arbeitszeitblöcke auf See werden auf 21 Tage, darunter höchstens sieben Tage mit mehr als zehn Arbeitsstunden, begrenzt.[51] In der anschließenden Freistellungsphase sind – zwingend an Land – die Ersatzruhetage für die Sonntagsbeschäftigung sowie ein Ausgleich für die Mehrarbeit zu gewähren. Die Verordnung eröffnet die Möglichkeit für ein Zwei-Schichten-Modell mit täglich bis zu 12 Arbeitsstunden. Dann ist die Aufenthaltszeit auf See auf 14 Tage begrenzt.[52] Der Ausgleichszeitraum, binnen dessen die durchschnittliche Wochenarbeitszeit 48 Stunden nicht überschreiten darf, wird, gestützt auf die unionsarbeitszeitrechtliche Sonderbestimmung für Offshore-Anlagen in Art. 20 Abs. 2 RL 2003/88/EG, auf zwölf Kalendermonate ausgedehnt.[53] Den Belastungen der Arbeit auf See will der Verordnungsgeber durch eine Reihe besonderer Regelungen Rechnung tragen.[54] So werden Transportzeiten von Land zu dem Einsatzort auf See arbeitszeitrechtlich weitgehend den Arbeitszeiten gleichgestellt.[55] Über § 16 ArbZG hinaus sind die gesamte Arbeitszeit sowie der Ausgleich der Mehrarbeit über acht Stunden sowie die Ersatzruhetage **dokumentationspflichtig**,[56] damit die Einhaltung dieser Abweichungen überwacht werden kann.[57] Schließlich kann ab 48 Tagen Offshore-Arbeit im Jahr eine regelmäßige arbeitsmedizinische Untersuchung beansprucht werden.[58] Die Einzelheiten entsprechen der Regelung für Nacharbeitnehmer in § 6 Abs. 3 ArbZG.[59] Seit 2016 steht die Evaluierung der Verordnung an.[60]

7. Ausnahmen im Bereich der Landesverteidigung (Abs. 3 und 3 a). Nach § 15 Abs. 3 21 ArbZG ist der Bundesminister für Verteidigung ermächtigt, in seinem Zuständigkeitsbereich mittels Rechtsverordnung abweichend vom Arbeitszeitgesetz bzw. den tariflichen Arbeitszeitregelungen längere Arbeitszeiten festzulegen. Von der Verordnungsermächtigung ist bisher kein Gebrauch gemacht worden. Besonderheit würde sein, dass die betroffenen Arbeitnehmer unmittelbar durch die Verordnung privatrechtlich verpflichtet werden könnten, die dort festgelegten Arbeitszeiten abzuleisten.[61] Eine solche Rechtsverordnung würde das Vorliegen eines zwingenden Grundes für die Arbeitszeitverlängerung voraussetzen und der Zustimmung des Bundesministeriums für Arbeit und Soziales bedürfen. Zudem würde sie nur für die im Zuständigkeitsbereich des Verteidigungsministeriums tätigen **Arbeitnehmer** (→ ArbZG § 2 Rn. 76 ff.) und die Zivil-

---

46 Das ist der Bereich seewärts des Küstenmeeres, für den der Bundesrepublik auf der Grundlage von Art. 56 Seerechtsübereinkommen (BGBl. 1994 II 1798) die Hoheitsbefugnisse in Bezug auf die Errichtung und Nutzung von künstlichen Inseln, Bauwerken und Anlagen zukommen. Der ganz überwiegende Teil der Windparks wird in diesen Seegebieten errichtet. **47** Für eine Unterstellung unter das Recht des Küstenstaates: Lunk NVwZ 2014, 278 (280). Für eine Unterstellung unter das Recht des Flaggenstaates: Hoffmann/Günter/Rowold NZA 2013, 1332 (1335); Noltin in: Bubenzer/Noltin/Peetz/Mallach SeeArbG § 3 Rn. 25. **48** Noltin in: Bubenzer/Noltin/Peetz/ Mallach SeeArbG § 55 Rn. 25. **49** Bubenzer in: Bubenzer/Noltin/Peetz/Mallach SeeArbG § 22 Rn. 1. **50** §§ 3, 5 Offshore-ArbZV. **51** § 6 Abs. 1 Offshore-ArbZV. **52** § 6 Abs. 2 Offshore-ArbZV. **53** § 7 Abs. 6 Offshore-ArbZV. **54** BR-Drs. 326/13, 7, 14 f. **55** § 9 Offshore-ArbZV. **56** § 8 Offshore-ArbZV. **57** BR-Drs. 326/13, 14. **58** § 10 Abs. 1 Offshore-ArbZV. **59** Eckstein NZA 2013, 1060 (1061); vgl. auch Aligbe BPUVZ 2013, 493 (497). **60** § 17 Offshore-ArbZV. **61** Anzinger/Koberski ArbZG § 15 Rn. 49; Neumann/Biebl ArbZG § 15 Rn. 12.

beschäftigten der in der Bundesrepublik stationierten NATO-Truppen gelten.[62] Die weitere Verordnungsgrundlage in § 15 Abs. 3 a ArbZG hat erst das Bundeswehrreform-Begleitgesetz[63] eingefügt. Ziel war es sicherzustellen, dass die zivilen Beschäftigten etwa der Marine an Einsätzen der Bundeswehr im Ausland oder auf See teilnehmen können, ohne dass die Vorgaben des ArbZG die Erfüllung von Bündnisverpflichtungen beeinträchtigen.[64] Bisher ist auch insoweit eine entsprechende Rechtsverordnung nicht ergangen. Eine auf § 15 Abs. 3 a ArbZG gestützte Rechtsverordnung könnte für die im Geschäftsbereich des Bundesverteidigungsministeriums beschäftigten Arbeitnehmer Abweichungen von den Arbeitszeitgrenzen und -beschränkungen zulassen. Voraussetzung ist die Erforderlichkeit aus zwingenden Gründen, wobei zugleich die größtmögliche Sicherheit und der bestmögliche Gesundheitsschutz gewährleistet bleiben müssten. Anders als bei Abs. 3 könnte eine Verordnung nach Abs. 3 a nicht unmittelbar eine Arbeitsverpflichtung begründen.[65]

22 **8. Ausgleichszeiträume (Abs. 4).** Die 2003 eingeführte[66] Regelung des Abs. 4 bezüglich der Einhaltung eines Ausgleichszeitraumes ist unionsrechtlich nach Art. 17 Abs. 3, 19 S. 1 der RL 2003/88/EG geboten.[67] Nach der Vorschrift ist im Fall der Inanspruchnahme der Abweichungsmöglichkeiten eine wöchentliche Arbeitszeit von durchschnittlich 48 Stunden in sechs Monaten oder 24 Wochen einzuhalten. Zu den Einzelheiten hinsichtlich der Dauer der Ausgleichszeiträume und der Wahlmöglichkeit des Arbeitgebers wird auf die Ausführungen zu § 3 S. 2 ArbZG verwiesen (→ ArbZG § 3 Rn. 32 ff.). Die Vorschrift in Abs. 4 erfasst nach dem eindeutigen Wortlaut lediglich die Abweichungen nach Abs. 1 und 2. Sie gilt daher nicht für mögliche Rechtsverordnungen für den Zuständigkeitsbereich des Verteidigungsministeriums (Abs. 3 und 3a). Ebenfalls nicht erfasst ist die Offshore-Arbeit, wie sie auf der Grundlage von Abs. 2 a durch Rechtsverordnung geregelt ist. Die Offshore-ArbZV enthält aber in § 7 Abs. 6 eine eigene Regelung, wonach die Arbeitszeit der Arbeitnehmer, die keine Besatzungsmitglieder sind, wöchentlich 48 Stunden im Durchschnitt von 12 Kalendermonaten nicht überschreiten darf.

III. Rechtsdurchsetzung

23 Die Ausnahmebewilligung ist vom Arbeitgeber bei der **zuständigen Aufsichtsbehörde**[68] zu beantragen (zum Bewilligungsverfahren → ArbZG § 13 Rn. 48 ff.; zur Zuständigkeit allgemein → ArbZG § 17 Rn. 5, 30). In der Verwaltungspraxis wird zu Recht verlangt, dass dem Antrag eine Gefährdungsbeurteilung für die Auswirkungen der verlängerten Arbeitszeiten und eine Stellungnahme des Betriebsrats beigefügt werden.[69] Die Behörde hat außerdem den Betriebsrat in solchen Fällen nach § 89 Abs. 2 S. 1 BetrVG zu beteiligen.[70] Die Behörde hat die Ausnahmebewilligung zu begrenzen in Bezug auf den konkreten Betrieb, die Anzahl der betroffenen Arbeitnehmer und den Grad der Abweichung von den arbeitszeitrechtlichen Vorgaben. Sie kann mit **Auflagen**, insbesondere zu gesundheitsschützenden Maßnahmen für die betroffenen Arbeitnehmer, verbunden werden.[71] Darüber hinaus dürfte die Behörde zudem verpflichtet sein, die Bewilligung **nur befristet** zu erteilen. Hierfür spricht der absolute Ausnahmecharakter des § 15 Abs. 2 ArbZG.[72] Die Interessen des Arbeitgebers bleiben dadurch gewahrt, dass er vor Ablauf der Befristung eine Verlängerung der Ausnahmebewilligung beantragen kann und die Behörde insoweit eine erneute Prüfung des Vorliegens der Bewilligungsvoraussetzungen vornehmen muss. Schließlich kann die Behörde die Bewilligung beim Entfallen der Erteilungsvoraussetzungen auch **widerrufen**.

---

62 Vgl. Art. 56 Abs. 1 Buchst. a des Zusatzabkommens zum NATO-Truppenstatut vom 3.8.1959 BGBl. 1961 II 1183, 1218. Siehe auch Gesetzbegründung BT-Drs. 12/5888, 31; Baeck/Deutsch ArbZG § 15 Rn. 44; Schliemann ArbZG § 15 Rn. 22. **63** BGBl. 2012 I 1583. **64** BT-Drs. 17/9340, 53. **65** Anzinger/Koberski ArbZG § 15 Rn. 51. **66** Gesetz zu Reformen am Arbeitsmarkt vom 24. Dezember 2003, BGBl. I 3002. **67** Neumann/Biebl ArbZG § 15 Rn. 15; BT-Drs. 15/1587, 36. **68** Zur Zuständigkeit für Offshore-Tätigkeiten vgl. Eckstein NZA 2013, 1060. **69** HWK/Gäntgen ArbZG § 15 Rn. 5. **70** Fitting BetrVG § 87 Rn. 278. **71** HK-ArbZR/Käckenmeister/Hahn ArbZG § 15 Rn. 14; Neumann/Biebl ArbZG § 15 Rn. 10; HWK/Gäntgen ArbZG § 15 Rn. 11. **72** So auch Anzinger/Koberski ArbZG § 15 Rn. 34.

Die **Versagung einer Ausnahmebewilligung** oder die zu einer solchen erteilten Auflage 24
kann der betroffene Arbeitgeber vor dem Verwaltungsgericht angreifen. Der versagende Bescheid kann auf Ermessensfehler kontrolliert werden.[73] Ein Rechtsanspruch auf Bewilligung einer Ausnahme besteht dagegen nicht.[74] Mögliche **Konkurrenten** können, wenn anderen Arbeitgebern Abweichungen bewilligt wurden, gegen die behördliche Entscheidung nur dann **Rechtsschutz** in Anspruch nehmen, wenn sie durch die Bewilligung in ihren Rechten beeinträchtigt sind.[75] Dies wird bei Verstößen gegen § 15 Abs. 2 ArbZG wegen des allein arbeitnehmerschützenden Charakters der Vorschrift in aller Regel nicht der Fall sein. Dagegen können die **Arbeitnehmer** selbst – wie bei § 13 ArbZG (→ ArbZG § 13 Rn. 89) – gegen rechtswidrige Ausnahmebewilligungen klagen.[76]

Wenn die Aufsichtsbehörde Ausnahmen bewilligt, müssen die Arbeitnehmer entsprechende **Weisungen** des Arbeitgebers befolgen, wenn diese dem Inhalt und ggf. den Auflagen der aufsichtsbehördlichen Bewilligung entsprechen und sich hinsichtlich der persönlichen Arbeitsverpflichtung des Beschäftigten innerhalb der durch Tarifvertrag, Betriebsvereinbarung oder Arbeitsvertrag gezogenen Grenzen bewegen insbesondere auch zur Anordnung von Überstunden halten (zum Sonderfall den Abs. 3 (→ Rn. 20). Die Weisungen müssen sich zudem im Rahmen „billigen Ermessens" gemäß § 106 GewO bewegen (→ ArbSchG § 13 Rn. 86) und die Mitbestimmungsrechte des Betriebsrates müssen beachtet sein (→ BetrVG § 87 Rn. 79). Fehlt es an einer dieser Voraussetzungen, darf der Arbeitnehmer die Befolgung der Weisung verweigern. In der jüngsten Rechtsprechung des BAG ist dies auch für die Überschreitung der Grenzen billigen Ermessens aus § 106 S. 1 GewO anerkannt.[77] 25

Die Umsetzung der Ausnahmebewilligungen kann **mitbestimmungspflichtig** nach § 87 26
Abs. 1 Nr. 2, 3 und 7 BetrVG sein. Die Ausnahmegenehmigung eröffnet eine betriebliche Regelungsmöglichkeit, bei deren Ausgestaltung der Betriebsrat mitzubestimmen hat.[78] Trotz einer entsprechenden Ausnahmebewilligung kann der Arbeitgeber mithin nicht einseitig über Art und Weise der Ausfüllung dieser Ausnahme entscheiden. Vielmehr hat er diesbezüglich Einvernehmen mit dem Betriebsrat herzustellen. Gelingt dies nicht, entscheidet über die konkrete betriebliche Umsetzung die Einigungsstelle (§ 87 Abs. 2 BetrVG), die die Berechtigung der Bewilligung als Vorfrage zu prüfen hat (→ ArbZG § 13 Rn. 86). Anderes dürfte gelten, sollte eine Rechtsverordnung nach § 15 Abs. 3 ArbZG über Ausnahmen aus zwingenden Gründen der Verteidigung ergehen, die abweichende Arbeitszeiten verpflichtend festlegt (→ Rn. 20). Hier dürfte mangels Regelungsspielraum für den Arbeitgeber ein Mitbestimmungsrecht entfallen.[79]

Arbeitszeitverlängerungen ohne Vorliegen einer Ausnahmebewilligung nach § 15 27
Abs. 1 bzw. 2 ArbZG stellen eine **Ordnungswidrigkeit** nach § 22 Abs. 1 Nr. 1 ArbZG dar. Nach § 22 Abs. 1 Nr. 3 oder Nr. 6 handelt der Arbeitgeber ordnungswidrig, der die Ruhezeit nach § 5 bzw. § 11 Abs. 2 ArbZG ohne eine entsprechende behördliche Ausnahmegenehmigung verkürzt. Die Offshore-Arbeitszeitverordnung enthält in ihrem § 18 eigene Ordnungswidrigkeiten.

Fünfter Abschnitt Durchführung des Gesetzes

§ 16 ArbZG Aushang und Arbeitszeitnachweise

(1) Der Arbeitgeber ist verpflichtet, einen Abdruck dieses Gesetzes, der auf Grund dieses Gesetzes erlassenen, für den Betrieb geltenden Rechtsverordnungen und der für den Betrieb geltenden Tarifverträge und Betriebs- oder Dienstvereinbarungen im Sinne des § 7 Abs. 1 bis 3, §§ 12 und 21 a Abs. 6 an geeigneter Stelle im Betrieb zur Einsichtnahme auszulegen oder auszuhängen.

---

[73] VG Augsburg 16.1.2014 – Au 5 K 13.1508, Rn. 41. [74] Anzinger/Koberski ArbZG § 15 Rn. 35; Neumann/Biebl ArbZG § 15 Rn. 10. [75] Baeck/Deutsch ArbZG § 15 Rn. 40. [76] HK-ArbZR/Käckenmeister/Hahn ArbZG § 15 Rn. 15. [77] BAG 14.6.2017 – 10 AZR 330/16 (A); BAG 14.9.2017 – 5 AS 7/17. [78] Vgl. Fitting BetrVG § 87 Rn. 278; GK-BetrVG/Wiese BetrVG § 87 Rn. 606. [79] Vgl. Anzinger/Koberski ArbZG § 15 Rn. 49.

(2) ¹Der Arbeitgeber ist verpflichtet, die über die werktägliche Arbeitszeit des § 3 Satz 1 hinausgehende Arbeitszeit der Arbeitnehmer aufzuzeichnen und ein Verzeichnis der Arbeitnehmer zu führen, die in eine Verlängerung der Arbeitszeit gemäß § 7 Abs. 7 eingewilligt haben. ²Die Nachweise sind mindestens zwei Jahre aufzubewahren.

Literatur: *Falder*, Immer erreichbar – Arbeitszeit- und Urlaubsrecht in Zeiten des technologischen Wandels, NZA 2010, 1150 ff.; *Grunewald*, Grundlagen und Grenzen der Vertrauensarbeitszeit, Berlin 2005; *Kohte*, Der Beitrag der Betriebsverfassung zur Realisierung des Arbeitszeitrechts, in: FS Wißmann, 2005, S. 331; *Schlachter*, Vertrauensarbeitszeit in Deutschland und Japan: kollektive Gestaltungsmöglichkeiten auf betrieblicher Ebene, in: FS 50 Jahre BAG, 2004, S. 1253; *Schliemann*, Pflichten zur Aufzeichnung von Arbeitszeiten, FA 2016, 66; *Zwanziger*, Das BAG und das ArbZG – aktuelle Tendenzen, DB 2007, 1356.

Leitentscheidungen: BAG 6.5.2003 – 1 ABR 13/02, NZA 2003, 1348; LAG Köln 6.9.2010 – 5 TaBV 14/10, AuR 2011, 266; VG Ansbach, 25.1.2017 – AN 4 K 15.00907; VG Augsburg 27.5.2013 – 5 Au K 12.665; VG Augsburg 18.4.2013 – 5 Au K 11.783; BayVGH 26.10.2011 – 22 CS 11.1989, PflR 2012, 596 mAnm Roßbruch; VG München 19.3.2012 – M 16 K 11.4058, dazu Kohte, jurisPR-ArbR 15/2013 Anm. 6.

I. Normzweck, Rechtssystematik.. 1	III. Informationspflicht............. 6
II. Entstehungsgeschichte, Unionsrecht............... 3	IV. Aufzeichnungspflicht........... 10
	V. Rechtsdurchsetzung............. 19

I. Normzweck, Rechtssystematik

1 Die Norm des § 16 ArbZG verfolgt **zwei unterschiedliche Normzwecke**. Die **Auslage- und Informationspflicht** in Abs. 1 soll de Arbeitnehmer auf ihre Rechte aufmerksam machen. Dies ist sachgerecht, denn angesichts der heutigen Flexibilisierung der Arbeitszeiten sind auch die öffentlich-rechtlichen Bestimmungen des Arbeitszeitgesetzes nicht mehr einfach zu verstehen und nicht mehr allgemein bekannt. Die Informationspflicht ist inzwischen auch dringlich, da empirische Untersuchungen bestätigt haben, dass in beachtlichem Umfang die Vorschriften der §§ 3, 4 ArbZG nicht eingehalten werden.[1] Diese Regelung ist daher sachgerecht. In der Literatur wird zutreffend darauf hingewiesen, dass diese Auslage auch Betriebsräte anregen kann, ihre Rechte aus §§ 80, 87 Abs. 1 Nr. 2 BetrVG wahrzunehmen.[2] **Parallele Informationspflichten** sind in § 18 MuSchG, ab 2018 in § 26 MuSchG, § 47 JArbSchG normiert.[3]

2 Weiter gehende Zwecke verfolgt die **Aufzeichnungspflicht in § 16 Abs. 2 ArbZG**. Sie dient einerseits der **Selbstkontrolle des Arbeitgebers,** vor allem aber soll sie die **Effizienz und Griffigkeit der Aufsicht** und die Arbeit der Aufsichtsbehörden fördern.[4] Sie konzentriert sich auf besonders wichtige Probleme, nämlich die Überschreitung der Regelarbeitszeit des § 3 Abs. 1 ArbZG, die Leistung von Sonn- und Feiertagsarbeit sowie die Einwilligung in ein opt-out nach § 7 Abs. 7 ArbZG. Schließlich wird die Überwachung der Betriebsräte nach § 80 BetrVG erleichtert, denn sie können verlangen, dass ihnen die Aufzeichnungen, die nach § 16 Abs. 2 ArbZG zu erfolgen haben, zur Verfügung gestellt werden.[5]

II. Entstehungsgeschichte, Unionsrecht

3 Im **Regierungsentwurf zum ArbZG** orientierte man sich an der früheren Norm des § 24 AZO, modifizierte und präzisierte diese jedoch für die neuen Kategorien, vor allem für die beachtlichen Abweichungsmöglichkeiten nach § 7 ArbZG.[6] Im Gesetzgebungsverfahren erfolgten nur geringfügige Modifikationen, im Wesentlichen blieb es bei dem Text des Regierungsentwurfs.[7] Die Änderungen des ArbZG im Jahr 2003, die

---

1 Lohmann-Haislah, Stressreport 2012, S. 49 ff.; vgl.: BAuA (Hrsg.), Arbeitszeitreport 2016, S. 25 ff.: 17 % der Beschäftigten arbeiten mehr als 48 Stunden, 4 % mehr als 60 Stunden in der Woche. **2** Anzinger/Koberski ArbZG § 16 Rn. 3. **3** Dazu Faber, Grundpflichten, S. 416 f.; Nebe, Betrieblicher Mutterschutz, S. 223 f. **4** Schliemann, 3. Aufl. 2017, ArbZG § 16 Rn. 5 und FA 2016, 66 ff. **5** ArbG Braunschweig 30.3.2007 – 4 BV 130/06, AfP 2007, 392. **6** BT-Drs. 12/5888, 31.

vor allem durch die Rechtsprechung des Europäischen Gerichtshofs, aber auch durch die Änderungen in der RL 2003/88/EG veranlasst worden waren, führten zu weiteren Änderungen in § 16 Abs. 2 ArbZG. Zum einen wurde die Kategorie der Dienstvereinbarung aufgenommen, nachdem sie in § 7 Abs. 4 ArbZG integriert worden war, zum anderen wurde die Dokumentation der Einwilligungserklärungen nach § 7 Abs. 7 ArbZG verlangt, zumal insoweit **unionsrechtlicher Handlungsbedarf** bestand.[8]

Das Unionsrecht ist in seinen Richtlinien grundsätzlich zurückhaltend mit Anforderungen, die die konkrete Umsetzung betreffen. In der RL 2003/88/EG wird daher eine Informationspflicht, wie sie in Abs. 1 normiert ist, nicht unmittelbar verlangt. Eine solche Pflicht entspricht jedoch der Struktur des heutigen Unionsrechts, das auf eine **aktive und informierte Partizipation der Beschäftigten** abzielt. Dagegen sind die Aufzeichnungspflichten zum opt-out ausdrücklich in der Richtlinie normiert. **Art. 22 Abs. 1** RL 2003/88/EG enthält insgesamt **drei unterschiedliche Organisationspflichten**: zunächst die Aufstellung aktueller Listen über alle Arbeitnehmer, die eine opt-out-Arbeit tatsächlich leisten; dann als Zweites die Pflicht des Arbeitgebers, diese Listen den zuständigen Aufsichtsbehörden von sich aus zur Verfügung zu stellen und als dritte Pflicht, die Aufsichtsbehörden auf deren Ersuchen zu unterrichten, welche Arbeitnehmer eine opt-out-Einwilligung erklärt haben. Nur diese dritte Pflicht ist in § 16 Abs. 2 ArbZG aufgenommen worden. Die beiden anderen Pflichten fehlen; von Bedeutung ist vor allem das Fehlen der Pflicht, dass Arbeitgeber von sich aus die Behörden über die in ihren Betrieb geleisteten opt-out-Tätigkeiten informieren. Diese **Unionswidrigkeit des geltenden Rechts** ist in der bisherigen deutschen Diskussion nicht hinreichend aufgegriffen worden. 4

Der Zweck dieser Dokumentationspflichten wird im Unionsrecht weiter verdeutlicht durch Art. 9 RL 2002/15/EG, wonach bei **Fahrpersonal** die gesamten Arbeitszeiten aufzuzeichnen sind. Diese Regelung geht über Art. 22 RL 2003/88/EG hinaus. Sie beruht auf der Erkenntnis, dass Arbeitszeitverstöße bei Fahrpersonal erfahrungsgemäß häufig vorkommen und nicht selten auch zu Unfällen und Gesundheitsschäden führen können.[9] Folgerichtig ist in § 21 a Abs. 7 ArbZG eine erweiterte Dokumentationspflicht normiert worden (→ ArbZG § 21 a Rn. 23 ff.). Die in § 16 ArbZG normierte und vom Unionsrecht nicht unmittelbar verlangte Aufzeichnung der Arbeitszeiten an Werktagen, die mehr als acht Stunden umfassen, sowie der Arbeitszeit an Sonn- und Feiertagen ist eine systemgerechte Nutzung von Dokumentationspflichten bei typischerweise besonders überwachungsbedürftiger Arbeitszeitgestaltung. 5

III. Informationspflicht

Der Arbeitgeber ist verpflichtet, das gesamte Arbeitszeitgesetz in seiner aktuellen Fassung, die für den Betrieb geltenden Verordnungen sowie Tarifverträge und Betriebsvereinbarungen an geeigneter Stelle im Betrieb auszulegen. Die **Pflicht zur Information über den Inhalt des Arbeitszeitgesetzes** ist sachgerecht, weil das Gesetz die flexible Arbeitszeitgestaltung so differenziert regelt, dass eine einfache mündliche Information nicht ausreicht. Dagegen hat die **Pflicht zur Offenlegung der Verordnungen** eine geringere Bedeutung. Auf der Grundlage von § 8 ArbZG ist bisher nur eine Verordnung erlassen worden (→ ArbZG § 8 Rn. 1). Weiter sind allerdings auch die Verordnungen zu § 13 ArbZG sowie die zur Sonn- und Feiertagsarbeit weiter geltenden Verordnungen (→ ArbZG § 8 Rn. 1) offen zu legen.[10] 6

Die Pflicht zur Offenlegung von Tarifverträgen, Betriebs- und Dienstvereinbarungen bezieht sich ausschließlich auf **abweichende Arbeitszeitregelungen**, soweit sie nach §§ 7, 12, 21 a ArbZG erfolgt sind. Diese Regelung ist keine schlichte Doppelung zu § 8 TVG, § 77 BetrVG, § 73 BPersVG, weil sie durch § 22 Abs. 1 Nr. 8 ArbZG bußgeldbewehrt ist (→ Rn. 19). Tarifverträge sind nach § 16 ArbZG auch offen zu legen, soweit 7

---

7 BT-Drs. 12/6990, 44. **8** BT-Drs. 15/1587, 32. **9** Zu den Problemen der Übermüdung von Kraftfahrern bereits Kohte DB 1982, 1617 ff. **10** Anzinger/Koberski ArbZG § 16 Rn. 7; für die analoge Anwendung von § 16 ArbZG Baeck/Deutsch ArbZG § 16 Rn. 8.

der Arbeitgeber nicht tarifgebunden ist, aber von den Möglichkeiten nach § 7 Abs. 3 ArbZG (→ ArbZG § 7 Rn. 82 ff.) Gebrauch macht. In der Literatur wird teilweise die Ansicht vertreten, dass Kirchen die entsprechenden arbeits- und dienstrechtlichen Bestimmungen nach § 7 Abs. 4 ArbZG nicht offen legen müssten, weil sie in § 16 ArbZG nicht ausdrücklich genannt sind.[11] Dies ist weder sachlich noch systematisch überzeugend. Da § 7 Abs. 4 ArbZG auf § 7 Abs. 1 ArbZG verweist und diese Norm auch in § 16 Abs. 1 ArbZG angesprochen ist, spricht sachlich und systematisch mehr dafür, dass auch die Kirchen ihre arbeitszeitbezogenen Bestimmungen offen zu legen haben.[12]

8 Die in § 16 Abs. 1 ArbZG genannten Bestimmungen sind vom Arbeitgeber an einer **geeigneten Stelle im Betrieb** auszuhängen oder auszulegen. Da Normzweck der Offenlegung die Transparenz und die **ungehinderte Einsichtnahme durch die Arbeitnehmer** ist, hat die Auslegung an einem Ort stattzufinden, an dem die Arbeitnehmer während der Arbeitszeiten ohne weitere Probleme Einsicht nehmen können. Dies kann in den Pausenräumen, im Büro des Betriebsrats sowie an bereits existierenden schwarzen Brettern erfolgen. Denkbar ist auch eine Information im Intranet, wenn den Arbeitnehmern ein entsprechender Zugang offen steht.[13] Dagegen ist die Auslage im Personalbüro oder in den Büros der jeweiligen Vorgesetzten ungeeignet, so dass auf diese Weise die Rechtspflicht nach § 16 Abs. 1 ArbZG nicht erfüllt werden kann.[14]

9 Allgemein wird die Ansicht vertreten, dass die Normtexte ausschließlich in **deutscher Sprache** offen zu legen sind und dass eine Übersetzung nicht geboten ist.[15] Hier wird nicht thematisiert, dass nach allgemeiner Ansicht zB die Information nach § 81 Abs. 3 BetrVG über Gesundheitsgefahren auch in ausländischer Sprache zu erfolgen hat (→ BetrVG Vor § 87 Rn. 5).[16] Da allerdings die Norm des § 16 Abs. 1 ArbZG bußgeldbewehrt ist, ist für diese Sanktion eine erweiternde Auslegung, die sich auf die nicht einfach zu erfolgende Abgrenzung zu beziehen hat, in welche und welche ausländische Sprache offen zu legen sind, ungeeignet, so dass der Beschränkung auf die deutsche Sprache in § 16 ArbZG im Ergebnis zuzustimmen ist. Zumindest ist aber in der Information nach § 81 Abs. 3 BetrVG auch auf Höchstarbeitszeiten und Pausen einzugehen. Der Arbeitgeber muss auch sicherstellen, dass die Arbeitnehmer über ihre Untersuchungs- und Antragsrechte nach § 6 Abs. 3, 4 ArbZG (→ ArbZG § 6 Rn. 32 ff., 38 ff.) informiert sind.

IV. Aufzeichnungspflicht

10 Von wachsender Bedeutung ist die 1994 in dieser Form neu eingeführte Aufzeichnungspflicht. Sie ist damit begründet worden, dass angesichts der weit gestreckten Ausgleichszeiträume und der verschiedenen Abweichungsmöglichkeiten nach § 7 ArbZG die **Überwachung der Aufsichtsbehörden** durch ein solches Instrument gesichert werden muss.[17] Daher ist sie auch nach § 22 Abs. 1 Nr. 9 ArbZG bußgeldbewehrt (→ ArbZG § 22 Rn. 15). Die Rechtsprechung hat herausgearbeitet, dass diese Pflicht auch der Überwachung durch den Betriebsrat nach § 80 Abs. 2 BetrVG dient.[18]

11 Aufzuzeichnen ist die über die werktägliche Arbeitszeit des § 3 S. 1 ArbZG hinausgehende Arbeitszeit des Arbeitnehmers. Erfasst wird davon die tatsächliche Arbeitszeit. Es gilt auch hier der Begriff der Arbeitszeit nach § 2 ArbZG (→ ArbZG § 2 Rn. 9), so dass auch Arbeitsbereitschaft und Bereitschaftszeiten aufzuzeichnen sind.[19] Rufbereitschaft führt dagegen nicht zur Aufzeichnung, solange sich aus der Rufbereitschaft kein Arbeitseinsatz entwickelt. Die Grenze der werktäglichen Arbeitszeit ist eindeutig quan-

---

11 Baeck/Deutsch ArbZG § 16 Rn. 14; HK-ArbZR/Sitzenfrei ArbZG § 16 Rn. 7. **12** So zutreffend Buschmann/Ulber ArbZG § 16 Rn. 4; Schliemann ArbZG § 16 Rn. 2. **13** HK-ArbZR/Sitzenfrei ArbZG § 16 Rn. 10. **14** So auch Anzinger/Koberski ArbZG § 16 Rn. 9; ErfK/Wank ArbZG § 16 Rn. 1; Neumann/Biebl ArbZG § 16 Rn. 1 HWK/Gäntgen ArbZG § 16 Rn. 3; aA Baeck/Deutsch ArbZG § 16 Rn. 18; vgl. Schliemann ArbZG § 16 Rn. 4. **15** Neumann/Biebl ArbZG § 16 Rn. 2. **16** Fitting BetrVG § 81 Rn. 14; LAG Baden-Württemberg 1.12.1989 – 5 Sa 55/89, AiB 1990, 313 mAnm Meißner; LAG Mainz 24.1.2006 – 5 Sa 817/05, AuA 2006, 562 mAnm Stück. **17** BT-Drs. 12/5888, 31. **18** LAG Köln 6.9.2010 – 5 TaBV 14/10, AuR 2011, 266; HaKo-BetrVG/Kohte/Schulze-Doll BetrVG § 80 Rn. 54. **19** Buschmann/Ulber ArbZG § 16 Rn. 7.

tifiziert. Jede Arbeitszeit, die über acht Stunden hinausgeht, ist aufzuzeichnen. Versuche, diese Pflicht mit einem „Geringfügigkeitsvorbehalt" zu relativieren,[20] sind sachlich verfehlt und abzulehnen.[21] Bei einmaligem und geringem Verschulden stellt das Ordnungswidrigkeitenrecht ein hinreichend differenziertes Instrumentarium zur Verfügung, so dass eine zusätzliche Differenzierung der Aufzeichnungspflicht auf der Tatbestandsebene sachwidrig wäre.

Kontrovers wird diskutiert, ob auch der **Arbeitszeitausgleich zu dokumentieren** ist. Dies wird teilweise unter Berufung auf den Wortlaut der Norm abgelehnt.[22] Dagegen wird eingewandt, dass der Normzweck des § 16 Abs. 2 ArbZG, eine effektive Aufsicht sicherzustellen, eine Dokumentation erfordert, wann und in welcher Weise die über acht Stunden hinausgehende Arbeitszeit ausgeglichen worden ist.[23] Dies ist überzeugend. Gerade in der unionsrechtlichen Perspektive[24] (→ ArbZG § 3 Rn. 30 ff.) ist die Begrenzung des Ausgleichszeitraums von zentraler Bedeutung. Der Erholungszweck des Arbeitszeitausgleichs erfordert einen **möglichst zeitnahen Ausgleich**.[25] Dazu ist eine entsprechende Dokumentation erforderlich. Im Übrigen ist es den Aufsichtsbehörden jederzeit zusätzlich möglich, durch klarstellende bzw. normkonkretisierende Anordnung die Durchsetzung einer solchen Aufzeichnungspflicht nach § 17 Abs. 2 ArbZG anzuordnen (→ ArbZG § 17 Rn. 37).[26] 12

In jedem Fall ist **Sonn- und Feiertagsarbeit** eine Arbeit, die über die werktägliche Arbeitszeit hinausgeht. Sie ist daher von der ersten Minute an aufzuzeichnen.[27] Eine solche Aufzeichnungspflicht entspricht der Struktur des § 9 ArbZG, in der ein grundsätzliches Verbot der Arbeitszeit an Sonn- und Feiertagen mit einem Erlaubnisvorbehalt normiert ist. Wiederum ist eine Relativierung dieser Pflicht abzulehnen. 13

In der Praxis werden nicht selten **Modelle der Vertrauensarbeitszeit** eingesetzt, bei denen Aufsicht und Dokumentation verringert oder vollständig auf die einzelnen Arbeitnehmer delegiert werden sollen.[28] Eine so umfassende Delegation ist nicht möglich. Die Aufzeichnungspflicht ist eine öffentlich-rechtliche Pflicht, die der betrieblichen Arbeitszeitgestaltung und möglichen Betriebsvereinbarungen nach § 87 Abs. 1 Nr. 2 ArbZG Grenzen setzt. Der Arbeitgeber ist verpflichtet, dafür Sorge zu tragen, dass §§ 3 ff. ArbZG eingehalten werden. Er kann diese Pflicht zwar teilweise delegieren, jedoch nicht generell ablösen. Bei der Delegation dieser Pflicht ist zu beachten, dass die Strukturierung und Einhaltung der Arbeitszeit zu den Organisationspflichten des Arbeitgebers gehört. Ähnlich wie bei den Organisationspflichten nach § 13 ArbSchG kann nur eine partielle Delegation erfolgen. Die Letztverantwortung verbleibt in jedem Fall beim Arbeitgeber.[29] Für die Reichweite dieser Delegation setzt § 9 OWiG strukturelle Grenzen; danach können bei bußgeldbewehrten Pflichten auch Personen einbezogen werden, denen eine entsprechende teilweise Leitungs- und Organisationsmacht zusteht. Eine Verteilung von bußgeldbewehrten Pflichten auf sämtliche Arbeitnehmer geht daher ins Leere, so dass in solchen Fällen auch weiterhin der **Arbeitgeber der vorrangige Adressat von Bußgeldbescheiden und Anordnungen der Aufsichtsbehörden** ist.[30] 14

In der arbeitsgerichtlichen Praxis ist diese Position im Anschluss an eine Entscheidung des ersten Senats des BAG aus dem Jahr 2003[31] allgemein akzeptiert worden.[32] Dies entspricht der **neueren Judikatur zur Vertrauensarbeitszeit**, die diese nicht als eine kon- 15

---

[20] Baeck/Deutsch ArbZG § 16 Rn. 21. [21] HK-ArbZR/Sitzenfrei ArbZG § 16 Rn. 18. [22] ErfK/Wank ArbZG § 16 Rn. 4; HK-ArbZR/Sitzenfrei ArbZG § 16 Rn. 21. [23] Neumann/Biebl ArbZG § 16 Rn. 6; Schliemann ArbZG § 16 Rn. 7; Buschmann/Ulber ArbZG § 16 Rn. 7. [24] Kommission AuR 2011, 105 (106). [25] EuGH 14.10.2010 – C-428/09 Slg 2010, I-9961 Rn. (Isere). [26] HK-ArbZR/Sitzenfrei ArbZG § 16 Rn. 21. [27] Neumann/Biebl ArbZG § 16 Rn. 5; ErfK/Wank ArbZG § 16 Rn. 4; Anzinger/Koberski ArbZG § 16 Rn. 11. [28] Anzinger/Koberski ArbZG § 16 Rn. 12; Neumann/Biebl ArbZG § 16 Rn. 7. [29] Falder NZA 2010, 1150 (1154). [30] Ausführlich Grunewald, Grundlagen und Grenzen der Vertrauensarbeitszeit, 2005, S. 134 ff.; vgl. Schlachter: in FS 50 Jahre BAG, S. 1253, 1270 ff.; Zwanziger DB 2007, 1356 (1358). [31] BAG 6.5.2003 – 1 ABR 13/02, NZA 2003, 1348; dazu Anm. Hamm AP Nr. 61 zu § 80 BetrVG 1972. [32] LAG Niedersachsen 8.11.2004 – 5 TaBV 36/04, NZA-RR 2005, 424; LAG Köln 6.9.2010 – 5 TaBV 14/10, AuR 2011, 266; vgl. Kohte in: FS Wißmann, S. 331, 341 ff.; Grunewald, Vertrauensarbeitszeit, S. 147 ff. und HaKo-BetrVG/Kohte BetrVG § 80 Rn. 54.

trollfreie Zeit, sondern als eine Arbeitszeit mit reduzierter Kontrolle des Arbeitgebers charakterisiert (→ ArbZG § 1 Rn. 38 ff.).[33] Generell ist daher an der **Anwendung von § 16 Abs. 2 ArbZG auch bei „Vertrauensarbeitszeit"** festzuhalten. Daraus ergeben sich auch effektive Informationsrechte des Betriebsrats (→ Rn. 21).

16 Mit der Einführung von opt-out-Regelungen 2004 ist § 16 Abs. 2 ArbZG ergänzt worden um die Pflicht zur Aufzeichnung von Arbeitnehmern, die nach § 7 Abs. 7 ArbZG schriftlich in die **ausgleichsfreie Verlängerung ihrer Arbeitszeit eingewilligt** haben (→ ArbZG § 7 Rn. 96 ff.).[34] Mit dieser Norm ist allerdings Art. 22 RL 2003/88/EG nur unvollständig umgesetzt worden (→ Rn. 4).Weiter ist ergänzend eine umfassende Aufzeichnungspflicht in § 8 Offshore-ArbZV[35] angeordnet worden (→ ArbZG § 15 Rn. 20). Eine ähnliche Aufzeichnungspflicht über Beginn und Ende der Arbeitszeit von Leiharbeitnehmern ist Entleihern durch § 17 c AÜG[36] auferlegt worden.

17 Die Aufzeichnungspflichten werden ergänzt um **Aufbewahrungspflichten**. Die Verzeichnisse und Nachweise sind für zwei Jahre aufzubewahren. Diese Frist ist abgestimmt auf die Verjährungsfristen im Bußgeldrecht, die in § 31 OWiG niedergelegt sind (→ ArbZG § 22 Rn. 27). In diesem Zeitraum muss der Arbeitgeber auch damit rechnen, dass er nach § 17 Abs. 4 S. 2 ArbZG verpflichtet werden kann, Arbeitszeitnachweise vorzulegen (→ ArbZG § 17 Rn. 15). Er muss eine solche Form der Aufbewahrung wählen, dass er diesen Vorlagepflichten ebenso nachkommen kann wie einem Informationsverlangen des Betriebsrats. Daher können diese Dokumentationspflichten auch durch Betriebsvereinbarung konkretisiert werden.[37]

18 Wird ein Arbeitnehmer für **mehrere Arbeitgeber** tätig, dann ist die Arbeitszeit zusammenzurechnen (→ ArbZG § 2 Rn. 71 ff.). In der Literatur wird allgemein die Ansicht vertreten, dass derjenige Arbeitgeber, bei dem der Arbeitnehmer die „zusammengerechnete" Grenze des werktäglichen Acht-Stunden-Tages überschreitet, die Aufzeichnung vorzunehmen hat.[38] Aus diesem Grund hat die Rechtsprechung des Bundesarbeitsgerichts dem für die Einhaltung des Arbeitszeitrechts zuständigen Arbeitgeber ein Fragerecht über das Bestehen weiterer Arbeitsverhältnisse eingeräumt,[39] so dass es keine rechtlichen Probleme bei der Wahrnehmung der Aufzeichnungspflicht gibt. Da bei der Sonn- und Feiertagsarbeit jeder Arbeitgeber von der ersten Minute an Aufzeichnungen vorzunehmen hat, stellt sich hier diese Frage nicht, so dass auch die Tätigkeit von geringfügig Beschäftigten, zB beim Austragen von Sonntagszeitungen, aufzuzeichnen ist.

V. Rechtsdurchsetzung

19 Nach dem gesetzlichen Modell sind die beiden Pflichten in Abs. 1 und Abs. 2 von so großer praktischer Bedeutung, dass sie **zwei unterschiedliche Bußgeldtatbestände in § 22 Abs. 1 Nr. 8 und Nr. 9 ArbZG** repräsentieren. Da sie auf unterschiedliche Pflichten abzielen, ergeben sich daraus auch keine Anwendungsprobleme (→ ArbZG § 22 Rn. 14 f.). Dagegen sind sie im Unterschied zu den materiellen Arbeitszeitpflichten nicht nach § 23 ArbZG strafrechtlich sanktioniert.

20 Im Zentrum möglicher Rechtsdurchsetzung steht die Anordnungsbefugnis nach § 17 ArbZG. Die Aufsichtsbehörden sind berechtigt, durch eine **klarstellende Anordnung nach § 17 Abs. 2 ArbZG** sowohl die Informationspflicht als auch die Dokumentationspflicht zu konkretisieren und zu verdeutlichen (→ ArbZG § 17 Rn. 36 f.). Sie können daher zB anordnen, dass die über acht Stunden hinausgehenden werktäglichen Arbeitszeiten aufzuzeichnen und diese Aufzeichnungen mindestens zwei Jahre aufzubewahren

---

[33] BAG 24.5.2012 – 2 AZR 124/11, NZA 2012, 1223 (1226); Schaub/Vogelsang § 160 Rn. 33 ff.; Schliemann ArbZG § 2 Rn. 51; vgl. Hamm AiB 2013, 518. [34] Anzinger/Koberski ArbZG § 16 Rn. 16. [35] BGBl. I 2013, 2228 ff. [36] BGBl. I 2014, 1348. [37] Buschmann/Ulber ArbZG § 16 Rn. 13; Schlachter in: FS 50 Jahre BAG, S. 1253, 1270. [38] Schliemann ArbZG § 16 Rn. 12; Anzinger/Koberski ArbZG § 16 Rn. 14; Baeck/Deutsch ArbZG § 16 Rn. 29. [39] BAG 11.12.2001 – 9 AZR 464/00, NZA 2002, 965 (967); zu den Anforderungen des AGB-Rechts an einen Genehmigungsvorbehalt: Singer Anm. zu BAG AP Nr. 8 zu § 611 BGB Nebentätigkeit.

sind.⁴⁰ Sie können auch den **Sofortvollzug nach § 80 Abs. 2 Nr. 4 VwGO** anordnen.⁴¹ Im Einzelfall können für einen begrenzten Zeitraum auch über § 16 Abs. 2 ArbZG hinausgehende Aufzeichnungspflichten nach § 17 Abs. 2 ArbZG⁴² sowie Auskunfts- und Vorlagepflichten nach § 17 Abs. 4 ArbZG⁴³ (→ ArbZG § 17 Rn. 14 f.) angeordnet werden.

Auf diese Weise kann mit größerem Nachdruck und Vollstreckungsdruck diese Transparenz durchgesetzt werden. In der neueren verwaltungsrechtlichen Judikatur⁴⁴ ist diese Anordnungsbefugnis nachhaltig bekräftigt und unterstützt worden. Angesichts der defizitären Umsetzung von Art. 22 RL 2003/88/EG (→ Rn. 4) sind die Aufsichtsbehörden nach § 17 Abs. 2 ArbZG zumindest bei Problemen mit dem opt-out auch berechtigt, Arbeitgeber zu verpflichten, ihnen unaufgefordert mitzuteilen, welche Arbeitnehmer auf der Basis eines opt-out nach § 7 Abs. 7 ArbZG tätig geworden sind.

Die Aufzeichnungspflicht nach § 16 Abs. 2 ArbZG dient auch der Erleichterung und Effektivierung der **Überwachungsrechte der Betriebsräte nach § 80 Abs. 2 BetrVG**. In der arbeitsgerichtlichen Praxis wird ihnen daher folgerichtig das Recht eingeräumt, die entsprechende Vorlage der Dokumente, aus denen die nach § 16 Abs. 2 ArbZG verlangten Informationen hervorgehen, zu verlangen.⁴⁵ Dieser Anspruch kann mit einem Leistungsantrag im arbeitsgerichtlichen Beschlussverfahren geltend gemacht werden. Beschlüsse, die zum Antrag zugehen, sind nach § 85 Abs. 1 ArbGG vollstreckbar. Einstweiliger Rechtsschutz ist möglich, setzt aber eine entsprechende Dringlichkeit voraus. Der Arbeitgeber kann nicht einwenden, dass er wegen der Vereinbarung von Vertrauensarbeitszeit keine Kenntnisse habe (→ Rn. 14 f.),⁴⁶ denn er ist verpflichtet, den Betrieb so zu organisieren, dass die Arbeitszeitvorschriften eingehalten⁴⁷ und damit auch im Rahmen des § 16 Abs. 2 ArbZG dokumentiert werden. 21

Die Aufzeichnungspflicht nach Abs. 2, die als Hilfsmittel im Überstundenprozess fungieren kann,⁴⁸ hat nur einen **mittelbaren individuellen Arbeitnehmerschutz** zur Folge, so dass dem einzelnen Arbeitnehmer kein subjektiver Anspruch auf Dokumentation zusteht. In der betrieblichen Praxis wird hier vorrangig die nicht arbeitsrechtlich begründete Dokumentationspflicht bei unregelmäßigen Arbeitszeiten in Betracht kommen, die mit der Führung von Arbeitszeitkonten verbunden ist.⁴⁹ In der Literatur wird teilweise die Ansicht vertreten, dass die **Informationspflicht nach Abs. 1** nicht dem Schutz des einzelnen Arbeitnehmers diene. Das ist schwer nachvollziehbar,⁵⁰ so dass ein **Erfüllungsanspruch** der einzelnen Arbeitnehmer anzuerkennen ist.⁵¹ Richtig ist allerdings, dass Ansprüche aus § 823 Abs. 2 BGB iVm § 16 Abs. 1 ArbZG in aller Regel am fehlenden Schaden scheitern werden. Soweit verbotswidrige Arbeitszeit den materiellen Anforderungen nach §§ 3 ff. ArbZG widersprochen hat und dadurch Gesundheitsschäden eingetreten sind, kann direkt Schadensersatz aus § 823 Abs. 2 BGB iVm §§ 3, 4, 5 ArbZG verlangt werden (zu individualrechtlichen Konsequenzen → ArbZG § 3 Rn. 50), insoweit ist ein Umweg über § 16 Abs. 1 ArbZG weder geboten noch sachgerecht. In den anderen Fällen, in denen das Verhalten des Arbeitgebers materiell nicht arbeitszeitwidrig, jedoch intransparent war, dürfte es in aller Regel an einem Gesundheitsschaden fehlen, der noch im Schutzbereich der Norm des § 16 Abs. 1 ArbZG liegt. 22

---

40 Beispiel in VG München 19.3.2012 – M 16 K 11.4058, zustimmend Kohte, jurisPR-ArbR 15/2013 Anm. 6. **41** VG Augsburg 28.7.2011 – Au 5 S 11.784. **42** VG Augsburg 18.4.2013 – Au 5 K 11.783; Neumann/Biebl ArbZG § 16 Rn. 7. **43** VG Ansbach 25.1.2017 – AN 4 K 15.00907; Kohte, jurisPR-ArbR 17/2017 Anm. 2. **44** VG Augsburg 27.5.2013 – 5 Au K 12.665; VG Bayreuth 16.4.2013 – B 1 K 12.753 (zu § 4 Abs. 1 a FPersG); BayVGH 26.10.2011 – 22 CS 11.1989, PflR 2012, 596 mAnm Roßbruch. **45** BAG 6.5.2003 – 1 ABR 13/02, NZA 2003, 1348 = AP Nr. 61 zu § 80 BetrVG 1972 mAnm Hamm, dazu auch Kohte, jurisPR-ArbR 25/2003 Anm. 1; LAG Niedersachsen 8.11.2004 – 5 TaBV 36/04, NZA-RR 2005, 424; Fitting BetrVG § 80 Rn. 53. **46** Kohte in: FS Wißmann, S. 331, 341 ff.; DKKW/Buschmann BetrVG § 80 Rn. 92. **47** LAG Frankfurt 30.11.2015 – 16 TaBV 96/15, LAGE § 77 BetrVG 2001 Nr. 17, dazu Kohte, jurisPR-ArbR 16/2017 Anm. 1; Buschmann/Ulber ArbZG § 16 Rn. 16. **48** BAG 21.12.2016 – 5 AZR 362/16, NZA-RR 2017, 223 zu den Aufzeichnungen nach § 21 a Abs. 7 ArbZG. **49** Buschmann/Ulber ArbZG § 16 Rn. 11. **50** Zum parallelen Problem bei bisherigen § 18 MuSchG: Nebe, Betrieblicher Mutterschutz, S. 223 ff. **51** Faber, Grundpflichten, S. 416 ff.

§ 17 ArbZG Aufsichtsbehörde

(1) Die Einhaltung dieses Gesetzes und der auf Grund dieses Gesetzes erlassenen Rechtsverordnungen wird von den nach Landesrecht zuständigen Behörden (Aufsichtsbehörden) überwacht.

(2) Die Aufsichtsbehörde kann die erforderlichen Maßnahmen anordnen, die der Arbeitgeber zur Erfüllung der sich aus diesem Gesetz und den auf Grund dieses Gesetzes erlassenen Rechtsverordnungen ergebenden Pflichten zu treffen hat.

(3) Für den öffentlichen Dienst des Bundes sowie für die bundesunmittelbaren Körperschaften, Anstalten und Stiftungen des öffentlichen Rechts werden die Aufgaben und Befugnisse der Aufsichtsbehörde vom zuständigen Bundesministerium oder den von ihm bestimmten Stellen wahrgenommen; das gleiche gilt für die Befugnisse nach § 15 Abs. 1 und 2.

(4) [1]Die Aufsichtsbehörde kann vom Arbeitgeber die für die Durchführung dieses Gesetzes und der auf Grund dieses Gesetzes erlassenen Rechtsverordnungen erforderlichen Auskünfte verlangen. [2]Sie kann ferner vom Arbeitgeber verlangen, die Arbeitszeitnachweise und Tarifverträge oder Betriebs- oder Dienstvereinbarungen im Sinne des § 7 Abs. 1 bis 3, §§ 12 und 21 a Abs. 6 vorzulegen oder zur Einsicht einzusenden.

(5) [1]Die Beauftragten der Aufsichtsbehörde sind berechtigt, die Arbeitsstätten während der Betriebs- und Arbeitszeit zu betreten und zu besichtigen; außerhalb dieser Zeit oder wenn sich die Arbeitsstätten in einer Wohnung befinden, dürfen sie ohne Einverständnis des Inhabers nur zur Verhütung von dringenden Gefahren für die öffentliche Sicherheit und Ordnung betreten und besichtigt werden. [2]Der Arbeitgeber hat das Betreten und Besichtigen der Arbeitsstätten zu gestatten. [3]Das Grundrecht der Unverletzlichkeit der Wohnung (Artikel 13 des Grundgesetzes) wird insoweit eingeschränkt.

(6) Der zur Auskunft Verpflichtete kann die Auskunft auf solche Fragen verweigern, deren Beantwortung ihn selbst oder einen der in § 383 Abs. 1 Nr. 1 bis 3 der Zivilprozeßordnung bezeichneten Angehörigen der Gefahr strafrechtlicher Verfolgung oder eines Verfahrens nach dem Gesetz über Ordnungswidrigkeiten aussetzen würde.

Literatur: *Ministerium für Arbeit, Integration und Soziales des Landes NRW,* Durchführung des Arbeitszeitgesetzes, Erlass des MAIS vom 30.12.2013 (III 2 – 8312).

Leitentscheidungen: BVerfG 22.10.1980 – 2 BvR 1172/79, BVerfGE 55, 144; BVerwG 5.6.1959, BVerwGE 8, 336; BVerwG 28.2.1969, GewArch 1969, 207; OVG Berlin 18.3.1982 – 2 B 24.79, GewArch 1982, 279; OVG Hamburg 9.4.1991 – OVG Bf VI 106/90, DÖV 1992, 221; VG Oldenburg 12.12.1995 – 12 A 1355/95, GewArch 1997, 345; BayVGH 14.3.2008 – 22 CS 07.2968, Gew Arch 2008, 371; VGH Baden-Württemberg 13.6.2006 – 6 S 517/06, ESVGH 56, 242; BayObLG 11.10.1968 – BWReg 4 b St 14/68, GewArch 1969, 41; KG 16.4.1987 – 1 Ws (B) 91/87, GewArch 1987, 305; OLG Hamm 7.6.1994, GewArch 1994, 471; BAG 3.6.2003 – 1 ABR 19/02, AP Nr. 1 zu § 89 BetrVG 1972; LAG Köln 10.7.2003 – 5 Sa 151/03, MDR 2004, 42.

Zu behördlichen Anordnungen (§ 17 Abs. 2, 4 ArbZG): VG Ansbach 25.1.2017 – AN 4 K 15.00907; OVG Nordrhein-Westfalen 23.6.2016 – 4 A 2803/12, GewArch 2016, 486; VG Berlin 24.3.2015 – 14 K 184/14, AuR 2015, 288; VG Augsburg 27.5.2013, 5 Au K 12.665; VG Augsburg 18.4.2013 – 5 Au K 11.783; VG Bayreuth 16.4.2013 – B 1 K 12.753; BayVGH 26.10.2011 – 22 CS 11.1989; OVG Nordrhein-Westfalen 10.5.2011 – 4 A 1403/08, NWVBl 2012, 112; VGH Baden-Württemberg 13.6.2006 – 6 S 517/06, VblBW 2006, 479.

I. Normzweck und Systematik	1	V. Rechte und Pflichten des Auskunftspflichtigen	16
II. Entstehungsgeschichte und Unionsrecht	3	VI. Betretungs- und Besichtigungsrecht der Behörde	23
III. Überwachung durch die zuständige Behörde	5	VII. Aufsicht im öffentlichen Dienst des Bundes	30
IV. Rechte und Pflichten der Behörde	10		

VIII. Stellung der Betriebs- und Personalräte	31	2. Arten von Anordnungen	35
IX. Anordnungen – Erlass des Verwaltungsaktes	32	3. Pflichtgemäßes Ermessen und weitere Wirksamkeitsanforderungen	40
1. Allgemein	32	4. Rechtsdurchsetzung	44

I. Normzweck und Systematik

Die Aufsichtsbehörde hat die Aufgabe zu kontrollieren, ob die Beschäftigung der Arbeitnehmer entsprechend der arbeitszeitrechtlichen Vorschriften erfolgt. § 17 ArbZG regelt die **Überwachung durch die zuständigen Behörden** sowie die damit verbundenen Rechte, Pflichten und Befugnisse der Behörden und der Auskunftspflichtigen. Damit entsprechen die Regelungen im Kern denen der §§ 21–23 ArbSchG sowie §§ 12, 13 ASiG. Durch die Regelungen direkt im jeweiligen Gesetz unterstreicht der Gesetzgeber die Bedeutung der Gesetze für den Arbeits- und Gesundheitsschutz der Beschäftigten und damit auch, dass deren **Überwachung staatliche Aufgabe** ist. 1

Die Norm des § 17 ArbZG regelt in sechs Absätzen die **Befugnisse der Aufsichtsbehörden** in einer sehr differenzierten Form. Neben der Überwachung und Beratung in Bezug auf das Einhalten dieses Gesetzes hat die Aufsichtsbehörde auch die Möglichkeit, Ausnahmen zB vom Verbot der Sonntagsarbeit (§§ 13, 15 ArbZG) oder zur Verlängerung der regelmäßigen höchstzulässigen Arbeitszeiten zu erteilen. 2

II. Entstehungsgeschichte und Unionsrecht

Der Regierungsentwurf zum ArbZG orientierte sich an der früheren Bestimmung des § 27 AZO sowie an den parallelen Bestimmungen in § 20 MuSchG aF[1] und § 51 JArbSchG und nahm einzelne Neuerungen vor.[2] Anders als im Arbeitsschutzrecht war in dem Gesetzgebungsverfahren zum ArbZG, das durch zahlreiche Kontroversen geprägt war, der Teil des Entwurfs zu den Fragen des Verwaltungsverfahrens (§ 17 ArbZG) kaum umstritten. Geringe Änderungen wurden ausschließlich beim Betretungsrecht nach Abs. 5 vorgenommen.[3] Seit diesem Zeitpunkt sind keine Änderungen erfolgt. 3

Im Unionsrecht enthält die RL 2003/88/EG keine spezifischen Regelungen zur Überwachung, so dass nach Art. 1 Abs. 4 RL 2003/88/EG auf die RL 89/381/EWG als maßgebliche Rahmenrichtlinie zurückzugreifen ist.[4] Danach gilt auch für das Arbeitszeitrecht die Verpflichtung der Mitgliedstaaten in **Art. 4 Abs. 2 RL 89/391/EWG zur angemessenen Kontrolle und Überwachung** (→ ArbSchG § 21 Rn. 3; → ArbSchG § 22 Rn. 4 f.) maßgeblich. 4

III. Überwachung durch die zuständige Behörde

Das Arbeitszeitgesetz wird nach Art. 83 GG von den Bundesländern als eigene Angelegenheit ausgeführt. Mit der Verantwortung für die Aufsicht erhalten sie die Befugnis, die Einrichtung der Behörden oder die Aufgabenzuweisung zu bestehenden Behörden und das Verwaltungsverfahren selbst zu regeln (Art. 84 GG). Damit hat **jedes Bundesland** die Möglichkeit, eine **eigene Behördenstruktur** zu bilden. Davon haben die Länder Gebrauch gemacht (zur heutigen Behördenstruktur → ArbSchG § 21 Rn. 9, → ASiG § 13 Rn. 5).[5] Eine weitere Möglichkeit, sich über die Behördenstrukturen in den Bundesländern zu informieren, bietet die Internetseite des Länderausschusses für Ar- 5

---

1 Durch das Gesetz zur Neuregelung des Mutterschutzrechts – BGBl. I 2017, 1228, 1237 – ist hier eine Modernisierung erfolgt: § 29 Abs. 2 MuSchG 2018 verweist für die Zukunft auf § 22 ArbSchG. **2** BT-Drs. 12/5888, 32. **3** BT-Drs. 12/6990, 44. **4** Zur Methodik dieses Rückgriffs am Beispiel des ebenfalls in der Arbeitszeitrichtlinie nicht geregelten Arbeitnehmerbegriffs EuGH 14.7.2005 – C-52/04, NZA 2005, 921 = AuR 2005, 415 mAnm Löcher. **5** Eine aktuelle Aufstellung der zuständigen Behörden und ihre Adressen enthält das jährlich erscheinende Datenjahrbuch Betriebswacht; Herausgeber: Deutsche Gesetzliche Unfallversicherung (DGUV), Universum Verlag GmbH; vgl. auch Länderausschuss für Arbeitsschutz und Sicherheitstechnik (LASI): lasi-info.com, dort unter der Rubrik Organisationen.

beitsschutz und Sicherheitstechnik (LASI).⁶ Das Gesetz bezeichnet die für das ArbZG zuständigen Behörden als **Aufsichtsbehörden**; dies dient dem einheitlichen Sprachgebrauch im Gesetz. In der Praxis werden die zuständigen Behörden je nach Bundesland auch als Gewerbeaufsicht, Arbeitsschutzverwaltung oder Arbeitsinspektion bezeichnet.

6 Zuständig sind die Behörden für die **Überwachung** des Arbeitszeitgesetzes **in allen Betrieben und Verwaltungen** mit folgenden Ausnahmen:
   1. Der Bund regelt die Überwachung des öffentlichen Dienstes des Bundes in eigener Zuständigkeit entsprechend Abs. 3 (→ Rn. 30).
   2. Die Bundesländer können für den eigenen öffentlichen Dienst besondere Regelungen nach Maßgabe von § 19 ArbZG treffen (→ ArbZG § 19 Rn. 2, 12).

7 Zur Überwachung gehört die Überprüfung, ob die Beschäftigten entsprechend der Regelungen des ArbZG und der aufgrund des ArbZG erlassenen Rechtsverordnungen beschäftigt werden. Aus Sicht des Bundesministeriums für Arbeit und Soziales gehört auch die Überprüfung dazu, ob die **Tarifregelungen oder Betriebs- bzw. Dienstvereinbarungen nach §§ 7, 12 ArbZG** eingehalten werden (zu diesem Problem ausführlich → ArbZG § 7 Rn. 100).⁷ Von den Aufsichtsbehörden wird dies unterschiedlich gehandhabt. Gesetzlicher Auftrag ist, das Einhalten der gesetzlichen Regelungen zu überwachen. Soweit in Tarifverträgen die Grenzen des Arbeitszeitrechtes unterschritten werden zB bei der Festlegung der wöchentlichen Höchstarbeitszeit, wird die Einhaltung der Tarifnormen nicht überprüft. Anders ist es, wenn die Tarifverträge die Höchstarbeitszeiten verlängern. Die Prüftiefe kann durch die Länder in Verwaltungsvorschriften für die Aufsichtsbehörden einheitlich festgelegt werden. Dabei ist das Ziel, dass die Aufsichtsbehörden möglichst präventiv tätig sind und drohende Verstöße verhindern.

8 **Örtlich zuständig** ist nach § 3 Abs. 1 Nr. 2 VwVfG bzw. den VwVfGen der Länder die Behörde, in deren Bezirk das Unternehmen oder der Betrieb seinen Sitz hat oder in deren Bezirk Beschäftigte tätig sind. Wenn das Unternehmen zB mehrere Betriebssitze hat oder die Beschäftigten an mehreren Orten tätig sind, wie bei Bau- oder Montagetätigkeiten, sind mehrere Behörden zuständig. Dies ist nicht immer zielführend. Über die Zuständigkeit für das aufgrund der Überprüfung eingeleitete Verwaltungsverfahren entscheidet die Behörde, die zuerst mit der Sachlage befasst ist (§ 3 Abs. 2 S. 1 VwVfG), sofern nicht auf Länderebene eine andere Absprache getroffen wurde. In der Verwaltungspraxis ist es bei grundlegenden Sachverhalten üblich, dass die Behörde den Vorgang übernimmt, in deren Bezirk das Unternehmen oder der Betrieb seinen Hauptsitz hat, also die Verantwortung für die Beschäftigung und die konkreten Einsatzbedingungen liegt. Grundlage ist die Idee der größtmöglichen Sachnähe zu der zu regelnden Angelegenheit.⁸

9 Die Aufsichtsbehörde überwacht sowohl das Einhalten der Regelungen des Arbeitszeitgesetzes als auch das Einhalten der aufgrund des ArbZG erlassenen Rechtsverordnungen. Im Arbeitszeitgesetz sind an vielen Stellen die Möglichkeiten zum Erlass von Rechtsverordnungen vorgesehen, zB in § 7 Abs. 6, § 8, § 12 S. 2, § 13 Abs. 1 und § 24. Von praktischer Bedeutung sind vor allem die Bedarfsgewerbeverordnungen, die viele Bundesländer aufgrund des § 13 Abs. 2 ArbZG erlassen haben (→ ArbZG § 13 Rn. 9 ff.).⁹

IV. Rechte und Pflichten der Behörde

10 Die Aufsichtsbehörde hat die Aufgabe zu überprüfen, ob die Beschäftigung der Arbeitnehmer im Rahmen der gesetzlichen Regelungen erfolgt. Ihre Aufgabe ist es, durch Be-

---

6 Zum jetzigen Stand auch HK-ArbZR/Sitzenfrei ArbZG § 17 Rn. 2. **7** BMAS, Übersicht über das Arbeitsrecht/Arbeitsschutzrecht, 2017, Kap. 6 Rn. 137; ebenso Anzinger/Koberski ArbZG § 7 Rn. 144. **8** Baeck/Deutsch ArbZG § 17 Rn. 7. **9** Beispiele für Bedarfsgewerbeverordnungen sind die Verordnung über die Zulassung der Beschäftigung von Arbeitnehmerinnen und Arbeitnehmern an Sonn- und Feiertagen (Bedarfsgewerbeverordnung) vom 9.8.2005 (HmbGVBl. 2005, S. 349 f.) und die Thüringer Verordnung über die Zulassung der Beschäftigung von Arbeitnehmern an Sonn- und Feiertagen (Thüringer Bedarfsgewerbeverordnung) vom 8.4.1998 (GVBl 1998, 140).

ratung und **Anordnung von Maßnahmen** einen rechtskonformen Zustand sicherzustellen (→ Rn. 32 ff.). Bei Verstößen können parallel oder alternativ **Bußgeldverfahren** eingeleitet werden (→ ArbZG § 22 Rn. 5 ff.). Ein Verdacht ist nicht Voraussetzung für das Tätigwerden der Aufsichtsbehörde. Im Einzelfall muss auch kein besonderer Anlass zur Überprüfung gegeben sein. Vielmehr dient die Überprüfung, die in Form von Stichproben erfolgen kann, auch dazu, Nachlässigkeiten und Mängel nicht entstehen zu lassen.[10]

Beschwerden und Anzeigen insbesondere von Beschäftigten und Betriebs- oder Personalräten sind immer Anlass für die Aufsichtsbehörde, tätig zu werden (→ ArbSchG § 21 Rn. 13). Soweit diese berechtigt sind, hat die Behörde die entsprechenden Maßnahmen zur Beseitigung der Missstände einzuleiten. Die Betriebs- und Personalräte sind zur Zusammenarbeit mit der Aufsichtsbehörde verpflichtet (→ BetrVG § 89 Rn. 13). 11

Wichtig für die Tätigkeit der Behörde ist, dass sie das ArbZG richtig auslegt und anwendet. Viele Regelungen sind im ArbZG abschließend normiert, zB in § 10 Abs. 1 Nr. 1 ArbZG die Beschäftigung in Not- und Rettungsdiensten sowie bei der Feuerwehr an Sonn- und Feiertagen. In anderen Regelungen werden auslegungsbedürftige Begriffe verwendet, wie zB in § 10 Nr. 14 ArbZG die Reinigung und Instandhaltung von Betriebsanlagen, soweit hierdurch der regelmäßige Fortgang bedingt ist. Die Abgrenzung zwischen Reinigung und Instandhaltung bis hin zur Reparatur oder Sanierung ist schwierig (→ ArbZG § 10 Rn. 32 f.). In solchen Fällen werden durch Absprachen im Länderausschuss für Arbeitsschutz und Sicherheitstechnik (LASI) Auslegungsvarianten besprochen und in von den Bundesländern erlassenen Verwaltungsvorschriften Auslegungsergebnisse festgelegt, um eine einheitliches Verwaltungshandeln in der Bundesrepublik zu erreichen.[11] So erläutert zB Nordrhein-Westfalen im Erlass vom 30.12.2013 zur Durchführung des Arbeitszeitgesetzes zum Punkt Instandhaltung: 12

„Zu den Instandhaltungsarbeiten zählen alle Maßnahmen, die von der DIN 31051 beschrieben werden, so dass auch Verbesserungsmaßnahmen der Instandhaltung zugerechnet werden können. Das Aufstellen neuer Maschinen und das Auswechseln ganzer Betriebseinrichtungen gehört jedoch nicht zu den Instandhaltungsarbeiten."

Die Behörde hat weiter bei der Anwendung des so ausgelegten Gesetzes ihr **Ermessen** pflichtgemäß auszuüben. Dazu gehören der Grundsatz der Gleichbehandlung und der Grundsatz der Verhältnismäßigkeit. Dies ist von Bedeutung, wenn die Behörde Handlungsspielräume erhält wie beim Anordnen von Maßnahmen nach § 17 Abs. 2 ArbZG (→ Rn. 40 ff.) oder dem Verlangen von Auskünften nach § 17 Abs. 4 ArbZG.

Damit die Behörde ihrer Aufsicht nachkommen kann, erhält sie die Möglichkeit, Auskünfte zu verlangen, Arbeitsstätten während der Betriebs- und Arbeitszeit zu betreten und zu besichtigen sowie Maßnahmen anzuordnen (→ Rn. 32 ff.) oder auch Ordnungswidrigkeitenverfahren (§ 22 ArbZG) einzuleiten und durchzuführen. Wie im Arbeitsschutzgesetz gilt hier die Einschränkung, dass die verlangten Auskünfte für die Überwachungstätigkeit erforderlich sind, also zur Beurteilung der arbeitszeitrechtlichen Situation dienen. Die Behörde darf nur im konkreten Einzelfall **Auskünfte und Informationen verlangen**. Dazu ist ein Verdacht nicht erforderlich (zu Auskünften ArbSchG § 22 Rn. 20 f.). Weiter kann das Auskunftsersuchen mündlich, schriftlich oder auch fernmündlich erfolgen. Nach allgemeiner Rechtsauffassung muss das Ersuchen nicht in Form einer Anordnung erfolgen (zur Unterscheidung von schlichtem Verwaltungshandeln und Verwaltungsakt → ArbSchG § 22 Rn. 22).[12] 13

Die Aufsichtsbehörde kann erforderliche **Auskünfte nach § 17 Abs. 4 S. 1 ArbZG** verlangen. Sie wird davon in der Regel Gebrauch machen, wenn Anhaltspunkte für Rechtswidrigkeiten zB bei der Pausengewährung oder Einhaltung der Ruhezeiten vor- 14

---

10 BVerwG 5.6.1959 – VII C 44/59, BVerwGE 8, 336 (338); BVerwG 28.2.1969 – VII B 57/66, GewArch 1969, 207. **11** Durchführung des Arbeitszeitgesetzes, Erlass des Ministeriums für Arbeit, Integration und Soziales des Landes NRW vom 30.12.2013 (III 2 – 8312). **12** BT-Drs. 12/5888, 32; ErfK/Wank ArbZG § 17 Rn. 4; Anzinger/Koberski ArbZG § 17 Rn. 19 a; Buschmann/Ulber ArbZG § 17 Rn. 7.

liegen.[13] Erteilt der Arbeitgeber vorsätzlich oder fahrlässig nicht, nicht richtig oder nicht vollständig eine Auskunft, begeht er eine Ordnungswidrigkeit nach § 22 Abs. 1 Nr. 10 ArbZG, die mit einer Geldbuße bis zu 15.000 EUR geahndet werden kann. Die **Zuwiderhandlung** ist jedoch erst dann bußgeldbewehrt, wenn das Auskunftsersuchen durch eine Anordnung für den Arbeitgeber verbindlich, also rechtskräftig ist.[14]

15 Weiter kann die Aufsichtsbehörde **nach § 17 Abs. 4 S. 2 ArbZG das Vorlegen oder Einsehen von Unterlagen** zB Arbeitszeitnachweisen, geltenden Tarifverträgen oder Betriebs- und Dienstvereinbarungen, die im Unternehmen zur Regelung der betrieblichen Arbeitszeiten abgeschlossen wurden, verlangen. Dies können auch andere Unterlagen sein, aus denen die Arbeitszeiten der Beschäftigten hervorgehen wie zB Gehaltszettel. Es können aber nur Unterlagen verlangt werden, die vorhanden sind. Unterlagen, für die keine gesetzliche Grundlage besteht und die auch nicht geführt werden, müssen nicht nachträglich erstellt werden. In der Praxis sind solche Anordnungen vor allem von Bedeutung zur Vorlage von Aufzeichnungen, die nach § 16 Abs. 2 ArbZG zu führen sind (→ ArbZG § 16 Rn. 20).[15] Die Behörde kann Originalunterlagen einsehen oder sich vorlegen lassen. Sind die Originale für das Fortführen des Betriebes erforderlich, kann die Behörde nur in gut begründeten Fällen die Vorlage der Originale verlangen und hat sie so schnell wie möglich zurücksenden. Der Arbeitgeber muss dann aber der Behörde ermöglichen, die Unterlagen im Unternehmen einzusehen und zu prüfen.[16] Im Allgemeinen wird die Aufsichtsbehörde gerade in solchen Fällen mit Kopien zufrieden sein. Die Vorlagepflicht besteht **unabhängig von der Besichtigung des Betriebs**.[17] Die Kosten für das Übersenden trägt der Arbeitgeber; er kann sie nicht von der Aufsichtsbehörde zurückverlangen. Werden Unterlagen nicht oder nicht vollständig vorgelegt oder nicht eingesandt, kann nach rechtskräftiger Anordnung[18] ein Bußgeldverfahren nach § 22 Abs. 1 Nr. 10 ArbZG eingeleitet werden (→ ArbZG § 22 Rn. 13).

V. Rechte und Pflichten des Auskunftspflichtigen

16 Die Pflicht zur Auskunft sowie zum Vorlegen, Einsenden oder auch Aufbewahren von Unterlagen hat der **Arbeitgeber**. Dieser Verpflichtung hat er selbst nachzukommen, wenn es sich um eine natürliche Person handelt. Sonst ist das Vertretungsorgan in der Pflicht.[19] Zur Auskunft verpflichtet sind außerdem diejenigen, die vom Inhaber eines Betriebes oder eines anderen dazu Befugten mit entsprechenden Leitungsaufgaben beauftragt worden sind. Weiter sind auch Personen, die in eigener Verantwortung Aufgaben des Arbeitgebers wahrnehmen, zur Auskunft verpflichtet. Da sich etwaige Bußgeldverfahren nach § 9 Abs. 1, 2 OWiG aber auch an diesen Personenkreis richten können (→ ArbZG § 22 Rn. 17 ff.), sind diese Personen nach Ansicht von Schliemann auch verwaltungsrechtlich neben oder an Stelle des Arbeitgebers zur Auskunft verpflichtet.[20]

17 **Betriebs- und Personalräte** sind nach dem ArbZG nicht zur Auskunft verpflichtet; hier ergibt sich jedoch eine Kooperationspflicht nach § 89 BetrVG bzw. § 81 BPersVG oder entsprechenden Landesregelungen (→ Rn. 31). **Beschäftigte** sind nach dem ArbZG **nicht zur Auskunft verpflichtet**, können jedoch, soweit sie kein Zeugnis- oder Aussageverweigerungsrecht nach §§ 52, 55 StPO iVm § 46 Abs. 1 OWiG geltend machen können, als Zeugen gehört werden. Hiervon zu unterscheiden sind die Fälle, in denen sich ein Beschäftigter aktiv an die Behörde wendet (→ Rn. 11, → Rn. 24 ff., insbesondere → ArbSchG §§ 15–17 Rn. 36). Wenn die Aufsichtsbehörde im Rahmen der Amtsermittlung Beschäftigte nach § 20 VwVfG hört, so sind diese, sofern sie nicht leichtfertig

---

13 VG Ansbach 25.1.2017 – AN 4 K 15.00907; Kohte, jurisPR-ArbR 17/2017 Anm. 2; Anzinger/Koberski ArbZG § 17 Rn. 19. **14** OLG Hamm 7.6.1994 – 3 Ss OWi 509/94, GewArch 1994, 471. **15** VG Ansbach 25.1.2017 – AN 4 K 15.00907; Kohte, jurisPR-ArbR 17/2017 Anm. 2; Schliemann ArbZG § 17 Rn. 21. **16** VG Oldenburg 12.12.1995 – 12 A 1355/95, GewArch 1997, 345; zur Hinzuziehung in Geschäftsunterlagen beim Betriebsbesichtigung, Anzinger/Koberski ArbZG § 17 Rn. 20. **17** BT-Drs. 12/5888, 32. **18** OLG Hamm 7.6.1994 – 3 Ss Owi 509/94, GewArch 1994, 471. **19** Baeck/Deutsch ArbZG § 17 Rn. 24. **20** Schliemann ArbZG § 17 Rn. 18.

falsche Auskünfte geben, nach der Rechtsprechung des Bundesverfassungsgerichts[21] auf jeden Fall vor Sanktionen zu schützen (ausführlich → ArbSchG § 21 Rn. 13; → ArbSchG § 22 Rn. 18).[22]

Der Arbeitgeber oder sein Beauftragter haben alle Auskünfte und Unterlagen zur Verfügung zu stellen, die die Behörde verlangt. Die **Auskünfte** müssen dabei **umfassend und vollständig** sein. Der Arbeitgeber oder sein Beauftragter können aber die Auskunft verweigern, wenn es nicht für die Überwachungsaufgabe, hier das Überwachen der Einhaltung des ArbZG, erforderlich ist. In der Gerichtspraxis werden Auskünfte, die der Behörde ein unverfälschtes Bild von den betrieblichen Verhältnissen ermöglichen, als erforderlich qualifiziert.[23] 18

Der zur Auskunft Verpflichtete kann die **Auskunft** auf solche Fragen **verweigern**, deren Beantwortung ihn selbst oder einen der in § 383 Abs. 1 Nr. 1–3 ZPO bezeichneten Angehörigen der Gefahr einer strafrechtlichen Verfolgung oder eines Verfahrens nach dem Gesetz über Ordnungswidrigkeiten aussetzen würde. Hiermit schließt der Gesetzgeber eine Pflicht zur Selbstbelastung aus (→ ArbSchG § 22 Rn. 23 ff.). Dieses Recht muss aber aktiv wahrgenommen werden. Es reicht nicht aus, auf eine Frage nicht zu antworten. Dies ist nur unter Hinweis auf das Verweigerungsrecht möglich, sonst kann die Aufsichtsbehörde es als Nichtgewähren von Auskünften werten. Das Arbeitszeitgesetz schränkt das **Auskunftsverweigerungsrecht** auf Einzelfragen ein.[24] Damit bleibt der Aufsichtsbehörde die Möglichkeit, ihrer Überwachungstätigkeit noch nachzukommen. Außerdem ist die Aufsichtsbehörde nicht verpflichtet, auf das Aussageverweigerungsrecht hinzuweisen.[25] 19

Unterlagen sind zur Verfügung zu stellen; hier gibt es **kein Verweigerungsrecht**. So bestätigte der Bayerische Verwaltungsgerichtshof in einem Beschluss, dass die Vorlage von Arbeitszeitnachweisen nach § 17 Abs. 4 S. 2 ArbZG keine Auskunft auf Fragen darstellt und damit auch nicht nach § 17 Abs. 6 ArbZG verweigert werden könne.[26] Verfassungsrechtlich werden dagegen keine durchgreifenden Bedenken erhoben.[27] Der Schutz von § 97 StPO und § 48 OWiG ist hier nicht ausreichend, wonach spezifische Unterlagen nicht beschlagnahmt werden dürfen. 20

Die Behörde darf Einsicht oder Vorlage aller Unterlagen verlangen, die dem Arbeitgeber zur Verfügung stehen und die sie zur Beurteilung der Arbeitszeiten im Unternehmen benötigt. Für die Vorlage der Unterlagen ist der **Aufbewahrungsort unerheblich**. Ausschlaggebend ist, ob die Unterlagen aus Sicht der Behörde für die arbeitszeitrechtliche Beurteilung der betrieblichen Situation erforderlich sind, nicht ob sie im Unternehmen lagern. So hat der Arbeitgeber auch Unterlagen bereitzustellen, die beim Steuerberater oder in seiner Wohnung lagern. 21

Wenn der Behörde zur Wahrnehmung ihrer Aufgaben **Betriebs- und Geschäftsgeheimnisse** dargelegt werden müssen, hat der Arbeitgeber Anspruch auf Geheimhaltung dieser Geheimnisse. Besondere Regelungen zur Geheimhaltung gibt es im ArbZG nicht. Denkbar ist, den Auffangtatbestand des § 30 VwVfG anzuwenden.[28] Das ist nicht überzeugend. Da für das Arbeitszeitrecht in gleicher Weise wie für das ArbSchG die Pflicht zur Überwachung nach Art. 4 Abs. 2 RL 89/391/EWG maßgeblich ist, spricht mehr dafür, Lücken bei der Überwachung des ArbZG durch die Regelungen des ArbSchG zu schließen.[29] Damit sind die mit der Überwachung beauftragten Personen der zuständigen Aufsichtsbehörde nach § 23 Abs. 2 S. 1 ArbSchG zur Geheimhaltung verpflichtet, dh sie dürfen ihnen bei ihrer Tätigkeit bekannt gewordene Betriebs- und 22

---

21 BVerfG 2.7.2001 – 1 BvR 2049/00, NZA 2001, 888 zur rechtsstaatswidrigen Kündigung nach berechtigter Strafanzeige; vgl. Münch/ArbR/Kohte § 292 Rn. 71. **22** Dazu auch LAG Köln 10.7.2003 – 5 Sa 151/03, MDR 2004, 42. **23** Zum Übermaßverbot OVG Berlin 18.3.1982 – 2 B 24.79, GewArch 1982, 279. **24** Schliemann ArbZG § 17 Rn. 22. **25** BayObLG 11.10.1968 – BWReg 4 b St 14/68, GewArch 1969, 41. **26** BayVGH 14.3.2008 – 22 CS 07.2968, GewArch 2008, 371; VGH Baden-Württemberg 13.6.2006 – 6 S 517/06, ESVGH 56, 242. **27** BVerfG 22.10.1980 – 2 BvR 1172, 1238/79, BVerfGE 55, 144 (151); Anzinger/Koberski ArbZG § 17 Rn. 33; Schliemann ArbZG § 17 Rn. 31. **28** LR/Kollmer ArbSchG § 23 Rn. 6. **29** So im Ergebnis auch Anzinger/Koberski ArbZG § 17 Rn. 24.

Geschäftsgeheimnisse nicht offenbaren (→ ArbSchG § 23 Rn. 6 ff.). Sind diese Informationen für die Behörde zur Wahrnehmung ihrer Überwachungstätigkeit erforderlich, so hat die Behörde diese Auskünfte zu schützen. Diese Geheimhaltungspflichten gelten nicht gegenüber der vorgesetzten Dienstbehörde sowie in den gesetzlich geregelten Fällen. Denkbar ist zB der Fall, dass im Genehmigungsverfahren für Sonn- und Feiertagsarbeit nach § 13 Abs. 5 ArbZG Gründe dargelegt werden, die als Betriebs- oder Geschäftsgeheimnisse eingestuft sind. In diesem Fall gilt § 23 Abs. 2 ArbSchG für die Geheimhaltung der Geheimnisse mit den engen Regeln der Offenlegung (→ ArbSchG § 23 Rn. 8).[30] Danach kann es sachgerecht sein, dass die Aufsichtsbehörden nach § 23 Abs. 2 ArbSchG die Träger der Unfallversicherung über Arbeitszeitverstöße informieren, die für präventive Maßnahmen von Bedeutung sein können.

VI. Betretungs- und Besichtigungsrecht der Behörde

23 Die **Beauftragten der Aufsichtsbehörde** sind berechtigt, die Arbeitsstätten während der Betriebs- und Arbeitszeit zu betreten und zu besichtigen. Die Beauftragten sind zunächst die Aufsichtsbeamten der zuständigen Behörde. Weiter sind es andere Beschäftigte der Behörde, die mit dem Überwachen des Arbeitszeitgesetzes beauftragt wurden. Denkbar sind auch Personen, die im Einzelfall von der Aufsichtsbehörde aufgrund ihres Fachwissens hinzugezogen und im Auftrag der Behörde tätig werden.

24 **Arbeitsstätten** sind nach der Begriffsbestimmung in § 2 ArbStättV ua Arbeitsräume in Gebäuden einschließlich Ausbildungsstätten sowie Arbeitsplätze auf dem Betriebsgelände im Freien und Baustellen. Weiter gehören alle für den Betrieb erforderlichen Bereiche dazu wie Verkehrswege, Lager-, Maschinen-, Pausen-, Wasch- und Toilettenräume uam. Doch geht der Begriff der Arbeitsstätte im ArbZG nach allgemeiner Rechtsauffassung weiter. So sind auch Arbeitsplätze in Fahrzeugen und Luftfahrzeugen vom Geltungsbereich erfasst.[31]

25 Die Arbeitsstätten dürfen während der **Betriebs- oder Arbeitszeit** durch die Beauftragten der Behörde betreten und besichtigt werden, also immer dann, wenn dort Beschäftigte tätig sind oder der Betrieb auch vollautomatisch läuft. Eine Einschränkung auf bestimmte oder übliche Zeiten ist nicht vorgenommen worden, also ist das Betreten oder Besichtigen auch nachts oder am Sonntag möglich, wenn zumindest in einem Teil des Betriebs gearbeitet oder produziert wird.[32]

26 Arbeitsstätten **außerhalb der Betriebszeiten** oder auch in **Wohnungen** dürfen nur mit der Erlaubnis des Arbeitgebers betreten werden. Diese Einschränkung gilt nicht, wenn das Betreten zur Verhütung einer dringenden Gefahr für die öffentliche Sicherheit und Ordnung erforderlich ist. Eine dringende Gefahr beinhaltet die hinreichende Wahrscheinlichkeit, dass ein Schaden an einem wichtigen Rechtsgut (wie zB Leben und Gesundheit der Beschäftigten) eintreten kann. Denkbar ist ein gravierender Verstoß gegen die arbeitszeitrechtlichen Vorschriften, wodurch eine konkrete Gesundheitsgefahr für die Beschäftigten besteht.[33] Nur in diesem Fall ist nach dem ArbZG das Grundrecht der Unverletzlichkeit der Wohnung des **Art. 13 GG** eingeschränkt und das Betreten der Arbeitsstätte in Wohnungen durch die Beauftragten der Aufsichtsbehörde auch ohne Erlaubnis des Arbeitgebers möglich (→ ArbSchG § 22 Rn. 30 ff.).

27 Das ArbZG sieht **keine Voraussetzungen** für das Betreten und Besichtigen während der Betriebs- oder Arbeitszeiten durch die Beauftragten der Aufsichtsbehörde vor. Es ist also kein konkreter Anlass oder Verdacht erforderlich, um das Betretungsrecht auszuüben. Ebenso ist eine **Anmeldung nicht notwendig**. Im Einzelfall kann sie auch unzweckmäßig sein, da sie dem Arbeitgeber die Vorbereitung der Überprüfung ermöglicht und so vorhandene Missstände evtl. nicht festgestellt werden.[34] Vielmehr reicht es

---

30 Berg GewArch 1996, 177. **31** Schliemann ArbZG § 17 Rn. 23; Baeck/Deutsch ArbZG § 17 Rn. 29; Anzinger/Koberski ArbZG § 17 Rn. 25. **32** BT-Drs. 12/6990, 44; vgl. KG 16.4.1987 – 5 Ws (B) 91/87, GewArch 1987, 305. **33** Baeck/Deutsch ArbZG § 17 Rn. 30; sa BVerfG 13.10.1971 – 1 BvR 280/66, NJW 1971, 2299 = BVerfGE 32, 54 (75 f.). **34** Neumann/Biebl ArbZG § 17 Rn. 4; Anzinger/Koberski ArbZG § 17 Rn. 27.

aus, wenn der Beauftragte unmittelbar bei der Ankunft die beabsichtigte Prüfung und Besichtigung im Unternehmen anmeldet.[35]

Der Arbeitgeber hat weiter nach § 17 Abs. 5 S. 2 ArbZG das **Betreten und Besichtigen** seiner Arbeitsstätte durch die Beauftragten der Aufsichtsbehörde **zu gestatten**. Er ist insoweit beim Ausüben seines Hausrechtes eingeschränkt. Um das Betretungsrecht zu gewähren, besteht evtl. die Verpflichtung, eine Begleitung sicherzustellen entweder durch ihn selbst oder durch einen Beauftragten, damit notwendige Auskünfte gegeben werden können. Weiter hat der Arbeitgeber dem Betriebs- oder Personalrat nach § 89 Abs. 2 BetrVG bzw. § 81 Abs. 2 BPersVG die Teilnahme an der Besichtigung zu ermöglichen (→ BetrVG § 89 Rn. 14). 28

Verweigert der Arbeitgeber dem Beauftragten der Aufsichtsbehörde den Zutritt, kann die Behörde durch eine Anordnung nach § 17 Abs. 2 ArbZG das **Dulden des Betretens und Besichtigens anordnen**. Durch Anwendung des unmittelbaren Zwanges gegen Personen und Sachen entsprechend der Landesvollstreckungsgesetze kann die Duldung erzwungen werden; im Einzelfall kann für das Betreten des Betriebsgeländes auch Vollzugshilfe der örtlich zuständigen Polizei angefordert werden. In der Rechtsprechung der Oberverwaltungsgerichte ist bestätigt worden, dass die Aufsichtsbehörde ebenfalls das Betreten der Arbeitsstätte bei beharrlicher Weigerung durch die Anordnung der Herausgabe von Schlüsseln zu den Betriebsräumen durchsetzen kann.[36] Wird das Betreten und Besichtigen des Beauftragten der Aufsichtsbehörde durch den Arbeitgeber nicht gestattet, kann dies als Ordnungswidrigkeit nach § 22 Abs. 1 Nr. 10 ArbZG mit einer Geldbuße bis zu 15.000 EUR geahndet werden (→ ArbZG § 22 Rn. 16). 29

VII. Aufsicht im öffentlichen Dienst des Bundes

In § 17 Abs. 3 ArbZG werden die Zuständigkeiten für die Bundesbehörden und für die bundesunmittelbaren Körperschaften (zB Deutsche Rentenversicherung Bund und Bundesagentur für Arbeit), Anstalten des öffentlichen Rechts (zB Deutsche Welle, Deutscher Wetterdienst, Robert Koch-Institut und Bundesanstalt für Arbeitsschutz und Arbeitsmedizin) und Stiftungen des öffentlichen Rechts (zB Stiftung Preußischer Kulturbesitz, Bundeskanzler-Willy-Brandt-Stiftung und Bundesstiftung zur Aufarbeitung der SED-Diktatur) geregelt. So wird festgelegt, dass die Aufgaben und Befugnisse der Aufsichtsbehörde vom **zuständigen Bundesministerium oder den von ihm bestimmten Stellen** wahrgenommen werden; das Gleiche gilt für die Ermächtigung, Bewilligungen und Ausnahmen nach § 15 Abs. 1 und 2 ArbZG zu erteilen. Hier stellt der Gesetzgeber sicher, dass Bundeseinrichtungen nicht von Landesbehörden beaufsichtigt werden. Soweit nichts anderes festgelegt ist, ist für die Einhaltung der arbeitszeitrechtlichen Vorschriften der Beschäftigten also das jeweilige Bundesministerium zuständig, in dessen Geschäftsbereich die Beschäftigten tätig sind. Es bestehen nachhaltige Bedenken, dass diese Regelung mit dem Unionsrecht vereinbar ist, danach ist Überwachung Fremdüberwachung durch „besondere Behörden" (→ ArbSchG § 21 Rn. 26). 30

VIII. Stellung der Betriebs- und Personalräte

Betriebs- und Personalräte haben gemäß § 87 BetrVG bzw. § 75 BPersVG Mitbestimmungsrechte bei der Gestaltung der Arbeitszeit und gemäß § 89 BetrVG bzw. § 81 BPersVG die Aufgabe, sich für die Einhaltung und Durchführung der arbeitsschutzrechtlichen Vorschriften einzusetzen. Weiter haben sie das Recht, bei der **Bekämpfung von Unfall- und Gesundheitsgefahren** die für den Arbeitsschutz zuständigen Behörden, die Träger der gesetzlichen Unfallversicherung und die sonstigen in Betracht kommenden Stellen durch Anregung, Beratung und Auskunft zu unterstützen. Inhaltsgleiche 31

---

35 KG 16.4.1987 – 5 Ws (B) 91/87, GewArch 1987, 305; vgl. BVerwG 5.11.1987 – 3 C 52/85, NJW 1988, 1278 zum Besichtigungsrecht nach dem LMBG. **36** OVG Hamburg 9.4.1991 – OVG Bf VI 106/90, DÖV 1992, 221.

Vorschriften finden sich auch in den Landespersonalvertretungsgesetzen.[37] Das Arbeitszeitgesetz ist hier nicht explizit erwähnt, doch ist es wichtiges Element des Arbeits- und Gesundheitsschutzes, daher gelten die Regelungen auch hier (→ ArbSchG § 22 Rn. 16). Beratung und Auskunft der Betriebs- und Personalräte finden ihre Grenzen im Datenschutz der Beschäftigten. So muss der Betriebsrat bei individualisierbaren Arbeitszeitnachweisen vor der Weitergabe an die Aufsichtsbehörde im Einzelfall prüfen, inwieweit die Weitergabe erforderlich und mit den Interessen der betroffenen Beschäftigten vereinbar ist[38] (→ BetrVG § 89 Rn. 13). Nach § 89 Abs. 4 BetrVG bzw. § 81 Abs. 4 BPersVG leitet der Aufsichtsbeamte dem Betriebs- oder Personalrat unabhängig von der Teilnahme eine evtl. erstellte Niederschrift oder eine **Durchschrift des Revisionsschreibens** in der Regel über den Arbeitgeber zu. Diese Verpflichtung sind für die Aufsichtsbehörde in die Grundsätze und Standards für die Überwachungs- und Beratungstätigkeit der Arbeitsschutzbehörden der Länder aufgenommen worden.[39]

IX. Anordnungen – Erlass des Verwaltungsaktes

32 **1. Allgemein.** Die Aufsichtsbehörde wird nach § 17 Abs. 2 ArbZG zum Erlass von Anordnungen der erforderlichen Maßnahmen ermächtigt, die der Arbeitgeber zur Erfüllung der sich aus dem ArbZG und den aufgrund dieses Gesetzes erlassenen Rechtsverordnungen ergebenden Pflichten zu treffen hat. Diese Befugnis kann ähnlich wie in § 22 Abs. 3 ArbSchG[40] als **zentrale Eingriffsnorm** bezeichnet werden. Die Anordnungsbefugnis versetzt die Aufsichtsbehörde in Form einer Generalklausel[41] in die Lage, die Einhaltung der von ihr zu überwachenden Vorschriften durchzusetzen.[42] Vergleichbare Ermächtigungsgrundlagen zum Erlass von Verwaltungsakten finden sich ua in § 22 Abs. 3 ArbSchG, § 12 Abs. 2 ASiG, die alle gemeinsam das System der Anordnungsbefugnisse im öffentlich-rechtlichen Arbeitsschutz des Arbeitnehmers ausmachen. Insoweit kann grundsätzlich auf die Kommentierung zu § 22 Abs. 3 ArbSchG verwiesen werden (→ ArbSchG § 22 Rn. 44 ff.).

33 § 17 Abs. 2 ArbZG ist die Ermächtigungsgrundlage für sämtliche erforderliche Anordnungen zur Einhaltung des ArbZG und seiner Rechtsverordnungen, die vor Gefährdungen für die Gesundheit der Arbeitnehmer schützen und Gesundheitsgefahren für die Arbeitnehmer abwenden, die aus der Verletzung von Arbeitszeitschutzvorschriften resultieren. Bei der Anordnung der entsprechenden Maßnahme handelt es sich um einen **Verwaltungsakt (§ 35 VwVfG)**. Adressat der Anordnungen ist der Arbeitgeber. Die Aufsichtsbehörde unterliegt in dem Erlassverfahren dem **Amtsermittlungsgrundsatz**, dh sie ist von Amts wegen verpflichtet, den einer Anordnung zugrunde zu legenden Sachverhalt zu ermitteln (§ 20 VwVfG). Neben der Anhörung des Arbeitgebers gemäß § 28 VwVfG spielt die **Beteiligung des Betriebs- bzw. Personalrats** auf der Grundlage des intensivierten Kooperationsgebot nach § 89 BetrVG bzw. § 81 BPersVG eine wichtige Rolle. Nach diesen Vorschriften haben die Aufsichtsbehörden den Betriebsrat bzw. Personalrat vor Erlass einer Anordnung gemäß § 17 Abs. 2 ArbZG regelmäßig hinzuzuziehen (ausführlich → ArbSchG § 22 Rn. 42, 45; → BetrVG § 89 Rn. 15 mwN).

34 Im Übrigen müssen die **allgemeinen verwaltungsrechtlichen Voraussetzungen** eines wirksamen Verwaltungsaktes erfüllt sein. Dazu zählen insbesondere die Einhaltung des Bestimmtheitsgrundsatzes (→ ArbSchG § 22 Rn. 46), die pflichtgemäße Ausübung des Ermessens und die Wahrung des Verhältnismäßigkeitsgrundsatzes (→ Rn. 43) sowie die Bekanntgabe der Anordnung (§ 41 VwVfG; dazu → ArbSchG § 22 Rn. 62).

---

37 ZB in Brandenburg § 59 LPersVG, in Hessen § 76 LPersVG, in Mecklenburg-Vorpommern § 72 LPersVG, in Niedersachsen § 77 LPersVG, in Nordrhein-Westfalen § 64 LPersVG und in Rheinland-Pfalz § 86 LPersVG. **38** BAG 3.6.2003 – 1 ABR 19/02, AP Nr. 1 zu § 89 BetrVG 1972. **39** Veröffentlichung des Länderausschusses für Arbeitsschutz und Sicherheitstechnik, LV 1 Überwachungs- und Beratungstätigkeit der Arbeitsschutzbehörden der Länder – Grundsätze und Standards, veröffentlicht auf lasi-info.com. **40** Siehe zu § 22 Abs. 3 ArbSchG: LR/Kollmer ArbSchG § 22 Rn. 34. **41** OVG Nordrhein-Westfalen 23.6.2016 – 4 A 2803/12, GewArch 2016, 486; OVG Nordrhein-Westfalen 10.5.2011 – 4 A 1403/08, NWVBl 2012, 112 Rn. 26; HK-ArbZR/Sitzenfrei ArbZG § 17 Rn. 11. **42** BT-Drs. 12/5888, 32.

2. Arten von Anordnungen. § 17 Abs. 2 ArbZG beinhaltet die generelle Ermächtigung, 35
Ordnungsverfügungen[43] als Maßnahmen zur Einhaltung der gesetzlichen Arbeitszeitvorschriften (ArbZG und seiner Rechtsverordnungen) zu ergreifen. Systematisch lassen
sich verschiedene Arten von Anordnungen im Sinne dieser Vorschrift unterscheiden.
Anordnungen
- können den Arbeitgeber verpflichten, etwas zu **unterlassen**; zB die Arbeitnehmer
  mit mehr als 8 Stunden werktäglicher Arbeitszeit zu beschäftigen (§ 3 S. 1 ArbZG);
  sie können
- **Vorgaben** enthalten; zB die Ruhepausen einzuhalten (§ 4 ArbZG) oder Urlaubstage
  bei den Ausgleichsregelungen des § 3 Abs. 2, § 7 Abs. 8 ArbZG mit ihrer Regelarbeitszeit zu berücksichtigen[44]
- **Verbote** enthalten; zB die Einstellung des Betriebs, die eine Weiterbeschäftigung der
  Arbeitnehmer verbietet.

In aller Regel dienen die ersten beiden Arten von Anordnungen dem präventiven Gesundheitsschutz der Arbeitnehmer und damit der Gefahrenvorsorge. Maßnahmen zur
Abwehr konkreter Gefahren sind ebenfalls von § 17 Abs. 2 ArbZG als Ermächtigungsgrundlage gedeckt.[45] Verbote können beispielsweise angeordnet werden, um im Einzelfall eine konkrete Gefahr für die Gesundheit der Arbeitnehmer aus der Verletzung arbeitszeitrechtlicher Vorschriften abzuwenden.

Im Arbeitszeitrecht ist eine weitere Art von Anordnungen, der Erlass sog **gesetzeswie-** 36
derholender Anordnungen, üblich und von der Rechtsprechung[46] allgemein **aner-**
kannt.[47] Arbeitszeit erbringt jeder Arbeitnehmer höchstpersönlich, so dass das Arbeitszeitrecht zum Schutz vor Gesundheitsgefahren und -schäden sehr konkret und auf die
Person ausgerichtet ist. Solche Anordnungen sind immer dann berechtigt, wenn sie zur
Konkretisierung der arbeitszeitrechtlichen Bestimmungen im Einzelfall erforderlich
sind. Das ist der Fall, wenn die Anordnung besonders auf die Pflicht zur Einhaltung
der gesetzlichen Vorschrift hinweist und sie einen konkreten Bezug zu einem bestimmten Lebenssachverhalt herstellt. Sie dient dazu, die Geltung der Ge- oder Verbotsnorm
verbindlich zu klären und durchzusetzen, indem ihr Adressat angehalten wird, die
Norm einzuhalten. Sie ist ungeachtet eines parallel möglichen Ordnungswidrigkeitenverfahrens zulässig (→ ArbSchG § 22 Rn. 77).[48]

Gesetzeswiederholende Anordnungen basieren in der Praxis vor allem auf §§ 3–5 37
ArbZG sowie auf § 16 ArbZG, die regelmäßig zum Gegenstand haben:
- Anordnungen zur Einhaltung von Arbeitszeiten und Ruhezeiten;
- Anordnungen zum wahrheitsgemäßen Führen von Aufzeichnungen, zB auch bei
  Aushilfsfahrern unter zusätzlicher Angabe von Namen und Anschrift des Hauptar-
  beitgebers;[49]
- Anordnung zur Vorlage von Aufzeichnungen;
- Anordnungen zur Aufbewahrung von Aufzeichnungen.[50]

Die Aufsichtsbehörde ist nach § 17 Abs. 2 ArbZG aufgrund des Normzwecks auch er- 38
mächtigt, sog **feststellende Verwaltungsakte** zu erlassen. Bestehen Meinungsverschiedenheiten über die Auslegung der Vorschriften im Arbeitszeitrecht, dienen sie dazu, die
Auffassung der Aufsichtsbehörde für sich selbst und für den Adressaten verbindlich

---

43 VG Düsseldorf 22.2.2011 – 3 K 8454/09, PflR 2011, 286. 44 OVG Nordrhein-Westfalen 23.6.2016 – 4 A 2803/12, GewArch 2016, 486. 45 BeckOK-ArbR/Kock, 45. Ed. 2017, ArbZG § 17 Rn. 4mwN; LR/Neumann, 75. Lfg. 2017, ArbZG § 17 Rn. 2. 46 Zuletzt VG Augsburg 27.5.2013 – 5 Au K 12.665 Rn. 32 mN zur obergerichtlichen Rechtsprechung. 47 Nur HK-ArbZR/Sitzenfrei ArbZG § 17 Rn. 17; Schliemann ArbZG § 17 Rn. 10; Kohte, jurisPR-ArbR 15/2013 Anm. 6; Münch/ArbR/Anzinger § 302 Rn. 7. 48 VG Augsburg 27.5.2013 – 5 Au K 12.665 Rn. 32; zum Arbeitszeitrecht BayVGH 26.10.2011 – 22 CS 11.1989; BayVGH 27.10.1981 – 22 B 2206/79, GewArch 1982, 87. Allgemein nur BayVGH 12.3.2010 – 10 CS 09.1734, ZfWG 2010, 175; OVG Rheinland-Pfalz 13.1.1999 – 8 B 12627/98, NVwZ 1999, 679; zu verschiedenen Zielsetzung von Überwachungs- und Ordnungswidrigkeitenverfahren: VGH Baden-Württemberg 13.6.2006 – 6 S 517/06, VblBW 2006, 479. 49 VG Bayreuth 16.4.2013 – B 1 K 12.753 mwN. 50 Siehe nur VG Augsburg 27.5.2013 – 5 Au K 12.665.

festzulegen.⁵¹ Eine ausdrückliche gesetzliche Ermächtigung wird nicht verlangt⁵² und ist vor allem dann nicht erforderlich, wenn der Adressat den Erlass des Verwaltungsakts ausdrücklich beantragt hat, mithin mit dem Erlass des Verwaltungsakts einverstanden ist.⁵³

39 Die Pflicht zur, beispielsweise monatlichen, Vorlage von Aufzeichnungen kann dabei zulässig mit der Aufbewahrungspflicht aufgrund ihrer unterschiedlichen Funktionen kombiniert werden.⁵⁴ Werden **Fristen** zur Vorlage von Unterlagen zur behördlichen Überprüfung bestimmt, tritt nach Fristablauf keine Erledigung dieser Anordnung ein, da der verfolgte Prüfungszweck fortbesteht und in Zukunft erfüllt werden kann.⁵⁵

40 **3. Pflichtgemäßes Ermessen und weitere Wirksamkeitsanforderungen.** Die auf § 17 Abs. 2 ArbZG zu erlassenden Anordnungen stehen im Ermessen der Behörde („kann"; dazu → ArbSchG § 22 Rn. 64 ff.). Das **Entschließungsermessen**, dh ob die Behörde die Anordnung trifft oder nicht, präzisiert das VG Berlin⁵⁶ auf ein intendiertes Ermessen der Aufsichtsbehörde, nach dem die Behörde prinzipiell verpflichtet ist, gegen rechts- und ordnungswidrige Zustände vorzugehen und nur unter besonderen Umständen vom Einschreiten absehen darf oder muss. Es berechtigt die Behörde zunächst ohne förmliche Anordnung nach § 17 Abs. 2 ArbZG auf die Einhaltung der Pflichten nach dem Arbeitszeitrecht beim Arbeitgeber hinzuwirken, ohne davon auszugehen ist, dass er dies freiwillig tun wird.⁵⁷ Dies ist auf der Grundlage eines **Besichtigungs- oder Revisionsschreibens** möglich (zur Information von Betriebsräten → BetrVG § 89 Rn. 14; → ArbSchG § 22 Rn. 65). Es hat ua die bei einer Besichtigung festgestellten Mängel zum Gegenstand und fordert den Arbeitgeber unter Fristsetzung zu deren Beseitigung auf. Ein solches Schreiben stellt grundsätzlich keinen Verwaltungsakt (§ 35 VwVfG) dar (→ ArbSchG § 22 Rn. 45). Besteht nicht die Aussicht, dass der Arbeitgeber freiwillig das Arbeitszeitrecht einhält, ist die Behörde zu Anordnungen nach § 17 Abs. 2 ArbZG berechtigt, insbesondere bei Wiederholungsgefahr.⁵⁸

41 Im Rahmen des Auswahlermessens und der Formulierung der anzuordnenden Maßnahmen hat die Aufsichtsbehörde die betriebsverfassungs- bzw. personalrechtlichen **Mitbestimmungsrechte** gemäß § 87 BetrVG bzw. § 75 BPersVG zu beachten (ausführlich zu den Anforderungen → ASiG § 12 Rn. 15; → ArbSchG § 22 Rn. 52).

42 Das **Bestimmtheitsgebot** (§ 37 VwVfG; → ArbSchG § 22 Rn. 46) ist regelmäßig gewahrt, wenn sich die Anordnungen ausdrücklich auf das ArbZG beziehen und sich aus Bescheidtenor und der Begründung der Anordnung, die zur Auslegung des Bescheids heranzuziehen ist, die einzuhaltenden arbeitszeitrechtlichen Pflichten ergeben. Die Formulierung „durch geeignete Maßnahmen" ist grundsätzlich dann nicht unbestimmt, wenn sie durch Beispiele verdeutlicht wird. Sie belässt auf diese Weise dem Adressaten den notwendigen unternehmerischen Freiraum bei der Auswahl der Mittel zur Befolgung der Anordnungen,⁵⁹ die dann insbesondere gemeinsam mit der Arbeitnehmervertretung bzw. betriebsverfassungsrechtlich erfolgen muss.

43 Der **Grundsatz der Verhältnismäßigkeit** ist nicht verletzt, wenn die behördlichen Anordnungen zu einem erhöhten Aufwand beim Adressaten führen, der auf gesetzwidrige innerbetriebliche Umstände zurückzuführen ist und bei Einhaltung der Pflichten nach dem ArbZG nicht in diesem Umfang angefallen wäre. So kann zB die Vorlage von Unterlagen bzw. Datenübermittlung nach dem Fahrpersonalgesetz für einen bestimmen

---

51 OVG Nordrhein-Westfalen 10.5.2011 – 4 A 1403/08, NWVBl 2012, 112 Rn. 28. **52** Münch/ArbR/Anzinger § 302 Rn. 7; Anzinger/Koberski ArbZG § 17 Rn. 10 b; Schliemann ArbZG § 17 Rn. 10. **53** OVG Nordrhein-Westfalen 10.5.2011 – 4 A 1403/08, NWVBl 2012, 112 Rn. 30 f. **54** VG Augsburg 27.5.2013 – 5 Au K 12.665, Rn. 46 unter Hinweis auf BayVGH 26.10.2011 – 22 CS 11.1989. **55** VG Bayreuth 16.4.2013 – B 1 K 12.753, Rn. 18. **56** VG Berlin 24.3.2015 – 14 K 184/14, AuR 2015, 288. **57** Vgl. zum ASiG Nöthlichs/Wilrich, ASiG § 12 Rn. 2.3; Wank ASiG § 12 Rn. 5. **58** Münch/ArbR/Anzinger § 302 Rn. 6. **59** BayVGH 26.10.2011 – 22 CS 11.1989, Rn. 13; VG Augsburg 18.4.2013 – 5 Au K 11.783, Rn. 34.

4. Rechtsdurchsetzung. Anordnungen im Einzelfall gemäß § 17 Abs. 2 ArbZG sind **be-** 44
lastende Verwaltungsakte, gegen die der Arbeitgeber als Adressat Rechtsmittel wie Widerspruch (§ 68 VwGO) (in Bayern, Niedersachsen und Nordrhein-Westfalen direkt Klage beim Verwaltungsgericht als Rechtsmittel) und Anfechtungsklage (§ 42 Abs. 1. Alt. 1 VwGO) einlegen bzw. erheben kann. Diese Rechtsbehelfe haben aufschiebende, dh vollstreckungshindernde Wirkung nach § 80 Abs. 1 S. 1 VwGO.

Die Behörde ist vor Bestandskraft zur zwangsweisen Durchsetzung ihrer Anordnung 45
nur berechtigt, wenn sie die sofortige Vollziehung gemäß § 80 Abs. 2 S. 1 Nr. 4 VwGO
(→ ArbSchG § 22 Rn. 68) entweder zugleich mit dem Erlass der Anordnung gemäß
§ 17 Abs. 2 ArbZG oder später anordnet.[61] Bei der **Anordnung der sofortigen Vollziehung** zur Durchsetzung der **Vorlagepflicht überwiegt das öffentliche Vollzugsinteresse**, wenn das besondere Interesse an einer zügigen Aufklärung des aufgrund konkreter Anhaltspunkte bestehenden Verdachts von Verstößen gegen das ArbZG darin liegt, im Interesse des gesetzlich verfolgten Gesundheitsschutzes der betroffenen Arbeitnehmer[62] ggf. drohende weitere Verstöße durch Anordnungen nach § 17 Abs. 2 ArbZG zeitnah verhindern zu können.[63] In diesem Fall schadet es ausnahmsweise nicht, dass das Interesse am Erlass der Vorlageanordnung mit dem öffentlichen Vollzugsinteresse identisch ist. Der mit dem ArbZG bezweckte Gesundheitsschutz der Arbeitnehmer wäre ohne Anordnung der sofortigen Vollziehung nicht erreichbar, wenn die Aufsichtsbehörde die Bestandskraft einer zB auf § 17 Abs. 4 ArbZG gestützten Anordnung abwarten müsste.[64] Darauf aufbauend hat der VGH Baden-Württemberg[65] das überwiegende öffentliche Vollzugsinteresse ebenfalls für Vorlagepflichten bejaht, wenn weitere Gesetzesverstöße vorläufig nur vermutet werden, um mit einer zügigen Auswertung der verlangten Arbeitszeitnachweise gerade klären zu können, ob konkrete Anhaltspunkte für zB systematische, fortgesetzte Verstöße gegen § 3 ArbZG bestehen.

Die zwangsweise Durchsetzung kommt in Betracht, wenn der Arbeitgeber den Anord- 46
nungen nicht Folge leistet (ausführlich → ArbSchG § 22 Rn. 69). Die erforderliche Androhung von **Zwangsmitteln** kann die Aufsichtsbehörde mit der Anordnung gemäß
§ 17 Abs. 2 ArbZG verbinden;[66] in diesem Fall muss sie unter die Bedingung des Eintritts der Vollstreckbarkeit der Anordnung gestellt werden.[67] Bei der **Androhung von Zwangsgeld** ist vor allem bei den wiederkehrenden Pflichten des Arbeitgebers, wie den Aufzeichnungs- und Vorlageverpflichtungen, der Grundsatz der Bestimmtheit zu beachten. Erforderlich ist, dass für den Arbeitgeber hinreichend erkennbar ist, unter welchen Voraussetzungen und zu welchem Zeitpunkt bei einer Nichterfüllung der monatlich wiederkehrenden Pflicht ein Zwangsgeld fällig wird. Daher ist konkret zu formulieren, dass es sich um jeweils selbstständige, monatlich zu erfüllende Aufzeichnungs-/Vorlagepflichten handelt, für deren Nichterfüllung jeweils selbstständig ein Zwangsgeld mit einem bestimmten Betrag angedroht werden muss.[68]

Handelt der Arbeitgeber einer vollziehbaren Anordnung nach § 17 Abs. 2 ArbZG zu- 47
wider, kann die Behörde das **Zwangsgeldverfahren parallel zum Ordnungswidrigkei-**

---

60 VG Bayreuth 16.4.2013 – B 1 K 12.753, Rn. 23 mwN für vergleichbare Sachverhalte; im konkreten Fall waren 94 Fahrzeuge betroffen. 61 Siehe beispielsweise zur Darlegungs- und Beweislast im Zusammenhang mit dem Ausnahmetatbestand des § 10 Abs. 1 ArbZG, bei dem der Antragsteller auskunftspflichtig nach § 17 Abs. 4 ArbZG ist, OVG Nordrhein-Westfalen 10.7.2015 – 4 B 792/15, NVwZ-RR 2015, 776, mit der Parallelentscheidung OVG Nordrhein-Westfalen 10.7.2015 – 4 B 791/15, DVBl 2015, 1266. 62 Ausführlich zum Gesundheitsschutz und dem Allgemeininteresse, nicht für Krankheitskosten aufgrund unverträglicher Arbeitszeiten einstehen zu müssen, VG Augsburg 28.7.2011 – Au 5 S 11.784, Rn. 34 mwN. 63 Neumann/Biebl ArbZG § 17 Rn. 2. 64 VGH Baden-Württemberg 13.6.2006 – 6 S 517/06, VblBW 2006, 479, Rn. 13. 65 VGH Baden-Württemberg 13.6.2006 – 6 S 517/06, VblBW 2006, 479, Rn. 14. 66 Anzinger/Koberski ArbZG § 17 Rn. 11; ErfK/Wank ArbZG § 17 Rn. 3. 67 VG Augsburg 25.1.2008 – Au 4 K 07.97. 68 VG Augsburg 27.5.2013 – 5 Au K 12.665, Rn. 51.

tenverfahren gemäß § 22 ArbZG durchführen. Beide Verfahren schließen sich nicht aus, da sie unterschiedliche Zwecke verfolgen (→ ArbSchG § 22 Rn. 77).[69]

Sechster Abschnitt Sonderregelungen

§ 18 ArbZG Nichtanwendung des Gesetzes

(1) Dieses Gesetz ist nicht anzuwenden auf
1. leitende Angestellte im Sinne des § 5 Abs. 3 des Betriebsverfassungsgesetzes sowie Chefärzte,
2. Leiter von öffentlichen Dienststellen und deren Vertreter sowie Arbeitnehmer im öffentlichen Dienst, die zu selbständigen Entscheidungen in Personalangelegenheiten befugt sind,
3. Arbeitnehmer, die in häuslicher Gemeinschaft mit den ihnen anvertrauten Personen zusammenleben und sie eigenverantwortlich erziehen, pflegen oder betreuen,
4. den liturgischen Bereich der Kirchen und der Religionsgemeinschaften.

(2) Für die Beschäftigung von Personen unter 18 Jahren gilt anstelle dieses Gesetzes das Jugendarbeitsschutzgesetz.

(3) Für die Beschäftigung von Arbeitnehmern als Besatzungsmitglieder auf Kauffahrteischiffen im Sinne des § 3 des Seearbeitsgesetzes gilt anstelle dieses Gesetzes das Seearbeitsgesetz.

Literatur: *Kocher*, Hausangestellte im deutschen Arbeitsrecht, NZA 2013, 929 ff.; *Richardi*, Arbeitsrecht in der Kirche, 7. Aufl. 2015; *Scheiwe/Schwach*, Decent work for domestic workers – das Übereinkommen 189 der Internationalen Arbeitsorganisation, ZIAS 2012, 313 ff.; Scheiwe/Schwach, Das Arbeitszeitrecht für Hausangestellte nach Ratifizierung der ILO-Konvention 189, NZA 2013, 1116 ff.

I. Normzweck und Systematik..... 1	4. Arbeitnehmer in häuslicher Gemeinschaft................. 16
II. Entstehungsgeschichte und Unionsrecht........................ 3	5. Arbeitnehmer im liturgischen Bereich................ 18
III. Ausgenommene Arbeitnehmergruppen (Abs. 1)................. 5	IV. Jugendarbeitsschutz und Seearbeitsgesetz (Abs. 2 und 3) 21
1. Leitende Angestellte......... 5	V. Sonstiger gesetzlicher Arbeitszeitschutz 24
2. Chefärzte 11	
3. Leiter öffentlicher Dienststellen...................... 13	

I. Normzweck und Systematik

1 Die Vorschrift zur Nichtanwendung des Arbeitszeitgesetzes geht auf § 1 AZO zurück und nimmt bestimmte Personengruppen – leitende Angestellte, Chefärzte, Leiter öffentlicher Dienststellen, Arbeitnehmer in häuslicher Gemeinschaft und Mitarbeiter im liturgischen Bereich der Kirchen und Religionsgemeinschaften – ausdrücklich vom **Anwendungsbereich** des ArbZG aus. Ausgenommen ist ferner nach § 18 Abs. 2 ArbZG die Beschäftigung von Kindern und Jugendlichen unter 18 Jahren, denn für sie gilt das JArbSchG. Auch auf Arbeitnehmer als Besatzungsmitglieder von Kauffahrteischiffen ist das ArbZG gemäß § 18 Abs. 3 ArbZG nicht anwendbar, da für sie das Seearbeitsgesetz (SeearbG) eingreift, das 2013 das Seemannsgesetz abgelöst hat.[1] Nach der gesetzgeberischen Vorstellung soll mit § 18 ArbZG auf die Besonderheiten der Arbeitszeit der in der Vorschrift genannten Beschäftigtengruppen Rücksicht genommen werden.[2]

2 Für die nach § 18 Abs. 1 ArbZG vom ArbZG ausgenommenen Arbeitnehmergruppen existiert kein öffentlich-rechtlicher Arbeitszeitschutz, so dass ein Schutz vor gesundheitsgefährdender zeitlicher Überbeanspruchung lediglich aus der arbeitgeberseitigen

---

69 Vgl. Anzinger/Bieneck ASiG § 12 Rn. 30. **1** BGBl. 2013 I 868 ff., zuletzt geändert durch Art. 1 Gesetz v. 22.12.2015, BGBl. I 2569. **2** BT-Drs. 12/15888, 32.

Schutzpflicht gemäß § 618 BGB resultiert. Eine absolute Grenze der Leistungsfähigkeit und Zumutbarkeit für einen Arbeitnehmer ergibt sich darüber hinaus aus dem verfassungsrechtlichen Schutz der Menschenwürde gemäß Art. 1 GG, der über die Generalklausel von Treu und Glauben aus § 242 BGB und die in § 138 BGB enthaltene Grenze der Sittenwidrigkeit im privatrechtlichen Arbeitsverhältnis eine **mittelbare Drittwirkung** entfaltet.[3] Dagegen existieren für die in § 18 Abs. 2 und 3 ArbZG definierten Gruppen spezielle öffentlich-rechtliche Vorschriften.

II. Entstehungsgeschichte und Unionsrecht

Der **Anwendungsbereich** des ArbZG ist über §§ 2 Abs. 2, 18 ArbZG gesetzlich festgelegt. Danach gilt das ArbZG für alle Arbeitnehmer und in allen Beschäftigungsbereichen, so dass sowohl Betriebe als auch Verwaltungen davon erfasst werden. Beschäftigte in Verwaltungen, die in einem öffentlich-rechtlichen Dienst- und Treueverhältnis als Beamte, Richter oder Soldaten stehen, rechnen aufgrund ihres Status nicht zu den Arbeitnehmern und sind demzufolge nicht in den Schutz des ArbZG einbezogen. Für sie gelten spezielle Arbeitszeitvorschriften, so zB die Verordnung über die Arbeitszeit der Beamtinnen und Beamten des Bundes (AZV), die einen dem ArbZG im Wesentlichen vergleichbaren Schutz zur Verfügung stellt. Im Unterschied zur AZO gilt das ArbZG wegen des weiten Arbeitnehmerbegriffs auch für die Arbeitnehmer in der Landwirtschaft, der Fischerei und im Haushalt,[4] nicht jedoch für mithelfende Familienangehörige, soweit sie auf der Basis familienrechtlicher Bindung und nicht aufgrund eines Arbeitsvertrags beschäftigt sind. § 18 ArbZG ist 2013 durch Art. 3 Abs. 6 Nr. 3 des Gesetzes zum Seearbeitsübereinkommen 2006 der ILO geändert worden (ausführlich → Rn. 23).[5]

§ 18 ArbZG basiert auf der **Ausnahmebestimmung des Art. 17 der EG-Arbeitszeitrichtlinie 2003/88/EG.** Art. 17 Abs. 1 nennt wie § 18 Abs. 1 ArbZG auch die vom Schutz der Richtlinie ausgenommenen Arbeitnehmer, insbesondere leitende Angestellte, Familienangehörige, Arbeitskräfte sowie Arbeitnehmer im liturgischen Bereich der Kirchen und Religionsgemeinschaften. Allerdings ist dieser Personenkreis in Art. 17 Abs. 1 EG-Arbeitszeitrichtlinie 2003/88/EG im Unterschied zu § 18 Abs. 1 ArbZG nicht abschließend geregelt. Vielmehr beschreibt die Vorschrift die ausgenommenen Arbeitnehmer als Personen, bei denen „die Arbeitszeit wegen der besonderen Merkmale der ausgeübten Tätigkeit nicht gemessen und/oder nicht im Voraus festgelegt wird oder von den Arbeitnehmern selbst festgelegt werden kann". Durch diese offene Formulierung eröffnet die Richtlinie den Mitgliedstaaten die Option, weitere Personengruppen von der Anwendung des allgemeinen Arbeitszeitschutzes auszunehmen, sofern sie die Voraussetzungen der Definition des Art. 17 Abs. 1 EG-Arbeitszeitrichtlinie 2003/88/EG erfüllen. In der neueren **Rechtsprechung des EuGH**[6] wird dieser Halbsatz auch zur Einschränkung nationaler Ausnahmen herangezogen, denn nur dann, wenn diese besonderen Merkmale der Arbeitszeit vorliegen, dürfen die Mitgliedstaaten den persönlichen Anwendungsbereich ihres Arbeitszeitrechts einschränken. Ausnahmen vom Anwendungsbereich des ArbZG müssen daher in Übereinstimmung mit Art. 17 RL 2003/88/EG unionsrechtskonform ausgelegt werden.[7] Mit einer weiteren Entscheidung vom 26.7.2017 hat der EuGH[8] diese Rechtsprechungslinie fortgesetzt und klargestellt, dass die in Art. 17 Abs. 1 RL 2003/88/EG enthaltenen Ausnahmen eng auszulegen sind. In diesem finnischen Verfahren ging es um die Frage, ob Mitarbeiterinnen, die als Stellvertreterinnen der Kinderdorfeltern unter familienähnlichen Umständen ar-

---

3 Dazu bereits BAG 24.2.1982 – 4 AZR 223/80, NJW 1982, 2140; ebenso Schliemann ArbZG § 18 Rn. 4; HK-ArbZR/Käckenmeister ArbZG § 18 Rn. 2. 4 Vgl. kritisch zur Vereinbarkeit der Sonderregelung des § 18 Abs. 1 Nr. 3 ArbZG für im Privathaushalt des Arbeitgebers aufgenommene Hausangestellte mit Art. 10 des ILO-Übereinkommens 189 Scheiwe/Schwach ZIAS 2012, 328 (333 f.); vgl. auch Kocher NZA 2013, 929 (933). 5 BGBl. 2013 I 868, 914; Düwell, jurisPR-ArbR 15/2013 Anm. 1. 6 EuGH 14.10.2010 – C-428/09, Slg 2010, I-9961 (Union Syndicale Solidaires Isere) = EAS C 2003/88 Art. 1 Nr. 1. 7 Kohte, jurisPR-ArbR 15/2013 Anm. 6; Heinlein AuR 2013, 469 (475); Scheiwe/Schwach NZA 2013, 1116 (1118); Buschmann/Ulber ArbZG § 18 Rn. 8. 8 EuGH 26.7.2017 – C-175/16 (SOS-Lapsikylä ry).

beiten, als Familienangehörige iSv Art. 17 Abs. 1 Buchst. b RL 2003/88/EG anzusehen sind. Der EuGH ist dem Generalanwalt[9] gefolgt und hat seine restriktive Rechtsprechung zu den Ausnahmen von der Arbeitszeitrichtlinie bestätigt. Damit sind im Ergebnis auch solche Arbeitnehmer vom nationalen Arbeitszeitschutz erfasst, deren Arbeitszeit aufgrund der besonderen Art ihrer Ausübung schwerer oder schlecht zu messen ist.

III. Ausgenommene Arbeitnehmergruppen (Abs. 1)

5 1. **Leitende Angestellte.** Nach § 18 Abs. 1 Nr. 1 ArbZG gilt das ArbZG nicht für leitende Angestellte im Sinne des § 5 Abs. 3 BetrVG. Mit dieser Verweisung auf § 5 Abs. 3 BetrVG hat der Gesetzgeber aus Gründen der **Rechtssicherheit und Rechtsklarheit** auf einen in der Arbeitsrechtspraxis bekannten Begriff Bezug genommen. Nach § 5 Abs. 3 S. 2 BetrVG ist leitender Angestellter, wer

- zur selbstständigen Einstellung und Entlassung von Arbeitnehmern befugt ist (Nr. 1),
- oder Generalvollmacht oder Prokura hat, wenn die Prokura auch im Verhältnis zum Arbeitgeber nicht unbedeutend ist (Nr. 2),
- oder regelmäßig sonstige Aufgaben wahrnimmt, die für den Bestand und die Entwicklung des Unternehmens oder des Betriebs von Bedeutung sind oder deren Erfüllung besondere Erfahrungen und Kenntnisse voraussetzt, sofern diese Entscheidungen im Wesentlichen frei von Weisungen getroffen oder aber maßgeblich beeinflusst werden können (Nr. 3).

6 Die von § 5 Abs. 4 BetrVG vorgenommene Konkretisierung der Kriterien des § 5 Abs. 3 S. 2 Nr. 3 BetrVG zur Feststellung eines leitenden Angestellten in **Zweifelsfällen** ist vom Wortlaut des § 18 Abs. 1 Nr. 1 ArbZG nicht gedeckt. Auf diese Regelung kann deshalb bei der Frage nach dem Vorliegen eines leitenden Angestellten grundsätzlich nicht abgestellt werden. § 5 Abs. 3 BetrVG stellt jedoch insgesamt eine ausreichende Grundlage zur Abgrenzung des leitenden Angestellten vom Arbeitnehmer auch im Arbeitszeitrecht zur Verfügung. Leitende Angestellte sind damit im Ergebnis mit eigenen Entscheidungsspielräumen ausgestattet und nehmen an der Unternehmensleitung teil. Sie müssen zur Wahrnehmung dieser Aufgaben durch ihren Arbeitsvertrag ermächtigt sein und die Leitungsfunktion auch tatsächlich ausüben. Maßgeblich ist vor allem, dass sie im Wesentlichen weisungsfrei agieren[10] und damit in aller Regel ihre Arbeitszeit frei gestalten können, was auch durch Art. 17 Abs. 1 der RL 2003/88/EG verlangt wird. Dagegen sind die **Vermutungskriterien in § 5 Abs. 4 BetrVG nicht geeignet**, die Bereichsausnahme vom öffentlich-rechtlichen Arbeitszeitschutz legitimieren zu können. Weder die Entscheidungen des Wahlvorstands noch die Entgelthöhe sind geeignete Kategorien, so dass insoweit im Wege unionsrechtskonformer Auslegung in aller Regel nicht auf die Vermutungen nach § 5 Abs. 4 BetrVG zurückgegriffen werden kann.[11]

7 Die Berechtigung zur **Einstellung und Entlassung** von Arbeitnehmern zielt auf die personellen Befugnisse des leitenden Angestellten. Zu ihnen gehört neben Einstellungs- und Entlassungsentscheidungen ua auch die Unterzeichnung von Aufhebungsverträgen, der Ausspruch von Abmahnungen etc. Unter § 18 Abs. 1 Nr. 1 fällt dementsprechend in den meisten Fällen der Personalleiter, aber auch der Leiter eines Betriebs bzw. Werksleiter. Differenziert werden muss jedoch in größeren Betrieben, in denen Fach- und Personalverantwortung zwischen mehreren Personen aufgeteilt ist: Vollzieht der Personalleiter lediglich die Personalentscheidungen, die in der Fachabteilung oder von der Unternehmensleitung gefällt worden sind, so fehlt ihm die **selbstständige Entscheidungsbefugnis**, die § 5 Abs. 3 S. 2 Nr. 1 BetrVG vom leitenden Angestellten aber gerade verlangt. In diesen Fällen kann ihm diese Funktion lediglich dann zukommen, wenn er die Voraussetzungen des § 5 Abs. 3 S. 2 Nr. 3 BetrVG erfüllt oder wenn er über eine Generalvollmacht bzw. Prokura iSd § 5 Abs. 3 S. 2 Nr. 2 BetrVG verfügt. Unschädlich

---

9 GA Wathelet 6.4.2017 – C-175/16 (SOS-Lapsikylä ry). **10** BAG 25.3.2009 – 7 ABR 2/08, NZA 2009, 1296. **11** AA Anzinger/Koberski ArbZG § 18 Rn. 7; Neumann/Biebl ArbZG § 18 Rn. 4; HK-ArbZR/Käckenmeister ArbZG § 18 Rn. 4.

für die Einordnung als leitender Angestellter nach § 5 Abs. 3 S. 2 Nr. 1 BetrVG ist es aber, wenn der Personalleiter Richtlinien oder Budgets beachten und Zweitunterschriften einholen muss, sofern damit nur die Richtigkeit bestätigt wird und hiermit keine gesonderten Entscheidungsbefugnisse eines Dritten verbunden sind. Schließlich setzt die Eigenschaft des leitenden Angestellten voraus, dass sich seine personellen Befugnisse auf einen großen Teil der Belegschaft oder zumindest auf eine kleine abgeschlossene Gruppe von Arbeitnehmern mit bedeutendem Arbeitsgebiet beziehen müssen.

Nach § 5 Abs. 3 S. 2 Nr. 2 BetrVG ist auch derjenige als leitender Angestellter zu qualifizieren, der über eine **Generalvollmacht** oder **Prokura** verfügt, die im Verhältnis zum Arbeitgeber nicht unbedeutend ist. Unter einer Generalvollmacht wird die Vollmacht zur Führung des gesamten Geschäftsbetriebs verstanden. Nicht ausreichend ist hier die Erteilung einer Handlungsvollmacht gemäß § 54 HGB, denn der Umfang der Generalvollmacht muss mindestens den Umfang der Vertretungsmacht eines Prokuristen erreichen und den leitenden Angestellten auch praktisch am unternehmerischen Entscheidungsprozess beteiligen. Im Allgemeinen wird die Generalvollmacht nur wenigen Arbeitnehmern verliehen, so dass sie nur selten zur Anwendung kommt. Weitaus häufiger kommt die Erteilung einer Prokura gemäß §§ 48 ff. HGB in Betracht. Sie berechtigt zur gerichtlichen und außergerichtlichen Vertretung des Betriebes in allen Fragen, die den Geschäftsbetrieb des Handelsgewerbes betreffen. Da die erteilte Prokura aber im Verhältnis zum Arbeitgeber nicht unbedeutend sein darf, führt sowohl die der Ehre halber verliehene sog Titularprokura als auch ein nicht bedeutendes Aufgabengebiet nicht zur Annahme eines leitenden Angestellten.[12] Eine Handlungsvollmacht nach §§ 54 ff. HGB reicht ebenfalls nicht aus, um die Voraussetzungen des § 5 Abs. 3 S. 2 Nr. 2 BetrVG zu erfüllen.

Die Stellung als leitender Angestellter kann sich schließlich noch aus § 5 Abs. 3 S. 2 Nr. 3 BetrVG ergeben. Die Vorschrift legt dabei abschließend drei **Voraussetzungen** fest, die zusammen vorliegen müssen, nämlich

- regelmäßige Wahrnehmung von Aufgaben, die für den Bestand und die Entwicklung des Unternehmens von Bedeutung sind,
- besondere Erfahrungen und Kenntnisse, um diese Aufgaben zu erfüllen,
- Entscheidungen müssen im Wesentlichen weisungsfrei getroffen oder aber maßgeblich beeinflusst werden.

Mit dieser Beschreibung des Aufgabenspektrums eines leitenden Angestellten ist § 5 **Abs. 3 S. 2 Nr. 3 BetrVG** nicht nur als **Grundtatbestand** zu verstehen, sondern bildet gleichzeitig ein **Auffangbecken** für solche Fälle, in denen die Zuordnung zu Nr. 1 oder Nr. 2 nicht gelingt.[13] Die Weisungsfreiheit oder maßgebliche Beeinflussung von Entscheidungen kennzeichnen darüber hinaus selbstständige Führungsentscheidungen, die die **unternehmerische Schlüsselposition** eines leitenden Angestellten ausmachen.

Für die Frage, ob die wahrgenommenen Aufgaben für den Bestand und die Entwicklung des Unternehmens bedeutsam sind, kommt es vor allem auf die **Unternehmensstruktur** an. Unter dem Gesichtspunkt des Arbeitszeitrechts ist vor allem maßgeblich, dass der Angestellte im Wesentlichen weisungsfrei operieren kann und dass sich seine Tätigkeit auf einen für das Unternehmen herausgehobenen Aufgabenbereich bezieht.[14] Aus diesem Grund wird zB der **Polier eines Baubetriebs**, dem auf der Baustelle Personalkompetenz zusteht, gleichwohl **nicht als leitender Angestellter** qualifiziert.[15] Zutreffend hat daher das VG München eine Aufsichtsanordnung nach §§ 16, 17 ArbZG bestätigt, die die Arbeitszeit der **Objektleiter eines Gebäudereinigungsunternehmens** be-

---

12 BAG 29.6.2011 – 7 ABR 5/10, NZA-RR 2011, 347; Fitting BetrVG § 5 Rn. 386. **13** BAG 25.3.2009 – 7 ABR 2/08, NZA 2009, 1296 (1297); Preis in: WPK BetrVG § 5 Rn. 60. **14** BAG 10.10.2007 – 7 ABR 561/06, DB 2008, 590; Richardi BetrVG § 5 Rn. 201. **15** Fitting BetrVG § 5 Rn. 377; ErfK/Koch BetrVG § 5 Rn. 19.

traf.[16] Vergleichbar sind auch Filialleiter von Einzelhandelsunternehmen und Restaurantleiter von Fast-Food-Unternehmen einzustufen.[17]

11 **2. Chefärzte.** § 18 Abs. 1 Nr. 1 ArbZG nimmt neben den leitenden Angestellten auch Chefärzte in Krankenhäusern vom Anwendungsbereich des Arbeitszeitrechts aus. Diese Ausnahmebestimmung lehnt sich an die tarifvertragliche Regelung des **§ 1 Abs. 2 a) TVöD** bzw. **§ 1 Abs. 2 a) TV-L** an, nach der dieser Tarifvertrag weder für leitende Angestellte noch für Chefärzte gilt. Erfasst sind hiervon die Chefärzte aller Krankenhäuser, und zwar unabhängig von einer privaten, öffentlich-rechtlichen oder kirchlichen Trägerschaft.

12 Als Chefarzt ist der **Leiter zumindest einer medizinischen Abteilung eines Krankenhauses** zu verstehen, der für diese Abteilung nicht nur die medizinische Gesamtverantwortung hinsichtlich der Patienten trägt, sondern auch Vorgesetzter des ärztlichen und nichtärztlichen Personals und insoweit typischerweise weisungsfrei ist.[18] Nicht zum Kreis der Chefärzte rechnen Oberärzte, Assistenzärzte und Ärzte im Praktikum – für sie kommt das ArbZG mit den Besonderheiten für Krankenhäuser und Pflegeeinrichtungen zur Anwendung. Das BAG hat allerdings die Eigenschaft eines Chefarztes als leitender Angestellter verneint, wenn dessen personelle Kompetenz nur von untergeordneter Bedeutung für den Krankenhausbetrieb ist. Dies liegt nach Ansicht des BAG dann vor, wenn ihm lediglich für das ärztliche Personal (7 Ärzte gegenüber 600 Beschäftigten des Krankenhauses insgesamt) Personalverantwortung zukommt und die von ihm geleitete Geriatrieabteilung keine besondere Bedeutung für das Krankenhaus hat, da sie nur ca. 10 % der Erlöse erwirtschaftet. In einem solchen Fall ist der Chefarzt nicht als leitender Angestellter iSv § 5 Abs. 3 S. 2 Nr. 1 BetrVG zu qualifizieren.[19] In dieselbe Richtung geht die Entscheidung des BAG vom 5.5.2010.[20] Auch hier hat das BAG betont, dass es für die Qualifizierung als Chefarzt nicht auf die Bezeichnung im Arbeitsvertrag ankommt, da den Vertragsparteien keine Dispositionsbefugnis über zwingendes Recht wie § 5 Abs. 3 S. 2 Nr. 1 und 3 BetrVG zusteht. Vielmehr ist die Eigenschaft als Chefarzt erst dann zu bejahen, wenn ihm auch ein maßgeblicher Einfluss auf die Unternehmensführung zukommt. Im Ergebnis zeigen diese Entscheidungen, dass zwar die Bestimmung eines Chefarztes dem Kriterienkatalog des § 5 Abs. 3 BetrVG unterliegen kann, dass die **Kategorien des Chefarztes und des leitenden Angestellten** aber **nicht identisch** sind, wie sich auch aus dem Normtext des § 18 ArbZG ergibt.

13 **3. Leiter öffentlicher Dienststellen.** § 18 Abs. 1 Nr. 2 ArbZG nimmt Arbeitnehmer, die im öffentlichen Dienst eine Dienststelle leiten, deren Vertreter sowie Arbeitnehmer, die zur selbstständigen Entscheidung in Personalangelegenheiten befugt sind, vom Anwendungsbereich des ArbZG aus. Die Vorschrift bezieht sich nur auf solche Dienststellenleiter, die in einem privatrechtlich ausgestalteten Arbeitsverhältnis verfügen.

14 Das ArbZG knüpft mit dem Begriff des **Dienststellenleiters** an § 6 Abs. 1, § 7 S. 1 und § 14 Abs. 3 BPersVG sowie entsprechende Regelungen in den Personalvertretungsgesetzen der Länder an. Eine **Dienststelle** liegt nach § 6 Abs. 1 BPersVG vor, wenn es sich um eine einzelne Behörde, eine Verwaltungsstelle, ein Gericht oder einen Verwaltungsbetrieb handelt. Für die Dienststelleneigenschaft kommt es maßgeblich auf die **organisatorische Selbstständigkeit**, nicht aber auf die wahrzunehmenden Aufgaben an.[21] Von einer organisatorischen Selbstständigkeit kann aber nur dann ausgegangen werden, wenn der Leiter der Dienststelle in den Grenzen der für den öffentlichen Dienst charakteristischen Weisungsgebundenheit die meisten personellen, sozialen, organisatorischen und sonstigen innerdienstlichen Angelegenheiten **selbst entscheiden und Hand-

---

16 VG München 19.3.2012 – M 16 K 4058/11; zustimmend Kohte, jurisPR-ArbR 15/2013 Anm. 6. **17** LAG Frankfurt 7.9.2000 – 12 TaBV 64/98, NZA-RR 2001, 426 = AiB 2002, 430 mAnm Mansholt. **18** Münch/ArbR/Richardi § 339 Rn. 12; Neumann/Biebl ArbZG § 18 Rn. 5; HK-ArbZR/Käckenmeister ArbZG § 18 Rn. 5. **19** BAG 10.10.2007 – 7 ABR 561/06, DB 2008, 590; 5.5.2010 – 7 ABR 97/08, NZA 2010, 955. **20** BAG 5.5.2010 – 7 ABR 97/08, NZA 2010, 955, Rn. 15, 17; vgl. dazu Burgmer, jurisPR-ArbR 41/2010 Anm. 2 und Wahlers MedR 2011, 331 ff. **21** BVerwG 13.8.1986 – 6 P 7/85, NVwZ 1987, 807.

lungsspielräume nutzen kann.²² Der Dienststellenleiter selbst wird in § 7 S. 1 BPersVG angesprochen. Danach handelt er für die Dienststelle. Er repräsentiert den öffentlichen Arbeitgeber bzw. Dienstherrn innerhalb der Dienststelle und ist für die gesamte Leitung des Dienststellenbetriebs verantwortlich. Nach § 14 Abs. 3 BPersVG, der auf § 7 BPersVG Bezug nimmt, gehören Dienststellenleiter zu den Personen, die nicht zum Personalrat wählbar sind. Insgesamt ergibt sich aus der jeweiligen Behördenorganisation, insbesondere dem Geschäftsverteilungsplan, wer konkret Dienststellenleiter ist. Dies gilt auch für den **ständigen Vertreter** des Dienststellenleiters.

Schließlich bestimmt § 18 Abs. 1 Nr. 2 ArbZG, dass auch Arbeitnehmer im öffentlichen Dienst mit **selbstständiger Entscheidungsbefugnis in Personalangelegenheiten** nicht unter das ArbZG fallen. Damit bezieht sich das Gesetz auf den in § 75 Abs. 1 BPersVG enthaltenen Katalog von Personalangelegenheiten, für die ein uneingeschränktes Mitbestimmungsrecht des Personalrats besteht. Dabei handelt es sich ua um Einstellungs-, Versetzungs- und Abordnungsbefugnisse. Diese liegen in der Regel nur beim Leiter der Personalstelle vor. Eine weite Auslegung dieser Alternative widerspräche nicht nur der neueren personalvertretungsrechtlichen Judikatur,²³ sondern auch dem Gebot der unionsrechtskonformen Auslegung. 15

4. Arbeitnehmer in häuslicher Gemeinschaft. Nach § 18 Abs. 1 Nr. 3 ArbZG fallen auch die Arbeitnehmer aus dem Schutzbereich des ArbZG heraus, die in häuslicher Gemeinschaft mit den ihnen anvertrauten Personen leben und diese **eigenverantwortlich erziehen, pflegen und betreuen**. Mit der Vorschrift soll dem Umstand Rechnung getragen werden, dass bei dieser Form des Zusammenlebens und Arbeitens eine Trennung von Arbeitszeit und Freizeit nicht vorgenommen werden kann.²⁴ Der Gesetzgeber hat dabei vor allem die familiennahen Lebens- und Erziehungsformen in SOS-Kinderdörfern im Blick gehabt, in denen das Zusammenleben durch das **gemeinsame Wohnen, Wirtschaften und Erziehen**²⁵ geprägt ist,²⁶ jedoch könnten davon auch andere Wohnformen häuslicher Gemeinschaft, zB mit Behinderten oder Drogenabhängigen, erfasst werden. Nicht unter diese Ausnahme fallen diejenigen Kräfte, die nicht gemeinsam wohnen und wirtschaften;²⁷ ebenso **nicht erfasst werden typische Hausangestellte**, bei denen das Merkmal der „Eigenverantwortlichkeit" fehlt, so dass für sie das ArbZG gilt. Nur eine solche Auslegung ist mit Art. 10 des ILO-Übereinkommens 189 über menschenwürdige Arbeit von Hausangestellten vereinbar.²⁸ In der Begründung zum Ratifikationsgesetz²⁹ ist die in § 18 Abs. 1 Nr. 3 ArbZG erfasste Gruppe als eine spezifische Gruppe qualifiziert worden, die nach **Art. 2 Abs. 2 b vom Übereinkommen ausgenommen** ist, weil Freizeit und Arbeitszeit nicht hinreichend abgegrenzt werden können.³⁰ 16

Das Arbeitsgericht Halberstadt³¹ hat in Bezug auf eine familienanaloge Wohngemeinschaft, in der eine Erzieherin nach dem Betreuungskonzept verpflichtet war, mit den von ihr zu betreuenden Kindern zusammen zu wohnen, klargestellt, dass die Arbeitnehmerin aber nicht 24 Stunden am Tag und demnach „rund um die Uhr" arbeitet, sondern dass es sich in den Zeiten der Abwesenheit der Kinder, zB aufgrund des Schulbesuchs, um einen **Bereitschaftsdienst** handelt. In dieselbe Richtung geht das VG Berlin,³² denn es hat die Leerlaufzeiten der Erzieher bei einer „Rund-um-die-Uhr"-Betreuung ebenfalls als Arbeitsbereitschaft bzw. Bereitschaftsdienst qualifiziert und dabei auch auf die europarechtlichen Grundlagen aus Art. 17 Abs. 1 der Arbeitszeitrichtlinie 2003/88/EG sowie die Rechtsprechung des EuGH zurückgegriffen. Dies wird auch durch die aktuelle Entscheidung des EuGH zu finnischen SOS-Kinderdörfern bestä- 17

---

22 OVG Saarland 17.4.2008 – 5 B 190/08, Rn. 14. **23** BVerwG 22.6.2006 – 6 P 8/04, PersR 2005, 414; Richardi/Dörner/Weber/Dörner BPersVG § 14 Rn. 23. **24** Schliemann ArbZG § 18 Rn. 24. **25** BT-Drs. 12/6990, 44. **26** Vgl. aber EuGH 26.7.2017 – C-175/16, Rn. 4; ein Ergebnis dürfte hier zukünftig zu differenzieren sein, ob es sich um ein „echtes" Zusammenleben handelt oder aber um familienähnliche Lebensumstände iSd EuGH-Rechtsprechung. **27** So zutreffend zur „24-Stunden-Pflege" Brors/Böning NZA 2015, 846 (847). **28** Scheiwe/Schwach ZIAS 2012, 313 (334) und NZA 2013, 1116 (1118); Kocher NZA 2013, 929 (933). **29** BGBl. II 2013, 922. **30** BT-Drs. 17/12951, 18. **31** ArbG Halberstadt 19.9.2007 – 2 Ca 1023/06. **32** VG Berlin 24.3.2015 – 14 K 184/14, Rn. 25 ff.; vgl. dazu Scheiwe NZA-RR 2015, 522.

tigt.³³ Hinzuweisen ist noch exemplarisch auf § 9 g der Arbeitsvertragsrichtlinien des Diakonischen Werkes der evangelischen Kirche (AVR-Diakonie), der als Sonderregelung iSv § 18 Abs. 1 Nr. 3 ArbZG für die Beschäftigten in häuslicher Gemeinschaften bestimmt, dass über die Arbeitszeit Dienstvereinbarungen abzuschließen sind. Mit dieser Vorschrift soll sowohl den Anforderungen an die Betreuung vor Ort als auch der Festlegung von Arbeitszeiten und Ausgleichszeiträumen Rechnung getragen werden. Festzuhalten ist demzufolge, dass die Herausnahme aus dem Anwendungsbereich des ArbZG nicht bedeutet, dass die Beschäftigten keinen Schutz vor übermäßiger zeitlicher Inanspruchnahme genießen.³⁴ Neben den Schutzmechanismen aus der arbeitgeberseitigen Fürsorgepflicht und der Unverletzlichkeit der Menschenwürde gemäß Art. 1 Abs. 1 GG (→ Rn. 2) haben sich Arbeitgeber im Bereich der evangelischen Kirche zum Abschluss von **Dienstvereinbarungen** verpflichtet.

18 **5. Arbeitnehmer im liturgischen Bereich.** Schließlich werden von § 18 Abs. 1 Nr. 4 ArbZG auch die Mitarbeiter des liturgischen Bereichs der Kirchen und Religionsgemeinschaften aus dem Schutzbereich des ArbZG ausgeklammert. Diese Ausnahme für die Tätigkeit im liturgischen Bereich war geboten, weil Art. 4 Abs. 2 GG die ungestörte Religionsausübung auch im Hinblick auf die zeitliche Ausgestaltung gewährleistet. Demgegenüber sind die sonstigen Beschäftigten der Kirchen und Religionsgemeinschaften grundsätzlich vom öffentlich-rechtlichen Schutz des ArbZG erfasst. Unter Berufung auf das in Art. 140 GG iVm Art. 137 Abs. 3 WRV verankerte verfassungsrechtliche **Selbstbestimmungsrecht der Kirchen** ist diesen das Recht zuerkannt worden, bei der Ausgestaltung ihrer Arbeits- und Dienstverhältnisse abweichende Regelungen in kircheneigenen Arbeitsrechtsregelungsverfahren in vergleichbarem Umfang zu treffen, in dem das ArbZG Abweichungen durch Tarifverträge ermöglicht. Mit der **Kirchenklausel** in § 7 Abs. 4 ArbZG wird sichergestellt, dass abweichende Regelungen iSv § 7 Abs. 1–3 ArbZG und § 12 ArbZG auch im Bereich der Kirchen und öffentlich-rechtlichen Religionsgemeinschaften getroffen werden können.

19 § 18 Abs. 1 Nr. 4 ArbZG beschränkt sich auf die **Beschäftigung im liturgischen Bereich**, zu der der gesetzgeberischen Intention folgend insbesondere die Abhaltung der Gottesdienste, die Verkündung des Wortes Gottes, gemeinsame Gebete, die Austeilung der Sakramente, die Seelsorge etc gehört.³⁵ Angesprochen sind damit ua der pastorale Dienst (Pastoren, Priester, Laienprediger), Messner, Kirchenmusiker sowie teilweise auch die (mit seelsorgerischen Aufgaben betrauten) Personen in der Jugend- und Altenarbeit und in der Erwachsenenbildung.

20 Die Ausnahme des liturgischen Bereichs aus dem ArbZG hat jedoch sowohl in der katholischen als auch in der evangelischen Kirche dazu geführt, dass für diese Mitarbeiter **eigenständige Arbeitszeitregelungen** geschaffen worden sind, um hier zumindest einen gewissen Schutz vor Überforderung zu gewährleisten.³⁶

IV. Jugendarbeitsschutz und Seearbeitsgesetz (Abs. 2 und 3)

21 Aus § 18 Abs. 2 ArbZG geht hervor, dass für die Beschäftigung von Kindern und Jugendlichen unter 18 Jahren das **JArbSchG** und nicht etwa das ArbZG gilt, soweit die Sondervorschriften des JArbSchG reichen (→ Jugendarbeitsschutz Rn. 43). Mit dieser Verweisung auf das speziellere JArbSchG greifen die **Arbeitszeitregelungen aus §§ 8 bis 18 JArbSchG** ein. Danach ist die gesetzliche Höchstarbeitszeit auf 8 Stunden täglich und 40 Stunden pro Woche begrenzt, § 8 Abs. 1 JArbSchG. Darüber hinaus darf der Jugendliche nach § 15 JArbSchG nur an fünf Tagen in der Woche beschäftigt werden. § 14 Abs. 1 JArbSchG verbietet schließlich die Beschäftigung eines Jugendlichen nach 20 Uhr bis 6 Uhr morgens.

22 Das JArbSchG bezieht sich dabei auf jedes Beschäftigungsverhältnis, wobei **Berufsausbildungsverhältnisse** die größte Rolle spielen. Auf die vertragliche oder tatsächliche

---

³³ EuGH 26.7.2017 – C-175/16, Rn. 4. ³⁴ So auch BT-Drs. 17/12951, 18; Schliemann ArbZG § 18 Rn. 4. ³⁵ Richardi, Arbeitsrecht in der Kirche, § 8 Rn. 27; Baeck/Deutsch ArbZG § 18 Rn. 25. ³⁶ Zur Arbeitszeitregelung im liturgischen Bereich der katholischen Kirche Eder ZMV 2004, 187; Hoffmann-Göritz ZMV 2004, 117.

Ausgestaltung im Einzelnen kommt es außerdem nicht an. Mit der Volljährigkeit eines Jugendlichen endet der Schutz des JArbSchG,[37] so dass das ArbZG mit der Vollendung des 18. Lebensjahres wieder zum Tragen kommt.

Nach § 18 Abs. 3 ArbZG sind auch **Arbeitnehmer als Besatzungsmitglieder von Kauffahrteischiffen** aus dem Anwendungsbereich des ArbZG ausgenommen. Für sie greifen seit 2013 die **Arbeitszeitvorschriften der §§ 42–55 SeeArbG** ein. Während vom Arbeitszeitschutz der Seeleute nach § 3 SeemG zwar Schiffsoffiziere, sonstige Angestellte und Schiffsleute gemäß §§ 4–6 SeemG erfasst waren, nicht jedoch Kapitäne und die Ersten Offiziere des Decks- und Maschinendienstes und andere Arbeitnehmer, zB das Verkaufspersonal auf Passagierschiffen und Fähren, demgegenüber unter das ArbZG fielen, ist durch das SeeArbG eine neue und eigenständige Regelung getroffen worden, die das ILO-Seearbeitsübereinkommen vom 2006, das inzwischen durch Gesetz vom 25.6.2013 ratifiziert worden ist,[38] umsetzt. § 3 Abs. 1 SeeArbG enthält einen umfassenden Begriff der Besatzungsmitglieder, von denen es nur wenige Ausnahmen gibt. In §§ 43, 44 SeeArbG werden gruppenbezogene Vorschriften für die Seearbeitszeit und die Hafenarbeitszeit normiert; eine limitierte Bereichsausnahme gibt es nach § 42 Abs. 4 SeeArbG ausschließlich für den Kapitän.[39] In den parlamentarischen Beratungen wurde die Bereichsausnahme vom SeeArbG für das **Off-Shore-Personal** erweitert,[40] so dass für diese Arbeitnehmer das ArbZG gilt, das nach § 1 ArbZG jetzt auch auf die ausschließliche Wirtschaftszone erstreckt wird[41] (→ ArbZG § 1 Rn. 59) und auf der Grundlage von § 15 Abs. 2 a ArbZG durch eine Verordnung[42] modifiziert worden ist (→ ArbZG § 15 Rn. 19). 23

V. Sonstiger gesetzlicher Arbeitszeitschutz

Arbeitszeitvorschriften enthält auch das **Mutterschutzgesetz**, das für schwangere und stillende Arbeitnehmerinnen neben dem ArbZG zur Anwendung kommt und insbesondere in § 8 MuSchG in der noch bis zum 31.12.2017 geltenden Fassung ein **Verbot der Mehr-, Nacht- und Sonntagsarbeit** aufstellt.[43] Mit dem Inkrafttreten des neuen MuSchG[44] werden die arbeitszeitrechtlichen Besonderheiten des Mutterschutzrechts ab dem 1.1.2018 in den §§ 3–8 MuSchG nF wiederzufinden sein.[45] Das MuSchG setzt in der alten wie neuen Fassung insoweit engere Grenzen als das ArbZG und ist deshalb als lex specialis mit Vorrang ausgestattet (→ Betrieblicher Mutterschutz Rn. 34 f.). 24

§ 19 ArbZG Beschäftigung im öffentlichen Dienst

Bei der Wahrnehmung hoheitlicher Aufgaben im öffentlichen Dienst können, soweit keine tarifvertragliche Regelung besteht, durch die zuständige Dienstbehörde die für Beamte geltenden Bestimmungen über die Arbeitszeit auf die Arbeitnehmer übertragen werden; insoweit finden die §§ 3 bis 13 keine Anwendung.

Literatur: *Behrend/Gaumann/Liebermann*, Zulässigkeit arbeitsvertraglicher Verweisungen auf das Beamtenrecht, ZTR 2007, 522; *Schnellenbach/Bardonitz*, Beamtenrecht in der Praxis, 9. Aufl. 2017.

Leitentscheidungen: EuGH 25.11.2010 – C 429/09, NZA 2011, 53 (Fuß II); BVerwG 29.9.2011 – 2 C 32/10, PersR 2012, 181; BVerwG 26.7.2012 – 2 C 29/11, ZBR 2013, 42; VG Potsdam 15.1.1999 – 3 L 1290/97, NZA-RR 2000, 33.

I. Normzweck, Rechtssystematik..	1	III. Voraussetzungen der Übertragung...............................	6
II. Entstehungsgeschichte, Unionsrecht............................	4	1. Übertragungsakt............	6

---

[37] Lakies/Schoden JArbSchG § 1 Rn. 4. [38] BGBl. 2013 II 763. BT-Drs. 12/15888, 32. [39] BT-Drs. 17/10959, 79 ff. [40] BT-Drs. 17/12420, 19. [41] BT-Drs. 17/10959, 120. [42] Dazu jetzt BR-Drs. 326/13. [43] Ausführlich zur alten Rechtslage HK-ArbZR/Graue MuSchG § 8 Rn. 10 ff. [44] Gesetz zur Neuregelung des Mutterschutzrechts v. 23.5.2017, BGBl. I 1228. [45] Zur neuen Rechtslage HK-ArbZR/Graue MuSchG §§ 3–8.

2. Zuständige Dienstbehörde .. 9
3. Hoheitliche Aufgaben 10
4. Fehlen einer Tarifregelung .. 12
5. Mitbestimmung durch den Personalrat 13
IV. Rechtsfolgen 14

I. Normzweck, Rechtssystematik

1 § 19 ArbZG ermöglicht die Übertragung der für Beamte geltenden Arbeitszeitbestimmungen auf Arbeitnehmer im öffentlichen Dienst. Hat eine Übertragung der Arbeitszeitregelungen stattgefunden, so finden die §§ 3 bis 13 ArbZG keine Anwendung mehr. Hintergrund dieser Regelung ist, dass durch die enge Zusammenarbeit von Beamten und Angestellten innerhalb einer Behörde auch ein Interesse an einer **einheitlichen Arbeitszeit beider Beschäftigtengruppen** bestehen kann.[1] Allerdings ist zu beachten, dass § 19 ArbZG die Übertragungsmöglichkeit auf die **Wahrnehmung hoheitlicher Aufgaben** beschränkt. Deshalb muss auch der Charakter der jeweiligen Tätigkeit Berücksichtigung finden, da anderenfalls die Grenzen zwischen dem öffentlich-rechtlichen Dienst- und Treueverhältnis eines Beamten gemäß Art. 33 Abs. 4 GG und privatrechtlich ausgestalteten Arbeitsverhältnissen verwischen.[2] Damit sind Übertragungsmöglichkeiten dort ausgeschlossen, wo sich die Verwaltung privatwirtschaftlich betätigt,[3] insbesondere auf dem Gebiet der kommunalen Eigenbetriebe, Bauhöfe, Streudienste oder auch der Krankenhäuser.[4]

2 Übertragbar sind die Arbeitszeitregelungen für Beamte, die im Bundesdienst ihren Niederschlag in der **Verordnung über die Arbeitszeit der Beamtinnen und Beamten des Bundes (AZV) vom 23.2.2006**[5] gefunden haben. Für Landes- und Kommunalbeamte haben die Länder entsprechende Arbeitszeitverordnungen geschaffen.[6] In welchem Umfang die Regelungen aus der jeweiligen AZV übertragen werden und ob die Übertragung lediglich für einen bestimmten Zeitraum gelten soll, liegt im Ermessen der zuständigen Dienstbehörde.[7] Dabei kann die Dienstbehörde auch festlegen, dass die Übertragung nur für eine kleine Arbeitnehmergruppe Geltung beansprucht. In diesem Fall ist jedoch der aus Art. 3 Abs. 1 GG folgende Grundsatz der Gleichbehandlung zu beachten, demnach eine Ungleichbehandlung der verschiedenen Beschäftigten in der Behörde eines sachlichen Grundes bedarf.

3 Kommt es zu einer Übertragung der beamtenrechtlichen Arbeitszeitvorschriften auf Arbeitnehmer innerhalb einer Behörde, so ist die **Anwendung der §§ 3–13 ArbZG** ausgeschlossen. Die sich zB im Bundesdienst aus § 87 BBG ergebende durchschnittliche (Höchst-)Arbeitszeit von 44 Stunden wöchentlich sowie die Mehrarbeitsverpflichtung aus § 88 BBG beanspruchen dementsprechend auch für Arbeitnehmer Geltung.[8] Dies gilt ebenso für die Bestimmungen über Ausgleichszeiträume in § 3 AZV und über den Bereitschaftsdienst in § 13 AZV.

II. Entstehungsgeschichte, Unionsrecht

4 Die Norm des § 19 ArbZG enthält deutliche Modifikationen gegenüber der **früheren Rechtslage in § 13 Abs. 2 AZO**. Danach wurden kraft Gesetzes die für Beamte geltenden Arbeitszeitvorschriften auf Angestellte erstreckt, die von Körperschaften des öffentlichen Rechts gemeinsam mit Beamten beschäftigt wurden.[9] Diese weitreichende Regelung ist 1994 mehrfach eingeschränkt worden,[10] indem eine Beschränkung auf hoheitliche Aufgaben erfolgte,[11] ein besonderer Übertragungsakt verlangt und in Übereinstimmung mit der Rechtsprechung des BAG zu § 13 AZO[12] ein expliziter Tarifvorbehalt normiert wurde. Nach 1994 sind weitere Änderungen der Norm bisher nicht vorgenommen worden.

---

1 ErfK/Wank ArbZG § 19 Rn. 1. **2** Buschmann/Ulber ArbZG § 19 Rn. 1. **3** BT-Drs. 12/6990, 20, 44. **4** Anzinger/Koberski ArbZG § 19 Rn. 3; Hergenröder RdA 2001, 346 (348). **5** BGBl. I 427, zuletzt geändert durch Art. 10 Gesetz v. 8.6.2017, BGBl. I 1570. **6** Anzinger/Koberski ArbZG § 19 Rn. 1. **7** Schliemann ArbZG § 19 Rn. 5. **8** Anzinger/Koberski ArbZG § 19 Rn. 11. **9** Anzinger/Koberski ArbZG § 19 Rn. 3. **10** BT-Drs. 12/5888, 33. **11** BT-Drs. 12/6990, 44. **12** BAG 3.10.1969 – 3 AZR 400/68, SAE 1971, 27 mAnm Meisel; BAG 19.5.1992 – 1 AZR 418/91, NZA 1992, 978 (981).

Die Arbeitszeitrichtlinien 93/104/EWG und 2003/88/EG sind grundsätzlich auch für 5
Beamtenverhältnisse verbindlich, denn Art. 1 Abs. 3 dieser Richtlinien verweist auch
auf den persönlichen Anwendungsbereich nach Art. 2 der RL 89/391/EWG. In der
Rechtsprechung des EuGH ist daher die **grundsätzliche Geltung dieser Richtlinien für
Beamte** mehrfach ausdrücklich anerkannt worden.[13] Das Bundesverwaltungsgericht
hat sich dieser Rechtsprechung inzwischen angeschlossen,[14] so dass auch die AZV die
Vorgaben der Richtlinie beachten muss. In Anlehnung an die Ausnahmevorschrift in
Art. 2 Abs. 2 der RL 89/391/EWG und die korrespondierenden Sondervorschriften, die
durch § 20 Abs. 2 ArbSchG ermöglicht werden (→ ArbSchG § 20 Rn. 15 ff.), enthält
§ 15 AZV Bund eine vergleichbare Sondervorschrift für spezifische Tätigkeiten, die
dem Schutz der Bevölkerung dienen.

III. Voraussetzungen der Übertragung

1. Übertragungsakt. Die Übertragung selbst findet durch einen ausdrücklichen Über- 6
tragungsakt statt. In § 19 ArbZG wird weder die Art noch die Form des Übertragungsaktes konkretisiert. Deshalb kann die Übertragung in unterschiedlichen Rechtsformen
erfolgen, so dass von einer Rechtsverordnung bis hin zur Verwaltungsanordnung alles
möglich ist,[15] sofern es sich um eine allgemeine Regelung handelt. Die Übertragung
kann schließlich auch durch einen Tarifvertrag[16] oder Dienstvereinbarung[17] erfolgen.
Nicht zulässig es ist allerdings, die Übertragung durch einen Verwaltungsakt vorzunehmen,[18] denn dieser ist auf den Einzelfall bezogen und erzielt Außenwirkung. Erfolgt
die Übertragung durch einseitige Erklärung, dann wird damit zwar die Geltung der
§§ 3–13 ArbZG beseitigt; eine Arbeitspflicht der Angestellten kann sich jedoch nur aus
einem Tarifvertrag oder einer arbeitsvertraglichen Vereinbarung ergeben.[19] In der Gerichtspraxis wird insoweit auch die Verweisung auf das Arbeitszeitrecht der Beamten
in Formulararbeitsverträgen akzeptiert.[20]

Aus Gründen der Rechtssicherheit und Rechtsklarheit bedarf es außerdem der genauen 7
Bezeichnung der jeweiligen beamtenrechtlichen Arbeitszeitvorschriften, die übertragen
werden, sowie der Bekanntgabe an alle Beschäftigten der Dienststelle,[21] zB durch einen
Aushang am Schwarzen Brett oder aber eine Veröffentlichung im Intranet bzw. in den
Hausmitteilungen, die auch per E-Mail an alle Mitarbeiter versendet werden können.

Ändert der Gesetzgeber die beamtenrechtlichen Arbeitszeitvorschriften, so bedarf es 8
keines neuen Übertragungsaktes, denn mit dem alten Übertragungsakt gelten die nunmehr neuen Vorschriften weiter, es sei denn, der Übertragungsakt selbst legt hier etwas
anderes fest.[22] Nur wenn eine grundlegende Neuregelung der Arbeitszeit von Beamten
erfolgt, muss auch der Übertragungsakt erneuert werden.[23] Dies gebietet die mittelbare
Folge aus der Wesentlichkeitstheorie.

2. Zuständige Dienstbehörde. Nur die zuständige Dienstbehörde kann die für Beamte 9
geltenden Arbeitszeitvorschriften auf die Arbeitnehmer übertragen. Dabei ergibt sich
die Zuständigkeit der Behörde aus dem konkreten Verwaltungsaufbau sowie den zugewiesenen Aufgaben.[24] Im Allgemeinen ist die Behörde zuständig, die auch über die ar-

---

13 EuGH 14.7.2005 – C 52/04, NZA 2005, 921 (Hamburger Feuerwehr) = AuR 2005, 415 mAnm Lörcher und EuGH 3.5.2012 – C 337/10, NVwZ 2012, 688 (Neidel); Kohte/Grüneberg AiB 2011, 625 (626). **14** BVerwG 29.9.2011 – 2 C 32/10, PersR 2012, 181 und BVerwG 26.7.2012 – 2 C 29/11, ZBR 2013, 42. **15** Neumann/Biebl ArbZG § 19 Rn. 2; Buschmann/Ulber ArbZG § 19 Rn. 2. **16** BAG 14.4.1966 – 2 AZR 216/64, DB 1966, 1239; VG Potsdam 15.1.1999 – 3 L 1290/97, NZA-RR 2000, 33. **17** Anzinger/Koberski ArbZG § 19 Rn. 26. **18** HWK/Gäntgen ArbZG § 19 Rn. 2; Anzinger/Koberski ArbZG § 19 Rn. 24. **19** HK-ArbZR/Käckenmeister ArbZG § 19 Rn. 3; Baeck/Deutsch ArbZG § 19 Rn. 26; zu § 13 AZO schon BAG 19.5.1992 – 1 AZR 418/91, NZA 1992, 978 (981). **20** BAG 14.3.2007 – 5 AZR 630/06, NZA 2008, 45; LAG Niedersachsen 21.5.2007 – 9 Sa 1371/06, NZA-RR 2008, 178; Behrend/Gaumann/Liebermann ZTR 2007, 522; HK-ArbZR/Käckenmeister ArbZG § 19 Rn. 3. **21** Anzinger/Koberski ArbZG § 19 Rn. 32. **22** Anzinger/Koberski ArbZG § 19 Rn. 32; zur dynamischen Verweisung in Formulararbeitsverträgen BAG 14.3.2007 – 5 AZR 630/06, NZA 2008, 45. **23** Anzinger/Koberski ArbZG § 19 Rn. 32. **24** Schliemann ArbZG § 19 Rn. 6.

beitsvertraglichen Belange der von der Übertragung der beamtenrechtlichen Arbeitszeitregelungen betroffenen Arbeitnehmer entscheidet.[25]

10 **3. Hoheitliche Aufgaben.** Die Übertragung ist nur dann möglich, wenn es sich um hoheitliche Aufgaben handelt. Mit dieser Voraussetzung knüpft § 19 ArbZG an den **Funktionsvorbehalt aus Art. 33 Abs. 4 GG** an, nach dem „die Ausübung hoheitsrechtlicher Befugnisse als ständige Aufgabe in der Regel Angehörigen des öffentlichen Dienstes zu übertragen ist, die in einem öffentlich-rechtlichen Dienst- und Treueverhältnis stehen". Hoheitliche Aufgaben sind dabei zunächst staatliche Aufgaben im Bereich der Eingriffsverwaltung, die sich auf die Selbstorganisation und den Selbstschutz des Staates, seine Außenvertretung, die Gefahrenabwehr, die Zwangsvollstreckung, den Strafvollzug, das Währungs-, Maß- und Gewichtswesen sowie die Abgabenerhebung beziehen.[26] Hinzu kommen aber auch die grundrechtsrelevanten Bereiche der Leistungsverwaltung, in denen der Staat hoheitliche Entscheidungen zu treffen hat.[27] In diesen Tätigkeitsfeldern ist die Aufgabenwahrnehmung in der Regel Beamten und Beamtinnen vorbehalten – dort wo es um privatrechtliche bzw. fiskalische Interessen des Staates geht, die sich nicht von denen der Privatwirtschaft unterscheiden, können auch Angestellte eingesetzt werden.[28] Die Unterstellung von Angestellten unter die Arbeitszeitregelungen für Beamte ist damit auf den Teilbereich der Verwaltung beschränkt, in dem **tatsächlich hoheitliche Aufgaben verrichtet** werden, um den verfassungsrechtlichen Vorgaben aus Art. 33 Abs. 4 GG Rechnung zu tragen, ohne dass es aber darauf ankommt, dass der von der Übertragung individuell betroffene Arbeitnehmer selbst hoheitliche Aufgaben verrichtet.[29] Eine Ausdehnung auf die gesamte Behörde ohne Berücksichtigung des Charakters der Aufgaben ist demnach ausgeschlossen.[30] Werden in einer Dienststelle komplett **privatrechtliche Aufgaben** wahrgenommen, so scheidet eine Übertragung ebenfalls aus,[31] wie es zB in kommunalen Verkehrs- und Versorgungsbetrieben als Eigenbetriebe der öffentlichen Hand der Fall ist.[32]

11 Die Beschränkung der Übertragungsmöglichkeit nach § 19 ArbZG auf hoheitliche Aufgaben dient der **Verhinderung von Wettbewerbsverzerrungen**, damit öffentliche Arbeitgeber bei privatrechtlichem Handeln nicht besser gestellt sind als private Arbeitgeber.[33]

12 **4. Fehlen einer Tarifregelung.** Die Übertragung ist schließlich nur dann möglich, wenn es an einer tarifvertraglichen Regelung fehlt. Dieser **Tarifvorbehalt** sichert den Vorrang von Tarifverträgen gemäß Art. 9 Abs. 3 GG iVm TVG ab.[34] Die Arbeitnehmer des öffentlichen Dienstes des Bundes, der Länder, der Gemeinden, Anstalten, Stiftungen und Körperschaften des öffentlichen Rechts, die unter die Arbeitszeitregelungen der §§ 6 bis 11 TVöD bzw. TV-L fallen, sind aufgrund des Tarifvorbehalts in § 19 ArbZG von einer Übertragung ausgenommen. Keine Rolle spielt es für den Ausschluss der Übertragungsmöglichkeit im Geltungsbereich eines Tarifvertrages, welcher Art die Tarifbindung ist, so dass sie sowohl aufgrund von zwingender Tarifgebundenheit gemäß § 3 Abs. 1 und 2 iVm § 4 Abs. 1 TVG als auch aufgrund einer Allgemeinverbindlichkeitserklärung nach § 5 TVG und arbeitsvertraglicher Bezugnahme gegeben sein kann.[35] Liegt ein Tarifvertrag vor, so ist die Übertragung der beamtenrechtlichen Arbeitszeitregelungen nach § 19 ArbZG im Ergebnis ausgeschlossen. Da die meisten Arbeitsverhältnisse im öffentlichen Dienst aber vom TVöD bzw. TV-L erfasst sind, ist die Bedeutung des § 19 ArbZG insgesamt gering.[36]

13 **5. Mitbestimmung durch den Personalrat.** Da es sich bei § 19 ArbZG um eine gesetzliche Vorschrift handelt, scheidet eine Mitbestimmung des Personalrats bei der Frage, ob

---

25 Anzinger/Koberski ArbZG § 19 Rn. 18. **26** Battis in: Sachs, GG, 7. Aufl. 2014, Art. 33 Rn. 55 f.; vgl. BAG 11.8.1998 – 9 AZR 155/97, NVwZ 1999, 917. **27** Pieroth in: Jarass/Pieroth, GG-Kommentar, 14. Aufl. 2016, Art. 33 Rn. 41. **28** Schnellenbach/Bardonitz, Beamtenrecht in der Praxis, 9. Aufl. 2017, § 3 Rn. 5 mit dem Hinweis in Fn. 18, dass der Funktionsvorbehalt die Verwaltung jedoch nicht daran hindert, Beamtinnen und Beamten auch mit solchen Aufgaben zu betrauen, die keine hoheitsrechtlichen Befugnisse darstellen. **29** Anzinger/Koberski ArbZG § 19 Rn. 7. **30** Buschmann/Ulber ArbZG § 19 Rn. 1; aA Anzinger/Koberski ArbZG § 19 Rn. 6. **31** Neumann/Biebl ArbZG § 19 Rn. 1. **32** ErfK/Wank ArbZG § 19 Rn. 3; Schliemann ArbZG § 19 Rn. 3. **33** BT-Drs. 12/6990, 44. **34** Schliemann ArbZG § 19 Rn. 4. **35** ErfK/Wank ArbZG § 19 Rn. 4. **36** Neumann/Biebl ArbZG § 19 Rn. 5; ErfK/Wank ArbZG § 19 Rn. 4.

die beamtenrechtlichen Arbeitszeitregelungen auf die Arbeitnehmer übertragen werden, gemäß § 75 Abs. 3 Nr. 1 BPersVG aus. Für die Mitbestimmung des Personalrats ist nach dieser Vorschrift nur dann Raum, „soweit eine tarifliche oder gesetzliche Regelung nicht besteht". Das bedeutet, dass der gesetzlich festgelegte Übertragungsakt außerhalb des Mitbestimmungsrechts angesiedelt ist.[37] Geht es demgegenüber **nicht um das „Ob" der Übertragung, sondern vielmehr um die konkrete Ausgestaltung der Arbeitszeit** der Beamten und der Arbeitnehmer, hat der Personalrat auf der Basis von § 75 Abs. 3 Nr. 1 BPersVG mitzubestimmen. Entsprechendes gilt auch für die Landespersonalvertretungsgesetze.[38]

IV. Rechtsfolgen

Findet innerhalb einer Behörde gemäß § 19 ArbZG eine Übertragung statt, so ist die Anwendung der §§ 3–13 ArbZG ausgeschlossen. Damit bleiben zwar grundsätzlich die übrigen Vorschriften des ArbZG auf die Arbeitsverhältnisse des öffentlichen Dienstes anwendbar. Das VG Potsdam hat jedoch in seiner Entscheidung vom 15.1.1999[39] herausgearbeitet, dass auch § 16 Abs. 2 iVm § 17 Abs. 2 ArbZG, die mit der Pflicht zur Aufzeichnung der Arbeitszeit an die in § 3 ArbZG geregelte werktägliche Arbeitszeit anknüpfen, keine Anwendung finden. Das Gericht war der Ansicht, dass es im Fall der Übertragung der beamtenrechtlichen Arbeitszeitregelungen ebenfalls auf eine **einheitliche Überwachung** durch die im Beamtenbereich dafür vorgesehenen Stellen ankomme. Deshalb könne die nach dem ArbZG zuständige Aufsichtsbehörde hier auch keine Anordnungen treffen.[40] Diese Entscheidung geht über den bloßen Wortlaut von § 19 ArbZG hinaus, bietet aber in teleologischer Hinsicht eine sachlich gerechtfertigte Interpretation. Vom Sinn und Zweck der Regelung her ist es nicht zu beanstanden, den Kreis der von der Anwendung ausgeschlossenen Vorschriften weit zu ziehen, denn ein Festhalten am Wortlaut würde die bezweckte Vereinheitlichung der Arbeitszeit für Beamte und Arbeitnehmer in Frage stellen.[41] Neben §§ 3–13 ArbZG sind dementsprechend auch § 16 Abs. 2 iVm § 17 Abs. 2 ArbZG unanwendbar. 14

Gleiches gilt für § 17 Abs. 1 ArbZG,[42] der die Überwachung der Einhaltung des ArbZG und der aufgrund dieses Gesetzes erlassenen Rechtsverordnungen durch die zuständigen Aufsichtsbehörden vorschreibt. **Nicht anwendbar ist schließlich § 17 Abs. 3 ArbZG**,[43] der die Aufsicht über die Einhaltung der Arbeitszeitvorschriften nach dem ArbZG im öffentlichen Dienst des Bundes, der bundesunmittelbaren Körperschaften, Anstalten und Stiftungen an das zuständige Bundesministerium bzw. die von ihm bestimmte Stelle delegiert. Die Aufsicht wird aus Gründen der einheitlichen Überwachung auch hier von der für die Beamten zuständigen Stelle wahrgenommen. 15

Im Katalog der **Bußgeld- und Strafvorschriften** der §§ 22, 23 ArbZG ist § 19 ArbZG **nicht genannt**. Das bedeutet, dass im Fall der Übertragung die Verletzung der von § 19 ArbZG ausgenommenen Vorschriften weder straf- noch bußgeldbewehrt ist, denn die Übertragung hat insoweit strafbefreienden Charakter.[44] 16

Öffentliche Arbeitgeber haben schließlich in jedem Fall die **Grenzen des Unionsrechts zu beachten** (→ Rn. 5). Werden die Bestimmungen der RL 2003/88/EG missachtet – was lange Zeit gerade im Bereich der Feuerwehr und in vergleichbaren Berufen nicht selten war –, dann steht den jeweiligen Beschäftigten ein Anspruch auf Freizeitausgleich und in bestimmten Fällen auch auf Geldentschädigung zu. Nachdem die Recht- 17

---

[37] Anzinger/Koberski ArbZG § 19 Rn. 34 f.; Neumann/Biebl ArbZG § 19 Rn. 3; Roggendorff ArbZG § 19 Rn. 4. [38] HK-ArbZR/Käckenmeister ArbZG § 19 Rn. 5; Roggendorff ArbZG § 19 Rn. 7; Baeck/Deutsch ArbZG § 19 Rn. 24; vgl. bereits die Differenzierung zu § 13 AZO in BAG 19.5.1992 – 1 AZR 418/91, NZA 1992, 978 (981); dazu auch Hammer AuR 1993, 275 (277). [39] VG Potsdam 15.1.1999 – 3 L 1290/97, NZA-RR 2000, 33. [40] VG Potsdam 15.1.1999 – 3 L 1290/97, NZA-RR 2000, 33 (34); vgl. auch Anzinger/Koberski ArbZG § 19 Rn. 12. [41] AA Schliemann ArbZG § 19 Rn. 8; Buschmann/Ulber ArbZG § 19 Rn. 7. [42] Anzinger/Koberski ArbZG § 19 Rn. 13. [43] Anzinger/Koberski ArbZG § 19 Rn. 13. [44] Anzinger/Koberski ArbZG § 19 Rn. 36.

§ 20 ArbZG Beschäftigung in der Luftfahrt

Für die Beschäftigung von Arbeitnehmern als Besatzungsmitglieder von Luftfahrzeugen gelten anstelle der Vorschriften dieses Gesetzes über Arbeits- und Ruhezeiten die Vorschriften über Flug-, Flugdienst- und Ruhezeiten der Zweiten Durchführungsverordnung zur Betriebsordnung für Luftfahrtgerät in der jeweils geltenden Fassung.

Literatur: *Fischer*, Neues aus Europa: Arbeitszeitrichtlinie für das Luftfahrtpersonal, NZA 2001, 1064.

Leitentscheidungen: BAG 24.3.1998 – 9 AZR 172/97, NZA 1999, 107 (109); LAG Hessen 21.12.2006 – 5 TaBV 103/06; BAG 21.1.2003 – 9 AZR 600/01, NZA 2003, 930 (932); LAG Köln 9.12.2016 – 9 TaBV 67/16.

I. Normzweck und Systematik.....	1	IV. Dienst- und Ruhezeiten nach der 2. DVLuftBO	5
II. Entstehungsgeschichte, Unionsrecht	3	V. Rechtsfolgen	10
III. Persönlicher Anwendungsbereich...........................	4		

I. Normzweck und Systematik

1 Die Schutzregelungen des ArbZG finden grundsätzlich auch auf Arbeitnehmer Anwendung, die in der **zivilen Luftfahrt** beschäftigt sind. Damit gilt das ArbZG ohne Einschränkungen zB für das Bodenpersonal.[1] § 20 ArbZG statuiert eine Bereichsausnahme hinsichtlich der **Arbeits- und Ruhezeiten** für Arbeitnehmer, die an Bord eines zivilen Luftfahrzeugs als Besatzungsmitglieder tätig sind. Die Vorschrift trägt nach Ansicht des Gesetzgebers den Besonderheiten in der Luftfahrt Rechnung und lässt die aus Gründen der Verkehrssicherheit erlassenen Vorschriften den arbeitsschutzrechtlichen Bestimmungen vorgehen.[2] Für die Besatzungsmitglieder gelten die Vorschriften der Zweiten Durchführungsverordnung zur Betriebsordnung für Luftfahrtgeräte (2. DVLuftBO – „Dienst-, Flugdienst-, Block- und Ruhezeiten von Besatzungsmitgliedern in Luftfahrtunternehmen und außerhalb von Luftfahrtunternehmen bei berufsmäßiger Betätigung") in der jeweils geltenden Fassung.[3] Die **2. DVLuftBO** bezweckt nicht nur den Schutz der Sicherheit des Flugverkehrs, sondern hat darüber hinaus auch eine arbeitsschutzrechtliche Zielrichtung.[4] Die Erfüllung der Schutzbestimmungen kann der Arbeitnehmer auch arbeitsvertraglich verlangen (→ Rn. 14).[5] Soweit die Besatzungsmitglieder für die gewerbsmäßige Beförderung in Flugzeugen eingesetzt werden, gelten nach § 1 Abs. 2 2. DVLuftBO anstelle der §§ 2–24 2. DVLuftBO die Bestimmungen des Anhangs III der Verordnung (EWG) Nr. 3922/91 des Rates vom 16.12.1991 zur Harmonisierung der technischen Vorschriften und der Verwaltungsverfahren in der Zivilluftfahrt, zuletzt geändert durch die Verordnung (EG) Nr. 859/2008 v. 20.8.2008[6] iVm der ersten Durchführungsverordnung zur Betriebsordnung für Luftfahrtgeräte in ihrer jeweils geltenden Fassung. Dabei ist insbesondere der Anhang III Abschnitt Q – Beschränkung der Flug- und Dienstzeiten und Ruhevorschriften von Bedeutung.

---

45 EuGH 25.11.2010 – C 429/09, NZA 2011, 53 (Fuß II); dazu Kohte/Grüneberg AiB 2011, 625 (627). **46** BVerwG 26.7.2012 – 2 C 29/11, ZBR 2013, 42; VG Cottbus 28.2.2013 – 5 K 914/11 (unionsrechtlicher Staatshaftungsanspruch); bestätigt OVG Berlin-Brandenburg 18.6.2015 – OVG 6 B 32/15; Revision wegen grundsätzlicher Bedeutung der Sache zugelassen BVerwG 27.9.2016 – 2 B 84/15. **1** Anzinger/Koberski ArbZG § 20 Rn. 2. **2** Vgl. BT-Drs. 12/5888, 33. **3** Fassung v. 6.4.2009 – BAnz. 2009 Nr. 56, 1327 ff.; zuletzt geändert durch Art. 180 des Gesetzes vom 29.3.2017, BGBl. I 2017, 626, 652. **4** Dazu BAG 24.3.1998 – 9 AZR 172/97, NZA 1999, 107 (109); Schliemann ArbZG § 20 Rn. 1. **5** BAG 24.3.1998 – 9 AZR 172/97, NZA 1999, 107 (109); Neumann/Biebl ArbZG § 20 Rn. 1. **6** ABl. EG L 254, 1.

§ 20 ArbZG begrenzt die Bereichsausnahme auf die **Arbeits- und Ruhezeiten**. Damit ersetzt die 2. DVLuftBO im Anwendungsbereich des § 20 ArbZG zumindest die Regelungen der §§ 3, 5, 6 Abs. 2 ArbZG.[7] Überwiegend wird vertreten, dass auch die Regelungen zur Sonn- und Feiertagsarbeit nach §§ 9–13 ArbZG durch die 2. DVLuftBO ersetzt werden.[8] Dies ist wenig überzeugend. Nach der früheren Rechtslage hatte das Bundesarbeitsgericht zutreffend angenommen, dass das Sonntagsarbeitsverbot der GewO durch das Luftverkehrsgesetz und die 2. DVLuftBO nicht verdrängt wird.[9] Es spricht wenig dafür, dass das verfassungsrechtlich fundierte Sonntagsarbeitsverbot ohne ausdrückliche Regulierung durch die 2. DVLuftBO verdrängt wird, die keine spezifischen Regelungen zur Sonn- und Feiertagsarbeit kennt. Denkbar ist allenfalls eine Verdrängung der §§ 11 Abs. 2 und 4 ArbZG, so dass es im Übrigen bei einer Anwendbarkeit der Regelungen des ArbZG bleibt.[10]

II. Entstehungsgeschichte, Unionsrecht

In der AZO war die gesamte Luftfahrt, einschließlich des Bodenbetriebs, vom öffentlich-rechtlichen Arbeitsschutz ausgenommen. Diese Bereichsausnahme ist 1994 auf die Besatzungsmitglieder mit ihren spezifischen Beschäftigungsbedingungen beschränkt worden.[11] Im damaligen Gemeinschaftsrecht war in Art. 1 Abs. 3 RL 93/104/EWG zunächst eine generelle Bereichsausnahme für den national unterschiedlich regulierten Luftverkehr aufgenommen worden. Durch die RL 2000/34/EG wurde diese Ausnahme gestrichen. Als eine spezifischere Regelung iSd Art. 14 RL 2003/88/EG gilt jetzt die **RL 2000/79/EG vom 27.11.2000** über die Durchführung der von der Vereinigung Europäischer Fluggesellschaften (AEA), der Europäischen Transportarbeiter-Föderation (ETF), der European Cockpit Association (ECA), der European Regions Airline Association (ERA) und der International Air Carrier Association (IACA) geschlossenen Europäischen Vereinbarung[12] über die Arbeitszeitorganisation für das fliegende Personal der Zivilluftfahrt.[13] Deren arbeitszeitrechtliche Vorgaben, die sich auch auf den Arbeitsrhythmus (→ ArbZG § 6 Rn. 5) beziehen, werden durch die 2. DVLuftBO öffentlich-rechtlich abgesichert, mit der die Richtlinie umgesetzt worden ist.[14] Im Unionsrecht sind ergänzend zur RL 2000/79/EG weitere Anforderungen in den Anhängen der Verordnung (EU) 216/2008[15] und zuletzt 83/2014[16] normiert worden (→ Rn. 7).

III. Persönlicher Anwendungsbereich

Als Besatzungsmitglieder von Luftfahrzeugen iSv § 20 ArbZG gelten unter Rückgriff auf § 41 LuftBO der verantwortliche **Luftfahrzeugführer** (Flugkapitän) und die **Flugbesatzung**. Zur Flugbesatzung zählen regelmäßig noch **Flugingenieure, Navigatoren und Flugbegleiter**. Der Begriff des Besatzungsmitglieds ist enger gefasst als der in § 117 Abs. 2 BetrVG verwendete Begriff des „im Flugbetrieb beschäftigten Arbeitnehmers".[17] Damit kommt es darauf an, dass der überwiegende Teil der arbeitsvertraglich geschuldeten Tätigkeit als Tätigkeit der Flugbesatzung wahrgenommen wird.[18] In diesen Fällen kommt ausschließlich die 2. DVLuftBO hinsichtlich der Arbeits- und Ruhezeiten zur Anwendung, auch wenn ein geringer Teil der Arbeitsleistung am Boden erbracht wird.

IV. Dienst- und Ruhezeiten nach der 2. DVLuftBO

In § 2 Abs. 1 2. DVLuftBO wird der Begriff der **Dienstzeit** definiert. Danach ist Dienstzeit jede Zeitspanne, während der ein Besatzungsmitglied auf der Grundlage von

---

[7] So auch Buschmann/Ulber ArbZG § 20 Rn. 3; Anzinger/Koberski ArbZG § 20 Rn. 3; Neumann/Biebl ArbZG § 20 Rn. 1; HK-ArbZR/Käckenmeister ArbZG § 20 Rn. 2. [8] Anzinger/Koberski ArbZG § 20 Rn. 3, 21; Neumann/Biebl ArbZG § 20 Rn. 1; HK-ArbZR/Käckenmeister ArbZG § 20 Rn. 2. [9] BAG 4.5.1993 – 1 ABR 57/92, NZA 1993, 856. [10] Buschmann/Ulber ArbZG § 20 Rn. 2; Roggendorff ArbZG § 20 Rn. 4. [11] BT-Drs. 12/5888, 33. [12] Zur Auslegung dieser Vereinbarung EuGH 15.9.2011 – C 155/10, NZA 2011, 1167 (Williams). [13] ABl. EG L 302, 57. [14] Baeck/Deutsch ArbZG § 20 Rn. 4. [15] ABl. EG L 79, 1. [16] ABl. EU L 28, 17. [17] Vgl. Fischer NZA 2001, 1064 (1065). [18] Fischer NZA 2001, 1064 (1065).

Rechtsvorschriften, tariflichen und betrieblichen Regelungen oder von der Aufsichtsbehörde genehmigten Verfahren arbeitet, dem Arbeitgeber zur Verfügung steht und seine Tätigkeit ausübt oder Aufgaben wahrnimmt. Unter einer **Flugdienstzeit** ist nach § 2 Abs. 3 2. DVLuftBO die gesamte Zeitspanne, während derer eine Person in einem Luftfahrzeug oder Flugübungsgerät als Besatzungsmitglied tätig ist, zu verstehen. Die sog **Blockzeit** ist nach § 2 Abs. 4 2. DVLuftBO die Zeit zwischen dem erstmaligen Abrollen eines Luftfahrzeugs aus seiner Parkposition zum Zweck des Startens bis zum Stillstand an der zugewiesenen Parkposition mit abgestellten Triebwerken. **Eine Ruhezeit** ist nach § 2 Abs. 8 2. DVLuftBO eine zusammenhängende Zeit von mindestens zehn Stunden, während der ein Besatzungsmitglied von Dienstleistungen jeglicher Art befreit ist. Näheres zu den Ruhezeiten ist in §§ 15 ff. 2. DVLuftBO geregelt.

6 Nach zutreffender Ansicht umfasst das Begriffspaar der „Arbeits- und Ruhezeiten" auch die **Ruhepausen des § 4 ArbZG**, so dass auch diese Regelung im Anwendungsbereich des § 20 ArbZG nicht greift.[19] Die 2. DVLuftBO enthält keine ausdrücklichen Regelungen zu Ruhepausen für die Besatzungsmitglieder. Lediglich in § 9 S. 3, 4 DVLuftBO ist für die auf Antrag mögliche Verlängerung der Flugdienstzeit bei verstärkter Besatzung festgelegt, dass für die Flugbegleiter **angemessene Arbeitspausen** während des Fluges vorzusehen sind und für diesen Zweck **Ruhesitze vorgehalten** werden müssen. Nach § 8 Abs. 1 2. DVLuftBO beträgt die uneingeschränkte Flugdienstzeit jedes Besatzungsmitgliedes zwischen zwei Ruhezeiten zehn Stunden. Die Ruhepausenregelung des § 4 ArbZG ist mit den Besonderheiten der Luftfahrt nicht vereinbar.[20]

7 Den Luftfahrtunternehmer trifft nach § 3 Abs. 1 2. DVLuftBO die Grundpflicht, für alle Besatzungsmitglieder **höchstzulässige Dienstzeiten, Flugdienstzeiten und Blockzeiten sowie angemessene Ruhezeiten** festzulegen, die den Vorschriften der 2. DVLuftBO entsprechen. Diese Zeiten bedürfen der **Zustimmung** der nach § 61 LuftVZO zuständigen Luftaufsichtsbehörde. Die Aufstellung der Dienstpläne ist für einen effektiven Gesundheitsschutz von ganz zentraler Bedeutung, weil zB durch die Tätigkeit in verschiedenen Zeitzonen der Biorhythmus der Besatzungsmitglieder besonders beeinträchtigt werden kann.[21] Bei der **Aufstellung der Dienstpläne** hat der Luftfahrtunternehmer deshalb bestimmte arbeitsschutzrechtliche Grundsätze zu beachten, die ebenfalls in § 3 DVLuftBO aufgezählt sind. Der Luftfahrtunternehmer hat die Dienste so zu planen, dass unerwünschte Praktiken, wie abwechselnder Tag- und Nachtdienst oder Arbeitsrhythmen, die zu einer ernsthaften Störung etablierter Schlaf- und Arbeitszyklen führen, vermieden werden. Er hat weiterhin sicherzustellen, dass die Ruhezeiten den Besatzungsmitgliedern ausreichend Zeit geben, sich von den Auswirkungen des vorangegangenen Dienstes zu erholen und zu Beginn der darauf folgenden Dienstzeit gut ausgeruht zu sein. Ebenso hat er sicherzustellen, dass die Flugdienstzeiten so geplant werden, dass die Besatzungsmitglieder ausreichend ermüdungsfrei bleiben können, um ihren Dienst unter allen Umständen mit befriedigendem Schutzniveau ausüben zu können. Die Einhaltung dieser Grundsätze dient dabei nicht nur dem Gesundheitsschutz der Besatzungsmitglieder, sondern soll auch zB die Sicherheit der zu transportierenden Passagiere erhöhen. Durch eine hinreichende Beachtung dieser Grundsätze lassen sich mögliche Fehlerpotenziale der Besatzungsmitglieder wegen Übermüdung oder Überlastung signifikant verringern. Diese Normen liefern zugleich geeignetes Anschauungsmaterial für die Anforderungen an die noch nicht erfolgte Umsetzung der Vorschriften zum Arbeitsrhythmus in Art. 13 RL 2003/88/EG.[22] Sie sind aktualisiert worden durch Anhang II der Verordnung (EU) 83/2014.[23] Dort wird von den Flugunternehmen verlangt, dass sie ein **Ermüdungsrisikomanagement** (Fatigue Risk Management-FRM) einführen, das auf der Basis arbeitswissenschaftlicher Erkenntnisse Verfahren der Risikobewertung

---

19 Dazu LAG Hessen 21.12.2006 – 5 TaBV 103/06; mit prozessrechtlicher Begründung bestätigt durch BAG 20.5.2008 – 1 ABR 19/07, NZA-RR 2009, 102 (103); Anzinger/Koberski ArbZG § 20 Rn. 20; Buschmann/Ulber ArbZG § 20 Rn. 2. **20** Anzinger/Koberski ArbZG § 20 Rn. 20. **21** Anzinger/Koberski ArbZG § 20 Rn. 18. **22** Habich, Sicherheit und Gesundheitsschutz, S. 92 ff.; Maier, Pausengestaltung, S. 66 ff. **23** ABl. EU L 28, 17.

und der Risikominderung enthält, mit denen eine sofortige Umsetzung effektiver Abhilfemaßnahmen realisiert wird.[24]

Nach § 5 Abs. 2 2. DVLuftBO beträgt die **höchstzulässige kalenderjährliche Dienstzeit** **2.000 Stunden**. **Flugdienstzeiten** dürfen nach § 8 Abs. 8 2. DVLuftBO innerhalb **30 aufeinanderfolgender Tage 210 Stunden** und innerhalb **eines Kalenderjahres 1.800 Stunden** nicht überschreiten. Die uneingeschränkte Flugdienstzeit jedes Besatzungsmitgliedes zwischen zwei Ruhezeiten beträgt **zehn Stunden**. Die zuständige Aufsichtsbehörde kann nach § 9 2. DVLuftBO auf schriftlichen Antrag eine zweimalige Verlängerung der Flugdienstzeit von 18 Stunden innerhalb jeweils sieben aufeinanderfolgender Tage zulassen, wenn die vorgeschriebene Mindestflugbesatzung verstärkt wird.[25] Bei den **Blockzeiten** gelten nach § 12 2. DVLuftBO für jedes Besatzmitglied im Kalenderjahr **900 Stunden als Höchstgrenze**. Nach § 15 Abs. 1 2. DVLuftBO ist innerhalb einer 24-Stunden-Periode jedem Besatzungsmitglied eine **Ruhezeit von mindestens zehn Stunden** zu gewähren. Aus § 15 Abs. 3 2. DVLuftBO ergibt sich, dass der Luftfahrtunternehmer sicherzustellen hat, dass die Mindestruhezeit **regelmäßig auf eine wöchentliche Ruhezeit in Form eines 36-Stunden-Zeitraumes** einschließlich zweier Ortsnächte ausgedehnt wird. Er hat die Besatzungsmitglieder schriftlich anzuweisen, während der Ruhezeit Tätigkeiten zu unterlassen, die dem Zweck der Ruhezeit entgegenstehen. Nach der Rechtsprechung des Bundesarbeitsgerichts können Transferzeiten des Besatzungsmitglieds vom Flugplatz zum Hotel in bestimmten Fällen als Ruhezeit behandelt werden.[26] Werden die Besatzungsmitglieder aber mit einer überlangen Dauer oder unter sonstigen Umständen befördert, die dem Zweck der Ruhezeiten entgegenstehen, ist die Anrechnung als Ruhezeit ausgeschlossen.[27]

Können aus unvorhersehbaren Gründen die genannten Zeiten nicht eingehalten werden, dann entscheidet nach § 17 Abs. 1 2. DVLuftBO der verantwortliche Luftfahrzeugführer unter Abwägung aller Umstände und nach **Anhörung** der betroffenen Besatzungsmitglieder über die Durchführung des Fluges. Darüber hinaus kann die Aufsichtsbehörde auf **schriftlichen Antrag und bei Vorliegen wichtiger Gründe** für die Verlängerung der Flugdienstzeit oder die Verkürzung der Ruhezeit nach § 18 2. DVLuftBO die Flugdienstzeiten um zwei Stunden verlängern und die Mindestruhezeiten um höchstens zwei Stunden verkürzen.

V. Rechtsfolgen

Der Arbeitgeber ist nach **§ 20 ArbZG iVm § 5 Abs. 1 2. DVLuftBO** verpflichtet, für jedes Besatzungsmitglied einen Ort als **Heimatbasis** zu benennen, an dem das Besatzungsmitglied regelmäßig eine Dienstzeit oder eine Abfolge von Dienstzeiten beginnt und beendet. Diese Vorschriften führen nach Ansicht des Bundesarbeitsgerichts nicht in jedem Fall zu einer vertraglichen Festlegung des Stationierungsortes des Besatzungsmitglieds. Vielmehr schließen diese Vorschriften nicht aus, dass der Arbeitgeber auch im Wege des Direktionsrechts die Heimatbasis verändert und diese gegenüber dem Besatzungsmitglied neu benennt.[28] Seine Weisung muss dann allerdings mit § 315 BGB vereinbar sein.

Nach § 117 Abs. 2 BetrVG wird für die im Flugbetrieb beschäftigten Arbeitnehmer die Möglichkeit eröffnet, durch Tarifvertrag eine Arbeitnehmervertretung zu errichten. Daraus wird teilweise entnommen, dass das Betriebsverfassungsrecht, auch wenn kein Tarifvertrag vereinbart ist, nur für die im Landbetrieb von Luftfahrtunternehmen, nicht aber für die im Flugbetrieb beschäftigten Arbeitnehmer Anwendung findet. Vor dem Hintergrund der in der RL 2002/14/EG statuierten Informations- und Anhörungs-

---

24 Zum Mitbestimmungsrecht der Vertretung des Cockpitpersonals bei der Etablierung eines solchen Managements: LAG Köln 9.12.2016 – 9 TaBV 67/16; Kohte, jurisPR-ArbR 24/2017 Anm. 4. **25** Zu weiteren Einzelheiten Anzinger/Koberski ArbZG § 20 Rn. 9 ff. **26** Vgl. BAG 21.1.2003 – 9 AZR 600/01, NZA 2003, 930 (932). **27** BAG 21.1.2003 – 9 AZR 600/01, NZA 2003, 930 (933). **28** BAG 26.9.2012 – 10 AZR 311/11, DB 2013, 350 (351), bestätigt durch BAG 30.11.2016 – 10 AZR 11/16, BB 2017, 378.

rechte wird diese Ausnahme zum Teil als unionsrechtswidrig angesehen.[29] Soweit eine **tarifliche Arbeitnehmervertretung** besteht, kommen dieser in aller Regel die Rechte zur Überwachung der Arbeitszeitvorschriften sowie zur Vereinbarung von Betriebsvereinbarungen zum Gesundheitsschutz zu.[30]

12 Die Einhaltung der Dienst- und Ruhezeiten unterliegt der Überwachung durch die zuständigen Luftaufsichtsbehörden. Deshalb sind die Luftfahrtunternehmer nach § 4 Abs. 1 2. DVLuftBO verpflichtet, **fortlaufende Aufzeichnungen** über die Dienstzeiten, Flugdienstzeiten einschließlich Blockzeiten und Ruhezeiten der Besatzungsmitglieder in übersichtlicher und prüfbarer Form zu führen. Die Aufzeichnungen sind mindestens **15 Monate aufzubewahren**. Soweit ein Besatzungsmitglied von mehreren Unternehmern beschäftigt wird, haben diese einen Unternehmer für die Aufzeichnung sämtlicher Zeiten zu bestimmen, wobei auch die Aufsichtsbehörde einen Unternehmer bestimmen kann.

13 Verstöße gegen die höchstzulässigen Dienst- und Ruhezeiten sowie gegen die Aufzeichnungspflichten stellen Ordnungswidrigkeiten dar und sind mit einem **Bußgeld von bis zu 50.000 EUR** bewährt. Die 2. DVLuftBO enthält zwar keine eigenständigen Regelungen hierzu, dies ergibt sich aber unter Rückgriff auf §§ 55, 57 Nr. 11, 12 LuftBO iVm § 58 Abs. 1 Nr. 10 und Abs. 2 LuftVG. Die Regelung des § 20 ArbZG erstreckt sich auch auf das besondere Ordnungswidrigkeitenrecht.[31]

14 Die Besatzungsmitglieder können bei Verstößen gegen die Dienst- und Ruhezeiten sowohl nach § 618 Abs. 1 BGB einen Erfüllungsanspruch gegenüber dem Luftfahrtunternehmer geltend machen (→ ArbZG § 3 Rn. 50), als auch uU ein Zurückbehaltungsrecht nach § 273 BGB ausüben.[32] In komplexen Fällen wird vom Bundesarbeitsgericht auch die Feststellungsklage als sachdienlich anerkannt.[33]

§ 21 ArbZG Beschäftigung in der Binnenschifffahrt

(1) ¹Die Bundesregierung kann durch Rechtsverordnung mit Zustimmung des Bundesrates, auch zur Umsetzung zwischenstaatlicher Vereinbarungen oder Rechtsakten der Europäischen Union, abweichend von den Vorschriften dieses Gesetzes die Bedingungen für die Arbeitszeitgestaltung von Arbeitnehmern, die als Mitglied der Besatzung oder des Bordpersonals an Bord eines Fahrzeugs in der Binnenschifffahrt beschäftigt sind, regeln, soweit dies erforderlich ist, um den besonderen Bedingungen an Bord von Binnenschiffen Rechnung zu tragen. ²Insbesondere können in diesen Rechtsverordnungen die notwendigen Bedingungen für die Sicherheit und den Gesundheitsschutz im Sinne des § 1, einschließlich gesundheitlicher Untersuchungen hinsichtlich der Auswirkungen der Arbeitszeitbedingungen auf einem Schiff in der Binnenschifffahrt, sowie die notwendigen Bedingungen für den Schutz der Sonn- und Feiertagsruhe bestimmt werden. ³In Rechtsverordnungen nach Satz 1 kann ferner bestimmt werden, dass von den Vorschriften der Rechtsverordnung durch Tarifvertrag abgewichen werden kann.

(2) ¹Soweit die Bundesregierung von der Ermächtigung des Absatzes 1 keinen Gebrauch macht, gelten die Vorschriften dieses Gesetzes für das Fahrpersonal auf Binnenschiffen, es sei denn, binnenschifffahrtsrechtliche Vorschriften über Ruhezeiten stehen dem entgegen. ²Bei Anwendung des Satzes 1 kann durch Tarifvertrag von den Vorschriften dieses Gesetzes abgewichen werden, um der Eigenart der Binnenschifffahrt Rechnung zu tragen.

Literatur: *Strecker*, Arbeitsrecht in der Binnenschifffahrt, RdTW 2013, 346 ff.

---

29 So Bayreuther NZA 2010, 262 (263); Weber/Gräf ZESAR 2011, 355 ff.; HaKo-BetrVG/Kohte Anh. RL 2002/14/EG Rn. 34; aA: LAG Berlin-Brandenburg 30.10.2009 – 6 TaBVGa 2284/09, LAGE § 117 BetrVG 2001 Nr. 1; Forst ZESAR 2012, 164 ff. **30** Dies wird in BAG 20.5.2008 – 1 ABR 19/07, NZA-RR 2009, 102 vorausgesetzt. **31** Anzinger/Koberski ArbZG § 20 Rn. 28. **32** BAG 11.7.2006 – 9 AZR 519/05, NZA 2007, 155 (158). **33** BAG 24.3.1998 – 9 AZR 172/97, NZA 1999, 107 (109).

I. Normzweck und Systematik.....	1	V. Mindestschutzvorschriften zur Arbeitszeitgestaltung nach der BinnenschifffahrtsRL 2014/112/EU..................	8
II. Entstehungsgeschichte, Unionsrecht	2	VI. Abweichung durch Tarifvertrag	9
III. Persönlicher Anwendungsbereich...........................	5	VII. Verstöße........................	10
IV. Dienst- und Ruhezeiten nach Anhang XI BinSchUO...........	7		

I. Normzweck und Systematik

Die Bestimmungen des ArbZG gelten grundsätzlich auch für das Fahrpersonal in der 1
Binnenschifffahrt. Solange der nationale Gesetzgeber von der 2016 geschaffenen Ermächtigungsgrundlage für den Erlass abweichender Regelungen in einer Verordnung zur Arbeitszeitgestaltung in der Binnenschifffahrt keinen Gebrauch macht, ergibt sich aus § 21 Abs. 2 S. 1 ArbZG nur, dass binnenschifffahrtsrechtliche Vorschriften über **Ruhezeiten**, wie sie zB die **Binnenschiffsuntersuchungsordnung** (BinSchUO) enthält, unberührt bleiben und den arbeitszeitrechtlichen Regelungen vorgehen.[1] Der Vorrang der Mindestruhezeiten in der BinSchUO soll den Besonderheiten des Arbeitszeitrechts in der Binnenschifffahrt Rechnung tragen.[2] Aufgrund der Internationalisierung der Binnenschifffahrt geht es aber auch um die Schaffung einheitlicher Wettbewerbsbedingungen.[3] § 5 ArbZG ist damit auf Fahrpersonal in der Binnenschifffahrt nicht anwendbar. Die übrigen Schutzregelungen des ArbZG, zB bezüglich der höchstzulässigen täglichen Arbeitszeit, der Ruhepausen und der Sonn- und Feiertagsruhe, finden vollumfänglich Anwendung.[4] Für die **Rheinschifffahrt** besteht zwischen der Bundesrepublik Deutschland, Belgien, Frankreich, den Niederlanden und der Schweiz das Abkommen über die Arbeitsbedingungen der Rheinschiffer.[5] Dieses internationale Abkommen geht in seinem Anwendungsbereich den Regelungen des ArbZG vor.[6]

II. Entstehungsgeschichte, Unionsrecht

Die nunmehr gültige Fassung des § 21 ArbZG wurde mWv 17.11.2016 durch das 2
Sechste Gesetz zur Änderung des Vierten Buches Sozialgesetzbuch und anderer Gesetze vom 11.11.2016 eingeführt.[7] Die Neufassung des § 21 ArbZG schafft auf nationaler Ebene die Grundlage zur Umsetzung der **Binnenschifffahrtsrichtlinie 2014/112/EU**[8] vom 19.12.2014. Die RL 2014/112/EU enthält Regelungen für das Fahrpersonal, die von der allgemeinen Arbeitszeit-RL 2003/88/EG[9] abweichen. Der Erlass der Richtlinie erfolgte zur Durchführung der von der Europäischen Binnenschifffahrts Union (EBU), der Europäischen Schifferorganisation (ESO) und der Europäischen Transportarbeiter-Föderation (ETF) am 15.2.2012 geschlossenen Vereinbarung über die Regelung bestimmter Aspekte der Arbeitszeitgestaltung in der Binnenschifffahrt, die der Richtlinie als Anhang beigefügt ist. Aufgrund der umfangreichen Abweichungen der Binnenschifffahrtsrichtlinie gegenüber dem geltenden nationalen Recht soll die Umsetzung der Binnenschifffahrtsrichtlinie statt im ArbZG in einer gesonderten Verordnung erfolgen. Dies dient nach Ansicht des Gesetzgebers der Rechtsklarheit für die Anwendung.[10] Dementsprechend wurde in § 21 Abs. 1 ArbZG zunächst eine entsprechende Ermächtigungsgrundlage eingefügt. Die geplante Verordnung wird neben die binnenschifffahrtsrechtlichen Vorschriften treten, in denen aus verkehrssicherheitstechnischen Gründen Ruhezeitvorschriften geregelt sind und es soll die jeweilige Vorschrift mit den strengeren Vorgaben Anwendung finden.[11]

Ursprünglich galten für die Binnenschifffahrt die Bestimmungen der Arbeitszeitordnung (AZO). Dagegen kam das Sonn- und Feiertagsbeschäftigungsverbot des § 105 b 3

---

1 BT-Drs. 12/5888, 33; vertiefend Strecker RdTW 2013, 346 (349). **2** BT-Drs. 12/5888, 33. **3** So auch Anzinger/Koberski ArbZG § 21 Rn. 2. **4** Vgl. Kock in: BeckOK-ArbR ArbZG § 21 Rn. 1; Buschmann/Ulber ArbZG § 21 Rn. 2; Anzinger/Koberski ArbZG § 21 Rn. 3. **5** BGBl. II 1957, 217. **6** Münch/ArbR/Anzinger § 303 Rn. 14; Kock in: BeckOK-ArbR ArbZG § 21 Rn. 1. **7** BGBl. I 2016, 2500. **8** ABl. EU L 367, 86. **9** ABl. EG L 299, 9. **10** Vgl. BT-Drs. 18/9088, 15. **11** Vgl. BT-Drs. 18/9088, 16.

Abs. 1 GewO aF nicht zur Anwendung. Unter anderem aufgrund der durch den Einsatz von Radargeräten möglichen Nachtfahrten wurden in der Folge sicherheitspolizeiliche Vorschriften, wie die Rheinschiffs-Untersuchungsordnung (RheinSchUO)[12] und die Binnenschiffs-Untersuchungsordnung (BinSchUO),[13] erlassen, die bezüglich der Ruhezeiten inhaltlich vergleichbare Regelungen enthielten. Mit Wirkung **zum 1.1.2009** wurden diese Verordnungen durch die Verordnung über die Schiffssicherheit in der Binnenschifffahrt (**Binnenschiffsuntersuchungsordnung – BinSchUO**) vom 6.12.2008[14] ersetzt. Die BinSchUO dient in erster Linie der Umsetzung der RL 2006/87/EG vom 12.12.2006 über die technischen Vorschriften für Binnenschiffe und zur Aufhebung der RL 82/714/EWG[15] geändert durch die RL 2006/137/EG vom 18.12.2006[16], die RL 2008/59/EG vom 12.6.2008[17] und die **RL 2008/87/EG** vom 22.9.2008.[18] Neben einer Vielzahl von technischen Regeln enthält die BinSchUO in Anhang XI Regelungen zu Mindestruhe- und Dienstzeiten des Fahrpersonals. Nach § 1 Abs. 6 Nr. 4 BinSchUO findet die Verordnung ebenfalls auf Seeschiffe auf dem Rhein Anwendung. Trotz der Vereinheitlichung der Regelungen in der BinSchUO wird grundsätzlich weiterhin zwischen der **Rheinschifffahrt**[19] und der **Schiffahrt auf den übrigen Wasserstraßen des Bundes** unterschieden. Dies wird insbesondere aus den Besatzungsvorschriften des Anhangs XI zur BinSchUO deutlich. Danach gelten für die Rheinschifffahrt die Regelungen zur Mindestruhezeit in Kap. 2 § 2.06 Anhang XI der BinSchUO, während für die übrige Binnenschifffahrt die Vorschriften des Anhangs XI Kap. 3 § 3.04 der BinSchUO anzuwenden sind.[20]

4 Weil die Regelungen der RL 2003/88/EG der besonderen Lebens- und Arbeitssituation in der Binnenschifffahrt nicht ausreichend Rechnung getragen haben, haben die europäischen Sozialpartner am 15.2.2012 im Rahmen des **sektoralen sozialen Dialogs** (→ Unionsrecht Rn. 30 ff.) eine Vereinbarung über die Regelung bestimmter Aspekte der Arbeitszeitgestaltung in der Binnenschifffahrt geschlossen. Zur Durchführung der Vereinbarung hat der Rat der Europäischen Union die RL 2014/112/EU am 23.12.2014 erlassen. Diese Vereinbarung der Europäischen Binnenschifffahrts Union (EBU), der Europäischen Schifferorganisation (ESO) und der Europäischen Transportarbeiter-Föderation (ETF) ist der Richtlinie als Anhang beigefügt und enthält Mindestvorschriften zum einheitlichen europäischen Schutzniveau in der gewerblichen Binnenschifffahrt.[21]

III. Persönlicher Anwendungsbereich

5 Ein **Binnenschiff** ist nach § 1 BinSchG ein zur Schifffahrt auf Flüssen oder sonstigen Binnengewässern bestimmtes und hierzu verwendetes Schiff, wobei die subjektive Bestimmung des zur Verwendung des Schiffes Berechtigten und die regelmäßige Verwendung des Schiffes maßgebend sind.[22] Der Vorrang der schiffahrtspolizeilichen Regelungen gegenüber den arbeitsschutzrechtlichen Vorgaben des ArbZG hinsichtlich der Ruhezeiten gilt nur für das Fahrpersonal auf Binnenschiffen. § 21 ArbZG schließt alle Arbeitnehmer der Besatzung und des Bordpersonals ein.[23] **Besatzung** ist die (nautische) Decksmannschaft und das Maschinenpersonal, also diejenigen, die für den Betrieb des Schiffes tätig sind. **Bordpersonal** sind alle Beschäftigten an Bord eines Fahrgastschiffes, die nicht zur Besatzung gehören. Es schließt neben dem Verpflegungs-, Bedienungs- und Krankenpflegepersonal unter anderem auch Personal zur Betreuung und Unterhaltung von Passagieren ein. Besatzungsmitglieder und Bordpersonal im Sinne des Gesetzes sind auch zu ihrer Berufsbildung Beschäftigte und (nichtschulische) Praktikanten.

6 § 21 ArbZG findet keine Anwendung auf Arbeitnehmer, die in den **Landbetrieben** der Binnenschifffahrtsunternehmen beschäftigt **sind**, zB Büroangestellte, Mitarbeiter in

---

12 BGBl. II 1994, 3822. **13** BGBl. I 1988, 238. **14** BinSchUO v. 6.12.2008, BGBl. I, 2450, idF v. 9.3.2017, BGBl. I, 330. **15** ABl. EU L 389, 1. **16** ABl. EU L 389, 261. **17** ABl. EU L 166, 31. **18** ABl. EU L 255, 5. **19** Vgl. Schiffspersonalverordnung-Rhein (RheinSchPersV). **20** Näher dazu Anzinger/Koberski ArbZG § 21 Rn. 4. **21** ABl. EU L 367, 86. **22** Vgl. Anzinger/Koberski ArbZG § 21 Rn. 3; HK-ArbZR/Käckenmeister ArbZG § 21 Rn. 2. **23** Vgl. BT-Drs. 18/9088, 16; § 1 Abs. 1 Anhang RL 2014/112/EU.

Kontoren, Dockanlagen und Werften. Für diese Arbeitnehmer gilt uneingeschränkt das ArbZG.[24]

IV. Dienst- und Ruhezeiten nach Anhang XI BinSchUO

Für die **Rheinschifffahrt** werden in § 2.05 Anhang XI Kap. 2 BinSchUO verschiedene Betriebsformen unterschieden, für die jeweils unterschiedliche Mindestruhezeiten nach § 2.06 Anhang XI Kap. 2 BinSchUO gelten. Auch bei der **Binnenschifffahrt auf den übrigen Wasserstraßen des Bundes** werden nach § 3.03 Nr. 2 Anhang XI Kap. 3 BinSchUO verschiedene Betriebsformen (A-D) unterschieden. Kein Mitglied der vorgeschriebenen Besatzung darf während der Fahrt mehr als 16 aufeinanderfolgende Stunden Dienst tun. Diese schifffahrtspolizeirechtliche Regelung der maximalen Dienstzeit tritt neben die arbeitsschutzrechtlichen Regelungen des ArbZG, weil die Regelungen unterschiedliche Zielrichtungen haben.[25] Die BinSchUO soll primär die Sicherheit des Verkehrs auf den Binnengewässern sichern und damit auch Gefährdungen anderer Verkehrsteilnehmer durch Übermüdung der Besatzungsmitglieder vorbeugen, auch wenn nach § 3 Abs. 1 Nr. 8 Binnenschifffahrtsaufgabengesetz (BinSchAufgG) der Arbeitsschutz zu berücksichtigen ist. Demgegenüber bezwecken die Regelungen des ArbZG vor allem den Gesundheitsschutz der einzelnen Besatzungsmitglieds. Nach § 3.04 Nr. 2 Anhang XI Kap. 3 BinSchUO müssen innerhalb von jeweils 24 Stunden, dem Ende jeder Ruhezeit zu laufen beginnen, **mindestens acht Stunden ununterbrochene Ruhezeit** liegen.

V. Mindestschutzvorschriften zur Arbeitszeitgestaltung nach der BinnenschifffahrtsRL 2014/112/EU

Die RL 2014/112/EU sieht ua vor, dass die regelmäßige **Gesamtarbeitszeit** auf Binnenschiffen 48 Stunden pro Woche nicht überschreiten darf, wobei als Bezugszeitraum ein Durchschnittswert von 12 Monaten herangezogen wird (§ 3 Anhang RL 2014/112/EU). Die **Nachtarbeitszeit** darf 42 Stunden pro Woche (Siebentageszeitraum) nicht überschreiten (§ 9 Anhang RL 2014/112/EU). Bezüglich der **Ruhezeit** ist vorgegeben, dass ein Zeitraum von 10 Stunden pro Tag (24-Stundenzeitraum) und 84 Stunden pro Siebentageszeitraum nicht unterschritten werden darf, wobei mindestens 6 Stunden ununterbrochen gewährt werden müssen (§ 7 Anhang RL 2014/112/EU).

VI. Abweichung durch Tarifvertrag

Die **Tarifvertragsparteien** haben nach § 21 Abs. 2 S. 2 ArbZG die Möglichkeit, von den Schutzregelungen des ArbZG abzuweichen, um den Eigenarten der Binnenschifffahrt Rechnung zu tragen, soweit die Bundesregierung von der Ermächtigungsgrundlage für den Erlass abweichender Regelungen in einer Verordnung zur Arbeitszeitgestaltung in der Binnenschifffahrt nach § 21 Abs. 1 S. 1 ArbZG keinen Gebrauch macht. Wie schon bei der Vorgängerregelung des § 21 S. 2 ArbZG idF bis zum 16.11.2016 bleibt damit eine Voraussetzung der Anpassung, dass die Eigenarten der Binnenschifffahrt eine solche auch erforderlich machen.[26] Anders als in §§ 7, 12 ArbZG können die Tarifvertragsparteien nicht vereinbaren, dass die Abweichungen von den Betriebsparteien in einer Betriebsvereinbarung geregelt werden. Die Abweichungen müssen im Tarifvertrag selbst geregelt werden. Bereits zur Vorgängerregelung war die Reichweite der **Tariföffnungsklausel** umstritten. Zum Teil wird angenommen, dass die Tariföffnung dem Regelungssystem der §§ 7, 12 ArbZG entspricht und damit die gleiche Reichweite der Abweichungsmöglichkeiten besteht.[27] Da die Anpassungsmöglichkeiten auch im Rahmen des neuen § 21 Abs. 2 S. 2 ArbZG nach dem Wortlaut nicht beschränkt wurden, sondern die Anpassungsgrenze sich allein aus den Eigenarten der Binnenschifffahrt er-

---

[24] So auch Anzinger/Koberski ArbZG § 21 Rn. 3; Baeck/Deutsch ArbZG § 21 Rn. 8; HK-ArbZR/Käckenmeister ArbZG § 21 Rn. 2; Schliemann ArbZG § 21 Rn. 2. [25] So auch Anzinger/Koberski ArbZG § 21 Rn. 11; HK-ArbZR/Käckenmeister ArbZG § 21 Rn. 2. [26] Noch zur Vorgängerregelung Buschmann/Ulber ArbZG § 21 Rn. 2. [27] So ErfK/Wank ArbZG § 21 Rn. 1; Anzinger/Koberski ArbZG § 21 Rn. 13; Münch/ArbR/Anzinger § 303 Rn. 13.

geben soll, geht die Tariföffnungsklausel weiter als die §§ 7, 12 ArbZG.[28] Als Gestaltungsgrenzen für die Tarifvertragsparteien sind insbesondere die neben dem ArbZG bestehenden schifffahrtspolizeilichen Regelungen der BinSchUO (von diesen können die Tarifvertragsparteien nicht zulasten des Fahrpersonals abweichen) und der in Art. 140 GG iVm Art. 139 WRV bestehende Gesetzesvorbehalt für Abweichungen vom Verbot der Sonn- und Feiertagsarbeit zu beachten.[29] Soweit die Bundesregierung zukünftig entsprechend der Ermächtigungsgrundlage Rechtsverordnungen im Sinne des § 21 Abs. 1 S. 1 ArbZG erlässt, können diese gemäß § 21 Abs. 1 S. 3 ArbZG Abweichungen durch Tarifvertrag zulassen.

VII. Verstöße

10 Die Überwachung der für das Fahrpersonal in der Binnenschifffahrt geltenden Regelungen des Arbeitszeitgesetzes obliegt der im Rahmen des § 17 Abs. 1 ArbZG nach dem jeweiligen Landesrecht zuständigen **Aufsichtsbehörde**. Sie kann die erforderlichen Maßnahmen zur Erfüllung der Pflichten aus dem ArbZG anordnen. Nach der BinSchUO einzuhaltende Dienst- und Ruhezeiten werden hingegen grundsätzlich im Rahmen der Überwachungsbefugnisse nach § 1 Abs. 2 iVm § 3 Abs. 1 Nr. 8 und § 6 BinSchAufgG von den Behörden der Wasser- und Schifffahrtsverwaltung des Bundes wahrgenommen (örtlich zuständige Wasser- und Schifffahrtsdirektion).

11 Verstöße gegen Schutzbestimmungen des ArbZG unterliegen den **Bußgeld- und Strafvorschriften** der §§ 21, 22 ArbZG. Auch Verstöße gegen die Mindestruhezeiten aus der BinSchUO sind nach § 17 BinSchUO bußgeldbewehrt. Jeder Verstoß kann mit einer Geldbuße von bis zu 5.000 EUR nach § 7 Abs. 4 S. 1 BinSchAufgG geahndet werden.[30]

12 Für die Binnenschifffahrt gelten die **allgemeinen Vorschriften des BetrVG in vollem Umfang**.[31] Damit obliegt dem Betriebsrat die Überwachung der arbeitszeitrechtlichen Vorgaben und der Ruhezeitenregelungen der BinSchUO im Rahmen des § 80 Abs. 1 Nr. 1 BetrVG. Das Mitbestimmungsrecht nach § 87 Abs. 1 Nr. 2 BetrVG wird durch die schifffahrtsrechtlichen Vorgaben eingeschränkt.

13 Der Arbeitnehmer hat gegen den Arbeitgeber einen **Anspruch auf Einhaltung der Höchstarbeits- und Ruhezeiten** aus § 618 Abs. 1 BGB (→ BGB § 618 Rn. 47, 52). Bei Fahrpersonal, das bei einem Arbeitgeber beschäftigt ist, der seinen Sitz in einem anderen Mitgliedstaat der EU hat, und das in unterschiedlichen Mitgliedstaaten der EU Binnengewässer befährt, kann sich die internationale Zuständigkeit der deutschen Arbeitsgerichtsbarkeit aus Art. 19 Nr. 2 Buchst. a EuGVVO (VO (EG) Nr. 44/2001) ergeben.[32] Danach kann ein Arbeitgeber auch in dem Mitgliedstaat verklagt werden, in dem der Arbeitnehmer gewöhnlich seine Arbeit verrichtet. Dies ist der Ort, an dem und von dem aus der Arbeitnehmer seine Verpflichtungen aus dem Arbeitsvertrag erfüllt.[33] Maßgeblicher Anknüpfungspunkt ist damit die Person des Arbeitnehmers. Alternativ kann auch an die Flaggenhoheit des Schiffs sowie an den regelmäßigen Ausgangshafen angeknüpft werden.[34]

§ 21 a ArbZG Beschäftigung im Straßentransport

(1) ¹Für die Beschäftigung von Arbeitnehmern als Fahrer oder Beifahrer bei Straßenverkehrstätigkeiten im Sinne der Verordnung (EG) Nr. 561/2006 des Europäischen Par-

---

[28] Noch zur Vorgängerregelung Buschmann/Ulber ArbZG § 21 Rn. 2; Schliemann ArbZG § 21 Rn. 5. [29] Vgl. Neumann/Biebl ArbZG § 21 Rn. 1; Buschmann/Ulber ArbZG § 21 Rn. 2; Anzinger/Koberski ArbZG § 21 Rn. 13 f.; HK-ArbZR/Käckenmeister ArbZG § 21 Rn. 3. [30] Dazu auch Zentralkommission für die Rheinschifffahrt 9.1.2012 – 465 B- 4/11, BinSchiff 2012, Nr. 7, 70 ff. [31] Vgl. Richardi/Thüsing BetrVG § 114 Rn. 8; GK-BetrVG/Wiese/Franzen BetrVG § 114 Rn. 18. [32] ABl. EG L 12/1, 1 ff. [33] BAG 27.1.2011 – 2 AZR 646/09, NZA 2011, 1309 (1310) – unter Hinweis auf die Rspr. des EuGH zur Vorgängerregelung des Art. 5 Nr. 1 Brüsseler Übereinkommen: EuGH 26.5.1982 – C-133/81, Slg 1982, I-1891 (Ivenel). [34] Vertiefend Mankowski Anm. zu BAG 27.1.2011 – 2 AZR 646/09, AP Nr. 3 zur Verordnung Nr. 44/2001/EG; ähnlich EuGH 15.3.2011 – C-29/10, NZA 2011, 625 ff. (Koelzsch), dazu Mankowski/Knöfel EuZA 2011, 521 ff.

laments und des Rates vom 15. März 2006 zur Harmonisierung bestimmter Sozialvorschriften im Straßenverkehr und zur Änderung der Verordnungen (EWG) Nr. 3821/85 und (EG) Nr. 2135/98 des Rates sowie zur Aufhebung der Verordnung (EWG) Nr. 3820/85 des Rates (ABl. EG Nr. L 102 S. 1) oder des Europäischen Übereinkommens über die Arbeit des im internationalen Straßenverkehr beschäftigten Fahrpersonals (AETR) vom 1. Juli 1970 (BGBl. II 1974 S. 1473) in ihren jeweiligen Fassungen gelten die Vorschriften dieses Gesetzes, soweit nicht die folgenden Absätze abweichende Regelungen enthalten. ²Die Vorschriften der Verordnung (EG) Nr. 561/2006 und des AETR bleiben unberührt.

(2) Eine Woche im Sinne dieser Vorschriften ist der Zeitraum von Montag 0 Uhr bis Sonntag 24 Uhr.

(3) ¹Abweichend von § 2 Abs. 1 ist keine Arbeitszeit:
1. die Zeit, während derer sich ein Arbeitnehmer am Arbeitsplatz bereithalten muss, um seine Tätigkeit aufzunehmen,
2. die Zeit, während derer sich ein Arbeitnehmer bereithalten muss, um seine Tätigkeit auf Anweisung aufnehmen zu können, ohne sich an seinem Arbeitsplatz aufhalten zu müssen;
3. für Arbeitnehmer, die sich beim Fahren abwechseln, die während der Fahrt neben dem Fahrer oder in einer Schlafkabine verbrachte Zeit.

²Für die Zeiten nach Satz 1 Nr. 1 und 2 gilt dies nur, wenn der Zeitraum und dessen voraussichtliche Dauer im Voraus, spätestens unmittelbar vor Beginn des betreffenden Zeitraums bekannt ist. ³Die in Satz 1 genannten Zeiten sind keine Ruhezeiten. ⁴Die in Satz 1 Nr. 1 und 2 genannten Zeiten sind keine Ruhepausen.

(4) ¹Die Arbeitszeit darf 48 Stunden wöchentlich nicht überschreiten. ²Sie kann auf bis zu 60 Stunden verlängert werden, wenn innerhalb von vier Kalendermonaten oder 16 Wochen im Durchschnitt 48 Stunden wöchentlich nicht überschritten werden.

(5) ¹Die Ruhezeiten bestimmen sich nach den Vorschriften der Europäischen Gemeinschaften für Kraftfahrer und Beifahrer sowie nach dem AETR. ²Dies gilt auch für Auszubildende und Praktikanten.

(6) ¹In einem Tarifvertrag oder auf Grund eines Tarifvertrags in einer Betriebs- oder Dienstvereinbarung kann zugelassen werden,
1. nähere Einzelheiten zu den in Absatz 3 Satz 1 Nr. 1, 2 und Satz 2 genannten Voraussetzungen zu regeln,
2. abweichend von Absatz 4 sowie den §§ 3 und 6 Abs. 2 die Arbeitszeit festzulegen, wenn objektive, technische oder arbeitszeitorganisatorische Gründe vorliegen. Dabei darf die Arbeitszeit 48 Stunden wöchentlich im Durchschnitt von sechs Kalendermonaten nicht überschreiten.

²§ 7 Abs. 1 Nr. 2 und Abs. 2 a gilt nicht. ³§ 7 Abs. 3 gilt entsprechend.

(7) ¹Der Arbeitgeber ist verpflichtet, die Arbeitszeit der Arbeitnehmer aufzuzeichnen. ²Die Aufzeichnungen sind mindestens zwei Jahre aufzubewahren. ³Der Arbeitgeber hat dem Arbeitnehmer auf Verlangen eine Kopie der Aufzeichnungen seiner Arbeitszeit auszuhändigen.

(8) ¹Zur Berechnung der Arbeitszeit fordert der Arbeitgeber den Arbeitnehmer schriftlich auf, ihm eine Aufstellung der bei einem anderen Arbeitgeber geleisteten Arbeitszeit vorzulegen. ²Der Arbeitnehmer legt diese Angaben schriftlich vor.

Literatur: *Andresen/Winkler*, Fahrpersonalgesetz und Sozialvorschriften für Kraftfahrer, 4. Aufl. 2011 (zitiert: Andresen/Winkler); *Buschmann*, Lebenslügen im Arbeitszeitrecht, AuR 2006, 417; *Didier*, Arbeitszeit im Straßentransport – Die neue Sondervorschrift des § 21 a ArbZG, NZA 2007, 120; *Erasmy*, Ausgewählte Rechtsfragen zum neuen Arbeitszeitrecht (I), NZA 1994, 1105; *Heimlich*, Arbeitszeiten/Lenkzeiten: Die Reisebusse, AuR 2003, 285; *Heimlich/Hamm/Grun/Fütterer*, Fahrpersonalrecht, 3. Aufl. 2011; *Junker*, Brennpunkte des Arbeitszeitgesetzes, ZfA 1998, 105; *Kohte*, Arbeitnehmerhaftung bei arbeitsbedingter Übermüdung, DB 1982, 1617; *Kohte*, Arbeitnehmerhaftung und Arbeitgeberrisiko, 1981; *Lör-*

cher, Arbeitszeit für selbständige Kraftfahrer, AuR 2004, 466; *Schanbacher*, Das Arbeitsrecht des Fahrpersonals, 1976; *Schriefers/Schlattmann*, Der schlafende Fahrer – Ein Beispiel für die Haftungsprobleme im Transportrecht, TranspR 2011, 18; *Wiebauer*, Arbeitszeitgrenzen für selbständige Kraftfahrer, NZA 2012, 1331; *Worzalla*, Arbeitnehmerhaftung nach Verkehrsunfall, NZA 1991, 166.

Leitentscheidungen: EuGH 18.1.2001 – C-297/99, Slg 2001, I-573 (Skills Motor Coaches); EuGH 9.9.2004 – C-184/02, C-223/02, AuR 2004, 390; mAnm Lörcher AuR 2004, 466; BAG 18.11.2008 – 9 AZR 737/07, NZA-RR 2009, 354; VG Hamburg 12.3.2015 – 17 K 3507/14, AuR 2015, 238.

I. Normzweck und Systematik..... 1	V. Vergütungspflicht der Tätigkeiten (Abs. 3) 16
II. Entstehungsgeschichte, Unionsrecht 5	VI. Zulässige Höchstarbeitszeit und Ausgleichzeiträume bei Mehrarbeit (Abs. 4)...................... 17
III. Anwendungsbereich 7	VII. Ruhezeiten (Abs. 5).............. 19
1. Persönlicher Anwendungsbereich...................... 7	VIII. Tariföffnungsklausel (Abs. 6) ... 20
2. Sachlicher Anwendungsbereich 9	IX. Dokumentations- und Herausgabepflicht des Arbeitgebers (Abs. 7) 23
IV. Abweichungen vom allgemeinen Arbeitszeitrecht 10	X. Gesamtarbeitszeit (Abs. 8)...... 27
1. Wochenbegriff (Abs. 2)...... 10	XI. Rechtsfolgen von Verstößen..... 28
2. Verhältnis zu § 2 ArbZG.... 11	
3. Abweichungen vom Arbeitszeitbegriff (Abs. 3).......... 12	

I. Normzweck und Systematik

1 § 21 a ArbZG wurde im September 2006 in das Arbeitszeitgesetz eingeführt und enthält für das angestellte Fahrpersonal eine Reihe von besonderen arbeitszeitrechtlichen Bestimmungen. Die Norm dient der Transformation der RL 2002/15/EG vom 11.3.2002 zur Regelung der Arbeitszeit von Personen, die Fahrtätigkeiten im Bereich des Straßentransports ausüben, in nationales Recht.[1] Der Zweck der Norm ist es in erster Linie, die **Sicherheit und die Gesundheit des Fahrpersonals** zu schützen. Darüber hinaus sollen aber auch die Sicherheit im Straßenverkehr erhöht und die Wettbewerbsbedingungen unter Wahrung des Gesundheitsschutzes angeglichen werden.[2]

2 Das für Fahrpersonal geltende Arbeitszeitrecht ergänzt die ebenfalls für diesen Personenkreis geltenden **nationalen und internationalen straßenverkehrsrechtlichen Regelungen**, in denen Lenk-, Pausen- und Ruhezeiten geregelt sind.[3] Dies wird ua dadurch deutlich, dass § 21 a ArbZG in Abs. 1 auf die Verordnung (EG) Nr. 561/2006 zur Harmonisierung bestimmter Sozialvorschriften im Straßenverkehr sowie auf das Europäische Übereinkommen über die Arbeit des im internationalen Straßenverkehr beschäftigten Fahrpersonals (**AETR**)[4] Bezug nimmt. Die genannten Lenkzeitregelungen werden auf nationaler Ebene durch das Fahrpersonalgesetz (FPersG) und die Fahrpersonalverordnung (FPersV) ergänzt. Grundsätzlich sind das **Arbeitszeitrecht und die Lenkzeitenregelungen zu unterscheiden**, aber sie müssen, wie sich aus § 21 a Abs. 1 S. 2 ArbZG ergibt, kumulativ vom Arbeitgeber und dem beschäftigten Fahrpersonal beachtet werden.

3 Der **Schutzzweck der Lenkzeitenregelungen** ist zwar auch die Verbesserung der Arbeitsbedingungen des Fahrpersonals, aber im Vordergrund steht nicht der Gesundheitsschutz der Kraftfahrer, sondern es geht vorrangig um eine Angleichung der Wettbewerbsbedingungen und die Verbesserung der Straßenverkehrssicherheit.[5] Zwischen den jeweils einschlägigen Lenkzeitenregelungen und dem Arbeitszeitrecht kann es zwar zu inhaltlichen Überschneidungen kommen, weil Lenkzeiten in der Regel auch als Arbeits-

---
[1] ABl. EG. L 80, 35. [2] Vgl. Art. 1 RL 2002/15/EG. [3] Zu Lenkzeiten BAG 18.11.2008 – 9 AZR 737/07, NZA-RR 2009, 354. [4] BGBl. II 1974, 1473. [5] Vgl. Art. 1 VO (EG) 561/2006. Zu den früheren Regelungen des Lenkzeitenrechts: Schanbacher, Arbeitszeit des Fahrpersonals, S. 47 ff.; Kohte, Arbeitnehmerhaftung und Arbeitgeberrisiko, S. 184 f.

zeit zu qualifizieren sind. Es bestehen aber grundsätzlich unterschiedliche Regelungsgegenstände und Zweckrichtungen, so dass die Kategorien differenziert betrachtet werden müssen. Insbesondere ist der **Begriff der Lenkzeit** kein arbeitszeitrechtlicher Begriff, sondern er erfasst nur die Dauer der höchstzulässigen Lenktätigkeit des Fahrers, der zusätzlich auch mit anderen Arbeiten, zB dem Be- und Entladen des Fahrzeugs, beschäftigt werden kann. Deshalb muss im konkreten Einzelfall überprüft werden, ob die Lenkzeiten eingehalten wurden und, wenn dies der Fall ist, ob auch die höchstzulässigen Arbeitszeiten nicht überschritten wurden. Die straßenverkehrsrechtliche Orientierung des Lenkzeitenrechts ergibt sich aus Art. 2 VO 561/2006, der sich nur auf Fahrten im öffentlichen Straßenverkehr beschränkt, so dass Fahrzeiten außerhalb öffentlicher Straßen auch dann nicht als Lenkzeiten gelten, wenn das Fahrzeug tatsächlich gelenkt wurde.[6]

Deutlich wird die Unterscheidung mit Blick auf Art. 34 VO (EU) Nr. 165/2014 über Fahrtenschreiber im Straßenverkehr. Diese Norm verlangt, dass der Fahrer neben den automatisch erfassten Lenkzeiten auch „andere Zeiten" in das Kontrollgerät einträgt.[7] Nach Ansicht des Europäischen Gerichtshofs[8] erstreckt sich diese Pflicht des Fahrers, alle sonstigen Arbeitszeiten in das Fahrtenschreiberschaublatt einzutragen, auch auf Zeiten, die er auf dem Weg zur Übernahme eines Fahrzeugs verbringt, bei dem ein Kontrollgerät eingebaut und benutzt werden muss, weil auch diese Zeit zur Übermüdung am Lenkrad führen kann.[9] Gleiches gilt für Zeiten, in denen der Fahrer vor der Übernahme eines Fahrzeugs mit Kontrollgerät ein nicht in den Geltungsbereich der Verordnung fallendes Fahrzeug gelenkt hat. Nur in denjenigen Bereichen, in denen ein echtes Konkurrenzverhältnis von arbeitszeitrechtlichen und straßenverkehrsrechtlichen Regelungen besteht, wie bei den Ruhezeiten, wird dies wie § 21 a Abs. 5 ArbZG klarstellt, durch einen **Vorrang des Lenkzeitenrechts** aufgelöst.

II. Entstehungsgeschichte, Unionsrecht

Durch § 21 a ArbZG wird die **RL 2002/15/EG umgesetzt**. Die RL 2002/15/EG enthält Regelungen für das Fahrpersonal, die von der allgemeinen Arbeitszeit-RL 2003/88/EG[10] abweichen. Durch den Erlass der RL 2002/15/EG wurden die Verpflichtungen aus Art. 91, 153 AEUV (ex Art. 71 und 137 EGV), einheitliche Regeln ua zur Verbesserung der Sicherheit des Verkehrs zu schaffen, wahrgenommen. Eingeführt wurde § 21 a ArbZG durch das Gesetz zur Änderung personenbeförderungsrechtlicher Vorschriften und arbeitszeitrechtlicher Vorschriften für Fahrpersonal vom 14.8.2006.[11] Die nunmehr gültige Fassung wurde mWv 11.4.2007 in das ArbZG eingefügt, weil die für das Fahrpersonal unmittelbar geltende Lenkzeiten-VO (EG) Nr. 561/2006[12] ebenfalls am selben Tag in Kraft trat.

Da das Gefährdungsrisiko im Straßenverkehr bei Übermüdung oder Überlastung unabhängig vom Status als Arbeitnehmer oder selbstständig tätiger Kraftfahrer ist, erstreckt sich nach Art. 2 RL 2002/15/EG der persönliche Anwendungsbereich seit dem 23.3.2009 auch auf selbstständige Kraftfahrer. In der **Erstreckung der Arbeitszeitregelungen auf selbstständige Kraftfahrer** kann nach der zutreffenden Ansicht des Europäischen Gerichtshofs weder ein unverhältnismäßiger noch ein untragbarer Eingriff in das Recht auf freie Berufsausübung und freie unternehmerische Betätigung gesehen werden.[13] In der deutschen Gesetzgebung ist dieser richtige Grundsatz mit deutlicher Verspätung, am 11.7.2012, in einem gesonderten Gesetz, dem Gesetz zur Regelung der

---

6 Andresen/Winkler 561/2006 Art. 6 Rn. 3. **7** So auch schon die Vorgängerregelung Art. 15 der bis 1.3.2016 geltenden StraßenverkehrskontrollgeräteVO (EWG) Nr. 3821/85. **8** EuGH 18.1.2001 – C-297/99, Slg 2001, I-573 (Skills Motor Coaches); weiterführend zu den Wegezeiten EuGH 29.4.2010 – C-124/09, EuZW 2010, 746 (Smit Reizen). **9** Heimlich/Hamm/Grun/Fütterer VO 561/2006 Art. 6 Rn. 11. **10** ABl. EG L 299, 9. **11** BGBl. I 2006, 1962. **12** ABl. EG L 102, 1. **13** EuGH 9.9.2004 – C-184/02, C-223/02, AuR 2004, 390; dazu Lörcher AuR 2004, 466.

Arbeitszeit von selbstständigen Kraftfahrern (SKrfArbZG), erlassen worden, das am 1.11.2012 in Kraft getreten ist.[14]

III. Anwendungsbereich

1. Persönlicher Anwendungsbereich. Nach § 21 a Abs. 1 S. 1 ArbZG werden von den Sonderregelungen Arbeitnehmer erfasst, die als **Fahrer oder Beifahrer** bei Straßenverkehrstätigkeiten im Sinne der Verordnung (EG) Nr. 561/2006 oder des Europäischen Übereinkommens über die Arbeit des im internationalen Straßenverkehr beschäftigten Fahrpersonals (AETR) in der jeweiligen Fassung beschäftigt werden. Diese komplexe doppelte Bezugnahme ist auf die unterschiedlichen räumlichen Anwendungsbereiche der genannten unionsrechtlichen bzw. internationalen Vorschriften zurückzuführen. Nach Art. 2 Abs. 2 VO (EG) Nr. 561/2006 gilt diese unabhängig vom Land der Zulassung des Fahrzeugs für Beförderungen im Straßenverkehr ausschließlich innerhalb der Gemeinschaft oder zwischen der Gemeinschaft, der Schweiz und dem EWR.[15] Damit kommt die Verordnung bei einer Fahrt von Deutschland nach Italien über die Schweiz oder auch von Deutschland nach Norwegen über Dänemark und Schweden zur Anwendung. Demgegenüber kommt nach Art. 2 Abs. 3 VO (EG) Nr. 561/2006 das AETR zur Anwendung, wenn es sich um Beförderungen von bzw. nach Ländern handelt, die nicht zum EWR gehören, aber Vertragspartei dieses Übereinkommens sind.[16] Das AETR gilt damit unter anderem für Fahrten in die Ukraine. Soweit der räumliche Anwendungsbereich der Verordnung (EG) Nr. 561/2006 oder des AETR eröffnet ist, gelten die jeweiligen Regelungen für die **gesamte Fahrtstrecke**.[17] Für den Bereich des nationalen Verkehrs gelten insbesondere die Fahrpersonalverordnung (FPersV).

Fahrer im Sinne des Art. 4 Buchst. c) VO (EG) Nr. 561/2006 sowie Art. 1 Buchst. j AETR ist jede Person, die das Fahrzeug, sei es auch nur für kurze Zeit, selbst lenkt oder sich in einem Fahrzeug befindet, um es – als Bestandteil seiner Pflichten – gegebenenfalls lenken zu können. Eine Legaldefinition des Begriffs **Beifahrer** gibt es hingegen nicht. Insoweit sind auch die Erwägungsgründe der Richtlinie sowie die Gesetzesbegründung nicht weiter aufschlussreich.[18] Dies ist darauf zurückzuführen, dass die Richtlinie 2002/15/EG allgemein vom Begriff des Fahrpersonals ausgeht. Darunter sind nach Art. 3 Buchst. d RL 2002/15/EG alle Arbeitnehmer einschließlich Praktikanten und Auszubildende zu verstehen, die im Dienst eines Unternehmens, das auf Rechnung Dritter oder auf eigene Rechnung Fahrgäste oder Waren im Straßenverkehr befördert, eine Fahrtätigkeit ausüben. Unter Rückgriff auf § 21 a Abs. 3 Nr. 3 ArbZG sind Beifahrer Arbeitnehmer – nicht zwangsläufig Wechselfahrer –, die sich während der Fahrt neben dem Fahrer oder in der Schlafkabine befinden.

2. Sachlicher Anwendungsbereich. Aufgrund der Bezugnahme auf die Verordnung (EG) Nr. 561/2006 sowie das AETR werden von § 21 a ArbZG **Güterbeförderungen** mit Fahrzeugen erfasst, deren zulässige Höchstmasse einschließlich Anhänger oder Sattelanhänger 3,5 t übersteigt. Daneben erstreckt sich der Anwendungsbereich auf **Personenbeförderungen**, wenn hierzu Fahrzeuge verwendet werden, die für die Beförderung von **mehr als neun Personen** einschließlich des Fahrers konstruiert oder dauerhaft angepasst und zu diesem Zweck bestimmt sind. Aufgrund dieser Voraussetzungen werden ua regelmäßig Kurier- und Taxifahrer nicht erfasst. Ausdrücklich ausgenommen sind ua der zur Beförderung von Personen dienende Linienverkehr, wenn die Linienstrecke nicht mehr als 50 km beträgt,[19] Fahrzeuge der Polizei, Feuerwehr und des Katastrophenschutzes sowie medizinische Rettungsfahrzeuge. Nach dem Wortlaut des

---

14 BGBl. I 2012, 1479; nach Ansicht des Gesetzgebers ist die Einbeziehung von echten Selbständigen in Arbeitszeitregelungen, die über die Lenk- und Ruhezeiten der VO (EG) Nr. 561/2006 hinausgehen, nicht geboten und ein Fremdkörper im geltenden Arbeits- und Wirtschaftsrecht – BT-Drs. 17/8988, 7; dazu näher Wiebauer NZA 2012, 1331 ff. **15** Zum Europäischen Wirtschaftsraum gehören neben den EG-Mitgliedstaaten noch Island, Lichtenstein und Norwegen. **16** Zu den Vertragsparteien des AETR zählen ua Albanien, Bosnien und Herzegowina, Kasachstan, Kroatien, Russische Föderation, Serbien, Türkei, Ukraine, Usbekistan und Weißrussland. **17** Vertiefend Anzinger/Koberski ArbZG § 21 a Rn. 22 ff.; Neumann/Biebl ArbZG § 21 a Rn. 2. **18** BT-Drs. 16/1685, 12. **19** Dazu BAG 13.10.2009 – 9 AZR 139/08, NZA-RR 2010, 623 (625).

§ 21 a Abs. 1 S. 1 ArbZG bleibt es bei der Geltung der allgemeinen Regelungen des ArbZG und des vorrangigen Fahrpersonalgesetzes sowie der Fahrpersonalverordnung, wenn der persönliche Anwendungsbereich des § 21 a ArbZG nicht eröffnet ist.[20] Die geltenden Lenk- und Ruhezeiten der Verordnung (EG) Nr. 561/2006 werden aufgrund der Regelung des § 1 Abs. 1 Nr. 1 FPersV grundsätzlich auf Fahrer ausgedehnt, die ein Fahrzeug zur Güterbeförderung führen, dessen zulässige Höchstmasse einschließlich Anhänger oder Sattelanhänger **mehr als 2,8 t und nicht mehr als 3,5 t** beträgt.

IV. Abweichungen vom allgemeinen Arbeitszeitrecht

1. Wochenbegriff (Abs. 2). Zur täglichen Höchstarbeitszeit trifft § 21 a ArbZG keine Sonderregelungen, so dass die allgemeinen Grenzen des § 3 ArbZG gelten.[21] Demnach gilt die Begrenzung der werktäglichen Arbeitszeit der Arbeitnehmer auf maximal zehn Stunden auch für angestellte Kraftfahrer (→ Rn. 17).[22] Anders verhält es sich mit der **wöchentlichen Höchstarbeitszeit.** § 21 a Abs. 4 ArbZG trifft hier abweichende Regelungen. Für den Begriff Woche enthält § 21 a Abs. 2 ArbZG eine besondere Definition. Danach ist unter einer **Woche** der Zeitraum von Montag 0:00 Uhr bis Sonntag 24:00 Uhr zu verstehen. Durch das Abstellen auf eine Kalenderwoche wird hinsichtlich des Bezugszeitraumes von den allgemeinen Regelungen des ArbZG abgewichen. Das ArbZG enthält zwar keine ausdrückliche Regelung zur zulässigen wöchentliche Höchstarbeitszeit, aber unter Rückgriff auf Art. 6 Buchst. b RL 2003/88/EG wird deutlich, dass sich die wöchentliche Höchstarbeitszeit allgemein auf einen beliebigen Siebentageszeitraum bezieht. 10

2. Verhältnis zu § 2 ArbZG. Auch für das Fahrpersonal gilt zunächst der allgemeine **Arbeitszeitbegriff** des § 2 Abs. 1 ArbZG, so dass Ruhepausen und Ruhezeiten nicht als Arbeitszeit zu qualifizieren sind (→ ArbZG § 2 Rn. 62).[23] Dies wird durch die Formulierung des § 21 a Abs. 3 ArbZG deutlich. Als Arbeitszeit werden damit **alle Lenkzeiten** im Sinne der VO (EG) Nr. 561/2006 bzw. des AETR erfasst.[24] Daneben werden grundsätzlich auch alle Tätigkeiten als Arbeitszeit erfasst, die zur **Vor- und Nachbereitung der Fahrtätigkeiten** gehören. Dazu zählen ua das selbständige Be- und Entladen des Fahrzeugs, Reinigungsarbeiten, technische Wartung, Ladungssicherung und die Erledigung von behördlichen Formalitäten, die in einem direkten Zusammenhang mit der Transporttätigkeit stehen.[25] Ebenfalls gehören dazu Anfahrtszeiten zur Übernahme des Fahrzeugs an einen anderen vom Arbeitgeber vorgegebenen Ort als dem Wohnsitz des Fahrers oder der Hauptbetriebsstätte des Arbeitgebers.[26] Die Hauptbetriebsstätte ist der Ort, dem der Fahrer konkret zugeordnet ist, dh die Einrichtung des Verkehrsunternehmens, von der aus er, im Rahmen der Ausübung seines Dienstes und nicht auf besondere Weisung des Arbeitgebers, regelmäßig seinen Dienst verrichtet und zu der er bei Beendigung seines Dienstes zurückkehrt. Dabei macht es nach Ansicht des Europäischen Gerichtshofs für die Bewertung der Wegezeit keinen Unterschied, ob der Fahrer selbst zum Ort der Übernahme des Fahrzeugs fährt oder ob er von jemand anderem dorthin gefahren wird.[27] Allgemein nicht als Arbeitszeit zu qualifizieren sind somit Pausen, Fahrunterbrechungen und Ruhezeiten.[28] 11

3. Abweichungen vom Arbeitszeitbegriff (Abs. 3). Der Gesetzgeber wollte im Rahmen des § 21 a Abs. 3 ArbZG Gestaltungsspielräume der RL 2002/15/EG nutzen, um bestimmte arbeitsgebundene Zeiten von der Arbeitszeit auszunehmen.[29] Dabei wurde **abweichend von § 2 Abs. 1 ArbZG** festgelegt, dass die Zeit, während derer sich ein Ar- 12

---

[20] Siehe Buschmann/Ulber ArbZG § 21 a Rn. 4; Anzinger/Koberski ArbZG § 21 a Rn. 8. [21] BAG 18.4.2012 – 5 AZR 195/11, NZA 2012, 796 (797); Buschmann/Ulber ArbZG § 21 a Rn. 9. [22] So VG Hamburg 12.3.2015 – 17 K 3507/14, AuR 2015, 238; m. zust. Anm. Kohte/Weber, jurisPR-ArbR 21/2015 Anm. 2; aA Schliemann ArbZG § 21 a Rn. 16. [23] Siehe auch HK-ArbZR/Käckenmeister ArbZG § 21 a Rn. 7; Buschmann/Ulber ArbZG § 21 a Rn. 11 ff. [24] Speziell für Reisebusse – Heimlich AuR 2003, 285 ff. [25] Schliemann ArbZG § 21 a Rn. 23; HK-ArbZR/Käckenmeister ArbZG § 21 a Rn. 7; Didier NZA 2007, 120 (121). [26] EuGH 18.1.2001 – C-297/99, Slg 2001, I-573 (Skills Motor Coaches); weiterführend zu den Wegezeiten EuGH 29.4.2010 – C-124/09, EuZW 2010, 746 (Smit Reizen); → Rn. 4. [27] EuGH 29.4.2010 – C-124/09, EuZW 2010, 746 (747) (Smit Reizen). [28] Didier NZA 2007, 120 (121). [29] BT-Drs. 16/1685, 12.

beitnehmer am Arbeitsplatz bereithalten muss, um seine Tätigkeit aufzunehmen (§ 21 a Abs. 3 S. 1 Nr. 1 ArbZG), und die Zeit, während derer sich ein Arbeitnehmer bereithalten muss, um seine Tätigkeit auf Anweisung aufnehmen zu können, ohne sich an seinem Arbeitsplatz aufhalten zu müssen (§ 21 a Abs. 3 S. 1 Nr. 2 ArbZG), keine Arbeitszeit darstellen. Dies gilt nach § 21 a Abs. 3 S. 2 ArbZG aber nur, wenn der Zeitraum und dessen voraussichtliche Dauer im Voraus, spätestens aber unmittelbar vor Beginn des betreffenden Zeitraums, bekannt sind. Gleichzeitig sind diese Zeiten nach § 21 a Abs. 3 S. 3 und S. 4 ArbZG weder als Ruhezeiten, noch als Ruhepausen zu qualifizieren. Nach Art. 3 Buchst. c RL 2002/15/EG gelten als Arbeitsplatz die Hauptniederlassung sowie alle Zweigniederlassungen des Unternehmens, das Fahrzeug, das zur Ausübung der Fahrtätigkeit verwendet wird und jeder andere Ort, an dem die mit der Beförderung verbundenen Tätigkeiten ausgeführt werden.

13 Problematisch ist die Reichweite der Ausnahmeregelung des § 21 a Abs. 3 S. 1 Nr. 1 ArbZG. Dabei ist vor allem die Einordnung der praktisch bedeutsamen **Wartezeiten für das Be- und Entladen** des Fahrzeugs, insbesondere im sog Nachrücksystem, fraglich. In der Gesetzesbegründung werden diese Wartezeiten ausdrücklich als möglicher Anwendungsfall des § 21 a Abs. 3 S. 1 Nr. 1 ArbZG erwähnt.[30] Auch in der Literatur wird teilweise argumentiert, dass die oft langen Wartezeiten nicht als Arbeitszeit, sondern im Sinne der Norm als Bereitschaftszeiten zu qualifizieren seien, weil es ausreiche, wenn die voraussichtliche Dauer des Wartezeitraums im Vorfeld bekannt sei. Dafür könne auch auf realistische Schätz- und Erfahrungswerte zurückgegriffen werden.[31] Zu Recht wird diese Position abgelehnt, weil die Ausdehnung des Anwendungsbereichs des § 21 a Abs. 3 S. 1 Nr. 1 ArbZG auf die Wartezeiten beim Be- und Entladen nicht mit Art. 3 Buchst. a Spiegelstrich 2 RL 2002/15/EG im Einklang steht.[32] Danach können derartige Zeiträume nur dann nicht als Arbeitszeit gewertet werden, wenn der Arbeitnehmer zusätzlich frei über seine Arbeitszeit verfügen kann. Deshalb sind im Rahmen einer richtlinienkonformen Auslegung derartige Wartezeiten regelmäßig als Arbeitszeit zu werten.

14 Die Regelung des § 21 a Abs. 3 S. 1 Nr. 2 ArbZG ist eine **Sonderregelung zur Rufbereitschaft**. Erfasst werden nach dem Willen des Gesetzgebers zB freie Zeiten während einer Fährüberfahrt, Wartezeiten an Grenzübergängen oder Wartezeiten aufgrund von befristeten Fahrverboten.[33] Der Anwendungsbereich ist aber nur dann eröffnet, wenn die Zeiten nicht als Ruhepausen oder Ruhezeiten gelten.

15 Für den Einsatz von **Wechselfahrern** sieht § 21 a Abs. 3 S. 1 Nr. 3 ArbZG in Übereinstimmung mit Art. 3 Buchst. b Spiegelstrich 2 RL 2002/15/EG vor, dass die Zeit, die der Arbeitnehmer während der Fahrt neben dem Fahrer oder in einer Schlafkabine verbringt, nicht als Arbeitszeit gilt. Durch den Einsatz von Wechselfahrern sollen vor allem im Güterfernverkehr Transporte ermöglicht werden, die über die zulässigen Höchstlenkzeiten eines Fahrers hinausgehen.[34] Deshalb kommt die Regelung nicht zur Anwendung, wenn der Beifahrer die Fahrt nur mitmacht, um Hilfstätigkeiten auszuführen. Diese Zeiten gelten nach § 21 a Abs. 3 S. 3 ArbZG auch nicht als Ruhezeiten im Sinne des Abs. 5.

V. Vergütungspflicht der Tätigkeiten (Abs. 3)

16 § 21 a Abs. 3 ArbZG ordnet die erfassten Zeiten den **Bereitschaftszeiten** zu, wodurch erreicht werden soll, dass diese bei der Berechnung der zulässigen Höchstarbeitszeit nicht mit einbezogen werden. Die arbeitszeitrechtliche Behandlung von Bereitschaftszeiten ist unabhängig von der Frage der Vergütungspflicht zu betrachten. Bereits im Jahr 2002 hatte das Bundesarbeitsgericht entschieden, dass Be- und Entladezeiten,

---

30 BT-Drs. 16/1685, 12. **31** So ausdrücklich Didier NZA 2007, 120 (122); wohl auch Schliemann ArbZG § 21 a Rn. 29. **32** Buschmann/Ulber ArbZG § 21 a Rn. 13; Anzinger/Koberski ArbZG § 21 a Rn. 16; Buschmann AuR 2006, 417 (418); HK-ArbZR/Käckenmeister ArbZG § 21 a Rn. 9; offen gelassen durch BAG 21.12.2016 – 5 AZR 362/16 Rn. 30. **33** BT-Drs. 16/1685, 12; vgl. Schliemann ArbZG § 21 a Rn. 30. **34** Dazu Buschmann/Ulber ArbZG § 21 a Rn. 15.

während derer ein Kraftfahrer das Betriebsgelände zwar verlassen darf, einem Arbeitsaufruf aber umgehend nachzukommen hat, **arbeitszeitrechtlich eine Arbeitsbereitschaft** darstellt.[35] Daran hat sich auch durch die Einführung des § 21 a Abs. 3 ArbZG nichts geändert. Es erfolgt hierdurch keine Modifizierung dessen, was unter Arbeit zu verstehen ist.[36] Darüber hinaus wird vor dem Hintergrund des Zwecks der Norm auch die **Vergütungspflicht** für diese Zeiten nicht ausgeschlossen. Bereitschaftsdienst stellt zunächst keine volle Arbeitsleistung dar, sondern ist von geringerer Intensität, weil der Arbeitnehmer sich an einer vom Arbeitgeber bestimmten Stelle innerhalb oder außerhalb des Betriebes aufzuhalten hat, damit er erforderlichenfalls seine volle Arbeitstätigkeit zeitnah aufnehmen kann.[37] Nach der Rechtsprechung des Bundesarbeitsgerichts rechtfertigt dieser qualitative Unterschied vertragliche Regelungen, die für den Bereitschaftsdienst eine geringere Vergütung vorsehen.[38] Das Bundesarbeitsgericht hat in einer neueren Entscheidung für die Beifahrerzeiten im Sinne des § 21 Abs. 3 S. 1 Nr. 3 ArbZG jedoch einen vollen Vergütungsanspruch des Arbeitnehmers angenommen, weil eine differenzierende Regelung zur Vergütung von Bereitschaftszeiten fehlte.[39]

VI. Zulässige Höchstarbeitszeit und Ausgleichzeiträume bei Mehrarbeit (Abs. 4)

Für die tägliche Höchstarbeitszeit ist § 3 ArbZG heranzuziehen. Darüber hinaus legt § 21 a Abs. 4 ArbZG eine **wöchentliche Höchstarbeitszeit** für das Fahrpersonal fest. Die Arbeitszeit darf nach § 21 a Abs. 4 S. 1 ArbZG in der Woche 48 Stunden nicht überschreiten. Dieser wochenbezogene Grenzwert schließt dabei jedoch für Kraftfahrer, die unter dessen Anwendungsbereich fallen, die allgemeine Regelung zur kalendertäglichen Höchstarbeitszeit des § 3 ArbZG nicht aus, sondern ergänzt sie nur. Diese **Ergänzungsfunktion** ergibt sich bereits aus der Gesetzesbegründung zu § 21 a ArbZG[40] sowie ferner aus der Gesetzessystematik. So ermöglicht die Tariföffnungsklausel des § 21 a Abs. 6 Nr. 2 ArbZG, dass die Arbeitszeit abweichend von § 21 a Abs. 4 ArbZG sowie den §§ 3, 6 Abs. 2 ArbZG festgelegt werden kann. Sofern keine dementsprechende kollektivrechtliche Ausnahmeregelung vereinbart worden ist, haben Arbeitgeber von Fahrpersonal stets beide Grenzwerte zu beachten. Andernfalls sind die Aufsichtsbehörden gehalten, insbesondere durch gesetzeswiederholende Anordnungen auf die Einhaltung der arbeitszeitrechtlichen Bestimmungen hinzuwirken (→ Rn. 28).[41]
Als Bezugszeitraum für die wöchentliche Höchstarbeitszeit gilt im Sinne des § 21 a Abs. 2 ArbZG eine Kalenderwoche (→ Rn. 10). Die wöchentliche Arbeitszeit darf nach § 21 a Abs. 4 S. 2 ArbZG auf 60 Stunden verlängert werden, wenn innerhalb von 4 Kalendermonaten oder 16 Wochen im Durchschnitt 48 Stunden wöchentlich nicht überschritten werden.[42] Der Ausgleichzeitraum für die verlängerte Arbeitszeit ist deutlich kürzer als der allgemeine Zeitraum nach § 3 S. 2 ArbZG. Wie bei § 3 S. 2 ArbZG ist auch hier fraglich, ob **Urlaubs- und Krankheitstage** im Rahmen des Ausgleichzeitraumes berücksichtigt werden können. Die RL 2002/15/EG verhält sich hierzu nicht. Einer Berücksichtigung steht wohl unter entsprechender Berücksichtigung der Wortlaut des Art. 16 Buchst. b RL 2003/88/EG entgegen, wonach die Zeiten des bezahlten Jahresurlaubs sowie Krankheitszeiten unberücksichtigt bleiben sollen.[43] Gleiches gilt ua für Freistellungen wegen Krankheit eines Kindes oder wegen der Organisation einer bedarfsgerechten Pflege von nahen Angehörigen im Sinne des § 2 PflegeZG.

17

---

35 BAG 29.10.2002 – 1 AZR 603/01, NZA 2003, 1212 (1213). **36** BAG 20.4.2011 – 5 AZR 200/10, NZA 2011, 917 (919); Schliemann ArbZG § 21 a Rn. 22. **37** BAG 16.3.2004 – 9 AZR 93/03, NZA 2004, 927. **38** BAG 17.7.2008 – 6 AZR 505/07, PersV 2009, 27; BAG 25.4.2007 – 6 AZR 799/06, NZA 2007, 1108. **39** BAG 20.4.2011 – 5 AZR 200/10, NZA 2011, 917 (919); ergänzend BAG 12.12.2012 – 5 AZR 355/12, DB 2013, 759. **40** BT-Dr. 16/1685 Begr. zu Nr. 4 S. 13. **41** So zutreffend VG Hamburg 12.3.2015 – 17 K 3507/14, AuR 2015, 238; mAnm Kohte/Weber, jurisPR-ArbR 21/2015 Anm. 2. **42** Dazu LAG Berlin-Brandenburg 6.10.2011 – 6 Sa 932/11. **43** So auch allgemein LAG Berlin-Brandenburg 27.5.2005 – 5 Sa 141/04, NZA-RR 2005, 626 (627); Anzinger/Koberski ArbZG § 3 Rn. 61 ff.; ErfK/Wank ArbZG § 3 Rn. 10; im Ergebnis auch Buschmann/Ulber ArbZG § 21 a Rn. 19; Neumann/Biebl ArbZG § 3 Rn. 10; Junker ZfA 1998, 105 (112); Erasmy NZA 1994, 1105 (1107); aA Dobberahn Rn. 31.

18 Die mögliche **Verlängerung der wöchentlichen Arbeitszeit** auf bis zu 60 Stunden entspricht der Regelung des Art. 4 Buchst. a RL 2002/15/EG. Sie steht grundsätzlich nicht im Widerspruch zu Art. 6 Abs. 2, 3 VO (EG) Nr. 561/2006.[44] Es muss in diesem Zusammenhang aber beachtet werden, dass die wöchentliche Höchstlenkzeit 56 Stunden und die summierte Gesamtlenkzeit während zwei aufeinander folgender Wochen 90 Stunden nicht überschreiten darf. Damit sind die **Höchstlenkzeiten erheblich kürzer** als die zulässigen wöchentlichen Höchstarbeitszeiten. Diese Abweichungen sind vor allem auf die unterschiedlichen Zweckrichtungen der Arbeitszeit und der Lenkzeiten zurückzuführen (→ Rn. 1 f.). Lenkzeiten sind kein originärer arbeitszeitrechtlicher Begriff. Alle Lenkzeiten sind zwar als Arbeitszeit im Sinne des § 21 a ArbZG zu qualifizieren, aber nicht die gesamte Arbeitszeit muss auf Lenkzeiten entfallen. Das bedeutet, dass, damit die kürzeren Höchstlenkzeiten eingehalten werden, bei einer wöchentlichen Arbeitszeit von 60 Stunden mindestens vier Stunden nicht auf die Wahrnehmung von Lenkzeiten entfallen dürfen.[45] Da innerhalb von zwei Kalenderwochen die Lenkzeiten höchstens 90 Stunden betragen dürfen, muss in dieser Zeit der Anteil anderer Arbeitstätigkeiten entsprechend höher ausgestaltet sein. Will der Arbeitgeber die Lenkzeiten voll ausschöpfen und verbleibt daneben kein arbeitszeitrechtlicher Spielraum mehr für andere Arbeitstätigkeiten im Zusammenhang mit Transportaufgaben, dann muss ein anderer Arbeitnehmer mit diesen Arbeiten betraut werden.[46]

VII. Ruhezeiten (Abs. 5)

19 Für das von § 21 a ArbZG erfasste Fahrpersonal findet § 5 ArbZG keine Anwendung, sondern es wird in Abs. 5 klargestellt, dass ausschließlich die **Ruhezeitenregelungen der Verordnung (EG) Nr. 561/2006 und des AETR** gelten sollen. Mit der Erstreckung des Anwendungsbereichs der Ruhezeiten auf Auszubildende und Praktikanten nach § 21 a Abs. 5 S. 2 ArbZG werden die Vorgaben von Art. 6 der RL 2002/15/EG umgesetzt. Eine solche ist erforderlich, weil diese Personen nicht unmittelbar von der Verordnung (EG) Nr. 561/2006 und dem AETR erfasst werden.[47] Eine Gleichbehandlung ist in diesem Bereich arbeitsorganisatorisch sinnvoll, weil es bei gemeinsamen Fahrten von Arbeitnehmern und Auszubildenden nur schwer möglich ist, verschiedene Ruhezeiten aufeinander abzustimmen. Art. 8 iVm Art. 4 VO (EG) Nr. 561/2006[48] und Art. 8 AETR eröffnen verschiedene Möglichkeiten, die Ruhezeiten flexibel zu gestalten. Es muss aber mindestens für **Einzelfahrer** eine tägliche Ruhezeit von regelmäßig elf Stunden (dreimal in der Woche auf 9 Stunden verkürzbar) eingehalten werden. Daneben gilt eine **wöchentliche Ruhezeit** von 45 Stunden. In zwei aufeinander folgenden Wochen hat der Fahrer grundsätzlich mindestens zwei wöchentliche Ruhezeiten von 45 Stunden einzuhalten. Es ist nach Art. 8 Abs. 6 Spiegelstr. 2 VO (EG) Nr. 561/2006 und Art. 8 Abs. 6 Buchst. a ii AETR möglich, dem Fahrer innerhalb von zwei Wochen eine Ruhezeit von 45 Stunden und eine reduzierte Ruhezeit von 24 Stunden zu gewähren. Die Differenz zur regelmäßigen Gesamtruhezeit von 90 Stunden muss dann durch eine gleichwertige Ruhepause, die ohne Unterbrechung vor dem Ende der dritten Woche nach der betreffenden Woche genommen werden muss, ausgeglichen werden.

VIII. Tariföffnungsklausel (Abs. 6)

20 § 21 a Abs. 6 ArbZG ermöglicht den Tarifvertragsparteien, in bestimmten Bereichen von den in § 21 a ArbZG getroffenen Sonderregelungen abzuweichen bzw. nähere Einzelheiten zu regeln. Soweit durch einen Tarifvertrag vermittelt, können auch die Betriebspartner konkretisierend von dieser Öffnungsklausel Gebrauch machen. Art. 8 RL 2002/15/EG sieht die Möglichkeit einer solchen **Tariföffnung** ausdrücklich vor.

---

44 So aber Buschmann/Ulber ArbZG § 21 a Rn. 19 f.; HK-ArbZR/Käckenmeister ArbZG § 21 a Rn. 11. 45 So auch Neumann/Biebl ArbZG § 21 a Rn. 6; wohl auch Schliemann ArbZG § 21 a Rn. 16 ff. 46 Vgl. LAG Thüringen 19.3.2002 – 5/6/5 Sa 527/99, LAGE § 3 ArbZG Nr. 1; LAG Schleswig-Holstein 31.5.2005 – 5 Sa 38/05, NZA-RR 2005, 458 (459). 47 BT-Drs. 16/1685, 13. 48 Zur aktuellen Auslegung von Art. 8 Abs. 6 der Verordnung jetzt Schlussanträge des GA vom 2.2.2017 in der Rs C-102/16 (Vaditrans).

Eine derartige Tariföffnung ist dem Arbeitszeitrecht nicht fremd und findet sich ebenfalls in § 7 und § 12 ArbZG. Sofern keine Sonderregelungen enthalten sind, stehen den Tarifvertragsparteien auch die Abweichungsmöglichkeiten des § 7 ArbZG zu Verfügung.[49] Nach S. § 21 a Abs. 6 S. 2 ArbZG sind aber § 7 Abs. 1 Nr. 2 ArbZG, wonach die Gesamtdauer von Ruhepausen auf Kurzpausen aufgeteilt werden darf, und § 7 Abs. 2 a ArbZG, der die Möglichkeit eröffnet, die Arbeitszeit ohne Ausgleich zu verlängern, davon ausgenommen. Nach S. 3 können abweichende Tarifregelungen nach § 21 a Abs. 6 S. 1 ArbZG unter den Voraussetzungen des § 7 Abs. 3 ArbZG auch von nicht tarifgebundenen Arbeitgebern angewendet werden. Von den Abweichungsmöglichkeiten wurde durch die Tarifvertragsparteien in unterschiedlichen Tarifverträgen Gebrauch gemacht.[50]

Nach § 21 a Abs. 6 S. 1 Nr. 1 ArbZG können die Tarifvertragsparteien nähere Einzelheiten zu den in § 21 a Abs. 3 S. 1 Nr. 1, 2 und S. 2 ArbZG genannten Voraussetzungen regeln. Betroffen sind damit die **Bereitschaftszeiten** und die Zeiten der Bekanntmachung von Bereitschaftszeiten. In der Literatur wird die Ansicht vertreten, dass damit die Tarifvertragsparteien die europarechtlich bedenkliche Herausnahme der Wartezeiten von der Arbeitszeit korrigieren oder für die ausgenommenen Wartezeiten präzisere Regelungen treffen können.[51]

Weiterhin kann nach § 21 a Abs. 6 S. 1 Nr. 2 ArbZG abweichend von Abs. 4 sowie den §§ 3, 6 Abs. 2 ArbZG die Arbeitszeit festgelegt werden, wenn objektive, technische und arbeitszeitorganisatorische Gründe vorliegen. Damit ist es vor allem möglich, die Höchstarbeitszeiten zeitweilig zu verlängern. Der Ausgleichzeitraum für eine durchschnittliche Arbeitszeit von 48 Stunden wöchentlich darf dabei sechs Kalendermonate nicht überschreiten. Die maximale Erweiterungsmöglichkeit des Ausgleichzeitraumes ergibt sich aus Art. 8 Abs. 2 RL 2002/15/EG. Verbreitet sind vor diesem Hintergrund arbeitsvertragliche Vereinbarungen, die eine monatliche Arbeitszeit von bis zu 260 Stunden vorsehen (max. zehn Stunden pro Tag, an sechs Werktagen, 52 Wochen pro Jahr).[52] Nach der Rechtsprechung des Bundesarbeitsgerichts werden solche Klauseln in den Formulararbeitsverträgen so ausgelegt, dass diese sich im Zweifel nur auf die Bemessung des Arbeitsentgeltes beziehen und keine Aussage zum geschuldeten Arbeitsumfang treffen.[53] **Objektive Gründe sind nicht planbare Ereignisse**, wie zB Verkehrsstaus, Straßensperrungen, Unfälle oder plötzliche Kontrollen durch Polizei oder Zollbehörden.[54] Die Voraussetzung der Nichtplanbarkeit gilt auch für die Arbeitsorganisation. Deshalb kommt eine Arbeitszeitverlängerung bei Organisationsfehlern des Arbeitgebers nicht in Betracht.[55] Als nicht planbare technische Gründe sind ua Fahrzeugpannen anzunehmen.

IX. Dokumentations- und Herausgabepflicht des Arbeitgebers (Abs. 7)

Den Arbeitgeber treffen hinsichtlich des bei ihm beschäftigten Fahrpersonals besondere Dokumentationspflichten für die Arbeitszeit. Nach § 21 a Abs. 7 ArbZG ist der Arbeitgeber verpflichtet, die gesamte Arbeitszeit einschließlich der Bereitschaftszeiten des Fahrpersonals aufzuzeichnen und diese Aufzeichnungen für mindestens zwei Jahre aufzubewahren. Die Aufzeichnungspflicht geht damit über die allgemeine Regelung des § 16 Abs. 2 ArbZG hinaus.[56] Zweck der Dokumentation und Aufbewahrung ist es in erster Linie, die im öffentlichen Interesse gebotene Einhaltung der Höchstarbeitszeiten

---

[49] BT-Drs. 16/1685, 13. [50] Vgl. zB § 2 KraftfahrerTV Bund in der Fassung v. 27.2.2010; § 2 a MTV Speditions-, Logistik- und Transportgewerbe NRW – vertiefend LAG Düsseldorf 30.6.2011 – 11 Sa 276/11; nachgehend BAG 17.10.2012 – 5 AZR 697/11, DB 2013, 468. [51] Neumann/Biebl ArbZG § 21 a Rn. 12. [52] LAG Düsseldorf 30.6.2011 – 11 Sa 276/11; dazu auch LAG Berlin-Brandenburg 6.10.2011 – 6 Sa 932/11. [53] BAG 17.10.2012 – 5 AZR 697/11, DB 2013, 468. Die Entscheidung hat das LAG Düsseldorf (30.6.2011 – 11 Sa 276/11) im Ergebnis, aber nicht in der Begründung bestätigt. [54] Neumann/Biebl ArbZG § 21 a Rn. 13; Buschmann/Ulber ArbZG § 21 a Rn. 37. [55] So auch Neumann/Biebl ArbZG § 21 a Rn. 15; Buschmann/Ulber ArbZG § 21 a Rn. 39. [56] BAG 21.12.2016 – 5 AZR 362/16 Rn. 27.

sowie der Lenk- und Ruhezeiten zu überprüfen.[57] Zwar trifft die Pflicht den Arbeitgeber, dieser ist aber nicht zwingend gehalten, die Aufzeichnungen persönlich vorzunehmen, sondern er genügt der Pflicht auch dann, wenn er den Arbeitnehmer anweist, selbst die Aufzeichnungen vorzunehmen („**Selbstaufzeichner**"), sofern er diese Aufzeichnungen ordnungsgemäß kontrolliert.[58]

24 Eine besondere **Form der Dokumentation** ist nicht vorgeschrieben. Nach der Gesetzesbegründung kann der Nachweis mit dazu geeigneten Unterlagen, wie zB Schaublättern oder Speicherdaten der digitalen Kontrollgeräte, wenn sich die geleisteten Arbeitszeiten vollständig entnehmen lassen, geführt werden.[59] Zumindest bei Fahrzeugen mit einem Gesamtgewicht von 2,8 t bis 3,5 t (§§ 1, 20 FPersV) müssen EG-Kontrollgeräte nicht eingebaut werden.[60] Deshalb können hier unter bestimmten Voraussetzungen auch **handschriftliche Aufzeichnungen** für den Arbeitszeitnachweis genügen. Die Aufzeichnungen müssen Lenkzeiten, alle sonstigen Arbeitszeiten, die Fahrunterbrechungen und die täglichen und wöchentlichen Ruhezeiten ausweisen. Sie müssen für jeden Tag getrennt angefertigt werden und müssen den Vor- und Nachnamen, Datum, amtliches Kennzeichen, den Ort des Endes der Fahrt sowie die Kilometerstände des Fahrzeugs bei Fahrtbeginn und -ende enthalten. Es kann dafür das **Muster** aus Anlage 1 zur Fahrpersonalverordnung verwendet werden.[61]

25 Von erheblicher praktischer Bedeutung ist der **Herausgabeanspruch** des Arbeitnehmers nach § 21 a Abs. 7 S. 3 ArbZG. Danach ist der Arbeitgeber verpflichtet, dem Arbeitnehmer auf Verlangen eine Kopie der Aufzeichnungen seiner Arbeitszeiten auszuhändigen. Da auch dem Fahrer bei Verstößen gegen die Höchstarbeitszeit ein Bußgeld droht, soll ihm die Rekonstruktion zurückliegender Arbeitszeiten ermöglicht werden.[62] Mit diesen Aufzeichnungen kann dem Arbeitnehmer aber auch die prozessuale Geltendmachung zB von Mehrarbeitsvergütungsansprüchen erleichtert werden.[63] Der Anspruch muss vom Arbeitnehmer ausdrücklich geltend gemacht werden; er erstreckt sich nach Ansicht der Rechtsprechung grundsätzlich nur auf die Mindestaufbewahrungszeit von zwei Jahren.[64] Der Anspruch besteht unabhängig vom Zweck, den der Fahrer mit den Daten verfolgt. Die Regelung enthält insoweit keine Einschränkungen.[65] Der Fahrer kann den Anspruch **nicht verwirken**, weil der Arbeitgeber in der Regel nicht darauf vertrauen darf, mit einem solchen Herausgabeverlangen nicht konfrontiert zu werden.[66]

26 Die dokumentierten Arbeitszeiten können für beide Parteien als Hilfsmittel zur Darlegung der Arbeitszeit[67] vor allem in **Überstundenprozessen**[68] eine wichtige Rolle spielen, in denen der Arbeitnehmer nach den allgemeinen Grundsätzen die Darlegungs- und Beweislast für die Leistung der Überstunden trägt.[69] Nach der Rechtsprechung des Bundesarbeitsgerichts kann ein Kraftfahrer, dem vom Arbeitgeber bestimmte Touren zugewiesen wurden, seiner Darlegungslast dadurch genügen, dass er vorträgt, an welchen Tagen er welche Tour wann begonnen und wann beendet hat. Im Rahmen der abgestuften Darlegungs- und Beweislast ist es dann Sache des Arbeitgebers, unter Auswertung der Aufzeichnungen nach § 21 a Abs. 7 ArbZG substantiiert darzulegen, an welchen Tagen der Arbeitnehmer aus welchen Gründen in geringerem zeitlichen Umfang gearbeitet hat.[70]

---

57 LAG Hessen 12.10.2011 – 18 Sa 563/11; LAG Rheinland-Pfalz 17.3.2010 – 7 Sa 708/09; Buschmann/Ulber ArbZG § 21 a Rn. 44 a. **58** BT-Drs. 16/1685, 13. **59** LAG Hessen 12.10.2011 – 18 Sa 563/11; Schliemann ArbZG § 21 a Rn. 39. **59** BT-Drs. 16/1685, 13. **60** Art. 3 VO (EU) 165/2014. **61** Ausführlich Andresen/Winkler FPersV § 1 Rn. 16. **62** LAG Köln 19.6.2012 – 11 Sa 148/12; LAG Hessen 12.10.2011 – 18 Sa 563/11; LAG Rheinland-Pfalz 17.3.2010 – 7 Sa 708/09. **63** So wohl auch Buschmann/Ulber ArbZG § 21 a Rn. 54. **64** LAG Köln 19.6.2012 – 11 Sa 148/12; LAG Hamm 11.11.2011 – 19 Sa 858/11. **65** So auch LAG Hessen 12.10.2011 – 18 Sa 563/11. **66** LAG Köln 19.6.2012 – 11 Sa 148/12. **67** BAG 21.12.2016 – 5 AZR 362/16 Rn. 27. **68** ausführlich Klocke RdA 2014, 223 ff. **69** BAG 16.5.2012 – 5 AZR 347/11, NZA 2012, 939 (941); LAG Niedersachsen 26.11.2007 – 9 Sa 92/07, AuA 2008, 560. **70** BAG 16.5.2012 – 5 AZR 347/11, NZA 2012, 939 (941 f.).

X. Gesamtarbeitszeit (Abs. 8)

Auf Verlangen des Arbeitgebers hat der Arbeitnehmer nach § 21 a Abs. 8 ArbZG Arbeitszeiten, die er bei anderen Arbeitgebern geleistet hat, in einer Aufstellung schriftlich vorzulegen. Die Aufstellungspflicht bezieht sich auf **alle** tatsächlich geleisteten **Arbeitszeiten**.[71] Der Arbeitgeber hat gegenüber dem Arbeitnehmer, aber nicht gegenüber dem anderen Arbeitgeber, einen solchen **Auskunftsanspruch**.[72]

27

XI. Rechtsfolgen von Verstößen

Die Einhaltung der arbeitszeitrechtlichen Vorgaben des § 21 a ArbZG wird durch die nach § 17 ArbZG zuständigen **Aufsichtsbehörden** überwacht und es können die erforderlichen Maßnahmen zur Erfüllung der Verpflichtungen angeordnet werden. Öffentlich-rechtlich sind Verstöße gegen § 21 a Abs. 4 ArbZG und § 21 a Abs. 7 ArbZG nach § 22 Abs. 1 Nr. 1, 9 ArbZG mit einer Geldbuße von bis zu 15.000 EUR **bußgeldbewehrt**. Nach Ansicht der Rechtsprechung sind Zusagen des Arbeitgebers, dem Arbeitnehmer etwaige Geldbußen für Verstöße gegen Vorschriften über Lenkzeiten im Güterfernverkehr zu erstatten, mit dem Ziel, dass der Arbeitnehmer bewusst dagegen verstößt, nach § 138 BGB **sittenwidrig** und damit unwirksam.[73]

28

Die Grenzen, die sich aus den arbeitszeitrechtlichen Vorschriften ergeben, beschränken das **Weisungsrecht** des Arbeitgebers nach § 106 GewO, § 315 Abs. 3 BGB.[74] Der Arbeitnehmer hat gegen den Arbeitgeber einen eigenständigen einklagbaren Anspruch auf Einhaltung der Höchstarbeitszeitgrenzen aus § 618 Abs. 1 BGB iVm § 21 a Abs. 1 ArbZG (→ BGB § 618 Rn. 47, 52). Die Regelung des § 618 Abs. 1 BGB als zivilrechtliche Ausprägung der Gesundheitsschutzpflicht des Arbeitgebers wird durch das europäische und nationale Arbeitsschutzrecht konkretisiert, so dass die Einhaltung dieser Regelungen zugleich arbeitsvertraglich geschuldet wird.[75] Gleiches gilt für die Einhaltung der vorgeschriebenen Ruhezeiten.[76] Große praktische Relevanz hat das den Arbeitnehmern zustehende **Zurückbehaltungsrecht** nach § 273 BGB bei Verstößen des Arbeitgebers gegen die Arbeitszeitregelungen.[77]

29

Die Überwachung der arbeitszeitrechtlichen Vorgaben des § 21 a ArbZG gehört zu den allgemeinen Aufgaben des Betriebsrates nach § 80 Abs. 1 Nr. 1 BetrVG. Die Dokumentationspflicht des § 21 a Abs. 7 ArbZG ist auch gegenüber dem Betriebsrat zu beachten (allgemein dazu → ArbZG § 3 Rn. 51).[78] Diese Aufzeichnungen kann der Betriebsrat zur Ausübung seines Mitbestimmungsrechts im Rahmen des § 87 Abs. 1 Nr. 2 BetrVG zur Lage der Arbeitszeit heranziehen. Dabei ist zu beachten, dass sich nach der gefestigten Rechtsprechung des Bundesarbeitsgerichts die **Mitbestimmung nach § 87 Abs. 1 Nr. 2 BetrVG** auch auf Bereitschaftszeiten und auf Rufbereitschaft erstreckt,[79] so dass sich hieraus effektive Gestaltungsmöglichkeiten ergeben können.[80] Wenn im Sinne des § 21 a Abs. 6 ArbZG durch einen Tarifvertrag vermittelt den Betriebsparteien die Möglichkeit gegeben wird, insbesondere den Ausgleichzeitraum zu verlängern, dann ist dies nur im Wege einer freiwilligen Betriebsvereinbarung möglich. Wenn der Arbeitgeber ohne die Beteiligung des Betriebsrates zB eine Verlängerung des Ausgleichszeitraumes vornimmt, dann steht dem Betriebsrat ein allgemeiner Unterlassungsanspruch zu, der unter Umständen auch im Wege der einstweiligen Verfügung geltend gemacht werden kann (dazu auch → ArbZG § 3 Rn. 51).[81]

30

---

[71] Buschmann/Ulber ArbZG § 21 a Rn. 58; Anzinger/Koberski ArbZG § 21 a Rn. 35. [72] HK-ArbZR/Käckenmeister ArbZG § 21 a Rn. 18. [73] BAG 25.1.2001 – 8 AZR 465/00, NZA 2001, 653 f.; dazu auch LAG Rheinland-Pfalz 10.4.2008 – 10 Sa 892/06. [74] BAG 18.11.2008 – 9 AZR 737/07, NZA 2009, 1303. [75] Vgl. BAG 11.7.2006 – 9 AZR 519/05, NZA 2007, 155 (157); Münch/ArbR/Kohte § 291 Rn. 17 ff.; ErfK/Wank BGB § 618 Rn. 23; MüKo-BGB/Henssler BGB § 618 Rn. 86. [76] BAG 18.11.2008 – 9 AZR 737/07, NZA-RR 2009, 354; LAG Berlin-Brandenburg 21.5.2010 – 6 Sa 350/10, DB 2010, 1533 f.; Buschmann/Ulber ArbZG § 21 a Rn. 33. [77] Schaub/Vogelsang § 155 Rn. 5. [78] So zur restriktiveren Dokumentationspflicht des § 16 Abs. 2 ArbZG – BAG 6.5.2003, 1 ABR 13/02, NZA 2003, 1348. [79] BAG 29.2.2000 – 1 ABR 15/99, NZA 2000, 1243; HaKo-BetrVG/Kohte BetrVG § 87 Rn. 41. [80] Heimlich/Hamm/Grun/Fütterer Einl. Teil B. [81] BAG 25.2.1997 – 1 ABR 68/96, NZA 1997, 955.

31 Die Lenkzeitenregelungen und die arbeitszeitrechtlichen Vorgaben wirken sich auch auf Fragen der **Arbeitnehmerhaftung** aus.[82] Dies gilt insbesondere für Fälle, in denen ein Schaden auf eine arbeitsbedingte Übermüdung zurückzuführen ist. Wenn die Übermüdung auf eine vom Arbeitgeber veranlasste Überschreitung der einschlägigen Arbeitszeitvorschriften zurückzuführen ist, kommt unabhängig vom Fahrlässigkeitsgrad des Arbeitnehmers wegen überwiegenden Mitverschuldens des Arbeitgebers – da die fehlerhafte Arbeitsorganisation den Unfall entscheidend mitverursacht hat – regelmäßig ein Haftungsausschluss des Arbeitnehmers in Betracht.[83] Nach der Rechtsprechung des Bundesgerichtshofs begründet das Herbeiführen eines Verkehrsunfalls durch einen übermüdeten Fahrer allenfalls dann den Vorwurf eines leichtfertigen und in dem Bewusstsein erfolgten Handelns, dass ein Schaden mit Wahrscheinlichkeit eintreten werde, wenn sich der Fahrer bewusst über das von ihm erkannte deutliche Anzeichen einer Übermüdung hinwegsetzt.[84] Kommt es aufgrund der Nichteinhaltung der zulässigen Lenk-, Ruhe- und Arbeitszeiten zu einem Unfall, haftet der Arbeitgeber uU neben § 7 StVG auch nach § 831 BGB für den Fahrer und es kommt ein Schadensersatz aus § 823 Abs. 1 BGB wegen Organisationsverschuldens in Betracht.[85] Nach der Rechtsprechung des Bundesarbeitsgerichts zu § 114 Abs. 2 VVG darf der Selbstbehalt des Arbeitgebers bei der Kfz-Haftpflichtversicherung auch bei Fahrlässigkeit nicht auf den Fahrer abgewälzt werden.[86]

Siebter Abschnitt Straf- und Bußgeldvorschriften

§ 22 ArbZG Bußgeldvorschriften

(1) Ordnungswidrig handelt, wer als Arbeitgeber vorsätzlich oder fahrlässig
1. entgegen §§ 3, 6 Abs. 2 oder § 21 a Abs. 4, jeweils auch in Verbindung mit § 11 Abs. 2, einen Arbeitnehmer über die Grenzen der Arbeitszeit hinaus beschäftigt,
2. entgegen § 4 Ruhepausen nicht, nicht mit der vorgeschriebenen Mindestdauer oder nicht rechtzeitig gewährt,
3. entgegen § 5 Abs. 1 die Mindestruhezeit nicht gewährt oder entgegen § 5 Abs. 2 die Verkürzung der Ruhezeit durch Verlängerung einer anderen Ruhezeit nicht oder nicht rechtzeitig ausgleicht,
4. einer Rechtsverordnung nach § 8 Satz 1, § 13 Abs. 1 oder 2, § 15 Absatz 2 a Nummer 2, § 21 Absatz 1 oder § 24 zuwiderhandelt, soweit sie für einen bestimmten Tatbestand auf diese Bußgeldvorschrift verweist,
5. entgegen § 9 Abs. 1 einen Arbeitnehmer an Sonn- oder Feiertagen beschäftigt,
6. entgegen § 11 Abs. 1 einen Arbeitnehmer an allen Sonntagen beschäftigt oder entgegen § 11 Abs. 3 einen Ersatzruhetag nicht oder nicht rechtzeitig gewährt,
7. einer vollziehbaren Anordnung nach § 13 Abs. 3 Nr. 2 zuwiderhandelt,
8. entgegen § 16 Abs. 1 die dort bezeichnete Auslage oder den dort bezeichneten Aushang nicht vornimmt,
9. entgegen § 16 Abs. 2 oder § 21 a Abs. 7 Aufzeichnungen nicht oder nicht richtig erstellt oder nicht für die vorgeschriebene Dauer aufbewahrt oder
10. entgegen § 17 Abs. 4 eine Auskunft nicht, nicht richtig oder nicht vollständig erteilt, Unterlagen nicht oder nicht vollständig vorlegt oder nicht einsendet oder entgegen § 17 Abs. 5 Satz 2 eine Maßnahme nicht gestattet.

(2) Die Ordnungswidrigkeit kann in den Fällen des Absatzes 1 Nr. 1 bis 7, 9 und 10 mit einer Geldbuße bis zu fünfzehntausend Euro, in den Fällen des Absatzes 1 Nr. 8 mit einer Geldbuße bis zu zweitausendfünfhundert Euro geahndet werden.

---

[82] Dazu Kohte, Arbeitnehmerhaftung und Arbeitgeberrisiko, S. 176 ff.; sowie ders. DB 1982, 1617; Worzalla NZA 1991, 166 (169). [83] Vgl. Kohte DB 1982, 1617 ff.; offengelassen BAG 2.2.1983 – 7 AZR 300/79; BAG 21.10.1983 – 7 AZR 488/80, NZA 1984, 83. [84] BGH 21.3.2007 – I ZR 166/04, NJW-RR 2007, 1630 (1631); vertiefend Schriefers/Schlattmann TranspR 2011, 18. [85] OLG Hamm 9.12.2008 – T 9 U 20/08, NJW 2009, 2685. [86] BAG 13.12.2012 – 8 AZR 432/11, BB 2013, 820, dazu Weber JR 2013, 386.

Bußgeldvorschriften § 22 ArbZG

Literatur: *Bross*, Handbuch Arbeitsstrafrecht, 2017 (zit.: Bross/Bearbeiter); *Brüssow/Petri*, Arbeitsstrafrecht, 2007; *Gehrke/Kraft/Richter*, Arbeitsstrafrecht, 2015 (zitiert: GKR/Bearbeiter); *Grunewald*, Grundlagen und Grenzen der Vertrauensarbeitszeit, 2005; *Herzberg*, Die Verantwortung für Arbeitsschutz und Unfallverhütung im Betrieb, 1984; *Ignor/Mosbacher*, Handbuch Arbeitsstrafrecht, 3. Aufl. 2016 (zitiert: Ignor/Mosbacher/Bearbeiter); *Kohte*, Arbeitnehmerhaftung und Arbeitgeberrisiko, 1983; *Lohmann-Haislah*, Stressreport Deutschland 2012, Bundesanstalt für Arbeitsschutz und Arbeitsmedizin.

Leitentscheidungen: OLG Jena 2.9.2010 – 1 Ss Bs 57/10, AuR 2011, 131; KG 8.7.1998 – 2 Ss 109/98.

I. Normzweck und Systematik..... 1
II. Entstehungsgeschichte, Unionsrecht 3
III. Detailkommentierung 5
 1. Zuwiderhandlung gegen das Verbot der Beschäftigung über die Grenzen zulässiger Arbeitszeit hinaus, § 22 Abs. 1 Nr. 1 ArbZG.... 6
 2. Nicht, verspätete oder verkürzte Gewährung von Ruhepausen, § 22 Abs. 1 Nr. 2 ArbZG.... 7
 3. Unterschreiten der Mindestruhezeiten ohne rechtzeitigen Ausgleich durch Verlängerung einer anderen Ruhezeit, § 22 Abs. 1 Nr. 3 ArbZG.... 9
 4. Zuwiderhandlung gegen Rechtsverordnungen, § 22 Abs. 1 Nr. 4 ArbZG.... 10
 5. Beschäftigung an Sonn- und Feiertagen entgegen § 9 Abs. 1 ArbZG, § 22 Abs. 1 Nr. 5 ArbZG.... 11
 6. Beschäftigung entgegen § 11 Abs. 1 ArbZG an allen Sonntagen, nicht oder verspätete Gewährung von Ersatzruhetagen, § 22 Abs. 1 Nr. 6 ArbZG.... 12
 7. Zuwiderhandlungen gegen eine vollziehbare Anordnung, § 22 Abs. 1 Nr. 7 ArbZG.... 13
 8. Nichtvornahme eines Aushanges, § 22 Abs. 1 Nr. 8 ArbZG.... 14
 9. Verstoß gegen die Pflicht zum Erstellen und Verwahren von Aufzeichnungen, §22 Abs. 1 Nr. 9 ArbZG.... 15
 10. Fehlende, unrichtige, unvollständige Auskunftserteilung; verweigerte oder unvollständige Vorlage von Unterlagen; Nichtgestattung des Betretens oder Besichtigens der Arbeitsstätte, § 22 Abs. 1 Nr. 10 ArbZG .. 16
 11. Adressaten des Bußgeldbescheides..................... 17
 12. Rechtswidrigkeit 22
 13. Innere Tatseite: Vorsatz, Fahrlässigkeit, Irrtum 23
 14. Sonstiges.................... 25
  a) Höhe der Geldbuße...... 25
  b) Verfolgungsbehörde 26
  c) Verjährung.............. 27
  d) Eintrag ins Gewerbezentralregister 28
  e) Konkurrenzen........... 29

I. Normzweck und Systematik

Ordnungs- bzw. strafbewehrt sind die Verstöße des Arbeitgebers gegen praktisch alle wesentlichen[1] Bestimmungen des Arbeitszeitgesetzes. Sie dienen der Effizienzsteigerung bei der **Gewährleistung der Sicherheit und Gesundheit der Arbeitnehmer durch Sanktionsvorschriften**. Der Schutz der körperlichen Unversehrtheit durch geeignete Schutzvorschriften ist Pflicht des Staates aus Art. 2 Abs. 2 S. 1 GG. Diese Aufgabe ist dringlich, denn der von der BAuA herausgegebene Stressreport 2012 und der Arbeitszeitreport 2016 haben eine beachtliche Quote von Verstößen gegen das materielle Arbeitszeitrecht dokumentiert (→ ArbZG § 4 Rn. 28).[2] 1

Im Unterschied zur früheren Rechtslage werden die **Ordnungswidrigkeiten** nach § 22 ArbZG und die **Strafnormen** in § 23 ArbZG **deutlich unterschieden**, auch wenn die 2

---

1 Schliemann ArbZG § 22 Rn. 1; aA unzureichender Schutz der Sonntagsruhe: Buschmann/Ulber ArbZG § 22 Rn. 1. 2 Lohmann-Haislah, Stressreport 2012, S. 51, 113 ff.; Arbeitszeitreport 2016, S. 25 ff.

Strafnormen auf einigen Bußgeldtatbeständen aufbauen. In dem zwei Jahre später verabschiedeten **ArbSchG** ist diese **Struktur sichtbar übernommen** worden, ebenso auch jetzt in den §§ 32, 33 MuSchG 2018,[3] während in dem kaum modernisierten Jugendarbeitsschutzrecht weiter eine Verklammerung von Ordnungswidrigkeit und Strafnorm nach dem Vorbild der früheren AZO in einer Norm (§ 58 JArbSchG) zu finden ist.

II. Entstehungsgeschichte, Unionsrecht

3 Die Norm des § 22 ArbZG lehnt sich an das **Vorbild der Norm des § 25 AZO** an, die allerdings nicht ohne Änderungen übernommen worden ist. Der Regierungsentwurf orientierte sich in der Struktur an den Tatbestandsmerkmalen des § 25 Abs. 1 AZO, modernisierte diese jedoch und passte sie den Kategorien des ArbZG an. Der Bußgeldrahmen wurde gegenüber der AZO erweitert und im weiteren Verlauf der Beratungen durch den Bundesrat weiter aufgestockt.[4] In den Ausschussberatungen des Bundestages wurde in Anlehnung an die frühere Rechtslage der Bußgeldrahmen für die Verletzung von Informationspflichten nach § 22 Abs. 1 Nr. 8 ArbZG abgesenkt.[5] Dagegen wurde er nicht gesenkt für die nach § 22 Abs. 1 Nr. 9 ArbZG sanktionierten Aufzeichnungspflichten, weil man von dem zutreffenden Erfahrungssatz ausging, dass formelle Verstöße nicht selten der Verschleierung materieller Verstöße dienen.[6]

4 Art. 4 Abs. 2 der RL 89/391/EWG, der nach Art. 1 Abs. 4 der RL 2003/88/EG auch für das Arbeitszeitrecht gilt, verlangt von den Mitgliedsstaaten, dass diese für eine angemessene Kontrolle und Überwachung sorgen. Die Überwachung wird durch § 17 ArbZG geregelt. **Zur Kontrolle gehört** in Übereinstimmung mit dem von Deutschland ratifizierten ILO-Übereinkommen 187 auch **die Existenz und Anwendung von Sanktionsnormen**.[7] Typische Sanktionsnormen sind in Deutschland auch für vergleichbare Fälle im Ordnungswidrigkeitenrecht verankert, so dass § 22 ArbZG systemgerecht eingefügt ist.

III. Detailkommentierung

5 Im Mittelpunkt des § 22 ArbZG steht Abs. 1, der mit zehn unterschiedlichen Tatbestandsmerkmalen enumerativ und abschließend[8] die Bußgeldnormen des Arbeitszeitrechts bestimmt. Den Aufsichtsbehörden wird damit neben den verwaltungsrechtlichen Befugnissen nach § 17 ArbZG eine zweite Handlungsmöglichkeit zur Verfügung gestellt, die sie nach pflichtgemäßem Ermessen nutzen können (→ ArbZG § 17 Rn. 10).[9]

6 **1. Zuwiderhandlung gegen das Verbot der Beschäftigung über die Grenzen zulässiger Arbeitszeit hinaus, § 22 Abs. 1 Nr. 1 ArbZG**. Die zulässige Arbeitszeit ist vor allem in § 3 ArbZG geregelt. Die Bestimmung der Arbeitszeit ist in § 2 Abs. 1 S. 1 ArbZG definiert. Die Wegezeiten zum Betrieb fallen nicht unter die Arbeitszeit.[10] Die Kategorien der Vollarbeitszeit, der Arbeitsbereitschaft und des Bereitschaftsdienstes entsprechen den Definitionen des ArbZG (→ ArbZG § 2 Rn. 9 ff.). Die wichtigste Fallgruppe der Nr. 1 ist die **Überschreitung der Höchstarbeitszeit**, die nach § 3 S. 1 ArbZG bei mehr als zehn Stunden regelmäßig gesetzwidrig ist. Eine Überschreitung der Arbeitszeit von acht Stunden muss innerhalb des Ausgleichszeitraums nach § 3 S. 2 ArbZG ausgeglichen werden. Eine unionsrechtskonforme Auslegung kommt im Sanktionsrecht nicht in Betracht.[11] Bußgeldrechtlich sanktioniert sind schließlich die kürzeren Ausgleichszeiträume der Nachtarbeitnehmer in § 6 Abs. 2 ArbZG.[12] Tarifvertragliche Regelungen nach § 7 ArbZG sind auch im Rahmen des § 22 ArbZG zu beachten.[13] Als Tathandlung reicht bereits die Duldung der Überschreitung aus (→ ArbZG § 3 Rn. 53).

---

3 BGBl. 2017 I 1228, 1239. **4** BT-Drs. 12/5888, 47. **5** BT-Drs. 12/6990, 21, 45; vgl. Baeck/Deutsch ArbZG § 22 Rn. 1. **6** BT-Drs. 12/5888, 33; ebenso Anzinger/Koberski ArbZG § 16 Rn. 21. **7** Vgl. KJP/Pinter ArbSchG § 25 Rn. 1. **8** ErfK/Wank ArbZG § 22 Rn. 2; Buschmann/Ulber ArbZG § 22 Rn. 2 mit Hinweis auf Sanktionslücken bei Verletzung der VO 561/2006; ähnlich GKR/Richter Kap. 2 Rn. 797. **9** Anzinger/Koberski ArbZG § 22 Rn. 2. **10** ErfK/Wank ArbZG § 2 Rn. 25. **11** Kohte CR 1997, 620 zu EuGH 12.12.1996 – C 74/95, NZA 1997, 307 = CR 1997, 617; Bross/Waßmer Kap. 18 Rn. 8. **12** GKR/Richter Kap. 2 Rn. 801. **13** GKR/Richter Kap. 2 Rn. 803.

2. Nicht, verspätete oder verkürzte Gewährung von Ruhepausen, § 22 Abs. 1 Nr. 2 ArbZG.
Ordnungswidrig handelt, wer **Ruhepausen** nicht, verspätet oder verkürzt gewährt. Ruhepausen sind Unterbrechungen der Arbeitszeit von bestimmter Dauer, die der Erholung dienen (→ ArbZG § 4 Rn. 6).[14] Es muss sich um im Voraus festliegende Unterbrechungen der Arbeitszeit handeln, in denen der Arbeitnehmer weder Arbeit zu leisten, noch sich dafür bereitzuhalten hat. Er muss frei darüber entscheiden können, wo und wie er diese Zeit verbringen will. Entscheidendes Merkmal der Ruhepause ist, dass der Arbeitnehmer von jeder Arbeitsverpflichtung und auch von jeder Verpflichtung, sich zur Arbeit bereitzuhalten, freigestellt ist. Eine Pausenregelung genügt dann nicht den gesetzlichen Anforderungen, wenn den Arbeitnehmern gestattet wird, Pausen zu nehmen, dies ihnen aber aus tatsächlichen oder rechtlichen Gründen unmöglich ist.[15]

Inaktive Zeiten des Bereitschaftsdienstes stellen **keine Ruhepausen** dar. Denn beim Bereitschaftsdienst als Arbeitszeit iSv § 2 Abs. 1 ArbZG kann der Arbeitgeber den Aufenthaltsort des Arbeitnehmers bestimmen und ihn jederzeit einsetzen. Der Arbeitnehmer kann mithin nicht frei über die Pausenzeit verfügen, sondern muss jederzeit mit dem Einsatz rechnen. Daher müssen für den Bereitschaftsdienst Ruhepausen ohne die Verpflichtung, im Bereitschaftsdienstfalle tätig zu werden, gewährleistet sein.[16] Im Voraus feststehend ist die Ruhepause auch dann, wenn ein zeitlich definierter Rahmen festgelegt ist, innerhalb dessen der Arbeitnehmer seine Ruhepause nehmen kann. Nicht erforderlich ist, dass er hierbei den Betrieb verlassen darf.[17]

3. Unterschreiten der Mindestruhezeiten ohne rechtzeitigen Ausgleich durch Verlängerung einer anderen Ruhezeit, § 22 Abs. 1 Nr. 3 ArbZG.
§ 5 Abs. 1 ArbZG sieht vor, dass Arbeitnehmer nach Beendigung der täglichen Arbeitszeit eine **ununterbrochene Ruhezeit** von mindestens elf Stunden haben müssen. Diese Vorschrift gehört auch in der Rechtsprechung des EuGH zu den zentralen Vorschriften, die unbedingt einzuhalten sind.[18] Ausnahmen sind in § 5 Abs. 2 ArbZG abschließend aufgezählt. Während der Ruhezeit darf der Arbeitnehmer weder zur Arbeit noch zur Arbeitsbereitschaft herangezogen werden.[19] Bereitschaftsdienst ist stets Arbeitszeit, Rufbereitschaft gilt als Arbeitszeit, soweit der Arbeitnehmer tatsächlich zur Arbeit herangezogen wird (→ ArbZG § 2 Rn. 32).

4. Zuwiderhandlung gegen Rechtsverordnungen, § 22 Abs. 1 Nr. 4 ArbZG.
Nach § 22 Abs. 1 Nr. 4 ArbZG handelt ordnungswidrig, wer vorsätzlich oder fahrlässig einer Rechtsverordnung nach § 8 S. 1, § 13 Abs. 1 oder Abs. 2 oder § 24 ArbZG zuwider handelt, soweit für einen bestimmten Tatbestand auf diese Bußgeldvorschrift verwiesen wird. § 22 Abs. 1 Nr. 4 ArbZG ist eine **zulässige Form einer Blankettnorm** (→ ArbSchG § 25 Rn. 6), so dass sich die Frage, ob und inwieweit eine Ordnungswidrigkeit begangen ist, nicht nach dem Arbeitszeitgesetz selbst richtet. Maßgeblich ist, ob eine auf Grundlage von §§ 8, 13 oder § 24 ArbZG erlassene Rechtsverordnung für einen bestimmten Tatbestand eine Verweisungsklausel auf § 22 Abs. 1 Nr. 4 ArbZG enthält. Zum Zeitpunkt der Drucklegung verweist **ausschließlich § 23 DruckluftV** auf § 22 Abs. 1 Nr. 4 ArbZG (→ ArbZG § 8 Rn. 16).[20]

5. Beschäftigung an Sonn- und Feiertagen entgegen § 9 Abs. 1 ArbZG, § 22 Abs. 1 Nr. 5 ArbZG.
Grundsätzlich handelt ordnungswidrig, wer seine Arbeitnehmer außerhalb der abschließenden Ausnahmen der §§ 10, 13, 14 ArbZG sonntags beschäftigt. Die Kategorie der Beschäftigung ist nicht nur bei regulärer Arbeit, sondern auch bei Rufbereitschaft erfüllt (→ ArbZG § 9 Rn. 14).[21] Unter den Voraussetzungen von § 9 Abs. 2

---

14 St Rspr. des BAG, zB BAG 29.10.2002 – 1 AZR 603/01, NZA 2003, 1212; BAG 13.10.2009 – 9 AZR 139/08, ZTR 2010, 79. Ebenso Neumann/Biebl, 16. Aufl. 2012, ArbZG § 4 Rn. 2; Buschmann/Ulber ArbZG § 4 Rn. 1; Schliemann ArbZG § 4 Rn. 6. **15** So bereits BAG 23.9.1992 – 4 AZR 562/91, NZA 1993, 752. **16** ErfK/Wank ArbZG § 4 Rn. 1. **17** Ignor/Mosbacher/Schlottfeldt § 9 Rn. 59; Bross/Waßmer Kap. 18 Rn. 70. **18** EuGH 9.9.2003 – C-151/02, NZA 2003, 1019 (1024) (Jaeger). **19** ErfK/Wank ArbZG § 5 Rn. 2. **20** GKR/Richter Kap. 2 Rn. 811; Bross/Waßmer Kap. 18 Rn. 81. **21** GKR/Richter Kap. 2 Rn. 812.

ArbZG ist eine Verlegung der Sonn- und Feiertagsruhe bei Wechselschichtbetrieben mit regelmäßiger Tag- und Nachschicht um bis zu sechs Stunden möglich.[22]

12   **6. Beschäftigung entgegen § 11 Abs. 1 ArbZG an allen Sonntagen, nicht oder verspätete Gewährung von Ersatzruhetagen, § 22 Abs. 1 Nr. 6 ArbZG.** Ordnungswidrig handelt, wer als Arbeitgeber seinen Arbeitnehmern nicht mindestens 15 freie Sonntage im Jahr einräumt. Der Arbeitnehmer darf an 15 Sonntagen im Jahr überhaupt nicht beschäftigt werden, hierbei ist jede Art der Beschäftigung auch in Arbeitsbereitschaft, Bereitschaftsdienst oder Rufbereitschaft unzulässig. Ordnungswidrig handelt der Arbeitgeber auch dann, wenn er **vor oder nach** den nicht arbeitsfreien Sonntagen in einem Zeitraum von zwei Wochen keinen Ersatzruhetag gewährt. Hierzu kommt jeder – auch der arbeitsfreie – Werktag in diesem Zeitraum in Betracht.[23]

13   **7. Zuwiderhandlungen gegen eine vollziehbare Anordnung, § 22 Abs. 1 Nr. 7 ArbZG.** Bewilligt die Aufsichtsbehörde nach § 13 Abs. 3 Nr. 2 a–c ArbZG die Beschäftigung von Arbeitnehmern abweichend von § 9 ArbZG, so kann sie Anordnungen über die Beschäftigungszeit treffen. Anordnungen zur Beschäftigungszeit können sowohl Lage und Dauer der zulässigen Arbeitszeit an Sonn- und Feiertagen betreffen, als auch die Mindestruhezeiten oder den Ausgleichszeitraum nach § 11 Abs. 3 und 4 ArbZG festlegen.[24] Im Vergleich zu § 25 Abs. 1 Nr. 2 ArbSchG (→ ArbSchG § 25 Rn. 10 ff.) ist dieser Tatbestand sehr viel enger gefasst, weil die allgemeinen Anordnungen nach § 17 ArbZG (→ ArbZG § 17 Rn. 35 ff.), die sich nicht auf die Sonntagsarbeit beziehen, nicht bußgeldbewehrt sind. Allerdings ist zu beachten, dass die Tatbestände der Nr. 1–5 die typischen Anordnungen nach § 17 ArbZG weitgehend umfassen.

14   **8. Nichtvornahme eines Aushanges, § 22 Abs. 1 Nr. 8 ArbZG.** Die Publizitätspflicht des § 16 Abs. 1 ArbZG soll es dem Arbeitnehmer erleichtern, seine Rechtsstellung zu erfassen. Die Nichtvornahme der Auslage bzw. des Aushanges an geeigneter, dh bekannter und zugänglicher Stelle ist ordnungswidrig. Dieser Tatbestand entspricht den parallelen Bestimmungen in § 21 Abs. 1 Nr. 8 **MuSchG – ab 2018 aufgehoben –**, § 59 Abs. 1 Nr. 7 JArbSchG, mit denen die Missachtung der Aushangpflichten von § 18 MuSchG, § 47 JArbSchG sanktioniert wird.

15   **9. Verstoß gegen die Pflicht zum Erstellen und Verwahren von Aufzeichnungen, § 22 Abs. 1 Nr. 9 ArbZG.** Ordnungswidrig handelt weiter der Arbeitgeber, der über die werktägliche Arbeitszeit der Arbeitnehmer, die über diejenige des § 3 S. 1 ArbZG (mithin acht Stunden) hinausgeht, keine Aufzeichnungen erstellt und für mindestens zwei Jahre aufbewahrt. Dies gilt auch für das Verzeichnis der Arbeitnehmer, die in eine Verlängerung der Arbeitszeit gem. § 7 Abs. 7 ArbZG eingewilligt haben, und für die Aufzeichnungen der gesamten Arbeitszeiten von Arbeitnehmern gem. § 21 a Abs. 7 ArbZG, die im Bereich des Straßentransportes beschäftigt sind. Dieser Bußgeldtatbestand ist vor allem von Bedeutung für die **Reichweite der Vertrauensarbeitszeit**, denn der Arbeitgeber kann sich der Norm des § 22 Abs. 1 Nr. 9 ArbZG nicht dadurch entziehen, dass er die Aufzeichnungspflichten auf sämtliche Arbeitnehmer delegiert (→ ArbZG § 16 Rn. 14), ohne eine hinreichende Kontrolle sicherzustellen.[25]

16   **10. Fehlende, unrichtige, unvollständige Auskunftserteilung; verweigerte oder unvollständige Vorlage von Unterlagen; Nichtgestattung des Betretens oder Besichtigens der Arbeitsstätte, § 22 Abs. 1 Nr. 10 ArbZG.** Ordnungswidrig handelt, wer die in § 17 Abs. 4 und Abs. 5 ArbZG bestimmten Mitwirkungspflichten zur Ermöglichung und Erleichterung der Durchführung der behördlichen Aufsicht nicht erfüllt. Auf diese Weise sollen diese Mitwirkungspflichten, die der Effektivität der Aufsicht dienen, bußgeldrechtlich flankiert werden.[26] Damit ist ein typischer Tatbestand aufgenommen worden, der bereits in § 20 ASiG seit 1974 enthalten ist (→ ASiG § 20 Rn. 8). Dieses **Betretungsrecht** soll es den staatlichen Überwachungsbehörden ermöglichen, sich über die

---

[22] Vgl. zu den Einzelheiten Anzinger/Koberski ArbZG § 9 Rn. 42 ff. [23] Neumann/Biebl, 16. Aufl. 2012, ArbZG § 14 Rn. 8; BAG 12.12.2001 – 5 AZR 294/00, NZA 2002, 505. [24] Vgl. Buschmann/Ulber ArbZG § 13 Rn. 19; Ignor/Mosbacher/Schlottfeldt § 9 Rn. 125. [25] Grunewald, Vertrauensarbeitszeit, S. 140 ff.; Bross/Waßmer Kap. 18 Rn. 111. [26] Anzinger/Koberski ArbZG § 17 Rn. 23, 30.

betrieblichen Verhältnisse ein Bild zu verschaffen und ihren Aufgaben nach § 17 ArbZG nachkommen zu können.[27]

11. Adressaten des Bußgeldbescheides. § 22 Abs. 1 Nr. 1–10 ArbZG knüpfen als Son- 17 derdelikte die Ahndbarkeit an die **Eigenschaft als Arbeitgeber**. Arbeitgeber iSd § 22 ArbZG ist jede natürliche oder juristische Person, die mindestens einen Arbeitnehmer tatsächlich beschäftigt. Auf die Wirksamkeit des Arbeitsvertrages kommt es nicht an. Ein faktisches Arbeitsverhältnis reicht aus,[28] so dass auch der Verleiher ohne wirksame Erlaubnis, der nach § 10 Abs. 1 AÜG nicht als rechtmäßiger Arbeitgeber anerkannt wird, als Täter nach § 22 ArbZG in Betracht kommt. Umgekehrt kann bei wirksamer Arbeitnehmerüberlassung der nach § 11 Abs. 6 AÜG verantwortliche Entleiher sanktionsrechtlich als Arbeitgeber qualifiziert werden.[29] Die Sanktionierung des Arbeitgebers ist ein Strukturmerkmal des heutigen Arbeitsschutzsystems,[30] das in einer langjährigen Entwicklung der Rechtsprechung herausgearbeitet worden ist.[31]

Auf dieser Basis wird der Adressatenkreis zunächst durch § 9 Abs. 1 OWiG erweitert. 18 Für juristische Personen als Arbeitgeber handelt jedes Mitglied des Organs einer juristischen Person; bei Personen in Handelsgesellschaften handeln die vertretungsberechtigen Gesellschafter; in anderen Fällen die gesetzlichen Vertreter.[32]

§ 9 Abs. 2 OWiG erweitert die Verantwortung auf die mit der **Leitung des Betriebes** 19 **oder eines Betriebsteiles** beauftragten Personen sowie auf Personen, die ausdrücklich beauftragt worden sind, Aufgaben, die dem Inhaber des Betriebes obliegen, in eigener Verantwortung wahrzunehmen. Ein solcher Auftrag kann auch durch **schlüssiges Verhalten** erfolgen; ein ausdrücklicher oder mündlicher oder schriftlicher Auftrag ist nicht erforderlich.[33] In der Gerichtspraxis ist diese Norm für unterschiedliche Personengruppen ins Spiel gebracht worden. Vom **Chefarzt**[34] bis zum **Disponenten eines Speditionsunternehmens**,[35] der die Fahrtenorganisation und damit auch die Arbeitszeiten der Fahrer festlegt, reicht der Personenkreis. In jedem Fall verlangen die Gerichte jedoch hinreichende tatsächliche Feststellungen zu den Kompetenzen der beauftragten Arbeitnehmer. Die Reichweite des § 9 OWiG ist auch maßgeblich für die Begrenzung der Delegation bei der Vertrauensarbeitszeit.[36]

Bei einer so weitreichenden Delegation obliegen dem Arbeitgeber spezifische Aufsichts- 20 pflichten, die durch § 130 OWiG sanktioniert werden. Nach allgemeinen Grundsätzen kommt die **bußgeldrechtliche Verantwortlichkeit** des Arbeitgebers und des Leiters eines Betriebs oder Unternehmens für eine **Aufsichtspflichtverletzung nach § 130 OWiG** in Betracht (→ ArbSchG § 25 Rn. 18).[37] Dieser Tatbestand ist in der Judikatur als **Auffangtatbestand** ausgestaltet worden, der in Betracht kommt, wenn das Organ selbst nicht als Täter oder Teilnehmer eines originären Bußgeldtatbestands – hier nach § 22 ArbZG – verantwortlich ist.[38]

Gem. § 30 OWiG kann schließlich eine **Geldbuße auch gegen juristische Personen und** 21 **Personenvereinigungen** festgesetzt werden (→ ArbSchG § 25 Rn. 20). Dies entspricht der wirtschaftlichen Interessenlage und ist eine Fallgestaltung, die auch für das Arbeitszeitrecht von Bedeutung ist.[39]

12. Rechtswidrigkeit. Bis heute wird immer wieder, zB bei der verbotswidrigen Be- 22 schäftigung von Ärzten im Krankenhaus jenseits der Höchstarbeitszeit, von den Betrof-

---

27 OLG Hamm 6.5.2008 – 3 Ss OWi 277/08 (zu § 20 ASiG); Bross/Waßmer Kap. 18 Rn. 115. 28 Allgemein zu dieser Erweiterung des Arbeitgeberbegriffs im Arbeitsschutzrecht: Kollmer/Klindt/Schucht/Kohte ArbSchG § 2 Rn. 126. 29 Buschmann/Ulber ArbZG § 22 Rn. 3. 30 Dazu bereits Kohte, Arbeitnehmerhaftung und Arbeitgeberrisiko, S. 182 ff. 31 Dazu nur OLG Hamm 26.7.1963 – 1 Ss 589/63, AP Nr. 5 zu § 25 AZO. 32 Schliemann ArbZG § 22 Rn. 4. 33 Brüssow/Petri Rn. 287; Anzinger/Koberski ArbZG § 22 Rn. 8. 34 OLG Jena 2.9.2010 – 1 Ss Bs 57/10, AuR 2011, 131. 35 KG 8.7.1998 – 2 Ss 109/98. 36 Grunewald, Vertrauensarbeitszeit, S. 142; Bross/Waßmer Kap. 18 Rn. 39. 37 Ausführlich Herzberg, Verantwortung, S. 102 ff. 38 KG 30.1.1997 – 2 Ss 10/97; OLG Hamm GewArch 1999, 246; OLG Koblenz 7.1.2013 – 1 SsBs 132/12, NZV 2013, 254 (255); Göhler, OWiG, 16. Aufl. 2012, OWiG § 130 Rn. 25 ff.; Anzinger/Koberski ArbZG § 22 Rn. 18; Baeck/Deutsch, ArbZG § 22 Rn. 19; HK-ArbZG/Sänger ArbZG § 22 Rn. 18. 39 Anschaulich KG 8.7.1998 – 2 Ss 109/98; Baeck/Deutsch ArbZG § 22 Rn. 21; HK-ArbZR/Sänger ArbZG § 22 Rn. 9; Bross/Waßmer Kap. 18 Rn. 54.

fenen vorgebracht, dass die Arbeitnehmer in die Arbeitszeitüberschreitung eingewilligt hätten. Diese Verteidigung muss erfolglos bleiben, denn die Arbeitnehmer können über die Schutzvorschriften des Arbeitszeitrechts nicht disponieren, so dass sie auf deren Einhaltung nicht verzichten können. Die **Einwilligung der Arbeitnehmer ändert daher nichts an der Rechtswidrigkeit** einer mit dem ArbZG unvereinbaren Arbeitszeitüberschreitung.[40]

23 **13. Innere Tatseite: Vorsatz, Fahrlässigkeit, Irrtum.** § 22 Abs. 1 ArbZG sanktioniert **vorsätzliches und fahrlässiges Fehlverhalten.** Irrt der Arbeitgeber über eine tatsächliche Grundlage eines Verstoßes gegen die Gebote des Arbeitszeitgesetzes – einschließlich der auf § 22 Abs. 1 Nr. 4 ArbZG verweisenden Verpflichtungen der auf Grundlage von §§ 8 Abs. 1, 13 Abs. 1 oder Abs. 2, 24 ArbZG erlassenen Rechtsverordnungen –, handelt es sich um einen den Vorsatz ausschließenden Tatbestandsirrtum nach § 11 Abs. 1 OWiG, der die Ahndbarkeit wegen Fahrlässigkeit unberührt lässt. Des Weiteren muss er seine Sonderpflichtigkeit als Arbeitgeber kennen. Hierfür ist ausreichend, dass ihm die Umstände bekannt sind, aus denen sich die jeweilige Eigenschaft ableiten lässt. Irrt er dennoch und glaubt er, nicht Arbeitgeber, verantwortliche oder beauftragte Person (§ 9 Abs. 2 OWiG) zu sein, liegt ein unerheblicher Subsumtionsirrtum vor, der den Vorsatz nicht ausschließt.[41]

24 Das Fehlen der Vorstellung, Unerlaubtes zu tun, kann einen **Verbotsirrtum gem. § 11 Abs. 2 OWiG** begründen. Damit entfällt die Vorwerfbarkeit, wenn der Täter den Irrtum nicht vermeiden konnte. Die Unvermeidbarkeit wird nur in extremen Ausnahmefällen bejaht werden können. Als Arbeitgeber treffen den Täter besondere Sorgfaltspflichten. Er hat darüber zu wachen, dass die Vorschriften des Arbeitszeitgesetzes eingehalten und die hierfür erforderlichen Maßnahmen getroffen werden. Ferner ist er verpflichtet, sich ständig über die geltenden Bestimmungen zum Arbeitsschutz und über Inhalt und Umfang der Regelung des Arbeitszeitgesetzes zu informieren und sich in Zweifelsfällen bei der Aufsichtsbehörde nach der Rechtmäßigkeit seines Tuns zu erkundigen. Insoweit kann auch auf die frühere Rechtsprechung zum Arbeitszeitrecht zurückgegriffen werden.[42]

25 **14. Sonstiges. a) Höhe der Geldbuße.** Die Höhe der Geldbuße richtet sich nach § 22 Abs. 2 ArbZG. Bei Fahrlässigkeit wird der Bußgeldrahmen nach § 17 Abs. 2 OWiG halbiert. Bei der Bemessung des Bußgeldes sind die wirtschaftlichen Verhältnisse des Betroffenen zu berücksichtigen.[43] Der LASI hat mit der LV 60 2014 als Handlungsanleitung einen **Bußgeldkatalog** für Verstöße gegen das Arbeitszeitgesetz veröffentlicht, mit dem eine gewisse Transparenz erreicht werden soll. Zugleich wird potenziellen Tätern verdeutlicht, dass es sich nicht um Bagatelldelikte handelt. So soll zB für jede nicht gewährte Pause (§ 22 Abs. 1 Nr. 2 ArbZG) je Arbeitnehmer ein Betrag von 300 EUR festgesetzt werden.[44] Ergänzend ist auch eine Verfallsanordnung nach § 29 a OWiG möglich.[45]

26 **b) Verfolgungsbehörde.** Verfolgungsbehörde ist die nach § 17 Abs. 1 ArbZG zuständige Aufsichtsbehörde. Zur Ermittlung und Verfolgung des Verdachtes der Ordnungswidrigkeit stehen ihr nach § 46 Abs. 2 OWiG im Wesentlichen die Eingriffsbefugnisse der Strafprozessordnung zur Verfügung (→ ArbSchG Vor § 25 Rn. 7).[46] Verdichten sich aber die Umstände derart, dass möglicherweise ein Straftatbestand nach § 23 ArbZG oder des StGB verwirklicht sein könnte,[47] so ist das Verfahren an die Staatsanwaltschaft abzugeben.

---

[40] OLG Jena 2.9.2010 – 1 Ss Bs 57/10, AuR 2011, 131; Anzinger/Koberski, ArbZG § 22 Rn. 10; HK-ArbZR/Sänger ArbZG § 22 Rn. 16; Schliemann ArbZG § 22 Rn. 8. [41] Ambs in: Erbs/Kohlhaas, Strafrechtliche Nebengesetze, 205. Ergänzungslieferung, Stand: Oktober 2015, ArbZG § 22 Rn. 21; → ArbSchG § 25 Rn. 21. [42] OLG Düsseldorf 13.4.1992 – 5 Ss Owi 106/92, DB 1992, 2148 = GewArch 1993, 382; Anzinger/Koberski ArbZG § 22 Rn. 12. [43] OLG Jena 2.9.2010 zitiert nach Buschmann/Ulber ArbZG § 22 Rn. 6. [44] www.lasi-info.com: LV 60, S. 16. [45] Fromm, NZA 2017, 693 ff., dazu LV 60, S. 13. [46] Vgl. Bohnert OWiG § 35 Rn. 18; Göhler/Seitz OWiG § 46 Rn. 7 f. [47] Beispielsweise weil der Ermittlungen – häufig übersehen – Verdacht der Urkundenfälschung nahelegen.

c) Verjährung. Die Verjährung richtet sich nach allgemeinen Regeln, die in § 31 OWiG 27
niedergelegt sind. Demnach verjähren wegen des unterschiedlichen Bußgeldrahmens
Verstöße gegen § 22 Abs. 1 Nr. 1–7, 9–10 ArbZG nach zwei Jahren und gegen § 22
Abs. 1 Nr. 8 ArbZG in einem Jahr.[48] Fahrlässige Verstöße verjähren jeweils nach der
Hälfte der oben genannten Zeiten. Zum Beginn der Verjährungszeiten kann auf die
Ausführungen zu → ArbSchG § 25 Rn. 24 zurückgegriffen werden.

d) Eintrag ins Gewerbezentralregister. Beträgt die Geldbuße mehr als 200 EUR, 28
kommt eine Eintragung ins Gewerbezentralregister in Betracht.

e) Konkurrenzen. Bewirken verschiedene Handlungen mehrere Verstöße gegen § 22 29
ArbZG, stehen diese in Tatmehrheit, § 20 OWiG. Verletzt eine Handlung mehrere Vorschriften des Arbeitszeitgesetzes, stehen diese nach § 19 OWiG in Tateinheit (→
ArbSchG § 25 Rn. 26).

§ 23 ArbZG Strafvorschriften

(1) Wer eine der in § 22 Abs. 1 Nr. 1 bis 3, 5 bis 7 bezeichneten Handlungen
1. vorsätzlich begeht und dadurch Gesundheit oder Arbeitskraft eines Arbeitnehmers gefährdet oder
2. beharrlich wiederholt,

wird mit Freiheitsstrafe bis zu einem Jahr oder mit Geldstrafe bestraft.

(2) Wer in den Fällen des Absatzes 1 Nr. 1 die Gefahr fahrlässig verursacht, wird mit Freiheitsstrafe bis zu sechs Monaten oder mit Geldstrafe bis zu 180 Tagessätzen bestraft.

Literatur: *Bross*, Handbuch Arbeitsstrafrecht, 2017 (zit.: Bross/Bearbeiter); *Hahn*, Arbeitsstrafrecht, 1992; *Ignor/Mosbacher*, Handbuch Arbeitsstrafrecht, 3. Aufl. 2016 (zitiert: Ignor/Mosbacher/Bearbeiter); *Müller-Gugenberger*, Wirtschaftsstrafrecht, 6. Auflage 2015.

Leitentscheidung: BGH NStZ 1992, 594.

I. Normzweck und Systematik..... 1	Nr. 1–3, 5–7 bezeichneten Handlung............ 6
II. Entstehungsgeschichte und Unionsrecht....................... 3	b) Beharrliche Wiederholung einer in § 22 Abs. 1
III. Detailkommentierung 5	Nr. 1–3, 5–7 bezeichneten Handlung............ 7
1. Objektiver Tatbestand 5	
a) Verursachung einer konkreten Gefährdung für Leib oder Gesundheit eines Beschäftigten durch eine in § 22 Abs. 1	2. Subjektiver Tatbestand: Vorsatz, Fahrlässigkeit 9
	3. Täterschaft und Teilnahme.. 10
	4. Sonstiges..................... 11

I. Normzweck und Systematik

§ 23 ArbZG dient ähnlich wie § 26 ArbSchG (→ ArbSchG § 26 Rn. 1) dem Ziel, den 1
Behörden eine angemessene Kontrolle und Überwachung der Einhaltung der Arbeitszeitvorschriften zu ermöglichen. Es werden Verstöße gegen das Arbeitszeitgesetz geregelt, bei denen der Gesetzgeber die **Kriminalstrafe** für angemessen hält, da Leben und
Gesundheit der Beschäftigten vor konkreter Gefährdung geschützt werden sollen bzw.
eine vorsätzliche fehlerhafte Einstellung des Täters zur Rechtsordnung sanktioniert
werden soll.[1]

§ 23 ArbZG beinhaltet sog **unechte Mischtatbestände**, bei denen durch das **Hinzutreten qualifizierender objektiver** – Gefährdung von Leben oder Gesundheit eines Arbeitnehmers – **oder subjektiver Merkmale** – beharrliche Wiederholung – die Ordnungswid- 2

---

[48] So auch HK-ArbZR/Sänger ArbZG § 22 Rn. 31; undifferenziert – und daher verfehlt – für die Frist von zwei Jahren Neumann/Biebl, 16. Aufl. 2012, ArbZG § 22 Rn. 4. **1** Anzinger/Koberski ArbZG § 23 Rn. 1.

rigkeiten des § 22 Abs. 1 Nr. 1–3, 5–7 ArbZG zu Straftaten „hochgestuft" werden. Eine vergleichbare Normstruktur enthalten § 26 ArbSchG, § 21 Abs. 3 MuSchG (§ 33 MuSchG 2018) und § 58 Abs. 5 JArbSchG.

II. Entstehungsgeschichte und Unionsrecht

3 Die heutige Fassung der Norm entspricht dem **Regierungsentwurf,**[2] der in den parlamentarischen Beratungen **nicht verändert** worden ist. Dieser orientiert sich an der Struktur des § 148 GewO, der 1974 bei der Umstellung von Strafnormen zu Bußgeldvorschriften im Arbeitsschutz als Basisnorm für das Arbeitsstrafrecht formuliert worden ist (→ ArbSchG § 26 Rn. 3).[3] Seit 1994 ist § 23 ArbZG ausschließlich einmal geändert und an die Umstellung zum Euro angepasst worden.

4 **Art. 4 Abs. 2 der RL 89/391/EWG,** der nach Art. 1 Abs. 4 RL 2003/88/EG auch für das Arbeitszeitrecht gilt, verlangt von den Mitgliedstaaten, dass diese für eine angemessene Kontrolle und Überwachung sorgen. Die Überwachung wird durch § 17 ArbZG geregelt. **Zur Kontrolle gehört** in Übereinstimmung mit dem von Deutschland ratifizierten ILO-Übereinkommen 187 auch **die Existenz und Anwendung von Sanktionsnormen.**[4] Zu diesen Sanktionsnormen gehört für schwerwiegende Fälle die Hochstufung von Ordnungswidrigkeiten in das Strafrecht. Daneben kann das Kernstrafrecht der §§ 222, 229 StGB zur Anwendung kommen (→ Rn. 5).

III. Detailkommentierung

5 **1. Objektiver Tatbestand.** § 23 Abs. 1 regelt zwei Straftatbestände: in Nr. 1 die Verursachung einer **konkreten Gefährdung** für Leben oder Gesundheit eines Beschäftigten durch eine in § 22 Abs. 1 Nr. 1–3, 5–7 bezeichnete Handlung; in Nr. 2 die **beharrliche Wiederholung** einer in § 22 Abs. 1 Nr. 1–3, 5–7 bezeichneten Handlung. Wegen der elementaren Risiken für Arbeitnehmer setzt die Strafbarkeit bereits bei der konkreten Gefährdung an. Da Arbeitszeitüberschreitung und die dadurch bedingte Übermüdung auch zu Unfällen führen können, kann in solchen Fällen auch das **Kernstrafrecht der §§ 222, 229 StGB** eingreifen (→ ArbSchG Vor § 25 Rn. 18 ff.).[5]

6 **a) Verursachung einer konkreten Gefährdung für Leib oder Gesundheit eines Beschäftigten durch eine in § 22 Abs. 1 Nr. 1–3, 5–7 bezeichneten Handlung.** § 23 Abs. 1 Nr. 1 ist als **konkretes Gefährdungsdelikt** ausgestaltet. Nicht ausreichend ist eine abstrakte, denkbare latente Gefährdung (→ ArbSchG § 26 Rn. 12).[6] Die erforderliche, konkrete Gefährdung eines Beschäftigten ist gegeben, wenn nach allgemeiner Lebenserfahrung die konkreten Umstände des Einzelfalles für die **Wahrscheinlichkeit eines baldigen Schadenseintritts** sprechen, so dass die Möglichkeit einer Schädigung bedrohlich nahe liegt und ihr Nichteintritt lediglich dem Zufall geschuldet ist.[7] Eine hohe Wahrscheinlichkeit des Schadenseintritts ist jedoch nicht erforderlich.[8] Gesundheit iSd § 23 Abs. Nr. 1 ArbZG ist der intakte, körperliche, geistige und seelische Zustand des Arbeitnehmers.[9] Die Gefahr für die Gesundheit muss geeignet sein, eine Beeinträchtigung herbeiführen, die nicht unerheblich ist. So wäre die Gefahr einer Ansteckung mit Schnupfen oder eines leichten Kopfschmerzes nicht ausreichend.[10] Arbeitskraft meint die von Natur aus vorhandene oder durch Ausbildung oder Übung zu erwerbende Fähigkeit eines Arbeitnehmers, Arbeit zu leisten.[11] Im Arbeitszeitrecht kann auch die Erschöpfung oder Ermüdung, gerade bei Kraftfahrern, eine konkrete Gesundheitsgefährdung darstellen.[12]

---

2 BT-Drs. 12/5888, 33. **3** Hahn, Arbeitsstrafrecht, 1992, S. 266. **4** Vgl. Anzinger/Koberski ArbZG § 23 Rn. 1. **5** Anschaulicher Sachverhalt: LG Nürnberg-Fürth 8.2.2006 – 2 Ns 915 Js 1444710/2003, NJW 2006, 1824. **6** ErfK/Wank ArbZG § 23 Rn. 3; Baeck/Deutsch ArbZG § 23 Rn. 9; Bross/Waßmer Kap. 18 Rn. 139. **7** Ambs in: Erbs/Kohlhaas, Strafrechtliche Nebengesetze, 213. Ergänzungslieferung, Stand: März 2017, ArbZG § 23 Rn. 4; Anzinger/Koberski ArbZG § 23 Rn. 6. **8** HK-ArbZR/Sänger ArbZG § 23 Rn. 11. **9** ErfK/Wank ArbZG § 23 Rn. 3. **10** Ambs in: Erbs/Kohlhaas ArbZG § 23 Rn. 3. **11** Brüssow/Petri, Arbeitsstrafrecht, 2008, Rn. 303, Ambs in: Erbs/Kohlhaas ArbZG § 23 Rn. 6. **12** GKR/Richter Kap. 2 Rn. 822; Bross/Waßmer Kap. 18 Rn. 139.

b) Beharrliche Wiederholung einer in § 22 Abs. 1 Nr. 1–3, 5–7 bezeichneten Handlung. Ein beharrliches Wiederholen von Verstößen gegen Arbeitszeitschutzvorschriften liegt vor, wenn der Täter mehrfach[13] aus Missachtung oder Gleichgültigkeit gegen § 22 Abs. 1 Nr. 1–3, Nr. 5–7 ArbZG verstößt. Das Merkmal der Beharrlichkeit setzt ein besonders hartnäckiges Verhalten voraus, aus welchem sich eine rechtsfeindliche Einstellung gegen die Vorschriften des Arbeitszeitgesetzes ableiten lässt.[14]

Ob es sich bei den mehrfachen Verstößen jeweils um dieselbe Schutznorm handeln muss oder ob zur Beharrlichkeit die Verletzung qualitativ verschiedener Vorschriften (zB Missachtung von Belastungsgrenzen einerseits und Beschäftigungsverbot an Sonn- und Feiertagen andererseits)[15] ausreicht, ist streitig. Verneint wird die Frage von Teilen der Literatur im Hinblick auf die Wortlautgrenze und mit der Auffassung begründet, zwingend sei mit „eine Handlung" iSd § 23 Abs. 1 Nr. 2 ArbZG „ein und dieselbe Handlung" bezeichnet.[16] Dieser Auffassung ist nicht beizupflichten. „Eine Handlung" kann vom Wortlaut her auch dahin gehend verstanden werden, dass „überhaupt eine" der in § 23 Abs. 1 Nr. 2 mit ArbZG bezeichneten Handlungen wiederholt werden muss. Die Wortlautgrenze ist demnach nicht berührt.[17] Demzufolge kann eine beharrliche Wiederholung auch in der **Verletzung verschiedener** in der § 22 Abs. 1 ArbZG aufgezählten **Ordnungswidrigkeitstatbestände** begründet sein.

2. Subjektiver Tatbestand: Vorsatz, Fahrlässigkeit. § 23 Abs. 1 ArbZG setzt **Vorsatz** sowohl hinsichtlich des Verstoßes gegen den jeweiligen Bußgeldtatbestand des § 22 Abs. 1 ArbZG als auch hinsichtlich des Eintritts der Gefährdung voraus. Nach § 23 Abs. 2 ArbZG gilt ein niedrigerer Strafrahmen, wenn zwar der Verstoß gegen das Arbeitszeitrecht vorsätzlich erfolgt, aber die Gefährdung nur fahrlässig erfolgt.[18]

3. Täterschaft und Teilnahme. Beharrlichkeit iSd Nr. 2 ist ein **besonderes persönliches Merkmal** iSd § 28 Abs. 1 StGB und muss im Falle mehrfacher Verwirklichung bei jedem Täter neu festgestellt werden. Die vorherige wiederholte Zuwiderhandlung durch verschiedene Täter führt noch nicht zur Beharrlichkeit des Letzthandelnden, wenn dieser an den vorherigen Verstößen nicht beteiligt war.[19] Nach § 14 Abs. 4 OWiG bleibt es für Teilnehmer, die nicht selbst beharrlich handeln, bei § 22 Abs. 1 ArbZG. Umgekehrt kann Gehilfe einer Straftat nach Nr. 2 sein, wer selbst beharrlich handelt, auch wenn ein Haupttäter nicht vorhanden ist, weil dieser das Merkmal der Beharrlichkeit nicht aufweist.[20]

4. Sonstiges. Der **Versuch** ist nicht mit Strafe bedroht (§§ 23 Abs. 1, 12 StGB). Verstöße gegen § 23 ArbZG **verjähren** nach § 78 Abs. 3 Nr. 5 StGB nach drei Jahren. Der **Strafrahmen** des § 23 ArbZG beträgt Geldstrafe bis zu 360 Tagessätzen oder Freiheitsstrafe bis zu einem Jahr. Ist lediglich die Vorsatz-/Fahrlässigkeitskombination des § 23 Abs. 2 ArbZG erfüllt, beträgt der Strafrahmen Geldstrafe bis zu 180 Tagessätzen oder Freiheitsstrafe bis zu einem halben Jahr. Angesichts des relativ geringen Strafmaßes dürfte in der Praxis in vielen Fällen eine Einstellung nach §§ 153 ff. StPO in Betracht kommen.

Achter Abschnitt Schlußvorschriften

§ 24 ArbZG Umsetzung von zwischenstaatlichen Vereinbarungen und Rechtsakten der EG

Die Bundesregierung kann mit Zustimmung des Bundesrates zur Erfüllung von Verpflichtungen aus zwischenstaatlichen Vereinbarungen oder zur Umsetzung von Rechts-

---

13 Zur Problematik bei Dauerordnungswidrigkeiten vgl. Ambs in: Erbs/Kohlhaas ArbZG § 23 Rn. 7, 8. **14** Ignor/Mosbacher/Schlottfeld § 9 Rn. 156; Bross/Waßmer Kap. 18 Rn. 143; → ArbSchG § 26 Rn. 7 mwN. **15** Beispiel bei Ignor/Mosbacher/Schlottfeld § 9 Rn. 156 und Ambs in: Erbs/Kohlhaas ArbZG § 23 Rn. 7. **16** Baeck/Deutsch ArbZG § 23 Rn. 13. **17** So wie hier: Schliemann ArbZG § 23 Rn. 6; Ambs in: Erbs/Kohlhaas ArbZG § 23 Rn. 7. **18** Dazu Anzinger/Koberski ArbZG § 23 Rn. 8. **19** Henzler in: Müller-Gugenberger, Handbuch Wirtschaftsstrafrecht, 6. Aufl. 2015, § 34 Rn. 38. **20** Vgl. Ambs in: Erbs/Kohlhaas ArbZG § 23 Rn. 12.

akten des Rates oder der Kommission der Europäischen Gemeinschaften, die Sachbereiche dieses Gesetzes betreffen, Rechtsverordnungen nach diesem Gesetz erlassen.

§ 25 ArbZG Übergangsregelung für Tarifverträge

[1]Enthält ein am 1. Januar 2004 bestehender oder nachwirkender Tarifvertrag abweichende Regelungen nach § 7 Abs. 1 oder 2 oder § 12 Satz 1, die den in diesen Vorschriften festgelegten Höchstrahmen überschreiten, bleiben diese tarifvertraglichen Bestimmungen bis zum 31. Dezember 2006 unberührt. [2]Tarifverträgen nach Satz 1 stehen durch Tarifvertrag zugelassene Betriebsvereinbarungen sowie Regelungen nach § 7 Abs. 4 gleich.

§ 26 ArbZG (aufgehoben)

Urlaub im Kontext des Arbeits- und Gesundheitsschutzes

Literatur: *Bauer/v. Medem*, Von Schultz-Hoff zu Schulte – der EuGH erweist sich als lernfähig, NZA 2012, 113; *Bayreuther*, Übertragung von Urlaub bei längerer Arbeitsunfähigkeit nach dem KHS-Urteil des EuGH, DB 2011, 2848; *Beetz*, Pfändbarkeit von Urlaubsvergütung, ZVI 2008, 244; *Buschmann*, Anm. zu LAG Hamm 14.2.2013, AuR 2013, 363; *Ecklebe*, Schadensersatzpflicht des Arbeitgebers für verfallenen Urlaub – auch ohne Urlaubsantrag, DB 2014, 1991; *Fenski*, Warum Dirk Neumann doch Recht hatte, NZA 2014, 1381; *Franzen*, Zeitliche Begrenzung der Urlaubsansprüche langzeiterkrankter Arbeitnehmer, NZA 2011, 1403; *Gallner*, Im europäisch-deutschen Dreieck: Luxemburg, Karlsruhe, Erfurt – Geschichte einer Rezeption des Unionsrechts, in: Bader/Lipke/Rost/Weigand (Hrsg.), Festschrift für Gerhard Etzel, 2011, S. 155 (zitiert: FS Etzel); *Glatzel*, Anm. zu BAG 13.12.2016 (Vorlagebeschluss), NZA-RR 2017, 131; *Gooren*, Pflicht des Arbeitgebers zur initiativen Urlaubsgewährung?, NZA 2016, 1374; *Hackmann*, Kein Ende der Bewegung im Urlaubsrecht in: Faber/Feldhoff/Nebe/Schmidt/Waßner (Hrsg.), Festschrift für Wolfhard Kohte, 2016, S. 293 (zitiert: FS Kohte); *Hlava*, Anm. zu LAG Berlin-Brandenburg 12.6.2014, juris R-ArbR 41/2014 Anm. 6; *Heuschmid*, Zur Bedeutung von IAO-Normen für das EU-Arbeitsrecht, SR 2014, 1; *Heuschmid/Hlava*, Anm. zu EuGH 11.11.2015, AuR 2014, 383; *Höpfner*, Das deutsche Urlaubsrecht in Europa – Zwischen Vollharmonisierung und Koexistenz – Teil 1 und 2, RdA 2013, 16 und 65; *Leopold*, Zur europarechtskonformen Auslegung des BUrlG, FA 2016, 330; *Kamanabrou*, Urlaubsanspruch nach Langzeiterkrankung – ein Gebot des Gemeinschaftsrechts?, SAE 2009, 121; *Kamanabrou*, Urlaubsabgeltung bei krankheitsbedingter Arbeitsunfähigkeit nach der Schultz-Hoff-Entscheidung des EuGH, SAE 2009, 233; *Klein*, Anm. zu BAG 18.10.2016, jurisPR-ArbR 49/2016 Anm. 2; *Klenter*, Anm. zu LAG Hamm 14.2.2013, jurisPR-ArbR 23/2013 Anm. 2; *Kloppenburg*, Anm. zu EuGH 20.1.2009, jurisPR-ArbR 5/2009 Anm. 1; *Kloppenburg*, Anm. zu EuGH 12.6.2014, jurisPR-ArbR 29/2014 Anm. 1; *Kohte*, Anm. zu LAG Rheinland-Pfalz 5.8.2015, jurisPR-ArbR 14/2016 Anm. 5; *Kohte*, Kontinuität und Bewegung im Urlaubsrecht, BB 1984, 609; *Kohte*, Urlaubsrechtliche Reminiszenzen und organisationsvertragliche Perspektiven, in: Bauer/Boewer (Hrsg.), Festschrift für Peter Schwerdtner, 2003, S. 99 (zitiert: FS Schwerdtner); *Kohte/Beetz*, Anm. zu BAG 20.5.2008, jurisPR-ArbR 11/2009 Anm. 3; *Kohte/Beetz*, Anm. zu EuGH 20.1.2009, jurisPR-ArbR 25/2009 Anm. 1; *Kohte/Nebe*, Anm. zu LAG Düsseldorf 20.3.2007, jurisPR-ArbR 36/2007 Anm. 1; *Künzl*, Befristung des Urlaubsanspruchs, BB 1991, 1630; *Leinemann/Linck*, Urlaubsrecht, 2. Aufl. 2001; *v. Medem*, Anm. zu EuGH 11.11.2015, ZESAR 2016, 426; *Neumann/Fenski/Kühn*, Bundesurlaubsgesetz, 11. Aufl. 2016; *Oertel/Chmel*, Verfällt der Urlaub bei Krankheit nun doch?, DB 2012, 460; *Plüm*, Wohin im Urlaub?, NZA 2013, 11; *Polzer/Kafka*, Verfallbare und unverfallbare Urlaubsansprüche, NJW 2015, 2289; *Pötters/Stiebert*, Neuausrichtung des deutschen Urlaubsrechts, ZESAR 2012, 23; *Reinecke*, Urlaub in der Kündigungsfrist, AiB 2013, 19; *Richter*, Der gestörte Urlaub, AuR 2011, 16; *Schech*, Allgemeiner Weiterbeschäftigungsanspruch, Prozessarbeitsverhältnis und Urlaub, in: Mittag/Ockenga/Schierle/Vorbau/Westermann/Wischnath (Hrsg.), Aspekte der Beendigung von Arbeitsverhältnissen, Jahrbuch des Rechtsschutzes 2010, S. 329 ff; *Schinz*, Anm. zu EuGH 22.11.2011, RdA 2012, 181; *Schinz*, Urlaubsabbruch (nur) in Extremfällen?, jM 2016, 193; *Schlachter*, Entwicklungen im Individualarbeitsrecht unter dem Einfluss der Rechtsprechung des EuGH – erforderliche und entbehrliche Veränderungen, RdA 2009, Sonderbeilage H. 5, 31; *Schmidt*, Anm. zu BAG 13.12.2016, ZESAR 2017, 125; *Schneider*, Berechnung von Urlaubsansprüchen bei Erhöhung der Arbeitszeit, EuZA 2016, 327; *Schneider*, Anmerkung zu BAG 18.10.2016, ZESAR 2017, 79; *Schnitzlein*, Umfang und Folge der Nichtinanspruchnahme von Urlaub in Deutschland, Wochenbericht des DIW Berlin – Deutsches Institut für Wirtschaftsforschung e.V. Nr. 51 u. 52/2011, 14; *C. Schubert*, Der Erholungsurlaub zwischen Arbeitsschutz und Entgelt, Kürzung oder Umrechnung des Urlaubsanspruchs und dessen Folgen, NZA 2013, 1105; *J. Schubert*, Der Beschluss des EuGH in Sachen Brandes (C-415/12) – ein Lehrstück des unionalen Arbeitsrechts, RdA 2013, 370; *Stiebert*, Anm. zu EuGH 11.11.2015, EuZW 2016, 65; *Suckow/Klose*, Das Bundesurlaubsgesetz unter Luxemburger Auspizien – Europarecht als Probierstein deutschen Urlaubsrechts in: Schmidt (Hrsg.), Jahrbuch des Arbeitsrechts Band 49 (2012), S. 59 (zitiert: JbArbR 2012); *Weigert/Zeising*, Die Berechnung von Urlaubsansprüchen bei Veränderungen der Arbeitszeit, NZA 2016, 862; *Weller*, Anm. zu LAG Berlin-Brandenburg 12.6.2014, BB 2014, 2560.

Leitentscheidungen: EuGH 26.6.2001 – C-173/99, NZA 2001, 827 (BECTU); EuGH 20.1.2009 – C-350/06, C-520/06, NZA 2009, 135 (Schultz-Hoff und Stringer ua); BAG

24.3.2009 – 9 AZR 983/07, NZA 2009, 538; EuGH 22.4.2010 – C-486/08, NZA 2010, 557 (Zentralbetriebsrat der Landeskrankenhäuser Tirols); EuGH 22.11.2011 – C-214/10, NZA 2011, 1333 (KHS); BAG 7.8.2012 – 9 AZR 353/10, NZA 2012, 1216; EuGH 13.6.2013 – C-415/12, NZA 2013, 775 (Brandes); EuGH 12.6.2014 – C-118/13, NZA 2014, 651 (Bollacke); EuGH 11.11.2015 – C-219/14, NZA 2015, 1501 (Greenfield); LAG Berlin-Brandenburg 12.6.2014 – 21 Sa 221/14, NZA-RR 2014, 631 und dazu BAG Vorlagebeschluss vom 13.12.2016 – 9 AZR 541/15 (A), NZA 2017, 271.

I. Normzweck, Rechtssystematik..	1	4. Urlaubsgewährung	23
II. Unionsrecht und Völkerrecht....	6	5. Befristung, Übertragung und Verfall des Urlaubsanspruchs	26
1. Unionsrechtliche Bestimmungen	6	6. Urlaubsentgelt und Urlaubsabgeltung	35
2. Völkerrechtliche Bestimmungen	9	7. Besondere gesetzliche Urlaubsansprüche	42
III. Einzelheiten des Urlaubsanspruchs...........................	11	8. Tarifliche und arbeitsvertragliche Regelungen	43
1. Grundlagen..................	11	IV. Durchsetzung des Urlaubsanspruchs..........................	47
2. Inhalt und Rechtscharakter	13		
3. Entstehen und Umfang des Urlaubsanspruchs	15		

I. Normzweck, Rechtssystematik

1 Das Recht auf Urlaub von Arbeitnehmerinnen und Arbeitnehmern und sonstigen abhängig Beschäftigten ist im deutschen Recht im **Bundesurlaubsgesetz** geregelt (→ Rn. 11). Daneben bestehen für einzelne Beschäftigtengruppen sowie für Beamtinnen und Beamte besondere gesetzliche Regelungen (→ Rn. 12). Auf der Ebene des Unionsrechts ist insbesondere Art. 7 der **Arbeitszeitrichtlinie 2003/88/EG**[1] von Bedeutung (→ Rn. 7). Ferner existieren verschiedene völkerrechtliche Abkommen und Verträge, darunter das **ILO-Übereinkommen 132**[2] (→ Rn. 10).

2 In Deutschland wurde das Recht auf Urlaub und dessen Ausgestaltung nach dem Bundesurlaubsgesetz lange Zeit mehr oder weniger ausschließlich von der **Rechtsprechung des Bundesarbeitsgerichts** geprägt. Diese betonte seit den 80er Jahren in Abkehr zum vorher vorherrschenden Fürsorgegedanken besonders den **schuldrechtlichen Charakter** des Urlaubsanspruchs und entwickelte insbesondere im Bereich der Leistungsstörungen ein in sich geschlossenes System von Geltendmachungsanforderungen und Schadensersatzansprüchen.[3] Art. 7 RL 2003/88/EG spielte bei der Auslegung und Anwendung des Bundesurlaubsgesetzes keine oder nur eine untergeordnete Rolle.[4] Dies hat sich erst in jüngerer Zeit und insbesondere nach der Anfang 2009 ergangenen Entscheidung des Europäischen Gerichtshofs in der Rechtssache **Schultz-Hoff**[5] geändert.[6] Seither findet das EU-Recht im deutschen Urlaubsrecht eine sehr viel stärkere Berücksichtigung[7] und gibt Anlass, die Bedeutung des Urlaubsanspruchs für den Gesundheitsschutz der Arbeitnehmer stärker in den Blick zu nehmen.

3 Nach der Rechtsprechung des Europäischen Gerichtshofs dient der in Art. 7 Abs. 1 RL 2003/88/EG normierte Anspruch auf bezahlten Jahresurlaub ebenso wie die in der

---

1 RL 2003/88/EG des Europäischen Parlaments und des Rates vom 4.11.2003 über bestimmte Aspekte der Arbeitszeitgestaltung, ABl. EU L 299, 9. Durch die Richtlinie wurde die ursprüngliche RL 93/104/EG (ABl. EG L 307, 18) idF der RL 2000/34/EG (ABl. EG L 195, 41) abgelöst. **2** Übereinkommen Nr. 132 der Internationalen Arbeitsorganisation über den bezahlten Jahresurlaub (Neufassung vom Jahre 1970), BGBl. II 1975, 746; abgedruckt in Neumann/Fenski/Kühn BUrlG Anh. M. **3** Ausführlich zur Entwicklung der Rspr. Leinemann/Linck BUrlG Einl. Rn. 47 ff. **4** Bis 2008 wurden Art. 7 RL 2003/88/EG bzw. Art. 7 RL 93/104/EG nur in zwei Parallelentscheidungen vom 11.8.1998, drei Parallelentscheidungen vom 25.6.2002 und einer Entscheidung vom 24.10.2006 überhaupt erwähnt. **5** EuGH 20.1.2009 – C-350/06, C-520/06, NZA 2009, 135 (Schultz-Hoff und Stringer ua). **6** BAG 24.3.2009 – 9 AZR 983/07, NZA 2009, 538 im Anschluss an die EuGH-Entscheidung und seither ständig sowie bereits BAG 20.5.2008 – 9 AZR 219/07, NZA 2008, 2 iVm § 17 Abs. 2 BErzGG (jetzt § 17 Abs. 2 BEEG). **7** Vgl. NK-GA/Düwell BUrlG § 1 Rn. 16 ff. Manche sprechen sogar von einer grundlegenden Umgestaltung des deutschen Urlaubsrechts, Polzer/Kafka NJW 2015, 2289.

RL 2003/88/EG vorgeschriebenen Ruhepausen und täglichen und wöchentlichen Ruhezeiten dem besseren **Schutz der Sicherheit und Gesundheit der Arbeitnehmer**,[8] wobei mit dem Anspruch ein doppelter Zweck verfolgt wird. Zum einen sollen Arbeitnehmer die Möglichkeit haben, sich von der Ausübung der ihnen nach dem Arbeitsvertrag obliegenden Aufgaben zu erholen; zum anderen sollen sie über einen Zeitraum für Entspannung und Freizeit verfügen können.[9]

Auch in Deutschland besteht seit langem Einigkeit, dass der Zweck des Anspruchs auf bezahlten Urlaub nach § 1 BUrlG vor allem in der gewährten **Freizeit** liegt.[10] Beschäftigte sollen während eines Jahres einen bestimmten Mindestzeitraum zur Verfügung haben, in dem sie sich **erholen** und ihre **Zeit selbstbestimmen nutzen** können.[11] Der Anspruch dient damit neben der vom historischen Gesetzgeber formulierten sozialpolitischen Zielsetzung des Erhalts und der Wiederherstellung der Arbeitskraft[12] ebenso wie der Anspruch auf bezahlten Mindestjahresurlaub nach Art. 7 Abs. 1 RL 2003/88/EG allgemein dem **Gesundheitsschutz** der Beschäftigten.[13] Außerdem kommt dem Anspruch eine freiheitsrechtliche Dimension zu, weil er es Beschäftigten ermöglicht, ihre Zeit während des Urlaubs unabhängig von der Einbindung in eine fremde betriebliche Organisation in einer Sphäre der Selbstbestimmung und persönlichen Freiheit zu verbringen.[14] Der Anspruch dient damit zugleich der Verwirklichung des Grundrechts auf freie Entfaltung der Persönlichkeit und der Menschenwürde iSd Art. 2 Abs. 1 iVm Art. 1 Abs. 1 GG.[15]

Auf ein **konkretes Erholungsbedürfnis** kommt es nicht an.[16] Die früher teilweise vertretene Ansicht, Urlaub als Gegenleistung für geleistete Arbeit verstanden hat, gilt allgemein als überholt.[17] Es besteht auch keine Pflicht, den Urlaub zur Erholung zu nutzen.[18] Nach § 8 BUrlG ist nur eine dem Urlaubszweck widersprechende Erwerbstätigkeit untersagt.[19]

II. Unionsrecht und Völkerrecht

1. Unionsrechtliche Bestimmungen. Das Recht der Europäischen Union enthält zum Anspruch auf bezahlten Jahresurlaub verschiedene Regelungen, die insbesondere in jüngerer Zeit immer wieder Gegenstand von Entscheidungen des Europäischen Gerichtshofs waren.[20]

Nach Art. 7 Abs. 1 **RL 2003/88/EG**[21] sind die Mitgliedstaaten verpflichtet, die erforderlichen Maßnahmen zu treffen, damit jeder Arbeitnehmer einen bezahlten Mindesturlaub von vier Wochen nach Maßgabe der Bedingungen für die Inanspruchnahme und Gewährung erhält, die in den einzelstaatlichen Rechtsvorschriften und/oder nach

---

8 EuGH 6.4.2006 – C-124/05, NZA 2006, 719 Rn. 26 (FNV). **9** EuGH 20.1.2009 – C-350/06, C-520/06, NZA 2009, 135 Rn. 25 (Schultz-Hoff u. Stringer ua) und seither in st. Rspr. zuletzt EuGH 30.6.2016 – C-178/15, NZA 2016, 877 Rn. 23 (Sobczyszyn). **10** So bereits BAG 8.3.1984 – 6 AZR 600/82, NZA 1984, 197. **11** BAG 19.5.2009 – 9 AZR 433/08, NZA 2009, 1211; BAG 10.5.2005 – 9 AZR 251/04, NZA 2006, 439; BAG 20.6.2000 – 9 AZR 405/99, NZA 2001, 100; BAG 8.3.1984 – 6 AZR 442/83, NZA 1984, 160; ebenso ErfK/Gallner BUrlG § 1 Rn. 4; HWK/Schinz BUrlG § 1 Rn. 4; HK-ArbR/Holthaus BUrlG § 1 Rn. 7; aA Höpfner RdA 2013, 65 f. und Fenski, NZA 2014, 1381, die immer noch ausschließlich auf den Erholungszweck abstellen. **12** BT-Drs. IV/785 und IV/207. **13** BAG 24.3.2009 – 9 AZR 983/07, NZA 2009, 538 Rn. 67; ErfK/Gallner BUrlG § 7 Rn. 1 sowie bereits Kohte in: FS Schwerdtner, S. 99, 105; Fuchs/Marhold S. 505 ff. **14** Kohte in: FS Schwerdtner, S. 99, 105; Kohte BB 1984, 609 (611 ff.); HK-ArbR/Holthaus BUrlG § 1 Rn. 7; Kohte/Beetz, jurisPR-ArbR 11/2009 Anm. 3. Dies ist zB nicht gewährleistet, wenn eine anderweitige Dienstverpflichtung besteht, BAG 10.5.2005 – 9 AZR 251/04, NZA 2006, 439 Rn. 33. **15** HK-ArbR/Holthaus BUrlG § 1 Rn. 7; ebenso BAG 25.7.1957 – 2 AZR 93/56, NJW 1958, 157 zum Zweck von Arbeitszeitvorschriften. **16** BAG 20.5.2008 – 9 AZR 219/07, NZA 2008, 1237 Rn. 30; ErfK/Gallner BUrlG § 1 Rn. 5; HWK/Schinz BUrlG § 1 Rn. 4. **17** Grdl. BAG 8.3.1984 – 6 AZR 600/82, NZA 1984, 197; siehe dazu auch EuGH 20.1.2009 – C-350/06, C-520/06, NZA 2009, 135 Rn. 41 (Schultz-Hoff u. Stringer ua) sowie im Anschluss daran BAG 13.10.2009 – 9 AZR 763/08, NZA 2010, 416 Rn. 15; BAG 21.2.2012 – 9 AZR 487/10, NZA 2012, 793 Rn. 13. **18** BAG 28.1.1982 – 6 AZR 571/79, NJW 1982, 1548; Schaub/Linck § 104 Rn. 62; ErfK/Gallner BUrlG § 1 Rn. 5. **19** Dazu Neumann/Fenski/Kühn/Neumann BUrlG § 8 Rn. 5 f. **20** Ausf. dazu EuArbR/Gallner RL 2003/88/EG Art. 7. **21** ABl. EU L 299, 9.

den einzelstaatlichen Gepflogenheiten vorgesehen sind. Nach Art. 7 Abs. 2 der Richtlinie darf der bezahlte Mindestjahresurlaub außer bei der Beendigung des Arbeitsverhältnisses nicht durch eine finanzielle Vergütung ersetzt werden. Beide Bestimmungen waren wortgleich bereits in der ursprünglichen RL 93/104/EG[22] enthalten. Nach Art. 1 Abs. 1 und 2 Buchst. a der Richtlinie handelt es sich um **Mindestvorschriften für die Sicherheit und den Gesundheitsschutz** bei der Arbeitszeitgestaltung, die – wie die gesamte Richtlinie – im Kontext der Arbeitsschutz-Rahmenrichtlinie RL 89/391/EWG stehen (→ Unionsrecht Rn. 27). Außerdem knüpfen sie an die 1989 erklärte **Gemeinschaftscharta der sozialen Grundrechte der Arbeitnehmer**[23] an,[24] welche einen Anspruch auf einen bezahlten Jahresurlaub unter Punkt 8 ausdrücklich vorsieht. Ua daraus sowie aus Punkt 19 Abs. 1 der Charta, wonach jeder Arbeitnehmer in seiner Arbeitsumwelt zufriedenstellende Bedingungen für Gesundheitsschutz und Sicherheit vorfinden muss, leitete der Europäische Gerichtshof in einer seiner ersten bedeutsamen Entscheidungen zu Art. 7 der Richtlinie ab, dass der Anspruch auf bezahlten Jahresurlaub ein **besonders** wichtiger bzw. **bedeutsamer Grundsatz des Sozialrechts der Gemeinschaft** (jetzt: Union) ist.[25]

8 Zudem ist die vom Europäischen Parlament, dem Rat und der Kommission 2000 und erneut 2007 im Zusammenhang mit dem Vertrag von Lissabon[26] in überarbeiteter Fassung proklamierte **Charta der Grundrechte der Europäischen Union (EU-GRC)**[27] von Bedeutung. Die EU-GRC sieht in Art. 31 Abs. 1 das Recht jeder Arbeitnehmerin und jedes Arbeitnehmers auf gesunde, sichere und würdige Arbeitsbedingungen (→ Grundrecht Rn. 47 ff.) und in Art. 31 Abs. 2 ua das Recht auf bezahlten Jahresurlaub (→ Grundrecht Rn. 76) vor. Seit dem Inkrafttreten des Vertrages von Lissabon am 1.12.2009[28] steht die EU-GRC nach Art. 6 Abs. 1 Unterabs. 1 Hs. 2 EUV den EU-Verträgen rechtlich gleich und ist dadurch von der Ebene rechtlicher Unverbindlichkeit in den **Status des Primärrechts** erhoben worden.[29] Daraus könnten sich auch Folgen für das Recht auf bezahlten Jahresurlaub ergeben. Bereits in der Vergangenheit haben Generalanwalt Tizzano und Generalanwältin Trstenjak in ihren Schlussanträgen in den Rechtssachen BECTU bzw. Schultz-Hoff und Stringer dem **Anspruch auf bezahlten Jahresurlaub Grundrechtscharakter** beigemessen.[30] Auch der Europäische Gerichtshof betont in seinen neueren Entscheidungen im Zusammenhang mit der Bedeutung des Anspruchs auf bezahlten Jahresurlaub dessen ausdrückliche Verankerung in der EU-GRC und deren gleichen rechtlichen Rang mit den Verträgen.[31] Ob damit der Grundsatz, dass die nationalen Gerichte Rechtsvorschriften, die mit dem EU-Primärrecht nicht zu vereinbaren sind und auch nicht unionsrechtskonform ausgelegt bzw. fortgebildet werden können, im Anwendungsbereich des Unionsrechts auch im Verhältnis zu privaten Arbeitgebern unanwendbar zu lassen haben,[32] bei Sachverhalten ab dem

---

22 ABl. EG L 307, 18. **23** Gemeinschaftscharta der sozialen Grundrechte der Arbeitnehmer v. 9.12.1989, KOM (89) 248 endg., abgedruckt in Beck-Texte EU-Arbeitsrecht (EUArbR). **24** Siehe Erwägungsgrund 4 der Richtlinie 93/104/EG. **25** EuGH 26.6.2001 – C-173/99, NZA 2001, 827 Rn. 39, 43 (BECTU); seither in st. Rspr. zuletzt EuGH 20.7.2016 – C-341/15, NZA 2016, 1067 Rn. 25 (Maschek). **26** Vertrag von Lissabon zur Änderung des Vertrages über die Europäische Union und des Vertrages zur Gründung der Europäischen Gemeinschaft, unterzeichnet in Lissabon am 13.12.2007, ABl. EU C 306, 1; nicht verbindliche konsolidierte Fassung v. 30.3.2010, abgedruckt in ABl. EU C 83, 1. **27** Charta der Grundrechte der Europäischen Union idF v. 7.12.2000, ABl. EG C 364, 1 und idF v. 26.11.2007, ABl. EU C 303, 1. **28** Bekanntmachung v. 13.11.2009, BGBl. II, 1223. **29** Heuschmid SR 2014, 1 (3). **30** GA Tizzano – Rs. C-173/99, Slg 2001, I-04881 Rn. 28 (BECTU); GA Trstenjak – Rs. C-350/06, Slg 2009, I-00179 Rn. 33 ff. (Schultz-Hoff); GA Trstenjak – Rs. C-520/06, Slg 2009, I-00179 Rn. 46 ff. (Stringer ua). **31** EuGH 22.11.2011 – C-241/10, NZA 2011, 1333 Rn. 37 (KHS) und seither in st. Rspr. zuletzt EuGH 30.6.2016 – C-178/15, NZA 2016, 877 Rn. 20 (Sobczyszyn). **32** EuGH 22.11.2005 – C-144/04, NZA 2005, 1345 (Mangold); EuGH 19.1.2010 – C-555/07, NZA 2010, 85 (Kücükdeveci); BAG 26.4.2006 – 7 AZR 500/04, NZA 2006, 1162; vgl. auch BAG 24.3.2009 – 9 AZR 983/07, NZA 2009, 538 Rn. 53; BAG 17.11.2009 – 9 AZR 844/08, NZA 2010, 1020 Rn. 19.

1.12.2009[33] auch für den Urlaubsanspruch gilt, bleibt abzuwarten[34] (→ Grundrecht Rn. 30 ff., 77).

2. Völkerrechtliche Bestimmungen. Auf der Ebene des (Arbeits-)Völkerrechts existieren ebenfalls verschiedene Abkommen und Verträge zum Recht auf bezahlten Urlaub. Diesen kommt für das deutsche Urlaubsrecht insoweit Bedeutung zu, als sie von Deutschland ratifiziert und deshalb nach dem Gebot der **völkerrechtsfreundlichen Auslegung** bei der Auslegung und Anwendung des nationalen Rechts zu berücksichtigen sind.[35] Außerdem werden sie vom Europäischen Gerichtshof seit jeher im Rahmen der Auslegung des EU-Rechts herangezogen.[36]

Von den Vereinten Nationen wurde schon 1948 in der **Allgemeinen Erklärung der Menschenrechte** ein wenn auch völkerrechtlich nicht verbindliches Recht auf Erholung und Freizeit und insbesondere auf regelmäßigen bezahlten Urlaub anerkannt (Art. 24). 1966 wurde dieses durch den **Internationalen Pakt über wirtschaftliche, soziale und kulturelle Rechte** (UN-Sozialpakt) weiter gestärkt (Art. 7 Buchst. b). Der UN-Sozialpakt wurde von Deutschland 1973[37] und allen übrigen EU-Mitgliedstaaten früher oder später ratifiziert[38] und wird in den Erwägungsgründen mehrerer EG-Richtlinien erwähnt.[39] Ferner sieht die 1961 vom Europarat gebilligte **Europäischen Sozialcharta** (ESC), auf die Art. 151 AEUV Bezug nimmt, in Art. 2 Nr. 3 ein Recht auf bezahlten Jahresurlaub von mindestens zwei Wochen vor.[40] 1996 wurde die ESC revidiert und der Jahresurlaub auf mindestens vier Wochen erhöht.[41] Deutschland hat bisher nur die ursprüngliche Fassung der ESC ratifiziert.[42] Schließlich enthält das bereits 1970 von der Internationalen Arbeitsorganisation (International Labour Organization – ILO) verabschiedete **Übereinkommen 132 über den bezahlten Jahresurlaub** einen Anspruch auf einen bezahlten Jahresurlaub von mindestens drei Wochen (Art. 3 Nr. 3) und weitere Mindeststandards zu dessen Voraussetzungen und näherer Ausgestaltung.[43] Das Ab-

---

33 Vgl. EuGH 26.3.2015 – C-316/13, NZA 2015, 1444 Rn. 45 f. (Fenoll). **34** Bejahend Pötters/Stiebert ZESAR 2012, 23 (27 f.); Preis/Sagan/Mehrens/Witschen § 7 Rn. 3: Grundrecht; ablehnend GA Trstenjak – Rs. C-282/10 (Dominguez); Höpfner RdA 2013, 16 (21); Neumann/Fenski/Kühn/Fenski Anh. L Rn. 6; differenzierend EuArbR/Schubert GRC Art. 31 Rn. 28 f., die einen Primärrechtsverstoß annimmt, wenn Beschäftigte vom Urlaubsanspruch ganz ausgeschlossen werden. Der EuGH hatte bisher noch keinen Anlass, sich zu dieser Frage zu äußern. Das ändert sich möglicherweise durch die Vorlagebeschlüsse BAG 18.10.2016 – 9 AZR 196/16 (A), NZA 2017, 207, anhängig unter C-570/166 (Willmeroth) zur Urlaubsabgeltung beim Tod des Arbeitnehmers und BAG 13.12.2016 – 9 AZR 541/15 (A), NZA 2017, 271, anhängig unter C-684/16 (Max-Planck-Gesellschaft) zur Pflicht des Arbeitgebers zur Urlaubsgewährung, da in beiden Fällen der Arbeitgeber eine Privatperson ist und das BAG eine richtlinienkonforme Auslegung des nationalen Rechts jeweils – wenn auch nicht überzeugend (→ Rn. 32, 41) – ausgeschlossen hat. **35** BVerfG 15.12.2015 – 2 BVL 1/12, NJW 2016, 1295 Rn. 71 f. allg. zu diesem Grundsatz; BAG 19.6.2007 – 1 AZR 396/06, NZA 2007, 1055 zur ESC; BAG 3.12.1997 – 7 AZR 236/97 zu Übereinkommen der ILO; missverständlich insoweit BAG 7.8.2012 – 9 AZR 353/10, NZA 2012, 1216 Rn. 38. **36** Siehe zB EuGH 15.12.1995 – C-415/93, NZA 1996, 191 (Bosman); EuGH 12.6.2003 – C-112/00, NJW 2003, 3185 (Schmidtberger); EuGH 20.9.2007 – C-116/06, NZA 2007, 1274 Rn. 48 f. (Kiiski); EuGH 11.12.2007 – C-438/05, NZA 2008, 124 Rn. 43 f. (Viking); EuGH 18.12.2007 – C-341/05, NZA 2008, 159 Rn. 90 f. (Laval); BAG 15.4.2008 – C-268/06, NZA 2008, 581 Rn. 113 f. (Impact ua); EuGH 20.1.2009 – C-350/06, C- 520/06, NZA 2009, 135 Rn. 37 ff. (Schultz-Hoff und Stringer ua); EuGH 22.11.2011 – C-241/10, NZA 2011, 1333 Rn. 41 f. (KHS); näher zur Bedeutung der ILO-Normen im EU-Arbeitsrecht Heuschmid SR 2014, 1 ff. **37** Gesetz v. 23.11.1973, BGBl. II, 1569. **38** Ratifizierungsstatus: treaties.un.org/Pages/View Details.aspx?src=TREATY&mtdsg_no=IV-3&chapter=4&lang=en. **39** Antirassismusrichtlinie 2000/43/EG (ABl. EG L 180, 22); Gleichbehandlungs-Rahmenrichtlinie 2000/78/EG (ABl. EG L 303, 16); Genderrichtlinie 2002/73/EG (ABl. EG L 269, 15, abgelöst durch die neue Genderrichtlinie 2006/54/EG (ABl. EU L 2004, 23); Genderrichtlinie Zivilrecht 2004/113/EG (ABl. EU L 373, 37). **40** www.coe.int/en/web/conventions/full-list/-/conventions/rms/0900 00168006b748. **41** www.coe.int/en/web/conventions/full-list/-/conventions/rms/090000 168007cf92. **42** Gesetz v. 19.9.1964, BGBl. II, 1261, zuletzt geändert durch ÄndBek. v. 3.9.2001, BGBl. II, 970. **43** Abgedruckt in Neumann/Fenski/Kühn BUrlG Anh. M.

kommen wurde von Deutschland 1975 ratifiziert.[44] Außerdem haben dem Abkommen vierzehn weitere EU-Mitgliedstaaten zugestimmt.[45]

III. Einzelheiten des Urlaubsanspruchs

11 1. **Grundlagen.** Bis 1945 hatten Beschäftigte – abgesehen von beamteten und jugendlichen Beschäftigten, für die bereits seit 1873 bzw. 1938 gesetzliche Urlaubsvorschriften existierten – einen Anspruch auf Urlaub nur aufgrund einzelvertraglicher oder kollektivrechtlicher Regelungen. Teilweise wurde ein Anspruch auf Urlaub auch gewohnheitsrechtlich als Ausdruck der arbeitgeberseitigen Fürsorgepflicht anerkannt. Nach 1945 wurden in fast allen alten Bundesländern Bestimmungen zum Urlaub in die Landesverfassung aufgenommen und in mehreren Bundesländern Mindesturlaubsgesetze verabschiedet.[46] Seit 1963 ist die wichtigste Rechtsgrundlage für das Recht von Beschäftigten auf Urlaub das **Bundesurlaubsgesetz**. Anspruchsberechtigte sind nach § 2 BUrlG Arbeitnehmerinnen und Arbeitnehmer, zu ihrer Berufsausbildung Beschäftigte sowie arbeitnehmerähnliche Personen, wobei für in Heimarbeit Beschäftigte und für diesen nach § 1 Abs. 2 Buchst. a–c HAG Gleichgestellte nach § 12 BUrlG Sonderregelungen gelten. Das Bundesurlaubsgesetz regelt die Voraussetzungen und die Höhe des gesetzlichen Mindesturlaubsanspruchs sowie dessen Gewährung und Inanspruchnahme. In den neuen Bundesländern ist das Bundesurlaubsgesetz am 3.10.1990 in Kraft getreten.[47] Seinerzeit betrug der jährliche Mindesturlaub in den alten Bundesländern noch drei Wochen (18 Werktage)[48] und in den neuen Bundesländern bereits vier Wochen (20 Arbeitstage).[49] Im Zuge der Umsetzung der ursprünglichen RL 93/104/EG wurde der jährliche Mindesturlaub ab 1995 bundeseinheitlich auf vier Wochen (24 Werktage) festgesetzt.[50]

12 Für einzelne Beschäftigtengruppen bestehen ergänzende und teilweise auch abweichende **spezialgesetzliche Regelungen**, ua für Jugendliche (§ 19 JArbSchG), schwerbehinderte Menschen (§ 125 SGB IX), Schwangere (§ 17 MuSchG aF, ab 1.1.2018 § 24 MuSchG), Eltern in Elternzeit (§ 17 BEEG), Wehrdienstleistende (§ 4 ArbPlSchG) sowie für die Seeschifffahrt (§§ 56 ff. SeeArbG).[51] Im Übrigen sehen sehr häufig **Tarifverträge** und teilweise auch **Arbeitsverträge** über den gesetzlichen Mindesturlaub hinausgehende Urlaubsansprüche vor. Für Beamtinnen und Beamte gelten die **beamtenrechtlichen Regelungen** des Bundes und der Länder.[52]

13 2. **Inhalt und Rechtscharakter.** Der Anspruch auf bezahlten Urlaub nach dem Bundesurlaubsgesetz besteht in der **Befreiung von der Arbeitspflicht** (Freistellungsanspruch), ohne dass dadurch der Entgeltanspruch berührt wird.[53] Es handelt sich um eine gesetzlich geregelte Nebenpflicht des Arbeitgebers, den Arbeitnehmer von der Verpflichtung zur Erbringung der vertraglich geschuldeten Arbeitsleistung zu befreien, ohne selbst von der **Verpflichtung zur Zahlung des Arbeitsentgelts** befreit zu werden.[54] Dem steht nicht entgegen, dass der Europäische Gerichtshof den Anspruch auf Jahresurlaub und den Anspruch auf Zahlung des Urlaubsentgelts als zwei Teile bzw. zwei Aspekte eines

---

44 Gesetz v. 30.4.1975, BGBl. II 1975, 746. 45 Ratifizierungstabelle abrufbar über www.ilo.org/berlin/arbeits-und-standards/lang--de/index.htm: Alle Konventionen, C132 – Holidays with Pay Convention (Revised), 1970 (No. 132). 46 Näher zum Ganzen Neumann/Fenski/Kühn/Neumann BUrlG Einl. Rn. 1 ff. 47 Art. 8 Anl. I, Kap. VIII Sachgebiet A, Abschn. III Nr. 5 EinigVtr. 48 § 3 BUrlG idF v. 29.10.1974, BGBl. I, 2879. 49 Art. 8 Anl. I, Kap. VIII Sachgebiet A, Abschn. III Nr. 5 Buchst. a EinigVtr. 50 Art. 2 des Gesetzes zur Vereinheitlichung und Flexibilisierung des Arbeitszeitrechts (Arbeitszeitrechtsgesetz – ArbZRG) v. 6.6.1994, BGBl. I, 1170, in Kraft getreten am 1.1.1995. 51 Näher dazu und zu weiteren bundes- und landesrechtlichen Regelungen Neumann/Fenski/Kühn/Kühn/Fenski Anh. A bis H. 52 Siehe zB die Verordnung über den Erholungsurlaub der Beamtinnen, Beamten und Richterinnen und Richter des Bundes (Erholungsurlaubsverordnung – EUrlV) idF der Neubekanntmachung v. 11.11.2004, BGBl. I, 2831, zuletzt geändert am 3.12.2015, BGBl. I, 2163; zur Bedeutung der RL 2003/88/EG für das Beamtenurlaubsrecht zB BVerwG 31.1.2013 – 2 C 10/12, ZTR 2013, 349. 53 St. Rspr. des BAG; zB BAG 17.11.2009 – 9 AZR 844/08, NZA 2010, 1020 Rn. 32; ErfK/Gallner BUrlG § 1 Rn. 7; HWK/Schinz BUrlG § 1 Rn. 5; NK-GA/Düwell BUrlG § 1 Rn. 23; aA Neumann/Fenski/Kühn/Neumann BUrlG § 1 Rn. 69. 54 HK-ArbR/Holthaus BUrlG § 1 Rn. 6; vgl. auch NK-GA/Düwell BUrlG § 1 Rn. 25.

Urlaub und Gesundheitsschutz 4

einzigen Anspruchs bezeichnet hat.⁵⁵ Denn der Begriff „bezahlter Urlaub" iSd des EU-Rechts bedeutet nicht mehr, als dass das gewöhnliche Arbeitsentgelt während der Dauer des Urlaubs weiter zu gewähren ist.⁵⁶ Der Arbeitnehmer soll durch die Zahlung des Urlaubsentgelts in eine Lage versetzt werden, die in Bezug auf das Entgelt mit Zeiten geleisteter Arbeit vergleichbar ist.⁵⁷ Gegenteiliges ergibt sich auch nicht aus der Entscheidung des Europäischen Gerichtshofs in der Rechtssache Zentralbetriebsrat der Landeskrankenhäuser Tirols.⁵⁸ Zwar darf nach dieser Entscheidung bei einer Reduzierung der Arbeitszeit der während der höheren Arbeitszeit erworbene Urlaub weder gekürzt, noch das Urlaubsentgelt nach der reduzierten Arbeitszeit bemessen werden, wenn der Arbeitnehmer den Urlaub vor der Reduzierung der Arbeitszeit nicht nehmen konnte⁵⁹ (→ Rn. 16 u. 37). Daraus folgt jedoch nur, dass bezogen auf diesen Urlaub das Arbeitsentgelt als das gewöhnliche gilt, das der Arbeitnehmer während der höheren Arbeitszeit regelmäßig bezogen hat.

Aufgrund der gesundheitsschützenden Zielsetzung des Anspruchs auf Urlaub (→ Rn. 4) und seiner arbeitsschutzrechtlichen Verankerung im Unionsrecht (→ Rn. 7) ist dieser dem **Arbeitsschutzrecht** zuzuordnen.⁶⁰ Soweit dies mit dem Argument, es handele sich um einen privatrechtlichen Anspruch, der nicht dem öffentlich-rechtlichen Arbeitsschutzrecht zuzurechnen sei,⁶¹ in Zweifel gezogen wird, wird übersehen, dass sich das Arbeitsschutzrecht nicht auf öffentlich-rechtliche Schutznormen beschränkt, sondern auch privatrechtlich ausgestaltet sein kann (→ BGB § 618 Rn. 1).⁶² Von Bedeutung ist die Zuordnung zum Arbeitsschutzrecht insoweit, als sich arbeitsschutzrechtliche Bestimmungen in erster Linie an den Arbeitgeber richten (→ BGB § 618 Rn. 56). Dieser ist bei der Ausgestaltung der Arbeit im Rahmen seiner betrieblichen Organisation für den Schutz der Gesundheit der Beschäftigten verantwortlich.⁶³ Dazu gehört auch, dafür zu sorgen, dass der gesetzliche Mindesturlaub tatsächlich in Anspruch genommen wird (→ Rn. 31 f.).⁶⁴

3. Entstehen und Umfang des Urlaubsanspruchs. Der Anspruch auf den vollen Mindestjahresurlaub von 24 Werktagen (vier Wochen) entsteht nach § 4 BUrlG erstmals nach dem sechsmonatigen Bestehen des Arbeitsverhältnisses (Wartezeit) für das Urlaubsjahr, in das der Ablauf der Wartezeit fällt, und danach jeweils mit dem Beginn des neuen Urlaubsjahres am 1. Januar eines Jahres.⁶⁵ Bei arbeitnehmerähnlichen Personen tritt an die Stelle des Arbeitsverhältnisses das auf gewisse Dauer angelegte Dienstver-

---

55 EuGH 16.3.2006 – C-131/04, C-257/04, NZA 2006, 481 Rn. 58 (Robinson-Steele ua) und seither st. Rspr., siehe zB EuGH 22.5.2014 – C-539/12, NZA 2014, 593 Rn. 17 (Lock). **56** EuGH 22.5.2014 – C-539/12, NZA 2014, 593 Rn. 16 (Lock). **57** EuGH 22.5.2014 – C-539/12, NZA 2014, 593 Rn. 17 (Lock). **58** EuGH 22.4.2010 – C-486/08, NZA 2010, 557 (Zentralbetriebsrat der Landeskrankenhäuser Tirols). **59** EuGH 22.4.2010 – C-486/08, NZA 2010, 557 Rn. 27 ff. (Zentralbetriebsrat der Landeskrankenhäuser Tirols). **60** LAG Berlin-Brandenburg 12.6.2014 – 21 Sa 221/14, NZA-RR 2014, 631; LAG München 6.5.2015 – 8 Sa 982/14, ZTR 2016, 35; Kohte, jurisPR-ArbR 14/2016 Anm. 5; Weller BB 2014, 2560; vgl. Preis/Sagan/Mehrens/Witschen § 7 Rn. 7; Schmid, ZESAR 2017, 125 (127). **61** LAG Düsseldorf 25.7.2016 – 9 Sa 31/16, ZTR 2016, 654; ErfK/Gallner BUrlG § 1 Rn. 12; HWK/Schinz BUrlG § 7 Rn. 122; Neumann/Fenski/Kühn/Neumann BUrlG § 1 Rn. 57; Leopold FA 2016, 330 (332); wohl auch NK-GA/Düwell BUrlG § 7 Rn. 11. **62** ErfK/Wank BGB § 618 Rn. 3; Staudinger/Oetker BGB § 618 Rn. 10 ff.; Münch/ArbR/Kohte § 291 Rn. 3 ff.; Hackmann in: FS Kohte, S. 293, 307; ebenso LAG München 6.5.2015 – 8 Sa 982/14, ZTR 2016, 35. **63** Staudinger/Oetker BGB § 618 Rn. 20, 123 ff.; ErfK/Wank BGB § 618 Rn. 12; HWK/Krause BGB § 618 Rn. 19; Schmidt, ZESAR 2017, 125 (127); Plüm NZA 2013, 11 (13); vgl. auch Kohte in: FS Schwerdtner, S. 99, 115 zu Art. 5 RL 89/391/EWG und BAG 6.5.2003 – 1 ABR 13/02, NZA 2003, 1348. **64** Die Verantwortung des Arbeitgebers für die Realisierung des Mindestjahresurlaubs nach Art. 7 RL 2003/88/EG ist ua Gegenstand eines Vorlagebeschlusses des BAG sowie des OVG Berlin-Brandenburg, BAG 13.12.2016 – 9 AZR 541/15 (A), NZA 2017, 271, beim EuGH als Rs. C-684/16 (Max-Planck-Institut) anhängig und OVG Berlin-Brandenburg 14.9.2016 – OVG 4 B 38.14. beim EuGH als Rs. C-619716 (Kreuziger) anhängig; zur Urlaubsgewährungspflicht des Arbeitgebers vor der Einführung des BUrlG BAG 13.3.1967 – 2 AZR 133/66, NJW 1967, 1631 und BAG 27.2.1970 – 1 AZR 258/69, AP Nr. 16 zu § 618 BGB. **65** ErfK/Gallner BUrlG § 4 Rn. 5 mwN; eine eintägige Unterbrechung des Arbeitsverhältnisses ist für die Erfüllung der Wartezeit unschädlich, BAG 20.10.2015 – 9 AZR 224/14, NZA 2016, 159.

hältnis.⁶⁶ Voraussetzung für das Entstehen des Urlaubsanspruchs ist allein der Bestand des Arbeitsverhältnisses bzw. des Dienstverhältnisses.⁶⁷ Eine Mindestarbeitsleistung ist nicht erforderlich.⁶⁸

16 Nach § 3 Abs. 2 BUrlG gelten als **Werktage** alle Tage außer Sonntage und gesetzliche Feiertage. Bei einer Arbeitswoche von weniger oder mehr als sechs Arbeitstagen oder bei einer unregelmäßigen Verteilung der Arbeitszeit ist die Anzahl der Urlaubstage entsprechend umzurechnen.⁶⁹ Beispielsweise beträgt der Mindestjahresurlaub bei einer Fünf-Tage-Woche 20 Arbeitstage und bei einer Vier-Tage-Woche 16 Arbeitstage. Bei einer **Veränderung der Arbeitszeit** im Laufe des Urlaubsjahres ist nach der Rechtsprechung des Europäischen Gerichtshofs der **Urlaubsanspruch** für die jeweiligen Zeitabschnitte **gesondert zu berechnen**⁷⁰ und bei einer Erhöhung oder Verringerung der Arbeitszeit pro Woche der noch offene Urlaub entgegen der bisherigen Rechtsprechung des Bundesarbeitsgerichts⁷¹ nicht insgesamt umzurechnen.⁷² Gleiches gilt bei einer Veränderung der Arbeitszeit zum Jahreswechsel für etwaigen nach § 7 Abs. 3 BUrlG aus dem Vorjahr übertragenen Urlaub.⁷³ Bei der Berechnung des Urlaubsanspruchs ist auf die in den jeweiligen Zeitabschnitten geschuldeten Arbeitstage, Arbeitsstunden und/oder Teile davon abzustellen.⁷⁴ Urlaub, den der Arbeitnehmer in einem Zeitabschnitt erhalten hat und der über die für diesen Zeitabschnitt entstandenen Urlaubsansprüche hinausgeht, ist auf die Urlaubsansprüche des nachfolgenden Zeitabschnitts desselben Urlaubsjahres anzurechnen.⁷⁵ Für den Fall des Wechsels von einer Vollzeit- zu einer Teilzeitbeschäftigung ist das Bundesarbeitsgericht dieser Rechtsprechung gefolgt.⁷⁶ Ob es sich der Rechtsprechung des Europäischen Gerichtshofs auch im umgekehrten Fall bei einem Wechsel von einer Teilzeit- zu einer Vollzeitbeschäftigung anschließen wird oder an der bisherigen Rechtsprechung festhalten wird,⁷⁷ was möglich wäre, weil dies für die betroffenen Arbeitnehmer günstiger wäre,⁷⁸ bleibt abzuwarten. § 3 Abs. 1 BUrlG, wonach der Mindesturlaub 24 Werktage beträgt, dürfte der abschnittsweisen Berechnung auch im umgekehrten Fall trotz der sich daraus ergebenden Folgen (→ Rn. 17) ebenso wenig entgegenstehen wie Art. 7 Abs. 1 RL 2003/88/EG.⁷⁹

17 Unter dem Gesichtspunkt des **Gesundheitsschutzes** ist die Rechtsprechung des Gerichtshofs insofern **bedenklich**, als sie bei einem Wechsel zwischen verschiedenen Arbeitszeitmodellen zwar eine Gleichheit hinsichtlich des Urlaubsentgelts (→ Rn. 35), jedoch nicht hinsichtlich der dem Arbeitnehmer zur Verfügung stehenden freien Zeit gewährleistet.⁸⁰ Denn die Berechnungsweise des Gerichtshofs führt dazu, dass der Mindestjahresurlaub – je nachdem, ob der Jahresurlaub vornehmlich während der Phase

---

66 BAG 15.11.2005 – 9 AZR 626/04, AP Nr. 12 zu § 611 BGB Arbeitnehmerähnlichkeit. **67** BAG 7.8.2012 – 9 AZR 353/10, NZA 2012, 1216 Rn. 8; BAG 6.5.2014 – 9 AZR 678/12, NZA 2014, 959 Rn. 11. **68** BAG 7.8.2012 – 9 AZR 353/10, NZA 2012, 1216 Rn. 8; ebenso EuGH 20.1.2009 – C-350/06, C-520/06, NZA 2009, 135 Rn. 41 (Schultz-Hoff u. Stringer ua); EuGH 24.1.2012 – C-282/12, NZA 2012, 139 Rn. 20 (Dominguez). **69** Näher dazu HWK/Schinz BUrlG § 3 Rn. 10 ff.; HK-ArbR/Holthaus BUrlG § 3 Rn. 15 ff.; NK-GA/Düwell BUrlG § 3 Rn. 9 ff.; vgl. auch BAG 21.7.2015 – 9 AZR 145/14, ZTR 2016, 23 zur Berechnung des Urlaubs bei Schichtarbeit nach § 14 des Tarifvertrages Versorgungsbetriebe (TV-V). **70** EuGH 11.11.2015 – C-219/14, NZA 2015, 1501 Rn. 35 (Greenfield). **71** BAG 28.4.1998 – 9 AZR 314/97, NZA 1999, 156. **72** EuGH 22.4.2010 – C-486/08, NZA 2010, 557 Rn. 35 (Zentralbetriebsrat der Landeskrankenhäuser Tirols); EuGH 13.6.2013 – C-415/12, NZA 2013, 775 Rn. 31 (Brandes); EuGH 11.11.2015 – C-219/14, NZA 2015, 1501 Rn. 44 (Greenfield). **73** ErfK/Gallner BUrlG § 7 Rn. 60; vgl. auch BAG 10.2.2015 – 9 AZR 53/14 (F), NZA 2015, 1005. **74** EuGH 11.11.2015 – C-219/14, NZA 2015, 1501 Rn. 32 (Greenfield). **75** EuGH 11.11.2015 – C-219/14, NZA 2015, 1501 Rn. 43 (Greenfield). **76** BAG 10.2.2015 – 9 AZR 53/14 (F), NZA 2015, 1005. **77** So BAG 14.3.2017 – 9 AZR 7/16, NZA-RR 2017, 376 in enger Orientierung an § 26 TVöD aF in einem Fall, in dem eine Arbeitnehmerin im öffentlichen Dienst im Laufe des Urlaubsjahres die Anzahl ihrer Wochenarbeitstage bei gleichzeitiger weiterer Verringerung ihrer Wochenarbeitszeit von 4 auf 5 Tage erhöht hatte und der gesetzliche Mindesturlaub unabhängig von der Berechnungsweise in jedem Fall gewahrt war. **78** Schneider EuZA 2016, 327 (335 f.). **79** Ebenso Schubert RdA 2013, 370 (377); Weigert/Zeising NZA 2016, 862 (866 f.); v. Medem ZESAR 2016, 426 (434); Stiebert EuZW 2016, 65 (66); wohl auch NK-GA/Düwell BUrlG § 1 Rn. 33; ErfK/Gallner BUrlG § 1 Rn. 6 h; aA HWK/Schinz BUrlG § 3 Rn. 37 d. **80** Näher dazu Weigert/Zeising NZA 2016, 862 (863 f.).

mit der geringeren Arbeitszeit oder vornehmlich während der Phase mit der höheren Arbeitszeit realisiert wird – zusammengerechnet mehr, aber auch weniger als vier Wochen umfassen kann.[81] Dieses dem gesundheitsschützenden Charakter des Mindesturlaubs widersprechende Ergebnis lässt sich auch nicht damit rechtfertigen, bei einer geringeren Anzahl von Wochenarbeitstagen sei das Erholungsbedürfnis entsprechend kürzer.[82] Denn der Mindestjahresurlaub nach Art. 7 Abs. 1 RL 2003/88/EG dient ebenso wie der gesetzliche Mindesturlaub nach § 3 Abs. 1 BUrlG nicht nur der Erholung von der Arbeit, sondern auch der Selbstbestimmung und Verwirklichung der eigenen Interessen (→ Rn. 3 f.). Beides sind **für die psychische Gesundheit wichtige Faktoren**.[83] Dieses Problem ließe sich jedoch dadurch lösen, dass Arbeitnehmer, während sie den im Zeitabschnitt vor der Veränderung ihrer Arbeitszeit erworbenen, aber nicht realisierten Urlaub in Anspruch nehmen, sowohl hinsichtlich der durch den Urlaub ausfallenden Arbeitszeit als auch hinsichtlich der als Urlaubsentgelt geschuldeten Vergütung (→ Rn. 37) so behandelt werden, als wären sie weiterhin nach dem bisherigen Arbeitszeitmodell tätig.[84] Dadurch wäre einerseits sichergestellt, dass auch dann, wenn sich die Anzahl der Arbeitstage ändert, der gesetzliche Mindesturlaub zusammengerechnet vier Wochen weder unterschreitet noch überschreitet. Andererseits wäre gewährleistet, dass sich, wenn sich nicht die Anzahl der Arbeitstage sondern nur die Anzahl der täglichen Arbeitsstunden ändert, das Urlaubsentgelt weder gekürzt noch erhöht wird, sondern der Arbeitnehmer genauso gestellt wird, wie wenn er den vor der Veränderung seiner Arbeitszeit erworbenen Urlaub auch während dieser Zeit erhalten hätte.

Bis zum Ablauf der Wartezeit nach § 4 BUrlG entsteht nur ein **Teilurlaubsanspruch** im Umfang eines Zwölftels des Jahresurlaubs für jeden vollen Monat des Bestehens des Arbeitsverhältnisses (§ 5 Abs. 1 Buchst. a, b BUrlG), wobei Bruchteile von mindestens einem halben Tag auf volle Urlaubstage aufgerundet (§ 5 Abs. 2 BUrlG), Bruchteile von weniger als einem halben Tag jedoch nicht abgerundet werden.[85] Gleiches gilt, wenn das Arbeitsverhältnis vor dem 1. Juli eines Jahres endet (§ 5 Abs. 1 Buchst. c BUrlG). 18

Gegen den **Teilurlaubsanspruch** bestehen grundsätzlich **keine unionsrechtlichen Bedenken**.[86] Zwar hat der Europäische Gerichtshof entschieden, dass eine Regelung, wonach ein Arbeitnehmer einen Anspruch auf bezahlten Jahresurlaub erst dann erwirbt, wenn er eine ununterbrochene Mindestbeschäftigungszeit von dreizehn Wochen bei demselben Arbeitgeber zurückgelegt hat, nicht im Einklang mit Art. 7 Abs. 1 RL 2003/88/EG steht.[87] Dabei hat er jedoch darauf abgestellt, dass bei einer derartigen Regelung Arbeitnehmer, deren Arbeitsverhältnis vor der Mindestbeschäftigungszeit endet, jeden Anspruch auf bezahlten Jahresurlaub verlieren bzw. von dem Anspruch auf Jahresurlaub ausgeschlossen sind.[88] Es gibt auch sonst keine Hinweise, dass Art. 7 Abs. 1 der Richtlinie verlangt, dass Beschäftigte unabhängig von der Dauer des Beschäftigungsverhältnisses den vollen Mindestjahresurlaub erhalten müssen. Zweifel bestehen hingegen, soweit § 5 Abs. 1 BUrlG hinsichtlich des Teilanspruchs an den vollen Monat anknüpft und dies bisher so verstanden wird, dass für **Zeiten von weniger als einem Monat** kein Urlaubsanspruch entsteht.[89] Diese Frage müsste ggf. durch den Europäischen Gerichtshof im Wege eines **Vorabentscheidungsverfahrens** nach Art. 267 AEUV geklärt werden. Einer richtlinienkonformen Auslegung der Vorschrift dahin, dass für Zeiten von weniger als einem Monat ein Anspruch auf zeitanteiligen Teilurlaub besteht, dürf- 19

---

81 Näher dazu Weigert/Zeising NZA 2016, 862 (863); von Medem ZESAR 2016, 426 (428); zu extremen Beispielen einer Anhäufung von Urlaubstagen BAG 10.2.2015 – 9 AZR 53/14, NZA 2015, 1005 Rn. 23; HWK/Schinz BUrlG § 3 Rn. 36. **82** So aber Stiebert EuZW 2016, 65; ähnlich auch von Medem ZESAR 2016, 426 (433). **83** Kohte in: FS Schwerdtner S. 99, 105. **84** Vgl. dazu LAG Köln 29.1.2014 – 11 Sa 1221/12; Weigert/Zeising NZA 2016, 862 (867); kritisch dazu Schubert NZA 2013, 1105 (1109). **85** ErfK/Gallner BUrlG § 5 Rn. 21; Schaub/Linck § 104 Rn. 69. **86** Ebenso HWK/Schinz BUrlG § 4 Rn. 3; ErfK/Gallner BUrlG § 5 Rn. 4; Schaub/Linck § 104 Rn. 65. **87** EuGH 26.1.2001 – C-173/99, NZA 2001, 827 (BECTU) noch zur früheren RL 93/194/EG. **88** EuGH 26.1.2001 – C-173/99, NZA 2001, 827 Rn. 49, 52 (BECTU). **89** Ebenso HWK/Schinz BUrlG § 5 Rn. 11; NK-GA/Düwell BUrlG § 5 Rn. 6; aA Schaub/Linck § 104 Rn. 65; nicht problematisiert BAG 17.11.2015 – 9 AZR 179/15, NZA 2016, 309 Rn. 15.

te nichts entgegenstehen, weil die Regelung auch als bloßer Berechnungsmaßstab verstanden werden kann.[90]

20 Ein Anspruch auf Urlaub entsteht auch für die Dauer eines sog **faktischen** oder **fehlerhaften Arbeitsverhältnisses** sowie für die Dauer einer **vorläufigen Weiterbeschäftigung** während des laufenden Kündigungsschutzprozesses, ohne dass es darauf ankommt, ob die Weiterbeschäftigung auf der Grundlage des § 102 Abs. 5 BetrVG oder im Rahmen eines sog Prozessarbeitsverhältnisses oder aufgrund einer entsprechenden Verurteilung zur Abwendung der Zwangsvollstreckung erfolgt[91] und ob sich die Kündigung letztlich als rechtswirksam oder rechtsunwirksam erweist.[92] Denn ordnet man wie hier den Anspruch auf bezahlten Urlaub dem Arbeitsschutzrecht zu (→ Rn. 14), sind **Zeiten tatsächlicher Beschäftigung** dem rechtlichen Bestand des Arbeitsverhältnisses gleichzustellen.[93] Arbeitsschutzrechtliche Vorschriften knüpfen nach ihrem Sinn und Zweck regelmäßig auch an die tatsächliche Beschäftigung an (→ ArbSchG § 2 Rn. 14).[94] Entscheidend ist in erster Linie, vor welchen mit einer Beschäftigung üblicherweise verbundenen Gefahren der Arbeitnehmer geschützt werden soll und nicht so sehr, auf welcher rechtlichen Grundlage die Beschäftigung erfolgt. Erbringt ein Arbeitnehmer im Rahmen einer fremden Arbeitsorganisation Arbeitsleistung, besteht ein Bedürfnis nicht nur nach täglichen und wöchentlichen Ruhezeiten, sondern auch nach einer längeren Ruhepause in Form eines bezahlten Urlaubs[95] unabhängig davon, ob die Beschäftigung auf der Grundlage eines wirksamen Arbeitsvertrages erfolgt.

21 Zu dem gleichen Ergebnis kommt man im Wege einer **richtlinienkonformen Auslegung des Arbeitnehmerbegriffs in § 1 BUrlG**.[96] Nach der Rechtsprechung des Europäischen Gerichtshofs ist Arbeitnehmer im Sinne des Unionsrechts und auch im Sinne der RL 2003/88/EG jeder, der eine tatsächliche oder echte Tätigkeit für einen Dritten nach dessen Weisung gegen eine Vergütung ausübt, wobei nur Tätigkeiten außer Betracht zu bleiben haben, die einen so geringen Umfang haben, dass sie sich als völlig untergeordnet und unwesentlich darstellen.[97] Zwar beziehen sich diese Ausführungen in erster Linie darauf, dass es für die Anwendung der Richtlinie unerheblich ist, wie das Beschäftigungsverhältnis nach nationalem Recht einzuordnen ist[98] und ob es öffentlichem oder privatem Recht unterliegt.[99] Jedoch wird dadurch zugleich deutlich, dass es für die Anwendung der Richtlinie auch nicht darauf ankommt, ob einem Beschäftigungsverhältnis ein nach nationalem Recht wirksamer Vertrag zugrunde liegt oder nicht.

22 Bei einem sog **Doppelarbeitsverhältnis**, das beispielsweise besteht, wenn sich eine arbeitgeberseitige Kündigung als unwirksam erweist und der Arbeitnehmer während des Kündigungsschutzprozesses ein anderweitiges Arbeitsverhältnis eingegangen ist, kann der Arbeitnehmer den Jahresurlaub nur einmal verlangen. Zwar entsteht grundsätzlich in jedem der Arbeitsverhältnisse ein Urlaubsanspruch. Jedoch muss sich der Arbeitnehmer analog § 11 Nr. 1 KSchG und § 615 S. 2 BGB den Urlaub, den er im anderweitigen Arbeitsverhältnis erhalten hat, auf den Urlaubsanspruch im bisherigen Arbeitsverhältnis anrechnen lassen.[100] Davon zu unterscheiden ist, wenn ein Arbeitnehmer bei zwei Arbeitgebern jeweils in Teilzeit beschäftigt ist. In diesem Fall besteht bezogen auf jedes der **Teilzeitarbeitsverhältnisse** ein Anspruch auf Jahresurlaub.[101]

---

90 HWK/Schinz BUrlG § 5 Rn. 11, der eine richtlinienkonforme Auslegung jedenfalls für erwägenswert hält. **91** Zu den verschiedenen Weiterbeschäftigungsmöglichkeiten Schaub/Linck § 125 Rn. 1 ff., 16. ff.; näher zum allgemeinen Weiterbeschäftigungsanspruch siehe auch Schech in: Jahrbuch des Rechtsschutzes 2010, S. 329 ff. **92** Ebenso Neumann/Fenski/Kühn/Neumann BUrlG § 2 Rn. 14 mwN; aA ErfK/Gallner BUrlG § 1 Rn. 99 unter Verweis auf BAG 10.3.1987 – 8 AZR 146/84, NZA 1987, 373. **93** Vgl. dazu Kollmer/Klindt/Schucht/Kohte ArbSchG § 2 Rn. 51. **94** Kollmer/Klindt/Schucht/Kohte ArbSchG § 2 Rn. 41 ff. **95** Vgl. dazu auch Gallner in: FS Etzel, S. 155, 164. **96** Ebenso Schech in: Jahrbuch des Rechtsschutzes 2010, S. 329, 339 Rn. 27 ff. **97** EuGH 7.4.2011 – C-519/09, Slg 2011, I-2761 Rn. 21 f. mwN (May); EuGH 3.5.2012 – C-337/10, NVwZ 2012, 688 Rn. 23 (Neidel); EuGH 26.3.2015 – C-316/13, NZA 2015, 1444 Rn. 27 (Fenoll); näher zum unionsrechtlichen Arbeitnehmerbegriff ErfK/Wißmann AEUV Art. 45 Rn. 7 ff. **98** Vgl. EuGH 26.3.2015 – C-316/13, NZA 2015, 1444 Rn. 31 (Fenoll). **99** EuGH 7.4.2011 – C-519/09, Slg 2011, I-2761 Rn. 24 (May). **100** BAG 21.2.2012 – 9 AZR 487/10, NZA 2012, 793. **101** BAG 21.2.2012 – 9 AZR 487/10, NZA 2012, 793 Rn. 19 mwN.

4. Urlaubsgewährung. Zur Erfüllung des Urlaubsanspruchs bedarf es einer auf die Zukunft gerichteten **Freistellungserklärung** des Arbeitgebers, die hinreichend deutlich erkennen lässt, dass die Freistellung zur Erfüllung des Urlaubsanspruchs und nicht aus anderen Gründen erfolgt.[102] Die Freistellung muss endgültig und **vorbehaltlos** erfolgen, weil es Beschäftigten nur dann möglich ist, die ihnen zustehende Freizeit uneingeschränkt selbstbestimmt zu nutzen. Eine widerrufliche Freistellung ist nicht ausreichend.[103] Die gleichzeitige Vereinbarung eines Rückrufrechts ist unwirksam.[104] Es besteht auch keine Verpflichtung, während des Urlaubs erreichbar zu sein.[105] Werden Beschäftigte während ihres Urlaubs gestört, kann sich daraus uU ein Urlaubsersatzanspruch ergeben.[106] Eine **nachträgliche Anrechnung** von Fehltagen auf den Urlaubsanspruch – wie es in der Praxis häufig geschieht – ist nicht zulässig.[107] Ist ein Arbeitnehmer bereits aus anderen Gründen nicht zur Arbeitsleistung verpflichtet, kann keine Erfüllungswirkung eintreten.[108] Bei Krankheit gilt dies nach § 9 BUrlG auch dann, wenn der Arbeitnehmer erst während des Urlaubs bzw. nach der Freistellungserklärung arbeitsunfähig krank wird.[109] Fallen Arbeitsunfähigkeit und Urlaub zusammen, ist der Urlaub zu einem späteren Zeitpunkt nachzugewähren.[110] Während eines **laufenden Kündigungsrechtsstreits** ist eine vorsorgliche Urlaubsgewährung wirksam nur möglich, wenn der Arbeitgeber dem Arbeitnehmer das Urlaubsentgelt vor Antritt des Urlaubs zahlt oder zumindest vorbehaltlos zusagt.[111]

Bei der zeitlichen Festlegung des Urlaubs ist der Arbeitgeber an die Vorgaben des § 7 Abs. 1 und 2 BUrlG gebunden.[112] Er hat den Urlaub entsprechend den **Wünschen der Beschäftigten** zu erteilen, es sei denn, dem stehen dringende betriebliche Belange – wie zB Personalengpass wegen Krankheit oder ein saisonbedingter besonders hoher Arbeitsanfall[113] – bzw. Urlaubswünsche von anderen Beschäftigten entgegen, die unter sozialen Gesichtspunkten – wie zB familiäre Gründe[114] – vorrangig zu berücksichtigen sind. Weiter ist der Urlaub grundsätzlich zusammenhängend zu gewähren.[115] Verlangt ein Arbeitnehmer Urlaub im Anschluss an eine Maßnahme der medizinischen Vorsorge oder Rehabilitation, ist dieser nach § 7 Abs. 1 S. 2 BUrlG zu gewähren. Weitere Besonderheiten gelten im **gekündigten Arbeitsverhältnis** und im Fall der Übertragung von Urlaub nach § 7 Abs. 3 S. 2 BUrlG auf das nächste Kalenderjahr. Da Urlaub wegen seiner gesundheitspolitischen Zielsetzung grundsätzlich tatsächlich gewährt werden soll und eine Abgeltung nach § 7 Abs. 4 BUrlG sowie Art. 7 Abs. 2 RL 2003/88/EG nur zulässig ist, wenn dies wegen der Beendigung des Arbeitsverhältnisses nicht oder nur noch teilweise möglich ist,[116] kann der Arbeitgeber noch offenen Urlaub bis zum Ablauf der Kündigungsfrist gewähren,[117] es sei denn, dies ist dem Arbeitnehmer nicht zumut-

---

102 BAG 24.3.2009 – 9 AZR 983/07, NZA 2009, 538; BAG 17.5.2011 – 9 AZR 189/10, NZA 2011, 1033 Rn. 27; BAG 16.7.2013 – 9 AZR 50/12, NJW-Spezial 2013, 659 Rn. 15. **103** BAG 19.5.2009 – 9 AZR 433/08, NZA 2009, 1211 Rn. 17; BAG 16.7.2013 – 9 AZR 50/12, NJW-Spezial 2013, 659 Rn. 15; näher dazu NK-GA/Düwell BUrlG § 7 Rn. 44. **104** BAG 20.6.2000 – 9 AZR 405/99, NZA 2001, 100; BAG 19.1.2010 – 9 AZR 246/09, NZA-RR 2010, 473 Rn. 28. **105** ErfK/Gallner BUrlG § 7 Rn. 27. **106** Richter AuR 2011, 16 (18 ff.). **107** BAG 11.7.2006 – 9 AZR 535/05, AuA 2007, 52 Rn. 20; HWK/Schinz BUrlG § 7 Rn. 11; siehe dazu auch Kohte/Nebe, jurisPR-ArbR 36/2007 Anm. 1 zur Anrechnung von Zeiten notwendiger Kinderbetreuung auf den Urlaub. **108** HWK/Schinz BUrlG § 7 Rn. 15 mwN. **109** ErfK/Gallner BUrlG § 9 Rn. 3. **110** Entsprechendes gilt nach Art. 7 Abs. 1 RL 2003/88/EG, EuGH 10.9.2009 – C-277/08, NZA 2009, 1133 Rn. 22 f. (Vicente Pereda); EuGH 21.6.2012 – C-78/11, NZA 2012, 851 Rn. 24 (Anged); EuGH 30.6.2016 – C-178/15, NZA 2016, 877 Rn. 32 (Sobczyszyn). **111** BAG 10.2.2015 – 9 AZR 455/13, NZA 2015, 998 Rn. 18; BAG 19.1.2016 – 2 AZR 449/15, NZA 2016, 1144 Rn. 68. **112** Umstr. ist, ob § 7 Abs. 1, 2 BUrlG Leistungsverweigerungsrechte des Arbeitgebers vorsieht, hM: HK-ArbR/Düwell BUrlG § 7 Rn. 21 mwN, oder lediglich das Weisungsrecht des Arbeitgebers iSd § 106 GewO einschränkt, so Neumann/Fenski/Kühn/Neumann BUrlG § 7 Rn. 6, 10 mwN. Wieder andere sprechen von einem eingeschränkten Gestaltungsrecht kraft der Organisationsmacht des Arbeitgebers, so Kohte in: FS Schwerdtner, S. 99, 115. **113** Näher dazu ErfK/Gallner BUrlG § 7 Rn. 18; HWK/Schinz BUrlG § 7 Rn. 27; kritisch zu Betriebsferien und Schließtagen HK-ArbR/Holthaus BUrlG § 7 Rn. 30 f. **114** Weitere Beispiele bei ErfK/Gallner BUrlG § 7 Rn. 19. **115** Näher dazu HK-ArbR/Holthaus BUrlG § 7 Rn. 48 ff.; ErfK/Gallner BUrlG § 7 Rn. 25 f. **116** EuGH 16.3.2006 – C-194/12, NZA 2013, 369 Rn. 28 (Maestre García). **117** ErfK/Gallner BUrlG § 7 Rn. 15; HK-ArbR/Holthaus BUrlG § 7 Rn. 20.

bar.[118] Ähnliches gilt im Fall der **Übertragung auf das nächste Kalenderjahr**. Der Arbeitgeber ist nach § 7 Abs. 3 S. 4 BUrlG verpflichtet, den Urlaub spätestens bis zum Ablauf der ersten drei Monate des Folgejahres zu gewähren. Auf entgegenstehende betriebliche Gründe oder Urlaubswünsche von anderen Beschäftigten kann er sich dann nicht mehr berufen.[119]

25 Nach der Rechtsprechung des Bundesarbeitsgerichts besteht keine **Verpflichtung** des Arbeitgebers, die **Urlaubswünsche** der Beschäftigten **zu erfragen**.[120] Der Arbeitgeber könne den Urlaub auch ohne vorherige Rücksprache festlegen. Die Festlegung sei aber nur dann wirksam, wenn der Arbeitnehmer auf die Freistellungserklärung hin keinen anderweitigen Wunsch äußere.[121] Für die praktische Umsetzung im Betriebsalltag dürfte dieser Ansatz wenig tauglich sein, weil er die betriebliche Koordination der Urlaubsgewährung durch den Arbeitgeber kraft seiner Organisations- und Leitungsmacht eher erschwert als vereinfacht. Ein vernünftiger Arbeitgeber wird deshalb – wie es in der Praxis auch häufig durch den Aushang oder Umlauf von sog Urlaubslisten geschieht – die Urlaubswünsche der Beschäftigten rechtzeitig abfragen.[122] In Betrieben, in denen ein Betriebsrat besteht, ist er hierzu schon deshalb gehalten, weil er nach § 87 Abs. 1 Nr. 5 und Abs. 2 BetrVG einen Urlaubsplan nur mit Zustimmung des Betriebsrats aufstellen kann und auch die Festlegung des Urlaubs einzelner Beschäftigter im Konfliktfall der Zustimmung des Betriebsrats bedarf.[123] Das **Mitbestimmungsrecht des Betriebsrats** dient gerade dazu, einen fairen Ausgleich zwischen den Urlaubswünschen der Beschäftigten untereinander und den betrieblichen Belangen zu erzielen.[124]

26 **5. Befristung, Übertragung und Verfall des Urlaubsanspruchs.** Nach § 7 Abs. 3 S. 1 BUrlG muss der gesetzliche Mindesturlaub im **laufenden Kalenderjahr** gewährt und genommen werden. Eine **Übertragung** auf das nächste Kalenderjahr ist nach § 7 Abs. 3 S. 2 BUrlG nur statthaft, wenn dringende betriebliche oder in der Person des Arbeitnehmers liegende Gründe dies rechtfertigen. Der Urlaub muss dann nach § 7 Abs. 3 S. 4 BUrlG in den **ersten drei Monaten des Folgejahres** gewährt und genommen werden. Eine **weitergehende Übertragungsmöglichkeit** besteht nur, wenn das Arbeitsverhältnis erst nach dem 30. Juni eines Jahres begründet worden ist und deshalb nach § 5 Abs. 1 Buchst. a BUrlG nur ein Teilurlaubsanspruch besteht. Dieser ist nach § 7 Abs. 3 S. 4 BUrlG auf Verlangen des Arbeitnehmers auf das nächste Kalenderjahr zu übertragen. Eine ähnliche Regelung enthält Art. 9 Nr. 1 des ILO-Übereinkommens 132 (→ Rn. 10). Nach dieser Bestimmung sind vom bezahlten Jahresurlaub mindestens zwei Wochen spätestens ein Jahr und der übrige Teil spätestens 18 Monate nach dem Ablauf des Jahres, für das der Urlaubsanspruch erworben wurde, zu gewähren und zu nehmen.

27 Daraus schließt das Bundesarbeitsgericht seit Anfang der 80er Jahre in ständiger Rechtsprechung, dass der Jahresurlaubsanspruch bis zum Ablauf des jeweiligen Kalenderjahres bzw. bei Vorliegen der Voraussetzungen des § 7 Abs. 3 S. 2 BUrlG bis zum

---

118 Reinecke AiB 2013, 19 (21), der hinsichtlich der Zumutbarkeit auch darauf abstellt, wer gekündigt hat; ähnlich auch ErfK/Gallner BUrlG § 7 Rn. 15; Schaub/Linck § 104 Rn. 95; HK-ArbR/Holthaus BUrlG § 7 Rn. 21; Neumann/Fenski/Kühn/Neumann BUrlG § 7 Rn. 46, die allerdings zum Teil den Ausnahmecharakter der Urlaubsabgeltung stärker betonen. **119** BAG 10.2.2004 – 9 AZR 116/03, NZA 2004, 986. **120** BAG 24.3.2009 – 9 AZR 983/07, NZA 2009, 538 Rn. 23; BAG 15.9.2011 – 8 AZR 846/09, NZA 2012, 377 Rn. 66; aA Neumann/Fenski/Kühn/Neumann BUrlG § 7 Rn. 22; Kohte in: FS Schwerdtner, S. 99, 115. **121** BAG 24.3.2009 – 9 AZR 983/07, NZA 2009, 538 Rn. 23; BAG 15.9.2011 – 9 AZR 189/10, NZA 2011, 1032 Rn. 20; ebenso ErfK/Gallner BUrlG § 7 Rn. 12 ff.; HWK/Schinz BUrlG § 7 Rn. 23; Schaub/Linck § 104 Rn. 76, die ein aus den §§ 293 ff. BGB abgeleitetes Annahmeverweigerungsrecht des Arbeitnehmers annehmen. **122** Siehe dazu auch die Praxishinweise von Polzer/Kafka NJW 2015, 2289 (2293); Weller BB 2014, 2560; Hackmann in: FS Kohte, S. 293, 309; Kohte, jurisPR-ArbR 14/2016 Anm. 5. **123** Näher zum Mitbestimmungsrecht des Betriebsrats nach § 87 Abs. 1 Nr. 5 BetrVG HaKo-BetrVG/Kohte BetrVG § 87 Rn. 62 ff.; vergleichbare Mitbestimmungsrechte gelten nach § 75 Abs. 3 Nr. 3 BPersVG und den entsprechenden landesrechtlichen Regelungen für Personalräte sowie nach § 40 Buchst. e MVG und § 36 Abs. 1 Nr. 2 MAVO mit gewissen Einschränkungen auch für die kirchlichen Mitarbeitervertretungen. **124** BAG 28.5.2002 – 1 ABR 37/01, NZA 2003, 171; BAG 10.12.2002 – 1 ABR 27/01, AP Nr. 42 zu § 95 BetrVG 1972.

# Urlaub und Gesundheitsschutz 4

Ablauf der ersten drei Monate des Folgejahres (Übertragungszeitraum) **befristet** sei und anschließend untergehe, wenn er nicht erfüllt worden ist.[125] Eine **spätere Erfüllung** des Urlaubsanspruchs sei **unmöglich**.[126] Habe der Arbeitnehmer den Anspruch rechtzeitig geltend gemacht und dadurch den Arbeitgeber in Verzug gesetzt, trete anstelle des Urlaubsanspruchs ein **Schadensersatzanspruch**, der auf Gewährung von **Ersatzurlaub** als Naturalrestitution gerichtet sei (§ 275 Abs. 1, 4, § 280 Abs. 1, § 283 S. 1, § 286 Abs. 1 S. 1, § 287 S. 2 iVm § 249 Abs. 1 BGB).[127] Der Arbeitgeber sei nicht verpflichtet, den Anspruch von sich aus zu erfüllen.[128] Die Literatur und die instanzgerichtliche Rechtsprechung sind dem ganz überwiegend gefolgt. Gleichwohl ist die an dieser Rechtsprechung geäußerte Kritik nie wirklich verstummt[129] und hat in jüngster Zeit deutlich zugenommen.[130]

Demgegenüber hat der Europäische Gerichtshof Anfang 2009 in der **Rechtssache Schultz-Hoff** entschieden, Art. 7 Abs. 1 RL 2003/88/EG stehe einzelstaatlichen Rechtsvorschriften oder Gepflogenheiten entgegen, nach denen der Anspruch auf bezahlten Jahresurlaub bei Ablauf des Bezugszeitraums und/oder eines im nationalen Recht festgelegten Übertragungszeitraums auch dann erlischt, wenn der Arbeitnehmer während des gesamten Bezugszeitraums oder eines Teils davon krankgeschrieben war und deshalb seinen Anspruch auf bezahlten Jahresurlaub nicht ausüben konnte.[131] Eine nationale Rechtsvorschrift, die nach einer bestimmten Zeit das Erlöschen des Anspruchs auf den Jahresurlaub vorsehe, sei mit der Richtlinie nur vereinbar, wenn der Arbeitnehmer **tatsächlich** die **Möglichkeit** gehabt habe, den ihm von der Richtlinie verliehenen **Anspruch auszuüben**.[132] In einer weiteren Entscheidung hat der Gerichtshof diese Rechtsprechung bezogen auf **lang anhaltende Erkrankungen** dahin „nuanciert", dass Art. 7 Abs. 1 RL 2003/88/EG einzelstaatlichen Rechtsvorschriften und Gepflogenheiten nicht entgegenstehe, die im Fall von Arbeitsunfähigkeit die Möglichkeit, Urlaub über mehrere Jahre anzusammeln, dadurch einschränken, dass sie einen **Übertragungszeitraum von 15 Monaten** vorsehen, nach dessen Ablauf der Anspruch erlischt.[133] Zwar verliere die Ruhezeit ihre Bedeutung für die Sicherheit und Gesundheit des Arbeitnehmers nicht, wenn sie erst nach Ablauf des Urlaubsjahres genommen werde.[134] Dies gelte jedoch nur, soweit eine gewisse zeitliche Grenze nicht überschritten werde.[135] Um zu gewährleisten, dass der Arbeitnehmer bei Bedarf über Erholungszeiträume verfügen

---

125 BAG 13.5.1982 – 6 AZR 360/80, AP Nr. 4 zu § 7 BUrlG Übertragung; BAG 20.6.2000 – 9 AZR 405/99, NZA 2001, 100; BAG 6.9.2005 – 9 AZR 492/04, NZA 2006, 450 Rn. 12; BAG 15.9.2011 – 8 AZR 846/09, NZA 2012, 377 Rn. 66; BAG 14.5.2013 – 9 AZR 760/11, AP Nr. 66 zu § 7 BUrlG Nr. 9, 16; BAG 13.12.2016 – 9 AZR 541/15 (A), NZA 2017, 271 Rn. 13. **126** BAG 1.12.1983 – 6 AZR 299/80, NZA 1984, 194; BAG 6.9.2005 – 9 AZR 492/04, NZA 2006, 450 Rn. 12. **127** BAG 7.11.1985 – 6 AZR 169/84 – NZA 1986, 392; BAG 11.4.2006 – 9 AZR 523/05 – AP Nr. 28 zu § 7 BUrlG Übertragung; BAG 15.9.2011 – 8 AZR 846/09, NZA 2012, 377 Rn. 66; BAG 20.4.2012 – 9 AZR 504/10, NZA 2012, 982 Rn. 12; BAG 19.1.2016 – 9 AZR 507/14, NZA-RR 2016, 235 Rn. 21; BAG 16.5.2017 – 9 AZR 572/16, NZA 2017, 1056 Rn. 12. **128** BAG 23.6.1992 – 9 AZR 57/91, AP Nr. 22 zu § 1 BUrlG; BAG 18.9.2001 – 9 AZR 570/00, NZA 2002, 895; im Hinblick auf das Unionsrecht offen gelassen BAG 15.10.2013 – 9 AZR 374/12; NZA-RR 2014, 234 Rn. 22. **129** ZB Kohte: in: FS Schwerdtner, S. 99 ff.; ders. BB 1984, 609 ff.; Künzl BB 1991, 1630 ff.; Kohte/Beetz, jurisPR-ArbR 11/2009 Anm. 3; LAG Düsseldorf (12. Kammer) in st. Rspr., siehe zB LAG Düsseldorf 3.2.2009 – 12 Sa 486/06, NZA-RR 2009, 242 mwN. **130** Vorlagebeschluss LAG Hamm 14.2.2013 – 16 Sa 1511/12, AuR 2013, 362; LAG Berlin-Brandenburg 12.6.2014 – 21 Sa 221/14, NZA-RR 2014, 631; LAG München – 8 Sa 982/14, ZTR 2016, 35; LAG Berlin-Brandenburg 7.6.2015 – 10 Sa 86/15, 10 Sa 108/15, LAGE § 7 BUrlG Nr. 54; LAG Köln 24.4.2016 – 4 Sa 1095/15, NZA-RR 2016, 466; ArbG Berlin 12.8.2016 – 28 Ca 6951/16, NZA-RR 2016, 635; LAG Köln 10.11.2016 – 8 Sa 323/16; Buschmann AuR 2013, 363; Klenter, jurisPR-ArbR 23/2013; Kloppenburg, jurisPR-ArbR 29/2014 Anm. 1; Heuschmid/Hlava AuR 2014, 383 (385); Hlava, jurisPR-ArbR 41/2014 Anm. 6; Weller BB 2014, 2560; Polzer/Kafka NJW 2015, 2289 (2292); Kohte, jurisPR-ArbR 14/2016 Anm. 5. **131** EuGH 20.1.2009 – C-350/06, C-520/06, NZA 2009, 135 (Schultz-Hoff und Stringer ua). **132** EuGH 20.1.2009 – C-350/06, C-520/06, NZA 2009, 135 Rn. 43 (Schultz-Hoff und Stringer ua). **133** EuGH 22.11.2011 – C-214/10, NZA 2011, 1333 (KHS). **134** EuGH 22.11.2011 – C-214/10, NZA 2011, 1333 Rn. 32 (KHS). **135** EuGH 22.11.2011 – C-214/10, NZA 2011, 1333 Rn. 33 (KHS).

kann, die längerfristig gestaffelt und geplant werden können und verfügbar sind, müsse der Übertragungszeitrum die Dauer des Bezugszeitraums, für den er gewährt werde, deutlich überschreiten.[136] Dem genüge – auch unter Berücksichtigung des Art. 9 Abs. 1 des ILO-Übereinkommens – ein Übertragungszeitraum von 15 Monaten.[137]

29 Das Bundesarbeitsgericht ist den Entscheidungen des Europäischen Gerichtshofs gefolgt und hat seine Rechtsprechung dahin geändert, dass der Urlaubsanspruch nicht erlischt, wenn der Arbeitnehmer bis zum Ende des Urlaubsjahres und/oder des Übertragungszeitraums arbeitsunfähig krank war.[138] Dabei hat es den Weg der **richtlinienkonformen Rechtsfortbildung durch teleologische Reduktion** gewählt.[139] Da der Wortlaut des § 7 Abs. 3 BUrlG hinsichtlich des Schicksals des Urlaubsanspruchs nach Ablauf des Urlaubsjahres und/oder des Übertragungszeitraums offen ist, wäre auch eine **richtlinienkonforme Auslegung im engeren Sinne** möglich gewesen.[140] In einer weiteren Entscheidung hat das Bundesarbeitsgericht auch die vom Gerichtshof bei lang anhaltenden Erkrankungen für zulässig erachtete Begrenzung des Übertragungszeitraums auf 15 Monate übernommen und seine Rechtsprechung zur unionsrechtskonformen Auslegung des § 7 Abs. 3 S. 3 BUrlG entsprechend angepasst.[141] Folgt man dem gewählten Ansatz der telogischen Reduktion in § 7 Abs. 3 BUrlG genannten zeitlichen Grenzen, steht dem nichts entgegen, da eine richtlinienkonforme Rechtsfortbildung nur in Betracht kommt, soweit diese geboten ist.[142] Problematisch ist hingegen eine entsprechende richtlinienkonforme Auslegung des § 7 Abs. 3 BUrlG im engeren Sinne. § 7 Abs. 3 BUrlG kann zwar dahin ausgelegt werden, dass Urlaubsansprüche nach Ablauf der in der Vorschrift genannten zeitlichen Grenzen erlöschen oder auch nicht. Hingegen ist kein Raum für eine Auslegung, dass an die Stelle des Übertragungszeitraums von drei Monaten ein Übertragungszeitraum von 15 Monaten tritt.[143] Ein solcher lässt sich auch nicht aus einer Kombination der Regelung in § 7 Abs. 3 S. 4 BUrlG mit der Übertragungsmöglichkeit nach § 7 Abs. 3 S. 2 und 3 BUrlG herleiten,[144] da sich § 7 Abs. 3 S. 4 BUrlG eindeutig nur auf den Teilurlaubsanspruch bei einer Einstellung in der zweiten Jahreshälfte bezieht. Eine ausdrückliche gesetzliche Regelung wäre auch schon aus Gründen der Rechtsklarheit notwendig.[145]

30 Die richtlinienkonforme Auslegung des § 7 Abs. 3 BUrlG ist nicht allein auf Fälle der Arbeitsunfähigkeit beschränkt. Vielmehr wird das Recht auf bezahlten Jahresurlaub durch die Koppelung an das Urlaubsjahr bzw. den Übertragungszeitraum in allen Fällen unzulässig beschränkt, in denen Beschäftigten die Realisierung ihres Urlaubs aus von ihnen nicht zu vertretenden Gründen **objektiv nicht möglich ist**.[146] Entsprechendes dürfte gelten, wenn die Urlaubsnahme zwar objektiv möglich, aber **nicht zumutbar** ist. Unzumutbar kann eine noch rechtzeitige Urlaubsnahme beispielsweise wegen der Teil-

---

136 EuGH 22.11.2011 – C-214/10, NZA 2011, 1333 Rn. 38 (KHS). **137** EuGH 22.11.2011 – C-214/10, NZA 2011, 1333 Rn. 41 ff. (KHS); nicht ausreichend dagegen neun Monate: EuGH 3.5.2012 – C-337/10, NVwZ 2012, 688 Rn. 43 (Neidel). **138** BAG 24.3.2009 – 9 AZR 983/07, NZA 2009, 538. **139** BAG 24.3.2009 – 9 AZR 983/07, NZA 2009, 538 Rn. 66 ff.; kritisch dazu Kamanabrou SAE 2009, 233 (234 ff.). **140** Davon geht auch das BAG aus, hat die Frage aber letztlich offen gelassen, BAG 24.3.2009 – 9 AZR 983/07, NZA 2009, 538 Rn. 60 ff.; ebenso Kloppenburg, jurisPR-ArbR 5/2009 Anm. 1; Kohte/Beetz, jurisPR-ArbR 25/2009, Anm. 1; Kamanabrou SAE 2009, 121 (126 f.) unter Hinweis auf die ältere Rspr. des BAG, die noch davon ausging, dass im Fall der Unmöglichkeit der Verwirklichung des Urlaubsanspruchs der Urlaub auch noch später genommen werden könne, BAG 13.11.1969 – 5 AZR 82/68, NJW 1970, 679; Gallner in: FS Etzel, S. 155, 165 f. **141** BAG 7.8.2012 – 9 AZR 353/10, NZA 2012, 1216 und seither in st. Rspr. zB BAG 20.1.2015 – 9 AZR 585/13, NZA-RR 2015, 399 Rn. 26. **142** LAG Baden-Württemberg 21.12.2011 – 10 Sa 19/11, BB 2012, 1353; Bayreuther DB 2011, 2848; Höpfner RdA 2013, 16 (23 f.); Oertel/Chmel DB 2012, 460 (461 f.); Schinz RdA 2012, 181 (185); aA Franzen NZA 2011, 1403 (1405); HK-ArbR/Holthaus BUrlG § 7 Rn. 83. **143** AA wohl Pötters/Stiebert ZESAR 2012, 23 (29 f.), sowie Schinz RdA 2012, 181 (184 f.). **144** Zweifelnd insoweit wohl auch Bauer/Medem NZA 2012, 113 (117). **145** Vgl. Suckow/Klose, JbArbR 49, S. 59, 78; zum Gebot der Rechtsklarheit bei der Umsetzung von EU-Richtlinien EuGH 3.3.2011 – C-50/09, NVwZ 2011, 929 Ls. und Rn. 46 (Kommission/Irland). **146** Näher dazu ErfK/Gallner BUrlG § 7 Rn. 55; ebenso HK-ArbR/Holthaus BUrlG § 7 Rn. 80.

nahme an einem rechtmäßigen Streik sein[147] oder auch nach längerer Krankheit, wenn nur noch wenig Zeit bis zum Ablauf des Urlaubjahres oder des Übertragungszeitraums bleibt und zB Begleitpersonen nicht sofort Urlaub nehmen können.

Darüber hinaus lässt sich vor dem Hintergrund der gesundheitspolitischen Zielsetzung des Mindestjahresurlaubs (→ Rn. 4) aber auch die Prämisse **nicht** länger **aufrechterhalten**, der Arbeitgeber sei zur Urlaubsgewährung **nur auf Verlangen des Arbeitnehmers** verpflichtet.[148] Vielmehr obliegt es dem Arbeitgeber, von sich aus dafür zu sorgen, dass der gesetzliche Mindesturlaub auch tatsächlich in Anspruch genommen wird.[149] 31

Schon der Wortlaut des § 7 Abs. 3 S. 1, 3 BUrlG, wonach der Urlaub innerhalb der dort vorgegebenen Zeiträume „gewährt und genommen" werden muss, legt nahe, dass die **Verantwortung für die zeitgerechte Realisierung** des Urlaubsanspruchs in erster Linie beim **Arbeitgeber** liegt.[150] Jedenfalls lässt sich der Formulierung nicht entnehmen, dass die Initiativlast beim Arbeitnehmer liegt. Die Formulierung ist bestenfalls neutral.[151] Soweit in § 7 Abs. 1 S. 2, Abs. 3 S. 4 BUrlG auf das Verlangen des Arbeitnehmers abgestellt wird, spricht dies wegen des Ausnahmecharakters dieser Regelungen ebenfalls eher gegen als für ein Antragserfordernis.[152] Auch ist nach § 7 Abs. 1 S. 1 BUrlG die Äußerung von Urlaubswünschen durch den Arbeitnehmer keine Voraussetzung dafür, dass der Arbeitgeber den Urlaub zeitlich festlegen kann (→ Rn. 25).[153] Aus § 7 Abs. 1 S. 1 iVm Abs. 3 S. 2 BUrlG wird im Gegenteil deutlich, dass es gerade **Aufgabe** des Arbeitgebers ist, den **Urlaub im Betrieb zu organisieren** und die Urlaubswünsche der Beschäftigten miteinander und mit den betrieblichen Belangen in Einklang zu bringen.[154] Daran knüpft auch das Mitbestimmungsrecht des Betriebsrats nach § 87 Abs. 1 Nr. 5 BetrVG an (→ Rn. 25). Entsprechendes gilt für das Unionsrecht. Art. 7 32

---

147 ErfK/Gallner BUrlG § 7 Rn. 56, die eine entsprechende verfassungskonforme Auslegung erwägt. **148** Siehe dazu Vorlagebeschluss des BAG 13.12.2016 – 9 AZR 541/15 (A), NZA 2017, 271, beim EuGH als Rs. C-684/16 (Max-Plack-Institut) anhängig; Vorlagebeschluss des OVG Berlin-Brandenburg 14.9.2016 – OVG 4 B 38.14., beim EuGH als Rs. C-619716 (Kreuziger) anhängig. **149** LAG Berlin-Brandenburg 12.6.2014 – 21 Sa 221/14, NZA-RR 2014, 631; LAG München – 8 Sa 982/14, ZTR 2016, 35; LAG Berlin-Brandenburg 7.6.2015 – 10 Sa 86/15, 10 Sa 108/15, LAGE § 7 BUrlG Nr. 54; LAG Köln 22.4.2016 – 4 Sa 1095/15, NZA-RR 2016, 466; ArbG Berlin 12.8.2016 – 28 Ca 6951/16, NZA-RR 2016, 635; LAG Köln 10.11.2016 – 8 Sa 323/16; Kohte in: FS Schwerdtner, S. 99, 115; Kohte/Beetz, jurisPR-ArbR 11/2009 Anm. 3; Plüm NZA 2013, 11 (13); Klenter, jurisPR-ArbR 23/2013 Anm. 2; Buschmann AuR 2013, 363; Kloppenburg, jurisPR-ArbR 29/2014 Anm. 1; Heuschmid/Hlava AuR 2014, 383 (385); Hlava, jurisPR-ArbR 41/2014 Anm. 6; Weller BB 2014, 2560; Polzer/Kafka NJW 2015, 2289 (2292); Neumann/Fenski/Kühn/Neumann BUrlG § 7 Rn. 22; Hackmann in: FS Kohte, S. 293, 308 f.; Glatzel NZA-RR 2017, 131 (132); aA LAG Schleswig-Holstein 9.2.2016 – 1 Sa 321/15, ZTR 2016, 581; LAG Hamm 2.3.2016 – 6 Sa 787/15; LAG München 20.4.2016 – 11 Sa 983/15; LAG Düsseldorf 25.7.2016 – 9 Sa 31/16, ZTR 2016, 654; LAG Köln 9.8.2016 – 12 Sa 257/16 bezüglich des auf das Folgejahr übertragenen Urlaubs; Ecklebe DB 2014, 1991; Gooren NZA 2016, 1374; Leopold FA 2016, 330; vgl. auch GA Tanchev – Rs. C-214/16, ECLI:EU:C:2017:439 Rn. 41 (King), der der Auffassung ist, dass der Arbeitgeber zumindest verpflichtet ist, die Möglichkeit zur Verwirklichung des Urlaubsanspruchs zu schaffen. **150** LAG Berlin-Brandenburg 12.6.2014 – 21 Sa 221/14, NZA-RR 2014, 631; LAG München 6.5.2015 – 8 Sa 982/14, ZTR 2016, 35; Hlava, jurisPR-ArbR 41/2014 Anm. 6; Weller BB 2014, 2560; Polzer/Kafka NJW 2015, 2289 (2292); Gooren, NZA 2016, 1374 (1377); Klenter, jurisPR-ArbR 23/2013 sowie bereits Künzl BB 1991, 1630; vgl. auch Schmidt, ZESAR 2017, 125 (127) zu Art. 7 Abs. 1 RL 88/2003/EG. **151** So wohl LAG München 20.4.2016 – 11 Sa 983/15; Leopold FA 2016, 330 (332). **152** Ähnlich Gooren NZA 2016, 1374; aA LAG Hamm 2.3.2016 – 6 Sa 787/15; LAG Düsseldorf 25.7.2016 – 9 Sa 31/16, ZTR 2016, 654. **153** Vgl. dazu auch LAG Berlin-Brandenburg 12.6.2014 – 21 Sa 221/14, NZA-RR 2014, 631; LAG München 6.5.2015 – 8 Sa 982/14, ZTR 2016, 35; LAG Köln 22.4.2016 – 4 Sa 1095/15, NZA-RR 2016, 466. **154** AA LAG Düsseldorf 25.7.2016 – 9 Sa 31/16, ZTR 2016, 654.

RL 2003/88/EG sieht einen Antrag des Arbeitnehmers weder für den Urlaubsanspruch noch für den Urlaubsabgeltungsanspruch[155] vor.[156]

33 Außerdem ist der Anspruch auf bezahlten Mindestjahresurlaub, auch wenn er nach nationalem Recht privatrechtlich ausgestaltet ist, aufgrund seiner Zweckbestimmung und seiner arbeitsschutzrechtlichen Verankerung im Unionsrecht dem **Arbeitsschutzrecht zuzuordnen** (→ Rn. 14). Sowohl im nationalen als auch im Unionsrecht ist anerkannt, dass der Arbeitgeber verpflichtet ist, seinen Arbeitsschutzpflichten auch ohne vorherige Aufforderung nachzukommen.[157] Letztlich entspricht die Verpflichtung des Arbeitgebers, dafür zu sorgen, dass Beschäftigte zum Schutz ihrer Gesundheit den ihnen zustehenden Jahresurlaub erhalten, seiner Pflicht, die Einhaltung der täglichen und wöchentlichen Ruhezeiten nach den arbeitszeitrechtlichen Vorschriften sicherzustellen.[158] Insoweit darf der Arbeitgeber Arbeitsleistung über die höchstzulässige Arbeitszeit hinaus oder unter Verletzung der Mindestruhezeiten weder anordnen noch annehmen[159] (→ ArbZG § 3 Rn. 53). Übertragen auf den Jahresurlaub bedeutet das, dass ein Arbeitgeber spätestens dann, wenn Beschäftigte bis zum Herbst eines Jahres ihrerseits keine Urlaubswünsche geäußert haben, nachzufragen und ggf. den Urlaub von sich aus festzulegen hat.[160] Entsprechendes gilt für den Übertragungszeitraum. Im Extremfall darf der Arbeitgeber, wenn bis zum Ablauf des Urlaubsjahres oder des Übertragungszeitraums nur noch so viel Zeit bleibt, wie dem noch offenen Urlaubsanspruch entspricht, die Arbeitsleistung nicht mehr annehmen, um auf diese Weise für die gebotene Ruhezeit zu sorgen.[161] Die gegenteilige Meinung führt zu einer **systemwidrigen Verlagerung** der Verantwortung des Arbeitgebers **auf den einzelnen Arbeitnehmer**.[162] Das ist mit der unionsrechtlich geforderten **effektiven Umsetzung** des Rechts auf Urlaub nicht zu vereinbaren.[163] Soweit teilweise angenommen wird, die Einhaltung des Mindestjahresurlaubs sei weniger kontrollbedürftig als andere arbeitsschutzrechtliche Bestimmungen, weil Arbeitnehmer ein originäres Interesse an der vollständigen Inanspruchnahme ihres Urlaubs hätten,[164] steht diese Einschätzung im offensichtlichen Widerspruch zu den Umsetzungsdefiziten, die im Rahmen mehrerer empirischer Studien festgestellt worden

---

155 EuGH 12.6.2014 – C-118/13, NZA 2014, 651 Rn. 27 (Bollacke). **156** Ebenso Vorlagebeschluss des OVG Berlin-Brandenburg 14.9.2016 – OVG 4 B 38.14; Hlava, jurisPR-ArbR 41/2014 Anm. 6; aA LAG Hamm 2.3.2016 – 6 Sa 787/15; LAG München 20.4.2016 – 11 Sa 983/15; Gooren NZA 2016, 1374 (1378), die in dem Erfordernis der Geltendmachung durch den Arbeitnehmer eine nach Art. 7 Abs. 1 RL 2003/88/EG den Mitgliedstaaten überlassene Ausübungsregel sehen. **157** Für das nationale Recht: LAG Berlin-Brandenburg 12.6.2014 – 21 Sa 221/14, NZA-RR 2014, 631 m. Verweis auf BAG 6.5.2003 – 1 ABR 13/02, NZA 2003, 1348; BAG 28.5.2005 – 5 AZR 52/05, NZA 2006, 149; BAG 27.2.1970 – 1 AZR 258/69, AP Nr. 16 zu § 618 BGB; BAG 13.3.1967 – 2 AZR 133/66, NJW 1967, 1631; Kohte in: FS Schwerdtner, S. 99, 115; Kohte/Beetz, jurisPR-ArbR 11/2009 Anm. 3; Weller DB 2014, 2560; vgl. auch Staudinger/Oetker BGB § 618 Rn. 20, 123 ff.; HWK/Krause BGB § 618 Rn. 5, 19 f.; ErfK/Wank BGB § 618 Rn. 12; für das Unionsrecht: EuGH 25.11.2010 – C-429/09, NZA 2011, 53 Rn. 83 (Fuß); EuGH 7.9.2006 – C-484/04, EAS Teil C RL 93/104/EG Art. 17 Nr. 1 Rn. 42 (Kommission ./. Vereinigtes Königreich). **158** Kohte in: FS Schwerdtner, S. 99, 115; zur begrifflichen Gleichstellung des Jahresurlaubs mit Ruhezeiten EuGH 16.3.2006 – C-131/04, C-257/04, NZA 2006, 481 Rn. 60 (Robinson-Steele ua); EuGH 6.4.2006 – C-124/05, NZA 2006, 719 Rn. 26, 30 (FNV); EuGH 20.1.2009 – C-350/06, C-520/06, NZA 2009, 135 Rn. 23, 30 (Schultz-Hoff und Stringer ua); EuGH 10.9.2009 – C-277/08, NZA 2009, 1133 Rn. 20, 24 (Vicente Pereda). **159** BAG 28.9.2005 – 5 AZR 52/05, NZA 2006, 149. **160** Ähnlich auch Klenter, jurisPR-ArbR 23/2013 Anm. 2; Kloppenburg, jurisPR-ArbR 29/2014 Anm. 1; Neumann/Fenski/Kühn/Neumann BUrlG § 7 Rn. 22. **161** Weniger weitgehend EuGH 7.9.2006 – C-484/04, EAS Teil C RL 93/104/EG Art. 17 Nr. 1 Rn. 43 (Kommission ./. Vereinigtes Königreich), wonach nach Art. 3, 5 RL 2003/88/EG vom Arbeitgeber nicht verlangt werden könne, dass er seine Arbeitnehmer zwingt, die ihnen zustehenden Ruhezeiten tatsächlich in Anspruch zu nehmen. **162** Vgl. Kohte/Beetz, jurisPR-ArbR 11/2009 Anm. 3; Schlachter RdA-Beil. 2009, 31 (33) und bereits Kohte BB 1984, 609 (617 f.); LAG Hamm 14.2.2013 – 16 Sa 1511/12; Plüm NZA 2013, 11 (13) unter Verweis auf EuGH 25.11.2010 – C-429/09, NZA 2011, 53 Rn. 80 ff. (Fuß); aA LAG Schleswig-Holstein 9.2.2016 – 1 Sa 321/15, ZTR 2016, 581, das gerade in der Verlagerung der Verantwortung auf den Arbeitnehmer ein Mittel zur effektiven Zweckerreichung sieht. **163** Kohte in: FS Schwerdtner, S. 99, 111; vgl. auch EuGH 25.11.2010 – C-429/09, NZA 2011, 53 Rn. 80 ff. (Fuß); aA HWK/Schinz BUrlG § 7 Rn. 122. **164** Gooren NZA 2016, 1374 (1377).

sind (→ Rn. 50). Dem verständlichen **Interesse** vieler **Arbeitnehmer**, nicht ihren gesamten Jahresurlaub zu verplanen, sondern einige Tage für besondere Anlässe aufzuheben, könnte dadurch Genüge getan werden, dass man zum einen weitere Ausnahmen vom Grundsatz der zusammenhängenden Urlaubsgewährung zulässt (→ Rn. 24) und zum anderen entweder den Zeitraum, innerhalb dessen der Urlaub zu „gewähren und zu nehmen" ist (→ Rn. 26), ausweitet oder entsprechend Art. 9 Nr. 1 des ILO-Übereinkommens 132 (→ Rn. 26) gestaffelte Fristen dahin einführt, dass ein bestimmter Teil des Mindestjahresurlaubs ohne besondere Gründe auch noch im Folgejahr genommen werden kann.

Kommt der Arbeitgeber seiner Verpflichtung zur Urlaubgewährung nicht nach und soll grundsätzlich daran festgehalten werden, dass der Urlaub auf das Urlaubsjahr befristet ist und danach verfällt (→ Rn. 27), steht dem Arbeitnehmer ein **Schadensersatzanspruch** in Form eines (Ersatz-)Urlaubsanspruchs zu. Allerdings ergibt sich dieser nicht aus Verzug, sondern bereits **aus der Pflichtverletzung** als solcher und damit unmittelbar aus § 280 Abs. 1 S. 1, Abs. 3, § 283 iVm mit § 249 Abs. 1 BGB.[165] Dies gilt nach § 280 Abs. 1 S. 2 BGB nur dann nicht, wenn der Arbeitgeber ausnahmsweise darlegen und ggf. beweisen kann, dass er die Pflichtverletzung nicht zu vertreten hat.[166] Der Schadensersatzanspruch ist auch nicht nach § 254 BGB ausgeschlossen, wenn der Arbeitnehmer den Urlaubsanspruch nicht gerichtlich geltend gemacht hat.[167] Soweit eingewandt wird, ein solcher Schadensersatzanspruch fördere das Anhäufen von Urlaubsansprüchen, was nach § 7 BUrlG sowie der RL 2003/88/EG gerade nicht gewollt sei,[168] wird zum einen übersehen, dass der Arbeitgeber ein Anhäufen von Urlaubsansprüchen jederzeit verhindern kann, indem er den Urlaub ggf. von sich aus festlegt (→ Rn. 25).[169] Daran müsste er auch ein **personalwirtschaftliches Eigeninteresse** haben, weil Arbeitnehmer in der Regel nur dann über einen längeren Zeitraum gesund und leistungsfähig bleiben, wenn sie regelmäßig ihren Urlaub tatsächlich in Anspruch nehmen.[170] Zum anderen wird übersehen, dass ein Anhäufen von Urlaubsansprüchen in Form von Urlaubsersatzansprüchen auch nach der vom Bundesarbeitsgericht vertretenen Verzugskonstruktion ohne Weiteres möglich ist. Der Unterschied besteht nur darin, dass Arbeitgeber, die sich nicht rechtskonform verhalten, nicht mehr ohne Weiteres auf einen finanziellen Vorteil hoffen können.[171] Wird die Pflicht zur Urlaubsgewährung dagegen vom Verhalten der Beschäftigten abhängig gemacht, kann ein Arbeitgeber immer darauf spekulieren, dass diese aus Angst um ihren Arbeitsplatz, weil sie sich Vorteile bei der Karriere versprechen oder aus falschem Verantwortungsgefühl den Urlaub verfallen lassen (→ Rn. 50).[172] Außerdem ist es geradezu widersinnig, den Schutz, der jemand zugutekommen soll, dadurch sicherstellen zu wollen, dass man das Mittel, das der Erreichung des Schutzes dient, ersatzlos wegfallen lässt, wenn derjenige, dessen Schutz bezweckt ist, nicht rechtzeitig darauf gepocht hat, geschützt zu werden.[173]

6. Urlaubsentgelt und Urlaubsabgeltung. Nach § 1 BUrlG ist während des Urlaubs das Arbeitsentgelt nach § 611 Abs. 1 BGB als Urlaubsentgelt weiterzuzahlen. Die Höhe des Urlaubsentgelts richtet sich dabei nach dem sog **Zeitfaktor** und dem **Geldfaktor**.[174] Der Zeitfaktor betrifft den Umfang der während der Freistellung ausfallenden Arbeits-

---

[165] LAG Berlin-Brandenburg 12.6.2014 – 21 Sa 221/14, NZA-RR 2014; 631; LAG München – 8 Sa 982/14, ZTR 2016, 35; LAG Berlin-Brandenburg 7.6.2015 – 10 Sa 86/15, 10 Sa 108/15, LAGE § 7 BUrlG Nr. 54; LAG Köln 22.4.2016 – 4 Sa 1095/15, NZA-RR 2016, 466; ArbG Berlin 12.8.2016 – 28 Ca 6951/16, NZA-RR 2016, 635; LAG Köln 10.11.2016 – 8 Sa 323/16; sowie bereits Kohte in: FS Schwerdtner, S. 99, 112. [166] Kohte in: FS Schwerdtner, S. 99, 113. [167] Vgl. GA Tanchev - Rs. C-214/16, ECLI:EU:C:2017:439 Rn. 54 (King). [168] LAG Schleswig-Holstein 9.2.2016 – 1 Sa 321/15, ZTR 2016, 581; LAG Hamm 2.3.2016 – 6 Sa 787/15; Ecklebe DB 2004, 1991, Gooren NZA 2016, 1374 (1478 f.). [169] LAG Hamm 14.2.2013 – 16 Sa 1511/12.; Schlachter RdA-Beil. 2009, 31 (33); vgl. dazu auch Polzer/Kafka NJW 2015, 2289 (2293); Weller BB 2014, 2560; Kohte, jurisPR-ArbR 14/2016 Anm. 5; Hlava, jurisPR-ArbR 41/2004 Anm. 6; NK-GA/Düwell BUrlG § 7 Rn. 129. [170] Polzer/Kafka NJW 2015, 2289 (2293); Hlava, jurisPR-ArbR 41/2004 Anm. 6. [171] Kohte/Beetz, jurisPR-ArbR 11/2009 Anm. 3 und bereits Künzl BB 1991, 1630 (1633). [172] Vgl. dazu Schnitzlein DIW-Wochenbericht Nr. 51 und 52/2011 S. 20. [173] Ebenso Künzl BB 1991, 1630. [174] Siehe zB BAG 21.9.2010 – 9 AZR 510/09, NZA 2011, 805 Rn. 16.

zeit und ist nach dem Lohnausfallprinzip zu ermitteln.[175] Voraussichtliche Überstunden sind zu berücksichtigen.[176] Der Geldfaktor ist das der ausfallenden Arbeitszeit zugrunde zu legende Arbeitsentgelt und berechnet sich nach § 11 Abs. 1 S. 1 BUrlG nach dem durchschnittlichen Arbeitsentgelt der letzten dreizehn Wochen vor dem Urlaubsantritt (sog. Referenzprinzip),[177] ohne Berücksichtigung des für Überstunden zusätzlich gezahlten Arbeitsentgelts.[178]

36 Als **Überstunden** iSd § 11 Abs. 1 S. 1 BUrlG werden anders als nach § 4 Abs. 1 a EFZG[179] nicht nur Mehrarbeitsstunden aufgrund besonderer Umstände angesehen, sondern sämtliche über die regelmäßige Arbeitszeit hinausgehende Mehrarbeit. Dies dürfte nicht im Einklang mit Art. 7 Abs. 1 RL 2003/88/EG stehen,[180] wonach während des Urlaubs das gewöhnliche Arbeitsentgelt weiterzuzahlen ist.[181] Leisten Beschäftigte jedoch nicht nur aufgrund besonderer Umstände, sondern regelmäßig Mehrarbeit, umfasst das gewöhnliche Arbeitsentgelt auch etwaige Mehrarbeitszuschläge.[182] Die Vorschrift ist deshalb richtlinienkonform dahin auszulegen, dass bei der Berechnung des Geldfaktors Zuschläge, die für regelmäßig geleistete Mehrarbeit gezahlt werden, einzubeziehen sind.

37 Weiter ist § 11 BUrlG unter Berücksichtigung der Rechtsprechung des Europäischen Gerichtshofs zum **Wechsel von Vollzeit zu Teilzeittätigkeit** (→ Rn. 16) entgegen dem bisherigen Verständnis richtlinienkonform dahin auszulegen, dass sich das Urlaubsentgelt nicht nach dem vereinbarten Arbeitszeitvolumen im Zeitraum der Urlaubsgewährung richtet, sondern nach dem vereinbarten Arbeitszeitvolumen im Zeitraum, in dem der Urlaub erworben worden ist.[183] Dies gilt jedenfalls dann, wenn man der hier vertretenen Meinung folgt, dass bei Veränderungen der Arbeitszeit Arbeitnehmer für die Zeit der Inanspruchnahme des vor der Änderung erworbenen Urlaubs hinsichtlich Arbeitszeit und Vergütung so zu behandeln sind, als wären sie weiterhin nach dem bisherigen Arbeitszeitmodell tätig (→ Rn. 17).

38 Nach § 7 Abs. 4 BUrlG ist der Urlaub oder auch (Ersatz-)Urlaub (→ Rn. 27, 34), wenn er wegen der Beendigung des Arbeitsverhältnisses ganz oder teilweise nicht mehr gewährt werden kann, abzugelten. Eine Abgeltung vor der rechtlichen Beendigung des Arbeitsverhältnisses ist nicht möglich.[184] Nach der früheren Rechtsprechung des Bundesarbeitsgerichts wurde der **Urlaubsabgeltungsanspruch** als Surrogat des Urlaubsanspruchs angesehen, der hinsichtlich Befristung und Erfüllbarkeit den gleichen Regeln wie der Urlaubsanspruch folgte.[185] Nach der neueren Rechtsprechung im Anschluss an die Schultz-Hoff-Entscheidung des Europäischen Gerichtshofs (→ Rn. 28) handelt es sich nur noch um einen **reinen Geldanspruch**.[186] Der Anspruch entsteht mit Beendigung des Arbeitsverhältnisses und ist sofort fällig. Er unterliegt denselben Bedingungen

---

175 HWK/Schinz BUrlG § 11 Rn. 5; NK-GA/Düwell BUrlG § 11 Rn. 7. **176** BAG 22.2.2000 – 9 AZR 107/99, NZA 2001, 268 mwN; näher dazu NK-GA/Düwell BUrlG § 11 Rn. 17. **177** HWK/Schinz BUrlG § 11 Rn. 4; NK-GA/Düwell BUrlG § 11 Rn. 7; zu den einzubeziehenden Vergütungsbestandteilen HWK/Schinz BUrlG § 11 Rn. 9 ff.; ErfK/Gallner BUrlG § 11 Rn. 6, 8 ff. **178** Unter dem zusätzlich für Überstunden gezahlten Arbeitsentgelt sind nicht nur etwaige Zuschläge, sondern auch die für die zusätzlich geleisteten Stunden gezahlte Grundvergütung zu verstehen, ErfK/Gallner BUrlG § 11 Rn. 7; HWK/Schinz BUrlG § 11 Rn. 30 ff.; Neumann/Fenski/Kühn/Neumann BUrlG § 11 Rn. 44. **179** BAG 21.11.2001 – 9 AZR 296/00, NZA 2002, 439; BAG 24.3.2004 – 9 AZR 346/03, NZA 2004, 1042. **180** Zweifelnd auch HWK/Schinz BUrlG § 11 Rn. 32 a; NK-GA/Düwell BUrlG § 11 Rn. 4. **181** EuGH 16.3.2006 – C-131/04, C-257/04, NZA 2006, 481 Rn. 50 (Robinson-Steele ua) und seitdem st. Rspr., siehe zB EuGH 22.5.2014 – C-539/12, NZA 2014, 593 Rn. 17 (Lock). **182** Vgl. dazu BAG 21.9.2010 – 9 AZR 510/09, NZA 2011, 805 Rn. 19 f. zum Urlaubsentgelt bei Arbeitnehmerüberlassung; BAG 20.9.2016 – 9 AZR 429/15, NZA 2017, 76 Rn. 19 f. zur Berechnung des Urlaubsentgelts von Ärzten. **183** LAG Köln 29.1.2014 – 11 Sa 1221/12 im Anschluss an EuGH 22.4.2010 – C-486/08, NZA 2010, 557 (Zentralbetriebsrat des Landeskrankenhäuser Tirols); ebenso Weigert/Zeising NZA 2016, 862 (867). **184** BAG 16.5.2017 – 9 AZR 572/16, NZA 2017, 1056 Rn. 12 f. zur Abgeltung eines Ersatzurlaubsanspruch bei Altersteilzeit im Blockmodell, der wegen des Beginns der Freistellungsphase nicht mehr realisiert werden kann. **185** NK-GA/Düwell BUrlG § 7 Rn. 133 mwN. **186** BAG 24.3.2009 – 9 AZR 983/07, NZA 2009, 538 Rn. 44 ff.; BAG 19.6.2012 – 9 AZR 652/10, NZA 2012, 1087.

wie alle übrigen Zahlungsansprüche aus dem Arbeitsverhältnis.[187] Darauf, ob der Arbeitnehmer bei der Beendigung des Arbeitsverhältnisses arbeitsfähig oder arbeitsunfähig ist, kommt es nicht an.[188] Dies ist folgerichtig. Denn der Abgeltungsanspruch nach Art. 7 Abs. 2 RL 2003/88/EG hat allein den Zweck, zu verhindern, dass Beschäftigten, die wegen der Beendigung ihres Arbeitsverhältnisses ihren Anspruch auf bezahlten Jahresurlaub nicht mehr tatsächlich verwirklichen können, jeder Genuss dieses Anspruchs – selbst in finanzieller Form – verwehrt wird.[189] Der Geldanspruch dient – ähnlich wie der Anspruch nach § 6 Abs. 5 ArbZG[190] (→ ArbZG § 6 Rn. 47) – mittelbar dem Gesundheitsschutz, weil der Arbeitgeber aus der fehlenden Freistellung des urlaubsberechtigten Arbeitnehmers keine finanziellen Vorteile ziehen kann.[191] Die **Höhe** des Abgeltungsanspruchs berechnet sich im Einklang mit Art. 7 Abs. 2 RL 2003/88/EG[192] nach dem Urlaubsentgelt, das dem Arbeitnehmer zugestanden hätte, wenn der Urlaubsanspruch erfüllt worden wäre (→ Rn. 35 ff.).[193]

39 Da das Urlaubsentgelt in der Weiterzahlung des Arbeitsentgelts während der urlaubsbedingten Freistellung besteht (→ Rn. 13) und die Urlaubsabgeltung die Funktion einer Ersatzleistung für das entgangene Urlaubsentgelt hat (→ Rn. 38), sind sowohl das **Urlaubsentgelt** als auch die **Urlaubsabgeltung** wie gewöhnliches Arbeitsentgelt nach den **§§ 850 ff. ZPO pfändbar**.[194] Etwas anders gilt nur für ein etwaiges zusätzlich gezahltes Urlaubsgeld. Dieses ist nach § 850 a Nr. 2 ZPO nur pfändbar, wenn es dem Rahmen des Üblichen deutlich übersteigt.[195] Bei der Ermittlung der Pfändungsfreigrenzen nach § 850 c ZPO ist zu beachten, dass die Urlaubsabgeltung nicht mit der Vergütung für den letzten Monat des Arbeitsverhältnisses zusammengerechnet werden darf, weil sie erst für die Zeit nach der Beendigung des Arbeitsverhältnisses gezahlt wird.[196]

40 Ferner unterliegen Ansprüche auf Urlaubsentgelt und Urlaubsabgeltung **tariflichen** und **einzelvertraglichen Ausschlussfristen**[197] und sind nach ihrem Entstehen **verzichtbar**.[198] Art. 7 Abs. 1, 2 RL 2003/88/EG steht dem nicht entgegen.[199] Durch das Urlaubsentgelt bzw. die Urlaubsabgeltung soll der Arbeitnehmer nur so gestellt werden wie beim Bezug von Arbeitsentgelt für geleistete Arbeit.[200] Auf Arbeitsentgeltansprüche für geleistete Arbeit finden Ausschlussfristen ohne Weiteres Anwendung. Ein nachträglicher Verzicht zB durch eine allgemeine Ausgleichsklausel in einem Beendigungsvergleich ist ebenfalls möglich.

41 Der Anspruch auf Urlaubsentgelt und Urlaubsabgeltung ist wie jeder Geldanspruch **vererblich**.[201] Der Urlaubsanspruch als solcher unterliegt als höchstpersönlicher Anspruch hingegen nicht der Vererbung.[202] Ob deshalb im Fall der Beendigung des Arbeitsverhältnisses durch den Tod des Arbeitnehmers kein Anspruch auf Urlaubsabgeltung entsteht[203] oder sich ein noch offener Urlaubsanspruch im Lichte des Art. 7

---

187 Vgl. BAG 21.2.2012 – 9 AZR 486/10, NZA 2012, 750 Rn. 19. **188** BAG 19.6.2012 – 9 AZR 652/10, NZA 2012, 1087. **189** EuGH 20.1.2009 – C-350/06, C-520/06, NZA 2009, 135 Rn. 56 (Schultz-Hoff und Stringer ua). **190** BAG 27.5.2003 – 9 AZR 180/02, AP Nr. 5 zu § 6 ArbZG Rn. 26. **191** Kohte/Beetz, jurisPR-ArbR 11/2009 Anm. 3; vgl. dazu auch Klenter, jurisPR-ArbR 23/2013 Anm. 2; Kloppenburg, jurisPR-ArbR 29/2014 Anm. 1. **192** EuGH 20.1.2009 – C-350/06, C-520/06, NZA 2009, 135 Rn. 61 (Schultz-Hoff und Stringer ua); EuGH 11.11.2015 – C-219/14, NZA 2015, 1501 Rn. 51 (Greenfield). **193** BAG 13.5.2015 – 10 AZR 191/14, AP Nr. 16 zu § 2 EntgeltFG Rn. 31; BAG 21.9.2010 – 9 AZR 510/09, NZA 2011, 805 Rn. 15. **194** Ausf. Beetz ZVI 2008, 244, (248) mwN; HWK/Schinz BUrlG § 7 Rn. 114. **195** Beetz ZVI 2008, 244 (249). **196** Beetz ZVI 2008, 244 (248). **197** ErfK/Gallner BUrlG § 11 Rn. 35 zum Urlaubsentgelt; BAG 16.12.2014 – 9 AZR 295/13, NZA 2015, 827 Rn. 28 mwN zur Urlaubsabgeltung. **198** BAG 14.5.2013 – 9 AZR 844/11, NZA 2013, 1098 Rn. 16 zum Verzicht auf Urlaubsabgeltung im Rahmen einer allgemeinen Ausgleichsklausel. **199** BAG 9.8.2011 – 9 AZR 365/10, NZA 2011, 1421 Rn. 25 ff.; BAG 14.5.2013 – 9 AZR 844/11, NZA 2013, 1098 Rn. 16. **200** EuGH 20.1.2009 – C-350/06, C-520/06, NZA 2009, 135 Rn. 60 f. (Schultz-Hoff und Stringer ua). **201** BAG 22.9.2015 – 9 AZR 170/14, NZA 2016, 37 Rn. 18. **202** Fenski NZA 2014, 1381 Fn. 43. **203** BAG 20.9.2011 – 9 AZR 416/10, NZA 2012, 326; BAG 12.3.2013 – 9 AZR 532/11, NZA 2013, 678 Rn. 12 ff.

Abs. 2 RL 2003/88/EG in einen Urlaubsabgeltungsanspruch der Erben umwandelt,[204] ist noch nicht endgültig geklärt.[205]

42 **7. Besondere gesetzliche Urlaubsansprüche.** Für den gesetzlichen Zusatzurlaub schwerbehinderter Menschen nach § **125 SGB IX** (ab 1.1.2018: § 208 SGB IX) und den gesetzlichen Mindesturlaub Jugendlicher nach § **19 JArbSchG** gelten die **gleichen Grundsätze** wie für den gesetzlichen Mindesturlaub nach dem Bundesurlaubsgesetz. Das gilt sowohl für das Entstehen (→ Rn. 15) des Urlaubsanspruchs als auch für die Pflicht des Arbeitgebers, den Urlaub innerhalb der vorgesehenen Zeit zu gewähren (→ Rn. 31 ff.), sowie für die Folgen, wenn der Arbeitgeber dieser Pflicht nicht rechtzeitig nachkommt (→ Rn. 34). Für den gesetzlichen Mindesturlaub Jugendlicher folgt dies bereits daraus, dass in § 19 Abs. 4 S. 1 JArbSchG ausdrücklich ergänzend auf die Vorschriften des Bundesurlaubsgesetzes verwiesen wird.[206] Für den Zusatzurlaub schwerbehinderter Menschen ergibt sich dies daraus, dass der Gesetzgeber keine abweichenden Regelungen geschaffen hat, so dass der Grundsatz der urlaubsrechtlichen Akzessorietät gilt.[207] Zudem dienen sowohl der Zusatzurlaubsanspruch schwerbehinderter Menschen als auch der höhere Urlaubsanspruch Jugendlicher dem **Gesundheitsschutz** der jeweiligen Personengruppe[208] und haben damit ebenso wie der Urlaubsanspruch nach dem Bundesurlaubsgesetz **arbeitsschutzrechtlichen Charakter** (→ Rn. 14).

43 **8. Tarifliche und arbeitsvertragliche Regelungen.** Nach § 13 Abs. 1 S. 3 BUrlG darf von den Vorschriften des Bundesurlaubsgesetzes grundsätzlich nur zugunsten der Beschäftigten abgewichen werden. **Ungünstigere Regelungen** sind nach § 13 Abs. 1 S. 1 BUrlG nur in **Tarifverträgen** zulässig. Dabei sind die Gleichbehandlungsgebote[209] bzw. Diskriminierungsverbote[210] zu beachten.

44 Nicht zur Disposition der Tarifvertragsparteien stehen nach § 13 Abs. 1 S. 1 BUrlG die §§ **1, 2, 3 Abs. 1 BUrlG**. Die dort verankerten Rechte dürfen weder unmittelbar noch mittelbar durch abweichende Regelungen zu anderen Materien, wie zB der Berechnung des Urlaubsentgelts nach § 11 Abs. 1 BUrlG, umgangen werden.[211] Dies betrifft zum einen den Anspruch auf bezahlten Jahresurlaub,[212] dessen Entstehen[213] und Mindestdauer[214] und zum anderen dessen Übertragbarkeit[215] und den anspruchsberechtigten Personenkreis.[216] Dabei wird von dem Abweichungsverbot nach der bisherigen Rechtsprechung des Bundesarbeitsgerichts zwar auch der Anspruch auf Urlaubsabgeltung nach § 7 Abs. 4 BUrlG[217] sowie der verkürzte Jahresurlaub nach § 5 Abs. 1 Buchst. c BUrlG im Fall der Beendigung des Arbeitsverhältnisses vor dem 1. Juli eines Jahres[218]

---

204 So EuGH 12.6.2014 – C-118/13, NZA 2014, 651 (Bollacke); dem folgend ArbG Berlin 7.10.2015 – 56 Ca 10968/15; LAG Düsseldorf 13.1.2016 – 4 Sa 888/15, LAGE § 7 BUrlG Abgeltung Nr. 45; LAG Schleswig-Holstein 15.9.2016 – 5 Sa 55/16. **205** Vorlagebeschluss BAG 18.10.2016 – 9 AZR 196/16 (A), NZA 2017, 207; zur Kritik daran Klein, jurisPR-ArbR 49/2016 Anm. 2; Schneider, ZESAR 2017, 79. **206** Näher dazu Neumann/Fenski/Kühn/Kühn JArbSchG Rn. 10 ff.; ErfK/Schlachter JArbSchG § 19 Rn. 9. **207** BAG 23.3.2010 – 9 AZR 128/09, NZA 2010, 376 Rn. 68 ff. mwN; BAG 13.12.2011 – 9 AZR 399/10, NZA 2012, 514 Rn. 40. **208** Kohte/Beetz, jurisPR-ArbR 25/2009 Anm. 1; ErfK/Rolfs SGB IX § 125 Rn. 1; Neumann/Fenski/Kühn/Kühn SGB IX Rn. 2; ErfK/Schlachter JArbSchG § 19 Rn. 1; NK-GA/Gallner JArbSchG § 19 Rn. 4. **209** Vgl. EuGH 22.4.2010 – C-486/08, NZA 2010, 557 (Zentralbetriebsrat der Landeskrankenhäuser Tirols); EuGH 13.6.13 – C-415/12, NZA 2013, 775 (Brandes); EuGH 11.11.2015 – C-219/14, NZA 2015, 1501 (Greenfield). **210** Zur Frage, wann eine nach dem Lebensalter gestaffelte Urlaubsdauer gerechtfertigt ist, verneinend: BAG 20.3.2012 – 9 AZR 529/10, NZA 2012, 803 Rn. 13 ff.; BAG 12.4.2016 – 9 AZR 659/14, NZA-RR 2016, 438 Rn. 18 ff.; BAG 15.11.2016 – 9 AZR 534/15, NZA 2017, 339 Rn. 17 ff.; bejahend: BAG 21.10.2014 – 9 AZR 956/12, NZA 2015, 297 Rn. 19 ff. **211** Vgl. BAG 23.2.2010 – 9 AZR 52/09, AP Nr. 67 zu § 11 BUrlG Rn. 27; BAG 19.6.2012 – 9 AZR 712/10, NZA 2012, 1227 Rn. 16; BAG 15.1.2013 – 9 AZR 465/11, NZA-RR 2013, 585 Rn. 20. **212** BAG 20.9.2016 – 9 AZR 429/15, NZA 2017, 76 Rn. 19; BAG 15.1.2013 – 9 AZR 465/11, NZA-RR 2013, 585 Rn. 15. **213** BAG 6.5.2014 – 9 AZR 678/12, NZA 2014, 959 Rn. 11 ff., 18; BAG 7.8.2012 – 9 AZR 353/10, NZA 2012, 1216 Rn. 15. **214** BAG 9.8.2016 – 9 AZR 51/16, NZA-RR 2016, 615 Rn. 14 mwN. **215** BAG 5.4.2014 – 9 AZR 77/13, NZA 2015, 625 Rn. 19. **216** ErfK/Gallner BUrlG § 13 Rn. 3. **217** BAG 10.2.1987 – 8 AZR 529/84, NZA 1987, 675; ErfK/Gallner BUrlG § 13 Rn. 14; HWK/Schinz BUrlG § 13 Rn. 48. **218** BAG 9.6.1998 – 9 AZR 43/97, NZA 1999, 80; ErfK/Gallner BUrlG § 13 Rn. 11.

erfasst, nicht hingegen der **Teilanspruch nach § 5 Abs. 1 Buchst. a, b BUrlG**, weil dieser nicht von § 3 BUrlG geschützt sei.[219] Letzteres ist mit Art. 7 Abs. 1 RL 2003/88/EG nicht zu vereinbaren,[220] weil der Anspruch auf Jahresurlaub nicht an eine Mindestbeschäftigungszeit geknüpft werden darf (→ Rn. 19). § 13 Abs. 1 S. 1 iVm §§ 1, 3 Abs. 1 BUrlG ist deshalb dahin richtlinienkonform auszulegen, dass sich das Abweichungsverbot auch auf den anteiligen Jahresurlaub iSv § 5 Abs. 1 Buchst. a, b BUrlG bezieht.[221]

Keine Beschränkungen nach dem Bundesurlaubsgesetz bestehen, soweit tarifvertraglich 45 oder arbeitsvertraglich über den gesetzlichen Mindesturlaub hinausgehende sog **übergesetzliche Urlaubsansprüche** vorgesehen sind. Diesbezüglich sind die Tarifvertrags- oder Arbeitsvertragsparteien frei, an welche Bedingungen sie das Entstehen, die Erfüllung oder auch das Erlöschen des tariflichen oder vertraglichen Mehrurlaubs knüpfen wollen.[222] Allerdings müssen sie, wenn sie insoweit von den Vorschriften des Bundesurlaubsgesetzes abweichende Regelungen treffen wollen, dies deutlich zum Ausdruck bringen. Andernfalls ist davon auszugehen, dass auch für den tariflichen oder vertraglichen Mehrurlaub die gesetzlichen Vorschriften gelten sollen.[223] Für Arbeitsverträge folgt dies in der Regel schon aus § 305 c Abs. 2, § 307 Abs. 1 S. 2 BGB. Anhaltspunkte für eine abweichende Regelung sind gegeben, wenn die Tarifvertrags- oder Arbeitsvertragsparteien entweder zwischen dem gesetzlichen Mindesturlaub und dem tariflichen oder vertraglichen Mehrurlaub unterschieden oder eigenständige vom Bundesurlaubsgesetz losgelöste Regelungen getroffen haben.[224] Soweit tarifliche Regelungen im Hinblick auf den gesetzlichen Mindesturlaub unwirksam sind, bleiben sie hinsichtlich des tariflichen Mehrurlaubs nach § 139 BGB wirksam.[225] Für Arbeitsverträge gilt dies nur dann, wenn sie ausnahmsweise individuell ausgehandelt sind. Andernfalls sind vom Bundesurlaubsgesetz abweichende Regelungen nach den für die Unwirksamkeit von Allgemeinen Geschäftsbedingungen geltenden Regelungen insgesamt unwirksam.[226]

Gelten für den übergesetzlichen Urlaubsanspruch abweichende Regeln, wird aber hin- 46 sichtlich des Umfangs des Urlaubsanspruchs zwischen dem gesetzlichen Urlaub und dem übergesetzlichen Mehrurlaub nicht differenziert, sondern sieht der Tarifvertrag oder der Arbeitsvertrag lediglich einen einheitlichen höheren Urlaubsanspruch vor, besteht bezogen auf das Urlaubsjahr im Umfang des gesetzlichen Mindesturlaubs **Anspruchskonkurrenz**.[227] Dies hat zur Folge, dass der Arbeitgeber, wenn er Urlaub gewährt, beide Ansprüche gleichzeitig erfüllt, weshalb zunächst der gesetzliche Mindesturlaub verbraucht wird und anschließend der tarifliche oder arbeitsvertragliche Mehrurlaub.[228] Im Übrigen gilt § 366 Abs. 2 BGB.[229]

IV. Durchsetzung des Urlaubsanspruchs

Zur Durchsetzung des Urlaubsanspruchs sind Beschäftigte auf gerichtliche Hilfe ange- 47 wiesen. Eine **Selbstbeurlaubung** ist nicht zulässig und kann unter Umständen sogar eine fristlose Kündigung iSd § 626 BGB durch den Arbeitgeber rechtfertigen.[230] Anders ist die Rechtslage, wenn der Arbeitgeber den Urlaub vorbehaltlos erteilt (→ Rn. 23) und die Freistellungserklärung später wieder zurückgezogen hat. Da eine **Rücknahme**

---

219 BAG 18.6.1980 – 6 AZR 328/78, AP Nr. 6 zu § 13 BUrlG Unabdingbarkeit; Leinemann/Linck BUrlG § 13 Rn. 53 f.; ErfK/Gallner BUrlG § 13 Rn. 11. **220** Ebenso HWK/Schinz BUrlG § 5 Rn. 16; Kohte in: FS Schwerdtner, S. 99, 107. **221** Kohte in: FS Schwerdtner, S. 99, 107 f. **222** BAG 20.9.2011 – 9 AZR 416/10, NZA 2012, 326 Rn. 43; BAG 22.5.2012 – 9 AZR 575/10, NZA-RR 2013, 48 Rn. 10; BAG 20.1.2015 – 9 AZR 585/13, NZA-RR 2015, 399 Rn. 29. **223** BAG 20.9.2011 – 9 AZR 416/10, NZA 2012, 326 Rn. 43; BAG 22.5.2012 – 9 AZR 575/10, NZA-RR 2013, 48 Rn. 10; BAG 20.1.2015 – 9 AZR 585/13, NZA-RR 2015, 399 Rn. 30. **224** Näher dazu BAG 14.2.2017 – 9 AZR 386/16, DB 2017, 975 Rn. 15. **225** BAG 19.1.2016 – 9 AZR 507/14, NZA-RR 2016, 235 Rn. 19; BAG 12.11.2014 – 9 AZR 551/12, NZA 2014, 383 Rn. 13; BAG 12.4.2011 – 9 AZR 80/10, NZA 2011, 1050 Rn. 27. **226** BAG 16.12.2014 – 9 AZR 295/13, NZA 2015, 827 Rn. 16 ff. **227** BAG 7.8.2012 – 9 AZR 760/10, NZA 2013, 104. **228** Vgl. BAG 7.8.2012 – 9 AZR 760/10, NZA 2013, 104; BAG 16.10.2012 – 9 AZR 234/11, NZA 2013, 575 Rn. 12; BAG 17.11.2015 – 9 AZR 275/14 Rn. 17; BAG 19.1.2016 – 9 AZR 507/14, NZA-RR 2016, 235 Rn. 10. **229** HWK/Schinz BUrlG § 7 Rn. 13 f. **230** BAG 20.1.1994 – 2 AZR 521/93, NZA 1994, 548; BAG 16.3.2000 – 2 AZR 75/99, NZA 2000, 1332; ErfK/Gallner BUrlG § 7 Rn. 9; HWK/Schinz BUrlG § 7 Rn. 18; HK-ArbR/Holthaus BUrlG § 7 Rn. 4, 61.

oder ein **Widerruf der Freistellungserklärung** außer möglicherweise in echten Notfällen[231] nicht möglich ist (→ Rn. 23), ist der Arbeitnehmer berechtigt, von der Arbeit fernzubleiben. Eine in diesen Fällen dennoch ausgesprochene Abmahnung oder Kündigung ist unwirksam.[232] Weigert sich der Arbeitgeber, Urlaub zu gewähren, kommt eine **Leistungsklage** auf Gewährung von Urlaub mit und ohne bestimmte Zeitangabe oder auch eine **Feststellungsklage** in Betracht (→ Rn. 48 f.). In eiligen Fällen können Beschäftigte einstweiligen Rechtsschutz in Anspruch nehmen. Ein Antrag auf Erlass einer **einstweiligen Verfügung**[233] zur Durchsetzung des Urlaubsanspruchs ist wegen des Gebots des effektiven Rechtsschutzes immer dann zulässig, wenn eine Klage auf Urlaubsgewährung wegen der zeitlichen Nähe des gewünschten Urlaubstermins nicht mehr rechtzeitig zum Erfolg führen kann.[234] Dabei ist umstritten, ob im Wege der einstweiligen Verfügung der Arbeitgeber verpflichtet werden kann, Urlaub zu gewähren,[235] oder nur, das Fernbleiben des Arbeitnehmers von der Arbeit zu dulden.[236]

48 Besteht Streit über den Anspruch auf **Urlaub in einem bestimmten Zeitraum**, beispielsweise weil der Arbeitgeber ein Leistungsverweigerungsrecht iSd § 7 Abs. 1 S. 1 BUrlG geltend macht (→ Rn. 24), ist der gewünschte Urlaubszeitraum im Klageantrag konkret anzugeben. Gegenstand der **Leistungsklage** ist dann die Abgabe einer bestimmten Freistellungserklärung durch den Arbeitgeber. Da diese nach § 894 ZPO aber erst mit Rechtskraft des Urteils als abgegeben gilt, kann eine solche Klage schon aus Zeitgründen selten zum Erfolg führen.[237] Es bleibt meist nur der Weg des einstweiligen Rechtsschutzes (→ Rn. 47). Hat der Arbeitnehmer hingegen noch keinen Urlaub konkret geplant und besteht Streit darüber, in welchem Umfang dem Arbeitnehmer **überhaupt oder noch ein Urlaubsanspruch** zusteht, kann entweder **Leistungsklage** auf Gewährung einer bestimmten Anzahl von Urlaubstagen (Arbeitstagen bzw. Werktagen) für ein bestimmtes Kalenderjahr[238] oder **Feststellungsklage** auf Feststellung des Bestehens eines Anspruchs auf eine bestimmte Anzahl Urlaubstage pro Kalenderjahr oder in einem bestimmten Kalenderjahr[239] erhoben werden. Im Fall der Leistungsklage richtet sich die Zwangsvollstreckung, da Gegenstand nicht die Abgabe einer konkreten Freistellungserklärung ist, nicht nach § 894 ZPO, sondern nach § 888 ZPO.[240] Die zeitliche Bestimmung des gewünschten Urlaubszeitraums kann dann ggf. im Zwangsgeldantrag nachgeholt werden.[241] Eine Feststellungsklage ist zulässig, wenn dadurch auf einfachere, prozesswirtschaftlich sachgerechtere Weise der Streit über den Urlaubsanspruch endgültig beigelegt werden kann[242] und sich aus der begehrten Feststellung Rechtsfolgen für die Gegenwart oder Zukunft ergeben.[243] Schließlich wird unter den Voraussetzungen des § 259 ZPO auch eine **auf zukünftige Urlaubsjahre gerichtete Leistungsklage** für zulässig erachtet.[244]

---

231 So BAG 19.12.1991 – 2 AZR 367/91, RzK I 6 a Nr. 82; ausdr. offen gelassen BAG 20.6.2000 – 9 AZR 405/99, NZA 2001, 100; dazu ausf. Schinz jM 2016, 193 ff. **232** BAG 19.12.1991 – 2 AZR 367/91, RzK I 6 a Nr. 82. **233** Zu den Anforderungen an den Verfügungsanspruch und Verfügungsgrund HWK/Schinz § 7 BUrlG Rn. 64 ff. **234** Neumann/Fenski/Kühn/Neumann BUrlG § 7 Rn. 54 mwN; HK-ArbR/Holthaus BUrlG § 7 Rn. 76 f.; HWK/Schinz BUrlG § 7 Rn. 66. **235** HK-ArbR/Holthaus BUrlG § 7 Rn. 77; ErfK/Gallner BUrlG § 7 Rn. 33; Schaub/Linck § 104 Rn. 36. **236** HWK/Schinz BUrlG § 7 Rn. 63; NK-GA/Düwell BUrlG § 7 Rn. 166. **237** Vgl. ErfK/Gallner BUrlG § 7 Rn. 30. **238** BAG 5.9.2002 – 9 AZR 355/01, NZA 2003, 1400; BAG 21.2.1995 – 9 AZR 746/93, NZA 1995, 1008; vgl. auch BAG 17.5.2011 – 9 AZR 197/10, AP Nr. 1 zu § 17 BEEG. **239** BAG 15.11.2016 – 9 AZR 534/15, NZA 2017, 339; BAG 18.10.2016 – 9 AZR 123/16, NZA 2017, 267. **240** ErfK/Gallner BUrlG § 7 Rn. 31; HWK/Schinz BUrlG § 7 Rn. 59; HK-ArbR/Holthaus BUrlG § 7 Rn. 68; NK-GA/Düwell BUrlG § 7 Rn. 163; offen gelassen BAG 12.4.2011 – 9 AZR 80/10, NZA 2011, 1050 Rn. 15. **241** ErfK/Gallner BUrlG § 7 Rn. 31; HWK/Schinz BUrlG § 7 Rn. 59; HK-ArbR/Holthaus BUrlG § 7 Rn. 68 f.; NK-GA/Düwell BUrlG § 7 Rn. 1; aA BAG 12.4.2011 – 9 AZR 80/10, NZA 2011, 1050 Rn. 15, das bei einen solchen Antrag annimmt, der Arbeitnehmer überlasse die zeitliche Festlegung des Urlaubs dem Arbeitgeber. **242** Grundlegend BAG 12.4.2011 – 9 AZR 80/10, NZA 2011, 1050 Rn. 11 ff.; ähnlich auch Neumann/Fenski/Kühn/Neumann BUrlG § 7 Rn. 50; aA ErfK/Gallner BUrlG § 7 Rn. 32. **243** BAG 18.10.2016 – 9 AZR 123/16, NZA 2017, 267 Rn. 12; BAG 19.1.2010 – 9 AZR 246/09; NZA-RR 2010, 473 Rn. 21; HWK/Schinz BUrlG § 7 Rn. 60; HK-ArbR/Holthaus BUrlG § 7 Rn. 73. **244** BAG 5.9.2002 – 9 AZR 355/01, NZA 2003, 1400.

4 Urlaub und Gesundheitsschutz

Ein vollstreckbarer Titel auf Gewährung von Urlaub umfasst nicht den Anspruch auf **Urlaubsentgelt**. Die Zahlung des Urlaubsentgelts muss gesondert im Wege der Zahlungsklage durchgesetzt werden.

In der Praxis greifen diese individuellen zivilrechtlichen Durchsetzungsinstrumente aus vielfältigen Gründen häufig nicht (→ Rn. 34). Nach verschiedenen empirischen Untersuchungen besteht ein **erhebliches Umsetzungsdefizit** mit entsprechenden Auswirkungen auf die Gesundheit und Lebensqualität der Betroffenen.[245] Nach Befragungen des Deutschen Instituts für Wirtschaftsforschung (DIW) Berlin in Zusammenarbeit mit TNS Infratest verzichteten 2009 36,8 % der Vollzeitbeschäftigten und 31,6 % der Teilzeitbeschäftigten auf einen Teil ihres Urlaubs.[246] Nach einer Befragung zum DGB Index Gute Arbeit des Jahres 2015 verzichteten in dem Jahr 35 % der Vollzeitbeschäftigten und 28 % der Teilzeitbeschäftigten auf Urlaubstage.[247] Außerdem nimmt nach einer Umfrage der Deutschen Gesetzlichen Unfallversicherung 2015 jeder sechste Beschäftigte hin und wieder Urlaub, um berufliche Aufgaben in Ruhe zu erledigen, und jeder vierte wird während des Urlaubs vom Arbeitgeber, Kollegen oder Kunden kontaktiert.[248] Nach zwei Studien des RWI Leibniz-Instituts für Wirtschaftsforschung[249] 2012 und 2016 zu geringfügigen Beschäftigungsverhältnissen im Auftrag des Ministeriums für Arbeit, Integration und Soziales des Landes Nordrhein-Westfalen[250] konnten 2012 nach der Arbeitgeberbefragung 31,3 % und nach der Arbeitnehmerbefragung 41,7 % der geringfügig beschäftigten Arbeitnehmer keinen bezahlten Urlaub in Anspruch nehmen. 2016 stellte sich die Situation unter geänderten rechtlichen Rahmenbedingungen insbesondere nach der Einführung des Mindestlohns und der damit verbundenen Dokumentationspflichten zwar deutlich positiver dar, gleichwohl wurde nach der Arbeitgeberbefragung immer noch 20,4 % und nach der Arbeitnehmerbefragung immer noch 34,4 % kein bezahlter Urlaub zugestanden.[251] Rechnet man hierzu noch die Kategorie „möglich, aber nicht genutzt" sowie realistischerweise auch die Kategorie „keine Angaben" hinzu, erhöhen sich die Zahlen auf 34,6 % bzw. 55,7 %.[252] Bei den weiblichen geringfügig Beschäftigten dürften die Verhältnisse noch gravierender sein. Nach einer Untersuchung des DELTA-Instituts im Auftrag des Bundesministeriums für Familie, Senioren, Frauen und Jugend hatte 2012 ein Anteil von 77 % der weiblichen Beschäftigten mit nur einem Minijob und 80 % der weiblichen Beschäftigten mit einem Minijob zusätzlich zu einem sozialversicherungspflichtigen Beschäftigungsverhältnis im Rahmen des Minijobs keinen bezahlten Urlaub.[253]

Nach Art. 7 Abs. 1 RL 2003/88/EG sind die Mitgliedstaaten verpflichtet, die erforderlichen Maßnahmen zu treffen, damit jeder Arbeitnehmer den bezahlten Mindesturlaub

---

[245] Dazu Schnitzlein DIW-Wochenbericht Nr. 51 und 52/2011 S. 18 f. und 20; Pressemitteilung der Deutschen Gesetzlichen Unfallversicherung vom 23.6.2015 zur DGUV Umfrage: Viele lässt der Job auch im Urlaub nicht los, abrufbar unter dguv.de. [246] Schnitzlein DIW-Wochenbericht Nr. 51 und 52/2011 S. 17. [247] DGB-Index Gute Arbeit Kompakt 03/2016, Keine Zeit für Erholung? Wie verbreitet ist der Verzicht auf Urlaubstage?, abrufbar unter dgb-index-gute-arbeit.de/veroeffentlichungen/kompakt. [248] DGUV (2015): Umfrage: Viele lässt der Job auch im Urlaub nicht los, Pressemitteilung der Deutschen Gesetzlichen Unfallversicherung vom 23.6.2015. [249] Vormals Rheinisch-Westfälisches Institut für Wirtschaftsförderung. [250] RWI Projektbericht (2013) Studie zur Analyse der geringfügigen Beschäftigungsverhältnisse und RWI Projektbericht (2016) Nachfolgestudie zur Analyse der geringfügigen Beschäftigungsverhältnisse (Minijobs) sowie der Auswirkungen des gesetzlichen Mindestlohns, jeweils abrufbar unter www.rwi-essen.de/publikationen/rwi-projektberichte/. [251] S. 105 und S. 60 des Projektberichts der Nachfolgestudie, Abbildungen 5.25 und 4.16; vgl. zu den geänderten rechtlichen Rahmenbedingungen S. 9 ff. sowie S. 124 und 128 des Projektberichts der Nachfolgestudie. [252] Ebd. auch zur Einbeziehung der Kategorie „keine Eingaben". [253] Bundesministerium für Familie, Senioren, Frauen und Jugend, Frauen im Minijob – Motive und (Fehl-)Anreize für die Aufnahme geringfügiger Beschäftigung im Lebenslauf, S. 59, abrufbar über www.bmfsfj.de/bmfsfj/Service/publikationen. In der Studie ist zwar nur von „Urlaubsgeld" die Rede. Vergleicht man aber das Verhältnis zwischen „Urlaubsgeld" und Entgeltfortzahlung im Krankheitsfall mit den entsprechenden Zahlen in der RWI-Studie von 2012 (RWI Projektbericht (2013) Studie zur Analyse der geringfügigen Beschäftigungsverhältnisse, abrufbar unter www.rwi-essen.de/publikationen/rwi-projektberichte/), wird deutlich, dass mit „Urlaubsgeld" das Urlaubsentgelt im Rahmen des bezahlten Urlaubs gemeint ist und nicht etwa ein zusätzliches Urlaubsgeld, wie es in einigen Tarifverträgen vorgesehen ist.

tatsächlich erhält. Außerdem verlangt Art. 4 Abs. 2 RL 89/391/EWG, in dessen Kontext der Anspruch auf bezahlten Jahresurlaub steht (→ Rn. 7), dass die Mitgliedstaaten für eine angemessene Kontrolle und Überwachung der Arbeitsschutzbestimmungen zu sorgen haben. Es wäre deshalb nicht zuletzt auch unionsrechtlich angezeigt, die Einhaltung der Bestimmungen zum Mindesturlaub in ähnlicher Weise wie die Einhaltung der Höchstarbeitszeiten, Ruhepausen und sonstigen Ruhezeiten nach dem Arbeitszeitgesetz behördlich zu überwachen und Verstöße entsprechend zu sanktionieren (§§ 22, 23 ArbZG).[254] Darüber hinaus könnte systematischen Verstößen bestimmter Arbeitgeber gegen ihre Pflicht zur Gewährung des gesetzlichen Mindesturlaubs[255] erheblich wirksamer mit der Einführung eines Verbandsklagerechts begegnet werden.[256]

---

[254] Vgl. dazu Kohte, jurisPR-ArbR 14/2016 Anm. 5, der daraufhin hinweist, dass in der Mehrzahl der europäischen Nachbarländer die Arbeitsschutzbehörde auch für die Überwachung der Verwirklichung des Urlaubsanspruchs zuständig ist. [255] Siehe dazu beispielsweise die den Entscheidungen des LAG Hamm 18.3.2009 – 6 Sa 1284/08, Streit 2009, 10 und des LAG Rheinland-Pfalz 5.8.2015 – 4 Sa 52/15 zugrunde liegenden Sachverhalte; zu letzterer Entscheidung Kohte, jurisPR-ArbR 14/2016 Anm. 5. [256] Vgl. Kohte, jurisPR-ArbR 14/2016 Anm. 5.

Teil 5:
Beschäftigungsspezifischer Arbeitsschutz
Gesetz zum Schutz von Müttern bei der Arbeit, in der Ausbildung und im Studium (Mutterschutzgesetz – MuSchG)[1]

Vom 23. Mai 2017 (BGBl. I S. 1228)
(FNA 8052-5)
– Auszug –

Abschnitt 1 Allgemeine Vorschriften

§ 1 MuSchG Anwendungsbereich, Ziel des Mutterschutzes

(1) ¹Dieses Gesetz schützt die Gesundheit der Frau und ihres Kindes am Arbeits-, Ausbildungs- und Studienplatz während der Schwangerschaft, nach der Entbindung und in der Stillzeit. ²Das Gesetz ermöglicht es der Frau, ihre Beschäftigung oder sonstige Tätigkeit in dieser Zeit ohne Gefährdung ihrer Gesundheit oder der ihres Kindes fortzusetzen und wirkt Benachteiligungen während der Schwangerschaft, nach der Entbindung und in der Stillzeit entgegen. ³Regelungen in anderen Arbeitsschutzgesetzen bleiben unberührt.

(2) ¹Dieses Gesetz gilt für Frauen in einer Beschäftigung im Sinne von § 7 Absatz 1 des Vierten Buches Sozialgesetzbuch. ²Unabhängig davon, ob ein solches Beschäftigungsverhältnis vorliegt, gilt dieses Gesetz auch für

1. Frauen in betrieblicher Berufsbildung und Praktikantinnen im Sinne von § 26 des Berufsbildungsgesetzes,
2. Frauen mit Behinderung, die in einer Werkstatt für behinderte Menschen beschäftigt sind,
3. Frauen, die als Entwicklungshelferinnen im Sinne des Entwicklungshelfer-Gesetzes tätig sind, jedoch mit der Maßgabe, dass die §§ 18 bis 22 auf sie nicht anzuwenden sind,
4. Frauen, die als Freiwillige im Sinne des Jugendfreiwilligendienstegesetzes oder des Bundesfreiwilligendienstgesetzes tätig sind,
5. Frauen, die als Mitglieder einer geistlichen Genossenschaft, Diakonissen oder Angehörige einer ähnlichen Gemeinschaft auf einer Planstelle oder aufgrund eines Gestellungsvertrages für diese tätig werden, auch während der Zeit ihrer dortigen außerschulischen Ausbildung,
6. Frauen, die in Heimarbeit beschäftigt sind, und ihnen Gleichgestellte im Sinne von § 1 Absatz 1 und 2 des Heimarbeitsgesetzes, soweit sie am Stück mitarbeiten, jedoch mit der Maßgabe, dass die §§ 10 und 14 auf sie nicht anzuwenden sind und § 9 Absatz 1 bis 5 auf sie entsprechend anzuwenden sind,
7. Frauen, die wegen ihrer wirtschaftlichen Unselbstständigkeit als arbeitnehmerähnliche Person anzusehen sind, jedoch mit der Maßgabe, dass die §§ 18, 19 Absatz 2 und § 20 auf sie nicht anzuwenden sind, und

---

[1] Verkündet als Art. 1 G zur Neuregelung des Mutterschutzrechts v. 23.5.2017 (BGBl. I S. 1228); Inkrafttreten am 1.1.2018 gem. Art. 10 Abs. 1 Satz 1 dieses G mit Ausnahme von § 32 Abs. 1 Nr. 6 (Inkrafttreten gem. Art. 10 Abs. 1 Satz 3 am 1.1.2019). Siehe bis zum 31.12.2017 das Mutterschutzgesetz idF der Bek. v. 20.6.2002 (BGBl. I S. 2318). Das G zur Neuregelung des Mutterschutzrechts dient der Umsetzung der Richtlinie 92/85/EWG des Rates vom 19.10.1992 über die Durchführung von Maßnahmen zur Verbesserung der Sicherheit und des Gesundheitsschutzes von schwangeren Arbeitnehmerinnen, Wöchnerinnen und stillenden Arbeitnehmerinnen am Arbeitsplatz (zehnte Einzelrichtlinie im Sinne des Art. 16 Ab. 1 der Richtlinie 89/391/EWG) (ABl. L 348 vom 28.11.1992, S. 1), die zuletzt durch die Richtlinie 2014/27/EU (ABl. L 65 vom 5.3.2014, S. 1) geändert worden ist.

8. Schülerinnen und Studentinnen, soweit die Ausbildungsstelle Ort, Zeit und Ablauf der Ausbildungsveranstaltung verpflichtend vorgibt oder die ein im Rahmen der schulischen oder hochschulischen Ausbildung verpflichtend vorgegebenes Praktikum ableisten, jedoch mit der Maßgabe, dass die §§ 17 bis 24 auf sie nicht anzuwenden sind.

(3) ¹Das Gesetz gilt nicht für Beamtinnen und Richterinnen. ²Das Gesetz gilt ebenso nicht für Soldatinnen, auch soweit die Voraussetzungen des Absatzes 2 erfüllt sind, es sei denn, sie werden aufgrund dienstlicher Anordnung oder Gestattung außerhalb des Geschäftsbereiches des Bundesministeriums der Verteidigung tätig.

(4) ¹Dieses Gesetz gilt für jede Person, die schwanger ist, ein Kind geboren hat oder stillt. ²Die Absätze 2 und 3 gelten entsprechend.

§ 2 MuSchG Begriffsbestimmungen

(1) ¹Arbeitgeber im Sinne dieses Gesetzes ist die natürliche oder juristische Person oder die rechtsfähige Personengesellschaft, die Personen nach § 1 Absatz 2 Satz 1 beschäftigt. ²Dem Arbeitgeber stehen gleich:
1. die natürliche oder juristische Person oder die rechtsfähige Personengesellschaft, die Frauen im Fall von § 1 Absatz 2 Satz 2 Nummer 1 ausbildet oder für die Praktikantinnen im Fall von § 1 Absatz 2 Satz 2 Nummer 1 tätig sind,
2. der Träger der Werkstatt für behinderte Menschen im Fall von § 1 Absatz 2 Satz 2 Nummer 2,
3. der Träger des Entwicklungsdienstes im Fall von § 1 Absatz 2 Satz 2 Nummer 3,
4. die Einrichtung, in der der Freiwilligendienst nach dem Jugendfreiwilligendienstegesetz oder nach dem Bundesfreiwilligendienstgesetz im Fall von § 1 Absatz 2 Satz 2 Nummer 4 geleistet wird,
5. die geistliche Genossenschaft und ähnliche Gemeinschaft im Fall von § 1 Absatz 2 Satz 2 Nummer 5,
6. der Auftraggeber und der Zwischenmeister von Frauen im Fall von § 1 Absatz 2 Satz 2 Nummer 6,
7. die natürliche oder juristische Person oder die rechtsfähige Personengesellschaft, für die Frauen im Sinne von § 1 Absatz 2 Satz 2 Nummer 7 tätig sind, und
8. die natürliche oder juristische Person oder die rechtsfähige Personengesellschaft, mit der das Ausbildungs- oder Praktikumsverhältnis im Fall von § 1 Absatz 2 Satz 2 Nummer 8 besteht (Ausbildungsstelle).

(2) Eine Beschäftigung im Sinne der nachfolgenden Vorschriften erfasst jede Form der Betätigung, die eine Frau im Rahmen eines Beschäftigungsverhältnisses nach § 1 Absatz 2 Satz 1 oder die eine Frau im Sinne von § 1 Absatz 2 Satz 2 im Rahmen ihres Rechtsverhältnisses zu ihrem Arbeitgeber nach § 2 Absatz 1 Satz 2 ausübt.

(3) ¹Ein Beschäftigungsverbot im Sinne dieses Gesetzes ist nur ein Beschäftigungsverbot nach den §§ 3 bis 6, 10 Absatz 3, § 13 Absatz 1 Nummer 3 und § 16. ²Für eine in Heimarbeit beschäftigte Frau und eine ihr Gleichgestellte tritt an die Stelle des Beschäftigungsverbots das Verbot der Ausgabe von Heimarbeit nach den §§ 3, 8, 13 Absatz 2 und § 16. ³Für eine Frau, die wegen ihrer wirtschaftlichen Unselbstständigkeit als arbeitnehmerähnliche Person anzusehen ist, tritt an die Stelle des Beschäftigungsverbots nach Satz 1 die Befreiung von der vertraglich vereinbarten Leistungspflicht; die Frau kann sich jedoch gegenüber der dem Arbeitgeber gleichgestellten Person oder Gesellschaft im Sinne von Absatz 1 Satz 2 Nummer 7 dazu bereit erklären, die vertraglich vereinbarte Leistung zu erbringen.

(4) Alleinarbeit im Sinne dieses Gesetzes liegt vor, wenn der Arbeitgeber eine Frau an einem Arbeitsplatz in seinem räumlichen Verantwortungsbereich beschäftigt, ohne dass gewährleistet ist, dass sie jederzeit den Arbeitsplatz verlassen oder Hilfe erreichen kann.

(5) ¹Arbeitsentgelt im Sinne dieses Gesetzes ist das Arbeitsentgelt, das nach § 14 des Vierten Buches Sozialgesetzbuch in Verbindung mit einer aufgrund des § 17 des Vierten Buches Sozialgesetzbuch erlassenen Verordnung bestimmt wird. ²Für Frauen im Sinne von § 1 Absatz 2 Satz 2 gilt als Arbeitsentgelt ihre jeweilige Vergütung.

Abschnitt 2 Gesundheitsschutz
Unterabschnitt 1 Arbeitszeitlicher Gesundheitsschutz

§ 3 MuSchG Schutzfristen vor und nach der Entbindung

(1) ¹Der Arbeitgeber darf eine schwangere Frau in den letzten sechs Wochen vor der Entbindung nicht beschäftigen (Schutzfrist vor der Entbindung), soweit sie sich nicht zur Arbeitsleistung ausdrücklich bereit erklärt. ²Sie kann die Erklärung nach Satz 1 jederzeit mit Wirkung für die Zukunft widerrufen. ³Für die Berechnung der Schutzfrist vor der Entbindung ist der voraussichtliche Tag der Entbindung maßgeblich, wie er sich aus dem ärztlichen Zeugnis oder dem Zeugnis einer Hebamme oder eines Entbindungspflegers ergibt. ⁴Entbindet eine Frau nicht am voraussichtlichen Tag, verkürzt oder verlängert sich die Schutzfrist vor der Entbindung entsprechend.

(2) ¹Der Arbeitgeber darf eine Frau bis zum Ablauf von acht Wochen nach der Entbindung nicht beschäftigen (Schutzfrist nach der Entbindung). ²Die Schutzfrist nach der Entbindung verlängert sich auf zwölf Wochen

1. bei Frühgeburten,
2. bei Mehrlingsgeburten und,[1]
3. wenn vor Ablauf von acht Wochen nach der Entbindung bei dem Kind eine Behinderung im Sinne von § 2 Absatz 1 Satz 1 des Neunten Buches Sozialgesetzbuch ärztlich festgestellt wird.

³Bei vorzeitiger Entbindung verlängert sich die Schutzfrist nach der Entbindung nach Satz 1 oder nach Satz 2 um den Zeitraum der Verkürzung der Schutzfrist vor der Entbindung nach Absatz 1 Satz 4. ⁴Nach Satz 2 Nummer 3 verlängert sich die Schutzfrist nach der Entbindung nur, wenn die Frau dies beantragt.

(3) ¹Die Ausbildungsstelle darf eine Frau im Sinne von § 1 Absatz 2 Satz 2 Nummer 8 bereits in der Schutzfrist nach der Entbindung im Rahmen der schulischen oder hochschulischen Ausbildung tätig werden lassen, wenn die Frau dies ausdrücklich gegenüber ihrer Ausbildungsstelle verlangt. ²Die Frau kann ihre Erklärung jederzeit mit Wirkung für die Zukunft widerrufen.

(4) ¹Der Arbeitgeber darf eine Frau nach dem Tod ihres Kindes bereits nach Ablauf der ersten zwei Wochen nach der Entbindung beschäftigen, wenn

1. die Frau dies ausdrücklich verlangt und
2. nach ärztlichem Zeugnis nichts dagegen spricht.

²Sie kann ihre Erklärung nach Satz 1 Nummer 1 jederzeit mit Wirkung für die Zukunft widerrufen.

§ 4 MuSchG Verbot der Mehrarbeit; Ruhezeit

(1) ¹Der Arbeitgeber darf eine schwangere oder stillende Frau, die 18 Jahre oder älter ist, nicht mit einer Arbeit beschäftigen, die die Frau über achteinhalb Stunden täglich oder über 90 Stunden in der Doppelwoche hinaus zu leisten hat. ²Eine schwangere oder stillende Frau unter 18 Jahren darf der Arbeitgeber nicht mit einer Arbeit beschäftigen, die die Frau über acht Stunden täglich oder über 80 Stunden in der Doppelwoche hinaus zu leisten hat. ³In die Doppelwoche werden die Sonntage eingerechnet. ⁴Der Arbeitgeber darf eine schwangere oder stillende Frau nicht in einem Umfang beschäftigen,

---

[1] Zeichensetzung amtlich.

der die vertraglich vereinbarte wöchentliche Arbeitszeit im Durchschnitt des Monats übersteigt. ⁵Bei mehreren Arbeitgebern sind die Arbeitszeiten zusammenzurechnen.

(2) Der Arbeitgeber muss der schwangeren oder stillenden Frau nach Beendigung der täglichen Arbeitszeit eine ununterbrochene Ruhezeit von mindestens elf Stunden gewähren.

§ 5 MuSchG Verbot der Nachtarbeit

(1) ¹Der Arbeitgeber darf eine schwangere oder stillende Frau nicht zwischen 20 Uhr und 6 Uhr beschäftigen. ²Er darf sie bis 22 Uhr beschäftigen, wenn die Voraussetzungen des § 28 erfüllt sind.

(2) ¹Die Ausbildungsstelle darf eine schwangere oder stillende Frau im Sinne von § 1 Absatz 2 Satz 2 Nummer 8 nicht zwischen 20 Uhr und 6 Uhr im Rahmen der schulischen oder hochschulischen Ausbildung tätig werden lassen. ²Die Ausbildungsstelle darf sie an Ausbildungsveranstaltungen bis 22 Uhr teilnehmen lassen, wenn
1. sich die Frau dazu ausdrücklich bereit erklärt,
2. die Teilnahme zu Ausbildungszwecken zu dieser Zeit erforderlich ist und
3. insbesondere eine unverantwortbare Gefährdung für die schwangere Frau oder ihr Kind durch Alleinarbeit ausgeschlossen ist.

³Die schwangere oder stillende Frau kann ihre Erklärung nach Satz 2 Nummer 1 jederzeit mit Wirkung für die Zukunft widerrufen.

§ 6 MuSchG Verbot der Sonn- und Feiertagsarbeit

(1) ¹Der Arbeitgeber darf eine schwangere oder stillende Frau nicht an Sonn- und Feiertagen beschäftigen. ²Er darf sie an Sonn- und Feiertagen nur dann beschäftigen, wenn
1. sich die Frau dazu ausdrücklich bereit erklärt,
2. eine Ausnahme vom allgemeinen Verbot der Arbeit an Sonn- und Feiertagen nach § 10 des Arbeitszeitgesetzes zugelassen ist,
3. der Frau in jeder Woche im Anschluss an eine ununterbrochene Nachtruhezeit von mindestens elf Stunden ein Ersatzruhetag gewährt wird und
4. insbesondere eine unverantwortbare Gefährdung für die schwangere Frau oder ihr Kind durch Alleinarbeit ausgeschlossen ist.

³Die schwangere oder stillende Frau kann ihre Erklärung nach Satz 2 Nummer 1 jederzeit mit Wirkung für die Zukunft widerrufen.

(2) ¹Die Ausbildungsstelle darf eine schwangere oder stillende Frau im Sinne von § 1 Absatz 2 Satz 2 Nummer 8 nicht an Sonn- und Feiertagen im Rahmen der schulischen oder hochschulischen Ausbildung tätig werden lassen. ²Die Ausbildungsstelle darf sie an Ausbildungsveranstaltungen an Sonn- und Feiertagen teilnehmen lassen, wenn
1. sich die Frau dazu ausdrücklich bereit erklärt,
2. die Teilnahme zu Ausbildungszwecken zu dieser Zeit erforderlich ist,
3. der Frau in jeder Woche im Anschluss an eine ununterbrochene Nachtruhezeit von mindestens elf Stunden ein Ersatzruhetag gewährt wird und
4. insbesondere eine unverantwortbare Gefährdung für die schwangere Frau oder ihr Kind durch Alleinarbeit ausgeschlossen ist.

³Die schwangere oder stillende Frau kann ihre Erklärung nach Satz 2 Nummer 1 jederzeit mit Wirkung für die Zukunft widerrufen.

§ 7 MuSchG Freistellung für Untersuchungen und zum Stillen

(1) ¹Der Arbeitgeber hat eine Frau für die Zeit freizustellen, die zur Durchführung der Untersuchungen im Rahmen der Leistungen der gesetzlichen Krankenversicherung bei

Schwangerschaft und Mutterschaft erforderlich sind. ²Entsprechendes gilt zugunsten einer Frau, die nicht in der gesetzlichen Krankenversicherung versichert ist.

(2) ¹Der Arbeitgeber hat eine stillende Frau auf ihr Verlangen während der ersten zwölf Monate nach der Entbindung für die zum Stillen erforderliche Zeit freizustellen, mindestens aber zweimal täglich für eine halbe Stunde oder einmal täglich für eine Stunde. ²Bei einer zusammenhängenden Arbeitszeit von mehr als acht Stunden soll auf Verlangen der Frau zweimal eine Stillzeit von mindestens 45 Minuten oder, wenn in der Nähe der Arbeitsstätte keine Stillgelegenheit vorhanden ist, einmal eine Stillzeit von mindestens 90 Minuten gewährt werden. ³Die Arbeitszeit gilt als zusammenhängend, wenn sie nicht durch eine Ruhepause von mehr als zwei Stunden unterbrochen wird.

§ 8 MuSchG Beschränkung von Heimarbeit

(1) Der Auftraggeber oder Zwischenmeister darf Heimarbeit an eine schwangere in Heimarbeit beschäftigte Frau oder an eine ihr Gleichgestellte nur in solchem Umfang und mit solchen Fertigungsfristen ausgeben, dass die Arbeit werktags während einer achtstündigen Tagesarbeitszeit ausgeführt werden kann.

(2) Der Auftraggeber oder Zwischenmeister darf Heimarbeit an eine stillende in Heimarbeit beschäftigte Frau oder an eine ihr Gleichgestellte nur in solchem Umfang und mit solchen Fertigungsfristen ausgeben, dass die Arbeit werktags während einer siebenstündigen Tagesarbeitszeit ausgeführt werden kann.

Unterabschnitt 2 Betrieblicher Gesundheitsschutz

§ 9 MuSchG Gestaltung der Arbeitsbedingungen; unverantwortbare Gefährdung

(1) ¹Der Arbeitgeber hat bei der Gestaltung der Arbeitsbedingungen einer schwangeren oder stillenden Frau alle aufgrund der Gefährdungsbeurteilung nach § 10 erforderlichen Maßnahmen für den Schutz ihrer physischen und psychischen Gesundheit sowie der ihres Kindes zu treffen. ²Er hat die Maßnahmen auf ihre Wirksamkeit zu überprüfen und erforderlichenfalls den sich ändernden Gegebenheiten anzupassen. ³Soweit es nach den Vorschriften dieses Gesetzes verantwortbar ist, ist der Frau auch während der Schwangerschaft, nach der Entbindung und in der Stillzeit die Fortführung ihrer Tätigkeiten zu ermöglichen. ⁴Nachteile aufgrund der Schwangerschaft, der Entbindung oder der Stillzeit sollen vermieden oder ausgeglichen werden.

(2) ¹Der Arbeitgeber hat die Arbeitsbedingungen so zu gestalten, dass Gefährdungen einer schwangeren oder stillenden Frau oder ihres Kindes möglichst vermieden werden und eine unverantwortbare Gefährdung ausgeschlossen wird. ²Eine Gefährdung ist unverantwortbar, wenn die Eintrittswahrscheinlichkeit einer Gesundheitsbeeinträchtigung angesichts der zu erwartenden Schwere des möglichen Gesundheitsschadens nicht hinnehmbar ist. ³Eine unverantwortbare Gefährdung gilt als ausgeschlossen, wenn der Arbeitgeber alle Vorgaben einhält, die aller Wahrscheinlichkeit nach dazu führen, dass die Gesundheit einer schwangeren oder stillenden Frau oder ihres Kindes nicht beeinträchtigt wird.

(3) ¹Der Arbeitgeber hat sicherzustellen, dass die schwangere oder stillende Frau ihre Tätigkeit am Arbeitsplatz, soweit es für sie erforderlich ist, kurz unterbrechen kann. ²Er hat darüber hinaus sicherzustellen, dass sich die schwangere oder stillende Frau während der Pausen und Arbeitsunterbrechungen unter geeigneten Bedingungen hinlegen, hinsetzen und ausruhen kann.

(4) ¹Alle Maßnahmen des Arbeitgebers nach diesem Unterabschnitt sowie die Beurteilung der Arbeitsbedingungen nach § 10 müssen dem Stand der Technik, der Arbeitsmedizin und der Hygiene sowie den sonstigen gesicherten wissenschaftlichen Erkenntnissen entsprechen. ²Der Arbeitgeber hat bei seinen Maßnahmen die vom Ausschuss für

Mutterschutz ermittelten und nach § 30 Absatz 4 im Gemeinsamen Ministerialblatt veröffentlichen Regeln und Erkenntnisse zu berücksichtigen; bei Einhaltung dieser Regeln und bei Beachtung dieser Erkenntnisse ist davon auszugehen, dass die in diesem Gesetz gestellten Anforderungen erfüllt sind.

(5) Der Arbeitgeber kann zuverlässige und fachkundige Personen schriftlich damit beauftragen, ihm obliegende Aufgaben nach diesem Unterabschnitt in eigener Verantwortung wahrzunehmen.

(6) ¹Kosten für Maßnahmen nach diesem Gesetz darf der Arbeitgeber nicht den Personen auferlegen, die bei ihm beschäftigt sind. ²Die Kosten für Zeugnisse und Bescheinigungen, die die schwangere oder stillende Frau auf Verlangen des Arbeitgebers vorzulegen hat, trägt der Arbeitgeber.

§ 10 MuSchG Beurteilung der Arbeitsbedingungen; Schutzmaßnahmen

(1) ¹Im Rahmen der Beurteilung der Arbeitsbedingungen nach § 5 des Arbeitsschutzgesetzes hat der Arbeitgeber für jede Tätigkeit
1. die Gefährdungen nach Art, Ausmaß und Dauer zu beurteilen, denen eine schwangere oder stillende Frau oder ihr Kind ausgesetzt ist oder sein kann, und
2. unter Berücksichtigung des Ergebnisses der Beurteilung der Gefährdung nach Nummer 1 zu ermitteln, ob für eine schwangere oder stillende Frau oder ihr Kind voraussichtlich
   a) keine Schutzmaßnahmen erforderlich sein werden,
   b) eine Umgestaltung der Arbeitsbedingungen nach § 13 Absatz 1 Nummer 1 erforderlich sein wird oder
   c) eine Fortführung der Tätigkeit der Frau an diesem Arbeitsplatz nicht möglich sein wird.

²Bei gleichartigen Arbeitsbedingungen ist die Beurteilung eines Arbeitsplatzes oder einer Tätigkeit ausreichend.

(2) ¹Sobald eine Frau dem Arbeitgeber mitgeteilt hat, dass sie schwanger ist oder stillt, hat der Arbeitgeber unverzüglich die nach Maßgabe der Gefährdungsbeurteilung nach Absatz 1 erforderlichen Schutzmaßnahmen festzulegen. ²Zusätzlich hat der Arbeitgeber der Frau ein Gespräch über weitere Anpassungen ihrer Arbeitsbedingungen anzubieten.

(3) Der Arbeitgeber darf eine schwangere oder stillende Frau nur diejenigen Tätigkeiten ausüben lassen, für die er die erforderlichen Schutzmaßnahmen nach Absatz 2 Satz 1 getroffen hat.

§ 11 MuSchG Unzulässige Tätigkeiten und Arbeitsbedingungen für schwangere Frauen

(1) ¹Der Arbeitgeber darf eine schwangere Frau keine Tätigkeiten ausüben lassen und sie keinen Arbeitsbedingungen aussetzen, bei denen sie in einem Maß Gefahrstoffen ausgesetzt ist oder sein kann, dass dies für sie oder für ihr Kind eine unverantwortbare Gefährdung darstellt. ²Eine unverantwortbare Gefährdung im Sinne von Satz 1 liegt insbesondere vor, wenn die schwangere Frau Tätigkeiten ausübt oder Arbeitsbedingungen ausgesetzt ist, bei denen sie folgenden Gefahrstoffen ausgesetzt ist oder sein kann:
1. Gefahrstoffen, die nach den Kriterien des Anhangs I zur Verordnung (EG) Nr. 1272/2008 des Europäischen Parlaments und des Rates vom 16. Dezember 2008 über die Einstufung, Kennzeichnung und Verpackung von Stoffen und Gemischen, zur Änderung und Aufhebung der Richtlinien 67/548/EWG und 1999/45/EG und zur Änderung der Verordnung (EG) Nr. 1907/2006 (ABl. L 353 vom 31.12.2008, S. 1) zu bewerten sind
   a) als reproduktionstoxisch nach der Kategorie 1A, 1B oder 2 oder nach der Zusatzkategorie für Wirkungen auf oder über die Laktation,

b) als keimzellmutagen nach der Kategorie 1A oder 1B,
c) als karzinogen nach der Kategorie 1A oder 1B,
d) als spezifisch zielorgantoxisch nach einmaliger Exposition nach der Kategorie 1 oder
e) als akut toxisch nach der Kategorie 1, 2 oder 3,
2. Blei und Bleiderivaten, soweit die Gefahr besteht, dass diese Stoffe vom menschlichen Körper aufgenommen werden, oder
3. Gefahrstoffen, die als Stoffe ausgewiesen sind, die auch bei Einhaltung der arbeitsplatzbezogenen Vorgaben möglicherweise zu einer Fruchtschädigung führen können.

³Eine unverantwortbare Gefährdung im Sinne von Satz 1 oder 2 gilt insbesondere als ausgeschlossen,
1. wenn
    a) für den jeweiligen Gefahrstoff die arbeitsplatzbezogenen Vorgaben eingehalten werden und es sich um einen Gefahrstoff handelt, der als Stoff ausgewiesen ist, der bei Einhaltung der arbeitsplatzbezogenen Vorgaben hinsichtlich einer Fruchtschädigung als sicher bewertet wird, oder
    b) der Gefahrstoff nicht in der Lage ist, die Plazentaschranke zu überwinden, oder aus anderen Gründen ausgeschlossen ist, dass eine Fruchtschädigung eintritt, und
2. wenn der Gefahrstoff nach den Kriterien des Anhangs I zur Verordnung (EG) Nr. 1272/2008 nicht als reproduktionstoxisch nach der Zusatzkategorie für Wirkungen auf oder über die Laktation zu bewerten ist.

⁴Die vom Ausschuss für Mutterschutz ermittelten wissenschaftlichen Erkenntnisse sind zu beachten.

(2) ¹Der Arbeitgeber darf eine schwangere Frau keine Tätigkeiten ausüben lassen und sie keinen Arbeitsbedingungen aussetzen, bei denen sie in einem Maß mit Biostoffen der Risikogruppe 2, 3 oder 4 im Sinne von § 3 Absatz 1 der Biostoffverordnung in Kontakt kommt oder kommen kann, dass dies für sie oder für ihr Kind eine unverantwortbare Gefährdung darstellt. ²Eine unverantwortbare Gefährdung im Sinne von Satz 1 liegt insbesondere vor, wenn die schwangere Frau Tätigkeiten ausübt oder Arbeitsbedingungen ausgesetzt ist, bei denen sie mit folgenden Biostoffen in Kontakt kommt oder kommen kann:
1. mit Biostoffen, die in die Risikogruppe 4 im Sinne von § 3 Absatz 1 der Biostoffverordnung einzustufen sind, oder
2. mit Rötelnvirus oder mit Toxoplasma.

³Die Sätze 1 und 2 gelten auch, wenn der Kontakt mit Biostoffen im Sinne von Satz 1 oder 2 therapeutische Maßnahmen erforderlich macht oder machen kann, die selbst eine unverantwortbare Gefährdung darstellen. ⁴Eine unverantwortbare Gefährdung im Sinne von Satz 1 oder 2 gilt insbesondere als ausgeschlossen, wenn die schwangere Frau über einen ausreichenden Immunschutz verfügt.

(3) ¹Der Arbeitgeber darf eine schwangere Frau keine Tätigkeiten ausüben lassen und sie keinen Arbeitsbedingungen aussetzen, bei denen sie physikalischen Einwirkungen in einem Maß ausgesetzt ist oder sein kann, dass dies für sie oder für ihr Kind eine unverantwortbare Gefährdung darstellt. ²Als physikalische Einwirkungen im Sinne von Satz 1 sind insbesondere zu berücksichtigen:
1. ionisierende und nicht ionisierende Strahlungen,
2. Erschütterungen, Vibrationen und Lärm sowie
3. Hitze, Kälte und Nässe.

(4) ¹Der Arbeitgeber darf eine schwangere Frau keine Tätigkeiten ausüben lassen und sie keinen Arbeitsbedingungen aussetzen, bei denen sie einer belastenden Arbeitsumgebung in einem Maß ausgesetzt ist oder sein kann, dass dies für sie oder für ihr Kind

eine unverantwortbare Gefährdung darstellt. ²Der Arbeitgeber darf eine schwangere Frau insbesondere keine Tätigkeiten ausüben lassen
1. in Räumen mit einem Überdruck im Sinne von § 2 der Druckluftverordnung,
2. in Räumen mit sauerstoffreduzierter Atmosphäre oder
3. im Bergbau unter Tage.

(5) ¹Der Arbeitgeber darf eine schwangere Frau keine Tätigkeiten ausüben lassen und sie keinen Arbeitsbedingungen aussetzen, bei denen sie körperlichen Belastungen oder mechanischen Einwirkungen in einem Maß ausgesetzt ist oder sein kann, dass dies für sie oder für ihr Kind eine unverantwortbare Gefährdung darstellt. ²Der Arbeitgeber darf eine schwangere Frau insbesondere keine Tätigkeiten ausüben lassen, bei denen
1. sie ohne mechanische Hilfsmittel regelmäßig Lasten von mehr als 5 Kilogramm Gewicht oder gelegentlich Lasten von mehr als 10 Kilogramm Gewicht von Hand heben, halten, bewegen oder befördern muss,
2. sie mit mechanischen Hilfsmitteln Lasten von Hand heben, halten, bewegen oder befördern muss und dabei ihre körperliche Beanspruchung der von Arbeiten nach Nummer 1 entspricht,
3. sie nach Ablauf des fünften Monats der Schwangerschaft überwiegend bewegungsarm ständig stehen muss und wenn diese Tätigkeit täglich vier Stunden überschreitet,
4. sie sich häufig erheblich strecken, beugen, dauernd hocken, sich gebückt halten oder sonstige Zwangshaltungen einnehmen muss,
5. sie auf Beförderungsmitteln eingesetzt wird, wenn dies für sie oder für ihr Kind eine unverantwortbare Gefährdung darstellt,
6. Unfälle, insbesondere durch Ausgleiten, Fallen oder Stürzen, oder Tätlichkeiten zu befürchten sind, die für sie oder für ihr Kind eine unverantwortbare Gefährdung darstellen,
7. sie eine Schutzausrüstung tragen muss und das Tragen eine Belastung darstellt oder
8. eine Erhöhung des Drucks im Bauchraum zu befürchten ist, insbesondere bei Tätigkeiten mit besonderer Fußbeanspruchung.

(6) Der Arbeitgeber darf eine schwangere Frau folgende Arbeiten nicht ausüben lassen:
1. Akkordarbeit oder sonstige Arbeiten, bei denen durch ein gesteigertes Arbeitstempo ein höheres Entgelt erzielt werden kann,
2. Fließarbeit oder
3. getaktete Arbeit mit vorgeschriebenem Arbeitstempo, wenn die Art der Arbeit oder das Arbeitstempo für die schwangere Frau oder für ihr Kind eine unverantwortbare Gefährdung darstellt.

§ 12 MuSchG Unzulässige Tätigkeiten und Arbeitsbedingungen für stillende Frauen

(1) ¹Der Arbeitgeber darf eine stillende Frau keine Tätigkeiten ausüben lassen und sie keinen Arbeitsbedingungen aussetzen, bei denen sie in einem Maß Gefahrstoffen ausgesetzt ist oder sein kann, dass dies für sie oder für ihr Kind eine unverantwortbare Gefährdung darstellt. ²Eine unverantwortbare Gefährdung im Sinne von Satz 1 liegt insbesondere vor, wenn die stillende Frau Tätigkeiten ausübt oder Arbeitsbedingungen ausgesetzt ist, bei denen sie folgenden Gefahrstoffen ausgesetzt ist oder sein kann:
1. Gefahrstoffen, die nach den Kriterien des Anhangs I zur Verordnung (EG) Nr. 1272/2008 als reproduktionstoxisch nach der Zusatzkategorie für Wirkungen auf oder über die Laktation zu bewerten sind oder
2. Blei und Bleiderivaten, soweit die Gefahr besteht, dass diese Stoffe vom menschlichen Körper aufgenommen werden.

(2) ¹Der Arbeitgeber darf eine stillende Frau keine Tätigkeiten ausüben lassen und sie keinen Arbeitsbedingungen aussetzen, bei denen sie in einem Maß mit Biostoffen der

Risikogruppe 2, 3 oder 4 im Sinne von § 3 Absatz 1 der Biostoffverordnung in Kontakt kommt oder kommen kann, dass dies für sie oder für ihr Kind eine unverantwortbare Gefährdung darstellt. ²Eine unverantwortbare Gefährdung im Sinne von Satz 1 liegt insbesondere vor, wenn die stillende Frau Tätigkeiten ausübt oder Arbeitsbedingungen ausgesetzt ist, bei denen sie mit Biostoffen in Kontakt kommt oder kommen kann, die in die Risikogruppe 4 im Sinne von § 3 Absatz 1 der Biostoffverordnung einzustufen sind. ³Die Sätze 1 und 2 gelten auch, wenn der Kontakt mit Biostoffen im Sinne von Satz 1 oder 2 therapeutische Maßnahmen erforderlich macht oder machen kann, die selbst eine unverantwortbare Gefährdung darstellen. ⁴Eine unverantwortbare Gefährdung im Sinne von Satz 1 oder 2 gilt als ausgeschlossen, wenn die stillende Frau über einen ausreichenden Immunschutz verfügt.

(3) ¹Der Arbeitgeber darf eine stillende Frau keine Tätigkeiten ausüben lassen und sie keinen Arbeitsbedingungen aussetzen, bei denen sie physikalischen Einwirkungen in einem Maß ausgesetzt ist oder sein kann, dass dies für sie oder für ihr Kind eine unverantwortbare Gefährdung darstellt. ²Als physikalische Einwirkungen im Sinne von Satz 1 sind insbesondere ionisierende und nicht ionisierende Strahlungen zu berücksichtigen.

(4) ¹Der Arbeitgeber darf eine stillende Frau keine Tätigkeiten ausüben lassen und sie keinen Arbeitsbedingungen aussetzen, bei denen sie einer belastenden Arbeitsumgebung in einem Maß ausgesetzt ist oder sein kann, dass dies für sie oder für ihr Kind eine unverantwortbare Gefährdung darstellt. ²Der Arbeitgeber darf eine stillende Frau insbesondere keine Tätigkeiten ausüben lassen
1. in Räumen mit einem Überdruck im Sinne von § 2 der Druckluftverordnung oder
2. im Bergbau unter Tage.

(5) Der Arbeitgeber darf eine stillende Frau folgende Arbeiten nicht ausüben lassen:
1. Akkordarbeit oder sonstige Arbeiten, bei denen durch ein gesteigertes Arbeitstempo ein höheres Entgelt erzielt werden kann,
2. Fließarbeit oder
3. getaktete Arbeit mit vorgeschriebenem Arbeitstempo, wenn die Art der Arbeit oder das Arbeitstempo für die stillende Frau oder für ihr Kind eine unverantwortbare Gefährdung darstellt.

§ 13 MuSchG Rangfolge der Schutzmaßnahmen: Umgestaltung der Arbeitsbedingungen, Arbeitsplatzwechsel und betriebliches Beschäftigungsverbot

(1) Werden unverantwortbare Gefährdungen im Sinne von § 9, § 11 oder § 12 festgestellt, hat der Arbeitgeber für jede Tätigkeit einer schwangeren oder stillenden Frau Schutzmaßnahmen in folgender Rangfolge zu treffen:
1. Der Arbeitgeber hat die Arbeitsbedingungen für die schwangere oder stillende Frau durch Schutzmaßnahmen nach Maßgabe des § 9 Absatz 2 umzugestalten.
2. Kann der Arbeitgeber unverantwortbare Gefährdungen für die schwangere oder stillende Frau nicht durch die Umgestaltung der Arbeitsbedingungen nach Nummer 1 ausschließen oder ist eine Umgestaltung wegen des nachweislich unverhältnismäßigen Aufwandes nicht zumutbar, hat der Arbeitgeber die Frau an einem anderen geeigneten Arbeitsplatz einzusetzen, wenn er einen solchen Arbeitsplatz zur Verfügung stellen kann und dieser Arbeitsplatz der schwangeren oder stillenden Frau zumutbar ist.
3. Kann der Arbeitgeber unverantwortbare Gefährdungen für die schwangere oder stillende Frau weder durch Schutzmaßnahmen nach Nummer 1 noch durch einen Arbeitsplatzwechsel nach Nummer 2 ausschließen, darf er die schwangere oder stillende Frau nicht weiter beschäftigen.

(2) Der Auftraggeber oder Zwischenmeister darf keine Heimarbeit an schwangere oder stillende Frauen ausgeben, wenn unverantwortbare Gefährdungen nicht durch Schutzmaßnahmen nach Absatz 1 Nummer 1 ausgeschlossen werden können.

§ 14 MuSchG Dokumentation und Information durch den Arbeitgeber

(1) ¹Der Arbeitgeber hat die Beurteilung der Arbeitsbedingungen nach § 10 durch Unterlagen zu dokumentieren, aus denen Folgendes ersichtlich ist:
1. das Ergebnis der Gefährdungsbeurteilung nach § 10 Absatz 1 Satz 1 Nummer 1 und der Bedarf an Schutzmaßnahmen nach § 10 Absatz 1 Satz 1 Nummer 2,
2. die Festlegung der erforderlichen Schutzmaßnahmen nach § 10 Absatz 2 Satz 1 sowie das Ergebnis ihrer Überprüfung nach § 9 Absatz 1 Satz 2 und
3. das Angebot eines Gesprächs mit der Frau über weitere Anpassungen ihrer Arbeitsbedingungen nach § 10 Absatz 2 Satz 2 oder der Zeitpunkt eines solchen Gesprächs.

²Wenn die Beurteilung nach § 10 Absatz 1 ergibt, dass die schwangere oder stillende Frau oder ihr Kind keiner Gefährdung im Sinne von § 9 Absatz 2 ausgesetzt ist oder sein kann, reicht es aus, diese Feststellung in einer für den Arbeitsplatz der Frau oder für die Tätigkeit der Frau bereits erstellten Dokumentation der Beurteilung der Arbeitsbedingungen nach § 5 des Arbeitsschutzgesetzes zu vermerken.

(2) Der Arbeitgeber hat alle Personen, die bei ihm beschäftigt sind, über das Ergebnis der Gefährdungsbeurteilung nach § 10 Absatz 1 Satz 1 Nummer 1 und über den Bedarf an Schutzmaßnahmen nach § 10 Absatz 1 Satz 1 Nummer 2 zu informieren.

(3) Der Arbeitgeber hat eine schwangere oder stillende Frau über die Gefährdungsbeurteilung nach § 10 Absatz 1 Satz 1 Nummer 1 und über die damit verbundenen für sie erforderlichen Schutzmaßnahmen nach § 10 Absatz 2 Satz 1 in Verbindung mit § 13 zu informieren.

§ 15 MuSchG Mitteilungen und Nachweise der schwangeren und stillenden Frauen

(1) ¹Eine schwangere Frau soll ihrem Arbeitgeber ihre Schwangerschaft und den voraussichtlichen Tag der Entbindung mitteilen, sobald sie weiß, dass sie schwanger ist. ²Eine stillende Frau soll ihrem Arbeitgeber so früh wie möglich mitteilen, dass sie stillt.

(2) ¹Auf Verlangen des Arbeitgebers soll eine schwangere Frau als Nachweis über ihre Schwangerschaft ein ärztliches Zeugnis oder das Zeugnis einer Hebamme oder eines Entbindungspflegers vorlegen. ²Das Zeugnis über die Schwangerschaft soll den voraussichtlichen Tag der Entbindung enthalten.

Unterabschnitt 3 Ärztlicher Gesundheitsschutz

§ 16 MuSchG Ärztliches Beschäftigungsverbot

(1) Der Arbeitgeber darf eine schwangere Frau nicht beschäftigen, soweit nach einem ärztlichen Zeugnis ihre Gesundheit oder die ihres Kindes bei Fortdauer der Beschäftigung gefährdet ist.

(2) Der Arbeitgeber darf eine Frau, die nach einem ärztlichen Zeugnis in den ersten Monaten nach der Entbindung nicht voll leistungsfähig ist, nicht mit Arbeiten beschäftigen, die ihre Leistungsfähigkeit übersteigen.

§ 25 MuSchG Beschäftigung nach dem Ende des Beschäftigungsverbots

Mit dem Ende eines Beschäftigungsverbots im Sinne von § 2 Absatz 3 hat eine Frau das Recht, entsprechend den vertraglich vereinbarten Bedingungen beschäftigt zu werden.

Abschnitt 5 Durchführung des Gesetzes

§ 26 MuSchG Aushang des Gesetzes

(1) ¹In Betrieben und Verwaltungen, in denen regelmäßig mehr als drei Frauen beschäftigt werden, hat der Arbeitgeber eine Kopie dieses Gesetzes an geeigneter Stelle zur Einsicht auszulegen oder auszuhängen. ²Dies gilt nicht, wenn er das Gesetz für die Personen, die bei ihm beschäftigt sind, in einem elektronischen Verzeichnis jederzeit zugänglich gemacht hat.

(2) ¹Für eine in Heimarbeit beschäftigte Frau oder eine ihr Gleichgestellte muss der Auftraggeber oder Zwischenmeister in den Räumen der Ausgabe oder Abnahme von Heimarbeit eine Kopie dieses Gesetzes an geeigneter Stelle zur Einsicht auslegen oder aushängen. ²Absatz 1 Satz 2 gilt entsprechend.

§ 27 MuSchG Mitteilungs- und Aufbewahrungspflichten des Arbeitgebers, Offenbarungsverbot der mit der Überwachung beauftragten Personen

(1) ¹Der Arbeitgeber hat die Aufsichtsbehörde unverzüglich zu benachrichtigen,
1. wenn eine Frau ihm mitgeteilt hat,
   a) dass sie schwanger ist oder
   b) dass sie stillt, es sei denn, er hat die Aufsichtsbehörde bereits über die Schwangerschaft dieser Frau benachrichtigt, oder
2. wenn er beabsichtigt, eine schwangere oder stillende Frau zu beschäftigen
   a) bis 22 Uhr nach den Vorgaben des § 5 Absatz 2 Satz 2 und 3,
   b) an Sonn- und Feiertagen nach den Vorgaben des § 6 Absatz 1 Satz 2 und 3 oder Absatz 2 Satz 2 und 3 oder
   c) mit getakteter Arbeit im Sinne von § 11 Absatz 6 Nummer 3 oder § 12 Absatz 5 Nummer 3.

²Er darf diese Informationen nicht unbefugt an Dritte weitergeben.

(2) ¹Der Arbeitgeber hat der Aufsichtsbehörde auf Verlangen die Angaben zu machen, die zur Erfüllung der Aufgaben dieser Behörde erforderlich sind. ²Er hat die Angaben wahrheitsgemäß, vollständig und rechtzeitig zu machen.

(3) Der Arbeitgeber hat der Aufsichtsbehörde auf Verlangen die Unterlagen zur Einsicht vorzulegen oder einzusenden, aus denen Folgendes ersichtlich ist:
1. die Namen der schwangeren oder stillenden Frauen, die bei ihm beschäftigt sind,
2. die Art und der zeitliche Umfang ihrer Beschäftigung,
3. die Entgelte, die an sie gezahlt worden sind,
4. die Ergebnisse der Beurteilung der Arbeitsbedingungen nach § 10 und
5. alle sonstigen nach Absatz 2 erforderlichen Angaben.

(4) ¹Die auskunftspflichtige Person kann die Auskunft auf solche Fragen oder die Vorlage derjenigen Unterlagen verweigern, deren Beantwortung oder Vorlage sie selbst oder einen ihrer in § 383 Absatz 1 Nummer 1 bis 3 der Zivilprozessordung bezeichneten Angehörigen der Gefahr der Verfolgung wegen einer Straftat oder Ordnungswidrigkeit aussetzen würde. ²Die auskunftspflichtige Person ist darauf hinzuweisen.

(5) Der Arbeitgeber hat die in Absatz 3 genannten Unterlagen mindestens bis zum Ablauf von zwei Jahren nach der letzten Eintragung aufzubewahren.

(6) ¹Die mit der Überwachung beauftragten Personen der Aufsichtsbehörde dürfen die ihnen bei ihrer Überwachungstätigkeit zur Kenntnis gelangten Geschäfts- und Betriebsgeheimnisse nur in den gesetzlich geregelten Fällen oder zur Verfolgung von Rechtsverstößen oder zur Erfüllung von gesetzlich geregelten Aufgaben zum Schutz der Umwelt den dafür zuständigen Behörden offenbaren. ²Soweit es sich bei Geschäfts- und Betriebsgeheimnissen um Informationen über die Umwelt im Sinne des Umweltinformati-

onsgesetzes handelt, richtet sich die Befugnis zu ihrer Offenbarung nach dem Umweltinformationsgesetz.

§ 28 MuSchG Behördliches Genehmigungsverfahren für eine Beschäftigung zwischen 20 Uhr und 22 Uhr

(1) ¹Die Aufsichtsbehörde kann abweichend von § 5 Absatz 1 Satz 1 auf Antrag des Arbeitgebers genehmigen, dass eine schwangere oder stillende Frau zwischen 20 Uhr und 22 Uhr beschäftigt wird, wenn
1. sich die Frau dazu ausdrücklich bereit erklärt,
2. nach ärztlichem Zeugnis nichts gegen die Beschäftigung der Frau bis 22 Uhr spricht und
3. insbesondere eine unverantwortbare Gefährdung für die schwangere Frau oder ihr Kind durch Alleinarbeit ausgeschlossen ist.

²Dem Antrag ist die Dokumentation der Beurteilung der Arbeitsbedingungen nach § 14 Absatz 1 beizufügen. ³Die schwangere oder stillende Frau kann ihre Erklärung nach Satz 1 Nummer 1 jederzeit mit Wirkung für die Zukunft widerrufen.

(2) ¹Solange die Aufsichtsbehörde den Antrag nicht ablehnt oder die Beschäftigung zwischen 20 Uhr und 22 Uhr nicht vorläufig untersagt, darf der Arbeitgeber die Frau unter den Voraussetzungen des Absatzes 1 beschäftigen. ²Die Aufsichtsbehörde hat dem Arbeitgeber nach Eingang des Antrags unverzüglich eine Mitteilung zu machen, wenn die für den Antrag nach Absatz 1 erforderlichen Unterlagen unvollständig sind. ³Die Aufsichtsbehörde kann die Beschäftigung vorläufig untersagen, soweit dies erforderlich ist, um den Schutz der Gesundheit der Frau oder ihres Kindes sicherzustellen.

(3) ¹Lehnt die Aufsichtsbehörde den Antrag nicht innerhalb von sechs Wochen nach Eingang des vollständigen Antrags ab, gilt die Genehmigung als erteilt. ²Auf Verlangen ist dem Arbeitgeber der Eintritt der Genehmigungsfiktion (§ 42 a des Verwaltungsverfahrensgesetzes) zu bescheinigen.

(4) Im Übrigen gelten die Vorschriften des Verwaltungsverfahrensgesetzes.

§ 29 MuSchG Zuständigkeit und Befugnisse der Aufsichtsbehörden, Jahresbericht

(1) Die Aufsicht über die Ausführung der Vorschriften dieses Gesetzes und der aufgrund dieses Gesetzes erlassenen Vorschriften obliegt den nach Landesrecht zuständigen Behörden (Aufsichtsbehörden).

(2) ¹Die Aufsichtsbehörden haben dieselben Befugnisse wie die nach § 22 Absatz 2 und 3 des Arbeitsschutzgesetzes mit der Überwachung beauftragten Personen. ²Das Grundrecht der Unverletzlichkeit der Wohnung (Artikel 13 des Grundgesetzes) wird insoweit eingeschränkt.

(3) ¹Die Aufsichtsbehörde kann in Einzelfällen die erforderlichen Maßnahmen anordnen, die der Arbeitgeber zur Erfüllung derjenigen Pflichten zu treffen hat, die sich aus Abschnitt 2 dieses Gesetzes und aus den aufgrund des § 31 Nummer 1 bis 5 erlassenen Rechtsverordnungen ergeben. ²Insbesondere kann die Aufsichtsbehörde:
1. in besonders begründeten Einzelfällen Ausnahmen vom Verbot der Mehrarbeit nach § 4 Absatz 1 Satz 1, 2 oder 4 sowie vom Verbot der Nachtarbeit auch zwischen 22 Uhr und 6 Uhr nach § 5 Absatz 1 Satz 1 oder Absatz 2 Satz 1 bewilligen, wenn
    a) sich die Frau dazu ausdrücklich bereit erklärt,
    b) nach ärztlichem Zeugnis nichts gegen die Beschäftigung spricht und
    c) in den Fällen des § 5 Absatz 1 Satz 1 oder Absatz 2 Satz 1 insbesondere eine unverantwortbare Gefährdung für die schwangere Frau oder ihr Kind durch Alleinarbeit ausgeschlossen ist,

2. verbieten, dass ein Arbeitgeber eine schwangere oder stillende Frau
   a) nach § 5 Absatz 2 Satz 2 zwischen 20 Uhr und 22 Uhr beschäftigt oder
   b) nach § 6 Absatz 1 Satz 2 oder nach § 6 Absatz 2 Satz 2 an Sonn- und Feiertagen beschäftigt,
3. Einzelheiten zur Freistellung zum Stillen nach § 7 Absatz 2 und zur Bereithaltung von Räumlichkeiten, die zum Stillen geeignet sind, anordnen,
4. Einzelheiten zur zulässigen Arbeitsmenge nach § 8 anordnen,
5. Schutzmaßnahmen nach § 9 Absatz 1 bis 3 und nach § 13 anordnen,
6. Einzelheiten zu Art und Umfang der Beurteilung der Arbeitsbedingungen nach § 10 anordnen,
7. bestimmte Tätigkeiten oder Arbeitsbedingungen nach § 11 oder nach § 12 verbieten,
8. Ausnahmen von den Vorschriften des § 11 Absatz 6 Nummer 1 und 2 und des § 12 Absatz 5 Nummer 1 und 2 bewilligen, wenn die Art der Arbeit und das Arbeitstempo keine unverantwortbare Gefährdung für die schwangere oder stillende Frau oder für ihr Kind darstellen, und
9. Einzelheiten zu Art und Umfang der Dokumentation und Information nach § 14 anordnen.

³Die schwangere oder stillende Frau kann ihre Erklärung nach Satz 2 Nummer 1 Buchstabe a jederzeit mit Wirkung für die Zukunft widerrufen.
(4) Die Aufsichtsbehörde berät den Arbeitgeber bei der Erfüllung seiner Pflichten nach diesem Gesetz sowie die bei ihm beschäftigten Personen zu ihren Rechten und Pflichten nach diesem Gesetz; dies gilt nicht für die Rechte und Pflichten nach den §§ 18 bis 22.
(5) Für Betriebe und Verwaltungen im Geschäftsbereich des Bundesministeriums der Verteidigung wird die Aufsicht nach Absatz 1 durch das Bundesministerium der Verteidigung oder die von ihm bestimmte Stelle in eigener Zuständigkeit durchgeführt.
(6) ¹Die zuständigen obersten Landesbehörden haben über die Überwachungstätigkeit der ihnen unterstellten Behörden einen Jahresbericht zu veröffentlichen. ²Der Jahresbericht umfasst auch Angaben zur Erfüllung von Unterrichtspflichten aus internationalen Übereinkommen oder Rechtsakten der Europäischen Union, soweit sie den Mutterschutz betreffen.

§ 30 MuSchG Ausschuss für Mutterschutz

(1) ¹Beim Bundesministerium für Familie, Senioren, Frauen und Jugend wird ein Ausschuss für Mutterschutz gebildet, in dem geeignete Personen vonseiten der öffentlichen und privaten Arbeitgeber, der Ausbildungsstellen, der Gewerkschaften, der Studierendenvertretungen und der Landesbehörden sowie weitere geeignete Personen, insbesondere aus der Wissenschaft, vertreten sein sollen. ²Dem Ausschuss sollen nicht mehr als 15 Mitglieder angehören. ³Für jedes Mitglied ist ein stellvertretendes Mitglied zu benennen. ⁴Die Mitgliedschaft im Ausschuss für Mutterschutz ist ehrenamtlich.
(2) ¹Das Bundesministerium für Familie, Senioren, Frauen und Jugend beruft im Einvernehmen mit dem Bundesministerium für Arbeit und Soziales, dem Bundesministerium für Gesundheit und dem Bundesministerium für Bildung und Forschung die Mitglieder des Ausschusses für Mutterschutz und die stellvertretenden Mitglieder. ²Der Ausschuss gibt sich eine Geschäftsordnung und wählt die Vorsitzende oder den Vorsitzenden aus seiner Mitte. ³Die Geschäftsordnung und die Wahl der oder des Vorsitzenden bedürfen der Zustimmung des Bundesministeriums für Familie, Senioren, Frauen und Jugend. ⁴Die Zustimmung erfolgt im Einvernehmen mit dem Bundesministerium für Arbeit und Soziales und dem Bundesministerium für Gesundheit.
(3) ¹Zu den Aufgaben des Ausschusses für Mutterschutz gehört es,
1. Art, Ausmaß und Dauer der möglichen unverantwortbaren Gefährdungen einer schwangeren oder stillenden Frau und ihres Kindes nach wissenschaftlichen Erkenntnissen zu ermitteln und zu begründen,

2. sicherheitstechnische, arbeitsmedizinische und arbeitshygienische Regeln zum Schutz der schwangeren oder stillenden Frau und ihres Kindes aufzustellen und
3. das Bundesministerium für Familie, Senioren, Frauen und Jugend in allen mutterschutzbezogenen Fragen zu beraten.

²Der Ausschuss arbeitet eng mit den Ausschüssen nach § 18 Absatz 2 Nummer 5 des Arbeitsschutzgesetzes zusammen.

(4) Nach Prüfung durch das Bundesministerium für Familie, Senioren, Frauen und Jugend, durch das Bundesministerium für Arbeit und Soziales, durch das Bundesministerium für Gesundheit und durch das Bundesministerium für Bildung und Forschung kann das Bundesministerium für Familie, Senioren, Frauen und Jugend im Einvernehmen mit den anderen in diesem Absatz genannten Bundesministerien die vom Ausschuss für Mutterschutz nach Absatz 3 aufgestellten Regeln und Erkenntnisse im Gemeinsamen Ministerialblatt veröffentlichen.

(5) ¹Die Bundesministerien sowie die obersten Landesbehörden können zu den Sitzungen des Ausschusses für Mutterschutz Vertreterinnen oder Vertreter entsenden. ²Auf Verlangen ist ihnen in der Sitzung das Wort zu erteilen.

(6) Die Geschäfte des Ausschusses für Mutterschutz werden vom Bundesamt für Familie und zivilgesellschaftliche Aufgaben geführt.

§ 31 MuSchG Erlass von Rechtsverordnungen

Die Bundesregierung wird ermächtigt, durch Rechtsverordnung mit Zustimmung des Bundesrates Folgendes zu regeln:
1. nähere Bestimmungen zum Begriff der unverantwortbaren Gefährdung nach § 9 Absatz 2 Satz 2 und 3,
2. nähere Bestimmungen zur Durchführung der erforderlichen Schutzmaßnahmen nach § 9 Absatz 1 und 2 und nach § 13,
3. nähere Bestimmungen zu Art und Umfang der Beurteilung der Arbeitsbedingungen nach § 10,
4. Festlegungen von unzulässigen Tätigkeiten und Arbeitsbedingungen im Sinne von § 11 oder § 12 oder von anderen nach diesem Gesetz unzulässigen Tätigkeiten und Arbeitsbedingungen,
5. nähere Bestimmungen zur Dokumentation und Information nach § 14,
6. nähere Bestimmungen zur Ermittlung des durchschnittlichen Arbeitsentgelts im Sinne der §§ 18 bis 22 und
7. nähere Bestimmungen zum erforderlichen Inhalt der Benachrichtigung, ihrer Form, der Art und Weise der Übermittlung sowie die Empfänger der vom Arbeitgeber nach § 27 zu meldenden Informationen.

Abschnitt 6 Bußgeldvorschriften, Strafvorschriften

§ 32 MuSchG Bußgeldvorschriften

(1) Ordnungswidrig handelt, wer vorsätzlich oder fahrlässig
1. entgegen § 3 Absatz 1 Satz 1, auch in Verbindung mit Satz 4, entgegen § 3 Absatz 2 Satz 1, auch in Verbindung mit Satz 2 oder 3, entgegen § 3 Absatz 3 Satz 1, § 4 Absatz 1 Satz 1, 2 oder 4 oder § 5 Absatz 1 Satz 1, § 6 Absatz 1 Satz 1, § 13 Absatz 1 Nummer 3 oder § 16 eine Frau beschäftigt,
2. entgegen § 4 Absatz 2 eine Ruhezeit nicht, nicht richtig oder nicht rechtzeitig gewährt,
3. entgegen § 5 Absatz 2 Satz 1 oder § 6 Absatz 2 Satz 1 eine Frau tätig werden lässt,
4. entgegen § 7 Absatz 1 Satz 1, auch in Verbindung mit Satz 2, oder entgegen § 7 Absatz 2 Satz 1 eine Frau nicht freistellt,

5. entgegen § 8 oder § 13 Absatz 2 Heimarbeit ausgibt,
6. ¹entgegen § 10 Absatz 1 Satz 1, auch in Verbindung mit einer Rechtsverordnung nach § 31 Nummer 3, eine Gefährdung nicht, nicht richtig oder nicht rechtzeitig beurteilt oder eine Ermittlung nicht, nicht richtig oder nicht rechtzeitig durchführt,
7. entgegen § 10 Absatz 2 Satz 1, auch in Verbindung mit einer Rechtsverordnung nach § 31 Nummer 3, eine Schutzmaßnahme nicht, nicht richtig oder nicht rechtzeitig festlegt,
8. entgegen § 10 Absatz 3 eine Frau eine andere als die dort bezeichnete Tätigkeit ausüben lässt,
9. entgegen § 14 Absatz 1 Satz 1 in Verbindung mit einer Rechtsverordnung nach § 31 Nummer 5 eine Dokumentation nicht, nicht richtig, nicht vollständig oder nicht rechtzeitig erstellt,
10. entgegen § 14 Absatz 2 oder 3, jeweils in Verbindung mit einer Rechtsverordnung nach § 31 Nummer 5, eine Information nicht, nicht richtig, nicht vollständig oder nicht rechtzeitig gibt,
11. entgegen § 27 Absatz 1 Satz 1 die Aufsichtsbehörde nicht, nicht richtig oder nicht rechtzeitig benachrichtigt,
12. entgegen § 27 Absatz 1 Satz 2 eine Information weitergibt,
13. entgegen § 27 Absatz 2 eine Angabe nicht, nicht richtig, nicht vollständig oder nicht rechtzeitig macht,
14. entgegen § 27 Absatz 3 eine Unterlage nicht, nicht richtig oder nicht rechtzeitig vorlegt oder nicht oder nicht² rechtzeitig einsendet,
15. entgegen § 27 Absatz 5 eine Unterlage nicht oder nicht mindestens zwei Jahre aufbewahrt,
16. einer vollziehbaren Anordnung nach § 29 Absatz 3 Satz 1 zuwiderhandelt oder
17. einer Rechtsverordnung nach § 31 Nummer 4 oder einer vollziehbaren Anordnung aufgrund einer solchen Rechtsverordnung zuwiderhandelt, soweit die Rechtsverordnung für einen bestimmten Tatbestand auf diese Bußgeldvorschrift verweist.

(2) Die Ordnungswidrigkeit kann in den Fällen des Absatzes 1 Nummer 1 bis 5, 8, 16 und 17 mit einer Geldbuße bis zu dreißigtausend Euro, in den übrigen Fällen mit einer Geldbuße bis zu fünftausend Euro geahndet werden.

§ 33 MuSchG Strafvorschriften

Wer eine in § 32 Absatz 1 Nummer 1 bis 5, 8, 16 und 17 bezeichnete vorsätzliche Handlung begeht und dadurch die Gesundheit der Frau oder ihres Kindes gefährdet, wird mit Freiheitsstrafe bis zu einem Jahr oder mit Geldstrafe bestraft.

Abschnitt 7 Schlussvorschriften

§ 34 MuSchG Evaluationsbericht

¹Die Bundesregierung legt dem Deutschen Bundestag zum 1. Januar 2021 einen Evaluationsbericht über die Auswirkungen des Gesetzes vor. ²Schwerpunkte des Berichts sollen die Handhabbarkeit der gesetzlichen Regelung in der betrieblichen und behördlichen Praxis, die Wirksamkeit und die Auswirkungen des Gesetzes im Hinblick auf seinen Anwendungsbereich, die Auswirkungen der Regelungen zum Verbot der Mehr- und Nachtarbeit sowie zum Verbot der Sonn- und Feiertagsarbeit und die Arbeit des Ausschusses für Mutterschutz sein. ³Der Bericht darf keine personenbezogenen Daten enthalten.

---

1 § 32 Abs. 1 Nr. 6 tritt gem. Art. 10 Abs. 1 Satz 3 G zur Neuregelung des Mutterschutzrechts v. 23. 5. 2017 (BGBl. I S. 1228) erst am 1. 1. 2019 in Kraft. 2 Wortlaut amtlich.

5 Betrieblicher Mutterschutz

Literatur: *Beetz*, Von der Exklusion zur Inklusion: Wandel des ArbeitnehmerInnenschutzrechts durch Benachteiligungsverbote und Gleichbehandlungsprinzip, in: Busch/Feldhoff/Nebe (Hrsg.), Übergänge im Arbeitsleben und (Re)Inklusion in den Arbeitsmarkt, 2012; *Blattner*, Geplante Neuregelungen des Mutterschutzes – mehr Flexibilität oder reine Bürokratie, DB 2016, 2120; *Blattner*, Bundestag beschließt das neue Mutterschutzgesetz, DB 2017, 1031; *Buchner/Becker*, Mutterschutzgesetz und Bundeselterngeld- und Elternzeitgesetz, 8. Aufl., 2008; *Busemann*, Ein kurzer Überblick über die Terminologie elternzeit- und mutterschutzbedingter Ausfallzeiten, NZA 2017, 102; *Düwell/Göhle-Sander/Kohte*, jurisPK-Familie und Beruf, 2009; *Eberhardt*, Schutzrechte für Frauen und Beschäftigte mit Familienpflichten – Keine Ausgrenzung in der Krise!, AiB 2009, 625; *Edel*, Die Entwicklung des Mutterschutzrechtes in Deutschland, 1993 (zitiert: Edel, Die Entwicklung des Mutterschutzrechtes, S.); *Feldhoff*, Zuweisung eines geringwertigen Arbeitsplatzes nach der Mutterschutzzeit, Anmerkung zu ArbG Wiesbaden 30.10.2008 – 5 Ca 632/08, jurisPR-ArbR 30/2009, Anm. 1; *Friese*, Das Verhältnis von Erholungsurlaub und Mutterschutz – die Neuregelung in § 17 MuSchG, NZA 2003, 597; *Friese*, Das neue Mutterschutzrecht, NJW 2002, 3208; *Graue*, Das neue Mutterschutzrecht, AiB 2002, 589; *Graue*, Beschäftigungsverbote in der Schwangerschaft und Stillzeit, AiB 1999, 271; *Graue*, Fehlerhafte Umsetzung der EG-Mutterschutz-Richtlinie 92/85/EWG vom 19.10.1992 durch den bundesdeutschen Gesetzgeber bei vorzeitiger Entbindung, NJW 1999, 2795; *Graue*, Mutterschutzgesetz – Basiskommentar, 2. Aufl. 2010 (zitiert: Graue, MuSchG); *Hülsemann*, Die Reform des Mutterschutzgesetzes – Arbeitsschutzrechtliche Aspekte, ArbRAktuell 2016, 568; *Kohte/Schulze-Doll*, Arbeitnehmerähnliche Beschäftigte im Arbeitsschutzrecht – Anmerkung zu VG Regensburg 8.12.2016 – RN 5 K 15.1767, jurisPR-ArbR 14/2017 Anm. 2; *Kohte*, Individuelle Beschäftigungsverbote im System des heutigen Arbeitsrechts, in: Festschrift für Franz Josef Düwell, 2011, S. 152; *Kohte/Beetz*, Organpersonen und Arbeitsschutz, in: FS für Karl-Heinz Horst, 2011, S. 337 ff.; *Kohte/Beetz*, Urlaubsabgeltung bei zweiter Elternzeit – Anmerkung zu BAG 20.5.2008 – 9 AZR 219/07, jurisPR-ArbR 11/2009 Anm. 3; *Koll*, Schutz für werdende Mütter, AiB 2017, 21; *Lenz*, Mutterschutzgesetz, 2004; *Lenz*, Änderungen im Mutterschutzrecht, NJW 1997, 1491; *Meyerhoff*, Berücksichtigung mutterschaftsrechtlicher Beschäftigungsverbote in der Arbeitslosenversicherung, BVerfG 28.3.2006 – 1 BvL 10/01, jurisPR-SozR 9/2006, Anm. 2; *Nebe*, Gesetz zum Schutz von Müttern bei der Arbeit, in der Ausbildung und im Studium (MuSchG 2018), jurisPR-ArbR 25/2017 Anm. 1; *Nebe*, Entwurf eines Gesetzes zur Neuregelung des Mutterschutzrechts, jurisPR-ArbR 28/2016 Anm. 1; *Nebe*, Beschäftigungsfördernder Mutterschutz – europäische Impulse für ein gleichstellungsgerechtes Mutterschutzgesetz, in: Stamatia Devetzi/Constanze Janda (Hrsg.), Freiheit – Gerechtigkeit – Sozial(es) Recht, Festschrift für Eberhard Eichenhofer, 2015, S. 472; *Nebe*, Betrieblicher Mutterschutz ohne Diskriminierungen – Die RL 92/85 und ihre Konsequenzen für das deutsche Mutterschutzrecht, 2006 (zitiert: Nebe, Betrieblicher Mutterschutz, S.), *Nebe*, Vereinbarkeit von Familie und Beruf – ein Thema für Tarifvertrags- und Betriebsparteien?, in: Festschrift für Klaus Bepler, 2012, S. 439; *Nebe*, Arbeitsentgelt bei mutterschutzbedingter Umsetzung, ZESAR 2011, 10; *Oberthür*, Unionsrechtliche Impulse für den Kündigungsschutz von Organvertretern, NZA 2011, 253; *Pfarr/Bertelsmann*, Diskriminierung im Erwerbsleben, 1989; *Porsche*, Aktuelle Rechtsprechung des EuGH zu Elternzeit und Mutterschutz und ihre Auswirkungen auf das deutsche Recht, Streit 2009, 13; *Rancke* (Hrsg.), Handkommentar Mutterschutz, Elterngeld, Elternzeit, 4. Aufl. 2015 (zitiert: HK-MuSchG/Bearbeiter); *Reuhl/Weg*, Das neue Mutterschutzgesetz, Gute Arbeit 2017, 23, *Schubert*, Arbeitnehmerschutz und GmbH-Geschäftsführer, ZESAR 2013, 5; *Sowka*, Mutterschutzrichtlinienverordnung, NZA 1997, 927; *Wolf*, Gesetzesvorhaben zum Mutterschutzrecht muss umfassend korrigiert werden, BB 2016, 1; *Willikonsky*, Kommentar zum Mutterschutzgesetz (MuSchG), 2. Aufl. 2006 (zitiert: Willikonsky); *Zmarzlik*, Das neue Mutterschutzgesetz, DB 1997, 474; *Zmarzlik/Zipperer/Viethen/Vieß*, Mutterschutzgesetz, Mutterschaftsleistungen, 9. Aufl. 2006 (zitiert: Z/Z/V/V).

Leitentscheidungen: EuGH 19.10.2017 – C-531/15 (Ramos); EuGH 1.7.2010 – C-471/08, NZA 2010, 1284 (Parviainen); EuGH 11.11.2010 – C-232/09, NZA 2011, 143 (Danosa); ArbG Frankfurt 10.11.2004 – 22 Ga 297/04 (Orchestermusikerin); BVerwG 26.4.2005 – 5 C 11/04, NZA-RR 2005, 649.

I. Normzweck, Rechtssystematik.. 1	2. Gefährdungsbeurteilung als Grundlage des Mutterschutzes 12
II. Entstehung, Unionsrecht 3	
III. Detailkommentierung 7	
1. Geltungsbereich 7	

	a) Generelle mutterschutzrechtliche Gefährdungsbeurteilung (§ 10 MuSchG 2018)	12		(§ 9 Abs. 2 MuSchG 2018)	22

      a) Generelle mutterschutz-
         rechtliche Gefährdungs-
         beurteilung
         (§ 10 MuSchG 2018) 12
      b) Individuelle Gefähr-
         dungsbeurteilung 15
   3. Dokumentations- und Infor-
      mationspflicht
      (§ 14 MuSchG 2018)........ 16
   4. Praktische Umsetzung der
      Ergebnisse der Gefährdungs-
      beurteilung 21
      a) Gestuftes Anpassungsver-
         fahren
         (§§ 13, 9 MuSchG 2018) 21
      b) Gefährdung und unver-
         antwortbare Gefährdung

         (§ 9 Abs. 2 MuSchG
         2018)..................... 22
      c) Umgestaltung der
         Arbeitsbedingungen und
         -zeiten (§§ 13 Abs. 1
         Nr. 1, 9 MuSchG 2018) 27
      d) Arbeitsplatzwechsel...... 30
      e) Freistellung von der
         Arbeit (ultima ratio) 32
   5. Arbeitsplatz- und -zeitbezo-
      gener Gesundheitsschutz 33
   6. Schutzfristen – vom Arbeits-
      platz unabhängige Beschäfti-
      gungsverbote 35
IV. Rechtsdurchsetzung 36

I. Normzweck, Rechtssystematik

Die Mitteilung einer Frau über das Bestehen einer Schwangerschaft löst in der Arbeits- 1
welt immer wieder Ratlosigkeit aus, wie mit dieser „Situation" umzugehen ist. Dies
kann zu missverstandener Fürsorge führen, durch die schwangere Frauen vom Arbeitsleben ausgeschlossen werden („aussperrender Mutterschutz").[1] Die Fortführung der
Beschäftigung durch **Umgestaltung der Beschäftigungsbedingungen** nimmt als fernlie-
gende Möglichkeit bisher eine untergeordnete Stellung ein.[2] Vielmehr kann es, wie ein
Beispiel aus der Rechtsprechung[3] zeigt, in der Praxis zu mobbingähnlichen Situationen
kommen, in denen die betroffenen Frauen ein ärztliches Beschäftigungsverbot als letztes Mittel in Betracht ziehen. Ursachen hierfür liegen in der geschichtlichen Entwicklung des Mutterschutzrechts. Dieses war viele Jahre von Beschäftigungsverboten[4] geprägt (→ Rn. 3).[5] Zusätzlich erschwert wurde die Rechtsanwendung durch eine un-
übersichtliche Normstruktur im Mutterschutzrecht, in dem Beschäftigungsverbote auf
den ersten Blick einen Schwerpunkt bilden. Die davon abweichenden Anforderungen
der europäischen Mutterschutzrichtlinie (RL 92/85/EWG) an einen integrierenden
Mutterschutz[6] wurden zur Umsetzung nicht in das MuSchG integriert, sondern waren
in der **Mutterschutzarbeitsplatzverordnung** (MuSchArbV) zu finden.[7] Am 30.3.2017
ist das Gesetz zur Neuregelung des Mutterschutzrechtes (MuSchG 2018) beschlossen
worden. In dem lang andauernden und kontrovers diskutierten Gesetzgebungsverfahren[8] wurden nunmehr die Regelungen der Mutterschutzarbeitsplatzverordnung in das
MuSchG 2018 integriert. Die Neuregelungen, die in einem Artikelgesetz aufgenommen
wurden,[9] treten gestuft in Kraft – einzelne Regelungen bereits zum 1.7.2017, die wesentlichen Teile des MuSchG 2018 jedoch erst am 1.1.2018, die darin enthaltenen
Bußgeldvorschriften im Zusammenhang mit § 32 Abs. 1 Nr. 6 MuSchG sogar erst zum
1.1.2019.

Mit der Neustrukturierung des seit 1952 im Wesentlichen unveränderten Mutter- 2
schutzgesetzes verfolgt der Gesetzgeber das Ziel der Ermöglichung eines benachteiligungsfreien Mutterschutzes.[10] Das neue MuSchG 2018 regelt verschiedene Quer-
schnittsprobleme im Zusammenhang mit Schwangerschaft und früher Mutterschaft. So

---

1 Vgl. dazu Beetz, Von der Exklusion zur Inklusion, S. 23, 24 ff. **2** Nebe, Betrieblicher Mutter-
schutz, S. 19. **3** BAG 7.11. 2007 – 5 AZR 883/06, DB 2008, 303. Vgl. dazu auch Nebe in: FS
Bepler, S. 439. **4** Vgl. zu den Begrifflichkeiten Busemann NZA 2017, 102. **5** Vgl. dazu Übersicht
bei Nebe in: jurisPK-Familie und Beruf, Kapitel 5.1. Rn. 20 ff. **6** Die Umsetzungsfrist endete nach
Art. 14 Abs. 1 RL 92/85/EWG bereits am 28.11.1994 – vgl. zur Umsetzung ausführlich: Kollmer/
Klindt/Schucht/Kossens MuSchArbV Einführung Rn. 1 ff. **7** Diese war in der am 19.4.1997 in
Kraft getretene MuSchV, BGBl. I, 782, enthalten. Vgl. zur bisherigen Rechtslage eine Übersicht
bei HK-MuSchG/Pepping MuSchG § 2 Rn. 4 ff. **8** Vgl. dazu ausführlich Nebe, jurisPR-ArbR
28/2016 Anm. 1; vgl. auch Hülsemann ArbRAktuell 2016, 568. **9** Gesetz zur Neuregelung des
Mutterschutzrechts, BGBl. I 2017, 1228. **10** BT-Drs. 18/8963, 34.

sind neben den Regelungen des Gesundheitsschutzes auch Regelungen zum Kündigungsschutz und zu finanziellen Leistungen enthalten, die die gesundheitsbezogenen Mutterschutzregelungen effektiveren.[11] Gegenstand dieser Kommentierung sind die Vorschriften des Gesundheitsschutzes im 2. Abschnitt des MuSchG 2018. Hierbei steht die mutterschutzgerechte Fortsetzung der Beschäftigung von Frauen während der Schwangerschaft und Stillzeit im Vordergrund.[12] Dies soll erreicht werden, indem diese und das ungeborene oder gestillte Kind vor **arbeitsbedingten Gesundheitsgefährdungen** während der Schwangerschaft und der frühen Mutterschaft geschützt werden. Im Arbeitsleben können vielfältige Gefährdungen bestehen, die sich negativ sowohl auf die Gesundheit der werdenden bzw. jungen Mütter als auch auf die Gesundheit des ungeborenen oder gestillten Kindes auswirken. Dieser besonderen Situation soll im Beschäftigungsverhältnis Rechnung getragen werden, indem körperliche, aber auch psychische Belastungen während der Schwangerschaft, nach der Geburt und während der Stillzeit möglichst gering bleiben. Dabei ist darauf zu achten, dass es durch die besonderen Schutzvorschriften nicht zu **Diskriminierungen** kommen darf. Dies stellt ein schwieriges Spannungsfeld zwischen Arbeitsschutz und dem Verbot von Diskriminierungen dar (so nunmehr ausdrücklich § 1 Abs. 1 MuSchG 2018). Wichtig für eine effektive Umsetzung sowohl des Schutzgedankens als auch des Diskriminierungsverbots ist eine reale Zusammenarbeit zwischen den betroffenen Frauen und den betrieblichen Akteuren.

II. Entstehung, Unionsrecht

3 Die Entwicklung des Arbeitsschutzes werdender und junger Mütter im Arbeitsverhältnis war im 20. Jahrhundert durch die wechselnde Akzeptanz von **Frauenerwerbsarbeit** geprägt.[13] Das Mutterschutzgesetz der BRD[14] wurde im Jahr 1952[15] erlassen. In diesem Gesetz waren Beschäftigungsverbote als strukturbildende Instrumente eingesetzt worden. Erst die Neufassung des Mutterschutzgesetzes 1968[16] enthielt die Pflicht zur Gestaltung des Arbeitsplatzes in § 2 MuSchG aF. Dieses neue Instrument konnte sich in der Praxis nicht hinreichend durchsetzen. Die Beschäftigungsverbote standen weiterhin im Vordergrund.[17] In der ehemaligen DDR war das Mutterschutzrecht bis 1990 vorrangig davon geprägt, die Vollzeitarbeitskraft der Frauen zu erhalten. Dabei wurde die Frau als Pflichtenträgerin gesehen, jedoch enthielten auch das Gesetzbuch der Arbeit (GdA) und später das Arbeitsgesetzbuch der DDR (AGB DDR) bereits betriebliche Anpassungsinstrumente zur Vereinbarkeit familialer und beruflicher Pflichten.[18]

4 Die weitere (gesamtdeutsche) Entwicklung des Mutterschutzrechts wurde entscheidend durch das **Europäische Gemeinschafts- und Unionsrecht** beeinflusst. Aus dem Zusammenspiel der europäischen Richtlinien zum Mutterschutz,[19] zum Arbeitsschutz[20] und zur Gleichbehandlung[21] ergeben sich die Grundsätze zur Regelung und Gestaltung un-

---

11 Um die Effektivität dieses Schutzanspruchs zu gewährleisten, beinhalten die Vorschriften zum Mutterschutz ebenfalls einen Entgelt- und Arbeitsplatzschutz für die betroffenen weiblichen Beschäftigten (§ 17 MuSchG 2018); BT-Drs. 18/8963, 33, 87 unter Hinweis auf das Urteil EuGH 11.11.2010 – C-232/09, NZA 2011, 143 (Danosa). Vgl. zur bisherigen Rechtslage ausführlich Zipprich in: jurisPK-Familie und Beruf, Kapitel 5.16 f.; Göhle-Sander in: jurisPK-Familie und Beruf, Kapitel 5.18 ff. **12** Nebe in: FS Eichenhofer, S. 472. **13** Vgl. dazu ausführlich Edel, Die Entwicklung des Mutterschutzrechtes, S. 51 f., 87 f. **14** Vgl. zur Entwicklung in der DDR: Nebe, Betrieblicher Mutterschutz, S. 34 ff. mwN. **15** Gesetz zum Schutz erwerbstätiger Mütter vom 24.1.1952, BGB. I, 69. **16** Bekanntmachung der Neufassung des Mutterschutzgesetzes vom 18.4.1968, BGBl. I, 315. **17** Nebe in: jurisPK-Familie und Beruf, Kapitel 5.1 Rn. 15. **18** Ausführlich Nebe, Betrieblicher Mutterschutz, S. 39. **19** RL 92/85/EWG des Rates vom 19.10.1992 über die Durchführung von Maßnahmen zur Verbesserung der Sicherheit und des Gesundheitsschutzes von schwangeren Arbeitnehmerinnen, Wöchnerinnen und stillenden Arbeitnehmerinnen am Arbeitsplatz (zehnte Einzelrichtlinie im Sinne des Art. 16 Abs. 1 EG-Rahmenrichtlinie 89/391/EWG), ABl. EG L 348, 1. Die Mutterschutzrichtlinie sollte überarbeitet werden – Stand des Verfahrens unter: http://ec.europa.eu/prelex/detail_dossier_real.cfm?CL=de&DosId=197460. **20** Arbeitsschutzrahmenrichtlinie RL 89/391/EWG des Rates vom 12.6.1989, ABl. EG L 183, 1. **21** RL 76/207/EWG des Rates vom 9.2.1976, ABl. EG L 39, 40, geändert durch die RL 2002/73/EG des Rates vom 23.9.2002, ABl. EG L 269, 15, geändert durch die RL 2006/54/EG des Rates vom 5.7.2006, ABl. EG L 204, 23.

ter anderem des betrieblichen Mutterschutzrechts. Die Mutterschutzrichtlinie ist die 10. Einzelrichtlinie iSd Art. 15, 16 RL 89/391/EWG (Arbeitsschutzrahmenrichtlinie). Sie stehen im Verhältnis der Spezialität – Mutterschutzvorschriften sind Spezialregelungen zu den allgemeinen arbeitsschutzrechtlichen Regelungen. Dies wurde auch in die deutsche Normstruktur übernommen und führt dazu, dass Wertungen und Auslegungen des allgemeinen Arbeitsschutzrechts auf das Mutterschutzrecht übertragbar sind.[22] Die europäische Mutterschutzrichtlinie verknüpft den bereits bisher im Vordergrund stehenden Gefährdungsschutz mit den Zielen der materiellen Gleichstellung und dem Diskriminierungsverbot.[23] Zunächst war der Frauenarbeitsschutz im Hinblick auf seine aussperrende Wirkung durch die Beschäftigungsverbote zu revidieren.[24] Dies soll durch ein abgestuftes System von Maßnahmen[25] (→ Rn. 21 ff.), die in der Mutterschutzrichtlinie (RL 92/85/EWG) vorgegeben sind, erreicht werden. In einem weiteren Schritt wurde verdeutlicht, dass die besonderen Mutterschutzvorschriften nicht zu einer **Diskriminierung** von Frauen führen dürfen. Spezielle Schutzvorschriften zugunsten bestimmter Gruppen – hier beschäftigter Frauen – sind in ihrer Wirkung häufig ambivalent und können zu faktischen Schlechterstellungen führen (→ ArbSchG § 4 Rn. 96 ff.).[26] Zur Verwirklichung beider Schutzanliegen – Gesundheitsschutz und Diskriminierungsschutz – muss die Anwendung der Mutterschutzvorschriften im Lichte des Diskriminierungsschutzes überprüft werden.[27] Dies wurde nunmehr auch in den Normtext von § 1 Abs. 1 MuSchG 2018 aufgenommen und ist für Auslegungsfragen verbindlich heranzuziehen.[28] Die unionsrechtlichen Vorgaben zum Mutterschutz wurden nun im MuSchG 2018 besser sichtbar zusammengeführt.[29] Damit wird das europarechtlich geprägte mutterschutzrechtliche Leitbild nachvollzogen.[30] Das Mutterschutzrecht enthält neben Kündigungsschutzvorschriften sowie Vorschriften zu finanziellen Leistungen das hier darzustellende Schutzsystem, das auf **arbeitsschutzrechtlichen Grundsätzen** beruht.

Ihre **verfassungsrechtliche Verankerung** finden die mutterschutzrechtlichen Regelungen in Art. 2 Abs. 2 GG als Regelung zum Gesundheitsschutz sowie in Art. 6 Abs. 4 GG.[31] Darüber hinaus ist der Mutterschutz unter dem Gesichtspunkt des Persönlichkeits- und Diskriminierungsschutzes zu gewährleisten.[32] Diese Anforderungen gehen über den in Art. 2 Abs. 2 GG und Art. 6 Abs. 4 GG gewährleisteten Schutz hinaus und finden ihren verfassungsrechtlichen Anknüpfungspunkt in Art. 3 Abs. 2, 3 GG.

Außerhalb der klassischen Mutterschutzregelungen sind in den letzten Jahren für den Mutterschutz relevante Rechtsnormen geändert worden. Zu diesen gehört das zum 1.10.2006 in Kraft getretene **Aufwendungsausgleichsgesetz** (AAG).[33] Nach diesem Gesetz werden allen Arbeitgebern unabhängig von der Unternehmensgröße die von ihnen nach § 20 Abs. 1 MuSchG 2018 zu leistenden Zuschüsse zum Mutterschaftsgeld sowie das nach § 18 MuSchG 2018 bei Beschäftigungsverboten zu zahlende Arbeitsentgelt –

---

22 Ausführlich dazu: Nebe in: jurisPK-Familie und Beruf, Kapitel 5.1 Rn. 25 ff. 23 Vergleich dazu ausführlich Nebe, Betrieblicher Mutterschutz, S. 111 ff. 24 EuGH 1.2.2005 – C-203/03, Slg 2005, I-935 (Komm ./. Österreich). 25 Ausdrücklich EuGH 1.7.2010 – C-471/08, NZA 2010, 1284 Rn. 31 (Parviainen), dazu Nebe ZESAR 2011, 10 (12). 26 Vgl. dazu die Übersicht bei Pfarr/Bertelsmann, Diskriminierungen im Erwerbsleben, 130 ff.; vgl. dazu: Kohte in: FS Düwell, S. 152, 159 ff. 27 Vgl. dazu ausführlich Nebe, Betrieblicher Mutterschutz, S. 113 ff.; Nebe in: jurisPK-Familie und Beruf, Kapitel 5.1 Rn. 22 ff.; dazu auch: Eberhardt AiB 2009, 625. 28 Vgl. dazu Nebe, jurisPR-ArbR 25/2017 Anm. 1. 29 Bisher fanden sich die Regelungen zur Anpassungspflicht des Arbeitsplatzes in der Mutterschutzrichtlinienverordnung (MuSchRiV) vom 15.4.1997, BGBl. I, 782; darin als Art. 1 enthalten: Verordnung zum Schutz der Mütter am Arbeitsplatz – MuSchArbV. 30 Zur Erforderlichkeit: Nebe in: FS Eichenhofer, S. 472. 31 Vgl. zu den verfassungsrechtlichen Anforderungen Buchner/Becker Einf. Rn. 65 ff. 32 Vgl. dazu die Ausführungen in der Gesetzesbegründung zur Neuregelung des Mutterschutzrechts, BT-Drs. 18/8963, 37; Nebe, Betrieblicher Mutterschutz, S. 317 f. 33 Aufwendungsausgleichsgesetz vom 22.12.2005, BGBl. I, 3686.

Mutterschutzlohn (einschließlich der Beiträge zu den Sozialversicherungen) – erstattet.[34]

III. Detailkommentierung

7   1. **Geltungsbereich.** Der persönliche Anwendungsbereich des Mutterschutzgesetzes wurde durch die Neuregelungen im MuSchG 2018 erweitert (→ auch Rn. 8). Uneingeschränkte Anwendung finden die Regelungen des MuSchG 2018 gem. § 1 Abs. 2 MuSchG 2018 für Frauen, die unabhängig vom Alter und dem Familienstand in einem **Beschäftigungsverhältnis im Sinne von § 7 Abs. 1 SGB IV** stehen.[35] Die Rechtsprechung des Bundessozialgerichts geht von einem Beschäftigungsverhältnis in diesem Sinne aus, wenn eine persönliche Abhängigkeit vom Arbeitgeber besteht.[36] Dies ist dann der Fall, wenn die Beschäftigte derart in den Betrieb eingegliedert ist, dass diese dabei einem Zeit, Dauer, Ort und Art der Ausführung umfassenden Weisungsrecht des Arbeitgebers unterliegt. Die Anknüpfung an diese Kriterien ist im Kontext des europarechtlich geprägten Arbeitsschutzrechts zu eng. Es ist daher zur Auslegung des Begriffs des Beschäftigungsverhältnisses – wie auch bisher – nicht allein auf den Begriff der Weisungsabhängigkeit abzustellen.[37] Aus dem engen systematischen Zusammenhang zwischen der Arbeitsschutzrahmenrichtlinie 89/391/EWG und der Mutterschutzrichtlinie 92/85/EWG als deren 10. Einzelrichtlinie (→ Rn. 4) ist von einem einheitlichen Begriff des Beschäftigungsverhältnisses im europäischen Kontext auszugehen.[38] Im Ergebnis ist in **unionsrechtskonformer Auslegung des § 1 MuSchG 2018**, ebenso wie bei § 2 ArbSchG (→ ArbSchG § 2 Rn. 13 ff.), darauf abzustellen, dass die **Beschäftigung** innerhalb einer Organisation erfolgt, die dazu führt, dass generelle Gesundheitsgefährdungen nicht auszuschließen sind.[39] Daher sind die unionsrechtlich verlangten Regelungen des Mutterschutzes für alle Frauen anwendbar, die im unionsrechtlichen Sinn in einem Arbeitsverhältnis stehen,[40] unabhängig davon, ob diese Teilzeit- oder Vollzeitbeschäftigte sind, ob die Beschäftigung als Haupt- oder als Nebentätigkeit zu charakterisieren ist oder ob diese nur im Rahmen eines faktischen Arbeitsverhältnisses tätig sind.

8   Uneingeschränkte Anwendung finden die Regelungen des Mutterschutzgesetzes 2018 ebenfalls für Frauen, die eine **betriebliche Berufsausbildung** (zur Auslegung des Begriffes → ArbSchG § 2 Rn. 16 ff.) oder ein **Praktikum** im Sinne von § 26 Berufsbildungsgesetz absolvieren sowie für Frauen, die in einer Werkstatt für Menschen mit Behinderungen (zur Auslegung des Begriffes → ArbSchG § 2 Rn. 26), als Freiwillige während eines Jugendfreiwilligendienstes bzw. Bundesfreiwilligendienstes, als Mitglieder geistlicher Genossenschaften, Diakonissinnen oder einer ähnlichen Gemeinschaft beschäftigt sind. Eine deutliche Erweiterung des Anwendungsbereiches der gesundheitsschutzbezogenen Regelungen im Abschnitt 2 des MuSchG 2018 wird durch die Einbeziehung weiterer Personengruppen erreicht. So gelten diese Regelungen auch für Entwicklungshelferinnen,[41] für arbeitnehmerähnliche Personen[42] (zur Bestimmung des betroffenen Per-

---

34 Vgl. zur vorherigen Regelung, wonach nur bei Unternehmen mit mehr als 20 Mitarbeitern die Erstattung erfolgte: BVerfG 18.11.2003 – 1 BvR 302/96, NZA 2004, 33. Damit sollen nun Diskriminierungen wegen bestehender Schutzbestimmungen aufgrund des Mutterschutzes ausgeschlossen werden. **35** Die Heranziehung von § 7 Abs. 1 SGB IV kann angesichts der näherliegenden Norm des § 2 ArbSchG nicht überzeugen so auch: Nebe, jurisPR-ArbR 25/2017 Anm. 1. Die bisherige Regelung in § 1 MuSchG aF knüpfte an den Begriff der Arbeitsverhältnisses an. **36** Siehe nur BSG 18.12.2001 – B 12 KR 8/01 R, SozVers 2003, 23. **37** Zur bisherigen Rechtslage: Buchner/Becker MuSchG § 1 Rn. 14; ErfK/Schlachter MuSchG § 1 Rn. 3. **38** EuGH 11.11.2010 – C-232/09, NZA 2011, 143 (Danosa), dazu Oberthür NZA 2011, 253; Kohte in: FS Horst, S. 337 ff. und Schubert ZESAR 2013, 5 ff. **39** Vgl. dazu ausführlich Kollmer/Klindt/Schucht/Kohte ArbSchG § 2 Rn. 32 ff.; Nebe in: jurisPK-Familie und Beruf, Kapitel 5.2 Rn. 5; Kohte/Schulze-Doll, jurisPR-ArbR 14/2017 Anm. 2 zu VG Regensburg 8.12.2016 – RN 5 K 15.1767. **40** Kohte in: FS Horst, S. 337, 344 ff.; vgl. auch EuGH 11.11.2010 – C-232/09, NZA 2011, 143 (Danosa). **41** Für diese sind lediglich die §§ 18–22 MuSchG 2018 (Lohnersatzleistungen) nicht anwendbar. **42** Die Einbeziehung arbeitnehmerähnlicher Personen soll der Rechtssicherheit im Vollzug sowie der Umsetzung der Mutterschutzrichtlinie, unter Hinweis auf die Rechtsprechung des EuGH 11.11.2010 – C-232/09, NZA 2011, 143 (Danosa) dienen (Gesetzentwurf der Bundesregierung BT-Drs. 18/8963, 51).

sonenkreises → ArbSchG § 2 Rn. 19 ff.),[43] sowie für **Schülerinnen und Studentinnen**.[44] Für die in Heimarbeit beschäftigten Frauen oder ihnen gleichgestellte Frauen finden sich in der Neuregelung insofern Ausnahmen, als dass keine Pflicht zur Durchführung der Gefährdungsbeurteilung nach § 10 MuSchG sowie keine Pflichten zur Dokumentation und Information der Beschäftigten für den Arbeitgeber bestehen, wohingegen die Regelung zur mutterschutzgerechten Gestaltung der Arbeitsbedingungen in § 9 Abs. 1–5 MuSchG 2018 entsprechend anwendbar sind.

Die Vorschriften des Mutterschutzes betreffen sowohl Beschäftigte im privatwirtschaftlichen Bereich, die ihren Sitz im Bundesgebiet haben,[45] als auch solche im öffentlichen Dienst. Ausdrücklich ausgenommen sind nach dem Wortlaut der Neuregelung in § 1 Abs. 1 MuSchG 2018 noch immer Beamtinnen und Richterinnen sowie Soldatinnen.[46] Für diese galten bisher einzelne Bereiche des Mutterschutzrechtes durch Bezugnahmen in speziellen Verordnungen bzw. ausdrückliche eigenständige Regelungen (zB in der MuSchEltZV, MuSchSoldV). Damit wird die Trennung der Regelungen zum Gesundheitsschutz zwischen Beschäftigten in der Privatwirtschaft und solchen, die in einem öffentlichen Dienst- und Treueverhältnis stehen, weiter verfestigt. Soweit durch Bezugnahme bzw. die eigenständigen Regelungen kein den Anforderungen der Mutterschutzrichtlinie RL 92/85/EWG entsprechender Schutz hergestellt wird, kommt eine unmittelbare Anwendung der Schutzvorschriften der Mutterschutzrichtlinie in Verbindung mit der Arbeitsschutzrahmenrichtlinie 89/391/EWG in Betracht.[47]

Spiegelbildlich zu dem persönlichen Anwendungsbereich wird in § 2 Abs. 1 MuSchG 2018 definiert, wer **Arbeitgeber** ist. Zunächst sind Arbeitgeber im Sinne des MuSchG 2018 natürliche und juristischen Personen oder rechtsfähige Personengesellschaften, die Frauen nach § 1 Abs. 2 S. 1 MuSchG 2018 beschäftigen. Ihnen gleichgestellt sind: natürliche und juristische Personen oder rechtsfähige Personengesellschaften, die Frauen ausbilden oder für die Praktikantinnen tätig sind, Träger der Werkstatt für behinderte Menschen, Träger des Entwicklungsdienstes, die Einrichtung, in der der Freiwilligendienst geleistet wird, die geistliche Genossenschaft und ähnliche Gemeinschaft im Fall von § 1 Abs. 2 S. 2 Nr. 5 MuSchG 2018, der Auftraggeber oder Zwischenmeister der in Heimarbeit beschäftigten oder ihnen gleichgestellten Frauen, die natürlichen und juristischen Personen oder rechtsfähigen Personengesellschaften, für die arbeitnehmerähnliche Personen tätig sind sowie die natürliche und juristische Person oder rechtsfähige Personengesellschaft, mit der das Ausbildungs- oder Praktikumsverhältnis für Schülerinnen und Studentinnen besteht (Ausbildungsstelle).

Die zeitliche **Geltung der Vorschriften** des Mutterschutzes hängt von der Ausgestaltung der unterschiedlichen Schutzvorschriften ab. Zeitlich am weitesten reicht die Pflicht zur anlassunabhängigen Gefährdungsbeurteilung nach § 10 MuSchG 2018 sowie die Dokumentations- und Informationspflicht gem. § 14 Abs. 2 MuSchG 2018. Hier bestehen Pflichten bereits unabhängig von der Mitteilung einer konkreten Schwangerschaft als Ausdruck des präventiven Grundkonzepts des Arbeitsschutzes.

2. Gefährdungsbeurteilung als Grundlage des Mutterschutzes. a) Generelle mutterschutzrechtliche Gefährdungsbeurteilung (§ 10 MuSchG 2018). Ausgangspunkt für die effektive Umsetzung des betrieblichen Mutterschutzes in seiner europarechtlichen Prägung ist die Beurteilung der Arbeitsbedingungen im Hinblick auf mutterschutzspezifische Gefährdungen[48] für schwangere, jüngst entbundene, stillende Frauen oder ihr Kind. Dabei handelt es sich um eine **Kernpflicht** des Arbeitgebers nach den Mutterschutzvorschriften (§ 10 MuSchG 2018). In der **Gefährdungsbeurteilung** hat der Ar-

---

[43] Keine Anwendung finden die Vorschriften der §§ 18, 19 Abs. 2 und 20 MuSchG 2018. [44] Für diesen Personenkreis ist die Anwendung der §§ 17–24 MuSchG 2018 ausgeschlossen. [45] Hat ein Arbeitsverhältnis Auslandsberührung, bestimmt sich die Anwendung des MuSchG nach Art. 9 Rom I-VO, dazu zur bisherigen Rechtslage ErfK/Schlachter MuSchG § 1 Rn. 4. [46] Für diese regelt § 1 Abs. 3 S. 2 MuSchG 2018 insoweit eine Ausnahme, soweit sie außerhalb des Geschäftsbereiches des Ministeriums der Verteidigung aufgrund dienstlicher Anordnung oder Gestattung tätig sind. [47] Vgl. zu den Voraussetzungen: EuGH 1.7.2010 – C-194/08, EuGRZ 2010, 712 Rn. 44 f. mwN (Gassmayr). [48] Sowka NZA 1997, 927.

beitgeber nach dem Wortlaut des § 10 MuSchG 2018 für jede Tätigkeit die Gefährdungen nach Art, Ausmaß und Dauer zu beurteilen, denen eine schwangere oder stillende Frau oder ihr Kind ausgesetzt ist oder sein kann. Er hat dann in einem zweiten Schritt zu ermitteln, ob unter Berücksichtigung der Ergebnisse der Beurteilung für eine schwangere oder stillende Frau oder ihr Kind voraussichtlich keine Schutzmaßnahmen erforderlich sind, eine Umgestaltung der Arbeitsbedingungen nach § 13 Abs. 1 Nr. 1 MuSchG 2018 erforderlich sein wird oder eine Fortführung der Tätigkeit der Frau an diesem Arbeitsplatz nicht möglich sein wird. Diese Regelung greift nach ihrem Wortlaut im Hinblick auf unbekannte Schwangerschaften und Reproduktionsrisiken sowie die Gefährdungen für jüngst entbundene Frauen, die nicht stillen, zu kurz. Angesichts einer möglichen Gefährdung der Reproduktionsfähigkeit, des Embryos, aber auch der Gesundheit der jüngst entbundenen Frauen,[49] ergibt sich die Verpflichtung zur Beurteilung der Gefährdungen bereits aus den allgemeinen Arbeitsschutzvorschriften, insbesondere der Arbeitsschutzrahmenrichtlinie (Art. 6 Abs. 3 RL 89/391/EWG).[50] Dabei ist zu berücksichtigen, dass die in den §§ 11, 12 MuSchG 2018 aufgezählten Gefährdungen nicht abschließend sind. Nicht benannt werden insbesondere **psychische Belastungen**[51] am Arbeitsplatz, die allerdings nach § 9 Abs. 1 S. 1 MuSchG 2018 in der mutterschutzspezifischen Gefährdungsbeurteilung explizit zu berücksichtigen sind.[52] Aus der RL 92/85/EWG ergibt sich, dass die Kommission berechtigt ist, Leitlinien zur Durchführung der Gefährdungsbeurteilung zu erarbeiten. Diese Leitlinien wurden im Jahr 2000 erstellt[53] und sind auch für deutsche Arbeitgeber maßgeblich. Durch diese konkreten Leitlinien wird der Handlungs- und Beurteilungsspielraum des Arbeitgebers bei der Vornahme mutterschutzspezifischer Gefährdungsbeurteilungen im Vergleich zu dem Beurteilungsspielraum, der dem Arbeitgeber nach § 5 ArbSchG zugestanden wird, beschränkt. Ein solcher verbleibt nur im Hinblick auf die Umsetzung.

13 Die bereits nach § 5 ArbSchG erforderliche **allgemeine arbeitsschutzrechtliche Gefährdungsbeurteilung** umfasst nach § 4 Nr. 6 ArbSchG auch die spezifischen Gefährdungen für werdende, jüngst entbundene und stillende Mütter.[54] Diese reicht im Ergebnis jedoch nicht aus, um einen effektiven Mutterschutz zu gewährleisten, so dass zur Umsetzung der speziellen Anforderungen besondere Normen notwendig wurden.[55] Bei der Durchführung der Beurteilung ist der Arbeitgeber an den Stand der Technik gem. § 4 Nr. 3 ArbSchG gebunden, im Übrigen gelten die in §§ 4 ff. ArbSchG bestimmten Grundsätze.[56] Damit wird auch an dieser Stelle die besondere Bedeutung der Gefährdungsbeurteilung als präventives Sicherungselement deutlich. Im Ergebnis dient die Gefährdungsbeurteilung dazu festzustellen, ob aufgrund bestehender Gefährdungslagen, die nicht abschließend in §§ 11, 12 MuSchG 2018 aufgeführt sind, eine Anpassung des Arbeitsplatzes durch den Arbeitgeber erforderlich wird.

14 Der Arbeitgeber hat die Gefährdungsbeurteilung **rechtzeitig** vorzunehmen, unabhängig von einem konkreten mutterschutzrechtlichen Anlass und unabhängig davon, ob über-

---

49 Die Erstreckung der Anwendung der Mutterschutzvorschriften auf jüngst entbundene Mütter, die nicht selbst stillen, ergibt sich aus der unionsrechtskonformen Auslegung (Art. 1, 4, 5 RL 92/85/EWG) des § 10 MuSchG 2018. Dabei heranzuziehen ist auch die Regelung in § 1 Abs. 4 MuSchG 2018, die sich auch auf Frauen bezieht, die ein Kind geboren haben. Vgl. dazu ausführlich zur bisherigen Rechtslage: Nebe, Betrieblicher Mutterschutz, S. 181 f.; Nebe in: jurisPK-Familie und Beruf, Kapitel 5.6 Rn. 8 jeweils mit weiteren Nachweisen; Graue, MuSchG § 2 Rn. 11, verlangt eine Gleichstellung der nicht stillenden Mütter für ca. neun Monate, da die Rückbildungsprozesse ähnliche körperliche Auswirkungen haben; aA ErfK/Schlachter MuSchG § 2 Rn. 1; Meisel/Sowka MuSchG § 2 Rn. 3; HK-ArbR/Velikova/Briegel, MuSchG 2018 § 9 Rn. 1. **50** Dazu ausführlich mit weiteren Nachweisen: Nebe, jurisPR-ArbR 25/2017 Anm. 1. **51** Kritisch dazu auch Reuhl/Weg Gute Arbeit 6/2017, 23. **52** Dies resultiert aus den grundsätzlichen Organisationspflichten im deutschen Arbeitsschutzrecht gem. §§ 3, 4 Nr. 1 und 6 ArbSchG. **53** Leitlinien der Kommission vom 5.10.2000 KOM (2000) 466 (http://eur-lex.europa.eu/LexUriServ/LexUriServ.do?uri=COM:2000:0466:FIN:DE:PDF); dazu Nebe, Betrieblicher Mutterschutz, S. 168 ff. **54** Vgl. dazu Kollmer/Klindt/Schucht/Kohte ArbSchG § 4 Rn. 36 ff., 43 ff. **55** Kollmer/Klindt/Schucht/Kossens MuSchArbV § 1 Rn. 1; Buchner/Becker MuSchG § 4 Rn. 3. **56** Zur alten Rechtslage Kollmer/Klindt/Schucht/Kossens MuSchArbV § 1 Rn. 4.

haupt gebärfähige Frauen beschäftigt werden.[57] Dies dient sowohl dazu, eine geschlechtsunabhängige Besetzung von Stellen zu ermöglichen und damit dem Diskriminierungsschutz, als auch um Transparenz über mutterschutzsensible Tätigkeiten im Betrieb zu schaffen. Diese Gefährdungsbeurteilung ist regelmäßig zu wiederholen und die bereits festgelegten Schutzmaßnahmen sind zu überprüfen. Bisher war dies ausdrücklich in § 1 Abs. 1 S. 2 MuSchArbV geregelt, nach der Neuregelung ergibt sich die Pflicht zur regelmäßigen Wiederholung aus dem systematischen Zusammenhang mit den allgemeinen Arbeitsschutzvorschriften, aus § 5 ArbSchG (→ ArbSchG § 5 Rn. 78).

b) Individuelle Gefährdungsbeurteilung. Bisher war nach Auslegung der Anlage 1 zur MuSchArbV eine nach Mitteilung der Schwangerschaft durchzuführende **anlassbezogene Gefährdungsbeurteilung** vorgesehen. Eine solche ausdrücklich zu regeln, war noch im Referentenentwurf zum Mutterschutzgesetz 2018 aufgegriffen worden.[58] Die Notwendigkeit der Durchführung einer individuellen Gefährdungsbeurteilung nach Mitteilung der Schwangerschaft wurde während des Gesetzgebungsverfahrens kontrovers diskutiert.[59] Im Ergebnis hat der Gesetzgeber von der Regelung einer differenzierten Gefährdungsbeurteilung Abstand genommen. Vorgesehen ist in § 10 Abs. 2 MuSchG 2018 nunmehr zunächst die Pflicht, die erforderlichen Schutzmaßnahmen zugunsten der schwangeren Frau zu ergreifen sowie die Pflicht, der schwangeren oder stillenden Frau ein Gespräch über die weitere Anpassung der Arbeitsbedingungen anzubieten. Ein solches Gespräch kann nur wirksam sein, wenn der Arbeitgeber vor dem Gespräch den konkreten Arbeitsplatz zur Feststellung des weiteren Anpassungsbedarfs aufgrund von konkreten Gefährdungslagen untersucht hat (individuelle anlassbezogene Überprüfung der Ergebnisse der Gefährdungsbeurteilung). Der Arbeitgeber hat insoweit die allgemeine Beurteilung bei einem konkreten Anlass individuell zu aktualisieren und zu ergänzen[60] und der sich ändernden Schwangerschaftssituation im Zeitverlauf anzupassen (§ 9 Abs. 1 S. 2 MuSchG 2018). Eine Pflicht zur Durchführung einer individuellen **anlassbezogenen Überprüfung der Ergebnisse der Gefährdungsbeurteilung** durch den Arbeitgeber ergibt sich aus der unionsrechtskonformen Auslegung der Regelungen in §§ 10 Abs. 2, 9 Abs. 1 S. 2 MuSchG 2018.[61] Die Vorschriften in der Arbeitsschutzrahmenrichtlinie sehen eine Pflicht zur anlassbezogenen Gefährdungsbeurteilung in Art. 6 Abs. 2 lit. d RL 89/391/EWG vor. Diese Beurteilungspflichten beziehen sich auf Gefährdungstatbestände, die je nach Einzelfall abhängig von der individuellen Konstitution der einzelnen Frauen vorliegen können. Auch nach den Leitlinien der Europäischen Kommission[62] sind solche individuellen Besonderheiten bei der Gefährdungsbeurteilung zu beachten. Der Arbeitgeber muss damit vor dem Hintergrund ganz unterschiedlicher Gefährdungen je nach Schwangerschaftsstadium und je nach individuellem Schwangerschaftsverlauf aus Gründen eines präventiven Gesundheitsschutzes zusätzlich zu den allgemeinen Risiken regelmäßig auch die **individuellen mutterschutzspezifischen Risiken** berücksichtigen. Nur so kann § 10 Abs. 2 MuSchG 2018 effektiv umgesetzt werden.

3. Dokumentations- und Informationspflicht (§ 14 MuSchG 2018). Die Ergebnisse der Beurteilung der Arbeitsbedingungen hat der Arbeitgeber zu dokumentieren. Aus den Dokumentationsunterlagen müssen sich das Ergebnis der Gefährdungsbeurteilung, die

---

[57] BT-Drs. 18/8963, 69; HK-ArbR/Velikova/Briegel, MuSchG 2018 § 10 Rn. 4; Kollmer/Klindt/Schucht/Kohte ArbSchG § 4 Rn. 44; ausführlich Nebe in: jurisPK-Familie und Beruf, Kapitel 5.4 Rn. 5. [58] § 9 Abs. 2 MuSchG-Referentenentwurf. [59] Vgl. Wortprotokoll, Ausschuss für Familie, Senioren, Frauen und Jugend, 71. Sitzung vom 19.9.2016; BDA, Mutterschutz zeitgemäß regeln, Moderner Mutterschutz muss handhabbar sein, Juli 2016. Kritische Literaturstimmen gegen einen vermeintlich überbürokratischen Arbeitsschutz, vgl. Wolf BB 2016 Nr. 23, 1; Blattner DB 2017, 1031; dies. DB 2016, 2120. [60] Dies war im Gesetzgebungsverfahren umstritten, ist aber im Hinblick auf den individuellen Verlauf einer Schwangerschaft erforderlich. Die Notwendigkeit ergibt sich, wie oben ausgeführt (→ Rn. 7), aus dem europäischen Arbeitsschutz Art. 6 Abs. 2 lit. d RL 89/391/EWG. Vgl. auch Kollmer/Klindt/Schucht/Kohte ArbSchG § 4 Rn. 44. [61] So zur Auslegung von Art. 4 RL 92/85/EWG nun auch EuGH 19.10.2017 – C-531/15 (Ramos). Vgl. dazu ausführlich mit weiteren Nachweisen: Nebe, jurisPR-ArbR 25/2017 Anm. 1. [62] Nach Art. 3 RL 92/85/EWG – KOM(2000) 466 endgültig.

Festlegung der erforderlichen Schutzmaßnahmen und das Ergebnis der individuellen Überprüfung nach § 9 Abs. 1 S. 2 MuSchG 2018 sowie des Gesprächsangebots mit der Frau über weitere Anpassungen der Arbeitsbedingungen und der Zeitpunkt eines solchen Gespräches ergeben. Ergibt die Beurteilung, dass keine Gefährdungen im Sinne von § 9 Abs. 2 MuSchG 2018 für die schwangere, jüngst entbundene oder stillende Frau bzw. ihr Kind bestehen, reicht es aus, dies in der Dokumentation der Beurteilung der Arbeitsbedingungen nach § 5 ArbSchG zu vermerken.

17 Der Arbeitgeber hat alle bei ihm beschäftigten Personen über das Ergebnis der Gefährdungsbeurteilung zu unterrichten und über den Bedarf an Schutzmaßnahmen nach § 10 Abs. 1 S. 1 Nr. 2 MuSchG 2018 zu informieren. Darüber hinaus hat er die schwangere, jüngst entbundene oder stillende Frau über die Gefährdungsbeurteilung und über die damit verbundenen, für sie erforderlichen Schutzmaßnahmen zu informieren (§ 14 Abs. 3 MuSchG 2018). Zu informieren ist auch der Betriebs- oder Personalrat.[63]

18 Die Unterrichtungspflicht beinhaltet auch die Mitteilung, ob und welche Gefährdungen an den jeweiligen Arbeitsplätzen bestehen und welcher Bedarf an Schutzmaßnahmen für Sicherheit und Gesundheitsschutz am Arbeitsplatz besteht. Dabei geht es nicht um die Namen und die Tätigkeiten Einzelner, sondern um die spezifischen Gefährdungen an den einzelnen Arbeitsplätzen, so dass ein allgemeines Informationsrecht besteht. Dies dient dazu, ausgrenzenden und damit diskriminierenden Mutterschutz zu vermeiden, und ermöglicht es den Schwangeren bereits vor der Mitteilung der Schwangerschaft, die Gefährdungen an ihrem Arbeitsplatz konkret einschätzen zu können und Vorsichtsmaßnahmen zu ergreifen. Daher besteht die Unterrichtungspflicht ausdrücklich **unabhängig von der Mitteilung einer Schwangerschaft**, zu der nach § 15 MuSchG 2018 auch keine Rechtspflicht der schwangeren Frau besteht. Eine solche Mitteilung kann keine Wirksamkeitsvoraussetzung für die von einzelnen Arbeitgebern zu treffenden Schutzpflichten sein.[64] In Bezug auf diesen weiten Adressatenkreis stellt die Dokumentations- und Unterrichtungspflicht nach § 14 MuSchG 2018 eine Besonderheit im deutschen Arbeitsrecht dar, die zusätzlich in § 32 Abs. 1 Nr. 10, Abs. 2 MuSchG 2018 **bußgeldrechtlich** abgesichert ist (→ ArbSchG § 25 Rn. 7).

19 Um auf betrieblicher Ebene wirksame gesundheitsschützende Maßnahmen planen und gestalten zu können, ist die **Kommunikation** zwischen den schwangeren, jüngst entbundenen oder stillenden Frauen und den Arbeitgebern als gesetzliche Pflicht des Arbeitgebers normiert (§ 10 Abs. 2 MuSchG 2018) und ein wichtiger Aspekt zur erfolgreichen Umsetzung der Vereinbarkeit von Familie und Beruf. Das Entstehen des notwendigen Vertrauens wird durch eine mutterschutzfreundliche Atmosphäre gefördert. Hat die Beschäftigte den Eindruck, dass in ihrem Betrieb eine Schwangerschaft nicht als störend empfunden wird, kann dies sowohl motivierend auf die Arbeitsleistung als auch im Hinblick auf die Kommunikationsbereitschaft wirken, so dass Kommunikationslücken geschlossen werden.[65] Dies kann durch einen offenen Umgang mit dem Thema Schwangerschaft am Arbeitsplatz erreicht werden. Ein adäquates Mittel zum Aufbau dieser Strukturen stellt für den Arbeitgeber die Unterrichtung aller Beschäftigten über die Ergebnisse der Gefährdungsbeurteilung dar. Zusätzlich wäre der Abschluss kollektivvertraglicher Vereinbarungen (Tarif- und Betriebsvereinbarung) zur Umsetzung der Anforderungen wünschenswert (zur Mitbestimmung der Betriebs- und Personalräte → Rn. 43).[66]

20 Eine Regelung, wie oft eine Unterrichtung zu erfolgen hat, wurde nicht getroffen. Soweit sich die Gefährdungsbedingungen nicht wesentlich ändern, ist eine **wiederholte Unterrichtung** nur bei einem gewissen oder erheblichen Wechsel der Belegschaft erforderlich. Dies kann anlässlich einer Neueinstellung erfolgen.[67] Neben den mutterschutz-

---

63 Bisher § 2 S. 1 MuSchArbV; Kollmer/Klindt/Schucht/Kossens MuSchArbV § 2 Rn. 4. **64** Vgl. dazu: EuGH 27.2.2003 – C-320/01, NJW 2003, 1107 (Busch); ausführlich Nebe in: jurisPK-Familie und Beruf, Kapitel 5.2 Rn. 14 f. **65** Kollmer/Klindt/Schucht/Kohte ArbSchG § 4 Rn. 44. **66** Nebe in: FS Bepler, S. 439. **67** Zur bisherigen Rechtslage: Kollmer, Mutterschutz-Richtlinienverordnung, in: AR-Blattei SD 1220.2 „Mutterschutz" Rn. 18.

spezifischen Unterrichtungspflichten bleiben andere gesetzlich bestehende Unterweisungs- bzw. Unterrichtungspflichten unberührt: §§ 38 Abs. 3, 103 Abs. 6 StrlSchV, § 36 Abs. 3 RöV, §§ 9 Abs. 2, 12 ArbSchG, § 14 GefStoffV oder § 8 GentechnikSicherheitsVO.

4. Praktische Umsetzung der Ergebnisse der Gefährdungsbeurteilung. a) Gestuftes Anpassungsverfahren (§§ 13, 9 MuSchG 2018). § 10 Abs. 2 MuSchG 2018 regelt zunächst, dass der Arbeitgeber schwangere oder stillende Frauen nur diejenigen Tätigkeiten ausüben lassen darf, für die er entsprechende Schutzmaßnahmen, die in der Gefährdungsbeurteilung festgelegt wurden, getroffen hat. §§ 13, 9 MuSchG 2018 gehören mit § 10 MuSchG 2018 – der Pflicht zur Gefährdungsbeurteilung – zu den grundlegenden mutterschutzrechtlichen Normen. In § 13 MuSchG 2018 wird in Umsetzung von Art. 4, 5 RL 92/85/EWG[68] ein abgestuftes Verfahren der **mutterschutzspezifischen Arbeitsorganisation** als Folge der Gefährdungsbeurteilung beschrieben.[69] Je nach den in der Gefährdungsbeurteilung festgestellten Gefährdungen (→ Rn. 22 ff.) ist in § 13 MuSchG 2018 ein gestufter Maßnahmenkatalog als Reaktion vorgesehen. Dabei stehen die **Anpassung der Arbeitsbedingungen und -zeiten** im Vordergrund. Die tatsächliche Nichtbeschäftigung der Frau stellt nur das letztmögliche Mittel des Arbeitgebers dar. Als Basis regelt § 9 MuSchG 2018 die Pflicht des Arbeitgebers, die Arbeitsbedingungen so zu gestalten, dass Gefährdungen für schwangere oder stillende Frauen oder ihr Kind möglichst vermieden werden und eine unverantwortbare Gefährdung (→ Rn. 22 ff.) ausgeschlossen wird. Beide Normen kommen nebeneinander bzw. einander jeweils ergänzend als Grundlage für die den Arbeitgeber treffende Schutz- und Gestaltungspflicht zur Anwendung. Als Ausgangspunkt für die durch den Arbeitgeber zu treffenden Maßnahmen ist das abgestufte Verfahren nach § 13 MuSchG 2018 anzusehen.[70] Dabei ist der Arbeitgeber nicht frei in der Wahl der Mittel. § 13 MuSchG 2018 sieht in Umsetzung der Richtlinie eine **Rangfolge der Anpassungsmaßnahmen** vor, zu deren Einhaltung der Arbeitgeber verpflichtet ist. Hierbei sind auch die arbeitszeitbezogenen Vorschriften in §§ 4–6 MuSchG 2018 sowie die Beschäftigungsverbote in §§ 3, 11, 12 MuSchG 2018 zu beachten. Die Neuregelung des § 13 MuSchG 2018 übernimmt im Wesentlichen den Regelungsgehalt des bisherigen § 3 MuSchArbV. Vergleichbare Anpassungsvorschriften finden sich auch in §§ 43 Abs. 2, 95 Abs. 9, 103 Abs. 2 und 5 StrSchV. 21

b) Gefährdung und unverantwortbare Gefährdung (§ 9 Abs. 2 MuSchG 2018). Die Durchführung des Anpassungsverfahrens nach §§ 13, 9 MuSchG 2018 wird bei der Feststellung einer **Gefährdung** ausgelöst. 22

Für das frühere Mutterschutzrecht war kennzeichnend, dass es an den klassischen Gefahrenschutz des alten Arbeitsschutzrechts der Gewerbeordnung anknüpfte. Das Bundesverwaltungsgericht verstand daher die Beschäftigungsverbote als Realisierung konkreten Gefahrenschutzes.[71] Deutlich machte dies auch das Beschäftigungsverbot nach § 4 Abs. 2 Nr. 6 MuSchG aF, das bei der „Gefahr einer Berufserkrankung" eingriff. Dies ist für das unionsrechtlich geprägte Arbeitsschutzrecht nicht mehr akzeptabel. Im unionsrechtlichen System wird der Schutz deutlich nach vorn verlagert und setzt bereits bei dem Vorliegen einer Gefährdung ein. Auch die Mutterschutzrichtlinie 92/85/EWG beruht auf dem **unionsrechtlichen Gefährdungsschutz**; dies bedeutet allerdings auch, dass der Gefährdungsschutz einer Interessenabwägung zu unterwerfen ist. § 4 ArbSchG verlangt, dass Gefährdungen „möglichst" vermieden bzw. reduziert werden. Diese Interessenabwägung ermöglicht daher Gestaltung, kann aber in Einzelfällen auch zu einem Verzicht auf Schutzmaßnahmen bei unverhältnismäßigen Aufwendungen führen (→ ArbSchG § 4 Rn. 18).[72] Die Verordnungen zum Arbeitsschutzrecht kennen bei intensiven Gefährdungen allerdings auch nachhaltige und intensive Schutzge- 23

---

68 Dazu EuGH 19.11.1998 – C-66/96, NZA 1999, 757 (760) Rn. 57 (Pedersen). **69** § 13 MuSchG 2018 setzt Art. 5 Abs. 1–3 RL 92/85/EWG (EG-Mutterschutzrichtlinie) um. **70** Vgl. dazu Nebe, jurisPR-ArbR 25/2017 Anm. 1. **71** BVerwG NJW 1994, 401 (allerdings mit unklarer Begrifflichkeit). **72** Kollmer/Klindt/Schucht/Kohte ArbSchG § 4 Rn. 10.

bote.[73] In vergleichbarer Weise verlangt § 9 MuSchG 2018, dass Gefährdungen generell durch die Gestaltung der Arbeitsbedingungen vermieden bzw. reduziert werden. Auf der anderen Seite ist ein strikter Gefährdungsschutz für das Mutterschutzrecht problematisch, weil der Ausschluss jeglicher Gefährdung die weitere Zielsetzung des Mutterschutzrechts konterkarieren könnte, Frauen eine reale Teilhabe am Arbeitsleben zu ermöglichen, die ihren individuellen Bedürfnissen angepasst ist.[74] Das Gesetz versucht, diese Aufgabe, die auch im unionsrechtlichen Mutterschutz als praktische Konkordanz ausgestaltet ist,[75] mit dem Begriff der auszuschließenden unverantwortbaren Gefährdung zu bewältigen, der in § 9 Abs. 2 MuSchG 2018 normiert und definiert ist.

24 Die Funktion des Begriffes der unverantwortbaren Gefährdung ist zunächst, dass damit eine Grenze für die Anpassung des ursprünglichen Arbeitsplatzes – also die erste Stufe des mutterschutzrechtlichen Anpassungsverfahrens nach § 13 MuSchG 2018 – normiert ist. Wenn die Arbeitsbedingungen am bisherigen Arbeitsplatz zu einer unverantwortbaren Gefährdung führen, dann ist eine Beschäftigung am bisherigen Arbeitsplatz ausgeschlossen und eine Versetzung auf der zweiten Stufe zu prüfen. Wiederum markiert hier der Begriff der unverantwortbaren Gefährdung die Grenze der Versetzungsmöglichkeit und führt dann auf der dritten Stufe zur Freistellung von der Arbeit (bisheriges Beschäftigungsverbot). Diese Differenzierung ist in der Richtlinie in Art. 5 und Art. 6 vorgezeichnet; hier wird zwischen Gefährdungen und besonderen Expositionen differenziert.[76] Eine Aussetzung der Frau gegenüber solchen besonderen Expositionen ist nicht zulässig. Daher markieren die §§ 11, 12 MuSchG 2018 in Anlehnung an die Begrifflichkeiten der Richtlinie Fallgruppen der unverantwortbaren Gefährdung, unter denen diese konkreten Tätigkeiten nicht mehr statthaft sind, so dass das Anpassungsverfahren nach § 13 MuSchG 2018 durchzuführen ist. Insoweit wird der offenen Abwägung im Gefährdungsschutz eine striktere Grenze eingezogen. Diese Terminologien sind neu, doch ergibt sich dies daraus, dass der doppelte Schutzzweck des Mutterschutzes – Gesundheits- und Diskriminierungsschutz, der jetzt in § 1 MuSchG 2018 auch ausdrücklich anerkannt worden ist – bisher nicht hinreichend beachtet wurde.

25 Der Begriff der unverantwortbaren Gefährdung knüpft insoweit daran an, dass nicht alle im Beschäftigungsverhältnis auftretenden Gefährdungen dazu führen, dass eine Frau nicht mehr beschäftigt werden kann. Der Arbeitgeber hat unter Berücksichtigung des Diskriminierungsverbots (§ 1 Abs. 1 MuSchG 2018) eine Abwägung zwischen hinnehmbaren und nicht hinnehmbaren Gefährdungen vorzunehmen. Hinnehmbar kann beispielhaft das allgemeine Sturzrisiko sein, wohingegen ein gesteigertes Sturzrisiko bei einer besonders gefährlichen Treppe bereits eine nicht (mehr) hinnehmbare Gefährdung bedeuten kann. Bei diesem Abwägungsprozess zur Feststellung, ob eine **unverantwortbare Gefährdung** vorliegt, hat der Arbeitgeber sowohl die Wahrscheinlichkeit des Eintrittes eines Gesundheitsschadens sowie dessen Schwere zu berücksichtigen. Nach der Legaldefinition des § 9 Abs. 2 MuSchG 2018 ist eine Gefährdung dann unverantwortbar, wenn die Eintrittswahrscheinlichkeit einer Gesundheitsbeeinträchtigung angesichts der zu erwartenden Schwere des möglichen Gesundheitsschadens nicht hinnehmbar ist.[77] In dem Gesetzentwurf der Bundesregierung wird dazu ausgeführt, dass zur Beurteilung, ob die Eintrittswahrscheinlichkeit einer Gesundheitsbeeinträchtigung angesichts der zu erwartenden Schwere des möglichen Gesundheitsschadens nicht hinnehmbar ist, folgendermaßen zu differenzieren sei: „Die Wahrscheinlichkeit, dass ein Schaden eintritt, muss umso größer sein, je geringer der möglicherweise eintretende Schaden ist, und sie ist umso kleiner, je schwerer der etwaige Schaden wiegt. Wegen des hohen Ranges des vom Mutterschutz verfolgten Schutzziels der gesundheitlichen Unversehrtheit der Frau und ihres (ungeborenen) Kindes sind die Anforderungen an die Wahrscheinlichkeit grundsätzlich gering".[78]

---

73 Kollmer/Klindt/Schucht/Kohte ArbSchG § 4 Rn. 9. **74** BT-Drs. 18/8963, 66. **75** Nebe, Betrieblicher Mutterschutz, S. 121 ff. **76** Nebe, Betrieblicher Mutterschutz, S. 136 ff. **77** Die Bundesregierung ist nach § 31 Nr. 1 MuSchG 2018 ermächtigt, zur näheren Bestimmung dieses Begriffes eine Rechtsverordnung zu erlassen. **78** Gesetzentwurf der Bundesregierung BT-Drs. 18/8963, 67.

Ausdrücklich sind solche unverantwortbaren Gefährdungen in § 11 MuSchG 2018 für schwangere Frauen und in § 12 MuSchG 2018 für stillende Frauen geregelt. Unzulässige Tätigkeiten für schwangere Frauen sind zB Tätigkeiten mit Gefahrstoffen, Biostoffen, mit physikalischen Einwirkungen (wie zB Strahlungen), in belastender Arbeitsumgebung (unter Druckluft, in sauerstoffreduzierter Atmosphäre oder im Bergbau), Tätigkeiten mit körperlichen Belastungen und mechanischen Einwirkungen oder bestimmte Arbeiten wie Akkord- oder Fließbandarbeiten, getaktete Arbeiten (bisher: Beschäftigungsverbote). Nicht geregelt sind in §§ 11, 12 MuSchG 2018 beispielhaft die Gefährdungen durch **psychische Belastungen** (→ Rn. 12). Dies ergibt sich aus der Normstruktur: §§ 11 MuSchG 2018 enthält – ähnlich wie § 4 MuSchG aF – typisierte Regelungen. Psychische Belastungen sind schwer zu typisieren. Da die Tätigkeiten in §§ 11, 12 MuSchG 2018 nur beispielhaft („insbesondere") aufgeführt sind, können natürlich auch psychische Belastungen zu einer unverantwortbaren Gefährdung führen.[79]

26

c) Umgestaltung der Arbeitsbedingungen und -zeiten (§§ 13 Abs. 1 Nr. 1, 9 MuSchG 2018). Nach § 13 Abs. 1 Nr. 1 MuSchG 2018 hat der Arbeitgeber die Arbeitsbedingungen für die schwangere oder stillende Frau durch Schutzmaßnahmen nach Maßgabe des § 9 Abs. 2 MuSchG 2018 umzugestalten, wenn Gefährdungen festgestellt werden.[80] Der missverständliche Wortlaut von § 13 Abs. 1 MuSchG 2018 lässt vermuten, dass Schutzmaßnahmen erst bei Feststellung einer unverantwortbaren Gefährdung zu ergreifen sind. Die Grundnorm ist jedoch § 9 Abs. 2 MuSchG 2018; danach sind die Arbeitsbedingungen so auszugestalten, dass bereits **Gefährdungen** einer schwangeren oder stillenden Frau oder ihres Kindes möglichst vermieden und **unverantwortbare Gefährdungen** (→ Rn. 22 ff.) ausgeschlossen werden. Gefährdungen müssen so weit wie möglich ausgeschlossen werden, auch hinnehmbare Gefährdungen.[81] Mit dem Einleitungssatz in § 13 Abs. 1 MuSchG 2018 soll nicht die Schwelle des Gefährdungsschutzes systemwidrig angehoben, sondern nur vermieden werden, dass vorschnell ein Beschäftigungsverbot ausgesprochen wird.[82] Dabei gilt eine unverantwortbare Gefährdung als ausgeschlossen, wenn der Arbeitgeber alle Vorgaben einhält, die „aller Wahrscheinlichkeit nach" dazu führen, dass die Gesundheit einer schwangeren oder stillenden Frau oder ihres Kindes nicht beeinträchtigt wird (§ 9 Abs. 2 S. 3 MuSchG 2018). Eine solche Wahrscheinlichkeit setzt voraus, dass es Grenzwerte gibt, die sich explizit auf das Risiko der Fruchtschädigung beziehen.[83] Nur dann ist ein so hoher Grad der Wahrscheinlichkeit gegeben. Arbeitsbedingungen sind im Übrigen weit zu fassen. Es sind darunter nicht nur die Bedingungen der eigentlichen **Beschäftigungsstelle**, sondern auch die dazugehörigen **innerbetrieblichen Wege** und auch der **Arbeitsweg** zu verstehen. So sind zB Maßnahmen zur Veränderung von Arbeitsanfang und -ende zur Vermeidung der Risiken der Rush-Hour denkbar.[84]

27

Die Erfüllung dieser **Gestaltungspflicht** bestimmt sich zunächst nach § 4 Nr. 1, 6 ArbSchG (→ ArbSchG § 4 Rn. 13, 97 ff.).[85] Dies kann dazu führen, dass der Arbeitgeber konkret den Beschäftigungsinhalt bzw. -umfang an die individuellen Bedürfnisse der schwangeren oder stillenden Frau anzupassen hat. Es kann sich ebenso die Pflicht ergeben, die **Dauer, Lage oder das Tempo der Tätigkeit** individuell einzurichten.[86] Der Arbeitgeber hat nach § 9 Abs. 1 MuSchG 2018 alle aufgrund der Gefährdungsbeurteilung erforderlichen Maßnahmen für den Schutz der physischen und psychischen Gesundheit der schwangeren oder stillenden Frau sowie ihres Kindes zu treffen. Die in der ArbStättV sowie die in anderen Gesetzen, Verordnungen und Vorschriften für alle Arbeitnehmerinnen geltenden Anforderungen sind, einschließlich der anerkannten si-

28

---

[79] Beispielhaft zu einem einzelfallorientierten Beschäftigungsverbot bei Gefährdung der psychischen Gesundheit: LAG Schleswig-Holstein 7.12.1999 – 1 Sa 464/99, NZA-RR 2000, 118. [80] Reuhl/Weg Gute Arbeit 2017, 23. [81] BT-Drs. 18/8963, 65 f.; so auch HK-ArbR/Velikova/Briegel, MuSchG 2018 § 9 Rn. 9. [82] BT-Drs. 18/8963, 82. [83] BT-Drs. 18/8963, 66. [84] Zur bisherigen Rechtslage ausführlich Nebe in: jurisPK-Familie und Beruf, Kapitel 5.6 Rn. 9; aA HK-MuSchG/Pepping MuSchG § 2 Rn. 14; Z/Z/V/V MuSchG § 2 Rn. 12; differenzierend: Meisel/Sowka MuSchG § 2 Rn. 6. [85] Kollmer/Klindt/Schucht /Kohte ArbSchG § 3 Rn. 33 ff., ArbSchG § 4 Rn. 43 ff. [86] Zur bisherigen Rechtslage: Z/Z/V/V MuSchG § 2 Rn. 13.

cherheitstechnischen Regelungen und arbeitsmedizinischen Regeln, in jedem Fall zu erfüllen.[87]

29 Die Pflicht des Arbeitgebers nach § 13 Abs. 1 Nr. 1 MuSchG 2018 bezieht sich auf alle **erforderlichen Maßnahmen**, um einen Arbeitsplatzwechsel oder ein Beschäftigungsverbot zu vermeiden.[88] Eine Begrenzung der Gestaltungspflicht wie in § 618 BGB oder § 62 HGB, die auf die Natur des Dienstverhältnisses bzw. des Betriebes als Grenze zurückgreifen, hat der Gesetzgeber nicht eingerichtet. Daraus ergibt sich eine im Vergleich zu diesen Normen gesteigerte Anpassungspflicht, die jedoch nicht unbegrenzt gilt. Systemimmanent ist diese Grenze mit dem Vorliegen der Voraussetzungen für einen Arbeitsplatzwechsel gem. § 13 Abs. 1 Nr. 2 MuSchG 2018 erreicht. Danach soll ein Arbeitsplatzwechsel dann gerechtfertigt sein, wenn zwar einen die **unverantwortbare Gefährdung** nicht durch die **Umgestaltung der Arbeitsbedingungen** auszuschließen ist oder die Umgestaltung des Arbeitsplatzes wegen des nachweislich unverhältnismäßigen Aufwandes **nicht zumutbar** ist. Will sich der Arbeitgeber darauf berufen, dass der Aufwand unzumutbar ist, muss er dies glaubhaft machen, also muss die behauptete Tatsache, wie in § 611 a Abs. 1 S. 3 BGB aF und § 294 ZPO gefordert, überwiegend wahrscheinlich sein.[89] Bei der Bestimmung der Unzumutbarkeit kann nicht auf die Systematik der (dringenden) betrieblichen Gründe, zB in § 8 Abs. 4 TzBfG oder § 15 BEEG, zurückgegriffen werden. Vielmehr ist der Aufwand, über das allgemeine Arbeitsschutzrecht hinaus,[90] ähnlich wie bei § 81 Abs. 4 S. 3 SGB IX anhand des **Übermaßverbots** zu bestimmen,[91] wobei die besonderen mutterschutzspezifischen Anforderungen und Gegebenheiten zu beachten sind. So ist zB das Teilhabeinteresse der Frau mit ihr zu klären und zu berücksichtigen; abzuwägen ist auch die nur vorübergehende Zeitspanne der mutterschutzspezifischen Umstände, die Schutzmaßnahmen nur für eine geringe Zeitspanne erfordern. Kriterien sind daher, wie auch im Zusammenhang mit anderen Anpassungspflichten, zB in § 81 Abs. 4 SGB IX oder § 28 Abs. 1 JArbSchG, das Übermaßverbot und die organisatorische Unzumutbarkeit.[92]

30 d) **Arbeitsplatzwechsel.** Wenn die Umgestaltung der Arbeitsbedingungen oder Arbeitszeiten unter Berücksichtigung des Standes der Technik, der Arbeitsmedizin und der Hygiene sowie sonstiger gesicherter arbeitswissenschaftlicher Erkenntnisse nicht möglich ist bzw. eine unverantwortbare Gefährdung bewirkt oder für den Arbeitgeber unzumutbar ist, hat der Arbeitgeber die erforderlichen Maßnahmen für einen **Arbeitsplatzwechsel** zu treffen (§ 13 Abs. 1 Nr. 2 MuSchG 2018). Die damit als nachrangig normierte Pflicht des Arbeitgebers zur Umsetzung entspricht den Vorgaben des stufenweisen Anpassungsverfahrens nach Art. 5 RL 92/85/EWG. Der Arbeitgeber muss dann einen anderen Arbeitsplatz zur Verfügung stellen, für den er die Risiken gem. § 10 MuSchG 2018 geprüft und die Frau über die Beurteilungsergebnisse gem. § 14 Abs. 3 MuSchG 2018 in Kenntnis gesetzt hat. Ist auch hier eine Anpassung erforderlich, hat der Arbeitgeber auch diesen Arbeitsplatz umzugestalten. Bei der Umsetzung sind betriebsverfassungsrechtliche Anforderungen zu beachten, so ist der Arbeitgeber nach den §§ 99, 95 BetrVG verpflichtet, den **Betriebsrat** zu beteiligen. In unionsrechtskonformer Auslegung von § 18 MuSchG 2018 ist auch bei einem solchen Arbeitsplatzwechsel der Mutterschutzlohn nach § 18 MuSchG zu zahlen[93] und dem Arbeitgeber der wirtschaftliche Nachteil gem. § 1 Abs. 2 AAG zu kompensieren.

31 Ein **Arbeitsplatzwechsel** kommt dann nicht in Betracht, wenn er **nicht möglich ist, eine unverantwortbare Gefährdung bewirkt oder nicht zumutbar ist**. Die Ursachen hierfür können sowohl aus der Sphäre des Arbeitgebers[94] als auch aus der der Arbeitnehmerin stammen. Bei der Beurteilung, ob der Arbeitnehmerin die vom Arbeitgeber nach billi-

---

[87] HK-MuSchG/Pepping MuSchG § 2 Rn. 15; Z/Z/V/V MuSchG § 2 Rn. 11 f. [88] Zum Einsatz einer Orchestermusikerin vgl. ArbG Frankfurt 1.11.2006 – 22 Ca 11214/04. [89] Zur bisherigen Rechtslage: Kollmer/Klindt/Schucht/Kossens MuSchArbV § 3 Rn. 5. [90] Faber, Grundpflichten, S. 177 ff. [91] Vgl. KKW/Kohte, 5. Aufl. 2017, SGB IX § 81 Rn. 21; ausführlich Porsche, Positive Maßnahmen, 2016, S. 551 ff. [92] KKW/Kohte, 5. Aufl. 2017, SGB IX § 81 Rn. 21, 22. [93] Nebe ZESAR 2011, 10 (16). [94] Vgl. dazu BAG 29.1.1997 – 2 AZR 9/96, NZA 1997, 709; für höhere Zumutbarkeitsanforderungen im Schwerbehindertenrecht Düwell in: LPK-SGB IX § 81 Rn. 31; vgl. insoweit auch BAG 3.12.2002 – 9 AZR 481/01, NZA 2003, 1215 ff.

gem Ermessen anzubietende Tätigkeit zumutbar ist, sind alle wesentlichen Umstände des Einzelfalls zu berücksichtigen.[95] Abzuwägen sind die Rücksichtspflichten der Arbeitnehmerin auf der einen und die durch den Mutterschutz geprägten Fürsorge- und Rücksichtspflichten des Arbeitgebers auf der anderen Seite.[96] Mit dieser Abwägung wird bestimmt, welchen Arbeitsplatz die Arbeitnehmerin annehmen muss, um den Lohnfortzahlungsanspruch des § 18 MuSchG 2018 nicht zu verlieren. Dementsprechend ist die **Zumutbarkeit** restriktiv auszulegen.[97] Es sind nicht nur objektive, sondern auch subjektive Umstände zu berücksichtigen, die in der persönlichen Sphäre der Arbeitnehmerin liegen. Aus der Sicht der Frau beispielsweise können längere Anfahrtswege,[98] andere Berufskleidung, die erst angeschafft werden müsste, das Erlernen neuer Kenntnisse und Fähigkeiten oder aber auch die Betreuung und Pflege von Kindern oder Angehörigen[99] bzw. eine neben der Erwerbstätigkeit laufende Ausbildung, die die Wahrnehmung von neuen Arbeitsaufgaben erschweren oder unmöglich machen würde,[100] zu einer Unzumutbarkeit führen.[101] Diese kann sich vor allem aus der Art der zugewiesenen Tätigkeit ergeben. Die Arbeitnehmerin muss die neue Tätigkeit nur dann annehmen, wenn diese in ihrer sozialen Wertigkeit nicht unter dem Niveau der arbeitsvertraglich umrissenen Tätigkeit liegt.[102] Die notwendige Überprüfung des Einzelfalls kann dazu führen, dass unter Umständen zwar auch einfachere, berufsfremde Tätigkeiten zu verrichten sind, wohingegen solche Tätigkeiten, die nicht im Entferntesten der vorher ausgeübten Tätigkeit entsprechen oder ungewohnte körperlich schwere Arbeiten beinhalten, nicht mehr zu verrichten sind.[103] Absolute Grenzen der Zumutbarkeit der Umsetzung markieren die Ehrenrührigkeit der Tätigkeit, die Maßregelung oder die Diskriminierung der Arbeitnehmerin.[104]

e) Freistellung von der Arbeit (ultima ratio). Kann eine **unverantwortbare Gefährdung** für die schwangere oder stillende Frau weder durch die Anpassung des Arbeitsplatzes noch durch einen Arbeitsplatzwechsel ausgeschlossen werden, darf der Arbeitgeber die betroffene Frau **nicht mehr beschäftigen**. Dabei kann sich die Freistellung auf bestimmte Arbeitszeiten oder bestimmte Arbeitsinhalte erstrecken bzw. beschränken. Das bedeutet, dass auch eine **teilweise Freistellung** möglich ist. Der jeweilige Umfang bestimmt sich nach der Erforderlichkeit (→ Rn. 29). 32

5. Arbeitsplatz- und -zeitbezogener Gesundheitsschutz. Den individuellen und generellen arbeitsplatzbezogenen **unzulässigen Tätigkeiten** (Expositionsverboten), die in den §§ 11, 12 MuSchG 2018 normiert sind, kommen **keine zusätzlichen Rechtswirkungen** zu.[105] Sie führen insbesondere nicht zu einer Anfechtbarkeit des Arbeitsverhältnisses, wenn ihr Vorliegen verschwiegen wird.[106] Die Beschäftigungsverbote erlangen ihre Geltung im Rahmen der Gefährdungsbeurteilung und der gestuften Anpassungsverfahrens, da Frauen mit den normierten Tätigkeiten oder mit der Beschäftigung nicht mehr betraut werden dürfen. Dies führt jedoch nicht zwingend zu einer Freistellung von der Arbeit, der Arbeitgeber ist zur gestuften Anpassung der Arbeitsbedingungen nach § 13 MuSchG 2018 verpflichtet. Nur wenn keine Möglichkeit der Umgestaltung des Arbeitsplatzes besteht oder nachrangig eine Umsetzung möglich ist, können diese Beschäftigungsverbote zu einer Freistellung von der Arbeitsleistung mit gleichzeitiger 33

---

95 BAG 22.4.1998 – 5 AZR 478/97, NZA 1998, 936. **96** BAG 28.3.1969 – 3 AZR 300/68, NJW 1969, 1454. **97** LAG Berlin 2.2.1982 – 8 Sa 85 und 87/81, DB 1982, 1677. **98** BAG 21.4.1999 – 5 AZR 174/98, NZA 1999, 1044 und BAG 22.4.1998 – 5 AZR 478/97, NZA 1998, 936. **99** BAG 14.4.1972 – 3 AZR 395/71, DB 1972, 2070. **100** BAG 15.11.2000 – 5 AZR 365/99, NZA 2001, 386. **101** Vgl. dazu ausführlich Buchner/Becker MuSchG Vor §§ 3–8 Rn. 30 ff. **102** BAG 22.4.1998 – 5 AZR 478/97, NZA 1998, 936; BAG 21.4.1999 – 5 AZR 174/98, NZA 1999, 1044; BAG 8.2.1984 – 5 AZR 182/82; vgl. dazu ausführlich Buchner/Becker MuSchG Vor §§ 3–8 Rn. 29. **103** BAG 8.2.1984 – 5 AZR 182/82; aA LAG Berlin 2.2.1982 – 8 Sa 85/81, 8 Sa 87/81, DB 1982, 1677; vgl. dazu HK-MuSchG/Pepping, MuSchG Vor §§ 3–8 Rn. 13. **104** LAG Berlin 2.2.1982 – 8 Sa 85/81, 8 Sa 87/81, DB 1982, 1677. **105** Zur Rechtslage in der Arbeitslosenversicherung BSG 30.11.2011 – B 11 AL 7/11 R, NZS 2012, 475. **106** EuGH 5.5.1994 – Rs. C-421/92, NZA 1995, 609 (Habermann-Beltermann).

Zahlung des Mutterschutzlohnes nach § 18 MuSchG 2018 führen.[107] Den **Aufsichtsbehörden** steht das Recht zu, durch Verwaltungsakt festzustellen, dass eine bestimmte Tätigkeit einem Beschäftigungsverbot zuzuordnen ist,[108] und solche zu verbieten (§ 29 Abs. 3 S. 2 Nr. 7 MuSchG 2018).

34 Diese Regelungen werden flankiert durch die **arbeitszeitbezogenen Beschäftigungsverbote** der §§ 4–6 MuSchG 2018. Ergänzend zu den allgemeinen Regelungen im Arbeitszeitgesetz sowie zu den besonderen Schutzgesetzen (zB §§ 8 ff., 14 ff. JArbSchG) werden besondere Arbeitszeitregelungen normiert. Diese erweitern die arbeitsplatzbezogenen Expositionsverbote, um eine schwangere oder stillende Frau, die in dieser Zeit stärker physisch oder psychisch beansprucht wird, vor arbeitszeitbedingten Überlastungen zu schützen.[109] Der Gesetzgeber hat daher ein **Verbot von Mehr-, Nacht-, Sonn- und Feiertagsarbeit** vorgesehen. Ausnahmen von den Verboten können nach der Neuregelung für das Nacht-, Sonn- und Feiertagsarbeitsverbot unabhängig von den jeweiligen Branchen vereinbart werden, wohingegen für die Mehrarbeit (§ 4 MuSchG 2018) ein solcher Ausnahmetatbestand aufgrund der generellen Belastung durch Mehrarbeit nicht vorgesehen wurde.[110] Die Voraussetzungen für eine Beschäftigung schwangerer und stillender Frauen zwischen 20.00 Uhr und 22.00 Uhr sind in § 28 MuSchG 2018 geregelt und sehen ein behördliches Genehmigungsverfahren vor. Lehnt die Aufsichtsbehörde die Erteilung der Genehmigung nicht ab bzw. untersagt die Tätigkeit nicht vorläufig, darf der Arbeitgeber die Frau unter Erfüllung der Anforderungen nach § 28 Abs. 1 MuSchG 2018 beschäftigen (§ 28 Abs. 2 MuSchG 2018). Lehnt die Aufsichtsbehörde den Antrag nicht binnen von 6 Wochen nach dessen vollständigem Eingang ab, gilt die Genehmigung als erteilt (Genehmigungsfiktion § 28 Abs. 3 MuSchG 2018). Voraussetzung für den Eintritt aller Ausnahmetatbestände ist unter anderem, dass sich die Frau **ausdrücklich** bereit erklärt. Eine solche individuelle Erklärung der Frau darf nicht vorformuliert oder im Rahmen einer Betriebsvereinbarung geregelt werden. Sie darf nicht unter (psychischem) Zwang abgegeben werden; die Erklärung der Frau ist daher jederzeit mit Wirkung für die Zukunft widerruflich (§§ 5 Abs. 2 S. 3, 6 Abs. 1 S. 3, Abs. 2 S. 3, 28 Abs. 1 S. 2 MuSchG 2018). Die Aufsichtsbehörden können die Beschäftigung schwangerer oder stillender Frauen zwischen 20.00 Uhr und 22.00 Uhr sowie an Sonn- und Feiertagen verbieten (§ 29 Abs. 3 S. 2 Nr. 2 MuSchG 2018).

35 **6. Schutzfristen – vom Arbeitsplatz unabhängige Beschäftigungsverbote.** Darüber hinaus sieht das Mutterschutzrecht in § 3 MuSchG 2018 vor, dass vor und nach der Entbindung **vom Arbeitsplatz unabhängige Beschäftigungsverbote** bestehen.[111] Sie beruhen auf dem Schutzgedanken für die Mutter und das ungeborene Kind in der späten Schwangerschaft und frühen Mutterschaft. Nach der Entbindung sollen den Müttern die notwendige Erholung von den physischen und psychischen Belastungen der Schwangerschaft und Geburt, die Regeneration und die Rückbildung verursachter Organveränderungen, aber auch der Aufbau einer emotionalen Bindung durch besonders engen Kontakt mit dem Neugeborenen ermöglicht werden.[112] Eine Beschäftigung werdender Mütter ist in den letzten sechs Wochen vor der Entbindung nicht möglich. Die werdende Mutter kann sich jedoch freiwillig ausdrücklich zur Arbeitsleistung bereit erklären (**relatives Beschäftigungsverbot**). Diese Erklärung kann jederzeit widerrufen werden. **Nach der Entbindung** dürfen Mütter bis zum Ablauf von acht Wochen, bei Früh- und Mehrlingsgeburten, sowie neu eingeführt bei Feststellung einer Behinderung des Kindes im Sinne von § 2 Abs. 1 S. 1 SGB IX durch einen Arzt vor Ablauf von acht Wochen nach der Entbindung, bis zum Ablauf von zwölf Wochen nicht beschäftigt

---

107 So ausdrücklich HK-MuSchG/Pepping MuSchG § 4 Rn. 131; diese Zeiten sind Beschäftigungszeiten im Sinne der Sozialversicherungen, BVerfG 28.3.2006 – 1 BvL 10/01, NJW 2006, 1721 mAnm Meyerhoff, jurisPR-SozR 9/2006 Anm. 2. **108** Beispielhaft BVerwG 26.4.2005 – 5 C 11/04, NZA-RR 2005, 649. **109** HK-MuSchG/Pepping MuSchG § 8 Rn. 1. **110** Dazu Gesetzentwurf der Bundesregierung BT-Drs. 18/8963, 57. **111** Dies entspricht den Anforderungen der Mutterschutzrichtlinie 92/85/EWG – vgl. dazu auch EuGH 20.9.2007 – C-116/06, NZA 2007, 1274 (Kiiski); zur zunächst fehlerhaften Umsetzung Graue NJW 1999, 2795. **112** BAG 16.6.2005 – 6 AZR 108/01, NZA 2006, 283 mwN; Buchner/Becker MuSchG § 6 Rn. 2.

werden (**absolutes Beschäftigungsverbot**).[113] Die Frist verlängert sich bei vorzeitigen Entbindungen um den Zeitraum der vorgeburtlichen Schutzfrist, der nicht in Anspruch genommen wurde. In diesen Zeiten erhalten die von der Arbeit freigestellten Schwangeren und jüngst entbundenen Frauen Mutterschaftsgeld nach § 19 MuSchG 2018 iVm § 24 i SGB V.[114] Diese auch als Mutterschaftsurlaub bezeichnete Freistellung von der Arbeitspflicht führt nicht zu einer Verkürzung der Ansprüche auf **Erholungsurlaub** (§ 24 MuSchG 2018).[115] Insbesondere kann der Erholungsurlaub nicht mit dem Einwand des Rechtsmissbrauchs abgelehnt werden.[116] Dies gilt auch für die Neugewährung von Urlaub nach Eintritt eines Beschäftigungsverbots.[117] Konnte der bestehende Urlaubsanspruch vor Beginn der Schutzfristen nicht vollständig genommen werden, so kann dieser nach Ende der Schutzfristen im laufenden oder im darauffolgenden Urlaubsjahr genommen werden.

IV. Rechtsdurchsetzung

Die nach § 10 MuSchG 2018 durchzuführende Gefährdungsbeurteilung sowie das in § 13 MuSchG 2018 geregelte gestufte Anpassungsverfahren sind Teil des öffentlich-rechtlichen Arbeitsschutzes, dessen Überwachung den staatlichen Aufsichtsbehörden gem. § 29 MuSchG 2018 obliegt.[118] Die **Aufsichtsbehörde** hat die gleichen Befugnisse, wie die nach § 22 Abs. 2, 3 ArbSchG mit der Überwachung beauftragte Person. Sie hat die Betriebe zu überwachen und kann eigenständige Anordnungen auch zur Durchsetzung der Vorschriften zur Durchführung der Gefährdungsbeurteilung und des gestuften Anpassungsverfahrens treffen. Dies ist eine deutliche Verbesserung zur bisherigen Rechtslage (vgl. dazu die Kritik in Rn. 32 der 1. Aufl.). Die bisherige Rechtslage blieb hinter den Anforderungen zurück, so dass jetzt die Erwartung besteht, dass häufiger von der Möglichkeit Gebrauch gemacht wird. Adressat der Anordnung ist der Arbeitgeber – dies ergibt sich auch aus §§ 10, 13 ArbSchG. Zusätzlich stehen **Bußgeld- und Strafvorschriften in §§ 32, 33 MuSchG 2018** zur Verfügung[119] (zur Wirksamkeit dieser Regelungen → Jugendarbeitsschutz Rn. 64 f.).

36

Unabhängig vom Aufsichtsrecht können Frauen bei fehlender mutterschutzspezifischer Gefährdungsbeurteilung gem. §§ 273 Abs. 1, 618 Abs. 1 BGB ein **Zurückbehaltungsrecht** geltend machen. Wie § 5 ArbSchG entfaltet auch § 10 MuSchG 2018 individualrechtliche Wirkung, so dass betroffene Frauen sich insbesondere nicht auf den Ausspruch eines Beschäftigungsverbotes verweisen lassen müssen.[120] In den Grenzen von Treu und Glauben ist dies auch bei fehlerhafter oder unvollständiger Gefährdungsbeurteilung möglich. Bei der Frage der individuellen Gefährdungsbeurteilung zeigen sich die Grenzen des Zurückbehaltungsrechts. Die Mitteilung der Schwangerschaft ist nicht als Rechtspflicht ausgestaltet (§ 15 MuSchG 2018). Der Arbeitgeber kann bestimmte Maßnahmen jedoch nur ergreifen, wenn er über die bestehende Schwangerschaft und deren Verlauf bzw. die bestehenden Risiken informiert ist. Um hier zu angemessenen Lösungen zu kommen, ist die starre Anwendung des Zurückbehaltungsrechts nicht immer geeignet, um die erwünschte Integration zu fördern. Notwendig ist daher die **Kommunikation** zwischen dem Arbeitgeber und der betroffenen Frau, eventuell unter Einbeziehung des behandelnden Arztes oder des Betriebs- oder Personalrates.

37

---

113 Vgl. dazu BGH 7.11.2016 – 2 StR 9/15, NJW 2017, 745. **114** Vgl. zur Zulässigkeit des Wegfalls von Zuschlägen: EuGH 14.7.2016 – C-335/15, NZA 2016, 933. **115** Zur Unzulässigkeit einer solchen Verkürzung im Hinblick auf den Mindesturlaub: EuGH 3.4.2003 – C-342/01, NZA 2004, 535 ff. (Gomez); EuGH 20.9.2007 – C-116/06, NZA 2007, 1274, Streit 2008, 27 ff. (Kiiski); dazu Porsche Streit 2009, 13 ff.; inzwischen wurde auch die BAG-Rechtsprechung zur Urlaubsabgeltung nach zweiter Elternzeit geändert: BAG 20.5.2008 – 9 AZR 219/07, Streit 2008, 178 ff.; dazu Kohte/Beetz, jurisPR-ArbR 11/2009 Anm. 3. **116** Überwindung der Rechtsmissbrauchstheorie durch BAG 28.1.1982 – 6 AZR 571/79, AP Nr. 11 zu § 3 BUrlG Rechtsmissbrauch; BAG 8.3.1984 – 6 AZR 600/82, NZA 1984, 197; BVerwG 28.5.1986 – 2 C 6/84, NJW 1987, 671; dazu auch Friese NZA 2003, 597 (600). **117** Vgl. dazu ausführlich Nebe in: jurisPR-Familie und Beruf, Kapitel 5.10 Rn. 32. **118** Vgl. dazu Kohte in: FS Düwell, S. 152, 165. **119** Zu den bisherigen Sanktionsvorschriften im Mutterschutz: Nebe/Kempe in: Bross, Handbuch Arbeitsstrafrecht, 2017, S. 446 ff. **120** BAG 9.8.2016 – 9 AZR 575/15, NZA 2016, 1392; Kohte, jurisPR-ArbR 13/2009 Anm. 1; Z/Z/V/V MuSchG § 2 Rn. 64.

5 Betrieblicher Mutterschutz

38 Nach der Transformationslehre bestimmt die Anpassungspflicht ebenfalls den Inhalt der vertraglichen Pflichten,[121] die damit in Anlehnung an § 3 ArbSchG, §§ 13, 9 Abs. 1 MuSchG 2018 als **mutterschutzspezifische Anpassungspflicht** des Arbeitgebers bezeichnet werden kann.[122] Diese Pflicht umfasst nicht nur die Anpassung, sondern auch das Rangverhältnis der verschiedenen Maßnahmen (→ Rn. 21). Der Arbeitgeber ist verpflichtet, die Rangfolge einzuhalten, der betroffenen Frau steht im Wege der Transformation nach § 618 BGB ein **individualrechtlicher Anspruch** auf die Einhaltung dieser im öffentlich-rechtlichen Mutterschutz vorgegebenen Rangfolge zu, der auch im einstweiligen Rechtsschutz realisiert werden kann (→ BGB § 618 Rn. 35).[123] Damit korrespondiert die **Beschäftigungspflicht** des Arbeitgebers, die bisher nur unzureichend beachtet worden ist.[124] Das Weisungsrecht des Arbeitgebers gem. § 106 GewO besteht lediglich in den Grenzen der §§ 13, 9 MuSchG 2018, die mit dem individualrechtlichen Anpassungsanspruch der betroffenen Frau abzustimmen sind.[125]

39 Spiegelbildlich zur Gestaltungs- und Beschäftigungspflicht normiert der öffentlich-rechtliche Mutterschutz auch **Mitwirkungspflichten** der Beschäftigten und hat somit, wie andere vom Arbeitgeber einzuhaltende Schutzvorschriften, eine Doppelwirkung.[126] Die Mitwirkungspflichten beziehen sich insbesondere auf die Umsetzung nach §§ 13, 9 MuSchG 2018, gegen die sich die Frau auf Unzumutbarkeit (→ Rn. 31) berufen kann. Damit lässt sich auch das Kündigungsverbot nach § 17 MuSchG 2018 in Einklang bringen, wonach eine von vornherein auf wechselseitige Mitwirkung begründete Änderung der Arbeitsbedingungen das mutterschutzrechtliche Kündigungsverbot nicht berührt.[127]

40 Die Umsetzung der Ansprüche der Arbeitsvertragsparteien setzt zunächst eine **Verständigung** voraus. Diese führt zu einer Anpassung der Vertragsinhalte an die geänderten Umstände.[128] Die Verhandlungspositionen sind jedoch nicht deckungsgleich, da die Mitwirkungspflichten der Frau geringer sind, als ihr Anspruch auf Anpassung der Arbeitsbedingungen. Dies ergibt sich aus dem Tatbestandsmerkmal der Zumutbarkeit der jeweiligen Anpassungsmaßnahme. Besonderheiten ergeben sich hier aus dem Persönlichkeitsrecht der betroffenen Frau, was zur Folge hat, dass der Arbeitgeber seine Verpflichtung nicht nach fürsorglicher Einschätzung, sondern nach § 10 Abs. 2 S. 2 MuSchG 2018 in Abstimmung mit der Frau erfüllen muss.[129]

41 Diese **gegenseitigen Ansprüche** auf Nachverhandlungen sind rechtlich durchsetzbar. Die betroffene Frau kann gem. § 273 Abs. 1 BGB ihre Arbeitsleistung bei unterbliebener Anpassung zurückbehalten. Hier kommt zudem das Verfahren im einstweiligen Rechtsschutz gem. § 940 ZPO in Betracht. Der Entgeltschutz gem. § 18 MuSchG muss über seinen Wortlaut hinaus auch für die Veränderung im Wege des § 13 MuSchG 2018 eingreifen.

42 In einer mangelhaften Umsetzung der Anforderungen der §§ 13, 9 MuSchG 2018, zB durch die Zuweisung eines nicht in seiner sozialen Wertigkeit vergleichbaren Arbeitsplatzes (→ Rn. 31), aber auch in der fehlenden oder unzureichenden Durchführung der individuellen Gefährdungsbeurteilung[130] kann zudem eine **Diskriminierung** aufgrund des Geschlechtes iSd § 3 Abs. 1 S. 2 AGG liegen. Für diese Fälle sieht § 22 AGG eine **Beweiserleichterung** vor, so dass die betroffene Frau lediglich Indizien vortragen muss, die eine Benachteiligung vermuten lassen. Dies gilt auch für die Zuweisung eines nicht gleichwertigen Arbeitsplatzes nach Rückkehr aus den Mutterschutzzeiten (§ 25

---

[121] Nebe in: jurisPK-Familie und Beruf, Kapitel 5.6 Rn. 14, 24, 27. [122] Ausführlich: Nebe, Betrieblicher Mutterschutz, S. 235. [123] ArbG Frankfurt 10.11.2004 – 22 Ga 297/04; von einem Beschäftigungsverbot bis zur Realisierung ausgehend: Koll, AiB 2017, 21, 22. [124] ArbG Regensburg 15.2.1993 – 4 Ga 3/93, AiB 1993, 336 m. zust. Anm. Weinmann; ebenso LAG Schleswig-Holstein 15.12.2005 – 2 Ta 210/05, AuR 2007, 140 ff. m. zust. Anm. Nebe. [125] Nebe in: jurisPK-Familie und Beruf, Kapitel 5.6 Rn. 30. [126] Münch/ArbR/Kohte § 297 Rn. 45; Lenz MuSchG § 3 Rn. 3 sowie MuSchG § 4 Rn. 2. [127] Nebe in: jurisPK-Familie und Beruf, Kapitel 5.6 Rn. 20 ff. [128] Ausführlich dazu Nebe in: jurisPK-Familie und Beruf, Kapitel 5.6 Rn. 34. [129] Vgl. als Beispiel insoweit OVG Rheinland-Pfalz 11.9.2003 – 12 A 10856/03, NZA-RR 2004, 93. [130] EuGH 19.10.2017 – C-531/15 (Ramos).

MuSchG 2018).[131] Eine Missachtung des MuSchG ist regelmäßig als Benachteiligung wegen des Geschlechts zu qualifizieren, so dass auch eine Entschädigung nach § 15 Abs. 2 AGG zu leisten ist.[132]

Da die Vorschriften des 2. Abschnitts des MuSchG 2018 dem Gesundheitsschutz dienen, unterfallen Regelungen, die der betrieblichen Konkretisierung dienen, unproblematisch dem **Mitbestimmungsrecht des Betriebsrats nach § 87 Abs. 1 Nr. 7 BetrVG (→ BetrVG § 87 Rn. 64).**[133] So müssen die jeweiligen Verfahren der mutterschutzrechtlichen Gefährdungsbeurteilung, die Modalitäten der Information nach § 14 MuSchG 2018 oder der Anpassungsverfahren gemeinsam mit dem Betriebsrat geklärt und vereinbart werden. Vergleichbare Regelungen sind auch der **Mitbestimmung des Personalrats nach § 75 Abs. 3 Nr. 11 BPersVG** zuzuordnen (→ BPersVG § 75 Rn. 53).[134] Den Interessenvertretungen obliegt es auch nach § 80 BetrVG, § 68 BPersVG zu kontrollieren, dass es sich bei den Ausnahmeerklärungen nach §§ 5, 6 MuSchG 2018 um ausdrückliche und freiwillige Erklärungen handelt. Ebenso können sie auf das Widerrufsrecht hinweisen. Angesichts der Intensität der Änderungen des Mutterschutzrechts steht den Interessenvertretungen ein Schulungsanspruch nach § 37 Abs. 6 BetrVG, § 46 Abs. 6 BPersVG (→ BetrVG Vor § 87 Rn. 28 f.) zu, um erfolgreich und informativ Betriebsversammlungen durchführen, Regelungen vereinbaren und an Gefährdungsbeurteilungen mitwirken zu können.

43

---

131 ArbG Wiesbaden 30.10.2008 – 5 Ca 632/08, dbr 2009, Nr. 9, 39; vgl. dazu Feldhoff, jurisPR-ArbR 30/2009 Anm. 1. **132** LAG Berlin-Brandenburg 16.9.2015 – 23 Sa 1045/15; Feldhoff Streit 2015, 111. **133** Nebe, Betrieblicher Mutterschutz, S. 310 ff.; HK-MuSchG/Pepping MuSchG § 2 Rn. 37, MuSchG § 4 Rn. 18; Fitting BetrVG § 87 Rn. 310. **134** Nebe, Betrieblicher Mutterschutz, S. 310 ff.

Gesetz zum Schutze der arbeitenden Jugend (Jugendarbeitsschutzgesetz – JArbSchG)

Vom 12. April 1976 (BGBl. I S. 965)
(FNA 8051-10)
zuletzt geändert durch Art. 13 Branntweinmonopolverwaltung-AuflösungsG vom 10. März 2017 (BGBl. I S. 420)
– Auszug –

Erster Abschnitt Allgemeine Vorschriften

§ 1 JArbSchG Geltungsbereich

(1) Dieses Gesetz gilt in der Bundesrepublik Deutschland und in der ausschließlichen Wirtschaftszone für die Beschäftigung von Personen, die noch nicht 18 Jahre alt sind,
1. in der Berufsausbildung,
2. als Arbeitnehmer oder Heimarbeiter,
3. mit sonstigen Dienstleistungen, die der Arbeitsleistung von Arbeitnehmern oder Heimarbeitern ähnlich sind,
4. in einem der Berufsausbildung ähnlichen Ausbildungsverhältnis.

(2) Dieses Gesetz gilt nicht
1. für geringfügige Hilfeleistungen, soweit sie gelegentlich
   a) aus Gefälligkeit,
   b) auf Grund familienrechtlicher Vorschriften,
   c) in Einrichtungen der Jugendhilfe,
   d) in Einrichtungen zur Eingliederung Behinderter
   erbracht werden,
2. für die Beschäftigung durch die Personensorgeberechtigten im Familienhaushalt.

§ 2 JArbSchG Kind, Jugendlicher

(1) Kind im Sinne dieses Gesetzes ist, wer noch nicht 15 Jahre alt ist.

(2) Jugendlicher im Sinne dieses Gesetzes ist, wer 15, aber noch nicht 18 Jahre alt ist.

(3) Auf Jugendliche, die der Vollzeitschulpflicht unterliegen, finden die für Kinder geltenden Vorschriften Anwendung.

§ 4 JArbSchG Arbeitszeit

(1) Tägliche Arbeitszeit ist die Zeit vom Beginn bis zum Ende der täglichen Beschäftigung ohne die Ruhepausen (§ 11).

(2) Schichtzeit ist die tägliche Arbeitszeit unter Hinzurechnung der Ruhepausen (§ 11).

(3) ¹Im Bergbau unter Tage gilt die Schichtzeit als Arbeitszeit. ²Sie wird gerechnet vom Betreten des Förderkorbes bei der Einfahrt bis zum Verlassen des Förderkorbes bei der Ausfahrt oder vom Eintritt des einzelnen Beschäftigten in das Stollenmundloch bis zu seinem Wiederaustritt.

(4) ¹Für die Berechnung der wöchentlichen Arbeitszeit ist als Woche die Zeit von Montag bis einschließlich Sonntag zugrunde zu legen. ²Die Arbeitszeit, die an einem Werktag infolge eines gesetzlichen Feiertags ausfällt, wird auf die wöchentliche Arbeitszeit angerechnet.

(5) Wird ein Kind oder ein Jugendlicher von mehreren Arbeitgebern beschäftigt, so werden die Arbeits- und Schichtzeiten sowie die Arbeitstage zusammengerechnet.

Zweiter Abschnitt Beschäftigung von Kindern

§ 5 JArbSchG Verbot der Beschäftigung von Kindern

(1) Die Beschäftigung von Kindern (§ 2 Abs. 1) ist verboten.

(2) ¹Das Verbot des Absatzes 1 gilt nicht für die Beschäftigung von Kindern
1. zum Zwecke der Beschäftigungs- und Arbeitstherapie,
2. im Rahmen des Betriebspraktikums während der Vollzeitschulpflicht,
3. in Erfüllung einer richterlichen Weisung.

²Auf die Beschäftigung finden § 7 Satz 1 Nr. 2 und die §§ 9 bis 46 entsprechende Anwendung.

(3) ¹Das Verbot des Absatzes 1 gilt ferner nicht für die Beschäftigung von Kindern über 13 Jahre mit Einwilligung des Personensorgeberechtigten, soweit die Beschäftigung leicht und für Kinder geeignet ist. ²Die Beschäftigung ist leicht, wenn sie auf Grund ihrer Beschaffenheit und der besonderen Bedingungen, unter denen sie ausgeführt wird,
1. die Sicherheit, Gesundheit und Entwicklung der Kinder,
2. ihren Schulbesuch, ihre Beteiligung an Maßnahmen zur Berufswahlvorbereitung oder Berufsausbildung, die von der zuständigen Stelle anerkannt sind, und
3. ihre Fähigkeit, dem Unterricht mit Nutzen zu folgen,

nicht nachteilig beeinflußt. ³Die Kinder dürfen nicht mehr als zwei Stunden täglich, in landwirtschaftlichen Familienbetrieben nicht mehr als drei Stunden täglich, nicht zwischen 18 und 8 Uhr, nicht vor dem Schulunterricht und nicht während des Schulunterrichts beschäftigt werden. ⁴Auf die Beschäftigung finden die §§ 15 bis 31 entsprechende Anwendung.

(4) ¹Das Verbot des Absatzes 1 gilt ferner nicht für die Beschäftigung von Jugendlichen (§ 2 Abs. 3) während der Schulferien für höchstens vier Wochen im Kalenderjahr. ²Auf die Beschäftigung finden die §§ 8 bis 31 entsprechende Anwendung.

(4 a) Die Bundesregierung[1] hat durch Rechtsverordnung mit Zustimmung des Bundesrates die Beschäftigung nach Absatz 3 näher zu bestimmen.

(4 b) Der Arbeitgeber unterrichtet die Personensorgeberechtigten der von ihm beschäftigten Kinder über mögliche Gefahren sowie über alle zu ihrer Sicherheit und ihrem Gesundheitsschutz getroffenen Maßnahmen.

(5) Für Veranstaltungen kann die Aufsichtsbehörde Ausnahmen gemäß § 6 bewilligen.

Dritter Abschnitt Beschäftigung Jugendlicher

Erster Titel Arbeitszeit und Freizeit

§ 8 JArbSchG Dauer der Arbeitszeit

(1) Jugendliche dürfen nicht mehr als acht Stunden täglich und nicht mehr als 40 Stunden wöchentlich beschäftigt werden.

(2) ¹Wenn in Verbindung mit Feiertagen an Werktagen nicht gearbeitet wird, damit die Beschäftigten eine längere zusammenhängende Freizeit haben, so darf die ausfallende Arbeitszeit auf die Werktage von fünf zusammenhängenden, die Ausfalltage einschließenden Wochen nur dergestalt verteilt werden, daß die Wochenarbeitszeit im Durchschnitt dieser fünf Wochen 40 Stunden nicht überschreitet. ²Die tägliche Arbeitszeit darf hierbei achteinhalb Stunden nicht überschreiten.

(2 a) Wenn an einzelnen Werktagen die Arbeitszeit auf weniger als acht Stunden verkürzt ist, können Jugendliche an den übrigen Werktagen derselben Woche achteinhalb Stunden beschäftigt werden.

---

[1] Siehe die KindArbSchV.

(3) In der Landwirtschaft dürfen Jugendliche über 16 Jahre während der Erntezeit nicht mehr als neun Stunden täglich und nicht mehr als 85 Stunden in der Doppelwoche beschäftigt werden.

§ 11 JArbSchG Ruhepausen, Aufenthaltsräume

(1) ¹Jugendlichen müssen im voraus feststehende Ruhepausen von angemessener Dauer gewährt werden. ²Die Ruhepausen müssen mindestens betragen
1. 30 Minuten bei einer Arbeitszeit von mehr als viereinhalb bis zu sechs Stunden,
2. 60 Minuten bei einer Arbeitszeit von mehr als sechs Stunden.

³Als Ruhepause gilt nur eine Arbeitsunterbrechung von mindestens 15 Minuten.

(2) ¹Die Ruhepausen müssen in angemessener zeitlicher Lage gewährt werden, frühestens eine Stunde nach Beginn und spätestens eine Stunde vor Ende der Arbeitszeit. ²Länger als viereinhalb Stunden hintereinander dürfen Jugendliche nicht ohne Ruhepause beschäftigt werden.

(3) Der Aufenthalt während der Ruhepausen in Arbeitsräumen darf den Jugendlichen nur gestattet werden, wenn die Arbeit in diesen Räumen während dieser Zeit eingestellt ist und auch sonst die notwendige Erholung nicht beeinträchtigt wird.

(4) Absatz 3 gilt nicht für den Bergbau unter Tage.

§ 19 JArbSchG Urlaub

(1) Der Arbeitgeber hat Jugendlichen für jedes Kalenderjahr einen bezahlten Erholungsurlaub zu gewähren.

(2) ¹Der Urlaub beträgt jährlich
1. mindestens 30 Werktage, wenn der Jugendliche zu Beginn des Kalenderjahres noch nicht 16 Jahre alt ist,
2. mindestens 27 Werktage, wenn der Jugendliche zu Beginn des Kalenderjahres noch nicht 17 Jahre alt ist,
3. mindestens 25 Werktage, wenn der Jugendliche zu Beginn des Kalenderjahres noch nicht 18 Jahre alt ist.

²Jugendliche, die im Bergbau unter Tage beschäftigt werden, erhalten in jeder Altersgruppe einen zusätzlichen Urlaub von drei Werktagen.

(3) ¹Der Urlaub soll Berufsschülern in der Zeit der Berufsschulferien gegeben werden. ²Soweit er nicht in den Berufsschulferien gegeben wird, ist für jeden Berufsschultag, an dem die Berufsschule während des Urlaubs besucht wird, ein weiterer Urlaubstag zu gewähren.

(4) ¹Im übrigen gelten für den Urlaub der Jugendlichen § 3 Abs. 2, §§ 4 bis 12 und § 13 Abs. 3 des Bundesurlaubsgesetzes. ²Der Auftraggeber oder Zwischenmeister hat jedoch abweichend von § 12 Nr. 1 des Bundesurlaubsgesetzes den jugendlichen Heimarbeitern für jedes Kalenderjahr einen bezahlten Erholungsurlaub entsprechend Absatz 2 zu gewähren; das Urlaubsentgelt der jugendlichen Heimarbeiter beträgt bei einem Urlaub von 30 Werktagen 11,6 vom Hundert, bei einem Urlaub von 27 Werktagen 10,3 vom Hundert und bei einem Urlaub von 25 Werktagen 9,5 vom Hundert.

Zweiter Titel Beschäftigungsverbote und -beschränkungen
§ 22 JArbSchG Gefährliche Arbeiten[1]

(1) Jugendliche dürfen nicht beschäftigt werden
1. mit Arbeiten, die ihre physische oder psychische Leistungsfähigkeit übersteigen,
2. mit Arbeiten, bei denen sie sittlichen Gefahren ausgesetzt sind,
3. mit Arbeiten, die mit Unfallgefahren verbunden sind, von denen anzunehmen ist, daß Jugendliche sie wegen mangelnden Sicherheitsbewußtseins oder mangelnder Erfahrung nicht erkennen oder nicht abwenden können,
4. mit Arbeiten, bei denen ihre Gesundheit durch außergewöhnliche Hitze oder Kälte oder starke Nässe gefährdet wird,
5. mit Arbeiten, bei denen sie schädlichen Einwirkungen von Lärm, Erschütterungen oder Strahlen ausgesetzt sind,
6. mit Arbeiten, bei denen sie schädlichen Einwirkungen von Gefahrstoffen im Sinne der Gefahrstoffverordnung ausgesetzt sind,
7. mit Arbeiten, bei denen sie schädlichen Einwirkungen von biologischen Arbeitsstoffen im Sinne der Biostoffverordnung ausgesetzt sind.

(2) [1]Absatz 1 Nr. 3 bis 7 gilt nicht für die Beschäftigung Jugendlicher, soweit
1. dies zur Erreichung ihres Ausbildungszieles erforderlich ist,
2. ihr Schutz durch die Aufsicht eines Fachkundigen gewährleistet ist und
3. der Luftgrenzwert bei gefährlichen Stoffen (Absatz 1 Nr. 6) unterschritten wird.

[2]Satz 1 findet keine Anwendung auf gezielte Tätigkeiten mit biologischen Arbeitsstoffen der Risikogruppen 3 und 4 im Sinne der Biostoffverordnung sowie auf nicht gezielte Tätigkeiten, die nach der Biostoffverordnung der Schutzstufe 3 oder 4 zuzuordnen sind.

(3) Werden Jugendliche in einem Betrieb beschäftigt, für den ein Betriebsarzt oder eine Fachkraft für Arbeitssicherheit verpflichtet ist, muß ihre betriebsärztliche oder sicherheitstechnische Betreuung sichergestellt sein.

Dritter Titel Sonstige Pflichten des Arbeitgebers
§ 28 JArbSchG Menschengerechte Gestaltung der Arbeit

(1) [1]Der Arbeitgeber hat bei der Einrichtung und der Unterhaltung der Arbeitsstätte einschließlich der Maschinen, Werkzeuge und Geräte und bei der Regelung der Beschäftigung die Vorkehrungen und Maßnahmen zu treffen, die zum Schutze der Jugendlichen gegen Gefahren für Leben und Gesundheit sowie zur Vermeidung einer Beeinträchtigung der körperlichen oder seelisch-geistigen Entwicklung der Jugendlichen erforderlich sind. [2]Hierbei sind das mangelnde Sicherheitsbewußtsein, die mangelnde Erfahrung und der Entwicklungsstand der Jugendlichen zu berücksichtigen und die allgemein anerkannten sicherheitstechnischen und arbeitsmedizinischen Regeln sowie die sonstigen gesicherten arbeitswissenschaftlichen Erkenntnisse zu beachten.

(2) Das Bundesministerium für Arbeit und Soziales kann durch Rechtsverordnung mit Zustimmung des Bundesrates bestimmen, welche Vorkehrungen und Maßnahmen der Arbeitgeber zur Erfüllung der sich aus Absatz 1 ergebenden Pflichten zu treffen hat.

(3) Die Aufsichtsbehörde kann in Einzelfällen anordnen, welche Vorkehrungen und Maßnahmen zur Durchführung des Absatzes 1 oder einer vom Bundesministerium für Arbeit und Soziales gemäß Absatz 2 erlassenen Verordnung zu treffen sind.

---

1 Die Änderung durch G v. 3.3.2016 (BGBl. I S. 369) dient gleichzeitig der Umsetzung der Richtlinie 2014/27/EU des Europäischen Parlaments und des Rates vom 26. Februar 2014 zur Änderung der Richtlinien 92/58/EWG, 92/85/EWG, 94/33/EG und 98/24/EG des Rates sowie der Richtlinie 2004/37/EG des Europäischen Parlaments und des Rates zwecks ihrer Anpassung an die Verordnung (EG) Nr. 1272/2008 über die Einstufung, Kennzeichnung und Verpackung von Stoffen und Gemischen (ABl. L 65 vom 5.3.2014, S. 1).

§ 28 a JArbSchG Beurteilung der Arbeitsbedingungen

¹Vor Beginn der Beschäftigung Jugendlicher und bei wesentlicher Änderung der Arbeitsbedingungen hat der Arbeitgeber die mit der Beschäftigung verbundenen Gefährdungen Jugendlicher zu beurteilen. ²Im übrigen gelten die Vorschriften des Arbeitsschutzgesetzes.

§ 29 JArbSchG Unterweisung über Gefahren

(1) ¹Der Arbeitgeber hat die Jugendlichen vor Beginn der Beschäftigung und bei wesentlicher Änderung der Arbeitsbedingungen über die Unfall- und Gesundheitsgefahren, denen sie bei der Beschäftigung ausgesetzt sind, sowie über die Einrichtungen und Maßnahmen zur Abwendung dieser Gefahren zu unterweisen. ²Er hat die Jugendlichen vor der erstmaligen Beschäftigung an Maschinen oder gefährlichen Arbeitsstellen oder mit Arbeiten, bei denen sie mit gesundheitsgefährdenden Stoffen in Berührung kommen, über die besonderen Gefahren dieser Arbeiten sowie über das bei ihrer Verrichtung erforderliche Verhalten zu unterweisen.

(2) Die Unterweisungen sind in angemessenen Zeitabständen, mindestens aber halbjährlich, zu wiederholen.

(3) Der Arbeitgeber beteiligt die Betriebsärzte und die Fachkräfte für Arbeitssicherheit an der Planung, Durchführung und Überwachung der für die Sicherheit und den Gesundheitsschutz bei der Beschäftigung Jugendlicher geltenden Vorschriften.

Verordnung über den Kinderarbeitsschutz (Kinderarbeitsschutzverordnung – KindArbSchV)

Vom 23. Juni 1998 (BGBl. I S. 1508)
(FNA 8051-10-2)

Auf Grund des § 5 Abs. 4 a des Jugendarbeitsschutzgesetzes, der durch Artikel 1 Nr. 2 Buchstabe e des Gesetzes vom 24. Februar 1997 (BGBl. I S. 311) eingefügt worden ist, verordnet die Bundesregierung:

§ 1 KindArbSchV Beschäftigungsverbot

Kinder über 13 Jahre und vollzeitschulpflichtige Jugendliche dürfen nicht beschäftigt werden, soweit nicht das Jugendarbeitsschutzgesetz und § 2 dieser Verordnung Ausnahmen vorsehen.

§ 2 KindArbSchV Zulässige Beschäftigungen

(1) Kinder über 13 Jahre und vollzeitschulpflichtige Jugendliche dürfen nur beschäftigt werden
1. mit dem Austragen von Zeitungen, Zeitschriften, Anzeigenblättern und Werbeprospekten,
2. in privaten und landwirtschaftlichen Haushalten mit
   a) Tätigkeiten in Haushalt und Garten,
   b) Botengängen,
   c) der Betreuung von Kindern und anderen zum Haushalt gehörenden Personen,
   d) Nachhilfeunterricht,
   e) der Betreuung von Haustieren,
   f) Einkaufstätigkeiten mit Ausnahme des Einkaufs von alkoholischen Getränken und Tabakwaren,

3. in landwirtschaftlichen Betrieben mit Tätigkeiten bei
    a) der Ernte und der Feldbestellung,
    b) der Selbstvermarktung landwirtschaftlicher Erzeugnisse,
    c) der Versorgung von Tieren,
4. mit Handreichungen beim Sport,
5. mit Tätigkeiten bei nichtgewerblichen Aktionen und Veranstaltungen der Kirchen, Religionsgemeinschaften, Verbände, Vereine und Parteien,

wenn die Beschäftigung nach § 5 Abs. 3 des Jugendarbeitsschutzgesetzes leicht und für sie geeignet ist.

(2) ¹Eine Beschäftigung mit Arbeiten nach Absatz 1 ist nicht leicht und für Kinder über 13 Jahre und vollzeitschulpflichtige Jugendliche nicht geeignet, wenn sie insbesondere
1. mit einer manuellen Handhabung von Lasten verbunden ist, die regelmäßig das maximale Lastgewicht von 7,5 kg oder gelegentlich das maximale Lastgewicht von 10 kg überschreiten; manuelle Handhabung in diesem Sinne ist jedes Befördern oder Abstützen einer Last durch menschliche Kraft, unter anderem das Heben, Absetzen, Schieben, Ziehen, Tragen und Bewegen einer Last,
2. infolge einer ungünstigen Körperhaltung physisch belastend ist oder
3. mit Unfallgefahren, insbesondere bei Arbeiten an Maschinen und bei der Betreuung von Tieren, verbunden ist, von denen anzunehmen ist, daß Kinder über 13 Jahre und vollzeitschulpflichtige Jugendliche sie wegen mangelnden Sicherheitsbewußtseins oder mangelnder Erfahrung nicht erkennen oder nicht abwenden können.

²Satz 1 Nr. 1 gilt nicht für vollzeitschulpflichtige Jugendliche.

(3) Die zulässigen Beschäftigungen müssen im übrigen den Schutzvorschriften des Jugendarbeitsschutzgesetzes entsprechen.

§ 3 KindArbSchV Behördliche Befugnisse

Die Aufsichtsbehörde kann im Einzelfall feststellen, ob die Beschäftigung nach § 2 zulässig ist.

§ 4 KindArbSchV Inkrafttreten

Diese Verordnung tritt am ersten Tage des auf die Verkündung[1] folgenden Kalendermonats in Kraft.

Literatur: *Aligbe*, Einstellungs- und Eignungsuntersuchungen, 2015; *Anzinger*, Die neue Kinderarbeitsschutzverordnung, BB 1998, 1843; *Nesi/Nogler/Pertil*, Child Labour in a Globalized World, 2008; *Calliess/Ruffert*, EUV/AEUV, 5. Aufl. 2016; *Dembkowsky*, Neue Entwicklungen im Kinder- und Jugendarbeitsschutz, NJW 1998, 3540; *Düwell*, Die Neuregelung des Kinderarbeitsschutzes, AuR 1998, 232; *ders.*, Kinderarbeit im vereinten Deutschland, AuR 1992, 138;; *Lakies/Schoden*, Jugendarbeitsschutzgesetz, 2010; *Faber*, Die arbeitsschutzrechtlichen Grundpflichten des § 3 ArbSchG: Organisations- und Verfahrenspflichten, materiell-rechtliche Maßstäbe und die rechtlichen Instrumente ihrer Durchsetzung, 2004; *Gröninger/Gehring/Taubert*, Gesetz zum Schutz der arbeitenden Jugend, 1988 (zitiert: G/G/T); *Kollmer*, Grundzüge der neuen Kinderarbeitsschutzverordnung, NZA 1998, 1268; *Kossens*, Änderungen des Jugendarbeitsschutzgesetzes, RdA 1997, 209; *Lörcher*, Die Jugendarbeitsschutzrichtlinie der EU, AuR 1994, 360; *Maier*, Pausengestaltung als Organisationspflicht, 2012; *Molitor/Volmer/Germelmann*, JArbSchG, 3. Aufl. 1986 (zitiert: MVG); *Natzel*, Berufsvorbereitung – praktische Erfahrungen, rechtliche Rahmenbedingungen, BB 2011, 1589; *Nebe*, Betrieblicher Mutterschutz, 2006; *Neumann*, 50 Jahre Jugendarbeitsschutzgesetz, AiB 2010, 716; *Neumann/Fenski*, BUrlG, 11. Aufl. 2016; *Salje*, Der Schutz von Jugendlichen und Kindern im Theater- und Musikbetrieb, DVBl. 1988, 135; *Schlüter*, Jugendarbeitsschutzrecht, 1985; *Schmidt*, Defizite im Jugendarbeitsschutz, BB 1998, 1362; *Tillmanns*, § 18 Jugendarbeitsschutz, in: Schlachter/Heinig, Enzyklopädie Europarecht, 2017; *Weyand*, Der arbeits-

---

[1] Verkündet am 26.6.1998.

rechtliche Schutz von Kindern und Jugendlichen im Sportbetrieb, in: FS für Franz Josef Düwell, 2011, S. 172; *Wohlgemuth/Banke*, Berufsbildungsgesetz, 2011; *Zmarzlik*, Änderungen des Jugendarbeitschutzgesetzes, DB 1997, 674; *Zmarzlik/Anzinger*, JArbSchG, 5. Aufl. 1998.

Leitentscheidungen: BAG 22.2.1972 – 2 AZR 205/71, AP Nr. 1 zu § 15 BBiG; BayObLG 11.1.1983 – 3 Ob OWi 164/82, AP Nr. 1 zu § 32 JArbSchG; BayObLG 23.3.1992 – 3 ObOWi 18/92, NZA 1992, 811; OLG Hamm 28.2.1978 – 4 Ss OWi 444/78, OLGSt zu § 1 JArbSchG; OVG Münster 17.2.1986 – 12 A 1453/85, NJW 1987, 1443; OLG Hamm 14.8.1987 – 6 Ss OWi 445/86, AuR 1989, 152 = AiB 1989, 267 mAnm Ingo Hamm.

I. Normzweck, Rechtssystematik .. 1	2. Rechtsfolgen einer Verletzung 18
II. Entstehung und der Einfluss von Unionsrecht und internationalem Arbeitsrecht 3	V. Beschäftigung Jugendlicher 19
1. Entstehung des Jugendarbeitsschutzes in Deutschland 3	1. Grundpflichten des Arbeitgebers 20
2. Internationales Arbeitsrecht und Unionsrecht 4	2. Gefährdungsbeurteilung nach § 28 a JArbSchG 23
a) Regulierung von Kinderarbeit durch die Internationale Arbeitsorganisation und ihre Auswirkungen auf das deutsche Recht 4	3. Unterweisung der Jugendlichen 27
	4. Beschäftigungsverbote für Jugendliche 30
	5. Gesundheitliche Betreuung (§§ 32 ff. JArbSchG) 34
b) Unionsrecht 5	a) Pflichtuntersuchungen ... 36
III. Detailkommentierung 7	b) Freiwillige weitere Nachuntersuchungen 41
1. Persönlicher Schutzbereich .. 7	c) Gegenstand der Untersuchungen 42
2. Sachlicher Schutzbereich 8	6. Spezifische Arbeitszeitregelungen für Jugendliche 43
a) Gesetzliche Kategorien des Beschäftigungsverhältnisses 9	a) Höchstarbeitszeit 46
b) Ausnahmen vom sachlichen Anwendungsbereich 10	b) Anrechnung der Berufsschul- und Prüfungszeit und der außerbetrieblichen Ausbildung 47
3. Persönlicher Anwendungsbereich 11	c) Arbeitsfreie Zeiten: Samstag und Sonntag als wöchentliche Ruhetage, Feiertage, Ruhepausen und Freizeit 50
IV. Verbot von Kinderarbeit 12	
1. Ausnahmen nach JArbSchG und KindArbSchV 13	
a) Ausnahmen nach §§ 5 Abs. 5, 6 JArbSchG 13	d) Schichtdienste 51
b) Ausnahmen nach § 5 Abs. 2 JArbSchG 14	e) Ruhezeiten 52
	f) Nachtruhe 53
c) Ausnahmen nach § 5 Abs. 3 JArbSchG und KindArbSchV 15	g) Verteilung der Arbeitszeit auf die Wochentage 54
	7. Spezifisches Urlaubsrecht ... 56
d) Ausnahmen nach § 5 Abs. 4 JArbSchG 17	8. Rechtsdurchsetzung 59

I. Normzweck, Rechtssystematik

1 Das JArbSchG gewährt Kindern und Jugendlichen in der auf Erwachsene ausgerichteten Arbeitswelt einen spezifisch auf ihre Bedürfnisse abgestimmten Schutz und enthält daher gegenüber dem ArbSchG,[2] dem ArbZG und dem BUrlG **speziellere gesetzliche Regelungen,** die diesen vorgehen und sie ergänzen.[3] Zentrale Aspekte des JArbSchG sind das **Verbot von Kinderarbeit** einerseits und die Gewährleistung der **auf jugendliche**

---

[2] Kollmer/KlindtSchucht/Kollmer § 1 ArbSchG Rn. 80. [3] Das Verhältnis zum BUrlG bestimmt sich nach § 19 Abs. 4 JArbSchG.

Beschäftigte zugeschnittenen Arbeitsbedingungen andererseits. Die Schutzmaßnahmen sollen die potenziellen Auswirkungen der Beschäftigung sowohl auf ihre physische und psychische Gesundheit als auch auf ihre weitere Entwicklung berücksichtigen. Bei der Bestimmung des Schutzniveaus und der Auswahl der Maßnahmen verlangt das Gesetz, den konkreten Entwicklungsstand der Kinder und Jugendlichen zu berücksichtigen. Dies ist notwendig, um entsprechende Schutzmaßnahmen auswählen und umsetzen zu können.

In einem ersten **allgemeinen Teil** werden der Anwendungsbereich des Gesetzes und damit verbunden die Begriffe Kind, Jugendlicher und Arbeitgeber sowie Grundsätze zur Arbeitszeit definiert. Der zweite Abschnitt des Gesetzes widmet sich dem Verbot der Kinderarbeit und den zulässigen Ausnahmen für die Beschäftigung von Kindern. Bei der Regulierung der Beschäftigung von Jugendlichen im dritten Abschnitt steht zunächst das Spannungsfeld Arbeitszeit und Freizeit im Mittelpunkt. Die unterschiedlichen Regelungen sollen eine ausreichende Erholung und Entwicklung der Persönlichkeit der Jugendlichen sicherstellen. Im Fall der Berufsausbildungsverhältnisse von Jugendlichen gilt es im Rahmen der gesetzlichen Schutzvorschriften dennoch, so weit wie möglich die Besonderheiten einzelner Berufsgruppen und Branchen bei der Umsetzung dieser Schutzziele zu berücksichtigen. Hieraus resultiert eine Reihe von gesetzlichen Ausnahmen, die diese Anpassung ermöglichen sollen. Ein weiterer Schwerpunkt ist der über die Arbeitszeit entstehende Konflikt zwischen Berufsschule und beruflicher Ausbildung im Betrieb. Das JArbSchG enthält weiterhin Kernpflichten des Arbeitgebers zur menschengerechten Gestaltung der Arbeit, der Gefährdungsbeurteilung und der Unterweisung der Jugendlichen. Die ärztliche Betreuung soll vor und während der Beschäftigung den Arbeits- und Gesundheitsschutz absichern.

II. Entstehung und der Einfluss von Unionsrecht und internationalem Arbeitsrecht

1. Entstehung des Jugendarbeitsschutzes in Deutschland. Im Zuge der Industrialisierung wurden erstmals auch in Deutschland Vorschriften zum Kinder- und Jugendarbeitsschutz erlassen. Dem preußischen Regulativ über die Beschäftigung jugendlicher Arbeiter vom 9.3.1839 folgten weitere Vorschriften in anderen deutschen Einzelstaaten. Diese wurden später in der **Gewerbeordnung** zusammengefasst, die ab 1871 für das gesamte Deutsche Reich galt. Bis 1938 wurde das Verbot der Kinderarbeit immer weiter ausgedehnt und mit dem **Gesetz über Kinderarbeit und die Arbeitszeit der Jugendlichen** vom 30.4.1938 letztlich für alle Branchen eingeführt. Es erfasste zu diesem Zeitpunkt die Kinder unter 14 Jahren und Jugendliche bis zu 18 Jahren. Der Schutz der Jugendlichen erfolgte vorrangig über Arbeitszeitregelungen:[4] Die wöchentliche Arbeitszeit betrug 48 Stunden; die tägliche Höchstarbeitszeit 8 Stunden. In der Zeit von 20 bis 6 Uhr war gesetzlich die Nachtruhe garantiert. Eine Anrechnung der Berufsschulzeiten auf die Arbeitszeiten sah das Gesetz ebenfalls vor. Die Sonn- und die Feiertagsarbeit waren beschränkt. Das **Jugendarbeitsschutzgesetz** von **1960** folgte der Grundsystematik der Vorgängerregulung im Wesentlichen. Das Verbot der Kinderarbeit wurde gestärkt, die Arbeitszeit- und Urlaubsregelungen verbessert, Akkordarbeit verboten und eine gesundheitliche Betreuung der Jugendlichen eingeführt. **1976** ist ein neues **Jugendarbeitsschutzgesetz** in Kraft getreten. Es verpflichtete erstmals im deutschen Arbeitsschutzrecht den Arbeitgeber zur **menschengerechten Gestaltung** der Arbeit unter Berücksichtigung **der körperlichen oder geistig-seelischen Entwicklung** der jugendlichen Beschäftigten. Neben Verbesserungen der Arbeitszeitregelungen und des Urlaubsumfangs enthielt es nun auch die **besonderen Beschäftigungsverbote und Beschäftigungsbeschränkungen,** die eine Beschäftigung der Jugendlichen unter besonders gefährlichen Arbeitsbedingungen ausschloss und damit das Niveau des Arbeits- und Gesundheitsschutzes deutlich erhöhte. Die wichtigste Änderung war 1984 die Einführung des § 21 a JArbSchG, der den Tarifvertragsparteien Abweichungen von den ge-

---

4 Zmarzlik/Anzinger Einf. Rn. 18–22.

setzlichen Arbeitszeitstandards erlaubte. Die Änderungen von 1997 sollten schließlich die RL 94/33/EG über den Jugendarbeitsschutz in deutsches Recht umsetzen.

4 **2. Internationales Arbeitsrecht und Unionsrecht. a) Regulierung von Kinderarbeit durch die Internationale Arbeitsorganisation und ihre Auswirkungen auf das deutsche Recht.** Seit dem ILO-Übereinkommen über das Mindestalter für die Beschäftigung von Kindern in der Industrie Nr. 5 vom 28.11.1919, das am 13.6.1921 in Kraft trat, war die Arbeit von Kindern und Jugendlichen immer wieder Gegenstand von Übereinkommen und Empfehlungen der Internationalen Arbeitsorganisation. Die Bundesrepublik Deutschland ist völkerrechtlich an die Übereinkommen gebunden, soweit diese durch ein Zustimmungsgesetz nach Art. 59 Abs. 2 GG ratifiziert wurden. Zentrale Regelungen zum Komplex der Kinderarbeit enthalten das **Übereinkommen über das Mindestalter für die Zulassung zur Beschäftigung Nr. 138**, das am 19.6.1976 in Kraft trat und am 8.4.1976 in Deutschland ratifiziert wurde, sowie das **Übereinkommen Nr. 182 über das Verbot und unverzügliche Maßnahmen zur Beseitigung der schlimmsten Formen der Kinderarbeit** von 1999, das am 19.11.2000 in Kraft trat und am 18.4.2002 in Deutschland ratifiziert wurde. Ob die Übereinkommen Arbeitnehmern unmittelbare Rechte verleihen, hängt von deren Auslegung ab. (zur Bedeutung der ILO-Übereinkommen für das EU-Recht und das deutsche Recht → Grundrecht Rn. 5, 11). Die Europäische Sozialcharta enthält mit Art. 7, der bis auf Nr. 1, einer Regelung zum Mindestalter von 15 Jahren, vollständig in Deutschland ratifiziert wurde, ebenfalls Schutzbestimmungen für Kinder und Jugendliche. Art. 7 RESC wurde als Bestandteil der überarbeiteten Europäischen Sozialcharta in Deutschland noch nicht ratifiziert.

5 **b) Unionsrecht.** Die **Grundrechtscharta** der Union sieht mit **Art. 32** ebenfalls das **Verbot der Kinderarbeit** und den Schutz der Jugendlichen vor.[5] Er koppelt das Mindestalter für den Eintritt ins Arbeitsleben an das Ende der Schulpflicht und steht damit auch im Einklang mit dem ILO-Übereinkommen Nr. 138, allerdings ohne das Mindestalter genau zu benennen.[6] **Altersgerechte Arbeitsbedingungen**, Schutz vor wirtschaftlicher Ausbeutung sowie der Sicherheit, Gesundheit und nicht nur der körperlichen und geistigen, sondern auch der sittlichen und sozialen Entwicklung werden festgeschrieben. Die Gefährdung der Erziehung der Jugendlichen soll ausgeschlossen werden.[7] Art. 32 EU-GRC bindet die Organe, Einrichtungen und sonstigen Stellen der Europäischen Union und gilt in den Mitgliedstaaten bei der Durchführung des Unionsrechts (Art. 51 EU-GRC → Grundrecht Rn. 43 ff.). Die Mitgliedstaaten müssen demzufolge Art. 32 EU-GRC bei der Umsetzung und Auslegung der Richtlinie des Rates über den Jugendarbeitsschutz 94/33/EG berücksichtigen.

6 Im Gesamtkonzept des europäischen Arbeitsschutzes stellen **jugendliche Beschäftigte** eine **besonders gefährdete Risikogruppe** dar, deren Schutz vor spezifischen Gefährdungen sichergestellt werden muss (Art. 15 RL 89/391/EWG). Weil die allgemeinen Schutzvorschriften der Arbeitsschutzrahmenrichtlinie nicht genügen, wurde die **Jugendarbeitsschutzrichtlinie 94/33/EG**[8] erlassen. Sie verpflichtet die Mitgliedstaaten Kinderarbeit zu verbieten, und erlaubt die Arbeit von Jugendlichen unter bestimmten Bedingungen, wobei die Anforderungen an den Arbeitsschutz ebenfalls deutlich von denen für Erwachsene abweichen. Zentraler Aspekt der Jugendarbeitsschutzrichtlinie ist, wie in der Arbeitsschutzrahmenrichtlinie, die Verpflichtung des Arbeitgebers, den Schutz vor diesen spezifischen Gefährdungen zu gewährleisten (Art. 6 Abs. 1, Art. 7 Abs. 1 RL 94/33/EG). **Zentrales Instrument**, als Voraussetzung für geeignete Schutzmaßnahmen, ist die **Gefährdungsbeurteilung**, die in Bezug auf diese spezifischen Gefährdungen durchgeführt werden muss (Art. 6 Abs. 2 RL 94/33/EG). An die so ermittelten Gefährdungen und getroffenen Maßnahmen knüpfen dann die Gesundheitsüberwachung (Art. 6 Abs. 2 S. 3 RL 94/33/EG) und die Unterrichtung der jugendlichen Be-

---

5 Mit Überlegungen zur Rechtswirkung Tillmanns in: Schlachter/Heinig, Rn. 11. 6 Dazu Borzaga, Limiting the Minimum Age, in: Nesi/Nogler/Pertil, S. 39 ff. 7 Zum Grundrecht Krebber in: Calliess/Ruffert Art. 32; Balze EAS B5200 Rn. 7. 8 Richtlinie 94/33/EG des Rates vom 22.6.1994 über den Jugendarbeitsschutz, ABl. L 216 vom 20.8.1994, 12, dazu Lörcher AuR 1994, 360.

schäftigten und ihrer gesetzlichen Vertreter an. Die Bestimmungen der Jugendarbeitsschutzrichtlinie ergänzen die allgemeinen Pflichten nach der Arbeitsschutzrahmenrichtlinie 89/391/EWG.[9] Art. 7 Abs. 2 RL 94/33/EG ordnet für eine Beschäftigung junger Menschen, die mit bestimmten Gefahren oder Gefährdungen verbunden ist, ein Beschäftigungsverbot an. Art. 8–13 RL 94/33/EG enthalten spezifische Regelungen für die Arbeitszeit, die Nachtarbeit, Ruhezeiten, Pausen, wobei neben den Grundsätzen auch jeweils Ausnahmeregelungen enthalten sind. Die Umsetzung der Richtlinie durch die Änderung des JArbSchG ließ 1997 die gesetzliche Grundsystematik weitgehend unverändert,[10] so dass Elemente des unionsrechtlichen Arbeitsschutzes neben die bereits bestehenden Bestimmungen traten, ohne dass diese in allen Fällen aufeinander abgestimmt wurden oder das Konzept der Richtlinie durchgängig in das JArbSchG aufgenommen wurde.[11]

III. Detailkommentierung

1. Persönlicher Schutzbereich. Das JArbSchG schützt Personen, die noch nicht 18 Jahre alt sind und beschäftigt werden. Eine Beschäftigung der unter Fünfzehnjährigen, den **Kindern** im Sinne dieses Gesetzes (§ 1 Abs. 1 JArbSchG), ist grundsätzlich verboten. Für sie besteht ein **Beschäftigungsverbot**. **Jugendliche**, die zwischen 15 und 18 Jahre alt sind (§ 1 Abs. 2 JArbSchG), dürfen hingegen grundsätzlich beschäftigt werden. Damit setzt der deutsche Gesetzgeber Art. 3 lit. b RL 94/33/EG um, der eine Anhebung der Altersgrenze für Jugendliche auf 15 Jahre erforderlich machte. Jugendliche, die noch der **Vollzeitschulpflicht** unterliegen, **gelten** nach § 1 Abs. 3 JArbSchG im Einklang mit Art. 3 lit.c RL 94/33/EG **als Kinder**. Die Vollzeitschulpflicht ist dabei die Pflicht, in Vollzeit eine allgemeinbildende Schule zu besuchen. Das Landesrecht bestimmt seine Dauer unterschiedlich. Sie beträgt neun[12] bzw. zehn[13] Jahre. Die Begrifflichkeiten des Landesrechts sind uneinheitlich; zT findet der Begriff Vollzeitschulpflicht auch keine Verwendung mehr. Davon ist die allgemeine Schulpflicht zu unterscheiden, die als Oberbegriff dient und neben der Vollzeitschulpflicht auch die Berufszeitschulpflicht umfasst. 7

2. Sachlicher Schutzbereich. In den sachlichen Anwendungsbereich fällt die **Beschäftigung von Kindern und Jugendlichen**. Beschäftigung ist der Oberbegriff für Tätigkeiten nach § 1 Abs. 1 JArbSchG. Die RL 94/33/EG erstreckt durch Art. 2 Abs. 1 ihren Schutz auf Arbeitsverhältnisse oder Arbeitsverträge, wie sie nach dem nationalen Recht definiert sind.[14] Sie umfasst jede privatrechtliche weisungsgebundene Tätigkeit, die in persönlicher Abhängigkeit ausgeübt wird.[15] Das Kriterium der persönlichen Abhängigkeit erlaubt es, selbstständige Tätigkeiten bzw. Tätigkeiten in eigenen Angelegenheiten, wie als Mitglied von Vereinen oder Religionsgemeinschaften, auszuschließen.[16] Der Begriff der **Beschäftigung** nach § 1 Abs. 1 JArbSchG geht deutlich über den engeren arbeitsrechtlichen Begriff des Arbeitsverhältnisses (→ ArbSchG § 2 Rn. 14 f.) hinaus. Er umfasst zunächst neben Arbeitnehmern und Auszubildenden auch arbeitnehmerähnliche Personen. Damit knüpft auch das JArbSchG nicht an eine Rechtsform, sondern an die 8

---

9 Balze EAS B 5200 Rn. 32. **10** Zmarzlik DB 1997, 674; Kossens RdA 1997, 209. **11** Kritisch zur Umsetzung insbesondere Balze EAS B5200 Rn. 17, 31, 37, 43; Schmidt BB 1998, 1362. **12** Übersicht zu den aktuellen Schulgesetzen der Länder www.kmk.org/dokumentation/rechtsvorschriften-und-lehrplaene-der-laender/uebersicht-schulgesetze.html. § 59 Abs. 1 HessSchulG; Art. 37 Abs. 3 S. 1 BayEUG; § 75 Abs. 1, 2 SchG Baden-Württemberg; § 41 Abs. 2 Nr. 1 SchulG M-V; § 66 S. 1 Hs. 1 NSchG; §§ 56, 59 Abs. 2 SchulG RP; § 4 Abs. 1 SchulpflichtG Saarland; § 28 Abs. 2 Hs. 1 SchulG Sachsen; § 40 Abs. 2 SchulG LSA; § 20 Abs. 2 Nr. 1 SchulG SH; § 19 Abs. 1 S. 1 Thür SchulG; für Hamburg: neun Jahre bis zum ersten möglichen Schulabschluss, dieser wird der Vollzeitschulpflicht gleichgesetzt, obwohl diese nicht gesetzlich geregelt ist. **13** § 42 Abs. 4 SchulG Berlin; § 38 Abs. 1 BbgSchulG; § 55 Abs. 2 BremSchulG; § 37 HmgSG; § 34 Abs. 2 iVm § 37 Abs. 1 NRW-SchulG. **14** Schmidt BB 1998, 1362; Balze EAS B 5200 Rn. 19, auf die Entgeltzahlung kommt es dabei nicht an Tillmanns in: Schlachter/Heinig, Rn. 15. **15** OLG Hamm 8.4.1987 – 6 Ss OWi 445/86, AiB 1989, 267 f.; BayObLG 21.12.1973 – 4 St 157/73, AP Nr. 1 zu § 66 JArbSchG. **16** ErfK/Schlachter § 1 JArbSchG Rn. 4.

faktische Beschäftigung an.[17] Bei Unwirksamkeit des Arbeits- oder Dienstvertrages bleibt das JArbSchG anwendbar.[18] Die spezifische Schutzbedürftigkeit der Kinder und Jugendlichen erfordert diese Ausdehnung des gesetzlichen Schutzes.[19] Der **Beschäftigtenbegriff** des ArbSchG (→ ArbSchG § 2 Rn. 13) ist damit Ausgangspunkt für das JArbSchG, das aber im Einzelnen weiter geht; so werden auch Heimarbeitnehmer vom JArbSchG erfasst.

9 a) **Gesetzliche Kategorien des Beschäftigungsverhältnisses.** § 1 Abs. 1 JArbSchG bestimmt die Beschäftigungsverhältnisse über einen abschließenden Katalog. Für die **Berufsausbildung** eröffnet § 1 Abs. 1 Nr. 1 JArbSchG den Anwendungsbereich des Gesetzes, indem er Bezug auf die betriebliche Ausbildung im Rahmen einer Ausbildungsordnung nach § 1 Abs. 3 BBiG und § 2 Abs. 1 Nr. 1 BBiG nimmt. **Arbeitnehmer und Arbeitnehmerinnen** unterfallen nach Nr. 2 dem Anwendungsbereich des Gesetzes. Die Qualifizierung als **Arbeitsvertrag** richtet sich nach der durch das Bundesarbeitsgericht aufgestellten Grundsätzen nach den tatsächlichen Arbeitsbedingungen (→ ArbSchG § 2 Rn. 14). Demnach sind auch **betriebliche Praktika** erfasst,[20] wenn sie die entsprechenden Charakteristika aufweisen. Für in Heimarbeit beschäftigte Jugendliche gilt das JArbSchG unmittelbar oder entsprechend. Hausgewerbetreibende sind keine Heimarbeiter, gelangen aber über Nr. 3 in den Anwendungsbereich des JArbSchG, solange sie keine Arbeitgeber sind. Dieser eröffnet weiter den sachlichen Anwendungsbereich für Kinder und Jugendliche, die mit **sonstigen arbeits- oder heimarbeitsverhältnisähnlichen Dienstleistungen** beschäftigt werden. Wegen seines Charakters als Auffangtatbestand muss dieses Merkmal weit ausgelegt werden, damit ein entsprechendes Schutzniveau gewährleistet werden kann.[21] Das Vertragsverhältnis wird dadurch charakterisiert, dass eine Dienstleistung im wirtschaftlichen Sinne im Interesse eines Dritten durch den Beschäftigten in abhängiger Stellung auf Weisung im Rahmen einer festen Bindung erbracht wird.[22] So können je nach Vertragsgestaltung auch die Beteiligung an Interviews, Talkshows, Talentwettbewerben oder die Integration in den Leistungssport[23] solche Dienstleistungsverhältnisse darstellen.[24] Die wirtschaftlichen Maßstäbe zur Konkretisierung der Arbeitnehmerähnlichkeit nach § 12 a TVG eignen sich hierfür nicht.[25] Ebenso wenig kann es auf die Dauerhaftigkeit eines Vertragsverhältnisses ankommen oder darauf, ob freie Zeiteinteilung oder Entgeltzahlung zwischen den Vertragsparteien vereinbart wurde.[26] Kann die Tätigkeit etwa eines Zeitungsausträgers[27] nicht eindeutig Nr. 1 oder Nr. 3 zugeordnet werden, sind aber zumindest die Voraussetzungen nach Nr. 3 erfüllt, muss ähnlich den Grundsätzen der Wahlfeststellung der gesetzliche Schutzbereich eröffnet sein. Dem **Berufsausbildungsverhältnis ähnliche** Ausbildungsverhältnisse nach Nr. 4 sind Ausbildungsgänge, wenn sie auch zum Teil betriebliche Ausbildung beinhalten. Dem Ausbildungsverhältnis ähnlich sind betriebliche Praktika von Kindern und Jugendlichen, die im Rahmen eines privatrechtlichen Vertrages erfolgen und deren Gegenstand der Erwerb von praktischen Kenntnissen und Erfahrungen sind. Demnach sind Schülerpraktikanten[28] oder Jugendliche im Rahmen einer „Schnupperlehre" genauso erfasst[29] wie die Beschäftigung in Berufsorientierungs-

---

17 OLG Hamm 28.2.1978 – 4 Ss OWi 444/78, OLGSt zu § 1 JArbSchG. **18** Lakies/Schoden Einl. Rn. 63 ff., 100 ff. zum Abschluss eines Arbeitsvertrags und Rn. 134 zum Abschluss eines Berufsausbildungsvertrags. **19** OVG Münster 17.2.1986 – 12 A 1453/85, NJW 1987, 1443. **20** SRS/Blanke § 2 § 5 Rn. 2; Lakies/Schoden § 1 Rn. 17. **21** ErfK/Schlachter § 1 JArbSchG Rn. 11; HWK/Tillmanns § 1 JArbSchG Rn. 7; NK-GA/Taubert § 1 JArbSchG Rn. 10; Kollmer/Klindt/Schucht/Kohte § 2 ArbSchG Rn. 79; BT-Drs. 7/2305, 26. **22** BAG 14.2.1974 – 5 AZR 298/73, AP Nr. 12 zu § 611 BGB Abhängigkeit; OVG Münster 17.2.1986 – 12 A 1453/85, NJW 1987, 1443; BayObLG 21.12.1973 – 4 St 157/73, AP Nr. 1 zu § 66 JArbSchG; Zmarzlik/Anzinger § 1 JArbSchG Rn. 20 ff. **23** Weyand in: FS Düwell, S. 172, 178 ff. **24** HK-ArbZR/Poser § 1 JArbSchG Rn. 16. **25** Kollmer/Klindt/Schucht/Kohte § 2 ArbSchG Rn. 79. **26** OVG Münster 17.2.1986 – 12 A 1453/85, NJW 1987, 1443; Salje DVBl. 1988, 135 (136); Zmarzlik/Anzinger § 1 JArbSchG Rn. 19 ff. **27** Beispielhaft für die Zuordnung der Zeitschriftenausträger BAG 16.7.1997 – 5 AZR 312/96, NZA 1998, 368. **28** Zu den Charakteristika von Schülerpraktikanten BAG 8.5.1990 – 1 ABR 7/89, NZA 1990, 896 (897); Zmarzlik/Anzinger § 1 JArbSchG Rn. 29. **29** Vgl. OLG Hamm 14.8.1987 – 6 Ss OWi 445/86, AuR 1989, 152 = AiB 1989, 267 mAnm Hamm.

maßnahmen nach § 48 SGB III, der Einstiegsqualifizierung nach § 54 a SGB III, der Berufsausbildungsvorbereitung nach §§ 1 Abs. 2, 68 BBiG[30] und dem Eingangsbereich der Werkstatt für behinderte Menschen nach § 40 Abs. 2 SGB IX – ab 1.1.2018 § 57 Abs. 2 SGB IX nF.[31] Bei einer Beschäftigung im Bundesfreiwilligendienst ist nach § 13 BFDG das JArbSchG entsprechend anwendbar.[32]

b) Ausnahmen vom sachlichen Anwendungsbereich. Nach § 1 Abs. 2 JArbSchG sind geringfügige Hilfeleistungen, die gelegentlich, also nicht dauerhaft oder regelmäßig, erbracht werden, nicht vom Gesetz erfasst. Die Norm schließt Tätigkeiten aus Gefälligkeit (Nr. 1 lit. a), aufgrund familienrechtlicher Vorschriften (Nr. 1 lit. b), in Einrichtungen zur Jugendhilfe (Nr. 1 lit. c), in Einrichtungen für die Eingliederung von Menschen mit Behinderung (Nr. 1 lit. d) sowie die Beschäftigung im Familienhaushalt durch personensorgeberechtigte Personen[33] (Nr. 2) aus.[34] Der Ausschluss kann nur für Tätigkeiten gelten, die nicht aufgrund eines Arbeits- oder Ausbildungsverhältnisses erfolgen. Die Tätigkeiten sind dann als geringfügig einzuordnen, wenn sie nach Art und Umfang für das einzelne Kind eine geringe körperliche, geistige und psychische Belastung darstellen.[35]

3. Persönlicher Anwendungsbereich. Arbeitgeber iSv § 3 JArbSchG ist bei Arbeitnehmern und Auszubildenden der Arbeitgeber; bei arbeitnehmerähnlichen Vertragsverhältnissen der jeweilige Vertragspartner. Damit wird die verwaltungsrechtliche Verantwortung, dh der Adressatenkreis für behördliche Anordnungen und Zwangsmaßnahmen, festgelegt (→ Rn. 63; → ArbSchG § 2 Rn. 27). Der Schwerpunkt liegt jedoch nicht auf der vertraglichen Stellung der Vertragspartner, sondern auf der **tatsächlichen Beschäftigung** des Kindes oder des Jugendlichen.[36] Anderen Kategorien folgt jedoch der Versuch, durch einen Rückgriff auf die Lehre des funktionellen Arbeitgeberbegriffs den Anwendungsbereich auf alle Betriebsangehörigen, denen eine Weisungsbefugnis und entsprechende Fürsorgepflichten obliegen, zu erweitern,[37] um eine möglichst effektive Wirkung der Schutznormen zu gewährleisten.[38] Als Arbeitgeber müssten nach dieser Position daher zB vertretungspflichtige Organe einer juristischen Person, vertretungsberechtigte Gesellschafter einer Personenhandelsgesellschaft, Betriebsleiter und Ausbilder verstanden werden.[39] Diese Position ist nicht überzeugend. Der **allgemeine Arbeitgeberbegriff** bezieht sich auf den Vertragspartner[40] bzw. „Beschäftiger"; die Lehre des funktionalen Arbeitgeberbegriffs ist mit diesen allgemeinen vertrags- und vertretungsrechtlichen Grundsätzen des Privatrechts nicht vereinbar.[41] Ein arbeitsschutzrechtlicher Sonderweg wäre auch mit dem ArbSchG nicht vereinbar, das ebenso zwischen dem Arbeitgeber (§ 2 Abs. 3 ArbSchG) und weiteren verantwortlichen Personen in § 13 ArbSchG trennt. Es besteht auch im Rahmen des JArbSchG kein Bedarf für eine erweiternde Begriffsbildung, denn der vom „funktionellen Arbeitgeberbegriff" erfasste Personenkreis wird im Rahmen der Straf- und Bußgeldtatbestände bereits über § 14 StGB und § 9 OWiG herangezogen[42] (→ Rn. 64). Für die verwaltungsrechtliche Verantwortung ist ein Rückgriff auf § 13 Abs. 1 Nr. 5 ArbSchG möglich, denn der Leiter einer Ausbildungswerkstatt wird regelmäßig eine zuverlässige und fachkundige Person iSd § 13 Abs. 2 ArbSchG sein (→ ArbSchG § 13 Rn. 24, 25).

---

30 Dazu auch Natzel DB 2003, 719 (720) und BB 2011, 1589 (1590); Kollmer/Klindt/Schucht/Kohte § 2 ArbSchG Rn. 106. **31** Wendt in: GK-SGB IX, Stand: Januar 2013, § 40 SGB IX Rn. 29; Busch in: Feldhoff/Kohte/Stevens-Bartol § 36 SGB IX Rn. 17; HWK/Tillmanns § 1 JArbSchG Rn. 8. **32** NK-GA/Taubert § 1 JArbSchG Rn. 31. **33** Personensorgeberechtigte (§ 7 SGB VIII) sind die Eltern bzw. Adoptiveltern (§ 1626 BGB), ggf. der Einzel- oder Amtspfleger (§ 1666 BGB) und der Vormund (§§ 1773, 1793 BGB). **34** Genauer dazu ErfK/Schlachter § 1 JArbSchG Rn. 13 ff.; Lakies/Schoden § 1 JArbSchG Rn. 21 ff. **35** Zmarzlik/Anzinger § 1 JArbSchG Rn. 31. **36** Kollmer/Klindt/Schucht/Kohte § 2 ArbSchG Rn. 126; Münch/ArbR/Anzinger § 309 Rn. 5 für den Begriff „Beschäftiger"; BT-Drs. 7/2305, 26. **37** G/G/T? § 3 JArbSchG Rn. 8; Lakies/Schoden § 3 JArbSchG Rn. 1; NK-GA/Engel § 3 JArbSchG Rn. 16. **38** Zmarzlik/Anzinger § 3 JArbSchG Rn. 6. **39** ErfK/Schlachter § 3 JArbSchG Rn. 1; G/G/T § 3 JArbSchG Rn. 8. **40** Zuletzt BAG 27.9.2012 – 2 AZR 838/11, NJW 2013, 1692; ebenso BVerwG 27.11.2012 – 6 PB 12/12 Rn. 7. **41** Kollmer/Klindt/Schucht/Kohte § 2 ArbSchG Rn. 134; Münch/ArbR/Richardi § 21 Rn. 10. **42** Zmarzlik/Anzinger § 3 JArbSchG Rn. 6; ErfK/Schlachter § 3 JArbSchG Rn. 1.

IV. Verbot von Kinderarbeit

12 § 5 Abs. 1 JArbSchG verbietet Kinderarbeit grundsätzlich und setzt damit Art. 4 RL 94/33/EG um. Das Verbot gilt nicht nur für alle, die noch nicht 15 Jahre alt sind; sondern auch für Jugendliche, die als Kinder gelten (→ Rn. 7). Es soll eine **Ausnutzung von Kindern** als billige Arbeitskräfte und Überlastungen durch ihre Beschäftigung verhindern, die sich schädlich auf ihre psychische und physische Gesundheit und Entwicklung sowie ihre Schulausbildung auswirken können.[43] Es will des Weiteren Schäden entgegenwirken, die auf Defiziten bei der Selbsteinschätzung beruhen.[44] Kinder dürfen sowohl nach Art. 4 Abs. 2 iVm Art. 5 RL 94/33/EG als auch nach §§ 5, 6 JArbSchG und KindArbSchV nur ausnahmsweise beschäftigt werden (→ Rn. 13 ff.). Die Bestimmungen der Richtlinie differenzieren dabei zwischen Regelungen, die für Kinder allgemein gelten, und Regelungen für Kinder ab 14 bzw. 13 Jahren. Auf die Beschäftigung von Kindern finden, soweit keine speziellen Standards gesetzt werden, die für Jugendliche geltenden Schutznormen entsprechend Anwendung (→ Rn. 20 ff.). § 7 JArbSchG versteht sich in der Systematik des JArbSchG ebenfalls als Ausnahme zum Verbot der Kinderarbeit nach § 5 Abs. 1 JArbSchG. Auch wenn eine Altersuntergrenze in der Norm nicht enthalten ist, zieht Art. 4 Abs. 2 lit. b RL 94/33/EG im Wege der unionskonformen Auslegung die Grenze bei 14 Jahren für die duale Ausbildung. Die Höchstarbeitszeitregelung und die Mindestbestimmungen zur Arbeitszeit ergeben sich zT aus den einzelnen Bestimmungen (§ 5 Abs. 1 iVm § 7 S. 1 Nr. 2 JArbSchG, §§ 5 Abs. 3, 6 JArbSchG) und zT durch die Verweisung auf die Arbeitszeitregelungen für Jugendliche in § 7 S. 2 JArbSchG (→ Rn. 17). Allen Arbeitszeitbestimmungen liegen die gemeinsamen arbeitszeitbezogenen Grundbegriffe nach § 4 JArbSchG zugrunde (→ Rn. 43 ff.).

13 **1. Ausnahmen nach JArbSchG und KindArbSchV. a) Ausnahmen nach §§ 5 Abs. 5, 6 JArbSchG.** Art. 4 Abs. 2 lit. a, Art. 5 Abs. 1, 2 RL 94/33/EG begrenzen die **ausnahmsweise Beschäftigung von Kindern** auf bestimmte **Tätigkeitsbereiche** (Kultur, Sport) und verlangen eine vorherige **Genehmigung** im Einzelfall. Diese Ausnahme wird durch §§ 5 Abs. 5, 6 JArbSchG umgesetzt, die eine Beschäftigung von Kindern nur nach **vorheriger schriftlicher Bewilligung**[45] durch die Aufsichtsbehörde vorsehen. Durch § 6 Abs. 1 JArbSchG wird die Möglichkeit der Bewilligung jedoch dem Alter und den Tätigkeitsorten der Kinder entsprechend auf bestimmte Modalitäten der Lage und Dauer der Arbeitszeit eingeschränkt. Weitere Voraussetzungen für die Bewilligung nach § 6 Abs. 2 JArbSchG sollen sicherstellen, dass weder die Sicherheit noch die Entwicklung und die physische sowie psychische Gesundheit des Kindes gefährdet wird. So muss die Behörde zB nach § 6 Abs. 2 Nr. 3 JArbSchG prüfen, ob die **erforderlichen Schutzvorkehrungen** und -maßnahmen getroffen wurden. Grundlage für die Beurteilung der Maßnahmen müssen die allgemeine Gefährdungsbeurteilung nach § 5 ArbSchG und die besondere **Gefährdungsbeurteilung nach § 28 a JArbSchG** sein. Die vorgesehene Prüfung kann sachgerecht nur auf dieser Grundlage erfolgen. Soweit § 6 JArbSchG keine Mindestbestimmungen für Arbeitsbedingungen vorsieht, gelten §§ 22–31 JArbSchG trotz des Fehlens einer ausdrücklichen Verweisung in §§ 5 Abs. 5, 6 JArbSchG entsprechend. Dies muss im Umkehrschluss aus den Regelungen in § 5 Abs. 1–3 JArbSchG folgen, die entsprechende Verweisungen für alle anderen Ausnahmen enthalten. Dies steht auch im Einklang mit den Anforderungen der Richtlinie. Ihre Schutzvorschriften gelten entweder grundsätzlich für junge Menschen, so für Art. 6 RL 94/33/EG zu den Arbeitgeberpflichten, der Gefährdungsbeurteilung, der Gesundheitsüberwachung, den Unterrichtungspflichten und den Beschäftigungsverboten, Art. 7 RL 94/33/EG, oder erfassen Kinder und Jugendliche gesondert, etwa in Art. 8 bis 10 RL 94/33/EG zur Arbeitszeit, zur Nachtarbeit und zu Ruhezeiten.

14 **b) Ausnahmen nach § 5 Abs. 2 JArbSchG.** Grundsätzlich ausgenommen vom Verbot sind Beschäftigungs- und Arbeitstherapie (Nr. 1), **Betriebspraktika** während der Vollzeitschulpflicht (Nr. 2) sowie Beschäftigungen in Erfüllung einer richterlichen Weisung

---

[43] Zmarzlik/Anzinger § 5 JArbSchG Rn. 4; ErfK/Schlachter § 1 JArbSchG Rn. 1. [44] ErfK/Schlachter § 1 JArbSchG Rn. 1; Balze EAS B5200 Rn. 1 zur RL 94/33/EG. [45] Zmarzlik/Anzinger § 6 JArbSchG Rn. 50; ErfK/Schlachter § 6 JArbSchG Rn. 10.

(Nr. 3). Die Ausnahme nach Nr. 2 entspricht § 4 Abs. 2 lit. b RL 94/33/EG, allerdings fehlt es an der dort fixierten Altersgrenze von 14 Jahren, die aufgrund der unionsrechtskonformen Auslegung dennoch beachtet werden muss.[46] Dieses Praktikum soll ergänzend zum Schulunterricht einen Einblick in berufliche Tätigkeiten vermitteln und ist deshalb in der Schule vor- und nachzubereiten.[47] Die betrieblichen Tätigkeiten sollen so gestaltet sein, dass sie die Entscheidungsfindung bei der Berufswahl vorbereiten und einen Kontakt zur Arbeitswelt ermöglichen. **Ferienjobs** (→ Rn. 17), **Probearbeitsverhältnisse oder die Schnupperlehre** neben dem Unterricht erfüllen diese Anforderungen nicht und werden von dieser Ausnahme daher **nicht erfasst**.[48] Neben den Aufsichtsbehörden müssen auch die Schulen die Einhaltung des JArbSchG kontrollieren.[49] **Beschäftigungs- und Arbeitstherapien** erfassen insbesondere Rehabilitationsmaßnahmen für Kinder mit Behinderung oder Erkrankungen. Diese Therapieformen ermöglichen es den Kindern, Fähigkeiten zu entwickeln, die sie auf das spätere Erlernen eines Berufs vorbereiten. Der Grund für diese Therapie muss die Erkrankung oder Behinderung des Kindes sein.[50] Die RL 94/33/EG sieht keine entsprechende Ausnahme vor; allerdings erfasst sie keine therapeutischen Verhältnisse. Die Grenze wird durch die Erforderlichkeit der Tätigkeit für die Heilung der Kinder gezogen, in diese Beurteilung müssen auch das Alter und die Entwicklung des Kindes einfließen. Im Rahmen der Sanktionen des Jugendgerichtsgesetzes ist die **Erbringung einer Arbeitsleistung auf Weisung** des Jugendrichters gem. § 10 Abs. 1 S. 3 Nr. 4 JGG und als Bewährungsauflage durch den Jugendrichter gem. § 23 Abs. 1 JGG zulässig. Eine adäquate Ausnahme kennt die Jugendarbeitsschutzrichtlinie nicht, so dass der entscheidende Jugendrichter, der das Unionsrecht zu beachten hat, zumindest Art. 4 Abs. 2 lit. c RL 94/33/EG berücksichtigen und sicherstellen muss, dass die Beschäftigung nur leichte Tätigkeiten umfasst.[51] Bei der Begründung des Arbeitsverhältnisses ist der Arbeitgeber an das Kinderarbeitsverbot gebunden. Die weiteren Arbeitsbedingungen richten sich nach § 7 S. 1 Nr. 2 JArbSchG und den §§ 9–46 JArbSchG (§ 5 Abs. 2 S. 2 JArbSchG).[52]

c) Ausnahmen nach § 5 Abs. 3 JArbSchG und KindArbSchV. Eine **Beschäftigung von Kindern** ist bei **leichter Beschäftigung** und mit **Einwilligung** des **Personensorgeberechtigten** ohne behördliche Genehmigung zulässig. Mit dieser 1997 geänderten Norm soll die nach Art. 4 Abs. 2 lit. c RL 94/33/EG eingeräumte Ausnahme umgesetzt werden. Während die Bestimmung der Richtlinie grundsätzlich vierzehnjährige und nur ausnahmsweise dreizehnjährige Kinder umfasst, stellt das JArbSchG grundsätzlich bereits auf dreizehnjährige Kinder ab. Die Richtlinie verpflichtet die Mitgliedstaaten für den Fall der Ausnahme zu einer Einschränkung der erlaubten Tätigkeiten und eröffnet diese Möglichkeit nur für eine „begrenzte Anzahl von Stunden". § 5 Abs. 3 S. 3 JArbSchG erlaubt eine Beschäftigung im Umfang von grundsätzlich zwei Stunden. Dies entspricht zwar den Höchstarbeitszeiten nach Art. 8 Abs. 1 lit. b RL 94/33/EG, gilt aber für den Grundfall von vierzehnjährigen Kindern. Demnach meint die zeitliche Einschränkung nach Art. 4 Abs. 2 lit. c Hs. 2 RL 94/33/EG etwas anderes und verlangt zumindest auch eine Begrenzung auf eine **vorübergehende Beschäftigung** durch das JArbSchG.[53]

Leichte Beschäftigung wird gem. § 5 Abs. 3 S. 2 JArbSchG aufgrund der Beschaffenheit und der besonderen Bedingungen beurteilt, unter denen die Arbeitsleistung erbracht wird. Diese dürfen sich nicht negativ auf die Sicherheit, Gesundheit und Entwicklung der Kinder, ihren Schulbesuch, einer Beteiligung an Maßnahmen der Berufswahlvorbe-

---

46 Zur Unionsrechtswidrigkeit Schmidt BB 1998, 1362; Balze EAS B5200 Rn. 31; ErfK/Schlachter § 5 JArbSchG Rn. 4; NK-GA/Engel § 4 JArbSchG Rn. 3; mit Bezug auf Art. 32 EU-GRC Tillmanns in: Schlachter/Heinig, Rn. 12, 13. 47 ErfK/Schlachter § 5 JArbSchG Rn. 4. 48 Lakies/ Schoden § 5 JArbSchG Rn. 3; ErfK/Schlachter § 5 JArbSchG Rn. 4; Zmarzlik/Anzinger § 5 JArbSchG Rn. 14. 49 ErfK/Schlachter § 5 JArbSchG Rn. 4; zu den Defiziten bei der Überwachung des Verbots der Kinderarbeit der immer noch aktuelle Beitrag von Düwell AuR 1992, 138 ff. 50 G/G/T § 5 JArbSchG Rn. 5. 51 ErfK/Schlachter § 5 JArbSchG Rn. 5; HWK/Tillmanns § 5 JArbSchG Rn. 6; Nichtanwendung von unionsrechtswidrigem Recht bei einem Verstoß gegen Art. 32 EU-GRC, Tillmanns in: Schlachter/Heinig, Rn. 12. 52 Zu Details siehe Zmarzlik/Anzinger § 5 JArbSchG Rn. 12 ff. 53 Zur Richtlinienkonformität der Beschäftigung von Kindern im landwirtschaftlichen Familienbetrieb (§ 5 Abs. 3 S. 3 JArbSchG) siehe Schmidt BB 1998, 1362 (1363).

reitung oder Berufsbildung oder ihre Fähigkeit auswirken, dem Unterricht so zu folgen, dass sie ihren Nutzen daraus ziehen können. Dies entspricht der Legaldefinition von Art. 3 lit. d RL 94/33/ EG. § 2 KindArbSchV benennt einen abschließenden Katalog[54] von zulässigen Beschäftigungen, sofern sie als leicht und für Kinder geeignet iSv § 5 Abs. 3 JArbSchG einzuordnen sind, zB das Austragen von Zeitschriften. § 5 Abs. 3 JArbSchG setzt die Entwicklung und Gesundheit der Kinder ins Verhältnis zu den konkreten Beschäftigungsbedingungen und der von ihnen konkret auszuübenden Tätigkeit.[55] Ist eine Beeinträchtigung der schulischen Leistungen durch die Beschäftigung ersichtlich oder zuvor absehbar, ist diese unzulässig.[56] **Ungeeignete Arbeiten** nennt § 2 Abs. 2 Nr. 1 KindArbSchV beispielhaft. Verlangt eine Arbeit, wie etwa das Austragen von Zeitungen, eine **Handhabung von Lasten** regelmäßig von mehr als 7,5 kg[57] oder gelegentlich von mehr als 10 kg, so ist diese konkrete Tätigkeit für Kinder ungeeignet. Ebenfalls ungeeignet sind Tätigkeiten, die durch eine **ungünstige Körperhaltung** zu physischen Belastungen führen oder mit Unfallgefahren einhergehen,[58] die im Umgang mit Tieren und Maschinen auf **mangelndem Sicherheitsbewusstsein** oder **mangelnder Erfahrung** der Kinder beruhen. Auf eine Darstellung der detailreichen und unsystematischen Regelungen der KindArbSchV wird bei dieser Kommentierung verzichtet.[59] In der Praxis kann eine Klärung, ob eine Beschäftigung zulässig ist, durch einen **feststellenden Verwaltungsakt** der Aufsichtsbehörde nach § 3 KindArbSchV erfolgen.[60]

17 **d) Ausnahmen nach § 5 Abs. 4 JArbSchG.** Demnach dürfen **Jugendliche über 15 Jahre**, die noch der Vollzeitschulpflicht unterliegen, **während der Schulferien** für längstens vier Wochen im Kalenderjahr beschäftigt werden. Für die Mindestarbeitsbedingungen einschließlich der Arbeitszeit wird auf die für jugendliche Beschäftigte geltenden Arbeitsbedingungen (§§ 8–31 JArbSchG) verwiesen. Eine entsprechende Ausnahme sieht die JArbSch-RL nicht vor; demnach ist diese Ausnahme **unionsrechtswidrig**.[61] Dementsprechend muss die Norm in teleologischer Reduktion so ausgelegt werden, dass eine Beschäftigung auch in den Ferien nur unter den zusätzlichen Bedingungen von § 5 Abs. 3 S. 1, 2 JArbSchG erlaubt ist.

18 **2. Rechtsfolgen einer Verletzung.** § 5 Abs. 1 S. 1 JArbSchG ist ein Verbotsgesetz iSv § 134 BGB. In der Literatur wird angenommen, dass der verbotswidrig abgeschlossene Arbeitsvertrag nichtig ist, auch wenn der Minderjährige oder die personensorgeberechtigte Person dem Vertragsschluss zustimmt. Diese Unwirksamkeit des Vertrages lässt ein fehlerhaftes Arbeitsverhältnis entstehen, das für die Dauer der Beschäftigung wie ein fehlerfrei entstandenes Arbeitsverhältnis zu behandeln ist.[62] Es entstehen Entgelt-, Entgeltfortzahlungs- und Urlaubsansprüche.[63] Gewährt der Arbeitgeber den Urlaub, wird das Urlaubsentgelt auch im fehlerhaften Arbeitsverhältnis fällig. Eine Pflicht zur Arbeitsleistung besteht hingegen nicht. Das fehlerhafte Arbeitsverhältnis kann nach dieser Ansicht von beiden Seiten ohne Kündigung durch einseitige Erklärung beendet werden. Im Mutterschutzrecht wird inzwischen eine solche Nichtigkeit abgelehnt,[64] doch muss im Unterschied beachtet werden, dass ein verbotswidriges Arbeitsverhältnis mit einem Kind nicht aufrechterhalten werden soll. Schutzinteressen des Kindes sind nicht bestandsrechtlich, sondern schadensersatzrechtlich zu realisieren (→ Rn. 60).

---

54 Kollmer NZA 1998, 1268 (1270). **55** Anzinger BB 1998, 1843. **56** ErfK/Schlachter § 5 JArbSchG Rn. 7; G/G/T § 5 JArbSchG Rn. 15 ff. **57** Zur Kritik dieser Last, die den Wert des bisherigen § 4 MuSchG – jetzt § 11 Abs. 5 Nr. 1 MuSchG 2018 – deutlich übersteigt: Düwell AuR 1998, 232 (233). **58** Ungeeignet war die Tätigkeit an einem Holzspalter für einen 14-jährigen vollzeitschulpflichtigen Jugendlichen, bei der er das Holz unter den Holzspalter stellte, wenn das Onkel bediente, s. zum Sachverhalt Hess. LSG 31.1.2011 – L 9 U 120/10 Unfallversicherungsschutz bei arbeitnehmerähnlicher Tätigkeit. **59** Zu den Details Kollmer NZA 1998, 1268 (1270); Dembkowsky NJW 1998, 3540; G/G/T JArbSchG Anhang zu § 5. **60** Münch/ArbR/Anzinger § 310 Rn. 18; Düwell AuR 1998, 232 (233). **61** Schmidt BB 1998, 1362 (1363). **62** G/G/T § 5 JArbSchG Rn. 12; vgl. HWK/Tillmanns § 5 JArbSchG Rn. 2 und BAG 25.4.2013 – 8 AZR 453/12, NZA 2013, 1206 (1210). **63** Dafür Neumann/Fenski, BUrlG, 11. Aufl. 2016, § 19 JArbSchG Rn. 3; aA ErfK/Schlachter § 19 JArbSchG Rn. 3 für die Durchsetzbarkeit als Schadensersatzanspruch nach § 823 Abs. 2 BGB iVm JArbSchG. **64** EuGH 5.5.1994 – C-421/92, NZA 1994, 609 (Habermann-Beltermann); Nebe, S. 67 ff.

V. Beschäftigung Jugendlicher

Im Unterschied zur Kinderarbeit ist die Beschäftigung nicht vollzeitschulpflichtiger Jugendlicher in Übereinstimmung mit der RL 94/33/EG nach dem JArbSchG grundsätzlich erlaubt. Allerdings gelten sie als Personengruppe mit besonderen Risiken, die vor den mit ihrem **jungen Alter** einhergehenden **spezifischen Gefährdungen** geschützt werden muss. Erfahrungsdefizite, mangelndes Gefahren- oder Gefährdungsbewusstsein sowie die nicht abgeschlossene physische und psychische Entwicklung können Ursachen für diese Gefährdungen sein.[65] Daher sieht das JArbSchG für sie **andere Mindestarbeitsbedingungen** als für die Erwachsenen vor; vor allem müssen die Gefährdungsbeurteilung, die Gestaltung des Arbeitsplatzes ebenso wie die Unterrichtung mit **Rücksicht auf diese Besonderheiten** vorgenommen werden. Eine weitere Besonderheit bei der Ausgestaltung der Beschäftigungsbedingungen ist die **Doppelbelastung** für Jugendliche in der **Ausbildung durch Berufsschule und betriebliche Ausbildung**; daher werden auf die Arbeitszeiten die Freistellungen für Berufsschulzeiten bzw. Prüfungen und außerbetriebliche Ausbildungsmaßnahmen angerechnet.

1. Grundpflichten des Arbeitgebers. Die Grundpflichten des Arbeitgebers sind Gegenstand des § 28 JArbSchG. Sie beruhen ursprünglich auf der Version des JArbSchG von 1960, die 1976 grundlegend neu formuliert wurde. Mit dem Bezug auf die gesicherten arbeitswissenschaftlichen Erkenntnisse und die „menschengerechte Gestaltung der Arbeit" wurden damals zwei für das deutsche Arbeitsschutzrecht neue Elemente aufgegriffen, die den Weg für das moderne Arbeitsschutzrecht bereiteten.[66] Eine Änderung bei der Umsetzung der Jugendarbeitsschutzrichtlinie erschien daher nicht erforderlich. Dies ist problematisch, denn dem Wortlaut nach knüpft § 28 JArbSchG die Schutzmaßnahmen an **Gefahren für die jugendlichen Beschäftigten**. Art. 6 Abs. 1, Art. 7 Abs. 1 RL 94/33/EG statuieren die Verpflichtung des Arbeitgebers, „unter Berücksichtigung der spezifischen Gefahren für die Sicherheit und Gesundheit der jungen Menschen die erforderlichen Maßnahmen" zu treffen. Dem Wortlaut nach entsprechen sich Richtlinie und Gesetz. Allerdings verwendet die deutsche Version von Art. 6 und 7 RL 94/33/EG dann die Begriffe „**Gefährdung**" und „**Gefahr**" undifferenziert. Demnach ist Gefährdung die „schlichte Möglichkeit einer gesundheitlichen Beeinträchtigung."[67] Bei der Gefahr hingegen besteht für den Schadenseintritt eine hinreichend hohe Wahrscheinlichkeit.[68] Der Gefahrenschutz ist deutlich enger als der Gefährdungsschutz. Letzterer ist im ArbSchG und der Arbeitsschutzrahmenrichtlinie offener formuliert und hat den Ansatzpunkt für den betrieblichen Gesundheitsschutz weiter nach vorn verschoben[69] (→ ArbSchG § 4 Rn. 10 ff.).

Die Arbeitgeberpflichten zur Unterrichtung nach Art. 6 Abs. 3 RL 94/33/EG und zur gesundheitlichen Überwachung nach Art. 6 Abs. 2 S. 3 RL 94/33/EG sowie die allgemeinen Pflichten nach Art. 6 Abs. 1, Art. 7 Abs. 1 RL 94/33/EG sprechen jedoch scheinbar abweichend vom Grundkonzept der Arbeitsschutzrahmenrichtlinie von Gefahren. Eine andere Formulierung findet sich hingegen in der Überschrift von Art. 7 Abs. 1 RL 94/33/EG, die von Gefährdungen spricht. Die Auslegung von Richtlinien darf sich jedoch nicht auf die deutsche Sprachversion der Richtlinie begrenzen.[70] Ein Blick in die englische, spanische, italienische und französische Version zeigt, dass dort hingegen kontinuierlich der Begriff „Risiko" verwendet wird, s. zB Art. 6 Abs. 1

---

[65] Erwägungsgrund 15 RL 94/33/EG. [66] Kollmer/Klindt/Schucht/Kohte § 2 ArbSchG Rn. 22 ff. [67] Zmarzlik/Anzinger § 28a JArbSchG Rn. 4; Münch/ArbR/Kohte § 292 Rn. 14. [68] BT-Drs. 13/3540, 16 zum ArbSchG; BAG 12.8.2009 – 9 AZR 1117/06, NZA 2009, 102 (105) = AP Nr. 29 zu § 618 BGB mAnm Kohte. [69] Kollmer/Klindt/Schucht/Kohte § 4 ArbSchG Rn. 8; Wlotzke in: FS Däubler, S. 654, 659 ff.; Faber, Grundpflichten, S. 114 ff. [70] Dazu siehe Schlachter ZfA 2007, 249.

RL 94/33/EG.[71] Zieht man eine Parallele für die Umsetzung der Arbeitsschutzrahmenrichtlinie durch das Arbeitsschutzgesetz wird dort von Risiken gesprochen, Art. 6 Abs. 2 lit. a, b RL 89/391/EWG, die in § 4 Abs. 1 ArbSchG mit dem **Gefährdungsbegriff** umgesetzt worden sind.[72] Ein solches Auslegungsergebnis steht auch eher mit dem europarechtlichen Arbeitsschutzkonzept im Einklang, das die Gefährdungssituation als Anknüpfungspunkt für die Schutzpflichten des Arbeitgebers wählt (→ ArbSchG § 4 Rn. 11 ff.).[73] Für ein Verständnis als gefährdungsbezogene Pflicht spricht auch der Sinn und Zweck, einen möglichst weitreichenden Schutz zu gewährleisten. Der Wortlaut des § 28 JArbSchG steht zu diesem Verständnis zwar im Widerspruch, doch kann der gesetzlich verlangte, möglichst weitgehende Schutz der beschäftigten Jugendlichen und Kinder nur erreicht werden, wenn der Arbeitgeber nach § 28 a JArbSchG die Gefährdungen beurteilen und konsequent bereits bei bestehenden Gefährdungen Schutzmaßnahmen ergreifen muss. Auch die zwangsläufige Verknüpfung von Gefährdungsbeurteilung und darauf aufbauenden Maßnahmen und Vorkehrungen, die in Art. 6 Abs. 2 S. 1 RL 94/33/EG ausdrücklich vorgesehen ist, kann nur erreicht werden, wenn der Anknüpfungspunkt jeweils die Gefährdung ist. Diese **Pflicht des Arbeitgebers zu Maßnahmen zum Gefährdungsschutz** ergibt sich aus § 28 a S. 2 JArbSchG, der auch auf § 5 Abs. 1 ArbSchG verweist,[74] so dass eine unionsrechtsrechtskonforme Auslegung und systemgerechte Übereinstimmung zwischen ArbSchG und JArbSchG erreicht werden kann. Ebenso gelten nach § 28 a S. 2 JArbSchG für die **Dokumentationspflicht** die Bestimmungen des § 6 ArbSchG.[75]

22 Die **menschengerechte Gestaltung der Arbeit** umfasst zunächst die Einrichtung und Unterhaltung der Arbeitsstätte. Sie betrifft also den Gegenstand der ArbStättV[76] (→ ArbStättV Rn. 3) und die Pflicht des Arbeitgebers zu Schutzmaßnahmen nach §§ 3, 4 ArbSchG (→ ArbSchG § 3 Rn. 7 ff.), weil die allgemeinen Vorschriften des ArbSchG auch für Jugendliche gelten und durch § 28 JArbSchG nicht verdrängt werden.[77] Der Arbeitsstättenbegriff des JArbSchG geht wegen dessen spezifischer Schutzrichtung über den in der ArbStättV verwendeten Begriff hinaus. Arbeitsplätze im Freien, außerhalb des Betriebsgeländes, in der Landwirtschaft und in nichtgewerblichen Betrieben werden ebenfalls einbezogen.[78] Maßstab für die Erforderlichkeit der spezifischen Maßnahmen sind neben den Charakteristika der Arbeitsstätte ebenfalls die konkreten Bedürfnisse der einzelnen Jugendlichen,[79] die über die Gefährdungsbeurteilung in die Entwicklung und Ermittlung von Maßnahmen und Vorkehrungen einfließen. Anerkannte sicherheitstechnische und arbeitsmedizinische Richtlinien können dem Arbeitgeber ebenso wie gesicherte arbeitswissenschaftliche Erkenntnisse[80] als Orientierung dienen (→ ArbSchG § 4 Rn. 82 ff.). Das geringere Sicherheitsbewusstsein und der physische Entwicklungsstand der jugendlichen Beschäftigten sind beispielsweise für das Heben und Tragen von Lasten relevant.[81] Überschätzung und Überlastung, falsche Körperhaltungen können zu Fehlhaltungen, Fehlbelastungen und damit zu Muskel-Skeletterkran-

---

[71] Art. 6 Abs. 1: „… the employer shall adopt the measures necessary to protect safety and health of young people, taking in particular account of the specific risk referred to in Art. 7 (1)." „Sans préjudice de l'article 4 paragraphe 1, l'employeur prend les mesures nécessaires pour la protection de la sécurité et de la santé des jeunes, en tenant particulièrement compte des risques spécifiques visés à l'article 7 paragraphe 1." „Sin perjuicio de lo dispuesto en el apartado 1 del artículo 4, el empresario tomará las medidas necesarias para proteger la seguridad y la salud de los jóvenes, prestando especial atención a los riesgos específicos a que se refiere el apartado 1 del artículo 7." „Fatto salvo l'articolo 4, paragrafo 1, il datore di lavoro prende le misure necessarie per la protezione della sicurezza e della salute dei giovani, tenendo particolarmente conto dei rischi specifici di cui all'articolo 7, paragrafo 1.". [72] Kollmer/Klindt/Schucht/Kohte § 4 ArbSchG Rn. 6 ff. [73] Faber, Grundpflichten, S. 112 ff. [74] Zmarzlik/Anzinger § 28 a JArbSchG Rn. 4; Lakies/Schoden § 28 a JArbSchG Rn. 3. [75] G/G/T § 28 a JArbSchG Rn. 12. [76] G/G/T § 28 JArbSchG Rn. 6 f. [77] Zmarzlik/Anzinger § 28 JArbSchG Rn. 5. [78] ErfK/Schlachter § 28 JArbSchG Rn. 2. [79] Zmarzlik/Anzinger § 28 JArbSchG Rn. 7; G/G/T § 28 JArbSchG Rn. 7. [80] Zu DIN EN ISO 10075:2000 Teil 1 und dem Begriff „psychischen Belastung und Beanspruchung" § 4 Rn. 22, die deutlich zeigt, dass Alter, Erfahrungen, Kenntnisse und Fähigkeiten für Gefährdungen und Maßnahmen wesentliche Faktoren sind. MVG § 28 JArbSchG Rn. 10, 10 a. [81] Zu spezifischen Grenzwerten Hettinger BArbBl. 1981, 11.

kungen führen. Die menschengerechte Gestaltung der Arbeit (→ ArbSchG § 4 Rn. 44 ff.) bedeutet im Rahmen des JArbSchG eine **Anpassung der Beschäftigungsbedingungen** an die spezifischen Bedürfnisse und Gefährdungslagen jugendlicher Beschäftigter.[82]

2. Gefährdungsbeurteilung nach § 28 a JArbSchG. Die spezifische Gefährdungsbeurteilung nach § 28 a JArbSchG ist ebenso wie die Gefährdungsbeurteilung nach § 5 ArbSchG als Ausgangspunkt für die im Rahmen der Grundpflichten des Arbeitgebers umzusetzenden Maßnahmen und die Unterweisung von zentraler Bedeutung[83] (→ ArbSchG § 5 Rn. 7 ff., 10 f.). Damit werden Art. 6 Abs. 2 S. 1, 2 RL 94/33/EG umgesetzt. Bereits nach der allgemeinen Gefährdungsbeurteilung müssen spezielle Gefahren für Jugendliche berücksichtigt werden (§ 4 Nr. 6 ArbSchG).[84] Die so gewonnenen Kenntnisse fließen dann in die vom Arbeitgeber nach § 3 Abs. 1 ArbSchG zu ergreifenden Maßnahmen ein. Damit können jedoch nur Gefährdungen und Gefahren erfasst werden, die typischerweise mit der Beschäftigung von Jugendlichen verbunden sind. Da die auf der Gefährdungsbeurteilung beruhenden Schutzmaßnahmen und Vorkehrungen Voraussetzungen für die Beschäftigung der Jugendlichen sind, müssen sie **vor Beginn der Beschäftigung** und **bei wesentlichen Änderungen** der Arbeitsbedingungen erfolgen. Bestehen Anhaltspunkte dafür, dass die ergriffenen Maßnahmen keinen ausreichenden Schutz mehr gewährleisten, sind die Änderungen als wesentlich einzuordnen und die Durchführung einer aktuellen Gefährdungsbeurteilung ist erforderlich[85] (→ ArbSchG § 3 Rn. 39 f.). Ursache können dabei beispielsweise Änderungen der Arbeitsorganisation sein,[86] oder aber solche, die auf Veränderungen, zB den Eigenschaften oder der Konstitution der jungen Menschen, beruhen.[87] — 23

Soll die Gestaltung des Arbeitsplatzes menschengerecht nach § 28 JArbSchG erfolgen, muss neben **der physischen Konstitution auch der individuelle geistige Entwicklungsstand des Jugendlichen** in die **Ermittlung der Gefährdungen** einfließen und damit die **Auswahl der Schutzmaßnahmen** beeinflussen. Gleiches gilt für die **Beschäftigung von Kindern** nach §§ 5, 6 JArbSchG. § 28 a JArbSchG geht über § 5 Abs. 3 Nr. 5 ArbSchG und § 7 ArbSchG hinaus, nach denen die Qualifikation sowie die Befähigung der Arbeitnehmer berücksichtigt werden. § 28 a JArbSchG rückt konkreter die sich ändernde Entwicklungs-, Erkenntnis- und Erfahrungssituation der Jugendlichen in den Fokus der Gefährdungsbeurteilung. Art. 6 Abs. 2 S. 2 Hs. 2 RL 94/33/EG weist deutlich auf die insbesondere zu berücksichtigenden Risikofaktoren hin, die zumindest im Rahmen unionsrechtskonformer Auslegung auch im Rahmen des JArbSchG herangezogen werden müssen, da das Umsetzungsgesetz Art. 6 Abs. 2 RL 94/33/EG umsetzen wollte.[88] — 24

Die Gefährdungsbeurteilung muss weiter auch **mit Blick auf** die nach §§ 22–24 JArbSchG **von den Beschäftigungsverboten** umfassten Gefahrenlagen durchgeführt werden. Die biologischen, physischen und chemischen **Risikofaktoren** müssen unter dem Aspekt der **Belastbarkeit und des Verhaltens des Jugendlichen** an den konkreten Arbeitsplätzen unter Berücksichtigung der **auszuübenden Tätigkeiten** erfolgen. Diese wird durch die Einrichtung und Gestaltung der Arbeitsstätte und des Arbeitsplatzes, der Arbeitsmittel, Arbeitsstoffe, Maschinen, Geräte und Anlagen sowie der Arbeitsorganisation charakterisiert. Die Richtlinie unterstreicht weiterhin die **Bedeutung des Ausbildungs- und Unterweisungsstandes** des jungen Menschen in diesem Zusammenhang (Art. 6 Abs. 2 S. 2 lit. e RL 94/33/EG). Ein weiterer Faktor, dem nach dem JArbSchG jugendspezifisches Gefahrenpotential innewohnt, ist das Arbeitstempo. Deshalb ist Akkordarbeit grundsätzlich von einem Beschäftigungsverbot erfasst. Ist im Rahmen einer Ausnahme Akkordarbeit zulässig, so muss die Gefährdungsbeurteilung — 25

---

[82] MVG § 28 JArbSchG Rn. 10 c. [83] Zmarzlik/Anzinger § 28 a JArbSchG Rn. 5; Kossens RdA 1997, 209 (211); für das ArbSchG Kollmer/Klindt/Schucht/Kreizberg § 5 ArbSchG Rn. 8. [84] Kollmer/Klindt/Schucht/Kohte § 4 ArbSchG Rn. 41. [85] Ähnlich allerdings nur mit Bezug zur Unterweisung Zmarzlik/Anzinger § 28 a JArbSchG Rn. 8. [86] G/G/T § 28 a JArbSchG Rn. 8. [87] Für die bei der Gefährdungsbeurteilung zu berücksichtigenden Faktoren Faber, Grundpflichten, S. 107. [88] Balze EAS B5200 Rn. 37; BT-Drs. 13/5494, 10.

zwangsläufig das **Arbeitstempo als spezifischen Risikofaktor für jugendliche Beschäftigte** erfassen und etwa die geringere Konzentrationsfähigkeit berücksichtigen.

26 Die Analyse bei der Gefährdungsbeurteilung nach § 28 a JArbSchG muss **methodisch** so angelegt sein, dass neben der allgemeinen Gefährdungslage die jugendtypischen und spezifischen Gefährdungsfaktoren und ggf. weitere individuelle Faktoren einfließen können. Dies gilt insbesondere bei Beschäftigungen von Kindern nach §§ 5, 6 JArbSchG. Die arbeitswissenschaftlichen Verfahren zur Gefährdungsbeurteilung sind entsprechend anzupassen. Bei der Verwendung von Fragebögen oder Interviews bieten sich eine **jugendgerechte Sprache** und ggf. **bildliche Darstellungen** an, um dieses Ziel zu erreichen. Im Rahmen von arbeitsschutzrechtlichen Computerprogrammen kann das Niveau an Erfahrungen, Sicherheitsbewusstsein und dem Stand der geistigen Entwicklung auch in kleinen Szenen mit Entscheidungsvarianten ähnlich einem Computerspiel ermittelt werden.[89] Für die Pflicht zur Dokumentation gelten nach § 28 a S. 2 JArbSchG die Regelungen nach § 6 ArbSchG.[90]

27 **3. Unterweisung der Jugendlichen.** Der Arbeitgeber ist verpflichtet, die Jugendlichen vor der Arbeitsaufnahme und bei wesentlichen Änderungen zu unterweisen (§ 29 Abs. 1 JArbSchG). Damit wird diese Pflicht gegenüber der allgemeinen Unterweisungspflicht nach § 12 ArbSchG konkretisiert (→ ArbSchG § 12 Rn. 2). Gegenstand der Unterweisung sind die durch allgemeine und jugendspezifische Gefährdungsbeurteilung ermittelten Unfall- und Gesundheitsgefahren, die am Arbeitsplatz bestehen, sowie die Schutzmaßnahmen und -vorkehrungen, die ihre Realisierung verhindern sollen.[91] Art. 6 Abs. 3 RL 94/33/EG erstreckt die Unterweisungspflicht hingegen grundsätzlich auch auf die Gefährdungen (→ Rn. 21 f.). Entsprechend ist auch die Bestimmung des § 12 ArbSchG zu verstehen, der als Bezugspunkt die durch die Gefährdungsbeurteilung ermittelten Gefährdungen und deren Entwicklung hat (→ ArbSchG § 12 Rn. 5). Da die Unterweisung auf der Gefährdungsbeurteilung aufbaut, muss sich ebenso wie bei § 12 ArbSchG auf die Gefährdungen beziehen.

28 Erfordern die Schutzmaßnahmen die Ausübung von Tätigkeiten in einer spezifischen Art und Weise, so gehört zur Unterrichtung auch das **Einüben dieser Tätigkeiten** oder das **Erlernen der Handhabung bestimmter Schutzmittel** (zum unionsrechtlichen Anforderungsprofil der Unterrichtung bei der Durchführung → ArbSchG § 12 Rn. 6 ff.). Anweisungen und Erläuterungen müssen sich weiterhin auf den Arbeitsplatz des Jugendlichen beziehen und müssen auf die konkreten Aufgabenbereiche zugeschnitten sein[92] (§ 12 Abs. 1 S. 2 ArbSchG). Eine umfassende Unterweisung zu allen im Betrieb auftretenden Risiken ist nur dann erforderlich, wenn der Jugendliche sich im Rahmen seiner Tätigkeit im gesamten Betrieb bewegt bzw. seinen Arbeitsplatz häufig wechselt. Für die Unterweisung von Kindern vor ihrer ausnahmsweise zulässigen Beschäftigung nach §§ 5, 6 JArbSchG müssen diese Anforderungen entsprechende Anwendung finden und ihre kindgerechte Durchführung muss sichergestellt werden (→ Rn. 13 ff.).

29 Die Unterweisung ist in angemessenen Zeitabständen, wenigstens aber halbjährlich, zu **wiederholen** (§ 29 Abs. 2 JArbSchG). Da sie der Gefährdungsentwicklung folgt (→ Rn. 27), muss sie auch bei wesentlichen Änderungen durchgeführt werden. Ob eine wesentliche Änderung vorliegt, lässt sich folgerichtig nur danach beurteilen, ob ohne erneute Unterweisung Gesundheit und Sicherheit der Jugendlichen beeinträchtigt werden können.[93] Der Arbeitgeber kann seine Pflicht nur durch eine für die jugendlichen Beschäftigten verständliche Unterweisung erfüllen. Die **jugendgerechte Gestaltung und Durchführung** muss den jeweiligen Kenntnis-, Entwicklungs- und Erfahrungsstand der Jugendlichen berücksichtigen. Die mündliche Unterrichtung wird in der Regel durch die praktische Vorführung und durch praktische Übungen, etwa bei Schutzmaßnahmen, ergänzt.[94] Eine schriftliche Belehrung allein ist nicht ausreichend.[95] Eine gute Vorstellung von jugendgerechter Gestaltung vermitteln die Materialen zu den Unter-

---

[89] Beispielhaft bgw-online.de. [90] G/G/T § 28 a JArbSchG Rn. 12. [91] Lakies/Schoden § 29 JArbSchG Rn. 2. [92] Zmarzlik/Anzinger § 29 JArbSchG Rn. 5. [93] Zmarzlik/Anzinger § 29 JArbSchG Rn. 4. [94] Zmarzlik/Anzinger § 29 JArbSchG Rn. 6. [95] Zmarzlik/Anzinger § 29 JArbSchG Rn. 6.

weisungskonzepten „Alltagshelden – Risikobewusstsein im Arbeitsleben", „Echt kapiert – sicher?!" und „Check 5",[96] die Hinweise für ein Konzept zur Vermittlung von Risikobewusstsein und Risikokompetenz geben und auf ein Zusammenwirken von schriftlicher Information mit medial aufbereiteten Beispielen und erlebnispädagogischen Übungen setzen. Gezeigt werden weitere interaktive Möglichkeiten, eigene Fähigkeiten einzuschätzen. Vorstellbar sind auch **computer- oder internetgestützte Spiele**, um sich mit bestimmten Gefahrensituationen und Gefährdungen vertraut zu machen.[97] Der Arbeitgeber wird durch den Betriebsarzt und die Fachkraft für Arbeitssicherheit bei der Planung, der Durchführung und der Überwachung des Jugendarbeitsschutzes beraten (§ 29 Abs. 3 JArbSchG).

4. Beschäftigungsverbote für Jugendliche. Neben den allgemeinen Schutzpflichten stehen die **gesetzlichen Beschäftigungsverbote** (§§ 22–27 JArbSchG). Sie erfassen Tätigkeiten, die typischerweise zu erheblichen psychischen oder physischen Beeinträchtigungen oder sittlichen Gefährdungen der jugendlichen Arbeitnehmer führen. Die Bestimmungen sind zwingend; auch die Zustimmung der Jugendlichen oder ihrer Eltern zu verbotenen Tätigkeiten kann nicht zu deren Zulässigkeit führen. Das JArbSchG entspricht damit Art. 7 Abs. 2 RL 94/33/EG, der ebenfalls besondere Gefährdungen erfasst. Das Gesetz differenziert zwischen arbeitsplatzbezogenen Risiken: gefährlichen Arbeiten (§ 22 JArbSchG), Akkord bzw. tempoabhängiger Arbeit (§ 23 JArbSchG) und Arbeiten unter Tage (§ 24 JArbSchG) einerseits, und dem Verbot der Beschäftigung durch bestimmte Personengruppen andererseits (§ 25 JArbSchG). Durch Rechtsverordnung nach § 26 JArbSchG wurden bisher keine weiteren Verbote erlassen. § 27 JArbSchG sieht vor, dass die zuständige Aufsichtsbehörde im Einzelfall feststellen kann, ob ein Beschäftigungsverbot vorliegt.[98] Ein Beschäftigungsverbot kann auch aus einem ärztlichen Vermerk über Gesundheitsgefährdungen bei bestimmten Tätigkeiten (§ 40 Abs. 1 JArbSchG → Rn. 42), und aus Verletzung der Arbeitszeitregelungen (§§ 8 ff. JArbSchG → Rn. 46), resultieren.

Als **gefährliche Arbeiten** nach § 22 JArbSchG werden die physische oder psychische Leistungsfähigkeit übersteigenden Tätigkeiten (Nr. 1), das Bestehen sittlicher Gefahren für die Jugendlichen (Nr. 2), Arbeiten, die mit Unfallgefahren verbunden sind, die Jugendliche wegen mangelndem Sicherheitsbewusstsein oder mangelnder Erfahrung nicht erkennen oder abwenden können (Nr. 3), die mit einer Gesundheitsgefährdung durch außergewöhnliche Hitze, Kälte oder starker Nässe einhergehen (Nr. 4) genannt. Ebenfalls unter das Beschäftigungsverbot fallen Arbeiten, bei denen die Jugendlichen einer schädlichen Einwirkung von Lärm, Erschütterungen; Strahlungen (Nr. 5) bzw. von Gefahrstoffen im Sinne des Chemikaliengesetzes oder von biologischen Arbeitsstoffen im Sinne der RL 90/679/EWG vom 26.11.1990, jetzt RL 2000/54/EG, ausgesetzt sind (zu den Rechtsfolgen → Rn. 59 ff.). Maßstab für die Beurteilung der physischen oder psychischen Leistungsfähigkeit ist grundsätzlich der einzelne Jugendliche.[99] Ob nach den konkreten Umständen die Gesundheit des jeweiligen Jugendlichen gefährdet ist, hängt so beispielsweise von der individuellen Entwicklung des Jugendlichen ab. Seine individuelle Leistungsfähigkeit, sein Sicherheitsbewusstsein und seine Erfahrung sind im Rahmen der Gefährdungsbeurteilung (§ 28 a JArbSchG) zu ermitteln und – soweit möglich – ist der Arbeitsplatz entsprechend anzupassen (§ 28 Abs. 1 JArbSchG). Entsprechendes muss auch für die Gefährdungen nach § 22 Abs. 1 Nr. 3–7 JArbSchG gelten. Auch wenn insbesondere bei den physischen Einwirkungen, den Gefahrstoffen (GefStoffV) und den biologischen Arbeitsstoffen die Grenzwerte der primär entscheidende und allgemein geltende Maßstab sind, so ist es vom einzelnen Jugendlichen abhängig, ob Schutzkleidung die Gesundheitsgefährdung verhindern kann. Wird sie ein-

---

[96] www.jwsl.de/; zur Präventionskampagne „Alltagshelden – Risikobewusstsein im Arbeitsalltag" www.dguv.de/risikoraus/index.jsp. [97] http://risiko-raus-kampagne.das-onlinespiel.de/. [98] BAG 22.2.1972 – 2 AZR 205/71, AP Nr. 1 zu § 15 BBiG; ErfK/Schlachter § 23 JArbSchG Rn. 2; aA für ein faktisches Arbeitsverhältnis HWK/Tillmann § 23 JArbSchG Rn. 2. [99] Zmarzlik/Anzinger § 22 JArbSchG Rn. 7; NK-GA/Taubert § 22 JArbSchG Rn. 8.

gesetzt, muss diese zusätzliche Belastung unter dem Gesichtspunkt der Leistungsfähigkeit des Jugendlichen nach Nr. 1 beurteilt werden.

32 Um einen Schutz vor Überforderung und Leistungsdruck durch ein erhöhtes Arbeitstempo zu erreichen, sind **Akkordarbeiten**, dh alle Tätigkeiten bei denen die Arbeitsgeschwindigkeit zumindest teilweise über die Höhe eines Entgeltanteils bestimmt wird (§ 23 Abs. 1 Nr. 1 JArbSchG),[100] und sonstige Arbeiten **verboten**, bei denen ein finanzieller Anreiz die Steigerung des Arbeitstempos bewirken soll. Die Tätigkeit von jugendlichen Beschäftigten in gemeinsamen Arbeitsgruppen mit Erwachsenen gibt ebenfalls ein bestimmtes Arbeitstempo vor und wird daher vom Beschäftigungsverbot umfasst (§ 23 Abs. 1 Nr. 2 ArbSchG). Gleiches gilt, wenn Tätigkeiten durch die Arbeit mit bestimmten Betriebsmitteln, dem Umgang mit Arbeitsstoffen oder eine bestimmte Arbeitsorganisation charakterisiert werden und dadurch nicht nur gelegentlich ein bestimmtes Arbeitstempo vorgegeben wird. Des Weiteren dürfen Jugendliche nicht unter Tage beschäftigt werden (§ 24 Abs. 1 JArbSchG).

33 **Ausnahmen** von diesen Beschäftigungsverboten sind nach §§ 22 Abs. 2 Nr. 1, 23 Abs. 2 Nr. 1, 24 Abs. 2 Nr. 1 JArbSchG dann möglich, wenn dies zur Erreichung des Ausbildungsziels erforderlich und der Schutz der jugendlichen Arbeitnehmer durch die **Aufsicht eines Fachkundigen** gewährleistet ist. Damit soll den Voraussetzungen von Art. 7 Abs. 3 RL 94/33/EG, die für eine unbedingte Erforderlichkeit der Tätigkeit für die Berufsausbildung und eine Aufsicht durch eine Person nach Art. 7 RL 89/391/EWG voraussetzt, Rechnung getragen werden. Können bestimmte Fähigkeiten, Fertigkeiten und Kenntnisse nur durch die vom Beschäftigungsverbot erfassten Tätigkeiten erworben werden, dann ist diese Tätigkeit für die Berufsausbildung erforderlich. Die **Ziele** des **Ausbildungsverhältnisses** sind Bestandteil der Ausbildungsordnung (§§ 4, 5 BBiG, § 25 HandwO). Konkretere Anhaltspunkte enthalten der Ausbildungsrahmenplan und die Prüfungsanforderungen. Die Arbeiten müssen unter Aufsicht einer **fachkundigen Person** durchgeführt werden. **Fachkundig** ist dabei jede Person, die die erforderlichen Kenntnisse und Fertigkeiten besitzt, einerseits Betriebsanlagen auf ihre Funktionstüchtigkeit zu prüfen, Arbeitseinrichtungen zu überwachen sowie Arbeitsverfahren sicher zu gestalten und hierzu auch eigenverantwortlich Entscheidungen treffen kann.[101] Andererseits muss sie aber die erforderlichen Kenntnisse und Fertigkeiten in Bezug auf die Berufsausbildung und den Umgang mit jugendlichen Auszubildenden aufweisen.[102] Ihre ständige Anwesenheit ist nicht immer erforderlich, sondern richtet sich danach, welche Tätigkeit die Jugendlichen ausüben. Hat sich die fachkundige Person überzeugt, dass der jugendliche Auszubildende die erforderlichen fachlichen Kenntnisse und die Kenntnisse des Arbeitsschutzes aufweist und entsprechende Maßnahmen ergreifen kann, genügt die Unterweisung und regelmäßige Überprüfung durch die fachkundige Person.[103] Wird von den zulässigen Ausnahmen Gebrauch gemacht, finden auf diese Tätigkeiten auch die Schutzvorschriften des ArbSchG und der auf das ArbSchG gestützten Verordnungen sowie der sonstigen Arbeitsschutzvorschriften Anwendung. §§ 23 Abs. 2 Nr. 2, 24 Abs. 2 Nr. 2 JArbSchG sehen anders als Art. 7 Abs. 3 RL 94/33/EG eine solche **Ausnahme auch nach abgeschlossener Ausbildung** vor; sie sind damit **unionsrechtswidrig**.[104]

34 **5. Gesundheitliche Betreuung (§§ 32 ff. JArbSchG).** Ein abgestuftes System von der Erstuntersuchung über die Nach- und ggf. die außerordentliche Nachuntersuchung bezweckt den Schutz vor Gesundheitsschäden durch eine berufliche Tätigkeit. Die **Erstuntersuchung**, die zu den prägenden Elementen des deutschen Jugendarbeitsschutzrechts seit 1960 gehört, hat den Zweck, eine Aussage darüber zu ermöglichen, ob der Jugendliche nach seinem Gesundheits- und Entwicklungsstand ohne Gefährdung seiner Gesundheit und Entwicklung in das Berufsleben eintreten kann.[105] Sie wird daher zutreffend als „**Allgemeinuntersuchung**" bezeichnet.[106] Damit sind die Untersuchungen

---

[100] ErfK/Schlachter § 23 JArbSchG Rn. 1. [101] ErfK/Schlachter § 22 JArbSchG Rn. 9. [102] Zmarzlik/Anzinger § 22 JArbSchG Rn. 35. [103] ErfK/Schlachter § 22 JArbSchG Rn. 9. [104] Balze EAS B 5200 Rn. 43; EuArbR/Kolbe RL 94/33/EG Art. 7 Rn. 4. [105] BT-Drs. 12/3219, 13 f. [106] So Schlüter, Jugendarbeitsschutzrecht, 2. Aufl. 1985, S. 124.

nicht als spezielle Tauglichkeits- bzw. Eignungsuntersuchungen zu qualifizieren.[107] Deutlich wird dies durch die Möglichkeit der Vorverlagerung bis zu vierzehn Monate vor Beginn der Beschäftigung, so dass der Untersuchung regelmäßig der Bezug zur konkreten Tätigkeit fehlt, wie ihn die Untersuchungen nach den ILO-Übereinkommen 77 und 78, die von der Bundesrepublik Deutschland nicht ratifiziert worden sind, kennzeichnen.

Die Untersuchungen nach dem JArbSchG werden durch einen **Arzt** durchgeführt. Er 35 kann vom Jugendlichen und den Personensorgeberechtigten **frei gewählt** werden.[108] Da es sich um eine Allgemeinuntersuchung handelt, werden keine weiteren Qualifikationen an den Arzt gestellt. Der jugendliche Beschäftigte kann durch den Arbeitgeber nicht verpflichtet werden, sich durch den Betriebsarzt untersuchen zu lassen. Die ArbMedVV (→ ArbSchG § 11 Rn. 2) ist auf die Untersuchungen nach dem JArbSchG nicht anwendbar. Einzelheiten über die Untersuchungen nach dem JArbSchG sind in der **Jugendarbeitsschutzuntersuchungsverordnung** vom 16.10.1990 geregelt.[109]

a) **Pflichtuntersuchungen.** Voraussetzungen für die Beschäftigung jedes Jugendlichen 36 sind die **Erstuntersuchung** (§ 32 JArbSchG), die **erste Nachuntersuchung** (§ 33 JArbSchG) sowie die **außerordentliche Nachuntersuchung** (§ 35 JArbSchG). Sie sind **Pflichtuntersuchungen**. Die Erstuntersuchung muss innerhalb der letzten vierzehn Monate vor Aufnahme der Beschäftigung durchgeführt worden sein (§ 32 Abs. 1 Nr. 1 JArbSchG); die erste Nachuntersuchung zwischen dem neunten und zwölften Beschäftigungsmonat (§ 33 Abs. 1 JArbSchG). Außerordentliche Nachuntersuchungen (§ 35 JArbSchG) sind verpflichtend, wenn der Arzt diese ausdrücklich anordnet, weil keine altersgerechte Entwicklung des Jugendlichen vorliegt, gesundheitliche Schwächen oder Schäden bereits bestehen oder Auswirkungen der Beschäftigung auf die Gesundheit und Entwicklung des Jugendlichen nicht sicher beurteilt werden konnten.

Dem Arbeitgeber muss die **Bescheinigung** (§ 39 Abs. 2 JArbSchG, §§ 5 f. JArbSchUV) 37 des Arztes über die **Erstuntersuchung** vorgelegt werden. Dies gilt auch bei einem Arbeitgeberwechsel innerhalb des ersten Jahres (§ 38 JArbSchG). Ohne diese Untersuchung und deren Vorlage ist eine Beschäftigung des Jugendlichen verboten.[110] Ebenso darf nach § 35 Abs. 1 Nr. 3 BBiG, § 29 Abs. 1 S. 3 HandwO der Ausbildungsvertrag eines Jugendlichen nicht in das Berufsausbildungsverzeichnis bzw. die handwerksrechtliche Lehrlingsrolle eingetragen werden. Insoweit besteht ein gesetzliches Eintragungsverbot.[111] Das damit verbundene Verbot der Zulassung zur Abschlussprüfung nach § 43 Abs. 1 S. 3 BBiG, § 36, 36 a HandwO läuft regelmäßig ins Leere, da in der Regel diese Prüfung nach Beendigung des 18. Lebensjahres abgelegt wird und nach diesem Zeitpunkt das Eintragungshindernis entfällt. Wirksamer ist die **Löschung im Berufsausbildungsverzeichnis nach § 35 Abs. 2 S. 2 BBiG**, wenn am Tag der Anmeldung zur Zwischenprüfung die Bescheinigung über die erste Nachuntersuchung nach § 33 Abs. 1 JArbSchG nicht vorliegt.[112]

Legt der Jugendliche die **Bescheinigung über die Nachuntersuchung** nach einem Jahr 38 nicht vor, muss ihn der Arbeitgeber innerhalb eines Monats dazu auffordern (§ 33 Abs. 2 JArbSchG). Durchschriften dieser Aufforderungen sendet er an den Personensorgeberechtigten und den Betriebs- bzw. Personalrat. Das Beschäftigungsverbot greift erst ein, wenn der jugendliche Beschäftigte die Bescheinigung über die Nachuntersuchung bis zum vierzehnten Beschäftigungsmonat nicht vorlegt. Die Frist zur außerordentlichen Nachuntersuchung hat keinen Einfluss auf die Fristen zur ersten Nachuntersuchung, sie kann aber als erste Nachuntersuchung gelten.[113] Den jugendlichen Arbeitnehmer treffen Rechtspflichten zur Wahrnehmung dieser Untersuchung bzw. ihrem Nachweis aufgrund von Nebenpflichten aus dem Arbeits- bzw. Ausbildungsvertrag.

---

107 Zmarzlik/Anzinger § 32 JArbSchG Rn. 2. **108** So Lakies/Schoden § 32 JArbSchG Rn. 8; MVG § 32 JArbSchG Rn. 12; G/G/T § 32 JArbSchG Rn. 6. **109** BGBl. I 1990, 2221. **110** BAG 22.2.1972 – 2 AZR 205/71, AP Nr. 1 zu § 15 BBiG; NK-GA/Taubert § 32 JArbSchG Rn. 5; SRS/Blanke 2 § 5 Rn. 16. **111** Pepping in: Wohlgemuth, BBiG, 2011, § 35 BBiG Rn. 11. **112** ErfK/Schlachter BBiG § 35 Rn. 3; Lakies/Schoden § 33 JArbSchG Rn. 10. **113** ErfK/Schlachter § 36 JArbSchG Rn. 1.

Die Untersuchung wird unter Mitwirkung des Jugendlichen und seines Personensorgeberechtigten durch Ausfüllung eines Erhebungsbogens vorbereitet (§ 3 JArbSchUV). Der Arbeitgeber ist verpflichtet, den Jugendlichen für die Untersuchung von der Arbeit ohne Entgelteinbuße freizustellen (§ 43 JArbSchG).[114] Die Kosten auch dieser Untersuchung trägt die jeweilige Bundesland (§ 44 JArbSchG).[115] Damit ist die Untersuchung für den jugendlichen Beschäftigten kostenfrei.

39 § 32 Abs. 1 JArbSchG sieht **Ausnahmen** von der Pflicht zur Erstuntersuchung für geringfügige oder für nicht länger als zwei Monate dauernde Beschäftigungen vor, soweit diese **in beiden Fällen leichte Arbeiten** beinhalten. Schon die Möglichkeit gesundheitlicher Nachteile durch die Beschäftigung führt wieder zu einer Erstuntersuchungspflicht. Vor dem Hintergrund von Art. 6 Abs. 2 S. 3 RL 94/33/EG muss diese Ausnahmevorschrift eng ausgelegt werden. Anders als die §§ 32 ff. JArbSchG knüpft die Richtlinie ausdrücklich die Erforderlichkeit der Untersuchung an die Ergebnisse der Gefährdungsbeurteilung, so dass ohne Gefährdungsbeurteilung keine Ausnahme erfolgen darf.[116] Ob eine Arbeit nach § 32 JArbSchG leicht ist und somit offensichtlich keine Schäden erwarten lässt,[117] muss dieser Logik folgend aufgrund einer Gefährdungsbeurteilung nach § 28 a JArbSchG ermittelt werden. Die anzulegenden Kriterien sind nicht nur objektiv, sondern auch den Entwicklungsstand, das Alter und die physische und psychische Gesundheit bezogen. Für § 32 Abs. 2 JArbSchG muss darüber hinaus eine geringfügige Beschäftigung des Jugendlichen sowohl hinsichtlich ihres zeitlichen Umfangs als auch des Umfangs der möglichen physischen oder psychischen Gefährdungen vorliegen[118] oder die Gesamtbeschäftigungsdauer darf zwei Monate nicht überschreiten.[119]

40 Von diesem System der Pflichtuntersuchungen unterscheidet sich die von **Art. 6 Abs. 2 S. 3 RL 94/33/EG** geforderte Überwachung des Gesundheitszustands deutlich. Diese knüpft an die am Arbeitsplatz bestehenden, durch die Gefährdungsbeurteilung ermittelten konkreten Gefährdungen für die Gesundheit der jugendlichen Beschäftigten an (zur Auslegung der Jugendarbeitsschutzrichtlinie → Rn. 21 f.). Bestehen diese, dann erfolgt in kostenfreien und regelmäßigen Abständen eine angemessene Bewertung und Überwachung des Gesundheitszustands. Diese Einbettung in den Gesamtprozess ist auch in der ArbMedVV verankert, die allerdings nicht für die Untersuchungen nach §§ 32 ff. JArbSchG gilt. Dort erhält der Arzt nach § 3 Abs. 2 ArbMedVV die Gefährdungsbeurteilung. Die Zielrichtung der medizinischen Untersuchungen nach dem ArbSchG und nach Art. 6 Abs. 2 S. 3 RL 94/33/EG sind ähnlich. In beiden Fällen geht es um die Früherkennung gesundheitlicher Störungen bzw. um die Frage nach einem erhöhten gesundheitlichen Risiko aufgrund einer bestimmten Tätigkeit[120] (§ 2 Abs. 2 ArbMedVV). Der Unterschied besteht allein in der Ursache der gesundheitlichen Gefährdung; sie ist in der Jugendarbeitsschutzrichtlinie jugendspezifisch zu verstehen, zB im Zusammenhang mit der noch nicht abgeschlossen physischen oder psychischen Entwicklung des jugendlichen Beschäftigten. Die von Art. 6 RL 94/33/EG verlangte Untersuchung ähnelt insoweit der Angebotsuntersuchung nach § 5 ArbMedVV. Im jetzigen Anhang 2 zur ArbMedVV ist eine solche Untersuchung allerdings nicht vorgesehen. Zu den Maßnahmen, zu denen der Arbeitgeber nach § 28 a S. 2 JArbSchG iVm § 5 Abs. 1 ArbSchG verpflichtet ist, gehört in unionsrechtskonformer Auslegung das **Angebot einer jugendspezifischen Untersuchung auf die festgestellten konkreten Gefährdungen**; die Kosten dieser Untersuchung hat nach § 3 Abs. 3 ArbMedVV der Arbeitgeber und nicht das Land zu tragen, das für die Kosten der Allgemeinuntersuchungen zuständig ist (§ 44 JArbSchG). Für diese Untersuchung gilt kein Beschäftigungsverbot.

---

114 Zum Freistellungsanspruch Aligbe, Einstellungs- und Eignungsuntersuchungen, Rn. 408, 409. **115** Aligbe, Einstellungs- und Eignungsuntersuchungen, Rn. 425. **116** Anders EuArbR/Kolbe RL 94/33/EG Art. 6 Rn. 8, der unzutreffend § 32 JArbSchG als eine für die Jugendlichen günstigere Regelung qualifiziert. **117** ErfK/Schlachter § 32 JArbSchG Rn. 3. **118** BayObLG 11.1.1983 – 3 Ob OWi 164/82, AP Nr. 1 zu § 32 JArbSchG. **119** Lakies/Schoden § 32 JArbSchG Rn. 13. **120** Dazu Zmarzlik/Anzinger § 32 JArbSchG Rn. 2; Lakies/Schoden § 32 JArbSchG Rn. 1.

b) Freiwillige weitere Nachuntersuchungen. Für den jugendlichen Beschäftigten besteht unabhängig von dem auch für Jugendliche geltenden Recht auf Untersuchungen nach § 11 ArbSchG die Möglichkeit weiterer Nachuntersuchungen (§ 34 JArbSchG). Der Arbeitgeber soll ihn über diese Möglichkeit informieren und ihn zur Vorlage der Nachweise anhalten. Eine gesetzliche Pflicht zur Untersuchung besteht für den Jugendlichen jedoch nicht, so dass eine Nichtbefolgung auch kein Beschäftigungsverbot nach sich zieht.[121] Wird jedoch bei einer solchen Untersuchung ein Gefährdungsvermerk nach § 40 Abs. 1 JArbSchG erteilt, muss dieser vom Arbeitgeber beachtet werden.[122]

c) Gegenstand der Untersuchungen. Die ärztliche Untersuchung (§§ 37 ff. JArbSchG, § 1 JArbSchUV) richtet sich auf die **Ermittlung des Gesundheits- und Entwicklungstands und der körperlichen Konstitution** des Jugendlichen. Im Rahmen der Nachuntersuchung sollen auch die **Auswirkungen der Beschäftigung** auf die Gesundheit und die Entwicklung des Jugendlichen erfasst werden. Der Arzt muss bei entsprechendem Untersuchungsergebnis feststellen, ob besondere, der Gesundheit dienende Maßnahmen erforderlich sind. Reicht diese Untersuchung zur Beurteilung dieser Fragen nicht aus, können auch weitere Ärzte bzw. Fachärzte im Rahmen einer Ergänzungsuntersuchung hinzugezogen werden. Der Arzt unterliegt der ärztlichen Schweigepflicht (→ ArbSchG § 11 Rn. 17). Die Untersuchungsergebnisse müssen schriftlich festgehalten werden. Die Bescheinigung über die Untersuchung (§ 39 Abs. 2 JArbSchG, §§ 5 f. JArbSchUV) für den Arbeitgeber enthält keine ärztlichen Befunde, sondern nur die Bestätigung, dass die Untersuchung stattgefunden hat, sowie einen Vermerk über Arbeiten, bei deren Ausübung Gefährdungen für die Gesundheit des Jugendlichen bestehen können. Den Personensorgeberechtigten hingegen muss der Arzt (§ 39 JArbSchG) neben den Informationen, die auch der Arbeitgeber erhält, das wesentliche Ergebnis der Untersuchungen und ggf. die Anordnung der außerordentlichen Nachuntersuchung mitteilen. Bescheinigungen, die von dem vorgeschriebenen Formblatt nach § 6 JArbSchUV abweichen, genügen den Anforderungen des JArbSchG nicht.[123] Ein **Gefährdungsvermerk** löst nach **§ 40 Abs. 1 JArbSchG** ein **Beschäftigungsverbot für die benannten Tätigkeiten** aus. Ausnahmen davon sind nur bei behördlicher Zulassung unter Auflagen möglich (§ 40 Abs. 2 JArbSchG). Der Arbeitgeber muss die Bescheinigung bis zur Beendigung des Arbeitsverhältnisses oder bis zur Vollendung des 18. Lebensjahres aufbewahren (§ 41 JArbSchG). Bei einem Ausscheiden händigt der Arbeitgeber dem jugendlichen Arbeitnehmer die Bescheinigung aus.

6. Spezifische Arbeitszeitregelungen für Jugendliche. Das JArbSchG enthält eine eigenständige Arbeitszeitregelung, die nach § 18 Abs. 2 ArbZG die Vorschriften des ArbZG verdrängt (→ ArbZG § 18 Rn. 21). Dies kommt durch einen eigenständigen Arbeitszeitbegriff sowie in der Nutzung von Kategorien wie zB Höchstarbeitszeiten und Schichtzeiten zum Ausdruck, die im allgemeinen Arbeitszeitrecht nicht eingesetzt werden. Gleichwohl baut auch dieser Arbeitszeitbegriff auf dem allgemeinen Arbeitszeitrecht und dem Unionsrecht auf, so dass bestimmte Teilfragen des Jugendarbeitsschutzarbeitszeitrechts nur unter Rückgriff auf die Rechtsprechung des Europäischen Gerichtshofs zur Arbeitszeitrichtlinie und die Auslegung des ArbZG gelöst werden können.

Arbeitszeit iSd § 4 Abs. 1 JArbSchG ist die Zeit der täglichen Beschäftigung ohne Ruhepausen (§ 11 JArbSchG). Beschäftigung bedeutet nicht nur die Ausübung der vertraglich vereinbarten Tätigkeit; ausreichend ist bereits, dass die geschützten Personen am Beschäftigungsort anwesend sind und auch für anfallende Tätigkeiten **zur Verfügung stehen**.[124] Ebenso wie im ArbZG stellen sich Fragen nach der Abgrenzung von Arbeitszeit und Freizeit. Während im ArbZG die Zugehörigkeit des **Bereitschaftsdienstes** zur Arbeitszeit erst nach der Entscheidung des Europäischen Gerichtshof zur Arbeitszeitrichtlinie und der Änderung des ArbZG anerkannt worden ist (→ ArbZG §2

---

[121] Zmarzlik/Anzinger § 34 JArbSchG Rn. 3. [122] G/G/T § 34 JArbSchG Rn. 2. [123] G/G/T § 39 JArbSchG Rn. 2 unter Bezugnahme auf OLG Koblenz 21.3.1974, AP JArbSchG § 45 Nr. 1, mAnm Volmer. [124] BayObLG 23.3.1992 – 3 Ob Owi 18/92, NZA 1992, 811; Lakies/Schoden § 4 JArbSchG Rn. 2.

Rn. 21), ist dieses richtlinienkonforme Verständnis von der überwiegenden Ansicht im JArbSchG bereits vor 2004 vertreten worden.[125] Die Anrechnung der **Rufbereitschaft** auf die tägliche Arbeitszeit wird ebenfalls überwiegend bejaht und vor allem mit dem höheren Schutzniveau für Jugendliche begründet.[126] Dies ist teleologisch und systematisch zutreffend,[127] denn der Wortlaut des § 4 Abs. 1 JArbSchG orientiert sich anders als § 2 ArbZG nicht am Begriff der Arbeit, sondern ebenso wie § 9 ArbZG am Begriff der „Beschäftigung", der auch in § 9 ArbZG die Rufbereitschaft umfasst (→ ArbZG § 9 Rn. 14).[128] Parallel zum ArbZG gelten **Vor- und Abschlussarbeiten sowie Aufräumarbeiten** als Arbeitszeit (→ ArbZG § 2 Rn. 36 ff., → ArbZG § 14 Rn. 18), während **Wegezeiten** vom Wohn- zum Arbeitsort und zurück grundsätzlich nicht zur Arbeitszeit zählen (→ ArbZG § 2 Rn. 44). Wegezeiten von und zur Berufsschule werden zwar nach § 9 Abs. 2 JArbSchG nicht als Arbeitszeit eingeordnet; die Zeit des Berufsschulunterrichts wird jedoch pauschal auf die Arbeitszeit angerechnet (§ 9 Abs. 2 Nr. 1, 2 JArbSchG). Betrieblich veranlasste Wegezeiten sind Arbeitszeit, so werden zB Zeiten für Wege zu einer außerhalb gelegenen Ausbildungsstätte[129] oder Arbeitsstelle erfasst.[130]

45 Die **speziellen Arbeitszeitregelungen** des JArbSchG betreffen unterschiedliche Regelungskomplexe: Höchstarbeitszeiten (§ 8 JArbSchG), Ruhepausen (§ 11 JArbSchG), Schichtzeiten (§ 12 JArbSchG), Nachtruhe (§ 14 JArbSchG), Samstags- (§ 16 JArbSchG), Sonntags- (§ 17 JArbSchG) und Feiertagsruhe (§ 18 JArbSchG). Mit ihnen werden die Vorgaben der Art. 8–12 RL 94/33/EG umgesetzt. Die Möglichkeiten, durch **Tarifvertrag nach § 21 a JArbSchG** abzuweichen, musste 1997 eingeschränkt werden, weil die frühere Regelung mit der RL 94/33/EG nicht vereinbar war.[131] Gleichwohl werden auch gegen die jetzige Fassung des § 21 a JArbSchG nachhaltige unionsrechtliche Bedenken vorgebracht.[132] In der Praxis sind nur wenige Tarifverträge abgeschlossen worden.[133] Andere Ausnahmen sind in **Notfällen nach § 21 JArbSchG** möglich. Diese Norm baut auf den Tatbestandsmerkmalen des § 14 Abs. 1 ArbZG auf, stellt aber strengere Voraussetzungen, weil Jugendliche nur subsidiär eingesetzt werden dürfen.[134] In der Praxis der Aufsicht sind im Jugendarbeitsschutzrecht gerade die Verstöße gegen die Arbeitszeitvorschriften besonders häufig zu registrieren.[135] Sie häufen sich besonders dann, wenn die Schutzvorschriften für Jugendliche mit ihrer Integration in den betrieblichen Alltag, zB bei Pausen- und Schichtzeiten, kollidieren.[136] Aus diesem Grund hatten Unternehmen und Verbände eine „Lockerung" der Arbeitszeitvorschriften verlangt; im Koalitionsvertrag 2009 waren diese Forderungen im Prinzip aufgegriffen worden. Eine daraufhin eingesetzte Bund-Länder-Arbeitsgruppe, die entsprechende Änderungen vorbereiten sollte, hatte mehrere Forschungsvorhaben vergeben, die allerdings die Gefährdungen der Gesundheit der Jugendlichen bei einer Änderung der Arbeitszeitvorschriften deutlich machten. Im Abschlussbericht der Bund-Länder-Arbeitsgruppe wurde daher vorgeschlagen, im Grundsatz die bisherigen Arbeitszeitvorschrif-

---

125 Siehe zB Zmarzlik/Anzinger § 4 JArbSchG Rn. 10; MVG § 4 JArbSchG Rn. 13; G/G/T § 4 JArbSchG Rn. 5. **126** BT-Drs. 7 /2305, 27; Lakies/Schoden § 4 JArbSchG Rn. 2, 5; Zmarzlik/Anzinger § 4 JArbSchG Rn. 10; G/G/T § 4 JArbSchG Rn. 5; HWK/Tillmanns § 4 JArbSchG Rn. 2; Münch/ArbR/Anzinger § 311 Rn. 1; aA MVG § 4 JArbSchG Rn. 14 unter Rückgriff auf die ältere arbeitszeitrechtliche Judikatur: ablehnend auch aus systematischen Gründen Lakies/Schoden § 4 JArbSchG Rn. 10. **127** Ähnlich die betriebsverfassungsrechtliche und personalvertretungsrechtliche Auslegung des Arbeitszeitbegriffs: BAG 21.11.1982 – 1 ABR 14/81, DB 1983, 611 und jetzt auch BVerwG 4.9.2012 – 6 P 10/11, PersR 2012, 464; HaKo-BetrVG/Kohte BetrVG § 87 Rn. 41. **128** Falder NZA 2010, 1150 (1153). **129** ErfK/Schlachter § 4 JArbSchG Rn. 14; Lakies/Schoden § 4 JArbSchG Rn. 7. **130** BayObLG 23.3.1992 – 3 ObOWi 18/92, NZA 1992, 811. **131** Taubert BB 1997, 575 (577). **132** Schmidt BB 1998, 1362 (1363); ausführlich Hay, Jugendarbeitsschutz im deutschen und europäischen Arbeitsrecht, Diss. 2017, S. 272 ff.; differenzierend HWK/Tillmanns JarbSchG § 21 a Rn. 2; aA EuArbR/Kolbe RL 94/33/EG Art. 8 Rn. 8. **133** Übersicht in BT-Drs. 12/3219, 9 f.; Lakies/Schoden § 21 a JArbSchG Rn. 1. **134** Schliemann ArbZG § 14 Rn. 28; ErfK/Schlachter § 21 JArbSchG Rn. 3. **135** Arbeitsschutzverwaltung LSA Jahresbericht Sachsen-Anhalt 2011, S. 23. **136** Senatsverwaltung für Arbeit, Integration und Frauen Referat Arbeitsschutz, Gesundheitsschutz und technische Sicherheit/Landesamt für Arbeitsschutz, Gesundheitsschutz und technische Sicherheit Berlin, Jahresbericht Berlin 2012, S. 67.

ten beizubehalten und nur geringfügige Modifikationen vorzunehmen.[137] Dies ist zutreffend und zeigt, dass die Integration der Arbeitszeitvorschriften in das JArbSchG der realen Gefährdungssituation und dem Stand der arbeitswissenschaftlichen Forschung entspricht.[138] Gleichwohl sind hier in der Praxis hohe Schutzlücken festzustellen.[139]

a) Höchstarbeitszeit. Die tägliche Höchstarbeitszeit beträgt in Umsetzung von Art. 8 Abs. 2 RL 94/33/EG **8 Stunden**, die **wöchentliche 40 Stunden** (§ 8 Abs. 1 JArbSchG). Ausnahmen sind nur in Notfällen bzw. in Form von Mehrarbeit unter bestimmten Voraussetzungen möglich (→ Rn. 45).[140] Die tägliche Arbeitszeit ergibt sich nach Abzug der Ruhepausen, wobei der Berufsschulbesuch, Prüfungen und außerbetriebliche Ausbildungsmaßnahmen angerechnet werden (§§ 9, 10 JArbSchG).[141] Die tägliche Höchstarbeitszeit darf nach § 8 Abs. 2 JArbSchG überschritten werden, wenn aufgrund von Feiertagen an Werktagen nicht gearbeitet wird. Die ausfallende Arbeitszeit kann durch die Erhöhung der täglichen Arbeitszeit auf höchstens 8,5 Stunden innerhalb von fünf zusammenhängenden Wochen ausgeglichen werden, die den ausfallenden Werktag einschließen.[142] Dabei darf die durchschnittliche Wochenarbeitszeit jedoch 40 Stunden nicht überschreiten. **Wochenarbeitszeit** sind die Arbeitszeiten von Montag bis Sonntag (§ 4 Abs. 4 JArbSchG). Die Zusammenarbeit der Jugendlichen mit den erwachsenen Arbeitnehmern kann es aufgrund bestehender Gleitzeit notwendig machen, die Arbeitszeit an einzelnen Werktagen (zB Freitag) auf weniger als 8 Stunden zu verkürzen. In diesem Fall ist es möglich, die ausfallende Arbeitszeit auf die anderen Tage dieser Woche zu verlagern, wobei wiederum die Höchstarbeitszeit von 8,5 Stunden nicht überschritten werden darf (§ 8 Abs. 2 a JArbSchG).

b) Anrechnung der Berufsschul- und Prüfungszeit und der außerbetrieblichen Ausbildung. Befinden sich jugendliche Beschäftigte in der dualen Ausbildung, müssen sie sowohl **den betrieblichen** als auch den **schulischen Alltag miteinander vereinbaren** können. Um eine Doppelbelastung zu vermeiden, erfolgt in Umsetzung von Art. 8 Abs. 3 RL 94/33/EG für Berufsschulzeiten (§ 9 JArbSchG), Prüfungszeiten und die Zeiten der außerbetrieblichen Ausbildung (§ 10 JArbSchG) eine **Anrechnung als Arbeitszeit** und eine Pflicht zur Freistellung für die theoretische Ausbildung; eine Nachholung der ausgefallenen Zeit ist gesetzlich ausgeschlossen.[143] In allen Fällen wird gesetzlich angeordnet, dass es **keinen Entgeltausfall** geben darf (§§ 9 Abs. 3, 10 Abs. 2 S. 1 JArbSchG), so dass diese Zeit als Arbeitszeit zu vergüten ist, soweit eine Anrechnung erfolgt.[144] Die Berechnung des Entgelts erfolgt grundsätzlich nach dem Lohnausfallprinzip.[145] Damit müssen sowohl die vertraglich vereinbarte als auch die übertarifliche bzw. die tariflich garantierte Ausbildungsvergütung ebenso wie Prämien, Zulagen und Gratifikationen bei der Berechnung des Entgelts berücksichtigt werden (§ 19 Abs. 1 Nr. 1 BBiG). Besucht der Auszubildende den Berufsschulunterricht an einem arbeitsfreien Samstag und überschreitet dadurch die zulässige wöchentliche Höchstarbeitszeit, ist diese Zeit als Mehrarbeit zu vergüten.[146]

Da **Berufsschulzeiten** und **Arbeitszeiten** in der Regel einer unterschiedlichen Zeitorganisation folgen, wird die Vereinbarkeit von beruflichem und schulischem Alltag durch **differenzierte Schutzvorschriften** koordiniert. Die Beschäftigung von jugendlichen Auszubildenden vor dem Berufsschulunterricht ist nach § 9 Abs. 1 S. 2 Nr. 1 JArbSchG an Berufsschultagen verboten, die bereits vor 9 Uhr beginnen. Weiterhin müssen jugendliche Auszubildende für einen Berufsschultag pro Woche mit mehr als fünf Unterrichtsstunden von mindestens 45 Minuten freigestellt werden (§ 9 Abs. 1 S. 2 Nr. 2 JArbSchG). Ebenso ist nach § 9 Abs. 1 S. 2 Nr. 3 JArbSchG eine Beschäftigung von ju-

---

137 www.bmas.de. **138** SRS/Blanke 2 § 5 Rn. 10 mwN. **139** Neumann AiB 2010, 716 (717). **140** Zur Richtlinienkonformität der Ausnahme für die Erntezeit in der Landwirtschaft nach § 8 Abs. 3 JArbSchG: Balze EAS 5200 Rn. 53; zu § 21a JArbSchG HK-ArbZG/Tischer § 21a JArbSchG Rn. 1 ff. **141** Lakies/Schoden § 9 JArbSchG Rn. 13 f. **142** ErfK/Schlachter § 8 JArbSchG Rn. 3; Lakies/Schoden § 8 JArbSchG Rn. 13 ff. **143** Die Pflicht zur Freistellung für (volljährige) Auszubildende ergibt sich aus § 15 BBiG (früher: § 7): BAG 26.2.2001 – 5 AZR 413/99, NZA 2001, 892. **144** Zmarzlik/Anzinger § 10 JArbSchG Rn. 14; ErfK/Schlachter § 10 JArbSchG Rn. 14. **145** BAG 17.11.1972 – 3 AZR 112/72, AP Nr. 3 zu § 13 JArbSchG mAnm Herschel. **146** ErfK/Schlachter § 8 JArbSchG Rn. 9; Lakies/Schoden § 9 JArbSchG Rn. 19.

gendlichen Auszubildenden in Berufsschulwochen mit mehr als 5 Tagen und von mindestens 25 Stunden pro Woche verboten; betriebliche Ausbildungsveranstaltungen[147] können in diesem Zeitraum allerdings im Umfang von zwei Stunden stattfinden. Die Freistellungspflicht orientiert sich an dem planmäßigen Unterricht, somit ist Unterrichtsausfall, solange die Jugendlichen davon nicht rechtzeitig Kenntnis erlangen, unerheblich.[148] Überschreitet der tatsächliche Unterricht die beabsichtigte Dauer des planmäßigen Unterrichts und die gesetzlichen Grenzen nach § 9 Abs. 1 Nr. 3 JArbSchG, soll das Beschäftigungsverbot entsprechende Anwendung finden.

49 Die jugendlichen Beschäftigten sind **für die Teilnahme an Prüfungen freizustellen**, die aufgrund des Ausbildungsvertrages oder öffentlich-rechtlicher Regelungen zu absolvieren sind (§ 10 Abs. 1 Nr. 1 JArbSchG). Nach dieser Norm müssen die Jugendlichen auch für Ausbildungsmaßnahmen freigestellt werden, die außerhalb der Ausbildungsstätte stattfinden. Als Prüfungszeit wird der Zeitraum verstanden, der sich von der Ankunft am Prüfungsort bis zum Ende der Prüfung erstreckt. Er umfasst ebenso die Pausen zwischen den einzelnen Prüfungsteilen. Es sollen auch Prüfungen, die an arbeitsfreien Tagen stattfinden, auf die Arbeitszeit angerechnet werden.[149] Daneben ist eine Freistellung für den Arbeitstag vorgesehen, der der schriftlichen Abschlussprüfung unmittelbar vorangeht. Die praktischen Prüfungen sind nicht umfasst. Anderes soll für die mündlichen Prüfungen, die die schriftlichen Prüfungen ersetzen, oder für Fälle, in denen die Prüfung aus einem mündlichen und einem schriftlichen Teil besteht, gelten.[150] Auch diese Freistellungszeiten sind als Arbeitszeit anzurechnen und daher für die Bestimmung der Höchstarbeitszeit nach § 8 JArbSchG relevant.[151]

50 c) **Arbeitsfreie Zeiten: Samstag und Sonntag als wöchentliche Ruhetage, Feiertage, Ruhepausen und Freizeit.** Gesetzlich garantierte arbeitsfreie Zeiten sind weiter die **Ruhepausen** (§ 11 JArbSchG).[152] Die Vorschriften zu den Ruhepausen orientieren sich zwar am Grundsatz des § 4 ArbZG, sie enthalten jedoch auch davon abweichende Bestimmungen; diese ergeben sich aus dem Zweck, der besonders schutzbedürftigen Gruppe der Jugendlichen einen angemessenen Ausgleich und eine angemessene Ruhephase zu gewährleisten. Diese im Voraus (→ ArbZG § 4 Rn. 6 ff.) festgelegten arbeitsfreien Zeiten sichern den Jugendlichen einen **Zeitraum zur freien Verfügung**.[153] Bei einer Arbeitszeit von mehr als viereinhalb bis zu sechs Stunden sind 30 Minuten Ruhepause, bei mehr als sechs Stunden Arbeitszeit 60 Minuten Ruhepause zu gewähren (§ 11 Abs. 1 S. 2 Nr. 1, 2 JArbSchG). Sowohl die Dauer als auch die Lage der Pausen müssen den Arbeitsbelastungen[154] sowie den medizinischen und arbeitspsychologischen Erkenntnissen entsprechend an die Bedürfnisse der Jugendlichen angepasst werden. Nur dann sind sie angemessen. Ruhepausen müssen mindestens 15 Minuten betragen (§ 11 Abs. 1 S. 3 JArbSchG). Die 1984 eingeführte Abweichung in § 21 a Abs. 1 Nr. 2 JArbSchG wurde 1997 eingeschränkt, weil die frühere Fassung nicht mit Art. 12 RL 94/33/EG vereinbar war.[155]

51 d) **Schichtzeiten.** § 12 JArbSchG begrenzt die **Schichtzeiten** auf maximal 10 Stunden. Die Kategorie der Schichtzeit ist im Unionsrecht nicht bekannt; sie umfasst nach § 4 Abs. 2 JArbSchG die Arbeitszeiten und die Zeiten der Ruhepausen. Damit werden die **täglichen Aufenthaltszeiten des Jugendlichen im Betrieb** mit dem Ziel beschränkt, ihnen ununterbrochene tägliche Freizeit zu sichern.[156] Da die tägliche Höchstarbeitszeit nach § 8 JArbSchG grundsätzlich acht Stunden beträgt, entfallen auf die Ruhepausen maximal 2 Stunden. Ausnahmen gelten für den Bergbau, wo die Schichtzeiten bei Beschäftigung unter Tage auf 8 Stunden reduziert werden, und für die Landwirtschaft,

---

147 Zu den Anforderungen an diese Veranstaltungen Zmarzlik/Anzinger § 9 JArbSchG Rn. 45. **148** MVG § 9 JArbSchG Rn. 24 c; OVG NRW 11.3.1985 – 12 A 2697/82, NZA 1985, 712; aA Natzel/Natzel DB 1987, 1734 (1738). **149** ErfK/Schlachter § 10 JArbSchG Rn. 4. **150** ErfK/Schlachter § 10 JArbSchG Rn. 3; Zmarzlik/Anzinger § 10 JArbSchG Rn. 16; SRS/Blanke 2 § 5 Rn. 7; aA MVG § 10 JArbSchG Rn. 8; Lakies/Schoden § 10 JArbSchG Rn. 6. **151** Zu den Einzelheiten der Anrechnung Zmarzlik/Anzinger § 10 JArbSchG Rn. 22 ff. **152** Ausführlicher HK-ArbZG/Tischer § 11 JArbSchG Rn. 33. Maier, Pausengestaltung als Organisationspflicht, 2012, S. 116 ff. **154** MVG § 11 JArbSchG Rn. 18. **155** Taubert BB 1997, 575 (577); Zmarzlik DB 1997, 674 (676). **156** ErfK/Schlachter § 12 JArbSchG Rn. 1.

das Gaststättengewerbe, die Tierhaltung und die Arbeit auf Bau- und Montagebaustellen. Eine Verlängerung der Schichtzeit durch Tarifvertrag nach § 21 a Abs. 1 Nr. 3 JArbSchG bzw. durch VO nach § 21 b Nr. 1 JArbSchG ist möglich. Berufsschulunterricht, Prüfungen und außerbetriebliche Ausbildungszeiten nach §§ 9, 10 JArbSchG wirken sich auf die Schichtzeiten nur mittelbar über die Anrechnung auf die Arbeitszeit aus. Grundsätzlich sind Wegezeiten deshalb nur dann anzurechnen, wenn sie im Rahmen der Arbeitsleistung als Arbeitszeiten anerkannt werden.[157] Obgleich Wegezeiten von und zur Berufsschule grundsätzlich nicht als Arbeitszeit berücksichtigt werden, entspricht es dem Normzweck von § 12 JArbSchG, diese Zeiten auf die Schichtzeiten anzurechnen. Das Ziel der Norm, die ununterbrochene Freizeit der Jugendlichen zu gewährleisten und die Zeit im Betrieb zu begrenzen, kann anders nicht erreicht werden.[158]

e) Ruhezeiten. Während die Aufenthaltszeit der Jugendlichen im Betrieb durch § 12 JArbSchG begrenzt wird, soll weiter in Umsetzung von Art. 10 Abs. 1 lit. b RL 94/33/EG die tägliche ununterbrochene Freizeit im Umfang von 12 Stunden durch die Ruhezeit nach § 13 JArbSchG sichergestellt werden. **Freizeit** ist der Zeitraum zwischen dem Arbeitsende und dem Arbeitsbeginn am nächsten Tag. Sie nimmt damit funktionell den Platz der Ruhezeiten nach § 5 ArbZG ein. Sie beträgt 12 Stunden,[159] während dieser Zeit besteht ein absolutes Beschäftigungsverbot durch den Arbeitgeber. Bereitschaftsdienst und Arbeitsbereitschaft sind in diesem Zeitraum unzulässig; abweichend von der Auslegung des ArbZG ist in der Ruhezeit des JArbSchG **auch die Rufbereitschaft nicht erlaubt.**[160] 52

f) Nachtruhe. In Umsetzung von Art. 9 RL 94/33/EG sind in § 14 JArbSchG spezielle Vorschriften zur **Nachtruhe** normiert. Grundsätzlich ist eine Beschäftigung von Jugendlichen nur in der Zeit zwischen 6 Uhr und 20 Uhr erlaubt. Im Zeitraum **zwischen 20 Uhr und 6 Uhr morgens** besteht folglich nach § 14 Abs. 1 JArbSchG **im Grundsatz ein Beschäftigungsverbot**, das gleichzeitig auch den Zeitraum der täglichen Freizeit garantiert. Tägliche Freizeit und die gewährte Nachtruhe decken sich im Umfang von zehn Stunden, der Arbeitgeber muss die weiteren zwei Stunden vorher oder nachher gewähren. Vom Nachtruhegebot gibt es umfangreiche **Ausnahmen**, die einen späteren Beginn der Nachtruhe oder ein früheres Ende ermöglichen. Bei der Anwendung dieser Ausnahmen muss darauf geachtet werden, dass sich die Lage der ununterbrochenen Freizeit entsprechend verschiebt, da diese erst mit Ende der Arbeitszeit beginnt.[161] Die **ununterbrochene Freizeit** verlängert sich nach § 14 Abs. 7 S. 3 JArbSchG auf 14 Stunden, wenn Jugendliche bis 23 Uhr bei Veranstaltungen, zB Musik- und Theaterveranstaltungen, entsprechend § 6 Abs. 1 JArbSchG beschäftigt werden. Grenzen für die Beschäftigung von Jugendlichen in diesem Bereich setzen außerdem §§ 4 ff. Jugendschutzgesetz, die den Aufenthalt von Jugendlichen an bestimmten Orten verbieten oder einschränken. In der Binnenschifffahrt darf die ununterbrochene Freizeit entsprechend der Verlängerung der Schichtzeiten nach § 20 Nr. 1 S. 1 JArbSchG bis auf maximal zehn Stunden verkürzt werden. Andere Sonderregelungen, die nur noch selten Anwendung finden, betreffen zB während der warmen Jahreszeit nach § 14 Abs. 6 JArbSchG Hitzebetriebe;[162] ebenso ist nach § 14 Abs. 5 JArbSchG in Ausnahmefällen eine Verschiebung des Beginns bzw. des Endes der Nachtruhe aus verkehrstechnischen Gründen möglich. 53

g) Verteilung der Arbeitszeit auf die Wochentage. Im Unterschied zum ArbZG geht das JArbSchG grundsätzlich von einer **Fünf-Tage-Woche** aus (§ 15 JArbSchG). Die **Arbeit an Samstagen, Sonntagen und Feiertagen** ist in Umsetzung von Art. 10 Abs. 2 54

---

157 Zur Anrechnung betriebsinterner Wegezeiten BayObLG 23.3.1992 – 3 Ob OWi 18/92, NZA 1992, 811. 158 Schliemann § 12 JArbSchG Rn. 2; ErfK/Schlachter § 12 JArbSchG Rn. 3. 159 Das nicht ratifizierte ILO-Übereinkommen verlangt eine Ruhezeit von 13 Stunden, dazu BT-Drs. 12/3495, 15. 160 G/G/T § 13 JArbSchG Rn. 6; ErfK/Schlachter § 13 JArbSchG Rn. 1; Lakies/Schoden § 13 JArbSchG Rn. 1; Zmarzlik/Anzinger § 13 JArbSchG Rn. 7. 161 Zuletzt zu § 5 ArbZG BAG 22.7.2010 – 6 AZR 78/09, NZA 2010, 1194 (1195 f.); vgl. bereits BAG 13.2.1992 – 6 AZR 638/89, NZA 1992, 891; ErfK/Schlachter § 13 JArbSchG Rn. 1. 162 Zur Hitzearbeit siehe Berufsgenossenschaftliche Informationen (BGI/GUV_I) 7002 und BGI 579.

RL 94/33/EG nur ausnahmsweise nach §§ 16–18 JArbSchG zulässig. Die Verteilung der wöchentlichen Arbeitszeit auf die einzelnen Wochentage ergibt sich daher aus den §§ 15, 16 und 17 JArbSchG unter Berücksichtigung der Feiertage nach § 18 JArbSchG. Grundsätzlich dürfen Jugendliche nur an fünf Tagen der Woche beschäftigt werden. Die Ruhetage, in der Regel Samstag und Sonntag, sollen aufeinander folgen. Wenn die Beschäftigung nicht von einer der in §§ 16, 17 JArbSchG normierten Ausnahmen legitimiert ist, unterfällt sie einem **Beschäftigungsverbot**. Eine entsprechende vertragliche Vereinbarung ist gem. § 134 BGB nichtig.[163] Als Zeitraum gilt auch hier die Woche nach § 4 Abs. 4 JArbSchG von Montag bis Sonntag. Der Berufsschulunterricht wird vom Samstagsarbeitsverbot nicht erfasst.[164] Den dadurch entstehenden Belastungen wird nur durch die Anrechnung auf die Arbeitszeit Rechnung getragen (§ 9 Abs. 2 JArbSchG). Gleiches gilt für die Prüfungen nach § 8 Abs. 1 JArbSchG. Anders ist es allerdings bei außerbetrieblichen Ausbildungsmaßnahmen (§ 10 Abs. 1 Nr. 1 JArbSchG). Diese stellen eine Beschäftigung im Sinne des JArbSchG dar und müssen daher auch bei der Ermittlung der Fünf-Tage-Wochen-Grenze berücksichtigt werden.

55 Nach Art. 10 Abs. 4 RL 94/33/EG können die Mitgliedstaaten von diesen Schutzvorschriften für bestimmte Branchen **Ausnahmen** durch Rechtsvorschriften anordnen.[165] Die Bundesrepublik Deutschland hat in §§ 16 Abs. 2, 17 Abs. 2 JArbSchG in beachtlichem Umfang Ausnahmen zugelassen. Im Mittelpunkt stehen das Gesundheitswesen, das Hotel- und Gaststättengewerbe, die Landwirtschaft und Verkaufsstellen. Nicht für alle Ausnahmen ist eine Bezugnahme auf die Richtlinie, die als Grundsatz zwei aufeinander folgende freie Tage verlangt, nahe liegend; so ist zB schwer erkennbar, womit die Ausnahme vom Verbot der Samstagsarbeit in Kfz-Reparaturwerkstätten in § 16 Abs. 2 Abs. 1 Nr. 11 JArbSchG gerechtfertigt werden kann.[166] Weiter sollen nach § 16 Abs. 2 S. 2 JArbSchG mindestens zwei Samstage im Monat beschäftigungsfrei bleiben. Soweit die Entscheidung vom Arbeitgeber im Rahmen der Ausübung des Direktionsrechts getroffen werden kann, muss sie nach § 106 GewO billigem Ermessen entsprechen.[167] Im Gegensatz dazu müssen bei Sonntagsarbeit zwei Sonntage beschäftigungsfrei bleiben. Von dieser gesetzlichen Verpflichtung kann nur tarifvertraglich nach § 21 a Abs. 1 Nr. 6 JArbSchG abgewichen werden. Diese Normen markieren auch die Untergrenze für Betriebsvereinbarungen nach § 87 Abs. 1 Nr. 2 BetrVG.

56 **7. Spezifisches Urlaubsrecht.** § 19 JArbSchG sichert den jugendlichen Beschäftigten einen **spezifischen Anspruch auf bezahlten Erholungsurlaub**, der den gesetzlichen Anspruch erwachsener Arbeitnehmer deutlich übersteigt. Die Zielrichtung stimmt mit der des BUrlG überein. Um die Erholungswirkung zu sichern, soll die Beschäftigung für einen längeren Zeitraum unterbrochen werden[168] (→ Urlaub und Gesundheitsschutz Rn. 3 ff.). Die Differenzierung der Urlaubsansprüche wird mit der noch nicht abgeschlossenen Wachstums- und die Entwicklung der Jugendlichen gerechtfertigt. Neben der auch für Erwachsene geltenden Gefährdungen können sich bei einer Überlastung von Jugendlichen während dieser Phasen weitere Spätfolgen für die Gesundheit ergeben.[169]

57 Das BUrlG gilt für jugendliche Beschäftigte soweit § 19 Abs. 4 S. 1 JArbSchG auf § 3 Abs. 2, §§ 4–12 BUrlG und § 13 Abs. 3 BUrlG verweist.[170] Kern des § 19 JArbSchG ist eine **nach dem Alter** der jugendlichen Beschäftigten **abgestufte Dauer des bezahlten Urlaubsanspruchs**. Für die Einstufung in die einzelnen Arbeitsgruppen ist ihr Alter am 1.1. eines jeden Jahres entscheidend. Für jugendliche Beschäftigte unter 15 Jahren, die als Kinder im Sinne von § 2 JArbSchG gelten, findet § 19 JArbSchG über § 5 Abs. S. 2, Abs. 3 S. 4, Abs. 4 S. 2 JArbSchG entsprechend Anwendung. Nach § 3 Abs. 2

---

163 Zmarzlik/Anzinger § 16 JArbSchG Rn. 8. **164** Zmarzlik/Anzinger § 16 JArbSchG Rn. 6. **165** Zur Kritik Lörcher AuR 1994, 360 (363); vgl. Balze EAS 5200 Rn. 59. **166** Nach der Ausschussbegründung aus dem Jahr 1984 (BT-Drs. 10/2012, 14) erfolgte die Ausnahme „im Hinblick auf die ländlichen Bereiche". Es ist nicht erkennbar, dass diese Begründung 1997 im Hinblick auf Art. 10 RL 94/33/EG überprüft worden ist. **167** ErfK/Schlachter § 16 JArbSchG Rn. 12. **168** Zmarzlik/Anzinger § 19 JArbSchG Rn. 2. **169** G/G/T § 19 JArbSchG Rn. 1; ErfK/Schlachter § 19 JArbSchG Rn. 1. **170** Siehe dazu genauer Zmarzlik/Anzinger § 19 JArbSchG Rn. 24 ff.

BUrlG iVm § 19 Abs. 4 S. 1 JArbSchG gelten alle Tage als Werktage außer Sonntage und Feiertage. Deshalb ist auch der Urlaubsanspruch nach § 19 Abs. 2 JArbSchG auf eine Sechs-Tage-Woche bezogen und muss ggf. auf eine Fünf-Tage-Woche entsprechend umgerechnet werden. Für einen 17-jährigen Beschäftigten ergibt sich nach § 19 Abs. 2 S. 1 Nr. 2 JArbSchG bei einer Fünf-Tage-Woche so ein entsprechender Urlaubsanspruch von 22,5 Tagen. Die Anwendung der Rundungsregel nach § 5 Abs. 2 BUrlG führt im konkreten Fall zu einer Aufrundung auf 23 Urlaubstage.[171] Im Unterschied zur Altersstaffelung in § 26 TVöD[172] ist die Staffelung in § 19 JArbSchG mit § 10 AGG vereinbar.

Die **Gewährung des Urlaubs** richtet sich nach den Grundsätzen gem. § 7 BUrlG, § 19 Abs. 4 S. 1 JArbSchG. Demnach ist der Wunsch des jugendlichen Beschäftigten zu berücksichtigen (§ 7 Abs. 1 S. 1 BurlG). Zusätzlich soll der Arbeitgeber den Urlaub jedoch auch unter Rücksicht auf die Schulferien bei Berufsschülern (§ 19 Abs. 3 JArbSchG) gewähren.[173] Ausnahmen sind aus dringenden betrieblichen und persönlichen Gründen möglich. Wird der Urlaub dennoch außerhalb der Schulferien gewährt – etwa auf Wunsch des Jugendlichen[174] – und schließt er auch einen Berufsschultag ein, so ist nach § 19 Abs. 3 S. 2 BUrlG dem jugendlichen Beschäftigten ein weiterer Urlaubstag pro Berufsschultag zu gewähren. 58

8. Rechtsdurchsetzung. Ebenso wie die allgemeinen öffentlich-rechtlichen Arbeitsschutzvorschriften, die dem Arbeitnehmerschutz dienen, begründen auch die an den Arbeitgeber gerichteten öffentlich-rechtlichen Vorschriften des Jugendarbeitsschutzrechts zwingende vertragsrechtliche Pflichten.[175] Dies war 1960 in § 6 JArbSchG ausdrücklich klargestellt worden, wurde aber 1976 nicht in die Neufassung des Gesetzes übernommen, weil dieser Grundsatz inzwischen als allgemein anerkannter Grundsatz angesehen wurde.[176] Die **maßgebliche privatrechtliche Anspruchsgrundlage**, die nicht nur bei Arbeits-, sondern auch bei Ausbildungsverträgen und arbeitnehmerähnlichen Dienstverträgen gilt, ist § 618 BGB. Diese Norm wird in der Rechtsprechung des Bundesarbeitsgerichts nicht auf den technischen Arbeitsschutz beschränkt, sondern auch auf die Arbeitszeitvorschriften erstreckt (→ BGB § 618 Rn. 33),[177] so dass sie auch für die Arbeitszeitvorschriften des Jugendarbeitsschutzrechts anzuwenden ist. Zahlreiche Normen des Jugendarbeitsschutzrechts sind zugleich Verbotsgesetze iSd § 134 BGB, so dass sie den Weisungen des Arbeitgebers strikte Grenzen setzen.[178] Entsprechende Weisungen sind unwirksam; rechtssystematisch bedarf es keiner Einrede nach § 273 BGB. In der betrieblichen Praxis ist es jedoch in bestimmten Fällen pragmatisch sachdienlich, die Leistungsverweigerung zusätzlich zu erklären. 59

Die zentralen Schutznormen des Jugendarbeitsschutzrechts sind zugleich **Schutzgesetze iSd § 823 Abs. 2 BGB**, so dass sie die Grundlage von Schadensersatzforderungen wegen Verletzung des Körpers und der Gesundheit darstellen können.[179] Gerade bei Kindern und Jugendlichen sind Beeinträchtigungen der Gesundheit und des körperlichen Wachstums häufiger, so dass Schadensersatzansprüche von realer Bedeutung sind. Schäden in der gesundheitlichen Entwicklung von Jugendlichen sind in aller Regel nicht als Berufskrankheiten anerkannt, so dass insoweit § 104 SGB VII solchen Ansprüchen nicht entgegensteht. Wegen ihrer Unerfahrenheit sind Kinder und Jugendliche andererseits auch häufiger Opfer von Arbeitsunfällen.[180] Hier wird in der Rechtsprechung des Bundesarbeitsgerichts der unfallversicherungsrechtliche Haftungsausschluss strikt angewandt. Auch vorsätzliche Verstöße gegen Beschäftigungsverbote von Kin- 60

---

[171] Lakies/Schoden § 19 JArbSchG Rn. 13; Zmarzlik/Anzinger § 19 JArbSchG Rn. 14; anders hingegen, mit Hinweis auf die Nichtanwendbarkeit, ErfK/Schlachter § 19 JArbSchG Rn. 7; Neumann/Fenski § 19 JArbSchG Rn. 10 mwN. [172] BAG 20.3.2012 – 9 AZR 529/10, NZA 2012, 803. [173] ErfK/Schlachter § 19 JArbSchG Rn. 8; G/G/T § 19 JArbSchG Rn. 68; Zmarzlik/Anzinger § 19 JArbSchG Rn. 20. [174] ErfK/Schlachter § 19 JArbSchG Rn. 8. [175] G/G/T § 28 JArbSchG Rn. 15. [176] Herschel RdA 1978, 69 (72). [177] BAG 16.3.2004 – 9 AZR 93/03, NZA 2004, 927 (928). [178] ErfK/Schlachter § 8 JArbSchG Rn. 1. [179] Zmarzlik/Anzinger § 8 JArbSchG Rn. 55. [180] Daten bei Neumann AiB 2010, 716 (719).

dern und Jugendlichen implizieren keinen Vorsatz, der sich auf den Körperschaden bezieht, so dass regelmäßig die **Sperrwirkung des § 104 SGB VII** eingreift.[181]

61 Die Normen des Jugendarbeitsschutzrechts sind nach § 80 BetrVG, § 68 BPersVG von **Betriebs- und Personalräten** zu überwachen. Eine spezifische Rolle übernimmt weiter nach § 70 BetrVG die **Jugend- und Auszubildendenvertretung**.[182] **Mitbestimmungsrechte** stehen nach § 87 Abs. 1 Nr. 7 BetrVG, § 75 Abs. 3 Nr. 11 BPersVG allerdings nur den Betriebs- und Personalräten zu, die Regelungen zu den wesentlichen Fragen der Gefährdungsbeurteilung, der Unterweisung und der Arbeitsplatzgestaltung, aber auch der Arbeitszeitverteilung nach § 87 Abs. 1 Nr. 2 BetrVG, § 75 Abs. 3 Nr. 1 BPersVG treffen können.[183] Hinzu kommen die Mitbestimmung bei der Aufstellung allgemeiner Grundsätze für die Urlaubsgewährung und der zeitlichen Lage des Erholungsurlaubs (§ 87 Abs. 1 Nr. 5 BetrVG, § 75 Abs. 3 Nr. 3 BPersVG).[184]

62 Die **Jugend- und Auszubildendenvertretung** kann mithilfe ihrer Rechte aus §§ 66, 67 Abs. 2 BetrVG argumentativ und kommunikativ auf die Inhalte solcher Vereinbarungen und die Geltendmachung des Mitbestimmungsrechts einwirken, so dass sich in der Praxis eine entsprechende Kooperation zwischen Betriebs- und Personalräten und Jugend- und Auszubildendenvertretungen anbietet. Wenn zumindest 20 Jugendliche beschäftigt werden, ist es nahe liegend, für diese Gruppe einen eigenständigen **Sicherheitsbeauftragten** nach § 22 SGB VII zu bestellen (→ SGB VII § 22 Rn. 25) und diesen bzw. die Jugend- und Auszubildendenvertretung in die Arbeit des **Arbeitsschutzausschusses** zu integrieren.

63 Als öffentlich-rechtliches Gesetz ist das JArbSchG auch auf **verwaltungsrechtliche Überwachung und Anordnungen** angelegt.[185] Die Regelungen dieses Gesetzes zu den Aufsichtsbehörden repräsentieren eine ältere Schichtung des deutschen Arbeitsschutzgesetzes. In § 51 JArbSchG ist zwar die Aufsicht durch Aufsichtsbehörden, denen Besichtigungsrechte und Berichtspflichten zustehen, normiert, doch fehlen – anders als in § 22 ArbSchG, § 17 ArbZG – eigenständige Anordnungsbefugnisse. Im klassischen Jugendarbeitsschutzrecht wurde dies so verstanden, dass die Landesbehörden nach ihrem jeweiligen Landesordnungs- und Landespolizeirecht vorzugehen hatten.[186] Dies enthält jedoch nicht die Ebene der Konkretion, die in § 22 Abs. 3 JArbSchG, § 17 Abs. 2 ArbZG inzwischen erreicht worden ist. Seit 1976 sind einzelne Anordnungsbefugnisse in das Gesetz aufgenommen worden, wie zB § 27 JArbSchG und vor allem § 28 Abs. 3 JArbSchG zeigen. Im Interesse der Äquivalenz der Rechtsdurchsetzung, die sich aus dem Gebot der unionsrechtskonformen Auslegung und Befolgung der RL 94/33/EG ergibt, spricht viel dafür, **§ 28 Abs. 3 JArbSchG** in Übereinstimmung mit dem generalklauselartigen Charakter der Grundpflicht in § 28 Abs. 1 JArbSchG, die § 3 ArbSchG konkretisiert, **als zentrale Anordnungsbefugnis** heranzuziehen. Für die Arbeitszeitvorschriften kann ergänzend auch auf § 17 ArbZG zurückgegriffen werden. Adressat der Anordnungen ist der Arbeitgeber, doch kann ergänzend auch auf die allgemeine Norm des § 22 ArbSchG zurückgegriffen werden, da sie nicht im Widerspruch zur Systematik des JArbSchG steht.

64 Schließlich ist das JArbSchG als traditionelles Arbeitsschutzrecht durch einen **umfassenden Katalog von Bußgeld- und Strafvorschriften in §§ 58, 59 JArbSchG**[187] gekennzeichnet. Strafrechtlich haften die vertretungsberechtigten Organe von juristischen Personen, die vertretungsberechtigten Gesellschafter der Personengesellschaft bzw. die gesetzlichen Vertreter nach § 14 Abs. 1 StGB. Daneben können sich nach § 14 Abs. 2 Nr. 1, 2 StGB auch Betriebsleiter und diejenigen strafbar machen, die Aufgaben des Be-

---

[181] G/G/T § 28 JArbSchG Rn. 15 unter Hinweis auf die Grundsatzentscheidung BAG 27.6.1975 – 3 AZR 437/74, EzA § 636 RVO Nr. 9. [182] BAG 21.1.1982 – 6 ABR 17/79, AP Nr. 1 zu § 70 BetrVG 1972. [183] Zmarzlik/Anzinger § 19 JArbSchG Rn. 11, G/G/T § 28 JArbSchG Rn. 4. [184] Zmarzlik/Anzinger § 19 JArbSchG Rn. 40; Lakies/Schoden § 19 JArbSchG Rn. 4. [185] Zu den Defiziten bei der Kontrolle des Verbots der Kinderarbeit der immer noch aktuelle Beitrag von Düwell AuR 1992, 138 ff. [186] Zmarzlik/Anzinger § 51 JArbSchG Rn. 14; G/G/T § 51 JArbSchG Rn. 4. [187] Überblick bei Bross/Kohte/Schmitz, Handbuch Arbeitsstrafrecht, 2016, Kap. 20 Rn. 24 ff.

triebsinhabers auf dessen Auftrag in eigener Verantwortung wahrnehmen. Gleiches gilt nach § 9 Abs. 1, 2 OWiG für die Bußgeldtatbestände. Beträgt die Geldbuße mehr als 200 EUR, kommt eine Eintragung in das Gewerbezentralregister nach § 149 GewO in Betracht. Die Bedeutung dieses Registers ist in den letzten Jahren aufgewertet worden, weil es in Vergabeverfahren zur Bewertung der Zuverlässigkeit des Bieters herangezogen werden kann.[188]

Die Berichte der Aufsichtsbehörden zeigen, dass von diesen Bußgeldvorschriften inzwischen nur noch punktuell Gebrauch gemacht wird,[189] so dass es geboten ist, auch das Jugendarbeitsschutzrecht in die aktuelle Entwicklung der Arbeitsschutzstrategie zur **Modernisierung des Aufsichtshandelns** einzubeziehen, denn ursprünglich war das Jugendarbeitsschutzrecht der erste Bereich des Arbeitsschutzrechts in Deutschland, in dem eine Überforderung der psychischen Leistungsfähigkeit (§ 22 Abs. 1 Nr. 1 JArbSchG) untersagt worden ist. Eine solche Modernisierung erfordert es weiter, dass im Anschluss an die Arbeit der verschiedenen kooperativen Ausschüsse (§ 18 Abs. 2 Nr. 5 ArbSchG, → ArbSchG §§ 18, 19 Rn. 19 ff.)[190] und nach dem Vorbild des Mutterschutzausschusses nach § 30 MuSchG 2018[191] auch für das Jugendarbeitsschutzrecht eine spezielle Ermittlung arbeitswissenschaftlicher Erkenntnisse und technischer Regeln erfolgt.

---

188 Bross/Kohte/Schmitz, Handbuch Arbeitsstrafrecht, Kap. 20 Rn. 67. **189** Daten bei Neumann AiB 2010, 716 (719). **190** Münch/ArbR/Kohte § 290 Rn. 35 ff. **191** Zur umstrittenen Entstehung dieser Norm Nebe, jurisPR-ArbR 28/2016 Anm. 1.

Teil 6:
Arbeitssicherheitsorganisation

Gesetz über Betriebsärzte, Sicherheitsingenieure und andere Fachkräfte für Arbeitssicherheit (ASiG)

Vom 12. Dezember 1973 (BGBl. I S. 1885)
(FNA 805-2)
zuletzt geändert durch Art. 3 Abs. 5 G zur Umsetzung des Seearbeitsübereinkommens 2006 der Internationalen Arbeitsorganisation vom 20. April 2013 (BGBl. I S. 868)

Erster Abschnitt

§ 1 ASiG Grundsatz

¹Der Arbeitgeber hat nach Maßgabe dieses Gesetzes Betriebsärzte und Fachkräfte für Arbeitssicherheit zu bestellen. ²Diese sollen ihn beim Arbeitsschutz und bei der Unfallverhütung unterstützen. ³Damit soll erreicht werden, daß
1. die dem Arbeitsschutz und der Unfallverhütung dienenden Vorschriften den besonderen Betriebsverhältnissen entsprechend angewandt werden,
2. gesicherte arbeitsmedizinische und sicherheitstechnische Erkenntnisse zur Verbesserung des Arbeitsschutzes und der Unfallverhütung verwirklicht werden können,
3. die dem Arbeitsschutz und der Unfallverhütung dienenden Maßnahmen einen möglichst hohen Wirkungsgrad erreichen.

Literatur: *Bieneck*, Das Arbeitssicherheitsgesetz – Grundlage für den betrieblichen Arbeitsschutz, in: FS Wlotzke, 1996, S. 465 ff.; *Blume*, Integration von BGM, in: Badura/Walter/Hehlmann, Betriebliche Gesundheitspolitik, 2010, S. 273 ff. (zitiert: B/W/H); *Glomm*, Von der Gesundheitsförderung bis zur Wiedereingliederung – Erfahrungsbericht aus der betriebsärztlichen Praxis, Rehabilitation 2012, 18 ff.; *Kiesche*, Betriebliches Gesundheitsmanagement, 2013; *Kohte*, Arbeitsschutz und betriebliche Gesundheitsförderung, in: Pfaff/Slesina, Effektive betriebliche Gesundheitsförderung, 2001, S. 53 ff.; *Kohte*, DGUV-Vorschrift 2 im öffentlichen Dienst, in: Der Personalrat 10/2016, S. 8 ff.; *Niehaus*, Studie zur Umsetzung des Betrieblichen Eingliederungsmanagements nach § 84 Abs. 2 SGB IX, 2008; *Rosenbrock/Lenhardt*, Die Bedeutung von Betriebsärzten in einer modernen Gesundheitspolitik, 1999.

Leitentscheidungen: EuGH 22.5.2003 – C-441/01 (Niederlande), Slg 2003, 5463 ff.; EuGH 6.4.2006 – C-428/04 (Österreich), Slg I 2006, 3325 ff = ZESAR 2007, 30 mAnm Kohte/Faber; BAG 15.12.2009 – 9 AZR 769/08, NZA 2010, 506; OVG Berlin-Brandenburg 8.11.2012 – OVG 62 PV 2.12; LAG Berlin-Brandenburg 7.7.2016 – 21 TaBV 195/16, NZA-RR 2016, 644.

I. Normzweck, Rechtssystematik

1 Das bereits 1973 erlassene Gesetz über Betriebsärzte, Sicherheitsingenieure und andere Fachkräfte für Arbeitssicherheit (Arbeitssicherheitsgesetz – ASiG)[1] ist neben dem Arbeitsschutzgesetz das **zweite Grundlagengesetz für den betrieblichen Arbeitsschutz**.[2] Mit diesem Gesetz wurden Arbeitgeber verpflichtet, eine betriebliche Sicherheitsorganisation zu schaffen, die sie bei ihren Aufgaben **unterstützt und berät**. Dagegen regelt das Arbeitsschutzgesetz vorrangig die unmittelbaren Pflichten der Arbeitgeber und deren Verantwortlichkeit für die Realisierung des betrieblichen Gesundheitsschutzes. Diese Differenzierung wird in der Praxis nicht immer hinreichend beachtet. Nicht selten erliegen betriebliche Akteure dem Missverständnis, dass die Sicherheitsexperten für den Arbeitsschutz verantwortlich sind bzw. einen Teil der unmittelbaren Verantwortung

---

[1] BGBl. I 1973, 1885. [2] Münch/ArbR/Kohte § 292 Rn. 43.

Grundsatz § 1 ASiG

übernehmen sollen.[3] Dies ist jedoch verfehlt; die Pflichten zur Realisierung des Arbeitsschutzes betreffen den Arbeitgeber nach § 3 ArbSchG und den jeweiligen Verordnungen. Die Verantwortlichkeit kann nach § 13 ArbSchG auf weitere Verantwortliche in der Linienorganisation erstreckt werden[4]; dagegen ist das Leitbild des Sicherheitsexperten des ASiG ein Mitglied der Stabsorganisation mit hinreichender fachlicher Unabhängigkeit.[5] Solange sie in der Stabsorganisation verbleiben, können sie nicht Verantwortlichkeiten nach § 13 ArbSchG übernehmen (→ ArbSchG § 13 Rn. 24; → ASiG § 8 Rn. 7).

Die **Zielsetzung des ASiG** ist in § 1 markant herausgestellt worden. Nach § 1 S. 2 ASiG sollen die zu bestellenden Sicherheitsexperten den Arbeitgeber unterstützen. Auf diese Weise soll erreicht werden, dass der Arbeitsschutz den besonderen Betriebsverhältnissen entsprechend angewandt wird, gesicherte arbeitswissenschaftliche Erkenntnisse zur Verbesserung des Arbeitsschutzes verwirklicht werden können und den dem Arbeitsschutz dienenden Maßnahmen einen möglichst hohen Wirkungsgrad erreichen. Das damit angesprochene Ziel der Verbesserung des Arbeitsschutzes, das im Übrigen auch der RL 89/391/EWG zugrunde liegt, war nach 1970 ausführlich diskutiert worden.[6] Die Notwendigkeit der Verbesserung des Arbeitsschutzes wurde vor allem aus zwei Defiziten abgeleitet, einem **Umsetzungsdefizit** und einem **Innovationsdefizit**.[7] Die These vom Umsetzungsdefizit geht von der Einschätzung aus, dass grundsätzlich eine hinreichende Menge an normativen Regelungen zur Verfügung steht, die jedoch in den Betrieben nicht hinreichend angewandt wird. Dies soll durch § 1 S. 3 Nr. 1 ASiG verdeutlicht werden. Dieser These ist nach der Umsetzung der RL 89/391/EWG und der entsprechenden Einzelrichtlinien im Grundsatz zuzustimmen, auch wenn für das Feld psychischer Arbeitsbelastungen bis heute eine Regelungslücke zu konstatieren ist.[8]

Das **Innovationsdefizit** wird darin gesehen, dass die gesicherten arbeitswissenschaftlichen und sicherheitstechnischen Erkenntnisse nicht mit der gebotenen Zügigkeit und Konkretion in den Betrieben umgesetzt werden (§ 1 S. 3 Nr. 2 ASiG). Dieser These kann im Grundsatz zugestimmt werden, obgleich § 4 ArbSchG inzwischen die generelle Pflicht des Arbeitgebers zur Berücksichtigung gesicherter arbeitswissenschaftlicher Erkenntnisse verankert hat.[9] Zu den Hindernissen rechnete eine lange Zeit die zu geringe und zu wenig sichtbare Publikation dieser Erkenntnisse, die erst im Rahmen der Gemeinsamen Deutschen Arbeitsschutzstrategie eine gewisse Korrektur erfährt (→ ArbSchG §§ 20 a, 20 b Rn. 8). Eine solche Publikation von Erkenntnissen kann allein nicht ausreichen, denn die menschengerechte Gestaltung der Arbeit bedarf auch innerhalb des Betriebes einer entsprechenden Fach- bzw. Sachkunde von handelnden und verantwortlichen Akteuren.[10] Diese soll erreicht werden, indem für den jeweiligen Betrieb Betriebsärzte bzw. Sicherheitsfachkräfte und andere Fachkräfte bestellt werden, die mit den betrieblichen Gefährdungen vertraut sind, weil die Realisierung des Arbeitsschutzes im Wesentlichen im Betrieb „vor Ort" zu erfolgen hat.[11]

Wegen dieser Betriebsnähe ist das ASiG als ein **konkretisierungsbedürftiges Rahmengesetz** strukturiert worden. Die Pflichten der Arbeitgeber, die sich aus dem ASiG ergeben, sind in erster Linie durch die Träger der Unfallversicherung im Rahmen von Unfallverhütungsvorschriften zu konkretisieren. Dementsprechend ist ursprünglich § 708 RVO entsprechend erweitert worden; die maßgebliche Ermächtigungsgrundlage findet sich heute in § 15 Abs. 1 Nr. 5 und 7 SGB VII. Die Träger der Unfallversicherung haben von Anfang an entsprechende Unfallverhütungsvorschriften erlassen. Die seit 2011 maßgebliche DGUV Vorschrift 2 soll diese betriebsbezogene Konkretisierung weiter verbessern (→ ASiG § 14 Rn. 15 ff.). Da die Durchführung des Gesetzes nach § 12

---

[3] Anschaulich das Verfahren BAG 18.8.2009 – 1 ABR 43/08, NZA 2009, 1434. [4] Zutreffendes Beispiel bei BAG 18.3.2014 – 1 ABR 73/12, NZA 2014, 855, dazu Kohte jurisPR-ArbR 37/2014 Anm. 1. [5] Ausführlich Faber, Grundpflichten S. 312 ff. [6] Mertens, Der Arbeitsschutz und seine Entwicklung, 1978, S. 63. [7] Dazu ausführlich BFK Rn. 42 ff. [8] Kohte, Jahrbuch Gute Arbeit 2012, S. 76 ff.; BR-Drs. 315/13 (Beschluss). [9] So auch Pieper ASiG Rn. 9. [10] Anzinger/Bieneck ASiG § 1 Rn. 20. [11] BSGE 50, 107, 110; BAG NZA 1995, 284 (285) = AP Nr. 1 zu § 115 BetrVG; BAG 15.12.2009 – 9 AZR 769/08, NZA 2010, 506 (508).

ASiG auch staatlicher Aufsicht unterliegt, ist eine weitere Konkretisierung im Element 3 der GDA-Leitlinie „Organisation des betrieblichen Gesundheitsschutzes" vom 15.12.2011 (→ ArbSchG §§ 20 a, 20 b Rn. 10) erfolgt.[12] Ebenso sind im Gesetz die Aufgaben der Betriebsärzte und Sicherheitsfachkräfte nicht abschließend normiert; auch insoweit besteht bewusst ein **innerbetrieblicher Gestaltungsspielraum**.[13]

5 Als Rahmengesetz ist das ASiG weiter auf **innerbetriebliche Kooperation und Gestaltung** angelegt. Die Sicherheitsexperten, die nach dem ASiG zu bestellen sind, haben mit den Betriebs- und Personalräten nach § 9 Abs. 1 ASiG zu kooperieren. Diesen ist ein über § 87 Abs. 1 Nr. 7 BetrVG hinausgehendes Mitbestimmungsrecht in § 9 Abs. 3 ASiG eingeräumt worden. Die Pflicht zur innerbetrieblichen Kooperation findet ihren organisatorischen Ausdruck in der Pflicht des Arbeitgebers, einen Arbeitsschutzausschuss nach § 11 ASiG zu bestellen. Dessen Zusammensetzung ist zwar in den Grundlinien gesetzlich vorgegeben, doch ist auch hier bewusst ein innerbetrieblicher Gestaltungsspielraum vorgesehen (→ ASiG § 11 Rn. 12 ff.).[14]

II. Entstehungsgeschichte, Unionsrecht

6 Als innerbetriebliche Sicherheitsexperten wurden bereits relativ früh Betriebsärzte und Sicherheitsingenieure in einzelnen Betrieben bestellt. Erste rechtliche Vorgaben, Werksärzte zu bestellen, erfolgten nach 1933. Sie zielten allerdings auch darauf ab, diese Ärzte bei Untersuchungen zur Rassenbestimmung und zur Wehrtauglichkeit einzusetzen, so dass diese Funktion 1945 zunächst nachhaltig diskreditiert war und ein Neuanfang zu erfolgen hatte.[15] In diesem Rahmen kam es zu einem ersten Abkommen zwischen BDA, DGB und der 1949 gegründeten „werksärztlichen Arbeitsgemeinschaft", die die Betriebsärzte auf die **Rolle der Berater** festlegte und ihnen die früheren selektiven Kompetenzen untersagte. Gleichwohl war die Rolle und Institution der Betriebsärzte gerade in der gewerkschaftlichen Diskussion lange Zeit umstritten.

7 Ein erster Versuch einer gesetzlichen Regelung der Stellung der Sicherheitsexperten im Zusammenhang mit dem Unfallversicherungsneuregelungsgesetz von 1963 war nicht erfolgreich. Die gesetzliche Regelung beschränkte sich auf die Bestellung ehrenamtlicher Sicherheitsbeauftragter nach § 719 RVO (heute § 22 SGB VII). Der Bundestag forderte die Bundesregierung allerdings bereits 1963 durch Beschluss auf, einen Gesetzentwurf für „hauptamtliche Sicherheitsbeauftragte" vorzulegen. 1968 wurde dieser Beschluss ergänzt um den Auftrag, auch einen Gesetzentwurf über die Einrichtung betriebsärztlicher Dienste vorzulegen.[16] Die konzeptionelle Diskussion, die im damaligen BMA stattfand, wurde niedergelegt im Unfallverhütungsbericht nach § 725 RVO für 1968/1969. In elf Thesen wurden Grundlinien eines künftigen Gesetzes formuliert.[17]

8 Auf dieser Basis wurde 1972 ein erster Gesetzentwurf vorgelegt, der wegen der Neuwahl im November 1972 der Diskontinuität unterlag. Sofort nach der Bildung des Bundestages wurde der Entwurf des ASiG eingebracht[18] und im selben Jahr noch verabschiedet. Ein Versuch, das ASiG im Rahmen der Umsetzung der RL 89/391/EWG in ein Arbeitsschutzrahmengesetz zu integrieren,[19] fand 1994 keine Mehrheit. Das weiter eigenständige ASiG ist 1996 an das ArbSchG und 2008 an das UVMG angepasst worden; wesentliche Änderungen erfolgten jedoch nicht.

9 Auf der internationalen Ebene wurden die Notwendigkeit und die Rolle von Sicherheitsexperten, insbesondere Betriebsärzten, ebenfalls sehr früh diskutiert. Eine erste Empfehlung der ILO wurde bereits 1929 formuliert. Maßgeblich ist inzwischen vor allem das **ILO-Übereinkommen 161 über den betriebsärztlichen Dienst**, das 1974 im Zusammenhang mit dem ASiG durch den Bundestag ratifiziert worden ist. Die Entstehungsgeschichte macht deutlich, dass das ASiG auch der Umsetzung des ILO-Überein-

---

[12] www.gda-portal.de. [13] BGH 11.2.1988 – I ZR 117/86, NJW-RR 1989, 550 (551); LAG Berlin-Brandenburg 7.7.2016 – 21 TaBV 195/16, NZA-RR 2016, 644. [14] Fitting BetrVG § 87 Rn. 329; GK-Wiese/Gutzeit BetrVG § 87 Rn. 670. [15] Anzinger/Bieneck Einführung Rn. 21 mwN. [16] Anzinger/Bieneck Einführung Rn. 27. [17] BT-Drs. VI/1970. [18] BT-Drs. 7/250. [19] Wlotzke NZA 1994, 602 (606).

kommens dient, so dass die Bestimmungen des ASiG heute auch in Anlehnung an das ILO-Übereinkommen 161 auszulegen sind.[20]

Von zentraler Bedeutung ist auch hier wieder die **Rahmenrichtlinie 89/391/EWG**, mit der der Schutz der Arbeitnehmer bei der Arbeit verbessert werden sollte. Art. 7 Abs. 1 dieser Richtlinie verpflichtet den Arbeitgeber unbeschadet seiner eigenen Pflichten, einen oder mehrere Arbeitnehmer zu benennen, die er mit Schutzmaßnahmen beauftragt. Wenn die Möglichkeiten im Unternehmen bzw. Betrieb nicht ausreichen, um die Organisation dieser Schutzmaßnahmen durchzuführen, muss nach Art. 7 Abs. 3 Rahmenrichtlinie 89/391/EWG der Arbeitgeber außerbetriebliche Fachleute (Personen oder Dienste) hinzuziehen. Die Mitgliedstaaten sind weiter verpflichtet, genau festzulegen, welche Fähigkeiten und Eignung diese Personen oder Dienste haben müssen.

In einer ersten Entscheidung hatte der Europäische Gerichtshof bereits 2001 Gelegenheit, die Auslegung dieses Artikels zu präzisieren. Im damaligen italienischen Recht fehlte eine hinreichende Präzisierung der Pflichten des Arbeitgebers. Der Gerichtshof entschied daher, dass es sich um strikte Organisationspflichten handelt und zunächst die innerbetriebliche Bestellung nach Art. 7 Abs. 1 der Richtlinie erforderlich sei. Reiche diese nicht aus, dann sei der Arbeitgeber auf jeden Fall verpflichtet – und nicht nur berechtigt – außerbetriebliche Fachleute heranzuziehen.[21]

Von größerer Bedeutung sind dagegen die beiden in Deutschland bisher wenig diskutierten **Vertragsverletzungsverfahren gegen die Niederlande und Österreich**. Im Verfahren gegen die Niederlande entschied der Gerichtshof, dass zwischen Art. 7 Abs. 1 und Art. 7 Abs. 3 der Richtlinie ein Subsidiaritätsverhältnis bestehe und dass in jedem Fall die **Bestellung innerbetrieblicher Experten** den **Vorrang** haben müsse. Er stellte diese Wortlautauslegung in eine systematische Verbindung mit dem allgemeinen Partizipationsgrundsatz der Richtlinie, mit dem der innerbetriebliche Dialog über Sicherheit und Gesundheitsschutz zwischen Beschäftigten und Arbeitgebern verstärkt werden solle.[22] Insoweit übernahm er die ausführlichen Erläuterungen von Generalanwalt Colomer, der in seinen Schlussanträgen[23] den so begründeten Vorrang innerbetrieblicher Experten entwickelt hatte. Diese würden das Unternehmen und die Arbeitsmethoden von innen kennen, seien mit den betrieblichen Gefahren betraut, würden daher auch frühere Vorfälle kennen und seien auf dem Betriebsgelände zu erreichen. Vor allem aber hätten sie ein großes Interesse am Gesundheitsschutz, da ihre eigene körperliche Unversehrtheit und diejenige ihrer Kolleginnen und Kollegen auf dem Spiel stehe. Sie seien auf dem Betriebsgelände gut erreichbar und könnten daher auch die Bewusstseinsbildung der Beschäftigten fördern. Ihre Beteiligung sei eine wichtige Modalität der **Mitwirkung der Beschäftigten im Arbeitsschutz**.

Im **Vertragsverletzungsverfahren gegen Österreich**[24] wurde diese Einschätzung bekräftigt. Sowohl Generalanwalt Colomer als auch der Gerichtshof hielten an ihrer Entscheidung aus dem Jahr 2003 und der damaligen Argumentation fest. Auch die österreichische Regelung, in der die Subsidiarität außerbetrieblicher Experten nicht transparent normiert worden war, wurde als Vertragsverletzung qualifiziert. Ergänzend kann auch auf **Art. 6 RL 91/383/EWG** zurückgegriffen werden. Die Beteiligung der Experten bei der Beschäftigung von Leiharbeitskräften richtet sich in derselben Reihenfolge zunächst an Arbeitnehmer, dann an Dienste und schließlich an Personen.

In der deutschen Diskussion sind diese Urteile bisher kaum beachtet worden,[25] doch gibt es erste Anzeichen für eine Änderung.[26] Dies ist erforderlich, denn die Systematik des ASiG ist dem niederländischen und österreichischen Recht verwandt. Eine gewisse

---

20 Dazu Kohte in: FS Rosenbrock, S. 280, 284 ff. 21 EuGH 15.11.2001 – C-49/00, Slg 2001, I-8575. 22 EuGH 23.5.2003 – C-441/01, Slg 2003, I-5463 ff. Rn. 10, 39 f. 23 Slg 2003, I-5463 Rn. 18. 24 EuGH 6.4.2004 – C-428/04, Slg 2006, I-3325 ff. = ZESAR 2007, 30 ff. mAnm Kohte/Faber. 25 Exemplarisch KJP/Koll, 2015, ASiG § 1 Rn. 2. 26 Vgl. Heilmann dbr 2/2011, 22; aktuell LAG Berlin-Brandenburg 7.7.2016 – 21 TaBV 195/16, Ls. 5, NZA-RR 2016, 644 (651); ebenso Kollmer/Klindt/Schucht/Balze ArbSchG Einl. B Rn. 93 und EuArbR/Klindt/Schucht RL 89/391/EWG Rn. 60 f.; Haas, Die Partizipation der Beschäftigten im Arbeitsschutzrecht, S. 286; vgl. die Hinweise bei LAG Niedersachsen 29.10.2015 – 4 Sa 951/14, NZA-RR 2016, 186.

Abstufung der verschiedenen Maßnahmen findet sich im Bereich des Mitbestimmungsrechts nach § 9 Abs. 3 ASiG, denn bei der Bestellung und Abberufung innerbetrieblicher Experten kommt dem Betriebsrat ein stärkeres Beteiligungsrecht als bei den anderen Varianten zu, so dass man davon ausgehen kann, dass Betriebs- und Personalräte eine solche Priorität verfolgen. Dies ist jedoch für eine transparente innerstaatliche Umsetzung nicht ausreichend. Es ist auch erforderlich, dass bei der Ermessensausübung der Einigungsstelle nach § 76 Abs. 5 BetrVG, § 71 Abs. 3 BPersVG die Grundsätze des Europäischen Gerichtshofs beachtet werden.[27]

15 Bemerkenswert ist weiter, dass in der Rahmenrichtlinie – anders als im deutschen Recht – keine Konzentration auf einzelne Berufe, wie zB Betriebsärzte oder Sicherheitsingenieure, erfolgt ist. Die niederländische Gesetzgebung hat aus der Richtlinie vielmehr umgekehrt die Notwendigkeit abgeleitet, die auch in den Niederlanden früher bestehende Engführung auf Arbeitsmediziner und Sicherheitsingenieure aufzulockern und stattdessen die **Einrichtung „multidisziplinärer Dienste"** vorzuschreiben. Diese Dienste beschäftigen auch Arbeitspsychologen und Personen mit sozialwissenschaftlichen Kenntnissen.[28] Eine solche eindeutige Öffnung fehlt im deutschen Recht; dies korrespondiert auch mit den materiellen Regelungsdefiziten bei der Verringerung und Vermeidung monotoner und repetitiver Tätigkeiten. Unabhängig von der Möglichkeit der unionsrechtskonformen Auslegung des deutschen Rechts ist auch hier eine Korrektur geboten und die **Notwendigkeit einer multidisziplinären Sicherheitsberatung** durch inner- oder außerbetriebliche Experten zu verankern.[29]

III. Das ASiG als staatliches Rahmengesetz

16 Mit dem ASiG sind – ebenso wie mit dem ArbSchG – dem Arbeitgeber **öffentlich-rechtliche Handlungs- und Organisationspflichten** zugewiesen worden, so dass die staatliche Aufsicht nach § 13 ASiG Überwachungsrechte und -pflichten hat und nach § 12 ASiG in den klassischen verwaltungsrechtlichen Handlungsformen des Revisionsschreibens und der Anordnung handeln kann.[30] In Übereinstimmung mit dem **Dualismus der Aufsicht** im deutschen Arbeitsschutzrecht (→ ArbSchG § 21 Rn. 18 ff.) stehen den Trägern der Unfallversicherung vergleichbare Instrumente zur Verfügung.[31] Zur koordinierten Wahrnehmung der Befugnisse der Aufsicht hat die Nationale Arbeitsschutzkonferenz 2011 eine GDA-Leitlinie zur Organisation des betrieblichen Arbeitsschutzes beschlossen. Im Element 3 der Leitlinie werden die wesentlichen organisatorischen Pflichten des ASiG zusammengefasst, deren Realisierung von jedem Arbeitgeber zu verlangen ist (→ ArbSchG §§ 20 a, 20 b Rn. 10).[32]

17 Das ASiG hat einen umfassenden betrieblichen Anwendungsbereich. In § 17 ASiG finden sich Sonderregelungen für den Bergbau und die Seeschifffahrt, die jedoch keine substantiellen Abstriche enthalten dürfen. Ausgeklammert werden allein der **private Haushalt** und dessen Beschäftigten. Dies war im Zusammenhang mit der Ratifikation des ILO-Übereinkommens über Hausangestellte zu diskutieren (→ ASiG § 17 Rn. 8 ff.).[33] Für den **öffentlichen Dienst** findet sich in § 16 ASiG eine Sonderregelung, die gleichwertige, jedoch nicht identische Regelungen zur Sicherheitsorganisation verlangt.[34] In der aktuellen Rechtsprechung wird diese Gleichwertigkeit deutlich betont;[35] in der Praxis finden sich dazu jedoch noch deutliche Defizite.[36] Eine weitere Möglichkeit für Ausnahmen, die ursprünglich durch eine Verordnungsermächtigung in § 14 Abs. 2 ASiG statuiert war, ist inzwischen gestrichen worden, weil sie nach der Rechtsprechung des Europäischen Gerichtshofs mit dem umfassenden Anwendungsbereich von Art. 7 der Rahmenrichtlinie nicht vereinbar war (→ ASiG § 14 Rn. 7).[37]

---

27 Kohte/Faber ZESAR 2007, 39 (43). **28** Veigel, Das niederländische Arbeitsschutzrecht, 2002, S. 49 ff., 86 ff. **29** Kohte/Faber ZESAR 2007, 39 (44). **30** KJP/Koll 2015, ASiG § 1 Rn. 3; anschauliches Beispiel: VG Lüneburg 20.7.2011 – 5 A 26/10. **31** Kohte BG 2010, 384. **32** www.gda-portal.de. **33** Vgl. dazu, allerdings zurückhaltend, Kocher NZA 2013, 929 (932 f.). **34** Bieneck in: FS Wlotzke, S. 465, 468: „Schwachstelle des Gesetzes". **35** BAG 15.12.2009 – 9 AZR 769/08 – NZA 2010, 506 (509). **36** Beispiele bei Kohte RdJB 2008, 199 (208) und Kohte PersR 10/2016, 9 ff. **37** EuGH 7.2.2002 – C-5/00, Slg 2002, I-1305 ff. – NZA 2002, 321.

Die ursprüngliche Fassung des ASiG ermöglichte Bereichsausnahmen für Klein- und 18
Mittelbetriebe, von denen vor 1992 in beachtlichem Umfang Gebrauch gemacht worden war. Dies war mit Art. 7 der Rahmenrichtlinie nicht vereinbar,[38] so dass die UVV VBG 122 und 123 nach 1994 auf Intervention des BMAS schrittweise korrigiert wurden.[39] Die Einbeziehung kleinerer Unternehmen in das ASiG konnte auch durch Anschlusszwang an einen überbetrieblichen Dienst realisiert werden. Dies wurde durch das BSG bestätigt.[40] Die neueren UVV kennen für Kleinbetriebe keine Bereichsausnahmen, aber alternative Betreuungsmodelle (→ ASiG § 14 Rn. 16, → ASiG § 16 Rn. 21).

Der Charakter des Rahmengesetzes ist inzwischen kaum noch für die Betriebsgröße, 19
sondern vorrangig für die **Aufgaben der Sicherheitsexperten** von Bedeutung. Diese Aufgaben sind bewusst weder im Gesetz noch in den UVV abschließend festgelegt worden, so dass ein hinreichender **betrieblicher Handlungsspielraum** besteht.[41] Soweit diese Aufgaben die Organisationspflicht des § 3 Abs. 2 ArbSchG spezifizieren,[42] hat die betriebliche Konkretisierung durch Betriebsvereinbarung nach § 87 Abs. 1 Nr. 7 BetrVG zu erfolgen.[43] Die insoweit offene Gestaltung des ASiG ermöglicht aber auch die Weiterentwicklung der Sicherheitsorganisation zu einem **betrieblichen Gesundheitsmanagement** (→ Rn. 25 ff.).[44]

IV. Das ASiG in der aktuellen betrieblichen Gesundheitspolitik

Nach § 1 S. 2 ASiG ist die Pflicht zur Bestellung von Betriebsärzten und Fachkräften 20
für Arbeitssicherheit darauf gerichtet, den Arbeitsschutz effektiv und innovativ durchzuführen. Insoweit ist das **ASiG eindeutig ein Begleitgesetz zum gesetzlichen Arbeitsschutz**. Der 1973 innovative Hinweis auf gesicherte arbeitswissenschaftliche Erkenntnisse in § 1 S. 3 Nr. 2 ASiG ist seit 1996 ebenfalls Teil des gesetzlichen Arbeitsschutzes, da Arbeitgeber nach § 4 Nr. 3 ArbSchG die gesicherten arbeitswissenschaftlichen Erkenntnisse zu berücksichtigen haben und Maßnahmen menschengerechter Gestaltung der Arbeit nach § 2 ArbSchG zu den Maßnahmen des Arbeitsschutzes rechnen. Auch die GDA-Leitlinie zur Organisation des betrieblichen Arbeitsschutzes sieht die Organisationspflichten des Arbeitgebers aus dem ASiG als Pflichten aus dem Bereich des gesetzlichen Arbeitsschutzes.

In der neueren Gesetzgebung finden sich jedoch Erweiterungen. So sind nach § 84 21
Abs. 2 S. 2 SGB IX (ab 1.1.2018: § 167 SGB IX nF) **Betriebsärzte als potenzielle Akteure beim Betrieblichen Eingliederungsmanagement** anerkannt (→ SGB IX § 84 Rn. 25, 28 f.). Die ersten empirischen Untersuchungen[45] haben deutlich gezeigt, dass zumindest bei den erfolgreichen Modellen des BEM engagierte Betriebsärztinnen und Betriebsärzte eine wichtige Rolle übernommen haben. Dies kann auch der Realisierung des Arbeitsschutzes dienen, um aus den Erfahrungen des BEM Arbeitsschutzmaßnahmen zB der verbesserten Lastenhandhabung zu entwickeln (→ SGB IX § 84 Rn. 35 ff.),[46] doch kommen ihnen auch Beratungs- und Vermittlungsaufgaben zu, die sich schwerlich dem gesetzlichen Arbeitsschutz zuordnen lassen.

Eine vergleichbare Unterstützung von Eingliederungsaufgaben wird im Rahmen der 22
stufenweisen Wiedereingliederung nach § 28 SGB IX (ab 1.1.2018: § 44 SGB IX nF), § 74 SGB V (→ BGB § 618 Rn. 41 und → SGB IX § 84 Rn. 40, 43) von Betriebsärzten erwartet. § 74 SGB V geht davon aus, dass sie zur Stellungnahme zum Stufenplan berechtigt und kompetent sind.[47] Diese Funktion[48] geht über die Beratung des Arbeitge-

---

38 BFK Rn. 260, 596 f. **39** Bieneck in: FS Wlotzke, S. 465, 479 ff.; Spinnarke/Schork ASiG § 1 Rn. 22. **40** BSG 2.11.1999 – 2 RU 25/98, BSGE 85, 98 = SGb 2000, 274 mAnm Ricke. **41** LAG Berlin-Brandenburg 7.7.2016 – 21 TaBV 195/16, NZA-RR 2016, 644 (648). **42** Dazu Faber, Grundpflichten, S. 312 ff.; vgl. Pieper ASiG Rn. 21 ff. **43** HaKo-BetrVG/Kohte BetrVG § 87 Rn. 89; Fitting BetrVG § 87 Rn. 327. **44** Blume, Integration von BGM, in: B/W/H, S. 273 ff. **45** Niehaus, S. 54 ff.; Überblick über aktuelle Studien: Freigang-Bauer/Gruben, Eingliederung von Mitarbeitern mit psychischen Erkrankungen, 2011, S. 19 ff. **46** Als konkretes Beispiel LAG Köln 8.9.2008 – 5 Sa 618/08, AiB 2009, 385 mAnm Kohte. **47** Anton-Dyck, Stufenweise Wiedereingliederung, S. 202 ff. **48** Beispiel bei Rosenbrock/Lenhardt, Die Bedeutung von Betriebsärzten in einer modernen Gesundheitspolitik, 1999, S. 82 f.

bers nach § 3 Abs. 1 lit. f ASiG hinaus und kann Integrationsmaßnahmen von Beschäftigten bei der Suche nach einer fähigkeitsgerechten Tätigkeit fördern und stabilisieren. Ebenso findet eine weitergehende generelle Kooperation bei Maßnahmen der Eingliederung nach einer Rehabilitationsmaßnahme statt.[49] Bekannt sind auch Modellbeispiele, in denen zwischen Betriebsärzten und Rehabilitationseinrichtungen organisierte Formen der Kooperation stattfinden.

23 Insoweit ergibt sich auch eine Verbindung vor allem zwischen Betriebsärzten und **Rehabilitationsträgern**, die zB nach §§ 14, 17 SGB VI sowie nach § 44 Abs. 4 SGB V Versicherte bei der Eingliederung zu unterstützen haben.[50] Auch hier wird verlangt, dass die Kooperation zwischen Betriebsärzten und Rehabilitationsträgern, soweit diese entsprechende Eingliederungsmaßnahmen realisieren, deutlich verbessert wird.[51]

24 Ein weiteres Handlungsfeld, das in den letzten Jahren vor allem für Betriebsärzte, zum Teil aber auch für Sicherheitsfachkräfte beschlossen worden ist, ist die **betriebliche Suchtprävention**.[52] Hier stellen sich wiederum nur partiell Fragen des Arbeitsschutzes; in erster Linie geht es um Beratung und Motivation von Beschäftigten, die an entsprechenden Rehabilitationsmaßnahmen teilnehmen bzw. die bei innerbetrieblichen Umsetzungs- und Erprobungsmaßnahmen zu beraten und zu begleiten sind. In diesem Zusammenhang ist auch die Kooperation mit Selbsthilfegruppen und die Vermittlung von Beschäftigten zu diesen Selbsthilfegruppen im Betrieb zu leisten (→ SGB IX § 84 Rn. 41).

25 Das mit Abstand größte Handlungsfeld neben dem klassischen Arbeitsschutz ist jedoch die **Betriebliche Gesundheitsförderung** (BGF), die in den letzten drei Jahren nachhaltig ausgebaut worden ist. Nach § 20 b SGB V sind die Krankenkassen zu entsprechenden Maßnahmen verpflichtet, während Arbeitgeber und Beschäftigte/Versicherte sich freiwillig beteiligen können. In der aktuellen Fassung in § 20 b Abs. 1 S. 2 SGB V ist ausdrücklich die Kooperation mit Betriebsärzten und Fachkräften für Arbeitssicherheit betont worden. Die Erfahrungen der letzten Jahre haben gezeigt, dass sich hier ein wichtiges Handlungsfeld erschlossen hat, das für die Gesundheit der Beschäftigten von großer Bedeutung ist. Nachdem anfangs zwischen Arbeitsschutz und Gesundheitsförderung strenge Gegensätze aufgebaut worden waren, wird heute zu Recht die gegenseitige Kooperation und Integration hervorgehoben. Die salutogenetische Perspektive der BGF und ihre partizipativen und transparenten Methoden der Gesundheitszirkel und des betrieblichen Gesundheitsberichts sind zugleich geeignet, Maßnahmen des Arbeitsschutzes zu initiieren und zu stabilisieren; dazu sind in § 20 c SGB V die erforderlichen Verfahrensvorschriften zur Kooperation von Arbeitsschutz und BGF normiert worden (→ SGB V § 20 b Rn. 13 ff.).[53] Vor allem durch die nachhaltig wachsenden Aktivitäten der BGF ist eine Entwicklung gestärkt worden, die Aktivitäten und organisatorischen Maßnahmen von Arbeitsschutz und BGF auch organisatorisch aufeinander abzustimmen und in einer Dachorganisation, dem **Betrieblichen Gesundheitsmanagement** (BGM), zusammenzuführen.[54] Diese Ansätze sind inzwischen in diversen Betrieben erfolgreich.

26 In einer grundlegenden Entscheidung des OVG Berlin-Brandenburg wird inzwischen das BGM definiert als **systematische, zielorientierte und kontinuierliche Steuerung aller betrieblichen Prozesse**, mit dem Ziel, Gesundheit, Leistung und Erfolg für die Beschäftigten und damit auch für den Betrieb zu erhalten und zu fördern.[55] Dies ist eine hilfreiche Definition (ebenso → SGB V § 20 b Rn. 29 und → ArbSchG § 3 Rn. 86), da bisher die Begriffe BGF, BGM und Arbeitsschutz nicht selten unsystematisch und wenig trennscharf genutzt werden.[56] Eine solche integrative Organisation wird in der gesund-

---

49 Glomm Rehabilitation 2012, 18 ff.; Riechert/Habib, Betriebliches Eingliederungsmanagement bei Mitarbeitern mit psychischen Störungen, 2017, S. 79 ff. **50** Ruland SGb 2017, 121 (125). **51** Köpke, Nachsorge in der Rehabilitation, 2004. **52** Rehwald ua, Betriebliche Suchtprävention, S. 166 ff. **53** Kohte in: Pfaff/Slesina, 2001, S. 53 ff. **54** Dazu Oppolzer, Gesundheitsmanagement im Betrieb, S. 22 ff.; Kiesche, Betriebliches Gesundheitsmanagement, 2013, S. 17, 19 ff. **55** OVG Berlin-Brandenburg 8.11.2012 – OVG 62 PV 2.12, bestätigt durch BVerwG 14.2.2013 – 6 PB 1/13 – PersR 2013, 176. **56** Kiesche, Betriebliches Gesundheitsmanagement, 2013, S. 18.

heitswissenschaftlichen Diskussion nachhaltig gefordert, weil nur so die betrieblichen Prozesse hinreichend aufeinander abgestimmt und entwickelt werden können.[57] Die Krankenkassen mussten allerdings im Rahmen ihrer BGF-Aktivitäten feststellen, dass der Aufbau eines BGM von ihnen zwar unterstützt werden kann, aber letztlich von der „Entscheidungshoheit der Betriebe" abhängt.[58]

Ebenso lässt sich nach der jetzigen Rechtslage aus § 12 ASiG keine Anordnungskompetenz zur Schaffung eines BGM ableiten; insoweit ergibt sich eine ähnliche Rechtslage wie bei der Frage der Arbeitsschutzmanagementsysteme (→ ArbSchG § 3 Rn. 85 ff.). Gleichwohl ist damit nur die **institutionelle Komponente** erfasst, denn funktional sind sowohl der Arbeitgeber als auch die ASiG-Experten zu umfassender Kooperation verpflichtet, wie zB §§ 9, 10 ASiG dokumentieren. Art. 9 des ILO-Übereinkommens verlangt eine solche Kooperation mit den „anderen Abteilungen und Diensten im Unternehmen". Insoweit bedarf § 10 S. 3 ASiG einer völkerrechtskonformen Auslegung, die sich nicht nur auf die Kooperation mit einzelnen Experten beschränkt. Vor allem die für jede Managementaufgabe elementare „Organisation des Wissens" wird davon erfasst. Sobald es also in einem Betrieb nicht nur eine ASiG-Organisation, sondern auch BEM, Suchtprävention und BGF gibt, ist ein solcher Austausch nach §§ 9, 10 ASiG geboten. Eine grundlegende Pflicht des Arbeitgebers zur Organisation des betrieblich verfügbaren und betrieblich benötigten Wissens ergibt sich vor allem aus § 3 Abs. 2 Nr. 2 ArbSchG (→ ArbSchG § 3 Rn. 53 ff.), so dass es zwar keine Rechtspflicht zum institutionellen BGM, aber zumindest zur **funktionalen betrieblichen Gesundheitskooperation** gibt (→ ArbSchG § 3 Rn. 99),[59] die sich auch bei der Eignungs- und Wirksamkeitskontrolle der Arbeitsschutzorganisation (→ ArbSchG § 3 Rn. 98) zu bewähren hat. 27

Diese Kooperation ist in Netzwerkformen zu realisieren (→ SGB V § 20 b Rn. 47 ff.), so dass hier vor allem **Betriebs- und Dienstvereinbarungen** in Betracht kommen.[60] Es ist daher folgerichtig, dass die erste gerichtliche Definition des BGM (→ Rn. 26) in einem Verfahren zur Reichweite der Mitbestimmung nach § 75 Abs. 3 Nr. 11 BPersVG erfolgt ist.[61] Im Betriebsverfassungsrecht, das die Mitbestimmung im gesetzlichen Arbeitsschutz verortet, ist diese Frage im Rahmen der Auslegung des § 3 Abs. 2 Nr. 2 ArbSchG zu klären. Im Übrigen steht den Akteuren des BetrVG in anderem Umfang als im Personalvertretungsrecht die Möglichkeit der freiwilligen Betriebsvereinbarung zur Verfügung.[62] 28

Eine weitere Öffnung des klassischen ASiG-Systems zum BGM ist durch die DGUV Vorschrift 2 bewirkt worden, die neben der klassischen arbeitsschutzorientierten Grundbetreuung eine betriebsspezifische Betreuung verlangt, die neben betriebsindividuellen Fragen des Arbeitsschutzes auch die Unterstützung von BGF-Programmen und in Anlage 2 Nr. 3 unter 1.1.8 auch die „**Unterstützung der Weiterentwicklung eines Gesundheitsmanagements**" vorsieht (→ ASiG § 14 Rn. 15; → ASiG § 16 Rn. 19). Das BGM ist damit ein möglicher Verhandlungs- und Vereinbarungsgegenstand der ASiG-Akteure, die dieses Thema auch in die Arbeit des Arbeitsschutzausschusses integrieren können. Insoweit ist der Weg für eine Weiterentwicklung des ASiG-Systems geöffnet. Auf der Basis einer Auswertung fortgeschrittener Erfahrungen wird eine Novellierung des ASiG zu erfolgen haben, um die unzureichend umgesetzten Art. 7 RL 89/391/EWG (→ Rn. 14 f.) und des Art. 9 des ILO-Übereinkommens 161 in eine geeignete Form zu bringen. Ebenso ist auch auf diesem Weg die erforderliche **Multidisziplinarität** (zu den bereits jetzt bestehenden Möglichkeiten → ASiG §§ 2–7 Rn. 35) zu realisieren. 29

---

57 Blume, Integration, S. 273 ff. **58** Drupp in: FS Rosenbrock, 2010, S. 268, 271. **59** Vgl. Faber, Grundpflichten, S. 291 ff., 338 ff.; Kollmer/Klindt/Schucht/Kohte ArbSchG § 3 Rn. 68. **60** Kiesche Gute Arbeit 10/2013, 29 ff. **61** OVG Berlin-Brandenburg 8.11.2012 – OVG 62 PV 2.12. **62** HaKo-BetrVG/Kohte BetrVG § 88 Rn. 12.

Zweiter Abschnitt Betriebsärzte

§ 2 ASiG Bestellung von Betriebsärzten

(1) Der Arbeitgeber hat Betriebsärzte schriftlich zu bestellen und ihnen die in § 3 genannten Aufgaben zu übertragen, soweit dies erforderlich ist im Hinblick auf
1. die Betriebsart und die damit für die Arbeitnehmer verbundenen Unfall- und Gesundheitsgefahren,
2. die Zahl der beschäftigten Arbeitnehmer und die Zusammensetzung der Arbeitnehmerschaft und
3. die Betriebsorganisation, insbesondere im Hinblick auf die Zahl und die Art der für den Arbeitsschutz und die Unfallverhütung verantwortlichen Personen.

(2) ¹Der Arbeitgeber hat dafür zu sorgen, daß die von ihm bestellten Betriebsärzte ihre Aufgaben erfüllen. ²Er hat sie bei der Erfüllung ihrer Aufgaben zu unterstützen; insbesondere ist er verpflichtet, ihnen, soweit dies zur Erfüllung ihrer Aufgaben erforderlich ist, Hilfspersonal sowie Räume, Einrichtungen, Geräte und Mittel zur Verfügung zu stellen. ³Er hat sie über den Einsatz von Personen zu unterrichten, die mit einem befristeten Arbeitsvertrag beschäftigt oder ihm zur Arbeitsleistung überlassen sind.

(3) ¹Der Arbeitgeber hat den Betriebsärzten die zur Erfüllung ihrer Aufgaben erforderliche Fortbildung unter Berücksichtigung der betrieblichen Belange zu ermöglichen. ²Ist der Betriebsarzt als Arbeitnehmer eingestellt, so ist er für die Zeit der Fortbildung unter Fortentrichtung der Arbeitsvergütung von der Arbeit freizustellen. ³Die Kosten der Fortbildung trägt der Arbeitgeber. ⁴Ist der Betriebsarzt nicht als Arbeitnehmer eingestellt, so ist er für die Zeit der Fortbildung von der Erfüllung der ihm übertragenen Aufgaben freizustellen.

§ 3 ASiG Aufgaben der Betriebsärzte

(1) ¹Die Betriebsärzte haben die Aufgabe, den Arbeitgeber beim Arbeitsschutz und bei der Unfallverhütung in allen Fragen des Gesundheitsschutzes zu unterstützen. ²Sie haben insbesondere
1. den Arbeitgeber und die sonst für den Arbeitsschutz und die Unfallverhütung verantwortlichen Personen zu beraten, insbesondere bei
    a) der Planung, Ausführung und Unterhaltung von Betriebsanlagen und von sozialen und sanitären Einrichtungen,
    b) der Beschaffung von technischen Arbeitsmitteln und der Einführung von Arbeitsverfahren und Arbeitsstoffen,
    c) der Auswahl und Erprobung von Körperschutzmitteln,
    d) arbeitsphysiologischen, arbeitspsychologischen und sonstigen ergonomischen sowie arbeitshygienischen Fragen, insbesondere
        des Arbeitsrhythmus, der Arbeitszeit und der Pausenregelung,
        der Gestaltung der Arbeitsplätze, des Arbeitsablaufs und der Arbeitsumgebung,
    e) der Organisation der „Ersten Hilfe" im Betrieb,
    f) Fragen des Arbeitsplatzwechsels sowie der Eingliederung und Wiedereingliederung Behinderter in den Arbeitsprozeß,
    g) der Beurteilung der Arbeitsbedingungen,
2. die Arbeitnehmer zu untersuchen, arbeitsmedizinisch zu beurteilen und zu beraten sowie die Untersuchungsergebnisse zu erfassen und auszuwerten,
3. die Durchführung des Arbeitsschutzes und der Unfallverhütung zu beobachten und im Zusammenhang damit
    a) die Arbeitsstätten in regelmäßigen Abständen zu begehen und festgestellte Mängel dem Arbeitgeber oder der sonst für den Arbeitsschutz und die Unfallverhütung verantwortlichen Person mitzuteilen, Maßnahmen zur Beseitigung dieser Mängel vorzuschlagen und auf deren Durchführung hinzuwirken,

b) auf die Benutzung der Körperschutzmittel zu achten,
c) Ursachen von arbeitsbedingten Erkrankungen zu untersuchen, die Untersuchungsergebnisse zu erfassen und auszuwerten und dem Arbeitgeber Maßnahmen zur Verhütung dieser Erkrankungen vorzuschlagen,
4. darauf hinzuwirken, daß sich alle im Betrieb Beschäftigten den Anforderungen des Arbeitsschutzes und der Unfallverhütung entsprechend verhalten, insbesondere sie über die Unfall- und Gesundheitsgefahren, denen sie bei der Arbeit ausgesetzt sind, sowie über die Einrichtungen und Maßnahmen zur Abwendung dieser Gefahren zu belehren und bei der Einsatzplanung und Schulung der Helfer in „Erster Hilfe" und des medizinischen Hilfspersonals mitzuwirken.

(2) Die Betriebsärzte haben auf Wunsch des Arbeitnehmers diesem das Ergebnis arbeitsmedizinischer Untersuchungen mitzuteilen; § 8 Abs. 1 Satz 3 bleibt unberührt.

(3) Zu den Aufgaben der Betriebsärzte gehört es nicht, Krankmeldungen der Arbeitnehmer auf ihre Berechtigung zu überprüfen.

§ 4 ASiG Anforderungen an Betriebsärzte

Der Arbeitgeber darf als Betriebsärzte nur Personen bestellen, die berechtigt sind, den ärztlichen Beruf auszuüben, und die über die zur Erfüllung der ihnen übertragenen Aufgaben erforderliche arbeitsmedizinische Fachkunde verfügen.

Dritter Abschnitt Fachkräfte für Arbeitssicherheit

§ 5 ASiG Bestellung von Fachkräften für Arbeitssicherheit

(1) Der Arbeitgeber hat Fachkräfte für Arbeitssicherheit (Sicherheitsingenieure, -techniker, -meister) schriftlich zu bestellen und ihnen die in § 6 genannten Aufgaben zu übertragen, soweit dies erforderlich ist im Hinblick auf
1. die Betriebsart und die damit für die Arbeitnehmer verbundenen Unfall- und Gesundheitsgefahren,
2. die Zahl der beschäftigten Arbeitnehmer und die Zusammensetzung der Arbeitnehmerschaft,
3. die Betriebsorganisation, insbesondere im Hinblick auf die Zahl und Art der für den Arbeitsschutz und die Unfallverhütung verantwortlichen Personen,
4. die Kenntnisse und die Schulung des Arbeitgebers oder der nach § 13 Abs. 1 Nr. 1, 2 oder 3 des Arbeitsschutzgesetzes verantwortlichen Personen in Fragen des Arbeitsschutzes.

(2) ¹Der Arbeitgeber hat dafür zu sorgen, daß die von ihm bestellten Fachkräfte für Arbeitssicherheit ihre Aufgaben erfüllen. ²Er hat sie bei der Erfüllung ihrer Aufgaben zu unterstützen; insbesondere ist er verpflichtet, ihnen, soweit dies zur Erfüllung ihrer Aufgaben erforderlich ist, Hilfspersonal sowie Räume, Einrichtungen, Geräte und Mittel zur Verfügung zu stellen. ³Er hat sie über den Einsatz von Personen zu unterrichten, die mit einem befristeten Arbeitsvertrag beschäftigt oder ihm zur Arbeitsleistung überlassen sind.

(3) ¹Der Arbeitgeber hat den Fachkräften für Arbeitssicherheit die zur Erfüllung ihrer Aufgaben erforderliche Fortbildung unter Berücksichtigung der betrieblichen Belange zu ermöglichen. ²Ist die Fachkraft für Arbeitssicherheit als Arbeitnehmer eingestellt, so ist sie für die Zeit der Fortbildung unter Fortentrichtung der Arbeitsvergütung von der Arbeit freizustellen. ³Die Kosten der Fortbildung trägt der Arbeitgeber. ⁴Ist die Fachkraft für Arbeitssicherheit nicht als Arbeitnehmer eingestellt, so ist sie für die Zeit der Fortbildung von der Erfüllung der ihr übertragenen Aufgaben freizustellen.

§ 6 ASiG Aufgaben der Fachkräfte für Arbeitssicherheit

¹Die Fachkräfte für Arbeitssicherheit haben die Aufgabe, den Arbeitgeber beim Arbeitsschutz und bei der Unfallverhütung in allen Fragen der Arbeitssicherheit einschließlich der menschengerechten Gestaltung der Arbeit zu unterstützen. ²Sie haben insbesondere

1. den Arbeitgeber und die sonst für den Arbeitsschutz und die Unfallverhütung verantwortlichen Personen zu beraten, insbesondere bei
   a) der Planung, Ausführung und Unterhaltung von Betriebsanlagen und von sozialen und sanitären Einrichtungen,
   b) der Beschaffung von technischen Arbeitsmitteln und der Einführung von Arbeitsverfahren und Arbeitsstoffen,
   c) der Auswahl und Erprobung von Körperschutzmitteln,
   d) der Gestaltung der Arbeitsplätze, des Arbeitsablaufs, der Arbeitsumgebung und in sonstigen Fragen der Ergonomie,
   e) der Beurteilung der Arbeitsbedingungen,
2. die Betriebsanlagen und die technischen Arbeitsmittel insbesondere vor der Inbetriebnahme und Arbeitsverfahren insbesondere vor ihrer Einführung sicherheitstechnisch zu überprüfen,
3. die Durchführung des Arbeitsschutzes und der Unfallverhütung zu beobachten und im Zusammenhang damit
   a) die Arbeitsstätten in regelmäßigen Abständen zu begehen und festgestellte Mängel dem Arbeitgeber oder der sonst für den Arbeitsschutz und die Unfallverhütung verantwortlichen Person mitzuteilen, Maßnahmen zur Beseitigung dieser Mängel vorzuschlagen und auf deren Durchführung hinzuwirken,
   b) auf die Benutzung der Körperschutzmittel zu achten,
   c) Ursachen von Arbeitsunfällen zu untersuchen, die Untersuchungsergebnisse zu erfassen und auszuwerten und dem Arbeitgeber Maßnahmen zur Verhütung dieser Arbeitsunfälle vorzuschlagen,
4. darauf hinzuwirken, daß sich alle im Betrieb Beschäftigten den Anforderungen des Arbeitsschutzes und der Unfallverhütung entsprechend verhalten, insbesondere sie über die Unfall- und Gesundheitsgefahren, denen sie bei der Arbeit ausgesetzt sind, sowie über die Einrichtungen und Maßnahmen zur Abwendung dieser Gefahren zu belehren und bei der Schulung der Sicherheitsbeauftragten mitzuwirken.

§ 7 ASiG Anforderungen an Fachkräfte für Arbeitssicherheit

(1) ¹Der Arbeitgeber darf als Fachkräfte für Arbeitssicherheit nur Personen bestellen, die den nachstehenden Anforderungen genügen: Der Sicherheitsingenieur muß berechtigt sein, die Berufsbezeichnung Ingenieur zu führen und über die zur Erfüllung der ihm übertragenen Aufgaben erforderliche sicherheitstechnische Fachkunde verfügen. ²Der Sicherheitstechniker oder -meister muß über die zur Erfüllung der ihm übertragenen Aufgaben erforderliche sicherheitstechnische Fachkunde verfügen.

(2) Die zuständige Behörde kann es im Einzelfall zulassen, daß an Stelle eines Sicherheitsingenieurs, der berechtigt ist, die Berufsbezeichnung Ingenieur zu führen, jemand bestellt werden darf, der zur Erfüllung der sich aus § 6 ergebenden Aufgaben über entsprechende Fachkenntnisse verfügt.

Literatur: *Bieneck*, Das Arbeitssicherheitsgesetz – Grundlage für den betrieblichen Arbeitsschutz, in: FS Wlotzke, 1996, S. 465; *Gitter*, Zur Haftung des Betriebsarztes, RdA 1983, 156; *Glomm*, Betriebliches Eingliederungsmanagement aus betriebsärztlicher Sicht, in: Feldes/Niehaus/Faber (Hrsg.), Werkbuch BEM – Betriebliches Eingliederungsmanagement, 2016, S. 164; *Hamacher/Trimpop*, Prävention wirksam gestalten – Erkenntnisse aus der Sifa-Langzeitstudie, DGUV-Report 3/2013; *Jenter*, Arbeits- und Gesundheitsschutz in der Praxis – am Beispiel der Lehrkräfte in öffentlichen Schulen, in: Festschrift für Wolfhard Kohte, 2016,

S. 475 ff.; *Kohte*, Betriebsärzte zwischen Reduktion, Prävention und Integration, in: FS Rosenbrock, 2010, S. 280; *Kohte*, Die Gestaltung der arbeitsmedizinischen Vorsorge durch betriebliche Mitbestimmung, 2016; *Pieper*, Rechtliche Grundlagen, in: vom Stein, Rothe, Schlegel, Gesundheitsmanagement und Krankheit im Arbeitsverhältnis, 2015, § 2 Rn. 76 ff.; *Riesenberg-Mordeja/Heegner*, Die Umsetzung der DGUV Vorschrift 2, AiB 2012, 517; *Rosenbrock/Lenhardt*, Die Bedeutung von Betriebsärzten in einer modernen betrieblichen Gesundheitspolitik, 1999; *Wunderlich*, Die Rechtsstellung des Betriebsarztes, 1995 (zitiert: Wunderlich, Betriebsarzt).

Leitentscheidungen: BAG 15.12.2009 – 9 AZR 769/08, NZA 2010, 506; BAG 23.6.1994 – 2 AZR 640/93; BAG 24.3.1988 – 2 AZR 369/87, NZA 1989, 60; VG Lüneburg 20.7.2011 – 5 A 26/10; OVG Hamburg 19.2.2004 – 1 Bf 484/03, GewArch 2004, 351; LG Paderborn 15.5.2001 – 2 O 42/ 01, MDR 2001, 1304; OLG Nürnberg 17.6.2014 – 4 U 1760/12, MDR 2014, 970; LAG Schleswig-Holstein 21.1.2014 – 1 TaBV 47/13, LAGE § 98 ArbGG Nr. 70; LAG Berlin-Brandenburg 7.7.2016 – 21 TaBV 195/16, NZA-RR 2016, 644 (nrkr); ArbG Potsdam 23.3.2017 – 1 Ca 2182/16.

I. Normzweck, Rechtssystematik..	1	V. Aufgaben der ASiG-Experten ...	21
II. Entstehung, Unionsrecht	3	1. Gemeinsame Aufgaben......	21
III. Pflicht zur Bestellung von ASiG-Experten	5	2. Spezifische Aufgaben der Betriebsärzte.................	26
1. Bedeutung der Bestellung ...	6	3. Spezifische Aufgaben der Sicherheitsfachkräfte........	29
2. Voraussetzungen der Bestellung........................	13	VI. Fachkunde der ASiG-Experten..	31
IV. Weitere Organisationspflichten des Arbeitgebers	15	VII. Rechtsdurchsetzung	36

I. Normzweck, Rechtssystematik

Zentrales Konstruktionselement des ASiG ist die **Verpflichtung des Arbeitgebers, spezielle ASiG-Experten zu bestellen,** die in die Kategorien „Betriebsärzte" (§§ 2–4 ASiG) und „Fachkräfte für Arbeitssicherheit" (§§ 5–7 ASiG) unterteilt werden. Diese Bestellung soll in jedem Betrieb eine **fachkundige Beratung** des Arbeitgebers, der Betriebs- und Personalräte sowie der anderen Akteure sicherstellen. Auf diese Weise soll auch eine rechtzeitige und fachkundige Planung der betrieblichen Arbeitssicherheit erfolgen. In verschiedenen Unternehmen ist diese ASiG-Organisation inzwischen zu einem Betrieblichen Gesundheitsmanagement (BGM) (→ ASiG § 1 Rn. 26) ausgebaut worden. Für die ASiG-Experten, die als spezifische „Innenorgane" aus der betrieblichen Hierarchie herausgenommen sind, gilt das **Leitbild der „weisungsfreien Beratung"** (→ ASiG § 8 Rn. 7), so dass ihnen in aller Regel **keine Verantwortlichkeit nach § 13 ArbSchG** übertragen werden kann (→ ArbSchG § 13 Rn. 24). 1

In dem transparent aufgebauten Gesetz werden die **Voraussetzungen der Bestellung** weitgehend parallel **für Betriebsärzte** in § 2 ASiG und für die **Fachkräfte** in § 5 ASiG normiert. In ähnlicher Parallelität werden die **Aufgaben** der Betriebsärzte in § 3 ASiG und der Fachkräfte in § 6 ASiG umschrieben, die **generellen Qualifikationsanforderungen** werden für Betriebsärzte in § 4 ASiG und für Fachkräfte in § 7 ASiG normiert. Spezifische Vorschriften zur Abberufung fehlen, doch ergibt sich aus § 9 ASiG, dass eine Abberufung als spezifisches organisatorisches Gestaltungsmittel zur Beendigung des Amtes zur Verfügung steht (→ ASiG § 9 Rn. 12). 2

II. Entstehung, Unionsrecht

Die Bestellung dieser Expertinnen und Experten war von Anfang an ein zentraler Bestandteil des Entwurfs zum ASiG.[1] Sie ist in den parlamentarischen Beratungen, die insgesamt zu deutlichen Veränderungen im Gesetz geführt hatten, im Wesentlichen nicht verändert worden.[2] Im Rahmen der 1996 erfolgten Umsetzung der RL 89/391/EWG durch Art. 2 EASUG[3] wurden nur punktuelle Änderungen der §§ 2–7 3

---
[1] BT-Drs. 7/260. [2] BT-Drs. 7/1085, 4. [3] BT-Drs. 13/3540, 21 f.; vgl. Pieper AuR 1996, 466 (473).

ASiG vorgenommen, so dass der **Gesetzestext in den letzten 40 Jahren kaum verändert** worden ist.

4 Das ASiG gehörte zu denjenigen Regelungen des deutschen Arbeitsrechts aus der Zeit nach 1970, die damals international als besonders fortschrittlich und erfolgreich eingestuft worden waren. Es hat daher auch einen gewissen Einfluss auf das Unionsrecht genommen, das allerdings letztlich eigenständige Lösungen formuliert hat, die in Deutschland bisher noch nicht ausreichend rezipiert sind (→ ASiG § 1 Rn. 12). Zentral ist hier die Bestimmung des **Art. 7 RL 89/391/EWG**, die jeden Arbeitgeber verpflichtet, sich sachkundig beraten zu lassen und für eine entsprechende Organisation zu sorgen. Diese Pflicht ist in Art. 7 deutlich abgestuft; **innerbetriebliche Rekrutierung** und Herausbildung von Expertinnen und Experten hat den **Vorrang**. Dies ist vor allem durch die Rechtsprechung des Europäischen Gerichtshofs in mehreren Vertragsverletzungsverfahren betont worden (→ ASiG § 1 Rn. 12 f.).[4] Für den umfassenden Ansatz der Rahmenrichtlinie ist kennzeichnend, dass diese Notwendigkeit sachkundiger Beratung für sämtliche Arbeitgeber verpflichtend ist, so dass **keine Bereichsausnahmen für Kleinbetriebe** möglich sind. Dies machte nachhaltige Änderungen im deutschen Recht erforderlich,[5] die allerdings im Wesentlichen nicht im ASiG, sondern im Unfallversicherungsrecht erfolgten (→ ASiG § 1 Rn. 18).[6] Die Evaluation der GDA hat dokumentiert, dass diese Änderungen bis heute nicht hinreichend realisiert worden sind (→ ASiG § 18 Rn. 11).

III. Pflicht zur Bestellung von ASiG-Experten

5 Nach § 2 Abs. 1 ASiG hat der Arbeitgeber Betriebsärzte zu bestellen und ihnen die ihn § 3 ASiG genannten Aufgaben zu übertragen. Ebenso hat er nach § 5 Abs. 1 ASiG Sicherheitsfachkräfte zu bestellen und ihnen die in § 6 ASiG genannten Aufgaben zu übertragen. Diese **Organisationspflicht** steht an der Spitze der Pflichten zur Gewährleistung einer Arbeitssicherheitsorganisation und wird daher in der GDA-Leitlinie zur Organisation des betrieblichen Arbeitsschutzes an der Spitze des Elements 3 „Erfüllung der Organisationspflichten aus dem ASiG" genannt.[7]

6 **1. Bedeutung der Bestellung.** Mit der Kategorie der Bestellung wird auf ein **klassisches Muster des deutschen Gesellschafts- und Organisationsrechts** zurückgegriffen, das zB bei Organpersonen zwischen Bestellung und Anstellung unterscheidet.[8] Die Bestellung betrifft danach den Organisationsakt und das Organisationsverhältnis, die Anstellung das jeweilige Arbeitsverhältnis oder aber die dienstvertragliche Regelung bei freiberuflichen Akteuren und überbetrieblichen Einrichtungen. Diese Struktur wird parallel ebenso für die Umweltbeauftragten und für die Datenschutzbeauftragten genutzt, so dass zur rechtssystematischen Auslegung der §§ 2 ff. ASiG vor allem die Rechtsprechung des Bundesarbeitsgerichts zum BDSG herangezogen werden kann.[9]

7 Diese **Trennung von Bestellung und Anstellung**[10] soll der Rechtssicherheit dienen und verhindern, dass Fehler auf der einen Ebene auf die andere Ebene durchschlagen. Vor allem ermöglicht diese Trennung einen erleichterten Widerruf der Bestellung, selbst wenn die Kündigung des Anstellungsvertrags schwieriger sein könnte (→ ASiG § 9 Rn. 13). Diese Trennung von Bestellung und Anstellung als Strukturmerkmal ist auch für die Reichweite der Beteiligungsrechte des Betriebsrats nach § 9 Abs. 3 ASiG von maßgeblicher Bedeutung (→ ASiG § 9 Rn. 10, 14).

---

4 EuGH 6.4.2006 – C-428/ 04, ZESAR 2007, 30 mAnm Kohte/Faber; EuArbR/Klindt/Schucht RL 89/391/EWG Rn. 60 f.; LAG Berlin-Brandenburg 7.7.2016 – 21 TaBV 195/16, NZA-RR 2016, 644 (651). **5** BFK Rn. 216. **6** Bieneck in: FS Wlotzke, S. 465, 479 ff.; Spinnarke/Schork ASiG § 1 Rn. 22. **7** www.gda-portal.de/downloads. **8** BGH 24.11.1980 – II ZR 182/79, NJW 1981, 757 (758) und 14.11.1983 – II ZR 33/83, NJW 1984, 733 (735); ErfK/Oetker MitbestG § 31 Rn. 9. **9** So auch BAG 15.12.2009 – 9 AZR 769/08, NZA 2010, 506 (509). **10** BAG 23.6.1994 – 2 AZR 640/93, Rn. 14 – juris im Anschluss an BAG 24.3.1988 – 2 AZR 369/87, NZA 1989, 60; Wank ASiG § 2 Rn. 11; Anzinger/Bieneck ASiG § 2 Rn. 22.

Die Bestellung ist eine **einseitige Willenserklärung des Arbeitgebers**, die allerdings erst 8
wirksam wird durch die **Zustimmung der zu bestellenden Person**.[11] Die Bestellung bedarf der gesetzlichen Schriftform nach § 126 BGB. Nach § 126 Abs. 3 BGB ist hier auch die elektronische Form des § 126 a BGB möglich, doch wird davon in der Praxis offensichtlich kaum Gebrauch gemacht. Eine Bestellung nur in Textform nach § 126 b BGB oder erst recht durch schlüssiges Verhalten[12] ist unwirksam.

Die Bestellung muss in einer von **drei im Gesetz abschließend aufgezählten Formen** erfolgen, die allerdings auch miteinander kombiniert werden können. Personen können 9
bestellt werden als angestellte Betriebsärzte bzw. Fachkräfte, als freiberufliche Betriebsärzte bzw. Fachkräfte; schließlich kann ein überbetrieblicher Dienst nach § 19 ASiG mit den Aufgaben nach § 3 ASiG bzw. nach § 6 ASiG betraut werden. Nach der zutreffenden Rechtsprechung des Bundesarbeitsgerichts ist daher vorgelagert zunächst über die Wahl bzw. Kombination zwischen diesen drei möglichen Formen zu entscheiden. Diese Entscheidung bedarf der Mitbestimmung nach § 87 Abs. 1 Nr. 7 BetrVG (→ BetrVG § 87 Rn. 73 f.)[13] bzw. nach § 75 Abs. 3 Nr. 11 BPersVG (→ BPersVR Rn. 54) oder den vergleichbaren Normen des Landespersonalvertretungsrechts.[14]

Die Bestellung bedarf bei angestellten Betriebsärzten und Sicherheitsfachkräften nach 10
§ 9 Abs. 3 S. 1 ASiG der **vorherigen Zustimmung des Betriebsrats**. Wenn diese nicht rechtzeitig vorliegt, hat die Einigungsstelle zu entscheiden (→ ASiG § 9 Rn. 10). Für die **Bestellung freiberuflicher Kräfte und überbetrieblicher Einrichtungen** ist in § 9 Abs. 3 S. 3 ASiG nur eine **Anhörung des Betriebsrats** vorgesehen, allerdings ist vorher die **Strukturentscheidung nach § 87 Abs. 1 Nr. 7 BetrVG** zu regeln (→ ASiG § 9 Rn. 18, → ASiG § 19 Rn. 10). Im Personalvertretungsrecht wird die Beteiligung des Personalrats unterschiedlich zwischen BPersVG und der Mehrzahl der Landesgesetze geregelt (→ BPersVR Rn. 79 ff.).

Die Bestellung zum Betriebsarzt bzw. zur Sicherheitsfachkraft kann durch einseitige 11
Willenserklärung des Arbeitgebers widerrufen werden. Der Betriebsrat ist nach § 9 ASiG wiederum vorher zu beteiligen. Bei angestellten ASiG-Experten ist die vorherige Zustimmung des Betriebsrats erforderlich, die bei Konfliktfällen durch die Einigungsstelle ersetzt werden kann. Diese **Zustimmung ist Wirksamkeitsvoraussetzung**, so dass ein vorheriger Widerruf unwirksam ist.[15] Dagegen bedarf es bei den anderen beiden Beteiligungsmodellen keiner Zustimmung des Betriebsrats, sondern nur der vorherigen Anhörung und Beratung (→ ASiG § 9 Rn. 17 f.). Vom **Widerruf der Bestellung** zu trennen ist die **Beendigung des Schuldvertrages**. Soweit es sich um einen Arbeitsvertrag handelt, ist eine eigenständige Kündigung erforderlich, die an den arbeitsrechtlichen Maßstäben zu messen ist (→ ASiG § 9 Rn. 13). Bei den anderen beiden Dienstverträgen unterliegt es der Vertragsautonomie der Beteiligten, welche Beendigungsregelungen sie im Vertrag getroffen haben.

Mit der Bestellung verbunden ist nach § 2 Abs. 1 S. 1 ASiG und § 5 Abs. 1 S. 1 ASiG 12
die Übertragung der Aufgaben nach §§ 3, 6 ASiG. Im Gesetz sind beispielhaft Aufgaben genannt, die in ihrer Gesamtheit jedoch weder verpflichtend noch abschließend sind. Durch die DGUV Vorschrift 2 ist die Formulierung dieser Aufgaben mit der Differenzierung von Grundbetreuung und betriebsbezogener Betreuung[16] auf eine neue Basis gestellt worden (→ ASiG § 14 Rn. 12), so dass bereits mit der Bestellung der Kern eines „Arbeitsplans" zu fixieren ist, der auch der Zustimmung des Betriebs- oder Personalrats bedarf (→ ASiG § 14 Rn. 18). Wird ein bereits angestellter Arbeitnehmer als ASiG-Experte bestellt, wird mit der Übertragung der Aufgaben zumindest konkludent auch der Arbeitsvertrag geändert.[17] Eine solche Beauftragung ist nicht vom Direk-

---

11 BAG 15.12.2009 – 9 AZR 769/08, NZA 2010, 506 (509); vgl. BAG 13.3.2007 – 9 AZR 612/05, NZA 2007, 563 (zu § 4 f BDSG); Wunderlich, Betriebsarzt, S. 55; Nöthlichs ASiG § 2 Rn. 1.4.1; Spinnarke/Schork ASiG § 2 Rn. 1. **12** ArbG Potsdam 23.3.2017 – 1 Ca 2182/16. **13** BAG 10.4.1979 – 1 ABR 34/77, NJW 1979, 2362. **14** BVerwG 25.1.1995 – 6 P 19/93, PersR 1995, 300. **15** Fitting BetrVG § 87 Rn. 319. **16** Ausführlich Riesenberg-Mordeja/Heegner AiB 2012, 517 ff. **17** Vgl. BAG 13.3.2007 – 9 AZR 612/05, NZA 2007, 563 (zu § 4 f BDSG), bestätigt durch BAG 29.9.2010 – 10 AZR 588/09, NZA 2011, 151.

tionsrecht des Arbeitgebers umfasst. Bei Meinungsverschiedenheiten über die Aufgaben ist die Einigungsstelle zu bilden.[18]

13 **2. Voraussetzungen der Bestellung.** In den §§ 2 Abs. 1, 5 Abs. 1 ASiG sind die Voraussetzungen der Bestellung von Betriebsärzten und Fachkräften für Arbeitssicherheit **nahezu identisch formuliert** worden. Danach erfolgt die Bestellung angesichts der Betriebsart und der damit verbundenen Unfall- und Gesundheitsgefahren, der Zahl der Beschäftigten, der Betriebsorganisation und der sich daraus ergebenen Anforderungen. Ursprünglich wurden diese Kategorien so verstanden, dass sich daraus bereits Kategorien für das „Ob" der Bestellung ergeben, so dass in den UVV, die die Berufsgenossenschaften nach § 708 RVO erlassen hatten, Bereichsausnahmen für Betriebe mit weniger als 30 bzw. 50 Beschäftigten normiert waren. Diese Bereichsausnahmen sind in den UVV nach 1992 korrigiert worden, da sie mit Art. 7 der Rahmenrichtlinie unvereinbar waren. Die Kategorien in §§ 2 Abs. 1, 5 Abs. 1 ASiG sind daher heute – anders als vor 1993 – nicht mehr für das „Ob" der Bestellung, sondern nur noch für den Umfang der Bestellung von Bedeutung.[19] Diese unionsrechtskonforme Auslegung ist mit dem Gesetzestext vereinbar, auch wenn nicht zu übersehen ist, dass eine unionsrechtsorientierte Novellierung des ASiG seit 1992 aussteht.

14 In Übereinstimmung mit dem Charakter des ASiG als Rahmengesetz sind diese Kategorien inzwischen **in der DGUV Vorschrift 2 modifiziert und konkretisiert** worden.[20] Der Text der §§ 2 Abs. 1, 5 Abs. 1 ASiG hat nunmehr vor allem die Bedeutung, den Trägern der Unfallversicherung eine Orientierung für ihre konkretisierenden Vorschriften zu geben und zugleich allen Beteiligten klarzumachen, dass es keine sich allein aus dem Gesetz ergebende Sicherheitsorganisation gibt, sondern dass diese an die betrieblichen Gefährdungen angepasst werden muss. Für diese Konkretisierung stellt die DGUV Vorschrift 2 **drei unterschiedliche Modelle** zur Verfügung. Als Grundbeispiel wird die **Regelbetreuung** angesehen, in der der Arbeitgeber die Experten nach §§ 2, 5 ASiG bestellt und diesen entsprechende Aufgaben überträgt, so dass sie ihn beraten können. Für Betriebe zwischen zehn und 50 Beschäftigten ist ein „**Unternehmermodell**" als alternative Organisation vorgesehen, in der dem Arbeitgeber größere Spielräume verbleiben, um eigenverantwortlich zu entscheiden, wann und in welchem Umfang die Unterstützung von ASiG-Experten in Anspruch genommen werden soll. Dies setzt allerdings eine verstärkte Verantwortung des Arbeitgebers voraus, der daher an Motivations-, Informations- und Fortbildungsmaßnahmen teilzunehmen hat, um elementare Grundkenntnisse des Arbeits- und Gesundheitsschutzes nachweisen zu können (→ ASiG § 14 Rn. 17). Schließlich gibt es ein **spezielles Betreuungsmodell für Kleinbetriebe** mit bis zu maximal zehn Beschäftigten, in denen zwar ebenfalls ASiG-Experten bestellt werden, deren Aufgaben jedoch modifiziert werden in eine Grundbetreuung und eine anlassbezogene Betreuung (→ ASiG § 14 Rn. 16).

IV. Weitere Organisationspflichten des Arbeitgebers

15 Der Arbeitgeber kann sich nicht allein damit begnügen, Experten zu bestellen und ihnen Aufgaben zu übertragen. Da deren Tätigkeit in seinem Betrieb stattfindet, sind ihm Informations-, Überwachungs-, **Unterstützungs- und Organisationspflichten** zugewiesen. Nach §§ 2 Abs. 2 S. 2, 5 Abs. 2 S. 2 ASiG hat er die Betriebsärzte bzw. Fachkräfte in der Weise zu unterstützen, dass er ihnen **Hilfspersonal sowie Räume, Einrichtungen, Geräte und Mittel** zur Verfügung stellt. Diese Pflicht ist im Gesetz nur als Rahmenpflicht statuiert und bedarf der Konkretisierung. Für die betriebsärztliche Tätigkeit kann dazu zurückgegriffen werden auf die **DGUV Information 250-105** „Leitfaden für **Betriebsärzte und Betriebsärztinnen zur Ausstattung für die betriebsärztliche Tätigkeit**", mit der die berufsgenossenschaftlichen Grundsätze **BGG 962** (vorher ZH 1/528) über Hilfspersonal, Räume, Einrichtungen, Geräte und Mittel für Betriebsärzte im Be-

---

18 LAG Berlin-Brandenburg 7.7.2016 – 21 TaBV 195/16, NZA-RR 2016, 644 (647); KJP/Koll ASiG § 6 Rn. 11. **19** Dazu auch OVG Hamburg 19.2.2004 – 1 Bf 484/03, GewArch 2004, 351. **20** Einzelheiten bei Riesenberg-Mordeja/Heegner AiB 2012, 517 ff.; vgl. Kohte, DGUV Vorschrift 2 im öffentlichen Dienst, PersR 10/2016, 8 ff.

trieb aktualisiert worden sind. In diesem Leitfaden werden die verschiedenen Anforderungen genannt, die für den jeweiligen Betrieb zu konkretisieren sind.[21] Auch wenn freiberufliche Ärzte bestellt werden, sind diese Kategorien heranzuziehen, weil diesen im Regelfall auch die Untersuchung und Beratung im Betrieb eröffnet werden muss. Gerade wenn Betriebsärzte innerbetrieblich nicht regelmäßig verfügbar sind, ist oft in Ergänzung zur immer nach § 10 ArbSchG erforderlichen Erste Hilfe-Organisation auch oft eine Nutzung von Sanitätsräumen, gegebenenfalls auch mit entsprechendem Hilfspersonal, zu ermöglichen. Für die Tätigkeit von überbetrieblichen Einrichtungen wurde früher auf die berufsgenossenschaftlichen Grundsätze **BGG 963** (vorher ZH 1/529) zurückgegriffen; jetzt gilt der DGUV-Leitfaden 250-105 für alle Formen der betriebsärztlichen Tätigkeit. Zu den Unterstützungspflichten des Arbeitgebers gehört weiter die **Integration der ASiG-Experten in die Informationssysteme des Betriebes**. Sie müssen die für ihre Tätigkeit erforderlichen Informationen über Produktionsprozesse, die dabei verwendeten Stoffe und die dabei ablaufenden chemischen Reaktionen erhalten.[22] Ebenso benötigen sie die Informationen über Arbeitsorganisation, Arbeitsrhythmus und Arbeitszeit, da diese wichtigen Faktoren ihrer Beratungsaufgabe unterliegen.

Die personalpolitische Dimension des Arbeitsschutzes ist 1996 in Umsetzung der RL 91/383/EWG verdeutlicht worden. Nach §§ 2 Abs. 2 S. 3, 5 Abs. 2 S. 3 ASiG ist der Arbeitgeber verpflichtet, Betriebsärzte und Fachkräfte über den **Einsatz von Arbeitnehmern mit befristeten Arbeitsverträgen sowie von Leiharbeitnehmern** zu informieren. Dies sind Gruppen, die typischerweise schlechter im Betrieb integriert sind und somit besonderer Unterweisung und Beratung bedürfen. Es ist daher zutreffend, dass diese Informationspflicht 1996 ausdrücklich im Gesetz normiert worden ist.[23] Konsequent ist über die Situation dieser Gruppen im Bericht nach § 5 DGUV Vorschrift 2 (→ Rn. 20) zu informieren. 16

Weiter ist der Arbeitgeber verpflichtet, den Experten die zur Erfüllung ihrer Aufgaben erforderliche **Fortbildung** unter Berücksichtigung der betrieblichen Belange zu ermöglichen. Die Fortbildungspflichten für Ärzte sind in den berufsärztlichen Ordnungen geregelt; diese Ordnungen formulieren das Minimum der Fortbildung, die der Arbeitgeber zu ermöglichen hat. Für Sicherheitsfachkräfte fehlt eine vergleichbare berufsrechtliche Fortbildungsordnung, doch gilt hier die in § 5 Abs. 3 ASiG an den Arbeitgeber adressierte Fortbildungspflicht. 17

In beiden Fällen ist zunächst auf der betrieblichen Ebene zu konkretisieren, welche Fortbildungsnotwendigkeiten bestehen. Auf dieser Basis ist die entsprechende Teilnahme an den betrieblich geeigneten Fortbildungsveranstaltungen zu ermöglichen. Für angestellte Experten ist in dieser Zeit eine **Freistellung von der Arbeitspflicht bei gleichzeitiger Fortzahlung des Entgelts** geboten. Für die anderen Expertengruppen ist der Arbeitgeber ebenfalls verpflichtet, die **Kosten der Fortbildung** zu tragen. Diese Aufgabe wird ihm erleichtert durch die Pflicht der Berufsgenossenschaften und Unfallkassen, nach § 23 SGB VII Fortbildungsveranstaltungen anzubieten und deren Kosten zu tragen (→ ASiG § 18 Rn. 6). Zumindest im Bereich der Sicherheitsfachkräfte ist es weitgehend üblich, dass diese an den Fortbildungsmaßnahmen der Träger der Unfallversicherung teilnehmen. 18

Schließlich ist der Arbeitgeber generell nach § 2 Abs. 2 S. 1 ASiG verpflichtet, allgemein die Arbeitssicherheitsorganisation im Betrieb zu gewährleisten. Aus dieser Gewährleistungspflicht wird abgeleitet, dass der Arbeitgeber auch verpflichtet ist, die **Arbeit der Experten und deren ordnungsgemäße Amtsausübung zu überwachen**.[24] Dabei hat er nach § 8 ASiG deren fachliche Unabhängigkeit und Weisungsfreiheit zu achten; gleichwohl ist auch auf dieser Basis eine Überwachung der jeweiligen Tätigkeit erforderlich. Dies ergibt sich im Bereich der DGUV Vorschrift 2 auch aus der Systematik der Arbeitspläne, die zur Konkretisierung der Grundbetreuung und vor allem der be- 19

---

21 KJP/Koll ASiG § 2 Rn. 14. **22** Anzinger/Bieneck ASiG § 2 Rn. 58. **23** BT-Drs. 13/3540, 22; Pieper AuR 1996, 466 (473). **24** So ausdrücklich BAG 11.11.1997 – 1 ABR 21/97, NZA 1998, 385 (388) zur Überwachung der Datenschutzbeauftragten; ebenso Anzinger/Bieneck ASiG § 2 Rn. 52 ff., ASiG § 5 Rn. 54; Nöthlichs ASiG § 2 Rn. 2; Spinnarke/Schork ASiG § 2 Rn. 22.

trieblichen Betreuung vereinbart werden. Diese Pläne sind regelmäßig zu überwachen und anzupassen, so dass auf diese Weise eine aktuelle und betriebsbezogene Arbeitssicherheit gewährleistet werden kann.

20 Eine wichtige Rolle spielen dabei die **Berichte der Betriebsärzte und Fachkräfte für Arbeitssicherheit nach § 5 DGUV Vorschrift 2**, die diese jährlich über ihre Arbeit vorzulegen haben. Die Aufsicht sowie die Träger der Unfallversicherung sind berechtigt, sich diese Berichte vorlegen zu lassen.[25] In der Praxis wichtiger ist die **Diskussion dieser Berichte im Arbeitsschutzausschuss** nach § 11 ASiG. In einem funktionsfähigen Arbeitsschutzausschuss gehören sie zu den Berichten, die der Ausschuss zur Kenntnis zu nehmen und zu beraten hat, um mögliche Konsequenzen zu erörtern (→ ASiG § 11 Rn. 18). Daraus ergibt sich weiter, dass diese Berichte den Betriebs- und Personalräten nach §§ 80, 89 BetrVG sowie §§ 68, 81 BPersVG zur Verfügung zu stellen sind.[26]

V. Aufgaben der ASiG-Experten

21 **1. Gemeinsame Aufgaben.** Die typischen Aufgaben der Betriebsärzte und Sicherheitsfachkräfte sind in §§ 3, 6 ASiG umfangreich, aber nicht abschließend normiert. Eine ebenfalls nicht abschließende Konkretisierung ist in der DGUV Vorschrift 2 erfolgt (→ ASiG § 14 Rn. 12 ff.).[27] Im gesetzlichen Katalog der Aufgaben finden sich zunächst Aufgaben, die für alle Experten parallel formuliert sind. An erster Stelle steht für alle ASiG-Experten die **Beratungsaufgabe**, die sich auf die **umfassende Gestaltung der Arbeit** bezieht. Systematisch klar beginnen diese Aufgaben jeweils bei der **Planung der Betriebsanlagen und der betrieblichen Einrichtungen**, so dass in den Fällen, die in § 90 BetrVG geregelt sind, von Anfang an die ASiG-Experten zu integrieren sind. In aller Regel sind sie an der Gestaltung der Vorlagen für die Beratung mit den Betriebsräten (→ BetrVG §§ 90, 91 Rn. 12 ff.) zu beteiligen. Eine weitere Planungsaufgabe, die für beide Expertengruppen gilt, bezieht sich auf die **Beschaffung der Arbeitsmittel und Arbeitsstoffe**. Im Unionsrecht ist von Anfang an die präventive Gestaltung von Maschinen und Arbeitsmitteln sowie die entsprechende Auswahl von Arbeitsstoffen und die rechtzeitige Klärung möglicher Substitutionsprozesse weit nach vorne gestellt worden. Sie gehört heute zur Organisationspflicht nach § 3 Abs. 2 ArbSchG (→ ArbSchG § 3 Rn. 78) und ist 2015 durch § 4 Abs. 6 BetrSichV (→ BetrSichV Rn. 46) konkretisiert worden.[28] Es bedarf der aufmerksamen betrieblichen Umsetzung sowie der Beratung im Arbeitsschutzausschuss, um dieser präventiven Aufgabe den erforderlichen Stellenwert im betrieblichen Alltag auch der ASiG-Experten zuzuweisen.

22 Als weitere Gestaltungsaufgabe wird für alle ASiG-Experten die Beratung bei Fragen der **Gestaltung der Arbeitsplätze und der Arbeitsorganisation** genannt. Verlangt wird in diesem Zusammenhang auch die **Beachtung gesicherter arbeitswissenschaftlicher und ergonomischer Erkenntnisse**, die sich auch auf die Gestaltung des Arbeitsablaufs und der Arbeitsorganisation auswirken. Ein weiterer wichtiger Bestandteil dieser Aufgabe betrifft die **Gestaltung der Arbeitszeit und des Arbeitsrhythmus**.[29] Vor allem Fragen der Schichtarbeit und der Nachtarbeit bedürfen der vorherigen sachkundigen Beratung, da es um die Rechtspflicht der Arbeitgeber nach § 6 Abs. 1 ArbZG geht, die gesicherten arbeitswissenschaftlichen Erkenntnisse zu beachten, die allen Beteiligten vor allem auf der Homepage der Bundesanstalt für Arbeitsschutz und Arbeitsmedizin (www.baua.de) zur Verfügung stehen (→ ArbZG § 6 Rn. 10).

23 1996 ist als weitere zentrale Aufgabe die **Beratung bei der Gefährdungsbeurteilung** für beide Expertengruppen explizit in den Gesetzestext aufgenommen worden. Verantwortlich für die Erarbeitung der Gefährdungsbeurteilung ist der Arbeitgeber, der insoweit von den Vorgesetzten der Linienorganisation zu unterstützen ist (→ ArbSchG § 5

---

[25] Anzinger/Bieneck ASiG § 2 Rn. 55, ASiG § 13 Rn. 28. [26] KJP/Koll ASiG § 2 Rn. 13. [27] LAG Berlin-Brandenburg 7.7.2016 – 21 TaBV 195/16, NZA-RR 2016, 644 (647). [28] Schucht NZA 2015, 333 (334); vgl. Kollmer/Klindt/Schucht/Kohte ArbSchG § 3 Rn. 64. [29] Nöthlichs ASiG § 3 Rn. 1.2.6; Anzinger/Bieneck ASiG § 3 Rn. 41 ff.

Rn. 14).[30] Fachkräfte haben die Gefährdungsbeurteilung nicht zu verantworten oder gar selbstständig zu erstellen, sondern haben die Aufgabe der sachkundigen Beratung.[31] In Einzelfällen, zum Beispiel bei komplexen Gefahrstoffen, kann es zusätzlich geboten sein, externe Experten heranzuziehen, die zB die nach § 6 Abs. 9 GefStoffV erforderliche spezifische Fachkunde haben (→ GefStoffV Rn. 38).

Eine weitere gemeinsame Aufgabe beider Expertengruppen ist die **Beteiligung an der Wirksamkeitsüberprüfung** der Arbeitsschutzmaßnahmen. Sie haben die Durchführung dieser Maßnahmen zu überwachen und dazu **regelmäßige und anlassbezogene Betriebsbegehungen** durchzuführen, die nach § 10 ASiG auch als gemeinsame Betriebsbegehungen gestaltet werden können (→ ASiG § 10 Rn. 7).[32] Für diese grundlegende Aufgabe, die in der Praxis nicht immer ausreichend beachtet wird, ist ein sicherzustellen, dass die Betriebsbegehungen einerseits genutzt werden, um für bestimmte Schwerpunktaktivitäten besondere Begehungen durchzuführen; zum anderen ist es aber auch erforderlich, dass ein bestimmtes Kontingent für die flächendeckende Überwachung und Kontrolle zur Verfügung gestellt wird. 24

Schließlich sind beide Expertengruppen zur **Kommunikation und Kooperation mit Betriebs- und Personalrat sowie den Beschäftigten** verpflichtet. Betriebs- und Personalräte haben nach § 9 ASiG das Recht, eine solche regelmäßige Kommunikation und Beratung zu verlangen (→ ASiG § 9 Rn. 8). Ebenso wird die Kommunikation mit den Beschäftigten verlangt, die sowohl global in Betriebs- und Abteilungsversammlungen nach § 43 BetrVG als auch bei der Unterstützung von Unterweisungen nach § 12 ArbSchG realisiert werden kann (→ ArbSchG § 12 Rn. 5). Daneben sind beide Expertengruppen verpflichtet, durch regelmäßige Sprechstunden an der **individuellen Kommunikation mit den einzelnen Beschäftigten** teilzunehmen. Vor allem bei der Beratung mit Betriebsärzten wird eine solche Kommunikation **individuell vertraulich und verschwiegen** stattzufinden haben (→ ASiG § 8 Rn. 10 ff.). Schließlich gehört zu den Pflichten der ASiG-Experten die Teilnahme an den Sitzungen des Arbeitsschutzausschusses,[33] die nach Anlage 2 Nr. 8.6. der DGUV Vorschrift 2 zur obligatorischen Grundbetreuung zählt (→ ASiG § 14 Rn. 13). 25

2. Spezifische Aufgaben der Betriebsärzte. Im Rahmen der Beratungsaufgaben nach § 3 Abs. 1 ASiG werden die Betriebsärzte verpflichtet, den Arbeitgeber bei der **Organisation der Ersten Hilfe** zu beraten. Dazu gehören sowohl Fragen der Struktur der Ersten Hilfe und der Personalauswahl als auch der fachlichen Einweisung und Fortbildung der Ersthelfer (→ ArbSchG § 10 Rn. 10). Einen inzwischen immer größer werdenden Raum nimmt die **Beratung bei der Eingliederung und Wiedereingliederung behinderter Menschen** ein.[34] Betriebsärzte sind gehalten, sich an der Vorbereitung und Durchführung stufenweiser Wiedereingliederung nach § 28 SGB IV, § 74 SGB IX sachkundig zu beteiligen. Vor allem aber können sie nach § 84 Abs. S. 2 SGB IX[35] (ab 1.1.2018: § 167 SGB IX nF) ihre Fachkunde in das **Betriebliche Eingliederungsmanagement** einbringen, wenn die Betroffenen damit einverstanden sind und ein entsprechendes Vertrauen zu ihren Betriebsärzten haben. Wiederum besteht ihre Aufgabe nicht in der negatorischen Feststellung, dass Beschäftigte vom bisherigen Arbeitsplatz auszuschließen sind, sondern in der Formulierung der Bedingungen, wie der jeweilige Arbeitsplatz zu gestalten (→ SGB IX § 84 Rn. 37) oder ein Arbeitsplatzwechsel zu realisieren ist.[36] Die bisherigen Untersuchungen zum BEM haben gezeigt, dass engagierte Betriebsärzte dabei eine wichtige Rolle spielen können.[37] 26

Erst an zweiter Stelle kommt die Aufgabe der **Untersuchung der Beschäftigten**. Diese Untersuchungsaufgabe ist nicht isoliert wahrzunehmen, denn es geht nicht um Behandlung, sondern um Beratung und Epidemiologie; sie wird daher in der ArbMedVV der 27

---

30 BAG 18.3.2014 – 1 ABR 73/12, NZA 2014, 855; dazu Kohte jurisPR-ArbR 37/2014 Anm. 1. **31** KJP/Koll ASiG § 6 Rn. 6. **32** Spinnarke/Schork ASiG § 3 Rn. 117. **33** BAG 8.12.2015 – 1 ABR 83/13, NZA 2016, 504 (506). **34** Pieper ASiG Rn. 67; Glomm in: Werkbuch BEM, S. 164. **35** KKW/Kohte SGB IX § 84 Rn. 27. **36** Dazu Kohte DB 2008, 582 (586). **37** Niehaus, Betriebliches Eingliederungsmanagement, 2008, S. 53.

übergeordneten Aufgabe der **arbeitsmedizinischen Vorsorge** zugeordnet. Soweit die Beschäftigten ein entsprechendes Interesse äußern, können Betriebsärzte auch eine Beratung nach § 11 ArbSchG zur Wunschvorsorge wahrnehmen (→ ArbSchG § 11 Rn. 12). Im Übrigen sind die Untersuchungsergebnisse generell auszuwerten und daraufhin zu untersuchen, ob sich Ursachen von arbeitsbedingten Erkrankungen feststellen lassen.[38] Insoweit können die **Untersuchungsaufgaben nach dem ASiG als kollektiv-betriebsbezogene Untersuchungen** qualifiziert werden. Sie dienen daher vorrangig der **Primärprävention**, während die Untersuchungen nach der ArbMedVV, die normzweckwidrig in der Praxis überwiegend im Vordergrund stehen,[39] der **Sekundärprävention** zugeordnet werden können (→ ArbMedVV Rn. 2).[40] Folgerichtig werden sie in der DGUV Vorschrift 2 Anlage 2 Nr. 1 nicht der Grundbetreuung, sondern der betriebsspezifischen Betreuung zugeordnet (→ ASiG § 16 Rn. 19). Die Evaluation der DGUV Vorschrift 2 hat dokumentiert, dass dieser Zusammenhang von den Betriebsleitungen nur in einer Minderheit der Betriebe richtig erkannt wird.[41]

28 Ausdrücklich untersagt § 3 Abs. 3 ASiG die **Überprüfung von Krankmeldungen der Arbeitnehmer** auf ihre Berechtigung durch Betriebsärzte. Für diese Zwecke ist nur die Untersuchung durch Vertrauensärzte nach § 275 SGB V vorgesehen. Betriebsärzte sind keine Vertrauensärzte, andernfalls würden sie ihre Vertrauensbasis verlieren.[42] Die Aufsichtsbehörde kann in einem solchen Fall eine entsprechende Anordnung gegen den Arbeitgeber nach § 12 ASiG erlassen. Wenn dieses Verbot der Überprüfung der Arbeitsunfähigkeit zusätzlich im Rahmen einer Betriebsvereinbarung festgelegt ist, steht dem Betriebsrat der Unterlassungsanspruch aus dem Gebot loyaler Durchführung einer Betriebsvereinbarung zu.[43]

29 **3. Spezifische Aufgaben der Sicherheitsfachkräfte.** Die Integration vor allem der Sicherheitsfachkräfte in die Betriebsplanung und die Beschaffung von Arbeitsmitteln und Arbeitsstoffen hat in den letzten Jahren deutlich an Bedeutung zugenommen, denn im präventiven Arbeitsschutzrecht sind im Planungs- und Beschaffungszeitraum zusätzliche Aufgaben angesiedelt worden. Für **Arbeitsmittel** ist es erforderlich, dass die Übereinstimmung mit den Anforderungen des Europäischen Rechts, vor allem der Maschinenrichtlinie RL 2006/42/EU und ihren Anhängen festgestellt wird. Noch wichtiger ist nach § 4 BetrSichV die Einpassung der jeweiligen Arbeitsmittel in den betrieblichen Arbeitsablauf.[44] Dabei sind, wie § 6 BetrSichV 2015 dokumentiert, auch die ergonomischen Anforderungen zu beachten.[45] Für die **Beschaffung von Gefahrstoffen und Biostoffen** ist inzwischen ausdrücklich vorgeschrieben, dass vorrangig zu prüfen ist, ob eine Substitution dieser Stoffe möglich ist oder ob sie zumindest durch weniger gefährliche Stoffe ersetzt werden können (→ GefStoffV Rn. 42; → BiostoffV Rn. 21 f.). Diese Prüfung muss inzwischen auch dokumentiert werden. Falls die Sicherheitsfachkräfte die entsprechende Fachkunde haben, ist ihnen diese Aufgabe zuzuweisen. Weiter obliegt ihnen auch die Aufgabe der **sicherheitstechnischen Überprüfung**.[46] Diese Aufgabe ist ebenfalls zu planen und in zeitlich festgelegten Abständen vorzunehmen. Sie ist zu koordinieren mit den Wirksamkeitskontrollen nach § 3 Abs. 2 ArbSchG und den Terminen für die Wiederholung der Gefährdungsbeurteilungen nach § 5 ArbSchG, die ebenfalls rechtzeitig festzulegen sind.

30 Das ASiG dient auch der Verbesserung des organisatorischen Arbeitsschutzes. Die ASiG-Organisation soll einen Beitrag dazu leisten, dass entsprechende Prozesse im Betrieb installiert werden.[47] Dazu ist den Sicherheitsfachkräften auch die Aufgabe zugewiesen, **Arbeitsunfälle auszuwerten**, auf ihre Ursachen zu untersuchen und **Maßnahmen zur künftigen Verhütung solcher Unfälle vorzuschlagen**.[48] Es bietet sich an, dass

---

[38] Rosenbrock/Lenhardt, Betriebsärzte, S. 41; Anzinger/Bieneck ASiG § 3 Rn. 98 f. [39] Nachweise bei Kohte, Die Gestaltung der arbeitsmedizinischen Vorsorge, 2016, S. 30 ff. [40] Kohte in: FS Rosenbrock, S. 280, 287. [41] DGUV Report 1/2017, S. 65 f. [42] Anzinger/Bieneck ASiG § 3 Rn. 121; Wank ASiG § 3 Rn. 11. [43] Dazu Ahrendt NZA 2011, 774 (778) mN. [44] Spinnarke/Schork ASiG § 6 Rn. 8. [45] Kohte NZA 2015, 417 (420). [46] Spinnarke/Schork ASiG § 6 Rn. 24; Nöthlichs ASiG § 6 Rn. 2.7; Schucht NZA 2015, 333 (334). [47] So ausdrücklich BAG NZA 2010, 506 (509). [48] Anzinger/Bieneck ASiG § 6 Rn. 28; Spinnarke/Schork ASiG § 6 Rn. 19.

auch solche Berichte regelmäßig im Arbeitsschutzausschuss nach § 11 ASiG vorgelegt und diskutiert werden.

VI. Fachkunde der ASiG-Experten

Von den ASiG-Experten wird verlangt, dass sie über eine hinreichende Fachkunde verfügen. Die gesetzliche Regelung orientiert sich an dem **medizinisch-technischen Dualismus** und sieht daher nähere Anforderungen nicht in einer berufsübergreifenden Norm, sondern für Ärzte in § 4 ASiG und für Sicherheitsfachkräfte in § 7 ASiG vor. Den Trägern der Unfallversicherung steht das Recht der Konkretisierung zu. Daher sind wiederum in derselben systematischen Struktur des medizinisch-technischen Dualismus **nähere Anforderungen in §§ 3, 4 der DGUV Vorschrift 2** normiert. 31

Für Betriebsärzte wird zunächst verlangt, dass sie den ärztlichen Beruf ausüben dürfen. Sie benötigen daher im Regelfall die **Approbation nach § 3 der Bundesärzteordnung**.[49] Da dieser Begriff traditionell eng gefasst wird, wurde im Einigungsvertrag eine entsprechende Gleichstellung für Ärzte normiert, die ihre Ausbildung bis 1990 in der DDR abgeschlossen hatten. Schließlich ist nach den allgemeinen Regeln des Unionsrechts eine Benachteiligung der Angehörigen anderer Mitgliedstaaten untersagt, so dass auch deren ärztliches Berufsrecht als gleichwertig anzuerkennen ist. Weiter verlangen sowohl § 4 ASiG als auch § 3 DGUV Vorschrift 2 „arbeitsmedizinische Fachkunde". In der DGUV Vorschrift 2 wird diese angenommen, wenn Ärzte nachweisen, dass sie die **Gebietsbezeichnung „Arbeitsmedizin"** oder die **Zusatzbezeichnung „Betriebsmedizin"** führen dürfen. Die weiteren Anforderungen ergeben sich aus den Weiterbildungsordnungen, die die jeweiligen Ärztekammern erlassen haben.[50] In den früheren Unfallverhütungsvorschriften waren Besitzstandsregelungen enthalten für Personen, die zu einem früheren Zeitpunkt vereinfachte Fachkundenachweise erworben und sich in der betrieblichen Praxis bewährt hatten. Solche Vorschriften sind in der DGUV Vorschrift 2 nicht mehr enthalten, da es 40 Jahre nach der Kodifikation des ASiG und mehr als 20 Jahre nach der Übernahme des ASiG in den neuen Bundesländern solcher Besitzstandsvorschriften nicht mehr bedarf. Ausnahmen können im Übrigen auf der Grundlage von § 18 ASiG realisiert werden. Die unionsrechtliche Harmonisierung der Voraussetzung für ärztliche Berufe gibt die erforderliche Basis, um auch für die arbeitsmedizinische Fachkunde die Gleichwertigkeit der fachlichen Weiterbildung in den anderen Mitgliedstaaten der Europäischen Union anzuerkennen.[51] 32

Die Anforderungen an die **sicherheitstechnische Fachkunde** werden in § 7 ASiG, § 4 DGUV Vorschrift 2 in Anlehnung an die klassischen technischen Berufe differenziert in Personen, die berechtigt sind, die Berufsbezeichnung **Ingenieur** zu führen, sowie in **Techniker und Meister**. Im Vordergrund steht die Position des Ingenieurs; auch hier handelt es sich um eine in Deutschland seit vielen Jahren anerkannte Berufsbezeichnung. In den einzelnen Bundesländern sind durch eigene Ingenieurgesetze[52] diese Voraussetzungen konkretisiert; hier wird inzwischen in Umsetzung der neueren hochschulrechtlichen Entwicklungen verlangt, dass eine **Hochschulausbildung von wenigstens drei Jahren** erfolgreich absolviert wurde. Damit reicht nun nicht nur ein Masterabschluss der Studienrichtung Ingenieurwissenschaft, sondern bereits ein Bachelorabschluss. In den jeweiligen Ingenieurgesetzen sind inzwischen auch Regelungen zur Gleichwertigkeit ausländischer Hochschulabschlüsse aufgenommen worden. § 4 DGUV Vorschrift 2 hat sich an diese Terminologie angelehnt. Für diesen Personenkreis werden in der DGUV Vorschrift 2 weiter eine **praktische Tätigkeit im Beruf von wenigstens zwei Jahren** und die Teilnahme an einem **speziellen Ausbildungslehrgang**, der staatlich oder von Unfallversicherungsträgern veranstaltet oder anerkannt ist, verlangt. 33

Als zweite Gruppe werden die **Sicherheitstechniker** aufgeführt. Hier wird eine Prüfung als staatlich anerkannter Techniker und eine praktische Tätigkeit von in der Regel zwei 34

---

49 Anzinger/Bieneck ASiG § 4 Rn. 4. **50** Beispiele bei Anzinger/Bieneck ASiG § 4 Rn. 11. **51** Anzinger/Bieneck ASiG § 4 Rn. 25 zur Bedeutung der RL 93/16/EWG. **52** ZB IngG NW, zuletzt geändert durch Gesetz vom 28.5.2013, GV NW 2013, 272.

Jahren vorgeschrieben. Ihnen gleichgestellt werden in § 4 Abs. 5 DGUV Vorschrift 2 die **Sicherheitsmeister**, die eine Meisterprüfung absolviert haben und wenigstens zwei Jahre in dieser Funktion praktisch tätig waren. Schließlich wird auch für die Techniker und Meister die erfolgreiche Teilnahme an einem staatlichen oder von einem Unfallversicherungsträger veranstalteten oder anerkannten Ausbildungslehrgang verlangt. Für beide Berufsgruppen gibt es die Möglichkeit, dass Personen bestellt werden, die wenigstens vier Jahre in der Praxis als Techniker bzw. Meister tätig waren, auch wenn ihnen eine formelle Techniker- oder Meisterprüfung fehlt.

35 In der Praxis wird nicht selten übersehen, dass in § 7 Abs. 2 ASiG sowie in § 4 Abs. 3 **DGUV Vorschrift 2 eine Öffnungsklausel für andere Berufe** vorgesehen ist. Personen, die über gleichwertige Qualifikationen wie Sicherheitsingenieure verfügen, können ebenfalls als Fachkräfte tätig werden.[53] Mit dieser Öffnungsklausel können zB auch **Arbeitspsychologen** und Personen mit ähnlichen Abschlüssen als ASiG-Experten tätig werden.[54] Diese Öffnungsklausel ist inzwischen von großer Bedeutung, da die herkömmliche medizinisch-technische Orientierung nicht mehr ausreichend ist, um sämtliche Fragen der Arbeitssicherheit im Betrieb fachkundig bearbeiten zu können. Besonders deutlich ist dies für das gesamte Feld der psychischen Belastungen; die neue Fassung im § 6 GefStoffV macht aber auch deutlich, dass die heutige Rechtssetzung davon ausgeht, dass auch in spezialisierten Bereichen, wie zB dem Bio- und Gefahrstoffschutz, nicht alle Fachkräfte für Arbeitssicherheit umfassend fachkundig sind, so dass für diese Aufgabe auch ein im Betrieb tätiger Diplomchemiker eingesetzt werden könnte. Die Öffnungsklausel wird sicherlich in größerem Umfang genutzt werden, wenn die Rechtsprechung des Europäischen Gerichtshofs zum Vorrang interner Fachkräfte real umgesetzt wird. Ein beispielhaftes Modell dokumentiert § 82 a öASchG, in dem die betriebliche Präventionszeit für Experten in der Weise aufgeteilt wird, dass 40 % für Sicherheitsfachkräfte, 35 % für die Arbeitsmedizin und die restlichen 25 % für sonstige Fachkräfte, wie zB Arbeitspsychologen, Ergonomen und Chemiker, vorgesehen sind.[55] Dieses Modell könnte ein Leitbild für die erforderliche Entwicklung zu multidisziplinären Diensten (→ ASiG § 18 Rn. 12) sowie zur Öffnung des ASiG für weitere Berufsgruppen darstellen.

VII. Rechtsdurchsetzung

36 In der Praxis ist zu konstatieren, dass auch 40 Jahre nach der Kodifikation des ASiG und fast 20 Jahre nach dem Ende der Freistellung von Kleinbetrieben von den ASiG-Pflichten auch weiterhin ein **beachtlicher Teil von Betrieben über keine solche Expertenorganisation** verfügt. In dem repräsentativen Abschlussbericht zur deutschen Schwerpunktaktion „Psychosoziale Risiken bei der Arbeit" vom 31.1.2013 wurde konstatiert, dass in mehr als 15 % der Betriebe keine Sicherheitsfachkräfte und in fast 20 % der Betriebe keine Betriebsärzte bestellt waren.[56] Über eine geeignete betriebliche Sicherheitsorganisation verfügten, wie die GDA-Evaluation dokumentiert, je nach Branche nur 50–60 % der Betriebe (→ ASiG § 18 Rn. 11). Dies verdeutlicht die Notwendigkeit der hoheitlichen Aufsicht, die sowohl durch die Träger der Unfallversicherung nach § 19 SGB VII als auch vor allem durch die staatlichen Arbeitsschutzbehörden nach § 13 ASiG zu erfolgen hat. In den Fällen, die bei der Schwerpunktaktion festgestellt worden waren, ist daher im Regelfall ein **Revisionsschreiben** und, falls dies nicht erfolgreich ist, eine **Anordnung nach § 12 ASiG** geboten (→ ASiG § 12 Rn. 14). Gründe, von einer solchen Anordnung abzusehen, sind in aller Regel nicht gegeben. In der Rechtsprechung der Verwaltungsgerichte werden solche Anordnungen, mit denen erstmals eine Sicherheitsorganisation bestellt werden soll, regelmäßig gebilligt (→ ASiG

---

[53] KJP/Koll ASiG § 7 Rn. 4; VG Ansbach 29.7.1994 – AN 4 K 93.01391, GewArch 1995, 419.
[54] Dazu schon BT-Drs. 7/1085, 6; jetzt Münch/ArbR/Kohte § 292 Rn. 47; Aufhauser/Brunhöber/Igl ASiG § 7 Rn. 4; Spinnarke/Schork ASiG § 7 Rn. 13; HK-ArbR/Hamm/Faber ASiG Rn. 3. [55] Heider ua, öASchG, 7. Aufl. 2017, § 82 a Rn. 3. [56] Stadler/Splittgerber, Abschlussbericht zur deutschen Schwerpunktaktion, 31.1.2013, S. 10, 19; http://lasi.osha.de.

§ 12 Rn. 9).[57] Relativ unproblematisch können auch Anordnungen erfolgen, die sich auf die Erfüllung der Unterstützungspflichten nach § 2 Abs. 2 ASiG beziehen und vom Arbeitgeber zum Beispiel verlangen, den Sicherheitsexperten personelle und sachliche Mittel zur Erfüllung ihrer Aufgaben zur Verfügung zu stellen.[58] Eine solche Anordnung muss allerdings, zum Beispiel unter Nutzung der DGUV Information 250-105, hinreichend bestimmte Maßnahmen anordnen. Dagegen ist eine Durchsetzung dieser Organisationspflichten mithilfe des **Ordnungswidrigkeitenrechts** erst und nur möglich, wenn eine vollziehbare Anordnung erlassen worden ist, da § 20 ASiG sich vor allem auf diesen Sachverhalt bezieht (→ ASiG § 20 Rn. 3). Da sich die DGUV Vorschrift 2 nicht auf § 209 SGB VII bezieht, sind Bußgelder der Unfallversicherungsträger in diesem Zusammenhang ausgeschlossen (→ ASiG § 20 Rn. 17).

Das wesentlich größere Problem in der betrieblichen Praxis besteht allerdings in der **Integration der ordnungsgemäß bestellten Experten** in die betrieblichen Abläufe. Dazu liegen inzwischen verschiedene empirische Untersuchungen vor. Für die Arbeit der Sicherheitsfachkräfte ist überwiegend festzustellen, dass sie in den klassischen technischen und verhaltensorientierten Aufgaben eine reale Wirksamkeit im Betrieb entfalten, während sie bei präventiven und innovativen Aufgaben in wesentlich geringerem Umfang beteiligt sind.[59] Diese Ergebnisse sind inzwischen bestätigt worden durch die umfangreiche, über acht Jahre durchgeführte „Sifa-Langzeitstudie". Die Ergebnisse dieser Studie zeigen einerseits die Wirksamkeit und Bedeutung von Sicherheitsfachkräften, weiter das sehr unterschiedliche Spektrum der verschiedenen Typen von Sicherheitsfachkräften, schließlich aber in der generellen Zusammenfassung, dass die **verhaltensorientierten, überprüfenden und korrektiven Tätigkeiten** der Fachkräfte ein deutliches Übergewicht gegenüber den präventiven und gestaltenden Tätigkeiten haben. Vor allem im Bereich der menschengerechten Gestaltung der Arbeit und Arbeitszeit sowie der psychischen Belastungen bestehen deutliche Verbesserungsmöglichkeiten und -notwendigkeiten.[60] 37

Eine solche Verbesserung ist nur in einem geringeren Umfang durch Anordnungen nach § 12 ASiG zu erreichen; in der Sifa-Langzeitstudie wird auf die Bedeutung der gemeinsamen Besprechungen und Begehungen zwischen Aufsicht, Arbeitgeber, Betriebsräten und ASiG-Experten nach § 89 BetrVG verwiesen (→ BetrVG § 89 Rn. 14). Vor allem ergeben sich hier **Handlungsmöglichkeiten im Arbeitsschutzausschuss** nach § 11 ASiG sowie im Bereich der **Mitbestimmung nach § 87 Abs. 1 Nr. 7 BetrVG**, die auch die Arbeitspläne und Arbeitsprogramme der innerbetrieblichen Arbeitsschutzpolitik umfasst.[61] Letztlich ist damit die gebotene Integration am besten mit den Mitteln der betrieblichen Partizipation zu erreichen.[62] In anderen Staaten werden solche Anforderungen an Präventivdienste auch tarifvertraglich gestaltet.[63] 38

Für die Tätigkeit der Betriebsärzte zeigen sich insgesamt nicht nur quantitative Betreuungslücken (→ ASiG § 18 Rn. 9), sondern auch deutlich größere Integrationslücken. Vor allem bei externen Betriebsärzten dominiert eine tradierte Untersuchungspraxis,[64] die nicht in die betriebliche Primärprävention integriert ist. Daher ist in der Mehrheit der Betriebe **keine ausreichende Beteiligung der Betriebsärzte an präventiven Aufgaben, gemeinsamen Betriebsbegehungen und Gefährdungsbeurteilungen zu psychischen Belastungen** festzustellen.[65] Ebenso hat bei den arbeitsmedizinischen Untersuchungen die Primärprävention in der Regel nur einen geringen Stellenwert. Teilweise handelt es sich um Defizite, die auch durch Revisionsschreiben und Anordnungen nach § 12 ASiG erfasst werden können, wobei sich diese Anordnungen jeweils an den Arbeitgeber rich- 39

---

57 VG Lüneburg 20.7.2011 – 5 A 26/10; OVG Hamburg 19.2.2004 – 1 Bf 484/03, GewArch 2004, 351 (Bestellung einer Sicherheitsfachkraft in einer großen Anwaltskanzlei). 58 Pieper ASiG Rn. 142. 59 Zimolong/Kohte, Integrativer und kooperativer Arbeits- und Umweltschutz in der Metallindustrie – IKARUS, 2006, S. 183 ff. 60 DGUV Report 3/2013, Prävention wirksam gestalten – Erkenntnisse aus der Sifa-Langzeitstudie, S. 26, 33. 61 Fitting BetrVG § 87 Rn. 322; HaKo-BetrVG/Kohte BetrVG § 87 Rn. 89. 62 Dazu auch Kohte in: FS Rosenbrock, S. 280, 288 f. 63 Haas, Partizipation der Beschäftigten im Arbeitsschutzrecht, 2017, S. 146. 64 Kohte, Die Gestaltung der arbeitsmedizinischen Vorsorge, 2016, S. 30 ff. 65 Zimolong/Kohte, Ikarus, S. 213 ff.; ausführlich schon Rosenbrock/Lenhardt, Betriebsärzte, S. 75 ff. mwN.

ten, der für die Organisation des betrieblichen Arbeitsschutzes verantwortlich ist (→ ASiG § 12 Rn. 8). Soweit eine Integration durch gemeinsame Arbeitsprogramme möglich ist, sind wiederum der Arbeitsschutzausschuss nach § 11 ASiG sowie die Mitbestimmung nach § 87 Abs. 1 Nr. 7 BetrVG die dazu geeigneten Rechtsformen. Auf der überbetrieblichen Ebene sind verschiedene **Maßnahmen der Qualitätssicherung** eingeleitet worden,[66] die zu unterschiedlichen Ergebnissen geführt haben (→ ASiG § 19 Rn. 12). Aussichtsreicher sind hier die **Leitfäden zu den verschiedenen Arbeitsschutzmanagementsystemen**, die jeweils auch die Beachtung und betriebliche Konkretisierung der ASiG-Anforderungen verlangen (→ ArbSchG § 3 Rn. 95).[67]

40 Die **individualrechtliche Rechtsdurchsetzung** könnte sich zunächst auf § 618 BGB beziehen, da diese Norm eine umfassende Anspruchsgrundlage für Ansprüche des Arbeitnehmers gegen den Arbeitgeber darstellt, mit denen die Erfüllung von Arbeitsschutzpflichten verlangt werden kann, die unmittelbar dem Schutz des einzelnen Arbeitnehmers dienen. Diese Pflicht ist weit auszulegen und umfasst nach der zutreffenden Rechtsprechung des Bundesarbeitsgerichts[68] auch die Durchführung einer Gefährdungsbeurteilung (→ BGB § 618 Rn. 37). Dagegen wird der Aufbau der betrieblichen Sicherheitsorganisation als ein vorrangig kollektives System qualifiziert, das kaum durch individuelle Ansprüche nach § 618 BGB gesichert werden kann.[69] Arbeitnehmer sind insoweit auf sekundäre Ansprüche beschränkt, mit denen individuelle Schadensersatzansprüche geltend gemacht werden können, soweit diese nicht durch § 104 SGB VII gesperrt sind (→ BGB § 618 Rn. 57 ff.). Im Zusammenhang mit der Sicherheitsorganisation nach dem ASiG geht es in erster Linie um **Pflichtverletzungen der Sicherheitsexperten**, die eine betriebliche Gefährdung übersehen oder eine Vorsorgeuntersuchung fehlerhaft durchgeführt haben, so dass dem einzelnen Arbeitnehmer ein Vermögensschaden entstanden ist. Da die Sicherheitsexperten als Erfüllungsgehilfen des Arbeitgebers zu qualifizieren sind, kann sich insoweit ein **Schadensersatzanspruch gegen den Arbeitgeber aus §§ 280, 278 BGB ergeben.**[70]

41 Vor allem für Betriebsärzte ist diskutiert worden, in welcher Weise sie Arbeitnehmern direkt haften können, die bei Untersuchungen geschädigt oder fehlerhaft beraten worden sind. Der einfache Weg einer **vertraglichen Haftung nach § 280 BGB** scheidet aus, da zwischen Arbeitnehmer und Betriebsarzt regelmäßig kein eigenständiger Vertrag geschlossen wird. Aus der Untersuchung und der Einwilligung in die Untersuchung kann auch nicht auf einen konkludenten Vertrag geschlossen werden, weil der Betriebsarzt mit der Untersuchung seinen Vertragspflichten gegenüber dem Arbeitgeber nachkommt.[71] Allerdings ist es denkbar, dass der Vertrag zwischen Arbeitgeber und ASiG-Experten für die Beschäftigten als **Vertrag mit Schutzwirkung zugunsten Dritter** qualifiziert werden kann, so dass Pflichtverletzungen der ASiG-Experten zu einer vertraglichen Haftung gegenüber den geschädigten Beschäftigten führen können.[72] Schließlich verbleiben den Arbeitnehmern gegenüber den Sicherheitsexperten, insbesondere den Betriebsärzten, vor allem **deliktische Ansprüche aus § 823 Abs. 1 BGB**, soweit nicht nur die Rechtsgutverletzung, sondern auch Kausalität und Verschulden festgestellt werden können.[73] Auch diese Ansprüche stehen allerdings unter dem Vorbehalt, dass der **Haftungsausschluss nach § 105 SGB VII**, auf den sich auch zumindest angestellte Betriebsärzte und Fachkräfte berufen können,[74] nicht eingreift (→ ASiG § 19 Rn. 13).

---

66 Anzinger/Bieneck ASiG § 4 Rn. 38 ff.; Bieneck in: FS Wlotzke, S. 465, 487 ff. **67** Dazu auch Pieper ASiG Rn. 104. **68** BAG 12.8.2008 – 9 AZR 1117/06, NZA 2009, 102. **69** Faber, Grundpflichten, S. 419 ff. **70** LG Paderborn 15.5.2001 – 2 O 42/01, MDR 2001, 1304; LAG Berlin 9.7.2004 – 6 Sa 486/04, MDR 2005, 99; Anzinger/Bieneck ASiG § 3 Rn. 131; Gitter RdA 1983, 156 (160). **71** Anzinger/Bieneck ASiG § 3 Rn. 138; Nöthlichs ASiG § 3 Rn. 9. **72** OLG Nürnberg 17.6.2014 – 4 U 1760/12, MDR 2014, 970. **73** Gitter RdA 1983, 156 (161); Anzinger/Bieneck ASiG § 3 Rn. 132. **74** Anzinger/Bieneck ASiG § 3 Rn. 137; umstritten zum Haftungsausschluss bei überbetrieblichen Diensten Herzberg DB 1997, 1666 (1669); OLG Nürnberg 17.6.2014 – 4 U 1760/12, MDR 2014, 970.

Vierter Abschnitt Gemeinsame Vorschriften

§ 8 ASiG Unabhängigkeit bei der Anwendung der Fachkunde

(1) ¹Betriebsärzte und Fachkräfte für Arbeitssicherheit sind bei der Anwendung ihrer arbeitsmedizinischen und sicherheitstechnischen Fachkunde weisungsfrei. ²Sie dürfen wegen der Erfüllung der ihnen übertragenen Aufgaben nicht benachteiligt werden. ³Betriebsärzte sind nur ihrem ärztlichen Gewissen unterworfen und haben die Regeln der ärztlichen Schweigepflicht zu beachten.

(2) Betriebsärzte und Fachkräfte für Arbeitssicherheit oder, wenn für einen Betrieb mehrere Betriebsärzte oder Fachkräfte für Arbeitssicherheit bestellt sind, der leitende Betriebsarzt und die leitende Fachkraft für Arbeitssicherheit, unterstehen unmittelbar dem Leiter des Betriebs.

(3) ¹Können sich Betriebsärzte oder Fachkräfte für Arbeitssicherheit über eine von ihnen vorgeschlagene arbeitsmedizinische oder sicherheitstechnische Maßnahme mit dem Leiter des Betriebs nicht verständigen, so können sie ihren Vorschlag unmittelbar dem Arbeitgeber und, wenn dieser eine juristische Person ist, dem zuständigen Mitglied des zur gesetzlichen Vertretung berufenen Organs unterbreiten. ²Ist für einen Betrieb oder ein Unternehmen ein leitender Betriebsarzt oder eine leitende Fachkraft für Arbeitssicherheit bestellt, steht diesen das Vorschlagsrecht nach Satz 1 zu. ³Lehnt der Arbeitgeber oder das zuständige Mitglied des zur gesetzlichen Vertretung berufenen Organs den Vorschlag ab, so ist dies den Vorschlagenden schriftlich mitzuteilen und zu begründen; der Betriebsrat erhält eine Abschrift.

Literatur: *Budde/Witting*, Die Schweigepflicht des Betriebsarztes, MedR 1987, 23; *Däubler*, Die Schweigepflicht des Betriebsarztes – ein Stück wirksamer Datenschutz?, BB 1989, 282; Däubler/Bonin/Deinert, AGB-Kontrolle im Arbeitsrecht, 4. Aufl. 2014 (zitiert: Däubler/Bonin/Deinert/Bearbeiter); *Faber/Kiesche*, Betriebsarzt und Fehlzeitenmanagement, Gute Arbeit 2/2016, 29; *Hinrichs*, Rechtliche Aspekte zur Schweigepflicht des Betriebsärzte und des betriebsärztlichen Personals, DB 1980, 2287; *Kiesche*, Die Fachkraft für Arbeitssicherheit im Öffentlichen Dienst, PersR 2010, 328; *Kohte*, Betriebsärzte zwischen Reduktion, Prävention und Integration, in: FS Rosenbrock, 2011, S. 280 ff.; *ders.*, Die Gestaltung der arbeitsmedizinischen Vorsorge durch betriebliche Mitbestimmung, HBS Study Nr. 341, 2016, 26 ff.; *Rehbinder*, Andere Organe der Unternehmensverfassung, ZGR 1989, 305; *Rosenbrock/Lenhardt*, Die Bedeutung von Betriebsärzten in einer modernen betrieblichen Gesundheitspolitik, 1999; *Scholz*, Der Betriebsarzt – leitender Angestellter iS des § 5 Abs 3 Nr 3 BetrVG?, AuR 1979, 257; *Wunderlich*, Die Rechtsstellung des Betriebsarztes, 1995 (zitiert: Wunderlich, Betriebsarzt).

Leitentscheidungen: BAG 15.12.2009 – 9 AZR 769/08, NZA 2010, 506; LAG Niedersachsen 29.10.2015 – 4 Sa 951/14, LAGE § 8 ASiG Nr. 1; LAG Kiel 21.1.2014 – 1 TaBV 47/13, LAGE § 98 ArbGG Nr. 70; LAG Köln 3.4.2003 – 10 (1) Sa 1231/02, ZTR 2003, 520; LAG Baden-Württemberg 31.3.1977 – 7 Ta BV 11/76, DB 1978, 497.

I. Normzweck, Systematik	1	IV. Ärztliche Schweigepflicht	10
II. Entstehungsgeschichte, Unionsrecht	3	V. Organisatorische Stellung	18
		VI. Kommunikationsrechte	22
III. Fachliche Unabhängigkeit	6	VII. Rechtsdurchsetzung	24

I. Normzweck, Systematik

Mit der Vorschrift des § 8 ASiG soll die **Unabhängigkeit der ASiG-Experten bei der** 1 **Anwendung der Fachkunde** sichergestellt werden. In der Regierungsbegründung zum Gesetz ist als Normzweck formuliert worden, dass es den Betriebsärzten und Fachkräften für Arbeitssicherheit ermöglicht werden soll, ihre arbeitsmedizinische bzw. sicherheitstechnische Fachkunde im Interesse des Arbeitsschutzes optimal auszuschöpfen, indem ihnen durch das Gesetz gewährleistet wird, dass sie ihre Fachkunde unabhängig und frei von Weisungen anwenden können. Auf diese Weise könnten sie auch ihrer Beratungsaufgabe möglichst objektiv nachkommen.[1]

2 Die Unabhängigkeit der ASiG-Experten ist im Gesetz nicht als eine isolierte Maßnahme eingestuft worden; die Experten sollen vielmehr mithilfe ihrer Fachkunde **ihren Einfluss in Betrieb und Unternehmen** wahrnehmen.[2] Dazu ist ihre institutionelle Stellung sowohl gegenüber dem Leiter des Betriebs als auch gegenüber der Unternehmensleitung in spezifischer Weise gesichert worden.[3] Bei Konflikten wird von Anfang an auch der Betriebsrat einbezogen. Dies zeigt, dass Sicherheitsfachkräfte und Betriebsärzte als **Teil der betrieblichen Sozialverfassung** verstanden werden und in dieser Rolle ihren Einfluss ausüben können und sollen.[4]

II. Entstehungsgeschichte, Unionsrecht

3 Die Norm des § 8 ASiG war in ihren Grundlagen bereits im Regierungsentwurf vorhanden und dort als wichtiger Eckpfeiler der neuen ASiG-Expertenstruktur verstanden worden. In den **Ausschussberatungen** ist die Norm **weiter ausgebaut** worden. Sowohl die Garantie der ärztlichen Schweigepflicht als auch die weitere Verstärkung des Vorschlagsrechts und die Einbeziehung des Betriebsrats in § 8 Abs. 3 S. 3 ASiG sind auf diese Weise in das Gesetz aufgenommen worden.[5] Mit diesem Inhalt blieb die Norm über zwanzig Jahre unverändert. Erst im Zusammenhang mit der Umsetzung der Rahmenrichtlinie zum Arbeitsschutz wurde sie ergänzt (→ Rn. 5).

4 1985 wurde das **ILO-Übereinkommen 165 über die betriebsärztlichen Dienste** beschlossen,[6] das 1994 von Deutschland ratifiziert worden ist.[7] Dieses Übereinkommen verdeutlicht die Stellung der Betriebsärzte als Teil der betrieblichen Sozialverfassung. Es weist ihnen eine **umfassende Beratungsaufgabe** gegenüber dem Arbeitgeber, den Arbeitnehmern und ihren Vertretern im Betrieb bei der Schaffung und Erhaltung einer sicheren und gesunden Arbeitsumwelt zu. Für diese Aufgabe gewährt Art. 10 des ILO-Übereinkommens dem Personal, das betriebsärztliche Dienste leistet, hinsichtlich seiner Aufgaben eine „fachlich völlige Unabhängigkeit" (full professional independence). Bekräftigt wurde diese Position durch **Art. 7 RL 89/391/EWG**. Danach wird der Arbeitgeber verpflichtet, Personen und Dienste zur Beratung und zur Gewährleistung von Schutzmaßnahmen zu bestellen, es sei denn, dass ihm persönlich die entsprechende Sachkunde zukommt. Diese Dienste sollen nach Möglichkeit aus den Beschäftigten des Betriebs ausgewählt werden; für diese Beschäftigten statuiert Art. 7 Abs. 2 der Richtlinie ein Benachteiligungsverbot.

5 Im Zusammenhang mit der **Umsetzung der RL 89/391/EWG** wurde 1996 durch **Art. 2 Nr. 5 EASUG** daher in § 8 Abs. 1 ASiG als neuer S. 2 ein **Benachteiligungsverbot** normiert.[8] Dies war eine wichtige Ergänzung, mit der die 1973 statuierte Unabhängigkeit arbeitsrechtlich besser operabel gemacht wurde. Zugleich wurde damit die Parallele zu den anderen Fachberatern des Arbeitgebers, mit denen die ASiG-Experten nach § 10 ASiG kooperieren, verdeutlicht, denn für diese gelten vergleichbare Benachteiligungsverbote, wie sich zB aus § 58 BImSchG und § 22 SGB VII (→ SGB VII § 22 Rn. 20) ergibt.

III. Fachliche Unabhängigkeit

6 Die fachliche Unabhängigkeit, die in § 8 Abs. 1 S. 1 ASiG statuiert wird, bezieht sich auf die Erledigung der Aufgaben, die Betriebsärzten und Sicherheitsfachkräften obliegen. Im Rahmen dieser Aufgaben sind sie zB unabhängig, welche Untersuchungsmethode oder welche Messverfahren sie anwenden. Zur Gewährleistung dieser Unabhängigkeit müssen sie weiter das Recht haben, alle Arbeitsplätze aufsuchen und die Be-

---
1 BT-Drs. 7/260, 14. **2** So BT-Drs. 7/1085, 6. **3** Sie werden daher von Rehbinder als Organe der Unternehmensverfassung qualifiziert – Rehbinder ZGR 1989, 305 (339). **4** Zu diesem Leitbild Rosenbrock/Lenhardt, S. 51 ff.; Kohte in: FS Rosenbrock, S. 280, 284. **5** BT-Drs. 7/1085, 6. **6** Dreisprachiger Text im Anhang zur BT-Drs. 12/7191. **7** BGBl. II 1994, 1198. **8** BT-Drs. 13/3540, 22.

schäftigten befragen zu können. Ebenso müssen sie, wie sich auch aus Nr. 9 der ILO-Empfehlung 171 ergibt, sämtliche Informationen über Arbeitsverfahren, Arbeitsmaterialien und Arbeitsstoffe erhalten können.[9] Schließlich müssen sie selbstständig zu Analysezwecken Proben der verwendeten oder eingesetzten Erzeugnisse oder Stoffe entnehmen können. Diese **Unabhängigkeit gilt** nicht nur für die leitenden Betriebsärzte und Sicherheitsfachkräfte, sondern **für alle Sicherheitsfachkräfte und Betriebsärzte**. Sie gilt auch für freiberufliche Kräfte, findet jedoch ihre zentrale praktische Bedeutung bei ASiG-Experten, die im Arbeitsverhältnis stehen.[10]

Soweit die ASiG-Experten Arbeitnehmer des Betriebes sind, sind sie im Rahmen der allgemeinen Arbeitsorganisation jedoch den Weisungen des Arbeitgebers unterworfen. Dieser kann Regelungen zum Arbeitsraum, zur Arbeitszeit und zur Teilnahme an Sitzungen und Besprechungen treffen, die auch für die ASiG-Experten verbindlich sind. Insoweit gelten die allgemeinen arbeitsrechtlichen Grundsätze.[11] Ein besonderes Spannungsfeld besteht bei „**Teilzeit-Sicherheitsfachkräften**", die neben ihrer Fachaufgabe noch andere betriebliche Aufgaben, zB im Qualitätsmanagement oder im betrieblichen Umweltschutz, haben.[12] Dieses Modell, das mit dem Leitbild betriebsnaher Experten in der Rechtsprechung des Europäischen Gerichtshofs zu Art. 7 der Rahmenrichtlinie favorisiert wird,[13] verlangt eine hinreichende Trennung der verschiedenen Aufgaben.[14] Außerdem muss eine Kombination mit Aufgaben, die zu **strukturellen Interessenkollisionen** führen können, vermieden werden (→ ArbSchG § 13 Rn. 24).[15]

Da die ASiG-Experten Berater des Arbeitgebers und des Betriebsrats sind, ergeben sich daraus spezifische **Kooperationspflichten**, die ihre Unabhängigkeit nicht beeinträchtigen. In der ILO-Empfehlung 171 wird die Notwendigkeit von **Tätigkeitsprogrammen** für die Arbeiten der betriebsärztlichen Dienste – und dies gilt auch für die Sicherheitsfachkräfte – betont. Inzwischen ist durch die DGUV Vorschrift 2 die Verpflichtung normiert worden, im Rahmen der Vereinbarungen zur jeweiligen Betreuung einen „**Arbeitsplan**" zu erstellen (→ ASiG § 14 Rn. 12). Diese Pläne sind gemeinsam mit Arbeitgeber und Betriebsrat zu beraten und zu vereinbaren;[16] das geeignete Forum wir regelmäßig der Arbeitsschutzausschuss nach § 11 ASiG sein. Arbeitgeber und Betriebsrat können aber auch durch Betriebsvereinbarung Regelungen zum Arbeitsschutz nach § 87 BetrVG und zu betrieblichen Gesundheitsprogrammen nach § 88 BetrVG treffen, die insoweit Eckdaten auch für die ASiG-Experten setzen. Dies keine Beeinträchtigung ihrer fachlichen Unabhängigkeit, sondern zeigt die enge Verbindung der Experten mit der betrieblichen Sozialverfassung.[17]

Weisungen, die gegen die fachliche Unabhängigkeit verstoßen, sind nach § 134 BGB unwirksam.[18] Die Reichweite des **Benachteiligungsverbots** ist weiter zu fassen. Es richtet sich auch gegen andere Nachteile, wie zB im Bereich des Entgelts und der Ausübung des Direktionsrechts, wie zB der Zuweisung ungünstiger Räume.[19] Dem ASiG-Experten kann gegen solche Maßnahmen ein Unterlassungsanspruch oder auch ein Schadensersatzanspruch nach § 823 Abs. 2 BGB iVm § 8 ASiG zustehen.[20] Auch eine Abberufung oder Kündigung kann gegen das Benachteiligungsverbot verstoßen, wenn sie wegen der Erfüllung seiner Aufgaben erfolgt ist.[21] Dies ist vor allem anzunehmen,

---

9 Faber, Grundpflichten, S. 316; Wunderlich, Betriebsarzt, S. 77. **10** Anzinger/Bieneck ASiG § 8 Rn. 8. **11** Wunderlich, Betriebsarzt, S. 78. **12** Beispiele bei Zimolong/Kohte, Integrativer und kooperativer Arbeits- und Umweltschutz in der Metallindustrie – IKARUS, 2006, S. 187 f. **13** EuGH 6.4.2006 – C-428/04, ZESAR 2007, 30 (34) mAnm Kohte/Faber; Münch/ArbR/Kohte § 292 Rn. 47. **14** Ausführlich Faber, Grundpflichten, S. 317 ff. **15** Dazu am Beispiel der betrieblichen Datenschutzbeauftragten: BAG 22.3.1994 – 1 ABR 51/93, DB 1994, 1678; Kohte JR 1995, 484; Kohte, Mitbestimmung beim betrieblichen Umweltschutz, 2007, S. 25; Rehbinder ZGR 1989, 305 (329). **16** LAG Kiel 21.1.2014 – 1 TaBV 47/13, LAGE § 98 ArbGG Nr. 70, Rn. 40; OVG Münster 4.3.2016 – 20 A 2364/14.PVL, PersR 10/2016, 52 mAnm Kiesche. **17** Kohte in: FS Rosenbrock, S. 280, 288. **18** Münch/ArbR/Kohte § 292 Rn. 54; Wank ASiG § 8 Rn. 3; Wunderlich, Betriebsarzt, S. 79; KJP/Koll ASiG § 8 Rn. 5. **19** Beispiele bei Jarass BImSchG § 58 Rn. 3. **20** Wank ASiG § 8 Rn. 3; Wunderlich, Betriebsarzt, S. 144. **21** LAG Niedersachsen 29.10.2015 – 4 Sa 951/14, LAGE § 8 ASiG Nr. 1.

wenn der Arbeitgeber für diese Maßnahmen keinen sachlichen Grund darlegen kann (→ ASiG § 9 Rn. 14).[22]

IV. Ärztliche Schweigepflicht

10 In den Gesetzesberatungen wurde bereits 1973 die **Anerkennung der betriebsärztlichen Schweigepflicht** normiert. Diese Frage war früher in der Praxis umstritten gewesen. Zwar galt auch vor 1973 für alle Betriebsärzte die berufsrechtliche Schweigepflicht, doch war vereinzelt die Ansicht geäußert worden, dass für Betriebsärzte eine betriebsspezifische Einschränkung dieser Schweigepflicht bestehen könne.[23] Zutreffend wird aus der eindeutigen und umfassenden Normierung der Schweigepflicht in § 8 Abs. 1 S. 3 ASiG abgeleitet, dass **jegliche Relativierung der ärztlichen Schweigepflicht mit dem Gesetz nicht vereinbar** ist. Es gilt weder eine verminderte noch eine spezifische Schweigepflicht, sondern eine umfassende Schweigepflicht, von der nur durch Gesetz oder durch Einwilligung der Betroffenen Ausnahmen gemacht werden können.

11 Gesetzliche Ausnahmen von der Schweigepflicht sind selten; außerdem sind sie eng auszulegen. Deutlich ergibt sich dies aus dem geänderten Programm der arbeitsmedizinischen Vorsorge nach der ArbMedVV.[24] Die **Ergebnisse der Wunsch- und Angebotsvorsorge** sind ausschließlich dem Arbeitnehmer gegenüber mitzuteilen. Dieser entscheidet allein, ob und in welchem Umfang diese Daten weitergeleitet werden. Eine Ausnahme bestand vor 2013 bei den **Pflichtuntersuchungen nach § 6 ArbMedVV aF**, die Voraussetzungen für die (weitere) Tätigkeit an bestimmten Arbeitsplätzen darstellten. Das Ergebnis dieser Untersuchungen durfte nach der Verordnung dem Arbeitgeber in der Weise mitgeteilt werden, dass ihm erklärt wurde, ob Bedenken gegen die weitere Beschäftigung bestehen.[25] Weitere Aussagen, die sich auf die Diagnose beziehen, durfte der Betriebsarzt nicht machen. Eine vergleichbare Struktur hat die **ärztliche Bescheinigung nach § 39 Abs. 2 JArbSchG**, die ebenfalls auch bei betriebsärztlichen Untersuchungen nicht zur Weitergabe der Diagnose legitimiert.[26] Durch die ArbMedVV-Novelle 2013 ist es dem Arzt in § 6 Abs. 4 S. 3 ArbMedVV untersagt worden, ohne Einwilligung des Beschäftigten Aussagen über die gesundheitliche Eignung an den Arbeitgeber weiterzuleiten (→ ArbMedVV Rn. 21). Die Information über die Teilnahme an der Pflichtvorsorge (§ 4 ArbMedVV nF) erfolgt jetzt mithilfe der **Vorsorgebescheinigung** nach § 6 Abs. 3 ArbMedVV nicht mehr zwischen Betriebsarzt und Arbeitgeber, sondern zwischen Beschäftigten und Arbeitgeber (→ ArbMedVV Rn. 20, → ArbSchG § 11 Rn. 18).

12 Weitere gesetzliche Ausnahmen können sich aus den Normen des Gesundheitsrechts ergeben. So wird nach dem **Infektionsschutzgesetz**, das das Bundesseuchengesetz abgelöst hat, dem Arzt die Aufgabe zugewiesen, bei schwerwiegenden infektiösen Krankheiten, die andere Arbeitnehmer gefährden können, auf ein Beschäftigungsverbot hinzuwirken und insoweit nach §§ 6 ff. IfSG das **Gesundheitsamt** zu unterrichten. Eine Unterrichtung des Arbeitgebers ergibt sich aus dem IfSG nicht;[27] nach § 43 Abs. 2 IfSG obliegt dies dem betroffenen Arbeitnehmer. Für bestimmte Infektionen, wie zB die HIV-Infektion, enthält § 7 Abs. 3 IfSG nur die Pflicht zur Nennung ohne Namen. Damit wird hier nicht nur die Schweigepflicht des Betriebsarztes bekräftigt, sondern auch der Rückgriff auf die Rechtsfigur des „rechtfertigenden Notstands" nach § 34 StGB im Regelfall ausgeschlossen.[28]

13 Da es sich um die persönlichen Daten der Arbeitnehmer handelt, kann dieser durch eine **rechtfertigende Einwilligung** dem Betriebsarzt das Recht zur Weitergabe einzelner Daten erteilen. Eine solche Einwilligung kann **nur konkret und für den Einzelfall** erfol-

---

22 Bertzbach in: FS Däubler, S. 158, 167; Greiner in: Ascheid/Preis/Schmidt, Kündigungsrecht, 5. Aufl. 2017, ASiG § 9 Rn. 5. **23** Einzelheiten bei Wunderlich, Betriebsarzt, S. 84 ff. **24** Kohte, Die Gestaltung der arbeitsmedizinischen Vorsorge, 2016, S. 26 ff. **25** Weitere Einschränkungen enthält die ArbMedVV 2013: BR-Drs. 327/13, 29. **26** Gröninger/Gehring/Taubert JArbSchG § 37 Rn. 8, JArbSchG § 39 Rn. 5. **27** So schon zum früheren Recht Wunderlich, Betriebsarzt, S. 88 f.; Hinrichs DB 1980, 2287 (2288). **28** LSG Baden-Württemberg 29.11.2006 – L 9 U 4963/06 A; vgl. Klöcker MedR 2001, 183 (186).

gen. Sie setzt regelmäßig auch die Information und Aufklärung des Arbeitnehmers voraus, da in der heutigen Rechtsordnung die **Einwilligung** nur nach dem **Leitbild des „informed consent"**, das für den Behandlungsvertrag inzwischen in § 630 d BGB normiert ist,[29] anerkannt werden kann. Aus diesem Grund sind **Formulareinwilligungen** in Arbeitsverträgen oder andere Formen pauschaler Einwilligungserklärungen **unwirksam** (→ ArbSchG § 11 Rn. 17).[30] Betriebsärzte dürfen sich auf diese Formularerklärungen nicht stützen. Sie dürfen ihren Patienten ebenfalls keine Formulareinwilligungen vorlegen.

Soweit Betriebsärzte an **Einstellungsuntersuchungen** mitwirken, handeln sie außerhalb ihres Status nach dem ASiG. Einstellungsuntersuchungen sind Maßnahmen der Personalauswahl und nicht des Arbeitsschutzes (→ ArbSchG § 11 Rn. 3)[31] und unterliegen daher strengen Zulässigkeitsvoraussetzungen.[32] Auch in diesem Zusammenhang darf eine Diagnose dem Arbeitgeber nicht mitgeteilt werden. Die Aussage, die nicht ohne ausdrückliche Einwilligung des Arbeitnehmers erfolgen darf, beschränkt sich ausschließlich auf eine möglicherweise fehlende Eignung.[33]

Die Betriebsärzte haben zu gewährleisten, dass diese Schweigepflicht auch von den sie **unterstützenden Personen** („Hilfspersonal"), die nach § 203 Abs. 3 StGB ebenfalls der Schweigepflicht unterliegen,[34] beachtet wird.[35] In der Regel werden heute Personaldaten von Betriebsärzten mithilfe elektronischer Systeme verarbeitet. Daher gelten auch die **Vorschriften zum gesundheitsbezogenen Datenschutz**, vor allem nach §§ 28, 32 BDSG (ab 25.5.2018 § 26 BDSG nF), ebenso für die betriebsärztliche Datenverarbeitung. Sie haben daher sicherzustellen, dass diese Personaldaten nur nach Maßgabe des jeweiligen Datenschutzgesetzes verarbeitet werden. Insoweit unterliegen sie der Aufsicht durch die **betrieblichen Datenschutzbeauftragten**. In dieser Aufsicht liegt keine Verletzung ihrer fachlichen Unabhängigkeit.[36]

In der Struktur des ASiG werden ausschließlich Techniker und Mediziner als ASiG-Experten genannt. Gleichwohl ist es nach § 7 ASiG möglich, dass auch andere Professionen wie zB Arbeitspsychologen als Sicherheitsfachkräfte bestellt werden (→ ASiG §§ 2–7 Rn. 35).[37] Wenn sie entsprechend bestellt sind, dann gelten für sie zwar nicht die Regeln der ärztlichen Schweigepflicht, aber ihrer jeweiligen **beruflichen Schweigepflicht**, denn die Anerkennung der betriebsärztlichen Schweigepflicht in § 8 Abs. 1 S. 3 ASiG ist zugleich auch ein **Leitbild für die Schweigepflicht anderer innerbetrieblicher Berater**, die innerbetrieblich tätig sind. Dies gilt vor allem in der **betrieblichen Suchtberatung**. Psychologen, Sozialarbeiter und Berater, die in diesem Aufgabenfeld tätig sind, unterliegen ebenfalls einer strafbewehrten Schweigepflicht, wie sich aus der heutigen Rechtsprechung zu § 203 StGB ergibt. Daher muss diese berufsrechtlich begründete Schweigepflicht in vergleichbarer Weise im Betrieb beachtet werden. Auch die **Sicherheitsfachkräfte** unterliegen einer berufsbezogenen Schweigepflicht, die sich aus dem Arbeits- oder Dienstvertrag als Nebenpflicht ergibt.[38]

Eine besondere Bedeutung haben die Vorschriften zur **Schweigepflicht im Rahmen des betrieblichen Eingliederungsmanagements**. Die Teilnahme an einem BEM-Verfahren darf nicht als konkludente Einwilligung in eine beliebige Weitergabe personenbezogener Daten verstanden werden. Auch in diesem Verfahren ist die Schweigepflicht ein essentieller Bestandteil des Verfahrens.[39] Entbindungen von der Schweigepflicht erfordern wiederum eine ausdrückliche Erklärung der Beschäftigten, die sachlich und personell einzuschränken und zu konkretisieren ist (→ SGB IX § 84 Rn. 28).[40]

---

29 BT-Drs. 17/10488, 23. **30** Däubler BB 2009, 282 (285); Däubler/Bonin/Deinert/Däubler BGB Anh. § 307 Rn. 203; Münch/ArbR/Kohte § 296 Rn. 31; KJP/Koll ASiG § 8 Rn. 7. **31** So in der Begründung zur ArbMedVV BR-Drs. 643/08, 25; Münch/ArbR/Kohte § 296 Rn. 30 a. **32** Zu beachten sind hier die Grenzen, die sich aus dem AGG sowie § 81 Abs. 2 SGB IX ergeben, dazu BAG 3.4.2007 – 9 AZR 823/07, NZA 2007, 1098 (1101) sowie Bayreuther NZA 2010, 679 (682). **33** Wunderlich, Betriebsarzt, S. 97 f. **34** Einzelheiten bei Lenckner/Eisele in: Schönke/Schröder, StGB, 29. Aufl. 2014, StGB § 203 Rn. 64. **35** Wank ASiG § 8 Rn. 4. **36** Zur Aufsicht bei externen Betriebsärzten: Faber/Kiesche Gute Arbeit 2/2016, 29 (32). **37** Münch/ArbR/Kohte, § 292 Rn. 46; Spinnarke/Schork ASiG § 7 Rn. 13. **38** Wank ASiG § 8 Rn. 5. **39** Faber PersR 2007, 333 (334 f.).

V. Organisatorische Stellung

18 Die **Unabhängigkeit** und die **Einflusschancen** der ASiG-Experten sollen auch durch ihre organisatorische Stellung betont werden. Bereits in den parlamentarischen Beratungen ist der heutige Abs. 2 mit diesem doppelten Ziel eingefügt worden.[41] Dieser Einfluss wird gewährleistet, indem sowohl der Betriebsarzt als auch die Sicherheitsfachkraft **unmittelbar der Leitung des Betriebes zugeordnet** werden. Damit soll die **wichtige Rolle der Arbeitssicherheit** für die jeweilige Betriebsleitung auch **institutionell** zum Ausdruck kommen.[42] In der Rechtsprechung wird diese Norm strikt angewandt. In mehreren Verfahren wurden Umorganisationen, mit denen die ASiG-Experten nicht mehr der Leitung des Betriebes, sondern einer zwischengeschalteten Hierarchieebene zugeordnet wurden, zurückgewiesen.[43] Bekannt wurden solche Fälle vor allem aus dem **öffentlichen Dienst**, doch legitimieren weder § 16 ASiG noch der Grundsatz der kommunalen Selbstverwaltung eine Abschwächung von § 8 ASiG (→ ASiG § 16 Rn. 25).[44]

19 In der Judikatur ist diese institutionelle Zuordnung als eine bewusste gesetzgeberische Stärkung der Arbeitssicherheit qualifiziert worden. Die **Zuordnung zur höchsten Hierarchieebene im Betrieb** darf danach nicht abgeschwächt werden. Auch zusätzliche organisatorische Modelle und Matrix-Strukturen dürfen diese klare Zuordnung weder relativieren noch aushebeln. Insoweit handelt es sich wiederum um eine öffentlich-rechtliche Pflicht des Arbeitgebers, die aber auch individuell von den jeweiligen ASiG-Experten zur Geltung gebracht werden kann.

20 Eine gewisse Modifizierung kann sich ergeben, wenn **innerhalb der ASiG-Experten eine eigenständige Hierarchieebene** eingeführt worden ist. Dazu ist der Arbeitgeber nach Zustimmung des Betriebsrats legitimiert, aber nicht verpflichtet.[45] In diesen Fällen ist die unmittelbare Zuordnung zum Leiter des Betriebes **nur noch für den leitenden Betriebsarzt und die leitende Sicherheitsfachkraft** gewährleistet.[46] Damit ist für diese Experten ein spezifischer Status begründet, so dass sich bereits bei der Bestellung das Mitbestimmungsrecht der Betriebsräte auch auf diesen Status zu beziehen hat (→ ASiG § 9 Rn. 16). Dies gilt auch, wenn zu einem späteren Zeitpunkt eine solche Hierarchieebene neu geschaffen wird.

21 Die organisatorische Nähe zur Betriebsleitung bedeutet noch nicht, dass ein Betriebsarzt oder auch ein leitender Betriebsarzt als leitender Angestellter iSd § 5 Abs. 3 BetrVG zu qualifizieren ist. Bereits zu einem frühen Zeitpunkt ist in der Rechtsprechung verneint worden, **dass Betriebsärzte leitende Angestellte sind**.[47] Dies entspricht der aktuellen Judikatur des Bundesarbeitsgerichts, die sich am unternehmerischen Handlungsspielraum des Angestellten orientiert und die auf Fachkenntnis ruhende berufliche Unabhängigkeit nicht für diesen Status ausreichen lässt, so dass sowohl Chefärzte[48] als auch angestellte Rechtsanwälte und Steuerberater[49] nicht als leitende Angestellte zu qualifizieren sind. Dies gilt ebenso für Sicherheitsfachkräfte.[50]

---

40 Gundermann/Oberberg AuR 2007, 19 (22). **41** BT-Drs. 7/1085, 6. **42** Faber, Grundpflichten, S. 317. **43** BAG 15.12.2009 – 9 AZR 769/08, NZA 2010, 506, dazu Kiesche PersR 2010, 328 und Kohte/Faber jurisPR-ArbR 43/2010 Anm. 4 sowie aus der früheren Judikatur ArbG Osnabrück 15.6.1993 – 3 Ca 36/93 E, AuR 1996, 29 und LAG Köln 3.4.2003 – 10 (1) Sa 1231/02, ZTR 2003, 520, dazu Kohte/Faber jurisPR-ArbR 24/2003 Anm. 5. **44** BAG 15.12.2009 – 9 AZR 769/08, NZA 2010, 506 (509). **45** Wank ASiG § 8 Rn. 10. **46** LAG Berlin 2.2.1998 – 9 Sa 114/97, NZA-RR 1998, 437. **47** LAG Baden-Württemberg 31.3.1977 – 7 Ta BV 11/76, DB 1978, 497; ebenso Anzinger/Bieneck ASiG § 8 Rn. 41; Scholz AuR 1979, 257 (265); Wunderlich, Betriebsarzt, S. 104 ff.; Richardi BetrVG § 5 Rn. 260; DKKW/Trümner BetrVG § 5 Rn. 298; aA LAG München 22.3.1978 – 3 (4) Ta BV 41/77 und mit heute nicht mehr haltbarer Analogie: Sohnius/Schirdewahn DB 1978, 2315. **48** BAG 5.5.2010 – 7 ABR 97/08, NZA 2010, 955. **49** BAG 29.6.2011 – 7 ABR 5/10, NZA-RR 2011, 947; ähnlich zum betrieblichen Datenschutzbeauftragten: Kort NZA 2015, 1345 (1349); Gola/Schomerus, BDSG, 12. Aufl. 2015, BDSG § 4 f Rn. 33. **50** Der Beschluss BAG 8.2.1977 – 1 ABR 22/76, AP Nr. 16 zu § 5 BetrVG 1972 stützt diese Position, da für das BAG Kompetenzen maßgeblich waren, die sich nicht aus dem ASiG ergaben, dazu Wunderlich, Betriebsarzt, S. 107; Anzinger/Bieneck ASiG § 8 Rn. 40.

VI. Kommunikationsrechte

In den parlamentarischen Beratungen hat 1973 auch § 8 Abs. 3 ASiG seine endgültige Form gefunden.[51] Danach stehen den Betriebsärzten und Sicherheitsfachkräften nicht nur organisatorische, sondern auch **kommunikative Rechte** zu. Sie können sich ohne den üblichen hierarchischen Dienstweg mit Fragen der Arbeitssicherheit unmittelbar und direkt an ein **Mitglied des Vertretungsorgans** der jeweiligen juristischen Person oder Personengesellschaft[52] wenden. Diese sind gehalten, schriftlich auf diese Vorschläge einzugehen, bevor sie abgelehnt werden. 22

Diese Kommunikationsrechte erhalten eine spezifische Prägung durch die **Einbeziehung des Betriebsrats**. Auf diese Weise wird das allgemeine Kooperationsgebot in § 9 ASiG weiter konkretisiert; elementare Vorschläge, die an den Vorstand oder die GmbH-Geschäftsführer übermittelt werden, sind mit der jeweiligen Stellungnahme des Arbeitgebers dem Betriebsrat zuzuleiten. Dieser kann die Vorschläge gegenüber dem Arbeitgeber aufgreifen bzw. diese in den Arbeitsschutzausschuss einbringen.[53] 23

VII. Rechtsdurchsetzung

Auch die Pflichten des Arbeitgebers in § 8 ASiG sind als öffentlich-rechtliche Pflichten zu qualifizieren, die nach Maßgabe von § 12 ASiG zu überwachen sind. Es handelt sich insoweit um eine beispielhafte Regelung, die in ähnlicher Weise bei der Pflicht zur gemeinsamen Betriebsbegehung nach § 10 ASiG zu finden ist (→ ASiG § 10 Rn. 5). Kommt der Arbeitgeber diesen Organisationspflichten nicht nach, so kann die zuständige Aufsichtsbehörde nach Maßgabe von § 12 ASiG vorgehen und eine **Anordnung erlassen** (→ ASiG § 12 Rn. 9 f.).[54] In diesen Fällen ist zu beachten, dass vorher eine Anhörung des Betriebsrats nach § 12 Abs. 2 ASiG zu erfolgen hat. Diese Regelung zeigt deutlich die wichtige Rolle des Betriebsrats in der betrieblichen Sicherheitskommunikation. 24

Obgleich § 8 ASiG als öffentlich-rechtliche Pflicht statuiert ist, gewährt die Norm doch ebenso den einzelnen ASiG-Experten einen **privatrechtlichen individuellen Anspruch**,[55] den diese mit einer entsprechenden Leistungs- oder Feststellungsklage durchsetzen können.[56] In dringenden Fällen kann auch eine zeitweilige Sicherung der bedrängten Position der ASiG-Experten mit den Möglichkeiten der einstweiligen Verfügung erfolgen. 25

Auf der Grundlage des Mitbestimmungsrechts nach § 9 ASiG und des Kooperationsrechts nach § 9 Abs. 1 ASiG hat der **Betriebsrat** die Möglichkeit, frühzeitig seine eigenen Interessen zur Geltung zu bringen. Wird er entgegen § 8 Abs. 3 ASiG vom Vertretungsorgan nicht informiert, kann er auf eine entsprechende **Information klagen** und diese auch im Wege des einstweiligen Rechtsschutzes durchsetzen.[57] Die nähere Ausgestaltung der Aufgaben sowie der Verfahrensweisen der ASiG-Experten unterliegen der Mitbestimmung nach § 87 Abs. 1 Nr. 7 BetrVG (→ BetrVG § 87 Rn. 74). 26

§ 9 ASiG Zusammenarbeit mit dem Betriebsrat

(1) Die Betriebsärzte und die Fachkräfte für Arbeitssicherheit haben bei der Erfüllung ihrer Aufgaben mit dem Betriebsrat zusammenzuarbeiten.

(2) ¹Die Betriebsärzte und die Fachkräfte für Arbeitssicherheit haben den Betriebsrat über wichtige Angelegenheiten des Arbeitsschutzes und der Unfallverhütung zu unterrichten; sie haben ihm den Inhalt eines Vorschlages mitzuteilen, den sie nach § 8 Abs. 3

---

[51] BT-Drs. 7/1085, 6. [52] Wank ASiG § 8 Rn. 11. [53] KJP/Koll ASiG § 8 Rn. 13. [54] VG Münster 16.1.2002 – 9 K 2097/99. [55] Rehbinder ZGR 1989, 305 (320); Kohte/Faber jurisPR-ArbR 24/2003 Anm. 5. [56] Dazu anschaulich BAG 15.12.2009 – 9 AZR 769/08, NZA 2010, 506, dazu Kohte/Faber jurisPR-ArbR 43/2010 Anm. 4; LAG Köln 3.4.2003 – 10 (1) Sa 1231/02, ZTR 2003, 520, dazu Kohte/Faber jurisPR-ArbR 24/2003 Anm. 5; ArbG Osnabrück 15.6.1993 – 3 Ca 36/93 E, AuR 1996, 29. [57] Vgl. zur Sicherung der Rechte aus § 80 BetrVG im Wege des einstweiligen Rechtsschutzes: HaKo-BetrVG/Kohte/Schulze-Doll BetrVG § 80 Rn. 71.

dem Arbeitgeber machen. ²Sie haben den Betriebsrat auf sein Verlangen in Angelegenheiten des Arbeitsschutzes und der Unfallverhütung zu beraten.

(3) ¹Die Betriebsärzte und Fachkräfte für Arbeitssicherheit sind mit Zustimmung des Betriebsrats zu bestellen und abzuberufen. ²Das gleiche gilt, wenn deren Aufgaben erweitert oder eingeschränkt werden sollen; im übrigen gilt § 87 in Verbindung mit § 76 des Betriebsverfassungsgesetzes. ³Vor der Verpflichtung oder Entpflichtung eines freiberuflich tätigen Arztes, einer freiberuflich tätigen Fachkraft für Arbeitssicherheit oder eines überbetrieblichen Dienstes ist der Betriebsrat zu hören.

Literatur: *Albrod*, Kooperation im betrieblichen Gesundheitsschutz, AiB 2010, 526 ff.; *Bertzbach*, Kein Kündigungsschutz für angestellte Betriebsärzte?, in: FS Däubler, 1999, S. 158; *Diekershoff/Weiß*, Möglichkeiten verbesserter Zusammenarbeit zwischen Betriebsärzten und Fachkräften für Arbeitssicherheit, BG 1992, 480 ff.; *Hummel/Callsen*, Neue Möglichkeiten für die Mitbestimmung, AiB 2011, 83; *Kohte*, Arbeit, Leben und Gesundheit, in: FS für Kissel, 1994, S. 537 ff.; *Kohte*, Betriebsärzte zwischen Reduktion, Prävention und Integration, in: FS Rosenbrock, 2010, S. 280 ff.; *Wunderlich*, Die Rechtsstellung des Betriebsarztes, 1995 (zitiert: Wunderlich, Betriebsarzt).

Leitentscheidungen: EuGH 6.4.2006 – C-428/04, ZESAR 2007, 30 ff. mAnm Kohte/Faber; LAG Berlin-Brandenburg 7.7.2016 – 21 TaBV 195/16, NZA-RR 2016, 644; LAG Frankfurt 7.5.2015 – 5 TaBV 181/14; LAG Hamburg 26.3.2015 – 1 TaBV 6/14; LAG Hamm 7.1.2008 – 10 TaBV 125/07; LAG Brandenburg 2.4.1998 – 3 Sa 477/96, AuR 1998, 331; LAG Bremen 9.1.1998 – 4 Sa 11/97, NZA-RR 1998, 250; BAG 24.3.1988 – 2 AZR 369/87, NZA 1989, 60; BAG 10.4.1979 – 1 ABR 34/77, BAGE 31, 357 = NJW 1979, 2362; BVerwG 25.1.1995 – 6 P 19/93, ZTR 1995, 524 = PersR 1995, 300.

I. Normzweck, Rechtssystematik..	1	IV. Beteiligungsrechte des Betriebsrats................................	9
II. Entstehungsgeschichte, Unionsrecht............................	3	V. Rechtsdurchsetzung	20
III. Pflicht der ASiG-Experten zur unterstützenden Kooperation mit den Betriebsräten............	5		

I. Normzweck, Rechtssystematik

1 § 9 ASiG verlangt eine **dauerhafte Kooperation zwischen Betriebsärzten und Fachkräften für Arbeitssicherheit** einerseits **und dem Betriebsrat** andrerseits. Damit soll die kooperative Struktur der Arbeitssicherheitsorganisation auf der Betriebsebene gesichert werden. Diese Kooperation unter Beteiligung der Betriebsräte ist ein Strukturmerkmal des deutschen Arbeitssicherheitsrechts. Sie soll allerdings nicht nur institutionell, sondern auch funktional gesichert werden. Daher wird in Abs. 2 ein System von Informations- und Beratungspflichten statuiert. Rechtssystematisch sind diese Pflichten als **öffentlich-rechtliche Pflichten des Arbeitgebers** zu qualifizieren,[1] so dass sie auch durch Anordnungen nach § 12 ASiG gesichert werden können.

2 Von zentraler Bedeutung ist das **Zustimmungsrecht des Betriebsrats** vor der Bestellung und Abberufung von Betriebsärzten und Fachkräften für Arbeitssicherheit. Aus der entsprechenden Geltung von §§ 76, 87 BetrVG ergibt sich, dass dieses Recht als Mitbestimmungsrecht in sozialen Angelegenheiten zu qualifizieren ist und dass in Streitfällen letztlich die Einigungsstelle zu entscheiden hat. Dies gilt auch nach § 9 Abs. 3 S. 2 ASiG für die erstmalige Übertragung der Aufgaben[2] sowie die Erweiterung und Einschränkung der Aufgaben der Mitglieder der betrieblichen Sicherheitsorganisation. Dagegen ist bei der Verpflichtung externer Personen oder Stellen kein Mitbestimmungsrecht, sondern in § 9 Abs. 3 S. 3 ASiG ausschließlich ein Anhörungsrecht normiert. Dieser deutliche Unterschied wird in der Rechtsprechung des Bundesarbeitsgerichts dadurch abgemildert, dass die Vorfrage, ob eine Anstellung von Sicherheitsexperten oder eine

---

1 Anzinger/Bieneck ASiG § 9 Rn. 71; Pieper ASiG Rn. 142. **2** GK-BetrVG/Wiese/Gutzeit BetrVG § 87 Rn. 661; LAG Berlin-Brandenburg 7.7.2016 – 21 TaBV 195/16, NZA-RR 2016, 644 (648) (nrkr).

Verpflichtung externer Experten erfolgt, dem Mitbestimmungsrecht nach § 87 Abs. 1 Nr. 7 BetrVG zugeordnet ist (→ Rn. 18; → BetrVG § 87 Rn. 73).[3] Diese Strukturentscheidung wird auch vom Mitbestimmungsrecht des Personalrats nach § 75 Abs. 3 Nr. 11 BPersVG erfasst (→ Rn. 19 sowie → BPersVR Rn. 54).

II. Entstehungsgeschichte, Unionsrecht

Die **Kooperation zwischen Betriebsräten, Betriebsärzten und Fachkräften für Arbeitssicherheit** gehört von Anfang an zu den **Strukturmerkmalen des ASiG**. Der Regierungsentwurf beschränkte sich allerdings auf die allgemeine Kooperationspflicht nach § 9 Abs. 1 ASiG.[4] In den parlamentarischen Beratungen wurde zunächst als flankierendes Instrument das Informations- und Beratungsrecht der Betriebsräte in § 9 Abs. 2 ASiG eingefügt.[5] Ausführlich und kontrovers diskutiert wurde in den parlamentarischen Beratungen vor allem das Mitbestimmungsrecht nach § 9 Abs. 3 ASiG. Es ist letztlich eingefügt worden, weil das Ziel der betrieblichen Gesundheitspolitik „ohne das Vertrauen der Arbeitnehmerschaft und ihrer gesetzlichen Repräsentanten" nicht erreicht werden könne. 3

In **Art. 7 RL 89/391/EWG** werden Arbeitgeber verpflichtet, sich das erforderliche Fachwissen für die Realisierung des Arbeitsschutzes zu beschaffen und dies in die betriebliche Organisation zu integrieren (→ Unionsrecht Rn. 19). Anders als im deutschen Recht ist das in der Richtlinie verlangte Fachwissen nicht auf medizinische und technische Experten beschränkt, sondern von Anfang an **multidisziplinär** ausgelegt (→ ASiG § 1 Rn. 15).[6] In der Rechtsprechung des Europäischen Gerichtshofs[7] wird verlangt, dass **vorrangig innerbetriebliche Lösungen** zu realisieren sind (→ ASiG § 1 Rn. 12 ff.), die nach Art. 7 Abs. 2 RL 89/391/EWG durch ein Benachteiligungsverbot gestärkt werden (→ ASiG § 8 Rn. 4 f.). Die **Arbeitnehmervertretungen** sind an den Verfahren zur Benennung der Experten zu beteiligen, wie sich aus Art. 11 Abs. 2 lit. b, d RL 89/391/EWG ergibt, denn die Rechte der allgemeinen Arbeitnehmervertretungen nach Art. 11 Abs. 1 gehen generell weiter als die speziellen Rechte der Sondervertretungen in Art. 11 Abs. 2.[8] In einem Vertragsverletzungsverfahren gegen Österreich hat der Europäische Gerichtshof eine hinreichend präzise Umsetzung bei der Beteiligung von Arbeitnehmervertretern bei der Bestellung inner- und außerbetrieblicher Experten verlangt.[9] 4

III. Pflicht der ASiG-Experten zur unterstützenden Kooperation mit den Betriebsräten

Die Kooperation zwischen Betriebsärzten und Fachkräften für Arbeitssicherheit mit dem Betriebsrat ist nicht als Programmsatz, sondern als **Rechtspflicht des Arbeitgebers** normiert,[10] wie sich deutlicher aus den parallelen Normen (§ 10 ASiG, § 55 Abs. 3 S. 3 BImSchG) ergibt.[11] Ihr Anwendungsbereich ist umfassend und betrifft daher **alle Kategorien von ASiG-Experten**, unabhängig davon, ob sie als Angestellte, als freiberuflich Tätige oder als Beauftragte eines überbetrieblichen Dienstes tätig werden. Die Rollenverteilung folgt dem Regelfall von Kooperation, also der **Gleichordnung zwischen den Beteiligten**. Ein Über- oder Unterordnungsverhältnis zwischen den Beteiligten ist bewusst abgelehnt worden,[12] dies kann daher auch nicht durch Vereinbarung etabliert werden. 5

Die Pflicht zur Kooperation setzt zunächst, wie § 9 Abs. 2 S. 1 ASiG dokumentiert, eine **Information** voraus, die sich auf alle „wichtigen" Angelegenheiten des Arbeitsschutzes bezieht, die für den Betriebsrat von Bedeutung sein können. Diese Information muss rechtzeitig und vollständig erfolgen, weil nur so eine Kooperation gesichert 6

---

[3] BAG 10.4.1979 – 1 ABR 34/77, NJW 1979, 2362; ebenso Kirchengerichtshof EKD 29.5.2006, ZMV 2006, 251. [4] BT-Drs. 7/265, 18. [5] BT-Drs. 7/1085, 7. [6] EAS/Kohte B 6100 Rn. 74. [7] EuGH 22.5.2003 – C-441/01, Slg 2003, 5463 (5492) (Niederlande); EuArbR/Klindt/Schucht RL 89/391/EWG Rn. 60. [8] EAS/Kohte B 6100 Rn. 102 ff. [9] EuGH 6.4.2006 – C-428/04, Slg I 2006, 3325 ff. = ZESAR 2007, 30 ff. mAnm Kohte/Faber. [10] Anzinger/Bieneck ASiG § 9 Rn. 47, 71. [11] Anzinger/Bieneck ASiG § 10 Rn. 6. [12] Pieper ASiG Rn. 109.

werden kann. In der betrieblichen Praxis wird dies in erster Linie prozedural geregelt, indem regelmäßig gemeinsame Besprechungen erfolgen. Soweit erforderlich, sind diese Informationen durch die Vorlage von Unterlagen zu ergänzen. Eine wichtige Informationspflicht betrifft den Inhalt der Vorschläge, die von den Experten unmittelbar an den Arbeitgeber nach § 8 Abs. 3 ASiG gerichtet werden (→ ASiG § 8 Rn. 23). Zwischen den ASiG-Experten und den Betriebsräten gibt es – ebenso wie zwischen den Experten – **keine Betriebs- oder Geschäftsgeheimnisse**, die dieser Informationspflicht entgegenstehen.[13] Dagegen haben Betriebsärzte die jeweilige **ärztliche Schweigepflicht** auch gegenüber dem Betriebsrat zu beachten (→ ASiG § 8 Rn. 10). Dies gilt auch für andere Berufsgruppen, wie zB Psychologen, die nach § 7 ASiG tätig sind, da ihnen eine vergleichbare Schweigepflicht obliegt (→ ASiG § 8 Rn. 15 f.).[14] Diese Schweigepflicht kann auch nicht durch Regelungen in Betriebsvereinbarungen oder Formulararbeitsverträgen aufgehoben oder modifiziert werden.[15] Unverzichtbar ist eine **ausdrücklich erklärte Einwilligung** des Arbeitnehmers in die Weitergabe der Daten, die auch den Adressaten bzw. den Adressatenkreis bestimmen muss. Die früher favorisierte konkludente Einwilligung[16] entspricht nicht mehr den heutigen medizinrechtlichen Anforderungen (→ ASiG § 8 Rn. 13).[17]

7 Die Kooperation und Unterstützung erstreckt sich jedoch nicht nur auf Information und Planung, sondern vor allem auf **gemeinsame Aktivitäten**. Die besondere Hervorhebung **gemeinsamer Betriebsbegehungen** in § 10 S. 2 ASiG wird weiter unterstrichen durch die in § 89 Abs. 2 BetrVG normierte Pflicht des Arbeitgebers und der betrieblichen Sicherheitsexperten, den **Betriebsrat zu diesen Betriebsbegehungen hinzuzuziehen** (→ BetrVG § 89 Rn. 14).[18] Zu den Merkmalen erfolgreicher Arbeitssicherheitspraxis gehört die systematische Auswertung von Betriebsbegehungen; die dort festgestellten Mängel sind in Zusammenarbeit mit dem Betriebsrat und den jeweils Verantwortlichen für den Arbeitsschutz zu klären und zu beseitigen.[19] Mit einer solchen systematischen Arbeit, bei der die konkreten betrieblichen Gegebenheiten genau beobachtet, mit dem jeweiligen speziellen Fachwissen analysiert und durch gemeinsame Lösungsvorschläge korrigiert werden, kann am ehesten eine nachhaltige Verbesserung der Arbeitsbedingungen erreicht werden (→ ASiG § 10 Rn. 7).[20]

8 Nach § 9 Abs. 2 S. 2 ASiG steht dem Betriebsrat ein **unmittelbarer Anspruch auf Beratung gegen die betrieblichen Sicherheitsexperten** zu, die auf Verlangen des Betriebsrats zur Beratung in Angelegenheiten des Arbeitsschutzes und der Unfallverhütung verpflichtet sind. Der Gegenstand dieser Beratung ist bewusst offen formuliert worden, so dass es Sache der Betriebsräte ist, die aus ihrer Sicht erforderlichen Beratungsthemen zu bestimmen.[21] Der Struktur nach handelt es sich um eine Vereinfachung gegenüber dem Recht des Betriebsrats nach § 80 Abs. 2 S. 3 BetrVG, der vom Arbeitgeber verlangen kann, dass er Experten mit innerbetrieblichem Sachverstand hinzuziehen kann.[22] § 9 ASiG gibt dem Betriebsrat einen direkten und effektiveren Zugriff auf die Beratung durch die ASiG-Experten.[23] In der Praxis wird es zum Beispiel um die Vorbereitung der Sitzungen des Arbeitsschutzausschusses, die Auswertung von Betriebsbegehungen, nichtindividualisierte Ergebnisse von Vorsorgeuntersuchungen und Fragen der rechtzeitigen Arbeitsschutzplanung gehen. Nach den Ergebnissen der Evaluation der DGUV Vorschrift 2 machen 37 % der betrieblichen Interessenvertretungen von ihrem Recht Gebrauch, die ASiG-Experten zu ihren Sitzungen einzuladen.[24]

---

13 Vgl. zu § 10 ASiG Anzinger/Bieneck ASiG § 10 Rn. 13. **14** Wank ASiG § 8 Rn. 4. **15** Spinnarke/Schork ASiG § 9 Rn. 18. **16** Wunderlich, Betriebsarzt, S. 131 f.; Spinnarke/Schork ASiG § 9 Rn. 17; Spinnarke BB 1982, 2114 (2116). **17** Anzinger/Bieneck ASiG § 8 Rn. 26; Däubler BB 1989, 282 (284); Giesen in: FS Wlotzke, S. 497, 501. **18** Fitting BetrVG § 89 Rn. 25; vgl. Wunderlich, Betriebsarzt, S. 128. **19** Zimolong/Kohte, Integrativer und kooperativer Arbeits- und Umweltschutz in der Metallindustrie – IKARUS, 2006, S. 183 ff. **20** Anzinger/Bieneck ASiG § 10 Rn. 18. **21** Wunderlich, Betriebsarzt, S. 129; Anzinger/Bieneck ASiG § 9 Rn. 51; KJP/Koll ASiG § 9 Rn. 5; Kollmer/Klindt/Schucht/Leube Syst C Rn. 32. **22** Zur geschützten Kommunikation des Betriebsrats gegenüber diesen Auskunftspersonen: BAG 20.1.2015 – 1 ABR 25/13, NZA 2015, 696. **23** Anzinger/Bieneck ASiG § 9 Rn. 52. **24** DGUV Report 1/2017, S. 97 ff.

IV. Beteiligungsrechte des Betriebsrats

Das im Gesetzgebungsverfahren nach intensiver Diskussion normierte **Zustimmungsrecht des Betriebsrates** in § 9 Abs. 3 S. 1 ASiG bezieht sich nur auf **angestellte Betriebsärzte und Fachkräfte für Arbeitssicherheit**, wie sich im Umkehrschluss aus § 9 Abs. 3 S. 3 ASiG entnehmen lässt. Nur für die angestellten Experten ist das umfassende Mitbestimmungsrecht, das im Konfliktfall durch die Einigungsstelle aufzulösen ist, anwendbar.

Dieses Mitbestimmungsrecht bezieht sich zunächst auf die Bestellung. Im Einklang mit der Terminologie in §§ 2, 5 ASiG wird auch hier zwischen **Bestellung als Organisationsakt** einerseits und **Einstellung/Versetzung als arbeitsrechtlicher Maßnahme** andererseits unterschieden. Daher greift das Mitbestimmungsrecht bei der Bestellung auch dann ein, wenn ausnahmsweise der Betriebsarzt als leitender Angestellter zu qualifizieren ist (→ ASiG § 8 Rn. 21).[25] Für den typischen Fall der Bestellung/Einstellung angestellter Experten ergeben sich aus der Doppelstruktur keine Komplikationen, weil in der Regel beide Beteiligungsverfahren miteinander verknüpft werden. Der Betriebsrat kann im Übrigen auch einer Einstellung eines Experten nach § 99 Abs. 2 Nr. 1 BetrVG widersprechen, wenn die Zustimmung zur Bestellung fehlt. Die **Doppelstruktur zwischen Organisationsrecht und Schuldrecht** hat bei der Bestellung daher bisher keine praktischen Probleme aufgeworfen. Das Mitbestimmungsrecht des Betriebsrats ist in Anlehnung an § 87 BetrVG umfassend, so dass er – anders als bei § 99 BetrVG – nicht auf einen festen Katalog von Widerspruchsgründen beschränkt ist. Jeder Grund, den der Betriebsrat ins Feld führt, ist daher zwischen den Betriebsparteien beziehungsweise in der Einigungsstelle zu erörtern und letztlich nach dem in § 76 Abs. 5 S. 3 BetrVG normierten Ermessen zu bewerten.

In der Literatur wird kontrovers diskutiert, ob dem Betriebsrat auch ein **Initiativrecht zur Bestellung** eines Experten zukommt. Im Rahmen des § 87 BetrVG ist ein solches Initiativrecht grundsätzlich gegeben. Hier kann nicht ins Feld geführt werden, dass es mit einer personellen Maßnahme verbunden ist, die der Betriebsrat nicht verlangen kann.[26] Nach der Struktur des Mitbestimmungsrechts in § 87 Abs. 1 Nr. 7 BetrVG ist in einem solchen Fall vorrangig die gemeinsame Regelung zu treffen, ob angestellte oder außenstehende Experten bestellt werden sollen. Ist im Mitbestimmungsverfahren die Entscheidung für angestellte Experten gefallen, dann hat der Arbeitgeber diese durchzuführen, denn der allgemeine Durchführungsanspruch des Betriebsrats erstreckt sich nicht nur auf Betriebsvereinbarungen, sondern auch auf gemeinsamen Regelungen. Da somit der Arbeitgeber in einem solchen Fall einen angestellten Experten zu bestellen hat, steht dem Betriebsrat auch ein **Initiativrecht für die Bestellung** zu.[27] Dies entspricht der neueren Judikatur des Bundesarbeitsgerichts, dass das Initiativrecht des Betriebsrats im gesetzlichen Arbeitsschutz auch dann eingreift, wenn der Arbeitgeber seinen gesetzlichen Pflichten nicht nachkommen will.[28]

Diffiziler ist die Unterscheidung zwischen Organisationsrecht und Schuldrecht bei der **Abberufung**. Die Abberufung von Betriebsarzt beziehungsweise Sicherheitsfachkraft bezieht sich ausschließlich auf das **Organisationsverhältnis**. Insoweit kommt dem Betriebsrat ein umfassendes Mitbestimmungsrecht zu, das deutlich weiter geht als das allgemeine Beteiligungsrecht nach § 102 BetrVG. Die Zustimmung des Betriebsrats ist daher **Wirksamkeitsvoraussetzung für die Abberufung**.[29] Der Betriebsrat kann anderer-

---

25 Fitting BetrVG § 87 Rn. 322; GK-BetrVG/Wiese/Gutzeit BetrVG § 87 Rn. 653; DKKW/Klebe BetrVG § 87 Rn. 234. **26** Richardi BetrVG § 87 Rn. 582; GK-BetrVG/Wiese/Gutzeit BetrVG § 87 Rn. 674; Egger BB 1992, 629 (634). **27** Dazu bereits Kohte in: FS Kissel 1994, S. 547, 559 ff.; ebenso Spinnarke/Schork ASiG § 9 Rn. 23; Anzinger/Bieneck ASiG § 9 Rn. 66; Fitting BetrVG § 87 Rn. 321; Nöthlichs ASiG Rn. 4.2; KJP/Koll ASiG § 9 Rn. 9. **28** BAG 8.6.2004 – 1 ABR 4/03, NZA 2005, 227 (229) im Anschluss an BAG 15.1.2002 – 1 ABR 13/01, NZA 2002, 995 (997). **29** LAG Brandenburg 2.4.1998 – 3 Sa 477/96, AuR 1998, 331; DKKW/Klebe BetrVG § 87 Rn. 234; Bertzbach in: FS Däubler, S. 158, 169; verfehlt die an die inzwischen überholte Judikatur zu §§ 17, 18 KSchG angelegte Differenzierung bei Blösinger NZA 2004, 467 (468) und LAG Hamm 14.6.2005 – 19 Sa 287/05, NZA-RR 2005, 640.

seits der Abberufung aus jedem Grund widersprechen; dann hat letztlich die Einigungsstelle eine Ermessensentscheidung nach § 76 Abs. 5 S. 3 BetrVG zu treffen. Aus dem umfassenden Charakter des Mitbestimmungsrechts ergibt sich, dass dem Betriebsrat auch für die Abberufung ein Initiativrecht zukommt.[30] Er kann ebenfalls vom Arbeitgeber die Zustimmung zur Abberufung eines ASiG-Experten verlangen. Wiederum hat die Einigungsstelle die letzte Entscheidung zu treffen.

13 Mit der Entscheidung zur Abberufung ist noch nicht automatisch entschieden, ob eine **Kündigung** erfolgt. So kann zum Beispiel bei Sicherheitsfachkräften eine Versetzung an einen anderen Arbeitsplatz erfolgen, an dem sie ihre in aller Regel technischen Kenntnisse einbringen können, so dass eine Kündigung wegen des Vorrangs der Versetzung bzw. Änderungskündigung sozial nicht gerechtfertigt wäre.[31] In einem solchen Fall ist der Betriebsrat nach § 99 BetrVG zu beteiligen, eine solche Beschäftigung auf einem anderen Arbeitsplatz verstößt nach wirksamer Abberufung nicht gegen das ASiG, so dass Widerspruchsgründe gegen die Versetzung für den Betriebsrat nur selten vorliegen werden. Ist dagegen kein anderer Arbeitsplatz verfügbar, dann ist nach wirksamer Zustimmung zur Abberufung die Kündigung in aller Regel sozial gerechtfertigt.[32]

14 Will dagegen der Arbeitgeber das Arbeitsverhältnis des Experten ohne vorherige Abberufung kündigen, so bedarf es notwendigerweise der **vorherigen Zustimmung des Betriebsrats zur Abberufung**, da eine Kündigung in aller Regel zugleich eine Abberufung bedeuten würde. Diese Frage war zeitweilig umstritten; das Bundesarbeitsgericht hatte 1988[33] in einem solchen Fall eine Zustimmung des Betriebsrats zumindest für die Fälle verlangt, in denen der Abberufungsgrund mit der Tätigkeit nach dem ASiG zusammenhängt. In der Literatur ist diese Position kritisiert worden und regelmäßig eine vorherige Zustimmung des Betriebsrats verlangt worden.[34] Dieser Position ist zu folgen. Sie ist inzwischen auch unionsrechtlich geboten, denn seit 1996 ist in Umsetzung des Unionsrechts in § 8 Abs. 1 S. 2 ASiG ein Benachteiligungsverbot wegen der Tätigkeit installiert worden (→ ASiG § 8 Rn. 4 f.). Daraus ergibt sich ein **umfassender und effektiver Benachteiligungsschutz**. Der Versuch, zwischen ASiG-verbundenen Kündigungen und ASiG-isolierten Kündigungen zu unterscheiden, hat sich in den bisherigen Fällen nicht als erfolgreich erwiesen. Es ist daher darauf festzuhalten, dass bei einer beabsichtigten Kündigung in jedem Fall vorher ein Abberufungsverfahren zu erfolgen hat. Die Kündigung kann erst ausgesprochen werden, wenn die Zustimmung des Betriebsrats vorliegt beziehungsweise durch die Einigungsstelle ersetzt ist.

15 Ein weiteres Mitbestimmungsrecht normiert § 9 Abs. 3 S. 2 ASiG; danach unterliegt jede **Erweiterung oder Einschränkung der Aufgaben** eines ASiG-Experten der Zustimmung des Betriebsrats. Dieses Mitbestimmungsrecht gilt für alle Arten von Experten, da die Ausnahmevorschrift in § 9 Abs. 3 S. 3 ASiG diese Fallgruppe nicht aus dem Mitbestimmungsrecht ausschließt. Die Einschränkung der Aufgaben kommt vor allem in Betracht, wenn mehrere Experten einer Profession in einem Betrieb beschäftigt werden und eine Spezialisierung erfolgen soll. Sie ist auch denkbar, wenn trotz Bestellung innerbetrieblicher Experten bestimmte komplexe Aufgaben zum Beispiel aus dem Bereich des Gefahrstoffrechts auf außerbetriebliche Experten übertragen werden sollen. Eine solche Arbeitsteilung bedarf jeweils der Zustimmung des Betriebsrats. Dies gilt auch für die Erweiterung der Aufgaben, mit der den Betriebsparteien die Möglichkeit eingeräumt wird, Prioritäten in der Arbeit der Experten zu setzen[35] und in Übereinstimmung mit der ILO-Empfehlung 171 ein **betriebsärztliches Tätigkeitsprogramm** zu for-

---

[30] Fitting BetrVG § 87 Rn. 321; Richardi BetrVG § 87 Rn. 581; GK-BetrVG/Wiese/Gutzeit § 87 Rn. 674; KJP/Koll ASiG § 9 Rn. 9. [31] APS/Greiner ASiG § 9 Rn. 18. [32] LAG Bremen 9.1.1998 – 4 Sa 11/97, NZA 1998, 250 (Kündigung einer Betriebsärztin auf einer Werft); dazu auch Bertzbach in: FS Däubler, S. 158, 163 f.; DDZ/KSchR/Brecht-Heitzmann, 10. Aufl. 2017, ASiG §§ 8, 9 Rn. 11. [33] BAG 24.3.1988 – 2 AZR 369/87, NZA 1989, 60; vgl. Anzinger/Bieneck ASiG § 9 Rn. 64. [34] Bertzbach in: FS Däubler, S. 158; DDZ/KSchR/Brecht-Heitzmann ASiG §§ 8, 9 Rn. 12. [35] Richardi BetrVG § 87 Rn. 589; HaKo-BetrVG/Kohte BetrVG § 87 Rn. 89; Spinnarke/Schork ASiG § 9 Rn. 40, 45; APS/Greiner ASiG § 9 Rn. 11.

muliren.[36] Mit der Einführung der DGUV Vorschrift 2 ist die Formulierung und **betriebliche Konkretisierung** der Aufgaben sowohl der **Grundbetreuung** als auch der **betriebsspezifischen Betreuung** (→ ASiG § 14 Rn. 14 f.) dem Mitbestimmungsrecht der Betriebs- und Personalräte zuzuordnen (→ ASiG § 14 Rn. 18).[37]

Eine spezifische Form der Erweiterung der Rechte eines Experten besteht in seiner **Bestellung zum leitenden Betriebsarzt oder zur leitenden Sicherheitsfachkraft**, die Weisungsbefugnisse gegenüber den anderen Experten hat. In einem solchen Fall kommt nur dieser Person nach der bisherigen Rechtsprechung und Literatur das Vortragsrecht nach § 8 Abs. 3 ASiG zu (→ ASiG § 8 Rn. 22). Dies ist eine Strukturänderung, die daher ebenfalls dem Mitbestimmungsrecht des Betriebsrats zu unterstellen ist (→ ASiG § 8 Rn. 20).[38] 16

Bei **freiberuflichen Experten** unterliegen die Bestellung sowie die Abberufung nicht dem Mitbestimmungsrecht, sondern einem deutlich schwächeren **Anhörungsrecht**, wie sich aus § 9 Abs. 3 S. 3 ASiG ergibt. Dies ist für freiberufliche Experten sachlogisch nicht zwingend geboten, denn durch die Trennung von Organisationsrecht und Schuldrecht bleibt auf jeden Fall die dienstvertragliche Vereinbarung beziehungsweise Kündigung dieser Personen außerhalb der Beteiligungsrechte des Betriebsrats. Gleichwohl ist diese Beschränkung derzeit gesetzlich normiert, so dass in der Gerichtspraxis bereits die Bildung einer Einigungsstelle nach § 100 ArbGG in solchen Fällen ausscheidet.[39] Eine Rechtskontrolle des Schutzes der Experten bei benachteiligender Abberufung, die durch § 8 Abs. 1 S. 2 ASiG in Umsetzung des Unionsrechts ausgeschlossen werden soll, ist daher durch die Aufsichtsbehörden durch Anordnung nach § 12 ASiG sowie gerichtlich durch individualrechtlichen Schutz der freiberuflichen Experten (→ Rn. 27) zu unterbinden. Dem Betriebsrat, der sich im Anhörungsverfahren nicht durchsetzen konnte, steht daher das Recht der Anrufung der Aufsicht in solchen Fällen zu.[40] Im Übrigen spielt diese schwächere Ausgestaltung der Beteiligungsrechte des Betriebsrats bei freiberuflichen Experten eine Rolle im vorgelagerten Mitbestimmungsverfahren nach § 87 Abs. 1 Nr. 7 BetrVG über die Wahl des geeigneten Expertentyps. 17

Bei der **Verpflichtung überbetrieblicher Dienste** besteht ebenso ausschließlich ein **Anhörungsrecht** des Betriebsrats. In diesen Fällen kommt in der Regel nur eine geringere persönliche Bindung zwischen dem jeweiligen Experten und dem betreuten Betrieb zustande, da der überbetriebliche Dienst als Arbeitgeber unterschiedliche Angestellte mit der jeweiligen Expertenaufgabe betrauen kann. Allerdings kann in dem Dienstvertrag zwischen dem überbetrieblichen Dienst und dem Arbeitgeber eine bestimmte Ausübung des Direktionsrechts vereinbart werden, so dass eine höhere personelle Kontinuität bei der Betreuung ermöglicht wird. Es kann durch solche Vereinbarungen auch ermöglicht werden, dass bestimmte Spezialaufgaben nur von bestimmten Experten des überbetrieblichen Dienstes wahrgenommen werden. Entsprechende Regelungsabreden können im vorgelagerten Mitbestimmungsverfahren über die Wahl des jeweiligen Betreuungstyps eine Rolle spielen (→ ASiG § 19 Rn. 10). Wenn das vorgelagerte Mitbestimmungsverfahren nach § 87 BetrVG nicht bzw. nicht ordnungsgemäß durchgeführt worden ist, kann der Betriebsrat bei der Bestellung eines überbetrieblichen Dienstes nicht auf das schwächere Anhörungsrecht nach § 9 Abs. 3 S. 3 ASiG verwiesen werden. Er kann verlangen, dass zunächst das Mitbestimmungsverfahren durchgeführt wird und zur Sicherung den Unterlassungsanspruch geltend machen.[41] Dieser Anspruch verwirkt nur unter besonderen Umständen und kann daher auch nach längerer Zeit noch 18

---

36 Kohte in: FS Rosenbrock, S. 280, 290 f. **37** LAG Kiel 21.1.2014 – 1 TaBV 47/13, LAGE § 98 ArbGG Nr. 70 Rn. 40; LAG Berlin-Brandenburg 7.7.2016 – 21 TaBV 195/16, NZA-RR 2016, 644 (648); Hummel/Callsen AiB 2011, 83; zum Personalvertretungsrecht: OVG Münster 4.3.2016 – 20 A 2364/14.PVL, PersR 10/2016, 52 mAnm Kiesche. **38** AA LAG Berlin 2.2.1998 – 9 Sa 114/97, NZA-RR 1998, 437, das diese Maßnahme ausschließlich dem beteiligungsfreien Direktionsrecht zuweisen will; ebenso KJP/Koll ASiG § 9 Rn. 7. **39** LAG Hamm 7.1.2008 – 10 TaBV 125/07. **40** Vgl. zu dieser Möglichkeit BAG 8.12.2015 – 1 ABR 83/13, NZA 2016, 504. **41** LAG Hamburg 26.3.2015 – 1 TaBV 6/14; dazu Kohte jurisPR-ArbR 29/2016 Anm. 1.

realisiert werden.[42] Auch bei der Bestellung eines überbetrieblichen Dienstes steht das Beteiligungsrecht dem örtlichen Betriebsrat zu.[43]

19 § 9 ASiG gehört auch zu den elementaren Grundsätzen, die nach § 16 ASiG für die Arbeitssicherheitsorganisation im **öffentlichen Dienst** gelten (→ ASiG § 16 Rn. 27).[44] Zutreffend hat das Bundesverwaltungsgericht in Parallele zur Rechtsprechung des Bundesarbeitsgerichts die Entscheidung über die Wahl des jeweiligen Betreuungstyps dem **allgemeinen Mitbestimmungsrecht des Personalrats nach § 75 Abs. 3 Nr. 11 BPersVG** unterstellt (→ BPersVR Rn. 54).[45] In der verwaltungsgerichtlichen Judikatur wird dem Personalrat auf der Basis des allgemeinen Mitbestimmungsrechts im Gesundheitsschutz auch ein **Initiativrecht** zu Strukturentscheidungen für die Bestellung der ASiG-Experten (Kombination interner und externer Experten) zugebilligt (→ ASiG § 16 Rn. 29).[46] Anders als in § 9 Abs. 3 S. 3 ASiG wird in der Rechtsprechung zu § 75 Abs. 3 Nr. 11 BPersVG dem Personalrat auch ein umfassendes Mitbestimmungsrecht bei der Bestellung freiberuflicher Experten zugebilligt (→ BPersVR Rn. 55).[47] Die Landesgesetze enthalten dazu teilweise abweichende Regelungen.[48]

V. Rechtsdurchsetzung

20 Da die Kooperationspflicht als eine **öffentlich-rechtliche Verfahrenspflicht des Arbeitgebers** zu qualifizieren ist, sind für die öffentlich-rechtliche Rechtsdurchsetzung die jeweiligen Aufsichtsbehörden zuständig. Diese haben zunächst, wie sich aus § 13 ASiG ergibt, die Einhaltung dieser Pflichten zu **überwachen**. Bei nachgewiesener Pflichtverletzung können sie nach § 12 Abs. 1 ASiG die entsprechenden **Anordnungen** erlassen, mit denen sie auf den Arbeitgeber einwirken, dass er die erforderlichen Maßnahmen zur Kooperation anordnet und durchsetzt.[49] Insoweit besteht hier die gleiche Normstruktur wie bei § 10 ASiG (→ ASiG § 10 Rn. 5).

21 In der Regel wird die Kooperationspflicht bereits im Zusammenhang mit der Bestellung der Betriebsärzte und Fachkräfte als eine der von ihnen **zu beachtenden Pflichten** normiert. Wird diese Kooperationspflicht nicht beachtet, so sind dem Arbeitgeber/ Auftraggeber entsprechende Weisungen möglich, da die Notwendigkeit der Kooperation nicht die fachliche Unabhängigkeit nach § 8 Abs. 1 ASiG berührt. Bei nachhaltiger Verletzung dieser Pflicht ist ein Widerruf der Bestellung nach § 9 ASiG unter Beteiligung des Betriebsrats möglich. Umgekehrt kann auch der Betriebsrat bei nachhaltiger Kooperationsverweigerung im Wege des Initiativrechts die Abberufung verlangen (→ Rn. 12). In der Regel werden diese Pflichten **auch als individualvertragliche Pflichten aus dem Arbeits- oder Dienstvertrag** der einzelnen ASiG-Experten vereinbart, so dass auch vertragsrechtliche Konsequenzen, wie zB eine Abmahnung, möglich sind, über deren Berechtigung im arbeitsgerichtlichen Urteilsverfahren zu entscheiden ist. Umgekehrt ist davon auszugehen, dass die Unterstützungspflicht des Arbeitgebers auch als **vertragsrechtliche Pflicht** gegenüber den jeweiligen Experten zu qualifizieren ist.[50]

22 Die Struktur der betrieblichen Arbeitssicherheitsorganisation unterliegt dem **Mitbestimmungsrecht nach § 87 Abs. 1 Nr. 7 BetrVG** (→ BetrVG § 87 Rn. 73). In einer Betriebsvereinbarung können auch die grundlegenden Elemente der jeweiligen Kooperationspflicht, wie zB Struktur und Zahl gemeinsamer Betriebsbegehungen, geregelt werden. In der Regel werden allerdings nur die allgemeinen Grundpflichten in Vereinba-

---

[42] LAG Frankfurt 7.5.2015 – 5 TaBV 181/14; Nichtzulassungsbeschwerde verworfen: BAG 11.11.2015 – 1 ABN 50/15. [43] LAG Hamburg 26.3.2015 – 1 TaBV 6/14; dazu Kohte jurisPR-ArbR 29/2016 Anm. 1; vgl. zur Rolle der örtlichen Betriebsräte im Gesundheitsschutz zuletzt BAG 18.7.2017 – 1 ABR 59/15 Rn. 20. [44] BAG 15.12.2009 – 9 AZR 769/08, NZA 2010, 506 (509) Rn. 42. [45] BVerwG 25.1.1995 – 6 P 19/93, ZTR 1995, 524 = PersR 1995, 300; vgl. Richardi/Dörner/Weber/Kaiser BPersVG § 75 Rn. 441. [46] VGH Baden-Württemberg 11.3.2010 – PL 15 S 1773/08, PersR 2010, 455, dazu Jenter/Faber PersR 2010, 432. [47] BVerwG 25.1.1995 – 6 P 19/93, ZTR 1995, 524 = PersR 1995, 300. [48] Zuletzt OVG Berlin-Brandenburg 18.4.2013 – OVG 60 PV 5.12, PersV 2013, 423; ausführlich Kohte/Faber, Arbeits- und Gesundheitsschutz an Schulen, 2015, S. 110. [49] Anzinger/Bieneck ASiG § 10 Rn. 38. [50] So die umweltrechtliche Literatur für die Umweltbeauftragten: BImSchG, 12. Aufl. 2017, § 55 Rn. 24; LR/Hansmann BImSchG § 55 Rn. 55; GK-BImSchG/Böhm, 2010, BImSchG § 55 Rn. 56.

rungen festgelegt; die operative Klärung der Struktur und Rangfolge zB gemeinsamer Betriebsbegehungen erfolgt eher im **Arbeitsschutzausschuss**.[51] Da auch die Kooperation nach § 9 Abs. 1 ASiG zumindest mittelbar dem Gesundheitsschutz der Beschäftigten dient, kann auch diese Kooperation durch das Mitbestimmungsrecht der Betriebsräte näher ausgestaltet werden.[52]

Wenn Meinungsverschiedenheiten über das Mitbestimmungsrecht nach § 9 Abs. 3 S. 1 und S. 2 ASiG bestehen, dann erfolgt in aller Regel die Rechtsdurchsetzung durch **Bildung einer Einigungsstelle** im Rahmen des summarischen und zügigen Verfahrens nach § 100 ArbGG (→ BetrVG § 87 Rn. 84 ff.). Die Einigungsstelle ist dann zu bilden, sofern ein Mitbestimmungsrecht nicht offenkundig ausgeschlossen ist. Dies ist bei § 9 Abs. 3 S. 1 und 2 ASiG fast nie, bei § 9 Abs. 3 S. 3 ASiG jedoch regelmäßig der Fall.[53] Neben einem solchen Verfahren ist auch ein allgemeines Feststellungsverfahren als Hauptsacheverfahren möglich, jedoch in aller Regel nicht zweckmäßig. 23

Ist in der **Einigungsstelle** durch Spruch entschieden worden, kann dieser Spruch von den Betriebsparteien sowohl auf Rechtsfehler als auch auf die Überschreitung des Ermessens nach § 76 Abs. 5 S. 4 BetrVG kontrolliert werden. Ein solcher Antrag ist innerhalb von zwei Wochen zu stellen. Insoweit bestehen keine Abweichungen vom allgemeinen Mitbestimmungsrecht (→ BetrVG § 87 Rn. 91). 24

Bei Meinungsverschiedenheiten über die Durchführung einer **Anhörung nach § 9 Abs. 3 S. 3 ASiG** ist die Einigungsstelle nicht zuständig, weil insoweit kein Mitbestimmungsrecht besteht. Die Betriebsparteien können allenfalls ein freiwilliges Einigungsstellenverfahren nach § 76 Abs. 6 BetrVG vereinbaren. Mögliche Fehler im Anhörungsverfahren haben keine Auswirkung auf die Bestellung oder Abberufung der freiberuflichen Experten oder des überbetrieblichen Dienstes, da insoweit eine mit § 102 Abs. 1 S. 3 BetrVG vergleichbare Norm fehlt.[54] Den Betriebsräten verbleibt allerdings die Möglichkeit, die Aufsichtsbehörde zu informieren, die in einem solchen Fall nach § 12 ASiG vorgehen kann. Anders ist dies, wenn das vorgelagerte Mitbestimmungsverfahren nach § 87 Abs. 1 Nr. 7 BetrVG nicht bzw. nicht ordnungsgemäß durchgeführt worden ist (→ Rn. 18). 25

Kommt es zu Störungen zwischen Betriebsrat und Experten wegen Streitigkeiten über Umfang und Zeitpunkt der Information und Beratung, dann können die Betriebsräte sich einerseits an den **Arbeitgeber** wenden, da er im Verhältnis zum Betriebsrat verpflichtet ist, die Einhaltung der Kooperationspflicht, die auch eine öffentlich-rechtliche, von ihm zu sichernde Pflicht ist, zu gewährleisten (→ ASiG § 10 Rn. 5). Meinungsverschiedenheiten sind im arbeitsgerichtlichen Beschlussverfahren auszutragen. Daneben sind jedoch auch **direkte Rechtsbeziehungen zwischen Betriebsrat und ASiG-Experten** zu bejahen. § 9 Abs. 2 ASiG hat insoweit eine andere Normstruktur als § 80 Abs. 2 S. 3 BetrVG. Vor allem ergibt sich ein solcher Anspruch der Betriebsräte auch aus **§ 89 Abs. 2 BetrVG**, da Betriebsärzte und Sicherheitsfachkräfte auch „sonstige in Betracht kommende Stellen" iSd § 89 Abs. 2 S. 1 BetrVG sind (→ BetrVG § 89 Rn. 10). Für diese Anspruchsgrundlage ist jedoch allgemein anerkannt, dass der Anspruch des Betriebsrats auf Kooperation und Unterstützung im arbeitsgerichtlichen Beschlussverfahren geltend gemacht werden kann (→ BetrVG § 89 Rn. 19). Dies ist auch eine sachgerechte Form der Konfliktlösung,[55] so dass bei nachhaltiger Störung auch insoweit **das arbeitsgerichtliche Beschlussverfahren** einen möglichen Rahmen bietet. 26

Den jeweiligen ASiG-Experten steht schließlich **individueller Rechtsschutz** bei Abberufung und Kündigung zu. Gegen die Kündigung haben sich die angestellten Experten durch Kündigungsschutzklage nach § 4 KSchG zu wenden; die Zustimmung des Betriebsrats zur Abberufung ist die Wirksamkeitsvoraussetzung für die Kündigung zu prüfen. Eine Klage gegen die Abberufung muss erfolgen, wenn keine Kündigung ausgesprochen worden ist. Die Abberufung wird in der Rechtsprechung teilweise am Maß- 27

---

[51] So auch Anzinger/Bieneck ASiG § 10 Rn. 19. [52] Kohte, Jahrbuch Umwelt- und Technikrecht 1995, S. 37, 63 f.; Kohte in: FS Däubler, S. 639, 643. [53] LAG Hamm 7.1.2008 – 10 TaBV 125/07. [54] So Anzinger/Bieneck ASiG § 9 Rn. 70. [55] Ebenso Wunderlich, Betriebsarzt, S. 130 f.

stab des § 315 BGB,[56] teilweise am Maßstab des § 319 BGB[57] gemessen. Verstößt die Abberufung allerdings gegen das Benachteiligungsverbot nach § 8 Abs. 1 S. 2 ASiG, dann ist sie – unabhängig von einer etwaigen Zustimmung des Betriebsrats – nach § 134 BGB unwirksam (→ ASiG § 8 Rn. 9).[58]

§ 10 ASiG Zusammenarbeit der Betriebsärzte und der Fachkräfte für Arbeitssicherheit

[1]Die Betriebsärzte und die Fachkräfte für Arbeitssicherheit haben bei der Erfüllung ihrer Aufgaben zusammenzuarbeiten. [2]Dazu gehört es insbesondere, gemeinsame Betriebsbegehungen vorzunehmen. [3]Die Betriebsärzte und die Fachkräfte für Arbeitssicherheit arbeiten bei der Erfüllung ihrer Aufgaben mit den anderen im Betrieb für Angelegenheiten der technischen Sicherheit, des Gesundheits- und des Umweltschutzes beauftragten Personen zusammen.

Literatur: *Albrod*, Kooperation im betrieblichen Gesundheitsschutz, AiB 2010, 526 ff.; *Diekershoff/Weiß*, Möglichkeiten verbesserter Zusammenarbeit zwischen Betriebsärzten und Fachkräften für Arbeitssicherheit, BG 1992, 480 ff.; *Kohte*, Betrieblicher Umweltschutz am Beispiel des Störfallrechts, in: FS Heilmann, 2001, S. 73 ff.; *Springmann*, Der Betriebsrat und die Betriebsbeauftragten, 2004; *Veigel*, Das niederländische Arbeitsschutzrecht, 2002.

Leitentscheidungen: LAG Kiel 21.1.2014 – 1 TaBV 47/13, LAGE § 98 ArbGG Nr. 70.

I. Normzweck, Systematik......... 1	IV. Kooperation mit anderen Beauftragten 8
II. Entstehungsgeschichte, Unionsrecht 3	V. Rechtsdurchsetzung 12
III. Kooperationspflicht in der Organisation der Arbeitssicherheit ... 5	

I. Normzweck, Systematik

1 § 10 ASiG verlangt eine **dauerhafte Kooperation zwischen Betriebsärzten und Fachkräften für Arbeitssicherheit.** Damit soll die Kohärenz der Arbeitssicherheitsorganisation auf der Betriebsebene gesichert werden. Diese Kooperation ist ein Strukturmerkmal des deutschen Arbeitssicherheitsrechts. Sie soll allerdings nicht nur institutionell, sondern auch funktional gesichert werden. Daher wird in S. 2 exemplarisch auf die Notwendigkeit und Bedeutung gemeinsamer Betriebsbegehungen hingewiesen. Rechtssystematisch ist diese Kooperation als eine **öffentlich-rechtliche Pflicht des Arbeitgebers** zu qualifizieren,[1] so dass sie auch durch Anordnungen nach § 12 ASiG gesichert werden kann.

2 Seit 1996 ist diese Kooperation ausgedehnt worden auf die Zusammenarbeit mit anderen Beauftragten für Angelegenheiten der technischen Sicherheit, des Gesundheits- und des betrieblichen Umweltschutzes. **Spiegelbildlich** sind auch die **Vorschriften des Umweltrechts**, vor allem § **55 Abs. 3 S. 3** BImSchG, ausgestaltet worden und verpflichten den Arbeitgeber als Betreiber der jeweiligen Anlage, die Kooperation zwischen den entsprechenden Umweltbeauftragten mit den Betriebsärzten und Fachkräften für Arbeitssicherheit sicherzustellen.[2]

II. Entstehungsgeschichte, Unionsrecht

3 Die Kooperation zwischen Betriebsärzten und Fachkräften für Arbeitssicherheit gehört von Anfang an zu den **Strukturmerkmalen des ASiG**. In der Regierungsbegründung ist ausgeführt worden, dass eine solche Kooperation notwendig sei, um den Arbeitsschutz

---

56 LAG Brandenburg 2.4.1998 – 3 Sa 477/96, AuR 1998, 331. **57** So im Ergebnis LAG Bremen 9.1.1998 – 4 Sa 11/97, NZA-RR 1998, 250. **58** APS/Greiner ASiG § 9 Rn. 14; DDZ/KSchR/Brecht-Heitzmann ASiG §§ 8, 9 Rn. 6; Bertzbach in: FS Däubler, S. 158, 166; vgl. bereits Wunderlich, Betriebsarzt, S. 144 ff. **1** Anzinger/Bieneck ASiG § 10 Rn. 9; Pieper ASiG Rn. 109. **2** Jarass, BImSchG § 55 Rn. 21.

im Betrieb wirkungsvoll zu verbessern.³ Dies überzeugte auch den zuständigen Parlamentsausschuss, so dass in den parlamentarischen Beratungen keine Änderung erfolgte.

Im Zusammenhang mit der Umsetzung der RL 89/391/EWG wurde 1996 durch Art. 2 Nr. 6 EASUG in § 10 ASiG als S. 3 die Verpflichtung zur Kooperation mit den anderen Beauftragten im Bereich der technischen Sicherheit, des Gesundheits- und Umweltschutzes normiert.⁴ Dies war eine wichtige Ergänzung, mit der eine erste **Annäherung zum multidisziplinären Modell der betrieblichen Sicherheitsexperten im Gemeinschaftsrecht** erreicht wurde. Nach Art. 7 RL 89/391/EWG werden Arbeitgeber verpflichtet, sich das erforderliche Fachwissen zu beschaffen und dies in die betriebliche Organisation zu integrieren. Anders als im deutschen Recht ist dieses Fachwissen nicht auf medizinische und technische Experten beschränkt, sondern von Anfang an multidisziplinär ausgelegt.⁵ In den Niederlanden ist daher die Umsetzung der Rahmenrichtlinie genutzt worden, um das frühere, ebenfalls vorrangig medizinisch-technische Expertensystem umzugestalten in multidisziplinäre Arbo-Dienste, die zB auch psychologischen oder sozialwissenschaftlichen Sachverstand integrieren können.⁶ Eine solche offene Multidisziplinarität verlangt das deutsche Arbeitssicherheitsrecht nicht; durch § 10 S. 3 ASiG ist jedoch eine vorsichtige, wenn auch nicht ausreichende Öffnung erfolgt, die allerdings im Rahmen eines betrieblichen Gesundheitsmanagements realisiert werden kann (→ ASiG § 1 Rn. 26). Im Zusammenhang mit den weiteren Entwicklungen vor allem im Störfallrecht, das in § 58 c BImSchG auf § 55 Abs. 3 S. 3 BImSchG verweist, kann hier von einer öffentlich-rechtlichen Verfahrenspflicht als **Baustein eines Sicherheitsmanagementsystems** gesprochen werden.⁷

III. Kooperationspflicht in der Organisation der Arbeitssicherheit

Die Kooperation zwischen Betriebsärzten und Fachkräften für Arbeitssicherheit ist nicht als Programmsatz, sondern als **Rechtspflicht des Arbeitgebers** normiert,⁸ wie sich deutlicher aus der parallelen Norm des § 55 Abs. 3 S. 3. BImSchG ergibt. Ihr Anwendungsbereich ist umfassend und betrifft daher **alle Kategorien von ASiG-Experten**, unabhängig davon, ob sie als Angestellte, als freiberuflich Tätige oder als Beauftragte eines überbetrieblichen Dienstes tätig werden. Die Rollenverteilung folgt dem Regelfall von Kooperation, also der **Gleichordnung zwischen den Beteiligten**. Ein Über- oder Unterordnungsverhältnis zwischen den verschiedenen Professionen ist bewusst abgelehnt worden;⁹ dies kann daher auch nicht durch Vereinbarung etabliert werden. Deutlich zeigen dies der aufeinander abgestimmte Katalog der Aufgaben in §§ 3, 6 ASiG und die Variationsmöglichkeiten zwischen den Aufgabenfeldern in der DGUV Vorschrift 2.

Die Pflicht zur Kooperation setzt zunächst eine **gegenseitige Information** voraus, die sich auf alle Gegenstände bezieht, die jeweils für die andere Profession von Bedeutung sein können. Diese Information muss rechtzeitig und vollständig erfolgen, weil nur so eine Kooperation gesichert werden kann. In der betrieblichen Praxis wird dies in erster Linie prozedural geregelt, indem regelmäßig gemeinsame Besprechungen erfolgen. Soweit erforderlich, sind diese Informationen durch die Vorlage von Unterlagen zu ergänzen. Zwischen den ASiG-Experten gibt es **keine Betriebs- oder Geschäftsgeheimnisse**, die dieser Informationspflicht entgegenstehen.¹⁰ Dagegen haben Betriebsärzte die jeweilige **ärztliche Schweigepflicht** auch gegenüber anderen ASiG-Experten zu beachten (→ ASiG § 8 Rn. 10). Dies gilt auch für andere Berufsgruppen, wie zB Psychologen und die nichtärztlichen Beschäftigten, die im betriebsärztlichen Bereich tätig sind, da ihnen eine vergleichbare Schweigepflicht obliegt.¹¹

---

3 BT-Drs. 7/260, 14. 4 BT-Drs. 13/3540, 22. 5 EAS/Kohte B 6100 Rn. 74. 6 Die Arbo-Dienste sind die multidisziplinären Präventionsdienste in den Niederlanden: Veigel, S. 49 ff., 88 ff. 7 Kohte in: FS Heilmann, S. 73, 84 f. 8 Anzinger/Bieneck ASiG § 10 Rn. 6. 9 Pieper ASiG Rn. 109; Spinnarke/Schork ASiG § 10 Rn. 3. 10 Anzinger/Bieneck ASiG § 10 Rn. 13. 11 Wank ASiG § 8 Rn. 4.

7 Die Kooperation erstreckt sich jedoch nicht nur auf Information und Planung, sondern vor allem auf **gemeinsame Maßnahmen und Aktivitäten**. Dies wird verdeutlicht durch die besondere Hervorhebung **gemeinsamer Betriebsbegehungen** in § 10 S. 2 ASiG. Auf diese Weise soll die multidisziplinäre betriebliche Praxisorientierung gefördert werden.[12] Zu den Merkmalen erfolgreicher Arbeitssicherheitspraxis gehört die systematische Auswertung von Betriebsbegehungen; die dort festgestellten Mängel sind in Zusammenarbeit mit dem Betriebsrat und den jeweils Verantwortlichen für den Arbeitsschutz zu klären und zu beseitigen.[13] Hierfür bietet sich ua der Arbeitsschutzausschuss an. Mit einer solchen systematischen Arbeit, bei der die Gefährdungsbeurteilung die Basis ist, die konkreten betrieblichen Gegebenheiten genau beobachtet, mit dem jeweiligen speziellen Fachwissen analysiert und durch gemeinsame Lösungsvorschläge korrigiert werden, kann am ehesten eine nachhaltige Verbesserung der Arbeitsbedingungen erreicht werden.[14]

IV. Kooperation mit anderen Beauftragten

8 Die seit 1973 normierte interdisziplinäre Kooperation des § 10 S. 1 ASiG ist 1996 durch § 10 S. 3 ASiG wesentlich erweitert worden. Auf diese Weise soll eine „koordinierte Aufgabenwahrnehmung" der verschiedenen Beratungskräfte im Betrieb erfolgen.[15] Diese umfassende Kooperation wird als eine Grundnorm für die vom heutigen Unionsrecht verlangte **interdisziplinäre betriebliche Sicherheitskommunikation** qualifiziert.[16]

9 Als eine erste Gruppe von Beauftragten werden in der Literatur regelmäßig die **Sicherheitsbeauftragten iSd § 22 SGB VII** genannt.[17] Diese gehören zwar nicht zu den professionellen Beratungskräften, die bei § 10 ASiG im Vordergrund stehen, doch ist die Kooperation zwischen den ASiG-Experten, die das betriebliche **Spezialwissen** in Gesundheitsfragen verkörpern und den Sicherheitsbeauftragten, die das betriebliche **Erfahrungswissen** in Gesundheitsfragen repräsentieren, unverzichtbar (→ SGB VII § 22 Rn. 8). In der Praxis hat es sich bewährt, dass die Sicherheitsbeauftragten der jeweiligen Betriebsabteilung an den gemeinsamen Betriebsbegehungen nach § 10 S. 2 ASiG teilnehmen.

10 Zu den professionellen Beratungskräften, die betriebliches Spezialwissen verkörpern, gehören im Bereich der technischen Sicherheit vor allem die **Strahlenschutzbeauftragten** nach § 31 StrSchV sowie die **Laserschutzbeauftragten** nach § 5 Abs. 2 OStrV. Diese Beauftragten sind für besonders riskante Technologien zuständig, bei denen im Betrieb ein gesteigertes Spezialwissen erforderlich ist (→ OStrV Rn. 18). Konsequent enthalten daher sowohl § 32 Abs. 4 StrSchV als auch § 5 Abs. 2 S. 5 OStrV die Pflicht zur Kooperation der Beauftragten mit den ASiG-Experten. Diese Kooperation hat der Arbeitgeber organisatorisch zu gewährleisten.

11 Als besonders wichtige Betriebsbeauftragte haben sich in den letzten Jahren vor allem die verschiedenen **Umweltbeauftragten** erwiesen. Diese sind inzwischen durch die wesentlichen Umweltgesetze vorgeschrieben.[18] Zu ihnen gehören vor allem die Immissionsschutzbeauftragten nach § 55 BImSchG, die Störfallbeauftragten nach § 58 a BImSchG,[19] die Abfallbeauftragten nach § 59 KrWG und die Gewässerschutzbeauftragten nach § 64 WHG. Für sämtliche Beauftragte wird in den jeweiligen Umweltgesetzen auf § 55 Abs. 3 S. 3 BImSchG verwiesen, so dass inzwischen eine **generelle Pflicht zur Kooperation** zwischen sämtlichen Umweltbeauftragten und den betrieblichen Experten der Arbeitssicherheit besteht. Dies zeigt, dass inzwischen auch normativ die Wechselwirkungen zwischen Arbeits- und Umweltschutz und deren innerbetriebli-

---

12 Vgl. Diekershoff/Weiß BG 1992, 480 ff.; vgl. Spinnarke/Schork ASiG § 10 Rn. 4. **13** Zimolong/Kohte, Integrativer und organisationsrechtlicher Arbeits- und Umweltschutz in der Metallindustrie, 2006, S. 183 ff. **14** Anzinger/Bieneck ASiG § 10 Rn. 18. **15** BT-Drs. 13/3540, 22. **16** Faber, Grundpflichten, S. 265. **17** Pieper ASiG Rn. 113; Anzinger/Bieneck ASiG § 10 Rn. 22; Nöthlichs ASiG § 10 Rn. 3. **18** Ausführlich F. Fischer, Der Betriebsbeauftragte im Umweltrecht, 1996. **19** Kohte in: FS Heilmann, S. 73, 84 f.

che organisatorische Verankerung anerkannt worden sind.[20] Soweit in Betrieben ein **Umweltausschuss nach § 55 Abs. 3. S. 1 BImSchG** gebildet ist, wird in der Literatur als Regel formuliert, dass die betrieblichen Experten der Arbeitssicherheit zu den Sitzungen dieses Ausschusses einzuladen sind.[21]

V. Rechtsdurchsetzung

Da die Kooperationspflicht als eine **öffentlich-rechtliche Verfahrenspflicht des Arbeitgebers** zu qualifizieren ist, sind für die öffentlich-rechtliche Rechtsdurchsetzung die jeweiligen Aufsichtsbehörden zuständig. Diese haben zunächst, wie sich auch aus § 13 ASiG ergibt, die Einhaltung dieser Pflichten zu **überwachen**. Bei nachhaltiger Pflichtverletzung können sie nach § 12 Abs. 1 ASiG die entsprechenden **Anordnungen** erlassen, mit denen sie auf den Arbeitgeber einwirken, damit er die erforderlichen Maßnahmen zur Kooperation anordnet und durchsetzt.[22] Parallel wird auch im Umweltrecht anerkannt, dass die Kooperationspflicht dem Betreiber obliegt und dass die Umweltbehörden entsprechende Anordnungen nach den jeweiligen Umweltgesetzen, zB nach § 52 BImSchG, treffen können.[23] 12

In der Regel wird die Kooperationspflicht bereits im Zusammenhang mit der Bestellung der Betriebsärzte und der Fachkräfte als eine der von ihnen **zu beachtenden Pflichten** normiert. Wird diese Kooperationspflicht nicht beachtet, sind dem Arbeitgeber/Auftraggeber entsprechende Weisungen möglich, da die Notwendigkeit der Kooperation nicht die fachliche Unabhängigkeit nach § 8 Abs. 1 ASiG berührt. Bei nachhaltiger Verletzung dieser Pflicht – zB generelle Missachtung der gemeinsamen Betriebsbegehung – ist ein Widerruf der Bestellung nach § 9 ASiG unter Beteiligung des Betriebsrats möglich. Umgekehrt kann der Betriebsrat im Wege des Initiativrechts den Widerruf der Bestellung verlangen (→ ASiG § 9 Rn. 12). In der Regel werden diese Pflichten auch als individualvertragliche Pflichten im Rahmen des Arbeits- oder Dienstvertrags der einzelnen ASiG-Experten vereinbart, so dass vertragsrechtliche Konsequenzen möglich sind. Umgekehrt ist davon auszugehen, dass die Unterstützungspflicht des Arbeitgebers als **vertragsrechtliche Pflicht** gegenüber den jeweiligen Experten zu qualifizieren ist.[24] 13

Die Struktur der betrieblichen Arbeitssicherheitsorganisation unterliegt dem **Mitbestimmungsrecht nach § 87 Abs. 1 Nr. 7 BetrVG** (→ BetrVG § 87 Rn. 73 ff.). In einer Betriebsvereinbarung können die grundlegenden Elemente der jeweiligen Kooperationspflicht, wie zB Struktur und Zahl gemeinsamer Betriebsbegehungen, geregelt werden. In der Regel werden allerdings nur die allgemeinen Grundpflichten in Vereinbarungen festgelegt; die operative Klärung der Struktur und Rangfolge gemeinsamer Betriebsbegehungen erfolgt eher im **Arbeitsschutzausschuss**.[25] Da auch die Kooperation nach § 10 S. 3 ASiG zumindest mittelbar dem Gesundheitsschutz der Beschäftigten dient, kann diese durch das Mitbestimmungsrecht der Betriebsräte näher ausgestaltet werden.[26] Bei Streitigkeiten über Einsatz und Kooperation der ASiG-Experten, vor allem im Zusammenhang mit der DGUV Vorschrift 2, ist eine Einigungsstelle nach § 100 ArbGG zu bilden.[27] 14

§ 10 ASiG schafft keine **unmittelbaren gegenseitigen Rechte** der Betriebsärzte und Fachkräfte für Arbeitssicherheit **auf Kooperation**, die sie gegenüber den jeweils anderen Experten klageweise durchsetzen können. Sie sind neben ihren vertraglichen Rechten gegen den Betriebsinhaber (→ Rn. 13) insoweit auf Vorschläge nach § 8 ASiG zu verweisen. In einem Rechtsstreit über den Widerruf der Bestellung beziehungsweise 15

---

20 Kohte in: FS Däubler, 1999, S. 639, 643; Faber, Grundpflichten, S. 265. **21** LR/Hansmann, BImSchG, 81. EL 2016, BImSchG § 55 Rn. 52; GK-BImSchG/Böhm, 2016, BImSchG § 55 Rn. 52. **22** Anzinger/Bieneck ASiG § 10 Rn. 38. **23** LR/Hansmann BImSchG § 55 Rn. 63; GK-BImSchG/Böhm BImSchG § 55 Rn. 54; Jarass BImSchG § 55 Rn. 23. **24** So die umweltrechtliche Literatur für die Umweltbeauftragten: Jarass BImSchG § 55 Rn. 24; LR/Hansmann BImSchG § 55 Rn. 55; GK-BImSchG/Böhm BImSchG § 55 Rn. 58. Ähnlich Springmann, S. 123 ff. **25** So auch Anzinger/Bieneck ASiG § 10 Rn. 19. **26** Kohte, Jahrbuch Umwelt- und Technikrecht 1995, S. 37, 63 f.; Kohte in: FS Däubler, S. 639, 643. **27** LAG Kiel 21.1.2014 – 1 TaBV 47/13, LAGE § 98 ArbGG Nr. 70, Rn. 40 ff.

über eine damit verbundene Kündigung kann allerdings die Einhaltung der Pflichten nach § 10 ASiG als Vorfrage eine Rolle spielen.

§ 11 ASiG Arbeitsschutzausschuß

[1]Soweit in einer sonstigen Rechtsvorschrift nichts anderes bestimmt ist, hat der Arbeitgeber in Betrieben mit mehr als zwanzig Beschäftigten einen Arbeitsschutzausschuß zu bilden; bei der Feststellung der Zahl der Beschäftigten sind Teilzeitbeschäftigte mit einer regelmäßigen wöchentlichen Arbeitszeit von nicht mehr als 20 Stunden mit 0,5 und nicht mehr als 30 Stunden mit 0,75 zu berücksichtigen. [2]Dieser Ausschuß setzt sich zusammen aus:

dem Arbeitgeber oder einem von ihm Beauftragten,
zwei vom Betriebsrat bestimmten Betriebsratsmitgliedern,
Betriebsärzten,
Fachkräften für Arbeitssicherheit und
Sicherheitsbeauftragten nach § 22 des Siebten Buches Sozialgesetzbuch.

[3]Der Arbeitsschutzausschuß hat die Aufgabe, Anliegen des Arbeitsschutzes und der Unfallverhütung zu beraten. [4]Der Arbeitsschutzausschuß tritt mindestens einmal vierteljährlich zusammen.

Literatur: *Bremer*, Arbeitsschutz im Baubereich, 2007; *Geray*, Der Arbeitsschutzausschuss nach § 11 ASiG, AiB 1992, 670 ff.; *Herbst*, Der Arbeitsschutzausschuss in der betrieblichen Praxis – Eine Handlungshilfe für betriebliche Interessenvertretung, Arbeitspapier Nr. 288 der Hans-Böckler-Stiftung, 2013 (Download: www.boeckler.de/pdf/p-arbp_288); *Springmann*, Der Betriebsrat und die Betriebsbeauftragten, 2004; *Stockhausen/Pieper*, Der Arbeitsschutzausschuss, sis 2014, 394 ff.; *Julius*, Arbeitsschutz und Fremdfirmenbeschäftigung, 2004.

Leitentscheidungen: BAG 10.8.1994 – 7 ABR 48/93, NZA 1995, 284; VG Hannover 6.10.1995 – 1 A 4246/95, GewArch 1996, 28; LAG Hamburg 27.9.1995 – 4 TaBV 2/95, NZA-RR 1996, 213; LAG Frankfurt/M. 1.2.1996 – 12 TaBV 32/95, NZA 1997, 114; LAG Baden-Württemberg 9.8.2012 – 3 TaBV 1/12; LAG Niedersachsen 22.10.2013 – 11 TaBV 49/13; BAG 15.4.2014 – 1 ABR 82/12, NZA 2015, 1094 ff.; BAG 8.12.2015 – 1 ABR 83/13, NZA 2016, 504 = AP Nr. 2 zu § 11 ASiG = ArbRAktuell 2016, 199 mAnm Günther; LAG Rheinland-Pfalz 7.4.2016 – 5 TaBV21/15.

I. Normzweck, Systematik........ 1	V. Arbeitsweise des Arbeitsschutzausschusses 17
II. Entstehungsgeschichte, Unionsrecht 3	VI. Rechtsdurchsetzung 21
III. Bildung des Arbeitsschutzausschusses 6	1. Aufsichtsmaßnahmen 21
IV. Zusammensetzung des Arbeitsschutzausschusses................ 12	2. Mitbestimmung des Betriebs- oder Personalrats.. 22

I. Normzweck, Systematik

1 § 11 ASiG verlangt ein **innerbetriebliches Forum der Sicherheitskommunikation und -kooperation**, das in allen Betrieben mit mehr als 20 Beschäftigten zu bilden ist. Es handelt sich um ein zentrales Beratungsorgan, das für die Qualität des betrieblichen Gesundheitsschutzes von zentraler Bedeutung ist. Zu Recht ist daher in der Leitlinie zur Organisation des betrieblichen Gesundheitsschutzes[1] den Aufsichtsbehörden und den Aufsichtspersonen der Unfallversicherung vorgeschrieben worden, dass sie für jeden Betrieb festzustellen haben, ob der Arbeitsschutzausschuss eingerichtet und funktionsfähig ist und ob er regelmäßige Sitzungen durchführt. Gleichwohl ist bisher in verschiedenen empirischen Untersuchungen festgestellt worden, dass in ca. 30 % der Be-

---

1 www.gda-portal.de.

triebe, die einen solchen Ausschuss zu bilden haben, der Ausschuss nicht gebildet worden ist.[2]

Seit 1996 ist die Pflicht zur Organisation des Arbeitsschutzausschusses nach § 11 ASiG als eine spezifische Form der **Organisationspflicht nach § 3 Abs. 2 ArbSchG** zu qualifizieren. Da es sich beim Arbeitsschutzausschuss um ein beratendes Kooperationsorgan handelt, ist grundsätzlich anerkannt, dass Regelungen zur Bildung und Arbeit dieses Ausschusses dem Mitbestimmungsrecht nach § 87 Abs. 1 Nr. 7 BetrVG (→ Rn. 22) unterfallen. Auf die Einzelheiten möglicher Regelungen ist im Teil IV (→ Rn. 13 ff.) einzugehen.

II. Entstehungsgeschichte, Unionsrecht

Der Arbeitsschutzausschuss gehört zu den zentralen Strukturelementen des Arbeitssicherheitsrechts, die bereits 1973 im ASiG normiert worden sind. Er löste den schwächeren und mit geringeren Handlungsmöglichkeiten ausgestatteten **Sicherheitsausschuss nach § 719 RVO** ab, der schon 1963 eingeführt worden war. Beide Ausschüsse knüpfen an kooperative und korporative betriebliche Praktiken an, die in Deutschland eine lange Tradition haben und die eng mit der Geschichte der Sicherheitsbeauftragten/Unfallvertrauensleute (→ SGB VII § 22 Rn. 4) verknüpft sind.

Bereits im Gesetzgebungsverfahren zum ASiG ist der **praxisnahe Beratungscharakter** dieses Gremiums hervorgehoben worden, in dem Erfahrungen ausgetauscht und gemeinsame Anliegen beraten werden sollen.[3] Dieser Ausschuss ist daher ein „Medium horizontaler Kommunikation", das den planerischen und gestaltenden Aspekten des Arbeitssicherheitsgesetzes in besonderer Weise gerecht wird.[4] Es handelt sich also mit anderen Worten um den „**runden Tisch**" **der betrieblichen Gesundheitspolitik**,[5] der einvernehmlich auch für weitere Personen und Gruppen sowie für Themen der Betrieblichen Gesundheitsförderung bzw. des Betrieblichen Gesundheitsmanagements geöffnet werden kann (→ ASiG § 1 Rn. 26, 29).

In der Rahmenrichtlinie RL 89/391/EWG ist als wesentliches Konstruktionselement der damals neuen, gemeinschaftsrechtlich verfassten betrieblichen Gesundheitspolitik die **auf Dialog beruhende Kooperation** der betrieblichen Akteure verdeutlicht und verankert worden. In den Erwägungsgründen ist betont worden, dass die Verfahren der Kommunikation und des betrieblichen Dialogs zu Fragen des Gesundheitsschutzes auszuweiten sind. Mit **Art. 11 RL 89/391/EWG** ist der Arbeitgeber zu einer solchen Kommunikation verpflichtet worden, die in den jeweiligen Mitgliedstaaten zu konkretisieren ist (→ Unionsrecht Rn. 20). Folgerichtig ist 1996 mit der Umsetzung der Richtlinie in Art. 2 Nr. 7 EASUG[6] eine Ausdehnung des Anwendungsbereichs des § 11 ASiG normiert worden, so dass der Ausschuss seit 1996 in sämtlichen Betrieben mit mehr als 20 Beschäftigten zu bilden ist.[7] Bis dahin war die Bildung dieses Ausschusses ein Annex zur Bestellung der Sicherheitsfachkräfte und Betriebsärzte, die vor 1996 nicht flächendeckend erfolgt war. Im Rahmen der Umsetzung in Österreich ist in der Begründung zu § 88 ÖArbSchG ausdrücklich hervorgehoben worden, dass der dortige Arbeitsschutzausschuss ein **Forum des innerbetrieblichen Dialogs** ist.

III. Bildung des Arbeitsschutzausschusses

Durch § 11 S. 1 ASiG wird **jeder Arbeitgeber** verpflichtet, in einem **Betrieb mit mehr als 20 Beschäftigten** einen Arbeitsschutzausschuss zu bilden. Diese Verpflichtung ist nach § 11 ASiG zunächst als öffentlich-rechtliche Pflicht ausgestaltet, so dass sie folgerichtig auch durch **Anordnung nach § 12 ASiG** per Verwaltungsakt durchgesetzt werden kann.[8] Seit 1996 ist sie als eine **spezifische Form der Organisationspflichten** nach

---

2 Zimolong/Kohte, Integrativer und kooperativer Arbeits- und Umweltschutz in der Metallindustrie – IKARUS, 2006, S. 200 ff. mwN. **3** BT-Drs. 7/260, 15. **4** BFK Rn. 51. **5** So auch Faber, Grundpflichten, S. 335; Pieper Einl. Rn. 46. **6** BGBl. I 1996, 1246. **7** Wlotzke NZA 1996, 1017 (1023). **8** VG Hannover 6.10.1995 – 1 A 4246/95, GewArch 1996, 28 = AuA 1996, 399 mAnm Kohte.

§ 3 Abs. 2 Nr. 1 ArbSchG zu qualifizieren, da die Bildung des Arbeitsschutzausschusses zu den Elementen einer geeigneten Arbeitsschutzorganisation gehört.[9] Zutreffend wird in der **GDA-Leitlinie „Organisation des betrieblichen Gesundheitsschutzes"** (→ ArbSchG §§ 20 a, 20 b Rn. 10) vom 15.12.2011/22.5.2017 im Element 3 die regelmäßige Arbeit des Arbeitsschutzausschusses als wichtiger Teil der betrieblichen Organisationspflichten charakterisiert.[10]

7 Die Bildung des Arbeitsschutzausschusses erfolgt nach dem Gesetzestext auf der **Ebene des Betriebs**. Dies entspricht einer ausführlichen Diskussion, die bereits zur Bestellung der Betriebsärzte und der Fachkräfte für Arbeitssicherheit nach § 708 Abs. 1 S. 1 Nr. 4 RVO geführt worden ist. In der Auslegung der damaligen Unfallverhütungsvorschriften hat das BSG als maßgeblichen Grundsatz herausgestellt, dass **Arbeitssicherheit konkret „vor Ort"** und damit **auf Betriebsebene** zu klären und zu organisieren ist.[11] An diese Diskussion angeknüpft hat das Bundesarbeitsgericht in einer Entscheidung zu der Frage, ob ein Arbeitsschutzausschuss in der Seeschifffahrt für jedes Schiff oder ausschließlich für den gesamten Seebetrieb zu bilden ist. Auch das Bundesarbeitsgericht hat sich für die konkrete und gefährdungsorientierte und damit betriebsnahe Sichtweise entschieden, so dass der Arbeitsschutzausschuss nach § 115 BetrVG durch die Bordvertretung **für jedes Schiff** und nicht generell für den Seebetrieb zu bilden ist.[12] Diese Entscheidung ist 2013 ausdrücklich durch **§ 115 SeeArbG** mit der Pflicht zur Bildung eines **Schiffsicherheitsausschusses** auf jedem Schiff mit fünf oder mehr Besatzungsmitgliedern bekräftigt worden.[13] Der Betrieb ist hier im betriebsverfassungsrechtlichen Sinn zu verstehen, so dass Vereinbarungen nach § 3 Abs. 1 Nr. 1–3 BetrVG auch für die Bildung des Arbeitsschutzausschusses maßgeblich sind. Dies gilt umgekehrt auch für den nach § 4 Abs. 1 S. 1 BetrVG verselbstständigten Betriebsteil.[14]

8 In der Praxis gab und gibt es regelmäßig Versuche, einen solchen Ausschuss allein auf **Unternehmensebene** zu bilden. In der arbeitsgerichtlichen Entscheidungspraxis ist eine solche Verlagerung unter Zustimmung der Literatur abgelehnt worden.[15] Damit ist eine Bildung von Arbeitsschutzausschüssen auf Unternehmens- oder Konzernebene zwar nicht untersagt, doch kann durch eine solche Organisationsmaßnahme die Rechtspflicht aus § 11 S. 1 ASiG nicht erfüllt werden.[16] Ein unternehmensübergreifender Arbeitsschutzausschuss kann nach französischem Vorbild[17] in Form des **Baustellensicherheitsausschusses** gebildet werden, der eine einvernehmliche horizontale Kooperation für alle Beteiligten auf einer Baustelle ermöglicht (→ BaustellV Rn. 60).[18] Ebenso kann ein solcher zusätzlicher **Ausschuss zur Koordination der Fremdfirmenbeschäftigung** und zur besseren Organisation der Pflichten aus § 8 ArbSchG (→ ArbSchG § 8 Rn. 21 ff.)[19] gebildet werden. Im Einzelfall kann sich eine Pflicht zur Bildung eines solchen zusätzlichen Ausschusses aus § 3 Abs. 2 ArbSchG ergeben.[20]

9 Vor 1996 war die Bildung des Ausschusses als Annex zur Bestellung von Sicherheitsfachkräften und Betriebsärzten normiert worden, die damals nicht in allen Betrieben zu bestellen waren. Jetzt ist es erforderlich, dass **dem Betrieb mehr als 20 Beschäftigte angehören**. Dies ist sachgerecht, denn eine ausdifferenzierte innerbetriebliche Kooperation ist vor allem abhängig von der Zahl der Beschäftigten. Die Grenze von 20 Beschäftigten ist auch maßgeblich für die Bildung eines Betriebsratskollegiums nach § 9 BetrVG sowie für Mitbestimmungsrechte im personellen Bereich nach § 99 BetrVG. Sie umschreibt einen Betrieb, in dem bereits eine – wenn auch in geringem Umfang – differenzierte Organisation der personellen Beziehungen erforderlich ist. Sie beschreibt nicht nur eine Momentaufnahme, sondern auch eine auf gewisse Zeit angelegte Struktur, so dass es sich bei der Zahl von mehr als 20 Beschäftigten um den Durchschnitt

---

[9] Kollmer/Klindt/Schucht/Kohte ArbSchG § 3 Rn. 54; LR/Wiebauer ArbSchG § 3 Rn. 39; Faber, Grundpflichten, S. 351 f. [10] www.gda-portal.de. [11] BSG 8.5.1980 – 8A RU 44/79, BSGE 50, 107 (108). [12] BAG 10.8.1994 – 7 ABR 48/93, NZA 1995, 284; KJP/Koll ASiG § 11 Rn. 3. [13] BGBl. I 2013, 868, 899; allgemein dazu Maul-Sartori NZA 2013, 821 ff. [14] So auch KJP/Koll ASiG § 2 Rn. 5; Anzinger/Bieneck ASiG § 1 Rn. 47, 49. [15] LAG Frankfurt 1.2.1996 – 12 TaBV 32/95, NZA 1997, 114; Anzinger/Bieneck ASiG § 11 Rn. 12. [16] Pieper ASiG Rn. 130. [17] Pieper AuR 1999, 88 (91). [18] Kollmer BaustellV § 3 Rn. 54 a; Pieper BaustellV § 3 Rn. 7; Bremer, S. 240. [19] Zur Organisation dieser Kooperation: Julius, S. 126 ff. [20] Bremer, S. 135.

handelt, der innerhalb eines Jahres im Betrieb beschäftigt wird.[21] Während § 9 BetrVG für solche Fälle eine prognostische Aussage des Wahlvorstands für die Zukunft vorschreibt, ist § 11 ASiG statisch verfasst und wird daher am besten durch die Zahl der in den letzten zwölf Monaten beschäftigten Personen umschrieben. Dies entspricht auch dem öffentlich-rechtlichen und durch Anordnung und Bußgeld umsetzbaren strikteren Charakter dieser Pflicht.

Zu den Beschäftigten gehören zunächst die **Arbeitnehmer und die zu ihrer Berufsbildung Beschäftigten**.[22] In Übereinstimmung mit dem Rechtsgrundsatz in § 5 Abs. 1 S. 3 BetrVG sind als Beschäftigte auch anzusehen die Beamten, die nach der Privatisierung als Beamte in privatrechtlichen Organisationsformen tätig sind. Dagegen sind die anderen Beamten iSd § 2 Abs. 2 Nr. 4 ArbSchG nur von Bedeutung für den Arbeitsschutzausschuss im öffentlichen Dienst, der in § 16 ASiG näher geregelt ist (→ ASiG § 16 Rn. 14 ff.). In Übereinstimmung mit der neuen Rechtsprechung des Bundesarbeitsgerichts zu § 9 BetrVG[23] zählen auch **Leiharbeitnehmer** bei dieser Grenze mit, da nach § 11 Nr. 6 AÜG Entleiher einen wesentlichen Teil der Arbeitsschutzpflichten bei Arbeitnehmerüberlassung zu erfüllen haben. Ebenso wie sich das Mitbestimmungsrecht der Betriebsräte nach § 87 Abs. 1 Nr. 7 BetrVG auf Leiharbeitnehmer erstreckt (→ BetrVG § 87 Rn. 25),[24] sind sie auch hier zu berücksichtigen.

Im Oktober 1996 ist vorgeschrieben worden, dass **Teilzeitbeschäftigte nur anteilig zählen**; diese Norm ist 1998 nur partiell für die Zählung der Beschäftigten mit weniger als zehn Stunden wöchentlicher Arbeitszeit korrigiert worden. Für die anderen Gruppen der Teilzeitbeschäftigten bleibt es bei der anteiligen Berechnung als 0,5 bzw. 0,75 Beschäftigten. Diese Einschränkung ist **sachwidrig**, denn der Umfang und Kommunikationsbedarf in Arbeitsschutzfragen hängt nicht von der Länge der Arbeitszeit, sondern von der Zahl der beteiligten Personen ab.[25] Es ist daher fraglich, ob diese Norm mit Art. 3 Abs. 1 GG vereinbar ist. Die Benachteiligung von Teilzeitbeschäftigten kann, wie sich aus der früheren Rechtsprechung des Europäischen Gerichtshofs und des Bundesarbeitsgerichts ergibt, auch als mittelbare Diskriminierung von Frauen zu qualifizieren sein, so dass die Einigungsstelle in Verfahren, in denen es um die Bildung eines Arbeitsschutzausschusses geht, die Rechtmäßigkeit dieser Anforderungen in § 11 ASiG als Vorfrage zu prüfen hat. Die Kategorie der Teilzeitbeschäftigung ist grundsätzlich am Arbeitsvertrag zu orientieren, so dass auch Kurzarbeit von längerer Dauer nicht zu einer Änderung der Bewertung führt.[26]

IV. Zusammensetzung des Arbeitsschutzausschusses

Das Gesetz enthält in § 11 S. 2 ASiG nur einen **Rahmen für die Zusammensetzung des Ausschusses**. Fest vorgeschrieben ist, dass der Arbeitgeber oder eine von ihm beauftragte Person und zwei Mitglieder des Betriebsrats dem Ausschuss angehören. Weiter wird ohne Zahlenangabe die **Teilnahme von Sicherheitsfachkräften, Sicherheitsbeauftragten und Betriebsärzten** vorgeschrieben. Diese Aufzählung ist **nicht abschließend**, so dass auch weitere Personen – von den Akteuren der BGF bis zur betrieblichen Sozialarbeit und Suchtprävention – dem Ausschuss angehören oder ein Teilnahmerecht erhalten können. Schließlich ist in § 95 Abs. 4 SGB IX (ab 1.1.2018: § 178 SGB IX nF) angeordnet worden, dass die **Vertrauensperson der Schwerbehinderten** ein gesetzliches Teilnahmerecht an allen Sitzungen des Arbeitsschutzausschusses hat und verlangen kann, dass Angelegenheiten, die schwerbehinderte Menschen individuell oder als Gruppe betreffen, auf die Tagesordnung gesetzt werden.[27]

Falls der Arbeitgeber nicht selbst Mitglied des Arbeitsschutzausschusses sein will, hat er autonom zu entscheiden, wer ihn im Ausschuss vertritt. Dieser Vertreter muss aller-

---

[21] Anzinger/Bieneck ASiG § 11 Rn. 14; Kollmer/Klindt/Schucht/Leube Syst C Rn. 34. [22] Anzinger/Bieneck ASiG § 11 Rn. 15. [23] BAG 13.3. 2013 – 7 ABR 69/11, NZA 2013, 789, bestätigt und erweitert durch BAG 18.1.2017 – 7 ABR 60/15, NZA 2017, 865. [24] BAG 15.12.1992 – 1 ABR 38/92, NZA 1993, 513; HaKo-BetrVG/Kohte BetrVG § 87 Rn. 5; Fitting BetrVG § 87 Rn. 11. [25] Anzinger/Bieneck ASiG § 11 Rn. 4; Kohte, Stärkung der Partizipation, 2005, S. 59. [26] Kollmer/Klindt/Schucht/Leube Syst C Rn. 39. [27] LPK-SGB IX/Düwell SGB IX § 95 Rn. 74.

dings zur Sicherung der Funktionsfähigkeit des Ausschusses hinreichende Handlungsvollmacht besitzen.[28] Ebenso entscheidet der Betriebsrat allein und autonom, welche beiden Mitglieder in den Ausschuss entsandt werden.[29] **Regelungsbedürftig** sind dagegen die **Zahl**, mit der die **weiteren Funktionen bzw. Funktionsträger** im Arbeitsschutzausschuss vertreten sind, und das **Bestellungs-, Auswahl- und Abberufungsverfahren**.[30] Mindestens ein Betriebsarzt und eine Sicherheitsfachkraft sind auf jeden Fall zu benennen; eine größere Zahl ist möglich; eine Vertretungsregelung ist sachgerecht. In Betrieben mit mehr als 50 Beschäftigten wird es sachdienlich sein, wenn wenigstens zwei Sicherheitsbeauftragte zum Arbeitsschutzausschuss gehören. Es ist naheliegend und regelungsbedürftig, dass die Gruppe der Sicherheitsbeauftragten ihre Vertreter im Arbeitsschutzausschuss selbst wählt.

14 **Weitere Personen** können als ständige Mitglieder ebenfalls bestellt werden. Dabei kommen zunächst die Experten in Betracht, die nach § 10 S. 3 ASiG im Arbeitsschutz- und Umweltbereich als Kooperationspartner anerkannt sind (→ ASiG § 10 Rn. 10 f.). Ebenso kann es in Bauunternehmen nahe liegend sein, den SiGe-Koordinator nach § 3 BaustellV als Mitglied des Arbeitsschutzausschusses zu bestellen. Die Bestimmung des § 95 Abs. 4 SGB IX (ab 1.1.2018: § 178 SGB IX nF) schließt nicht aus, dass der Vertrauensperson der Schwerbehinderten als reguläres Mitglied des Ausschusses bestellt wird; es ist auch möglich, dass ein **Mitglied der Jugend- und Auszubildendenvertretung** eine solche Position einnimmt.

15 Von den Mitgliedern zu unterscheiden sind Personen, denen ein **Teilnahmerecht** zugebilligt wird. Ein gesetzliches Teilnahmerecht hat die Vertrauensperson der Schwerbehinderten nach § 95 Abs. 4 SGB IX (ab 1.1.2018: § 178 SGB IX nF) (→ Rn. 12). Es ist sachgerecht, wenn einem Mitglied der Jugend- und Auszubildendenvertretung ebenfalls zumindest ein solches Teilnahmerecht eingeräumt wird. Auch den Umweltbeauftragten wird in der Praxis in bestimmten Betrieben ein solches Teilnahmerecht zuerkannt. Je nach Betriebsstruktur kann auch einem **Strahlenschutzbeauftragten** ein solches Recht zugebilligt werden.[31] In der Praxis größerer Betriebe nehmen gelegentlich bzw. nach schwerwiegenden Unfällen **Aufsichtsbeamte** der Arbeitsschutzbehörden bzw. der Träger der Unfallversicherung an solchen Sitzungen teil.[32] Dies kann besonders effektiv für alle Beteiligten sein. In der Geschäftsordnung kann allerdings nur geregelt werden, dass die Aufsichtsbeamten eingeladen werden bzw. vom Sitzungstermin Kenntnis erhalten.

16 Eine **Abberufung der Mitglieder des Ausschusses** steht dem Arbeitgeber ausschließlich für seine eigene Vertretung unbegrenzt zu. Die Mitglieder des Betriebsrats, die nur vom Betriebsrat bestellt werden, können nicht vom Arbeitgeber, sondern nur durch Beschluss des Betriebsrats abberufen werden. Wenn in der Vereinbarung über die Zusammensetzung des Ausschusses Regelungen fehlen, ist eine Abberufung der anderen Mitglieder – zB der Sicherheitsbeauftragten – durch den Arbeitgeber grundsätzlich möglich. In der Rechtsprechung wurde vereinzelt ein freies Abberufungsrecht, das nur durch das Willkürverbot beschränkt wird, behauptet.[33] Dies ist rechtlich verfehlt, denn eine solche freie Abberufung gegen den Willen der Sicherheitsbeauftragten wäre mit dem Benachteiligungsverbot nach § 22 SGB VII nicht vereinbar (→ SGB VII § 22 Rn. 20). Zur Wahrung der Unabhängigkeit ist eine solche Abberufung allenfalls aus einem wichtigen Grund möglich.[34]

V. Arbeitsweise des Arbeitsschutzausschusses

17 Das Gesetz ist sparsam mit Regelungen zur Arbeitsweise des Ausschusses. Vorgeschrieben ist, dass er **mindestens einmal im Quartal** zusammentritt. Dies ist sachgerecht und

---

[28] Geray AiB 1992, 670 (671). [29] LAG Düsseldorf 25.3.1977 – 4 Sa 171/77, DB 1977, 915. [30] So auch Fitting BetrVG § 87 Rn. 328; Nöthlichs ASiG § 11 Rn. 1; Anzinger/Bieneck ASiG § 11 Rn. 18. [31] Münch/ArbR/Kohte § 295 Rn. 116; vgl. Kohte/Faber jurisPRArbR 3/2007 Anm. 2 zu OVG Münster 13.7.2006 – 1 A 990/05 PVL. [32] Geray AiB 1992, 670 (671). [33] LAG Düsseldorf 25.3.1977 – 4 Sa 171/77, DB 1977, 915. [34] So für Sicherheitsbeauftragte die Vorinstanz zu LAG Düsseldorf 25.3.1977 – 4 Sa 171/77, DB 1977, 915: ArbG Aachen 29.10.1976 – 2 Ca 913/76, DB 1977, 452.

zeigt, dass dem Ausschuss eine wichtige Kommunikations- und Koordinationsfunktion zukommen soll. Diese Pflicht ist daher auch anordnungsfähig. Häufigere Sitzungen können in einer **Geschäftsordnung** (→ Rn. 23) festgelegt werden, dagegen keine niedrigere Frequenz.

Die **Themen**, die im Ausschuss zu verhandeln sind, sind **innerbetrieblich festzulegen**. 18
Zunächst können Arbeitgeber und Betriebsrat durch Betriebsvereinbarungen nach § 87 Abs. 1 Nr. 7 BetrVG eine Rahmenregelung vereinbaren, in der bestimmten Themen mit einem bestimmten Beratungsturnus vorgegeben werden. Dies kann zB die Pflicht sein, den Bericht des Arbeitgebers zu Fragen des Arbeitsschutzes nach § 43 BetrVG, der mindestens einmal im Jahr zu erstatten ist, vorher im Ausschuss zu erörtern. Ebenso können bestimmte Statistiken und Evaluationsergebnisse in einem regelmäßigen Turnus im Ausschuss zu beraten sein. Schließlich können Arbeitgeber und Betriebsrat sich auf Schwerpunktthemen einigen, die zu einem bestimmten Zeitpunkt im Ausschuss zu beraten sind.

Im Übrigen legt der Ausschuss die Themen, die er berät, **autonom** fest. Der Arbeitgeber 19
bzw. sein Beauftragter, der die Pflicht hat, die Sitzungen einzuberufen, kann eine Tagesordnung vorgeben, die jedoch endgültig durch den Ausschuss selbst zu beschließen ist. Der Ausschuss ist vom Gesetz nicht als Beschlussorgan, sondern als **Beratungsorgan** strukturiert, so dass es sachdienlich ist, Themen auch dann zu beraten, wenn sie ausschließlich von einzelnen Personen oder Gruppen auf die Tagesordnung gesetzt werden. Die Themen sind auch nicht auf den klassischen Arbeitsschutz begrenzt; die Öffnung der DGUV Vorschrift 2 zu Fragen der BGF und des BGM (→ ASiG § 1 Rn. 27 ff.) macht es möglich, diese Fragen ebenso im Arbeitsschutzausschuss zu beraten wie die Ergebnisse des BEM und ihre Konsequenzen für den Arbeitsschutz (→ SGB IX § 84 Rn. 35).

Die Sitzungen des Ausschusses finden grundsätzlich **während der üblichen Arbeitszeit** 20
statt.[35] Die Teilnahme ist für die verschiedenen Beschäftigtengruppen als übliche Arbeitszeit zu vergüten. Für externe Betriebsärzte und Sicherheitsfachkräfte kann die Teilnahme auf die Einsatzzeit angerechnet werden; in der Literatur wurde vorgeschlagen, diese Teilnahme gesondert zu vergüten.[36] In der DGUV Vorschrift 2 wird für die Experten die Teilnahme am Arbeitsschutzausschuss als Teil der Grundbetreuung qualifiziert; dies spricht gegen eine gesonderte Vergütung.

VI. Rechtsdurchsetzung

1. Aufsichtsmaßnahmen. Da es sich bei der Errichtung und dem Betrieb des Ausschus- 21
ses um eine öffentlich-rechtliche Pflicht handelt, kann die zuständige Arbeitsschutzbehörde durch Anordnung nach § 12 ASiG dem Arbeitgeber aufgeben, einen Ausschuss einzurichten und regelmäßige Sitzungen durchzuführen.[37] Vor einer solchen Anordnung sind die Anhörungspflichten nach § 12 Abs. 2 ASiG zu realisieren (→ ASiG § 12 Rn. 19); bei der Ermessensausübung ist das bisherige Verhalten des Arbeitgebers zu bewerten, so dass die erstmalige Einrichtung nach Ablauf der Anhörungsfristen bzw. der Fristen des Revisionsschreibens regelmäßig anzuordnen ist, während Säumigkeit bei der Einberufung einzelner Sitzungen anders zu bewerten ist als regelmäßige Untätigkeit oder Einberufung nur ein- oder zweimal im Jahr.[38]

2. Mitbestimmung des Betriebs- oder Personalrats. Ob die **Errichtung des Arbeits-** 22
schutzausschusses durch das **Initiativrecht des Betriebsrats** erzwungen werden kann, ist umstritten. Vor der Kodifikation des ArbSchG im Sommer 1996 wurden dazu verschiedene Ansichten vertreten. Während das LAG Hamburg[39] ein solches Recht verneinte, wurde dies vom LAG Frankfurt bejaht.[40] Ein Antrag eines Betriebsrats, dass der Arbeitgeber, der sich mit dem Gesamtbetriebsrat über einen unternehmensweiten

---

35 Anzinger/Bieneck ASiG § 11 Rn. 43. **36** Anzinger/Bieneck ASiG § 11 Rn. 31. **37** Geray AiB 1992, 670; Anzinger/Bieneck ASiG § 12 Rn. 12. **38** VG Hannover 6.10.1995 – 1 A 4246/95, GewArch 1996, 28 = AuA 1996, 399 mAnm Kohte. **39** LAG Hamburg 27.9.1995 – 4 TaBV 2/95, NZA-RR 1996, 213. **40** LAG Frankfurt/M. 1.2.1996 – 12 TaBV 32/95, NZA 1997, 114.

Arbeitsschutzausschuss geeinigt hatte, im örtlichen Betrieb den Arbeitsschutzausschuss zu bilden hat, wurde vom LAG Baden-Württemberg und vom Bundesarbeitsgericht zurückgewiesen.[41] Dieser Antrag des Betriebsrats war verfehlt, weil er auf die Rechtspflicht fokussiert war und nicht auf mögliche Regelungen. Das Bundesarbeitsgericht bejaht das Mitbestimmungsrecht, wenn eine normative Handlungspflicht besteht, die betriebliche Regelungen verlangt, um das vom Gesetz vorgegebene Ziel des Arbeits- und Gesundheitsschutzes zu erreichen.[42] Auf eine subjektive Regelungsbereitschaft des Arbeitgebers kommt es insoweit nicht an (→ BetrVG § 87 Rn. 82).[43] Diese Voraussetzungen sind bei § 11 ASiG nur partiell gegeben, da für die Bildung des Ausschusses nur beschränkte Regelungen zur Zusammensetzung des Ausschusses mit einer hinreichenden betrieblichen Konkretisierung erforderlich sind (→ Rn. 12 f.).[44] Insoweit ergeben sich hier deutliche Parallelen zur Konkretisierung der Organisationspflichten nach § 13 ArbSchG sowie nach § 22 SGB VII.[45] Ein Initiativantrag des Betriebsrats kann daher nur dann erfolgreich sein, wenn er sich konkret auf die Zahl der variablen[46] Mitglieder, die Zusammensetzung des Ausschusses und die einzelnen Kategorien bezieht und beschränkt.[47]

23 Der Betriebsrat kann ergänzend oder auch prioritär **nach § 89 Abs. 1 S. 2 BetrVG die zuständige Aufsichtsbehörde einschalten**, damit diese nach §§ 12, 13 ASiG vorgeht.[48] Der Betriebsrat hat nach einem aktuellen Beschluss des Bundesarbeitsgerichts ebenfalls kein Mitbestimmungsrecht bei der Regelung der Teilnahmepflicht des einzigen Betriebsarztes und der einzigen Fachkraft für Arbeitssicherheit an den gesetzlich vorgesehenen Mindestsitzungen des Arbeitsschutzausschusses. Dieses ist in § 11 ASiG sowie in der DGUV Vorschrift 2 abschließend geregelt. Auch in dieser Frage kann er nach erfolgloser Aufforderung an den Arbeitgeber die Aufsichtsbehörde einschalten.[49]

24 Im **Personalvertretungsrecht** ist wegen des spezifischen Maßnahmebegriffs das Mitbestimmungsrecht bei der Errichtung des Ausschusses unproblematisch (→ BPersVR Rn. 39 f.).[50]

25 Unproblematisch ist nach allgemeiner Ansicht das Mitbestimmungsrecht bei **Regelungen zur Arbeitsweise des Arbeitsschutzausschusses**. Die Geschäftsordnung, die Regelung von Schwerpunktthemen und andere Fragen der Arbeitsweise werden regelmäßig dem Mitbestimmungsrecht nach § 87 Abs. 1 Nr. 7 BetrVG zugeordnet.[51] Natürlich muss dem Ausschuss ein hinreichender eigenständiger Handlungs- und Beratungsspielraum verbleiben.

26 **Individualansprüche der einzelnen Beschäftigten** auf Errichtung eines Arbeitsschutzausschusses bestehen nicht; dagegen können sich die **einzelnen Mitglieder des Ausschusses**, die durch den Arbeitgeber abberufen werden, gegen diese Abberufung mit einer Feststellungsklage am Arbeitsgericht wenden.[52] Werden Mitglieder nicht zu Sitzungen eingeladen, können sie dieses Recht ebenfalls klageweise durchsetzen; dies gilt auch für die Vertrauensperson der schwerbehinderten Menschen, die ihr Teilnahmerecht nach § 95 Abs. 4 SGB IX (ab 1.1.2018: § 178 SGB IX nF) im Wege des arbeitsgerichtlichen Beschlussverfahrens durchsetzen kann.[53]

---

41 LAG Baden-Württemberg 9.8.2012 – 3 TaBV 1/12; BAG 15.4.2014 – 1 ABR 82/12, NZA 2014, 1084; vgl. Fitting BetrVG § 87 Rn. 327; GK-BetrVG/Wiese BetrVG § 87 Rn. 668. 42 Zuletzt BAG 11.12.2012 – 1 ABR 81/11 Rn. 17, NZA 2013, 752. 43 BAG 8.6.2004 – 1 ABR 13/03, NZA 2005, 227; HaKo-BetrVG/Kohte BetrVG § 87 Rn. 77. 44 Ebenso Anzinger/Bieneck ASiG § 11 Rn. 46; Pieper ASiG Rn. 134 f.; DKKW/Klebe BetrVG § 87 Rn. 239; Springmann, S. 153; vgl. LAG Niedersachsen 22.10.2013 – 11 TaBV 49/13. 45 LAG Hamburg 11.9.2012 – 1 TaBV 5/12; Kohte in: FS Wlotzke, S. 563, 583 ff.; DKKW/Klebe BetrVG § 87 Rn. 235. 46 Natürlich besteht kein Mitbestimmungsrecht für die Vertretung des Arbeitgebers; die beiden Vertreter des Betriebsrats werden von diesem autonom und nicht im Wege der Mitbestimmung bestellt. 47 Möglicherweise fehlte im Verfahren LAG Baden-Württemberg 9.8.2012 – 3 TaBV 1/12 ein solcher konkreter Antrag. 48 Fitting BetrVG § 87 Rn. 327. 49 BAG 8.12.2015 – 1 ABR 83/13, NZA 2016, 504 = AP Nr. 2 zu § 11 ASiG mAnm Kohte. 50 Zur Parallele bei § 22 SGB VII BVerwG 18.5.1994 – 6 P 27/92, PersR 1994, 466; OVG Münster 15.12.1999 – 1 A 5101/97.PVL, PersR 2000, 375. 51 GK-BetrVG/Wiese BetrVG § 87 Rn. 670, 672; Richardi BetrVG § 87 Rn. 598; Fitting BetrVG § 87 Rn. 328; Springmann, S. 149. 52 Beispielhaft ArbG Aachen 29.10.1976 – 2 Ca 913/76, DB 1977, 452.

In anderen europäischen Staaten werden solche Fragen der Partizipation und Kommunikation teilweise auch durch die **Tarifvertragsparteien** geregelt; manche Gesetze enthalten auch entsprechende Tariföffnungsklauseln (→ Unionsrecht Rn. 20).[54] In Deutschland wird diese Diskussion noch nicht geführt, zumal es an entsprechenden Initiativen der Tarifvertragsparteien fehlt. Bisherige Entwürfe zu möglichen tarifvertraglichen Regelungen beziehen sich bislang nicht auf das ASiG-System, sondern auf andere Fragen (→ ArbSchG § 1 Rn. 35).[55] Im Zusammenhang mit der dringend gebotenen Modernisierung des ASiG (→ ASiG § 1 Rn. 29) wird auch diese Frage zu erörtern sein. 27

§ 12 ASiG Behördliche Anordnungen

(1) Die zuständige Behörde kann im Einzelfall anordnen, welche Maßnahmen der Arbeitgeber zur Erfüllung der sich aus diesem Gesetz und den die gesetzlichen Pflichten näher bestimmenden Rechtsverordnungen und Unfallverhütungsvorschriften ergebenden Pflichten, insbesondere hinsichtlich der Bestellung von Betriebsärzten und Fachkräften für Arbeitssicherheit, zu treffen hat.

(2) Die zuständige Behörde hat, bevor sie eine Anordnung trifft,
1. den Arbeitgeber und den Betriebsrat zu hören und mit ihnen zu erörtern, welche Maßnahmen angebracht erscheinen und
2. dem zuständigen Träger der gesetzlichen Unfallversicherung Gelegenheit zu geben, an der Erörterung mit dem Arbeitgeber teilzunehmen und zu der von der Behörde in Aussicht genommenen Anordnung Stellung zu nehmen.

(3) Die zuständige Behörde hat dem Arbeitgeber zur Ausführung der Anordnung eine angemessene Frist zu setzen.

(4) Die zuständige Behörde hat den Betriebsrat über eine gegenüber dem Arbeitgeber getroffene Anordnung schriftlich in Kenntnis zu setzen.

Literatur: *Stelkens/Bonk/Sachs*, VwVfG, Kommentar, 8. Aufl. 2014 (zitiert: Stelkens/Bonk/Sachs/Bearbeiter).

Leitentscheidungen: BAG 15.4.2014 – 1 ABR 82/12, NZA 2014, 1094; VG Lüneburg 20.7.2011 – 5 A 26/10; VG Hannover 6.10.1995 – 7 A 4246/95, GewArch 1996, 28 mAnm Kohte AuA 1996, 399; BSG 12.6.1989 – 2 RU 10/88, SozSich 1990, 196.

I. Normzweck, Rechtssystematik	1	1. Anhörung und Erörterung mit Arbeitgeber und Betriebsrat (Nr. 1)	19
II. Entstehungsgeschichte, Unionsrecht	3	2. Beteiligung des zuständigen Unfallversicherungsträgers (Nr. 2)	21
III. Erlass von Anordnungen (§ 12 Abs. 1, 3 ASiG)	5	3. Behördliche Verpflichtung und Verfahrensfehler	22
1. Grundsätze	5	V. Information des Betriebsrats (§ 12 Abs. 4 ASiG)	25
2. Gegenstand der Anordnungen	8	VI. Rechtsschutz und Verwaltungsvollstreckung	27
3. Behördliche Ermessensentscheidung	14	VII. Befugnisse der Unfallversicherungsträger	29
4. Ausführungsfrist (§ 12 Abs. 3 ASiG)	16		
IV. Anordnungsverfahren (§ 12 Abs. 2 ASiG)	18		

I. Normzweck, Rechtssystematik

§ 12 ASiG regelt die Befugnis der Aufsichtsbehörde, Anordnungen gegenüber dem Arbeitgeber im Einzelfall zu erlassen, um die Einhaltung der aus dem ASiG und der das 1

---
[53] LPK-SGB IX/*Düwell* SGB IX § 95 Rn. 74. [54] Haas, Die Partizipation der Beschäftigten im Arbeitsschutzrecht, 2017, S. 128 ff., 142 ff. [55] Kollar, Gesundheitsschutz als Aufgabe der Betriebs- und Tarifparteien, 2015, S. 180 ff.; Soost in: FS Kohte, 2016, S. 513 ff.

Gesetz konkretisierenden Rechtsverordnungen sowie der Unfallverhütungsvorschriften durch ihn zu gewährleisten. § 12 Abs. 1 ASiG enthält die für das behördliche Eingriffshandeln notwendige **Ermächtigungsgrundlage** für den Erlass von Anordnungen, die ihrer Rechtsnatur nach Verwaltungsakte (§ 35 VwVfG) sind. Das **Verfahren**, das vor und nach Erlass einer Anordnung im Einzelfall einzuhalten ist, regelt § 12 Abs. 2–4 ASiG.

2 Die in § 12 ASiG ausgeformte Anordnungsbefugnis baut auf § 13 ASiG auf, der die zur Überwachung des Arbeitgebers erforderlichen Auskunfts- und Besichtigungsrechte der zuständigen Behörde enthält. Dadurch wird sichergestellt, dass die Behörde die ihr übertragene staatliche Aufsicht angemessen wahrnehmen kann. **§ 12 Abs. 1 ASiG** stellt – wie § 22 Abs. 3 ArbSchG – den **verwaltungsrechtlichen Kern der Aufsicht** dar, da die Behörden den Arbeitgeber zur Einhaltung der von ihnen im Rahmen ihrer Überwachungsaufgabe festgestellten Verletzungen der auf dem ASiG basierenden Pflichten sowie zur Einhaltung der Pflichten zur Unfallverhütung gegebenenfalls im Wege des Verwaltungszwangs anhalten können.[1] § 12 ASiG dient dazu, diese Pflichten des Arbeitgebers praktisch durchzusetzen. Aus diesem Grund hat das Bundesarbeitsgericht in letzter Zeit mehrfach betont, dass sich Betriebsräte im Konflikt mit einem Arbeitgeber über die im ASiG normierten Pflichten an die Aufsichtsbehörde wenden können, damit diese nach § 12 ASiG vorgeht (→ ASiG § 11 Rn. 23).[2]

II. Entstehungsgeschichte, Unionsrecht

3 Der Gesetzgeber hat die auf diesem Gesetz basierenden Pflichten öffentlich-rechtlich ausgestaltet und dementsprechend eine **staatliche Aufsicht** eingeführt, die einer Eingriffsgrundlage bedarf. In Übereinstimmung mit Art. 83 GG hat er den Ländern die Aufgabe zugewiesen, zu bestimmen, welche Behörden zuständig sein sollen.[3] Im Gesetzgebungsverfahren wurde § 12 Abs. 2 ASiG um die Nr. 1 ergänzt, um den Betriebsrat in Übereinstimmung mit § 89 Abs. 2 BetrVG verpflichtend in das Verfahren einzubinden.[4] § 12 Abs. 4 ASiG wurde daran anknüpfend vollständig neu eingeführt.[5] § 12 ASiG gilt seit dem Inkrafttreten unverändert.

4 In § 12 ASiG wird gemeinsam mit § 13 ASiG (→ ASiG § 13 Rn. 4) die gemeinschaftsrechtliche Vorgabe der Rahmenrichtlinie 89/391/EWG aufgegriffen, die in Art. 4 Abs. 2 die Mitgliedstaaten verpflichtet, für eine angemessene Kontrolle und Überwachung Sorge zu tragen.[6] Dies verlangt auch **Art. 3 der Europäischen Sozialcharta** (ESC), denn nur ein **effektives Aufsichtssystem** kann das Grundrecht der Arbeitnehmer auf sichere und gesunde Arbeitsbedingungen gewährleisten. Dies entspricht der Konkretisierung von **Art. 4 Abs. 2 RL 89/391/EWG** durch den **Europäischen Gerichtshof**[7] (ausführlich → ArbSchG § 22 Rn. 4 ff.), so dass § 12 ASiG neben § 13 ASiG in diesem unionsrechtlichen Kontext gesehen werden muss.

III. Erlass von Anordnungen (§ 12 Abs. 1, 3 ASiG)

5 **1. Grundsätze.** Die Aufsichtsbehörde wird nach § 12 Abs. 1 ASiG zum Erlass von Anordnungen konkreter, erforderlicher Maßnahmen ermächtigt, die der Arbeitgeber zur Erfüllung der sich aus dem ASiG und den aufgrund dieses Gesetzes erlassenen Rechtsverordnungen (§ 14 ASiG) ergebenden Pflichten sowie Pflichten zur Unfallverhütung zu treffen hat. Diese Befugnis kann wie bei § 22 Abs. 3 ArbSchG[8] als „**Kern**" ihrer **Kompetenzen** bezeichnet werden. Die Anordnungsbefugnis versetzt die Aufsichtsbehörde in Form einer **Generalklausel**[9] in die Lage, die Einhaltung der von ihr zu überwa-

---

1 BT-Drs. 7/260, 15. **2** BAG 15.4.2014 – 1 ABR 82/12, NZA 2014, 1094; bestätigt durch BAG 8.12.2015 – 1 ABR 83/13, NZA 2016, 504. **3** BT-Drs. 7/260, 15. **4** BT-Drs. 7/1085, 8. **5** BT-Drs. 7/1085, 18 f. **6** Vgl. BT-Drs. 13/3540, 21. **7** EuGH 17.6.1999 – C-336/97, Slg 1999, I-3771: Verurteilung Italiens wegen mangelnder Störfallaufsicht mit der Folge der Präzisierung der Störfallaufsicht in RL 2003/105/EG, ursprünglich Seveso-II-RL; dazu Kohte in: FS Heilmann, S. 73. **8** Siehe ausführlich: LR/Kollmer ArbSchG § 22 Rn. 34; Kollmer/Klindt/Schucht/Kunz, ArbSchG § 22 Rn. 53. **9** So zu § 17 Abs. 2 ArbZG: OVG Nordrhein-Westfalen 10.5.2011 – 4 A 1403/08, NWVBl 2012, 112 Rn. 26.

chenden Vorschriften durchzusetzen.¹⁰ Vergleichbare Ermächtigungsgrundlagen zum Erlass von Verwaltungsakten finden sich in § 22 Abs. 3 ArbSchG, § 17 Abs. 2 ArbZG, § 19 GefStoffV, die gemeinsam das System der Anordnungsbefugnisse im öffentlich-rechtlichen Arbeitsschutz der Arbeitnehmer ausmachen. Insoweit kann grundsätzlich auf die Kommentierung zu § 22 Abs. 3 ArbSchG verwiesen werden (→ ArbSchG § 22 Rn. 44 ff.).

§ 12 Abs. 1 ASiG ist die **Ermächtigungsgrundlage** für sämtliche erforderlichen Anordnungen zur Einhaltung des ASiG und seiner Rechtsverordnungen (§ 14 ASiG) sowie der Unfallverhütungsvorschriften, die vor Gefährdungen für die Gesundheit der Arbeitnehmer schützen und Gesundheitsgefahren für die Arbeitnehmer abwenden sollen. Die **Zuständigkeit** der Aufsichtsbehörde bestimmt sich in Übereinstimmung mit Art. 83 GG nach dem Recht des jeweiligen Bundeslandes (→ ASiG § 13 Rn. 5), die jeweils in ihren ergänzend erlassenen Zuständigkeitsvorschriften die sachlich zuständige Behörde festgelegt haben.¹¹ Für die örtliche Zuständigkeit gilt das Verwaltungsverfahrensrecht der Länder, die entweder auf § 3 VwVfG des Bundes verweisen (so zB § 1 VwVfG LSA) oder eine eigene Vorschrift erlassen haben (zB § 3 VwVfG NRW). 6

Bei der Anordnung der entsprechenden Maßnahme handelt es sich um einen **Verwaltungsakt** (§ 35 VwVfG), für den die allgemeinen verwaltungsrechtlichen Voraussetzungen erfüllt sein müssen. Die Aufsichtsbehörde unterliegt dem **Amtsermittlungsgrundsatz**, dh sie ist von Amts wegen verpflichtet, den einer Anordnung zugrunde liegenden Sachverhalt zu ermitteln (§ 20 VwVfG). Basis sind die der Behörde nach § 13 ASiG zustehenden Befugnisse.¹² Dazu zählen insbesondere die Anhörung gemäß § 28 VwVfG in Verbindung mit § 12 Abs. 2 ASiG, die Einhaltung des Bestimmtheitsgrundsatzes (ausführlich → ArbSchG § 22 Rn. 46, 52 ff.), die pflichtgemäße Ausübung des Ermessens und die Wahrung des Verhältnismäßigkeitsgrundsatzes (→ ArbSchG § 22 Rn. 66). 7

2. Gegenstand der Anordnungen. § 12 Abs. 1 ASiG beinhaltet die generelle Ermächtigung, Maßnahmen zur Einhaltung der gesetzlichen Arbeitssicherheitsvorschriften (ASiG und seiner Rechtsverordnungen, § 14 ASiG) sowie der konkretisierenden Unfallverhütungsvorschriften zu ergreifen.¹³ Vorausgesetzt ist, dass der **Arbeitgeber als Adressat**¹⁴ der Anordnungen seine Arbeitssicherheitspflichten (zB aus § 11 ASiG) nicht erfüllt, wobei es auf ein Verschulden (§ 276 BGB) nicht ankommt.¹⁵ Anordnungen in diesem Sinne dienen dem **präventiven Gesundheitsschutz der Arbeitnehmer** und damit der Gefahrenvorsorge. Weitergehend sind von dieser Ermächtigungsgrundlage auch Anordnungen gedeckt, die im Einzelfall eine **konkrete Gefahr** für die Gesundheit der Arbeitnehmer aus der Verletzung arbeitssicherheitsrechtlicher Vorschriften und Unfallverhütungsvorschriften **abwenden** sollen (→ Rn. 12).¹⁶ 8

Im Anwendungsbereich des ASiG und seiner Rechtsverordnungen geht es zur **Durchsetzung der Organisationspflichten des Arbeitgebers** um konkrete Vorgaben, welche Organisationsstruktur der Arbeitgeber in seinem Betrieb einzuführen hat. Der Hauptanwendungsbereich liegt in einer generellen Befugnisnorm und mithin im präventiven Arbeitsschutz. Sie ermächtigt zu allen Anordnungen zum Schutz der Beschäftigten vor Gefährdungen im Sinne der Gefahrenvorsorge. Es sind regelmäßig Maßnahmen, die im Vorfeld einer Gefahr ansetzen, wie sie ebenfalls von § 22 Abs. 3 S. 1 Nr. 1 ArbSchG (→ ArbSchG § 22 Rn. 50) erfasst werden.¹⁷ § 12 Abs. 1 ASiG nennt zwei zentrale Maßnahmen beispielhaft¹⁸ und nicht abschließend: Die 9

---

10 BT-Drs. 7/260, 15. **11** KJP/Koll ASiG § 12 Rn. 3. **12** Wank ASiG § 12 Rn. 4. **13** In § 22 Abs. 3 S. 1 Nr. 1 ArbSchG: Generalanordnung. **14** LAG Baden-Württemberg 9.8.2012 – 3 TaBV 1/12, Rn. 27. **15** Anzinger/Bieneck ASiG § 12 Rn. 10; Spinnarke/Schork ASiG § 12 Rn. 1. **16** Vgl. zum ArbZG BeckOK-ArbR/Kock, 45. Aufl. 2017, ArbZG § 17 Rn. 4 mwN. **17** Vgl. zu § 22 Abs. 3 ArbSchG: Faber, Grundpflichten, S. 359. **18** Wank ASiG § 12 Rn. 2.

- Bestellung von **Betriebsärzten** nach § 2 Abs. 1 ASiG,
- Bestellung von **Fachkräften für Arbeitssicherheit** gemäß § 5 Abs. 1 ASiG,[19] wobei die in § 12 Abs. 1 ASiG nicht genannte Bildung eines **Arbeitsschutzausschusses** gemäß § 11 ASiG[20] ebenfalls zu dieser Art Anordnung zählt.

Die Anordnungen können im Einzelfall zusätzlich die Arbeitsweise, wie die des Arbeitsschutzausschusses, zum Gegenstand haben.[21]

10 Weiterhin können Gegenstand der Anordnungen solche Maßnahmen sein, durch die der Arbeitgeber seine bereits vorhandenen Organisationsstrukturen der Betriebsärzte, der Fachkräfte für Arbeitssicherheit oder des Arbeitsschutzausschusses gemäß den rechtlichen Vorgaben des ASiG und der ggf. einschlägigen Rechtsverordnungen (§ 14 ASiG)/Unfallverhütungsvorschriften (ua DGUV Vorschrift 2) ergänzen oder ändern muss. Zu nennen sind zum Beispiel Anordnungen zum regelmäßigen Sitzungsturnus des Arbeitsschutzausschusses nach § 11 S. 4 ASiG[22] oder zur gesetzlich angemessenen Unterstützung der Betriebsärzte durch Bereitstellung von Hilfspersonal und Räumen bzw. von Informationen gemäß § 2 Abs. 2 S. 2, 3 ASiG.[23] Ebenso können durch Anordnungen die Weisungsfreiheit sowie das Benachteiligungsverbot nach § 8 ASiG gesichert werden.[24]

11 Sowohl für die **Sachverhaltsermittlung** im Betrieb des Arbeitgebers im Rahmen der Amtsermittlung (§ 20 VwVfG) als auch für den konkreten **Gegenstand der Anordnungen** bietet die **GDA-Leitlinie** Organisation des betrieblichen Arbeitsschutzes vom 15.12.2011, Element 3 Erfüllung der Organisationspflichten aus dem ASiG, S. 21 ff. der Aufsichtsbehörde mit den Leitfragen und Beurteilungskriterien eine verlässliche und praktisch handhabbare Basis. Durch die Aufsichtsbehörde sind die Anordnungen daher im Grundsatz rechtlich gut umsetzbar, denn für den Arbeitgeber besteht gemäß §§ 2 Abs. 1, 5 Abs. 1, 11 Abs. 1 ASiG bei Vorliegen der gesetzlichen Voraussetzungen die uneingeschränkte Verpflichtung, Betriebsärzte und Fachkräfte für Arbeitssicherheit zu bestellen sowie den Arbeitsschutzausschuss zu bilden (zum Entschließungsermessen → Rn. 14). Die jeweiligen gesetzlichen Vorschriften werden insbesondere in den dazugehörigen Unfallverhütungsvorschriften für den Arbeitgeber und die Aufsichtsbehörde präzisiert,[25] so dass sich bei den verwaltungsrechtlichen Grundsätzen der Bestimmtheit[26] (→ ArbSchG § 22 Rn. 46) und Verhältnismäßigkeit (→ ArbSchG § 22 Rn. 66) der Anordnung vor dem Hintergrund der GDA-Leitlinie (→ Rn. 11) praktisch keine besonderen Herausforderungen stellen. So muss die Behörde nicht im Einzelnen anordnen, in welchem Umfang und mit welchen Aufgaben der Betriebsarzt und die Fachkraft für Arbeitssicherheit zu bestellen sind. Für die **Bestimmtheit der Anordnung** ist der konkrete Hinweis auf die maßgeblichen Vorschriften der einschlägigen Unfallverhütungsvorschrift, hier die DGUV Vorschrift 2, ausreichend.[27]

12 Hat der Arbeitgeber die gesetzlichen Verpflichtungen zur Sicherheitsorganisation im Betrieb nicht oder mangelhaft umgesetzt, zieht dies regelmäßig weitere Verletzungen des materiellen Arbeitsschutzrechts nach sich, die im Einzelfall zu einer konkreten Gefahr für die Arbeitnehmer führen können. In diesen Fällen wird die Aufsichtsbehörde erforderliche Maßnahmen grundsätzlich gemäß § 22 Abs. 3 S. 1 Nr. 1, 2 ArbSchG anordnen (→ Rn. 8). Kommt der Arbeitgeber den behördlichen Anordnungen nicht nach, kann die Aufsichtsbehörde weitergehend eine sogenannte Untersagungsanordnung nach § 22 Abs. 3 S. 3 ArbSchG erlassen (→ ArbSchG § 22 Rn. 60 ff.).

---

19 Zu diesen beiden Maßnahmen: VG Lüneburg 20.7.2011 – 5 A 26/10. **20** VG Hannover 6.10.1995 – 7 A 4246/95, GewArch 1996, 28 mAnm Kohte AuA 1996, 399. **21** VG Hannover 6.10.1995 – 7 A 4246/95, GewArch 1996, 28 mAnm Kohte AuA 1996, 399; weitere Beispiele Wilrich in: Nöthlichs, ASiG § 12 Rn. 2.3. **22** Mindestens vierteljährlicher Sitzungsturnus: VG Hannover 6.10.1995 – 7 A 4246/95, GewArch 1996, 28 mAnm Kohte AuA 1996, 399; vgl. den Sachverhalt in BAG 8.12.2015 – 1 ABR 83/13, NZA 2016, 504. **23** Weitere Beispiele bei Wilrich in: Nöthlichs, ASiG § 12 Rn. 2.3. **24** Pieper, 6. Aufl. 2017, ASiG Rn. 142. **25** ZB für § 2 Abs. 1 ASiG: VG Ansbach 10.11.1988 – AN 4 K 87.00463, GewArch 1989, 398. **26** Dazu VG Lüneburg 20.7.2011 – 5 A 26/10. **27** VG Lüneburg 20.7.2011 – 5 A 26/10, Rn. 24.

Im Anwendungsbereich des § 12 ASiG ist der **Erlass sog gesetzeswiederholender Anordnungen** im Einzelfall zulässig, wie er von der Rechtsprechung auch zum Arbeitszeitrecht[28] (§ 17 Abs. 2 ArbZG) allgemein anerkannt ist (→ ArbZG § 17 Rn. 36). Dazu zählt zB die Anordnung eines mindestens vierteljährlichen Sitzungsturnus des Arbeitsschutzausschusses gemäß § 11 S. 4 ASiG.[29] Ebenso übertragbar sind die Regelungen über die Zulässigkeit sog feststellender Verwaltungsakte bei Meinungsverschiedenheiten über die Auslegung der gesetzlichen Vorschriften sowie der Unfallverhütungsvorschriften (→ ArbZG § 17 Rn. 38).[30] 13

3. Behördliche Ermessensentscheidung. Die auf § 12 Abs. 1 ASiG zu erlassenden Anordnungen stehen im Ermessen der Behörde („kann"; dazu → ArbSchG § 22 Rn. 64 ff.). Das Entschließungsermessen, dh ob die Behörde die Anordnung trifft oder nicht, berechtigt die Behörde, zunächst ohne förmliche Anordnung nach § 12 Abs. 1 ASiG auf die Einhaltung der Arbeitssicherheitspflichten beim Arbeitgeber hinzuwirken, wenn davon auszugehen ist, dass er dies freiwillig tun wird.[31] Dies ist in einer Parallelwertung zu § 22 Abs. 3 ArbSchG auf der Grundlage eines sog **Besichtigungs- oder Revisonsschreibens** möglich, wie es insbesondere im Vorfeld einer Generalanordnung gemäß § 22 Abs. 3 S. 1 Nr. 1 ArbSchG anerkannt ist (→ ArbSchG § 22 Rn. 65). Es hat ua die bei einer Besichtigung festgestellten Mängel zum Gegenstand und fordert den Arbeitgeber unter Fristsetzung zu deren Beseitigung auf. Ein solches Schreiben stellt grundsätzlich keinen Verwaltungsakt (§ 35 VwVfG) dar (→ ArbSchG § 22 Rn. 45). Eine förmliche Anordnung gemäß § 12 Abs. 1 ASiG kann insbesondere dann ermessensfehlerhaft sein, wenn der Arbeitgeber auf die Mängel im Anhörungsverfahren gemäß § 12 Abs. 2 ASiG hingewiesen worden ist und er anschließend keine weitere Pflichtverletzung mehr begangen hat.[32] 14

Im Rahmen des Auswahlermessens und der Formulierung der anzuordnenden Maßnahmen hat die Aufsichtsbehörde zu beachten, dass die Erfüllung der Pflichten des Arbeitgebers nach dem ASiG regelmäßig der **betriebsverfassungs- bzw. personalrechtlichen Mitbestimmung** unterliegt, wie zB die Bildung des Arbeitsschutzausschusses nach § 87 Abs. 1 Nr. 7 BetrVG (→ ASiG § 11 Rn. 2). Anordnungen sollen auch gewährleisten, dass der Arbeitgeber seine Pflichten nach dem BetrVG bzw. PersVG erfüllen kann. Regelmäßig dürfen Anordnungen nicht derart abschließend erlassen werden, dass sie im Anwendungsbereich der Mitbestimmungsrechte ohne jeglichen Spielraum vollziehbar sind.[33] Beispielsweise müssen die der Mitbestimmung unterliegenden Regelungen zur Bildung (zB Zusammensetzung: Anzahl der Mitglieder) und Arbeit dieses Ausschusses (→ ASiG § 11 Rn. 2, 17) grundsätzlich nach Erlass der Anordnung zur Bildung des Arbeitsschutzausschusses in Kooperation mit dem Betriebsrat möglich sein, wenn nicht im Einzelfall die Ergebnisse des gemeinsamen Erörterungstermins mit dem Betriebsrat etwas Abweichendes ergeben. Abschließend im obigen Sinne ist zB nicht die Anordnung eines mindestens vierteljährlichen Sitzungsturnus des Ausschusses nach § 11 S. 4 ASiG,[34] weil damit auch den Betriebsrat bindender gesetzlicher Mindeststandard durchgesetzt werden soll und ein kürzerer Turnus innerbetrieblich geregelt werden kann (→ ASiG § 11 Rn. 17). 15

4. Ausführungsfrist (**§ 12 Abs. 3 ASiG**). Die Aufsichtsbehörde ist verpflichtet, dem Arbeitgeber zur Ausführung der Anordnung nach § 12 Abs. 1 ASiG eine angemessene Frist zu setzen (→ ArbSchG § 22 Rn. 58 f.). Es gilt § 31 Abs. 1, 2 VwVfG. Die Fristregelung muss hinreichend bestimmt, dh sie muss **kalendermäßig eindeutig** sein.[35] Die Verpflichtung zu „unverzüglichem Handeln" reicht regelmäßig für die Rechtmäßigkeit 16

---

28 Zuletzt VG Augsburg 27.5.2013 – 5 Au K 12.665, Rn. 32 mN zur obergerichtlichen Rechtsprechung. Zustimmend aus der Literatur nur Münch/ArbR/Anzinger § 302 Rn. 7. **29** VG Hannover 6.10.1995 – 7 A 4246/95, GewArch 1996, 28 mAnm Kohte AuA 1996, 399. **30** Anzinger/Bieneck ASiG § 12 Rn. 13, 14. **31** Vgl. Wilrich in: Nöthlichs, ASiG § 12 Rn. 2.3; Wank ASiG § 12 Rn. 5. **32** So VG Hannover 6.10.1995 – 7 A 4246/95, GewArch 1996, 28 mAnm Kohte AuA 1996, 399. **33** Dazu ausführlich Kohte in: FS Heilmann, 2001, S. 73, 81 f. **34** VG Hannover 6.10.1995 – 7 A 4246/95, GewArch 1996, 28 mAnm Kohte AuA 1996, 399. **35** Stelkens/Bonk/Sachs/Kallerhoff VwVfG § 31 Rn. 25.

einer Ordnungsverfügung nicht aus.[36] Für die Angemessenheit der Frist sind die **Umstände des Einzelfalles** maßgeblich. Allgemein ist zu beachten, dass der mit der behördlichen Anordnung bezweckte Aufbau bzw. die Gewährleistung der Sicherheitsorganisation den Beteiligungsrecht des Betriebsrates gemäß § 89 Abs. 2 BetrVG unterliegt und für die **betriebsinterne Kooperation** ebenfalls angemessene Zeit zu berücksichtigen ist (→ Rn. 20).[37] Dies wird insbesondere davon abhängig sein, welche Ergebnisse der gemeinsame Erörterungstermin nach § 12 Abs. 2 ASiG gebracht hat. Es ist sinnvoll, die Ausführungsfrist mit den Beteiligten bereits im Anhörungstermin zu erörtern.[38] Die notwendige Bekanntgabe der Fristsetzung erfolgt durch die Anordnung als Verwaltungsakt gemäß § 41 VwVfG.[39]

17 Die Anordnungen müssen generell auch dann noch erfüllt werden, wenn die Frist abgelaufen ist, denn der mit der Umsetzung der Sicherheitsorganisation nach dem ASiG verfolgte Zweck ist nicht entfallen. Wurde keine Ausführungsfrist gesetzt, ist die Anordnung rechtswirksam, jedoch in Bezug auf die fehlende Fristsetzung anfechtbar.[40] Eine unangemessen kurze Ausführungsfrist führt ebenfalls nicht zur Unwirksamkeit der Anordnung; sie setzt den Lauf einer angemessen langen Frist in Gang.

IV. Anordnungsverfahren (§ 12 Abs. 2 ASiG)

18 Das vor dem Erlass der Anordnung einzuhaltende Verfahren ist in § 12 Abs. 2 ASiG geregelt. Diese Regelungen gelten grundsätzlich zusätzlich zu den allgemeinen verwaltungsrechtlichen Verfahrensvoraussetzungen. § 12 Abs. 2 ASiG basiert ausgehend vom Amtsermittlungsgrundsatz (→ Rn. 7) darauf, dass die Aufsichtsbehörde „umfassend und sehr sorgfältig die besonderen Betriebsverhältnisse prüfen muss, bevor sie sich darüber schlüssig werden kann, welche Maßnahmen der Arbeitgeber zur Erfüllung der ihm obliegenden Verpflichtungen treffen muss."[41] Sowohl Arbeitgeber, Betriebsrat und der zuständige Unfallversicherungsträger sind in angemessener Weise und rechtzeitig insbesondere über den gemeinsamen Erörterungstermin zu informieren. Für die Durchführung des Anhörungs- und Erörterungsverfahrens ist die **GDA-Leitlinie** Organisation des betrieblichen Arbeitsschutzes vom 15.12.2011, Element 3 Erfüllung der Organisationspflichten aus dem ASiG, S. 21 ff. mit den Leitfragen und Beurteilungskriterien wie ausgeführt (→ Rn. 11 f.) eine verlässliche und praktikable Basis (weiterführend → ArbSchG Vor §§ 20 a, 20 b Rn. 10; → ArbSchG §§ 20 a, 20 b Rn. 9 ff.).

19 **1. Anhörung und Erörterung mit Arbeitgeber und Betriebsrat (Nr. 1).** Die Aufsichtsbehörde hat vor Erlass einer Anordnung nicht nur den Arbeitgeber zu hören (so schon nach § 28 VwVfG), sondern ebenfalls den Betriebsrat. Die Aufsichtsbehörde ist weiterhin verpflichtet, mit beiden Beteiligten zu erörtern, welche Maßnahmen zur Gewährleistung des Arbeitsschutzes nach dem ASiG und der Unfallverhütung angebracht erscheinen. Mit dieser Regelung wird die Kooperationspflicht in § 89 Abs. 2 BetrVG bzw. § 81 BPersVG ausgefüllt,[42] nach denen die für den Arbeitsschutz zuständigen Behörden ua verpflichtet sind, den Betriebsrat bei allen im Zusammenhang mit dem Arbeitsschutz oder der Unfallverhütung stehenden Besichtigungen und Fragen hinzuzuziehen. § 12 Nr. 1 ASiG beinhaltet das für das behördliche Anordnungsverfahren im Arbeitsschutz verallgemeinerbare **Leitbild der Sicherheitskooperation**. Die Partizipation der Beschäftigten über den **Betriebsrat** ist ein wichtiges Element zur Effektivierung des Arbeitsschutzes (ausführlich → ArbSchG § 22 Rn. 41 ff.; → BetrVG § 89 Rn. 15).

20 Das Gesetz unterscheidet zwischen Anhörung und Erörterung. Es obliegt der Aufsichtsbehörde, im Einzelfall zu entscheiden, ob sie die Anhörung mit Arbeitgeber und Betriebsrat getrennt oder gemeinsam durchführt.[43] Nur für die **Erörterung** der in Betracht kommenden Maßnahmen zur Sicherung des Arbeitsschutzes und der Unfallverhütung ist nach Sinn und Zweck der Beteiligung des Betriebsrats und des zuständigen

---

36 So OVG Greifswald 18.6.1996 – 3 M 3/96, NVwZ-RR 1997, 762. **37** So auch Kohte in: FS Heilmann, 2001, S. 73, 81; bereits im Ansatz wohl aA Wilrich in: Nöthlichs, ASiG § 12 Rn. 2.8. **38** Anzinger/Bieneck ASiG § 12 Rn. 24. **39** Stelkens/Bonk/Sachs/Kallerhoff VwVfG § 31 Rn. 25. **40** Anzinger/Bieneck ASiG § 12 Rn. 25. **41** BT-Drs. 7/260, 15. **42** BT-Drs. 7/1085, 8. **43** Anzinger/Bieneck ASiG § 12 Rn. 18.

Unfallversicherungsträgers (→ Rn. 21; zu seinen Befugnissen → ArbSchG § 22 Rn. 75) ein **gemeinsamer Termin** vorgesehen. Er dient dazu, praktikable und wirksame Lösungen zu finden.[44] Findet eine gemeinsame Anhörung statt, wird sich regelmäßig die Erörterung der möglichen Maßnahmen anschließen oder mit der Anhörung verknüpft sein, wobei dann darauf zu achten ist, dem Unfallversicherungsträger nach Nr. 2 rechtzeitig vorab die Gelegenheit zur Teilnahme an diesem Termin zu geben.[45] Arbeitgeber und Betriebsrat sind berechtigt, Betriebsärzte und Fachkräfte für Arbeitssicherheit in die Anhörung einzubeziehen und ihre Teilnahme am Erörterungstermin zu verlangen.[46] Für den Betriebsrat ist § 9 Abs. 2 ASiG dazu die Grundlage.

2. Beteiligung des zuständigen Unfallversicherungsträgers (Nr. 2). Die Beteiligung des 21 zuständigen Unfallversicherungsträgers (→ ArbSchG § 22 Rn. 75 f.) erfolgt formal in zwei Schritten. Die Aufsichtsbehörde ist verpflichtet, ihm die Gelegenheit einzuräumen,
- am Erörterungstermin mit dem Arbeitgeber teilzunehmen sowie
- zu der von ihr in Aussicht genommenen Anordnung Stellung zu nehmen.

Diese Verfahrensvorschrift dient dazu, die speziellen Sachkenntnisse des Technischen Aufsichtsdienstes der Unfallversicherungsträger sowie deren Eingriffsmöglichkeiten (→ Rn. 29) über ihre Mitgliedsunternehmen im Anordnungsverfahren zu berücksichtigen.[47] Nach dem mit Arbeitgeber und Betriebsrat gemeinsam durchgeführten Erörterungstermin hat die Behörde spätestens dann die beabsichtigten Anordnungen zu konkretisieren, dem Unfallversicherungsträger mitzuteilen und ihm eine angemessene Frist zur Stellungnahme einzuräumen. Dies gilt auch dann, wenn der Unfallversicherungsträger nicht an dem Erörterungstermin teilgenommen hat.

3. Behördliche Verpflichtung und Verfahrensfehler. Nach seinem Wortlaut begründet 22 § 12 Abs. 2 ASiG entsprechende Verpflichtungen der Aufsichtsbehörde im Anordnungsverfahren. Mit dieser Vorschrift werden die allgemeinen Verwaltungsverfahrensvorschriften konkretisiert und ergänzt. Die für den Arbeitgeber bereits in § 28 VwVfG vorgesehene Anhörungspflicht wird um die Erörterung mit dem Betriebsrat ergänzt, für den in § 12 Abs. 2 Nr. 1 ASiG ebenfalls ausdrücklich eine Anhörungspflicht und Erörterungspflicht normiert wird. Der Unfallversicherungsträger, dessen Aufsichtspersonen nach § 19 SGB VII in paralleler Zuständigkeit für Anordnungen zuständig sind (→ Rn. 29), ist gemäß § 12 Abs. 2 Nr. 1 ASiG ebenfalls verpflichtend in das Verfahren einzubinden. Bei Verletzung dieser Regelungen liegt ein Verfahrensfehler vor. Dies gilt insbesondere dann, wenn Anhörung und Erörterung unterlassen oder nicht ordnungsgemäß durchgeführt werden, so dass sie wie unterlassene Anhörungen/Erörterungen zu behandeln sind. Das ist beispielsweise der Fall, wenn sie zu früh oder zu spät oder nicht zum gesamten entscheidungserheblichen Sachverhalt erfolgt sind.[48] Ergehen behördliche Anordnungen insoweit fehlerhaft, sind die Anordnungen regelmäßig nicht unwirksam (§ 44 VwVfG), jedoch von Arbeitgeber, Betriebsrat oder dem Unfallversicherungsträger – ggf. gerichtlich – anfechtbar. Die zuständige Behörde kann den Verfahrensfehler grundsätzlich heilen, indem sie die fehlerhafte Anhörung bzw. Erörterung nachholt (s. § 45 Abs. 1 Nr. 3, Abs. 2 VwVfG) und die ergangenen Anordnungen überprüft sowie ggf. ändert.

Der **Betriebsrat** hat ein **eigenes Anfechtungsrecht** nach allgemeinen Verfahrensgrund- 23 sätzen (§ 42 Abs. 2 VwGO). Im Anwendungsbereich des ASiG haben behördliche Anordnungen in aller Regel keine mitbestimmungsausschließende Wirkung, die ein Anfechtungsrecht des Betriebsrats ausschließt,[49] wie sie vom Bundesverwaltungsgericht[50] für atomrechtliche Anordnungen anerkannt ist. Bei der atomrechtlichen Aufsicht der Nuklearindustrie überwiegt das Allgemeininteresse wegen der für die Gesellschaft ausgehenden Risiken vom Einsatz riskanter Technologien die Schutzinteressen der Arbeitnehmer. Dieses Spannungsverhältnis liegt dem ASiG nicht in vergleichbarer Weise zu-

---

44 Spinnarke/Schork, ASiG § 12 Rn. 2. **45** Vgl. Anzinger/Bieneck ASiG § 12 Rn. 18. **46** Anzinger/Bieneck ASiG § 12 Rn. 18. **47** BT-Drs. 7/260, 15; KJP/Koll ASiG § 12 Rn. 4. **48** Siehe zur Anhörung Stelkens/Bonk/Sachs/Bonk/Kallerhoff VwVfG § 28 Rn. 68. **49** Vgl. Kohte in: FS Heilmann, 2001, S. 73, 81. **50** BVerwG 9.7.1992 – 7 C 32/91, BVerwGE 90, 304.

grunde, da es eine effiziente Sicherheitsorganisation zum Schutz der Arbeitnehmer bezweckt. Die Rechtsprechung des Bundesverwaltungsgerichts zum Atomrecht kann nicht ohne Hinzutreten weiterer Umstände auf die Anordnungen nach § 12 Abs. 1 ASiG übertragen werden.

24 Das Verfahren nach § 12 Abs. 2 ASiG ist ausnahmsweise dann nicht einzuhalten, wenn Gefahr im Verzug für das Leben oder die Gesundheit der Arbeitnehmer besteht (zB durch die Verletzung von Unfallverhütungsvorschriften) und die vorgesehene Beteiligung von Arbeitgeber, Betriebsrat und zuständigem Unfallversicherungsträger eine effektive Gefahrenabwehr ausschließt (→ ArbSchG § 22 Rn. 54 ff.).

V. Information des Betriebsrats (§ 12 Abs. 4 ASiG)

25 Die Aufsichtsbehörde ist verpflichtet, den Betriebsrat über eine Anordnung gegenüber dem Arbeitgeber nach § 12 Abs. 1 ASiG schriftlich in Kenntnis zu setzen. Diese Regelung dient dazu, dem Betriebsrat auch durch diese Verfahrensvorschrift die notwendigen und umfassenden Informationen zur Verfügung zu stellen, die er zur Erfüllung seiner Aufgaben in den Bereichen des Arbeitsschutzes und der Unfallverhütung nach § 89 Abs. 1 BetrVG benötigt. Sie entbindet jedoch den Arbeitgeber nicht von seiner eigenen Verpflichtung gemäß § 89 Abs. 2 S. 2 BetrVG,[51] den Betriebsrat unverzüglich über Auflagen und Anordnungen der zuständigen Behörden in diesen Bereichen in Kenntnis zu setzen. Hier bietet sich eine zwischen Aufsichtsbehörde und Arbeitgeber abgestimmte Vorgehensweise an.[52]

26 Das Schriftform-Erfordernis wird in der Literatur nicht an § 126 BGB gemessen; ausreichend ist die Übergabe einer Kopie der Anordnung.[53]

VI. Rechtsschutz und Verwaltungsvollstreckung

27 Anordnungen im Einzelfall nach § 12 Abs. 1 ASiG begründen für den Arbeitgeber Handlungspflichten. Daher stellen sie **belastende Verwaltungsakte** dar, gegen die Rechtsmittel wie Widerspruch (§ 68 VwGO) (in Bayern, Niedersachsen und Nordrhein-Westfalen direkt Klage beim Verwaltungsgericht) und Anfechtungsklage (§ 42 Abs. 1. Alt. 1 VwGO) statthaft sind. Zum Anfechtungsrecht des Betriebsrats → Rn. 23. Diese Rechtsbehelfe haben aufschiebende, dh vollstreckungshindernde Wirkung nach § 80 Abs. 1 S. 1 VwGO. Zur zwangsweisen Durchsetzung der Anordnung vor Unanfechtbarkeit des Verwaltungsaktes und nach Ablauf der angemessenen Ausführungsfrist gemäß § 12 Abs. 3 ASiG ist erforderlich, dass die Behörde gemäß § 80 Abs. 2 S. 1 Nr. 4 VwGO die sofortige Vollziehung anordnet.[54] Die Verwaltungsvollstreckung richtet sich regelmäßig nach den Verwaltungsvollstreckungsgesetzen der Länder. Insoweit gelten grundsätzlich keine Besonderheiten.

28 Handelt der Arbeitgeber einer vollziehbaren Anordnung nach § 12 Abs. 1 ASiG zuwider, kann die Behörde zusätzlich ein Ordnungswidrigkeitenverfahren gemäß § 20 Abs. 1 Nr. 1 ASiG durchführen. Beide Verfahren schließen sich nicht aus, da sie unterschiedliche Zwecke verfolgen[55] (dazu → ArbSchG § 22 Rn. 77).

VII. Befugnisse der Unfallversicherungsträger

29 Die Unfallversicherungsträger nehmen im dualen deutschen Arbeitsschutzsystem neben den staatlichen Aufsichtsbehörden Aufsichtsfunktionen wahr (→ ArbSchG § 22 Rn. 75 f.). Die in § 21 ArbSchG vorgesehene strukturelle Aufgabenkoordinierung (ausführlich → ArbSchG § 21 Rn. 18 ff.) wird im Hinblick auf die Einbindung in das staatliche Aufsichtsverfahren nach § 12 Abs. 2 Nr. 2 ASiG ergänzt (→ Rn. 21). § 12 Abs. 1 und 2 ASiG führt zu **keiner Beschränkung der Anordnungsbefugnisse** der Unfallversicherungsträger

---

51 BT-Drs. 7/1085, 8. **52** So auch Anzinger/Bieneck ASiG § 12 Rn. 27. **53** Anzinger/Bieneck ASiG § 12 Rn. 26. **54** Anzinger/Bieneck ASiG § 12 Rn. 35. **55** Anzinger/Bieneck ASiG § 12 Rn. 30; KJP/Koll ASiG § 12 Rn. 8.

gemäß § 19 SGB VII.[56] Die Anordnungen gemäß § 19 Abs. 2 SGB VII können der Einhaltung der Unfallverhütungsvorschriften dienen, die sich an typisierenden Gefährdungen orientieren (zB die DGUV Vorschrift 2) und zur Abwendung besonderer Unfall- und Gesundheitsgefahren dienen, die sich aus spezifischen betrieblichen Situationen sowie der Verletzung elementarer staatlicher Arbeitsschutzvorschriften ergeben können (weiterführend → ArbSchG § 22 Rn. 76).[57] Ist der Bund Unfallversicherungsträger (§ 125 SGB VII), liegt die Zuständigkeit für den Erlass von Anordnungen bei der **Unfallversicherung Bund und Bahn** (§ 115 SGB VII);[58] für die Unfallversicherung im Landesbereich sind die **Unfallkassen der Länder** zuständig (§ 116 SGB VII). Da sie eigenständige Behörden sind, können sie Anordnungen im Bereich des öffentlichen Dienstes, insbesondere zur Durchsetzung der DGUV Vorschrift 2, erlassen, ohne dass sich die Fragen des „In-sich-Verwaltungsakts" stellen (dazu → ArbSchG § 22 Rn. 73 ff.).

§ 13 ASiG Auskunfts- und Besichtigungsrechte

(1) ¹Der Arbeitgeber hat der zuständigen Behörde auf deren Verlangen die zur Durchführung des Gesetzes erforderlichen Auskünfte zu erteilen. ²Er kann die Auskunft auf solche Fragen verweigern, deren Beantwortung ihn selbst oder einen der in § 383 Abs. 1 Nr. 1 bis 3 der Zivilprozeßordnung bezeichneten Angehörigen der Gefahr strafgerichtlicher Verfolgung oder eines Verfahrens nach dem Gesetz über Ordnungswidrigkeiten aussetzen würde.

(2) ¹Die Beauftragten der zuständigen Behörde sind berechtigt, die Arbeitsstätten während der üblichen Betriebs- und Arbeitszeit zu betreten und zu besichtigen; außerhalb dieser Zeit oder wenn sich die Arbeitsstätten in einer Wohnung befinden, dürfen sie nur zur Verhütung von dringenden Gefahren für die öffentliche Sicherheit und Ordnung betreten und besichtigt werden. ²Das Grundrecht der Unverletzlichkeit der Wohnung (Artikel 13 des Grundgesetzes) wird insoweit eingeschränkt.

Literatur: *Nöthlichs*, Gesetzliche Duldungspflicht, Arbeitsschutz 1978, 295.
Leitentscheidungen: OLG Düsseldorf 2.2.1982 – 5 Ss (OWi) 643/81, GewArch 1983, 154; OLG Hamm 6.5.2008 – 3 Ss OWi 277/08; OVG Berlin 18.3.1982 – 2 B 24/79, GewArch 1982, 279.

I. Normzweck und Systematik

§ 13 ASiG beschreibt die Rechte und Befugnisse der für die Überwachung zuständigen 1 Behörden. Das Arbeitssicherheitsgesetz ergänzt die Anforderungen des Arbeitsschutzgesetzes, nämlich die Verpflichtung des Arbeitgebers, für eine **geeignete Arbeitsschutzorganisation** zu sorgen (§ 3 ArbSchG). Damit gelten neben den Vorschriften des Arbeitssicherheitsgesetzes auch die des Arbeitsschutzgesetzes, so dass bei der Überwachung neben den Auskunfts- und Besichtigungsrechten des **§ 13 ASiG** auch **§ 22 ArbSchG** angewendet werden kann.[1]

Diese Norm hat den Zweck, dass sich die Überwachungsbehörden ein hinreichendes 2 **Bild über die betrieblichen Verhältnisse** verschaffen können. Es wird ihnen ermöglicht zu beurteilen, ob der jeweilige Arbeitgeber seinen Pflichten nach dem ASiG erfüllt. Nur so können sie ihrem Überwachungsauftrag nachkommen und ggf. ihre Anordnungsrechte nach § 12 ASiG zielgerichtet nutzen.[2]

II. Entstehungsgeschichte und Unionsrecht

Bereits im **Regierungsentwurf zum ASiG**[3] war die Notwendigkeit einer eigenständigen 3 Überwachungsvorschrift vorgesehen, da Auskunftspflichten und Betretungsbefugnisse

---

[56] Anzinger/Bieneck ASiG § 12 Rn. 40 zur Vorgängervorschrift des § 17 SGB VII; BSG 12.6.1989 – 2 RU 10/88, SozSich 1990, 196. [57] Kohte BG 2010, 384 (385). [58] Ausführlich Freund/Fattler BArbBl 2002, 28; Leube ZTR 2003, 380; Schneider/Schweers-Sander ZTR 2004, 456. [1] Nöthlichs ASiG § 13 Rn. 1.1. [2] OLG Hamm 6.5.2008 – 3 Ss OWi 277/08; Anzinger/Bieneck ASiG § 13 Rn. 3; Wank ASiG § 13 Rn. 1. [3] BT-Drs. 7/260, 15.

normiert werden sollten, damit die Behörden ihre Anordnungsbefugnisse nach § 12 ASiG sachgerecht nutzen können. Im parlamentarischen Verfahren wurde die Norm im Wesentlichen bestätigt, doch wurden Änderungsvorschläge des Bundesrats übernommen, die sich an der Rechtsprechung des Bundesverfassungsgerichts zu Art. 13 GG[4] orientierten. Bereits zwei Jahre später wurden durch § 70 JArbSchG die ursprünglich in § 13 Abs. 1 ASiG aF normierten weitreichenden Mitteilungspflichten des Arbeitgebers gestrichen,[5] da inzwischen die Umsetzung des ASiG durch Unfallverhütungsvorschriften erfolgt war.[6] Seit 1976 ist die Norm nicht mehr geändert worden.

4 Da die Pflicht zum Aufbau einer Arbeitssicherheitsorganisation auch durch Art. 7 RL 89/391/EWG festgelegt worden ist, dient das ASiG heute neben dem ArbSchG der Umsetzung des Unionsrechts. So gilt die generelle Vorgabe in Art. 4 Abs. 2 RL 89/391/EWG, mit der die Mitgliedstaaten zur **Kontrolle und Überwachung** angehalten werden, auch für die Pflichten aus dem ASiG. § 13 ASiG ist daher inzwischen ebenso wie §§ 21, 22 ArbSchG in diesem unionsrechtlichen Kontext zu verstehen (→ ArbSchG § 21 Rn. 3 ff., → ArbSchG § 22 Rn. 4 ff.).

III. Auskunftspflichten des Arbeitgebers

5 Die umfassende Kontrolle des ASiG ist Aufgabe der **nach Landesrecht zuständigen Behörde**. Während es früher in fast allen (alten) Bundesländern Gewerbeaufsichtsämter gab, sind die Aufgaben der Gewerbeaufsicht heute in unterschiedlichen Behörden angesiedelt. So sind zB in Niedersachsen weiterhin Gewerbeaufsichtsämter mit den Aufgaben betraut, Nordrhein-Westfalen und Hessen haben die Aufgaben in die Bezirksregierungen bzw. Regierungspräsidien integriert und in Baden-Württemberg sind heute die Regierungspräsidien sowie die Städte und die Landkreise für Aufgaben des Arbeitsschutzes zuständig (→ ArbZG § 17 Rn. 5, → ArbSchG § 21 Rn. 8 f.).[7] Grundsätze und Standards für das Handeln der Behörden sind bundeseinheitlich in der LV1 „Überwachungs- und Beratungstätigkeit der Arbeitsschutzbehörden der Länder" festgelegt. So erfolgt im Allgemeinen bei einer Betriebsbesichtigung auch die Überprüfung der Arbeitsschutzorganisation im Rahmen der Systemkontrolle (LV 54 Grundsätze der behördlichen Systemkontrolle).[8]

6 Die zuständige Behörde kann vom **Arbeitgeber** Auskünfte verlangen. Neben dem Arbeitgeber sind auch die **verantwortlichen Personen** nach § 13 Abs. 1 Nr. 1–5 ArbSchG verwaltungsrechtlich zur Auskunft verpflichtet wie zB der Vertreter des Arbeitgebers und Personen der oberen, mittleren und unteren Führungsebene. Sicherheitsfachkräfte und Betriebsärzte sind nicht auskunftspflichtig.[9] Eine Verpflichtung des Arbeitgebers, unaufgefordert der Behörde Auskünfte zu erteilen, sieht das ASiG seit 1976 nicht mehr vor.

7 Die zuständige Behörde darf nur die Auskünfte verlangen, die erforderlich sind, um die Durchführung des Gesetzes zu überwachen. Dabei hat der Arbeitgeber **alle Auskünfte** zu erteilen, die im Zusammenhang mit der **Durchführung des ASiG** wichtig sein können. Dazu gehören unter anderem:
- Anzahl der Beschäftigten und Zusammensetzung der Belegschaft,
- Beschaffenheit der Arbeitsplätze,
- Einzelheiten der betrieblichen Organisation,
- Wahrnehmung der Aufgaben der Betriebsärzte und Fachkräfte für Arbeitssicherheit, Umsetzung der DGUV Vorschrift 2 mit Grundbetreuung und betriebsspezifischer Betreuung (→ ASiG § 14 Rn. 10 ff.),
- Nachweis der Fachkunde/Fortbildungen dieser Experten,

---
4 BVerfG 13.10.1971 – 1 BvR 280/66, BVerfGE 32, 54; dazu Nöthlichs Arbeitsschutz 1978, 295. **5** Spinnarke/Schork ASiG § 13 Rn. 1. **6** BT-Drs. 7/4544, 9. **7** Immer aktuell: Organisationen im Internet der Länderausschüsse für Arbeitsschutz und Sicherheitstechnik, vgl. die Darstellung in Kollmer/Klindt/Schucht/Schucht ArbSchG § 21 Rn. 63–81. **8** Veröffentlichungen des Länderausschusses für Arbeitsschutz und Sicherheitstechnik (LV), download der Publikationen unter www.lasi-info.com. **9** Anzinger/Bieneck ASiG § 13 Rn. 8.

- Vertragsinhalte mit externen Experten,
- Auskunft über die Tätigkeit des Arbeitsschutzausschusses.[10]

Auch weitere Auskünfte können im Einzelfall von der Behörde verlangt werden. In jedem Fall ist dabei der **Grundsatz der Verhältnismäßigkeit** von der Behörde zu beachten[11] (→ ArbSchG § 22 Rn. 21). Die Behörde hat daher immer zu prüfen, wie entscheidend die Auskunft für das Beurteilen der betrieblichen Arbeitsschutzsituation ist und welchen Aufwand es für den Arbeitgeber bedeutet, diese Auskunft zu geben.

Die zuständige Behörde kann die Auskunft mündlich vor Ort oder aber schriftlich verlangen. Dabei ist im Einzelfall zu unterscheiden, ob es sich um **schlichtes Verwaltungshandeln oder einen Verwaltungsakt** handelt. In der Gerichtspraxis wird das einfache Auskunftsverlangen nach Informationen zur betrieblichen Durchführung des ASiG als schlichtes Verwaltungshandeln[12] und nicht als Verwaltungsakt qualifiziert (→ ArbSchG § 22 Rn. 22). 8

Der Arbeitgeber ist verpflichtet, die verlangten Auskünfte zu erteilen. Er kann die Auskunft auf solche Fragen verweigern, deren Antwort ihn selbst oder einen Angehörigen der Gefahr strafgerichtlicher Verfolgung oder eines Verfahrens nach dem Gesetz über Ordnungswidrigkeiten aussetzen würde. Diese Personengruppe ist in § 383 Abs. 1 Nr. 1–3 ZPO festgelegt (Überblick bei → ArbSchG § 22 Rn. 23, → ArbZG § 17 Rn. 19). Weist die Behörde nicht auf das **Auskunftsverweigerungsrecht** hin, so folgt für das Verwaltungsverfahren und das Bußgeldverfahren anders als im Strafverfahren in der Regel kein Verwertungsverbot. Insbesondere ist der fehlende Hinweis unerheblich, wenn dem Betroffenen die Konsequenzen deutlich gewesen sind.[13] In der Literatur wird unter Hinweis auf ältere Judikatur die Ansicht vertreten, dass die Behörde nicht verpflichtet ist, auf das Zeugnisverweigerungsrecht hinzuweisen.[14] Angesichts der engen Verknüpfung von § 13 ASiG und § 22 ArbSchG spricht mehr dafür, in der in § 22 Abs. 1 S. 3 ArbSchG verlangten Belehrung über das Auskunftsverweigerungsrecht (→ ArbSchG § 22 Rn. 24) eine generelle Ausprägung des Rechtsstaatsprinzips zu sehen. Das Recht der Auskunftsverweigerung muss aktiv wahrgenommen werden. 9

Der Arbeitgeber ist verpflichtet, Auskünfte wahrheitsgemäß und vollständig zu erteilen. Tut er das nicht, ist die Behörde berechtigt, nach § 20 ASiG ein **Ordnungswidrigkeitenverfahren** einzuleiten (→ ASiG § 20 Rn. 5 f.).[15] Dieses Verfahren kann sich nach § 9 OWiG auch auf Geschäftsführer[16] und verantwortliche Betriebsleiter erstrecken (→ ASiG § 20 Rn. 9 ff.). Weiter gibt es die Möglichkeit, eine Auskunftsanordnung zu erlassen, die als Verwaltungsakt zu qualifizieren ist, so dass nach den Verwaltungsvollstreckungsgesetzen der Länder Zwangsmittel (wie zB Zwangsgeld) angedroht und eingesetzt werden können (→ ArbSchG § 22 Rn. 22, 69). 10

Die Auffassung, dass bei der Überwachung des ASiG keine **Vorlage von Unterlagen** möglich sei, ist nicht mehr zu vertreten.[17] Da das Arbeitssicherheitsgesetz eng mit den Zielen des Arbeitsschutzgesetzes verbunden ist und die Verpflichtungen beider Gesetze den Arbeitgeber binden, gilt neben dem § 13 ASiG auch § 22 ArbSchG, der die Behörde berechtigt, auch die Vorlage von Unterlagen zu verlangen und Unterlagen einzusehen (→ ArbSchG § 22 Rn. 26 f.). 11

Das Arbeitssicherheitsgesetz enthält keine speziellen Regelungen über die **Geheimhaltung** der Betriebs- und Geschäftsgeheimnisse, die der Beauftragte der Behörde bei der Überwachung zur Kenntnis bekommt. Dies ist auch nicht erforderlich, da das insoweit ebenfalls zu beachtende Arbeitsschutzgesetz in § 23 Abs. 2 die Geheimhaltung regelt. 12

Neben der Möglichkeit, vom Arbeitgeber Auskünfte zur betrieblichen Arbeitsschutzsituation zu verlangen, besteht auch für die **Betriebs- und Personalräte** nach § 89 BetrVG 13

---

10 Weitere Beispiele bei Aufhauser/Brunhöber/Igl ASiG § 13 Rn. 2. **11** OVG Berlin 18.3.1982 – 2 B 24/79, GewArch 1982, 279. **12** OLG Düsseldorf 2.2.1982 – 5 Ss (OWi) 643/81, GewArch 1983, 154; Anzinger/Bieneck ASiG § 13 Rn. 4; KJP/Koll, 2015, ASiG § 13 Rn. 2. **13** Kollmer/Klindt/Schucht/Kunz ArbSchG § 22 Rn. 26; Göhler OWiG § 55 Rn. 9; aA jedoch KK-OWiG/Wache OWiG § 55 Rn. 16. **14** Anzinger/Bieneck ASiG § 13 Rn. 14. **15** Anzinger/Bieneck ASiG § 13 Rn. 26. **16** Anschauliches Beispiel: OLG Hamm 6.5.2008 – 3 Ss OWi 277/08. **17** Nöthlichs ASiG § 13 Rn. 1.2.

bzw. nach § 81 BPersVG die Verpflichtung, sich für die Einhaltung und Durchführung der Vorschriften über den Arbeitsschutz einzusetzen. Weiter haben sie das Recht, bei der Bekämpfung von Unfall- und Gesundheitsgefahren die für den Arbeitsschutz zuständigen Behörden, die Träger der gesetzlichen Unfallversicherung und die sonstigen in Betracht kommenden Stellen durch Anregung, Beratung und Auskunft zu unterstützen. Auch so kann die zuständige Behörde Informationen über die betriebliche Arbeitsschutzsituation bekommen. Dementsprechend wird die Behörde gemäß § 89 Abs. 2 BetrVG darauf hinwirken, bei Besichtigungen und Besprechungen den Betriebsrat hinzuzuziehen (→ BetrVG § 89 Rn. 14). Bei der Sachverhaltsermittlung nach § 20 VwVfG, also vor Erlass eines Verwaltungsaktes, ist der Betriebsrat einzubeziehen (→ BetrVG § 89 Rn. 15; → ArbSchG § 22 Rn. 42), zumal er nach § 12 Abs. 2 ASiG vor Erlass einer Anordnung zu hören ist (→ ASiG § 12 Rn. 19 f.).

14 Schließlich ist der Informationsaustausch mit den **technischen Aufsichtsbeamten der Unfallversicherung** möglich und wichtig, um Informationen und Kenntnisse über den Betrieb und die Arbeitssicherheitsorganisation zu erhalten bzw. zu geben.[18] Sowohl § 19 SGB VII als auch § 21 Abs. 3 ArbSchG sehen den Austausch und das Zusammenwirken beider Institutionen vor (→ ArbSchG § 21 Rn. 20). Beide sind an die Schweigepflicht des § 20 SGB VII bzw. die Geheimhaltung des § 23 Abs. 2 ArbSchG gebunden, doch gilt diese ausdrücklich nicht für die Zusammenarbeit und den ungehinderten und vollständigen Informationsaustausch untereinander.[19]

IV. Betretungs- und Besichtigungsrechte der Arbeitsschutzbehörden

15 Nach § 13 Abs. 2 ASiG sind Beauftragte der zuständigen Behörden zum Betreten und Besichtigen der Arbeitsstätten während der üblichen Betriebs- und Arbeitszeit befugt. **Beauftragte der zuständigen Behörde** sind einmal die Beamtinnen und Beamten der Behörde, im Allgemeinen speziell ausgebildete Gewerbeaufsichtsbeamtinnen und -beamte. Weiter sind dies Beschäftigte der zuständigen Behörde, die mit den Überwachungsaufgaben beauftragt sind. Daneben können es auch Personen sein, die im Einzelfall aufgrund ihres Fachwissens mit der Tätigkeit von der Behörde beauftragt wurden.

16 Die Beauftragten der zuständigen Behörde haben das Recht, die Arbeitsstätten während der üblichen Betriebs- und Arbeitszeiten zu betreten. Arbeitsstätten sind die Gebäude oder Bereiche, in denen Beschäftigte regelmäßig über einen längeren Zeitraum ihre Tätigkeit verrichten oder sich aufhalten. Arbeitsstätten sind also nicht nur Gebäude mit Arbeitsplätzen, sie umfassen das gesamte Betriebsgelände (§ 2 ArbStättV). Für die Zwecke des ASiG wird die Nutzung dieses **erweiterten Arbeitsstättenbegriffs** allerdings nur selten erforderlich sein.

17 Die Beauftragten der Behörde dürfen ihr Betretungsrecht während der **üblichen Betriebs- und Arbeitszeit** ausüben. Betriebszeiten sind die Zeiten, in denen in einer Arbeitsstätte regelmäßig gearbeitet wird. Dazu gehören Produktion oder Dienstleistung, aber auch regelmäßig anfallende vor- oder nachbereitende Arbeiten wie zB Wartung und Reinigung. Betriebszeit und Arbeitszeit können in einem Einschichtbetrieb identisch, in anderen Fällen aber auch sehr unterschiedlich sein. Die Einschränkung des § 13 Abs. 2 ASiG auf übliche Betriebs- und Arbeitszeiten ist für die Überwachungsaufgabe der zuständigen Behörde unproblematisch, da bei der Überwachung des Arbeitsschutzsystems auch das Arbeitsschutzgesetz (insbes. § 3 ArbSchG) angewandt werden kann und dort das Betreten und Besichtigen des Betriebes ohne die Einschränkung auf die übliche Betriebs- und Arbeitszeit möglich ist, wenn Arbeiten im Betrieb durchgeführt werden (→ ArbSchG § 22 Rn. 29).[20] Der Arbeitgeber oder die verantwortliche Person haben das Betreten und Besichtigen **zu dulden** und die Behörde bei der Besichtigung **zu unterstützen**, zB durch Benennen eines Ansprechpartners oder einer Begleitung. Die Behörde hat darauf hinzuwirken, dass bei jeder Besichtigung dem **Betriebsrat**

---

[18] Aufhauser/Brunhöber/Igl ASiG § 13 Rn. 1. [19] So auch Kollmer/Klindt/Schucht/Baßlsperger ArbSchG § 23 Rn. 34. [20] Anzinger/Bieneck ASiG § 13 Rn. 21.

Gelegenheit zur Teilnahme und zur Stellungnahme gegeben wird (→ BetrVG § 89 Rn. 15).[21]

Außerhalb der Betriebs- und Arbeitszeiten und wenn **Arbeitsstätten in einer Wohnung** liegen ist das Betreten und Besichtigen durch den Beauftragten der Behörde nur gestattet, wenn der Arbeitgeber dies erlaubt oder um eine **dringende Gefahr für die öffentliche Sicherheit und Ordnung** zu verhüten. Der Begriff der dringenden Gefahr für die öffentliche Sicherheit und Ordnung stammt aus dem Polizei- und Ordnungsrecht. Eine für die öffentliche Ordnung unzumutbare Beeinträchtigung liegt nur vor, wenn es nicht möglich wäre, das zu beurteilende Verhalten auch zu ignorieren.[22] Die zu schützenden Rechtsgüter im Bereich des Arbeits- und Gesundheitsschutzes sind vor allem Leben und Gesundheit der Beschäftigten. Hier muss die Behörde direkt handeln, wenn eine dringende Gefahr besteht, dh ein Schaden für Leib und Leben wahrscheinlich ist. In einer solchen Situation ist es erforderlich, dass Beauftragte der Behörde Arbeitsstätten außerhalb der Betriebs- und Arbeitszeit oder auch Arbeitsstätten in Wohnungen betreten dürfen. In diesen Fällen ist der Schutz der Privatsphäre in Wohnungen nach Art. 13 GG eingeschränkt. Der Text des § 13 Abs. 2 ASiG[23] orientiert sich an der einschlägigen Rechtsprechung des Bundesverfassungsgerichts.[24] Danach erstreckt sich Art. 13 GG auch auf Geschäftsräume, doch sind behördliche Besichtigungsrechte zumindest dann kein Eingriff, wenn sie auf einem Gesetz beruhen und zu dem vorgesehenen Zweck geeignet, erforderlich und zumutbar sind.[25]

Wird das Betretungs- und Besichtigungsrecht durch den Arbeitgeber entgegen § 13 Abs. 2 ASiG nicht gewährt, so kann die Behörde nach § 12 Abs. 1 ASiG die **Duldung anordnen** und diese mit Zwangsmitteln entsprechend den Verwaltungsvollstreckungsgesetzen der Länder oder auch mit Vollzugshilfe durch die Polizei durchsetzen. In der Regel werden durch die Behörde Zwangsgelder festgesetzt.[26] Weiterhin kann die Behörde auch ein Ordnungswidrigkeitenverfahren einleiten, so dass ein Bußgeld nach § 20 ASiG verhängt werden kann.[27]

§ 14 ASiG Ermächtigung zum Erlaß von Rechtsverordnungen

¹Das Bundesministerium für Arbeit und Soziales kann mit Zustimmung des Bundesrates durch Rechtsverordnung bestimmen, welche Maßnahmen der Arbeitgeber zur Erfüllung der sich aus diesem Gesetz ergebenden Pflichten zu treffen hat. ²Soweit die Träger der gesetzlichen Unfallversicherung ermächtigt sind, die gesetzlichen Pflichten durch Unfallverhütungsvorschriften näher zu bestimmen, macht das Bundesministerium für Arbeit und Soziales von der Ermächtigung erst Gebrauch, nachdem innerhalb einer von ihm gesetzten angemessenen Frist der Träger der gesetzlichen Unfallversicherung eine entsprechende Unfallverhütungsvorschrift nicht erlassen hat oder eine unzureichend gewordene Unfallverhütungsvorschrift nicht ändert.

Literatur: *Bertzbach*, jurisPR-ArbR 26/2014 Anm. 5; *Bieneck*, Das Arbeitssicherheitsgesetz – Grundlage für den betrieblichen Arbeitsschutz, in: FS Wlotzke, 1996, S. 465 ff.; *Eichendorf*, Änderung der DGUV Vorschrift 2, AuA 2011, 166; *Fritsche/Müller-Knöss*, Die DGUV Vorschrift 2 – eine Erfolgsgeschichte!?, Jahrbuch Gute Arbeit 2012, S. 200 ff.; *IG Metall*, Betriebsärzte und Fachkräfte für Arbeitssicherheit – DGUV Vorschrift 2, 2010, download unter short4u de/5536221a6e46 e; *Kiper*, Umsetzung der DGUV Vorschrift 2, 2015, download unter www.boeckler.de/pdf/mbf_bvd_dguv_v 2.pdf; *Kohte*, DGUV-Vorschrift 2 im öffentlichen Dienst, PersR 10/2016, 8; *Riesenberg-Mordeja*, Die neue DGUV Vorschrift 2, AiB 2010, 538.

Leitentscheidungen: EuGH 7.2.2002 – C-5/00, NZA 2002, 321; LAG Kiel 21.1.2014 – 1 TaBV 47/13; VG Düsseldorf 24.10.2014 – 34 K 5306/13.PVL, PersR 5/2015, 51 ff. mAnm

---

21 Aufhauser/Brunhöber/Igl ASiG § 13 Rn. 7. 22 VG Gelsenkirchen 21.11.1977 – 7 L 3562/77, GewArch 1978, 164. 23 BT-Drs. 7/1085, 8; Nöthlichs Arbeitsschutz 1978, 295. 24 BVerfG 13.10.1971 – 1 BvR 280, 66, BVerfGE 32, 54 (75); vgl. BVerfG 15.3.2007 – 1 BvR 2138/05, BVerfGK 2007, 206 zu § 17 Abs. 2 HandwO; Spinnarke/Schork ASiG § 13 Rn. 7; Wank ASiG § 13 Rn. 5. 25 Jarass/Pieroth GG Art. 13 Rn. 38 mwN. 26 Spinnarke/Schork ASiG § 13 Rn. 3 und ASiG § 12 Rn. 6. 27 KJP/Koll, 2015, ASiG § 13 Rn. 5.

Kiesche; OVG Nordrhein-Westfalen 4.3.2016 – 20 A 2364/14.PVL, PersR 10/2016, 55 mAnm Kiesche; LAG Berlin-Brandenburg 7.7.2016 – 21 TaBV 195/16 (n.rkr.).

I. Normzweck und Systematik

1 Das ASiG ist als ein **Rahmengesetz** konzipiert, das betrieblich konkretisiert werden muss. Für diese Konkretisierung sind untergesetzliche Normen erforderlich. Nach der Konzeption des Gesetzes soll diese **Konkretisierung** nicht vorrangig durch Rechtsverordnung, sondern **zunächst durch Unfallverhütungsvorschriften** erfolgen.[1] Man erhoffte sich von dieser Methode eine höhere Flexibilität und Betriebsnähe, weil durch die Branchengliederungen der Berufsgenossenschaften differenzierende Regelungen ermöglicht werden sollten. Vor allem sollte auf diese Weise geklärt werden, wie sich aus § 2 Abs. 2 ASiG ergibt, für welche Betriebsgrößen Sicherheitsfachkräfte und Betriebsärzte bestellt werden sollten. Man ging 1973 davon aus, dass Kleinbetriebe in einem beachtlichen Umfang vom Anwendungsbereich des ASiG ausgeschlossen werden könnten.

2 Die Berufsgenossenschaften kamen dieser Aufgabe überwiegend nach und formulierten zugleich differenzierte Anforderungen. In der Mehrzahl der Betriebe beschränkten sie den Anwendungsbereich der Bestellpflicht auf Betriebe mit mehr als 50 Versicherten. In der Rechtsprechung des Bundessozialgerichts wurde diese Grenze dadurch noch strikter gefasst, dass zur Berechnung der Zahl der Versicherten (Beschäftigten) auf den **Betrieb und nicht auf das Unternehmen** abgestellt wurde, weil Arbeitsschutz betriebsnah erfolgen müsse.[2] Mit dieser Begründung wurde die Zahl der Betriebe deutlich vergrößert, in denen keine ASiG-Organisation zu bilden war.

3 Gleichwohl erschien dem Gesetzgeber des ASiG diese Subsidiarität der staatlichen Normsetzung zugunsten der Träger der Unfallversicherung nicht unproblematisch, so dass eine **Verordnungsermächtigung** zugunsten des BMAS in § 14 ASiG aufgenommen wurde. Sie ermöglicht dem BMAS den Zugriff für den Fall, dass Unfallversicherungsträger (Berufsgenossenschaften, Unfallkassen) untätig bleiben bzw. die Konkretisierung durch Unfallverhütungsvorschriften unzureichend erfolgt.

II. Entstehungsgeschichte Unionsrecht

4 Im Gesetzgebungsverfahren hatte der Bundesrat seine Skepsis gegenüber einer so weitreichenden Subsidiarität der staatlichen Rechtsetzung gegenüber dem Recht der Unfallversicherungsträger geäußert. Zusätzlich verlangte er eine striktere Konkretisierung der Verordnungsermächtigung in § 14 ASiG.[3] Im Gesetzgebungsverfahren war der Bundesrat allerdings nicht erfolgreich. In den Ausschussberatungen wurde an der **Subsidiarität der Verordnung** und an der Fassung des § 14 ASiG festgehalten.[4]

5 Ein **neues Leitbild für die Arbeitssicherheit in kleinen und mittleren Betrieben** brachte das **Unionsrecht**. In Art. 7 Rahmenrichtlinie 89/391/EWG, die für alle Bereiche gleichermaßen gilt, wurde die **Pflicht zur Schaffung einer Arbeitssicherheitsorganisation**, die den Arbeitgeber beraten sollte, ausdrücklich als eine **Pflicht aller Arbeitgeber** normiert. Eine Bereichsausnahme für Klein- und Mittelbetriebe war bewusst nicht aufgenommen worden.[5]

6 Damit ergab sich im Rahmen der Umsetzung der unionsrechtlichen Vorgaben der Rahmenrichtlinie-Arbeitsschutz 89/391/EWG die Notwendigkeit, das bisherige Leitbild einer ASiG-Organisation, das kleine Betriebe aussparte, zu korrigieren.[6] Eine gesetzliche Reaktion erfolgte jedoch zunächst nicht. Ebenso hielten die Berufsgenossenschaften noch längere Zeit an den damaligen Grenzen von in der Regel 50 Beschäftigten in den VBG 122/123 fest. Das Ministerium ging ungeachtet dessen nicht den Weg der Verordnung nach § 14 ASiG, sondern operierte stattdessen im Jahre **1992** mit zwei **Fachaufsichtsschreiben**[7] an die gewerblichen Berufsgenossenschaften. Dies hatte zur

---

1 BT-Drs. 7/2060, 11, 15. **2** BSG 8.5.1980 – 8 a RU 44/79, BSGE 50, 107 (109); BSG 1.3.1989 – 2 RU 51/88; NZA 1989, 575, dazu Wolber NZA 1989, 919. **3** BT-Drs. 7/260, 19. **4** BT-Drs. 7/1085, 8. **5** Dazu BFK Rn. 260. **6** Dazu BFK Rn. 596 ff. **7** Bieneck in: FS Wlotzke, S. 465, 479 ff.

Folge, dass diese schrittweise[8] durch Erweiterung der Bestellpflicht auf mittlere und kleinere Betriebe eine Annäherung an Art. 7 der Rahmenrichtlinie realisierten. Der so eingeschlagene Weg über die Fachaufsicht gegenüber den für den gewerblichen Bereich zuständigen Berufsgenossenschaften vergrößerte allerdings die Unterschiede zum öffentlichen Dienst.

Eine weitere Bereichsausnahme für Kleinbetriebe war zudem 1996 durch § 6 ArbSchG normiert worden. Für die Dokumentation der Gefährdungsbeurteilung sollte eine Bereichsausnahme für alle Betriebe mit weniger als zehn Beschäftigten gelten. In einem Vertragsverletzungsverfahren wurde vom Europäischen Gerichtshof[9] dann im Jahre 2002 festgestellt, dass eine solche Bereichsausnahme grundsätzlich nicht mit Art. 9 RL 89/391/EWG vereinbar ist. Die Bundesregierung ließ in dem Verfahren allerdings vortragen, dass die gebotene Dokumentation in den Jahresberichten der Betriebsärzte und Sicherheitsfachkräfte enthalten sei. Daher wurde **im Vertragsverletzungsverfahren** ausschließlich die **Norm des § 14 Abs. 2 ASiG**, die eine Bereichsausnahme im Rahmen der Verordnungsermächtigung ermöglichte, als **richtlinienwidrig** qualifiziert. § 14 Abs. 2 ASiG wurde vor dem Hintergrund dieser Verurteilung durch den Europäischen Gerichtshof kurzfristig mit dem 3. Änderungsgesetz zur Gewerbeordnung vom 24.8.2002 gestrichen.[10] Die Korrektur des § 6 ArbSchG erfolgte hingegen erst 2013 (→ ArbSchG § 6 Rn. 5 ff.). 7

In dem Vertragsverletzungsverfahren hatte der Europäischen Gerichtshof nicht thematisiert, dass die Umsetzung von Art. 7 RL 89/391/EWG auf dem Weg der Unfallverhütungsvorschriften notwendigerweise unvollständig sein musste. Nach § 115 SGB VII aF konnte die Unfallversicherung Bund und Bahn keine Unfallverhütungsvorschriften für den Bereich der Bundesverwaltung erlassen (→ ArbSchG § 21 Rn. 26). Dieses änderte sich durch das Bundesunfallkassen-Neuordnungsgesetz (BUK-NOG) im Jahre 2013, die Restriktion ist jetzt durch § 115 Abs. 1 S. 1 SGB VII auf die unmittelbare Bundesverwaltung (§ 125 Abs. 1 Nr. 1 SGB VII) beschränkt worden.[11] Seit dem 1.1.2017 kann nunmehr die DGUV-Vorschrift 2 auch im Bereich der **mittelbaren**[12] **Bundesverwaltung** gelten (→ ASiG § 16 Rn. 8).[13] 8

III. Inhalt und Umfang der übertragenen Aufgaben

Inhalt und Umfang der an Betriebsärzte und Fachkräfte für Arbeitssicherheit zu übertragen Beratungs- und Unterstützungsaufgaben werden durch das ASiG nicht starr vorgegeben. In den §§ 2, 5 ASiG werden stattdessen eine Reihe von Faktoren vorgegeben, die **Rückschlüsse auf den konkreten betrieblichen Bedarf** an sicherheitstechnischer und arbeitsmedizinischer Betreuung zulassen. Maßgeblich sind insoweit: 9

- die Betriebsart und die damit für die Arbeitnehmer verbundenen Unfall- und Gesundheitsgefahren (§§ 2 Abs. 1 Nr. 1, 5 Abs. 1 Nr. 1 ASiG);
- die Zahl der Arbeitnehmer und die Zusammensetzung der Arbeitnehmerschaft (§§ 2 Abs. 1 Nr. 2, 5 Abs. 1 Nr. 2 ASiG);
- die Betriebsorganisation, insbesondere im Hinblick auf die Zahl und Art der für den Arbeitsschutz und die Unfallverhütung verantwortlichen Personen (§§ 2 Abs. 1 Nr. 3, 5 Abs. 1 Nr. 3 ASiG);
- die Kenntnisse und die Schulung des Arbeitgebers oder der nach § 13 Abs. 1 Nr. 1, 2 oder 3 ArbSchG verantwortlichen Personen in Fragen des Arbeitsschutzes (§ 5 Abs. 1 Nr. 4 ASiG).

In der **Praxis** erfolgte die Festlegung der konkreten **Inhalte** und des **Umfangs** der betrieblichen arbeitsmedizinischen und sicherheitstechnischen Betreuung in der Vergan- 10

---

8 Anschaulich der Sachverhalt in BSG 2.11.1999 – B 2 U 25/98 R, SGb 2000, 274 mAnm Ricke. 9 EuGH 7.2.2002 – C-5/00, NZA 2002, 321. 10 BGBl. I, 3412, 3420. 11 Dazu im Einzelnen Kohte PersR 10/2016, 8 ff. 12 Zur Abgrenzung der beiden Alternativen des Art. 86 GG: Sachs GG, 7. Aufl. 2014, GG Art. 86 Rn. 13, 14. 13 Leube ZTR 2015, 310; Kollmer/Klindt/Schucht/Leube ArbSchG Syst D Rn. 80; jurisPK-SGB VII/Triebel SGB VII § 115 Rn. 14; Diel in: Hauck/Noftz, 2016, SGB VII § 115 Rn. 11.

genheit regelmäßig nicht einzelfallbezogen. Der Betreuungsumfang wurde stattdessen **typisierend** durch die **Unfallverhütungsvorschriften** der Unfallversicherungsträger, die nach Maßgabe von § 14 ASiG (iVm § 15 Abs. 1 Nr. 6 SGB VII) erlassen wurden, konkretisiert. Maßgeblich war insoweit bis zum 31.12.2010 die Unfallverhütungsvorschrift BGV A 2 „Betriebsärzte und Fachkräfte für Arbeitssicherheit", durch die die Unfallversicherungsträger (Berufsgenossenschaften, Unfallkassen) für ihre Mitglieder (Unternehmer, versicherte Beschäftigte) verbindliche Vorgaben regelten. Seit dem 1.1.2011 sind die unfallversicherungsrechtlichen Regelungen zum ASiG durch die Unfallverhütungsvorschrift **DGUV Vorschrift 2** auf eine neue Rechtsgrundlage gestellt worden. Die Mustervorschrift ist mittlerweile von allen Trägern der gesetzlichen Unfallversicherung mit Ausnahme der Bayerischen Landesunfallkasse (→ ASiG § 16 Rn. 8) übernommen worden.

11 Die **DGUV Vorschrift 2** bewirkt eine **wesentliche Modifizierung der Kooperationsbeziehungen** zwischen den Fachkräften für Arbeitssicherheit und Betriebsärzten und den übrigen betrieblichen Akteuren im Arbeitsschutz. In der Vergangenheit bestand die Übertragung der Aufgaben vor allem in der **Festlegung des zeitlichen Umfangs der Betreuungsaufgaben** in Form von **typisierten Einsatzzeiten** im Rahmen der Bestellung. Diese Einsatzzeiten konnten anhand von **Tabellen** schematisch errechnet werden, aus denen sich die erforderlichen Betreuungszeiten in Stunden pro Jahr je Arbeitnehmer ablesen ließen (vgl. § 2 der abgelösten BGV A 2). Die Höhe der Einsatzzeiten hing dabei im Grundsatz, ausgehend von einer typisierenden Betrachtung, vom generellen Gefährdungspotential des Betriebes und der Zahl der durchschnittlich beschäftigten Arbeitnehmer ab. Die konkrete betriebliche Gefährdungsbeurteilung[14] spielte dabei im Regelfall keine Rolle. Der Vorteil der abgelösten BGV A 2 bestand vor allem in der Praktikabilität, da die Einsatzzeiten einfach „nach Tabelle" errechnet werden konnten. Hiermit verbunden waren aber auch typische Nachteile eines solch schematisierenden Verfahrens. So blieben die spezifischen betrieblichen Gegebenheiten und Erfordernisse weitgehend unberücksichtigt, solange ihnen nicht im Rahmen aufsichtsrechtlicher Anordnungen zur Reduzierung oder Erhöhung der Einsatzzeiten nach Maßgabe von § 12 ASiG Rechnung getragen wurde. Vor allem bestand keine Notwendigkeit, im Betrieb die **inhaltlichen Beratungs- und Unterstützungsschwerpunkte** abzustimmen. Die Tätigkeit der Fachkräfte für Arbeitssicherheit und der Betriebsärzte im Rahmen der ermittelten Einsatzzeiten war daher im Regelfall intransparent und zudem oftmals nur unzureichend angebunden an die übrigen betrieblichen Prozesse. Die DGUV Vorschrift 2 soll die Transparenz der Betreuungsleistung für Arbeitgeber, Interessenvertretungen und Aufsichtsbehörden erhöhen.

12 Die DGUV Vorschrift 2 soll vor diesem Hintergrund zu einer engeren Zusammenarbeit der Betriebsärzte und Fachkräfte für Arbeitssicherheit untereinander und mit den betrieblichen Akteuren führen.[15] Ihre Aufgaben nach dem ASiG sollen sich jetzt am ArbSchG sowie an aktuellen Erkenntnissen orientieren. Anstelle pauschaler, abstrakter Einsatzzeiten sollen die Inhalte der Betreuung und die betriebliche Kooperation stärker in den Mittelpunkt rücken. Die Eigenverantwortlichkeit der Betriebe steht somit im Mittelpunkt, so auch bei der Aufteilung der Betreuungsdienstleistungen auf die Fachkraft für Arbeitssicherheit und den Betriebsarzt. Während die abgelöste BGV A 26 „Betriebsärzte und Fachkräfte für Arbeitssicherheit" keine konkreten, betriebsbezogenen Festlegungen im Hinblick auf die gesetzlichen Aufgaben in §§ 3, 6 ASiG verlangten, muss der Arbeitgeber seit dem 1.1.2011 in Betrieben mit mehr als zehn Beschäftigten mit dem Betriebsarzt und der Fachkraft für Arbeitssicherheit **Vereinbarungen** treffen. Diese Vereinbarungen bestehen aus einem „Arbeitsplan", aus dem hervorgeht, welche konkreten Aufgaben in der Vereinbarungsperiode zu erfüllen sind und wie die **Betreuungsdienstleistungen zwischen Betriebsärzten und Fachkräften für Arbeitssicherheit aufzuteilen** sind. Schriftlich zu ermitteln, festzulegen und zu vereinbaren ist dabei die sog **Gesamtbetreuung**, bestehend aus den Inhalten der sog **Grundbetreuung** und

---

[14] Dazu die Kritik von Bieneck in: FS Wlotzke, S. 465, 469. [15] Vgl. Riesenberg-Mordeja AiB 2010, 538 (542).

der **betriebsspezifischen Betreuung** (vgl. Anlage 2 zu § 2 Abs. 3 DGUV Vorschrift 2). Dabei knüpft die Grundbetreuung an die typisierenden Regelungen der Vergangenheit an, während die betriebsspezifische Betreuung eine konkrete Bedarfsfeststellung mithilfe einer Gefährdungsbeurteilung verlangt. Über die Umsetzung des auf dieser Basis vereinbarten regelmäßigen Arbeitsplans haben die Betriebsärzte und Fachkräfte für Arbeitssicherheit nach § 5 der DGUV Vorschrift 2 regelmäßig zu berichten Der Bericht ist für die betriebliche Arbeitsschutzpolitik bedeutsam. Er sollte regelmäßig im Arbeitsschutzausschuss („ASA") von den betrieblichen Arbeitsschutzakteuren beraten werden (→ § 11 ASiG Rn. 18 f.). Die Zusammenarbeit von Betriebsarzt und Fachkraft für Arbeitssicherheit darf sich aber nicht auf die ASA-Sitzungen beschränken. Die gemeinsame Begehung vor Ort und die Gefährdungsbeurteilung sind unumgängliche Voraussetzung für die Erstellung eines Ziel führenden Arbeitsplans.

Die **Grundbetreuung** betrifft **Aufgaben, die in allen Betrieben** und Verwaltungen für 13
die betriebsärztliche und sicherheitstechnische Betreuung unerlässlich sind. Die konkrete Nennung von Aufgaben verdeutlicht die Unternehmerpflichten im Arbeitsschutz. Hierzu zählen nach Anlage 2 Abschnitt 2 DGUV Vorschrift 2 vor allem die Unterstützung

- bei der Gefährdungsbeurteilung;
- bei grundlegenden Maßnahmen der Verhältnis- und Verhaltensprävention;
- bei der Schaffung einer geeigneten Organisation und Integration in die Führungstätigkeit;
- bei der Untersuchung von besonderen Ereignissen;
- durch Beratung von Arbeitgebern, Führungskräften, betrieblichen Interessenvertretungen;
- durch Erstellung von Dokumentationen und bei der Erfüllung von Meldepflichten;
- durch Mitwirkung an betrieblichen Besprechungen, insbes. am Arbeitsschutzausschuss nach § 11 ASiG.[16]

Der **Umfang der Grundbetreuung** ist konkret vorgegeben und kann – ähnlich wie 14
schon in der Vergangenheit – anhand einer Tabelle ermittelt werden. Unterschieden wird dabei – in Abhängigkeit des Gefährdungspotentials – zwischen drei Gruppen mit Einsatzzeiten zwischen 2,5 Stunden pro Beschäftigtem und Jahr und 0,5 Stunden pro Beschäftigtem und Jahr.[17] Die konkrete Zuordnung ergibt sich aus einer Tabelle der Wirtschaftszweige mit entsprechenden Zuordnungen zu einer der drei Betreuungsgruppen. Leiharbeitnehmer sind voll zu berücksichtigen. Die Zeiten für die Grundbetreuung sind aufzuteilen, wobei zumindest 20 % der Zeiten pro Jahr und Beschäftigte auf die betriebsärztliche und sicherheitstechnische Fachkraft zu verteilen sind. Die DGUV Vorschrift 2 verlangt im Hinblick auf die genannten Aufgaben und den so vorgegebenen Einsatzzeitrahmen **konkrete Vereinbarungen mit den Betriebsärzten und Fachkräften für Arbeitssicherheit** über die Gegenstände ihrer Betreuungsdienstleistungen.[18] Dies ist eine deutliche „**Verbetrieblichung**" der Betreuungsdienstleistungen, da bislang eine derartige explizite Aufschlüsselung und Verteilung der Aufgaben nicht vorgesehen war. Diese „Verbetrieblichung" setzt voraus, dass sich die betrieblichen Akteure (Arbeitgeber, Führungskräfte, Interessenvertretungen) aktiv mit dem Arbeits- und Gesundheitsschutz befassen, und in einen Dialog mit den Betriebsärzten und Fachkräften für Arbeitssicherheit treten, die ihr Rollenverständnis klären und ändern müssen.[19]

Noch ausgeprägter ist die „Verbetrieblichung" bei der Vereinbarung der **betriebsspezi-** 15
fischen Betreuung.[20] Im Gegensatz zur Grundbetreuung gibt es insoweit weder Aufgaben, die in jedem Falle anfallen, noch wird ein konkreter zeitlicher Rahmen in Form

---

16 Weitere Konkretisierungen des Aufgabenkataloges finden sich im rechtsunverbindlichen Anhang 3 zu Anlage 2 Abschnitt 2 DGUV Vorschrift 2. **17** LAG Berlin-Brandenburg 7.7.2016 – 21 TaBV 195/16, NZA-RR 2016, 644 Rn. 98. **18** LAG Berlin-Brandenburg 7.7.2016 – 21 TaBV 195/16, NZA-RR 2016, 644 Rn. 103. **19** Vgl. auch DGUV (Hrsg.), DGUV Vorschrift 2 „Betriebsärzte und Fachkräfte für Arbeitssicherheit – Hintergrundinformation für die Beratungspraxis", download: www.dguv.de, S. 9 f. **20** Eichendorf AuA 2011, 166 (168).

von festen Einsatzzeiten hinsichtlich des Umfangs der Betreuungsdienstleistungen gesetzt. Vielmehr müssen die betrieblichen Akteure selbst die **Inhalte und den Umfang dieser Betreuungsdienstleistungen** anhand der betriebsspezifischen Gefährdungsbeurteilung festlegen (→ ASiG § 16 Rn. 19). Die DGUV Vorschrift 2 benennt insoweit, in Konkretisierung der §§ 3, 6 ASiG, lediglich folgende **vier Aufgabenfelder**, die **periodisch** auf ihre **Relevanz für den Betrieb** zu **überprüfen** sind (vgl. Anlage 2 zu § 2 Abs. 3 DGUV Vorschrift 2, dort Abschnitt 3):

- regelmäßig vorliegende betriebsspezifische Unfall- und Gesundheitsgefahren sowie Erfordernisse zur menschengerechten Arbeitsgestaltung (zB Erfordernis arbeitsmedizinischer Vorsorge, „demografischer Wandel", Arbeitsplätze und Arbeitsstätten mit neuartigen Risiken);
- betriebliche Änderungen in den Arbeitsbedingungen und in der Organisation (zB Beschaffung neuer Arbeitsmittel, Umbauten, Neubauten, Änderungen von betrieblichen Abläufen, Prozessen oder der Arbeitszeitgestaltung);
- externe Entwicklungen mit spezifischem Einfluss auf die betriebliche Situation (neue Vorschriften, Entwicklung des Standes von Technik und Arbeitsmedizin);
- betriebliche Programme und Maßnahmen (zB Schwerpunktprogramme, Gesundheitsförderungsprogramme).

Die **Prüfung der Relevanz** dieser Aufgabenfelder für den jeweiligen Betrieb hat nach der DGUV Vorschrift 2 in einem speziellen, **zweistufigen Verfahren** zu erfolgen, das in Anhang 4 zu Anlage 2 Abschnitt 3 DGUV Vorschrift 2 beschrieben wird. Danach ist zunächst anhand sog „**Auslösekriterien**" zu klären, ob und inwieweit ein betrieblicher Bedarf an Betreuungsleistungen besteht. Der rechtsunverbindliche Anhang 4 zu Anlage 2 Abschnitt 3 DGUV Vorschrift 2 enthält insoweit umfangreiche Prüflisten bzw. Auslösekriterien, die die Erforderlichkeit arbeitsmedizinischer und sicherheitstechnischer Beratung und Unterstützung verdeutlichen und Transparenz über zu treffenden Entscheidungen herstellen. Sofern Aufgabenanlässe bzw. Auslösekriterien wie zB die Entscheidung über die Einführung eines Betrieblichen Gesundheitsmanagements erfüllt sind, ist in einem zweiten Schritt der Personalaufwand für die ermittelten Aufgaben festzustellen. Auch insoweit finden sich in den Prüflisten wiederum Anhaltspunkte in Gestalt von sog „**Aufwandskriterien**". Sie erleichtern die gebotenen Aufwandsabschätzungen und machen die Plausibilität der Vereinbarungen nachvollziehbar.

16 Grundsätzlich bedarf jeder Betrieb ab dem ersten Beschäftigten einer arbeitsmedizinischen und sicherheitstechnischen Betreuung. Die Aufgaben und der Umfang der erforderlichen Betreuung unterscheiden sich dabei je nach Betriebsgröße. Während in großen Betrieben zB eine mehr oder weniger große Zahl von Führungskräften, Interessenvertretungen und Beschäftigten zu beraten sind, werden Kleinbetriebe oft noch unmittelbar vom Inhaber geführt. Die wenigen Arbeitsplätze sind dem Arbeitgeber häufig bekannt. In vielen Fällen fehlen weitere Kooperationspartner, wie zB Führungskräfte, Interessenvertretungen oder andere Beauftragte iSv § 10 ASiG. Die DGUV Vorschrift 2 trägt der besonderen Situation von Kleinbetrieben durch spezielle Betreuungsmodelle Rechnung. Für sehr **kleine Betriebe mit bis zu maximal zehn Beschäftigten** wird in Anlage 1 zu § 2 Abs. 3 DGUV Vorschrift 2 ein besonderes Modell der Regelbetreuung normiert, das deutlich von der Regelbetreuung in größeren Betrieben (→ Rn. 13) abweicht. Auch der Arbeitgeber im Kleinbetrieb ist im Rahmen der **Grundbetreuung** verpflichtet, sich bei der Erfüllung seiner aus § 5 ArbSchG folgenden Pflicht zur Gefährdungsbeurteilung fachkundig arbeitsmedizinisch und sicherheitstechnisch beraten zu lassen. Diese – punktuelle – Beratung ist anlassbezogen zu wiederholen, wenn sich die Arbeitsbedingungen verändert haben. Im Übrigen ist die Unterstützung regelmäßig, je nach Gefährdungspotential, alle drei bis fünf Jahre zu wiederholen, wenn die Gefährdungsbeurteilung gemäß §§ 5, 3 ArbSchG aktualisiert wird. Ergänzt wird diese Form der Grundbetreuung durch die **anlassbezogene Betreuung**. Die DGUV Vorschrift 2 regelt in Anlage 1 zu § 2 Abs. 3 einen Katalog von Anlässen, bei denen die **Verpflichtung des Arbeitgebers im Kleinbetrieb** besteht, den Betriebsarzt bzw. die Fachkraft für Ar-

beitssicherheit hinzuzuziehen. Diese Anlässe beschreiben Situationen, bei denen die Berücksichtigung von Sicherheit und Gesundheit besonders wichtig für eine nachhaltige Prävention ist (zB bauliche, technologische und organisatorische Änderungen im Betrieb, Alarm- und Rettungswesen, Änderungen der Arbeitszeiten, Wiedereingliederungsmaßnahmen in den Arbeitsprozess).[21]

Betriebe mit **mehr als zehn Beschäftigten** fallen im Grundsatz unter die für große Betriebe geltenden Regeln, dh die Regelbetreuung besteht aus der Grundbetreuung und der betriebsspezifischen Betreuung, die mit den ASiG-Beauftragten zu ermitteln, aufzuteilen und schriftlich vereinbaren sind (→ Rn. 12). Für Betriebe mit **bis zu maximal 50 Beschäftigten**[22] eröffnet die DGUV Vorschrift 2 mit dem **Unternehmodell** eine alternative Form der Betreuung nach dem ASiG. Dieses Modell, das seit 1992 schrittweise entwickelt worden ist,[23] ermöglicht dem Arbeitgeber Spielräume, eigenverantwortlich zu entscheiden, wann und in welchem Umfang die Expertenunterstützung nach dem ASiG in Anspruch genommen werden soll. Das Unternehmermodell geht von einem Unternehmer aus, der über fundierte Grundkenntnisse des betrieblichen Arbeits- und Gesundheitsschutzes verfügt und in der Lage ist, selbst zu erkennen, wann er weitergehende fachkundige Unterstützung durch eine sog **bedarfsgerechte Beratung** benötigt. Hiermit verbunden ist eine **verstärkte Verantwortung dieses als sachkundig eingestuften Arbeitgebers**, der ggf. auch haftungsrechtlich dafür einzustehen hat, wenn der Arbeitsschutz in seinem Betrieb hinter dem durch § 4 Nr. 3 ArbSchG geforderten Stand der Technik zurückbleibt. Voraussetzung für das Unternehmermodell ist vor diesem Hintergrund, dass der Unternehmer durch die Teilnahme an sog **Motivations-, Informations- und Fortbildungsmaßnahmen**[24] entsprechende **Grundkenntnisse des Arbeits- und Gesundheitsschutzes** nachweisen kann. Völlig frei bei der Entscheidung, sicherheitstechnische und arbeitsmedizinische Betreuung „einzukaufen" ist der Arbeitgeber allerdings nicht. Auch im Rahmen des Unternehmermodells besteht die **Pflicht sich beraten zu lassen** bei bestimmten, in der DGUV Vorschrift 2 normierten Anlässen, die für eine nachhaltige Prävention besonders bedeutsam sind, wie insbes. geplante Änderungen von Bauten, Anlagen oder der Arbeitszeitgestaltung (→ Rn. 16).

Zur ordnungsgemäßen Vereinbarung der Gesamtbetreuung (Grundbetreuung und betriebsspezifische Betreuung) zählt nach Anlage 2 zu § 2 Abs. 3 DGUV Vorschrift 2 (dort Abschnitt 1) die **Mitwirkung der betrieblichen Interessenvertretung, die durch die DGUV Vorschrift 2 gestärkt wird**. Sie verdeutlicht insoweit den in § 89 BetrVG, § 81 BPersVG normierten Grundsatz, wonach die betriebliche Interessenvertretung bei allen Fragen und Besprechungen betreffend den betrieblichen Arbeits-, Unfall- und Gesundheitsschutz hinzuzuziehen ist (→ BetrVG § 89 Rn. 14). Durch die Mitwirkung der Interessenvertretungen soll das Erfahrungswissen der Beschäftigten, denen die Arbeit der Betriebsärzte und Fachkräfte für Arbeitssicherheit zugutekommen soll, für die Festlegung sachgerechter betriebsbezogener Arbeitsschwerpunkte gezielt genutzt werden. Die Beteiligung der Interessenvertretungen beschränkt sich dabei nicht auf die bloße Mitwirkung am Entscheidungs- bzw. Vereinbarungsprozess (→ Rn. 19 f.).

IV. Rechtsdurchsetzung

§ 9 Abs. 3 ASiG, auf den die DGUV Vorschrift 2 in Abschnitt 1, Abs. 3 der Anlage 2 zu § 2 Abs. 3 explizit hinweist, begründet ein **gleichberechtigtes, erzwingbares Mitbestimmungsrecht** bei der Erweiterung bzw. Einschränkung der Aufgaben der Betriebsärzte und Fachkräfte für Arbeitssicherheit.[25] Hierdurch soll der Betriebsrat auf die konkreten Tätigkeiten der Beauftragten nach dem ASiG Einfluss nehmen können.[26] Hieraus folgt insbes., dass die inhaltliche Ausgestaltung und Aufteilung der von den

---

[21] Eichendorf AuA 2011, 166 (167). [22] Die konkrete Festlegung der Obergrenze für dieses alternative Betreuungsmodell erfolgt durch die Unfallversicherungsträger, dazu DGUV (Hrsg.), DGUV Vorschrift 2 – Hintergrundinformation für die Beratungspraxis, www.dguv.de, S. 49. [23] Bieneck in: FS Wlotzke, S. 465, 479 ff. [24] Anzinger/Bieneck ASiG § 5 Rn. 46. [25] Zur Zuständigkeit der Einigungsstelle siehe LAG Kiel 21.1.2014 – 1 TaBV 47/13 Ls. 4 und Rn. 40; Bertzbach, jurisPR-ArbR 26/2014 Anm. 5. [26] Fitting BetrVG § 87 Rn. 319.

Fachkräften für Arbeitssicherheit und Betriebsärzten zu erbringenden Betreuungsdienstleistungen in Gestalt der Grundbetreuung und betriebsspezifischen Betreuung der Mitbestimmung des Betriebsrats unterliegt (→ BetrVG § 87 Rn. 77).[27] Gesetzliche oder berufsgenossenschaftliche Vorgaben, die das Mitbestimmungsrecht des Betriebsrats einschränken könnten, bestehen nicht. Der Weg in die Einigungsstelle gemäß § 87 Abs. 2 BetrVG und § 76 BetrVG ist möglich. Dies gilt sinngemäß auch für die **Personalräte im Bereich des öffentlichen Dienstes**, da die Mitbestimmung bei der Erweiterung oder Einschränkung der Aufgaben der Betriebsärzte und Fachkräfte für Arbeitssicherheit Voraussetzung für die Gewährleistung eines gleichwertigen arbeitsmedizinischen und sicherheitstechnischen Arbeitsschutzes isv § 16 ASiG ist (→ BPersVR Rn. 56). Durch die Mitbestimmung werden ausgewogene Entscheidungen gewährleistet, in denen auch die durch Art. 2 GG grundrechtlich geschützten Interessen der Beschäftigten unmittelbar zum Tragen kommen können. Das Bundesverfassungsgericht hat insoweit bereits im Jahre 1995 entschieden, dass die kollektivrechtliche Einbindung des Bestellungsaktes von besonderer Bedeutung für die Tätigkeit der Beauftragten nach dem ASiG ist und ohne das Vertrauen der Beschäftigten und ihrer Interessenvertretung die Ziele des ASiG nicht zu erreichen sind.[28]

20 § 9 Abs. 3 ASiG konzentriert das Mitbestimmungsverfahren auf die Bestellung bzw. Abberufung von ASiG-Experten, die in einem Beschäftigungsverhältnis zum jeweiligen Arbeitgeber stehen. Dies ist jedoch nur eine mögliche Variante der ASiG-Organisation. Daneben können auch freiberufliche Kräfte oder überbetriebliche Dienste (§ 19 ASiG) bestellt werden. In diesen Fällen enthält § 9 ASiG geringere Einwirkungsmöglichkeiten der Betriebs- und Personalräte (→ ASiG § 9 Rn. 17 ff.), dh Anhörungsrechte. Das Bundesarbeitsgericht hat bereits 1979 entschieden, dass die **Wahl zwischen diesen drei Betreuungsformen** nicht unter § 9 ASiG fällt, sondern in § **87 Abs. 1 Nr. 7 BetrVG** der umfassenden Mitbestimmung der Betriebsräte unterworfen ist.[29] Das Bundesverwaltungsgericht hat sich dieser Rechtsprechung einige Jahre später ebenfalls angeschlossen.[30] Diese Rechtsprechung ist inzwischen von großer praktischer Bedeutung, da sowohl die nähere Ausgestaltung der Grundbetreuung als auch diejenige der betrieblichen Betreuung umfassend und gleichberechtigt durch § 87 Abs. 1 Nr. 7 BetrVG sowie die entsprechende Normen des Personalvertretungsrechts wie zB § 75 Abs. 3 Nr. 11 BPersVG gesteuert wird.[31]

21 Die Einhaltung der dargestellten Vorschriften unterliegt einer **doppelten Aufsicht**. Nach § 12 ASiG können die staatlichen Arbeitsschutzbehörden bei fehlender Bestellung von ASiG-Experten und bei anderen Verletzungen der Pflichten des Arbeitgebers aus dem ASiG Anordnungen erlassen und auf diese Weise sowohl die Bestellung von ASiG-Experten[32] als auch die Bildung eines Arbeitsschutzausschusses[33] anordnen (→ ASiG § 12 Rn. 8 f.). Daneben können auch die Träger der Unfallversicherung entsprechende Anordnungen erlassen,[34] die jetzt auf § 19 SGB VII zu stützen sind.[35] § 12 ASiG verlangt eine vorherige Kommunikation zwischen den Institutionen der Aufsicht.

---

27 HaKo-BetrVG/Kohte BetrVG § 87 Rn. 89; LAG Berlin-Brandenburg 7.7.2016 – 21 TaBV 195/16, NZA-RR 2016, 644 Rn. 96. **28** BVerwG 25.1.1995 – 6 P 19/93, PersR 1995, 300 ff. **29** BAG 10.4.1979 – 1 ABR 34/77, NJW 1979, 2362; LAG Berlin-Brandenburg 7.7.2016 – 21 TaBV 195/16, NZA-RR 2016, 644 Rn. 123. **30** BVerwG 25.1.1995 – 6 P 19/93, PersR 1995, 300 ff. **31** ZB LAG Berlin-Brandenburg 7.7.2016 – 21 TaBV 195/16; LAG Kiel 21.1.2014 – 1 TaBV 47/13; OVG Nordrhein-Westfalen 4.3.2016 – 20 A 2364/14.PVL, PersR 10/2016, 55 mAnm Kiesche; VG Düsseldorf 24.10.2014 – 34 K 5306/13.PVL, PersR 5/2015, 51 ff. mAnm Kiesche. **32** LAG Lüneburg 20.7.2011 – 5 A 26/10. **33** VG Hannover 6.10.1995 – 7 A 4246/95, GewArch 1996, 28 = AuA 1996, 399 mAnm Kohte. **34** BSG 12.6.1989 – 2 RU 10/88, SozSich 1990, 196 zum früheren Recht nach § 712 Abs. 1 S. 2 RVO und BayVGH 4.11.2004 – 22 ZB 04.2690, GewArch 2005, 167 zu § 17 SGB VII. **35** Kohte BG 2010, 384.

§ 15 ASiG Ermächtigung zum Erlaß von allgemeinen Verwaltungsvorschriften

Das Bundesministerium für Arbeit und Soziales erläßt mit Zustimmung des Bundesrates allgemeine Verwaltungsvorschriften zu diesem Gesetz und den auf Grund des Gesetzes erlassenen Rechtsverordnungen.

I. Normzweck, Systematik 1	IV. Mögliche Gegenstände allgemeiner Verwaltungsvorschriften..... 6
II. Entstehung, Unionsrecht 3	
III. Verfassungsrechtliche Aspekte... 5	V. Rechtsdurchsetzung 9

I. Normzweck, Systematik

Allgemeine Verwaltungsvorschriften sind als **abstrakt-generelle Anordnungen** in einer hierarchisch gegliederten Verwaltung ein klassisches Instrument einer **zentralen Steuerung des administrativen Handelns** durch die an der Spitze der Hierarchie stehenden Behörden.[1] Im klassischen Arbeitsschutzrecht, das vorrangig mit den Mitteln des öffentlichen Rechts arbeitet, fanden sich zB im früheren Gerätesicherheitsrecht entsprechende Ermächtigungen zum Erlass allgemeiner Verwaltungsvorschriften, mit denen ein gleichmäßiger Normvollzug und damit zugleich auch Wettbewerbsgleichheit der betroffenen Arbeitgeber sichergestellt werden sollte. In diese Traditionslinie fügt sich § 15 ASiG nahtlos ein.[2] 1

Während in den klassischen Verwaltungsvorschriften des Arbeitsschutzes, wie zB im früheren § 11 GSG, vor allem allgemein anerkannte Regeln der Technik bezeichnet wurden, soll nach der Gesetzesbegründung[3] die AVV nach § 15 ASiG ua der Festsetzung von Zahlenwerten über die Zahl der zu bestellenden Fachkräfte und der Einsatzzeiten, die sie dem Betrieb zur Verfügung stehen müssen, dienen. Diese Zahlenwerte können jedoch nicht durch die Fachkunde einer speziellen Verwaltungsbehörde ermittelt werden, sondern sind vorrangig Ergebnisse politischer Dezision, die in einer Rechtsverordnung nach § 14 ASiG bzw. einer UVV nach § 15 SGB VII ihren Niederschlag findet. Folgerichtig ist die **Verwaltungsvorschrift nach § 15 ASiG subsidiär**. In der bisherigen Verwaltungspraxis ist sie seit 40 Jahren zu keinem Zeitpunkt eingesetzt worden. Sachlich geboten wäre sie allerdings nach dem 31.12.1992, als die Träger der Unfallversicherung zunächst an den mit Art. 7 RL 89/391/EWG unvereinbaren Zahlenwerten der damaligen VBG 122/123 festgehalten hatten und auch eine Rechtsverordnung nicht zeitnah erlassen worden war.[4] Inzwischen stehen die einschlägigen Unfallverhütungsvorschriften in Übereinstimmung mit dem Unionsrecht, so dass insoweit kein Raum für den Einsatz der AVV besteht. 2

II. Entstehung, Unionsrecht

Im Gesetzgebungsverfahren war § 15 ASiG zu keinem Zeitpunkt umstritten. In der Regierungsbegründung ist die Norm in der Diktion der **klassischen Tradition des deutschen Arbeitsschutzrechts** gerechtfertigt worden, allerdings bereits zu diesem Zeitpunkt in eine Subsidiarität gegenüber den UVV nach § 14 Abs. 1 ASiG gesetzt worden.[5] Die Vorlage wurde im parlamentarischen Verfahren und vom Bundesrat nicht korrigiert und unverändert verabschiedet. Seit 1973 sind keine Änderungen vorgenommen worden. 3

Im Unionsrecht verlangt **Art. 7 RL 89/391/EWG** vom Arbeitgeber, dass dieser den erforderlichen Sachverstand organisiert. Dabei ist vorrangig innerbetrieblicher Sachverstand zu mobilisieren; soweit dies nicht möglich ist, ist externer Sachverstand zu gewinnen.[6] Diese Vorgaben sind normativ umzusetzen und vor allem durch §§ 2 ff., 5 ff. ASiG – wenn auch unvollständig (→ ASiG §§ 2–7 Rn. 4, 13) – gewährleistet worden. 4

---

[1] Marburger, Die Regeln der Technik im Recht, 1979, S. 414 f.; vgl. Bücker, Gefahrenabwehr, S. 131 f. [2] Zu diesen Zwecken des § 15 ASiG BT-Drs. 7/260, 16; Anzinger/Bieneck ASiG § 15 Rn. 2; Spinnarke/Schork ASiG § 15 Rn. 1. [3] BT-Drs. 7/260, 16. [4] BFK Rn. 220, 596. [5] BT-Drs. 7/260, 16. [6] EuGH 6.4.2006 – C-428/04, Slg 2006-I, 3325 (3375) = ZESAR 2007, 30 mAnm Kohte/Faber, 34 (38).

Weitere Einzelheiten werden durch UVV nach § 15 Abs. 1 Nr. 6 SGB VII präzisiert; sie ergeben sich inzwischen weitgehend aus der DGUV Vorschrift 2 (zum Umfang der Grundbetreuung → ASiG § 14 Rn. 14), die allerdings betrieblichen Vereinbarungen einen größeren Raum zubilligt. Unter unionsrechtlichen Gesichtspunkten ist hier kaum Raum für AVV, denn der Europäische Gerichtshof verlangt, dass Richtlinien rechtssicher, transparent und kontrollierbar umgesetzt werden. Daher sind die wesentlichen Entscheidungen durch Gesetz oder durch Verordnung bzw. durch Unfallverhütungsvorschrift zu regeln, so dass AVV allenfalls eine Ergänzungsfunktion zukommen könne. Die bisher übliche **Verwendung von AVV** in der Praxis des deutschen Verwaltungsrechts ist **vom Gerichtshof** anhand umweltrechtlicher Fälle **bereits 1991 beanstandet** worden.[7] Diese Entscheidungen haben auch in der deutschen Literatur Zustimmung gefunden.[8] Daher ist § 15 ASiG auch nicht geeignet, die unzureichende Umsetzung von Art. 7 RL 89/391/EWG im Bundesdienst, die weiterhin nicht durch UVV erfolgt, zumal immer noch eine Richtlinie aus dem Jahr 1978 angewandt wird (→ ASiG § 16 Rn. 3), zu korrigieren.[9]

III. Verfassungsrechtliche Aspekte

5 Die Möglichkeit, allgemeine Verwaltungsvorschriften zum Vollzug von Bundesrecht durch die Länder seitens einzelner Bundesministerien zu erlassen, war lange Zeit unbestritten und fand auch ursprünglich die Billigung des Bundesverfassungsgerichts.[10] Durch einen Beschluss aus dem Jahr 1999 ist hier eine Kehrtwende vollzogen worden. Der 2. Senat des Bundesverfassungsgerichts orientiert sich nunmehr strikt am Wortlaut des Art. 85 Abs. 2 S. 1 GG und verlangt, dass allgemeine Verwaltungsvorschriften von der **Bundesregierung als Kollegium** mit Zustimmung des Bundesrats zu beschließen sind.[11] Nur eine strikte Auslegung der Kompetenznormen in Art. 84, 85 GG werde der hohen Bedeutung allgemeiner Verwaltungsvorschriften für den Normvollzug der Bundesländer gerecht. Diese Entscheidung zur Bundesauftragsverwaltung ist auf die von § 15 ASiG angezielte und in Art. 84 GG geregelte Landeseigenverwaltung von Bundesgesetzen zu übertragen. In der Literatur wird mehrheitlich auch insoweit ausschließlich die Bundesregierung als Kollegium für befugt angesehen, mit Zustimmung des Bundesrats allgemeine Verwaltungsvorschriften zu erlassen.[12] Die Gegenauffassung sieht zusätzlich die einfachgesetzliche Ermächtigung eines Bundesministerium zum Erlass von Verwaltungsvorschriften an die Länder für zulässig an, vorausgesetzt in der einfachgesetzlichen Ermächtigung ist eine Beteiligung des Bundesrats vorgesehen.[13] Die neuere Gesetzgebungspraxis hat die Entscheidung des Bundesverfassungsgerichts nachvollzogen und bezieht die Ermächtigung zum Erlass von Verwaltungsvorschriften zum Normenvollzug, die von den Ländern zu beachten sind, auf die Bundesregierung. Dies dokumentieren etwa die 2002 erfolgte Neufassung der die Länder betreffenden Bestimmungen in Bezug auf die Führung des Gewerbezentralregisters in § 153 b GewO bzw. die Novellierung der für den Arbeitsschutz wichtigen Norm des § 20 SGB VII aus 2003, die beide den Erlass von Verwaltungsvorschriften mit Wirkung gegenüber den Bundesländern der Bundesregierung zuweisen (→ ArbSchG § 24 Rn. 6). Dementsprechend können allgemeine Verwaltungsvorschriften zum Vollzug des ASiG durch die Länder auf der Grundlage von § 15 ASiG durch das Bundesministerium für Arbeit und Soziales jedenfalls nicht rechtssicher erlassen werden.

IV. Mögliche Gegenstände allgemeiner Verwaltungsvorschriften

6 In der Gesetzesbegründung sind als mögliche Gegenstände von allgemeinen Verwaltungsvorschriften nach § 15 ASiG vor allem Anforderungen an die Zahl der betriebli-

---

7 EuGH 28.1.1991 – C-131/88, Slg 1991, 825 = EuZW 1991, 405 (Grundwasser). **8** Zuleeg NJW 1993, 31 (36). **9** Dazu, jedoch mit anderer Begründung, Nöthlichs ASiG § 15 Rn. 1. **10** BVerfGE 26, 338 = JZ 1970, 176. **11** BVerfGE 100, 249 = JZ 1999, 993 mAnm Tschentscher. **12** Dittmann in: Sachs, GG, 7. Aufl., 2014, GG Art. 84 Rn. 29; Pieroth in: Jarass/Pieroth GG Art. 84 Rn. 26; Trute in: v. Mangoldt/Klein/Starck, GG, 6. Aufl. 2010, GG Art. 84 Rn. 68. **13** Tschentscher, JZ 1999, 994 (995 f.).

chen Experten sowie an den Nachweis der Fachkunde genannt worden. **Zahl und Zeiten des Einsatzes der Experten** sind inzwischen in der DGUV 2 hinreichend deutlich geregelt worden, so dass sie durch Anordnungen nach § 19 SGB VII umgesetzt werden können.[14] Die AVV, denen keine unmittelbare Verbindlichkeit zukommt, sind schlechter geeignet, weil sie ausschließlich den Normvollzug der Landesbehörden bei ihren Anordnungen nach § 12 ASiG steuern können. Es ist daher auch sachlich gerechtfertigt, dass sie subsidiär sind (→ Rn. 2).

Besser geeignet sind AVV für typische verwaltungspraktische Fragen der Überwachung, die sich vor allem aus dem Nachweis der jeweiligen Fachkunde bzw. der Einsatzzeiten ergeben können. In der Gesetzesbegründung[15] war als weiterer möglicher Gegenstand die **Konkretisierung der Unterstützungspflichten des Arbeitgebers** genannt, der räumliche, sächliche und personelle Mittel zur Verfügung zu stellen hat. Wiederum sind auch insoweit die Unfallverhütungsvorschriften vorrangig. In der Praxis erfolgt inzwischen vor allem eine Orientierung an den Berufsgenossenschaftlichen Grundsätzen BGG 962 und 963, jetzt ersetzt durch die DGUV Information 250-105 „Leitfaden für Betriebsärzte und Betriebsärztinnen zur Ausstattung der betriebsärztlichen Tätigkeit" (→ ASiG §§ 2–7 Rn. 15). Nicht selten wird auch diese Unterstützung in Betriebsvereinbarungen festgelegt. Dies gilt vor allem für freiwillige Betriebsvereinbarungen, mit denen ein integriertes betriebliches Gesundheitsmanagement organisiert und zur Verfügung gestellt wird.

Näher würde es liegen, wenn sich der Gegenstand künftiger rechtssicher erlassener AVV an denjenigen Anordnungsmöglichkeiten nach § 12 ASiG orientieren würde, die durch UVV nicht normiert werden.[16] Dazu gehört zB die **Bildung und Arbeitsweise des Arbeitsschutzausschusses**, die nach allen bisherigen Erkenntnissen in ca. 20–30 % der Betriebe defizitär ist (→ ASiG § 11 Rn. 1). Hier wäre ein einheitlicher Normvollzug in der Überwachungspraxis sachlich geboten; zugleich würde damit der hohe Stellenwert der Partizipation im heutigen Arbeitsschutz verdeutlicht.

V. Rechtsdurchsetzung

AVV richten sich als **verwaltungsinternes Instrument** unmittelbar nur an die Überwachungsbehörden der Länder und steuern deren Normvollzug. Sie sind daher keine Grundlage für einen Verwaltungsakt und können die zuständigen Verwaltungsgerichte, die zB von einem Arbeitgeber gegen einen Verwaltungsakt der Überwachungsbehörden angerufen werden, nicht binden. Soweit allerdings eine Ermessensausübung bei Anordnungen nach § 12 ASiG möglich ist, können Festlegungen in AVV als **Selbstbindung der Behörden** bei der Kontrolle der Ermessensausübung Beachtung finden.[17] Angesichts fehlender AVV bietet die **GDA-Leitlinie** Organisation des betrieblichen Arbeitsschutzes vom 15.12.2011,[18] Element 3 Erfüllung der Organisationspflichten aus dem ASiG, S. 21 f. hinreichende Anhaltspunkte, wie die Überwachung und der Vollzug des ASiG zu steuern sind (→ ASiG § 12 Rn. 11).

§ 16 ASiG Öffentliche Verwaltung

In Verwaltungen und Betrieben des Bundes, der Länder, der Gemeinden und der sonstigen Körperschaften, Anstalten und Stiftungen des öffentlichen Rechts ist ein den Grundsätzen dieses Gesetzes gleichwertiger arbeitsmedizinischer und sicherheitstechnischer Arbeitsschutz zu gewährleisten.

Literatur: *Bieneck*, Das Arbeitssicherheitsgesetz – Grundlage für den betrieblichen Arbeitsschutz, in: FS Wlotzke, 1996, S. 465; *Eichendorf*, Änderung der DGUV Vorschrift 2, AuA 2011, 166; *Faber/Jenter*, Fachkräfte für Arbeitssicherheit im Schuldienst, PersR 2010, 432;

---
14 Kohte BG 2010, 384 (385). 15 BT-Drs. 7/260, 16. 16 So auch Nöthlichs ASiG § 15 Rn. 1. 17 Anzinger/Bieneck ASiG § 15 Rn. 13; vgl. KJP/Pinter ArbSchG § 24 Rn. 5. 18 Eine redaktionell angepasste und geänderte Fassung mit Stand vom 22.5.2017 ist abrufbar unter: www.gda-portal.de/de/Betreuung/Leitlinie-Organisation-AS.html, Abruf vom 16.6.2017.

Kiesche, Die Fachkraft für Arbeitssicherheit im öffentlichen Dienst, PersR 2010, 328; *Kohte*, DGUV-Vorschrift 2 im öffentlichen Dienst, PersR 10/2016, 8; *Märtins*, Arbeitsschutz und Unfallverhütung im öffentlichen Dienst (I und II), ZTR 1992, 223 und 267; *Muckel/Ogorek*, Sozialrecht, 4. Aufl. 2011; *Nöthlichs*, Arbeitsschutz und Arbeitssicherheit, Kommentar, 2016; *Riesenberg-Mordeja*, Die neue DGUV Vorschrift 2, AiB 2010, 538; *Schneider/Schweers-Sander*, Arbeitsschutz und Prävention aus einer Hand – das Modell der Unfallkasse des Bundes, ZTR 2004, 456; *Waltermann*, Sozialrecht, 12. Aufl. 2016.

Leitentscheidungen: VGH Baden-Württemberg 11.3.2010 – PL 15 S 1773/08, PersR 2010, 455; BAG 15.12.2009 – 9 AZR 769/08, NZA 2010, 506; BVerwG 25.1.1995 – 6 P 19/93, ZTR 1995, 524 = PersR 1995, 300; OVG Nordrhein-Westfalen 4.3.2016 – 20 A 2364/14.PVL, PersR 10/2016, 52.

I. Normzweck, Rechtssystematik.. 1	3. Stellung der Betriebsärzte und Fachkräfte für Arbeitssicherheit in der Behörde.... 23
II. Entstehung, Unionsrecht 9	
III. Kommentierung im Detail...... 14	
1. Anwendungsbereich......... 14	4. Mitbestimmung des Personalrats 27
2. Anforderungen der DGUV Vorschrift 2................. 17	IV. Rechtsdurchsetzung 31

I. Normzweck, Rechtssystematik

1 Das Arbeitssicherheitsgesetz entfaltet im Gegensatz zum Arbeitsschutzgesetz keine unmittelbare Geltung für den öffentlichen Dienst,[1] so dass es einer Vorschrift wie des § 16 ASiG bedarf, um einen den Grundsätzen des ASiG gleichwertigen arbeitsmedizinischen und sicherheitstechnischen Arbeitsschutz für die Beschäftigten sicherzustellen. Mit § 16 ASiG wird in Bezug auf den öffentlichen Dienst ein gesetzlicher **Rahmen** geschaffen, der es sowohl dem Gesetzgeber als auch der Verwaltung ermöglicht, Regelungen in Form von Gesetzen, Verordnungen, Satzungen sowie allgemeinen Verwaltungsvorschriften zur Konkretisierung zu treffen.[2]

2 Das ASiG dient dabei der **Arbeitssicherheitsorganisation**, denn mit der Bestellung von Betriebsärzten und Fachkräften für Arbeitssicherheit isv § 1 ASiG wird der Arbeitgeber bei seinen konkreten Arbeitsschutzmaßnahmen auf der Basis des ArbSchG betriebsorganisatorisch unterstützt.[3] Die einzelnen Vorschriften des ASiG bilden die Grundlage der Organisation eines effektiven betriebs- und dienststellenbezogenen Arbeitsschutzes.[4] Ausgefüllt wird der durch § 16 ASiG geschaffene gesetzliche Rahmen durch die Mitgliedschaft des Bundes, der Länder, Gemeinden und sonstigen Körperschaften, Anstalten und Stiftungen bei den gebietsbezogenen **Unfallversicherungsträgern**. Nach § 114 Abs. 1 Nr. 3–7 SGB VII handelt es sich um die Unfallversicherung Bund und Bahn, die Unfallkassen der Länder, die Gemeindeunfallversicherungsverbände und Unfallkassen der Gemeinden, die Feuerwehr-Unfallkassen und die gemeinsamen Unfallkassen für den Landes- und den kommunalen Bereich. Zum 1.1.2015 ist eine Neuordnung der Unfallkassen auf der Bundesebene erfolgt (→ ArbSchG § 21 Rn. 25). Diese Unfallversicherungsträger sind im Hinblick auf die Umsetzung des ASiG gemäß § 15 Abs. 1 Nr. 6 SGB VII zum Erlass von verbindlichen Regelungen in Form von **Unfallverhütungsvorschriften** befugt. Eine gravierende Ausnahme besteht weiter nach § 115 SGB VII auf der Ebene des Bundes (→ ArbSchG § 21 Rn. 26).[5] Allerdings bleibt es auch den anderen Unfallkassen überlassen, in welcher Form sie diese Unfallverhütungsvorschriften übernehmen.[6] Schließlich bedarf es für Beamtenverhältnisse aufgrund des besonderen Status einer ausdrücklichen Übernahmevorschrift im jeweiligen Beamtengesetz.[7] Die Fürsorgepflicht des Dienstherrn aus § 45 BeamtStG für Landesbeamte und aus § 78 BBG für Bundesbeamte bildet in diesem Zusammenhang die allgemeine Grundlage für den Arbeitsschutz und die Arbeitssicherheit dieser Beschäftigtengruppe. Gleichwohl darf die Fürsorgepflicht hier nicht überspannt werden, denn es gibt keinen aus Art. 33 Abs. 5 GG folgenden hergebrachten Grundsatz des Berufsbe-

---
[1] Märtins ZTR 1992, 223 (225). [2] Nöthlichs ASiG § 16 Rn. 1. [3] Pieper ASiG Rn. 7. [4] Bieneck in: FS Wlotzke, S. 465. [5] Aufhauser/Brunhöber/Igl ASiG § 16 Rn. 4, 7. [6] Nöthlichs ASiG § 16 Rn. 3. [7] Aufhauser/Brunhöber/Igl ASiG § 16 Rn. 8.

amtentums, dass Beamte unfallrechtlich Arbeitnehmern in jeder Hinsicht gleichzustellen sind.[8] Dies kommt auch in § 4 Abs. 1 Nr. 1 SGB VII zum Ausdruck, der Beamte ausdrücklich aus der gesetzlichen Unfallversicherung ausnimmt.[9] Beamte sind leistungsrechtlich über die §§ 30 ff. BeamtVG bei einem Dienstunfall abgesichert.[10] Die unfallversicherungsrechtlichen Unterschiede bei der finanziellen Absicherung von Beamten einerseits und Arbeitnehmern andererseits sind jedoch zu trennen von der Frage nach dem Arbeitsschutz und der Präventionsarbeit im öffentlichen Dienst,[11] wie im Folgenden zu zeigen sein wird.

Für den **Bundesdienst** stellte § 115 Abs. 1 SGB VII aF klar, dass der Erlass von Unfallverhütungsvorschriften gemäß § 15 Abs. 1–4 SGB VII nicht für die Unternehmen[12] galt, für die bis zum 31.12.2014 die Bundesunfallkasse zuständig gewesen ist und deren Aufgaben ab dem 1.1.2015 durch die Unfallversicherung Bund und Bahn wahrgenommen werden. Welche bundeseigenen Unternehmen und Personen von dieser Regelung erfasst sind, ergibt sich im Einzelnen aus § 125 Abs. 1 SGB VII. Nach § 115 Abs. 1 S. 1 SGB VII erlässt das Bundesministerium des Innern (BMI) im Einvernehmen mit dem Bundesministerium für Arbeit und Soziales (BMAS) jetzt **allgemeine Verwaltungsvorschriften** zur Unfallverhütung im Sinne des § 15 Abs. 1 SGB VII. Nach der bis zum 31.12.2014 geltenden Rechtslage in § 115 SGB VII aF hat das BMI noch von seiner dortigen Ermächtigung zum Erlass einer Rechtsverordnung Gebrauch gemacht und die **Bundesunternehmen-Unfallverhütungsverordnung (BUV)**[13] geschaffen.[14] Dabei hat die BUV in insgesamt vier Anhängen Regelungen über den betriebsärztlichen und sicherheitstechnischen Dienst beim BMI (Anhang 1), Regelungen über die Zentralstelle für Arbeitsschutz beim BMI (Anhang 2), Regelungen über die Bestellung von Sicherheitsbeauftragten gemäß § 22 SGB VII (Anhang 3) und Regelungen über die Erfassung und Auswertung des Unfallgeschehens der Beamtinnen und Beamten (Anhang 4) enthalten. Sie konnte noch bis zum 1.1.2017 gemäß Art. 17 Abs. 5 BUK-NOG[15] Geltung beanspruchen. Darüber hinaus hat das Bundesministerium des Innern mit Datum vom 17.3.2005 die Erste Allgemeine Verwaltungsvorschrift zur Regelung der Unfallverhütung im Bundesdienst (1. AVU Bund) erlassen[16] – sie enthält keine inhaltlichen Bestimmungen, sondern lediglich Verweise auf die Geltung vor 1997 erlassener Richtlinien, Hinweise und Rundschreiben des BMI zur Verhütung von Arbeitsunfällen, Berufskrankheiten und arbeitsbedingten Gesundheitsgefahren sowie zur Gestaltung einer wirksamen Ersten Hilfe. Schließlich gibt es zur weiteren Konkretisierung des § 16 ASiG im Bundesdienst die Richtlinie über den betriebsärztlichen und sicherheitstechnischen Dienst in den Verwaltungen und Betrieben des Bundes.[17] Sie datiert zwar aus dem Jahr 1978, hat aber bis heute Gültigkeit. Der von § 16 ASiG vorgegebene Rahmen wird durch diese jetzt aus der 1. AVU Bund und der Richtlinie resultierenden Inhalte ausgefüllt.

Im **Landesdienst** ergibt sich aus **§ 116 Abs. 1 SGB VII**, dass die Landesregierungen durch Rechtsverordnung eine oder mehrere Unfallkassen errichten können. Es besteht außerdem die Möglichkeit, dass bis zu drei Länder zusammen eine gemeinsame Unfall-

---

8 BVerwG 27.1.2005 – 2 C 7/04, NVwZ-RR 2005, 421. **9** Kritisch dazu aus unionsrechtlicher Perspektive Kohte BG 2010, 384 (387). **10** Waltermann § 10 Rn. 265; Schneider/Schweers-Sander ZTR 2004, 456 (457). **11** Vgl. dazu Schneider/Schweers-Sander ZTR 2004, 456 (457 ff.). **12** Nach den Vorbemerkungen zur Satzung der Unfallversicherung Bund und Bahn v. 25.3.2015 idF des 3. Nachtrags zur Satzung v. 21.6.2016 – Az. 416-69760.00-1192/2016 – handelt es sich bei den „Unternehmen" im Zuständigkeitsbereich der Unfallversicherung Bund und Bahn um die Verwaltungen, Dienststellen, Einrichtungen, Betriebe des Bundes, der Deutschen Bahn AG, der Bundesagentur für Arbeit und in den Zuständigkeitsbereich der Unfallversicherung Bund und Bahn übernommenen Einrichtungen. **13** Verordnung zur Regelung der Unfallverhütung in Unternehmen und bei Personen, für die die Unfallkasse des Bundes nach § 125 Abs. 1 Nr. 2–7 und Abs. 3 des Siebten Buches Sozialgesetzbuch Unfallversicherungsträger ist v. 6.4.2006, BGBl. I, 1114 (aufgehoben). **14** Schlegel/Voelzke/Brandenburg/Triebel, jurisPK-SGB VII, § 115 Rn. 16. **15** Gesetz zur Neuorganisation der bundesunmittelbaren Unfallkassen v. 19.10.2013, BGBl. I, 3836, zuletzt geändert durch Art. 6 Gesetz v. 28.5.2015, BGBl. I, 813. **16** GMBl. 2005, 780; abrufbar unter www.verwaltungsvorschriften-im-internet.de/bswvbund_05. **17** GMBl. 1978, 114, zuletzt geändert am 10.11.1981, GMBl. 1981, 516.

kasse durch gleichlautende Rechtsverordnung schaffen können (§ 116 Abs. 2 SGB VII). Für diesen Fall müssen die beteiligten Länder gleichzeitig in der Rechtsverordnung regeln, wie bereits bestehende Unfallkassen in die gemeinsame Unfallkasse eingegliedert werden und für die Angestellten eine neue Dienstordnung zur Regelung ihrer Rechtsverhältnisse erlassen (§ 116 Abs. 3 SGB VII).

5 § 117 SGB VII regelt schließlich die **Unfallversicherungsträger im kommunalen Bereich**. § 117 Abs. 1 SGB VII stellt klar, dass die Landesregierungen durch Rechtsverordnung für mehrere Gemeinden, die zusammen wenigstens 500.000 Einwohner haben, einen Gemeindeunfallversicherungsverband errichten müssen. Voraussetzung ist hierfür, dass die Unfallversicherung nicht von einer gemeinsamen Unfallkasse für den Landes- und Kommunalbereich durchgeführt wird. Nach § 117 Abs. 2 SGB VII besteht wie auf Landesebene die Möglichkeit, dass die Landesregierungen von maximal drei Ländern einen gemeinsamen Gemeindeunfallversicherungsverband schaffen können. Über § 117 Abs. 3 SGB VII sind die Landesregierungen außerdem ermächtigt, durch Rechtsverordnung mehrere Feuerwehr-Unfallkassen bzw. die Feuerwehr-Unfallkassen mit den Unfallversicherungsträgern im Landes- und Kommunalbereich zu vereinigen.

6 Die Unfallkassen und eingeschränkt die Unfallversicherung Bund und Bahn[18] konkretisieren als Unfallversicherungsträger die (indirekt) aus dem ASiG resultierenden Verpflichtungen des öffentlichen Arbeitgebers bzw. Dienstherrn durch Unfallverhütungsvorschriften. Mit dieser Konkretisierung der Maßnahmen wird auch für den Bereich des öffentlichen Dienstes die **Subsidiarität** des ASiG[19] deutlich.

7 Wichtig für diese Umsetzung des § 16 ASiG ist, dass ein den Unfallverhütungsvorschriften der Berufsgenossenschaften für den gewerblichen Bereich **gleichwertiger Schutzstandard** für den öffentlichen Dienst existiert. Gleichwertigkeit ist allerdings nicht gleichzusetzen mit einem identischen Schutzstandard der Privatwirtschaft. Vielmehr bedeutet ein „gleichwertiger Schutzstandard", dass es um einen ebenbürtigen bzw. entsprechenden Schutz geht, der für den öffentlichen Dienst gleichartig ausgestaltet ist und sich im Ergebnis deckt.[20] § 16 ASiG schließt damit einerseits die Schaffung eines geringeren Schutzstandards als in der Privatwirtschaft aus, andererseits ermöglicht die Vorschrift aber auch, in einzelnen Bereichen den besonderen Strukturen des öffentlichen Dienstes Rechnung zu tragen. Voraussetzung ist jedoch, dass die Unfallverhütungsregelungen den in den §§ 1–11, 18, 19 ASiG verankerten Grundsätzen genügen.[21] Für den öffentlichen Dienst außer Anwendung bleiben demgegenüber die §§ 12–15, 17, 20 ASiG, da sie keine Grundsätze zur Verfügung stellen, die zu beachten wären.[22]

8 Mit der am 1.1.2011 in Kraft getretenen Unfallverhütungsvorschrift „Betriebsärzte und Fachkräfte für Arbeitssicherheit" – **DGUV Vorschrift 2** – hat der gemeinsame Spitzenverband der inzwischen nur noch neun gewerblichen Berufsgenossenschaften[23] und insgesamt 27 Unfallkassen und Gemeindeunfallversicherungsverbänden (DGUV)[24] zum ersten Mal eine für den öffentlichen Dienst und den gewerblichen Bereich **einheitlich geltende Vorschrift** zur Konkretisierung des ASiG geschaffen.[25] Die DGUV Vorschrift 2 ist inzwischen von den meisten Unfallkassen der Länder und Gemeindeunfallversicherungsverbänden beschlossen und genehmigt worden.[26] Lediglich die Bayerische Landesunfallkasse hat von vorneherein die Übernahme der DGUV Vorschrift 2 abgelehnt und einen Sonderweg mit einer von der DGUV Vorschrift 2 deutlich abweichenden

---

18 Vgl. § 2 Satzung der Unfallversicherung Bund und Bahn; Kollmer/Klindt/Schucht/Leube Gesetzliche Unfallversicherung SystDarst D Rn. 79; → Rn. 8. **19** Pieper ASiG Rn. 3. **20** So BVerwG 25.1.1995 – 6 P 19/93, ZTR 1995, 524; kritisch dazu BAG 15.12.2009 – 9 AZR 769/08, NZA 2010, 506 (509), denn § 16 ASiG beschränke sich nicht auf die bloße Konkretisierung des Schutzzieles oder Ergebnisses beim Arbeitsschutz im öffentlichen Dienst. **21** BAG 15.12.2009 – 9 AZR 769/08, NZA 2010, 506 (509). **22** Aufhauser/Brunhöber/Igl ASiG § 16 Rn. 10. **23** Waltermann § 10 Rn. 285. **24** Muckel/Ogorek § 10 Rn. 16. **25** Rentrop/Strothotte DGUV Forum 2010, 4 (5). **26** Verband Deutscher Betriebs- und Werksärzte eV, Stand der Umsetzung der DGUV Vorschrift 2, abrufbar unter www.vdbw.de/Stand-der-Umsetzung-der-DGUV-V.506.0.html; vgl. dazu auch Kohte PersR 10/2016, 8 (9).

Richtlinie zur Umsetzung des ASiG für die staatliche Verwaltung beschritten.[27] Die Unfallkasse Sachsen hatte sich diesem Sonderweg zunächst angeschlossen, zum 1.7.2015 dann aber doch die DGUV-Vorschrift 2 übernommen.[28] Auch bei der Unfallversicherung Bund und Bahn ist die Umsetzung der DGUV Vorschrift 2 erst seit dem 1.1.2017 möglich – allerdings nur im Bereich der mittelbaren Bundesverwaltung.[29] Für die unmittelbare Bundesverwaltung gilt die DGUV Vorschrift 2 dagegen nach wie vor nicht.[30] Hier wird deshalb weiter die „Richtlinie für die betriebsärztliche und sicherheitstechnische Betreuung in den Verwaltungen und Betrieben des Bundes" vom 28.1.1978[31] sowie die 1. AVU Bund vom 17.3.2005[32] angewandt.

II. Entstehung, Unionsrecht

§ 16 ASiG ist mit dem ASiG am 1.12.1974 in Kraft getreten. Hintergrund dieser Sonderregelung für den öffentlichen Dienst war damals, dass das staatliche Arbeitsschutzrecht zunächst lediglich für den gewerblichen Bereich entwickelt wurde[33] und erst mit dem Inkrafttreten des ArbSchG im Jahr 1996 Tätigkeiten im öffentlichen Dienst ausdrücklich in den Schutzbereich des Gesetzes einbezogen worden sind. Die Besonderheiten des öffentlichen Dienstes, insbesondere des Berufsbeamtentums, ließen es als problematisch erscheinen, Dienstherren wie dem Bund, den Ländern, den Gemeinden etc Verhaltenspflichten bei der Prävention und dem Umgang mit Unfällen und Gesundheitsgefahren von außen aufzuerlegen, die darüber hinaus noch einer Kontrolle durch dritte Rechtsträger unterlagen.[34]

Ein weiterer Grund für die Ausklammerung des öffentlichen Dienstes aus dem Anwendungsbereich des ASiG mag außerdem im durch das Gesetz zur Änderung des GG vom 28.8.2006[35] aufgehobenen Art. 75 Nr. 1 GG gelegen haben.[36] Nach Art. 75 Nr. 1 GG aF konnte der Bundesgesetzgeber für den öffentlichen Dienst der Länder, Gemeinden und anderen Körperschaften des öffentlichen Rechts lediglich Rahmenrecht setzen, so dass ihm damit die (Voll-)Kompetenz zur Regelung der Arbeitssicherheit für alle Beamtenverhältnisse fehlte. Dementsprechend war eine direkte Bindung der Verwaltungen und Betriebe der Länder, Gemeinden etc an die für private Arbeitgeber geltenden Regelungen des ASiG nicht möglich.[37] Dies bildet jedoch gleichzeitig die „Schwachstelle" des ASiG, denn die Umsetzung des Gesetzes in den öffentlichen Verwaltungen ist nach wie vor von Defiziten geprägt.[38] Die Vereinheitlichung durch die neue DGUV Vorschrift 2 wird, soweit sie tatsächlich noch weiter erfolgt, helfen, die Defizite zu beheben bzw. zu verringern.

Unionsrechtlich leistet die RL 89/391/EWG über die Durchführung von Maßnahmen zur Verbesserung der Sicherheit und des Gesundheitsschutzes der Arbeitnehmer bei der Arbeit vom 12.6.1989[39] – Arbeitsschutzrichtlinie – einen entscheidenden Beitrag zur Gewährleistung einheitlicher Schutzstandards der Gesundheit und Sicherheit im öffentlichen Dienst. So erfasst Art. 2 Abs. 1 RL 89/391/EWG alle privaten und öffentlichen Tätigkeitsbereiche und stellt in Abs. 2 klar, dass nur spezifische Tätigkeiten des öffentlichen Dienstes, zB bei der Polizei, den Streitkräften und den Katastrophenschutzdiensten, vom Anwendungsbereich der Richtlinie ausgenommen sind (→ ArbSchG § 20 Rn. 5). Allerdings muss auch in diesen Fällen eine größtmögliche Sicherheit und der Gesundheitsschutz der betroffenen Personenkreise sichergestellt werden. Über Art. 3 RL 89/391/EWG kommt außerdem ein **einheitlicher europäischer Arbeitnehmerbegriff**

---

27 Vgl. www.vdbw.de/Stand-der-Umsetzung-der-DGUV-V.506.0.html. **28** Kohte PersR 10/2016, 8 (9). **29** Kollmer/Klindt/Schucht/Leube ArbSchG Syst D Rn. 80; Diel in: Hauck/Noftz SGB VII, 2016, SGB VII § 115 Rn. 11. **30** Unfallversicherung Bund und Bahn (UVB), Umsetzung der UVV „Betriebsärzte und Fachkräfte für Arbeitssicherheit (DGUV Vorschrift 2)", abrufbar unter www.uv-bund-bahn.de/fileadmin/Dokumente/Mediathek/9010.pdf; zur Kritik Kohte PersR 10/2016, 8 (14). **31** GMBl. 1978, 114, zuletzt geändert am 10.11.1981, GMBl. 1981, 516. **32** GMBl. 2005, 780. **33** Aufhauser/Brunhöber/Igl ASiG § 16 Rn. 1 f. **34** Märtins ZTR 1992, 223 (224). **35** BGBl. I, 2034. **36** Märtins ZTR 1992, 267 (272). **37** Märtins ZTR 1992, 267 (272). **38** Bieneck in: FS Wlotzke, S. 465, 468; Kohte RdJB 2008, 198 (210); Kohte/Faber, Anm. zu BAG 15.9.2009 – 9 AZR 769/08, jurisPR-ArbR 43/2010 Anm. 4; Kiesche PersR 2010, 328 (331); Kohte PersR 10/2016, 8 (13 f.). **39** ABl. EG L 183, 1.

zum Tragen, der sowohl Arbeitnehmer als auch Beamte einbezieht,[40] so dass die meisten Beamtenverhältnisse dementsprechend unter die Richtlinie fallen.[41] Auch wenn die Arbeitsschutzrichtlinie in zeitlicher Hinsicht 15 Jahre später als das ASiG in Kraft getreten ist und der deutsche Gesetzgeber im Zuge der Richtlinienumsetzung im Jahr 1996 das ArbSchG geschaffen hat, bildet das ASiG mit der Verpflichtung der Arbeitgeber zur Bestellung von Betriebsärzten und Fachkräften für Arbeitssicherheit die **organisatorische Grundlage**[42] für die Umsetzung der im ArbSchG und in der Arbeitsschutzrichtlinie verankerten Sicherheits- und Gesundheitsschutzvorkehrungen zur Verhinderung von Arbeitsunfällen, Berufskrankheiten und Gesundheitsgefährdungen am Arbeitsplatz bzw. im Dienst. In Art. 7 RL 89/391/EWG findet die vom ASiG geforderte Bestellung von Betriebsärzten und Fachkräften für Arbeitssicherheit durch den Arbeitgeber schließlich ihre unionsrechtliche Absicherung.

12 Die Details zur Konkretisierung des ASiG durch die bisherigen Unfallverhütungsvorschriften „Betriebsärzte und Fachkräfte für Arbeitssicherheit" – die BGV A2 bzw. GUV-V A 6/7 – vom 1.1.2009 wurden zum 1.1.2011 durch die **DGUV Vorschrift 2** abgelöst.[43] Die mit der DGUV Vorschrift 2 erfolgte Vereinheitlichung der Unfallverhütungsvorschriften der gewerblichen Berufsgenossenschaften und Unfallkassen liegt damit ebenfalls auf der Linie der von der europäischen Arbeitsschutzrichtlinie geforderten einheitlichen und für alle Arbeitnehmer geltenden Arbeitssicherheits- und Arbeitsschutzstandards, die nur in Ausnahmefällen für besondere Berufsgruppen im Beamtenverhältnis abweichende Regelungen erfahren dürfen. Die von § 16 ASiG deshalb im Unterschied zum ArbSchG vorgenommene Differenzierung nach öffentlichem und privatrechtlichem Tätigkeitsbereich erscheint vor diesem Hintergrund mehr als überholt.[44]

13 Hinzuweisen ist in diesem Zusammenhang aber noch auf die Besonderheit der Unfallversicherung Bund und Bahn (→ ArbSchG § 21 Rn. 25), denn sie kann für die unmittelbare Bundesverwaltung keine Unfallverhütungsvorschriften erlassen.[45] Nach § 115 Abs. 1 SGB VII erlässt das Bundesministerium des Innern im Einvernehmen mit dem Bundesministerium für Arbeit und Soziales allgemeine Verwaltungsvorschriften iSd § 15 SGB VII. Wie bereits unter → Rn. 3 ausgeführt, sind mit Geltung bis zum 1.1.2017 in der Bundesunternehmen-Unfallverhütungs-verordnung (BUV) in Anhang 1 spezielle Regelungen für den betriebsärztlichen und sicherheitstechnischen Dienst zur Umsetzung des § 16 ASiG getroffen, die durch die Richtlinie für den betriebsärztlichen und sicherheitstechnischen Dienst in den Verwaltungen und Betrieben des Bundes von 1978 ergänzt worden sind. Die Richtlinie sowie die 1. AVU-Bund gelten bislang unverändert weiter. Solange die DGUV Vorschrift 2 für den Bund nicht vollständig übernommen worden ist (→ Rn. 8), ist Art. 7 RL 89/391/EWG hier nicht hinreichend umgesetzt.

III. Kommentierung im Detail

14 **1. Anwendungsbereich.** Für den öffentlichen Dienst und den von § 16 ASiG verlangten gleichwertigen arbeitsmedizinischen und sicherheitstechnischen Arbeitsschutz kommt es nicht darauf an, ob hoheitliche, dh staatliche, Aufgaben wahrgenommen werden, denn neben den Verwaltungen sind auch die wirtschaftlichen Unternehmen des Bundes, der Länder und Gemeinden ohne eigene Rechtspersönlichkeit erfasst.[46] Ausgenommen sind hiervon allerdings Betriebe der öffentlichen Hand, die privatrechtlich, zB in Form einer Aktiengesellschaft (AG) oder einer GmbH, organisiert sind. Demnach kommt § 16 ASiG nicht mehr bei der Deutschen Post AG und der Deutschen Bahn AG zum Tragen.[47]

---

40 Vgl. auch Kohte RdJB 2008, 198 (202) mwN; Oppermann/Classen/Nettesheim, Europarecht, 7. Aufl. 2016, § 27 Rn. 13 ff. **41** Der EuGH hat die Anwendung der Richtlinie 89/391/EWG auf verbeamtete Einsatzkräfte der staatlichen Feuerwehr in Hamburg ausdrücklich bestätigt, EuGH 14.7.2005 – C-52/04, NZA 2005, 921. **42** Pieper ASiG Rn. 1, 16. **43** Kollmer/Klindt/Schucht/Leube ASiG SystDarst C Rn. 5. **44** Pieper ASiG Rn. 19. **45** Vgl. dazu Münch/ArbR/Kohte § 290 Rn. 9; Kollmer/Klindt/Schucht/Leube Gesetzliche Unfallversicherung SystDarst D Rn. 79. **46** Nöthlichs ASiG § 16 Rn. 1.

Anwendbar ist § 16 ASiG ebenfalls auf die Sparkassen, Kammern (Handwerkskammern, Industrie- und Handelskammern, Rechtsanwaltskammern, Ärztekammern etc), Sozialversicherungsträger wie die Krankenkassen, Rentenversicherungsträger etc, die Stiftung preußischer Kulturbesitz und Anstalten.[48] Es handelt sich dabei insbesondere um **Körperschaften des öffentlichen Rechts**. Die Gerichte gehören zwar nicht zur Verwaltung, doch bei einer sinn- und zweckentsprechenden Auslegung des § 16 ASiG sind sie ebenfalls vom Schutzbereich dieser Vorschrift erfasst.[49] Auf Kirchen und öffentlich-rechtliche Religionsgemeinschaften ist § 16 ASiG ebenfalls anwendbar.[50]

Ein gleichwertiger arbeitsmedizinischer und sicherheitstechnischer Arbeitsschutz kann nur durch den verwaltungsorganisatorischen Akt der Bestellung von Betriebsärzten und Fachkräften für Arbeitssicherheit hergestellt werden.[51] Nach den Aussagen des Bundesverwaltungsgerichts in der Entscheidung vom 25.1.1995[52] ist „gleichwertig" nicht etwa mit „gleichartig" zu verwechseln, sondern es geht hier um das Erreichen gleicher Ergebnisse beim Arbeitsschutz. Mit der DGUV Vorschrift 2 sind jedoch seit 2011 öffentlicher Dienst und Privatwirtschaft im Hinblick auf die Vorgaben zur betriebsärztlichen und sicherheitstechnischen Betreuung der Mitarbeiter vollkommen gleichgestellt.[53] Die Rechtsprechung des Bundesverwaltungsgerichts zur Umsetzung des § 16 ASiG wird in der Praxis der meisten Unfallkassen und Gemeindeunfallversicherungsverbände zu einem identischen Schutzstandard führen. Gleichwertiger Schutz ist folglich nur noch für die unter → Rn. 2 beschriebenen besonderen Berufsgruppen im Beamtenverhältnis zu gewährleisten. Dies entspricht schließlich auch den Anforderungen des Unionsrechts aus der RL 89/391/EWG, die nicht nach öffentlichem und privatrechtlichem Beschäftigungsverhältnis differenziert und Ausnahmen nur unter sehr engen Voraussetzungen zulässt. Mit der DGUV Vorschrift 2 als **Muster-Unfallverhütungsvorschrift** wird deshalb auch die bislang existierende Zersplitterung der verschiedenen Unfallverhütungsvorschriften der Unfallkassen und gewerblichen Berufsgenossenschaften aufgehoben, so dass persönlich die meisten Beschäftigungsverhältnisse im öffentlichen Dienst denselben Schutz genießen wie die gewerblichen Arbeitnehmer.

2. Anforderungen der DGUV Vorschrift 2. Die DGUV Vorschrift 2 legt in § 2 Abs. 3 in Verbindung mit der Anlage 2 fest, dass die Unfallversicherungsträger für den öffentlichen Dienst in Ausführung des § 16 ASiG in Betrieben mit mehr als zehn Beschäftigten eine Gesamtbetreuung vorzunehmen haben, die aus einer **Grundbetreuung** und einer **betriebsspezifischen Betreuung** (= Regelbetreuung) besteht. Für Betriebe mit weniger als zehn Beschäftigten richtet sich der Umfang der betriebsärztlichen und sicherheitstechnischen Betreuung nach § 2 Abs. 2 iVm Anlage 1 DGUV Vorschrift 2, die sich auf eine **Grundbetreuung** (Erstellung und Aktualisierung der Gefährdungsbeurteilung) und eine **anlassbezogene Betreuung** (ua bei Einführung neuer Arbeitsmittel, neuer Arbeitsverfahren, Änderung von Betriebsanlagen, Erstellung von Notfall- und Alarmplänen, bei Häufung von gesundheitlichen Problemen etc) als Regelbetreuung bezieht. Für den öffentlichen Dienst der Länder die die DGUV Vorschrift 2 umgesetzt haben, ist diese **Kleinbetriebsbetreuung** jedoch erst zum 1.1.2013 in Kraft getreten.[54] Hinzu kommt bei diesen sehr kleinen Verwaltungseinheiten nach § 2 Abs. 4 DGUV Vorschrift 2 die Option, sich für ein sog **alternatives Betreuungsmodell** anstelle der Regelbetreuung zu entscheiden. Diese alternative Betreuung setzt vornehmlich auf die Eigenverantwortung des Behördenleiters in Sachen Arbeitsschutz und Arbeitssicherheit, die am Bedarf aufgrund der Gefährdungsbeurteilung orientiert und insbesondere Maßnahmen der Information, Fortbildung und Motivation durch den Unfallversicherungsträ-

---

47 Anzinger/Bieneck ASiG § 16 Rn. 17 f. **48** Nöthlichs ASiG § 16 Rn. 1. **49** Aufhauser/Brunhöber/Igl ASiG § 16 Rn. 18. **50** Anzinger/Bieneck ASiG § 16 Rn. 15; die Bereichsausnahme gilt nicht für privatrechtlich verfasste Organisationen, wie zB Caritas und Diakonie; Georgi, Die Beteiligungsrechte der Mitarbeitervertretungen im Arbeitsschutz, S. 91. **51** Nöthlichs ASiG § 16 Rn. 2.2. **52** BVerwG 25.1.1995 – 6 P 19/93, ZTR 1995, 524. **53** DGUV, DGUV Vorschrift 2 Hintergrundinformationen für die Betreuungspraxis, 2010, 9. **54** Rentrop/Strothotte DGUV Forum 2010, 4 (5); DGUV, DGUV Vorschrift 2 Hintergrundinformationen für die Betreuungspraxis, 2010, 11.

ger zur Verfügung stellt.[55] Für Behörden, die zwar mehr als zehn Beschäftigte aufweisen, jedoch nicht mehr als 50 Mitarbeiter haben, ist die alternative Betreuung ebenfalls möglich.[56] Diese Wahlmöglichkeit zwischen Regelbetreuung und alternativem Betreuungsmodell bietet nicht nur größere Freiräume, sondern nimmt die Behördenleiter auch mehr in die Verantwortung und erfordert höheres Engagement[57] bei der **Prävention** als vorrangiges Ziel des Arbeitsschutzes. Beratung von betriebsärztlicher und sicherheitstechnischer Seite, die Identifikation der gesundheitlichen Risiken sowie die Ergreifung geeigneter Maßnahmen, um arbeitsbedingte Gefahren und Gefährdungen zu verhindern, stehen dabei an erster Stelle.[58]

18 Bei der **Grundbetreuung** als absolutes Minimum der betrieblichen Betreuung[59] werden über die Zuweisung des Betriebs bzw. der Behörde aufgrund der Betriebsart zu einer von insgesamt drei Betreuungsgruppen die jeweiligen Einsatzzeiten der Betriebsärzte und Sicherheitsfachkräfte festgelegt. Die typisierten Einsatzzeiten variieren je nach Gefährdungsgrad von 0,5 Stunden bei geringer Gefährdung bis hin zu 2,5 Stunden pro Jahr und Beschäftigtem bei hoher Gefährdung.[60] Darüber hinaus umfasst die Grundbetreuung in der Anlage 2 der DGUV Vorschrift 2 insgesamt neun Aufgabenfelder, die von der Beurteilung der Arbeitsbedingungen und der Verhaltensprävention bis hin zur allgemeinen Beratung von Arbeitgeber, Führungskräften, Personalräten und Beschäftigten sowie der Selbstorganisation, zB in Form von Fortbildungen, Erfassen und Aufarbeiten von Hinweisen durch Beschäftigte, Erfahrungsaustausch etc, reichen. Die Anlage 2 verlangt, dass der Arbeitgeber unter Beteiligung der Personalvertretungen die Aufgaben ermittelt, aufteilt und mit den Betriebsärzten und Fachkräften vereinbart. Auf diese Weise ergibt sich ein Arbeitsplan, über dessen Umsetzung regelmäßig zu berichten ist (→ ASiG § 14 Rn. 12).

19 Die die Grundbetreuung ergänzende **betriebsspezifische Betreuung** wird über ein Verfahren ermittelt, welches vier Bereiche mit insgesamt sechzehn Aufgabenfeldern umfasst.[61] Jedem Bereich ist eine bestimmte Anzahl von Aufgabenfeldern zugeordnet – so gibt es einen Bereich mit regelmäßig wiederkehrenden Unfall- und Gesundheitsgefahren, der acht Aufgabenfelder abdeckt, aber auch einen Bereich mit betrieblichen Veränderungen der Arbeitsbedingungen, die in der Regel nur zeitweise auftreten. Diesem temporären Bereich sind fünf Aufgabenfelder zugeordnet.[62] Die sechzehn Aufgabenfelder beinhalten dabei ua die arbeitsmedizinischen Vorsorgeuntersuchungen, die Unterstützung bei der Weiterentwicklung eines Gesundheitsmanagements, Arbeitsschutzkampagnen zur Gesundheitsförderung und die menschengerechte Gestaltung der Arbeit, zB im Hinblick auf den demografischen Wandel.[63] Jede dieser Aufgaben ist schließlich mit Auslöse- & Aufwandskriterien verknüpft, um den genauen Bedarf an betriebsspezifischer Betreuung für die jeweilige Behörde zu ermitteln.[64] Diese Vereinbarung umfasst damit auch den Umfang der betriebsspezifischen Betreuung (→ ASiG § 14 Rn. 15).

20 Die Einführung der **Kleinbetriebsbetreuung** im öffentlichen Dienst zum 1.1.2013 harmonisiert schließlich die vorher noch bestehenden Ungleichbehandlungen von kleinen Betrieben und Behörden, die der gleichen Betriebsart zuzurechnen sind.[65] Die in diesem Zusammenhang neben der Grundbetreuung vorgesehene **anlassbezogene Betreuung** beinhaltet gemäß Anlage 1 zu § 2 Abs. 2 DGUV Vorschrift 2 eine Betreuung durch den Betriebsarzt oder die Fachkraft für Arbeitssicherheit aus besonderem Anlass, nämlich

---

[55] DGUV, DGUV Vorschrift 2 Hintergrundinformationen für die Betreuungspraxis, 2010, 52 ff.
[56] Eichendorf AuA 2011, 166 (167); Leopold WzS 2011, 85. [57] DGUV, DGUV Vorschrift 2 Hintergrundinformationen für die Betreuungspraxis, 2010, 18 f. [58] Eichendorf AuA 2011, 166. [59] Riesenberg-Mordeja AiB 2010, 538 (541). [60] Riesenberg-Mordeja AiB 2010, 538 (540); DGUV, DGUV Vorschrift 2 Hintergrundinformationen für die Betreuungspraxis, 2010, 25 f.; Kurz DGUV Forum 2010, 22. [61] Riesenberg-Mordeja AiB 2010, 538 (541); DGUV, DGUV Vorschrift 2 Hintergrundinformationen für die Betreuungspraxis, 2010, 37. [62] DGUV, DGUV Vorschrift 2 Hintergrundinformationen für die Betreuungspraxis, 2010, 37. [63] Eichendorf AuA 2011, 166 (168); DGUV, DGUV Vorschrift 2 Hintergrundinformationen für die Betreuungspraxis, 2010, 38 ff. [64] Eichendorf AuA 2011, 166 (168); Riesenberg-Mordeja AiB 2010, 538 (541). [65] Rentrop/Strothotte DGUV Forum 2010, 4 (5).

bei der Planung, Errichtung und Änderung von Betriebsanlagen, der Einführung neuer Arbeitsverfahren, Arbeitsplätze oder Arbeits- und/oder Gefahrstoffe, der grundlegenden Änderung von Arbeitsverfahren, der Untersuchung von Arbeitsunfällen und Berufskrankheiten, Durchführung sicherheitstechnischer Überprüfungen von Betriebsanlagen und Arbeitssystemen sowie die grundlegende Umgestaltung von Arbeitszeit-, Pausen- und Schichtsystemen (→ ASiG § 14 Rn. 16). Die Kleinbetriebsbetreuung zeichnet sich im Unterschied zu großen Betrieben bzw. Behörden dadurch aus, dass es bei der Grundbetreuung keine Mindesteinsatzzeiten mehr gibt; allerdings muss die Grundbetreuung in regelmäßigen Zeitabständen gewährleistet sein.[66]

Das **alternative Betreuungsmodell**, das kleine Behörden mit unter zehn Beschäftigten bzw. mit zehn bis 50 Beschäftigten wahlweise seit 2013 in Anspruch nehmen können, verlangt vom Behördenleiter, bedingt durch das hohe Maß an Eigenverantwortung, dass er Probleme der Arbeitssicherheit zu erkennen vermag und dass er nach ggf. notwendiger externer Beratung grundlegende Arbeitsschutzmaßnahmen selbst ergreifen kann.[67] Die **alternative Betreuung** ist am jeweiligen Bedarf orientiert und **basiert auf der Gefährdungsbeurteilung**. Damit die Wahl der alternativen Betreuung nicht zu Einschränkungen des Arbeitsschutz- und Sicherheitsstandards führt, sind die Beschäftigten nicht nur über das angewendete Betreuungsmodell zu informieren, sondern den öffentlichen Arbeitgeber trifft ebenfalls eine Nachweispflicht über die **Teilnahme des Behördenleiters an Motivations- und Informationsangeboten** (→ ASiG § 14 Rn. 17) sowie über die Durchführung einer aktuellen Gefährdungsbeurteilung, Beratung durch einen Betriebsarzt und eine Fachkraft für Arbeitssicherheit.[68] 21

Im Ergebnis verspricht die DGUV Vorschrift 2 mit den unterschiedlichen Betreuungsmodellen, die sich am tatsächlichen Bedarf sowohl der gewerblichen Betriebe als auch des öffentlichen Dienstes orientiert, den spezifischen Bedürfnissen öffentlicher Verwaltungen, zB in den Rathäusern, Bauhöfen, Hochschulen etc, besser gerecht zu werden.[69] 22

3. Stellung der Betriebsärzte und Fachkräfte für Arbeitssicherheit in der Behörde. Wesentlich für die Umsetzung des ASiG und der DGUV Vorschrift 2 in den Behörden und Dienststellen ist auch die Stellung der Betriebsärzte und Fachkräfte für Arbeitssicherheit, denn gerade der öffentliche Dienst ist strukturbedingt besonders durch aufeinander aufbauende Hierarchieebenen geprägt.[70] Aus § 8 Abs. 1 ASiG ergibt sich einerseits die **Weisungsfreiheit** der Betriebsärzte und Fachkräfte für Arbeitssicherheit, andererseits ein **Benachteiligungsverbot**. Sowohl die Weisungsfreiheit als auch das Benachteiligungsverbot gewährleisten, dass der Betriebsarzt und die Fachkraft für Arbeitssicherheit bei der Ausübung ihrer Tätigkeit nicht behindert werden dürfen und ihre fachliche Unabhängigkeit abgesichert ist (→ ASiG § 8 Rn. 9). Als zwingender Grundsatz vermitteln beide eine Rechtsposition, die aufgrund einer wirtschaftlichen Abhängigkeit des Betriebsarztes oder der Fachkraft für Arbeitssicherheit vom öffentlichen Arbeitgeber, insbesondere im Angestelltenverhältnis, unsachliche Beeinflussung zu vermeiden hilft.[71] 23

Darüber hinaus stärkt § 8 Abs. 2 ASiG die Unabhängigkeit der Position der Betriebsärzte und Fachkräfte für Arbeitssicherheit, denn nach dieser Vorschrift unterstehen sie unmittelbar dem Leiter des Betriebs (→ ASiG § 8 Rn. 18). Das Bundesarbeitsgericht hat mit seiner Entscheidung vom 15.12.2009[72] deutlich gemacht, dass im Rahmen eines Arbeitsverhältnisses beschäftigte Fachkräfte für Arbeitssicherheit mindestens unmittelbar dem Leiter des Betriebs fachlich und disziplinarisch zu unterstellen sind. Über § 16 ASiG ist dabei auch im öffentlichen Dienst die herausgehobene Einordnung in der betrieblichen Hierarchie und Verankerung als **Stabsstelle** geboten. Das Bundesarbeitsgericht stellte klar, dass § 8 Abs. 2 ASiG ein **strukturprägender Grundsatz** des ASiG ist, der auch den Arbeitgeber des öffentlichen Dienstes zur Einrichtung einer Stabsstelle 24

---

66 DGUV, DGUV Vorschrift 2 Hintergrundinformationen für die Betreuungspraxis, 2010, 49, 51. 67 Eichendorf AuA 2011, 166 (167). 68 DGUV, DGUV Vorschrift 2 Hintergrundinformationen für die Betreuungspraxis, 2010, 54 f. 69 Kurz DGUV Forum 2010, 22 (23). 70 BAG 15.9.2009 – 9 AZR 769/08, NZA 2010, 506 (509) Rn. 45. 71 Nöthlichs ASiG § 8 Rn. 2; BT-Drs. 7/2603, 14. 72 BAG 15.12.2009 – 9 AZR 769/08, NZA 2010, 506.

mit direkter Unterstellung unter den Leiter des Betriebs verpflichtet.[73] Dies sichert nach Ansicht des Bundesarbeitsgerichts nicht nur die fachliche Unabhängigkeit, sondern durch die Hervorhebung der Position auch die Möglichkeiten der Einflussnahme durch die Beratung des Betriebs- bzw. Behördenleiters im Hinblick auf den Arbeitsschutz. Dieser direkte Zugang erleichtert außerdem die Kommunikation mit dem Behördenleiter (→ ASiG § 8 Rn. 22).

25 Das Bundesarbeitsgericht betonte weiter, dass es nach der Gleichwertigkeitsklausel des § 16 ASiG darauf ankommt, öffentliche Arbeitgeber zu verpflichten, innerhalb ihres Zuständigkeitsbereichs einheitliche Regelungen unter Einbeziehung der Beamten zu schaffen, ohne dass dies einzelfallbezogene Anpassungen an die besonderen Strukturen des öffentlichen Dienstes verhindere. Diese Verpflichtung, so das Bundesarbeitsgericht, wird in der Regel durch Unfallverhütungsvorschriften (UVV) als autonomes Recht des Unfallversicherungsträgers gemäß § 15 Abs. 1 S. 1 Nr. 6 SGB VII konkretisiert. Dabei nahm das Bundesarbeitsgericht hier Bezug auf die Unfallkasse Brandenburg und deren UVV „Betriebsärzte, Sicherheitsingenieure und andere Fachkräfte für Arbeitssicherheit" zur Durchführung des ASiG und bezog sich exemplarisch auf die Festlegung der Einsatzzeiten der Fachkräfte für Arbeitssicherheit in § 2 UVV GUV-V A 6/7.[74] Die Berufung der Beklagten auf die kommunale Selbstverwaltungsgarantie aus Art. 28 Abs. 2 GG ließ das Bundesarbeitsgericht nicht gelten.[75] § 8 Abs. 2 ASiG setzt hier also eine gesetzliche Grenze, die von den Gemeinden zu wahren ist.

26 Dieses Urteil liegt auf der Linie bisheriger Entscheidungen,[76] denn schon das LAG Köln[77] hatte in seinem Urteil aus dem Jahr 2003 im Zusammenhang mit § 8 Abs. 2 ASiG das **Modell der sicherheitstechnischen Stabsstelle** mit direkter Unterstellung der Fachkraft für Arbeitssicherheit unter die Geschäftsführungen der einzelnen Gesellschaften der beklagten Stadtwerke hervorgehoben.[78] Nichts anderes geht aus dem Urteil des Arbeitsgerichts Osnabrück aus dem Jahr 1993 hervor.[79] Mit der Bezugnahme auf die Durchführungsvorschriften der UVV der Unfallkasse Brandenburg trägt das Bundesarbeitsgericht nicht nur zur Stärkung des Arbeitsschutzes im öffentlichen Dienst bei,[80] sondern es präzisiert auch die Arbeitssicherheitsorganisation, die durch das Inkrafttreten der DGUV Vorschrift 2 am 1.1.2011 weiteren Auftrieb erhalten hat.[81] Die von der DGUV Vorschrift 2 eingeleitete Vereinheitlichung beim arbeitsmedizinischen und sicherheitstechnischen Arbeitsschutz in der Privatwirtschaft und im öffentlichen Dienst geht einher mit der vom Bundesarbeitsgericht an der Entscheidung des Bundesverwaltungsgerichts vom 25.1.1995[82] geübten Kritik, denn zur Verbesserung des Arbeits- und Gesundheitsschutzes der Beschäftigten ist die **kontinuierliche Implementierung von Strukturen und Verfahrensweisen nach dem ASiG** erforderlich.[83] Das Bundesarbeitsgericht geht nämlich anders als das Bundesverwaltungsgericht bei § 16 ASiG davon aus, dass es bei der Gleichwertigkeit des zu gewährleistenden Arbeitsschutzes im öffentlichen Dienst nicht um das zu erzielende (gleiche) Ergebnis geht, sondern vielmehr um die **stetige Verbesserung** durch die Übernahme der Grundsätze des ASiG aus den §§ 1–11, 18, 19 ASiG.[84] Im Ergebnis lässt sich festhalten, dass Betriebsärzte und Fachkräfte für Arbeitssicherheit auch in den für den öffentlichen Dienst typischen hierarchischen Strukturen einen festen Platz als Stabsstelle haben – ihr „kurzer Draht" zum Behördenleiter ist eine der flankierenden Maßnahmen, die ihre unabhängige Position stärkt[85] und einen weiteren Beitrag zur Verbesserung des Arbeitsschutzes neben der DGUV Vorschrift 2 leistet.

---

[73] BAG 15.12.2009 – 9 AZR 769/08, NZA 2010, 506 (508) Rn. 23, 29. [74] BAG 15.12.2009 – 9 AZR 769/08 Rn. 24 mwN. [75] BAG 15.12.2009 – 9 AZR 769/08 Rn. 59. [76] So auch Kohte/Faber, Anm. zu BAG 15.12.2009 – 9 AZR 769/08, jurisPR-ArbR 43/2010 Anm. 4. [77] LAG Köln 3.4.2003 – 10 (1) Sa 1231/02, ZTR 2003, 520. [78] Vgl. dazu Kohte/Faber, Anm. zu LAG Köln 3.4.2003 – 10 (1) Sa 1231/02, jurisPR-ArbR 24/2003 Anm. 5. [79] ArbG Osnabrück 15.6.1993 – 3 Ca 36/93 E, AuR 1996, 29. [80] Kiesche PersR 2010, 328 (330). [81] Kohte/Faber, Anm. zu BAG 15.12.2009 – 9 AZR 769/08, jurisPR-ArbR 43/2010 Anm. 2. [82] BVerwG 25.1.1995 – 6 P 19/93, ZTR 1995, 524. [83] Vgl. auch Faber/Jenter PersR 2010, 432 (433). [84] Faber/Jenter PersR 2010, 432 (433). [85] Kohte/Faber, jurisPR-ArbR 43/2010 Anm. 4.

4. Mitbestimmung des Personalrats. Aus der DGUV Vorschrift 2 erwachsen für Personalräte weitere Spielräume bei der Wahrnehmung ihres umfassenden Mitbestimmungsrechts auf dem Gebiet des Arbeitsschutzes: So geht zunächst aus § 9 Abs. 3 ASiG hervor, dass bei der Bestellung und Abberufung der Betriebsärzte und Fachkräfte für Arbeitssicherheit die Zustimmung der betrieblichen Interessenvertretung einzuholen ist. Gleiches gilt, wenn eine Aufgabenerweiterung oder -einschränkung vorgesehen ist. § 9 Abs. 3 ASiG gehört zu den Grundsätzen des ASiG, deren Gewährleistung § 16 ASiG ausdrücklich vorsieht,[86] so dass daraus bereits eine Verstärkung der personalvertretungsrechtlichen Möglichkeiten resultiert. Hinzu kommt, dass Anlage 2 zu § 2 Abs. 3 DGUV Vorschrift 2 auf die gebotene Mitwirkung der betrieblichen Interessenvertretung in Betrieben mit mehr als zehn Beschäftigten hinweist. Damit sind die Personalräte ua bei der Ermittlung der Aufgaben der Betriebsärzte und Fachkräfte für Arbeitssicherheit und der Wahl des jeweiligen Betreuungsmodells zu beteiligen.[87]

27

§ 75 Abs. 3 Nr. 11 BPersVG sowie die entsprechenden landespersonalvertretungsrechtlichen Regelungen beinhalten das **allgemeine Mitbestimmungsrecht der Personalräte** bei Maßnahmen zur Verhütung von Dienst- oder Arbeitsunfällen.[88] Hinzu kommt ein spezielles Mitbestimmungsrecht im Hinblick auf die Bestellung von Betriebsärzten als Beschäftigte (Angestellte oder Beamte) nach § 75 Abs. 3 Nr. 10 BPersVG. Die Bestellung von Fachkräften für Arbeitssicherheit, Sicherheitsbeauftragten und freiberuflich tätigen Betriebsärzten wird demgegenüber nicht durch einen speziellen Tatbestand im BPersVG abgedeckt, sondern vielmehr von § 75 Abs. 3 Nr. 11 BPersVG erfasst.[89] Soll ein überbetrieblicher Dienst von Betriebsärzten oder Fachkräften für Arbeitssicherheit bestellt werden, so unterliegt dies ebenfalls diesem Mitbestimmungstatbestand.[90] Das VG Düsseldorf hat darüber hinaus mit Beschluss vom 24.10.2014[91] entschieden, dass auch eine jährliche Arbeitsplanung zur inhaltlichen Festlegung der Gesamtbetreuung, die nach Anlage 2 zu § 2 Abs. 3 DGUV Vorschrift 2 aus der Grundbetreuung und betriebsspezifischen Betreuung besteht, dem Mitbestimmungsrecht des Personalrates bei Maßnahmen zur Verhütung von Dienst- und Arbeitsunfällen und sonstigen Gesundheitsschädigungen unterliegt. Dabei spielt es keine Rolle, ob dafür ein überbetrieblicher Dienst oder Fachkräfte für Arbeitssicherheit und ein Betriebsarzt eingesetzt werden. Das OVG Nordrhein-Westfalen hat dies am 4.3.2016[92] bestätigt, so dass davon auszugehen ist, dass das Mitbestimmungsrecht des § 75 Abs. 3 Nr. 11 BPersVG sowie die entsprechenden landespersonalvertretungsrechtlichen Regelungen, insbesondere auch mit Blick auf die Rechtsprechung des Bundesverwaltungsgerichts zur betrieblichen Gesundheitsförderung, weit zu verstehen sind.[93] Da es sich sowohl bei diesen Mitbestimmungstatbeständen als auch bei der DGUV Vorschrift 2 um Rahmenvorschriften handelt, die der Konkretisierung entsprechend der betrieblichen Gegebenheiten bedürfen, ergibt sich für Personalräte hier tatsächlich ein großes Betätigungsfeld.[94] Zu beachten ist außerdem, dass den Personalvertretungen aus § 68 Abs. 1 Nr. 2 BPersVG ein **Überwachungsrecht** in Bezug auf die zugunsten der Beschäftigten geltenden Gesetze, Verwaltungsanordnungen etc zukommt, welches durch das umfassende **Informationsrecht** aus § 68 Abs. 2 BPersVG ergänzt wird.[95]

28

Mit Beschluss vom 11.3.2010 hat der VGH Baden-Württemberg[96] außerdem klargestellt, dass der Personalrat ein **Initiativrecht** für Maßnahmen hat, die seinem Mitbestimmungsrecht nach § 79 Abs. 1 S. 1 Nr. 8 LPVG Baden-Württemberg (= § 75 Abs. 3

29

---

86 Aufhauser/Brunhöber/Igl ASiG § 16 Rn. 10; BAG 15.12.2009 – 9 AZR 769/08, NZA 2010, 506 (509) Rn. 42; missverständlich insoweit Faber/Jenter PersR 2010, 432 (433). **87** DGUV, DGUV Vorschrift 2 Hintergrundinformationen für die Beratungspraxis, 2010, 46. **88** Kohte PersR 10/2016, 8 (12) spricht bei diesem Mitbestimmungstatbestand von einer Schlüsselrolle für den präventiven Arbeits- und Gesundheitsschutz. **89** Altvater/Kröll BPersVG § 75 Rn. 212 f. **90** Vgl. dazu OVG Nordrhein-Westfalen 10.12.2003 – 1 A 556/02.PVL, ZTR 2004, 328. **91** VG Düsseldorf 24.10.2014 – 34 K 5306/13.PVL mAnm Kiesche, PersR 2015, 55. **92** OVG Nordrhein-Westfalen 4.3.2016 – 20 A 2364/14.PVL, PersR 10/2016, 52 mAnm Kiesche. **93** Kohte PersR 10/2016, 8 (13) mwN. **94** DGUV, DGUV Vorschrift 2 Hintergrundinformationen für die Beratungspraxis, 2010, 46. **95** Vgl. dazu Kiesche PersR 2010, 328 (331). **96** VGH Baden-Württemberg 11.3.2010 – PL 15 S 1773/08, PersR 2010, 455.

Nr. 11 BPersVG) unterliegen. Er kann aufgrund des weit zu verstehenden Maßnahmebegriffs beim Leiter der Dienststelle nicht nur Maßnahmen des Arbeitsschutzes beantragen, die das Anlage, Änderung, Ingangsetzung oder Außerbetriebnahme von technischen Vorrichtungen betreffen, sondern auch organisatorische und personelle Entscheidungen initiieren.[97] Der Verwaltungsgerichtshof berief sich in diesem Zusammenhang ebenfalls auf die Entscheidung des Bundesarbeitsgerichts vom 15.12.2009 (→ Rn. 24) und stellte klar, dass es beim Arbeitsschutz nicht mehr nur auf die Vorgabe technischer Normen ankomme, sondern vielmehr auf die Implementierung von betrieblichen Strukturen und Verfahrensweisen, um die Sicherheit und Gesundheit der Beschäftigten zu gewährleisten und zu verbessern.[98] Die unterschiedlichen Aufgaben der Betriebsärzte einerseits und der Fachkräfte für Arbeitssicherheit andererseits bewertete das Gericht als **Querschnittsaufgabe**, die in alle Ziele der Dienststellen zur Effektivierung des Arbeitsschutzes integriert sein sollten.[99]

30 Diese Entscheidung verdeutlicht, dass sich Arbeitsschutz und Arbeitssicherheit in einem kontinuierlichen Verbesserungsprozess befinden, der durch den Aufbau einer Beratungs- und Unterstützungsorganisation durch die Fachkräfte für Arbeitssicherheit (und Betriebsärzte) entscheidend beeinflusst wird. Sie entlässt das Land als Dienstherr und Arbeitgeber nach § 2 Abs. 3 ArbSchG[100] nicht aus der Verantwortung unter Berufung auf die Differenzierung nach inneren und äußeren Schulangelegenheiten aufgrund des Schulrechts. Vielmehr harmonisiert dieser Beschluss die vermeintlichen Widersprüche zwischen Schulorganisations- und Arbeitsschutzrecht, indem er vor allem die arbeitgeberseitige Fürsorgepflicht als Klammer für verbeamtete und angestellte Lehrkräfte betont und klarstellt, dass die **Schulordnungsrecht lediglich das Innenverhältnis** zwischen der Kommune als Schulträger und dem Land als Schulhoheitsträger regelt, nicht aber das arbeitsschutzrechtliche Außenverhältnis zwischen Land und seinem Lehrpersonal.[101] Der Beschluss reicht aber noch darüber hinaus, denn er verdeutlicht die **Rechtspflicht** der Dienststellen zur Bestellung von Fachkräften für Arbeitssicherheit, die über eine bloße Befugnis hinausgeht[102] – das Initiativrecht ist demzufolge ein wichtiger Baustein der Mitbestimmung, ohne den effektiver Arbeitsschutz im öffentlichen Dienst auf der Basis von § 16 ASiG ansonsten kaum zu gewährleisten ist. Das personalvertretungsrechtliche Initiativrecht, die Mitbestimmung beim Bestellungsakt selbst, Informations- und Überwachungsrechte ergänzen sich wechselseitig und schließen den Kreis, der von § 9 Abs. 3 ASiG und Anlage 2 zu § 2 Abs. 3 DGUV Vorschrift 2 vorgesehen ist. Diese Beteiligungsrechte münden in der Einigungsstelle, die entscheidet, wenn der Dienststellenleiter die Einbeziehung des Personalrats ablehnt oder aber vom Personalrat vorgeschlagene Maßnahmen ignoriert.[103] Gerade bei der Umsetzung der DGUV Vorschrift 2 in den Behörden ist zu erwarten, dass es erheblichen Präzisierungsbedarf gibt, der schließlich im Wege von Einigungsstellenverfahren durchgesetzt werden wird.[104]

IV. Rechtsdurchsetzung

31 Damit das ASiG und die DGUV Vorschrift 2 im öffentlichen Dienst auch effektiv umgesetzt werden können, müssen die Behördenleiter nach § 5 DGUV Vorschrift 2 die getroffenen Maßnahmen dokumentieren. Dabei obliegt diese Berichtspflicht den bestellten Betriebsärzten und Fachkräften für Arbeitssicherheit, die über ihre Arbeit und deren Ergebnisse dem Behördenleiter gegenüber zur schriftlichen Auskunft verpflichtet

---

97 VGH Baden-Württemberg 11.3.2010 – PL 15 S 1773/08, PersR 2010, 455 (456); BVerwG 25.1.1995 – 6 P 19/93 Rn. 22. **98** VGH Baden-Württemberg 11.3.2010 – PL 15 S 1773/08, PersR 2010, 455 (458). **99** VGH Baden-Württemberg 11.3.2010 – PL 15 S 1773/08, PersR 2010, 455 (459). **100** Der vom ArbSchG in § 2 Abs. 3 ArbSchG verwendete Arbeitgeberbegriff ist auch auf das ASiG übertragbar, weil Art. 3 b Arbeitsschutzrichtlinie 89/391/EWG auch das ASiG erfasst, VGH Baden-Württemberg 11.3.2010 – PL 15 S 1773/08, PersR 2010, 455 (457); vgl. ausführlich dazu Faber/Jenter PersR 2010, 432 (435) unter Einbeziehung des Art. 31 Abs. 1 EU-GRC. **101** Faber/Jenter PersR 2010, 432 (435 f.); Kohte RdJB 2008, 198 (214). **102** Faber/Jenter PersR 2010, 432 (436). **103** Aufhauser/Brunhöber/Igl ASiG § 16 Rn. 19. **104** Kohte/Faber, Anm. zu BAG 15.12.2009 – 9 AZR 769/08, jurisPR-ArbR 43/2010 Anm. 4.

sind. Sie sollen in ihrem Bericht außerdem auf ihre Zusammenarbeit eingehen, die § 10 ASiG von ihnen verlangt.

Die **schriftliche Dokumentation** beinhaltet nicht nur die Durchführung der Gefährdungsbeurteilung und die jeweils vorgenommenen Maßnahmen, sondern sie hat auch auf den Stand der Umsetzung der DGUV Vorschrift 2 einzugehen sowie Verbesserungen für die Zukunft anzuvisieren, die in Zielvereinbarungen zwischen Betriebsarzt, Sicherheitsfachkraft und Behördenleitung aufzunehmen sind.[105] Dies dient dem **Nachweis** gegenüber den Unfallversicherungsträgern als Aufsichtsbehörden.[106] Ihre Präventionsaufgaben, insbesondere der Überwachung und Beratung, aber auch die Anordnung von Maßnahmen mit Verwaltungsaktqualität[107] werden durch Aufsichtspersonen ausgeführt, deren Befugnisse exemplarisch in § 19 Abs. 2 SGB VII genannt werden, so ua die Besichtigung und Prüfung von Grundstücken und Betriebsstätten, die Einsichtnahme in geschäftliche und betriebliche Unterlagen des Behördenleiters, die Untersuchung von Dienstunfällen etc.[108] 32

Da Art. 4 Abs. 2 Arbeitsschutzrichtlinie 89/391/EWG von den europäischen Mitgliedstaaten eine **angemessene Kontrolle und Überwachung** verlangt und dabei nicht nach Beschäftigungsverhältnissen im Privatrechtsbereich und im öffentlichen Dienst unterscheidet, müssen die Unfallkassen der Länder, die Gemeindeunfallversicherungsverbände sowie die Unfallversicherung Bund und Bahn die Möglichkeit der Anordnung von Verwaltungsakten und des Vollzugs durch Vollstreckungsmaßnahmen haben.[109] § 17 VwVG bestimmt zwar, dass gegen Behörden und juristische Personen des öffentlichen Rechts[110] Zwangsmittel unzulässig sind, soweit nichts anderes bestimmt ist, jedoch führt insbesondere die europarechtskonforme Auslegung von Art. 4 Abs. 2 der Arbeitsschutzrichtlinie (→ ArbSchG § 22 Rn. 5) zu einer Sichtweise, die es auch in Bezug auf die Gewährleistung des Einsatzes von Betriebsärzten und Fachkräften für Arbeitssicherheit im öffentlichen Dienst im Rahmen der DGUV Vorschrift 2 verbietet, ausschließlich auf eine Eigenüberwachung der Behördenleitungen abzustellen.[111] Wenn speziell § 22 Abs. 3 S. 4 ArbSchG als Vorschrift iSv § 17 VwVG ausgelegt wird, die „etwas anderes bestimmt",[112] so stellt sich diese Frage auch für die Umsetzung des ASiG im öffentlichen Dienst.[113] Das ASiG enthält zwar keine Hinweise auf eine dem § 22 Abs. 3 S. 4 ArbSchG entsprechende Ausnahmeregelung, allerdings muss es zumindest möglich sein, gegenüber der jeweiligen Behörde einen **Grundverwaltungsakt** zu erlassen, wenn schon die Vollstreckung durch Verwaltungszwang nach § 17 VwVG noch offen ist (→ ArbSchG § 22 Rn. 74).[114] Das Vertrauen des Gesetzgebers in die Rechtstreue seiner Beamten, so auch bei der Umsetzung der Arbeitssicherheit im „eigenen Haus" blendet Konfliktsituationen aus, zB bei fehlender Brandsicherheit im Dienstgebäude, mangelnder Betriebssicherheit der Aufzugsanlage im Dienstgebäude oder bei hygienischen Mängeln einer Behördenkantine.[115] Wird der **Grundverwaltungsakt der Unfallkasse** zur Konkretisierung einer aus der DGUV Vorschrift 2 folgenden Verpflichtung tatsächlich nicht umgesetzt, bietet sich immerhin noch die Einschaltung der zuständigen Aufsichtsbehörde an, damit deren Einschreiten die Erfüllung sichert.[116] 33

Insgesamt ist diese (abgeschwächte) Form der Durchsetzung weniger problematisch, als es auf den ersten Blick den Anschein haben mag, denn sowohl das ASiG als auch die DGUV Vorschrift 2 setzen vornehmlich auf **Kooperation der verantwortlichen Ak-** 34

---

105 DGUV, DGUV Vorschrift 2 Hintergrundinformationen für die Betreuungspraxis, 2010, 44 f. **106** Eichendorf AuA 2011, 166 (167); Riesenberg-Mordeja AiB 2010, 538 (541). **107** Münch/ArbR/Kohte § 290 Rn. 106. **108** Vgl. dazu auch Kollmer/Klindt/Schucht/Leube, Gesetzliche Unfallversicherung SystDarst D Rn. 99 f. **109** So auch Kohte RdJB 2008, 198 (214 f.) am Beispiel der Umsetzung in Schulen. **110** § 17 VwVG betrifft Bundes-, Landes- und Kommunalbehörden sowie juristische Personen des Bundes- und Landesrechts, Beliehene und Einzelpersonen, wenn sie Aufgaben der öffentlichen Verwaltung wahrnehmen, Engelhardt/App/Schlatmann, VwVG/VwZG Kommentar, 11. Aufl. 2017, VwVG § 17 Rn. 2; Sadler, VwVG/VwZG, Kommentar, 9. Aufl. 2014, VwVG § 17 Rn. 3. **111** Münch/ArbR/Kohte § 290 Rn. 100. **112** Sadler VwVG § 17 Rn. 5. **113** Münch/ArbR/Kohte § 290 Rn. 102. **114** Sadler VwVG § 17 Rn. 15, 21. **115** Vgl. Beispiele bei Sadler VwVG § 17 Rn. 13 f. **116** Lemke, Verwaltungsvollstreckungsrecht des Bundes und der Länder, 1997, 144 f.

teure. Der kooperative Ansatz des Arbeitsschutzrechts allgemein[117] kommt dabei nicht nur in §§ 3, 6 ASiG zum Ausdruck, sondern auch in der Zusammenarbeit von Betriebsarzt und Fachkraft für Arbeitssicherheit nach § 10 ASiG und der Zusammenarbeit mit dem Betriebsrat gemäß § 9 ASiG, der über § 16 ASiG auch für die Zusammenarbeit mit dem Personalrat gilt. Das kooperative Handeln wird auch von der DGUV selbst als eines der wesentlichen Ziele der DGUV Vorschrift 2 herausgestellt.[118] Vor diesem Hintergrund reicht in der Regel der Erlass eines Verwaltungsakts aus, um den Behördenleiter zur Umsetzung der angeordneten Maßnahme zu bewegen. Wird dies verweigert, kommt neben der Einschaltung der Aufsichtsbehörde auch dem Betriebs- bzw. Personalrat eine entscheidende Rolle zu, da er insbesondere sein Initiativrecht und die Einigungsstellenverfahren in den Dienst effektiver Arbeitssicherheit stellen kann (→ Rn. 28 f.).

§ 17 ASiG Nichtanwendung des Gesetzes

(1) Dieses Gesetz ist nicht anzuwenden, soweit Arbeitnehmer im Haushalt beschäftigt werden.

(2) [1]Soweit im Seearbeitsgesetz und in anderen Vorschriften im Bereich der Seeschifffahrt gleichwertige Regelungen enthalten sind, gelten diese Regelungen für die Besatzungsmitglieder auf Kauffahrteischiffen unter deutscher Flagge. [2]Soweit dieses Gesetz auf die Seeschiffahrt nicht anwendbar ist, wird das Nähere durch Rechtsverordnung geregelt.

(3) [1]Soweit das Bergrecht diesem Gesetz gleichwertige Regelungen enthält, gelten diese Regelungen. [2]Im übrigen gilt dieses Gesetz.

Literatur: *Boettcher/Grigo*, Neue Bergverordnung für den arbeitssicherheitlichen und betriebsärztlichen Dienst, Glückauf 1998, S. 52 ff. (zitiert: Boettcher/Grigo); *Bubenzer/Noltin/Peetz/Mallach*, SeeArbG, 2015; *Kocher*, Hausangestellte im deutschen Arbeitsrecht, NZA 2013, 929 ff.; *Lindemann*, Seearbeitsgesetz, 2014; *Maul-Sartori*, Das neue Seearbeitsrecht – auch für Landratten von Interesse, NZA 2013, 821 ff.; *Mertens*, Arbeitssicherheit in der deutschen Seeschiffahrt, Hansa 1977, 567 ff.; *Naendrup/Kohte*, Arbeitsschutz und Bergrecht, in: FS Fabricius, 1989, S. 133 ff.; *Scheiwe/Schwach*, Decent work for domestic workers – das Übereinkommen 189 der Internationalen Arbeitsorganisation, ZIAS 2012, 313 ff.

I. Normzweck, Rechtssystematik

1 § 17 ASiG enthält Bestimmungen zum **sachlichen Anwendungsbereich des Gesetzes**, mit denen verschiedene Beschäftigungsbereiche vollständig bzw. modifiziert von der Anwendung des ASiG ausgenommen werden. In der Normstruktur finden sich Parallelen zu § 1 ArbSchG sowie vor allem zu § 18 ArbZG. Zu unterscheiden ist jeweils zwischen Bereichen, für die das Gesetz nicht gilt, und Bereichen, für die das Gesetz modifiziert gilt.

2 Nach § 17 Abs. 1 ASiG ist das Gesetz nicht anzuwenden, soweit Arbeitnehmer im Haushalt beschäftigt werden. Diese **Sonderstellung des Haushalts** wird damit begründet, dass der Familienhaushalt nicht mit einem Betrieb vergleichbar sei und dass sich die Integration von Arbeitnehmern in diesem privaten Bereich von der Beschäftigungssituation in anderen Betrieben unterscheide.[1] Nachdem inzwischen der Bundestag das Ratifikationsgesetz[2] zum **ILO-Übereinkommen 189** zu den Rechten der Hausangestellten beschlossen hat, muss diese **vollständige Bereichsausnahme auf den Prüfstand** gestellt werden.

3 Die Sonderregelungen für die Seeschifffahrt in Abs. 2 und für den Bergbau in Abs. 3 unterscheiden sich deutlich von Abs. 1. Sie enthalten keine globale Bereichsausnahme, sondern nur einen **modifizierten Vorrang für die Sondervorschriften** in der Seeschiff-

---

117 VGH Baden-Württemberg 11.3.2010 – PL 15 S 1773/08, PersR 2010, 455 (458). **118** DGUV, DGUV Vorschrift 2 Hintergrundinformationen für die Beratungspraxis, 2010, 10 f. **1** Anzinger/Bieneck ASiG § 17 Rn. 5; vgl. BT-Drs. 7/260, 16. **2** BGBl II 2013, 922.

fahrt und im Bergbau; soweit diese keine gleichwertigen Vorschriften enthalten, ist das ASiG anzuwenden.

II. Entstehungsgeschichte, Unionsrecht

Im Gesetzgebungsverfahren wurden 1973 die Regelungen zur Seeschifffahrt und zum Bergbau kontrovers diskutiert, während die Regierungsvorlage zum Haushalt im weiteren Gesetzgebungsverfahren nicht korrigiert wurde. Für die **Seeschifffahrt** wurde die vorgesehene weitreichende Bereichsausnahme[3] korrigiert und stattdessen eine **Gleichwertigkeitsregelung** eingeführt, nach der grundsätzlich das ASiG auch in der Seeschifffahrt gelten solle, soweit nicht die Sondervorschriften zur Seeschifffahrt gleichwertige Regelungen enthalten.[4] Das 2013 beschlossene **Gesetzes zur Umsetzung des Seearbeitsübereinkommens 2006** hat die Vorschrift an das Seearbeitsgesetz angepasst.[5]

Die Sondervorschriften über den **Bergbau** in § 17 Abs. 3 ASiG waren ebenfalls umstritten. Im Gesetzgebungsverfahren waren sie gestrichen worden, wurden jedoch im Ergebnis des **Vermittlungsverfahrens** wieder eingefügt.[6] Wiederum enthält diese Vorschrift keine vollständige Bereichsausnahme, sondern ausschließlich den Vorrang spezieller und gleichwertiger Regelungen des Bergrechts.

Die Pflicht zur Schaffung einer betrieblichen Arbeitssicherheitsorganisation ergibt sich im Unionsrecht aus **Art. 7 RL 89/391/EWG**. Für Hausangestellte gilt allerdings auch im Unionsrecht eine Bereichsausnahme in Art. 3 dieser Richtlinie. Diese ist inzwischen problematisch, da für das allgemeine Grundrecht auf Sicherheit und gesunde Arbeitsbedingungen nach Art. 31 EU-GRC eine solche Ausnahme nicht gilt. Dieses Grundrecht ist konkret anerkannt worden in Art. 13 des ILO-Übereinkommens 189, so dass die bisher im Unionsrecht und in Deutschland üblichen Bereichsausnahmen nur noch insoweit akzeptiert werden können, als sie mit den allgemeinen Grundsätzen von Art. 31 EU-GRC vereinbar sind (→ Grundrecht Rn. 40; → ArbSchG § 1 Rn. 22 ff.).

Für die Beschäftigung in der Seeschifffahrt sind das von der Bundesrepublik ratifizierte Seearbeitsübereinkommen 2006 der IAO, das einen Abschnitt zu Gesundheits- und Sicherheitsschutz bzw. Unfallverhütung einschließlich organisatorischer Anforderungen umfasst, und im Unionsrecht die RL 2009/13 EG vom 16.2.2009 über das Seearbeitsübereinkommen sowie die speziellen Vorschriften der **RL 92/29/EWG** vom 31.3.1992 über Mindestvorschriften für die Sicherheit und den Gesundheitsschutz zum Zweck der besseren Versorgung auf Schiffen zu beachten. Im Gesetzgebungsverfahren zum Seearbeitsrecht sind die Anforderungen aus der zuletzt genannten Richtlinie kontrovers diskutiert worden.[7] Aus diesem Grund wurde die Fassung des § 109 SeeArbG im Gesetzgebungsverfahren weiter modifiziert, um die Übereinstimmung mit der RL 92/29/EWG sicherzustellen.[8] Für das Bergarbeitsrecht sind im Unionsrecht spezielle Anforderungen in der **RL 92/91/EWG** sowie in der **RL 92/104/EWG** normiert worden, die zu mehrfachen Korrekturen im Recht der Bergverordnungen nach §§ 66, 68 BBergG geführt hatten.[9]

III. Ausgenommene Beschäftigungsbereiche

Mit der Bereichsausnahme in § 17 Abs. 1 ASiG wird eine für das klassische Arbeitsschutzrecht typische Bereichsausnahme normiert, die sich auf den Familienhaushalt beziehen soll. **Familienhaushalt** ist die nicht auf den Erwerb ausgerichtete, auf eine gewisse Dauer abgestellte Einrichtung einer Wohnung für den privaten Lebensbereich zur Befriedigung persönlicher Bedürfnisse und die damit verbundene häusliche Betätigung.[10] Damit ist nicht jede Tätigkeit in einer Wohnung erfasst, sowohl Heimarbeit als auch Telearbeit werden von dieser Bereichsausnahme nicht erfasst (→ ArbSchG § 1 Rn. 24). Die Bereichsausnahme im § 1 ArbSchG wird insoweit als akzeptabel bewertet,

---

[3] BT-Drs. 7/260, 7, 16. [4] BT-Drs. 7/1121; Plenarprotokoll v. 19.10.1973, 3357C. [5] BGBl. I 2013, 868, 914. [6] BT-Drs. 7/1238, 1. [7] Dazu BT-Drs. 17/10959, 123, 126 f. [8] BT-Drs. 17/12420, 18. [9] Pieper ArbSchG § 1 Rn. 19. [10] Vgl. Anzinger/Bieneck ASiG § 17 Rn. 5; BSG 5.7.1994 – 2 RU 24/93, NZS 1995, 81 (84).

weil die privatrechtlichen Normen der §§ 611, 618 BGB gelten und durch die Unfallversicherung ein hoheitlicher Arbeitsschutz gewährleistet werden soll (→ ArbSchG § 1 Rn. 23).[11]

9 Beschäftigte im Haushalt unterliegen den Bestimmungen der Unfallversicherung nach §§ **17, 129 Abs. 1 Nr. 2 SGB VII**. Die Unfallkassen sind zu Maßnahmen nach § 14 SGB VII[12] und zu einer hoheitlichen Überwachung verpflichtet,[13] die zwar, wie § 19 Abs. 2 S. 3 SGB VII zeigt, die Grundrechte der Arbeitgeber aus Art. 13 GG berücksichtigen müssen, jedoch andererseits das Grundrecht der Hausangestellten aus Art. 31 EU-GRC, das auch mit Art. 13 des ILO-Übereinkommens 189 korrespondiert, ebenfalls sicherzustellen haben.

10 Die vollständige Bereichsausnahme wird mit den Unterschieden zwischen privater Betätigung im Haushalt und anderen Unternehmen legitimiert (→ Rn. 2).[14] Für § 17 ASiG ist diese **Argumentation nicht tragfähig**, denn aus § 618 BGB ergibt sich zumindest in der bisherigen Auslegung kein unmittelbarer Anspruch der einzelnen Beschäftigten auf eine spezielle Organisation der betrieblichen Arbeitssicherheit. Die präventive Notwendigkeit einer Sicherheitsorganisation kann auch für Haushalte nicht generell in Abrede gestellt werden. Sowohl betriebsärztliche Vorsorge als auch Beratung der Arbeitgeber durch zumindest überbetriebliche sicherheitstechnische Fachdienste sind sachgerechte und wichtige prozedurale Mittel, um gesunde und sichere Arbeitsbedingungen durchzusetzen. Die bisherige Fassung der DGUV Vorschrift 2 führt hier allerdings noch nicht weiter, weil deren Geltungsbereich sich nur auf Maßnahmen bezieht, die ein Unternehmer zur Erfüllung seiner Pflichten aus dem ASiG zu treffen hat. Damit ist trotz § 129 Abs. 1 Nr. 2 SGB VII der Familienhaushalt hier weiter ausgenommen. Auch wenn ein gesetzgeberischer Wertungs- und Gestaltungsfreiraum anerkannt wird,[15] kann nach der Ratifikation des ILO-Übereinkommens 189[16] eine generelle Bereichsausnahme des Haushalts für Fragen der Arbeitssicherheit nicht mehr überzeugen. Zu diskutieren ist die Erstreckung des Beratungsanspruchs, der den versicherten Hausangestellten nach § 17 Abs. 1 SGB VII für Fragen der betrieblichen Prävention auf jeden Fall zusteht,[17] auch auf die Inhaber des Haushalts als erster Schritt zur realen Umsetzung des ILO-Übereinkommens.

11 Der Geltungsvorrang für Sondervorschriften der Seeschifffahrt aus Abs. 2 ist auf Besatzungsmitglieder beschränkt. Gemäß der Begriffsbestimmung in § 3 Abs. 1 SeeArbG sind dies alle Personen, die an Bord des Schiffes tätig sind, unabhängig davon, ob ihr Vertragsarbeitgeber der Reeder oder eine andere Person ist. Unberührt bleibt die Geltung des ASiG für die Arbeitnehmer, die nach § 3 Abs. 3 SeeArbG im Hinblick auf besondere Aufgaben bzw. die Dauer ihres Bordaufenthalts von den Besatzungsmitgliedern ausgenommen sind. Ebenso gilt das ASiG ohne jede Modifikation für den **Landbetrieb** des Seeschifffahrtsunternehmens[18] und – wegen der Beschränkung in § 1 Abs. 2 SeeArbG – für die Binnenschifffahrt.[19]

12 Sondervorschriften der Seeschifffahrt sind nur insoweit vorrangig, als sie gleichwertige Regelungen enthalten. Für die Seeschifffahrt enthalten die Vorschriften der §§ 115, 116 SeeArbG solche speziellen Bestimmungen. Danach muss der Reeder auf Schiffen mit fünf oder mehr Besatzungsmitgliedern einen Schiffssicherheitsausschuss bilden bzw. einen Sicherheitsbeauftragten bestellen. Umgesetzt werden entsprechende Verpflichtungen aus dem ILO-Seearbeitsübereinkommen aus 2006.[20] Diese Vorschriften gehen § 11 ASiG[21] bzw. § 22 SGB VII vor.[22] Die Vorschriften über Fachkräfte für Arbeitssicherheit in §§ 5 ff. ASiG dagegen sind auf die Beschäftigung von Besatzungsmit-

---

11 Kocher NZA 2013, 929 (932 f.). **12** So BT-Drs. 17/12951, 21. **13** Scheiwe/Schwach ZIAS 2012, 313 (334) meinen, dass § 17 SGB VII nicht eingreife, weil Haushalte keine „Unternehmen" seien. Dies ist jedoch verfehlt, BSG 30.10.1962 – 2 RU 270/59, BSGE 18, 93, 94; Triebel in: jurisPK-SGB VII, 2014, § 129 Rn. 23. **14** Vgl. zu § 1 ArbSchG: Kollmer/Klindt/Schucht/Kollmer ArbSchG § 1 Rn. 66. **15** So Anzinger/Bieneck ASiG § 17 Rn. 3. **16** BGBl. II 2013, 922. **17** Zur Bedeutung des Beratungsanspruchs für Versicherte: Lauterbach/Hussing, 2014, SGB VII § 17 Rn. 17. **18** BT-Drs. 7/1085, 9. **19** Nöthlichs ASiG § 17 Rn. 2. **20** Norm A4.3 Abs. 2 Buchst. d Seearbeitsübereinkommen. **21** Bubenzer/Noltin/Peetz/Mallach/Mallach SeeArbG § 115 Rn. 1. **22** BT-Drs. 17/10959, 102.

gliedern anwendbar. Insoweit enthält das Seearbeitsrecht keine gleichwertigen Regelungen. Insbesondere wird die Fachkraft für Arbeitssicherheit nicht durch den Sicherheitsbeauftragten nach § 116 SeeArbG ersetzt.[23] Ebenso sind die Bestimmungen über Betriebsärzte in §§ 3 ff. ASiG auf die Beschäftigung von Besatzungsmitgliedern grundsätzlich anwendbar. Zwar enthält das Seearbeitsrecht eine ganze Reihe von Vorschriften mit Bezug zu ärztlicher Betreuung, insbesondere §§ 11 ff., 99 ff. SeeArbG und die Maritime-Medizin-Verordnung.[24] Diese dienen aber der Feststellung der Seediensttauglichkeit des Besatzungsmitglieds oder der Erfüllung seines Anspruchs auf medizinische Betreuung auf See und damit anderen Zwecken als die Verpflichtung zur Bestellung von Betriebsärzten. Der unglücklich formulierte Abs. 2 S. 2 wiederholt den Vorrang spezieller seearbeitsrechtlicher Bestimmungen.[25] Darauf gestützte Rechtsverordnungen sind nicht ergangen. Die Vorschrift dürfte auch mangels Bestimmtheit als Rechtsgrundlage iSv Art. 80 GG ungeeignet sein.

Nähere Einzelheiten ergeben sich aus den Unfallverhütungsvorschriften, die von der zuständigen Berufsgenossenschaft nach § 15 Abs. 1 Nr. 6 SGB VII erlassen werden. Nachdem die See-BG durch Fusion Teil der **BG Verkehr**, inzwischen Berufsgenossenschaft **Verkehrswirtschaft Post-Logistik Telekommunikation**, geworden ist, ist diese für die entsprechenden Unfallverhütungsvorschriften zuständig. In der einschlägigen DGUV-Vorschrift 2 Betriebsärzte und Fachkräfte für Arbeitssicherheit sind etwa Besonderheiten der Seeschifffahrt bei den Ausbildungsanforderungen an Fachkräfte für Arbeitssicherheit berücksichtigt. 13

Die Bereichsausnahme für den Bergbau ist im Gesetzgebungsverfahren 1973 auf eine **limitierte Vorrangregelung für das Bergrecht** beschränkt worden, das nur dort vorrangig ist, wo es zum ASiG gleichwertige Regelungen enthält. Im Bergrecht ist dieses Recht als staatliches Recht konstituiert worden, denn nach § 66 Abs. 1 Nr. 4 c und Nr. 6 BBergG können Anforderungen an den arbeitsmedizinischen und sicherheitstechnischen Dienst durch **Bergverordnungen** normiert werden. Diese Verordnungen werden nach § 68 BBergG durch Landesrecht getroffen. Zurzeit gilt nur in einem Teil der Bundesländer eine solche Bergverordnung. Richtungweisend ist die Bergverordnung über den arbeitssicherheitlichen und den betriebsärztlichen Dienst (BVOASi) vom 24.10.1997, die durch das Landesoberbergamt in Nordrhein-Westfalen geschaffen worden ist.[26] Diese Verordnung ist im Wesentlichen gleichwertig mit den Bestimmungen des ASiG, doch fehlt die wichtige Norm des § 3 Abs. 3 ASiG, die daher ergänzend heranzuziehen ist.[27] Auch in den gleichnamigen Bergverordnungen in Niedersachsen vom 24.4.1998[28] und in Hamburg vom 28.4.1998[29] fehlt § 3 Abs. 3 ASiG und ist daher auch in diesen Bundesländern anzuwenden. In den anderen Bundesländern, in denen eine solche BVOASi nicht erlassen ist, ist die von der zuständigen BG RCI erlassene DGUV Vorschrift 2 anzuwenden.[30] 14

IV. Rechtsdurchsetzung

Soweit das staatliche Recht, wie zum Beispiel das Bergrecht, gleichwertige Bestimmungen getroffen hat, ergeben sich die hoheitlichen Maßnahmen aus dem Bergrecht. Die in Nordrhein-Westfalen geltende Bergverordnung enthält daher einen umfangreichen **Katalog von Ordnungswidrigkeitstatbeständen**, die sich auf § 145 BBergG beziehen. Soweit dagegen mangels BVOASi in anderen Bundesländern das ASiG gilt, können die staatlichen Aufsichtsbehörden Anordnungen nach § 12 ASiG erlassen. Da die Pflichten zur Bildung der betrieblichen Expertenorganisation in der DGUV Vorschrift 2 normiert sind, können auch die Technischen Aufsichtsbeamten Anordnungen nach § 19 SGB VII erlassen.[31] Die seearbeitsrechtlichen Anforderungen hinsichtlich Schiffssicherheitsausschuss und Sicherheitsbeauftragten werden von der Berufsgenossenschaft Ver- 15

---

23 Bubenzer/Noltin/Peetz/Mallach/Mallach SeeArbG § 116 Rn. 5. **24** BGBl. I 2014, 1383. **25** Mertens Hansa 1977, 567. **26** Boettcher/Grigo, S. 52 ff. **27** Dazu bereits Naendrup/Kohte in: FS Fabricius, S. 133, 139 zur früheren Rechtslage. **28** NdsMBl 1998, S. 625. **29** HambGVBl 1998, S. 57. **30** KJP/Koll ASiG 2015 § 17 Rn. 3. **31** Anzinger/Bieneck ASiG § 12 Rn. 38, 40 zur damaligen VBG 122.

kehr bzw. den entsprechenden Einrichtungen für ausländische Häfen im Rahmen des auf das ILO-Seearbeitsübereinkommen 2006 gestützten internationalen Kontrollsystems aus Flaggenstaat- und Hafenstaatkontrolle[32] überprüft.[33]

§ 18 ASiG Ausnahmen

Die zuständige Behörde kann dem Arbeitgeber gestatten, auch solche Betriebsärzte und Fachkräfte für Arbeitssicherheit zu bestellen, die noch nicht über die erforderliche Fachkunde im Sinne des § 4 oder § 7 verfügen, wenn der Arbeitgeber sich verpflichtet, in einer festzulegenden Frist den Betriebsarzt oder die Fachkraft für Arbeitssicherheit entsprechend fortbilden zu lassen.

Literatur: *Barth/Hamacher/Eickholt*, Arbeitsmedizinischer Betreuungsbedarf in Deutschland, BAuA Forschungsbericht F 2326, 2014; *Lißner/Brück/Stautz*, Abschlussbericht zur Dachevaluation der Gemeinsamen Deutschen Arbeitsschutzstrategie, 2014.

I. Normzweck, Rechtssystematik

1 § 18 ASiG ergänzt die Ausnahmevorschrift des § 17 ASiG. Während in § 17 ASiG für bestimmte Fallgruppen generell die Nichtanwendung des Gesetzes angeordnet wird, ermöglicht § 18 ASiG auf Antrag des Arbeitgebers eine **modifizierte Anwendung des Gesetzes** durch den Einsatz von Sicherheitsexperten, denen die Fachkenntnisse der §§ 4, 7 ASiG noch fehlen. Diese Vorschrift war 1974 auf Intervention des Bundesrates in den parlamentarischen Ausschussberatungen eingeführt worden, weil damals vor allem zu wenig ausgebildete und qualifizierte Betriebsärztinnen und Betriebsärzte zur Verfügung standen. Andererseits sollte eine Verzögerung bei der Einführung des Gesetzes vermieden werden, so dass als Ausnahmemöglichkeit der Einsatz nicht hinreichend qualifizierter Experten unter Beteiligung der Aufsichtsbehörden ermöglicht wurde.[1]

2 Aus der Systematik des ASiG ergibt sich, dass **weitergehende Ausnahmen** von der Anwendung des ASiG **durch Verwaltungsakt nicht zugelassen** werden können.[2] Ein Ausnahmeantrag, wonach zum Beispiel eine **völlige Suspendierung** von der Pflicht zur Bestellung von Betriebsärzten erlaubt werde, ist nicht vorgesehen und **nicht zulässig**. Eine solche Rechtsmacht zur Suspendierung von der Anwendung des Gesetzes steht den Behörden nicht zu.

3 Zuständig für die Bescheidung des Antrags sind die **landesrechtlichen Aufsichtsbehörden**, denen die Überwachung nach § 13 ASiG und die Anordnungsbefugnisse nach § 12 ASiG obliegen (→ ASiG § 13 Rn. 5; → ASiG § 12 Rn. 6). Den **Trägern der Unfallversicherung** kommt eine Ausnahmekompetenz, wie sie in § 18 ASiG normiert ist, nicht zu. Sie können ausschließlich die in der DGUV Vorschrift 2 (→ ASiG § 14 Rn. 10) vorgesehenen Ausnahmen aus eigener Kompetenz bewilligen.[3] § 2 Abs. 6 DGUV Vorschrift 2 ermöglicht Modifikationen der Bestellung bei atypischer Gefahrenlage; § 6 DGUV Vorschrift 2 enthält Übergangsbestimmungen, wenn Betriebsärzte Bescheinigungen vorlegen können, die bis 1996 von der zuständigen Ärztekammer ausgestellt worden sind.

II. Voraussetzungen und Verfahren der Ausnahmebewilligung

4 Der **Antrag des Arbeitgebers** setzt voraus, dass dieser sich verpflichtet, in einer festzulegenden Frist den vorgesehenen Betriebsarzt oder die vorgesehene Fachkraft für Arbeitssicherheit fortbilden zu lassen. Damit ist jeweils eine konkrete Person zu benennen, deren bisherige Kenntnisse der Behörde im Antrag mitzuteilen sind.[4] Weiter bedarf es der **Verpflichtungserklärung des Arbeitgebers**, die in der Regel durch einen Ver-

---

32 Maul-Sartori NZA 2013, 821 (825 ff.). 33 Lindemann SeeArbG § 115 Rn. 6 und § 116 Rn. 6.
1 BT-Drs. 7/1085, 9, 21; vgl. BT-Drs. 7/260, 19, 22. 2 Nöthlichs ASiG § 18 Rn. 1; KJP/Koll, 2015, ASiG § 18 Rn. 1; vgl. Bieneck in: FS Wlotzke, S. 465, 475. 3 Nöthlichs ASiG § 18 Rn. 6.
4 Anzinger/Bieneck ASiG § 18 Rn. 5.

Ausnahmen § 18 ASiG

trag mit dem zu bestellenden Experten dokumentiert wird. In diesem Vertrag hat auch der Experte sich zur entsprechenden Fortbildung zu verpflichten.

Umstritten ist die Frage, wie die **Kosten der Fortbildung** zu regeln sind. Für bereits bestellte Experten ergibt sich aus § 2 Abs. 3 S. 3 ASiG und § 5 Abs. 3 S. 3 ASiG, dass der Arbeitgeber die Kosten der Fortbildung zu tragen hat. In einem Teil der Literatur wird die Ansicht vertreten, dass dies für § 18 ASiG nicht gelten könne, da es insoweit noch an einer Bestellung fehle.[5] Dies ist nicht überzeugend, denn es gehört zu den Pflichten des Arbeitgebers, qualifizierte Personen zu bestellen, so dass dieser grundsätzlich zur Kostentragung im Verhältnis zum Bewerber verpflichtet ist.[6] Er kann in dem Vertrag mit dem Bewerber Rückzahlungsmodalitäten vereinbaren, falls die Fortbildung erfolglos ist oder innerhalb einer angemessenen Frist die Bestellung gelöst wird.

Eine Erleichterung für den Arbeitgeber ergibt sich aus § 23 SGB VII. Nach § 23 Abs. 1 S. 1 SGB VII haben die **Träger der Unfallversicherung Fortbildungsmaßnahmen** auch für angestellte ASiG-Experten durchzuführen und nach § 23 Abs. 2 SGB VII die **Kosten zu tragen**. Diese Kosten beziehen sich auf die unmittelbaren Maßnahmen, die erforderlichen Fahrtkosten und einen möglichen Entgeltausfall. Überwiegend wird **§ 23 Abs. 2 SGB VII als spezielle Norm** gegenüber § 2 Abs. 3 S. 3 ASiG qualifiziert.[7] Insoweit wird die Kostenlast des Arbeitgebers für Fortbildungen der Unfallversicherung nach § 18 ASiG deutlich verringert, wenn die Bewerber bereits bestellt sind, unter der Bedingung, dass sie die Fortbildung erfolgreich abschließen. Nach § 23 Abs. 1 S. 2 SGB VII können die Träger der Unfallversicherung auch Fortbildungsmaßnahmen für ASiG-Experten durchführen, die dem Unternehmen nicht angehören. Dies sind zunächst freiberufliche Experten und Beschäftigte überbetrieblicher Dienste,[8] doch können angesichts der offenen Formulierung auch Stellenbewerber, die eine Fortbildung nach § 18 ASiG durchführen, dieser Norm zugeordnet werden.

Der Antrag des Arbeitgebers ist grundsätzlich durch **Verwaltungsakt** zu bescheiden; die Bewilligung der Ausnahme steht im **Ermessen der Aufsichtsbehörde**. Insoweit besteht kein unmittelbarer Bewilligungsanspruch, sondern nur ein Anspruch auf ermessensfehlerfreie Bescheidung. In der Praxis wird als Alternative vorgeschlagen, einen **öffentlich-rechtlichen Vertrag** zwischen Arbeitgeber und Aufsichtsbehörde zu vereinbaren, in dem Einzelheiten und Dauer der Fortbildung geregelt werden.[9]

Dem **Betriebsrat** steht nach § 87 Abs. 1 Nr. 7 BetrVG ein Mitbestimmungsrecht bei der Wahl des jeweiligen Betreuungstyps zu (→ ASiG § 9 Rn. 2; → BetrVG § 87 Rn. 73). Er kann daher seine Zustimmung zu einer Bestellung von Experten ohne hinreichende Fachkunde verweigern. In der Einigungsstelle könnte allerdings eine Ausnahmebewilligung mit einer realistischen Fortbildungsperspektive den Ausschlag zugunsten des Arbeitgebers geben. Angesichts dieser offenen Situation wird die Empfehlung ausgesprochen, dem Bewerber eine Stellungnahme des Arbeitgebers eine Stellungnahme des Betriebsrats beizufügen.[10] Ist dies nicht der Fall, dann hat die Behörde bei der Ermittlung des Sachverhalts eine solche Stellungnahme des Betriebsrats einzuholen. Dies erfolgt im Regelfall. Ebenso wird vor der Erteilung einer Ausnahmebewilligung der jeweilige Unfallversicherungsträger beteiligt.

III. Rechts- und berufspolitische Perspektiven

Als § 18 ASiG normiert wurde, bestand ein **realer Mangel an ausgebildeten Betriebsärztinnen und Betriebsärzten**. Man ging damals allerdings davon aus, dass es sich nur um ein Übergangsproblem handle, da damals die Ausbildung von Betriebsärzten intensiviert worden war. Dieser Mangel ging daher zeitweilig zurück, so dass manche Autoren davon ausgingen, dass § 18 ASiG inzwischen weitgehend funktionslos sei.[11] Eine

---

5 Giese/Ibels/Rehkopf ASiG § 18 Rn. 2. **6** Anzinger/Bieneck ASiG § 18 Rn. 14; Aufhauser/Brunhöber/Igl ASiG § 18 Rn. 4. **7** Kater/Leube SGB VII § 23 Rn. 8; Kranig/Waldeck in: Hauck/Noftz SGB VII § 23 Rn. 13; Anzinger/Bieneck ASiG § 2 Rn. 83; Spinnarke/Schork ASiG § 18 Rn. 4; Pieper SGB VII Rn. 35. **8** Kranig/Waldeck in: Hauck/Noftz SGB VII § 23 Rn. 11. **9** Anzinger/Bieneck ASiG § 18 Rn. 7. **10** Anzinger/Bieneck ASiG § 18 Rn. 18 ff.; KJP/Koll, 2015, ASiG § 18 Rn. 5.

solche Einschätzung hat sich als voreilig erwiesen. Zu keinem Zeitpunkt ist eine umfassende und vollständig ausreichende Qualifikation im arbeitsmedizinischen Bereich erreicht worden; so ist für 1998 bei insgesamt 12.470 qualifizierten Ärztinnen und Ärzten ein realer Bedarf an weiteren Ärztinnen und Ärzten festgestellt worden.[12] Inzwischen sind diese Zahlen nach einer gewissen Stagnation schrittweise zurückgegangen;[13] der Tätigkeitsbericht 2011 der Bundesärztekammer weist noch 12.233,[14] der Bericht 2012 noch 11.361 qualifizierte Ärztinnen und Ärzte auf. Nach einer EDV-Umstellung stieg die Zahl der gemeldeten qualifizierten Ärztinnen und Ärzte kurzfristig an, fiel aber im Bericht 2016 auf 12.363. Eine umfassende Untersuchung hat eine **arbeitsmedizinische Betreuungslücke** von ca 30 % des Bedarfs ergeben.[15] Sie wird dadurch verschärft, dass bereits 2012 über 56 % der gemeldeten Ärztinnen und Ärzte älter als 60 Jahre waren,[16] während weniger als 10 % unter 45 Jahre alt waren. Inzwischen sind über 60 % älter als 60 und über 45 % älter als 65 Jahre,[17] so dass zum **quantitativen Problem** inzwischen das unübersehbare **Problem der Überalterung** hinzugekommen ist.

10 Angesichts dieser Problemlage wird § 18 ASiG in absehbarer Zeit eine größere Bedeutung erlangen. Es ist naheliegend, dass die Probleme allein mit dieser Norm nicht gelöst werden können. Der Ausschuss für Arbeitsmedizin hat am 14.1.2013 im Anschluss an einen Beschluss der 87. ASMK eine Resolution zur Situation des arbeitsmedizinischen Nachwuchses beschlossen, dessen Appellcharakter allerdings wenig zur Lösung beitragen wird. Angesichts des **Stellenabbaus im Fach Arbeitsmedizin an den Hochschulen**[18] ist mit wachsenden Problemen zu rechnen, so dass eine gemeinsame Vereinbarung aller Beteiligten in Bund und Ländern mit verbindlichen – auch finanziellen – Beiträgen erforderlich ist.[19]

11 Die Evaluation der GDA hat inzwischen weitergehendes belastbares empirisches Material ermittelt. Bereits für die erste Phase 2008–2012 ist erhoben worden, dass **nur 40 % aller Betriebe eine hinreichende betriebsärztliche Betreuung** aufweisen. In diesen Daten zeigt sich einerseits eine deutliche Lücke in Kleinbetrieben, die auch durch die Modelle der alternativen Betreuung nicht wesentlich vermindert worden ist. Andererseits sind deutliche branchenbezogene Divergenzen auszumachen: unabhängig von der Größe verfügen im Bereich der Dienstleistungen und des Einzelhandels weniger als 30 % der Betriebe über eine betriebsärztliche Betreuung.[20] Im Rahmen der Evaluation der zweiten Phase zeichnet sich ab, dass an diesem Punkt keine reale Verbesserung erfolgt ist. Die Evaluation der DGUV Vorschrift 2 lässt auf ähnliche Defizite schließen,[21] so dass eine Verbesserung der Betreuung nicht allein auf dem klassisch-arbeitsmedizinischen Weg erreichbar sein dürfte.

12 Bereits die Struktur der DGUV Vorschrift 2 hat es den Arbeitgebern ermöglicht, die Zahl der eingesetzten Ärztinnen und Ärzte zu reduzieren (→ ASiG § 14 Rn. 14). Als weitere Möglichkeit wird – ähnlich wie im Krankenversicherungsrecht – verstärkt vom Mittel der Delegation Gebrauch gemacht.[22] Inzwischen ist zu beobachten, dass bestimmte Aufgaben, die in § 3 ASiG der medizinischen Kompetenz zugeordnet werden, mit nichtärztlichem Personal besetzt werden. In der neuen DGUV-Information 250-105 ist gegenüber der früheren BGG 962 eine sachlich gut begründete Aufwertung des „Hilfspersonals" zum ärztlichen „Assistenzpersonal" zu verzeichnen. Weiter wird die der ärztlichen Kompetenz zugeordnete Aufgabe der Eingliederung Behinderter (→ ASiG §§ 2–7 Rn. 26) in wachsendem Umfang dafür ausgebildeten Disability-Managern übertragen. Im Rahmen der Evaluation der DGUV Vorschrift 2 ist beobachtet worden, dass aktuelle Anforderungen (BEM, Demografie) zunehmend außerhalb der ASiG-Organisation in Angriff genommen werden. Eine solche „Entkoppelung"[23] wi-

---

11 Spinnarke/Schork ASiG § 18 Rn. 1. 12 Anzinger/Bieneck ASiG § 18 Rn. 5. 13 Für 2008 Laufs/Kern, Handbuch des Arztrechts, 4. Aufl. 2010, § 12 Rn. 28. 14 Tätigkeitsbericht der Bundesärztekammer 2011, S. 156 ff. 15 Barth/Hamacher/Eickholt, S. 151 ff. 16 Tätigkeitsbericht der Bundesärztekammer 2012, S. 200. 17 Tätigkeitsbericht der Bundesärztekammer 2016, Ärztestatistik, Anlage 1. 18 Zu möglichen Lösungen an den Hochschulen: Barth/Hamacher/Eickholt, S. 161 ff. 19 Kohte BT-Drs. 17 (11) 1152, 58; vgl. BT-Drs. 17/12818, 10. 20 Lißner/Brück/Stautz, Abschlussbericht 2014, S. 90 ff. 21 DGUV Report 1/2017, S. 28. 22 Weitere Vorschläge bei Barth/Hamacher/Eickholt, S. 166 ff.

derspricht dem Wortlaut und Normzweck des ASiG (→ ASiG § 1 Rn. 21 ff.). Letztlich wird diese Situation auch die notwendige **Entwicklung zu multidisziplinären Diensten**, die bereits unionsrechtlich geboten ist (→ ASiG § 1 Rn. 15), forcieren. Mit dem österreichischem Vorbild in § 82 a öASchG steht dafür ein diskussionsfähiges Vorbild zur Verfügung (→ ASiG §§ 2–7 Rn. 35). Eine gesetzliche Korrektur vor allem von § 7 ASiG ist geboten.

§ 19 ASiG Überbetriebliche Dienste

Die Verpflichtung des Arbeitgebers, Betriebsärzte und Fachkräfte für Arbeitssicherheit zu bestellen, kann auch dadurch erfüllt werden, daß der Arbeitgeber einen überbetrieblichen Dienst von Betriebsärzten oder Fachkräften für Arbeitssicherheit zur Wahrnehmung der Aufgaben nach § 3 oder § 6 verpflichtet.

Literatur: *Bieneck*, Das Arbeitssicherheitsgesetz – Grundlage für den betrieblichen Arbeitsschutz, in: FS Wlotzke, 1996, 465 ff.; *Herzberg*, Die zivil- und sozialrechtliche Haftung überbetrieblicher Dienste, DB 1997, 1666; *Lohr*, Die Umsetzung des ASiG in den arbeitsmedizinischen Diensten der gewerblichen Berufsgenossenschaften, BG 1988, 773.

Leitentscheidungen: BSG 2.11.1999 – 2 RU 25/98, BSGE 85, 98 = SGb 2000, 274 mAnm Ricke; OLG Frankfurt/M. 4.3.1999 – 6 U 20/98, MedR 1999, 468 mAnm Rieger; OVG Münster 10.12.2003 – 1 A 556/02 PVL, PersR 2004, 227, dazu von Roetteken, jurisPR-ArbR 24/2004 Anm. 4; OVG Berlin-Brandenburg 18.4.2013 – OVG 60 P 5/12, PersV 2013, 425; OLG Nürnberg 17.6.2014 – 4 U 1760/12, MDR 2014, 970; LAG Hamburg 26.3.2015 – 1 TaBV 6/14; BAG 8.12.2015 – 1 ABR 83/13, NZA 2016, 504 = AP Nr. 2 zu § 11 ASiG.

I. Normzweck, Rechtssystematik

Als eine weitere Möglichkeit der Bestellung von ASiG-Experten sieht § 19 ASiG die **Verpflichtung eines überbetrieblichen Dienstes** vor, der Leistungen von Betriebsärzten und/oder Fachkräften für Arbeitssicherheit dem einzelnen Unternehmer zur Verfügung stellt. Diese Organisationsform erschien bereits in der Beratung als besonders geeignet für Klein- und Mittelbetriebe. Ihr wurde von Anfang an attestiert, dass sie Qualität und Effizienz sichern könne.[1]

Die Norm des § 19 ASiG steht in einem engen Zusammenhang mit der damals in § 719 a RVO, jetzt in § 24 SGB VII normierten Möglichkeit für **Träger der Unfallversicherung**, dass sie Träger eines überbetrieblichen Dienstes sein können und dass sie in ihrer Satzung einen Anschlusszwang für die einzelnen Betriebe vorsehen können. Mit diesem Instrument wurde nach 1973 sehr zügig die Bestellung von Betriebsärzten und Sicherheitsfachkräften in einigen Branchen, vor allem in der Bauwirtschaft, vorangetrieben.[2]

II. Entstehung, Unionsrecht

Im ursprünglichen Regierungsentwurf waren überbetriebliche Dienste ausschließlich für Betriebe vorgesehen, in denen mobile Arbeitnehmer an verschiedenen Orten tätig waren, sowie für Betriebe mit ortsveränderlichen Arbeitsstätten.[3] Der Bundesrat hielt diese Einschränkung für verfehlt und setzte im weiteren Gesetzgebungsverfahren durch, dass die Möglichkeit der Bestellung überbetrieblicher Dienste generell zur Verfügung gestellt wurde.[4] Gleichwohl wurde in den Ausschussberatungen ausdrücklich festgehalten, dass der **überbetriebliche Dienst nicht als Regelfall** für die Erfüllung der ASiG-Pflichten in Betracht kommen solle.[5]

Korrespondierend war 1973 die Norm des **§ 719 a RVO** geschaffen worden, mit der den Trägern der Unfallversicherung das Recht zuerkannt wurde, überbetriebliche Dienste zu betreiben und in der Satzung einen **Anschlusszwang** festzulegen. Diese Norm wurde 1996 durch **§ 24 SGB VII** ersetzt. In diesem Zusammenhang wurden die Mög-

---

23 Dazu DGUV Report 1/2017, S. 116. **1** BT-Drs. 7/1085, 8. **2** Wunderlich, Betriebsarzt, S. 11; Lohr BG 1988, 773. **3** BT-Drs. 7/260, 16. **4** BT-Drs. 7/260, 18, 22. **5** BT-Drs. 7/1085, 9.

lichkeiten des Anschlusszwangs praktikabler gemacht und verdeutlicht.[6] In § 151 SGB VII wurde vorgeschrieben, dass die Mittel durch eine gesonderte Umlage der angeschlossenen Unternehmen aufzubringen sind.[7] Aufgrund der Schärfung des Rechtsbewusstseins zum Schutz von Gesundheitsdaten wurde 1996 für den überbetrieblichen Dienst in § 24 SGB VII ausdrücklich normiert, dass diese Daten in einer besonderen Weise zu sichern sind.[8] Im Rahmen der weiteren Änderungen des SGB VII im Jahr 2008 und 2013 wurde diese Norm nicht weiter geändert. Sie gehört inzwischen zu dem allgemein anerkannten organisatorischen Repertoire der Träger der Unfallversicherung. In der Rechtsprechung wird der Anschlusszwang grundsätzlich gebilligt.[9] Er kann allerdings nur erfolgen, wenn der überbetriebliche Dienst unselbstständiger Teil eines Unfallversicherungsträgers ist; ein Anschlusszwang an privatrechtlich verfasste Träger, wie zB die BAD GmbH, kann in einer Satzung nicht festgelegt werden.[10]

5 Im Unionsrecht findet diese Betreuungsform keine direkte Entsprechung oder Erwähnung, weil die unterschiedlichen Möglichkeiten der Betreuung, die das ASiG zur Verfügung stellt, zu den Optionen der Mitgliedstaaten rechnen, zwischen denen diese wählen können. Allerdings ist der überbetriebliche Dienst nach der Rechtsprechung des Europäischen Gerichtshofs[11] zu Art. 7 RL 89/391/EWG nur subsidiär, weil vorrangig innerbetriebliche Möglichkeiten zu nutzen sind (→ ASiG § 1 Rn. 12 ff.). Dies muss im deutschen Recht ausdrücklich normiert werden. Weiter ist zu beachten, dass in der Richtlinie keine Beschränkung auf Ärzte und Techniker erfolgt ist, so dass in wichtigen Ländern **multidisziplinäre Dienste** gebildet worden sind.[12] Für ein kohärentes Arbeitsschutzsystem, in dem auch Gefährdungen durch psychische Belastung effektiv und sachkundig begegnet wird, sind solche multidisziplinären Dienste auch in Deutschland geboten (→ ASiG § 1 Rn. 15).[13] Gerade überbetriebliche Dienste sind dafür besonders geeignet.

6 Weiter hat das Unionsrecht für überbetriebliche Dienste eine spezielle Bedeutung, denn der Anschlusszwang enthält eine **Einschränkung der Dienstleistungsfreiheit**. Angesichts der deutlichen Vereinheitlichungen der Anforderungen an den Arbeitsschutz in den verschiedenen Richtlinien ist es durchaus plausibel, Anbieter aus den Niederlanden mit ihren integrierten ArbO-Diensten[14] sowie aus Skandinavien für den deutschen Markt zu gewinnen. Der Anschlusszwang in § 24 SGB VII beschränkt daher die Dienstleistungsfreiheit, doch bleibt den Arbeitgebern jeweils die Möglichkeit, eine der anderen beiden Varianten zu wählen. Diese Möglichkeit muss ihnen auch unter fairen Verfahrensbedingungen zustehen.[15] Insbesondere muss ihnen eine angemessene Frist für den Nachweis einer alternativen ASiG-Betreuung zur Verfügung stehen. In der Literatur werden teilweise drei Monate vorgeschlagen,[16] doch dürfte eine Frist von sechs Monaten der Bedeutung dieser Entscheidung, die auch mit dem Betriebsrat geklärt werden muss, besser geeignet sein.[17] Der Arbeitgeber, der kraft Satzung dem überbetrieblichen Dienst auch ohne eigene Willenserklärung angehört, hat einen **Rechtsanspruch auf Befreiung nach § 24 Abs. 2 S. 2 SGB VII**; der Träger der Unfallversicherung hat durch Verwaltungsakt zu entscheiden, ein Ermessen steht ihm nicht zu.[18] Der in der Literatur vertretenen Ansicht, dass bei integrierten Diensten nur zwischen vollständigem Anschluss oder vollständiger Befreiung gewählt werden kann und eine Beschränkung auf

---

6 Eichendorf in: jurisPK-SGB VII, § 24 Rn. 8. **7** Spinnarke/Schork ASiG § 19 Rn. 7. **8** Eichendorf in: jurisPK-SGB VII, § 24 Rn. 35 ff. **9** BSG 2.11.1999 – 2 RU 25/98, BSGE 85, 98 = SGb 2000, 274 mAnm Ricke. **10** Kranig/Waldeck in: Hauck/Noftz, SGB VII § 24 Rn. 7; Eichendorf in: jurisPK-SGB VII, § 24 Rn. 34; Lauterbach/Hussing, 2014, SGB VII § 24 Rn. 15. **11** EuGH 23.5.2003 – C-441/01, Slg I 2003, S. 5463 ff. Rn. 10, 39 f.; EuGH 6.4.2006 – C-428/04, Slg I 2006, S. 3325 ff. = ZESAR 2007, 34 ff. mAnm Kohte/Faber. **12** Anzinger/Bieneck ASiG § 19 Rn. 53. **13** Kohte/Faber ZESAR 2007, 39 (44). **14** Die Arbodienste sind die multidisziplinären Expertendienste in den Niederlanden: Veigel, Das niederländische Arbeitsschutzrecht, 2002, S. 49 ff., 88 ff.; vgl. Anzinger/Bieneck ASiG § 19 Rn. 52. **15** Kohte, Jahrbuch des Arbeitsrechts, 2001, S. 21, 32. **16** Eichendorf in: jurisPK-SGB VII, § 24 Rn. 46; Zakrzewki in: LPK-SGB VII, 2014, SBG VII § 24 Rn. 9. **17** Kranig/Waldeck in: Hauck/Noftz SGB VII § 24 Rn. 20; vgl. Lauterbach/Hussing, 2014, SGB VII § 24 Rn. 31. **18** Schmitt SGB VII § 24 Rn. 18; Kater/Leube SGB VII § 24 Rn. 22; Eichendorf in: jurisPK-SGB VII, § 24 Rn. 48.

Befreiung vom arbeitsmedizinischen oder sicherheitstechnischen Anschlusszwang nicht möglich ist,[19] wird zu Recht widersprochen, da sie eine unverhältnismäßige Beschränkung enthält.[20]

III. Detailkommentierung

Das Gesetz enthält keine eigenständige Definition des Begriffs „überbetrieblicher Dienst".[21] Diese Offenheit ist sachgerecht, denn es sollen verschiedene Möglichkeiten der Bildung von überbetrieblichen Diensten eröffnet werden. Dies war 1973 auch beabsichtigt, um möglichst zügig zu einer intensiven Verbreitung der ASiG-Organisation zu kommen. Gerade die Erfolge der überbetrieblichen Dienste mit Anschlusszwang in der Bauwirtschaft sowie in einigen anderen kleinbetrieblich geprägten Branchen haben diese Prognose gerechtfertigt. Bis heute sind die überbetrieblichen Dienste durch eine **organisatorische und sachliche Vielfalt** gekennzeichnet. Es gibt einerseits integrierte Dienste, zum anderen auch nicht selten überbetriebliche Arbeitsmedizinische Dienste („Werksarztzentren"). Ausschließlich auf Sicherheitsfachkräfte konzentrierte Dienste sind dagegen relativ selten.

Die Vielfalt der überbetrieblichen Dienste spiegelt sich auch in den **unterschiedlich gewählten Rechtsformen** wider. Inzwischen haben sich einige „Marktführer" herausgebildet, die oft in der Rechtsform der GmbH, teilweise aber auch als eingetragener Verein als bundesweite Akteure ihre Dienste anbieten. Daneben gibt es regionale Organisationen, mit denen sich zB verschiedene Unternehmen zusammengeschlossen haben, um ein gemeinsames Werksarztzentrum für sich an einem „inneren Markt" zu betreiben. Diese „Werksarztzentren" sind daher keine wirtschaftlichen Unternehmen, so dass sie auch als nicht wirtschaftlicher Verein nach § 21 BGB anerkannt sind.[22] Als dritte Organisationsform finden sich die von Trägern der Unfallversicherung betriebenen überbetrieblichen Dienste, die in der Regel unselbstständige Abteilungen innerhalb einer Körperschaft des öffentlichen Rechts sind.

Die einzelnen Arbeitgeber können im Rahmen ihrer Wahlfreiheit zwischen den drei großen Modellen des ASiG wählen; sie können diese Modelle auch nach eigenen Bedürfnissen kombinieren. Im Zuge der Umsetzung der DGUV Vorschrift 2 hat es sich allerdings als sinnvoll erwiesen, dass mit einem einheitlichen Modell zumindest die Grundbetreuung realisiert wird. Daneben können für spezifische Sonderaufgaben, zB komplizierte arbeitsmedizinische Untersuchungen oder Beratungen im Strahlenschutz oder im Gefahrstoffrecht spezielle Vereinbarungen mit einzelnen Trägern getroffen werden, so dass auch eine **Kombination möglich** ist, in der angestellte Betriebsärzte und Fachkräfte als Regelfall gewählt werden, deren Leistungen für einzelne Themen durch überbetriebliche Anbieter ergänzt werden. Bei solchen Modellen muss allerdings durch eine hinreichende Vertragsgestaltung gesichert werden, dass im Ergebnis eine vollständige und lückenlose Betreuung erfolgt. Auch wenn ein Anschlusszwang erfolgt, ist der konkrete Inhalt der Betreuung und der gegenseitigen Pflichten vertraglich zwischen Arbeitgeber und überbetrieblichem Dienst zu vereinbaren.[23]

IV. Rechtsdurchsetzung

Die Wahlfreiheit, die den einzelnen Arbeitgebern durch das Gesetz ermöglicht wird, ist zugleich der Ansatz für die **Mitbestimmung des Betriebsrats**. Bereits sehr früh hat das Bundesarbeitsgericht zutreffend entschieden, dass die Wahl zwischen den drei unterschiedlichen Modellen der umfassenden Mitbestimmung nach § 87 Abs. 1 Nr. 7 BetrVG unterliegt (→ BetrVG § 87 Rn. 73).[24] Auf dieser Basis sind danach die weiteren Entscheidungen zu treffen. Hier enthält § 9 Abs. 3 S. 3 ASiG eine schwächere Beteili-

---

19 Kater/Leube SGB VII § 24 Rn. 21, 23. **20** Kranig/Waldeck in: Hauck/Noftz SGB VII § 24 Rn. 21. **21** Anzinger/Bieneck ASiG § 19 Rn. 5. **22** OLG Oldenburg 6.11.1975 – 5 Wx 53/75, Der Deutsche Rechtspfleger 1976, 11 = BB 1975, 1639; zustimmend Spinnarke/Schork ASiG § 19 Rn. 5. **23** Anzinger/Bieneck ASiG § 19 Rn. 39 ff.; Nöthlichs ASiG § 19 Rn. 2.2. und 2.3. **24** BAG 10.4.1979 – 1 ABR 34/77, NJW 1979, 2362; Wunderlich, Betriebsarzt, S. 204 ff.; Fitting BetrVG § 87 Rn. 316.

gung der Betriebsräte bei überbetrieblichen Diensten und freiberuflichen Anbietern als bei angestellten ASiG-Experten (→ ASiG § 14 Rn. 20; → ASiG § 9 Rn. 18).[25] Die Betriebsparteien können allerdings bei der Entscheidung für den überbetrieblichen Dienst auch eine weitergehende Mitbestimmung des Betriebsrats vereinbaren. Im Personalvertretungsrecht ist eine vergleichbare Abstufung zu finden, die in den einzelnen Bundesländern unterschiedlich ausgestaltet ist.[26] In der betrieblichen Praxis sind allerdings gerade bei der vom Bundesarbeitsgericht beschriebenen Nutzung des Mitbestimmungsrechts nach § 87 Abs. 1 Nr. 7 BetrVG beachtliche Defizite festzustellen.[27] Auch für die Wahl eines überbetrieblichen Dienstes ist nach der Systematik des BetrVG idR der örtliche Betriebsrat zuständig; ist er bei der Bestellung des überbetrieblichen Dienstes oder beim vorgelagerten Mitbestimmungsverfahren nach § 87 Abs. 1 Nr. 7 BetrVG übergangen worden, kann er einen Unterlassungsanspruch geltend machen (→ ASiG § 9 Rn. 18).[28] Natürlich kann auch der Gesamtbetriebsrat nach § 50 Abs. 2 BetrVG beauftragt werden.

11 Auch bei überbetrieblichen Diensten ist der Einsatz der ASiG-Experten im Betrieb von der zuständigen **Arbeitsschutzbehörde nach § 13 ASiG zu überwachen** (zur Überwachung durch die Träger der Unfallversicherung → ASiG § 14 Rn. 21), so dass auf Verlangen auch vom Arbeitgeber die Verträge mit dem überbetrieblichen Dienst vorzulegen und die Qualifikationen der Experten nachzuweisen sind (→ ASiG § 13 Rn. 7).[29] Überwacht wird nicht der überbetriebliche Dienst, sondern der Arbeitgeber, der weiter dafür verantwortlich ist, dass alle ASiG-Aufgaben erfüllt werden und dies mit der gebotenen Qualität erfolgt.[30] Dies ist angesichts des scharfen Preiswettbewerbs nicht immer der Fall, so dass bei empirischen Untersuchungen beim Einsatz externer ASiG-Experten beachtliche Defizite festzustellen waren, die sich zB auf die vom Gesetz verlangten gemeinsamen Betriebsbegehungen (→ ASiG § 10 Rn. 7, 12) sowie innerbetriebliche Planungsentscheidungen bezogen.[31] In einem aktuellen Fall wurde festgestellt, dass der externe betriebsärztliche Dienst die jeweiligen Einzelhandelsfilialen nur alle zwei Jahre aufsuchte.[32] In solchen Fällen ist es Aufgabe der Behörde, den Arbeitgeber auf eine Beseitigung solcher Defizite hinzuweisen und nach erfolglosen Revisionsschreiben entsprechende **Anordnungen nach § 12 ASiG** zu erlassen (→ ASiG § 12 Rn. 10).[33] Der Betriebsrat kann sich nach § 89 Abs. 1 S. 2 BetrVG an die Behörde wenden, damit diese eine Anordnung erlässt (→ ASiG § 11 Rn. 23).[34]

12 Unter den verschiedenen überbetrieblichen Diensten besteht regelmäßig ein intensiver Wettbewerb, der in der Praxis oft als **Preiswettbewerb** ausgetragen wird.[35] In der Literatur werden „Billiganbieter" und „Mogelpackungen" gerügt.[36] Das BMAS hat daher Initiativen zur **freiwilligen Qualitätssicherung** eingeleitet, die inzwischen durch eigenständige Organisationen (GQA und GQB) gefördert werden sollen.[37] Die Einhaltung einer solchen Qualität ist im privatrechtlichen Wettbewerb ein Werbefaktor, so dass auch unterschiedliche Formen unzulässiger bzw. irreführender Werbung beobachtet werden konnten, so dass rechtliche Konflikte zwischen den Anbietern auch in Form von **UWG-Verfahren** ausgetragen werden.[38]

13 Für die Fragen **individueller Rechtsdurchsetzung** sind die Besonderheiten des überbetrieblichen Dienstes vor allem im **Haftungsrecht** zu beachten. Der Dienst, der in der

---

25 LAG Hamm 7.1.2008 – 10 TaBV 125/07. **26** OVG Münster 10.12.2003 – 1 A 556/02 PVL, PersR 2004, 227, dazu von Roetteken, jurisPR-ArbR 24/2004 Anm. 4; OVG Berlin-Brandenburg 18.4.2013 – OVG 60 P 5/12, PersV 2013, 425. **27** Zimolong/Kohte, Integrativer und kooperativer Arbeits- und Umweltschutz in der Metallindustrie – IKARUS, S. 182. **28** LAG Hamburg 26.3.2015 – 1 TaBV 6/14, dazu ausführlich Kohte, jurisPR-ArbR 29/2016 Anm. 1. **29** Nöthlichs ASiG § 19 Rn. 5. **30** Pieper ASiG Rn. 139; Anzinger/Bieneck ASiG § 19 Rn. 45 ff. **31** Zimolong/Kohte, IKARUS, S. 213 ff.; vgl. Pieper ASiG Rn. 101. **32** LAG Niedersachsen 22.10.2013 – 11 TaBV 49/13, bestätigt durch BAG 8.12.2015 – 1 ABR 83/13, NZA 2016, 504. Im Sachverhalt blieb unklar, ob diese Frequenz bei der Entscheidung nach § 87 Abs. 1 Nr. 7 BetrVG relevant worden war. **33** Anzinger/Bieneck ASiG § 19 Rn. 46; Nöthlichs ASiG § 19 Rn. 5. **34** BAG 8.12.2015 – 1 ABR 83/13, NZA 2016, 504 (506). **35** Zimolong/Kohte, IKARUS, S. 207 ff. **36** Bieneck in: FS Wlotzke S. 465, 487. **37** Pieper ASiG Rn. 102; vgl. Anzinger/Bieneck ASiG § 19 Rn. 49; Bieneck in: FS Wlotzke S. 465, 489 f. **38** OLG Frankfurt/M. 4.3.1999 – 6 U 20/98, MedR 1999, 468 mAnm Rieger.

Regel als GmbH oder Verein organisiert ist, ist Vertragspartner des Arbeitgebers, so dass er für Schäden, die die bei ihm angestellten Betriebsärzte verursachen, regelmäßig nach §§ 280, 278 BGB gegenüber dem Arbeitgeber und nach den Grundsätzen des Vertrags mit Schutzwirkung zugunsten Dritter gegenüber dem geschädigten Arbeitnehmer haftet.[39] Eine persönliche Haftung des Betriebsarztes kommt als deliktische Haftung, insbesondere nach § 823 Abs. 1 BGB in Betracht (→ ASiG §§ 2–7 Rn. 41). Während sich angestellte Betriebsärzte, wenn ein Arbeitsunfall nach § 8 SGB VII vorliegt, insoweit auf den Haftungsausschluss nach § 105 Abs. 1 SGB VII berufen können, griff für die Ärzte des überbetrieblichen Dienstes zumindest vor 1996 der Haftungsausschluss nach § 637 RVO nicht ein.[40] Inzwischen wird für den Schädiger nicht mehr verlangt, dass er „Betriebsangehöriger" ist, so dass eine Änderung der Rechtslage eingetreten ist.[41] Hier sind Fallgestaltungen denkbar, in denen der Betriebsarzt im Betrieb wie ein Beschäftigter tätig war,[42] so dass ein Haftungsausschluss in Betracht kommt.[43] Denkbar ist aber auch eine Organisationsgestaltung, in der § 105 SGB VII nicht anwendbar ist.[44]

§ 20 ASiG Ordnungswidrigkeiten

(1) Ordnungswidrig handelt, wer vorsätzlich oder fahrlässig
1. einer vollziehbaren Anordnung nach § 12 Abs. 1 zuwiderhandelt,
2. entgegen § 13 Abs. 1 Satz 1 eine Auskunft nicht, nicht richtig oder nicht vollständig erteilt oder
3. entgegen § 13 Abs. 2 Satz 1 eine Besichtigung nicht duldet.

(2) Eine Ordnungswidrigkeit nach Absatz 1 Nr. 1 kann mit einer Geldbuße bis zu fünfundzwanzigtausend Euro, eine Ordnungswidrigkeit nach Absatz 1 Nr. 2 und 3 mit einer Geldbuße bis zu fünfhundert Euro geahndet werden.

Literatur: *Boecken/Düwell/Diller/Hanau*, Gesamtes Arbeitsrecht, Kommentar, Bd. 1–3, 2016 (zitiert: NK-GA/Bearbeiter); *Gercke/Kraft/Richter*, Arbeitsstrafrecht, Handbuch, 2. Aufl. 2015 (zitiert: GKR/Bearbeiter).

Leitentscheidung: OLG Hamm 6.5.2008 – 3 Ss OWi 277/08.

I. Normzweck und Systematik..... 1	kunftserteilung (§ 20 Abs. 1 Nr. 2 ASiG) 5
II. Entstehungsgeschichte.......... 2	c) Nichtgestattung des Betretens oder Besichtigens der Arbeitsstätte (§ 20 Abs. 1 Nr. 3 ASiG) 7
III. Detailkommentierung.......... 3	
1. Bußgeldrechtlich sanktionierte Pflichten............. 4	
a) Zuwiderhandlung des Arbeitgebers gegen eine vollziehbare Anordnung nach § 12 Abs. 1 ASiG (§ 20 Abs. 1 Nr. 1 ASiG). 4	2. Adressat der Sanktion....... 9
	3. Rechtswidrigkeit 12
b) Fehlende, unrichtige, unvollständige Aus-	4. Innere Tatseite............... 13
	5. Rechtsfolgen................. 14

I. Normzweck und Systematik

Bußgeldbewehrt sind Verstöße des Arbeitgebers gegen vom Gesetzgeber als wesentlich 1 erachtete Pflichten auf der Grundlage des ASiG. Die Möglichkeit, bestimmte **Verstöße des Arbeitgebers gegen** seine **Arbeitssicherheitspflichten** zu sanktionieren, dient der Ef-

---

[39] Herzberg DB 1997, 1666 (1667). [40] Anzinger/Bieneck ASiG § 3 Rn. 137. [41] Herzberg DB 1997, 1666 (1669). [42] Anders zum D-Arzt OLG Hamm 14.6.2004 – 3 W 22/04, GesR 2004, 377 (378). [43] So für die Haftung eines externen Dienstleisters OLG Hamm 15.6.1998 – 6 U 34/98, VersR 1999, 597 = NJW 1998, 2832; zustimmend Rolfs DB 2001, 2294 (2298); Krasney NZS 2004, 7 (13); KKW/von Koppenfels-Spies SGB VII § 105 Rn. 3. [44] OLG Nürnberg 17.6.2014 – 4 U 1760/12, MDR 2014, 970.

fizienzsteigerung bei der Gewährleistung der Sicherheit und Gesundheit der Arbeitnehmer, weil mit ihr der Durchsetzung der vom ASiG vorgeschriebenen Ordnung[1] Nachdruck verliehen wird. Diese Norm enthält daher ein wichtiges Potential, da in ca. 20–30 % der Betriebe die Bestellung von ASiG-Experten sowie die Bildung des Arbeitsschutzausschusses nicht normgerecht erfolgt. Die **GDA-Leitlinie „Organisation des betrieblichen Arbeitsschutzes"** vom 15.12.2011 – aktualisiert am 22.5.2017 – verlangt in Element 3 die Überprüfung der ASiG-Organisation und erwartet, dass bei fehlenden Elementen Revisionsschreiben, Anordnungen und OWiG-Verfahren zum Einsatz kommen.[2] Das Bundesarbeitsgericht hat für die Rechtsdurchsetzung zur Bildung eines Arbeitsschutzausschusses ausdrücklich auf die Anordnung nach § 12 ASiG und die Geldbuße nach § 20 ASiG verwiesen.[3]

II. Entstehungsgeschichte

2 In der Regierungsvorlage war die Sanktionierung vor allem des Arbeitgebers durch Bußgelder im Arbeitssicherheitsrecht ausschließlich auf die Missachtung von Auskunfts- und Mitteilungspflichten beschränkt worden.[4] Im weiteren Verlauf des parlamentarischen Verfahrens ist jedoch der Vorschlag des Bundesrats aufgegriffen worden, auch die **Zuwiderhandlung gegen eine vollziehbare Anordnung** bußgeldrechtlich zu sanktionieren, weil diese Anordnungen von grundlegender sozialpolitischer Bedeutung seien.[5] Änderungen der Norm wurden 1976 erforderlich, als die Mitteilungspflichten nach § 13 ASiG beschränkt wurden und daher keine umfassende Sanktionierung benötigt wurde.[6]

III. Detailkommentierung

3 § 20 Abs. 1 ASiG nennt enumerativ[7] drei Pflichten des Arbeitgebers, deren Missachtung jeweils bußgeldbewehrt ist. An der Spitze steht das Zuwiderhandeln gegen eine vollziehbare Anordnung, das später in § 22 Abs. 1 Nr. 7 ArbZG und vor allem in § 25 Abs. 1 Nr. 2 ArbSchG aufgenommen worden ist, so dass eine **systematische Auslegung** möglich und geboten ist. Den Aufsichtsbehörden wird damit **neben der verwaltungsrechtlichen Befugnis** die **zusätzliche Handlungsmöglichkeit** eröffnet, nach pflichtgemäßem Ermessen durch Sanktionen auf die Normbefolgung des Arbeitgebers einzuwirken.[8]

4 **1. Bußgeldrechtlich sanktionierte Pflichten. a) Zuwiderhandlung des Arbeitgebers gegen eine vollziehbare Anordnung nach § 12 Abs. 1 ASiG (§ 20 Abs. 1 Nr. 1 ASiG).** § 12 Abs. 1 ASiG gibt den Aufsichtsbehörden einen weiten Handlungsrahmen, der sich auf alle Pflichten des Arbeitgebers, die im ASiG normiert sind, erstreckt (→ ASiG § 12 Rn. 8 ff.). Die Anordnung muss vollziehbar sein. Die **Anordnung ist vollziehbar**, wenn sie bestandskräftig ist oder nach § 80 Abs. 2 Nr. 4 VWGO für sofort vollziehbar erklärt wird und die sofortige Vollziehung nicht nach § 80 Abs. 4, 5 VwGO ausgesetzt wurde.[9] Auch die rechtswidrige Anordnung ist aus Gründen der Rechtssicherheit des Verwaltungshandelns geschützt und muss vom Adressaten befolgt werden; lediglich nichtige Anordnungen können keine Rechtswirkungen entfalten (→ ArbSchG § 25 Rn. 13 f.).

5 **b) Fehlende, unrichtige, unvollständige Auskunftserteilung (§ 20 Abs. 1 Nr. 2 ASiG).** Ordnungswidrig handelt, wer als Arbeitgeber seine Auskunftspflicht aus § 13 Abs. 1 S. 1 ASiG nicht erfüllt, dh einem konkreten Auskunftsverlangen der zuständigen Behörde nicht, nicht richtig oder unvollständig nachkommt, ohne sich auf einen der in § 13 Abs. 1 S. 2 ASiG benannten Verweigerungsgründe berufen zu können.[10] § 13 Abs. 1 ASiG hat den Zweck, dass sich die **Überwachungsbehörden** ein hinreichendes

---

1 Anzinger/Bieneck ASiG § 20 Rn. 3. **2** www.gda-portal.de. **3** BAG 15.4.2014 – 1 ABR 82/12, NZA 2014, 1094 (1095). **4** BT-Drs. 7/260, 7, 17. **5** BT-Drs. 7/1085, 9 unter Verweis auf BT-Drs. 7/260, 20; Spinnarke/Schork ASiG § 20 Rn. 9. **6** Anzinger/Bieneck ASiG § 20 Rn. 2. **7** Wank ASiG § 20 Rn. 2; KJP/Koll, 2015, ASiG § 20 Rn. 1; NK-GA/Hochheim ASiG § 20 Rn. 1. **8** Vgl. Anzinger/Bieneck ASiG § 20 Rn. 3 ff. **9** NK-GA/Hochheim ASiG § 20 Rn. 2. **10** NK-GA/Hochheim ASiG § 20 Rn. 2.

Bild über die betrieblichen Verhältnisse verschaffen können. Es wird ihnen ermöglicht zu beurteilen, ob der jeweilige Arbeitgeber seinen Pflichten nach dem ASiG nachkommt. Nur so können sie ihrem Überwachungsauftrag nachkommen und ggf. ihre Anordnungsrechte nach § 12 ASiG zielgerichtet nutzen.[11]

Damit geht es hier um eine für die Durchsetzung des Gesetzes elementare Pflicht, die aus diesem Grund auch bußgeldbewehrt ist. Sie wird allerdings nur aktualisiert, wenn die Behörde ein hinreichend konkretes Auskunftsverlangen geäußert hat. Für dieses Verlangen reicht einfaches Verwaltungshandeln aus (→ ASiG § 13 Rn. 8), doch kann auch ein entsprechender Verwaltungsakt erlassen werden. Maßgeblich ist, dass der Adressat erkennen kann, welche Auskünfte er erteilen soll (zu möglichen Themen → ASiG § 13 Rn. 7). Die Aufsichtsbehörden können sich insoweit an den Fragen orientieren, die in Element 3 der GDA-Leitlinie „Organisation des betrieblichen Arbeitsschutzes" vom 15.12.2011/22.5.2017 aufgelistet sind. 6

c) **Nichtgestattung des Betretens oder Besichtigens der Arbeitsstätte (§ 20 Abs. 1 Nr. 3 ASiG).** Nach § 13 Abs. 2 S. 1 ASiG ist ein Beauftragter der zuständigen Behörde berechtigt, **während der üblichen Betriebs- und Arbeitszeiten** die Betriebsstätte zu betreten. Betriebszeiten sind die Zeiten, in denen in einer Arbeitsstätte regelmäßig gearbeitet wird. Diese Arbeiten umfassen vor allem Produktion oder Dienstleistung, aber auch regelmäßig anfallende vor- oder nachbereitende Arbeiten, wie zB Wartung und Reinigung (→ ASiG § 13 Rn. 17). Außerhalb dieser Zeit darf der Betrieb nur zur Verhütung dringender Gefahren für die öffentliche Sicherheit und Ordnung betreten werden.[12] Vorausgesetzt wird damit eine konkrete Gesundheitsgefahr für Arbeitnehmer.[13] In der Praxis werden in einer Gefahrensituation in der Regel Anordnungen vorbereitet, die eher auf das ArbSchG und seine Verordnungen gestützt werden, so dass die Aufsichtsbehörden erwartbar sich auf die weiter reichenden Betretungsrechte nach § 22 Abs. 2 ArbSchG stützen werden (→ ASiG § 13 Rn. 17). 7

Dieses **Betretungsrecht** soll es den staatlichen Überwachungsbehörden ermöglichen, sich über die betrieblichen Verhältnisse ein Bild zu verschaffen und ihren Aufgaben nach § 12 ASiG nachkommen zu können.[14] Duldet der Arbeitgeber entgegen § 13 Abs. 2 S. 1 ASiG eine Besichtigung nicht, spielt es daher für die Verhängung des Bußgeldes keine Rolle, dass nicht festgestellt werden kann, ob der betroffene Arbeitgeber zum Zeitpunkt der beabsichtigten Besichtigung an der Arbeitsstätte überhaupt Arbeitnehmer beschäftigte.[15] Die Auskunfts- und Besichtigungsrechte des § 13 ASiG dienen gerade der Überwachung der Einhaltung der Vorschriften des ASiG. Um die Überwachung sicherzustellen, muss aber auch kontrolliert werden, ob in der Arbeitsstätte Arbeitnehmer überhaupt beschäftigt werden. 8

2. Adressat der Sanktion. Für die Erfüllung der Vorschriften des ASiG ist der Arbeitgeber verantwortlich. Entsprechend knüpft § 20 Abs. 1 Nr. 1–3 ASiG als Sonderdelikt die Ahndbarkeit an die **Eigenschaft als Arbeitgeber** an. Ein faktisches Arbeitsverhältnis reicht aus, so dass auch der Verleiher ohne wirksame Erlaubnis zur Arbeitnehmerüberlassung sowie der nach § 11 Abs. 6 AÜG verantwortliche Entleiher als Arbeitgeber qualifiziert werden können (→ ArbZG § 22 Rn. 17).[16] 9

Der Adressatenkreis wird durch § 9 Abs. 1, 2 OWiG erweitert.[17] Damit sind zunächst Gesellschafter von Personengesellschaften und Geschäftsführer einer GmbH erfasst, ebenso können auch der Leiter des Betriebs oder eines Betriebsteils als Adressaten in Betracht kommen (→ ArbSchG § 25 Rn. 17). Dagegen kommen Betriebsärzte, Sicherheitsfachkräfte, Mitglieder des Betriebsrats und Arbeitnehmer ohne Leitungsfunktion nicht als Adressaten in Betracht.[18] 10

---

11 OLG Hamm 6.5.2008 – 3 Ss OWi 277/08; Anzinger/Bieneck ASiG § 13 Rn. 3; Wank ASiG § 13 Rn. 1. **12** Vgl. Wilrich in: Nöthlichs ArbSchG § 22 Rn. 2.3.2. **13** Anzinger/Bieneck ASiG § 13 Rn. 18. **14** Anzinger/Bieneck ASiG § 13 Rn. 3; OLG Hamm 6.5.2008 – 3 Ss OWi 277/08. **15** OLG Hamm 6.5.2008 – 3 Ss OWi 277/08. **16** Vgl. zu § 22 ArbZG Buschmann/Ulber ArbZG § 22 Rn. 3. **17** Wilrich in: Nöthlichs ASiG § 20 Rn. 1; KJP/Koll, 2015, ASiG § 20 Rn. 4; GKR/Gercke Kap. 1 Rn. 149 ff. **18** Wilrich in: Nöthlichs ASiG § 20 Rn. 3.

11 Schließlich kann nach § 30 OWiG eine Geldbuße auch gegen die **juristische Person bzw. die Personenvereinigung als Arbeitgeber** festgesetzt werden. Dies entspricht der wirtschaftlichen Interessenlage und ist eine Fallgestaltung, die auch für das Arbeitsschutzrecht von Bedeutung ist.[19] Dieses Bußgeld kann in einem einheitlichen Verfahren mit dem Bußgeldbescheid gegen die natürlichen Personen festgesetzt werden (→ ArbSchG § 25 Rn. 20). Weiter kann bei Delegation der Pflichten durch den Arbeitgeber nach § 9 Abs. 2 OWiG ein Bußgeld wegen einer **Aufsichtspflichtverletzung nach § 130 OWiG** verhängt werden (→ ArbSchG § 25 Rn. 18).[20]

12 **3. Rechtswidrigkeit.** Die Rechtswidrigkeit ist durch die Erfüllung des Tatbestandes indiziert. Die allgemeinen Rechtfertigungsgründe spielen in der Praxis keine statistisch relevante Rolle.

13 **4. Innere Tatseite.** § 20 Abs. 1 ASiG sanktioniert **vorsätzliches und fahrlässiges Fehlverhalten**. Irrt der Arbeitgeber über die Voraussetzungen des § 13 Abs. 1 S. 2 ASiG und verweigert deshalb die Auskunft, so ist der Vorsatz ausgeschlossen (§ 11 Abs. 1 OWiG), der die Ahndbarkeit wegen Fahrlässigkeit unberührt lässt (→ ArbSchG § 25 Rn. 22).[21]

14 **5. Rechtsfolgen.** Die **Höhe der Geldbuße** richtet sich nach § 20 Abs. 2 ASiG und beträgt daher bis zu 25.000 EUR bei Verstößen gegen vollziehbare Anordnungen und bis zu 500 EUR in den anderen Fällen. Bei fahrlässigem Handeln wird der Bußgeldrahmen nach § 17 Abs. 2 OWiG auf bis zu 12.500 bzw. 250 EUR halbiert. Beträgt die Geldbuße mehr als 200 EUR, kommt eine Eintragung ins Gewerbezentralregister in Betracht.

15 Die umfassende Kontrolle obliegt den nach Landesrecht zuständigen Behörden. Diese leiten das Verfahren ein und können selbst den Bußgeldbescheid erlassen. Wird ein Einspruch erhoben, so entscheidet das zuständige **Amtsgericht**. Im Rechtsbeschwerdeverfahren entscheidet endgültig das zuständige **Oberlandesgericht**.

16 Die **Verjährung** bestimmt sich nach den allgemeinen Regeln (§ 31 OWiG). Demnach verjähren vorsätzliche Verstöße gegen § 20 Abs. 1 Nr. 1 ASiG in drei Jahren, fahrlässige in zwei Jahren; die Verstöße gegen § 20 Abs. 1 Nr. 2, 3 ASiG verjähren in sechs Monaten.[22]

17 Parallel dazu überwachen die Unfallversicherungsträger die Einhaltung der Pflichten der Arbeitgeber nach den von ihnen erlassenen Unfallverhütungsvorschriften, vor allem der DGUV Vorschrift 2 und können insoweit selbst Anordnungen nach § 19 SGB VII treffen. Die Befugnis der Unfallversicherungsträger, bei Verstößen gegen Unfallverhütungsvorschriften Geldbußen zu verhängen, besteht parallel und unabhängig von § 20 ASiG,[23] doch verweist die für Fragen der Arbeitssicherheit maßgebliche DGUV Vorschrift 2 nicht auf § 209 SGB VII. Dagegen ist zB die Pflicht zur Bestellung von Ersthelfern und Betriebssanitätern nach §§ 26, 27 DGUV Vorschrift 1 nach Maßgabe des § 32 DGUV Vorschrift 1 bußgeldbewehrt.

---

19 KJP/Pinter ArbSchG § 25 Rn. 7; Anzinger/Bieneck § 20 AsiG Rn. 19 f.; Spinnarke/Schork ASiG § 20 Rn. 7. **20** KJP/Koll, 2015, ASiG § 20 Rn. 6; NK-GA/Hochheim ASiG § 20 Rn. 6. **21** Vgl. Wilrich in: Nöthlichs ArbSchG § 25 Rn. 2.3. **22** Spinnarke/Schork ASiG § 20 Rn. 16. **23** Aufhauser/Brunhöber/Igl ASiG § 20 Rn. 7; Kollmer/Klindt/Schucht/Leube ArbSchG Syst C Rn. 44; KJP/Koll, 2015, ASiG § 20 Rn. 10; NK-GA/Hochheim ASiG § 20 Rn. 10.

Siebtes Buch Sozialgesetzbuch
– Gesetzliche Unfallversicherung –[1, 2, 3]

Vom 7. August 1996 (BGBl. I S. 1254)
(FNA 860-7)
zuletzt geändert durch Art. 4 Rentenüberleitungs-AbschlussG vom 17. Juli 2017
(BGBl. I S. 2575)
– Auszug –

§ 22 SGB VII Sicherheitsbeauftragte

(1) [1]In Unternehmen mit regelmäßig mehr als 20 Beschäftigten hat der Unternehmer unter Beteiligung des Betriebsrates oder Personalrates Sicherheitsbeauftragte unter Berücksichtigung der im Unternehmen für die Beschäftigten bestehenden Unfall- und Gesundheitsgefahren und der Zahl der Beschäftigten zu bestellen. [2]Als Beschäftigte gelten auch die nach § 2 Abs. 1 Nr. 2, 8 und 12 Versicherten. [3]In Unternehmen mit besonderen Gefahren für Leben und Gesundheit kann der Unfallversicherungsträger anordnen, daß Sicherheitsbeauftragte auch dann zu bestellen sind, wenn die Mindestbeschäftigtenzahl nach Satz 1 nicht erreicht wird. [4]Für Unternehmen mit geringen Gefahren für Leben und Gesundheit kann der Unfallversicherungsträger die Zahl 20 in seiner Unfallverhütungsvorschrift erhöhen.

(2) Die Sicherheitsbeauftragten haben den Unternehmer bei der Durchführung der Maßnahmen zur Verhütung von Arbeitsunfällen und Berufskrankheiten zu unterstützen, insbesondere sich von dem Vorhandensein und der ordnungsgemäßen Benutzung der vorgeschriebenen Schutzeinrichtungen und persönlichen Schutzausrüstungen zu überzeugen und auf Unfall- und Gesundheitsgefahren für die Versicherten aufmerksam zu machen.

(3) Die Sicherheitsbeauftragten dürfen wegen der Erfüllung der ihnen übertragenen Aufgaben nicht benachteiligt werden.

Literatur: *Aligbe*, Kriterien für die Anzahl der zu bestellenden Sicherheitsbeauftragten, ArbR 2015, 218; *Diekershoff*, Sicherheitsbeauftragte im Betrieb, 1979; *Haas*, Die Partizipation der Beschäftigten im Arbeitsschutzrecht, 2017; *Hülsemann*, Mitbestimmung außerhalb des BetrVG: die neue DGUV V 1, die Anzahl der Sicherheitsbeauftragten und der Betriebsrat, ArbR 2015, 270; *Kiesche/Rudolph*, Betriebsbeauftragte, AiB 2010, 520; *Kohte*, Die Sicherheitsbeauftragten nach geltendem und künftigem Recht, in: FS Wlotzke, 1996, S. 563; *Kohte*, Die Stärkung der Partizipation der Beschäftigten im betrieblichen Arbeitsschutz, 2. Aufl. 2005; *K. Palsherm* u.a., Wirkungsanalyse zu den Seminaren für Sicherheitsbeauftragte, BG 2007, 291; *Simons/Wattendorff*, Sicherheitsbeauftragte im Betrieb, 1985; *Wolber*, Anordnung einer Berufsgenossenschaft zur Bestellung eines Betriebsarztes, NZA 1989, 919; *Zimolong/Kohte*, Integrativer und kooperativer Arbeits- und Umweltschutz bei der Metallindustrie (IKARUS), 2006.

Leitentscheidungen: BVerwG 18.5.1994 – 6 P 27/92, AP Nr. 1 zu § 719 RVO = PersR 1994, 466; BSG 18.6.1974 – 2 RU 79/72, BSGE 37, 262; BAG 20.7.1977 – 5 AZR 658/76, AP Nr. 1 zu § 720 RVO; SG Speyer 11.5.2016 – S 11 U 153/14.

---

[1] Verkündet als Art. 1 Unfallversicherungs-EinordnungsG v. 7.8.1996 (BGBl. I S. 1254, geänd. durch G v. 12.12.1996, BGBl. I S. 1859); Inkrafttreten gem. Art. 36 Satz 1 dieses G am 1.1.1997 mit Ausnahme des § 1 Nr. 1 und der §§ 14 bis 25, die gem. Art. 36 Satz 2 am 21.8.1996 in Kraft getreten sind. [2] Die Änderungen durch G v. 15.4.2015 (BGBl. I S. 583) treten teilweise erst mWv 1.1.2019 in Kraft und sind insoweit im Text noch nicht berücksichtigt. [3] Die Änderungen durch G v. 11.11.2016 (BGBl. I S. 2500) treten teilweise erst mWv 1.1.2019 in Kraft und sind insoweit im Text noch nicht berücksichtigt.

Sicherheitsbeauftragte

I. Normzweck, Systematik	1	3. Beendigung des Amts des Sicherheitsbeauftragten	18
II. Entstehung, Unionsrecht	4	V. Beteiligung der Arbeitnehmervertretungen	20
III. Aufgaben und Leitbild der Sicherheitsbeauftragten	7	1. Personalvertretungsrecht	21
IV. Bestellung und Abberufung der Sicherheitsbeauftragten	9	2. Betriebsverfassungsrecht	23
1. Bestellung der Sicherheitsbeauftragten	9	VI. Rechtsdurchsetzung	25
2. Unterstützung der Sicherheitsbeauftragten	15	VII. Rechtspolitische Perspektiven	30

I. Normzweck, Systematik

1 Durch § 22 SGB VII wird jeder Unternehmer in einem Unternehmen mit mehr als 20 Beschäftigten verpflichtet, Sicherheitsbeauftragte zu bestellen und ihnen die innerbetriebliche Beobachtung und Überwachung der Arbeitssicherheit zu ermöglichen. Die **Sicherheitsbeauftragten sind Beschäftigte, die unentgeltlich und ehrenamtlich beobachtend und beratend tätig werden.** Der Arbeitgeber ist auch verpflichtet, ihre Aus- und Fortbildung zu ermöglichen und das Entgelt während einer solchen Fortbildung, die typischerweise von den Trägern der Unfallversicherung durchgeführt wird, weiterzuzahlen (§ 23 Abs. 3 SGB VII).

2 Diese Pflicht ist in Fortsetzung einer längeren Tradition im Unfallversicherungsrecht platziert worden. Daher sind die Träger der Unfallversicherung legitimiert und verpflichtet, nach § 15 Abs. 1 S. 1 Nr. 7 SGB VII **durch Unfallverhütungsvorschriften nähere Bestimmungen** für die Bestellung der Sicherheitsbeauftragten zu erlassen. Derzeit finden sich entsprechende Regelungen in **§ 20 DGUV Vorschrift 1**; die einzelnen Berufsgenossenschaften haben teilweise differenzierte und an die jeweilige Branche angepasste Empfehlungen getroffen, die allerdings als Verwaltungsanweisungen keinen normativen Charakter haben und die jeweiligen Unternehmen nicht direkt binden können. Seit 2014 gibt Nr. 4.2. der **DGUV-Regel** (BGR)[1] 1000-001 Hinweise, doch ist gerade für die Bestimmung der Zahl der Sicherheitsbeauftragten ein Entscheidungsspielraum des Unternehmers eröffnet,[2] der durch Mitbestimmung zu konkretisieren ist (→ Rn. 24). Nach dem Bericht über den Stand von Sicherheit und Gesundheit bei der Arbeit waren im Jahr 2015 **642.308 Sicherheitsbeauftragte bestellt**;[3] die Träger der Unfallversicherung haben in diesem Jahr insgesamt allein für Sicherheitsbeauftragte 3.840 Schulungskurse mit 78.651 Teilnehmern durchgeführt.[4] Bereits seit mehr als 30 Jahren ist in mehr als 90 % der Großbetriebe mit mehr als 500 Beschäftigten die Institution der Sicherheitsbeauftragten stabil vertreten, während in den mittleren Betrieben eine geringere Quote festzustellen ist.[5] In zwei 1997 und 2006 veröffentlichten Untersuchungen ist für Unternehmen zwischen 20 und 100 Beschäftigten jedoch immer noch eine Quote von mehr als 50 % konstatiert worden.[6] Ungeachtet dieser deutlichen Quantitäten stimmen alle Untersuchungen in der Aussage überein, dass höchstens in 50 % der Betriebe ein klares Konzept zur Auswahl und Bestellung der Sicherheitsbeauftragten besteht.[7]

3 Die Sicherheitsbeauftragten sind als **Teil der betrieblichen Arbeitsschutzorganisation** zu qualifizieren. Dies wird verdeutlicht durch § 11 ASiG. Danach gehören dem **Arbeitsschutzausschuss** auch Vertreter der Sicherheitsbeauftragten an. Nähere betriebliche Bestimmungen können dieses Teilnahmerecht ausgestalten, jedoch nicht abschaffen.[8] Die Kooperationspflicht, die sich an die Sicherheitsfachkräfte und Betriebsärzte in § 10 S. 3 ASiG richtet, erfasst auch die Sicherheitsbeauftragten;[9] ebenso sind sie Adressaten der Gefahreninformationen der Beschäftigten nach § 16 Abs. 2 S. 2 ArbSchG, so dass sie

---

1 Zum Charakter der BG-Regeln: Münch/ArbR/Kohte § 290 Rn. 40. **2** Aligbe ArbR 2015, 218; Lauterbach/Hussing, 2014, SGB VII § 22 Rn. 25. **3** 2012 betrug die Zahl noch 515.715; so BT-Drs. 18/179, 153. **4** BT-Drs. 18/10620, 149 ff.; Palsherm ua BG 2007, 291. **5** Rosenbrock, Arbeitsmedizin und Sicherheitsexperten im Betrieb, S. 82. **6** Zimolong/Kohte, IKARUS, S. 17 mwN, 194. **7** Zimolong/Kohte, IKARUS, S. 17; Diekershoff, S. 35; Siemons/Wattendorff S. 34 ff. **8** Vgl. GK-BetrVG/Wiese BetrVG § 87 Rn. 670. **9** Anzinger/Bieneck ASiG § 10 Rn. 22.

bereits nach dem geltenden Recht als **notwendige Beteiligte der betrieblichen Sicherheitskommunikation, -organisation und -kooperation** zu qualifizieren sind.[10] Folgerichtig wird in der GDA-Leitlinie zur Organisation des betrieblichen Gesundheitsschutzes vom 15.12.2011, aktualisiert am 22.5.2017, in Element 9 auch verlangt, dass eine hinreichende Zahl von Sicherheitsbeauftragten bestellt ist.

II. Entstehung, Unionsrecht

Die ehrenamtliche Beteiligung von Beschäftigten während der Arbeitszeit an Aufgaben des präventiven Gesundheitsschutzes hat eine lange **Tradition**. Im Bergrecht ist eine solche Beteiligung bereits vor 1914 etabliert worden;[11] in den Tarifverträgen des Bergbaus ist die Bestellung von „Sicherheitsvertrauensmännern" im Lauf der weiteren Zeit ausgestaltet und verfestigt worden. Im **Unfallversicherungsrecht ist nach 1919 die Rechtsfigur** des „Unfallvertrauensmanns" durch Unfallverhütungsvorschriften geschaffen worden;[12] daran wurde bei der Reform der Unfallverhütungsvorschriften zum 1.1.1934 angeknüpft, doch erlangten diese Personen unter den Bedingungen des Faschismus keine praktische gesundheitspolitische Wirksamkeit.[13]

Nach 1945 wurden die Unfallvertrauensmänner in den jeweiligen Unfallverhütungsvorschriften zunächst beibehalten. Eine erste ausführliche gesetzliche Ausgestaltung erfolgte **1963 durch das UVNG**, in dem in § 708 RVO die Anforderungen an Sicherheitsbeauftragte als Bestandteil von UVV normiert wurde. Vor allem wurde durch § 719 RVO erstmals eine gesetzliche Pflicht zur Bestellung von Sicherheitsbeauftragten normiert; zusätzlich wurden in einer nicht abschließenden Form Aufgaben der Sicherheitsbeauftragten und die Mitwirkung der Arbeitnehmervertretungen vorgeschrieben. Im Rahmen der Kodifikation des SGB VII wurden diese Bestimmungen weitgehend übernommen und in § 15 Abs. 1 S. 1 Nr. 7 sowie § 22 SGB VII verankert. Wesentliche Veränderungen sollten nicht erfolgen.[14] In den Beratungen im Ausschuss hatte die Fraktion Bündnis 90/Die Grünen Vorschläge zur Stärkung der Sicherheitsbeauftragten und zur Wahl der Sicherheitsbeauftragten vorgelegt. Diese fanden keine Mehrheit im Ausschuss, eine nähere Begründung zur Ablehnung der Anträge ist den Ausschussmaterialien nicht zu entnehmen.[15] Im Rahmen der Modernisierung des SGB VII im Jahre 2008 wurde § 22 SGB VII nicht geändert.

In der **RL 89/391/EWG** ist in Art. 11 Abs. 2 eine **zusätzliche Arbeitnehmervertretung für Fragen der Sicherheit und des Gesundheitsschutzes** optional vorgesehen, die Rechte der allgemeinen Arbeitnehmervertretung nach Art. 11 Abs. 1 der Richtlinie ergänzen soll. In Deutschland gibt es bisher keine nähere Diskussion, ob bzw. unter welchen Bedingungen Sicherheitsbeauftragte de lege lata bzw. de lege ferenda[16] als eine solche zusätzliche Arbeitnehmervertretung qualifiziert werden kann.[17] Ebenso wird bisher noch nicht näher diskutiert, ob zumindest in betriebsratslosen Betrieben Art. 11 Abs. 6 der Richtlinie, der Arbeitnehmervertretungen ein Kommunikationsrecht mit der Aufsicht einräumt, auf Sicherheitsbeauftragte angewandt werden kann. Eindeutig ist dagegen, dass die Sicherheitsbeauftragten **nicht als Sicherheitsexperten iSd Art. 7 der RL** qualifiziert werden können.[18]

III. Aufgaben und Leitbild der Sicherheitsbeauftragten

Die Aufgabenbeschreibung der Sicherheitsbeauftragten in § 22 SGB VII ist bewusst offen formuliert. Sie bezieht sich auf die Überwachung des Arbeitsschutzes am konkreten Arbeitsplatz, auf die Information und Beratung des Unternehmers sowie auf die Kom-

---

10 Zakrzewski in: LPK-SGB VII, 4. Aufl. 2014, SGB VII § 22 Rn. 1. **11** BFK Rn. 62. **12** Dazu ausführlich Simons/Wattendorff, S. 25 ff. **13** Molkentin in: LPK-SGB VII, 2. Aufl. 2007, SGB VII § 22 Rn. 2. **14** BT-Drs. 13/2204, 82. **15** BT-Drs. 13/4853, 6, 15. **16** Anschaulich die Umgestaltung der Sicherheitsvertrauenspersonen in Österreich aus Anlass der Umsetzung der RL 89/391/EWG: Kohte, Stärkung der Partizipation, S. 43 ff. **17** Münch/ArbR/Kohte § 292 Rn. 60; die Bundesregierung hat sie in der Denkschrift zum ILO-Übereinkommen 176 als spezielle Arbeitsschutzvertreter qualifiziert: BT-Drs. 13/8819, 19. **18** Brandes, System des europäischen Arbeitsschutzrechts, S. 188 f.

munikation mit den Beschäftigten. Aus der Diskussion der Zeit nach 1963 konnten allerdings **unterschiedliche Leitbilder** aus der Literatur herausgefiltert werden.[19] Sicherheitsbeauftragte konnten danach verstanden werden als „Sicherheitsfachkraft im Kleinformat", als „Sicherheitskommissar", als „Führungsgehilfe" sowie schließlich als „freiwilliger Helfer und kollegialer Berater".

8 In der Rechtsprechung des **BSG** ist dazu eine klare Antwort gefunden worden. Danach ist es die zentrale Aufgabe der ehrenamtlich tätigen Sicherheitsbeauftragten, „**beobachtend und beratend**" im Betrieb tätig zu werden;[20] mit anderen Worten werden sie als kontextnahe Repräsentanten des betrieblichen Erfahrungswissens charakterisiert.[21] Danach sind sie eindeutig zu unterscheiden von den professionellen Sicherheitsfachkräften; vor allem dürfen ihnen **keine Weisungs- und Anordnungsrechte** zugewiesen werden, so dass ihnen auch keine Unternehmerpflichten zugewiesen werden können. Ebenso kommt ihnen **weder ein strafrechtliche Verantwortlichkeit durch Garantenstellung**[22] **noch eine vergleichbare zivilrechtliche Verantwortlichkeit**[23] zu. Nach der Verabschiedung des ArbSchG bestand in der Literatur daher auch bald Einigkeit, dass Sicherheitsbeauftragte nicht als verantwortliche Personen nach § 13 ArbSchG fungieren können (→ ArbSchG § 13 Rn. 24). Aus dieser Funktion der ehrenamtlichen Beobachtung und Beratung ergibt sich in Übereinstimmung mit der Rechtsprechung des BSG, dass das **Ehrenamt**[24] des Sicherheitsbeauftragten durch **Freiwilligkeit** gekennzeichnet ist.[25]

IV. Bestellung und Abberufung der Sicherheitsbeauftragten

9 **1. Bestellung der Sicherheitsbeauftragten.** Die generellen Voraussetzungen der Bestellung von Sicherheitsbeauftragten ergeben sich aus dem Gesetz sowie aus den jeweiligen Unfallverhütungsvorschriften. Letztlich wird als Pflichtgröße vorgeschrieben, dass in jedem **Unternehmen mit mehr als 20 Beschäftigten** zumindest ein Sicherheitsbeauftragter zu bestellen ist. Den Trägern der Unfallversicherung wird das Recht zuerkannt, diese Richtgröße nach § 15 Abs. 1 S. 1 Nr. 7 SGB VII in Unfallverhütungsvorschriften näher zu modifizieren. Bei besonderen Gefahren kann der Richtwert von 20 Beschäftigten durch Anordnung des Trägers der Unfallversicherung auch deutlich unterschritten werden.

10 Mit dem Begriff der Beschäftigten werden nicht nur Arbeitnehmer in unbefristeten Dauerarbeitsverhältnissen erfasst, sondern auch kurzfristig Beschäftigte und **Leiharbeitnehmer**, da gerade diese Personen aufgrund besonderer gesundheitlicher Risiken eine verbesserte Arbeitsschutzorganisation im Entleiherbetrieb benötigen.[26] Ebenfalls enthält das Gesetz – anders als das ASiG – keine Legitimation zur nur quotalen Berücksichtigung von **Teilzeitbeschäftigten**; dies ist sachgerecht.[27] Mitgerechnet werden auch Beschäftigte nach § 2 Abs. 1 Nr. 2 SGB VII, so dass sämtliche Formen von **Aus- und Fortbildungsverhältnissen** zu berücksichtigen sind. Ebenso sind die Versicherten nach § 2 Abs. 1 Nr. 8 SGB VII mitzuzählen; daraus ergibt sich, dass nicht nur in Hochschulen, sondern auch in kleinen Schulen sowie in Kindertagesstätten Sicherheitsbeauftragte zu bestellen sind. In der Literatur wird es für zulässig erachtet, in Kindertagesstätten auch Eltern zu Sicherheitsbeauftragten zu bestellen.[28] Die Bestellung **älterer Schülerinnen und Schüler sowie von Studierenden** ist nach der Rechtslage ebenso möglich, jedoch nicht üblich. In Skandinavien ist dagegen das Instrument der „Skyddsom-

---

[19] Dazu ausführlich Kohte in: FS Wlotzke, S. 563, 568 ff.; ebenso Kranig/Waldeck in: Hauck/Noftz SGB VII § 22 Rn. 19. [20] BSG 18.6.1974 – 2 RU 79/72, BSGE 37, 262, 265. [21] Zimolong/Kohte, IKARUS, S. 86. [22] Kohte in: FS Wlotzke S. 563, 578; Kater/Leube, 1997, SGB VII § 22 Rn. 14; Kranig/Waldeck in: Hauck/Noftz SGB VII § 22 Rn. 21. [23] Hacketal in: jurisPK-SGB VII, § 22 Rn. 18; Kater/Leube SGB VII § 22 Rn. 14; Kranig/Waldeck in: Hauck/Noftz SGB VII § 22 Rn. 21. [24] Zakrzewski in: LPK-SGB VII, 4. Aufl. 2014, SGB VII § 22 Rn. 3. [25] Kohte in: FS Wlotzke, S. 563, 576; Anzinger/Bieneck ASiG § 1 Rn. 66; Faber, Grundpflichten, S. 323. [26] Schmitt, SGB VII, 4. Aufl. 2009, SGB VII § 22 Rn. 5; Zakrzewski in: LPK-SGB VII, § 22 Rn. 3. [27] Kranig/Waldeck in: Hauck/Noftz SGB VII § 22 Rn. 15; Kater/Leube SGB VII § 22 Rn. 4; Krasney/Becker SGB VII, 2013, § 22 Rn. 11. [28] Hacketal in: jurisPK-SGB VII, SGB VII § 22 Rn. 15; Kranig/Waldeck in: Hauck/Noftz SGB VII § 22 Rn. 11.

bud" in Schulen und Hochschulen verbreitet und hat sich als positive Regelung zur frühzeitigen Förderung des Sicherheitsbewusstseins etabliert.

Bisher nicht diskutiert wird die Frage, ob auch **Beamte**, die nach § 4 SGB VII versicherungsfrei sind, als „Beschäftigte" zu qualifizieren und damit auch zu Sicherheitsbeauftragten zu bestellen sind. Diese Frage ist vor allem an Schulen von Bedeutung; in einzelnen Bundesländern werden auch beamtete Lehrer als Sicherheitsbeauftragte bestellt.[29] Sieht man die Sicherheitsbeauftragten als Teil der betrieblichen Arbeitsschutzorganisation, dann ist es geboten, in Übereinstimmung mit dem umfassenden Ansatz des Gemeinschaftsrechts und der Integration der Beamten durch § 2 Abs. 2 Nr. 2 ArbSchG in den Beschäftigtenbegriff bei der Auslegung von § 22 SGB VII, der nicht den Begriff des Versicherten verwendet, auf § 2 ArbSchG zurückzugreifen. § 4 SGB VII legitimiert zwar den Ausschluss der Beamten von Versicherungsleistungen, nicht jedoch von Partizipation und Prävention.[30] 11

Die Bestellung erfolgt durch empfangsbedürftige **Erklärung des Arbeitgebers** gegenüber dem jeweiligen Sicherheitsbeauftragten. Sie bedarf der **ausdrücklichen Annahme durch den Sicherheitsbeauftragten**,[31] da die Übernahme dieser Aufgabe freiwillig ist.[32] Schriftform ist gesetzlich nicht vorgesehen, aber üblich und sachgerecht. Es ist dagegen grundsätzlich **nicht möglich**, Sicherheitsbeauftragte **auf dem Wege des Direktionsrechts** zu bestellen.[33] Ebenso wenig ist eine antizipierte Annahme in Formulararbeitsverträgen oder allgemeinen Arbeitsbedingungen möglich, weil sie in einer mit § 307 BGB nicht zu vereinbarenden Weise vom gesetzlichen Leitbild der Freiwilligkeit abweichen würde. Dagegen kann der Arbeitnehmer, der bereits einen Arbeitsvertrag geschlossen hat, in einem ergänzenden individuellen Vertrag auch eine vorweggenommene Zustimmungserklärung abgeben. In der Kommentarliteratur wird ohne nähere Begründung darauf verwiesen, dass sich eine Zustimmungspflicht auch aus Betriebsvereinbarung und Tarifvertrag ergeben könne.[34] Dies ist nicht überzeugend, denn für Betriebsvereinbarungen wäre dies mit § 75 BetrVG schwerlich vereinbar. Auch für Tarifverträge fehlt es an einer Legitimation, das Leitbild des § 22 SGB VII diametral zu korrigieren.[35] 12

Bestellt werden können nur Personen, die für diese Tätigkeit **geeignet** sind. Erfahrungswissen kann in der Regel nicht einbringen, wer sich in der Probezeit befindet oder erst neu in der jeweiligen Abteilung tätig ist.[36] Die vorherige Teilnahme an Fortbildungsveranstaltungen wird in der Regel nicht gefordert werden können,[37] jedoch gehört die Bereitschaft zur Teilnahme an solchen Veranstaltungen zur Eignung von Sicherheitsbeauftragten. 13

Die Kategorie der **Eignung** wird im Organisationsrecht gleichzeitig eingesetzt, um **strukturelle Unvereinbarkeiten zu verhindern**. In der Rechtsprechung des BAG[38] ist am Beispiel der Bestellung von Datenschutzbeauftragten diese Funktion der Kategorie der Eignung anerkannt. Im Recht der Sicherheitsbeauftragten ist zunächst die **Unvereinbarkeit zur Tätigkeit der Sicherheitsfachkräfte** und Betriebsärzte allgemein anerkannt.[39] Ebenso können die **Verantwortlichen nach § 13 ArbSchG** bzw. nach § 9 OWiG nicht zu Sicherheitsbeauftragten bestellt werden (→ ArbSchG § 13 Rn. 24); auch die jeweiligen Vorgesetzten der Abteilung, für die Sicherheitsbeauftragte bestellt werden, kommen 14

---

29 Kohte in: FS Slesina, 2008, S. 193, 198. 30 EuGH 6.4.2006 – C-428/04, ZESAR 2007, 30 (Arbeitsschutz in österreichischen Schulen) mAnm Kohte/Faber. 31 Die Formulmuster in 4.2. der DGUV-Regel 100-001 setzen eine solche Annahmeerklärung voraus. 32 Ebenso BAG 15.12.2009 – 9 AZR 769/08, NZA 2010, 506 (510) zur Bestellung der Sicherheitsfachkraft und BAG 26.3.2009 – 2 AZR 633/07, NZA 2011, 166 (168) zur Bestellung eines Abfallbeauftragten; vgl. Jarass, 11. Aufl. 2015, BImSchG § 55 Rn. 4 a; Böhm in: GK-BImSchG, 2016, § 55 Rn. 9. 33 Kohte in: FS Wlotzke, S. 563, 576; Anzinger/Bieneck ASiG § 1 Rn. 66; Pieper SGB VII Rn. 29. 34 Zakrzewski in: LPK-SGB VII, § 22 Rn. 7 mwN. 35 Kohte in: FS Wlotzke, S. 563, 577. 36 Vgl. Hackelthal in: jurisPK-SGB VII, § 22 Rn. 15. 37 Kranig/Waldeck in: Hauck/Noftz SGB VII § 22 Rn. 11. 38 BAG 23.3.2011 – 10 AZR 562/09, NZA 2011, 1036 (1038) im Anschluss an BAG 22.3.1994 – 1 ABR 51/93, NZA 1994, 1049 = SAE 1995, 155 mAnm Hoyningen-Huene; Kohte JR 1995, 484. 39 Kranich/Waldeck in: Hauck/Noftz SGB VII § 22 Rn. 11; Ricke in: Kasseler Kommentar Sozialversicherungsrecht, SGB VII § 22 Rn. 2; Faber, Grundpflichten, S. 323 Fn. 516; Spinnarke/Schork ASiG § 1 Rn. 9.

dafür nicht in Betracht,[40] wie sich aus 4.2.2 der DGUV Regel 100-001 ergibt.[41] Insoweit ist es allerdings sachgerecht, wenn für die Gruppe der Vorarbeiter bzw. Meister eigene Sicherheitsbeauftragte bestellt werden, die für deren Tätigkeit und Belastungen zuständig sind. Dies wird jetzt durch die in § 20 DGUV Vorschrift 1 normierte Kategorie der „fachlichen Nähe" gestützt.

15 **2. Unterstützung der Sicherheitsbeauftragten.** Im Gesetz fehlt ein expliziter Anspruch der Sicherheitsbeauftragten auf Freistellung von der Arbeit für ihre Aufgaben sowie auf Unterstützung durch den Arbeitgeber; spiegelbildlich fehlt auch eine explizite Unterstützungspflicht des Arbeitgebers. In der Literatur wird jedoch methodisch zutreffend aus dem Benachteiligungsverbot des § 22 Abs. 3 SGB VII ein **Anspruch auf Freistellung im erforderlichen Umfang** sowie auf Unterstützung durch den Arbeitgeber abgeleitet.[42] Dies ist rechtssystematisch zutreffend, für die Beteiligten in der Praxis jedoch schwer erkennbar, so dass in allen empirischen Berichten der Konflikt um hinreichende Freistellungen und der Wunsch der Sicherheitsbeauftragten nach handhabbaren Regeln unübersehbar sind.[43]

16 Angesichts dieser Defizite sind die Unterstützungspflichten des Unternehmers in § 20 Abs. 3 DGUV Vorschrift 1 näher konkretisiert worden. Danach hat der Unternehmer den Sicherheitsbeauftragten Gelegenheit zu geben, ihre Aufgaben zu erfüllen, insbesondere in ihrem Bereich an den **Betriebsbesichtigungen und Unfalluntersuchungen** durch die Aufsichtspersonen der Berufsgenossenschaften teilzunehmen. Den Sicherheitsbeauftragten sind die hierbei erzielten Ergebnisse zur Kenntnis zu geben. Nach den bisherigen Beobachtungen haben sich diese Anforderungen noch nicht umfassend durchgesetzt.

17 Als eine spezifische Unterstützungspflicht ist in § 20 Abs. 6 DGUV Vorschrift 1 der Unternehmer verpflichtet worden, den Sicherheitsbeauftragten Gelegenheit zu geben, an erforderlichen **Aus- und Fortbildungsmaßnahmen** teilzunehmen. Nach § 23 Abs. 3 SGB VII sind die Unternehmer verpflichtet, das Arbeitsentgelt für die ausgefallene Zeit fortzuzahlen. Den Sicherheitsbeauftragten steht ein unmittelbarer Leistungsanspruch zu, der am Arbeitsgericht geltend gemacht werden kann.[44] Erforderliche Fahrtkosten hat der Träger der Unfallversicherung nach § 23 Abs. 2 SGB VII zu erstatten.[45]

18 **3. Beendigung des Amts des Sicherheitsbeauftragten.** In Übereinstimmung mit dem Grundsatz der Freiwilligkeit können die Sicherheitsbeauftragten jederzeit ihre Zustimmung zur Tätigkeit als Sicherheitsbeauftragter widerrufen.[46] Insoweit bedarf es auch keiner vorherigen Beteiligung des Betriebs- oder Personalrats. Eine solche Beteiligung ist jedoch erforderlich, wenn die Beendigung des Amtes durch Vertrag zwischen Arbeitgeber und Sicherheitsbeauftragten festgelegt wird, weil dieser zB in Zukunft als Vorgesetzter tätig wird und daher nicht mehr für das Amt geeignet ist. Dagegen fehlen im Unterschied zu den Regelungen zu den umweltrechtlichen Beauftragten jegliche Bestimmungen zur Abberufung von Sicherheitsbeauftragten. Insoweit ist das Gesetz lückenhaft; aus allgemeinen organisationsrechtlichen Grundsätzen ist davon auszugehen, dass dem Arbeitgeber eine einseitige **Abberufung** möglich ist, die allerdings in entsprechender Anwendung von § 22 Abs. 1 SGB VII an die **vorherige Beteiligung des Betriebs- oder Personalrats** gebunden wird.[47]

19 Ein expliziter Kündigungs- und Abberufungsschutz ist für Sicherheitsbeauftragte nicht normiert. Allerdings ist das **Benachteiligungsverbot nach § 22 Abs. 3** zur Geltung zu

---

[40] Anzinger/Bieneck ASiG § 1 Rn. 69; vgl. Krasney/Becker SGB VII, 2013, § 22 Rn. 35. [41] Die Realität ist anders: 40 % der befragten SB waren 1979 Vorgesetzte, Diekershoff, S. 33. 2006 hatte diese Quote abgenommen, war aber weiter relevant: Zimolong/Kohte, IKARUS, S. 193. [42] Zakrzewski in: LPK-SGB VII, § 22 Rn. 19; Schmitt, SGB VII § 22 Rn. 29. [43] Simons/Wattendorff, S. 85 ff. [44] Als Beispiel BAG 20.7.1977 – 5 AZR 658/76, AP Nr. 1 zu § 720 RVO. [45] Zur Berechnung SG Speyer 11.5.2016 – S 11 U 153/14. [46] Als Parallelbeispiel aus dem Recht der Immissionsschutzbeauftragten: BAG 22.7.1992 – 2 AZR 85/92, NZA 1993, 557. [47] Staudinger/Oetker, 2016, BGB § 618 Rn. 224; GK-BetrVG/Wiese/Gutzeit BetrVG § 89 Rn. 78; Fitting BetrVG § 89 Rn. 34; HaKo-BetrVG/Kohte BetrVG § 89 Rn. 38.

bringen, das auch ein statusbezogenes Benachteiligungsverbot enthält.[48] Methodisches Vorbild sind die Regelungen im Strahlenschutz- und Umweltrecht, die für die verschiedenen Beauftragten einen Benachteiligungsschutz kennen. Hier wird in Judikatur und Literatur[49] allgemein anerkannt, dass sich eine **Abberufung ohne sachlichen Grund**[50] als eine Benachteiligung darstellt und daher nach § 134 BGB unwirksam ist.[51] Versetzungen oder Kündigungen der Sicherheitsbeauftragten, die zB auf betriebliche Erfordernisse gestützt werden, sind dagegen rechtlich möglich, denn einen § 58 Abs. 2 BImSchG vergleichbaren Kündigungsschutz enthält § 22 SGB VII nicht; dies wäre anders zu beurteilen, wenn die Gründe eine Abberufung verdecken sollen, die Antwort auf engagierte Wahrnehmung der Aufgabe ist.[52] Die gesetzliche Konstruktion setzt jedoch, ähnlich wie bei § 8 ASiG, vorrangig auf die prozedurale Beteiligung der Betriebs- und Personalräte zur Vermeidung rechtswidriger Abberufungsmaßnahmen.[53]

V. Beteiligung der Arbeitnehmervertretungen

§ 22 Abs. 1 S. 1 SGB VII ordnet ausdrücklich an, dass die Bestellung der Sicherheitsbeauftragen unter „**Beteiligung des Betriebs- oder Personalrats**" zu erfolgen hat. Diese Einbeziehung der Arbeitnehmervertretungen ist bereits 1963 in § 719 RVO, damals allerdings unter der Kategorie der „Mitwirkung" angeordnet worden. Dies wird ergänzt durch die **Kommunikationspflichten nach §§ 89 Abs. 3 BetrVG, 81 Abs. 3 BPersVG**, die eine Teilnahme von Vertretern des Betriebs- oder Personalrats an den Besprechungen zwischen Arbeitgeber und Sicherheitsbeauftragten anordnen. Diese Systematik belegt, dass die Sicherheitsbeauftragten eine wichtige Rolle in der Arbeitssicherheitsorganisation spielen und daher nicht ohne die Arbeitnehmervertretungen bestellt werden dürfen. Die Kategorie der „Beteiligung" ist bewusst offen gewählt worden, weil sich die jeweilige Mitbestimmungspflichtigkeit nicht aus dem SGB VII, sondern aus den jeweiligen Gesetzen, also dem BetrVG oder einem der Personalvertretungsgesetze ergeben kann. Es ist daher zwischen diesen Rechtsgebieten zu differenzieren. 20

1. Personalvertretungsrecht. Im Personalvertretungsrecht finden wir vereinzelt Bestimmungen, die die Mitbestimmung des Personalrats bei der Bestellung und Abberufung von Sicherheitsbeauftragten ausdrücklich vorschreiben (zB § 74 Abs. 1 S. 3 HPVG für Hessen, § 80 Abs. 2 Nr. 8 LPVG Rheinland-Pfalz). Überwiegend fehlen jedoch konkrete Regelungen. Zutreffend werden die Sicherheitsbeauftragten nicht den oft differenzierten Regelungen zur Bestellung der Sicherheitsfachkräfte zugeordnet. Daher kommt hier der **allgemeine Mitbestimmungstatbestand nach § 75 Abs. 3 Nr. 11 BPersVG** der Maßnahmen des Gesundheitsschutzes zur Anwendung, der in jedem Bundesland eine direkte Entsprechung hat. Dieses Mitbestimmungsrecht ist hinreichend weit gefasst, so dass es auch organisatorische Maßnahmen und Regelungen umfasst. Das Bundesverwaltungsgericht hat daher bereits 1994 zutreffend entschieden, dass auch die individuelle Bestellung von Sicherheitsbeauftragten dem Mitbestimmungsrecht des Personalrats unterfällt (→ BPersVR Rn. 42).[54] Die Literatur stimmt dieser Entscheidung zu.[55] 21

Diese Rechtsprechung ist in der Folgezeit auch auf das **Landespersonalvertretungsrecht** und auf die Sicherheitsbeauftragten nach § 22 SGB VII erstreckt worden.[56] Sie wird ebenfalls herangezogen für funktionsgleiche Einrichtungen wie die Strahlenschutzbeauftragten.[57] Auch in der Kommentarliteratur hat diese Rechtsprechung allgemeine 22

---

48 Kohte in: FS Wlotzke, S. 563, 589; ebenso A/P/S/Greiner, 5. Aufl. 2017, SGB VII § 22 Rn. 2; Kranig/Waldeck in: Hauck/Noftz SGB VII § 22 Rn. 22. **49** LAG Hamm 9.2.2012 – 16 Sa 1195/11; Faber, Grundpflichten, S. 260 mwN. **50** Einen wichtigen Grund verlangt ArbG Aachen 29.10.1976 – 2 Ca 913/76, DB 1977, 452. **51** A/P/S/Greiner SGB VII § 22 Rn. 10. **52** Vgl. Böhm in: GK-BImSchG, 2016, BImSchG § 58 Rn. 5. **53** Kohte in: FS Wlotzke, S. 563, 590. **54** BVerwG 18.5.1994 – 6 P 27/92, AP Nr. 1 zu § 719 RVO = PersR 1994, 466; dazu ausführlich Kohte in: FS Wlotzke, S. 563, 581 f. **55** RDW/Kaiser BPersVG § 75 Rn. 441 a; Altvater/Berg BPersVG § 75 Rn. 213; Ilbertz/Widmaier/Sommer BPersVG § 75 Rn. 151. **56** VG Gelsenkirchen 22.8.1997 – 3 c K 7353/85 PVL, PersR 1998, 201; OVG Münster 15.12.1999 – 1 A 5101/97 PVL, PersR 2000, 375. **57** OVG Münster ZfPR 2008, 46; Kohte/Faber, jurisPR-ArbR 3/2007 Anm. 2.

Zustimmung gefunden.⁵⁸ Sie wird folgerichtig auch auf die Abberufung erstreckt; in Übereinstimmung mit der allgemeinen Auslegung von § 75 Abs. 3 Nr. 11 BPersVG können auch Regelungen zu Sicherheitsbeauftragten auf diesen Mitbestimmungstatbestand gestützt werden. Im **Mitarbeitervertretungsrecht** wird für § 40 MVG EKD, § 36 RahmenMAVO eine vergleichbare Auslegung befürwortet (→ MVG.EKD § 40 Rn. 13, → RahmenMAVO § 36 Rn. 10).

23 **2. Betriebsverfassungsrecht.** Im Betriebsverfassungsrecht ist maßgeblich die heutige Auslegung von **§ 87 Abs. 1 Nr. 7 BetrVG**. In der Rechtsprechung des BAG wird seit 1979⁵⁹ zwischen der **generellen Regelung** und der **einzelfallbezogenen Maßnahme** unterschieden (→ ArbSchG § 13 Rn. 37), so dass daher mehrheitlich eine Mitbestimmung nach dieser Norm für die Bestellung der Sicherheitsbeauftragten abgelehnt wird.⁶⁰ Diese Rechtsprechung des BAG zur Unterscheidung von Regelung und Maßnahme ist in der Folgezeit bestätigt worden,⁶¹ so dass von ihr grundsätzlich auszugehen ist. Die individuelle Bestellung und Abberufung bedürfen daher der rechtzeitigen Information und Beratung, doch erfolgt eine letzte Entscheidung durch den Arbeitgeber. Selbstverständlich kann nach § 88 BetrVG eine weitergehende Beteiligung vereinbart werden; solche Regelungen sind nicht selten anzutreffen.

24 Dies bedeutet jedoch nicht, dass die Stellung der Sicherheitsbeauftragten in einem mitbestimmungsfreien Raum erfolgt. Vielmehr sind – vergleichbar der Bestellung freiberuflicher Fachkräfte und Betriebsärzte – die **zentralen Strukturentscheidungen zum betrieblichen Konzept der Sicherheitsbeauftragten mitbestimmungspflichtig** (→ BetrVG § 87 Rn. 76).⁶² Dazu gehören vor allem die Anzahl der Sicherheitsbeauftragten, der Zuschnitt ihrer Tätigkeitsbereiche sowie die weiteren Modalitäten des Bestellungs- oder Wahlverfahrens. Daher können auf diese Weise auch Regelungen getroffen werden, dass Sicherheitsbeauftragte für bestimmte Beschäftigtengruppen (zB Frauen, ausländische Beschäftigte, Auszubildende) gesondert bestellt werden. Auch das Leiharbeitsproblem ist auf diese Weise regelungsfähig und regelungsbedürftig. Aus einer solchen Perspektive ergibt sich ein breiter Anwendungsbereich für die Mitbestimmung des Betriebsrats nach § 87 Abs. 1 Nr. 7 BetrVG zur Stellung der Sicherheitsbeauftragten im Betrieb, der auch die Möglichkeit umfasst, dass die Sicherheitsbeauftragten von den Beschäftigten der jeweiligen Abteilung gewählt werden.⁶³ Die Neufassung des § 20 der DGUV Vorschrift 1, die den **betrieblichen Gestaltungsspielraum** hervorhebt,⁶⁴ verdeutlicht die Möglichkeiten der Mitbestimmung nach § 87 Abs. 1 Nr. 7 BetrVG, die inzwischen auch in der Literatur Beachtung finden.⁶⁵

VI. Rechtsdurchsetzung

25 Die Pflicht des Unternehmers, Sicherheitsbeauftragte zu bestellen, ist in § 22 SGB VII zunächst als unfallversicherungsrechtliche und öffentlich-rechtliche Pflicht statuiert worden. Die Träger der Unfallversicherung können die Einhaltung dieser Pflicht daher mit den spezifischen verwaltungsrechtlichen Instrumenten durchsetzen. Wenn eine fehlende Bestellung bei der Betriebsbesichtigung erkannt wird und ein Revisionsschreiben erfolglos bleibt, ist eine **Anordnung**⁶⁶ nach § 19 Abs. 1 S. 1 Nr. 1 SGB VII zur Durchsetzung der Pflichten von § 20 DGUV Vorschrift 1 geboten.⁶⁷ In der Rechtsprechung des

---

58 Altvater BPersVG § 75 Rn. 213; RDW/Kaiser BPersVG § 75 Rn. 441; Ilbertz/Widmaier/Sommer BPersVG § 75 Rn. 157. **59** BAG 10.4.1979 – 1 ABR 38/77, NJW 1979, 2362 = AP Nr. 1 zu § 87 BetrVG Arbeitssicherheit mAnm Hanau; vgl. BAG 18.8.2009 – 1 ABR 43/08, NZA 2009, 1434. **60** Fitting BetrVG § 89 Rn. 34; Richardi/Annuß BetrVG § 89 Rn. 23; aA LAG Düsseldorf 25.3.1977 – 4 SA 171/77, DB 1977, 915; DKKW/Buschmann BetrVG § 89 Rn. 40. **61** BAG 13.3.2012 – 1 ABR 78/10, NZA 2012, 748 und BAG 30.9.2014 – 1 ABR 106/12, NZA 2015, 314. **62** Dazu Haas, Die Partizipation der Beschäftigten im Arbeitsschutzrecht, S. 247, 261. **63** Ausführlich Kohte in: FS Wlotzke S. 563, 582; HaKo-BetrVG/Kohte BetrVG § 87 Rn. 90 und BetrVG § 89 Rn. 37; zustimmend DKKW/Klebe BetrVG § 87 Rn. 235; Anzinger/Bieneck ASiG § 1 Rn. 77 ff.; differenzierend Kranig/Waldeck in: Hauck/Noftz SGB VII § 22 Rn. 15. **64** Lauterbach/Hussing, 2014, SGB VII § 22 Rn. 25. **65** Hülsemann ArbR 2015, 270; Kollmer/Klindt/Schucht/Leube, ArbSchG, Syst D Rn. 112; A/P/S/Greiner SGB VII § 22 Rn. 7. **66** Zu diesem Instrument Kohte BG 2010, 384, 385. **67** Lauterbach/Rentrop, 2013, SGB VII § 22 Rn. 31.

BSG sind solche Anordnungen bereits zu § 712 Abs. 1 S. 2 RVO anerkannt worden, soweit sie die Bestellung von Betriebsärzten und Sicherheitsfachkräften betrafen, die ebenfalls durch UVV den Unternehmern auferlegt worden ist.[68] In der Literatur ist diese Rechtsprechung zutreffend auch auf die Anordnung der Bestellung von Sicherheitsbeauftragten übertragen worden.[69] In der Verwaltungspraxis ist weiter, als ein Minus zu der Anordnung, eine Bestellung durchzuführen, eine Anordnung des Trägers der Unfallversicherung anerkannt worden, regelmäßig eine Liste der bestellten Funktionsträger vorzulegen.[70] Eine solche regelmäßig vorzulegende Liste erleichtert die Überwachung und kann daher gerade in den Betrieben mittlerer Größe dazu beitragen, dass die Quote der Bestellungen erhöht wird.

Als weiteres Durchsetzungsinstrument steht den Trägern der Unfallversicherung das Bußgeldverfahren zur Verfügung. § 32 DGUV Vorschrift 1 verweist im Ordnungswidrigkeitentatbestand auch auf die Bestellpflicht nach § 20 Abs. 1 DGUV Vorschrift 1, so dass der vorsätzliche oder fahrlässige Verstoß gegen die Bestellpflicht zugleich eine **Ordnungswidrigkeit nach § 209 Abs. 1 Nr. 1 SGB VII darstellt.**[71] 26

Die einzelnen Sicherheitsbeauftragten haben zwar keinen Anspruch auf Bestellung, können sich jedoch gegen eine Abberufung wenden. Eine Abberufung, die ohne sachlichen Grund erfolgt, verstößt gegen § 22 Abs. 3 SGB VII; eine Abberufung ohne vorherige Beteiligung des Betriebs- oder Personalrats nach § 22 Abs. 1 SGB VII analog ist ebenfalls auch privatrechtlich unwirksam.[72] Die entsprechende **privatrechtliche Unwirksamkeit kann am Arbeitsgericht** festgestellt werden. Im Übrigen kann die unwirksame bzw. benachteiligende Abberufung auch als **Vorfrage in einem Kündigungsschutzverfahren** zu prüfen sein.[73] 27

Die einzelnen Sicherheitsbeauftragten können den **Anspruch auf Freistellung** von der Arbeit ebenfalls am Arbeitsgericht klageweise geltend machen. Schließlich steht ihnen für die Teilnahme an Fortbildungsveranstaltungen sowohl ein Freistellungsanspruch als auch ein **Anspruch auf Entgeltzahlung** zu.[74] Im Zusammenhang mit Fortbildungsveranstaltungen kann auch **einstweiliger Rechtsschutz** geboten sein. In der Praxis wird eine vorherige Beteiligung des Betriebsrats nach § 80 BetrVG der Rechtsdurchsetzung dienlich sein.[75] 28

Den Betriebs- und Personalräten stehen die üblichen Mittel der Rechtsdurchsetzung in Mitbestimmungsfragen zu. Im Betriebsverfassungsrecht wird hier in erster Linie das **Bestellungsverfahren nach § 100 ArbGG** in Betracht kommen, das angesichts des oben dargestellten Meinungsstandes in aller Regel zur Bildung einer Einigungsstelle führen wird, wenn hinreichend konkrete Regelungsvorschläge des Betriebsrats unterbreitet worden sind.[76] Im Personalvertretungsrecht fehlt eine § 100 ArbGG vergleichbare Vorschrift, so dass in der Praxis der Verwaltungsgerichte regelmäßig Anträge auf Feststellung eines Mitbestimmungsrechts sowie eines Initiativrechts gestellt und beschieden werden.[77] 29

VII. Rechtspolitische Perspektiven

In der überwiegenden Mehrzahl der Mitgliedsstaaten der europäischen Union ist von der optionalen Möglichkeit der **Bildung von speziellen Arbeitnehmervertretungen nach Art. 11 Abs. 2 der RL 89/391/EWG** Gebrauch gemacht worden. Nachdem die Bundesregierung bereits vor zehn Jahren die Sicherheitsbeauftragten als solche speziellen Vertreter qualifiziert hat,[78] ist diese Perspektive auch für Deutschland zu diskutieren. An- 30

---

68 BSG 12.6.1989 – 2 RU 10/88, SozSich 1990, 196 (Ls.); ausführlich Wolber NZA 1989, 919 (921); Spinnarke/Schork ASiG § 5 Rn. 24 und ASiG § 12 Rn. 7. **69** Kutscher/Stoy in: Schulin, Handbuch des Sozialversicherungsrechts, Bd. 2, Unfallversicherung, 1996, § 40 Rn. 79. **70** BayVGH 4.11.2004 – 22 ZB 04.2690, GewArch 2005, 167. **71** Zakrzewski in: LPK-SGB VII, § 22 Rn. 13. **72** Kohte in: FS Wlotzke, S. 563, 590. **73** LAG Hamm 9.2.2012 – 16 Sa 1195/11. **74** Zur Entgeltzahlung BAG 20.7.1977 – 5 AZR 658/76, AP Nr. 1 zu § 720 RVO. **75** Dazu Kiesche/Rudolph AiB 2010, 520 (522). **76** Zur Bildung der Einigungsstelle nach § 87 Abs. 1 Nr. 7 BetrVG zB LAG Köln 28.6. 2012 – 4 TaBV 17/12. **77** Anschaulich VGH BW 11.3.2010 – PL 15 S 1773/08, PersR 2010, 455. **78** BT-Drs. 13/8819, 19.

schaulich ist die Umgestaltung der Sicherheitsvertrauenspersonen in Österreich, die ursprünglich auch vom Arbeitgeber allein bestellt wurden, jedoch inzwischen nicht mehr gegen den Willen des Betriebsrats bestellt werden können. In betriebsratslosen Betrieben steht den Beschäftigten ein Vetorecht gegen die Bestellung durch den Arbeitgeber zu.[79]

31 Eine vergleichbare Ausgestaltung der Sicherheitsbeauftragten als spezielle Arbeitnehmervertreter und eine Stärkung durch prozedurale Regeln ist vor allem geboten für die mittleren Betriebe zwischen 20 und 100 Beschäftigten, in denen bei fehlendem Betriebsrat nur in geringem Umfang von der Bestellung Gebrauch gemacht wird. Angesichts der insgesamt positiven Erfahrungen mit dem Instrument der Sicherheitsbeauftragten sind daher entsprechende prozedurale Regelungen mit einem **vereinfachten Wahlverfahren in einer Sicherheitsversammlung**, zu der auch der Träger der Unfallversicherung einladen kann, vorzusehen.[80] In Übereinstimmung mit der Rechtslage in anderen europäischen Staaten ist zu diskutieren, ob und wie § 22 SGB VII tarifoffen ausgestaltet werden kann (→ ArbSchG § 1 Rn. 35).[81]

---

[79] Glawitschnig ZAS 1997, 12 (13). **80** Konkrete Beispiele bei Kohte, Stärkung der Partizipation, S. 70 ff. **81** Haas, Die Partizipation der Beschäftigten im Arbeitsschutzrecht, 2017, S. 130 ff.

Teil 7:
Individuelle und kollektive Rechtsdurchsetzung
Bürgerliches Gesetzbuch
(BGB)

In der Fassung der Bekanntmachung vom 2. Januar 2002[1] (BGBl. I S. 42, ber. S. 2909 und 2003 I S. 738)
(FNA 400-2)
zuletzt geändert durch Art. 1 G zur Einführung des Rechts auf Eheschließung für Personen gleichen Geschlechts vom 20. Juli 2017 (BGBl. I S. 2787)
– Auszug –

§ 618 BGB Pflicht zu Schutzmaßnahmen

(1) Der Dienstberechtigte hat Räume, Vorrichtungen oder Gerätschaften, die er zur Verrichtung der Dienste zu beschaffen hat, so einzurichten und zu unterhalten und Dienstleistungen, die unter seiner Anordnung oder seiner Leitung vorzunehmen sind, so zu regeln, dass der Verpflichtete gegen Gefahr für Leben und Gesundheit soweit geschützt ist, als die Natur der Dienstleistung es gestattet.

(2) Ist der Verpflichtete in die häusliche Gemeinschaft aufgenommen, so hat der Dienstberechtigte in Ansehung des Wohn- und Schlafraums, der Verpflegung sowie der Arbeits- und Erholungszeit diejenigen Einrichtungen und Anordnungen zu treffen, welche mit Rücksicht auf die Gesundheit, die Sittlichkeit und die Religion des Verpflichteten erforderlich sind.

(3) Erfüllt der Dienstberechtigte die ihm in Ansehung des Lebens und der Gesundheit des Verpflichteten obliegenden Verpflichtungen nicht, so finden auf seine Verpflichtung zum Schadensersatz die für unerlaubte Handlungen geltenden Vorschriften der §§ 842 bis 846 entsprechende Anwendung.[1]

Literatur: *Beyer/Wocken*, Arbeitgeberpflichten gegenüber Arbeitnehmern mit einer Behinderung im Licht der aktuellen Rechtsprechung des EuGH, DB 2013, 2270; *Herschel*, Zur Dogmatik des Arbeitsschutzrechts, RdA 1978, 69; *Hien*, Restriktives Recht, restriktive Praxis – Das Elend mit den Berufskrankheiten, SozSich 2013, 382; *Kohte/Faber*, Novellierung des Arbeitsstättenrechts – Risiken und Nebenwirkungen einer legislativen Schlankheitskur, DB 2005, 224; *Kollmer*, Zivilrechtliche und arbeitsrechtliche Wirkung des Gerätesicherheitsgesetzes, NJW 1997, 2015; *Lange*, Die Transformation öffentlich-rechtlicher Arbeitsschutznormen über § 618 Abs. 1 BGB in das Arbeitsvertragsrecht, SAE 2010, 152; *Müller*, Die arbeitnehmerähnliche Person im Arbeitsschutzrecht, 2009; *Müller-Petzer*, Haftung des Arbeitgebers aus Fürsorgepflichtverletzungen, BG 2008, 165; *Nebe*, Decent work und § 618 BGB – klassisches Zivilrecht und moderne Arbeitsschutzkonzepte, in: Festschrift für Klaus Lörcher, 2013, S. 84; *Schmidt*, Die Durchsetzung der Mitbestimmung beim Arbeits- und Gesundheitsschutz, AuR 2011, 382; *Thelen*, Nichtraucherschutz am Arbeitsplatz, Diss. 2016; *Wlotzke*, Öffentlich-rechtliche Arbeitsschutznormen und privatrechtliche Rechte und Pflichten des einzelnen Arbeitnehmers, in: Festschrift für Marie Luise Hilger und Hermann Stumpf, 1983, S. 723.

Leitentscheidungen: BAG 16.3.2004 – 9 AZR 93/03, NZA 2004, 927; BAG 14.12.2006 – 8 AZR 628/05, NZA 2007, 262 = AP Nr. 28 zu § 618 BGB; BAG 12.8.2008 – 9 AZR 1117/06, NZA 2009, 102 = AP Nr. 29 zu § 618 BGB; BAG 19.5.2009, AP Nr. 30 zu § 618 BGB; BAG 28.4.2011 – 8 AZR 769/09, NZA-RR 2012, 290; EuGH 25.11.2010 – C-429/09, NZA 2011, 53 (Fuß II); BAG 10.5.2016 – 9 AZR 347/15, NZA 2016, 1134.

---

[1] Neubekanntmachung des BGB v. 18.8.1896 (RGBl. S. 195) in der ab 1.1.2002 geltenden Fassung. 1 Beachte ferner die Bestimmungen in den §§ 104–113 SGB VII – Gesetzliche Unfallversicherung.

I. Normzweck und Systematik.....	1
II. Entstehungsgeschichte und Unionsrecht.........................	4
1. Das neue unionsrechtliche Leitbild – Aktivierung der Beschäftigten	5
2. Unionsrechtskonforme Auslegung.....................	6
III. Detailkommentierung	7
1. Allgemeines – Komplementarität öffentlich- und privatrechtlicher Schutzpflichten	7
2. Gesundheitsschutz im Privatrecht – Standardisierung und Einzelfall................	10
a) Überblick	10
b) Einzelheiten...............	11
aa) Öffentlich-rechtliche Arbeitsschutzvorschriften	11
bb) Untergesetzliche normative Standards.......	12
cc) Besonderheiten des Einzelfalls	14
dd) Handlungsspielraum des Arbeitgebers........	15
ee) Beachtung kollektiver Mitbestimmungsrechte	16
ff) Natur der Dienstleistung.....................	17
3. § 618 BGB als Transformationsnorm	18
4. Anwendungsbereich.........	20
a) Persönlicher Schutzbereich....................	20
b) Sachlicher Schutzbereich	26
c) Normqualität der öffentlich-rechtlichen Arbeitsschutznorm	28
5. Inhalt der Schutzpflichten (Abs. 1)	29
a) Räume	29
b) Vorrichtungen und Gerätschaften	30
c) Regelungen der Dienstleistungen	33
d) Individuelle Besonderheiten.......................	35
e) Einzelfälle	36
6. § 618 Abs. 2, 3 BGB.........	45
7. Abdingbarkeit (§ 619 BGB)	46
IV. Rechtsdurchsetzung	47
1. Erfüllungsanspruch...........	47
2. Leistungsverweigerungsrechte	51
3. Unterlassungsanspruch.......	52
4. Schadensersatzansprüche....	53
a) Gegen den Arbeitgeber ..	53
b) Haftungsausschluss (§§ 104 f. SGB VII)......	57
c) Schadensersatzansprüche gegen öffentliche Körperschaften bzw. Aufsichtsbeamte gem. § 839 BGB iVm Art. 34 GG	61
d) Schadensersatzansprüche gegen Dritte.............	63

I. Normzweck und Systematik

1 § 618 BGB ist, abgesehen von § 62 HGB als speziellere Sondernorm für die Handlungsgehilfen, die **privatrechtliche Grundnorm** eines präventiven[2] Arbeits- und Gesundheitsschutzes.[3] § 618 BGB verpflichtet den Dienstberechtigten allgemein, das Leben und die Gesundheit der Dienstverpflichteten zu schützen. Gem. Abs. 1 erstreckt sich die Schutzpflicht auf die Räume, auf die Vorrichtungen und Gerätschaften, aber auch auf die Art und Weise der zu erbringenden Dienstleistungen. Die Vorschrift bezweckt somit den Schutz vor den bei der Erfüllung der Dienstverpflichtung für Leben und Gesundheit drohenden Gefahren.[4] Diese allgemeine Schutzpflicht wird in Abs. 2 für den seltenen Fall erweitert, dass der Dienstverpflichtete in die häusliche Gemeinschaft aufgenommen worden ist. Abs. 3 enthält für den Fall einer Verletzung der Schutzpflichten des Arbeitgebers einen Verweis auf die Rechtsfolgen der §§ 842–846 BGB, was wiederum unterstreicht, dass schon der Gesetzgeber des BGB den privatrechtlichen Sanktionsmitteln bei Schutzpflichtverletzungen eine nicht unerhebliche Bedeutung beigemessen hat (→ Rn. 47, 53 ff.). Im öffentlich-rechtlichen Arbeitsschutz finden sich mit § 618 BGB **vergleichbare Generalklauseln**, wie zB § 3 ArbSchG, aber auch die zT weitergehenden Spezialvorschriften von § 12 HAG, § 2 MuSchG (ab 1.1.2018: § 9 MuSchG → Betrieblicher Mutterschutz Rn. 27 ff.), § 28 JArbSchG, § 81 Abs. 4 SGB IX (ab 1.1.2018: § 164 SGB IX → SGB IX § 84 Rn. 3) oder § 114 SeeArbG.

---

2 MüKoBGB/Henssler BGB § 618 Rn. 1. **3** Staudinger/Oetker BGB § 618 Rn. 21, 26; BFK Rn. 26. **4** BAG 17.2.1998 – 9 AZR 84/97, NZA 1998, 1231.

Als Vorschrift des Dienstvertragsrechts gilt § 618 BGB allgemein für **alle Dienstverhältnisse**, insbesondere für Arbeitsverträge (zur analogen Anwendung auf andere Vertragsverhältnisse → Rn. 20). Die in § 618 BGB im Vergleich zur allgemeinen Interessenwahrungspflicht nach § 241 Abs. 2 BGB gesteigerte Schutzpflicht[5] des Dienstberechtigten folgt aus dessen Organisationsmacht und der damit verbundenen **Organisationsverantwortung**[6] und kann heute nicht mehr als Ausdruck einer besonderen Fürsorgepflicht verstanden werden. Das Dienst- bzw. Arbeitsverhältnis unterscheidet sich insoweit nicht von anderen Rechtsverhältnissen, die aufgrund ihrer besonderen Möglichkeiten zur schadhaften Einwirkung auf die Rechtsgüter anderer zu besonderen Vorkehrungen im Sinne von vertraglichen Schutzpflichten führen.[7] Der Arbeitgeber ordnet und leitet die betrieblichen Verhältnisse und trägt damit die Verantwortung, die Arbeit so zu organisieren, dass die Arbeitnehmer in ihrer Gesundheit nicht gefährdet werden.[8] Richtigerweise kommt es für die Frage der Organisationsverantwortung auch nicht darauf an, ob der Arbeitgeber selbst die Gefährdung verursacht hat oder diese von Dritten, wie zB Zigaretten konsumierenden Kollegen, ausgeht.[9]

2

Die zunehmende Zahl höchstrichterlicher Entscheidungen zu § 618 BGB verdeutlicht den Stellenwert der privatrechtlichen Schutzpflicht zur Durchsetzung arbeitsschutzgerechter Beschäftigungsbedingungen im Wege **individualvertraglichen Rechtsschutzes**.[10] Zwar wird zur Auslegung von § 618 BGB mangels privatgesetzlicher und in den überwiegenden Fällen auch mangels privatvertraglicher Konkretisierungen (→ Rn. 8) auf öffentlich-rechtliche Arbeitsschutzbestimmungen zurückgegriffen. Dieses notwendige Zusammenspiel muss, wie die steigende Zahl an Individualklagen zeigt, jedoch die Bedeutung des privatrechtlichen Arbeitsschutzes nicht schmälern;[11] vielmehr kann der Weg über § 618 BGB im Einzelfall zügigen und effektiven Rechtsschutz zur Vermeidung von Gesundheitsgefährdungen bieten.[12]

3

II. Entstehungsgeschichte und Unionsrecht

Der **seit Inkrafttreten** des BGB unveränderte § 618 BGB bildet die zentrale Norm des privatrechtlichen Arbeitsschutzes. Er war eng angelehnt an den 1891 in die Gewerbeordnung eingeführten § 120 a aF,[13] der inzwischen im Zuge der Reformen des deutschen Arbeitsschutzes gestrichen worden ist.[14] Beide Rechtsvorschriften waren wegen ihrer weitgehenden inhaltlichen Übereinstimmung mit den gleichen Anwendungsproblemen behaftet (→ Rn. 8).[15] Die von Beginn an enge Orientierung des privatrechtlichen Arbeits- und Gesundheitsschutzes am öffentlich-rechtlichen Arbeitsschutz ist bis heute erhalten geblieben und im Hinblick auf die notwendige Konkretisierung der Generalklausel durch hoheitlich, aber auch durch untergesetzlich und durch kollektivrechtlich festgesetzte Standards strukturbildend (→ Rn. 9 ff.).[16]

4

---

5 So ua auch BAG 14.12.2006 – 8 AZR 628/05, NZA 2007, 262; ausführlich dazu Müller-Petzer BG 2008, 165 ff. **6** Deutlich und ohne Hinweis auf Fürsorgepflichten jetzt BAG 19.5.2009 – 9 AZR 241/08, NZA 2009, 775 sowie LAG Mainz 19.12.2008 – 9 Sa 427/08. **7** Staudinger/Oetker BGB § 618 Rn. 11; Münch/ArbR/Kohte § 291 Rn. 10; ebenso wohl HWK/Krause BGB § 618 Rn. 5; hingegen noch an die Fürsorgepflicht anknüpfend BAG 12.8.2008 – 9 AZR 1117/06, NZA 2009, 102; MüKoBGB/Henssler BGB § 618 Rn. 1; ErfK/Wank BGB § 618 Rn. 2. **8** BAG 17.2.1998 – 9 AZR 84/97, NZA 1998, 1231. **9** BAG 19.5.2009 – 9 AZR 241/08, NZA 2009, 775; vgl. auch die Organisationspflichten gem. § 12 AGG unabhängig von der tatsächlichen Verursachung der Belästigung. **10** BAG 19.5.2009 – 9 AZR 241/08, NZA 2009, 775 (Nichtraucherschutz); BAG 12.8.2008 – 9 AZR 1117/06, NZA 2009, 102 (Gefährdungsbeurteilung); BAG 14.12.2006 – 8 AZR 628/05, NZA 2007, 262 (Aufklärung Infektionsrisiko); BAG 16.3.2004 – 9 AZR 93/03, NZA 2004, 927 (Arbeitszeit); LAG Mainz 19.12.2008 – 9 Sa 427/08 (Reinigung). **11** Die flankierende Rolle hervorgehoben von Staudinger/Oetker BGB § 618 Rn. 18; anders sehen MüKoBGB/Henssler BGB § 618 Rn. 6 und HWK/Krause BGB § 618 Rn. 7 eher einen Bedeutungsverlust. **12** Deutlich Faber/Kohte, Anm. zu LAG Mainz 19.12.2008 – 9 Sa 427/08, jurisPR-ArbR 33/2009 Anm. 5. **13** Ausführlich Staudinger/Oetker BGB § 618 Rn. 1 f. **14** Durch Art. 4 Nr. 1 des Gesetzes vom 7.8.1996, BGBl. I, 1246, das die branchenübergreifende Normierung des Arbeitsschutzes im ArbSchG zur Folge hatte. **15** BFK Rn. 26. **16** Münch/ArbR/Kohte § 291 Rn. 1; Faber/Kohte, Anm. zu LAG Mainz 19.12.2008 – 9 Sa 427/08, jurisPR-ArbR 33/2009 Anm. 5.

5 **1. Das neue unionsrechtliche Leitbild – Aktivierung der Beschäftigten.** Das Unionsrecht spielt für den privatrechtlichen Arbeitsschutz in zweierlei Hinsicht eine wichtige Rolle. Zum einen ist der Bedeutungszuwachs von § 618 BGB zur Durchsetzung arbeitsschutzkonformer Beschäftigungsbedingungen eng verbunden mit dem allgemeinen und unionsrechtlich geprägten **Paradigmenwechsel** im Arbeitsschutzrecht. Bis in die 1990er Jahre war das deutsche Arbeitsschutzrecht stark zersplittert und intransparent, vornehmlich technisch orientiert, überwiegend staatlicher Aufsicht unterstellt und auf eine Kommunikation mit den Beschäftigten gerade nicht angelegt.[17] Von diesem starren, reagierenden und auf den Status quo orientierten Leitbild unterschieden sich die unionsrechtlichen Vorgaben schon Ende der 1980er Jahre deutlich. Die **Arbeitsschutzrahmenrichtlinie** 89/391/EWG gab neben anderen wichtigen allgemeinen Leitlinien[18] auch die Aktivierung der Beschäftigten und die Kommunikation zwischen den betrieblichen Akteuren als einen Baustein zur Verbesserung der Arbeitsumweltbedingungen vor. Herauszustellen sind insoweit die Vorgaben in Art. 6 Abs. 1, 2 lit. i, Abs. 3 lit. c, d, Art. 7 Abs. 1, Art. 10, 11, 12 RL 89/391/EWG, die in vielfältiger Weise die Einbeziehung der Beschäftigten in die betriebliche Arbeitsschutzorganisation, ihre Information, Anhörung und Beteiligung sowie ihre Unterweisung regeln. Die **Mitwirkung der Betroffenen an den Schutzmaßnahmen** wird als wichtiger Faktor zur Verbesserung der Sicherheit und des Gesundheitsschutzes am Arbeitsplatz angesehen (→ Unionsrecht Rn. 11 ff.).[19] Die aktive Mitwirkung der Beschäftigten an der Gestaltung sicherer und gesunder Beschäftigungsbedingungen war bereits Gegenstand der Europäischen Sozialcharta,[20] der Gemeinschaftscharta[21] sowie des ILO-Übereinkommens 155 (Art. 20; zu den ILO-Übereinkommen → Grundrecht Rn. 11 ff.). Sie wurde konsequent auch in den Einzelrichtlinien zur EG-Rahmenrichtlinie 89/391/EWG umgesetzt.[22] Mit dem AEUV und der EU-GRC wurde der Stellenwert von Aktivierung und Kommunikation jüngst im Primärrecht weiter gestärkt (→ Grundrecht Rn. 63 ff.).[23]

6 **2. Unionsrechtskonforme Auslegung.** Darüber hinaus ist das Unionsrecht bei der Auslegung des nationalen Arbeitsschutzrechts zu berücksichtigen. Wegen des engen Zusammenhangs zwischen dem öffentlich-rechtlichen und dem privatrechtlichen Arbeitsschutz (→ Rn. 7 ff.) ist § 618 BGB als Generalklausel im Lichte der **unionsrechtlichen Vorgaben** anzuwenden.[24] Aktuelle Individualklagen geben für eine unionsrechtskonforme Auslegung des § 618 BGB bereits gute Anschauung.[25] Da das gesamte nationale Recht zur Verwirklichung der Ziele der Arbeitsschutzrahmenrichtlinie unionsrechtskonform ausgelegt werden muss (→ Unionsrecht Rn. 38 ff.), beschränkt sich die Pflicht zur **unionsrechtskonformen Auslegung** nicht auf das öffentlich-rechtliche Arbeitsschutzrecht, sondern bezieht das private Arbeitsschutzrecht ein.[26] Einschränkungen können sich insoweit ergeben, als sich der Anwendungsbereich des Völker- und des Unionsrechts nicht mit dem Anwendungsbereich von § 618 BGB deckt, was wiederum angesichts der weiten Erstreckung des § 618 BGB auf alle Dienstverträge praktisch möglich sein kann (→ Rn. 20 f.).

III. Detailkommentierung

7 **1. Allgemeines – Komplementarität öffentlich- und privatrechtlicher Schutzpflichten.** Der **dual strukturierte** öffentlich-rechtliche Arbeitsschutz (staatliche Aufsicht durch die Länder und autonomer Arbeits- und Gesundheitsschutz durch die Unfallversicherungsträger, → ArbSchG § 21 Rn. 18) zeichnet sich durch eine hohe Regelungsdichte aus. Die allgemeinen Pflichten nach dem Arbeitsschutzgesetz sind im Wege zahl-

---

[17] BFK Rn. 99 ff. [18] Dazu Münch/ArbR/Kohte § 289 Rn. 11. [19] Erwägungsgrund Nr. 11 RL 89/391/EWG; dazu deutlich GA Collomer, Schlussanträge 20.10.2005 – C-428/04, Rn. 46, Slg 2006, I-3325; BFK Rn. 109. [20] Art. 6 ESC. [21] Nr. 19 der Gemeinschaftscharta der sozialen Grundrechte der Arbeitnehmer vom 9.12.1989, KOM (89) 248 endg. [22] Vgl. zB Art. 4 Abs. 2 RL 92/85/EWG; Art. 9 RL 2002/15/EG, Art. 6 Abs. 3 RL 94/33/EWG. [23] Vgl. Art. 27, 28 EU-GRC sowie Art. 153 Abs. 1 lit. e, 155 AEUV. [24] BR/Fuchs BGB § 618 Rn. 11. [25] Vgl. Anspruch auf Reinigung der Arbeitsstätte zur präventiven Vermeidung von Gesundheitsrisiken, s. dazu die instruktiven Ausführungen von Faber/Kohte, Anm. zu LAG Mainz 19.12.2008 – 9 Sa 427/08, jurisPR-ArbR 33/2009 Anm. 5. [26] Staudinger/Oetker BGB § 618 Rn. 58.

reicher ergänzender Rechtsverordnungen und anderer staatlicher Gesetze, zB Jugendarbeitsschutzgesetz, Arbeitszeitgesetz, Gerätesicherheitsgesetz, sowie durch technische Normen privater Normenorganisationen[27] konkretisiert. Die Unfallverhütungsvorschriften nach § 15 Abs. 1 SGB VII ergänzen das staatliche Arbeitsschutzrecht.

Obwohl der Gesetzgeber angelehnt an die öffentlich-rechtliche Generalklausel in der GewO (§ 120 a aF) mit § 618 BGB zeitnah eine inhaltlich entsprechende Schutzpflicht im privaten Arbeitsvertragsrecht normiert hatte, wurden Vorkehrungen zur **Konkretisierung** der privaten Schutzpflicht nicht getroffen. Im Arbeitsvertragsrecht, insbesondere in §§ 611 ff. BGB, werden die generalklauselartig formulierten Pflichten nicht konkretisiert. Wie auch sonst im Arbeitsvertragsrecht ist insbesondere im Bereich des Gesundheitsschutzes das strukturelle Machtungleichgewicht zwischen den Vertragsparteien hinderlich, um gesundheitsbezogene Pflichten näher zu vereinbaren.[28]

Vor diesem Hintergrund wurde die Wechselwirkung zwischen öffentlich-rechtlichem und privatrechtlichem Arbeitsschutz schon in den 1920er Jahren untersucht.[29] Hierauf basiert das heute allgemein anerkannte Konzept von der **Transformationswirkung** des § 618 BGB. Nach hM transformiert § 618 BGB die öffentlich-rechtlich formulierten Arbeitsschutzpflichten in das privatrechtlich strukturierte Arbeitsvertragsverhältnis.[30] Anerkannt ist heute ebenso die umgekehrte Transformationswirkung, dh die Einwirkung der öffentlich-rechtlich normierten Beschäftigtenpflichten auf das Vertragsverhältnis, wobei zu differenzieren ist zwischen der Beschäftigtenpflicht, sich sicherheits- und gesundheitsschutzgerecht zu verhalten, und bestimmten Beschäftigtenpflichten, den Arbeitgeber in seinen Arbeitsschutzaufgaben zu unterstützen (→ ArbSchG §§ 15–17 Rn. 20). Im Rahmen des § 618 BGB kann der einzelne Arbeitnehmer nicht nur **Erfüllung** der Arbeitsschutzpflichten, sondern auch die grundsätzlichen Institute des Leistungsstörungsrechts, wie Zurückbehaltung, Annahmeverzug und Schadenersatz, geltend machen[31] (zu den Voraussetzungen und Rechtsfolgen → Rn. 51 ff.). Auch wenn die Einzelheiten der Transformationswirkung[32] und die Wechselwirkungen zum kollektiven Arbeitsrecht[33] noch nicht abschließend geklärt sind, kommt § 618 BGB im Zusammenspiel mit den Vorgaben des öffentlich-rechtlichen Arbeitsschutzes eine wichtige flankierende Funktion zur Einhaltung der Arbeitsschutzbestimmungen zu. Neben hoheitlicher Aufsicht und betriebsverfassungsrechtlichen Instrumentalien bildet **der individuelle Arbeitsschutz** die dritte Säule im gesamten Arbeitsschutzkonzept.[34]

2. Gesundheitsschutz im Privatrecht – Standardisierung und Einzelfall. a) Überblick. Die **Doppelwirkung** der öffentlich-rechtlichen Arbeitsschutzvorschriften sichert den Beschäftigten selbst und unmittelbar eigene Ansprüche mindestens auf dem Niveau des öffentlich-rechtlichen Arbeitsschutzes.[35] Der öffentlich-rechtliche Arbeitsschutz wird dabei als **Mindeststandard** bewertet.[36] Entsprechend seiner neuen und unionsrechtskonformen Konzeption formuliert der öffentlich-rechtliche Arbeitsschutz allerdings vorrangig Schutz- und Sicherheitsziele und verzichtet weitgehend auf technische Einzelheiten, was die fortlaufende Anpassung des normativen Standards an den wis-

---

27 Dazu Staudinger/Oetker BGB § 618 Rn. 32. 28 BFK Rn. 26; BVerfG 28.1.1992 – 1 BvR 1025/82, NZA 1992, 270 (273). 29 Grundlegend Nipperdey RGPrax, Bd. 4, 1929, S. 203 ff.; Herschel RdA 1964, 7 (11); später Wlotzke in: FS Hilger und Stumpf, 1983, S. 723, 738 ff. 30 BAG 19.5.2009 – 9 AZR 241/08, NZA 2009, 775; MüKoBGB/Henssler BGB § 618 Rn. 8; Staudinger/Oetker BGB § 618 Rn. 14 ff.; ErfK/Wank BGB § 618 Rn. 4; Münch/ArbR/Kohte § 291 Rn. 10, 45. 31 BAG 19.5.2009 – 9 AZR 241/08, NZA 2009, 775 (Nichtraucherschutz); BAG 12.8.2008 – 9 AZR 1117/06, NZA 2009, 102 (Gefährdungsbeurteilung); BAG 14.12.2006 – 8 AZR 628/05, NZA 2007, 262 (Aufklärung Infektionsrisiko); ebenso Staudinger/Oetker BGB § 618 Rn. 248 ff.; MüKoBGB/Henssler BGB § 618 Rn. 8; HWK/Krause BGB § 618 Rn. 6, 30 f.; ErfK/Wank BGB § 618 Rn. 4, 23, 25. 32 Zu offenen Fragen Lange SAE 2010, 152 ff. und Kohte, Anm. zu BAG AP Nr. 29 zu § 618 BGB. 33 Anschaulich dazu BAG 12.8.2008 – 9 AZR 1117/06, NZA 2009, 102 (Verfahren der Erstellung einer Gefährdungsbeurteilung). 34 Staudinger/Oetker BGB § 618 Rn. 18; Faber/Kohte, Anm. zu LAG Mainz 19.12.2008 – 9 Sa 427/08, jurisPR-ArbR 33/2009 Anm. 5. 35 ErfK/Wank BGB § 618 Rn. 4. 36 BAG 17.2.1998 – 9 AZR 84/97, NZA 1998, 1231.

senschaftlichen und technischen Fortschritt erleichtert[37] und zugleich Spielraum für betriebsspezifische Regelungen durch die Akteure belässt.[38] Damit erschöpft sich die notwendige Konkretisierung der privatrechtlichen Generalklausel nicht durch eine schlichte Anwendung öffentlich-rechtlicher Arbeitsschutznormen.[39] Für die weitergehende Ausfüllung der unbestimmten Rechtsbegriffe des § 618 BGB haben Rechtsprechung und Literatur eine **konkretisierende Dogmatik** entwickelt, die sich an der spezifischen Normenhierarchie des Arbeitsschutzrechts orientiert.[40] Dabei sind folgende Konkretisierungsebenen zu beachten:

- öffentlich-rechtliche Arbeitsschutzvorschriften (→ Rn. 11),
- untergesetzliche, normative Standards (→ Rn. 12–13),
- Besonderheiten des Einzelfalls (→ Rn. 14),
- vom Arbeitgeber auszufüllender Handlungsspielraum (→ Rn. 15),
- ggf. unter Beachtung kollektiver Mitbestimmungsrechte (→ Rn. 16),
- Natur der Dienstleistung (→ Rn. 17).

11 b) **Einzelheiten. aa) Öffentlich-rechtliche Arbeitsschutzvorschriften.** Nach den Grundsätzen der Transformation (→ Rn. 9, 18) wird der privatrechtliche Maßstab auf der **ersten Stufe** durch die Anforderungen der rechtsverbindlichen öffentlich-rechtlichen Arbeitsnormen, dh der Gesetze und Verordnungen des Gesetzgebers sowie der Unfallverhütungsvorschriften der Unfallversicherungsträger, bestimmt.[41]

12 **bb) Untergesetzliche normative Standards.** Unterhalb dieser rechtsverbindlichen Normen gibt es im Bereich des Arbeits- und Gesundheitsschutzes eine Vielzahl von konkretisierenden **untergesetzlichen Regelwerken**,[42] wie zB

- Durchführungshinweise, Richtlinien, Branchenregeln, Sicherheitsregeln und Merkblätter der Berufsgenossenschaften,[43]
- technische Normen von verschiedenen privaten Fachausschüssen der Wirtschafts-, Fach- oder Berufsverbände und dies sowohl auf nationaler Ebene (vgl. nur DIN – Deutsches Institut für Normung) als auch auf europäischer Ebene (vgl. nur CEN – Comité Européen de Normalisation),[44]
- bereichsspezifische Regeln im Wege kooperativer Konkretisierung[45] nach § 18 Abs. 2 Nr. 5 ArbSchG, so zB zu den Anforderungen an Arbeitsstätten, die vom Ausschuss für Arbeitsstätten (ASTA) ermittelt und vom Bundesministerium für Arbeit und Soziales als Technische Regeln über Arbeitsstätten (TRA) bekannt gegeben werden (§ 7 Abs. 4 ArbStättV).[46]

13 Auch wenn diesen Regeln die normative Geltungskraft materieller Gesetze fehlt, tragen sie zur **Konkretisierung** der Generalklausel des § 618 BGB bei.[47] Rechtlicher Anknüpfungspunkt sind insoweit wiederum die Generalklauseln des öffentlich-rechtlichen Arbeitsschutzrechts mit den verschiedenen normativen Standards. Diese verpflichten den Arbeitgeber zur Einhaltung der allgemein anerkannten Regeln und zur Beachtung der

---

[37] Zu den Risiken dieser Normsetzungsmethode für ein normgerechtes Verhalten Bücker, Risikovorsorge, S. 129 ff. [38] Zum weiteren Regelungsspielraum durch die ArbStättV 2004 Pieper ArbStättV Vor § 1 Rn. 2; Schurig ZTR 2004, 626. [39] Anschaulich am Beispiel der Pflicht zur Erstellung einer Gefährdungsbeurteilung BAG 12.8.2008 – 9 AZR 1117/06, NZA 2009, 102. [40] Zusammenfassend Faber/Kohte, Anm. zu LAG Mainz 19.12.2008 – 9 Sa 427/08, jurisPR-ArbR 33/2009 Anm. 5. [41] Staudinger/Oetker BGB § 618 Rn. 29, 30. [42] Ausführlich zur unionsrechtlich geprägten Arbeitsschutzrechtsstruktur und einen Überblick über die geltenden Gesetze und Verordnungen Münch/ArbR/Kohte § 290 Rn. 1 ff., 17 f.; allgemein Marburger, Die Regeln der Technik im Recht, 1979, sowie Glinski, Die rechtliche Bedeutung der privaten Regulierung globaler Produktionsstandards, 2011. [43] Münch/ArbR/Kohte § 290 Rn. 32 f. [44] Zur Bedeutung der DIN- und CEN-Norm Bücker, Risikovorsorge, S. 190 ff. [45] Dazu Kohte, Die Konkretisierung rechtlicher Anforderungen durch technische Regeln, in: Hendler/Marburger/Reinhardt/Schröder, Technische Regeln im Umweltrecht, 2006, S. 119 ff. [46] Zur Konkretisierung durch den ASTA, zur Vermutungswirkung nach § 3 Abs. 1 S. 3 ArbStättV, zur Kritik hieran und zu verbleibenden Gestaltungsmöglichkeiten Münch/ArbR/Kohte § 293 Rn. 7 ff. [47] MüKoBGB/Henssler BGB § 618 Rn. 30.

gesicherten arbeitswissenschaftlichen Erkenntnisse und des Standes von Technik, Arbeitsmedizin, Hygiene und Wissenschaft, so zB § 4 Nr. 3 ArbSchG.[48]

cc) Besonderheiten des Einzelfalls. § 618 BGB verlangt, die Verhältnisse des Einzelfalls zu berücksichtigen.[49] Die Beachtung der **besonderen individuellen Verhältnisse** und möglicher konkreter Gesundheitsgefährdungen aufgrund der individuellen physischen und psychischen Disposition wurde vor allem im Zusammenhang mit der Pflicht zur Reinhaltung der Atemluft und hierbei insbesondere mit dem Nichtraucherschutz diskutiert (→ Rn. 15). Bis zur Verbesserung des Nichtraucherschutzes durch § 5 ArbStättV und die erlassenen Bundes- und Landesnichtraucherschutzgesetze hat die Rechtsprechung den individuellen Anspruch auf Zuweisung eines tabakrauchfreien Arbeitsplatzes regelmäßig von einer individuellen und konkreten Gesundheitsgefährdung abhängig gemacht.[50] Aufgrund der ausdrücklichen Hinweises auf die Tabakrahmenkonvention der WHO[51] in den jüngeren Nichtraucherschutzjudikaten[52] ist zwar anzunehmen, dass die Rechtsprechung im Hinblick auf die generelle Gefährdung durch Passivrauchen auf das individuelle Gefährdungskriterium weitgehend verzichten wird. Gleichwohl wird damit die Berücksichtigung der Einzelfallumstände bei der Bestimmung des Pflichtenmaßstabs nach § 618 BGB nicht obsolet. Vielmehr muss es bei der bisherigen hM bleiben – die vertragliche Schutzpflicht bemisst sich nach den Umständen des **Einzelfalls**.[53] Dies ergibt sich nach wie vor aus dem allgemeinen Grundsatz, dass der Arbeitgeber auf der Grundlage der Gefährdungsbeurteilung auch die individuelle Leistungsfähigkeit des einzelnen Arbeitnehmers bei der Zuweisung der Arbeit zu berücksichtigen hat (→ ArbSchG § 7 Rn. 14). Seine Grenze findet der Anspruch auf besondere Einzelfallmaßnahmen im **Verhältnismäßigkeitsgrundsatz**.[54]

14

dd) Handlungsspielraum des Arbeitgebers. Abgesehen von den seltenen Fällen, in denen das zwingende Arbeitsschutzrecht oder vertragliche Absprachen eine konkrete Maßnahme vorschreiben, hat der Arbeitgeber nach ganz hM einen Handlungsspielraum[55] und damit einen Entscheidungsspielraum bei der **Auswahl** geeigneter Arbeitsschutzmaßnahmen,[56] der in besonderen Fällen auf Null reduziert sein kann. Aufgrund der aktuellen medizinisch-wissenschaftlichen Erkenntnis über Eigenart und Gefährlichkeit des Tabakrauches reduziert sich zB das Auswahlermessen zur Beseitigung der Gefährdungen durch Tabakrauch auf den Erlass eines Rauchverbotes, wenn andere Maßnahmen (Lüftung, räumliche Trennung) einen wirksamen Schutz nicht gewährleisten können.[57] Einen Ermessensspielraum hat der Arbeitgeber gem. § 315 Abs. 1, 3 BGB

15

---

48 Überblick über die normativen Standards in den einzelnen Gesetzen zum Arbeits- und Gesundheitsschutz bei Münch/ArbR/Kohte § 290 Rn. 15. **49** BAG 19.5.2009 – 9 AZR 241/08, NZA 2009, 775; BAG 17.2.1998 – 9 AZR 84/97, NZA 1998, 1238; LAG München 2.3.1990 – 6 Sa 88/90, LAGE § 618 BGB Nr. 4; so schon Hueck/Nipperdey, Lehrbuch des Arbeitsrechts, 1963, § 48 Ziff. 5. **50** BAG 17.2.1998 – 9 AZR 84/97, NZA 1998, 1231; vertiefend Thelen, Nichtraucherschutz am Arbeitsplatz. **51** Dazu Düwell FA 2008, 74 (77). **52** BAG 19.5.2009 – 9 AZR 241/08, NZA 2009, 775 mAnm Kohte/Bernhardt, jurisPR-ArbR 12/2010 Anm. 4; zu den im Rahmen von § 5 Abs. 2 ArbStättV notwendigen Abwägungen zwischen Gesundheitsschutz und unternehmerischer Freiheit bei rauchendem Publikum BAG 10.5.2016 – 9 AZR 347/15, BAGE 155, 80 = NZA 2016, 1134 mAnm Klocke, jurisPR-ArbR 46/2016 Anm. 5. **53** Staudinger/Oetker BGB § 618 Rn. 179; MüKoBGB/Henssler BGB § 618 Rn. 53; BAG 17.2.1998 – 9 AZR 84/97, NZA 1998, 1231; ArbG Frankfurt/M. 24.10.2001 – 6 BV 167/01, AiB 2002, 436; LAG München 2.3.1990 – 6 Sa 88/90, LAGE § 618 BGB Nr. 4; jedenfalls bei vorangegangener selbstverantworteter Befindlichkeitssteigerung, LAG München 27.11.1990 – 5 Sa 542/90, NZA 1991, 521; aA bei individueller Fehlsichtigkeit und benötigter Bildschirmarbeitsbrille LAG Berlin 4.4.1986 – 14 Sa 9/86, LAGE NZA 1986, 609. **54** HWK/Krause BGB § 618 Rn. 5. **55** Zum neutraleren Begriff des Handlungsspielraums als betriebsverfassungsrechtlich vorzugswürdige Kategorie gegenüber der für sinnwidrig erachteten Alternative von Beurteilungs- und Ermessensspielraum ausführlich Münch/ArbR/Kohte § 290 Rn. 62; Kohte AuR 1984, 263 (269) sowie jetzt Schmidt AuR 2011, 382. **56** BAG 12.8.2008 – 9 AZR 1117/06, NZA 2009, 102; BAG 17.2.1998 – 9 AZR 84/97, NZA 1998, 1231; MüKoBGB/Henssler BGB § 618 Rn. 51, 53 am Beispiel des Nichtraucherschutzes; allgemein MüKoBGB/Henssler BGB § 618 Rn. 87; ErfK/Wank BGB § 618 Rn. 18 f.; HWK/Krause BGB § 618 Rn. 25; Münch/ArbR/Kohte § 291 Rn. 19. **57** Buchner Anm. zu BAG 19.5.2009 – 9 AZR 241/08, AP Nr. 30 zu § 618 BGB = NZA 2009, 775.

nach Billigkeitserwägungen auszufüllen. Übt er sein Ermessen nicht aus, kann das Gericht an seiner Stelle entscheiden.[58] Kann die zu ergreifende Arbeitsschutzmaßnahme nur durch Weisung gegenüber einem Kollegen oder durch allgemeine Anordnung gegenüber der Belegschaft realisiert werden, zB durch innerbetriebliche Regeln zum Raucherschutz, muss der Arbeitgeber gleichzeitig bei der Ausübung seines Weisungsrechts die Interessen der rauchenden Arbeitnehmer unter Billigkeitsgesichtspunkten berücksichtigen (§ 106 S. 2 GewO bzw. § 75 BetrVG).[59] Die ermessensfehlerfreie Konkretisierung der Schutzpflicht kann wiederum nicht ohne eine aktuelle Gefährdungsbeurteilung erfolgen, denn Grundlage für die Wahl der Maßnahmen muss immer eine Gefährdungsbeurteilung nach § 5 ArbSchG sein.[60] Diese Grundsätze gelten im Rahmen von § 5 Abs. 2 ArbStättV auch, wenn der Arbeitgeber ausnahmsweise eine Arbeitsstätte mit rauchendem Publikumsverkehr betreibt (→ ArbStättV Rn. 107 ff.).[61]

16 **ee) Beachtung kollektiver Mitbestimmungsrechte.** Der Handlungsspielraum kann in Betrieben mit Betriebsrat vom Arbeitgeber nicht ohne Mitwirkung des **Betriebsrates** ausgefüllt werden, soweit die zwingenden Mitbestimmungsrechte nach § 87 Abs. 1 BetrVG betroffen sind, die Mitbestimmungsrechte durch Tarifvertrag erweitert worden sind (§ 1 Abs. 1 TVG) oder eine Betriebsvereinbarung abgeschlossen ist. In Betracht kommt insbesondere das Mitbestimmungsrecht nach § 87 Abs. 1 Nr. 7 BetrVG zu Regelungen über die Verhütung von Arbeitsunfällen und Berufskrankheiten sowie über den Gesundheitsschutz.[62]

17 **ff) Natur der Dienstleistung.** Nicht alle mit Arbeit und Beschäftigung verbundenen gesundheitlichen Risiken lassen sich ausschließen, dies verdeutlicht auch § 4 Nr. 1 ArbSchG mit seiner Pflicht, vermeidbare Risiken auszuschließen und verbleibende Risiken möglichst gering zu halten. Ein akzeptables **Restrisiko** wird von den Beschäftigten hinzunehmen sein.[63] Gleichwohl ist durch den Vorbehalt in § 618 Abs. 1 BGB („als die Natur der Dienstleistung es gestattet") heute eine Aufweichung des arbeitsvertraglichen Arbeitsschutzes nicht mehr zu befürchten, da, wie oben gezeigt, die zahlreichen öffentlich-rechtlichen Arbeitsschutzvorschriften die Generalklausel des § 618 Abs. 1 BGB und damit auch das Tatbestandsmerkmal der Natur der Dienstleistung konkretisieren. Damit sind selbst im Hinblick auf die üblicherweise mit einer konkreten Dienstleistung verbundenen Gefährdungen allgemeine Präventionsmaßnahmen zu ergreifen. Selbst die in der Literatur aufgelisteten Beispiele scheinbar unvermeidbarer Gefährdungsfaktoren,[64] teilweise aus der Rechtsprechung stammend, darf nicht von vornherein das gesetzlich vorgeschriebene Arbeitsschutzinstrumentarium, dh Beurteilung, Ersetzung, Minimierung und Unterweisung, ausgeschlossen werden.[65] Aktuell diskutiert wurde die Natur der Dienstleistung immer wieder im Zusammenhang mit dem Nichtraucherschutz bei Arbeitsplätzen mit Publikumsverkehr[66] (→ ArbStättV Rn. 107 ff.).

18 **3. § 618 BGB als Transformationsnorm.** Die Grundsätze der **Transformation** des öffentlich-rechtlichen Arbeitsschutzes über § 618 Abs. 1 BGB in das Arbeitsvertragsrecht sind allgemein anerkannt (→ Rn. 9). Einigkeit besteht darüber, dass nicht jede öffentlich-rechtliche Arbeitsschutznorm transformiert wird. Im Detail ist die Reichweite der Transformation umstritten. Die hM hielt eine Norm bislang für transformationsfähig, wenn deren Auslegung ergebe, dass ihr Inhalt geeignet ist, Gegenstand einer arbeitsver-

---

[58] LAG Mainz 19.12.2008 – 9 Sa 427/08. [59] Ahrens NZA 1999, 686 (689). [60] Wilrich BG 2010, 40; zust. Kohte/Bernhardt, Anm. zu BAG 19.5.2009 – 9 AZR 241/08, jurisPR-ArbR 12/2010 Anm. 4 = NZA 2009, 775. [61] BAG 10.5.2016 – 9 AZR 347/15, BAGE 155, 80 = NZA 2016, 1134 mAnm Klocke, jurisPR-ArbR 46/2016 Anm. 5; Kock NJW 2017, 198 ff.; vertiefend Thelen, Nichtraucherschutz am Arbeitsplatz, S. 97 ff. [62] BAG 12.8.2008 – 9 AZR 1117/06, NZA 2009, 102 sowie BAG 8.6.2004 – 1 ABR 4/03, NZA 2004, 1175 für die Gefährdungsbeurteilung nach § 5 ArbSchG. [63] Statt vieler ErfK/Wank BGB § 618 Rn. 14; Münch/ArbR/Kohte § 291 Rn. 20; MüKoBGB/Henssler BGB § 618 Rn. 57. [64] Vgl. nur Staudinger/Oetker BGB § 618 Rn. 231 ff., 233: zB Raumtemperatur im Delikatessengeschäft oder unvermeidbare Staubentwicklung. [65] Ähnlich schon Hueck/Nipperdey, Lehrbuch des Arbeitsrechts, I § 48 II Ziff. 3; letztlich so auch Staudinger/Oetker BGB § 618 Rn. 233; HWK/Krause BGB § 618 Rn. 13. [66] Instruktiv dazu Bernhardt/Kohte Anm. zu BAG 19.5.2009 – 9 AZR 241/08, jurisPR-ArbR 12/2010 Anm. 4 = NZA 2009, 775.

traglichen Vereinbarung zu sein.[67] Danach seien jedenfalls Vorschriften mit Organisations- oder Ordnungscharakter[68] ebenso wie solche, die den Arbeitnehmer nur als Mitglied der Gesamtbelegschaft oder einer Arbeitnehmergruppe schützen sollen, nicht transformationsfähig.[69]

Vom 9. Senat des Bundesarbeitsgerichts ist diese Abgrenzung 2008 modifiziert worden. 19
Mit dem zutreffenden Argument, auch zur Einhaltung von Ordnungs- oder Organisationsvorschriften könne sich der Arbeitgeber durchaus einzelvertraglich verpflichten,[70] sei statt nach der Eignung der Norm vielmehr nach deren **Schutzzweck** zu fragen.[71] In fortgeführter Rechtsprechung differenziert der 9. Senat nunmehr danach, ob die öffentlich-rechtliche Arbeitsschutzvorschrift gerade auch auf den Schutz des einzelnen Beschäftigten zielt.[72] Dies ist zumindest insoweit nicht neu, als dass auch die Vertreter der bisherig hM jedenfalls grundsätzlich zugleich für eine schutzzweckorientierte Auslegung plädierten, wenngleich nicht immer mit übereinstimmenden Auslegungsergebnissen.[73] Auch wenn künftig die Transformationsfähigkeit jeweils einzeln anhand des Schutzzwecks durch Auslegung zu ermitteln bleibt, ist die **schutzzweckorientierte Differenzierung** in jedem Fall unerlässlich und mit ihr eine umfassende Bereichsausnahme von Ordnungs- und Organisationsvorschriften oder Solidarnormen keinesfalls mehr zu vereinbaren. Vielmehr ist nach dem heutigen Stellenwert von Informations-, Kommunikations- und Organisationspflichten für jede einzelne Norm des Arbeitsschutzes deren zugleich individualschützender Charakter festzustellen[74] (zu Einzelbeispielen → Rn. 36 ff.).

4. Anwendungsbereich. a) Persönlicher Schutzbereich. § 618 Abs. 1 BGB erfasst schon 20
seinem Wortlaut nach nicht nur **Arbeitsverträge**, sondern auch **Dienstverhältnisse**.[75] Die über das allgemeine Maß nach § 241 Abs. 2 BGB hinausgehende und nach § 618 Abs. 1 BGB besonders geschuldete Interessenwahrung richtet sich nicht nach Fürsorgegesichtspunkten, sondern dem normativen Schutzzweck entsprechend nach der vom Gläubiger geschaffenen Gefahrenlage, unter der der Schuldner seine Dienstleistung erbringen muss.[76] Unter Berücksichtigung der Herrschafts- und Organisationsverantwortung des Gläubigers für die zu erbringende Tätigkeit wird § 618 Abs. 1 BGB auch auf andere Vertragsverhältnisse angewandt.[77] Bejaht hat die Rechtsprechung die (analoge) Anwendung bisher auf dienstvertragsähnliche **Werkverträge**[78] und **Auftragsverhältnisse**.[79] In Fortsetzung dieser Rechtsprechung und unter unionsrechtskonformer Auslegung von § 618 Abs. 1 BGB ist dieser auch auf **arbeitnehmerähnliche Personen** nach § 2 Abs. 2 Nr. 3 ArbSchG anzuwenden.[80] Eine Analogie von § 618 Abs. 1 BGB wird auch

---

[67] So noch BAG 21.8.1985 – 7 AZR 199/83, NZA 1986, 324; ebenso MüKoBGB/Henssler BGB § 618 Rn. 9; HWK/Krause BGB § 618 Rn. 6; Staudinger/Oetker BGB § 618 Rn. 19; Erman/Belling BGB § 618 Rn. 4; BR/Fuchs BGB § 618 Rn. 14. [68] Vgl. ErfK/Wank BGB § 618 Rn. 5; MüKoBGB/Henssler BGB § 618 Rn. 9; HWK/Krause BGB § 618 Rn. 6; Erman/Belling BGB § 618 Rn. 4. [69] MüKoBGB/Henssler BGB § 618 Rn. 9; BR/Fuchs BGB § 618 Rn. 14. [70] Hierauf verweisend schon Faber, Die arbeitsschutzrechtlichen Grundpflichten, S. 414; Kohte, Anm. zu BAG 12.8.2008 – 9 AZR 1117/06, jurisPR-ArbR 13/2009 Anm. 1 = NZA 2009, 102. [71] BAG 12.8.2008 – 9 AZR 1117/06, NZA 2009, 102 m. zust. Anm. Kohte; Münch/ArbR/Kohte § 291 Rn. 14. [72] Bestätigt in BAG 19.5.2009 – 9 AZR 241/08, NZA 2009, 775 m. zust. Anm. Buchner AP Nr. 30 zu § 618 BGB; deutlich zweifelnd an der Tauglichkeit der neuen Differenzierungslinie dagegen Lange SAE 2010, 152 (153). [73] Vgl. nur MüKoBGB/Henssler BGB § 618 Rn. 9; ErfK/Wank BGB § 618 Rn. 5; HWK/Krause BGB § 618 Rn. 6; BR/Fuchs BGB § 618 Rn. 14; Erman/Belling BGB § 618 Rn. 4. [74] Ausführlich schon von anderen Beispielen dazu Münch/ArbR/Kohte § 291 Rn. 14 f. [75] BGH 6.4.1995 – VII ZR 36/94, NJW 1995, 2629 = ZIP 1995, 1280. [76] Staudinger/Oetker BGB § 618 Rn. 104. [77] Jauernig/Mansel BGB §§ 618/619 Rn. 1; MüKoBGB/Henssler BGB § 618 Rn. 25; ausdrücklich auch für Geschäftsbesorgungsverträge, Wiedereingliederungsverhältnisse iSv § 28 SGB IX, iSd Arbeitsförderungsrechts, oder gesellschaftsvertragliche Mitarbeit Staudinger/Oetker BGB § 618 Rn. 102 ff.; Nebe in: FS Lörcher, S. 84, 95 f. [78] BGH 5.2.1952 – GSZ 4/51, BGHZ 5, 62 (65); ausführlich Julius, Arbeitsschutz und Fremdfirmenbeschäftigung, S. 213 ff.; Bremer, Arbeitsschutz im Baubereich, S. 192 ff. [79] BGH 9.2.1955 – VI ZR 286/53, BGHZ 16, 265; Staudinger/Oetker BGB § 618 Rn. 101; Erman/Belling BGB § 618 Rn. 3. [80] Müller, Die arbeitnehmerähnliche Person im Arbeitsschutzrecht, S. 228; Münch/ArbR/Kohte § 291 Rn. 11.

bei ehrenamtlichen Tätigkeiten bejaht,[81] wobei allerdings normzweckorientiert im Einzelfall zu prüfen ist, inwieweit nicht doch tatsächlich ein Arbeitsverhältnis begründet worden ist.[82] Anders als im öffentlich-rechtlichen Arbeitsschutz, der die **Hausangestellten** in privaten Haushalten ausdrücklich vom Geltungsbereich des ArbSchG ausnimmt (vgl. § 1 Abs. 2 S. 1 ArbSchG → ArbSchG § 1 Rn. 22 ff.), werden die Hausangestellten von der Schutzpflicht des Arbeitgebers im privaten Haushalt gem. § 618 BGB erfasst.[83]

21 Es ist zu berücksichtigen, dass sich die **Anwendungsbereiche** des Arbeitsschutzgesetzes und des § 618 Abs. 1 BGB in direkter oder analoger Anwendung in mehrfacher Hinsicht nicht decken. Dienstverpflichtete, die dem Beschäftigtenbegriff des § 2 Abs. 2 ArbSchG nicht unterfallen (→ ArbSchG § 2 Rn. 19, 21 ff.),[84] wie zB freie Dienstverpflichtete oder Werkunternehmer, die mangels einer sozialen Schutzbedürftigkeit nicht zugleich als arbeitnehmerähnliche Personen angesehen werden können, sind nicht in den Geltungsbereich des Arbeitsschutzgesetzes einbezogen.[85] Zur Konkretisierung des in diesen Vertragsverhältnissen gleichwohl geltenden § 618 Abs. 1 BGB kann nicht in gleicher Weise auf das gesamte öffentlich-rechtliche Arbeitsschutzrecht zurückgegriffen werden wie bei einem Arbeitsverhältnis, da dies dem ausdrücklich beschränkten Geltungsbereich des öffentlich-rechtlichen Arbeitsschutzes widersprechen würde. Gleichwohl wird den arbeitsschutzrechtlichen Vorschriften jedenfalls eine „schwächere" Konkretisierungsfunktion auch außerhalb des Anwendungsbereiches des ArbSchG zukommen.[86] Hier wird im Einzelfall schutzzweckbezogen zu argumentieren sein, inwieweit die unbestimmten Rechtsbegriffe des § 618 Abs. 1 BGB durch öffentlich-rechtliches Arbeitnehmerschutzrecht näher bestimmt werden.[87]

22 Im **persönlichen Anwendungsbereich** wird § 618 Abs. 1 BGB im Vergleich zu § 2 Abs. 2 ArbSchG enger gefasst. Gleichlauf besteht insoweit, dass beide Normen die privaten Arbeitsverhältnisse des öffentlichen Dienstes erfassen.[88] Grundsätzlich ausgeschlossen wird die (direkte und analoge) Anwendung von § 618 Abs. 1 BGB jedoch für die Rechtsverhältnisse der Richter, Beamten und Soldaten,[89] obwohl diese wiederum als Beschäftigte nach § 2 Abs. 2 Nr. 4, 5, 6 ArbSchG dem öffentlich-rechtlichen Arbeitsschutzrecht unterfallen.[90] Über die spezialgesetzlichen Regelungen zur Schutzpflicht des Dienstherrn in den Beamtengesetzen des Bundes und der Länder (§ 78 BBG, § 45 BeamtStG) lassen sich die Arbeitsschutznormen ebenfalls transformieren, so dass auch in diesen Rechtsverhältnissen Schutzlücken nicht zu erwarten sind (zu weiteren Regelungen für den Arbeitsschutz im öffentlichen Dienst → ArbSchG § 20 Rn. 1).[91]

23 Nach allgemeiner Ansicht werden durch die Verweisung in § 10 Abs. 2 BBiG auf das allgemeine Arbeitsrecht auch § 618 Abs. 1 BGB und die Grundsätze der Transformati-

---

81 Staudinger/Oetker BGB § 618 Rn. 101 unter Verweis auf Engel, Ehrenamt und Arbeitsrecht, 1994, S. 155 ff. **82** Exemplarisch am Beispiel der Diskussion um die DRK-Schwestern Schulze-Doll/Nebe AuR 2010, 216 ff. **83** Dazu sowie zu den notwendigen Änderungen im Zuge der inzwischen durch Gesetz vom 27.6.2013 – BGBl. II 2013, 922 – erfolgten Ratifikation des ILO-Übereinkommens Nr. 189 Kocher, Hausarbeit als Erwerbsarbeit: Der Rechtsrahmen in Deutschland: Voraussetzungen einer Ratifikation der ILO-Domestic Workers Convention durch die Bundesrepublik Deutschland, Hans-Böckler-Stiftung 2012, S. 1, 17 ff.; Scheiwe/Schwach ZIAS 2012, 313 ff. **84** Müller, Die arbeitnehmerähnliche Person im Arbeitsschutzrecht, S. 221 ff. **85** Staudinger/Oetker BGB § 618 Rn. 68; Kollmer/Klindt/Schucht/Kohte § 2 Rn. 32 ff., 37 ff., 115 ff. **86** Staudinger/Oetker BGB § 618 Rn. 148. **87** Enger wohl ErfK/Wank BGB § 618 Rn. 4 aE, der das öffentlich-rechtliche Arbeitsschutzrecht bei Dienstverträgen grundsätzlich nicht anwenden will. **88** Staudinger/Oetker BGB § 618 Rn. 108; MüKoBGB/Henssler BGB § 618 Rn. 26, 76. **89** Erman/Belling BGB § 618 Rn. 2; HWK/Krause BGB § 618 Rn. 9; MüKoBGB/Henssler BGB § 618 Rn. 26; ErfK/Wank BGB § 618 Rn. 1; BVerwG 13.9.1984 – 2 C 33/82, NJW 1985, 877. **90** Staudinger/Oetker BGB § 618 Rn. 108, 110; zu den Möglichkeiten der Bereichsausnahme durch § 20 ArbSchG MüKoBGB/Henssler BGB § 618 Rn. 77 f.; zu den unionsrechtlichen Schranken der Bereichsausnahme wegen Art. 2 RL 89/391/EWG wiederum Münch/ArbR/Kohte § 289 Rn. 14 ff. **91** Staudinger/Oetker BGB § 618 Rn. 109; MüKoBGB/Henssler BGB § 618 Rn. 76; Münch/ArbR/Kohte § 291 Rn. 11; ausführlich Leisner, Arbeitsschutz im öffentlichen Dienst, 1991; VG Augsburg 20.9.2012 – Au 2 K 11.1082.

on erfasst, so dass die öffentlich-rechtlichen Schutzbestimmungen auch in die **Ausbildungsverhältnisse** nach § 2 Abs. 2 Nr. 2 ArbSchG transformiert werden.[92]

Einen wichtigen Anwendungsfall für § 618 Abs. 1 BGB bilden die **Leiharbeitsverhältnisse**. Auch Entleiher sind dem Leiharbeitnehmer unbeschadet des fehlenden Vertragsverhältnisses zur Einhaltung der öffentlich-rechtlichen Arbeitsschutzvorschriften und zu besonderen Maßnahmen, zB § 12 Abs. 2 ArbSchG, verpflichtet (§ 11 Abs. 6 AÜG, → ArbSchG § 8 Rn. 6, 15 f.).[93] Die Arbeitnehmerüberlassung eines Leiharbeitnehmers begründet zwischen Entleiher und Leiharbeitnehmer eine „**rechtliche Beziehung mit arbeitsrechtlichem Charakter**".[94] Konsequenterweise folgt hieraus, dass mit dem Weisungsrecht, das dem Entleiher gegenüber echten und unechten Leiharbeitnehmern zusteht, zugleich die Schutzpflicht gem. § 618 BGB im Verhältnis zwischen Leiharbeitnehmer und Entleiher korrespondiert.[95] Für sonstige Fremdfirmenbeschäftigte, zB Arbeitnehmer eines Werkunternehmers, wird zum Teil eine analoge Anwendung von § 618 Abs. 1 BGB auch im Verhältnis zum Besteller,[96] zum Teil aber hier auch der Rückgriff auf vertragliche Ansprüche aus dem Werkvertrag als Vertrag mit Schutzwirkung für Dritte befürwortet.[97] 24

Bedeutsam ist die Konstellation des (Arbeits-)Vertrages mit Schutzwirkung für Dritte auch in umgekehrter Richtung, und zwar zugunsten der **Familienangehörigen** des Arbeitnehmers, zB bei deren erlaubtem Aufenthalt auf dem Betriebsgelände oder bei deren Konfrontation mit Gefahrstoffen.[98] 25

b) Sachlicher Schutzbereich. Im Wege des § 618 Abs. 1 BGB lassen sich alle Normen des öffentlich-rechtlichen Arbeitsschutzes in das Arbeitsvertragsrecht überführen, die zumindest auch den Schutz des einzelnen Beschäftigten bewirken sollen (→ Rn. 19). Zutreffend bejaht das Bundesarbeitsgericht die Transformationswirkung auch für baurechtliche Bestimmungen.[99] Von Einigen wird der systematischen Unterteilung des Arbeitsschutzes[100] folgend befürwortet, die Transformationswirkung des § 618 Abs. 1 BGB auf die Normen des technischen Arbeitsschutzes zu beschränken.[101] Diese allein mit der Entstehungsgeschichte zu begründende Sicht ist heute überholt. Auch der soziale Arbeitsschutz, insbesondere die **Regulierung der Arbeitszeit**, ist in den Anwendungsbereich des § 618 Abs. 1 BGB einzubeziehen (→ ArbZG § 3 Rn. 50; → ArbZG § 9 Rn. 25).[102] 26

Die Einbeziehung des sozialen Arbeitsschutzes kann zudem nicht länger davon abhängig sein, ob mit der öffentlich-rechtlichen Norm allein **Gesundheitsgefahren** abgewehrt werden sollen.[103] Einen vergleichbaren Stellenwert nehmen heute auch die Schutzpflichten im Hinblick auf das **Persönlichkeitsrecht** ein. Unabhängig davon, dass die Schutzpflichten in § 12 AGG privatrechtlich einzuordnen sind, verdeutlichen diese, dass das Arbeitsverhältnis als Organisationsverhältnis wesentliche Organisationspflich- 27

---

92 Münch/ArbR/Kohte § 291 Rn. 11; ähnlich Staudinger/Oetker BGB § 618 Rn. 94; exemplarisch LAG Nürnberg 9.6.2017 – 7 Sa 231/16. **93** Ausführlich Julius, Arbeitsschutz und Fremdfirmenbeschäftigung, S. 128 ff. **94** So explizit BAG 15.3.2011 – 10 AZR 49/10, AuR 2011, 452 = NZA 2011, 653; so schon ArbG Freiburg 7.7.2010 – 12 Ca 188/10. **95** BAG 5.5.1988 – 8 AZR 484/85, NZA 1989, 340 Rn. 19; Münch/ArbR/Kohte § 291 Rn. 11; für eine analoge Anwendung HWK/Krause BGB § 618 Rn. 9 unter Hinweis auf Art. 8 RL 91/383/EWG; aA Staudinger/Oetker BGB § 618 Rn. 97 und MüKoBGB/Henssler BGB § 618 Rn. 25: für vertragliche Einbeziehung des Leiharbeiters in die Schutzwirkungen des Arbeitnehmerüberlassungsvertrages. **96** Münch/ArbR/ Kohte § 291 Rn. 11; Julius, Arbeitsschutz und Fremdfirmenbeschäftigung, S. 217. **97** OLG Saarbrücken 18.3.2010 – 8 U 3/09, MDR 2010, 919; Staudinger/Oetker BGB § 618 Rn. 95. **98** Mit Beispielen dazu Münch/ArbR/Kohte § 291 Rn. 11. **99** BAG 19.2.1997 – 5 AZR 982/94, NZA 1997, 821; zust. Münch/ArbR/Kohte § 291 Rn. 10 mwN. **100** Allgemein dazu MüKo/Henssler BGB § 618 Rn. 10 ff.; krit. zur pauschalen Herausnahme der Schutzbestimmungen zugunsten besonders schutzbedürftiger Beschäftigtengruppen (zB behinderter Arbeitnehmer, werdender Mütter und Jugendlicher) aus dem technischen Arbeitsschutz Nebe, Betrieblicher Mutterschutz, S. 314 f. **101** So MüKoBGB/Lorenz, 4. Aufl., BGB § 618 Rn. 21, 56. **102** BAG 16.3.2004 – 9 AZR 93/03, NZA 2004, 927; BAG 18.11.2008 – 9 AZR 737/07, NZA-RR 2009, 354; Staudinger/Oetker BGB § 618 Rn. 20, 26; Münch/ArbR/Kohte § 291 Rn. 10; Nebe in: FS Löricher, S. 84, 91 f.; Weber, Die fähigkeitsgerechte Beschäftigung, 2015, S. 166 ff., 174 ff.; im Ergebnis auch MüKoBGB/Henssler BGB § 618 Rn. 24. **103** So jedoch Staudinger/Oetker BGB § 618 Rn. 26.

ten des Arbeitgebers zum Schutz der Beschäftigten längst nicht nur im Hinblick auf deren Gesunderhaltung, sondern auch im Hinblick auf deren Persönlichkeitsschutz beinhaltet. Gleichermaßen dienen die Urlaubsansprüche nach §§ 1, 7 BUrlG neben dem Gesundheits- zumindest auch dem Persönlichkeitsschutz, sind zugleich aber auch über ihre unionsrechtliche Verankerung in der Arbeitszeitrichtlinie (Art. 7 RL 2003/88/EG) unzweifelhaft Gegenstand des transformationsfähigen Arbeitszeitschutzes (→ Urlaub und Gesundheitsschutz Rn. 14 sowie → Unionsrecht Rn. 27).

28 **c) Normqualität der öffentlich-rechtlichen Arbeitsschutznorm.** Transformationsfähig sind grundsätzlich alle Rechtsquellen des öffentlich-rechtlichen Arbeitsschutzes und damit nicht nur staatliche Gesetze und Verordnungen, sondern auch autonome Arbeitsschutzbestimmungen, wie zB Unfallverhütungsvorschriften. Daneben kommen internationale, supranationale und europäische Rechtsquellen in Betracht[104] (→ Rn. 11 ff.). Sonstige Richtlinien, Regeln, technische Normen und Sicherheitsstandards, die zwar nicht zu den klassischen Rechtsquellen zu zählen sind, konkretisieren die unbestimmten Rechtsbegriffe des öffentlich-rechtlichen Arbeitsschutzrechts in geregelten Verfahren (→ ArbSchG § 4 Rn. 90). Anders als die rechtsverbindlichen Gesetze, Verordnungen und Unfallverhütungsvorschriften binden die darin jeweils in Bezug genommenen allgemein anerkannten Regeln, die gesicherten arbeitswissenschaftlichen Erkenntnisse und der Stand von Wissenschaft, Technik, Arbeitsmedizin und Hygiene (normative Standards)[105] den Schutzpflichtigen nicht absolut, sondern überlassen ihm, von diesen Regeln abzuweichen, soweit die Sicherheit auf gleiche Weise gewährleistet ist. Im Streitfall können die Gerichte die herangezogenen untergesetzlichen Regeln überprüfen.[106]

29 **5. Inhalt der Schutzpflichten (Abs. 1). a) Räume.** Der Inhalt der Schutzpflichten erstreckt sich auf die Räume, wobei der Begriff schutzzweckorientiert weit auszulegen ist.[107] Als Räume iSd § 618 BGB gelten auch die den Beschäftigten zugewiesenen **Arbeitsplätze**, die sich nicht in einem geschlossenen Gebäude befinden.[108] Detailvorgaben enthalten insbesondere die ArbStättV und die darauf basierenden Technischen Regeln für Arbeitsstätten (ASR) (→ ArbStättV Rn. 21 ff., → ArbStättV Rn. 84 ff.).

30 **b) Vorrichtungen und Gerätschaften.** Auch die Rechtsbegriffe der Vorrichtungen und Gerätschaften sind im weitesten Sinne auszulegen und umfassen alle Gegenstände, die für die Arbeitsleistung **benötigt** werden, dh Maschinen, Werkzeuge, Arbeitsgeräte, technische Arbeitshilfen, Arbeitskleidung, Roh- und Hilfsstoffe, Schutzausrüstungen usw.[109] Detailvorgaben hierzu finden sich insbesondere[110] im ProdSG[111] und im ArbSchG und in den auf deren Grundlage ergangenen Verordnungen, wie zB in der PSA-BV, der BetrSichV und der BiostoffV.[112] Der Arbeitgeber ist daher auch aus § 618 Abs. 1 BGB verpflichtet, nur Arbeitsmittel und persönliche Schutzausrüstungen zu verwenden, die dem ProdSG bzw. den darauf basierenden Rechtsverordnungen entsprechen[113] (→ PSA-BV Rn. 12; → BetrSichV Rn. 34, 46 ff.; → BiostoffV Rn. 21 f.).

31 Dem Wortlaut nach ist die Schutzpflicht auf Vorrichtungen und Gerätschaften begrenzt, die der Dienstberechtigte zu beschaffen hat. Hieran anknüpfend soll die Schutz-

---

104 Ausführlich Staudinger/Oetker BGB § 618 Rn. 34–86; Münch/ArbR/Kohte § 288 Rn. 42 f. **105** Überblick zur Dreistufigkeit der normativen Standards Fitting BetrVG § 87 Rn. 282 ff. **106** BVerwG 31.1.1997 – 1 C 20/95, NZA 1997, 482; OVG NRW 15.10.1997 – 4 A 4806/95, GewArch 1998, 202; allgemein zur Vielfalt an normativen Standards und ihrer Überprüfungsmöglichkeit Münch/ArbR/Kohte § 290 Rn. 21 ff. **107** BAG 19.2.1997 – 5 AZR 982/94, NZA 1997, 821 = BAGE 85, 155; HWK/Krause BGB § 618 Rn. 14. **108** Vgl. BGH 20.2.1958 – VII ZR 76/57, BGHZ 26, 365; OLG Saarbrücken 18.3.2010 – 8 U 3/09, MDR 2010, 919. **109** MüKoBGB/Henssler BGB § 618 Rn. 38; Staudinger/Oetker BGB § 618 Rn. 120 f.; zB Sicherheitskanülen gem. TRBA 250, dazu LAG Nürnberg 9.6.2017 – 7 Sa 231/16. **110** ErfK/Wank BGB § 618 Rn. 10 sieht die „Vorrichtungen und Gerätschaften" durch den Begriff der technischen Arbeitsmittel iSd damaligen § 2 GPSG begrenzt. **111** Zur Rolle des GPSG als Vorläufer des ProdSG für einen vorgreifenden produktbezogenen Arbeitsschutz Münch/ArbR/Kohte § 294 Rn. 4 ff., 31; zu den Folgen für die Legalzession gem. § 116 Abs. 1 S. 1 SGB X OLG Frankfurt 3.2.2017 – 8 U 128/16. **112** Näher MüKoBGB/Henssler BGB § 618 Rn. 38 ff., 44 ff. **113** Staudinger/Oetker BGB § 618 Rn. 158; Kohte/Nebe JB UTR 2009, 321 (329 ff.); HWK/Krause BGB § 618 Rn. 17; aA ErfK/Wank BGB § 618 Rn. 11.

pflicht beschränkt sein, soweit der Dienstverpflichtete Gegenstände selbst beschafft hat.[114] Am Fall der Bildschirmbrille nach § 6 Abs. 2 BildscharbV aF, einem praktisch häufigen Fall **selbstbeschaffter Schutzausrüstung**, zeigt sich, dass diese Sichtweise dem Schutzzweck des § 618 Abs. 1 BGB zuwiderläuft (→ Rn. 20). Die Sachausstattung ist nur ein Teil der umfassenden Schutzpflicht bei Schutzausrüstungen. Im Rahmen der vorzunehmenden Gefährdungsbeurteilung wird präventiv nach möglichen Risiken im Einzelfall, zB wegen am Körper getragener medizinischer Hilfsmittel (zB auch bei Prothesen, Perücken oder Herzschrittmacher), zu fragen sein. Die Selbstbeschaffung entbindet den Dienstberechtigten daher nicht grundsätzlich von den übrigen Pflichten. In jedem Fall erstreckt sich die Schutzpflicht auch auf vom Dienstverpflichteten beschaffte Arbeitsmittel, wenn für den Dienstberechtigten erkennbar ist, dass sich hieraus bei der Leistungserbringung Gesundheitsrisiken ergeben können.[115] Mehr denn je nutzen Beschäftigte heute ihre eigenen technischen Geräte zu Dienstzwecken; in der Debatte um die Auswirkungen der Digitalisierung der Arbeitswelt[116] werden die Rechtsfolgen des Phänomens unter dem Schlagwort „bring your own device" (BYOD) diskutiert. Einzelbestimmungen regeln schon heute konkrete die Reichweite der Arbeitsschutzpflichten bezogen auf selbstbeschaffte Arbeitsmittel, vgl. § 5 Abs. 4 BetrSichV (→ BetrSichV Rn. 34). Dies verdeutlicht, dass auch die insoweit nicht konkreten, aber allgemeinen Generalklauseln, wie hier § 618 BGB, der Entwicklung entsprechend ausgelegt werden müssen.[117]

Die Schutzpflicht kann auch im Hinblick auf die besonderen **Gestaltungs- und Anpassungspflichten** im Einzelfall (zB nach § 81 Abs. 4 SGB IX, ab 1.1.2018: § 164 SGB IX) nicht strikt danach abgegrenzt werden, wer die Sache an den Arbeitsplatz gebracht hat. Wird ein Arbeitsplatz in Zusammenarbeit zwischen Arbeitgeber und Rehabilitationsträger und/oder Integrationsamt behinderungsgerecht gestaltet (§§ 33 Abs. 8 Nr. 4 u. 5, 102 Abs. 3 S. 1 Nr. 1 lit. a, Nr. 2 lit. a SGB IX, ab 1.1.2018: §§ 49, 185 SGB IX), so hat der Arbeitgeber sich ggf. auch durch Beratung seitens des Sozialleistungsträgers über mögliche Gebrauchsrisiken zu informieren und diese in die nach §§ 3, 5 ArbSchG zu ermittelnden Maßnahmen einzubeziehen.

Die Kontrollpflicht des Arbeitgebers bezüglich der zur Arbeitsleistung genutzten Gerätschaften besteht nicht nur vor der ersten Verwendung, sondern bleibt in der Folgezeit bestehen und führt zu einer regelmäßigen Überprüfungspflicht, selbst wenn daneben auch Kontroll- bzw. Überwachungspflichten Dritter (zB Hersteller) bestehen. Auch die umfassende Verantwortlichkeit der Hersteller für den produktbezogenen Arbeitsschutz entlastet den Arbeitgeber nicht von seiner Sicherheitsverantwortung; er bleibt aus unmittelbarer Pflicht (§ 618 Abs. 1 BGB, § 4 Nr. 1 ArbSchG) auch fortlaufend für die Sicherheitskontrolle verantwortlich (zu den Haftungsfolgen einer infolge von § 104 SGB VII evtl. gestörten Gesamtschuld → Rn. 57 ff.).[118] 32

c) Regelungen der Dienstleistungen. Die Alternative der Regelungen der Dienstleistungen betrifft letztlich alle gesundheitsschutzbezogenen Fragen und Aspekte im Zusammenhang mit der **Art und Weise der Arbeitsleistung, der Dauer und der Lage der Arbeitszeit**[119] sowie dem **Arbeitsort**. Durch § 618 Abs. 1 BGB wird das Weisungsrecht (§ 315 BGB, § 106 GewO) flankiert.[120] Grundlegende Vorgaben sind inzwischen gesetzlich geregelt, wie zB allgemeine und spezielle Unterrichtungs- und Einweisungspflichten (§§ 9 Abs. 1, 12 ArbSchG, § 14 GefStoffV, § 9 BetrSichV, § 4 LasthandhabV, § 3 PSA-BV, § 11 LärmVibrationsArbSchV – Überblick bei → ArbSchG § 12 Rn. 2). 33

---

114 ZB Staudinger/Oetker BGB § 618 Rn. 122. 115 Staudinger/Oetker BGB § 618 Rn. 122. 116 Zum weiten Feld von Arbeiten 4.0 und Arbeitsschutz vgl. Krause, Digitalisierung der Arbeitswelt – Herausforderung und Regelungsbedarf, Gutachten zum 71. DJT, Bd. I, Teil B, S. 24 ff., 58 ff.; ders. NZA 2016, 2004; Kohte NZA 2015, 1417. 117 Detailliert zur Reichweite der Arbeitgeberpflicht bzgl. BYOD Kohte NZA 2015, 1417 (1421 f.); skeptisch gegenüber dieser Verantwortungserweiterung hingegen Wiebauer NZA 2016, 1430 (1432). 118 ErfK/Wank BGB § 618 Rn. 11; anschaulich OLG Frankfurt 3.2.2017 – 8 U 128/16. 119 BAG 16.3.2004 – 9 AZR 93/03, NZA 2004, 927 (928). 120 Staudinger/Oetker BGB § 618 Rn. 166.

Darüber hinaus besteht eine große Fülle[121] anderer Normen, die den Arbeitgeber bei festgestellten Gesundheitsrisiken zu Schutz- und Anpassungsmaßnahmen verpflichten (neben der allgemeinen Pflicht in § 3 ArbSchG weitergehend zB §§ 7, 10 LärmVibrationsArbSchV, §§ 10–12 GefStoffV, § 2 MuSchG (ab 1.1.2018: § 9 MuSchG 2018), § 81 Abs. 4 SGB IX, § 8 ArbMedVV). Die Dauer und Lage der Arbeitszeit wird durch kollektivvertragliche Regelungen und das Arbeitszeitgesetz konkretisiert. Unabhängig von diesen generellen Vorgaben hat der Dienstberechtigte im Einzelfall den Verpflichteten vor Überanstrengungen und Gefährdungen wegen gesundheitsgefährdender Gestaltung der Arbeitszeit zu schützen.[122]

34 Weist der Berechtigte dem Verpflichteten eine Tätigkeit außerhalb des **Betriebsgeländes** und damit außerhalb seines Organisations- und Herrschaftsbereiches zu, so befreit ihn das nicht von seinen öffentlich-rechtlichen und damit auch nicht von seinen über § 618 Abs. 1 BGB transformierten vertraglichen Schutz- und Organisationspflichten.[123] Dies betrifft insbesondere den Verleiher bei Leiharbeit (§ 12 Abs. 2 ArbSchG, § 11 Abs. 6 AÜG, → Rn. 24), aber auch sonstige Berechtigte bei besonderen Arbeitsorten, wie zB bei Reisetätigkeiten oder bei Homework. Die unter dem Label **„Arbeiten 4.0"** diskutierten Entgrenzungen betriebsbezogener Arbeit[124] rücken die mit orts- und zeitflexibler Arbeit verbundenen Herausforderungen an den Arbeitsschutz verstärkt in den Fokus. Die Antworten, die im staatlichen Arbeitsschutz gesucht werden müssen, zum Teil schon zu finden sind,[125] werden sowohl bei der Auslegung des § 618 BGB, jedenfalls aber auch im Zusammenhang mit der Reichweite seiner Transformationsfunktion zu berücksichtigen sein.

35 **d) Individuelle Besonderheiten.** Zugunsten **besonders gefährdeter Beschäftigtengruppen** legen verschiedene Normen besondere Konkretisierungen der vertraglichen Schutzpflicht fest (§ 2 MuSchG (ab 1.1.2018: § 9 MuSchG 2018), §§ 81 Abs. 4, 124 SGB IX (ab 1.1.2018: §§ 164 Abs. 4, 197 SGB IX), §§ 4, 8, 11–18, 22–24 JArbSchG). Der Dienstberechtigte hat schon vor diesem Regelungshintergrund spezifische Schutzbedürfnisse auch einzelvertraglich zu erfüllen. Darüber hinaus sind auch sonst im Einzelfall die besonderen individuellen Gegebenheiten bei der Erfüllung der Schutzpflichten nach § 618 Abs. 1 BGB vom Dienstberechtigten zu berücksichtigen (→ ArbSchG § 7 Rn. 16).[126]

36 **e) Einzelfälle.** Höchstrichterlich anerkannt ist inzwischen, dass gem. § 5 Abs. 1 ArbStättV, § 618 Abs. 1 BGB auch der einzelne Beschäftigte einen vertraglichen Anspruch auf Zuweisung eines **tabakrauchfreien Arbeitsplatzes** hat und die unternehmerische Betätigungsfreiheit, zB bei Publikumsverkehr (§ 5 Abs. 2 ArbStättV), durch Verbote, zB landesgesetzliche Rauchverbote, beschränkt werden kann (→ ArbStättV Rn. 107 ff.).[127]

37 Die Pflicht zur **Gefährdungsbeurteilung** gem. § 5 Abs. 1 ArbSchG begründet ebenfalls einen vertraglichen Anspruch gegen den Arbeitgeber. Dies gilt, obwohl § 5 ArbSchG mit der Pflicht zur Gefährdungsbeurteilung begrifflich weiter gefasst ist als die wesentlich ältere Norm des § 618 Abs. 1 BGB, die dem Wortlaut nach zwar noch auf den Ge-

---

121 HWK/Krause BGB § 618 Rn. 19 spricht hingegen von vergleichsweise wenigen öffentlich-rechtlichen Arbeitsschutzvorschriften mit dem Gegenstand der Regelung der Dienstleistung. **122** Erman/Belling BGB § 618 Rn. 13; ErfK/Wank BGB § 618 Rn. 13; HWK/Krause BGB § 618 Rn. 21; Soergel/Kraft BGB § 618 Rn. 17. **123** Staudinger/Oetker BGB § 618 Rn. 175; BGH 6.4.1995 – VII ZR 36/94, NJW 1995, 2629 = ZIP 1995, 1280. **124** BMAS, Grünbuch „Arbeiten 4.0", 2015; BMAS Weißbuch „Arbeiten 4.0", 2017. **125** Vgl. Krause, Digitalisierung der Arbeitswelt – Herausforderungen und Regelungsbedarf, Gutachten zum 71. DJT, Bd. I, Teil B, S. 24 ff.; ders. NZA 2016, 1004; Kohte NZA 2015, 1417. **126** So schon Hueck/Nipperdey, Lehrbuch des Arbeitsrechts, I, 1963, § 48 Ziff. 5, allerdings noch gestützt auf die aus der Treuegedanken folgende Fürsorgepflicht. **127** BAG 10.5.2016 – 9 AZR 347/15, BAGE 155, 80 = NZA 2016, 1134 mAnm Klocke, jurisPR-ArbR 46/2016 Anm. 5; auch noch KJW 2017, 198 ff.; BAG 19.5.2009 – 9 AZR 241/08, AP Nr. 30 zu § 618 BGB m. zust. Anm. Buchner = NZA 2009, 775; dazu Kohte/Bernhardt, jurisPR-ArbR 12/2010 Anm. 4; zum effektiven Nichtraucherschutz für Beamte im Wege einstweiligen Rechtsschutzes Nebe/Kiesow, Anm. zu OVG Münster 26.5.2011 – 1 B 146/11, jurisPR-ArbR 40/2011 Anm. 2; vertiefend Thelen, Nichtraucherschutz am Arbeitsplatz, S. 97 ff.

fahrenschutz zielt, dem Präventionsgrundsatz des heutigen Arbeitsschutzrechtes entsprechend aber weiter auszulegen ist und auch präventive Schutzmaßnahmen einschließt[128] (→ ArbSchG § 5 Rn. 24).

Beschaffungspflichten für **Schutzgegenstände und Schutzausrüstungen** werden durch 38 § 618 Abs. 1 BGB ebenso transformiert und geben den Beschäftigten jeweils zugleich vertragliche Beschaffungsansprüche,[129] an deren Stelle nicht selten Aufwendungsersatzansprüche nach § 3 Abs. 3 ArbSchG, § 670 BGB analog wegen Selbstbeschaffung treten, zB für die Bildschirmarbeitsbrille.[130]

Beschäftigte haben nach § 618 BGB, § 4 ArbStättV (→ ArbStättV Rn. 97) einen An- 39 spruch auf regelmäßige **Reinigung** des Arbeitsplatzes.[131]

Zugunsten von Beschäftigten mit (drohender) Behinderung besteht ein Anspruch auf 40 **behinderungsgerechte Beschäftigung**. Die in § 81 Abs. 4, 5 SGB IX (ab 1.1.2018: § 164 SGB IX) zugunsten schwerbehinderter Beschäftigter normierten Pflichten ergeben sich bei richtlinienkonformer Auslegung des § 618 BGB auch für behinderte Menschen (→ SGB IX § 84 Rn. 7).[132] Neben diesen arbeitsvertraglichen Ansprüchen bestehen meist inhaltlich vergleichbare sozialrechtliche Ansprüche gegen Sozialleistungsträger.[133] Die sozialrechtliche Zuständigkeit dieser Sozialleistungsträger ist im Einzelfall häufig schwierig; § 14 SGB IX (ab 1.1.2018: §§ 14 ff. SGB IX) koordiniert und führt bei konsequenter Anwendung zur zügigen Leistungsgewährung.[134] Schon früh wurde die nicht einfache Abgrenzung der **Zuständigkeiten**[135] zwischen Arbeitgeber und Sozialleistungsträger höchstrichterlich diskutiert.[136] Die Grundsätze treffen auch für die heutige Rechtslage noch zu.[137]

Sind Beschäftige langandauernd arbeitsunfähig, sollen die Rehabilitationsträger auf 41 eine **stufenweise Wiedereingliederung** (StW) hinwirken, mithilfe derer der arbeitsunfähige Beschäftigte seine volle Leistungsfähigkeit schneller wiedererlangt (§ 28 SGB IX, ab 1.1.2018: § 44 SGB IX).[138] Organisiert werden kann die StW jedoch nur vom Arbeitgeber, da sie direkt im Betrieb des Arbeitgebers am bisherigen oder einem anderen Arbeitsplatz durchgeführt wird.[139] Liegen die Voraussetzungen für eine StW vor, dann ist der Arbeitgeber nach heute hM zugunsten schwerbehinderter Arbeitnehmer gem. § 81 Abs. 4 SGB IX, § 618 Abs. 1 BGB vertraglich verpflichtet, den noch arbeitsunfähigen Arbeitnehmer entsprechend dem ärztlichen Stufenplan zum Zwecke der völligen Rehabilitation zu beschäftigen und ggf. notwendige organisatorische Maßnahmen zu

---

[128] BAG 12.8.2008 – 9 AZR 1117/06, NZA 2009, 102; aA Lange SAE 2010, 152 (154). [129] BAG 21.8.1985 – 7 AZR 199/83, NZA 1986, 324 (Sicherheitsstiefel). [130] LAG Hamm 29.10.1999 – 5 Sa 2158/98, NZA-RR 2000, 351 ff.; ArbG Kaiserslautern 12.6.2001 – 5 Ca 316/01, NZA-RR 2001, 628; ArbG Neumünster 20.1.2000 – 4 Ca 1034b/99, NZA-RR 2000, 237 ff. = CR 2000, 665 mAnm Kohte/Habich; aA noch LAG Berlin 4.4.1986 – 14 Sa 9/86, NZA 1986, 609; Überblick Kiper CuA 2008, 10 ff. [131] LAG Mainz 19.12.2008 – 9 Sa 427/08, m. zust. Anm. Faber/Kohte, jurisPR-ArbR 33/2009 Anm. 5. [132] KKW/Kohte SGB IX § 82 Rn. 11; Fuerst, Behinderung zwischen Diskriminierungsschutz und Rehabilitationsrecht, 2009, S. 148 ff.; Nebe DB 2008, 1801 (1804); hingegen für eine behinderungsgerechte Ausübung des Direktionsrechts Beyer/Wocken DB 2013, 2270 ff. [133] Exemplarisch zur Versorgung mit orthopädischen Arbeitssicherheitsschuhen im Rahmen der beruflichen Teilhabesicherung BSG 26.7.1994 – 11 Rar 115/93, SozR 3-4100 § 56 Nr. 15; allgemein für Hilfsmittel § 31 SGB IX (medizinische Rehabilitation, ab 1.1.2018: § 42 SGB IX) oder Hilfsmittel nach § 33 Abs. 8 S. 1 Nr. 4 SGB IX (berufliche Rehabilitation, ab 1.1.2018: § 49 SGB IX); vgl. auch § 102 SGB IX (ab 1.1.2018: § 185 SGB IX). [134] Dazu BSG 21.8.2008 – B 13 R 33/07 R, SGb 2009, 491; BSG 20.11.2008 – B 3 KN 4/07 KR R, SGb 2009, 26; Welti RP-Reha 2015, Nr. 1, 40; Luik, Sozialrecht aktuell Sonderheft 2014, 11; ders. RP-Reha 2015, Nr. 1, 12; ders. Teilhabeplanverfahren nach BTHG jM 2017, 195. [135] Heute findet sich für Hilfsmittel in § 33 Abs. 8 Nr. 4 SGB IX im Ergebnis eine vorrangige Pflicht des Arbeitgebers, dazu FKS/Busch SGB IX § 33 Rn. 70 ff. [136] BSG 22.9.1981 – 1 RA 11/80, BSGE 52, 117. [137] Voelzke in: Deinert/Neumann, Handbuch SGB IX, 2. Aufl. 2009, § 11 Rn. 80; dazu vertiefend Nebe, DRV-Schriften Bd. 93, 2011, S. 307 f. [138] BT-Drs. 14/5074, 107. [139] Ausführlich zur stufenweisen Wiedereingliederung Gagel, Diskussionsbeiträge 1, 2 und 3/2010, Forum B, www.reha-recht.de.

ergreifen.[140] In richtlinienkonformer Auslegung (Art. 5 RL 2000/78/EWG) von § 81 Abs. 4 SGB IX (ab 1.1.2018: § 164 SGB IX)[141] besteht diese vertragliche Mitwirkungs- und Beschäftigungspflicht gegenüber allen behinderten Beschäftigten (→ SGB IX § 84 Rn. 7 f.).[142] Inzwischen finden sich zahlreiche Stimmen, die die Mitwirkungspflicht des Arbeitgebers zugunsten sämtlicher Arbeitnehmer befürworten (Pflicht zur befähigungsgerechten Beschäftigung → ArbSchG § 7 Rn. 16 ff.).[143]

42 Zur Sicherung kontinuierlicher Erwerbsbiografien und zur Gewährleistung gleichberechtigter Teilhabe am Erwerbsleben sind Anpassungsansprüche auch an die besonderen Situationen während einer **Schwangerschaft** oder frühen Mutterschaft unverzichtbar. Die öffentlich-rechtlich normierten **Anpassungs- und Gestaltungspflichten** in § 2 Abs. 1 MuSchG und insbesondere in § 3 MuSchArbV (ab 1.1.2018: §§ 9, 13 MuSchG 2018) dienen dem individuellen Gesundheitsschutz der einzelnen Frau und sind daher gem. § 618 Abs. 1 BGB auch Gegenstand der vertraglichen Pflichten (→ Betrieblicher Mutterschutz Rn. 21 ff.).[144]

43 Zu Schutzpflichten bei **Hitzeperioden**, die mithilfe von § 618 BGB reduziert werden, → ArbStättV Rn. 80.

44 Sowohl die allgemeine **Unterweisungspflicht** gem. § 12 Abs. 1 S. 1 ArbSchG als auch die speziellen Unterweisungspflichten, wie zB §§ 8, 9 ArbSchG oder § 3 PSA-BV, § 4 LastHandhabV, § 14 Abs. 1, 2 GefStoffV,[145] begründen privatvertragliche Pflichten.[146]

45 **6. § 618 Abs. 2, 3 BGB.** Abs. 2 erweitert die Schutzpflichten für den besonderen, hier aber nicht näher zu kommentierenden Fall, dass der Beschäftigte in die häusliche Gemeinschaft aufgenommen wird. Dagegen ist § 618 Abs. 1 BGB einschlägig, wenn Unterkünfte, die der Arbeitgeber nach § 6 Abs. 5 ArbStättV zur Verfügung stellt, nicht den Anforderungen des Anhangs Nr. 4.4. zur ArbStättV entsprechen. Abs. 3 erweitert den Haftungsumfang bei eingetretenen Personenschäden und nicht ausgeschlossener Haftung (zB wegen §§ 104 ff. SGB VII, → Rn. 57 ff.) durch Rechtsfolgenverweisung, so dass der vertragliche Haftungsgrund als solcher nicht berührt wird.

46 **7. Abdingbarkeit (§ 619 BGB).** § 619 BGB regelt die zwingende Wirkung von § 618 BGB.[147] § 619 BGB untersagt nicht nur die Aufhebung, sondern auch die bloße Beschränkung des durch staatliches oder autonomes Arbeitsschutzrecht festgelegten Sicherheitsniveaus oder die Erschwerung seiner Durchsetzung. Verbotswidrige Vereinbarungen (nicht nur individuell, sondern auch durch einheitliche Arbeitsbedingungen, Tarifverträge oder Betriebsvereinbarungen) sind nichtig (§ 134 BGB). Praktisch bedeutsam sind die Vereinbarungen zur Beteiligung an den Aufwendungen für vom Dienstberechtigten zu beschaffende Schutzgegenstände. Eine angemessene Beteiligung ist nur

---

140 BAG 13.6.2006 – 9 AZR 229/05, NZA 2007, 91 (93); Neumann/Deinert § 18 Rn. 21; aA noch BAG 28.7.1999 – 4 AZR 192/98, BAGE 92, 140; Gitter ZfA 1994, 123 (140). **141** Dazu schon BAG 3.4.2007 – 9 AZR 823/06, NZA 2007, 1098; BAG 19.12.2012 – 6 AZR 190/12, BAGE 147, 60 Rn. 50 ff.; BAG 26.6.2014 – 8 AZR 547/13, ZTR 2014, 731; BAG 22.5.2014 – 8 AZR 662/13, BAGE 148, 158; EuGH 11.4.2013 – C-335/11, NZA 2013, 553 (Ring); zur EuGH-Rechtsprechung Colneric in: FS für Kohte, 2016, S. 243 ff.; Beyer/Wocken DB 2013, 2270. **142** KKW/Kohte SGB IX § 28 Rn. 2; Pick, iqpr-Forum B, Beitrag Nr. 8/2007; Nebe DB 2008, 1801 (1803); Anton-Dyck, Stufenweise Wiedereingliederung nach § 28 SGB IX, § 74 SGB V, 2011, S. 152 ff.; aA Lange SAE 2007, 303 (308). **143** Gagel, jurisPR-ArbR 6/2007 Anm. 1; Gagel, iqpr-Forum B, Beitrag Nr. 9/2005; Gagel NZA 2001, 988 (991); Deinert ZSR Sonderheft 2005, 104 (124); Gagel/Schian br 2006, 53 (55); Oppermann in: Hauck/Noftz SGB IX § 28 Rn. 15; befürwortend auch Knittel, SGB IX, 9. Aufl. 2016, SGB IX § 28 Rn. 33 ff., 45 ff. **144** Nebe, Betrieblicher Mutterschutz, S. 219; für § 2 Abs. 1 MuSchG so auch Zmarzlik/Zipperer/Viethen/Vieß, MuSchG, 9. Aufl. 2005, MuSchG § 2 Rn. 39; Buchner/Becker, MuSchG/BEEG, 8. Aufl. 2008, MuSchG § 2 Rn. 48; zur unionsrechtlichen Regelung in Art. 5 RL 92/85/EWG deutlich EuGH 1.7.2010 – C-194/08, AuA 2010, 482 (Gassmayr) sowie EuGH 1.7.2010 – C-471/08, EuGH 2010, 707 (Parviainen). **145** Vgl. Überblick bei ErfK/Wank BGB § 618 Rn. 12. **146** Zu §§ 12, 14 ArbSchG wegen besonderer Infektionsgefahr BAG 14.12.2006 – 8 AZR 628/05, NZA 2007, 262 mAnm Müller-Petzer BG 2008, 165; allg. auch Nebe in FS Lörcher, S. 84, 93 f. **147** Zur Reichweite des Dispositionsverbotes in Abhängigkeit vom Schutzbedarf des jeweiligen Vertragstyps und für die Aufgabe der „Einheitslösung" Staudinger/Oetker BGB § 619 Rn. 4 ff.

zulässig, wenn der Beschäftigte zugleich einen persönlichen Vorteil erlangt (zB auch private Nutzung, → PSA-BV Rn. 18).[148]

IV. Rechtsdurchsetzung

1. Erfüllungsanspruch. Erfüllt der Dienstberechtigte seine Pflichten aus § 618 BGB nicht, steht dem Dienstnehmer ein Erfüllungsanspruch auf Herstellung eines **arbeitsschutzkonformen Zustandes** zu.[149] Abgeleitet wird dieser, mit der Schutzpflicht gem. § 618 BGB korrespondierende Erfüllungsanspruch aus dem Beschäftigungsanspruch. Der Erfüllungsanspruch wird rechtsdogmatisch als akzessorischer Bestandteil des allgemeinen Beschäftigungsanspruchs eingeordnet.[150] Jedenfalls bei tatsächlicher Beschäftigung ist der Erfüllungsanspruch auch unabhängig vom Beschäftigungsanspruch zu bejahen.[151] 47

Da der allgemeine Beschäftigungsanspruch regelmäßig nur bei Arbeitsverträgen besteht,[152] wird der Erfüllungsanspruch bei sonstigen Dienstverträgen nur zT bejaht.[153] Im Hinblick auf die zunehmende Einbeziehung auch von freien Dienstverhältnissen in den Geltungsbereich des Arbeitnehmerschutzrechts (vgl. § 2 ArbSchG oder § 6 Abs. 1 AGG), die weitgefassten Geltungsbereiche der jeweils zugrunde liegenden unionsrechtlichen Rechtsgrundlagen[154] und im Hinblick auf den auch in **freien Dienstverhältnissen** zu beachtenden Persönlichkeitsrechtsschutz, ist die grundsätzliche Verneinung des Erfüllungsanspruchs für diesen Personenkreis zu überdenken.[155] 48

Umfang und Grenzen des Erfüllungsanspruchs ergeben sich aus der Reichweite der den Dienstberechtigten treffenden Schutzpflicht, dh nur bei striktem Gesetzesbefehl ist der Erfüllungsanspruch auf eine konkrete Maßnahme gerichtet. Kann der Arbeitgeber zwischen mehreren gleich geeigneten Maßnahmen wählen, kann der Beschäftigte lediglich fehlerfreie Ausfüllung des Handlungsspielraums beanspruchen.[156] Wie auch schon die Schutzpflicht ist der Erfüllungsanspruch durch den Grundsatz der Verhältnismäßigkeit begrenzt; unzumutbare Maßnahmen kann der Beschäftigte nicht beanspruchen.[157] Bei bestehendem Mitbestimmungsrecht ist der Erfüllungsanspruch darauf gerichtet, gegenüber dem Betriebsrat/Personalrat initiativ zu werden.[158] Bei konkreter Gefahr für Leben oder Gesundheit des Beschäftigten richtet sich der Anspruch jedoch auf sofortige, eventuell auch vorläufige Maßnahmen.[159] Auf die für den sekundären Schadensersatzanspruch mögliche Haftungsbegrenzung gem. § 104 SGB VII kann sich der Arbeitgeber gegenüber dem Erfüllungsanspruch nicht berufen.[160] 49

Erfüllt der Arbeitgeber seine Schutzpflichten nicht, kann der Beschäftigte gem. § 2 Abs. 1 Nr. 3 lit. a ArbGG vor dem Arbeitsgericht klagen. Zulässige Klageart ist die **Erfüllungsklage** gerichtet auf Vornahme einer unvertretbaren Handlung (§ 888 Abs. 1 S. 1 ZPO). Der Antrag muss gem. § 253 Abs. 2 Nr. 2 ZPO hinreichend bestimmt sein, bei mehreren gleich geeigneten Maßnahmen kann der Antrag grundsätzlich nur auf ermessensfehlerfreie 50

---

148 BAG 10.3.1976 – 5 AZR 34/75, AP Nr. 17 zu § 618 BGB; Staudinger/Oetker BGB § 619 Rn. 16. **149** So ganz hM, BAG 17.2.1998 – 9 AZR 84/97, NZA 1998, 1231; Münch/ArbR/Kohte § 291 Rn. 17; MüKoBGB/Henssler BGB § 618 Rn. 84; ErfK/Wank BGB § 618 Rn. 23; Soergel/Kraft BGB § 618 Rn. 21; Erman/Belling BGB § 618 Rn. 21; HWK/Krause BGB § 618 Rn. 28; Staudinger/Oetker BGB § 618 Rn. 248, 254, der den Erfüllungsanspruch allerdings auf Abs. 1 begrenzt sieht. **150** Kohte in: FS Düwell, 2011, S. 151, 168. **151** HWK/Krause BGB § 618 Rn. 28; MüKoBGB/Henssler BGB § 618 Rn. 33; Münch/ArbR/Kohte § 291 Rn. 17; ErfK/Wank BGB § 618 Rn. 23. **152** Dazu BAG (GS) 27.2.1985 – GS 1/84, NZA 1985, 702. **153** So Staudinger/Oetker BGB § 618 Rn. 252. **154** Vgl. Art. 3 RL 89/391/EWG (Beschäftigte) und Art. 14 RL 2006/54/EG (abhängige oder selbständige Erwerbstätigkeit). **155** Dienstverpflichtete sollen zumindest dann einen Erfüllungsanspruch haben, wenn sie tatsächlich beschäftigt werden, so Erman/Belling BGB § 618 Rn. 21. **156** BAG 12.8.2008 – 9 AZR 1117/06, NZA 2009, 102; HWK/Krause BGB § 618 Rn. 28. **157** Am Beispiel des Schutzes vor Tabakrauch BAG 19.5.2009 – 9 AZR 241/08, NZA 2009, 775; zur Ubiquität als Anspruchsgrenze BAG 8.5.1996 – 5 AZR 315/95, NZA 1997, 86; HWK/Krause BGB § 618 Rn. 12. **158** So ganz hM, MüKoBGB/Henssler BGB § 618 Rn. 86. **159** BAG 12.8.2008 – 9 AZR 1117/06, NZA 2009, 102. **160** BGH 13.3.1984 – VI ZR 204/82, NJW 1985, 2133 (2134); HWK/Krause BGB § 618 Rn. 28.

Entscheidung des Arbeitgebers lauten.[161] Ob die Arbeitsschutzmaßnahme dann ordnungsgemäß durchgeführt worden ist, bleibt der Prüfung im Vollstreckungsverfahren durch das Prozessgericht als Vollstreckungsgericht vorbehalten.[162] So wäre der **Klageantrag** zB wie folgt zu formulieren: „Der Arbeitgeber wird verurteilt, während der Arbeitszeit einen tabakrauchfreien Arbeitsplatz[163] zur Verfügung zu stellen" oder „Der Arbeitgeber wird verurteilt, die regelmäßige Reinigung des zugewiesenen Büros in geeigneter Weise sicherzustellen". Die Wechselwirkungen zwischen individuellem und kollektivem Arbeitsschutzrecht wirken sich in Betrieben mit Betriebsrat hinsichtlich der zulässigen Klageanträge aus. Unterliegen die vom Arbeitgeber zu treffenden Arbeitsschutzmaßnahmen der zwingenden Mitbestimmung nach § 87 Abs. 1 BetrVG, so kann der einzelne Arbeitnehmer nach hM nur verlangen, dass der Arbeitgeber von seinem Initiativrecht Gebrauch macht, um die notwendige Einigung mit dem Betriebsrat zu erzielen.[164] Mit Blick auf die Verfahrensdauer einer Leistungsklage kommt zur Durchsetzung einer arbeitsschutzkonformen Beschäftigung auch **einstweiliger Rechtsschutz**, insbesondere im Wege einer einstweiligen Verfügung, in Betracht.[165] Bei Streit um den Inhalt bzw. die Anwendbarkeit der transformationsfähigen Arbeitsschutznorm wird auch das Rechtsschutzinteresse für eine Feststellungsklage anerkannt.[166]

51 **2. Leistungsverweigerungsrechte.** Auf der Grundlage von § 618 BGB und in dessen Grenzen[167] können[168] Beschäftigte ein **Zurückbehaltungsrecht** geltend machen und ihre Dienstleistung gem. **§ 273 BGB**[169] verweigern, wenn der Dienstberechtigte objektiv eine Schutzpflicht aus § 618 BGB verletzt und die Zurückbehaltung den Verhältnismäßigkeitsgrundsatz wahrt.[170] Nicht erforderlich sind ein Verschulden des Dienstberechtigten oder eine konkrete bzw. unmittelbare Gefahren- oder Gefährdungslage.[171] Halten Beschäftigte zulässigerweise nach § 273 BGB ihre Arbeitsleistung zurück, bleibt ihr Entgeltanspruch trotz § 326 BGB wegen § 615 BGB als Annahmeverzugsentgelt erhalten.[172] Daneben kommen **spezielle Vorschriften** in Betracht, die die Beschäftigten unabhängig von einem Pflichtenverstoß bei einer Gefährdungslage zum Fernbleiben von der Arbeit berechtigen, wie zB das Entfernungsrecht gem. § 9 ArbSchG (→ ArbSchG § 9 Rn. 17 ff.). Für das Vorliegen der Voraussetzungen des Zurückbehaltungsrechtes werden zum Teil die Beschäftigten in vollem Umfang als beweispflichtig angesehen;[173] die überwiegende Meinung wiederum verweist zum Beweis der Voraussetzungen des § 273 BGB auf die für Schadenersatzansprüche anerkannte Umkehr der Beweislast (→ Rn. 55).[174]

---

161 Vgl. ErfK/Wank BGB § 618 Rn. 24. **162** BAG 19.5.2009 – 9 AZR 241/08, NZA 2009, 775 = AP Nr. 30 zu § 618 BGB. **163** Auch der allgemeine Begriff „Arbeitsplatz" im Klageantrag macht diesen nicht unbestimmt, kann der Arbeitsplatz wiederum nach § 2 Abs. 2 ArbStättV konkretisiert werden, BAG 19.5.2009 – 9 AZR 241/08, NZA 2009, 775 = AP Nr. 30 zu § 618 BGB. **164** Wlotzke in: FS Hilger und Stumpf, 1983, S. 723, 746; ErfK/Wank BGB § 618 Rn. 23. **165** So schon Hueck/Nipperdey, Lehrbuch des Arbeitsrechts, 1963, I, § 48 Ziff. 5 lit. a; Staudinger/Oetker BGB § 618 Rn. 250; Münch/ArbR/Kohte § 291 Rn. 17; vgl. auch LAG München 2.3.1990 – 6 Sa 88/90, LAGE § 618 BGB Nr. 4. **166** BAG 18.11.2008 – 9 AZR 737/07, AP Nr. 3 zu § 2 ArbZG mAnm Didier. **167** So erlischt bei einem Handlungs- bzw. Beurteilungs- oder Ermessensspielraum das Zurückbehaltungsrecht, sobald der Dienstberechtigte initiativ wird, ErfK/Wank BGB § 618 Rn. 26. **168** BAG 17.2.1998 – 9 AZR 130/97, NZA 1999, 33: Die Entscheidung liegt beim Beschäftigten, so dass eine Versetzung gegen seinen Willen nicht in Betracht kommt. **169** Teilweise gestützt auf § 320 BGB, so Fabricius, Einstellung der Arbeitsleistung bei gefährdlichen und normwidrigen Tätigkeiten, S. 127 ff., jedenfalls bei besonders risikoreichen Beschäftigungen. **170** BAG 19.2.1997 – 5 AZR 982/94, NZA 1997, 821 = BAGE 85, 155 (161); BAG 8.5.1996 – 5 AZR 315/95, NZA 1997, 86; MüKoBGB/Henssler BGB § 618 Rn. 89; ErfK/Wank BGB § 618 Rn. 26; Erman/Belling BGB § 618 Rn. 23; ausführlich Molkentin NZA 1997, 849 ff. **171** Münch/ArbR/Kohte § 291 Rn. 24; MüKoBGB/Henssler BGB § 618 Rn. 89; ErfK/Wank BGB § 618 Rn. 26; enger HWK/Krause BGB § 618 Rn. 31, der bei geringfügigen Pflichtverletzungen eine Gefahr „nachhaltiger Schädigung" verlangt. **172** Erman/Belling BGB § 618 Rn. 24; Staudinger/Oetker BGB § 618 Rn. 276 ff. **173** Erman/Belling BGB § 618 Rn. 23; so auch wohl ausnahmsweise BAG 19.2.1997 – 5 AZR 982/94, NZA 1997, 821 = BAGE 85, 155 (161). **174** BAG 8.5.1996 – 5 AZR 315/95, NZA 1997, 86 = BAGE 83, 105; MüKoBGB/Henssler BGB § 618 Rn. 102; BR/Fuchs Rn. 34; LAG Köln 22.1.1993 – 12 Sa 872/92, AiB 1993, 393 m. zust. Anm. Rotter LAGE Nr. 6 zu § 618 BGB.

3. Unterlassungsanspruch. Praktisch bedeutsam und weitgehend anerkannt ist ein Un- 52
terlassungsanspruch, um zB Beeinträchtigungen durch gefährliche Arbeitsstoffe,[175] Biostoffe, Lärm und Strahlen zu beseitigen (→ GefStoffV Rn. 71).[176] Auch gegen die Überschreitung von **Höchstarbeitszeiten** kommt das Vorgehen im Wege der Unterlassungsklage in Betracht (→ ArbZG § 3 Rn. 50).[177] Der an die allgemeinen zivilrechtlichen Regelungen gem. § 1004 BGB iVm § 823 BGB anknüpfende Unterlassungsanspruch ist unabhängig von einem Verschulden des potenziellen Schädigers und zudem nicht durch den Haftungsausschluss gem. § 104 SGB VII gesperrt. Der Unterlassungsanspruch kann bei entsprechender Glaubhaftmachung auch im Wege des einstweiligen Rechtsschutzes durchgesetzt werden.[178]

4. Schadensersatzansprüche. a) Gegen den Arbeitgeber. Verletzt der Arbeitgeber eine 53
von ihm gem. § 618 Abs. 1 BGB zu erfüllende Pflicht, kommen **vertragliche und deliktische** Schadensersatzansprüche des Beschäftigten in Betracht (zum Haftungsausschluss bei Arbeitsunfall oder Berufskrankheit → Rn. 57). Diese umfassen nicht nur Ersatz der Vermögensschäden, sondern auch Zahlung von Schmerzensgeld (§ 253 Abs. 2 BGB). Als Anspruchsgrundlage kommt die vertragliche Haftung wegen Pflichtverletzung gem. § 280 Abs. 1 BGB ebenso wie ein deliktischer Anspruch gem. § 823 Abs. 1 BGB (meist wegen Verkehrssicherungspflichtverletzung)[179] in Betracht (zur Beweislast → Rn. 55).[180] Nach ganz überwiegender Ansicht ist den Verstößen gegen staatliche Arbeitsschutzrecht auch eine Haftung wegen **Schutzgesetzverletzung** (§ 823 Abs. 2 BGB) denkbar. Während für § 618 BGB selbst mehrheitlich der Schutzgesetzcharakter abgelehnt wird,[181] muss er für das staatliche Arbeitsschutzrecht in jedem Einzelfall geprüft werden. Streitig ist der Schutzgesetzcharakter der UVV.[182] Ein neben vertraglicher und deliktischer Haftung bestehender verschuldensunabhängiger Anspruch analog § 670 BGB zum Ausgleich sämtlicher gesundheitlicher Beeinträchtigungen ist ebenfalls denkbar,[183] scheitert aber im Falle von Arbeitsunfällen bzw. Berufskrankheiten iSd SGB VII wiederum am Prinzip der Haftungsersetzung gem. § 104 SGB VII.[184]

Der Dienstberechtigte haftet auch für die Pflichtverletzung seines **Erfüllungs-** bzw. die 54
Rechtsgutsverletzung seines **Verrichtungsgehilfen**. Erfüllungsgehilfen sind gem. § 278 BGB dabei diejenigen Personen, derer sich der Arbeitgeber zur Erfüllung seiner Verbindlichkeiten nach § 618 BGB bedient. Außerdem muss der Erfüllungsgehilfe dem Beschäftigten den Schaden im Zusammenhang mit der Erfüllung der sich aus § 618 BGB ergebenden Pflicht und nicht nur bei Gelegenheit ihrer Erfüllung zugefügt haben. Erfüllungsgehilfen können interne Personen sein, die aufgrund ihrer Stellung im Betrieb oder infolge besonderer Anweisung für den Gefahrenschutz im Hinblick auf den geschädigten Beschäftigten verantwortlich sind.[185] Ebenso können **außerbetriebliche Dritte** zu seinen Erfüllungsgehilfen werden, zB wenn sie vom Unternehmer für den Gefahrenschutz eingeschaltet sind[186] oder wenn sie als Hersteller Arbeitsmaschinen an den Arbeitgeber

---

175 Zum Stellenwert eines Unterlassungsanspruches bei Kontakt mit Gefahrstoffen, wie zB Asbest, BAG 28.4.2011 – 8 AZR 769/09, NZA-RR 2012, 290 = AiB 2012, 273. **176** Münch/ArbR/Kohte § 291 Rn. 21; Faber, Grundpflichten, S. 441 ff.; BFK Rn. 31; Kollmer NJW 1997, 2015 (2019). **177** BAG 16.3.2004 – 9 AZR 93/03, NZA 2004, 927. **178** Münch/ArbR/Kohte § 291 Rn. 21. **179** Verletzungen der vertraglichen Pflichten aus § 618 Abs. 1 BGB sind regelmäßig auch Verkehrssicherungspflichtverletzungen, vgl. Staudinger/Oetker BGB § 618 Rn. 316; MüKoBGB/Henssler BGB § 618 Rn. 103. **180** Vertiefend Staudinger/Oetker BGB § 618 Rn. 283 ff., 315 ff.; MüKoBGB/ Henssler BGB § 618 Rn. 94 ff., 103 ff. **181** HWK/Krause BGB § 618 Rn. 39; Erman/ Belling BGB § 618 Rn. 30; Staudinger/Oetker BGB § 618 Rn. 320; aA Wlotzke in: FS Hilger und Stumpf, 1983, S. 723, 735; Herschel KuR 1978, 69 (72). **182** Dafür Staudinger/Oetker BGB § 618 Rn. 319; HWK/Krause BGB § 618 Rn. 39; MüKoBGB/Henssler BGB § 618 Rn. 104; aA BayObLG 10.9.2001 – 5 Z RR 209/00, NJW-RR 2002, 1249 (1251); OLG Stuttgart 12.3.1999 – 2 U 74/98, NJW-RR 2000, 752 (753); offengelassen BGH 20.9.1983 – VI 248/81, NJW 1984, 360 (362). **183** BGH 10.10.1984 – IVa ZR 167/82, BGHZ 92, 270 (271). **184** HWK/Krause BGB § 618 Rn. 34; Nebe in: FS Lörcher, S. 84, 93 f. **185** Gerhard AuA 1998, 236; ausführlich MüKoBGB/Henssler BGB § 618 Rn. 97. **186** HWK/Krause BGB § 618 Rn. 35; für den Fall des werkvertraglich mit dem Arbeitgeber verbundenen Bestellers, auf dessen Betriebsgelände ein Außendienstmitarbeiter tätig wird, BGH 6.4.1995 – VII ZR 36/94, NJW 1995, 2629 = ZIP 1995, 1280.

geliefert haben.[187] Auch **Entleiher** sind Erfüllungsgehilfen des Verleihers hinsichtlich der Schutzpflichten zugunsten des Leiharbeitnehmers gem. § 618 BGB.[188] Grundsätzlich keine Erfüllungsgehilfen sind hingegen die einfachen Arbeitskollegen. Überträgt der Dienstberechtigte wiederum Aufsichtspflichten an ungeeignete Personen oder überwacht diese nicht ausreichend, kommt auch seine Haftung aus eigenem Organisationsverschulden in Betracht.[189]

55 Nach ständiger Rechtsprechung des Bundesarbeitsgerichts muss der Arbeitnehmer lediglich beweisen, dass ein Schaden eingetreten ist und ein ordnungswidriger Zustand vorgelegen hat, der geeignet war, diesen Schaden zu verursachen. Die Kausalität muss er ebenso wenig beweisen wie das Verschulden des Arbeitgebers. Insoweit liegt nach hM die **Beweislast** beim Arbeitgeber.[190] Hat jedoch der Arbeitgeber die konkretisierenden untergesetzlichen Vorschriften eingehalten, so ist zunächst davon auszugehen, dass er seinen Pflichten nach § 618 Abs. 1 BGB entsprochen hat.[191]

56 Haben Beschäftigte selbst schuldhaft an der Schädigung mitgewirkt, kommt grundsätzlich ein **Mitverschulden** gem. § 254 BGB in Betracht;[192] vor allem dann, wenn von diesen bestimmte Pflichten zur Vermeidung von Arbeitsunfällen verletzt worden sind (zB §§ 15 Abs. 2, 16 Abs. 1 ArbSchG). Allerdings unterliegt die Annahme von Mitverschulden strengen Anforderungen, denn § 3 ArbSchG sieht die grundsätzliche Alleinverantwortung des Arbeitgebers für die Organisation und Einhaltung des Arbeitsschutzes vor. Der Arbeitgeber kann sich aus diesem Grund auch nicht damit entlasten, die Aufsicht habe die Pflichtverletzung bislang nicht beanstandet.[193]

57 **b) Haftungsausschluss (§§ 104 f. SGB VII).** Stellt das schadensstiftende Ereignis einen **Arbeitsunfall** iSd § 8 SGB VII dar oder beruht der Gesundheitsschaden auf einer **Berufskrankheit** gem. § 9 SGB VII, kann der geschädigte Arbeitnehmer vom Arbeitgeber dennoch grundsätzlich keinen Schadenersatz verlangen. Sind neben dem Arbeitgeber weitere Schädiger verantwortlich, dann führt die Haftungsprivilegierung des Arbeitgebers zu einer gestörten Gesamtschuld (→ Rn. 63).[194] § 104 SGB VII schließt die Haftung des Unternehmers (Arbeitgebers) aus, soweit nicht der Versicherungsfall von Unternehmer vorsätzlich oder auf einem gem. § 8 Abs. 2 Nr. 1–4 SGB VII versicherten Weg herbeigeführt worden ist. Vorsatz kann nur in äußerst seltenen[195] Fällen nachgewiesen werden, denn die Rechtsprechung verlangt, dass der **Vorsatz** des Schädigers nicht nur die Verletzungshandlung, sondern auch den Verletzungserfolg umfasst[196] (anders hingegen für den Regress des Unfallversicherungsträgers gem. § 110 Abs. 1 S. 3 SGB VII). Eine derartige Restriktion der Haftung des Arbeitgebers wird für die geschädigten Beschäftigten, insbesondere in Fällen schwerster Unfälle[197], kaum nachvollziehbar sein. Die Chancen einer Sanktion im Wege zivilrechtlicher Haftung bleiben bei einem so weit reichenden Haftungsausschluss, der sogar den Schmerzensgeldanspruch

---

187 OLG Frankfurt 3.2.2017 – 8 U 128/16. **188** HWK/Krause BGB § 618 Rn. 9; Soergel/Kraft BGB § 618 Rn. 3; Staudinger/Oetker BGB § 618 Rn. 95; LAG Hamm 30.10.2002 – 18 Sa 1174/02. **189** Staudinger/Oetker BGB § 618 Rn. 295. **190** BAG 8.5.1996 – 5 AZR 315/95, NZA 1997, 86; BAG 8.6.1955 – 2 AZR 200/54, AP Nr. 1 zu § 618 BGB; BAG 27.2.1970 – 1 AZR 258/69, AP Nr. 16 zu § 618 BGB; BGH 14.4.1958 – II ZR 45/57, BGHZ 27, 79; Erman/Belling BGB § 618 Rn. 29; MüKoBGB/Henssler BGB § 618 Rn. 102; Faber, Grundpflichten, S. 446 ff.; enger Staudinger/Oetker BGB § 618 Rn. 311 f., der lediglich von den Grundsätzen des prima-facie-Beweises ausgeht; bezüglich deliktischer Schadensersatzforderungen wird vereinzelt an den üblichen Beweislastregeln festgehalten, vgl. BAG 14.12.2006 – 8 AZR 628/05, NZA 2007, 262 mAnm Müller-Petzer BG 2008, 165. **191** MüKoBGB/Henssler BGB § 618 Rn. 30; Kohte/Faber DB 2005, 224 (228) anders Taeger/Rose DB 2005, 1852. **192** BAG 14.12.2006 – 8 AZR 628/05, NZA 2007, 262. **193** MüKoBGB/Henssler BGB § 618 Rn. 96, 98. **194** OLG Frankfurt 3.2.2017 – 8 U 128/16. **195** Vorsatz bejaht zB durch LAG Nürnberg 9.6.2017 – 7 Sa 231/16, Nichtzulassungsbeschwerde anhängig unter 8 AZN 614/17. **196** Daher sei es ausgeschlossen, eine vorsätzliche Pflichtverletzung einer ungewollten Unfallfolge gleichzusetzen mit einem gewollten Arbeitsunfall, so BAG 28.4.2011 – 8 AZR 769/09, NZA-RR 2012, 290 = AiB 2012, 273, für den Fall, in dem ein Arbeitgeber trotz bekannter Asbeststaubexposition die Fortführung von Sanierungsarbeiten verlangt hatte. **197** Exemplarisch LAG Nürnberg 9.6.2017 – 7 Sa 231/16 für eine Infektion einer Auszubildenden mit Hepatitis C infolge Benutzung einer unzulässigen Kanüle zur Blutentnahme und schweren Folgeerkrankungen.

einbezieht,[198] ebenfalls ungenutzt. Diese Konsequenz verdeutlicht, wie wichtig präventiver Rechtsschutz ist (→ Rn. 47 ff., 50).

Ebenso ist gem. § 105 SGB VII die Haftung für Körperschäden bei zwischen Beschäftigten verursachten Arbeitsunfällen ausgeschlossen. Dieses Prinzip der erweiterten **Haftungsersetzung durch Versicherungsschutz** ist bereits 1963 in § 637 RVO anerkannt worden. Vom Haftungsausschluss sind die Personenschäden auch dann erfasst, wenn die Leistungen der Unfallversicherung nicht dem Umfang entsprechen, der im zivilrechtlichen Haftungsfall gem. §§ 249 ff. BGB vom Schädiger zu leisten wäre. Dies betrifft insbesondere Renten, zB wenn der Personenschaden eine Minderung der Erwerbsfähigkeit von unter 20% auslöst und daher eine Rente nicht zu leisten ist, oder Schmerzensgeld, wobei Letzteres von der Unfallversicherung schon dem Grunde nach nicht geleistet wird. Der Haftungsausschluss wird in der Judikatur dennoch – selbst bei schwersten Verletzungen[199] – als verfassungsgemäß qualifiziert.[200] 58

Ob die **praktische Bedeutung** des § 618 BGB im Rahmen von Schadensersatzansprüchen tatsächlich so gering ist, wie zum Teil in der Literatur behauptet,[201] kann zumindest hinterfragt werden. Denn der Blick in die sozialgerichtliche Rechtsprechung zeigt, dass durchaus nicht jede gesundheitliche Schädigung, die einen Versicherungsfall iSv §§ 7 f. SGB VII vermuten lässt, zu Leistungsansprüchen gegen die gesetzliche Unfallversicherung führt. Ohne die Voraussetzungen hier im Einzelfall kommentieren zu können, sind vom geschädigten Arbeitnehmer für die begehrten Leistungen aufgrund eines Arbeitsunfalls oder einer Berufskrankheit doch einige **Voraussetzungen nachzuweisen:** so muss die zum Unfall führende Tätigkeit als versicherte Tätigkeit anzusehen sein; es muss ein ursächlicher Zusammenhang zwischen Unfall und versicherter Tätigkeit bestehen. Geht die Gesundheitsverletzung nicht auf ein plötzliches, dh ein Unfallereignis zurück, kommt Versicherungsschutz nur bei Vorliegen einer durch die BKVO anerkannten Berufskrankheit bzw. einer gem. § 9 Abs. 2 SGB VII gleichermaßen anzuerkennenden Krankheit in Betracht. Ungeachtet der Erleichterungen für den Kausalitätsnachweis durch die im Sozialrecht geltende Wesentlichkeitstheorie bleiben nicht selten Zweifelsfälle ohne Versicherungsschutz.[202] Für diese kommt dann die Haftung wegen Verletzung der gem. § 618 BGB geltenden Arbeitsschutzpflichten in Betracht. Zur Vermeidung divergierender Entscheidungen sieht § 108 SGB VII eine weitreichende Bindungswirkung der Arbeitsgerichte bzw. der ordentlichen Gerichte an bestands- bzw. rechtskräftige Entscheidungen der Unfallversicherungsträger bzw. Sozialgerichte vor. Mit der Aussetzung gerichtlicher Verfahren vor den Arbeits- oder Zivilgerichten bis zur Entscheidung durch das Sozialgericht bzw. den Unfallversicherungsträger (§ 108 Abs. 2 SGB VII) wird diesen ein grundsätzlicher Entscheidungsvorrang eingeräumt.[203] 59

Die Beweislast für die Voraussetzungen der Haftungsfreistellung gem. §§ 104 ff. SGB VII tragen diejenigen, denen die Freistellung zugutekommt.[204] 60

c) **Schadensersatzansprüche gegen öffentliche Körperschaften bzw. Aufsichtsbeamte gem. § 839 BGB iVm Art. 34 GG.** Die Stärkung des individuellen Rechtsschutzes darf nicht zu einer Schwächung der Arbeitsschutzaufsicht führen. Trotz des vorrangigen betriebsinternen Klärungsprozesses (s. § 17 ArbSchG) ist die **hoheitliche Intervention** für ein hohes Niveau des Arbeits- und Gesundheitsschutzes unerlässlich. Den besonderen Stellenwert unterstreicht das von Deutschland ratifizierte **IAO-Übereinkommen 81** über die Arbeitsaufsicht in Gewerbe und Handel aus dem Jahr 1947 (→ Grundrecht Rn. 14). Gem. Art. 10 des Übereinkommens müssen ausreichend Aufsichtsbeamte ein- 61

---

198 Für eine Korrektur Brose RdA 2011, 211 (221). **199** LAG Köln 3.8.2011 – 9 Sa 1469/10; v. Koppenfels-Spies, SDSRV, Bd. 62, S. 102 ff. **200** BVerfG 7.11.1972 – 1 BvL 4/71, NJW 1973, 502 = BVerfGE 34, 118; bestätigt zuletzt BVerfG 27.2.2009 – 1 BvR 3505/08, NZA 2009, 509. **201** Staudinger/Oetker BGB § 618 Rn. 325; HWK/Krause BGB § 618 Rn. 40; krit. hierzu schon Münch/ArbR/Kohte § 291 Rn. 33. **202** Deutlich Hien SozSich 2012, 382 ff.; allgemein Münch/ArbR/Kohte § 291 Rn. 33; exemplarisch BAG 14.12.2006 – 8 AZR 628/05, NZA 2007, 262 = AP Nr. 28 zu § 618 BGB. **203** Zu dessen Reichweite und zu den allein den Zivil- bzw. Arbeitsgerichten verbleibenden Entscheidungen KKW/von Koppenfels-Spies SGB VII § 108 Rn. 3 ff. **204** KKW/von Koppenfels-Spies, SGB VII § 104 Rn. 6 c unter Verweis auf BGH 27.6.2002 – III ZR 234/01, BGHZ 151, 198 (204).

gesetzt werden, um eine wirksame Arbeitsschutzaufsicht zu gewährleisten. Verletzen die Beamten der staatlichen Arbeitsschutzbehörden oder der Unfallversicherungsträger ihre Aufsichts-, Kontroll- und Überwachungspflichten, kommt eine Haftung nach § 839 BGB in Betracht, denn die arbeitsrechtlichen Aufsichtspflichten haben **drittschützenden Charakter**.[205]

62 Eine **drittgerichtete Amtspflichtverletzung** kann sich im Wege eines positiven Tuns oder Unterlassens in mehrerlei Hinsicht ergeben; so zB wenn für den Betrieb von genehmigungspflichtigen Anlagen bereits im Genehmigungsverfahren zwingend einzuhaltende Standards zum Schutz von Leben und Gesundheit der Beschäftigten durch die beteiligten (Arbeitsschutz-)Behörden missachtet werden. Eine drittgerichtete Amtspflichtverletzung kommt ebenso während des laufenden Betriebs – sowohl bei genehmigungspflichtigen als auch bei genehmigungsfreien Anlagen/Arbeits- bzw. Betriebsstätten – in Betracht, wenn von Amts wegen vorzunehmende Kontrollen und Überwachungen zur Überprüfung der Sicherheitsstandards durch die (Arbeitsschutz-)Behörden unterlassen oder fehlerhaft durchgeführt werden. Denkbar sind auch unterbliebene oder unzureichende Reaktionen der zuständigen Arbeitsschutzbehörden[206] auf außerbetriebliche Beschwerden der Beschäftigten nach § 17 Abs. 2 S. 1 ArbSchG (zum Vorrang innerbetrieblicher Beschwerden → ArbSchG §§ 15–17 Rn. 28). Daneben ist der vom Europäischen Gerichtshof entwickelte **unionsrechtliche Staatshaftungsanspruch** gerade auch bei unzureichender Umsetzung von unionsrechtlichen Arbeitsschutz- und Arbeitszeitvorschriften möglich (→ Unionsrecht Rn. 38 f.).[207]

63 d) **Schadensersatzansprüche gegen Dritte.** Beschäftigte können sich auch gegenüber Dritten auf privatrechtliche Rechtspositionen berufen. Hier ist zu denken an vertragliche Pflichten aufgrund von Verträgen des Arbeitgebers mit Dritten, die sich im Verhältnis zu den Beschäftigten des Arbeitgebers bezüglich der Pflichten § 618 Abs. 1 BGB als **Verträge mit Schutzwirkung für Dritte** erweisen,[208] zB aus der Lieferbeziehung des Arbeitgebers zum Arbeitsmaschinenhersteller (zu dessen Erfüllungsgehilfeneigenschaft → Rn. 54).[209] Vor allem im Baustellenrecht sind solche Ansprüche von Bedeutung (→ BaustellV Rn. 58). Daneben spielen praktisch insbesondere Ansprüche aus dem ProdHG sowie **deliktische Ansprüche**, zB wegen Verletzung von Produktsicherheitspflichten oder wegen Schutzgesetzverletzung, eine wichtige Rolle (→ GefStoffV Rn. 72).[210]

64 Die Verantwortlichkeit des Dritten tritt regelmäßig neben die des Arbeitgebers; aufgrund der weitreichenden und fortbestehenden Schutzpflichten des Arbeitgebers gem. § 618 Abs. 1 BGB (→ Rn. 32 aE) haften Arbeitgeber und Drittschädiger regelmäßig als Gesamtschuldner. Da wiederum der Arbeitgeber von seiner Haftung befreit ist (→ Rn. 57), ist – unter Anwendung der Grundsätze der gestörten Gesamtschuld – der Drittschädiger sowohl dem verletzten Beschäftigten als auch dem durch Legalzession aktiv legitimierten Unfallversicherer (§ 116 Abs. 1 S. 1 SGB X) nur in Höhe seines Verschuldensanteils verpflichtet, denn dem Drittschädiger ist der bei ungestörter Gesamtschuld gem. § 426 BGB vorgesehene Rückgriff hier wegen § 104 SGB VII gegen den mitschädigenden Arbeitgeber verwehrt.[211]

---

205 BFK Rn. 40; Münch/ArbR/Kohte § 291 Rn. 43; dazu schon Herzberg BG 1984, 774; zur Abgrenzung zwischen privatrechtlicher und hoheitlicher Haftung wegen fehlerhafter sachkundiger Prüfung auf der Grundlage von UVV BGH 14.5.2009 – III ZR 86/08, NJW-RR 2009, 1398. **206** Zur Amtshaftung der Arbeitsschutzaufsicht Wiebauer GewArch 2016, 223. **207** BFK Rn. 219; ErfK/Wißmann AEUV Rn. 28 ff. mit Hinweis auf EuGH 25.11.2010 – C-429/09, NZA 2011, 53 (56 ff.) (Fuß II). **208** Dazu Münch/ArbR/Kohte § 291 Rn. 37; konkret zB BGH 16.1.1985 – VIII ZR 317/83, NJW 1985, 1769; OLG Bremen 6.12.2002 – 4 U 15/01, VersR 2004, 207. **209** OLG Frankfurt 3.2.2017 – 8 U 128/16. **210** Dazu wiederum Münch/ArbR/Kohte § 291 Rn. 39 ff.; exemplarisch BGH 9.11.1971 – VI ZR 58/70, MDR 1972, 226 = BB 1972, 13; LG Düsseldorf 30.11.2005 – 10 O 144/04, NJW-RR 2006, 1033; BGH 28.3.2006 – VI ZR 46/05, NJW 2006, 1589; LG Itzehoe 19.3.1998 – 6 O 31/96, AiB 1999, 355. **211** OLG Frankfurt 3.2.2017 – 8 U 128/16.

Arbeitsschutz in der Insolvenz des Arbeitgebers

Literatur: *Ahrens/Gehrlein/Ringstmeier*, Insolvenzrecht, 3. Aufl. 2017 (zitiert: AGR/Bearbeiter); *Kayser/Thole*, Heidelberger Kommentar-Insolvenzordnung, 8. Aufl. 2016, (zitiert: HK-InsO/Bearbeiter); *Kirchhof/Stürner/Eidenmüller* (Hrsg.), Münchener Kommentar zur Insolvenzordnung, 3. Aufl. 2013 (zitiert: MüKoInsO/Bearbeiter); *Uhlenbruck* (Hrsg.), Insolvenzordnung, 14. Aufl. 2015; *Wimmer* (Hrsg.), Frankfurter Kommentar zur Insolvenzordnung, 9. Aufl. 2017 (zitiert: FK-InsO/Bearbeiter).

Leitentscheidung: BVerwG 22.10.1998 – 7 C 38/97, BVerwGE 107, 299.

I. Bedeutung der Beschäftigung von Arbeitnehmern in der Insolvenz ... 1	4. Arbeitsschutz nach Erklärung des Insolvenzverwalters zur selbständigen Tätigkeit des Schuldners nach § 35 Abs. 2, 3 InsO ... 20
II. Arbeitsschutz in der insolvenzrechtlichen Systematik ... 2	IV. Arbeitsschutz im Insolvenzeröffnungsverfahren ... 21
1. Allgemeine Vorbemerkung .. 2	1. Vorläufiger Insolvenzverwalter ohne Verwaltungs- und Verwaltungs- und Verfügungsbefugnis – sog schwacher Insolvenzverwalter ... 22
2. Geltung der Arbeitsschutzvorschriften ... 4	
3. Allgemeine Rechte und Pflichten der Arbeitnehmer ... 5	
III. Arbeitsschutz im eröffneten Insolvenzverfahren ... 6	2. Vorläufiger Insolvenzverwalter mit Verwaltungs- und Verwaltungs- und Verfügungsbefugnis – sog starker Insolvenzverwalter ... 24
1. Insolvenzverwalter als Arbeitgeber und Arbeitsschutzverpflichteter ... 7	
2. Der Insolvenzverwalter als Adressat von Anordnungen der Arbeitsschutzaufsicht ... 10	V. Arbeitsschutz nach Abweisung der Eröffnung des Insolvenzverfahrens mangels Masse (§ 26 Abs. 1 InsO) ... 27
3. Aufbewahrungs- und Aushändigungspflichten bei besonderen Verzeichnissen nach der GefStoffV und BioStoffV ... 11	

I. Bedeutung der Beschäftigung von Arbeitnehmern in der Insolvenz

Der Arbeitsschutz ist in einem Insolvenzverfahren immer relevant, wenn Arbeitnehmer in dem insolventen Unternehmen beschäftigt werden. Ob sie nur vorübergehend bis zum Berichtstermin (§ 156 InsO) oder darüber hinaus tätig sind, hängt im Wesentlichen von der Art der Verwertung des schuldnerischen Vermögens ab, denn das Unternehmen stellt ein Vermögenswert dar, der zur Verwirklichung der Haftung des Schuldners realisiert werden soll (§ 1 InsO). Vor dem Hintergrund des Zwecks des Insolvenzverfahrens gibt es zwei Konstellationen. **Die Sanierung des Unternehmens** und seine **Liquidation** stehen als **zwei gleichberechtigte Varianten** zur Haftungsverwirklichung zur Verfügung. Der Umstand, dass der Geschäftsbetrieb durch die Arbeitnehmer aufrechterhalten wird, ist eines der zentralen Kriterien zur erfolgreichen Unternehmenssanierung. Aus diesem Grund sieht die Insolvenzordnung verschiedene Maßnahmen vor, die die **Fortführung des Unternehmens** fördern sollen. Wird das Unternehmen saniert, erzielen die Gläubiger eine höhere Befriedigungsquote ihrer Forderungen und die Arbeitsplatzinteressen der Arbeitnehmer können mit ihr regelmäßig am wirkungsvollsten durchgesetzt werden. Deshalb ist es die erstrebenswertere Vermögensverwertung, über die die Gläubiger zu entscheiden haben. Notwendig ist daher, dass den Gläubigern die Entscheidungsoption für eine Sanierung des Unternehmens im Berichtstermin des eröffneten Insolvenzverfahrens (§§ 156, 157 InsO) erhalten wird. Ist bei Einleitung eines Insolvenzverfahrens der Geschäftsbetrieb noch nicht eingestellt und sind noch nicht alle Arbeitnehmer entlassen, wird mindestens ein Teil von ihnen regelmäßig weiterbeschäftigt. Dazu dient beispielsweise bereits die Einsetzung eines vorläufigen Insolvenzverwalters nach §§ 21, 22 Abs. 1 S. 2 Nr. 2 InsO. Andererseits werden in der Praxis auch Arbeitnehmer nach der Eröffnung des Insolvenzverfahrens vorläufig weiterbeschäftigt, um vorhandene Aufträge abzuarbeiten oder anderweitige Abwicklungsaufgaben zu erfüllen.

II. Arbeitsschutz in der insolvenzrechtlichen Systematik

2 **1. Allgemeine Vorbemerkung.** Insolvenzrecht ist ein Querschnittrechtsgebiet. Hierin eingebunden ist auch das Arbeitsrecht. Mit dem Insolvenzverfahren stellt das Insolvenzrecht den materiellen und verfahrensmäßigen Rahmen zur Verfügung, in dem alle vermögensrechtlichen Angelegenheiten des Schuldners aus den unterschiedlichsten Rechtsgebieten zur Verwirklichung seiner Haftung abgewickelt werden (s. § 1 InsO). Systematisch regelt die Insolvenzordnung für die bestehenden Rechtsverhältnisse, wie das Arbeitsverhältnis, Besonderheiten, die aus der Funktion des Verfahrens gerechtfertigt sind. Enthält weder die Insolvenzordnung noch das das eigentliche Rechtsverhältnis regelnde Gesetz spezielle Regelungen, die in der Insolvenz des Schuldners in Kraft treten, besteht es insoweit unverändert fort.

3 In den Arbeitsschutzvorschriften im **Unionsrecht** finden sich keine expliziten Sondervorschriften für die Insolvenz, so dass die allgemeinen Rechte und Pflichten im Arbeitsschutz auch in der Insolvenz gelten. Spezielle Schutzstandards sieht das Unionsrecht jedoch für die **Betriebseinstellung** vor. Hier besteht eine Pflicht zur Übergabe besonders sensibler Expositionsdaten an die mitgliedstaatlich zuständige Behörde, da nur auf diese Weise der präventive Zweck dieser Verzeichnisse, die auch für Berufskrankheitenverfahren wichtig sind, gewahrt werden kann (Art. 10 Abs. 3 RL 98/24/EG, Art. 7 Abs. 3 RL 2000/54/EG, Art. 15 Abs. 2 RL 2004/37/EG sowie Art. 19 Abs. 4 RL 2009/148/EG).

4 **2. Geltung der Arbeitsschutzvorschriften.** Die Einleitung und die Eröffnung des Insolvenzverfahrens nehmen grundsätzlich keinen Einfluss auf Dienst- und Arbeitsverhältnisse. Sie bestehen nach Verfahrenseröffnung gemäß § 108 Abs. 1 InsO regelmäßig mit Wirkung für die Insolvenzmasse fort. § 113 Abs. 1 S. 1 InsO enthält eine Sonderregelung nur für die Kündigungsfrist, die dann für den Insolvenzverwalter und den Arbeitnehmer regelmäßig auf drei Monate verkürzt wird. Die **Vorschriften zum Arbeitsschutz gelten unverändert fort**, denn weder die Insolvenzordnung noch die arbeitsschutzrechtlichen Vorschriften treffen Regelungen zum öffentlich-rechtlichen oder privatrechtlichen Arbeitsschutz in der Insolvenz. Das Arbeitsschutzrecht wird durch die insolvenzrechtlichen Bestimmungen nicht verdrängt, so dass insoweit – ebenso wie beim Sicherheits- und Ordnungsrecht – **kein Insolvenzprivileg** besteht.[1] Das Bundesverwaltungsgericht hat zum Immissionsschutzrecht entschieden, dass der Konkursverwalter als Betreiber eines Aluminiumschmelzwerkes gemäß § 5 Abs. 1 BImSchG zur Beseitigung von umweltschädlichen Reststoffen verpflichtet sei, die noch vor der Gemeinschuldnerin abgelagert worden waren. In der Person des damaligen Konkursverwalters seien die immissionsschutzrechtlichen Betreiberpflichten mit der Betriebsübernahme aufgrund von § 5 Abs. 1 BImSchG entstanden, der an die Genehmigung als Sachkonzession anknüpfe und den jeweiligen Betreiber der Anlage zur effektiven Gefahrenabwehr umfassend verpflichte. Der Konkursverwalter/Insolvenzverwalter unterliege deshalb einer eigenen Verantwortlichkeit; eine konkursrechtliche Sonderbehandlung komme von vornherein nicht in Betracht, weil der Verwalter keine Pflicht der Gemeinschuldnerin erfülle.[2] Der Arbeitsschutz gilt auch in der Insolvenz des Arbeitgebers regelmäßig so, wie es das Arbeitsverhältnis mit der konkreten Beschäftigung des Arbeitnehmers vorgibt. Festzuhalten ist insbesondere, dass das zu gewährleistende Arbeitsschutzniveau erhalten bleibt. In der Insolvenz des Schuldners gibt es im Grundsatz keine Einschränkungen. Solange die Beschäftigung des Arbeitnehmers tatsächlich durch Freistellung oder Kündigung des Arbeitsverhältnisses nicht beendet ist, sind alle Beteiligten an ihre ar-

---

[1] Siehe zum Ordnungsrecht nur BGH 5.7.2001 – IX ZR 327/99, BGHZ 148, 252; BVerwG 22.10.1998 – 7 C 38797, BVerwGE 107, 299; aus der Literatur MüKoInsO/Ott/Vuia, InsO § 80 Rn. 136 mwN. [2] BVerwG 22.10.1998 – 7 C 38797, BVerwGE 107, 299.

beitsschutzrechtlichen Rechte und Pflichten gebunden. Ändert sich die Tätigkeit des Arbeitnehmers, weil er beispielsweise bis dahin nicht angefallene Abwicklungsarbeiten versieht, sind die Arbeitsschutzstandards für die geänderte konkrete Tätigkeit maßgeblich. Diese Arbeiten (Entsorgung von Gegenständen etc) können auch neue arbeitsschutzrechtliche Herausforderungen an alle Beteiligten stellen. Es ist daher gut möglich, dass der **Insolvenzverwalter** gehalten ist, für diese neue Situation unverzüglich eine Gefährdungsbeurteilung zu erstellen und spezifische Maßnahmen zu treffen.

3. Allgemeine Rechte und Pflichten der Arbeitnehmer. Solange das Arbeitsverhältnis im Insolvenzantragsverfahren und im eröffneten Insolvenzverfahren fortbesteht, sind die Arbeitnehmer verpflichtet, die arbeitsvertraglich geschuldeten Leistungen zu erbringen. Ihnen obliegt es, ihre privatrechtlichen Arbeitsschutzrechte gemäß § 618 Abs. 1 BGB geltend zu machen und durchzusetzen. Da das Insolvenzrecht keine Einschnitte in die Schutzstandards vornimmt, müssen die Arbeitnehmer, wie außerhalb der Insolvenz auch, ihre Arbeitsleistung nur an einem arbeitsschutzkonformen Arbeitsplatz erbringen (→ BGB § 618 Rn. 47). Ist dies nicht der Fall, stehen ihnen die üblichen Rechte zu. Die Arbeitnehmer können gegebenenfalls gerichtlich verlangen, dass die Pflichten vom Arbeitgeber, je nachdem, ob das der Schuldner, der vorläufige oder endgültige Insolvenzverwalter ist, erfüllt werden.[3] Die Arbeitnehmer können sich zusätzlich an die für den Arbeitsschutz zuständigen Aufsichtsbehörden wenden. 5

III. Arbeitsschutz im eröffneten Insolvenzverfahren

Die folgende Kommentierung beginnt aus Gründen der Übersichtlichkeit unter III. (→ Rn. 6 ff.) mit dem Arbeitsschutz im eröffneten Insolvenzverfahren, während sich unter IV. (→ Rn. 19 ff.) die Darstellung für das Insolvenzeröffnungsverfahren anschließt. 6

1. Insolvenzverwalter als Arbeitgeber und Arbeitsschutzverpflichteter. Die Eröffnung des Insolvenzverfahrens nimmt also keinen inhaltlichen Einfluss auf die bestehenden Vorschriften des öffentlich-rechtlichen und privaten Arbeitsschutzes. Die Bestellung des Insolvenzverwalters (§ 56 InsO) führt jedoch zu einem personellen Wechsel auf der Arbeitgeberseite. Der Schuldner als bisheriger Arbeitgeber verliert mit dem Übergang der Verwaltungs- und Verfügungsbefugnis über die Insolvenzmasse auf den Insolvenzverwalter nach § 80 Abs. 1 InsO zwingend seine Arbeitgeberstellung. Ab sofort übt **der Insolvenzverwalter die Arbeitgeberfunktion** aus.[4] In dieser Eigenschaft tritt er gegenüber den Arbeitnehmern auf. Alle Rechtshandlungen, die im Zusammenhang mit dem jeweiligen Arbeitsverhältnis stehen, muss er anstelle des Unternehmers und jetzigen Schuldners vornehmen.[5] 7

Der **Insolvenzverwalter** ist neuer Adressat der arbeitsschutzrechtlichen Regelungen gemäß § 13 Abs. 1 ArbSchG (→ ArbSchG § 13 Rn. 11). Der Insolvenzverwalter übernimmt die Verpflichtungen zur Einhaltung des Arbeitsschutzes nach den Regelungen, wie der Schuldner sie als vorinsolvenzlicher Arbeitgeber ausgestaltet hat. Die Verpflichtungen beruhen nicht, wie bereits dargestellt, auf Besonderheiten des Insolvenzrechts, sondern setzen sich mit dem Übergang der Verwaltungs- und Verfügungsbefugnis über das schuldnerische Vermögen (§ 80 Abs. 1 InsO) in der Person des Insolvenzverwalters als neuer Adressat der Arbeitgeberpflichten fort. Weil und soweit der Insolvenzverwalter Personen beschäftigt, hat er nach § 2 Abs. 3 ArbSchG die Arbeitgeberpflichten zu erfüllen (→ ArbSchG § 2 Rn. 27) und ist daher verpflichtet, die maßgeblichen Arbeitsschutzvorschriften einzuhalten. Dies gilt unabhängig davon, ob er das Unternehmen saniert oder liquidiert und damit unter Umständen auch Änderungen in der Tätigkeit der Arbeitnehmer verbunden sind. Für die beschäftigten Arbeitnehmer hat er sicherzustellen, dass die Arbeitsschutzvorschriften eingehalten werden und er die dafür notwendigen Kosten aus der Insolvenzmasse aufzubringen. Diese Kosten stellen Masseverbindlichkeiten gemäß §§ 53, 55 Abs. 1 Nr. 2 InsO dar. Etwaige arbeitsschutzrechtliche 8

---

3 Vgl. BAG 16.3.2004 – 9 AZR 93/03, NZA 2004, 927. **4** BAG 19.4.2011 – 3 AZR 267/09, NZR-RR 2012, 92; MüKoInsO/Caspers InsO Vor §§ 113 bis 128 Rn. 10; Jaeger/Windel, InsO, 2007, InsO § 80 Rn. 108 mwN. **5** Uhlenbruck/Zobel, InsO, InsO § 113 Rn. 25.

Versäumnisse des Schuldners hat der Insolvenzverwalter für die weiterhin beschäftigten Arbeitnehmer ebenfalls zulasten der Insolvenzmasse zu beseitigen. Hier können Parallelen zum allgemeinen Ordnungs- und Umweltrecht gezogen werden.[6] So wie die in → Rn. 4 ausgeführten immissionsschutzrechtlichen Pflichten in der Person des Insolvenzverwalters mit der Betriebsübernahme entstehen, verhält es sich mit den arbeitsschutzrechtlichen Verpflichtungen. Sie knüpfen an die Beschäftigung der Arbeitnehmer im Rahmen der Betriebstätigkeit durch den Insolvenzverwalter an, so dass er sich nicht darauf berufen kann, der Schuldner trage die Verantwortung für arbeitsschutzrechtliche Versäumnisse. Eine insolvenzrechtliche Sonderbehandlung der vom Arbeitgeber als Insolvenzschuldner nicht erfüllten Pflichten kommt insoweit nicht in Betracht.[7] Arbeitsschutzwidrige Verhältnisse, die auf Handlungen des Schuldners oder Umstände aus der Zeit vor der Eröffnung des Insolvenzverfahrens zurückzuführen sind, kann der Schuldner, also der Vertragsarbeitgeber, zudem nicht mehr beseitigen, weil ihm die Berechtigung dazu fehlt. Der Insolvenzverwalter nimmt das schuldnerische Vermögen in Besitz (§ 148 InsO), so dass er neben der Arbeitgeberfunktion auch die tatsächliche Gewalt über den Geschäftsbetrieb hat. In seiner Funktion als Arbeitgeber ist er ebenso berechtigt, Arbeitnehmer neu einzustellen,[8] und ist auch dazu verpflichtet, die arbeitsschutzrechtlichen Vorschriften einzuhalten. Der Insolvenzverwalter hat regelmäßig nicht mit seinem Privatvermögen für die Erfüllung der arbeitsschutzrechtlichen Pflichten einzustehen, sondern handelt im Rahmen seiner Funktion als Insolvenzverwalter, das schuldnerische Vermögen zu verwalten und zu verwerten. Darauf baut die **Pflicht zur Kostentragung aus der Insolvenzmasse** auf.

9 Ebenfalls besteht die **Bindung an das kollektive Arbeitsrecht** fort,[9] wie an das TVG oder BetrVG und der auf ihrer Basis maßgeblichen Tarifverträge und Betriebsvereinbarungen, die ursprünglich den Schuldner verpflichteten und ab sofort vom Insolvenzverwalter als neuer Träger der Arbeitgeberfunktion zu beachten sind.[10] Insoweit besteht ebenfalls kein Insolvenzprivileg. Als insolvenzrechtliche Sondervorschrift ist § 120 InsO zur Kündigung von Betriebsvereinbarungen zu beachten. Bei seinen Entscheidungen und Maßnahmen, die Auswirkungen auf den Arbeitsschutz der Arbeitnehmer haben, hat der Insolvenzverwalter daher **bestehende Mitbestimmungsrechte des Betriebsrats zu wahren**.[11] Gleiches gilt, wenn die Maßnahmen durch die Gläubigerorgane, wie die Gläubigerversammlung, ggf. Gläubigerausschuss, beschlossen wurden, denn der Insolvenzverwalter ist derjenige, der sie als Arbeitgeber im Verhältnis zu den Arbeitnehmern umzusetzen hat.[12]

10 **2. Der Insolvenzverwalter als Adressat von Anordnungen der Arbeitsschutzaufsicht.** Für die Aufsichtsbehörden ist der **Insolvenzverwalter** in seiner Funktion als Arbeitgeber neuer Adressat für alle Maßnahmen zur Überwachung des Arbeitsschutzes und zugleich **Adressat von behördlichen Anordnungen nach § 22 Abs. 3 ArbSchG, § 17 Abs. 2 ArbZG, § 12 ASiG**. Er ist in der Pflicht, die zur Zeit der Eröffnung des Insolvenzverfahrens bestehenden Mängel im Arbeitsschutz für die beschäftigten Arbeitnehmer zu beseitigen. Zur Einhaltung dieser Pflicht kann die zuständige Aufsichtsbehörde gegen den Insolvenzverwalter entsprechende Anordnungen nach den zitierten Ermächtigungsgrundlagen verfügen. Der Insolvenzverwalter ist auch dann Adressat einer aufsichtsbehördlichen Anordnung, wenn eine Arbeitsschutzpflicht nach Eröffnung des Insolvenzverfahrens von ihm verletzt wird. Daher können gegen ihn auch Zwangsgelder sowie Bußgelder nach § 25 ArbSchG verhängt werden. Insoweit gelten keine Besonderheiten im Insolvenzverfahren und auf die Kommentierung der arbeitsschutzrechtlichen Ermächtigungsgrundlage kann grundsätzlich verwiesen werden.

---

6 Siehe ausführlich MüKoInsO/Ott/Vuia, InsO § 80 Rn. 136 ff. **7** Vgl. BVerwG 22.10.1998 – 7 C 38797, BVerwGE 107, 299. **8** MüKoInsO/Ott/Vuia, InsO § 80 Rn. 124; Jaeger/Windel InsO § 80 Rn. 109. **9** Jaeger/Windel InsO § 80 Rn. 112 mwN. **10** Siehe BAG 28.1.1987 – 4 AZR 150/86, NZA 1987, 455. **11** ArbG Siegen 3.6.1983 – 1 Ga 21/83, ZIP 1983, 1117; Uhlenbruck/Zobel InsO § 113 Rn. 25. **12** MüKoInsO/Caspers InsO Vor §§ 113 bis 128 Rn. 11; für den Gläubigerausschuss BGH 24.1.2008 – IX ZB 222/05, ZIP 2008, 652.

3. Aufbewahrungs- und Aushändigungspflichten bei besonderen Verzeichnissen nach der GefStoffV und BioStoffV. Der Insolvenzverwalter ist ebenfalls an die besonderen Aufzeichnungs-, Aufbewahrungs- und Aushändigungspflichten gebunden. Besondere Pflichten sind in § 7 Abs. 3 BioStoffV, § 14 Abs. 4 GefStoffV, § 4 Abs. 3 ArbMedVV geregelt. In der Insolvenz des Arbeitgebers stellt sich vor allem das Problem der Aufbewahrung der bisher zu führenden Verzeichnisse, wenn der Geschäftsbetrieb des Schuldners bereits eingestellt wurde oder während des Insolvenzverfahrens wird. Die Dokumente müssen auch noch während der festgelegten Aufbewahrungsfristen (zB → GefStoffV Rn. 58) ihrem Zweck entsprechend verfügbar sein, wenn das Unternehmen liquidiert und das Insolvenzverfahren eingestellt ist. Die Verzeichnisse, die personenbezogene und für den Gesundheitsschutz der Arbeitnehmer höchst wichtige Daten enthalten, dürfen nicht vernichtet werden. Das deutsche Arbeitsschutzrecht enthält Regelungen im Umgang mit diesen Verzeichnissen, die jedoch im Falle der Insolvenz des Arbeitgebers nicht alle Konstellationen erfassen.

Wie mit diesen Verzeichnissen umzugehen ist, muss in Übereinstimmung mit den beiden Funktionen, die diese besonderen Verzeichnisse erfüllen, beantwortet werden. Die Dokumentationspflichten liegen beim Arbeitgeber, der mit seiner Geschäftstätigkeit besondere Gefahren setzt. Die **epidemiologische Funktion der Verzeichnisse** (→ BioStoffV Rn. 43) verlangt die Konzentration der Aufbewahrung dieser Verzeichnisse beim Arbeitgeber oder einer für diese Aufgaben zuständigen Stelle, um bei auftretenden Gesundheitsschäden bei Arbeitnehmern Rückschlüsse auf Berufskrankheiten ziehen zu können. Der Wert und die Bedeutung der Dokumente ergeben sich daher aus der Gesamtheit und Vollständigkeit der Aufzeichnungen von allen Arbeitnehmern, die der jeweiligen Exposition ausgesetzt waren. Dem jeweils betroffenen Arbeitnehmer soll die Darlegungs- und Beweislast für eine berufsbedingte Gesundheitsschädigung aufgrund der Exposition gegenüber bestimmten gefährlichen Stoffen auf der Grundlage dieser Akten ermöglicht bzw. erleichtert werden. Hieran anknüpfend hat der einzelne Arbeitnehmer Zugang zu den über ihn enthaltenen Daten in dem Verzeichnis und entsprechende Auskunftsansprüche gegenüber dem Arbeitgeber.

Festzuhalten ist zunächst, dass der Insolvenzverwalter den **Aufzeichnungspflichten** weiterhin nachzukommen hat, und wenn das Beschäftigungsverhältnis endet, dem jeweiligen Arbeitnehmer gemäß § 14 Abs. 3 GefStoffV einen **Auszug aus dem Expositionsverzeichnis** gegen Nachweis zu übergeben und diesen **Nachweis wie Personalunterlagen aufzubewahren** hat, die selbst bei Liquidation des Unternehmens nicht vernichtet werden dürfen.[13]

In der Insolvenz des Arbeitgebers ist die **Aufbewahrung des Expositionsverzeichnisses** einschließlich der Aushändigungsnachweise durch den Insolvenzverwalter für die Dauer der vorgesehenen Aufbewahrungsfristen sicherzustellen. In der Praxis gibt es einzelne Fälle, in denen die Insolvenzmasse ausreichend ist, so dass der Insolvenzverwalter die einer Aufbewahrungspflicht unterliegenden Dokumente gegen Entgelt archivieren lassen kann. Dann ist sowohl dem Arbeitnehmer als auch der zuständigen Aufsichtsbehörde unter Angabe der vollständigen Kontaktdaten mitzuteilen, wo das Verzeichnis mit den Aushändigungsnachweisen verfügbar ist. Die Aktualisierung der Verzeichnisse muss auch während dieser Zeit sichergestellt werden. Das heißt, wenn bei Arbeitnehmern, deren Daten in dem Verzeichnis erfasst sind, **Gesundheitsschäden, insbesondere auch Berufskrankheiten**, aufgetreten sind, ist ein entsprechender Vermerk mindestens von der Aufsichtsbehörde in das Verzeichnis einzutragen. Leitet ein Arbeitnehmer während dieser Zeit ein Berufskrankheitenverfahren ein, hat er gegenüber der Aufsichtsbehörde und dem ehemaligen Insolvenzverwalter einen anonymisierten Auskunftsanspruch gemäß § 618 Abs. 1 BGB, ob weitere Arbeitnehmer gleiche Gesundheitsleiden haben. Angesichts der Archivierungskosten bei zum Teil bis zu 40-jähriger Aufbewahrungspflicht ist dies ohnehin regelmäßig die Ausnahme und erfordert deshalb ergänzende Lösungen für die Mehrzahl der Insolvenzen.

---

[13] Für Personalunterlagen MüKoInsO/Hintzen InsO § 200 Rn. 43.

15 Der neue § 14 Abs. 4 GefStoffV[14] ist eine besonders wichtige Vorschrift, die außerhalb der Insolvenz eine angemessene Regelung trifft. Nach S. 1 dieser Vorschrift ist der Arbeitgeber **berechtigt**, mit Einwilligung der betroffenen Beschäftigten oder ihrer Vertretungen **die Aufbewahrungs- und Aushändigungspflicht auf den zuständigen gesetzlichen Unfallversicherungsträger zu übertragen**. Macht er von diesem Recht Gebrauch, hat er die erforderlichen Dokumente in einer für die elektronische Datenverarbeitung geeigneten Form an den Unfallversicherungsträger zu übergeben, der dann dem Arbeitnehmer auf dessen Verlangen einen Auszug mit den ihn betreffenden Angaben aushändigt (§ 14 Abs. 4 S. 2, 3 GefStoffV). Auch der Insolvenzverwalter ist damit berechtigt, das nach § 14 Abs. 3 Nr. 3, 4 GefStoffV zu führende und aufzubewahrende Verzeichnis dem zuständigen Unfallversicherungsträger zu übergeben, wenn er vorher die Zustimmung der betroffenen Beschäftigten oder ihrer Vertretungen einholt. Dieses Recht steht seit Juli 2013 jedem Arbeitgeber unabhängig von einer Insolvenz zur Verfügung; der Insolvenzverwalter wird es regelmäßig wählen, weil es die einzige Möglichkeit ist, mit der er die auf ihn übergegangene Aufbewahrungs- und Aushändigungspflicht rechtssicher und ohne Haftungsrisiken beenden kann. Inzwischen hat das Institut für Arbeitsschutz der Deutschen Gesetzlichen Unfallversicherung (IFA) eine **„Zentrale Expositionsdatenbank"** (**ZED**) eingerichtet, die für diese Zwecke unproblematisch genutzt werden kann.[15]

16 Nicht übersehen werden darf, dass § 14 Abs. 4 GefStoffV auf eine fortgesetzte Betriebstätigkeit und nicht auf die Betriebseinstellung zugeschnitten ist und daher **nach dem Wortlaut nur ein Recht und keine Pflicht des Arbeitgebers** begründet. Damit ist jedoch in der Insolvenz und bei Einstellung des Geschäftsbetriebs zur Erfüllung der mit der Aufbewahrungs- und Aushändigungspflicht verbundenen Funktionen zum Schutz der Arbeitnehmerinteressen keine ausreichende Regelung vorhanden. Wenn der Arbeitgeber bzw. Insolvenzverwalter das Recht nicht ausübt, muss gleichwohl gewährleistet werden, dass das Verzeichnis wegen seiner epidemiologischen Funktion in seiner Gesamtheit erhalten bleibt und den Arbeitnehmern jeweils – in einem ersten Schritt – nur eine Kopie und nicht die Originaldokumente ausgehändigt werden.[16] Die individuelle Aushändigung der Dokumente ist bei Betriebseinstellung und damit in der Insolvenz des Arbeitgebers keine sachgerechte Lösung. Der europarechtliche Schutzstandard sieht dementsprechend für die Betriebseinstellung eine **Pflicht zur Übergabe der gesamten Unterlagen** an die mitgliedstaatlich zuständige Behörde vor (Art. 10 Abs. 3 RL 98/24/EG, Art. 15 Abs. 2 RL 2004/37/EG sowie Art. 19 Abs. 4 RL 2009/148/EG), die mit § 14 Abs. 4 GefStoffV nicht vollständig erfüllt wird. Daher ist § 14 Abs. 4 S. 1 GefStoffV unionskonform dahin auszulegen, dass der Insolvenzverwalter vom zuständigen Unfallversicherungsträger die Abnahme des Verzeichnisses verlangen kann. Die von § 14 Abs. 1 S. 1 GefStoffV dazu vorausgesetzte Einwilligung der Arbeitnehmer oder Arbeitnehmervertretung ist im Falle der Betriebseinstellung in der Insolvenz in Übereinstimmung mit dem zitierten Unionsrecht nicht zu verlangen. Für den Unfallversicherungsträger besteht die Pflicht, dem Insolvenzverwalter das Verzeichnis abzunehmen, aufzubewahren und die notwendigen Aktualisierungen fortan vorzunehmen. Aus arbeitsvertraglicher Sicht ist der Insolvenzverwalter zum Schutz des Arbeitnehmers nach § 618 BGB verpflichtet, die jeweiligen Dokumente dem zuständigen Unfallversicherungsträger zur Verfügung zu stellen. Ist das Arbeitsverhältnis bereits beendet, handelt es sich insoweit um eine nachvertragliche Pflicht. Nur so kann der epidemiologischen Funktion der Aufbewahrung der Verzeichnisse Rechnung getragen werden.

17 Gemäß § 7 **Abs. 3** BioStoffV ist ein Verzeichnis über Beschäftigte, die gezielte Tätigkeiten mit Stoffen der Risikogruppe 3 und 4 durchführen, sowie über Unfälle, Störungen und die Identität der jeweiligen Stoffe zu führen und aufzubewahren (insbesondere zu den Fristen → BioStoffV Rn. 43). Nach § 7 Abs. 3 Nr. 2 BiostoffV ist dem Beschäftigten bei der Beendigung seines Beschäftigungsverhältnisses nur ein Auszug über die ihn betreffenden Angaben aus dem Verzeichnis zu übergeben, so dass die **Originalunterla-**

---

14 BGBl. I 2013, 2514, 2539. **15** Aligbe ArbR aktuell 2017, 108 (109). **16** Vgl. Wriedt Gute Arbeit 1/2011, 33 (36).

gen weiterhin beim Arbeitgeber verbleiben. Das ist sinnvoll, wenn der Arbeitgeber seinen Unternehmensbetrieb fortsetzt und in der Lage ist, die Unterlagen weiterhin zweckentsprechend zu verwahren. Die Vorschrift geht also nicht davon aus, dass der Geschäftsbetrieb des Arbeitgebers eingestellt wird. Das wird dadurch deutlich, dass der Arbeitgeber den Nachweis über die Aushändigung des Auszugs wie Personalunterlagen aufzubewahren hat. Im Unterschied zu § 14 Abs. 4 S. 1 GefStoffV fehlt eine Regelung zur Übertragbarkeit der Aufbewahrungs- und Aushändigungspflicht auf die zuständige Behörde bzw. den zuständigen gesetzlichen Unfallversicherungsträger.

Diese Art von lückenhafter Normsetzung ist **nicht mit Art. 7 Abs. 3 RL 2000/54/EG vereinbar.** Dort wird verlangt, dass bei Einstellung der Betriebstätigkeit des Unternehmens sowohl das Expositionsverzeichnis (Art. 11 der RL) als auch die Gesundheitsakte (Art. 14 der RL) der zuständigen Behörde zur Verfügung zu stellen sind (→ Rn. 13). Nach dieser Regelung ergibt sich für die zuständige Behörde, also die Aufsichtsbehörde, die Pflicht, die genannten Dokumente bei Einstellung der Geschäftstätigkeit zur Aufbewahrung zu übernehmen. Die deutsche Rechtsetzung hat es versäumt, diese Vorgabe der Richtlinie innerhalb der Umsetzungsfrist in deutsches Recht umzusetzen. Da hier die Aufsichtsbehörde als staatliche Institution verpflichtet wird, ist die Regelung in unmittelbarer Wirkung der Richtlinie im deutschen Recht zur Geltung zu bringen. Art. 7 Abs. 3 RL 2000/54/EG erfüllt die notwendigen Voraussetzungen, dass die Regelung hinreichend genau und unbedingt ist, also für eine unmittelbare Anwendung geeignet sein muss; eine Bezugnahme in der Richtlinie auf innerstaatliche Vorschriften und Gepflogenheiten steht der unmittelbaren Anwendung nicht entgegen, wenn solche Vorschriften fehlen.[17] Auch im Recht der Biostoffe ist der Insolvenzverwalter gegenüber den Beschäftigten nach § 618 BGB **verpflichtet, das gesamte Expositionsverzeichnis den Behörden zu übergeben** (→ Rn. 14). 18

Im Rahmen der arbeitsmedizinischen Vorsorge hat der Arbeitgeber nur eine Vorsorgekartei über Pflichtuntersuchungen mit Angaben über Anlass, Tag und Ergebnis jeder Untersuchung gemäß § 4 Abs. 3 S. 1 ArbMedVV in der bisherigen Fassung zu führen. Bei Beendigung des Beschäftigungsverhältnisses hat der Arbeitgeber bzw. der Insolvenzverwalter der betroffenen Person eine Kopie der für sie betreffenden Angaben auszuhändigen. Die Vorsorgekartei ist grundsätzlich bis zur Beendigung des Beschäftigungsverhältnisses aufzubewahren und anschließend zu löschen (§ 4 Abs. 3 S. 2, 4 ArbMedVV). Dieser relativ schwache Schutz der Vorsorgekartei ist vor dem Hintergrund der in ihr erfassten Daten zu sehen, die im Regelfall keinem epidemiologischen oder einem Berufskrankheitenverfahren unterstützenden Zweck dienen werden. Die zuständige Behörde kann anordnen, dass der Arbeitgeber bzw. der Insolvenzverwalter eine Kopie der Vorsorgekartei zu übermitteln hat, was bei Einstellung des Geschäftsbetriebes in der Insolvenz ggf. in Abhängigkeit vom Gegenstand des Geschäftsbetriebes und in Ergänzung zu den zuvor besprochenen Verpflichtungen zum Umgang mit den Expositionsverzeichnissen im Einzelfall sinnvoll sein kann. 19

4. Arbeitsschutz nach Erklärung des Insolvenzverwalters zur selbstständigen Tätigkeit des Schuldners nach § 35 Abs. 2, 3 InsO. Ist der Schuldner eine natürliche Person, ist zu beachten, dass der Insolvenzverwalter gegenüber dem Schuldner, der eine selbstständige Tätigkeit ausübt oder beabsichtigt auszuüben, zu erklären hat, ob Vermögen aus der selbstständigen Tätigkeit zur Insolvenzmasse gehört und ob Ansprüche aus dieser Tätigkeit im Insolvenzverfahren geltend gemacht werden können (§ 35 Abs. 2 S. 1 InsO). Auch wenn von einer sogenannten Freigabe der selbstständigen Tätigkeit gesprochen wird, besteht Einigkeit, dass es sich hierbei nicht um eine echte Freigabe handelt, weil sie nicht einzelne massezugehörige Gegenstände betrifft.[18] Der Insolvenzverwalter hat zunächst mit Eröffnung des Insolvenzverfahrens die Arbeitgeberfunktion übernommen (§ 80 Abs. 1 InsO) und ist damit die für die Einhaltung des Arbeitsschutzes verpflichtete Person gemäß § 13 Abs. 1 ArbSchG. Einigkeit besteht, dass Arbeitsverhält- 20

---

[17] ErfK/Wißmann AEUV Vor Rn. 24 unter Bezugnahme auf EuGH 1.7.2010 – C-194/08, NZA 2010, 1113 Rn. 48 (Gassmayer). [18] Anschaulich BAG 5.2.2009 – 6 AZR 110/08, BAGE 129, 257 Rn. 25; Kübler/Prütting/Bork/Holzer, InsO, 22. Lfg. 2016, InsO § 35 Rn. 115 ff.

nisse von den Rechtswirkungen der Erklärung nach § 35 Abs. 2 InsO erfasst werden.[19] Sie sollen nach Zugang der Erklärung mit den Wirkungen im Insolvenzverfahren enden und persönlich beim Schuldner fortbestehen, wie es die Arbeitsgerichte Herne[20] und Berlin[21] entschieden haben und es in der Literatur[22] – teilweise mit analoger Anwendung von § 613 a BGB – vertreten wird.[23] Damit **wechselt die Arbeitgeberfunktion vom Insolvenzverwalter auf den Schuldner persönlich**, so dass das Arbeitsverhältnis mit ihm außerhalb des Insolvenzverfahrens fortgeführt wird und er fortan wieder Adressat der Arbeitsschutzpflichten sowie entsprechender Anordnungen der Aufsichtsbehörde bei Verletzungen ist.

IV. Arbeitsschutz im Insolvenzeröffnungsverfahren

21 Ein Wechsel der Arbeitgeberfunktion (→ Rn. 6) kann bereits im Insolvenzeröffnungsverfahren (oder auch Insolvenzantragsverfahren) stattfinden. Dieser – erste – Verfahrensabschnitt des Insolvenzverfahrens beginnt, wenn der Antrag auf Eröffnung des Insolvenzverfahrens beim Insolvenzgericht gestellt wurde. Während der Zeit, die das Insolvenzgericht für die Entscheidungsfindung über den gestellten Antrag benötigt, kann es zur Sicherung der Insolvenzmasse die vorläufige Insolvenzverwaltung anordnen. Dem Insolvenzgericht steht ein umfänglicher Maßnahmenkatalog gemäß § 21 InsO zur Verfügung. Führt der Schuldner seinen Geschäftsbetrieb fort und beschäftigt Arbeitnehmer, setzt das Insolvenzgericht regelmäßig einen vorläufigen Insolvenzverwalter ein. Aufgabe des vorläufigen Insolvenzverwalters ist generell die Sicherung der Insolvenzmasse, aber grundsätzlich nicht ihre Verwertung.[24] Ob der **vorläufige Insolvenzverwalter** dafür verantwortlich ist, den Arbeitsschutz zu gewährleisten, hängt von **der konkreten Ausgestaltung der Befugnisse** durch das Insolvenzgericht ab, die es im Beschluss über die Anordnung der vorläufigen Insolvenzverwaltung trifft.

22 **1. Vorläufiger Insolvenzverwalter ohne Verwaltungs- und Verwaltungs- und Verfügungsbefugnis – sog schwacher Insolvenzverwalter.** Der Insolvenzschuldner (bisheriger Arbeitgeber) bleibt die für den Arbeitsschutz verpflichtete Person, wenn er selbst weiterhin über sein Vermögen verfügen darf, aber dazu der Zustimmung des vorläufigen Insolvenzverwalters bedarf (sogenannter schwacher Insolvenzverwalter). Dies ist in der Praxis der Regelfall.[25] Das Insolvenzgericht erlegt dem Schuldner kein allgemeines Verfügungsverbot gemäß § 21 Abs. 2 Nr. 2 InsO auf. In diesem Fall bleibt der **Insolvenzschuldner wie bisher Arbeitgeber**[26] und insbes. verpflichtet, den Arbeitsschutz für die in seinem Unternehmen tätigen Arbeitnehmer zu gewährleisten. Er ist ebenfalls der richtige **Adressat aufsichtsbehördlicher Anordnungen**, wenn es zur Verletzung von Arbeitsschutzpflichten kommt. Ebenso ist der Betriebsrat weiterhin der Verhandlungspartner für alle mitbestimmungspflichtigen Angelegenheiten. Insoweit gelten keine insolvenzrechtlichen Besonderheiten.

23 In der Praxis kann das Insolvenzgericht die Stellung des vorläufigen Insolvenzverwalters durch konkrete Anordnungen im Beschluss über die Anordnung der vorläufigen Sicherungsmaßnahmen differenzierter ausgestalten und der Stellung des nachfolgend zu besprechenden vorläufigen Insolvenzverwalters mit Verwaltungs- und Verfügungsmacht weitgehend angleichen.[27] Der vorläufige Insolvenzverwalter ist nach dem Wortlaut des Gesetzes zwar nicht zur Unternehmensfortführung verpflichtet, jedoch kommt

---

[19] ArbG Herne 10.8.2010 – 2 Ca 350/10, ZIP 2011, 139; ArbG Berlin 3.6.2010 – 53 Ca 2104/10, ZIP 2010, 1914; ErfK/Müller-Glöge InsO Einführung Rn. 37 c. [20] ArbG Herne 10.8.2010 – 2 Ca 350/10, ZIP 2011, 139. [21] ArbG Berlin 3.6.2010 – 53 Ca 2104/10, ZIP 2010, 1914. [22] ErfK/Müller-Glöge InsO Einführung Rn. 37 c; AGR/Ahrens, InsO § 35 Rn. 166. [23] Umstritten ist, ob in diesem Fall § 613 a BGB entsprechend anwendbar ist, so dass den Arbeitnehmern ein Widerspruchsrecht (§ 613 a Abs. 6 BGB) beim Rückfall der Arbeitgeberfunktion auf den Schuldner zustehen würde. Für eine entsprechende Anwendbarkeit – zum allein Recht bei einer echten Freigabe – BAG 10.4.2008 – 6 AZR 368/07, BAGE 126, 229 Rn. 23; BAG 6.2.2009 – 6 AZR 110/08, BAGE 129, 257 Rn. 26; dazu Ahrens NJW-Spezial 2012, 341 (342); BAG 21.11.2013 – 6 AZR 979/11. [24] MüKoInsO/Haarmeyer, InsO § 21 Rn. 13. [25] FK-InsO/Schmerbach, InsO § 22 Rn. 3. [26] Schaub/Linck, 16. Aufl. 2015, § 91 Rn. 8; BAG 10.10.2002 – 2 AZR 532/01, NZA 2003, 909. [27] FK-InsO/Schmerbach InsO § 22 Rn. 5.

es in der Praxis häufiger vor, dass ein sogenannter schwacher vorläufiger Insolvenzverwalter bei fortdauernder Betriebstätigkeit des Schuldners eingesetzt wird und faktisch die Unternehmensfortführung durch den Schuldner begleitet.[28] In diesem Fall ist der vorläufige Insolvenzverwalter verpflichtet, den Schuldner bei der Unternehmensfortführung zu überwachen.[29] Stellt er Verletzungen von Arbeitsschutzbestimmungen fest, hat er generell die **Initiative** gegenüber dem Schuldner und ggf. in Kooperation mit der Arbeitnehmervertretung **zur Beseitigung der Arbeitsschutzmängel** zu ergreifen.[30] Der Schuldner ist grundsätzlich nicht gehindert, Maßnahmen zur Gewährleistung des Arbeitsschutzes umzusetzen, die Kosten auslösen (zB zum Erwerb von Schutzausrüstungen, wie Arbeitsschutzschuhe oder Schutzbrillen), wenn auch nur mit Zustimmung des vorläufigen Insolvenzverwalters.[31] Da bei Umsetzung dieser Maßnahmen Forderungen gegen den Schuldner entstehen, beurteilt sich die Erteilung seiner Zustimmung grundsätzlich danach, ob die Erfüllung der Forderungen insbesondere zur Fortführung des Unternehmens im Interesse der Gesamtgläubigerschaft erforderlich oder mindestens zweckmäßig erscheint.[32] Gravierende Arbeitsschutzmängel gefährden regelmäßig die Fortführung des Unternehmens, so dass der vorläufige Insolvenzverwalter zu entsprechenden Maßnahmen seine Zustimmung zu erteilen hat. Dies gilt insbesondere, wenn Gefahren für die Gesundheit der beschäftigten Arbeitnehmer bestehen. Sollte es keine innerbetriebliche Lösung zur Überwindung der Mängel im Arbeitsschutz geben, sind die Aufsichtsbehörden einzuschalten.

2. Vorläufiger Insolvenzverwalter mit Verwaltungs- und Verwaltungs- und Verfügungsbefugnis – sog starker Insolvenzverwalter. Ein anderes Modell sieht vor, dass das Insolvenzgericht dem Schuldner ein allgemeines Verfügungsverbot gemäß § 21 Abs. 2 S. 1 Nr. 2 InsO auferlegt und einen vorläufigen Insolvenzverwalter mit Verwaltungs- und Verfügungsmacht bestellt (sogenannter starker Insolvenzverwalter). Mit dieser Anordnung werden Wirkungen, die mit der Eröffnung des Insolvenzverfahrens gemäß § 80 Abs. 1 InsO verbunden sind, in das Insolvenzeröffnungsverfahren vorverlagert. Dies hat zur Folge, dass die **Arbeitgeberfunktion** bereits in diesem Verfahrensstadium **vom Schuldner auf den vorläufigen Insolvenzverwalter** wechselt.[33] Von nun an ist es der vorläufige Insolvenzverwalter, der verpflichtet ist, die Arbeitsschutzvorschriften einzuhalten. Auch dies stellt lediglich einen Wechsel auf personeller Ebene dar, ohne den Arbeitsschutz inhaltlich zu berühren (→ Rn. 8). Aufgabe des vorläufigen Insolvenzverwalters ist es, das Unternehmen bis zur Entscheidung über die Eröffnung des Insolvenzverfahrens fortzuführen (§ 22 Abs. 1 S. 2 Nr. 2 InsO). Er wird regelmäßig Arbeitnehmer in dieser Zeit weiterbeschäftigen. Eine Stilllegung des Unternehmens kommt nur in Betracht, soweit sie zur Vermeidung einer erheblichen Verminderung der Insolvenzmasse erforderlich ist und das Insolvenzgericht zustimmt (§ 22 Abs. 1 Nr. 2 InsO). In diesem Fall ist der vorläufige Insolvenzverwalter verpflichtet, die Arbeitsverhältnisse zu beenden. In beiden Fällen, der Fortführung und der Stilllegung des Unternehmens, besteht die Verpflichtung des vorläufigen Insolvenzverwalters, die Arbeitsschutzbestimmungen einzuhalten, solange Arbeitnehmer beschäftigt werden. Insolvenzspezifische Besonderheiten bestehen nicht, so dass insoweit auf die Kommentierung zum endgültigen Insolvenzverwalter (→ Rn. 5 ff.) verwiesen werden kann.

Der vorläufige Insolvenzverwalter sieht sich der besonderen Herausforderung gegenüber, als erste insolvenzgerichtlich bestellte und mit Arbeitgeberfunktion ausgestattete Person in das Unternehmen des Schuldners zu gehen. Sobald er im Amt ist, muss er sich von der Situation der Arbeitnehmer ein Bild machen, dh ggf. ermitteln, wie viele Arbeitnehmer tatsächlich mit welchen arbeitsvertraglichen Regelungen beschäftigt sind. Dies schließt ein, dass er sich davon überzeugt, dass die Anforderungen an den Arbeitsschutz erfüllt werden. Wie bereits zum endgültigen Insolvenzverwalter ausge-

---

[28] FK-InsO/Schmerbach InsO § 22 Rn. 52; kritisch HK-InsO/Rüntz InsO § 22 Rn. 49. [29] FK-InsO/Schmerbach InsO § 22 Rn. 52. [30] Zur faktischen Entscheidungskompetenz und zum Initiativrecht siehe ebenda. [31] Vgl. zur Erfüllung der Umsatzsteuerpflicht durch den Geschäftsführer einer GmbH BFH 22.8.2004 – V R 44/06, BFHE 221, 415. [32] BGH 4.11.2004 – IX ZR 22/03, ZInsO 2004, 1353. [33] AllgM, s. nur Schaub/Linck, § 91 Rn. 8.

führt (→ Rn. 4), kann dies auch die **Durchführung von Gefährdungsbeurteilungen** beinhalten. Stellt der vorläufige Insolvenzverwalter Mängel im Arbeitsschutz fest, ist er unverzüglich zu ihrer Beseitigung verpflichtet, auch dann, wenn er dafür finanzielle Mittel aufwenden muss. Stehen ihm die dazu erforderlichen finanziellen Mittel nicht zur Verfügung und kann er sie im Interesse der Unternehmensfortführung ausnahmsweise auch nicht aus einem Massekredit aufbringen, muss er arbeitsorganisatorisch tätig werden, um die betreffenden Arbeitnehmer zu schützen. Dazu zählt beispielsweise, bestimmte Arbeiten nicht mehr ausführen zu lassen und, sofern die Arbeitnehmer nicht anderweitig eingesetzt werden können, sie unter Entgeltfortzahlung freizustellen.

26 Der vorläufige Insolvenzverwalter mit Verwaltungs- und Verfügungsbefugnis ist in seiner Arbeitgeberfunktion neuer Adressat für alle Maßnahmen zur Überwachung des Arbeitsschutzes und zugleich **Adressat von Anordnungen der zuständigen Aufsichtsbehörde nach § 22 Abs. 3 ArbSchG, § 17 Abs. 2 ArbZG, § 12 ASiG**. Zur Einhaltung des Arbeitsschutzes kann er ebenso durch die Verhängung von Zwangsgeldern sowie von Bußgeldern nach § 25 ArbSchG angehalten werden.

V. Arbeitsschutz nach Abweisung der Eröffnung des Insolvenzverfahrens mangels Masse (§ 26 Abs. 1 InsO)

27 Zu einer Eröffnung des Insolvenzverfahrens mit den unter III. (→ Rn. 6 ff.) dargestellten Wirkungen für den Arbeitsschutz kommt es nicht, wenn das Insolvenzgericht den Antrag auf Eröffnung des Insolvenzverfahrens mangels Masse rechtskräftig abweist. Die Kosten des Insolvenzverfahrens können in diesem Fall voraussichtlich nicht aus dem Vermögen des Schuldners gedeckt werden (§ 26 Abs. 1 InsO). Mit dem Wirksamwerden dieses Gerichtsbeschlusses werden die bisherigen Wirkungen des Insolvenzeröffnungsverfahrens aufgehoben. Ist der **Schuldner eine natürliche Person** und ist die Arbeitgeberfunktion im Rahmen der Anordnung vorläufiger Sicherungsmaßnahmen gemäß § 21 InsO auf einen vorläufigen Insolvenzverwalter übergegangen, so erhält der Schuldner sie zurück. Beschäftigt der Schuldner Arbeitnehmer, ist er fortan wieder der **Adressat der arbeitsschutzrechtlichen Bestimmungen nach § 13 Abs. 1 ArbSchG** mit allen Rechten und Pflichten, so dass auch Anordnungen der Aufsichtsbehörde nach § 22 Abs. 3 ArbSchG, § 17 Abs. 2 ArbZG, § 12 ASiG gegen ihn zu erlassen sind.

28 Bei Gesellschaften ergibt sich ein differenziertes Bild.[34] Gesellschaftsrechtlich führt die Abweisung des Insolvenzverfahrens mangels Masse bei den Kapitalgesellschaften (Aktiengesellschaft § 262 Abs. 1 Nr. 4 AktG, GmbH § 60 Abs. 1 Nr. 5 GmbHG), bei der GmbH & Co. KG[35] und der Genossenschaft zur **Auflösung der Gesellschaft** nach den einschlägigen gesetzlichen Vorschriften. Mit der Auflösung der Gesellschaft ändert sich zunächst nur der Zweck der Gesellschaft.[36] Sie besteht nicht mehr als werbende Gesellschaft fort, sondern zu ihrer Abwicklung.[37] Die werbende und die aufgelöste Gesellschaft sind also identisch.[38] Es schließt sich an die Auflösung ein gesellschaftsrechtliches Liquidationsverfahren (§§ 262 ff. AktG, §§ 60 ff. GmbHG) an, in dem die Gesellschaft von den Liquidatoren vertreten wird. Die Gesellschaft ist weiter existent (**Gesellschaft in Liquidation**, i.L.)[39] bis das Vermögen vollständig liquidiert ist. Beschäftigt sie Arbeitnehmer, geht die Wahrnehmung der Arbeitgeberfunktion **vom Insolvenzverwalter auf die Liquidatoren** über, die gemäß § 13 Abs. 1 Nr. 2 ArbSchG neben dem Arbeitgeber verpflichtet sind, den **Arbeitsschutz einzuhalten**, wenn Arbeitnehmer beschäftigt sind. Dies gilt regelmäßig bis zur Löschung im Handelsregister, mit der die Gesellschaft

---

[34] Siehe ausführlich nur MüKoInsO/Haarmeyer InsO § 26 Rn. 46 ff. [35] Sind an Personenhandelsgesellschaften ausnahmsweise keine natürlichen Personen als persönlich haftende Gesellschafter beteiligt, werden auch sie aufgelöst (§ 131 Abs. 2 HGB). [36] Zur GmbH: Henssler/Strohn/Arnold, Gesellschaftsrecht, 3. Aufl. 2016, GmbHG § 60 Rn. 1, 4. [37] Lutter/Hommelhoff/Kleindiek, GmbH-Gesetz, 19. Aufl. 2016, GmbHG § 60 Rn. 1 nennt es das Verfahren zur „Beseitigung" der Gesellschaft, das in 3 Phasen abläuft: 1. Auflösung der Gesellschaft, 2. Liquidation (Abwicklung) der Gesellschaft und 3. Beendigung der Gesellschaft (regelmäßig durch Löschung im Handelsregister). [38] Lutter/Hommelhoff/Kleindiek, GmbH-Gesetz, 19. Aufl. 2016, GmbHG § 69 Rn. 1. [39] BGH 29.9.1967 – V ZR 40/66, NJW 1968, 297.

(voll)beendet (§ 141 a FGG) wird. Ausnahmsweise bleibt sie darüber hinaus existent, wenn noch zu verteilendes Vermögen vorhanden ist.[40]

Durch die Abweisung des Eröffnungsantrages mangels Masse werden nicht aufgelöst: die **Personengesellschaften**, wie die GbR, OHG, KG, und die Partnerschaftsgesellschaften, EWIV, rechtsfähige und nichtrechtsfähige Vereine und Stiftungen.[41] Diese Gesellschaften bestehen rechtlich betrachtet „unbeschadet" fort.[42] Beschäftigt eine Gesellschaft noch Arbeitnehmer, gelten keine Besonderheiten. Oftmals beschließen die Gesellschafter die Auflösung der Gesellschaft (zB § 131 Abs. 1 Nr. 2 HGB), dann nehmen die von ihnen bestimmten **Liquidatoren** die **Arbeitgeberfunktion** wahr und können nach § 13 Abs. 1 Nr. 3 ArbSchG in Anspruch genommen werden.

---

[40] Sog. Lehre vom Doppeltatbestand, so MüKoInsO/Haarmeyer InsO § 26 Rn. 49. [41] Ebenda; kritisch zum eingetragenen Verein Jaeger/Schilken InsO § 26 Rn. 41. [42] Jaeger/Schilken InsO § 26 Rn. 40.

Betriebsverfassungsgesetz (BetrVG)

In der Fassung der Bekanntmachung vom 25. September 2001[1] (BGBl. I S. 2518)
(FNA 801-7)
zuletzt geändert durch Art. 6 EM-LeistungsverbesserungsG vom 17. Juli 2017
(BGBl. I S. 2509)
– Auszug –

Vorbemerkungen zu §§ 87 ff. BetrVG

Literatur: *Gorsboth*, Grundlagenseminare für Betriebsräte AiB 2010, 312 ff., 381 ff.; *Klein/Baumgarten*, Die Mitbestimmung des Betriebsrats beim Arbeitsschutz, ArbRAktuell 2017, 110 ff.; *Wendeling-Schröder*, Arbeitsrecht in Betrieben ohne Betriebsrat, DB 2002, 206 ff.; *Zimmermann*, Zur Bedeutung des arbeitsplatzbezogenen Unterrichtungs-, Anhörungs- und Erörterungsanspruchs des einzelnen Arbeitnehmers gemäß § 81 BetrVG, AuR 2014, 262 ff.

Leitentscheidungen: BAG 15.5.1986 – 6 ABR 74/83, NZA 1987, 63; LAG Baden-Württemberg 1.12.1989 – 5 Sa 55/89, AiB 1990, 313 mAnm Meißner; LAG Mainz 24.1.2006 – 5 Sa 817/05, AuA 2006, 562 mAnm Stück; ArbG Essen 30.6.2011 – 3 BV 29/11, AuA 2013, 618; ArbG Saarlouis 7.8.2012 – 1 BV 17/11, AuR 2013, 143; ArbG Bamberg 5.11.2012 – 2 BVGa 3/12, ArbRB 2013, 75; BAG 14.1.2015 – 7 ABR 95/12, NZA 2015, 632, dazu Kohte/Schulze-Doll, jurisPR-ArbR 26/2016 Anm. 2.

I. Betriebsverfassung und Arbeits- und Gesundheitsschutz – Allgemeines 1	2. Eigenständige Informationsbeschaffung durch den Betriebsrat 22
II. Informations- und Anhörungsrechte der Beschäftigten 5	3. Information über Expertenwissen 24
III. Sicherheit und Gesundheit als betriebsverfassungsrechtliche Aufgabe des Betriebsrats 7	4. Qualifizierung von Betriebsratsmitgliedern 28
IV. Betriebsverfassungsrechtliche Information über Fragen von Sicherheit und Gesundheit....... 15	V. Organisation der Betriebsratsarbeit zu Sicherheit und Gesundheit............................. 30
1. Informationspflichten gegenüber dem Betriebsrat 16	

I. Betriebsverfassung und Arbeits- und Gesundheitsschutz – Allgemeines

1 **Sicherheit und Gesundheit bei der Arbeit** zählen traditionell zu den **Kernaufgaben der betrieblichen Interessenvertretung**. Die Bedeutung des Arbeits- und Gesundheitsschutzes wird daran ersichtlich, dass das BetrVG die Thematik in zahlreichen Vorschriften ausdrücklich aufgreift. So weisen §§ 80 Abs. 1 Nr. 1, 9, 89 Abs. 1 BetrVG das Thema Sicherheit und Gesundheit bei der Arbeit den Betriebsräten als gesetzliche Aufgabe zu. Damit der Betriebsrat eigenständig prüfen kann, ob ein Sachverhalt in seine gesetzliche Zuständigkeit fällt und ob Aktivitäten entfaltet werden sollen, regelt das BetrVG Informationspflichten des Arbeitgebers sowie Informations- und Mitwirkungsrechte (zB §§ 80 Abs. 2, 3, 90 Abs. 1, 89 Abs. 2, 4–6 BetrVG). Der Betriebsrat ist damit ein **eigenständig handelnder Akteur** des betrieblichen Arbeits- und Gesundheitsschutzes, der unabhängig vom Arbeitgeber und anderen Institutionen (insbes. Aufsichtsbehörden und Unfallversicherungsträger) für die Interessen der von ihm vertretenen Arbeitnehmer handeln kann.[1]

2 Zur wirksamen Interessenvertretung in Fragen der Sicherheit und Gesundheit bei der Arbeit sieht das Gesetz ein **gestuftes System von Beteiligungs- und Mitwirkungsrechten** (§§ 89 Abs. 2, 90 Abs. 2 BetrVG) bis hin zur **gleichberechtigten Mitbestimmung** nach Maßgabe von §§ 87 Abs. 1 Nr. 7, 91 BetrVG vor. Darüber hinaus besteht nach § 88

---

[1] Neubekanntmachung des BetrVG idF der Bek. v. 23.12.1988 (BGBl. 1989 I S. 1, ber. S. 902) in der ab 28. Juli 2001 geltenden Fassung. **1** HaKo-BetrVG/Kohte/Schulze-Doll BetrVG § 80 Rn. 21.

Nr. 1 BetrVG auch ein Mitbestimmungsrecht bei Maßnahmen des Arbeitgebers, die über den arbeitsschutzrechtlich zwingend geforderten Mindestschutz hinausgehen.[2] Solche „freiwilligen Betriebsvereinbarungen" kann der Betriebsrat allerdings nicht durch Spruch der Einigungsstelle erzwingen. Neben den genannten, unmittelbar auf den Schutz von Sicherheit und Gesundheit zielenden Vorschriften des BetrVG kann der betriebliche Arbeits- und Gesundheitsschutz auch für die Ausübung vieler weiterer Aufgaben und Pflichten des Betriebsrats mittelbar Bedeutung erlangen (§§ 99, 102, 106, 111, 96 ff., 87 Abs. 1 Nr. 1–3, 12 BetrVG). Einige Beispiele für solche Schnittstellen werden nachfolgend (→ Rn. 11, 14) erläutert.

Das BetrVG hat seit dem Inkrafttreten des ArbSchG im Jahre 1996 sichtbar an **Bedeutung für die Durchsetzung des Arbeitsschutzrechts** gewonnen. In der Vergangenheit bestand das Hauptgewicht der Betriebsratsarbeit auf dem Feld des Arbeitsschutzes darin, zu überwachen, dass der Arbeitgeber die durch Gesetz, Unfallverhütungsvorschrift oder aufgrund von Anordnungen der Aufsicht geforderten Maßnahmen korrekt umsetzte. Die Maßnahmen wurden also zumeist nicht in den Betrieben entwickelt, sondern durch **Vorschriften und Anordnungen von außen** vorgegeben. Insbes. für die Mitbestimmung des Betriebsrats nach § 87 Abs. 1 Nr. 7 BetrVG bestand so kaum Raum, weil auf der betrieblichen Ebene tendenziell nur wenige Fragen verblieben, die im Wege der Mitbestimmung geregelt werden konnten und mussten.[3]

Mit der Übernahme des europäischen Regulierungsansatzes durch das ArbSchG und die Rechtsverordnungen nach § 18 ArbSchG (zB ArbStättV, BetrSichV, LasthandhabV) haben sich die Voraussetzungen für Mitbestimmung und Beteiligung der Interessenvertretungen grundlegend geändert. Das heutige Recht hat die **wesentlichen Entscheidungen** über Maßnahmen des Arbeitsschutzes bewusst **in die Betriebe verlagert**. Im aktuellen Arbeitsschutzrecht werden ganz überwiegend nur noch allgemein gehaltene Schutzziele und Vorgaben normiert, die zudem schwieriger durch Anordnungen nach § 22 ArbSchG im Detail hoheitlich durchgesetzt werden können.[4] Es ist vielmehr originäre Aufgabe der betrieblichen Akteure, diese Schutzziele und Vorgaben mit Blick auf die spezifischen betrieblichen Verhältnisse zu konkretisieren und in eigener Verantwortung zu regeln, welche konkreten Maßnahmen des Arbeitsschutzes getroffen werden müssen, um die gesetzlichen Anforderungen zu erfüllen. Hieraus ergeben sich nicht nur die Regelungsspielräume, die letztlich unerlässliche Voraussetzung für die Ausübung von Mitbestimmungsrechten sind. Bei dieser Ausgangslage wird das BetrVG zu einem zentralen **Instrument zur Durchsetzung des Arbeitsschutzrechts**. So kann der Betriebsrat unter Ausnutzung seines Mitbestimmungsrechts nach § 87 Abs. 1 Nr. 7 BetrVG auch initiativ werden und Regelungen über Maßnahmen des Arbeitsschutzes über einen Einigungsstellenspruch erzwingen, wenn es dem Arbeitgeber an subjektiver Regelungsbereitschaft fehlt.[5] Erst durch die Mitbestimmung ist zudem sichergestellt, dass das betriebliche Erfahrungswissen der Beschäftigten für effektive Arbeitsschutzmaßnahmen nutzbar gemacht wird und interessengerechte Lösungen gefunden werden, die sowohl den Belangen des Arbeitgebers als auch den Belangen der Beschäftigten gerecht werden.

II. Informations- und Anhörungsrechte der Beschäftigten

Nach der 1996 an das ArbSchG angepassten[6] Norm des § 81 Abs. 1 S. 2 BetrVG haben Arbeitgeber ihre Beschäftigten über die **Gefahren** für Sicherheit und Gesundheit am Arbeitsplatz sowie über die präventiv getroffenen Maßnahmen zur Verhütung dieser Gefahren aufzuklären. Auch wenn das Gesetz von Gefahren spricht, erfasst die Unterrichtungspflicht ebenfalls **Gefährdungen**, denn eine Beschränkung der Aufklärung auf die am Arbeitsplatz existierenden Gefahren würde der Systematik des heutigen Arbeitsschutzrechts nicht gerecht werden.[7] Dies folgt auch aus dem Gebot der unionsrechts-

---

2 Beispielhaft BAG 24.3.1981 – 1 ABR 32/78, BB 1981, 1674, Durchführung eines Sicherheitswettbewerbs; HaKo-BetrVG/Kohte BetrVG § 88 Rn. 10; NK-GA/Schwarze BetrVG § 88 Rn. 6. **3** Dazu Denck ZfA 1977, 443 ff. **4** Dazu Faber, Grundpflichten, S. 366 ff. **5** BAG 8.6.2004 – 1 ABR 13/03, NZA 2004, 1175 (1177). **6** BT-Drs. 13/3540, 22.

konformen Auslegung, denn Art. 10 der Arbeitsschutz-Rahmenrichtlinie 89/391/EWG bezieht sich auf Gefährdungen und ist deutlich vom Gefahrenschutz des Art. 9 der Richtlinie zu unterscheiden.[8] In Übereinstimmung mit Art. 10 RL 89/391/EWG wird weiter verlangt, dass im Rahmen dieser **Ersteinweisung**, die vor dem Beginn der Arbeit erfolgen muss, auch Informationen zur Ersten Hilfe und zur Notfallplanung im Betrieb erfolgen (→ ArbSchG § 10 Rn. 1). Es handelt sich insoweit um eine unverzichtbare **Basisinformation**,[9] die auch dann erfolgen muss, wenn noch keine Gefährdungsbeurteilung erfolgt ist.[10] Sie ist daher nicht identisch mit der wesentlich intensiveren Unterweisung nach § 12 ArbSchG, die sich anhand der Gefährdungsbeurteilung auf das konkrete Gefährdungsspektrum bestimmter Arbeitstätigkeiten und Arbeitsplätze zu beziehen hat (→ ArbSchG § 12 Rn. 5 ff.). Für den Bereich des öffentlichen Dienstes findet sich eine 1996 eingeführte parallele Pflicht in § 14 Abs. 1 ArbSchG (→ ArbSchG § 14 Rn. 2). Sie ist so wichtig, dass im Mitarbeitervertretungsrecht in unionsrechtskonformer Auslegung § 14 ArbSchG analog anzuwenden ist (→ MVG.EKD Rn. 27). Für alle Informationen gilt, dass diese existentielle Basisinformation für die Beschäftigten in einer **verständlichen Form und Sprache** erfolgen muss.[11]

6 § 81 BetrVG verlangt zudem in **betriebsratslosen Betrieben** ein Mindestmaß an Arbeitnehmerbeteiligung im Arbeits- und Gesundheitsschutz.[12] Hierzu zählen zunächst die in § 81 Abs. 1 BetrVG geregelte Erstunterweisung vor Beginn der Beschäftigung und die Unterrichtung über Veränderungen im Arbeitsbereich (→ Rn. 3), die selbstverständlich auch in betriebsratslosen Betrieben erfolgen müssen. Darüber hinaus folgt aus § 81 Abs. 3 BetrVG aber vor allem die Pflicht des Arbeitgebers in betriebsratslosen Betrieben, die Arbeitnehmer zu allen Maßnahmen zu hören, die Auswirkungen auf die Sicherheit und Gesundheit haben. Die **Anhörungspflicht** des § 81 Abs. 3 BetrVG soll gewährleisten, dass bei allen Maßnahmen des Arbeitsschutzes das betriebliche Erfahrungswissen und die Interessen der Betroffenen in die Entscheidungsfindung eingehen. Das Gesetz setzt mit § 81 Abs. 3 BetrVG und der Norm des § 14 Abs. 2 ArbSchG für den öffentlichen Dienst verbindliche Vorgaben des Unionsrechts um (vgl. Art. 11 Abs. 1 RL 89/391/EWG).[13] Ausweislich der Erwägungsgründe zur Rahmenrichtlinie Arbeitsschutz 89/391/EWG sind nach der Konzeption des Unionsrechts die Unterrichtung, der Dialog und die ausgewogene Zusammenarbeit zwischen den Betriebsparteien wesentliche Voraussetzungen für einen erfolgreichen Arbeitsschutz (→ ArbSchG § 14 Rn. 12). Einzelne Beschäftigte haben anerkanntermaßen ein Leistungsverweigerungsrecht gemäß § 273 BGB, solange der Arbeitgeber seinen Verpflichtungen aus § 81 BetrVG nicht nachgekommen ist (→ ArbSchG § 14 Rn. 13 ff.). Dieses zeigt die besondere Bedeutung der Beteiligung für einen effektiven und rechtskonformen Arbeits- und Gesundheitsschutz.

III. Sicherheit und Gesundheit als betriebsverfassungsrechtliche Aufgabe des Betriebsrats

7 An der Spitze des in § 80 Abs. 1 BetrVG normierten allgemeinen Aufgabenkatalogs des Betriebsrates steht nach Nr. 1 die Pflicht, darüber zu wachen, dass die zugunsten der Arbeitnehmer geltenden Rechtsvorschriften durchgeführt werden. Unter den **Überwachungsauftrag** der Nr. 1 fallen damit alle für den Betrieb geltenden Vorschriften, die den Schutz von Leben und Gesundheit der Arbeitnehmer bezwecken, dh

- **Gesetze**, wie zB das ArbSchG, ArbZG, MuSchG, JArbSchG, der arbeitsrechtliche Teil des SGB IX (insbes. §§ 81, 84, 124, 125, ab 2018 §§ 164, 167, 207, 208 SGB IX);

---

7 Pieper ArbSchG § 14 Rn. 1 a. **8** KJP/Koll ArbSchG § 14 Rn. 6 zur Parallelnorm des § 14 Abs. 1 ArbSchG; ebenso LR/Wiebauer ArbSchG § 14 Rn. 13. **9** GK-BetrVG/Franzen BetrVG § 81 Rn. 13 f. **10** Kohte, jurisPR-ArbR 48/2011 Anm. 4 C. **11** LAG Baden-Württemberg 1.12.1989 – 5 Sa 55/89, AiB 1990, 313 mAnm Herbert; LAG Mainz 24.1.2006 – 5 Sa 817/05, AuA 2006, 562 mAnm Stück. **12** Wendeling-Schröder DB 2002, 206; Zimmermann AuR 2014, 262 ff. **13** Vgl. auch BT-Drs. 13/3540, 22; grundsätzlich dazu Kohte EAS B 6100 Rn. 86 f.

- **Rechtsverordnungen**, wie zB ArbStättV, BetrSichV, LasthandhabV, LärmVibrationsArbSchV, OStrV, GefStoffV, BioStoffV, EMFV;
- **Unfallverhütungsvorschriften** der Berufsgenossenschaften und Unfallkassen nach § 15 SGB VII, wie zB die DGUV Vorschriften 1 und 2;
- auf den Betrieb anwendbare **tarifvertragliche Regelungen** zum Arbeits- und Gesundheitsschutz;
- **Betriebsvereinbarungen** zum Arbeits- und Gesundheitsschutz.

Der Überwachungsauftrag beschränkt sich nicht auf **präventive Vorschriften**, die die Entstehung von Gesundheitsschädigungen verhüten sollen. Erfasst sind auch Rechtsvorschriften, die Ansprüche von Beschäftigten sichern sollen, für den Fall, dass eine **Gesundheitsschädigung** eintritt. Relevant sind insofern vor allem Dokumentations- und Meldepflichten, deren Beachtung eine wesentliche Voraussetzung für eine effektive Rechtsverfolgung in solchen Fällen ist. Zu nennen ist in diesem Fall zB die Pflicht zur Erstattung von Unfallmeldungen und Anzeigen des Verdachts einer Berufskrankheit gemäß § 193 SGB VI, die ordnungsgemäße Führung von Verbandsbüchern (§ 24 Abs. 6 DGUV Vorschrift 1) und Vorsorgekarteien (§ 3 Abs. 4 ArbMedVV; § 14 Abs. 3 GefStoffV), Dokumentationen von Gefährdungsbeurteilungen einschließlich Messprotokollen (insbes. § 6 ArbSchG) oder Arbeitszeitnachweise gemäß § 16 Abs. 2 ArbZG.

Der Betriebsrat hat einen **weiten Spielraum**, wie er seinem gesetzlichen Überwachungsauftrag nach § 80 Abs. 1 Nr. 1 BetrVG nachkommt. Für die Ausübung des Überwachungsauftrags nach § 80 Abs. 1 Nr. 1 BetrVG bedarf es insbes. nicht eines konkreten Verdachts der Verletzung von arbeitnehmerschützenden Rechtsvorschriften.[14] Auch muss der Betriebsrat seine Aktivitäten bei der Erfüllung seiner Pflichten nach § 80 Abs. 1 Nr. 1 BetrVG nicht besonders begründen. Eine Überschreitung der Spielräume bei der Wahrnehmung des Überwachungsauftrags wird nur sehr selten festzustellen sein. Hieran kann gedacht werden, wenn Überwachungsmaßnahmen offensichtlich sachfremden Zwecken dienen und – entsprechend den allgemeinen Grundsätzen – als rechtsmissbräuchlich zu qualifizieren sind.[15]

Der Betriebsrat hat somit weitgehende **Autonomie** bei der Erfüllung seiner Aufgaben nach § 80 BetrVG.[16] Diese Autonomie rechtfertigt sich in der Sache aus dem Mandat des Betriebsrates als **Vertreter der Arbeitnehmerinnen und Arbeitnehmer**. Der Betriebsrat agiert insofern also weder als Helfer der Arbeitsschutzaufsicht noch als innerbetriebliche Aufsichtsbehörde. Die Rolle als Interessenvertretung kann sich vor allem bei den Schwerpunktsetzungen des Betriebsrats niederschlagen, der die vitalen Interessen der Beschäftigten an gesunden und sicheren Arbeitsbedingungen durchzusetzen hat. Als Interessenvertretung kann und muss der Betriebsrat daher vor allem ein Ohr bei den von ihm vertretenen Beschäftigten haben. Arbeitsbedingungen, die in der betrieblichen Praxis als kritisch angesehen werden, sind daher vorrangig daraufhin zu überprüfen, ob das geltende Arbeitsschutzrecht beachtet worden ist und ob die eigenen bzw. die Gestaltungsvorstellungen aus der Belegschaft durch das Arbeitsschutzrecht gestützt werden. Eine derartige, an den Sachproblemen und praktischen Lösungsmöglichkeiten orientierte Sicht verbessert im Übrigen die Chancen zur Durchsetzung der eigenen Gestaltungsideen. Die Rechtsprechung zu den Regelungen des Arbeitsschutzes iSv § 87 Abs. 1 Nr. 7 BetrVG zeigt, dass Betriebsratsinitiativen nicht selten daran scheitern, dass keine hinreichend **konkreten Regelungsvorschläge** eingebracht worden sind.[17]

Während das Überwachungsrecht an die vorhandenen bzw. nicht vorhandenen Arbeitsschutzaktivitäten des Arbeitgebers anknüpft, macht es das BetrVG in weiteren Konstellationen zum **Recht und zur Pflicht des Betriebsrats, präventive Aktivitäten** zu entfalten. Zu nennen sind die aus § 80 Abs. 1 Nr. 9 BetrVG folgende Aufgabe des Betriebsrats, Maßnahmen des Arbeitsschutzes und des betrieblichen Umweltschutzes zu

---

14 Richardi/Thüsing BetrVG § 80 Rn. 18; HaKo-BetrVG/Kohte/Schulze-Doll BetrVG § 80 Rn. 19; BAG 19.2.2008 – 1 ABR 84/06, NZA 2008, 1219 (1221). **15** HaKo-BetrVG/Kohte/Schulze-Doll BetrVG § 80 Rn. 19; GK-BetrVG/Weber BetrVG § 80 Rn. 25. **16** Ebenso der Personalrat nach § 68 BPersVG. **17** BAG 8.6.2004 – 1 ABR 4/03, NZA 2005, 227.

fördern, sowie die Pflicht, sich dafür einzusetzen, dass die Vorschriften über den Arbeitsschutz und die Unfallverhütung im Betrieb sowie über den betrieblichen Umweltschutz durchgeführt werden (§ 89 Abs. 1 BetrVG). Einen Rahmen für präventive Aktivitäten stellt zudem § 80 Abs. 1 Nr. 2 BetrVG bereit, wonach der Betriebsrat die Aufgabe hat, Maßnahmen, die dem Betrieb und der Belegschaft dienen, beim Arbeitgeber zu beantragen. Das **Gesetz** geht also – in Übereinstimmung mit Art. 11 RL 89/391/EWG – von einer **aktiven Rolle des Betriebsrats im Arbeits- und Gesundheitsschutz** aus. Zur **Förderpflicht des § 80 Abs. 1 Nr. 9 BetrVG** gehört vor diesem Hintergrund sowohl die Unterstützung der für die Umsetzung des Arbeitsschutzrechts verantwortlichen Personen iSv § 13 ArbSchG als auch die Entwicklung eigener Vorstellungen und Vorschläge für Maßnahmen des Arbeitsschutzes. Die Beantragung und Förderung von Maßnahmen des Arbeitsschutzes (§ 80 Abs. 1 Nr. 9, 2 BetrVG) beschränkt sich im Gegensatz zur Überwachungsaufgabe des § 80 Abs. 1 Nr. 1 BetrVG nicht auf Maßnahmen, die sich aus dem zwingend vom Arbeitgeber zu beachtenden Arbeitsschutzrecht ergeben. Es können also auch Maßnahmen angeregt werden, zu denen der Arbeitgeber gesetzlich nicht verpflichtet ist (zB betriebliche Gesundheitsförderung nach § 20 b SGB V). Unabhängig davon ist die Frage der **Durchsetzbarkeit beantragter Maßnahmen** zu betrachten. Während Maßnahmen zur Umsetzung zwingender gesetzlicher Vorschriften nach Maßgabe des § 87 Abs. 1 Nr. 7 BetrVG unter Ausnutzung des Initiativrechts auch gegen den Willen des Arbeitgebers durchgesetzt werden können, besteht diese Möglichkeit nicht, wenn Maßnahmen nicht auf Rechtsvorschriften zurückgeführt werden können und somit letztlich freiwillig sind (→ SGB V § 20 b Rn. 45).[18]

11 Bei einer Reihe weiterer Betriebsratsaufgaben ergeben sich zT intensive **Überschneidungsbereiche mit dem Thema Sicherheit und Gesundheit** bei der Arbeit. So formulieren § 80 Abs. 1 Nr. 4, 6 BetrVG Förderpflichten des Betriebsrats zur Eingliederung schwerbehinderter oder sonstiger besonders schutzbedürftiger Personen sowie zur Beschäftigung älterer Arbeitnehmer im Betrieb. Ein guter Arbeitsschutz ist in der Regel eine wesentliche Voraussetzung für die Beschäftigung dieser Personenkreise. Darüber hinaus können sich zB aus den im SGB IX normierten besonderen Pflichten der Arbeitgeber gegenüber schwerbehinderten Beschäftigten Impulse zur Verbesserung des betrieblichen Arbeitsschutzes ergeben (→ SGB IX § 84 Rn. 35 ff.). So verlangt zB § 81 Abs. 3 SGB IX, dass der Arbeitgeber durch geeignete Maßnahmen sicherstellt, dass im Betrieb wenigstens die durch die Pflichtquote vorgeschriebene Zahl von schwerbehinderten Menschen dauerhaft behinderungsgerecht beschäftigt werden können. Die somit verlangten verhältnisbezogenen Maßnahmen zur ergonomischen und barrierefreien Gestaltung werden in aller Regel zu einer Verbesserung von Sicherheit und Gesundheit im Betrieb führen. Enge inhaltliche Zusammenhänge des Arbeitsschutzes bestehen zudem mit dem **betrieblichen Umweltschutz**, der seit der BetrVG-Reform 2001[19] ausdrücklich zu den Aufgaben des Betriebsrats zählt (vgl. §§ 80 Abs. 1 Nr. 9, 89 Abs. 1–3 BetrVG). Die Verschränkung der beiden Aufgaben beruht hier darauf, dass umweltkritische Aspekte der betrieblichen Tätigkeit (zB Gefahrstoffe, Lärm, Abfall) in der Regel auch für die Beschäftigten gesundheitlich gefährdend sind (→ BetrVG § 89 Rn. 17 f.).

12 Dadurch, dass Sicherheit und Gesundheit bei der Arbeit unter verschiedenen Aspekten unmittelbar oder mittelbar zu den Aufgaben des Betriebsrats zählen, bestehen vielfältige Möglichkeiten, das Thema gegenüber dem Arbeitgeber, den Beschäftigten und den zuständigen Stellen (vgl. § 89 Abs. 1, 2 BetrVG) zur Sprache zu bringen. § 43 Abs. 2 BetrVG geht davon aus, dass mindestens einmal im Jahr in der **Betriebsversammlung** Fragen des Arbeitsschutzes und des betrieblichen Umweltschutzes thematisiert werden.[20] Natürlich steht es allen Akteuren und Beschäftigten frei, auch auf weiteren Betriebs- und Abteilungsversammlungen Themen wie psychische Belastung durch die Arbeit oder umwelt- und gesundheitskritische Produktionsverfahren anzusprechen.

13 Eine **Einflussnahme** auf den **Prozess der Entscheidungsfindung** zu allen wichtigen Aspekten des Arbeits- und Gesundheitsschutzes ermöglichen dem Betriebsrat die im

---

[18] HaKo-BetrVG/Kohte BetrVG § 88 Rn. 11; Richardi/Richardi BetrVG § 88 Rn. 11 f. [19] BGBl. I 2001, 1852 ff. [20] GK-BetrVG/Weber BetrVG § 43 Rn. 16.

BetrVG geregelten **Beteiligungs- und Mitwirkungsrechte**. Zu verweisen ist insoweit vor allem auf § 89 Abs. 2 BetrVG, der verlangt, dass der Betriebsrat vom Arbeitgeber, der Arbeitsschutzaufsicht (Berufsgenossenschaften, Unfallkassen, Aufsichtsbehörden der Länder) und den sonstigen internen und externen zuständigen Stellen (zB Umweltbehörden, Fachkräfte für Arbeitssicherheit, Betriebsärzte) zu allen Besichtigungen, Erörterungen und Untersuchungen hinzugezogen wird (→ BetrVG § 89 Rn. 14). Das Gesetz bewirkt auf diese Weise, dass die Arbeitsschutzaufsicht die Sichtweise des Betriebsrates zur Kenntnis nehmen und zB bei der Begründung von Anordnungen und Auflagen einbeziehen muss. Für eine effektive Prävention im Betrieb ist zudem die **Beratungspflicht nach § 90 Abs. 2 BetrVG** von herausragender Bedeutung (eingehend dazu → BetrVG §§ 90, 91 Rn. 18 ff.). Die – nach § 121 BetrVG bußgeldbewehrte – Vorschrift verlangt, dass Vorhaben des Arbeitgebers, die maßgeblichen Einfluss auf die Arbeitsbedingungen haben (Neu-, Um- und Erweiterungsbauten, technische Anlagen, Arbeitsverfahren, Arbeitsplätze), frühzeitig, dh bereits in der Planungsphase, beraten werden. So wird eine Beteiligung und Einflussnahme auf den Entscheidungsprozess zu einem Zeitpunkt möglich, zu dem der Raum für Alternativen noch nicht durch anderweitig getroffene Vorentscheidungen verschlossen oder eingeschränkt ist.

Darüber hinaus können **Aspekte des Arbeits- und Gesundheitsschutzes bei anderen Mitwirkungs- und Mitbestimmungstatbeständen** des BetrVG von Bedeutung sein. So stehen mitbestimmte Fragen zur betrieblichen Ordnung und des Verhaltens im Betrieb (§ 87 Abs. 1 Nr. 1 BetrVG) oft in engem Zusammenhang mit der Sicherheit und Gesundheit im Betrieb. Beispielhaft verwiesen werden kann insoweit auf Vereinbarungen zum Nichtraucherschutz oder auf Regelungen über ein betriebliches Alkoholverbot, die sowohl die Ordnung des Betriebes iSv § 87 Abs. 1 Nr. 1 BetrVG als auch die Mitbestimmung beim Arbeits- und Gesundheitsschutz iSv § 87 Abs. 1 Nr. 7 BetrVG (betriebliche Konkretisierung der Rahmenvorgaben des § 5 ArbStättV bzw. von § 7 ArbSchG, § 7 BGV A 1) berühren. Nach der Rechtsprechung des Bundesarbeitsgerichts kommen bei der Gestaltung des BEM nach § 84 Abs. 2 SGB IX neben dem Mitbestimmungsrecht im Arbeitsschutz auch Regelungen zum **Datenschutz** iSv § 87 Abs. 1 Nr. 1, 6 BetrVG in Betracht (→ SGB IX § 84 Rn. 56).[21] Aspekte des Arbeitsschutzes können des Weiteren bei der Mitbestimmung bei der **Berufsbildung (§§ 96 ff. BetrVG)** eine Rolle spielen, namentlich dann, wenn die Gefährdungsbeurteilung qualifikatorische Defizite aufgedeckt hat, denen mit entsprechenden Qualifizierungsmaßnahmen zu begegnen ist. Qualifikationsanforderungen im Hinblick auf die Sicherheit und Gesundheit können zudem Gegenstand von **Auswahlrichtlinien nach § 95 BetrVG** sein. Derartige Festlegungen in Auswahlrichtlinien nach § 95 BetrVG können in der Folge zudem für die Mitbestimmung des Betriebsrats in personellen Angelegenheiten von Bedeutung sein. Verstöße gegen Auswahlrichtlinien berechtigen den Betriebsrat im Falle von **Einstellungen und Versetzungen** zur Verweigerung der Zustimmung (§ 99 Abs. 2 Nr. 2 BetrVG). Im Falle einer Kündigung können Verstöße gegen Auswahlrichtlinien nach § 102 Abs. 3 BetrVG zur Begründung eines Widerspruchs des Betriebsrats gegen die **Kündigung** herangezogen werden. Damit BetrVG bietet schließlich mit dem Mitbestimmungsrecht über die **Grundsätze des betrieblichen Vorschlagwesens** (§ 87 Abs. 1 Nr. 12 BetrVG) die Möglichkeit, die Beschäftigten zu motivieren, ihr betriebliches Wissen und ihre Kreativität für die Verbesserung von Sicherheit und Gesundheit einzubringen. Es ist insoweit allgemein anerkannt, dass über § 87 Abs. 1 Nr. 12 BetrVG Anreize für Vorschläge zum Gesundheitsschutz und zur Gesundheitsförderung geschaffen werden können, indem derartige Vorschläge bei der Regelung der Bemessungsfaktoren der Prämien für Verbesserungsvorschläge gesondert berücksichtigt werden.[22]

---

[21] BAG 13.3.2012 – 1 ABR 78/10, NZA 2012, 748 ff. [22] Dazu nur HaKo-BetrVG/Kohte BetrVG § 87 Rn. 147 ff.

IV. Betriebsverfassungsrechtliche Information über Fragen von Sicherheit und Gesundheit

15 Um seine betriebsverfassungsrechtlichen Aufgaben im Zusammenhang mit dem Arbeits- und Gesundheitsschutz wahrnehmen und seine Mitbestimmungs- und Mitwirkungsrechte effektiv ausüben zu können, ist der Betriebsrat auf Informationen angewiesen. Neben **Informationen über die tatsächlichen Arbeitsbedingungen** und die **arbeitsschutzrelevanten Planungen** des Arbeitgebers, gehören hierzu auch Informationen über praktische Optionen zur Gestaltung der Arbeitsbedingungen durch Maßnahmen des Arbeitsschutzes. Nach § 4 Nr. 3 ArbSchG bedarf es hierzu vor allem Informationen über den aktuellen Stand von Technik, Arbeitsmedizin, Hygiene sowie sonstiger gesicherter arbeitswissenschaftlicher Erkenntnisse (→ ArbSchG § 4 Rn. 82 ff.). Vor diesem Hintergrund bestehen sowohl weitreichende Pflichten, den Betriebsrat unaufgefordert über bestimmte Sachverhalte zu informieren, als auch Rechte des Betriebsrats, sich eigenständig ein Bild zu machen. Für den Betriebsrat ist es zudem von großer Bedeutung, dass er durch verschiedene Bestimmungen aktiv in die betriebliche Kommunikation über Fragen des Arbeits- und Gesundheitsschutzes eingebunden wird.

16 **1. Informationspflichten gegenüber dem Betriebsrat.** Das BetrVG zielt darauf ab, dass Arbeitgeber und Betriebsrat in Fragen von Sicherheit und Gesundheit bei der Arbeit über einen vergleichbaren Informationsstand verfügen. Das Gesetz verlangt daher vom Arbeitgeber, dass er eine offene Informationspolitik gegenüber dem Betriebsrat in Fragen des Arbeits- und Gesundheitsschutzes betreibt. Um die Voraussetzungen für ein „informationelles Gleichgewicht" zu schaffen, werden durch das BetrVG vielfältige Informationspflichten gegenüber dem Betriebsrat normiert. Allgemeine Grundlage für die Informationspflichten des Arbeitgebers ist § 80 Abs. 2 BetrVG, der verlangt, dass der Betriebsrat rechtzeitig und umfassend zur Durchführung seiner Aufgaben unterrichtet wird. Zu den Aufgaben des Betriebsrates zählen neben den in § 80 Abs. 1 BetrVG genannten Aufgaben (insbes. Überwachung des Arbeitsschutzrechts; Förderung von Maßnahmen des Arbeitsschutzes) auch die Wahrnehmung aller sonstigen Beteiligungs- und Mitbestimmungsrechte des Betriebsrats[23] (mit Blick auf den Arbeitsschutz insbes. §§ 87 Abs. 1 Nr. 7, 91 BetrVG). Die Informationen sollen den Betriebsrat in die Lage versetzen, in eigener Verantwortung zu prüfen, ob er zur Wahrnehmung seiner Aufgaben tätig werden muss.[24] Ergänzt werden die genannten allgemeinen Informationspflichten durch weitere spezielle Regelungen, wie zB die Pflicht zur Mitteilung behördlicher Auflagen und Anordnungen gemäß § 89 Abs. 2 BetrVG (→ BetrVG § 89 Rn. 14). Große praktische Bedeutung für die Aktionsmöglichkeiten des Betriebsrats hat die aus § 90 Abs. 1 BetrVG folgende Pflicht des Arbeitgebers, den Betriebsrat frühzeitig, dh mit der Planungsphase, über vorgesehene Baumaßnahmen und Änderungen im Betrieb zu informieren. Die Umsetzung dieser bußgeldbewehrten Pflicht (vgl. § 121 BetrVG) ist unerlässliche Voraussetzung für die sachgerechte Ausübung der präventiv wirkenden Mitbestimmungsrechte des Betriebsrats nach § 87 Abs. 1 Nr. 7 BetrVG,[25] zB bei der Einrichtung von Arbeitsstätten (→ ArbStättV Rn. 28, 63 ff.) oder der Auswahl von Arbeitsmitteln und Arbeitsstoffen (→ GefStoffV Rn. 42 und → BetrSichV Rn. 46).

17 Hierzu ist es in der Regel erforderlich, dem Betriebsrat auch Unterlagen zur Verfügung zu stellen. Erfolgt die Unterrichtung des Betriebsrats nicht ohnehin schriftlich, sind dem Betriebsrat jedenfalls auf sein Verlangen hin **jederzeit die erforderlichen Unterlagen zur Verfügung zu stellen** (§ 80 Abs. 2 S. 2 BetrVG). Mit Blick auf den Arbeits- und Gesundheitsschutz kann vor diesem Hintergrund zB die Überlassung der Dokumentation der Gefährdungsbeurteilung (§ 6 ArbSchG)[26] sowie von Arbeitszeitnachweisen und Unfallmeldungen nach § 193 SGB VII verlangt werden (→ BetrVG § 89 Rn. 14, 16).[27] Neben dem aus § 80 Abs. 2 BetrVG folgenden allgemeinen Anspruch des Betriebsrats,

---

[23] BAG 19.2.2008 – 1 ABR 84/06, NZA 2008, 1078 ff.; Fitting BetrVG § 80 Rn. 51; NK-GA/Waskow BetrVG § 80 Rn. 19. [24] BAG 10.10.2006 – 1 ABR 68/05, NZA 2007, 99 (102). [25] Dazu Bernhardt AiB 2010, 408. [26] Dazu auch EuGH 7.2.2002 – C-5/00, NZA 2002, 321 ff. [27] Genauer zum Ganzen HaKo-BetrVG/Kohte/Schulze-Doll BetrVG § 80 Rn. 52 ff.

Unterlagen zur Verfügung gestellt zu bekommen, gibt es darüber hinaus **Schriftstücke**, die dem Betriebsrat **unaufgefordert** durch den Arbeitgeber **zur Verfügung** zu **stellen** sind. Zu nennen sind insoweit insbes. **Planungsunterlagen** über vorgesehene bauliche Maßnahmen und Änderungen im Betrieb gemäß § 90 Abs. 1 BetrVG (→ BetrVG §§ 90, 91 Rn. 10 ff.)[28] oder **Protokolle von Betriebsbesprechungen und Besprechungen** gemäß § 89 Abs. 5 BetrVG (→ BetrVG § 89 Rn. 14).

Es ist anerkannt, dass mit der Informationspflicht des Arbeitgebers aus § 80 Abs. 2 S. 1 BetrVG ein **Informationsanspruch des Betriebsrats gegenüber dem Arbeitgeber** einhergeht.[29] Der Informationsanspruch knüpft an die gesetzlichen Aufgaben des Betriebsrats an und setzt im Übrigen **keinen besonderen Anlass** voraus. Er ist Ausdruck der Autonomie der betrieblichen Interessenvertretung: Dem Betriebsrat soll es ermöglicht werden, in eigener Verantwortung zu prüfen, ob sich für ihn betriebsverfassungsrechtliche Aufgaben und Rechte ergeben und ob er zur Erfüllung seiner gesetzlichen Aufgaben ggf. tätig zu werden hat bzw. Initiativen ergreifen kann.[30] Nach der Rechtsprechung des Bundesarbeitsgerichts findet der **Informationsanspruch** des Betriebsrates seine **Grenze**, wenn ein Beteiligungsrecht oder eine sonstige Aufgabe des Betriebsrats offensichtlich nicht in Betracht kommt.[31]

18

Der Arbeitgeber ist zunächst der zentrale Ansprechpartner des Betriebsrats, um die Informationen zu bekommen, die er zur Wahrnehmung seiner gesetzlichen Aufgaben benötigt. Die Interessenvertretung ist allerdings nicht allein auf Informationen durch den Arbeitgeber angewiesen. Es gibt vielmehr weitere Akteure, über die der Betriebsrat rechtlich abgesichert Informationen und Wissen erhalten kann. Zu nennen sind hier zunächst die Personen, die besondere Funktionen im Arbeits- und Gesundheitsschutz einnehmen. So zählt es nach § 9 Abs. 2 ASiG zu den gesetzlichen Aufgaben der **Betriebsärzte und Fachkräfte für Arbeitssicherheit**, den Betriebsrat über wichtige Angelegenheiten des Arbeitsschutzes und der Unfallverhütung zu unterrichten. Dazu gehört insbes. die Information der Interessenvertretung über Vorschläge, über die keine Verständigung mit dem Arbeitgeber erreicht werden konnte (→ Rn. 23). Informationen über Sicherheit und Gesundheit kann der Betriebsrat zudem von den **Sicherheitsbeauftragten nach § 22 SGB VII** erhalten. § 89 Abs. 4 BetrVG ordnet insoweit an, dass Mitglieder des Betriebsrats an den gemeinsamen Besprechungen der Sicherheitsbeauftragten mit dem Arbeitgeber teilzunehmen haben. Darüber hinaus ist dem Betriebsrat die Möglichkeit zu geben, an Besichtigungen der Sicherheitsbeauftragten wie auch der Fachkräfte für Arbeitssicherheit und Betriebsärzte teilzunehmen (§ 89 Abs. 2 BetrVG), da es sich bei diesen jeweils um nach § 89 Abs. 1 BetrVG in Betracht kommende Stellen handelt.[32] Schließlich spielt der **Arbeitsschutzausschuss** eine wichtige Rolle als Forum für Information und Konsultation (→ ASiG § 11 Rn. 1, 18 f.), wobei die genauere Zusammensetzung (zB Regelung der Beteiligung der Gruppe der Sicherheitsbeauftragten nach § 22 SGB VII) und Arbeitsweise des Ausschusses (Geschäftsordnung) im Wege der Mitbestimmung nach § 87 Abs. 1 Nr. 7 BetrVG[33] gemeinsam von den Betriebsparteien zu regeln sind (→ ASiG § 11 Rn. 22 ff., → BetrVG § 87 Rn. 75).

19

Ein wichtiger Ansprech- und Kooperationspartner des Betriebsrats in Fragen der Eingliederung gesundheitlich gehandicapter Beschäftigter und der betrieblichen Gesundheitspolitik ist zudem die **Schwerbehindertenvertretung**. § 99 SGB IX verpflichtet die beiden Interessenvertretungen insoweit zur Zusammenarbeit. Hierzu zählt es insbes., den Abschluss einer **Inklusionsvereinbarung** nach § 83 SGB IX (ab 1.1.2018: § 166

20

---

[28] Faber AiB 2012, 529 (530). [29] Vgl. nur BAG 19.2.2008 – 1 ABR 84/06, NZA 2008, 1078 ff.; BAG 21.10.2003 – 1 ABR 39/02, NZA 2004, 936 (937); Fitting BetrVG § 80 Rn. 48; NK-GA/Waskow BetrVG § 80 Rn. 19. [30] Vgl. bereits BAG 19.3.1981 – 3 ABR 38/80, DB 1981, 2181 (2182); Fitting BetrVG § 80 Rn. 51. [31] BAG 19.2.2008 – 1 ABR 84/06, NZA 2008, 1078 ff.; HaKo-BetrVG/Kohte/Schulze-Doll BetrVG § 80 Rn. 47; Richardi/Thüsing BetrVG § 80 Rn. 54. [32] Fitting BetrVG § 89 Rn. 17. [33] Kein Mitbestimmungsrecht besteht im Hinblick auf die Pflicht zur Einrichtung und Sitzungsteilnahme der in § 11 ASiG angeführten Personen. § 11 ASiG trifft über diese Fragen eine abschließende Regelung (BAG 15.4.2014 – 1 ABR 82/12, NZA 2014, 1084; BAG 8.12.2015 – 1 ABR 83/13, NZA 2016, 504 = AP Nr. 2 zu § 11 ASiG mAnm Kohte; → ASiG § 11 Rn. 22).

SGB IX) anzustreben. Derartige Vereinbarungen sind ein gutes betriebliches Steuerungsinstrument mit Blick auf den demographischen Wandel, da zB konkrete Ziele für die ergonomische Optimierung von Arbeitsplätzen mit dem Arbeitgeber vereinbart werden können.[34]

21 Der **Wirkungskreis des Betriebsrats** zur Erlangung von Informationen ist nicht auf interne Stellen beschränkt. Rechtlich abgesicherte Möglichkeiten zur Erlangung von Informationen hat der Betriebsrat zudem durch die in § 89 Abs. 1, 2 BetrVG angelegte Pflicht zur **Kooperation**, die sich insbes. auch auf **externe** Stellen bezieht. Im Mittelpunkt der Kooperation mit externen Stellen stehen dabei die **Arbeitsschutzbehörden und Unfallversicherungsträger**. Insbes. durch die Teilnahme an Besichtigungen und Besprechungen (vgl. § 89 Abs. 2 BetrVG) kann sich der Betriebsrat ein ungefiltertes Bild über die Einschätzungen der Arbeitsschutz- und Umweltschutzaufsicht machen. Dies ist mit Blick auf die konsequente Umsetzung des Arbeitsschutzrechts im Betrieb von erheblicher Bedeutung. Im Gegensatz zu den Aufsichtsbehörden kann der Betriebsrat insbes. im Rahmen der Mitbestimmung nach § 87 Abs. 1 Nr. 7 BetrVG entscheidenden Einfluss auf die inhaltlichen Details der Gefährdungsbeurteilung[35] und der Maßnahmenausgestaltung nehmen (→ ArbSchG § 5 Rn. 86). Erkenntnisse aus Betriebsbesichtigungen können insoweit wichtige Hinweise auf geeignete Schwerpunktsetzungen geben.

22 **2. Eigenständige Informationsbeschaffung durch den Betriebsrat.** Der Betriebsrat ist grundsätzlich in seiner Amtsführung unabhängig. Er ist daher nicht allein auf Informationen durch den Arbeitgeber bzw. sonstige Akteure angewiesen. Er kann vielmehr im Rahmen des Möglichen und betrieblich Zumutbaren eigenständig Informationen beschaffen, die er insbes. zur Erfüllung seines Überwachungsauftrags nach § 80 Abs. 1 Nr. 1 BetrVG für erforderlich hält.[36] Insbes. mit Blick auf die Überwachung des betrieblichen Arbeits- und Gesundheitsschutzes ist es vor diesem Hintergrund anerkannt, dass der Betriebsrat bzw. einzelne Betriebsratsmitglieder jederzeit das Recht haben, sich im Rahmen **eigener Betriebsbegehungen** selbst ein authentisches Bild der Situation im Betrieb machen (→ BetrVG § 89 Rn. 8). Es bedarf hierzu keines besonderen Verdachts. Auch kann nicht unter Hinweis auf die betriebliche Sicherheit der Zugang verwehrt werden.[37] In diesen Fällen müssen sich die betreffenden Betriebsratsmitglieder ggf. anmelden. Es sind ihnen dann – soweit erforderlich – unverzüglich die geforderten Schutzausrüstungen zur Verfügung und ggf. zur Sicherung eine mit den Gegebenheiten vertraute Begleitperson zur Seite zu stellen. Vom Überwachungsrecht ebenfalls umfasst ist die Begehung von Arbeitsplätzen außerhalb des Betriebsgeländes (zB Durchführung eines Werkauftrages als „Fremdfirma" in einem anderen Betrieb).[38]

23 Darüber hinaus kann sich der Betriebsrat jederzeit ein Bild machen, indem es in **Kontakt mit den Beschäftigten** tritt. Er ist vor diesem Hintergrund berechtigt, einzelne Beschäftigte während der Arbeitszeit an ihrem Arbeitsplatz aufzusuchen.[39] Dieses Recht steht auch jedem einzelnen Betriebsratsmitglied zu, da es sein Amt in eigener Verantwortung führt.[40] Soll ein allgemeines Stimmungsbild der Belegschaft gewonnen werden, um zB Schwerpunkte einer geplanten Initiative gezielt setzen zu können, hat der Betriebsrat nach der Rechtsprechung des Bundesarbeitsgerichts die Möglichkeit, **eigene Mitarbeiterbefragung** durchzuführen.[41] Eine solche Möglichkeit ist unerlässlich für die autonome Ausübung des Mandats der gewählten Interessenvertretung. Es ist vor diesem Hintergrund daher in der Sache verfehlt, wenn die verwaltungs-

---

34 KKW/Kohte, 5. Aufl. 2017, SGB IX § 83 Rn. 10. **35** Zur Pflicht der Betriebsparteien, die Gefährdungsbeurteilung mit Hilfe des Kollektivrechts im Detail auszugestalten, vgl. auch BAG 12.8.2008 – 9 AZR 1117/06, NZA 2009, 102 ff. **36** HaKo-BetrVG/Kohte/Schulze-Doll BetrVG § 80 Rn. 20. **37** Dazu bereits LAG Frankfurt/M. 4.2.1972 – 5 TaBV 3/71, DB 1972, 2214; aus der Literatur, Fitting BetrVG § 80 Rn. 80. **38** BAG 13.6.1989 – 1 ABR 4/88, NZA 1989, 934; HaKo-BetrVG/Kohte/Schulze-Doll BetrVG § 80 Rn. 20. **39** BAG 17.1.1989 – 1 AZR 805/87, AP Nr. 1 zu § 2 LPVG NW. **40** BAG 23.6.1983 – 6 ABR 65/80, DB 1983, 1419; LAG Berlin-Brandenburg 20.10.2011 – 10 TaBV 567/11, ZBVR online 2012 (2), 16 ff. **41** BAG 8.2.1977 – 1 ABR 82/74, BB 1977, 647; ArbG Berlin 24.10.2007 – 77 BVGa 16633/07, AiB 2008, 424 ff.; HaKo-BetrVG/Kohte/Schulze-Doll BetrVG § 80 Rn. 20.

gerichtliche Rechtsprechung in einer Umfrage des Personalrats zur Situation von Sicherheit und Gesundheit unter bestimmten Voraussetzungen einen Verstoß gegen die vertrauensvolle Zusammenarbeit erblickt, insbes. wenn diese quasi in Konkurrenz zur Gefährdungsbeurteilung des Arbeitgebers stünde.[42] Um in den Austausch mit den Beschäftigten zu kommen und ggf. Ziele für die Betriebsratsarbeit abzuleiten, besteht darüber hinaus die Möglichkeit, Fragen des Arbeits- und Gesundheitsschutzes sowie Probleme und Verbesserungsmöglichkeiten zum Thema von Betriebs- und Abteilungsversammlungen zu machen.

3. Information über Expertenwissen. Der Arbeits- und Gesundheitsschutz berührt oft Fragen, deren Bewertung **spezialisiertes Wissen** erfordert. Es kann zB nicht ohne Weiteres davon ausgegangen werden, dass die Mitglieder des Betriebsrats vertraut sind mit dem aktuellen Stand der Lärmminderungstechnik, verfügbaren Ersatzstoffen für Gefahrstoffe, fortschrittlichen Beleuchtungskonzepten für Arbeitsplätze und Arbeitsräume oder mit dem arbeitswissenschaftlichen Erkenntnisstand über psychische Belastung und Beanspruchung bei der Arbeit. Betriebsräte, wie im Übrigen auch die verantwortlichen Personen für Sicherheit und Gesundheit nach § 13 ArbSchG, stehen daher oft vor dem Problem, dass selbst eine formal vollständige und umfassende Informationsbasis ohne zusätzliche fachliche Erläuterungen oder Qualifizierung nicht weiterhilft. Das Arbeitsschutzrecht und das BetrVG stellen vor diesem Hintergrund verschiedene Wege zur Verfügung, damit das **erforderliche Fachwissen** und somit die Voraussetzungen für eine kompetente und zielführende Arbeit des Betriebsrats gegeben sind. 24

Als Ansprechpartner für alle fachlichen Fragen des Arbeits- und Gesundheitsschutzes stehen zunächst die **Fachkräfte für Arbeitssicherheit** und die **Betriebsärzte** zur Verfügung. Ihre wesentliche Aufgabe besteht nach § 1 ASiG gerade darin, die erforderliche spezifische Fachkunde zu allen Fragen von Sicherheit und Gesundheit in die Betriebe zu transportieren (→ ASiG § 1 Rn. 2). Der Unterstützungs- und Beratungsauftrag erstreckt sich nach § 9 Abs. 1, 2 ASiG nicht nur auf den Arbeitgeber und die für Sicherheit und Gesundheit verantwortlichen Personen gemäß § 13 ArbSchG, sondern auch auf die Interessenvertretung. Dementsprechend sind dem Betriebsrat die Berichte der Fachkräfte für Arbeitssicherheit und Betriebsärzte gemäß § 5 DGUV Vorschrift 2 jederzeit zugänglich zu machen, insbes. durch Aushändigung einer Kopie des Berichtes. Weiter können zB die Fachkraft für Arbeitssicherheit und/oder der Betriebsarzt zu einer Sitzung eingeladen werden, um das Gremium zu bestimmten Fragen des Arbeitsschutzes und der Unfallverhütung zu beraten (§ 9 Abs. 2 S. 2 ASiG). Je nach dem Umfang des Beratungsbedarfs und zur Gewährleistung einer reibungslosen Zusammenarbeit ist es ratsam, entsprechende „Zeitfenster" bei der Festlegung der Inhalte der arbeitsmedizinischen und arbeitssicherheitstechnischen Betreuung nach der DGUV Vorschrift 2 zu reservieren (→ ASiG § 14 Rn. 11 ff.). 25

Gerade auch mit Blick auf den Arbeits- und Gesundheitsschutz kommt für den Betriebsrat die seit der BetrVG-Novelle 2001 ausdrücklich in § 80 Abs. 2 S. 3 BetrVG geregelte Möglichkeit in Betracht, auf betriebliche **Auskunftspersonen** zurückzugreifen.[43] Die Vorschrift zielt darauf ab, den vorhandenen (internen) Sachverstand der Beschäftigten zu nutzen und in den Prozess der Problemlösung einzubeziehen[44] (zB Konstruktionsingenieur zur Bewertung sicherheitstechnischer Maßnahmen). Auskunftspersonen iSv § 80 Abs. 2 S. 3 BetrVG agieren nicht als Vertreter des Arbeitgebers, sondern unter der Regie des Betriebsrats, den sie bei der Erfüllung seiner gesetzlichen Aufgaben unterstützen sollen. Nach der Rechtsprechung des Bundesarbeitsgerichts[45] soll der Arbeitgeber Arbeitnehmern gegenüber kraft Direktionsrechts gemäß § 106 GewO anordnen können, dass diese als Auskunftspersonen tätig werden. Der Arbeitgeber soll nach dieser Rechtsprechung zugleich durch Weisung auch Gegenstand und Umfang der zu erteilenden Auskünfte bestimmen können. Das ist nicht unbedenklich, da Auskunftspersonen im Falle des § 80 Abs. 2 S. 3 BetrVG nicht lediglich als schlichte Informations- 26

---

42 BVerwG 8.8.2012 – 6 PB 8/12, PersR 2012, 461 ff. **43** Vgl. HaKo-BetrVG/Kohte/Schulze-Doll BetrVG § 80 Rn. 60 f. **44** Fitting BetrVG § 80 Rn. 81; DKKW/Buschmann BetrVG § 80 Rn. 142. **45** BAG 20.1.2015 – 1 ABR 25/13, NZA 2015, 696 ff.; Fitting BetrVG § 80 Rn. 85.

quelle für den Betriebsrat fungieren, sondern aktiv am Prozess der Willensbildung des Betriebsrates beteiligt sind. Eine solche Aufgabe ist auf das Einverständnis der betreffenden Person angewiesen, die insbes. bereit sein muss, unter der Regie des Betriebsrates tätig zu werden.[46] Der Betriebsrat kann mit Blick auf seinen Informationsbedarf dem Arbeitgeber Personen vorschlagen. Eine Ablehnung eines Betriebsratsvorschlages sieht das Gesetz nur vor, wenn betriebliche Notwendigkeiten gegen einen solchen Vorschlag sprechen. Dem Arbeitgeber dürfte es vor diesem Hintergrund verwehrt sein, die Benennung bestimmter Beschäftigter als Auskunftspersonen grundsätzlich abzulehnen, da die betrieblichen Belange regelmäßig zeitlicher Natur sein werden (zeitweilige Unabkömmlichkeit in der Produktion).[47] Das Bundesarbeitsgericht geht zutreffend davon aus, dass der Betriebsrat bzw. beauftragte Betriebsratsmitglieder Auskunftspersonen iSv § 80 Abs. 2 S. 3 BetrVG in Abwesenheit des Arbeitgebers befragen können.[48] Streitigkeiten über die Stellung einer Auskunftsperson sind ggf. im arbeitsgerichtlichen Beschlussverfahren von den Betriebsparteien zu klären.[49]

27 Verbleiben trotz des Einsatzes einer Auskunftsperson nach § 80 Abs. 2 S. 3 BetrVG ungeklärte Punkte, die der Betriebsrat mangels eigener Sachkunde nicht mit eigenen Mitteln klären kann, oder gibt es im Betrieb keine geeigneten Auskunftspersonen, kann der Betriebsrat im Rahmen des § 80 Abs. 3 BetrVG **Sachverständige** hinzuziehen. Hierzu muss die Hinzuziehung des Sachverständigen gemäß § 80 Abs. 3 BetrVG erforderlich sein. Von der Erforderlichkeit ist auszugehen, wenn ein Bezug zu konkreten Betriebsratsaufgaben besteht und der Betriebsrat selbst nicht über die Kenntnisse verfügt, die er zur sachgerechten Wahrnehmung seiner Aufgaben benötigt.[50] Von der Erforderlichkeit wird vor diesem Hintergrund in der Regel zB auszugehen sein bei Betriebsratsinitiativen zum Thema „psychische Belastung" oder zur Erstellung eines Lärmminderungsprogramms bestehend aus einem Bündel technischer, organisatorischer und personenbezogener Maßnahmen (→ LärmVibrationsArbSchV Rn. 37 ff.). Bei solchen schwierigen Gestaltungsfragen werden nur in Ausnahmefällen ausreichend Kenntnisse für die sachgerechte Aufgabenerledigung im Gremium vorhanden sein. § 80 Abs. 3 BetrVG fordert in diesen Fällen den Abschluss einer Vereinbarung mit dem Arbeitgeber über die Beauftragung des Sachverständigen. Verweigert der Arbeitgeber die Zustimmung, so muss diese auf einen entsprechenden Antrag hin durch das Arbeitsgericht ersetzt werden, wenn das Gericht die Unterstützung durch einen Sachverständigen als erforderlich erachtet. Das Gericht hat dabei davon auszugehen, dass der Betriebsrat einen Beurteilungsspielraum hat, der nur eingeschränkt gerichtlich überprüfbar ist.[51] Es ist anerkannt, dass in dringenden Fällen die Zustimmung im Eilverfahren ersetzt werden kann. Dies ist für eine effektive Ausübung der Rechte des Betriebsrats unerlässlich, da mit der Zustimmungsersetzung zugleich dem Grunde nach die Kostenübernahme durch den Arbeitgeber einhergeht. Ein Streit über die konkrete Höhe von Honoraransprüchen ist dann im Hauptsacheverfahren zu klären.[52]

28 **4. Qualifizierung von Betriebsratsmitgliedern.** Die Hinzuziehung von Auskunftspersonen und Sachverständigen erfolgt regelmäßig dann, wenn der Betriebsrat bei der Erfüllung einer Aufgabe im konkreten Einzelfall auf zusätzliche fachliche Kenntnisse angewiesen ist. Mit den Ansprüchen des Betriebsrates bzw. einzelner Betriebsratsmitglieder auf **Schulung und Fortbildung** nach § 37 Abs. 6, 7 BetrVG eröffnet das BetrVG einen weiteren Weg, über den Einzelfall hinaus das Fachwissen im Gremium über Sicherheit und Gesundheit bei der Arbeit sowie zu den (rechtlichen) Gestaltungsmöglichkeiten zu vertiefen.[53] Wegen der Querschnittsfunktion des Arbeitsschutzes hat jedes Betriebsratsmitglied nach ständiger Rechtsprechung zunächst einen eigenen Anspruch auf Vermittlung von Grundkenntnissen im Arbeitsschutz, weil Überwachung des Arbeitsschutzes

---

46 So zutreffend HaKo-BetrVG/Kohte/Schulze-Doll BetrVG § 80 Rn. 60 f.; anders, mit Blick auf die Freiwilligkeit: Richardi/Thüsing BetrVG § 80 Rn. 99. **47** In diesem Sinne auch Fitting BetrVG § 80 Rn. 83. **48** BAG 20.1.2015 – 1 ABR 25/13, NZA 2015, 696 ff. **49** DKKW/Buschmann BetrVG § 80 Rn. 171. **50** Dazu zB NK-GA/Waskow BetrVG § 80 Rn. 38; ausführlich HaKo-BetrVG/Kohte/Schulze-Doll BetrVG § 80 Rn. 65 f. **51** Fitting BetrVG § 80 Rn. 90, 93. **52** HaKo-BetrVG/Kohte/Schulze-Doll BetrVG § 80 Rn. 73 mwN. **53** BAG 17.3.1987 – 1 ABR 59/85, NZA 1987, 747 ff. Zusammenfassend auch Klein/Baumgarten, ArbRAktuell 2017, 110 ff. (112).

eine elementare Aufgabe jedes Mitglieds ist.[54] Es ist daher anerkannt, dass **Grundlagenseminare** zum Arbeitsschutz für **jedes Mitglied als erforderlich** iSv § 37 Abs. 6 BetrVG anzusehen sind, ohne dass es hierfür eines besonderen Anlasses bedarf.[55]

Darüber hinaus ermöglicht § 37 Abs. 6 BetrVG auch den Besuch von Schulungen, die spezielle Fragen des Arbeitsschutzes zum Thema haben (zB Baumaßnahmen im Betrieb, branchenspezifische Aspekte des Arbeitsschutzes, Methoden der Gefährdungsbeurteilung zu psychischen Belastungen).[56] Voraussetzung für die Erforderlichkeit solcher **Spezialschulungen** ist, dass der jeweilige Schulungsinhalt in einem konkreten Zusammenhang mit aktuellen Problemen und Aufgaben oder einer beabsichtigten Initiative des Betriebsrats steht.[57] Der Besuch einer speziellen Schulung, die sich mit den verschiedenen Verfahren der Gefährdungsbeurteilung befasst, kann auch für ein Betriebsratsmitglied erforderlich sein, das zugleich Beisitzer einer Einigungsstelle zu dieser Thematik ist. Dies gilt insbes., weil der Betriebsrat in der Lage sein muss, sich mit dem Verhandlungsverlauf und den Vorschlägen der Einigungsstelle kritisch auseinanderzusetzen.[58] Nach der Rechtsprechung des Bundesarbeitsgerichts soll eine solche Schulung zu diesem Zweck allerdings dann ungeeignet und damit nicht erforderlich sein, wenn diese von einem durch den Betriebsrat in die Einigungsstelle entsandten externen Beisitzer durchgeführt wird. Nach Auffassung des Gerichts lässt sich in dieser Konstellation der Zweck der Schulung, eine kritische und unabhängige Auseinandersetzung mit den Vorschlägen der Einigungsstelle zu ermöglichen, nicht erreichen.[59] Mit Blick auf den Arbeits- und Gesundheitsschutz gibt es ein breit gefächertes Angebot von Grundlagen- und Spezialseminaren. Neben Angeboten von gewerkschaftlichen und unabhängigen Trägern gibt es insoweit auch Angebote öffentlicher Träger wie der Unfallversicherungsträger oder der BAuA, unter denen ausgewählt werden kann. Bei der Auswahl von Schulungsveranstaltungen muss der Betriebsrat nicht das kostengünstigste Seminar zum Thema wählen. Er hat insoweit bei der inhaltlichen Bewertung der Veranstaltungen einen Beurteilungsspielraum.[60] Effektive Interessenvertretung hängt auch von überzeugenden und konkreten Gestaltungsideen und der Kenntnis der rechtlichen Instrumente zur Durchsetzung dieser Ideen ab. Liegen aus der Sicht des Betriebsrats mehrere qualitativ nicht gleichwertige Angebote vor, kann eine Beschränkung der Kostentragungspflicht des Arbeitgebers auf das preiswerteste Angebot nicht in Betracht kommen.[61] In diesem Fall muss sich der Betriebsrat nicht auf das kostengünstigste Angebot verweisen lassen.

V. Organisation der Betriebsratsarbeit zu Sicherheit und Gesundheit

Der Arbeits- und Gesundheitsschutz zählt zu den elementaren Aufgaben des Betriebsrats, die das gesamte Gremium, dh alle Betriebsratsmitglieder, betrifft.[62] Die Rechtsprechung trägt dem Stellenwert dieser Aufgabe dadurch Rechnung, dass sie zB Schulungen, die Grundkenntnisse des Arbeitsschutzes vermitteln, als unerlässlich für die Ausübung des Betriebsratsamtes ansieht, so dass jedem Mitglied ein Basisanspruch auf Qualifizierung in Fragen der betrieblichen Sicherheit und Gesundheit zusteht (→

---

54 So bereits BAG 15.5.1986 – 6 ABR 74/83, NZA 1987, 63; HaKo-BetrVG/Wolmerath BetrVG § 37 Rn. 39; Gorsboth AiB 2010, 312 (313). 55 ZB BAG 14.1.2015 – 7 ABR 95/12, NZA 2015, 632 ff.; BAG 20.8.2014 – 7 ABR 64/12, NZA 2014, 1349 ff.; ArbG Bamberg 5.11.2012 – 2 BV-Ga 3/12, ArbRB 2013, 75 f.; ArbG Saarlouis 7.8.2012 – 1 BV 17/11, AuR 2013, 143; Fitting BetrVG § 37 Rn. 144, 149; einschränkend mit Blick auf ein Seminar einer Berufsgenossenschaft für Sicherheitsbeauftragte nach § 22 SGB VII, BAG 29.4.1992 – 7 ABR 61/91, NZA 1993, 375 f. 56 ArbG Essen 30.6.2011 – 3 BV 29/11, dazu Kohte/Haas, jurisPR-ArbR 29/2012 Anm. 4. 57 BAG 15.1.1997 – 7 ABR 14/96, AiB 1997, 410 f. am konkreten Beispiel zu Schulungen zum Thema „Mobbing"; BAG 14.1.2015 – 7 ABR 95/12, NZA 2015, 632 ff.; LAG Schleswig-Holstein 3.6.2009 – 6 TaBV 55/08. 58 BAG 20.8.2014 – 7 ABR 64/12, NZA 2014, 1349 ff. 59 So BAG 20.8.2014 – 7 ABR 64/12, NZA 2014, 1349 ff.; aA die Vorinstanz, LAG Hamburg 18.7.2012 – 5 TaBV 2/12; dazu Klein, jurisPR-ArbR 44/2012 Anm. 6. 60 BAG 14.1.2015 – 7 ABR 95/12, NZA 2015, 632 (634); Kohte/Schulze-Doll, jurisPR-ArbR 26/2016 Anm. 2. 61 BAG 14.1.2015 – 7 ABR 95/12, NZA 2015, 632 (634); Richardi/Thüsing BetrVG § 40 Rn. 40; Fitting BetrVG § 40 Rn. 74. 62 HaKo-BetrVG/Kohte BetrVG § 89 Rn. 31.

Rn. 28).[63] Unabhängig davon können der praktische Arbeitsschutz und das Arbeitsschutzrecht sehr komplexe Fragen aufwerfen, mit denen sich im Alltag kaum alle Betriebsratsmitglieder im Detail zu befassen vermögen. Gerade im Vorfeld einer Gefährdungsbeurteilung wird eine Qualifizierung regelmäßig erforderlich sein.[64] Der Betriebsrat ist vor diesem Hintergrund frei, eine **Arbeitsteilung innerhalb des Gremiums** zu regeln. Dies kann dadurch geschehen, dass Arbeitsschutzaufgaben bestimmten Betriebsratsmitgliedern zugeordnet werden und/oder ein Betriebsratsausschuss für Arbeits- und Gesundheitsschutz gebildet wird, der das Gesamtgremium entlastet.[65] Aus diesem Personenkreis wird sich zumeist auch die Vertretung des Betriebsrats im Arbeitsschutzausschuss rekrutieren.

31 In einem betriebsratsinternen Ausschuss für Sicherheit und Gesundheit werden in der Regel die Personen sitzen, die bei Bedarf in **Spezialschulungen** qualifiziert worden sind (→ Rn. 29). Er bietet insoweit oft einen Rahmen für die Entwicklung qualifizierter und konkreter Gestaltungsideen, die nach der Rechtsprechung des Bundesarbeitsgerichts[66] unerlässliche Voraussetzung dafür sind, im Konfliktfalle mitbestimmte Regelungen nach § 87 Abs. 1 Nr. 7 BetrVG in der Einigungsstelle durchzusetzen. Gleichwohl ist das heutige Arbeitsschutzkonzept, das auf Beteiligung und Motivierung aller Beschäftigten setzt, nicht vorrangig durch Spezialisten zu realisieren. Es ist daher eine Beteiligung des gesamten Betriebsrats wie auch der betroffenen Beschäftigten geboten, um Unterstützung und Akzeptanz abzusichern. Für die Entwicklung eines übergreifenden **Gesamtkonzepts und zur strategischen Ausrichtung des Betriebsratsgremiums** hat es sich bewährt, gut vorbereitete „Inhouse-Seminare" für das gesamte Gremium durchzuführen.[67] In der Rechtsprechung ist anerkannt, dass es sich bei diesen Veranstaltungen um eine besonders effektive Veranstaltungsform handelt, die in der Regel auch den Arbeitgeber finanziell entlastet.[68] „Inhouse-Veranstaltungen" haben den großen Vorteil, dass die Seminarinhalte konkret an den betrieblichen Bedürfnissen ausgerichtet werden können. Es wird so möglich, die Ziele der Betriebsratsarbeit zu formulieren und Prioritäten zu bestimmen. Dies wird in der Regel dazu führen, dass die Arbeit der „Spezialisten" im Betriebsratsausschuss eng angebunden an das Gesamtgremium verbleibt.[69]

§ 87 BetrVG Mitbestimmungsrechte

(1) Der Betriebsrat hat, soweit eine gesetzliche oder tarifliche Regelung nicht besteht, in folgenden Angelegenheiten mitzubestimmen:

1. Fragen der Ordnung des Betriebs und des Verhaltens der Arbeitnehmer im Betrieb;
2. Beginn und Ende der täglichen Arbeitszeit einschließlich der Pausen sowie Verteilung der Arbeitszeit auf die einzelnen Wochentage;
3. vorübergehende Verkürzung oder Verlängerung der betriebsüblichen Arbeitszeit;
4. Zeit, Ort und Art der Auszahlung der Arbeitsentgelte;
5. Aufstellung allgemeiner Urlaubsgrundsätze und des Urlaubsplans sowie die Festsetzung der zeitlichen Lage des Urlaubs für einzelne Arbeitnehmer, wenn zwischen dem Arbeitgeber und den beteiligten Arbeitnehmern kein Einverständnis erzielt wird;
6. Einführung und Anwendung von technischen Einrichtungen, die dazu bestimmt sind, das Verhalten oder die Leistung der Arbeitnehmer zu überwachen;

---

63 BAG 14.1.2015 – 7 ABR 95/12, NZA 2015, 632 ff.; Fitting BetrVG § 37 Rn. 143 f.; NK-GA/Wolmerath BetrVG § 37 Rn. 42. **64** ArbG Saarlouis 7.8.2012 – 1 BV 17/11, AuR 2013, 143. **65** HaKo-BetrVG/Kohte BetrVG § 89 Rn. 31. **66** Vgl. nur BAG 8.6.2004 – 1 ABR 4/03, NZA 2005, 227 ff.; BAG 11.1.2011 – 1 ABR 104/09, NZA 2011, 651 ff. **67** Gorsboth AiB 2010, 381 (382). **68** ArbG Bremen 20.1.2005 – 5 BV 103/04, FA 2005, 11 f. **69** Zur Bedeutung der Strategiefindung innerhalb des Gesamtgremiums Betriebsrat für eine kohärente betriebliche Gesundheitspolitik: Blume/Walter, Betriebliche Gesundheitspolitik, 2011, S. 325.

7. Regelungen über die Verhütung von Arbeitsunfällen und Berufskrankheiten sowie über den Gesundheitsschutz im Rahmen der gesetzlichen Vorschriften oder der Unfallverhütungsvorschriften;
8. Form, Ausgestaltung und Verwaltung von Sozialeinrichtungen, deren Wirkungsbereich auf den Betrieb, das Unternehmen oder den Konzern beschränkt ist;
9. Zuweisung und Kündigung von Wohnräumen, die den Arbeitnehmern mit Rücksicht auf das Bestehen eines Arbeitsverhältnisses vermietet werden, sowie die allgemeine Festlegung der Nutzungsbedingungen;
10. Fragen der betrieblichen Lohngestaltung, insbesondere die Aufstellung von Entlohnungsgrundsätzen und die Einführung und Anwendung von neuen Entlohnungsmethoden sowie deren Änderung;
11. Festsetzung der Akkord- und Prämiensätze und vergleichbarer leistungsbezogener Entgelte, einschließlich der Geldfaktoren;
12. Grundsätze über das betriebliche Vorschlagswesen;
13. Grundsätze über die Durchführung von Gruppenarbeit; Gruppenarbeit im Sinne dieser Vorschrift liegt vor, wenn im Rahmen des betrieblichen Arbeitsablaufs eine Gruppe von Arbeitnehmern eine ihr übertragene Gesamtaufgabe im Wesentlichen eigenverantwortlich erledigt.

(2) ¹Kommt eine Einigung über eine Angelegenheit nach Absatz 1 nicht zustande, so entscheidet die Einigungsstelle. ²Der Spruch der Einigungsstelle ersetzt die Einigung zwischen Arbeitgeber und Betriebsrat.

Literatur: *Brandes*, System des europäischen Arbeitsschutzrechts, 1999; *Denck*, Arbeitsschutz und Mitbestimmung des Betriebsrats, ZfA 1976, 447 ff.; *Faber/Richenhagen*, Die Mitbestimmung des Betriebsrats bei Gefährdungsanalysen, AiB 1998, S. 317 ff.; *Faber*, Die betriebliche Umsetzung der neuen Arbeitsstättenverordnung, AiB 2005, 515 ff.; *Faber*, Mitbestimmen bei wesentlichen Änderungen von Arbeitsstätten, AiB 2012, 529 ff.; *Fabricius*, Die Mitbestimmung des Betriebsrats bei der Umsetzung des neuen Arbeitsschutzrechts, BB 1997, 1254 ff.; *Feldhoff*, Mitbestimmung des Betriebsrats, AuA 1997, 72 ff.; *Gutjahr/Hampe*, Gefährdungsbeurteilung von psychischen Belastungen aus arbeitsrechtlicher Sicht, DB 2012, 1208 ff.; *Hinrichs*, Die Mitbestimmung des Betriebsrats nach § 87 Abs. 1 Nr. 7 BetrVG und die Entwicklung des europäischen Arbeitsumweltrechts,1994; *Hummel/Callsen*, Neue Möglichkeiten für die Mitbestimmung, AiB 2011, 83 ff.; *Karthaus/Klebe*, Mitbestimmungsrechte bei Werkverträgen, NZA 2012, 417; *Kittner*, Die Mitbestimmung des Betriebsrats beim Arbeitsschutz – zur Reichweite des § 87 Abs. 1 Nr. 7 BetrVG, in: FS Däubler, S. 690 ff.; *Klocke*, Der Unterlassungsanspruch in der deutschen und europäischen Betriebs- und Personalverfassung, 2013; *Kohte*, Ein Rahmen ohne Regelungsgehalt? Kritische Anmerkungen zur Auslegung des § 87 Abs. 1 Nr. 7 BetrVG, AuR 1984, 263 ff.; *Kohte/Faber*, Novellierung des Arbeitsstättenrechts – Risiken und Nebenwirkungen einer legislativen Schlankheitskur, DB 2005, 224 ff.; *Kohte*, Das betriebliche Eingliederungsmanagement – ein doppelter Suchprozess, WSI-Mitteilungen 2010, 374 ff.; *Kohte*, Mitbestimmung ermöglicht Beteiligung in: Giesert (Hrsg.), Ohne Gesundheit ist alles nichts! Beteiligung von Beschäftigten an der betrieblichen Gesundheitsförderung, 2010, S. 30; *Kohte*, Perspektiven der menschengerechten Gestaltung der Arbeit, Jahrbuch Gute Arbeit 2011, S. 291 ff.; *Löwisch/Kaiser*, Kommentar zum BetrVG, 6. Aufl. 2009; *Lützeler*, Betriebliche Mitbestimmung: Zum Verhältnis zwischen Gefährdungsunterweisung und -beurteilung, BB 2012, 2756 ff.; *Lützeler* Herausforderungen für den Arbeitgeber: Die psychische Gesundheit im Arbeitsverhältnis, BB 2014, 309 ff.; *Oberberg/Schoof*, Initiativ-Mitbestimmung beim Arbeits- und Gesundheitsschutz, AiB 2012, 522 ff.; *Oberberg*, Besetzungsregeln – Gesundheitsschutz oder die Verselbstständigung von Zitaten, RdA 2015, 180 ff.; *Pauli*, Mit Recht gegen Lärm, AiB 2007, 454; *Siemes*, Die Neuregelung der Mitbestimmung des Betriebsrats nach § 87 Abs. 1 Nr. 7 BetrVG bei Bildschirmarbeit, NZA 1998, 232 ff.; *Schmidt, I.*, Die Durchsetzung der Mitbestimmung beim Arbeits- und Gesundheitsschutz, AuR 2011, 382 f.; *Thewes*, Anforderungen und Potentiale der Gefährdungsbeurteilung nach § 5 ArbSchG, BB 2013, 1141 ff.; *Uhl/Polloczek*, Ermittlung von psychischen Belastungen am Arbeitsplatz als Regelungen über den Gesundheitsschutz im Sinne von § 87 Abs. 1 Nr. 7 BetrVG?, BB 2007, 2401 ff.; *Wlotzke*, Das Mitbestimmungsrecht nach § 87 Abs. 1 Nr. 7 BetrVG und das erneuerte Arbeitsschutzrecht, in: FS Wißmann, 2005, S. 426 ff.; *Wlotzke*, EG-Binnenmarkt und Arbeitsrechtsordnung, NZA 1990, 417 ff.

7 BetrVG § 87

Leitentscheidungen: BAG 2.4.1996 – 1 ABR 47/95, NZA 1996, 998; BAG 15.1.2002 – 1 ABR 13/01, NZA 2002, 995 ff.; BAG 11.6.2002 – 1 ABR 44/01, AIB 2004, 240; BAG 1.7.2003 – ABR 20/02, NZA 2004, 620 ff.; BAG 8.6.2004 – 1 ABR 4/03, NZA 2005, 227 ff.; BAG 8.6.2004 – ABR 13/03, NZA 2004, 1175 ff.; BAG 12.8.2008 – 9 AZR 1117/06, NZA 2009, 102 ff.; BAG 18.8.2009 – 1 ABR 43/08, NZA 2009, 1434; BAG 11.1.2011 – 1 ABR 104/09, NZA 2011, 651; BAG 8.11.2011 – 1 ABR 42/10, DB 2012, 1213 f.; BAG 17.1.2012 – 1 ABR 62/10, NZA 2012, 513; LAG Schleswig-Holstein 1.10.2013 – 1 TaBV 33/13; BAG 11.2.2014 – 1 ABR 72/12, NZA 2014, 989 f.; BAG 18.3.2014 – 1 ABR 73/12, NZA 2014, 855 ff.; LAG Baden-Württemberg 21.10.2015 – 4 TaBV 2/15, NZA-RR 2016, 141 ff.; BAG 8.12.2015 – 1 ABR 83/13; BAG 7.6.2016 – 1 ABR 25/14, NZA 2016, 1420 ff.; BAG 18.7.2017 – 1 ABR 59/15.

I. Entstehungsgeschichte und systematische Stellung im Gesetz ... 1	9. Regelungen zur arbeitsmedizinischen Vorsorge nach § 11 ArbSchG ... 51
II. Normzweck und europarechtliche Anforderungen ... 7	10. Arbeitsschutzregelungen bei Übertragung von Aufgaben auf Beschäftigte nach § 7 ArbSchG ... 52
III. Gegenstand des Mitbestimmungsrechts ... 11	VIII. Mitbestimmung im Hinblick auf konkrete Arbeitgeberpflichten aus den Verordnungen nach §§ 18, 19 ArbSchG ... 53
IV. Inhalt und Begrenzungen des Mitbestimmungsrechts ... 21	
V. Zuständigkeitsfragen: persönlicher Anwendungsbereich ... 25	
VI. Kompetenzabgrenzung zwischen Betriebsrat, Gesamtbetriebsrat und/oder Konzernbetriebsrat ... 27	IX. Weitere Gegenstände der Mitbestimmung nach § 87 Abs. 1 Nr. 7 BetrVG ... 64
VII. Mitbestimmung im Hinblick auf konkrete Arbeitgeberpflichten ... 29	1. Mutter- und Jugendarbeitsschutz ... 64
1. § 3 Abs. 1 ArbSchG ... 30	2. Regelungen zu Arbeitszeitfragen ... 66
2. §§ 3 Abs. 2, 13 Abs. 2 ArbSchG: Allgemeine und besondere Organisationspflichten ... 35	3. Regelungen zum BEM nach § 84 Abs. 2 SGB IX ... 69
3. § 5 ArbSchG – Gefährdungsbeurteilung ... 41	4. Organisation der Arbeitssicherheit ... 73
4. § 6 ArbSchG – Dokumentation ... 42	X. Praktische Umsetzung des Mitbestimmungsrechts ... 78
5. § 12 ArbSchG – Unterweisung ... 43	1. Initiative des Arbeitgebers ... 79
6. § 8 ArbSchG – Leiharbeitnehmer und Fremdfirmen ... 46	2. Initiativrecht des Betriebsrats ... 82
7. Regelungen bei besonderen Gefahren nach § 9 ArbSchG ... 49	3. Bildung der Einigungsstelle ... 84
8. Regelungen zur Ersten Hilfe und sonstigen Notfallmaßnahmen nach § 10 ArbSchG ... 50	4. Verfahren in der Einigungsstelle ... 88
	XI. Rechtsdurchsetzung im gerichtlichen Verfahren ... 91

I. Entstehungsgeschichte und systematische Stellung im Gesetz

1 Sowohl im Betriebsrätegesetz 1920 als auch im BetrVG 1952 gehörte die Mitwirkung bei der Bekämpfung der Unfallgefahren zu den Aufgaben der Betriebsräte. Ein echtes Mitbestimmungsrecht wurde allerdings nur mittelbar anerkannt, soweit Regelungen zugleich die Ordnung des Betriebs betrafen.[1] Eine Beteiligung des Betriebsrates beim betrieblichen Arbeitsschutz in Form der Mitbestimmung wurde mit der Reform des Betriebsverfassungsgesetzes **1972 erstmalig durch § 87 Abs. 1 Nr. 7 BetrVG** explizit eingeführt.[2] Wesentliches Ziel des neu geschaffenen gleichberechtigten Mitbestimmungs-

---

1 Kohte AuR 1984, 263 (272); Denck ZfA 1976, 447 (449); BFK Rn. 67. **2** HaKo-BetrVG/Kohte BetrVG § 87 Rn. 76.

tatbestandes war es im Jahre 1972, die Umsetzung der arbeitsschutzrechtlichen Verpflichtungen des Arbeitgebers zu effektivieren.[3]

Neben § 87 Abs. 1 Nr. 7 BetrVG gibt es mit § 91 BetrVG eine weitere Norm, die für bestimmte Aspekte des betrieblichen Arbeitsschutzes die Mitbestimmung eröffnet.[4] In der Praxis aber hat das – korrigierende – Mitbestimmungsrecht des § 91 BetrVG wegen seiner höheren tatbestandlichen Voraussetzungen (ausführlich → BetrVG §§ 90, 91 Rn. 27 ff.) und der fortschreitenden Entwicklung des Arbeitsschutzrechts (→ Rn. 5) nur eine geringe Bedeutung erlangt. 2

Das Mitbestimmungsrecht aus § 87 Abs. 1 Nr. 7 BetrVG markiert die stärkste Form der Beteiligung des Betriebsrates im betrieblichen Arbeitsschutz. Es rundet insoweit die **anderweitigen Beteiligungsrechte im BetrVG** ab (→ BetrVG Vor § 87 Rn. 16 ff.). So gehören nach § 80 Abs. 1 Nr. 1 BetrVG die Überwachung der zugunsten des Arbeitnehmers geltenden Vorschriften und Unfallverhütungsvorschriften sowie nach § 80 Abs. 1 Nr. 9 BetrVG die Förderung des Arbeitsschutzes schon zu den allgemeinen Aufgaben des Betriebsrates. Aufgrund des aus § 80 Abs. 2 BetrVG folgenden mit seinen Arbeitsschutzaufgaben korrespondierenden Informationsanspruchs ist der Betriebsrat insoweit zugleich rechtzeitig und umfassend durch den Arbeitgeber zu informieren. In § 89 BetrVG wird zudem ein spezielles und umfassendes Kooperationsrecht und eine umfassende Kooperationsverpflichtung im betrieblichen Arbeitsschutz mit Personen, Behörden sowie inner- und außerbetrieblichen Stellen statuiert (ausführlich → BetrVG § 89 Rn. 9 ff.).[5] 3

Daneben können noch **andere Mitbestimmungstatbestände** zur Anwendung gelangen, sofern durch diese Aspekte des Arbeitsschutzes mittelbar betroffen sind. In Betracht kommen hier die Mitbestimmung hinsichtlich der Ordnung und des Verhaltens im Betrieb (§ 87 Abs. 1 Nr. 1 BetrVG) und die Mitbestimmung hinsichtlich der Arbeitszeitregelungen (insbes. § 87 Abs. 1 Nr. 2 BetrVG).[6] Neben dem BetrVG enthalten zudem noch andere **spezialgesetzliche Regelungen** Beteiligungs- und Mitbestimmungsrechte des Betriebsrates. Wichtig sind insoweit vor allem § 9 ASiG, § 22 SGB VII und § 84 SGB IX.[7] 4

Obgleich die Norm seit 1972 nicht verändert worden ist, haben die Erweiterung der arbeitgeberseitigen Rechtspflichten durch das ArbSchG 1996 sowie die seit 1996 auf der Grundlage der §§ 18, 19 ArbSchG erlassenen Arbeitsschutzverordnungen zu einer **deutlichen Erweiterung des praktischen Anwendungsbereiches von § 87 Abs. 1 Nr. 7 BetrVG** geführt (→ Rn. 32 ff.).[8] Im Hinblick auf die Beteiligung des Betriebsrates an der Umsetzung des betrieblichen Arbeitsschutzes ist daher heute § 87 Abs. 1 Nr. 7 BetrVG in der Praxis die zentrale Norm.[9] Als uneingeschränktes Mitbestimmungsrecht eröffnet es dem Betriebsrat die Möglichkeit, unter Ausnutzung des Initiativrechts (→ Rn. 82) selbst Aktivitäten anzustoßen und eigene Regelungsziele gegebenenfalls im Rahmen einer Einigungsstelle durchzusetzen (→ Rn. 84 ff.). 5

Eine ähnliche **funktionale Erweiterung des Mitbestimmungsrechts** hat sich durch die **Änderung der Struktur der UVV** ergeben. Während klassische UVV oft strikte Vorgaben enthielten, die einen betrieblichen Handlungsspielraum und damit auch ein Mitbestimmungsrecht sperrten,[10] enthalten aktuelle UVV nicht selten relativ offene Regelungen, die der betrieblichen Konkretisierung bedürfen, wie das Bundesarbeitsgericht bereits 1998 entschieden hat.[11] Von besonderer Bedeutung sind inzwischen die betrieblichen Konkretisierungsaufgaben, die sich aus der Umsetzung der DGUV Vorschrift 2 im Hinblick auf die Regelung der Gegenstände der sicherheitstechnischen und arbeitsme- 6

---

[3] BAG 17.1.2012 – 1 ABR 62/10, NZA 2012, 513; ebenso Fitting BetrVG § 87 Rn. 257; Münch ArbR/Matthes § 254 Rn. 1; Denck ZfA 1976, 447 (451); vgl. BFK Rn. 70. [4] HaKo-BetrVG/Kohte BetrVG § 91 Rn. 1, 4. [5] HaKo-BetrVG/Kohte BetrVG § 89 Rn. 3. [6] Kollmer/Klindt/Schucht/Hecht Syst B Rn. 3. [7] Fitting BetrVG § 87 Rn. 258. [8] HaKo-BetrVG/Kohte BetrVG § 91 Rn. 3; dazu bereits Wlotzke NZA 1990, 417 (420). [9] Pieper BetrVG Rn. 14; Kohte, Jahrbuch Gute Arbeit 2011, S. 291 ff. [10] Dazu Denck ZfA 1976, 447 (468 ff.). [11] BAG 16.6.1998 – 1 ABR 68/97, NZA 1999, 49; Münch/ArbR/Kohte § 290 Rn. 13 fb.

dizinischen Betreuung durch Fachkräfte für Arbeitssicherheit und Betriebsärzte stellen (→ Rn. 77).[12]

II. Normzweck und europarechtliche Anforderungen

7 Mit dem Mitbestimmungsrecht sollen die Betriebsräte ihre Sachnähe und betriebliche Kompetenz einbringen können, um die praktische Durchsetzung des Arbeitsschutzes sicherzustellen.[13] Richtigerweise geht der Gesetzgeber davon aus, dass der Betriebsrat als Sachwalter der Interessen der Beschäftigten bei der **betrieblichen Konkretisierung** der diversen Arbeitsschutzvorschriften eine zentrale Rolle zur Verhinderung eines Vollzugsdefizites spielt, da nicht davon ausgegangen werden kann, dass einzelne Beschäftigte umfassend in der Lage sind, den Gesundheitsschutz durch Ausübung ihres Zurückbehaltungsrechtes durchzusetzen.[14] Dieser Befund wird auch durch die neuere Judikatur[15] unterstrichen, wenn das Bundesarbeitsgericht zwar richtigerweise den Anspruch eines Beschäftigten auf die Durchführung einer Gefährdungsbeurteilung gegenüber dem Arbeitgeber bejaht, die betriebliche Konkretisierung aber der Entscheidungskompetenz des Arbeitgebers überlässt (→ BGB § 618 Rn. 37), so dass der Betriebsrat im Rahmen seines Mitbestimmungsrechtes nach § 87 Abs. 1 Nr. 7 BetrVG bei der betrieblichen Konkretisierung arbeitsschutzrechtlicher Verpflichtungen die Erfahrungen und Interessen der Beschäftigten einbringen kann und soll. Insoweit ist § 87 Abs. 1 Nr. 7 BetrVG auch ein Mittel zur Sicherstellung der dem Staat obliegenden Schutzpflicht zur Realisierung des Grundrechts auf Leben und körperliche Unversehrtheit[16] im abhängigen Beschäftigungsverhältnis, das sich inzwischen neben den Aufsichts- und Anordnungsrechten als eine eigenständige Funktion herausgebildet hat.[17]

8 **Unionsrechtlich** gehört die **Beteiligung der Beschäftigten und ihrer Interessenvertretungen** zu den zentralen Elementen der Rahmenrichtlinie Arbeitsschutz (RL 89/391/EWG). Bereits in den Erwägungsgründen der Richtlinie wird hervorgehoben, dass die Beschäftigten und ihre Interessenvertretungen in den betrieblichen Arbeits- und Gesundheitsschutz aktiv einzubinden sind und Unterrichtung, Dialog und ausgewogene Zusammenarbeit zwischen den Betriebsparteien durch die Richtlinie ausgeweitet werden sollen (→ Unionsrecht Rn. 12). Gemäß Art. 1 Abs. 2 RL 89/391/EWG regelt die Richtlinie daher allgemeine Grundsätze, die insbes. in Art. 10 ff. RL 89/391/EWG ausgeformt werden.[18] Das Unionsrecht greift mit diesem für das deutsche Recht bis dahin relativ fremden Regulierungsansatz Rechtsentwicklungen aus dem skandinavischen und dem internationalem Raum auf. So verlangte bereits Art. 20 ILO-Übereinkommen Nr. 155 (→ Grundrecht Rn. 11 ff.), dass die **Organisation der Partizipation** eine wesentliche arbeitsschutzrechtliche Pflicht des Arbeitgebers ist. Die bewusste Integration der Partizipation in den betrieblichen Arbeitsschutz verdeutlicht den ganzheitlichen Ansatz des Unionsrechts, der die betriebliche Sicherheit und Gesundheit nicht allein mit Ingenieurwissen und technischen Lösungen zu gewährleisten sucht. Verlangt wird vor diesem Hintergrund, dass auch organisatorische Gestaltungsaspekte zum Gegenstand der betrieblichen Gesundheitspolitik gemacht werden, soweit diese den arbeitswissenschaftlichen Erkenntnissen entsprechen.[19] Organisation und Beteiligung stehen somit prägnant für eine breiter angelegte Herangehensweise an die Probleme von Sicherheit und Gesundheit bei der Arbeit: Es wird so anerkannt, dass neben dem Expertenblick von Sicherheitstechnikern und Arbeitsmedizinern das Erfahrungswissen der Beschäftigten und ihrer Interessenvertretungen eine zentrale Ressource für einen erfolgreichen Arbeits- und Gesundheitsschutz darstellen.

9 Angelehnt insbes. an skandinavische Vorbilder regelt **Art. 11 RL 89/391/EWG** sowohl die Partizipation der allgemeinen Interessenvertretung (dh Betriebsrat) als auch die Partizipation von Interessenvertretungen mit besonderen Aufgaben für die Sicherheit und

---

[12] Hummel/Callsen AiB 2011, 83 ff. [13] Pieper BetrVG Rn. 14. [14] DKKW/Klebe BetrVG § 87 Rn. 204 mwN. [15] BAG 12.8.2008 – 9 AZR 1117/06, NZA 2009, 102 = AP Nr. 29 zu § 618 BGB mAnm Kohte. [16] Pieper BetrVG Rn. 15. [17] Münch/ArbR/Kohte § 288 Rn. 8; Faber, Grundpflichten, S. 326 ff., 459. [18] Münch/ArbR/Kohte § 289 Rn. 21; BFK Rn. 264 f.; Brandes, System des europäischen Arbeitsschutzrechts, S. 180 ff. [19] Pieper Einl. Rn. 16.

Gesundheit am Arbeitsplatz. Letzteres gilt für den Fall, dass solche speziellen Interessenvertretungen in einem Mitgliedstaat rechtlich verankert sind. Die Bundesrepublik hat von der Möglichkeit der Bildung spezieller Interessenvertretungen im Gegensatz zu anderen Ländern keinen Gebrauch gemacht, obgleich mit den Sicherheitsbeauftragten seit langer Zeit Beschäftigte mit besonderen Aufgaben im Bereich des Arbeitsschutzes in den Betrieben agieren. Sie könnten zu einer besonderen Interessenvertretung für Sicherheit und Gesundheit weiterentwickelt werden, was allerdings voraussetzen würde, dass sie nicht durch Bestimmung des Arbeitgebers, sondern durch einen Wahlakt in ihr Amt gelangen. Die kollektive betriebliche Interessenvertretung im Arbeits- und Gesundheitsschutz basiert daher bis heute in der Bundesrepublik auf einem monistischen System, das von den allgemeinen Interessenvertretungen (neben Betriebsräten auch Personalräte und Mitarbeitervertretungen) getragen wird.[20] Die unionsrechtlichen Mindestanforderungen an die Partizipation der allgemeinen Interessenvertretung umfassen dabei nach Art. 11 Abs. 1 der Richtlinie die Pflicht zur **Unterrichtung**, das Recht der Interessensvertretung **Vorschläge** zu machen und die **ausgewogene Beteiligung** entsprechend den nationalen Rechtsvorschriften bzw. Praktiken (→ Unionsrecht Rn. 20).

Die **Schlüsselrolle der Partizipation** und damit des Betriebsrats **im Konzept des Unionsrechts** ist zunächst in Deutschland kaum diskutiert worden.[21] Dies ist wohl nicht zuletzt darauf zurückzuführen, dass der Gesetzgeber bei der Umsetzung der RL 89/391/EWG das BetrVG, das die Rechtsstellung des Betriebsrats regelt, nur marginal durch eine Regelung zur Anhörung in betriebsratslosen Betrieben in § 81 Abs. 3 BetrVG geändert hatte.[22] Mit Blick auf den Handlungsrahmen des Betriebsrats im Arbeitsschutz bestanden und bestehen insoweit gesetzliche Regelungen (insbes. §§ 89, 87 Abs. 1 Nr. 7 BetrVG), die im Licht der unionsrechtlichen Vorgaben auszulegen sind. § 87 Abs. 1 Nr. 7 BetrVG setzt dabei die Forderung nach einer **ausgewogenen Beteiligung iSv Art. 11 Abs. 1 RL 89/391/EWG** um.[23] Es bedurfte daher keiner gesonderten Änderungen des Betriebsverfassungsrechts. Für die Anwendung des § 87 Abs. 1 Nr. 7 BetrVG ist insoweit allerdings zu beachten, dass der Mitbestimmungstatbestand stets **unionsrechtskonform** auszulegen ist, so dass er den Anforderungen des Art. 11 RL 89/391/EWG gerecht wird.[24] Es entspricht dem hohen Stellenwert der Partizipation im unionsrechtlichen Leitbild, dass die praktische Bedeutung des Mitbestimmungsrechts seit Inkrafttreten des ArbSchG kontinuierlich gestiegen ist. Dies ist maßgeblich auf die **spezifische Regelungstechnik** des unionsrechtlich geprägten Arbeitsschutzrechts zurückzuführen. Sie besteht darin, verbindliche Ziele für die Ausgestaltung der Maßnahmen zu definieren, zum Erreichen dieser Ziele aber bewusst einen Gestaltungsspielraum zu eröffnen. Dieser **Gestaltungsspielraum** ist der originäre Anwendungsbereich des § 87 Abs. 1 Nr. 7 BetrVG. Das Mitbestimmungsrecht trägt insoweit Gewähr dafür, dass das besondere Erfahrungswissen der Beschäftigten in die betrieblichen Aktivitäten gezielt Eingang findet. Zugleich ermöglicht es einen Ausgleich der Interessen der Betriebsparteien. Einer „ausgewogenen Beteiligung" iSv Art. 11 Abs. 1 der Richtlinie würden einseitige Maßnahmen einer Betriebspartei, zumal in grundrechtsrelevanten Bereichen, ersichtlich entgegenstehen.

III. Gegenstand des Mitbestimmungsrechts

Gegenstand des Mitbestimmungsrechtes sind **Regelungen** zur Verhütung von Arbeitsunfällen und über den Gesundheitsschutz. Das Mitbestimmungsrecht besteht nach § 87 Abs. 1 Nr. 7 BetrVG im Rahmen der gesetzlichen Vorschriften. Der **sachliche Anwendungsbereich** wird somit durch die **gesetzlichen Mindestanforderungen an die Sicherheit und Gesundheit** bei der Arbeit markiert.[25] Das Mitbestimmungsrecht trägt insbesondere dem Umstand Rechnung, dass der Gesetzgeber typischerweise nur abstrakt-ge-

---

20 Zum Vorstehenden eingehend Münch/ArbR/Kohte § 289 Rn. 22. **21** Anders und zutreffend jedoch Wlotzke NZA 1990, 417 (420); ebenso Wlotzke NJW 1997, 1469 (1471). **22** BT-Drs. 13/3540, 9, 22. **23** Münch/ArbR/Kohte § 290 Rn. 53. **24** So bereits BAG 2.4.1996 – 1 ABR 47/95, NZA 1996, 998; N. Fabricius BB 1997, 1254; HaKo-BetrVG/Kohte BetrVG § 87 Rn. 76; EAS/Kohte B 61 Rn. 108. **25** Fitting BetrVG § 87 Rn. 280.

nerelle Regelungen treffen kann und die Belange eines jeden Betriebes im Einzelfall in einer gesetzlichen Vorschrift nicht berücksichtigt werden können. § 87 Abs. 1 Nr. 7 BetrVG normiert vor diesem Hintergrund den Auftrag an die Betriebsparteien, den gesetzlichen Mindestschutz durch die Vereinbarung von Regelungen zu gewährleisten, die den betrieblichen Spezifika Rechnung tragen. Nach gefestigter Rechtsprechung bezieht sich demnach das Mitbestimmungsrecht auf betriebliche Regelungen des Gesundheitsschutzes, zu denen der Arbeitgeber aufgrund öffentlich-rechtlicher Rahmenvorschriften verpflichtet ist, bei deren betrieblicher Ausgestaltung ihm aber Handlungsspielräume verbleiben. Durch mitbestimmte Regelungen sind diese **Handlungsspielräume** mit dem Ziel auszufüllen, eine möglichst effektive Umsetzung des gesetzlichen Arbeitsschutzes im Betrieb zu erreichen.[26]

12 Das Mitbestimmungsrecht setzt zunächst eine **Rechtsnorm** voraus, die dem Arbeitgeber normative Pflichten zum Schutz von Sicherheit und Gesundheit der unter seiner Leitung tätigen Beschäftigten auferlegt.[27] Im Hinblick auf das staatliche Arbeitsschutzrecht ergeben sich solche, die Mitbestimmung eröffnenden normativen Vorgaben vor allem aus dem **Arbeitsschutzgesetz** (→ Rn. 29 ff.) und den aufgrund von §§ 18, 19 ArbSchG erlassenen **Rechtsverordnungen** (zB ArbStättV, BetrSichV, LasthandhabV, → Rn. 53 ff.).[28] Als Rahmenvorschrift iSv § 87 Abs. 1 Nr. 7 BetrVG zu qualifizieren sind aber auch alle anderen normativen Bestimmungen, deren Zweck und Inhalt auf den Gesundheitsschutz der Beschäftigten abzielen,[29] wie zB das ASiG (→ Rn. 73 ff.), das ArbZG (→ Rn. 66 ff.) oder § 84 SGB IX (→ Rn. 69 f.). Regelmäßig als Rahmenvorschrift in Betracht zu ziehen sind außerdem die in § 87 Abs. 1 Nr. 7 BetrVG explizit angeführten **Unfallverhütungsvorschriften**, deren Schutzzwecke nach § 15 SGB VII generell auf den Schutz von Sicherheit und Gesundheit bei der Arbeit abzielen. Es ist nach der Rechtsprechung ausreichend, dass die Rahmenvorschrift zumindest **mittelbar dem Gesundheitsschutz dient**.[30] Der Mitbestimmung unterliegen ferner auch **Generalklauseln** (→ Rn. 30 ff.).[31] Dies gilt auch dann, wenn keine objektive unmittelbare Gesundheitsgefahr besteht. Eine solche Gefahr wurde zT für die alte ordnungsrechtliche Generalklausel des § 120 a GewO aF verlangt, damit das Mitbestimmungsrecht des Betriebsrats nicht zum Einfallstor für Rechtspolitik des Betriebsrats wird.[32] Jedenfalls seit dem Inkrafttreten des ArbSchG, mit dem das gesetzliche „Pflichtprogramm" bewusst vorverlagert worden ist,[33] kann dies nicht mehr gelten. Insbes. die prozessorientierten Elemente des ArbSchG grenzen das Mitbestimmungsrecht bei Generalklauseln hinreichend klar ein (→ Rn. 30 ff.).

13 **Nicht** zu gesetzlichen Vorschriften iSv § 87 Abs. 1 Nr. 7 BetrVG zählen nach der Rechtsprechung des Bundesarbeitsgerichts Regelungen in **Tarifverträgen**, da durch sie keine öffentlich-rechtlichen Befugnisse im Bereich des Arbeits- und Gesundheitsschutzes begründet werden.[34] Gleiches gilt für **allgemeine Verwaltungsvorschriften** und EU-Richtlinien, da durch sie keine zwingenden öffentlich-rechtlichen Rechte und Pflichten für den Arbeitgeber begründet werden. Insbes. EU-Richtlinien, die inzwischen im Licht des Grundrechts aus Art. 31 EU-GRC auszulegen sind (→ Grundrecht Rn. 37), kann – mittelbar – eine erhebliche Bedeutung zukommen, indem sie im Rahmen der unionsrechtskonformen Auslegung für die Auslegung der vorhandenen Gesetze und Verordnungen herangezogen werden.[35] Keine Rahmenvorschriften iSv § 87 Abs. 1 Nr. 7 BetrVG sind **Technische Regelwerke** wie DIN-Normen, berufsgenossenschaftliche Informationen (BGI) oder auch Technische Regelwerke, die von pluralistisch besetzten Ausschüssen im Geschäftsbereich des BMAS ermittelt worden sind, wie zB ASR, TRGS, TRBS (→

---

26 BAG 8.6.2004 – 1 ABR 4/03, NZA 2005, 227 ff.; BAG 18.8.2009 – 1 ABR 43/08, NZA 2009, 1434 ff.; BAG 17.1.2012 – 1 ABR 62/10, NZA 2012, 513. 27 Fitting BetrVG § 87 Rn. 264. 28 HaKo-BetrVG/Kohte BetrVG § 87 Rn. 78. 29 BAG 8.6.2004 – 1 ABR 4/03, NZA 2005, 227 ff. 30 Ständige Rechtsprechung, zB BAG 8.6.2004 – 1 ABR 4/03, NZA 2005, 227 ff.; BAG 17.1.2012 – 1 ABR 62/10, NZA 2012, 513 ff. zu § 6 Abs. 5 ArbZG. 31 Dazu nur BAG 16.6.1998 – 1 ABR 68/97, NZA 1999, 49 ff.; BAG 8.6.2004 – 1 ABR 13/03, NZA 2004, 1175 ff.; HaKo-BetrVG/Kohte BetrVG § 87 Rn. 78. 32 GK-BetrVG/Wiese BetrVG § 87 Rn. 604. 33 Fitting BetrVG § 87 Rn. 274, 292 ff.; DKKW/Klebe BetrVG § 87 Rn. 221. 34 BAG 11.12.2012 – 1 ABR 81/11. 35 Fitting BetrVG § 87 Rn. 267 f.; GK-BetrVG/Wiese BetrVG § 87 Rn. 591.

ArbSchG §§ 18, 19 Rn. 26 ff.). Insbes. die letztgenannten Regelwerke der technischen Ausschüsse im Geschäftsbereich des BMAS müssen vom Arbeitgeber zwar beachtet, dh zur Kenntnis genommen werden. Er muss die dort formulierten Vorgaben aber nicht zwingend umsetzen. Ihm steht es vielmehr frei, andere Maßnahmen zu ergreifen, solange er den Nachweis führen kann, dass die verbindlichen Schutzziele und Vorgaben erreicht werden, die insbes. durch die Arbeitsschutzverordnungen vorgegeben werden. Mitbestimmungsrechtlich folgt hieraus, dass die **Ausübung der Mitbestimmung** auch in der **Vereinbarung** der **Anwendung Technischer Regeln** bestehen kann, um den arbeitsschutzrechtlichen Anforderungen aus Verordnungen und Gesetzen sowie Unfallverhütungsvorschriften im Betrieb nachzukommen. So kann der Betriebsrat zB unter Ausnutzung seines Initiativrechts (→ Rn. 82) die ASR A3.5 Raumtemperaturen als Maßstab der betrieblichen Konkretisierung des Arbeitsstättenrechts vorschlagen.[36] Solange der Arbeitgeber kein schlüssiges, gleichermaßen wirksames Schutzkonzept in die Verhandlungen einbringt, spricht vieles dafür, dass diese Initiative inhaltlich auch in der Einigungsstelle gute Durchsetzungschancen haben wird.

Das Mitbestimmungsrecht bezieht sich dabei auf die **betriebliche Ausgestaltung der Regelungen zur Konkretisierung** genereller arbeitsschutzrechtlicher Vorgaben. Da das Mitbestimmungsrecht an gesetzliche Rahmenvorschriften iSv § 87 Abs. 1 Nr. 7 BetrVG anknüpft, ergeben sich Inhalt und Grenzen der Mitbestimmung vorrangig nicht aus den Bestimmungen des BetrVG, sondern aus der zu konkretisierenden arbeitsschutzrechtlichen Rahmenregelung.[37] Die Berechtigung des Betriebsrates, die arbeitsschutzrechtlichen Vorgaben durch betriebliche Regelungen mitzugestalten, ist dabei als unverzichtbares Teilhaberecht strukturiert. Die Rechtsprechung hat in diesem Zusammenhang eindringlich darauf hingewiesen, dass weder der Betriebsrat noch die Einigungsstelle ihre Mitgestaltungsbefugnis dem Arbeitgeber überlassen können. Eine Betriebsvereinbarung oder ein Spruch der Einigungsstelle, der dem Arbeitgeber letztlich die Ausgestaltung der Regelung überlässt, ist daher unwirksam (→ Rn. 84 ff.).[38]

Das Mitbestimmungsrecht nach § 87 Abs. 1 Nr. 7 BetrVG unterliegt im Übrigen den üblichen Anwendungsvoraussetzungen des § 87 BetrVG, dh die zu vereinbarenden Regelungen müssen einen **kollektiven Bezug** haben[39] und die Mitbestimmung darf nicht durch § 87 Abs. 1 Eingangssatz BetrVG ausgeschlossen sein. Einen kollektiven Bezug können auch Regelungen über Maßnahmen haben, sofern sie abstrakt-genereller Natur sind, was etwa bei Vereinbarungen über Schutzmaßnahmen für einen bestimmten Arbeitsplatz oder Arbeitsbereich der Fall ist. Nicht mitbestimmungspflichtig sind hingegen Maßnahmen, die sich nur und ausschließlich auf die spezifischen Belange einzelner Beschäftigte beziehen und keinen kollektiven Regelungsinhalt haben.[40] Ziel des Mitbestimmungsrechtes ist es insoweit also, dass die Betriebsparteien gemeinsam die für die betriebliche Umsetzung des Arbeitsschutzrechts erforderlichen Sach- und Verfahrensregeln aufstellen. Die Durchführung der daraus folgenden Maßnahmen selbst ist Sache des Arbeitgebers bzw. der Zuständigen vor Ort.[41]

Das Mitbestimmungsrecht ist nach § 87 Eingangssatz BetrVG bei normativen Arbeitsschutzvorschriften ausgeschlossen, bei deren betrieblicher Umsetzung der Arbeitgeber **keinen Handlungsspielraum** hat, sondern lediglich die Norm vollziehen muss. Derartige, jegliche betriebliche Handlungsspielräume ausschließende Arbeitsschutznormen bilden in den heutigen Recht die Ausnahme. Wegen der grundsätzlichen Konzeption des Arbeitsschutzgesetzes, die Eigenverantwortung der Betriebe zu stärken, werden dem Arbeitgeber heute in der Regel primär verbindliche Handlungsziele und Vorgehensweisen (insbes. Gefährdungsbeurteilung) vorgeschrieben. Es verbleiben daher in aller Regel

---

36 So jetzt LAG Schleswig-Holstein 1.10.2013 – 1 TaBV 33/13. **37** Kollmer/Klindt/Hecht Syst B Rn. 15; BAG 17.1.2012 – 1 ABR 62/10, NZA 2012, 513 f. **38** BAG 8.6.2004 – 1 ABR 4/03, NZA 2005, 227 ff. **39** BAG 18.8.2009 – 1 ABR 43/08, NZA 2009, 1434. **40** Kollmer/Klindt/Hecht Syst B Rn. 7; DKKW/Klebe BetrVG § 87 Rn. 226. **41** HaKo-BetrVG/Kohte BetrVG § 87 Rn. 77; DKKW/Klebe BetrVG § 87 Rn. 226.

vielfältige Spielräume für einen an der konkreten betrieblichen Situation ansetzenden betrieblichen Arbeits- und Gesundheitsschutz.[42]

17 Ob und inwieweit eine Rahmenvorschrift vorliegt, ist durch Auslegung zu ermitteln.[43] Kennzeichnend für Rahmenvorschriften ist, dass der Arbeitgeber durch die Norm zur Erfüllung eines gesetzlich definierten **Schutzzieles** bzw. zur Durchführung bestimmter Verfahrensweisen (Gefährdungsbeurteilung, Wirksamkeitsüberprüfung) verpflichtet wird. Über die konkrete Art und Weise, wie dieses Ziel zu erreichen ist bzw. wie Verfahrenspflichten auszugestalten sind, werden aber keine abschließenden Vorschriften gemacht. Bestenfalls werden insoweit handlungsleitende Kriterien aufgestellt. Beispielhaft ist hier der systematische Zusammenhang von § 3 ArbSchG und § 4 ArbSchG. § 3 Abs. 1 ArbSchG setzt eine Rahmenverpflichtung, Maßnahmen des Arbeitsschutzes zu treffen, während § 4 ArbSchG die zu beachtenden Grundsätze für die Ausgestaltung dieser Verpflichtungen normiert. Wenn dem Arbeitgeber ein Spielraum über die Art und Weise der Erfüllung arbeitsschutzrechtlicher Verpflichtungen eingeräumt wird, liegt eine Rahmenvorschrift vor. Das Mitbestimmungsrecht bezieht sich dann auf die Mitgestaltung der konkret vom Arbeitgeber auszuwählenden und umzusetzenden Regelungen, wie das verbindliche Ziel in der konkreten betrieblichen Realität zu erreichen ist.

18 Nicht verwechselt werden darf an dieser Stelle die **Freiheit der Auswahl zwischen den erforderlichen Mitteln** mit der den Arbeitgeber bindenden Verpflichtung, das jeweilige arbeitsschutzrechtliche Ziel zu erreichen. Daher kommt es für das Mitbestimmungsrecht auch **nicht auf die subjektive Regelungsbereitschaft des Arbeitgebers** an.[44] Ebenso wenig ist es nach der neuen Konzeption des Arbeitsschutzes noch entscheidend, ob die betreffende arbeitsschutzrechtliche Vorschrift genau definierte Grenzwerte setzt. Vielmehr wird mit der Erweiterung des Handlungsspielraumes des Arbeitgebers zur Ausfüllung der arbeitsschutzrechtlichen Verpflichtung auch unmittelbar das Mitbestimmungsrecht erweitert. Das Mitbestimmungsrecht bezieht sich damit auch auf die Auslegung unbestimmter Rechtsbegriffe, wenn der dem Arbeitgeber zustehende Handlungsspielraum durch solche Begriffe definiert wird. Es erstreckt sich aber als Vorfrage einer Regelung auch auf die Beurteilung, ob die tatbestandlichen Voraussetzungen einer Handlungspflicht des Arbeitgebers erfüllt sind.[45] Zusammenfassend führt damit die Ausgestaltung arbeitsschutzrechtlicher Vorschriften mit offenen auslegungsbedürftigen Begriffen zu einer Intensivierung der Mitbestimmung. Ein anschauliches Beispiel bietet hier die Neukodifizierung der Arbeitsstättenverordnung: Soweit die Mindestgröße eines Arbeitsraumes exakt mit einer Quadratmetergröße definiert wurde, erstreckte sich das Mitbestimmungsrecht nur auf die Prüfung, ob diese Zahl unterschritten wurde. Wird die Mindestgröße über den auslegungsbedürftigen Begriff „ausreichende Grundfläche" definiert, wird die Auslegung dieses Begriffes bei der Gestaltung betrieblicher Arbeitsstätten mitbestimmungspflichtig.[46] Dabei ist zu beachten, dass es sich nicht um einen völlig freien Aushandlungsprozess handelt, sondern gemäß § 4 Nr. 3 ArbSchG der Stand von Technik, Arbeitsmedizin und Hygiene sowie sonstige gesicherte arbeitswissenschaftliche Erkenntnisse von den Betriebsparteien zugrunde gelegt werden müssen. Zu berücksichtigen ist insoweit insbes. die ASR A.1.2 „Raumabmessungen und Bewegungsflächen", die als Maßstab im Wege der Mitbestimmung ausgewählt werden kann (→ Rn. 13).

19 Soweit Arbeitsschutzvorschriften zwingend Maßnahmen vorsehen, aber eine Abweichung insoweit gestatten, dass auch andere genauso wirksame Maßnahmen möglich sind, unterliegt **die Entscheidung über die Abweichung sowie deren Ausgestaltung** ebenfalls der Mitbestimmung.[47] Entfallen kann das Mitbestimmungsrecht jedoch, wenn dem Arbeitgeber zur Erfüllung arbeitsschutzrechtlicher Vorschriften keinerlei Handlungsspielraum in der Ausgestaltung verbleibt. Dies ist angesichts der Regelungs-

---

42 Dazu die Gesetzgebungsmaterialien, BT-Drs. 13/3540, 11 ff. 43 Fitting BetrVG § 87 Rn. 271.
44 St. Rsp. seit BAG 15.1.2002 – 1 ABR 13/01, NZA 2002, 995 ff.; Fitting BetrVG § 87 Rn. 275.
45 Fitting BetrVG § 87 Rn. 275. 46 Kohte/Faber DB 2005, 224 ff. 47 Fitting BetrVG § 87 Rn. 276 f.

technik und des Leitbildes des modernen Arbeitsschutzrechts, das durch allgemein gehaltene Schutzziele und Verfahrensvorgaben stimulieren will (→ Rn. 16), nur sehr selten der Fall.

In der Vergangenheit wurde insbes. im Zusammenhang mit atomrechtlichen Sachverhalten diskutiert, ob und inwieweit die **bindende Konkretisierung gesetzlicher Pflichten durch Verwaltungsakte** der Aufsichtsbehörde das Mitbestimmungsrecht sperrt.[48] Dabei geht das Bundesarbeitsgericht nach nicht unbestrittener Auffassung davon aus, dass das Mitbestimmungsrecht durch behördliche Anordnung eingeschränkt werden kann, soweit der Arbeitgeber zu einem bestimmten Tun oder Unterlassen verpflichtet wird.[49] Mit Blick auf den hier vor allem interessierenden Arbeits- und Gesundheitsschutz wird man davon ausgehen müssen, dass Verwaltungsakte der Arbeitsschutzaufsicht nur in Ausnahmefällen dem Mitbestimmungsrecht entgegenstehen werden.[50] Seit Inkrafttreten des ArbSchG ist es geboten, das klassische ordnungsrechtliche Verständnis des Arbeitsschutzrechts zu modifizieren. Danach war die Aufsicht insbes. mit Blick auf den im Jahre 1996 aufgehobenen § 120 a GewO gehalten, Eingriffe in Rechtspositionen in Gestalt von Ordnungsverfügungen in ihrer Intensität dadurch zu kontrollieren und zu begrenzen, dass möglichst präzise Verhaltensanforderungen verfügt wurden. Im ordnungsrechtlichen Leitbild, das das Arbeitsschutzrecht bis in das Jahr 1996 prägte, hatte damit die Bestimmtheit des Verwaltungsaktes eine freiheitssichernde Funktion. Dieses Verständnis wird dem Leitbild des modernen Arbeitsschutzrechts nicht mehr gerecht. Dieses zielt darauf ab, die Eigenverantwortung der Betriebe einzufordern und zu diesem Zwecke einen Rahmen für eine kooperative Gestaltung der betrieblichen Sicherheit und Gesundheit abzustecken.[51] Behördliche Anordnungen, insbes. nach § 22 Abs. 3 ArbSchG, haben diese Eigenverantwortung zu respektieren und ggf. einzufordern. Sie müssen von daher, bis auf Fälle unmittelbarer Gefahr, die betrieblichen Verhandlungs- und Gestaltungsprozesse respektieren (→ ArbSchG § 22 Rn. 46, 52). Dies schließt es in der Regel aus, gemäß „ordnungsrechtlicher Tradition" im Detail vorzugeben, was der Arbeitgeber zu tun oder zu unterlassen hat. Ein anschauliches Beispiel für die Wirkungsweise von Verwaltungsakten nach § 22 Abs. 3 Nr. 1 ArbSchG bietet die „GDA-Leitlinie Gefährdungsbeurteilung und Dokumentation", die unerlässliche Elemente des Prozesses der Gefährdungsbeurteilung als Gegenstand von Anordnungen herausstellt, den Betriebsparteien aber gerade nicht konkret vorgibt, nach welchen Methoden und Verfahren im Betrieb Gefährdungen zu ermitteln und beurteilen sind (→ ArbSchG § 22 Rn. 53; → ArbSchG §§ 20 a, b Rn. 7). Vor diesem Hintergrund schränken Verwaltungsakte der Arbeitsschutzaufsichtsbehörden und Unfallversicherungsträger heute in aller Regel die Mitbestimmung ein. Anordnungen sind im aktuellen Recht im Gegenteil dazu prädestiniert, für die Praxis Impulse zu setzen, um Sicherheit und Gesundheit im Betrieb kooperativ nach Maßgabe von § 87 Abs. 1 Nr. 7 BetrVG zu gestalten.[52]

IV. Inhalt und Begrenzungen des Mitbestimmungsrechts

Inhaltlich ermöglicht das Mitbestimmungsrecht **Regelungen** zur Verhütung von Arbeitsunfällen und Berufskrankheiten sowie zum Gesundheitsschutz. Das Tatbestandsmerkmal „Regelungen" bewirkt, dass sich das Mitbestimmungsrecht auf **grundlegende Sach-, Verfahrens- und Organisationsvorschriften** zur Verhütung von Arbeitsunfällen, Berufskrankheiten und zur Verwirklichung des Gesundheitsschutzes bezieht.[53] Unproblematisch zu bestimmen ist die durch das Gesetz vorgegebene **Zielrichtung** der Regelungen zur **Verhütung** von **Arbeitsunfällen und Berufskrankheiten**, da diese anhand

---

[48] Eingehend zum Streitstand HaKo-BetrVG/Kohte BetrVG § 87 Rn. 11. [49] Zuletzt BAG 11.12.2012 – 1 ABR 78/11, NZA 2013, 913 ff.; mit guten Gründen kritisch zu mitbestimmungsbeschränkenden Verwaltungsakten DKKW/Klebe BetrVG § 87 Rn. 35, 43 f. [50] Instruktiv LAG Rheinland-Pfalz 17.11.2011 – 10 TaBV 35/11; dazu auch Kohte/Busch, jurisPR-ArbR 12/2012 Anm. 1. [51] Vgl. Gesetzesbegründung, BT-Drs. 13/3540, 13; Faber, Grundpflichten, S. 376 ff. [52] ZB LAG Rheinland-Pfalz 17.11.2011 – 10 TaBV 35/11; dazu die Anm. Kohte/Busch, jurisPR-ArbR 12/2012 Anm. 1; VG Münster 28.2.2013 – 7 L 853/12. [53] Kollmer/Kindt/Schucht/Kohte ArbSchG § 3 Rn. 81.

von Legaldefinitionen konkretisiert werden können. So ist nach § 8 Abs. 1 SGB VII der Arbeitsunfall ein von außen einwirkendes Ereignis während der versicherten Tätigkeit, das mindestens zu einer Gesundheitsbeschädigung führt. Berufskrankheiten sind die in der jeweils aktuellen Berufskrankheitsverordnung anerkannten Erkrankungen sowie die entsprechend § 9 Abs. 2 SGB VII anerkannten Krankheiten.[54]

22 Nicht explizit definiert ist der in § 87 Abs. 1 Nr. 7 BetrVG benutzte Begriff des Gesundheitsschutzes. Er ergibt sich wegen des Bezugs des Mitbestimmungsrechtes auf die gesetzlichen Bestimmungen des Arbeitsschutzes aus der Definition des Gesundheitsschutzes in § 1 ArbSchG.[55] Als Umsetzung der RL 89/391/EWG fußt der Begriff des Gesundheitsschutzes auf der Art. 3 lit. e ILO-Übereinkommen Nr. 155 über Arbeitsschutz und Arbeitsumwelt (→ Grundrecht Rn. 16) zugrunde liegenden Begriffsbildung. Diese ist dadurch gekennzeichnet, dass sie von einem auf die Arbeitsbedingungen bezogenen Gesundheitsbegriff ausgeht.[56] Dieser Gesundheitsbegriff begreift Gesundheit nicht nur als das Freisein von Krankheit und Gebrechen, sondern umfasst vielmehr auch die physischen und geistig-seelischen Faktoren, die sich auf die Gesundheit auswirken und im unmittelbaren Zusammenhang mit der Sicherheit und der Gesundheit bei der Arbeit stehen (→ ArbSchG § 1 Rn. 8; → ArbSchG § 2 Rn. 10). Grundsätzlich ist auf dieser Grundlage von einem **weiten Gesundheitsbegriff** auszugehen, der sowohl die psychische wie physische Integrität des Arbeitnehmers betrifft.[57] Dies ist durch die Ergänzungen in § 4 Nr. 1 ArbSchG und § 5 Abs. 3 Nr. 6 ArbSchG ausdrücklich gesetzlich normiert (→ ArbSchG § 4 Rn. 7, → ArbSchG § 5 Rn. 30 ff.). Damit umfasst das Mitbestimmungsrecht nicht nur die körperlichen Gefährdungen des klassischen technischen Arbeitsschutzes, sondern auch den Bereich der psychischen Belastungen und damit auch Fragen der Arbeitsorganisation und Arbeitsintensität.

23 Im Gegensatz zur alten Gewerbeordnung unterliegen die arbeitsschutzrechtlichen Verpflichtungen des Arbeitgebers, die im ArbSchG und den Arbeitsschutzverordnungen nach §§ 18, 19 ArbSchG normiert sind, keiner Einschränkung aus der „Natur des Betriebes". Auch formuliert § 4 ArbSchG in seinen Grundsätzen keinen wirtschaftlichen Vorbehalt. Dies ist konsequent vor dem Hintergrund der Überlegung, dass der betriebliche Arbeitsschutz die verfassungsrechtlich aus Art. 2 GG folgenden **grundrechtlichen Schutzpflichten** bezüglich der körperlichen Integrität abhängig beschäftigter Personen konkretisiert. Eine Begrenzung der Verpflichtungen kann daher nur im Rahmen des Übermaßverbots in Betracht kommen. Die Wahl einer weniger geeigneten Regelung, nur weil sie wirtschaftlicher wäre, ist wegen des verfassungsrechtlich begründeten Vorranges des Schutzes der Rechtsgüter Leben und Gesundheit also nicht zulässig.[58] Eine Begrenzung kann damit nur erfolgen, wenn die Aufwendungen in grobem Missverhältnis zum Erfolg stehen oder wenn der gleiche Schutz vor Gefährdungen mit einem weniger aufwändigen Mittel erreicht werden kann.[59]

24 Nicht begrenzt werden kann das Mitbestimmungsrecht, wenn der Arbeitgeber mit der Ausführung seiner arbeitsschutzrechtlichen Verpflichtungen Dritte beauftragt. In diesem Fall muss der Arbeitgeber durch entsprechende Vertragsgestaltung sicherstellen, dass der Betriebsrat sein Mitbestimmungsrecht wahrnehmen kann.[60]

V. Zuständigkeitsfragen: persönlicher Anwendungsbereich

25 Das Mitbestimmungsrecht bezieht sich auf **alle Arbeitnehmer iSd § 5 Abs. 1 BetrVG**, zu denen daher auch Heimarbeitnehmer nach § 5 Abs. 1 S. 2 BetrVG gehören. Nach § 5 Abs. 1 S. 3 BetrVG sind Beamte, Soldaten und Arbeitnehmer des öffentlichen

---

54 GK-BetrVG/Wiese BetrVG § 87 Rn. 590; Fitting BetrVG § 87 Rn. 261. **55** BAG 8.6.2004 – 1 ABR 4/03, NZA 2005, 227 ff. **56** Pieper ArbSchG § 1 Rn. 8; Münch/ArbR/Kohte § 288 Rn. 21; Faber, Grundpflichten, S. 82. **57** BAG 18.8.2009 – 1 ABR 43/08, NZA 2009, 1434 ff.; so jetzt auch BVerwG 14.2.2013 – 6 PB 1/13, PersR 2013, 176; enger jedoch Löwisch/Kaiser, BetrVG § 87 Rn. 150. **58** Kollmer/Klindt/Schucht/Kohte ArbSchG § 4 Rn. 10 mwN. **59** Kollmer/Schucht/Kohte ArbSchG § 3 Rn. 20. **60** BAG 30.9.2014 – 1 ABR 106/12, NZA 2015, 314 ff.

Dienstes, die in privatrechtlich organisierten Unternehmen tätig werden,[61] in diesen Betrieben Arbeitnehmer im Sinne des BetrVG. Der Betriebsrat besitzt daher auch im Hinblick auf diese Beschäftigungsgruppe das uneingeschränkte Mitbestimmungsrecht nach § 87 Abs. 1 Nr. 7 BetrVG. Dem begegnen auch im Hinblick auf die Statusgruppen der Beamten und Soldaten keine Bedenken, da diese nach § 2 Abs. 2 Nr. 5, 6 ArbSchG auch Beschäftigte in Rahmen des ArbSchG sind.

Der **Betriebsrat des Entleiherbetriebes** übt auch im Hinblick auf die in seinem Betrieb 26 eingesetzten Leiharbeitnehmer das Mitbestimmungsrecht nach § 87 Abs. 1 Nr. 7 BetrVG aus, da Leiharbeitnehmer für die Zeit ihres Einsatzes voll in die Betriebsorganisation eingegliedert sind. Schon 1992 hatte das Bundesarbeitsgericht entschieden, dass der Betriebsrat des Entleiherbetriebes die Mitbestimmungsrechte auch im Hinblick auf Leiharbeitnehmer wahrnimmt, soweit diesen gegenüber durch den Entleiher bzw. den von ihm eingesetzten Vorgesetzten das Weisungsrecht für die tatsächliche Beschäftigung ausgeübt wird.[62] Dies ist gerade auch mit Blick auf den Arbeitsschutz zutreffend, da der Leiharbeitnehmer aufgrund der Struktur des Leiharbeitsverhältnisses in der vom Entleiher gestalteten Arbeitsumwelt tätig werden muss. Die präventive Verhinderung von Gefährdungen kann daher nur der Entleiher umsetzen. Daher ergibt sich aus § 8 ArbSchG iVm § 3 ArbSchG und § 11 AÜG eine arbeitsrechtliche Verpflichtung des Entleihers gegenüber den von ihm beschäftigten Leiharbeitnehmern sowie gegenüber seinen Arbeitnehmern. Dabei muss er insbes. berücksichtigen, dass besondere Risiken für Leiharbeitnehmer oft dadurch entstehen, dass diese die betriebliche Umgebung als „Neulinge" nicht kennen. § 12 ArbSchG ordnet daher an, diese verstärkt zu unterweisen, um diese Defizite aufzufangen. Die Ausgestaltung dieser arbeitsschutzrechtlichen Verpflichtung ist wiederum nach den genannten Kriterien mitbestimmungspflichtig (→ ArbSchG § 8 Rn. 33; → Rn. 46 ff. zur Mitbestimmung bei der Zusammenarbeit mit Drittfirmen). Eine vergleichbare Beteiligung kann sich auch ergeben, wenn arbeitnehmerähnliche Personen in den Betriebsablauf integriert sind.[63]

VI. Kompetenzabgrenzung zwischen Betriebsrat, Gesamtbetriebsrat und/oder Konzernbetriebsrat

Die Ausübung der Mitbestimmungsrechte obliegt im Regelfall dem **örtlichen Betriebs-** 27 **rat**, der im Vergleich zum Gesamt- und Konzernbetriebsrat durch die unmittelbare Wahl demokratisch legitimiert ist.[64] Eine Kompetenz des Gesamt- bzw. Konzernbetriebsrates muss sich im Rahmen von § 50 BetrVG oder § 58 BetrVG ergeben. Nach Abs. 1 beider Normen kann jedenfalls im Bereich des § 87 BetrVG eine originäre Kompetenz des Gesamt- bzw. des Konzernbetriebsrates begründet werden, wenn Sachverhalte objektiv zwingend nur unternehmens- oder konzerneinheitlich geregelt werden können und auch tatsächlich eine solche Regelung getroffen wurde oder werden soll. Bloße Zweckmäßigkeitserwägungen oder der Wunsch des Arbeitgebers nach einer einheitlichen Regelung reichen nicht aus.[65] Arbeitsschutzrechtliche Verpflichtungen des Arbeitgebers dienen auf der betrieblichen Ebene dazu, Gefährdungen zu verhindern. Gemäß der Konzeption von §§ 5, 3 ArbSchG hat der Arbeitgeber dabei in Rahmen seiner Gefährdungsbeurteilung in Anbetracht der örtlichen Gegebenheiten die erforderlichen Maßnahmen zu treffen. Die betriebsbezogene Konzeption des Arbeitsschutzes lässt daher **wenig Raum für Regelungen**, die nach objektiven Kriterien **nur auf der Unternehmens- oder Konzernebene** getroffen werden können.[66]

Das Bundesarbeitsgericht nimmt, wenn **gleich gelagerte Arbeitsplätze nach überört-** 28 **lichen Standards** eingerichtet werden, eine Kompetenz des Gesamtbetriebsrates an,

---

61 In der Regel im Wege der tarifrechtlich wie beamtenrechtlich zulässigen Zuweisung oder Personalgestellung; s. § 4 TvöD; § 4 TV-L; § 20 BeamtStG. 62 BAG 15.12.1992 – 1 ABR 38/92, NZA 1993, 513 ff. 63 Julius, Arbeitsschutz und Fremdfirmenbeschäftigung. S. 176. 64 BAG 15.1.2002 – 1 ABR 10/01, NZA 2002, 988 ff.; LAG Köln 28.6.2012 – 4 TaBV 17/12. 65 BAG 15.1.2002 – 1 ABR 10/01, NZA 2002, 988; BAG 9.12.2003 – 1 ABR 49/02, NZA 2005, 234 (236); jetzt auch BAG 18.7.2017 – 1 ABR 59/15 Rn. 19 ff. 66 So auch DKKW/Trittin BetrVG § 50 Rn. 113.

wenn es sich um unternehmenseinheitliche Montagearbeiten handelt.⁶⁷ Dies gilt aber nur dort, wo auf Unternehmensebene die Gestaltung der Arbeitsplätze abschließend geregelt wird. Will der Arbeitgeber ein unternehmenseinheitliches Konzept der Gestaltung von Arbeitsplätzen verwirklichen, bei dem die konkrete Ausgestaltung aber von den jeweiligen baulichen Verhältnissen in den Niederlassungen abhängig ist, verbleibt das Mitbestimmungsrecht beim örtlichen Betriebsrat.⁶⁸ Nach der Rechtsprechung des Bundesarbeitsgerichts ist diese Kompetenzverteilung nicht teilbar.⁶⁹ Die Zuständigkeit zu einer abschließenden Regelung kann also entweder nur beim Betriebsrat oder nur beim Konzern- oder Gesamtbetriebsrat liegen. Eine Rahmenregelung, die in ihrer Konzeption darauf angelegt ist, unabhängig von der Gleichartigkeit der Arbeitsplätze arbeitsschutzrechtliche Grundregelungen auf der Unternehmens- und/oder Konzernebene zu treffen und die die konkrete Ausgestaltung den Betriebsräten vor Ort überlässt, begründet damit keine originäre Zuständigkeit des Gesamt- oder Konzernbetriebsrats. Die Zuständigkeit kann in dieser Konstellation nur nach einer entsprechenden ordnungsgemäßen Beschlussfassung der örtlichen Betriebsräte durch eine Beauftragung nach §§ 50 Abs. 2, 58 Abs. 2 BetrVG erfolgen. Im Regelfall verbleiben somit die Mitbestimmungsrechte bei den örtlichen Betriebsräten, da die Gefährdungen wie auch die ggf. erforderlichen präventiven Maßnahmen sinnvoll nur betriebsspezifisch, dh anhand der örtlichen Gegebenheiten ermittelt werden müssen.⁷⁰

VII. Mitbestimmung im Hinblick auf konkrete Arbeitgeberpflichten

29 Nach den oben genannten Kriterien orientieren sich Umfang und Inhalt des Mitbestimmungsrechtes an den **arbeitsschutzrechtlichen Verpflichtungen des Arbeitgebers**. Insoweit entsteht eine Mitbestimmungspflicht, wenn es sich um Rahmenregelungen handelt. Solche Rahmenregelungen können sich aus Gesetzen, Verordnungen, aber auch aus Unfallverhütungsvorschriften ergeben (→ Rn. 5, 6).⁷¹

30 **1. § 3 Abs. 1 ArbSchG.** § 3 Abs. 1 ArbSchG regelt eine umfassende präventive Handlungspflicht des Arbeitgebers zum Treffen, Planen und Durchführen der erforderlichen Maßnahmen des Arbeitsschutzes.⁷² § 3 Abs. 1 ArbSchG hat dabei die Funktion einer **Generalklausel**, die insbes. bei Gefährdungen und Gefahren zum Tragen kommt, für die es keine speziellen Rechtsvorschriften, namentlich in den Rechtsverordnungen gemäß §§ 18, 19 ArbSchG (ArbStättV, BetrSichV, GefStoffV, LasthandhabV etc) gibt. Die Generalklausel ist Ausdruck der zentralen arbeitsschutzrechtlichen Verantwortung des Arbeitgebers, die darin liegt, Sicherheit und Gesundheit bei der Arbeit umfassend zu gewährleisten.⁷³ Das Bundesarbeitsgericht hat bereits im Jahre 1996 befunden, dass auch die betriebliche Konkretisierung von arbeitsschutzrechtlichen Generalklauseln im Wege der Mitbestimmung nach § 87 Abs. 1 Nr. 7 BetrVG zu erfolgen hat.⁷⁴ So wird § 3 Abs. 1 ArbSchG in der Rechtsprechung auch grundsätzlich als Rahmenvorschrift für die Mitbestimmung anerkannt.⁷⁵ Dies hat in Teilen der Literatur hinsichtlich der Reichweite der Mitbestimmung zu Irritationen geführt. In fast polemischer Diktion wird dort von einem entgrenzten Arbeitsschutz⁷⁶ gesprochen, der in originäre Unternehmensrechte eingreife. Gerade aber an § 3 Abs. 1 ArbSchG lässt sich nachweisen, dass damit keineswegs ein Einfallstor für Rechtspolitik durch den Betriebsrat eröffnet wird, wie dies zT angenommen wird.⁷⁷ Die insbes. aus § 3 Abs. 1 S. 1 ArbSchG folgende Handlungspflicht hat klare Konturen, die den Umfang des Mitbestimmungsrechts nach § 87 Abs. 1 Nr. 7 BetrVG hinreichend deutlich eingrenzen. Dies gilt insbesondere für den in § 3 Abs. 1 S. 1 ArbSchG verwendeten unbestimmten Rechtsbegriff der „er-

---

67 BAG 16.6.1998 – 1 ABR 68/97, NZA 1999, 49 ff. **68** LAG Sachsen-Anhalt 9.3.2010 – 6 TaBV 15/09 mAnm Faber PersR 2012, 348. **69** BAG 14.11.2006 – 1 ABR 4/06, NZA 2007, 399 ff. **70** BAG 8.6.2004 – 1 ABR 4/03, NZA 2005, 227 ff.; Fitting BetrVG § 50 Rn. 42; ErfK/Koch BetrVG § 50 Rn. 4; DKKW/Trittin BetrVG § 50 Rn. 113. **71** BAG 16.6.1998 – 1 ABR 68/97, NZA 1999, 49 ff. **72** Pieper ArbSchG § 3 Rn. 1. **73** Zu dieser Gewährleistungsverpflichtung vgl. auch Faber, Grundpflichten, S. 32 ff., 51 ff. **74** BAG 2.4.1996 – 1 ABR 47/95, NZA 1996, 998; BAG 16.6.1998 – 1 ABR 68/97, NZA 1999, 49. **75** BAG 7.6.2016 – 1 ABR 25/14, NZA 2016, 1420 ff. **76** Bauer/Günther/Blochmüller NZA 2016, 1361. **77** GK-BetrVG/Wiese BetrVG § 87 Rn. 604.

forderlichen Maßnahmen des Arbeitsschutzes". Die „erforderlichen Maßnahmen des Arbeitsschutzes" sind Ergebnis des Prozesses der Gefährdungsbeurteilung (§ 5 Abs. 1 ArbSchG). In diesem Prozess ist systematisch zu ermitteln, ob Gefährdungen vorliegen. Sofern dies der Fall ist, ist insbes. anhand des § 4 ArbSchG zu beurteilen, ob Handlungsbedarf für Maßnahmen besteht und welche Maßnahmen des Arbeitsschutzes unter Berücksichtigung der Grundsätze des § 4 ArbSchG ggf. in Betracht zu ziehen sind. Die **„erforderlichen Maßnahmen des Arbeitsschutzes"** iSd Generalklausel des § 3 Abs. 1 ArbSchG sind also **Ergebnis eines rechtlich transparent vorgegebenen Erkenntnisprozesses** und keineswegs zufälliges Ergebnis eines einschränkungslosen Mitbestimmungstatbestandes. Soweit dieser Erkenntnisprozess zu einer arbeitsschutzrechtlichen Handlungspflicht des Arbeitgebers führt, dienen die daraus resultierenden Regelungen dazu, den grundrechtlich gebotenen Schutz weisungsgebundener Beschäftiger vor gesundheitlichen Schädigungen sicherzustellen. Die im BetrVG angelegte systematische Differenzierung zwischen der gleichberechtigten Mitbestimmung bei der betrieblichen Umsetzung des arbeitsschutzrechtlichen Mindestschutzes (§ 87 Abs. 1 Nr. 7 BetrVG) und der schwächeren Beteiligung und Mitbestimmung bei Maßnahmen, die über die arbeitsschutzrechtlichen Mindestanforderungen hinausgehen (§§ 88, 91 BetrVG), bleibt also unberührt.[78]

Probleme bei der Anwendbarkeit des Mitbestimmungsrechts des § 87 Abs. 1 Nr. 7 BetrVG auf die Generalklausel des § 3 Abs. 1 ArbSchG entstehen, wenn der Betriebsrat die von ihm begehrten Regelungen nicht auf eine Gefährdungsbeurteilung stützen kann. Angesichts des bekannten **Vollzugsdefizites bei der Umsetzung der Pflicht zur Gefährdungsbeurteilung** ist dies mehr als nur ein theoretischer Fall. Die neuere Rechtsprechung des Bundesarbeitsgerichts zeigt, dass der Betriebsrat in einer solchen Konstellation gehalten ist, sein Mitbestimmungsbegehren besonders sorgfältig zu begründen.[79] Es muss deutlich werden, welche arbeitsschutzrechtlichen Ziele mit der angestrebten Regelung verfolgt werden sollen und er muss eine konkrete, bestehende Gefährdung darlegen (→ Rn. 33).[80] Erst so lässt sich beurteilen, ob das Regelungsverlangen dem Mitbestimmungsrecht des § 87 Abs. 1 Nr. 7 BetrVG zugeordnet werden kann.

Der umfassende Anwendungsbereich von § 3 Abs. 1 ArbSchG hat in Teilen der Literatur und der Rechtsprechung den Versuch geführt die Mitbestimmung auf die Sachverhalte zu begrenzen, in denen eine konkrete Gefahr vorliegt.[81] Dies wurde unter anderem damit begründet, dass bei einem weiten Anwendungsbereich von § 87 Abs. 1 Nr. 7 BetrVG für freiwillige Regelungen nach § 88 BetrVG und dem korrigierenden Mitbestimmungsrecht nach § 91 BetrVG kein Anwendungsbereich mehr verbliebe.[82] Diese Argumentation verkennt, dass die Abgrenzung zwischen § 88 BetrVG und § 87 Abs. 1 Nr. 7 BetrVG sich an dem Umfang der arbeitsschutzrechtlichen Verpflichtungen des Arbeitgeber orientiert. Nach der Struktur des Mitbestimmungsrechtes bezieht es sich auf alle arbeitsschutzrechtlichen Verpflichtungen, die dem Arbeitgeber obliegen und bei deren Ausgestaltung er einen Entscheidungsspielraum hat. Eine Begrenzung der Mitbestimmung auf den Bereich der Gefahrenabwehr käme daher nur in Betracht, wenn die arbeitsschutzrechtlichen Verpflichtungen des Arbeitgebers sich nur auf eine Gefahrenabwehr beschränken. Das ist aber seit Inkraftsetzung des ArbSchG 1996 nicht mehr der Fall.

Das eingrenzende Merkmal der unmittelbaren objektiven Gesundheitsgefahr hatte die Rechtsprechung im Zusammenhang mit der ehemaligen Generalklausel des § 120 a GewO entwickelt, die anhand des Gefahrbegriffs die Voraussetzung für eine ordnungs-

---

[78] Dazu BAG 8.6.2004 – 1 ABR 13/03, NZA 2004, 1175 ff.; BAG 28.3.2017 – 1 ABR 25/15, NZA 2017, 1132 ff. [79] Insoweit anschaulich der Fall BAG 11.12.2012 – 1 ABR 81/11, AP Nr. 19 zu § 87 BetrVG 1972 Gesundheitsschutz, wo es offenkundig an derartig konkretisierendem Sachvortrag des Betriebsrats fehlte. [80] BAG 28.3.2017 – 1 ABR 25/15, NZA 2017, 1132 ff. [81] LAG Nürnberg 9.12.2015 – 4 TaBV 13/14; LAG Berlin-Brandenburg 25.3.2015 – 23 TaBV 1448/14, AuR 2016, 32 ff. mwN; Bauer/Günther/Böglmüller NZA 2016, 1631. [82] LAG Berlin-Brandenburg 25.3.2015 – 23 TaBV 1448/14, AuR 2016, 32 ff. Rn. 46.

behördliche Intervention umschrieb.[83] Diese Bestimmung ist aber durch § 3 ArbSchG ersetzt worden. Die in § 3 ArbSchG normierte Handlungsverpflichtung, erforderliche Maßnahmen des Arbeitsschutzes zu treffen, wird wiederum durch die elementaren Gestaltungsgrundsätze des § 4 ArbSchG konkretisiert (→ ArbSchG § 4 Rn. 1). Die Erfüllung dieser Grundsätze ist unmittelbare arbeitsschutzrechtliche Verpflichtung des Arbeitgebers. In § 4 Nr. 1 ArbSchG wird unmissverständlich die Abwehr von Gefährdungen und nicht von Gefahren verlangt. Die arbeitsschutzrechtliche Verpflichtung des Arbeitgebers setzt damit schon dort ein wo eine Schädigung möglich wäre.

Daher ist der **Gefahrbegriff nicht mehr geeignet**, die arbeitsschutzrechtlich zwingend einzuhaltenden Mindestanforderungen des Arbeitsschutzrechts zu umreißen, an die das Mitbestimmungsrecht des § 87 Abs. 1 Nr. 7 BetrVG systematisch anknüpft.[84] Das ArbSchG hat den arbeitsschutzrechtlichen Mindestschutz in das Vorfeld der ordnungsrechtlichen Gefahr verlagert, indem es Handlungspflichten bereits bei Vorliegen einer Gefährdung, dh bei der bloßen Möglichkeit einer gesundheitlichen Schädigung, normiert.[85] Eine Begrenzung der Mitbestimmung auf konkrete Gefahrenlagen lässt sich nach der Struktur des Mitbestimmungsrechtes schwer begründen.[86] Der erweiterte Anwendungsbereich von § 87 Abs. 1 Nr. 7 BetrVG im Verhältnis zu § 88 BetrVG und § 91 BetrVG ist unmittelbare Folge der erweiterten Handlungsverpflichtungen der Arbeitgeber seit Inkrafttreten des ArbSchG 1996 und der Entscheidung des Gesetzgebers 1972, den Umfang des Mitbestimmungsrechtes aus § 87 Abs. 1 Nr. 7 BetrVG unmittelbar mit dem Umfang der arbeitsschutzrechtlichen Verpflichtungen zu verknüpfen (→ ArbSchG § 3 Rn. 108 ff.).

33 Jedoch setzt insbesondere das initiative Ausüben des Mitbestimmungsrechts voraus, dass der Betriebsrat seine Regelungsziele nicht ins Blaue hinein formuliert, sondern sie an den in § 4 ArbSchG verbindlich vorgegebenen Grundsätzen des Arbeitsschutzes, insbes. der Pflicht zur Vermeidung von Gefährdungen (§ 4 Nr. 1 ArbSchG), festmacht. Strenge Anforderungen an die Begründung des Mitbestimmungsbegehrens nach § 87 Abs. 1 Nr. 7 BetrVG sind zumindest bei fehlender Gefährdungsbeurteilung jedoch nicht anzulegen. Dies folgt daraus, dass die Probleme des Betriebsrats bei der Formulierung des Mitbestimmungsbegehrens unmittelbar auf die Verletzung elementarer Arbeitsschutzpflichten durch den Arbeitgeber zurückzuführen sind. Der Arbeitgeber hat als Normadressat des § 5 ArbSchG verantwortlich dafür einzustehen, dass ordnungsgemäße Gefährdungsbeurteilungen in seinem Betrieb durchgeführt worden sind.

Problematisch ist hier, dass nach der neueren Rechtsprechung[87] das Mitbestimmungsrecht des Betriebsrates im Rahmen von § 87 Abs. 1 Nr. 7 BetrVG an das Vorliegen einer Gefährdungsbeurteilung oder einer konkreten Gefährdung anknüpft. Es bedarf zwar ausdrücklich keiner konkreten Gesundheitsgefahr,[88] aber im Ergebnis schränkt das Bundesarbeitsgericht den initiativen Handlungsspielraum von Betriebsräten, deren Arbeitgeber weder eine Gefährdungsbeurteilung vornehmen noch gebotene Maßnahmen des Arbeitsschutzes durchführen, bedenklich ein. Da die Gefährdungsbeurteilung nicht von der Einigungsstelle vorgenommen werden kann, wird dies in der Praxis bei blockierenden Arbeitgeber dazu führen, dass zunächst in einem Einigungsstellenverfahren über die Gestaltung der Gefährdungsbeurteilung gestritten wird, dann die Gefährdungsbeurteilung durchgeführt wird, um dann in einer weiteren Einigungsstelle die sich aus der Gefährdungsbeurteilung ergebenden Umsetzungserfordernisse zu verhandeln. Dies ist im Hinblick auf das Recht der Arbeitnehmer aus Art. 31 EU-GRC auf gesunde, sichere und würdige Arbeitsbedingungen zumindest dort bedenklich, wo

---

[83] Dazu der ausdrückliche Hinweis in BAG 8.6.2004 – 1 ABR 13/03, NZA 2004, 1175 ff. **84** So auch Schoof AiB 2013, 523 (526). **85** Dazu bereits die Gesetzesbegründung BT-Drs. 13/3540, 16; Kohte JbArbR 2000, 21 ff. (31 ff.); Wlotzke NZA 1996, 1017 (1019). **86** Oberberg RdA 2015, 180; ähnlich: LAG Baden-Württemberg 21.10.2015 – 4 TaBV 2/15, NZA-RR 2016, 141, das im Hinblick auf die Handlungspflicht aus § 3a ArbStättV das Vorliegen einer konkreten Gefahr oder Gefährdungslage als Voraussetzung der Mitbestimmung nach § 87 Abs. 1 Nr. 7 BetrVG verneint; bestätigt durch BAG 18.7.2017 – 1 ABR 59/15. **87** BAG 28.3.2017 – 1 ABR 25/15, NZA 2017, 1132 ff. **88** Soweit das Bundesarbeitsgericht in seiner Entscheidung vom 11.12.2012 – 1 ABR 81/11, Rn. 20, so verstanden wurde, rückt es davon ausdrücklich ab.

Gefährdungen bestehen. Hier sollte es bei fehlender Gefährdungsbeurteilung, deren Durchführung ja immerhin eine Rechtspflicht des Arbeitgeber darstellt, für eine Regelungskompetenz der Einigungsstelle ausreichen, wenn der Betriebsrat konkrete Indizien darlegen kann, aus denen sich arbeitsschutzrechtlich relevante Gefährdungen ergeben. Solche Indizien kann er durch Begehungen des Arbeitsschutzausschusses feststellen oder wenn offenkundig arbeitswissenschaftliche Erkenntnisse wie DIN-Normen oder die ASR nicht eingehalten werden. [89]

Das Mitbestimmungsrecht besteht, wenn beim Treffen der erforderlichen Maßnahmen iSv § 3 Abs. 1 ArbSchG ein **Handlungsspielraum** verbleibt. Die zur Ausfüllung dieses Handlungsspielraums gebotenen Regelungen müssen von den Betriebsparteien gemeinsam im Konsens getroffen werden und dürfen nicht an andere Akteure oder Arbeitsgruppen „wegdelegiert" werden.[90] Ein solcher Handlungsspielraum kann in mehrfacher Weise auch noch bestehen, nachdem durch die Gefährdungsbeurteilung – mitbestimmt – die erforderlichen **Maßnahmen des Arbeitsschutzes** – seien sie **technischer, organisatorischer oder auch verhaltenssteuernder Art** – ermittelt worden sind. So kann zB eine Maßnahme einen Vorlauf benötigen und nicht unmittelbar umsetzbar sein. Regelungsbedürftig sind in diesem Falle zB Überbrückungsmaßnahmen und die Festlegung eines Termins für die Umsetzung. Vielfach wird es nach dem Ergebnis der Gefährdungsbeurteilung darum gehen, ein „Paket" von Maßnahmen zu treffen und umzusetzen. Handlungsspielraum besteht insoweit bei der Frage der Festlegung der Abfolge der Maßnahmen in Gestalt einer Prioritätensetzung. Das Mitbestimmungsrecht greift insoweit also bei den Abwägungen und daraus folgenden **Prioritätensetzungen bei der Planung** der betrieblichen Aktivitäten. Solche betrieblichen Planungen, die in § 3 Abs. 2 ArbSchG vorausgesetzt werden, gehören zu den gesetzlich geregelten und betrieblich konkretisierungsbedürftigen Grundpflichten des Arbeitgebers (→ ArbSchG § 3 Rn. 15). Vielfältige Anknüpfungspunkte für nach § 87 Abs. 1 Nr. 7 BetrVG mitbestimmte **Regelungen** bieten zudem die in § 3 Abs. 1 S. 2, 3 ArbSchG angeordneten **Wirksamkeitskontrollen** und die **Pflicht zur Optimierung** des Schutzes. Regelbar sind insoweit etwa die Häufigkeit und das Vorgehen bei den regelmäßigen Wirksamkeitsüberprüfungen, die Regelung von Anlässen, bei denen auch die Situation hinaus die festgelegten Maßnahmen auf den Prüfstand gestellt werden (zB Unfallereignisse, → ArbSchG § 3 Rn. 23 ff.) oder die Vereinbarung einer „betrieblichen Arbeitsschutzpolitik", durch die die nach § 3 Abs. 1 S. 3 ArbSchG geforderte kontinuierliche Verbesserung der Maßnahmen klarer konturiert wird, zB indem Aspekte von Sicherheit und Gesundheit mittel- und langfristig bei der Investitionsplanung berücksichtigt werden.

2. §§ 3 Abs. 2, 13 Abs. 2 ArbSchG: Allgemeine und besondere Organisationspflichten. Auch § 3 Abs. 2 ArbSchG, in dem **Grundpflichten zur Organisation** normiert sind, ist eine ausgestaltungsbedürftige Rahmenvorschrift, die das Mitbestimmungsrecht nach § 87 Abs. 1 Nr. 7 BetrVG eröffnet. § 3 Abs. 2 ArbSchG verlangt insoweit insbes., dass die im Zusammenhang mit der Planung und Durchführung der Maßnahmen des Arbeitsschutzes anfallenden Aufgaben unter den Voraussetzungen der **betrieblichen Arbeitsteilung** den (betrieblichen) Akteuren zugeordnet werden sowie ihre Rollen (zB Rechte bzw. Pflichten gegenüber anderen Akteuren) und die Kommunikation über Fragen der Sicherheit und Gesundheit geregelt werden.[91] Darüber hinaus verlangt die Grundpflicht zur Organisation nach § 3 Abs. 2 ArbSchG, dass **spezielle Organisationspflichten**, wie sie insbes. aus dem ASiG (→ Rn. 73 ff.) und § 22 SGB VII (→ Rn. 76) folgen, in die übergreifende Organisation der Planung und Durchführung der Maßnahmen des Arbeitsschutzes **integriert** werden (zB fachliche Beratung des Arbeitgebers und der verantwortlichen Personen durch Betriebsarzt und Fachkraft für Arbeitssicherheit gemäß ASiG). § 87 Abs. 1 Nr. 7 BetrVG verlangt, dass gerade diese Fragen, die für den Wirkungsgrad des Arbeits- und Gesundheitsschutzes von zentraler Bedeutung sind, gemeinsam von den Betriebsparteien geregelt werden.

---

[89] LAG Niedersachsen 11.1.2017 – 13 TaBV 109/15. [90] BAG 8.6.2004 – 1 ABR 4/03, NZA 2005, 227 ff.; ArbG Bremen 17.4.2013 – 7 BV 711/12. [91] HaKo-BetrVG/Kohte BetrVG § 87 Rn. 80.

36 Zur Realisierung des Schutzziels der **geeigneten Organisation** iSv § 3 Abs. 2 Nr. 1 ArbSchG geht es darum, die **Verantwortlichkeiten und Zuständigkeiten** für die Erfüllung der arbeitsschutzrechtlichen Pflichten, wie sie sich insbes. aus dem ArbSchG und den Rechtsverordnungen zum ArbSchG (zB ArbStättV, BetrSichV, GefStoffV) ergeben, zu regeln. Im Wege der Mitbestimmung sind vor diesem Hintergrund zB Regelungen zu treffen, wer bzw. welche Personengruppe für die Umsetzung welcher Maßnahmen zuständig ist, wer bzw. welche Personengruppe mit der Umsetzungs- und Wirksamkeitskontrolle betraut sein soll oder wer für die Unterweisung welcher Beschäftigtengruppen zuständig ist.[92] Diese für einen effektiven Arbeitsschutz zentralen Weichenstellungen unterliegen der Mitbestimmung des Betriebsrats. Gleiches gilt für Festlegungen zur näheren Ausgestaltung solcher organisatorischen Regelungen. So können Aufgaben im organisatorischen Kontext des Betriebes nur übernommen werden, wenn die betreffenden Verantwortlichen über entsprechende Befugnisse (Weisungsrechte) sowie über die notwendigen Ressourcen (insbes. Zeit, Sachausstattung, Qualifikation) verfügen. Das Mitbestimmungsrecht nach § 87 Abs. 1 Nr. 7 BetrVG erfordert insoweit gemeinsame Regelungen der Betriebsparteien, die die spezifischen Bedingungen des jeweiligen Betriebes berücksichtigen und eine klare Aufgabenverteilung vornehmen können, um unproduktive Zuständigkeitskonflikte vermeiden zu können. Für die Betriebsparteien und die Einigungsstelle enthält vor allem die **GDA-Leitlinie**[93] zur **Organisation des betrieblichen Arbeitsschutzes** vom 15.12.2011 (→ ArbSchG §§ 20 a, 20 b Rn. 9) wichtige Anregungen.

37 Zu den Regelungen zur geeigneten Organisation gemäß § 3 Abs. 2 ArbSchG gehört auch die Entscheidung über die Frage, ob und inwieweit **Arbeitsschutzaufgaben** verantwortlich von **externen Personen** bzw. **Stellen wahrgenommen** werden sollen. Eine solche Fremdvergabe ist etwa in Betracht zu ziehen, um betriebsinterne Akteure zu entlasten oder um die fachkundige Erledigung von Arbeitsschutzpflichten sicherzustellen, zB wenn es im Rahmen der Gefährdungsbeurteilung an der Ausrüstung für die fachkundige Messung von Lärm oder Gefahrstoffen fehlt. Die Grundpflichten zur Integration der Arbeitsschutzmaßnahmen in die betrieblichen Führungsstrukturen sowie in alle betrieblichen Tätigkeiten gemäß § 3 Abs. 2 Nr. 2 ArbSchG (→ Rn. 38) sprechen dafür, dass eine **völlige oder auch nur weitgehende Externalisierung der Verantwortung** für den Arbeits- und Gesundheitsschutz **nicht mit dem Leitbild des ArbSchG vereinbar** sein dürfte. Der Europäische Gerichtshof hat vor diesem Hintergrund zutreffend entschieden, dass die Hinzuziehung externer Fachleute in der Regel erst in Betracht zu ziehen ist, wenn eine fachgerechte Erfüllung der Arbeitsschutzpflichten mit internen Kräften nicht sichergestellt ist (→ ASiG § 1 Rn. 12).[94] Der Regelungsrahmen des § 3 Abs. 2 Nr. 1 ArbSchG wird daher überschritten, wenn auf Grundlage von § 87 Abs. 1 Nr. 7 BetrVG undifferenziert sämtliche Arbeitsschutzpflichten fremd vergeben werden sollen. In der Praxis hat ein Beschluss des Bundesarbeitsgerichts vom 18.8.2009 für erhebliche Verunsicherung gesorgt, in dem der Senat ein Mitbestimmungsrecht des Betriebsrates nach § 87 Abs. 1 Nr. 7 BetrVG bei der Beauftragung eines von der Arbeitgeberin ausgewählten externen Fachdienstes mit der Gefährdungsbeurteilung nach § 13 Abs. 2 ArbSchG abgelehnt hat.[95] Bei näherer Betrachtung ist von dieser Entscheidung die Mitbestimmung bei der strukturellen Entscheidung nach § 3 Abs. 2 Nr. 1 ArbSchG, einen externen Dienst zu beauftragen, jedoch nicht berührt,[96] denn in dem vom Bundesarbeitsgericht entschiedenen Fall war die Strukturentscheidung zuvor bereits mitbestimmt getroffen worden, so dass es in dem Verfahren nur noch um den Vollzug dieser organisatorischen Regelung ging. Sie erfolgt rechtstechnisch durch die Beauftragung einer externen Person nach Maßgabe von § 13 Abs. 2 ArbSchG. Diese Umsetzungsent-

---

[92] Vgl. auch LAG Hamburg 11.9.2012 – 1 TaBV 5/12, AuA 2013, 371; bestätigt durch BAG 18.3.2014 – 1 ABR 73/12, NZA 2014, 855 ff. [93] www.gda-portal.de. [94] EuGH 22.5.2003 – C-441/01, Slg 2003, 5463 ff. (Kommission ./. Niederlande); EuGH 6.4.2006 – C-428/04, ZESAR 2007, 30 mAnm Kohte/Faber (Kommission ./. Österreich). [95] BAG 18.8.2009 – 1 ABR 43/08, NZA 2009, 1434; unzulässig verkürzt bei Gutjahr/Hampe DB 2012,1208 (1210) und ErfK/Kania BetrVG § 87 Rn. 66. [96] LAG Kiel 8.2.2012 – 6 TaBV 47/11; LAG Köln 28.6.2012 – 4 TaBV 17/12.

scheidung ist keine Regelung iSv § 87 Abs. 1 Nr. 7 BetrVG, sondern eine Einzelmaßnahme, die vom Mitbestimmungsrecht tatbestandlich nicht umfasst ist (→ ArbSchG § 13 Rn. 37 f.).[97] Soll nach § 87 Abs. 1 Nr. 7 BetrVG im Rahmen von § 3 Abs. 2 Nr. 1 ArbSchG die Möglichkeit der Einschaltung externer Personen und Dienste vereinbart werden, erstreckt sich das Mitbestimmungsrecht, wie das Bundesarbeitsgericht zutreffend festgestellt hat, auch auf die Modalitäten der Fremdvergabe. So kann und sollte vor dem Hintergrund der genannten Rechtsprechung des Europäischen Gerichtshofs präzise geregelt werden, **welche Arbeitsschutzpflichten** zur verantwortlichen Wahrnehmung vergeben werden sollen. Weitere Regelungen können sich insbes. auf die **Fachkunde und die sächliche Ausstattung** der betreffenden externen Person beziehen. Bezogen auf das Beispiel der Fremdvergabe der Gefährdungsbeurteilung gehört zur Fachkunde vor allem die hinreichende Qualifikation, die Gefährdungsbeurteilung mit den von den Betriebsparteien geregelten Instrumenten und Bewertungsmaßstäben sowie nach den aufgrund von § 87 Abs. 1 Nr. 7 BetrVG vereinbarten Verfahrensregeln durchzuführen. Da es regelmäßig um die Durchführung der Gefährdungsbeurteilung geht, werden die Mitbestimmungsrechte im Zusammenhang mit der Konzipierung der Gefährdungsbeurteilung (Instrumente, Vorgehensweise, Zeitplanung) insofern von der Fremdvergabe nicht berührt, worauf der Senat in der genannten Entscheidung zutreffend hingewiesen hat.

§ 3 Abs. 2 Nr. 2 ArbSchG regelt die Verpflichtung, Aspekte des Arbeits- und Gesundheitsschutzes erforderlichenfalls in die sonstigen betrieblichen Strukturen zu integrieren. Das Mitbestimmungsrecht nach § 87 Abs. 1 Nr. 7 BetrVG bietet den Rahmen, um den **Arbeits- und Gesundheitsschutz als Führungsaufgabe des Leitungspersonals auszugestalten.** Die im Gesetz geregelte Integration in die betrieblichen Führungsstrukturen trägt dem Umstand Rechnung, dass Führungskräfte in der betrieblichen Organisation mit Weisungsmacht für den ihnen unterstellten Bereich ausgestattet sind, woraus seit langem zutreffend gefolgert wird, dass der Arbeitsschutz untrennbarer Bestandteil der Führungsaufgabe ist.[98] Im Wege der Mitbestimmung kann dieser Aspekt der Führungsaufgabe deutlicher umrissen und näher ausgestaltet werden.[99] Dabei kann es durchaus sein, dass Aufgaben zurückgenommen werden, um Zeit und Platz für andere Aktivitäten im Arbeitsschutz zu schaffen. So kann etwa näher geregelt, werden, dass die korrekte Umsetzung von Maßnahmen anhand der Dokumentation nach § 6 ArbSchG oder die Unterweisung von den jeweils zuständigen Führungskräften erfolgt, während die Durchführung der Gefährdungsermittlung und -beurteilung sowie die Entwicklung von Maßnahmen als Aufgabe durch andere Akteure, wie zB eine betriebliche Projektgruppe, durchgeführt wird. Letzteres erfordert oftmals spezifischen sicherheitstechnischen oder arbeitswissenschaftlichen Sachverstand, über den nicht notwendigerweise jede Führungskraft verfügen muss. § 3 Abs. 2 Nr. 2 ArbSchG verlangt neben der Integration in die betrieblichen Führungsstrukturen auch die **Integration in alle Tätigkeiten**. Der Betriebsrat hat insoweit mitzubestimmen, ob und ggf. in welcher Weise Arbeitsschutzaspekte in die Arbeit von Funktionseinheiten einzugehen haben, die nicht unmittelbar von bestimmten Gefährdungen betroffen sind. Ein für die Prävention wichtiges Beispiel hierfür ist die – mitbestimmte – Einbeziehung des Arbeitsschutzes durch Beschaffungsrichtlinien oder „Lastenhefte" von betrieblichen Projekten. Eine Berücksichtigung des Arbeits- und Gesundheitsschutzes in diesen Funktionsbereichen des Betriebes bietet die beste Chance, den arbeitsschutzrechtlichen Grundsatz der Vermeidung von Gefährdungen nach § 4 Nr. 1 ArbSchG zu realisieren.

Mitbestimmt zu konkretisieren ist die aus § 3 Abs. 2 Nr. 2 ArbSchG folgende Pflicht des Arbeitgebers, Vorkehrungen zu treffen, damit die Beschäftigten ihren **Mitwirkungspflichten** nachkommen können. Die **Organisations**pflicht formt ein zentrales Anliegen der RL 89/391/EWG näher aus, das darin besteht, die Beteiligung der Beschäftigten am betrieblichen Arbeitsschutz zu fördern. Es sind mit dieser Zielsetzung insbes. Regelungen zu treffen, die gewährleisten, dass die Beschäftigten hinreichend unterrichtet wer-

---
[97] BAG 18.8.2009 – 1 ABR 43/08, NZA 2009, 1434 ff. [98] Faber, Grundpflichten, S. 307.
[99] Kohte, jurisPR-ArbR 13/2010 Anm. 5 zu LAG Rostock 11.11.2008 – 5 TaBV 16/08.

den und angemessene Anweisungen erhalten, für Sicherheit und Gesundheit Sorge zu tragen (→ ArbSchG §§ 15–17 Rn. 3). Neben Hinweisen und Verhaltensanweisungen im Rahmen von Unterweisungen können insoweit entsprechend gestaltete Betriebsanweisungen in schriftlicher Form oder aber auch Regelungen, Fragen von Sicherheit und Gesundheit zB im Rahmen von regelmäßigen Teambesprechungen anzusprechen, in Betracht kommen. Zu den vom Arbeitgeber zu schaffenden organisatorischen Voraussetzungen für die Mitarbeiterbeteiligung zählt es zudem zu regeln, welche betrieblichen Stellen für die Entgegennahme von Mängelmeldungen zuständig sind (§ 16 Abs. 1 ArbSchG), wie mit entsprechenden Mängelmeldungen verfahren wird und wie die Beschäftigten eine Rückmeldung erhalten.

40 Bei der Übertragung von Aufgaben des Arbeitsschutzes auf Dritte ist zu unterscheiden, ob es sich um eine Organisationsmaßnahme oder eine Einzelmaßnahme handelt. Werden lediglich einzelne Aufgaben nach § 13 Abs. 2 ArbSchG übertragen liegt nach der Rechtsprechung des Bundesarbeitsgerichts[100] eine nicht unter § 87 Abs. 1 Nr. 7 BetrVG fallende Einzelmaßnahme vor. Davon abzugrenzen ist der Fall, wenn der Arbeitgeber mit der Übertragung von Aufgaben auf eine Gruppe von Arbeitnehmern die Grundlagen der Aufbau- und Ablauforganisation zum Arbeitsschutz schafft. In diesem Fall ist die Übertragung Teil seiner Ausgestaltung seiner Organisationspflicht aus § 3 Abs. 2 ArbSchG und unterliegt der Mitbestimmung.

41 **3. § 5 ArbSchG – Gefährdungsbeurteilung.** Es ist seit dem Jahre 2004 höchstrichterlich anerkannt, dass der Betriebsrat bei Ausgestaltung der durch § 5 ArbSchG normierten Pflicht zur Gefährdungsbeurteilung gemäß § 87 Abs. 1 Nr. 7 BetrVG mitzubestimmen hat.[101] Durch das Mitbestimmungsrecht soll insbes. eine realistische Beurteilung der arbeitsbedingten Gefährdungen erreicht werden.[102] Gemeinsam von den Betriebsparteien zu regeln sind danach, ausgehend von den konkret zu bezeichnenden und festzulegenden Arbeitsplätzen, die **Instrumente und Methoden der Gefährdungsbeurteilung** (zB Beobachtung, Befragung, Messungen),[103] **Schwerpunktsetzungen**, etwa im Hinblick auf bestimmte Gefährdungsarten oder Arbeitsbereiche, die Vereinbarung von **Beurteilungskriterien** (zB welche Technischen Regelwerke, welche arbeitswissenschaftlichen Erkenntnisse) oder organisatorische Aspekte, wie die **Festlegung von Zuständigkeiten** für die Gefährdungsbeurteilung und die **Regelung einer Zeitplanung** (zum Ganzen auch → ArbSchG § 5 Rn. 86). Das Mitbestimmungsrecht des Betriebsrates fängt nicht erst dann an wenn der Arbeitgeber eine Gefährdungsbeurteilung durchführt. Daher unterliegt auch eine Mitarbeiterbefragung der Mitbestimmung, wenn sie sich, zumindest in Teilen, auf die Bestandsaufnahme von Gefährdungen bezieht. Ausreichend ist hierbei der mittelbare Bezug zum Gesundheitsschutz. Unerheblich für das Mitbestimmungsrecht ist, wenn der Arbeitgeber einen Dritten mit der Durchführung der Befragung beauftragt.[104]

Neben § 5 ArbSchG gibt es mittlerweile in den meisten Verordnungen zum ArbSchG spezielle Regelungen zur Gefährdungsbeurteilung wie zB § 3 ArbStättV. Auch diese speziellen Vorschriften sind so offen gehalten, dass es zu ihrer Umsetzung konkretisierender betrieblicher Regelungen bedarf, an denen der Betriebsrat nach Maßgabe von § 87 Abs. 1 Nr. 7 BetrVG mitzubestimmen hat (→ Rn. 53 ff.). Gänzlich verdrängt wird § 5 ArbSchG durch diese Spezialbestimmungen in den Verordnungen nicht, da zB aus § 3 Abs. 1 S. 2 BetrSichV in jedem Falle die Verpflichtung folgt, das Zusammenwirken und die Wechselwirkungen der festgestellten Gefährdungen zu beurteilen (→ ArbSchG § 5 Rn. 12).

42 **4. § 6 ArbSchG – Dokumentation.** § 6 ArbSchG begründet eine gesetzliche Dokumentationspflicht, bei deren betrieblicher Ausgestaltung der Betriebsrat nach § 87 Abs. 1

---

100 BAG 18.3.2014 – 1 ABR 73/12, NZA 2014, 855 mAnm Kohte, jurisPR-ArbR 37/2014 Anm. 1. **101** BAG 8.6.2004 – 1 ABR 13/03, NZA 2004, 1175; BAG 8.6.2004 – 1 ABR 4/03, NZA 2005, 227 ff.; zuletzt ArbG Bremen 17.4.2013 – 7 BV 711/12. **102** BAG 8.6.2004 – 1 ABR 4/03, NZA 2005, 227 ff. **103** So auch Gutjahr/Hampe DB 2012, 1208 (1210). **104** LAG Hamburg 20.1.2015 – 2 TaBVGa 1/15.

Nr. 7 BetrVG mitzubestimmen hat.[105] Regelungsbedürftig ist etwa die Auswahlentscheidung, ob die Dokumentation klassisch durch **Papier oder digital** geführt werden soll, und wer unter welchen Voraussetzungen auf die Dokumentation **Zugriff** haben soll. Nicht abschließend im Gesetz geregelt ist zudem die **inhaltliche Ausgestaltung der Dokumentation**. So ist etwa zu klären, ob und ggf. welche Angaben in der Dokumentation zusammengefasst werden sollen und ob und ggf. nach welchen Kriterien die Anzeigen von Arbeitsunfällen und Berufskrankheiten erfasst und geordnet werden sollen. Sofern in die Dokumentation **personenbezogene Daten** eingehen (zB Unfallmeldungen, Berufskrankheitenanzeigen, Beschwerden), kommen neben § 87 Abs. 1 Nr. 7 BetrVG auch Festlegungen im Hinblick auf den Persönlichkeits- und Datenschutz in Betracht. Im Falle einer digitalen Dokumentation ergeben sich insoweit Mitbestimmungsrechte aus § 87 Abs. 1 Nr. 6 BetrVG, im Übrigen aus § 87 Abs. 1 Nr. 1 BetrVG.

5. § 12 ArbSchG – Unterweisung. Das Bundesarbeitsgericht hat mehrfach entschieden, dass der Betriebsrat ein **Mitbestimmungsrecht bei der betrieblichen Konkretisierung der Pflicht zur Unterweisung** nach § 12 ArbSchG hat.[106] Hierbei ist es unerheblich, ob der Arbeitgeber einen Dritten mit der Durchführung beauftragt, da der Arbeitgeber bei der Beauftragung Dritter verpflichtet ist, die Mitbestimmung sicherzustellen.[107] Das Mitbestimmungsrecht bezieht sich auf den Umfang, die Art und die konkreten Inhalte und Zeiträume der Unterweisung. Es soll sicherstellen, dass die Unterweisung passgenau auf die betrieblichen Bedingungen und die betroffenen Beschäftigten abgestimmt wird.[108] Typische Gegenstände mitbestimmter Regelungen zu § 12 ArbSchG[109] sind danach zB Regelungen zu den Methoden der Unterweisung in Abstimmung mit den jeweiligen „Zielgruppen", Regelungen über die Unterweisungen nicht muttersprachlicher Beschäftigter, das Vorgehen bei Unterweisung von Leiharbeitnehmerinnen und Leiharbeitnehmern, die Nutzung jugendspezifischer Methoden nach § 29 JArbSchG (→ Jugendarbeitsschutz Rn. 27 ff.), die Festlegung inhaltlicher Schwerpunkte in einer „Unterweisungsplanung" oder die Regelung der Intervalle für Wiederholungsunterweisungen (→ ArbSchG § 12 Rn. 12). Wichtige Anregungen zu möglichen Inhalten einer Betriebsvereinbarung enthalten die Informationen der Berufsgenossenschaften und Unfallkassen (→ ArbSchG § 12 Rn. 19).

Das **Bundesarbeitsgericht** hat in seiner neueren Rechtsprechung betont, dass Unterweisungen inhaltlich einen strikten Bezug zu den Gefährdungen des konkreten Arbeitsplatzes haben müssen. Es hat vor diesem Hintergrund den Standpunkt vertreten, dass mitbestimmte **Regelungen zur Unterweisung** iSv § 12 ArbSchG erst dann in Betracht kommen, **wenn die Gefährdungsbeurteilung** des jeweiligen Arbeitsplatzes erstellt ist.[110] Da die Gefährdungsbeurteilung nach Auffassung des Gerichts quasi sachlogische Voraussetzung der Unterweisung ist, kann daher das Thema „Unterweisung" nach Auffassung des Bundesarbeitsgerichts nicht isoliert in einer Einigungsstelle einer Lösung zugeführt werden.[111] Für die **betriebliche Praxis** führt dieser rechtssystematisch durchaus folgerichtige Standpunkt der Rechtsprechung zu **Schwierigkeiten**, wenn **noch keine, keine vollständige oder keine aktuelle Gefährdungsbeurteilung** vorhanden ist. So wäre es mit den in § 1 ArbSchG formulierten Zielen des ArbSchG nicht in Einklang zu bringen, wenn Beschäftigte arbeiten müssten, ohne dass ihnen nicht wenigstens das bereits vorhandene Wissen über Gefährdungen und die zu beachtenden Schutzanforderungen vermittelt wird. In der Literatur wird vor diesem Hintergrund zutreffend gefordert, dass in einer „Grundunterweisung" jedenfalls zunächst das vorhandene (Basis)wissen

---

105 LAG Hamburg 21.9.2000 – 7 TaBV 3/98, NZA-RR 2001, 190 ff.; NK-GA/Otto ArbSchG § 6 Rn. 9; DKKW/Klebe BetrVG § 87 Rn. 231; Fabricius BB 1997, 1254 (1257); Pieper ArbSchG § 6 Rn. 3 a; Thewes BB 2013, 1141 (1144); aA LR/Wiebauer ArbSchG § 6 Rn. 22; Wank ArbSchG § 6 Rn. 12; GK-BetrVG/Wiese BetrVG § 87 Rn. 610. **106** BAG 8.6.2004 – 1 ABR 13/03, NZA 2004, 1175 ff.; BAG 11.2.2011 – 1 ABR 104/09, NZA 2011, 651 ff. **107** BAG 30.9.2014 – 1 ABR 106/12, NZA 2015, 314 ff. **108** BAG 8.6.2004 – 1 ABR 13/03, NZA 2004, 1175 ff. **109** Kohte in: Giesert, S. 30, 36; Lützeler BB 2012, 2756 (2757). **110** BAG 11.2.2011 – 1 ABR 104/09, NZA 2011, 651 ff. **111** BAG 11.2.2011 – 1 ABR 104/09, NZA 2011, 651; BAG 8.11.2011 – 1 ABR 42/10, DB 2012, 1213; Lützeler BB 2012, 2756 (2758).

vermittelt wird (→ ArbSchG § 12 Rn. 5).[112] Gleichzeitig ist die Gefährdungsbeurteilung unverzüglich durchzuführen und auf dieser Basis zügig die Unterweisung nach § 12 ArbSchG nachzuholen. Der Arbeitgeber wird dabei zu beachten haben, dass in verschiedenen Bereichen kraft ausdrücklicher gesetzlicher Regelung (vgl. § 7 Abs. 1 GefStoffV; § 3 Abs. 3 OStrV) die Gefährdungsbeurteilung vor Aufnahme der Tätigkeiten durchzuführen ist, so dass jedenfalls insoweit die Beschäftigung ohne vorherige Gefährdungsbeurteilung rechtswidrig ist.

45 Rechtsgrundlage für eine Information in Gestalt einer **Grundunterweisung** im vorstehend skizzierten Sinne sind § 81 Abs. 1, 2 BetrVG bzw. § 14 Abs. 1 ArbSchG für die Dienststellen des öffentlichen Dienstes. Die **arbeitsschutzrechtliche Handlungspflicht** zur Schaffung entsprechender Regelungen über Inhalte, Umfang und Methoden der Grundunterweisung folgt dabei aus der **Grundpflicht zur Organisation** des § 3 Abs. 2 ArbSchG. Es geht um (provisorische) organisatorische Vorkehrungen, die sicheres und gesundes Arbeiten so weit als möglich gewährleisten sollen. Solange keine konkret arbeitsplatzbezogene Unterweisung iSv § 12 ArbSchG möglich ist, ist es geboten, besondere Anforderungen an die Intensität der Grundunterweisung und an die Erfolgskontrolle zu stellen. Nur eine gründliche Information, die insbes. die bisherigen betrieblichen Erfahrungen aufgreift, gewährleistet ein Mindestmaß an Handlungssicherheit der Beschäftigten.

46 **6. § 8 ArbSchG – Leiharbeitnehmer und Fremdfirmen.** Mit § 8 trägt das ArbSchG aktuellen Entwicklungen der Arbeitsorganisation Rechnung, in der die Zusammenarbeit mehrerer Arbeitgeber und die Beschäftigung von **Fremdfirmenpersonal** einen festen Platz haben. Insbes. die Zunahme von Leiharbeit und Werkverträgen sind Phänomene, die auch für Sicherheit und Gesundheit relevant sind. Sie müssen daher bei der Ausgestaltung des betrieblichen Arbeitsschutzes berücksichtigt werden. Nach § 8 Abs. 1 ArbSchG und § 6 DGUV Vorschrift 1 „Grundsätze der Prävention" besteht für den Fall, dass Arbeitnehmer mehrerer Arbeitgeber an einem Arbeitsplatz beschäftigt werden, eine Verpflichtung zur Zusammenarbeit und, soweit erforderlich, zur gegenseitigen Unterrichtungen und Abstimmung von Arbeitsschutzmaßnahmen, wozu auch die Bestellung eines Koordinators (§ 6 DGUV Vorschrift 1) gehören kann. Der Inhalt dieser arbeitsschutzrechtlichen Verpflichtung richtet sich nach den konkreten Umständen.[113] Es handelt sich somit also um Rahmenverpflichtungen, deren Ausgestaltung nach § 87 Abs. 1 Nr. 7 BetrVG mitbestimmungspflichtig ist (zB Form und Rahmen der wechselseitigen Information der Arbeitgeber, Vorgehensweise und Instrumente der Gefährdungsbeurteilung beim Einsatz von Fremdfirmenpersonal, Abstimmung gemeinsamer Schutzmaßnahmen oder der organisatorische Rahmen der Zusammenarbeit, zB Koordinator, regelmäßige Besprechungen). § 8 Abs. 2 ArbSchG betrifft die Verpflichtung des Arbeitgebers bei der betrieblichen Tätigkeit von Personen, die als „Betriebsfremde" in keinem Beschäftigungsverhältnis zum Arbeitgeber stehen. Hier wird man unterscheiden müssen zwischen Beschäftigten, gegenüber denen der Arbeitgeber trotz eines fehlenden Arbeitsvertrages das Direktionsrecht ausübt (insbes. Leiharbeit), und Beschäftigten, die im Rahmen eines Dienst- oder Werkvertrages tätig werden, bei dem sich der Auftraggeber das Weisungsrecht vorbehält und es auch tatsächlich ausübt.

47 Übt der Arbeitgeber das Direktionsrecht aus, werden die Beschäftigten, trotz fehlenden Arbeitsvertrages, in die Arbeitsorganisation eingegliedert. Klassisches Beispiel ist insoweit die **Leiharbeit**. Hier ergibt sich schon aus den Vorschriften der RL 91/383/EWG, dass besondere Regelungen notwendig sind, mit denen der nationale Gesetzgeber das durch prekäre Arbeitsbedingungen geprägte und damit in der Regel besondere Gefährdungsrisiko von Leiharbeitnehmern berücksichtigen muss. Dem wurde mit § 11 Abs. 6 AÜG Rechnung getragen. Dem Entleiher obliegen gegenüber den bei ihnen Beschäftigten die gleichen arbeitsschutzrechtlichen Verpflichtungen wie gegenüber den eigenen Arbeitnehmern. So obliegt das Mitbestimmungsrecht über die Anforderungen an Schutzkleidung, die der Entleiher aufgrund öffentlich-rechtlicher Vorschriften bereit-

---

[112] Kohte, jurisPR-ArbR 48/2011 Anm. 4. [113] Kollmer/Klindt/Schack/Schack ArbSchG § 8 Rn. 15.

stellen muss, dem dortigen Betriebsrat.[114] Diese Verpflichtung besteht unabhängig von der weiterbestehenden Verpflichtung des Verleihers aus dem Arbeitsvertrag. Spiegelbildlich hierzu bestehen die Mitbestimmungsrechte des Betriebsrates des Verleihers.[115] **Auch außerhalb** des Anwendungsbereichs der **AÜG** gibt es Gestaltungsformen, in denen ein **Arbeitgeber** das **arbeitsvertragliche Weisungsrecht gegenüber fremden Arbeitnehmern** ausübt. Auch wenn dieser Bereich durch die Neufassung des Geltungsbereiches des AÜG kleiner geworden sein dürfte, hat dies doch eine praktische Relevanz. Hinzuweisen ist insoweit auf Tarifverträge,[116] durch die Instrumente wie Zuweisung und **Personalgestellung** tarifrechtlich legitimiert werden. Die Übernahme der arbeitsschutzrechtlichen Arbeitgeberpflichten durch den fremden Arbeitgeber rechtfertigt sich aus der Ausübung des Weisungsrechts, das letztlich die Eingliederung in den fremden Betrieb bewirkt. Das Weisungsrecht ermöglicht es, die Arbeitsbedingungen zu gestalten und über den Beschäftigten in der Arbeitsumwelt quasi zu disponieren. Spätestens mit der Eingliederung dieser Beschäftigten setzen die „normalen" Mitbestimmungsrechte des Betriebsrats auch für den Fremdbeschäftigten ein. So ist die Schutzbedürftigkeit der Beschäftigten im Rahmen der Personalgestellung nicht geringer als bei einem neuen Leiharbeitnehmer, so dass zB im Rahmen der Personalgestellung besondere Regelungen zur Unterweisung angezeigt sind, die etwa die fehlende Erfahrung im konkreten betrieblichen Kontext mitberücksichtigen.[117]

Soweit Beschäftigte im Betrieb unter Weisung und Organisation Dritter arbeiten (**Werkvertragsarbeitnehmer, freie Dienstverträge**), können Sicherheit und Gesundheit nicht mehr allein mit dem Mittel des Direktionsrechts des Arbeitgebers des Einsatzbetriebes gewährleistet werden. Sicherheit und Gesundheit müssen bei diesen Formen der Zusammenarbeit durch die Koordination der Tätigkeiten und die Abstimmung der Schutzmaßnahmen durch die beteiligten Arbeitgeber gewährleistet werden. Das Gesetz ergänzt für diese Fälle die allgemeine Zusammenarbeitspflicht des § 8 Abs. 1 S. 1 ArbSchG durch Pflichten zur wechselseitigen Information und zur Abstimmung der Maßnahmen zum Schutz vor den aus der Zusammenarbeit folgenden Gefahren (§ 8 Abs. 1 S. 2 ArbSchG). Die konkrete **Regelung dieser Zusammenarbeits- und Abstimmungspflicht** unterliegt der Mitbestimmung nach § 87 Abs. 1 Nr. 7 BetrVG. Regelungen sind zB in Betracht zu ziehen über Form und Rahmen der wechselseitigen Information der Arbeitgeber, die Vorgehensweise und Instrumente der Gefährdungsbeurteilung an der „Schnittstelle" zwischen Stamm- und Fremdfirmenpersonal, die Abstimmung gemeinsamer Schutzmaßnahmen oder die Ausgestaltung des organisatorischen Rahmens der Zusammenarbeit (zB Koordinator, Besprechungen, weitere Beispiele bei → ArbSchG § 8 Rn. 32). Im Übrigen ist der Arbeitgeber nach § 8 Abs. 2 ArbSchG verpflichtet, sich durch geeignete Maßnahmen zu vergewissern, dass die Fremdbeschäftigten angemessene Anweisungen erhalten haben. Auch insoweit unterliegt die Konkretisierung dieser Pflicht der Mitbestimmung nach § 87 Abs. 1 Nr. 7 BetrVG. Die **DGUV Information 215-830** „Einsatz von Fremdfirmen im Rahmen von Werkverträgen" liefern für diese Aufgabe gesicherte arbeitswissenschaftliche Erkenntnisse. Das Mitbestimmungsrecht ist dabei nicht generell dadurch ausgeschlossen, dass diese Regelungen (auch) dem Schutz betriebsfremder Mitarbeiter dienen. Denn gerade die Vergewisserungspflicht des § 8 Abs. 2 ArbSchG dient letztlich auch der Sicherheit der „Stammbelegschaft", so dass dem Betriebsrat ein Initiativrecht zukommt (→ ArbSchG § 8 Rn. 33), um einen einheitlichen Arbeitsschutz im Betrieb sicherzustellen.[118]

7. Regelungen bei besonderen Gefahren nach § 9 ArbSchG. Die in den drei Absätzen des § 9 ArbSchG normierten Pflichten des Arbeitgebers bei „**besonderen Gefahren**" bedürfen zu ihrer Umsetzung betrieblicher Regelungen. Es handelt sich daher bei § 9 ArbSchG um gesetzliche Rahmenvorschriften iSv § 87 Abs. 1 Nr. 7 BetrVG, die der Mitbestimmung des Betriebsrates unterliegen. Ausgestaltungsbedürftig ist zunächst das Schutzziel des § 9 Abs. 1 ArbSchG, das **Beschränkungen des Zugangs zu besonders ge-**

---

[114] BAG 7.6.2016 – 1 ABR 25/14, NZA 2016, 1420. [115] Pauli AiB 2008, 450 ff. [116] Siehe nur § 4 TVöD, § 4 TV-L, § 4 TV-BA, § 4 TV-TgDRV, § 4 TV-Ba. [117] Ausführlich Julius, Arbeitsschutz und Fremdfirmenbeschäftigung, S. 178 ff. [118] Karthaus/Klebe NZA 2012, 417 (424).

fährlichen Arbeitsbereichen verlangt. Ob ein besonders gefährlicher Arbeitsbereich vorliegt, ergibt sich nach der Systematik des ArbSchG aus der **Gefährdungsbeurteilung nach § 5 ArbSchG**.[119] Der Betriebsrat kann insoweit durch die Ausübung seiner Mitbestimmungsrechte im Zusammenhang mit § 5 ArbSchG (→ Rn. 27; → ArbSchG § 5 Rn. 86) darauf einwirken, dass die Gefährdungsbeurteilung „sensibel" für die Identifizierung besonders gefährlicher Arbeitsbereiche ist. Eine entsprechend gestaltete Gefährdungsbeurteilung wird dabei insbes. auch entsprechend dem allgemeinen Grundsatz des § 4 Nr. 1 ArbSchG – präventiv – der Frage nachzugehen haben, ob die besonderen Gefahren vermeidbar sind.[120] Soweit dies nicht möglich ist, sind **besonders gefährliche Arbeitsbereiche** räumlich abzugrenzen und ist unter Beachtung des Mitbestimmungsrechts des § 87 Abs. 1 Nr. 7 BetrVG zu regeln, wie die durch § 9 Abs. 1 ArbSchG geforderte **Zugangsbeschränkung** zu realisieren ist (insbes. Kennzeichnung, Absperrung). Schwerpunkt der Mitbestimmungsrechte im Zusammenhang mit § 9 ArbSchG ist die **Information und Qualifizierung der Beschäftigten bei besonderen Gefahrenlagen**. So sind von den Betriebsparteien Form und Inhalt der Anweisungen zu regeln, die nach § 9 ArbSchG Voraussetzung für den Zugang zu besonders gefährlichen Arbeitsbereichen sind. Besonders intensive Vorkehrungen sind nach § 9 Abs. 2 ArbSchG bei Beschäftigten zu treffen, die unmittelbaren erheblichen Gefahren ausgesetzt sind. Der betriebspraktische Blick der Interessen ist insoweit besonders wichtig, damit die geforderte Information und Schulung punktgenau auf die Vorkenntnisse und Erfahrungen der Beschäftigten aufbaut. Dabei ist in der Regel wegen der beträchtlichen Risiken der betreffenden Beschäftigten eine umfassende Unterrichtung und vor allem besonders intensives Training erforderlich: Es muss mit anderen Worten hinreichend deutlich ein Verständnis der Gefahren und der gebotenen Verhaltenserfordernisse geweckt werden. Ziel muss dabei nach § 9 Abs. 2 ArbSchG sein, die Beschäftigten in die Lage zu versetzen, jederzeit selbst geeignete Maßnahmen zur Gefahrenabwehr und Schadensbegrenzung treffen zu können.

50 **8. Regelungen zur Ersten Hilfe und sonstigen Notfallmaßnahmen nach § 10 ArbSchG.** Ebenfalls der Mitbestimmung als ausfüllungsbedürftige Rahmenbestimmung unterliegen die Maßnahmen zur Gestaltung der Ersten Hilfe- und Notfallmaßnahmen nach § 10 ArbSchG. Hierbei sind ergänzend insbes. die Vorgaben der **ArbStättV**, namentlich §§ 4 Abs. 3–5, 6 Abs. 4 ArbStättV sowie Anhang Nr. 2.2, 2.3, 4.3 ArbStättV sowie §§ 24 ff. **DGUV Vorschrift 1 „Grundsätze der Prävention"** zu berücksichtigen; diese sind als konkretisierungsbedürftige Rahmenvorschriften zu qualifizieren. § 10 Abs. 1 ArbSchG verpflichtet den Arbeitgeber, die **erforderlichen Maßnahmen zur Ersten Hilfe, zur Brandbekämpfung und zur Evakuierung** zu treffen unter Berücksichtigung der Art der Arbeitsstätte und der Tätigkeiten und der Zahl der Beschäftigten. Grundlage für Hilfe- und Notfallmaßnahmen ist die Gefährdungsbeurteilung, die insbes. in Betrieben mit hohem Schadensrisiko besonders sorgfältig die Parameter der Notfall- und Rettungsorganisation zu ermitteln hat. Wie auch bei den übrigen Elementen der Gefährdungsbeurteilung hat der Betriebsrat insoweit bei der Auswahl der Instrumente und Methoden der Gefährdungsbeurteilung nach § 87 Abs. 1 Nr. 7 BetrVG mitzubestimmen (→ Rn. 41; → ArbSchG § 5 Rn. 86). Bei der Festlegung der Maßnahmen nach § 10 Abs. 1 ArbSchG haben mitbestimmte, betriebsspezifische Regelungen eine hohe Bedeutung, da ihr Inhalt in Abhängigkeit von den in § 10 Abs. 1 ArbSchG genannten Parametern (Art der Arbeitsstätte und Tätigkeiten, Zahl der Beschäftigten, Anwesenheit anderer Personen) sehr unterschiedlich ausfallen kann. So bedarf es zB besonderer Vorkehrungen, wenn es einzelne abgelegene Arbeitsplätze gibt, um auch die dort tätig werdenden Beschäftigten zu schützen. Arbeiten behinderte Menschen im Betrieb, müssen Alarmierungs- und Rettungswege barrierefrei gestaltet werden und es ist insbes. den Behinderungen der sinnlichen Wahrnehmung und der Mobilität Rechnung zu tragen. Vielfach werden die Betriebsparteien hier über den Einsatz von Assistenzkräften für Notfälle zu befinden haben. Sind in der Arbeitsstätte ne-

---

119 Kollmer/Klindt/Schucht/Kohte ArbSchG § 9 Rn. 14. **120** In diesem Sinne auch Kollmer/Klindt/Schucht/Kohte ArbSchG § 9 Rn. 18.

ben den Beschäftigten andere Personen anwesend, bedarf es besonderer Maßnahmen, die, je nach Branche sehr unterschiedlich sein können (zB Krankenhaus, Schule, Verwaltungsgebäude mit Publikumsverkehr wie zB Jobcenter). Weitergehende Mitbestimmungsrechte bestehen auch mit Blick auf § 10 Abs. 2 ArbSchG, der organisatorische Regelungen verlangt, indem er den Arbeitgeber zur Benennung von **Ersthelfern, Brandbekämpfern und Evakuierungshelfern** verpflichtet (→ ArbSchG § 10 Rn. 11 f.). Die konkrete Benennung dieser besonderen Funktionsträger unterliegt nach § 10 Abs. 2 S. 2 ArbSchG lediglich der Anhörung (→ ArbSchG § 10 Rn. 13).[121] Ungeachtet dessen verbleiben insbes. im Hinblick auf dem Benennungsakt **vorgelagerten strukturellen Fragen** zahlreiche Anknüpfungspunkte für mitbestimmte Regelungen nach § 87 Abs. 1 Nr. 7 BetrVG. § 10 Abs. 2 S. 4 ArbSchG stellt insoweit klar, dass sonstige Beteiligungsrechte des Betriebsrats von § 10 Abs. 2 ArbSchG unberührt bleiben. Als strukturelle Organisationsregelung unterliegt insoweit etwa die Einteilung der Zuständigkeitsbereiche der Mitbestimmung. Grundlage für diese Regelungen ist wiederum die Gefährdungsbeurteilung. So können zB zusätzliche Personen zu benennen sein, wenn ein Gebäude von mehreren Arbeitgebern genutzt wird und sich Arbeitsbereiche eines Arbeitgebers räumlich getrennt in mehreren Gebäudeteilen befinden. In Abhängigkeit zu den Gefährdungen sind des Weiteren Regelungen über die Qualifikation und die Intensität der Ausbildung der nach Maßgabe von § 10 Abs. 2 ArbSchG zu benennenden Personen zu treffen. Die Frage weiterer betrieblicher Regelungen nach § 87 Abs. 1 Nr. 7 BetrVG stellt sich insbes. in Schichtbetrieben. Insoweit hat der Betriebsrat mitzubestimmen bei Regelungen, die gewährleisten, dass während der Arbeitszeit, dh für jede Schicht, stets Ersthelfer, Brandbekämpfer und Evakuierungshelfer in erforderlichem Umfang zur Verfügung stehen. Da es um unmittelbare Gefahrenabwehr geht, sind vor dem Hintergrund von § 10 Abs. 2 ArbSchG Zeiten ohne entsprechendes Personal für den Notfall nicht vertretbar. Dies gilt selbstverständlich nicht nur für die Vertretung bei Schichtarbeit, sondern für alle Vertretungsfragen (Urlaub, Arbeitsunfähigkeit, sonstige Freistellungen).

9. Regelungen zur arbeitsmedizinischen Vorsorge nach § 11 ArbSchG. Mit Blick auf 51 die arbeitsschutzrechtliche Verpflichtung des Arbeitgebers, nach Maßgabe von § 11 ArbSchG arbeitsmedizinische Untersuchungen zu ermöglichen, bedarf es **konkretisierender Regelungen zu den Modalitäten und der organisatorischen Ausgestaltung** der insoweit bestehenden Ansprüche der Beschäftigten. So ist zB zu regeln, in welchen zeitlichen **Intervallen** die Vorsorge nach § 11 ArbSchG beansprucht werden kann und unter welchen Voraussetzungen die betreffenden Beschäftigten von der Arbeitsleistung zu befreien sind (→ ArbSchG § 11 Rn. 25).[122] Einen weiteren Regelungskomplex bildet die **Auswahl der untersuchenden und beratenden Ärzte.** Insoweit ist zu klären, ob zB der Betriebsarzt in diesen Teil der arbeitsmedizinischen Verpflichtungen eingebunden werden soll und wie der **Grundsatz der freien Arztwahl** praktisch ausgestaltet werden soll (→ ArbSchG § 11 Rn. 25). Die arbeitsschutzrechtliche Pflicht zur Ermöglichung einer Untersuchung besteht nach § 11 ArbSchG nicht, wenn nach der Gefährdungsbeurteilung und den getroffenen Schutzmaßnahmen nicht mit einem Gesundheitsschaden zu rechnen ist. Mittels einer Regelung nach § 87 Abs. 1 Nr. 7 BetrVG können **Fälle konkretisiert** werden, in denen die **Wunschvorsorge** nach § 11 ArbSchG zu **ermöglichen** ist. Mit einem Gesundheitsschaden ist nicht zu rechnen, wenn die erforderlichen Schutzmaßnahmen durch eine zeitnahe Gefährdungsbeurteilung (§ 5 ArbSchG) ermittelt und nach § 3 ArbSchG durchgeführt worden sind sowie deren Wirksamkeit nachgewiesen ist. Geregelt werden kann daher, dass generell ein Anspruch auf arbeitsmedizinische Untersuchung besteht, wenn (noch) keine ordnungsgemäße Gefährdungsbeurteilung durchgeführt worden ist, eine Gefährdungsbeurteilung veraltet ist oder bestimmte Vorkommnisse (Unfälle, Beinaheunfälle, Berufskrankheitenanzeigen) Zweifel an der Gefährdungsbeurteilung bzw. der Wirksamkeit der Maßnahmen aufwerfen.

10. Arbeitsschutzregelungen bei Übertragung von Aufgaben auf Beschäftigte nach § 52 **7 ArbSchG.** § 7 ArbSchG hat einen starken Bezug zum Individualrecht, da es um die

---

[121] Kollmer/Klindt/Hecht Syst B Rn. 47.   [122] Kollmer/Klindt/Hecht Syst B Rn. 49.

Frage geht, ob Beschäftigte in der Lage sind, eine Arbeitsaufgabe, die ihnen übertragen werden soll, sicher und gesund auszuführen. Dementsprechend wird die Vorschrift überwiegend vor dem Hintergrund der Mitbestimmungsrechte bei personellen Einzelmaßnahmen erörtert (→ ArbSchG § 7 Rn. 34). Sie ist aber auch eine ausfüllungsbedürftige arbeitsschutzrechtliche Rahmenvorschrift iSv § 87 Abs. 1 Nr. 7 BetrVG und von **hoher praktischer Bedeutung für Führungskräfte und die sonstigen vor Ort für Sicherheit und Gesundheit verantwortlichen Personen iSv § 13 ArbSchG**, zu deren zentralen arbeitsschutzrechtlichen Aufgaben es zählt, den Personaleinsatz so zu regeln, dass die Beschäftigten sich nicht selbst oder Dritte (Kolleginnen, Kollegen) schädigen. In der Praxis finden sich derartige kollektive Regelungen häufig in Betriebsvereinbarungen zum **Rauschmittelkonsum** im Betrieb. Regelungsbedürftig ist insbes. die Frage, wie die Fähigkeit des Beschäftigten zu sicherem und gesundem Arbeiten festgestellt werden muss. Mit Blick auf das Thema Rauschmittel ist insoweit weiter auf § 7 Abs. 2 DGUV Vorschrift 1 „Grundsätze der Prävention"? zu verweisen, der klarstellt, dass insoweit auf die „erkennbaren" Fertigkeiten abzustellen ist. Geregelt werden kann daher zB, in welchem Rahmen der Auswahl und Aufsicht der Beschäftigten insbes. auf Verhaltensunsicherheiten, auffällige Schlechtleistungen, Probleme der Artikulationsfähigkeit, Geruch (Fahne) zu achten ist. Weiterhin regelbar ist das gesamte weitere Vorgehen, von der Möglichkeit sich von dem Verdacht zu entlasten bis hin zu der Frage des Transports nach Hause. Derartige Regelungen sind nicht nur vernünftig, sondern vor dem Hintergrund des § 7 ArbSchG auch als arbeitsschutzrechtliche Handlungspflichten vom Betriebsrat initiativ durchsetzbar und vom Bundesarbeitsgericht schon 1986 der Mitbestimmung zur Gewährleistung der Arbeitssicherheit zugeordnet worden.[123] Im Übrigen bildet die Gefährdungsbeurteilung die wesentlichen physischen, psychischen und qualifikatorischen Anforderungen ab, über die die Mitarbeiter zur Erledigung von Arbeitsaufgaben verfügen müssen. Insoweit kann zur Konkretisierung von § 7 ArbSchG geregelt werden, dass bei der Übertragung von Aufgaben die Gefährdungsbeurteilung heranzuziehen ist, um zB zu klären, ob **bestimmte Eignungsvoraussetzungen (zB „Staplerschein")** gefordert sind oder sich aus der Dokumentation der Gefährdungsbeurteilung **Defizite bei Qualifikation und Unterweisung** ergeben (§ 5 Abs. 3 Nr. 5 ArbSchG).

VIII. Mitbestimmung im Hinblick auf konkrete Arbeitgeberpflichten aus den Verordnungen nach §§ 18, 19 ArbSchG

53 Neben den Bestimmungen des ArbSchG finden sich zahlreiche im Wege der Mitbestimmung konkretisierungsbedürftige gesetzliche **Handlungspflichten iSv § 87 Abs. 1 Nr. 7 BetrVG** in den Arbeitsschutzverordnungen nach §§ 18, 19 ArbSchG. Obgleich die in den Verordnungen geregelten Schutzziele und Anforderungen tendenziell konkreter sind als im ArbSchG, bedürfen auch sie gewöhnlich weiterer (mitbestimmter) Regelungen zu ihrer betrieblichen Umsetzung. Auch insoweit gilt, dass die Gesetzgebung bewusst Spielräume für die Festlegung von auf die konkreten betrieblichen Gegebenheiten zugeschnittenen Arbeitsschutzmaßnahmen eröffnet, die betrieblich zu konkretisieren sind.[124] Wie im Bereich des ArbSchG ist die ausgewogene Beteiligung des Betriebsrats an den insoweit erforderlichen Gestaltungsentscheidungen auch **unionsrechtlich unerlässlich**, denn alle Einzelrichtlinien zum Arbeitsschutz enthalten einen **Verweis auf Art. 11 RL 89/391/EWG**,[125] in dem die Forderung nach einer angemessenen Beteiligung der Interessenvertretung rahmenrechtlich niedergelegt ist.

54 Im Regelungsbereich der **ArbStättV** ermöglicht und verlangt[126] § 87 Abs. 1 Nr. 7 BetrVG, dass **betriebliche Umsetzungsregelungen für das Einrichten und das Betreiben von Arbeitsstätten sowie zur Gefährdungsbeurteilung** gemeinsam von den Betriebsparteien getroffen werden. Für eine früh ansetzende Prävention sind betriebliche Umset-

---

[123] BAG 23.9.1986 – 1 AZR 83/85, NZA 1987, 250; zustimmend Löwisch/Kaiser BetrVG § 87 Rn. 153. [124] Vgl. zB aus der Begründung der ArbStättV, BT-Drs. 450/04, 2011; dazu bereits Wlotzke NJW 1997, 1469 (1471). [125] Brandes, System des europäischen Arbeitsschutzrechts, S. 182; BFK Rn. 350. [126] BAG 8.6.2004 – 1 ABR 4/03, NZA 2005, 227 ff.

zungsregelungen im Hinblick auf das **Einrichten der Arbeitsstätte** von besonderer Bedeutung (→ ArbStättV Rn. 63 ff.). So sind zB Regelungen in Gestalt von betrieblichen Standards für Raumgrößen[127] (Anhang Nr. 1.2 ArbStättV) unter Berücksichtigung der Anordnung der vorgesehenen Arbeitsplätze (Anhang Nr. 3.2 ArbStättV) und der benötigten Bewegungsflächen (Anhang Nr. 3.1) ebenso wie Standards für innerbetriebliche Verkehrswege (Anhang Nr. 1.8 ArbStättV) mit dem Betriebsrat zu vereinbaren.[128] Die Notwendigkeit von betrieblichen Regelungen besteht zudem für die Gestaltung der Anforderungen an die Arbeitsumgebung (zB Raumtemperaturen, Lüftung, Lärm, vgl. Anhang Nr. 3.4–3.7 ArbStättV), indem zB Mindest- und Höchsttemperaturen und Maßnahmen bei Unter- bzw. Überschreitung dieser Temperaturen betrieblich festgelegt werden (→ ArbStättV Rn. 80 ff.). Für Angelegenheiten des Raumklimas (§ 3 a ArbStättV iVm ASR 3.5) besteht ein Mitbestimmungsrecht auch ohne Vorliegen einer konkreten Gefahr oder Gefährdung.[129] Auch müssen Beleuchtungskonzepte für die Arbeitsräume, Arbeitsplätze sowie die Verkehrs- und Fluchtwege vereinbart werden (→ ArbStättV Rn. 71). Wichtig für die tägliche Arbeit sind Regelungen zum **Betreiben** der Arbeitsstätte, wozu zB die Festlegung von Wartungs- und Prüfpflichten insbes. für Sicherheitseinrichtungen, Regelungen zur Reinigung der Arbeitsstätte[130] oder das Freihalten von Fluchtwegen sowie Flucht- und Rettungsübungen zählen (zu den allgemein gehaltenen Anforderungen an das „Betreiben" vgl. § 4 ArbStättV).[131] Ein in der Praxis wichtiges Feld der Mitbestimmung nach § 87 Abs. 1 Nr. 7 BetrVG besteht zudem in der **Regelung des Nichtraucherschutzes** anhand der Vorgaben des § 5 ArbStättV (→ ArbStättV Rn. 101 ff.).[132] Voraussetzung für eine systematische Regelung der genannten Schutzziele und Anforderungen ist die **Gefährdungsbeurteilung nach § 3 ArbStättV**. Sie bildet entsprechend der arbeitsschutzrechtlichen Systematik die Grundlage für alle Maßnahmen und Vorkehrungen zum Schutz von Sicherheit und Gesundheit. Regelungsgegenstand ist insoweit insbes. die Vorgehensweise, wozu zB betriebliche Regelungen zur Ermittlung der Gefährdungen (Anforderungen an Messungen, Messpunkte, Zeitpunkte von Messungen, etwa bei sommerlicher Hitze) ebenso zählen wie die nähere Ausgestaltung der fachlichen Beratung des Arbeitgebers bzw. der verantwortlichen Personen nach § 13 ArbSchG gemäß § 3 Abs. 2 ArbStättV. Große praktische Bedeutung haben in diesem Zusammenhang die **vom Ausschuss für Arbeitsstätten ermittelten ASR** (→ ArbStättV Rn. 53).[133] Die Ausübung der Mitbestimmung kann in der Vereinbarung bestehen, die betrieblichen Maßnahmen am technischen Regelwerk des Ausschusses zu orientieren. Ein besonderer Anreiz zur Übernahme der Standards des technischen Regelwerks liegt in der Vermutungswirkung bei akkurater Anwendung des technischen Regelwerks.

Die **BetrSichV** hat große Bedeutung für eine früh ansetzende Prävention, da die Verordnung grundlegende Anforderungen an die **Bereitstellung und Verwendung von Arbeitsmitteln** stellt (→ BetrSichV Rn. 26). Die präventiven Aktivitäten müssen demnach einsetzen, bevor ein – vorhandenes – Arbeitsmittel benutzt wird. Der Fokus wird so in der Praxis auf Beschaffungsvorgänge von Arbeitsmitteln bzw. Planungen von Anlagen gelegt, die entscheidende Bedeutung für die sich anschließende Phase der **Benutzung** für die Arbeitstätigkeit haben. § 87 Abs. 1 Nr. 7 BetrVG eröffnet dem Betriebsrat die Möglichkeit, sowohl die Bereitstellung als auch die praktische Benutzung von Arbeitsmitteln im Arbeitsprozess mitzugestalten. Betriebliche Regelungen können sich zunächst auf organisatorische und inhaltliche Aspekte der **Gefährdungsbeurteilung** beziehen, für die § 3 BetrSichV eine spezielle Regelung trifft. Auf dieser Basis lassen sich 55

---

127 LAG Mecklenburg-Vorpommern 9.3.2010 – 5 TaBVGa 6/09; dazu auch Kohte/Faber, jurisPR-ArbR 45/2011 Anm. 6. **128** LAG Hamburg 17.8.2007 – 6 TaBV 9/07, AiB 2008, 101 mAnm Goergens. **129** LAG Baden-Württemberg 21.10.2015 – 4 TaBV 2/15, NZA-RR 2016, 141 ff.; bestätigt durch BAG 18.7.2017 – 1 ABR 59/15. **130** Aus individualrechtlicher Sicht dazu LAG Rheinland-Pfalz 19.12.2008 – 9 Sa 427/08; vgl. Kohte/Faber, jurisPR-ArbR 33/2009 Anm. 5. **131** Ausführlich Faber AiB 2005, 515 (519); vgl. Kollmer/Klindt/Hecht Syst B Rn. 67; GK-BetrVG/Wiese BetrVG § 87 Rn. 622. **132** GK-BetrVG/Wiese BetrVG § 87 Rn. 621; Düwell AiB 2002, 400 (403); Kohte/Bernhardt, jurisPR-ArbR 12/2010 Anm. 4. **133** Beispielhaft LAG Schleswig-Holstein 1.10.2013 – 1 TaBV 33/13 zu ASR 3.5. (Wärmebelastung).

weitergehende Regelungen über Maßnahmen des Arbeitsschutzes treffen. So lässt sich zB regeln, ob und ggf. welche Aspekte von Sicherheit und Gesundheit bei der Beschaffung von Arbeitsmitteln zu beachten sind und welche Arbeitsmittel für welche betrieblichen Tätigkeiten als geeignet gelten (§ 5 BetrSichV), und wie es gelingen kann, **ergonomische Zusammenhänge** zu beachten (→ BetrSichV Rn. 46).[134] Die Gefährdungsbeurteilung hat insoweit große Bedeutung für die betrieblichen Einkaufsabteilungen, da an ihrem Ende gewissermaßen ein **Beschaffungsleitfaden** steht. Darüber hinaus ist die Gefährdungsbeurteilung aber auch die entscheidende Grundlage für die Phase des Benutzens von Arbeitsstätten. Neben den Inhalten und der Organisation der Unterweisungen (§ 9 BetrSichV) zählen hierzu etwa Regelungen, ob und ggf. an welchen Arbeitsmitteln die Beschäftigung auf bestimmte, **ausdrücklich beauftragte Beschäftigte** zu beschränken ist (§ 8 BetrSichV). Wichtig für die Praxis sind zudem die dem Mitbestimmungsrecht zuzuordnenden Regelungen[135] über **Prüfungen** (Inhalt und Umfang von Prüfungen; Prüfintervalle, Anforderungen an befähigte Personen als Prüfpersonal). Mit diesen Regelungen kann der Betriebsrat maßgeblichen Einfluss darauf nehmen, dass Arbeitsmittel im Arbeitsalltag dauerhaft sicher und gesund benutzt werden können (→ BetrSichV Rn. 53 ff.).

56 Mit der Novellierung des Arbeitsstättenrechts sind die Regelungen der Bildschirmarbeitsverordnung in die Arbeitsstättenverordnung integriert worden. Schutzziele und inhaltliche Anforderungen an den **Arbeits- und Gesundheitsschutz bei Bildschirmarbeit** sind nun im Anhang Nr. 6 ArbStättV geregelt; dabei sollen die Schutzstandards von Bildschirmarbeitsverordnung und zugrunde liegender Bildschirmrichtline gewahrt bleiben (→ ArbStättV Rn. 13). Der Ausschuss für Arbeitsstätten wird zukünftig auch Regeln zur Bildschirmarbeit erabeiten, so dass eine schnelle Anpassung an technische Veränderungen möglich wird (→ ArbStättV Rn. 13). Die weiterhin allgemein gehaltenen Schutzziele und Vorgaben in Anhang Nr. 6 ArbStättV bedürfen einer betriebsspezifischen Konkretisierung, um in der betrieblichen Praxis wirksam zu werden. Bei den insoweit zu treffenden Regelungen hat der Betriebsrat nach § 87 Abs. 1 Nr. 7 BetrVG mitzubestimmen (→ ArbStättV Rn. 223). Der Betriebsrat kann auf diese Weise maßgeblichen und gleichberechtigten Einfluss auf die Gestaltung von Bildschirmarbeitsplätzen nehmen. Eine Schlüsselrolle spielt dabei das in der Rechtsprechung des Bundesarbeitsgerichts[136] anerkannte Mitbestimmungsrecht bei der Ausgestaltung der **Gefährdungsbeurteilung** gemäß § 3 ArbStättV,[137] die nach der Systematik des modernen Arbeitsschutzes die Basis für die Begründung und Entwicklung der betrieblichen Arbeitsschutzkonzeption bildet. Regelungsbedürftig sind in diesem Zusammenhang ua die Methoden und Instrumente zur Ermittlung der Gefährdungen (zB Befragungen, Beobachtungen), die konkreten Maßstäbe zur Beurteilung der Gefährdungen sowie die Organisation der im Zusammenhang mit der Gefährdungsbeurteilung anfallenden Arbeiten (→ ArbStättV Rn. 54, 220). Sofern sich aus der Gefährdungsbeurteilung Mängel ergeben und sich damit die Notwendigkeit von Maßnahmen des Arbeitsschutzes ergibt, hat der Betriebsrat auch bei der Auswahl der in Betracht kommenden Maßnahmen nach § 87 Abs. 1 Nr. 7 BetrVG mitzubestimmen. Diese Maßnahmen können nach Maßgabe von Anhang Nr. 6 ArbStättV sowohl die Raumgestaltung einschließlich der Beleuchtung[138], als auch die **ergonomische Ausstattung** von Bildschirmarbeitsplätzen einschließlich der **Softwareergonomie** betreffen. Nach der Rechtsprechung des Bundesarbeitsgerichts ist die nach Anhang Nr. 6.1 Abs. 2 ArbStättV zu treffende Entscheidung, Bildschirmarbeit durch andere Tätigkeiten oder regelmäßige Erholungszeiten zu unterbrechen, gemeinsam von den Betriebsparteien nach § 87 Abs. 1 Nr. 7 BetrVG zu

---

134 Kollmer/Klindt/Schucht/Hecht Syst B Rn. 90 f.; Wlotzke in: FS Wißmann, S. 426, 434.
135 Münch/ArbR/Kohte § 294 Rn. 41. **136** BAG 8.6.2004 – 1 ABR 13/03, NZA 2004, 1175.
137 Noch zu § 3 BildscharbV BAG 11.2.2014 – 1 ABR 72/12, NZA 2014, 989 f. **138** Martin AiB 2008, 601 ff.

treffen (→ ArbStättV Rn. 224).[139] Das Mitbestimmungsrecht des § 87 Abs. 1 Nr. 7 BetrVG schließt auch die erstmals in die Arbeitsstättenverordnung einbezogene häusliche **Telearbeit** (§ 2 Abs. 7 ArbStättV, → ArbStättV Rn. 139) ein. In Bezug auf die Gefährdungsbeurteilung (§ 3 ArbStättV), die Unterweisung der Telearbeitnehmer (§ 6 ArbStättV) und den Anhang Nr. 6 ArbStättV hat der Betriebsrat beim Einrichten und Betreiben der Telearbeitsplätze mitzubestimmen.[140] Zukünftig muss sich die Aufmerksamkeit der Betriebsräte weiter auf die **Gestaltung mobiler Arbeit** richten, die nicht in die Arbeitsstättenverordnung einbezogen ist; der Arbeitgeber hat aber den Schutzstandard der §§ 3–5 ArbSchG auch bei dieser Arbeitsform zu wahren (→ ArbStättV Rn. 200 ff.).

Der Betriebsrat hat nach § 87 Abs. 1 Nr. 7 BetrVG mitzubestimmen bei der Frage der Auswahl der Methoden der **Gefährdungsbeurteilung** gemäß § 2 Abs. 2 LasthandhabV iVm dem Anhang der LasthandhabV (→ LasthandhabV Rn. 25).[141] Durch das Mitbestimmungsrecht soll speziell mit Blick auf die **manuelle Handhabung von Lasten** eine realistische Bestandsaufnahme der gesundheitlichen Gefährdungen durch manuelle Lastenhandhabung erreicht werden. Entsprechende Regelungen sind für viele gewerbliche und handwerkliche Tätigkeiten oder auch für die Alten- und Krankenpflege von hoher Bedeutung, in denen Erkrankungen der Lendenwirbelsäule eine große Rolle spielen. Der Mitbestimmung unterliegt dabei nicht nur die Gefährdungsbeurteilung, sondern auch die Auswahl der ggf. **erforderlichen Maßnahmen**, etwa im Zusammenhang mit Hebehilfen oder organisatorischen Regelungen zur Reduzierung der Lasten (zB Umstellung auf kleinere Gebindegrößen).[142] Ausgestaltungsbedürftig sind zudem die speziellen Regelungen zur **Unterweisung** in § 4 LasthandhabV. Mit Regelungen nach § 87 Abs. 1 Nr. 7 BetrVG lässt sich insbes. regeln, dass über Gefährdungen durch manuelle Lastenhandhabung nach einem zu regelnden Themenplan und einem didaktischen Konzept fortlaufend informiert wird. Gerade im Bereich der Lastenhandhabung bietet der gesetzliche Handlungsrahmen des § 4 LasthandhabV die Chance, über das Mitbestimmungsrecht des § 87 Abs. 1 Nr. 7 BetrVG den Charakter der Unterweisung als reines Instrument der Information zu erweitern, indem gewissermaßen zur Erfolgskontrolle die Durchführung praktischer Übungen vereinbart wird. Es liegt damit in der Hand der Betriebsparteien, dass Unterweisungen mehr sind als eine einseitige Information und Kommunikation in Gestalt einer bloßen Belehrung.

Obgleich die **LärmVibrationsArbSchV** überwiegend technisch geprägte Vorschriften beinhaltet, bestehen für den Betriebsrat vielfältige Möglichkeiten, auf der Grundlage von § 87 Abs. 1 Nr. 7 BetrVG mitzubestimmen (→ LärmVibrationsArbSchV Rn. 61 f.).[143] So ermöglicht und erfordert das Mitbestimmungsrecht konkretisierende Regelungen zur Gefährdungsbeurteilung, die in § 3 LärmVibrationsArbSchV speziell geregelt ist. Regelbar ist insoweit etwa die Vorgehensweise und Organisation bei der Beschaffung der für die Gefährdungsbeurteilung erforderlichen Informationen. Dies ist in einem technisch geprägten Bereich wie dem Lärm- und Vibrationsschutz von besonderer Bedeutung. Mitbestimmt regelbar ist insbes. auch die Klärung, in welcher Weise die Unterstützung des Arbeitgebers, von verantwortlichen Personen nach § 13 ArbSchG und der Interessenvertretung nach § 9 Abs. 2 ASiG erfolgen soll. Mitbestimmungspflichtig sind weiter die **Schritte und Prioritäten von Lärmminderungsprogrammen** (zu weiteren Schwierigkeiten der Mitbestimmung an diesem komplexen Planungsprozess → LärmVibrationsArbSchV Rn. 54 f.).[144] Für eine früh ansetzende, auf die Vermeidung von Gefährdungen zielende Prävention sind zudem Regelungen wichtig zur Ermittlung des Standes der Lärmminderungstechnik im Hinblick auf lärmarme Arbeits-

---

139 BAG 2.4.1996 – 1 ABR 47/95, CR 1996, 606 mAnm Kohte = AuA 1997, 97 mAnm Feldhoff (zu Art. 7 EG-Bildschirmrichtlinie); LAG Hamburg 21.9.2000 – 7 TaBV 3/98, LAGE § 87 BetrVG 1972 Gesundheitsschutz Nr. 1; ebenso BVerwG 8.1.2001 – 6 P 6/00, NZA 2001, 570. **140** Schulze-Ratzesberger ArbRAktuell 2016, 109. **141** Ausführlich Geray AiB 1997, 520 (525); Zipprich, Prävention, S. 111 ff. **142** Kollmer/Klindt/Schucht/Hecht Syst B Rn. 137 ff.; Zipprich, Prävention, S. 114 ff. **143** Fitting BetrVG § 87 Rn. 303; DKKW/Klebe BetrVG § 87 Rn. 243; Pieper LärmVibrationsArbSchV Vor § 1 Rn. 11; Pauli AiB 2007, 454 (455). **144** Münch/ArbR/Kohte § 293 Rn. 34.

verfahren und Arbeitsmittel. Hieran anknüpfend können zB Richtlinien über Anforderungen vereinbart werden, an denen sich Beschaffungsentscheidungen im Hinblick auf den Lärmschutz zu orientieren haben.

59 Der Betriebsrat hat nach § 87 Abs. 1 Nr. 7 BetrVG bei der Auswahl des konkreten Verfahrens der Gefährdungsbeurteilung sowie bei der Organisation der Gefährdungsbeurteilung gemäß § 3 OStrV mitzubestimmen.[145] Betrieblich zu konkretisieren ist zB, ob und ggf. in welchem Umfang auf Herstellerinformationen für die „**Gefährdungsbeurteilung optischer Strahlung**" zurückgegriffen werden soll und welche sonstigen Informationen hinzuziehen sind (§ 3 Abs. 1 S. 5 OStrV). Organisatorisch zu klären ist weiter, wer für die Beschaffung und Aufbereitung der entsprechenden Informationen intern zuständig ist und in welcher Art und Weise die übrigen betrieblichen Akteure (Betriebsrat, Sicherheitsbeauftragte, Arbeitsschutzausschuss) hiervon in Kenntnis gesetzt werden. Zu den auf der Grundlage von § 87 Abs. 1 Nr. 7 BetrVG gemeinsam zu gestaltenden **Organisationsfragen** zählen weiter die Regelungen der Beratung und Hilfestellungen durch die Fachkraft für Arbeitssicherheit, damit der Arbeitgeber die fachkundige Durchführung der Gefährdungsbeurteilung sicherstellen kann (§ 5 Abs. 1 OStrV) sowie zur Bestellung (insbes. fachliche Anforderungen) und konkreten Ausgestaltung der Aufgabe, Befugnisse und Kooperationspflichten des Laserschutzbeauftragten, sofern im Einzelfall nach Maßgabe von § 5 Abs. 2 OStrV ein solcher zu bestellen ist. Daneben bestehen Mitbestimmungsrechte bei der **Auswahl, Gestaltung und Planung der Schutzmaßnahmen** nach § 7 OStrV (zB Einsatz strahlungsarmer Arbeitsmittel und -verfahren, technische Schutzmaßnahmen, Erstellung von Wartungsprogrammen). Anknüpfend an die Ergebnisse der Gefährdungsbeurteilung hat der Betriebsrat zudem bei der Festlegung der Inhalte und der Methoden von **Unterweisungen** sowie bei der Regelung der Einbeziehung arbeitsmedizinischen Sachverstandes und der Form der Information über die **arbeitsmedizinische Vorsorge** im Hinblick auf optische Strahlung mitzubestimmen. Wenn die RL 2013/35/EU (→ Unionsrecht Rn. 22) umgesetzt wird, werden für die Betriebsparteien vergleichbare Handlungsfelder zum Schutz vor **Gefährdungen durch elektromagnetische Felder** verdeutlicht.

60 Die in der **GefStoffV** und **BiostoffV** geregelten Vorschriften zum **Schutz vor stofflichen Gefährdungsquellen** bei der Arbeit bedürfen zu ihrer Umsetzung in die betriebliche Praxis konkretisierender Regelungen, bei denen der Betriebsrat nach § 87 Abs. 1 Nr. 7 BetrVG mitzubestimmen hat[146] (→ GefStoffV Rn. 70; → BiostoffV Rn. 51). Mitzubestimmen hat der Betriebsrat zunächst bei der konkreten Regelung der stoffspezifischen Aspekte der **Gefährdungsbeurteilung** (§ 6 GefStoffV, § 4 BiostoffV). Neben inhaltlichen Aspekten (zB Vorgehen bei der **Substitutionsprüfung**: § 6 Abs. 1 GefStoffV; § 4 Abs. 3 BiostoffV) bieten vor allem **Fragen der Organisation** intensive Mitbestimmungsmöglichkeiten. So ist insbes. die **Generierung und Verfügbarkeit von Informationen über stoffliche Gefährdungen** (zB Sicherheitsdatenblatt) zu organisieren, damit dieses Wissen in den Prozess der Gefährdungsbeurteilung eingehen kann und zB die bereits genannten Substitutionspflichten entsprechend dem Stand der Technik, Arbeitsmedizin und Hygiene erfüllt werden können. Regelungen der stoffbezogenen Schutzvorkehrungen nach §§ 7–9 GefStoffV gehören zu den bekannten Beispielen für Mitbestimmungsrechte des Betriebsrates. Der Mitbestimmung unterliegt weiter die konkrete Ausgestaltung der Information der Beschäftigten sowie der Kommunikation und Schulung über stoffliche Gefährdungen, die in § 14 GefStoffV unter der Überschrift „**Unterrichtung und Unterweisung der Beschäftigten**" und in § 14 BiostoffV unter „Betriebsanweisung und Unterweisung der Beschäftigten" normiert sind.[147] Regelungsbedürftig iSv § 87 Abs. 1 Nr. 7 BetrVG sind weiter die Bestimmungen über die Vorkehrungen bei der **Zusammenarbeit mit Fremdfirmen** (§ 15 GefStoffV) sowie die Schutzkonzeption im Falle von **Betriebsstörungen, Unfällen und Notfällen** (§ 13 GefStoffV, § 13 BiostoffV).

---

145 Kollmer/Klindt/Schucht/Hecht Syst B Rn. 151 ff. **146** Fitting BetrVG § 87 Rn. 305; DKKW/Klebe BetrVG § 87 Rn. 242; HaKo-BetrVG/Kohte BetrVG § 87 Rn. 85; Rottmann BB 1989, 1115 ff.; Wlotzke in: FS Wißmann, S. 426, 438; ausführlich Marquardt, Sicherheitsdatenblatt, S. 245 ff. **147** Münch/ArbR/Kohte § 295 Rn. 59 f.

Zur Umsetzung der Vorschriften der **PSA-BV** bedarf es konkretisierender betrieblicher 61
Regelungen, die die Betriebsparteien nach § 87 Abs. 1 Nr. 7 BetrVG gemeinsam treffen
müssen (→ PSA-BV Rn. 22). Unter das Mitbestimmungsrecht fallen zunächst die **Kriterien und die Vorgehensweise der Gefährdungsbeurteilung**, die nach § 2 Abs. 1 PSA-BV
auch zu klären hat, welche persönliche Schutzausrüstung angesichts der betrieblichen
Gefährdungspotentiale erforderlich ist und ob durch die persönliche Schutzausrüstung
ggf. Gefährdungen für Sicherheit und Gesundheit entstehen. Der Mitbestimmung unterliegt des Weiteren die **Auswahl von Schutzausrüstungen**, die nach dem Ergebnis der
Gefährdungsbeurteilung für die jeweilige Tätigkeit geeignet sind. Ein breites Feld für
Regelungen der Betriebsparteien nach § 87 Abs. 1 Nr. 7 BetrVG ergibt sich für die Phase der Bereitstellung einer Schutzausrüstung. Ausgestaltungsbedürftig sind insbes. die
Inhalte und Methodik der Unterweisung und der speziellen Informationen nach § 3
PSA-BV.[148] Regelungen zu treffen sind zudem zur **Wartung, Reparatur und Lagerung**
von persönlichen Schutzausrüstungen. Es ist insoweit für die jeweilige Schutzausrüstung zB zu regeln, welche Funktionstests durchzuführen sind und welche Maßnahmen
erforderlich sind, damit diese sich stets in einem **hygienisch einwandfreien Zustand** befindet.

Durch die **BaustellV** werden die typischen Gefährdungen und Gefahren erfasst, die aus 62
dem Zusammenwirken mehrerer Arbeitgeber mit jeweils verschiedenen Gewerken auf
einer Baustelle resultieren. Es werden insoweit besondere Regelungen getroffen, welche
organisatorischen Vorkehrungen zur Koordinierung der Arbeiten der verschiedenen
Arbeitgeber zu verlangen sind. Diese Koordination der Tätigkeiten verschiedener Arbeitgeber fällt nicht in den Anwendungsbereich des BetrVG, dessen Bezugspunkt der
Betrieb als organisatorische Einheit unter der Leitung des Arbeitgebers ist (→ BaustellV Rn. 58). Auf der Baustelle agieren gewissermaßen mehrere Betriebe parallel. Die
Mitbestimmungsrechte des Betriebsrats beziehen sich daher nur jeweils auf den eigenen
Betrieb des jeweiligen Arbeitgebers, dh den Schutz für die eigenen Tätigkeiten, so dass
ein Schwerpunkt des Mitbestimmungsrechts bei der **Konkretisierung der Pflichten nach**
§ 5 BaustellV liegt (→ BaustellV Rn. 42 ff.).[149] Die Zusammenarbeit auf der Baustelle
kann bei der Ausübung von betrieblichen Mitbestimmungsrechten aber zB eine Bedeutung haben für die Regelung von Art und Umfang der Ermittlung der Gefährdungen
im Rahmen der Gefährdungsbeurteilung oder im Hinblick auf Inhalt und Umfang der
Unterrichtung und Unterweisung der Beschäftigten, die einer Baustelle tätig werden.
Die aufgezeigten Grenzen der erzwingbaren und gleichberechtigten Mitbestimmung
nach § 87 Abs. 1 Nr. 7 BetrVG können selbstverständlich durch freiwillige Regelungen
der auf der Baustelle agierenden Beteiligten überwunden werden. So wird es in vielen
Fällen sachgerecht sein, freiwillig einen **Baustellenarbeitsschutzausschuss** zu bilden, in
dem Vertreter aus allen am Bau beteiligten Betrieben zusammenkommen (→ ASiG § 11
Rn. 8).[150]

Mitbestimmungsrechte des Betriebsrats nach § 87 Abs. 1 Nr. 7 BetrVG bestehen auch 63
bei der Ausgestaltung der arbeitsmedizinischen Vorsorge nach Maßgabe der
ArbMedVV (→ ArbMedVV Rn. 24). Betrieblich zu regeln sind insbes. die spezifischen
Voraussetzungen und **Regularien zur Inanspruchnahme der arbeitsmedizinischen Vorsorge** (zB Wahrung des Grundsatzes der freien Arztwahl, Zeitpunkt, Ort der Untersuchungen, Anlässe). Dies gilt in besonderem Maße für die Angebots- und Wunschvorsorge nach der ArbMedVV, für die entsprechende Regelungen in Betriebsvereinbarungen die konkreten Zugangsmöglichkeiten (Anlässe, Häufigkeit), den Sinn und Zweck
der Untersuchungen, den Umgang mit den erhobenen medizinischen Daten sowie die
möglichen Konsequenzen von Untersuchungen (Chancen, Risiken) verdeutlichen können. Die Pflichtvorsorge dürfte zwar zumeist eigenständig vom Arbeitgeber veranlasst
werden, da der Arbeitgeber die betreffenden Beschäftigten nicht ohne entsprechende
Untersuchung beschäftigen darf. Ungeachtet dessen kann es aber sinnvoll sein, in einer

---

148 Fitting BetrVG § 87 Rn. 303; DKKW/Klebe BetrVG § 87 Rn. 249; Münch/ArbR/Kohte § 296 Rn. 25. **149** Bremer, Arbeitsschutz im Baubereich, S. 235; Kollmer/Klindt/Hecht Syst B Rn. 85 ff.; Fitting BetrVG § 87 Rn. 308. **150** Vgl. Bremer, S. 240; Pieper BaustellV § 3 Rn. 7.

Betriebsvereinbarung auf die Bereiche zu verweisen, die so gesundheitskritisch sind, dass der Gesetzgeber die Pflichtvorsorge angeordnet hat. Ergibt die arbeitsmedizinische Vorsorge gesundheitliche Bedenken, sind des Weiteren Regelungen gemäß § 87 Abs. 1 Nr. 7 BetrVG im Hinblick auf die Vorgehensweise der sich anschließenden **Überprüfung der Gefährdungsbeurteilung** und die ggf. zu treffenden **ergänzenden Maßnahmen des Arbeitsschutzes** von den Betriebsparteien in Betracht zu ziehen. Strikt zu trennen ist die arbeitsmedizinische Vorsorge von ärztlichen Eignungsuntersuchungen insbes. im Zusammenhang mit Einstellungen. Derartige Untersuchungen kommen ausnahmsweise in Betracht, wenn sie sich auf gesundheitsbezogene Eigenschaften beziehen, die mit einer dauerhaften Einschränkung der Fähigkeit für den jeweils in Aussicht genommenen Arbeitsplatz verbunden sind.[151] Auch die in § 3 ArbMedVV für den Regelfall verlangte **Trennung der Untersuchungsarten** ist regelungsfähig und -bedürftig. Sollen gesundheitliche Eigenschaften regelmäßig als Eignungsvoraussetzung herangezogen werden, unterliegt dies als **Auswahlrichtlinie iSv § 95 BetrVG** der Mitbestimmung des Betriebsrats.[152]

IX. Weitere Gegenstände der Mitbestimmung nach § 87 Abs. 1 Nr. 7 BetrVG

64 **1. Mutter- und Jugendarbeitsschutz.** Mit der Neuregelung des Mutterschutzrechts sind die Regelungen der Mutterschutzarbeitsplatzverordnung in das MuSchG 2018 integriert worden. Die Neuregelungen zielen auf einen benachteiligungsfreien Gesundheitsschutz für werdende und stillende Mütter und ihre Kinder (→ Betrieblicher Mutterschutz Rn. 1 f.). Da sie breite Entscheidungsspielräume für die konkrete betriebliche Umsetzung belassen, bestehen vielfältige Anknüpfungspunkte für mitbestimmte Regelungen nach § 87 Abs. 1 Nr. 7 BetrVG. Gemeinsam von den Betriebsparteien zu regeln ist danach die durch § 10 MuSchG 2018 geforderte generelle **mutterschutzrechtliche Gefährdungsbeurteilung** (→ Betrieblicher Mutterschutz Rn. 12 ff., 43).[153] Die von den Betriebsparteien zu vereinbarenden Regelungen betreffen insbes. die Methoden und Verfahren der Gefährdungsbeurteilung, die so auszuwählen sind, dass die Gefährdungen für schwangere Frauen sowie jüngst entbundene und stillende Mütter hinreichend sicher ermittelt werden können. Die Anforderungen unterscheiden sich insoweit je nach Branche und Tätigkeit grundlegend (zB Arbeit im Büro, Arbeit im Krankenhaus). Ebenfalls der Mitbestimmung unterliegt die Struktur der mutterschutzrechtlichen Maßnahmen gemäß §§ 9, 13 MuSchG 2018. Zu regeln ist insoweit die konkrete **Ausgestaltung der mutterschutzspezifischen Arbeitsorganisation** (→ Betrieblicher Mutterschutz Rn. 21 ff.), indem zB die verschiedenen Abstufungen der mutterschutzrechtlichen Maßnahmen vor der Anpassung der Arbeitsbedingungen bis hin zu Beschäftigungsverboten als „Ultima ratio" betriebsspezifisch ausgeformt werden.[154] Mit Blick auf die aus § 14 Abs. 2 MuSchG 2018 geforderte **Unterrichtspflicht** (→ Betrieblicher Mutterschutz Rn. 16 ff.) über die Ergebnisse der Gefährdungsbeurteilung und die zu ergreifenden Maßnahmen des Arbeitsschutzes besteht insbes. Regelungsbedarf im Hinblick auf die Gestaltung, Form sowie die Häufigkeit der Unterrichtung. Mit Blick auf die Inhalte der Information ist zu beachten, dass es nicht darum geht, persönliche Daten zu offenbaren, sondern dass alle Beschäftigten über Gefährdungen und denkbare Maßnahmen im Rahmen des abgestuften Maßnahmenkonzepts gemäß § 10 Abs. S. 1 Nr. 2 MuSchG 2018 zu informieren sind. Insbes. schwangere Frauen sollen so in die Lage versetzt werden, bereits vor der Mitteilung der Schwangerschaft, die Gefährdungen an ihrem Arbeitsplatz konkret einschätzen zu können und Vorsichtsmaßnahmen zu ergreifen (→ Betrieblicher Mutterschutz Rn. 18).

65 Bei der betrieblichen Umsetzung der arbeits- und gesundheitsschutzbezogenen Vorschriften des **Jugendarbeitsschutzes** bestehen vielfältige Entscheidungsspielräume, die von den Betriebsparteien gemäß § 87 Abs. 1 Nr. 7 BetrVG gemeinsam auszufüllen sind.

---

[151] Vgl. nur Fitting BetrVG § 94 Rn. 24 f. [152] LAG Baden-Württemberg 13.12.2002 – 16 TaBV 4/02, NZA-RR 2003, 417; ebenso Fitting BetrVG § 95 Rn. 10; Münch/ArbR/Kohte § 296 Rn. 58. [153] HaKo-BetrVG/Kohte § 87 Rn. 79. [154] Nebe, Betrieblicher Mutterschutz ohne Diskriminierungen, 2006, S. 310 ff.; Fitting BetrVG § 87 Rn. 310; Pieper BetrVG Rn. 31.

Grundlage für einen systematischen betrieblichen Jugendarbeitsschutz ist die **Gefährdungsbeurteilung** nach § 28 a JArbSchG (→ Jugendarbeitsschutz Rn. 23), die insbes. die spezifischen Gefährdungen der Beschäftigung Jugendlicher, wie zB fehlende Erfahrung oder besondere gesundheitliche Risiken junger Menschen, speziell mit Blick auf den jeweiligen Betrieb aufzugreifen hat. Hiervon ausgehend bestehen weitergehende Mitbestimmungsrechte bei den aufgrund der Gefährdungsbeurteilung folgenden Maßnahmen, zu denen ausweislich § 28 JArbSchG auch **Maßnahmen der menschengerechten Arbeitsgestaltung** zählen (→ Jugendarbeitsschutz Rn. 20 ff.) sowie **Arbeitszeit**regelungen und Regelungen zu der nach Maßgabe des Jugendschutzrechts durchzuführenden **arbeitsmedizinischen Vorsorge**. Wegen der spezifischen Gefährdungen junger Beschäftigter aufgrund mangelnder Erfahrung oder noch nicht abgeschlossener Ausbildung ist weiter die Mitbestimmung bei der Regelung der **Unterweisung** gemäß § 29 JArbSchG (→ Jugendarbeitsschutz Rn. 27 ff.) von erheblicher Bedeutung. Neben den angedeuteten Schwerpunkten sind insoweit auch die Methoden und die Häufigkeit der Unterweisungen von den Betriebsparteien zu vereinbaren. Methodisch ist es elementar, arbeitspädagogisch abgesicherte Konzepte der Unterweisung zu wählen, wie zB praktische Übungen oder die gemeinsame Reflexion sicherheits- oder gesundheitskritischer Ereignisse und Verhaltensweisen. Mitbestimmungsträger für die skizzierten Regelungen nach § 87 Abs. 1 Nr. 7 BetrVG ist der Betriebsrat (→ Jugendarbeitsschutz Rn. 61).[155] Die **Jugend- und Auszubildendenvertretung** kann unter Ausnutzung ihrer Rechte aus §§ 66, 67 Abs. 2 BetrVG argumentativ und kommunikativ auf die Inhalte solcher Vereinbarungen einwirken und eine enge Kooperation mit dem Betriebsrat suchen (→ Jugendarbeitsschutz Rn. 62). § 87 Abs. 1 Nr. 7 BetrVG ermöglicht schließlich auch, die Belange jugendlicher Beschäftigter in die Arbeitsschutzorganisation zu integrieren. So kann geregelt werden, dass für die Gruppe der Jugendlichen **Sicherheitsbeauftragte nach § 22 SGB VII** bestellt werden und die Jugend- und Auszubildendenvertretung in die Arbeit des **Arbeitsschutzausschusses** eingebunden wird (→ Jugendarbeitsschutz Rn. 62).

2. Regelungen zu Arbeitszeitfragen. Das Arbeitszeitgesetz beschränkt das Direktionsrecht des Arbeitgebers hinsichtlich der Zeit der Arbeitsleistungen unter anderem mit dem Ziel, gesundheitliche Gefährdungen der Arbeitnehmer präventiv zu verhindern, und kodifiziert dadurch Regelungen im Bereich des betrieblichen Arbeitsschutzes. Der Regelungsinhalt der überwiegenden Anzahl seiner Bestimmungen besteht in Beschränkungen hinsichtlich **Umfang und Lage der Arbeitszeiten** und fällt damit weitgehend unter das Mitbestimmungsrecht nach **§ 87 Abs. 1 Nr. 2 BetrVG**. Wenig Beachtung findet in der Praxis die Mitbestimmung bei der Bestimmung von **Ausgleichszeiträumen**, die in der jetzigen Kodifikation des ArbZG – teilweise unter Missachtung des Unionsrechts – einen belastungsnahen Ausgleich erschweren. Sowohl der Ausgleich nach § 3 S. 2 ArbZG als auch der Ausgleich nach § 5 Abs. 2 ArbZG unterliegt der Mitbestimmung des Betriebsrats.[156] In der Einigungsstelle ist es möglich, zB Bereitschaftsdienste zu begrenzen und auf die Verkürzung von Ruhezeiten zu verzichten. Solche gesundheitsschützenden Regelungen können sich im Rahmen des Ermessens halten, das der Einigungsstelle nach § 76 Abs. 5 S. 3 BetrVG zusteht.[157] In der Praxis besonders wichtig ist die von § 87 Abs. 1 Nr. 2 BetrVG erfasste[158] **Festlegung der Lage der Pausen iSd § 4 ArbZG**, mit denen der Rhythmus von Arbeit und Freizeit sachgerecht festgelegt werden kann. Eine solche Betriebsvereinbarung ist vom Arbeitgeber nach § 77 Abs. 1 BetrVG durchzuführen; wenn mitbestimmungswidrig Arbeit während der Pausen zugewiesen bzw. angenommen wird, steht dem Betriebsrat nach der aktuellen Rechtsprechung des Bundesarbeitsgerichts ein auf § 23 Abs. 3 BetrVG gestützter **Unterlassungs-**

---

[155] DKKW/Klebe BetrVG § 87 Rn. 248. [156] Dazu Buschmann/Ulber ArbZG § 3 Rn. 13; ErfK/Wank ArbZG § 3 Rn. 7; Zwanziger DB 2007, 1356 (1357); Kohte in: FS Wißmann, S. 331, 335 ff. [157] BAG 22.7.2003 – 1 ABR 28/02, NZA 2004, 507 (510); Kohte in: FS Buschmann, S. 71, 74. [158] BAG 1.7.2003 – 1 ABR 20/02, NZA 2004, 620; Fitting BetrVG § 87 Rn. 118.

anspruch zu.¹⁵⁹ Damit kann der Praxis entgegengewirkt werden, dass ein relevanter Teil der Beschäftigten auch in der Pausenzeit arbeitet (→ ArbZG § 4 Rn. 28). In ähnlicher Weise ist inzwischen konstatiert worden, dass in einer beachtlichen Quote Urlaubsansprüche nicht realisiert werden und verfallen (→ Urlaub und Gesundheitsschutz Rn. 51). Auch hier kann das Betriebsverfassungsrecht mithilfe des **urlaubsbezogenen Mitbestimmungsrechts nach § 87 Abs. 1 Nr. 5 BetrVG** der Durchsetzung des Gesundheitsschutzes und der entsprechenden Organisationspflichten des Arbeitgebers (→ Rn. 34) dienen.¹⁶⁰

67 Wichtige arbeitszeitbezogene Fragen werden vom Mitbestimmungsrecht nach § 87 Abs. 1 Nr. 7 BetrVG umfasst. Ein anschauliches Beispiel ist die **Wahl des Ausgleichs bei Nachtarbeit** nach § 6 Abs. 5 ArbZG, der in Freizeit und in Geld erfolgen kann. Hier können die Betriebsparteien den Vorrang des Freizeitanspruchs vereinbaren und dessen effektive Durchführung regeln.¹⁶¹ Soweit Nacht- und Schichtarbeit vereinbart wird, haben die Schichtpläne nach § 6 Abs. 1 ArbZG den gesicherten arbeitswissenschaftlichen Erkenntnissen zu entsprechen (→ ArbZG § 6 Rn. 10). Dem Mitbestimmungsrecht nach § 87 Abs. 1 Nr. 7 BetrVG ist außerdem die **Gewährung und Gestaltung von Pausen** zuzuordnen,¹⁶² nicht bloß durch § 4 ArbZG, sondern durch **Vorgaben des Arbeitsschutzrechts** – zB nach Anhang Nr. 6.1 Abs. 2 ArbStättV vorgeschrieben sind. Ein wichtiges Beispiel sind Kurzpausen zur Milderung der Folgen belastender oder monotoner Arbeit;¹⁶³ ebenso können Pausen spezifische Belastungen der Nacht- und Schichtarbeit abmildern.¹⁶⁴

68 In jüngster Zeit hat sich am Beispiel der **ständigen Erreichbarkeit** die Notwendigkeit gezeigt, dass auch Arbeitszeitformen kollektivvertraglich zu gestalten bzw. einzuschränken sind, die nicht vom ArbZG erfasst sind. Ein wichtiges Beispiel ist die **Rufbereitschaft**, die zwar nicht als Arbeitszeit iSd § 2 ArbZG qualifiziert wird, aber vom Bundesarbeitsgericht¹⁶⁵ **betriebsverfassungsrechtlich der Arbeitszeit zugeordnet** wird, so dass die Regulierung, mit deren Hilfe Arbeitszeit und Freizeit besser getrennt werden kann, auf § 87 Abs. 1 Nr. 2 BetrVG gestützt werden kann. Ebenso ist die **Einführung von Vertrauensarbeitszeit** mitbestimmungspflichtig,¹⁶⁶ so dass der damit nicht selten verbundenen Verwischung der Grenzen von Arbeitszeit und Freizeit entgegengewirkt werden kann. Weitergehende Regelungen, mit denen **Handynutzung und E-Mailverkehr eingeschränkt** werden können, dienen der Reduzierung psychischer Belastungen, so dass sie als Ausgestaltung von § 3 ArbSchG wiederum dem **Mitbestimmungsrecht nach § 87 Abs. 1 Nr. 7 BetrVG** zuzuordnen sind (→ ArbZG § 8 Rn. 14; ausführlich zur mobilen Arbeit → ArbStättV Rn. 193).¹⁶⁷

69 **3. Regelungen zum BEM nach § 84 Abs. 2 SGB IX.** Vielfältige Anknüpfungspunkte für das Mitbestimmungsrecht des § 87 Abs. 1 Nr. 7 BetrVG ergeben sich bei der Ausgestaltung einer **Verfahrensregelung** des BEM.¹⁶⁸ Der insoweit maßgebliche § 84 Abs. 2 SGB IX (ab 1.1.2018: § 167 SGB IX nF) ist eine der Mitbestimmung zugängliche gesetzliche Vorschrift iSd § 87 Abs. 1 Nr. 7 BetrVG.¹⁶⁹ Die in § 84 Abs. 2 S. 6, 7 SGB IX statuierten Überwachungs- und Klärungsrechte im Einzelfall normieren die Beteiligungsrechte nicht abschließend¹⁷⁰ und treffen insbes. keinerlei Aussage zu Regelungen

---

159 BAG 7.2.2012 – 1 AZR 77/10, DB 2012, 1575 = AiB 2013, 128 mAnm Baumgarten; Klocke, Unterlassungsanspruch, S. 99. **160** DKKW/Klebe BetrVG § 87 Rn. 144 ff.; HaKo-BetrVG/Kohte BetrVG § 87 Rn. 62 ff. **161** BAG 26.4.2005 – 1 ABR 1/04, NZA 2005, 884; BAG 17.1.2012 – 1 ABR 62/10, NZA 2012, 513, dazu Kohte, jurisPR-ArbR 19/2013 Anm. 1; Habich, Sicherheits- und Gesundheitsschutz, S. 197 ff. **162** BAG 2.4.1996 – 1 ABR 47/95, NZA 1996, 998. **163** Oppolzer AiB 2011, 597. **164** Maier, Pausengestaltung als Organisationspflicht, S. 181 ff.; vgl. HaKo-BetrVG/Kohte BetrVG § 87 Rn. 43. **165** BAG 29.2.2000 – 1 ABR 15/99, NZA 2000, 1243; so jetzt auch BVerwG 4.9.2012 – 6 P 10/11, PersR 2012, 464; HaKo-BetrVG/Kohte BetrVG § 87 Rn. 41; Fitting BetrVG § 87 Rn. 96. **166** Fitting BetrVG § 87 Rn. 116; DKKW/Klebe BetrVG § 87 Rn. 100; Hamm AiB 2000, 152 (158). **167** Vgl. ArbG Berlin 22.3.2012 – 54 BV 7072/11. **168** Dazu grundsätzlich Kiesche BPUVZ 2013, 356 (359 f.). **169** BAG 13.3.2012 – 1 ABR 78/10 – NZA 2012, 748; Fitting BetrVG § 87 Rn. 310 a; ErfK/Kania BetrVG § 87 Rn. 66; Richardi BetrVG § 87 Rn. 546; DKKW/Klebe BetrVG § 87 Rn. 259; HaKo-BetrVG/Kohte BetrVG § 87 Rn. 92; Düwell in: LPK-SGB IX § 84 Rn. 69 f.; Deinert NZA 2010, 969 (972); aA GK-BetrVG/Wiese BetrVG § 87 Rn. 227.

iSv § 87 Abs. 1 Nr. 7 BetrVG (→ Rn. 72). Zweck von § 84 Abs. 2 SGB IX ist zumindest auch der Schutz der Gesundheit bei der Arbeit. Da der Gesetzgeber durch § 84 Abs. 2 SGB IX nur das Ziel des BEM und einige grundlegende Strukturelemente des Eingliederungsmanagements normativ vorgegeben hat, verbleiben auf der betrieblichen Ebene die für die Mitbestimmung unerlässlichen Gestaltungsspielräume für konkretisierende Regelungen zum BEM (→ SGB IX § 84 Rn. 56). Das Mitbestimmungsrecht bezieht sich daher auf die Struktur und Ausgestaltung des Klärungsprozesses und kann auch initiativ ausgeübt werden.

Den Umfang des Mitbestimmungsrechtes hat das Bundesarbeitsgericht 2016 präzisiert. Nicht mehr der Mitbestimmung unterliegen Regelungen, die nicht dem Klärungsprozess zuzuordnen sind, sondern das nachfolgende Umsetzung von Maßnahmen betreffen.[171] § 84 Abs. 2 SGB IX als Rahmenvorschrift verpflichtet den Arbeitgeber zu einem Suchprozess, regelt aber keine Umsetzungsmaßnahmen. Aus diesem Grund kann durch den Spruch einer Einigungsstelle auch kein vom Arbeitgeber und Betriebsrat besetztes Gremium gebildet werden, dass über Maßnahmen in Folge des betrieblichen Eingliederungsmanagements entscheidet.[172] Solche Regelungen sind allerdings als **freiwillige Betriebsvereinbarungen** nach § 88 BetrVG oder durch eine freiwillige Vereinbarung nach § 28 Abs. 2 BetrVG weiterhin möglich. Bestehende funktionierende Betriebsvereinbarungen, die solche Regelungen beinhalten, können auch nach dieser Entscheidung als freiwillige Betriebsvereinbarungen weitergeführt werden. Nach § 84 Abs. 2 SGB IX unterliegt die Durchführung des BEM wie die Hinzuziehung des Betriebsrates im Einzelfall der Entscheidungskompetenz des betroffenen Arbeitnehmers. Hieraus leitet das Bundesarbeitsgericht ab, dass das Erstgespräch ohne Betriebsrat zwischen Arbeitnehmer und Arbeitgeber stattfinden habe und in Folge dann Arbeitgeber und Betriebsrat beraten.[173] Diese schematische Zweiteilung ist zu Recht kritisiert worden, da eine gemeinsame Beratungsphase mit explizitem Ausschluss des Betriebsrates rechtssystematisch wie rechtspraktisch verfehlt ist, nicht der vom Gesetz verlangten Mitklärung entspricht und die gesetzlich vorgesehene Rolle der Schwerbehindertenvertretung ignoriert wird.[174] Aus diesem Grund sollte der vom Bundesarbeitsgericht skizzierte Ablauf auch nicht als Folie für zu verhandelnde Betriebsvereinbarungen herangezogen werden (→ SGB IX § 84 Rn. 56).

Eine erfolgreiche Ausübung des Mitbestimmungsrechts setzt eine hinreichende Konkretisierung des Regelungsverlangens voraus. Es reicht nicht aus, wenn der Betriebsrat pauschal das Mitbestimmungsrecht beim BEM nach § 84 Abs. 2 SGB IX reklamiert. Es sind stattdessen möglichst konkret die spezifischen betrieblichen **Regelungsfragen im Zusammenhang mit dem BEM** zu formulieren. Hierzu zählen etwa Regelungen über die **Ansprache der betroffenen Beschäftigten** (schriftlich, mündlich, ggf. kombiniert mit Vorgespräch), die formale und inhaltliche Ausgestaltung der im Gesetz verlangten **Unterrichtung der betroffenen Beschäftigten** über das BEM, Festlegungen über die **personelle Besetzung und „Spielregeln" bei Gesprächen** im Rahmen des BEM (zB Möglichkeit Gesprächspartner auszuwählen) und die **Hinzuziehung weiterer fachkundiger, insbes. externer Akteure** (wie zB Reha-Träger, Integrationsämter und Integrationsfachdienste) oder Regelungen über die **Beendigung des BEM** (Dokumentation der erörterten Eingliederungsmaßnahmen als Information für die betroffenen Beschäftigten). Zu beachten ist, dass das BEM neben dem Mitbestimmungsrecht nach § 87 Abs. 1 Nr. 7 BetrVG **weitere Mitbestimmungstatbestände** betrifft, die insbes. den Schutz der Persönlichkeitsrechte sicherzustellen haben (Umgang mit individuellen Gesundheitsdaten, Führung einer „BEM-Akte", Nachweis des BEM in der Personalakte, Verschwiegenheit der beteiligten Akteure). In Betracht kommen insoweit vor allem mitbestimmte Regelungen nach **§ 87 Abs. 1 Nr. 1, 6 BetrVG**.[175] Vereinbarungen zum BEM sollten dabei stets Anlass sein, bestehende Betriebsvereinbarungen, Regelungsabsprachen und

---

[170] Zutreffend LAG Nürnberg 16.1.2013 – 2 TaBV 6/12. [171] BAG 22.3.2016 – 1 ABR 14/14, NZA 2016, 1283. [172] BAG 22.3.2014 – 1 ABR 14/14, NZA 2016, 1283. [173] BAG 22.3.2014 – 1 ABR 14/14, NZA 2016, 1283 Rn. 29. [174] Kohte, jurisPR-ArbR 9/2017 Anm. 2. [175] BAG 13.3.2012 – 1 ABR 78/10, NZA 2012, 748; LAG Nürnberg 16.1.2013 – 2 TaBV 6/12.

betriebliche Praktiken auf den Prüfstand zu stellen. So bestehen erhebliche Zweifel, ob zB verbindliche „Fehlzeiten- und Krankenrückkehrgespräche" oder Fehlzeitenoptimierungskonzepte, die es in vielen Betrieben gibt, kompatibel mit der durch § 84 Abs. 2 SGB IX gesetzlich angeordneten Grundregel sind, nach der Gespräche im Rahmen von BEM über die Hintergründe von Arbeitsunfähigkeitszeiten nur mit Zustimmung des betroffenen Beschäftigten geführt werden dürfen. Regelungen, wonach vergleichbare Gespräche unter anderer Bezeichnung von den Betroffenen geführt werden müssen, stehen in kaum auflösbarem Widerspruch zu den Leitvorstellungen der Regelungen zur Prävention in § 84 Abs. 2 SGB IX und sind daher durch die Betriebsvereinbarung zum BEM abzulösen.[176]

72 Gegen die vorstehend skizzierten Mitbestimmungsrechte lässt sich nicht einwenden, mit Blick auf das BEM kämen **Regelungen** im Sinne von § 87 Abs. 1 Nr. 7 BetrVG nicht in Betracht, da es letztlich um Maßnahmen zur individuellen Eingliederung von länger arbeitsunfähigen Beschäftigten gehe.[177] Hierbei werden die Funktion und der Regelungsgehalt des § 84 Abs. 2 SGB IX verkannt. BEM ist ein **Suchprozess**, der gesetzlich strikt auf das Ziel ausgerichtet ist, betriebliche Voraussetzungen zu eruieren, damit Arbeitsunfähigkeitszeiten in Zukunft so weit als möglich vermieden bzw. reduziert werden[178] (→ SGB IX § 84 Rn. 20). Gegenstand des Mitbestimmungsrechts ist die Ausgestaltung dieses Prozesses, nicht aber die mitbestimmte Festlegung von Maßnahmen im Einzelfall.[179] Für die Frage, ob die im Rahmen des Suchprozesses erarbeiteten und erörterten individuellen Eingliederungsmaßnahmen tatsächlich umzusetzen sind, bietet § 84 Abs. 2 SGB IX keine normativen Beurteilungsmaßstäbe. Die insoweit maßgeblichen individualrechtlichen Ansprüche ergeben sich vielmehr – „mitbestimmungsfrei" – aus § 618 BGB bzw. im Falle schwerbehinderter Beschäftigter nach § 81 Abs. 4, 5 SGB IX (ab 1.1.2018: § 164 SGB IX nF; → SGB IX § 84 Rn. 33 f.). Der kollektive Charakter der Festlegungen zur Verfahrensregelung des BEM kann dabei nicht ernsthaft bestritten werden: Es geht um die **Begründung einer generellen Verfahrensordnung** für alle im Betrieb durchzuführenden Eingliederungsverfahren nach § 84 Abs. 2 SGB IX mit dem Ziel, den gesetzlich geforderten Suchprozess vor dem Hintergrund der spezifischen betrieblichen Bedingungen effektiv zu gestalten. Hinzuweisen ist an dieser Stelle darauf, dass das BEM durchaus nicht selten **Ausgangspunkt für mitbestimmte Regelungen nach § 87 Abs. 1 Nr. 7 BetrVG** sein wird. Dies ist der Fall, wenn sich im Rahmen des BEM ergibt, dass arbeitsschutzrechtswidrige Arbeitsbedingungen im Zusammenhang mit den Problemen des betreffenden Beschäftigten stehen (zB übermäßiges manuelles Heben und Tragen aufgrund Verstoßes gegen die LasthandhabV).[180] In einer solchen Situation ist der Betriebsrat selbstverständlich nicht gehindert, sondern sogar aufgefordert, die Beachtung der arbeitsschutzrechtlichen Mindeststandards mithilfe seines Mitbestimmungsrechts nach § 87 Abs. 1 Nr. 7 BetrVG durchzusetzen. Die Rahmenregelungen iSd § 87 Abs. 1 Nr. 7 BetrVG ergeben sich in dieser Konstellation allerdings nicht aus § 84 Abs. 2 SGB IX, sondern aus dem materiellen Arbeitsschutzrecht (LasthandhabV, ArbStättV, ArbSchG etc).

73 **4. Organisation der Arbeitssicherheit.** Nach §§ 2, 5 ASiG ist der Arbeitgeber verpflichtet, Betriebsärzte und Fachkräfte zu bestellen, die ihn, die verantwortlichen Personen nach § 13 ArbSchG, den Betriebsrat und die Beschäftigten in Fragen der betrieblichen Sicherheit und Gesundheit fachkundig zu unterstützen und zu beraten haben (§§ 3, 6 ASiG). Das Bundesarbeitsgericht hat bereits im Jahre 1979 entschieden, dass der Betriebsrat ein Mitbestimmungsrecht nach § 87 Abs. 1 Nr. 7 BetrVG hinsichtlich der **Regelung der grundsätzlichen organisatorischen Strukturentscheidung** hat, welches der drei im ASiG vorgesehenen **Betreuungsmodelle** (interne Kräfte, Verpflichtung externer Kräfte, Verpflichtung eines externen überbetrieblichen Dienstes, → ASiG §§ 2–7 Rn. 9)

---

176 Instruktiv zu einer solchen Fallgestaltung LAG Schleswig-Holstein 19.12.2006 – 6 TaBV 14/06, AiB 2007, 425 ff. **177** So zB Balders/Lepping NZA 2005, 854 (855 ff.). **178** BAG 10.12.2009 – 2 AZR 198/09, NZA 2010, 639; Kohte DB 2008, 582 (585). **179** BAG 22.3.2016 – 1 ABR 14/14, NZA 2016, 1283 ff. **180** Kohte WSI-Mitteilungen 2010, 374 (375 f.); Kohte AiB 2009, 387 f.

ausgewählt werden soll.[181] Fachkräfte für Arbeitssicherheit und Betriebsärzte dürfen erst nach einem durchgeführten Mitbestimmungsverfahren im Betrieb eingesetzt werden.[182] Die Missachtung der Mitbestimmung führt zu einem durchsetzbaren Unterlassungsanspruch des Betriebsrates.[183] Insbes. in großen Betrieben kann es sinnvoll sein, die **Modelle interner und externer Betreuung zu kombinieren**. Auf diese Weise können im Einklang mit der Rechtsprechung des Europäischen Gerichtshofs (→ ASiG § 1 Rn. 12) sowohl die Vorteile interner Betreuung nach dem ASiG (insbes. „hautnahe" Kenntnisse der spezifischen betrieblichen Bedingungen, regelmäßige Tätigkeit vor Ort im Betrieb) als auch die Vorteile externer Betreuung (oftmals hohe Spezialisierung, unbefangene Außenansicht) genutzt werden. Von der Strukturentscheidung über das Betreuungsmodell hängen die weiteren Rechte des Betriebsrats im Zusammenhang mit der Bestellung bzw. Verpflichtung der Beauftragten nach dem ASiG ab. So besteht nach § 9 Abs. 3 S. 1 ASiG bei der **konkreten personellen Auswahlentscheidung** ein gleichberechtigtes Mitbestimmungsrecht bei der Bestellung bzw. Abberufung **interner Kräfte**. Dies gilt auch dann, wenn ausnahmsweise leitende Angestellte isv § 5 BetrVG bestellt werden, da sich das Bestellungsverhältnis auf das Amt als Beauftragter im Sinne des ASiG bezieht, das vom Arbeitsverhältnis als Grundverhältnis zu differenzieren ist (→ ASiG §§ 2–7 Rn. 7).[184] Das Gesetz trägt mit diesem Mitbestimmungsrecht, das nach überwiegender und zutreffender Auffassung auch als **Initiativrecht**[185] verfolgt werden kann, dem Umstand Rechnung, dass für eine effektive Erfüllung der gesetzlichen Aufgaben durch die Betriebsärzte und Fachkräfte das Vertrauen beider Betriebsparteien erforderlich ist.[186] Demgegenüber ist die Beteiligung des Betriebsrats bei der Verpflichtung bzw. Entpflichtung **externer Personen oder Dienste** durch das Gesetz schwächer ausgestaltet, da § 9 Abs. 3 S. 3 ASiG insoweit lediglich eine Anhörungspflicht normiert.[187] Um seinen Einfluss zu wahren, ist der Betriebsrat insoweit darauf angewiesen, im Zusammenhang mit den oben angesprochenen grundlegenden Strukturentscheidungen gemäß § 87 Abs. 1 Nr. 7 BetrVG Vorkehrungen zur Gewährleistung einer hohen fachlichen Qualität der Betreuungsdienstleistungen und einer vertrauensvollen Zusammenarbeit zu treffen. So können **fachliche Anforderungsprofile der externen Fachkräfte für Arbeitssicherheit, Betriebsärzte und überbetriebliche Dienste** vereinbart werden (zB Fachkunde bezüglich psychischer Belastung, Befähigung zur Vornahme fachkundiger für den Betrieb wichtiger Messungen). Darüber hinaus ist es möglich und in der Praxis oft auch üblich, die „**Fremdvergabe**" zu **befristen**, so dass im festgelegten Turnus nicht nur die Frage der Fremdvergabe, sondern das Anforderungsprofil der externen Kräfte und Dienste „nachgeschärft" werden kann.

Die organisatorische Anbindung der Betriebsärzte und Fachkräfte für Arbeitssicherheit ist eingehend durch das ASiG gesetzlich geregelt. Vor allem die Bestimmungen des § 8 ASiG, die nach der Rechtsprechung des Bundesarbeitsgerichts zutreffend zu den strukturprägenden Elementen des ASiG zählen,[188] sind in diesem Zusammenhang von Bedeutung. **§ 8 ASiG** bildet vor diesem Hintergrund den gesetzlichen Rahmen iSv § 87 Abs. 1 Nr. 7 BetrVG, der von den Betriebsparteien zu respektieren ist, soweit Entscheidungsspielräume bei der betrieblichen Umsetzung der gesetzlichen organisatorischen Vorgaben bestehen. Durch organisatorische Regelungen zu gewährleisten ist vor diesem Hintergrund die **Unabhängigkeit** der Betriebsärzte und Fachkräfte für Arbeitssicherheit. Nach § 8 Abs. 1 ASiG ist danach sicherzustellen, dass die Beauftragten nach dem ASiG bei der Ausübung ihrer spezifischen Fachkunde weisungsfrei gestellt sind (→ ASiG § 8 Rn. 6 ff.) und sie ihr Vorschlagsrecht direkt beim Arbeitgeber ausüben können (§ 8 Abs. 3 ASiG, → ASiG § 8 Rn. 22 f.). Darüber hinaus verlangt das Gesetz in § 8 Abs. 2 ASiG, dass Betriebsarzt und Fachkraft für Arbeitssicherheit unmittelbar dem Leiter des Betriebes unterstehen, woraus für die Praxis folgt, dass sie organisato-

---

[181] BAG 10.4.1979 – 1 ABR 34/77, NJW 1979, 2362. [182] LAG Hamburg 26.3.2015 – 1 TaBV 6/14. [183] Kohte, jurisPR-ArbR 29/2016 Anm. 1. [184] Fitting BetrVG § 87 Rn. 322. [185] Fitting BetrVG § 87 Rn. 321 mwN. [186] So zutreffend BVerwG 25.1.1995 – 6 P 19/93, PersR 1995, 300 ff. [187] LAG Hamm 7.1.2008 – 10 TaBV 125/07. [188] BAG 15.12.2009 – 9 AZR 769/08, NZA 2010, 506 (508).

risch Stabsstellen zuzuordnen sind, die der Betriebsleitung direkt fachlich und disziplinarisch unterstehen (→ ASiG § 8 Rn. 18 ff.).[189] Die genannten Regelungen des § 8 ASiG begrenzen insoweit iSv § 87 Abs. 1 Nr. 7 BetrVG die Möglichkeiten der Betriebsparteien, die organisatorische Einbindung der ASiG-Experten nach Maßgabe von § 87 Abs. 1 Nr. 7 BetrVG gemeinsam zu gestalten. Sie sind aber nicht abschließend, so dass Regelungen der Betriebsparteien nach § 87 Abs. 1 Nr. 7 BetrVG ausgeschlossen wären. Regelungsbedürftig sind insbes. die **Kooperationsbeziehungen mit anderen betrieblichen Akteuren**, die wichtig für den Wirkungsgrad der sicherheitstechnischen und arbeitsmedizinischen Betreuung sind und aus denen sich Impulse für ihre konkrete Arbeit ergeben. Dies betrifft namentlich die durch § 9 Abs. 1 ASiG angeordnete Kooperation mit dem Betriebsrat, der zudem nach § 9 Abs. 2 ASiG auf Verlangen beanspruchen kann, fachkundig beraten zu werden. Schon um in der Praxis immer wieder auftretende Zweifels- und Konfliktfälle zu vermeiden, kann etwa geregelt werden, dass entsprechende Zeiten zu reservieren sind, um den Betriebsrat zB auf Betriebsratssitzungen beraten zu können oder ihn bei Begehungen (→ BetrVG § 89 Rn. 8) fachkundig zu begleiten. Das Gesetz geht in § 9 Abs. 1, 2 ASiG davon aus, dass die Betriebsärzte und Fachkräfte für Arbeitssicherheit nicht nur die Handlungskompetenz des Arbeitgebers und der verantwortlichen Personen nach § 13 ArbSchG fachlich zu fördern haben, sondern auch der organisatorische Rahmen für eine fachkundig begleitete **Interessenvertretung** zu schaffen ist. Ausgestaltungsbedürftig und organisatorisch abzusichern ist weiter die Zusammenarbeit mit den anderen im Betrieb **für Angelegenheiten der technischen Sicherheit, des Gesundheits- und des Umweltschutzes beauftragten Personen** (§ 10 ASiG). Um einen Austausch mit diesem Personenkreis zu gewährleisten und deren Erkenntnisse zielgerichtet für den Arbeitsschutz nutzbar zu machen, kann etwa die Teilnahme an Gremien oder die Durchführung regelmäßiger Besprechungen geregelt werden.

75 Es zählt zu den Anforderungen an eine **geeignete Organisation** iSv § 3 Abs. 2 ArbSchG, dass in Betrieben mit mehr als 20 Beschäftigten gemäß § 11 ASiG ein **Arbeitsschutzausschuss** eingerichtet ist, in dem ua zu ziehende Maßnahmen des Arbeitsschutzes beraten werden und ihre Umsetzung begleitet wird (→ ASiG § 11 Rn. 6).[190] Nach der Rechtsprechung des Bundesarbeitsgerichtes[191] handelt es bei § 11 ASiG um eine Rechtsvorschrift, die hinsichtlich der Besetzung und des Mindestturnus der Durchführungsverpflichtung dem Arbeitgeber keinen Spielraum lässt, sondern eine abschließende gesetzliche Regelung im Sinne von § 87 Abs. 1 S. 1 BetrVG darstellt. Sollte der Arbeitgeber seiner gesetzlichen Verpflichtung hinsichtlich der Durchführung und der Besetzung nicht nachkommen ist der Betriebsrat berechtigt, nach § 89 Abs. 1 S. 2 BetrVG die zuständige Arbeitsschutzbehörde zu ersuchen, gegenüber dem Arbeitgeber die Verpflichtungen aus § 11 ASiG im Wege einer Anordnung nach § 12 Abs. 1 ASiG durchzusetzen.[192] Damit verbleibt dem Betriebsrat hinsichtlich der Einrichtung und der Besetzung auch kein Initiativrecht, er kann die Einrichtung nur über die staatlichen Aufsichtsbehörden erzwingen. Dass diese Vorgehensweise grundsätzlich kein Verstoß gegen die vertrauensvolle Zusammenarbeit ist, ergibt sich schon aus § 89 Abs. 1 BetrVG.

Nicht abschließend gesetzlich geregelt ist die Vorgehens- und Arbeitsweise des Ausschusses. Zu regeln ist daher die **Arbeitsweise des Ausschusses**, etwa in einer Geschäftsordnung,[193] deren Ausgestaltung dem Mitbestimmungsrecht nach § 87 Abs. 1 Nr. 7 BetrVG unterliegt. Dabei ist darauf achten, dass Teilnahmepflichten in einer solchen

---

[189] BAG 15.12.2009 – 9 AZR 769/08, NZA 2010, 506, dazu Kiesche PersR 2010, 328 und Kohte/Faber, jurisPR-ArbR 43/2010 Anm. 4. [190] Dazu Kollmer/Klindt/Schucht/Kohte ArbSchG § 3 Rn. 54; vgl. LAG Niedersachsen 22.10.2013 – 11 TaBV 49/13. [191] BAG 15.4.2014 – 1 ABR 82/12, NZA 2014, 1094 f.; BAG 8.12.2015 – 1 ABR 83/13, NZA 2016, 504–506. [192] BAG 8.12.2015 – 1 ABR 83/13, NZA 2016, 504–506. [193] Vgl. nur Richardi BetrVG § 87 Rn. 598; Fitting BetrVG § 87 Rn. 328; GK-BetrVG/Wiese BetrVG § 87 Rn. 672.

Regelung nicht durch einen Spruch der Einigungsstelle erzwungen werden können, da die Teilnahmeverpflichtung durch § 11 ASiG abschließend geregelt ist.[194]

Neben den Betriebsärzten und Fachkräften für Arbeitssicherheit ergibt sich aus dem Arbeitsschutz- und Unfallversicherungsrecht die Verpflichtung zur Bestellung **weiterer Akteure**, die im Betrieb Aufgaben des Arbeits- und Gesundheitsschutzes wahrzunehmen haben. Es gehört zu den Grundpflichten des Arbeitgebers nach § 3 Abs. 2 ArbSchG, diese Akteure so in die betrieblichen Organisationsstrukturen einzubinden, dass sie ihren gesetzlichen Aufgaben effektiv nachkommen können. Dabei sind die speziellen gesetzlichen Regelungen zur Ausgestaltung der rechtlichen Stellung dieser Akteure zu beachten. Soweit bei der Entscheidung über die insoweit zu treffenden organisatorischen Regelungen Entscheidungsspielräume bestehen, greift das Mitbestimmungsrecht des § 87 Abs. 1 Nr. 7 BetrVG. Zu nennen sind in diesem Zusammenhang zunächst die **Sicherheitsbeauftragten nach § 22 SGB VII**, deren Aufgabe insbes. darin besteht, die Verantwortlichen (§ 13 ArbSchG) vor Ort an den Arbeitsplätzen zu unterstützen und das Erfahrungswissen der Beschäftigten nutzbar zu machen (→ SGB VII § 22 Rn. 8). Von den Betriebsparteien gemeinsam nach Maßgabe von § 87 Abs. 1 Nr. 7 BetrVG zu regeln sind die **zentralen Strukturentscheidungen** für die Arbeit der Sicherheitsbeauftragten (→ SGB VII § 22 Rn. 25), wie zB die **Abgrenzung der Zuständigkeitsbereiche**, wenn mehrere Sicherheitsbeauftragte im Betrieb zu bestellen sind. Es lässt sich auf dieser Grundlage zB von den Betriebsparteien regeln, dass den unterschiedlichen Erfordernissen, die etwa zwischen Arbeitsplätzen in den Bereichen Verwaltung und gewerbliche Fertigung bestehen oder auch den unterschiedlichen Arbeitsbedingungen in den verschiedenen Abteilungen des Betriebes, Rechnung getragen wird. Denkbar sind aber auch andere Abgrenzungskriterien oder die Kombination mehrerer Merkmale. So können etwa die besonderen Bedürfnisse der im Betrieb vertretenen Beschäftigtengruppen dadurch berücksichtigt werden, dass diese im Kreise der Sicherheitsbeauftragten repräsentiert sein müssen und entsprechende Auswahlkriterien formuliert werden (zB Bestellung von Sicherheitsbeauftragten beiderlei Geschlechts, Berücksichtigung des „Migrationshintergrundes", Sicherheitsbeauftragte aus den Kreisen der jüngeren oder älteren Beschäftigten). Möglich und geboten sind auch Regelungen über die Arbeitsweise der Sicherheitsbeauftragten. So können etwa Regelungen zur Freistellung von der sonstigen Arbeitsleistung getroffen werden, durch die organisatorisch sichergestellt wird, dass für die Aufgaben als Sicherheitsbeauftragter auch im Alltagsgeschäft ausreichend Zeit verbleibt. **Nicht** unter das **Mitbestimmungsrecht** zählt nach überwiegender Auffassung der konkrete Bestellungs- bzw. Abberufungsakt, dh die „**personelle Einzelfallentscheidung**", da es sich insoweit nicht um eine Regelung iSd § 87 Abs. 1 Nr. 7 BetrVG handelt (→ SGB VII § 22 Rn. 24; zu den weiterreichenden Mitbestimmungsrechten des Personalrats → BPersVR Rn. 57). Die durch § 22 SGB VII geforderte Beteiligung des Betriebsrats beschränkt sich insoweit auf die Information durch den Arbeitgeber sowie die Beratung der mitgeteilten Personalvorschläge. Das somit bestehende Letztentscheidungsrecht des Arbeitgebers bei der „personenscharfen" Auswahlentscheidung gilt auch für weitere Akteure der Arbeitsschutz- und Arbeitssicherheitsorganisation. Namentlich hinzuweisen ist insoweit auch auf die Benennung der **Ersthelfer**, **Brandbekämpfer** und **Evakuierungshelfer** nach § 10 Abs. 2 ArbSchG, bei der es sich ebenfalls um eine einzelfallbezogene Maßnahme handelt (→ ArbSchG § 10 Rn. 12). Gemeinsam von den Betriebsparteien nach § 87 Abs. 1 Nr. 7 BetrVG zu treffen sind, wie auch bei den Sicherheitsbeauftragten, die erforderlichen Strukturentscheidungen, etwa im Hinblick auf die Zuständigkeitsbereiche oder der Anzahl der Beauftragten nach § 10 Abs. 2 ArbSchG (→ ArbSchG § 10 Rn. 14).[195] Da es sich um organisatorische Regelungen für **Notfälle** handelt, sind allerdings die Akzente deutlich anders als bei den Sicherheitsbeauftragten zu setzen. So sind eingehende und präzise **Vertretungsregelungen** zu treffen, die jederzeit, dh also auch bei Schichtbetrieb, Urlaub oder

---

194 LAG Rheinland-Pfalz 7.4.2016 – 5 TaBV 21/15, ArbR 2016, 335. **195** Wank ArbSchG § 10 Rn. 10; GK-BetrVG/Wiese BetrVG § 87 Rn. 612.

Krankheit eine funktionsfähige Notfallorganisation garantieren, um etwa im Brandfall jederzeit die erforderlichen Notfallmaßnahmen aufnehmen zu können.

77 Vielfältiger betrieblicher Regelungen nach § 87 Abs. 1 Nr. 7 BetrVG bedarf es zur Umsetzung der seit dem 1.1.2011 geltenden **DGUV Vorschrift 2**.[196] Durch die DGUV Vorschrift 2 werden die Aufgaben der Betriebsärzte und Fachkräfte für Arbeitssicherheit gemäß §§ 3, 6 ASiG stärker an die spezifischen betrieblichen Erfordernisse angebunden als in der Vergangenheit. Es geht darum, einen „**Arbeitsplan**" zu vereinbaren, der den Rahmen für die fachkundige Beratung und Unterstützung der betrieblichen Akteure bildet. Die DGUV Vorschrift 2 differenziert dabei zwischen der Grundbetreuung und der betriebsspezifischen Betreuung. Im Rahmen der Regelung der **Grundbetreuung** (vgl. Anlage 2 Ziff. 2 DGUV Vorschrift 2) geht es darum, den zeitlich festgelegten Betreuungsumfang (variierend zwischen 0,5 Stunden bis 2,5 Stunden jährlich, je nach Gefährdungspotential des Betriebes) auf die in der DGUV Vorschrift 2 ausgewiesenen Aufgabenbereiche aufzuteilen. Diese Aufgabenbereiche beinhalten Aufgaben, die im Prinzip in jedem Betrieb anfallen, wie zB Unterstützung bei der Gefährdungsbeurteilung, Unfalluntersuchungen, Unterstützung bei Dokumentations- und Meldepflichten oder das Mitwirken in betrieblichen Besprechungen (ausführlich → ASiG § 14 Rn. 13). Das Mitbestimmungsrecht bezieht sich insoweit vor allem auf die **Schwerpunktsetzungen** entsprechend den betrieblichen Erfordernissen und auf die **Aufteilung der Aufgaben zwischen Betriebsarzt und Fachkraft für Arbeitssicherheit**.[197] Hieran anknüpfend ist die sog **betriebsspezifische Betreuung** (Anlage 2 Ziff. 3 DGUV Vorschrift 2) zu regeln, mit der insbes. spezielle betriebliche Problemlagen (zB betriebliche Änderungsprozesse, Umbauten, demografische Struktur der Belegschaft, Fortschreiten des Standes der Technik, Wiedereingliederung erkrankter Beschäftigter) zu prüfen und ggf. aufzugreifen sind (dazu ausführlich → ASiG § 14 Rn. 15). Die Betriebsparteien müssen insofern gemäß § 87 Abs. 1 Nr. 7 BetrVG regeln, wie, dh nach welchem Verfahren dieser **Bedarf** zu **ermitteln** ist. So kann etwa, was naheliegt, vereinbart werden, dass das in Anhang 4 DGUV Vorschrift 2 unverbindlich dargestellte Verfahren der Bedarfsermittlung angewendet werden soll. Ebenfalls im Wege des Mitbestimmungsverfahrens ist auf dieser Grundlage der **konkrete Bedarf** der betriebsspezifischen Betreuung hinsichtlich der in der DGUV Vorschrift 2 genannten sachlichen **Aufgabenfelder** zu vereinbaren; hiervon ausgehend ist zu regeln, wie intensiv und dringlich die Betreuung vor dem Hintergrund der konkreten betrieblichen Bedingungen zu erfolgen hat, so dass die Betriebsparteien eigene **betriebliche Arbeitsschutzstrategien und -Schwerpunkte** festlegen können.[198]

X. Praktische Umsetzung des Mitbestimmungsrechts

78 Das Mitbestimmungsrecht nach § 87 Abs. 1 Nr. 7 BetrVG stellt sich in unterschiedlichen Konstellationen, die für eine sachgerechte Lösung differenziert zu erörtern sind. Im Wesentlichen lassen sich die folgenden drei Fallkonstellationen voneinander abgrenzen:
1. Der Arbeitgeber ergreift die Initiative und trifft eine Regelung bzw. legt diese dem Betriebsrat vor.
2. Der Betriebsrat ergreift die Initiative und tritt an den Arbeitgeber heran.
3. Verhandlungen scheitern, eine Einigungsstelle soll nach § 100 ArbGG gebildet werden.

79 **1. Initiative des Arbeitgebers.** Da im heutigen Recht Arbeitsschutzpflichten in aller Regel an den Arbeitgeber adressiert sind, ist der Arbeitgeber regelmäßig zur Initiative verpflichtet. Beabsichtigt er Regelungen aufgrund einer arbeitsschutzrechtlichen Rahmenvorschrift – zB zu Gefährdungsbeurteilungen oder Unterweisungen – einzuführen, bedarf es im Hinblick auf die konkrete Ausgestaltung regelmäßig einer Einigung mit dem Betriebsrat, die nur durch einen Spruch der Einigungsstelle ersetzt werden kann. Ge-

---

[196] Zu den ersten Erfahrungen Riesenberg-Mordeja/Heegner AiB 2012, 517 ff. [197] Dazu Hummel/Callsen AiB 2011, 83 ff. [198] HaKo-BetrVG/Kohte BetrVG § 87 Rn. 89.

staltet der Arbeitgeber die Regelung ohne eine Einigung mit dem Betriebsrat, hat dieser einen **Unterlassungsanspruch** im Hinblick auf die Durchführung der Regelung.[199] Dies gilt grundsätzlich auch im Arbeitsschutz.[200] Aus dem Unterlassungsanspruch kann auch ein **Beseitigungsanspruch** erwachsen, so dass das Bundesarbeitsgericht einen Arbeitgeber verurteilt hatte, einseitig eingeführte Sicherheitsanweisungen aus einem Organisationshandbuch herauszunehmen.[201] Unabhängig von diesem Anspruch des Betriebsrats können Arbeitnehmer wegen der Unwirksamkeit einseitiger Regelungen die Arbeitsleistung nach § 273 BGB verweigern.[202]

In der Praxis kann der Unterlassungsanspruch aber eine sachgerechte Ausübung des Mitbestimmungsrechtes oft nicht sichern. Im Unterschied zu belastenden bzw. in Rechte der Arbeitnehmer eingreifenden mitbestimmpflichtigen einseitigen Aktivitäten des Arbeitgebers, in denen durch ein Unterlassen die Rechte der Arbeitnehmer und des Betriebsrates mindestens zeitweilig geschützt werden, ist der Zweck einer Regelung nach § 87 Abs. 1 Nr. 7 BetrVG die Ausgestaltung der Arbeitsumwelt mit dem Ziel des präventiven Schutzes der Arbeitnehmer vor Gefährdungen. Dieser Schutz erfolgt allerdings regelmäßig durch **Gestaltung des Arbeitsplatzes**. Das Handlungsziel des Arbeitsschutzes wird hier nicht durch ein Unterlassen erreicht, sondern durch das Durchführen von Regelungen, die dieses Schutzniveau sichern. Daher ist in der Praxis der Unterlassungsanspruch im Arbeitsschutz von geringerer Bedeutung. 80

Einseitige Handlungen des Arbeitgebers können sich auch aus dringlichen Handlungspflichten ergeben, die sich zB durch kurzfristige Hitzeperioden, Ausfall der Heizung, Notwendigkeit dringender Reparaturen oder Anordnungen der Aufsicht ohne betrieblichen Regelungsspielraum ergeben. Nach der – nicht unproblematischen[203] – Rechtsprechung des Bundesarbeitsgerichts kann bei solchen Anordnungen das Mitbestimmungsrecht entfallen (→ Rn. 20). Ebenso entfällt das Mitbestimmungsrecht bei **Notfällen**, wenn in einer unvorhersehbaren und schwerwiegenden Situation vorläufige Schutzmaßnahmen getroffen werden müssen. Insoweit kann auf die parallele Wertung des § 14 ArbZG zurückgegriffen werden (→ ArbZG § 14 Rn. 4). Dagegen entfällt das Mitbestimmungsrecht im Allgemeinen nicht in **Eilfällen**, für die rechtzeitig Vorsorge getroffen werden kann (→ ArbZG § 14 Rn. 5).[204] Es wird teilweise die Ansicht vertreten, dass im Arbeitsschutz angesichts der öffentlich-rechtlichen Pflichten des Arbeitgebers auch im Eilfall vorläufige Regelungen mitbestimmungsfrei getroffen werden könnten.[205] Diese Aussage ist zu weitgehend, denn die Einigungsstelle kann nach der heutigen Rechtsprechung[206] in Eilfällen auch einstweilige Regelungen treffen. Nur wenn eine konkrete Gefahr kurzfristige Maßnahmen erfordert, die bis zur vorläufigen Regelung in der Einigungsstelle gelten sollen und wenn die Arbeit nicht eingestellt werden kann, könnte daher eine nicht eil-, sondern notfallbedingte **Beschränkung des Mitbestimmungsrechts** hingenommen werden.[207] 81

2. Initiativrecht des Betriebsrats. Grundsätzlich kann der Betriebsrat das Mitbestimmungsrecht nach § 87 Abs. 1 Nr. 7 BetrVG auch in Form des Initiativrechts ausüben.[208] Auf eine subjektive Regelungsbereitschaft des Arbeitgebers kommt es nicht an,[209] wenn mit der Regelung eine öffentlich-rechtliche Rahmenvorschrift betrieblich ausgestaltet werden soll. Nach der Rechtsprechung[210] des Bundesarbeitsgerichts setzt die Ausübung dieses Initiativrechts aber voraus, dass der Betriebsrat einen konkreten 82

---

199 BAG 3.5.1994 – 1 ABR 24/93, NZA 1995, 40. **200** LAG Frankfurt/M. 29.8.2002 – 5 TaBV-Ga 91/02, RDV 2004, 130; VG Dresden 31.3.2010 – 3 L 118/10, PersR 2011, 263 (systematische Befragung von Beschäftigten über Krankheiten). **201** BAG 16.6.1998 – 1 ABR 68/97, NZA 1999, 49 ff. **202** So GK-BetrVG/Wiese BetrVG § 87 Rn. 641; differenzierend Fitting BetrVG § 87 Rn. 290. **203** Dazu HaKo-BetrVG/Kohte BetrVG § 87 Rn. 11; DKKW/Klebe BetrVG § 87 Rn. 43 ff. **204** St. Rspr. seit BAG 2.3.1982 – 1 ABR 74/79, DB 1982, 1115; HaKo-BetrVG/Kohte BetrVG § 87 Rn. 21. **205** BAG 23.8.2014 – 1 ABR 25/15, NZA 2017, 1132 ff.; Fitting BetrVG § 87 Rn. 289. **206** LAG Frankfurt/M. 25.6.2009 – 5 TaBVGa 52/09, zustimmend DKKW/Berg BetrVG § 76 Rn. 114. **207** Vgl. auch GK-BetrVG/Wiese BetrVG § 87 Rn. 641. **208** Fitting BetrVG § 87 Rn. 287; Richardi BetrVG § 87 Rn. 560; GK-BetrVG/Wiese BetrVG § 87 Rn. 639. **209** BAG 15.1.2002 – 1 ABR 13/01, NZA 2002, 995. **210** BAG 8.6.2004 – 1 ABR 4/03, NZA 2005, 227.

Regelungsvorschlag zur Ausgestaltung der entsprechenden arbeitsschutzrechtlichen Rahmenvorschrift erarbeitet. Das Bundesarbeitsgericht geht richtigerweise davon aus, dass die Struktur des Mitgestaltungsrechtes eine Ausübung des Mitbestimmungsrechtes durch konkrete Regelungen verlangt.[211] Keinesfalls ist es – anders als für Anregungen nach § 80 Abs. 1 Nr. 2 BetrVG – für die Realisierung des Mitbestimmungsrechts ausreichend, den Arbeitgeber aufzufordern, die entsprechende arbeitsschutzrechtliche Rahmenverpflichtung umzusetzen, ohne diese Aufforderung mit einem Ausgestaltungsvorschlag der Rahmenverpflichtung zu verbinden. Dies bedeutet, dass sich der Betriebsrat bezogen auf den jeweiligen Bereich das zur Ausgestaltung notwendige Fachwissen aneignen muss. **Schulungen im Arbeits- und Gesundheitsschutz** hat das Bundesarbeitsgericht schon früh als erforderliche Grundlagenschulungen im Rahmen des § 37 Abs. 6 BetrVG gesehen (→ BetrVG Vor § 87 Rn. 28 f.).[212]

83 Beide Betriebsparteien sind daher gehalten, ihre **Regelungsvorschläge so weit wie möglich zu konkretisieren**. Hierzu ist nicht nur die konkrete Handlungspflicht des Arbeitgebers im Arbeits- und Gesundheitsschutz zu bezeichnen, sondern es sind auch in Ausgestaltung dieser Handlungspflicht auf konkrete Arbeitsplätze bezogene konkrete – und nicht nur abstrakte – Regelungen geboten.[213] Beachtet werden muss auch, dass nach der Struktur des Arbeitsschutzgesetzes die Erforderlichkeit der Maßnahmen des § 3 ArbSchG grundsätzlich durch eine Gefährdungsbeurteilung nach § 5 ArbSchG ermittelt werden muss.[214] Fehlt eine vollständige Gefährdungsbeurteilung, dann sind die Anforderungen an die Begründung einer konkreten Regelung geringer, doch wird eine möglichst enge Orientierung an den Grundsätzen des § 4 ArbSchG geboten sein (→ Rn. 31. In der praktischen Ausgestaltung muss der Betriebsrat nach eingehender Beratung im Gremium daher in der Regel zunächst eine Regelung zur Durchführung der Gefährdungsbeurteilung erarbeiten, um die erforderlichen Abhilfemaßnahmen im Rahmen von § 3 ArbSchG zu ermitteln. Offenkundige Gefährdungen kann der Betriebsrat auch durch Begehungen feststellen (→ Rn. 33). Stocken die Verhandlungen zur Struktur der Gefährdungsbeurteilung, dann sind prozessorientierte Regelungen geboten, damit zB Basisunterweisungen erfolgen können, die mit der schrittweisen Konkretisierung der Gefährdungsbeurteilung verbunden werden (→ Rn. 44).[215]

84 **3. Bildung der Einigungsstelle.** Wenn Verhandlungen abgelehnt werden oder keine zeitnahe Einigung erfolgt, dann sind die Verhandlungen gescheitert; ein solches „Scheitern der Verhandlungen" kann ausdrücklich erklärt werden. Das BetrVG enthält jedoch keine formellen Vorschriften über die Gestaltung oder das Scheitern der Verhandlungen, so dass die Arbeitsgerichte die Bildung einer Einigungsstelle ermöglichen, sobald eine der beiden Betriebsparteien ernsthaft (weitere) Verhandlungen für aussichtslos hält.[216] Die Bildung der Einigungsstelle und die Bestimmung des Vorsitzenden erfolgen nach § 76 Abs. 2 BetrVG durch Einigung der Betriebsparteien. Das Bundesarbeitsgericht[217] hat die Bildung einer Einigungsstelle, die zur „umfassenden Erledigung aller Themen des Gesundheitsschutzes" gebildet worden ist, beanstandet, da ein solcher Regelungsauftrag zu unbestimmt sei. Vielmehr bedürfe es im Bereich der Mitbestimmung nach § 87 Abs. 1 Nr. 7 BetrVG regelmäßig einer Konkretisierung nach der auszufüllenden Rahmenvorschrift des Arbeits- und Gesundheitsschutzes oder den zu gestaltenden Konstellationen.[218]

Ist auch eine solche Einigung nicht zu erreichen, dann wird die Einigungsstelle im beschleunigten Verfahren nach § 100 ArbGG durch das Arbeitsgericht gebildet.

---

[211] BAG 15.1.2002 – 1 ABR 13/01, NZA 2002, 995; dazu Nitsche AiB 2003, 111 ff. [212] So bereits BAG 15.5.1986 – 6 ABR 74/83, NZA 1987, 63; HaKo-BetrVG/Wolmerath BetrVG § 37 Rn. 39; ebenso BAG Essen 30.6.2011 – 3 BV 29/11 zum Thema „burn out" bei entsprechenden betrieblichen Problemlagen, dazu Kohte/Haas, jurisPR-ArbR 29/2012 Anm. 4. [213] Siehe BAG 8.11.2011 – 1 ABR 42/10, DB 2012, 1213. [214] Ausführlich BAG 11.1.2011 – 1 ABR 104/09, NZA 2011, 650 ff. [215] Kohte, jurisPR-ArbR 48/2011 Anm. 4. [216] LAG Schleswig-Holstein 2.3.2011 – 3 TaBV 1/11; LAG Niedersachsen 25.10.2005 – 1 TaBV 46/05, NZA-RR 2006, 142; DKKW/Berg BetrVG § 76 Rn. 5, 47. [217] BAG 28.3.2017 – 1 ABR 25/15, NZA 2017, 1132, 1134. [218] Dazu auch Dahl jurisPR-ArbR 36/2017 Anm. 2.

Das Verfahren nach § 100 ArbGG ist in seiner Konzeption auf eine schnelle Entscheidung angelegt. Es entscheidet der Vorsitzende der jeweiligen Kammer (§ 100 Abs. 1 S. 1 ArbGG) innerhalb einer gesetzlich festgelegten Frist von einem Monat (§ 100 Abs. 1 S. 6 ArbGG) mit einem verkürzten Prüfungsmaßstab. Ebenso ist in § 100 Abs. 2 ArbGG ein beschleunigtes Beschwerdeverfahren normiert. Eine Rechtsbeschwerde zum Bundesarbeitsgericht findet nach § 100 Abs. 2 S. 4 ArbGG nicht statt. Aus dem Antrag muss ersichtlich sein, für welche Fragen zur Konkretisierung arbeitsschutzrechtlicher Pflichten der Betriebsrat eine Regelung anstrebt. Dieser **Regelungsgegenstand** darf nicht schlagwortartig bezeichnet sein,[219] sondern muss hinreichend präzise benannt werden,[220] zB "organisatorische Maßnahmen zur Einbeziehung des Arbeitsschutzes in die betrieblichen Führungsstrukturen".[221] Dagegen muss der Antrag nicht die einzelnen konkreten Regelungen enthalten, die die Einigungsstelle beschließen soll. Insoweit wird die Einigungsstelle bei ihrer Suche nach konkreten Regelungen durch den Einsetzungsbeschluss nicht zusätzlich über den Regelungsgegenstand hinaus beschränkt.[222]

85

Eine Ablehnung des Antrages kommt nur in Betracht, wenn die **Einigungsstelle offensichtlich nicht zuständig** ist (§ 100 Abs. 1 S. 2 ArbGG). Sie ist daher immer dann zu bilden, wenn das Mitbestimmungsrecht nicht offensichtlich ausgeschlossen ist. Dies wird bereits angenommen, wenn in Rechtsprechung und Schrifttum streitig ist, ob im Hinblick auf den streitigen Regelungsgegenstand ein Mitbestimmungsrecht besteht.[223] Die eingesetzte Einigungsstelle prüft dann den Umfang ihrer Spruchkompetenz eigenständig und entscheidet damit zunächst über den Umfang der Mitbestimmung hinsichtlich des beantragten Regelungsgegenstandes. Der Maßstab der Offensichtlichkeit gilt auch für die Fragen, ob der Betriebsrat oder der Gesamtbetriebsrat zuständig ist und ob die Verhandlungen gescheitert sind.[224]

86

Der spezifische Prüfungsgegenstand des § 100 ArbGG öffnet daher den Weg zu einer **frühzeitigen Beratung von Fragen in der Einigungsstelle**, die höchstrichterlich noch nicht erörtert sind.[225] Auch vor der Klärung von Rechtsfragen durch das Bundesarbeitsgericht haben Landesarbeitsgerichte in mehreren Verfahren Einigungsstellen auf der Basis des Mitbestimmungsrechtes nach § 87 Abs. 1 Nr. 7 BetrVG eingerichtet. So hat das LAG Hamm[226] schon 2001 eine Einigungsstelle zur Herbeiführung einer Betriebsvereinbarung zur Gefährdungsbeurteilung und zur Unterweisung eingerichtet. Das LAG Niedersachsen[227] hat noch vor der Änderung der ArbStättV eine Einigungsstelle zum Ausgleich von Belastungen bei stehenden Tätigkeiten im Handel gebildet. Das LAG Düsseldorf[228] richtete bereits 2009 eine Einigungsstelle zur Ausführung und zur Ausgestaltung des betrieblichen Eingliederungsmanagements ein und das LAG Rostock[229] eine für organisatorische Maßnahmen zur Einbeziehung des betrieblichen Arbeitsschutzes in die betrieblichen Führungsstrukturen und seiner Wirksamkeitskontrolle. 2013 hat das LAG Schleswig-Holstein,[230] gestützt auf § 3 a ArbStättV, eine Einigungsstelle, die eine konkrete betriebliche Regelung zur Wärmeentlastung finden soll, eingesetzt.

87

4. Verfahren in der Einigungsstelle. Der Beschluss des Gerichts nach § 100 ArbGG beschränkt sich auf die Bildung der Einigungsstelle; er stellt das Mitbestimmungsrecht nicht fest und bindet die Gerichte im späteren Überprüfungsverfahren (→ Rn. 91) nicht.[231] Er gibt der Einigungsstelle die Chance und die Aufgabe, als Vorfrage möglicher Regelungen ihre eigene Zuständigkeit zu klären. Daraus ergibt sich allerdings die Herausforderung für beide Seiten, gut vorbereitet in die Einigungsstelle zu gehen und

88

---

[219] Düwell/Lipke ArbGG § 100 Rn. 11. [220] LAG Schleswig-Holstein 1.10.2013 – 1 TaBV 33/13; LAG Schleswig-Holstein 2.8.2016 – 1 TaBV 17/16. [221] LAG Rostock 11.11.2008 – 5 TaBV 16/08. [222] LAG Düsseldorf 22.7.2004 – 5 TaBV 38/04, AiB 2005, 122; Bertzbach, jurisPR-ArbR 1/2005 Anm. 3 [223] ErfK/Koch ArbGG § 100 Rn. 3. [224] Düwell/Lipke ArbGG § 100 Rn. 17 b. [225] Dazu bereits Faber/Richenhagen AiB 1998, 317. [226] LAG Hamm 15.7.2001 – 10 TaBV 41/11. [227] LAG Niedersachsen 21.1.2011 – 1 TaBV 68/10, NZA-RR 2011, 247 f. [228] LAG Düsseldorf 29.9.2009 – 19 TaBV 107/09. [229] LAG Rostock 11.11.2008 – 5 TaBV 16/08, dazu Kohte, jurisPR-ArbR 13/2010 Anm. 5. [230] LAG Schleswig-Holstein 1.10.2013 – 1 TaBV 33/13. [231] HWK/Bepler ArbGG § 100 Rn. 5.

die für die jeweiligen Regelungs- und Rechtsfragen geeigneten Beisitzer zu benennen. Außerdem können sich beide Parteien in der Einigungsstelle vertreten lassen.[232] Die Regelungskompetenz der Einigungsstelle bestimmt sich nach der Reichweite der Mitbestimmungsrechte oder einvernehmlichen Regelungen im Rahmen von § 88 BetrVG. Eine Einigungsstelle kann gestützt auf § 87 Abs. 1 Nr. 7 BetrVG auch eine Mindestpersonalbesetzung festlegen, um Gefährdungen durch Überlastungen präventiv zu verhindern. Sie überschreitet ihr Ermessen nicht, wenn sie Mindestbesetzungen für Pflegekräfte in Relation zu betreuenden Patienten festsetzt. Der damit einhergehende Eingriff in die unternehmerische Entscheidungsfreiheit (Art. 12 GG) ist durch die Grundrechte der Arbeitnehmer auf gesunde, sichere und würdige Arbeitsbedingungen aus Art. 31 EU-Grundrechte-Charta und Art. 2 Abs. 2 GG gerechtfertigt. [233]

89 Die Einigungsstelle hat **unverzüglich tätig** zu werden. Der Vorsitzende hat wegen seiner verfahrensleitenden Stellung die erste Sitzung anzuberaumen und darauf hinzuwirken, dass die Sitzung so vorbereitet ist, dass einige Sacharbeit möglich ist. In Arbeitsschutzfragen ist es in aller Regel geboten, zunächst den **Sachverhalt möglichst genau zu klären**. Dazu kann die Einigungsstelle die Vorlage von Unterlagen, zB Gefährdungsbeurteilungen, verlangen, Betriebsbegehungen vornehmen, die betrieblichen ASiG-Experten hören, Zeugen und Sachverständige hinzuziehen.[234] Es hat sich gezeigt, dass gerade in Arbeitsschutzfragen sowohl für die Klärung der Zuständigkeit als auch für die Konkretion der zu treffenden Regelungen eine realistische Klärung des Sachverhalts wichtig ist. Eine Kompetenz der Einigungsstelle, selbst Gefährdungen feststellen zu können, wurde vom Bundesarbeitsgericht aber verneint.[235] Wenn ein Betriebsrat konkrete Gefährdungen geltend gemacht bzw. sich auf gesicherte arbeitswissenschaftliche Erkenntnisse, wie zB das ASR, berufen hat, dann ist dies zu beachten, wenn der Arbeitgeber diese Gefährdungen nicht substantiiert bestritten hat.[236]

90 Kommt die Einigungsstelle mehrheitlich zum Ergebnis, dass sie wegen eines fehlenden Mitbestimmungsrechts nicht zuständig ist, dann ist das Verfahren durch Beschluss einzustellen.[237] Wenn sie dagegen ihre Zuständigkeit bejaht, kann dies zwar in einem **Zwischenbeschluss** festgehalten werden, doch ist eine Anfechtung dieses Beschlusses in der Regel nicht vorgesehen.[238] Die Einigungsstelle ist gehalten, nicht auf gerichtliche Klärungen zu warten, sondern zügig zu konkreten Regelungen zu kommen. Diese können auch in der Einigungsstelle durch **Vereinbarung der Betriebsparteien** geklärt werden; andernfalls werden sie durch **Spruch der Einigungsstelle** bestimmt, der schriftlich niederzulegen[239] und den Beteiligten zuzustellen ist. Der Spruch hat die Wirkung einer Vereinbarung zwischen den Parteien und ist daher durchzuführen. Der Betriebsrat kann sich insoweit auf den aus § 77 Abs. 1 BetrVG abgeleiteten Durchführungsanspruch[240] berufen.

XI. Rechtsdurchsetzung im gerichtlichen Verfahren

91 Entscheidet die Einigungsstelle durch Spruch, kann dieser im Nachgang insoweit überprüft werden, als die Einigungsstelle ihr **Ermessen fehlerhaft ausgeübt** und/oder der Spruch **gegen bindendes Recht verstoßen** hat. Bis zur rechtskräftigen Feststellung der Unwirksamkeit ist der Spruch der Einigungsstelle aber rechtswirksam und betrieblich umzusetzen (→ Rn. 92).[241] Das Verfahren in der Einigungsstelle dient dazu, die mitbestimmungspflichtige Angelegenheit vollständig zu regeln. Ihr Spruch kann daher auch dann unwirksam sein, wenn die Einigungsstelle keine abschließende Regelung trifft[242]

---

232 Fitting BetrVG § 76 Rn. 72. **233** ArbG Kiel 26.7.2017 – 7 BV 67 c/16, NZA-RR 2017, 539. **234** DKKW/Berg BetrVG § 76 Rn. 107 ff. **235** BAG 28.3.2017 – 1 ABR 25/15, NZA 2017, 1132 ff. **236** BAG 18.7.2017 – 1 ABR 59/15, Rn. 17 **237** Fitting BetrVG § 76 Rn. 113. **238** BAG 17.9.2013 – 1 ABR 24/12, DB 2013, 2806. **239** Zu den formellen Anforderungen BAG 5.10.2010 – 1 ABR 31/09, NZA 2011, 420. **240** Ahrendt NZA 2011, 774. **241** LAG Mecklenburg-Vorpommern 3.2.2010 – 2 TaBV 15/09, sowie LAG Mecklenburg-Vorpommern 9.3.2010 – 5 TaBVGa 6/09, dazu Kohte/Faber, jurisPR-ArbR 45/2011 Anm. 6; ebenso Fitting BetrVG § 76 Rn. 164; HaKo-BetrVG/Krasshöfer BetrVG § 76 Rn. 33. **242** BAG 11.2.2014 – 1 ABR 72/12, NZA 2014, 989.

oder die Ausgestaltung der Regelung dem Arbeitgeber überlässt und damit faktisch keine Regelung trifft.[243] Der Spruch der Einigungsstelle muss daher konkrete Regelungen im Hinblick auf die Ausgestaltung der arbeitgeberseitigen Verpflichtungen enthalten. Der Antrag, mit dem die Überschreitung des Ermessens nach § 76 Abs. 5 S. 4 BetrVG gerügt und die Feststellung der Unwirksamkeit des Spruchs der Einigungsstelle[244] verlangt wird, ist in einer Frist von zwei Wochen bei dem zuständigen Arbeitsgericht zu stellen. Die Arbeitsgerichte akzeptieren einen **weiten Ermessensspielraum der Einigungsstelle** und gehen in der Regel erst dann von einem zur Unwirksamkeit des Spruchs führenden Ermessensfehler aus, wenn die Interessen einer der beiden Seiten nicht berücksichtigt worden sind oder wenn die Regelung nicht nur unzweckmäßig, sondern objektiv ungeeignet ist.[245]

Arbeitgeber und Betriebsrat können den Streit um das Bestehen und die Reichweite des Mitbestimmungsrechts auch im Wege eines **Feststellungsantrages** verfolgen. Ein solcher Antrag kann bereits vor dem Einigungsstellenverfahren oder während des Einigungsstellenverfahrens gestellt werden.[246] Das Rechtsschutzinteresse für einen solchen Antrag ist vom Bundesarbeitsgericht regelmäßig bejaht worden; gerade in Arbeitsschutzfragen hat sich ein solches **vorgelagertes Feststellungsverfahren** wenig bewährt, weil es schwierig ist, die notwendige Konkretion der Fragestellungen zu erarbeiten und hinreichend bestimmte Anträge zu stellen.[247] Begehrt der Betriebsrat seine Mitbestimmung nach § 87 Abs. 1 Nr. 7 BetrVG, muss er den Antrag so stellen, dass er im Hinblick auf § 253 ZPO **hinreichend bestimmt** ist. Hier genügt es nicht, in dem Antrag lediglich die gesetzlichen Handlungspflichten aufzuzählen. Vielmehr muss sich aus dem Antrag ergeben, bei welchen konkreten Regelungen zur Ausgestaltung der arbeitsschutzrechtlichen Verpflichtung des Arbeitgebers der Betriebsrat mitbestimmen will.[248] Allerdings kann auch ein konkreter Antrag als Globalantrag und damit als unbegründet zurückgewiesen werden.[249] Als **Globalantrag** bezeichnet die Rechtsprechung Anträge, die so weit gefasst sind, dass sie auch Fallgestaltungen umfassen, bei denen kein Mitbestimmungsrecht gegeben ist.[250]

Eine einstweilige Verfügung gegen nicht mitbestimmte Regelungen des Arbeitgebers ist möglich. Sie soll mangels Verfügungsgrundes dann unzulässig sein, wenn bei einer fehlenden Gefährdungsbeurteilung der Betriebsrat keine konkrete Gefährdung glaubhaft macht.[251] Diese Entscheidung stellt im konkreten Fall zu hohe Anforderungen an die Glaubhaftmachung des Verfügungsgrundes. Es ist Rechtspflicht des Arbeitgebers, vor jeder Einrichtung und/oder Änderung von Arbeitsplätzen durch eine Gefährdungsbeurteilung die geplante Änderung auf ihr Gefährdungspotential hin zu überprüfen.[252] Erst nach einer erfolgten Gefährdungsbeurteilung kann feststehen, ob die geplante Einrichtung der Arbeitsplätze überhaupt den arbeitsschutzrechtlichen Anforderungen entspricht. Sobald der Betriebsrat glaubhaft darlegt, dass die geplante Arbeitsplatzänderung nicht auf der Grundlage einer Gefährdungsbeurteilung erfolgt, da eine solche nicht vorliegt oder eine vorliegende zu anderen Ergebnissen kommt, dürfte der Verfügungsgrund gegeben sein. Anderenfalls würde der Arbeitgeber aus der Verletzung einer Rechtspflicht den Vorteil ziehen, vollendete Tatsachen zu schaffen.

Auch nach dem Ende des Einigungsstellenverfahrens kann ein Feststellungsantrag über das Bestehen oder Nichtbestehen eines Mitbestimmungsrechts gestellt werden.[253] Ein Rechtsschutzinteresse für diesen Antrag besteht nach Erledigung dann weiter, wenn der betreffende Streit künftig wieder im Betrieb auftreten kann.[254] Es besteht immer, wenn sich der Antrag auf die Wirksamkeit einer ungekündigten oder nachwirkenden Be-

---

243 BAG 8.6.2004 – 1 ABR 4/03, NZA 2005, 227. 244 Fitting BetrVG § 76 Rn. 157 ff. 245 BAG 21.9.1993 – 1 ABR 16/93, NZA 1994, 427; Fitting BetrVG § 76 Rn. 155. 246 HaKo-BetrVG/Kohte BetrVG § 87 Rn. 158. 247 Anschaulich BAG 15.1.2002 – 1 ABR 13/01, NZA 2002, 995. 248 Ständige Rechtsprechung, siehe nur BAG 11.6.2002 – 1 ABR 44/01, AiB 2004, 240; dazu Nitsche AiB 2004, 242. 249 BAG 10.3.2009 – 1 ABR 87/07, NZA 2010, 180. 250 BAG 3.6.2003 – 1 ABR 19/02, AiB 2004, 184 = jurisPR 22/2003 mAnm Kohte. 251 LAG Schleswig-Holstein 20.9 2016 – 2 TaBVGa2/16. 252 S. § 5 ArbSchG; § 3 ArbStättV; § 3 BetrSichV 2015. 253 HaKo-BetrVG/Kohte BetrVG § 87 Rn. 158; BAG 30.1.1990 – 1 ABR 2/89, NZA 1990, 571. 254 BAG 16.4.2002 – 1 ABR 34/01, DB 2003, 212 ff.

triebsvereinbarung bezieht[255] und wenn es um Streitigkeiten über die Kompetenz von Gesamt- oder Konzernbetriebsrat geht.[256]

§ 89 BetrVG Arbeits- und betrieblicher Umweltschutz

(1) ¹Der Betriebsrat hat sich dafür einzusetzen, dass die Vorschriften über den Arbeitsschutz und die Unfallverhütung im Betrieb sowie über den betrieblichen Umweltschutz durchgeführt werden. ²Er hat bei der Bekämpfung von Unfall- und Gesundheitsgefahren die für den Arbeitsschutz zuständigen Behörden, die Träger der gesetzlichen Unfallversicherung und die sonstigen in Betracht kommenden Stellen durch Anregung, Beratung und Auskunft zu unterstützen.

(2) ¹Der Arbeitgeber und die in Absatz 1 Satz 2 genannten Stellen sind verpflichtet, den Betriebsrat oder die von ihm bestimmten Mitglieder des Betriebsrats bei allen im Zusammenhang mit dem Arbeitsschutz oder der Unfallverhütung stehenden Besichtigungen und Fragen und bei Unfalluntersuchungen hinzuzuziehen. ²Der Arbeitgeber hat den Betriebsrat auch bei allen im Zusammenhang mit dem betrieblichen Umweltschutz stehenden Besichtigungen und Fragen hinzuzuziehen und ihm unverzüglich die den Arbeitsschutz, die Unfallverhütung und den betrieblichen Umweltschutz betreffenden Auflagen und Anordnungen der zuständigen Stellen mitzuteilen.

(3) Als betrieblicher Umweltschutz im Sinne dieses Gesetzes sind alle personellen und organisatorischen Maßnahmen sowie alle die betrieblichen Bauten, Räume, technische Anlagen, Arbeitsverfahren, Arbeitsabläufe und Arbeitsplätze betreffenden Maßnahmen zu verstehen, die dem Umweltschutz dienen.

(4) An Besprechungen des Arbeitgebers mit den Sicherheitsbeauftragten im Rahmen des § 22 Abs. 2 des Siebten Buches Sozialgesetzbuch nehmen vom Betriebsrat beauftragte Betriebsratsmitglieder teil.

(5) Der Betriebsrat erhält vom Arbeitgeber die Niederschriften über Untersuchungen, Besichtigungen und Besprechungen, zu denen er nach den Absätzen 2 und 4 hinzuzuziehen ist.

(6) Der Arbeitgeber hat dem Betriebsrat eine Durchschrift der nach § 193 Abs. 5 des Siebten Buches Sozialgesetzbuch vom Betriebsrat zu unterschreibenden Unfallanzeige auszuhändigen.

Literatur: *Faber*, Arbeits- und Gesundheitsschutz im Betriebsverfassungsrecht, AiB 1995, 443 ff.; *Georgi*, www.reha-recht.de, Forum B 15 + 16/2008; *Geray*, Zusammenarbeit mit der Gewerbeaufsicht, AiB 1992, 241 ff.; *Julius*, Arbeitsschutz und Fremdfirmenbeschäftigung, 2004; *Kiesche/Rudolph*, Betriebsbeauftragte, AiB 2010, 526 ff.; *Kohte*, Betrieblicher Umweltschutz am Beispiel des Störfallrechts, in: FS Heilmann, 2001, 73 ff.; *Kohte*, Mitbestimmung und betrieblicher Umweltschutz, 2007; *Kohte/Faber*, Störfallrecht und Betriebsverfassung, 2. Aufl. 2009; *Reichel/Meyer*, Betrieblicher Umweltschutz als Schnittmenge zwischen Arbeitsrecht und Umweltrecht, RdA 2003, 101 ff.; *Stockhausen/Pieper*, Der Arbeitsschutzausschuss, sis 2014, 394 ff.; *Wiebauer*, Whistleblowing im Arbeitsschutz, NZA 2015, 22 ff.

Leitentscheidungen: LAG Frankfurt 4.2.1972 – 5 TaBV 3/71, DB 1972, 2214; BAG 11.10.1995 – 7 ABR 42/94, NZA 1996, 934; ArbG Hamburg 6.5.1997 – 25 BVGa 4/97, NZA-RR 2008, 78 = AiB 1997, 611 mAnm Roos; BAG 3.6.2003 – 1 ABR 19/02, DB 2003, 2496 = AP Nr. 1 zu § 89 BetrVG 1972; ; LAG Hessen 26.9.2011 – 16 TaBV 105/11, NZA-RR 2012, 85; BAG 15.4.2014 – 1 ABR 82/12, NZA 2014, 1094 ff.; BAG 8.12.2015 – 1 ABR 83/13, AP Nr. 2 zu § 11 ASiG mAnm Kohte = ArbRAktuell 2016, 199 mAnm Günther.

---

[255] BAG 27.1.2004 – 1 ABR 5/03, NZA 2004, 941 ff. [256] BAG 22.7.2008 – 1 ABR 40/07, NZA 2008, 1248 ff.

I. Normzweck, Systematik	1	V. Formen der Kommunikation und Kooperation	13
II. Entstehungsgeschichte, Unionsrecht	4	VI. Betrieblicher Umweltschutz	17
III. Überwachungsbefugnis des Betriebsrats	6	VII. Rechtsdurchsetzung	19
IV. Akteure der Sicherheitskommunikation	9		

I. Normzweck, Systematik

Seit 1920 ist Arbeitsschutz als ein wichtiges Handlungs- und Aufgabenfeld der Betriebsräte normiert worden. Während anfangs die Pflicht des Betriebsrats zur Überwachung des Arbeitsschutzes und zur Information der Aufsichtsbehörden betont wurde, ist dieses Handlungsfeld seit 1972 in ein **System der gegenseitigen Sicherheitskommunikation und -kooperation** zwischen Arbeitgeber, Betriebsrat und Überwachungsbehörden eingebettet worden.[1] § 89 BetrVG enthält daher differenzierte Bestimmungen, wie die gegenseitige Sicherheitskommunikation zu organisieren ist und vor allem, welche Kommunikationspflichten dem Arbeitgeber obliegen (Information, Hinzuziehung etc). Weiter werden einzelne Teilhaberechte des Betriebsrats besonders hervorgehoben, die auch den **Zusammenhang zum Unfallversicherungsrecht** betonen. Das System der Sicherheitskommunikation im Arbeitsschutz ist aus der Sicht der Gesetzgebung so erfolgreich, dass es 2001 für das **Handlungsfeld des betrieblichen Umweltschutzes** mit nur geringen Modifikationen übernommen worden ist.[2]

Beteiligte der Sicherheitskommunikation sind nicht nur Betriebsräte, Arbeitgeber und die Aufsichtsbehörden, sondern auch weitere **inner- und außerbetriebliche Stellen**, die in diesem Handlungsfeld von Bedeutung sind. In § 89 BetrVG ist insofern eine bewusst offene Formulierung gewählt worden, mit der neue Akteure einbezogen werden können und sollen, die 1972 noch nicht bekannt waren. Damit erweist sich § 89 BetrVG als eine **wichtige Vorschrift des betrieblichen „Arbeitsschutzverfahrensrechts"**,[3] die dem neuen Leitbild einer **Sicherheitskooperation** folgt und die offen für eine unionsrechtskonforme Auslegung ist.

Überwiegend inhaltsgleiche Bestimmungen zur Kommunikation über Fragen von Sicherheit und Gesundheit bei der Arbeit gelten für die **Personalräte des öffentlichen Dienstes** (vgl. zB § 81 BPersVG, § 77 PersVG Berlin).[4] Seit der LPVG NW Novelle 2011 ist nunmehr durch §§ 64, 65 a LPVG NW der betriebliche Umweltschutz zum Gegenstand der obligatorischen Kommunikation zwischen Dienststelle und Personalrat in einer landesrechtlichen Norm gemacht worden.[5]

II. Entstehungsgeschichte, Unionsrecht

Während noch in § 58 BetrVG 52 – ähnlich wie in § 77 ABG NRW[6] – die Verpflichtung der Betriebsräte zur **Unterstützung der Aufsichtsbehörden** betont worden war, ist in den parlamentarischen Beratungen des BetrVG 1972 bewusst ein neues Leitbild der **gemeinsamen Sicherheitskommunikation** von Arbeitgeber, Betriebsrat und Aufsichtsbehörden normiert worden.[7] Die Norm ist in den folgenden Jahren nur geringfügig modifiziert und an die Änderungen anderer Gesetze, wie zB des SGB VII, angepasst worden. Eine wesentliche Erweiterung erfolgte 2001 durch die Einbeziehung des betrieblichen Umweltschutzes, allerdings mit gewissen Modifikationen.[8]

Eine wesentliche Bekräftigung und Weiterentwicklung erfuhr das Leitbild der Sicherheitskommunikation durch die Rahmenrichtlinie zum Arbeitsschutz (**RL 89/391/EWG**), zu deren zentralen Zielen gerade die Förderung und **Ausweitung der Kommunikation und Kooperation** im betrieblichen Arbeitsschutz zählen. Die innerbetriebliche

---

[1] BT-Drs. VI/2729, 4. [2] BT-Drs. 14/5741, 30. [3] Faber, Grundpflichten, S. 463. [4] Dazu Germelmann/Binkert/Germelmann, PersVG Berlin, 3. Aufl. 2010, PersVG Bln § 77 Rn. 1. [5] Welkoborsky PersR 2011, 413 (417); Cremer PersR 2012, 208. [6] Naendrup/Kohte in: FS Fabricius, 1989, S. 133, 139. [7] BT-Drs. VI/2729, 4. [8] Kohte, Mitbestimmung und betrieblicher Umweltschutz, S. 8 ff.

Struktur der **Kommunikation zwischen Arbeitnehmern, Arbeitnehmervertretern und betrieblichen Sicherheitsexperten** ist durch Art. 11 Abs. 2 der Rahmenrichtlinie unionsrechtlich verfasst worden. In der Rechtsprechung des Europäischen Gerichtshofs ist diese Vorschrift als ein Baustein für die Leitbild der vorrangig innerbetrieblich organisierten Sicherheitsexperten qualifiziert worden (→ ASiG § 1 Rn. 11 ff.).[9] Von besonderer Bedeutung ist das Recht der Arbeitnehmer bzw. der Arbeitnehmervertreter, sich gemäß den nationalen Rechtsvorschriften bzw. Praktiken **an die Aufsichtsbehörden wenden** zu können (Art. 11 Abs. 6 Rahmenrichtlinie 89/391/EWG). Dieses Recht ist für die Mitglieder der Betriebsräte in § 89 BetrVG, für die Personalräte in § 81 BPersVG sowie mit einer abgestuften Formulierung für einzelne Beschäftigte in § 17 Abs. 2 ArbSchG normiert worden (→ ArbSchG §§ 15–17 Rn. 32 ff.). Als weiteres Recht ist in **Art. 11 Abs. 6 RL 89/391/EWG** den Vertretern der Arbeitnehmer die Möglichkeit eingeräumt worden, bei Besuchen und Kontrollen der zuständigen Behörden ihre Anliegen und Anregungen vorzubringen. Das **Beteiligungsrecht bei Kontrollen der Aufsicht** verdeutlicht den **umfassenden Ansatz der Sicherheitskommunikation**; dieses Transparenzgebot[10] bezieht ihn auch auf die Aufsichtsbehörden und ihre Besichtigungstätigkeit. § 89 BetrVG hat diesen Grundsatz nur partiell umgesetzt, da wesentliche Fragen bisher nur in Verwaltungsvorschriften geregelt worden sind (→ Rn. 15). Zu beachten ist, dass auch die **Schwerbehindertenvertretungen** Interessenvertretungen sind, denen die Rechte nach Art. 11 Abs. 6 RL 89/391/EWG zustehen, so dass sie ebenfalls bei Betriebsbegehungen zu beteiligen sind.[11]

III. Überwachungsbefugnis des Betriebsrats

6 Nach § 89 Abs. 1 S. 1 BetrVG hat der Betriebsrat das **Recht und die Pflicht**,[12] sich für die Durchführung der Vorschriften des Arbeitsschutzes, der Unfallverhütung und des betrieblichen Umweltschutzes einzusetzen. Damit wird die allgemeine Überwachungs- und Förderpflicht aus § 80 Abs. 1 Nr. 1 und 9 BetrVG (→ BetrVG Vor § 87 Rn. 7 ff.) konkretisiert und verstärkt.[13] Der Betriebsrat kann diese Aufgabe in seine allgemeine Arbeit, wie zB die Betriebsversammlungen nach §§ 42 ff. BetrVG und die regelmäßigen Beratungen mit dem Arbeitgeber nach § 74 Abs. 1 S. 1 BetrVG, integrieren. Sie ist nach § 70 Abs. 2 iVm Abs. 1 Nr. 2 BetrVG zudem ein wichtiger Bestandteil der **Kooperation mit der JAV**.[14]

7 Entsprechend dem heutigen präventiven Ansatz des Arbeitsschutzes ist es auch Recht und Pflicht des Betriebsrates, sich in **betriebliche Änderungsprojekte** einzuschalten, um die erforderlichen Vorkehrungen für Sicherheit und Gesundheit bei der Arbeit in die Planungen einzubringen.[15] Betriebsverfassungsrechtlich wird die Beteiligung am Planungsprozess weiter durch die speziellen Beteiligungsrechte nach § 90 BetrVG (→ BetrVG §§ 90, 91 Rn. 10 ff.) abgesichert, die die Durchführung des Arbeitsschutzes und die menschengerechte Gestaltung der Arbeit fördern sollen.[16] Die Organisation der Kommunikation und die Beteiligung bei betrieblichen Änderungsprozessen ist eine Verpflichtung, deren nicht zu unterschätzende Bedeutung sich auch daran zeigt, dass Verstöße gegen § 90 BetrVG nach Maßgabe von § 121 Abs. 1 BetrVG für den Arbeitgeber bußgeldbewehrt sind. Grundlegende Fragen von Sicherheit und Gesundheit sind zudem in die Beratungen des Wirtschaftsausschusses einzubringen.[17] Die Rechte und Pflichten des Betriebsrats nach § 89 BetrVG sind **betriebsbezogen** und knüpfen nicht an das aktive Arbeitsverhältnis an. Der Überwachungsauftrag erstreckt sich daher auch auf die **Tätigkeit der Beschäftigten von Fremdfirmen** und Selbstständigen, sofern diese in die Arbeitsorganisation des Betriebs integriert sind (→ ArbSchG § 8 Rn. 14).[18] Der

---

9 EuGH 23.5.2003 – C-441/01, Slg 2003 I, 5423; vgl. Kohte/Faber ZESAR 2007, 34 (38). **10** Faber, Grundpflichten, S. 463 ff. **11** Düwell in: LPK-SGB IX § 95 Rn. 12; Müller-Wenner, SGB IX, 2. Aufl. 2011, SGB IX § 95 Rn. 10. **12** Fitting BetrVG § 89 Rn. 11. **13** So BAG 3.6.2003 – 1 ABR 19/02, DB 2003, 2496 = AP Nr. 1 zu § 89 BetrVG 1972. **14** DKKW/Buschmann BetrVG § 89 Rn. 31. **15** Faber, Grundpflichten, S. 86 ff. **16** HaKo-BetrVG/Kohte/Schulze-Doll BetrVG § 90 Rn. 22 f. **17** Vgl. Kohte/Faber, S. 29 f. **18** ErfK/Kania BetrVG § 89 Rn. 1; Schulze-Doll/Paschke in: FS Kohte, 2016, S. 493, 499 ff.

für den Einsatzbetrieb zuständige Betriebsrat des Entleihers ist daher auf jeden Fall nach § 89 BetrVG zu beteiligen (→ ArbSchG § 8 Rn. 30) denn der Entleiher ist auch für den Arbeitsschutz der Leiharbeitnehmer zuständig[19] und daher auch in dieser Rolle von den Behörden zu überwachen.[20] Daneben kann aber auch zugleich der der Betriebsrat im Betrieb des Verleihers hinzuzuziehen sein (zB Unfalluntersuchungen nach einem Arbeitsunfall eines Leiharbeitnehmers).[21]

Aus § 89 Abs. 1 S. 1 BetrVG wird allgemein zutreffend eine **eigene Überwachungsbefugnis** des Betriebsrats für Fragen des Arbeitsschutzes abgeleitet. Der Betriebsrat hat daher auch das Recht, jederzeit **eigene Betriebsbegehungen**[22] durchzuführen, die er nach eigenem Ermessen und Befinden gestalten kann. Dieses auf die Stärkung der betrieblichen Prävention zielende Recht ist nicht davon abhängig, dass konkrete Missstände bekannt geworden sind oder ein konkreter Verdacht von Rechtsverletzungen besteht. Mit Blick auf die Prävention folgerichtig hat der Betriebsrat auch jederzeit ein **Zugangsrecht zu Arbeitsplätzen**, die nicht allgemein zugänglich sind,[23] um dort zB unangekündigte Stichproben vorzunehmen.[24] Sofern Betriebsbereiche aus Gründen der Sicherheit nicht allgemein zugänglich sind, muss der Arbeitgeber Vorkehrungen treffen, dass dem Betriebsrat diese Bereiche jederzeit zugänglich gemacht werden. Dabei hat der Betriebsrat die einschlägigen Sicherheitsvorschriften des betreffenden Bereichs einzuhalten.[25] Besondere Vorkehrungen sind zu treffen, wenn das fragliche Betriebsratsmitglied mit den Verhältnissen vor Ort nicht vertraut ist (zB durch Regelungen über die An- und Abmeldung oder die Einteilung einer mit den Gegebenheiten vertrauten Begleitung). Ein vergleichbares Recht haben auch die **Schwerbehindertenvertretungen** nach § 95 Abs. 1 SGB IX (ab 1.1.2018: § 178 SGB IX nF).[26]

IV. Akteure der Sicherheitskommunikation

Als zentrale Akteure der Sicherheitskommunikation sind zunächst Arbeitgeber und Betriebsrat bzw. die Dienststellenleitung und der Personalrat normiert (§ 81 BPersVG). Die Beteiligung beider **Betriebsparteien** ist für alle Aktivitäten auf diesem Gebiet unverzichtbar. Als weitere Beteiligte sind die für den **Arbeitsschutz zuständigen Behörden** und die **Träger der gesetzlichen Unfallversicherung** (Berufsgenossenschaften, Unfallkassen) einzubeziehen. Die zuständigen Arbeitsschutzbehörden ergeben sich aus dem jeweiligen Landesrecht.[27] Die gewerblichen Berufsgenossenschaften als Träger der Unfallversicherung sind in Anlage Nr. 1 zu § 114 SGB VII aufgelistet.

Weiter werden in der Art einer Generalklausel die „**sonstigen in Betracht kommenden Stellen**" genannt. Diese Formulierung markiert einen weit gefassten **Auffangtatbestand**,[28] da sich die Regeln und Akteure der Sicherheitskommunikation durch weitere Problembereiche und Aufgabenfelder des Arbeitsschutzes und des betrieblichen Umweltschutzes fortlaufend ändern können. Durch diese Formulierung sollte ein Numerus clausus in der Sicherheitskommunikation vermieden werden. Diese sonstigen Stellen können zunächst **innerbetriebliche Akteure** sein, wie zB die Verantwortlichen nach § 13 ArbSchG und die auf Grundlage des ASiG agierenden Betriebsärzte und Fachkräfte für Arbeitssicherheit, die im Übrigen bereits nach § 9 ASiG zur Kooperation verpflichtet sind. Zu nennen sind weiter die Sicherheitsbeauftragten nach § 22 SGB VII,[29] auf deren Bestellung und Arbeit der Betriebsrat Einfluss nehmen kann und darf (→ SGB VII § 22 Rn. 24 f.). In den letzten Jahren sind weitere Funktionen geschaffen worden, die zur Kommunikation mit der betrieblichen Interessenvertretung verpflichtet

---

19 BAG 7.6.2016 – 1 ABR 25/14, NZA 2016, 1420. **20** HaKo-BetrVG/Kohte BetrVG § 89 Rn. 18. **21** Julius, Arbeitsschutz und Fremdfirmenbeschäftigung, S. 135 ff. **22** Fitting BetrVG § 89 Rn. 12; HaKo-BetrVG/Kohte BetrVG § 80 Rn. 20; ArbG Berlin 30.7.1987 – 25 BVGa 3/87, AiB 1988, 187 mAnm Schoof; ArbG Hamburg 6.5.1997 – 25 BVGa 4/97, NZA-RR 2008, 78 = AiB 1997, 611 mAnm Roos. **23** LAG Frankfurt 4.2.1972 – 5 TaBV 3/71, DB 1972, 2214; Faber AiB 1995, 443 (459). **24** Fitting BetrVG § 89 Rn. 12; DKKW/Buschmann BetrVG § 89 Rn. 28; NK-GA/Eylert/Waskow BetrVG § 89 Rn. 7. **25** ErfK/Kania BetrVG § 89 Rn. 3. **26** GK-SGB IX/Christians SGB IX § 95 Rn. 44; Düwell in: LPK-SGB IX § 95 Rn. 12; Georgi, www.reha-recht.de Forum B 15/2008. **27** Überblick bei Kollmer/Klindt/Schucht/Schucht ArbSchG § 21 Rn. 65 ff. **28** HaKo-BetrVG/Kohte BetrVG § 89 Rn. 29. **29** Richardi/Annuß BetrVG § 89 Rn. 16.

sind. Zu ihnen gehören zB der **SiGe-Koordinator** nach § 3 **BauStellV** (→ BauStellV Rn. 30 ff.), der ihm nachgebildete Koordinator nach § 15 Abs. 4 GefStoffV (→ GefStoffV Rn. 59), der Laserschutzbeauftragte nach § 5 OStrV (→ OstRV Rn. 17 ff.), Verantwortliche und Beauftragte nach §§ 13 ff. RöV sowie der Strahlenschutzbeauftragte nach § 31 StrlSchV.[30] Zu nennen sind des Weiteren die Akteure, die im Rahmen der betrieblichen Notfallorganisation Aufgaben übernommen haben, also gemäß § 10 Abs. 2 ArbSchG Ersthelfer, Brandbekämpfer und Evakuierungshelfer. Durch § 10 S. 3 ASiG und § 55 Abs. 3 S. 3 BImSchG sind weitere Kommunikations- und Kooperationspflichten zwischen den Fachkräften für Arbeitssicherheit und den Betriebsärzten als Akteuren des Arbeitsschutzes sowie den betrieblichen Umweltbeauftragten normiert worden (→ ASiG § 10 Rn. 11).

11 Die verschiedenen **Umweltbeauftragten**[31] sind in das Kommunikations- und Kooperationsgebot des § 89 BetrVG integriert.[32] Besonders deutlich ist dies beim **Störfallbeauftragten**, da hier bereits in der RL 96/82/EG die Kooperation mit den Beschäftigten und ihren Vertretern in Sicherheitsfragen verlangt worden ist.[33] Auch die anderen Umweltbeauftragten sind jedoch zur Kooperation nach § 89 Abs. 1 und 2 BetrVG verpflichtet.[34] Zentrales institutionalisiertes Forum der innerbetrieblichen Sicherheitskooperation ist der **Arbeitsschutzausschuss (ASA)**, an dessen Sitzungen die Umweltbeauftragten teilnehmen können.[35] Einrichtungsvoraussetzungen, Zusammensetzung und Arbeitsweise sind durch § 11 ASiG gesondert normiert (→ ASiG § 11 Rn. 12 ff., mit Hinweisen auf die Beteiligung und Mitbestimmung des Betriebsrats bei der Bildung und Arbeitsweise des ASA, → ASiG § 11 Rn. 22 ff.).

12 Die **externen Stellen**, die in Betracht kommen, sind zunächst spezielle Überwachungsbehörden, wie die Bergbehörden und die Seemannsämter oder die Feuerwehren und die für den Katastrophenschutz zuständigen Stellen.[36] Ebenso gehören hierzu inzwischen die Umweltbehörden.[37] Wichtige Arbeitsschutzfunktionen haben auch die **Bauaufsichtsbehörden**, denen zum Beispiel im Brandschutz wichtige Funktionen für die betriebliche Sicherheit und Gesundheit zugewiesen sind.[38] Der Begriff der Stelle ist hinreichend offen, um auch die Technischen Überwachungsvereine sowie die Umweltgutachter nach Anhang 5 EG-VO 761/2001 – jetzt Art. 18 ff. VO 1221/2009/EG – einzubeziehen. Im medizinischen Bereich sind vor allem die ermächtigten Ärzte nach § 64 StrlSchV, § 41 RöV und die staatlichen Gewerbeärzte nach § 4 BKV hier zu erwähnen. Zu den Stellen, die Sicherheit und Gesundheit im Betrieb unmittelbar beeinflussen, zählen weiter Integrationsämter, Integrationsfachdienste sowie die Rentenversicherungsträger als Träger der medizinischen und beruflichen Rehabilitation und die Krankenkassen, die insbes. im Rahmen der betrieblichen Gesundheitsförderung (→ §§ 20 b SGB V Rn. 2 ff.) Teil des betrieblichen Kooperationsnetzwerkes sind.

V. Formen der Kommunikation und Kooperation

13 Angesichts der Vielzahl der in Betracht kommenden Akteure sind **unterschiedliche Formen der Kommunikation** möglich und geboten. Grundsätzlich können die Mitglieder der Betriebsräte sämtliche Stellen mit Anregung, Beratung und Auskunft unterstützen und von ihnen wiederum Informationen verlangen. Die Unterstützung ist in § 89 Abs. 1 S. 2 BetrVG als eine Pflicht der Betriebsräte normiert worden. Diese Pflicht stellt zugleich eine gesetzliche Ausnahme von der Geheimhaltungspflicht nach § 79 Abs. 1 S. 1 BetrVG dar.[39] Anders als noch der frühere § 49 Abs. 4 BetrVG 1952 verlangt § 89

---

30 Vgl. HaKo-BetrVG/Kohte BetrVG § 89 Rn. 33. 31 Kiesche/Rudolph AiB 2010, 520 (525 f.); Überblick bei GK-BetrVG/Wiese/Gutzeit BetrVG § 89 Rn. 65. 32 Zur Kooperation zwischen Arbeits- und Umweltschutz GK-BImSchG/Böhm, 2016, BImSchG § 55 Rn. 48. 33 Kohte/Faber, S. 27. 34 Springmann, Der Betriebsrat und die Betriebsbeauftragten, 2004, S. 175 ff. 35 Kohte in: FS Heilmann, S. 73, 85. 36 GK-BetrVG/Wiese/Gutzeit BetrVG § 89 Rn. 61. 37 Fitting BetrVG § 89 Rn. 16. 38 LAG Mainz 17.11.2011 – 10 TaBV 35/11, AiB 2013, 529 (Ls.); Kohte/Busch, jurisPR-ArbR 12/2012 Anm. 1. 39 BAG 3.6.2003 – 1 ABR 19/02, AP Nr. 1 zu § 89 BetrVG 1972; ErfK/Kania BetrVG § 89 Rn. 2; Faber AiB 1995, 443 (446).

Abs. 1 BetrVG kein **vorheriges innerbetriebliches Klärungsverfahren**.[40] Dies entspricht bereits der frühen Rechtsprechung des Bundesarbeitsgerichts zu den Informationsrechten von Funktionsträgern gegenüber den Aufsichtsbehörden.[41] In der Rechtsprechung des Bundesarbeitsgerichts ist bisher noch nicht abschließend die Frage beantwortet worden, ob und ggf. unter welchen Voraussetzungen Persönlichkeitsrechte der einzelnen Beschäftigten einer Einschaltung der Aufsichtsbehörden durch den Betriebsrat entgegenstehen können (zB Weitergabe von Personaldaten in Gestalt individueller Arbeitszeitnachweise).[42] Dies ist nach § 32 BDSG (ab 25.5.2018: § 26 Abs. 1 S. 1 BDSG nF)[43] eine Frage der Erforderlichkeit und der Rechtsgüterabwägung, wobei im Einzelfall zu begründen wäre, worin Nachteile der einzelnen Beschäftigten bestehen könnten.[44] Im Regelfall wird der Betriebsrat jedoch den Aufsichtsbehörden keine individuellen Personaldaten übermitteln, sondern betriebliche Problemlagen (betriebliche Mängel, Nichtumsetzung von Maßnahmen etc). Dazu ist er aufgrund seiner Unterstützungspflicht berechtigt, solange er den ihm bekannten Sachverhalt zutreffend darstellt (zum Informantenschutz, der auch für Betriebsräte gilt → ArbSchG § 21 Rn. 13).[45] Eine weiter gehende Einschränkung der Kommunikation zwischen Betriebsrat und Aufsichtsbehörden wäre mit Art. 11 Abs. 6 der Rahmenrichtlinie nicht vereinbar.[46] In der neueren Rechtsprechung ist mehrfach darauf hingewiesen worden, dass die Einschaltung der Aufsichtsbehörde namentlich dann für den Betriebsrat eine wichtige Handlungsoption ist, wenn Arbeitsschutzvorschriften abschließend formuliert sind, so dass kein mittels Mitbestimmung auszufüllender betrieblicher Regelungsspielraum besteht. In diesen Fällen steht dem Mitbestimmungsrecht des § 87 Abs. 1 Nr. 7 BetrVG eine die Mitbestimmung ausschließende gesetzliche Regelung gemäß dem Einleitungssatz des § 87 Abs. 1 BetrVG entgegen (→ § 11 ASiG Rn. 22 f.), mit der Folge, dass betriebliche Regelungen nicht mithilfe der Einigungsstelle ggf. auch gegen den Willen des Arbeitgebers erzwungen werden können (zB § 11 ASiG: Pflicht zur Einrichtung eines Arbeitsschutzausschusses durch den Arbeitgeber[47] oder die gesetzliche Pflicht von Betriebsärzten zur Teilnahme an den vierteljährlichen Sitzungen des Ausschusses[48]). Die Effektivität dieser – namentlich vom Bundesarbeitsgericht in den genannten Beschlüssen hervorgehobenen – Handlungsoption hängt maßgeblich davon ab, dass sich die Aufsichtsbehörde der Angelegenheit zeitnah annimmt und sie von ihren hoheitlichen Eingriffsermächtigungen Gebrauch macht. Die Praxis zeigt, dass dies bisher nicht immer gewährleistet ist.[49]

Weit reichende Organisationspflichten obliegen dem Arbeitgeber. Er ist verpflichtet, 14 den Betriebsrat unaufgefordert zu den jeweiligen **Besichtigungen** der Aufsichtsbehörden und der in Betracht kommenden Stellen hinzuzuziehen und ihm Gelegenheit zur Teilnahme zu geben. Der Arbeitgeber hat sich zudem regelmäßig mit den Sicherheitsbeauftragten zu besprechen und organisatorisch sicherzustellen, dass vom Betriebsrat beauftragte Betriebsratsmitglieder gemäß § 89 Abs. 4 BetrVG an diesen Besprechungen teilnehmen (können) und die Protokolle erhalten.[50] Ebenso ist er verpflichtet, dem Betriebsrat die den Arbeitsschutz, die Unfallverhütung und den betrieblichen Umweltschutz betreffenden **Auflagen und Anordnungen** unverzüglich mitzuteilen (§ 89 Abs. 2 BetrVG). Angesichts der zentralen Bedeutung der **Revisionsschreiben** der Aufsichtsbehörden[51] (→ ArbSchG § 22 Rn. 45), die vor einer Anordnung erfolgen, indem sie Pro-

---

40 Vor diesem Hintergrund bedenklich ist die Einschränkung der Kommunikationsrechte des Betriebsrats bei ErfK/Kania BetrVG § 89 Rn. 2. **41** BAG 14.12.1972 – 2 AZR 115/72, AP Nr. 8 zu § 1 KSchG Verhaltensbedingte Kündigung. **42** BAG 3.6.2003 – 1 ABR 19/02, AP Nr. 1 zu § 89 BetrVG 1972; Reichold SAE 2004, 294; vgl. DKKW/Buschmann BetrVG § 89 Rn. 23. **43** Zur Neuregelung des Beschäftigtendatenschutzes Gola BB 2017, 1462 ff. **44** Kohte, jurisPR-ArbR 22/2003 Anm. 1. **45** Kohte Gute Arbeit 1/2015, 28 (30). **46** So HaKo-BetrVG/Kohte BetrVG § 89 Rn. 30; DKKW/Buschmann BetrVG § 89 Rn. 23; aA Reichold SAE 2004, 293 (295); offen gelassen in BAG 3.6.2003 – 1 ABR 19/02, DB 2003, 2496 = AP Nr. 1 zu § 89 BetrVG 1972. **47** LAG Baden-Württemberg 9.8.2012 – 3 TaBV 1/12; BAG 15.4.2014 – 1 ABR 82/12, NZA 2014, 1084. **48** BAG 8.12.2015 – 1 ABR 83/13, NZA 2016, 504 = AP Nr. 2 zu § 11 ASiG mAnm Kohte. **49** Beispiel bei Kohte Gute Arbeit 1/2015, 28 ff. **50** Fitting BetrVG § 89 Rn. 37. **51** Faber, Grundpflichten, S. 399 ff.

bleme und Defizite zunächst zusammenfassen und den Arbeitgeber zur Mängelbeseitigung auffordern, sind diese Revisionsschreiben dem Betriebsrat mitzuteilen.[52] Eine vergleichbare Informationspflicht betrifft die Berichte nach § 16 Abs. 2 StörfallV.[53] Schließlich sind dem Betriebsrat auch die **Niederschriften** über die jeweiligen Besichtigungen und Besprechungen in Kopie zuzuleiten, so dass eine gemeinschaftliche Sicherheitskommunikation und ein informationelles Gleichgewicht der Betriebsparteien ermöglicht werden.

15 Eine weiter gehende Beteiligung der Betriebs- und Personalräte wird zudem in § 12 Abs. 2 ASiG vorgeschrieben (→ ASiG § 12 Rn. 19 ff.), wonach Arbeitgeber und Betriebsrat vor Erlass einer Anordnung von der Aufsichtsbehörde anzuhören sind. Die Aufsichtsbehörden sind auch im Übrigen im Rahmen ihrer **Amtsermittlungspflicht** nach § 20 VwVfG gehalten, Betriebsräte, Sicherheitsbeauftragte und innerbetriebliche Sicherheitsexperten zum jeweiligen Sachverhalt zu hören (→ ArbSchG § 22 Rn. 42 ff.) sowie ihnen die jeweiligen Anordnungen mitzuteilen.[54] Nach Art. 11 Abs. 6 S. 2 RL 89/391/EWG ist die Beteiligung der Arbeitnehmervertreter an den betrieblichen Ermittlungen und Besichtigungen zwingend vorgeschrieben. Aufsichtsbehörden wie auch Berufsgenossenschaften und Unfallkassen dürfen daher, sofern nicht Gefahr im Verzug vorliegt, erst mit der Besichtigung beginnen, wenn auch die Arbeitnehmervertreter anwesend sind. Dies ist in der AVV über das Zusammenwirken der technischen Aufsichtsbeamten der Träger der Unfallversicherung mit den Betriebsvertretungen vom 28.11.1977[55] ausdrücklich vorgeschrieben. Im SLIC-Bericht der höheren Aufsichtsbeamten (→ ArbSchG § 22 Rn. 6) ist festgestellt worden, dass diese AVV unterschiedlich sorgfältig beachtet worden ist. Eine korrekte Umsetzung von Art. 11 Abs. 6 der Richtlinie ist derzeit zudem auch deshalb nicht gewährleistet, da nach der ständigen Rechtsprechung des Europäischen Gerichtshofs einfache **Verwaltungsvorschriften nicht ausreichend** sind, um hinreichend klar und unbedingt die Pflichten aus Richtlinien umzusetzen (→ ArbSchG § 24 Rn. 5).[56] Insoweit ist das deutsche Recht lückenhaft, eine Nachbesserung der gesetzlichen Bestimmungen ist geboten. Daher greift auch die Norm des § 20 Abs. 3 SGB VII zu kurz, die solchen Bestimmungen auch weiterhin Verwaltungsvorschriften zuweisen will. Gleichwohl können bereits heute – unbeschadet der auf jeden Fall gebotenen Nachbesserungen – Betriebsräte von den Aufsichtsbehörden verlangen, dass diese sie beraten und zu den Besichtigungen hinzuziehen (→ ArbSchG § 22 Rn. 42). Dies ist inzwischen auch verdeutlicht in den Grundsätzen und Standards für das Handeln der Arbeitsschutzbehörden, die bundeseinheitlich in der **LV1 „Überwachungs- und Beratungstätigkeit der Arbeitsschutzbehörden der Länder"** festgelegt worden sind.[57]

16 Als weitere konkrete Form der Sicherheitskommunikation sieht § 89 Abs. 6 BetrVG vor, dass dem Betriebsrat eine Durchschrift der nach § 193 Abs. 5 SGB VII zu erstellenden **Unfallanzeige** zur Unterschrift und Stellungnahme zu übermitteln ist. Der Betriebsrat ist nicht allein auf die Alternativen der Unterschrift bzw. der Verweigerung der Unterschrift festgelegt. Er kann die Anzeige vielmehr auch zu einer weitergehenden Stellungnahme nutzen.[58] Dies gilt entsprechend auch für die Berufskrankheitenanzeige nach § 193 Abs. 2 SGB VII.[59]

---

52 HaKo-BetrVG/Kohte BetrVG § 89 Rn. 49; Kohte in: FS Heilmann, S. 73, 81. **53** Kohte/Faber, Störfallrecht und Betriebsverfassung, 2009, S. 31; Kohte in: FS Heilmann, S. 73, 83; jetzt präzisiert durch BGBl. I 2017, 483 ff. **54** Fitting BetrVG § 89 Rn. 27; DKKW/Buschmann BetrVG § 89 Rn. 38; Kohte in: FS Heilmann, S. 73, 82; aA wohl GK-BetrVG/Wiese/Gutzeit BetrVG § 89 Rn. 73. **55** Arbeitsschutz 1978, 211; Anzinger/Bieneck Anhang II 2 S. 425 ff.; Lauterbach/Hussing, 2014, SGB VII § 20 Rn. 39; Pieper BetrVG Rn. 12. **56** EuGH 28.1.1991 – C-131/88, Slg 1991, 825 = EuZW 1991, 405; Langenfeld/Schlemmer-Schulte EuZW 1991, 622. **57** www.las i-info.com; Kohte Gute Arbeit 1/2015, 28 (30). **58** GK-BetrVG/Wiese/Gutzeit BetrVG § 89 Rn. 85; Fitting BetrVG § 89 Rn. 31; Richardi/Annuß BetrVG § 89 Rn. 28. **59** DKKW/Buschmann BetrVG § 89 Rn. 48; vgl. Becker BG 2011, 70.

VI. Betrieblicher Umweltschutz

Mit der BetrVG-Novelle 2001 hat der Gesetzgeber bewusst die Aufgaben des Betriebsrates um den betrieblichen Umweltschutz erweitert. § 89 BetrVG trägt diesem Ziel dadurch Rechnung, dass er den **betrieblichen Umweltschutz** (Legaldefinition § 89 Abs. 3 BetrVG) zum **Gegenstand der betrieblichen Sicherheitskommunikation** macht und die Kommunikationsregeln (Information, Hinzuziehung, Unterstützung) weitgehend angelehnt an die bewährte Kommunikationsverfassung für den Arbeitsschutz trifft. Die Ausweitung der Zuständigkeiten des Betriebsrats war in der Literatur kritisiert worden, da auf diese Weise dem Betriebsrat ein Mandat eingeräumt werde, das über das einer Interessenvertretung der Beschäftigten hinausgehe.[60] 17

Diese in letzter Zeit nicht mehr vertiefte Kritik übersah, dass bereits vor der Novellierung im Jahre 2001 zahlreiche **Schnittstellen zwischen Arbeitsschutz und Umweltschutz** anerkannt waren, so dass die Überwachung und ggf. betriebliche Ausgestaltung dieser Schnittstellen zu den Aufgaben des Betriebsrates gezählt wurden.[61] Zu nennen ist insoweit das **stoffbezogene Umweltrecht**, das regelmäßig nicht nur die Umwelt, sondern ebenso die Beschäftigten schützen soll. Ähnliches gilt für den Schutz vor Industrieunfällen durch die 2017 neu gefasste[62] Störfallverordnung.[63] Auch wenn der durch § 89 Abs. 3 BetrVG gesetzlich definierte Begriff des betrieblichen Umweltschutzes darüber hinausgeht und den **marktbezogenen Umweltschutz** einbezieht, kann der Bezug zu den Aufgaben der Interessenvertretung nicht ernsthaft bestritten werden. Umweltrechtliche Anforderungen können erhebliche Einflüsse auf die organisatorischen Abläufe sowie den (unveränderten) Bestand eines Betriebes haben und die Beschäftigungsverhältnisse der Mitarbeiterinnen und Mitarbeiter in ihrem Bestand gefährden.[64] Insgesamt hat diese Neuregelung die Chancen vergrößert, die betriebliche Kommunikation und Kooperation zwischen Arbeits- und Umweltschutz zu fördern.[65] 18

VII. Rechtsdurchsetzung

§ 89 BetrVG eröffnet dem Betriebsrat differenzierte Informations- und Teilhaberechte, die dieser zum Gegenstand von **arbeitsgerichtlichen Beschlussverfahren** machen kann, in denen Informationspflichten durch Leistungsanträge geltend gemacht werden können;[66] **Feststellungsanträge**, dass der Betriebsrat bei einer konkreten Besichtigung hinzuzuziehen war, sind zulässig, wenn ein entsprechendes Rechtsschutzinteresse besteht. Wird die Kommunikation und eigenständige Überwachung nach § 89 BetrVG behindert, kann sich daraus auch ein **Unterlassungsanspruch** ergeben.[67] In dringenden Fällen ist – ebenso wie in der Rechtsprechung zu § 80 BetrVG[68] – auch der **einstweilige Rechtsschutz** eröffnet. Zuständig ist nach § 2 a ArbGG das Arbeitsgericht mit dem arbeitsgerichtlichen Beschlussverfahren. Dies gilt ebenso in den Fällen, in denen sich der Antrag gegen eine andere in Betracht kommende Stelle richtet, wenn zB eine Bauaufsichtsbehörde oder eine Umweltbehörde die Sicherheitskommunikation verweigert und nicht mit dem Betriebsrat zusammenarbeitet. Sofern der Betriebsrat sich vergeblich an die Aufsichtsbehörde wendet, damit diese gegen Verstöße gegen zwingende und eindeutige arbeitsschutzrechtliche Pflichten mit hoheitlichen Mitteln aufgreift, ist eine Verpflichtungsklage vor dem Verwaltungsgericht mit dem Ziel aufsichtsbehördlichen Einschrei- 19

---

60 Rieble ZIP 2001, 133 (140); Schiefer/Korte NZA 2001, 71 (84). **61** BAG 11.10.1995 – 7 ABR 42/94, NZA 1996, 934; zustimmend Faber ZUR 1996, 328; Kohte JR 1997, 132; Froschauer, Arbeitsrecht und Umweltschutz, 1994, S. 161 ff.; Reichel/Meyer RdA 2003, 101 (103); vertiefend Hoffmann/Matthies/Mückenberger, Der Betrieb als Ort ökologischer Politik, 1992. **62** BGBl. I 2017, 483 ff. **63** Dazu nur Kohte, Mitbestimmung beim betrieblichen Umweltschutz, S. 29 ff. **64** Dazu genauer Hako-BetrVG/Kohte BetrVG § 89 Rn. 26. **65** Reichel/Meyer RdA 2003, 101 (106); Kohte, Mitbestimmung beim betrieblichen Umweltschutz, S. 30 f. **66** So bereits der Antrag des Betriebsrats im Beschlussverfahren BAG 27.11.1968 – 1 ABR 6/67, AP Nr. 1 zu § 58 BetrVG. **67** LAG Hessen 26.9.2011 – 16 TaBV 105/11, NZA-RR 2012, 85. **68** LAG Hamm 2.10.2001 – 13 TaBV 106/01, AiB 2002, 114 mAnm Täuber; ArbG Berlin 30.7.1987 – 25 BVGa 3/87, AiB 1988, 187 mAnm Schoof; ArbG Hamburg 6.5.1997 – 25 BVGa 4/97, AiB 1997, 611 mAnm Roos. **69** Richardi/Annuß BetrVG § 89 Rn. 43; ErfK/Kania BetrVG § 89 Rn. 11; DKKW/Buschmann BetrVG § 89 Rn. 66; Faber AiB 1995, 443 (459).

tens gegenüber dem pflichtwidrig agierenden Arbeitgeber in Betracht zu ziehen (zum Anspruch der einzelnen Beschäftigten auf Einschreiten der Behörde → ArbSchG § 22 Rn. 67). Ein solcher Anspruch auf ordnungsbehördliches Einschreiten dürfte jedenfalls dann greifen, wenn der Betriebsrat durch die Pflichtverletzung in eigenen Beteiligungsrechten betroffen ist. Eine solche Konstellation ist zB gegeben, wenn die Aufsichtsbehörde ungeachtet einer entsprechenden Anzeige des Betriebsrats (→ Rn. 13) und entgegen den zwingenden Vorgaben des § 11 ASiG nicht die Bildung eines Arbeitsschutzausschusses gemäß § 11 ASiG anordnet.[70] Durch die Nichteinrichtung des Arbeitsschutzausschusses wird dem Betriebsrat in diesem Falle die Möglichkeit genommen, Mitglieder in den Arbeitsschutzausschuss zu entsenden und auf diese Weise am Informationsaustausch innerhalb des Gremiums zu partizipieren. Werden Betriebsräte am Zugang zu arbeitsschutzrelevanten Informationen oder Betriebsteilen gehindert oder gezielt nicht zu Besichtigungen oder Besprechungen hinzugezogen, so kann dies den **Straftatbestand des § 119 Abs. 1 Nr. 2 BetrVG** erfüllen.[71]

§ 90 BetrVG Unterrichtungs- und Beratungsrechte

(1) Der Arbeitgeber hat den Betriebsrat über die Planung
1. von Neu-, Um- und Erweiterungsbauten von Fabrikations-, Verwaltungs- und sonstigen betrieblichen Räumen,
2. von technischen Anlagen,
3. von Arbeitsverfahren und Arbeitsabläufen oder
4. der Arbeitsplätze

rechtzeitig unter Vorlage der erforderlichen Unterlagen zu unterrichten.

(2) ¹Der Arbeitgeber hat mit dem Betriebsrat die vorgesehenen Maßnahmen und ihre Auswirkungen auf die Arbeitnehmer, insbesondere auf die Art ihrer Arbeit sowie die sich daraus ergebenden Anforderungen an die Arbeitnehmer so rechtzeitig zu beraten, dass Vorschläge und Bedenken des Betriebsrats bei der Planung berücksichtigt werden können. ²Arbeitgeber und Betriebsrat sollen dabei auch die gesicherten arbeitswissenschaftlichen Erkenntnisse über die menschengerechte Gestaltung der Arbeit berücksichtigen.

§ 91 BetrVG Mitbestimmungsrecht

¹Werden die Arbeitnehmer durch Änderungen der Arbeitsplätze, des Arbeitsablaufs oder der Arbeitsumgebung, die den gesicherten arbeitswissenschaftlichen Erkenntnissen über die menschengerechte Gestaltung der Arbeit offensichtlich widersprechen, in besonderer Weise belastet, so kann der Betriebsrat angemessene Maßnahmen zur Abwendung, Milderung oder zum Ausgleich der Belastung verlangen. ²Kommt eine Einigung nicht zustande, so entscheidet die Einigungsstelle. ³Der Spruch der Einigungsstelle ersetzt die Einigung zwischen Arbeitgeber und Betriebsrat.

Literatur: *Bonin*, Die Richtlinie 2002/14/EG zur Unterrichtung und Anhörung der Arbeitnehmer und ihre Umsetzung in das BetrVG, AuR 2004, 321; *Faber*, Mitbestimmen bei wesentlichen Änderungen von Arbeitsstätten, AiB 2012, 529; *Klocke*, Der Unterlassungsanspruch in der deutschen und europäischen Betriebs- und Personalverfassung, 2013; *Schlick/Bruder/Luczak*, Handbuch der Arbeitswissenschaft, 2010; *Oppolzer*, Kurzpausen, AiB 2011, 597 ff.; *Pauli*, Arbeit besser gestalten, AiB 2010, 542; *Wlotzke*, Die Änderungen des Betriebsverfassungsgesetzes, DB 1989, 111.

Leitentscheidungen: OLG Düsseldorf 8.4.1982 – 5 Ss (OWi) 136/82, DB 1982, 1575; BAG 11.12.1991 – 7 ABR 16/91, NZA 1992, 850; ArbG Rostock 28.4.2009 – 1 BVGa 3/09, AiB 2010, 407 mAnm Bernhardt.

---

70 Zur Berechtigung des Betriebsrats, Verstöße gegen zwingende und abschließende gesetzliche Vorgaben bei der Aufsichtsbehörde anzuzeigen, vgl. BAG 15.4.2014 – 1 ABR 82/12, NZA 2014, 1084; BAG 8.12.2015 – 1 ABR 83/13, NZA 2016, 504 = AP Nr. 2 zu § 11 ASiG mAnm Kohte.
71 Fitting BetrVG § 89 Rn. 38; GK-BetrVG/Wiese/Gutzeit BetrVG § 89 Rn. 87.

Unterrichtungs-, Beratungs- und Mitbestimmungsrecht §§ 90, 91 BetrVG 7

I. Normzweck und Systematik	1	3. Rechtsdurchsetzung	22
II. Entstehungsgeschichte, Unionsrecht	6	IV. Mitbestimmungsrecht des § 91 BetrVG	24
III. Unterrichtung und Beratung nach § 90 BetrVG	9	1. Voraussetzungen des korrigierenden Mitbestimmungsrechts	27
1. Gegenstände der Unterrichtung	12	2. Möglichkeiten zur Abhilfe	32
2. Beratung mit dem Betriebsrat	18	3. Rechtsdurchsetzung	39

I. Normzweck und Systematik

Die Mitbestimmung bei der Gestaltung von Arbeitsplatz, Arbeitsablauf und Arbeitsumgebung ist in einem eigenen vierten Abschnitt in die Systematik der Mitwirkungs- und Mitbestimmungsrechte des Betriebsrates eingefügt. Der Gesetzgeber ordnet dem **arbeitsgestaltenden Ansatz** damit einen Rang zu, der den sozialen, personellen und wirtschaftlichen Angelegenheiten gleichgestellt ist. Maßstab für das Anliegen des Gesetzgebers sind die Menschenwürde und die menschlichen Bedürfnisse selbst. Der Gestaltungsanspruch erfasst den Arbeitsplatz mit seiner Ausstattung, den Ablauf der Arbeit und die weitere Arbeitsumgebung. Da der Beschäftigte große Teile seines Lebens am Arbeitsplatz verbringt, soll ein extensiv verstandenes Arbeitsumfeld insgesamt „menschengerecht" konzipiert werden. Die **Querschnittsaufgabe Arbeitsgestaltung** weist Berührungspunkte zur Mitbestimmung in sozialen Angelegenheiten zB bei der Gestaltung von Arbeitszeiten und Pausen (§ 87 Abs. 1 Nr. 2 BetrVG) oder auch bei der Durchführung von Gruppenarbeit (§ 87 Abs. 1 Nr. 13 BetrVG) auf. 1

Die wichtigste Überschneidung ergibt sich jedoch im Hinblick auf § 87 Abs. 1 Nr. 7 BetrVG, also bei Regelungen zur Realisierung des Gesundheitsschutzes und der Verhütung von Arbeitsunfällen und Berufskrankheiten (dazu → BetrVG § 87 Rn. 2). § 87 Abs. 1 Nr. 7 BetrVG dient der Effizienz des betrieblichen Arbeits- und Gesundheitsschutzes und gewährt dem Betriebsrat eine Mitregelungsbefugnis, die über die Einigungsstelle erzwungen werden kann[1] und damit über das in § 91 BetrVG geregelte „Abwehrrecht" des Betriebsrats hinausgeht. Dem ArbSchG, insbesondere § 2 Abs. 1 ArbSchG, liegt ein **erweitertes Verständnis eines modernen Arbeitsschutzes** zugrunde, das Maßnahmen der menschengerechten Gestaltung der Arbeit einschließt. Das bedeutet, dass Arbeitsschutz sich einerseits darin realisiert, dass spezifische gesundheitsschädliche Einwirkungen vermieden und minimiert werden, andererseits aber auch Effekte von Arbeitsgestaltung generell, dh in ihrer Gesamtheit bereits bei der Konzeption der Arbeitsplätze mit bedacht werden müssen. Ein solcher **vorgelagerter Arbeitsschutz**, der die menschengerechte Gestaltung der Arbeit einschließt, muss zB bei der Auswahl von Arbeitsmitteln und Arbeitsverfahren ansetzen – dazu jetzt § 6 Abs. 1 S. 5 BetrSichV – und ergonomische, arbeitspsychologische und arbeitsmedizinische Kenntnisse beachten und umsetzen (→ ArbSchG § 2 Rn. 9 ff.).[2] Die zunächst in §§ 90, 91 BetrVG verankerte Erwartung, dass Betriebsräte wichtige Triebkräfte einer Humanisierung der Arbeitswelt sein können, hat damit eine zusätzliche und wichtiger werdende Grundlage in § 87 Abs. 1 Nr. 7 BetrVG – mit der Konsequenz eines verstärkten Partizipationsrechtes.[3] 2

Die vor allem in den siebziger Jahren entwickelte und ausgeprägte Zielsetzung einer **Humanisierung der Arbeitswelt** verlangt umfassende Verbesserungen der Arbeitsbedingungen, die über die Gewährleistung von körperlicher und geistiger Gesundheit hinaus auf ein umfassendes Wohlbefinden des Beschäftigten und dessen Zufriedenheit abzielen. 3

---

[1] Fitting BetrVG § 87 Rn. 257. [2] Faber, Grundpflichten, S. 78 ff. [3] Fitting BetrVG § 90 Rn. 4.

Als **Beispiele für menschengerechte Arbeitsgestaltung** und mögliche Ziele des Betriebsrates werden etwa genannt:[4]
- Förderung der Persönlichkeit der Beschäftigten im Sinne der Gewährleistung individueller Freiheit und Lebensqualität;
- Reduzierung schädlicher Effekte (zB Monotonie, Stress, maschinenbestimmter Arbeitsrhythmus) durch Einsatz geeigneter Arbeits- und Fertigungsverfahren bzw. Arbeitsmittel;
- Gewährleistung von kurzfristigen Arbeitsunterbrechungen und Kommunikation der Beschäftigten;
- Vermeidung sinnentleerender Arbeitsteilung;
- Berücksichtigung der individuellen Belastbarkeit und der Bedürfnisse der Beschäftigten auch bei körperlichen oder geistigen Besonderheiten; Einhaltung menschlicher Leistungs- und Beanspruchungsgrenzen;
- Möglichkeiten, sich innerhalb des Arbeitsverhältnisses weiterzubilden und angereicherte Aufgaben zu übernehmen;
- Möglichkeiten, die Arbeitsleistung den Schwankungen im menschlichen Leistungsvermögen anzupassen;
- menschengerechte Ausgestaltung von Kontrollsystemen beim Einsatz moderner Technologien.

Die praktischen Konsequenzen aus den Anforderungen einer humanen Gestaltung von Arbeitsplatz, Arbeitsablauf und Arbeitsumgebung fallen je nach den betrieblichen Gegebenheiten (zB Fließband, Pflege, Callcenter) im Einzelnen unterschiedlich aus. Die Unterstützung von Arbeitsschutz einschließlich der menschengerechten Gestaltung der Maßnahmen ist Aufgabe der Fachkräfte für Arbeitssicherheit (§ 6 ASiG) und damit auch des Arbeitsschutzausschusses (§ 11 ASiG). In vielen Fällen wird die Hinzuziehung zusätzlichen externen Sachverstandes über § 80 Abs. 3 BetrVG möglich und notwendig sein (→ BetrVG Vor § 87 ff. Rn. 27).

4 Dadurch, dass der Arbeitgeber bereits im Rahmen des Arbeitsschutzes Grundsätze der menschengerechten Gestaltung der Arbeit berücksichtigen muss, sind Fragestellungen aus dem Anwendungsfeld des § 91 BetrVG immer auch unter dem Gesichtspunkt der Anwendbarkeit des § 87 Abs. 1 Nr. 7 BetrVG zu sehen. Die im Anwendungsbereich der §§ 90, 91 BetrVG entstandene Sphäre eines teilweise als autonom bezeichneten Arbeitsschutzes, der den verpflichtenden gesetzlichen Arbeitsschutz ergänzt,[5] ist durch den modernen Arbeitsschutzansatz, der Arbeitsgestaltung integriert, kleiner geworden. Insbesondere dort, wo Arbeitsgestaltung der Vermeidung und Minderung gesundheitsbeeinträchtigender Belastung bzw. Beanspruchungen dient, handelt es sich um gesetzlichen Arbeitsschutz, der der Mitbestimmung des § 87 Abs. 1 Nr. 7 BetrVG unterliegt. Dies gilt unter anderem auch für die Reduzierung psychischer Belastungen.

5 Im Bereich des Arbeitsschutzes ist der Betriebsrat daher nicht darauf angewiesen, dass der Arbeitgeber Arbeitsplätze, Arbeitsablauf oder Arbeitsumgebung nachträglich entgegen gesicherten arbeitswissenschaftlichen Erkenntnissen **ändert** (§ 91 BetrVG), um aktiv werden zu können. Vielmehr kann der Betriebsrat unabhängig vom lediglich korrigierenden Mitbestimmungsrecht des § 91 BetrVG über § 87 Abs. 1 Nr. 7 BetrVG Regelungen mit dem Arbeitgeber treffen bzw. über die Einigungsstelle erzwingen. Dient die begehrte Regelung der Abwendung von Beanspruchungsfolgen, können damit auch bereits seit längerer Zeit bestehende Abweichungen von der arbeitswissenschaftlichen Sollbeschaffenheit angegangen und beseitigt werden. Ein offensichtlicher Widerspruch zu arbeitswissenschaftlichen Erkenntnissen wird in § 87 Abs. 1 Nr. 7 BetrVG nicht vorausgesetzt. Wegen der in der Regel niedrigeren Schwelle wird der Betriebsrat daher vorrangig über die Mitbestimmung beim Arbeitsschutz vorgehen und nur in den relativ wenigen Fällen, in denen sich kein Bezug zu irgendeiner Beanspruchungsfolge herstellen lässt, auf das Mitbestimmungsrecht des § 91 BetrVG angewiesen sein. Daneben be-

---

4 Pieper ArbSchG § 2 Rn. 9. 5 Fitting BetrVG § 90 Rn. 2 f.; kritisch gegenüber der Formulierung: HaKo-BetrVG/Kohte/Schulze-Doll BetrVG § 90 Rn. 3.

steht in beiden Fällen die Möglichkeit, sich frühzeitig über die Planung des Arbeitgebers zu informieren und eine humane Ausgestaltung von Technik, Arbeitsumgebung, Arbeitsverfahren, Arbeitsablauf und Arbeitsplatz über das Beratungsrecht des § 90 BetrVG einzufordern. Die Informationspflichten des Arbeitgebers und die Beratungsrechte bei der Planung bestehen auch dann, wenn der Arbeitgeber an der Konkretisierung des gesetzlichen Arbeitsschutzes nach § 87 Abs. 1 Nr. 7 BetrVG mitwirkt.[6]

II. Entstehungsgeschichte, Unionsrecht

§§ 90, 91 BetrVG gehörten zu den intensiv diskutierten, zentralen Neuerungen des BetrVG 1972, mit denen damals eine präventive und autonome Gestaltung der Arbeitsplätze gefördert werden sollte, die deutlich über den klassischen Arbeitsschutz hinaus reicht.[7] Dazu wurden dem Betriebsrat **Informations- und Beratungsrechte** zuerkannt, die **zeitlich weit nach vorn verlagert** waren. In den Beratungen sollten die damals neu definierten „gesicherten arbeitswissenschaftlichen Erkenntnisse" eine zentrale Rolle spielen, deren nachhaltige Verletzung den Weg zu einem eng limitierten „korrigierenden Mitbestimmungsrecht" öffnete. Die Kategorie der **gesicherten arbeitswissenschaftlichen Erkenntnisse** wurde weiter aufgegriffen in § 1 Nr. 2 ASiG, § 3 Abs. 1 ArbStättV 1975 und § 28 Abs. 1 S. 2 JArbSchG 1976 und im Forschungsprogramm zur „Humanisierung des Arbeitslebens" untermauert.[8] Nach 1980 trat hier ein langjähriger Stillstand ein; ausschließlich das Beratungsrecht nach § 90 BetrVG wurde 1988 stabilisiert und erweitert.[9]

Einen neuen Impuls setzte erst das Europarecht mit der RL 89/391/EWG, die einen präventiven Gesundheitsschutz mit einem erweiterten Ansatz verlangte. Mit der Umsetzung in § 2 ArbSchG wurde jetzt eine Rechtspflicht zu menschengerechter Gestaltung der Arbeit normiert, die nach § 4 Nr. 3 ArbSchG auch eine Berücksichtigung gesicherter arbeitswissenschaftlicher Erkenntnisse anordnete. Damit stellte sich die Diskussion zum Verhältnis zwischen § 87 Abs. 1 Nr. 7 BetrVG und § 91 BetrVG neu (→ Rn. 2, 25).

Für die Beratungsrechte nach § 90 BetrVG stellten sich neue Herausforderungen durch die **Konsultationsrichtlinie RL 2002/14/EG**, die in Art. 4 Abs. 2 Buchst. c frühzeitige Beratungen zu geplanten Änderungen der Arbeitsorganisation normierte[10] und in Art. 8 einen effektiven Rechtsschutz verlangte, der zu neuen Diskussionen um eine unionsrechtskonforme Auslegung von § 90 BetrVG geführt hat.[11]

III. Unterrichtung und Beratung nach § 90 BetrVG

§ 90 BetrVG soll es dem Betriebsrat ermöglichen, **frühzeitig auf die Planung** von Arbeitsplätzen, Arbeitsablauf und Arbeitsumgebung **Einfluss zu nehmen**. Die frühzeitige Beteiligung ist auch aus Sicht des Arbeitgebers sinnvoll, da nachträgliche Änderungen nach Abschluss von Investitionen schwer bzw. mit Mehrkosten umzusetzen sind. Der Arbeitgeber ist daher von sich aus verpflichtet, den Betriebsrat rechtzeitig unter Vorlage der erforderlichen Unterlagen zu unterrichten (§ 90 Abs. 1 BetrVG). In einem zweiten Schritt sind die vorgesehenen Maßnahmen einschließlich ihrer Auswirkungen auf die Arbeitnehmer ebenfalls rechtzeitig zu beraten.

Die Unterrichtung über die **Planung** setzt nicht voraus, dass sich bereits Maßnahmen aus der Planung konkretisiert haben.[12] Planung des Arbeitgebers liegt vielmehr vor, wenn in Bezug auf die Arbeitsstätte, Arbeitsverfahren, Arbeitsabläufe oder Arbeitsplätze Ziele gesucht, diskutiert, festgelegt oder mit programmatischen Details ausgefüllt werden. Bereits die Vorbereitung von Aufgaben, die der Zielerreichung dienen, ist als Planung einzustufen.[13] Eine Unterrichtung des Betriebsrats ist deshalb nur dann **rechtzeitig**, wenn der Betriebsrat vor der Erstellung von Plänen informiert wird; insbesonde-

---

6 Fitting BetrVG § 90 Rn. 4. **7** BT-Drs. VI/1786, 32, 49. **8** Anzinger/Bieneck ASiG § 1 Rn. 82 ff. **9** Wlotzke DB 1989, 111 (116). **10** Bonin AuR 2004, 321 (325). **11** Dazu nur DKKW/Klebe BetrVG § 90 Rn. 19, 26, 38; HaKo-BetrVG/Kohte/Schulze-Doll BetrVG § 90 Rn. 31; Bonin AuR 2004, 321 (327). **12** Fitting BetrVG § 90 Rn. 8; Faber AiB 2012, 529 (530). **13** Fitting BetrVG § 90 Rn. 8 f; GK-BetrVG/Weber BetrVG § 90 Rn. 4 ff.; Richardi/Annuß BetrVG § 90 Rn. 2, 17 f.

re darf die Entwicklung von unterschiedlichen technischen und organisatorischen Lösungsmöglichkeiten auf keinen Fall abgeschlossen sein.[14] Die Entwicklung von Vorschlägen und erst recht Entscheidungen sollen nämlich unter Berücksichtigung der Vorschläge und Bedenken des Betriebsrats und unter Abwägung der technischen, wirtschaftlichen und arbeitsgestalterischen Gesichtspunkte erfolgen. In vielen Betrieben wird dies eine laufende Unterrichtung des Betriebsrates erforderlich machen, wie sie allgemein auch in § 74 Abs. 1 BetrVG vorgesehen ist. Auch kann die Bildung von Ausschüssen bzw. die Befassung des Arbeitsschutzausschusses mit der betrieblichen Planung sinnvoll sein.

11 Aus § 90 Abs. 2 BetrVG folgt zudem, dass es sich um eine **umfassende** Unterrichtung handeln muss. Der Anspruch aus § 90 Abs. 1 BetrVG ergänzt den allgemeinen und übergreifenden Informationsanspruch des Betriebsrats aus § 80 Abs. 2 BetrVG. Soweit erforderlich müssen dem Betriebsrat technische und organisatorische Einzelheiten auch in schriftlicher Form, zB durch Aufzeichnungen, Pläne oder Beschreibungen der geplanten Maßnahmen, zur Einsicht vorgelegt werden. In Zeiten leichter Vervielfältigung bzw. der im Regelfall vorliegenden elektronischen Form wäre es zudem nicht angemessen, dem Betriebsrat keinen Anspruch auf eine dauerhafte Überlassung der Unterlagen einzuräumen, damit er die Konzepte in Ruhe prüfen und bearbeiten kann.[15] Dies entspricht auch den Intentionen des Gesetzgebers, der den Informationsanspruch des § 90 Abs. 1 BetrVG gegenüber § 80 Abs. 2 BetrVG nicht abschwächen, sondern allenfalls präzisieren wollte.[16]

12 **1. Gegenstände der Unterrichtung.** Der Umfang des Informationsanspruchs wird auch aus diesem Grunde im Katalog des § 90 Abs. 1 BetrVG gegenständlich umrissen. Anspruchsbegründend wirken zunächst die in § 90 Abs. 1 Nr. 1 BetrVG genannten Bauvorhaben, also **Neu-, Um- und Erweiterungsbauten**. Die Bautätigkeit kann sich auf jeden betrieblichen Raum beziehen, gleich ob in der Fabrikation, der Verwaltung oder in anderen Bereichen. Sonstige betriebliche Räume sind auch Sozialräume wie Waschräume, Toiletten und Kantinen. Auch angrenzende Außenbereiche können von der Nr. 1 erfasst werden, wie etwa Fabrikhöfe. Geeignete Räumlichkeiten sind zudem auch intern abgegrenzte Teile eines Gebäudes. Die Einrichtung eines Labors oder die Gliederung eines Großraumbüros kann sich daher als Bauvorhaben im Sinne des § 90 Abs. 1 Nr. 1 BetrVG darstellen. Ebenso spricht viel dafür, die Anmietung neuer Räume unter dem Aspekt der Informationspflicht den Bauvorhaben gleichzustellen.[17]

13 Abzugrenzen sind die baulichen Maßnahmen nach Nr. 1, also Neu- und Umbau sowie Erweiterung von bloßen **Renovierungsmaßnahmen**, die im Allgemeinen nicht unter § 90 BetrVG fallen.[18] Gleiches gilt für reine Abbrucharbeiten, die die zukünftigen Arbeitsbedingungen der Beschäftigten unberührt lassen. Teilweise wird bezweifelt, ob bereits das Brechen neuer Türen ausreicht, um das Unterrichtungsrecht auszulösen.[19] Richtigerweise können sich solche baulichen Eingriffe zB wegen der Einrichtung neuer Verkehrswege auf die Arbeitsbedingungen auswirken und fallen daher im Allgemeinen in den Anwendungsbereich des § 90 BetrVG.[20]

14 Auch die **Planung technischer Anlagen** unterliegt der Beteiligung des Betriebsrats. Der Begriff der technischen Anlagen ist weit zu verstehen und erfasst alle Maschinen, Geräte und sonstigen Hilfsmittel, die dem Arbeitsablauf dienen. Beispiele sind Montagebänder, CNC-Maschinen, Schweißroboter usw. Ein unmittelbarer Bezug zum Arbeitsablauf ist nicht erforderlich. Auch die Raumbeleuchtung, der Neubau von Fahrstühlen, Klimaanlagen, schallschluckende Decken, Büromobiliar ist als Planung technischer Anlagen einzustufen.[21] Als Planung ist die aus der Produktions- und Investitionsentscheidung folgende Planung der Betriebsmittel anzusehen, unabhängig davon, ob die Betriebsmittel intern weiterentwickelt oder extern beschafft werden. Ersatzbeschaffungen

---

14 Fitting BetrVG § 90 Rn. 9; GK-BetrVG/Weber BetrVG § 90 Rn. 5. **15** Gleiches Ergebnis: Fitting BetrVG § 90 Rn. 12; DKKW/Klebe BetrVG § 90 Rn. 23. **16** BT-Drs. 11/2503, 25, 35; BT-Drs. 11/3618, 3, 9. **17** Bernhardt AiB 2010, 408. **18** DKKW/Klebe BetrVG § 90 Rn. 7. **19** ErfK/Kania BetrVG § 90 Rn. 2. **20** Richardi/Annuß BetrVG § 90 Rn. 8; DKKW/Klebe BetrVG § 90 Rn. 7. **21** Fitting BetrVG § 90 Rn. 20 a.

unterfallen nicht der Nr. 2, solange sie sich nicht auf die Arbeitsbedingungen auswirken; in Betracht kommen kann aber eine Beteiligung nach § 87 Abs. 1 Nr. 7 BetrVG, wenn durch die Beschaffungsentscheidung gesundheitsbeeinträchtigende Wirkungen abgewendet werden können.

Die Planung technischer Anlagen erstreckt sich nicht nur auf die originäre Produktion, sondern auch auf Verwaltungsbereiche einschließlich des klassischen Büroarbeitsplatzes. Viele Entwicklungen werden durch den wachsenden Einsatz von EDV und/oder modernen Kommunikationsmethoden etwa in Call-Centern ausgelöst.[22] Über die Vermeidung klassischer Beeinträchtigungen und Einhaltung ergonomischer Standards hinaus geht es hier um eine Anpassung der Arbeit an die in der Natur des Menschen begründeten Schranken der Beanspruchbarkeit und um Arbeitsbedingungen, die die Persönlichkeitsentfaltung der Beschäftigten fördern. 15

Die Veränderung von Anlagen fällt in vielen Fällen mit der Planung von Änderungen im **Arbeitsverfahren** und im **Arbeitsablauf** nach § 90 Abs. 1 Nr. 3 BetrVG zusammen. Arbeitsverfahren und Arbeitsablauf können durch organisatorische Änderungen und durch räumliche oder zeitliche Gestaltung der Arbeit beeinflusst werden. Das Arbeitsverfahren meint hierbei die primär technisch verstandene Art und Weise der Veränderung des Arbeitsgegenstandes, insbesondere eines Werkstoffes. Der Arbeitsablauf ist demgegenüber die räumliche und zeitliche Folge des Zusammenwirkens von Menschen, Arbeitsmitteln, Stoffen, Energie und Informationen innerhalb eines Arbeitssystems.[23] 16

Hierbei kann es im Einzelnen um Bedingungen von Fließbandarbeit, die Ausgestaltung von Einzel- oder Gruppenarbeit, sog lean production oder lean management, Qualitäts- oder Umweltmanagementsysteme, Arbeiten im Freien, Einführung aktenloser Sachbearbeitung, veränderte Lagerhaltung usw gehen. Outsourcing, Einführung von Fremdfirmenbeschäftigung und nachhaltiger Einsatz von Werkverträgen führen zur informationspflichtigen Änderung von Arbeitsabläufen.[24]

Durch § 90 Abs. 1 BetrVG abgedeckt wird auch die Planung einzelner **Arbeitsplätze** (Nr. 4). Ein Arbeitsplatz im arbeitsschutzrechtlichen Sinne ist zunächst der unter Umständen veränderliche Ort, an dem einzelne Arbeitnehmer unter den jeweiligen technischen und organisatorischen Gegebenheiten der Arbeitsabläufe innerhalb des Arbeitssystems ihre Arbeit verrichten.[25] Eine veränderte Planung kann sich nicht nur aus Veränderungen der Arbeitsumgebung, sondern auch aus Veränderungen der Funktion des Arbeitsplatzes ergeben.[26] Der Arbeitsplatz ist zB betroffen,[27] wenn 17

- Maschinen oder sonstige Betriebsmittel anders angeordnet werden,
- sich der Platzbedarf des Arbeitnehmers oder des Betriebes verändert,
- neue Arbeitssysteme mit veränderten körperlichen oder psychischen Anforderungen eingeführt werden,
- beeinträchtigende Einflüsse (Staub, Lärm, Zugluft, Hitze, Blendung) entstehen,
- Arbeitsverdichtung bzw. Stress befürchtet werden muss,
- Abteilungen umziehen,
- neue Techniken eingeführt werden,[28]
- Bildschirmarbeitsplätze gestaltet werden,
- Arbeitsplätze in Großraumbüros neu verteilt werden,
- einseitige körperliche oder geistige Beanspruchung befürchtet werden muss.

Die Aufgabe von Arbeitgeber und Betriebsrat besteht darin, den Arbeitsplatz und die Arbeitsumgebung ergonomisch optimal zu gestalten. Hierbei sind zB die Körpermaße

---

22 Fitting BetrVG § 90 Rn. 21. 23 LAG Hamm 3.12.1976 – 3 TaBV 68/76, EzA § 90 BetrVG 1972 Nr. 1. 24 Karthaus/Klebe NZA 2012, 417 (419); Ulber AiB 2013, 285 (286). 25 Fitting BetrVG § 90 Rn. 31; Münch/ArbR/Matthes § 255 Rn. 8; Richardi/Annuß BetrVG § 90 Rn. 15; vorher schon DKKW/Klebe BetrVG § 90 Rn. 16 „räumlich funktionaler Bereich". 26 Fitting BetrVG § 90 Rn. 33. 27 DKKW/Klebe BetrVG § 90 Rn. 17. 28 AG Nürtingen 15.2.1984 – 11 OWi 1120/83, CR 1986, 415 = AuR 1985, 293.

des Beschäftigten, Greif- und Bewegungsräume, mögliche psychische Fehlbeanspruchungen und bestehende arbeitswissenschaftliche Erkenntnisse in die Überlegungen einzubeziehen. Auch die klassischen Minimierungsgebote des Arbeitsschutzrechts zB im Hinblick auf Lärm, Vibrationen, Nässe, Hitze usw sind zu berücksichtigen. Schließlich gehört dazu die Planung der behinderungsgerechten und **barrierefreien Gestaltung der Arbeitsplätze**.[29]

18 **2. Beratung mit dem Betriebsrat.** Die Unterrichtung des Betriebsrats nach § 90 Abs. 1 BetrVG ist kein Selbstzweck, sondern soll die Beratung mit dem Betriebsrat nach § 90 Abs. 2 BetrVG vorbereiten. Auch die **Beratung** muss aber **noch im Stadium der Planung** durchgeführt werden. Der Arbeitgeber muss den Betriebsrat zur Vorbereitung der Beratung vollständig informieren und ihm genügend Zeit für die interne Meinungsbildung, Gespräche mit den betroffenen Beschäftigten, Einholung von externen Informationen einräumen. Außerdem ist die Beteiligung bei einer fortschreitenden Vorgehensweise zu wiederholen,[30] damit auf der Basis des aktuellen Standes beraten werden kann.[31] Die Beratung ist nicht auf die arbeitsgestalterischen Maßnahmen im engeren Sinne beschränkt, sondern auch auf technische, wirtschaftliche und finanzielle Fragen auszudehnen.[32] Dies kann zB auch Fragen der Arbeitszeit, des Entgeltes, der Personalplanung, notwendige Qualifizierungen usw betreffen.[33] Beratungsgegenstand sind des Weiteren die **Auswirkungen** der Planung auf die **Art der Arbeit** und die **Anforderungen an die Arbeitnehmer**. Die gesetzlich vorgegebenen Beratungsinhalte sind weit auszulegen. Unter Art der Arbeit ist die Arbeitsaufgabe des einzelnen Arbeitnehmers zu verstehen, aber auch die sonstigen Auswirkungen von Arbeitsverfahren und Arbeitsmethoden, die der Arbeitnehmer anzuwenden hat oder denen er unterworfen ist.[34] Anforderungen an den Arbeitnehmer können sich zum Beispiel aus veränderten Qualifikationsanforderungen, wachsender oder schwindender Verantwortung, Umgebungseinflüssen, Belastungen und Beanspruchungen, erforderlicher Geschicklichkeit usw ergeben.

19 Aus dem Verweis auf **gesicherte arbeitswissenschaftliche Erkenntnisse** (zur Definition → ArbSchG § 4 Rn. 85) und dem **Begriff der menschengerechten Gestaltung der Arbeit** (→ ArbSchG § 2 Rn. 9 ff.) ist zu folgern, dass die Beratung von einer humanitären Zielsetzung getragen sein muss, in der wirtschaftliche und effizienzorientierte Gesichtspunkte nicht allein ausschlaggebend sind. Im Vordergrund stehen die Gestaltung von Arbeitsplatz, Arbeitsverfahren und Arbeitsumgebung mit dem Ziel der Anpassung der Arbeit an den Menschen, dessen Leistungsvermögen, psychische und physische Erwartungen und Bedürfnisse.

20 Über die Berücksichtigung der arbeitswissenschaftlichen Erkenntnisse soll erreicht werden, dass die Beschäftigten in Arbeitsprozesse eingebunden werden, die schädigungslos ausführbar sind und die gesellschaftlichen Standards im Hinblick auf Arbeitsinhalt, Arbeitsaufgabe, Arbeitsumgebung, Entlohnung und Kooperation erfüllen. Hierzu gehört die **Entfaltung von Handlungsspielräumen**, der Erwerb von Fähigkeiten und die Möglichkeit zur Kooperation mit anderen Menschen.

21 **Gesichert** sind arbeitswissenschaftliche Erkenntnisse, wenn sie den Methoden der Erkenntnisgewinnung der jeweiligen Einzeldisziplin entsprechen.[35] Die Erkenntnisse können im Rahmen der arbeitswissenschaftlichen Disziplin oder im Rahmen der betrieblichen Praxis widerlegt werden. Denkbar ist auch, dass die Erkenntnisse zB bei der betrieblichen Umsetzung ergänzt werden müssen. Arbeitswissenschaftliche Erkenntnisse können sich auch aus Gestaltungsrichtlinien und Regelwerken ergeben. Wichtige Beispiele sind Regeln zB der Unfallversicherungsträger und der beim BMAS gebildeten Arbeitsschutzausschüsse (AGS, ABS, ASTA, ABAS),[36] die Leitlinien der Gemeinsamen Deutschen Arbeitsschutzstrategie (→ ArbSchG §§ 20 a, 20 b Rn. 5 ff.) sowie DIN- und

---

[29] LAG Hamm 9.3.2007 – 10 TaBV 34/06; HaKo-BetrVG/Kohte/Schulze-Doll BetrVG § 90 Rn. 14; vgl. Groskreutz/Welti AuR 2016, 105. [30] BAG 11.12.1991 – 7 ABR 16/91, NZA 1992, 850 = AP Nr. 2 zu § 90 BetrVG 1972. [31] DKKW/Klebe BetrVG § 90 Rn. 22; Faber AiB 2012, 529 (530). [32] Fitting BetrVG § 90 Rn. 36. [33] HaKo-BetrVG/Kohte/Schulze-Doll BetrVG § 90 Rn. 20; DKKW/Klebe BetrVG § 90 Rn. 28. [34] Fitting BetrVG § 90 Rn. 37. [35] DKKW/Klebe BetrVG § 91 Rn. 11. [36] Fitting BetrVG § 90 Rn. 45.

europäischen Normen. Für die Planung nach § 90 BetrVG findet sich eine praktikable Zusammenstellung der erforderlichen Schritte zur Gestaltungen von Gefährdungen an der Schnittstelle von Mensch und Arbeitsmittel in der TRBS 1151.[37] Auch Informationsschriften und wissenschaftliche Veröffentlichungen der Bundesanstalt für Arbeitsschutz und Arbeitsmedizin (BAuA) und der gesetzlichen Unfallversicherung oder des Länderausschusses für Arbeitsschutz und Sicherheitstechnik (LASI) begründen als arbeitswissenschaftliche Erkenntnisse uU Verpflichtungen des Arbeitgebers. Im Rahmen der Beratung des § 90 BetrVG können über die Beratung hinaus auch verbindliche Rechtspositionen des Betriebsrats bzw. der Beschäftigten eingebracht werden.

3. Rechtsdurchsetzung. Das Recht zur Unterrichtung nach § 90 Abs. 1 BetrVG und das 22 Recht auf Beratung des Betriebsrats nach § 90 Abs. 2 S. 1 BetrVG werden durch betriebsverfassungsrechtliches **Ordnungswidrigkeitenrecht** und auch im arbeitsgerichtlichen Beschlussverfahren gesichert (§§ 2 a, 80 ff. BetrVG). Kommt der Arbeitgeber seinen Verpflichtungen nicht nach oder erteilt er wahrheitswidrige, unvollständige oder verspätete Auskünfte, so kann ihm nach § 121 BetrVG eine Geldbuße auferlegt werden.[38] Das Bußgeld ist auf höchstens 10.000 EUR begrenzt. Der Betriebsrat kann seine Ansprüche auch mittels einstweiliger Verfügung geltend machen. Damit die Ansprüche des Betriebsrats nicht leer laufen, muss der Betriebsrat verhindern können, dass der Arbeitgeber Planungen im gegenständlichen Anwendungsbereich des § 90 Abs. 1 BetrVG umsetzt, ohne den Betriebsrat zu unterrichten und sich mit ihm zu beraten.

Dies wird allerdings in der Literatur teilweise auf die Fälle begrenzt, in denen § 91 23 BetrVG ein korrigierendes Mitbestimmungsrecht vorsieht.[39] Anerkannt ist der Anspruch auf Unterlassung von Maßnahmen, die den Bereich der Mitbestimmungstatbestände des § 87 Abs. 1 Nr. 7 BetrVG betreffen.[40] Da ein moderner gesetzlicher Arbeitsschutz Maßnahmen der menschengerechten Gestaltung der Arbeit einschließt, wird der Betriebsrat schon aus diesem Grund die Unterlassung für den Zeitraum verlangen können, in dem die Unterrichtung unzureichend ist bzw. in dem der Beteiligungsprozess läuft und noch nicht abgeschlossen wurde. Der **verfahrenssichernde Unterlassungsanspruch** sollte daher insbesondere für die Fälle fehlender Beratung und Unterrichtung unabhängig von den Voraussetzungen des § 91 BetrVG akzeptiert werden, weil die Beteiligung sonst leer läuft und der Rechtsbruch des Arbeitgebers folgenlos bliebe. Eine Vorwegnahme der Hauptsache liegt hierin nicht, da die Realisierung der Planung in der Regel nicht endgültig gestoppt wird.[41] Dies zeigt auch der Vergleich mit der Sicherung des Beratungsanspruches aus § 111 BetrVG, bei dem die verfahrensrechtliche Position des Betriebsrats gleichfalls durch einstweilige Verfügung geschützt werden kann, ohne die rechtliche Systematik des Beschlussverfahrens und des einstweiligen Rechtsschutzes zu beeinträchtigen.[42]

IV. Mitbestimmungsrecht des § 91 BetrVG

§ 91 BetrVG geht insofern über das Unterrichtungs- und Beratungsrecht des Betriebs- 24 rats nach § 90 BetrVG hinaus, als dem Betriebsrat neben der verfahrensrechtlichen Stellung konkrete Rechte eingeräumt werden. Als Rechtsfolge ist vor allem vorgesehen, dass der Betriebsrat vom Arbeitgeber Maßnahmen verlangen kann, die die Folgen der Belastungen für die Arbeitnehmer abwenden, mildern oder ausgleichen. Dem Betriebsrat steht hierzu abweichend von § 90 BetrVG ein **Initiativrecht** zu. Kommt keine Einigung mit dem Arbeitgeber zustande, entscheidet die Einigungsstelle (§ 91 Abs. 1 S. 2 BetrVG).

Oben (→ Rn. 2) wurde schon darauf hingewiesen, dass der Begriff der menschenge- 25 rechten Gestaltung der Arbeit nunmehr über die Vorschriften der §§ 90, 91 BetrVG hi-

---

37 GMBl 2015, S. 340; dokumentiert auch unter www.baua.de. **38** Anschauliches Beispiel: OLG Düsseldorf 8.4.1982 – 5 Ss (OWi) 136/82-110/82, DB 1982, 1575. **39** GK-BetrVG/Weber BetrVG § 90 Rn. 47; ErfK/Kania BetrVG § 90 Rn. 13; anders HaKo-BetrVG/Kohte/Schulze-Doll BetrVG § 90 Rn. 30; DKKW/Klebe BetrVG § 90 Rn. 38. **40** BAG 3.5.1994 – 1 ABR 24/93, NZA 1995, 40 = AP Nr. 23 zu § 218 BetrVG 1972. **41** HaKo-BetrVG/Kohte/Schulze-Doll BetrVG § 90 Rn. 30; Klocke, Der Unterlassungsanspruch in der deutschen und europäischen Betriebs- und Personalverfassung, 2013, S. 263 ff. **42** Fitting BetrVG § 111 Rn. 130 ff.

naus Bedeutung für den Arbeitsschutz erlangt hat (vgl. auch § 2 Abs. 1 ArbSchG, § 6 S. 1 ASiG, § 19 Abs. 1 S. 1 ChemG, § 28 Abs. 1 S. 2 JArbSchG). Hieraus folgt, dass der Betriebsrat bei der Vermeidung von Belastungen, Beanspruchungen einschließlich psychischer Belastungsfolgen auch aus § 87 **Abs. 1 Nr. 7 BetrVG** Mitbestimmungsrechte bei der Gestaltung menschengerechter Arbeit ableiten kann. In diesem Fall kann der Betriebsrat auch negative Abweichungen von arbeitswissenschaftlichen Erkenntnissen aufgreifen, die nicht durch geplante Änderungen ausgelöst werden, sondern bereits seit Längerem vorhanden sind (→ BetrVG § 87 Rn. 3).

26 Die Mitbestimmung nach § 91 BetrVG, die einen mangelhaften Status quo nicht erfasst, hat deshalb an Bedeutung verloren, wirkt aber in den Bereichen fort, in denen auf der betrieblichen Ebene **Regelungen zur Herstellung menschenwürdiger Arbeitsumstände** gefunden werden müssen.[43] Außerdem beschreibt § 91 BetrVG eine untere Schwelle, in der die Mitbestimmung des Betriebsrats jedenfalls eingreifen muss. Der Betriebsrat kann daher seine Begehren auch dann, wenn er § 87 Abs. 1 Nr. 7 BetrVG für eröffnet hält, hilfsweise auf § 91 BetrVG stützen.

27 **1. Voraussetzungen des korrigierenden Mitbestimmungsrechts.** Die Voraussetzungen des korrigierenden Mitbestimmungsrechts sind in Zusammenhang mit den in § 90 BetrVG aufgeführten Gegenständen der Arbeitgeberplanung zu sehen. § 91 BetrVG setzt **Änderungen der Arbeitsplätze, des Arbeitsablaufes oder der Arbeitsumgebung** voraus. Als Änderungen kommen alle Vorhaben in Betracht, die auf eine Neueinrichtung und Neugestaltung zielen, aber auch einfache Veränderungen des technischen und organisatorischen Zustandes reichen aus, wenn sie über Reparaturen, Ersatzteilbeschaffung und Renovierungen ohne relevante Veränderung der baulichen oder technischen Gegebenheiten hinausgehen.[44] Auch Änderungen des Arbeitsverfahrens lösen das Mitbestimmungsrecht aus, da sie mit Änderungen des Arbeitsablaufs und der Arbeitsumgebung verbunden sind. Im Übrigen werden die Gegenstände der Mitbestimmung in gleicher Weise verstanden wie in § 90 BetrVG. Die in § 90 BetrVG nicht erwähnte „Arbeitsumgebung" bezeichnet den Gesamtzustand der Arbeitsumwelt, innerhalb derer der Arbeitnehmer seine Arbeit verrichtet, einschließlich aller Umgebungseinflüsse (Klima, Lärm, Vibrationen, Licht, Staub usw).[45] Auch die Gestaltung der Arbeitsstätte, der Anlagen und der Arbeitsverfahren sowie die eingesetzte Software sind Teil der Arbeitsumgebung. Im praktischen Ergebnis greift das korrigierende Mitbestimmungsrecht des § 91 BetrVG daher nicht weniger weit als das Beratungsrecht des § 90 BetrVG.

28 Durch die Änderungen des Arbeitsplatzes, des Arbeitsablaufs und der Arbeitsumgebung müssen **besondere Belastungen** für die betroffenen Arbeitnehmer entstehen. Hiermit ist nicht notwendig eine schwere Belastung gemeint. Entscheidend ist, dass der Umgebungseinfluss sich nachteilig auf den Beschäftigten auswirken kann.[46] Arbeitswissenschaftlich wird dieser Vorgang als „einwirken" beschrieben (DIN EN ISO 6385 Teil 3). Bislang wird zu wenig berücksichtigt, dass dem Entstehungshintergrund der arbeitswissenschaftliche Belastungsbegriff im Kontext der Humanisierung der Arbeitswelt als Grundlage heranzuziehen ist. Nach dem von Rohmert und Rutenfranz entwickelten Belastungs- und Beanspruchungsmodell ist Belastung daher neutral zu verstehen und nicht mit einer negativen Auswirkung zu verwechseln.[47]

Als besondere Belastungen werden sicherlich Einflüsse wie Lärm und Beleuchtung, aber auch die Art der Arbeitsleistung erfasst, zB Veränderungen von Arbeitstempo und Arbeitstakt, einseitige Beanspruchung und Monotonie, übermäßige Kontrolle, Zwangshaltungen usw. Die Schwelle ist aber niedrig anzusetzen, da es nicht um Abwehr von konkreten Gefährdungen geht, sondern um die menschengerechte Gestaltung des Arbeitsplatzes und der Arbeitsumgebung.[48] Früher wurde gemeint, dass die Belas-

---

43 Fitting BetrVG § 90 Rn. 2 ff.; HaKo-BetrVG/Kohte/Schulze-Doll BetrVG § 91 Rn. 3 f.; Faber, Grundpflichten, S. 477; Münch/ArbR/Kohte § 290 Rn. 62. **44** BAG 28.7.1981 – 1 ABR 65/79, AP Nr. 3 zu § 87 BetrVG 1972 Arbeitssicherheit. **45** Fitting BetrVG § 91 Rn. 11. **46** Pauli AiB 2010, 542 (545 f.). **47** Schlick/Bruder/Luczak, Handbuch der Arbeitswissenschaft, S. 38 ff.; dazu auch A 2.3 der TRBS 1151. **48** Anders LAG Nürnberg 9.12.2015 – 4 TaBV 13/14, DB 2016, 1823.

tung über die Einarbeitungszeit hinaus dauerhaft bestehen müsse,[49] mittlerweile werden auch sporadisch auftretende Nachteile als ausreichend eingestuft.[50]

Der Wortlaut, der auf eine Mehrzahl von Arbeitnehmern abstellt, spricht dafür, dass es nicht auf einzelne Arbeitnehmer ankommt, sondern darauf, ob die jeweilige Änderung objektiv **Belastungen bei Arbeitnehmern am Arbeitsplatz** auslöst. Dies wird man zB bei immer wieder auftretenden Einarbeitungsproblemen bejahen müssen. Ergonomische Defizite können etwa immer wieder andere Arbeitnehmer kurzfristig treffen und dadurch die Beteiligung des Betriebsrates nach § 91 BetrVG begründen. 29

Auch der Fall, dass eine Änderung einen einzigen Arbeitnehmer betrifft, kann für das Eingreifen der Beteiligung des Betriebsrats ausreichen.[51] Das Beschwerderecht des Arbeitnehmers nach §§ 84, 85 BetrVG hat ein anderes Ziel. Jedenfalls bei einer **individuellen besonderen Belastung** ist das Mitbestimmungsrecht daher anzuerkennen. Ob die Belastung auf die objektiven Arbeitsbedingungen oder die Fähigkeiten bzw. gesundheitlichen Einschränkungen eines einzelnen Arbeitnehmers zurückzuführen ist, sollte nicht entscheidend sein, da die jeweiligen Ursachen schwer voneinander abzugrenzen sind. 30

Obwohl der Anwendungsbereich rechtspolitisch betrachtet durchaus weiter gefasst sein könnte, begrenzt der Wortlaut des § 91 BetrVG das Beteiligungsrecht auf diejenigen Belastungen, die auf einer Änderung des betrieblichen Zustands beruhen, also durch Änderungen verursacht werden. § 91 BetrVG ermöglicht daher Korrekturen der betrieblichen Planung, anders als § 87 Abs. 1 Nr. 7 BetrVG aber in der Regel nicht die Veränderung bereits bestehender nachteiliger Arbeitsbedingungen. Zusätzlich müssen die Änderungen offensichtlich den **gesicherten arbeitswissenschaftlichen Erkenntnissen** widersprechen. Auch dies erzeugt eine zusätzliche Schwelle, die allenfalls durch eine menschengerechte Arbeitsgestaltung im Rahmen der Umsetzung des Arbeitsschutzes nach § 87 Abs. 1 Nr. 7 BetrVG akzeptabel wird. Ein offensichtlicher Widerspruch liegt nach hM nur dann vor, wenn in der Weise gegen arbeitswissenschaftliche Erkenntnisse verstoßen wird, dass spätestens mit der Durchführung jedem, der auf dem einschlägigen Gebiet der Arbeitswissenschaften eine ausreichende Sachkunde besitzt, deutlich erkennbar werden muss, dass es sich um einen Verstoß handelt.[52] Entscheidend ist die Sicht des Arbeitswissenschaftlers und nicht die der betrieblichen Praktiker. Die Feststellung des offensichtlichen Verstoßes ist bei Gestaltungsrichtlinien (Regelwerken) in der Regel einfacher als bei abstrakteren Zielen. Hinsichtlich der Einzelheiten bei arbeitswissenschaftlichen Erkenntnissen als Maßstab für die Gestaltung der Arbeitswelt wird auf die ausführliche Darstellung zu § 4 ArbSchG (→ ArbSchG § 4 Rn. 85 ff.) verwiesen. Der Betriebsrat hat zudem die Möglichkeit, über § 80 Abs. 3 BetrVG arbeitswissenschaftliche Sachverständige hinzuziehen.[53] 31

2. Möglichkeiten zur Abhilfe. Die Korrekturen, die der Betriebsrat im Rahmen der Beteiligung nach § 91 BetrVG geltend machen kann, werden durch den Gesetzestext näher beschrieben. Unterschieden werden **Maßnahmen zur Abwendung, Milderung und zum Ausgleich** der besonderen Belastung. Hierdurch wird auch der Entscheidungsspielraum der Einigungsstelle umrissen. Die Möglichkeiten zur Abhilfe können zu unterschiedlichen Zeitpunkten relevant werden. Gegenstand der Mitbestimmung sind sowohl in der Planung als auch in der Ausführung befindliche Maßnahmen. Auch bereits durchgeführte Änderungen lassen das Beteiligungsrecht nicht erlöschen, zB nach dem Umbau einer Anlage. Auf diesem Weg werden auch unerwartete Belastungen erfasst, die sich erst nach Abschluss der Umsetzung herausstellen. Dies gilt auch, wenn Betriebsrat und Arbeitgeber sich im Rahmen der Beratung nach § 90 Abs. 2 BetrVG über eine bestimmte Art der Umsetzung geeinigt hatten und erst später Probleme erkannt werden.[54] 32

---

[49] HSG BetrVG § 91 Rn. 25. [50] Richardi/Annuß BetrVG § 91 Rn. 12; DKKW/Klebe BetrVG § 91 Rn. 17; GK-BetrVG/Weber BetrVG § 91 Rn. 18. [51] DKKW/Klebe BetrVG § 91 Rn. 6; für Ursachen im individuellen Bereich DKKW/Klebe BetrVG § 91 Rn. 18. [52] DKKW/Klebe BetrVG § 91 Rn. 14; GK-BetrVG/Weber BetrVG § 91 Rn. 13; Richardi/Annuß BetrVG § 91 Rn. 9. [53] GK-BetrVG/Weber BetrVG § 91 Rn. 13. [54] Fitting BetrVG § 91 Rn. 15.

33 Der Betriebsrat wird zur Inanspruchnahme des Mitbestimmungsrechtes die **negativen Auswirkungen der Änderungen darlegen** müssen. Hierbei sollte im Regelfall die Darstellung des Tatsächlichen, also der Änderungen, im Mittelpunkt stehen und für ausreichend angesehen werden. Zweckmäßig ist es, wenn der Betriebsrat auch die gesicherten arbeitswissenschaftlichen Erkenntnisse benennen kann, die durch die Änderung missachtet werden.

34 Auf welche Art und Weise der Widerspruch zu arbeitswissenschaftlichen Erkenntnissen beseitigt wird, ist Sache der Betriebsparteien. Sie sollen in Kenntnis der betrieblichen Situation **angemessene Maßnahmen** vereinbaren. Angemessen sind Maßnahmen, die nach den jeweiligen technischen und organisatorischen und wirtschaftlichen Möglichkeiten geeignet und erforderlich sind, die hinzukommenden besonderen physischen und psychischen Belastungen zu beseitigen oder zu verringern.[55] Die zu ergreifenden Maßnahmen stehen zueinander in einem Stufenverhältnis. Es ist also zuerst zu prüfen, ob Änderungen der Arbeitsplätze, des Arbeitsablaufs oder der Arbeitsumgebung so vorgenommen werden können, dass eine besondere Belastung primär vermieden oder sekundär gemildert werden kann.[56] Nur in den Fällen, in denen die Auswirkung der Änderung weder vermieden noch minimiert werden kann, muss der Arbeitgeber stattdessen oder zusätzlich versuchen, die Nachteile durch Ausgleichsmaßnahmen zu kompensieren.[57] Praktische Verschlechterungen gegenüber dem Ursprungszustand entsprechen nicht dem in § 3 Abs. 1 S. 3 ArbSchG enthaltenen Gebot, Verbesserungen des Gesundheitsschutzes anzustreben. Auch andere Vorschriften, etwa der Unfallversicherungsträger, und arbeitswissenschaftliche Erkenntnisse sind bei der Gestaltung der Abhilfe zu berücksichtigen.

35 Zur **Abwendung** der besonderen Belastungen können zB folgende Maßnahmen ergriffen werden, um die Belastungen an der Quelle zu bekämpfen:[58]
- Rückgängigmachen der Änderung (hM);[59]
- Ersatz gesundheitsschädlicher Werkstoffe und Arbeitsmittel;
- Verbesserungen der ergonomischen Gestaltung des Arbeitsplatzes und der Arbeitsumgebung;
- Verhinderung von Hebe-, Halte- und Tragearbeit durch technische Hilfsmittel (Kran, Gabelstapler, Wagen, Lifter in der Pflege, Stützen, selbsthaltende Zangen usw). Die Umsetzung von Verbesserungen kann hier auch über § 87 Abs. 1 Nr. 7 BetrVG in Verbindung mit der Lastenhandhabungsverordnung und Betriebssicherheitsverordnung befördert werden;[60]
- Vermeidung von belastenden Körper- und Zwangshaltungen wie Kriechen, Bücken, Knien, Über-Kopf-Arbeit;
- Absenkung des Arbeitstempos zB durch Reduzierung der Bandgeschwindigkeit;
- Einführung von Mischarbeit und zusätzlichen Pausen (→ ArbZG § 4 Rn. 15);
- gesundheitsgerechte Arbeitszeitgestaltung zB durch Abbau von Nachtschichten (vgl. auch § 87 Abs. 1 Nr. 2, 7 BetrVG);
- Beseitigung von negativen Umgebungseinflüssen: von Staub, Lärm, Gasen, Aerosolen, Vibrationen, Strahlung, Wärme, Blendung, Lichtmangel usw (vgl. auch § 87 Abs. 1 Nr. 7 BetrVG).

Speziell bei der Abwendung von Belastungen bestehen erhebliche Überschneidungen zum Mitbestimmungskatalog des § 87 Abs. 1 BetrVG. Dies führt nicht dazu, dass die Mitbestimmung nach § 91 BetrVG verdrängt wird. Es ist vielmehr Sache des Betriebsrats zu entscheiden, auf welches Mitbestimmungsrecht er seine Beteiligung stützen will.

---

55 Fitting BetrVG § 91 Rn. 17; GK-BetrVG/Weber BetrVG § 91 Rn. 26. **56** Pauli AiB 2010, 542 (546); HaKo-BetrVG/Kohte/Schulze-Doll BetrVG § 91 Rn. 13. **57** DKKW/Klebe BetrVG § 91 Rn. 19 ff.; GK-BetrVG/Weber BetrVG § 91 Rn. 32 f.; Fitting BetrVG § 91 Rn. 18; Richardi/Annuß BetrVG § 91 Rn. 16. **58** Fitting BetrVG § 91 Rn. 19 ff. **59** DKKW/Klebe BetrVG § 91 Rn. 19; Richardi/Annuß BetrVG § 91 Rn. 19; Fitting BetrVG § 91 Rn. 19; GK-BetrVG/Weber BetrVG § 91 Rn. 29. **60** Wlotzke NJW 1997, 1469 (1471).

Es besteht die Möglichkeit, das Anliegen mit beiden Mitbestimmungsrechten auch im Wege von Hilfsanträgen zu begründen.

Zur **Milderung** von Belastungen können zum Beispiel die folgenden Maßnahmen ergriffen werden: 36
- Gewährung von Erholungszeiten und Kurzpausen[61] (vgl. auch ArbStättV Anhang Nr. 6 iVm § 87 Abs. 1 Nr. 7 BetrVG);
- Belastungswechsel und Mischarbeit;
- Verringerung von Unterforderung und Monotonie durch Anreicherung von Arbeitsinhalten oder Gruppenarbeit (vgl. auch § 87 Abs. 1 Nr. 13 BetrVG);
- Gewährleistung von Kommunikation unter den Beschäftigten;
- Bereitstellung vorteilhafter Arbeitsmittel und persönlicher Schutzausrüstung und Schutzkleidung (vgl. auch PSA Benutzungsverordnung iVm § 87 Abs. 1 Nr. 7 BetrVG).

Als Maßnahmen zum **Ausgleich** von Belastungen kommen in Betracht: 37
- Gewährung von zusätzlichem Urlaub, Freizeit;
- Überlassen von Kleidung, Getränken (zB bei Hitze), Verpflegung;
- Einrichtung von Ruhezonen, Bädern, Dusch- und Massageräumen usw;
- technische Vorrichtungen: zB Ventilatoren, Verdunstungsapparate;
- Aufbau von Unterständen als Regenschutz und zum Aufwärmen;
- problematisch: Lohn- und Erschwerniszuschläge, da hier gesundheitliche Einbußen „abgekauft" werden.[62]

Über die jeweils anzuwendenden Maßnahmen müssen sich der Betriebsrat und der Arbeitgeber verständigen. Hilft der Arbeitgeber dem Begehren des Betriebsrats vollständig ab, kann eine Regelungsabrede ausreichen, um die Interessen der Beschäftigten zu sichern. Vielfach wird es aber auch auf eine normative Wirkung der Vereinbarung ankommen, so dass eine formbedürftige (§ 77 Abs. 2 BetrVG) Betriebsvereinbarung abgeschlossen werden sollte.

Für die Betriebsvereinbarung wird teilweise davon ausgegangen, dass einschränkend 38 die **Regelungssperre** des § 77 Abs. 3 BetrVG gelten soll.[63] Arbeitsentgelte und sonstige Arbeitsbedingungen, die durch Tarifvertrag geregelt sind oder üblicherweise geregelt werden, können danach nicht Gegenstand einer Betriebsvereinbarung sein. Da bislang tarifvertragliche Regelungen zur humanen Gestaltung der Arbeit sehr selten und wenig ausdifferenziert sind, dürfte die Regelungssperre derzeit sicherlich nicht bzw. ausgesprochen selten eingreifen. Dies gilt auch, soweit über § 91 BetrVG arbeitswissenschaftliche Tätigkeitsunterbrechungen zur Begleitung besonderer Belastungen eingeführt werden. Derartige Belastungen werden über allgemeine Arbeitszeitregelungen, die nicht auf die veränderte Belastungsintensität abstellen, nicht abgedeckt.[64] Überzeugender ist es im Ergebnis, die Regelungssperre des § 77 Abs. 3 BetrVG ebenso wie im Rahmen des § 87 Abs. 1 BetrVG überhaupt nicht anzuwenden. Lediglich bei einer bestehenden tarifvertraglichen Regelung ist dieser der Vorrang vor der betrieblichen Regelung zu geben. Die Mitbestimmungsrechte des § 87 Abs. 1 Nr. 7 BetrVG und des 91 BetrVG überschneiden sich, so dass eine Regelungssperre für Teilbereiche des § 91 BetrVG unangemessen wäre. Eine Sperrwirkung im Bereich des gestaltenden Arbeitsschutzes war vom Gesetzgeber bei Erlass des § 77 Abs. 3 BetrVG sicherlich auch nicht beabsichtigt, da die Vorschrift nicht auf Arbeitsschutz und Arbeitsgestaltung abzielte und die Tarifvertragsparteien in diesem Bereich nicht sehr aktiv waren.

3. Rechtsdurchsetzung. Wenn Arbeitgeber und Betriebsrat sich nicht über Maßnahmen zur Begleitung der Änderungen einigen können oder die Voraussetzungen des Mitbestimmungsrechts nur von einer Betriebspartei als erfüllt angesehen werden, so entscheidet auf Antrag des Betriebsrats oder des Arbeitgebers die **Einigungsstelle**. Inner- 39

---
[61] Oppolzer AiB 2011, 597 ff. [62] Fitting BetrVG § 91 Rn. 21; DKKW/Klebe BetrVG § 91 Rn. 21.
[63] Fitting BetrVG § 91 Rn. 22. [64] Gleiches Ergebnis: Fitting BetrVG § 91 Rn. 22; HaKo-BetrVG/Kohte/Schulze-Doll BetrVG § 91 Rn. 17.

halb des arbeitsgerichtlichen Beschlussverfahrens wird mit einem abgeschwächten Prüfungsmaßstab überprüft, ob eine besondere Belastung im Sinne des Gesetzes vorliegt bzw. vorliegen kann. Das Arbeitsgericht kann die Zuständigkeit der Einigungsstelle lediglich dann ablehnen, wenn die Einigungsstelle **offensichtlich unzuständig** ist (§ 98 Abs. 1 S. 2 ArbGG). Der Spruch der Einigungsstelle kann ebenso wie die Betriebsvereinbarung einklagbare Ansprüche der Beschäftigten und des Betriebsrats begründen.

Bundespersonalvertretungsgesetz (BPersVG)

Vom 15. März 1974 (BGBl. I S. 693)
(FNA 2035-4)
zuletzt geändert Art. 7 PflegeberufereformG vom 17. Juli 2017 (BGBl. I S. 2581)
– Auszug –

§ 75 Abs. 3 BPersVG

[...]

(3) Der Personalrat hat, soweit eine gesetzliche oder tarifliche Regelung nicht besteht, gegebenenfalls durch Abschluß von Dienstvereinbarungen mitzubestimmen über
[...]
10. Bestellung von Vertrauens- oder Betriebsärzten als Arbeitnehmer,
11. Maßnahmen zur Verhütung von Dienst- und Arbeitsunfällen und sonstigen Gesundheitsschädigungen,
[...]
16. Gestaltung der Arbeitsplätze,
[...]

§ 76 Abs. 2 BPersVG

[...]

(2) ¹Der Personalrat hat, soweit eine gesetzliche oder tarifliche Regelung nicht besteht, gegebenenfalls durch Abschluß von Dienstvereinbarungen mitzubestimmen über
[...]
4. Bestellung von Vertrauens- oder Betriebsärzten als Beamte,
[...]

§ 69 Abs. 1, 4 BPersVG

(1) Soweit eine Maßnahme der Mitbestimmung des Personalrates unterliegt, kann sie nur mit seiner Zustimmung getroffen werden.
[...]
(4) Ergibt sich [...] keine Einigung, so entscheidet die Einigungsstelle[...]. In den Fällen des § 76 [...] beschließt die Einigungsstelle, wenn sie sich nicht der Auffassung der obersten Dienstbehörde anschließt, eine Empfehlung an diese. [...]

§ 70 BPersVG

(1) ¹Beantragt der Personalrat eine Maßnahme, die nach § 75 Abs. 3 Nr. 1 bis 6 und 11 bis 17 seiner Mitbestimmung unterliegt, so hat er sie schriftlich dem Leiter der Dienststelle vorzuschlagen. ²Entspricht dieser dem Antrag nicht, so bestimmt sich das weitere Verfahren nach § 69 Abs. 3 und 4.
[...]

§ 81 BPersVG

(1) Der Personalrat hat bei der Bekämpfung von Unfall- und Gesundheitsgefahren die für den Arbeitsschutz zuständigen Behörden, die Träger der gesetzlichen Unfallversicherung und die übrigen in Betracht kommenden Stellen durch Anregung, Beratung

und Auskunft zu unterstützen und sich für die Durchführung der Vorschriften über den Arbeitsschutz und die Unfallverhütung in der Dienststelle einzusetzen.
(2) ¹Der Dienststellenleiter und die in Absatz 1 genannten Stellen sind verpflichtet, bei allen im Zusammenhang mit dem Arbeitsschutz oder der Unfallverhütung stehenden Besichtigungen und Fragen und bei Unfalluntersuchungen den Personalrat oder die von ihm bestimmten Personalratsmitglieder derjenigen Dienststelle hinzuzuziehen, in der die Besichtigung oder Untersuchung stattfindet. ²Der Dienststellenleiter hat dem Personalrat unverzüglich die den Arbeitsschutz und die Unfallverhütung betreffenden Auflagen und Anordnungen der in Absatz 1 genannten Stellen mitzuteilen.

§ 68 Abs. 1 BPersVG

(1) Die Personalvertretung hat folgende allgemeine Aufgaben:
[...]
2. darüber zu wachen, daß die zugunsten der Beschäftigten geltenden Gesetze, Verordnungen, Tarifverträge, Dienstvereinbarungen und Verwaltungsanordnungen durchgeführt werden,
[...]

Literatur: *Baden*, Initiativen des Personalrats zum Gesundheitsschutz und bei Gefährdungsbeurteilung, PersR 2012, 351; *Büge*, Personalvertretung und demokratisches Prinzip, PersR 2003, 171; *Faber*, Personalratsarbeit in angemieteten Dienstgebäuden, PersR 2013, 358; *Faber*, Gefährdungen mitbestimmt beurteilen, Gute Arbeit 7/8 2017, 13–17; *Faber/Jenter*, Fachkräfte für Arbeitssicherheit im Schuldienst, PersR 2010, 432; *Faber/Nitsche*, Nichts geht ohne Mitbestimmung, PersR 9/2014, 22–25 *Fischer/Goeres/Gronimus*, Gesamtkommentar öffentliches Dienstrecht, Loseblatt 2017 (zitiert: GKÖD/F/G/Bearbeiter); *Ilbertz/Widmaier/Sommer*, Bundespersonalvertretungsgesetz, 13. Aufl. 2014; *Köckeritz*, Arbeitsschutz und dessen Überwachung im Bereich des öffentlichen Dienstes, 2013; *Kohte*, Arbeits- und Gesundheitsschutz in der Schule, RdJB 2008, 198; *Kohte*, DGUV Vorschrift 2 im öffentlichen Dienst, PersR 10/2016, 9–14; *Kohte*, Neues zum Gesundheitsschutz, PersR 9/2014, 13–16; *Lorenzen/Eckstein/Etzel/Gerhold/Schlatmann/Rehak/Faber*, Bundespersonalvertretungsgesetz, Kommentar, Loseblatt Stand August 2017 (zitiert: Lorenzen/Bearbeiter); *Maier*, Pausengestaltung als Organisationspflicht, 2012; *Nitsche*, Mitbestimmungsrechte von Personalräten bei der Gefährdungsanalyse nach § 5 ArbSchG, PersR 2005, 346; *Rinken*, Perspektiven der Mitbestimmung im öffentlichen Dienst, PersR 1999, 523 ff.; *Schleicher*, Beteiligungsrechte der Personalvertretung bei der Bestellung von Betriebsärzten und Fachkräften für Arbeitssicherheit und bei Verpflichtung eines überbetrieblichen Dienstes, PersV 2014, 444–448.

Leitentscheidungen: BVerfG 24.5.1995 – 2 BvF 1/92, BVerfGE 93, 37; BVerwG 25.1.1995 – 6 P 19/93, PersR 1995, 300; BVerwG 8.1.2001 – 6 P 6/00, PersR 2001, 154; BVerwG 14.10.2002 – 6 P 7/01, PersR 2003, 113; VGH Baden-Württemberg 11.3.2010 – PL 15 S 1773/08, PersR 2010, 455; BVerwG 5.3.2012 – 6 PB 25/11, PersR 2012, 380; BVerwG 13.9.2012 – 6 P 10/12, PersR 2012, 502–504; OVG Münster 29.6.2012 – 20 A 632 10.PVL, PersR 2013, 373; VG Köln 25.8.2014 – 33 K 1231/14.PVB; BVerwG 14.2.2013 – 6 P 1/13, PersR 2013, 176; OVG Münster 4.3.2016 – 20 A 2364/14.PVL, PersR 10/2016, 52–57.

I. Entstehungsgeschichte, Rechtssystematik 1	gen der Entscheidungskompetenz der Einigungsstelle 20
II. Unionsrechtliche Grundlagen ... 7	b) Begrenzung der Mitbestimmung durch Hausrecht 25
III. Umfang und Inhalt des Mitbestimmungsrechtes nach § 75 Abs. 3 Nr. 11 BPersVG..... 11	c) Grenzen durch organisationsrechtliche bzw. vertragsrechtliche Vorgaben 27
1. Maßnahmen des Arbeits- und Gesundheitsschutzes.... 13	
2. Grenzen des Mitbestimmungsrechts 20	3. Zuständigkeitsabgrenzungen (Gesamtpersonalrat, Stufenvertretung).................. 30
a) Verfassungsrechtliche Grenzen: Einschränkun-	

4. Besonderheiten in Jobcentern (§ 44 b SGB II) 33
IV. Mitbestimmung in Bezug auf konkrete Arbeitgeberpflichten aus dem ArbSchG 35
V. Mitbestimmung im Hinblick auf konkrete Arbeitgeberpflichten aus den Verordnungen nach §§ 18, 19 ArbSchG 43
VI. Weitere Gegenstände der Mitbestimmung nach § 75 Abs. 3 Nr. 11 BPersVG 46
   1. Betriebliches Gesundheitsmanagement (BGM)/betriebliches Eingliederungsmanagement (BEM gem. § 84 Abs. 2 SGB IX) 46
   2. Mitbestimmung bei der Gestaltung der Arbeitszeit... 48
   3. Besondere Personengruppen 53
VII. Mitbestimmung und die Organisation der Arbeitssicherheit in der Dienststelle 54
   1. Mitbestimmungsrecht nach § 75 Abs. 3 Nr. 11 BPersVG 54
   2. Sondervorschriften nach §§ 75 Abs. 3 Nr. 10, 76 Abs. 2 Nr. 4 BPersVG 58
VIII. Mitbestimmung bei der Gestaltung der Arbeitsplätze 60
IX. Praktische Umsetzung und Durchsetzung des Mitbestimmungsrechts 63
   1. Initiative des Arbeitgebers... 63
   2. Initiative des Personalrats ... 65
   3. Einigungsstelle bei Einrichtung zur Konfliktlösung..... 67
     a) Allgemeines, Funktion und Kompetenz.......... 67
     b) Verfahrensfragen......... 70
     c) Überprüfung des Spruchs der Einigungsstelle durch die Verwaltungsgerichtsbarkeit 73
X. Landespersonalvertretungsrechtliche Regelungen................ 79

I. Entstehungsgeschichte, Rechtssystematik

Im von 1920 bis 1934 gültigen Betriebsrätegesetz wie im Kontrollratsgesetz Nr. 22 vom 10.4.1946 war die Mitbestimmung im öffentlichen Dienst mit einbezogen. Während im Betriebsrätegesetz 1920 die Beamten ausgeklammert waren, wurden sie bei der Anwendung des Kontrollratsgesetzes tatsächlich berücksichtigt.[1] Erstmalig wurde der öffentliche Dienst 1952 vollständig aus dem Geltungsbereich des BetrVG herausgenommen. Ergebnis war das Personalvertretungsgesetz von 1955, mit dem die Entwicklung eines ungleich gestalteten Mitbestimmungsrechts begründet wurde. Die damals eingeführten Strukturelemente, wie das Gruppenprinzip, die Beschränkung auf Körperschaften des Bundes bei Festlegungen von Rahmenbedingungen für die Länder und die Zuständigkeit der Verwaltungsgerichte für Rechtsstreitigkeiten prägten und prägen das Personalvertretungsrecht bis heute. Diese Elemente haben das weitere Auseinanderlaufen von Betriebsverfassung und Personalvertretung begünstigt.[2] Arbeits- und Gesundheitsschutz gehören zu den Kernbereichen der Beteiligung des Personalrates. Das Bundespersonalvertretungsgesetz (BPersVG) und die Personalvertretungsgesetze der Länder enthalten abgestufte Beteiligungsrechte, die von Unterstützungs- und Informationsrechten bis zu echten Mitbestimmungsrechten reichen. Mit der Neugestaltung des BPersVG im Jahr 1974 wurde erstmals ein **uneingeschränktes Mitbestimmungsrecht** bei **Maßnahmen des Arbeits- und Gesundheitsschutzes** eingeführt. Normzweck ist, dass ein als vorbeugender Gesundheitsschutz zu verstehender Arbeitsschutz effektiv und optimal gestaltet wird.[3] 1

Nach § 68 Abs. 1 Nr. 2 BPersVG ist die Überwachung der zugunsten der Beschäftigten wirkenden Gesetze zunächst eine allgemeine Aufgabe. Diese wird durch das **Beteiligungsrecht nach § 81 Abs. 1 BPersVG** konkretisiert. Nach Abs. 1 S. 1 dieser Vorschrift ist der Personalrat dazu verpflichtet, die zuständigen Stellen des Arbeitsschutzes zu unterstützen. Zuständige Stellen sind die nach § 21 ArbSchG zuständigen Aufsichtsbehörden (→ ArbSchG § 21 Rn. 8 f.) sowie die Träger der gesetzlichen Unfallversicherung im Bereich des öffentlichen Dienstes (§§ 125–129 a SGB VII). Dies sind die Unfallkassen der öffentlich-rechtlichen Arbeitgeber. Hierbei kann der Personalrat initiativ tätig 2

---

1 Altvater/Altvater Einl. Rn. 11 ff. **2** Richardi/Dörner/Weber/Richardi BPersVG Einl. Rn. 11 f. **3** BVerwG 14.2.2013 – 6 P 1/13, PersR 2013, 176 (177); Altvater/Berg BPersVG § 75 Rn. 202; Lorenzen/Rehak BPersVG 198. Aktualisierung August 2017 § 75 Rn. 573.

werden; er unterliegt im Hinblick auf diese Verpflichtung nicht der Verschwiegenheitspflicht nach § 10 BPersVG.[4] Er muss aber bei der Weitergabe von Daten die datenschutzrechtlichen Interessen der Beschäftigten beachten (→ BetrVG § 89 Rn. 13).[5] Soweit es sich um Rat und Informationen handelt, kann der Personalrat unabhängig von einer Information des Dienststellenleiters mit den zuständigen Stellen Kontakt aufnehmen. Ruft der Personalrat die zuständigen Stellen zum Abstellen eines konkreten Mangels an, wird verlangt, dass er nach § 66 Abs. 3 BPersVG im Hinblick auf das Gebot der vertrauensvollen Zusammenarbeit dem Dienststellenleiter zuvor die Gelegenheit eingeräumt hat, den Mangel zu beseitigen.[6] Bleiben nach Rücksprache mit dem Dienststellenleiter Zweifel, kann der Personalrat die in Abs. 1 genannten Stellen hinzuziehen.[7]

3 § 81 Abs. 1 S. 2 BPersVG konstituiert eine **allgemeine Überwachungsverpflichtung** des Personalrates hinsichtlich sämtlicher Vorschriften des Arbeits- und Gesundheitsschutzes. Hierzu zählen die gesetzlichen Arbeitsschutzvorschriften und die dazu erlassenen Rechtsverordnungen. Weiterhin bezieht sich diese Überwachungsverpflichtung auf Unfallverhütungsvorschriften und, soweit vorhanden, tarifliche Regelungen und Dienstvereinbarungen, die den Arbeitsschutz regeln.[8]

4 Korrespondierend zu den Pflichten der Personalräte aus § 81 Abs. 1 BPersVG begründet Abs. 2 die Verpflichtung des Arbeitgebers, den Personalrat bei allen im Zusammenhang mit dem Arbeitsschutz und der Unfallverhütung stehenden Besichtigungen und Fragen hinzuzuziehen. Diese Vorschrift verdichtet die allgemeine **Informationsverpflichtung** aus § 68 Abs. 2 BPersVG, nach der der Dienststellenleiter den Personalrat zur Durchführung seiner gesetzlichen Aufgaben rechtzeitig und umfassend zu unterrichten hat. Hiernach ist der Personalrat nicht nur bei allen Besichtigungen und Unfalluntersuchungen zu beteiligen, sondern auch bei allen Fragen des Arbeits- und Gesundheitsschutzes hinzuzuziehen. Zwingend muss sein Einbezug in der Planungsphase erfolgen, da nur so eine angemessene Beteiligung sichergestellt werden kann. Bei den Unfalluntersuchungen ist sicherzustellen, dass immer ein Personalratsmitglied der Dienststelle, in der die Untersuchung stattfindet, hinzugezogen wird. Diese Beteiligung ist auch erforderlich, wenn bei dem Unfall kein Beschäftigter verletzt worden ist, da aus jedem Unfall Lehren für die Zukunft gezogen werden können.[9] Ferner muss der Dienststellenleiter Auflagen und Anordnungen der in Abs. 1 genannten zuständigen Stellen dem Personalrat unverzüglich, dh ohne schuldhaftes Verzögern, mitteilen. Hierunter fallen sowohl Verwaltungsakte der Aufsichtsbehörden, wie Anweisungen der Unfallaufsichtsbehörden, als auch verwaltungsinterne Anweisungen. Da die **Informationsverpflichtungen** und **Mitteilungsverpflichtungen** des Abs. 2 den Personalrat in seiner Arbeit wirksam unterstützen sollen, sind in einer erweiternden Auslegung auch die Stellungnahmen und Berichte der in Abs. 1 genannten Stellen von der Vorlagepflicht betroffen.[10]

5 Ebenfalls hinzuzuziehen ist der Personalrat bei **Besprechungen der Sicherheitsbeauftragten** nach § 22 Abs. 2 SGB VII, deren Bestellung auch der Mitbestimmung des Personalrates nach § 75 Abs. 3 BPersVG unterliegt.[11] Aus dem Beteiligungsrecht des Personalrates an den in § 81 Abs. 2 BPersVG genannten Untersuchungen, Besichtigungen und Besprechungen erwächst nach Abs. 4 auch ein Anspruch auf die Vorlage der gefertigten Niederschriften. Nach § 81 Abs. 5 BPersVG ist dem Personalrat eine Durchschrift der nach § 193 SGB VII bzw. nach § 45 BeamtVG zu erstellenden Unfallanzeige auszuhändigen.

---

4 Richardi/Dörner/Weber/Benecke BPersVG § 81 Rn. 2. **5** Für den Bereich des BetrVG siehe BAG 3.6.2003 – 1 ABR 19/02, DB 2003, 2496. **6** Altvater/Altvater BPersVG § 81 Rn. 16; Richardi/Dörner/Weber/Benecke BPersVG § 81 Rn. 5; offen gelassen in BAG 3.6.2003 – 1 ABR 19/02, DB 2003, 2496 (2497); vgl. HaKo-BetrVG/Kohte BPersVG § 89 Rn. 30. **7** Ilbertz/Widmaier/Sommer BPersVG § 81 Rn. 13; Wiebauer, Wistleblowing im Arbeitsschutz, NZA 2015, 22–25. **8** Richardi/Dörner/Weber/Gräfl BPersVG § 68 Rn. 15; Richardi/Dörner/Weber/Benecke BPersVG § 81 Rn. 10. **9** BVerwG 5.2.1971 – VII P 15/70; Ilbertz/Widmaier/Sommer BPersVG § 81 Rn. 18. **10** Altvater/Altvater BPersVG § 81 Rn. 20. **11** BVerwG 18.5.1994 – 6 P 27/92, PersR 1994, 466; Kohte in: FS Wlotzke, S. 563, 583.

In § 75 Abs. 3 Nr. 11 BPersVG ist das **grundlegende Mitbestimmungsrecht** zur Mitge- 6
staltung und Durchsetzung von Maßnahmen im Bereich des Arbeits- und Gesundheitsschutzes festgelegt.[12] Dieses kann nach § 70 Abs. 1 BPersVG auch initiativ ausgeübt
werden. Hiernach hat der Personalrat ein uneingeschränktes Mitbestimmungsrecht bei
Maßnahmen zur Verhütung von Dienst- und Arbeitsunfällen und sonstigen Gesundheitsschädigungen. Die hohe Relevanz dieses Beteiligungsrechtes liegt in der Durchsetzbarkeit, da nach § 69 Abs. 4 BPersVG in der Regel hier die **Einigungsstelle** abschließend entscheidet. Dies gilt nach § 71 Abs. 1 BPersVG auch im Fall der initiativen Ausübung der Mitbestimmungsrechte. Durch diese Vorschrift wird die Umsetzung der arbeitsschutzrechtlichen Verpflichtungen des Dienststellenleiters zur mitbestimmungspflichtigen Angelegenheit. Das gesetzliche Leitbild des Arbeitsschutzgesetzes hin zu
präventiven Gestaltungsverpflichtungen des Arbeitgebers verbunden mit dem Verzicht
auf starre Vorgaben (→ ArbSchG § 2 Rn. 9 ff.), erweitert den Handlungsspielraum des
Dienststellenleiters und führt zu einer hohen Bedeutung dieses Mitbestimmungsrechts
für Personalräte. Es kann sich mit weiteren Mitbestimmungsrechten überschneiden, zu
denen vor allem § 75 Abs. 3 Nr. 10 (→ Rn. 58) und Nr. 16 BPersVG (→ Rn. 60) gehören.

II. Unionsrechtliche Grundlagen

Mit Erlass der **Rahmenrichtlinie 89/391/EWG** hat die Europäische Union das skandi- 7
navische Arbeitsschutzmodell in den europäischen Rechtsraum implementiert. Hierdurch erfolgte eine Hinwendung zu einem prozesshaften präventiven Ansatz, der umfassend alle Gefährdungen, denen Beschäftigte im Rahmen ihrer Tätigkeit ausgesetzt
sind, umfasst.[13] Die **Beteiligung der Arbeitnehmer** und ihrer Vertreter ist dabei ein
konstitutives Strukturelement (→ Unionsrecht Rn. 20 f.). Die Rahmenrichtlinie findet
Anwendung im öffentlichen Dienst, Ausnahmen sind nach Art. 2 Abs. 2
RL 89/391/EWG nur unter außergewöhnlichen Umständen, insbesondere im nicht
planbaren Katastrophendienst, möglich.[14] Die Tätigkeit eines Beamten, der unter gewöhnlichen Umständen als Feuerwehrmann tätig ist, wird dagegen von der Richtlinie
erfasst.[15] Soweit das nationale Recht nicht den Anforderungen der Richtlinie entspricht, kommt eine direkte Anwendung zumindest dann in Betracht, wenn der öffentliche Dienst als Arbeitgeber auftritt und die Richtlinie eine Verpflichtung unbedingt
und hinreichend genau bestimmt.[16] Dies ist gerade bei den Richtlinien zum Arbeitsschutz und zur Arbeitszeit regelmäßig der Fall.[17]

Mit der Umsetzung der Richtlinie durch das ArbSchG 1996 wurden **alle Bereiche** und 8
alle Beschäftigtengruppen des öffentlichen Dienstes mit einbezogen (→ ArbSchG § 2
Rn. 24 f.). Ebenso gelten alle aufgrund §§ 18, 19 ArbSchG erlassenen Verordnungen,
mit denen verschiedene EG-Einzelrichtlinien der EG-Rahmenrichtlinie umgesetzt werden, unmittelbar im öffentlichen Dienst.[18] Nach § 20 Abs. 2 ArbSchG können zwar
abschließend aufgelistete Bundesministerien für bestimmte Tätigkeiten durch Rechtsverordnung von Regelungen des Arbeitsschutzes abweichen, soweit öffentliche Belange
dies zwingend erfordern. Es besteht aber die Verpflichtung, gleichzeitig festzuschrei-
ben, wie die Ziele des Arbeitsschutzes anderweitig erreicht werden.[19] Für die Bundes-

---

12 So jetzt auch BVerwG 14.2.2013 – 6 PB 1/13, PersR 2013, 176. **13** BAG 15.12.2009 – 9 AZR 769/08, NZA 2010, 506 (509). **14** EuGH 14.7.2005 – C 52/04, NZA 2005, 921 (Feuerwehr Hamburg); Köckeritz, S. 57 ff. **15** EuGH 3.5.2012 – C 337/10, NVwZ 2012, 688 (Neidel) = AuR 2012, 260 mAnm Buschmann; EuGH 12.1.2006 – C-132/04, AuR 2015, 454 mAnm Buschmann. **16** EuGH 20.3.2003 – C 187/00, NZA 2003, 506 (Kutz-Bauer); Köckeritz, S. 185 ff. **17** EuGH 6.4.2006 – C 428/04, ZESAR 2007, 30 mAnm Kohte/Faber (Lehrkräfte in Österreich); EuGH 14.10.2010 – C 243/09, NZA 2010, 1344 (Fuß I – Stadtverwaltung Halle); dazu Kohte/Grüneberg AiB 2011, 625. **18** Altvater/Altvater BPersVG § 81 Rn. 4 mit einer Aufzählung der wesentlichen Verordnungen. **19** Exemplarisch: Verordnung über die modifizierte Anwendung von Vorschriften des Arbeitsschutzgesetzes für bestimmte Tätigkeiten im öffentlichen Dienst des Bundes im Geschäftsbereich des Bundesministeriums des Innern (BMI-ArbSchGAnwV) v. 8.2.2000, BGBl. I, 114 idF der Änderung durch Art. 87 des Gesetzes v. 21.6.2005, BGBl. I, 1818; dazu ausführlich Köckeritz, S. 176 ff.

länder gilt eine vergleichbare Rechtslage (→ ArbSchG § 20 Rn. 7, 24). Schon aus diesen tatbestandlichen Verpflichtungen ergibt sich der Ausnahmecharakter dieser Abweichungen (→ ArbSchG § 20 Rn. 18 ff.). Für den öffentlichen Arbeitgeber gibt es daher nur eng begrenzte Ausnahmen von der Einhaltung seiner arbeitsschutzrechtlichen Verpflichtungen.

9 Auch im Hinblick auf die **Beteiligung der Beschäftigten** legt die Rahmenrichtlinie (RL 89/391/EWG) in Art. 11 bestimmte Mindeststandards fest, mit denen das schon in den Erwägungsgründen genannte Ziel einer angemessenen Mitwirkung der Arbeitnehmervertreter zur Überprüfung und Gewährleistung erforderlicher Schutzmaßnahmen sichergestellt wird. Die Unterrichtung der Arbeitnehmervertreter, der Dialog und die ausgewogene Zusammenarbeit zwischen Arbeitgebern, Arbeitnehmern und ihren Vertretern ist im nationalen Recht zu realisieren (→ BetrVG § 87 Rn. 7 ff.). Der im EU-Recht festgeschriebene **Partizipationsgedanke** ist im Hinblick auf die Auslegung von Umfang und Inhalt des Mitbestimmungsrechtes des § 75 Abs. 3 Nr. 11 BPersVG und darüber hinausgehend bei allen Beteiligungsrechten im Arbeitsschutz zwingend zu beachten.

10 Für die **Landespersonalvertretungsgesetze** legen die Rahmenvorschriften der §§ 107 ff. BPersVG keine speziellen Regelungen für den Bereich des Arbeits- und Gesundheitsschutzes fest. Gleichwohl entsprechen die Beteiligungsrechte in der Grundstruktur denen des BPersVG. Sie sind aber einerseits teilweise eingeschränkt durch eine Beschränkung des Letztentscheidungsrechts der Einigungsstelle oder durch mit der Rahmenrichtlinie schwer vereinbare Verkürzungen der Beteiligungsrechte, die auf Bundesebene in § 81 BPersVG gewährt sind[20] (zu weiteren Einzelheiten → Rn. 79). Andererseits wurde in Baden-Württemberg und Nordrhein-Westfalen bei den letzten Änderungen der Mitbestimmungstatbestand erweiternd formuliert.

III. Umfang und Inhalt des Mitbestimmungsrechtes nach § 75 Abs. 3 Nr. 11 BPersVG

11 **Zweck des Mitbestimmungsrechtes** ist es, durch Beteiligung des Personalrates zu gewährleisten, dass **Arbeitsschutz als präventiver Gesundheitsschutz effektiv gestaltet und sichergestellt wird**.[21] Das Mitbestimmungsrecht des § 75 Abs. 3 Nr. 11 BPersVG erfasst zunächst Maßnahmen zur Erfüllung der gesetzlichen Verpflichtungen; diese ergeben sich aus dem Arbeitsschutzgesetz, den dazu erlassenen Rechtsverordnungen und Unfallverhütungsvorschriften. Weiter können sich gesundheitsbezogene Pflichten aus dem Arbeitszeitgesetz ergeben (dazu vor allem → Rn. 48 ff.). Die gesetzlichen Pflichten müssen dem Arbeitgeber einen Handlungsspielraum eröffnen.[22] Vorschriften, die dem Arbeitgeber eine bestimmte, rechtlich abschließend festgelegte Verhaltensweise vorschreiben, unterliegen schon wegen § 75 Abs. 3 S. 1 BPersVG nicht der Mitbestimmung. Liegt eine arbeitsschutzrechtliche Vorschrift vor, die dem Arbeitgeber einen Handlungsspielraum bei der Ausgestaltung lässt, ist das Mitbestimmungsrecht gegeben. Diese Voraussetzung besteht aber im Hinblick auf die prozesshafte Ausgestaltung des Arbeitsschutzrechtes, das in der Regel dem Arbeitgeber unter verbindlicher Zielvorgabe einen Entscheidungsspielraum bei der Ausgestaltung seiner arbeitsschutzrechtlichen Verpflichtungen lässt, bei fast allen arbeitsschutzrechtlichen Vorschriften.[23]

12 Das Mitbestimmungsrecht besteht aber auch – anders als im BetrVG –, wenn der Dienststellenleiter „freiwillige" **Maßnahmen des Gesundheitsschutzes** durchführen möchte, zu denen er gesetzlich nicht verpflichtet ist.[24] Aus § 70 Abs. 1 BPersVG folgt demnach, dass der Personalrat ein uneingeschränktes Initiativrecht hinsichtlich der

---

20 Dazu nur BVerwG 27.11.2012 – 6 PB 12/12, dazu die Kritik von Alles, jurisPR-ArbR 11/2013 Anm. 6. 21 BVerwG 14.2.2013 – 6 P 1/13, PersR 2013, 176 (177); Lorenzen/Rehak BPersVG § 75 Rn. 574; Altvater/Berg BPersVG § 75 Rn. 202. 22 Richardi/Dörner/Weber/Kaiser BPersVG § 75 Rn. 434; Altvater/Berg BPersVG § 75 Rn. 208; Ilbertz/Widmaier/Sommer BPersVG § 75 Rn. 157. 23 Fitting BetrVG § 87 Rn. 274. 24 BVerwG 14.2.2013 – 6 PB 1/13, PersR 2013, 176; Richardi/Dörner/Weber/Kaiser BPersVG § 75 Rn. 434; Altvater/Berg BPersVG § 75 Rn. 207; Ilbertz/Widmaier/Sommer BPersVG § 75 Rn. 155; GKÖD/F/G/Gronimus BPersVG § 75 Rn. 101.

über den gesetzlichen Rahmen hinausgehenden Maßnahmen hat.[25] Bei der Durchsetzbarkeit von Initiativanträgen macht es aber durchaus einen Unterschied, ob die gewollte Maßnahme auf einer arbeitsschutzrechtlichen Verpflichtung des Arbeitgebers beruht. Soweit dies der Fall ist, kommt eine haushaltsrechtlich begründete Begrenzung dieser Maßnahmen wegen § 3 Abs. 2 HGrG nicht mehr in Betracht (→ Rn. 26). Andererseits kann der Personalrat freiwillige Maßnahmen zwar vorschlagen, hat aber – anders als bei gesetzlich verpflichtenden Maßnahmen – ein Erzwingungsrecht über die Einigungsstelle nur im Rahmen des Haushaltsrechts.

1. Maßnahmen des Arbeits- und Gesundheitsschutzes. Das Mitbestimmungsrecht umfasst sowohl **technische, organisatorische und personelle Maßnahmen** als auch konkrete Verhaltensanordnungen. Hierbei ist es unerheblich, ob es sich um eine allgemeine Regelung oder eine auf einen einzelnen Arbeitsplatz oder Beschäftigten bezogene konkrete Maßnahme handelt.[26] Technische Maßnahmen des Arbeitsschutzes sind Anordnungen und Einrichtungen von Arbeitsschutzvorrichtungen, die zur Abwehr gesundheitsbeeinträchtigender Belastungen geeignet sind.[27] Hierzu zählen ua Schutzvorrichtungen an Arbeitsmitteln und Schutzvorrichtungen an Gebäuden. Hierunter fällt auch die persönliche Schutzausrüstung, wenn sie dem Schutz des Beschäftigten dient und nicht nur wegen Hygienevorschriften oder dem Schutz der Kleidung vor Verschmutzung getragen wird.[28] Organisatorische Maßnahmen beziehen sich auf Maßnahmen der Arbeitsorganisation und Änderung von Arbeitsverfahren, die der Abwehr gesundheitsbeeinträchtigender Belastungen mindestens mittelbar dienen. Außerdem werden Maßnahmen der Organisation des Arbeitsschutzes in der Dienststelle umfasst.[29] Dazu gehören ua Strukturentscheidungen über die Einrichtung und inhaltliche Ausformung der Stellen besonderer Funktionsträger wie zB Fachkräfte für Arbeitssicherheit.[30] Auch die gem. Anhang Nr. 6 ArbStättV verpflichtete Gestaltung der Bildschirmarbeit, zB durch Kurzpausen, ist mitbestimmungspflichtig (→ ArbStättV Rn. 223).[31] Personelle Maßnahmen setzen organisatorische Strukturentscheidungen zB über den Aufbau der Sicherheits- und Gesundheitsorganisation in der Dienststelle „personenscharf" um. Dazu gehört vor allem die Bestellung und Abberufung von Fachkräften und Beauftragten, deren Aufgabe darin besteht, den Dienststellenleiter bei der Organisation und Durchführung des Arbeitsschutzes in der Dienststelle zu unterstützen.[32]

Nach der **Rechtsprechung des Bundesverwaltungsgerichts** muss die technische, organisatorische oder personelle Maßnahme auf eine Veränderung des bestehenden Zustandes abzielen. Die Handlungen bzw. Entscheidungen müssen unmittelbar die Arbeitsbedingungen, Beschäftigungsverhältnisse oder das Rechtsverhältnis der Beschäftigten verändern. Dazu sollen nicht vorbereitende Handlungen zählen, die zu keinen unmittelbaren Änderungen führen. Nach der Ansicht des Bundesverwaltungsgerichts ist deshalb die Befragung von Beschäftigten im Rahmen einer Gefährdungsbeurteilung nach § 5 ArbSchG nicht mitbestimmungspflichtig (→ Rn. 39 zum Meinungsstreit).[33] Diese problematische Unterscheidung in mitbestimmungsfreie Vorbereitungsmaßnahmen und mitbestimmungspflichtige „Entscheidungsmaßnahmen" hat Folgen für die Ausübung des Mitbestimmungs- und Initiativrechts. Will der Dienststellenleiter ohne Zustimmung des Personalrats Maßnahmen des Arbeits- und Gesundheitsschutzes durchführen, kann der Personalrat die Zustimmung zB mit der Begründung verweigern, die Ge-

---

25 BVerwG 18.5.1994 – 6 P 27.92, PersR 1994, 466; Altvater/Berg § BPersVG 75 Rn. 207; Richardi/Dörner/Weber/Kaiser BPersVG § 75 Rn. 443; GKÖD/F/G/Gronimus BPersVG § 75 Rn. 101. **26** St. Rspr. BVerwG 18.5.1994 – 6 P 27/92, PersR 1994, 466; BVerwG 25.1.1995 – 6 P19.93, PersR 1995, 300; BVerwG 5.11.2010 – 6 P 18/09, PersR 2011, 38; Ilbertz/Widmaier/Sommer BPersVG § 75 Rn. 155; ausführlich zu einzelnen Maßnahmen s. Altvater/Berg BPersVG § 75 Rn. 212 ff. **27** Altvater/Berg BPersVG § 75 Rn. 212. **28** Richardi/Dörner/Weber/Kaiser BPersVG § 75 Rn. 440; VGH Mannheim 27.9.1994 – PL 15 S 2844/93. **29** Altvater/Berg BPersVG § 75 Rn. 212. **30** VGH Baden-Württemberg 11.3.2010 – PL 15S 1773/08, PersR 2010, 455. **31** BVerwG 8.1.2001 – 6 P 6/00, PersR 2001, 154. **32** BVerwG 18.5.1994 – 6 P 72/92, PersR 1994, 466 zur Bestellung von Sicherheitsbeauftragten. **33** BVerwG 14.10.2002 – 6 P 7/01, PersR 2003, 113; bestätigt durch BVerwG 5.3.2012 – 6 PB 25/11, PersR 2012, 380; krit. Altvater/Berg BPersVG § 75 Rn. 209; ablehnend v. Roetteken PersR 2003, 339; Nitsche PersR 2005, 346.

fährdungsbeurteilung sei mangelhaft, weil zB kein für die Dienststelle geeignetes Verfahren genutzt worden ist. Im Zuge der Zustimmungsverweigerung ist der Personalrat nicht verpflichtet, Vorschläge für andere/weitere Maßnahmen zu machen. Dies bleibt dem weiteren Verfahren vor der Stufenvertretung oder der Einigungsstelle vorbehalten. Weigert sich der Dienststellenleiter, Maßnahmen des Arbeits- und Gesundheitsschutzes einzuleiten, zu denen er rechtlich verpflichtet ist, kann der Personalrat das Initiativrecht des § 70 Abs. 1 BPersVG nutzen. Dabei ist das ansonsten zu beachtende Bestimmtheitsgebot (→ Rn. 66) bei Anträgen an die Dienststellenleitung eingeschränkt.[34]

15 Nach dem Wortlaut des Mitbestimmungstatbestandes muss die Maßnahme zur Verhütung von Dienst- und Arbeitsunfällen und sonstigen Gesundheitsschädigungen ergriffen werden. Im Unterschied zur Rechtsprechung des Bundesarbeitsgerichts zum BetrVG legt das Bundesverwaltungsgericht die erforderliche **Finalität ("Zielgerichtetheit") der Maßnahme** eng aus. Die Maßnahme muss unmittelbar dem Arbeits- und Gesundheitsschutz dienen. Sie muss zu dem Zweck erlassen worden sein, ob darauf abzielen, das Risiko von Gesundheitsschädigungen oder Arbeitsunfällen zu mindern oder einen effektiven Arbeitsschutz zu gewährleisten. Verfolgt die Maßnahme in erster Linie andere Zwecke und wirkt sich dadurch nur mittelbar auf den Arbeits- und Gesundheitsschutz der Mitarbeiter aus, soll sie nicht der Mitbestimmung unterliegen.[35] Diese Einschränkung ist angesichts des weiten Rahmens, den das Arbeitsschutzgesetz für die arbeitsschutzrechtlichen Verpflichtungen des Arbeitgebers vorgibt, nicht plausibel. Nach § 3 iVm § 4 Nr. 1 ArbSchG hat der Arbeitgeber Maßnahmen zu treffen, die schon präventiv Gefährdungen mit dem Ziel der Verbesserung des Arbeits- und Gesundheitsschutzes verhindern. Dies weist auf eine an **objektiv-finalen Kriterien** ausgerichtete Handlungsverpflichtung hin, bei der es nicht auf eine subjektive Regelungsabsicht ankommt. Deshalb wird auch bei nicht unmittelbar dem Arbeitsschutz dienenden Maßnahmen die arbeitgeberseitige arbeitsschutzrechtliche Verpflichtung immer so weit gehen, die Auswirkungen auf den Arbeits- und Gesundheitsschutz der Mitarbeiter zu berücksichtigen. Anschaulich werden die Folgen dieser restriktiven Betrachtungsweise in einer vom Bundesverwaltungsgericht bestätigten Entscheidung des OVG Münster.[36] Danach ist eine Regelung der Lage und Ausdehnung der Beratungszeiten der Beschäftigten der Bundesagentur mit dem Ziel ihrer Entlastung nach objektiver Betrachtung keine unmittelbar dem Arbeitsschutz dienende Maßnahme, so dass das Mitbestimmungsrecht nach § 75 Abs. 3 Nr. 11 BPersVG nicht greift. In dieser Entscheidung wird exemplarisch die Reichweite des gesetzlichen Arbeitsschutzrechtes verkannt. Auch vor der klarstellenden letzten Änderung des § 4 Nr. 1 ArbSchG (→ ArbSchG § 4 Rn. 7) waren Maßnahmen zur Verminderung **psychischer Belastungen** Bestandteil des Arbeitsschutzes. Jede Maßnahme, die diesbezügliche Auswirkungen auf den Arbeits- und Gesundheitsschutz der Mitarbeiter hat, ist daher auch aus diesem Gesichtspunkt zu berücksichtigen. Es ist nicht nachvollziehbar, warum der Maßnahmenbegriff in § 75 Abs. 3 Nr. 11 BPersVG diesbezüglich einschränkender ausgelegt wird als in § 2 ArbSchG. Auch andere Begriffe des Gesundheitsschutzes, wie zB der Dienstunfall, werden nicht durch subjektive Finalität, sondern durch objektive Interessenlagen geprägt (→ Rn. 16).

16 Zweck der Maßnahmen im Sinne des § 75 Abs. 3 Nr. 11 BPersVG ist die Verhütung von Dienst- und Arbeitsunfällen und sonstigen Gesundheitsschädigungen. Für Arbeitnehmer ergibt sich der Begriff des **Arbeitsunfalles aus § 8 SGB VII**. Demnach sind Arbeitsunfälle zeitlich begrenzte, von außen einwirkende Ereignisse, die zu einer Schädigung bis zum Tod führen können und während der versicherten Tätigkeit einschließlich des unmittelbaren Arbeitsweges erlitten werden. Für Beamte gilt die Legaldefiniti-

---

34 BVerwG 14.10.2002 – 6 P 7/01, PersR 2003, 113; Altvater/Berg BPersVG § 75 Rn. 209. **35** BVerwG 25.8.1986 – 6 P 16.84, PersR 1986, 235; BVerwG 18.5.1994 – 6 P 72/92, PersR 1994, 466; BVerwG 8.1.2001 – 6 P 6/00, PersR 2001, 154; Ilbertz/Widmaier/Sommer BPersVG § 75 Rn. 156 a; Richardi/Dörner/Weber/Kaiser BPersVG § 75 Rn. 435 f. **36** OVG Nordrhein-Westfalen 23.5.2012 – 20 A 875/11, PersR 2012, 376; bestätigt durch BVerwG 13.9.2012 – 6 PB 10/12, PersR 2012, 502.

on des § 31 BeamtVG, die im Wesentlichen mit § 8 SGB VII übereinstimmt.[37] Demnach ist der **Dienstunfall** ein auf äußerer Einwirkung beruhendes, plötzliches, örtlich und zeitlich bestimmbares, einen Körperschaden verursachendes Ereignis, das in Ausübung oder infolge des Dienstes eingetreten ist. Zum Dienst gehören auch Dienstreisen, Dienstgänge und die dienstliche Tätigkeit am Bestimmungsort, die Teilnahme an dienstlichen Veranstaltungen, Nebentätigkeiten im öffentlichen Dienst oder in dem ihm gleichstehenden Dienst oder Tätigkeiten, deren Wahrnehmung im Zusammenhang mit den Dienstgeschäften erwartet wird oder im objektiven Interesse des Dienstherrn steht.[38]

Unter den Begriff der **sonstigen Gesundheitsschädigungen** fallen ua Berufskrankheiten. Dies sind nur diejenigen Erkrankungen, die in der Berufskrankheiten-Verordnung (BKV) als solche festgestellt wurden. Darüber hinaus ist der Begriff nicht legal definiert. Der Begriff der Gesundheitsschädigung umfasst die Beeinträchtigungen, die die Gesundheit des Beschäftigten gefährden und in einem Zusammenhang mit der Arbeit stehen. Nicht notwendig ist es, dass die Intensität der Gefährdung der eines Arbeits- oder Dienstunfalles gleicht. Aus der systematischen Gleichsetzung von Dienst- und Arbeitsunfällen einerseits und sonstigen Gesundheitsschädigungen andererseits in § 75 Abs. 3 Nr. 11 BPersVG ergibt sich lediglich, dass auch für die zweite Tatbestandsvariante ein **kausaler Bezug zum Arbeitsleben** gegeben sein muss.[39] Es ist ausreichend, dass dieser Bezug in nachvollziehbarem Zusammenhang mit dem Arbeitsplatz besteht. Unerheblich dabei ist, ob die Gefährdung durch Umwelteinflüsse oder die persönliche Konstitution des Beschäftigten mit beeinflusst wird.[40] Das durch die Gefährdung anlässlich der Arbeit erweiterte Lebensrisiko begründet die arbeitsschutzrechtliche Verpflichtung. 17

Mit diesem **weiten Verständnis** orientiert sich die Auslegung des Begriffs „sonstige Gesundheitsschädigungen" an § 2 Abs. 1 ArbSchG.[41] Dies ist auch sachgerecht, um die dort verankerte präventionsorientierte Handlungspflicht des Arbeitgebers durch Mitbestimmung effektiv zu unterstützen bzw. zu initiieren. Ziel ist die Verhinderung von Arbeitsunfällen und die Verringerung arbeitsbedingter gesundheitsrelevanter Belastungsfaktoren.[42] Diese Handlungsverpflichtung setzt früher ein als eine bloße reaktive Gefahrenabwehr. Sie geht inhaltlich deutlich über das klassische, primär technische Arbeitsschutzverständnis hinaus, das überwiegend reaktiv auf die Verhinderung von Arbeitsunfällen und Berufskrankheiten orientiert war. Die klassische Gefahrenabwehr wird ergänzt durch die **präventive Gestaltung der Arbeitsbedingungen**, die sich an den Prinzipien des § 4 ArbSchG zu orientieren hat (→ ArbSchG § 4 Rn. 12). 18

Mit der weiten Auslegung entsprechend § 2 ArbSchG gilt die Mitbestimmung und das Initiativrecht auch in Bezug auf „**Maßnahmen zur menschengerechten Gestaltung der Arbeit**" (zum Begriff → ArbSchG § 2 Rn. 9 ff.). Damit bestätigt sich erneut, dass der Mitbestimmungstatbestand auch Maßnahmen erfasst, die psychische Belastungen verhindern bzw. mindern sollen. Dies wird jetzt durch die ausdrückliche Benennung in §§ 4, 5 ArbSchG bestätigt. Sämtliche Belastungsfaktoren, die sich auf die physische und psychische Integrität auswirken können, sind als Gesundheitsbeeinträchtigungen iSd Nr. 11 zu bewerten. Der Zweck des § 75 Abs. 3 Nr. 11 BPersVG, einen optimalen und effektiven Schutz vor arbeitsbedingten Gesundheitsgefahren sicherzustellen, verlangt Mitwirkung bei der Gestaltung eines ganzheitlichen Gesundheitsschutzes, der diese Belastungsfaktoren gar nicht erst entstehen lässt bzw. effektiv mindert. 19

2. Grenzen des Mitbestimmungsrechts. a) Verfassungsrechtliche Grenzen: Einschränkungen der Entscheidungskompetenz der Einigungsstelle. Nach der Rechtsprechung 20

---

[37] BVerwG 30.6.1988 – 2 C 3/88, NJW 1989, 184. [38] BVerwG 29.8.2013 – 2 C 1/12, ZBR 2014, 45. [39] BVerwG 14.10.2002 – 6 P 7/01, PersR 2003, 113; Lorenzen/Rehak BPersVG § 75 Rn. 174 e; Altvater/Berg BPersVG § 75 Rn. 205. [40] Jetzt ausdrücklich BVerwG 14.2.2013 – 6 PB 1/13, PersR 2013, 176; Bestätigung von OVG Berlin-Brandenburg 8.11.2012 – OVG 62 PV 2.13; Lorenzen/Rehak BPersVG § 75 Rn. 174 a. Kollmer/Klindt/Schucht/Kohte ArbSchG § 2 Rn. 19 f. [41] Schon BVerwG 31.1.1997 – 1 C 20/95, NZA 1997, 482; Altvater/Berg BPersVG § 75 Rn. 205 f. [42] Kollmer/Klindt/Schucht/Kohte ArbSchG § 3 Rn. 23.

des Bundesverfassungsgerichts[43] werden den Beteiligungsrechten der Personalräte **zusätzliche verfassungsrechtlich begründete Grenzen** gesetzt, die sich nicht aus dem Text des BPersVG und der Mehrzahl der Landesgesetze ergeben und die aus dem in § 104 S. 3 BPersVG normierten Demokratieprinzip abgeleitet werden.[44] Diese beiden Grenzen werden als **Schutzzweckgrenze** und **Verantwortungsgrenze** bezeichnet. Sie haben für die Beteiligungsrechte im betrieblichen Gesundheitsschutz unterschiedliche Konsequenzen.[45]

21 Die **Schutzzweckgrenze** hat zur Konsequenz, dass sich die Mitbestimmung nur auf **innerdienstliche Maßnahmen** erstrecken und nur so weit gehen darf, wie die spezifischen Interessen der Angehörigen der Dienststelle sie rechtfertigen. Sie umfasst die Angelegenheiten, die in ihrem Schwerpunkt die **Beschäftigten in ihrem Beschäftigungsverhältnis** treffen, typischerweise aber nicht oder nur unerheblich die Wahrnehmung von Amtsaufgaben gegenüber dem Bürger berühren.[46] Nach allgemeiner Ansicht rechnet das Mitbestimmungsrecht nach § 75 Abs. 3 Nr. 11 BPersVG zu diesen Angelegenheiten, so dass die Mitbestimmung im allgemeinen Gesundheitsschutz nicht von der Schutzzweckgrenze beschränkt wird.[47] Diese Grenze wird allerdings diskutiert für die Mitbestimmung nach § 75 Abs. 3 Nr. 10 BPersVG (dazu → Rn. 58).

22 Die **Verantwortungsgrenze** betrifft im Grundsatz mitbestimmungspflichtige Maßnahmen, die in ihrer konkreten Auswirkung von **erheblicher Bedeutung für die Ausübung der Regierungsgewalt** bzw. für die staatliche Aufgabenerfüllung sind. Diese Angelegenheiten können nicht dem Letztentscheidungsrecht der Einigungsstelle zugewiesen werden. Daher hatte das Bundesverwaltungsgericht ursprünglich bei Regelungen zur Asbestsanierung von Schulen, die notwendigerweise maßgeblich die Schutzpflichten gegenüber den Schülerinnen und Schülern betrafen, das Mitbestimmungsrecht entfallen lassen.[48] Nach der neueren Judikatur des Bundesverwaltungsgerichts **bleibt** in den Fällen der Verantwortungsgrenze das **Mitbestimmungsrecht bestehen**, doch wird das Entscheidungsrecht der Einigungsstelle analog § 69 Abs. 4 S. 3 BPersVG zu einem Empfehlungsrecht herabgestuft.[49] Dies gibt die Chance, dass in den Beratungen der Einigungsstelle geklärt wird, ob die Verantwortungsgrenze im konkreten Einzelfall überschritten wird oder ob es an erheblichen Auswirkungen auf das Gemeinwohl fehlt.[50] In den Bundesländern, in denen ein **Evokationsrecht** normiert ist,[51] kann die zuständige Stelle sich auf ihr Letztentscheidungsrecht berufen (→ Rn. 79 f.). Insgesamt ist jedoch zu beachten, dass im Anwendungsbereich des § 75 Abs. 3 Nr. 11 BPersVG sowie der vergleichbaren Bestimmungen der Landesgesetze nur im Ausnahmefall die Verantwortungsgrenze überschritten wird und sich das **unverkürzte Mitbestimmungsrecht als Regelfall** darstellt.[52]

23 Auch in den Ländern, in denen die oberste Dienstbehörde mit ihrem Evokationsrecht den bindenden Spruch der Einigungsstelle aufheben kann, wird die Durchsetzung der Mitbestimmung nicht generell ausgeschlossen, sondern nur begrenzt.[53] Hierbei handelt es sich um **eng formulierte Ausnahmeregelungen**, deren tatbestandliche Voraussetzungen bei jeder Entscheidung nach durchgeführtem Mitbestimmungsverfahren im Einzelfall geprüft werden müssen. Nach dem Regel-Ausnahme-Verhältnis muss zur Legitima-

---

[43] Grundlegend BVerfG 24.5.1995 – 2 BvF 1/92, BVerfGE 93, 37 (70) = PersR 1995, 483. [44] Zur Kritik nur Altvater/AltvaterBPersVG § 104 Rn. 30 ff. mwN, ausführlich Rinken PersR 1999, 523 ff. [45] Dazu ausführlich Richardi/Dörner/Weber/Richardi Einl. Rn. 45 ff. [46] Büge PersR 2003, 171; Ilbertz/Widmaier/Sommer Einl. BPersVG Rn. 40; vgl. BVerwG 5.11.2010 – 6 P 18/09, PersR 2011, 38, dazu Neumann, jurisPR-BVerwG 8/2011 Anm. 5. [47] Dazu nur Altvater/Altvater BPersVG § 104 Rn. 29; Richardi/Dörner/Weber/Kersten BPersVG § 104 Rn. 17; vgl. BVerwG 19.5.2003 – 6 P 16/02, PersR 2003, 314. [48] BVerwG 2.10.1995 – 6 P 27/93, PersR 1996, 151; so immer noch Lorenzen/Rehak BPersVG § 75 Rn. 174h; zurückhaltend bereits BVerwG 23.8.2000 – 6 P 12/99, PersR 2001, 20. [49] BVerwG 24.4.2002 – 6 P 3/01, PersR 2002, 395 (397); Büge PersR 2003, 171 (173); Altvater/Berg BPersVG § 75 Rn. 214; Richardi/Dörner/Weber/Kaiser BPersVG § 75 Rn. 429; GKÖD/F/G/Gronimus BPersVG § 75 Rn. 2a. [50] Dazu Kohte RdJB 2008, 198 (217). [51] Altvater/Berg BPersVG § 69 Rn. 88. [52] OVG Münster 9.6.2006 – 1 A 1492/05 PVL, PersV 2007, 18, 20. [53] OVG Münster 9.6.2006 – 1 A 1492/05.PVL.

tion einer Aufhebung durch die Entscheidung die Regierungsverantwortung berührt sein. Im Bereich des Arbeits- und Gesundheitsschutzes wird in dieser Abwägung beachtet werden müssen, dass der Arbeitsschutz das grundrechtsrelevante Rechtsgut der körperlichen Unversehrtheit der Beschäftigten schützt und auch die jeweilige Bundes- oder Landesregierung an die parlamentarisch erlassenen Gesetze sowie die jeweiligen Verordnungen gebunden ist. Dies führt aber im Umkehrschluss zu der Feststellung, dass immer dann, wenn eine öffentlich-rechtliche Körperschaft eine Maßnahme in Vollzug gesetzlicher Verpflichtungen ausführt, die Verantwortungsgrenze nicht erreicht sein kann. Damit kann eine Evokation oder Beschränkung auf eine Empfehlung nicht in Betracht kommen, wenn der Spruch der Einigungsstelle eine Maßnahme als Vollzug arbeitsschutzrechtlicher Verpflichtungen des Arbeitgebers betrifft. Ebenso wird man im Bereich einer öffentlich-rechtlichen Selbstverwaltungskörperschaft, deren Maßnahmen von einem auch nicht mittelbar demokratisch legitimierten Gremium entschieden werden, auch nicht von einem Aufhebungsrecht ausgehen können, da hier die Regierungsverantwortung nicht unmittelbar betroffen sein kann.[54] Zutreffend haben daher das OVG Berlin-Brandenburg[55] und das Bundesverwaltungsgericht[56] bei der Entscheidung zum Mitbestimmungsrecht des Personalrats in einer Dienststelle der Bundesagentur für Arbeit zur Beteiligung am Betrieblichen Gesundheitsmanagement keinen Anlass gesehen, auf die Verantwortungsgrenze einzugehen.

Soweit eine Maßnahme gem. § 75 Abs. 3 Nr. 11 BPersVG auch die **Aufgabenwahrnehmung der Dienststelle nach außen** betrifft, führt dies nicht zum Ausschluss der Mitbestimmung, sondern kann nur dessen Reichweite begrenzen.[57] In dieser Konstellation kann wegen der erheblichen Auswirkungen auf das Gemeinwesen die Regierungsverantwortung im Einzelfall wesentlich berührt sein. Die Fälle, in denen eine grundlegende Sanierung von Schulen und Hochschulen wegen Hygienedefiziten oder Asbestgefahren erforderlich war,[58] sind dazu allerdings wenig geeignet, da nicht davon auszugehen ist, dass für Schüler oder Studierende ein geringeres Gesundheitsschutzniveau als für Lehrkräfte zu beachten ist. Solange der Lehrbetrieb nicht generell eingestellt werden soll, gibt es auch unter Beachtung von § 104 S. 3 BPersVG keinen Anlass zur Beschränkung der Kompetenzen der Einigungsstelle.[59] Die Berücksichtigung der Belange eines geordneten Schulbetriebs in Ersatzräumen während einer Sanierung ist der Einigungsstelle bereits im Rahmen ihrer Ermessensausübung aufgegeben, so dass es keiner Evokation bedarf. 24

b) Begrenzung der Mitbestimmung durch Haushaltsrecht. Eine weitere Begrenzung der Mitbestimmung kann sich nach der älteren Rechtsprechung[60] aus dem Haushaltsrecht ergeben. Soweit der Personalrat eine Maßnahme des Arbeits- und Gesundheitsschutzes fordere, sei auch der Spruch der Einigungsstelle an das geltende Haushaltsrecht gebunden, mit der Folge, dass die Dienststelle nicht zu arbeitsschutzrechtlich gebotenen Maßnahmen gezwungen werden könne, wenn es hierfür keine Mittel im Haushalt gibt.[61] 25

Diese Rechtsprechung rechtfertigt aber nicht davon auszugehen, dass eine Mitbestimmung stets ausgeschlossen sei, wenn Maßnahmen von haushaltsrechtlicher Relevanz sind. Für eine so weitgehende Einschränkung des Mitbestimmungsrechtes gibt es keine Anhaltspunkte.[62] Eine Beschränkung der Mitbestimmung im Rahmen von § 75 Abs. 3 Nr. 11 BPersVG kommt daher nur dort und nur so weit in Betracht wie es sich um eine **freiwillige Maßnahme** des Arbeits- und Gesundheitsschutzes handelt. Sobald die Maßnahme eine normative arbeitsschutzrechtliche Verpflichtung betrifft, können fehlende 26

---

54 Hierzu die zutreffenden Überlegungen des Bundesarbeitsgerichtes zur Unmöglichkeit einer nach § 14 Abs. 1 Nr. 7 TzBfG begründeten Befristung bei der Bundesagentur für Arbeit: BAG 9.3.2011 – 7 AZR 728/09, NZA 2011, 911; dazu auch Schlachter, Anm. BAG AP Nr. 18 zu § 14 TzBfG Haushalt. 55 OVG Berlin-Brandenburg 8.11.2012 – OVG 62 P 2.12. 56 BVerwG 14.2.2013 – 6 P 1/13, PersR 2013, 176. 57 OVG Nordrhein-Westfalen 9.6.2006 – 1 A 1492/05.PVL. 58 Dazu Kohte RdJB 2008, 198 (217). 59 Dazu die Sachverhalte BVerwG 23.8.2000 – 6 PB 5/99, 6 PB 12/99, PersR 2001, 20 und 23. 60 Siehe nur BVerwG 24.3.1998 – 6 P. 1.96, PersR 1998, 331. 61 VGH Hessen 18.3.1993 – HPV TL 3730/89, PersR 1994, 123–126. 62 OVG Nordrhein-Westfalen 4.3.2016 – 20 a 2334/14.PVL, PersR 10/2016, 52 ff.; mAnm Kiesche PersR 10/2016, 55.

Haushaltsmittel kein Argument gegen ihre Umsetzung sein, da nach § 3 Abs. 2 HGrG bestehende Ansprüche nicht durch den Haushalt begrenzt werden können. So können auch tarifrechtliche Ansprüche nicht nach Haushaltslage begrenzt werden.[63] Mit der Umsetzung seiner gesetzlich begründeten Verpflichtungen erfüllt der Arbeitgeber spiegelbildlich Ansprüche der Arbeitnehmer. Eine Begrenzung von Maßnahmen, mit denen die Dienststelle arbeitsschutzrechtliche Verpflichtungen erfüllt, kommt demnach nicht in Betracht.

27 **c) Grenzen durch organisationsrechtliche bzw. vertragsrechtliche Vorgaben.** Ein grundsätzliches Problem zeigt sich dort, wo der öffentlich-rechtliche Arbeitgeber/Dienstherr entweder aus dem Organisationsrecht **nicht Träger** oder aus dem Vertragsrecht **nicht Eigentümer** der Arbeitsstätten ist. In diesen Fällen wird zT argumentiert, man sei deshalb nicht für die arbeitsschutzrechtliche Gestaltung der Gebäude und Räume verantwortlich. Im Schulbereich zum Beispiel hatten verschiedene Länder als Dienstherr und Arbeitgeber mit dem Hinweis auf die Trägerschaft der Kommunen für die Schulgebäude die Verantwortung für die Bestellung einer Fachkraft für Arbeitssicherheit zunächst abgelehnt. Dem ist die Judikatur zu Recht nicht gefolgt.[64] Nach § 2 Abs. 2 ArbSchG ist Arbeitgeber jede private oder öffentlich-rechtliche juristische Person, die Beamte oder Arbeitnehmer beschäftigt. Der Arbeitgeber hat aber die arbeitsschutzrechtliche Verantwortung gegenüber den in seiner Dienststelle Beschäftigten. Damit ist das **Land als Arbeitgeber und Dienstherr** für die Bestellung der Fachkräfte für Arbeitssicherheit verantwortlich und nicht die Kommune als Träger der Schulgebäude.

28 Dieser arbeitsschutzrechtlichen Verantwortung kann sich der Arbeitgeber auch nicht unter Hinweis, die Maßnahme sei vom Vermieter durchgeführt worden, entziehen. Die arbeitsschutzrechtlichen Verpflichtungen bleiben unverändert beim Arbeitgeber, der immer auch „**Betreiber**" **der Arbeitsstätte** ist). Kann dieser über ein Einwirken auf den Vermieter den arbeitsschutzrechtlichen Anforderungen nicht gerecht werden, darf er auf den unzureichend ausgestatteten oder unzureichend gesicherten Arbeitsplätzen keinen seiner Beschäftigten einsetzen. Baut der Vermieter Brandschutzmelder ein, unterliegt daher die **Inbetriebnahme als Maßnahme** des Arbeits- und Gesundheitsschutzes der Mitbestimmung des Personalrates.[65]

29 Beide Entscheidungen verweisen darauf, dass es sich bei den arbeitsschutzrechtlichen Verpflichtungen der Arbeitgeber nach dem ArbSchG und den sich daraus ergebenden Maßnahmen des Arbeits- und Gesundheitsschutzes um eine konkretisierende Ausgestaltung der vertraglichen Verpflichtung gegenüber den Arbeitnehmern aus § 618 BGB[66] bzw. der gesetzlichen Fürsorgeverpflichtung des Dienstherrn aus § 78 BBG gegenüber den Beamten handelt, die nicht auf Dritte verlagert werden kann. Das OVG Nordrhein-Westfalen hat in der obigen Entscheidung unterschieden zwischen der baulichen Einrichtung einer Immobilie und dem Betreiben der Arbeitsstätte. Auch wenn die Gestaltung der Immobilie aus der vertraglichen Gestaltung dem Vermieter obliegt, verbleibt die **arbeitsschutzrechtliche Verantwortung für das Betreiben der Arbeitsstätte** beim Arbeitgeber (→ ArbStättV Rn. 23 ff.). Er bleibt verantwortlich für die Maßnahmen des Arbeits- und Gesundheitsschutzes. Initiativanträgen des Personalrates kann er nicht mit dem Hinweis auf den Vermieter entgegentreten.

30 **3. Zuständigkeitsabgrenzungen (Gesamtpersonalrat, Stufenvertretung).** Die Beteiligungsrechte des Personalrates können nur ihre Wirkung entfalten, wenn die Dienststelle, bei der er gebildet ist, im innerbehördlichen Kompetenzgefüge eine **Entscheidungskompetenz** bezüglich der mitbestimmten Maßnahme hat.[67] Diesem Grundsatz trägt das Bundespersonalvertretungsgesetz Rechnung, nach dem bei verselbstständigten Teilen einer Dienststelle (§ 6 Abs. 3 BPersVG) ein **Gesamtpersonalrat** zu bilden ist (§ 55 BPersVG). Im Bereich mehrstufiger Verwaltungen sind Stufenvertretungen zu installie-

---

63 BAG 26.9.1984 – 4 AZR 343/83, DB 1985, 394 = AP Nr. 21 zu § 1 TVG. **64** VGH Baden-Württemberg 11.3.2010 – PL 15 S 1773/08, PersR 2010, 455; dazu Jenter/Faber PersR 2010, 432 ff. **65** OVG Münster 29.6.2012 – 20 A 632/10.PVL, PersV 2012, 427 = PersR 2013, 373, dazu Faber PersR 2013, 358. **66** BAG 12.8.2008 – 9 AZR 1117/06, BAGE 127, 205–214. **67** VGH Baden-Württemberg 11.3.2010 – PL 15 S 1773/08, PersR 2010, 455.

ren (§ 53 Abs. 1 BPersVG). Nach § 82 Abs. 1, 3 BPersVG bestimmt sich die Zuständigkeit der Gremien nach dem formellen Kriterium, welcher Dienststellenleiter die Maßnahme beabsichtigt. Aus der Formulierung von § 82 Abs. 1 BPersVG ergibt sich im Verhältnis zu den örtlichen Personalräten ein **Subsidiaritätsprinzip**: Sowohl die Stufenvertretungen als auch der Gesamtpersonalrat sind nur dort zur Entscheidung berufen, wo der Leiter der örtlichen Dienststelle nicht zur Entscheidung befugt ist.[68] Soweit eine Anweisung der oberen Dienstbehörde oder des Dienststellenleiters (im Falle eines Gesamtpersonalrats) einen Entscheidungsspielraum in beteiligungspflichtigen Maßnahmen eröffnet, muss das Beteiligungsverfahren mit dem **örtlichen Personalrat** durchgeführt werden.[69] Ausgelöst wird das Mitbestimmungsrecht aber nicht allein durch die organisationsrechtliche Zuständigkeit, sondern erst wenn der Dienststellenleiter beabsichtigt, eine mitbestimmungspflichtige Maßnahme durchzuführen.[70] Soweit zwischen Dienststelle und Personalrat Streit über die Zuständigkeit besteht, ist dies im Stufen- bzw. Einigungsstellenverfahren zu klären.[71]

Die Zuständigkeit des **Gesamtpersonalrates** erstreckt sich auf Entscheidungen des Leiters der Hauptdienststelle, die die Hauptdienststelle sowie selbstständige Nebenstellen betreffen,[72] und Entscheidungen, die nur eine oder mehrere selbstständige Nebenstellen betreffen.[73] Entscheidungen des Hauptdienststellenleiters, die nur die Hauptdienststelle betreffen, unterliegen dagegen der Beteiligung des örtlichen Personalrates der Hauptdienststelle.[74] Bezogen auf Maßnahmen des Arbeits- und Gesundheitsschutzes bedeutet dies, dass eine Kompetenz des Gesamtpersonalrates nur dort in Betracht kommt, wo der Leiter der Hauptdienststelle eine abschließende Regelung trifft, bei deren Umsetzung den selbstständigen Nebenstellen keinerlei Spielraum verbleibt. Ebenso kann der personalvertretungsrechtlich verselbstständigte **Eigenbetrieb** eine eigene Einigungsstelle ohne Beteiligung des Gesamtpersonalrats bilden.[75] 31

Die originäre Zuständigkeit der **Stufenvertretung** ist begründet, wenn die übergeordnete Dienststelle nach Gesetz, Rechtsverordnung oder Verwaltungsvorschrift zur abschließenden Entscheidung mit Außenwirkung berufen ist. Dies setzt voraus, dass sie Maßnahmen anweist bzw. anordnet, die unmittelbare Rechtswirkungen gegenüber den Beschäftigten der untergeordneten Dienststelle entfalten, und dass dadurch dem Dienststellenleiter des örtlichen Personalrates kein Entscheidungsspielraum verbleibt.[76] Bezogen auf Maßnahmen des Arbeits- und Gesundheitsschutzes kommt eine originäre Zuständigkeit der Stufenvertretungen nur dort in Betracht, wo die übergeordnete Dienststelle abschließende Maßnahmen mit Außenwirkung gegenüber den Beschäftigten anordnet. **Rahmenregelungen** in einer Dienstvereinbarung über die Ausgestaltung von Arbeitsplätzen sind daher nicht geeignet, die Mitbestimmung der örtlichen Personalräte im Hinblick auf § 75 Abs. 3 Nr. 11, 16 BPersVG zu sperren.[77] Angesichts der Anforderungen, arbeitsschutzrechtliche Maßnahmen entsprechend der konkreten betrieblichen Situation zu gestalten, wird im Regelfall die Beteiligung der örtlichen Personalräte stattzufinden haben. 32

4. Besonderheiten in Jobcentern (§ 44 b SGB II). Besonderheiten ergeben sich bei den nach § 44 b SGB II gegründeten gemeinsamen Einrichtungen der **Träger der Grundsicherung** im SGB II. Organe der organisatorisch und rechtlich von den Trägern getrennten gemeinsamen Einrichtungen[78] sind die Trägerversammlung und der Geschäftsführer, dem nach § 44 d Abs. 4 SGB II das Direktionsrecht über das im Wege der Zuwei- 33

---

68 Richardi/Dörner/Weber/Schwarze BPersVG § 82 Rn. 12 mwN. 69 BVerwG 2.9.2009 – 6 PB 22/09, PersR 2009, 458. 70 BVerwG 31.1.2017 – 5 P 10/15, ZTR 2017, 380 = ZfPR online 2017, Nr. 5, 2–4. 71 BVerwG 31.1.2017 – 5 P 10/15, ZTR 2017, 380 = ZfPR online 2017, Nr. 5, 2–4. 72 BVerwG 29.8.2005 – 6 PB 6/05, ZfPR 2006, 116. 73 Richardi/Dörner/Weber/Schwarze BPersVG § 82 Rn. 45. 74 BVerwG 15.8.1983 – 6 P 18/81, BVerwGE 67, 353 (356). 75 BVerwG 20.9.2013 – 6 P 3/13, PersR 2013, 498. 76 BVerwG 2.9.2009 – 6 PB 22/09, PersR 2009, 458; BVerwG 30.3.2009 – 6 PB 29/08, PersR 2009, 332; dazu Anm. Klose, jurisPR-ArbR 40/2009 Anm. 4. 77 VGH Bayern 9.5.2011 – 18 P 09.2249, PersR 2012, 332 mAnm Weinmann. 78 VG Frankfurt 1.10.2012 – 22 K 1921/12.F.PV; dazu Janssen, jurisPR-ArbR 7/2013 Anm. 3.

sung dort beschäftigte Personal übertragen wurde.[79] Bei den Jobcentern handelt es sich weder um Dienststellen der Träger noch um eine selbstständige juristische Körperschaft. Im Sinne des Personalvertretungsgesetzes sind sie eine organisatorisch und rechtlich von den Trägern **unabhängige Dienststelle** mit einstufigem Verwaltungsaufbau (§ 44 h Abs. 1 SGB II).[80] Der dort gebildete Personalrat hat mitzubestimmen, soweit die Entscheidungskompetenz des Geschäftsführers und der Trägerversammlung über mitbestimmungspflichtige Maßnahmen in der gemeinsamen Einrichtung reicht (§ 44 h Abs. 3 SGB II). Ansprechpartner im Mitbestimmungsverfahren ist der Geschäftsführer.[81] Im weiteren Verfahren wird der Trägerversammlung die Rolle der obersten Dienstbehörde zugewiesen (§ 44 c Abs. 3 SGB II).[82] Im Konfliktfall ist dort die Einigungsstelle zu bilden. Beteiligte sind der Personalrat im Jobcenter und die Trägerversammlung.

34 Im Bereich des Arbeits- und Gesundheitsschutzes bestimmt § 44 d Abs. 5 SGB II, dass der **Geschäftsführer Arbeitgeber** im Sinne des Arbeitsschutzgesetzes ist. Er ist Adressat sowohl der organisatorischen als auch der inhaltlichen arbeitsschutzrechtlichen Verpflichtungen nach § 3 ArbSchG. Damit fällt den Personalräten der Jobcenter die personalvertretungsrechtliche Kompetenz über alle Beteiligungsrechte des Arbeits- und Gesundheitsschutzes zu, die auch initiativ ausgeübt werden können. Das Mitbestimmungsrecht umfasst sowohl die inhaltliche Ausgestaltung wie Fragen der Organisation des Arbeitsschutzes. In jeder gemeinsamen Einrichtung ist eine eigenständige Arbeitsschutzorganisation aufzubauen. Dies beinhaltet auch die Bildung eines Arbeitsschutzausschusses nach § 11 ASiG. Aus dieser arbeitsschutzrechtlichen Verpflichtung folgt die unbeschränkte Verantwortung gegenüber den zugewiesenen Beschäftigten. Dieser Verantwortung kann sich der Geschäftsführer hinsichtlich der Gestaltung der Arbeitsstätte nicht mit dem Hinweis auf den Vermieter der von der gemeinsamen Einrichtung genutzten Liegenschaft entziehen (→ ArbStättV Rn. 23 ff.).[83] Dies gilt auch dann, wenn es sich bei dem Vermieter um einen der Träger handelt. Vielmehr obliegt dem Geschäftsführer, und nicht den Trägern, die arbeitsschutzrechtliche Verantwortung für die Gestaltung der Arbeitsstätte (→ Rn. 28 f.).

In der Praxis der Jobcenter bestehen Probleme insbes. bei der Ausstattung und Gestaltung von Bildschirmarbeitsplätzen nebst dazugehörigen Peripheriegeräten wie z.B. Drucker, Bildschirme oder Computermäuse. Arbeitsschutzrechtlich folgt für solche Arbeitstätigkeiten im Allgemeinen die Arbeitgeberverantwortung für Sicherheit und Gesundheit insbes. aus der ArbStättV (insbes. Anhang 6 durch die ArbStättV, → ArbStättV Rn. 134 ff.) und der BetrSichV, die die Generalklausel des § 3 Abs. 1 ArbSchG insoweit konkretisieren. Mitbestimmungsbegehren und Initiativen von Jobcenter-Personalräten wird bei EDV-gestützten Arbeitstätigkeiten nicht selten entgegengehalten, dass ein Mitbestimmungsrecht des Personalrats ausscheide, weil die Ausstattung von Bildschirmarbeitsplätzen keine Maßnahme der Geschäftsführung sei. Begründet wird dies im Wesentlichen mit § 50 Abs. 3 SGB II, nach dem die Jobcenter zur Erfüllung ihrer Aufgaben durch die Bundesagentur für Arbeit zentral verwaltete Verfahren der Informationstechnik nutzen und auf einen auf dieser Grundlage erstellten gemeinsamen Datenbestand zuzugreifen haben. Das BVerwG[84] ist vor diesem Hintergrund zu dem Ergebnis gekommen, dass auch die Hardware (hier: Drucker) der im Jobcenter genutzten Bildschirmgeräte zu den zentral verwalteten Verfahren zählen. Es hat ein Mitbestimmungsrecht des Personalrats des Jobcenter abgelehnt, da die Entscheidung über die zu nutzende Hardware bei der Bundesagentur für Arbeit liege und nicht beim Geschäftsführer des Jobcenters. Diese einseitige Sichtweise übersieht aber die arbeitsschutzrechtlich relevanten Auswirkungen bei der Benutzung der Hardware auf die Beschäftigten. Es wird verkannt , dass das Gesetz dem Geschäftsführer in § 44 d SGB II die Arbeitgeberstellung i.S. des ArbSchG zuweist. Diese besteht im Kern

---

[79] VG Düsseldorf 22.10.2012 – 33 k 2882/ 11 PVB. [80] BVerwG 24.9.2013 – 6 P 4/13, PersR 2013, 456. [81] Knapp in: jurisPK-SGB II, 3. Aufl. 2012, SGB II § 44 h. [82] BVerwG 24.9.2013 – 6 P 4/13, PersR 2013, 456. [83] Vgl. auch Ziffer 4.2.1 ASR V3 „Gefährdungsbeurteilung". [84] BVerwG 17.5.2017 – 5 P 2/16, NZA-RR 2017, 565.

darin, zu gewährleisten, dass die unter seiner Leitung tätig werdenden Beschäftigten sicher und gesund arbeiten. Das aktuelle Arbeitsschutzrecht „unter dem Dach" des ArbSchG weist dem Arbeitgeber gerade bei der Auswahl von Arbeitsmitteln (insbes. §§ 3, 4 BetrSichV, → BetrSichV Rn. 46) und bei der Ausstattung des Arbeitsplatzes im Rahmen des Einrichtens von Arbeitsplätzen (→ ArbStättV Rn. 28, 54 ff.) dezidiert Sicherheits- und Gesundheitsverantwortung zu, insbes. im Hinblick auf die Berücksichtigung des Standes der Technik (→ ArbSchG § 4 Rn. 82). Weder in der Entscheidung des BVerwG noch in den bislang bisher dazu erschienen Besprechungen[85] ist das Spannungsverhältnis zwischen der Arbeitgeberverantwortung für Sicherheit und Gesundheit der Beschäftigten gemäß § 44 d Abs. 5 SGB II und der vom BVerwG angenommenen Zuständigkeit der Bundesagentur für Arbeit für die Beschaffung der Hardware überhaupt nur thematisiert worden. Dabei ist das BVerwG mit seiner Argumentation weit über das Ziel hinausgeschossen. Das Spannungsfeld zwischen § 44 d Abs. 5 SGB II und § 50 Abs. 3 SGB II ist weitaus kleiner als vom BVerwG angenommen. Systematischer Kontext und Zweck der Regelung des § 50 Abs. 3 SGB II ist vor allem die Nutzung und der Aufbau eines zentralen Datenbestandes für die Zwecke der Arbeitsverwaltung und Arbeitsvermittlung. Dieser Zweck rechtfertigt zweifelsohne die Nutzung abgestimmter Softwareanwendungen. Anderes gilt aber ersichtlich für Drucker und Monitore. Sie haben als Peripheriegeräte keinen Einfluss auf die Erstellung bzw. den Zugriff auf die gemeinsamen Datenbestände der Bundesagentur für Arbeit und der Jobcenter. Es handelt sich somit um einen durch sachliche Gründe nicht gerechtfertigten Eingriff in die Unabhängigkeit der Jobcenter und in den anerkannten Grundsatz, dass erfolgreicher Arbeits- und Gesundheitsschutz vorrangig an der Basis, dh in der Dienststelle auszugestalten ist. Die öffentliche Aufgabe der Jobcenter ist hiervon nicht betroffen. Dies gilt im Übrigen auch für die Rechner selbst, auf die das Bundesverwaltungsgericht ua abhebt. Auch insoweit stellt es einen unverhältnismäßigen Eingriff in die Unabhängigkeit der Jobcenter und des Grundsatzes eines Arbeitsschutzes vor Ort dar, die Bereitstellung durch die Bundesagentur zu fordern. Das sozialdatenrechtliche Ziel lässt sich ohne weiteres auch durch die Vorgabe von technischen Mindestanforderungen erreichen, wie dies im Übrigen allgemein beim Vertrieb von Software üblich ist.

IV. Mitbestimmung in Bezug auf konkrete Arbeitgeberpflichten aus dem ArbSchG

In der praktischen Ausgestaltung orientiert sich das Mitbestimmungsrecht an den arbeitsschutzrechtlichen Verpflichtungen. Die arbeitgeberseitigen Verpflichtungen der **öffentlich-rechtlich verfassten Arbeitgeber** unterscheiden sich seit der Umsetzung der Rahmenrichtlinie 89/391/EWG im Grundsatz nicht von denen privatrechtlicher Arbeitgeber.[86] Die arbeitsschutzrechtlichen Verpflichtungen gegenüber Beamten unterliegen auch keiner begründbaren Beschränkung. **Beamte** sind nach § 2 ArbSchG Beschäftigte im Sinne des Arbeitsschutzgesetzes. Im Arbeitszeitschutz unterfallen Beamte im nationalen Recht nicht dem Geltungsbereich des Arbeitszeitgesetzes (→ ArbZG § 19 Rn. 2). Sie werden aber durch die unmittelbare Anwendung der Arbeitszeitrichtlinie gegenüber Organen des Staates in den Schutzbereich des Arbeitszeitschutzes mit einbezogen.[87]

35

Die gleichartigen Arbeitgeberverpflichtungen verweisen zwar darauf, dass die Beteiligung der Personalräte an der Ausgestaltung der konkreten arbeitgeberseitigen Verpflichtungen orientiert sein sollten; hier besteht eine Analogie zu den Rechten der Betriebsräte (→ BetrVG § 87 Rn. 32). Gleichwohl unterscheidet sich die Rechtsprechung der hier zuständigen Verwaltungsgerichtsbarkeit in bestimmten Fragen von derjenigen der Arbeitsgerichtsbarkeit. Nach Auffassung der Verwaltungsgerichte ergibt sich aus der besonderen Struktur und Funktion des öffentlich-rechtlich verfassten Arbeitgebers eine Beschränkung der Partizipation der betrieblichen Interessenvertretungen

36

---

[85] Störmer, jurisPR-Bundesverwaltungsgericht 18/2017 Anm. 2 und Voelzke jurisPR-SozR 16/2017 Anm. 6. [86] Zur engen Auslegung der Bereichsausnahme aus Art. 2: EuGH 14.7.2005 – C 52/04, NZA 2005, 921 = NVwZ 2005, 1049 (Feuerwehr Hamburg). [87] EuGH 25.11.2010 – C 429/09, NZA 2011, 53 (Fuß II); dazu Kohte/Grüneberg AiB 2011, 625.

(→ Rn. 20 ff.). Dies führt in der praktischen Ausgestaltung der Beteiligung zu nicht immer schlüssig begründeten Einschränkungen, da es bei der Umsetzung des Arbeitsschutzes in der Regel nicht um Fragen der Ausübung der demokratisch legitimierten Regierungsgewalt geht. Vielmehr konkretisiert sich im Arbeitsschutz der verfassungsrechtlich begründete Schutz weisungsgebundener Beschäftigter vor Gefährdungen.

37 § 3 ArbSchG konstituiert die **arbeitsschutzrechtlichen Grundpflichten** des Arbeitgebers sowohl in inhaltlicher (§ 3 Abs. 1) wie auch in organisatorischer Hinsicht (§ 3 Abs. 2).[88] Mitbestimmungspflichtig sind danach die erforderlichen Maßnahmen des Arbeitsschutzes, seien sie technischer, organisatorischer oder personeller Art (→ Rn. 13 ff.). Aus dem präventiven Gestaltungsansatz des Arbeitsschutzgesetzes ergibt sich, dass der Personalrat auch bei Maßnahmen, die nur mittelbar dem Arbeitsschutz dienen, im Rahmen seiner Mitbestimmung zu beteiligen ist. So sind Maßnahmen, die im Ergebnis die Gefahr einer Gesundheitsschädigung verringern, mitbestimmungspflichtig nach § 75 Abs. 3 Nr. 11 BPersVG. Dies wird teilweise von der Verwaltungsgerichtsbarkeit anders gesehen (→ Rn. 15).[89] Das Mitbestimmungsrecht erstreckt sich insbesondere auch auf Modalitäten der Wirksamkeitskontrolle (→ BetrVG § 87 Rn. 34). Es greift auch bei der **Ausgestaltung der Organisationspflichten nach § 3 ArbSchG**. Konkret geht es um die Regelung der Arbeitsteilung zur Erfüllung der arbeitsschutzrechtlichen Verpflichtungen in der Dienststelle. Hierzu zählt die Regelung der Zuständigkeit zur Durchführung von Maßnahmen oder die Entscheidung, ob und unter welchen Voraussetzungen Aufgaben an externe Kräfte vergeben werden (→ BetrVG § 87 Rn. 37).

38 Nach der ganzheitlichen Konzeption des Arbeitsschutzes ist die **Gefährdungsbeurteilung ein integraler Bestandteil der arbeitsschutzrechtlichen Verpflichtungen des Arbeitgebers** (→ ArbSchG § 5 Rn. 7). Folgerichtig sehen das Bundesarbeitsgericht[90] im Bereich der Betriebsverfassung wie auch die Kirchengerichte für den Bereich der Mitarbeitervertretungen[91] ihre Ausgestaltung als mitbestimmungspflichtig.

39 Gleichwohl vertritt das **Bundesverwaltungsgericht** in ständiger Rechtsprechung die Auffassung, die **Ausgestaltung der Gefährdungsbeurteilung sei nicht mitbestimmungspflichtig**.[92] Der zuständige Senat begründet diese Aussage mit seinem strengen Maßnahmenbegriff (→ Rn. 14), da nach seiner Auffassung durch die Ausgestaltung der Gefährdungsbeurteilung weder eine rechtliche noch eine tatsächliche Veränderung stattfinde. Das Mitbestimmungsrecht soll dadurch sichergestellt werden, dass der Personalrat die sich aus der jeweiligen Gefährdungsbeurteilung ergebenden Maßnahmen mitbestimmen und Maßnahmen des Arbeits- und Gesundheitsschutzes gegebenenfalls auch initiativ einfordern kann. Diese Ansicht verkennt, dass die Gefährdungsbeurteilung integraler Bestandteil des Arbeitsschutzes ist und von der sich daraus als Rechtsverpflichtung ergebenden Maßnahme des Arbeits- und Gesundheitsschutzes nicht getrennt werden kann. Sie ist in der Literatur auch nicht unwidersprochen geblieben.[93]

40 In der Praxis verbleiben den Personalvertretungen angesichts der verfestigten Rechtsprechung folgende Handlungsalternativen:
1. Führt der Dienststellenleiter eine Gefährdungsbeurteilung durch, ist die daraus folgende Maßnahme mitbestimmungspflichtig. Veranlasst der Dienststellenleiter keine oder unzureichende Maßnahmen, kann die Personalvertretung entsprechende Maßnahmen initiativ beantragen und das Verfahren bis zur Einigungsstelle betreiben (→ Rn. 65 f.). Hat die Dienststelle zB eine Messung der Temperatur durchgeführt, deren Ergebnisse Raumtemperaturen über 26 Grad Celsius ergaben, und

---

[88] S. umfassend Faber, Grundpflichten, S. 81 ff., 197 ff. [89] BVerwG 13.9.2012 – 6 PB 10/12, PersR 2012, 502. [90] BAG 8.6.2004 – 1 ABR 13/03, NZA 2004, 1175 = AiB 2005, 252. [91] Kirchengerichtshof der evangelischen Kirche 9.7.2007 – II-1024/N24-07. [92] BVerwG 14.10.2002 – 6 P 7/01, PersR 2003 113 ff.; BVerwG 5.3.2012 – 6 PB 25/11, PersR 2012, 380 f.; ebenso Richardi/Dörner/Weber/Kaiser BPersVG § 75 Rn. 439. [93] v. Roetteken PersR 2003, 339 ff.; Nitsche PersR 2005, 346 ff.; Baden PersR 2012, 351 ff.; Altvater/Berg BPersVG § 75 Rn. 209; dem BVerwG zustimmend Ilbertz/Widmaier/Sommer BPersVG § 75 Rn. 156 a; Lorenzen/Rehak BPersVG § 75 Rn. 175 b.

trifft keine Abhilfemaßnahmen, kann die Personalvertretung initiativ Abhilfemaßnahmen beantragen. Hinweise zur inhaltlichen Ausgestaltung ergeben sich in diesem Fall aus der ASR 3.5 zur Arbeitsstättenverordnung (→ ArbStättV Rn. 80).

2. Kommt der Dienststellenleiter im Hinblick auf bestehende Gefährdungspotentiale seiner Verpflichtung zur Durchführung der Gefährdungsbeurteilung nicht nach, kann die Personalvertretung unmittelbar die erforderlichen Maßnahmen des Arbeits- und Gesundheitsschutzes initiativ beantragen. Zur Begründung der inhaltlichen Ausgestaltung können dann indizielle Hinweise auf bestehende Gefährdungen genutzt werden. Solche indiziellen Hinweise können sich zum Beispiel hinsichtlich physischer Belastungen aus Überlastungsanzeigen und erhöhten Krankenständen ergeben. Auch erfolgte Arbeitsunfälle sind dazu geeignet, auf bestehende Gefährdungen hinzuweisen.

Eine unmittelbare initiative Beantragung der Gefährdungsbeurteilung dürfte angesichts der Rechtsprechung wenig aussichtsreich sein.

Anders stellt sich die Sachlage in Nordrhein-Westfalen und Baden-Württemberg dar (→ Rn. 79). Durch die neuesten Gesetzesänderungen ist dort die Ausgestaltung der Gefährdungsbeurteilung unzweifelhaft mitbestimmungspflichtig.[94] Sie kann dort auch unmittelbar initiativ eingefordert werden.

Ansatzpunkte für das Mitbestimmungsrecht bestehen im Rahmen der **Pflicht zur Unterweisung gem. § 12 ArbSchG.** Regelungsbedürftige und mitbestimmungspflichtige Maßnahmen sind insbesondere die Methoden der Unterweisung und die Intervalle der Wiederholung der Unterweisung im Hinblick auf die Zielgruppe der betroffenen Beschäftigten. So unterliegt die Einführung einer „elektronischen Lernplattform für Selbstsicherung" der Mitbestimmung.[95] Zur Zielgruppe gehören auch die in der Dienststelle beschäftigten Leiharbeitnehmer. Bei der Ausgestaltung ist auch die Schutzbedürftigkeit besonderer Zielgruppen, wie zB Jugendlicher, zu berücksichtigen. Mitbestimmungspflichtig ist insbesondere auch die inhaltliche Ausgestaltung (→ BetrVG § 87 Rn. 39; → ArbSchG § 12 Rn. 17). Die Unterweisungsverpflichtung greift auch bei **Veränderungen im Arbeitsbereich**, der Einführung neuer Arbeitsmittel und neuer Technologien. Dies hat große Bedeutung angesichts der hohen Veränderungsdichte in der modernen Arbeitswelt, insbesondere bei Änderungen von EDV-Systemen. Die notwendigen Unterweisungen sind inhaltlich so auszugestalten, dass Gefährdungen und Belastungen der Mitarbeiter durch Überforderungen vermieden werden und die Software-Ergonomie entsprechend angepasst wird. 41

Im Übrigen ergeben sich zahlreiche mitbestimmungspflichtige Maßnahmen aus § 10 ArbSchG im Hinblick auf die Ausgestaltung der Notfallmaßnahmen und aus § 9 ArbSchG zur Abwehr besonderer Gefahren. Gerade bei der Ausgestaltung dieser Maßnahmen hat der Einbezug des betrieblichen Erfahrungswissens eine hohe Relevanz. Im Übrigen wird auf die Kommentierung zu § 87 BetrVG, die sinngemäß auch für das Personalvertretungsrecht genutzt werden kann, verwiesen (→ BetrVG § 87 Rn. 49 f.). 42

V. Mitbestimmung im Hinblick auf konkrete Arbeitgeberpflichten aus den Verordnungen nach §§ 18, 19 ArbSchG

Auch die aufgrund von §§ 18, 19 ArbSchG erlassenen **Verordnungen konkretisieren die arbeitsschutzrechtlichen Verpflichtungen der öffentlichen Arbeitgeber.** Ihre Umsetzung führt zu zahlreichen mitbestimmungspflichtigen Maßnahmen. Große praktische Relevanz hat die Mitbestimmung bei der Gewährung und Gestaltung bezahlter Kurzpausen nach Anhang Nr. 6.1 Abs. 2 ArbStättV.[96] Im Übrigen gelten die auf das Personalvertretungsrecht übertragbaren Ausführungen zum Betriebsverfassungsgesetz (→ BetrVG § 87 Rn. 53 ff.). 43

Ein breites Feld der Mitbestimmung bietet die **Arbeitsstättenverordnung**, die 2016 geändert wurde. Zu den wichtigsten Änderungen gehören die Einarbeitung der alten 44

---

94 VG Düsseldorf 22.1.2016 – 34 K 1918/14 PVL, ZfPR online 2016, Nr. 10, 18 f. **95** VG Köln 25.8.2014 – 33 K 1231/14.PVB. **96** BVerwG 8.1.2001 – 6 P 6/00, PersR 2001, 154.

Bildschirmarbeitsverordnung und Regelungen zur mobilen Arbeit und zur Telearbeit (→ ArbStättV Rn. 13). Mit der Umgestaltung der normativen Regelungstechnik hin zu Rahmenbestimmungen haben sich der Gestaltungsspielraum der betrieblichen Akteure und damit auch die Mitbestimmungsmöglichkeiten erweitert.[97] Ansatzpunkte für die Ausgestaltung der erforderlichen Maßnahmen bietet die technische Regelung für Arbeitsstätten (ASR). Obwohl es sich dabei nicht um normative Regelungen handelt, ist ihr Inhalt als anerkannte arbeitswissenschaftliche Erkenntnis im Sinne von § 4 ArbSchG eine wichtige Richtschnur zur Umsetzung arbeitsschutzrechtlicher Maßnahmen. An dieser Stelle sei nur auf die ASR 3.5[98] verwiesen, die die immer wichtiger werdende Frage der Klimatisierung von Arbeitsstätten regelt (→ ArbStättV Rn. 80 ff.). In der konkreten Umsetzung sind die zu ergreifenden Regelungen mitbestimmungspflichtig und können auch initiativ eingefordert werden. In der Kommentarliteratur zum Personalvertretungsrecht werden immer noch Entscheidungen zustimmend zitiert, in denen das Arbeitsstättenrecht für den öffentlichen Dienst noch nicht galt. So meinte das Bundesverwaltungsgericht 1986, dass die Gestaltung eines Pausenraums nicht zum Gesundheitsschutz gehöre.[99] Dies ist mit § 3 a ArbStättV nicht mehr vereinbar (→ ArbStättV Rn. 84 ff.). Ebenso ist die bis heute zustimmend zitierte[100] ältere Entscheidung,[101] dass Regelungen zur Reinigungshäufigkeit der Dienststelle nicht dem Gesundheitsschutz dienen, mit der jetzt geltenden Norm des § 4 Abs. 2 ArbStättV nicht vereinbar (→ ArbStättV Rn. 97).[102]

45 Mitbestimmungspflichtig sind die Regularien der **arbeitsmedizinischen Untersuchungen** in Gestalt der **Pflicht-, Angebots-, und Wunschvorsorge** nach der ArbMedVV (→ ArbMedVV Rn. 24). So unterliegt die Einführung und Erweiterung des Umfanges einer regelmäßigen Blutentnahme im Rahmen der Kraftfahrttauglichkeitsuntersuchung der Mitbestimmung.[103] Ergeben die Untersuchungen gesundheitliche Bedenken, hat der Personalrat bei den dann durchzuführenden Maßnahmen mitzubestimmen und, nach der hier vertretenen Auffassung, auch bei der Gefährdungsbeurteilung (→ BetrVG § 87 Rn. 59). Abzugrenzen ist die **Regelung des § 3 Abs. 4 TVöD**, nach der der Arbeitgeber aus gegebenem Anlass eine medizinische Untersuchung zur Feststellung, ob der Beschäftigte in Zukunft seine arbeitsvertraglichen Verpflichtungen ausüben kann, anordnen kann.[104] Arbeitsschutzrechtliche Gesichtspunkte können bei diesen Untersuchungen eine Rolle spielen, da sich aus der Dokumentation der Gefährdungsbeurteilung maßgebliche Hinweise zu den gesundheitlichen Anforderungen des Arbeitsplatzes ergeben. Vorrangig besteht hier die arbeitsschutzrechtliche Verpflichtung der Arbeitgeber, für eine gesundheitsangemessene Ausstattung des Arbeitsplatzes auch im Hinblick auf die persönlichen Anforderungen des betroffenen Beschäftigten zu sorgen.[105] Nach einer neueren Entscheidung[106] des OVG Rheinland-Pfalz wäre aufgrund der Allzuständigkeit im dortigen Landespersonalvertretungsgesetz (→ Rn. 80 ff.) die Anordnung einer amtsärztlichen Untersuchung der Mitbestimmung des Personalrates unterworfen, wenn der Beschäftigte zustimmt und kein Eingliederungsverfahren nach § 84 SGB IX im Rahmen einer bestehenden Integrationsvereinbarung anhängig ist.

VI. Weitere Gegenstände der Mitbestimmung nach § 75 Abs. 3 Nr. 11 BPersVG

46 **1. Betriebliches Gesundheitsmanagement (BGM)/betriebliches Eingliederungsmanagement (BEM) gem. § 84 Abs. 2 SGB IX).** Nach der Rechtsprechung des Bundesverwal-

---

[97] Kohte/Faber DB 2005, 224 (227 ff.). [98] www.baua.de; vgl. LAG Schleswig-Holstein 1.10.2013 – 1 TaBV 33/13. [99] BVerwG 17.2.1986 – 6 P 21/84, BVerwGE 74, 28; zustimmend auch heute Ilbertz/Widmaier/Sommer BPersVG § 75 Rn. 156. [100] Richardi/Dörner/Weber/Kaiser BPersVG § 75 Rn. 436. [101] BVerwG 25.9.1986 – 6 P 16/84, PersR 1986, 235. [102] Zum Individualanspruch eines Angestellten zur Reinigung seines Büroraums vgl. LAG Rheinland-Pfalz 19.12.2008 – 9 Sa 427/08; dazu auch Kohte/Faber, jurisPR-ArbR 33/2009 Anm. 5. Zum Hygieneschutz in der Schule Kohte RdJB 2008, 198 (206). [103] OVG Nordrhein-Westfalen 24.3.2015 – 20 A 2838/13.PVL, PersR 11/2015, 44. [104] Zur Beteiligungspflichtigkeit dieser Anordnung siehe BVerwG 5.11.2010 – 6 P 18/09, PersR 2011, 38; W. Neumann, jurisPR-BVerwG 8/2011 Anm. 5. [105] Zu dieser arbeitgeberseitigen Verpflichtung s. SG Frankfurt (Oder) 12.6.2013 – S 29 R 303/12. [106] OVG Rheinland-Pfalz 27.11.2013 – 5 A 10777/13, öAT 2014, 21.

tungsgerichts[107] unterliegt das Betriebliche Gesundheitsmanagement der Mitbestimmung des Personalrates. Nach der zutreffenden Definition der Vorinstanz[108] ist das **Betriebliche Gesundheitsmanagement** eine systematische, zielorientierte und kontinuierliche Steuerung aller betrieblichen Prozesse mit dem Ziel, Gesundheit, Leistung und Erfolg für den Betrieb und alle seine Beschäftigten zu erhalten und zu fördern. Hierzu gehören neben dem gesetzlichen Arbeitsschutz sowie dem **Betrieblichen Eingliederungsmanagement** nach § 84 SGB IX auch die freiwillige Gesundheitsförderung und Prävention gem. § 20 SGB V (ausführlich → § 20 b SGB V Rn. 7 ff.). In Teilen der Literatur war ein Mitbestimmungsrecht des Personalrats bei der Ausgestaltung des BEM ebenfalls befürwortet worden.[109] Nach der aktuellen Judikatur des Bundesarbeitsgerichts dürfte diese Frage endgültig positiv geklärt sein (→ BetrVG § 87 Rn. 69).

In der Durchsetzbarkeit der Mitbestimmung muss aber zwischen Maßnahmen aufgrund gesetzlicher Verpflichtung wie dem Präventionsverfahren nach § 84 SGB IX und freiwilligen Maßnahmen wie der betrieblichen Gesundheitsförderung unterschieden werden. Beruhen Maßnahmen auf rechtlich verbindlichen Verpflichtungen, haben haushaltsrechtliche Erwägungen keine Bedeutung (→ Rn. 25 f.). Dagegen kann der Arbeitgeber bei freiwilligen Maßnahmen den finanziellen Dotierungsrahmen vorgeben.

2. Mitbestimmung bei der Gestaltung der Arbeitszeit. Es ist arbeitswissenschaftlich anerkannt, dass eine Begrenzung der Arbeitszeit eine hohe gesundheitliche Relevanz besitzt. Fragen der Gestaltung, aber auch der Sicherstellung der Durchsetzung der vereinbarten Begrenzung der Arbeitszeit besitzen daher einen unmittelbaren Bezug zum Arbeits- und Gesundheitsschutz. Das Arbeitszeitgesetz beschränkt das Direktionsrecht des Arbeitgebers hinsichtlich der Zeit der Arbeitsleistungen deshalb unter anderem mit dem Ziel, gesundheitliche Gefährdungen der Arbeitnehmer präventiv zu verhindern, und kodifiziert dadurch Regelungen im Bereich des betrieblichen Arbeitsschutzes. In Bezug auf diese **gesundheitsschützende Dimension** der Arbeitszeitregelungen hat der Personalrat zwei voneinander abzugrenzende Mitbestimmungsrechte. Fragen der Verteilung der Arbeitszeit einschließlich der Lage der Pausen unterliegen der Mitbestimmung nach § 75 Abs. 3 Nr. 1 BPersVG. Im Rahmen dieses Mitbestimmungsrechtes können allerdings keine im Zusammenhang mit der Arbeitszeit stehenden materiellen Vergütungsfragen geregelt werden.

Wenig Beachtung findet in der Praxis die **Mitbestimmung bei der Bestimmung von Ausgleichszeiträumen**, die in der jetzigen Kodifikation des ArbZG – teilweise unter Missachtung des Unionsrechts – einen belastungsnahen Ausgleich erschweren. Sowohl der Ausgleich nach § 3 S. 2 ArbZG als auch der Ausgleich nach § 5 Abs. 2 ArbZG unterliegt der Mitbestimmung des Personalrats.[110] Die Arbeitgeber des öffentlichen Dienstes sind gehalten, die Richtlinie 2003/88/EG zu beachten, auch wenn sie im nationalen Recht unvollständig umgesetzt ist.[111] Dies gilt auch für die Beachtung der strikten Ausgleichszeiträume des Unionsrechts, da diese im Unionsrecht bindend bestimmt sind (→ ArbZG § 3 Rn. 31).[112] Im Mitbestimmungsverfahren ist es möglich, zB Bereitschaftsdienste zu begrenzen und auf die Verkürzung von Ruhezeiten zu verzichten, denn der Schutzzweck dieses Mitbestimmungsrechts erstreckt sich nach der Rechtsprechung des Bundesverwaltungsgerichts auch auf den Gesundheitsschutz der Beschäftigten.[113] Auch bei diesem Mitbestimmungsrecht kann allerdings die Verantwortungsgrenze (→ Rn. 22 f.) der gravierenden Auswirkungen auf die Regierungsverantwortung das Mitbestimmungsrecht einschränken.[114]

---

107 BVerwG 14.2.2013 – 6 PB 1/13, PersR 2013, 176. **108** OVG Berlin-Brandenburg 8.11.2012 – 62 PV 2.12. **109** Schulz PersV 2008, 244 (251); Daniels PersR 2010, 428 (431); aA Richardi/Dörner/Weber/Kaiser BPersVG § 75 Rn. 439. **110** Zum BetrVG ausführlich Kohte in: FS Wißmann, S. 331, 335 ff. und Kohte in: FS Buschmann, S. 71, 73. **111** EuGH 14.10.2010 – C 243/09, NZA 2010, 1344 (Fuß I); dazu Kohte/Grüneberg AiB 2011, 625 ff. **112** Dazu nur EuGH 9.9.2003 – C 151/02, NZA 2003, 1019 (Jaeger). **113** BVerwG 12.8.2002 – 6 P 17/01, PersR 2003, 192 (195); Richardi/Dörner/Weber/Kaiser BPersVG § 75 Rn. 231. **114** BVerwG 30.6.2005 – 6 P 9/04, PersR 2005, 416 (419).

50 In der Praxis besonders wichtig ist die von § 75 Abs. 3 Nr. 1 BPersVG erfasste[115] **Festlegung der Dauer und Lage der Pausen iSd § 4 ArbZG**, mit denen der Rhythmus von Arbeit und Freizeit sachgerecht festgelegt werden kann. So unterliegt die Einführung eines Beleges über mangelnde Inanspruchnahme arbeitsschutzrechtlich vorgesehener Pausen der Mitbestimmung.[116] Damit kann der Praxis entgegengewirkt werden, dass ein relevanter Teil der Beschäftigten auch in der Pausenzeit arbeitet (→ ArbZG § 4 Rn. 28). Diese Problematik stellt sich in der Praxis häufig bei der Pausengestaltung zur Unterbrechung von intensiver **Bildschirmarbeit** gem. Anhang Nr. 6.1 Abs. 2 ArbStättV (→ ArbStättV Rn. 172 ff.). Hier besteht ein Mitbestimmungsrecht nach § 75 Abs. 3 Nr. 11 BPersVG.[117] In diesem Fall kann auch die Regelung materieller Vergütungsfragen, wie die Bezahlung der Pause, Gegenstand der Mitbestimmung sein. Ein weiteres wichtiges Beispiel sind Kurzpausen zur Milderung der Folgen belastender oder monotoner Arbeit.[118] Ebenso können Pausen spezifische Belastungen der Nacht- und Schichtarbeit abmildern.[119]

51 In § 6 Abs. 5 ArbZG hat der Gesetzgeber für die besonders belastende Form der **Nachtarbeit** einen Ausgleichsanspruch vorgeschrieben für den Fall, dass keine tarifliche Regelung Anwendung findet. Die betriebliche Ausgestaltung dieses Anspruches unterliegt nach ständiger Rechtsprechung des Bundesarbeitsgerichts als Regelung des Arbeits- und Gesundheitsschutzes der Mitbestimmung des Betriebsrates.[120] Dies ist auch auf den Personalrat übertragbar. Hier können die Beteiligten den Vorrang des Freizeitanspruchs vereinbaren und dessen effektive Durchführung regeln.[121] Soweit Nacht- und Schichtarbeit vereinbart wird, haben die Schichtpläne nach § 6 Abs. 1 ArbZG den gesicherten arbeitswissenschaftlichen Erkenntnissen zu entsprechen (→ ArbZG § 6 Rn. 10).

52 Aufgrund der in der Flexibilisierung liegenden Gefahr der Entgrenzung der Arbeitszeit haben organisatorische Maßnahmen zur Begrenzung der Arbeitszeit eine hohe Relevanz (zur mobilen Arbeit → ArbStättV Rn. 193 ff.). In jüngster Zeit hat sich am Beispiel der **ständigen Erreichbarkeit** die Notwendigkeit gezeigt, dass auch Arbeitszeitformen kollektivvertraglich zu gestalten bzw. einzuschränken sind, sowie sie nicht vom ArbZG erfasst sind (→ ArbZG § 8 Rn. 14). Ein wichtiges Beispiel ist die **Rufbereitschaft**, die zwar nicht als Arbeitszeit iSd § 2 ArbZG qualifiziert wird, aber im Anschluss an die Rechtsprechung des Bundesarbeitsgerichts[122] jetzt auch vom Bundesverwaltungsgericht personalvertretungsrechtlich der Arbeitszeit zugeordnet wird.[123] Diese Regulierung, mit der Arbeitszeit und Freizeit besser getrennt werden können, kann nun auf § 75 Abs. 3 Nr. 1 BPersVG gestützt werden. Weiter gehende Regelungen, mit denen **Handynutzung, E-Mailverkehr und ständige Erreichbarkeit** (→ ArbZG § 8 Rn. 14; → ArbStättV Rn. 196 ff.) eingeschränkt werden können, dienen vor allem der Reduzierung psychischer Belastungen, so dass sie als Ausgestaltung von § 3 ArbSchG wiederum dem Mitbestimmungsrecht nach § 75 Abs. 3 Nr. 11 BPersVG zuzuordnen sind.[124]

53 **3. Besondere Personengruppen.** Anknüpfungspunkte für die Mitbestimmung des Personalrates im Rahmen von § 75 Abs. 3 Nr. 11 BPersVG bestehen auch bei besonderen Personengruppen. Die Rechte beziehen sich sowohl auf die besonderen Maßnahmen, wie zB mutterschutzspezifische Arbeitsorganisationen, Unterrichtungs- und Unterweisungspflichten und nach der hier vertretenen Auffassung auch bei den speziellen **Gefährdungsbeurteilungen**, wie zum Beispiel nach § 10 MuSchG 2018 (bisher § 1 MuScharbV) und § 28 a JArbSchG (→ BetrVG § 87 Rn. 64 f.).

---

[115] OVG Hamburg 22.5.2000 – 8 Bf 50/99 PVL, PersR 2001, 303; Richardi/Dörner/Weber/Kaiser BPersVG § 75 Rn. 247; Ilbertz/Widmaier/Sommer BPersVG § 75 Rn. 83. [116] VG Frankfurt 8.12.2014 – 23 K 2443/14.F.PV. [117] BVerwG 8.1.2001 – 6 P 6.00, PersR 2001, 154. [118] Oppolzer AiB 2011, 597. [119] Maier, Pausengestaltung, S. 181 ff.; vgl. HaKo-BetrVG/Kohte BetrVG § 87 Rn. 43. [120] St. Rsp., BAG 17.1.2012 – 1 ABR 62/10, NZA 2012, 513. [121] So im BetrVG BAG 26.4.2005 – 1 ABR 1/04, NZA 2005, 884; BAG 17.1.2012 – 1 ABR 62/10, NZA 2012, 513; zustimmend Altvater/Berg BPersVG § 75 Rn. 212. [122] BAG 29.2.2000 – 1 ABR 15/99, NZA 2000, 1243. [123] BVerwG 4.9.2012 – 6 P 10/11, PersR 2012, 464; Richardi/Dörner/Weber/Kaiser BPersVG § 75 Rn. 244; Altvater/Berg BPersVG § 75 Rn. 132. [124] Vgl. zum BetrVG ArbG Berlin 22.3.2012 – 54 BV 7072/11.

VII. Mitbestimmung und die Organisation der Arbeitssicherheit in der Dienststelle

1. Mitbestimmungsrecht nach § 75 Abs. 3 Nr. 11 BPersVG. Das Mitbestimmungsrecht 54 nach § 75 Abs. 3 Nr. 11 BPersVG erstreckt sich auch auf Maßnahmen zur Gestaltung der Organisation des Arbeits- und Gesundheitsschutzes in der Dienststelle. Dazu zählt insbesondere die grundsätzliche Entscheidung über die **Betreuungsformen nach dem ASiG**.[125] Möglich ist die Berufung interner Kräfte, externer Kräfte oder die Inanspruchnahme eines überbetrieblichen Dienstes. Dabei sind auch Kombinationen interner und externer Betreuung durch Sicherheitsfachkräfte und Betriebsärzte möglich. Der Personalrat kann dieses Mitbestimmungsrecht auch initiativ verfolgen, soweit der Arbeitgeber keine Fachkräfte für Arbeitssicherheit und Betriebsärzte entsprechend seiner Verpflichtung aus dem ASiG bestellt.[126] Zu trennen von den strukturellen Entscheidungen zur Ausgestaltung der Arbeitsschutzorganisation sind die **personellen Einzelentscheidungen**, welche Personen mit den entsprechenden Aufgaben betraut werden. Hier ist entsprechend der Systematik der Mitbestimmungstatbestände der §§ 75, 76 BPersVG zu differenzieren (→ Rn. 55 ff.). Gleiches gilt mit einigen Modifikationen für die Mitbestimmung in den Bundesländern (zu den LPVG → Rn. 79 f.).

Die **Verpflichtung und Abberufung eines freiberuflich tätigen Arztes oder eines überbetrieblichen Dienstes** sind mitbestimmungspflichtig gem. § 75 Abs. 3 Nr. 11 BPersVG.[127] 55 Dies wird vom Bundesverwaltungsgericht zutreffend begründet mit der Notwendigkeit einer Vertrauensbeziehung zwischen Betriebsärzten und Beschäftigten.[128] Die vergleichbare strukturierte Bestellung oder Abberufung einer **Fachkraft für Arbeitssicherheit** iSd § 5 ASiG unterliegt der Mitbestimmung nach dieser Norm.[129] Für angestellte und verbeamtete Betriebsärzte gelten im Bundesrecht Spezialregelungen (→ Rn. 58).

Mit Blick auf die Festlegung der Inhalte der betriebsärztlichen und sicherheitstechnischen Betreuung nach ASiG hat der Personalrat weiter mitzubestimmen bei der **Festlegung der Zeiten und Inhalte der Gesamtbetreuung**, bestehend aus der Grundbetreuung und der betriebsspezifischen Betreuung gem. DGUV Vorschrift 2 (→ ASiG § 14 Rn. 10 ff.). Bis auf Bayern haben mittlerweile alle Bundesländer die DGUV Vorschrift 2 übernommen, durch die Aufhebung der bisherigen für Bundesunternehmen geltenden Unfallverhütungsverordnung ist die DGUV Vorschrift 2 teilweise auch im Bereich des Bundes anwendbar.[130] Die Vereinbarung eines in ihr geforderten Arbeitsplanes unterliegt nach § 9 Abs. 3 ASiG, der nach § 16 ASiG hier anzuwenden ist (→ ASiG § 16 Rn. 27), der Mitbestimmung des Personalrates, da es sich um ein wesentliches Strukturelement des Arbeitsschutzes handelt.[131] 56

Auch die Bestellung sonstiger **Beauftragter für den Arbeits- und Gesundheitsschutz** und 57 der technischen Sicherheit unterliegt der Mitbestimmung des Personalrates. Es handelt sich hierbei um organisatorische Maßnahmen, die hinsichtlich der strukturell-inhaltlichen Ausgestaltung der Aufgabe mitbestimmungspflichtig sind. Soweit keine spezielleren Normen anderes vorsehen, besteht auch hinsichtlich der personellen Besetzungsentscheidung das Recht auf Mitbestimmung nach § 75 Abs. 3 Nr. 11 BPersVG.[132] Im Hinblick auf die **Sicherheitsbeauftragten** (§ 22 SGB VII) wird personalvertretungsrechtlich nicht unterschieden zwischen den strukturellen Entscheidungen sowie der Abgrenzung der Aufgabenbereiche der Sicherheitsbeauftragten und der personellen Besetzungsentscheidung. Ersteres unterliegt nach denselben Bedingungen, wie im BetrVG in der Mitbe-

---

[125] BVerwG 25.1.1995 – 6 P 19/93, PersR 1995, 300; Richardi/Dörner/Weber/Kaiser BPersVG § 75 Rn. 441. [126] VGH Baden-Württemberg 11.3.2010 – PL 15 S 1773/08, PersR 2010, 455. [127] BVerwG 25.1.1995 – 6 P 19.93, PersR 1995, 300; Altvater/Berg BPersVG § 75 Rn. 201, 213; Richardi/Dörner/Weber/Kaiser BPersVG § 75 Rn. 441 a; Ilbertz/Widmaier/Sommer BPersVG § 75 Rn. 152. [128] Dazu auch VG Oldenburg 4.11.2004 – 9 A 4325/04, PersR 2005, 245. [129] Lorenzen/Rehak BPersVG § 75 Rn. 175; GKÖD/F/G/Gronimus BPersVG § 75 Rn. 101. [130] Kohte PersR 10/2016, 9 (16). [131] OVG Nordrhein-Westfalen 4.3.2016 – 20 A 2364/14.PVL, PersR 10/2016, 52 ff; mAnm Kiesche PersR 10/2016, 55. [132] Richardi/Dörner/Weber/Kaiser BPersVG § 75 Rn. 441 a; Altvater/Berg BPersVG § 75 Rn. 213; Ilbertz/Widmaier/Sommer BPersVG § 75 Rn. 151; Lorenzen/Rehak BPersVG § 75 Rn. 175.

stimmung des Personalrates (→ BetrVG § 87 Rn. 76). Im Unterschied zum BetrVG, wo ein Mitbestimmungsrecht aus rechtsdogmatischen Gründen abgelehnt wird,[133] unterliegt die Bestellung der Sicherheitsbeauftragten nach § 22 SGB VII nach zutreffender gefestigter Rechtsprechung des Bundesverwaltungsgerichts als Maßnahme des Arbeits- und Gesundheitsschutzes ebenfalls der Mitbestimmung nach § 75 Abs. 3 Nr. 11 BPersVG,[134] allerdings sind im Landesrecht teilweise Sondervorschriften zu beachten (→ SGB VII § 22 Rn. 21). Für die Bestellung und Abberufung von Ersthelfern, Brandbekämpfern und Evakuierungshelfern ist der Personalrat nicht nur nach § 10 ArbSchG zu hören; da weitergehende Beteiligungsrechte, also auch § 75 Abs. 3 Nr. 11 BPersVG nach § 10 Abs. 2 S. 4 ArbSchG unberührt bleiben (→ ArbSchG § 10 Rn. 13), greift auch hier das Mitbestimmungsrecht ein.[135] Auch die Bestellung eines Strahlenschutzbeauftragten ist mitbestimmungspflichtig.[136] Gleiches wird man für Beauftragte zur Durchführung des betrieblichen Eingliederungsmanagements und andere Beauftragte annehmen müssen.

58 **2. Sondervorschriften nach §§ 75 Abs. 3 Nr. 10, 76 Abs. 2 Nr. 4 BPersVG.** Wird einem **angestellten oder verbeamteten Arzt** die Funktion eines Betriebsarztes dauerhaft übertragen (Bestellung) oder soll er von dieser Funktion abberufen werden, ist zu differenzieren: Die Bestellung des **Betriebsarztes als Beamter** ist mitbestimmungspflichtig (§ 76 Abs. 2 Nr. 4 BPersVG); jedoch hat die Entscheidung der Einigungsstelle nur empfehlenden Charakter (§ 69 Abs. 4 BPersVG). Die Bestellung und Abberufung eines **angestellten Arztes** zum Betriebsarzt unterliegt der Mitbestimmung gem. § 75 Abs. 3 Nr. 10 BPersVG,[137] das Gesetz sieht insoweit in § 69 BPersVG keine Einschränkung der Einigungsstelle,[138] jedoch in § 70 BPersVG eine **Einschränkung des Initiativrechts** vor. Dieser Mitbestimmungstatbestand soll gewährleisten, dass nur solche Personen bestellt werden, die das Vertrauen der Beschäftigten haben. Zudem hat der Personalrat mit zu beurteilen, ob die zu bestellenden Personen die Qualifikationen gem. §§ 4, 16 ASiG haben.[139]

59 In seiner Entscheidung zu den verfassungsrechtlichen Grenzen der Mitbestimmungsrechte im öffentlichen Dienst hatte das Bundesverfassungsgericht diesen Mitbestimmungstatbestand der Nr. 10 ausdrücklich dem Kreis der Entscheidungen zugeordnet, die schwerpunktmäßig die Erledigung von Amtsaufgaben betreffen (→ Rn. 21), so dass hier die uneingeschränkte Mitbestimmung die **Schutzzweckgrenze** überschreiten würde. Deshalb soll nach der überwiegenden Literaturmeinung die Mitbestimmung bei der Bestellung von angestellten Betriebsärzten in der Weise beschränkt sein, dass die Entscheidung der Einigungsstelle nur empfehlenden Charakter hat.[140] Es ist indes kaum denkbar, dass das Demokratieprinzip bzw. die staatliche Aufgabenerfüllung durch die Bestellung eines Angestellten als Betriebsarzt nennenswert berührt werden. Insofern ist die Beschränkung des Mitbestimmungsrechts an dieser Stelle nicht plausibel.[141] Der für die uneingeschränkte Mitbestimmung maßgebliche Grund des notwendigen Vertrauens der Beschäftigten in die Person des Betriebsarztes ist nicht vom Status des Arztes abhängig.

VIII. Mitbestimmung bei der Gestaltung der Arbeitsplätze

60 Eine Schnittmenge zur Mitbestimmung im Arbeitsschutz weist das Mitbestimmungsrecht bei der **Gestaltung der Arbeitsplätze nach § 75 Abs. 3 Nr. 16 BPersVG** auf. Zweck dieses Mitbestimmungsrechtes ist es, die Beschäftigten vor Überbeanspruchun-

---

[133] Fitting BetrVG § 89 Rn. 34. [134] OVG Nordrhein-Westfalen 15.12.1999 – 1 A 5101/97.PVL; BVerwG 18.5.1994 – 6 P 27/92, PersR 1994, 466; Altvater/Berg BPersVG § 75 Rn. 213. [135] Richardi/Dörner/Weber/Kaiser BPersVG § 75 Rn. 441 a; Faber/Jenter PersR 2010, 432. [136] OVG Münster 13.7.2006 – 1 A 990/05 PVL mAnm Kohte/Faber, jurisPR-ArbR 3/2007 Anm. 2; Richardi/Dörner/Weber/Kaiser BPersVG § 75 Rn. 441 a. [137] Altvater/Berg BPersVG § 75 Rn. 199; Richardi/Dörner/Weber/Kaiser BPersVG § 75 Rn. 417, 418; Ilbertz/Widmaier/Sommer BPersVG § 75 Rn. 150, 151; Lorenzen/Rehak BPersVG § 75 Rn. 172 a. [138] Richardi/Dörner/Weber/Kaiser BPersVG § 75 Rn. 419. [139] Altvater/Berg BPersVG § 75 Rn. 199. [140] Ilbertz/Widmaier/Sommer BPersVG § 75 Rn. 149; Altvater/Berg BPersVG § 75 Rn. 194; Lorenzen/Rehak BPersVG § 75 Rn. 169. [141] Richardi/Dörner/Weber/Kaiser BPersVG § 75 Rn. 412.

gen und Gefährdungen ihrer körperlichen und seelischen Gesundheit zu schützen und eine **menschengerechte Gestaltung der Arbeit** sicherzustellen.[142] So verletzt die einseitige Gestaltung von Arbeitsplätzen in Dienstgebäuden das Mitbestimmungsrecht des Personalrates.[143] Die Mitbestimmung entfällt auch nicht dann, wenn bereits gleichartige Büros mitbestimmt eingerichtet wurden und die neuen Büros nur geringfügige Änderungen aufweisen.[144] Inhaltlich bezieht sich das Mitbestimmungsrecht in herkömmlicher Sicht auf die räumliche Gestaltung des Arbeitsplatzes, seine Ausstattung mit Arbeitsmitteln und Einrichtungsgegenständen und die Fragen von Beleuchtung und Belüftung.[145] Die Einrichtung des Arbeitsplatzes an sich und die Entscheidung, welche Arbeiten dort zu verrichten sind, wird allerdings nicht vom Mitbestimmungsrecht umfasst.[146] In der Entstehungsgeschichte war dieses Mitbestimmungsrecht eng an § 91 BetrVG 1972 angelehnt, jedoch weniger restriktiv gefasst.[147] Anders als im Betriebsverfassungsrecht ist im Personalvertretungsrecht kaum thematisiert worden, dass die Integration der gesundheitsnahen Elemente der menschengerechten Gestaltung der Arbeit in die Maßnahmen des Arbeitsschutzes (→ ArbSchG § 2 Rn. 9 ff.) die Grenze zwischen § 75 Abs. 3 Nr. 11 und Nr. 16 BPersVG zulasten von Nr. 16 verschoben hat.[148] Dies ist für das BPersVG allerdings ohne größere Bedeutung, da auch für § 75 Abs. 3 Nr. 16 BPersVG die Letztentscheidungsrecht der Einigungsstelle gilt.

Anders ist dies jedoch im Landespersonalvertretungsrecht, weil in der **Mehrzahl der Landesgesetze** das Mitbestimmungsrecht bei der Gestaltung der Arbeitsplätze nur zu einer **Empfehlung der Einigungsstelle** führen kann.[149] Dies macht eine präzise Abgrenzung der beiden Mitbestimmungsrechte erforderlich, die sich am Maßstab des § 2 ArbSchG und den Verordnungen zum Arbeitsschutz zu orientieren hat. In der Mehrzahl der Kommentare wird nicht beachtet, dass die von ihnen für Nr. 16 genannten Beispiele aus der Rechtsprechung vor 1996, die sich zB auf Lärm, Beleuchtung und Raumgröße beziehen,[150] heute von der ArbStättV erfasst werden und damit dem Mitbestimmungsrecht im Gesundheitsschutz zuzuordnen sind. Ebenso hat das OVG Berlin-Brandenburg[151] § 75 Abs. 3 Nr. 16 BPersVG für Fragen der Softwareergonomie am Bildschirmarbeitsplatz angewandt und Nr. 11 abgelehnt, ohne zu thematisieren, dass Softwareergonomie seit langem zum verbindlichen Arbeitsschutz gehört (→ ArbStättV Rn. 167 f.). In diesen Fällen ist regelmäßig das auf Landesebene stärkere Mitbestimmungsrecht im Gesundheitsschutz zur Geltung zu bringen. 61

Im Bundesrecht hat sich als Problem erwiesen, dass die **Gestaltung eines Arbeitsplatzes im Zusammenhang mit anderen schwächeren Beteiligungsrechten**, wie zum Beispiel § 76 Abs. 2 Nr. 5, 7 BPersVG oder dem Anhörungsrecht aus § 78 BPersVG bei Neu-, Um- und Erweiterungsbauten, stehen kann. Nach der älteren Rechtsprechung sollte hier dann das schwächere Beteiligungsrecht das stärkere Recht verdrängen.[152] Dies wird mit der neueren Rechtsprechung des Bundesverwaltungsgerichts so nicht mehr gesehen werden können.[153] Danach kommt allenfalls eine Reduzierung der Kompetenz der Einigungsstelle auf eine Empfehlung wegen der Bedeutung der Verantwortungsgrenze (→ Rn. 22) in Betracht.[154] Davon kann nicht bei allen Maßnahmen der Gestaltung von Arbeitsplätzen ausgegangen werden. Eine Einschränkung der Mitbestimmung kommt auch hier nur in Betracht, wenn im konkreten Einzelfall die Arbeitsplatzgestaltung wegen ihrer Auswirkung auf das Allgemeinwohl wesentlicher Bestandteil der Regierungsgewalt ist (→ Rn. 23 f.). 62

---

142 So bereits BVerwG 15.12.1978 – 6 P 13/78, PersV 1980, 145 (150). 143 VG Berlin 13.4.2016 – 71 K 8.15 PVB. 144 OVG Berlin-Brandenburg 31.7.2014 – OVG 62 PV 3.13. 145 BVerwG 16.12.1992 – 6 P 29/91, PersR 1993, 164; BVerwG 19.5.2003 – 6 P 16/02, PersR 2003, 314 (319). 146 Ilbertz/Widmaier/Sommer BPersVG § 75 Rn. 190 a. 147 Richardi/Dörner/Weber/Kaiser BPersVG § 75 Rn. 520. 148 Im Ergebnis zutreffend Richardi/Dörner/Weber/Kaiser BPersVG § 75 Rn. 528. 149 Dazu die Aufstellung bei Richardi/Dörner/Weber/Kaiser BPersVG § 75 Rn. 531. 150 ZB Ilbertz/Widmaier/Sommer BPersVG § 75 Rn. 190 a; Altvater/Berg BPersVG § 75 Rn. 250; 151 OVG Berlin-Brandenburg 14.2.2013 – 20 PV 8/12, öAT 2013, 240. 152 BVerwG 17.7.1987 – 6 P 6/85, PersV 1989, 312; Richardi/Dörner/Weber/Kaiser BPersVG § 75 Rn. 519. 153 BVerwG 24.4.2002 – 6 P 3/01, PersR 2002, 395. 154 So auch Altvater/Berg BPersVG § 75 Rn. 254 und Richardi/Dörner/Weber/Kaiser BPersVG § 75 Rn. 519.

IX. Praktische Umsetzung und Durchsetzung des Mitbestimmungsrechts

63 **1. Initiative des Arbeitgebers.** Soweit die Dienststelle eine nach § 75 Abs. 3 Nr. 11 BPersVG mitbestimmungspflichtige Maßnahme beabsichtigt, bestimmt sich das Verfahren nach den §§ 69 ff. BPersVG. Zunächst hat der Arbeitgeber den Personalrat rechtzeitig und umfassend unter Vorlage sämtlicher Unterlagen zu unterrichten. Nach **ordnungsgemäßer Information** verbleiben dem Personalrat zehn Arbeitstage, um der Maßnahme zuzustimmen bzw. sie abzulehnen. Bei Maßnahmen des Arbeits- und Gesundheitsschutzes wird es in der Praxis häufig vorkommen, dass die vom Arbeitgeber geplante Maßnahme nach Auffassung des Personalrates den Anforderungen zur effektiven Ausgestaltung des Arbeitsschutzes nicht genügt. Hier wird es im Wesentlichen darauf ankommen, dass der Personalrat seine Ergänzungsvorschläge argumentativ als Ausgestaltung der arbeitgeberseitigen arbeitsschutzrechtlichen Verpflichtung begründet.

64 Möchte die Dienststellenleitung weiter an der beantragten Maßnahme festhalten, muss sie entweder einen erneuten Versuch der Einigung unternehmen oder sie kann innerhalb von sechs Arbeitstagen die Angelegenheit der übergeordneten Dienststelle vorlegen.[155] Der weitere Ablauf bestimmt sich dann nach der Struktur der jeweiligen öffentlich-rechtlichen Körperschaft. Grundsätzlich entscheidet, falls sich zwischen der obersten Dienstbehörde und der bei ihr bestehenden Personalvertretung keine Einigung ergibt, die nach § 71 BPersVG zu bildende **Einigungsstelle**. Bei Körperschaften, Anstalten und Stiftungen des öffentlichen Rechtes ist oberste Dienstbehörde das nach der jeweiligen Verfassung bestimmte oberste Organ der Geschäftsführung (§ 69 Abs. 3 S. 4 BPersVG).

65 **2. Initiative des Personalrats.** Nach § 70 Abs. 1 iVm § 75 Abs. 3 Nr. 11 BPersVG besitzt der Personalrat ein durchsetzbares Mitbestimmungsrecht für Maßnahmen des Arbeits- und Gesundheitsschutzes. Das Verfahren gestaltet sich spiegelbildlich zum Verfahren der Mitbestimmung. Es wird durch die Beantragung einer Maßnahme des Arbeits- und Gesundheitsschutzes gegenüber dem Dienststellenleiter eröffnet. Der Antrag darf sich nicht darin erschöpfen, pauschal die Mitbestimmung einzufordern oder gar den Arbeitgeber aufzufordern, tätig zu werden. Vielmehr muss der Personalrat einen **konkreten Regelungsvorschlag** zur Ausgestaltung der arbeitgeberseitigen arbeitsschutzrechtlichen Verpflichtung erarbeiten (→ BetrVG § 87 Rn. 83).

66 Lehnt der Dienststellenleiter die Maßnahme ab, kann der Personalrat die Angelegenheit binnen sechs Arbeitstagen der nächsthöheren Dienststelle zur Entscheidung vorlegen. Problematisch ist hier, dass dem Dienststellenleiter keine gesetzliche Frist gesetzt ist, um auf den Antrag des Personalrates zu reagieren. Allerdings widerspricht es dem Gebot vertrauensvoller Zusammenarbeit, wenn der Dienststellenleiter sich nicht in angemessenen Zeitraum äußert.[156] Äußert sich der Dienststellenleiter nicht innerhalb einer angemessenen Frist, ist dies als Ablehnung anzusehen.[157] Zu Klarstellung ist der Personalrat daher gut beraten, dem Dienststellenleiter eine angemessene Frist zu setzen. Auf der Ebene der obersten Dienstbehörde entscheidet bei Nichteinigung die Einigungsstelle. Da die Einigungsstelle auch das Haushaltsrecht zu beachten hat,[158] wird der Erfolg im Einigungsstellenverfahren im Wesentlichen davon abhängen, ob die beantragte Maßnahme einer arbeitsschutzrechtlichen Verpflichtung des jeweiligen öffentlich-rechtlichen Arbeitgebers entspricht (→ Rn. 26).

67 **3. Einigungsstelle als Einrichtung zur Konfliktlösung. a) Allgemeines, Funktion und Kompetenz.** Die Einigungsstelle wird als ein **personalvertretungsrechtliches Organ** qualifiziert, das sowohl vom Dienstherrn als auch von der Personalvertretung unabhängig entscheidet.[159] Sie kann im BPersVG vorsorglich für die gesamte Legislaturperiode oder von Fall zu Fall gebildet werden.[160] Sie besteht aus je drei vom Personalrat

---

[155] Richardi/Dörner/Weber/Weber BPersVG § 69 Rn. 63. [156] Ricardi/Dörner/Weber/Weber BPersVG § 70 Rn. 15 mwN. [157] Altvater/Altvater BPersVG § 70 Rn. 8. [158] Richardi/Dörner/Weber/Weber BPersVG § 71 Rn. 42. [159] Richardi/Dörner/Weber/Weber BPersVG § 71 Rn. 4. [160] Altvater/Berg BPersVG § 71 Rn. 3.

und dem Arbeitgeber bestellten **Beisitzern** und einem **unparteiischen Vorsitzenden**. Die Beisitzer des Personalrates werden durch Beschluss bestellt; es müssen beide Beschäftigtengruppen berücksichtigt werden, es sei denn, die zu verhandelnde Angelegenheit betrifft nur eine Beschäftigtengruppe. Das Verfahren vor der Einigungsstelle ist nicht öffentlich. Beteiligten ist jedoch Gelegenheit zur Äußerung zu geben. Die Einigungsstelle soll binnen zwei Monaten durch Beschluss entscheiden, der einvernehmlich oder nach Abstimmung ergehen kann und den Beteiligten zuzustellen ist.

Die **Zuständigkeit der Einigungsstelle** wird durch den Umfang des Mitbestimmungsrechtes bestimmt, in dessen Geltungsbereich die dort verhandelte Maßnahme fällt. Zwar obliegt die endgültige Entscheidung über die Mitbestimmungspflichtigkeit der Maßnahme dem Verwaltungsgericht.[161] Es obliegt aber der Einigungsstelle zu entscheiden, ob sie zuständig ist. Ist die Einigungsstelle der Auffassung, dass eine Zuständigkeit nicht gegeben ist, hat sie den Antrag abzulehnen.[162] Die Funktion der Einigungsstelle besteht darin, umfassend und endgültig den **Konflikt zwischen dem Personalrat und der Dienststelle** beizulegen. Hierzu entscheidet sie durch Beschluss, der mit Stimmenmehrheit gefasst wird (zu den verfassungsrechtlichen Grenzen → Rn. 21 ff.). Auch wenn dies im Gegensatz zum Betriebsverfassungsgesetz nicht ausdrücklich normiert wurde, entspricht es der schlichtenden Funktion der Einigungsstelle, wenn zunächst versucht wird, eine einvernehmliche Regelung herbeizuführen. Ihr Entscheidungsrahmen wird durch die Meinungsverschiedenheit bestimmt, zu deren Beilegung die Einigungsstelle angerufen wurde.

Die Einigungsstelle entscheidet über die Maßnahme nach **billigem Ermessen** und muss sich in ihrer Entscheidung an **höherrangige Rechtsvorschriften** und das **Haushaltgesetz** halten. Die Bindung an das Haushaltgesetz steht allerdings unter dem Vorbehalt, dass eine mitbestimmungspflichtige Maßnahme nicht zugleich eine rechtliche Verpflichtung der Dienststelle erfüllt. In diesem Fall wäre es unerheblich, wenn keine Haushaltsmittel bereit stehen, da Ansprüche durch den Haushalt nicht begrenzt werden können. Im Bereich des Arbeits- und Gesundheitsschutzes kommt es darauf an, ob die beabsichtigte Maßnahme eine arbeitsschutzrechtliche Verpflichtung des Arbeitgebers darstellt. In diesen Fällen ist die Spruchkompetenz der Einigungsstelle nicht davon abhängig, ob im Haushalt genügend Mittel zur Umsetzung der Maßnahme vorgesehen sind (→ Rn. 26).

b) Verfahrensfragen. Die Einigungsstelle ist immer auf der **Ebene der obersten Dienstbehörde** iSv § 69 BPersVG zu bilden. Im mehrstufigen Verwaltungsaufbau ist dies die Dienstbehörde, auf der die oberste Stufenvertretung, der Hauptpersonalrat, gebildet wird. Bei einstufig strukturierten Körperschaften, Anstalten und Stiftungen des öffentlichen Rechtes ist dies das in der Verfassung für die Geschäftsführung vorgesehene oberste Organ (§ 69 Abs. 3 S. 2 BPersVG). Im Bereich der Sozialversicherung ist in bundesunmittelbaren Körperschaften und Anstalten des öffentlichen Rechtes der jeweilige Vorstand zur obersten Dienstbehörde bestimmt (§ 88 Nr. 3 BPersVG). Beim Jobcenter (§ 44 h SGB II) wird dagegen die Einigungsstelle von der Trägerversammlung und dem Personalrat gebildet (→ Rn. 33). Die oberste Dienstbehörde und der bei ihr gebildete Personalrat sind nach Bildung der Einigungsstelle im Verfahren **Beteiligte**, denen nach § 71 Abs. 2 S. 2 BPersVG Gelegenheit zur Äußerung gegeben werden muss. Dies entspricht der von der Einigungsstelle zu beachtenden rechtsstaatlichen Verpflichtung, rechtliches Gehör zu gewähren.[163]

Voraussetzung der **Anrufung der Einigungsstelle** ist, dass zwischen oberster Dienstbehörde und der zuständigen Personalvertretung keine Einigung zustande kommt. Dies setzt nach allgemeinen personalvertretungsrechtlichen Regeln voraus, dass ernsthaft mit dem Willen zur Einigung verhandelt wurde. Die Einigungsstelle wird niemals von sich aus tätig, sondern es bedarf immer eines Antrages.[164] Im Bereich des § 75 Abs. 3 Nr. 11 BPersVG wird nach allgemeiner Ansicht davon ausgegangen, dass sowohl der

---

161 Richardi/Dörner/Weber/Weber BPersVG § 71 Rn. 37; BVerwG 2.2.1990 – 6 PB 1/13, PersR 1990, 114. 162 Altvater/Berg BPersVG § 71 Rn. 6; zur Aussetzung Ilbertz/Widmaier/Sommer BPersVG § 71 Rn. 23. 163 Altvater/Berg BPersVG § 71 Rn. 23. 164 Richardi/Dörner/Weber/Weber BPersVG § 69 Rn. 3.

Dienststellenleiter als auch der zuständige Personalrat antragsbefugt sind (→ Rn. 6). Der Antrag besteht in der Erklärung, die Verhandlungen für gescheitert zu erklären und eine Entscheidung durch Verhandlungen in der Einigungsstelle herbeiführen zu wollen. Für die Personalvertretung muss der Antrag auf einem Beschluss beruhen. Der Antrag unterliegt zwar keinem Formerfordernis, sollte den **Gegenstand der gewünschten Entscheidung** aber genau bezeichnen, da hierdurch der Entscheidungsrahmen der Einigungsstelle vorgegeben ist.

72 Kommt keine Einigung über die **Person des unparteiischen Vorsitzenden** zustande, kann jede Seite einen Antrag beim Präsidenten des Bundesverwaltungsgerichtes nach § 71 Abs. 1 S. 4 BPersVG auf Bestellung eines Vorsitzenden stellen.[165] In dem Antrag muss zwingend dargelegt werden, dass das Verfahren der Mitbestimmung durchgeführt wurde, aber keine Einigung erzielt wurde, so dass nach § 69 Abs. 4 BPersVG die Entscheidung jetzt einer Einigungsstelle obliegt und dass die Bemühungen, sich auf einen Einigungsstellenvorsitzenden zu einigen, gescheitert sind. Bestreitet ein Beteiligter die Mitbestimmungspflichtigkeit der Maßnahme, kann nach zutreffender Ansicht der Präsident des Bundesverwaltungsgerichtes die Bestellung nur ablehnen, wenn ein **Mitbestimmungstatbestand offensichtlich nicht vorliegt**.[166] Dies ist nur dann der Fall, wenn in Rechtsprechung und im Schrifttum unstreitig vertreten wird, dass im Hinblick auf die geplante Maßnahme kein Mitbestimmungsrecht besteht (→ BetrVG § 87 Rn. 86).

73 c) **Überprüfung des Spruchs der Einigungsstelle durch die Verwaltungsgerichtsbarkeit.** Bindende Sprüche der Einigungsstelle unterliegen einer **gerichtlichen Rechtskontrolle**.[167] Die Prüfungskompetenz der hier im Beschlussverfahren zuständigen Verwaltungsgerichte bezieht sich aber nicht auf die Zweckmäßigkeit des Spruches, sondern nur auf seine Rechtmäßigkeit.[168] Eine Rechtswidrigkeit kann sich aus der fehlenden Zuständigkeit, einem Verstoß gegen wesentliche Verfahrensvorschriften, einem inhaltlichen Verstoß gegen höherrangiges Recht oder der fehlerhaften Ausübung des Ermessens ergeben. Antragsbefugt sind die oberste Dienstbehörde und die beteiligte Personalvertretung, nicht dagegen mittelbar vom Spruch betroffene Beschäftigte.[169]

74 Streitigkeiten über den **Umfang oder das Bestehen eines Mitbestimmungsrechtes** werden nach § 83 Abs. 1 Nr. 3 BPersVG im Beschlussverfahren vor den Verwaltungsgerichten entschieden. Das Beschlussverfahren wird durch einen nicht an eine Frist gebundenen Antrag eingeleitet, der einen Sachantrag enthalten muss, der den Gegenstand des Verfahrens bestimmt. Soweit der Personalrat Antragsteller ist, bedarf es eines Beschlusses des Gremiums.

75 Nach der Rechtsprechung des Bundesverwaltungsgerichts ist im Beschlussverfahren das Mitbestimmungsrecht im Wege des nicht vollstreckungsfähigen **Feststellungsantrages** geltend zu machen.[170] Dies wird begründet mit dem objektiven Charakter des Verfahrens und der unerschütterlichen Prognose der Verwaltungsgerichte, der Dienststellenleiter würde sich als Teil der öffentlichen Verwaltung an die gerichtlich festgestellten Verpflichtungen halten. Dies ist nicht unwidersprochen geblieben. In einer neueren, rechtskräftigen Entscheidung hat das OVG Berlin-Brandenburg[171] den Antrag, die Dienststelle zu verpflichten, ein Mitbestimmungsverfahren anlässlich der Einführung der Internet-Telefonie durchzuführen, für zulässig erachtet. Dies hat es damit begründet, dass die Möglichkeit der Feststellungsklage die **Verpflichtungsklage** nicht ausschließe. Das Gericht nimmt Bezug auf die Rechtsprechung, die einen Verpflichtungsantrag im personalvertretungsrechtlichen Beschlussverfahren für zulässig erachtet, wenn das Personalvertretungsrecht dem Personalrat eine durchsetzbare Rechtsposition

---

165 Im Landesrecht tritt regelmäßig der Präsident des jeweiligen OVG an diese Stelle, dazu Altvater/Berg BPersVG § 71 Rn. 49. **166** Richardi/Dörner/Weber/Weber BPersVG § 71 Rn. 24; GKÖD/F/G/Gronimus BPersVG § 71 Rn. 12 a. **167** Richardi/Dörner/Weber/Weber BPersVG § 71 Rn. 46 mwN. **168** BVerwG 24.5.2006 – 6 PB 16/05. **169** Richardi/Dörner/Weber/Weber BPersVG § 71 Rn. 48. **170** Altvater/Baden BPersVG § 83 Rn. 45 a. **171** OVG Berlin-Brandenburg 14.3.2013 – OVG 62 PV 13.12, öAT 2013, 197.

einräumt.[172] Hieraus ergibt sich aus dem gerichtlich durchsetzbaren Anspruch des Personalrates auf Durchführung des Mitbestimmungsverfahrens die Zulässigkeit, diesen Anspruch mit einer Verpflichtungsklage durchzusetzen. Dieser Argumentation ist zuzustimmen. Die Feststellungsklage ist grundsätzlich die **subsidiäre Klageart**, da die dort festgestellten Ansprüche nicht vollstreckbar sind. Es mag begründbar sein, diese im verwaltungsgerichtlichen Verfahren mit der Argumentation der Gesetzestreue der Verwaltung auch dort zuzulassen, wo auch eine Leistungsklage möglich wäre. Warum dies aber die eigentlich vorrangige Leistungsklage ausschließen soll, wenn der Antragsteller im Beschlussverfahren zu der Einschätzung gelangt, dass für die **effektive Durchsetzung** seiner Beteiligungsrechte die Feststellungsklage nicht ausreicht, erschließt sich nicht.

In den Fallgestaltungen, in denen die Maßnahme tatsächlich oder rechtlich zurücknehmbar ist, wird dem Personalrat ein verfahrensrechtlicher Anspruch auf **Nachholung des Mitbestimmungsverfahrens** eingeräumt.[173] Ein Anspruch auf Rückgängigmachung bereits durchgeführter Maßnahmen erwächst daraus nicht.[174] Dieser Anspruch kann im Wege der Feststellungsklage geltend gemacht werden. Hierbei ist bei der Art der Feststellungsanträge zu unterscheiden, ob die Maßnahme rechtlich oder tatsächlich wieder rückgängig gemacht werden kann. In diesen Fällen ist ein konkreter anlassbezogener Feststellungsantrag zu formulieren, der im Ergebnis zur Nachholung des Mitbestimmungsverfahrens führen soll.[175] Kann das Mitbestimmungsverfahren aus tatsächlichen oder rechtlichen Gründen nicht nachgeholt werden, muss ein vom konkreten Vorgang losgelöster **abstrakter Feststellungsantrag** gestellt werden, der aber nur dann zulässig ist, wenn er sich auf eine Rechtsfrage bezieht, die auch in Zukunft zwischen den Beteiligten im Beschlussverfahren wieder streitig sein wird.[176]

Im Gegensatz zur Judikatur des Bundesarbeitsgerichtes zum BetrVG gesteht die Verwaltungsgerichtsbarkeit dem Personalrat keinen **Unterlassungsanspruch** zu, wenn der Dienststellenleiter unter Verletzung von Mitbestimmungsrechten Maßnahmen durchführt. Dies wird im Wesentlichen damit begründet, dass das Personalvertretungsrecht dem Personalrat keinen Anspruch auf bestimmte Verhaltensweisen gebe, weil es keinen § 23 BetrVG nachgebildeten Unterlassungsanspruch gegen grobe Verletzungen gesetzlicher Verpflichtungen beinhalte. Auch würde mit einem Unterlassungsanspruch in die demokratisch legitimierte Behördenleitung eingegriffen. Die Durchsetzung der gesetzlichen Verpflichtung würde der Staat durch Dienstaufsicht und Disziplinarrecht gewährleisten. Diese Ansicht ist zu Recht auf Kritik gestoßen.[177] Schon die Prämisse, dass es sich hier um ein objektives Verfahren handeln würde, die von Interessen unabhängige Klärung von Rechtsfragen und nicht die Durchsetzung von Beteiligungsrechten zum Ziel hat, vermag nicht zu überzeugen. Faktisch räumt das Personalvertretungsrecht dem Personalrat nicht nur die theoretische Möglichkeit der Partizipation ein, sondern schafft **konkrete Beteiligungsrechte**, deren Durchsetzung auch bei Verweigerung der Dienststelle möglich sein muss. Dies führt auch nicht zu einer Verletzung des Demokratieprinzips durch Eingriff in die demokratisch legitimierte Behördenleitung, da mit der Partizipation im Rahmen des gesetzlich normierten Mitbestimmungsrechts durch den demokratisch legitimierten Gesetzgeber die Exekutive an dieser Stelle eingeschränkt wird.

Grundsätzlich sind im Beschlussverfahren nach § 83 Abs. 2 BPersVG iVm § 85 ArbGG **einstweilige Verfügungen** nach §§ 935, 940 ZPO zur Sicherung eines Anspruches möglich. Zulässig ist ein Antrag, mit dem dem Dienststellenleiter aufgegeben wird, ein Mitbestimmungsverfahren einzuleiten oder durchzuführen.[178] Inwieweit einstweilige Verfügungen erlassen werden können, mit denen die Unterlassung weiterer Maßnahmen

---

[172] BVerwG 22.12.1994 – 6 P 12/93, PersR 1995, 131 (132). [173] BVerwG 15.3.1996 – 6 P 28.93, JurPC 1996, 79–85. [174] BVerwG 28.8.2008 – 6 PB 19/08, PersR 2008, 458. [175] BVerwG 18.5.2004 – 6 P 13/03, PersR 2004, 349. [176] Altvater/Baden BPersVG § 83 Rn. 45 b mwN. [177] Zuletzt ausführlich Klocke, Der Unterlassungsanspruch in der deutschen und europäischen Betriebs- und Personalverfassung, 2013, S. 298 ff.; Widmaier ZfPR 2012, 84 ff.; Kohte in: FS Richardi 2007, S. 601, 605 ff. und PersR 2009, 224. [178] Richardi/Dörner/Weber/Treber BPersVG § 83 Rn. 129 mwN; Altvater/Baden BPersVG § 83 Rn. 46.

vor Durchführung des Mitbestimmungsverfahren begehrt werden kann, ist umstritten.[179] Einige Instanzgerichte haben entsprechenden Anträgen auf Unterlassung entsprochen. Das VG Dresden[180] hat im Wege des einstweiligen Rechtsschutzes dem Arbeitgeber bis zur rechtskräftigen Klärung der Mitbestimmungspflicht untersagt, Fragebögen zu krankheitsbedingten Ausfallzeiten an die Beschäftigten auszuteilen und Krankenrückkehrgespräche zu führen. Ebenso hat das VG Potsdam[181] eine Arbeitsorganisationsmaßnahme bis zur Durchführung des Beteiligungsverfahrens untersagt.

Die Mehrzahl der Verwaltungsgerichte lehnt jedoch einen materiellrechtlichen Unterlassungsanspruch und eine entsprechende Verfügung ab.[182] Sie sind jedoch bereit einem verfahrensrechtlichen Antrag stattzugeben, mit dem dem Dienststellenleiter aufgegeben wird, ein Mitbestimmungsverfahren einzuleiten bzw. fortzusetzen. Ein solcher Antrag ist vom Personalrat angesichts des gegenwärtigen Meinungsstandes auf jeden Fall als Hilfsantrag zu stellen. Natürlich muss ein solcher Antrag rechtzeitig gestellt werden, bevor die umstrittene Maßnahme (zB Umzug in neue Räume, gegen die gesundheitliche Bedenken bestehen), durchgeführt worden ist.

X. Landespersonalvertretungsrechtliche Regelungen

79 In den Rahmenvorschriften der §§ 107 ff. BPersVG finden sich keine speziellen Regelungen für den Bereich des Arbeits- und Gesundheitsschutzes. Gleichwohl entsprechen diese Beteiligungsrechte in der überwiegenden Zahl der Landespersonalvertretungsgesetze in der Grundstruktur den Rechten im BPersVG. Sie sind teilweise eingeschränkt durch eine Beschränkung des Letztentscheidungsrechts der Einigungsstelle oder durch verkürzte Formulierungen der Beteiligungsrechte in § 81 BPersVG. Aktuell erweitert wurden die Mitbestimmungsrechte in Baden-Württemberg und Nordrhein-Westfalen. In **Nordrhein-Westfalen** wurde als Reaktion auf den restriktiven Maßnahmenbegriff des Bundesverwaltungsgerichtes (→ Rn. 40 ff.) das uneingeschränkte Mitbestimmungsrecht des § 72 Abs. 4 Nr. 7 LPersVG NRW nF explizit auf Maßnahmen vorbereitender und präventiver Art erweitert. Die Gestaltung von Gefährdungsbeurteilungen nach § 5 ArbSchG unterliegt damit im Geltungsbereich des LPVG NRW der Mitbestimmung der Personalräte.[183]

In **Baden-Württemberg** wurde in § 74 Abs. 2 Nr. 7 LPVG BW der Begriff der Gesundheitsgefährdung hinzugefügt. Nach § 74 Abs. 2 Nr. 8 LPVG BW sind Maßnahmen des behördlichen oder betrieblichen Gesundheitsmanagements einschließlich vorbereitender und präventiver Maßnahmen, allgemeine Fragen des betrieblichen oder behördlichen Eingliederungsmanagement sowie Maßnahmen aufgrund von Feststellungen aus Gefährdungsbeurteilungen uneingeschränkt mitbestimmungspflichtig. Diese Regelungen stellen klar, dass im Geltungsbereich des LPVG BW die Gestaltung der Gefährdungsbeurteilung wie die Ausgestaltung des Verfahrens zum betrieblichen Eingliederungsmanagement (s. § 84 Abs. 2 SGB IX – ab 2018 § 167 SGB IX) unzweifelhaft mitbestimmungspflichtig sind. Auch bestätigt die gesetzliche Neugestaltung den weiten Begriff des heutigen Arbeitsschutzes.

80 Abweichungen von der Grundstruktur ergeben sich in den Ländern **Bremen und Schleswig-Holstein**. Dort sind die Mitbestimmungstatbestände nicht als positive Tatstandsmerkmale konstituiert. Vielmehr besteht ein grundlegendes Mitbestimmungsrecht an Maßnahmen sozialer, personeller und organisatorischer Art. Diese „**Allzuständigkeit" des Personalrats** ergibt sich in Bremen aus § 62 BremPVG und in Schleswig-Holstein aus § 51 MBG SH. Sie wird allerdings durch die Rechtsprechung des Bundesverfassungsgerichts bei Maßnahmen, die unmittelbar die Regierungsverantwortung betreffen, eingeschränkt (→ Rn. 22 ff.). Zwischen diesen beiden Modellen stehen die Personalvertretungsgesetze von **Rheinland-Pfalz** und **Niedersachsen**. Dort hat der Landes-

---

179 Richardi/Dörner/Weber/Treber BPersVG § 83 Rn. 130 ff. **180** VG Dresden 31.3.2010 – 9 L 118/10, PersR 2011, 263. **181** VG Potsdam 24.11.1997 – 11 L 1267/97.PVL, PersV 1998, 534, 535. **182** Siehe nur VG Bremen 2.10.2015 – 7 V 1750/15; VG Düsseldorf 20.12.2016 – 34 L 4222/16.PVL. **183** VG Düsseldorf 22.1.2016 – 34 K 1918/14 PVL, ZfPR online 2016, Nr. 10, 18 f; Welkoborsky PersR 2013, 14–8.

gesetzgeber eine Generalklausel der **Allzuständigkeit** geschaffen, die aber auf Maßnahmen beschränkt ist, die in keinem sachlichen Zusammenhang mit den dort ausdrücklich normierten Mitbestimmungstatbeständen stehen.[184]

In **Bremen** wird die Allzuständigkeit des § 62 BremPVG konkretisiert durch eine beispielhafte Aufzählung der Maßnahmen des Arbeits- und Gesundheitsschutzes in § 63 Abs. 1 lit. d BremPVG, für die auch eine abschließende Entscheidungskompetenz der Einigungsstelle nach § 61 Abs. 4 BremPVG besteht. Die Gestaltung der Arbeitsplätze und die Bestellung von Betriebsärzten wie auch Fachkräften der Arbeitssicherheit unterliegen in Bremen im Rahmen der Allzuständigkeit der uneingeschränkten Mitbestimmung. Das in § 61 Abs. 2 BremPVG genannte Aufhebungsrecht für Entscheidungen der Einigungsstelle in personellen und organisatorischen Angelegenheiten hat für sich aus der Allzuständigkeit ergebende Mitbestimmungsrechte im Arbeits- und Gesundheitsschutz keine Bedeutung. Schlanker formuliert ist das § 81 BPersVG entsprechende Beteiligungsrecht in § 64 BremPVG. Die Beteiligungsrechte aus § 81 Abs. 2 S. 3, Abs. 3–5 BPersVG sind nicht explizit formuliert. Angesichts der in § 52 Abs. 1 BremPVG konstituierten Allzuständigkeit stehen diese dem Personalrat, in europarechtskonformer Auslegung von § 64 BremPVG, wegen Art. 11 RL 89/391/EWG, zu.

In **Schleswig-Holstein** beschränkt sich aufgrund der Rechtsprechung des Bundesverfassungsgerichts[185] die Allzuständigkeit des § 51 Abs. 1 MBG SH im Hinblick auf die Entscheidungskompetenz der Einigungsstelle aber durch § 54 Abs. 4 MBG SH, der abschließend die Tatbestände auflistet, bei denen eine abschließende Entscheidung der Einigungsstelle bindend ist. Hierzu gehören nach § 54 Abs. 4 Nr. 4 MBG SH auch die Maßnahmen des Arbeits- und Gesundheitsschutzes. Die tatbestandlichen Voraussetzungen zur Aufhebung eines solchen Beschlusses der Einigungsstelle nach § 55 MBG SH werden bei einer Maßnahme des Arbeits- und Gesundheitsschutzes nicht in Betracht kommen. § 50 MBG SH entspricht § 81 BPersVG. In **Niedersachsen** wird die sich aus § 64 Abs. 1 NPersVG ergebende Allzuständigkeit nach § 64 Abs. 3 NPersVG in den Sachverhalten der ausdrücklichen Mitbestimmungsrechte eingeschränkt. In **Rheinland-Pfalz** ergibt sich eine Allzuständigkeit außerhalb der Sachverhalte der normierten Mitbestimmungstatbestände aus § 80 PersVG RP und § 78 PersVG RP jeweils in Verbindung mit § 73 Abs. 1 PersVG RP.[186]

Für alle Länder ergeben sich dann folgende Mitbestimmungsrechte im Überblick (s. nachfolgende Tabelle).

---

[184] Für Rheinland-Pfalz siehe dazu OVG Rheinland-Pfalz 27.11.2013 – 5 A 10777/13, öAT 2014, 21. [185] BVerfG 24.5.1995 – 2 BvF 1/92, PersR 1995, 483. [186] OVG Rheinland-Pfalz 27.11.2013 – 5 A 10777/13, öAT 2014, 21.

	Mitbestimmung des Personalrates bei Maßnahmen	Mitbestimmung des Personalrates beim Betriebsarzt	Mitbestimmung des Personalrates bei Fachkräften für Arbeitssicherheit	Mitbestimmung des Personalrates bei sonstigen Beauftragten	Mitbestimmung des Personalrates bei Gestaltung der Arbeitsplätze
BPersVG	§ 75 Abs. 3 Nr. 11 Letztentscheidung der Einigungsstelle, § 71 Abs. 4	§ 75 Abs. 3 Nr. 10 Bestellung als Arbeitnehmer § 76 Abs. 2 Nr. 4 Bestellung als Beamte Letztentscheidung bei Bestellung von Arbeitnehmern (§ 71 Abs. 4 iVm § 69 Abs. 4) Empfehlung bei Bestellung als Beamte (§ 71 Abs. 4 iVm § 69 Abs. 4)	§ 75 Abs. 3 Nr. 11 Umfang und Beschränkung → Rn. 54, 55	§ 75 Abs. 3 Nr. 11 Umfang und Beschränkung → Rn. 54, 57	§ 75 Abs. 3 Nr. 16 Letztentscheidung der Einigungsstelle, § 71 Abs. 4 Einschränkungen → Rn. 60
Baden-Württemberg	§ 74 Abs. 2 Nr. 7, 8 Betriebsunfälle, Gesundheitsschädigungen, Maßnahmen des betrieblichen Gesundheitsmanagements und allg. Regelungen zum betrieblichen Eingliederungsmanagement zusätzlich im Tatbestand explizit genannt Letztentscheidung der Einigungsstelle (§ 78 Abs. 2)	§ 75 Abs. 4 Nr. 1 lit. a Bestellung und Abberufung Empfehlung an oberste Dienstbehörde (§ 78 Abs. 4)	§ 75 Abs. 4 Nr. 1 lit. c Bestellung und Abberufung Empfehlung an oberste Dienstbehörde (§ 78 Abs. 4)	§ 75 Abs. 4 Nr. 1 lit. c, d Sicherheitsbeauftragte Beauftragte für biologische Sicherheit Fachkräfte sowie Beauftragte für Strahlenschutz Hygienebeauftragte Bestellung und Abberufung Empfehlung an oberste Dienstbehörde (§ 78 Abs. 4)	§ 75 Abs. 4 Nr. 12 Empfehlung an oberste Dienstbehörde (§ 78 Abs. 4)

	Mitbestimmung des Personalrates bei Maßnahmen	Mitbestimmung des Personalrates beim Betriebsarzt	Mitbestimmung des Personalrates bei Fachkräften für Arbeitssicherheit	Mitbestimmung des Personalrates bei sonstigen Beauftragten	Mitbestimmung des Personalrates bei Gestaltung der Arbeitsplätze
Bayern	Art. 75 Abs. 4 Nr. 8 Letztentscheidung der Einigungsstelle (Art. 71 Abs. 5)	Art. 75 Abs. 4 Nr. 7 Bestellung und Abberufung Empfehlung, Art. 71 Abs. 5 iVm Art. 70 Abs. 6	Art. 75 Abs. 4 Nr. 7 Bestellung und Abberufung	Art. 75 Abs. 4 Nr. 7 Bestellung und Abberufung	Art. 76 Abs. 2 Nr. 3 Lediglich ein Mitwirkungsrecht
Berlin	§ 85 Abs. 1 Nr. 7 Letztentscheidung der Einigungsstelle (§ 83 Abs. 3)	§ 77 Abs. 6 nur Anhörung Freiberufler bzw. überbetrieblicher Dienst[187] § 85 Abs. 2 Nr. 4 Mitbestimmung Bestellung von Vertrauens- und Betriebsärzten § 86 Abs. 3 Nr. 6 Mitbestimmung bei Bestellung, Abberufung von Betriebsärzten sowie Erweiterung oder Einschränkung der Aufgaben Empfehlung, § 83 Abs. 3 iVm § 81 Abs. 2	§ 77 Abs. 6 nur Anhörung Freiberufler bzw. überbetrieblicher Dienst § 86 Abs. 3 Nr. 6 Mitbestimmung bei Bestellung, Abberufung sowie Erweiterung oder Einschränkung der Aufgaben Empfehlung, § 83 Abs. 3 iVm § 81 Abs. 2	§ 85 Abs. 1 Nr. 7 Umfang und Beschränkung → Rn. 54, 55	§ 85 Abs. 1 Nr. 12 Letztentscheidung der Einigungsstelle (§ 83 Abs. 3)
Brandenburg	§ 66 Nr. 7 Betriebsunfälle zusätzlich im Tatbestand explizit genannt Letztentscheidung der Einigungsstelle (§ 72 Abs. 4 iVm § 73)	§ 66 Nr. 6 Bestellung und Abberufung Empfehlung an die oberste Dienstbehörde (§ 72 Abs. 5 nF)	§ 66 Nr. 6 Bestellung und Abberufung Empfehlung an die oberste Dienstbehörde (§ 72 Abs. 5 nF)	§ 66 Nr. 7 Umfang und Beschränkung → Rn. 54, 55	§ 66 Nr. 16 Beschränkt auf allgemeine Regelungen Letztentscheidung der Einigungsstelle (§ 72 Abs. 4 iVm § 73)

---

[187] OVG Berlin-Brandenburg 18.4.2013 – OVG 60 PV 5.12, PersV 2013, 423–425.

	Mitbestimmung des Personalrates bei Maßnahmen	Mitbestimmung des Personalrates beim Betriebsarzt	Mitbestimmung des Personalrates bei Fachkräften für Arbeitssicherheit	Mitbestimmung des Personalrates bei sonstigen Beauftragten	Mitbestimmung des Personalrates bei Gestaltung der Arbeitsplätze
Bremen	§ 63 Abs. 1 lit. d Nach Durchlaufen der „Schlichtungsstelle" Letztentscheidung durch die Einigungsstelle (§ 61 Abs. 4) → nur nicht bei personellen Angelegenheiten der Beamten und bei organisatorischen Angelegenheiten	§ 52 Abs. 1 iVm § 63 Abs. 2 Beteiligung im Rahmen der Allzuständigkeit	§ 52 Abs. 1 iVm § 63 Abs. 2 Beteiligung im Rahmen der Allzuständigkeit	§ 52 Abs. 1 iVm § 63 Abs. 2 Beteiligung bei allen Beauftragten, zu deren Berufung die Dienststelle verpflichtet ist, im Rahmen der Allzuständigkeit	§ 52 Abs. 1 iVm § 63 Abs. 2 Beteiligung im Rahmen der Allzuständigkeit
Hamburg	§ 87 Abs. 1 Nr. 14 Nach Durchlaufen der „Schlichtungsstelle" Letztentscheidung durch die Einigungsstelle (§ 81 Abs. 6) → Beschluss Einigungsstelle ersetzt die Einigung	§ 87 Abs. 1 Nr. 14 Umfang und Beschränkung → Rn. 54, 55	§ 87 Abs. 1 Nr. 14 Umfang und Beschränkung → Rn. 54, 55	§ 87 Abs. 1 Nr. 14 Umfang und Beschränkung → Rn. 54, 55	§ 87 Abs. 1 Nr. 4 Nach Durchlaufen der „Schlichtungsstelle" Letztentscheidung durch die Einigungsstelle (§ 81 Abs. 6) → Beschluss Einigungsstelle ersetzt die Einigung
Hessen	§ 74 Abs. 1 Nr. 6 Letztentscheidung der Einigungsstelle (§ 71 Abs. 4)	§ 74 Abs. 1 Nr. 3 Bestellung und Abberufung Empfehlung an oberste Dienstbehörde (§ 71 Abs. 4)	§ 74 Abs. 1 Nr. 3 Bestellung und Abberufung Empfehlung an oberste Dienstbehörde (§ 71 Abs. 4)	§ 74 Abs. 1 Nr. 3 Bestellung und Abberufung Sicherheitsbeauftragte Empfehlung an oberste Dienstbehörde (§ 71 Abs. 4)	§ 74 Abs. 1 Nr. 16 Letztentscheidung der Einigungsstelle (§ 71 Abs. 4)

	Mitbestimmung des Personalrates bei Maßnahmen	Mitbestimmung des Personalrates beim Betriebsarzt	Mitbestimmung des Personalrates bei Fachkräften für Arbeitssicherheit	Mitbestimmung des Personalrates bei sonstigen Beauftragten	Mitbestimmung des Personalrates bei Gestaltung der Arbeitsplätze
Mecklenburg-Vorpommern	§ 69 Nr. 7 und 8 (Grundsatzfragen der Dienst- und Schutzkleidung) Letztentscheidung der Einigungsstelle (§ 64 Abs. 3) Aufhebungsrecht → Rn. 23	§ 68 Abs. 2 Nr. 24 Bestellung und Abberufung Betriebsarzt Letztentscheidung der Einigungsstelle (§ 64 Abs. 3) Aufhebungsrecht → Rn. 23	§ 69 Nr. 7 Umfang und Beschränkung → Rn. 54, 55	§ 69 Nr. 7 Umfang und Beschränkung → Rn. 54, 55	§ 70 Abs. 1 Nr. 9 Letztentscheidung der Einigungsstelle (§ 64 Abs. 3) Aufhebungsrecht als organisatorische Maßnahme (§ 64 Abs. 3 Nr. 4)
Niedersachsen	§ 66 Abs. 1 Nr. 11 Einschließlich Arbeitsschutzprogramme sowie Regelungen, die der Verhütung von Unfällen und Berufskrankheiten mittelbar dienen Letztentscheidung der Einigungsstelle, es sei denn Abweichung von Beschluss der Landesregierung oder geschäftsbereichsübergreifende Regelung (§ 72 Abs. 5)	§ 66 Abs. 1 Nr. 9 Bestellung und Abberufung Letztentscheidung der Einigungsstelle, es sei denn Abweichung von Beschluss der Landesregierung oder geschäftsbereichsübergreifende Regelung (§ 72 Abs. 5)	§ 66 Abs. 1 Nr. 9 Bestellung und Abberufung Letztentscheidung der Einigungsstelle, es sei denn Abweichung von Beschluss der Landesregierung oder geschäftsbereichsübergreifende Regelung (§ 72 Abs. 5)	§ 66 Abs. 1 Nr. 9 Bestellung und Abberufung „Beauftragte für Arbeitssicherheit" „Beauftragte für Sonderaufgaben im sozialen Bereich" Letztentscheidung der Einigungsstelle, es sei denn Abweichung von Beschluss der Landesregierung oder geschäftsbereichsübergreifende Regelung (§ 72 Abs. 5)	§ 67 Abs. 1 Nr. 3 Empfehlung der Einigungsstelle

	Mitbestimmung des Personalrates bei Maßnahmen	Mitbestimmung des Personalrates beim Betriebsarzt	Mitbestimmung des Personalrates bei Fachkräften für Arbeitssicherheit	Mitbestimmung des Personalrates bei sonstigen Beauftragten	Mitbestimmung des Personalrates bei Gestaltung der Arbeitsplätze
Nordrhein-Westfalen	§ 72 Abs. 4 Nr. 7 einschließlich Maßnahmen vorbereitender und präventiver Art Letztentscheidung der Einigungsstelle (§ 67 Abs. 6 iVm § 66 Abs. 7)	§ 72 Abs. 4 Nr. 6 Bestellung und Abberufung Empfehlung an oberste Dienstbehörde (§ 67 Abs. 6 iVm § 66 Abs. 7)	§ 72 Abs. 4 Nr. 6 Bestellung und Abberufung Empfehlung an oberste Dienstbehörde (§ 67 Abs. 6 iVm § 66 Abs. 7)	§ 72 Abs. 4 Nr. 7 Umfang und Beschränkung → Rn. 54, 55	§ 72 Abs. 4 Nr. 10 Letztentscheidung der Einigungsstelle (§ 67 Abs. 6 iVm § 66 Abs. 7)
Rheinland-Pfalz	§ 80 Abs. 2 Nr. 7 Einschließlich Arbeitsschutzprogramme sowie Regelungen, die der Verhütung von Unfällen und Berufskrankheiten mittelbar dienen Letztentscheidung der Einigungsstelle (§ 75 Abs. 4, 5) → nur nicht bei personellen Angelegenheiten der Beamten und bei organisatorischen Angelegenheiten, dort Empfehlung Zusätzlich Aufhebungsrecht (§ 75 Abs. 6), → Rn. 23	§ 80 Abs. 2 Nr. 8 Bestellung und Abberufung Letztentscheidung der Einigungsstelle (§ 75 Abs. 4, 5) → nur nicht bei personellen Angelegenheiten der Beamten und bei organisatorischen Angelegenheiten, dort Empfehlung Zusätzlich Aufhebungsrecht (§ 75 Abs. 6), → Rn. 23	§ 80 Abs. 2 Nr. 8 Bestellung und Abberufung Letztentscheidung der Einigungsstelle (§ 75 Abs. 4, 5) → nur nicht bei personellen Angelegenheiten der Beamten und bei organisatorischen Angelegenheiten, dort Empfehlung Zusätzlich Aufhebungsrecht (§ 75 Abs. 6), → Rn. 23	§ 80 Abs. 2 Nr. 8 Sicherheitsbeauftragte Beauftragte für biologische Sicherheit Fachkräfte sowie Beauftragte für Strahlenschutz Bestellung und Abberufung Letztentscheidung der Einigungsstelle (§ 75 Abs. 4, 5) → nur nicht bei personellen Angelegenheiten der Beamten und bei organisatorischen Angelegenheiten, dort Empfehlung Zusätzlich Aufhebungsrecht (§ 75 Abs. 6), → Rn. 23	§ 80 Abs. 1 Nr. 6 Letztentscheidung der Einigungsstelle (§ 75 Abs. 4, 5) → nur nicht bei personellen Angelegenheiten der Beamten und bei organisatorischen Angelegenheiten, dort Empfehlung Zusätzlich Aufhebungsrecht (§ 75 Abs. 6), → Rn. 23

	Mitbestimmung des Personalrates bei Maßnahmen	Mitbestimmung des Personalrates beim Betriebsarzt	Mitbestimmung des Personalrates bei Fachkräften für Arbeitssicherheit	Mitbestimmung des Personalrates bei sonstigen Beauftragten	Mitbestimmung des Personalrates bei Gestaltung der Arbeitsplätze
Saarland	§ 78 Abs. 1 Nr. 8 Letztentscheidung der Einigungsstelle (§ 75 Abs. 3, 4)	§ 78 Abs. 1 Nr. 7 Bestellung Letztentscheidung der Einigungsstelle (§ 75 Abs. 3, 4)	§ 78 Abs. 1 Nr. 7 Benennung „des Sicherheitsbeauftragten für Arbeitsschutz und Unfallverhütung" Letztentscheidung der Einigungsstelle (§ 75 Abs. 3, 4)	§ 78 Abs. 1 Nr. 7 Benennung „des Sicherheitsbeauftragten für Arbeitsschutz und Unfallverhütung" Letztentscheidung der Einigungsstelle (§ 75 Abs. 3, 4)	§ 78 Abs. 1 Nr. 1 Letztentscheidung der Einigungsstelle (§ 75 Abs. 3, 4)
Sachsen	§ 81 Abs. 2 Nr. 7 Letztentscheidung der Einigungsstelle (§ 85 Abs. 5 iVm § 79 Abs. 4)	§ 80 Abs. 2 Nr. 1 Bestellung von Betriebsärzten jeweils Empfehlungen (§ 85 Abs. 5 iVm § 79 Abs. 4 S. 3)	§ 81 Abs. 2 Nr. 7 Umfang und Beschränkung → Rn. 54, 55	§ 81 Abs. 2 Nr. 7 Umfang und Beschränkung → Rn. 54, 55	§ 81 Abs. 2 Nr. 11 Zusätzlich: Auslagerung von Arbeitsplätzen zwecks Heimarbeit an technischen Geräten Letztentscheidung der Einigungsstelle (§ 85 Abs. 5 iVm § 79 Abs. 4)
Sachsen-Anhalt	§ 65 Abs. 1 Nr. 13 Letztentscheidung der Einigungsstelle (§ 62 Abs. 5 S. 2)	§ 65 Abs. 1 Nr. 11 Bestellung von Betriebsärzten Empfehlung an die oberste Dienstbehörde (§ 62 Abs. 7)	§ 65 Abs. 1 Nr. 13 Umfang und Beschränkung → Rn. 54, 55	§ 65 Abs. 1 Nr. 13 Umfang und Beschränkung → Rn. 54, 55	§ 65 Abs. 1 Nr. 13 Einschränkungen → Rn. 60

	Mitbestimmung des Personalrates bei Maßnahmen	Mitbestimmung des Personalrates beim Betriebsarzt	Mitbestimmung des Personalrates bei Fachkräften für Arbeitssicherheit	Mitbestimmung des Personalrates bei sonstigen Beauftragten	Mitbestimmung des Personalrates bei Gestaltung der Arbeitsplätze
Schleswig-Holstein	§ 51 Abs. 1 iVm § 54 Abs. 4 Nr. 4 Letztentscheidung der Einigungsstelle (§ 54 Abs. 4 iVm § 55)	Beteiligung im Rahmen der Allzuständigkeit nach § 51 Abs. 1 bei Bestellung und Abberufung Empfehlung an die oberste Dienstbehörde (§ 54 Abs. 4 S. 3)	Beteiligung im Rahmen der Allzuständigkeit nach § 51 Abs. 1 bei Bestellung und Abberufung Empfehlung an die oberste Dienstbehörde (§ 54 Abs. 4 S. 3)	Beteiligung im Rahmen der Allzuständigkeit nach § 51 Abs. 1 bei Bestellung und Abberufung von sonstigen Beauftragten, deren Berufung Auswirkung auf die Beschäftigten hat Empfehlung an die oberste Dienstbehörde (§ 54 Abs. 4 S. 3)	§ 51 Abs. 1 iVm § 54 Abs. 4 Nr. 3 Letztentscheidung der Einigungsstelle (§ 54 Abs. 4 iVm § 55)
Thüringen	§ 74 Abs. 2 Nr. 5 „insbesondere technische, personelle und organisatorische Maßnahmen" Letztentscheidung der Einigungsstelle (§ 71 Abs. 5 S. 2)	§ 75 Abs. 3 Nr. 4 Bestellung als Beamte oder Arbeitnehmer Empfehlung an oberste Dienstbehörde (§ 71 Abs. 5 S. 1)	§ 74 Abs. 2 Nr. 5 Umfang und Beschränkung → Rn. 54, 55	§ 74 Abs. 2 Nr. 5 Umfang und Beschränkung → Rn. 54, 55	§ 74 Abs. 1 Nr. 9 Letztentscheidung der Einigungsstelle (§ 71 Abs. 5 S. 2)

Die Mitbestimmungsrechte nach dem Mitarbeitervertretungsgesetz der Evangelischen Kirche

Zweites Kirchengesetz über Mitarbeitervertretungen in der Evangelischen Kirche in Deutschland 2013 (Mitarbeitervertretungsgesetz der EKD – MVG.EKD)[1]

In der Fassung vom 12. November 2013 (ABl. EKD 2013 S. 425)
– Auszug –

§ 40 MVG.EKD Fälle der Mitbestimmung in organisatorischen und sozialen Angelegenheiten

Die Mitarbeitervertretung hat in folgenden Fällen ein Mitbestimmungsrecht:
a) Bestellung und Abberufung von Vertrauens- und Betriebsärzten und -ärztinnen sowie Fachkräften für Arbeitssicherheit,[1]
b) Maßnahmen zur Verhütung von Unfällen und gesundheitlichen Gefahren,

...

Literatur: *Andelewski/Küfner-Schmitt/Schmitt*, Berliner Kommentar zum MVG EKD, 2007; *Annuß/Picker/Wißmann* (Hrsg.), Festschrift für Reinhard Richardi, 2007; *Bartels*, Die Beteiligungsrechte der Mitarbeitervertretung bei Arbeitsschutz und Gesundheit, ZMV 2007, 239; *Baumann-Czichon/Dembski/Germer/Kopp*, MVG-EKD Mitarbeitervertretungsgesetz der Evangelischen Kirche in Deutschland, 4. Aufl. 2013 (zitiert: Baumann-Czichon); *Doetsch/Schnabel*, Gesetz über Betriebsärzte, Sicherheitsingenieure und andere Fachkräfte für Arbeitssicherheit (Arbeitssicherheitsgesetz), 2. Aufl. 1980; *Fey/Rehren*, Kirchengesetz über Mitarbeitervertretungen in der Evangelischen Kirche in Deutschland, Praxiskommentar, Loseblattsammlung, Stand: 7/2017; *Georgi*, Die Beteiligungsrechte der Mitarbeitervertretungen im Arbeitsschutz, 2008 (zitiert: Georgi, Beteiligungsrechte); *Hinrichs*, Die Mitbestimmung des Betriebsrates nach § 87 Abs. 1 Nr. 7 BetrVG und die Entwicklung des europäischen Arbeitsumweltrechts, 1994; *Lorenzen/Etzel/Gerhold*, Bundespersonalvertretungsgesetz, Loseblatt, Stand: 7/2017 (zitiert: Bearbeiter in: Lorenzen); *Schmitt*, SGB VII, Kommentar, 4. Aufl. 2009; *Richardi*, Arbeitsrecht in der Kirche, 7. Aufl. 2015; *Zander*, Mitbestimmung des Personalrats bei der Bestellung von Betriebsärzten, PersR 1990, 63.

Leitentscheidungen: KGH 9.7.2007 – II-0124/N 24-07, ZMV 2008, 26 mAnm Fey; KGH EKD 23.2.2010 – II-0124/P 82-08, ZMV 2011, 41 mAnm Fey; Schlichtungsstelle Baden 18.1.2010 – 2 Sch 57/2008, ZMV 2010, 266.

I. Allgemeines

Das bedeutendste und stärkste Beteiligungsrecht im MVG.EKD ist das Mitbestimmungsrecht nach § 40 MVG.EKD. In § 40 MVG.EKD ist die Mitbestimmung der Mitarbeitervertretungen in organisatorischen und sozialen Angelegenheiten geregelt. Die Beteiligung der Mitarbeitervertretung gemäß § 40 MVG.EKD ist für die Dienststellenleitung **obligatorisch**.[2] Im Gegensatz zu den Beteiligungsrechten der Mitarbeitervertretungen bei personellen Einzelmaßnahmen können die Mitbestimmungsrechte aus § 40 MVG.EKD weder durch das Direktionsrecht des Arbeitgebers noch durch individualrechtliche Gestaltungsmöglichkeiten eingeschränkt werden.[3] Darüber hinaus können die Beteiligungsrechte aus § 40 MVG.EKD nicht mittels einer kollektivrechtlichen Vereinbarung verringert werden. Bei dem MVG.EKD handelt es sich wie bei dem BetrVG um ein **Schutzgesetz zugunsten der Beschäftigten.** Eine Einschränkung der im Mitarbei-

1

---

[1] Das Mitarbeitervertretungsgesetz der EKD ist in der ELKB am 1. Januar 2015 in Kraft getreten gemäß der Dritten Verordnung über das Inkrafttreten des Zweiten KG über Mitarbeitervertretungen in der EKD 2013 vom 13.12.2014 (ABl. EKD 2015 S. 8). **1** Siehe zu den Vertrauensärzten die Dienstvereinbarung über die Berufung von Vertrauensärzten/-innen zwischen dem Landeskirchenamt der ELKB und der Gesamtmitarbeitervertretung gemäß § 36 MVG. **2** Georgi, Beteiligungsrechte, S. 145. **3** Baumann-Czichon MVG.EKD § 40 Rn. 1.

tervertretungsgesetz normierten Rechte ist dementsprechend weder durch Dienstvereinbarung noch durch einen Tarifvertrag zulässig. Des Weiteren besteht keine Möglichkeit für die Mitarbeitervertretung, im Voraus auf ihre Beteiligungsrechte zu verzichten. Allerdings kann die Mitarbeitervertretung darüber entscheiden, ob und wie sie ihre Beteiligungsrechte ausübt.

2 Regelungen zur Mitbestimmung der Mitarbeitervertretungen im Arbeitsschutz finden sich in § 40 lit. a, b MVG.EKD. Die Mitbestimmungsrechte der Mitarbeitervertretungen im Gesundheitsschutz sollen eine effektive und reale Durchführung vorhandener arbeitsrechtlicher Normen sicherstellen.[4] Vor allem die besondere **Sachnähe der Arbeitnehmer** und damit der Mitarbeitervertretung der jeweiligen Dienststelle soll eine den Gegebenheiten entsprechende Konkretisierung der Arbeitsschutznormen ermöglichen. Basis für die Wahrnehmung der Mitbestimmungsrechte ist im Regelfall das **Überwachungsrecht der Mitarbeitervertretung nach § 35 Abs. 3 lit. b MVG.EKD**, mit dem die Einhaltung der arbeitsschutzrechtlichen Normen und Unfallverhütungsvorschriften kontrolliert werden kann.[5] Der Mitarbeitervertretung steht insoweit auch ein **Informationsrecht nach § 34 Abs. 1 MVG.EKD** zu, dessen Struktur an § 80 BetrVG, § 68 BPersVG angelehnt ist. Ebenso wie im staatlichen Recht[6] kann die Mitarbeitervertretung auf diesem Weg nicht die individuellen Rechte der einzelnen Beschäftigten geltend machen.[7]

3 Von den in § 40 MVG.EKD normierten Fallgruppen betreffen gleich die ersten beiden den Arbeits- und Gesundheitsschutz. Während § 40 lit. b MVG.EKD ein umfassendes Mitbestimmungsrecht bei allen Maßnahmen zur Verhütung von Unfällen und gesundheitlichen Gefahren beinhaltet, ist in § 40 lit. a MVG.EKD ein spezielles Mitbestimmungsrecht für den Bereich der Arbeitsschutzorganisation normiert. Danach steht der Mitarbeitervertretung bei der Bestellung und Abberufung von Vertrauens- und Betriebsärzten bzw. -ärztinnen sowie Fachkräften für Arbeitssicherheit ein Mitbestimmungsrecht zu.

4 Die Parallelregelungen zur Mitbestimmung im Arbeitsschutz finden sich in § 87 Abs. 1 Nr. 7 BetrVG und in § 75 Abs. 3 Nr. 10, 11 BPersVG. Allerdings beschränkt der Wortlaut dieser beiden Normen die Beteiligungsrechte auf die Fälle, in denen Gesetze oder Tarifverträge keine Regelungen treffen.[8] Einen derartigen **Gesetzes- oder Tarifvorbehalt** enthält der Wortlaut des § 40 MVG.EKD nicht. Dies bedeutet jedoch nicht, dass die Mitbestimmungsrechte des § 40 MVG.EKD vorbehaltlos gewährt werden. Soweit die Kirchen und ihre erzieherischen und karitativen Einrichtungen an zwingendes materielles staatliches Recht gebunden sind, dürfen sie nicht selbstständig davon abweichen. Dies ist auch nicht durch eine gemeinsam von der Dienststellenleitung und der Mitarbeitervertretung getroffene Vereinbarung möglich. Eine derartige Loslösung von staatlichem Recht würde den Rahmen der allgemeinen Gesetze, in welchem die Religionsgesellschaften ihre Angelegenheiten gemäß Art. 140 GG iVm Art. 137 WRV selbstständig ordnen und verwalten, überschreiten.[9]

5 Soweit Kirchen oder ihre Einrichtungen Tarifverträge abschließen, entfalten diese, ebenso wie im nichtkirchlichen Bereich, normative Wirkung. Diese rechtliche Bindung an Tarifverträge verwehrt es der Dienststellenleitung, selbstständig oder im Zusammenwirken mit der Mitarbeitervertretung abweichende Regelungen zu treffen. Eine Mitbestimmung ist zudem ausgeschlossen, wenn ein staatlicher Verwaltungsakt oder eine Anordnung aufgrund gesetzlicher Vorschriften oder Ermächtigungen ergangen ist und eine abschließende Regelung trifft.[10] Gleichermaßen ausgeschlossen ist eine Mitbestimmung, soweit höherrangiges kirchliches Recht eine abschließende Regelung enthält.

---

[4] Georgi, Beteiligungsrechte, S. 144. [5] Bartels ZMV 2007, 239; Georgi, Beteiligungsrechte, S. 131 ff. [6] So HaKo-BetrVG/Kohte/Schulze-Doll BetrVG § 80 Rn. 27. [7] KGH EKD 23.2.2010 – II-0124/P 82-08, ZMV 2011, 41 mAnm Fey. [8] Fitting BetrVG § 87 Rn. 31 ff.; Altvater/Berg BPersVG § 75 Rn. 113 ff. [9] Georgi, Beteiligungsrechte, S. 146. [10] BAG 11.12.2012 – 1 ABR 78/11, NZA 2013, 913.

Soll die Mitbestimmung mittels einer **Dienstvereinbarung** erfolgen, findet sich ein entsprechender Vorbehalt explizit in § 36 MVG.EKD. Danach dürfen Dienstvereinbarungen Regelungen weder erweitern, einschränken noch ausschließen, die auf Rechtsvorschriften, insbesondere Beschlüssen der Arbeitsrechtlichen Kommission, Tarifverträgen und Entscheidungen des Schlichtungsausschusses nach dem Arbeitsrechtsregelungsgesetz oder allgemein verbindlichen Richtlinien der Kirchen beruhen.[11] Soweit Gesetze, Tarifverträge, Beschlüsse oder Entscheidungen bereits zwingende Regelungen für Sachverhalte enthalten, die thematisch der Beteiligung der Mitarbeitervertretung unterliegen, ist davon auszugehen, dass den berechtigten Interessen sowie dem Schutzbedürfnis der Mitarbeiter bereits Rechnung getragen ist und somit für einen weiteren Schutz durch Mitbestimmungsrechte kein Bedürfnis mehr besteht.[12] Die Mitbestimmung der Mitarbeitervertretung ist jedoch nur ausgeschlossen, soweit die das Mitbestimmungsrecht einschränkenden Regelungen den Sachverhalt abschließend ordnen. Verbleibt der Dienststelle ein Regelungsraum, so ist dieser in gleichberechtigter Teilhabe von Mitarbeitervertretung und Dienststellenleitung auszufüllen. 6

Das Mitbestimmungsrecht ist insgesamt jedoch offen formuliert und umfasst daher ein breites Spektrum arbeitsschutzrechtlicher Maßnahmen. So ist zB entschieden worden, dass die Anschaffung von Stühlen, die für die Erzieherinnen in Kindertagesstätten geeignet sind, von diesem Mitbestimmungsrecht erfasst wird.[13] Vor allem hat der Kirchengerichtshof der EKD[14] bereits 2007 entschieden, dass die **Gefährdungsbeurteilung nach § 5 ArbSchG dem Mitbestimmungsrecht unterliegt**, mit dem sowohl die Methode als auch die Auswahl der Akteure geregelt werden kann. Hier zeigt sich, dass sich das MVG.EKD und seine kirchengerichtliche Auslegung vom früher dominierenden Vorbild des Personalvertretungsrechts gelöst hat und sich stärker an betriebsverfassungsrechtlichen Kategorien orientiert, dabei aber einen eigenständigen Weg beschreitet.[15] 7

Von dem Mitbestimmungsrecht können die Mitarbeitervertretungen im Rahmen des **Zustimmungsverfahrens** gemäß § 38 MVG.EKD Gebrauch machen. Die Mitarbeitervertretung kann aber auch ihr **Initiativrecht** gemäß § 47 MVG.EKD nutzen oder **Dienstvereinbarungen** gemäß § 36 MVG.EKD abschließen. Lehnt die Mitarbeitervertretung die Zustimmung zu einer von der Dienststellenleitung beantragten Maßnahme ab, so kann sie die Dienststellenleitung durch das Kirchengericht ersetzen lassen. Solange die Zustimmung der Mitarbeitervertretung nicht vorliegt und auch nicht ersetzt worden ist, kann die Dienststellenleitung keine wirksame Maßnahme durchführen.[16] Der Mitarbeitervertretung steht insoweit ein **Unterlassungsanspruch** zu.[17] Sofern eine Maßnahme keinen Aufschub duldet, darf die Dienststellenleitung eine **vorläufige Maßnahme** durchführen; sie hat die Mitarbeitervertretung darüber zu informieren, die vorläufige Maßnahme zu begründen, und muss unverzüglich das Mitbestimmungsverfahren einleiten bzw. fortsetzen.[18] 8

Sofern die Dienststellenleitung einem **Initiativantrag** der Mitarbeitervertretung nicht folgen will, kann die Mitarbeitervertretung das Kirchengericht anrufen. Dabei trifft das Kirchengericht jedoch keine eigene Ermessensentscheidung, die die Einigung zwischen der Mitarbeitervertretung und der Dienststellenleitung ersetzt. Stattdessen stellt das Kirchengericht gemäß § 60 Abs. 7 MVG.EKD lediglich fest, ob die Weigerung der Dienststellenleitung, die beantragte Maßnahme zu vollziehen, rechtswidrig ist.[19] Rechtswidrig kann eine solche Weigerung nur sein, wenn ein rechtliches Gebot zur Durchführung der konkreten Maßnahme besteht.[20] Rechtswidrig ist eine Ablehnung auch dann, wenn die Dienststellenleitung bei der Ausübung ihres Ermessens die gesetz- 9

---

11 Baumann-Czichon MVG.EKD § 36 Rn. 9 f.; Fey/Rehren MVG.EKD § 36 Rn. 7 ff. **12** Georgi, Beteiligungsrechte, S. 146; DKKW/Klebe BetrVG § 87 Rn. 32; BAG 24.2.1987 – 1 ABR 18/85, AP Nr. 21 zu § 77 BetrVG 1972. **13** Schlichtungsstelle Baden 18.1.2010 – 2 Sch 57/2008, ZMV 2010, 266. **14** KGH 9.7.2007 – II-0124/N 24-07, ZMV 2008, 26 mAnm Fey. **15** Georgi, Beteiligungsrechte, S. 121. **16** Richardi, Arbeitsrecht in der Kirche, § 19 Rn. 32. **17** Georgi, Beteiligungsrechte, S. 205 ff.; Kohte in: FS Richardi, 2007, S. 607 ff.; VerwG.EKD 0124/C19-98; Baumann-Czichon MVG.EKD § 38 Rn. 1. **18** Georgi, Beteiligungsrechte, S. 202 ff. **19** Keilich in: Berliner Kommentar MVG § 40 Rn. 12; Richardi, Arbeitsrecht in der Kirche, § 19 Rn. 40. **20** Baumann-Czichon MVG.EKD § 60 Rn. 12; Georgi, Beteiligungsrechte, S. 222 f.

lichen Grenzen überschritten oder von ihrem Ermessen in einer dem Zweck der Ermächtigung nicht entsprechenden Weise Gebrauch gemacht hat.[21]

II. § 40 lit. a MVG.EKD

10 Gemäß § 40 lit. a MVG.EKD hat die Mitarbeitervertretung ein Mitbestimmungsrecht bei der **Bestellung und Abberufung von Vertrauens- und Betriebsärzten bzw. -ärztinnen sowie Fachkräften für Arbeitssicherheit.** Das Erfordernis zur Bestellung von Betriebsärzten und Fachkräften für Arbeitssicherheit folgt für die privatrechtlich organisierten Dienststellen aus §§ 1, 2 ff. bzw. 5 ff. ASiG und für die öffentlich-rechtlich organisierten Dienststellen aus § 16 ASiG iVm §§ 1, 2 ff. bzw. 5 ff. ASiG.[22] In § 9 Abs. 3 S. 1 ASiG iVm § 1 Abs. 4 ArbSchG ist grundsätzlich auch die Beteiligung der Mitarbeitervertretung bei der Bestellung und Abberufung der Betriebsärzte und Fachkräfte für Arbeitssicherheit geregelt.[23] § 40 lit. a MVG.EKD ist insoweit zumindest zum Teil Ausdruck einer eigenständigen kirchenspezifischen Rechtssetzung, die das MVG.EKD hinsichtlich der Beteiligung der Mitarbeitervertretung als maßgeblich ausweist.[24]

11 **Zweck** des konkreten Mitbestimmungsrechtes aus § 40 lit. a MVG.EKD ist es, den Arbeits- und Gesundheitsschutz in der Dienststelle zu erhöhen, indem nur fachlich kompetente Personen, die vertrauensvoll und effektiv mit den Mitarbeitern und der Mitarbeitervertretung zusammenarbeiten, als Vertrauens- und Betriebsärzte bzw. Fachkräfte für Arbeitssicherheit beschäftigt werden.

12 Neben dem Mitbestimmungsrecht bei der Bestellung und Abberufung von Betriebsärzten und Fachkräften für Arbeitssicherheit sieht § 40 lit. a MVG.EKD auch ein Mitbestimmungsrecht bei der Bestellung und Abberufung von **Vertrauensärzten** vor. Bei den Vertrauensärzten handelt es sich nicht um Funktionen, die in staatlichen Gesetzen vorgeschrieben sind, insbesondere sind damit nicht die Vertrauensärzte der Krankenkassen gemeint.[25] In § 6 AVR findet sich eine Regelung zu Vertrauensärzten. Danach kann der Arbeitgeber „bei gegebener Veranlassung durch einen Vertrauensarzt ... feststellen lassen, ob der Angestellte dienstfähig oder frei von ansteckenden oder ekelerregenden Krankheiten ist". Zudem kann der Arbeitgeber die Angestellten, die mit der Zubereitung von Speisen beauftragt sind, in regelmäßigen Zeitabständen von diesem Arzt untersuchen lassen.

13 Der Wortlaut des § 40 lit. a MVG.EKD bezieht sich ausschließlich auf die Bestellung der Betriebs- und Vertrauensärzte und Fachkräfte für Arbeitssicherheit. Hierbei handelt es sich um eine **abschließende Aufzählung,** so dass § 40 lit. a MVG.EKD auf die Bestellung und Abberufung anderer Sicherheitskräfte nach staatlichem oder kirchlichem Recht keine Anwendung findet. Insoweit liegt aber eine Mitbestimmungspflichtigkeit nach § 40 lit. b MVG.EKD vor.[26]

14 **Bestellung** im Sinne von § 40 lit. a MVG.EKD ist die Übertragung der Funktion als Betriebsarzt, Fachkraft für Arbeitssicherheit oder Vertrauensarzt. Dabei kommt es nicht darauf an, ob die betreffende Person bereits Mitarbeiter der Dienststelle ist, extra als solche eingestellt oder als freiberufliche Kraft beschäftigt werden soll.[27] Unerheblich für die Mitbestimmung ist zudem, ob es sich bei der zu bestellenden oder abzuberufenden Person um ein Mitglied der Dienststellenleitung gemäß § 2 MVG.EKD handelt.[28]

15 Soll eine Person als Fachkraft für Arbeitssicherheit, Vertrauens- oder Betriebsarzt bestellt werden, so ist dazu die Zustimmung der Mitarbeitervertretung erforderlich. Die Mitarbeitervertretung muss dabei der Bestellung, dh der **Einweisung in die Funktion** einer Fachkraft für Arbeitssicherheit, eines Vertrauens- bzw. Betriebsarztes[29] zustimmen. Die Beteiligungsrechte der Mitarbeitervertretung nach § 42 bzw. § 43 MVG.EKD werden durch die Vorschrift des § 40 lit. a MVG.EKD nicht berührt. Die Mitbestim-

---

[21] Fey/Rehren MVG.EKD § 60 Rn. 10; Georgi, Beteiligungsrechte, S. 222 f. [22] Zander PersR 1990, 63. [23] Georgi, Beteiligungsrechte, S. 102 f. [24] Georgi, Beteiligungsrechte, S. 174 ff. [25] Fey/Rehren MVG.EKD § 40 Rn. 3; Georgi, Beteiligungsrechte, S. 177. [26] Vgl. insoweit zum BPersVG: RDWKaiser BPersVG § 75 Rn. 416, 441. [27] Georgi, Beteiligungsrechte, S. 178. [28] Georgi, Beteiligungsrechte, S. 177 ff. [29] Doetsch/Schnabel, Arbeitssicherheitsgesetz, § 9 Anm. 6.

mung nach § 40 lit. a MVG.EKD bezieht sich nur auf die Bestellung als Fachkraft für Arbeitssicherheit, Vertrauens- bzw. Betriebsarzt, nicht jedoch auf die Einstellung der jeweiligen Person als Arbeitnehmer.[30] Das Mitbestimmungsrecht bei der Bestellung von Sicherheitsfachkräften ermöglicht es der Mitarbeitervertretung insbesondere, ihre Zustimmung gemäß § 38 MVG.EKD zu verweigern, wenn sie die Grundlagen für eine vertrauensvolle Zusammenarbeit oder die fachliche Eignung der Person als nicht ausreichend erachtet. Da das in § 47 MVG.EKD gewährte Initiativrecht auch hinsichtlich der Bestellung von Fachkräften für Arbeitssicherheit, Vertrauens- und Betriebsärzten besteht, hat die Mitarbeitervertretung auch die Möglichkeit, besonders geeignete Mitarbeiter für die Bestellung zur Sicherheitsfachkraft vorzuschlagen.

Die **Abberufung** ist die Entziehung der Funktion als Betriebsarzt, Fachkraft für Arbeitssicherheit oder Vertrauensarzt. Auch insoweit ist für die Mitbestimmung nach § 40 lit. a MVG.EKD nicht von Relevanz, ob die Sicherheitsfachkraft als Mitarbeiter der Dienststelle beschäftigt wird oder freiberuflich tätig ist. Durch eine Abberufung wird nur die Funktion als Fachkraft für Arbeitssicherheit, Vertrauens- oder Betriebsarzt beendet. Das Arbeitsverhältnis besteht jedoch unabhängig davon fort, da grundsätzlich eine anderweitige Beschäftigung in der Dienststelle oder einer anderen Dienststelle als möglich erscheint.[31] Die Mitbestimmungsrechte gemäß §§ 42, 43 MVG.EKD bestehen gegebenenfalls neben dem Mitbestimmungsrecht aus § 40 lit. a MVG.EKD.[32] Gründe für eine Zustimmungsverweigerung können beispielsweise vorliegen, wenn der Arbeitgeber mit der Abberufung eine besonders engagierte und kritische Sicherheitskraft loswerden möchte. Andererseits ermöglicht das Initiativrecht der Mitarbeitervertretung, die Abberufung sehr oberflächlich arbeitender Vertrauens- bzw. Betriebsärzte oder Fachkräfte für Arbeitssicherheit vorzuschlagen. Ebenso kann die Mitarbeitervertretung die Abberufung einer Sicherheitsfachkraft initiieren, zu der die Vertrauensbasis nicht mehr besteht. 16

Neben der Bestellung und Abberufung der Sicherheitsfachkräfte besteht für den Arbeitgeber ein Entscheidungsspielraum hinsichtlich der **Erweiterung und Einschränkung der Aufgaben** von Vertrauens- bzw. Betriebsärzten oder Fachkräften für Arbeitssicherheit, welche nicht im ASiG, in berufsgenossenschaftlichen oder kirchenrechtlichen Regelungen vorgesehen sind. Diese Erweiterung und Einschränkung der Aufgaben der Sicherheitsfachkräfte ist jedoch nicht gemäß § 40 lit. a MVG.EKD, sondern ausschließlich gemäß § 40 lit. b MVG.EKD mitbestimmungspflichtig.[33] 17

III. § 40 lit. b MVG.EKD

Gemäß § 40 lit. b MVG.EKD hat die Mitarbeitervertretung bei Maßnahmen zur Verhütung von Unfällen und gesundheitlichen Gefahren ein Mitbestimmungsrecht. 18

Die Mitbestimmung aus § 40 lit. b MVG.EKD bedarf keiner Rahmenvorschrift, es reicht aus, dass eine Maßnahme zur Verhütung von Unfällen oder gesundheitlichen Gefahren vorliegt. Damit ist die Mitarbeitervertretung auch dann zu beteiligen, wenn die Dienststellenleitung Maßnahmen ergreift, die das **gesetzliche Schutzniveau** überschreiten. 19

Das Mitbestimmungsrecht in § 40 lit. b MVG.EKD bezieht sich explizit auf Maßnahmen. Der Begriff der **Maßnahme** ist im MVG.EKD nicht definiert, jedoch grundsätzlich weit zu verstehen.[34] Er umfasst nicht nur die Anlage, Änderung, Ingangsetzung oder Außerbetriebnahme technischer Vorrichtungen, sondern auch organisatorische und personelle Entscheidungen.[35] Ausschlaggebend für das Vorliegen einer mitbestimmungspflichtigen Maßnahme gemäß § 40 lit. b MVG.EKD ist allein, dass der Sinn und Zweck der entsprechenden Maßnahmen auf Unfallverhütung und Gesundheitsschutz gerichtet ist. 20

---

30 Vgl. insoweit zum BPersVG auch RDW/Kaiser BPersVG § 75 Rn. 411. 31 So auch GK-BetrVG/Wiese BetrVG § 87 Rn. 655. 32 Georgi, Beteiligungsrechte, S. 180 ff. 33 Georgi, Beteiligungsrechte, S. 182 f. 34 Georgi, Beteiligungsrechte, S. 148 ff. 35 Rehak in: Lorenzen BPersVG § 75 Rn. 174.

21 Darüber hinaus ist ein **kollektiver Tatbestand** keine Voraussetzung für eine Mitbestimmung.[36] Demgemäß kommt es nicht darauf an, ob es sich um allgemeine Regelungen oder Einzelmaßnahmen handelt. Alle Maßnahmen der Zielrichtung – Verhütung von Unfällen und gesundheitlichen Gefahren – werden durch § 40 lit. b MVG.EKD erfasst, so dass das Mitbestimmungsrecht auch hinsichtlich von Einzelmaßnahmen, wie etwa Schutzvorkehrungen für einen konkreten Arbeitsplatz oder bezüglich eines einzelnen, besonders gefährdeten Beschäftigten, besteht.

22 Dem Wortlaut des § 40 lit. b MVG.EKD nach bezieht sich das Mitbestimmungsrecht grundsätzlich auf **Unfälle und gesundheitliche Gefahren**. Obwohl sich im Wortlaut keine Einschränkung auf Arbeits- bzw. Dienstunfälle findet, ist sie vom Sinn und Zweck der Vorschrift, die ausschließlich die Gestaltung der Dienstgemeinschaft betrifft, geboten.[37] Damit kann hinsichtlich der Begrifflichkeit auf die entsprechenden Definitionen im SGB VII zurückgegriffen werden. Danach sind Unfälle zeitlich begrenzte, von außen auf den Körper einwirkende Ereignisse, die zu einem Gesundheitsschaden oder zum Tod führen.[38] Als Gesundheitsschaden gilt nach § 8 Abs. 3 SGB VII dabei auch die Beschädigung oder der Verlust eines Hilfsmittels, wie zB einer Beinprothese.[39]

23 Das Mitbestimmungsrecht besteht auch bei Maßnahmen, die gesundheitliche Gefahren verhüten sollen. **Gesundheit** bedeutet nicht nur das Freisein von Krankheit und Gebrechen, sondern umfasst alle physischen und geistig-seelischen Faktoren, die sich auf die Gesundheit auswirken, und die in unmittelbarem Zusammenhang mit der Sicherheit und der Gesundheit bei der Arbeit stehen.[40]

24 Unter einer **zu verhütenden Gefahr** wird im Arbeitsschutzrecht – in Anlehnung an das allgemeine Recht der Gefahrenabwehr – eine Sachlage verstanden, die bei ungehindertem Ablauf des objektiv zu erwartenden Geschehens zu einem Schaden – also hier einer Gesundheitsverletzung von Mitarbeitern – führt.[41] Eine Gefahrenlage umfasst nicht nur konkrete und unmittelbar bevorstehende Gefahren für das Leben und die Gesundheit, sondern ist bereits gegeben, wenn eine Gefahrenquelle besteht, die auf Dauer die Gesundheit der Mitarbeiter schädigen kann.[42]

25 Die Mitbestimmung nach § 40 lit. b MVG.EKD setzt jedoch deutlich vor dem Eintritt einer Gefahr ein, da das Mitbestimmungsrecht dem Wortlaut nach bereits bei **Maßnahmen zur Verhütung von gesundheitlichen Gefahren** besteht, so dass die mitbestimmungspflichtigen Maßnahmen der eigentlichen Gefahrensituation deutlich vorgelagert sein können. Erfasst werden alle Maßnahmen, die der Erhaltung der physischen und psychischen Integrität der Mitarbeiter gegenüber arbeitsbedingten Beeinträchtigungen dienen, die zu medizinisch feststellbaren Verletzungen oder Erkrankungen führen oder führen könnten.[43] Damit ist auch die Gefährdungsbeurteilung gem. § 5 ArbSchG mitbestimmungspflichtig.[44]

IV. Besonderheiten des Mitarbeitervertretungsrechts

26 Zu den Besonderheiten des Mitarbeitervertretungsrechts gehört die **Einbeziehung des Gestellungspersonals** (→ ArbSchG § 2 Rn. 28). Diese Personen gelten nach § 2 Abs. 3 MVG.EKD als Mitarbeiter, so dass sich die Mitbestimmungsrechte der Mitarbeitervertretung im Arbeitsschutz auch auf diesen Personenkreis erstrecken.[45] Zu den erforderlichen Maßnahmen gehört daher auch die Ausgestaltung der Kooperationspflichten nach § 8 ArbSchG, die für das Gestellungspersonal zu beachten sind (→ ArbSchG § 8 Rn. 13).[46]

27 Im MVG.EKD fehlen dagegen – ähnlich wie im Personalvertretungsrecht – **individuelle Informations- und Anhörungsrechte**, wie sie in § 81 BetrVG geregelt sind. Dies ist pro-

---

36 So auch hinsichtlich des BPersVG: BVerwG 25.1.1995 – 6 P 19/93, PersR 1995, 300 (302). 37 Georgi, Beteiligungsrechte, S. 153. 38 Schmitt SGB VII § 8 Rn. 135 ff. 39 Schmitt SGB VII § 8 Rn. 310 ff. 40 Hinrichs, S. 47; Georgi, Beteiligungsrechte, S. 153 f.; so jetzt auch BVerwG 14.2.2013 – 6 PB 1/13, PersR 2013, 176. 41 Münch/ArbR/Kohte § 290 Rn. 61; Spinnarke/Schork ArbSchG § 4 Rn. 5. 42 BFK Rn. 4. 43 Georgi, Beteiligungsrechte, S. 154 f. 44 KGH.EKD 9.7.2007, ZMV 2008, 26; Georgi, Beteiligungsrechte, S. 162 f. 45 Georgi, Beteiligungsrechte, S. 125. 46 Julius, Arbeitsschutz und Fremdfirmenbeschäftigung, 2004, S. 192.

blematisch, denn 1996 ist die Umsetzung von Art. 10, 11 Abs. 1 RL 89/391/EWG durch das Informationsrecht in § 81 Abs. 1 S. 2 BetrVG und das Anhörungsrecht in § 81 Abs. 3 BetrVG realisiert worden. Im Anwendungsbereich des Personalvertretungsrechts ist diese Lücke durch § 14 ArbSchG geschlossen worden (→ ArbSchG § 14 Rn. 2). Da im kirchlichen Bereich weder § 14 ArbSchG noch § 81 BetrVG unmittelbar gelten, werden insoweit Art. 10, 11 der Rahmenrichtlinie-Arbeitsschutz 89/391/EWG zur Unterrichtung und Anhörung der Arbeitnehmer nicht umgesetzt. Auf der anderen Seite macht die Norm des § 1 Abs. 4 ArbSchG deutlich, dass eine Umsetzung auch im kirchlichen Bereich erfolgen soll. Dies spricht dafür, § **14 ArbSchG analog**[47] anzuwenden (→ ArbSchG § 14 Rn. 3).[48]

---

47 Zur Analogie als Mittel unionskonformer Rechtsfortbildung BGH 26.11.2008 – VIII ZR 200/05, NJW 2009, 427 (429); zustimmend BAG 24.3.2009 – 9 AZR 983/07, NZA 2009, 538 Rn. 65 ff. **48** Georgi, Beteiligungsrechte, S. 85 Fn. 246.

Die Mitbestimmungsrechte nach der Rahmenordnung für eine Mitarbeitervertretungsordnung (Rahmen-MAVO) der katholischen Kirche

Rahmenordnung für eine Mitarbeitervertretungsordnung (MAVO)[1]

In der Fassung vom 20.11.1995
zuletzt geändert durch Beschluss der Vollversammlung des Verbandes der Diözesen Deutschlands vom 19. Juni 2017
– Auszug –

§ 36 Rahmen-MAVO Zustimmung bei Angelegenheiten der Dienststelle

(1) Die Entscheidung bei folgenden Angelegenheiten der Dienststelle bedarf der Zustimmung der Mitarbeitervertretung, soweit nicht eine kirchliche Arbeitsvertragsordnung oder sonstige Rechtsnorm Anwendung findet:

...

10. Maßnahmen zur Verhütung von Dienst- und Arbeitsunfällen und sonstigen Gesundheitsschädigungen,

...

Literatur: *Annuß/Picker/Wißmann* (Hrsg.), Festschrift für Reinhard Richardi, 2007 (zitiert: Bearbeiter in: FS Richardi); *Beyer/Frank/Frey/Hammerl/Müller/Fröhning/Simon/Sroka/Thüsing/Tiggelbeck/Wege*, MAVO Freiburger Kommentar zur Rahmenordnung für eine Mitarbeitervertretungsordnung einschließlich Kirchliche Arbeitsgerichtsordnung (KAGO), Loseblatt, Stand 2/2016 (zitiert: Freiburger Kommentar); *Bleistein/Thiel*, Kommentar zur Rahmenordnung für eine Mitarbeitervertretungsordnung, 5. Aufl. 2006; *Georgi*, Die Beteiligungsrechte der Mitarbeitervertretungen im Arbeitsschutz, 2008; *Lorenzen/Etzel/Gerhold* (Hrsg.), Bundespersonalvertretungsgesetz, Kommentar, Loseblatt, Stand: 7/2017 (zitiert: Bearbeiter in: Lorenzen); *Richardi*, Arbeitsrecht in der Kirche, 7. Aufl. 2015; *Thiel/Fuhrmann/Jüngst*, MAVO – Kommentar zur Rahmenordnung für eine Mitarbeitervertretungsordnung, 7. Aufl. 2013 (zitiert: TFJ/Bearbeiter).

Leitentscheidung: KAGH 31.8.2012 – M 15/11, KuR 2012, 270.

I. Allgemeines

1 In § 36 Abs. 1 Rahmen-MAVO ist die **Zustimmung der Mitarbeitervertretungen** bei Angelegenheiten der Dienststelle geregelt. Die Norm bildet einen wichtigen Bestandteil des katholischen Mitarbeitervertretungsrechts, da sie dem Dienstgeber **obligatorisch** vorgibt, dass er Entscheidungen in den abschließend aufgelisteten Angelegenheiten nur mit Zustimmung der Mitarbeitervertretung treffen darf. § 36 Rahmen-MAVO ist eine Schutznorm zugunsten der Mitarbeiter. Sie kann dementsprechend weder durch Dienstvereinbarung noch durch Tarifvertrag, das Direktionsrecht des Dienstgebers oder individualrechtliche Gestaltung eingeschränkt werden. Darüber hinaus besteht auch keine Möglichkeit für die Mitarbeitervertretung, im Voraus auf ihre Beteiligungsrechte zu verzichten. Allerdings kann die Mitarbeitervertretung darüber entscheiden, ob und wie sie ihre Beteiligungsrechte ausübt. Dabei ist zu beachten, dass es nach § 26

---

[1] In der Fassung des einstimmigen Beschlusses der Vollversammlung des Verbandes der Diözesen Deutschlands vom 20.11.1995, der Änderungen gemäß Beschluss der Vollversammlung des Verbandes der Diözesen Deutschlands vom 21.6.1999, der Änderungen gemäß Beschluss der Vollversammlung des Verbandes der Diözesen Deutschlands vom 23.6.2003, der Änderungen gemäß Art. 4 des KAGO-Anpassungsgesetzes vom 13.4.2005, der Änderungen gemäß Beschluss der Vollversammlung des Verbandes der Diözesen Deutschlands vom 25.6.2007 sowie der Änderungen gemäß Beschluss der Vollversammlung des Verbandes der Diözesen Deutschlands vom 22.11.2010 sowie der Änderung vom 19.6.2017.

Abs. 3 Nr. 7 **Rahmen-MAVO** zu den elementaren Aufgaben jeder MAV gehört, sich für die Durchführung der Vorschriften des Arbeitsschutzes, die Unfallverhütung und die Gesundheitsförderung einzusetzen.[1]

Die Beteiligungsrechte in § 36 Rahmen-MAVO bestehen nur, soweit nicht **eine kirchliche Arbeitsvertragsordnung oder sonstige Rechtsnorm** Anwendung findet. Soweit die Kirchen und ihre erzieherischen und karitativen Einrichtungen an zwingendes materielles staatliches Recht gebunden sind, dürfen sie, unabhängig davon, ob hinsichtlich des jeweiligen Mitbestimmungsrechts ein entsprechender Vorbehalt explizit normiert ist, nicht von sich aus abweichen. Dies ist auch nicht durch eine gemeinsam von der Dienststellenleitung und der Mitarbeitervertretung getroffene Vereinbarung möglich. Eine derartige Loslösung von staatlichem Recht würde den Rahmen der allgemeinen Gesetze, in welchem die Religionsgesellschaften ihre Angelegenheiten gemäß Art. 140 GG in Verbindung mit Art. 137 WRV selbstständig ordnen und verwalten, überschreiten.[2] Ebenso darf eine Maßnahme der Dienststellenleitung nicht gegen höherrangiges Kirchenrecht verstoßen. Soweit sonstiges Recht eine abschließende Regelung enthält, ist kein Raum für eine Entscheidung des Dienstgebers und damit auch nicht für eine Zustimmung oder Ablehnung der Mitarbeitervertretung. Zudem ist, soweit Gesetze, Tarifverträge, Beschlüsse oder Entscheidungen bereits zwingende und abschließende Regelungen für Sachverhalte enthalten, die thematisch der Beteiligung der Mitarbeitervertretung unterliegen, davon auszugehen, dass den berechtigten Interessen sowie dem **Schutzbedürfnis der Mitarbeiter** bereits Rechnung getragen ist und somit für einen weiteren Schutz durch Mitbestimmungsrechte kein Bedürfnis mehr besteht.[3]

Die Mitbestimmung der Mitarbeitervertretung ist nur ausgeschlossen, soweit die das Mitbestimmungsrecht einschränkenden Regelungen den Sachverhalt abschließend ordnen. Verbleibt jedoch dem Dienstgeber ein **Entscheidungsspielraum**, so ist dieser in gleichberechtigter Teilhabe von Mitarbeitervertretung und Dienstgeber auszufüllen.

Die Abs. 2 und 3 des § 36 Rahmen-MAVO enthalten **Ausnahmen** zur Beteiligung der Mitarbeitervertretung im Zustimmungsverfahren. Maßnahmen zur Verhütung von Dienst- und Arbeitsunfällen und sonstigen Gesundheitsschädigungen (Nr. 10) sind darin nicht aufgeführt.

II. Umfang des Beteiligungsrechts

Bereits vom Wortlaut her ist das Mitbestimmungsrecht sehr weit und damit umfassend formuliert. Während das Mitbestimmungsrecht aus § 87 Abs. 1 Nr. 7 BetrVG explizit nur im Rahmen der gesetzlichen Regelungen oder der Unfallverhütungsvorschriften besteht (→ BetrVG § 87 Rn. 12), findet sich eine entsprechende Einschränkung in § 36 Abs. 1 Nr. 10 Rahmen-MAVO nicht. Damit ist die Mitarbeitervertretung auch zu beteiligen, wenn der Dienstgeber Maßnahmen ergreift, die das **gesetzliche Schutzniveau** überschreiten (ebenso → MVG.EKD Rn. 19), so zB bei Maßnahmen der **betrieblichen Gesundheitsförderung**.[4]

Dem Wortlaut des § 36 Abs. 1 Nr. 10 Rahmen-MAVO nach bezieht sich das Mitbestimmungsrecht grundsätzlich auf Maßnahmen zur Verhütung von Dienst- und Arbeitsunfällen und sonstigen Gesundheitsschädigungen. Der Begriff der **Maßnahme** ist in der Rahmen-MAVO nicht definiert. Er ist jedoch grundsätzlich weit zu verstehen und umfasst somit nicht nur die Anlage, Änderung, Ingangsetzung oder Außerbetriebnahme technischer Vorrichtungen, sondern auch organisatorische und personelle Entscheidungen.[5] Insbesondere ist ein unmittelbares Berühren der Rechtsstellung einzelner Mitarbeiter nicht erforderlich. Ausschlaggebend für das Vorliegen einer mitbestimmungspflichtigen Maßnahme gemäß § 36 Abs. 1 Nr. 10 Rahmen-MAVO ist allein, dass der Sinn und Zweck der entsprechenden Maßnahmen auf Unfallverhütung und Ge-

---

1 Dazu ausführlich TFJ/Jüngst Rahmen-MAVO § 26 Rn. 93 ff. **2** Georgi, Beteiligungsrechte, S. 262 f. **3** DKKW/Klebe BetrVG § 87 Rn. 32; BAG 24.2.1987 – 1 ABR 18/85, AP Nr. 21 zu § 77 BetrVG 1972. **4** TFJ/Jüngst Rahmen-MAVO § 36 Rn. 143. **5** Georgi, Beteiligungsrechte, S. 265 f.; so auch Rehak in: Lorenzen BPersVG § 75 Rn. 168 a.

sundheitsschutz gerichtet ist. Wird mit einer Maßnahme ein anderer Zweck verfolgt, so greift das Mitbestimmungsrecht aus § 36 Abs. 1 Nr. 10 Rahmen-MAVO nicht ein,[6] da es sich vom Wortlaut und der Systematik der Rahmen-MAVO her ausschließlich auf Maßnahmen mit entsprechender Zweckbestimmung beschränkt. Darüber hinaus ist ein kollektiver Tatbestand keine Voraussetzung für eine Mitbestimmung.[7] Demgemäß kommt es nicht darauf an, ob es sich um allgemeine Regelungen oder Einzelmaßnahmen handelt. Alle Maßnahmen der Zielrichtung – Verhütung von Dienst- und Arbeitsunfällen und sonstigen Gesundheitsschädigungen – werden durch § 36 Abs. 1 Nr. 10 Rahmen-MAVO erfasst, so dass das Mitbestimmungsrecht auch hinsichtlich von Einzelmaßnahmen, wie etwa Schutzvorkehrungen für einen konkreten Arbeitsplatz oder hinsichtlich eines einzelnen, besonders gefährdeten Mitarbeiters, besteht.[8]

7 Bezüglich der Definition von **Dienst- und Arbeitsunfällen** kann auf das SGB VII zurückgegriffen werden. Danach sind Unfälle zeitlich begrenzte, von außen auf den Körper einwirkende Ereignisse, die zu einem Gesundheitsschaden oder zum Tod führen (§ 8 Abs. 1 S. 2 SGB VII). Als Gesundheitsschaden gilt dabei auch die Beschädigung oder der Verlust eines Hilfsmittels, wie zB einer Beinprothese (§ 8 Abs. 1 S. 2 SGB VII).

8 Der Begriff der **Gesundheitsschädigung** in § 36 Abs. 1 Nr. 10 Rahmen-MAVO steht in engem sachlichen Zusammenhang mit dem Terminus Dienst- und Arbeitsunfälle. Aus diesem Grund wird vertreten, dass unter Gesundheitsschädigungen nur solche verstanden werden können, die ihrer Schwere nach Dienst- und Arbeitsunfällen gleichzusetzen wären.[9] Diese Ansicht ist jedoch abzulehnen. Zum einen kann die Schwere der Gesundheitsschädigungen so nicht abgegrenzt werden, da auch Dienst- und Arbeitsunfälle sehr unterschiedliche Auswirkungen auf den Gesundheitszustand haben können. Zum anderen wird diese Interpretation dem christlichen Gedanken der Nächstenliebe, der innerhalb der christlichen Dienstgemeinschaft stets tragend sein sollte, nicht gerecht. Die Nächstenliebe beinhaltet, das Leben und die Gesundheit seiner Mitmenschen so gut wie möglich zu schützen.[10] Gesundheitsschädigungen sind dementsprechend alle Umstände, die sich auf die Gesundheit negativ auswirken. Erfasst sind damit alle arbeitsbedingten Beeinträchtigungen der physischen und psychischen Integrität der Mitarbeiter, die medizinisch feststellbare Verletzungen oder Erkrankungen mit sich bringen.[11]

9 Das Mitbestimmungsrecht gemäß § 36 Abs. 1 Nr. 10 Rahmen-MAVO besteht bei Maßnahmen zur **Verhütung von Dienst- und Arbeitsunfällen und sonstigen Gesundheitsschädigungen**. Die Verhütung von Unfällen und Gesundheitsschädigungen kann bereits deutlich vor Gefahreneintritt einsetzen; der Begriff der Verhütung enthält diesbezüglich keine Einschränkung. Zudem erfordert die effektive Vermeidung bzw. Verhinderung von Gesundheitsschädigungen, dass frühzeitig, dh möglichst vor Eintritt einer konkreten Gefahr, Maßnahmen ergriffen werden.[12] Vom Wortlaut des § 36 Abs. 1 Nr. 10 Rahmen-MAVO her kann hinsichtlich der Mitbestimmungspflichtigkeit einer Maßnahme nicht differenziert werden, ob bereits eine konkrete Gefahr vorliegen muss oder ob die Maßnahme zur Verhütung einer derartigen Gefährdung gleichzeitig eine Maßnahme zur Verhütung einer entsprechenden Gefahr enthalten kann. Die Verhütung von Gesundheitsschädigungen umfasst damit sämtliche Maßnahmen, die dem Zweck dienen, das Risiko von Gesundheitsschädigungen oder Unfällen innerhalb der Dienststelle zu mindern oder einen effektiven Arbeits- und Gesundheitsschutz zu gewährleisten. Erfasst werden alle Maßnahmen, die der Erhaltung der physischen und psychischen Integrität der Mitarbeiter gegenüber arbeitsbedingten Beeinträchtigungen dienen, die zu medizinisch feststellbaren Verletzungen oder Erkrankungen führen oder führen kön-

---

6 Freiburger Kommentar Rahmen-MAVO § 36 Rn. 109; so auch zu § 79 BaWüPersVG: BVerwG 18.5.1994 – 6 P 27.92, PersR 1994, 466. **7** Freiburger Kommentar Rahmen-MAVO § 36 Rn. 111; so auch hinsichtlich des BPersVG: BVerwG 25.1.1995 – 6 P 19/93, PersR 1995, 300, 302. **8** Freiburger Kommentar Rahmen-MAVO § 36 Rn. 111. **9** Freiburger Kommentar Rahmen-MAVO § 36 Rn. 111. **10** Georgi, Beteiligungsrechte, S. 267 f. **11** So jetzt auch zu § 75 Abs. 3 Nr. 11 BPersVG: BVerwG 14.2.2013 – 6 PB 1/13, PersR 2013, 176. **12** Münch/ArbR/Kohte § 290 Rn. 61 ff.

nen.[13] Arbeitsbedingte Beeinträchtigungen sind solche, die durch die berufliche Tätigkeit verursacht oder anlässlich dieser Tätigkeit entstehen oder verschlimmert werden.[14] Dieses präventive Verständnis des Maßnahmebegriffs spricht dafür, sich nicht an der Rechtsprechung des Bundesverwaltungsgerichts (→ BPersVR Rn. 14 ff., 39 ff.) zu orientieren, sondern die Parallele zu § 40 MVG.EKD zu beachten,[15] so dass Einführung und Ausgestaltung der Gefährdungsbeurteilung nach § 5 ArbSchG auch in § 36 Abs. 1 Nr. 10 MAVO ebenso wie in § 40 MVG.EKD als mitbestimmungspflichtige Maßnahme zu qualifizieren sein dürfte.[16] Allerdings ist zu beachten, dass der Kirchliche Arbeitsgerichtshof vor kurzem entschieden hat, dass Maßnahmen, die sich nur mittelbar auf den Arbeits- und Gesundheitsschutz auswirken, nicht der Mitbestimmung unterliegen.[17]

Unter der Nr. 10 findet sich eine Generalnorm, die den Arbeits- und Gesundheitsschutz betrifft. Danach bedürfen Maßnahmen zur Verhütung von Dienst- und Arbeitsunfällen und sonstigen Gesundheitsschädigungen der Zustimmung der Mitarbeitervertretung. Es findet sich jedoch keine zusätzliche, diese Generalnorm konkretisierende Norm hinsichtlich der **Bestellung und Abberufung von Betriebs- und Vertrauensärzten oder Fachkräften für Arbeitssicherheit**. Die Bestellung und Abberufung von Betriebsärzten und Fachkräften für Arbeitssicherheit ist als Maßnahme zur Verhütung von Dienst- und Arbeitsunfällen und sonstigen Gesundheitsschädigungen zu qualifizieren. Damit umfasst auch § 36 Abs. 1 Nr. 10 Rahmen-MAVO aufgrund seines generellen Charakters die Mitbestimmung bei der Bestellung und Abberufung von Betriebsärzten und Fachkräften für Arbeitssicherheit,[18] so dass ein gesonderter Mitbestimmungstatbestand keine zusätzlichen Rechte begründen würde.

III. Verfahren der Beteiligung

Von dem Mitbestimmungsrecht können die Mitarbeitervertretungen im Rahmen des **Zustimmungsverfahrens** gemäß § 33 Rahmen-MAVO Gebrauch machen. Die Mitarbeitervertretung kann aber auch ihr **Antragsrecht** gemäß § 37 Rahmen-MAVO[19] nutzen oder **Dienstvereinbarungen** gemäß § 38 Rahmen-MAVO abschließen.[20] In der Praxis wird sie im Vorfeld ihr Informationsrecht nach § 27 Rahmen-MAVO und das Recht auf Vorlage von Unterlagen nach § 26 Abs. 2 Rahmen-MAVO nutzen, um ihr Antragsrecht möglichst sachkundig ausüben zu können.[21]

Stimmt die Mitarbeitervertretung einer vom Dienstgeber beantragten Maßnahme nicht zu, so kann sie der Dienstgeber durch die Einigungsstelle ersetzen lassen. Solange die Zustimmung der Mitarbeitervertretung nicht vorliegt und auch nicht ersetzt worden ist, kann der Dienstgeber keine wirksame Maßnahme durchführen.[22] Der Mitarbeitervertretung steht insoweit ein **Unterlassungsanspruch** zu.[23] Sofern eine Maßnahme keinen Aufschub duldet, darf der Dienstgeber eine **vorläufige Maßnahme** durchführen; er hat die Mitarbeitervertretung darüber zu informieren, die vorläufige Maßnahme zu begründen und muss unverzüglich das Mitbestimmungsverfahren einleiten bzw. fortsetzen.[24]

Kommt es bezüglich einer von der Mitarbeitervertretung beantragten Maßnahme zu keiner Einigung zwischen Dienstgeber und Mitarbeitervertretung, so kann die Mitarbeitervertretung die Einigungsstelle anrufen (§ 37 Abs. 3 S. 3 Rahmen-MAVO). Hinsichtlich des Verfahrens und der Entscheidungskompetenz unterscheidet die Rahmen-MAVO nicht danach, ob eine vom Dienstgeber oder der Mitarbeitervertretung initiier-

---

13 Münch/ArbR/Kohte § 290 Rn. 59. **14** Fitting BetrVG § 87 Rn. 262. **15** Dazu Georgi, Beteiligungsrechte, S. 266. **16** Vgl. zu § 40 MVG.EKD: KGH 9.7.2007 – II-0124/N 24-07, ZMV 2008, 26 mAnm Fey. **17** KAGH 31.8.2012 – M 15/11, KuR 2012, 270; aA TFJ/Jüngst Rahmen-MAVO § 36 Rn. 131 aE. **18** So auch TFJ/Jüngst Rahmen-MAVO § 36 Rn. 130. **19** Dazu Richardi, Arbeitsrecht in der Kirche, § 18 Rn. 121. **20** Georgi, Beteiligungsrechte, S. 246 ff.; Münch/ArbR/ Richardi § 331 Rn. 20. **21** Georgi, Beteiligungsrechte, S. 298 ff. **22** Bleistein/Thiel Rahmen-MAVO § 36 Rn. 11; Freiburger Kommentar Rahmen-MAVO § 33 Rn. 4; Georgi, Beteiligungsrechte, S. 281 f. **23** Georgi, Beteiligungsrechte, S. 282 f.; TFJ/Jüngst Rahmen-MAVO § 36 Rn. 12; Kohte in: FS Richardi, S. 601, 607 ff.; ebenso jetzt KAGH 31.8.2012 – M 15/11, KuR 2012, 270; Richardi NZA 2012, 1393 (1396). **24** Freiburger Kommentar Rahmen-MAVO § 33 Rn. 49; Georgi, Beteiligungsrechte, S. 280 f.

te Maßnahme Gegenstand des Streits ist; in beiden Fällen trifft die Einigungsstelle eine eigene Ermessensentscheidung bezüglich der beantragten Maßnahme.

IV. Besonderheiten des Mitarbeitervertretungsrechts

14 Zu den Besonderheiten des Mitarbeitervertretungsrechts gehört die **Einbeziehung des Gestellungspersonals** (→ ArbSchG § 2 Rn. 28). Die darunter fallenden Personen gelten nach § 3 Abs. 1 Nr. 3 der Rahmen-MAVO als Mitarbeiter,[25] so dass sich die Mitbestimmungsrechte der Mitarbeitervertretung im Arbeitsschutz auch auf diesen Personenkreis erstrecken.[26] Zu den erforderlichen Maßnahmen gehört daher auch die Ausgestaltung der Kooperationspflichten nach § 8 ArbSchG, die auch für das Gestellungspersonal zu beachten sind (→ ArbSchG § 8 Rn. 13).[27]

15 In der Rahmen-MAVO fehlen dagegen – ähnlich wie im Personalvertretungsrecht – **individuelle Informations- und Anhörungsrechte**, wie sie in § 81 BetrVG geregelt sind. Dies ist problematisch, denn 1996 ist die Umsetzung von Art. 10, 11 Abs. 1 RL 89/391/EWG durch das Informationsrecht in § 81 Abs. 1 S. 2 BetrVG und das Anhörungsrecht in § 81 Abs. 3 BetrVG realisiert worden. Im Anwendungsbereich des Personalvertretungsrechts ist diese Lücke durch § 14 ArbSchG geschlossen worden (→ ArbSchG § 14 Rn. 2). Da im kirchlichen Bereich weder § 14 ArbSchG noch § 81 BetrVG unmittelbar gelten, werden insoweit Art. 10 und 11 der Rahmenrichtlinie-Arbeitsschutz 89/391/EWG zur Unterrichtung und Anhörung der Arbeitnehmer nicht umgesetzt. Auf der anderen Seite macht die Norm des § 1 Abs. 4 ArbSchG deutlich, dass eine Umsetzung auch im kirchlichen Bereich erfolgen soll. Dies spricht dafür, **§ 14 ArbSchG analog**[28] anzuwenden (→ ArbSchG § 14 Rn. 3).[29]

---

[25] TFJ/Thiel Rahmen-MAVO § 3 Rn. 55 ff.; Richardi, Arbeitsrecht in der Kirche, § 18 Rn. 28. [26] Georgi, Beteiligungsrechte, S. 254. [27] Julius, Arbeitsschutz und Fremdfirmenbeschäftigung, S. 192. [28] Zur Analogie als Mittel unionskonformer Rechtsfortbildung BGH 26.11.2008 – VIII ZR 200/05, NJW 2009, 427 (429); zustimmend BAG 24.3.2009 – 9 AZR 983/07, NZA 2009, 538 Rn. 65 ff. [29] Georgi, Beteiligungsrechte, S. 85 Fn. 246.

Stichwortverzeichnis

Die fette Zahl bezeichnet den Teil des Buches, der den Beitrag enthält. Die kursive Angabe bezeichnet den Beitrag innerhalb des Teils.

Abweichende Regelungen bei Sonn- und Feiertagsarbeit
4 *ArbZG* § 12 Rn. 18 ff.;
5 *Jugendarbeitsschutz* Rn. 54 f.
- außergewöhnliche Fälle
  4 *ArbZG* § 14 Rn. 4 ff.
- Seeschifffahrt
  4 *ArbZG* § 12 Rn. 16 f.
- verfassungsrechtliche Besonderheiten
  4 *ArbZG* § 12 Rn. 4 ff.
- Verringerung der beschäftigungsfreien Sonntage 4 *ArbZG* § 12 Rn. 8 ff.
- Wegfall von Ersatzruhetagen
  4 *ArbZG* § 12 Rn. 4 f.

Allgemeine Verwaltungsvorschriften
2 *ArbSchG* § 24 Rn. 7 ff.;
6 *ASiG* § 15 Rn. 6 ff.

Ältere Beschäftigte
2 *ArbSchG* § 4 Rn. 25, Rn. 99 ff.

Änderung der Arbeitszeit
7 *BetrVG* § 87 Rn. 66 ff.;
7 *PersVR* Rn. 48 ff.; *siehe auch* Arbeitszeit

Angebotsvorsorge bei Bildschirmarbeit
3 *ArbMedVV* Rn. 27
- Bildschirmtätigkeit
  3 *ArbMedVV* Rn. 28
- Sehhilfen 3 *ArbMedVV* Rn. 29

Anhörung 6 *ASiG* § 12 Rn. 20
- Behörde 6 *ASiG* § 12 Rn. 1 ff.
- der Beschäftigten im öffentlichen Dienst 2 *ArbSchG* § 14 Rn. 1, Rn. 4, Rn. 6, Rn. 12 f.
- Unionsrecht 1 *Grundrecht* Rn. 64; 2 *ArbSchG* § 14 Rn. 6 f.

Anklage 2 *ArbSchG* Vor § 25 Rn. 13

Anlage
- Begriff 3 *BetrSichV* Rn. 27

Anordnung
- Arbeitssicherheit
  6 *ASiG* § 12 Rn. 5 ff.
- Aufzeichnung Arbeitszeit
  4 *ArbZG* § 16 Rn. 20
- Behörde 2 *ArbSchG* § 22 Rn. 44 ff.
- Dokumentation der Gefährdungsbeurteilung 2 *ArbSchG* § 6 Rn. 2, Rn. 19
- Durchsetzung Grundpflichten
  2 *ArbSchG* § 3 Rn. 104 f.
- Gefährdungsbeurteilung
  2 *ArbSchG* § 5 Rn. 84 f.
- nichtige 2 *ArbSchG* § 25 Rn. 14
- rechtskräftige
  2 *ArbSchG* § 25 Rn. 12 f.

- Verwaltungsanordnung
  4 *ArbZG* § 19 Rn. 6
- vollziehbare 2 *ArbSchG* § 25 Rn. 5, Rn. 10, Rn. 12, § 26 Rn. 5 ff.;
  6 *ASiG* § 20 Rn. 4

Anweisungen 2 *ArbSchG* § 4 Rn. 64 ff.

Arbeitgeber
- Auskunftspflicht
  2 *ArbSchG* § 22 Rn. 17;
  4 *ArbZG* § 17 Rn. 16;
  6 *ASiG* § 13 Rn. 6 ff.
- Auskunftsverweigerung
  2 *ArbSchG* § 22 Rn. 23 ff.;
  4 *ArbZG* § 17 Rn. 19 f.;
  6 *ASiG* § 13 Rn. 9
- Begriff 2 *ArbSchG* § 2 Rn. 27 ff.;
  5 *Jugendarbeitsschutz* Rn. 11
- Betretung und Besichtigung durch Aufsichtsbehörde
  4 *ArbZG* § 17 Rn. 28 f.;
  6 *ASiG* § 13 Rn. 17 ff.
- Dienstherr 2 *ArbSchG* § 3 Rn. 7, § 14 Rn. 3 f.; 6 *ASiG* § 16 Rn. 9, Rn. 30
- Grundpflichten des
  5 *Jugendarbeitsschutz* Rn. 20 ff.
- Mitwirkungs- und Duldungspflichten
  2 *ArbSchG* § 22 Rn. 13 ff.
- Rechtsschutz 7 *BGB* § 618 Rn. 47 ff.
- Schichtbetriebe
  4 *ArbZG* § 9 Rn. 18 ff.
- Verantwortlichkeit des
  4 *Urlaub und Gesundheitsschutz*
  Rn. 14, Rn. 31 ff.
- Verlegung der Sonn- und Feiertagsruhe
  4 *ArbZG* § 9 Rn. 26
- Vorlage von Unterlagen
  2 *ArbSchG* § 22 Rn. 26 f.;
  4 *ArbZG* § 17 Rn. 20;
  6 *ASiG* § 13 Rn. 11
- Weisungsrechte 7 *BGB* § 618 Rn. 15
- Zusammenarbeit
  2 *ArbSchG* § 8 Rn. 13 ff.

Arbeitnehmer
- Ansprüche gegen Arbeitgeber
  2 *ArbSchG* § 3 Rn. 108 ff.,
  § 9 Rn. 17 ff.; 7 *BGB* § 618 Rn. 10 ff.
- arbeitsmedizinische Vorsorge
  1 *Grundrecht* Rn. 60;
  3 *ArbMedVV* Rn. 22
- Augenuntersuchung
  3 *ArbStättV* Rn. 153
- Auskunftspflicht
  4 *ArbZG* § 17 Rn. 17

- Begriff 1 *Grundrecht* Rn. 38;
  1 *Unionsrecht* Rn. 15;
  2 *ArbSchG* § 2 Rn. 13 ff., Rn. 14 f.;
  4 *ArbZG* § 2 Rn. 76 ff.;
  5 *Jugendarbeitsschutz* Rn. 9;
  6 *ASiG* § 16 Rn. 11
- Beschwerderecht
  1 *Grundrecht* Rn. 72;
  2 *ArbSchG* §§ 15–17 Rn. 24 ff.
- betriebliches Eingliederungsmanagement 2 *SGB IX* § 84 Rn. 13 ff.;
  7 *BetrVG* § 87 Rn. 69 f.;
  7 *PersVR* Rn. 46 f.
- Entfernungsrecht
  1 *Grundrecht* Rn. 73;
  2 *ArbSchG* § 9 Rn. 17 ff.
- freie Arztwahl
  2 *ArbSchG* § 11 Rn. 13 f.;
  5 *Jugendarbeitsschutz* Rn. 35
- Grundpflichten zur Eigensorge
  2 *ArbSchG* §§ 15–17 Rn. 8 ff.
- Haftung 4 *ArbZG* § 21 a Rn. 31
- Leistungsminderung
  2 *ArbSchG* § 7 Rn. 17 ff.
- Leistungsverweigerungsrecht
  7 *BGB* § 618 Rn. 51
- leitende Angestellte
  4 *ArbZG* § 18 Rn. 5 ff.
- liturgischer Bereich
  4 *ArbZG* § 18 Rn. 18 ff.
- Pflichten zur Unterstützung des Arbeitgebers
  2 *ArbSchG* §§ 15–17 Rn. 20 ff.
- Vorschlagsrecht
  2 *ArbSchG* §§ 15–17 Rn. 22 ff.

Arbeitnehmerähnliche Person
2 *ArbSchG* § 2 Rn. 19 ff.

Arbeitnehmer in häuslicher Gemeinschaft
4 *ArbZG* § 18 Rn. 1 f., Rn. 16 f.

Arbeitnehmerüberlassung
- Schutzpflichten 7 *BGB* § 618 Rn. 24
- Zusammenarbeit mehrerer Arbeitgeber
  2 *ArbSchG* § 8 Rn. 15 f.

Arbeitsaufsicht(ssystem)
1 *Grundrecht* Rn. 71

Arbeitsbereitschaft
- Begriff 4 *ArbZG* § 2 Rn. 15 ff.
- Verlängerung der werktäglichen Arbeitszeit 4 *ArbZG* § 7 Rn. 43 ff.

Arbeitsmedizinische Untersuchungen
2 *ArbSchG* § 20 Rn. 10;
3 *ArbMedVV* Rn. 8;
5 *Jugendarbeitsschutz* Rn. 34 ff.

Arbeitsmedizinische Vorsorge
2 *ArbSchG* § 20 Rn. 10;
3 *ArbMedVV* Rn. 1 ff.
- Anwendungsbereich
  3 *ArbMedVV* Rn. 7

- Aufklärungspflicht
  3 *ArbMedVV* Rn. 16 f.
- Ausschuss für Arbeitsmedizin
  3 *ArbMedVV* Rn. 16
- Beauftragter Arzt
  3 *ArbMedVV* Rn. 11, Rn. 16
- Biomonitoring 3 *ArbMedVV* Rn. 18
- Eignungsuntersuchungen
  3 *ArbMedVV* Rn. 8, Rn. 10, Rn. 25
- Einstellungsuntersuchungen
  3 *ArbMedVV* Rn. 8, Rn. 10, Rn. 25
- freie Arztwahl 3 *ArbMedVV* Rn. 9
- Gesundheitsbegriff
  3 *ArbMedVV* Rn. 2
- Impfangebote 3 *ArbMedVV* Rn. 19
- Lärmschutz
  3 *LärmVibrationsArbSchV* Rn. 54 f.
- Pflichtvorsorge
  3 *ArbMedVV* Rn. 8 f., Rn. 12 f.
- Schweigepflicht des Arztes
  3 *ArbMedVV* Rn. 17
- Untersuchungen 3 *ArbMedVV* Rn. 15
- Vorsorgekartei 3 *ArbMedVV* Rn. 10
- Wunschvorsorge
  3 *ArbMedVV* Rn. 8 ff.

Arbeitsmittel
- Anforderungen Anhänge
  3 *BetrSichV* Rn. 57
- befähigte Person
  3 *BetrSichV* Rn. 38 ff.
- Begriff 3 *BetrSichV* Rn. 27 ff.
- Bereitstellung 7 *BGB* § 618 Rn. 38
- Beschaffenheitsanforderungen
  7 *BGB* § 618 Rn. 30 f.
- bestimmungsgemäße Verwendung
  3 *BetrSichV* Rn. 48
- bestimmungsmäßige Verwendung
  2 *ArbSchG* §§ 15–17 Rn. 13 ff.
- Betriebsanweisung
  3 *BetrSichV* Rn. 49
- ergonomische Anforderungen
  3 *BetrSichV* Rn. 5
- gebrauchte Arbeitsmittel
  3 *BetrSichV* Rn. 21
- Instandsetzung 3 *BetrSichV* Rn. 36
- Prüffristen 3 *BetrSichV* Rn. 23
- Prüfungen 3 *BetrSichV* Rn. 23 ff., Rn. 41, Rn. 53 ff.
- Prüfungsanlässe 3 *BetrSichV* Rn. 41, Rn. 54 ff.
- Schutzpflichten
  7 *BGB* § 618 Rn. 30 f.
- Unterweisung
  2 *ArbSchG* § 12 Rn. 5 ff.;
  3 *BetrSichV* Rn. 49 ff.
- Verwendung 3 *BetrSichV* Rn. 35

Arbeitsplatz
- Begriff im arbeitsschutzrechtlichen Sinne 7 *BetrVG* §§ 90, 91 Rn. 17

- Zusammenarbeit mehrerer Arbeitnehmer 2 *ArbSchG* § 8 Rn. 7 ff.
Arbeitsschutzaufsicht
 2 *ArbSchG* § 3 Rn. 5
- Koordination
 2 *ArbSchG* §§ 20 a, b Rn. 1
- Systemkontrolle 2 *ArbSchG* § 4 Rn. 4
Arbeitsschutzausschuss
- Abberufung von Mitgliedern
 6 *ASiG* § 11 Rn. 16
- Anordnung zur Bildung
 6 *ASiG* § 11 Rn. 21, § 12 Rn. 9
- Arbeitsweise 6 *ASiG* § 11 Rn. 17 ff.
- Ausschuss für Arbeitsstätten
 2 *ArbSchG* § 20 Rn. 11
- Baustellenarbeitsschutzausschuss
 3 *BauStellV* Rn. 60; 6 *ASiG* § 11 Rn. 8
- Mitbestimmung Betriebsrat
 6 *ASiG* § 11 Rn. 22;
 7 *BetrVG* § 87 Rn. 75
- Mitbestimmung Personalrat
 6 *ASiG* § 11 Rn. 24 ff.;
 7 *PersVR* Rn. 54
- Zusammensetzung
 6 *ASiG* § 11 Rn. 12 ff.
Arbeitsschutzgesetz
 2 *ArbSchG* § 1 Rn. 1 ff.
- allgemeine Verwaltungsvorschriften
 2 *ArbSchG* § 24 Rn. 7 ff.
- entsandte Beschäftigte
 2 *ArbSchG* § 1 Rn. 16 f.
- Entstehungsgeschichte
 2 *ArbSchG* § 1 Rn. 4 ff.
- Gesundheitsbegriff
 2 *ArbSchG* § 1 Rn. 8 ff.
- Hausangestellte
 2 *ArbSchG* § 1 Rn. 22 ff.
- Kirchen 2 *ArbSchG* § 1 Rn. 26 f.
- Offshore-Tätigkeiten
 2 *ArbSchG* § 1 Rn. 18
- räumlicher Anwendungsbereich
 2 *ArbSchG* § 1 Rn. 14 ff.
- Seearbeit 2 *ArbSchG* § 1 Rn. 21
Arbeitsschutzmanagementsystem
 2 *ArbSchG* § 3 Rn. 85 ff.
Arbeitsschutzorganisation
- Umweltschutzorganisation
 2 *ArbSchG* § 3 Rn. 44 f.
Arbeitssicherheitsgesetz
- Anordnungen 6 *ASiG* § 12 Rn. 5 ff.
- Aufsichtsbehörden
 6 *ASiG* § 13 Rn. 15 ff.
- Ausnahmen 6 *ASiG* § 17 Rn. 1 ff.
- Bergbau 6 *ASiG* § 17 Rn. 14
- betriebliche Gesundheitsförderung
 6 *ASiG* § 1 Rn. 25
- betriebliches Gesundheitsmanagement
 6 *ASiG* § 1 Rn. 26 f.
- DGUV Vorschrift 2
 6 *ASiG* § 1 Rn. 29
- Entstehungsgeschichte
 6 *ASiG* § 1 Rn. 6 ff.
- Hausangestellte 6 *ASiG* § 17 Rn. 8 ff.
- Mitbestimmung Betriebsrat
 6 *ASiG* § 1 Rn. 28
- öffentliche Verwaltung
 6 *ASiG* § 16 Rn. 14 ff.
- Ordnungswidrigkeitenverfahren
 6 *ASiG* § 20 Rn. 3 ff.
- Rahmengesetz 6 *ASiG* § 1 Rn. 5,
 §§ 2–7 Rn. 19
- Seeschifffahrt 6 *ASiG* § 17 Rn. 11
- Suchtprävention 6 *ASiG* § 1 Rn. 24
- Zielsetzung 6 *ASiG* § 1 Rn. 2
Arbeitsstätte
- Arbeitsplatz 3 *ArbStättV* Rn. 41 f.
- Arbeitsraum 3 *ArbStättV* Rn. 43
- Barrierefreiheit
 3 *ArbStättV* Rn. 115 ff.
- Baumängel 3 *ArbStättV* Rn. 80
- Baustelle 3 *ArbStättV* Rn. 39
- Begriff 3 *ArbStättV* Rn. 37 ff.
- Beleuchtung 3 *ArbStättV* Rn. 75
- Betreiben 3 *ArbStättV* Rn. 92 ff.
- Bewegungsfläche
 3 *ArbStättV* Rn. 163
- Brandschutz 3 *ArbStättV* Rn. 71
- Einrichten 3 *ArbStättV* Rn. 63 ff.
- Einschränkung des Nichtraucherschutzes 3 *ArbStättV* Rn. 107 ff.
- Einstellen der Arbeit
 3 *ArbStättV* Rn. 96
- Erste-Hilfe-Einrichtungen
 3 *ArbStättV* Rn. 71, Rn. 88
- Flucht- und Rettungsplan
 3 *ArbStättV* Rn. 71
- Fluchtwege 3 *ArbStättV* Rn. 71
- Gefährdungsbeurteilung
 3 *ArbStättV* Rn. 54 ff.
- Instandhaltung 3 *ArbStättV* Rn. 49
- Lärmschutz 3 *ArbStättV* Rn. 83
- Lüftung 3 *ArbStättV* Rn. 80
- Mietverhältnis 2 *ArbSchG* § 3 Rn. 68
- Mitbestimmung des Betriebsrats
 3 *ArbStättV* Rn. 220 ff.;
 7 *BetrVG* § 87 Rn. 18, Rn. 54
- Nichtraucherschutz
 7 *BGB* § 618 Rn. 14 f.
- Notausgänge 3 *ArbStättV* Rn. 71
- Pausenräume 3 *ArbStättV* Rn. 86 f.
- Planung 3 *ArbStättV* Rn. 49
- Raumabmessungen
 3 *ArbStättV* Rn. 65
- Raumtemperatur
 3 *ArbStättV* Rn. 80 f.;
 7 *BGB* § 618 Rn. 43

Stichwortverzeichnis

- Reinigung 3 *ArbStättV* Rn. 97; 7 *BGB* § 618 Rn. 39
- Schimmelpilzbefall 3 *ArbStättV* Rn. 50
- Sichtverbindung 3 *ArbStättV* Rn. 75 ff.
- Sitzgelegenheiten 3 *ArbStättV* Rn. 74
- Sozialräume 3 *ArbStättV* Rn. 84 ff.
- Toiletten 3 *ArbStättV* Rn. 85
- Unterkünfte 3 *ArbStättV* Rn. 89
- Wartung von Sicherheitseinrichtungen 3 *ArbStättV* Rn. 98

Arbeitsstättenrecht
- Anordnungen 3 *ArbStättV* Rn. 218
- ASR (Technische Regel für Arbeitsstätten) 3 *ArbStättV* Rn. 53, Rn. 67
- Ausnahmen 3 *ArbStättV* Rn. 122 ff.
- Bauordnungsrecht 3 *ArbStättV* Rn. 26
- Beschäftigte 3 *ArbStättV* Rn. 46
- Bildschirmarbeit 3 *ArbStättV* Rn. 134 ff.
- gemietete Gebäude und Liegenschaften 3 *ArbStättV* Rn. 23 ff.
- Generalklausel 3 *ArbStättV* Rn. 48 ff.
- Individualansprüche 3 *ArbStättV* Rn. 225
- Integration der Bildschirmarbeitsverordnung 3 *ArbStättV* Rn. 134 ff.
- menschengerechte Arbeitsgestaltung 3 *ArbStättV* Rn. 4
- Mitbestimmung 3 *ArbStättV* Rn. 220 ff.
- Ordnungswidrigkeiten 3 *ArbStättV* Rn. 219
- Rechtsentwicklung 3 *ArbStättV* Rn. 1 ff.
- Regelungsebenen 3 *ArbStättV* Rn. 47 ff.
- Schulträger 3 *ArbStättV* Rn. 21, Rn. 97
- Technische Regel für Arbeitsstätten (ASR) 3 *ArbStättV* Rn. 53, Rn. 67
- Unionsrecht 3 *ArbStättV* Rn. 15 ff.
- Verhältnis zu anderen Rechtsvorschriften 3 *ArbStättV* Rn. 21 ff.

Arbeitsumwelt 1 *Unionsrecht* Rn. 11; 2 *ArbSchG* § 3 Rn. 5

Arbeits- und Gesundheitsschutz
- Arbeitszeitrichtlinie 4 *ArbZG* § 18 Rn. 4, § 19 Rn. 5, Rn. 17
- ILO-Übereinkommen 1 *Grundrecht* Anh. Rn. 1; 2 *ArbSchG* § 9 Rn. 2; 4 *ArbZG* § 18 Rn. 3, Rn. 16, Rn. 23; 5 *Jugendarbeitsschutz* Rn. 8
- Rahmenrichtlinie Arbeitsschutz 2 *ArbSchG* § 14 Rn. 5 ff., § 20 Rn. 5; 6 *ASiG* § 16 Rn. 11, Rn. 13

Arbeitsunterbrechung
- Recht auf 3 *ArbStättV* Rn. 176 ff.

Arbeitswissenschaftliche Erkenntnisse 2 *ArbSchG* § 4 Rn. 19 ff.; 5 *Jugendarbeitsschutz* Rn. 22
- Begriff 2 *ArbSchG* § 4 Rn. 85 ff.
- menschengerechte Gestaltung der Nacht- und Schichtarbeit 2 *ArbSchG* § 4 Rn. 44 ff.
- privatrechtliche Schutzpflichten 7 *BGB* § 618 Rn. 13

Arbeitszeit 4 *ArbZG* § 21 Rn. 8, § 21 a Rn. 20 ff.
- Abweichungen vom ArbZG 4 *ArbZG* § 15 Rn. 2 ff.
- Arbeitsbereitschaft 4 *ArbZG* § 2 Rn. 15 ff.
- Arbeitszeitverlängerung 4 *ArbZG* § 21 a Rn. 18
- Aufzeichnungspflicht des Arbeitgebers 4 *ArbZG* § 16 Rn. 2
- Ausgleichszeitraum 4 *ArbZG* § 3 Rn. 23, § 21 a Rn. 17 f.
- Beginn 4 *ArbZG* § 2 Rn. 63 ff.
- Begrenzung 1 *Grundrecht* Rn. 76 f.
- Begriff 4 *ArbZG* § 2 Rn. 9 ff., § 21 a Rn. 11 ff.; 5 *Jugendarbeitsschutz* Rn. 44
- Bereitschaftsdienst 4 *ArbZG* § 2 Rn. 21 ff., § 21 a Rn. 21; 5 *Jugendarbeitsschutz* Rn. 44
- betriebliche Gestaltung 4 *ArbZG* § 7 Rn. 24 ff., § 12 Rn. 7
- Betriebsvereinbarung 4 *ArbZG* § 7 Rn. 24 ff.; 7 *BetrVG* § 87 Rn. 66
- Dienstvereinbarung 4 *ArbZG* § 7 Rn. 24 ff.; 7 *PersVR* Rn. 48 ff.
- Dokumentationspflicht 4 *ArbZG* § 21 a Rn. 23 ff.
- Ende 4 *ArbZG* § 2 Rn. 63 ff.
- Gefährdungsbeurteilung 2 *ArbSchG* § 5 Rn. 28
- Gesundheitsschutz 4 *ArbZG* § 21 a Rn. 1
- Mehr-, Nacht-, Sonn- und Feiertagsarbeit 5 *Betrieblicher Mutterschutz* Rn. 34
- Mitbestimmung des Betriebsrats 4 *ArbZG* § 3 Rn. 51, § 21 a Rn. 30; 7 *BetrVG* § 87 Rn. 66
- Mitbestimmung des Personalrats 7 *PersVR* Rn. 48 ff.
- mobile Arbeit 3 *ArbStättV* Rn. 198

- mutterschutzgerechte
  7 *BGB* § 618 Rn. 42
- Nachtarbeitnehmer
  4 *ArbZG* § 2 Rn. 96 ff.
- Opt-Out-Organisationspflichten
  4 *ArbZG* § 16 Rn. 4
- privatrechtliche Schutzpflicht
  7 *BGB* § 618 Rn. 26
- Ruhepausen 4 *ArbZG* § 20 Rn. 6;
  5 *Jugendarbeitsschutz* Rn. 50
- Ruhezeiten 4 *ArbZG* § 20 Rn. 5 ff.,
  § 21 Rn. 7, § 21 a Rn. 19
- Sonn- und Feiertagsbeschäftigung
  5 *Jugendarbeitsschutz* Rn. 54
- ständige Erreichbarkeit
  4 *ArbZG* § 8 Rn. 14;
  7 *BetrVG* § 87 Rn. 68
- Straßentransport
  4 *ArbZG* § 21 a Rn. 1 ff.
- tarifliche Gestaltung
  4 *ArbZG* § 7 Rn. 9 ff., § 12 Rn. 7 ff.
- Tarifvertrag 4 *ArbZG* § 7 Rn. 9 ff.
- Tarifvertrag/Tariföffnungsklausel
  4 *ArbZG* § 21 Rn. 9
- Tarifvorbehalt 4 *ArbZG* § 19 Rn. 12
- Umgestaltung 6 *ASiG* § 16 Rn. 20
- Vergütung 4 *ArbZG* § 21 a Rn. 16
- Verkürzung 7 *BGB* § 618 Rn. 40 ff.
- Verlängerung
  4 *ArbZG* § 3 Rn. 19 ff., § 7 Rn. 43 ff.,
  § 21 a Rn. 18
- Vertrauensarbeitszeit
  4 *ArbZG* § 1 Rn. 38 ff., § 16 Rn. 14 f.;
  7 *BetrVG* § 87 Rn. 68
- Wartezeiten 4 *ArbZG* § 21 a Rn. 13
- Wegezeit 4 *ArbZG* § 2 Rn. 44 ff.;
  5 *Jugendarbeitsschutz* Rn. 44
- Wochenbegriff
  4 *ArbZG* § 21 a Rn. 10

Arbeitszeitmodell 4 *ArbZG* § 1 Rn. 8 ff.
Aufsichtsbehörde 1 *Grundrecht* Rn. 71;
  2 *ArbSchG* § 21 Rn. 7 ff.;
  4 *ArbZG* § 17 Rn. 5 ff., Rn. 23;
  6 *ASiG* § 13 Rn. 15 ff.
- Befugnisse 2 *ArbSchG* § 21 Rn. 15,
  § 22 Rn. 10 ff., Rn. 17 ff.
- Begleitung 2 *ArbSchG* § 22 Rn. 15
- Datenschutz und -weitergabe
  2 *ArbSchG* § 23 Rn. 5, Rn. 17
- Duales System
  2 *ArbSchG* Vor §§ 20a, 20b Rn. 2
- Ermessen 4 *ArbZG* § 17 Rn. 32 ff.
- Geheimhaltung
  4 *ArbZG* § 17 Rn. 22;
  6 *ASiG* § 13 Rn. 12
- Geheimhaltung - Ausnahmen
  2 *ArbSchG* § 23 Rn. 14 ff.
- Gemeinsame Deutsche Arbeitsschutzstrategie
  2 *ArbSchG* Vor §§ 20a, 20b Rn. 1
- Informationsfreiheit
  2 *ArbSchG* § 23 Rn. 17
- Jahresbericht 2 *ArbSchG* § 23 Rn. 26
- Kooperation mit Arbeitnehmervertretungen 1 *Unionsrecht* Rn. 20;
  2 *ArbSchG* § 24 Rn. 10;
  7 *BetrVG* § 89 Rn. 15
- Presse 2 *ArbSchG* § 23 Rn. 16
- Rechte und Pflichten
  4 *ArbZG* § 17 Rn. 10 ff.;
  6 *ASiG* § 13 Rn. 6 ff.
- Struktur 2 *ArbSchG* § 21 Rn. 9
- Struktur und Aufgaben
  6 *ASiG* § 13 Rn. 5
- überbetriebliche Dienste
  6 *ASiG* § 19 Rn. 11
- Unterstützung
  2 *ArbSchG* § 22 Rn. 14
- Verdacht auf Sozialmissbrauch
  2 *ArbSchG* § 23 Rn. 21 ff.
- Wohnungen 4 *ArbZG* § 17 Rn. 26
- Zutritt 4 *ArbZG* § 17 Rn. 23 ff.;
  6 *ASiG* § 13 Rn. 15 ff.

Aufsichtsbehörden
- Sanktion bei Verstößen
  4 *ArbZG* § 9 Rn. 28
- Sonn- und Feiertagsbeschäftigung
  4 *ArbZG* § 10 Rn. 49, § 13 Rn. 29 ff.

Aufsichtspflichtverletzung
  2 *ArbSchG* § 25 Rn. 18 f.;
  4 *ArbZG* § 22 Rn. 20

Aufzeichnung, unterlassene
  4 *ArbZG* § 22 Rn. 15

Ausgleichszeitraum
- Mehrarbeit
  4 *ArbZG* § 21 a Rn. 17 ff.

Aushang
- Nichtvornahme
  4 *ArbZG* § 22 Rn. 14

Auskunftserteilung
- unvollständige 4 *ArbZG* § 22 Rn. 16;
  6 *ASiG* § 20 Rn. 5

Auskunftsverlangen
  4 *ArbZG* § 23 Rn. 6

Ausnahmen vom Verbot der Nacht-, Sonn- und Feiertagsarbeit
  5 *Betrieblicher Mutterschutz* Rn. 34

Ausschüsse beim BMAS
  2 *ArbSchG* §§ 18, 19 Rn. 19 ff.
- Beratung der Bundesregierung und des Ministeriums
  2 *ArbSchG* §§ 18, 19 Rn. 25
- Ermitteln von Regeln
  2 *ArbSchG* §§ 18, 19 Rn. 26 ff.

Ausschuss für Arbeitsmedizin
2 *ArbSchG* § 20 Rn. 11
Ausschuss für Betriebssicherheit
3 *BetrSichV* Rn. 22
Ausschuss für biologische Arbeitsstoffe
2 *ArbSchG* § 20 Rn. 11
Ausschuss für Gefahrstoffe
2 *ArbSchG* § 20 Rn. 11
Ausschuss hoher Aufsichtsbeamter
1 *Unionsrecht* Rn. 29
– SLIC-Bericht
2 *ArbSchG* Vor §§ 20a, b Rn. 6,
§ 22 Rn. 6
Autonomer Arbeitsschutz
7 *BetrVG* §§ 90, 91 Rn. 4

Barrierefreiheit
– Planung/Gestaltung der Arbeitsplätze
7 *BetrVG* §§ 90, 91 Rn. 17
Baustellen/Baustellenverordnung
– Anordnungen   3 *BaustellV* Rn. 52 ff.
– Baustellenarbeitsschutzausschuss
3 *BaustellV* Rn. 60
– Baustellenrichtlinie
3 *BaustellV* Rn. 2, Rn. 4 f.
– Beauftragung eines Dritten
3 *BaustellV* Rn. 28 ff., Rn. 37,
Rn. 38 ff., Rn. 53
– Haftung   3 *BaustellV* Rn. 57 ff.
– Koordinierung   3 *BaustellV* Rn. 2,
Rn. 12, Rn. 17, Rn. 24 ff., Rn. 46,
Rn. 48, Rn. 53 ff.
– Ordnungswidrigkeiten
3 *BaustellV* Rn. 50
– Pflichten der Arbeitgeber
3 *BaustellV* Rn. 3, Rn. 7, Rn. 16,
Rn. 37, Rn. 42 ff.
– Pflichten des Bauherrn
3 *BaustellV* Rn. 12, Rn. 14 ff.,
Rn. 24 ff., Rn. 38 ff.
– Sicherheits- und Gesundheitsschutzplan
3 *BaustellV* Rn. 2, Rn. 12, Rn. 21 ff.,
Rn. 30, Rn. 32 f., Rn. 38, Rn. 47,
Rn. 48, Rn. 50, Rn. 52
– Unterlage   3 *BaustellV* Rn. 2,
Rn. 32 f.
– Unternehmer   3 *BaustellV* Rn. 37,
Rn. 48 f., Rn. 53
– Verantwortung des Bauherrn
3 *BaustellV* Rn. 30, Rn. 33, Rn. 37,
Rn. 40 f., Rn. 53 ff.
– Vorankündigung   3 *BaustellV* Rn. 2,
Rn. 18 ff., Rn. 38, Rn. 50, Rn. 52
Beamte   2 *ArbSchG* § 20 Rn. 1, Rn. 8
– als Beschäftigte   1 *Grundrecht* Rn. 38;
2 *ArbSchG* § 2 Rn. 25, § 14 Rn. 3,
Rn. 17; 2 *SGB IX* § 84 Rn. 12 ff.;
4 *ArbZG* § 19 Rn. 1

– Arbeitszeit   4 *ArbZG* § 18 Rn. 3,
§ 19 Rn. 1 ff.
– Höchstarbeitszeit
4 *ArbZG* § 19 Rn. 3
– Unfallversicherung
6 *ASiG* § 16 Rn. 2
Befähigte Person
– Anforderungen   3 *BetrSichV* Rn. 38
– Arbeitsmittel   3 *BetrSichV* Rn. 38
– Aufgaben   3 *BetrSichV* Rn. 38
– Fachkraft für Arbeitssicherheit
3 *BetrSichV* Rn. 38
– Mitbestimmung   3 *BetrSichV* Rn. 38
Befähigung des Arbeitnehmers
– geschuldete Arbeitsleistung
2 *ArbSchG* § 7 Rn. 15 ff.
– Grundsätze der Feststellung
2 *ArbSchG* § 7 Rn. 5 ff.
– krankheitsbedingte Kündigung
2 *ArbSchG* § 7 Rn. 21;
2 *SGB IX* § 84 Rn. 21, Rn. 26 ff.
– Kündigung wegen mangelnder Befähigung   2 *ArbSchG* § 7 Rn. 22 f.
– verhaltensbedingte Kündigung
2 *ArbSchG* § 7 Rn. 17
Begehungsdelikte
2 *ArbSchG* Vor § 25 Rn. 31
– Abgrenzung zum Unterlassen
2 *ArbSchG* Vor § 25 Rn. 32
Beharrliches Verstoßen gegen Arbeitsschutz   2 *ArbSchG* § 26 Rn. 5,
Rn. 7 f.; 4 *ArbZG* § 23 Rn. 7 f.
Behinderte Beschäftigte
2 *ArbSchG* § 4 Rn. 106 ff.
Belastungs- und Beanspruchungsmodell
2 *ArbSchG* § 4 Rn. 20 ff.
– betriebliche Gesundheitsförderung
2 *SGB V* § 20 b Rn. 42
– Maßnahmenentwicklung
2 *ArbSchG* § 4 Rn. 35 ff.
Beratung des Arbeitgebers
– Anspruch   2 *ArbSchG* § 21 Rn. 14
– betriebliches Eingliederungsmanagement   2 *SGB IX* § 84 Rn. 25
Bereitschaftsdienst
5 *Jugendarbeitsschutz* Rn. 44, Rn. 52
– Begriff   4 *ArbZG* § 2 Rn. 21 ff.
– keine Ruhepause
4 *ArbZG* § 22 Rn. 8
– Mitbestimmung Personalrat
7 *PersVR* Rn. 52
Bergbau
– Ausnahmen im ASiG
6 *ASiG* § 17 Rn. 14
– Unionsrecht   1 *Unionsrecht* Rn. 22;
6 *ASiG* § 17 Rn. 7
Berufung im Strafverfahren
2 *ArbSchG* Vor § 25 Rn. 16

Beschäftigte 5 *Jugendarbeitsschutz* Rn. 8
- Arbeitnehmer
  2 *ArbSchG* § 2 Rn. 14 f.
- arbeitnehmerähnliche Personen
  2 *ArbSchG* § 2 Rn. 19 ff., § 14 Rn. 3;
  7 *BGB* § 618 Rn. 20
- Auszubildende
  2 *ArbSchG* § 2 Rn. 16 ff.;
  5 *Jugendarbeitsschutz* Rn. 9;
  7 *BGB* § 618 Rn. 23
- Beamte 1 *Grundrecht* Rn. 38;
  2 *ArbSchG* § 2 Rn. 25, § 14 Rn. 3;
  2 *SGB IX* § 84 Rn. 14
- Begriff 2 *ArbSchG* § 2 Rn. 13;
  5 *Jugendarbeitsschutz* Rn. 9
- besonders gefährdete Beschäftigtengruppen 7 *BGB* § 618 Rn. 35
- betriebliches Eingliederungsmanagement 2 *SGB IX* § 84 Rn. 13 ff.
- externe Stellen 7 *BetrVG* § 89 Rn. 5
- Heimarbeiter 2 *ArbSchG* § 2 Rn. 22;
  5 *Jugendarbeitsschutz* Rn. 9
- Informations- und Anhörungsrechte
  7 *BetrVG* Vor §§ 87 ff. Rn. 5 f.
- in Werkstätten für behinderte Menschen als 2 *ArbSchG* § 2 Rn. 26;
  5 *Jugendarbeitsschutz* Rn. 9
- mehrere Arbeitgeber
  2 *ArbSchG* § 8 Rn. 13 ff.
- Pflichten
  2 *ArbSchG* §§ 15–17 Rn. 8 ff.
- Rechte
  2 *ArbSchG* §§ 15–17 Rn. 22 ff.;
  7 *BGB* § 618 Rn. 36 ff.
- Schutzpflichten durch § 618 BGB
  7 *BGB* § 618 Rn. 20
- Soldaten 2 *ArbSchG* § 2 Rn. 25,
  § 14 Rn. 3; 2 *SGB IX* § 84 Rn. 13
- Solo-Selbstständige
  1 *Grundrecht* Rn. 39
- Strafgefangene 2 *ArbSchG* § 14 Rn. 3
- Studierende 2 *ArbSchG* § 2 Rn. 18
- Telearbeit 2 *ArbSchG* § 2 Rn. 23
- Werkvertrag 7 *BGB* § 618 Rn. 20

Beschäftigungsverbot
- Arbeitsplatz- und -zeitbezogener Gesundheitsschutz
  5 *Betrieblicher Mutterschutz* Rn. 33 ff.
- Jugendliche
  5 *Jugendarbeitsschutz* Rn. 30 ff.,
  Rn. 59
- Verbot der Mehrarbeit, Nacht-, Sonntags- und Feiertagsarbeit
  5 *Betrieblicher Mutterschutz* Rn. 34;
  5 *Jugendarbeitsschutz* Rn. 53

Beschwerde der Arbeitnehmer
- Anonymität 2 *ArbSchG* § 23 Rn. 15
- bei der Aufsichtsbehörde
  1 *Grundrecht* Rn. 72;
  2 *ArbSchG* § 21 Rn. 13, § 22 Rn. 18;
  4 *ArbZG* § 17 Rn. 11
- beim Arbeitgeber
  2 *ArbSchG* § 20 Rn. 27
- beim Betriebsrat
  7 *BetrVG* § 87 Rn. 31

Bestandsschutz
  2 *ArbSchG* § 3 Rn. 29 ff., Rn. 33 ff.;
  3 *ArbStättV* Rn. 127 ff.
- Altarbeitsstätten 3 *ArbStättV* Rn. 127
- Eigenverantwortung Arbeitgeber
  3 *ArbStättV* Rn. 133
- Mitbestimmung 3 *ArbStättV* Rn. 221
- umfangreiche Änderungen
  3 *ArbStättV* Rn. 131 f.
- wesentliche Änderungen
  3 *ArbStättV* Rn. 132
- zeitliche Limitierung
  3 *ArbStättV* Rn. 127 ff.

Bestimmtheitsgrundsatz
  2 *ArbSchG* § 22 Rn. 46, Rn. 52 ff.,
  Vor § 25 Rn. 2

Betretens- und Besichtigungsrecht
  6 *ASiG* § 20 Rn. 8

Betriebliche Gesundheitsförderung
  2 *ArbSchG* § 3 Rn. 86 ff.
- Arbeitsschutz 2 *SGB V* § 20 b Rn. 1,
  Rn. 9, Rn. 17 ff., Rn. 29
- Arbeitsschutzexperten
  2 *SGB V* § 20 b Rn. 21
- Arbeitsschutzstrategie
  2 *SGB V* § 20 b Rn. 14
- Beratung 2 *SGB V* § 20 b Rn. 34
- Beteiligung Betriebs- und Personalrat
  2 *SGB V* § 20 b Rn. 31, Rn. 45 f.
- Beteiligung der Beschäftigten
  2 *SGB V* § 20 b Rn. 30
- betriebliches Gesundheitsmanagement
  2 *SGB V* § 20 b Rn. 29
- Betriebsausgaben
  2 *SGB V* § 20 b Rn. 44
- Betriebsvereinbarung
  2 *SGB V* § 20 b Rn. 43
- Datenschutz 2 *SGB V* § 20 b Rn. 33
- Flexirentengesetz
  2 *SGB V* § 20 b Rn. 37
- freiwillig 2 *SGB V* § 20 b Rn. 16,
  Rn. 41
- Gender 2 *SGB V* § 20 b Rn. 13
- gesicherte arbeitswissenschaftliche Erkenntnisse 2 *SGB V* § 20 b Rn. 18
- Gesundheitsbericht
  2 *SGB V* § 20 b Rn. 28
- Gesundheitszirkel
  2 *SGB V* § 20 b Rn. 28
- Handlungsfelder
  2 *SGB V* § 20 b Rn. 14
- Handlungsinstrumente
  2 *SGB V* § 20 b Rn. 19, Rn. 26

- Kooperation Arbeitgeber mit Krankenkasse 2 *SGB V* § 20 b Rn. 23 ff.
- Kooperation Krankenkassen mit Unfallversicherung 2 *SGB V* § 20 b Rn. 35 f.
- Kooperation Krankenkassen untereinander 2 *SGB V* § 20 b Rn. 34
- Kooperation mit Reha-Trägern 2 *SGB V* § 20 b Rn. 37
- Koordinierungsstelle 2 *SGB V* § 20 b Rn. 34
- Krankenkassen 2 *SGB V* § 20 b Rn. 7 ff.
- lebensweltlicher Gesundheitsbegriff 2 *SGB V* § 20 b Rn. 13
- Leitfaden Prävention 2 *SGB V* § 20 b Rn. 14, Rn. 38
- Netzwerke 2 *SGB V* § 20 b Rn. 47 ff.
- Normzweck 2 *SGB V* § 20 b Rn. 1 f.
- Organisation im Betrieb 2 *SGB V* § 20 b Rn. 23 ff.
- Pathogenese 2 *SGB V* § 20 b Rn. 11
- Präventionsgesetz 2 *SGB V* § 20 b Rn. 3, Rn. 4
- Präventionskonferenz 2 *SGB V* § 20 b Rn. 36, Rn. 47
- Präventionsstrategie 2 *SGB V* § 20 b Rn. 7
- Rehabilitationsleistungen 2 *SGB V* § 20 b Rn. 49
- Rentenversicherung 2 *SGB V* § 20 b Rn. 37
- Salutogenese 2 *SGB V* § 20 b Rn. 11 f.
- Setting-Ansatz 2 *SGB V* § 20 b Rn. 13
- Sozialleistung 2 *SGB V* § 20 b Rn. 38 f.
- Unionsrecht 2 *SGB V* § 20 b Rn. 6
- Verhaltensprävention 2 *SGB V* § 20 b Rn. 26 ff.
- Verhältnisprävention 2 *SGB V* § 20 b Rn. 26 ff.

Betriebliches Eingliederungsmanagement
- angemessene Vorkehrungen 2 *SGB IX* § 84 Rn. 7 f.
- Anspruch individuell 2 *SGB IX* § 84 Rn. 48 ff.
- Anwendungsbereich 2 *SGB IX* § 84 Rn. 13 ff.
- Arbeitsschutz 2 *SGB IX* § 84 Rn. 4 ff., Rn. 35 ff.
- Arbeitsunfähigkeit 2 *SGB IX* § 84 Rn. 16
- behinderungsgerechte Beschäftigung 2 *SGB IX* § 84 Rn. 42
- Beteiligte 2 *SGB IX* § 84 Rn. 23 ff.
- Betriebsrat Beteiligung 2 *SGB IX* § 84 Rn. 23 ff.
- Betriebsrat Überwachung 2 *SGB IX* § 84 Rn. 27, Rn. 46
- Datenschutz 2 *SGB IX* § 84 Rn. 26 ff.
- Diskriminierungsschutz 2 *SGB IX* § 84 Rn. 7 f.
- Durchführung 2 *SGB IX* § 84 Rn. 19 ff.
- Durchsetzung Ergebnisse 2 *SGB IX* § 84 Rn. 45 ff.
- Ergebnisse 2 *SGB IX* § 84 Rn. 33 ff., Rn. 44
- Gefährdungsbeurteilung 2 *SGB IX* § 84 Rn. 5
- Gesundheitsprävention 2 *SGB IX* § 84 Rn. 1, Rn. 9 f.
- Integrationsamt 2 *SGB IX* § 84 Rn. 25
- Kleinbetriebe 2 *SGB IX* § 84 Rn. 17 f.
- Krankheitskündigung 2 *SGB IX* § 84 Rn. 51 ff.
- Kündigungsschutz 2 *SGB IX* § 84 Rn. 10
- Lastenhandhabung 2 *SGB IX* § 84 Rn. 37
- Mitbestimmungsrecht 2 *SGB IX* § 84 Rn. 56
- Mobbing 2 *SGB IX* § 84 Rn. 40 f.
- Personalrat Beteiligung 2 *SGB IX* § 84 Rn. 23 ff.
- Personalrat Überwachung 2 *SGB IX* § 84 Rn. 27, Rn. 46
- psychische Belastungen 2 *SGB IX* § 84 Rn. 38 ff.
- Sachverstand, intern und extern 2 *SGB IX* § 84 Rn. 23 ff.
- Sanktionen 2 *SGB IX* § 84 Rn. 51 ff.
- Schadenersatz 2 *SGB IX* § 84 Rn. 55
- Sozialleistungsträger 2 *SGB IX* § 84 Rn. 25
- stufenweise Wiedereingliederung 2 *SGB IX* § 84 Rn. 40, Rn. 43
- Suchprozess 2 *SGB IX* § 84 Rn. 19 ff., Rn. 30 ff.
- Suchterkrankungen 2 *SGB IX* § 84 Rn. 41
- Voraussetzungen 2 *SGB IX* § 84 Rn. 12
- Zustimmung Beschäftigter 2 *SGB IX* § 84 Rn. 21 f.

Betriebliche Veränderungsprojekte 2 *ArbSchG* § 3 Rn. 36 ff.

Betriebsanweisung
- Arbeitsmittel 3 *BetrSichV* Rn. 40 f.

Betriebsarzt 6 *ASiG* § 16 Rn. 16, Rn. 30
- Abberufung 6 *ASiG* § 9 Rn. 12
- Anforderungen 3 *ArbMedVV* Rn. 16; 6 *ASiG* § 18 Rn. 1 ff.

- Aufgaben 6 *ASiG* §§ 2–7 Rn. 26 ff.
- Auskunftspflicht
  2 *ArbSchG* § 22 Rn. 18
- Benachteiligungsverbot
  6 *ASiG* § 8 Rn. 9, § 16 Rn. 23
- Beratung Betriebsrat
  6 *ASiG* § 9 Rn. 8
- Berichtspflicht 6 *ASiG* §§ 2–7 Rn. 20
- Bestellung 6 *ASiG* §§ 2–7 Rn. 6 ff.,
  § 16 Rn. 2, Rn. 16
- betriebliche Gesundheitsförderung
  2 *SGB V* § 20 b Rn. 18 ff.
- betriebliches Eingliederungsmanagement 2 *SGB IX* § 84 Rn. 25
- Betriebsbegehungen
  6 *ASiG* §§ 2–7 Rn. 24, § 9 Rn. 7,
  § 10 Rn. 7; 7 *BetrVG* § 89 Rn. 14
- Datenschutz 6 *ASiG* § 8 Rn. 13
- DGUV Vorschrift 2
  6 *ASiG* §§ 2–7 Rn. 12, Rn. 14,
  § 8 Rn. 8, § 9 Rn. 15
- Einsatzzeiten 6 *ASiG* § 14 Rn. 6 ff.
- Fachkunde 6 *ASiG* §§ 2–7 Rn. 31 ff.
- Fortbildung 6 *ASiG* §§ 2–7 Rn. 17 f.,
  § 18 Rn. 4 ff.
- Haftung 6 *ASiG* §§ 2–7 Rn. 41
- Kommunikation 6 *ASiG* § 8 Rn. 22 f.
- Kooperation mit Betriebsrat
  6 *ASiG* § 9 Rn. 5 f.
- Kooperation mit Fachkräften
  6 *ASiG* § 10 Rn. 1
- Kündigung 6 *ASiG* § 9 Rn. 13 f.
- leitende Angestellte
  6 *ASiG* § 8 Rn. 21
- leitender Betriebsarzt
  6 *ASiG* § 9 Rn. 16
- Mitbestimmung Betriebsrat
  6 *ASiG* § 9 Rn. 9 ff., § 16 Rn. 27;
  7 *BetrVG* § 87 Rn. 73
- Mitbestimmung Mitarbeitervertretung
  7 *MVG.EKD* § 40 Rn. 10 ff.;
  7 *Rahmen-MAVO* § 36 Rn. 10
- Mitbestimmung Mitarbeitervertretung in evangelischen Einrichtungen
  7 *MVG.EKD* § 40 Rn. 10 ff.
- Mitbestimmung Mitarbeitervertretung in katholischen Einrichtungen
  7 *Rahmen-MAVO* § 36 Rn. 10
- Mitbestimmung Personalrat
  6 *ASiG* § 9 Rn. 19 ff., § 16 Rn. 27 ff.,
  Rn. 29 ff.; 7 *PersVR* Rn. 54
- Qualitätssicherung
  6 *ASiG* § 19 Rn. 11
- Schweigepflicht 3 *ArbMedVV* Rn. 17;
  6 *ASiG* § 8 Rn. 10 f., § 10 Rn. 6
- Stellung 6 *ASiG* § 16 Rn. 23 ff.
- Unabhängigkeit 6 *ASiG* § 8 Rn. 6 ff.,
  Rn. 18

- Unterstützungspflichten des Arbeitgebers 6 *ASiG* §§ 2–7 Rn. 15 ff.
Betriebsrat 2 *ArbSchG* § 22 Rn. 41 ff.;
6 *ASiG* § 12 Rn. 15, Rn. 19 ff.;
7 *BetrVG* § 87 Rn. 66 ff.
- Abgrenzung der Kompetenz zwischen Betriebs-, Gesamt- und Konzernbetriebsrat 7 *BetrVG* § 87 Rn. 27 f.
- Anhörung 2 *ArbSchG* § 22 Rn. 42
- Anzeige durch
  2 *ArbSchG* Vor § 25 Rn. 5
- Arbeitsschutzqualifizierung
  7 *BetrVG* Vor §§ 87 ff. Rn. 28 f.
- Auskunftspflicht
  2 *ArbSchG* § 22 Rn. 18
- Beteiligungs- und Mitwirkungsrechte
  7 *BetrVG* Vor §§ 87 ff. Rn. 13 f.
- betriebliche Änderungsprojekte
  7 *BetrVG* § 89 Rn. 7
- betrieblicher Umweltschutz
  7 *BetrVG* Vor §§ 87 ff. Rn. 11,
  § 89 Rn. 17 f.
- Betriebs-/Abteilungsversammlung
  7 *BetrVG* Vor §§ 87 ff. Rn. 12
- Betriebsbegehung
  7 *BetrVG* § 89 Rn. 8
- Betriebsbegehungen
  7 *BetrVG* § 89 Rn. 14
- Durchsetzung
  7 *BetrVG* § 87 Rn. 91 ff.
- Durchsetzung des Arbeitsschutzrechts
  7 *BetrVG* Vor §§ 87 ff. Rn. 3 f.
- externe Stellen
  7 *BetrVG* Vor §§ 87 ff. Rn. 21,
  § 89 Rn. 5
- Fremdfirmen 7 *BetrVG* § 89 Rn. 7
- Gegenstand des Mitbestimmungsrechts 7 *BetrVG* § 87 Rn. 11 ff.,
  Rn. 21 f.
- Geheimhaltungspflicht
  7 *BetrVG* § 89 Rn. 13
- Informationsrechte/-pflichten
  7 *BetrVG* Vor §§ 87 ff. Rn. 15 ff.
- Initiative Ausübung
  7 *BetrVG* § 87 Rn. 82 f.
- Integrationsvereinbarung
  7 *BetrVG* Vor §§ 87 ff. Rn. 20
- Mitbestimmung bei betrieblichem Eingliederungsmanagement
  2 *SGB IX* § 84 Rn. 56
- Mitbestimmung bei betrieblicher Gesundheitsförderung
  2 *SGB V* § 20 b Rn. 45 f.
- Mitbestimmung bei Fremdfirmenbeschäftigung 2 *ArbSchG* § 8 Rn. 28 ff.
- Mitbestimmung bei Nachtarbeit
  7 *BetrVG* § 87 Rn. 67
- Mitbestimmung bei Pausen
  4 *ArbZG* § 4 Rn. 27, § 21 a Rn. 30

- Mitbestimmung bei regelmäßigen Erholungszeiten   3 *ArbStättV* Rn. 224
- Mitbestimmung bei Schichtarbeit
  7 *BetrVG* § 87 Rn. 63
- Mitbestimmung im Arbeits- und Gesundheitsschutz
  2 *ArbSchG* § 9 Rn. 29;
  7 *BetrVG* § 87 Rn. 11 ff.
- Mitteilung Anordnungen und Auflagen
  7 *BetrVG* § 89 Rn. 14
- Neu-, Um- und Erweiterungsbauten
  7 *BetrVG* Vor §§ 87 ff. Rn. 13
- präventive Aktivitäten
  7 *BetrVG* Vor §§ 87 ff. Rn. 10
- sachverständige Unterstützung
  7 *BetrVG* Vor §§ 87 ff. Rn. 24 ff.
- Schwerbehindertenvertretung
  7 *BetrVG* Vor §§ 87 ff. Rn. 20
- Sonn- und Feiertagsbeschäftigung
  4 *ArbZG* § 10 Rn. 47, § 13 Rn. 87;
  7 *BetrVG* § 87 Rn. 66 ff.
- technisch-organisatorische Änderungen
  7 *BetrVG* Vor §§ 87 ff. Rn. 13
- Überwachung Arbeitszeit
  4 *ArbZG* § 16 Rn. 21
- Überwachungsauftrag
  7 *BetrVG* Vor §§ 87 ff. Rn. 7 ff.
- Umsetzung   7 *BetrVG* § 87 Rn. 78 ff.
- Unionsrecht   7 *BetrVG* § 89 Rn. 15
- Unterlagen, Vorlage
  7 *BetrVG* Vor §§ 87 ff. Rn. 17
- Verbot   4 *ArbZG* § 9 Rn. 2
- Zugang zu Arbeitsplätzen
  7 *BetrVG* § 89 Rn. 8
- Zusammenarbeit Behörden
  7 *BetrVG* § 89 Rn. 9, Rn. 13
- Zusammenarbeit Fachkraft für Arbeitssicherheit   7 *BetrVG* § 89 Rn. 10
- Zusammenarbeit Sicherheitsbeauftragte
  7 *BetrVG* § 89 Rn. 10
- Zusammenarbeit Umweltbeauftragte
  7 *BetrVG* § 89 Rn. 11
- Zusammenarbeit Unfallversicherungsträger   7 *BetrVG* § 89 Rn. 9, Rn. 13, Rn. 15
- Zusammenarbeit verantwortliche Personen (§ 13 ArbSchG)
  7 *BetrVG* § 89 Rn. 10

Betriebssicherheit
- Mitbestimmungsrecht des Betriebsrats
  7 *BetrVG* § 87 Rn. 55

Betriebssicherheitsausschuss
  2 *ArbSchG* § 20 Rn. 11

Betriebssicherheitsverordnung
  2 *ArbSchG* § 20 Rn. 9
- Gefährdungsbeurteilung
  3 *BetrSichV* Rn. 19
- Verhältnis zu anderen Vorschriften
  3 *BetrSichV* Rn. 30 ff.

Betriebsvereinbarung
- zum Arbeitsschutz bei Fremdfirmenbeschäftigung   2 *ArbSchG* § 8 Rn. 32
- zum Arbeits- und Gesundheitsschutz
  7 *BetrVG* § 87 Rn. 14, Rn. 43, Rn. 52, Rn. 63, Rn. 66, Rn. 69, Rn. 87, Rn. 93

Bildschirmarbeit
- Anforderungen an Ergonomie
  3 *ArbStättV* Rn. 162 f.
- Anwendungsbereich
  3 *ArbStättV* Rn. 139 ff.
- Bildschirmarbeitnehmer
  3 *ArbStättV* Rn. 144
- Bildschirmarbeitsplatz
  3 *ArbStättV* Rn. 143
- Bildschirmgerät   3 *ArbStättV* Rn. 145
- Callcenter   3 *ArbStättV* Rn. 207 ff.
- Entgrenzung   3 *ArbStättV* Rn. 195
- Gefährdungsbeurteilung
  3 *ArbStättV* Rn. 152 ff.;
  7 *BGB* § 618 Rn. 37
- Integration der Bildschirmarbeitsverordnung   3 *ArbStättV* Rn. 13, Rn. 134 ff.
- körperliche Probleme bei
  3 *ArbStättV* Rn. 154
- Mischarbeit   3 *ArbStättV* Rn. 172 ff.
- Mitbestimmung des Betriebsrats
  3 *ArbStättV* Rn. 222 ff.
- mobile Arbeit
  3 *ArbStättV* Rn. 193 ff.
- psychische Belastungen durch
  3 *ArbStättV* Rn. 155 ff.
- regelmäßige Erholungszeiten
  3 *ArbStättV* Rn. 176 ff.
- Schutzmaßnahmen
  7 *BGB* § 618 Rn. 33
- Schutzpflichten   7 *BGB* § 618 Rn. 33
- Sehhilfen   2 *ArbSchG* § 20 Rn. 28;
  3 *ArbStättV* Rn. 153
- ständige Erreichbarkeit
  3 *ArbStättV* Rn. 196
- Telearbeit   3 *ArbStättV* Rn. 179 ff.

Bildschirmbrille   3 *ArbMedVV* Rn. 29
- Kosten   3 *ArbMedVV* Rn. 30

Biologische Arbeitsstoffe
  3 *BioStoffV* Rn. 8 ff.
- Anordnungen   3 *BioStoffV* Rn. 48 ff.
- Anspruch auf Gefährdungsbeurteilung
  3 *BioStoffV* Rn. 52;
  7 *BGB* § 618 Rn. 47 ff.
- Anweisung   3 *BioStoffV* Rn. 38
- Anwendungsbereich
  3 *BioStoffV* Rn. 11 ff.
- Ausschuss für biologische Arbeitsstoffe
  3 *BioStoffV* Rn. 45
- Betriebsanweisung
  3 *BioStoffV* Rn. 33
- Dokumentation   3 *BioStoffV* Rn. 20

Stichwortverzeichnis

- Ersetzung 3 *BioStoffV* Rn. 21 ff.
- Expositionsverzeichnis
  3 *BioStoffV* Rn. 39 ff.;
  3 *GefStoffV* Rn. 59
- fachkundige Personen
  3 *BioStoffV* Rn. 19
- Fremdfirmenbeschäftigte
  3 *BioStoffV* Rn. 39
- Gefährdungsbeurteilung
  3 *BioStoffV* Rn. 17 ff.
- Heimarbeit 3 *BioStoffV* Rn. 27
- Hygienemaßnahmen
  3 *BioStoffV* Rn. 30 f.
- Lagerung 3 *BioStoffV* Rn. 28
- Minimierungsgebot
  3 *BioStoffV* Rn. 24 f.
- Mitbestimmungsrecht des Betriebsrats
  7 *BetrVG* § 87 Rn. 60
- Nadelstich-RL 1 *Unionsrecht* Rn. 32;
  3 *BioStoffV* Rn. 32
- Ordnungswidrigkeiten
  3 *BioStoffV* Rn. 47
- Risikogruppen 3 *BioStoffV* Rn. 14 ff.
- Schutzmaßnahmen
  3 *BioStoffV* Rn. 26 ff.;
  7 *BGB* § 618 Rn. 52
- Unionsrecht 1 *Unionsrecht* Rn. 22;
  3 *BioStoffV* Rn. 3 ff.
- Unterlassungsanspruch der einzelnen Beschäftigten 3 *BioStoffV* Rn. 52;
  3 *GefStoffV* Rn. 71;
  7 *BGB* § 618 Rn. 52
- Unterweisung 3 *BioStoffV* Rn. 33 ff.
- Zuordnung 3 *BioStoffV* Rn. 14

Blankettvorschrift
  2 *ArbSchG* § 25 Rn. 6;
  4 *ArbZG* § 22 Rn. 10

Bundespersonalvertretungsgesetz
  7 *PersVR* Rn. 11 ff.
- Mitbestimmung 7 *PersVR* Rn. 1 ff.

Bußgeld
- Dokumentation der Gefährdungsbeurteilung 2 *ArbSchG* § 6 Rn. 19
- Höhe 6 *ASiG* § 20 Rn. 14; *siehe auch* Höhe des Bußgeldes
- Verstoß gegen Rechtsverordnung
  2 *ArbSchG* § 14 Rn. 10

Bußgeldbescheid
  2 *ArbSchG* Vor § 25 Rn. 7 f.
- Adressat
  2 *ArbSchG* Vor § 25 Rn. 10,
  § 25 Rn. 16; 4 *ArbZG* § 22 Rn. 17;
  6 *ASiG* § 20 Rn. 9
- Rechtsmittel
  2 *ArbSchG* Vor § 25 Rn. 11

Bußgeld- und Strafvorschriften
- Mutterschutz
  5 *Betrieblicher Mutterschutz* Rn. 36

CE-Zeichen 3 *BetrSichV* Rn. 11
Chemikalienrecht 1 *Unionsrecht* Rn. 3

Datenschutz
- Dokumentation der Gefährdungsbeurteilung 2 *ArbSchG* § 6 Rn. 16

Dauerordnungswidrigkeit
  2 *ArbSchG* § 26 Rn. 9

Delegation
  2 *ArbSchG* Vor § 25 Rn. 33 f.,
  Rn. 39 f.; 4 *ArbZG* § 22 Rn. 20

DGUV Vorschrift 2
- Anordnungen der Aufsicht
  6 *ASiG* § 14 Rn. 20
- Arbeitsplan 6 *ASiG* § 14 Rn. 12
- betriebsspezifische Betreuung
  6 *ASiG* § 14 Rn. 15 f.
- Gesamtbetreuung
  6 *ASiG* § 14 Rn. 12
- Grundbetreuung
  6 *ASiG* § 14 Rn. 13 f.
- Mitbestimmung
  6 *ASiG* § 14 Rn. 19 f.
- typisierte Einsatzzeiten
  6 *ASiG* § 14 Rn. 11
- Vereinbarung Betreuungsinhalte
  6 *ASiG* § 14 Rn. 12

Dienstreise 4 *ArbZG* § 2 Rn. 49 ff.
Dienststelle 4 *ArbSchG* § 2 Rn. 32;
  6 *ASiG* § 16 Rn. 23
- Leiter 4 *ArbZG* § 18 Rn. 13 ff.;
  6 *ASiG* § 16 Rn. 29
- Mitbestimmung des Personalrats
  6 *ASiG* § 16 Rn. 27 ff.;
  7 *PersVR* Rn. 30 f.
- privatrechtliche Aufgaben
  4 *ArbZG* § 19 Rn. 10

Dienstvereinbarung 7 *PersVR* Rn. 32,
  Rn. 65 ff.
- evangelische Einrichtungen
  4 *ArbZG* § 18 Rn. 17;
  7 *MVG.EKD* § 40 Rn. 6
- katholische Einrichtungen
  7 *Rahmen-MAVO* § 36 Rn. 11

Direktionsrecht des Arbeitgebers
- Schutzpflichten 7 *BGB* § 618 Rn. 15

Dokumentation der Gefährdungsbeurteilung
- Anordnung 2 *ArbSchG* § 6 Rn. 2,
  Rn. 19
- Datenschutz 2 *ArbSchG* § 6 Rn. 16
- Einsichtnahme 2 *ArbSchG* § 6 Rn. 20
- Form 2 *ArbSchG* § 6 Rn. 14
- Inhalt 2 *ArbSchG* § 6 Rn. 10 ff.
- in Kleinbetrieben
  2 *ArbSchG* § 6 Rn. 5 ff.
- Mitbestimmung
  2 *ArbSchG* § 6 Rn. 21

- Sinn und Zweck
  2 *ArbSchG* § 6 Rn. 1 ff.
- Unionsrecht 2 *ArbSchG* § 6 Rn. 4 ff.
- Verfügbarkeit 2 *ArbSchG* § 6 Rn. 14

Eigenart der Tätigkeit
- Natur der Dienstleistung und Schutzpflichten 7 *BGB* § 618 Rn. 17 ff.

Eigenverantwortung der Betriebe
  2 *ArbSchG* § 3 Rn. 5, § 4 Rn. 4
- Organisationspflicht
  2 *ArbSchG* § 3 Rn. 46

Eignungsuntersuchungen
  3 *ArbMedVV* Rn. 8, Rn. 10, Rn. 25 f.

Einigungsstelle
  7 *BetrVG* § 87 Rn. 84 ff.;
  7 *PersVR* Rn. 67 ff.

Einspruch
- gegen Bußgeldbescheid
  2 *ArbSchG* Vor § 25 Rn. 11;
  6 *ASiG* § 20 Rn. 15

Einstellung des Strafverfahrens
  2 *ArbSchG* Vor § 25 Rn. 14 f.

Einwilligung des Arbeitnehmers
  2 *ArbSchG* § 25 Rn. 9;
  4 *ArbZG* § 22 Rn. 22

Elektromagnetische Felder
- Anordnung 3 *EMFV* Rn. 29
- Anwendungsbereich
  3 *EMFV* Rn. 7 f.
- Arten 3 *EMFV* Rn. 7
- Auslöseschwellen 3 *EMFV* Rn. 21 ff.
- besonders schutzbedürftige Beschäftigte 3 *EMFV* Rn. 9
- Dokumentation 3 *EMFV* Rn. 17
- Expositionsgrenzwerte
  3 *EMFV* Rn. 21 ff.
- fachkundige Personen
  3 *EMFV* Rn. 16
- Gefährdungsbeurteilung
  3 *EMFV* Rn. 14 ff.
- Grenzwertkonzept 3 *EMFV* Rn. 12
- Informationsermittlung
  3 *EMFV* Rn. 11 ff.
- Magnetresonanztomografie (MRT)
  3 *EMFV* Rn. 24
- medizinische Geräte 3 *EMFV* Rn. 10
- Mitbestimmung des Betriebsrats
  3 *EMFV* Rn. 30
- Ordnungswidrigkeiten
  3 *EMFV* Rn. 29
- Schutzmaßnahmen
  3 *EMFV* Rn. 18 ff.
- Substitution 3 *EMFV* Rn. 18
- Technische Regeln 3 *EMFV* Rn. 6
- Unionsrecht 3 *EMFV* Rn. 4 ff.
- Unterlassungsanspruch
  3 *EMFV* Rn. 30 f.
- Unterweisung 3 *EMFV* Rn. 18
- Wirkungen 3 *EMFV* Rn. 1 ff.

Entfernungsrecht
  2 *ArbSchG* § 9 Rn. 17 ff.
- Leistungsverweigerungsrecht
  7 *BGB* § 618 Rn. 51

Erforderliche Maßnahmen
  2 *ArbSchG* § 3 Rn. 9
- Planung 2 *ArbSchG* § 3 Rn. 17

Erlaubnis, behördliche
  4 *ArbZG* § 14 Rn. 11

Ermessen
- pflichtwidriges - bei OWi
  2 *ArbSchG* Vor § 25 Rn. 7

Ersatzruhetag
- Sonn- und Feiertagsbeschäftigung
  4 *ArbZG* § 11 Rn. 14 ff.

Erschwernisse der Arbeit
  2 *ArbSchG* § 4 Rn. 39 ff.; *siehe auch* Regulationshindernisse

Erste Hilfe
- Ersthelfer 2 *ArbSchG* § 10 Rn. 11 ff.
- Mitbestimmung
  2 *ArbSchG* § 10 Rn. 15
- Organisation
  2 *ArbSchG* § 10 Rn. 5 f.

EU-Grundrechtecharta
  5 *Jugendarbeitsschutz* Rn. 5
- Grundrechtsberechtigte
  1 *Grundrecht* Rn. 38 ff.
- Grundrechtsverpflichtete
  1 *Grundrecht* Rn. 43 ff.
- Inhalt 1 *Grundrecht* Rn. 47 ff.
- Urlaub
  4 *Urlaub und Gesundheitsschutz* Rn. 8

EU-Recht 5 *Jugendarbeitsschutz* Rn. 5 f.
- Diskriminierungsschutz
  2 *SGB IX* § 84 Rn. 7 f.
- Urlaub
  4 *Urlaub und Gesundheitsschutz*
  Rn. 6 ff.
- Verordnungen 1 *Unionsrecht* Rn. 35

Europäische Menschenrechtskonvention (EMRK) 1 *Grundrecht* Rn. 17

Europäische Sozialcharta (ESC)
- Inhalt 1 *Grundrecht* Rn. 18 ff.
- Urlaub
  4 *Urlaub und Gesundheitsschutz*
  Rn. 10

Experimentierklausel
  2 *ArbSchG* § 21 Rn. 22 ff.

Explosionsschutzdokument
  3 *BetrSichV* Rn. 4

Fachkraft für Arbeitssicherheit
  6 *ASiG* § 16 Rn. 8 f., Rn. 10 f., Rn. 16, Rn. 30
- Anforderungen 6 *ASiG* § 18 Rn. 1 ff.
- Aufgaben 6 *ASiG* §§ 2–7 Rn. 29 f.

- Auskunftspflicht
 2 *ArbSchG* § 22 Rn. 18
- Benachteiligungsverbot
 6 *ASiG* § 8 Rn. 9
- Beratung Betriebsrat
 6 *ASiG* § 9 Rn. 8
- Berichtspflicht   6 *ASiG* §§ 2–7 Rn. 20
- Bestellung   6 *ASiG* §§ 2–7 Rn. 6 ff.,
 § 16 Rn. 2, Rn. 16
- betriebliche Gesundheitsförderung
 2 *SGB V* § 20 b Rn. 18 ff.
- Betriebsbegehungen
 6 *ASiG* §§ 2–7 Rn. 24, § 9 Rn. 7,
 § 10 Rn. 7; 7 *BetrVG* § 89 Rn. 14
- DGUV Vorschrift 2
 6 *ASiG* §§ 2–7 Rn. 12, Rn. 14,
 § 8 Rn. 8, § 9 Rn. 15, § 14 Rn. 6 ff.
- Einsatzzeiten   6 *ASiG* § 14 Rn. 6 ff.
- Fachkunde   6 *ASiG* §§ 2–7 Rn. 33 f.
- Fortbildung   6 *ASiG* §§ 2–7 Rn. 17 f.,
 § 18 Rn. 4 ff.
- Kommunikation   6 *ASiG* § 8 Rn. 22 f.
- Kooperation mit Betriebsrat
 6 *ASiG* § 9 Rn. 5 f.
- Kooperation mit Fachkräften
 6 *ASiG* § 10 Rn. 1
- leitende Angestellte
 6 *ASiG* § 8 Rn. 21
- leitende Sicherheitsfachkraft
 6 *ASiG* § 9 Rn. 16
- Mitbestimmung Betriebsrat
 6 *ASiG* § 9 Rn. 9;
 7 *BetrVG* § 87 Rn. 73
- Mitbestimmung in evangelischen Einrichtungen
 7 *MVG.EKD* § 40 Rn. 10 ff.
- Mitbestimmung in katholischen Einrichtungen
 7 *Rahmen-MAVO* § 36 Rn. 10
- Mitbestimmung Personalrat
 6 *ASiG* § 9 Rn. 19 ff., § 16 Rn. 27 ff.,
 Rn. 29; 7 *PersVR* Rn. 54, Rn. 57
- Qualitätssicherung
 6 *ASiG* § 19 Rn. 11
- Schweigepflicht   6 *ASiG* § 8 Rn. 16
- Schwerbehindertenvertretung
 6 *ASiG* § 11 Rn. 14 f.
- Stellung   6 *ASiG* § 16 Rn. 23 ff.
- Unabhängigkeit   6 *ASiG* § 8 Rn. 6 ff.,
 Rn. 18
- Unterstützungspflichten des Arbeitgebers   6 *ASiG* §§ 2–7 Rn. 15 ff.

Fahrlässigkeit
- Höhe des Bußgeldes
 2 *ArbSchG* Vor § 25 Rn. 9
- strafrechtliche
 2 *ArbSchG* Vor § 25 Rn. 19,
 § 25 Rn. 21, § 26 Rn. 13;

 4 *ArbZG* § 22 Rn. 23, § 23 Rn. 9;
 6 *ASiG* § 20 Rn. 13

Faktisches Arbeitsverhältnis
 4 *ArbZG* § 22 Rn. 17

Faktor Mensch   2 *ArbSchG* § 4 Rn. 8

Flexible Arbeitszeiten
 4 *ArbZG* § 1 Rn. 8 ff.

Flucht- und Notfallplan
 2 *ArbSchG* § 10 Rn. 9

Freiheitsstrafe
 2 *ArbSchG* Vor § 25 Rn. 17

Fremdfirmenbeschäftigte
 2 *ArbSchG* § 4 Rn. 108;
 3 *BioStoffV* Rn. 39; 3 *GefStoffV* Rn. 59

Fremdverantwortung des Arbeitgebers
 2 *ArbSchG* Vor § 25 Rn. 26 ff.

Führung
- Maßnahmen des Arbeitsschutzes
 2 *ArbSchG* § 4 Rn. 59 f.

Führungsaufgabe Arbeitsschutz
 2 *ArbSchG* § 3 Rn. 73

Führungsebene im Unternehmen
 2 *ArbSchG* Vor § 25 Rn. 34, Rn. 37

Garantenpflicht
 2 *ArbSchG* Vor § 25 Rn. 31 f.

Garantenstellung
 2 *ArbSchG* Vor § 25 Rn. 38

GDA
- Abstimmung Arbeitsschutzaufsicht
 2 *ArbSchG* §§ 20 a, b Rn. 1
- Arbeitsschutzforum
 2 *ArbSchG* §§ 20 a, b Rn. 16
- Evaluation
 2 *ArbSchG* §§ 20 a, b Rn. 13
- gemeinsame Ziele
 2 *ArbSchG* §§ 20 a, b Rn. 2
- Handlungsprogramme
 2 *ArbSchG* §§ 20 a, b Rn. 2
- Nationale Arbeitsschutzkonferenz
 2 *ArbSchG* §§ 20 a, b Rn. 15
- Vorschriften- und Regelwerk, Entwicklung   2 *ArbSchG* §§ 20 a, b Rn. 14

GDA-Leitlinie
 2 *ArbSchG* Vor §§ 20a, 20 b Rn. 11 f.,
 §§ 20 a, b Rn. 5 f.
- Beratung und Überwachung bei psychischer Belastung
 2 *ArbSchG* §§ 20 a, b Rn. 8
- Gefährdungsbeurteilung und Dokumentation
 2 *ArbSchG* §§ 20 a, b Rn. 7
- Organisation des betrieblichen Arbeitsschutzes
 2 *ArbSchG* §§ 20 a, b Rn. 9 ff.
- Planung und Ausführung von Bauvorhaben   2 *ArbSchG* §§ 20 a, b Rn. 12

Gefahr 2 *ArbSchG* § 4 Rn. 52,
§ 9 Rn. 3 ff.; 4 *ArbZG* § 14 Rn. 13;
5 *Jugendarbeitsschutz* Rn. 20 ff.
- Begriff 2 *ArbSchG* § 4 Rn. 10, Rn. 12
- besondere Gefahr
  2 *ArbSchG* § 9 Rn. 5
- MVG.EKD
  7 *MVG.EKD* § 40 Rn. 18 ff.
- unmittelbare, erhebliche
  2 *ArbSchG* § 9 Rn. 6, Rn. 21,
  §§ 15–17 Rn. 15

Gefährdung 2 *ArbSchG* § 4 Rn. 52,
§ 14 Rn. 8 f.;
5 *Jugendarbeitsschutz* Rn. 20 ff.
- Begriff 2 *ArbSchG* § 4 Rn. 11 f.

Gefährdung eines Beschäftigten
2 *ArbSchG* § 26 Rn. 5, Rn. 10;
4 *ArbZG* § 23 Rn. 6

Gefährdungsbekämpfung an der Quelle
2 *ArbSchG* § 4 Rn. 52

Gefährdungsbeurteilung
1 *Unionsrecht* Rn. 18;
2 *ArbSchG* § 14 Rn. 8, § 20 Rn. 21,
Rn. 23; 3 *ArbMedVV* Rn. 6, Rn. 24;
5 *Jugendarbeitsschutz* Rn. 23 ff.
- Anordnung 2 *ArbSchG* § 5 Rn. 84 f.
- Arbeitnehmerüberlassung
  2 *ArbSchG* § 8 Rn. 15
- Arbeitsbereiche und Tätigkeiten
  (Festlegung)
  2 *ArbSchG* § 5 Rn. 42 ff.
- Arbeitszeit 2 *ArbSchG* § 5 Rn. 28
- betriebliches Eingliederungsmanagement 2 *SGB IX* § 84 Rn. 37
- Daueraufgabe 2 *ArbSchG* § 5 Rn. 53
- Durchführung Maßnahmen
  2 *ArbSchG* § 5 Rn. 72 f.
- Entscheidungsgrundlage für Weisungsrecht 7 *BGB* § 618 Rn. 15
- Ermitteln der Gefährdungen (allg.)
  2 *ArbSchG* § 5 Rn. 54 ff.
- „Faktor Zeit"
  2 *ArbSchG* § 5 Rn. 72 f.
- Festlegen von Maßnahmen
  2 *ArbSchG* § 5 Rn. 66 ff.
- Fortschreibung
  2 *ArbSchG* § 5 Rn. 78
- Fremdfirmenbeschäftigung
  2 *ArbSchG* § 8 Rn. 19
- Funktion 2 *ArbSchG* § 5 Rn. 2 ff.
- Ganzheitlichkeit
  2 *ArbSchG* § 5 Rn. 18, Rn. 69 ff.
- Gefährdungsfaktoren
  2 *ArbSchG* § 5 Rn. 24 ff.
- gleichartige Arbeitsbedingungen
  2 *ArbSchG* § 5 Rn. 79 ff.
- Grob-/Feinanalyse
  2 *ArbSchG* § 5 Rn. 55 ff.
- Handlungshilfen
  2 *ArbSchG* § 5 Rn. 82 f.
- Informationssammlung
  2 *ArbSchG* § 5 Rn. 29, Rn. 49 ff.
- Interimsmaßnahme
  2 *ArbSchG* § 5 Rn. 75
- Leitlinie GDA
  2 *ArbSchG* § 5 Rn. 37 ff.
- Mitbestimmung
  2 *ArbSchG* § 5 Rn. 86 f.;
  3 *BetrSichV* Rn. 45
- Mutterschutz
  5 *Betrieblicher Mutterschutz* Rn. 12 ff.
- Planungsinstrument
  2 *ArbSchG* § 5 Rn. 41
- privatvertraglicher Anspruch
  7 *BGB* § 618 Rn. 37
- prospektiv 2 *ArbSchG* § 3 Rn. 78,
  § 4 Rn. 13
- Prüffristen 3 *BetrSichV* Rn. 23
- psychische Belastungen
  2 *ArbSchG* § 5 Rn. 30 ff.
- relevante Tätigkeiten
  2 *ArbSchG* § 5 Rn. 45 ff.
- Schritte/Vorgehensweise
  2 *ArbSchG* § 5 Rn. 40
- „Soll-Ist-Vergleich"
  2 *ArbSchG* § 5 Rn. 60 ff.
- Spezialregelung BetrSichV
  3 *BetrSichV* Rn. 5
- spezielle Vorschriften
  2 *ArbSchG* § 5 Rn. 11 ff.
- Verhältnis zu anderen Arbeitsschutzvorschriften 2 *ArbSchG* § 5 Rn. 7 ff.
- Vorbilder Umweltrecht
  2 *ArbSchG* § 5 Rn. 6
- Wirksamkeitsüberprüfung
  2 *ArbSchG* § 5 Rn. 74 ff.
- Wissensmanagement
  2 *ArbSchG* § 5 Rn. 52
- Zeitpunkt/Anlässe
  2 *ArbSchG* § 5 Rn. 39 f.
- Zusammenarbeit mehrerer Arbeitgeber
  2 *ArbSchG* § 8 Rn. 17

Gefährdungsdelikt
- konkretes 2 *ArbSchG* § 26 Rn. 12;
  4 *ArbZG* § 23 Rn. 6

Gefährdungshaftung
2 *ArbSchG* § 14 Rn. 15

Gefährdungsschutz
2 *ArbSchG* § 4 Rn. 13 ff.

Gefahrenanordnung
2 *ArbSchG* § 22 Rn. 54 ff.

Gefahrenbekämpfung an der Quelle
2 *ArbSchG* § 4 Rn. 52 ff.

Gefährliche Arbeiten
2 *ArbSchG* § 9 Rn. 3 ff.;
5 *Jugendarbeitsschutz* Rn. 31 ff.

Gefahrstoffe, Gefahrstoffverordnung
2 *ArbSchG* § 14 Rn. 7, Rn. 10, Rn. 12
- Anordnung 3 *GefStoffV* Rn. 68
- Anspruch auf Gefährdungsbeurteilung
  3 *GefStoffV* Rn. 71
- Anwendungsbereich
  3 *GefStoffV* Rn. 28 f.
- arbeitsmedizinische Vorsorge
  3 *ArbMedVV* Rn. 13
- Arbeitsplatzgrenzwert
  3 *GefStoffV* Rn. 47 f., Rn. 64
- Ausschuss für Gefahrstoffe
  3 *GefStoffV* Rn. 63
- Betriebsanweisung
  3 *GefStoffV* Rn. 53
- Betriebsstörungen
  3 *GefStoffV* Rn. 51 f.
- CLP/GHS-VO 3 *GefStoffV* Rn. 20, Rn. 26, Rn. 40 ff.
- DNEl-Grenzwerte
  3 *GefStoffV* Rn. 22
- fachkundige Personen
  3 *GefStoffV* Rn. 38
- Fremdfirmenbeschäftigte
  3 *GefStoffV* Rn. 59
- Gefährdungsbeurteilung
  3 *GefStoffV* Rn. 36
- Gefahrstoffverzeichnis
  3 *GefStoffV* Rn. 39 f.
- Informationsermittlung
  3 *GefStoffV* Rn. 33 ff.
- Kennzeichnung 3 *GefStoffV* Rn. 55
- krebserzeugende Gefahrstoffe
  (CMR-Stoffe) 3 *GefStoffV* Rn. 13, Rn. 48 ff., Rn. 57 f.
- Lagern von 3 *GefStoffV* Rn. 62
- Lebenszyklus von 3 *GefStoffV* Rn. 61
- Minimierung von
  3 *GefStoffV* Rn. 42 f.
- Mitbestimmung des Betriebsrats
  3 *GefStoffV* Rn. 70
- Ordnungswidrigkeiten
  3 *GefStoffV* Rn. 67 ff.
- PSA-Benutzung 3 *GefStoffV* Rn. 44, Rn. 52
- REACH-Verordnung
  3 *GefStoffV* Rn. 20 ff.
- Schutzmaßnahmen
  3 *GefStoffV* Rn. 46 ff.
- Schutzstufen 3 *GefStoffV* Rn. 45
- Sicherheitsdatenblatt
  3 *GefStoffV* Rn. 33 ff., Rn. 75 f.
- Substitution 3 *GefStoffV* Rn. 14, Rn. 42
- SVHC-Stoffe 3 *GefStoffV* Rn. 24 f.
- Technische Regeln
  3 *GefStoffV* Rn. 37
- Unionsrecht, betriebsbezogene RL
  1 *Unionsrecht* Rn. 9
- Unionsrecht, marktbezogene RL
  1 *Unionsrecht* Rn. 3
- Unterlassungsanspruch
  3 *GefStoffV* Rn. 71
- Unterweisung 3 *GefStoffV* Rn. 56

Geheimhaltung 6 *ASiG* § 13 Rn. 12

Geheimhaltungspflicht
- Betriebsrat 7 *BetrVG* § 89 Rn. 13

Geldstrafe 2 *ArbSchG* Vor § 25 Rn. 17

Gemeinsame Deutsche Arbeitsschutzstrategie (GDA)
2 *ArbSchG* Vor §§ 20a, 20 b Rn. 1 ff.
- Arbeitgeberverbände
  2 *ArbSchG* Vor §§ 20a, 20 b Rn. 8 f.
- Arbeitsschutzforum
  2 *ArbSchG* Vor §§ 20a, 20 b Rn. 7
- GDA-Leitlinien
  2 *ArbSchG* Vor §§ 20a, 20 b Rn. 11 f.
- Gewerkschaften
  2 *ArbSchG* Vor §§ 20a, 20 b Rn. 8 f.
- Nationale Arbeitsschutzkonferenz
  2 *ArbSchG* Vor §§ 20a, 20 b Rn. 7

Gemeinschaftscharta
1 *Grundrecht* Rn. 25

Generalanordnung
2 *ArbSchG* § 22 Rn. 50 ff.

Generalklausel 2 *ArbSchG* § 3 Rn. 1
- Mitbestimmung
  2 *ArbSchG* § 3 Rn. 107 ff.

Genetische Untersuchungen
2 *ArbSchG* § 11 Rn. 26

Geschlechtsspezifische Regelungen
2 *ArbSchG* § 4 Rn. 111 ff.

Gesicherte arbeitswissenschaftliche Erkenntnisse
- Beratung von Planungen (§ 90 BetrVG)
  7 *BetrVG* §§ 90, 91 Rn. 19 ff.
- menschengerechte Gestaltung der Arbeit 7 *BetrVG* §§ 90, 91 Rn. 6 f.

Gestellungspersonal
- Zusammenarbeit mehrerer Arbeitgeber
  2 *ArbSchG* § 8 Rn. 13

Gesundheitsbegriff
2 *ArbSchG* § 1 Rn. 8 ff., § 2 Rn. 10, § 4 Rn. 7

Gesundheitsschutz
- privatrechtliche Schutzpflichten
  7 *BGB* § 618 Rn. 10 ff.

Gewährleistungspflicht des Arbeitgebers
2 *ArbSchG* § 3 Rn. 6
- Mietverhältnis 2 *ArbSchG* § 3 Rn. 68

Gewaltenteilung
2 *ArbSchG* Vor § 25 Rn. 2

Gewerbezentralregister
- Eintrag 2 *ArbSchG* Vor § 25 Rn. 9, § 25 Rn. 25; 4 *ArbZG* § 22 Rn. 12

Gleitende Arbeitszeit
4 *ArbZG* § 1 Rn. 21 ff.

Stichwortverzeichnis

Grundpflichten
- Anordnungen
  2 *ArbSchG* § 3 Rn. 104 f.
- Arbeitsschutzverordnungen (Verhältnis) 2 *ArbSchG* § 3 Rn. 2 f.
- Durchsetzung Individualrecht
  2 *ArbSchG* § 3 Rn. 108 ff.
- Mitbestimmung
  2 *ArbSchG* § 3 Rn. 105 ff.
- Verfahrensorientierung
  2 *ArbSchG* § 3 Rn. 11 ff.

Hausangestellte
  2 *ArbSchG* § 1 Rn. 22 ff.;
  4 *ArbZG* § 18 Rn. 1 f., Rn. 16 f.;
  6 *ASiG* § 17 Rn. 8 f.
- Grundrechtsberechtigte
  1 *Grundrecht* Rn. 40
- Schutzpflichten   7 *BGB* § 618 Rn. 20

Heimarbeiter 2 *ArbSchG* § 2 Rn. 22 f.

Höchstarbeitszeit
- durchschnittliche Arbeitszeit
  4 *ArbZG* § 22 Rn. 6
- privatrechtliche Durchsetzung
  7 *BGB* § 618 Rn. 26 f.

Höchstgrenze täglicher Arbeitszeit
  4 *ArbZG* § 20 Rn. 5 ff., § 21 Rn. 8,
  § 21 a Rn. 17 ff.

Höhe des Bußgeldes
  2 *ArbSchG* Vor § 25 Rn. 9,
  § 25 Rn. 23; 4 *ArbZG* § 22 Rn. 2

Humanisierung der Arbeitswelt
  7 *BetrVG* §§ 90, 91 Rn. 3

Hygiene
- Hygienemaßnahmen
  3 *BioStoffV* Rn. 30 f.

ILO-Übereinkommen
  2 *ArbSchG* § 9 Rn. 2, § 11 Rn. 4,
  Rn. 22; 5 *Jugendarbeitsschutz* Rn. 4
- Hausangestellte
  4 *ArbZG* § 18 Rn. 16
- Nr. 187 1 *Grundrecht* Rn. 11 ff.
- Seearbeitsübereinkommen
  4 *ArbZG* § 18 Rn. 3, Rn. 23
- Übersicht 1 *Grundrecht* Anh. Rn. 2
- Urlaub
  4 *Urlaub und Gesundheitsschutz*
  Rn. 10, Rn. 33

Insolvenz und Arbeitsschutz
  2 *ArbSchG* § 2 Rn. 27;
  7 *Insolvenz* Rn. 7 ff.

Insolvenzverfahren
- Arbeitgeberfunktion
  7 *Insolvenz* Rn. 20 ff., Rn. 26 f., Rn. 29
- arbeitsschutzrechtliche Pflichten
  7 *Insolvenz* Rn. 4 ff.
- behördliche Anordnungen
  7 *Insolvenz* Rn. 10, Rn. 26 f.
- BioStoffV: Aufbewahrung, Aushändigung besonderer Verzeichnisse
  7 *Insolvenz* Rn. 1 ff., Rn. 17 ff.
- GefStoffV: Aufbewahrung, Aushändigung besonderer Verzeichnisse
  7 *Insolvenz* Rn. 11 ff.
- schwacher vorläufiger Insolvenzverwalter   7 *Insolvenz* Rn. 22 f.
- starker vorläufiger Insolvenzverwalter
  7 *Insolvenz* Rn. 24 ff.
- Stellung Arbeitnehmer
  7 *Insolvenz* Rn. 5
- Stellung Insolvenzverwalter
  7 *Insolvenz* Rn. 7 ff.

Internationale Normen
- Übersicht 1 *Grundrecht* Anh. Rn. 1

Irrtum 2 *ArbSchG* § 25 Rn. 21

Jugendarbeitsschutz
- privatrechtliche Schutzpflichten
  7 *BGB* § 618 Rn. 35

Jugendarbeitsschutzgesetz
- Arbeits- und Schichtzeit
  5 *Jugendarbeitsschutz* Rn. 43
- Arbeitswoche
  5 *Jugendarbeitsschutz* Rn. 54
- Arbeitszeit 4 *ArbZG* § 18 Rn. 21;
  5 *Jugendarbeitsschutz* Rn. 44
- Berufsschulbesuch
  5 *Jugendarbeitsschutz* Rn. 47 ff.
- Fünf-Tage-Woche
  5 *Jugendarbeitsschutz* Rn. 54
- Gefährdungsbeurteilung
  5 *Jugendarbeitsschutz* Rn. 23 ff.
- Nachtarbeit
  5 *Jugendarbeitsschutz* Rn. 53
- persönlicher Geltungsbereich
  5 *Jugendarbeitsschutz* Rn. 11
- Schutzbereich
  5 *Jugendarbeitsschutz* Rn. 7 ff.
- Unterweisung
  5 *Jugendarbeitsschutz* Rn. 11
- Verbot der Kinderarbeit
  5 *Jugendarbeitsschutz* Rn. 12 ff.
- zulässige Ungleichbehandlung aufgrund des Alters
  5 *Jugendarbeitsschutz* Rn. 57

Jugendliche 5 *Jugendarbeitsschutz* Rn. 7
- Arbeit an Werktagen
  5 *Jugendarbeitsschutz* Rn. 54
- Berufsschulunterricht
  5 *Jugendarbeitsschutz* Rn. 47 ff.
- Nachtarbeitsverbot
  4 *ArbZG* § 18 Rn. 21
- Tarifvertrag
  5 *Jugendarbeitsschutz* Rn. 45, Rn. 51, Rn. 55

Jugend- und Auszubildendenvertretung
  5 *Jugendarbeitsschutz* Rn. 61 ff.

Stichwortverzeichnis

Junge Beschäftigte
2 *ArbSchG* § 4 Rn. 104
Juristische Person als Adressat
4 *ArbZG* § 22 Rn. 18

Kausalität 2 *ArbSchG* Vor § 25 Rn. 24
– Durchbrechung
2 *ArbSchG* Vor § 25 Rn. 25
Kind 5 *Jugendarbeitsschutz* Rn. 7
Kinderschutzverordnung
5 *Jugendarbeitsschutz* Rn. 12 ff.
Kirchliche Einrichtungen
4 *ArbZG* § 18 Rn. 18 ff.
– evangelisch
7 *MVG.EKD* § 40 Rn. 1 ff.
– katholisch
7 *Rahmen-MAVO* § 36 Rn. 1 ff.
– Mitbestimmung beim Arbeitsschutz in evangelischen Einrichtungen
7 *MVG.EKD* § 40 Rn. 1 ff.;
7 *Rahmen-MAVO* § 36 Rn. 1 ff.
Kleinbetriebe
– Betriebsarzt 6 *ASiG* § 14 Rn. 5 ff., Rn. 16 f.
– Fachkraft für Arbeitssicherheit
6 *ASiG* § 14 Rn. 5 ff., Rn. 16 f.
Kleinstbetriebe
– Geltung des Arbeitsschutzgesetzes
2 *ArbSchG* § 2 Rn. 32
Kommission Arbeitsschutz und Normung (KAN) 3 *BetrSichV* Rn. 15
Kontinuierlicher Verbesserungsprozess
2 *ArbSchG* § 3 Rn. 26, Rn. 29 ff.
– fortschreitende Erkenntnislage
2 *ArbSchG* § 3 Rn. 31 ff.
Korrigierendes Mitbestimmungsrecht
7 *BetrVG* §§ 90, 91 Rn. 24 ff.
– Abgrenzung § 87 Abs. 1 Nr. 7 BetrVG
7 *BetrVG* §§ 90, 91 Rn. 25 f., Rn. 35 ff.
– Durchsetzung
7 *BetrVG* §§ 90, 91 Rn. 39
– Voraussetzungen
7 *BetrVG* §§ 90, 91 Rn. 27 ff.
Kosten-Nutzen-Vergleich
2 *ArbSchG* § 4 Rn. 18
Krankenrückkehrgespräch
– betriebliches Eingliederungsmanagement 2 *SGB IX* § 84 Rn. 21
Krankheitsbedingte Kündigung
2 *ArbSchG* § 11 Rn. 20
– betriebliches Eingliederungsmanagement 2 *SGB IX* § 84 Rn. 51
Kultur (Sicherheit und Gesundheit)
2 *ArbSchG* § 4 Rn. 74 ff.
Künstliche optische Strahlung
– Anordnung 3 *OStrV* Rn. 28 f.

– Anwendungsbereich
3 *OStrV* Rn. 7 ff.
– Arten 3 *OStrV* Rn. 7
– Dokumentation 3 *OStrV* Rn. 16
– Expositionsgrenzwerte
3 *OStrV* Rn. 12 f.
– fachkundige Personen
3 *OStrV* Rn. 17
– Gefährdungsbeurteilung
3 *OStrV* Rn. 14 ff.
– Grenzwertkonzept 3 *OStrV* Rn. 12 ff.
– Informationsermittlung
3 *OStrV* Rn. 11 ff.
– Laserschutzbeauftragter
3 *OStrV* Rn. 18 ff.
– Mitbestimmung des Betriebsrats
3 *OStrV* Rn. 30
– Ordnungswidrigkeiten
3 *OStrV* Rn. 29
– Schutzmaßnahmen
3 *OStrV* Rn. 21 ff.
– Substitution 3 *OStrV* Rn. 22 f.
– Technische Regeln 3 *OStrV* Rn. 3
– Unionsrecht 3 *OStrV* Rn. 4 ff.
– Unterlassungsanspruch
3 *OStrV* Rn. 30 f.
– Unterweisung 3 *OStrV* Rn. 25
– Wirkungen 3 *OStrV* Rn. 1

Landesbezogene Stelle
– gemeinsame 2 *ArbSchG* § 21 Rn. 20
Lärmschutzverordnung
– privatrechtliche Schutzpflicht
7 *BGB* § 618 Rn. 33
Lärmvibrationsarbeitsschutzverordnung
3 *LärmVibrationsArbSchV* Rn. 1
– Anordnungen
3 *LärmVibrationsArbSchV* Rn. 57 ff.
– Anwendungsbereich
3 *LärmVibrationsArbSchV* Rn. 10 ff.
– arbeitsmedizinische Vorsorge
3 *LärmVibrationsArbSchV* Rn. 54 ff.
– einstweiliger Rechtsschutz
3 *LärmVibrationsArbSchV* Rn. 64, Rn. 67
– Expositionsgrenzwerte
3 *LärmVibrationsArbSchV* Rn. 43 ff.
– extraaurale Wirkungen
3 *LärmVibrationsArbSchV* Rn. 15 f.
– Gefährdungsbeurteilung
3 *LärmVibrationsArbSchV* Rn. 18 ff.
– Gehörschutz
3 *LärmVibrationsArbSchV* Rn. 48 ff.
– ILO-Übereinkommen 148
3 *LärmVibrationsArbSchV* Rn. 6
– Lärmdefinition
3 *LärmVibrationsArbSchV* Rn. 13
– Lärmminderungsprogramm
3 *LärmVibrationsArbSchV* Rn. 37 ff.

- Lärmminimierungsgebot
  3 *LärmVibrationsArbSchV* Rn. 28 ff.
- Lärmpausen
  3 *LärmVibrationsArbSchV* Rn. 31
- Messverfahren
  3 *LärmVibrationsArbSchV* Rn. 25 ff.
- Mitbestimmungsrecht des Betriebsrats
  3 *LärmVibrationsArbSchV* Rn. 61 f.
- Unterlassungsanspruch
  3 *LärmVibrationsArbSchV* Rn. 65
- Unterweisung
  3 *LärmVibrationsArbSchV* Rn. 51 f.
- Vibrationen
  3 *LärmVibrationsArbSchV* Rn. 17
- Vibrationsminderungsprogramm
  3 *LärmVibrationsArbSchV* Rn. 41
- Vibrationsminimierungsgebot
  3 *LärmVibrationsArbSchV* Rn. 36

Laserschutzbeauftragte
6 *ASiG* § 10 Rn. 10

Lastenhandhabung
- betriebliche Gesundheitsförderung
  2 *SGB V* § 20 b Rn. 19
- betriebliches Eingliederungsmanagement   2 *SGB IX* § 84 Rn. 37 f.;
  3 *LastenhandhabV* Rn. 22 ff.
- Gefährdungsbeurteilung
  3 *LastenhandhabV* Rn. 10 ff.
- Hilfen   3 *LastenhandhabV* Rn. 15 f.
- körperliche Eignung der Beschäftigten
  3 *LastenhandhabV* Rn. 18
- krankheitsbedingte Kündigung
  3 *LastenhandhabV* Rn. 23 f.
- Leitmerkmalmethode
  3 *LastenhandhabV* Rn. 12
- Mitbestimmungsrecht des Betriebsrats
  3 *LastenhandhabV* Rn. 25
- privatrechtliche Schutzpflichten
  7 *BGB* § 618 Rn. 33
- Rangfolge von Schutzmaßnahmen
  3 *LastenhandhabV* Rn. 9
- Unionsrecht
  3 *LastenhandhabV* Rn. 4 ff.
- Unterweisung
  3 *LastenhandhabV* Rn. 19;
  7 *BGB* § 618 Rn. 44

Legalitätsprinzip im Strafverfahren
2 *ArbSchG* Vor § 25 Rn. 12

Leiharbeitnehmer
2 *ArbSchG* § 4 Rn. 108
- Arbeitsschutzkoordination
  2 *ArbSchG* § 8 Rn. 15 f.
- Geltung des Arbeitsschutzgesetzes
  2 *ArbSchG* § 2 Rn. 28
- privatrechtliche Schutzpflichten
  7 *BGB* § 618 Rn. 24
- Unterweisung
  2 *ArbSchG* § 12 Rn. 14 f.

Low Performance   2 *ArbSchG* § 7 Rn. 15

Maschinenrichtlinie
1 *Unionsrecht* Rn. 6 ff.

Maßnahmen des Arbeitsschutzes
- allgemeine Grundsätze des Arbeitsschutzes   2 *ArbSchG* § 4 Rn. 3 f.
- Kostenlast   2 *ArbSchG* § 3 Rn. 69
- Kostentragungspflicht
  2 *ArbSchG* § 3 Rn. 100 ff.

Meldung
- des Arbeitnehmers
  2 *ArbSchG* §§ 15–17 Rn. 15 ff.

Menschengerechte Gestaltung der Arbeit
2 *ArbSchG* § 2 Rn. 9 ff., § 4 Rn. 44 f.;
5 *Jugendarbeitsschutz* Rn. 20 ff.
- Arbeitsstättenrecht   3 *ArbStättV* Rn. 4
- autonomer Arbeitsschutz
  7 *BetrVG* §§ 90, 91 Rn. 4
- Beratung Betriebsrat
  7 *BetrVG* §§ 90, 91 Rn. 5
- Beratung Betriebsrat (Aspekte)
  7 *BetrVG* § 87 Rn. 18 ff.
- betriebliche Gesundheitsförderung
  2 *SGB V* § 20 b Rn. 11 ff.
- betriebliches Eingliederungsmanagement   2 *SGB IX* § 84 Rn. 36 ff.
- Einzelaspekte
  7 *BetrVG* §§ 90, 91 Rn. 3
- GDA   2 *ArbSchG* §§ 20 a, b Rn. 3
- Gegenstände und Umfang Unterrichtung Betriebsrat
  7 *BetrVG* §§ 90, 91 Rn. 11 ff.
- gesicherte arbeitswissenschaftliche Erkenntnisse
  7 *BetrVG* §§ 90, 91 Rn. 6 f.
- Information Betriebsrat
  7 *BetrVG* §§ 90, 91 Rn. 5
- korrigierendes Mitbestimmungsrecht
  7 *BetrVG* §§ 90, 91 Rn. 5, Rn. 24 ff.
- Mitbestimmung
  7 *BetrVG* §§ 90, 91 Rn. 4
- Ordnungswidrigkeit
  7 *BetrVG* §§ 90, 91 Rn. 22 f.
- privatrechtliche Schutzpflicht
  7 *BGB* § 618 Rn. 14
- Zeitpunkt Information und Beratung Betriebsrat
  7 *BetrVG* §§ 90, 91 Rn. 10

Merkmale
- besondere persönliche
  2 *ArbSchG* § 25 Rn. 16 f., § 26 Rn. 14;
  4 *ArbZG* § 23 Rn. 10

Migrationshintergrund
2 *ArbSchG* § 4 Rn. 110

Mindestpersonalstärke
2 *ArbSchG* § 3 Rn. 67

Mindestruhezeit
- Unterschreiten   4 *ArbZG* § 22 Rn. 9

Minimierungsgebot
2 *ArbSchG* § 4 Rn. 6;

3 *BioStoffV* Rn. 24; 3 *EMFV* Rn. 18;
3 *GefStoffV* Rn. 43;
3 *LärmVibrationsArbSchV* Rn. 29;
3 *OStrV* Rn. 22
Mischarbeit
- Bildschirm 3 *ArbStättV* Rn. 175
Mitarbeitervertretungsgesetz (MVG)
7 *MVG.EKD* § 40 Rn. 1 ff.
Mitarbeitervertretungsordnung (MAVO)
7 *Rahmen-MAVO* § 36 Rn. 1 ff.
Mitbestimmung
- befähigte Person 3 *BetrSichV* Rn. 39
- betriebsratslose Betriebe
  7 *BetrVG* Vor §§ 87 ff. Rn. 6
- Dokumentation der Gefährdungsbeurteilung 2 *ArbSchG* § 6 Rn. 21
- freiwillige Maßnahmen
  7 *BetrVG* Vor §§ 87 ff. Rn. 10
- Funktion Arbeitsschutzrecht
  2 *ArbSchG* § 3 Rn. 10
- Gefährdungsbeurteilung
  2 *ArbSchG* § 5 Rn. 86 f.;
  3 *BetrSichV* Rn. 20
- Gefährdungsschutz
  2 *ArbSchG* § 4 Rn. 16
- Gestaltung der Arbeitsplätze
  7 *BetrVG* §§ 90, 91 Rn. 1
Mitbestimmung der Mitarbeitervertretung
- evangelische Einrichtungen
  7 *MVG.EKD* § 40 Rn. 1 ff.
- katholische Einrichtungen
  7 *Rahmen-MAVO* § 36 Rn. 1 ff.
Mitbestimmung des Betriebsrates
3 *ArbMedVV* Rn. 6, Rn. 24;
5 *Jugendarbeitsschutz* Rn. 61;
7 *BetrVG* § 87 Rn. 11 ff.
- Abgrenzung korrigierendes Mitbestimmungsrecht (§ 91 BetrVG)
  7 *BetrVG* §§ 90, 91 Rn. 25 f.
- allgemeiner Unterlassungsanspruch
  7 *BetrVG* § 87 Rn. 79,
  §§ 90, 91 Rn. 23
- Anforderungen, europarechtliche
  7 *BetrVG* § 87 Rn. 8 ff.
- Arbeitsstätte 7 *BetrVG* § 87 Rn. 54 f.
- Arbeitszeit 4 *ArbZG* § 21 a Rn. 30;
  7 *BetrVG* § 87 Rn. 66 ff.
- Aufgaben, Übertragung von
  7 *BetrVG* § 87 Rn. 52
- betriebliche Gesundheitsförderung
  2 *SGB V* § 20 b Rn. 45 f.
- betriebliches Eingliederungsmanagement 2 *SGB IX* § 84 Rn. 56;
  7 *BetrVG* § 87 Rn. 69
- Bildschirmarbeit
  3 *ArbStättV* Rn. 222 ff.;
  7 *BetrVG* § 87 Rn. 56
- Dokumentation
  7 *BetrVG* § 87 Rn. 42

- Fremdfirmen
  2 *ArbSchG* § 8 Rn. 28 ff.;
  7 *BetrVG* § 87 Rn. 46
- Gefährdungsbeurteilung
  2 *ArbSchG* § 5 Rn. 86 ff.;
  7 *BetrVG* § 87 Rn. 41
- Gefahren, besondere
  7 *BetrVG* § 87 Rn. 49
- gerichtliche Durchsetzung
  7 *BetrVG* § 87 Rn. 91 ff.
- Handlungspflichten, Arbeitgeber
  7 *BetrVG* § 87 Rn. 29 ff.
- LärmVibrationsArbSchV
  7 *BetrVG* § 87 Rn. 58
- LastenhandhabungsVO
  7 *BetrVG* § 87 Rn. 57
- Leiharbeitnehmer
  7 *BetrVG* § 87 Rn. 46
- Mutterschutz 7 *BetrVG* § 87 Rn. 64
- Nofallmaßnahmen
  7 *BetrVG* § 87 Rn. 50
- optische Strahlung
  7 *BetrVG* § 87 Rn. 59
- Organisation des Arbeitsschutzes
  7 *BetrVG* § 87 Rn. 35 ff., Rn. 73 ff.
- Umsetzung 7 *BetrVG* § 87 Rn. 78 ff.
- Verordnungen
  7 *BetrVG* § 87 Rn. 53 ff.
- Vorsoge, arbeitsmedizinische
  7 *BetrVG* § 87 Rn. 51
Mitbestimmung des Betriebsrats
- Nacht- und Schichtarbeit
  4 *ArbZG* § 6 Rn. 23 ff.
Mitbestimmung des Personalrats
2 *ArbSchG* § 11 Rn. 24 f.;
3 *ArbMedVV* Rn. 6, Rn. 24;
7 *PersVR* Rn. 11 ff.
- Arbeitssicherheit 6 *ASiG* § 16 Rn. 34;
  7 *PersVR* Rn. 54 ff.
- Arbeitszeit 4 *ArbZG* § 19 Rn. 13;
  7 *PersVR* Rn. 48 ff.
- besondere Personengruppen
  2 *ArbSchG* § 20 Rn. 29;
  7 *PersVR* Rn. 53
- betriebliche Gesundheitsförderung
  2 *SGB V* § 20 b Rn. 45 f.
- betriebliches Eingliederungsmanagement 7 *PersVR* Rn. 46
- Betriebsärzte 7 *PersVR* Rn. 55 ff.
- Fachkräfte für Arbeitssicherheit
  7 *PersVR* Rn. 55
- Gefährdungsbeurteilung
  7 *PersVR* Rn. 38 ff.
- Gestaltung der Arbeitsplätze
  7 *PersVR* Rn. 60 ff.
- Haushalt 7 *PersVR* Rn. 25 f., Rn. 69
- Initiativrecht 7 *PersVR* Rn. 65 ff.
- Jobcenter 7 *PersVR* Rn. 33 f., Rn. 70
- sonstige Beauftragte 7 *PersVR* Rn. 57

- Umsetzung 7 *PersVR* Rn. 63 ff.
- Verfahren 7 *PersVR* Rn. 63 ff.
- Verordnungen 7 *PersVR* Rn. 43 ff.

Mitbestimmunng Betriebsrat
- DGUV Vorschrift 2
  7 *BetrVG* § 87 Rn. 77
- Einsetzung 7 *BetrVG* § 87 Rn. 84 ff.
- Mitbestimmung Betriebsrat
  7 *BetrVG* § 87 Rn. 66

Mitwirkungspflicht
  2 *ArbSchG* § 4 Rn. 69

Monotone Arbeit
  2 *ArbSchG* § 4 Rn. 8 f.

Multifaktorielle Kausalverläufe
  2 *ArbSchG* § 4 Rn. 61 ff.

Muskel- und Skeletterkrankungen
  3 *LastenhandhabV* Rn. 2 f.
- betriebliche Gesundheitsförderung
  2 *SGB V* § 20 b Rn. 19
- betriebliches Eingliederungsmanagement Gesundheitsförderung
  2 *SGB IX* § 84 Rn. 37

Mutterschutz 2 *ArbSchG* § 4 Rn. 114;
  5 *Betrieblicher Mutterschutz* Rn. 1 ff.
- Anpassungspflichten
  7 *BGB* § 618 Rn. 42
- Arbeitsorganisation
  5 *Betrieblicher Mutterschutz* Rn. 21 ff.
- arbeitsplatzbedingte Gesundheitsgefährdungen
  5 *Betrieblicher Mutterschutz* Rn. 2
- Arbeitsplatzwechsel
  5 *Betrieblicher Mutterschutz* Rn. 30 f.
- arbeitsschutzrechtliche Grundsätze
  5 *Betrieblicher Mutterschutz* Rn. 4
- Beschäftigungsverbote
  5 *Betrieblicher Mutterschutz* Rn. 33 ff.
- Diskriminierungsverbot
  5 *Betrieblicher Mutterschutz* Rn. 2 ff.
- Dokumentations- und Informationspflicht
  5 *Betrieblicher Mutterschutz* Rn. 16 ff.
- Feiertagsbeschäftigung
  4 *ArbZG* § 18 Rn. 24;
  5 *Betrieblicher Mutterschutz* Rn. 34
- Freistellung
  5 *Betrieblicher Mutterschutz* Rn. 32
- Gefährdungsbeurteilung
  5 *Betrieblicher Mutterschutz* Rn. 12 ff.
- Geltungsbereich
  5 *Betrieblicher Mutterschutz* Rn. 7 ff.
- Mutterschutzrichtlinie
  5 *Betrieblicher Mutterschutz* Rn. 3 ff.
- Nacht- und Schichtarbeit
  4 *ArbZG* § 18 Rn. 24;
  5 *Betrieblicher Mutterschutz* Rn. 34
- privatrechtliche Schutzpflichten
  7 *BGB* § 618 Rn. 42
- Rechtsdurchsetzung
  5 *Betrieblicher Mutterschutz* Rn. 36 ff.
- Schutzfristen
  5 *Betrieblicher Mutterschutz* Rn. 35
- Sonn- und Feiertagsbeschäftigung
  4 *ArbZG* § 18 Rn. 24;
  5 *Betrieblicher Mutterschutz* Rn. 34
- Umgestaltung Arbeitsplatz
  5 *Betrieblicher Mutterschutz* Rn. 27 ff.
- Umgestaltung der Beschäftigungsbedingungen
  5 *Betrieblicher Mutterschutz* Rn. 1
- Unionsrecht
  5 *Betrieblicher Mutterschutz* Rn. 3 ff.
- unverantwortbare Gefährdung
  5 *Betrieblicher Mutterschutz* Rn. 22 ff.
- verfassungsrechtliche Verankerung
  5 *Betrieblicher Mutterschutz* Rn. 5

Nachtarbeit 4 *ArbZG* § 2 Rn. 93 ff.
- Mitbestimmung des Betriebsrats
  7 *BetrVG* § 87 Rn. 66 ff.
- Mitbestimmung des Personalrats
  7 *PersVR* Rn. 48 ff.

Nacht- und Schichtarbeit
  4 *ArbZG* § 6 Rn. 1 ff.
- Angemessenheit der Ausgleichsleistungen 4 *ArbZG* § 6 Rn. 50
- Anspruch auf arbeitsmedizinische Untersuchungen 4 *ArbZG* § 6 Rn. 32 ff.
- Arbeitszeit Nachtarbeitnehmer
  4 *ArbZG* § 6 Rn. 27 ff.
- Ausgleichsleistungen Nachtarbeit
  4 *ArbZG* § 6 Rn. 47 ff.
- Ausgleichszeiträume Nachtarbeit
  4 *ArbZG* § 6 Rn. 28 ff.
- Belastungen 4 *ArbZG* § 6 Rn. 1
- Gefährdungsbeurteilung
  4 *ArbZG* § 6 Rn. 16 ff.
- gesicherte arbeitswissenschaftliche Erkenntnisse 4 *ArbZG* § 6 Rn. 7 ff., Rn. 24
- Individualanspruch des Arbeitnehmers
  4 *ArbZG* § 6 Rn. 19 ff.
- Mehrfachbelastungen
  4 *ArbZG* § 6 Rn. 17 f.
- menschengerechte Gestaltung der Arbeitszeit 4 *ArbZG* § 6 Rn. 5 ff.
- Mitbestimmung des Betriebsrats
  4 *ArbZG* § 6 Rn. 23 ff.
- Regelungen in Tarifverträgen
  4 *ArbZG* § 6 Rn. 26
- Schichtplangestaltung
  4 *ArbZG* § 6 Rn. 10 ff.
- Umsetzung auf Tagesarbeitsplatz
  4 *ArbZG* § 6 Rn. 38 ff.
- Verstoß gegen AGB
  4 *ArbZG* § 6 Rn. 51

- Weiterbildung/Fortbildung
  4 *ArbZG* § 6 Rn. 55

Nadelstich-Richtlinie
1 *Unionsrecht* Rn. 32;
3 *BioStoffV* Rn. 29

Nebenstrafrecht
2 *ArbSchG* Vor § 25 Rn. 1

Nebentäter 2 *ArbSchG* Vor § 25 Rn. 20

Negative Beanspruchungsfolgen
- Monotonie 2 *ArbSchG* § 4 Rn. 28
- psychische Sättigung
  2 *ArbSchG* § 4 Rn. 29
- Stress 2 *ArbSchG* § 4 Rn. 31 ff.

Nichtgestatten des Betretens der Arbeitsstätte 6 *ASiG* § 20 Rn. 7 f.

Nichtraucherschutz
3 *ArbStättV* Rn. 101 ff.
- betriebliche Gesundheitsförderung
  2 *SGB V* § 20 b Rn. 46
- Gefährdungsbeurteilung
  3 *ArbStättV* Rn. 104
- lüftungstechnische Maßnahmen
  3 *ArbStättV* Rn. 104
- Mitbestimmung 3 *ArbStättV* Rn. 106
- organisatorische Maßnahmen
  3 *ArbStättV* Rn. 104
- privatrechtliche Schutzpflicht
  7 *BGB* § 618 Rn. 14 f.
- Publikumsverkehr
  3 *ArbStättV* Rn. 107 ff.
- Rauchverbot 3 *ArbStättV* Rn. 105 f.
- Rechtsentwicklung
  3 *ArbStättV* Rn. 101
- Schutzzweck 3 *ArbStättV* Rn. 103
- suchtförderliche Arbeitsbedingungen
  3 *ArbStättV* Rn. 106

Notfall 2 *ArbSchG* § 9 Rn. 17 ff.,
§ 10 Rn. 10; 4 *ArbZG* § 14 Rn. 4

Oberaufsicht bei Delegation
2 *ArbSchG* Vor § 25 Rn. 36

Öffentlicher Dienst
2 *ArbSchG* § 22 Rn. 70 ff.
- Beschäftigte 2 *ArbSchG* § 2 Rn. 24 f.
- Überwachung
  2 *ArbSchG* § 21 Rn. 25 f.;
  4 *ArbZG* § 17 Rn. 30

Öffentlich-rechtlicher Arbeitsschutz
- Bedeutung im Privatrecht
  7 *BGB* § 618 Rn. 7 ff.
- Transformation ins Privatrecht
  7 *BGB* § 618 Rn. 18 ff.

Offshore-Tätigkeiten
2 *ArbSchG* § 1 Rn. 18;
4 *ArbZG* § 1 Rn. 61, § 15 Rn. 18 f.,
§ 18 Rn. 23

Ordnungsrecht 2 *ArbSchG* § 4 Rn. 3

Ordnungsverfügungen
4 *ArbZG* § 17 Rn. 35 ff.

Ordnungswidrigkeit
3 *ArbMedVV* Rn. 22;
4 *ArbZG* § 20 Rn. 13, § 21 Rn. 10,
§ 21 a Rn. 28
- Bußgeld
  5 *Jugendarbeitsschutz* Rn. 64 f.
- Opportunitätsprinzip
  2 *ArbSchG* Vor § 25 Rn. 8

Ordnungswidrigkeitenverfahren
2 *ArbSchG* Vor § 25 Rn. 7

Organisationspflichten des Arbeitgebers
2 *ArbSchG* § 3 Rn. 42 ff.,
Vor § 25 Rn. 37
- Aufbringen finanzieller Mittel
  2 *ArbSchG* § 3 Rn. 69
- Beschwerderecht
  2 *ArbSchG* § 3 Rn. 84
- Eigenverantwortung
  2 *ArbSchG* § 3 Rn. 46
- GDA-Leitlinie 2 *ArbSchG* § 3 Rn. 42
- Mitwirkung der Beschäftigten
  2 *ArbSchG* § 3 Rn. 80 ff.
- privatrechtliche Geltung
  7 *BGB* § 618 Rn. 2, Rn. 34
- Ressourcen, sächlich/personell
  2 *ArbSchG* § 3 Rn. 65 ff.
- Wissensmanagement
  2 *ArbSchG* § 3 Rn. 53 ff.

Organisatorische Maßnahmen
2 *ArbSchG* § 4 Rn. 56 f.

Pausen 5 *Jugendarbeitsschutz* Rn. 50
- Bereitschaftsdienst
  4 *ArbZG* § 4 Rn. 10
- Bildschirmarbeit
  2 *ArbSchG* §§ 18, 19 Rn. 15
- Mitbestimmung 4 *ArbZG* § 4 Rn. 27
- Mitbestimmung Personalrat
  7 *PersVR* Rn. 48 ff.
- Ruhepausen 4 *ArbZG* § 4 Rn. 6 ff.
- Ruhepausen bei Bildschirmarbeit
  3 *ArbStättV* Rn. 176 ff.
- Vergütungspflicht
  2 *ArbSchG* § 3 Rn. 101

Personalbemessung
2 *ArbSchG* § 3 Rn. 67

Personalrat 2 *ArbSchG* § 22 Rn. 41 ff.;
6 *ASiG* § 12 Rn. 15

Personenbedingte Kündigung
- Leistungsminderung
  2 *ArbSchG* § 7 Rn. 22 ff.

Personenbezogene Schutzmaßnahmen
2 *ArbSchG* § 4 Rn. 58

Persönliche Schutzausrüstung/PSA-Benutzungsverordnung 3 *PSA-BV* Rn. 1 ff.
- Anforderungen 3 *PSA-BV* Rn. 5 ff.
- Auswahl und Bereitstellung
  3 *PSA-BV* Rn. 11 ff.

Stichwortverzeichnis

- Beschaffenheitsanforderungen
  3 *PSA-BV* Rn. 12 f.
- CE-Kennzeichnung 3 *PSA-BV* Rn. 6
- europarechtliche Vorgaben
  3 *PSA-BV* Rn. 1
- Gefährdungsbeurteilung
  3 *PSA-BV* Rn. 7
- Kosten 3 *PSA-BV* Rn. 17 f.
- Mitbestimmung 3 *PSA-BV* Rn. 22
- persönlicher Anwendungsbereich
  3 *PSA-BV* Rn. 9
- Pflicht zur Bereitstellung von PSA
  3 *PSA-BV* Rn. 3
- produktbezogene Regelungen
  3 *PSA-BV* Rn. 5
- Produktsicherheit 3 *PSA-BV* Rn. 1
- sachlicher Anwendungsbereich
  3 *PSA-BV* Rn. 10
- Unterweisung 3 *PSA-BV* Rn. 19
- VO (EU) 2016/425 3 *PSA-BV* Rn. 1, Rn. 5
- Vorrang von kollektiven Schutzmaßnahmen 3 *PSA-BV* Rn. 7
- Wartung und Reparatur
  3 *PSA-BV* Rn. 15

Pflichtverletzung mehrerer Personen
2 *ArbSchG* Vor § 25 Rn. 20

Pflichtverletzung und Kausalität
2 *ArbSchG* Vor § 25 Rn. 24

Planung 2 *ArbSchG* § 4 Rn. 70 ff.
- Arbeitsplatz, Arbeitsablauf, Arbeitsumgebung 7 *BetrVG* §§ 90, 91 Rn. 9
- Informationsrecht Betriebsrat menschengerechte Gestaltung der Arbeit
  7 *BetrVG* §§ 90, 91 Rn. 5

Planung der Maßnahmen
2 *ArbSchG* § 3 Rn. 17
- Prävention 2 *ArbSchG* § 4 Rn. 13

Prävention 2 *ArbSchG* § 3 Rn. 39 f.
- betriebliches Eingliederungsmanagement 2 *SGB IX* § 84 Rn. 4 ff., Rn. 35 ff.

Prognose 4 *ArbZG* § 14 Rn. 7

Psychische Belastungen
- Belastungs-Beanspruchungskonzept
  2 *ArbSchG* § 4 Rn. 20 ff.
- betriebliche Gesundheitsförderung
  2 *SGB V* § 20 b Rn. 12 ff.
- betriebliches Eingliederungsmanagement 2 *SGB IX* § 84 Rn. 38 ff.
- Bildschirmarbeit
  3 *ArbStättV* Rn. 155 ff.
- Ermittlung 2 *ArbSchG* § 5 Rn. 82 ff.
- GDA 2 *ArbSchG* §§ 20 a, b Rn. 4
- Gefährdungsbeurteilung
  2 *ArbSchG* § 5 Rn. 30 ff.
- gemeinsame Erklärung Sozialpartner
  2 *ArbSchG* §§ 20 a, b Rn. 4

- privatrechtliche Schutzpflichten
  7 *BGB* § 618 Rn. 14 ff.
- Stress 1 *Unionsrecht* Rn. 29 ff.

Publizitätspflicht des Arbeitgebers
4 *ArbZG* § 22 Rn. 14

Rahmenrichtlinie
1 *Unionsrecht* Rn. 10 ff.;
2 *ArbSchG* Vor § 25 Rn. 1, § 26 Rn. 1
- Arbeitnehmerbild
  1 *Unionsrecht* Rn. 15 ff.
- Benachteiligungsverbot für innerbetriebliche Akteure 6 *ASiG* § 8 Rn. 5
- Bestellung innerbetrieblicher Experten
  6 *ASiG* § 1 Rn. 10 ff.
- Gefährdungsbeurteilung
  1 *Unionsrecht* Rn. 18
- Individualrechte
  1 *Unionsrecht* Rn. 21
- Leitbild 1 *Unionsrecht* Rn. 11 ff.
- Partizipationsgrundsatz
  1 *Unionsrecht* Rn. 20

REACH-Verordnung
3 *GefStoffV* Rn. 20 ff.

Rechtsbeschwerde
2 *ArbSchG* Vor § 25 Rn. 11;
6 *ASiG* § 20 Rn. 15

Rechtsmittel im Bußgeldverfahren
2 *ArbSchG* Vor § 25 Rn. 11

Rechtsmittel im Strafverfahren
2 *ArbSchG* Vor § 25 Rn. 16

Rechtsverordnungen
- Abgrenzung Verwaltungsvorschrift
  2 *ArbSchG* §§ 18, 19 Rn. 5
- Allgemeines
  2 *ArbSchG* §§ 18, 19 Rn. 1 ff.
- gestufte Rechtsetzung
  2 *ArbSchG* §§ 18, 19 Rn. 4
- Maschinenverordnung
  1 *Unionsrecht* Rn. 7
- Umsetzung von Rechtsakten des Unions- und Völkerrechts
  2 *ArbSchG* §§ 18, 19 Rn. 54 ff.

Rechtswidrigkeit 4 *ArbZG* § 22 Rn. 12

Regulationshindernisse
2 *ArbSchG* § 4 Rn. 38 ff.
- Erschwernisse der Arbeit
  2 *ArbSchG* § 4 Rn. 39 ff.

Revision im Strafverfahren
2 *ArbSchG* Vor § 25 Rn. 16

Revisionsschreiben
2 *ArbSchG* § 22 Rn. 45;
6 *ASiG* § 12 Rn. 14

Richtlinienkonforme Auslegung
- Urlaub
  4 *Urlaub und Gesundheitsschutz*
  Rn. 29 ff.

Rufbereitschaft 4 *ArbZG* § 2 Rn. 30 ff.
- Vergütung bei Arbeitseinsatz
  4 *ArbZG* § 2 Rn. 33

Ruhepause
5 *Jugendarbeitsschutz* Rn. 50;
siehe auch Pausen
- Nichtgewährung
  4 *ArbZG* § 22 Rn. 7

Ruhezeit 4 *ArbZG* § 20 Rn. 5 ff.,
§ 21 Rn. 7, § 21 a Rn. 19
- Arbeits- u. Gesundheitsschutz
  4 *ArbZG* § 5 Rn. 1 f.
- Arbeitszeitrichtlinie
  4 *ArbZG* § 5 Rn. 1, Rn. 34
- Ausgleich bei Verkürzung
  4 *ArbZG* § 5 Rn. 33 ff.
- Begriff 4 *ArbZG* § 5 Rn. 6
- Betriebsvereinbarung
  7 *BetrVG* § 87 Rn. 66
- Dauer 4 *ArbZG* § 5 Rn. 10 ff.
- Definition 4 *ArbZG* § 5 Rn. 6 ff.
- Dienstvereinbarung
  7 *PersVR* Rn. 48 ff.
- Ersatzruhetag 4 *ArbZG* § 5 Rn. 16, § 11 Rn. 19 ff.
- jugendliche Auszubildende
  5 *Jugendarbeitsschutz* Rn. 5
- Lenkzeitverordnung
  4 *ArbZG* § 21 a Rn. 19
- Mindestruhezeit
  4 *ArbZG* § 5 Rn. 10, § 21 a Rn. 19
- Mitbestimmung 4 *ArbZG* § 5 Rn. 50
- Nebentätigkeiten
  4 *ArbZG* § 5 Rn. 16
- Reisezeit 4 *ArbZG* § 5 Rn. 9
- Rufbereitschaft
  4 *ArbZG* § 5 Rn. 3 ff., Rn. 7 f., Rn. 13;
  5 *Jugendarbeitsschutz* Rn. 52
- Sonn- und Feiertagsbeschäftigung
  4 *ArbZG* § 5 Rn. 14
- Verkürzung 4 *ArbZG* § 5 Rn. 17 ff.
- Verstöße durch den Arbeitgeber
  4 *ArbZG* § 5 Rn. 46 ff.
- Wegezeiten 4 *ArbZG* § 5 Rn. 9
- zeitliche Lage 4 *ArbZG* § 5 Rn. 14

Schadensersatzanspruch
2 *ArbSchG* § 14 Rn. 13 f., § 20 Rn. 26
- privatrechtliche Sanktionsmöglichkeiten 7 *BGB* § 618 Rn. 53 ff.
- Urlaub
  4 *Urlaub und Gesundheitsschutz*
  Rn. 27, Rn. 34

Scheinselbstständige
1 *Grundrecht* Rn. 39

Schichtarbeit
5 *Jugendarbeitsschutz* Rn. 51
- Mitbestimmung des Betriebsrats
  7 *BetrVG* § 87 Rn. 67

- Mitbestimmung des Personalrats
  7 *PersVR* Rn. 48 ff.

Schutzgut der Norm
2 *ArbSchG* Vor § 25 Rn. 22

Schutzkleidung
- Kosten 2 *ArbSchG* § 3 Rn. 102
- private Nutzung
  2 *ArbSchG* § 3 Rn. 103
- Reinigung 2 *ArbSchG* § 3 Rn. 102

Schutzpflichten
- besonders gefährdete Beschäftigtengruppen 7 *BGB* § 618 Rn. 35
- Durchsetzung individuell
  7 *BGB* § 618 Rn. 47 ff.
- Einzelfall 7 *BGB* § 618 Rn. 14
- Haftungsfreistellung
  7 *BGB* § 618 Rn. 57 ff.
- Inhalt 7 *BGB* § 618 Rn. 29 ff.
- Mitbestimmung 7 *BGB* § 618 Rn. 16
- Natur der Dienstleistung
  7 *BGB* § 618 Rn. 17
- privatrechtlich
  7 *BGB* § 618 Rn. 18 ff.
- Schadenersatzansprüche
  7 *BGB* § 618 Rn. 53 ff.
- unionsrechtskonforme Auslegung
  7 *BGB* § 618 Rn. 6
- untergesetzliche Konkretisierung
  7 *BGB* § 618 Rn. 12 ff.

Schutzrecht der Norm
2 *ArbSchG* Vor § 25 Rn. 28

Schwerbehinderte Beschäftigte
2 *ArbSchG* § 4 Rn. 106 ff.;
2 *SGB IX* § 84 Rn. 7
- betriebliche Gesundheitsförderung
  2 *SGB V* § 20 b Rn. 41
- Förderung der Teilzeitarbeit
  2 *SGB IX* § 84 Rn. 42
- Schutzpflichten
  7 *BGB* § 618 Rn. 40 f.
- Teilzeitanspruch
  2 *SGB IX* § 84 Rn. 33;
  7 *BGB* § 618 Rn. 41

Schwerbehinderten-Vertretung
- Teilnahmerecht Arbeitsschutzausschuss
  6 *ASiG* § 11 Rn. 15

Seearbeit
- Arbeitsschutz 2 *ArbSchG* § 1 Rn. 21
- Arbeitszeit 4 *ArbZG* § 15 Rn. 18 f., § 18 Rn. 1, Rn. 23
- Ausnahmen 6 *ASiG* § 17 Rn. 11
- Unionsrecht 6 *ASiG* § 17 Rn. 7

Sehhilfen
- Bildschirmarbeit
  2 *ArbSchG* § 20 Rn. 28;
  3 *ArbStättV* Rn. 153

Selbstgefährdung
- Eigenverantwortlich
  2 *ArbSchG* Vor § 25 Rn. 25 ff.

Selbstständige Tätigkeiten
5 *Jugendarbeitsschutz* Rn. 9

Sicherheitsbeauftragte
5 *Jugendarbeitsschutz* Rn. 62
- Abberufung 6 *SGB VII* § 22 Rn. 18 f.
- Anordnung Aufsichtsbehörde
  6 *SGB VII* § 22 Rn. 25
- Aufgaben 6 *SGB VII* § 22 Rn. 7 f.
- Aus- und Fortbildung
  6 *SGB VII* § 22 Rn. 17
- Benachteiligungsverbot
  6 *SGB VII* § 22 Rn. 19
- Bestellung 6 *SGB VII* § 22 Rn. 9 ff.
- DGUV Vorschrift 1
  6 *SGB VII* § 22 Rn. 16
- Eignung 6 *SGB VII* § 22 Rn. 13 f.
- Entstehungsgeschichte
  6 *SGB VII* § 22 Rn. 4 f.
- Freistellung 6 *SGB VII* § 22 Rn. 15
- Kooperation mit Betriebsarzt
  6 *ASiG* § 10 Rn. 9
- Kooperation mit Fachkräften
  6 *ASiG* § 10 Rn. 9
- Mitbestimmung des Betriebsrates
  6 *SGB VII* § 22 Rn. 23 f.;
  7 *BetrVG* § 87 Rn. 75 f., Rn. 76
- Mitbestimmung des Personalrates
  6 *SGB VII* § 22 Rn. 21 f.;
  7 *PersVR* Rn. 42, Rn. 57
- Sicherheitskommunikation
  6 *SGB VII* § 22 Rn. 3
- Unfallverhütungsvorschriften
  6 *SGB VII* § 22 Rn. 2

Sicherheitsdatenblatt
3 *GefStoffV* Rn. 33 ff., Rn. 75 ff.

Sicherheitskommunikation
7 *BetrVG* § 89 Rn. 1 ff.
- externe Stellen 7 *BetrVG* § 89 Rn. 12
- Unionsrecht 7 *BetrVG* § 89 Rn. 5

Sicherheitskooperation
7 *BetrVG* § 89 Rn. 1 ff.
- Unionsrecht 7 *BetrVG* § 89 Rn. 15

Sicherheits- und Gesundheitsschutzkoordinator 3 *BaustellV* Rn. 24 ff.
- Aufgaben 3 *BaustellV* Rn. 31 ff.
- Haftung 3 *BaustellV* Rn. 59

Sitzgelegenheit 3 *ArbStättV* Rn. 74

SLIC-Bericht
2 *ArbSchG* Vor §§ 20a, b Rn. 6,
§ 22 Rn. 6

Soldaten
- als Beschäftigte
  2 *ArbSchG* § 2 Rn. 25, § 20 Rn. 30

Sonn- und Feiertagsbeschäftigung
- Abfallentsorgung
  4 *ArbZG* § 10 Rn. 12 f.
- Abwasserbeseitigung
  4 *ArbZG* § 10 Rn. 12 f.
- Arbeiten im betrieblichen Interesse
  4 *ArbZG* § 10 Rn. 27 f.
- Arbeiten im kulturell-gesellschaftlichen Interesse 4 *ArbZG* § 10 Rn. 14 ff.
- Arbeiten im öffentlichen Interesse
  4 *ArbZG* § 10 Rn. 9 ff.
- Aufsichtsbehörden
  4 *ArbZG* § 10 Rn. 47
- Aufzeichnungspflicht
  4 *ArbZG* § 16 Rn. 13
- Ausstellungen 4 *ArbZG* § 10 Rn. 23
- Bäckereien und Konditoreien
  4 *ArbZG* § 10 Rn. 44
- Bedürfnisgewerbe
  4 *ArbZG* § 13 Rn. 9 ff.
- Bedürfnisgewerbeverordnung
  4 *ArbZG* § 13 Rn. 23 ff.
- Beherbergungseinrichtungen
  4 *ArbZG* § 10 Rn. 14 f.
- behördliche Bewilligung
  4 *ArbZG* § 13 Rn. 34 ff., Rn. 51 ff.,
  Rn. 60 ff.
- behördliche Zulässigkeitsfeststellung
  4 *ArbZG* § 13 Rn. 30 ff.
- Beschäftigungssicherung
  4 *ArbZG* § 13 Rn. 18 f., Rn. 60 ff.
- Betriebsrat 4 *ArbZG* § 10 Rn. 47;
  7 *BetrVG* § 87 Rn. 66 ff.
- Betriebsvereinbarungen
  7 *BetrVG* § 87 Rn. 66 ff.
- Bewachungsgewerbe
  4 *ArbZG* § 10 Rn. 29
- Bewilligungsverfahren
  4 *ArbZG* § 13 Rn. 48 f., Rn. 59,
  Rn. 81 ff.
- Bibliotheken 4 *ArbZG* § 10 Rn. 18
- Bußgeld 4 *ArbZG* § 22 Rn. 12
- Daseinsvorsorge
  4 *ArbZG* § 10 Rn. 9 ff.
- Datennetze und Rechnersysteme
  4 *ArbZG* § 10 Rn. 37
- Devisenhandel 4 *ArbZG* § 10 Rn. 45
- Dienstvereinbarung
  7 *PersVR* Rn. 48 f.
- Energieversorgung
  4 *ArbZG* § 10 Rn. 12 f.
- Erfordernis ununterbrochener Arbeit
  4 *ArbZG* § 13 Rn. 13 ff.
- Feuerwehr 4 *ArbZG* § 10 Rn. 9
- Forschungsarbeiten
  4 *ArbZG* § 10 Rn. 42
- Freizeiteinrichtungen
  4 *ArbZG* § 10 Rn. 18

- Fremdenverkehr
  4 *ArbZG* § 10 Rn. 18
- Gaststätten 4 *ArbZG* § 10 Rn. 14 f.
- Gerichte 4 *ArbZG* § 10 Rn. 10
- Handelsgewerbe
  4 *ArbZG* § 13 Rn. 35 ff.
- Hilfs- und Nebentätigkeiten
  4 *ArbZG* § 10 Rn. 8
- Instandhaltung von Betriebseinrichtungen 4 *ArbZG* § 10 Rn. 30 ff.
- Inventuren 4 *ArbZG* § 13 Rn. 47
- kirchliche Einrichtungen
  4 *ArbZG* § 10 Rn. 17
- Konkretisierung durch Bundesrechtsverordnung 4 *ArbZG* § 13 Rn. 7
- Krankenhäuser 4 *ArbZG* § 10 Rn. 11
- Landwirtschaft
  4 *ArbZG* § 10 Rn. 27 f.
- Märkte 4 *ArbZG* § 10 Rn. 23
- Messen 4 *ArbZG* § 10 Rn. 23
- Museen 4 *ArbZG* § 10 Rn. 18
- nichtgewerblicher Bereich
  4 *ArbZG* § 10 Rn. 17
- Notdienste 4 *ArbZG* § 10 Rn. 9
- Not- und Rettungsdienste
  4 *ArbZG* § 10 Rn. 9
- öffentliche Kulturveranstaltungen
  4 *ArbZG* § 10 Rn. 16
- öffentliche Sicherheit und Ordnung
  4 *ArbZG* § 10 Rn. 10
- Parteien 4 *ArbZG* § 10 Rn. 17
- Pflegeeinrichtungen
  4 *ArbZG* § 10 Rn. 11
- Pflicht zur Erbringung
  4 *ArbZG* § 10 Rn. 46
- Polizei 4 *ArbZG* § 10 Rn. 10
- Presse 4 *ArbZG* § 10 Rn. 19 ff.
- Privathaushalt 4 *ArbZG* § 10 Rn. 15
- Rechtsdurchsetzung
  4 *ArbZG* § 10 Rn. 46 ff.,
  § 13 Rn. 85 ff.
- Reinigung von Betriebseinrichtungen
  4 *ArbZG* § 10 Rn. 30 ff.
- Rundfunk 4 *ArbZG* § 10 Rn. 19 ff.
- Sanktion bei Verstößen
  4 *ArbZG* § 10 Rn. 3, Rn. 48,
  § 13 Rn. 88
- Sportveranstaltungen
  4 *ArbZG* § 10 Rn. 18
- Tierhaltung und -pflege
  4 *ArbZG* § 10 Rn. 27 f.
- Transport und Kommissionierung
  4 *ArbZG* § 10 Rn. 26
- Verbot 4 *ArbZG* § 9 Rn. 6 ff.
- verfassungsrechtliche Dimension
  4 *ArbZG* § 9 Rn. 3 ff.
- Verhütung des Verderbens oder Misslingens 4 *ArbZG* § 10 Rn. 38 ff.
- Verhütung unverhältnismäßiger Schäden 4 *ArbZG* § 13 Rn. 38 ff.
- Verkehrsbetriebe
  4 *ArbZG* § 10 Rn. 24 f.
- Verordnungsermächtigung für die Bundesregierung 4 *ArbZG* § 13 Rn. 3 ff.
- Verordnungsermächtigung für die Landesregierungen
  4 *ArbZG* § 13 Rn. 23 ff.
- verwaltungsgerichtliche Kontrolle
  4 *ArbZG* § 13 Rn. 22, Rn. 28, Rn. 33,
  Rn. 49 f., Rn. 59, Rn. 84
- Volksfeste 4 *ArbZG* § 10 Rn. 23
- Vorbereitungsarbeiten
  4 *ArbZG* § 10 Rn. 34 ff.
- Wasserversorgung
  4 *ArbZG* § 10 Rn. 12 f.
- Weisungsrecht
  4 *ArbZG* § 13 Rn. 85 f.
- Wertpapierhandel
  4 *ArbZG* § 10 Rn. 45
- Zahlungsverkehr
  4 *ArbZG* § 10 Rn. 45
- Zulassung durch Bundesrechtsverordnung 4 *ArbZG* § 13 Rn. 8 ff.
- Zulassung durch Landesrechtsverordnung 4 *ArbZG* § 13 Rn. 23 ff.

Sonn- und Feiertagsruhe
- Ausnahmen durch Bundesrechtsverordnung 4 *ArbZG* § 13 Rn. 8 ff.
- Ausnahmen durch Landesrechtsverordnung 4 *ArbZG* § 13 Rn. 23 ff.
- Ausnahmen kraft Gesetzes
  4 *ArbZG* § 10 Rn. 1 ff.
- behördliche Ausnahmebewilligungen
  4 *ArbZG* § 13 Rn. 34 ff., Rn. 51 ff.,
  Rn. 60 ff.
- Beschäftigungsverbot
  4 *ArbZG* § 9 Rn. 6 ff.
- Betriebsrat 7 *BetrVG* § 87 Rn. 66 ff.
- jugendliche Arbeitnehmer
  5 *Jugendarbeitsschutz* Rn. 54
- Personalrat 7 *PersVR* Rn. 48 ff.
- Rechtsdurchsetzung
  4 *ArbZG* § 9 Rn. 25 ff.
- restriktive Auslegung von Ausnahmen
  4 *ArbZG* § 10 Rn. 4 ff., § 13 Rn. 3

Sonn- und Feiertagsschutz
- Konnexgarantie zu Grundrechten
  4 *ArbZG* § 9 Rn. 3
- Regel-Ausnahme-Verhältnis
  4 *ArbZG* § 9 Rn. 4, § 10 Rn. 5,
  § 13 Rn. 3
- restriktive Auslegung von Ausnahmen
  4 *ArbZG* § 9 Rn. 5

Sorgfaltspflicht
  2 *ArbSchG* Vor § 25 Rn. 23

Sorgfaltspflichtwidrigkeit
  2 *ArbSchG* Vor § 25 Rn. 21, Rn. 24

Staatshaftung 1 *Unionsrecht* Rn. 39;
7 *BGB* § 618 Rn. 62
Stand der Technik
2 *ArbSchG* § 4 Rn. 80 ff.;
3 *BetrSichV* Rn. 21
Ständige Erreichbarkeit
4 *ArbZG* § 2 Rn. 34, § 8 Rn. 14
- Arbeitszeit 7 *BetrVG* § 87 Rn. 68
Stand von Wissenschaft und Technik
- Konkretisierung privatrechtlicher Schutzpflichten
7 *BGB* § 618 Rn. 11 ff.
Störfallrecht 1 *Unionsrecht* Rn. 28;
3 *GefStoffV* Rn. 16 ff.
Störfallverordnung 3 *GefStoffV* Rn. 19
Strafrahmen
2 *ArbSchG* Vor § 25 Rn. 17,
§ 26 Rn. 15; 4 *ArbZG* § 23 Rn. 10,
Rn. 11
Strahlenschutzbeauftragte
6 *ASiG* § 10 Rn. 10
Straßenverkehrstätigkeit
- Kraftfahrer 1 *Grundrecht* Rn. 39
Streik 4 *ArbZG* § 14 Rn. 15
Subsidiarität
- öffentlicher Dienst 6 *ASiG* § 16 Rn. 6
Substitution 2 *ArbSchG* § 4 Rn. 17
Systemkontrolle
- Arbeitsschutzaufsicht
2 *ArbSchG* § 4 Rn. 5

Tarifvertrag 2 *ArbSchG* § 1 Rn. 33 ff.;
6 *ASiG* § 11 Rn. 27;
6 *SGB VII* § 22 Rn. 31
Tarifvertragliche Abweichungen
5 *Jugendarbeitsschutz* Rn. 45, Rn. 51, Rn. 55
- Urlaub
4 *Urlaub und Gesundheitsschutz* Rn. 43 ff.
Tatbestandskriterium
2 *ArbSchG* § 25 Rn. 21;
4 *ArbZG* § 22 Rn. 23
Tateinheit 2 *ArbSchG* § 25 Rn. 26,
§ 26 Rn. 18; 4 *ArbZG* § 22 Rn. 29
Tatmehrheit 2 *ArbSchG* § 25 Rn. 26,
§ 26 Rn. 19
Tatverdacht
- hinreichend
2 *ArbSchG* Vor § 25 Rn. 13
Technikklausel Schutzniveau
2 *ArbSchG* § 4 Rn. 83 ff.
Technische Regeln
2 *ArbSchG* §§ 18, 19 Rn. 19 ff.
- Abweichung 3 *ArbStättV* Rn. 53
- Arbeitsstätten 3 *ArbStättV* Rn. 53
- „Ausschüsse"
2 *ArbSchG* §§ 18, 19 Rn. 19 ff.

- Betriebssicherheit 3 *BetrSichV* Rn. 22
- BG Informationen/Regeln
2 *ArbSchG* §§ 18, 19 Rn. 35, Rn. 45 ff.
- Ermittlung
2 *ArbSchG* §§ 18, 19 Rn. 26 ff.
- Konkretisierung privatrechtlicher Schutzpflichten
7 *BGB* § 618 Rn. 11 ff.
- Mitbestimmung 3 *ArbStättV* Rn. 53
- Normen (DIN, EN, ISO, VDE etc)
2 *ArbSchG* §§ 18, 19 Rn. 35, Rn. 45 ff.
- Typen 2 *ArbSchG* §§ 18, 19 Rn. 29
- Vermutungswirkung
2 *ArbSchG* §§ 18, 19 Rn. 35 ff.;
3 *BetrSichV* Rn. 22
Technische Schutzmaßnahmen
2 *ArbSchG* § 4 Rn. 53 ff.
Telearbeit 3 *ArbStättV* Rn. 139, Rn. 179 ff.
- Beschäftigte 2 *ArbSchG* § 2 Rn. 23
TOP(F)-Prinzip
ArbSchG 2 *ArbSchG* § 4 Rn. 59 ff.
Träger der gesetzlichen Unfallversicherung
- betriebliche Gesundheitsförderung
2 *SGB V* § 20 b Rn. 35 f.

Überbetriebliche Dienste
- Anschlusszwang 6 *ASiG* § 19 Rn. 4
- Bestellung? 6 *ASiG* §§ 2–7 Rn. 6 ff.
- Definition 6 *ASiG* § 19 Rn. 7
- DGUV Vorschrift 2
6 *ASiG* § 19 Rn. 9
- Haftung 6 *ASiG* §§ 2–7 Rn. 41
- Mitbestimmung des Betriebsrats
6 *ASiG* § 14 Rn. 20, § 19 Rn. 10;
7 *BetrVG* § 87 Rn. 73
- Mitbestimmung des Personalrats
6 *ASiG* § 19 Rn. 10; 7 *PersVR* Rn. 55
- Rechtsformen 6 *ASiG* § 19 Rn. 8
Überstunden
- Durchführung der Mitbestimmung
7 *BetrVG* § 87 Rn. 78 ff.
- Mitbestimmung
7 *BetrVG* § 87 Rn. 66 ff.
Überwachung durch Aufsichtsbehörde
- Anmeldung 4 *ArbZG* § 17 Rn. 27
- Art und Umfang
2 *ArbSchG* § 21 Rn. 11 ff.;
4 *ArbZG* § 17 Rn. 12
- Aufgaben 2 *ArbSchG* § 21 Rn. 10
- Auskünfte
2 *ArbSchG* § 22 Rn. 20 ff.;
4 *ArbZG* § 17 Rn. 16 ff.;
6 *ASiG* § 13 Rn. 6 ff.
- Auskunftspflicht
4 *ArbZG* § 17 Rn. 13 ff.
- Befugnisse
2 *ArbSchG* § 22 Rn. 17 ff., Rn. 37 ff.

Stichwortverzeichnis

- Betretungs- und Besichtigungsrechte
  2 *ArbSchG* § 22 Rn. 28 ff.;
  4 *ArbZG* § 17 Rn. 13 ff.;
  6 *ASiG* § 13 Rn. 15 ff.
- Ordnungsverfügungen
  4 *ArbZG* § 17 Rn. 35 ff.
- schlichtes Verwaltungshandeln
  2 *ArbSchG* § 22 Rn. 22;
  6 *ASiG* § 13 Rn. 8
- Sonderrechte
  2 *ArbSchG* § 22 Rn. 30;
  6 *ASiG* § 13 Rn. 18
- Unterlagen
  2 *ArbSchG* § 22 Rn. 26 f.;
  4 *ArbZG* § 17 Rn. 16 ff.;
  6 *ASiG* § 13 Rn. 11
- Verantwortliche Person
  2 *ArbSchG* § 22 Rn. 34
- Wohnung/Privatsphäre
  2 *ArbSchG* § 22 Rn. 31;
  6 *ASiG* § 13 Rn. 18
- zwangsweise Durchsetzung
  4 *ArbZG* § 17 Rn. 44 ff.

Überwachungsbedürftige Anlagen
  3 *BetrSichV* Rn. 1, Rn. 42, Rn. 57
- Instandsetzung 3 *BetrSichV* Rn. 36
- Prüfung 3 *BetrSichV* Rn. 23, Rn. 42

Umkleidezeiten 2 *ArbSchG* § 3 Rn. 101

Umweltausschuss 6 *ASiG* § 10 Rn. 11

Umweltbeauftragte 6 *ASiG* § 10 Rn. 11

Unfall
- Dienstunfall Beamte
  6 *ASiG* § 16 Rn. 2

Unfallverhütungsvorschriften
- ASiG 6 *ASiG* § 14 Rn. 1 ff.
- DGUV Vorschrift 2
  6 *ASiG* § 16 Rn. 3, Rn. 7 ff., Rn. 16
- Konkretisierung privatrechtlicher
  Schutzpflichten
  7 *BGB* § 618 Rn. 10 ff.

Unfallversicherung
- Struktur und Aufgaben
  2 *ArbSchG* § 21 Rn. 16 f.
- Träger 2 *ArbSchG* § 20 Rn. 4;
  6 *ASiG* § 16 Rn. 2, Rn. 4 ff.

Unfallversicherungsträger
  2 *ArbSchG* § 22 Rn. 75 f.;
  6 *ASiG* § 12 Rn. 29

Unionsrecht 1 *Grundrecht* Rn. 21 ff.
- Beachtung 2 *ArbSchG* § 20 Rn. 12;
  4 *ArbZG* § 19 Rn. 17
- betriebsbezogene Richtlinien
  1 *Unionsrecht* Rn. 9 ff.
- Chemikalienrecht
  1 *Unionsrecht* Rn. 3 f.
- EG-Verordnungen
  1 *Unionsrecht* Rn. 35
- Einzelrichtlinien
  1 *Unionsrecht* Rn. 22 ff.
- Europäische Betriebsräte
  1 *Unionsrecht* Rn. 33
- marktbezogene Richtlinien
  1 *Unionsrecht* Rn. 2 ff.
- Maschinensicherheit
  1 *Unionsrecht* Rn. 5 ff.
- Partizipationsgrundsatz
  1 *Unionsrecht* Rn. 20
- Rahmenrichtlinie
  1 *Unionsrecht* Rn. 10 ff.
- Seveso-Richtlinien
  1 *Unionsrecht* Rn. 28
- sozialer Dialog
  1 *Unionsrecht* Rn. 30 ff.
- unionsrechtkonforme Auslegung
  1 *Unionsrecht* Rn. 38, Rn. 39
- unmittelbare Wirkung
  1 *Unionsrecht* Rn. 37
- Vereinbarung arbeitsbezogener Stress
  1 *Unionsrecht* Rn. 29 ff.

Unmittelbare Gefahr
  2 *ArbSchG* § 9 Rn. 6, Rn. 21

UN-Sozialpakt 1 *Grundrecht* Rn. 8 ff.

Unterlassungsanspruch
- biologische Arbeitsstoffe
  3 *BiostoffV* Rn. 52;
  3 *LärmVibrationsArbSchV* Rn. 65;
  7 *BGB* § 618 Rn. 52

Unterlassungsdelikt
  2 *ArbSchG* Vor § 25 Rn. 24, Rn. 31,
  § 26 Rn. 10
- Verfolgungsverjährung
  2 *ArbSchG* § 25 Rn. 24

Untersagungsanordnung
  2 *ArbSchG* § 22 Rn. 44 ff.

Unterweisung 3 *BetrSichV* Rn. 49 ff.
- Anlass 2 *ArbSchG* § 12 Rn. 10 ff.
- Arbeitsmittel 3 *BetrSichV* Rn. 49,
  Rn. 51
- bei einer Arbeitnehmerüberlassung
  2 *ArbSchG* § 12 Rn. 14 f.
- Betriebsanweisung
  3 *BetrSichV* Rn. 50 ff.
- biologische Arbeitsstoffe
  3 *BioStoffV* Rn. 33 f.
- elektromagnetische Felder
  3 *EMFV* Rn. 18
- Formen 2 *ArbSchG* § 12 Rn. 5 ff.
- Jugendliche 2 *ArbSchG* § 12 Rn. 8;
  5 *Jugendarbeitsschutz* Rn. 27 ff.
- künstliche optische Strahlung
  3 *OStrV* Rn. 25
- Lärmschutz
  3 *LärmVibrationsArbSchV* Rn. 51
- Mitbestimmung
  2 *ArbSchG* § 12 Rn. 17 f.;
  7 *BetrVG* § 87 Rn. 43 ff.

- privatrechtliche Schutzpflicht
  7 *BGB* § 618 Rn. 44
- **Unzulässigkeit**
  - Einspruch
  2 *ArbSchG* Vor § 25 Rn. 11
- **Unzumutbarkeit der Arbeitsleistung**
  - Berücksichtigung des Einzelfalls
  7 *BGB* § 618 Rn. 14
- **Urlaub**
  - Abgeltung
  4 *Urlaub und Gesundheitsschutz*
  Rn. 38 ff.
  - Ausschlussfristen
  4 *Urlaub und Gesundheitsschutz*
  Rn. 40
  - Befristung
  4 *Urlaub und Gesundheitsschutz*
  Rn. 26 ff.
  - Dauer
  4 *Urlaub und Gesundheitsschutz*
  Rn. 16 ff.
  - Doppelarbeitsverhältnis
  4 *Urlaub und Gesundheitsschutz*
  Rn. 22
  - Durchsetzung
  4 *Urlaub und Gesundheitsschutz*
  Rn. 47 ff.
  - Entgelt
  4 *Urlaub und Gesundheitsschutz*
  Rn. 35 ff.
  - Entstehen
  4 *Urlaub und Gesundheitsschutz*
  Rn. 15
  - Ersatzurlaub
  4 *Urlaub und Gesundheitsschutz*
  Rn. 27, Rn. 34
  - faktisches Arbeitsverhältnis
  4 *Urlaub und Gesundheitsschutz*
  Rn. 20 f.
  - gekündigtes Arbeitsverhältnis
  4 *Urlaub und Gesundheitsschutz*
  Rn. 24
  - Gewährung
  4 *Urlaub und Gesundheitsschutz*
  Rn. 23 ff.
  - Gleichbehandlung
  4 *Urlaub und Gesundheitsschutz*
  Rn. 17
  - Krankheit
  4 *Urlaub und Gesundheitsschutz*
  Rn. 23, Rn. 28 f., Rn. 38
  - laufender Kündigungsrechtsstreit
  4 *Urlaub und Gesundheitsschutz*
  Rn. 23
  - Pfändbarkeit
  4 *Urlaub und Gesundheitsschutz*
  Rn. 39
- Rechtscharakter
  4 *Urlaub und Gesundheitsschutz*
  Rn. 13 f.
- richtlinienkonforme Auslegung
  4 *Urlaub und Gesundheitsschutz*
  Rn. 19, Rn. 21, Rn. 29 ff., Rn. 36
- Sonderregelungen
  4 *Urlaub und Gesundheitsschutz*
  Rn. 42
- Teilanspruch
  4 *Urlaub und Gesundheitsschutz*
  Rn. 18 f.
- übergesetzlicher
  4 *Urlaub und Gesundheitsschutz*
  Rn. 45 f.
- Übertragung
  4 *Urlaub und Gesundheitsschutz*
  Rn. 26, Rn. 28 f.
- Umsetzungsdefizit
  4 *Urlaub und Gesundheitsschutz*
  Rn. 50
- Veränderung der Arbeitszeit
  4 *Urlaub und Gesundheitsschutz*
  Rn. 16 f., Rn. 37
- Verantwortlichkeit des Arbeitgebers
  4 *Urlaub und Gesundheitsschutz*
  Rn. 14, Rn. 31 ff.
- Vererbbarkeit
  4 *Urlaub und Gesundheitsschutz*
  Rn. 41
- Verfall
  4 *Urlaub und Gesundheitsschutz*
  Rn. 27 ff.
- Völkerrecht
  4 *Urlaub und Gesundheitsschutz*
  Rn. 9 f.
- zeitliche Festlegung
  4 *Urlaub und Gesundheitsschutz*
  Rn. 24 f.
- Zweck
  4 *Urlaub und Gesundheitsschutz*
  Rn. 3 ff.

Verantwortliche Personen
  2 *ArbSchG* § 13 Rn. 10 ff.,
  §§ 20 a, b Rn. 9
- Anordnung der zuständigen Behörde
  2 *ArbSchG* § 13 Rn. 33, § 22 Rn. 62
- Auskunftspflicht bei der Überwachung
  2 *ArbSchG* § 22 Rn. 17 ff.;
  4 *ArbZG* § 17 Rn. 16;
  6 *ASiG* § 13 Rn. 6
- Auskunftsverweigerung
  4 *ArbZG* § 17 Rn. 19 f.;
  6 *ASiG* § 13 Rn. 9
- bußgeldrechtliche Verantwortlichkeit
  2 *ArbSchG* § 13 Rn. 5, Rn. 30,
  § 25 Rn. 17
- Haftung 2 *ArbSchG* § 13 Rn. 4

- Hochschulen
  2 *ArbSchG* § 13 Rn. 26 f.
- Mitbestimmung des Betriebsrates
  2 *ArbSchG* § 13 Rn. 36 ff.;
  7 *BetrVG* § 87 Rn. 36
- strafrechtliche Verantwortlichkeit
  2 *ArbSchG* § 13 Rn. 5, Rn. 30,
  § 26 Rn. 6
- Übertragung der Verantwortlichkeit
  2 *ArbSchG* § 13 Rn. 21 ff.
- Unfallverhütungsvorschriften
  2 *ArbSchG* § 13 Rn. 8

Verantwortlichkeit
- strafrechtlich
  2 *ArbSchG* Vor § 25 Rn. 34

Verbot der Sonn- und Feiertagsarbeit
- Aufsichtsbehörden
  4 *ArbZG* § 9 Rn. 27
- Beschäftigungsverbot
  4 *ArbZG* § 9 Rn. 2
- drittschützender Charakter
  4 *ArbZG* § 9 Rn. 3
- erfasste Feiertage
  4 *ArbZG* § 9 Rn. 6 ff.
- geschützte Arbeitnehmer
  4 *ArbZG* § 9 Rn. 9 ff.
- Umfang und Dauer
  4 *ArbZG* § 9 Rn. 14 ff.
- Untersagensverfügung
  4 *ArbZG* § 9 Rn. 27
- verfassungsrechtliche Grundlagen
  4 *ArbZG* § 9 Rn. 3 ff.
- Verhältnis zum Wettbewerbsrecht
  4 *ArbZG* § 9 Rn. 29
- verwaltungsgerichtliche Kontrolle
  4 *ArbZG* § 9 Rn. 3, Rn. 27,
  § 10 Rn. 49, § 13 Rn. 89

Verbotsirrtum   2 *ArbSchG* § 25 Rn. 22;
  4 *ArbZG* § 22 Rn. 24

Verhaltensbedingte Kündigung
- außerbetriebliche Beschwerde des Arbeitnehmers
  2 *ArbSchG* §§ 15–17 Rn. 33 ff.
- Low Performance
  2 *ArbSchG* § 7 Rn. 17 ff.
- Verstoß gegen Arbeitnehmerpflichten
  2 *ArbSchG* §§ 15–17 Rn. 38 ff.

Verjährung   2 *ArbSchG* § 25 Rn. 24,
  § 26 Rn. 16; 4 *ArbZG* § 22 Rn. 27,
  § 23 Rn. 11; 6 *ASiG* § 20 Rn. 16

Verkehrssicherungspflicht
  2 *ArbSchG* Vor § 25 Rn. 22 f.

Verlegung der Sonn- und Feiertagsruhe
- Betriebsrat   4 *ArbZG* § 9 Rn. 26
- Kraftfahrer   4 *ArbZG* § 9 Rn. 23 f.
- Weisungsrecht   4 *ArbZG* § 9 Rn. 2

Verordnungen
- Druckluftverordnung
  4 *ArbZG* § 8 Rn. 8
- EG-Verordnungen
  1 *Unionsrecht* Rn. 35;
  3 *GefStoffV* Rn. 20 ff.
- Offshore-Tätigkeit
  4 *ArbZG* § 15 Rn. 19
- zum Arbeitsschutzgesetz
  2 *ArbSchG* §§ 18, 19 Rn. 10 ff.;
  4 *ArbZG* § 8 Rn. 2 ff., Rn. 6

Verstoß gegen das ArbZG
  4 *ArbZG* § 20 Rn. 10 ff.,
  § 21 Rn. 10 ff., § 21 a Rn. 28 ff.

Vertrauensarbeitszeit
- Mitbestimmung
  7 *BetrVG* § 87 Rn. 68
- Organisationspflicht
  4 *ArbZG* § 1 Rn. 38 ff., § 16 Rn. 14 f.

Verwaltungsakt
  2 *ArbSchG* § 22 Rn. 44 ff.;
  4 *ArbZG* § 17 Rn. 32 ff.;
  6 *ASiG* § 11 Rn. 1 f.

Verwaltungsakzessorietät
  2 *ArbSchG* Vor § 25 Rn. 2, § 25 Rn. 11

Verwaltungsrecht
  2 *ArbSchG* Vor § 25 Rn. 1, § 25 Rn. 1

Verwaltungsvollstreckung
- öffentlicher Dienst
  2 *ArbSchG* § 22 Rn. 70 ff.;
  6 *ASiG* § 16 Rn. 33

Verwaltungsvorschriften
  2 *ArbSchG* § 24 Rn. 7 ff.;
  6 *ASiG* § 15 Rn. 6 ff.
- Unfallsicherung
  2 *ArbSchG* § 24 Rn. 9
- unionsrechtliche Grenzen
  2 *ArbSchG* § 24 Rn. 5
- verfassungsrechtliche Aspekte
  2 *ArbSchG* § 24 Rn. 6

Verwarnung bei Ordnungswidrigkeit
  2 *ArbSchG* Vor § 25 Rn. 8

Vorgreifender, produktbezogener Arbeitsschutz   1 *Unionsrecht* Rn. 5 f.;
  3 *BetrSichV* Rn. 9, Rn. 13

Vorhersehbarkeit des Erfolges
  2 *ArbSchG* Vor § 25 Rn. 29 f.

Vorsatz   2 *ArbSchG* Vor § 25 Rn. 18,
  § 25 Rn. 21, § 26 Rn. 13;
  4 *ArbZG* § 22 Rn. 13, § 23 Rn. 9,
  Rn. 13

Vorschlagswesen
- zum Arbeits- und Gesundheitsschutz
  2 *ArbSchG* §§ 15–17 Rn. 22 ff.

Vorsorgebescheinigung
  2 *ArbSchG* § 11 Rn. 16;
  3 *ArbMedVV* Rn. 20

Wegezeit
- arbeitsschutzrechtliche Arbeitszeit
  5 *Jugendarbeitsschutz* Rn. 44, Rn. 51

Stichwortverzeichnis

Weisungsrecht des Arbeitgebers
- Urlaub
  4 *Urlaub und Gesundheitsschutz* Rn. 24, Rn. 25, Rn. 33

Werkvertrag
- Zusammenarbeit mehrerer Arbeitgeber 2 *ArbSchG* § 8 Rn. 13

Whistleblowing
2 *ArbSchG* §§ 15–17 Rn. 23
- Anzeige durch Whistleblower 2 *ArbSchG* Vor § 25 Rn. 5

WHO 1 *Grundrecht* Rn. 16

Wiedereingliederung
- privatrechtlicher Anspruch 7 *BGB* § 618 Rn. 41

Wirksamkeitsüberprüfung/Wirkungskontrolle
- Anlass/Zeitpunkt 2 *ArbSchG* § 3 Rn. 25 ff.
- Gefährdungsbeurteilung 2 *ArbSchG* § 3 Rn. 2 ff., § 5 Rn. 2 ff., Rn. 75 ff., Rn. 76
- Methoden 2 *ArbSchG* § 3 Rn. 24

Wissensmanagement 2 *ArbSchG* § 3 Rn. 53 ff.

Wunschvorsorge
- ArbmedVV 2 *ArbSchG* § 11 Rn. 2
- ärztliche Schweigepflicht 2 *ArbSchG* § 11 Rn. 17
- Begriff 2 *ArbSchG* § 11 Rn. 1
- Betriebsarzt 2 *ArbSchG* § 11 Rn. 14
- Eignungsuntersuchungen 2 *ArbSchG* § 11 Rn. 3, Rn. 10, Rn. 25
- Einstellungsuntersuchungen 2 *ArbSchG* § 11 Rn. 3, Rn. 10, Rn. 25
- erneuter Anspruch 2 *ArbSchG* § 11 Rn. 10
- freie Arztwahl 2 *ArbSchG* § 11 Rn. 13
- Gefährdungsbeurteilung 2 *ArbSchG* § 11 Rn. 11
- Kosten 2 *ArbSchG* § 11 Rn. 21
- Leiharbeitnehmer 2 *ArbSchG* § 11 Rn. 13
- Primär- und Sekundärprävention 2 *ArbSchG* § 11 Rn. 5, Rn. 8
- Untersuchungsergebnisse 2 *ArbSchG* § 11 Rn. 18
- Untersuchungszwang 2 *ArbSchG* § 11 Rn. 9

Zugelassene Überwachungsstelle (ZÜS)
3 *BetrSichV* Rn. 42 ff.

Zurechnung der tatbestandlichen Erfolgs
2 *ArbSchG* Vor § 25 Rn. 19

Zurechnung täterschaftlichen Handelns
2 *ArbSchG* Vor § 25 Rn. 25 f.

Zurückbehaltungsrecht
2 *ArbSchG* § 9 Rn. 18, § 14 Rn. 13
- Folge privatrechtlicher Schutzpflichtverletzung 7 *BGB* § 618 Rn. 51

Zusammenarbeit
- Arbeitnehmerüberlassung 2 *ArbSchG* § 8 Rn. 15 f.
- Aufsichtsbehörden und Betriebsrat 2 *ArbSchG* § 22 Rn. 41 ff.; 4 *ArbZG* § 17 Rn. 17; 6 *ASiG* § 13 Rn. 13; 7 *BetrVG* § 89 Rn. 15
- Aufsichtsbehörden und Unfallversicherungen 2 *ArbSchG* § 21 Rn. 6, Rn. 18 ff.; 6 *ASiG* § 13 Rn. 14
- Betriebsrat und Aufsichtsbehörde 4 *ArbZG* § 17 Rn. 31; 7 *BetrVG* § 89 Rn. 13
- mehrerer Arbeitgeber 2 *ArbSchG* § 8 Rn. 17 ff.
- Mindestmaßnahmen 2 *ArbSchG* § 8 Rn. 21
- mit Krankenkassen 2 *SGB V* § 20 b Rn. 23 ff.
- Vergewisserungspflicht 2 *ArbSchG* § 8 Rn. 24 ff.

Zuwiderhandeln
- beharrliches 2 *ArbSchG* § 26 Rn. 5 ff.

Zuwiderhandeln als Beschäftigter
2 *ArbSchG* § 25 Rn. 5, Rn. 15, § 26 Rn. 5

Zuwiderhandeln gegen eine Rechtsverordnung 2 *ArbSchG* § 25 Rn. 5 f., § 26 Rn. 5; 4 *ArbZG* § 22 Rn. 13

Zuwiderhandeln gegen eine vollziehbare Anordnung 2 *ArbSchG* § 25 Rn. 5, Rn. 10, § 26 Rn. 5; 4 *ArbZG* § 22 Rn. 13, § 23 Rn. 2; 6 *ASiG* § 20 Rn. 4